Kommentar
Körperschaftsteuer
KStG

Kommentar
Körperschaftsteuer
KStG

Arne Schnitger
Oliver Fehrenbacher (Hrsg.)

Kommentar Körperschaftsteuer KStG

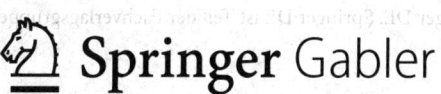

Herausgeber
Arne Schnitger
Berlin, Deutschland

Oliver Fehrenbacher
Konstanz, Deutschland

1. Auflage 2012

ISBN 978-3-8349-1987-8
DOI 10.1007/978-3-8349-6824-1

ISBN 978-3-8349-6824-1 (eBook)

Die Deutsche Nationalbibliothek verzeichnet diese Publikation in der Deutschen Nationalbibliografie; detaillierte bibliografische Daten sind im Internet über http://dnb.d-nb.de abrufbar.

Springer Gabler
© Springer Fachmedien Wiesbaden 2012
Das Werk einschließlich aller seiner Teile ist urheberrechtlich geschützt. Jede Verwertung, die nicht ausdrücklich vom Urheberrechtsgesetz zugelassen ist, bedarf der vorherigen Zustimmung des Verlags. Das gilt insbesondere für Vervielfältigungen, Bearbeitungen, Übersetzungen, Mikroverfilmungen und die Einspeicherung und Verarbeitung in elektronischen Systemen.

Die Wiedergabe von Gebrauchsnamen, Handelsnamen, Warenbezeichnungen usw. in diesem Werk berechtigt auch ohne besondere Kennzeichnung nicht zu der Annahme, dass solche Namen im Sinne der Warenzeichen- und Markenschutz-Gesetzgebung als frei zu betrachten wären und daher von jedermann benutzt werden dürften.

Gedruckt auf säurefreiem und chlorfrei gebleichtem Papier

Springer Gabler ist eine Marke von Springer DE. Springer DE ist Teil der Fachverlagsgruppe Springer Science+Business Media
www.springer-gabler.de

Vorwort

„Geballtes Wissen in kompakter Form", dies war das Kredo, welchem sich Herausgeber und Autoren zu Beginn der Arbeiten an dem vorliegenden neuen Kommentar zum Körperschaftsteuergesetz verschrieben hatten. Mit anderen Worten verfolgten wir gleich zwei kühne Ziele: einen Handkommentar zu verfassen, der die im Körperschaftsteuergesetz bestehenden Probleme prägnant und dennoch umfassend kommentiert.

Nach fast drei Jahren sind die Arbeiten an der 1. Auflage beendet. Das Werk hat sich im Vergleich zu dem ursprünglich anvisierten Umfang mehr als verdoppelt und ist auf 2.208 Seiten angewachsen. Hinsichtlich des einen gesetzten Ziels mag ein Schelm daher die Frage stellen, ob man hier wirklich noch von einer Kommentierung in kompakter Form sprechen kann. Als um eine Erklärung nie verlegene Herausgeber müssen wir jedoch feststellen, dass das Werk nur wegen der kompakten Darstellung noch als Handkommentar erscheinen konnte. Die Zunahme der Seitenzahl ist daher nicht nur durch unsere anfängliche Naivität bei der Einschätzung des erforderlichen Arbeitsumfangs begründet, sondern auch Zeugnis für die zunehmende Komplexität des deutschen Körperschaftsteuerrechts und das bestehende Bedürfnis nach dessen Erläuterung.

Inwieweit das zweite Ziel einer möglichst umfassenden, systematischen und verständlichen Darstellung der Materie erreicht wurde, überlassen wir dem Urteil des geneigten Lesers. Im Vordergrund der Kommentierung steht die Analyse des Körperschaftsteuergesetzes unter Berücksichtigung der EuGH-, BFH- und FG-Rechtsprechung sowie der insbesondere bei der Organschaftsbesteuerung nicht zu vernachlässigenden gesellschaftsrechtlichen Rechtsprechung. Weiterführende Hinweise auf Verwaltungsauffassung und das Schrifttum sind ebenfalls enthalten. Wir hoffen, dass das vorliegende Werk damit die Möglichkeit bietet, sich sowohl einen Überblick über den Diskussionsstand zu bekannten Themen zu verschaffen, als auch Lösungsansätze für bis dato noch nicht weiter diskutierte Probleme zu finden. Der Kommentar richtet sich folglich als Hilfestellung bei der täglichen Arbeit an die mit Fragen des Körperschaftsteuerrechts befassten Steuerberater, Finanzbeamten, Richter und Wissenschaftler.

Die Zusammensetzung der Autoren, welche die jeweiligen Vorschriften aus ihrer eigenen Sicht kommentieren, versucht der Ausrichtung des Kommentars Rechnung zu tragen. Der überwiegende Teil der Kommentatoren arbeitet – wie der auf dem Umschlag enthaltene Zusatz signalisiert – in der Steuerabteilung der Wirtschaftsprüfungsgesellschaft PwC bzw. hat aufgrund früherer Tätigkeiten als Mitarbeiter Wurzeln zu diesem Unternehmen. Dabei haben die Autoren entsprechend ihrer inhaltlichen Ausrichtung in der Beratungspraxis und der persönlichen Interessen die Kommentierung der jeweiligen Vorschriften übernommen. Darüber hinaus lassen insbesondere die Autoren des Lehrstuhls für Bürgerliches Recht, Personen- und Unternehmenssteuerrecht der Universität Konstanz die notwendige kritische wissenschaftliche Betrachtung einfließen. Schließlich ist über die Mitwirkung der Autoren aus dem Bundesfinanzministerium sichergestellt, dass auch die Sichtweise der

Verwaltung Eingang in die Kommentierung findet. Hierdurch sollte eine ausgewogene Analyse der gesetzlichen Bestimmungen des Körperschaftsteuergesetzes ermöglicht werden, da das vorliegende Werk nicht als „Beraterkommentar" ausgelegt ist.

Wir waren bei der Durchsicht der Manuskripte bemüht, die bei einer großen Anzahl von Autoren bestehenden Gefahren wie etwa unabgestimmte Rechtsansichten, unterschiedliche Darstellungsarten und -tiefe auf ein Minimum zu reduzieren. Wir hoffen, dass uns dieses Unterfangen gelungen ist. Um dennoch verbliebene „Kinderkrankheiten" in den Folgeauflagen zu beheben, laden wir alle Leser ein, Anregungen an uns heranzutragen, um im Rahmen einer fruchtbaren Diskussion eine kontinuierliche Verbesserung des Werkes zu erreichen.

Die Kommentierung hat als Rechtsstand grundsätzlich den 31.12.2011. Allerdings wurden danach erschienene Entscheidungen, Verwaltungsanweisungen und Literaturquellen von den Autoren soweit wie möglich noch im Rahmen der letzten Arbeiten und den Korrekturfahnen berücksichtigt.

Abschließend danken wir den mit dem Werk befassten Autoren für die engagierte Mitarbeit. Es ist schon als besondere Leistung zu bezeichnen, neben der täglichen Arbeit ein ambitioniertes Projekt zu verfolgen und dabei trotz der quälenden Hinweise bzw. Forderungen der Herausgeber, welche natürlich nur der Steigerung der Qualität des Gesamtwerkes dienten, die Freude an der Kommentierung nicht zu verlieren.

Weiterhin sei Frau Dipl.-Kffr. Corinna Jacob, Frau Dipl.-Kffr. StB Julia Zimmermann, Frau Assessorin jur. Birgit Westphal und den Mitarbeiterinnen und Mitarbeitern des Lehrstuhls sowie von PwC für die Unterstützung bei der Kommentierung einzelner Vorschriften sowie der Durchsicht der Manuskripte gedankt.

Besondere Erwähnung sollte die Mitwirkung von Frau Rechtsanwältin Caroline Käks finden, welche neben ihrer eigenen Tätigkeit als Co-Autorin aufgrund ihrer Mitwirkung bei organisatorischen Fragen und der Führung des Lektorats eine unverzichtbare Stütze für das Gelingen dieses Werkes war.

Auch dem Springer Gabler Verlag sowie namentlich Herrn Andreas Funk soll an dieser Stelle ausdrücklich gedankt werden. Der Verlag unterstützte zu jeder Zeit die selbstgesetzten Anforderungen von Herausgebern und Autoren an die Qualität der Kommentierung und sorgte trotz des Umfangs der Ausführungen für einen Ladenpreis, der den Kommentar für jeden Interessierten erschwinglich machen soll.

Schließlich sollen die vielfältigen Hinweise der geschätzten, nicht unmittelbar mit den Arbeiten des Kommentars befassten Kolleginnen und Kollegen von PwC gewürdigt werden. Die in der Beratungspraxis immer wieder auftretenden Problemstellungen bei der Auslegung des Körperschaftsteuergesetzes waren Anstoß für eine Reihe neuer Überlegungen.

Berlin und Konstanz, im Mai 2012

Die Herausgeber

Inhaltsübersicht

Vorwort V
Bearbeiterverzeichnis XI
Abkürzungsverzeichnis XIII

Erster Teil: Steuerpflicht

§ 1	Unbeschränkte Steuerpflicht	1
§ 2	Beschränkte Steuerpflicht	51
§ 3	Abgrenzung der Steuerpflicht bei nichtrechtsfähigen Personenvereinigungen und Vermögensmassen sowie bei Realgemeinden	113
§ 4	Betriebe gewerblicher Art von juristischen Personen des öffentlichen Rechts	128
§ 5	Befreiungen	202
§ 6	Einschränkung der Befreiung von Pensions-, Sterbe-, Kranken- und Unterstützungskassen	306

Zweiter Teil: Einkommen

Erstes Kapitel: Allgemeine Vorschriften

§ 7	Grundlagen der Besteuerung	325
§ 8	Ermittlung des Einkommens	346
§ 8a	Betriebsausgabenabzug für Zinsaufwendungen bei Körperschaften (Zinsschranke)	572
§ 8b	Beteiligung an anderen Körperschaften und Personenvereinigungen ...	730
§ 8c	Verlustabzug bei Körperschaften	902
§ 9	Abziehbare Aufwendungen	974
§ 10	Nichtabziehbare Aufwendungen	1015
§ 11	Auflösung und Abwicklung (Liquidation)	1034
§ 12	Verlust oder Beschränkung des Besteuerungsrechts der Bundesrepublik Deutschland	1071
§ 13	Beginn und Erlöschen einer Steuerbefreiung	1144

Zweites Kapitel: Sondervorschriften für die Organschaft

§ 14	Aktiengesellschaft oder Kommanditgesellschaft auf Aktien als Organgesellschaft	1176
§ 15	Ermittlung des Einkommens bei Organschaft	1539
§ 16	Ausgleichszahlungen	1586

§ 17 Andere Kapitalgesellschaften als Organgesellschaft 1599
§ 18 Ausländische Organträger 1621
§ 19 Steuerabzug bei dem Organträger 1633

Drittes Kapitel: Sondervorschriften für Versicherungsunternehmen, Pensionsfonds und Bausparkassen

§ 20 Schwankungsrückstellungen, Schadenrückstellungen 1644
§ 21 Beitragsrückerstattungen 1675
§ 21a Deckungsrückstellungen 1711
§ 21b Zuteilungsrücklage bei Bausparkassen 1722

Viertes Kapitel: Sondervorschriften für Genossenschaften

§ 22 Genossenschaftliche Rückvergütung 1727

Dritter Teil: Tarif; Besteuerung bei ausländischen Einkunftsteilen

§ 23 Steuersatz 1758
§ 24 Freibetrag für bestimmte Körperschaften 1766
§ 25 Freibetrag für Erwerbs- und Wirtschaftsgenossenschaften sowie Vereine, die Land- und Forstwirtschaft betreiben 1774
§ 26 Besteuerung ausländischer Einkunftsteile 1782

Vierter Teil: Nicht in das Nennkapital geleistete Einlagen und Entstehung und Veranlagung

§ 27 Nicht in das Nennkapital geleistete Einlagen 1854
§ 28 Umwandlung von Rücklagen in Nennkapital und Herabsetzung des Nennkapitals 1896
§ 29 Kapitalveränderungen bei Umwandlungen 1911
§ 30 Entstehung der Körperschaftsteuer 1930
§ 31 Steuererklärungspflicht, Veranlagung und Erhebung von Körperschaftsteuer 1937
§ 32 Sondervorschriften für den Steuerabzug 1945
§ 32a Erlass, Aufhebung oder Änderung von Steuerbescheiden bei verdeckter Gewinnausschüttung oder verdeckter Einlage 1980

Fünfter Teil: Ermächtigungs- und Schlussvorschriften

§ 33 Ermächtigungen 1992
§ 34 Schlussvorschriften 2002

§ 35 Sondervorschriften für Körperschaften, Personenvereinigungen oder Vermögensmassen in dem in Artikel 3 des Einigungsvertrages genannten Gebiet 2066

Sechster Teil: Sondervorschriften für den Übergang vom Anrechnungsverfahren zum Halbeinkünfteverfahren

§ 36 Endbestände 2069
§ 37 Körperschaftsteuerguthaben und Körperschaftsteuerminderung 2093
§ 38 Körperschaftsteuererhöhung 2111
§ 39 Einlagen der Anteilseigner und Sonderausweis 2130
§ 40 (weggefallen) 2135

Stichwortverzeichnis 2136

Bearbeiterverzeichnis

Herausgeber

Dr. Arne Schnitger   Prof. Dr. Oliver Fehrenbacher

Autoren

Petra Behnisch
Rechtsanwältin, Steuerberaterin

Andreas Benecke, LL.M.
Dipl.-Finanzwirt,
Bundesministerium der Finanzen

Christoph Bildstein
Dipl.-Kfm., Rechtsanwalt,
Steuerberater

Thomas Brink
Dipl.-Kfm., Steuerberater

Holger Dallwitz
Rechtsanwalt, FAStR,
Steuerberater

Steffen Döring
Rechtsanwalt, FAStR,
Steuerberater

Brigitte Ellerbeck
Dipl.-Kffr., Steuerberaterin,
Wirtschaftsprüferin

Prof. Dr. Oliver Fehrenbacher
Universität Konstanz

Marion Gohr
Dipl.-Kffr., Steuerberaterin

Markus Tobias Helm
Dipl.-Kfm., Steuerberater

Christine Hoffmann
Dipl.-Kffr., Steuerberaterin

Claus Jochimsen
Dipl.-Kfm., Steuerberater

Dr. Philipp Jost, LL.M.
Rechtsreferendar

Caroline Käks
Rechtsanwältin

Dr. Felix Magnus Kessens
Rechtsanwalt

Anita Kiontke
Dipl.-Finanzwirtin,
Bundesministerium der Finanzen

Dr. Ralf Kohlhepp
Rechtsanwalt, FAStR, Steuerberater, Wirtschaftsprüfer

Dr. Lars Lawall
Rechtsanwalt, Steuerberater

Oliver Mattern
Dipl.-Kfm. (FH), Steuerberater

Christine Marx
Rechtsanwältin, Steuerberaterin

Daniel Mohr
Rechtsanwalt, Steuerberater

Thomas Moritz
Rechtsanwalt, Steuerberater

Dr. Dirk Nitzschke
Dipl.-Kfm., Steuerberater

Dr. Ingo Nordmeyer
Rechtsanwalt, FAStR,
Steuerberater

Martin Pirner
Rechtsanwalt, Steuerberater

Thomas Ramer
Dipl.-Kfm., Steuerberater

Ingrid von Rönn
Rechtsanwältin, Steuerberaterin

Dr. Arne Schnitger, LL.M.
Dipl.-Betriebswirt (FH), CPA,
Steuerberater
Prof. Dr. Elke Sievert
Dipl.-Kffr., Steuerberaterin,
Hochschule für Oekonomie und
Management

Daniel Troost
Dipl.-Finanzwirt, Steuerberater
Jörg Wingler
Rechtsanwalt, Steuerberater

Zitiervorschlag
Benecke in Schnitger/Fehrenbacher, KStG, § 1 Rn 4

Abkürzungsverzeichnis

aA	anderer Ansicht
A/D/S	Adler/Düring/Schmaltz, Rechnungslegung und Prüfung der Unternehmen, Loseblatt
ABl	Amtsblatt
Abs	Absatz
Abschn	Abschnitt
ADHGB	Allgemeines Deutsches Handelsgesetzbuch
AdV	Aussetzung der Vollziehung
aE	am Ende
AEAO	Anwendungserlass zur Abgabenordnung
AEUV	Vertrag über die Arbeitsweise der Europäischen Union
aF	alte Fassung
AfA	Absetzung für Abnutzung
AFG	Arbeitsförderungsgesetz
AG	Aktiengesellschaft, Die Aktiengesellschaft (Zeitschrift)
Ahrend/Förster/Rößler	Ahrend/Förster/Rößler, Steuerrecht der betrieblichen Altersversorgung, Loseblatt
AktG	Aktiengesetz
Alt	Alternative
aM	anderer Meinung
AMG	Arzneimittelgesetz
Anh	Anhang
AnwZpvV	Anwendungszeitpunktverschiebungsverordnung v 20.12.2010 (BGBl I 2010, 2135)
AO	Abgabenordnung
APA	Advanced Pricing Agreements
ArbNErfG	Gesetz über Arbeitnehmererfindungen
ARD	Arbeitsgemeinschaft der öffentlich-rechtlichen Rundfunkanstalten der Bundesrepublik Deutschland
Art	Artikel
ARUG	Gesetz zur Umsetzung der Aktionärsrechterichtlinie v 30.7.2009 (BGBl I 2009, 2479)
ASC	Accounting Standards Codification
AStG	Außensteuergesetz
AufenthG	Aufenthaltsgesetz
Aufl	Auflage
AuslInvG	Auslandinvestmentgesetz

XIII

AVmG	Altersvermögensgesetz v 29.6.2001 (BGBl I 2001, 1310)
Az	Aktenzeichen
BaFin	Bundesanstalt für Finanzdienstleistungsaufsicht
BauGB	Baugesetzbuch
Baumbach/Hopt	Baumbach/Hopt, Handelsgesetzbuch, Kommentar, 35. Aufl 2012
Baumbach/Hueck	Baumbach/Hueck, GmbH-Gesetz, Kommentar, 19. Aufl 2010
BausparkG	Bausparkassengesetz
BausparkV	Bausparkassen-Verordnung
BAV	Bundesaufsichtsamt für das Versicherungswesen
BayObLG	Bayerisches Oberstes Landesgericht
BB	Der Betriebs-Berater (Zeitschrift)
Bd	Band
Beck'scher BilKomm	Beck'scher Bilanz-Kommentar, 7. Aufl 2010
Beck'scher VersBilKomm	Beck'scher Versicherungsbilanz-Kommentar, 1998
Beck'sches Handbuch der Genossenschaft	Beck'sches Handbuch der Genossenschaft, 2009
Beermann/Gosch	Beermann/Gosch, Abgabenordnung, Finanzgerichtsordnung, Kommentar, Loseblatt
BeitrRLUmsG	Beitreibungsrichtlinie-Umsetzungsgesetz v 7.12.2011 (BGBl I 2011, 2592)
BergbauRatG	Gesetz zur Förderung der Rationalisierung im Steinkohlenbergbau
Berger/Steck/Lübbehüsen	Berger/Steck/Lübbehüsen, Investmentgesetz, Investmentsteuergesetz, Kommentar, 2010
Bergemann/Wingler	Bergemann/Wingler, Kommentar Gewerbesteuer, GewStG, 2012
BerVersV	Verordnung über die Berichterstattung von Versicherungsunternehmen gegenüber der Bundesanstalt für Finanzdienstleistungsaufsicht
BetrAVG	Betriebsrentengesetz
Beuthien	Beuthien, Genossenschaftsgesetz, Kommentar, 15. Aufl 2011
BewG	Bewertungsgesetz
BFH	Bundesfinanzhof
BFH/NV	Sammlung amtlich nicht veröffentlichter Entscheidungen des Bundesfinanzhofs (Zeitschrift)
BFHE	Sammlung der Entscheidungen des Bundesfinanzhofs

BFH/PR	Entscheidungen des Bundesfinanzhofs für die Praxis der Steuerberatung (Zeitschrift)
BFuP	Betriebswirtschaftliche Forschung und Praxis (Zeitschrift)
BgA	Betrieb gewerblicher Art
BGB	Bürgerliches Gesetzbuch
BGBl	Bundesgesetzblatt
BGH	Bundesgerichtshof
BGHZ	Amtliche Sammlung von Entscheidungen des Bundesgerichtshofs in Zivilsachen
BilMoG	Bilanzrechtsmodernisierungsgesetz v 26.5.2009 (BGBl I 2009, 1102)
BiRiLiG	Bilanzrichtlinien-Gesetz v 19.12.1985 (BGBl I 1985, 2355)
BKR	Zeitschrift für Bank- und Kapitalmarktrecht (Zeitschrift)
Blomeyer/Otto	Blomeyer/Otto, Gesetz zur Verbesserung der betrieblichen Altersversorgung, 3. Aufl 2004
Blumenberg/Benz, UntStRef 2008	Blumenberg/Benz, Die Unternehmenssteuerreform 2008, Praxiskommentar, 2007
Blumenberg/Schäfer	Blumenberg/Schäfer, Das SEStEG, 2007
Blümich	Blümich, Einkommensteuergesetz, Körperschaftsteuergesetz, Gewerbesteuergesetz und Nebengesetze, Kommentar, Loseblatt
BMF	Bundesfinanzministerium
BNatSchG	Bundesnaturschutzgesetz
BNotO	Bundesnotarordnung
Boos/Fischer/Schulte-Mattler	Boos/Fischer/Schulte-Mattler, Kreditwesengesetz, Kommentar, 3. Aufl 2007
Bordewin/Brandt	Bordewin/Brandt, Einkommensteuergesetz, Kommentar, Loseblatt
Boruttau	Boruttau, Grunderwerbsteuergesetz, Kommentar, 17. Aufl 2011
BRD	Bundesrepublik Deutschland
BRDrs	Bundesrats-Drucksache
Breithecker/Förster/Förster/ Klapdor, UntStRefG	Breithecker/Förster/Förster/Klapdor, UntStRefG, Kommentar, 2007
Brinkhaus/Scherer	Brinkhaus/Scherer, Gesetz über Kapitalanlagegesellschaften, Auslandinvestment-Gesetz, Kommentar, 2003
bspw	beispielsweise
BStBl	Bundessteuerblatt

BTDrs	Bundestags-Drucksache
BUrlG	Bundesurlaubsgesetz
BV	Besloten Vennootschap met beperkte aansprakelijkheid (niederländische Rechtsform einer GmbH ähnlich)
BVerfG	Bundesverfassungsgericht
BVerfGE	Amtliche Sammlung von Entscheidungen des Bundesverfassungsgerichts
BVerfSchG	Bundesverfassungsschutzgesetz
BVerwG	Bundesverwaltungsgericht
BWaldG	Bundeswaldgesetz
BZSt	Bundeszentralamt für Steuern
bzw	beziehungsweise
ca	circa
Callies/Ruffert	Callies/Ruffert, Kommentar zu EU-Vertrag und EG-Vertrag, 3. Aufl 2007
CCCTB	Common Consolidated Corporate Tax Base
D&O	Directors and Officers
D/J/P/W	Dötsch/Jost/Pung/Witt, Die Körperschaftsteuer, Kommentar, Loseblatt
D/W	Debatin/Wassermeyer, Doppelbesteuerung, Kommentar, Loseblatt
DB	Der Betrieb (Zeitschrift)
DBA	Doppelbesteuerungsabkommen
DBA-MA	DBA-Musterabkommen
DDR	Deutsche Demokratische Republik
DeckRV	Verordnung über Rechnungsgrundlagen für die Deckungsrückstellungen
dh	das heißt
Die Bank	Zeitschrift für Bankpolitik und Praxis (Zeitschrift)
Diss	Dissertation
DK	Der Konzern (Zeitschrift)
DM	Deutsche Mark
Dötsch/Patt/Pung/ Möhlenbrock	Dötsch/Patt/Pung/Möhlenbrock, Umwandlungssteuerrecht, 7. Aufl 201
DStR	Deutsches Steuerrecht (Zeitschrift)
DStRE	Deutsches Steuerrecht Entscheidungsdienst (Zeitschrift)
DStZ	Deutsche Steuer-Zeitung (Zeitschrift)

EAEG	Einlagensicherungs- und Anlegerentschädigungsgesetz
Ebenroth/Boujong/ Joost/Strohn	Ebenroth/Boujong/Joost/Strohn, HGB, Kommentar, 2. Aufl 2009
E-Bilanz	elektronische Bilanz
EBITDA	earnings before interest, taxes, depreciation and amortization
EFG	Entscheidungen der Finanzgerichte (Zeitschrift)
EFTA	Europäische Freihandelszone (European Free Trade Association)
EG	EG-Vertrag, Europäische Gemeinschaft
EG-Amtshilfe-Anpassungsgesetz	Gesetz zur Anpassung der Vorschriften über die Amtshilfe im Bereich der Europäischen Union sowie zur Umsetzung der Richtlinie 2003/49/EG des Rates v 3.6.2003 über eine gemeinsame Steuerregelung für Zahlungen von Zinsen und Lizenzgebühren zwischen verbundenen Unternehmen verschiedener Mitgliedstaaten v 2.12.2004 (BGBl I 2004, 3122)
EGBGB	Einführungsgesetz zum Bürgerlichen Gesetzbuche
EGHGB	Einführungsgesetz zum Handelsgesetzbuch
EGInsOÄndG	Gesetz zur Änderung des Einführungsgesetzes zur Insolvenzordnung und anderer Gesetze v 19.12.1998 (BGBl I 1998, 3836)
EGStGB	Einführungsgesetz zum Strafgesetzbuch
EG-Versicherungs-bilanz-RL	Richtlinie 91/674/EWG des Rates v 19.12.1991 über den Jahresabschluss und den konsolidierten Abschluss von Versicherungsunternehmen (ABl EG Nr l 374, 7)
EigBVO	Eigenbetriebsverordnung
Einf	Einführung
Einl	Einleitung
EK	Eigenkapital
Emmerich/Habersack	Emmerich/Habersack, Aktien- und GmbH-Konzernrecht, Kommentar, 6. Aufl 2010
ENeuOG	Eisenbahnneuordnungsgesetz v 27.12.1993 (BGBl I 1993, 2378)
EnWG	Energiewirtschaftsgesetz
ErbStG	Erbschaftsteuer- und Schenkungsteuergesetz
ErbStR	Erbschaftsteuer-Richtlinien
ErdölBevG	Erdölbevorratungsgesetz
Erle/Sauter	Erle/Sauter, Körperschaftsteuergesetz, Kommentar, 3. Aufl 2010
ESt	Einkommensteuer

EStÄR	Einkommensteuer-Änderungsrichtlinien
EStB	Der Ertrag-Steuer-Berater (Zeitschrift)
EStDV	Einkommensteuer-Durchführungsverordnung
EStG	Einkommensteuergesetz
EStH	Einkommensteuer-Hinweise
EStR	Einkommensteuer-Richtlinien
ET	European Taxation (Zeitschrift)
etc	et cetera
EU	Europäische Union
EuG	Gericht der Europäischen Union
EuGH	Europäischer Gerichtshof
EUR	Euro
EURLUmsG	Gesetz zur Umsetzung von EU-Richtlinien in nationales Steuerrecht und zur Änderung weiterer Vorschriften v 9.12.2004 (BGBl I 2004, 3310)
EuZW	Europäische Zeitschrift für Wirtschaftsrecht (Zeitschrift)
eV	eingetragener Verein
evtl	eventuell
EVTZ	Europäischer Verbund für territoriale Zusammenarbeit
EWG	Europäische Wirtschaftsgemeinschaft
EWIV	Europäische wirtschaftliche Interessenvereinigung
EWR	Eropäischer Wirtschaftsraum
EWRA	EWR-Abkommen
EWS	Europäisches Wirtschafts- und Steuerrecht (Zeitschrift)
EY	Ernst & Young, Körperschaftsteuergesetz, Kommentar, Loseblatt
EY, VGA und verdeckte Einlagen	Ernst & Young, Verdeckte Gewinnausschüttungen und verdeckte Einlagen, Loseblatt
f	folgend
F/W/B/S	Flick/Wassermeyer/Baumhoff/Schönfeld, Außensteuerrecht, Kommentar, Loseblatt
Fahr/Kaulbach/Bähr	Fahr/Kaulbach/Bähr, Versicherungsaufsichtsgesetz, Kommentar, 4. Aufl 2007
FamFG	Gesetz über das Verfahren in Familiensachen und in den Angelegenheiten der freiwilligen Gerichtsbarkeit
FASB	Financial Accounting Standards Board
FB	Finanz-Betrieb (Zeitschrift)
FCP	Fonds commun de placement
ff	und folgende

FG	Finanzgericht
FGO	Finanzgerichtsordnung
FMStFG	Finanzmarktstabilisierungsfondsgesetz v 17.10.2008 (BGBl. I 2008, 1982)
Fn	Fußnote
FR	Finanz-Rundschau (Zeitschrift)
Frotscher	Frotscher, Einkommensteuergesetz, Kommentar, Loseblatt
Frotscher/Maas	Frotscher/Maas, Körperschaftsteuergesetz und Umwandlungssteuergesetz, Kommentar, Loseblatt
FS	Festschrift
Fusions-RL	Richtlinie 90/434/EWG des Rates v 23.7.1990 über das gemeinsame Steuersystem für Fusionen, Spaltungen, Abspaltungen, die Einbringung von Unternehmensteilen und den Austausch von Anteilen, die Gesellschaften verschiedener Mitgliedstaaten betreffen, sowie für die Verlegung des Sitzes einer Europäischen Gesellschaft oder einer Europäischen Genossenschaft von einem Mitgliedstaat in einen anderen Mitgliedstaat (ABl EG Nr L 225, 1)
FVerlV	Funktionsverlagerungsverordnung
FVG	Finanzverwaltungsgesetz
G/H/E/K	Geßler/Hefermehl/Eckardt/Kropff, Kommentar zum Aktiengesetz, 1973 ff
GAAP	Generally Accepted Accounting Principles
GAufzV	Gewinnabgrenzungsaufzeichnungsverordnung
GBl	Gesetzblatt
GBO	Grundbuchordnung
GBP	Great Britain Pound
GbR	Gesellschaft bürgerlichen Rechts
GDL	Gesetz über die Ermittlung des Gewinns aus Land- und Forstwirtschaft nach Durchschnittssätzen v 19.5.1965 (BGBl I 1965, 1350)
Gelhausen/Fey/Kaempfer	Gelhausen/Fey/Kaempfer, Rechnungslegung und Prüfung nach dem Bilanzrechtsmodernisierungsgesetz, Kommentar, 2009
gem	gemäß
GEMA	Gesellschaft für musikalische Aufführungs- und mechanische Vervielfältigungsrechte
GenG	Genossenschaftsgesetz
GewSt	Gewerbesteuer

GewStDV	Gewerbesteuer-Durchführungsverordnung
GewStG	Gewerbesteuergesetz
GewStR	Gewerbesteuer-Richtlinien
GG	Grundgesetz
ggf	gegebenenfalls
GHfBetrG	Gesamthafenbetriebsgesetz
GKKB	Gemeinsame konsolidierte Körperschaftsteuerbemessungsgrundlage
Glanegger/Güroff	Glanegger/Güroff, GewStG, Kommentar, 7. Aufl 2009
GmbH	Gesellschaft mit beschränkter Haftung
GmbH & Co KG	Gesellschaft mit beschränkter Haftung & Compagnie Kommanditgesellschaft
GmbHG	Gesetz betreffend die Gesellschaften mit beschränkter Haftung
GmbHR	GmbH Rundschau (Zeitschrift)
GmbH-StB	Der GmbH-Steuerberater (Zeitschrift)
Gosch	Gosch, Körperschaftsteuergesetz, Kommentar, 2. Aufl 2009
Grabitz/Hilf	Grabitz/Hilf, Das Recht der Europäischen Union, Kommentar, Loseblatt
GrESt	Grunderwerbsteuer
GrEStG	Grunderwerbsteuergesetz
Großkommentar AktG	Hopt/Wiedemann, Großkommentar zum Aktiengesetz, 4. Aufl 1992 ff
Großkommentar HGB	Staub, Handelsgesetzbuch, 5. Aufl 2009 ff
Grotherr	Grotherr, Handbuch der internationalen Steuerplanung, 3. Aufl 2011
GrS	Großer Senat
GrStG	Grundsteuergesetz
GS	Gedächtnisschrift
Gürschning/Stenger	Gürschning/Stenger, Bewertungsrecht - BewG ErbStG, Kommentar, Loseblatt
GVBl	Gesetz- und Verordnungsblatt
GVL	Gesellschaft zur Verwertung von Leistungsschutzrechten mbH
H/H/R	Herrmann/Heuer/Raupach, Einkommensteuer- und Körperschaftsteuergesetz, Kommentar, Loseblatt
hA	herrschende Ansicht
Haase AStG/DBA	Haase, Außensteuergesetz, Doppelbesteuerungsabkommen, Kommentar, 2009

Abkürzungsverzeichnis

Haase	Haase, Investmentsteuergesetz, Kommentar, 2010
Hachenburg	Hachenburg, GmbHG, Großkommentar, 8. Aufl 1990 ff
Handbuch des Jahresabschlusses	von Wysocki/Schulze-Osterloh/Hennrichs/Kuhner, Handbuch des Jahresabschlusses, Loseblatt
Haritz/Menner	Haritz/Menner, Umwandlungssteuergesetz, Kommentar, 3. Aufl 2010
HBeglG	Haushaltsbegleitgesetz v 29.12.2003 (BGBl I 2003, 3076)
Henssler/Strohn	Henssler/Strohn, Gesellschaftsrecht, Kommentar, 2011
HFR	Höchstrichterliche Finanzrechtsprechung (Zeitschrift)
HGB	Handelsgesetzbuch
HGrG	Haushaltsgrundsätzegesetz
hL	herrschende Lehre
hM	herrschende Meinung
Höfer/Veit/Verhuven	Höfer/Veit/Verhuven, Betriebsrentenrecht, Kommentar, Loseblatt
Hölters	Hölters, Aktiengesetz, Kommentar, 2011
Hrsg	Herausgeber
Hs	Halbsatz
HStruktG	Haushaltsstrukturgesetz
H/H/S	Hübschmann/Hepp/Spitaler, Abgabenordnung, Finanzgerichtsordnung, Loseblatt
Hüffer	Hüffer, Aktiengesetz, Kommentar, 9. Aufl 2010
iA	im Allgemeinen
IAS	International Accounting Standards
IASB	International Accounting Standards Board
idF(d)	in der Fassung (des)
idR	in der Regel
idS	in diesem Sinne
IDW	Institut der Wirtschaftsprüfer
IDW-FN	Fachnachrichten des Instituts der Wirtschaftsprüfer (Zeitschrift)
IDW-Steuerhinweis	IDW Stellungnahmen zur Rechnungslegung
ieS	im engeren Sinne
IFRIC	International Financial Reporting Interpretations Committee
IFRS	International Financial Reporting Standards
IFSA	Institut für Finanzen und Steuern
iHd/e/v	in Höhe des/der/eines/von
Inc	Incorporated
INF	Die Information über Steuer und Wirtschaft (Zeitschrift)

inkl	inklusive
InsO	Insolvenzordnung
InvAG	Investmentaktiengesellschaft
InvG	Investmentgesetz
InvStG	Investmentsteuergesetz
InvZulg	Investitionszulagengesetz
IPRax	Praxis des Internationalen Privat- und Verfahrensrechts (Zeitschrift)
IRC	Internal Revenue Code
iRd/e/v	im Rahmen des/der/eines/von
iSd/e/v	im Sinne des/der/eines/von
IStR	Internationales Steuerrecht (Zeitschrift)
iÜ	im Übrigen
iVm	in Verbindung mit
IWB	Internationale Wirtschaftsbriefe (Zeitschrift)
iwS	im weiteren Sinne
JStErgG	Jahressteuer-Ergänzungsgesetz 1996 v 18.12.1995 (BGBl I 1995, 1959)
JStG	Jahressteuergesetz
Juris PR	Bank- und Kapitalmarktreport (online)
K/S/M	Kirchhof/Söhn/Mellinghof, Einkommensteuergesetz, Kommentar, Loseblatt
KAEAnO	Anordnung über die Zulässigkeit von Konzessionsabgaben der Unternehmen und Betriebe zur Versorgung mit Elektrizität, Gas und Wasser an Gemeinden und Gemeindeverbände
KAGG	Gesetz über Kapitalanlagegesellschaften
KalV	Verordnung über die versicherungsmathematischen Methoden zur Prämienkalkulation und zur Berechnung der Alterungsrückstellung in der privaten Krankenversicherung
KapErhG	Kapitalerhöhungsgesetz
KapErhStG	Kapitalerhöhungssteuergesetz
KAV	Konzessionsabgabenverordnung
KESt	Kapitalertragsteuer
KG	Kammergericht, Kommanditgesellschaft
KGaA	Kommanditgesellschaft auf Aktien

Abkürzungsverzeichnis

Kirchhof	Kirchhof, Einkommensteuergesetz, Kommentar, 10. Aufl 2011
Kläschen	Kläschen, Körperschaftsteuergesetz, Loseblatt, Stand: Lieferung 19 (1993)
Klein	Klein, Abgabenordnung, Kommentar, 10. Aufl 2009
Kölner Kommentar AktG	Kölner Kommentar zum Aktiengesetz, 3. Aufl 2009 ff
KonBefrV	Konzernabschlussbefreiungsverordnung
KontraG	Gesetz zur Kontrolle und Transparenz im Unternehmensbereich
Korb II-G	siehe ProtErklG
Korn	Korn, Einkommensteuergesetz, Kommentar, Loseblatt
KÖSDI	Kölner Steuerdialog (Zeitschrift)
Kraft	Kraft, Außensteuergesetz, Kommentar, 2009
Kroppen	Kroppen, Handbuch Internationale Verrechnungspreise, Loseblatt
KrW-/AbfG	Kreislaufwirtschafts- und Abfallgesetz
KSt	Körperschaftsteuer
KStÄndG	Körperschaftsteueränderungsgesetz
KStDV	Körperschaftsteuer-Durchführungsverordnung
KStG	Körperschaftsteuergesetz
KStH	Körperschaftsteuer-Hinweise
KStR	Körperschaftsteuer-Richtlinien
KStZ	Kommunale Steuer-Zeitschrift (Zeitschrift)
KultStiftFG	Kultur- und Stiftungsförderungsgesetz v 13.12.1990 (BGBl I 1990, 2775)
KunstUrhG	Kunsturhebergesetz
KWG	Kreditwesengesetz
L/B/P	Littmann/Bitz/Pust, Das Einkommensteuerrecht, Kommentar, Loseblatt
Lademann	Lademann, Körperschaftsteuergesetz, Kommentar, Loseblatt
Lademann	Lademann, Einkommensteuergesetz, Kommentar, Loseblatt
Lange/Janssen, VGA	Lange/Janssen, Verdeckte Gewinnausschüttungen, 9. Aufl 2007
Lenski/Steinberg	Lenski/Steinberg, Gewerbesteuergesetz, Kommentar, Loseblatt
Lfg	Lieferung
LfSt	Landesamt für Steuern

LG	Landgericht
Lippross	Lippross, Basiskommentar Steuerrecht, Kommentar, Loseblatt
lit	littera
LLC	Limited Liability Company
LSt	Lohnsteuer
LStH	Lohnsteuer-Hinweise
LStR	Lohnsteuer-Richtlinien
Ltd	Limited
Ltd & Co KG	Limited & Compagnie Kommanditgesellschaft
Lutter	Lutter, Umwandlungsgesetz, Kommentar, 4. Aufl 2009
Lutter/Hommelhoff	Lutter/Hommelhoff, GmbH-Gesetz, Kommentar, 17. Aufl 2009
Maunz/Dürig	Maunz/Dürig, Grundgesetz, Kommentar, Loseblatt
mE	meines Erachtens
Meyer-Scharenberg/ Popp/Woring	Meyer-Scharenberg/Popp/Woring, Gewerbesteuer, Kommentar, 2. Aufl 1996
MG	Muttergesellschaft
Michalski	Michalski, Kommentar zum Gesetz betreffend die Gesellschaften mit beschränkter Haftung, Kommentar, 2. Aufl 2010
Mio	Million
MitBestG	Mitbestimmungsgesetz
MittRhNotK	Mitteilungen der Rheinischen Notarkammer
MoMiG	Gesetz zur Modernisierung des GmbH-Rechts und zur Bekämpfung von Missbräuchen v 23.10.2008 (BGBl I 2008, 2026)
MoRaKG	Gesetz zur Modernisierung der Rahmenbedingungen für Kapitalbeteiligungen v 12.8.2008 (BGBl I 2008, 1672)
Mössner/Seeger	Mössner/Seeger, Körperschaftsteuer, Kommentar, Loseblatt
MPBetreibV	Medizinprodukte-Betreiberverordnung
Mrd	Milliarde
MTRL	Richtlinie 90/435/EWG des Rates v 23.7.1990 über das gemeinsame Steuersystem der Mutter- und Tochtergesellschaften verschiedener Mitgliedstaaten (ABl EG 1990 Nr L 225, 6)
MüKo AktG	Münchener Kommentar zum Aktiengesetz, 3. Aufl 2008 ff
MüKo BGB	Münchener Kommentar zum Bürgerlichen Gesetzbuch, 6. Aufl 2012

Abkürzungsverzeichnis

MüKo HGB	Münchener Kommentar zum Handelsgesetzbuch, 2. Aufl 2009
Münchener Handbuch des Gesellschaftsrechts AG	Münchener Handbuch des Gesellschaftsrechts, Band 4, 3. Aufl 2007
mwN	mit weiteren Nachweisen
MwStSystRL	Richtlinie 2006/112/EG des Rates v 28.11.2006 über das gemeinsame Mehrwertsteuersystem (ABl EG 2006 Nr L 347, 1)
nF	neue Fassung
NJW	Neue Juristische Wochenzeitschrift (Zeitschrift)
NJW-RR	NJW-Rechtsprechungs-Report (Zeitschrift)
Nr	Nummer
nrkr	nicht rechtskräftig
nv	nicht veröffentlicht
NVwZ	Neue Zeitschrift für Verwaltungsrecht (Zeitschrift)
NWB	Neue Wirtschafts-Briefe für Steuer- und Wirtschaftsrecht (Zeitschrift)
NZB	Nichtzulassungsbeschwerde
NZG	Neue Zeitschrift für Gesellschaftsrecht (Zeitschrift)
oä	oder ähnliches
OECD	Organisation for Economic Co-operation and Development
OECD-MA	OECD-Musterabkommen
OFD	Oberfinanzdirektion
og	oben genannt
oGA	offene Gewinnausschüttung
OHG	Offene Handelsgesellschaft
OLG	Oberlandesgericht
ÖPNV	Öffentlicher Personennahverkehr
ÖStZ	Österreichische Steuerzeitung (Zeitschrift)
Pahlke/Koenig	Pahlke/Koenig, Abgabenordnung, Kommentar, 2. Aufl 2009
Palandt	Palandt, Bürgerliches Gesetzbuch, Kommentar, 70. Aufl 2011
PartG	Parteiengesetz
PBefG	Personenbeförderungsgesetz

PFDeckRV	Verordnung über Rechnungsgrundlagen für die Deckungsrückstellungen von Pensionsfonds
PiStB	Praxis Internationale Steuerberatung (Zeitschrift)
Pöhlmann/Fandrich/Bloehs	Pöhlmann/Fandrich/Bloehs, Genossenschaftsgesetz, Kommentar, 3. Aufl 2007
PostPersRG	Postpersonalrechtsgesetz
PPP	Public Private Partnership
PreußOVG	Preußisches Oberverwaltungsgericht
Prölss	Prölss, Versicherungsaufsichtsgesetz, Kommentar, 12. Aufl 2005
Prölss/Martin	Prölss/Martin, Versicherungsvertragsgesetz, Kommentar, 28. Aufl 2010
ProtErklG	Gesetz zur Umsetzung der Protokollerklärung der Bundesregierung zur Vermittlungsempfehlung zum Steuervergünstigungsgesetz v 22.12.2003 (sog Korb II-G, BGBl I 2003, 2840)
PrOVG	Preußisches Oberverwaltungsgericht
Prütting/Wegen/Weinreich	Prütting/Wegen/Weinreich, BGB, Kommentar, 6. Aufl 2011
PSVaG	Pensions-Sicherungs-Verein VVaG
PTNeuOG	Postneuordnungsgesetz v 14.9.1994 (BGBl I 1994, 2325)
PublG	Publizitätsgesetz
PVaG	Pensionsfondsverein auf Gegenseitigkeit
RAO	Reichsabgabenordnung
Rau/Heubeck/Höhne	Heubeck/Höhne/Paulsdorff/Rau/Weinert, Kommentar zum Betriebsrentengesetz, Band 2, 1978
RAVG	Rechtsanwaltsversorgungsgesetz
RdF	Recht der Finanzinstrumente (Zeitschrift)
RechKredV	Kreditinstituts-Rechnungslegungsverordnung
RechVersV	Verordnung über die Rechnungslegung von Versicherungsunternehmen
Reischauer/Kleinhans	Reischauer/Kleinhans, Kreditwesengesetz Kommentar, Loseblatt
REIT	Real Estate Investment Trust
REIT-AG	REIT- Aktiengesellschaft
REITG	REIT-Gesetz
REPO	Sale and Repurchase Agreement
RFH	Reichsfinanzhof
RGBl	Reichsgesetzblatt

Richter/Wachter	Richter/Wachter, Handbuch des internationalen Stiftungsrechts, 2007
RIW	Recht der Internationalen Wirtschaft (Zeitschrift)
rkr	rechtskräftig
RL	Richtlinie
RMF	Reichsministerium der Finanzen
Rn	Randnummer
Rödder/Herlinghaus/ van Lishaut	Rödder/Herlinghaus/van Lishaut, Umwandlungssteuergesetz, Kommentar, 2007
RöV	Röntgenverordnung
Rs	Rechtssache
RStBl	Reichssteuerblatt
RVO	Reichsversicherungsverordnung
RVOrgG	Gesetz zur Organisationsreform in der gesetzlichen Rentenversicherung v 9.12.2004 (BGBl I 2004, 3243)
S	Satz, Seite
s	siehe
sa	siehe auch
Sàrl	Société à responsabilité limitée
SCE	Europäische Genossenschaft (Societas Cooperativa Europaea)
SCEAG	Gesetz zur Ausführung der Verordnung (EG) Nr 1435/2003 des Rates v 22.7.2003 über das Statut der Europäischen Genossenschaft (SCE)
SCE-Verordnung	Verordnung (EG) Nr 1435/2003 des Rates v 22.7.2003 über das Statut der Europäischen Genossenschaft (ABl EU Nr L 207, 25)
Schaumburg/Rödder, UntStRef 2008	Schaumburg/Rödder, Unternehmensteuerreform 2008, 2007
Schmidt	Schmidt, Einkommensteuergesetz, Kommentar, 30. Aufl 2011
Schmidt/Lutter	Schmidt/Lutter, Aktiengesetz, Kommentar, 2. Aufl 2010
Schmitt/Hörtnagl/Stratz	Schmitt/Hörtnagl/Stratz, Umwandlungsgesetz, Umwandlungssteuergesetz, Kommentar, 5. Aufl 2009
Scholz	Scholz, GmbHG, Kommentar, 10. Aufl 2010
Schwarz	Schwarz, Abgabenordnung, Kommentar, Loseblatt
Schwennicke/Auerbach	Schwennicke/Auerbach, Kreditwesengesetz, Kommentar, 2009
SE	Europäische Gesellschaft (Societas Europaea)

SEAG	Gesetz zur Ausführung der Verordnung (EG) Nr 2157/2001 des Rates v 8.10.2001 über das Statut der Europäischen Gesellschaft (SE)
SEC	United States Securities and Exchange Commission
Sect	Section
SEEG	Gesetz zur Einführung der Europäischen Gesellschaft v 22.12.2004 (BGBl I 2004, 3675)
Semler/Stengel	Semler/Stengel, Umwandlungsgesetz, Kommentar, 2. Aufl 2007
SEStEG	Gesetz über steuerliche Begleitmaßnahmen zur Einführung der Europäischen Gesellschaft und zur Änderung weiterer steuerrechtlicher Vorschriften v 7.12.2006 (BGBl I 2006, 2782)
SE-Verordnung	Verordnung (EG) Nr 2157/2001 des Rates v 8.10.2001 über das Statut der Europäischen Gesellschaft (ABl EU Nr L 294, 1)
SFG	Solidarpaktfortführungsgesetz v 20.12.2001 (BGBl I 2001, 3955)
SGB	Sozialgesetzbuch
SIC	Standing Interpretations Committee
SICAV	Société d'investissement à capital variable
Slg	Sammlung
so	siehe oben
sog	sogenannt
Sölch/Ringleb	Sölch/Ringleb, Umsatzsteuer, Kommentar, Loseblatt
SolZ	Solidaritätszuschlag
SolzG	Solidaritätszuschlaggesetz
SPE	Societas Privata Europaea (Europäische Privatgesellschaft)
Spindler/Stilz	Spindler/Stilz, AktG, Kommentar, 2. Aufl 2010
SpruchG	Spruchverfahrensgesetz
SRÜ	Seerechtsübereinkommen der Vereinten Nationen
StÄndG	Steueränderungsgesetz
StandOG	Standortsicherungsgesetz v 13.9.1993 (BGBl I 1993, 1569)
StAnpG	Steueranpassungsgesetz
Staudinger	Staudinger, BGB, Kommentar, IntGesR, 1998
StB	Der Steuerberater (Zeitschrift)
StBAG	Steuerbeamtenausbildungsgesetz v 26.7.2002 (BGBl I 2002, 2715)
StBereinG	Steuerbereinigungsgesetz v 22.12.1999 (BGBl I 1999, 2601)

Abkürzungsverzeichnis

StBerG	Steuerberatungsgesetz
Stbg	Die Steuerberatung (Zeitschrift)
StBp	Die steuerliche Betriebsprüfung (Zeitschrift)
StDÜV	Steuerdaten-Übermittlungsverordnung
StEd	Steuer-Eildienst
StEK	Steuererlasskartei
StEntlG	Steuerentlastungsgesetz 1999/2000/2002 v 24.3.1999 (BGBl I 1999, 402) und Steuerentlastungsgesetz 1984 v 22.12.1983 (BGBl I 1984, 445)
SteuerbürokratieabbauG	Steuerbürokratieabbaugesetz v 20.12.2008 (BGBl I 2008, 2850)
SteuerHBekG	Steuerhinterziehungsbekämpfungsgesetz v 29.7.2009 (BGBl I 2009, 2302)
StEuglG	Steuer-Euroglättungsgesetz v19.12.2000 (BGBl I 2000, 1790)
StGB	Strafgesetzbuch
StMBG	Missbrauchsbekämpfungs- und Steuerbereinigungsgesetz v 21.12.1993 (BGBl I 1993, 2310)
StPO	Strafprozessordnung
Streck	Streck, KStG, Kommentar, 7. Aufl 2008
StRefG	Steuerreformgesetz 1990 v 25.7.1988 (BGBl I 1988, 193)
Strunk/Kaminski/Köhler	Strunk/Kaminski/Köhler, Außensteuergesetz-Doppelbesteuerungsabkommen, Kommentar, Loseblatt
StSenkG	Steuersenkungsgesetz v 23.10.2000 (BGBl I 2000, 1433)
StuB	Steuern und Bilanzen
StuW	Steuern und Wirtschaft (Zeitschrift)
StVBG	Steuerverkürzungsbekämpfungsgesetz v 19.12.2001 (BGBl I 2001, 3922)
StVergAbG	Steuervergünstigungsabbaugesetz v 16.5.2003 (BGBl I 2003, 660)
StVO	Straßenverkehrs-Ordnung
StVZO	Straßenverkehrs-Zulassungsordnung
su	siehe unten
sublit	sublittera
SubvAbG	Subventionsabbaugesetz v 26.6.1981 (BGBl I 1981, 537)
SWI	Steuern und Wirtschaft International (Zeitschrift)
T/K	Tipke/Kruse, Abgabenordnung, Finanzgerichtsordnung, Kommentar, Loseblatt

TabakStG	Tabaksteuergesetz
TG	Tochtergesellschaft
TIEA	Tax Information Exchange Agreement
TierNebG	Tierische Nebenprodukte-Beseitigungsgesetz
Tipke/Lang	Tipke/Lang, Steuerrecht, 20. Aufl 2009
TVG	Tarifvertragsgesetz
Tz	Textziffer
ua	unter anderem, und andere
uä	und ähnliches
ÜberschV	Überschussverordnung
Ubg	Die Unternehmensbesteuerung (Zeitschrift)
uE	unseres Erachtens
UG	Unternehmergesellschaft
UK	United Kingdom
Ulmer/Habersack/Winter	Ulmer/Habersack/Winter, GmbHG, Großkommentar, 2008
UmwG	Umwandlungsgesetz
UmwSt	Umwandlungssteuer
UmwStE	Umwandlungssteuererlass
UmwStG	Umwandlungssteuergesetz
UNICEF	United Nations International Children's Emergency Fund
UntStFG	Unternehmensteuerfortentwicklungsgesetz v 20.12.2001 (BGBl I 2001, 3858)
UntStRefG	Unternehmensteuerreformgesetz v. 14.8.2007 (BGBl I 2007, 1912)
UR	Umsatzsteuer-Rundschau (Zeitschrift)
UrhWahrnG	Urheberrechtswahrnehmungsgesetz
US	United States
USA	United States of America
US-GAAP	United States Generally Accepted Accounting Principles
USt	Umsatzsteuer
UStAE	Umsatzsteuer-Anwendungserlass
UStDV	Umsatzsteuer-Durchführungsverordnung
UStG	Umsatzsteuergesetz
UStK	Umsatzsteuer-Kartei
usw	und so weiter
uU	unter Umständen

Abkürzungsverzeichnis

v	vom
VAG	Gesetz über die Beaufsichtigung der Versicherungsunternehmen
VEB	Volkseigener Betrieb
vEK	verwendbares Eigenkapital
VerBAV	Veröffentlichungen des Bundesaufsichtsamtes für das Versicherungswesen
VerpackV	Verpackungsverordnung
VersRiLiG	Versicherungsbilanzrichtlinie-Gesetz v 24.6.1994 (BGBl I 1994, 1377)
VersW	Versicherungswirtschaft (Zeitschrift)
VG Bild-Kunst	Verwertungsgesellschaft Bild-Kunst
VG Wort	Verwertungsgesellschaft Wort
vGA	verdeckte Gewinnausschüttung
vgl	vergeleiche
Vogel/Lehner	Vogel/Lehner, Doppelbesteuerungsabkommen, Kommentar, 5. Aufl 2008
Vogel/Schwarz	Vogel/Schwarz, Umsatzsteuergesetz, Kommentar, Loseblatt
von Mangoldt/Klein/ Starck	von Mangoldt/Klein/Starck, Grundgesetz, Kommentar, 6. Aufl 2010
Vorb	Vorbemerkung
VorstAG	Gesetz zur Angemessenheit der Vorstandsvergütung
VRG	Vorruhestandsgesetz
VV	Verwaltungsvorschrift
VVaG	Versicherungsverein auf Gegenseitigkeit
VVG	Versicherungsvertragsgesetz
VZ	Veranlagungszeitraum
W/M	Widmann/Mayer, Umwandlungsrecht, Kommentar, Loseblatt
WakrabegStV	Wasserkraftwerk-Steuerbegünstigungsverordnung
Wallenhorst/Halaczinsky	Wallenhorst/Halaczinsky, Die Besteuerung gemeinnütziger Vereine, Stiftungen und der juristischen Personen des öffentlichen Rechts, Handbuch, 6. Aufl 2009
Wassermeyer/Andresen/ Ditz	Wassermeyer/Andresen/Ditz, Betriebsstätten-Handbuch, 2006
Wassermeyer/Richter/ Schnittker	Wassermeyer/Richter/Schnittker, Personengesellschaften im internationalen Steuerrecht, Handbuch, 2010
WEG	Wohnungseigentumgesetz

WG	Wassergesetz
WHG	Wasserhaushaltsgesetz
WiB	Wirtschaftsrechtliche Bedeutung (Zeitschrift)
WiGBl	Gesetzblatt der Verwaltung des Vereinigten Wirtschaftsgebiets
wistra	Zeitschrift für Wirtschafts - und Steuerstrafrecht (Zeitschrift)
WJ	Wirtschaftsjahr
WM	Wertpapier-Mitteilungen (Zeitschrift)
WoBauFG	Wohnungsbauförderungsgesetz v 22.12.1989 (BGBl I 1989, 2408)
WoBauG	Wohnungsbau- und Familienheimgesetz
WPg	Die Wirtschaftsprüfung (Zeitschrift)
WpHG	Wertpapierhandelsgesetz
WpÜG	Wertpapiererwerbs- und Übernahmegesetz
WRV	Weimarer Reichsverfassung
zB	zum Beispiel
ZDF	Zweites Deutsches Fernsehen
ZerlG	Zerlegungsgesetz
ZEV	Zeitschrift für Erbrecht - und Vermögensnachfolge (Zeitschrift)
ZfK	Zeitung für kommunale Wirtschaft (Zeitschrift)
ZGR	Zeitschrift für Unternehmens- und Gesellschaftsrecht (Zeitschrift)
ZHR	Zeitschrift für das gesamte Handels- und Wirtschaftsrecht (Zeitschrift)
Zins- und Lizenz-gebühren-RL	Richtlinie 2003/49/EG des Rates v 3.6.2003 über eine gemeinsame Steuerregelung für Zahlungen von Zinsen und Lizenzgebühren zwischen verbundenen Unternehmen verschiedener Mitgliedstaaten (ABl EG 2003 Nr L 157, 49)
ZIP	Zeitschrift für Wirtschaftsrecht (Zeitschrift)
ZIV	Zinsinformationsverordnung
ZKF	Zeitschrift für Kommunalfinanzen (Zeitschrift)
ZollG	Zollgesetz
ZPO	Zivilprozessordnung
ZRQuotenV	Verordnung über die Mindestbeitragsrückerstattung in der Lebensversicherung
zT	zum Teil
zvE	zu versteuerndes Einkommen

Erster Teil: Steuerpflicht

§ 1 Unbeschränkte Steuerpflicht

(1) Unbeschränkt körperschaftsteuerpflichtig sind die folgenden Körperschaften, Personenvereinigungen und Vermögensmassen, die ihre Geschäftsleitung oder ihren Sitz im Inland haben:

1. Kapitalgesellschaften (insbesondere Europäische Gesellschaften, Aktiengesellschaften, Kommanditgesellschaften auf Aktien, Gesellschaften mit beschränkter Haftung);
2. Genossenschaften einschließlich Europäischer Genossenschaften;
3. Versicherungs- und Pensionsfondsvereine auf Gegenseitigkeit;
4. sonstige juristische Personen des privaten Rechts;
5. nichtrechtsfähige Vereine, Anstalten, Stiftungen und andere Zweckvermögen des privaten Rechts;
6. Betriebe gewerblicher Art von juristischen Personen des öffentlichen Rechts.

(2) Die unbeschränkte Körperschaftsteuerpflicht erstreckt sich auf sämtliche Einkünfte.

(3) Zum Inland im Sinne dieses Gesetzes gehört auch der der Bundesrepublik Deutschland zustehende Anteil am Festlandssockel, soweit dort Naturschätze des Meeresgrundes und des Meeresuntergrundes erforscht oder ausgebeutet werden oder dieser der Energieerzeugung unter Nutzung erneuerbarer Energien dient.

KStR 2 und 3; KStH 2

Übersicht

	Rn
I. Regelungsgehalt	1 – 3
II. Rechtsentwicklung	4 – 6
III. Normzweck und Anwendungsbereich	7 – 45
1. Grundlagen des Körperschaftsteuersystems	7 – 13
2. Bedeutung des § 1	14 – 18
3. Verhältnis zu anderen Vorschriften	19 – 40
a) Innerhalb des KStG	19 – 30
b) Außerhalb des KStG	31 – 40
4. Anwendungsbereich	41 – 45
IV. Voraussetzungen der unbeschränkten Steuerpflicht	46 – 81
1. Allgemeines	46 – 50
2. Ort der Geschäftsleitung	51 – 61
3. Sitz	62 – 74
4. Bestimmung des Inlandsbegriffs	75 – 81
V. Körperschaftsteuersubjekte im Einzelnen	82 – 232
1. Allgemeines	82 – 87
2. Kapitalgesellschaften (§ 1 I Nr 1)	88 – 114

a) Allgemeines .... 88 – 92
b) SE .... 93 – 97
c) AG .... 98 – 102
d) KGaA .... 103 – 108
e) GmbH .... 109 – 114
3. Genossenschaften (§ 1 I Nr 2) .... 115 – 128
a) Allgemeines .... 115 – 118
b) SCE .... 119 – 123
c) Genossenschaften .... 124 – 128
4. VVaG und PVaG (§ 1 I Nr 3) .... 129 – 141
a) Allgemeines .... 129 – 131
b) VVaG .... 132 – 137
c) PVaG .... 138 – 141
5. Sonstige juristische Personen des
privaten Rechts (§ 1 I Nr 4) .... 142 – 168
a) Allgemeines .... 142 – 147
b) Vereine .... 148 – 154
c) Stiftungen .... 155 – 162
d) Anstalten .... 163 – 168
6. Nichtrechtsfähige Vereine, Anstalten, Stiftungen und
andere Zweckvermögen des privaten Rechts (§ 1 I Nr 5) .... 169 – 191
a) Allgemeines .... 169 – 171
b) Nichtrechtsfähige Vereine .... 172 – 178
c) Nichtrechtsfähige Anstalten .... 179 – 180
d) Nichtrechtsfähige Stiftungen .... 181 – 184
e) Andere Zweckvermögen des privaten Rechts .... 185 – 191
7. BgA von juristischen Personen des
öffentlichen Rechts (§ 1 I Nr 6) .... 192 – 199
8. Ausländische Körperschaften, Personenvereinigungen
und Vermögensmassen sowie Sitzverlegung .... 200 – 232
a) Allgemeines .... 200 – 203
b) Zivilrechtliche Beurteilung ausländischer
Körperschaften, Personenvereinigungen
und Vermögensmassen .... 204 – 215
c) Steuerrechtliche Beurteilung ausländischer
Körperschaften, Personenvereinigungen
und Vermögensmassen .... 216 – 232
VI. Beginn und Ende der Steuerpflicht .... 233 – 259
1. Allgemeines .... 233 – 234

2. Beginn der Körperschaftsteuerpflicht .... 235 – 253
   a) Juristische Personen des privaten Rechts .... 235 – 248
   b) Nichtrechtsfähige Körperschaften,
      Personenvereinigungen und Vermögensmassen .... 249 – 251
   c) BgA .... 252 – 253
3. Beendigung der Steuerpflicht .... 254 – 259

I. Regelungsgehalt der Norm. Arten der subjektiven Steuerpflicht. Als zentrale 1
Norm der subjektiven Steuerpflicht bestimmt § 1 abschließend den Kreis der Körperschaftsteuersubjekte, die der unbeschränkten Körperschaftsteuerpflicht unterliegen. Im KStG werden wie im EStG zwei Arten der subjektiven Steuerpflicht unterschieden – die unbeschränkte und die beschränkte Körperschaftsteuerpflicht. Die beschränkte Körperschaftsteuerpflicht ist in § 2 geregelt. Insofern handelt es sich bei § 1 im Zusammenspiel mit § 2 um Bestimmungen, die den Kreis der dem KStG unterfallenden Steuerpflichtigen sowie den Umfang der Körperschaftsteuerpflicht festlegen. §§ 1 und 2 werden auch nicht durch § 3 I eingeschränkt. § 3 I dient der Abgrenzung der ESt von der KSt und begründet insoweit einen Auffangtatbestand, um sachwidrige Lücken im System der Steuersubjekte zu vermeiden.[1]

Umfang der subjektiven Steuerpflicht. Nach § 1 II erstreckt sich der Umfang 2
der unbeschränkten Körperschaftsteuerpflicht auf sämtliche in- und ausländischen Einkünfte (sog Welteinkommensprinzip), soweit nicht durch persönliche (zB § 5 I Nr 1) oder sachliche Steuerbefreiungen (zB § 8b oder durch DBA) Einschränkungen erfolgen. § 1 III, der dem Wortlaut des einkommensteuerlichen Inlandsbegriffs in § 1 I S 2 EStG entspricht, enthält Aussagen zum Begriff des Inlands ohne ihn jedoch abschließend zu definieren.

Einstweilen frei. 3

II. Rechtsentwicklung. Erweiterung des Katalogs durch SEStEG. Eine mit § 1 4
vergleichbare Regelung besteht im Kern seit der Einführung eines eigenständigen Gesetzes zur Besteuerung von Körperschaften im Jahre 1920.[2] Der Wortlaut des § 1 ist seit seiner Neufassung durch das KStG 1934 v 16.10.1934[3] im Wesentlichen unverändert geblieben.[4] Änderungen des § 1 erfolgten regelmäßig nur, wenn sich bei den Körperschaftsteuersubjekten zivilrechtliche Änderungen ergeben haben und dementsprechend der Katalog des § 1 angepasst werden musste (zB Streichung der Kolonialgesellschaften durch das StÄndG 1992 v 25.2.1992[5] und der bergrechtlichen Gewerkschaften durch das StBereinG 1999 v 22.12.1999[6] sowie Ergänzung um Pensionsfondsvereine auf Gegenseitigkeit durch das EURLUmsG v 9.12.1994[7]). Nach

---
1 Hierzu auch die amtliche Begründung zu § 3 idFd KStG 1934, RStBl 1935, 81, 82.
2 RGBl I 1920, 393.
3 RGBl I 1934, 1031.
4 Zum vorher geltenden Recht siehe *Kennerknecht*, Kommentar zum KStG 1934, § 1 Rn 1.
5 BGBl I 1992, 297.
6 BGBl I 1999, 2601.
7 BGBl I 2004, 3310.

einigen im Wesentlichen rein redaktionellen Änderungen erfuhr § 1 erst durch das SEStEG v 7.12.2006[1] eine nennenswerte Erweiterung. Mit der Einfügung des Worts „insbesondere" in § 1 I Nr 1 wurde klargestellt, dass es sich bei dem Katalog der in § 1 I Nr 1 genannten Kapitalgesellschaften nicht um eine abschließende Aufzählung von Gesellschaftsformen handelt. Zumindest für nach dem Recht eines anderen EU-Mitgliedstaats oder eines EWR-Staats gegründete Kapitalgesellschaften steht hierdurch seitdem zweifelsfrei fest, dass das KStG auch der Anerkennung der zivilrechtlichen Rechts- und Parteifähigkeit gebietsfremder Kapitalgesellschaften folgt.[2]

5   **Erweiterung des Inlandsbegriffs.** Neben dem Katalog der Körperschaftsteuersubjekte erfuhr auch der Begriff des Inlands Erweiterungen. Nachdem durch das 2. StÄndG 1973 v 18.7.1974[3] die Besteuerung von Tätigkeiten im Bereich des der BRD zustehenden Anteils am Festlandsockel erstmals gesetzlich geregelt wurde, erfolgte durch das JStG 2008 v 20.12.2007[4] eine Erweiterung des Inlandsbegriffs in § 1 III, um auch die Energieerzeugung unter Nutzung erneuerbarer Energien im Bereich des der BRD zustehenden Anteils am Festlandsockel der Körperschaftsteuerpflicht unterwerfen zu können.

6   *Einstweilen frei.*

7   **III. Normzweck und Anwendungsbereich. 1. Grundlagen des Körperschaftsteuersystems. Trennungsprinzip.** Im Unterschied zu Personengesellschaften werden Körperschaften für die Besteuerung der von ihnen erzielten Einkünfte als eigenständige Steuersubjekte behandelt. Im Verhältnis zwischen Körperschaft und Anteilseigner gilt das sog Trennungsprinzip; dh Körperschaft und Anteilseigner verfügen steuerlich über getrennte Vermögenssphären und demzufolge über eine unabhängig voneinander zu beurteilende steuerliche Leistungsfähigkeit.[5] Ungeachtet der für Personengesellschaften gleichermaßen bestehenden zivilrechtlichen Subjektivität gilt für die Besteuerung von Mitunternehmerschaften der Grundsatz der gemeinschaftlichen Tatbestandsverwirklichung bei der Einkünfteerzielung. Diese so gemeinschaftlich erzielten Einkünfte werden dem Mitunternehmer für Zwecke der ESt bzw KSt dann jedoch unmittelbar zugerechnet – sog Transparenzprinzip.[6]

8   **Vermeidung der wirtschaftlichen Doppelbesteuerung.** Das für die Körperschaft und den Anteilseigner geltende Trennungsprinzip (vgl Rn 7) wirft die steuersystematische Grundsatzfrage auf, inwieweit die Besteuerung der von der Körperschaft erzielten und an den Anteilseigner ausgeschütteten Erträge tatsächlich unabhängig voneinander gestaltet werden können; dh inwieweit eine wirtschaftliche Doppelbesteuerung abgemildert oder beseitigt werden muss.[7] Verfassungsrechtlich wird die Zulässigkeit einer (ungemilderten) wirtschaftlichen Doppelbelastung von Gewinnausschüttungen (sog klassisches System) im Ergebnis mittels des Trennungsprinzips

---

1   BGBl I 2006, 2782, ber BGBl I 2007, 68.
2   BTDrs 16/2710, 30.
3   BGBl I 1974, 1489.
4   BGBl I 2007, 3150.
5   *Hey* in Tipke/Lang, Steuerrecht, § 11 Rn 1.
6   *Hey* in Tipke/Lang, Steuerrecht, § 18 Rn 9 ff.
7   *Frotscher*, Körperschaftsteuer/Gewerbesteuer, 2. Aufl, § 1 Rn 1.

sachlich gerechtfertigt.[1] In Deutschland galt ein solches klassisches System der Doppelbelastung jedoch seit Einführung durch das KStG 1920[2] nur bis 1952. Seit 1953 wurde die Doppelbelastung ausgeschütteter Gewinne voll bzw teilweise abgemildert.[3]

KSt-Vollanrechnungsverfahren. Durch das KStG 1977[4] wurde das sog KSt-Vollanrechnungsverfahren in Deutschland eingeführt, welches die Besteuerung von Körperschaften und Anteilseigner bis 2001 maßgeblich geprägt hat. Die von der Körperschaft geschuldete KSt wurde dabei auf Steuerschuld des Anteilseigners wie eine eigene Steuervorauszahlung angerechnet und die wirtschaftliche Doppelbesteuerung damit weitgehend beseitigt. Bestimmte Teile dieses Systems zur Vermeidung der wirtschaftlichen Doppelbesteuerung wirken in Übergangsregelungen (vgl §§ 37, 38) noch bis 2019 fort.

Halb- bzw Teileinkünfteverfahren und Abgeltungsteuer. Das in seiner gesetzgeberischen Ausgestaltung sehr komplexe KSt-Vollanrechnungsverfahren (vgl Rn 9) wurde nicht zuletzt wegen begründeter Zweifel an dessen Unionsrechtskonformität[5] infolge der Begrenzung der KSt-Vollanrechnungsverfahrens auf das Inland iRd StSenkG v 23.10.2000[6] durch das sog Halbeinkünfteverfahren ersetzt. Anstelle einer KSt-Anrechnung wurde der wirtschaftlichen Doppelbesteuerung bei natürlichen Personen durch eine hälftige und bei Körperschaften durch eine (de facto) 95%-ige Freistellung Rechnung getragen. IRd UntStRefG 2008 v 14.8.2007[7] wurde das Halbeinkünfteverfahren zum Teileinkünfteverfahren fortentwickelt und beim Privatanleger um ein System der abgeltenden Besteuerung bei Kapitalerträgen ergänzt. Nach dem derzeit geltenden Teileinkünfteverfahren sind Dividenden im betrieblichen Bereich bei natürlichen Personen zu 40% der Bezüge steuerfrei (§ 3 Nr 40 lit d EStG) und damit in wirtschaftlichem Zusammenhang stehende Aufwendungen zu 60% abzugsfähig (§ 3c II EStG). Bei der natürlichen Person als Privatanleger unterliegen die Dividenden im Grundsatz einer abgeltenden Besteuerung zum Steuersatz von 25% (§§ 2 Vb, 32d, 43 V EStG). Für Körperschaften gilt im betrieblichen und nichtbetrieblichen Bereich dagegen unverändert die (de facto) 95%-ige Freistellung nach § 8b fort.

Gesetzgebungs-, Erhebungshoheit und Steuerverwaltungshoheit. Nach Art 106 III GG liegt die Ertragshoheit für die KSt beim Bund und den Ländern (sog Gemeinschaftsteuer). Für Gemeinschaftsteuern hat der Bund die konkurrierende Gesetzgebungshoheit (Art 105 II GG). Die Verwaltungshoheit für die KSt liegt nach Art 108 GG bei den Ländern. Die Übertragung der Verwaltungshoheit auf eine Bundesbehörde bedarf nach Art 108 IV GG einer ausdrücklichen bundesgesetzlichen Regelung (§ 5 I FVG).

---

1 BVerfG 2 BvL 2/99, BVerfGE 116, 164.
2 RGBl I 1920, 393.
3 *Hey* in Tipke/Lang, Steuerrecht, § 11 Rn 8 ff mwN.
4 BGBl I 1976, 2597
5 Durch EuGH Rs C-292/04, *Meilicke*, Slg 2007, I-1835, wurde der Verstoß gegen die Kapitalverkehrsfreiheit für die deutsche Rechtslage bestätigt.
6 BGBl I 2000, 1433.
7 BGBl I 2007, 1912.

12-13 *Einstweilen frei.*

14 **2. Bedeutung des § 1. Abschließende Aufzählung der Körperschaftsteuersubjekte.** § 1 ist die Kernvorschrift zur Bestimmung der subjektiven Körperschaftsteuerpflicht.[1] Die Regelung zählt in § 1 I Nr 1-6 abschließend[2] auf, welche Körperschaften, Personenvereinigungen und Vermögensmassen mit Geschäftsleitung oder Sitz im Inland dem Typ nach der unbeschränkten Körperschaftsteuerpflicht unterliegen und grenzt zugleich die unbeschränkte Steuerpflicht von der beschränkten Steuerpflicht iSd § 2 ab. Die nach der Rechtsprechung des BFH[3] als abschließend zu beurteilende Aufzählung des Begriffs „Kapitalgesellschaften" in § 1 I Nr 1, wurde infolge der Rechtsprechung des EuGH betreffend die Anerkennung gebietsfremder Kapitalgesellschaften durch das SEStEG gesetzlich erweitert (vgl Rn 4).

15 **Fehlende zivilrechtliche Rechtsfähigkeit.** Nach §§ 1 bis 3 kann auch ein Gebilde ohne zivilrechtliche Rechtsfähigkeit unbeschränkt oder beschränkt körperschaftsteuerpflichtig und insofern Träger eigenständiger steuerrechtlicher Rechte und Pflichten sein.[4] Damit löst sich das KStG in gewissem Umfang von der zivilrechtlichen Rechtsfähigkeit.[5]

16 **Keine Besteuerung nach dem KStG.** Liegt keine Körperschaftsteuerpflicht nach § 1 vor, erfolgt – sofern ebenfalls nicht die Voraussetzungen des § 2 gegeben sind – keine Besteuerung nach dem KStG. Insbesondere die juristischen Personen des öffentlichen Rechts sind danach als solche nicht unbeschränkt steuerpflichtig.

17 **Keine Bedeutung für Anwendbarkeit übriger Bestimmungen des KStG.** Die Bedeutung des § 1 – wie auch des § 2 – als einleitende Normen im KStG ist auf die abschließende Bestimmung des Kreises der Zurechnungssubjekte für die KSt beschränkt. Davon zu unterscheiden ist die Frage, ob die übrigen Bestimmungen des KStG auch bei fehlender inländischer Körperschaftsteuerpflicht zur Anwendung kommen können. Diese entscheidende Fragestellung betrifft die Reichweite des subjektiven Anwendungsbereichs sonstiger Regelungen im KStG, soweit diese nicht ausdrücklich auf unbeschränkt (zB § 8 II) oder bestimmte beschränkt (zB § 5 II Nr 2) Körperschaftsteuerpflichtige begrenzt sind. Eine fehlende Körperschaftsteuerpflicht nach §§ 1 oder 2 hat somit nicht unmittelbar zur Folge, dass gleichzeitig die Anwendung der übrigen Bestimmungen des KStG ausgeschlossen wird (zB § 12 III, § 27 VIII oder § 32a).[6]

Es geht hierbei im Regelfall jedoch nicht um die Besteuerung auf Gesellschaftsebene, sondern um die Besteuerung eines im Inland einkommensteuer- oder körperschaftsteuerpflichtigen Anteilseigners. Besonders deutlich wird dies am Beispiel des § 32a. Ein Steuerbescheid kann hiernach auch dann erlassen, aufgehoben oder geändert werden, wenn weder der Anteilseigner (zB eine gebietsansässige natürliche Person) noch die ausschüttende Körperschaft (zB eine gebietsfremde Körperschaft) der inländischen Körperschaftsteuerpflicht unterliegen (vgl § 32a Rn 23, 31).

---

1 *Graffe* in D/J/P/W § 1 Rn 9.
2 BFH GrS 4/82, BStBl II 1984, 751 mwN.
3 BFH GrS 4/82, BStBl II 1984, 751 mwN.
4 *Sauter* in Erle/Sauter § 1 Rn 8.
5 *Frotscher* in Frotscher/Maas § 1 Rn 2.
6 *Benecke* in D/J/P/W § 12 Rn 186, 195; aA *Haase*, BB 2009, 1448, zum Anwendungsbereich des § 12 III.

III. Normzweck und Anwendungsbereich

Einstweilen frei.

3. Verhältnis zu anderen Vorschriften. a) Innerhalb des KStG. § 2. § 2 regelt die beschränkte Steuerpflicht für die inländischen Einkünfte iSd § 49 EStG. Die unbeschränkte Steuerpflicht nach § 1 und die beschränkte Steuerpflicht nach § 2 Nr 1 schließen sich gegenseitig aus. Demgegenüber können jedoch die beschränkte Steuerpflicht nach § 2 Nr 2 und die unbeschränkte Steuerpflicht nach § 1 I Nr 6 bei ein und demselben Rechtsträger nebeneinander vorliegen.[1]

Im Gegensatz zur unbeschränkten Körperschaftsteuerpflicht sind bei der beschränkten Körperschaftsteuerpflicht zwei Arten der subjektiven Steuerpflicht zu unterscheiden.[2] Maßgeblich für die Einordnung ist hierbei die Belegenheit des Sitzes bzw des Orts der Geschäftsleitung:

- Körperschaften, Personenvereinigungen und Vermögensmassen, die weder ihren Sitz noch Ort der Geschäftsleitung im Inland haben, unterliegen nach § 2 Nr 1 nur mit ihren inländischen Einkünften iSd § 49 EStG der beschränkten Körperschaftsteuerpflicht;
- sonstige Körperschaften, Personenvereinigungen und Vermögensmassen, die nicht nach § 1 unbeschränkt oder nach § 2 Nr 1 beschränkt körperschaftsteuerpflichtig sind, unterfallen mit ihren inländischen Einkünften, die vollständig oder teilweise dem Steuerabzug unterliegen, sowie darüber hinaus – dh auch ohne Steuerabzug – hinsichtlich bestimmter Entgelte iRv Wertpapierleih- oder Wertpapierpensionsgeschäften nach § 2 Nr 2 der beschränkten Körperschaftsteuerpflicht.

§ 3 I. § 3 I stellt einen Auffangtatbestand dar und ergänzt die unbeschränkte Steuerpflicht nach § 1 I Nr 5.[3] Nach dieser Norm sind nichtrechtsfähige Vereine, Anstalten, Stiftungen und andere Zweckvermögen nur dann unbeschränkt steuerpflichtig, wenn ihr Einkommen weder nach dem KStG noch nach dem EStG unmittelbar bei einem anderen Steuerpflichtigen zu versteuern ist. In der Vergangenheit kam dieser Regelung eine besondere Bedeutung für die Beurteilung der Steuerpflicht einer ausländischen Gesellschaft zu.[4] Diese Bedeutung dürfte infolge der Änderung in § 1 I Nr 1 durch das SEStEG (vgl Rn 4) zunehmend zu vernachlässigen sein, da ausländische EU/EWR-Kapitalgesellschaften nunmehr zum Personenkreis des § 1 I Nr 1 gehören.

§ 3 II. Ausweislich seines Wortlauts schränkt § 3 II im Unterschied zu § 3 I (vgl Rn 20) den Anwendungsbereich des § 1 ein. Hauberg-, Wald-, Forst-, Laubgenossenschaften und ähnliche Realgemeinden, die zu den in § 1 bezeichneten Steuerpflichtigen gehören, sind nach dieser Regelung nur insoweit unbeschränkt steuerpflichtig, als sie einen Gewerbebetrieb unterhalten oder verpachten, der über den Rahmen eines Nebenbetriebs hinausgeht.[5] Aufgrund der erweiterten Tatbestandsvoraussetzungen für die Begründung einer sachlichen Körperschaftsteuerpflicht wirkt die Regelung daher im Ergebnis wie eine subjektive Steuerbefreiung iSd § 5.[6]

---

1 *Rengers* in Blümich § 2 Rn 66.
2 *Graffe* in D/J/P/W § 1 Rn 11.
3 *Graffe* in D/J/P/W § 1 Rn 13.
4 BFH IX R 182/87, BStBl II 1992, 972.
5 *Graffe* in D/J/P/W § 1 Rn 11.
6 *Lambrecht* in Gosch § 3 Rn 4.

22 §4. §4 konkretisiert die Tatbestandsvoraussetzungen, unter denen ein BgA von juristischen Personen des öffentlichen Rechts nach §1 I Nr6 der unbeschränkten Steuerpflicht unterliegt. Infolge des durch das JStG 2009 v 19.12.2008[1] eingefügten §4 VI können unter den dort bestimmten Voraussetzungen mehrere BgA zusammengefasst werden.

23 §5. Für die Gewährung einer persönlichen oder sachlichen Körperschaftsteuerbefreiung iSd §5 ist die Qualifikation als unbeschränkt Körperschaftsteuerpflichtiger iSd §1 immer noch von entscheidender Bedeutung, da die Steuerbefreiungen nach §5 – aufgrund von §5 II Nr2 – weitestgehend nur den unbeschränkt Körperschaftsteuerpflichtigen zu Gute kommen.[2] Die Anpassung des §5 an die unionsrechtlichen Vorgaben als Folge der Entscheidung des EuGH in der Rs *Stauffer*[3] durch das JStG 2009 beschränkt sich nach §5 II Nr2 auf EU/EWR-Körperschaften, die die Voraussetzungen des §5 I Nr9 erfüllen.

24 §8. Nach §8 II sind bei unbeschränkter Körperschaftsteuerpflicht iSd §1 I Nr1 bis 3 alle Einkünfte als Einkünfte aus Gewerbebetrieb zu behandeln. Aufgrund des gewerblichen Bezugs in §4I gilt dies ebenfalls bei Körperschaftsteuerpflicht iSd §1 I Nr6; dh auch BgA erzielen stets Einkünfte aus Gewerbebetrieb.[4] Bei der Körperschaftsteuerpflicht nach §1 I Nr4 und 5 können hingegen alle Einkunftsarten iSd §2 I EStG vorliegen (vgl R32 I KStR). Sofern diese Körperschaftsteuersubjekte Einkünfte aus Kapitalvermögen erzielen, ist §8 X zu beachten. Danach werden die Kapitaleinkünfte in die Ermittlung des körperschaftsteuerlichen Einkommens einbezogen und somit §2 Vb S1 EStG suspendiert.

25 §12 I. §12 I regelt die Rechtsfolgen der Entstrickung von Wirtschaftsgütern. Anders als in seinen Vorgängerfassungen knüpft §12 I nicht mehr an die Beendigung der unbeschränkten Körperschaftsteuerpflicht, sondern an den Ausschluss oder die Beschränkung des deutschen Besteuerungsrechts an. Die bloße Beendigung der unbeschränkten Körperschaftsteuerpflicht durch Sitzverlegung (idR Verlegung des Orts der Geschäftsleitung bei Körperschaften ausländischer Rechtsform, da die identitätswahrende Verlegung des statutarischen Sitzes nur eingeschränkt, zB bei der SE, möglich ist) führt seit der Neufassung des §12 durch das SEStEG damit nicht mehr zu einer Besteuerung nach §12 I, soweit das deutsche Besteuerungsrecht nicht ausgeschlossen oder beschränkt wird; zB weil die Wirtschaftsgüter in einer inländischen Betriebsstätte verbleiben.

26 §12 II. §12 II normiert die Steuerneutralität bei Verschmelzung von Körperschaften im Ausland für beschränkt Körperschaftsteuerpflichtige, die nicht die Voraussetzungen des §1 II UmwStG erfüllen (zB Drittstaatskapitalgesellschaften). Auf unbeschränkt Körperschaftsteuerpflichtige, die ebenfalls nicht die Voraussetzungen des §1

---

1 BGBl I 2008, 2794.
2 *Graffe* in D/J/P/P §1 Rn15.
3 EuGH Rs C-386/04, *Stauffer*, Slg 2006, I-8203.
4 BFH I R 106/76, BStBl II 1979, 716.

II UmwStG erfüllen (zB Drittstaatskapitalgesellschaften mit Ort der Geschäftsleitung im Inland), findet § 12 II jedoch keine Anwendung, da dieser nur die Verschmelzung von beschränkt Körperschaftsteuerpflichtigen betrifft.[1]

§ 12 III. § 12 III gilt hinsichtlich seiner Rechtsfolgen auch bei fehlender unbeschränkter oder beschränkter Körperschaftsteuerpflicht auf Gesellschaftsebene (vgl Rn 17)[2]. Bedeutung hat die Anwendung dieser Regelung jedoch dann nur noch für die Besteuerung der inländischen Gesellschafter.[3]

§ 27. Zur Führung eines steuerlichen Einlagekontos sind im Grundsatz nur unbeschränkt steuerpflichtige Körperschaften verpflichtet. Allerdings können auch Körperschaften und Personenvereinigungen, die in einem anderen Mitgliedstaat der EU der unbeschränkten Körperschaftsteuerpflicht unterliegen, auf Grundlage des § 27 VIII eine Einlagerückgewähr erbringen.

Einstweilen frei.

b) Außerhalb des KStG. AO. Der Ort der Geschäftsleitung und der Sitz als Anknüpfungspunkt der unbeschränkten Körperschaftsteuerpflicht in § 1 richtet sich nach den zu §§ 10 und 11 AO entwickelten Grundsätzen.

AEUV (und EWR-Abkommen). Die Grundfreiheiten des AEUV (sowie die nach EWR-Abkommen vereinbarten Freiheiten) sind ua auch für Körperschaften und deren Besteuerung sowie die Besteuerung im Verhältnis zu ihren Anteilseignern zu beachten. Art 54 AEUV (Art 34 EWR-Abkommen) schreibt ausdrücklich die Geltung der Niederlassungsfreiheit für Körperschaften und sonstiger Gesellschaften fest, sofern sie nach dem Recht eines Mitgliedstaats gegründet und ihren Satzungssitz oder ihren Sitz der Hauptniederlassung innerhalb der EU (bzw dem EWR) haben. Ausgenommen hiervon sind solche Körperschaften oder Gesellschaften, die keinen Erwerbszweck verfolgen. Fraglich ist danach, inwieweit auf gemeinnützige Einrichtungen das Niederlassungsrecht Anwendung findet, da angesichts des Regelungsziels, Wettbewerbsverzerrungen zu vermeiden, eine teleologische Reduktion des Ausschlusses vom Anwendungsbereich der Niederlassungsfreiheit geboten sein kann.[4] Besondere praktische Bedeutung hat die Identifizierung einer Körperschaft als Gesellschaft iSd Art 54 AEUV oder Art 34 EWR-Abkommen zB auch für die Eröffnung des persönlichen Anwendungsbereichs des UmwStG (§ 1 II UmwStG).

Im Unterschied zur Niederlassungsfreiheit liegt der Kapitalverkehrsfreiheit eine (zahlungs-)verkehrsorientierte und keine unionsbürgerorientierte Betrachtungsweise zugrunde.[5] Der Schutzbereich des Art 63 AUEV ist danach nicht auf natürliche Personen begrenzt und gilt darüber hinaus auch für natürliche Personen, Körperschaften und sonstige Gesellschaften, die in Drittstaaten ansässig sind.

---

1 *Benecke* in D/J/P/W § 12 Rn 171.
2 *Benecke* in D/J/P/W § 12 Rn 186, 193; aA *Haase*, BB 2009, 1448, zum Anwendungsbereich des § 12 III.
3 *Benecke* in D/J/P/W § 12 Rn 193 ff.
4 *Randelzhofer/Forsthoff* in Grabitz/Hilf Art 48 EGV Rn 8.
5 *Ress/Ukrow* in Grabitz/Hilf Art 56 EGV Rn 104.

33 **AStG.** Das AStG begründet für Körperschaftsteuersubjekte keine erweiterte beschränkte Steuerpflicht wie dies nach § 2 AStG für natürliche Personen vorgesehen ist. Auch die Anwendung des § 6 AStG ist auf natürliche Personen begrenzt.

Aufgrund der Abschirmwirkung von Körperschaften (Trennungsprinzip; vgl Rn 7) haben die §§ 7 ff AStG bei Körperschaften eine hervorgehobene Bedeutung, da – bei Vorliegen der in §§ 7, 8 AStG genannten Voraussetzungen – eine Durchbrechung des Trennungsprinzip und als dessen Folge eine Zurechnung der Einkünfte auf den Anteilseigner stattfindet. Die übrigen Vorschriften (zB § 1, § 20 AStG) sind auch für unbeschränkt Körperschaftsteuerpflichtige zu beachten.

§ 15 AStG begründet keine inländische Körperschaftsteuerpflicht ausländischer Familienstiftungen, sondern bewirkt eine Zurechnung des von der ausländischen Stiftung erzielten Einkommens an den unbeschränkt steuerpflichtigen Stifter bzw den unbeschränkt steuerpflichtigen Begünstigten.

34 **DBA.** DBA gelten für die in einem Vertragsstaat ansässigen Personen (vgl Art 4 OECD-MA). Die meisten DBA verweisen insoweit auf die Vorschriften zur unbeschränkten Steuerpflicht nach den Vorschriften des jeweiligen Vertragsstaats (vgl Art 4 I S 1 OECD-MA). Der Vertragsstaat sowie seine Gebietskörperschaften gelten nach der Ergänzung des Art 4 I S 1 OECD-MA im Jahre 1995 auch dann als im Vertragsstaat ansässig, wenn diese zB „nur" der beschränkten Körperschaftsteuerpflicht iSd § 2 Nr 2 unterliegen. Die beschränkte Steuerpflicht iSd § 2 Nr 1 ist hingegen für die Bestimmung der abkommensrechtlichen Ansässigkeit irrelevant (vgl Art 4 I S 2 OECD-MA). Im Fall der Doppelansässigkeit wird für die abkommensrechtliche Ansässigkeit nach der sog tie-breaker-rule auf den Ort der tatsächlichen Geschäftsleitung abgestellt (vgl Art 4 III OECD-MA). Die Steuerfreiheit nach DBA lässt die persönliche Steuerpflicht unberührt.[1]

Im Verhältnis Körperschaft und Anteilseigner haben aufgrund der Rechtsprechung des BFH[2] auch die abkommensrechtlichen Diskriminierungsverbote (entsprechend Art 24 OECD-MA) eine besondere Bedeutung erlangt, da diese im Einzelfall einen Schutz bieten können, der Ähnlichkeit zu den unionsrechtlichen Grundfreiheiten (vgl Rn 32) außerhalb der EU bzw des EWR hat.

35 **ErbStG.** Neben der unbeschränkten Körperschaftsteuerpflicht unterliegen Familienstiftungen und Familienvereine iSd § 1 I Nr 4 ErbStG mit Sitz oder Ort der Geschäftsleitung im Inland der sog Erbersatzsteuer/Ersatzerbschaftsteuer.[3] Demgegenüber unterliegen Zuwendungen iRd Erstausstattung einer inländischen Stiftung sowie auch einer Vermögensmasse ausländischen Rechts (zB Trust) iSd § 7 I Nr 8 ErbStG bzw Erwerbe bei Erlöschen einer inländischen Stiftung oder ausländischen Vermögensmasse iSd § 7 I Nr 9 ErbStG bei Vorliegen der übrigen Voraussetzungen der Besteuerung nach dem ErbStG.

---

1 BFH I B 155/93, IStR 1994, 333 mit Anmerkung *FW*.
2 BFH I R 6/09, BFH/NV 2011, 154 und BFH I R 54/10, 55/10, DStR 2011, 762.
3 *Meincke*, § 1 ErbStG, 15. Aufl, Rn 13 ff.

IV. Voraussetzungen der unbeschränkten Steuerpflicht

GG. Nach Art 19 III GG gelten die Grundrechte auch für inländische juristische Personen, soweit sie ihrem Wesen nach auf diese anwendbar sind. Als Folge des Trennungsprinzips verfügen Körperschaft und Anteilseigner über eine jeweils eigenständig zu beurteilende steuerliche Leistungsfähigkeit (vgl Rn 7 f). Die Regelung des Art 19 III GG ist jedoch auf inländische juristische Personen begrenzt. Ausländische juristische Personen werden – unabhängig von der Frage, ob sie als Körperschaft wegen Art 54 AEUV anerkannt sind – im Grundsatz nicht von Art 19 III GG erfasst.[1] Aufgrund des Anwendungsvorrangs der Grundfreiheiten nach Art 26 II AEUV und des allgemeinen Diskriminierungsverbots wegen der Staatsangehörigkeit in Art 18 AEUV gilt der Grundrechtsschutz jedoch auch für juristische Personen aus Mitgliedstaaten der EU.[2]

36 §1

InvStG. Inländische Sondervermögen iSd § 2 I InvG gelten nach § 11 I S 1 InvStG als unbeschränkt körperschaftsteuerpflichtige Zweckvermögen iSd § 1 I Nr 5.

37

Steuerliche Fördermaßnahmen. Die Beanspruchung von bestimmten Fördermaßnahmen setzt oftmals die (unbeschränkt oder beschränkte) Einkommensteuer- oder Körperschaftsteuerpflicht des Antragstellers voraus (zB § 1 InvZulG). Abweichend zu dem Grundsatz, dass die Steuerfreiheit nach DBA nicht die persönliche Steuerpflicht berührt (vgl Rn 34), kann die Steuerfreiheit nach DBA dazu führen, dass für Zwecke der Förderbestimmungen diese Voraussetzung nicht erfüllt ist.[3]

38

Einstweilen frei.

39-40

4. Anwendungsbereich. Persönlicher Anwendungsbereich. § 1 gilt für die dort abschließend (vgl Rn 14) aufgeführten Körperschaften, Personenvereinigungen und Vermögensmassen.

41

Sachlicher Anwendungsbereich. Sind die Voraussetzungen des § 1 I erfüllt, folgt hieraus die unbeschränkte Körperschaftsteuerpflicht. Dies hat hinsichtlich des sachlichen Anwendungsbereichs im Wesentlichen zur Folge, dass das Steuersubjekt iSd § 1 ohne Wahlmöglichkeit[4] der KSt und nicht der ESt unterliegt. Der Umfang der Steuerpflicht bestimmt sich für unbeschränkt Körperschaftsteuerpflichtige nach dem sog Welteinkommensprinzip (§ 1 II).

42

Räumlicher Anwendungsbereich. In räumlicher Hinsicht ist die unbeschränkte Körperschaftsteuerpflicht auf Körperschaften, Personenvereinigungen oder Vermögensmassen mit Sitz oder Ort der Geschäftsleitung im Inland iSd § 1 III begrenzt.

43

Einstweilen frei.

44-45

IV. Voraussetzungen der unbeschränkten Steuerpflicht. 1. Allgemeines. Bedeutung der Rechtsform. Der Katalog der in § 1 I Nr 1-6 aufgezählten Körperschaftsteuersubjekten ist abschließend und einer erweiternden Auslegung nicht zugäng-

46

---

1 Huber in von Mangoldt/Klein/Starck, Bd 1, 5. Aufl, Art 19 GG Rn 296, 305.
2 BVerfG 1 BvR 1916/06, NJW 2011, 3428.
3 Zum InvZulG: BFH III R 55/95, BStBl II 1998, 355. Anders jedoch BMF v 13.5.1998, BStBl I 1998, 623, wonach das bloße Beziehen von Einkünften iSd § 49 EStG ausreichend ist; ob ein Besteuerungsrecht nach DBA ist unbeachtlich.
4 Anders zB in den USA („check the box").

lich (vgl Rn 14); dies gilt ungeachtet des Umstands, dass innerhalb der Gruppe der Kapitalgesellschaften in § 1 I Nr 1 nicht sämtliche möglichen in- und ausländische Rechtsformen aufgezählt sind. Für die Einordnung eines Rechtsgebildes zu den einzelnen Gruppen in § 1 I ist grundsätzlich dessen Rechtsform entscheidend.[1] Damit sind für die Anwendung des § 1 die Vorgaben des Zivilrechts oder des öffentlichen Rechts und nicht der wirtschaftliche Gehalt eines Rechtsgebildes (zB keine Körperschaftsteuerpflicht der kapitalistisch geprägten GmbH & Co KG[2]) für dessen Beurteilung der Körperschaftsteuerpflicht maßgebend. Insbesondere für die Beurteilung der Steuerpflicht von Mischformen (zB GmbH & Co KG) ist daher maßgebend, ob sie als Personengesellschaft (Personenvereinigung) oder als Körperschaft (Verbandsperson) organisiert sind. Eine Körperschaft oder juristische Person nur kraft Steuerrechts gibt es – mangels spezieller steuergesetzlicher Regelungen – nicht.[3]

47   **Steuerpflicht trotz wirtschaftlicher Unselbstständigkeit.** Die Körperschaftsteuerpflicht der einzelnen in § 1 I aufgeführten Körperschaftsteuersubjekte besteht auch dann, wenn diese in einem Abhängigkeitsverhältnis zu einer natürlichen Person oder zu einer anderen Körperschaft stehen (zB bei Organgesellschaften). Die wirtschaftliche Selbstständigkeit eines Körperschaftsteuersubjekts bildet somit keine besondere Voraussetzung für die Körperschaftsteuerpflicht. Aufgrund besonderer gesetzlicher Regelungen können jedoch unter den dort genannten Voraussetzungen mehrere Körperschaftsteuersubjekte zusammengefasst (vgl § 4 VI, Rn 22) oder das Einkommen eines Körperschaftsteuersubjekts einem anderen Körperschaftsteuersubjekt zugerechnet werden (vgl §§ 14 ff).[4]

48   **Überblick über die Einteilung der Körperschaftsteuersubjekte.** Die Einteilung der Körperschaftsteuersubjekte in § 1 I folgt zunächst der zivilrechtlichen Rechtsfähigkeit des Körperschaftsteuersubjekts. So erfasst § 1 I Nr 1-3 Gesellschaften und § 1 I Nr 4 Personenvereinigungen sowie Vermögensmassen, die mit eigener zivilrechtlicher Rechtspersönlichkeit ausgestattet sind. Im Gegensatz hierzu sind juristische Personen des öffentlichen Rechts nach § 1 I Nr 6 nur mit ihrem BgA steuerpflichtig. § 1 I Nr 5 erfasst zum einen auch Personenvereinigungen ohne eigene Rechtspersönlichkeit. Von diesen nichtrechtsfähigen Personenvereinigungen sind wiederum nur die nichtrechtsfähigen Vereine aufgeführt. Alle übrigen Personenvereinigungen ohne eigene Rechtspersönlichkeit (zB GbR, OHG, KG) sind spätestens seit dem KStG 1934 bereits dem Grunde nach von § 1 I Nr 5 ausgenommen, so dass es einer weiteren Prüfung der Voraussetzungen nach § 3 I nicht mehr bedarf.[5] Praktisch wird allerdings im Einzelfall manchmal zweifelhaft sein, ob ein nichtrechtsfähiger Verein oder eine andere nichtrechtsfähige Personenvereinigung (zB GbR) vorliegt.[6] Anders ist dies hingegen bei der beschränkten Körperschaftsteuerpflicht nach § 2. Diese ist umfassender ausgestaltet und erfasst zB sämtliche nichtrechtsfähigen Personenver-

---

1   BFH GrS 4/82, BStBl II 1984, 751 mwN.
2   BFH GrS 4/82, BStBl II 1984, 751 mwN.
3   *Frotscher* in Frotscher/Maas § 1 Rn 14.
4   Zur steuerrechtlichen Selbstständigkeit von Organgesellschaften vgl BFH I R 99/80, BStBl II 1985, 18.
5   *Kennerknecht*, Kommentar zum KStG 1934, § 1 Rn 24.
6   RFH I 61/38, RStBl 1939, 702.

einigungen, so dass es hier einer weiteren Prüfung nach § 3 I bedarf. Zum anderen werden von § 1 I Nr 5 iVm § 3 I auch nichtrechtsfähige Vermögensmassen (Anstalten, Stiftungen und sonstige Zweckvermögen) erfasst.

Einstweilen frei. 49-50

2. Ort der Geschäftsleitung. Begriff. Der Ort der Geschäftsleitung ist der Mittelpunkt der geschäftlichen Oberleitung (§ 10 AO). Der steuerliche Begriff der Geschäftsleitung entspricht im Wesentlichen dem zivilrechtlichen Begriff des tatsächlichen Verwaltungssitzes.[1] Nach § 12 S 2 Nr 1 AO ist die Stätte der Geschäftsleitung zugleich eine Betriebsstätte der Körperschaft, Personenvereinigung oder Vermögensmasse. 51

Tatsächliche Verhältnisse des Einzelfalls. Für die Beurteilung der Belegenheit des Orts der Geschäftsleitung ist auf die jeweils tatsächlichen Verhältnisse des Einzelfalls abzustellen.[2] Für die Beurteilung der Geschäftsleitung steht nicht die juristische Berechtigung, sondern die tatsächliche (Ober-)Leitung der Entscheidungsträger im Vordergrund.[3] Bei der Beurteilung sind insbesondere Art und Umfang, Struktur und Eigenart des Unternehmens zu berücksichtigen. 52

Laufende Geschäftsführung. Unter der geschäftlichen Oberleitung iSd § 10 AO ist die Geschäftsführung im „engeren Sinne" zu verstehen. Das ist die sog laufende Geschäftsführung. Zu ihr gehören die tatsächlichen und rechtsgeschäftlichen Handlungen, die der gewöhnliche Betrieb der Gesellschaft mit sich bringt, und solche organisatorischen Maßnahmen, die zur gewöhnlichen Verwaltung der Gesellschaft gehören („Tagesgeschäfte").[4] Maßgebend ist also der Ort, dem nach dem Gesamtbild der Verhältnisse in organisatorischer und wirtschaftlicher Hinsicht die größte Bedeutung zukommt. Zu ihnen zählen nicht die Festlegung der Grundsätze der Unternehmenspolitik oder Entscheidungen über außergewöhnlichen Maßnahmen bzw von besonderer wirtschaftlicher Bedeutung. Nicht entscheidend ist auch, wo sich die Entscheidungen auswirken oder durchzuführen sind.[5] 53

Mitwirkung der Gesellschafter. Von der laufenden Geschäftsführung ist auch die Mitwirkung der Gesellschafter an einzelnen Geschäftsführungsentscheidungen zu unterscheiden, wobei es unerheblich ist, ob die Mitwirkung in der Satzung vorgesehen ist oder nicht. Sie ist solange kein Teil der Geschäftsleitung, als die Gesellschafter nicht ständig den gewöhnlichen Geschäftsverkehr der Kapitalgesellschaft beeinflussen und nicht alle Geschäftsführungsentscheidungen von einigem Gewicht selbst treffen. 54

Praktische Folgerungen. Der Ort der geschäftlichen Oberleitung befindet sich bei Körperschaften regelmäßig an dem Ort, wo sich die Büroräume des bzw der leitenden Geschäftsführer befinden.[6] Bei einer Aufteilung in kaufmännische und technische Leitung kommt es nicht auf die oberste (technische) Betriebsleitung, 55

---

1 BFH IX R 182/87, BStBl II 1992, 972 mwN.
2 BFH IV R 58/95, BStBl II 1998, 86.
3 *Lambrecht* in Gosch § 1 Rn 47.
4 BFH I R 22/90, BStBl II 1991, 554; BFH I K 1/93, BStBl II 1995, 175; BFH I R 138/97, BStBl II 1999, 437; BFH I R 12/01, BFH/NV 2002, 1128 mwN.
5 *Lambrecht* in Gosch § 1 Rn 47.
6 BFH I R 22/90, BStBl II 1991, 554 mwN.

sondern darauf an, wo sich das kaufmännische Büro, notfalls auch der Wohnsitz des leitenden Geschäftsführers befindet.[1] Der Ort der Geschäftsleitung einer ausländischen Körperschaft liegt regelmäßig im Inland, wenn diese im Ausland nicht wirtschaftlich tätig ist und dort auch über keine Geschäftsausstattung verfügt, sondern ihre Geschäfte lediglich über eine inländische Niederlassung abschließt und auch den wesentlichen Teil ihrer Umsätze dieser Niederlassung zuordnet.[2]

56 **Managementvertrag.** Werden einer ausländischen Kapitalgesellschaft iRe „Managementvertrags" Aufgaben übertragen und von dieser ausgeübt, die die laufenden Entscheidungen von Wichtigkeit im üblichen Geschäftsverkehr enthalten, so kann der Ort der Geschäftsleitung im Einzelfall dennoch bei der ausländischen Kapitalgesellschaft liegen.[3]

57 **Mehrere Geschäftsorte iSd § 10 AO.** Nach Auffassung des BFH muss jedes Körperschaftsteuersubjekt mindestens einen Ort der Geschäftsleitung haben.[4] Die Frage, ob es jeweils nur eine Geschäftsleitung iSd § 10 AO oder mehrere geben kann, wird derzeit in Rechtsprechung[5] und Fachschrifttum[6] nicht einheitlich beantwortet. Die Annahme mehrerer Orte der Geschäftsleitung iSd § 10 AO ist mit dem in § 1 I verfolgten Sinn und Zweck (Bestimmung der räumlichen Anknüpfungspunkte für die unbeschränkte Körperschaftsteuerpflicht) unvereinbar. Es ist zwar durchaus denkbar, dass ein Unternehmen seine Geschäftsführung iSd für § 10 AO maßgebenden Tagesgeschäfts an mehreren Orten ausüben kann. Durch die Anknüpfung an den „Mittelpunkt" der geschäftlichen Oberleitung iSd § 10 AO soll jedoch bei Vorliegen mehrerer solcher Orte nach dem Gesamtbild der tatsächlichen Verhältnisse gerade eine Gewichtung dahingehend vorgenommen werden, den bedeutungsvollsten Ort zu bestimmen.[7] Dieser ist dann für die Zurechnung des Unternehmens als unbeschränkt steuerpflichtiges Körperschaftsteuersubjekt das entscheidende Kriterium. Nach dieser Auffassung sind sog doppelt ansässige Kapitalgesellschaften nur infolge des Auseinanderfallens von Satzungs- und Verwaltungssitz denkbar.

58 **Geschäftsleitung bei Organgesellschaften.** Das Vorliegen einer körperschaftsteuerlichen Organschaft führt nicht zwangsläufig zu einem Zusammenfallen des Orts der Geschäftsleitung von Organgesellschaft und Organträger.[8] Ort der Geschäftsleitung ist auch bei Organgesellschaften regelmäßig der Ort, wo sich die Büroräume des

---

1 *Dißars*, DStZ 2011, 21, 22 mwN.
2 BFH I R 15/01, BFH/NV 2002, 1411.
3 BFH IV R 58/95, BStBl II 1998, 86.
4 BFH I K 1/93, BStBl II 1995; aA *Buciek* in Beermann/Gosch § 10 AO Rn 29, wenn die Geschäftsleitung derart dezentralisiert ist, dass sich keine Anhaltspunkte für einen Mittelpunkt der geschäftlichen Oberleitung finden lassen.
5 Von nur einem Ort der Geschäftsleitung gehen aus: BFH I K 1/93, BStBl II 1995, 175; BFH IV R 58/95, BStBl II 1998, 86. Mehrere Orte der Geschäftsleitung halten möglich: BFH I R 76/95, BFH/NV 2002, 434; BFH I R 138/97, BStBl II 1999, 437; BFH I R 12/01, BFH/NV 2002, 1128.
6 Von nur einem Ort der Geschäftsleitung gehen aus: *Birk* in H/H/S § 10 AO Rn 41; *Buciek* in Beermann/Gosch § 10 AO Rn 27; *Frotscher* in Frotscher/Maas § 1 Rn 78; *Graffe* in D/J/P/W § 1 Rn 22; *Schwarz* in Schwarz § 10 AO Rn 2. Mehrere Orte der Geschäftsleitung halten möglich: *Altendorf* in H/H/R § 1 Rn 20; *Kruse* in T/K § 10 AO Rn 9; *Lambrecht* in Gosch § 1 Rn 47.
7 *Dißars*, DStZ 2011, 21, 26.
8 RFH III A 37/32, RStBl 1933, 132.

bzw der leitenden Geschäftsführer der Organgesellschaft befinden (vgl Rn 53). Etwas anderes kann im jeweiligen Einzelfall nur dann gelten, wenn zB der Organträger die Geschäftsleitung völlig an sich gezogen hat. Selbst wenn der Organträger alle wichtigen Entscheidungen der laufenden Geschäftsführung der Organgesellschaft trifft, so ist zur Bestimmung des Ortes ihrer Geschäftsleitung darauf abzustellen, wo die genannten Entscheidungen vom Organträger regelmäßig getroffen werden. Dieser muss die Entscheidungen nicht notwendigerweise an seinem eigenen Geschäftsleitungsort treffen.[1]

Basisgesellschaften. Besondere Bedeutung hat die Bestimmung des Orts der Geschäftsleitung bei den sog Basisgesellschaften bzw auch Briefkasten- oder Domizilgesellschaften, wenn an ihnen inländische Steuerpflichtige beteiligt sind und von diesen die tatsächlichen Entscheidungen für die Geschäftsführung getroffen werden. Bei Bejahung eines inländischen Orts der Geschäftsleitung kann sich die Prüfung von Missbrauchsvermeidungsnormen (zB § 50d EStG) erübrigen.[2]

Einstweilen frei.

3. Sitz. Begriff. Den Sitz hat eine Körperschaft, Personenvereinigung oder Vermögensmasse an dem Ort, der durch Gesetz, Gesellschaftsvertrag, Satzung, Stiftungsgeschäft oder dergleichen bestimmt ist (§ 11 AO; sog Satzungs- oder Gründungssitz bzw auch statutarischer Sitz).[3] Im Gegensatz zum Ort der Geschäftsleitung ist der Ort des Sitzes nicht in der Betriebstättendefinition des § 12 AO aufgezählt.

Sitz bei Personengesellschaften. Der Sitz einer Personengesellschaft hingegen befindet sich generell dort, wo deren Geschäfte geführt werden. Eine abweichende gesellschaftsvertragliche Sitzungsbestimmung ist unbeachtlich.[4]

Beurteilung. Anders als der Ort der Geschäftsleitung iSd § 10 AO wird der Sitz iSd § 11 AO nicht durch die faktischen Umstände des Einzelfalls (vgl Rn 52), sondern durch die rechtlichen Verhältnisse bestimmt.[5]

Doppelsitz. Grundsätzlich kann davon ausgegangen werden, dass Körperschaften nur einen statutarischen Sitz haben können. Unter außergewöhnlichen Umständen kann die Begründung eines Doppel- oder Zweitsitzes bei einer AG jedoch zulässig sein.[6] Ein solches – durch außergewöhnliche Umstände veranlasstes – schutzwürdiges Interesse wurde zB für den Fall der Teilung Deutschlands bejaht.[7]

Fehlender Sitz. Unter bestimmten Umständen fehlt eine statutarische Sitzfestlegung. Vielfach unterbleibt eine derartige Bestimmung zB bei BgA oder nichtrechtsfähigen Vereinen. Auch eine nichtrechtsfähige Stiftung hat keinen Sitz. Für ihre räumliche Zuordnung kommt es auf den Sitz des Trägers an.[8]

---

1 BFH I K 1/93, BStBl II 1995, 175.
2 Vgl zB BFH I R 26/06, BStBl II 2008, 978, wo sich die Prüfung des Orts der Geschäftsleitung nahezu aufgedrängt hätte; auch *Fischer*, jurisPR-SteuerR 21/2008, Rn 2.
3 BFH I R 120/86, BStBl II 1990, 553.
4 *Märtens* in Ebenroth/Boujong/Joost/Strohn § 106 HGB Rn 13; *Langhein* in MüKo HGB § 106 HGB Rn 29; aA *Ulmer* in Großkommentar HGB, 4. Aufl, § 106 HGB Rn 20.
5 *Kalbfleisch* in EY § 1 Rn 27; *Lambrecht* in Gosch § 1 Rn 51.
6 BayObLG BReg 3 Z 22/85, BB 1985, 949.
7 Derzeit gibt es ca 16 AGs mit Doppelsitz in Deutschland, vgl *Bayer/Hoffmann*, AG Report 2010, R 259.
8 *Hof* in Seifart/v Campenhausen, Stiftungsrechts-Handbuch, 3. Aufl, § 36 Rn 124 mwN.

67 **Restgesellschaft.** Auch in den Fällen der sog Restgesellschaft fehlt ein statutarischer Sitz. Die Lehre von der Rest- oder Spaltgesellschaft betrifft die Wirkungen, die sich aus einer Nichtanerkennung fremdstaatlicher Enteignungen ergeben. Eine Restgesellschaft entsteht nach dieser Lehre, wenn die alte Gesellschaft durch die Enteignung des Vermögens vernichtet wird.[1] Für die Beurteilung der unbeschränkten Körperschaftsteuerpflicht kommt es hier somit auf den Ort der Geschäftsleitung an (vgl Rn 71).

68 **Spaltgesellschaft.** Von einer Spaltgesellschaft spricht man hingegen, wenn „nur" die Mitgliedschaftsrechte enteignet werden, die Gesellschaft also im Sitzstaat mit neuen Mitgliedern fortbesteht.[2] Auch hier dürfte es für die Beurteilung der unbeschränkten Körperschaftsteuerpflicht auf den Ort der Geschäftsleitung ankommen (vgl Rn 71).

69 **Zwangslöschung ausländischer Gesellschaften.** Wenn auch die Lehre von der Rest- oder Spaltgesellschaft (vgl Rn 67 f) ursprünglich kriegsfolgebedingte Ursachen hatte, hat dieses Rechtsinstitut im Zusammenhang mit der Löschung von ausländischen Gesellschaften (insbesondere UK-Ltd) für die Frage des – zeitweiligen – Fortbestehens der unbeschränkten Körperschaftsteuerpflicht wieder an praktischer Bedeutung gewonnen.[3] Die Frage der Vereinbarkeit dieses Rechtsinstituts mit Art 49 AEUV (ex-Art 43 EG) iVm Art 54 AEUV (ex-Art 48 EG) wurde vom EuGH aufgrund der Umstände des Einzelfalls nicht zur Entscheidung angenommen.[4] Nach der Rechtsprechung[5] zur zwangsgelöschten Limited (striking of the register) ist die gelöschte Limited „nur" hinsichtlich ihres in Deutschland belegenen Vermögens als fortbestehend anzusehen (Restgesellschaft). Ist hingegen kein inländisches Vermögen vorhanden, kann zivilrechtlich nicht von einem Fortbestand nach dem Rechtsinstitut der Restgesellschaft ausgegangen werden.[6] Für die Annahme einer Restgesellschaft ist danach das Vorhandensein inländischen Vermögens (sog enteignungsfreies Vermögen vgl im Folgenden Rn 70) entscheidend.

70 **Belegenheit des Vermögens für Körperschaftsteuerpflicht entscheidend.** In Rechtsprechung[7] und Fachschrifttum[8] wird für die Bestimmung der Belegenheit des Vermögens (vgl Rn 69) auf die Grundsätze des Internationalen Sachenrechts (Art 42 ff EGBGB) und des Internationalen Schuldrechts (Art 27 ff EGBGB) zurückgegriffen. Der Rückgriff auf diese Grundsätze erscheint jedoch nicht überzeugend. Naheliegender wäre es gewesen, die Belegenheit des Vermögens – entsprechend dem Ursprung des Rechtsinstituts der Restgesellschaft folgend – nach den Grundsätzen des dem Internationalen Enteignungsrecht zugrunde liegenden Territorialitätsprinzips[9] zu bestimmen. Bedeutung hat diese Unterscheidung für die Bestimmung des ent-

---

1 *Kindler* in MüKo BGB, Bd 11, 5. Aufl, IntGesR Rn 1024.
2 *Kindler* in MüKo BGB, Bd 11, 5. Aufl, IntGesR Rn 1024.
3 OLG Thüringen 6 W 244/07, ZIP 2007, 1709.
4 Vorlagebeschluss des AG Charlottenburg 99 AR 3845/08, GmbHR 2009, 321, und Beschluss des EuGH Rs C-497/08, *Amiraike*, Slg 2010, I-103.
5 OLG Thüringen 6 W 244/07, ZIP 2007, 1709.
6 KG Berlin 8 U 34/09, ZIP 2010, 204.
7 OLG Thüringen 6 W 244/07, ZIP 2007, 1709.
8 *Möhlenbrock* in FS für Harald Schaumburg, Steuerzentrierte Rechtsberatung, 2009, S 913, 926 f.
9 Zum Begriff vgl *Kindler* in MüKo BGB, Bd 11, 5. Aufl, IntGesR Rn 1015 mwN.

eignungsfreien Vermögens bei körperlichen Gegenständen (zB bei Transportmitteln: Schiffe, Flugzeuge usw) und unkörperlichen Gegenständen (zB Forderungen, Rechte usw). Insbesondere bei Forderungen und Rechten gilt nach dem Territorialitätsprinzip des Internationalen Enteignungsrechts, dass sie dort belegen bzw vielmehr dort existent sind, wo der Berechtigte in der Ausübung seines Rechts geschützt wird.

Ort der Geschäftsleitung maßgebend. In den Fällen des fehlenden Sitzes richtet sich die Beurteilung der unbeschränkten Körperschaftsteuerpflicht allein nach dem Ort der Geschäftsleitung.[1] — 71

Sitz und Ansässigkeit iSd DBA. Nach der hM im Fachschrifttum stellt der Sitz iSd § 11 AO ein ansässigkeitsbegründendes „anderes ähnliches Merkmal" iSd 4 I OECD-MA dar.[2] Aufgrund des Umstands, dass sich der Sitz anhand der rechtlichen Verhältnisse beurteilt (vgl Rn 64), ist der Sitz so gesehen ein Synonym für die Staatsangehörigkeit der Gesellschaft, die jedoch gerade kein ortsbezogenes Merkmal für Zwecke des Art 4 I OECD-MA darstellt.[3] Jedenfalls dann, wenn das Gesellschaftsrecht selber „ortsbezogene" Anforderungen an den Sitz einer Gesellschaft stellt (vgl zB § 5 II AktG aF), begründet der Sitz einer Gesellschaft deren Ansässigkeit iSd Art 4 I OECD-MA.[4] Zu beachten ist jedoch Art 4 III OECD-MA, wonach bei doppelt ansässigen Körperschaften, der Ort ihrer tatsächlichen Geschäftsleitung für deren Ansässigkeit entscheidend ist. — 72

Einstweilen frei. — 73-74

4. Bestimmung des Inlandsbegriffs. Definition. Der Begriff „Inland" ist weder im KStG noch im EStG abschließend definiert.[5] Der Inlandsbegriff des § 1 III entspricht dem Inlandsbegriff in § 1 I EStG und des § 2 VII Nr 1 GewStG. Neben der Bestimmung des räumlichen Anknüpfungspunktes für die unbeschränkte Körperschaftsteuerpflicht ist die Abgrenzung von Inland und Ausland insbesondere für die Beurteilung der beschränkten Körperschaftsteuerpflicht iSd § 2 von Bedeutung, da diese das Vorliegen inländischer Einkünfte iSd § 49 EStG voraussetzt. — 75

Bundesgebiet iSd GG. Ausgangspunkt für die Bestimmung des Inlandsbegriffs bildet der Geltungsbereich des GG. Nach Aufhebung von Art 23 GG aF, der Aussagen zum räumlichen Geltungsbereich des GG enthielt, umschreibt nunmehr die Präambel des GG das Bundesgebiet – also das Staatsgebiet der BRD – in indirekter Weise. Danach gilt das GG in den im Einzelnen aufgezählten 16 Bundesländern einschließlich der nach Völker- und Staatsrecht dazugehörenden Luft- und Meeresräume. Der Inlandsbegriff iSd KStG stimmt somit in erster Linie mit dem völkerrechtlichen Begriff der „territorialen Souveränität" überein und ist vom Begriff der „Gebietshoheit" abzugrenzen. „Gebietshoheit" bezeichnet die räumliche Zuständigkeit des Staats in einem Gebiet und berechtigt den Staat, seine Gewalt in einem Gebiet ungestört von anderen Staaten zu entfalten und unter „territorialer Souveränität" wird hingegen — 76

---

1 *Lambrecht* in Gosch § 1 Rn 52.
2 *Gräffe* in D/J/P/W § 1 Rn 24; *Kalbfleisch* in EY § 1 Rn 29 f jeweils mwN.
3 *Wassermeyer* in D/W Art 4 MA Rn 41a.
4 *Wassermeyer* in D/W Art 4 MA Rn 41a.
5 *Kalbfleisch* in EY § 1 Rn 132; *Lambrecht* in Gosch § 1 Rn 128.

die sachliche Zuständigkeit an einem Gebiet verstanden.[1] Die Bedeutung dieser Unterscheidung zeigt sich dann, wenn ein Staat hinsichtlich seines Gebiets oder Teilen davon einem anderen Staat gestattet, Gebietshoheit auszuüben (zB Errichtung von Militärbasen). Zum Inland rechnen daher zB auch die Freihäfen, die früheren Zollausschlüsse iSd § 2 II S 2 ZollG aF und die Zollfreigebiete (Insel Helgoland); nicht jedoch die Zollanschlüsse (Gemeinden Mittelberg und Jungholz).[2]

77 **Küstenmeer.** Das Völkerrecht ordnet einem Küstenstaat des Weiteren auch das Küstenmeer als Staatsgebiet zu (vgl Art 2 I SRÜ). Die territoriale Souveränität eines Küstenstaats erstreckt sich nach Art 2 II SRÜ auch auf den Meeresboden und den Meeresuntergrund des Küstenmeers. Die Breite des Küstenmeers betrug ursprünglich 3 Seemeilen (sog „Kanonenschussweite") und wurde auf 12 Seemeilen ausgeweitet.[3]

78 **Festlandssockel.** Darüber hinaus erstreckt § 1 III den steuerlichen Inlandsbegriff auf den der Bundesrepublik zustehenden Anteil am Festlandssockel. Dieser befindet sich jenseits des Küstenmeers unterhalb der Wassersäule. Über den Festlandssockel übt der Küstenstaat souveräne Rechte zum Zweck seiner Erforschung und der Ausbeutung seiner natürlichen Ressourcen aus (Art 77 I SRÜ); dh der Festlandssockel gehört – vergleichbar der sog Anschlusszone[4] oder der sog ausschließlichen Wirtschaftszone[5] – nicht zum Staatsgebiet der BRD. Vom Inlandsbegriff des § 1 III sind jedoch nur die Ausbeutung und Erforschung von Naturschätzen des Meeresgrundes und des Meeresuntergrundes (nichtlebende natürliche Ressourcen: Öl, Gas, Erze usw) und die Energieerzeugung unter Nutzung erneuerbarer Energien (zB Offshore-Windenergieanlagen, Gezeiten- oder Wellenkraftwerke usw) erfasst.[6] Vom Inlandsbegriff des § 1 III nicht erfasst, ist die Ausbeutung und Erforschung lebender Ressourcen oberhalb des Meeresgrundes (zB Fischerei). Als unzureichend dürfte sich auch der bloße Betrieb einer Pipeline erweisen, sofern diese nicht im Zusammenhang mit den eigentlichen Förderaktivitäten steht.[7]

79 **Schiffe und Flugzeuge unter deutscher Flagge.** Ungeachtet der unterschiedlichen Auffassungen im Fachschrifttum, ob Schiffe und Flugzeuge zum Staatsgebiet gehören, unterstehen sie dem deutschen Flaggenrecht und unterliegen damit kraft Völkerrechts der ausschließlichen Staatsgewalt der BRD.[8] Schiffe unter deutscher Flagge auf hoher See oder inländischen Gewässern – nicht jedoch in ausländischen Gewässern oder Häfen – gehören danach zum Inland iSd § 1 II.[9]

80-81 *Einstweilen frei.*

---

1   Vitzthum in Isensee/Kirchhof, Handbuch des Staatsrechts, Bd II, 3. Aufl, § 18 Rn 4.
2   Ebling in Blümich § 1 EStG Rn 173.
3   BGBl I 1994, 3428.
4   In der sog Anschlusszone, einem höchstens 24 Seemeilen breiten Gebiet, welches an das Küstenmeer angrenzt, stehen dem Küstenstaat lediglich begrenzte polizeiliche Befugnisse zu (Art 33 SRÜ).
5   Grundlage für die völkerrechtliche Anerkennung von ausschließlichen Wirtschaftszonen des Küstenstaats bildet Art 55 ff SRÜ. Die küstenstaatlichen Rechte sind hierbei nicht auf die Fischerei beschränkt, sondern umfassen zB auch Maßnahmen der Energieerzeugung.
6   Lambrecht in Gosch § 1 Rn 129.
7   Lambrecht in Gosch § 1 Rn 130.
8   Vitzthum in Isensee/Kirchhof, Handbuch des Staatsrechts, Bd II, 3. Aufl, § 18 Rn 15 mwN.
9   Lambrecht in Gosch § 1 Rn 45.

V. Körperschaftsteuersubjekte im Einzelnen

V. Körperschaftsteuersubjekte im Einzelnen. 1. Allgemeines. Begriff der Körperschaft. Der Begriff der Körperschaft ist ein sog Typusbegriff.[1] Das bedeutet, dass der Begriff nicht durch exakte Tatbestandsmerkmale definiert werden kann. Während als das maßgebende Charakteristikum der Personengesellschaft die Abhängigkeit von der Individualität der Gesellschafter gilt, ist die überindividuelle Verselbstständigung das maßgebende Wesensmerkmal der Körperschaft; dies beinhaltet im Wesentlichen[2]:

- Die Existenz einer Körperschaft ist unabhängig vom Mitgliederbestand.
- Die Übertragung der Mitgliedschaftsrechte ist im Grundsatz nicht ausgeschlossen.
- Das Vermögen der Körperschaft bildet eine besondere Haftungseinheit (dh die Mitglieder und Organe haften grundsätzlich nicht mit ihrem persönlichen Vermögen).
- Aus der Verselbstständigung gegenüber ihren Mitgliedern folgt auch die sog Fremdorganschaft.

Das Prinzip der Fremdorganschaft bezieht sich dabei nicht vorrangig auf das Fehlen einer Bindung von Organfunktion und Mitgliedschaft, sondern besteht darin, dass Körperschaften erst durch die „Bestellung" mit Organen ausgestattet werden. Im Gegensatz hierzu besteht das für die Personengesellschaften geltende Prinzip der Selbstorganschaft darin, dass die Organe einer Personengesellschaft nicht erst „bestellt" werden müssen, sondern bereits ipso iure vorhanden sind.

Begriff der Anstalten und Stiftungen. Anstalten und Stiftungen besitzen nicht die für Körperschaften typische verbandsmäßige Struktur und sind daher von diesen abzugrenzen. Bei den Körperschaften (wie auch bei Anstalten und Stiftungen) werden solche des öffentlichen (zB Bundessteuerberaterkammer) und des privaten Rechts (zB rechtsfähiger Verein) unterschieden. Die Körperschaften des öffentlichen Rechts wiederum lassen sich in solche mit (zB Bund und Länder) und ohne (zB Zweckverbände) Gebietshoheit unterscheiden.

Begriff der Personenvereinigung. Die (nichtrechtsfähige) Personenvereinigung ist ein Zusammenschluss von Personen zur Erreichung eines gemeinsamen Zwecks, wenn diesem Zusammenschluss – in Abgrenzung zum Begriff Körperschaft – nicht die Eigenschaft einer (rechtsfähigen) juristischen Person zukommt. Aufgrund der historischen Entwicklung des KStG, sind hierunter insbesondere die nichtrechtsfähigen Vereine zu subsumieren[3], auch wenn im gesellschaftsrechtlichen Schrifttum der nichtrechtsfähige Verein zum Teil als Körperschaft bezeichnet wird[4]. Dennoch muss die Personenvereinigung für die Körperschaftsteuerpflicht die für Körperschaften typische verbandsmäßige Struktur besitzen.

---

1 *Frotscher*, Körperschaftsteuer/Gewerbesteuer, 2. Aufl, § 4 Rn 51.
2 *Schmidt*, Gesellschaftsrecht, 4. Aufl, S 409 ff, 410, 657.
3 Gesetzesbegründung zum KStG 1920 in Nossendorf, Handausgabe des Körperschaftsteuergesetzes vom 30.3.1920 (1921), 64.
4 *Schmidt*, Gesellschaftsrecht, 4. Aufl, S 656.

85	**Begriff der Vermögensmasse (Zweckvermögen).** Der Begriff der Vermögensmasse und der Begriff des Zweckvermögens werden im KStG und in anderen Steuergesetzen synonym verwandt.[1] An die Stelle der wirtschaftlichen Verfügung einer natürlichen oder juristischen Person oder Personengruppe tritt bei der Vermögensmasse bzw dem Zweckvermögen daher die Zweckbindung des Vermögens[2]. Unter einem Zweckvermögen iSd KStG wird eine selbstständige, einem bestimmten Zweck dienendes Sondervermögen zu verstehen, das aus dem Vermögen des Widmenden ausgeschieden ist und aus dem eigene Einkünfte fließen.[3]
86-87	*Einstweilen frei.*
88	**2. Kapitalgesellschaften (§ 1 I Nr 1). a) Allgemeines. Genannte Rechtsformen.** Die in § 1 I Nr 1 genannten Kapitalgesellschaften sind die SE, die AG, die KGaA und die GmbH.
89	**Keine abschließende Aufzählung.** Die Aufzählung der von § 1 I Nr 1 erfassten Kapitalgesellschaften war zunächst abschließend und eine erweiternde Auslegung nicht zulässig.[4] Mit der Einfügung des Worts „insbesondere" in § 1 I Nr 1 durch das SEStEG wurde „klargestellt", dass es sich bei dem Katalog der in § 1 I Nr 1 genannten Kapitalgesellschaften nicht um eine abschließende Aufzählung von Gesellschaftsformen handelt. Unbeschränkt körperschaftsteuerpflichtig können danach auch solche Gesellschaften sein, die zwar nicht nach deutschem oder europäischem Recht gegründet worden sind, die aber nach ihrem Gründungsstatut einer Kapitalgesellschaft entsprechen (Typenvergleich).[5] Die Aufzählung in § 1 I Nr 1 ist demzufolge nur dem Typus – nicht jedoch der Rechtsform nach – als abschließend zu beurteilen. Zur Rechts- und Parteifähigkeit ausländischer Gesellschaften und zum Typenvergleich vgl Rn 200 ff.
90	**Juristische Person des alten Gemeinen Rechts.** Nicht unter § 1 I Nr 1 sondern unter § 1 I Nr 4 fallen jedoch die von alters her anerkannten juristischen Personen des alten Gemeinen Rechts iSd Art 163-166 EGBGB (vgl Rn 151).[6]
91-92	*Einstweilen frei.*
93	**b) SE. Rechtsgrundlagen.** Die SE ist eine Rechtsform des Unionsrechts (supranationale Rechtsform). Die Rechtsgrundlage für die Gründung einer SE bildet die sog SE-Verordnung v 8.10.2001[7], die am 8.10.2004 in Kraft getreten ist. Eine Anpassung der nationalen gesellschaftsrechtlichen und steuerrechtlichen Regelungen ist durch das SEEG v 22.12.2004[8], zuletzt geändert durch das ARUG v 30.7.2009[9], erfolgt.

---

1 Tyarks, Körperschaftsteuerrechtliche Zweckvermögen des privaten Rechts und ihre Behandlung im Umsatzsteuerrecht, 2009, S 48.
2 Tyarks, Körperschaftsteuerrechtliche Zweckvermögen des privaten Rechts und ihre Behandlung im Umsatzsteuerrecht, 2009, S 55 mwN.
3 ZB BFH I R 39/92, BStBl II 1993, 388.
4 BFH GrS 4/82, BStBl II 1984, 751 mwN.
5 BTDrs 16/2710, 30.
6 BFH I R 122/68, BStBl II 1971, 187.
7 ABl EU Nr L 294, 1.
8 BGBl I 2004, 3675.
9 BGBl I 2009, 2479.

V. Körperschaftsteuersubjekte im Einzelnen

Gründungsmöglichkeiten. Wesentliches Merkmal der SE ist die Gründungsmöglichkeit durch grenzüberschreitende Verschmelzung von Aktiengesellschaften (Art 2 I SE-VO). Des Weiteren sieht die SE-VO die Gründung einer Holding-SE (Art 2 II SE-Verordnung), die Gründung einer Tochter-SE (Art 2 III SE-VO), die Gründung durch Formwechsel (Art 2 IV SE-Verordnung) oder die Gründung einer Tochter-SE durch eine SE (Art 2 V SE-Verordnung) unter bestimmten Voraussetzungen vor.   94   §1

Sitzverlegung. Der statutarische Sitz und der Verwaltungssitz einer SE müssen sich in demselben Mitgliedstaat (Art 7 S 1 SE-Verordnung) befinden. Andernfalls droht die Auflösung der SE (Art 64 II SE-Verordnung, § 52 SEAG). Als supranationale Rechtsform des europäischen Rechts kann eine SE ihren statutarischen Sitz iVm dem Verwaltungssitz (Art 8 I SE-Verordnung) identitätswahrend in einen anderen Mitgliedstaat verlegen.   95

Einstweilen frei.   96-97

c) AG. Rechtsgrundlagen und Gründung. Die gesetzliche Grundlage der AG bildet das AktG v 6.9.1965[1], zuletzt geändert durch das VorstAG v 31.7.2009[2]. Es handelt sich um eine Kapitalgesellschaft nationaler Rechtsform. Eine AG kann durch einen oder mehrere Gesellschafter gegründet werden (§ 2 AktG).   98

REIT-AG. Durch das REITG v 28.5.2007[3] wurde eine eigenständige Art von AG eingeführt, die durch ihren besonderen, auf Immobilien bezogenen Unternehmensgegenstand gekennzeichnet ist und die in ihrer Firma die Bezeichnung REIT-AG führen muss. Zu den steuerlichen Besonderheiten bei der REIT-AG sowie deren Anteilseignern vgl §§ 16 – 21 REITG.   99

Sitzverlegung. Nach bisherigem Recht war die Verlegung des Verwaltungssitzes einer AG ins Ausland unzulässig. Der Verlegungsbeschluss wurde entweder als nichtig[4] angesehen oder als Auflösungsbeschluss interpretiert[5]. Mit der Neufassung des § 5 AktG durch das MoMiG v 23.10.2008[6] ist es einer AG nunmehr sachrechtlich möglich, ihren Verwaltungssitz von Anfang an im Ausland zu begründen oder auch später dorthin zu verlegen[7]. Die Verlegung des statutarischen Sitzes ins Ausland ist nicht zulässig. Zur Rechts- und Parteifähigkeit ausländischer Gesellschaften und zum Typenvergleich vgl Rn 200 ff. Zur Frage der Aufgabe der Sitztheorie durch die Änderung in § 5 AktG vgl Rn 207 ff.   100

Einstweilen frei.   101-102

d) KGaA. Rechtsgrundlagen. Das Recht der KGaA ist in den §§ 278-290 AktG geregelt. Die KGaA ist eine Verbindung zwischen KG und AG. Sie ist dadurch charakterisiert, dass bei ihr mindestens ein Gesellschafter den Gesellschaftsgläubigern unbeschränkt haftet (persönlich haftender Gesellschafter bzw Komplementär),   103

---

1 BGBl I 1965, 1089.
2 BGBl I 2009, 2509.
3 BGBl I 2007, 914.
4 *Kögel*, GmbHR 1998, 1108.
5 OLG Hamm 15 W 390/00, ZIP 2001, 791.
6 BGBl I 2008, 2026.
7 BRDrs 354/07, 65.

während die übrigen an dem in Aktien zerlegten Grundkapital beteiligt sind, ohne persönlich für die Verbindlichkeiten der Gesellschaft zu haften (Kommanditaktionäre). Es handelt sich bei der KGaA um eine Kapitalgesellschaft nationaler Rechtsform. Aufgrund der Vermischung von körperschaftlicher und personengesellschaftlicher Verfassung ist die Einordnung als Kapitalgesellschaft jedoch nicht selbstverständlich. Demgemäß ist es kein Zufall, dass die KGaA unter Geltung des ADHGB noch als Personengesellschaft eingeordnet wurde.

104   **Gründung.** Zur Gründung der KGaA sind wenigstens fünf Personen notwendig. Ist die Gründung erfolgt, können die Aktien zB auch an den einzigen Komplementär übertragen werden.

105   **Einkommensermittlung.** Zu den steuerlichen Besonderheiten bei der Einkommensermittlung der KGaA siehe § 9 I Nr 1 (vgl auch § 9 Rn 33 ff).

106   **Sitzverlegung.** Nach bisherigem Recht war die Verlegung des Verwaltungssitzes einer KGaA ins Ausland unzulässig (vgl Rn 100). Mit der Neufassung des § 5 AktG durch das MoMiG dürfte es einer KGaA – wie einer AG auch – nunmehr sachrechtlich möglich sein, ihren Verwaltungssitz von Anfang am im Ausland zu begründen oder auch später dorthin zu verlegen. Die Verlegung des statutarischen Sitzes ins Ausland ist nicht zulässig.

107-108   *Einstweilen frei.*

109   e) **GmbH. Rechtsgrundlagen.** Das Recht der GmbH ist im GmbHG v 20.4.1892[1] idFd Bekanntmachung v 20.5.1898[2], zuletzt geändert durch das VorstAG v 31.7.2009[3], geregelt. Es handelt sich um eine Kapitalgesellschaft nationaler Rechtsform.

110   **Gründung.** Eine GmbH kann durch einen oder mehrere Gesellschafter gegründet werden (§ 1 GmbHG).

111   **Unternehmergesellschaft haftungsbeschränkt.** Im Verlauf des Gesetzgebungsverfahrens zum MoMiG wurde eine Rechtsformvariante der GmbH, die sog Unternehmergesellschaft (haftungsbeschränkt) bzw UG (haftungsbeschränkt) geschaffen (§ 5a GmbHG). Durch die UG (haftungsbeschränkt) sollte der Wettbewerbsfähigkeit der GmbH nach deutschem Recht – vor allem mit Blick auf die UK-Ltd – hinreichend Rechnung getragen und dadurch eine Einstiegsalternative – etwa für Existenzgründer – auch nach deutschem Gesellschaftsrecht angeboten werden. Sie kann bereits mit einem Stammkapital von 1 EUR unter möglicher Verwendung eines gesetzlich vorgegebenen Musterprotokolls iSv § 2 Ia GmbHG unkompliziert und kostengünstig gegründet werden.

112   **Sitzverlegung.** Nach bisherigem Recht war die Verlegung des Verwaltungssitzes einer GmbH ins Ausland unzulässig (vgl Rn 100). Mit der Neufassung des § 4a GmbHG durch das MoMiG ist es einer GmbH bzw UG (haftungsbeschränkt) – wie einer AG auch – nunmehr sachrechtlich möglich, ihren Verwaltungssitz von Anfang am im Ausland zu begründen oder auch später dorthin zu verlegen. Die Verlegung des

---

1 RGBl 1892, 477.
2 RGBl 1898, 846.
3 BGBl I 2009, 2509.

statutarischen Sitzes ins Ausland ist nicht zulässig. Zur Rechts- und Parteifähigkeit ausländischer Gesellschaften und zum Typenvergleich vgl Rn 200 ff. Zur Frage der Aufgabe der Sitztheorie durch die Änderung in § 4a GmbHG vgl Rn 207 ff.

Einstweilen frei. 113-114

3. Genossenschaften (§ 1 I Nr 2). a) Allgemeines. Wesen der Genossenschaft. Im 115 Gegensatz zu den Kapitalgesellschaften, deren Gesellschaftszweck regelmäßig auf Gewinnerzielung gerichtet ist, ist die Rechtsform der Genossenschaft auf die Förderung ihrer Mitglieder ausgerichtet. Ein weiterer Unterschied ist darin begründet, dass die Genossenschaft keine kapitalmäßig geschlossene Mitgliederstruktur, sondern eine offene, nicht geschlossene Mitgliederzahl mit veränderlichem Gesellschaftskapital hat.[1]

Einkommensermittlung. Zu den steuerlichen Besonderheiten bei der Einkommensermittlung der Genossenschaften vgl § 22 Rn 52 ff. 116

Nichtrechtsfähige Genossenschaften. Unter § 1 I Nr 2 fallen nicht nur die (rechts- 117 fähigen) eingetragenen Genossenschaften, sondern auch die nicht im Genossenschaftsregister eingetragenen Genossenschaften, bei denen die Eintragung nach der Satzung ausgeschlossen oder nicht mehr gewollt ist. Diese gesetzlich nirgends ausdrücklich zugelassene nicht eingetragene Genossenschaft stellt dabei jedoch keine eigenständige Vereinigungsform dar, sondern meint – in Abgrenzung zu den personengesellschaftlich verfassten nicht eingetragenen Genossenschaften – nur die körperschaftlich organisierte nicht eingetragene Genossenschaft.[2] Nichtrechtsfähige Genossenschaften iSd § 1 I Nr 2 sind zB nichtrechtsfähige Konsumvereine, Molkerei- und Keltergenossenschaften usw. Nicht hierzu zählen die regelmäßig als Körperschaften des öffentlichen Rechts anzusehenden Deich-, Wasser-, Jagd- und Fischereigenossenschaften sowie sonstige genossenschaftlichen Vereinigungen alten Rechts, wie die in § 3 II S 1 aufgeführten Hauberg-, Wald-, Forst- und Laubgenossenschaften sowie ähnliche Realgemeinden.[3]

Einstweilen frei. 118

b) SCE. Rechtsgrundlagen. Die SCE ist eine Rechtsform des Unionsrechts 119 (supranationale Rechtsform). Die Rechtsgrundlage für die Gründung einer SCE bildet die sog SCE-Verordnung v 22.7.2003[4], die am 18.8.2006 in Kraft getreten ist. Eine Anpassung der nationalen gesellschaftsrechtlichen und steuerrechtlichen Regelungen ist durch das Gesetz zur Ausführung der Verordnung (EG) Nr 1435/2003 des Rates v 22.7.2003 über das SCEAG v 14.8.2006[5], zuletzt geändert durch das ARUG, erfolgt.

Gründung. Zur Gründung einer SCE durch natürliche Personen sind mindestens 120 fünf Gründungsmitglieder erforderlich; ansonsten genügen zwei Gründungsgesellschaften (Kapital-, Personengesellschaften usw). Die Gründung kann auch durch Verschmelzung bestehender Genossenschaften oder durch Formwechsel erfolgen.

---

1 *Beuthien* in Beuthien, 14. Aufl, § 1 GenG Rn 2.
2 *Sauter* in Erle/Sauter § 1 Rn 22.
3 *Kennerknecht*, Kommentar zum KStG 1934, § 1 Rn 18.
4 ABl EU Nr L 207, 25.
5 BGBl I 2006, 1911.

	Voraussetzung in allen Fällen ist jedoch die Erfüllung des jeweils in Art 2 I SCE-Verordnung genannten grenzüberschreitenden Elements (zB Wohnsitz der Gründungsmitglieder in mind zwei verschiedenen Mitgliedstaaten).
121	**Sitzverlegung.** Der statutarische Sitz und der Verwaltungssitz einer SCE müssen sich in demselben Mitgliedstaat (Art 6 S 1 SCE-Verordnung) befinden. Andernfalls droht die Auflösung der SCE (Art 73 III SCE-Verordnung, § 10 SCEAG). Als supranationale Rechtsform des europäischen Rechts kann eine SCE ihren statutarischen Sitz iVm dem Verwaltungssitz (Art 7 I SCE-Verordnung) identitätswahrend in einen anderen Mitgliedstaat verlegen.
122-123	*Einstweilen frei.*
124	**c) Genossenschaften. Rechtsgrundlagen.** Das Recht der eingetragenen Genossenschaften ist im GenG v 1.5.1889[1] idFd Bekanntmachung v 16.10.2006[2], zuletzt geändert durch das BilMoG v 25.5.2009[3], geregelt.
125	**Gründung.** Eine eingetragene Genossenschaft kann durch mindestens drei Mitglieder gegründet werden (§ 4 GenG) und – zum Zweck der Gleichstellung mit einer SCE – sog investierende Mitglieder (§ 8 II GenG) zulassen. Investierende Mitglieder sind Mitglieder, die für die Inanspruchnahme der Leistungen der eingetragenen Genossenschaft nicht in Betracht kommen. Zu den nicht eingetragenen Genossenschaften vgl Rn 117.
126	**Sitzverlegung.** Die Verlegung des Verwaltungssitzes einer eingetragenen Genossenschaft sowie die Verlegung des statutarischen Sitzes ins Ausland ist unzulässig (vgl Rn 100). Zur Rechts- und Parteifähigkeit ausländischer Gesellschaften und zum Typenvergleich vgl Rn 200 ff. Zur Frage der Aufgabe der Sitztheorie durch die Änderung in § 5 AktG und § 4a GmbHG vgl Rn 207.
127-128	*Einstweilen frei.*
129	**4. VVaG und PVaG (§ 1 I Nr 3). a) Allgemeines. Bedeutung der Rechtsform für das Versicherungsgeschäft.** Durch § 7 I VAG ist der Kreis der Unternehmensformen für den erlaubnispflichtigen Betrieb von Versicherungsgeschäften abschließend festgelegt; er erfasst

- AG (einschließlich der SE),
- VVaG und PVaG sowie
- Körperschaften und Anstalten des öffentlichen Rechts.

	Der Grund für den Rechtsformzwang ist der Umstand, dass bei Versicherungsunternehmen wegen ihrer Bedeutung für das Gemeinwesen ein besonderes Interesse der Öffentlichkeit an ihrem dauerhaften Bestand vorliegt.
130	**Steuerbefreiung kleiner VVaG und Sonderregelungen.** Zur Befreiung von der KSt kleiner VVaG iSd § 53 VAG vgl § 5 Rn 226 ff sowie zu steuerlichen Sonderregelungen bei der Einkommensermittlung dieser Körperschaftsteuersubjekte selber vgl § 20 Rn 45 ff.

---

1 RGBl 1889, 55.
2 BGBl I 2006, 2230.
3 BGBl I 2009, 1102.

Einstweilen frei. 131

b) VVaG. Rechtsgrundlagen. Das Recht des VVaG ist im VAG idFd Bekanntmachung v 17.12.1992[1], zuletzt geändert durch das Gesetz zur Verfolgung der Vorbereitung von schweren staatsgefährdenden Gewalttaten v 30.7.2009[2], geregelt. 132

Gründung. Ein Verein, dessen Zweck auf einen wirtschaftlichen Geschäftsbetrieb gerichtet ist, erlangt nach § 22 S 1 BGB seine Rechtsfähigkeit im Grundsatz durch staatliche Verleihung. Dieser Grundsatz wird durch § 15 VAG insoweit abgeändert, als der VVaG seine Rechtsfähigkeit durch die Erlaubnis nach §§ 5 und 15 VAG erlangt. 133

Versicherung von Mitgliedern und Nichtmitgliedern. Der VVaG ist ein Verein, und zwar eine Sonderform des wirtschaftlichen Vereins (zum Begriff vgl Rn 150), der die Versicherung seiner Mitglieder nach dem Grundsatz der Gegenseitigkeit betreibt. Nach § 53 VAG wird zwischen größeren und kleineren VVaG unterschieden. Die größeren VVaG können, sofern es die Satzung ausdrücklich gestattet, auch Nichtmitglieder versichern (§ 21 II VAG). 134

Eigenständige steuerrechtliche Beurteilung. Liegt die Erlaubnis nach § 15 VAG vor, spricht eine tatsächliche Vermutung dafür, dass die Satzung des Vereins den Voraussetzungen des VAG entspricht und damit im Allgemeinen ein VVaG iSd § 1 I Nr 3 gegeben ist.[3] Aber auch dann, wenn die Erteilung nach § 15 VAG nicht erteilt ist, kann steuerrechtlich ein VVaG iSd § 1 I Nr 3 vorliegen. In einem solchen Fall ist jedoch von strengen Voraussetzungen auszugehen. Vor allem wird gefordert, dass nach Eintreten des Versicherungsfalles der Versicherungsnehmer einen Rechtsanspruch auf fällig werdende Leistungen des Versicherers hat.[4] Die steuerrechtliche Beurteilung zum Vorliegen eines VVaG hat jedoch für die Körperschaftsteuerpflicht als solche nur eine eingeschränkte Bedeutung, da andernfalls eine Körperschaftsteuerpflicht als nichtrechtsfähiger Verein nach § 1 I Nr 5 in Betracht kommt. Die Bedeutung dieser Einordnung liegt vielmehr in der Inanspruchnahme der steuerlichen Sonderregelungen (vgl Rn 130). 135

Sitzverlegung. Nach § 7 Ia VAG muss der Verwaltungssitz eines VVaG im Inland belegen sein. Infolge der eigenständigen steuerrechtlichen Beurteilung des Vorliegens eines VVaG (vgl Rn 135) dürfte die Verlegung des Verwaltungssitzes ins Ausland – vorausgesetzt der statutarische Sitz befindet sich im Inland – die unbeschränkte Körperschaftsteuerpflicht nach § 1 I Nr 3 im Grundsatz nicht berühren. 136

Einstweilen frei. 137

c) PVaG. Rechtsgrundlagen. Die Rechtsgrundlagen für den PVaG befinden sich seit dem AVmG v 26.6.2001[5] ebenfalls im VAG; zur Definition siehe § 112 I VAG. Nach § 113 VAG gelten die auf die Lebensversicherungsunternehmen anzuwendenden Vorschriften des VAG entsprechend. 138

---

1 BGBl I 1993, 2.
2 BGBl I 2009, 2437.
3 RFH I A 231/30, RStBl 1930, 551.
4 RFH I A 390/31, RStBl 1933, 1243.
5 BGBl I 2001, 1310.

139 **Gründung.** Ein PVaG entsteht danach ebenfalls durch Erlaubnis nach § 113 I, II Nr 3 VAG iVm § 15 VAG.

140 **Sitzverlegung.** Nach § 113 I VAG iVm § 7 Ia VAG muss der Verwaltungssitz eines VVaG im Inland belegen sein.

141 *Einstweilen frei.*

142 **5. Sonstige juristische Personen des privaten Rechts (§ 1 I Nr 4). a) Allgemeines. Abgrenzung.** Von der Körperschaftsteuerpflicht nach § 1 I Nr 4 werden alle diejenigen Körperschaften des privaten Rechts erfasst, die nach den Vorgaben des Zivilrechts nicht unter § 1 I Nr 1-3 fallen. Der Begriff der juristischen Person des privaten Rechts ist im Zivil- und im Steuerrecht gleich auszulegen, da Voraussetzung für die Körperschaftsteuerpflicht nach § 1 I Nr 4 die Rechtsfähigkeit ist.[1] Die juristischen Personen des privaten Rechts sind von den juristischen Personen des öffentlichen Rechts zu unterscheiden, deren Rechtsfähigkeit und rechtliche Gestaltung sich aus dem öffentlichen Bundes- und Landesrecht herleitet und die nur nach Maßgabe des § 1 I Nr 6 der Körperschaftsteuerpflicht unterliegen (vgl Rn 192 ff).

143 **Begriff.** Über Begriff und Wesen der juristischen Person bestehen seit Beginn des 19. Jahrhunderts diverse Theorien.[2] Das BGB enthält jedoch keine Theorie der juristischen Person und folgt auch keiner Theorie.[3] Es begnügt sich mit der Anerkennung der Rechtsfigur der juristischen Person für Verein und Stiftung als juristische Personen des privaten Rechts und den Fiskus, sowie die Körperschaften, Stiftungen und Anstalten des öffentlichen Rechts als juristische Personen des öffentlichen Rechts. Allgemein wird unter einer juristischen Person eine zweckgebundene Organisationseinheit – unter Zusammenfassung von Personen oder lediglich Vermögen – verstanden, der die Rechtsordnung die Rechtsfähigkeit verliehen hat.[4]

144 **Rechtsfähigkeit.** Die Rechtsfähigkeit – dh die Fähigkeit, Rechte und Pflichten haben zu können – ist jedoch keine für eine juristische Person typische Eigenschaft, wie zB § 124 I HGB für die OHG bestätigt. Sie eignet sich daher nicht, die juristische Person von der Gesamthand abzugrenzen.[5]

145 **Drittorganschaft.** Die juristische Person unterscheidet sich von der Gesamthand neben der eigenen Haftung vor allem dadurch, dass sie nicht durch ihre Mitglieder handelt (Selbstorganschaft), sondern über eine eigene Handlungsorganisation (Drittorganschaft) verfügt.[6]

146-147 *Einstweilen frei.*

---

1 BFH GrS 4/82, BStBl II 1984, 751 mwN.
2 Zu den Haupttheorien vgl *Reuter* in MüKo BGB, Bd 1, 5. Aufl, Vor § 21 BGB Rn 1.
3 *Flume*, Allgemeiner Teil des bürgerlichen Rechts, Bd 1 Teil 2, Die juristische Person, 1983, S 21.
4 *Reuter* in MüKo BGB, Bd 1, 5. Aufl, Vor § 21 BGB Rn 2.
5 *Schmidt*, Gesellschaftsrecht, 4. Aufl, S 181 ff, 206 ff.
6 *Schmidt*, Gesellschaftsrecht, 4. Aufl, S 181, 210.

b) Vereine. Begriff des rechtsfähigen Vereins nach BGB. Das BGB erkennt ua **148**
den Verein als juristische Person des privaten Rechts an (vgl Rn 143). Der rechtsfähige
Verein ist seiner Struktur nach eine Körperschaft (zum Begriff vgl Rn 82) und im Hinblick auf die Rechtssubjektivität ist er juristische Person.

Ideelle Vereine. Zu den rechtsfähigen Vereinen iSd BGB zählen der sog ideelle **149**
Verein oder Idealverein (§ 21 BGB). Ein ideeller Verein oder Idealverein ist ein Verein, dessen Zweck nicht auf einen wirtschaftlichen Geschäftsbetrieb (idR sportliche, kulturelle, gesellige, soziale oder politische Ziele) gerichtet ist.[1] Dieser erlangt Rechtsfähigkeit durch Eintragung in das maßgebende Vereinsregister. Zur Körperschaftsteuerbefreiung ideeller Vereine § 5 Rn 282 ff sowie zur sachlichen Steuerbefreiung von Mitgliedsbeiträgen § 8 Rn 772 ff.

Wirtschaftliche Vereine. Demgegenüber stehen die wirtschaftlichen Vereine iSd **150**
§ 22 BGB, deren Zweck auf einen wirtschaftlichen Geschäftsbetrieb gerichtet ist. Sie erlangen die Rechtsfähigkeit nur durch staatliche Verleihung (sog Konzessionsprinzip). Eine solche staatliche Verleihung der Rechtsfähigkeit erfolgt jedoch nur, wenn dem Verein nicht zugemutet werden kann, eine der für wirtschaftlich tätige Vereine vorgesehenen Rechtsformen (zB AG, GmbH usw) anzunehmen (sog Subsidiaritätsprinzip).[2] Infolge des Subsidiaritätsprinzips sind die rechtsfähigen wirtschaftlich tätigen Vereine iSd § 22 BGB nur von untergeordneter Bedeutung. Wirtschaftlich tätige Vereine sind in der Praxis auf der Grundlage von § 19 BWaldG im Schwerpunkt im Bereich der Land- und Forstwirtschaft[3] sowie bei den Verwertungsgesellschaften iSd § 1 IV UrhWahrnG (zB VG Wort, GEMA, VG Bild-Kunst usw) anzutreffen. Auch Post-, Spar und Darlehensvereine oder eingetragene Lohnsteuerhilfevereine sind regelmäßig als wirtschaftliche Vereine anzusehen.[4]

Rechtsfähige Vereine außerhalb des BGB. Während das KStG 1925 noch von ju- **151**
ristischen Personen des „bürgerlichen Rechts" sprach, wird seit dem KStG 1934 der Begriff der juristischen Personen des „privaten Rechts" verwandt. Hierdurch sollte klar gestellt werden, dass hierunter nicht nur die im BGB geregelten Rechtsformen fallen.[5] Hiernach unterliegen auch die juristischen Personen des alten Gemeinen Rechts iSd Art 163-166 EGBGB,[6] also die vor dem Inkrafttreten des BGB nach altem Landesrecht als juristischen Personen entstandenen Vereine, der Körperschaftsteuerpflicht.

Religiöse Vereine. Religionsgemeinschaften können Rechtsfähigkeit nach den all- **152**
gemeinen Vorschriften des BGB (Art 140 GG, 137 IV WRV) oder als Körperschaft des öffentlichen Rechts (Art 140 GG, 137 V WRV) erlangen. Kirchengemeinden mit verliehener Rechtsfähigkeit sind, sofern nicht Körperschaft des öffentlichen Rechts, Vereine iSd § 1 I Nr 4.[7]

---

1 *Schmidt*, Gesellschaftsrecht, 4. Aufl, S 181, 667 ff.
2 *Schmidt*, Gesellschaftsrecht, 4. Aufl, S 181, 669 f.
3 BFH V R 77/07, BFH/PR 2010, 13.
4 *Lambrecht* in Gosch § 1 Rn 81.
5 Gesetzesbegründung in RStBl 1935, 82.
6 BFH I R 122/68, BStBl II 1971, 187.
7 RFH VIa 25/38, RStBl 1939, 66.

153-154 *Einstweilen frei.*

155 **c) Stiftungen. Rechtsfähige Stiftungen nach BGB.** Weder die §§ 80 ff BGB noch die Stiftungsgesetze der Länder enthalten eine Definition des Begriffs „Stiftung". Der juristische Stiftungsbegriff knüpft an das Ergebnis des Stiftungsvorgangs an. Eine Stiftung im Rechtssinne ist danach eine vom Stifter geschaffene Institution, die die Aufgabe hat, mit Hilfe des der Stiftung gewidmeten Vermögens den festgelegten Stiftungszweck dauernd zu verfolgen.[1]

156 **Keine Mitglieder.** Im Gegensatz zur Körperschaft kennt die Stiftung als reine Verwaltungsinstitution keine Mitglieder. Auch die Destinatäre, die von der Stiftung begünstigten Personen, haben nicht die Stellung von Mitgliedern.

157 **Vermögensmasse.** Die rechtsfähige Stiftung ist ihrer Struktur nach somit eine Vermögensmasse bzw Zweckvermögen (zum Begriff vgl Rn 85) und im Hinblick auf die Rechtssubjektivität juristische Person, welche § 1 I Nr 4 unterfallen.

158 **Entstehung.** Zur Entstehung einer rechtsfähigen Stiftung des privaten Rechts sind nach § 80 I BGB ein Stiftungsgeschäft und die Anerkennung der nach Landesrecht zuständigen Behörde erforderlich. Zum Inhalt des Stiftungsgeschäfts gehört in erster Linie der Stiftungsakt ieS, also die verbindliche Erklärung des Stifters, dass ein bestimmter Teil seines Vermögens auf Dauer der Erfüllung eines oder mehrerer vom Stifter vorgegebener Zwecke gewidmet wird.[2]

159 **Bedeutung.** Besonders weit verbreitet sind Stiftungen mit gemeinnützigen oder mildtätigen Zwecken.[3] Daneben eignet sich die Stiftung (zB als Familienstiftung) als Gestaltungsmittel iRv Unternehmensnachfolgen.[4]

160 **Rechtsfähige Stiftungen außerhalb des BGB.** Rechtsfähige Stiftungen des privaten Rechts, die vor dem Inkrafttreten des BGB nach Reichs- und Landesrecht als juristische Personen entstanden sind, bestehen als solche fort.[5]

161-162 *Einstweilen frei.*

163 **d) Anstalten. Keine juristische Person des Privaten Rechts.** Andere juristische Personen des privaten Rechts außer Verein und Stiftung sind im BGB nicht normiert. Es bestehen jedoch die vor dem Inkrafttreten des BGB nach Reichs- und Landesrecht als juristische Personen entstanden Anstalten, welche folglich keine juristische Person iSd privaten Rechts sind, als solche fort.[6]

164 **Begriff.** Anstalten sind eigenständig organisierte Gebilde, die einen Bestand an sachlichen Mitteln aufweisen und einen bestimmten Zweck verfolgen. Bei Anstalt und Stiftung handelt es sich um Vermögensmassen, die sich insbesondere durch die fortdauernde Möglichkeit der Einflussnahme durch den Gründer unterscheiden. Zweckbildung, Organisation, Fortbestand und Verwaltung einer Anstalt bleiben stets

---

1 *Von Campenhausen* in Seifart/von Campenhausen, Stiftungsrechts-Handbuch, 3. Aufl, § 1 Rn 6.
2 *Reuter* in MüKo BGB, Bd 1, 5. Aufl, §§ 80, 81 BGB Rn 11 ff.
3 Zur Entwicklung des Stiftungszwecks vgl zB *Reuter* in MüKo BGB, Bd 1, 5. Aufl, Vor § 80 BGB Rn 1 ff.
4 *Lambrecht* in Gosch § 1 Rn 83.
5 *Kennerknecht*, Kommentar zum KStG 1934, § 1 Rn 22.
6 *Kennerknecht*, Kommentar zum KStG 1934, § 1 Rn 22.

der Beherrschung durch den Anstaltsträger ausgesetzt. Die einmal errichtete Stiftung hingegen ist der Einflussnahme ihres Stifters, sofern ihm die Stiftungsverfassung nicht noch Einflussnahmemöglichkeiten zulässt, regelmäßig entzogen.[1]

Ausländische Anstalten. Darüber hinaus ist nicht ausgeschlossen, dass ausländische Rechtsgebilde für inländische Besteuerungszwecke als Anstalten des privaten Rechts iSd § 1 I Nr 4 qualifiziert werden können. Wie die Rechtsprechung des BFH zeigt[2], beschränkt sich das jedoch vorwiegend auf die privatrechtliche Anstalt nach liechtensteinischem Recht. Das liechtensteinische Recht weist eine solche Flexibilität auf, dass diese privatrechtlichen Anstalten sowohl körperschaftlich als auch stiftungsähnlich ausgestaltet werden können.

Beteiligung des Gründers als Wirtschaftsgut. Die Rechtsstellung des Gründers einer liechtensteinischen Anstalt bildet ein einheitliches Wirtschaftsgut (Anstaltsbeteiligung), das auch Sonderbetriebsvermögen darstellen kann.[3]

Einstweilen frei.

6. Nichtrechtsfähige Vereine, Anstalten, Stiftungen und andere Zweckvermögen des privaten Rechts (§ 1 I Nr 5). a) Allgemeines. Auffangtatbestand. Während die in § 1 I Nr 1-4 genannten Körperschaften, Personenvereinigungen und Vermögensmassen als juristische Personen des privaten Rechts per se der Steuerpflicht nach dem KStG unterliegen, werden die nichtrechtsfähigen Vereine, Anstalten, Stiftungen und anderen Zweckvermögen des privaten Rechts nur von der Steuerpflicht nach dem KStG erfasst, wenn ihr Einkommen weder nach dem KStG noch nach dem EStG unmittelbar bei einem anderen Steuerpflichtigen zu versteuern sind. Der Regelung kommt zusammen mit § 3 I der Charakter eines Auffangtatbestands zu.[4]

Regelungen über die Versteuerung von Einkommen. Voraussetzung für Körperschaftsteuerpflicht nach § 1 I Nr 5 ist, dass das betreffende Einkommen der genannten Personenvereinigungen (nichtrechtsfähige Vereine) oder Vermögensmassen (nichtrechtsfähige Anstalten, Stiftungen und andere Zweckvermögen) gem § 3 I weder nach dem KStG noch nach dem EStG bei einem anderen Steuerpflichtigen besteuert wird. Damit wird sichergestellt, dass das Einkommen nur einmal im Wege der KSt oder bei den dahinterstehenden Personen im Wege der ESt erfasst wird (vgl Rn 20 zum Verhältnis von § 3 I zur Körperschaftsteuerpflicht nach § 1 I Nr 5).[5]

Gesetzliche Regelungen über die Versteuerung des Einkommens von nichtrechtsfähigen Personenvereinigungen, wie sie § 3 I voraussetzt, enthält das EStG. ZB gehören nach § 15 I S 1 Nr 2 EStG zu den Einkünften aus Gewerbebetrieb bei Gesellschaftern einer OHG, einer KG oder einer anderen Gesellschaft, bei der der Gesellschafter als Mitunternehmer anzusehen ist, die Gewinnanteile. Diese Gewinnanteile sind „Einkommen" der Personenvereinigung, das nicht bei ihr, sondern bei den Gesellschaftern unmittelbar zu versteuern ist (weitere Einzelheiten bei § 3 Rn 28 ff).

---

1 *Schmidt*, Gesellschaftsrecht, 4. Aufl, S 179.
2 BFH I R 130/84, BStBl II 1989, 101; BFH IX R 182/87, BStBl II 1992, 972.
3 BFH IV R 182/77, BStBl II 1981, 220.
4 *Lambrecht* in Gosch § 1 Rn 86.
5 BFH GrS 4/82, BStBl II 1984, 751 mwN.

171 *Einstweilen frei.*

172 **b) Nichtrechtsfähige Vereine. Begriff.** Der Begriff des nichtrechtsfähigen Vereins iSd § 1 I Nr 5 entspricht dem des § 54 BGB.[1] Demzufolge knüpft auch § 1 I Nr 5 die Körperschaftsteuerpflicht formell und strukturell an die zivilrechtliche Rechtsform einer Personenvereinigung. Nichtrechtsfähige Vereine werden im BGB nicht besonders definiert, sondern lediglich als „Vereine, die nicht rechtsfähig sind" bezeichnet. Zwei Merkmale sind darin enthalten[2]:

- Das Merkmal „Verein" besagt, dass eine auf Dauer angelegte Verbindung von Personen zur Erreichung eines gemeinsamen Zwecks vorhanden muss, die nach ihrer Satzung körperschaftlich organisiert ist. Die körperschaftliche Organisation äußert sich in einem Gesamtnamen, in der Vertretung durch einen Vorstand und in der Unabhängigkeit von der Person der Mitglieder.

- Das Merkmal „nicht rechtsfähig" besagt, dass der Verein weder durch Eintragung noch Verleihung die Rechtsfähigkeit als juristische Person erworben hat. Es besagt dagegen nicht, dass der Verein nicht Träger von Rechten und Pflichten sein kann.

173 **Abgrenzung.** Während sich die Abgrenzung zwischen den rechtsfähigen und den nichtrechtsfähigen Vereinen infolge der durch Eintragung oder Verleihung erlangten Rechtsfähigkeit einfach darstellt, ist die Abgrenzung zwischen den nichtrechtsfähigen Vereinen und Gesellschaften schwierig und umstritten.[3] Mangels gesetzlicher Definitionen kann die Entscheidung, ob ein Verein oder eine Gesellschaft vorliegt, nur entsprechend der typischen Gesamtstruktur eines Rechtsgebildes erfolgen (vgl auch zum Typusbegriff Körperschaft Rn 80). Für eine Vereinsnatur sprechen insbesondere[4]:

- eine große Mitgliederzahl,
- eine vereinsmäßige Satzung,
- Fremdorganschaft (Bestellung eines Vorstands durch Wahl),
- Mehrheitsentscheidungen in Mitgliederversammlungen,
- freier Eintritt und Austritt, wobei die Beteiligten typischerweise keinen Anspruch auf das Vermögen der Personenvereinigung haben, solange diese nicht aufgelöst ist,
- das Auftreten unter einen Vereinsamen.

Zwischen den nichtrechtsfähigen Vereinen und den Gesellschaften gibt es, infolge des bestehenden Freiraums zur Gestaltung der Rechtsverhältnisse, Mischformen, bei denen die Übergänge zwischen personenbezogenen und körperschaftlichen Elementen fließend sind. Liegt eine solche Mischform vor, hat eine Abwägung zu erfolgen, welche Vorschriften den Bedürfnissen der Vereinigung und den schützenswerten Interessen der Beteiligten am besten gerecht werden.[5]

---

1 BFH GrS 4/82, BStBl II 1984, 751 mwN.
2 *Schmidt*, Gesellschaftsrecht, 4. Aufl, S 732 f.
3 *Schmidt*, Gesellschaftsrecht, 4. Aufl, S 733.
4 *Schmidt*, Gesellschaftsrecht, 4. Aufl, S 735.
5 *Schmidt*, Gesellschaftsrecht, 4. Aufl, S 735.

Einzelfälle. Als nichtrechtsfähige Vereine sind ua anzusehen: 174
- regionale Untergliederungen (Landes- Bezirks- oder Ortsverbände) von Großvereinen, wenn sie über eigene satzungsmäßige Organe (Vorstand, Mitgliederversammlung) verfügen und über diese auf Dauer nach außen im eigenen Namen auftreten und eine eigene Kassenführung haben (AEAO zu § 51 Rn 2),
- Betrieb einer Werkskantine zugunsten der Belegschaft (sog Kantinen-gemeinschaften)[1],
- Zusammenschluss von Mitgliedern einer Freiwilligen Feuerwehr zu einem gemeinsamen Zweck, der über die gesetzlichen Aufgaben der Freiwilligen Feuerwehr hinausgeht (Veranstaltung von Feuerwehrfesten, Öffentlichkeitsarbeit und Mitgliederwerbung, wogegen die Kameradschaftspflege Aufgabe der Mitglieder der Freiwilligen Feuerwehr ist)[2],
- Arbeitsgemeinschaft der Lohnschlächter eines städtischen Schlachthofs und Viehhofs, die nach bestimmten festen, wenn auch nur mündlich vereinbarten Regeln lebt, vom Wechsel ihrer Mitglieder unabhängig ist und durch Organe nach außen unter einem Namen auftritt[3],
- Zusammenschlüsse von Mitgliedern zur Pflege des Spargedankens (des zeitlich begrenzten Sparens), die regelmäßig im Auslosungsverfahren Gewinne (Prämien) an die Mitglieder ausschütten (sog Gewinnsparvereine)[4],
- Vereinigung der Eigentümer von Rittergütern (Ritterschaft), sofern nicht juristische Person nach alten Gemeinen Recht iSd Art 163 ff EGBGB[5],
- Zusammenschlüsse sog Braubürgerschaften oder Braukommunen[6].

Wegen der Einordnung im Ausland gegründeter Kapitalgesellschaften mit inländischer Geschäftsleitung vgl Rn 200 ff.

Einzelfälle von Mitunternehmerschaften. Als Mitunternehmerschaften iSd § 15 175
EStG sind hingegen zB anzusehen:
- Zusammenschlüsse von mehreren Kopfschlachtern zum Zwecke gemeinsamer Arbeitsleitung[7];
- Die Personenbezogenheit des Zusammenschlusses folgte in dem Urteilsfall daraus, dass die Beiträge der Gesellschafter vorwiegend aus der Erbringung von Dienstleistungen bestanden. Im Unterschied zu der als nichtrechtfähigen Verein zu beurteilenden Arbeitsgemeinschaft der Lohnschlächter (vgl Rn 174) erfolgte jedoch die Vergütung nicht nach einem festen Lohn, sondern nach dem Arbeitsbeitrag.
- Labor- und Apparategemeinschaften, die regelmäßig in der Rechtsform der GbR gegründet werden[8];

---

1 BFH I 121/59 U, BStBl III 1960, 496.
2 BFH I R 16/96, BStBl II 1997, 361.
3 BFH I 196/63, HFR 1966, 211.
4 OFD Frankfurt am Main v 15.5.1985, S 2705 A-4-St II 10, KSt-Kartei HE § 1 KStG Karte 1.
5 BFH I R 73/94, BStBl II 1995, 552.
6 RFH I 153/42, RFHE 52, 235.
7 BFH I 93/82, nicht veröffentlicht.
8 Finanzministerium Nordrhein-Westfalen v 29.8.1978, S 2246-25- V B 1, EStG-Kartei NW § 18 Nr 3.

- Investment-Clubs, die zB auf der Grundlage eines von der Deutschen Schutzvereinigung für Wertpapierbesitz eV entwickelten Muster-Gesellschaftvertrags[1].

176 **Vorgründungs- und Vorgesellschaft.** Weder die Vorgründungs- noch die Vorgesellschaft stellen einen nichtrechtsfähigen Verein dar. Bei der Vorgesellschaft handelt es sich um eine Gesellschaft sui generis.[2] Zum Unterschied und zur steuerlichen Behandlung vgl Rn 236 ff.[3]

177-178 *Einstweilen frei.*

179 **c) Nichtrechtsfähige Anstalten. Begriff und Bedeutung.** Nichtrechtsfähigen Anstalten kommt im Privatrecht keine eigenständige Bedeutung zu (zum Begriff vgl Rn 163).[4]

180 *Einstweilen frei.*

181 **d) Nichtrechtsfähige Stiftungen. Begriff.** Von der rechtsfähigen Stiftung des privaten Rechts iSd § 80 ff BGB ist die sog unselbstständige, treuhänderische oder fiduziarische Stiftung zu unterscheiden. Hier überträgt der Stifter einer natürlichen oder juristischen Person als Treuhänder Vermögenswerte zur Verfolgung eines vom Stifter festgelegten Zwecks. Das Vermögen des Stifters geht in das Vermögen der empfangenden Person über und bleibt dort als Sondervermögensmasse vom übrigen Vermögen getrennt erhalten.[5] Das Stiftungsvermögen ist aufgrund dieser wirtschaftlichen Verselbstständigung weder dem Vermögen des Fiduziars (Treuhänders) noch dem Vermögen des Fiduzianten (Treugebers) bzw Stifters oder der Begünstigten zuzurechnen. Als nichtrechtsfähige Stiftungen wurden von der Rechtsprechung ua ein Schulfonds[6] oder ein treuhänderisch für die Belegschaft gehaltener GmbH-Geschäftsanteil[7] beurteilt.

182 **Abgrenzung zur Treuhand.** Wie die rechtsfähige Stiftung ist auch die unselbstständige Stiftung durch die nicht verbandsmäßige Struktur und die Dauerhaftigkeit des von ihr verfolgten Zwecks sowie die dazu erforderliche Vermögenswidmung charakterisiert. Die unselbstständige Stiftung wird zB durch Abschluss eines Treuhand- und Geschäftsbesorgungsvertrags errichtet. Sie ist dennoch keine einfache Treuhand, da es der Verzicht des Stifters auf seine Rechtsmacht in Bezug auf das übertragene Vermögen ist, welches die unselbstständige Stiftung in die Nähe der von § 1 I Nr 4 erfassten Stiftung rückt. Wird das Vermögen jedoch lediglich treuhänderisch im Interesse des Stifters oder der Begünstigten verwaltet, erfolgt steuerlich keine Zurechnung des Vermögens sowie der Einkünfte bei dem Zweckvermögen „unselbstständige Stiftung", sondern dem Stifter oder den Begünstigten. Entscheidend ist, dass der Treuhänder für Rechnung der Vermögensmasse tätig wird.[8]

---

1 OFD Karlsruhe v 1.1.2003, KSt-Kartei BW §§ 1 – 3 Fach 1 Nr 1; BMF v 22.12.2009, BStBl I 2010, 94, Rn 220.
2 BFH X R 17/05, BStBl II 2008, 579 mwN.
3 *Kennerknecht*, Kommentar zum KStG 1934, § 1 Rn 22.
4 *Streck* in Streck § 1 Rn 42.
5 RFH I A 227/35, RStBl 1936, 442.
6 RFH I A 227/35, RStBl 1936, 442.
7 FG Rheinland-Pfalz 2 K 2765/94, EFG 1996, 1117.
8 BFH I R 39/92, BStBl II 1993, 388.

V. Körperschaftsteuersubjekte im Einzelnen

Abgrenzung zu nichtrechtsfähigen Stiftungen des öffentlichen Rechts. Die Zugehörigkeit einer nichtrechtsfähigen Stiftung zum Bereich des öffentlichen oder privaten Rechts richtet sich nach den Umständen des Einzelfalls; insbesondere der Entstehungsform und des Stiftungszwecks.[1] Der Zuordnung zu den nichtrechtsfähigen Stiftungen des privaten Rechts steht dabei nicht entgegen, dass Träger des Stiftungsvermögens eine öffentlich-rechtliche Körperschaft ist.[2]

Einstweilen frei.

e) Andere Zweckvermögen des privaten Rechts. Begriff. Ein Zweckvermögen ist ein selbstständiges, einem bestimmten Zweck dienendes Sondervermögen, das aus dem Vermögen des Widmenden ausgeschieden ist und aus dem eigene Einkünfte fließen.[3] Dass Ausscheiden des gewidmeten Vermögens aus dem Vermögen des Widmenden muss dabei eine gewisse Sicherheit für die dauerhafte und nicht beliebig rückgängig zu machende Verwendung des ausgesonderten Vermögens für den bestimmten Zweck bieten.[4]

Dauerhaftigkeit und Zweckbindung. Die Dauerhaftigkeit der Zweckbindung ist von der Dauerhaftigkeit des Zwecks, wie sie im Stiftungsrecht verlangt wird, zu unterscheiden. Bei der Dauerhaftigkeit der Zweckbindung geht es vorrangig um die Beständigkeit der Zwecksetzung und damit darum, die Zweckbindung des Vermögens der freien Dispositionsbefugnis des Widmenden und Dritter zu entziehen.[5] Das Vermögen muss nicht auf einen anderen Rechtsträger übertragen werden, so dass sich die Errichtung von Zweckvermögen grundsätzlich auch ohne Eigentumsübergang vollziehen kann.[6]

§ 39 AO. Steuersystematisch kann das Institut des Zweckvermögens als lex specialis zu § 39 AO gewertet werden. In den Fällen des § 39 AO ist im Unterschied zum Zweckvermögen ein anderer Rechtsträger vorhanden, dem der wirtschaftliche Gehalt des subjektiven Vollrechts zugerechnet werden kann. Beim (nichtrechtsfähigen) Zweckvermögen ist hingegen gerade kein anderes zivilrechtsfähiges Subjekt vorhanden, so dass über § 39 AO hinaus die Steuerrechtsfähigkeit des (nichtrechtsfähigen) Zweckvermögens in § 1 I Nr 5 angeordnet werden muss. Dh eine Korrektur der Zurechnung des wirtschaftlichen Gehalts eines Vollrechts bleibt auf den Bereich des Steuerrechts begrenzt. Dennoch lassen sich die Zurechnungsgrundsätze, die § 39 AO statuiert, auch auf das steuerrechtliche Zweckvermögen übertragen.[7]

---

1 BFH I R 106/00, BFHE 201, 287.
2 BFH I R 27/92, BStBl II 1993, 637.
3 Vgl zB BFH I R 39/92, BStBl II 1993, 388.
4 RFH VIa 76/37, RStBl 1938, 284.
5 *Tyarks*, Körperschaftsteuerrechtliche Zweckvermögen des privaten Rechts und ihre Behandlung im Umsatzsteuerrecht, 2009, S 83 f mwN.
6 RFH VIa 76/37, RStBl 1938, 284.
7 *Tyarks*, Körperschaftsteuerrechtliche Zweckvermögen des privaten Rechts und ihre Behandlung im Umsatzsteuerrecht, 2009, S 108.

188 **Einzelfälle von Zweckvermögen.** Als andere Zweckvermögen iSd § 1 I Nr 5 sind anzusehen:

- das Wertpapier-Sondervermögen (Investmentfonds) sowie andere Fonds-Sondervermögen (R 2 V S 2 KStR);
Die Zweckvermögenseigenschaft gilt für inländische Zweckvermögen aufgrund der Fiktion des § 11 I S 1 InvStG für die unbeschränkt Körperschaftsteuerpflichtigen Investmentvermögen uneingeschränkt. Dies präjudiziert jedoch nicht die vergleichbare Fragestellung der Körperschaftsteuersubjekteigenschaft iRd beschränkten Körperschaftsteuerpflicht; dh auch für ausländische beschränkt steuerpflichtige Investmentvermögen kommt eine Qualifikation als Zweckvermögen grds in Betracht. Es ist dennoch nicht ausgeschlossen, dass ausländische Investmentfonds aufgrund ihrer Struktur als Mitunternehmerschaften bzw treuhänderisches Eigentum zu beurteilen sind. Die anteilige Zurechnung der Einkünfte beim Investmentanleger wäre dann die Folge (§ 180 I Nr 2 lit a AO).
- das Sammelvermögen iSd § 1914 BGB (R 2 V S 2 KStR);
- der Nachlass, wenn die Erben unbekannt sind (vgl auch Rn 189)[1];
- bestimmte nach ausländischem Recht errichtete Trusts[2].

189 **Kein Zweckvermögen.** Nicht als andere Zweckvermögen iSd § 1 I Nr 5 zu beurteilen sind:

- der Nachlass[3];

Nach § 1922 BGB geht das Vermögen und nach § 857 BGB auch der Besitz an dem Vermögen ipso iure auf den Erben über. Danach gibt es regelmäßig keine Übergangszeit, in dem das Vermögen aus zivilrechtlicher Sicht keinem Rechtssubjekt zugeordnet werden kann; dh die Annahme eines Zweckvermögens scheidet insoweit aus. Etwas anderes gilt jedoch für eine Erbmasse mit unbekannten Erben (vgl Rn 188).

- die Insolvenzmasse[4].

Die Eröffnung des Insolvenzverfahrens bewirkt in steuerrechtlicher Hinsicht keine Trennung des Vermögens des Gemeinschuldners und der Insolvenzmasse, so dass kein Fall eines Zweckvermögens gegeben ist.[5]

190-191 *Einstweilen frei.*

192 **7. BgA von juristischen Personen des öffentlichen Rechts (§ 1 I Nr 6). Begriff und Abgrenzung.** Die juristischen Personen des öffentlichen Rechts leiten ihre Rechtsfähigkeit aus dem öffentlichen Recht des Reiches, des Bundes oder eines Landes her.[6] Die Tätigkeit einer juristischen Person des öffentlichen Rechts ist im Allgemeinen auf die Wahrnehmung hoheitlicher Aufgaben gerichtet. Ist fraglich, ob eine Körperschaft

---

1 RFH I 250/40, RStBl 1940, 918.
2 BFH I R 39/92, BStBl II 1993, 388.
3 BFH XI R 26/89, BStBl II 1991, 820.
4 BFH IV 210/62 S, BStBl III 1964, 70.
5 *Kennerknecht*, Kommentar zum KStG 1934, § 1 Rn 22.
6 BFH V R 1/68, BStBl II 1972, 70 mwN.

des öffentlichen oder des privaten Rechts gegeben ist, kann der diesbezüglichen Entscheidung der zuständigen Landesbehörde regelmäßig auch für die steuerliche Beurteilung zugrunde gelegt werden. Eine Bindungswirkung besteht jedoch nicht.[1]

Einzelfälle. Zu den juristischen Personen des öffentlichen Rechts gehören insbesondere:

- Bund, Länder, Gemeinden, Kreise sowie Gemeinde-, Kreis- und andere Zweckverbände usw,
- Handwerkskammern, Innungen, Steuerberater- und Ärztekammer usw,
- Religionsgesellschaften, denen diese Stellung im Jahre 1919 zukam (Art 140 GG, 137 V WRV),
- FMSA sowie deren teilrechtsfähige Anstalten nach Bundes- oder Landesrecht (sog AidA – Anstalt in der Anstalt),
- öffentlich-rechtlichen Rundfunkanstalten.

Umfang der Steuerpflicht. Im Unterschied zu den von § 1 I Nr 1-4 erfassten juristischen Personen des privaten Rechts sowie den von § 1 I Nr 5 erfassten nichtrechtsfähigen Personenvereinigungen und Vermögensmassen des privaten Rechts unterliegen die juristischen Personen des öffentlichen Rechts nur mit ihren BgA (zum Begriff vgl § 4 Rn 77 ff) der unbeschränkten Körperschaftsteuerpflicht. Nicht zu den BgA gehören die sog Hoheitsbetriebe, die überwiegend der Ausübung der öffentlichen Gewalt dienen.[2]

Gesonderte Steuersubjekte. Die juristische Person des öffentlichen Rechts ist dabei selbst das Körperschaftsteuersubjekt und zwar mit jedem einzelnen BgA.[3] Das Einkommen des BgA ist somit gesondert zu ermitteln; eine Zusammenfassung nach § 4 VI bleibt jedoch möglich. Dabei ist davon auszugehen, dass zwischen der Trägerkörperschaft und dem BgA rechtsgeschäftliche Vereinbarungen getroffen werden können, obwohl der BgA als solcher kein eigenes Rechtssubjekt darstellt.[4]

Ausländische juristische Personen des öffentlichen Rechts. BgA von ausländischen juristischen Personen des öffentlichen Rechts werden regelmäßig nicht von § 1 I Nr 6 erfasst, da sie über keinen inländischen Sitz oder Ort der Geschäftsleitung verfügen. Aber auch wenn ein inländischer Ort der Geschäftsleitung theoretisch nicht ausgeschlossen werden kann, werden sie infolge der in Deutschland geltenden Sitztheorie (vgl Rn 207) wohl nicht die Rechtssubjektivität einer juristischen Person des öffentlichen oder privaten Rechts erlangen können; insoweit kommt allenfalls eine unbeschränkte Körperschaftsteuerpflicht nach § 1 I Nr 5 in Betracht.

---

1 BFH I R 106/00, BFHE 201, 287.
2 Zur Abgrenzung der hoheitlichen von der wirtschaftlichen Betätigung vgl BFH I R 1-2/94, BStBl II 1997, 139.
3 BFH I R 7/71, BStBl II 1974, 391; BFH I R 48/02, BStBl II 2004, 425.
4 BFH I R 48/02, BStBl II 2004, 425.

197 **EVTZ als juristische Person des öffentlichen oder privaten Rechts.** Der EVTZ ist eine Vereinigung von Gebietskörperschaften aus mehreren EU-Mitgliedstaaten mit eigener Rechtspersönlichkeit. Der EVTZ soll die EU-Regionalförderungsprogramme verwalten, die territoriale Zusammenarbeit zur Stärkung des wirtschaftlichen und sozialen Zusammenhalts erleichtern und fördern und kann daneben für weitere grenzüberschreitende Projekte – wie zB Krankenhäuser, Verkehrsverbünde – eingesetzt werden. Rechtliche Grundlage für den EVTZ bildet die VO (EG) 2006/1082 über den EVTZ v 5.7.2006 (EVTZ-Verordnung), die am 1.8.2006 in Kraft getreten ist[1]. Bei dem EVTZ handelt es sich wie bei der SE oder SCE um eine juristische Person des Europäischen Rechts (vgl Art 1 EVTZ-Verordnung). Nicht abschließend geklärt ist, ob es sich hierbei um eine juristische Person des öffentlichen oder privaten Rechts handelt. Ua weil der EVTZ nicht mit hoheitlichen Befugnissen ausgestattet werden kann (vgl Art 7 IV EVTZ-Verordnung) dürfte es sich beim EVTZ regelmäßig um eine juristische Person des privaten Rechts handeln.[23]

198-199 *Einstweilen frei.*

200 **8. Ausländische Körperschaften, Personenvereinigungen und Vermögensmassen sowie Sitzverlegung. a) Allgemeines. Verhältnis von Zivil- und Steuerrecht.** Sowohl der RFH[4] als auch der BFH[5] haben in ständiger Rechtsprechung ausländische Kapitalgesellschaften, die zwar ihren statutarischen Sitz im Ausland jedoch ihren Verwaltungssitz (= Ort der Geschäftsleitung, vgl Rn 51) im Inland hatten, als unbeschränkt körperschaftsteuerpflichtig angesehen. In diesen Fällen fallen das Zivil- und das Steuerrecht in der Weise auseinander, dass die zivile Rechtsfähigkeit ausländischer Gesellschaften nach internationalem Gesellschaftsrecht, dagegen die Steuerpflicht iSd KStG nach deutschem Steuerrecht zu beurteilen ist.[6] Die Rechtsfähigkeit ausländischer Gesellschaften im Inland nach den Grundsätzen des internationalen Privatrechts ist dabei für die Körperschaftsteuerpflicht kein entscheidendes Merkmal. Dh auch körperschaftlich organisierte Zusammenschlüsse von Personen oder Vermögen ohne eigene Rechtsfähigkeit im Inland – aufgrund der in Deutschland geltenden Sitztheorie (vgl Rn 207) – werden von der unbeschränkten Körperschaftsteuerpflicht erfasst.

201 **Qualifikation ausländischer Kapitalgesellschaften ohne Rechtsfähigkeit.** Während die Einordnung ausländischer Kapitalgesellschaften, die als juristische Personen im Inland rechtsfähig sind, als Körperschaftsteuersubjekte iSd § 1 I Nr 1 unbestritten ist, ist die Qualifikation ausländischer Kapitalgesellschaften, denen diese Rechtsfähigkeit im Inland nach internationalem Privatrecht nicht

---

1 ABl EU Nr L 210, 19.
2 *Vock*, ÖStZ 2009, 487.
3 *Kennerknecht*, Kommentar zum KStG 1934, § 1 Rn 22.
4 RFH I A 150/36, RStBl 1936, 804, für eine Danziger AG und RFH I A 194/36, RStBl 1937, 684, für eine amerikanische AG.
5 BFH IX R 182/87, BStBl 1992, 972, für eine liechtensteinische AG.
6 *Piltz*, FR 1985, 347.

zukommt, durch den BFH[1] als Körperschaftsteuersubjekte iSd § 1 I Nr 5 nicht unumstritten.[2] Wenn auch für die Besteuerung diese Unterscheidung mangels besonderer rechtsformabhängiger Vorschriften im KStG – dies stellt bei den Einkommensermittlungsvorschriften regelmäßig nur auf Körperschaften, Personenvereinigungen und Vermögensmassen ab – nur von akademischer Natur sein dürfte, sind die gesellschaftsrechtlichen Folgen der Nichtanerkennung der Rechtsfähigkeit einer ausländischen Kapitalgesellschaft nicht unerheblich (zB Haftung der Gesellschafter für Verbindlichkeiten der Gesellschaft wie bei einer GbR oder OHG).

Bedeutung des Typenvergleichs. Im Zusammenhang mit ausländischen Rechtsformen hat der sog Typenvergleich nach der „Venezuela-Entscheidung" des RFH[3] eine besondere Bedeutung. Wenn auch internationales Privatrecht über die Anerkennung der Rechtsfähigkeit ausländischer juristischer Personen entscheidet, ist diese gesellschaftsrechtliche Vorfrage bei ausländischen Rechtsformen für die Beurteilung der Körperschaftsteuerpflicht unmaßgeblich (zum Auseinanderfallen von Zivil- und Steuerrecht vgl auch Rn 200). Entscheidend für die Steuerpflicht nach dem KStG ist vielmehr, ob die ausländische Rechtsform dem Typ nach einer Körperschaft, Personenvereinigung oder Vermögensmasse iSd § 1 entspricht. Dh ausländische Gesellschaften, die die Rechtssubjektivität einer juristischen Person haben, sind nicht bereits allein deshalb als Körperschaftsteuersubjekte (zB als sonstige juristische Personen des privaten Rechts iSd § 1 I Nr 4) zu beurteilen, wenn sie nicht auch dem Typ nach körperschaftlich strukturiert sind. Maßgebend für die Beurteilung als Körperschaftsteuersubjekt ist also deren körperschaftliche Struktur.

202

Einstweilen frei.

203

b) Zivilrechtliche Beurteilung ausländischer Körperschaften, Personenvereinigungen und Vermögensmassen. Kollisionsrecht. Während natürliche Personen aus sich heraus rechtsfähig sind, richtet sich die Anerkennung der Rechtsfähigkeit ausländischer Gesellschaften nach den Grundsätzen des internationalen Gesellschaftsrechts. Gegenstand des internationalen Gesellschaftsrechts ist in erster Linie die Ermittlung des auf gesellschaftsrechtliche Fragen (zB Rechts- und Parteifähigkeit) anwendbaren Rechts – Gesellschaftskollisions- oder Kollisionsrecht. Nach Art 4 I S 2 EGBGB ist die jeweilige Kollisionsnorm als Gesamtrechtsverweisung zu verstehen. Dies schließt das Kollisionsrecht des ausländischen Staats mit ein. Verweist das Kollisionsrecht des ausländischen Staats auf der Grundlage der Gründungstheorie auf das deutsche Recht zurück, nimmt Deutschland diesen Rückverweis (renvoi) an, mit der Folge, dass gem Art 4 I S 2 EGBGB deutsches Sachrecht anzuwenden ist.[4]

204

---

1 BFH IX R 182/87, BStBl 1992, 972.
2 *Knobbe-Keuk*, DB 1992, 2070.
3 RFH VI A 899/27, RStBl 1930, 444.
4 *Schnittker/Benecke*, FR 2010, 565, 568 mwN.

205 **Anknüpfungskriterien.** Für die Bestimmung des auf eine Personenvereinigung anwendbaren Personalstatuts existieren im Wesentlichen zwei vorherrschende Konzepte[1]:
- Gründungstheorie;

   Die Gründungstheorie entnimmt das Personalstatut dem Recht des Staates, in dem die Gesellschaft gegründet wurde und ihren Satzungssitz hat. Die Gründungstheorie gilt vor allem in Großbritannien und anderen angelsächsischen Staaten sowie in den Niederlanden und der Schweiz.

- Sitztheorie;

   Im Gegensatz hierzu bestimmt der tatsächliche Verwaltungssitz einer Gesellschaft nach der Sitztheorie deren Personalstatut. Die Sitztheorie gilt vor allem in den kontinentaleuropäischen Staaten, wie zB Frankreich, Belgien, Österreich und Italien.

206 **Personalstatut.** Das Personalstatut regelt grundsätzlich einheitlich die gesellschaftsrechtlichen Beziehungen vom Beginn bis zur Auflösung der Gesellschaft. Diese Anknüpfungsregeln gelten für alle „organisierten" Personenvereinigungen (zB Kapitalgesellschaften, Vereine, Anstalten des privaten Rechts, Personengesellschaften usw) und „organisierten" Vermögensmassen (zB rechtsfähige Stiftungen).[2]

Für die nichtrechtsfähige Stiftung hingegen, die regelmäßig als vertragliches Treuhandverhältnis zu qualifizieren ist (vgl Rn 181), sowie den Trust des angloamerikanischen Rechtskreises gelten im Unterschied hierzu die Grundsätze des Internationalen Vertragsrechts.[3]

207 **Deutsches autonomes Kollisionsrecht.** Im deutschen Kollisionsrecht sind derzeit keine gesetzlichen Regelungen für die Anknüpfung „organisierter" Personenvereinigungen und „organisierter" Vermögensmassen (vgl Rn 205) getroffen. Nach der ständigen Rechtsprechung des BGH gilt für Deutschland – vorbehaltlich besonderer bilateraler Vereinbarungen (vgl Rn 208) mit konstitutivem kollisionsrechtlichem Charakter oder besonderer EU-rechtlicher Vorgaben (vgl Rn 209) – die Sitztheorie.[4] Wie die jüngste Rechtsprechung des BGH[5] bestätigt, kommt den sachrechtlichen Änderungen in § 4a GmbHG und § 5 AktG durch das MoMiG betreffend die Verlegung des Verwaltungssitzes einer GmbH oder AG in das Ausland kein kollisionsrechtlicher Gehalt[6] zu; dh kollisionsrechtlich gilt die Sitztheorie in Deutschland trotz der sachrechtlichen Zulässigkeit zur Verlegung des Verwaltungssitzes einer GmbH/AG ins Ausland. Ein auf Vorarbeiten des Deutschen Rates für IPR[7] beruhender Referentenentwurf, der ua die Gründungstheorie für das deutsche autonome Kollisionsrecht kodifizieren soll, sollte bereits Ende 2010 von der Bundesregierung als Gesetzentwurf in das Gesetzgebungs-

---

1 Zwischen diesen beiden Anknüpfungsmethoden haben sich Zwischenformen entwickelt, denen jedoch kaum eine praktische Bedeutung zukommt; vgl hierzu *Kindler* in MüKo BGB, Bd 11, 4. Aufl, IntGesR Rn 367 ff.
2 *Kindler* in MüKo BGB, Bd 11, 4. Aufl, IntGesR Rn 3.
3 *Kindler* in MüKo BGB, Bd 11, 4. Aufl, IntGesR Rn 289 ff.
4 BGH II ZR 158/06, BGHZ 178, 192.
5 BGH II ZR 27/09, RIW 2010, 478.
6 AA *Bayer/Schmidt*, ZHR 173 (2009), 735, 746 ff.
7 *Sonnenberger*, Vorschläge und Berichte zur Reform des europäischen und deutschen internationalen Gesellschaftsrechts, 2007; *Sonnenberger/Bauer*, RIW Beilage 1 zu Heft 4/2006.

verfahren eingebracht werden. Hierzu ist es jedoch bisher nicht gekommen. Bis zu einer Kodifikation der Gründungstheorie im deutschen Kollisionsrecht verbleibt es daher bei der Sitztheorie als grundsätzliches Anknüpfungskriterium.

Sonderregeln aufgrund von Staatsverträgen. Staatsverträge enthalten oftmals auch Vorschriften über die gegenseitige Anerkennung von Gesellschaften, der zufolge die Gesellschaften eines Vertragsstaats von dem anderen Vertragsstaat – häufig unter dem Vorbehalt des ordre public – als rechtmäßig bestehend anerkannt werden. Diese staatsvertraglichen Regelungen verdrängen als lex specialis das nationale Kollisionsrecht (Art 3 Nr 2 EGBGB), wenn die im Staatsvertrag bestimmten Anknüpfungsmerkmale von denen des nationalen Kollisionsrechts abweichen[1]. Von besonderer praktischer Bedeutung ist die spezielle Kollisionsnorm in Art 25 V des Freundschafts-, Handels- und Schiffahrtsvertrags zwischen Deutschland und den USA v 29.10.1954[2]. Für das Rangverhältnis zwischen der nach dem AEUV sowie dem EWR-Abkommen verbürgten Niederlassungsfreiheit und den mit einzelnen Mitgliedstaaten abgeschlossen bilateralen Staatsverträgen gilt, dass Letztere durch die Niederlassungsfreiheit überlagert werden[3]. In der Folge haben sie insoweit nur noch eine besondere Bedeutung für die Anerkennung von Drittstaatsgesellschaften im Inland.

208

EU/EWR-Gesellschaften. Im Bereich der EU beeinflusst die Niederlassungsfreiheit nach Art 54 AEUV das Internationale Gesellschaftsrecht der Mitgliedstaaten hinsichtlich der Anerkennung von Gesellschaften eines anderen Mitgliedstaats. Nach der Rechtsprechung des EuGH[4] entscheidet einzig die Rechtsordnung des Gründungsstaats über die Existenz einer Gesellschaft bei Verlegung des Verwaltungssitzes in einen anderen Mitgliedstaat (sog Geschöpftheorie) – gleichgültig ist danach auch, ob es sich um eine Briefkastengesellschaft handelt. Die gleichen Grundsätze gelten für die Anerkennung von Gesellschaften aus den assoziierten überseeischen Ländern und Hoheitsgebieten nach Art 198 ff AEUV (zB Bermuda, Britische Jungferninseln usw)[5] sowie dem EWR[6].

209

Anknüpfungskriterien bei unselbstständigen Stiftungen und Trusts. Bei den unselbstständigen Stiftungen oder angloamerikanischen Trust dürfte es infolge der Anwendung des Internationalen Vertragsrechts (vgl Rn 205) vorrangig auf eine vertraglich getroffene Rechtswahlvereinbarung (Art 27 EGBGB) ankommen, da hier kein verselbstständigter Rechtsträger besteht, der Grundlage für eine gesellschaftsrechtliche Anknüpfung sein könnte. Fehlt es an einer Rechtswahl, entscheidet das Recht des Staats, mit dem die unselbstständige Stiftung oder der Trust die engste Verbindung aufweist (Art 28 I S 1 EBGBG).[7]

210

---

1 *Kindler* in MüKo BGB, Bd 11, 4. Aufl, IntGesR Rn 306 ff sowie die dort enthaltene Übersicht über die bestehenden Staatsverträge.
2 BGBl II 1956, 487.
3 *Kindler* in MüKo BGB, Bd 11, 4. Aufl, IntGesR Rn 307.
4 EuGH Rs C-212/97, *Centros*, Slg 1999, I-1495; EuGH Rs C-208/00, *Überseering*, Slg 2002, I-9919; EuGH Rs C-167/01, *Inspire Art*, Slg 2003, I-10155; EuGH Rs C-210/06, *Cartesio*, Slg 2008, I-9641.
5 BGH 5 StR 428/09, DB 2010, 1581.
6 BGH II ZR 372/03, BGHZ 164, 148.
7 *Hoffmann* in Richter/Wachter, Handbuch des internationalen Stiftungsrechts, § 10 Rn 30 ff und *Dörner* in Richter/Wachter, Handbuch des internationalen Stiftungsrechts, § 11 Rn 7 ff; aA *Großfeld* in Staudinger, BGB, IntGesR, Rn 196, 779, der den Trust bei einem gewissen „Organisationsgrad" nach den gesellschaftsrechtlichen Grundsätzen behandelt lassen will.

211 **Zivilrechtliche Beurteilung des Zuzugs innerhalb der EU.** Unter Zuzug einer ausländischen Personenvereinigung wird im Folgenden nur die Verlegung des Verwaltungssitzes in das Inland verstanden. Mit Ausnahme der supranationalen Rechtsformen des Europäischen Rechts SE (Kapitalgesellschaft) oder SCE (Genossenschaft) ist eine identitätswahrende Verlegung des statutarischen Sitzes derzeit nicht möglich.[1] Verlegt eine ausländische Personenvereinigung, die nach dem Recht ihres Gründungsstaats eine juristische Person darstellt, ihren Verwaltungssitz in das Inland, dann ist sie im Inland als solche anzuerkennen, wenn im Wegzugsstaat die Gründungstheorie gilt und es sich hierbei um einen Mitgliedstaat der EU (einschließlich der assoziierten Gebiete) oder einen Staat des EWR handelt (vgl Rn 209) oder um einen Staat handelt, mit dem aufgrund einer bilateralen Vereinbarung eine vom deutschen autonomen Kollisionsrecht abweichende Regelung über die Anerkennung der Gesellschaften des jeweiligen anderen Vertragsstaats getroffen worden ist (vgl Rn 208).

212 **Zivilrechtliche Beurteilung des Zuzugs aus Drittstaaten.** In allen anderen Fällen des Zuzugs aus Drittstaaten, welche der Gründungstheorie folgen und mit denen keine besonderen Staatsverträge bestehen (zB bei Verlegung des Verwaltungssitzes einer AG schweizerischen Rechts in das Inland) kommt es infolge der Sitztheorie regelmäßig zu einer Statutenverdopplung. Solche Personenvereinigungen werden im Inland nicht als juristische Personen anerkannt, sondern unterliegen den für die GbR/OHG geltenden Bestimmungen.[2]

213 **Zivilrechtliche Beurteilung des Wegzugs.** Mangels bestehender Regelungen über die identitätswahrende Verlegung des statutarischen Sitzes einer Personenvereinigung deutscher Rechtsform ist im Folgenden unter Wegzug die Verlegung des Verwaltungssitzes in das Ausland zu verstehen (vgl bereits Rn 211). Für eine GmbH/AG hat die in Deutschland herrschende Sitztheorie im Ergebnis zur Folge, dass diese derzeit ihren Verwaltungssitz wohl nur in einen Staat verlegen kann, in dem die Gründungstheorie gilt. Erst dann kann infolge der Rückverweisung (renvoi) auf das Recht des Gründungsstaats deutsches (Sach-)Recht zur Anwendung gelangen (Art 4 I S 2 EGBG iVm § 4a GmbHG, § 5 AktG idFd MoMiG). Wendet der Zuzugsstaat hingegen auch die Sitztheorie an, kommt es – mangels eines Rückverweises auf deutsches Recht – zu einem Statutenwechsel. Dies bedeutet für eine in Deutschland gegründete Kapitalgesellschaft (zB AG, GmbH) oder auch Personengesellschaft (zB OHG, KG) nach wie vor die Zwangsliquidation.[3][4]

214-215 *Einstweilen frei.*

---

[1] Auch eine EWIV (Personengesellschaft) kann ihren Sitz verlegen (Art 13 S 1 EWIV-Verordnung). Hierbei sind jedoch die Vorgaben von Art 12 EWIV-Verordnung zu beachten. Wonach an diesen Ort gewisse Anforderungen an die tatsächliche Ausübung einer Tätigkeit zu stellen sind, dh eine bloße Zustelladresse dürfte nicht ausreichend sein.
[2] BGH II ZR 158/06, BGHZ 178, 192. Bei einem Alleingesellschafter finden die Bestimmungen für eine natürliche Person als Kaufmann Anwendung.
[3] *Bayer/Schmidt*, ZHR 173 (2009), 735, 747.
[4] *Kennerknecht*, Kommentar zum KStG 1934, § 1 Rn 22.

c) **Steuerrechtliche Beurteilung ausländischer Körperschaften, Personenvereinigungen und Vermögensmasse. Steuerlicher Typenvergleich versus Kollisionsrecht.** Ausländische Körperschaften, Personenvereinigungen und Vermögensmassen können sowohl der unbeschränkten wie auch der beschränkten Körperschaftsteuerpflicht unterliegen. Da nach dem KStG auch nichtrechtsfähige Personenvereinigungen und Vermögensmassen der Besteuerung unterliegen, kommt es auf das Vorliegen der Rechtssubjektivität als juristische Person grundsätzlich nicht an. Der zivilrechtlichen Beurteilung (vgl Rn 200, Rn 204 ff) als juristische Person einer nach ausländischem Recht wirksam gegründeten und nach dem Recht des Gründungsstaats fortbestehenden Körperschaft, Personenvereinigung oder Vermögensmasse kommt daher nur insoweit eine Bedeutung zu, als diese, die für den Typenvergleich maßgebende rechtliche Ausgangssituation vorgibt. Dh für Zwecke der Einordnung als Körperschaftsteuersubjekt muss dem ausländischen Gesellschaftsrecht, die für die Körperschaftsteuerpflicht einer Körperschaft, Personenvereinigung oder Vermögensmasse maßgebende „verbandsmäßige" Struktur – ungeachtet einer fehlenden Rechtssubjektivität als juristische Person bei Vorhandensein eines inländischen Verwaltungssitzes – entnommen werden können.

216

Zweistufiges Prüfungsverfahren des Typenvergleichs. Aufgrund des Umstands, dass letztendlich die Rechtsordnung des Gründungsstaats (Kollisions- und Sachrecht) für die rechtliche Struktur der ausländischen Personenvereinigung oder Vermögensmasse maßgebend ist, liegt dem Typenvergleich ein zweistufiges Prüfungsverfahren zugrunde.[1] In einem ersten Schritt ist die ausländische Rechtsform in ihrer Gesamtheit nach ausländischem Recht zu würdigen und in einem zweiten Schritt mit den Rechtsformen des nationalen Rechts zu vergleichen.[2]

217

Liegt dem Typenvergleich, der die für die Körperschaftsteuerpflicht maßgebende Weichenstellung beinhaltet, jedoch ein solches zweistufiges Prüfungsschema zugrunde, dann kommt es auf die Beurteilung der Rechtsfähigkeit einer ausländischen Gesellschaft nach inländischem Recht bereits dem Grunde nach gar nicht mehr an. Somit können nicht nur nach dem Recht eines EU/EWR-Staats oder eines Drittstaats, mit dem ein Vertrag über die Anerkennung der Gesellschaften des jeweils anderen Vertragsstaats besteht, gegründete Kapitalgesellschaften mit Verwaltungssitz im Inland der unbeschränkten Körperschaftsteuerpflicht iSd § 1 I Nr 1 unterliegen, sondern auch nach dem Recht eines anderen Drittstaats (zB Schweiz) gegründete Kapitalgesellschaften, wenn das ausländische Recht eine solche Sitzverlegung (identitätswahrend) zulässt. Demzufolge ist nicht etwa die sog Liechtenstein-Entscheidung des BFH[3] durch die EuGH-Rechtsprechung (vgl Rn 209) zur Anerkennung gebietsfremder Gesellschaften als überholt zu bezeichnen[4], sondern die Einordnung

---

1 BMF v 19.3.2004, BStBl I 2004, 411.
2 Ausführlich *Schnittker*, Gesellschafts- und steuerrechtliche Behandlung einer englischen Limited Liability Partnership mit Verwaltungssitz in Deutschland, Diss 2007, S 147 ff.
3 BFH IX R 182/87, BStBl 1992, 972, für eine liechtensteinische AG.
4 *Altendorf* in H/H/R § 1 Rn 27.

einer im Inland nicht als juristische Person zu behandelnde Kapitalgesellschaft ausländischer Rechtsform als Körperschaftsteuersubjekt iSd § 1 I Nr 5 und nicht iSd § 1 I Nr 1 durch den BFH muss demnach bereits dem Grunde nach als unzutreffend beurteilt werden.[1]

218 **Generell-abstrakte versus individuell-konkrete Betrachtungsweise.** Bislang musste als nicht abschließend geklärt angesehen werden, ob der Typenvergleich anhand des gesetzlichen Leitbilds der ausländischen Personenvereinigung oder Vermögensmasse (generell-abstrakte Betrachtung) oder auf der Grundlage der spezifischen Umstände unter Berücksichtigung von im Gesellschaftsvertrag wirksam vereinbarten Abweichungen zu erfolgen hat (individuell-konkrete Betrachtung).[2] Nach der jüngsten Entscheidung des BFH ist letztere Betrachtungsweise für den Typenvergleich maßgebend, dh „*es muss im Einzelfall geprüft werden, ob die im Ausland rechtsfähige Körperschaft, Personenvereinigung oder Vermögensmasse dem Typ und der tatsächlichen Handhabung nach einer Kapitalgesellschaft oder einer sonstigen juristischen Person entspricht*".[3] Die Betriebsstätten-Verwaltungsgrundsätze[4] geben mit der im Anhang I (Tabelle 1 und 2) enthaltenen Einordnung ausgewählter ausländischer Gesellschaftsformen somit lediglich einen Hinweis für die steuerliche Einordnung. Die notwendige Einzelfallprüfung wird hierdurch jedoch nicht entbehrlich.

219 **Konkrete deutsche Rechtsform mit vergleichbarer Funktion.** Die Vergleichsbetrachtung soll sich nach der „Venezuela-Entscheidung" des RFH[5] auf solche Rechtsformen beschränken, die von ihrer Funktion im Rechts- und Wirtschaftsleben her tatsächlich auch vergleichbar sind. Dementsprechend muss dem Typenvergleich stets die Frage vorangestellt werden, welche Funktion die ausländische Rechtsordnung dem einzuordnenden Gebilde um Rahmen des Rechts- und Wirtschaftsleben zugedacht hat. Sofern das deutsche Recht diese Funktion typischerweise bestimmten Rechtsformen zuordnet, ist der Vergleich auf diese zu beschränken[6]. Ausländische Erwerbsgesellschaften werden danach idR mit den typischen deutschen Erwerbsgesellschaften – AG, GmbH versus OHG, KG – zu vergleichen sein. Bei entsprechendem Geschäftsgegenstand können auch gesellschaftsrechtliche Sonderformen (zB Partnerschaftsgesellschaft) einzubeziehen sein. Bei gesellschaftsrechtlichen Mischformen, wie zB der KGaA, muss die einzuordnende ausländische Rechtsform ihrer rechtlichen Struktur im Einzelfall nach konkret dieser speziellen Rechtsform entsprechen.

---

1 *Knobbe-Keuk*, DB 1992, 2070; *Großfeld/Luttermann*, IPRax 1993, 229.
2 *Henke/Lang*, IStR 2001, 514, 515 mwN.
3 BFH I 34/08, BStBl II 2009, 263.
4 BMF v 24.12.1999, BStBl I 1999, 1076, zuletzt geändert durch BMF v 16.4.2010, BStBl I 2010, 354.
5 RFH VI A 899/27, RStBl 1930, 444.
6 *Schnittker*, Gesellschafts- und steuerrechtliche Behandlung einer englischen Limited Liability Partnership mit Verwaltungssitz in Deutschland, Diss 2007, S 156 f.

Merkmale für den Rechtstypenvergleich. Die für die Beurteilung maßgebenden Merkmale hierfür sind in ständiger finanzgerichtlicher Spruchpraxis[1] entwickelt und von der Finanzverwaltung im sog LLC-Schreiben[2] niedergelegt worden; es sind dies die zentralisierte Geschäftsführung und Vertretung, beschränkte Haftung, freie Übertragbarkeit der Anteile, Gewinnzuteilung, Kapitalaufbringung, unbegrenzte Lebensdauer der Gesellschaft, Gewinnverteilung und die formalen Gründungsvoraussetzungen.

Zentralisierte Geschäftsführung und Vertretung. Als körperschaftliches Merkmal gilt die Zentralisierung von Geschäftsführung und Vertretung. Sie liegt dann vor, wenn eine Person oder mehrere Personen – jedoch nicht alle Gesellschafter – auf Dauer ausschließlich befugt sind, die zur Durchführung des Gesellschaftszwecks erforderlichen Entscheidungen ohne Zustimmung aller Gesellschafter zu treffen. Zum allgemeinen Prinzip der Fremdorganschaft bei Körperschaften vgl Rn 82. Bei den typischen Formen der deutschen Personengesellschaften gilt demgegenüber das Prinzip der Selbstorganschaft, dh Geschäftsführung und Vertretung obliegen den Gesellschaftern. Das Prinzip der Selbstorganschaft besagt jedoch kein Verbot der Fremdorganschaft, sondern besagt lediglich, dass die Organe einer Personengesellschaft ipso iure vorhanden sind und nicht wie bei einer Körperschaft erst bestimmt werden müssen.[3] Insofern ist es auch bei Personengesellschaften gängige Praxis, Nicht-Gesellschafter mit Geschäftsführungsaufgaben zu betrauen. Zum für Personengesellschaften typischen Prinzip der Selbstorganschaft wird man dabei solange keinen Widerspruch sehen können, soweit bei den Gesellschaftern ein Mindestmaß an Kontroll- und Mitwirkungsrechten, zB die Möglichkeit zum Entzug der Geschäftsführungsbefugnis[4], verbleibt.

Beschränkte Haftung. Die für eine Körperschaft typische Haftungsbeschränkung ist gegeben, wenn keiner der Gesellschafter für die Schulden der Gesellschaft oder Ansprüche gegen diese persönlich mit seinem Vermögen haftet. Entscheidend ist die Haftungsbeschränkung nach dem Recht des Gründungsstaats und nicht eine mögliche Haftung als Folge der Nichtanerkennung der ausländischen Gesellschaft im Inland.[5]

Freie Übertragbarkeit der Anteile. Die ungehinderte Übertragbarkeit der Anteile an der Gesellschaft auf Nichtgesellschafter spricht für eine Körperschaft. Demgegenüber ist die Übertragbarkeit von Anteilen an Personengesellschaften regelmäßig ausgeschlossen oder doch nur eingeschränkt bzw nur mit Zustimmung der Gesellschafter möglich. Die freie Übertragbarkeit der Anteile ist gegeben, wenn nach den maßgebenden gesetzlichen Bestimmungen oder aufgrund des Gesellschaftsvertrages die Vermögens- und Mitgliedschaftsrechte aus der Beteiligung ohne Zustimmung der anderen Gesellschafter auf Dritte übertragen werden können, so dass der Erwerber

---

1   ZB RFH VI A 899/27, RStBl 1930, 444, zur venezolanischen OHG; BFH I R 134/84, BStBl II 1988, 588, zur thailändischen KG; BFH IX R 182/87, BStBl II 1992, 972, zur liechtensteinischen AG; BFH I 34/08, BStBl II 2009, 263, zur amerikanischen LLC.
2   BMF v 19.3.2004, BStBl I 2004, 411.
3   *Schmidt*, Gesellschaftsrecht, 4. Aufl, S 410.
4   BGH II ZR 204/92, DStR 1993, 1918.
5   BFH IX R 182/87, BStBl II 1992, 972.

in vollem Umfang in die Gesellschafterstellung des Veräußerers eintritt. Die freie Übertragbarkeit liegt dagegen nicht vor, wenn zur Übertragung der Anteile die Zustimmung aller oder bestimmter Gesellschafter erforderlich ist.

224 **Gewinnzuteilung.** Bei einer Körperschaft hängt die Zuteilung eines Gewinnanteils an den Gesellschafter von einem jährlich zu fassenden Beschluss der Gesellschafterversammlung ab. Bei Personengesellschaften bedarf es grundsätzlich keines Ausschüttungsbeschlusses, damit der Gesellschafter über seinen Gewinnanteil verfügen kann.

225 **Kapitalaufbringung.** Bei einer Körperschaft sind die Gesellschafter verpflichtet, das Gesellschaftskapital durch Einlage aufzubringen. Dagegen wird bei einer Personengesellschaft die Bereitstellung von EK nicht gesetzlich gefordert. Wird im Gesellschaftsvertrag auf Einlagen verzichtet oder dürfen danach diese in Form von Dienstleistungen erbracht werden, ist dies ein Merkmal, das für eine Personengesellschaft spricht.

226 **Unbegrenzte Lebensdauer der Gesellschaft.** Ein Wesensmerkmal der Körperschaft ist die grundsätzlich unbegrenzte – dh vom Gesellschafterbestand unabhängige – Lebensdauer der Gesellschaft. Seit dem In-krafttreten des HRefG v 22.6.1998[1] führen auch bei einer Personenhandelsgesellschaft der Tod, die Kündigung oder die Insolvenz eines Gesellschafters nicht mehr zur Auflösung der Gesellschaft, sondern zum Ausscheiden des betreffenden Gesellschafters aus der Gesellschaft (vgl § 131 HGB). Dieses Kriterium lässt sich nach Auffassung der Finanzverwaltung deshalb zur Einordnung nur noch begrenzt verwenden. Die Personenhandelsgesellschaften sind mit den Kapitalgesellschaften diesbezüglich vergleichbar geworden. Zumindest für den Fall, dass die Gesellschaft zB bei Tod eines Gesellschafters aufgelöst wird, spricht dies deutlich für das Vorliegen einer Personengesellschaft, da dies die mangelnde Unabhängigkeit der Existenz vom Gesellschafterbestand widerspiegelt.

227 **Gewinnverteilung.** Der Gewinnanteil bemisst sich bei Kapitalgesellschaften idR nach dem Verhältnis der Aktiennennbeträge bzw nach den Geschäftsanteilen. Im Fall von Personengesellschaften erfolgt die Verteilung idR nach Maßgabe der Einlagen und iÜ nach Köpfen. Die Verteilbarkeit eines Teils des Gewinns unabhängig von der Einlage berücksichtigt den persönlichen Einsatz des Gesellschafters in einer Personengesellschaft, während bei dem Gesellschafter einer Körperschaft die Stellung als Kapitalgeber im Vordergrund steht.

228 **Formalen Gründungsvoraussetzungen.** Die Entstehung einer juristischen Person setzt deren Eintragung in das Handelsregister voraus. Die Eintragung erfolgt erst nach einer Prüfung der Ordnungsmäßigkeit der Errichtung und Anmeldung. Der Abschluss eines Gesellschaftsvertrages allein genügt also nicht. Personenhandelsgesellschaften entstehen dagegen bereits durch den Gesellschaftsvertrag. Die Eintragung im Handelsregister hat nur Bedeutung für die Wirksamkeit gegenüber Dritten. Nach zutreffender Auffassung in der Rechtsprechung und der Finanzverwaltung kommt einer vorhandenen oder fehlenden Rechtsfähigkeit des ausländischen Gebildes im Ausland für die Einord-

---

[1] BGBl I 1998, 1474.

nung keine entscheidende Bedeutung zu.[1] Diese Auffassung vermag jedoch nur im Hinblick auf die grundsätzliche Abgrenzung zwischen Körperschaften und Personengesellschaften im Allgemeinen zu überzeugen. Sofern eine weitergehende Einordnung des ausländischen Gebildes als Körperschaft oder Vermögensmasse iSd § 1 I Nr 1 und 4 oder als nichtrechtsfähige Personenvereinigung oder Vermögensmasse iSd § 1 I Nr 5 erforderlich wird, dürfte diesem Merkmal wohl wieder eine tiefergehende Bedeutung zukommen.

Anzahl der Gesellschafter. Die Anzahl der Mitglieder/Gesellschafter stellt kein taugliches Unterscheidungsmerkmal für das Vorliegen einer Körperschaft oder Personengesellschaft dar.[2]

Gewichtung der Merkmale. Auch wenn die Rechtsprechung die Merkmale für die steuerliche Einordnung vorgegeben haben, lässt sich den Entscheidungen bisher nicht zweifelsfrei entnehmen, wie die Würdigung konkret vorzunehmen ist, wenn das einzuordnende ausländische Gebilde sowohl Merkmale einer Körperschaft als auch einer Personengesellschaft aufweist. Nach Auffassung der Finanzverwaltung müssen die einzelnen Merkmale gewichtet werden.[3] Mit Ausnahme der Lebensdauer der Gesellschaft lässt sie jedoch im Einzelnen den Maßstab der Gewichtung offen, so dass der Finanzverwaltung ein erheblicher Beurteilungsspielraum verbleibt. Als Abgrenzungskriterien mit besonderer Entscheidungsrelevanz werden die

- zentralisierte Geschäftsführung und Vertretung,
- beschränkte Haftung und
- Gewinnzuteilung

angesehen[4], während alle übrigen Merkmale nur von einer untergeordneten bzw eingeschränkten Bedeutung sind. Dabei kann keinem der Merkmale eine allein ausschlaggebende Bedeutung zukommen. Lässt sich kein eindeutiges Gesamtbild feststellen, soll es nach Auffassung der Finanzverwaltung für die Einstufung als Körperschaft entscheidend darauf ankommen, ob bei der ausländischen Gesellschaft die Mehrzahl der oben genannten Kriterien vorliegen.[5]

Einstweilen frei.

VI. Beginn und Ende der Körperschaftsteuerpflicht. 1. Allgemeines. Das KStG enthält keine besonderen Bestimmungen über Beginn und Ende der Körperschaftsteuerpflicht. Aufgrund der Vielzahl der Erscheinungsformen der in § 1 I Nr 1-6 aufgelisteten Körperschaftsteuersubjekte (juristischen Personen des privaten Rechts und juristische Personen des öffentlichen Rechts mit ihren BgA, rechtsfähige oder nichtrechtsfähige Körperschaftsteuersubjekte usw) sowie deren unterschiedlicher Gründungs- (Gründung ex nihilo, mittels Umwandlung oder Errichtung einer Stiftung von Todes wegen, Verlegung des Verwaltungssitzes in das Inland usw) oder Be-

---

1 BMF v 19.3.2004, BStBl I 2004, 411 mwN.
2 BMF v 19.3.2004, BStBl I 2004, 411 mwN.
3 BMF v 19.3.2004, BStBl I 2004, 411.
4 *Schnittker*, Gesellschafts- und steuerrechtliche Behandlung einer englischen Limited Liability Partnership mit Verwaltungssitz in Deutschland, Diss 2007, S 184.
5 *Kennerknecht*, Kommentar zum KStG 1934, § 1 Rn 22.

endigungsmöglichkeiten (Liquidation oder Umwandlung, Einstellung der Tätigkeit in einem BgA, Rückverlegung des Verwaltungssitzes ins Ausland usw) können Beginn und Ende der Körperschaftsteuerpflicht letztendlich nur einzelfallbezogen beurteilt werden.

234 *Einstweilen frei.*

235 **2. Beginn der Körperschaftsteuerpflicht. a) Juristische Personen des privaten Rechts. Grundsatz.** Die Körperschaftsteuerpflicht bei juristischen Personen des privaten Rechts beginnt infolge der Maßgeblichkeit des Zivilrechts grundsätzlich spätestens mit Erlangung der Rechtsfähigkeit (Eintragung, Genehmigung usw).[1]

236 **Gründungsstadien.** Für das Entstehen von Rechtsträgern macht es einen Unterschied, ob vorerst nur ein Vertrag zustande kommt, durch den sich die Vertragsparteien zur Errichtung eines Verbands verpflichten, oder ob der Verband schon gegründet wird. Im ersten Fall liegt nur ein rein schuldrechtliches Verpflichtungsgeschäft vor, im zweiten Fall ein Organisationsakt. Um diesen Unterschied zu kennzeichnen, spricht man im ersten Fall von einer Vorgründungsgesellschaft und im zweiten Fall von Vor-Gesellschaft, Vor-Verein oder Vor-Genossenschaft.[2]

237 **Vorgründungsgesellschaft.** Die Vorgründungsgesellschaft bezieht sich auf die Zeit vor Abschluss des notariellen Gesellschaftsvertrags und ist weder mit der Vorgesellschaft noch mit der später entstehenden juristischen Person identisch. Sie ist idR GbR. Wird bereits ein Handelsgeschäft betrieben, ist sie OHG bzw Einzelunternehmen.[3] Für die Vorgründungsgesellschaft gelten – anders als bei der später entstehenden juristischen Person – die Grundsätze zur Besteuerung als Einzel- oder Mitunternehmer iSd § 15 EStG. Eine Vorgründungsgesellschaft kann im seltenen Einzelfall auch als Obergesellschaft an einer weiteren als Mitunternehmerschaft zu beurteilenden Vorgründungsgesellschaft beteiligt sein.[4]

238 **Vor-Gesellschaft.** Die Vor-Gesellschaft ist die durch Abschluss des notariellen Gesellschaftsvertrags errichtete und nicht in das Handelsregister eingetragene Kapitalgesellschaft. Zwischen der Vor-Gesellschaft und der in das Handelsregister eingetragenen Kapitalgesellschaft besteht rechtliche Identität (Identitätstheorie). Der rechtliche Unterschied zwischen der Vor-Gesellschaft und der eingetragenen Kapitalgesellschaft liegt nicht im Zweck und nicht in der Organisation des Gebildes, sondern in der Haftungsverfassung, denn die Gründer haften für alle während des Gründungsstadiums begründeten Verbindlichkeiten persönlich.[5] Diese Identitätsbetrachtung gilt auch bei der Einpersonengründung.[6] Die steuerliche Betrachtung folgt der zivilrechtlichen Betrachtung. Steuerrechtlich wird die Vor-Gesellschaft als Kapitalgesellschaft iSd § 1 I Nr 4 behandelt, sofern sie später in das Handelsregister eingetragen wird[7]; dh die Körperschaftsteuerpflicht beginnt bereits mit Abschluss des notariellen Vertrags (H 2 KStH „Beginn der Steuerpflicht").

---

1 BFH I R 98-99/86, BStBl II 1990, 468 mwN.
2 *Schmidt*, Gesellschaftsrecht, 4. Aufl, S 290.
3 BFH I R 174/86, BStBl II 1990, 91.
4 BFH IV B 1/08, nv.
5 *Schmidt*, Gesellschaftsrecht, 4. Aufl, S 307 mwN.
6 *Merkt* in FS für Karsten Schmidt, 2009, S 1161, 1168.
7 BFH I R 17/92, BStBl II 1993, 352.

VI. Beginn und Ende der Körperschaftsteuerpflicht

Keine Eintragung der Vorgesellschaft. Scheitert die Eintragung im Handelsregister, weil die Eintragungsabsicht und mit ihr die Tätigkeit aufgegeben wird (sog echte Vorgesellschaft) oder weil keine Eintragungsabsicht bestand und die Tätigkeit dennoch fortgesetzt wird (sog unechte Vorgesellschaft), wird die Vor-Gesellschaft nach den Grundsätzen des § 15 EStG transparent besteuert. Die Vorgesellschaft fällt dann auch nicht unter § 1 I Nr 5 iVm § 3 I, da die Gründer einer Vorgesellschaft insoweit ein für eine Körperschaft „untypisches" Haftungsrisiko tragen[1]. Infolge dieser Beurteilung zur Unvereinbarkeit des Haftungsrisikos der echten (idR Haftung nur im Innenverhältnis, sofern die Gesellschaft nicht vermögenslos ist) und der unechten Vorgesellschaft (unbeschränkte gesamtschuldnerische Außenhaftung) mit dem Körperschaftsbegriff durch den IV. Senat des BFH sowie der Tatsache, dass die Anzahl der Mitglieder/Gesellschafter kein taugliches Unterscheidungsmerkmal für das Vorliegen einer Körperschaft oder Personengesellschaft darstellt[2], dürfte damit die Rechtsprechung des I. Senats zur Vor-Gesellschaft überholt sein, der bei Vorhandensein eines größeren Kreises von Beteiligten, einer Verfassung und besonderer Organe das Vorliegen eines Körperschaftsteuersubjekts iSd § 1 I Nr 5 bejaht hatte[3].

Aufgabe der Eintragungsabsicht bei einer Vorgesellschaft. Wird bei einer Vor-Gesellschaft die Eintragungsabsicht aufgegeben und wechseln die Gründungsmitglieder dann ist diese „erste" Vor-Gesellschaft auch nicht mit einer später eingetragenen Kapitalgesellschaft identisch, wenn die neuen oder der neue „Gesellschafter" das Eintragungsverfahren mit einem neuen Gesellschaftszweck wieder aufnimmt.[4] Insoweit ist von zwei verschiedenen Vor-Gesellschaften auszugehen, wobei nur die letztere mit der später eingetragenen Kapitalgesellschaft identisch ist.[5]

Geschäftliche Tätigkeit einer Vor-Gesellschaft. Streitig ist, ob es für die Eignung einer Vor-Gesellschaft als Körperschaftsteuersubjekt iSd § 1 I Nr 1 einer nach außen hin in Erscheinung tretenden geschäftlichen Tätigkeit bedarf.[6] Da für die Körperschaftsteuerpflicht einer eingetragenen Kapitalgesellschaft unerheblich ist, ob diese nach außen auftritt oder nicht, müsste Gleiches auch für die Vor-Gesellschaft gelten.[7] Auch die Körperschaftsteuerpflicht einer Vorratsgesellschaft wird nicht ernstlich bezweifelt. Zumindest für den Fall, dass eine Tätigkeit betrieben oder bereits Vermögen erworben wurde, ist die Körperschaftsteuerpflicht zweifelsfrei gegeben.

Vor-Verein und Vor-Genossenschaft. Für die Vor-Genossenschaft[8] und den Vor-Verein[9] gilt Entsprechendes, dh insoweit entsteht die Körperschaftsteuerpflicht nach § 1 I Nr 2 bzw § 1 I Nr 4 rückwirkend auf den Tag der Errichtung der Satzung.

---

1 BFH IV R 88/06, DB 2010, 1101.
2 BMF v 19.3.2004, BStBl I 2004, 411 mwN.
3 BFH I 8/52 U, BStBl III 1952, 172.
4 BFH IV R 88/06, DB 2010, 1101.
5 Im Ergebnis auch *Wendt*, BFH-PR 2010, 301.
6 So zB BFH I R 172/72, BStBl II 1973, 568 mwN.
7 *Streck* in Streck § 1 Rn 20.
8 R 2 IV S 1 KStR.
9 R 2 IV S 2 KStR; BFH I R 33/00, BFH/NV 2001, 1300.

243   **Sitzverlegung.** Verlegt eine im Ausland wirksam gegründete Kapitalgesellschaft ihren Verwaltungssitz in das Inland, beginnt die Körperschaftsteuerpflicht iSd § 1 zum Zeitpunkt der Sitzverlegung.

244   **Umwandlung.** Bei Neugründung einer Körperschaft mittels rückwirkender Umwandlung oder in den Fällen des Formwechsels kommt es infolge der umwandlungssteuergesetzlich geregelten Rückwirkungsfiktionen und der damit verbundenen Einkünftezurechnung zu einer Rückbeziehung der Körperschaftsteuerpflicht auf den steuerlichen Übertragungsstichtag.[1]

245   **Stiftung von Todes wegen.** Eine von Todes wegen errichtete Stiftung des privaten Rechts ist im Falle ihrer Genehmigung auf Grund der in § 84 BGB angeordneten Rückwirkung bereits ab dem Zeitpunkt des Vermögensanfalls nach § 1 I Nr 4 körperschaftsteuerpflichtig.[2] Bei der Errichtung einer Stiftung von Todes wegen gilt die zivilrechtliche Rückwirkung nach § 84 BGB – ähnlich wie bei Umwandlungen (vgl Rn 244) somit auch für steuerliche Zwecke. Nach Auffassung des BFH[3] soll die Rückwirkung jedoch nicht für die Steuerbefreiung nach § 5 I Nr 9 gelten, da es hierzu einer „eigenständigen" Rückwirkungsfiktion bedürfe. Es bleibt nach den Urteilsgründen jedoch unklar, warum es für die Steuerbefreiung – anders als für die Begründung der Körperschaftsteuerpflicht – einer eigenständigen Rückwirkungsfiktion bedarf. Sofern die Körperschaftsteuerpflicht rückwirkend begründet wird, erscheint es entgegen der Auffassung des BFH jedoch nur folgerichtig auch die Steuerbefreiung nach § 5 I Nr 9 auf den Beginn der Körperschaftsteuerpflicht zu erstrecken.[4]

246   **Stiftung unter Lebenden. Vor-Stiftung.** Bei einer Stiftung unter Lebenden soll die Körperschaftsteuerpflicht nach Verwaltungsauffassung erst mit Erlangung der Rechtsfähigkeit entstehen (R 2 IV S 4 KStR). Nach der Rechtsprechung soll das bis zur staatlichen Genehmigung gemäß § 81 I S 1 BGB bestehende Widerrufsrecht der Anwendung der Grundsätze der Vor-Gesellschaft auf eine Vor-Stiftung entgegenstehen.[5] Nach anderer Auffassung in der Literatur sind die für die Vor-Gesellschaften geltenden Grundsätze auch auf die „Vor-Stiftung" anzuwenden.[6] Dh das Stiftungsgeschäft wäre hiernach maßgebend. Auf der Grundlage der die Verwaltungsauffassung bestätigenden Rechtsprechung ist bei einer Stiftung unter Lebenden damit zu konstatieren, dass es hier keine Vor-Stiftung gibt.

Entgegen dem Vorgenannten soll in der „Praxis" die Existenz einer „Vor-Stiftung" bei Vorliegen der folgenden vier Voraussetzungen von der Finanzverwaltung dennoch anerkannt werden[7]:

---

1   BFH I R 55/02, BStBl II 2004, 534; BFH I R 89/09, BStBl II 2011, 528. Zur vor dem UmwStG geltenden Rechtslage bereits RFH I R 172/38, RFHE 46, 55.
2   BFH I R 85/02, BStBl II 2005, 149.
3   BFH I R 85/02, BStBl II 2005, 149.
4   Im Grundsatz auch *Schiffer/Pruns*, NWB 15/2011, 1258, 1262, die im Ergebnis jedoch aus anderen Gründen, die rückwirkende Begründung der Körperschaftsteuerpflicht und damit auch der Steuerbefreiung verneinen.
5   FG Schleswig-Holstein 1 K 156/04, EFG 2009, 1486.
6   *Pöllath/Richter* in Seifart/von Campenhausen, Stiftungsrechts-Handbuch, 3. Aufl, § 41 Rn 13; *Streck* in Streck § 1 Rn 20.
7   *Wachter*, DStR 2009, 2469.

VI. Beginn und Ende der Körperschaftsteuerpflicht

1. Das Stiftungsgeschäft muss wirksam abgeschlossen sein und die Stiftungssatzung muss festgestellt sein.
2. Der Stiftungsvorstand muss über das Stiftungsvermögen verfügen können.
3. Der Stifter muss gegenüber der Stiftungsbehörde auf sein Widerrufsrecht verzichtet haben.
4. Die Stiftung muss später tatsächlich anerkannt werden.[1]

Einstweilen frei. 247-248

b) Nichtrechtsfähige Körperschaften, Personenvereinigungen und Vermögensmassen. Nichtrechtsfähige Vereine, Anstalten und Stiftungen des privaten Rechts entstehen durch Errichtung, Feststellung der Satzung oder Aufnahme einer geschäftlichen Tätigkeit (R 2 IV S 5 KStR). Bei Zweckvermögen hängt der Beginn der Steuerpflicht vom Wirksamwerden des die Zweckbindung begründenden Rechtsgeschäfts ab.[23] 249

Einstweilen frei. 250-251

c) BgA. Juristische Personen des öffentlichen Rechts werden mit ihren BgA durch die Aufnahme der wirtschaftlichen Tätigkeit unbeschränkt steuerpflichtig (R 2 IV S 6 KStR). 252

Einstweilen frei. 253

3. Ende der Körperschaftsteuerpflicht. Juristische Personen des privaten Rechts. Verlust der Rechtsfähigkeit unmaßgeblich. Die Aberkennung der Rechtsfähigkeit einer juristischen Person durch Löschung in dem betreffenden Register oder Rücknahme der Genehmigung lässt im Grundsatz die Körperschaftsteuerpflicht der einmal wirksam errichteten Körperschaft, Anstalt oder Vermögensmasse unberührt. Steuerlich besteht eine juristische Person trotz Verlust ihrer Rechtsfähigkeit solange fort, solange sie noch steuerrechtliche Pflichten zu erfüllen hat oder gegen sie ergangene Steuerbescheide angreift; ggf ist die Bestellung eines Nachtragsliquidators erforderlich, wenn steuerrechtlich Abwicklungsmaßnahmen zu ergreifen sind.[4] Das Körperschaftsteuersubjekt existiert damit regelmäßig solange weiter, bis die geschäftliche Tätigkeit eingestellt, das Vermögen verteilt und ein etwaiges Sperrjahr nach Liquidation abgelaufen ist.[5] 254

Sitzverlegung. Verlegt eine AG oder GmbH ihren Verwaltungssitz ins Ausland wird hierdurch die unbeschränkte Körperschaftsteuerpflicht nicht berührt, da diese aufgrund des statutarischen Sitzes im Inland unbeschränkt körperschaftsteuerpflichtig bleiben. Wird der Verwaltungssitz einer Kapitalgesellschaft ausländischer Rechtsform zurückverlegt endet die unbeschränkte Körperschaftsteuerpflicht; ggf besteht noch eine beschränkte Körperschaftsteuerpflicht. 255

---

1 *Kennerknecht*, Kommentar zum KStG 1934, § 1 Rn 22.
2 *Tyarks*, Körperschaftsteuerrechtliche Zweckvermögen des privaten Rechts und ihre Behandlung im Umsatzsteuerrecht, 2009, S 126 mwN.
3 *Kennerknecht*, Kommentar zum KStG 1934, § 1 Rn 22.
4 BFH III R 19/75, BStBl II 1977, 783.
5 BFH VII R 146/81, BStBl II 1986, 589.

256   **Umwandlung.** Die übertragende Umwandlung einer Körperschaft auf eine andere Körperschaft oder die übertragende Umwandlung auf bzw der Formwechsel in Personengesellschaft bedeutet – entgegen einer weitverbreiteten Auffassung[1] – nicht die Beendigung der Körperschaftsteuerpflicht zum steuerlichen Übertragungsstichtag. Denn zum einen bestehen wegen § 2 III UmwStG Ausnahmen von der Rückwirkungsfiktion und zum anderen gilt die Rückwirkungsfiktion bei Umwandlung nach §§ 11 ff UmwStG nicht für die Anteilseigner der übertragenden Körperschaft.[2] Dies bedeutet, dass eine umgewandelte Körperschaft zB noch Einkünfte, für die die Rückwirkungsfiktion nicht gilt, erzielen oder Leistungen iSd § 27 an ihren Gesellschafter im Rückwirkungszeitraum erbringen kann. Der Formwechsel einer Körperschaft einer Rechtsform in eine Körperschaft anderer Rechtsform gilt hingegen steuerlich nicht als Wechsel der Rechtspersönlichkeit. Grund hierfür ist, dass die Rechtsform als solche nicht bereits ein selbstständiges Steuersubjekt darstellt, sondern lediglich ein für die steuerliche Einordnung als Personen- oder Kapitalgesellschaft dienendes Tatbestandsmerkmal bildet.[3] Infolge der fortbestehenden Steuersubjektidentität kommt es insoweit nicht zu einer Entstrickung nach § 12 I.

257   **Nichtrechtsfähige Körperschaften, Personenvereinigungen und Vermögensmassen und BgA. Einstellung der Tätigkeit bzw Verteilung des Vermögens.** Wie bei den juristischen Personen des privaten Rechts endet auch bei den übrigen Körperschaftsteuersubjekten die Körperschaftsteuerpflicht nicht, bevor die werbende Tätigkeit endgültig eingestellt und das Vermögen verteilt ist (vgl Rn 254).[4]

258-259   *Einstweilen frei.*

---

1   ZB *Renger* in Blümich § 1 Rn 191 mwN.
2   BFH I R 96/08, BStBl II 2011, 467.
3   *Benecke/Schnittker* in Wassermeyer/Richter/Schnittker, Personengesellschaften im Internationalen Steuerrecht, Rn 15.12.
4   *Kennerknecht,* Kommentar zum KStG 1934, § 1 Rn 22.

§ 2 Beschränkte Steuerpflicht

Beschränkt körperschaftsteuerpflichtig sind

1. Körperschaften, Personenvereinigungen und Vermögensmassen, die weder ihre Geschäftsleitung noch ihren Sitz im Inland haben, mit ihren inländischen Einkünften;
2. sonstige Körperschaften, Personenvereinigungen und Vermögensmassen, die nicht unbeschränkt steuerpflichtig sind, mit den inländischen Einkünften, die dem Steuerabzug vollständig oder teilweise unterliegen; inländische Einkünfte sind auch

    a) die Entgelte, die den sonstigen Körperschaften, Personenvereinigungen oder Vermögensmassen dafür gewährt werden, dass sie Anteile an einer Kapitalgesellschaft mit Sitz oder Geschäftsleitung im Inland einem anderen überlassen und der andere, dem die Anteile zuzurechnen sind, diese Anteile oder gleichartige Anteile zurückzugeben hat,

    b) die Entgelte, die den sonstigen Körperschaften, Personenvereinigungen oder Vermögensmassen im Rahmen eines Wertpapierpensionsgeschäfts im Sinne des § 340b Abs. 2 des Handelsgesetzbuchs gewährt werden, soweit Gegenstand des Wertpapierpensionsgeschäfts Anteile an einer Kapitalgesellschaft mit Sitz oder Geschäftsleitung im Inland sind, und

    c) die in § 8b Abs. 10 Satz 2 genannten Einnahmen oder Bezüge, die den sonstigen Körperschaften, Personenvereinigungen oder Vermögensmassen als Entgelt für die Überlassung von Anteilen an einer Kapitalgesellschaft mit Sitz oder Geschäftsleitung im Inland gewährt gelten.

KStR 4; KStH 4

Übersicht

	Rn
I. Überblick	1 – 5
II. Rechtsentwicklung	6 – 7
III. Anwendungsbereich	8 – 15
1. Persönlicher Anwendungsbereich	8 – 9
2. Sachlicher Anwendungsbereich	10 – 13
3. Zeitliche Anwendung	14 – 15
IV. Verhältnis zu anderen Vorschriften	16 – 44
1. KStG	16 – 21
2. EStG	22 – 24
3. AStG	25 – 27
4. AO	28 – 29
5. GG	30 – 31
6. DBA	32 – 37
7. AEUV	38 – 44
V. Persönliche Steuerpflicht	45 – 91
1. Übersicht	45 – 46

2. Steuerpflichtige gem § 2 Nr 1 (Steuerausländer)	47 –	85
a) Grundsätzliches	47 –	50
b) Rechtstypenvergleich	51 –	60
c) Körperschaften	61 –	64
d) Ausländische juristische Person des öffentlichen Rechts	65 –	66
e) Personenvereinigungen und sonstige Vermögensmassen	67 –	71
f) Weder Geschäftsleitung noch Sitz im Inland	72 –	73
g) Beginn und Ende der beschränkten Steuerpflicht	74 –	85
3. Steuerpflichtige gem § 2 Nr 2	86 –	91
a) Abgrenzung der Steuersubjekte	86 –	88
b) Beginn und Ende der beschränkten Steuerpflicht	89 –	91
VI. Sachliche Steuerpflicht gem § 2 Nr 1	92 –	227
1. Allgemeines	92 –	94
2. Ermittlung der Einkünfte	95 –	102
3. Buchführungs- und Aufbewahrungspflichten	103 –	105
4. Isolierende Betrachtungsweise	106 –	109
5. Inländische Einkünfte gem § 49 EStG im Einzelnen	110 –	227
a) Einkünfte aus Land- und Forstwirtschaft (§ 49 I Nr 1 EStG)	110 –	113
b) Einkünfte aus Gewerbebetrieb (§ 49 I Nr 2 EStG)	114 –	198
aa) Allgemeines	114 –	117
bb) Inländische Betriebsstätte (§ 49 I Nr 2 lit a EStG)	118 –	138
cc) Ständiger Vertreter (§ 49 I Nr 2 lit a Alt 2 EStG)	139 –	144
dd) Beförderungsleistungen durch Seeschiffe und Luftfahrzeuge (§ 49 I Nr 2 lit b EStG)	145 –	147
ee) Internationale Betriebsgemeinschaften (§ 49 I Nr 2 lit c EStG)	148 –	149
ff) Künstlerische, sportliche, artistische, unterhaltende und ähnliche Darbietungen (§ 49 I Nr 2 lit d EStG)	150 –	159
gg) Einkünfte aus Anteilen an Kapitalgesellschaften (§ 49 I Nr 2 lit e EStG)	160 –	166
hh) Vermietung, Verpachtung und Veräußerung von inländischem unbeweglichem Vermögen, Sachinbegriffen oder Rechten (§ 49 I Nr 2 lit f EStG)	167 –	192
ii) Spielerleihe und Spielertransfers (§ 49 I Nr 2 lit g EStG)	193 –	198
c) Einkünfte aus selbständiger Arbeit (§ 49 I Nr 3 EStG)	199 –	200

I. Überblick

        d) Einkünfte aus Kapitalvermögen (§ 49 I Nr 5 EStG) .... 201 – 212
        e) Einkünfte aus Vermietung und Verpachtung
           (§ 49 I Nr 6 EStG) .... 213 – 222
        f) Einkünfte aus privaten Veräußerungsgeschäften
           (§ 49 I Nr 8 EStG) .... 223 – 225
        g) Sonstige Einkünfte (§ 49 I Nr 9 EStG) .... 226 – 227
    VII. Sachliche Steuerpflicht gem § 2 Nr 2 .... 228 – 242
        1. Dem Steuerabzug unterliegende Einkünfte .... 228 – 230
        2. Inländische Einkünfte gem § 2 Nr 2 Hs 2 .... 231 – 242
    VIII. Besteuerungsverfahren .... 243 – 265
        1. Überblick .... 243 – 247
        2. Besteuerung der beschränkt Steuerpflichtigen .... 248 – 265
           a) Steuerpflichtige gem § 2 Nr 1 .... 248 – 253
           b) Steuerpflichtige gemäß § 2 Nr 2 .... 254 – 265

I. Überblick. Unterscheidung unbeschränkte und beschränkte Steuerpflicht. Unterliegt ein Steuersubjekt nicht bereits der unbeschränkten Steuerpflicht nach Maßgabe des § 1, sollen über § 2 im Inland erzielte Einkünfte der Besteuerung zugeführt werden. Die Vorschrift sichert dadurch die Besteuerung inländischer Einkunftsquellen und stellt die Verwirklichung des in Art 3 I GG innewohnenden Grundsatzes der Belastungsgleichheit sicher.

Beschränkt Steuerpflichtige. Das Gesetz unterscheidet zwei Gruppen von beschränkt Steuerpflichtigen. Es werden einerseits Steuerpflichtige bestimmt, die mit Ausnahme ihrer im Inland bezogenen Einkünfte keinen Inlandsbezug haben (Steuerausländer). Die Begründung der persönlichen Steuerpflicht wird in negativer Weise dadurch definiert, dass weder Sitz noch Geschäftsleitung sich im Inland befinden dürfen. Es werden darüber hinaus „sonstige" Steuersubjekte erfasst (Steuerinländer), soweit diese bestimmte Einkünfte erzielen, die nicht bereits der unbeschränkten Steuerpflicht unterliegen.

Rechtfertigung für beschränkte Steuerpflicht. Die steuerliche Erfassung von Steuerausländern ist die konsequente Folge der Besteuerung verselbständigter Personengemeinschaften im Inland.[1] Ob sich dies als Äquivalent für die Bereitstellung von Möglichkeiten zur Erlangung eines Markterfolges versteht, ist umstritten.[2] Die Besteuerung inländischer Einkommensquellen dient jedenfalls der Herstellung der Wettbewerbsgleichheit zwischen sich wettbewerblich betätigenden inländischen und ausländischen Steuersubjekten und schließt eine anderenfalls bestehende Besteuerungslücke.[3] Die territoriale Anknüpfung der Besteuerung an inländische Einkommensquellen ist notwendige Folge der nur im Inland wirkenden Steuerhoheit.

---
1 BVerfG 1 BvR 845/58, BVerfGE 13, 331, 341.
2 Kritisch *Tipke*, Die Steuerrechtsordnung, 2. Aufl, Bd II, S 479, der den Aspekt der Steuergerechtigkeit betont; das Äquivalenzprinzip bejahend *Kirchhof* in Kirchhof Einl Rn 4.
3 *Lambrecht* in Gosch § 2 Rn 5.

Die Erfassung der in § 2 Nr 2 genannten Steuersubjekte ist anders als § 1 I Nr 6 dagegen nicht auf die Vermeidung von Wettbewerbsverzerrungen ausgerichtet,[1] sondern verwirklicht wie § 2 Nr 1 das aus Art 3 I GG fließende Prinzip der Steuergerechtigkeit.

4 **Umfang der Steuerpflicht.** Die Unterscheidung zwischen Steuerausländern und Steuerinländern setzt sich bei der Bestimmung der sachlichen Steuerpflicht fort. Für Steuerausländer wird auf die in § 49 EStG beschriebenen Einkünfte verwiesen. Die sachliche Steuerpflicht der beschränkt steuerpflichtigen Steuerinländer wird in § 2 Nr 2 begründet und dadurch eine Bevorzugung dieser „sonstigen" Steuersubjekte im Hinblick auf deren wirtschaftliche Betätigung vermieden (vgl Rn 2). Die Anknüpfung an das sachliche Merkmal der Einkünfte verdeutlicht, dass anders als bei § 1 nicht bereits die Existenz des Steuersubjekts für die Begründung der Steuerpflicht genügt.[2] Erforderlich ist stattdessen die Erzielung bestimmter Einkünfte durch selbiges (vgl Rn 10, 76).

5 *Einstweilen frei.*

6 **II. Rechtsentwicklung.** Die Regelung zur beschränkten Steuerpflicht gem § 2 zeichnet sich durch eine gewisse inhaltliche Beständigkeit aus. Eingeführt wurde sie mit der Kodifizierung eines gesonderten Körperschaftsteuerrechts.[3] In subjektiver Hinsicht wurden alle juristischen Personen,[4] Personenvereinigungen und Zweckvermögen erfasst. Sachlich war die Besteuerung auf Einkommen aus inländischem Grundbesitz und inländische Gewerbebetriebe beschränkt.

Bis zum Körperschaftsteuerreformgesetz 1977 v 31.8.1976[5] erfolgten kleinere Anpassungen in Bezug auf die persönliche und sachliche Steuerpflicht.[6] Die ursprünglich grobe Unterscheidung zwischen juristischen Personen, Personenvereinigungen und Zweckvermögen wurde weiter aufgegliedert. Hinsichtlich des sachlichen Umfangs der Steuerpflicht erfolgte ein Verweis auf die Einkünfte des EStG.

Grundlegend geändert wurde § 2 mit dem Körperschaftsteuerreformgesetz 1977. Es wurde zwischen ausländischen und „sonstigen" Steuersubjekten unterschieden. Mit dem StÄndG 2003 v 15.12.2003[7] erfolgten Anpassungen mit Blick auf die Regelungen zur KESt. Im Zuge der Unternehmenssteuerreform 2008 (UntStRefG 2008 v 14.8.2007)[8] wurde die sachliche Steuerpflicht durch die Aufnahme weiterer steuerpflichtiger Einkünfte bei Steuerinländern erweitert (vgl dazu Rn 231, 254).

7 *Einstweilen frei.*

---

1 Zum Grundsatz der Wettbewerbsneutralität im Zusammenhang mit der Besteuerung der öffentlichen Hand *Hey* in Tipke/Lang, Steuerrecht, 19. Aufl, § 11 Rn 23.
2 *Rengers* in Blümich § 2 Rn 60; aA *Kalbfleisch* in EY § 2 Rn 47 ff; *Lambrecht* in Gosch § 2 Rn 23, jeweils unter Verweis auf RFH I 191/40, RFHE 49, 179.
3 Vgl § 1 S 2 idFd KStG v 30.3.1920, RGBl I 1920, 393.
4 Und zwar juristischen Personen des öffentlichen und bürgerlichen Rechts ungeachtet ihrer wirtschaftlichen Betätigung, vgl § 1 idFd KStG v 30.3.1920, RGBl I 1920, 393.
5 BGBl I 1976, 2597.
6 Zur Rechtsentwicklung *Bornheim* in H/H/R § 2 Rn 2.
7 BGBl I 2003, 2645.
8 BGBl I 2007, 1912.

III. Anwendungsbereich. 1. Persönlicher Anwendungsbereich. Die beschränkte 8
Steuerpflicht erfasst Steuersubjekte, die nicht bereits von § 1 erfasst werden. Hierunter
fallen nach § 2 Nr 1 ausländische Körperschaften, Personenvereinigungen und Vermögensmassen (Steuerausländer, vgl Rn 47). Wesentliches persönliches Merkmal
ist – mit Ausnahme der bezogenen Einkünfte – die fehlende Inlandsanbindung
(fehlender doppelter Inlandsbezug). Mittels § 2 Nr 2 werden solche Steuersubjekte der
beschränkten Steuerpflicht unterworfen, bei denen zwar ein persönlicher Inlandsbezug vorhanden ist, die aber hinsichtlich der Art ihrer Einkünfte nicht der unbeschränkten Steuerpflicht nach § 1 unterliegen (Steuerinländer, vgl Rn 86).

Einstweilen frei. 9

2. Sachlicher Anwendungsbereich. Sachlich knüpft die Steuerpflicht an konkrete 10
Einkunftstatbestände an. Systematisch haben die Einkünfte daher eine Doppelfunktion. Sie sind einerseits Tatbestandsvoraussetzung zur Begründung der subjektiven
Steuerpflicht. Andererseits sind sie objektives Tatbestandsmerkmal zur Begrenzung
des Umfangs der Steuerpflicht.[1]

Steuerausländer. Steuerausländer unterliegen mit ihren gesamten inländischen 11
Einkünften der Steuerpflicht. Insoweit wird über § 8 auf § 49 EStG verwiesen, der den
Umfang der Steuerpflicht abschließend regelt (vgl Rn 92, 110 ff).

Steuerinländer. Die sachliche Steuerpflicht der beschränkt steuerpflichtigen 12
Steuerinländer bezieht sich dagegen nur auf Einkünfte, die einem (inländischen)
Steuerabzugsverfahren unterworfen sind. Die sachliche Steuerpflicht steht damit in
Abhängigkeit vom konkreten auf die Einkünfte anwendbaren Besteuerungsverfahren
(vgl Rn 243 ff). Für die in § 2 Nr 2 Hs 2 genannten inländischen Einkünfte ist das Besteuerungsverfahren in § 32 III geregelt (vgl Rn 254).

Einstweilen frei. 13

3. Zeitliche Anwendung. In zeitlicher Hinsicht ist § 2 idFd StÄndG seit dem VZ 14
2004 anzuwenden. Die durch das UntStRefG 2008 aufgenommene Erweiterung der
sachlichen Steuerpflicht in Bezug auf die in § 2 Nr 2 Hs 2 bezeichneten Einkünfte gilt
für diejenigen Einkünfte, die dem Steuersubjekt seit dem 18.8.2008 zufließen.[2]

Einstweilen frei. 15

IV. Verhältnis zu anderen Vorschriften. 1. KStG. An die beschränkte Steuerpflicht 16
knüpfen eine Vielzahl von Regelungen an, zum Beispiel Vorschriften betreffend den
Besteuerungszeitraum (§ 7 III, vgl § 7 Rn 35 ff) oder die Einkünftequalifizierung, wie
sich aus dem Umkehrschluss zu § 8 II ergibt (vgl auch § 18 S 1 bezüglich der Einkommenszurechnung bei ausländischen Organträgern und § 34 IX Nr 3). Weitere Beispiele
sind die Einkommensermittlung (vgl zB § 8 X bei Einkünften aus Kapitaleinkünften;
dazu § 8 Rn 985 ff) bzw § 12 II, III bei der Beschränkung des Besteuerungsrechts oder
die Art der Gewinnermittlung (§ 13). Auch die Vorschriften des Steuererhebungs-

---

1   *Siegers* in D/J/P/W § 2 Rn 5; ebenso bei der Besteuerung natürlicher Personen *Roth* in H/H/R § 1 EStG Rn 5.
2   § 34 IIa idFd UntStRefG 2008.

17 § 1. Bei der Betrachtung des Verhältnisses zwischen unbeschränkter und beschränkter Steuerpflicht ist zu unterscheiden. So schließen sich unbeschränkte und beschränkte Steuerpflicht bei Steuerpflichtigen nach § 2 Nr 1 aus.[1] Bei den von § 2 Nr 2 erfassten Steuerinländern ist ein Nebeneinander von beschränkter und unbeschränkter Steuerpflicht möglich. Die Abgrenzung erfolgt anhand der sachlichen Steuerpflicht, die über die Art der erzielten Einkünfte bestimmt wird. Eine nach § 1 I Nr 6 unbeschränkt steuerpflichtige juristische Person des öffentlichen Rechts kann zugleich beschränkt steuerpflichtig gem § 2 Nr 2 sein[2] (vgl auch Rn 89 sowie § 1 § Rn 19). Zum Besteuerungsverfahren, wenn innerhalb eines VZ sowohl eine unbeschränkte als auch eine beschränkte Steuerpflicht gegeben ist vgl Rn 255. Zur Behandlung in der Steuererklärung vgl Rn 256.

verfahrens knüpfen an die beschränkte Steuerpflicht an (vgl § 32 I Nr 2, III, VI, vgl auch § 38 IX). Auf das Verhältnis der beschränkten Steuerpflicht zu den einzelnen Bestimmungen kann hier im Detail nicht eingegangen werden.

18 § 3. Die Begründung der Steuerpflicht nichtrechtsfähiger Personenvereinigungen, Anstalten, Stiftungen und anderer Zweckvermögen nach § 2 Nr 1 erfährt durch § 3 I eine Einschränkung (vgl § 3 Rn 6, 19 f). Diese Rechtsgebilde sollen nur dann eigenständig steuerlich erfasst werden, wenn die Einkünfte nicht bereits anderen (hinter diesen Gebilden stehenden) Steuerpflichtigen unmittelbar zugeordnet werden können. Insoweit schränkt § 3 den Anwendungsbereich des § 2 Nr 1 ein.[3] Der Verweis in § 3, dass eine unmittelbare Zuordnung der Einkünfte nach Maßgabe des KStG (bzw des EStG) erforderlich ist, verdeutlicht, dass sowohl die Einordnung des Rechtsgebildes als auch die Zurechnung der Einkünfte nach innerstaatlichem Steuerrechtsverständnis erfolgen muss.[4]

19 § 5. Systematisch knüpft § 5 an eine bestehende Steuerpflicht an. Soweit die nach § 5 I erteilte Befreiung durch § 5 II aufgehoben wird, ist für bestimmte beschränkt Steuerpflichtige eine Rückausnahme und damit wieder ein Eingreifen der grundsätzlichen Steuerbefreiung vorgesehen. Beschränkt Steuerpflichtige iSd § 2 Nr 1 (Steuerausländer) können unter bestimmten Voraussetzungen vor dem Hintergrund des sog Stauffer-Urteils[5] von einer Steuerpflicht befreit sein.[6] Zu den Voraussetzungen im Einzelnen vgl § 5 Rn 282 ff. Beschränkt Steuerpflichtige nach § 2 Nr 2 (Steuerinländer) sollen nicht in den Genuss einer Steuerbefreiung kommen. Die steuerliche Erfassung dieser Einkünfte sichert eine Gleichbehandlung und verhindert eine Bevorzugung der inländischen öffentlich-rechtlichen Körperschaften, Personenvereinigungen oder Vermögensmassen gegenüber den nach Maßgabe des § 1 I unbeschränkt Steuerpflichtigen.

---

1 *Frotscher* in Frotscher/Maas § 2 Rn 2.
2 Einhellige Ansicht; vgl statt vieler *Bornheim* in H/H/R § 2 Rn 10.
3 *Suchanek* in H/H/R § 3 Rn 9; von einer Ergänzung des § 1 I Nr 5 ausgehend *Graffe* in D/J/P/W § 1 Rn 12; das Verhältnis der Normen zueinander offenlassend BFH IX R 182/87, BStBl II 1992, 972.
4 IdS auch *Siegers* in D/J/P/W § 2 Rn 9.
5 EuGH Rs C-386/04, *Centro di Musicologia Walter Stauffer*, Slg 2006, I-8203; BFH I R 94/02, BStBl II 2010, 331.
6 Ohne zeitliche Beschränkung, vgl § 34 Va idFd JStG 2009 v 19.12.2008, BGBl I 2008, 2794.

IV. Verhältnis zu anderen Vorschriften

§ 32. § 32 I Nr 2 regelt für beschränkt Steuerpflichtige nach § 2 Nr 1, 2 die Abgeltungswirkung für Einkünfte, die dem Steuerabzug unterliegen (vgl Rn 22), soweit diese nicht zu einem inländischen Gewerbebetrieb oder Land- und Forstwirtschaftsbetrieb des beschränkt Steuerpflichtigen gehören. § 32 III konstituiert eine eigene Abzugsverpflichtung für die in § 2 Nr 2 genannten Einkünfte (vgl Rn 261). Zum Steuerabzugsverfahren und der Abgeltungswirkung vgl Rn 243 ff; im Einzelnen § 32 Rn 94 ff, 102 ff.

20

Einstweilen frei.

21

2. EStG. § 43 und § 50a EStG. Die in §§ 43, 50a EStG enumerativ aufgeführten Einkünfte unterliegen dem Steuerabzug. In der Praxis hat § 43 EStG vorwiegend Bedeutung für beschränkt Steuerpflichtige iSd § 2 Nr 2. Die Verpflichtung zum Abzug und zum Einbehalt der Steuer setzt zunächst voraus, dass der Gläubiger der Kapitalerträge (§ 43 EStG) bzw Vergütungen (§ 50a EStG) auch Steuerschuldner ist, also mit seinen inländischen Einkünften iSd § 49 EStG oder den Einkünften nach § 2 Nr 2 der beschränkten Steuerpflicht unterliegt. Die bestehenden Abzugsverpflichtungen (§§ 44 I S 3, 50a V S 2 EStG) sind streng akzessorisch zur Steuerschuldnerschaft des Empfängers. Dennoch sind Einbehaltens- und Abführungspflicht des Vergütungsschuldners und Steuerschuld des Vergütungsgläubigers sowohl materiell-rechtlich als auch verfahrensrechtlich streng voneinander zu trennen. Der Vergütungsschuldner erfüllt gegenüber dem Fiskus mit seinem Steuereinbehalt und der Abführung der einbehaltenen Steuer (§§ 44 I S 5, 50a V S 3 EStG) eine eigene Entrichtungsschuld, die zwar eine Steuerpflicht, allerdings keine eigene Steuerschuld begründet.[1] Der beschränkt Steuerpflichtige kann gegen eine aus seiner Sicht zu Unrecht erfolgte Steueranmeldung des Vergütungsschuldners (§ 168 I AO iVm § 73e EStDV) zwar mittels Rechtsbehelfs vorgehen. Streitgegenstand ist hierbei nicht seine eigene Steuerpflicht als Vergütungsgläubiger, sondern lediglich die Frage, ob der Vergütungsschuldner zu Recht einen Steuerabzug vorgenommen hat.[2] Die Rechtmäßigkeit des Steuerabzugs ist bereits bei Zweifeln über das Bestehen einer Steuerpflicht des Vergütungsgläubigers zu bejahen.[3] Da mit dem Steuerabzug (und der entsprechenden Steueranmeldung des Vergütungsschuldners) keine Steuerfestsetzung gegenüber dem beschränkt Steuerpflichtigen verbunden ist, ist dieser letztlich auf das Erstattungs- oder Freistellungsverfahren (§ 50d I, II EStG, § 50g EStG) zu verweisen, um das Bestehen seiner eigenen Steuerpflicht zu klären.[4] Nur wenn der Vergütungsschuldner sich gegen seine Steueranmeldung wehrt, ist zu prüfen, ob tatsächlich eine beschränkte Steuerpflicht des Vergütungsgläubigers vorliegt.[5] Die KESt-Anmeldepflicht des Vergütungsschuldners unterliegt einer eigenständigen Festsetzungsverjährung. Das kann zur Folge haben, dass die KESt beim Vergütungsschuldner nach Maßgabe der §§ 150 I S 3 AO iVm § 155 I AO nacherhoben werden kann, auch wenn die Steuerschuld des Vergütungs-

22

---

1   *Drüen* in T/K § 33 AO Rn 8; BFH I B 151/98, BStBl II 2001, 556; zur Entrichtungsschuld *Heuermann*, StuW 2006, 332 ff.
2   BFH I R 19/04, BStBl II 2008, 228; vgl zum Rechtsschutz auch *Ehlig*, DStZ 2011, 647.
3   BFH I R 98/09, BStBl II 2001, 451; BFH I R 85/08, BFH/NV 2010, 1353; BFH I R 69/02, BStBl II 2003, 189; BFH I R 30/97, BStBl II 1997, 700; *Gosch* in Kirchhof § 50a EStG Rn 46.
4   *Wagner* in Blümich § 50d EStG Rn 11; dazu auch BFH I R 53/07, BFH/NV 2009, 1543.
5   BFH I R 73/02, BStBl II 2005, 550.

gläubigers oder sein Erstattungsanspruch bereits verjährt ist.[1] Bei Inanspruchnahme des Vergütungsschuldners sind die tatbestandlichen Erfordernisse des § 44 V S. 1 EStG zu beachten.[2] Zur Verletzung von EU-Recht vgl Rn 39, 40.

23 § 50d EStG. Für steuerabzugsverpflichtete Einkünfte (vgl. §§ 43b, 50a, 50g EStG) ist ein Quellensteuerabzug stets vorzunehmen, § 50d I EStG (s Rn 22). Um Befreiungen oder Ermäßigungen in Anspruch nehmen zu können, wird der beschränkt Steuerpflichtige auf das Erstattungs- oder Freistellungsverfahren verwiesen (§§ 50 d I EStG). Erstattungs- oder Freistellunganträge sind schriftlich (amtlicher Vordruck) beim BZSt zu stellen (§ 50 I S 3, § 50d II S 1 EStG). Die Antragsfrist für Erstattungen beträgt vier Jahre nach Ablauf des Kalenderjahres, in dem die Einkünfte bezogen wurden, § 50d I S 9 EStG. Die Verlängerung der Antragsfrist um 6 Monate (s § 50d I S 9 EStG) bezieht sich auf den Zeitpunkt der Steuerentrichtung durch den Vergütungsschuldner.

Die Freistellung vom Steuerabzugsverfahren wirkt frühestens mit Antragsstellung (§ 50d II S 4 Hs 1 EStG). Die jeweilige Freistellungsbescheinigung ist (begünstigender) Verwaltungsakt iSd § 118 AO,[3] auf den die allgemeinen Vorschriften Anwendung finden. Wird die Freistellung vom Steuerabzug unter Widerrufsvorbehalt gestellt, kann sie jederzeit wiederufen werden. Rücknahme und Widerruf wirken nur gegenüber dem beschränkt steuerpflichtigen Vergütungsgläubiger, nicht aber gegenüber dem Vergütungsschuldner, es sei denn, er war an einer rechtswidrig erlangten Freistellung des Vergütungsgläubigers beteiligt. Sollten sich die der erteilten Freistellung zugrundeliegenden Verhältnisse beim Vergütungsgläubiger ändern, hat das für die Dauer der gewährten Freistellung (maximal 3 Jahre, § 50d II S 4 Hs 2 EStG) keine Wirkung für den Vergütungsschuldner. Insbesondere erwächst diesem daraus noch keine Steuerabzugsverpflichtung. Der Vergütungsschuldner unterliegt allerdings den Hinweispflichten gem § 153 AO.[4]

Die Entlastungsberechtigungen gem § 50d I, II werden durch § 50d III EStG[5] eingeschränkt (Anti-treaty-shopping). Die Vorschrift – seit jeher umstritten – wurde als Reaktion auf ein anhängiges Vertragsverletzungsverfahren[6] geändert. Sie findet in ihrer derzeitigen Fassung auf Einkünfte Anwendung, die nach dem 31.12.2011 zufließen.[7] Bis zum 31.12.2011[8] mussten für die Gewährung der Entlastungsberechtigung die in § 50d III S 1 Nr 1-3 EStG bezeichneten Merkmale erfüllt werden.[9] In der Praxis war also eine Entlastung nur zu erreichen, wenn neben dem Vorhandensein wirtschaftlicher oder sonstiger Gründe, die für eine Einschaltung der ausländischen Gesellschaft sprachen, diese mehr als 10 % ihrer gesamten Bruttoerträge des be-

---

1 Drüen in T/K § 33 AO Rn 8; BFH I B 151/98, BStBl II 2001, 556.
2 BFH I R 29/07, BStBl II 2010, 142.
3 Loschelder in Schmidt § 50d EStG Rn 21.
4 So auch BMF v 24.1.2012, DB 2012, 262, Tz 14.
5 Neugefasst durch BeitrRLUmsG v 7.12.2011, BGBl I 2011, 2592; zur Gesetzesentwicklung Loschelder in Schmidt § 50d EStG Rn 45 ff.
6 Die bisherige in § 50d III S 1 EStG enthaltene starre 10%-Grenze ließ einen Gegenbeweis nicht zu, vgl Mitteilung der Kommission v 18.3.2010, IP/10/289, Az 2007/4435, ABl C 20 v 8.4.2010, S 8.
7 Auf bis zum 31.12.2011 geleistete Zahlungen findet § 50d III EStG idF des JStG 2007 Anwendung, § 52.
8 § 50d III EStG idFd JStG 2007 v 13.12.2007, BGBl I 2006, 2878.
9 Wagner in Blümich § 50d EStG Rn 69; Loschelder in Schmidt § 50d EStG Rn 47.

treffenden Wirtschaftsjahres aus eigener Wirtschaftstätigkeit erzielte und mittels eines eingerichteten kaufmännischen Geschäftsbetriebs am allgemeinen Verkehr teilnahm.[1] § 50d III S 1 EStG idF des BeitrRLUmsG wurde in seiner Struktur verändert.[2] Die sich daraus folgende Wirkungsweise der Entlastungsbeschränkung ist umstritten. Teile der Literatur sehen in der Neufassung eine wesentliche Erleichterung gegenüber der bisherigen Rechtslage.[3] Der Wegfall der absolut geltenden 10%-Grenze gem § 50d III S 1 Nr 2 EStG aF führe zur Aufteilung der Entlastungsbeträge. Für steuerabzugspflichtige Einkünfte könne daher nunmehr eine pro-rata-Entlastung erlangt werden.[4] Diese Auffassung entspricht auch der Ansicht der Finanzverwaltung,[5] so dass daraus in der Tat jene ausländischen Gesellschaften eine Besserstellung erfahren, die insbesondere nicht alle in § 50d III S 1 Nr 1-3 EStG aF aufgeführten Tatbestandsmerkmale widerlegen konnten. Auch die insoweit angeordnete Rückwirkung[6] für offene Fälle führt zu einer Besserstellung. In der Sache stellt sich die Norm indessen als Verschlechterung im Vergleich zur bisherigen Rechtslage dar. Denn die Aufteilung ist für *alle* Fälle des Bezugs von steuerabzugspflichtigen Einkünften vorgesehen.

Diese Lesart bestätigt jedenfalls die Finanzverwaltung.[7] Eine vollständige (nicht nur quotale) Entlastung von der inländischen Quellensteuer komme nur noch in Betracht, wenn (1) nur entlastungsberechtigte Gesellschafter einer ausländischen Gesellschaft vorhanden sind oder (2) die ausländische Gesellschaft ausschließlich sog gute Erträge erzielt. In allen anderen Fällen ist nach der Interpretation des BMF die Entlastungsberechtigung anteilig zu versagen. Eine Prüfung des Missbrauchs in Bezug zu konkret zu entlastenden Einkünften soll daher nicht mehr erfolgen. Damit geht die Norm über ihren eigentlichen (historischen) Zweck, nämlich Missbräuche zu verhindern, hinaus. In der Tat kann bei richtiger Lesart des Gesetzestextes der Wortlaut nicht dahingehend verstanden werden, dass zB für dem Steuerabzug unterliegende Einkünfte aus eigener Wirtschaftstätigkeit die volle Entlastungsberechtigung besteht, während Einkünfte, die nicht der eigenen Wirtschaftstätigkeit zuzuordnen sind und bezüglich derer auch keine Gründe für die Einschaltung der ausländischen Gesellschaft bestehen, überhaupt nicht entlastungsberechtigt sind. Maßstab für die Berechnung der Entlastungsquote sind nicht nur die dem Steuerabzug unterliegenden Einkünfte aus dem Inland, sondern die „im betreffenden Wirtschaftsjahr erzielten Bruttoerträge" der Gesellschaft. Damit werden alle von der ausländischen Gesellschaft erzielten Bruttoerträge erfasst und zwar unabhängig davon, in welchem Staat Erträge erzielt werden (= Nenner). Diese stehen im Verhältnis zu den im betreffenden Wirtschaftsjahr erzielten Bruttoerträgen der ausländischen Gesellschaft aus eigener Wirtschaftstätigkeit oder Erträgen, bezüglich derer für die Einschaltung der Gesellschaft gewichtige Gründe vorgebracht werden und ein angemessener Geschäftsbetrieb unterhalten wird („gute Erträge" = Zähler). Die Vorschrift führt daher dazu,

---

1 Zum Inhalt der einzelnen Tatbestandsmerkmale statt vieler *Wagner* in Blümich § 50d EStG Rn 69 ff.
2 Vgl im Detail die Analyse von *Lüdicke*, IStR 2012, 81.
3 So *Dorfmueller/Fischer*, IStR 2011, 863; *Maerz/Guter*, IWB 2011, 923.
4 *Lüdicke*, IStR 2012, 81.
5 Vgl dazu BMF v 24.1.2012, DB 2012, 262, Tz 12.
6 BMF v 24.1.2012, DB 2012, 262, Tz 16.
7 BMF v 24.1.2012, DB 2012, 262, Tz 1.

dass Fälle, in denen hinsichtlich der inländischen Einkünfte kein Missbrauch vorliegt, die ausländische Gesellschaft teilweise keine Entlastung erlangt. Das Problem der EU-Rechtswidrigkeit, das der Gesetzgeber eigentlich mit der Neufassung beseitigen wollte, wurde gerade nicht gelöst. Neben unionsrechtlichen Bedenken[1] bestehen nunmehr vor dem Hintergrund einer Verletzung des Gleichheitsgrundsatzes auch verfassungsrechtliche Zweifel. Zudem stellt die Norm, die am Wortlaut gemessen eine andere Interpretation nicht zulässt, einen Verstoß gegen die DBA dar (sog Treaty-Override).[2] Eine Neufassung ist daher abermals angezeigt.[3]

24 **§ 49 EStG.** Die Regelung des § 49 EStG definiert abschließend und unter Zugrundelegung des Territorialitätsprinzips die zu besteuernden Einkünfte beschränkt Steuerpflichtiger. Die Aufzählung verdeutlicht den objektsteuerartigen Charakter der Einkünfte. Welcher Einkunftsart die jeweiligen Einkünfte zuzuordnen sind, bestimmt sich unter Beachtung der isolierenden Betrachtungsweise gem § 49 II EStG (vgl Rn 106). Die Norm findet über § 8 I S 1 für beschränkt Steuerpflichtige iSd § 2 Nr 1, 2 Anwendung (vgl Rn 110 ff).

25 **3. AStG. § 2 AStG.** Von der Begründung der erweiterten beschränkten Steuerpflicht iSd § 2 AStG in Folge eines Wegzugs werden nur natürliche Personen erfasst. Die Regelung des § 2 AStG findet auf Körperschaften, Personenvereinigungen oder Vermögensmassen keine Anwendung. Zum Wegzug inländischer Kapitalgesellschaften vgl Rn 79.

26 **§§ 7 ff und § 15 AStG.** Ausländische Gesellschaften und Vermögensmassen werden häufig als Gestaltungsinstrument genutzt.[4] Das Verhältnis zwischen beschränkter Steuerpflicht nach § 2 und den Zurechnungsvorschriften des AStG (§§ 7 ff und § 15 AStG) ist umstritten.[5] ZT wird vertreten, die Anwendung der Zurechnungsvorschriften suspendiere die beschränkte Steuerpflicht.[6] Das AStG regelt jedoch die Zurechnung von Einkünften, nicht deren Erzielung.[7] Die Begründung der beschränkten Steuerpflicht wird nicht dadurch ausgeschlossen, dass Rechtsgebilde die Voraussetzungen einer Zwischengesellschaft iSd § 7 AStG oder einer Familienstiftung iSd § 15 I bzw IV AStG erfüllen. Ungeachtet der wirtschaftlichen Selbständigkeit des Rechtsgebildes kann eine Zurechnung der erzielten Einkünfte bei den Bezugsberechtigten oder Begünstigen erfolgen, sobald und soweit die Voraussetzungen der §§ 7, 15 AStG erfüllt sind.[8] Folglich ist zunächst auf Ebene des Körperschaftsteuersubjekts das Einkommen zu ermitteln. Anschließend findet die Zurechnung des so ermittelten Einkommens auf Ebene des (unbeschränkt) steuerpflichtigen Zurechnungssubjekts

---

1   Lüdicke, IStR 2012, 81; aA im Hinblick auf die Einräumung einer Nachweismöglichkeit *Kraft/Gebhardt*, DB 2012, 83.
2   AA *Kraft/Gebhardt*, DB 2012, 83.
3   Für die vollständige Aufhebung plädierend *Lüdicke*, IStR 2012, 85.
4   Für die Stiftung vgl *Siemers/Müller*, ZEV 1998, 206 ff; zu schenkungsteuerlichen Problemen zB *Mutter*, DStR 2004, 893; vgl auch BFH II R 21/05, BStBl II 2007, 669.
5   *Schulz* in Lademann § 15 AStG Rn 10.
6   *Runge* in Brezing ua, Außensteuerrecht, 1991, § 15 AStG Rn 2; *Schaumburg*, Internationales Steuerrecht, 2. Aufl, Rn 11.2.
7   *Wassermeyer* in F/W/B/S § 15 AStG Rn 42 mwN.
8   Im Einzelnen *Wassermeyer* in F/W/B/S § 15 AStG Rn 42, 43 ff.

IV. Verhältnis zu anderen Vorschriften

statt.[1] Die Wirkung zwischen AStG und § 2 Nr 1 wird am folgendem Fall deutlich: Ein Inländer ist Anteilseigner einer in Bermuda ansässigen Gesellschaft, die Inhaberin einer mit inländischem Grundbesitz besicherten Forderung ist, aus der sie Zinsen erzielt. Die Kapitalerträge können keiner inländischen Betriebsstätte zugeordnet werden. Gem § 2 Nr 1 iVm § 49 I Nr 5 lit c sublit aa EStG ist die Bermuda-Ltd in Inland beschränkt steuerpflichtig. Ihre Einkünfte unterliegen im Inland dem 15 %igen KESt-Abzug (§ 43 I Nr 7, § 43a I Nr 1 EStG). Gem § 7 I AStG sind diese Einkünfte dem inländischen Anteilseigner zuzurechnen. Der Hinzurechnungsbetrag gem § 10 I AStG ist unter Abzug der Quellensteuer zu ermitteln.[2] Dabei ist nicht zwischen ausländischen oder inländischen Quellensteuern zu unterscheiden.[3] Alternativ kann der Anteilseigner diese Steuern auf seine ESt bzw KSt anrechnen (§ 12 I AStG).[4]

§ 2

Einstweilen frei.

27
28

4. AO. Die Abgabenordnung enthält eine Vielzahl von Vorschriften, die für beschränkt Steuerpflichtige von Bedeutung sind. So hängt bspw die persönliche Steuerpflicht der Steuersubjekte gem § 2 Nr 1 vom fehlenden Inlandsbezug ab (Ort der Geschäftsleitung, § 10 AO; Sitz im Inland, § 11 AO). In sachlicher Hinsicht ist eine Steuerpflicht ua dann zu bejahen, soweit eine Betriebsstätte vorliegt (§ 12 AO) oder ein ständiger Vertreter vorhanden ist (§ 13 AO). Für Steuersubjekte gem § 2 Nr 2 kann auch das Vorliegen eines wirtschaftlichen Geschäftsbetriebs (§ 14 AO) und die Zuordnung von weiteren Einkünften zu diesem bedeutsam sein. In verfahrensrechtlicher Hinsicht bestimmt sich bspw die örtliche Zuständigkeit des Finanzamtes bei Steuerpflichtigen iSd § 2 Nr 1 entweder nach der Belegenheit des Vermögens, § 20 III AO oder nach dem Ort ihrer Tätigkeit, § 20 IV AO.[5] Bei Auslandssachverhalten bestehen zudem erhöhte Mitwirkungs- und Mitteilungspflichten (§ 90 III, III, § 138 II AO). Mit Blick auf einzubehaltende KESt (§ 44 I S 3, 5 EStG und § 50a V S 3 EStG) sind auch die Verjährungsvorschriften (§§ 169 ff AO) von Bedeutung. Die Anmeldepflicht des Vergütungsschuldners einerseits und die Steuerschuld des beschränkt steuerpflichtigen Vergütungsgläubigers unterliegen einer jeweils eigenständigen Festsetzungsverjährung (siehe Rn 22).

Einstweilen frei.

29
30

5. GG. Die Grundrechte der Art 1-19 GG gelten nach Maßgabe des Art 19 III GG auch für juristische Personen, soweit diese ihrem Wesen nach auf juristische Personen anwendbar sind. Jedoch erstreckt sich dieser Grundrechtsschutz nach dem Wortlaut des Art 19 III GG ausdrücklich nur auf inländische juristische Personen. Folglich sind Steuersubjekte nach § 2 Nr 1 mit Ausnahme der justiziellen Grundrechte

---

1 Bereits BFH I R 39/92, BStBl II 1993, 388; ebenso nunmehr *Wassermeyer* in F/W/B/S § 15 AStG Rn 42; *Schulz* in Lademann § 15 AStG Rn 10; vgl auch § 18 AStG.
2 BMF v 14.5.2004, BStBl I 2004, Sondernr 1/2004, 3, Tz 10. 1.2.1.
3 *Wassermeyer* in F/W/B/S § 10 AStG Rn 84; BMF v 14.5.2004, BStBl I 2004, Sondernr 1/2004, 3, Tz 10.1.2.1.
4 BMF v 14.5.2004, BStBl I 2004, Sondernr 1/2004, 3, Tz 12.1.1.
5 Ergänzend sind §§ 24, 25 AO heranzuziehen; zur Zuständigkeit beim Wechsel der Steuerpflicht FG Berlin-Brandenburg 5 K 5403/07 (AZ BFH: VIII R 42/11).

(Art 17, 19 IV, 101 I, 103 I GG)¹ vom Grundrechtsschutz ausgenommen,² und zwar unabhängig davon, ob dahinter stehende Personen Inländer sind. Grundrechtsschutz kommt ausländischen juristischen Personen lediglich dann zu, wenn sie als Inländer anerkannt werden (vgl § 1 Rn 36).

31 *Einstweilen frei.*

32 **6. DBA.** Besteht mit einem anderen Staat ein DBA, geht dieses nach entsprechender Transformation in innerstaatliches Recht gem § 2 AO iVm Art 59 II S 1 GG als lex specialis letzterem vor.³ Hatten Vertragsstaaten Konsultationsvereinbarungen zur Anwendung und Auslegung von DBA getroffen, war deren innerstaatliche Bindungswirkung umstritten.⁴ Mit § 2 II AO⁵ wurde dem BMF die Ermächtigung eingeräumt, derartige Vereinbarungen in innerstaatliches Recht zu transformieren. DBA definieren zwar die Abkommensberechtigung von Rechtssubjekten.⁶ Sie treffen indessen keine Entscheidung zur Begründung der persönlichen Steuerpflicht in einem der Vertragsstaaten. Ist ein Steuersubjekt sowohl im Inland als auch im anderen Vertragsstaat ansässig (zur doppelten Ansässigkeit vgl § 1 Rn 57, 65, 72), führt die Anwendung des DBA nicht zum Wegfall der beschränkten Steuerpflicht in Deutschland.⁷ Das DBA fingiert die Ansässigkeit lediglich für Abkommenszwecke (Art 4 III OECD-MA).⁸ Zu den Rechtsfolgen der Ansässigkeitsfiktion bei Verlegung von Sitz oder Geschäftsleitung vgl Rn 83 und § 12 Rn 130, 131, 155 ff. In sachlicher Hinsicht schränken DBA das Besteuerungsrecht Deutschlands ein oder schließen es als Steuerbefreiung aus. Daher ist anhand eines DBA zunächst zu prüfen, ob Deutschland das Besteuerungsrecht an einer der in § 49 EStG genannten Einkommensquellen überhaupt zugewiesen ist. Ist letzteres nicht der Fall, ist die gem § 49 EStG im Inland begründete objektive Steuerpflicht obsolet. Im Einzelfall ist zu prüfen, ob das DBA Begriffe und Tatbestandsmerkmale selbst definiert oder ob mangels entsprechender Regelungen im DBA auf das innerstaatliche Rechtsverständnis zurückzugreifen ist (Art 3 II OECD-MA).⁹ Eine Erweiterung des deutschen Besteuerungsrechts erfolgt mittels DBA prinzipiell nicht.¹⁰

33 **Betriebsstätteneinkünfte.** Gem Art 7 I S 1 OECD-MA steht dem Belegenheitsstaat einer Betriebsstätte das Besteuerungsrecht betreffend der aus dieser Betriebsstätte erzielten Einkünfte zu. Deutschland nimmt das gem Art 7 I S 1 OECD-MA zugewiesene Besteuerungsrecht über § 49 I Nr 2 lit a EStG wahr (vgl Rn 114 ff). Das

---

1 BVerfG 2 BvR 177/60, JZ 1961, 84.
2 BFH I R 81/99, BStBl II 2001, 290 mwN; *Huber* in von Mangoldt/Klein/Stark, 5. Aufl, Art 19 GG Rn 296 ff, 305; *Wied* in Blümich § 49 EStG Rn 19.
3 Strittig, vgl im Einzelnen *Jacobs*, Internationale Unternehmensbesteuerung, 7. Aufl, S 84; *Wassermeyer* in D/W vor Art 1 MA Rn 11; zur Problematik des sog Treaty-Override *Gosch*, IStR 2008, 413.
4 Eine Geltung ablehnend BFH I R 111/08, BStBl II 2010, 387; BFH I R 64/07, BStBl II 2008, 2126; vgl auch *Lehner* in Vogel/Lehner Art 25 DBA Rn 154.
5 Eingeführt durch JStG 2010 v 8.12.2010, BGBl I 2010, 1768.
6 Zur Abkommensberechtigung vgl *Prokisch* in Vogel/Lehner Art 1 DBA Rn 4 ff.
7 Zur doppelten Ansässigkeit und dem Verhältnis zu DBA und AStG *Kollruss/Buße/Braukmann*, IStR 2011, 11.
8 Sog Tie-Breaker-Rule (Art 4 III OECD-MA); vgl *Bornheim* H/H/R § 2 Rn 37 mwN; BFH I B 186/09, BFH/NV 2010, 1864.
9 Zu Qualifikationskonflikten *Vogel* in Vogel/Lehner Einl DBA Rn 151 ff.
10 Allgemeine Ansicht zB *Jacobs*, Internationale Unternehmensbesteuerung, 6. Aufl, S 82 f.

IV. Verhältnis zu anderen Vorschriften

mittels DBA zugewiesene Besteuerungsrecht beschränkt sich auf die in dieser Betriebsstätte erzielten Gewinne. Hier stellen sich verschiedene Zuordnungsfragen betreffend die Einkünfte und Wirtschaftsgüter (vgl Rn 120 ff). Im Einklang mit den Vorgaben der OECD[1] wird insoweit eine weitestgehende Gleichbehandlung der Betriebsstätte mit TG angestrebt (vgl im Einzelnen Rn 121).

Einkünfte aus unbeweglichem Vermögen. Einkünfte aus unbeweglichem Vermögen stehen Deutschland als Quellenstaat zu (Art 6 I OECD-MA). Schwierigkeiten bezüglich der Frage, ob ein Vermögenswert oder ein Recht als unbewegliches Vermögen anzusehen ist, soll Art 6 II OECD-MA beseitigen. Er verweist insoweit auf das jeweilige innerstaatliche Rechtsverständnis des Quellenstaates. Einkünfte aus Land- und Forstwirtschaft fallen ebenso unter Art 6. Es bleibt den Vertragsstaaten unbenommen, auf diese Einkünfte Art 7 OECD-MA anzuwenden (Art 6 I S 3 OECD-MA). Deutschland übt bezüglich des unbeweglichen Vermögens sein Besteuerungsrecht über § 49 I Nr 2 lit a und lit f EStG und gem § 49 I Nr 6, 8 EStG aus (Rn 167 ff; 213 ff; 223).

Dividenden, Zinsen und Lizenzen. Dividenden, Zinsen und Lizenzen können in Deutschland nur eingeschränkt besteuert werden, soweit diese Einkünfte nicht aufgrund des Betriebsstättenvorbehalts den Unternehmensgewinnen nach Art 7 OECD-MA zuzuordnen sind (vgl Rn 120). Das Quellenbesteuerungsrecht ist auf einen Höchstsatz von 15 % beschränkt, soweit nicht das Schachtelprivileg greift (Beteiligung an der ausschüttenden Gesellschaft von mindestens 25 %, Art 10 II lit a OECD-MA). Die Quellenbesteuerung erfolgt für Rechnung des beschränkt Steuerpflichtigen iSd § 2 Nr 1. Der Vergütungsschuldner der Dividende oder Zinsen hat die Quellensteuer einzubehalten und abzuführen (vgl Rn 22, 208, 228). Deutschland übt sein beschränktes Besteuerungsrecht vorbehaltlich des § 49 I Nr 2 lit a EStG gem § 49 I Nr 5 EStG aus, soweit die Einkünftsquellen einen konkreten Inlandsbezug haben (vgl Rn 201). Ein Besteuerungsrecht für Lizenzeinnahmen steht nach der Grundkonzeption von Art 12 OECD-MA Deutschland als Quellenstaat nicht zu. Es steht jedoch den Vertragsstaaten frei, hierüber anderweitige Vereinbarungen zu treffen.[2] Deutschland nimmt das Besteuerungsrecht über § 50a EStG wahr. Sieht ein DBA eine Einschränkung oder den Ausschluss des Besteuerungsrechts vor, erfolgt gem § 50d I, II die entsprechende Freistellung bzw Erstattung der einbehaltenen Quellensteuern (vgl Rn 23, 248).

Veräußerungsgewinne. Veräußerungsgewinne iSd Art 13 OECD-MA werden einem Vertragsstaat in Abhängigkeit von der Zuordnung der Quelle des jeweiligen Veräußerungsgewinns zugewiesen. Werden die einer Betriebsstätte zugeordneten beweglichen Wirtschaftsgüter veräußert oder wird insoweit ein veräußerungsgleicher Tatbestand erfüllt (zur Wegzugsbesteuerung vgl § 12 Rn 130 ff, 241 ff), unterliegt der Veräußerungsgewinn als laufender Ertrag der Betriebsstätte mit der Folge entsprechender Besteuerung (§ 8 I iVm § 49 I Nr 2 lit a EStG). Ob Veräußerungsgewinne zu einer inländischen Betriebsstätte gehören, richtet sich anders als beim Betriebs-

---

1 OECD-Report on The Attribution of Profits to Permanent Establishments v 22.7.2010, Tz 9 ff; http://www.oecd.org/dataoecd/23/41/45689524.pdf v 13.3.2011.
2 *Wassermeyer* in D/W Art 12 MA Rn 3.

stättenvorbehalt der Art 10-12 OECD-MA nicht nach der tatsächlichen Zugehörigkeit (vgl Rn 126),[1] sondern nach dem Begriff des Betriebsvermögens, der mangels DBA-Regelungen nach innerstaatlichem Verständnis auszulegen ist.[2] Der Veräußerungsbegriff des Art 13 OECD-MA ist als abkommensrechtlicher Begriff nicht mit dem Begriff der Veräußerung nach deutschem Rechtsverständnis identisch.[3] Deutschland nimmt sein Besteuerungsrecht gem §§ 49 I Nr 2 lit f sublit bb, Nr 6 iVm § 21 I Nr 4 und Nr 8 EStG wahr.

37 *Einstweilen frei.*

38 **7. AEUV. Allgemeines.** Im Verhältnis zum EU-Recht sind bei der Besteuerung beschränkt Steuerpflichtiger die aus den Grundfreiheiten abgeleiteten Diskriminierungsverbote zu beachten. Insbesondere die Normen zum Besteuerungsverfahren (§ 32 iVm §§ 50, 50a EStG) geben Anlass, diese auf entsprechende Diskriminierungen hin zu prüfen. Zwar wurden mit dem JStG 2009 v 19.12.2008[4] wesentliche Diskriminierungen gegenüber beschränkt Steuerpflichtigen beseitigt.[5] Eine gänzliche Gleichstellung ist nicht erfolgt. So verstößt die Bruttobesteuerung von Lizenzeinkünften gem § 50a I S 1 Nr 3 EStG iVm § 50a III S 3 EStG weiterhin gegen die Dienstleistungsfreiheit.[6] Denn Betriebsausgaben, die im Zusammenhang mit Einnahmen aus Lizenzgebühren stehen, bleiben bei der Ermittlung der Bemessungsgrundlage für den Steuerabzug unberücksichtigt. Die Abgeltungswirkung beschränkt ebenso einen Ausgleich der Verluste mit anderen inländischen Einkünften. Das Gleiche galt für vor dem 1.1.2009 zufließende Vergütungen nach § 50a I Nr 1, 2 und 4 EStG.[7] Warum für Lizenzgebühren etwas anderes gelten soll als für die Einkünfte der § 50a I Nr 1, 2 und 4 EStG ist nicht erkennbar. Zu dieser Frage ist beim BFH ein Revisionsverfahren anhängig.[8]

39 **KESt.** Im Hinblick auf das Erstattungsverfahren bezüglich der KESt nach § 44a IX EStG können Bedenken an einer EU-konformen Gesetzesausgestaltung bestehen, soweit die Erstattung von der Erfüllung bestimmter Aktivitätsvoraussetzungen der ausländischen Gesellschaft gem § 50d III EStG abhängig gemacht wird. Diese dem § 42 AO vorgehende Missbrauchsregelung[9] ist gemessen an der Rechtsprechung des EuGH[10] geeignet und bestimmt, die Ansiedlung ausländischer Gesellschaften im Vergleich zu inländischen Gesellschaften weniger attraktiv zu machen.[11] Als Reaktion auf das in 2008 gegen Deutschland eingeleitete Vertragsverletzungsverfahren[12] wurde § 50d III EStG durch das BeitrRLUmsG[13] neu gefasst. Fraglich ist, ob die bestehenden

---

1 Zu Beteiligungen von Mitunternehmerschaften an Kapitalgesellschaften vgl *Schönfeld*, IStR 2011, 142.
2 BFH I R 63/06, BStBl II 2009, 414 zum DBA-Schweiz; aA *Wassermeyer* in D/W Art 13 MA Rn 81.
3 *Wassermeyer* in D/W Art 13 MA Rn 23 f.
4 BGBl I 2008, 2794.
5 Im Detail *Wied* in Blümich § 50 EStG Rn 15 ff, § 50a EStG Rn 9 ff; kritisch *Lüdicke*, IStR 2009, 206; vgl bereits *Lüdicke*, DStR 2002, 672.
6 *Grams/Schön*, IStR 2008, 656; aA *Wied* in Blümich § 50a EStG Rn 32.
7 EuGH Rs C-290/04, *Scorpio*, Slg 2006, I-9461; *Wied* in Blümich § 50a EStG Rn 10 mwN.
8 Vorinstanz FG München 7 K 1154/09, EFG 2010, 1891 (Az BFH: I R 76/10).
9 BFH I R 26/06, BStBl II 2008, 978.
10 EuGH Rs C 324/00, *Lankhorst-Hohorst*, Slg 2002, I-11779; EuGH Rs C-231/05, *Oy AA*, Slg 2007, I-6373.
11 *Haarmann* in FS für Norbert Herzig, Unternehmensbesteuerung, 2010, S 433.
12 Vertragsverletzungsverfahren Kommission/Deutschland 2007/4435.
13 Art 2 des BeitrRLUmsG v 7.12.2011, BGBl I 2011, 2592.

Zweifel an der Vereinbarkeit mit der MTRL beseitigt wurden. Es spricht einiges dafür, dass Fallgestaltungen von § 50d III erfasst werden, obwohl sie keinen Missbrauch darstellen, wie zB der Bezug von Dividenden oder Lizenzgebühren, die zur eigenen wirtschaftlichen Tätigkeit der ausländischen Gesellschaft gehören (vgl R 23).

Besteuerung von Gewinnausschüttungen. Zweifel an einer EU-konformen Umsetzung ergeben sich auch bei der Besteuerung von Gewinnausschüttungen.[1] So ist bei der Ermittlung des zu versteuernden Einkommens im Grundsatz auch § 8b anzuwenden.[2] Da gem § 43 I S 3 EStG dennoch ein Steuerabzug vorzunehmen ist und dieser Steuerabzug aufgrund des § 32 I S 2 endgültig wirkt, führt dies zu einer verfahrensrechtlichen Versagung des Veranlagungsverfahrens (vgl auch Rn 22). Ein Steuerpflichtiger iSd § 2 Nr 1 kann abhängig vom in Betracht zu ziehenden Vergleichspaar mit dem Ausschluss des Veranlagungsverfahrens eine höhere und damit ungleiche Besteuerung erfahren.[3]

Beitreibungs-RL. Ebenso könnten sich aufgrund der Ausweitung der Beitreibungs-RL[4] grundsätzliche Zweifel an der Zulässigkeit der Abgeltungswirkung des Steuerabzugs einerseits[5] und an der Haftung für ein Unterlassen der Anmelde- und Abführungspflichten andererseits ergeben.[6] Fraglich ist auch, ob die Anwendung unterschiedlicher Steuersätze in Abhängigkeit von der Geltendmachung von Aufwendungen den Vorgaben des EuGH entspricht.[7] Denn Liquiditätsnachteile durch die Anwendung von Quellensteuern sind nur dann verhältnismäßig, wenn sie auf das zeitliche Vorziehen der Besteuerung zurückzuführen sind, nicht wenn die Höhe der Besteuerung beeinflusst wird. Auch die im Vergleich zum Inlandsfall erhöhten Anforderungen an zu erbringende Nachweise über angefallene Betriebsausgaben/Werbungskosten wecken Zweifel an der EU-Konformität.[8]

Einstweilen frei.

V. Persönliche Steuerpflicht. 1. Übersicht. Der beschränkten Steuerpflicht unterliegen – ebenso wie bei § 1 – Körperschaften, Personenvereinigungen und sonstige Vermögensmassen. Das Gesetz beschränkt sich in § 2 auf die Aufzählung der Oberbegriffe, ohne eine eigene Begriffsdefinition zugrundezulegen oder inhaltliche Ausformungen vorzunehmen. Insoweit wird auf § 1 I zurückgegriffen (vgl § 1 Rn 82 ff).[9] In persönlicher Hinsicht ist zwischen im Ausland errichteten und dort ansässigen Steuersubjekten (§ 2 Nr 1) und „sonstigen" im Inland ansässigen Steuersubjekten (§ 2 Nr 2) zu unterscheiden.

Einstweilen frei.

---

1   Die EU-Kommission hat deswegen am 19.3.2009 ua gegen Deutschland ein Vertragsverletzungsverfahren eingeleitet (Az: 2004/4349).
2   BFH I R 53/07, BFH/NV 2009, 1543; zu sich aus § 8b III S 1 ergebenden Zweifelsfragen *Kempf/Hohage*, IStR 2010, 806.
3   *Wied* in Blümich § 49 EStG Rn 183; aA BFH I R 53/07, BFH/NV 2009, 1543 (Verfassungsbeschwerde beim BVerfG anhängig, Az BVerfG: 2 BvR 1807/09).
4   Umsetzung durch EUBeitrG, Art. 1 BeitrRLUmsG v 7.12.2011, BGBl I 2011, 2592.
5   AA BFH I B 181/07, BStBl II 2008, 195.
6   Verneinend FG Düsseldorf 11 K 1171/09 mwN, EFG 2012, 127 (Az BFH: I R 60/11).
7   EuGH Rs C-290/04, *Scorpio*, Slg 2006, I-9461.
8   Dies verneinend *Wied* in Blümich § 50a EStG Rn 35.
9   Allgemeine Ansicht *Bornheim* in H/H/R § 2 Rn 24; *Streck* in Streck § 2 Rn 3.

47   **2. Steuerpflichtige gem § 2 Nr 1 (Steuerausländer). a) Grundsätzliches. Abgrenzung zu § 1.** Die Abgrenzung der von § 2 Nr 1 erfassten Gebilde zu den einer unbeschränkten Steuerpflicht Unterworfenen erfolgt durch die (negative) Feststellung, dass sich weder Sitz des konkreten Gebildes noch der Ort seiner Geschäftsleitung im Inland befinden (sog fehlender doppelter Inlandsbezug, vgl Rn 72).

48   **„Privatsphäre" ausländischer Gesellschaften.** Umstritten ist, ob Kapitalgesellschaften ausschließlich eine betriebliche Sphäre haben oder ihr Vermögen auch einer außerbetrieblichen Sphäre zugeordnet werden kann.[1] Während der BFH meint, eine außerbetriebliche Sphäre könne bei Kapitalgesellschaften nicht angenommen werden[2] (vgl § 8 Rn 180 ff), macht er bestehende gesetzliche Verwerfungen, die sich bspw durch gesetzliche Entnahmefiktionen (vgl § 4 I S 3 EStG) ergeben, nicht zum Gegenstand seiner Argumentation, was die begründeten Zweifel an der von ihm favorisierten „Einheitstheorie" stützt.[3] Hingegen nahm der BFH für eine ausländische Kapitalgesellschaft an, diese könne außerhalb einer betrieblichen Sphäre Einkünfte unter Anwendung der allgemeinen Regelungen des Einkommensteuerrechts erzielen.[4] § 8 II ist auf beschränkt steuerpflichtige Körperschaftsteuersubjekte nicht anzuwenden. Eine Fiktion gewerblicher Einkünfte[5] findet nicht statt. Im Ergebnis bedeutet dies, dass ausländische Kapitalgesellschaften auch dann nichtgewerbliche Einkünfte erzielen können, soweit die inländische Einkunftsquelle einem gewerblichen Bereich im Inland nicht zuzuordnen ist.

49   **Keine Beschränkung auf bestimmte Rechtsstrukturen.** Während § 1 abschließend aufzählt,[6] welchen Rechts- und Wirtschaftsstrukturen Steuersubjekteigenschaft zukommt, ist § 2 Nr 1 seinem Wortlaut nach nicht auf bestimmte Rechtssubjekte fixiert. Der beschränkten Steuerpflicht kann folglich jedes Rechtsgebilde unterfallen, das sich unter einen der gesetzlichen Oberbegriffe (Körperschaft, Personenvereinigung bzw Vermögensmasse) subsumieren lässt, soweit § 3 nicht einschlägig ist (vgl Rn 18). Die inhaltliche Ausformung dieser Oberbegriffe richtet sich nach den in § 1 I Nr 1-5 genannten Steuersubjekten.[7] Es können rechtsfähige und nichtrechtsfähige Gebilde, ausländische juristische Personen des öffentlichen Rechts[8] oder ausländische Sondervermögen und auch inländische Rechtsgebilde (zum Wegzug inländischer Gesellschaften vgl Rn 79) der beschränkten Steuerpflicht unterliegen.

50   *Einstweilen frei.*

51   **b) Rechtstypenvergleich. Funktion.** Ob ein Rechtsgebilde von der beschränkten Steuerpflicht gem § 2 Nr 1 erfasst wird, ist mittels Rechtstypenvergleichs zu bestimmen. Dahinter steht die Frage nach dem konkreten Zurechnungssubjekt der erzielten Einkünfte. Stellt sich das ausländische Rechtsgebilde nämlich aufgrund seiner grund-

---

1   *Roser* in Gosch § 8 Rn 67 ff mwN.
2   BFH I R 54/95, BFHE 182, 123; zuletzt BFH I R 32/06, BStBl II 2007, 961 mwN.
3   *Roser* in Gosch § 8 Rn 79.
4   BFH I R 14/01, BStBl II 2002, 168; dazu Anmerkung *Gosch/Lüdicke*, DStR 2002, 671; BFH I R 54/95, BFHE 182, 123.
5   So offenbar *Schallmoser* in H/H/R § 8 Rn 30.
6   *Lambrecht* in Gosch § 1 Rn 32.
7   Allgemeine Ansicht *Bornheim* in H/H/R § 2 Rn 24; *Streck* in Streck § 2 Rn 3; vgl auch BFH IX R 182/87, BStBl II 1992, 972 mwN.
8   *Rengers* in Blümich § 2 Rn 25; *Frotscher* in Frotscher/Maas § 2 Rn 16.

V. Persönliche Steuerpflicht

legenden Strukturmerkmale nicht als Steuerrechtssubjekt iSd § 2 Nr 1 dar, kommt als Zurechnungssubjekt nur der hinter dem Gebilde stehende Berechtigte in Betracht. Insoweit dient der Rechtstypenvergleich auch der Abgrenzung unterschiedlicher Besteuerungsebenen.

Anwendungsbereich. Der Rechtstypenvergleich beschränkt sich nicht auf Körperschaften. Er ist auch für Personenvereinigungen und Vermögensmassen (vgl Rn 67) vorzunehmen.[1]   52

Bedeutung. Aufgrund des Rechtstypenvergleich wird die Grenzziehung zwischen § 2 Nr 1 und § 3 I deutlich (vgl Rn 18). Handelt es sich um eine Körperschaft, ist die in § 3 aufgeworfene Frage entbehrlich, ob Einkünfte einem anderen Steuerpflichtigen zuzuordnen sind. Die weitere Differenzierung eines bereits als Körperschaft identifizierten ausländischen Gebildes danach, ob es sich um eine sonstige juristische Person iSd § 1 I Nr 4 oder um eine Kapitalgesellschaft iSd § 1 I Nr 1 handelt, ist nur von Bedeutung, wenn das Gesetz (KStG oder EStG) an diese Unterscheidung besondere Folgen knüpft.[2] Die Einordnung kann aber für die Zuordnung des Besteuerungsrechts nach einem DBA von Bedeutung sein.[3]   53

Anwendung deutschen Rechts. Die Unterwerfung eines ausländischen Rechtsgebildes unter die deutsche Steuerhoheit ist ausschließlich Sache des deutschen Fiskus. Das ausländische Gebilde muss, um nach deutschem Verständnis als Körperschaftsteuersubjekt anerkannt zu werden, einem der in § 2 Nr 1 genannten Oberbegriffe (Körperschaft, Personenvereinigung und Vermögensmasse) zugeordnet werden können. Welche Gebilde der Gesetzgeber inhaltlich den gesetzlichen Oberbegriffen zuordnen will, hat er abschließend in § 1 I Nr 1-5 aufgeführt.[4] Deshalb ist mittels Rechtstypenvergleichs festzustellen, ob und welcher Oberbegriff auf das konkrete ausländische Rechtsgebilde passt.   54

Einordnung nach ausländischem Recht. Für die Feststellung der Steuersubjekteigenschaft ist die steuerliche Einordnung nach ausländischem Recht unerheblich (zu etwaigen daraus folgenden Problemen bei einer doppelten Erfassung der Rechtsgebilde vgl Rn 78).   55

Durchführung. Der Rechtstypenvergleich erfolgt mehrstufig.[5] Ist in einem ersten Schritt zu prüfen, welchem Typus das Gebilde nach Maßgabe seines (ausländischen) Rechtskreises entspricht, ist in einem zweiten Schritt daraus abzuleiten, welchem der in § 2 Nr 1 genannten Oberbegriffe das ausländische Rechtsgebilde entspricht.   56

---

1   BFH II R 14/98, BFH/NV 2001, 1457 (zur Liechtensteinischen Stiftung); vgl auch *Wassermeyer* in F/W/B/S § 15 AStG Rn 32.
2   So stellen bspw § 8a I S 4, § 34 VI S 3 und § 49 I Nr 2 lit f S 2 EStG auf den Begriff der Kapitalgesellschaft statt allgemein auf Körperschaftsteuersubjekte ab.
3   BFH I R 34/08, BStBl II 2009, 263.
4   *Lambrecht* in Gosch § 1 Rn 32. Diese abschließende Aufzählung in § 1 I Nr 1 wurde in Bezug auf Kapitalgesellschaften aufgebrochen, als dort nur noch eine beispielhafte Aufzählung erfolgt, vgl auch BTDrs 16/2710, 30.
5   Rechtsprechung und Finanzverwaltung gehen von einer zweistufigen Prüfung aus, vgl BFH I R 34/08, BStBl II 2009, 263 mwN; BMF v 19.3.2004, BStBl I 2004, 411. Teilweise wird eine dreistufige Prüfungsfolge vertreten, *Bornheim* in H/H/R § 2 Rn 24; vgl *Graffe* in D/J/J/P/W § 1 Rn 87 cff. In der Sache werden die gleichen Prüfungsmaßstäbe angelegt.

57 **Vergleichsmerkmale.** Mangels eines einheitlichen Merkmalkatalogs zur Vornahme eines Rechtstypenvergleichs[1] muss sich dieser an Eigenschaften orientieren, die wesensbegründend für die Oberbegriffe sind. Den Oberbegriffen ist gemeinsam, dass sie sich durch eine gewisse Verselbständigung und Unabhängigkeit gegenüber ihren Gesellschaftern, Teilhabern oder sonstigen Begünstigten auszeichnen.[2]

58 **Merkmale für eine Einordnung als Kapitalgesellschaft.** Ob ein ausländisches Gebilde einer inländischen Kapitalgesellschaft gleicht, ist anhand der folgenden Strukturmerkmale zu bestimmen (weiterführend § 1 Rn 202 ff):[3]

- Geschäftsführung/Vertretung in Verwirklichung des Fremdorganschaftsprinzips,
- Notwendigkeit der Kapitalaufbringung,
- freie Übertragbarkeit von Anteilen,
- Gewinnverteilung, die auf der Grundlage eines Gesellschafterbeschlusses erfolgt,
- beschränkte Haftung der Anteilsinhaber,
- unbeschränkte und vom Ausscheiden eines Anteilsinhabers unabhängige Lebensdauer des Gebildes.

59-60 *Einstweilen frei.*

61 **c) Körperschaften. Definition.** Eine Körperschaft ist allgemein als korporationsrechtlicher Zusammenschluss von Personen zu verstehen, dessen Bestand unabhängig von seinen Mitgliedern ist.[4] Tritt ein Gebilde als selbständiger Wirtschaftskörper nach außen auf, ohne dass seinen Mitgliedern ein eigener Anteil am Vermögen des Gebildes zusteht, spricht dies für eine Körperschaft.[5] Weitere Merkmale sind die Verwirklichung des Fremdorganschaftsprinzips und das Majoritätsprinzip bei Beschlussfassungen.[6] Ob ein im Ausland errichtetes und rechtsfähiges Gebilde dem Typus und der tatsächlichen Handhabung einer Körperschaft im Inland entspricht, ist nach innerstaatlichem Rechtsverständnis zu prüfen.[7]

62 **Qualifikation ausländischer Kapitalgesellschaften nach der Rechtsfähigkeit.** ZT wird vertreten, dass die Anerkennung einer ausländischen Kapitalgesellschaft als Steuersubjekt davon abhängen soll, inwieweit die ausländische Kapitalgesellschaft zivilrechtlich anerkannt wird. Denn wenn bei inländischen Kapitalgesellschaften die Fähigkeit zur eigenen Rechtspersönlichkeit wesentliches, die Steuersubjektqualität voraussetzendes Merkmal ist, müsse bei ausländischen

---

1 Für die US-LLC vgl BMF v 19.3.2004, BStBl I 2004, 411.
2 Zu den unterschiedlichen Verbandsstrukturen *Schmidt*, Gesellschaftsrecht, 4. Aufl, S 46 f (§ 3 I 2), S 168 ff (§ 7 I 2).
3 FG Münster 8 K 4552/04 F, EFG 2009, 1951; BFH I R 34/08, BStBl II 2009, 263; vgl auch *Bornheim* in H/H/R § 2 Rn 24 f.
4 Hessisches FG 13 K 3768/05, EFG 2010, 1242 (Revision anhängig, Az BFH: I R 31/10).
5 RFH I 152/41, RStBl 1941, 963.
6 *Schmidt*, Gesellschaft, 4. Aufl, S 46 (§ 3 I 2).
7 Zuletzt FG Münster 8 K 4552/04 F, EFG 2009, 1691; BFH I R 34/08, BStBl II 2009, 263 mwN; RFH VI A 899/27, RFHE 27, 73; BFH IX R 182/87, BStBl II 1992, 972; BFH I R 110/05, BStBl I 2007, 521 mwN; *Pohl*, JbFAfStR 2005/2006, S 470 ff; *Lemaitre/Schnittker/Siegel*, GmbHR 2004, 618 jeweils mwN.

Kapitalgesellschaften ebenso die diesem Gebilde (im Ausland) verliehene Rechtsfähigkeit herangezogen werden.[1] Nach dieser Sichtweise ist es infolge der unionsrechtlichen Verpflichtung untersagt, denjenigen Gesellschaften, die in solchen EU-/EWR-Mitgliedstaaten gegründet wurden, die der Gründungstheorie folgen[2] (hierzu vgl § 1 Rn 204), die Steuerrechtssubjektqualität zu versagen.[3] Bei Rechtsgebilden aus Drittstaaten soll die Anerkennung der Rechtsfähigkeit des Gebildes dementsprechend davon abhängen, ob ein (völkerrechtlicher) Vertrag besteht.[4]

Irrelevanz der Zivilrechtsfähigkeit. Der Ansatz, die Steuersubjektfähigkeit an die Fähigkeit des Rechtsgebildes zur Erlangung der zivilrechtlichen Rechtspersönlichkeit zu knüpfen, verkennt die Bedeutung der unterschiedlichen Regelungsbereiche. Er ist abzulehnen, da das Steuerrecht einer eigenen Wertung folgt.[5] Die Begründung der Steuerpflicht hat nichts mit der Zivilrechtsfähigkeit eines ausländischen Gebildes zu tun, sondern mit der Begründung eines Schuldverhältnisses zum deutschen Fiskus. Die Trennung zwischen zivilrechtlicher und steuerrechtlicher Behandlung[6] zeigt sich im Umgang mit inländischen Rechtsgebilden, zB bei der Personengesellschaft. Diese ist zivilrechtlich (teil-)rechtsfähig;[7] Steuerrechtssubjektfähigkeit erlangt sie nur, soweit ihr das Steuerrecht diese gewährt.[8] Diese Grundsätze haben sich durch das SEStEG v 7.12.2006[9] nicht geändert, so dass weiterhin nur auf die Erfüllung der für eine Kapitalgesellschaft maßgeblichen Kriterien iRd Rechtstypenvergleichs abzustellen ist (hierzu Rn 58).[10] Kann ein ausländisches, mit Rechtsfähigkeit versehenes Gebilde nicht als Kapitalgesellschaft anerkannt werden, ist ihre Einordnung als sonstige juristische Person (§ 1 I Nr 4) oder als nichtrechtsfähige Personenvereinigung (§ 1 I Nr 5; vgl auch Rn 68) möglich.

Einstweilen frei.

---

1 *Bornheim* in H/H/R § 2 Rn 24; *Kalbfleisch* in EY § 2 Rn 9.2; vgl auch OFD Hannover v 28.2.2007, S-2700-2-StO 242, Tz 2.4.
2 BGH II ZR 370/98, BGHZ 154, 186 ff, DB 2003 986; BGH II ZR 372/03, BGHZ, 164, 148 ff, DB 2005, 2345.
3 *Dubovitskaya*, DK 2010, 205; *Kalbfleisch* in EY § 2 Rn 9.2 mit Verweis auf eine anderenfalls bestehende systematische Inkonsequenz; ohne weitere Begründung OFD Hannover v 28.2.2007, S-2700-2-StO 242, Tz 2.4.
4 ZB BGH II ZR 389/02, DB 2004, 986 (US-Inc) zum Freundschafts- Handels- und Schifffahrtsvertrag Deutschland-USA 29.10.1954, BGBl I 1956, 487. In BFH I R 138/97, BStBl II 1999, 437 (rumänische Kapitalgesellschaft vor EU-Beitritt) unterblieb der Typenvergleich, weil der BFH an die sachlichen Feststellungen des FG gebunden war. Die Sitztheorie findet dagegen weiterhin bei Gesellschaften aus sonstigen Drittstaaten (bspw Schweiz) Anwendung, vgl BGH IX ZR 227/06, GmbHR 2010, 211.
5 *Frotscher* in Frotscher/Maas § 1 Rn 66. Dass die Rechtsfähigkeit des ausländischen Gebildes wenig aussagekräftig ist, zeigt bereits der Fall einer US-LLC, vgl BFH I R 34/08, BStBl II 2009, 263; FG Münster 8 K 4552/04 F, EFG 2009, 1691; missverständlich dabei der Hinweis von *Bornheim* in H/H/R § 2 Rn 24, ein Typenvergleich komme bei zwischenstaatlicher Anerkennung nicht in Frage.
6 BFH IV R 88/06, DStR 2010, 1073 zur (unechten) Vorgesellschaft.
7 ZB §§ 124, 161 HGB; zur GbR auch BGH II ZR 331/00, BGHZ 146, 341, NJW 2001, 1056, vgl zur Schweizer Genossenschaft BFH I R93/10, BFH/NV 2012, 275.
8 § 14 I Nr 2 S 2 für die Organträgereignung einer Personengesellschaft; § 5 II GewStG für Steuerschuldnerschaft einer Personengesellschaft.
9 BGBl I 2006, 2782.
10 Vgl auch die Begründung in BTDrs 16/2710, 30; aA *Dubovitskaya*, DK 2010, 214.

65 **d) Ausländische juristische Personen des öffentlichen Rechts.** Die Steuerrechtssubjektqualität ausländischer juristischer Personen des öffentlichen Rechts hängt nicht davon ab, ob ihnen durch den ausländischen Staat eine eigene Rechtspersönlichkeit verliehen wurde.[1] Nach Maßstab des Typenvergleichs ist vielmehr ausschlaggebend, ob der ausländischen juristischen Person des öffentlichen Rechts aufgrund ihrer Struktur und ihrer Wesensmerkmale im Inland eine eigene Rechtspersönlichkeit verliehen werden würde.[2] Während ausländische juristische Personen des öffentlichen Rechts mit ihren gesamten inländischen Einkünften iSd § 49 EStG im Inland besteuert werden (§ 2 Nr 1), unterliegen inländische juristische Personen des öffentlichen Rechts einer Besteuerung im Inland nur mit ihren Einkünften aus einem BgA (vgl § 1 I Nr 6) oder soweit sie Einkünfte erzielen, die dem Steuerabzug unterliegen (§ 2 Nr 2). Soweit die sachliche Steuerpflicht der ausländischen juristischen Person des öffentlichen Rechts weitergeht als die einer inländischen juristischen Person des öffentlichen Rechts, kann sich die Frage einer EU-rechtswidrigen Diskriminierung stellen.[3] Betreibt bspw eine ausländische Berufskammer oder Religionsgemeinschaft im Inland einen land- und forstwirtschaftlichen Betrieb, unterliegt sie im Gegensatz zu einer vergleichbaren inländischen Körperschaft gem § 49 I Nr 1 EStG mit diesen Einkünften der Besteuerung.

66 *Einstweilen frei.*

67 **e) Personenvereinigungen und sonstige Vermögensmassen.** In Bezug zu den Begriffen der Personenvereinigung und der Vermögensmasse bedient sich § 2 Nr 1 keiner eigenen Definition (vgl Rn 49; auch § 1 Rn 84, 85).

68 **Personenvereinigung.** Der Begriff der Personenvereinigung verliert im Vergleich zur Körperschaft an Schärfe (vgl Rn 61). Zu dieser und zum Zweckvermögen muss sie abgegrenzt werden. Zudem ist § 3 I zu beachten.[4] Von einer Personenvereinigung ist auszugehen, wenn eine gewisse verselbständigte Organisationsform vorhanden ist, die auf eine mitgliedschaftliche bzw mitgliedschaftsähnliche Struktur hindeutet, andererseits personenbezogene Elemente enthält, die eine Einordnung als Körperschaft ausschließen,[5] ohne jedoch die Wesensmerkmale einer Personengesellschaft zu erfüllen. Insofern kann man sich am Leitbild des in § 1 I Nr 5 genannten nichtrechtsfähigen Vereins orientieren. Zu weiteren Einzelheiten vgl § 1 Rn 169 ff.

69 **Vermögensmasse.** Eine (sonstige) Vermögensmasse ist ein mit wirtschaftlicher Selbständigkeit versehenes Gebilde, dem ein Personen- und Mitgliederbezug fehlt bzw bei dem eine Personenbindung jedenfalls nicht im Vordergrund steht.[6]

---

1   Dies ist bei inländischen juristischen Personen des öffentlichen Rechts erforderlich, Niedersächsisches FG 6 K 31/09, EFG 2010, 577; BFH I 52/50, BStBl III 1951, 120.
2   So für das Umsatzsteuerrecht UStAE v 1.10.2010, BStBl I 2010, 846, Abschn 2.11; *Radeisen* in Vogel/Schwarz § 2 UStG Rn 312; zum Erfordernis der staatlichen Anerkennung als Religionsgemeinschaft BFH II R 12/09, BStBl II 2011, 48.
3   *Frotscher* in Frotscher/Maas § 2 Rn 16. Die Niederlassungsfreiheit nimmt die ausländische juristische Person des öffentlichen Rechts nicht aus, soweit diese erwerbswirtschaftlich tätig sind; vgl *Bröhmer* in Callies/Ruffert, EUV/EGV, 3. Aufl, Art 48 Rn 3.
4   *Lambrecht* in Gosch § 1 Rn 86.
5   BFH I R 34/94, BStBl II 1995, 552 (Vereinigung von Rittergütern).
6   *Lambrecht* in Gosch § 1 Rn 92.

V. Persönliche Steuerpflicht

Die Erlangung einer Rechtsfähigkeit des Vermögens ist nicht erforderlich.[1] Sowohl juristische Personen als auch nichtrechtsfähige Gebilde unterfallen dem Begriff der sonstigen Vermögensmasse. Maßgebender Anknüpfungspunkt der persönlichen Steuerpflicht ist die wirtschaftliche Selbständigkeit der Vermögensmasse.[2] Diese kann sich aus einem Rechtsgeschäft[3] oder aus faktischen Umständen[4] ergeben. Das Vermögen muss jedenfalls wirtschaftlich aus dem Vermögen des Widmenden ausgeschieden sein,[5] als solches gesondert in Erscheinung treten[6] und eigene Einkünfte besitzen.[7] Beispiele ausländischer Vermögensmassen sind Fonds,[8] Stiftungen,[9] Anstalten,[10] Trusts[11] und ähnliche Zweckvermögen.[12]

§ 2

AStG. Zum Verhältnis zwischen der Steuerpflicht von Vermögensmassen und dem AStG vgl Rn 25.   70

Einstweilen frei.   71

f) Weder Geschäftsleitung noch Sitz im Inland. Zu den Begriffsbestimmungen und Definitionen vgl § 1 Rn 51 ff. 62 ff.   72

Einstweilen frei.   73

g) Beginn und Ende der beschränkten Steuerpflicht. Eintritt in die beschränkte Steuerpflicht. Grundsatz. Die beschränkte Steuerplicht des ausländischen Rechtsgebildes beginnt, sobald   74

- eine Rechtsstruktur besteht, die unter die Oberbegriffe Körperschaft, Personenvereinigung oder Vermögensmasse subsumiert werden kann (vgl Rn 56 ff);
- aus der Organisationsstruktur sich kein Inlandsbezug ergibt, also sich weder Ort der Geschäftsleitung noch Sitz im Inland befinden (zum fehlenden doppelten Inlandsbezug vgl Rn 47) und
- inländische Einkünfte bezogen werden.

---

1   Zur nichtrechtsfähigen Stiftung Hessisches FG 13 K 3768/05, EFG 2010, 1242 (Revision anhängig, Az BFH: I R 31/10); RFH I A 162/21, RFHE 9, 179; RFH I A 120/21, RFHE 9, 329; zur sog Vorstiftung als Zuwendungssubjekt FG Schleswig-Holstein 1 K 156/04, EFG 2009, 1486.
2   Zum Zweckvermögen nach KAGG, BFH I R 109/08, BFH/NV 2010, 1364; zur nicht rechtsfähigen Stiftung OFD Frankfurt am Main v 20.8.2011, DB 2012, 204.
3   Zum Willen des Stifters RFH I 142/41, RStBl 1941, 911.
4   RFH I 250/40, RStBl 1940, 918.
5   Zur Vermögensentäußerung gegenüber einer Stiftung Liechtensteinischen Rechts vgl BFH II R 21/05, BStBl II 2007, 669.
6   BFH I R 85/02, BStBl II 2003, 149; FG Rheinland-Pfalz III 205/65, EFG 1966, 588; dazu bereits RFH III 84/42, RStBl 1943, 658.
7   BFH I R 39/92, BStBl II 1993, 388; vgl auch schon RFH I A 227/35, RStBl 1936, 442.
8   Zu inländischen Fonds RFH I A 162/21, RFHE 9, 179.
9   Zur Gründung einer Stiftung Liechtensteinischen Rechts OLG Stuttgart 9 U 40/09, OLG-Report Stuttgart 2009, 853; zur Feststellungspflicht einer ausländischen Familienstiftung nach § 180 AO vgl BFH I B 223/08, BFH/NV 2009, 1437; vgl auch *Wassermeyer* in F/W/B/S § 15 AStG Rn 32.
10   Zur Liechtensteinischen Anstalt BFH IV R 182/77, BStBl II 1981, 220; BFH I R 130/84, BStBl II 1989, 101; vgl auch FG Hamburg I 69/85, EFG 1988, 281.
11   BFH I R 39/92, BStBl II 1993, 388; zu unterschiedlichen Gestaltungsmöglichkeiten eines Trusts vgl *Bornheim* in H/H/R § 2 Rn 30 und *Daragan* in Gürschning/Stenger § 7 ErbStG Rn 261.
12   Bereits RFH I A 227/35, RStBl 1936, 442.

75　**Umwandlung.** Wird ein Gebilde im Ausland gegründet oder erlangt es – im Wege der Umwandlung oder anderweitig- eine Struktur, welche unter die Oberbegriffe des § 2 Nr 1 fällt, beginnt bei Erzielung inländischer Einkünfte die beschränkte Steuerpflicht.

76　**Einkünftezurechnung.** Strittig ist, ob der Zufluss von Einkünften (oder deren Zurechnung) beim Steuersubjekt zum Bestehen der beschränkten Steuerpflicht erforderlich ist[1] oder ob bereits die Möglichkeit der Einkünfteerzielung genügt.[2] Letztere Ansicht überzeugt nicht. Pendant zur Steuerpflicht eines Steuersubjekts ist das Besteuerungsrecht des Fiskus. Dieses ergibt sich nicht aus dem bloßen Vorhalten von Wirtschaftsgütern, die eine wirtschaftliche Betätigung ermöglichen.[3] Soweit auf den unterschiedlichen Wortlaut des § 1 IV EStG im Vergleich zu § 2 verwiesen wird,[4] wird verkannt, dass gerade die Verwendung des Wortes „mit" einen unmittelbaren Bezug der Einkünfte zum Steuerpflichtigen zum Ausdruck bringt. Eine weitergehende Auslegung würde dem Charakter des § 2 nicht gerecht werden.

77　**Wegfall der beschränkten Steuerpflicht.** Die beschränkte Steuerpflicht endet bereits, wenn keine inländischen Einkünfte mehr erzielt werden. Sie endet auch, wenn das Steuersubjekt selbst nicht mehr existent ist. Bei ausländischen Rechtsstrukturen ist dies zB der Fall, wenn nach Abschluss der Liquidation die sog Vollbeendigung eingetreten ist.[5] Die Löschung aus einem amtlichen Register allein führt nicht zum Ende der Steuerpflicht.[6] Zu den Folgen der Vermögensübertragung iRe mit der Verschmelzung nach § 2 UmwG vergleichbaren Vorgangs vgl § 12 Rn 189 ff.

78　**Zuzug von ausländischen Gesellschaften.** Beim Zu- und Wegzug von Gesellschaften ist zwischen ausländischen und inländischen Gesellschaften zu unterscheiden. Verlegt eine ausländische Gesellschaft, die bislang weder Sitz noch Ort der Geschäftsleitung im Inland innehatte und damit beschränkt steuerpflichtig war, den Ort der Geschäftsleitung identitätswahrend ins Inland,[7] wird sie unbeschränkt steuerpflichtig und unterliegt dann mit ihren gesamten Einkünften im Inland der Besteuerung (Welteinkommensprinzip).

1　*Rengers* in Blümich § 2 Rn 60; *Siegers* in D/J/P/W § 2 Rn 187; *Frotscher* in Frotscher/Maas § 2 Rn 7; *Wilke* in Lademann § 2 Rn 56; wohl auch *Bornheim* in H/H/R § 2 Rn 75.
2　So unter Verweis auf RFH I 191/40, RFHE 49, 179, 180; *Lambrecht* in Gosch § 2 Rn 23; *Kalbfleisch* in EY § 2 Rn 47, ebenso ohne Begründung *Streck* in Streck § 2 Rn 8; Bedeutung hat die unterschiedliche Betrachtung, soweit das Gesetz an das Bestehen der Steuerpflicht anknüpft, vgl zB § 1 S 1 InvZulG 2010.
3　Insoweit scheint sich der BFH von der früheren RFH-Ansicht distanziert zu haben, vgl BFH III R 55/95, BStBl II 1998, 355; BFH III R 13/93, BStBl II 1994, 869.
4　*Kalbfleisch* in EY § 2 Rn 47.
5　Zur Aufrechterhaltung als Restgesellschaft einer gelöschten UK-Ltd vgl KG 8 U 34/09, GmbHR 2010, 316; OLG Nürnberg 13 U 1097/07, GmbHR 2008, 41; zur in Liquidation befindlichen englischen Ltd vgl OLG Thüringen 6 W 244/07, DB 2007, 2030.
6　BFH I B 210/03, BFH/NV 2004, 670; zur sog dissolution einer UK-Ltd und deren Prozessvertretung in Inland FG Münster 9 V 3872/10 K, EFG 2011, 1443.
7　EuGH Rs C-167/01, *Inspire Art*, Slg 2003, I-10155; EuGH Rs C-208/00, *Überseering*, Slg 2002, I-9919; EuGH Rs C-212/97, *Centros*, Slg 1999, I-1459; EuGH Rs C-371/10, *National Grid Indus*, DStR 2011, 2334; vgl auch Schlussantrag GA Jääskinen v 15.12.2011, Rs C-378/10; dazu *Randenstrauch/Seitz*, Ubg 2012, 14; *Thömmes*, IWB 2012, 29.

Wegzug von inländischen Gesellschaften. Verlegt eine inländische Gesellschaft unter Beibehaltung ihres inländischen Sitzes ihren Verwaltungssitz ins Ausland,[1] bleibt sie weiterhin unbeschränkt steuerpflichtig. Zur daraus folgenden Doppelansässigkeit[2] vgl § 1 Rn 65, 72. 79

Wegzug von ausländischen Gesellschaften. Verlegt eine ausländische Gesellschaft ihren inländischen Verwaltungssitz ins Ausland, tritt sie in die beschränkte Steuerpflicht nach § 2 Nr 1 ein, soweit sie weiterhin inländische Einkünfte erzielt. Hinsichtlich der Folgen einer Sitzverlegung ist zu unterscheiden, ob diese 80

- in einen EU/EWR-Staat oder
- in einen Drittstaat erfolgt ist oder
- aufgrund eines DBA die Gesellschaft als im Drittstaat ansässig anzusehen ist.

Wegzug in einen EU/EWR-Staat. Im Fall des Wegzugs in einen EU/EWR-Staat kann es gem § 12 I zur Entstrickung[3] der Wirtschaftsgüter und damit zur Besteuerung der stillen Reserven kommen (vgl § 12 Rn 126, 131). Die Entstrickung erfolgt nur in dem Umfang, wie das Besteuerungsrecht im Inland in Bezug auf die Wirtschaftsgüter ausgeschlossen oder beschränkt wird. Die Wirtschaftsgüter gelten dann als veräußert.[4] Bei Wirtschaftsgütern des Anlagevermögens besteht die Möglichkeit zur Bildung eines Ausgleichspostens gem § 4g EStG (im Einzelnen vgl § 12 Rn 166 ff).[5] Sind Wirtschaftsgüter weiterhin einer Betriebsstätte im Inland zuzuordnen, ändert sich am Besteuerungsrecht Deutschlands nichts, so dass die Besteuerung stiller Reserven ausgeschlossen ist.[6] Zweifel an der Rechtmäßigkeit einer sofortigen Besteuerung der stillen Reserven bestehen beim Wegzug einer SE in einen anderen EU-Staat[7] im Hinblick auf die Niederlassungsfreiheit. Das Wesen der SE ist darauf gerichtet, identitätswahrend ihren Satzungs- und Verwaltungssitz zu verlegen. Die aus § 12 I folgende Beschränkung der Grundfreiheiten kann nicht darauf gestützt werden, dass die Veräußerungsfiktion zur Besteuerung nichtabzugsfähiger Betriebsausgaben gem § 8b III führt. Wie bei § 6 V AStG ist eine zinslose Stundung der entstandenen Steuer zu gewähren.[8] 81

Wegzug in einen Drittstaat. Für die Fälle der Sitzverlegung in einen Drittstaat gilt die Gesellschaft gem § 12 III S 1 als aufgelöst. Es kommt zur Liquidationsbesteuerung gem § 11 im Inland und zwar unabhängig davon, ob die Gesellschaft im Ausland fortbesteht und im Inland über eine Betriebsstätte verfügt und eine Verstrickung der Wirtschaftsgüter in der inländischen Betriebsstätte gegeben ist (vgl § 12 Rn 241 ff).[9] 82

---

1 Die Verlegung des Verwaltungssitzes der inländischen Kapitalgesellschaft ist gem § 4a GmbHG bzw § 5 AktG idF des MoMiG (BGBl I 2008, 2026) möglich; dazu *Gebert/Fingerhuth*, IStR 2009, 455.
2 *Piltz* in FS für Norbert Herzig, Unternehmensbesteuerung, 2010, S 23 ff.
3 *Brink/Endres* in PwC (Hrsg), Reform des Umwandlungssteuerrechts, 2007, Rn 410-423 mwN.
4 Zur EU-Rechtswidrigkeit vgl FG Rheinland-Pfalz 1 V 1217/10, EFG 2011, 1096.
5 Die Ausnahmevorschrift des § 4g EStG vermag an der EU-Rechtswidrigkeit der Entstrickung nichts ändern. Sie ist lückenhaft und zu starr, da zB keine Wertverschlechterungen berücksichtigt werden; vgl *Dörfler/Adrian/Oblau*, RIW 2007, 366.
6 *Benecke* in D/J/P/W § 12 Rn 133; zur sog Zentralfunktion des Stammhauses und insoweit bei der Sitzverlegung übergehenden Wirtschaftsgütern *Blumenberg/Lechner*, BB-Special 8 (zu BB 2006, Heft 44), 29.
7 Art 8 VO (EG) Nr 2157/2001 (SE-VO).
8 FG Rheinland-Pfalz 1 V 1217/10, EFG 2011, 1096; kritisch *Mitschke*, IStR 2011, 294.
9 Kritisch *Brink/Endres* in PwC (Hrsg), Reform des Umwandlungssteuerrechts, 2007, Rn 423. Zum Verstoß gegen Verfassungsrecht *Dubovitskaya*, DK 2010, 215.

| 83 | **Ansässigkeitsfiktion im Drittstaat aufgrund eines DBA.** Soweit ein Rechtsgebilde iSd § 2 Nr 1 sowohl im In- und im Ausland einen Sitz hat (doppelte Ansässigkeit, vgl § 1 Rn 72), und ein DBA zugunsten des anderen Vertragsstaates die Ansässigkeit dieses Steuerrechtssubjekts regelt (vgl Art 4 III OECD-MA; vgl Rn 32), fingiert § 12 III S 2 die Auflösung dieses Steuerrechtssubjekts mit der Folge des Eintritts in die Liquidationsbesteuerung gem § 11 (vgl Rn 82; im Einzelnen § 12 Rn 266 ff).
| 84-85 | *Einstweilen frei.*
| 86 | **3. Steuerpflichtige gem § 2 Nr 2. a) Abgrenzung der Steuersubjekte. Inländische juristische Personen des öffentlichen Rechts.** Die Steuersubjekte des § 2 Nr 2 sind von den übrigen Steuersubjekten in zweierlei Hinsicht abzugrenzen. Einerseits verdeutlicht das Tatbestandsmerkmal „sonstige" die Unterscheidung zu den Steuerpflichtigen nach § 2 Nr 1. Andererseits erfolgt über die Art der Einkünfte eine Abgrenzung zu § 1 I Nr 6. Die von jenen Steuerinländern (also einer inländischen juristischen Person des öffentlichen Rechts) außerhalb ihres BgA ausgeübte wirtschaftliche Betätigung wird nur bei Vorliegen bestimmter Einkünfte besteuert. Folglich erfasst § 2 Nr 2 ausschließlich inländische juristische Personen des öffentlichen Rechts, soweit sie keinen BgA unterhalten.[1] Systematisch findet damit eine Negativabgrenzung zur Steuerpflicht gem § 1 I Nr 6 statt.
| 87 | **Ausländische juristische Personen des öffentlichen Rechts.** Ausländische juristische Personen des öffentlichen Rechts fallen mit ihren Einkünften nicht unter § 2 Nr 2; sie werden von § 2 Nr 1 erfasst. Die Begründung einer unbeschränkten Steuerpflicht ausländischer juristischer Personen des öffentlichen Rechts ist mangels unmittelbaren Inlandsbezug kraft Ansässigkeit schwer vorstellbar.[2] (vgl § 1 Rn 196).
| 88 | *Einstweilen frei.*
| 89 | **b) Beginn und Ende der beschränkten Steuerpflicht. Begründung.** Bei inländischen Körperschaftsteuersubjekten iSd § 2 Nr 2 knüpft der Beginn der beschränkten Steuerpflicht allein an die Erzielung von Einkünften an, die dem Steuerabzug unterliegen. Denn die Einkünfteerzielung ist zwingendes und konstitutives Tatbestandsmerkmal. Werden derartige Einkünfte bezogen, ist die Steuerpflicht gegeben. Da diese Einkünfte unabhängig vom Vorliegen eines BgA erzielt werden können, ist auch ein zeitliches Nebeneinander von unbeschränkter und beschränkter Steuerpflicht möglich (vgl Rn 17). Zum Besteuerungsverfahren in diesem Fall vgl Rn 255. Zur Behandlung in der Steuererklärung vgl Rn 256.
| 90 | **Ende.** Werden keine dem Steuerabzug unterliegenden Einkünfte iSd § 2 Nr 2 erzielt, endet insoweit die beschränkte Steuerpflicht der juristischen Person des öffentlichen Rechts.[3] Diese endet auch, soweit die in § 2 Nr 2 genannten Einkünfte einem BgA zugeordnet werden.[4]

---

1   Zur Qualifizierung der wirtschaftlichen Betätigung einer Flussgenossenschaft BFH V R 30/06, BFH/NV 2009, 2080; zur Umwandlung eines BgA in eine Anstalt des öffentlichen Rechts vgl Niedersächsisches FG 6 K 31/09, EFG 2010, 577; BFH I R 112/09 BFH/NV 2011, 1154.
2   *Graffe* in D/J/P/W § 1 Rn 55.
3   *Bornheim* in H/H/R § 2 Rn 87.
4   *Siegers* in D/J/P/W § 32 Rn 23.

VI. Sachliche Steuerpflicht gem § 2 Nr 1

Einstweilen frei. 91

VI. Sachliche Steuerpflicht gem § 2 Nr 1. 1. Allgemeines. Inländische Einkünfte 92
gem § 49 EStG. Der Umfang der beschränkten Steuerpflicht bestimmt sich für alle beschränkt Steuerpflichtigen ausschließlich anhand der erzielten inländischen Einkünfte. Hierzu verweist das Gesetz dem Grunde nach auf § 49 EStG. Dieser führt abschließend alle einer Besteuerung im Inland zu unterwerfenden Einkunftsarten auf. Das Welteinkommensprinzip findet keine Anwendung.

Einkünfte natürlicher Personen. Bestimmte Einkünfte können ihrem Wesen nach nur 93
von natürlichen Personen bezogen werden. Körperschaften, Personenvereinigungen oder Vermögensmassen sind aus der Natur der Sache heraus nicht in der Lage, Einkünfte gem

- § 49 I Nr 4 iVm § 19 EStG (Einkünfte aus nichtselbständiger Tätigkeit),
- § 49 I Nr 7 EStG (sonstige Einkünfte iSd § 22 Nr 1 S 3 lit a EStG – Leibrenten und andere Leistungen von inländischen Zahlstellen),
- § 49 I Nr 8a EStG (sonstige Einkünfte iSd § 22 Nr 4 EStG – Entschädigungen, Zulagen, Zuschüssen, Ruhegehälter usw),
- § 49 I Nr 10 EStG (sonstige Einkünfte iSd § 22 Nr 5 S 1 EStG – Leistungen, die aus (steuerfrei bezogenen) Altersvorsorgebeträgen stammen,

zu erzielen.

Einstweilen frei. 94

2. Ermittlung der Einkünfte. Gewinn- und Überschusseinkünfte. Gem § 8 I 95
bestimmt sich die Einkommensermittlung nach Maßgabe des EStG und den Vorschriften des KStG. Auf welche Weise das inländische Einkommen ermittelt wird, hängt davon ab, ob es sich um Gewinneinkünfte (§ 49 I Nr 1-3 EStG) oder um Überschusseinkünfte (§ 49 I Nr 5-10 EStG) handelt.

Gewinnermittlung gem § 5 I EStG und Buchführungspflicht nach HGB. Bei 96
Gewinneinkünften (§ 49 I Nr 1-3 EStG, vgl Rn 110-198) ist zu differenzieren. Werden diese iRe im Inland betriebenen Handelsgewerbes erzielt und liegt eine Zweigniederlassung (§§ 13-13h HGB) vor, unterliegt der Steuerausländer insoweit der Buchführungspflicht gem § 238 ff HGB,[1] was die steuerliche Verpflichtung zur Führung von Büchern zur Folge hat (§ 140 AO). Die steuerliche Gewinnermittlung erfolgt dann gem § 5 I EStG.

Gewinnermittlung gem § 4 I EStG und Buchführungspflicht gem § 141 AO. 97
Ergibt sich eine Buchführungspflicht aus § 141 AO,[2] ist diese nur nach Aufforderung des zuständigen Finanzamts zu erfüllen.[3] WJ ist das Kalenderjahr (§ 4a I Nr 3 EStG). Die Gewinnermittlung erfolgt dann gem § 4 I EStG. Soweit aufgrund eines DBA die die Buchführungspflicht begründenden Einkünfte von der Besteuerung im Inland freigestellt werden, entfällt die Buchführungspflicht.[4]

---

1 BFH I R 117/87, BStBl II 1990, 57; BMF v 24.12.1999, BStBl I 1999, 1076, Tz 1.1.3.2; vgl auch *Seitz*, RIW 1994, 964 mwN.
2 Detailliert dazu *Drüen* in T/K § 141 AO Rn 12 ff.
3 Bei einem kalenderjahrgleichen WJ wird die Pflicht frühestens 2011 begründet; *Huschke/Hartwig*, IStR 2008, 743, 749.
4 BFH I R 116/93 BStBl II 1995, 238.

98   **Gewinnermittlung im Wege des Überschusses gem § 4 III EStG.** Sind weder § 140 AO noch § 141 AO einschlägig, kann (bei Ausübung des Wahlrechts) die Gewinnermittlung gem § 4 III EStG erfolgen.[1]

99   **Gewinnermittlung nach Durchschnittssätzen gem § 13a EStG.** Bei Einkünften aus Land- und Forstwirtschaft kann der Gewinn nach Durchschnittssätzen ermittelt werden (§ 13a EStG).[2]

100   **Überschusseinkünfte.** Werden Überschusseinkünfte (§ 49 I Nr 5-10 EStG, vgl Rn 199-227) bezogen, bildet der aus Einnahmen und Werbungskosten erzielte Überschuss die steuerliche Bemessungsgrundlage (§§ 8, 9 EStG).

101-102   *Einstweilen frei.*

103   **3. Buchführungs- und Aufbewahrungspflichten. Aufbewahrung gem § 146 II S 1 AO.** Sind beschränkt Steuerpflichtige im Inland zur Buchführung verpflichtet, sind die entsprechenden Buchführungs-, Aufzeichnungs- und Aufbewahrungspflichten im Inland zu erfüllen (§ 146 II S 1 AO). Ein Dispens kann gem § 148 AO nur erlangt werden, wenn die Einhaltung dieser Pflichten eine Härte mit sich bringt. Die mit der Erfüllung der Verpflichtung verbundenen Kosten stellen keine Härte idS dar.[3]

104   **Verlagerung der elektronischen Buchführung gem § 146 IIa AO.** Seit dem 24.12.2008 kann die elektronische Buchführung im Ausland erledigt und die elektronischen Bücher sowie sonstige erforderliche elektronische Aufzeichnungen können im Ausland aufbewahrt werden (§ 146 IIa AO).[4] Die Papierbuchhaltung muss indessen weiterhin im Inland verbleiben. Beschränkt Steuerpflichtige, die ihre elektronischen Bücher im Ausland führen wollen, müssen eine entsprechende Bewilligung beim zuständigen Finanzamt beantragen. Das gilt auch für bereits vor dem 24.12.2008 erfolgte Verlagerungen.[5] Mit Inkrafttreten des JStG 2010 v 8.12.2010[6] wurde § 146 IIa AO vereinfacht und an die Erfordernisse der Praxis angepasst.[7] Eine ohne Genehmigung im Ausland geführte Buchhaltung ist nicht ordnungsgemäß. Die steuerliche Bemessungsgrundlage kann geschätzt werden (§ 162 I AO). Verstöße gegen Buchführungs- und Aufbewahrungspflichten können mit einem Verzögerungsgeld belegt werden (§ 146 IIa AO).[8] Die Festsetzung gegen den ausländischen Rechtsträger verstößt nicht gegen EU- oder Völkerrecht.[9]

105   *Einstweilen frei.*

---

1   Zur Ausübung des Wahlrechts BFH IV R 57/07, BStBl II 2009, 659.
2   BFH I R 95/96, BStBl II 1998, 260; ebenso *Stahl-Sura* in H/H/R § 49 EStG Rn 138; *Wied* in Blümich § 49 EStG Rn 52.
3   ZB OFD München v 23.12.2002, AO-Kartei § 146 AO Karte 1.
4   Eingeführt durch JStG 2009; in Kraft getreten am 24.12.2008.
5   So auch Bayerisches LfSt v 16.9.2010, IStR 2010, 851.
6   BGBl I 2010, 1768.
7   Gesetzentwurf v 21.6.2010, BTDrs 17/2249, 25, 87 f; vgl dazu Stellungnahme des Bundesrates BRDrs 318/10 v 9.7.2010, 79 f; vgl Gegenäußerung der Bundesregierung v 13.8.2010, BRDrs 318/10, 10.
8   Das Verzögerungsgeld steht neben den Zwangsmitteln des § 328 AO, vgl FG Schleswig-Holstein 3 V 243/09, EFG 2010, 686; vgl auch Bayerisches LfSt v 16.9.2010, DStR 2010, 851; zu Einzelheiten *Gebbers*, StBp 2009, 130 ff.
9   FG Baden-Württemberg 1 K 4176/09, EFG 2010, 1668 (rkr).

4. Isolierende Betrachtungsweise.

Regelungsgehalt. Für Steuerpflichtige iSd § 2 Nr 1 findet die isolierende Betrachtungsweise gem § 49 II EStG über § 8 I Anwendung. Beschränkt Steuerpflichtige unterliegen nur mit ihren inländischen Einkünften der sachlichen Steuerpflicht, weshalb eine Zuordnung der bezogenen Einkünfte ausschließlich anhand der im Inland bestehenden Verhältnisse zu erfolgen hat.[1] Dass der Steuerausländer im Ausland einen Gewerbebetrieb unterhält, ist ohne Bedeutung. Ausländische Merkmale berechtigen nicht zu einer Umqualifizierung. Nur soweit Einkünfte einem im Inland betriebenen Gewerbebetrieb zuzuordnen sind, kommt eine Umqualifizierung derselben in Betracht.

106

Reichweite der isolierenden Betrachtungsweise. Die Reichweite der isolierenden Betrachtungsweise auf ausländische Kapitalgesellschaften ist strittig. Während die Rechtsprechung die isolierende Betrachtungsweise lediglich als Frage der Zuordnung von Einkünften zu einer Einkunftsart[2] versteht und diese daher auf die Aufhebung des zwischen den Einkunftsarten bestehenden Subsidiaritätsverhältnisses beschränken will,[3] wird zT diese Betrachtung unter Hinweis auf den Wortlaut des § 49 II EStG als zu eng angesehen.[4] § 49 II EStG erfordere kein Subsidiaritätsverhältnis zwischen den einzelnen Einkunftsarten, sondern erlaube das Außerachtlassen einer gewerblichen Betätigung im Ausland.

107

Bedeutung der unterschiedlichen Betrachtungsweisen. Die Sichtweise der Rechtsprechung hat zur Folge, dass eine ausländische Kapitalgesellschaft zwar inländische Einkünfte aus Vermietung und Verpachtung (zu den Änderungen durch das JStG 2009 vgl Rn 173) oder aus Kapitalvermögen erzielen kann, aber keine Einkünfte aus selbständiger Tätigkeit. Denn insoweit stehen die Einkunftsarten nicht in einem Subsidiaritäts- sondern in einem Exklusivitätsverhältnis. Auf die isolierende Betrachtungsweise kommt es nicht an.[5] Folgt man dagegen der an dem Wortlaut orientierten Auffassung, wäre aufgrund der gesonderten Betrachtung der steuerlichen Verhältnisse die Erzielung selbständiger Einkünfte durch eine Kapitalgesellschaft möglich.[6] Richtigerweise wird man ausgehend vom Regelungszweck des § 49 II EStG zwischen Besteuerungsmerkmalen, die ausschließlich im Ausland von Bedeutung sind, und solchen, die in das Inland „hineinstrahlen", unterscheiden müssen. Rein objektive Merkmale (zB die Ausübung eines Gewerbebetriebs im Ausland) sind für die Besteuerung im Inland ohne Bedeutung. Subjektive Besteuerungsmerkmale hingegen können vom Steuersubjekt selbst nicht getrennt werden und sind zwangsläufig bei der Besteuerung im Inland zu berücksichtigen.[7] Insoweit erscheint es auch richtig,

108

---

1 BFH I R 140/66, BStBl II 1970, 428; *Lüdicke* in Lademann § 49 EStG Rn 849 ff.
2 BFH I R 41/70, BStBl II 1971, 771.
3 BFH I R 140/66, BStBl II 1970, 428.
4 *Clausen* in H/H/R § 49 EStG Rn 1250.
5 So die ständige Rechtsprechung BFH I R 41/70, BStBl II 1971, 771; BFH I R 217/71, BStBl II 1974, 511; BFH I R 87/85, BFH/NV 1989, 393 mwN.
6 So offenbar *Clausen* in H/H/R § 49 EStG Rn 1202, 1250.
7 *Lüdicke* in Lademann § 49 EStG Rn 851 f.

anzunehmen, dass ausländische Kapitalgesellschaften mangels eigener Ausübung der in § 18 I Nr 1 EStG beschriebenen Tätigkeiten keine Einkünfte idS erzielen können (vgl dazu auch Rn 199).[1]

109 *Einstweilen frei*

110 **5. Inländische Einkünfte gem § 49 EStG im Einzelnen. a) Einkünfte aus Land- und Forstwirtschaft (§ 49 I Nr 1 EStG). Begriff.** Wie der Klammerhinweis verdeutlicht, deckt sich der Begriff der Einkünfte mit dem der §§ 13, 14 EStG. Maßgeblich ist das Betreiben auf und unter Nutzung von inländischem Grund und Boden. Diese Nutzung kann auch im Wege der Pacht, eines Nießbrauches oder eines sonstigen schuld- oder sachenrechtlichen Nutzungsrechts erfolgen.[2]

111 **Mehrere Betriebe.** Entgegen dem Gesetzeswortlaut ist eine Beschränkung auf „einen" Land- und Forstwirtschaftsbetrieb nicht anzunehmen. Es können mehrere Betriebe vorhanden sein.

112 **Ausländische Einkünfte.** Gehören zu einem Land- und Forstwirtschaftsbetrieb sowohl in- als auch ausländische Grundstücke, empfiehlt sich eine getrennte Einkunftsermittlung, denn die Ermittlung nach Durchschnittssätzen gem § 13a EStG gilt nur für den inländischen Bereich des Betriebs.[3] Zur Gewinnermittlung vgl Rn 99.

113 *Einstweilen frei.*

114 **b) Einkünfte aus Gewerbebetrieb (§ 49 I Nr 2 EStG). aa) Allgemeines. Besteuerungsprinzipien.** Vom ursprünglichen Betriebsstättenprinzip hat sich § 49 I Nr 2 EStG verabschiedet. Er umfasst Tatbestände, die unabhängig von einer inländischen Betriebsstätte (oder eines ständigen Vertreters) zu gewerblichen Einkünften führen.

115 **Abgeltungswirkung.** Diese Ausweitung des deutschen Besteuerungsanspruchs über den Grundtatbestand einer Betriebsstätte hinaus führt ua dazu, dass die Abgeltungswirkung für einbehaltene Steuern nicht greift und der Steuerpflichtige stattdessen einem Besteuerungsverfahren unterworfen wird (§ 50 II Nr 1 EStG, vgl auch Rn 248). Ebenso werden die Buchführungspflichten erweitert (vgl Rn 96).

116 **Gewerblichkeit.** Eine gewerbliche Tätigkeit liegt vor, wenn die allgemeinen Merkmale einer gewerblichen Betätigung erfüllt sind (vgl § 15 II EStG).

117 *Einstweilen frei.*

118 **bb) Inländische Betriebsstätte (§ 49 I Nr 2 lit a Alt 1 EStG). Betriebsstätte gem § 12 AO.** Eine inländische Betriebsstätte liegt bei Erfüllung der Voraussetzungen des § 12 AO vor.[4] Es muss eine feste Geschäftseinrichtung oder Anlage vorhanden sein, die der Tätigkeit des Unternehmens dient. Die Katalogbeispiele

---

1 So die ständige Rechtsprechung BFH I R 41/70, BStBl II 1971, 771; BFH I R 87/85, BFH/NV 1989, 393 mwN; *Lüdicke* in Lademann § 49 EStG Rn 851; *Wied* in Blümich § 49 EStG Rn 38; vermittelnd *Clausen* in H/H/R § 49 EStG Rn 1251.
2 Im Einzelnen *Stahl-Sura* in H/H/R § 49 EStG Rn 130-138.
3 BFH I R 95/96, BStBl II 1998, 260.
4 BFH I R 95/84, BStBl II 1988, 663; BFH I R 80-81/91, BStBl II 1993, 462.

des § 12 S 2 AO sind nicht abschließend. Der Betriebsstättenbegriff ist inhaltlich weit gefasst.[1] Es genügt zur Bejahung einer festen Geschäftseinrichtung bereits jeder körperliche Gegenstand, der die Eignung besitzt, Grundlage einer unternehmerischen Tätigkeit zu sein.[2] Dienen idS meint, dass die Geschäftseinrichtung in örtlicher und zeitlicher Hinsicht bestimmte Anforderungen an eine gewisse Dauerhaftigkeit erfüllen muss, um dem Steuerausländer insoweit Verfügungsmacht über die Geschäftseinrichtung zu vermitteln. Unerheblich ist, ob die eingeräumte Verfügungsmacht rechtlicher oder lediglich tatsächlicher Natur ist[3], solange sie nicht ohne weiteres entzogen oder verändert werden kann.[4] Umstritten ist, ob die Katalogbeispiele des § 12 S 2 AO eine feste Geschäftseinrichtung erfordern.[5]

DBA-Betriebsstätte. Der Betriebsstättenbegriff in Art 5 OECD-MA setzt eine feste Einrichtung voraus, durch die eine Geschäftstätigkeit ausgeübt wird. Die Geschäftseinrichtung ist Mittel der wirtschaftlichen Betätigung im Inland. Der Gegenstand selbst und jede nachhaltige Tätigkeit an einem bestimmten Ort kann damit eine Betriebsstätte begründen.[6] Das Besteuerungsrecht Deutschlands wird hierdurch nicht erweitert. Ergibt sich aus einem DBA eine Einschränkung des Betriebsstättenbegriffs, wird insoweit das inländische Besteuerungsrecht beschränkt (vgl Rn 32). Das kann insbesondere bei einem Wegzug des Gebildes aus einem DBA-Staat in einen anderen DBA-Staat für § 12 III von Relevanz sein (vgl Rn 80).

Zuordnung der Einkünfte zur Betriebsstätte. Sind die in § 49 I Nr 2 lit b-f EStG genannten Einkünfte einer inländischen Betriebsstätte zuzuordnen, sind diese gegenüber Betriebsstätteneinkünften subsidiär.[7] Aus dem Bestehen einer Betriebsstätte allein kann nicht auf die Zurechnung der Einkünfte zu dieser Betriebsstätte geschlossen werden. Hinsichtlich der Frage der Zuordnungskriterien ist zunächst zu unterscheiden, ob es sich um eine DBA-Betriebsstätte handelt oder nicht. Die Zuordnungsregelungen des DBA (vgl Art 7 I S 2, Art 7 II-VI OECD-MA) gehen hierbei formal den innerstaatlichen Regelungen vor (vgl Rn 33), lassen aber die inländischen Gewinnermittlungsvorschriften unberührt. Infolge dessen wird auch bei einer DBA-Betriebsstätte zunächst auf der Basis inländischer Gewinnermittlungsvorschriften das Betriebsstättenergebnis ermittelt und dann anhand der Zuordnungsregelung des DBA die Aufteilung des Ergebnisses zwischen Stammhaus und Betriebsstätte vorgenommen.[8]

---

1 BMF v 16.4.2010, BStBl I 2010, 354, Tz 3.1; BMF v 24.12.1999, BStBl I 1999, 1076, Tz 1.1 unter Berücksichtigung BMF v 20.11.2000, BStBl I 2000, 1509.
2 BFH I R 80-81/91, BStBl II 1993, 462 mwN; zu Beispielen vgl *Roth* in H/H/R § 49 EStG Rn 191.
3 BFH I R 87/72, BStBl II 1974, 327.
4 BFH I R 77/88, BStBl II 1990, 166.
5 Dieses Erfordernis verneint die Rechtsprechung, zB BFH I R 130/86, BFH/NV 1988, 119; dazu im Einzelnen mwN *Roth* in H/H/R § 49 Rn 205.
6 *Wassermeyer* in D/W Art 5 MA Rn 4.5, 4.6 ff.
7 *Kumpf* in H/H/R § 49 EStG Rn 140.
8 *Wied* in Blümich § 49 EStG Rn 75; *Wassermeyer* in D/W Art 7 MA Rn 185; zu sog betriebsstättenlosen Einkünften *Kramer*, DB 2011, 1882.

121 **Functionally separate entity approach.** Hinsichtlich der Zuordnung von Gewinnen zur DBA-Betriebsstätte verfolgt die OECD[1] mit dem sog functionally separate entity approach unter Anwendung der Verrechnungspreisrichtlinien[2] eine Angleichung an die Vorgehensweise rechtlich selbständiger Konzernunternehmen. Es soll eine Erfolgsabgrenzung dem Grunde und der Höhe nach anhand der Funktionen und Risiken mittels einer Funktionsanalyse der Betriebsstätte vorgenommen werden,[3] wobei zwischen Routine- und bedeutsamen Personalfunktionen unterschieden wird.[4] So ist einer Betriebsstätte ein Risiko zuzuordnen, wenn ihr Personal über seine Übernahme und den Umgang damit aktiv entscheidet.[5] Diese Frage der Zuordnung von Gewinnen bedeutet keine Anerkennung von Rechtsbeziehungen zwischen Stammhaus und Betriebsstätte. Die rechtlich unselbständige Betriebsstätte wird lediglich steuerlich als selbständig behandelt, aber nur soweit, wie dies für die Gewinnabgrenzung von Bedeutung ist.[6]

122 **Abkommensrechtlicher Betriebsstättenvorbehalt.** Die DBA-Betriebsstätte hat keine Attraktionskraft bezüglich anderer Einkünfte (Art 7 I S 2 DBA-MA),[7] weshalb bei der Besteuerung eines beschränkt Steuerpflichtigen iSd § 2 Nr 1 die verschiedenen Einkunftsquellen gesondert zu betrachten sind (vgl auch Rn 35, 127). Die Frage der Zuordnung stellt sich insbesondere bei Einkünften aus Dividenden, Zinsen und Lizenzen (Art 10-12 OECD-MA). Während im innerstaatlichen Recht aufgrund des Subsidiaritätsprinzips derartige Einkünfte bei Vorhandensein eines Gewerbebetriebs stets eine Umqualifizierung erfahren, gilt im Abkommensrecht der sog Spezialitätsgrundsatz (Art 7 VII OECD-MA).[8] Eine Zuordnung zu Unternehmensgewinnen erfolgt nur dann, wenn die Quelle, aus der die jeweiligen Einkünfte stammen, tatsächlich zur Betriebsstätte gehört (sog Betriebsstättenvorbehalt, vgl Art 10 IV, 11 IV, 12 III OECD-MA; zur Zuordnung bei Veräußerungsgewinnen gem Art 13 OECD-MA vgl Rn 36).[9]

123 **Zuordnungskriterien bei Nicht-DBA-Fällen.** In Nicht-DBA-Fällen richtet sich die Zuordnung nach innerstaatlichen Grundsätzen. Grundsätzlich erfordert die Zuordnung der Einkünfte einen wirtschaftlichen Zusammenhang.[10] Der Rechtsprechung genügt ein Veranlassungszusammenhang,[11] während in der Literatur darauf abgestellt wird, dass Erträge durch die inländische Betriebsstätte erzielt sein müssen, also auf Leistungen derselben beruhen.[12] Die Einkünftezuordnung kann auf unterschiedliche Art und Weise erfolgen. Bei der indirekten Methode wird zunächst der Gesamterfolg

---

1 OECD-Report v 22.7.2010; so auch bereits OECD-Report v 17.7.2008.
2 OECD Transfer Guidelines for Multinational Enterprises and Tax Administration, 1995.
3 *Wassermeyer* in D/W Art 7 OECD-MK Rn 18; vgl auch *Kosch*, IStR 2010, 42.
4 OECD-Report v 22.7.2010, Rn 70 ff.
5 OECD-Report v 22.7.2010, Rn 21 ff.
6 *Ditz* in Wassermeyer/Richter/Schnittker, Personengesellschaften im internationalen Steuerrecht, Rn 14.26; *Wassermeyer* in D/W Art 7 MA Rn 185.
7 OECD-MK, Art 7, Nr 10; *Wassermeyer* in D/W Art 7 MA Rn 2.
8 *Wassermeyer* in D/W Art 7 MA Rn 356.
9 *Vogel* in Vogel/Lehner vor Art 10-12 DBA Rn 30.
10 Einhellige Ansicht, BFH I R 95/84, BStBl II 1988, 663; BMF v 24.12.1999, BStBl I 1999, 1076, Tz 2.2; statt vieler auch *Roth* in H/H/R § 49 EStG Rn 242.
11 ZB BFH I R 7/99, BStBl II 2000, 605 mwN.
12 Allgemein *Lüdicke* in Lademann § 49 EStG Rn 320.

VI. Sachliche Steuerpflicht gem § 2 Nr 1

des Unternehmens anhand deutscher Gewinnermittlungsvorschriften ermittelt. Anschließend ist unter Berücksichtigung der unterschiedlichen Funktionen und Risiken der Gesamterfolg zwischen Betriebsstätte und Stammhaus unter Zugrundelegung geeigneter Schlüssel aufzuteilen.[1] Andere inländische Einkünfte, die nach § 49 EStG steuerlich erfasst werden, sind auszuscheiden. Die hM gibt der sog direkten Methode den Vorzug.[2] Danach sind sämtliche Austauschbeziehungen der Betriebsstätte mit Dritten und innerhalb des Gesamtunternehmens des beschränkt Steuerpflichtigen transaktionsbezogen auf der Grundlage deutscher Gewinnermittlungsvorschriften abzubilden (vgl Rn 96). Die Buchführung und interne Dokumentation bilden die Grundlage der Gewinnabgrenzung. Unterschiedliche Funktions- und Risikoprofile der Betriebsstätte sollen verursachungsgerecht aufgezeigt werden. Dies entspricht im Wesentlichen dem Ansatz der OECD (vgl Rn 121), nach deren Auffassung die indirekte Methode dem Fremdvergleichsgrundsatz (arm's length-principle) nicht gerecht werde und nur in Ausnahmefällen zulässig sein soll.[3] Indessen gibt es auch bei der direkten Methode keine eindeutige betriebswirtschaftliche Bestimmung, sondern eine Bandbreite von im Einzelfall sachgerechten Quantifizierungen. Deren Bestimmungen sind folglich einzelfallbezogen vorzunehmen. Streitigkeiten darüber sind nicht revisibel.[4]

Funktionsverlagerung. Strittig ist, ob die steuerliche Verselbständigung einer Betriebsstätte dazu führt, im Falle einer Verlagerung von Funktionen der inländischen Betriebsstätte das Transferpaket des § 1 III AStG anzuwenden oder ob auf die allgemeinen Vorschriften zur Entstrickung (§ 4 I S 3 EStG) zurückzugreifen ist.[5] Da § 1 III AStG einen Rechtsträger voraussetzt, indessen die Selbständigkeit der Betriebsstätte lediglich für die Gewinnermittlung fingiert wird, scheidet eine unmittelbare oder mittelbare Anwendung des sog Transferpakets bereits nach dem Wortlaut der Vorschrift aus. 124

Zuordnung der Wirtschaftsgüter. Die Leistungsfähigkeit der Betriebsstätte wird maßgeblich durch unternehmerische Zuordnungsentscheidungen beeinflusst. Grundsätzlich folgt die Zuordnung von Wirtschaftsgütern denselben Kriterien wie bei einem inländischen Unternehmen. Der Betriebsstätte sind solche Wirtschaftsgüter zuzuordnen, aus denen Einkünfte erzielt werden, zu deren Erzielung die Tätigkeit der Betriebsstätte überwiegend beigetragen hat.[6] Für die Zuordnung zur inländischen Betriebsstätte ist weder erforderlich, dass sich die Wirtschaftsgüter im Inland befinden, noch kann aus der Tatsache der Belegenheit dieser Wirtschaftsgüter im Inland geschlussfolgert werden, diese gehörten zwangsläufig zur inländischen Betriebsstätte.[7] Es kommt vielmehr darauf an, ob diese nach ihrer Zweckbestimmung 125

---

1 *Lüdicke* in Lademann § 49 EStG Rn 323.
2 BFH II R 95/89, BFH/NV 1994, 690 mwN; BMF v 24.12.1999, BStBl I 1999, 1076, Tz 2.3.
3 *Wassermeyer* in D/W Art 7 OECD-MK Rn 52.
4 BFH I B 169/10, BFH/NV 2011, 2119.
5 Zur dieser Problematik *Kaminski/Strunk*, DB 2008, 2501 ff mwN.
6 BMF v 24.12.1999 BStBl I 1999, 1076, Tz 2.4.
7 BFH II R 39/89, BStBl II 1993, 63;

der Erreichung des Betriebs(stätten)zweckes dienen.¹ Zuzuordnen sind vor allem die Wirtschaftsgüter, die zur ausschließlichen Verwertung und Nutzung durch die Betriebsstätte bestimmt sind. Gesetzliche Vorschriften über die Mindestausstattung mit EK (zB auf der Grundlage des KWG) sind zu beachten.² Ist keine eindeutige Zuordnung möglich (zur anteiligen Zuordnung vgl Rn 128), ist die sich in der Buchführung bzw Bilanzierung widerspiegelnde unternehmerische Entscheidung maßgebend.³ Die im Buchausweis getroffene unternehmerische Entscheidungsfreiheit ist jedoch dann unmaßgeblich, wenn sie kaufmännischen und wirtschaftlichen Erfordernissen widerspricht.⁴

126 **Abkommensrechtliche Zuordnung der Wirtschaftgüter.** Abkommensrechtlich erfolgt die Zuordnung danach, ob die Wirtschaftsgüter tatsächlich zur Betriebsstätte gehören (vgl Rn 127). Die Rechtsprechung fordert in den Entscheidungen zum Betriebsstättenvorhalt eine tatsächliche Zuordnung iSd Bestehens einer funktionalen Beziehung zwischen Wirtschaftsgut und Betriebsstätte.⁵ Diese objektiv-funktionelle Betrachtungsweise knüpft ebenso an das Dienen bzw die Zweckbestimmung des Wirtschaftsguts an. Hierfür bieten die tatsächlichen Verhältnisse, insbesondere Struktur, Organisation und Aufgabenstellung der Betriebsstätte im Unternehmen entsprechende Anhaltspunkte.⁶ Die lediglich mit dem Wirtschaftsgut verbundene wirtschaftliche Verstärkung der Betriebsstätte genügt – im Gegensatz zum innerstaatlichen Verständnis – nicht.⁷

127 **Sonderbetriebsvermögen.** Während Wirtschaftsgüter des Sonderbetriebsvermögens nach innerstaatlichem Recht dem unternehmerischen Bereich insgesamt zuzuordnen sind und diesbezügliche Einkünfte gewerbliche Einkünfte darstellen (§ 15 I S 1 Nr 2 EStG, R 4.2 II EStR 2008),⁸ ist bei grenzüberschreitenden Verhältnissen dieses Verständnis mangels entsprechender Regelungen in den DBA nicht übertragbar. In DBA ist idR nicht bestimmt, unter welchen Umständen Forderungen iSd Art 11 III OECD-MA einer in einem Vertragsstaat bestehenden Betriebsstätte zuzuordnen sind. Teile des Schrifttums⁹ und die Finanzverwaltung¹⁰ schlussfolgerten unter Berufung auf Art 3 II OECD-MA daraus, für Zwecke der deutschen Besteuerung sei zur Konkretisierung dieses Merkmals auf die Kriterien des innerstaatlichen Rechts zurückzugreifen (§ 15 I S 1 Nr 2 EStG). Deshalb müsse abkommensrechtlich die auf

---

1 *Wied* in Blümich § 49 EStG Rn 80.
2 BFH I R 98/96, BStBl II 2002, 207; Hessisches FG IV K 3475/06, 4 K 3261/09.
3 BFH II R 186/80, BStBl II 1987, 550.
4 BMF v 24.12.1999, BStBl I 1999, 1076, Tz 2.5.
5 BFH I R 84/99, HFR 2001, 1053; BFH I R 10/96, BStBl II 1997, 313; BFH I R 112/94, BStBl II 1996, 563; BFH I R 96/89, BFH/NV 1992, 385; BFH I R 15/89, BStBl II 1991, 444; *Wassermeyer* in D/W Art 10 MA Rn 132, 134.
6 Ob die Rechtsprechung ausschließlich auf den Funktionszusammenhang abstellt oder den Buchnachweis noch als Indiz der Unternehmerentscheidung zulässt, vgl BFH II R 38/89, BStBl II 1993, 63, ist offen; vgl insoweit BFH I R 112/94, BStBl II 1996, 563.
7 *Gaffron* in Haase AStG/DBA Art 10 MA Rn 160.
8 BMF v 16.4.2010, BStBl I 2010, 354, Tz 5.1.
9 *Debatin*, BB 1992, 1181; *Wolff* in D/W Art 7 DBA-USA Rn 98; Art 11 DBA-USA Rn 83; *Wolff* in FS für Franz Wassermeyer, Körperschaftsteuer, Internationales Steuerrecht, Doppelbesteuerung, 2005, S 647, 656 ff; ebenso im Ergebnis *Krabbe*, FR 2001, 129.
10 BMF v 16.4.2010, BStBl I 2010, 354, Tz 5.1.

VI. Sachliche Steuerpflicht gem § 2 Nr 1

eine solche Vergütung gerichtete Forderung als den Betriebsstätten der Gesellschaft „zugehörend" angesehen werden. Indessen sind Sondervergütungen ohne eine entsprechende ausdrückliche Regelung im DBA unmittelbar der spezielleren abkommensrechtlichen Einkunftsart, hier Zinsen, zuzurechnen.[1] Insoweit wird folglich die Anwendung des § 49 I S 1 Nr 2a EStG bezüglich dieses Teils der Einkünfte gem Art 11 I OECD-MA (iVm § 2 AO) suspendiert. Denn es fehlt gerade an einer tatsächlichen Zuordnung der Forderung zur Betriebsstätte.[2] Eine solche Zuordnung kann unter Zugrundelegung des Fremdvergleichsgrundsatzes und der steuerlichen Behandlung einer Betriebsstätte als selbständiges Unternehmen (vgl Rn 121) nur dann vorgenommen werden, wenn die Forderung aus Sicht der Betriebsstätte einen Aktivposten bildet.[3] Dessen ungeachtet besteht die Finanzverwaltung unter Berufung auf § 50d X S 1 EStG[4] weiterhin auf die Einbeziehung der an Steuerausländer geleisteten Sondervergütungen als Bestandteil des in Deutschland zu besteuernden Unternehmensgewinns.[5] Auch diesem Ansatz hat der BFH eine Absage erteilt.[6]

Anteilige Zuordnung der Wirtschaftsgüter. Umstritten ist die Zulässigkeit einer anteiligen Zuordnung der Wirtschaftsgüter.[7] Die Problematik ergibt sich, wenn Wirtschaftgüter in mehreren Betriebsstätten genutzt bzw verwertet werden können.[8] Die (noch) hM geht davon aus, dass eine ausschließliche Zuordnungsentscheidung getroffen werden müsse.[9] Dagegen scheint die Rechtsprechung jedenfalls dann von einer schätzungsweisen Aufteilung auszugehen, wenn Wirtschaftgüter sich einer eindeutigen Nutzung und Funktion der Betriebsstätte nicht zuordnen lassen und zudem nicht in einem Maße vergegenständlicht sind, wie Sachen iSd § 90 BGB (zB Forderungen, Rechte).[10] Insoweit erscheint es auch sachgerecht, die anteilige Zuordnung vom Umfang und dem Grad der Nutzung und der Verwertung unter Rückgriff auf Funktion und Risiko der Betriebsstätte (vgl Rn 120 ff) abhängig zu machen (vgl iÜ Rn 125). 128

Zuordnung von Betriebseinnahmen und Betriebsausgaben. Der Zuordnung der Wirtschaftsgüter folgend sind auch die daraus und damit erzielten Einnahmen der Betriebsstätte zuzuordnen. Ebenso sind die durch Leistungen der Betriebsstätte erzielten Einnahmen dieser zuzuordnen. Entsprechendes gilt dem Verursachungsprinzip 129

---

1 Hemmelrath in Vogel/Lehner Art 7 DBA Rn 172; Gosch, StBp 2003, 92; BFH II R 59/05, BStBl II 2009, 758.
2 BFH I R 5/06, BStBl II 2009, 356.
3 BFH I R 5/06, BStBl II 2009, 356; BFH I R 85/91, BStBl II 1992, 937 aE; BFH I R 110/98, BStBl II 1999, 812, 815 mwN.
4 JStG 2009; anzuwenden auf alle Steuerfestsetzungen, die noch nicht bestandskräftig sind, § 52 (59a) EStG; vgl hierzu auch FG Düsseldorf 13 K 1214/06 E, EFG 2011, 878 (Az BFH: I R 5/11).
5 BMF v 16.4.2010, BStBl I 2010, 354, Tz 5.1.
6 BFH I R 74/09, BFH/NV 2011, 138.
7 Die Finanzverwaltung schließt eine anteilige Zuordnung aus, BMF v 24.12.1999, BStBl I 1999, 1076, Tz 2.4; aA Jacobs, Internationale Unternehmensbesteuerung, 6. Aufl, S 628.
8 Roth in H/H/R § 49 Rn 260 ff mwN.
9 Wied in Blümich § 49 EStG Rn 80 mwN; BMF v 24.12.1999 BStBl I 1999, 1076, Tz 2.4; aA Ditz in Wassermeyer/Andresen/Ditz, Betriebsstättenhandbuch, Rn 4.48 mwN.
10 BFH II R 84/99, BFH/NV 2002, 1017, dem folgend auch Wied in Blümich § 49 EStG Rn 80, der allerdings darauf abstellt, dass eine zahlenmäßige Aufteilung der Wirtschaftsgüter nicht möglich ist.

folgend auch für Betriebsausgaben (vgl § 50 I S 1 EStG). Eine das Gesamtunternehmen betreffende vGA ist außerbilanziell der Betriebsstätte hinzuzurechnen, wenn sie auf einem Vorgang beruht, der sich in der Betriebsstätte niedergeschlagen hat.[1]

130   **Sonderfall: Zuordnung von Erstattungszinsen.** Der VIII. Senat des BFH hat entschieden, dass auf Einkommensteuern geleistete Erstattungszinsen iSd § 233a AO keine steuerbaren Einkünfte seien[2] und meint, die in § 12 Nr 3 EStG genannten und einem gesetzlichen Abzugsverbot unterliegenden Steuern seien dem nichtsteuerbaren Bereich zugewiesen, was auch für steuerliche Nebenleistungen gelten müsse. Erfasst werden nur Zinsen auf Steuererstattungsbeträge, soweit diese Zinsen nicht eine Rückzahlung von Nachzahlungszinsen darstellen. Auf Erstattungszinsen zur USt sowie zur GewSt für Erhebungszeiträume bis 2007, welche nebst hierauf entfallenden Zinsen noch abziehbare Betriebsausgabe waren, ist es nicht übertragbar. Hinsichtlich des Personenkreises macht das Urteil keine Einschränkungen, weshalb zT auch die Anwendung auf die KSt befürwortet wird.[3] Während „inländische" Kapitalgesellschaften keine außerbetriebliche Sphäre haben[4] (Rn 48; vgl auch § 8 Rn 180 ff) und daher Erstattungszinsen als Betriebseinnahmen der Besteuerung zu unterliegen drohen (R 48 II S 2 KStR),[5] können ausländische Körperschaftsteuersubjekte aufgrund der isolierten Betrachtungsweise (Rn 106) Einkünfte außerhalb ihres betrieblichen Bereichs erzielen,[6] so dass das Urteil insoweit Bedeutung erlangen könnte. Folgte man für beschränkt steuerpflichtige Körperschaftsteuersubjekte dem Urteil des VIII. Senats,[7] würde eine Zuordnung der Erstattungszinsen zu den Betriebseinnahmen der die Körperschaftsteuerzahlung verursachenden inländischen Betriebsstätte dennoch ausscheiden, da weder die Erstattung der KSt noch die Erstattungszinsen zu inländischen Betriebsstätteneinkünften gehören. Zwar könnten die allgemeinen Zuordnungskriterien und die steuerliche Selbständigkeit der Betriebsstätte (vgl Rn 120 ff) für einen funktionalen Zusammenhang zwischen Steuererstattungsanspruch und Betriebsstätte sprechen. Unberücksichtigt bliebe dann, dass die Steuer eine höchstpersönliche Leistung des Körperschaftsteuersubjekts selbst und nicht der Betriebsstätte ist. Erstattungszinsen sind dem übrigen Vermögensbereich der ausländischen Körperschaft zuzuordnen. Auf den Verursachungsgrund der Steuerzahllast abzustellen überzeugt nicht; diese Pflicht ist höchstpersönlicher Natur und kann nicht Grundlage der Zuordnungsentscheidung der Zinseinnahmen

---

1   BFH I B 171/07, BFH/NV 2008, 1060, FG Berlin-Brandenburg 12 K 8172/06 B, 12 K 8174/06 B, EFG 2010, 1343; BFH I R 5/10, BFH/NV 2012, 271; auch *Wied* in Blümich § 49 EStG Rn 78.
2   BFH VIII R 33/07, BStBl II 2011, 503; gegen Beschluss BFH VIII B 8/09, BFH/NV 2009, 1977 und gegen BFH I R 39/09, BFH/NV 2010, 470.
3   Dazu *Gebehrt/Ramer*, DB 2010, M20; *Löbe*, NWB 2010, 3262.
4   Ständige Rechtsprechung, vgl BFH I R 39/09, BFH/NV 2010, 470 mwN. Die Steuerpflicht von Erstattungszinsen wurde ausdrücklich als verfassungskonform gebilligt.
5   OFD Münster v 3.12.2010, NWB Kurzinfo KSt 6/2010.
6   BFH I R 14/01, BStBl II 2002, 168; dies kann auch auf inländische Körperschaftsteuersubjekte wie zB Vereine zutreffen.
7   Das Urteil differenziert nicht zwischen Einkunftsquelle bzw Vermögensstamm und den daraus gezogenen Früchten (also zwischen Steuererstattungsanspruch und den Erstattungszinsen). Es verkürzt seine Argumentation, indem es darauf abstellt, die steuerliche Nebenleistung teile das Schicksal der Steuer.

sein.[1] Eine Trennung des Steueranspruchs in einzelne Verursachungsbeiträge ist ausgeschlossen.[2] Die Steuerpflicht von Erstattungszinsen iSd § 233a AO wurde durch das JStG 2010 (klarstellend) für alle nicht bestandkräftigen Veranlagungen begründet (§ 52a VIII S 2 EStG). Auswirkungen für ausländische Kapitalgesellschaften ergeben sich daraus mangels Zuordnung der Zinsen zur betrieblichen Sphäre nicht. Es fehlt an einer steuerlichen Verstrickung; von § 49 I Nr 5 EStG werden Erstattungszinsen nicht erfasst (vgl Rn 201 ff).

KESt. Erlangt die inländische Betriebsstätte Ausschüttungen von einer inländischen Kapitalgesellschaft und hat die inländische Kapitalgesellschaft KESt einbehalten (§ 43 I Nr 1 S 3 EStG), kann diese iRd Veranlagungsverfahrens angerechnet werden. Schüttet die ausländische Kapitalgesellschaft Betriebsstättengewinne aus, führt dies nicht zu einem Kapitalertragsteuereinbehalt.[3] Gleiches gilt, wenn Betriebsausgaben aus der Betriebsstätte finanziert werden und deshalb vGA darstellen, weil sie dem Gesamtunternehmen zuzuordnen sind (vgl oben Rn 129).[4]

131

Veräußerung/Aufgabe der inländischen Betriebsstätte. Wird eine inländische Betriebsstätte veräußert, liegt eine Betriebsveräußerung im Ganzen iSd § 16 I Nr 1 EStG vor. Wird die Betriebsstätte geschlossen, findet § 16 III EStG Anwendung. Bei Umwandlungsfällen iSd § 12 II entfällt eine Aufdeckung der in der Betriebsstätte enthaltenen stillen Reserven, soweit das deutsche Besteuerungsrecht nicht beeinträchtigt wird (vgl § 12 Rn 199).

132

Grenzüberschreitende Organschaft. Die funktionale Zuordnung von Einkünften wird auch bei einer sog grenzüberschreitenden Organschaft diskutiert. Diese kann in verschiedenen Fallgestaltungen vorliegen.[5] Der BFH hat mit seinem für Aufsehen sorgendem Urteil v 9.2.2011[6] zum Fall eines ausländischen Organträgers ohne inländische Betriebsstätte gemeint, in der Verengung der Tatbestandsvoraussetzungen einer (gewerbesteuerlichen) Organschaft auf inländische Organträger sei ein Verstoß gegen das aus Art XX Abs 4, 5 DBA-UK (vgl Art 24 V OECD-MA) folgende Diskriminierungsverbot zu sehen. Aus dem Urteil wird zT abgeleitet, die Implementierung einer grenzüberschreitenden Organschaft könne zu sog weißen Einkünften führen.[7] Allerdings ist vor einer Diskussion über die Wirkung des Abkommensschutzes zunächst die Frage nach der sachlichen Steuerpflicht des Organträgers zu erörtern. Handelt es sich um inländische Einkünfte, wird der andere Vertragsstaat kaum erwarten, dass Deutschland auf sein Besteuerungsrecht verzichtet.[8]

133

---

1 Deutlich wird das, soweit man bedenkt, dass die Steuer ihre Grundlage in verschiedenen Einkunftsquellen, nämlich aus einer inländischen Betriebsstätte einerseits und aus Einkünften aus Vermietung und Verpachtung gem § 49 I Nr 6 EStG andererseits haben kann.
2 Anders ist dies hinsichtlich der Frage des aus dem Steueranspruch resultierenden Zahlungsanspruchs; vgl *Rüsken* in Klein 10. Aufl § 218 AO Rn 13.
3 *Lüdicke/Wunderlich*, IStR 2008, 411.
4 FG Berlin 12 K 8172/06 B, 8174/06 B, EFG 2010, 1343; BFH I R 5/10 BFH/NV 2012, 271 gegen BMF v 17.10.2007, BStBl I 2007, 766.
5 Zu den Fallgruppen *Lüdicke*, IStR 2011, 740 ff.
6 BFH I R 54,55/10, BFH/NV 2011, 520; Nichtanwendungserlass BMF v 27.12.2011, BStBl I 2012, 119.
7 Vgl *Buciek*, FR 2011, 588; *Dötsch*, DK 2011, 267; *Gosch*, BFH/PR 2011 266, *Lendewig*, NWB 2011, 2539; *Rödder/Schönfeld*, DStR 2011, 886.
8 *Lüdicke*, IStR 2011, 745 f.

So sind im Falle des § 18 S 1 die Einkünfte über die als Betriebsstätte erfasste Zweigniederlassung zu besteuern. Im Fall der im Inland gewerblich tätigen Organträger-Personengesellschaft ist eine Besteuerung nach Maßgabe des iSd § 14 I S 1 Nr 2 S 2 gegeben.[1] Gesetzlich nicht explizit geregelt ist zwar der Fall einer inländischen Organträger-Personengesellschaft, weshalb zT vertreten wird, eine fehlende funktionale Zuordnung der aus der Organgesellschaft stammenden „Erträge" hindere deren Besteuerung im Inland.[2] Allerdings sind diesbezüglich Sorgen (oder Hoffnungen) nicht begründet.[3] Steuersubjekt ist zunächst die Organgesellschaft. Deren Einkommen (nicht deren Gewinn oder Ertrag) wird dem Organträger zugerechnet und nicht von ihm selbst bezogen. Das gilt auch im Fall einer Organträger-Personengesellschaft. Folglich sollte § 14 I S. 1 Nr 2 auch hier eine hinreichende Besteuerungsgrundlage bieten. Eine ggf klarstellende Gesetzesergänzung sollte insoweit jedenfalls keinen Treaty-Override darstellen.[4]

134 **KSt-Satz.** Der Steuersatz für Betriebsstätten beträgt 15 % (§ 23 I).[5]

135-138 *Einstweilen frei.*

139 **cc) Ständiger Vertreter (§ 49 I Nr 2 lit a Alt 2 EStG). Subsidiarität.** Die personelle Anknüpfung an einen ständigen Vertreter ist subsidiär zur sachlichen Anknüpfung an eine bestehende feste Geschäftseinrichtung. Hält das ausländische Rechtsgebilde iSd § 2 Nr 1 keine feste Geschäftseinrichtung im Inland vor, ist zu prüfen, ob eine personelle Vertretung im Inland besteht.

140 **Ständiger Vertreter gem § 13 AO.** Der Begriff des ständigen Vertreters ist in § 13 AO geregelt. Es muss sich um eine sachsweisungsabhängige Person handeln, die nachhaltig die Geschäfte eines Unternehmens besorgt. Irrelevant ist, ob es sich um eine natürliche oder juristische Person handelt. Die rechtliche Grundlage der sachlichen Weisungsabhängigkeit spielt keine Rolle. Erforderlich ist, dass dem ausländischen Rechtsgebilde als Geschäftsherr eine Einflussnahme möglich und diese durchsetzbar ist. Einer persönlichen Weisungsabhängigkeit bedarf es dafür nicht, auch wenn sie andererseits nicht ausgeschlossen ist. Die Finanzverwaltung grenzt hinsichtlich der sachlichen Weisungsgebundenheit negativ ab. So sollen Makler oder Kommissionäre, die Geschäfte im Rahmen ihrer ordentlichen Geschäftstätigkeit besorgen, keine ständigen Vertreter sein (R 49.1 I S 2, 3 EStR 2008).[6]

141 **Nachhaltigkeit der Geschäftsbesorgung.** Eine gewisse Planmäßigkeit und Dauer des Handelns zeichnet die Nachhaltigkeit der Geschäftsbesorgung aus. Strittig ist der Zeitraum der Betätigung, um eine Nachhaltigkeit annehmen zu können. Es wird zT

---

1 Schnitger/Berliner, IStR 2011, 753 ff.
2 Vgl dazu Ehlermann/Petersen, IStR 2011, 747.
3 Lüdicke, IStR 2011, 746.
4 Lüdicke, IStR 2011, 746.
5 Zum Verstoß des Betriebsstättensteuersatzes gegen die Niederlassungsfreiheit unter dem Anrechnungsverfahren EuGH Rs C-253/03, *CLT-UFA*, Slg 2006, I-1831, dem folgend BFH I R 31/01, BStBl II 2007, 838; BFH I B 171/07, BFH/NV 2008, 1060; dem folgend FG Berlin 12 K 8172/06 B, 8174/06 B, EFG 2010, 1343; BFH I R 5/10, BFH/NV 2012, 271.
6 BMF v 24.12.1999, BStBl I 1999, 1076, Tz 1.1.2; dazu kritisch *Lüdicke* in Lademann § 49 EStG Rn 402.

VI. Sachliche Steuerpflicht gem § 2 Nr 1

von einem Zeitraum von mehr als 6 Monaten,[1] zT von 9-12 Monaten ausgegangen.[2] Einige machen die Entscheidung von Umständen des Einzelfalles abhängig und stellen darauf ab, dass sich aus objektiven oder subjektiven Merkmalen[3] die Permanenz der Betätigung einer Person (nicht notwendig derselben) ergeben müsse.[4] Der BFH verneint eine Vertreterbetriebsstätte auch bei mehrjährigem Tätigwerden, wenn die Tätigkeit weniger als 60 Tage im Jahr ausmacht.[5] Dem kann entnommen werden, dass es auf einen rein tätigkeitsbezogenen Zeitraum ankommt.[6] Überschreitet dieser einen 6-Monatszeitraum, erscheint es sachgerecht, vom Vorliegen eines ständigen Vertreters auszugehen.

DBA-Vertreterbetriebsstätte. Die DBA gehen idR davon aus, dass nur abhängige Vertreter eine Betriebsstätte begründen können, nicht dagegen unabhängige Personen (Art 5 VI OECD-MA). In Abgrenzung zur Vertreterbetriebsstätte nach § 49 I Nr 2 lit a EStG ist bei DBA-Vertreterbetriebsstätten weitere Voraussetzung das Vorliegen einer Abschlussvollmacht.[7] Der insoweit engere Begriff des ständigen Vertreters schränkt das deutsche Besteuerungsrecht ein. Anknüpfungspunkt ist der Begriff der Abhängigkeit. Diese soll vorliegen, wenn der Vertreter „eingehende Anweisungen" erhält. Die mangelnde Bestimmtheit des Begriffes verhilft nicht zur Lösung.[8] Klar ist, dass reine Sachanweisungen nicht darunter fallen.[9] Als Abgrenzungskriterium kann der Begriff der „Unabhängigkeit" iSd Art 5 VI OECD-MA herangezogen werden. Da aber auch hier je nach DBA die „rechtliche" und die „wirtschaftliche" Unabhängigkeit dem Begriff unterfallen kann,[10] und sich die Unabhängigkeit als sachliche oder persönliche Unabhängigkeit oder als eine Mischung aus beidem darstellen kann,[11] kann die Grenze zur reinen Sachweisungsgebundenheit verschwimmen. Es bietet sich daher an, auf der Basis einer betriebswirtschaftlich vernünftigen funktionalen Betrachtung zu prüfen, ob eine Eigenständigkeit des Vertreters gegeben ist.[12]

Einstweilen frei.

dd) Beförderungsleistungen durch Seeschiffe und Luftfahrzeuge (§ 49 I Nr 2 lit b EStG). Regelungsgehalt. Die Bedeutung der Vorschrift ist gering. Sie greift in sachlicher Hinsicht nur, wenn

- keine Betriebsstätte bzw kein ständiger Vertreter im Inland vorhanden ist und

- Beförderungsleistungen ausschließlich im Inland bzw vom Inland aus erfolgen.

---

1 *Roth* in H/H/R § 49 EStG Rn 233; *Wassermeyer*, IStR 1999, 406; *Buciek* in Berrmann/Gosch § 13 AO Rn 8.
2 *Jacobs*, Internationale Unternehmensbesteuerung, 7. Aufl, Rn 352.
3 *Roth* in H/H/R § 49 EStG Rn 233 und *Görl* in Vogel/Lehner Art 5 DBA Rn 121 sprechen von einer „geplanten" Dauer oder von „auf Dauer angelegt".
4 *Roth* in H/H/R § 49 EStG Rn 233; *Görl* in Vogel/Lehner Art 5 DBA Rn 19.
5 BFH I R 87/04, BStBl II 2006, 220.
6 *Wassermeyer*, IStR 1999, 406.
7 Im Einzelnen *Görl* in Vogel/Lehner Art 5 DBA Rn 110 ff, 143 ff.
8 OECD-MK Art 5 Nr 38.
9 *Wassermeyer* in D/W Art 5 MA Rn 203.
10 OECD-MK Art 5, Nr 36 lit a.
11 BFH I R 116/93, BStBl II 1995, 238; BFH I R 152/73, BStBl II 1975, 626.
12 *Wassermeyer* in D/W Art 5 MA Rn 203 f.

Es handelt sich im Wesentlichen um einen Auffangtatbestand, der Einschränkungen durch DBA, Schifffahrt-, Luftfahrt- und sonstige Verträge sowie durch die Befreiungsvorschrift des § 49 IV EStG erfährt.[1]

146 **Ermittlung der Einkünfte.** Die Gewinnermittlung auf der Basis des § 5a EStG ist nicht ausgeschlossen. Indessen tritt diese hinter die spezielle Regelung des § 49 III S 1 EStG zurück. Danach betragen die Einkünfte 5% des vereinbarten Beförderungsentgelts, es sei denn, ein DBA hält das deutsche Besteuerungsrecht aufrecht und lässt eine höhere Besteuerung zu (§ 49 III S 3 Alt 2 EStG). Die Pauschalierung der Einkünfte kann mangels Grundrechtsfähigkeit ausländischer juristischer Personen nicht zu verfassungsrechtlichen Bedenken führen.[2] Sie führt in Verlustfällen bei Anwendung eines DBA mit Meistbegünstigungsklausel (Art 24 III OECD-MA) zu einer Diskriminierung.[3] Bei Verlustfällen außerhalb eines DBA wäre auf die allgemeinen Billigkeitsregelungen gem §§ 163, 227 AO zurückzugreifen. Das sollte auch für nicht berücksichtigte Entgeltminderungen bzw –ausfälle gelten. Ob die bei positiven Einkünften begünstigend wirkende Pauschalierung eine Beihilfe iSd Art 107 AEUV (vormals Art 87 EG)[4] darstellt, ist ungeklärt. Grundsätzlich können Steuererleichterungen wie die seitens der EU-Kommission gebilligte Tonnagebesteuerung gem § 5a EStG[5] Beihilfencharakter haben.[6]

147 *Einstweilen frei.*

148 **ee) Internationale Betriebsgemeinschaften (§ 49 I Nr 2 lit c EStG).** Die Einkünfte aus internationalen Betriebsgemeinschaften oder auf der Grundlage von Poolabkommen ergänzen die aus bestimmten Beförderungsleistungen erzielten Einkünfte nach § 49 I Nr 2 lit b EStG. Diese stellen nur auf das Betreiben eigener oder gecharterter Schiffe bzw Flugzeuge ab, weshalb die reine Ergebnisteilhabe nicht erfasst wird.[7] Soweit Gegenseitigkeitsvereinbarungen mit anderen Staaten bestehen, greift das Besteuerungsrecht nicht (§ 49 IV EStG). Die Pauschalierung der Einkünfte gem § 49 III S 1 EStG ist ausgeschlossen. Es kann für die Ermittlung auf § 5a EStG zurückgegriffen werden (vgl Rn 146).

149 *Einstweilen frei.*

150 **ff) Künstlerische, sportliche, artistische, unterhaltende und ähnliche Darbietungen (§ 49 I Nr 2 lit d EStG). Begriff der Darbietung.** Oberbegriff ist die Darbietung, unter der allgemein eine Veranstaltung verstanden wird, in deren Rahmen einem Publikum eine bestimmte Tätigkeit gezeigt wird.[8] Einkünfte müssen „durch" ausgeübte oder verwertete Darbietungen erzielt werden. Dies weist auf die Finalität bzw Kausalität der Einkünfte bezogen auf die konkrete Ausübung bzw Verwertungshandlung hin.

---

1 Zu Einzelheiten *Lieber* in H/H/R § 49 EStG Rn 410-469.
2 BFH I R 81/99, BStBl II 2001, 290.
3 BFH I R 54/96, IStR 1998, 504; *von Pannwitz* in Haase AStG/DBA Art 24 MA Rn 25.
4 Zum Beihilfenbegriff *Cremer* in Calliess/Ruffert, 3. Aufl, Art 87 EGV Rn 7.
5 *Hennrichs/Kuntschik* in K/S/M § 5a EStG Rn A80 mwN.
6 Vgl EU-Kommission zu § 8c Ia, Beschluss v 26.1.2011 ABl L 235/26 v 29.9.2011.
7 *Lieber* in H/H/R § 49 EStG Rn 470-487.
8 Zum Umfang des Begriffes *Maßbaum* in H/H/R § 49 EStG Rn 521.

VI. Sachliche Steuerpflicht gem § 2 Nr 1

Abgrenzung zur Ausübung. Die Ausübung der Tätigkeit und die Darbietung derselben sind nicht deckungsgleich. Ein Darbietender (Veranstalter) kann auch ohne persönliche Ausübung der Tätigkeit Einkünfte erzielen. Daher bedarf die Darbietung selbst keiner persönlichen Aktivität, weshalb diese auch durch ausländische Kapitalgesellschaften erfolgen kann.[1]   151

Verwertung. Verwertung ist die Nutzung bzw Fruchtbarmachung der Darbietung bzw der sich daraus ergebenden Rechte (Rechteüberlassung). Dies kann in der Weise erfolgen, dass Darbietungen (weiter-)vermarktet werden.   152

Inlandsbezug. Die Darbietungen müssen im Inland (vgl § 1 I S 2 EStG) ausgeübt oder verwertet werden. Mit der Erfassung im Inland verwerteter Auslandsdarbietungen sollen sog Künstlerverleihgesellschaften besteuert werden.[2] Während der Ort der Ausübung einer Darbietung klar definierbar ist, ergeben sich indessen Schwierigkeiten bei der Bestimmung des Ortes der Verwertung.[3] Da die Besteuerung unabhängig davon sein soll, wem die Einkünfte zufließen und die Norm wie auch die Vorgängerregelung insoweit nicht erkennen lässt, an welche Person bezüglich der Verwertung anzuknüpfen ist,[4] kommen sowohl der inländische Nutzer, der ausländische Darbietende als auch der Übertrager der Nutzungsmöglichkeit in Betracht. Ebenso unklar ist, was als Ort der Verwertung in Betracht kommt. Dies kann der Ort des Vertragsschlusses, der Ansässigkeit des Vertragspartners oder der Ort der dann stattfindenden Vermarktung sein.[5]   153

Künstlerische, sportliche und artistische Darbietungen. Der Begriff der künstlerischen Darbietung entspricht dem des § 18 I Nr 1 S 2 EStG. Erforderlich ist ein eigenschöpferisches Element. Werbung fällt nicht darunter, wenn es daran fehlt.[6] Die sportliche Tätigkeit ist im EStG nicht definiert. Allgemein lässt sich darunter eine auf Bewegung, Spiel- und Wettkampfleistung gerichtete, über den alltäglichen Rahmen hinausgehende körperliche Anstrengung der Menschen verstehen.[7] Artistisch ist eine Betätigung, die künstlerisch-sportlicher Art ist.[8]   154

Unterhaltende Darbietung. Der durch das JStG 2009[9] eingeführte Begriff der unterhaltenden Darbietung ist inhaltlich weitgehend. Die Gesetzesbegründung[10] ist kryptisch, soweit sie darauf verweist, dass es nach DBA (Art 17 OECD-MA) nicht auf die tatsächliche Natur der Ausübung, sondern darauf ankomme, dass diese „unterhaltender" Natur sei. Es spricht viel dafür, dass damit die Grenze der Bestimmtheit des Gesetzes überschritten ist,[11] da es an einer Anknüpfung an die im Gesetz genannten übrigen Darbietungen fehlt (vgl auch Rn 150). Wollte man diese   155

---

1 *Maßbaum* in H/H/R § 49 EStG Rn 521, 523.
2 *Heinicke* in Schmidt § 49 EStG Rn 32.
3 *Lüdicke*, IStR 1999, 193; zur Rechtslage für den VZ 1998 BFH I R 18/87, BStBl II 1998, 440 mit Anmerkung *Wassermeyer*, IStR 1998, 372.
4 *Lüdicke*, IStR 1999, 193; *Wassermeyer*, IStR 1998, 372.
5 *Lüdicke*, IStR 1999, 193.
6 BFH IV R 33/90, BStBl II 1992, 353.
7 *Heinicke* in Schmidt § 49 EStG Rn 30.
8 Im Einzelnen vgl *Maßbaum* in H/H/R § 49 EStG Rn 534.
9 Ebenso aufgenommen in § 49 I Nr 9 EStG.
10 BTDrs 16/10189, 58.
11 *Maßbaum* in H/H/R § 49 EStG Rn 535 mwN.

hineinlesen, bliebe die Frage zur Abgrenzung von der „ähnlichen" Darbietung. Unterstellt man das gesetzgeberische Ziel, Veranstaltungen zu erfassen, die nicht das Niveau einer künstlerischen Darbietung erreichen,[1] sollte der Begriff jedenfalls eng ausgelegt werden.

156 **Ähnliche Darbietungen.** Der Begriff der „ähnlichen" Darbietung ist unscharf; ebenso ist die Abgrenzung zur „unterhaltenden" Darbietung unklar. Die Rechtsprechung versteht sie als Darbietung, die zum Grenzbereich der künstlerischen, sportlichen und artistischen Darbietungen gehört und sich lediglich graduell von diesen unterscheidet, Schnittstellen zu diesen aufweist und der Darbietung als solcher einen gewissen eigenschöpferischen Charakter verleiht.[2] Die Anlehnung an die übrigen Tätigkeiten ermöglicht eine hinreichende Wertung, weshalb eine Verletzung des Grundsatzes der Gesetzmäßigkeit der Besteuerung verneint wird.[3]

157 **Zusammenhängende Leistungen.** Die Erweiterung um Einkünfte, die aus mit Darbietungen zusammenhängenden Leistungen bezogen werden, soll ein Auseinanderfallen bzw ein (künstliches) Aufspalten wirtschaftlich einheitlicher Vorgänge in mehrere Verträge oder Einzelpakete verhindern.[4] Es muss sich um denselben Anbieter handeln, der auch die Darbietung bzw die Verwertung erbringt. Jedes Tun, Dulden oder Unterlassen kann eine derartige Leistung darstellen und begründen. Die Leistung muss im engen und untrennbaren Zusammenhang mit der Darbietung bzw Verwertung stehen. Soweit eine Untrennbarkeit gefordert wird,[5] dürfte diese Interpretation nicht weit genug sein.

158-159 *Einstweilen frei.*

160 **gg) Einkünfte aus Anteilen an Kapitalgesellschaften (§ 49 I Nr 2 lit e EStG).** Der Klammerverweis in § 49 I Nr 2 EStG macht bereits deutlich, dass gewerbliche Einkünfte auch vorliegen, wenn ein ausländisches Rechtsgebilde an einer inländischen Kapitalgesellschaft wesentlich iSd § 17 EStG beteiligt ist und aus dieser Beteiligung einen Veräußerungserlös generiert.

161 **Ausschluss des Besteuerungsrechts durch DBA.** Zur Zuweisung des Besteuerungsrechts nach Art 13 V OECD-MA betreffend den Veräußerungserlös aus Anteilsbesitz vgl Rn 36. Deutschland steht das Besteuerungsrecht nur zu, wenn ein DBA vom OECD-MA abweicht oder ein abkommensloser Zustand besteht.

162 **Tatbestandsbezogene Rechtsgrundverweisung.** Die Verweisung auf § 17 EStG bezieht sich lediglich auf dessen Tatbestandsvoraussetzungen. Es kommt nicht darauf an, dass sich die Anteile an der Kapitalgesellschaft im Privatvermögen befinden. Anderenfalls würde die Norm für Rechtsgebilde iSd § 2 Nr 1 mangels vorhandener Privatsphäre (vgl Rn 48) leerlaufen. Ist die Beteiligung einer inländischen Betriebsstätte zuzuordnen (vgl Rn 120, 125), geht § 49 I Nr 2 lit a EStG der Anwendung des § 49 I Nr 2 lit e EStG vor.

---

1 Zur Kritik und zu Beispielen vgl *Maßbaum* in H/H/R § 49 EStG Rn 535.
2 BFH I R 81, 82/06, BFH/NV 2008, 356.
3 AA *Heinicke* in Schmidt § 49 EStG Rn 28; zur Kritik *Maßbaum* in H/H/R § 49 EStG Rn 536.
4 Im Einzelnen *Maßbaum* in H/H/R § 49 EStG Rn 535 mwN und Beispielen.
5 *Hey*, RIW 1997, 887, 888.

VI. Sachliche Steuerpflicht gem § 2 Nr 1

Veräußerungsvorgänge iSd § 49 I Nr 2 lit e sublit aa EStG. Veräußerung ist die entgeltliche mit einem Rechtsträgerwechsel verbundene Übertragung des rechtlichen oder wirtschaftlichen Eigentums an einer Beteiligung iSd § 17 EStG. Verdeckte Einlagen (vgl § 17 I S 2 EStG), Kapitalherabsetzungen und die Auflösung der Kapitalgesellschaft (vgl § 17 IV EStG) stehen der Veräußerung gleich. Soweit das Besteuerungsrecht Deutschlands durch Sitzverlegung des Anteilseigners beschränkt wird, kommt § 17 V S 1 EStG zur Anwendung (zum Wechsel von der unbeschränkten zur beschränkten Steuerpflicht vgl Rn 80).

163

Erwerb von unter dem gemeinen Wert angesetzten Anteilen (§ 49 I Nr 2 lit e sublit bb EStG). IRd SEStEG wurde § 49 I Nr 2 lit e sublit bb EStG als Tatbestand eingeführt, um einen eigenen Besteuerungstatbestand für Anteile an inländischen Kapitalgesellschaften zu schaffen. Sowohl iRe Verschmelzung als auch bei einer Einbringung von Anteilen in eine andere Kapitalgesellschaft können Anteile unterhalb des gemeinen Wertes erworben werden (vgl § 13 II und § 21 II UmwStG).[1] Das deutsche Besteuerungsrecht an stillen Reserven, die in den Anteilen enthalten sind, soll mittels einer Nachversteuerung sichergestellt werden. Den gleichen Zweck verfolgt § 17 V S 2 EStG.[2]

164

Gewinnermittlung/pauschaliertes Betriebsausgabenabzugsverbot. Auf den erzielten Veräußerungsgewinn (bzw –verlust) iSd § 17 II S 1 EStG ist § 8b II gem § 8 I S 1 anzuwenden.[3] Strittig ist, ob das pauschalierte Betriebsausgabenabzugsverbot gem § 8b III gilt. Die Norm knüpft ausgehend von ihrem Wortlaut an das Bestehen von Betriebsausgaben an. Bei ausländischen Rechtsgebilden fehlt es an einem Betriebsvermögen, wenn die Beteiligung nicht in einem inländischen Betriebsvermögen gehalten wird. Die Vorschrift soll folglich nach teilweise vertretener Literaturauffassung ins Leere laufen.[4] Unter Hinweis auf den Gerechtigkeitsgedanken und die Gleichstellungsfunktion im Verhältnis zu § 8b V wird diese Interpretation als zu eng abgelehnt (vgl § 8b Rn 405). Unberücksichtigt bleibt insoweit, dass für die Anwendung des § 8b III jegliche Besteuerungsgrundlage fehlt. Der Begriff des gem § 8b II als steuerfrei gestellten Veräußerungsgewinns entspricht dem des § 17 II EStG und erstreckt sich nicht auf nichtabziehbare Betriebsausgaben.

165

Einstweilen frei.

166

hh) Vermietung, Verpachtung und Veräußerung von inländischem unbeweglichem Vermögen, Sachinbegriffen oder Rechten (§ 49 I Nr 2 lit f EStG). Ursprungsfassung. Die ursprüngliche Fassung der Norm wurde zum Zweck der Beseitigung unerwünschter Gestaltungen im Zusammenhang mit ausländischen Objektgesellschaften mit Wirkung zum VZ 1994 geschaffen.[5]

167

---

1 Zu Einzelheiten *Heß/Schnitger* in PwC (Hrsg), Reform des Umwandlungssteuerrechts, 2007, Rn 1623 ff, 1632.
2 Im Einzelnen dazu *Kumpf* in H/H/R § 49 EStG Rn 583.
3 BMF v 28.4.2003, BStBl I 2003, 292, Rn 13.
4 *Frotscher* in Frotscher/Maas § 8b Rn 56e; *Wassermeyer*, DB 2008, 430, 431; kritisch *Kempf/Hohage*, IStR 2010, 806.
5 StMBG v 21.12.1993, BGBl I 1993, 2310; zur Begründung vgl BTDrs 12/5630, 64.

168 **Einkunftsquellen.** Die Wirtschaftsgüter, mit denen steuerbare Einkünfte erzielt werden, sind abschließend in § 49 I Nr 2 lit f EStG[1] benannt. Dabei handelt es sich zum einen um inländisches unbewegliches Vermögen. Hierzu gehören neben Grundstücken und Gebäuden, Gebäudeteilen und Wohneigentum nach dem WEG auch Schiffe und Flugzeuge,[2] die in ein deutsches Register eingetragen sind, sowie Erbbaurechte, Abbaurechte und Mineralgewinnungsrechte.[3] Zum anderen sind dies Sachinbegriffe, also bewegliche Wirtschaftsgüter, die funktionell und technisch so aufeinander abgestimmt sind, dass sie unter Berücksichtigung der Verkehrsauffassung eine Einheit bilden.[4] Ebenso gehören Rechte dazu. Der Begriff des Rechts in der ursprünglichen Fassung bezog sich auf Rechte iSd § 49 I Nr 6 EStG aF und erfasste damit Rechte iSd § 21 I Nr 3 EStG. Der Rechtsbegriff war damit sehr weitgehend und zielte im Wesentlichen auf geistige Schutzrechte und zwar unabhängig davon, ob sie einer Eintragung in ein besonderes Register (Patent- oder Markenregister) fähig sind oder nicht. Die Aufzählung in § 21 I Nr 3 EStG ist beispielhaft und nicht abschließend.[5] Ebenso macht es keinen Unterschied, ob diese Rechte schuldrechtlichen oder dinglichen Charakter haben. Ob es sich um ein Recht idS handelt, hängt allerdings davon ab, ob es selbst eine Nutzungs- oder Fruchtziehungsbefugnis enthält oder vermittelt. Es ist daher anhand der jeweiligen originären Rechtspositionen und der konkreten vertraglichen Vereinbarungen der Vertragspartner zu prüfen, was Vertragsgegenstand ist.[6] Zur Abgrenzung bei der Rechteüberlassung vgl auch Rn 184, 217.

169 **Fiktion.** Die Vorschrift fingiert gewerbliche Einkünfte, selbst wenn eigentlich im Inland kein gewerblicher Immobilienhandel unterhalten wurde.

170 **Inlandsbezug von Grundvermögen, Sachinbegriffen, Rechten.** Der notwendige Inlandsbezug wird bei unbeweglichem Vermögen durch die Inlandsbelegenheit und bei Sachinbegriffen und Rechten entweder durch die Eintragung in ein inländisches Register oder durch eine Verwertung in einer inländischen Betriebsstätte hergestellt.

171 **Konstitutive Registereintragung.** Die Eintragung in ein inländisches Register ist konstitutiv.[7] Fehlt diese, fehlt es am Inlandsbezug. Register sind zB das Schiffs-, Flugzeug-, Marken- und Patentregister. Für Grundstücke besteht per se Registerpflicht (§ 3 I GBO). Registerfreie Grundstücke sind die Ausnahme (§ 3 II GBO). Bei Eintragung in ein ausländisches oder europäisches Register[8] fehlt es am Inlandsbezug.

172 **Verwertung in inländischer Betriebsstätte/Einrichtung.** Die Verwertung der Sachinbegriffe oder Rechte muss in einer inländischen Betriebsstätte erfolgen. Verwertung ist als wirtschaftliche Ausnutzung des überlassenen Rechtsobjekts zu verstehen. Bei immateriellen Schutzrechten, wie zB Urheber-, Marken-, Geschmacks-

---

1 Eingefügt durch StÄndG 2007 v 19.7.2007, BGBl I 2006, 1652.
2 BFH IX R 71/96, BStBl II 2000, 467.
3 BFH IX R 64/94, BFH/NV 2003, 1175 zu Ausbeute- und Abbauverträgen.
4 *Drenseck* in Schmidt § 21 EStG Rn 53.
5 BFH I R 19/06, BStBl II 2010, 398 mwN.
6 BFH I 86/07, BStBl II 2010, 120 zur Spielerleihe.
7 *M Klein* in H/H/R § 49 EStG Rn 943.
8 Hierunter fällt auch das Europäische Harmonisierungsamt für den Binnenmarkt, vgl Verordnung v 20.12.1993, geändert durch VO/EG 1891/2006 v 18.12.2006, sowie das Europäische Patentamt als Organ der Europäischen Patentorganisation, vgl Art 4 EU-Patentübereinkommen.

musterrechten und Patenten, aber auch bei Persönlichkeits-[1] oder sonstigen geistigen Eigentumsrechten[2] können Nutzungs- bzw Fruchtziehungsbefugnisse (auf schuldrechtlicher oder dinglicher Grundlage) eingeräumt oder überlassen werden. Der Begriff der Betriebsstätte richtet sich nach der Definition in § 12 AO. Maßgebend ist die Lage der Betriebsstätte im Inland. Irrelevant ist, ob es sich um eine Betriebsstätte eines Steuerausländers oder eines Steuerinländers handelt.[3] Der Begriff „andere Einrichtung" ist im Gesetz nicht definiert. Nach der gesetzgeberischen Intention werden Verwertungseinheiten erfasst, die nicht gewerblich tätig sind.[4] Um den Inlandsbezug herzustellen, müssen sich derartige Einrichtungen im Inland befinden.

Änderungen durch das JStG 2009. Die Gewerblichkeitsfiktion in § 49 I Nr 2 lit f EStG wurde mit dem JStG 2009 über die Veräußerung hinaus auf Einkünfte aus Vermietung und Verpachtung betreffend die genannten Einkunftsquellen (vgl Rn 168) ausgedehnt. Die Aufspaltung eines einheitlichen wirtschaftlichen Vorgangs in unterschiedliche Einkunftsarten sollte beseitigt werden.[5] Die Abschaffung des Einkünftedualismus führt zu einer einheitlichen Ermittlung der Einkünfte aus Vermietung und Verpachtung und aus der Veräußerung.[6] Eine Erweiterung des deutschen Besteuerungsrechts folgt daraus nicht. Der Verweis auf § 49 I Nr 6 EStG und damit auf § 21 I Nr 3 EStG wurde im Hinblick auf Rechte gestrichen. Eine inhaltliche Änderung des Begriffs ist damit nicht verbunden. Zu den Auswirkungen der Änderungen bei der Rechteüberlassung vgl Rn 184.

Subjektive Voraussetzung. In subjektiver Hinsicht werden aus Gründen der Gleichbehandlung nur ausländische Kapitalgesellschaften erfasst, die mit Kapitalgesellschaften iSd § 1 I Nr 1-3 vergleichbar sind (§ 49 I Nr 2 lit f S 2 EStG).[7] Bis zum VZ 2005 wurde die Gewerblichkeit der Einkünfte an die Buchführungspflicht der ausländischen Kapitalgesellschaft geknüpft (§ 8 II idF vor SEStEG; vgl § 8 Rn 141). Zum Typenvergleich vgl Rn 51 ff.

Abgrenzung zu anderen Einkunftsarten. Sind Einkünfte aus Vermietung und Verpachtung einer inländischen Betriebsstätte oder einem ständigen Vertreter nach § 49 I Nr 2 lit a EStG zuzuordnen, ist § 49 I Nr 2 lit f EStG nicht anzuwenden. Eine Betriebsstätte wird bspw auch bei Erfüllen der Voraussetzungen des gewerblichen Grundstückshandels gem § 15 II EStG begründet.[8] Die sog Drei-Objekt-Grenze[9] hat dabei nur noch indizielle Bedeutung. Gewerblichkeit kann auch schon bei der

---

1 BFH I R 19/06, BStBl II 2010, 398.
2 BFH I R 73/02, BStBl II 2005, 550 (§ 22 KunstUrhG); BFH I R 42/91, BStBl II 1993, 407 (Überlassung von Arzneirezepturen).
3 BFH I R 41/92, BStBl II 1993, 407, so bereits RFH I A 309/36, RStBl 1937, 1020.
4 *M Klein* in H/H/R § 49 EStG Rn 955.
5 BTDrs 16/10189, 58 f.
6 *Pfeffermann* in H/H/R § 49 EStG Rn 633; *Beinert/Benecke*, Ubg 2009, 175; aA *Menschung*, DStR 2009, 96; *Töben/Lohbeck/Fischer*, FR 2009, 151.
7 BTDrs 12/5630, 64.
8 Zu den Voraussetzungen im Einzelnen BMF v 26.4.2004, BStBl I 2004, 434; vgl *Wacker* in Schmidt § 15 EStG Rn 47ff, 131 mwN.
9 BFH IV B 3/03, BFH/NV 2004, 781.

Veräußerung von nur einem Objekt[1] oder sogar vor einer Veräußerung gegeben sein.[2] Die Norm geht Einkünften aus § 49 I Nr 6 EStG (Einkünften aus Vermietung und Verpachtung) und § 49 I Nr 8 EStG (private Veräußerungsgeschäfte) vor. Aufgrund der Änderung zum 1.1.2009 ist es ausgeschlossen, dass ausländische Kapitalgesellschaften Einkünfte gem § 49 I Nr 6 EStG (iVm § 21 EStG) erzielen, da der Anwendungsbereich des § 49 I Nr 6 EStG nur soweit greift, als nicht § 49 I Nr 2 lit f EStG erfüllt ist. Der Anwendungsbereich des § 49 I Nr 6 EStG reduziert sich bei Steuersubjekten iSd § 2 Nr 1 auf solche, die nicht mit Kapitalgesellschaften iSd § 1 I Nr 1-3 vergleichbar sind.

176 **Umfang der Gewerblichkeitsfiktion.** Die Norm bezieht sich auf Betätigungen in Bezug zu konkret benannten Einkunftsquellen, nämlich auf Vermietung und Verpachtung und Veräußerungen. Die Gewerblichkeitsfiktion ist daher auf diese Einkünfte beschränkt.[3] Da diese Fiktion keine Betriebsstätte begründet,[4] kommt auch eine Zuordnung anderer Einkünfte zu dieser Einkunftsart nicht in Frage. Das bedeutet, dass auch in den Fällen, in denen bspw eine ausländische Kapitalgesellschaft einer inländischen sog Ein-Objekt-KG ein Darlehen zum Erwerb eines Grundstücks gewährt, die im Inland erzielten Zinsen nicht von § 49 I Nr 2 lit f EStG erfasst sind.[5] Gleiches dürfte für Zinseinnahmen gelten, die im Zusammenhang mit der Vermietung erlangt werden,[6] oder für einen Forderungsverzicht eines Gläubigers der ausländischen Kapitalgesellschaft, auch wenn die erlassene Verbindlichkeit im Zusammenhang mit dem Erwerb des inländischen Grundstücks steht und dem inländischen Betriebsvermögen zuzuordnen ist (vgl Rn 179). Zur Zuordnung von Einkünften bei Vorliegen einer Betriebsstätte vgl Rn 120.

177 **Buchführungspflicht/Gewinnermittlung.** § 140 AO findet mangels Begründung eines inländischen Gewerbebetriebs keine Anwendung iRd § 49 I Nr 2 lit f EStG. Dagegen will die Finanzverwaltung § 140 AO auch dann anwenden, wenn nach ausländischem Recht eine Buchführungspflicht besteht.[7] Eine Rechtsgrundlage hierfür ist nicht ersichtlich. Ebenso ist streitig, ob § 141 AO einschlägig ist.[8] Adressat des § 141 AO sind gewerbliche Unternehmer bzw Land- und Forstwirte. Folglich wird der Bezug gewerblicher Einkünfte iSd § 15 II, III EStG (bzw Einkünfte gem § 13 EStG) vorausgesetzt.[9] Nur wenn man den Begriff des gewerblichen Unternehmers

---

1 BFH GrS 1/98, BStBl II 2002, 291.
2 BFH III R 27/98, BStBl II 2002, 537; vgl auch weitere Beispiele *Carlé*, KÖSDI 2003, 13653/62; *Wacker* in Schmidt § 15 EStG Rn 131.
3 *Wassermeyer*, IStR 2009, 238; *Pfeffermann* in H/H/R § 49 EStG Rn 634 „Mietkonten"; *Loschelder* in Schmidt § 49 EStG Rn 38.
4 So auch OFD Münster v 21.7.2011, FR 2011, 871, Tz 2.2.
5 *Wassermeyer*, IStR 2009, 238.
6 *Pfeffermann* in H/H/R § 49 EStG Rn 634 „Mietkonten".
7 BMF v 16.5.2011, BStBl I 2011, 530, Rn 3; ebenso BayLSt v 8.6.2011, IStR 2011, 599, Tz 3; aA *Bernütz/Küppers*, IStR 2011, 587.
8 Dafür *Görke* in H/H/S § 141 AO Rn 17; *Töben/Lohbeck/Fischer*, FR 2009, 151; unklar *Bron*, DB 2009, 592.
9 Hessisches FG 7 K 1461/01 lexinform Nr 5005321; vgl auch *Drüen* in T/K § 141 AO Rn 3.

mit dem Bezug gewerblicher Einkünfte gleichstellt,[1] käme eine Anwendung des § 141 AO in Betracht.[2] Indessen spricht der eindeutige Gesetzeswortlaut des § 141 AO gegen seine Anwendung. Auch ginge eine derartige Ausweitung mangels originärer gewerblicher Betätigung des beschränkt Steuerpflichtigen zu weit, denn eine zutreffende Ermittlung und Erfassung der gem § 49 I Nr 2 lit f EStG erzielten Einkünfte ist durch eine Gewinnermittlung nach Maßgabe des § 4 III EStG hinreichend sichergestellt (vgl Rn 98).[3] Dem entspricht, dass der BFH über § 141 AO eine zutreffende ertragsteuerliche Erfassung gewerblicher Unternehmen mit ihren beschränkt steuerpflichtigen inländischen Einkünften sichergestellt sehen will.[4]

Unmaßgeblichkeit ausländischer Bilanzansätze. Würde man die Anwendung des § 141 AO bejahen, haben ausländische Bilanzansätze oder Bilanzierungsregeln keine Relevanz für eine im Inland aufzustellende Steuerbilanz.[5] Grundsätze ordnungsgemäßer Buchführung sind anzuwenden, soweit diese über § 141 I S 2 AO in die Steuerbilanz „einstrahlen". Unterhält die ausländische Kapitalgesellschaft nach Maßgabe des ausländischen Rechts ein abweichendes WJ, ist in Deutschland eine getrennte Buchführung erforderlich. Die isolierte Umstellung des WJ für den im Inland befindlichen Teil des ausländischen Unternehmens ist nach dem klaren Regelungsinhalt des § 4a I Nr 2, 3 EStG ausgeschlossen.[6] Zudem dürfte es idR an einer Eintragung ins Handelsregister fehlen.

178

Betriebsvermögen/Wertansatz. Im Zeitpunkt der Erstanwendung der Norm zum 1.1.2009 erfolgte keine Steuerverstrickung der Grundstücke; diese stellten aufgrund der steuerlichen Erfassung des Veräußerungsergebnisses ab dem 1.1.1994[7] bereits Betriebsvermögen dar. Eine (unwillentliche) „Quasi-Einlage" zum 1.1.2009 in Folge der Ausweitung des § 49 I Nr 2 lit f EStG lag somit nicht vor.[8] Beim Wertansatz ist somit zeitlich zwischen den unterschiedlichen Anschaffungszeitpunkten zu differenzieren. Erfolgte die Anschaffung vor dem 1.1.1994, ist als Wertansatz der Teilwert zu diesem Zeitpunkt gem § 6 I Nr 5 S 1 Hs 1 EStG heranzuziehen.[9] Bei Anschaffungen oder Einlagen nach dem 31.12.1993 erfolgt die Bewertung wegen der (latent) bestehenden Steuerverstrickung zu Anschaffungs- bzw Herstellungskosten (§ 6 I Nr 1 S 1 EStG bzw § 6 I Nr 5 S 1 lit a EStG). Folglich sind in einer zum 1.1.2009 aufzustellenden Eröffnungsbilanz oder Betriebsvermögensübersicht fortgeführte Anschaffungs- und Herstellungskosten anzusetzen und zwischenzeitliche Absetzungen für Abnutzungen zu berücksichtigen (§ 6 I Nr 1 S 1 EStG).[10] Eine Aufdeckung stiller Reserven kommt mangels (neuerlicher) Einlage nicht in Frage.[11]

179

---

1 BMF vom 16.5.2011, BStBl I 2011, 530; Rn 3.
2 So wohl *Görke* in H/H/S § 141 AO Rn 17; im Einzelnen *Bron*, DB 2009, 592.
3 Zur Ausübung des Wahlrechts BFH IV R 57/07, BStBl II 2009, 659.
4 BFH I R 116/93, BStBl II 1995, 238.
5 *Weber-Grellet* in Schmidt § 5 EStG Rn 29 mwN.
6 *Lambrecht* in Kirchhof § 4a EStG Rn 7; BMF v 16.5.2011, BStBl I 2011, 530, Rn 7.
7 Durch StMBG v 21.12.1993 BGBl I 1993, 2310.
8 *Beinert/Benecke*, Ubg 2009, 169, 175; *Lindauer/Westphal*, BB 2009, 420, 421.
9 BFH I R 6/06, BStBl II 2007, 163.
10 *Huschke/Hartwig*, IStR 2008, 743, 748.
11 *Wied* in Blümich § 49 EStG Rn 138.

180 **AfA-Bemessungsgrundlage.** Der AfA-Satz für im Betriebsvermögen stehende Gebäude, die nicht Wohnzwecken dienen, beträgt ab dem 1.1.2009 3% (§ 7 IV S 1 Nr 1 EStG). Streitig ist die Bemessungsgrundlage der AfA. Einige Stimmen gehen vom Teilwert aus,[1] andere von den fortgeführten Anschaffungs- bzw Herstellungskosten.[2] Da keine Einlage vorliegt und die Umqualifizierung der Einkünfte nicht zur Änderung der Bemessungsgrundlage führen kann, sind nach dem Gesetzeswortlaut des § 7 IV S 1 Nr 1 EStG allein die ursprünglichen Anschaffungs- bzw Herstellungskosten maßgeblich.[3]

181 **Teilwertabschreibungen.** Teilwertabschreibungen (§ 6 I Nr 1 S 2 EStG) sind nur zulässig, wenn die Einkünfte durch Betriebsvermögensvergleich ermittelt werden (vgl Rn 177). Bei einer Einnahmen-Überschuss-Rechnung ist die Inanspruchnahme von Teilwertabschreibungen mangels Anwendbarkeit des § 6 I Nr 2 EStG ausgeschlossen.[4]

182 **Zinsschranke.** Die durch das UntStRefG 2008 eingeführte Zinsschrankenregelung (§ 4h EStG) galt vor Änderung des § 49 I Nr 2 lit f EStG durch das JStG 2009 gem § 8a I S 4 auch für solche ausländischen Kapitalgesellschaften, die ihre Einkünfte als Überschuss der Einnahmen über die Werbungskosten gem § 2 II Nr 2 EStG ermittelten.[5] Da ausländische Kapitalgesellschaften nunmehr keine Einkünfte gem § 49 I Nr 6 EStG erzielen können (vgl Rn 175), ist fraglich, ob die Umqualifizierung der Einkünfte gem § 49 I Nr 2 lit f EStG die Anwendung der Zinsschranke ausschließt.[6] ZT wird vertreten, § 4h EStG knüpfe nicht an den Bezug gewerblicher Einkünfte an, sondern setze einen Betrieb voraus.[7] Ein Betrieb[8] wird jedoch durch die Umqualifizierung der Einkünfte gerade nicht begründet.[9] Da das Tatbestandsmerkmal „Betrieb" für die Anwendung des § 4h EStG konstituierend ist, § 49 I Nr 2 lit f EStG aber gerade keine Rechtsfolgenverweisung auf § 4h EStG enthält, stellt sich die Frage, ob die Zinsschranke, die als partielles Betriebsausgabenabzugsverbot Eingriffscharakter hat, mittels einer Fiktion (fingierte gewerbliche Einkünfte fingieren einen Betrieb) Anwendung erlangen kann. Jedoch erscheint es widersprüchlich, auf das Fehlen eines Betriebs zu verweisen, hingegen die Wirtschaftsgüter als Betriebsvermögen zu behandeln (vgl Rn 179). Auch ist eine solche Argumentation bei einem Vergleich mit der Rechtslage vor dem JStG 2009 zu kurz gegriffen, denn es ist wenig überzeugend, rein vermögensverwaltende Kapitalgesellschaften der Zinsschrankenregelung gem § 8a I S 4 zu unterwerfen,

---

1 *Bron*, DStR 2009, 592, 594, allerdings uneinig, ob auf den zum 1.1.1994 oder den zum 1.1.2009 bestehenden Teilwert abzustellen ist. Nimmt man den Teilwert als Einlagewert, ist dieser AfA-Bemessungsgrundlage, vgl dazu BFH X R 40/06, BFH/NV 2010, 238, wonach der Begriff der Anschaffungs- und Herstellungskosten in § 7 I S 5 EStG (§ 7 IV S 1 Hs 2 EStG) dem Einlagewert gleichsteht.
2 *Mensching*, DStR 2009, 96, 98; *Töben/Lohbeck/Fischer*, FR 2009, 151, 154; *Wied* in Blümich § 49 EStG Rn 138.
3 *Huschke/Hartwig*, IStR 2008, 743, 748; *Lindauer/Westphal*, BB 2009, 420, 422; BMF v 16.5.2011, BStBl I 2011, 530, Rn 11; OFD Münster v 21.7.2011, FR 2011, 871, Tz 3.2.
4 BFH XI R 49/05, BStBl II 2006, 712; BFH IV R 56/85, BStBl II 1988, 440; *Weber-Grellet* in K/S/M § 4 EStG Rn D 132, D 151.
5 BTDrs 16/5491, 22; *Bron*, IStR 2008, 14; zur Anwendung bei Zwischenschaltung einer Personengesellschaft *Meining/Telg*, IStR 2008, 507.
6 Zum Streit *Lüdicke* in Lademann vor § 49 EStG Rn 7.
7 *Lindauer/Westphal*, BB 2009, 420, 422.
8 Zum Betriebsbegriff *Loschelder* in Schmidt § 4h EStG Rn 9 mwN.
9 *Lindauer/Westphal*, BB 2009, 420, 422; *Bron*, IStR 2008, 14.

während dieselben Rechtssubjekte beim Bezug (fiktiver) gewerblicher Einkünfte dem Anwendungsbereich entzogen sein sollen. Der Zielsetzung des Gesetzgebers, die Einkünfte des § 49 I Nr 2 lit f EStG einer einheitlichen Einkunftsermittlungsart zuzuführen,[1] würde ein solches Rechtsverständnis nicht gerecht. Auch gilt zu berücksichtigen, dass die Zinsschranke Teil der Gewinnermittlungsvorschriften ist und § 49 I Nr 2 lit f EStG eine Gewinnermittlung erfordert. IdS bejaht die Finanzverwaltung für ausländische Körperschaften, die mit Kapitalgesellschaften oder juristischen Personen iSd § 1 I Nr 1-3 vergleichbar sind, die Anwendung des § 4h EStG[2] (vgl auch § 8a Rn 85 f). Für Zwecke des Eigenkapitalvergleichs ist auf inländische und die ausländische Betriebsteile abzustellen.[3]

Vermietung und Verpachtung iSd § 49 I Nr 2 lit f sublit aa EStG. Auch wenn ein Verweis auf die Einkunftstatbestände des § 21 I EStG fehlt, ist der Begriff „Vermietung und Verpachtung" einheitlich iSd § 21 EStG zu verstehen.[4] Wesentliches Merkmal ist die entgeltliche Nutzungsüberlassung.[5] Maßgebend ist nicht das bürgerlich-rechtliche Verständnis, sondern der wirtschaftliche Gehalt des Vereinbarten.[6] Die Rechtsobjekte (Sachen iSd § 90 BGB bzw Rechte iSd § 194 I BGB), die Gegenstand einer Nutzungsüberlassung sein können, sind abschließend aufgezählt.[7] Auf eine zeitliche Begrenzung der Überlassung kommt es nicht an, weshalb auch eine unbefristete Überlassung keine Veräußerung darstellt und zwar auch dann nicht, wenn zum Zeitpunkt des Vertragsschlusses die Beendigung der Überlassung nicht feststeht.[8] Eine Veräußerung liegt erst vor, wenn das Stammrecht, aus welchem die Nutzungsbefugnis folgt, dergestalt übertragen wird, dass der bisherige Eigentümer oder Rechteinhaber vollständig von jeglichem Zugriff ausgeschlossen wird, das Nutzungsrecht also endgültig in das Vermögen des Nutzenden übergeht.[9]

183

Verbrauchende Rechteüberlassung. Die bei der Überlassung von Rechten ursprünglich aufgrund des Verweises auf § 49 I Nr 6 EStG und der Einbeziehung von § 21 I Nr 3 EStG erforderliche zeitliche Begrenzung der Nutzungsüberlassung[10] ist durch die Streichung dieses Verweises seit dem VZ 2007[11] weggefallen. Erfasst wird nunmehr auch die verbrauchende Rechteüberlassung, bei der sich das Recht durch Zeitablauf oder mit seiner Nutzung wirtschaftlich erschöpft.[12] Insoweit verschwimmen allerdings die Abgrenzungsmerkmale zwischen zeitlich unbeschränkten und verbrauchenden Nutzungsüberlassungen.

184

---

1   BTDrs 16/10189, 59.
2   BMF v 16.5.2011, BStBl I 2011, 530, Rn 9; BayLSt v 8.6.2011, IStR 2011, 599, Tz 9.
3   BMF v 16.5.2011, BStBl I 2011, 530, Rn 9; BayLSt v 8.6.2011, IStR 2011, 599, Tz 9; aA OFD Münster v 21.7.2011, FR 2011, 871, Tz 3.2, wonach nur inländische Betriebsteile maßgebend sein sollen.
4   *Pfeffermann* in H/H/R § 49 EStG Rn 619; *Wied* in Blümich § 49 Rn 135.
5   *Wied* in Blümich § 49 EStG Rn 130 ff.
6   Beispiele bei *Drenseck* in Schmidt § 21 EStG Rn 1-4.
7   Zu den Begriffen im Einzelnen *Pfeffermann* in H/H/R § 49 EStG Rn 621.
8   BFH I R 54/75, BStBl II 1978, 355.
9   BFH I 64/99, BStBl II 2003, 641; BFH I R 64/74, BStBl II 1976, 529; zu Lizenzverträgen und den daraus fließenden Rechten *Bartenbach/Gennen*, Patentlizenz- und Know-how-Vertrag, 2. Aufl, Rn 8 ff mwN.
10 *Heinicke* in Schmidt § 49 EStG Rn 38.
11 Eingefügt durch StÄndG 2007.
12 BFH I R 64/99, BStBl II 2003, 641; BTDrs 16/1545, 16; *Pfeffermann* in H/H/R § 49 EStG Rn 619.

185 **Betriebsaufspaltung über die Grenze.** Bei einer Betriebsaufspaltung über die Grenze ist neben der Frage, ob diese überhaupt möglich ist,[1] zu unterscheiden, wer Empfänger der Gebrauchsüberlassung des im Inland belegenen Grundstücks oder der anderen Sachinbegriffe ist. Erfolgt die Überlassung an eine inländische TG, liegen seit dem 1.1.2009 bei Anerkennung der Betriebsaufspaltung Einkünfte gem § 49 I Nr 2 lit f EStG vor.[2] Bis zum 31.12.2008 waren die Einkünfte als Einkünfte aus Vermietung und Verpachtung einzuordnen (§ 49 I Nr 6 EStG). Keine Betriebsaufspaltung liegt vor, wenn Wirtschaftsgüter einer inländischen Betriebsstätte überlassen werden. Diese ist rechtlich unselbständig, weshalb die Zuordnung des Wirtschaftsguts zur Betriebsstätte nach allgemeinen Zuordnungsgrundsätzen zu bestimmen ist (vgl Rn 125 ff). Bei der Überlassung von Wirtschaftsgütern an eine im Inland tätige Personengesellschaft, an der das ausländische Rechtsgebilde beteiligt ist, hängt die Qualifizierung der Einkünfte davon ab, ob es sich um einen DBA-Fall oder Nicht-DBA-Fall handelt. Da im letzteren Fall die Zuordnung des Wirtschaftsguts zur Betriebsstätte nach innerstaatlichem Verständnis erfolgt, gehören die Einkünfte aufgrund der Qualifikation des Wirtschaftsguts als Sonderbetriebsvermögen zu den gewerblichen Einkünften. In DBA-Fällen kommt es auf die abkommensrechtliche Zuordnung an (vgl Rn 125).

186 **Veräußerung iSd § 49 I Nr 2 lit f sublit bb EStG.** Eine Veräußerung liegt bei einer entgeltlichen Übertragung des rechtlichen oder wirtschaftlichen Eigentums vor (zur Abgrenzung von der Nutzungsüberlassung vgl Rn 183). Der Veräußerungsbegriff ist wirtschaftlich zu verstehen.[3] Neben einem Rechtsträgerwechsel bezüglich des übertragenen Rechtsobjekts[4] ist die Gewährung einer Gegenleistung maßgebliches Merkmal. Daher scheiden bspw eine verdeckte Einlage in eine Kapitalgesellschaft oder die Einlage in eine inländische Personengesellschaft als Veräußerung aus.[5] Die damit verbundene etwaige Wertsteigerung der Beteiligung ist kein Entgelt, sondern bloßer Reflex der Einlageleistung.[6] Schreibt die Personengesellschaft den Gegenwert für das vom Gesellschafter eingebrachte Wirtschaftsgut dessen Privatkonto des Gesellschafters gut und bleibt dadurch dessen gesellschaftsrechtliche Stellung unverändert, ist dies ein entgeltlicher, tauschähnlicher Vorgang.

187 **Mittelbare Grundstücksveräußerungen.** Veräußert eine ausländische Kapital-gesellschaft einen Anteil an einer ausländischen Personengesellschaft, zu deren (Gesamthands-)Vermögen ein im Inland belegenes Grundstück gehört, besteuert die Finanzverwaltung den Veräußerungsgewinn gem § 49 I Nr 2 lit f EStG, da sie von einer anteiligen Veräußerung der in der Personengesellschaft befindlichen Wirtschaftsgüter ausgeht.[7]

---

1   Zu den einzelnen Ansichten *Clausen* in H/H/R § 49 EStG Rn 1256.
2   *Clausen* in H/H/R § 49 EStG Rn 1256; aA *Wied* in Blümich § 49 EStG Rn 38, 202; allerdings nicht zwischen Einzelunternehmer, ausländischer Kapitalgesellschaft und anderen Rechtssubjekten des § 2 Nr 1 differenzierend.
3   Einer Veräußerung stehen damit auch Tausch, Einlage, gemischte Schenkung und vorweggenommene Erbauseinandersetzung gleich, vgl *Pfeffermann* in H/H/R § 49 EStG Rn 620 mwN.
4   BFH IX 18/06, BStBl II 2008, 679.
5   BFH I R 81/00, BStBl II 2004, 344.
6   BFH I R 147/83, BStBl II 1989, 271.
7   OFD Münster v 24.7.2008, EStG-Kartei NW, § 49 EStG, Nr 802 Ziffer II; BMF v 15.12.1994, BStBl I 1994, 883.

VI. Sachliche Steuerpflicht gem § 2 Nr 1

Richtigerweise ist zu differenzieren, wem das Grundstück wirtschaftlich zuzuordnen ist. Ist die ausländische Personengesellschaft lediglich vermögensverwaltend tätig, ist gem § 39 II Nr 2 AO unmittelbarer Berechtigter des Grundvermögens die Kapitalgesellschaft.[1] Beschränkt sich eine gewerbliche Betätigung oder gewerbliche Prägung[2] dieser ausländischen Personengesellschaft auf das Ausland und unterhält sie im Inland weder eine Betriebsstätte noch einen Vertreter, weshalb auch § 49 I Nr 2 lit a EStG nicht einschlägig ist (Rn 175), und liegt auch keine Betätigung iSd § 49 I Nr 2 lit f EStG vor, greift iÜ betreffend Veräußerung des Anteils an der ausländischen Personengesellschaft § 49 I Nr 2 lit f EStG auch nicht ein.[3] Denn § 49 I Nr 2 lit f EStG erwähnt die Veräußerung eines Anteils an einer Personengesellschaft nicht. Eine wirtschaftliche Betrachtung, wie sie scheinbar die Finanzverwaltung vornimmt, verbietet sich aufgrund des konstitutiven Eingriffscharakters. Vielmehr ist der Veräußerungsgegenstand ausschließlich zivilrechtlich zu ermitteln.[4] Mangels ausdrücklicher Regelung ist dieser Vorgang im Inland daher nicht steuerbar.[5]

Einstweilen frei. 188-192

ii) Spielerleihe und Spielertransfers (§ 49 I Nr 2 lit g EStG). Hintergrund. In Reaktion auf das Urteil des BFH vom 27.5.2009[6] wurde mit dem JStG 2010 die Steuerbarkeit von sog Transferentschädigungen geregelt, die für den Wechsel eines Sportlers von einem nicht im Inland ansässigen Verein zu einem im Inland ansässigen Verein gezahlt werden.[7] Die Norm ist erstmals ab dem VZ 2010 anzuwenden. Der BFH hatte eine Rechteübertragung bzw Rechteüberlassung ausgeschlossen, da die Befugnis des Vereins, eine Spielerlaubnis zu beantragen, dem den Spieler verpflichtenden Verein originär zustand. Eine Rechteübertragung kann bereits zivilrechtlich nicht vorliegen. 193

Verschaffung der Möglichkeit oder Gelegenheit zur Verpflichtung eines Berufssportlers als solchen. Tatbestandlich knüpft die Besteuerung an Zahlungen an, die dafür geleistet werden, einem Dritten die Möglichkeit oder Gelegenheit zu verschaffen, einen Berufssportler zu verpflichten. Ohne die Tatbestandsmerkmale zu konkretisieren, erfasst die Norm scheinbar jegliche Vermittlungs- oder Dienstleistung, die auf eine Verschaffung der Möglichkeit eines Verpflichtungsgeschäfts gerichtet ist (vgl § 652 BGB). Der Wortlaut erfordert weder einen Erfolg, also den Vertragsschluss mit dem Sportler, noch ist die Besteuerung auf einen einzelnen Zahlungsempfänger beschränkt. Ein Grund für eine derartige Weite ist nicht ersichtlich.[8] Auch ist der Begriff des Berufssportlers nicht definiert. Wann also eine sportliche Betätigung beruflicher Art sein und nach welchen Regularien oder Statuten sich dies richten soll, bleibt offen. Allein die Annahme eines bestimmten Preisgeldes, 194

---

1 BFH VIII R 72/98, BStBl II 1999, 820.
2 Zur gewerblichen Prägung durch eine ausländische Körperschaft BFH XI R 15/05, BStBl II 2007, 924.
3 *Lüdicke* in Lademann § 49 EStG Rn 8; *Wied* in Blümich § 49 EStG Rn 136; *Gosch* in Kirchhof § 49 EStG Rn 42.
4 BFH IX R 148/88, BStBl II 1992, 211.
5 *Gosch* in Kirchhof § 49 EStG Rn 42; *Lüdicke* in Lademann § 49 EStG Rn 8. Für die Steuerbarkeit wäre eine gesonderte gesetzliche Anordnung notwendig; vgl auch *Lüdicke*, DB 1994, 952 mit Verweis auf § 23 I S 4 EStG.
6 BFH I R 86/07, BStBl II 2010, 120.
7 Zum Spielertransfer *Werthenbruch*, NJW 1993, 179; *Reuter*, NJW 1983, 649.
8 Kritisch zur Weite der Norm auch *Kraft*, IStR 2011, 486.

welches nach Verbandsvorgaben die Aufgabe des Status als Amateur zur Folge hat, wird jedenfalls kaum ein geeignetes Abgrenzungskriterium sein. Dem Merkmal „als solchen" ist eine Einschränkung dergestalt zu entnehmen, dass die Verpflichtung des Berufssportlers auch dessen sportliche Betätigung zum Inhalt haben muss. Folglich fallen Verpflichtungen aus Werbeverträgen oder sonstigen Auftritten im nichtsportlichen Bereich (zB Teilnahme an Unterhaltungssendungen) nicht darunter.

195 **Inlandsbezug.** Der Gesetzeswortlaut stellt auf eine „Verpflichtung im Inland" ab. Eine Verpflichtung setzt das Bestehen eines Schuldverhältnisses und damit auch das Vorhandensein eines Gläubiger voraus, dem gegenüber diese Verpflichtung zu erfüllen ist. Folglich wird ein Inlandsbezug nur betreffend den Vermittlungserfolg hergestellt. Der Gläubiger (als Auftrag- oder Arbeitgeber des Berufssportlers) muss mithin im Inland ansässig sein. Auf den Ort der Erbringung der Vermittlungsleistung kommt es nicht an.

196 **DBA.** Werden Vermittlungsleistungen im DBA-Ausland erbracht, wird das Besteuerungsrecht durch Art 7 I OECD-MA eingeschränkt (Rn 32). Die Vermittlung stellt sich als unternehmerische Geschäftstätigkeit da.

197 **Freigrenze.** Die als Freigrenze gestaltete Bagatellgrenze iHv 10.000 EUR soll Vergütungen im Amateursportbereich von der Besteuerung ausnehmen. Für die Ermittlung der Gesamteinnahmen aus dem Transfergeschäft werden sämtliche Vergütungen zusammengerechnet.

198 *Einstweilen frei.*

199 **c) Einkünfte aus selbständiger Arbeit (§ 49 I Nr 3 EStG).** Eine ausländische Kapitalgesellschaft ist nach Ansicht der Rechtsprechung nicht in der Lage, Einkünfte aus selbständiger Tätigkeit zu erzielen.[1] Einkünfte aus selbständiger Arbeit und gewerbliche Einkünfte stehen zueinander nicht in einem Subsidiaritätsverhältnis, was eine Berücksichtigung der isolierenden Betrachtungsweise gem § 49 II EStG ausschließt.[2] Anders ist dies bei Körperschaften und Stiftungen;[3] vgl auch Rn 108.[4]

200 *Einstweilen frei.*

201 **d) Einkünfte aus Kapitalvermögen (§ 49 I Nr 5 EStG).** § 49 I Nr 5 EStG regelt detailliert die von der beschränkten Steuerpflicht erfassten Kapitaleinkünfte. Die Formulierung „im Sinne" führt nicht zu einer begrifflichen Ausweitung der in § 20 EStG niedergelegten Einnahmen. Vielmehr wird inhaltlich Bezug auf die §§ 20, 43 EStG genommen und an die in § 20 I EStG beschriebenen Tatbestandsalternativen angeknüpft.[5] Zur Begründung der Steuerbarkeit muss ein konkreter Inlandsbezug der jeweiligen Kapitaleinkünfte vorliegen. Insoweit knüpft das Gesetz entweder an den Wohn-, Geschäftsleitungs- oder statuarischen Sitz des Kapitalschuldners, an die Inländereigenschaft der Zahlstelle (zB inländisches Kreditinstitut) oder an die Inlandsbelegenheit von dinglichen Sicherungsrechten an. Im Einzelnen werden von der beschränkten Steuerpflicht folgende Einkünfte erfasst:

---

1 Ständige Rechtsprechung BFH I R 41/70, BStBl II 1971, 771; BFH I R 87/85, BFH/NV 1989, 393 mwN.
2 BFH I R 41/70, BStBl II 1971, 771.
3 BFH I R 217/71, BStBl II 1974, 511.
4 Vertiefend *Clausen* in H/H/R § 49 EStG Rn 1202, 1250; vgl zu den Einzelheiten auch *Haiß* in H/H/R § 49 EStG Rn 640-696.
5 Zu den Einzelheiten betreffend die Arten der Kapitaleinkünfte *Wied* in Blümich § 49 EStG Rn 184-196.

VI. Sachliche Steuerpflicht gem § 2 Nr 1

Kapitaleinkünfte gem § 49 I Nr 5 lit a EStG. 202

- Einkünfte gem § 20 I Nr 1 EStG; darunter fallen zB sowohl Beteiligungsbezüge nebst vGA, als auch Genussrechte.[1] Investmentanteilserträge iSd § 2 InvStG sind ausgenommen. Hierzu findet sich eine Sonderregelung in § 49 I Nr 5 lit b.
- Einkünfte gem § 20 I Nr 2 EStG, also Auflösungs- und Liquidationserlöse aus Körperschaften bzw Personenvereinigungen, soweit sie nicht aus der Rückzahlung von Nennkapital oder aus dem steuerlichen Einlagekonto geleistet werden.[2]
- Einkünfte gem § 20 I Nr 4 EStG wie zB Beteiligungseinkünfte aus partiarischen Darlehen oder aus einer stillen Beteiligung.
- Einkünfte gem § 20 I Nr 6 EStG; hierunter fallen im Wesentlichen Versicherungsleistungen.
- Einkünfte gem § 20 I Nr 9 EStG; dies betrifft vor allem ausschüttungsähnliche Nutzungserträge zB von Stiftungen oder Vereinen.[3]

Kapitaleinkünfte gem § 49 I Nr 5 lit b EStG iVm § 7 III InvStG. Dies sind Erträge aus 203 inländischen Investmentvermögen iSd § 1 I Nr 1 InvStG bzw Investmenterträge iSd § 7 I, II, IV InvStG, soweit die Zahlstelle einen Inlandsbezug hat und ein „Tafelgeschäft" vorliegt.

Kapitaleinkünfte gem § 49 I Nr 5 lit c iVm § 20 I Nr 5, 7 EStG. Hierbei handelt es 204 sich um Hypotheken- und Grundschuldzinsen bzw Zinsen, die durch inländisches unbewegliches Sachvermögen dinglich besichert sind. Soweit Genussrechte erfasst werden, die nicht bereits unter § 20 I Nr 1 EStG fallen (§ 49 I Nr 5 lit c sublit bb EStG), fehlt es nach dem Wortlaut am Inlandsbezug der Einkünfte. Ein solcher soll zur Steuerbarkeit der Einkünfte mittels teleologischer Reduktion erforderlich sein.[4]

Kapitaleinkünfte gem § 49 I Nr 5 lit d EStG. Hier werden im Wesentlichen sog Tafel- 205 geschäfte, die dem KESt-Abzug unterliegen, der beschränkten Steuerpflicht unterworfen. Die Regelung gleicht aufgrund der umfassenden Benennung einem Auffangtatbestand, um alle denkbaren Arten an Erträgen zu erfassen. Der Inlandsbezug ergibt sich aus der Anknüpfung an eine inländische Zahlstelle. Insbesondere fallen darunter

- Kapitalforderungen wie zB Zinsen (§ 43 I S 1 Nr 7 lit a iVm § 20 I Nr 7 EStG),
- Gewinne aus der Veräußerung von
  - Anteilen einschließlich der Genussrechte (Einkünfte gem § 43 I S 1 Nr 9 iVm § 20 II S 1 Nr 1 S 1, 2 EStG) oder
  - Zinsscheinen (§ 43 I S 1 Nr 10 iVm § 20 II S 1 Nr 2 lit b EStG) oder
  - Sonstigen Kapitalforderungen (§ 43 I S 1 Nr 10 iVm § 20 II S 1 Nr 7 EStG).

Subsidiarität der Kapitaleinkünfte, Einkünftequalifikation. Nur soweit die in 206 § 49 I Nr 5 EStG genannten Einkünfte nicht einer anderen Einkunftsart zugerechnet werden können (zur Zuordnung von Einkünften vgl Rn 120 ff), kann ein Steuer-

---

1   BFH VIII R 3/05, BStBl II 2008, 852.
2   Zu unterjährigen Zuführungen und Auszahlungen aus dem steuerlichen Einlagekonto, Hessisches FG 4 K 2353/10.
3   BFH I R 98/09, BStBl II 2011, 417.
4   *Wied* in Blümich § 49 EStG Rn 194; *Gosch* in Kirchhof § 49 EStG Rn 80.

ausländer Einkünfte aus Kapitalvermögen beziehen (vgl auch Rn 108). Der in § 20 VIII EStG normierte Grundsatz der Subsidiarität gilt auch ohne ausdrückliche Verweisung.[1]

207 **Einkünfteermittlung.** Die bezogenen Kapitaleinkünfte gehören – können sie keiner der Einkünfte des § 49 I Nr 2 EStG zugerechnet werden – zu den Überschusseinkünften. Das Einkommen ist als Überschuss der Einnahmen über die Werbungskosten zu ermitteln (§ 8 I S 1 iVm §§ 8, 9 EStG, vgl Rn 100). Seitens der Finanzverwaltung wird vor dem Hintergrund der Abgeltungswirkung der auf die Einkünfte erhobenen Quellensteuer eine derartige Einkommensermittlung für nicht erforderlich gehalten (vgl Rn 208, 248).[2]

208 **Quellensteuereinbehalt und Verhältnis zu § 8b.** Kapitaleinkünfte iSd § 49 I Nr 5 EStG unterliegen dem Quellensteuerabzug (§ 43 I EStG). Aufgrund der Abgeltungswirkung ist ein Veranlagungsverfahren ausgeschlossen (§ 32 I Nr 2, vgl Rn 248). Dies führt zu einem Leerlaufen der prinzipiellen Freistellung von Beteiligungseinkünften gem § 8b (vgl § 8b Rn 52, 119).[3] Diese faktische Nichtanwendung des § 8b gilt selbst für den Fall, dass bezüglich anderer Einkünfte ein Veranlagungsverfahren gem § 31 durchzuführen ist, also neben Kapitaleinkünften auch gewerbliche Einkünfte erzielt werden. So meint der BFH, § 43 I S 3 EStG nehme den Quellensteuereinbehalt auch bei Eingreifen der Voraussetzungen des § 8b nicht aus, und differenziert zwischen Einkommensermittlung und Quellensteuereinbehalt.[4]

209 **Folgen für Nicht-EU-Gesellschaften und Streubesitzdividenden.** Diese Differenzierung führt zu einer unterschiedlichen Behandlung der Steuerpflichtigen iSd § 2 Nr 1. Es ist zwischen EU-Gesellschaften[5] und Nicht-EU-Gesellschaften zu unterscheiden und alsdann weiter zu untergliedern, ob die Gesellschaften eine qualifizierte Mindestbeteiligung von 10 % oder mit Streubesitzanteilen (Beteiligung unter 10 %) im Inland beteiligt sind. Lediglich EU-Gesellschaften mit einer Mindestbeteiligung an einer inländischen Kapitalgesellschaft von 10 % zum Zeitpunkt der Entstehung der KESt sind vollständig vom Steuerabzug bezüglich der Bezüge iSd § 20 I Nr 1 EStG befreit (vgl § 43b II EStG).[6] Sowohl EU-Gesellschaften als auch Nicht-EU-Gesellschaften mit Streubesitzanteilen werden vom KESt-Abzug erfasst. Dessen ungeachtet kann ein Antrag nach § 44a IX EStG auf Erstattung iHv 2/5 der einbehaltenen KESt gestellt werden,[7] wie auch eine weitergehende Freistellung oder Erstattung nach DBA durch § 44a IX EStG nicht ausgeschlossen ist. Das Antragsverfahren für DBA-Freistellungen bzw Erstattungen richtet sich nach § 50d I S 3-9, V EStG. IÜ hat der Steuerabzug abgeltende Wirkung (§ 32 I Nr 2, vgl § 32 Rn 102). In der sich insoweit für beschränkt Steuerpflichtige ergebenden Definitivbelastung sieht der BFH zumindest

---

1 Bereits RFH I A 377/28, RStBl 1929, 193.
2 BMF v 22.12.2009, BStBl I 2010, 94, Rn 312.
3 BFH I R 53/07, BFH/NV 2009, 1543 (Verfassungsbeschwerde eingelegt, Az BVerfG: 2 BvR 08.07/09).
4 BFH I R 53/07, BFH/NV 2009, 1543; so auch *Wassermeyer*, IStR 2008, 554.
5 Es muss sich um eine Gesellschaft iSd der Anlage 2 der MTRL 90/435/EWG handeln. Dies erfasst auch EU-Betriebsstätten mit Beteiligungsbesitz im Inland von mindestens 10 %.
6 Kritisch dazu bereits *Schön*, IStR 2009, 551.
7 *Lambrecht* in Gosch § 32 Rn 24, 26.

in Drittstaatssachverhalten keinen Verstoß gegen die Kapitalverkehrsfreiheit.[1] Der daneben bestehende Verstoß gegen Unionsrecht bei das Gemeinschaftsgebiet betreffenden Sachverhalten bleibt dabei unberührt (hierzu § 8b Rn 119).[2]

Folgen für das Erstattungs-/Befreiungsverfahren. Wollte der Steuerausländer den Quellensteuerabzug vermeiden, müsste er als Gläubiger der Kapitalerträge jede seitens eines Schuldners abgegebene Steueranmeldung anfechten. Dieser nicht umsetzbare Weg zeigt auch, dass der BFH dem Steuerpflichtigen auch in verfahrensrechtlicher Hinsicht keinen effektiven Rechtsschutz gewährt, was für eine Verletzung des *effet utile* spricht.[3] Insofern bleibt dem Steuerausländer zur Vermeidung der Definitivwirkung der Quellensteuer außerhalb des Schutzbereichs der DBA und der MTRL nur, seine Kapitaleinkünfte einer inländischen Betriebsstätte zuzuordnen, um ins Veranlagungsverfahren zu gelangen (vgl Rn 248).   210 §2

Einstweilen frei.   211-212

e) Einkünfte aus Vermietung und Verpachtung (§ 49 I Nr 6 EStG). Erfasste Rechtssubjekte iSd § 2 Nr 1. In Bezug auf § 2 Nr 1 beschränkt sich der Anwendungsbereich der Einkünfte nach § 49 I Nr 6 EStG auf Rechtssubjekte, die nicht mit einer inländischen Kapitalgesellschaft iSd § 1 I Nr 1-3 vergleichbar sind (vgl Rn 174).   213

Tatbestände des § 21 EStG. Die Verweisung auf § 21 EStG hat die uneingeschränkte Einbeziehung der dort in I Nr 1-4 EStG aufgeführten Einkunftstatbestände wie auch die Anwendung der Subsidiaritätsklausel des § 21 III EStG (unter Berücksichtigung der isolierenden Betrachtungsweise) zur Folge. Zur Nutzungsüberlassung vgl Rn 183; zur Verwertung in inländischer Betriebsstätte vgl Rn 172.   214

Einkunftsquellen. Die Einkünfte müssen sich auf unbewegliches Vermögen, Sachinbegriffe oder Rechte beziehen. Zu den Begrifflichkeiten vgl die Erläuterungen zu § 49 I Nr 2 lit f EStG (Rn 168 ff). Bei der Bestimmung, ob ein Recht iSd § 21 I Nr 3 EStG vorliegt, können sich Abgrenzungsschwierigkeiten ergeben. Dem BFH folgend ist der Inhalt des jeweiligen Rechts in erster Linie zivilrechtlich zu bestimmen.[4] Daher kann auch die Einwilligung in ein bestehendes Abwehrrecht eine Rechtsüberlassung darstellen,[5] wohingegen der bloße Verzicht auf die Geltendmachung eines Anspruchs nicht schon zu einer Rechtsüberlassung führt.[6] Zum erforderlichen Inlandsbezug vgl Rn 155 ff.   215

Verhältnis zu anderen Vorschriften. Die Einkünfte des § 49 I Nr 6 EStG sind subsidiär gegenüber denen des § 49 I Nr 1-5 EStG. Liegt keine inländische Betriebsstätte vor, können bei Vermietung eines Grundstücks Einkünfte aus Vermietung und Ver-   216

---

1 BFH I R 53/07, BFH/NV 2009, 1573; aA *Frotscher* in Frotscher/Maas § 8b Rn 29c; *Behrens/Schmitt*, BB 2009, 2353; schon zur Vorinstanz *Lüdicke/Wunderlich*, IStR 2008, 411.
2 EuGH Rs C-284/09, *Europäische Kommission/Bundesrepublik Deutschland*, DStR 2011, 2038; zur Diskussion um die Besteuerung von Streubesitzdividenden vgl *Patzner/Frank*, IStR 2008, 344, 433.
3 *Lüdicke/Wunderlich*, IStR 2008, 412.
4 BFH I R 86/69, BStBl II 1970, 567.
5 BFH I R 6/07, BStBl II 2009, 625; zum sog negativen Verbotsrecht iSd der Beschränkung der eigenen Rechtsausübung vgl auch BGH KVR 4/88, NJW 1990, 2815; BGH KZR 37/03, NJW 2006, 377.
6 BFH I R 86/07, BStBl II 2010, 120 mwN; zu weiteren Abgrenzungsfällen vgl *Wied* in Blümich § 49 EStG Rn 204 mwN.

pachtung erzielt werden (zum Verhältnis zwischen § 49 I Nr 2 lit f und § 49 I Nr 6 EStG bei ausländischen Objekt-Kapitalgesellschaften vgl Rn 174). Zur Betriebsaufspaltung über die Grenze vgl Rn 185. Die Norm geht der Auffangregelung des § 49 I Nr 9 EStG vor. Letztere greift zB, wenn statt Sachinbegriffen einzelne Wirtschaftsgüter vermietet oder verpachtet werden. Auch die Überlassung bzw Ausnutzung von geschäftlichen bzw betrieblichen Erfahrungen (Know-how) fällt darunter, da Unklarheit darüber besteht, ob dieses zeitlich begrenzt überlassen werden kann.[1] Nach der Rechtsprechung scheitert eine Erfassung der Überlassung von Know-how unter § 49 I Nr 6 EStG auch dann, wenn es sich um Erfahrungen handelt, die ausschließlich im betrieblichen oder geschäftlichen Bereich erlangt werden können.[2] Denn dann ist § 49 I Nr 6 EStG aufgrund der Subsidiarität zu § 49 I Nr 2 lit a bzw lit f ausgeschlossen (Rn 226).

217 **Zeitliche Begrenzung der Rechteüberlassung.** Im Gegensatz zu § 49 I Nr 2 lit f EStG erfordert die Rechteüberlassung eine zeitliche Begrenzung. Dies ist bei einer dauerhaften oder sich verbrauchenden Überlassung (vgl Rn 184) nicht der Fall. Umstritten ist, ob bereits das Bestehen von Gestaltungsrechten oder erst deren konkrete Ausübung eine zeitliche Begrenzung herbeiführt.[3] Eine streng periodische Betrachtung der steuerlichen Verhältnisse könnte für eine solche Herangehensweise sprechen.[4] Indessen würde dies zu erheblichen praktischen Schwierigkeiten führen und zwar sowohl bei der Einkommensermittlung als auch bei der Veranlagung. Denn die nach Ausübung eines Kündigungsrechts erfolgende Einordnung als zeitlich begrenzte Nutzungsüberlassung müsste als rückwirkendes Ereignis iSd § 175 I Nr 2 AO mit der Folge behandelt werden, dass bereits erfolgte Veranlagungen geändert werden müssten. Dies scheint bereits aus praktischer Sicht kaum zu überzeugen. Insoweit ist der Rechtsprechung zu folgen, dass es für die Annahme einer zeitlichen Begrenzung unschädlich ist, wenn zum Zeitpunkt des Vertragsschlusses die Beendigung der Überlassung nicht feststeht.[5] Dahinter mag die Überlegung stehen, dass Dauerschuldverhältnisse stets durch ordentliche oder außerordentliche Kündigungen beendet werden können. Auch die (rechtlich) temporäre Begrenztheit bestimmter Rechte (zB Marken, Patenten etc) spricht nicht gegen eine zeitliche Überlassung.[6]

218 **Veräußerung von Miet- und Pachtzinsforderungen.** Der Verweis auf § 21 EStG erfasst auch Einkünfte iSd § 21 I Nr 4 EStG (Veräußerung von Miet- und Pachtzinsforderungen). Für erzielte Veräußerungserlöse fehlt es am Inlandsbezug, was jedoch weder zur Steuerfreiheit dieser Einkünfte noch zur Erfassung der Veräußerungserlöse ausländischer Miet- und Pachtzinsforderungen führt. Der Veräußerungserlös ist Surrogat der ursprünglichen Forderungen. Für diese ist der Inlandsbezug im Gesetz konkret beschrieben.[7]

---

1 BFH I R 140/66, BStBl II 1970, 428; BFH I R 86/69, BStBl II 1970, 567; *Gosch* in Kirchhof § 49 EStG Rn 85.
2 BFH I R 140/66, BStBl II 1970, 428; BFH I R 86/69, BStBl II 1970, 567.
3 *M Klein* in H/H/R § 49 EStG Rn 932.
4 IdS wohl *M Klein* in H/H/R § 49 EStG Rn 932 am Ende.
5 BFH I R 54/75, BStBl II 1978, 355; so auch *Wied* in Blümich § 49 EStG Rn 205.
6 *Gosch* in Kirchhof § 49 EStG Rn 85.
7 So auch *M Klein* in H/H/R § 49 EStG Rn 936.

VI. Sachliche Steuerpflicht gem § 2 Nr 1

Besteuerungsverfahren bei unbeweglichem Vermögen. Im Hinblick auf das Besteuerungsverfahren ist zwischen den überlassenen Gegenständen zu trennen. Werden unbewegliches Vermögen oder Sachinbegriffe überlassen, sind die Einkünfte mangels Eingreifen des Steuerabzugsverfahrens durch eine Veranlagung zu besteuern (§§ 31 I, 7 III S 1, vgl im Einzelnen Rn 243 ff). Der Steuerausländer hat nach Ablauf des VZ eine Steuererklärung abzugeben (§ 32 Ia). Zur Zuständigkeit des Finanzamts vgl § 20 III AO.

219

Besteuerungsverfahren bei Rechten. Bei der Überlassung von Rechten findet dagegen ein Steuerabzug statt (§ 32 I iVm § 50a I Nr 3, § 50a V EStG). Eine Veranlagung ist ausgeschlossen. Der Steuerabzug hat abgeltende Wirkung (§ 50a I S 1 Nr 3 EStG iVm § 32 I Nr 2).[1] Mangels Betriebsausgaben- oder Werbungskostenabzug findet eine Bruttobesteuerung statt (§ 50a III EStG), die gegen die den Grundfreiheiten des AEUV innewohnenden Diskriminierungsverbote verstößt.[2] Der Steuersatz beträgt 15 %. Allgemein zum Besteuerungsverfahren vgl Rn 243 ff.

220

Einstweilen frei.

221-222

f) Einkünfte aus privaten Veräußerungsgeschäften (§ 49 I Nr 8 EStG). Die Steuerbarkeit der Einkünfte aus privaten Veräußerungsgeschäften beschränkt sich sachlich nur noch auf Grundstücke und grundstücksgleiche Rechte iSd BGB. Die ursprüngliche Erweiterung auf Beteiligungen an Kapitalgesellschaften wurde mit Wirkung zum 1.1.2008 durch das UntStRefG 2008 aufgehoben.[3] Sind die Einkünfte einer anderen Einkunftsart des § 49 EStG zuzuordnen, liegen keine privaten Veräußerungsgeschäfte vor. Im Verhältnis zu § 49 I Nr 2 lit f EStG bedeutet das, dass nur Steuersubjekte, die nicht mit denen des § 1 I Nr 1-3 vergleichbar sind, von dieser Vorschrift erfasst werden (vgl Rn 174).

223

Einkommensermittlung, Besteuerungsverfahren. Die Einkommens- bzw Veräußerungsgewinnermittlung erfolgt gem § 8 I iVm § 23 III EStG. Erzielte Veräußerungsgewinne können nicht von Anschaffungskosten neu erworbener Grundstücke oder grundstücksgleicher Rechte nach Maßgabe des § 6b I EStG abgezogen werden.[4] Die Einkünfte unterfallen nicht einem Steuerabzugsverfahren; die Besteuerung erfolgt im Wege der Veranlagung (§ 31 I).

224

Einstweilen frei.

225

g) Sonstige Einkünfte (§ 49 I Nr 9 EStG). Die Vorschrift hat bloßen Auffangcharakter und ist nur anzuwenden, soweit nicht bezogen auf die genannten Einkunftsquellen andere Einkunftstatbestände bereits erfüllt sind (§ 49 I Nr 9 Hs 2 EStG). So ist die Norm bspw einschlägig bei der Überlassung bzw Ausnutzung von gewerblichen Erfahrungen (Know-how)[5] (vgl Rn 216) bzw bei der Überlassung von Wirtschaftsgütern, die nicht die Voraussetzungen des Sachinbegriffes erfüllen[6] (vgl Rn 170).

226

---

1 Zum Besteuerungsverfahren OFD Karlsruhe v 14.1.2009, DStR 2009, 484.
2 Zu den EU-rechtlichen Auswirkungen *Schnitger*, FR 2003, 745.
3 Zur Historie *Kuhn* in H/H/R § 49 EStG Rn 1028.
4 *Schlenker* in Blümich § 6b EStG Rn 22.
5 BFH I R 140/66, BStBl II 1970, 428; BFH I R 86/69, BStBl II 1970, 567.
6 *Drenseck* in Schmidt § 21 EStG Rn 53.

Entgelte aus Wertpapierleih- oder Wertpapierpensionsgeschäften bzw der Überlassung von Anteilen an unbeschränkt steuerpflichtigen Kapitalgesellschaften fallen nicht hierunter; es fehlt an der Überlassung beweglicher Sachen im Inland (vgl dazu Rn 183)[1]. Im Hinblick auf das Besteuerungsverfahren ist zwischen den in § 49 I Nr 9 EStG genannten Einkunftsquellen zu trennen. Findet ein Steuerabzug statt, ist die Veranlagung ausgeschlossen (§ 32 I iVm § 50a I Nr 3 EStG, vgl Rn 220).

227 *Einstweilen frei.*

228 **VII. Sachliche Steuerpflicht gem § 2 Nr 2. 1. Dem Steuerabzug unterliegende Einkünfte. Inländische Einkünfte.** Die Steuerpflicht iSd § 2 Nr 2 knüpft an den Bezug inländischer Einkünfte an. Was inländische Einkünfte idS sind, ist abschließend in § 49 EStG aufgeführt (vgl Rn 92 ff).

229 **Steuerabzug im Inland.** Nur soweit Einkünfte vollständig oder teilweise einem Steuerabzugsverfahren im Inland unterliegen, führt dies zu einer Steuerpflicht der Steuersubjekte iSd § 2 Nr 2. Erzielt eine juristische Person des öffentlichen Rechts ausländische Einkünfte, können diese ungeachtet eines im Ausland stattfindenden Quellensteuerabzugs keine Steuerpflicht in Deutschland begründen. Dem Steuerabzug unterliegen die folgenden Einkünfte:

- Bestimmte Einkünfte aus Kapitalvermögen (§ 49 I Nr 5 EStG iVm § 43 ff EStG vgl im Einzelnen § 32 Rn 58 ff);
- Einkünfte aus der inländischen Verwertung von Darbietungen (§ 50a I Nr 2 EStG iVm § 49 I Nr 2 lit d, vgl § 32 Rn 74) oder der Überlassung der Nutzung oder des Rechts auf Nutzung von Rechten iSd § 50a I Nr 3 EStG iVm § 49 I Nr 6 EStG (vgl vgl § 32 Rn 75);
- Sonstige Einkünfte (§ 49 I Nr 9 iVm § 50a I Nr 1, 3 EStG, vgl § 32 Rn 73 ff);
- Bauleistungen (§ 48 EStG, vgl § 32 Rn 79).

230 *Einstweilen frei.*

231 **2. Inländische Einkünfte nach § 2 Nr 2 Hs 2. Erweiterung der inländischen Einkünfte.** Mit Inkrafttreten des UntStRefG 2008 wurde die sachliche Steuerpflicht für juristische Personen des öffentlichen Rechts um die in § 2 Nr 2 Hs 2 genannten Einkünfte erweitert. Hiernach werden Einkünfte aus Wertpapierleihen und Wertpapierpensionsgeschäften ebenso als inländische Einkünfte definiert. Der Begriff der insoweit statuierten inländischen Einkünfte bezieht sich ausschließlich auf die Steuerpflicht nach § 2 Nr 2 und erweitert nicht die sachliche Steuerpflicht nach § 2 Nr 1.

232 **Bedeutung der Wertpapierleihe und des Wertpapierpensionsgeschäfts.** Während wirtschaftlicher Zweck der Wertpapierleihe die Nutzung der dem Wertpapier innewohnenden Früchte (Dividenden) ist, dient das Wertpapierpensionsgeschäft in erster Linie der Liquiditätsbeschaffung. Steuerlich werden die Geschäfte unterschiedslos behandelt (weiterführend § 8b Rn 816 ff).[2]

---

1 Häuselmann, FR 2010, 200, 210.
2 BMF v 22.12.2009, BStBl I 2010, 94, Rn 170.

VII. Sachliche Steuerpflicht gem § 2 Nr 2

Historie/Zweck der Regelung. War eine juristische Person des öffentlichen Rechts an einer unbeschränkt steuerpflichtigen Kapitalgesellschaft beteiligt und war diese Beteiligung nicht einem BgA zugeordnet, unterlagen die aus der Beteiligung erzielten Einkünfte (Bezüge isd § 20 I Nr 1, 2, 9, 10 lit a EStG) der juristischen Person des öffentlichen Rechts der beschränkten Steuerpflicht. Die ausschüttende Kapitalgesellschaft hat als Schuldnerin der Beteiligungserträge KESt einzubehalten (§ 43 I EStG). Die daraus folgende Steuerbelastung[1] war definitiv. Mittels Substitution der Beteiligungserträge durch solche Einkünfte, die nicht dem Steuerabzug unterlagen, konnte diese Definitivbelastung vermieden werden.[2] Aktien wurden daher vor dem Dividendenstichtag gegen Zahlung eines Ausgleichsbetrages[3] verliehen. Die daraus resultierenden Einnahmen unterfielen als sonstige Einkünfte isd § 22 Nr 3 EStG nicht dem Steuerabzug.[4] Mittels dieser Gestaltung war es der juristischen Person des öffentlichen Rechts möglich, unter Umgehung des Steuerabzugsverfahrens Einkünfte nach § 22 Nr 3 EStG steuerfrei zu erzielen. Dieser Gestaltung tritt § 2 Nr 2 Hs 2 entgegen.

233

Zeitliche Anwendung der Regelung. Die Steuerbarkeit der Einkünfte knüpft gem § 34 IIa nicht an den Abschluss der Vereinbarung, sondern an den Zufluss der aus einer solchen Vereinbarung fließenden Einkünfte an. Alle Einkünfte, die der juristischen Person des öffentlichen Rechts nach dem 17.7.2007 zufließen, sind zu besteuern.

234

Einkunftstatbestände, Entgelte aus Überlassung von Anteilen. Die Steuerpflicht der Entgelte setzt voraus, dass diese für die Überlassung von Anteilen an einer im Inland unbeschränkt steuerpflichtigen Kapitalgesellschaft gewährt werden und der Entleiher diese oder gleichartige Anteile zurückzugewähren hat.

235

Rechtliche Qualifikation. Zivilrechtlich handelt es sich bei der Wertpapierleihe um ein Sachdarlehen isd § 607 BGB.[5] Der Rechtsgrund der Überlassung ist irrelevant. Gegenstand eines echten Wertpapierpensionsgeschäftes ist die Übertragung von Wertpapieren gegen Zahlung eines Betrages und gleichzeitiger Vereinbarung der Rückübertragung derselben Wertpapiere zu einem bestimmten oder zu einem vom Pensionsgeber zu bestimmenden Zeitpunkt wiederum gegen Zahlung eines anderen Betrages. Zivilrechtlich handelt es sich um einen Kauf mit Rückübertragungsverpflichtung (weiterführend § 8b Rn 820 ff).[6]

236

---

1 Gem §§ 43a I S 1 iVm 44 VIII EStG aF konnte die Definitivbelastung um die Hälfte vermindert werden.
2 *Obermann/Brill/Füllbier*, BB 2007, 1647, 1648; *Häuselmann*, DStR 2007, 1379, 1382.
3 Der Ausgleichsbetrag führte, war der Entleiher eine Kapitalgesellschaft, zu abziehbaren Betriebsausgaben, während die Dividenden gem § 8b I nicht der Steuer unterworfen wurden, vgl *Obermann/Brill/Füllbier*, BB 2007, 1647.
4 OFD Frankfurt am Main v 25.6.1996, EStK 1978, § 22, Karte 9.
5 Allgemeine Ansicht; vgl zB *Schnitger/Bildstein*, IStR 2008, 202; *Wagner*, DK 2009, 601; *Häuselmann*, FR 2010, 200 ff.
6 Vgl zu den bilanziellen und steuerlichen Wirkungen eines Pensionsgeschäfts *Hinz*, BB 1991, 1153 ff; *Häuselmann*, BB 2000, 1278 ff; *derselbe*, FR 2010, 200 ff.

237　**Anteile.** Die Überlassung bezieht sich auf „Anteile" an Kapitalgesellschaften. Zum Begriff des Anteils ist iSe einheitlichen Auslegung auf § 8b II zurückzugreifen.[1] Auch wenn dem Gesetz keine Beschränkung auf Wertpapiere entnommen werden kann, wird sich die hauptsächliche Anwendung der Wertpapierleihe auf (handelbare) Wertpapiere (Aktien) beschränken.

238　**Entgelt und Rückgabe.** Das Entgelt muss für die Überlassung gezahlt werden, was für eine synallagmatische Verknüpfung der Leistungen spricht. Der Empfänger (Entleiher) der Anteile hat diese oder gleichartige Anteile zurückzugewähren.

239　**Entgelte aus Wertpapierpensionsgeschäften.** Auch Entgelte „im Rahmen" sog echter Wertpapierpensionsgeschäfte iSd § 340b II HGB sind inländische Einkünfte und unterliegen der Steuerpflicht gem § 2 Nr 2 Hs 2 lit b. Aus welchen Gründen das Gesetz im Hinblick auf die Entgeltgewährung die Formulierung „im Rahmen" verwendet und nicht wie bei der Überlassung der Anteile nach § 2 Nr 2 Hs 2 lit a das Wort „dafür" oder wie in § 2 Nr 2 Hs 2 lit c das Wort „für" nutzt, ist unklar. Jedenfalls ergibt sich aus § 340b I HGB, dass das beim Pensionsgeschäft vereinbarte Entgelt – wie die anderen Entgelte – auch in einem synallagmatischen Verhältnis zur Wertpapierübertragung steht.[2]

240　**Entgeltsurrogate gem § 8b X S 2.** Die Erweiterung der Einkünfte um Einnahmen iSd des § 8b X S 2 dient dem Ausschluss und der Vermeidung von Umgehungsgestaltungen. Sie sind in § 2 Nr 2 Hs 2 lit c als inländische Einkünfte genannt. Technisch vollzieht der Gesetzgeber eine doppelte Fiktion. Die aus dem Wirtschaftsgut erzielten Einnahmen oder Bezüge werden zunächst dem Entleiher zugeordnet und gelten dann als der juristischen Person des öffentlichen Rechts gewährt (hierzu auch § 8b Rn 871 ff).

241　**Besteuerungsverfahren für Entgelte iSd § 2 Nr 2 Hs 2.** Zum Besteuerungsverfahren vgl Rn 261

242　*Einstweilen frei.*

243　**VIII. Besteuerungsverfahren. 1. Überblick.** Das Besteuerungsverfahren für beschränkt Steuerpflichtige ist nicht einheitlich geregelt. Ausgangsnorm ist § 32 I Nr 2. Da sich die Besteuerung nur auf bestimmte (im Inland erzielte) Einkünfte beschränkt, soll nach der Grundintention des Gesetzgebers die verfahrenstechnische Abwicklung der Besteuerung vereinfacht werden und im Grundsatz der Steuerabzug gelten. Lediglich im Ausnahmefall besteht die Möglichkeit, ein Veranlagungsverfahren zu betreiben.

244　**Abgrenzung der Besteuerungsverfahren.** Welches Besteuerungsverfahren zur Anwendung kommt, hängt (1) vom Steuersubjekt, (2) von den jeweils erzielten Einkünften und (3) zT von den Betätigungsbereichen innerhalb einer Einkunftsart ab. Das führt zu einer vielfältigen, die Handhabung erschwerenden Kasuistik (hierzu vgl zB Rn 208, 219, 220, 224).

1　*Gosch* in Gosch § 8b Rn 648.
2　*Waschbuch*, BB 1991, 172.

VIII. Besteuerungsverfahren

Steuersubjekte. § 32 I Nr 2 erfasst zunächst alle beschränkt Steuerpflichtigen. Der Verweis auf die Einkünfte, die dem Steuerabzug unterliegen, ist so zu verstehen, dass die Regelungen des EStG zu berücksichtigen sind. Werden dort Einkünfte einem Steuerabzugsverfahren unterstellt, gilt dieses auch für Zwecke der Besteuerung nach § 32. Insoweit ist auf die Sonderregelungen für beschränkt Steuerpflichtige in §§ 50, 50a EStG sowie auf §§ 43 ff EStG zurückzugreifen (vgl Rn 228 ff sowie § 32 Rn 73, 58 ff). Für die in § 2 Nr 2 Hs 2 genannten Einkünfte konstituiert § 32 III das Steuerabzugsverfahren.   245

Wirkungen der Besteuerungsverfahren. Der Steuerabzug hat abgeltende Wirkung (§ 32 I). Die Steuerbelastung ist definitiv, soweit nicht Steuerermäßigungen (nach Maßgabe eines DBA oder des nationalen Verfahrensrechts gem §§ 43b, 50d EStG) eingreifen. Die geschuldete Steuer wird bereits vom Schuldner der jeweiligen Vergütung oder des jeweiligen Ertrags einbehalten und für Rechnung des Steuerpflichtigen abgeführt. Der Abzug erfolgt von den Bruttoeinnahmen. Betriebsausgaben oder Werbungskosten können nicht abgezogen werden; dieses verstößt gegen die den Grundfreiheiten des AEUV innewohnenden Diskriminierungsverbote.[1] Findet hingegen eine Veranlagung statt, unterliegt der Steuerpflichtige einer Erklärungspflicht (vgl § 25 III EStG iVm § 149 I S 1 AO). Das Ergebnis der Veranlagung wird in einem Steuerbescheid festgestellt. Zur Verpflichtung nach dem ZerlG s § 6 VII ZerlG.   246

Einstweilen frei.   247

2. Besteuerung der beschränkt Steuerpflichtigen. a) Steuerpflichtige gem § 2 Nr 1. Ausländische Körperschaften, Personenvereinigungen und Vermögensmassen sind nach der Diktion des § 32 I Nr 1 im Grundsatz einem Steuerabzugsverfahren unterworfen (vgl auch § 32 I Nr 1).   248

Ausnahmen vom Steuerabzug. § 32 sieht (abschließende) Ausnahmen vor, die den Weg in das Veranlagungsverfahren eröffnen. Das ist der Fall, wenn   249

- die Einkünfte in einem gewerblichen Betrieb (einschließlich Land- und Forstwirtschaftsbetrieb) anfallen (§ 32 I Nr 2). Dies eröffnet Gestaltungsmöglichkeiten. So verhindert die Zuordnung der Einkünfte zu einer inländischen Betriebsstätte (dazu vgl Rn 120) die Abgeltungswirkung.[2]
- ein Steuerpflichtiger innerhalb desselben VZ sowohl der beschränkten als auch der unbeschränkten Steuerpflicht unterliegt (§ 32 II Nr 1, zum Weg- bzw Zuzug von Gesellschaften vgl Rn 78 ff).
- der beschränkt Steuerpflichtige die Veranlagung für die Besteuerung bestimmter Einkünfte beantragt (vgl § 32 II Nr 2). Dieses Antragsrecht betrifft Einkünfte, die
  – im Bereich der Darbietungen (vgl § 50a I Nr 1 EStG) und
  – deren Verwertung (§ 50a I Nr 2 EStG) erzielt werden,
  – für Aufsichtsrats- und ähnliche Vergütungen (§ 50a I Nr 4 EStG).

Die Abgeltungswirkung greift auch nicht, soweit § 38 II anzuwenden ist.

---

1 Zu den EU-rechtlichen Auswirkungen *Schnitger*, FR 2003, 745.
2 *Ege*, DStR 2010, 1205, 1207; *Becht* in H/H/R § 2 Rn 11.

Das Antragsrecht gilt gem § 32 IV nur für

- die beschränkt Steuerpflichtigen iSd § 2 Nr 1, die in einem EU/EWR-Staat gegründet wurden und deren Sitz und Ort der Geschäftsleitung sich in einem EU/EWR-Staat befindet und für
- Europäische Gesellschaften und Europäische Genossenschaften.

Im Einzelnen vgl dazu § 32 Rn 111 bis 148.

250 **Betroffene Einkünfte.** Für die dem Steuerabzug unterworfenen Einkünfte vgl Rn 229

251 **Zu- und Wegzug.** Unterliegt ein Rechtssubjekt innerhalb eines VZ sowohl der beschränkten als auch der unbeschränkten Steuerpflicht (zum Zu- und Wegzug von Gesellschaften vgl Rn 78 ff.) ist nur eine Steuererklärung für diesen VZ abzugeben.

252 **Steuersatz.** Der Steuerabzug bei Kapitaleinkünften beträgt idR 25 %.[1] Der Betrag wird auf Antrag beim BZSt um 2/5 der einbehaltenen KESt reduziert (vgl § 44a IX EStG), so dass im Ergebnis die Effektivbelastung mit 15 % dem KSt-Satz entspricht. Weitergehende Erstattungs- oder Ermäßigungsvoraussetzungen finden sich in § 50a II 3 EStG. Das Erstattungsverfahren findet sich in § 50d EStG (vgl Rn 23). Zur Ermäßigung aufgrund von DBA vgl § 32 Rn 30; aufgrund MTRL gem § 43b EStG vgl § 32 Rn 31.

253 *Einstweilen frei.*

254 **b) Steuerpflichtige gem § 2 Nr 2.** Bei der Besteuerung der nach § 2 Nr 2 beschränkt Steuerpflichtigen ist zwischen den Körperschaften, Personenvereinigungen oder Vermögensmassen, die außerhalb ihres BgA Einkünfte erzielen und denjenigen zu unterscheiden, welche die in § 2 Nr 2 Hs 2 beschriebenen Einkünfte erzielen. Einkünfte, die nicht einem BgA zugeordnet werden können und einem Steuerabzug unterliegen, werden gem § 32 I Nr 2 definitiv besteuert. Für die in § 2 Nr 2 Hs 2 genannten Einkünfte begründet § 32 III einen eigenen Steuerabzugstatbestand (vgl Rn 241).

255 **Nebeneinander von unbeschränkter und beschränkter Steuerpflicht.** Steuersubjekte nach § 2 Nr 2 können gleichzeitig der unbeschränkten und der beschränkten Steuerpflicht unterliegen (vgl Rn 17). Die Besteuerung findet gem den bezogenen Einkünften statt. Die der unbeschränkten Steuerpflicht unterfallenden Einkünfte (§ 1 I Nr 6) sind im Wege der Veranlagung zu besteuern. IÜ findet ein Steuerabzugsverfahren statt. Eine Anrechnung der KSt-Abzugsbeträge auf die für den BgA zu zahlende KSt scheidet aus.[2]

256 **Steuererklärungspflicht.** Es besteht für die dem Steuerabzug unterliegenden Einkünfte keine Erklärungspflicht der juristischen Person des öffentlichen Rechts, ungeachtet dessen, dass diese Einkünfte neben Einkünften, die unbeschränkt steuerpflichtig sind, bezogen werden.[3]

---

1 Mit Ausnahme der Kapitalerträge nach § 20 I Nr 10a, b EStG (vgl § 43a I Nr 2 EStG).
2 *Siegers* in D/J/P/W § 32 Rn 22.
3 *Kroschel* in EY § 32 Rn 19.

VIII. Besteuerungsverfahren

Steuerabzug für inländische Einkünfte nach dem EStG. Erzielt eine juristische Person des öffentlichen Rechts Einkünfte außerhalb ihres BgA, und ist für diese Einkünfte im EStG kein Steuerabzug vorgesehen bzw wird ausdrücklich vom Steuerabzug Abstand genommen (§ 44a IV S 1 Nr 2 EStG), ist eine Veranlagung ausgeschlossen und kann auch nicht beantragt werden. Im Gegensatz zu beschränkt Steuerpflichtigen nach § 2 Nr 1 geht die Ausnahme des § 32 II Nr 1 ins Leere.[1] Sind dagegen die dem Steuerabzug unterliegenden Einkünfte einem BgA zuzuordnen, sind diese der unbeschränkten Steuerpflicht und damit einem Veranlagungsverfahren unterworfen.[2]

257

Zuordnung der Einkünfte zu einem Land- und Forstwirtschaftsbetrieb. Sind die einem Steuerabzug unterliegenden Einkünfte einem Land- und Forstwirtschaftsbetrieb der juristischen Person des öffentlichen Rechts zuzuordnen – insoweit liegt kein BgA vor – (vgl § 4 I), stellt sich die Frage, ob dennoch ein Steuerabzug vorzunehmen ist. Dies wird zT unter Hinweis darauf, dass die Zuordnung zu einem land- und forstwirtschaftlichen Betrieb die Abgeltungswirkung ausschließt, verneint.[3] Richtigerweise ist zwischen Tatbestand (Erzielen der Einkünfte) und der daraus zu ziehenden Rechtsfolge (Abgeltungswirkung) zu unterscheiden.[4] Soweit für einen Steuerabzug plädiert wird,[5] wird verkannt, dass § 32 das Besteuerungsverfahren konstitutiv für Einkünfte regelt, die einem Steuerabzug unterliegen. Das ist bei Einkünften aus Land und Forstwirtschaft gerade nicht der Fall.

258

Wechsel der Steuerpflicht. Wechselt eine juristische Person des öffentlichen Rechts innerhalb desselben VZ von der beschränkten Steuerpflicht in die unbeschränkte Steuerpflicht oder umgekehrt, bspw durch die Zuordnung von Steuerabzugseinkünften zu ihrem BgA, verbleibt es bei einem bereits erfolgten Steuerabzug mit entsprechender Abgeltungswirkung[6] (vgl auch § 7 III S 3).

259

Betroffene Einkünfte. Für die dem Steuerabzug unterworfenen Einkünfte vgl Rn 229. Die effektive Steuerbelastung dieser Einkünfte beträgt bei Durchführung entsprechender Freistellungs- und Erstattungsverfahren 15 % (vgl § 43a I iVm § 44a VIII EStG, § 48 I EStG, § 50a II EStG).

260

Steuerabzug für Entgelte gem § 2 Nr 2 Hs 2. Das EStG sieht für Einkünfte iSd § 2 Nr 2 Hs 2 kein Steuerabzugsverfahren vor. Stattdessen konstituiert § 32 III den Steuerabzug. Die Regelung war erforderlich, da nach der Grundkonzeption der beschränkten Steuerpflicht juristische Personen des öffentlichen Rechts nur mit ihren Einkünften, die dem Steuerabzug unterliegen, besteuert werden sollen. Sie fand mit dem UntStRefG 2008 Eingang ins Gesetz und stellt die verfahrenstechnische Erfassung der mit § 2 Nr 2 Hs 2 begründeten Steuerpflicht für Entgelte aus sog Wertpapierleihgeschäften sicher (vgl Rn 231 ff; vgl auch § 32 Rn 149).

261

---

1 *Siegers* in D/J/P/W § 32 Rn 28
2 *Siegers* in D/J/P/W § 32 Rn 27.
3 *Kroschel* in EY § 32 Rn 20; *Streck* in Streck § 32 Rn 7.
4 *Siegers* in D/J/P/W § 32 Rn 29.
5 *Siegers* in D/J/P/W § 32 Rn 29.
6 *Grützner* in Mössner/Seeger § 32 Rn 9.

262 **Regelungsgehalt.** Technisch verweist das Gesetz auf die Vorschriften zum Steuerabzug für Kapitalerträge. Zeitlich ist der Steuerabzug beim Zufluss der Entgelte bei der juristischen Person des öffentlichen Rechts vorzunehmen (§ 32 III S 3 iVm § 44 II EStG). Zum Steuerabzug Verpflichteter ist der Entleiher. Der Steuersatz der einzubehaltenden KESt beträgt seit dem 1.1.2008 15 %.[1] Zu weiteren Einzelheiten vgl § 32 Rn 151 ff.

263-265 *Einstweilen frei.*

---

1 Die seit dem 18.7.2007 bis zum 31.12.2007 bezogenen Einkünfte waren mit 10 % zu besteuern (§ 34 XIIIb S 2).

§ 3 Abgrenzung der Steuerpflicht bei nichtrechtsfähigen Personenvereinigungen und Vermögensmassen sowie bei Realgemeinden

(1) Nichtrechtsfähige Personenvereinigungen, Anstalten, Stiftungen und andere Zweckvermögen sind körperschaftsteuerpflichtig, wenn ihr Einkommen weder nach diesem Gesetz noch nach dem Einkommensteuergesetz unmittelbar bei einem anderen Steuerpflichtigen zu versteuern ist.

(2) ¹Hauberg-, Wald-, Forst- und Laubgenossenschaften und ähnliche Realgemeinden, die zu den in § 1 bezeichneten Steuerpflichtigen gehören, sind nur insoweit körperschaftsteuerpflichtig, als sie einen Gewerbebetrieb unterhalten oder verpachten, der über den Rahmen eines Nebenbetriebs hinausgeht. ²Im Übrigen sind ihre Einkünfte unmittelbar bei den Beteiligten zu versteuern.

KStH 2, 5

Übersicht

	Rn
I. Regelungsgehalt	1 – 2
II. Rechtsentwicklung	3 – 4
III. Normzweck und Anwendungsbereich	5 – 27
1. Bedeutung der Norm	5 – 11
a) § 3 I	5 – 8
b) § 3 II	9 – 11
2. Persönlicher Anwendungsbereich	12 – 16
a) § 3 I	12 – 14
b) § 3 II	15 – 16
3. Zeitlicher Anwendungsbereich	17 – 18
4. Verhältnis zu anderen Vorschriften	19 – 27
a) § 3 I	19 – 23
b) § 3 II	24 – 27
IV. Subsidiarität der Körperschaftsteuerpflicht bei Personenvereinigungen und Zweckvermögen (§ 3 I)	28 – 57
1. Definition der betroffenen Rechtsgebilde	28 – 41
a) Nichtrechtsfähige Personenvereinigungen	28 – 35
b) Weitere nichtrechtsfähige Rechtsgebilde (Anstalten, Stiftungen und andere Zweckvermögen)	36 – 41
2. Unmittelbare Versteuerung bei einem anderen Steuerpflichtigen	42 – 54
3. Rechtsfolge	55 – 57
V. Eingeschränkte Subsidiarität bei Realgemeinden (§ 3 II)	58 – 86
1. Begriff der Realgemeinde	58 – 67
2. Steuerliche Folgen bei der Realgemeinde (§ 3 II S 1)	68 – 76

3. Besteuerung bei den Beteiligten (§ 3 II S 2) .... 77 – 86
   a) Allgemeines .... 77 – 78
   b) Zurechnungsvorschrift für Einkünfte außerhalb
      des Gewerbebetriebs der Realgemeinde .... 79 – 83
   c) Besteuerung von Gewinnanteilen und Dividenden
      aus dem Gewerbebetrieb der Realgemeinde .... 84 – 86

1   **I. Regelungsgehalt.** § 3 I stellt sicher, dass das von den dort genannten Rechtsgebilden erzielte Einkommen nur dann der KSt unterworfen wird, wenn dieses weder nach dem KStG noch nach dem EStG unmittelbar bei einem oder mehreren anderen (hinter den in § 3 I genannten Rechtsgebilden stehenden) natürlichen oder juristischen Personen zu versteuern ist.[1] § 3 II grenzt die originäre Steuerpflicht von Realgemeinden ab, wonach diese nur insoweit körperschaftsteuerpflichtig sind, als sie einen Gewerbebetrieb unterhalten oder verpachten.

2   *Einstweilen frei.*

3   **II. Rechtsentwicklung.** Bereits in § 1 I Nr 2 idFd KStG 1920 v 30.3.1920[2] war die Körperschaftsteuerpflicht nicht rechtsfähiger Personenvereinigungen geregelt. Demnach lag eine Körperschaftsteuerpflicht vor, wenn das Einkommen nicht nach dem EStG bei einem anderen Steuerpflichtigen zu erfassen war. Die folgenden Gesetze behielten diese Regelung bei, stellten sie jedoch mit § 6 idFd KStG 1925 v 10.8.1925[3] und § 3 KStG idFd 1934 v 16. 10.1934[4] hinter die Vorschriften über die unbeschränkte und beschränkte Steuerpflicht. Um eine gewisse Flexibilität bei der Körperschaftsteuerpflicht nichtrechtsfähiger Personenvereinigungen zu erhalten, wurde mit dem KStG 1934 eine Ermächtigung eingeführt, wonach durch Rechtsverordnung andere Personenvereinigungen als die in § 1 bezeichneten für unbeschränkt körperschaftsteuerpflichtig erklärt werden konnten. Diese Ermächtigung zum Erlass einer Rechtsverordnung sollte die Möglichkeit bieten, inländische Kartelle, Syndikate und Interessengemeinschaften sowie GmbH & Co (KG) wie Kapitalgesellschaften zu besteuern. Da die Regelung jedoch nicht im Einklang mit Art 80 GG stand, wurde sie durch Art 4 Nr 11 des Gesetzes zur Neuordnung von Steuern v 16.12.1954[5] gestrichen. Die Vorschrift über die Steuerpflicht von Realgemeinden fand sich erstmals in § 9 I Nr 6 idFd KStG 1925. Demnach waren bestimmte Realgemeinden mit ihrem gesamten Einkommen körperschaftsteuerpflichtig, wenn sie einen Gewerbebetrieb unterhielten. Mit § 4 I Nr 5 idFd KStG 1934 wurde die Körperschaftsteuerpflicht zwar auf den Gewinn aus dem Gewerbebetrieb beschränkt, aber zugleich auf verpachtete Gewerbebetriebe erweitert. Durch das GDL v 15.9.1965[6] wurden die Regelungen über die subjektive Steuerpflicht von Realgemeinden § 3 II und III zugeordnet und später in § 3 II idFd

---

1   BFH GrS 4/82, BStBl II 1984, 751.
2   RGBl I 1920, 393.
3   RGBl I 1925, 208.
4   RGBl I 1934, 1031.
5   BGBl I 1954, 373.
6   BGBl I 1965, 1350.

III. Normzweck und Anwendungsbereich

KStG 1977 v 31.8.1976[1] zusammengefasst. Da die Vorschriften § 9 I Nr 6 idFd KStG 1925 entnommen wurden, ergaben sich keine sachlichen Änderungen. Seit dem KStG 1977 ist § 3 sowohl inhaltlich als auch vom Wortlaut nicht mehr geändert worden.

Einstweilen frei.

III. Normzweck und Anwendungsbereich. 1. Bedeutung der Norm. a) § 3 I. Sicherstellung der Einmalbesteuerung. § 3 I soll eine doppelte Besteuerung ausschließen, indem eine Körperschaftsteuerpflicht der genannten Gebilde nur dann besteht, wenn das Einkommen nicht bei einem anderen Steuerpflichtigen zu versteuern ist.[2] Gleichzeitig soll jedoch sichergestellt werden, dass das entsprechende Einkommen einmal der Besteuerung unterworfen wird – entweder bei dem nichtrechtsfähigen Gebilde selbst oder bei den dahinterstehenden Personen.[3] Insofern soll § 3 I sowohl Kollisionen von Körperschaft- und Einkommensteuerpflicht als auch das Entstehen systemwidriger Lücken vermeiden.[4]

Auffang- oder Ergänzungstatbestand. Der in der Literatur bestehende Streit über den Regelungscharakter des § 3 I hat mittlerweile überwiegend akademische Bedeutung. Unstreitig ist, dass § 3 I einen Auffangtatbestand begründet.[5] Zur Frage, ob es sich bei § 3 I um einen Ersatztatbestand handelt, der eingreift, soweit nicht bereits § 1 I Nr 5 zur Körperschaftsteuerpflicht führt,[6] oder lediglich um einen Ergänzungstatbestand zu § 1 I Nr 5 vgl jedoch Rn 19.[7]

Praktische Bedeutung. Durch die Änderung der Rechtsprechung des BGH zur Rechtsfähigkeit der GbR[8] ist die Anzahl der nicht rechtsfähigen Personenvereinigungen weiter eingeschränkt worden. Praktische Bedeutung hat § 3 weiterhin insbesondere für die Frage der steuerlichen Abgrenzung des nichtrechtsfähigen Vereins von der GbR sowie bei der Frage der Behandlung ausländischer Gesellschaften.[9] Durch die Erweiterung der unbeschränkten Körperschaftsteuerpflicht auf die SE und SCE durch das SEStEG v 7.12.2006[10] wurde der praktische Anwendungsbereich von § 3 I weiter eingeengt. Auch die Abkehr der Rechtsprechung von der zivilrechtlichen Sitztheorie hin zur Gründungstheorie[11] führt zur Abnahme der Bedeutung des § 3. Demnach sind Kapitalgesellschaften als rechtsfähig und folglich unbeschränkt körperschaftsteuerpflichtig nach § 1 I Nr 1 anzusehen, wenn der tatsächliche Sitz der Geschäftsleitung im Inland liegt, unabhängig davon, ob sie im In- oder Ausland gegründet wurden (vgl § 1 Rn 207).

Einstweilen frei.

---

1 BGBl I 1976, 2597.
2 BFH I R 106/00, BFH/NV 2003, 868.
3 *Rengers* in Blümich § 3 Rn 8; *Suchanek* in H/H/R § 3 Rn 3; *Graffe* in D/J/P/W § 3 Rn 4.
4 *Frotscher* in Frotscher/Maas § 3 Rn 1.
5 BFH I R 106/00, BFH/NV 2003, 868.
6 *Graffe* in D/J/P/W § 3 Rn 4.
7 *Suchanek* in H/H/R § 3 Rn 7; *Frotscher* in Frotscher/Maas § 3 Rn 1; *Lambrecht* in Gosch § 3 Rn 7; *Kalbfleisch* in EY § 3 Rn 4.
8 BGH II ZR 331/00, NJW 2001, 1061 ff.
9 *Streck* in Streck § 3 Rn 1.
10 § 1 I Nr 1 und 2 neu gefasst mit Wirkung vom VZ 2006 durch das SEStEG (BGBl I 2006, 2782).
11 *Lambrecht* in Gosch § 1 Rn 108.

9 **b) § 3 II. Sicherstellung der einheitlichen Besteuerung.** § 3 II regelt, ob die aus dem Wirken einer Genossenschaft oder ähnlichen Realgemeinde erzielten Einkünfte bei der Realgemeinde selbst nach dem KStG oder bei ihren Mitgliedern iRd Einkommensbesteuerung steuerlich erfasst werden.[1] Die Körperschaftsteuerpflicht ist dabei von sachlichen Tatbestandsmerkmalen abhängig. Unerheblich ist, ob es sich bei den Verbänden um juristische Personen handelt. Die Vorschrift dient der Sicherstellung einer einheitlichen Besteuerung der betreffenden Realverbände und kommt einer subjektiv steuerbefreienden Regelung iSd § 5 nahe.[2]

10 **Praktische Bedeutung.** § 3 II ist aufgrund seiner Adressaten ebenfalls nur noch von geringer praktischer Bedeutung. Die Norm enthält eine zusätzliche vollständige und eine teilweise Körperschaftsteuerbefreiung.

11 *Einstweilen frei.*

12 **2. Persönlicher Anwendungsbereich. a) § 3 I. Nichtrechtsfähige Gebilde.** § 3 I gilt grundsätzlich für alle Gebilde, die nicht rechtsfähig und daher auch in keinem Register eingetragen sind (im Einzelnen unter vgl Rn 28 ff).

13 **Unbeschränkte und beschränkte Steuerpflicht.** § 3 I nimmt nur eine Abgrenzung der Steuersubjekte vor, so dass die Frage der beschränkten oder unbeschränkten Steuerpflicht nicht aufgeworfen wird bzw sowohl bei unbeschränkt als auch beschränkt Steuerpflichtigen anwendbar ist.

14 *Einstweilen frei.*

15 **b) § 3 II. Juristische Personen und nichtrechtsfähige Gebilde.** Bei § 3 II ist dagegen die Rechtsform ohne Bedeutung, es kommen sowohl juristische Personen als auch nichtrechtsfähige Gebilde iSd § 1 I Nr 5 in Betracht.[3]

16 *Einstweilen frei.*

17 **3. Zeitlicher Anwendungsbereich.** § 3 ist in der derzeit gültigen Fassung seit dem VZ 1977 anwendbar.

18 *Einstweilen frei.*

19 **4. Verhältnis zu anderen Vorschriften. a) § 3 I. § 1 I Nr 5.** § 3 I ergänzt als Auffangtatbestand § 1 I Nr 5.[4] Bisher ungeklärt ist jedoch die Frage, ob es sich bei § 3 I um einen Ersatz- oder einen Ergänzungstatbestand des § 1 I Nr 5 handelt. Ausgehend der Tatsache, dass § 3 I seinen Ursprung in § 1 I Nr 2 idFd KStG 1920 hat (vgl Rn 5), lässt sich schlussfolgern, dass § 3 I keine eigenständige Besteuerungsgrundlage darstellt. Ferner ist keine nichtrechtsfähige Personenvereinigung denkbar, die körperschaftlich organisiert und nicht als nichtrechtsfähiger Verein zu qualifizieren ist bzw bei denen keine originäre Einkommen- bzw Körperschaftsteuerpflicht der Mitglieder vorgeschrieben ist.[5] Somit ist von einem Ergänzungscharakter des § 3 I auszugehen.[6]

---

1 *Lambrecht* in Gosch § 3 Rn 4.
2 *Frotscher* in Frotscher/Maas § 3 Rn 34; *Lambrecht* in Gosch § 3 Rn 4; *Kalbfleisch* in EY § 3 Rn 12; *Rengers* in Blümich § 3 Rn 33.
3 *Frotscher* in Frotscher/Maas § 3 Rn 36 f.
4 BFH I R 106/00, BFH/NV 2003, 868; BFH GrS 4/82, BStBl II 1984, 751.
5 *Suchanek* in H/H/R § 3 Rn 7.
6 *Suchanek* in H/H/R § 3 Rn 7; *Lambrecht* in Gosch § 3 Rn 3, 7; *Rengers* in Blümich § 3 Rn 14, 20 ff.

IV. Subsidiarität der Körperschaftsteuerpflicht bei Personenvereinigungen und Zweckvermögen

§ 2. § 3 I schränkt den Anwendungsbereich von § 2 ein.[1] § 3 I verneint eine Steuerpflicht, wenn das Einkommen unmittelbar nach EStG oder KStG von einem oder mehreren anderen Steuerpflichtigen zu versteuern ist. Insoweit fallen die nichtrechtsfähigen Personenvereinigungen und Vermögensmassen nicht in den Anwendungsbereich des § 2.[2]

§ 15 EStG. Aufgrund seines Auffangcharakters ist § 3 I im Verhältnis zu § 15 EStG nachrangig.[3]

§ 15 AStG. Die Besteuerung des Einkommens und Vermögens von Familienstiftungen, Personenvereinigungen oder sonstigen Zweckvermögen mit Sitz und Geschäftsleitung im Ausland ist in § 15 AStG geregelt. § 15 AStG ist insofern lex specialis zu § 3 I.

Einstweilen frei.

b) § 3 II. § 13 I Nr 4 EStG. § 3 II regelt die Körperschaftsteuerpflicht von Hauberg-, Wald-, Forst- und Laubgenossenschaften. Sofern diese nicht vorliegt, regelt § 13 I Nr 4 EStG die einkommensteuerliche Behandlung der in den Genossenschaften erzielten Einkünfte. § 3 II ist lex specialis zu § 13 I Nr 4 EStG.[4]

§ 5 I Nr 14. § 3 II ist lex specialis zu § 5 Nr 14, da das Vorliegen der Steuerpflicht vor einer möglicherweise in Frage kommenden Steuerbefreiung geprüft werden muss.[5]

§ 8 II. Da lediglich unbeschränkt Steuerpflichtige iSd § 1 I Nr 1-3 in den Anwendungsbereich des § 8 II fallen, ist zunächst die Steuerpflicht zu prüfen. Insofern ist § 3 II lex specialis zu § 8 II.

Einstweilen frei.

IV. Subsidiarität der Körperschaftsteuerpflicht bei Personenvereinigungen und Zweckvermögen (§ 3 I). 1. Definition der betroffenen Rechtsgebilde. a) Nichtrechtsfähige Personenvereinigungen. Aufgrund des Wortes „Personenvereinigungen" im Vergleich zu dem Wort „Vereine" wird in der hM dem Grunde nach davon ausgegangen, dass § 3 I einen weiteren Anwendungsbereich als § 1 I Nr 5 hat.[6] Hierunter fallen[7]:

- nichtrechtsfähiger Verein iSd § 54 BGB[8],
- Gemeinschaften zur gesamten Hand,
- sonstige nichtrechtsfähige Personenvereinigungen.

Nichtrechtsfähiger Verein. Nichtrechtsfähig sind Vereine iSd §§ 21 ff BGB, die keiner Eintragung im Vereinsregister und keiner staatlichen Verleihung bedürfen. Diese sog Idealvereine besitzen keine eigene Rechtspersönlichkeit. Nach außen treten

---

1 *Lambrecht* in Gosch § 3 Rn 8; *Graffe* in D/J/P/W § 3 Rn 9; *Rengers* in Blümich § 3 Rn 14, 27.
2 *Suchanek* in H/H/R § 3 Rn 9.
3 *Lambrecht* in Gosch § 3 Rn 9; *Suchanek* in H/H/R § 3 Rn 13.
4 *Suchanek* in H/H/R § 3 Rn 12.
5 *Suchanek* in H/H/R § 3 Rn 10.
6 *Rengers* in Blümich § 3 Rn 20; *Graffe* in D/J/P/W § 3 Rn 14; *Suchanek* in H/H/R § 3 Rn 20; *Frotscher* in Frotscher/Maas § 3 Rn 4; aA *Kalbfleisch* in EY § 3 Rn 8.
7 *Suchanek* in H/H/R § 3 Rn 20.
8 BFH GrS 4/82, BStBl II 1984, 751.

sie durch die gewählten Organe auf. Dennoch verfügen sie über eine körperschaftsähnliche Innenverfassung. Die Mitgliederzahl ist nicht geschlossen.[1] Weitere Einzelheiten unter § 1 Rn 172 ff. Beispiele für nichtrechtsfähige Vereine sind[2]:

- arbeitsrechtliche Tarifvertragsparteien[3],
- Ordensgemeinschaften,
- Kartelle,
- Verbindungen von Studierenden[4] und
- Waldgemeinschaften[5].

30   **Gemeinschaften zur gemeinsamen Hand.** Gemeinschaften zur gemeinsamen Hand sind im Wesentlichen die auf familien- oder erbrechtlicher Grundlage beruhenden Gemeinschaften (zB eheliche oder fortgesetzte Gütergemeinschaft, Erbengemeinschaft).

31   **Sonstige nichtrechtsfähige Personenvereinigungen.** Als sonstige nichtrechtsfähige Personenvereinigungen gelten die Partenreederei, die stille Gesellschaft und andere Vereinigungen ohne gesamthänderisch gebundenes Vermögen.[6]

32   **Vorgesellschaft und Vorgründungsgesellschaft.** Eine Vorgesellschaft einer Kapitalgesellschaft fällt nicht unter § 3 I, da ihr Einkommen idR unmittelbar durch die Gründer versteuert wird.[7] Diese gelten als Mitunternehmer iSd § 15 I S 1 Nr 2 EStG. Eine Vorgründungsgesellschaft kann jedoch in besonderen Fällen als nichtrechtsfähiger Verein oder Personenvereinigung körperschaftsteuerpflichtig sein, wenn ein größerer Kreis von Personen, eine Verfassung und geschäftsführende Organe vorhanden sind (H 2 KStH Stichwort „Vorgründungsgesellschaft").[8]

33   **Ausländische Kapitalgesellschaften.** Im Anschluss an das BFH-Urteil v 23.6.1992[9] wurde früher ein Anwendungsbereich des § 3 I für zugezogene ausländische Kapitalgesellschaften gesehen.[10] Im Anschluss an die Rechtsprechung des EuGH zur Anerkennung ausländischer Kapitalgesellschaften aus anderen EU-Staaten bzw der Änderung des § 1 Nr 1 (vgl § 1 Rn 209) ist dieses jedoch nur noch eingeschränkt denkbar. Im Ergebnis kann § 3 I nur noch bei nicht europäischen ausländischen Gesellschaften, die ihren statutarischen Sitz im Ausland aber Verwaltungssitz im Inland haben und nicht nach völkerrechtlichen Verträgen dennoch anzuerkennen sind (hierzu § 1 Rn 208), eine Rolle spielen.[11]

34-35   *Einstweilen frei.*

---

1   *Ellenberger* in Palandt § 54 BGB Rn 1, 4; *Reuter* in MüKo BGB § 54 BGB Rn 1; *Schöpflin* in Prütting/Wegen/Weinreich § 54 BGB Rn 5; *Suchanek* in H/H/R § 3 Rn 20.
2   *Ellenberger* in Palandt § 54 BGB Rn 1, 5; *Schöpflin* in Prütting/Wegen/Weinreich § 54 BGB Rn 1; *Graffe* in D/J/P/W § 3 Rn 14; *Frotscher* in Frotscher/Maas § 3 Rn 9; *Sauter/Oblau* in Erle/Sauter § 3 Rn 8.
3   BGH VI ZR 176/63, NJW 1965, 29; BGH VII ZR 63/66, NJW 1968, 1730.
4   OLG Koblenz 9 W 69/93, NJW-RR 1993, 697.
5   BGH II ZR 101/56, NJW 1957, 1800.
6   *Suchanek* in H/H/R § 3 Rn 20.
7   BFH IV R 88/06, BFH/NV 2010, 1368.
8   BFH I 8/52 U, BStBl III 1952, 172.
9   BFH IX R 182/87, BStBl II 1992, 972.
10   *Lambrecht* in Gosch § 3 Rn 15.
11   *Lambrecht* in Gosch § 1 Rn 108.

b) Weitere nichtrechtsfähige Rechtsgebilde (Anstalten, Stiftungen und andere Zweckvermögen). Definition. Weiterhin werden in § 3 I genannt: 36
- nichtrechtsfähige Anstalten (des privaten und öffentlichen Rechts),
- nichtrechtsfähige Stiftungen,
- nichtrechtsfähige andere Zweckvermögen.

Nichtrechtsfähige Anstalten, Stiftungen und andere Zweckvermögen privaten Rechts. Die in § 3 I aufgezählten Anstalten, Stiftungen und Zweckvermögen des privaten Rechts sind mit denen in § 1 I Nr 5 genannten identisch (zu den Definitionen im Einzelnen § 1 Rn 179, 181 und 185). 37

Nichtrechtsfähige Anstalten des öffentlichen Rechts. Zudem bezieht § 3 I im Unterschied zu § 1 I Nr 5 auch nichtrechtsfähige Anstalten des öffentlichen Rechts mit ein. Nichtrechtsfähige Anstalten sind unselbständige, nicht verbandsmäßig zusammengeschlossene Organisationen unter einem rechtsfähigen Träger.[1] Folglich sind sie in die Staatsorganisation eingegliedert und nicht Träger eigener Rechte und Pflichten. Der Unterschied zu den Körperschaften des öffentlichen Rechts besteht darin, dass sie keine Mitglieder aufnehmen, sondern lediglich eine Benutzungsmöglichkeit bieten. Die Rechtsbeziehung zu den Anstaltsbenutzern kann privatrechtlich gestaltet sein. Der öffentlich-rechtliche Charakter der Anstalt ergibt sich aus der Anstaltsordnung. Beispiele für nichtrechtsfähige Anstalten des öffentlichen Rechts sind das Technische Hilfswerk, die Bundesanstalt für Materialforschung und -prüfung sowie staatliche Schulen. 38

Nichtrechtsfähige Zweckvermögen des öffentlichen Rechts. Auch nichtrechtsfähige Zweckvermögen des öffentlichen Rechts fallen unter § 3 I, aber nicht unter § 1 I Nr 5.[2] Dabei handelt es sich um Sammelvermögen, die durch Spenden oder Beiträge von mehreren Personen für einen bestimmten, vorübergehenden Zweck zusammengetragen wurden.[3] Sammelvermögen haben keine eigene Rechtspersönlichkeit. Die Verwaltung des Vermögens erfolgt treuhänderisch durch die Gesamtheit der Spender.[4] Beispiele für derartige Zweckvermögen sind insbesondere die Unterstützung von Hochwassergeschädigten, Hinterbliebenen von Terroranschlägen und Flugzeugkatastrophen, von Flüchtlingen sowie die Errichtung und Erhaltung von Denkmälern, historischen Bauten und Kirchen.[5] 39

Einstweilen frei. 40-41

2. Unmittelbare Versteuerung bei einem anderen Steuerpflichtigen. Voraussetzungen. Die Körperschaftsteuerpflicht des in § 3 I aufgeführten Personenkreises tritt nicht ein, wenn 42

---

1 *Sauter/Oblau* in Erle/Sauter § 3 Rn 10; *Wallenhorst* in Wallenhorst/Halaczinsky, A Rn 83.
2 *Lambrecht* in Gosch § 3 Rn 13.
3 *Ellenberger* in Palandt Vorb vor § 80 BGB Rn 11; *Schöpflin* in Prütting/Wegen/Weinreich § 1914 BGB Rn 1; *Sauter/Oblau* in Erle/Sauter § 3 Rn 12.
4 *Diederichsen* in Palandt § 1914 BGB Rn 1; *Schöpflin* in Prütting/Wegen/Weinreich § 1914 BGB Rn 1; *Frotscher* in Frotscher/Maas § 3 Rn 19; *Sauter/Oblau* in Erle/Sauter § 3 Rn 13.
5 *Sauter/Oblau* in Erle/Sauter § 3 Rn 12.

- das Einkommen (vgl Rn 43 ff)
- nach den Bestimmungen des KStG oder EStG (vgl Rn 46 ff)
- unmittelbar bei einem anderen Steuerpflichtigen zu versteuern ist (vgl Rn 49 ff).

43 **Einkommenszurechnung.** Diese Voraussetzung betrifft lediglich die steuerliche Einkommenszurechnung. Deshalb ist es irrelevant, ob es zu einer tatsächlichen Versteuerung kommt, weil zB persönliche oder sachliche Steuerbefreiungen bei den anderen Rechtspersonen bestehen, oder aufgrund einer unzutreffenden Veranlagung unterbleibt.[1]

44 **Einkommenszurechnung bei mehreren Steuerpflichtigen.** Im Falle einer anteiligen Einkommenszurechnung bei mehreren Steuerpflichtigen sind die Voraussetzungen des § 3 I nicht erfüllt, wenn das Einkommen zusammengenommen voll versteuert wird.[2]

45 **Betroffenes Einkommen, wirtschaftliche Doppelbesteuerung.** § 3 I verhindert keine wirtschaftliche Doppelbesteuerung bzw schränkt eine Besteuerung des Einkommens eines im § 3 I genannten Rechtsgebildes auf zweiter Ebene im Hinblick auf die Zuwendungen an die hinterstehenden Personen ein.[3] Mit seinem Tatbestandsmerkmal, dass das „Einkommen" der Personenvereinigung oder Vermögensmasse nicht „unmittelbar" bei einem anderen Steuersubjekt zu veranlagen ist, soll § 3 I also ausschließlich eine doppelte Besteuerung dieses Einkommens selbst vermeiden.[4] Ausschüttungen oder vergleichbare Zahlungen, die eine vorherige Zurechnung zum Einkommen gerade voraussetzen, sind davon also unabhängig zu betrachten.

46 **Besteuerung nach den Bestimmungen des KStG und EStG.** Nach dem Gesetzeswortlaut ist eine Einkommenszurechnung nach dem KStG der EStG maßgebend. Dabei kommt es nicht darauf an, dass die Einkünfte bei dem anderen Steuerpflichtigen zur Besteuerung zugerechnet werden. Die Einkünfte können bei ihm steuerfrei gestellt sein.[5] Konkrete weitere Sonderregelungen zu den Anforderungen an die Einkommenszurechnung enthält das Gesetz nicht.[6] Es stellt sich insbesondere die Frage, inwieweit eine Zurechnung des Einkommens über spezialgesetzliche Normen wie zB die §§ 7 ff AStG oder das InvStG ebenso beachtlich ist. Tatsächlich sollten diese besonderen Normen der Einkommenszurechnung mit spezieller Zielsetzung (zB Herstellung einer Mindestbesteuerung) nicht zu einer Einkommenszurechnung iSd § 3 I führen, soweit nach den Wertungen des deutschen Steuerrechts eine Zurechnung des Einkommens auf erster Stufe zu dem nichtrechtsfähigen Gebilde erfolgt.

---

1   BFH GrS 4/82, BStBl II 84, 759.
2   *Suchanek* in H/H/R § 3 Rn 26.
3   BFH IX R 182/87, BStBl II 1992, 972.
4   BFH I R 106/00, BFH/NV 2003, 868.
5   BFH GrS 4/82, BStBl II 1984, 751; *Suchanek* in H/H/R § 3 Rn 26; *Frotscher* in Frotscher/Maas § 3 Rn 5; *Lambrecht* in Gosch § 3 Rn 18; *Sauter/Oblau* in Erle/Sauter § 3 Rn 15; *Kalbfleisch* in EY § 3 Rn 10; *Rengers* in Blümich § 3 Rn 21; *Graffe* in D/J/P/W § 3 Rn 11.
6   Hinsichtlich verfahrensrechtlicher Sonderregelungen *Suchanek* in H/H/R § 3 Rn 14.

IV. Subsidiarität der Körperschaftsteuerpflicht bei Personenvereinigungen und Zweckvermögen

Maßgebliches Recht. Für die Frage der Einkommenszurechnung ist deutsches Recht maßgeblich.[1] Wird das Einkommen nur nach ausländischem Recht bei einem anderen Steuerpflichtigen, nicht jedoch nach Vorschriften des KStG oder EStG zugerechnet, besteht die Gefahr einer Doppelbesteuerung. Diese könnte dann nur durch ein DBA-rechtliches Verständigungsverfahren beseitigt bzw gemildert werden.

Fehlerhafte Einkommenszurechnung und rechtliche Bindungswirkung. Zwar hat der BFH entschieden, dass bei Zweifeln über eine Qualifikation einer Personenvereinigung als Mitunternehmerschaft oder als nichtrechtsfähiger Verein ein Gesellschafter gegen die Versteuerung des bei der Veräußerung seines Anteils erzielten Gewinns nicht einwenden kann, es liege keine Mitunternehmerschaft, sondern eine private Beteiligung an einer Körperschaft vor.[2] Dieser Entscheidung lag jedoch ein Sonderfall zugrunde und darf nicht verallgemeinert werden.[3] Unzutreffend ist es daher, § 3 I so auszulegen, dass bereits eine fehlerhafte Einkommenszurechnung zu einem hinter den genannten Gebilden stehenden Subjekt die Körperschaftsteuerpflicht nach dieser Vorschrift ausschließt. Tatsächlich besteht keine rechtliche Bindungswirkung zwischen der tatsächlichen Einkommenszurechnung beim Gesellschafter und der Prüfung des § 3 I (dh die Einkommenszurechnung ist iRd § 3 I eigenständig zu prüfen).[4]

Anderer Steuerpflichtiger. Andere Steuerpflichtige in diesem Zusammenhang sind alle einkommen- oder körperschaftsteuerlichen Personen, die an der nichtrechtsfähigen Personenvereinigung oder Vermögensmasse ein wirtschaftliches Interesse besitzen. Dazu zählen bspw Mitglieder, Gesellschafter, Stifter, Begünstigte, Bezugs- oder Anfallsberechtigte.[5] Hierbei kann es sich somit auch um mehrere Personen handeln, die die Einkünfte des nichtrechtsfähigen Gebildes je anteilig versteuern.[6]

Rechtliche Qualität der Beziehung zu den Rechtsgebilden. Nicht abschließend geklärt ist, in welcher Beziehung der oder die anderen Steuerpflichtigen in Bezug auf die in § 3 I genannten Rechtsgebilde stehen müssen. Zur Vermeidung einer Doppelbesteuerung muss man den Kreis weit ziehen und alle diejenigen erfassen, die an einem im § 3 I genannten Rechtsgebilde ein wirtschaftliches Interesse besitzen.[7]

Unbeschränkte und beschränkte Steuerpflicht. Für die Frage der Steuerpflicht ist deutsches Recht, dh das Einkommen- und Körperschaftsteuerrecht maßgeblich. Unerheblich ist, ob der andere Steuerpflichtige beschränkt oder unbeschränkt steuerpflichtig oder steuerbefreit ist.[8] Insoweit kommen neben natürlichen und juristischen Personen auch Personenvereinigungen und Vermögensmassen in Betracht. Für die steuerliche Einordnung ausländischer Rechtsgebilde ist somit ein Typenvergleich vorzunehmen (vgl § 1 Rn 202). Eine Befreiung aufgrund eines DBA ist insoweit unschädlich.

---

1 *Suchanek* in H/H/R § 3 Rn 25.
2 BFH IV 188/62 U, BStBl III 1965, 554.
3 *Frotscher* in Frotscher/Maas § 3 Rn 7.
4 *Suchanek* in H/H/R § 3 Rn 14.
5 *Kalbfleisch* in EY § 3 Rn 10; *Lambrecht* in Gosch 3 Rn 19.
6 *Suchanek* in H/H/R § 3 Rn 26; *Graffe* in D/J/P/W § 3 Rn 13.
7 *Kalbfleisch* in EY § 3 Rn 10.
8 *Suchanek* in H/H/R § 3 Rn 26; *Lambrecht* in Gosch § 3 Rn 19; *Graffe* in D/J/P/W § 3 Rn 12.

52   **Zwischengeschaltete Personengesellschaften.** Eine unmittelbare Versteuerung ist auch gegeben, wenn das Einkommen des nichtrechtsfähigen Gebildes dem bzw den anderen Steuerpflichtigen über eine oder mehrere Personengesellschaften nach § 39 II Nr 2 AO zugerechnet wird.[1] Das Einkommen der zwischengeschalteten Personengesellschaft wird bei den Gesellschaftern der obersten Gesellschaft nach deren persönlichen Merkmalen versteuert.

53-54   *Einstweilen frei.*

55   **3. Rechtsfolge.** Sofern die unter 1. und 2. dargestellten Tatbestandsvoraussetzungen vorliegen, ist die entsprechende nichtrechtsfähige Personenvereinigung oder Vermögensmasse mit ihrem Einkommen körperschaftsteuerpflichtig und somit Körperschaftsteuersubjekt.[2] Hat die nichtrechtsfähige Personenvereinigung bzw Vermögensmasse ihren Sitz und/oder den Ort der Geschäftsleitung im Inland, hat sie ihr gesamtes Welteinkommen in Deutschland zu versteuern. Diese unbeschränkte Steuerpflicht kann jedoch durch DBA-Regelungen beschränkt werden.[3] Befindet sich weder der Sitz noch der Ort der Geschäftsleitung im Inland, hat das nichtrechtsfähige Gebilde lediglich seine inländischen Einkünfte iSv § 49 EStG in Deutschland zu versteuern. Auch diese beschränkte Steuerpflicht kann durch abkommensrechtliche Regelungen beschränkt werden.[4] Die nicht rechtsfähige Personenvereinigung bzw Vermögensmasse kann nur einheitlich beurteilt werden.[5] Sofern sie selbst Körperschaftsteuersubjekt ist, kann ihr Einkommen nicht bei den anderen Personen versteuert werden.

56-57   *Einstweilen frei.*

58   **V. Eingeschränkte Subsidiarität bei Realgemeinden (§ 3 II). 1. Begriff der Realgemeinde.** Art 164 EGBGB bestimmt den Begriff der Realgemeinde und regelt das Fortbestehen der sie begründenden landesgesetzlichen Bestimmungen über die Zeit des Inkrafttretens des BGB (1.1.1900) hinaus.[6] Ausgehend vom Wortlaut des § 3 II sowie des Art 164 EGBGB sind Realgemeinden Personenzusammenschlüsse, deren Satzungszweck die land- oder forstwirtschaftliche Nutzung von Grund und Boden ist.[7] Die einzelnen Mitglieder sind zu land- und forstwirtschaftlichen Nutzungen im Wege der Selbstbewirtschaftung an diesen Grundstücken sowie Mühlen, Brauhäusern, Bewässerungsanlagen uä berechtigt.[8] Eine Realgemeinde iSv § 3 II kann somit nur vorliegen, wenn ihre Tätigkeit in dem in Frage stehenden VZ[9] in der natürlichen Ausbeutung des Besitzes im weitesten Sinne liegt.[10] Nicht erforderlich ist jedoch, dass die

---

1   Suchanek in H/H/R § 3 Rn 26.
2   Suchanek in H/H/R § 3 Rn 30; *Frotscher* in Frotscher/Maas § 3 Rn 33; *Lambrecht* in Gosch § 3 Rn 22; *Sauter/Oblau* in Erle/Sauter § 3 Rn 16.
3   Suchanek in H/H/R § 3 Rn 31.
4   Suchanek in H/H/R § 3 Rn 32.
5   *Frotscher* in Frotscher/Maas § 3 Rn 33.
6   OLG Frankfurt am Main 25 U 80/98, NJW-RR 2000, 538; BFH IV 213/58 S, BStBl III 1964, 117.
7   BFH I R 73/94, BStBl II 1995, 552; RFH I 440/39, RStBl 1940, 811; RFH I 383/37, RStBl 1938, 736; RFH I A 408/32, RStBl 1934, 1060.
8   Suchanek in H/H/R § 3 Rn 35; *Graffe* in D/J/P/W § 3 Rn 32; aA *Frotscher* in Frotscher/Maas § 3 Rn 40 und *Streck* in Streck § 3 Rn 5; Brauberechtigungen als Mitgliedschaftsrechte an nicht rechtsfähigem Verein BFH VI 171/65, BStBl III 1966, 579 und BFH III 27/52 U, BStBl III 1953, 90.
9   FG Bremen 1 K 413/02, EFG 2004, 1551 (rkr).
10   RFH I A 408/32, RStBl 1934, 1060.

Berechtigung der Mitglieder an Grundbesitz geknüpft ist.[1] Der Unterschied zu Erwerbs- und Wirtschaftsgenossenschaften besteht somit darin, dass Realgemeinden nicht darauf gerichtet sind, den Erwerb oder die Wirtschaft ihrer Mitglieder oder deren soziale oder kulturelle Belange durch gemeinschaftlichen Geschäftsbetrieb zu fördern. Zudem verfügen Realgemeinden über eine geschlossene Mitgliederzahl und werden nicht ins das Genossenschaftsregister eingetragen.[2] Gemäß § 3 II zählen zu den Realgemeinden:

- Hauberggenossenschaften,
- Wald- und Forstgenossenschaften und
- Laubgenossenschaften.

Rechtsfähigkeit. Auf die Rechtsfähigkeit kommt es dabei nicht an.[3] Gleiches gilt für den privatrechtlichen oder öffentlich-rechtlichen Charakter.[4]

BgA. Realgemeinden des öffentlichen Rechts sind auch dann von § 3 II S 1 erfasst, wenn sie zwar mangels Gewinnerzielungsabsicht keinen Gewerbebetrieb, wohl aber einen BgA iSd § 1 I Nr 6 iVm § 4 unterhalten.[5]

Ansässigkeit im Inland. Aufgrund des Verweises in § 3 II S 1 auf § 1 müssen Sitz oder Geschäftsleitung der Realgemeinde im Inland liegen.[6] Die Ansässigkeit der Mitglieder ist dagegen ohne Bedeutung.

Statusverlust. Entfallen die unter Rn 58 aufgeführten Voraussetzungen, verliert eine Realgemeinde ihren Status als Realgemeinde und ist unbeschränkt körperschaftsteuerpflichtig nach § 1 I Nr 4, 5 (vgl Rn 9, 68 f).[7]

Hauberggenossenschaft. Die Hauberggenossenschaft ist eine Spezialform der Genossenschaft,[8] bei der die Genossenschaftsmitglieder gemeinsam die forstwirtschaftliche Nutzung eines bewaldeten Gebietes übernehmen. Der Hauberg gehört den Anteilsberechtigten (Genossen) als gemeinschaftliches Eigentum mit unterschiedlich großen ideellen Eigentumsanteilen. Das volle Herrschaftsrecht verteilt sich jedoch auf die Verbandsperson, dh die Genossenschaft selbst, und die Genossen.

Wald- und Forstgenossenschaft. Wald- und Forstgenossenschaften sind Verbände, die auf den Wald- oder Forstgesetzen der Länder beruhen.[9] Die Zusammenfassung macht idR eine sachgemäße Nutzung der Teilflächen erst möglich.

---

1 BFH VI 42/60 U, BStBl II 1962, 7.
2 Suchanek in H/H/R § 3 Rn 35.
3 BFH VI 42/60 U, BStBl II 1962, 7; aA (Realgemeinden, die in einer Art Mitunternehmerschaft organisiert sind, werden nicht von § 3 II erfasst) Kalbfleisch in EY § 3 Rn 11 und Rengers in Blümich § 3 Rn 33; keine abschließende Stellungnahme BFH IV 213/58 S, BStBl III 1964, 117.
4 BFH VI 42/60 U, BStBl II 1962, 7; RFH I 85/39, RStBl 1939, 1058; OLG Frankfurt am Main 25 U 80/98, NJW-RR 2000, 538.
5 FG Bremen 1 K 413/02, EFG 2004, 1551 (rkr); RFH I 85/39, RStBl 1939, 1058.
6 Lambrecht in Gosch § 3 Rn 30; Suchanek in H/H/R § 3 Rn 36; indirekt Sauter/Oblau in Erle/Sauter § 3 Rn 24; Rengers in Blümich § 3 Rn 34.
7 Sauter/Oblau in Erle/Sauter § 3 Rn 23.
8 RFH I A 93/23, RFHE 12, 343; Suchanek in H/H/R § 3 Rn 35.
9 Suchanek in H/H/R § 3 Rn 35; Lambrecht in Gosch § 3 Rn 31.

65	**Laubgenossenschaft.** Laubgenossenschaften sind Waldgenossenschaften. Sie lassen sich insbesondere in Thüringen unter dieser Bezeichnung finden.[1]
66-67	*Einstweilen frei.*
68	**2. Steuerliche Folgen bei der Realgemeinde (§ 3 II S 1). Bestehende Steuerpflicht.** Grundsätzlich geht § 3 II von einer unbeschränkten Körperschaftsteuerpflicht der Realgemeinde aus.[2]
69	**Partielle Steuerbefreiung.** § 3 II begrenzt die Körperschaftsteuerpflicht auf die Einkünfte aus der Unterhaltung oder Verpachtung eines Gewerbebetriebes, der den Rahmen eines land- und forstwirtschaftlichen Nebenbetriebs überschreitet.[3] Mit anderen Worten enthält § 3 II S 1 eine (partielle) sachliche Steuerbefreiung. Somit ist zwischen einem gewerblichen (steuerpflichtigen) und nichtgewerblichen (nichtsteuerpflichtigen) Bereich zu unterscheiden.[4]
70	**Betreiben oder Verpachten des Gewerbebetriebs.** Die Beurteilung, ob ein Gewerbebetrieb betrieben oder verpachtet wird, ist im Einzelfall nach den allgemeinen Regelungen zur Einkünfteermittlung vorzunehmen.[5] Insbesondere ist § 15 II EStG von Bedeutung.
71	**Abgrenzung Gewerbe- und Nebenbetrieb.** Ein Nebenbetrieb hat überwiegend die Aufgabe, den Zwecken des Hauptbetriebs zu dienen, ihn zu fördern und seine Erträgnisse zu erhöhen. Das Differenzierungsmerkmal zum Gewerbebetrieb besteht darin, dass bei der Verbindung zwischen Land- oder Forstwirtschaft und Gewerbebetrieb eine „zufällige, vorübergehende und ohne Nachteil für den Gesamtbetrieb lösbare oder eine planmäßige, im Interesse des Hauptbetriebs gewollte Betätigung" vorliegt.[6] Im Bereich der Land- und Forstwirtschaft muss daher der Nebenbetrieb wie der Hauptbetrieb mit der Gewinnung (Substanzbetriebe) oder Verarbeitung (Be- oder Verarbeitungsbetriebe) der Urerzeugnisse zu tun haben. Der hM[7], dass es sich bei den folgenden Beispielen um (unschädliche) Nebenbetriebe der Land- und Forstwirtschaft handelt, ist somit nur insoweit zuzustimmen, als in den Nebenbetrieben nur in geringem Umfang fremde Erzeugnisse verarbeitet und zugekauft werden:

- Brennereien,[8]
- Brütereien,[9]
- Fischräuchereien,
- Käsereien,

---

1   *Suchanek* in H/H/R § 3 Rn 35.
2   *Lambrecht* in Gosch § 3 Rn 36.
3   OFD Erfurt v 29.3.1994 S-2405 A – 02 St 311 / S-2232 A – 01 – St 32 / S-2716 A – 01 – St 311; *Lambrecht* in Gosch § 3 Rn 36.
4   BFH I R 208/70, BStBl II 1973, 194.
5   *Lambrecht* in Gosch § 3 Rn 37; *Suchanek* in H/H/R § 3 Rn 40.
6   BFH I 231/61 U, BStBl III 1963, 243.
7   *Frotscher* in Frotscher/Maas § 3 Rn 43; *Sauter/Oblau* in Erle/Sauter § 3 Rn 28; *Graffe* in D/J/P/W § 3 Rn 35.
8   RFH III A 161/33, RStBl 1934, 134; RFH III A 371/29, RStBl 1930, 520; aber kein Nebenbetrieb bei Verbindung einer landwirtschaftlichen Brennerei mit Trinkbranntweingeschäft gem RFH III A 113/37, RStBl 1937, 1299.
9   Niedersächsisches FG I 135/90, EFG 1995, 910; RFH VI 213/43, RStBl 1943, 673.

V. Eingeschränkte Subsidiarität bei Realgemeinden

- Meiereien,
- Molkereien,
- Kartoffelflockenfabriken,[1]
- Sägewerke,[2]
- Stärke- und Zuckerfabriken,[3]
- Mühlen,[4]
- Sand- und Kiesgruben,[5]
- Weinhandel eines Weinbautreibenden[6] sowie
- Überlassung einer Steinbruchfläche an Dritte zu deren Ausbeute.[7]

Demgegenüber sind der Verkauf von Erzschlacken[8] und der Großhandel von Salz[9] durch eine Forstwirtschaft keine Nebenbetriebe und die hieraus erzielten Einkünfte körperschaftsteuerpflichtig.

Abgrenzung und gewillkürtes Betriebsvermögen. Aufgrund der partiellen Steuerpflicht ist zwischen einem gewerblichen (steuerpflichtigen) und nichtgewerblichen (nichtsteuerpflichtigen) Bereich zu unterscheiden.[10] Die Zuordnung der Wirtschaftsgüter zum notwendigen Betriebsvermögen im steuerpflichtigen Bereich erfolgt anhand der wirtschaftlichen Zugehörigkeit und dem Umfang der Nutzung durch den Betrieb (R 4.2 I S 1 EStR).[11] IRd körperschaftsteuerpflichtigen Gewerbebetriebs kann die Realgemeinde somit gewillkürtes Betriebsvermögen bilden, wenn das betreffende Wirtschaftsgut in einem gewissen objektiven Zusammenhang mit dem Betrieb steht und dazu bestimmt und geeignet ist, den Betrieb zu fördern (R 4.2 I S 3 EStR).[12]

72

Einkünfteermittlung. Sofern der von der Realgemeinde unterhaltene Gewerbebetrieb ein Handelsgewerbe darstellt, sind Bücher zu führen und eine Gewinnermittlung durch Betriebsvermögensvergleich vorzunehmen.[13] Sind die Voraussetzungen für ein Handelsgewerbe nicht gegeben, ist der Gewinn aus Gewerbebetrieb mittels Einnahmenüberschussrechnung zu ermitteln.[14] Es liegt jedoch im Ermessen der Finanzverwaltung, die Realgemeinde zum Führen von Büchern und zur Gewinnermittlung durch Betriebsvermögensvergleich aufzufordern. Beim Wechsel der Gewinnermittlungsart, zB bei Aufforderung durch die Finanzbehörde oder aufgrund des Wegfalls der Voraussetzungen für ein Handelsgewerbe, ist R 4.6 EStR zu beachten.

73

---

1 RFH III 10/41, RStBl 1941, 423.
2 Bayerisches Staatsministerium der Finanzen S-3123 – 3/2 – 36.960, BewK § 42 BewG K 1.
3 RFH VI A 597/35, RStBl 1937, 949.
4 RFH III A 9/32, RStBl 1932, 985.
5 RFH III A 691/31, RStBl 1932, 774; RFH VI A 929/36, RStBl 1937, 677.
6 RFH III A 795/31, RStBl 1932, 784.
7 RFH I 85/39, RStBl 1939, 1058.
8 BFH I 231/61 U, BStBl III 1963, 243.
9 BFH I R 208/70, BStBl II 1973, 194.
10 BFH I R 208/70, BStBl II 1973, 194.
11 Suchanek in H/H/R § 3 Rn 46.
12 BFH I R 208/70, BStBl II 1973, 194.
13 Suchanek in H/H/R § 3 Rn 46.
14 Suchanek in H/H/R § 3 Rn 46.

74	**Freibetrag.** Von dem Einkommen der partiell steuerpflichtigen Realgemeinde kann uU ein Freibetrag iHv maximal 5.000 EUR in Abzug gebracht werden (vgl § 24, R 72 I S 2 KStR). Voraussetzung dafür ist, dass die Gewinnausschüttungen der Realgemeinde bei den Empfängern nicht zu Einkünften gem § 20 I Nr 1 EStG führen. Es ist folglich für jeden einzelnen Fall zu prüfen, ob der Freibetrag gewährt werden kann.[1] Der besondere Freibetrag nach § 25 für Erwerbs- und Wirtschaftsgenossenschaften sowie Vereine, die Land- und Forstwirtschaft betreiben, sowie die Steuerbefreiung nach § 5 I Nr 14 können Realgemeinden nicht beanspruchen, da diese nicht mit ihren land- und forstwirtschaftlichen Einkünften steuerpflichtig sind.[2]
75-76	*Einstweilen frei.*
77	**3. Besteuerung bei den Beteiligten (§ 3 II S 2). a) Allgemeines.** Hinsichtlich der Besteuerung der Beteiligten ist zwischen dem nicht steuerpflichtigen und dem (partiell) steuerpflichtigen Bereich der Realgemeinden zu unterscheiden.[3] Beteiligte können insofern sowohl

- Einkünfte aus der land- und forstwirtschaftlichen Betätigung der Realgemeinde (vgl Rn 79 ff)
- als auch Gewinnausschüttungen aus dem Gewerbebetrieb (vgl Rn 84 ff)

vereinnahmen.[4] |
78	*Einstweilen frei.*
79	**b) Zurechnungsvorschrift für Einkünfte außerhalb des Gewerbebetriebs der Realgemeinde.** Sämtliche Einkünfte der Realgemeinde, die außerhalb des eigenen Gewerbebetriebs bzw außerhalb des (partiell) steuerpflichtigen Bereichs liegen, sind gem § 3 II S 2 direkt den Beteiligten (Mitgliedern, Interessenten, Genossen usw) zuzurechnen. Insoweit wird gem § 39 II Nr 2 AO eine fiktive land- und forstwirtschaftliche Mitunternehmerschaft begründet[5] und die Steuerrechtssubjektfähigkeit für Zwecke der Feststellung der Einkunftsart und Einkünfteermittlung zugeteilt.[6]
80	**Einkunftsart.** Die den Beteiligten von der Realgemeinde zugerechneten Einkünfte sind dort gem § 13 I Nr 4 und II Nr 1 EStG als Einkünfte aus Land- und Forstwirtschaft zu versteuern.[7] Dies gilt selbst dann, wenn das betreffende Mitglied ansonsten kein Land- und Forstwirt ist. Aufgrund der Zurechnung der Einkünfte als Einkünfte aus Land- und Forstwirtschaft können die Beteiligten im Falle einer Veräußerung von Grund und Boden für den jeweiligen Anteil am Gewinn alle steuerlichen Vergünstigungen in Anspruch nehmen, die einem Land- und Forstwirt als Mitunternehmer

---

1 *Suchanek* in H/H/R § 3 Rn 46.
2 *Suchanek* in H/H/R § 3 Rn 46; *Kalbfleisch* in EY § 3 Rn 15.
3 BFH IV R 331/84, BStBl II 1987, 169.
4 OFD Hannover v 9.8.1995 S-2716 – 1 – StH 231 / S-2716 – 1 – StO 214, KStK § 3 KStG Karte 2.
5 BFH IV R 331/84, BStBl II 1987, 169.
6 *Suchanek* in H/H/R § 3 Rn 51; BFH GrS 4/82, BStBl II 1984, 751.
7 BFH IV R 331/84, BStBl II 1987, 169; OFD Erfurt v 29.3.1994 S-2405 A – 02 St 311 / S-2232 A – 01 – St 32 / S-2716 A – 01 – St 311; OFD Hannover v 9.8.1995 S-2716 – 1 – StH 231 / S-2716 – 1 – StO 214, KStK § 3 KStG Karte 2.

V. Eingeschränkte Subsidiarität bei Realgemeinden

zuständen.[1] Somit sind alle einkommensteuerrechtlich privilegierten Übertragungstatbestände (zB § 6b EStG) des Betriebsvermögens anwendbar, soweit die Wirtschaftsgüter und Rücklagen nicht dem Gewerbebetrieb der Realgemeinde zugeordnet sind.[2]

Einheitliche und gesonderte Feststellung. Die Mitglieder der Realgemeinde werden wie Mitunternehmer einer land- und forstwirtschaftlichen Mitunternehmerschaft betrachtet. Aus diesem Grund sind die nicht von der (partiellen) Steuerpflicht erfassten übrigen Einkünfte der Realgemeinde nach § 180 I Nr 2 lit a AO einheitlich und gesondert festzustellen und entsprechend ihrer Berechtigung auf die Mitglieder zu verteilen.[3]   81

Einstweilen frei.   82-83

c) Besteuerung von Gewinnanteilen und Dividenden aus dem Gewerbebetrieb der Realgemeinde. Der (partiell) körperschaftsteuerpflichtige Bereich der Realgemeinde wird steuerlich wie eine Körperschaft behandelt. Insofern führen Gewinnausschüttungen der Realgemeinden aus diesem Bereich bei den Empfängern grundsätzlich zu Einkünften aus Kapitalvermögen iSv § 20 I Nr 1 oder 9 EStG.[4] Sie sind jedoch gem § 20 VIII bspw den Einkünften aus Land- und Forstwirtschaft oder aus Gewerbebetrieb zuzurechnen, wenn die Beteiligung in dem jeweiligen Betriebsvermögen gehalten wird oder die Ausschüttungen im wirtschaftlichen Zusammenhang mit diesen Einkünften stehen.[5] Dies gilt auch für in den Ausschüttungen enthaltene Erlöse aus dem Verkauf von Grund und Boden.[6] Soweit die Ausschüttungen den Einkünften iSv § 20 I Nr 1 oder 9 EStG zugerechnet werden und das Einkommen des (partiell) steuerpflichtigen Bereichs der Realgemeinde nicht gemindert haben, sind sie bei natürlichen Personen als Beteiligten auf Grund des Teileinkünfteverfahrens gem § 3 Nr 40 lit d EStG zu 40 % und bei Körperschaften gem § 8b zu 95 % steuerfrei.[7]   84

Einstweilen frei.   85-86

---

1 BFH IV R 331/84, BStBl II 1987, 169.
2 BFH IV R 331/84, BStBl II 1987, 169; BFH IV R 298/83, BStBl II 1988, 885; *Suchanek* in H/H/R § 3 Rn 51; *Frotscher* in Frotscher/Maas § 3 Rn 46.
3 BFH IV R 331/84, BStBl II 1987, 169; OFD Hannover v 9.8.1995 S-2716 – 1 – StH 231 / S-2716 – 1 – StO 214, KStK § 3 KStG Karte 2; OFD Erfurt v 29.3.1994 S-2405 A – 02 St 311 / S-2232 A – 01 – St 32 / S-2716 A – 01 – St 311; *Lambrecht* in Gosch § 3 Rn 43; *Streck* in Streck § 3 Rn 5; *Graffe* in D/J/P/W § 3 Rn 36; *Rengers* in Blümich § 3 Rn 50; *Suchanek* in H/H/R § 3 Rn 51; *Frotscher* in Frotscher/Maas § 3 Rn 46.
4 BFH VI 171/65, BStBl III 1966, 579; BFH IV 106/62 U, BStBl III 1965, 319; BFH IV 213/58 S, BStBl III 1964, 117; BFH VI 42/60 U, BStBl II 1962, 7; *Frotscher* in Frotscher/Maas § 3 Rn 47; *Sauter/Oblau* in Erle/Sauter § 3 Rn 32; *Streck* in Streck § 3 Rn 5; *Rengers* in Blümich § 3 Rn 51; *Kalbfleisch* in EY § 3 Rn 14; *Graffe* in D/J/P/W § 3 Rn 26; *Lambrecht* in Gosch § 3 Rn 36; aA (BFH VI 42/60 U, BStBl II 1962, 7 überholt wegen BFH GrS 4/82, BStBl II 1984, 751); *Suchanek* in H/H/R § 3 Rn 51.
5 BFH VI 171/65, BStBl III 1966, 579; BFH IV 106/62 U, BStBl III 1965; BFH IV 213/58 S, BStBl III 1964, 117; BFH VI 42/60 U, BStBl II 1962, 7.
6 BFH IV 106/62 U, BStBl III 1965.
7 *Frotscher* in Frotscher/Maas § 3 Rn 47; *Graffe* in D/J/P/W § 3 Rn 36.

§ 4 Betriebe gewerblicher Art von juristischen Personen des öffentlichen Rechts

(1) ¹Betriebe gewerblicher Art von juristischen Personen des öffentlichen Rechts im Sinne des § 1 Abs. 1 Nr. 6 sind vorbehaltlich des Absatzes 5 alle Einrichtungen, die einer nachhaltigen wirtschaftlichen Tätigkeit zur Erzielung von Einnahmen außerhalb der Land- und Forstwirtschaft dienen und die sich innerhalb der Gesamtbetätigung der juristischen Person wirtschaftlich herausheben. ²Die Absicht, Gewinn zu erzielen, und die Beteiligung am allgemeinen wirtschaftlichen Verkehr sind nicht erforderlich.

(2) Ein Betrieb gewerblicher Art ist auch unbeschränkt steuerpflichtig, wenn er selbst eine juristische Person des öffentlichen Rechts ist.

(3) Zu den Betrieben gewerblicher Art gehören auch Betriebe, die der Versorgung der Bevölkerung mit Wasser, Gas, Elektrizität oder Wärme, dem öffentlichen Verkehr oder dem Hafenbetrieb dienen.

(4) Als Betrieb gewerblicher Art gilt die Verpachtung eines solchen Betriebs.

(5) ¹Zu den Betrieben gewerblicher Art gehören nicht Betriebe, die überwiegend der Ausübung der öffentlichen Gewalt dienen (Hoheitsbetriebe). ²Für die Annahme eines Hoheitsbetriebs reichen Zwangs- oder Monopolrechte nicht aus.

(6) ¹Ein Betrieb gewerblicher Art kann mit einem oder mehreren anderen Betrieben gewerblicher Art zusammengefasst werden, wenn

1. sie gleichartig sind,
2. zwischen ihnen nach dem Gesamtbild der tatsächlichen Verhältnisse objektiv eine enge wechselseitige technisch-wirtschaftliche Verflechtung von einigem Gewicht besteht, oder
3. Betriebe gewerblicher Art im Sinne des Absatzes 3 vorliegen.

²Ein Betrieb gewerblicher Art kann nicht mit einem Hoheitsbetrieb zusammengefasst werden.

KStR 6, 7, 9, 10, 33; KStH 6, 7, 8, 9, 10, 33

Übersicht

	Rn
I. Regelungsgehalt	1 – 2
II. Rechtsentwicklung	3 – 4
III. Normzweck und Anwendungsbereich	5 – 73
1. Bedeutung der Norm	5 – 8
2. Zeitlicher Anwendungsbereich	9 – 10
3. Persönlicher Anwendungsbereich	11 – 14
4. Sachlicher Anwendungsbereich	15 – 23
a) Steuerpflichtiger Bereich einer juristischen Person des öffentlichen Rechts	15 – 18
b) Nichtsteuerpflichtiger Bereich einer juristischen Person des öffentlichen Rechts	19 – 23
5. Verhältnis zu anderen Vorschriften	24 – 67
a) KStG	24 – 40
b) GewStG	41 – 44

c) EStG	45 – 48
d) UStG	49 – 53
e) UmwStG	54 – 58
f) Höherrangiges Recht	59 – 62
g) Sonstige Vorschriften	63 – 67
6. Rechtspolitische Erwägungen	68 – 73
IV. Zu besteuernde Tätigkeiten einer juristischen Person des öffentlichen Rechts (§ 4 I)	74 – 119
1. Juristische Person des öffentlichen Rechts	74 – 76
2. BgA	77 – 90
3. BgA bei Beteiligung an Gesellschaften	91 – 99
a) Personengesellschaften	91 – 96
b) Kapitalgesellschaften	97 – 99
4. Vermietung einzelner Wirtschaftsgüter	100 – 116
a) Grundsatz	100 – 101
b) Betriebsaufspaltung	102 – 109
c) Vermietung von wesentlichen Betriebsgrundlagen an einen BgA	110 – 112
d) Vermietung von Wirtschaftsgütern durch einen BgA oder eine Eigengesellschaft an die Trägerkörperschaft	113 – 114
e) Verpachtung von Wirtschaftsgütern aus dem Hoheitsvermögen als hoheitliches Hilfsgeschäft	115 – 116
5. Betätigung in Privatrechtsform	117 – 119
V. BgA, die selbst juristische Personen des öffentlichen Rechts sind (§ 4 II)	120 – 124
VI. Versorgungs-, Verkehrs- und Hafenbetriebe (§ 4 III)	125 – 138
1. Allgemeines	125 – 128
2. Versorgungsbetriebe ieS	129 – 135
3. Öffentlicher Verkehr und Häfen	136 – 138
VII. Verpachtung eines BgA (§ 4 IV)	139 – 152
VIII. Hoheitsbetriebe (§ 4 V)	153 – 170
1. Allgemeines	153 – 160
2. Ausgewählte Beispiele	161 – 170
IX. Zusammenfassung von BgA (§ 4 VI)	171 – 199
1. Grundsätze	172 – 180
2. Gleichartige BgA	181 – 184
3. Versorgungs- und Verkehrsbetriebe	185 – 186
4. Technisch-wirtschaftliche Verflechtung von einigem Gewicht	187 – 191

§ 4

5. Kettenzusammenfassungen	192 – 193
6. Rechtsfolgen einer nicht anzuerkennenden Zusammenfassung	194 – 195
7. Besonderheiten hinsichtlich der Einkommensermittlung	196 – 197
8. Ende der Zusammenfassung	198 – 199
X. Besondere Grundsätze bei der Einkommensermittlung	200 – 267
1. Allgemeines	200 – 203
2. Betriebsvermögen	204 – 217
3. Gewinnauskehrungen	218 – 225
4. Angemessene Eigenkapitalausstattung	226 – 233
5. Miet- und Pachtverhältnisse	234 – 238
6. Darlehen	239 – 241
7. Dauerdefizitäre Tätigkeiten, fehlender Gewinnaufschlag	242 – 246
8. Spenden	247 – 249
9. Konzessionsabgaben	250 – 253
10. Verlustabzug	254 – 263
11. Beendigung eines BgA	264 – 267
XI. ABC der BgA	268

1   **I. Regelungsgehalt.** § 4 regelt die Besteuerung der wirtschaftlichen Betätigungen der öffentlichen Hand. Die Norm legt in § 4 I-IV die ertragsteuerlich relevanten Tätigkeiten von juristischen Personen des öffentlichen Rechts durch die Definition des BgA fest. In § 4 V wird weiterhin negativ abgegrenzt, was nicht als BgA zu verstehen ist. Schließlich regelt § 4 VI die Möglichkeiten der steuerlich wirksamen Zusammenfassung von BgA.

2   *Einstweilen frei.*

3   **II. Rechtsentwicklung.** Regelungen zur Besteuerung von wirtschaftlichen Aktivitäten der öffentlichen Hand existieren seit der Geltung des KStG 1925 v 10.8.1925[1]. § 4 beruht auf §§ 1-5 KStDV 1968 v 26.3.1969[2], die wiederum auf die §§ 1-5 KStDV 1935 v 6.2.1935[3] basieren. Die eigentliche Fassung der Vorschrift ist jedoch auf das Körperschaftsteuerreformgesetz v 31.8.1976[4] zurückzuführen. Mit dem JStG 2009 v 19.12.2008[5] wurde § 4 VI zu den Voraussetzungen für die Zusammenfassung von BgA eingefügt.

4   *Einstweilen frei.*

---

1   RGBl I 1925, 208.
2   BStBl I 1969, 158.
3   RGBl 1935, 163.
4   BStBl I 1976, 445.
5   BGBl I 2008, 2794.

III. Normzweck und Anwendungsbereich. 1. Bedeutung der Norm. Verhinderung von Wettbewerbsverzerrungen. Die Besteuerung der wirtschaftlichen Betätigungen von juristischen Personen des öffentlichen Rechts verhindert steuerliche Wettbewerbsnachteile von privaten Unternehmen. Soweit eine juristische Person des öffentlichen Rechts am Markt wirtschaftliche Aktivitäten entfaltet, die ihr nicht eigentümlich und vorbehalten sind, wird durch § 4 eine Gleichstellung mit privaten Unternehmen angestrebt.[1]

Drittschutz. Zur Sicherstellung der Wettbewerbsneutralität wird der Norm ein drittschützender Charakter zuerkannt.[2] Mittels der Konkurrentenklage kann ein Privatunternehmen ein Finanzamt daher verpflichten, eine bislang unterlassene steuerliche Veranlagung eines BgA nachzuholen, wenn Wettbewerbsnachteile glaubhaft gemacht werden können.[3] Dem steht das Steuergeheimnis nicht entgegen.[4]

Finanzausgleich. Ferner stellt die Norm die Durchführung des Finanzausgleichs gem Art 104a-108 GG sicher.[5] Würden die einzelnen Gebietskörperschaften mit von der Besteuerung ausgenommenen wirtschaftlichen Betrieben agieren, wäre einer Verschiebung des grundgesetzlich zugewiesenen Steueraufkommens in das Belieben der einzelnen juristischen Person des öffentlichen Rechts gestellt.[6]

Einstweilen frei.

2. Zeitlicher Anwendungsbereich. § 4 I-V sind idF seit dem VZ 1977 unverändert und seitdem uneingeschränkt anwendbar. § 4 VI wurde mit dem JStG 2009 angefügt und ist erstmals für den VZ 2009 anwendbar (vgl auch § 34 Rn 76).

Einstweilen frei

3. Persönlicher Anwendungsbereich. Inländische juristische Personen des öffentlichen Rechts. § 4 iVm § 1 I Nr 6 betrifft alle inländischen juristischen Personen des öffentlichen Rechts und umfasst damit jegliche Gebilde, die aufgrund des öffentlichen Rechts mit eigener Rechtspersönlichkeit ausgestattet sind (vgl hierzu Rn 74). Unabhängig davon ist der Aspekt zu sehen, dass § 4 von BgA mit und ohne eigener Rechtspersönlichkeit spricht (vgl hierzu Rn 120).

Steuersubjekt. Der BFH behandelt die juristische Person des öffentlichen Rechts selbst als Steuersubjekt.[7] Für den BFH folgt dies daraus, dass der BgA außersteuerlich betrachtet lediglich unselbständiger Teil der juristischen Person des öffentlichen Rechts sei. Im Steuerrecht fänden sich keine Anhaltspunkte, dass es dem BgA eine eigene Handlungsfähigkeit verleiht. Die AO knüpfe an rechtliche Organisationsformen an, die dem Steuerrecht vorgegeben seien. Mangels rechtlicher Organisation bliebe nur der Rückgriff auf die dahinter stehende juristische Person des öffentlichen Rechts,

---

1 *Heger* in Gosch § 4 Rn 1; *Mai* in Frotscher/Maas § 4 Rn 1; *Steffen*, Der Betrieb gewerblicher Art, 2001, S 61 ff.
2 *Heger* in Gosch § 4 Rn 13; *Hüttemann*, Die Besteuerung der öffentlichen Hand, 2002, S 103.
3 So ausdrücklich für § 5 I Nr 9 BFH I R 10/92, BStBl II 1998, 63.
4 BFH I R 10/92, BStBl II 1998, 63.
5 Ausführlich *Hüttemann*, Die Besteuerung der öffentlichen Hand, 2002, S 13 ff.
6 *Steffen*, Der Betrieb gewerblicher Art, 2001, S 66; *Hüttemann*, Die Besteuerung der öffentlichen Hand, 2002, S 14.
7 Ständige Rechtsprechung ab BFH I R 7/71, BStBl II 1974, 391.

da sie voll rechtsfähig und handlungsfähig durch ihre Organe sei. Die juristische Person des öffentlichen Rechts sei demnach auch Steuerschuldnerin.[1] Die Finanzverwaltung (H 33 IX KStH) und Teile der Literatur teilen diese Auffassung.[2] Sie wird allerdings auch kritisiert oder ganz abgelehnt.[3] Der Streit hat aber keine Auswirkung darauf, dass für jeden BgA das Einkommen gesondert zu ermitteln und die Steuer gesondert festzusetzen ist (vgl Rn 261).

13 **Ausländische juristische Personen des öffentlichen Rechts.** Die Körperschaftsteuerpflicht ausländischer juristischer Personen des öffentlichen Rechts richtet sich ausschließlich nach § 2 Nr 1. § 4 ist daher auf deren BgA auch nicht analog anzuwenden.[4]

14 *Einstweilen frei.*

15 **4. Sachlicher Anwendungsbereich. a) Steuerpflichtiger Bereich einer juristischen Person des öffentlichen Rechts. Steuerpflicht des BgA.** Der steuerpflichtige Bereich einer juristischen Person des öffentlichen Rechts ist auf ihre unmittelbare wirtschaftliche Betätigung beschränkt, die nach der gesetzlichen Definition zu einem BgA führt. Mangels Wettbewerbsrelevanz ist davon die Vermögensverwaltung auszunehmen, soweit nicht § 2 Nr 2 greift. Erfolgt die wirtschaftliche Betätigung in privatrechtlicher Form, richtet sich die Steuerpflicht nach den für diese Gebilde einschlägigen Vorschriften. Hoheitsbetriebe sind von der Besteuerung ausgenommen (§ 4 V 1).

16 **Einkünfte außerhalb des BgA (§ 2 Nr 2).** Auch die juristischen Personen des öffentlichen Rechts sind mit ihren dem Steuerabzug unterliegenden Einkünften nach § 2 Nr 2 beschränkt steuerpflichtig. Die KSt ist hierbei idR nach § 32 I Nr 2 durch den Steuerabzug abgegolten.

17 **Einkunftsarten.** BgA erzielen stets Einkünfte aus Gewerbebetrieb (H 33 „Einkunftsart" KStH).[5] Auch freiberufliche Einkünfte einer juristischen Person des öffentlichen Rechts sind nicht denkbar.[6]

18 *Einstweilen frei.*

19 **b) Nichtsteuerpflichtiger Bereich einer juristischen Person des öffentlichen Rechts. Vermögensverwaltung.** Die Vermögensverwaltung einer juristischen Person des öffentlichen Rechts führt nicht zu einem BgA, da sie nicht wettbewerbsrelevant ist.[7] An dieser körperschaftsteuerlichen Beurteilung ändert auch die jüngste Rechtsprechung zur umsatzsteuerlichen Unternehmereigenschaft einer juristischen Person des öffentlichen Rechts im Bereich der Vermögensverwaltung nichts (vgl Rn 49). Dh auch wenn durch vermögensverwaltende Tätigkeiten eine juristische Person des

---

1 BFH V R 194/83, BStBl II 1988, 932.
2 *Krämer* in D/J/P/W § 4 Rn 7 f; *Meier/Semelka* in H/H/R § 4 Rn 7; *Rengers* in Blümich § 1 Rn 122; *Seer*, DStR 1992, 1790.
3 *Hüttemann*, Die Besteuerung der öffentlichen Hand, 2002, S 26 ff; *Bott* in EY § 4 Rn 22.
4 *Krämer* in D/J/P/W § 4 Rn 6.
5 BFH I R 106/76, BStBl II 1979, 716; *Bott* in EY § 4 Rn 293; einschränkend *Hüttemann*, Die Besteuerung der öffentlichen Hand, 2002, S 139; ablehnend *Stein* in Mössner/Seeger § 4 Rn 117, der alle Einkunftsarten für möglich hält.
6 BFH I R 83/89, BStBl II 1991, 595.
7 *Heger* in Gosch § 4 Rn 50.

III. Normzweck und Anwendungsbereich

öffentlichen Rechts umsatzsteuerlich Unternehmerin wird, begründet sie jedoch dadurch allein noch keinen (körperschaftsteuerlich relevanten) BgA. Eine etwaige Änderung dieser Rechtslage kann ausschließlich der nationale Gesetzgeber durch eine Änderung des KStG auf den Weg bringen.

Abgrenzung zu wirtschaftlichen Tätigkeiten. Die Verwaltung von Vermögen ist dann gegeben, wenn sich die Tätigkeit auf das Nutzen von Vermögen iSe Fruchtziehung aus der zu erhaltenden Substanz beschränkt und die Ausnutzung substantieller Vermögenswerte durch Umschichtung nicht entscheidend in den Vordergrund tritt.[1] Diese Schlussfolgerung ist auch vor dem Hintergrund des § 14 AO zu sehen.[2] Die Vermietung fremden Vermögens, zB die Untervermietung von gemieteten Tiefgaragenplätzen, kann ebenso Vermögensverwaltung sein.[3] Nach der Rechtsprechung folgt dies aus der Ähnlichkeit des BgA mit dem Gewerbebetrieb, der begrifflich ausschließe, andere Einkünfte als Gewinneinkünfte darunter zu fassen.[4] Gleichzeitig angebotene Zusatzleistungen von einiger Relevanz schließen daher die Annahme einer Vermögensverwaltung insgesamt aus. Solche Zusatzleistungen sind regelmäßig dann anzunehmen, wenn weitere, speziell auf den Nutzer zugeschnittene Vorrichtungen überlassen werden (zB Überlassung eines Saals mit Konferenztechnik) oder neben der Überlassung sonstige Dienstleistungen erfolgen (zB Bewachung der vermieteten Tiefgarage).

Erhebung von Konzessionsabgaben. Nach einer Entscheidung des RFH sollen von einer juristischen Person des öffentlichen Rechts vereinnahmte Konzessionsabgaben bei dieser keinen BgA begründen.[5] Dieser Auffassung hat sich die Finanzverwaltung bislang offenbar angeschlossen.[6] Bis zur Begrenzung der umsatzsteuerlichen Unternehmereigenschaft bei BgA seit dem UStG 1967 wurde davon abweichend entschieden, dass eine Gebietskörperschaft mit der entgeltlichen Duldung der Nutzung von Verkehrsflächen steuerfreie und durch entgeltliche Erlaubnis zur Elektrizitätsversorgung steuerpflichtige Umsätze erziele.[7] Mit der vom BFH vertretenen richtlinienkonformen Auslegung von § 2 III UStG[8] kann es wiederum zu einer Abweichung zwischen KSt und USt kommen. Ausgehend von der jüngsten Rechtsprechung des BFH kann demnach bspw nicht ausgeschlossen werden, dass die Konzessionsabgabe aufgrund ihrer privatrechtlichen Grundlage als umsatzsteuerbar und damit mangels Steuerbefreiung als umsatzsteuerpflichtig angesehen wird. Falsch ist es dagegen, aus der umsatzsteuerlichen Beurteilung auch körperschaftsteuerliche Konsequenzen zu ziehen.[9] Vermögensverwaltung einer juristischen Person des öffentlichen Rechts bleibt stattdessen nach wie vor körperschaftsteuerlich irrelevant.

---

1 R 15.7 I 2 EStR ist für die Abgrenzung entsprechend anzuwenden.
2 Hüttemann, Die Besteuerung der öffentlichen Hand, 2002, S 59.
3 FG Düsseldorf 5 K 5195/02 U, EFG 2006, 605.
4 BFH I R 7/71, BStBl 1974, 391.
5 RFH I 303/38, RStBl 1938, 1184.
6 Ebenso Krämer in D/J/P/W § 4 Rn 142.
7 RFH V A 462/35, RStBl 1936, 853; RFH V 103/41, RStBl 1942, 70; BFH V 206/56 U, BStBl III 1957, 456.
8 BFH V R 70/05, BFH/NV 2009, 2077 sowie BFH V R 10/09, BFH/NV 2010, 1574 und BFH VR 1/11, bislang nicht veröffentlicht.
9 So aber offenbar FG Sachsen 3 K 2115/05, Revision eingelegt (Az BFH: XI R 8/10).

22	**Hoheitlicher Betrieb.** Keine Steuerpflicht der juristischen Person des öffentlichen Rechts besteht, soweit ihre Betriebe überwiegend der Ausübung öffentlicher Gewalt dienen und damit nach § 4 V keinen BgA darstellen (Hoheitsbetriebe, vgl Rn 153).
23	*Einstweilen frei.*
24	**5. Verhältnis zu anderen Vorschriften. a) KStG. § 1 I Nr 6.** § 1 I Nr 6 bestimmt die unbeschränkte Körperschaftsteuerpflicht von BgA einer juristischen Person des öffentlichen Rechts. § 4 konkretisiert ua, was unter einem BgA zu verstehen ist und welche Tätigkeiten einer juristischen Person des öffentlichen Rechts dazu nicht gehören.
25	**§ 2.** Darüber hinaus schränkt § 4 den Anwendungsbereich von § 2 ein. Durch § 4 ist abschließend geregelt, wann eine unbeschränkte Körperschaftsteuerpflicht bei einer juristischen Person des öffentlichen Rechts gegeben ist. Außerhalb eines BgA kann bei einer juristischen Person des öffentlichen Rechts nur nach § 2 Nr 2 lediglich eine beschränkte Steuerpflicht in Betracht kommen.
26	**§ 2 Nr 2 iVm §§ 43 I Nr 7b, 7c, 20 I Nr 10 lit a, b EStG.** Leistungen von BgA mit eigener Rechtspersönlichkeit und der nicht den Rücklagen zugeführte Gewinn sowie eine vGA eines BgA ohne eigene Rechtspersönlichkeit sind in den in § 20 I Nr 10 lit a und b EStG beschriebenen Fällen als Kapitaleinkünfte der juristischen Person des öffentlichen Rechts zu qualifizieren. Gem § 43 I Nr 7b und 7c iVm § 43a I Nr 2 EStG beträgt die KESt 15 %. Schuldner der KESt ist nach § 44 I 1 EStG der Gläubiger der Kapitalerträge, also die juristische Person des öffentlichen Rechts. Im Zeitpunkt des Zuflusses hat der BgA als Schuldner der Kapitalerträge den Steuerabzug für Rechnung der juristischen Person des öffentlichen Rechts vorzunehmen, vgl § 44 I S 3 EStG.
27	**§ 5 I Nr 9.** Eine Befreiung von der KSt nach § 5 I Nr 9 S 1 wegen eines BgA kommt auch für juristische Personen des öffentlichen Rechts in Betracht[1], soweit der begünstigte BgA nicht selbst wiederum einen wirtschaftlichen Geschäftsbetrieb unterhält (§ 5 I Nr 9 S 2), der nicht Zweckbetrieb iSd §§ 65 ff AO ist (zB Besucher-Cafeteria eines Krankenhaus-BgA).
28	**§ 8 I S 2.** § 8 I S 2 stellt für Zwecke der Rechtssicherheit klar, dass auch für einen BgA, der nicht mit Gewinnerzielungsabsicht betrieben wird oder sich nicht am allgemeinen wirtschaftlichen Verkehr beteiligt, ein Einkommen zu ermitteln ist.[2] Für die Ermittlung des Gewerbeertrags eines Betriebs einer juristischen Person des öffentlichen Rechts ist § 8 I S 2 hingegen ohne Belang[3], da BgA nur gewerbesteuerpflichtig sind, wenn sie als stehender Gewerbebetrieb anzusehen sind. Insofern ist abweichend von den körperschaftsteuerlichen Regelungen für BgA ein Gewerbeertrag nur zu ermitteln, wenn der BgA mit Gewinnerzielungsabsicht betrieben wird und sich am allgemeinen wirtschaftlichen Verkehr beteiligt.

---

1 BFH I R 19/87, BStBl II 1990, 246.
2 BTDrs 16/10189, 69; BMF v 12.11.2009, BStBl I 2009, 1303, Rn 21.
3 BMF v 12.11.2009, BStBl I 2009, 1303, Rn 95.

III. Normzweck und Anwendungsbereich

§ 8 III S 2. Auch bei BgA sind vGA möglich, wenn zB der Trägerkörperschaft ein Vorteil zugewendet wird, den ein fremder Dritter unter gleichen Umständen nicht erhalten hätte (vgl § 8 Rn 316). Dies ist Folge der Verselbständigungsthese von BFH und Finanzverwaltung. 29

§ 8 VII und VIII. § 8 VII und VIII ergänzen § 4, so dass auch bei BgA die Rechtsfolgen einer vGA nicht bereits deswegen anzuwenden sind, weil ein BgA ein Dauerverlustgeschäft betreibt (§ 8 VII, vgl § 8 Rn 10 und 21) und Verluste bei zusammengefassten BgA abgezogen werden können (§ 8 VIII, vgl § 8 Rn 919 ff).[1] 30

§ 8 IX Nr 2. § 4 bestimmt durch den Verweis in § 8 IX Nr 2 auch für Kapitalgesellschaften, an denen eine juristische Person des öffentlichen Rechts beteiligt ist, die Voraussetzungen für eine steuerlich wirksame Zusammenfassung von verschiedenen Aktivitäten (vgl § 8 Rn 937 ff). 31

§ 8a. Die Zinsschrankenregelung des § 4h EStG gilt auch für BgA (vgl Rn 240). 32

§ 8c. Durch die Rechtsnatur des BgA existiert keine verkehrsfähige Beteiligungsmöglichkeit, so dass § 8c für BgA ohne Bedeutung ist. Aufgrund des klaren, nicht durch Auslegung erweiterungsfähigen Wortlauts von § 8c in Bezug auf die möglichen Varianten eines schädlichen Beteiligungserwerbs kommt ein Verlustuntergang auch dann nicht in Betracht, wenn bei einem BgA iSd § 4 II der Gewährsträger wechselt. 33

§ 9 I Nr 2. IRd Besteuerung eines BgA sind Zuwendungen iSd § 9 I Nr 2 zu berücksichtigen. Selbst Zuwendungen an die Trägerkörperschaft sind grundsätzlich abzugsfähig, wenn sie den durchschnittlichen Betrag an Zuwendungen, die der BgA an fremde Dritte leistet, nicht übersteigt (H 47 „Zuwendungen und Spenden an Träger der Sparkasse (Gewährträgern)" KStH).[2] Zuwendungen an Dritte sind dann nicht abzugsfähig, wenn damit eine Aufgabe der Trägerkörperschaft erfüllt wird.[3] 34

§ 14 ff. Eine Ergebniszusammenfassung von Kapitalgesellschaften und BgA mittels Organschaft ist möglich, da ein BgA Organträger sein kann (R 7 II S 3 KStR). Ein dauerdefizitärer BgA soll dagegen mangels Gewinnerzielungsabsicht bzw gewerblicher Tätigkeit kein Organträger sein können.[4] Jedenfalls iRe Betriebsaufspaltung ist ein für sich genommen ertragloser BgA als Organträger anzuerkennen.[5] 35

§ 24. Folge der strikten Trennung einzelner BgA ist, dass der Freibetrag des § 24 jedem einzelnen BgA zusteht.[6] 36

---

1 *Mai* in Frotscher/Maas § 4 Rn 40.
2 BFH I R 4/84, BStBl II 1990, 237.
3 BFH I R 69/80, I R 70/80, BStBl II 1983, 152 sowie BFH I R 126/90, BStBl II 1992, 849.
4 FG Düsseldorf 6 K 2990/07, EFG 2010, 1732, Revision als unzulässig abgewiesen (BFH I R 74/10, BFH/NV 2011, 1371); BMF v 26.8.2003, BStBl I 2003, S 437, Rn 5, bestätigt durch BMF v 12.11.2009, BStBl I 2009, 1303, Rn 94.
5 BFH I R 20/09, BFH/NV 2010, 391.
6 *Krämer* in D/J/P/W § 4 Rn 10.

37 § 27. Gewinnausschüttungen von BgA werden bei der empfangenden Trägerkörperschaft als Einkünfte aus Kapitalvermögen versteuert. Insofern sind die Gewinnausschüttungen von den übrigen Ausschüttungen von EK abzugrenzen. Dazu haben BgA, auch ohne eigene Rechtspersönlichkeit, ein steuerliches Einlagekonto zu führen (vgl § 27 Rn 150 ff).[1]

38-40 *Einstweilen frei.*

41 **b) GewStG. § 2 GewStG.** Unternehmen von juristischen Personen des öffentlichen Rechts sind gewerbesteuerpflichtig, wenn sie als stehende Gewerbebetriebe anzusehen sind. Im Unterschied zu § 4 setzt dies Gewinnerzielungsabsicht und die Beteiligung am allgemeinen wirtschaftlichen Verkehr voraus. Insofern können die Körperschaftsteuer- und Gewerbesteuerpflicht uU auseinanderfallen.[2] Entsprechend § 4 III enthält § 2 I S 2 iVm II GewStDV eine Ausnahmeregelung hinsichtlich Versorgungs- oder Verkehrsbetrieben. Demnach können diese keine Hoheitsbetriebe sein, wenn sie die Merkmale eines Gewerbebetriebs aufweisen.[3] § 2 I 1 GewStDV stellt zudem für zusammengefasste BgA klar, dass für den gewerbesteuerlichen Umfang des Unternehmens § 4 VI 1 maßgebend ist.

42 **§ 7 S 5 GewStG.** Gem § 7 S 5 GewStG werden die Grundsätze der Spartenrechnung des § 8 IX auf die Ermittlung des Gewerbeertrages übertragen.[4]

43 **§ 10a S 9 GewStG.** Gem § 10a S 9 GewStG sind die Grundsätze der Spartenrechnung des § 8 VIII und IX S 5-8 hinsichtlich des Gewerbeverlustes entsprechend anzuwenden.[5]

44 *Einstweilen frei.*

45 **c) EStG. § 6 I Nr 5 EStG.** Die Einlage eines Wirtschaftsgutes durch eine Trägerkörperschaft in ihren BgA erfolgt grundsätzlich zum Teilwert.[6] Die Ausnahmeregelung des § 6 I Nr 5 lit b EStG hinsichtlich der Einlage wesentlicher Beteiligungen findet keine Anwendung, da die Beteiligung bei der einlegenden juristischen Person des öffentlichen Rechts nicht unter § 17 EStG fällt.[7]

46 **§ 6b EStG.** Eine Rücklagenbildung darf auch bei Veräußerungen an einen anderen BgA derselben Trägerkörperschaft erfolgen. Dies folgt aus der Verselbständigungsthese.[8] Aus diesem Grund ist dagegen die Übertragung von Rücklagen eines BgA auf einen anderen nicht möglich.[9] Reinvestitionen, die für § 6b EStG anzuerkennen sind, können nur im selben BgA erfolgen.[10]

---

1 BMF v 11.9.2002, BStBl I 2002, 935, Rn 13; OFD Magdeburg v 24.10.2005, EStK § 20 EStG Karte 3.2 Blatt 1.
2 *Mai* in Frotscher/Maas § 4 Rn 5.
3 *Heger* in Gosch § 4 Rn 83.
4 *Meier/Semelka* in H/H/R § 4 Rn 13.
5 *Meier/Semelka* in H/H/R § 4 Rn 13.
6 BFH I R 197/83, BStBl II 1987, 865.
7 Finanzministerium Niedersachsen (bek OFD Hannover) v 18.1.1989, KSt-Kartei Nds § 4 KStG Karte A 5.
8 *Heger* in Gosch § 4 Rn 125.
9 *Krämer* in D/J/P/W § 4 Rn 226.
10 *Heger* in Gosch § 4 Rn 125; *Meier/Semelka* in H/H/R § 4 Rn 120.

III. Normzweck und Anwendungsbereich

§ 10d EStG. § 10d EStG ist iRd Besteuerung eines BgA anzuwenden (R 32 KStR). Es ist nicht zulässig, die Einkünfte der Trägerkörperschaft aus Kapitalvermögen mit dem für einen BgA festgestellten steuerrechtlichen Verlustvortrag zu verrechnen.[1] Zu den Besonderheiten bei Zusammenfassungen von BgA vgl Rn 171. 47

Einstweilen frei. 48

d) UStG. § 2 III UStG. Juristische Personen des öffentlichen Rechts sind nur im Rahmen ihrer BgA und ihrer land- oder forstwirtschaftlichen Betriebe Unternehmer. Aufgrund dieses Verweises in § 2 III UStG wird die umsatzsteuerliche Unternehmereigenschaft der öffentlichen Hand nach nationalem Recht derzeit noch durch § 4 definiert.[2] Bei richtlinienkonformer Auslegung ist eine juristische Person des öffentlichen Rechts jedoch Unternehmerin, wenn sie eine wirtschaftliche und nachhaltige Tätigkeit zur Erbringung entgeltlicher Leistungen ausübt, die sich innerhalb ihrer Gesamtbetätigung heraushebt.[3] Sofern die Leistungserbringung mittels privatrechtlichen Vertrags erfolgt, kommt es auf weitere Voraussetzungen nicht an.[4] Handelt die juristische Person des öffentlichen Rechts dagegen auf öffentlich-rechtlicher Grundlage (zB durch Verwaltungsakt), ist sie Unternehmer, wenn andernfalls Wettbewerbsbeeinträchtigungen zu befürchten wären. Die entsprechenden Urteile des BFH wurden bislang noch nicht im BStBl veröffentlicht.[5] Derzeit prüft eine Arbeitsgruppe die Möglichkeiten der Anpassung der Regelungen an das EU-Recht unter Berücksichtigung der Rechtsprechung. Grundsätzlich ist jedoch eine Berufung auf die BFH-Urteile möglich und von der Finanzverwaltung nicht zu beanstanden. Dieses Berufungsrecht soll jedoch nur einheitlich für das Unternehmen der juristischen Person des öffentlichen Rechts ausgeübt werden. Eine Beschränkung auf bestimmte Unternehmensteile oder Teile der Umsätze wird als nicht zulässig angesehen.[6] 49

Verpachtung eines BgA. Die Verpachtung eines BgA unterliegt grundsätzlich der USt. Dies gilt im Gegensatz zum Körperschaftsteuerrecht selbst dann, wenn kein Inventar überlassen wird, sofern andernfalls Wettbewerbsbeeinträchtigungen zu befürchten wären.[7] 50

Mehrere BgA. Sofern mehrere BgA vorliegen, bilden diese nach dem umsatzsteuerlichen Grundsatz der Unternehmenseinheit ein einheitliches Unternehmen der juristischen Personen des öffentlichen Rechts.[8] 51

Einstweilen frei. 52-53

---

1 BFH I R 18/07, BStBl II 2008, 573.
2 Diese Definition der Unternehmereigenschaft einer juristischen Person des öffentlichen Rechts steht jedoch nicht mit Art 9 und 13 MwStSystRL in Einklang, vgl EuGH Rs C-102/08, *Salix*, Slg 2009, I-4629, bzw ist richtlinienkonform auszulegen, vgl BFH V R 70/05, BFH/NV 2009, 2077 sowie BFH V R 10/09, BFH/NV 2010, 1574.
3 BFH XI R 65/07, BFH/NV 2011,1454; BFH V R 23/10, BFH/NV 2011, 1261.
4 BFH V R 23/10, BFH/NV 2011, 1261; BFH V R 70/05, BFH/NV 2009, 2077 sowie BFH V R 10/09, BFH/NV 2010, 1574 und BFH VR 1/11, DStR 2012, 352.
5 OFD Niedersachsen v 26.1.2011, DStR 2011, 525.
6 OFD Niedersachsen v 26.1.2011, DStR 2011, 525.
7 BFH XI R 33/94, BStBl II 1999, 418.
8 *Mai* in Frotscher/Maas § 4 Rn 3; *Wallenhorst* in Wallenhorst/Halaczinsky, H Rn 31n Fn 215.

54 **e) UmwStG. Umwandlungen (§§ 3 ff UmwStG).** Grundsätzlich können juristische Personen des öffentlichen Rechts an Verschmelzungen nicht und an Spaltungen nur als übertragender Rechtsträger bei Ausgliederungen (§ 123 III UmwG) beteiligt werden (vgl §§ 3, 124 UmwG). BgA von juristischen Personen des öffentlichen Rechts können von den Vorschriften des 2. bis 5. Teils des UmwStG daher nicht profitieren.

55 **Einbringungen, Anteilstausch (§§ 20, 21 UmwStG).** BgA können als Unternehmen im Wege der Einzel- oder Gesamtrechtsnachfolge in die in § 20 UmwStG genannten Gebilde steuerlich begünstigt eingebracht werden. Ferner können von juristischen Personen des öffentlichen Rechts gehaltene Anteile an den in § 21 UmwStG genannten Gebilden steuerlich begünstigt in die dort genannten Gebilde eingebracht werden und zwar unabhängig davon, in welcher steuerlichen Sphäre die juristische Person des öffentlichen Rechts die einzubringenden Anteile hält.

56 **§ 22 IV UmwStG (sperrfristbehaftete Anteile).** § 22 IV UmwStG legt fest, dass der Gewinn aus der Veräußerung von Anteilen durch eine juristische Person des öffentlichen Rechts, die durch eine Sacheinlage iSd § 20 UmwStG unter dem gemeinen Wert entstanden sind (sperrfristbehaftete Anteile), in den Fällen des § 22 I UmwStG als in einem BgA dieser juristischen Person des öffentlichen Rechts entstanden „gilt". Aus dem Wortlaut folgt, dass lediglich insoweit ein BgA fingiert wird, um die gewünschten steuerlichen Folgen sicherzustellen. Nach Ablauf der Frist von sieben Jahren endet die Fiktion, ohne dass steuerliche Folgen (zB ein steuerpflichtiger Aufgabegewinn) entstehen.[1]

57-58 *Einstweilen frei.*

59 **f) Höherrangiges Recht. Art 3 GG.** § 4 ist auch Ausfluss des Grundsatzes der Gleichbehandlung gem Art 3 GG, damit der öffentlichen Hand keine Wettbewerbsvorteile im Rahmen ihrer wirtschaftlichen Betätigung erwachsen. Dieser Aspekt ist bei der Auslegung von § 4 zu berücksichtigen.

60 **Abkommensrecht.** In Art 4 I 1 OECD-MA ist klargestellt, dass zumindest die Gebietskörperschaften der Vertragsstaaten (Bund, Länder, Landkreise, Städte und Gemeinden) die Eignung haben, abkommensberechtigte Person zu sein (Art 4 Nr 8.4 MK). Dies gilt unabhängig davon, ob sich im Einzelfall eine beschränkte Steuerpflicht ergibt (vgl § 2 Nr 2), welche für eine Ansässigkeit eigentlich nicht ausreicht.[2] Für die übrigen juristischen Personen des öffentlichen Rechts gilt, dass sie jedenfalls im Rahmen ihrer BgA bzw aufgrund der damit gem § 1 Nr 6 verbundenen unbeschränkten Steuerpflicht als abkommensberechtigte Personen gelten.[3]

61 **§§ 7 ff AStG.** Die Hinzurechnung nach § 7 AStG kommt nur gegenüber unbeschränkt Steuerpflichtigen zum Tragen. Somit können juristische Person des öffentlichen Rechts keine Hinzurechnungssubjekte sein und sind nicht bei der Berechnung der Beteiligungsquote zu berücksichtigen.[4] Demgegenüber sind BgA von juristischen

---

1 *Krämer* in D/J/P/W § 4 Rn 50.
2 *Debatin* in D/W Art 4 OECD-MA Rn 23.
3 *Strunk/Kaminski* in Strunk/Kaminski/Köhler Art 3 OECD-MA Rn 15.
4 *Köhler* in Strunk/Kaminski/Köhler § 7 AStG Rn 38.

Personen des öffentlichen Rechts unbeschränkt steuerpflichtig. Somit erfüllen sie die persönlichen Voraussetzungen des § 7 AStG, so dass die Regelungen der Hinzurechnungsbesteuerung bei Vorliegen der weiteren Voraussetzungen anzuwenden sind.[1]

Einstweilen frei. 62

g) Sonstige Vorschriften. § 64 II AO. § 64 II AO fasst nicht steuerbegünstigte wirtschaftliche Aktivitäten einer gemeinnützigen Körperschaft zu einem einheitlichen wirtschaftlichen Geschäftsbetrieb zusammen, so dass das Gesamtergebnis der nicht begünstigten Aktivitäten der Besteuerung zu Grunde zu legen ist. Der BFH lehnt die Anwendung der Vorschrift auf die Besteuerung der BgA einer gemeinnützige Zwecke verfolgenden juristischen Person des öffentlichen Rechts ab.[2] Diese Entscheidung wird zu Recht kritisiert, da die gemeinnützigkeitsrechtlichen Regelungen als spezielleres Recht die allgemeinen BgA-Regelungen verdrängen.[3] 63

§ 4 Nr 1 GrEStG. Gem § 4 Nr 1 GrEStG kann der Erwerb eines Grundstücks durch juristische Personen des öffentlichen Rechts steuerfrei sein. Voraussetzung dafür ist, dass das Grundstück aus Anlass des Übergangs von öffentlich-rechtlichen Aufgaben oder aus Anlass von Grenzänderungen von der einen auf die andere juristische Person des öffentlichen Rechts übergeht und nicht überwiegend einem BgA dient. Da das GrEStG keine Definition des Begriffs BgA enthält, ist § 4 I heranzuziehen.[4] 64

§ 3 III GrStG. Grundbesitz, der von einer inländischen juristischen Person des öffentlichen Rechts benutzt wird, kann unter den weiteren Voraussetzungen des § 3 I S 1 GrStG steuerfrei sein. Dies gilt jedoch gem § 3 III GrStG nicht für Grundbesitz, der iRv BgA genutzt wird. Da auch das GrStG keine Definition des Begriffs BgA enthält, ist hier ebenfalls § 4 I heranzuziehen. 65

Einstweilen frei. 66-67

6. Rechtspolitische Erwägungen. Angleichung von § 4 an § 14 AO. Gerade in Hinblick auf die Wettbewerbsneutralität und die damit verbundenen unionsrechtlichen Rahmenbedingungen wird verschiedentlich ein Anpassungsdruck gegenüber dem Gesetzgeber reklamiert: Vor dem Hintergrund gleicher wettbewerbsrechtlicher Ziele sei es zB wünschenswert, § 4 weitgehend an § 14 AO anzupassen.[5] Bei Zugrundelegung liberaler, marktwirtschaftlicher Ordnungsgedanken ist dies sicherlich zutreffend. Außersteuerlich findet dieser Aspekt auch seinen Niederschlag in den Kommunalverfassungen der Bundesländer, die eine Subsidiarität kommunaler erwerbswirtschaftlicher Betätigungen festlegen. 68

Neuordnung des Länderfinanzausgleichs und Standortwettbewerb. Gleichwohl darf dabei nicht außer Acht gelassen werden, dass vor allem in den östlichen Bundesländern kommunale Unternehmen meist einer der wenigen Garanten für finanzielle Spielräume der Gebietskörperschaften sind. Eine Neukonzeption von § 4 sollte daher 69

---

1 *Köhler* in Strunk/Kaminski/Köhler § 7 AStG Rn 38.
2 BFH I R 161/94, BFH/NV 1997, 625.
3 *Heger* in Gosch § 4 Rn 173.
4 *Viskorf* in Boruttau § 4 GrEStG Rn 20.
5 *Heger* in Gosch § 4 Rn 11; *Bott* in EY § 4 Rn 52.

70 **Verrechnung von Verlusten.** Die Angleichung der Regelungen für BgA und steuerpflichtige wirtschaftliche Geschäftsbetriebe wäre auch hinsichtlich der Verrechnung von Verlusten zu begrüßen. Es erscheint nicht gerechtfertigt, dass die Verrechnung von Verlusten mit Gewinnen aus unterschiedlichen BgA ausgeschlossen ist, während dieses Vorgehen iRv steuerpflichtigen wirtschaftlichen Geschäftsbetrieben gem § 64 II AO zulässig ist.[1] Selbst für die Frage, ob gemeinnützigkeitsschädliche Verluste vorliegen, ist nicht auf das Ergebnis des einzelnen steuerpflichtigen wirtschaftlichen Geschäftsbetriebs, sondern auf das zusammengefasste Ergebnis aller steuerpflichtiger wirtschaftlicher Geschäftsbetriebe abzustellen.[2] Auch im Hinblick auf wettbewerbsrechtliche Aspekte erscheint das Konzept eines einheitlichen BgA zweckmäßiger.

71 **Freigrenze.** Ebenfalls nicht nachvollziehbar ist die unterschiedliche und anscheinend willkürliche Ausgestaltung der Besteuerungsgrenze bei den steuerpflichtigen wirtschaftlichen Geschäftsbetrieben gemeinnütziger Einrichtungen und der Umsatzgrenze für BgA.[3]

72-73 *Einstweilen frei.*

74 **IV. Zu besteuernde Tätigkeiten einer juristischen Person des öffentlichen Rechts (§ 4 I). 1. Juristische Person des öffentlichen Rechts. Definition.** Juristische Personen des öffentlichen Rechts sind durch das öffentliche Recht mit eigener Rechtspersönlichkeit ausgestattete, verselbständigte Teile des Staatsaufbaus.[4] Die Entstehung der juristischen Person des öffentlichen Rechts geschieht unmittelbar durch einen Hoheitsakt und zwar aufgrund der Wesentlichkeitstheorie des BVerfG[5] kraft bzw aufgrund eines Bundes- oder Landesgesetzes[6]. Soweit daraus der öffentlich-rechtliche Charakter nicht eindeutig hervorgeht, ist die Abgrenzung zur juristischen Person des privaten Rechts nach allgemeinen Rechtsgrundsätzen vorzunehmen. Dabei kommt es darauf an, ob nach dem Statut der Körperschaft eine Eingliederung in den staatlichen Organismus vorliegt und öffentliche Aufgaben erfüllt werden.[7]

75 **Beispiele.** Juristische Personen des öffentlichen Rechts sind bspw:

- Gebietskörperschaften (Bund, Länder, Gemeinden, Gemeindeverbände),
- Zweckverbände (zB Wasser- und Bodenverbände, Zweckverbände für Rettungsdienst und Feuerwehralarmierung),
- öffentlich-rechtliche Religionsgesellschaften (zB kirchliche Orden, Bistümer, Landeskirchen, Kirchenkreise, Kirchengemeinden, Pfarrgemeinden),

---

1 *Heger* in Gosch § 4 Rn 12; *Bott* in EY § 4 Rn 52.
2 AEAO Nr 13 zu § 64 II AO.
3 *Heger* in Gosch § 4 Rn 46; *Meier/Semelka* in H/H/R § 4 Rn 27.
4 *Meier/Semelka* in H/H/R § 4 Rn 21; *Mai* in Frotscher/Maas § 4 Rn 9.
5 BVerfG 1 BvR 525/77, BVerfGE 49, 168.
6 Anders BFH V R 1/68, BStBl II 1972, 70, der „(…) auch durch Landesverwaltungsübung" ausreichen lässt.
7 BFH I 52/50 U, BStBl III 1951, 120.

IV. Zu besteuernde Tätigkeiten einer juristischen Person des öffentlichen Rechts

- Innungen, Handwerkskammern, Industrie- und Handelskammern,
- Berufsständische Kammern (zB Rechtsanwaltskammern, Steuerberaterkammern, Notarkammern, Ärztekammern, Sparkassen- und Giroverbände, Kreishandwerkerschaften),
- Anstalten des öffentlichen Rechts (zB Rundfunkanstalten, Deutsche Nationalbibliothek, Berliner Verkehrsbetriebe, Kommunalunternehmen gem Art 89 Bayrische Gemeindeordnung),
- Stiftungen des öffentlichen Rechts (zB Stiftung Preußischer Kulturbesitz, Conterganstiftung für behinderte Menschen, Stiftung Bundeskanzler-Adenauer-Haus, Blindeninstitutsstiftung),
- Studentenwerke und Universitäten (zB Georg-August-Universität Göttingen, Johannes Gutenberg-Universität Mainz, Universität Trier, Universität Siegen),
- Landeszentralbanken und Sparkassen, Träger der Sozialversicherung (zB Allgemeine Ortskrankenkassen, Innungskrankenkassen, Betriebskrankenkassen, Berufsgenossenschaften).

Einstweilen frei. 76

2. BgA. Definition. Nach § 4 I ist ein BgA (vorbehaltlich des § 4 V) jede: 77
- Einrichtung (vgl Rn 78),
- die sich innerhalb des Gesamtbetriebs der juristischen Person des öffentlichen Rechts heraushebt (vgl Rn 79),
- die einer nachhaltigen, wirtschaftlichen Tätigkeit (vgl Rn 83)
- zur Erzielung von Einnahmen (vgl Rn 84)
- außerhalb der Land- und Forstwirtschaft dienen (vgl Rn 87).

Damit sollen alle Einrichtungen der öffentlichen Hand erfasst werden, die das äußere Bild eines Gewerbebetriebs haben.[1]

Einrichtung. Eine Einrichtung ist jede funktionelle Einheit, die einer Erzielung von Einnahmen dient. Der Begriff Einrichtung setzt keine verselbständigte Abteilung oä voraus, es genügen auch nichtorganisatorische Merkmale, die auf eine wirtschaftliche Selbständigkeit hindeuten (H 6 „Einrichtung" KStH).[2] Ein wichtiges Merkmal für die wirtschaftliche Selbständigkeit liegt nach Auffassung der Finanzverwaltung vor, wenn die Nettoeinnahmen ohne USt den Betrag von 130.000 EUR pro Jahr übersteigen (R 6 IV S 2 KStR). Mit Hilfe dieser Umsatzgrenze soll eine gleichmäßige Behandlung der Steuerpflichtigen sichergestellt werden.[3] 78

Wirtschaftliches Gewicht. Die Einrichtung muss sich innerhalb der juristischen Person des öffentlichen Rechts wirtschaftlich herausheben (H 6 „Wirtschaftliches Gewicht" KStH). Für einen BgA ist deshalb erforderlich, dass die Tätigkeit von ei- 79

---

1 BFH I R 102/74, BStBl II 1976, 793; Begründung zum KStG 1934, RStBl 1935, 81.
2 BFH V R 15/74, BStBl II 1977, 813; BFH I R 7/71, BStBl II 1974, 391.
3 BTDrs 8/2449, 3 (Antwort der Bundesregierung auf eine Anfrage mehrerer Abgeordneter hinsichtlich der Besteuerung gemeindlicher Einrichtungen nach den KStR 1977).

nigem wirtschaftlichen Gewicht ist.[1] Der Finanzverwaltung (R 6 V S 1 und 2 KStR) genügt hierfür als wichtiger Anhaltspunkt ein nachhaltiger Nettojahresumsatz ohne USt iHv 30.678 EUR.[2]

80 **Kritik.** Hinsichtlich der Prüfung, ob ein BgA vorliegt, stellt die Finanzverwaltung weder auf das Verhältnis der Einnahmen aus der wirtschaftlichen Tätigkeit zum Gesamthaushalt noch auf das Verhältnis zu einem bestimmten Teil des Gesamthaushalts der juristischen Person des öffentlichen Rechts ab (R 6 V S 3 KStR). Nach *Mai*[3] ist dieses Vorgehen zu begrüßen, da andernfalls ein BgA einer kleinen Gemeinde gegenüber einem BgA gleicher Größe bei einer Großstadt benachteiligt wäre. Insoweit sei das Ziel des Gesetzgebers, eine gleichmäßige Behandlung der Steuerpflichtigen zu gewährleisten, erfüllt.[4] Nach hM[5] und der Rechtsprechung[6] ist der Jahresumsatz als Abgrenzungskriterium dennoch abzulehnen. Der BFH[7] kritisiert bspw, dass bei Festlegung einer festen Umsatzgröße eine bestimmte wirtschaftliche Tätigkeit einer kleinen Gemeinde den Wettbewerb empfindlich stören würden, während die gleiche Tätigkeit im selben Umfang im Gebiet einer Großstadt für die privatwirtschaftliche Konkurrenz bedeutungslos wäre. Daher sollte vielmehr maßgeblich sein, ob die wirtschaftliche Betätigung im Falle einer Steuerbefreiung zu einer Wettbewerbsbeeinträchtigung anderer Unternehmer führen würde.[8] Da dies auch bei lediglich kostendeckenden Einnahmen der Fall sein kann, wird eine Abgrenzung über die Gewinn- oder Umsatzhöhe dem Wettbewerbsgedanken und dem Drittschutz der Norm nicht gerecht.[9] Die Abkehr von dem Gewinn hin zum Jahresumsatz gem UStG als Kriterium war sachgerecht, da die Gewinnerzielungsabsicht kein Tatbestandsmerkmal von BgA ist.[10] Es ist jedoch nicht nachvollziehbar, dass die Anhebung der Besteuerungsgrenze für steuerpflichtige wirtschaftliche Geschäftsbetriebe gemeinnütziger Einrichtungen von 30.678 EUR auf 35.000 EUR nicht auch für BgA übernommen wurde.[11] Ferner sollten die festgelegten Beträge entsprechend der Inflation in regelmäßigen Abständen angepasst werden.[12] Die Anwendung verschiedener Umsatzgrenzen in Bezug auf „Einrichtung" und „wirtschaftliches Gewicht" wird ua im Hinblick auf Abgrenzungsfragen zwischen den beiden

---

1   BFH I 105/60 U, BStBl III 1961, 552; BFH I 327/56 U, BStBl III 1957, 146; BFH I R 19/87, BStBl II 1990, 246; BFH V R 15/74, BStBl II 1977, 813.
2   Erläuterungen, welche Umsätze zu berücksichtigen sind, bspw vgl *Meier/Semelka* in H/H/R § 4 Rn 27 sowie *Alvermann* in Streck § 4 Rn 13.
3   *Mai* in Frotscher/Maas § 4 Rn 15.
4   BTDrs 8/2449, 3 (Antwort der Bundesregierung auf eine Anfrage mehrerer Abgeordneter hinsichtlich der Besteuerung gemeindlicher Einrichtungen nach den KStR 1977).
5   *Heger* in Gosch § 4 Rn 13; *Meier/Semelka* in H/H/R § 4 Rn 27; *Sauter* in Erle/Sauter § 4 Rn 8; *Alvermann* in Streck § 4 Rn 8; *Bott* in EY § 4 Rn 72.
6   BFH V R 26/74, BStBl II 1979, 746; BFH V R 111/85, BStBl II 1990, 868; FG München III 46/78, EFG 1978, 628; FG Nürnberg II 15/80, EFG 1984, 415.
7   BFH V R 26/74, BStBl II 1979, 746.
8   *Heger* in Gosch § 4 Rn 45.
9   *Heger* in Gosch § 4 Rn 43; *Bott* in EY § 4 Rn 72; BFH V R 26/74, BStBl II 1979, 746; BFH V R 111/85, BStBl II 1990, 868; FG München III 46/78, EFG 1978, 628; FG Nürnberg II 15/80, EFG 1984, 415.
10 *Heger* in Gosch § 4 Rn 45; *Meier/Semelka* in H/H/R § 4 Rn 27; *Alvermann* in Streck § 4 Rn 14.
11 *Meier/Semelka* in H/H/R § 4 Rn 27.
12 *Meier/Semelka* in H/H/R § 4 Rn 27; *Alvermann* in Streck § 4 Rn 14.

Merkmalen kritisiert.[1] Die Umsatzschwelle von 30.678 EUR wird als Aufgriffsgrenze interpretiert, da bei Unterschreitung das Vorliegen eines BgA nur geprüft wird, wenn eine konkrete Wettbewerbsbeeinträchtigung gegeben ist.[2] Ab einem Nettojahresumsatz iHv 130.000 EUR ist hingegen faktisch stets von einem BgA auszugehen.[3]

Abgrenzung zu Beistandsleistungen. Juristische Personen des öffentlichen Rechts können auf sehr vielfältige Weise kooperieren. Die in der Praxis am häufigsten anzutreffenden Gestaltungen werden dabei oftmals unter dem Begriff der „Beistandsleistungen" zusammengefasst.[4] Soweit die Gestaltungen in öffentlich-rechtlicher Form gekleidet sind, handelt es sich regelmäßig um das Institut der Amtshilfe oder Organleihe. Bei allen Gestaltungen erbringt eine juristische Person des öffentlichen Rechts „Unterstützungsleistungen" an einen anderen Rechtsträger. Streng genommen kann darin keine hoheitliche Tätigkeit gesehen werden, da mit den Unterstützungsleistungen nicht die eigenen Aufgaben verfolgt werden.[5] Entgegen dieser Einordnung haben die Abteilungsleiter der obersten Finanzbehörden des Bundes und der Länder auf ihrer Sitzung am 14.-16.5.2001 den Beschluss gefasst, dass nach derzeitiger Rechtslage Beistandsleistungen von juristischen Personen des öffentlichen Rechts bei der Erfüllung hoheitlicher Aufgaben anderer juristischer Personen des öffentlichen Rechts keinen BgA begründeten und damit weder der KSt noch der USt unterlägen.[6] Ergänzend haben die Körperschaftsteuer-Referatsleiter der obersten Finanzbehörden des Bundes und der Länder beschlossen, dass es bei den „Beistandsleistungen" auf den Charakter der (übernommenen) Tätigkeit ankomme. Damit werden insbesondere Hilfstätigkeiten für eine andere juristische Person des öffentlichen Rechts (wie zB Buchführungsleistungen, Datenverarbeitung) von der Besteuerung ausgenommen, wenn diese an sich gewerblichen Tätigkeiten bei unterstelltem Eigenbetrieb dem Hoheitsbereich der die Leistung empfangenden Körperschaft zugerechnet werden können.

Neueste Rechtsprechung des BFH und Kritik des Bundesrechnungshofs an der Auffassung der Finanzverwaltung. Die neueste Entscheidung des BFH v 10.11.2011[7] zur unternehmerischen Tätigkeit einer Gemeinde beim Betrieb einer Sport- und Freizeithalle steht im Widerspruch zur Auffassung der Finanzverwaltung. In seinem Urteil betont der BFH, dass Beistandsleistungen, die zwischen juristischen Personen des öffentlichen Rechts erbracht werden, der Umsatzbesteuerung unterlägen, wenn diese zwar auf öffentlich-rechtlicher Grundlage, dabei jedoch im Wettbewerb zu Leistungen von Privatpersonen erbracht werden. Eine Nichtbesteuerung sei folglich weder mit den nationalen noch mit den EU-rechtlichen Vorgaben vereinbar. Die Auffassung des BFH entspricht insoweit, übertragen auf die ertragsteuerliche

---
1   Heger in Gosch § 4 Rn 43; Meier/Semelka in H/H/R § 4 Rn 27; zur Diskussion hinsichtlich des Festhaltens der Finanzverwaltung an den Merkmalen „Einrichtung" und „wirtschaftliches Gewicht" Krämer in D/J/P/W § 4 Rn 37 und Bott in EY § 4 Rn 76.
2   Heger in Gosch § 4 Rn 43; Meier/Semelka in H/H/R § 4 Rn 27.
3   Heger in Gosch § 4 Rn 43; Meier/Semelka in H/H/R § 4 Rn 27; Krämer in D/J/P/W § 4 Rn 35.
4   Meier/Semelka in H/H/R § 4 Rn 74; Krämer in D/J/P/W § 4 Rn 103; Mai in Frotscher/Maas § 4 Rn 22.
5   BFH I R 156/87, BStBl II 1990, 866.
6   BTDrs 15/60, Rn 77.
7   BFH V R 41/10, DStR 2012, 352.

Ebene, der Ansicht des Bundesrechnungshofes und der Literatur. Bspw sei demnach eine entgeltliche Überlassung von Räumlichkeiten in einer Sport- und Freizeithalle durch eine Gemeinde an eine Nachbargemeinde für deren Schulunterricht ebenso steuerbar wie eine Leistungserbringung an private Rechtsträger. Der Bundesrechnungshof hat die Auffassung der Finanzverwaltung zu den hoheitlichen Beistandsleistungen stark kritisiert.[1] Nach seiner Auffassung sei die Nichtbesteuerung weder mit den nationalen noch mit den EU-rechtlichen Vorgaben vereinbar. Sie führe im Ergebnis zu ungerechtfertigten Steuervorteilen bei den juristischen Personen des öffentlichen Rechts. Stattdessen müssten die von der öffentlichen Hand ausgeführten Beistandsleistungen auch dann besteuert werden, wenn es sich um Leistungen an den hoheitlichen Bereich einer juristischen Person des öffentlichen Rechts handelt. Beistandsleistungen könnten allenfalls dann als hoheitliche Tätigkeit angesehen werden, wenn sie innerhalb der eigenen Trägerkörperschaft erbracht und damit die eigentliche hoheitliche Tätigkeit unterstützen (Teil der hoheitlichen Tätigkeit – Annextätigkeit). Aus dem Bericht des Bundesrechnungshofes geht darüber hinaus hervor, dass das BMF die Ansicht des Bundesrechnungshofs unterstütze und zugesagt habe, die aktuelle Praxis iRd eingerichteten Bund-/Länder-Arbeitsgruppe „Besteuerung der öffentlichen Hand" zu prüfen.[2] Obwohl bis zum derzeitigen Stand keine Hinweise auf eine Änderung der Verwaltungsauffassung vorliegen, ist demnach nicht gesichert, dass die Finanzverwaltungspraxis zu den hoheitlichen Beistandsleistungen unverändert fortgeführt wird. In der Literatur[3] wird daher auch die Auffassung vertreten, dass auf Dauer angelegte Kooperationen nicht als Amtshilfe anzusehen sind. Die beauftragte juristische Person des öffentlichen Rechts erbringe insoweit entgeltliche Leistungen, die in keinem Zusammenhang zu der ihr übertragenen hoheitlichen Aufgabe stünden. Das Handeln einer juristischen Person des öffentlichen Rechts als Erfüllungsgehilfe stelle demnach eine gewerbliche Betätigung und somit einen BgA dar.

83 **Nachhaltige wirtschaftliche Tätigkeit.** Die Voraussetzungen der nachhaltigen Teilnahme am allgemeinen wirtschaftlichen Verkehr entsprechen denen des § 15 II EStG.[4] Die Tätigkeit muss somit mit der Absicht auf Wiederholung ausgeübt werden. Gem BFH[5] ist eine Tätigkeit nicht bereits deshalb nachhaltig, weil sie für einen längeren Zeitraum zu Vergütungen führt. Eine einmalig oder unregelmäßig und ohne Gewinnerzielungsabsicht ausgeführte Tätigkeit ist jedoch nachhaltig, wenn sie auch in Zukunft Tätigkeiten wie Dulden oder Unterlassen auslöst.

84 **Einnahmenerzielungsabsicht.** Voraussetzung für die Annahme eines BgA ist die Erzielung von Einnahmen. Nach dem Einnahmebegriff des § 8 I EStG sind alle geldwerten Vorteile relevant, die durch die wirtschaftlichen Aktivitäten entstehen.[6]

---

1 BTDrs 15/4081, 3.
2 BTDrs 15/4081, 10.
3 *Meier/Semelka* in H/H/R § 4 Rn 74.
4 *Sauter* in Erle/Sauter § 4 Rn 10; *Meier/Semelka* in H/H/R § 4 Rn 23.
5 BFH IV 6/60 U, BStBl III 1964, 139.
6 ZB Auftragsforschung gegen Lieferung der benötigten Geräte *Strahl*, FR 1998, 761.

Gewinnerzielungsabsicht. Gem § 4 I 2 ist keine Gewinnerzielungsabsicht für die Annahme eines BgA für körperschaftsteuerliche Zwecke erforderlich. Damit kann ein BgA vorliegen, der keinen Gewerbebetrieb iSd § 2 III GewStG darstellt.[1] Allerdings sind nach allgemeinen Grundsätzen des § 8 I nur solche Tätigkeiten eines BgA der Besteuerung zu unterwerfen, die nicht dauerhaft Verluste erzielen. Bei der Frage der Gewinnerzielungsabsicht sind auch Gewinnausschüttungen und Gewinnabführungen von TG zu berücksichtigen.[2]

Wenn die Gewinnabführungen der Kapitalgesellschaft an den BgA höher sind als die eigenen Verluste des BgA, besteht damit Gewinnerzielungsabsicht. Diese Sichtweise gilt auf jeden Fall, wenn der BgA der TG wesentliche Betriebsgrundlagen entgeltlich zur Nutzung überlässt und damit eine Betriebsaufspaltung begründet (vgl dazu Rn 102).

Keine Teilnahme am wirtschaftlichen Verkehr (Selbstversorgungsbetriebe). Gem § 4 I S 2 ist die Beteiligung am allgemeinen wirtschaftlichen Verkehr für die Annahme eines BgA nicht erforderlich. Somit kommen auch Selbstversorgungsbetriebe als BgA in Betracht.[3] Die Finanzverwaltung unterschied insoweit zwischen reinen Selbstversorgungsbetrieben (ohne Umsätze an Dritte) und Selbstversorgungsbetrieben mit nachhaltigen Umsätzen an Dritte. Selbstversorgungsbetriebe, die fast ausschließlich Leistungen gegenüber ihrer Trägerkörperschaft erbringen, wurden ursprünglich nicht als BgA erfasst.[4] Die der damaligen Auffassung zugrunde liegenden Annahme, dass derartige Betriebe auf Selbstkostenbasis abrechnen und keine Überschüsse erzielen, war jedoch vor dem Hintergrund der steten Zunahme der internen Leistungsverrechnungen zwischen den einzelnen Verwaltungseinrichtungen nicht mehr haltbar.[5]

Beispiele für Selbsversorgungsbetriebe sind hauseigene Tankstellen, Druckereien, oder Kantinen.[6]

Land- und forstwirtschaftliche Betriebe. Land- und forstwirtschaftliche Betriebe einer juristischen Person des öffentlichen Rechts werden durch § 4 I ausdrücklich von der Ertragsbesteuerung ausgenommen.[7] Auch die Verpachtung eines land- und forstwirtschaftlichen Betriebs durch eine juristische Person des öffentlichen Rechts begründet keinen BgA.[8] Diese Privilegierung wird auch vor dem Hintergrund einer etwaigen eingeschränkten Wettbewerbssituation in diesem Bereich als nicht gerechtfertigt angesehen.[9] Die verschiedenen Landesforstgesetze sehen zT

---

1 *Mai* in Frotscher/Maas § 4 Rn 15.
2 BFH I R 20/09, BFH/NV 2010, 391.
3 RFH I A 24/30, RStBl 1930, 637; *Krämer* in D/J/P/W § 4 Rn 41.
4 BMF v 7.10.1974, BStBl I 1974, 911, jetzt aufgehoben, da nicht in der Positivliste gem BMF v 7.6.2005, BStBl I 2005, 717 enthalten.
5 *Krämer* in D/J/P/W § 4 Rn 42; *Meier/Semelka* in H/H/R § 4 Rn 36; *Alvermann* in Streck § 4 Rn 16.
6 *Sauter* in Erle/Sauter § 4 Rn 10; *Krämer* in D/J/P/W § 4 Rn 41; *Meier/Semelka* in H/H/R § 4 Rn 36.
7 Insbesondere auch BMF v 6.3.2006, BStBl I 2006, 248 zur Abgrenzung von gewerblichen Einkünfte bei Biogasanlagen und der Erzeugung von Energie aus Biogas.
8 Ebenso kann die Jagdverpachtung idR keinen BgA begründen, weil sie nicht außerhalb des land- und forstwirtschaftlichen Betriebs erfolgen kann, BFH V R 28/03, BStBl II 2006, 280.
9 *Heger* in Gosch § 4 Rn 49.

weitgehende Dienstleistungsbefugnisse vor und unterscheiden dabei zB in der vertraglichen Übernahme von Aufgaben der Planung und Überwachung des Betriebsvollzuges (technische Betriebsleitung) und des forstlichen Betriebsvollzuges (Beförsterung) sowie der Erstellung von Betriebsplänen und -gutachten (Forsteinrichtung).[1] Dem Vernehmen nach wird vereinzelt von der Finanzverwaltung bereits bei derartigen Dienstleistungen eine steuerpflichtige Tätigkeit angenommen, soweit sie sich inhaltlich nicht von der Tätigkeit eines privaten gewerblichen oder freiberuflichen Unternehmers unterscheidet. Richtigerweise ist die Abgrenzung zwischen gewerblicher Tätigkeit und land- und forstwirtschaftlichen Aktivitäten nach R 15.5 EStR vorzunehmen.[2]

88 **Vermögensverwaltung.** Zur nicht iRe BgA erfassten Vermögensverwaltung vgl Rn 19 ff.

89-90 *Einstweilen frei.*

91 **3. BgA bei Beteiligung an Gesellschaften. a) Personengesellschaften.** Wird durch eine Beteiligung an einer gewerblich tätigen oder gewerblich geprägten Personengesellschaft eine Mitunternehmerschaft begründet, führt die Beteiligung zu einem BgA einer juristischen Person des öffentlichen Rechts. Dabei soll jede Tätigkeit einer Personengesellschaft jeweils zu einem gesonderten BgA führen.[3] Dies ist konsequent, weil anderenfalls die Regelung des § 4 VI umgangen werden könnte.[4]

Eine andere Beurteilung ist hingegen bei Beteiligungen an rein vermögensverwaltenden, aber gewerblich geprägten Personengesellschaften vertretbar. Hier wurde bisher aufgrund der Fiktion des § 15 III Nr 2 EStG eine wirtschaftliche Tätigkeit angenommen. Dem hat der BFH[5] widersprochen und eine solche Beteiligung dem steuerfreien Bereich der Vermögensverwaltung zugerechnet, da § 15 EStG insbesondere nicht dem Wettbewerbsschutz diene.

92 **Liebhaberei und dauerdefizitäre Personengesellschaften.** Bei Liebhaberei bzw dauerdefizitären Personengesellschaften liegt keine Mitunternehmerschaft vor.[6] Dennoch stellt die Beteiligung an einer derartigen Personengesellschaft „nach allgemeinen Grundsätzen"[7] einen BgA dar, da hierfür die Absicht, Einnahmen zu erzielen, ausreicht.[8] Die Absicht, Gewinn zu erwirtschaften, ist nicht erforderlich.

93 **GbR zur Erfüllung hoheitlicher Aufgaben.** Begründen zwei juristische Personen des öffentlichen Rechts eine Personengesellschaft zur Erfüllung hoheitlicher Aufgaben, liegt keine Mitunternehmerschaft vor (R 6 II S 5 KStR).

---

1 ZB § 11 II Landesforstgesetz NRW, GV NRW 1980, 546.
2 *Krämer* in D/J/P/W § 4 Rn 40.
3 BMF v 12.11.2009, BStBl I 2009, 1303, Rn 59.
4 Eine § 8 VIII entsprechende Regelung fehlt im EStG.
5 BFH I R 60/10, BStBl II 2011, 858.
6 BFH VIII R 28/94, BStBl II 1997, 202.
7 BMF v 12.11.2009, BStBl I 2009, 1303, Rn 61.
8 *Krämer* in D/J/P/W § 4 Rn 53.

IV. Zu besteuernde Tätigkeiten einer juristischen Person des öffentlichen Rechts

Zusammenschluss mehrerer juristischer Personen des öffentlichen Rechts zu vermögensverwaltender Personengesellschaft. Auch der Zusammenschluss von juristischen Personen des öffentlichen Rechts zu einer vermögensverwaltenden Personengesellschaft führt nicht zu der Begründung eines BgA.[1] 94

Einstweilen frei. 95-96

b) Kapitalgesellschaften. Das Halten und Verwalten von (eigenen) Beteiligungen an Kapitalgesellschaften begründet für sich genommen als Vermögensverwaltung keinen BgA (R 6 II S 6 KStR, vgl auch Rn 19 ff). Selbst der Gewinn aus der Veräußerung einer im Bereich der Vermögensverwaltung gehaltenen Beteiligung unterliegt nicht der Körperschaftsteuerpflicht.[2] Dennoch kann uU in folgenden Fällen ein BgA vorliegen:[3] 97

- Mehrfacher Erwerb und Veräußerung wesentlicher Beteiligungen;
- Ständiger und planmäßiger Einfluss auf die Geschäftsführung;[4]
- Zusammenfassung mehrerer Beteiligungen in einer Vermögensholding, die für eine einheitliche Unternehmenspolitik in den von ihr beherrschten Unternehmen sorgt;
- Erbringung geldwerter Leistungen an die Tochter-Kapitalgesellschaft;
- Beteiligung an der Tochter-Kapitalgesellschaft ist aufgrund einer Betriebsaufspaltung einem BgA zuzurechnen.

Einstweilen frei. 98-99

4. Vermietung einzelner Wirtschaftsgüter. a) Grundsatz. Die entgeltliche Nutzungsüberlassung von Wirtschaftsgütern durch eine juristische Person des öffentlichen Rechts ist grundsätzlich dem Bereich der Vermögensverwaltung zuzuordnen und somit nicht steuerbar.[5] Dies gilt jedoch nicht in folgenden Fällen:[6] 100

- Betriebsaufspaltung (Rn 102),
- Verpachtung eines BgA (Rn 139),
- Vermietung einzelner Wirtschaftsgüter im engen wirtschaftlichen Zusammenhang mit der Verpachtung eines BgA (Rn 141).

Einstweilen frei. 101

---

1 *Sauter* in Erle/Sauter § 4 Rn 13.
2 So bereits RFH I 53/38, RStBl 1938, 471.
3 *Meier/Semelka* in H/H/R § 4 Rn 31; *Mai* in Frotscher/Maas § 4 Rn 18; *Heger* in Gosch § 4 Rn 52; *Erhard* in Blümich § 4 Rn 32; *Krämer* in D/J/P/W § 4 Rn 49, 55 ff.
4 Ersichtlich aus dem Verweis in H 6 „Beteiligung an einer Kapitalgesellschaft" KStH auf die Qualifizierung des Haltens einer Beteiligung an einer Kapitalgesellschaft als wirtschaftlichen Geschäftsbetrieb bei Berufsverbänden (R 16 V S 4 KStR); aA *Bott* in EY § 4 Rn 57: da in § 4 I 2 der Gesetzgeber ausdrücklich auf das Merkmal der Beteiligung „am allgemeinen wirtschaftlichen Geschäftsverkehr" verzichte habe, könne auch eine über das gewöhnliche Maß hinausgehende Einflussnahme für die Begründung eines BgA nicht ausschlaggebend sein.
5 BFH I R 7/71, BStBl II 1974, 391; *Meier/Semelka* in H/H/R § 4 Rn 61; *Krämer* in D/J/P/W § 4 Rn 70; *Bott* in EY § 4 Rn 56, 105.
6 *Meier/Semelka* in H/H/R § 4 Rn 61; *Bott* in EY § 4 Rn 105.

102 **b) Betriebsaufspaltung. Vermietung wesentlicher Betriebsgrundlagen an eine Eigengesellschaft (Kapitalgesellschaft).** Werden durch eine juristische Person des öffentlichen Rechts wesentliche Betriebsgrundlagen (sachliche Verflechtung) an von ihr mehrheitlich gehaltene und beherrschte Kapitalgesellschaften (personelle Verflechtung) entgeltlich zur Nutzung zur Verfügung gestellt, führt dies zur Anwendung der Grundsätze der Betriebsaufspaltung.[1] Die Finanzverwaltung[2] rechtfertigt dies damit, dass juristische Personen des öffentlichen Rechts andernfalls am wettbewerbsrelevanten Marktgeschehen teilnehmen und gleichzeitig einen Teil der Markteinkünfte in den nicht steuerpflichtigen Bereich verlagern könnten.

103 **Wesentliche Betriebsgrundlagen.** Wesentliche Betriebsgrundlagen sind Wirtschaftsgüter, die auf die besonderen Bedürfnisse des Betriebs zugeschnitten und insofern für den Betrieb wirtschaftlich von Gewicht und notwendig sind (H 15.7 „Wesentliche Betriebsgrundlage", Spiegelstrich „Betriebszweck/-führung" EStH).[3] Als Beispiele für wesentliche Betriebsgrundlagen kommen somit in Frage:

- Büro- und Verwaltungsgebäude, wenn es die räumliche und funktionale Grundlage für die Geschäftstätigkeit der Betriebsgesellschaft bildet,[4]
- Öffentliche Straßenflächen einer Gemeinde,[5]
- Lager und Werkstätten eines Wasserwerks,[6]
- Straßen- oder U-Bahnanlagen.[7]

104 **Rechtsfolgen.** Bei der juristischen Person des öffentlichen Rechts liegt ein Verpachtungs-BgA vor.[8] Als Rechtsfolge der Betriebsaufspaltung gehören die der Gesellschaft überlassenen Wirtschaftsgüter und die Beteiligung der juristischen Person des öffentlichen Rechts zum Betriebsvermögen dieses BgA.[9] Folglich unterliegen Mieten, Pachten und Beteiligungserträge ebenso der KSt wie realisierte Wertsteigerungen der wesentlichen Betriebsgrundlagen und der Beteiligung.[10] Gleiches gilt für der Eigengesellschaft gewährte Gesellschafterdarlehen und übernommene Bürgschaften.[11] Somit werden auch die Vergütungen hierfür steuerlich in dem Verpachtungs-BgA erfasst.

---

1 *Mai* in Frotscher/Maas § 4 Rn 18; *Heger* in Gosch § 4 Rn 51, 97; *Krämer* in D/J/P/W § 4 Rn 72; zur Betriebsaufspaltung: R 15.7 IV ff EStR.
2 OFD Hannover v 23.9.2009, DB 2009, 2520.
3 BFH IV R 135/86, BStBl II 1989, 1014 mwN.
4 BFH VIII R 11/99, BStBl II 2000, 621.
5 BFH I R 50/98, BStBl II 2001, 558, die öffentlichen Straßenflächen einer Gemeinde können aber nicht zum Betriebsvermögen des BgA gehören.
6 BFH I R 223/80, BStBl II 1984, 496.
7 Finanzministerium Nordrhein-Westfalen v 11.3.1993 (bek OFD Münster), nv.
8 *Mai* in Frotscher/Maas § 4 Rn 18; *Heger* in Gosch § 4 Rn 51; *Erhard* in Blümich § 4 Rn 85; *Alvermann* in Streck § 4 Rn 33; *Sauter* in Erle/Sauter § 4 Rn 27; *Meier/Semelka* in H/H/R § 4 Rn 57; *Krämer* in D/J/P/W § 4 Rn 78.
9 *Heger* in Gosch § 4 Rn 97, 142; *Meier/Semelka* in H/H/R § 4 Rn 57; *Krämer* in D/J/P/W § 4 Rn 78.
10 *Heger* in Gosch § 4 Rn 97, 142; *Bott* in EY § 4 Rn 115; *Meier/Semelka* in H/H/R § 4 Rn 57; *Krämer* in D/J/P/W § 4 Rn 78.
11 *Krämer* in D/J/P/W § 4 Rn 78 mit Verweis auf BFH IVR 7/03, BStBl II 2005, 354 und BFH X R 36/02, BStBl II 2005, 707.

IV. Zu besteuernde Tätigkeiten einer juristischen Person des öffentlichen Rechts

Betriebsaufspaltung bei mittelbarer Beteiligung. Denkbar ist auch der Fall, dass eine juristische Person des öffentlichen Rechts die Anteile an der Betriebskapitalgesellschaft über eine zwischengeschaltete kommunale Holding-Kapitalgesellschaft hält.[1] In einem solchen Fall zählen nicht nur die Anteile an der Betriebskapitalgesellschaft zu dem Betriebsvermögen des Verpachtungs-BgA der juristischen Person des öffentlichen Rechts, sondern auch die Anteile an der zwischengeschalteten Gesellschaft. Sofern die zwischengeschaltete Gesellschaft an mehreren Betriebs-Kapitalgesellschaften beteiligt ist, werden die Anteile der juristischen Person des öffentlichen Rechts quotal beurteilt.[2] Sollte die Zwischen-Holding zusätzlich einen eigenen Geschäftsbetrieb unterhalten, sind die Grundsätze der Betriebsaufspaltung allerdings nur anzuwenden, wenn dieser Geschäftsbetrieb von untergeordneter Bedeutung ist.[3]

105

Gemeinnützige Eigengesellschaften. Wird ein gemeinnütziger BgA in eine Eigengesellschaft eingebracht und werden dabei wesentliche Wirtschaftsgüter bei der juristischen Person des öffentlichen Rechts zurückbehalten, so sollen die Rechtsfolgen einer Betriebsaufspaltung nicht gezogen werden, soweit die überlassenen wesentlichen Betriebsgrundlagen nicht von einem steuerpflichtigen wirtschaftlichen Geschäftsbetrieb der Eigengesellschaft, sondern im steuerbefreiten, gemeinnützigen Bereich genutzt werden.[4]

106

Unentgeltliche Überlassung wesentlicher Betriebsgrundlagen. Die unentgeltliche Überlassung von Wirtschaftsgütern führt nicht zur Betriebsaufspaltung.[5]

107

Einstweilen frei.

108-109

c) Vermietung von wesentlichen Betriebsgrundlagen an einen BgA. Die entgeltliche Nutzungsüberlassung von Wirtschaftsgütern durch eine juristische Person des öffentlichen Rechts an ihren (rechtlich unselbständigen) BgA führt grundsätzlich zum Betriebsausgabenabzug auf Ebene des BgA.[6] Da die Mieterträge bei der juristischen Person des öffentlichen Rechts jedoch dem nicht steuerbaren Bereich der Vermögensverwaltung zuzuordnen sind, ergäbe sich hieraus eine Bevorteilung der juristischen Person des öffentlichen Rechts.

110

Um eine Besserstellung zu vermeiden, könnten die Grundsätze über die Betriebsaufspaltung auch auf die entgeltliche Vermietung von einer juristischen Person des öffentlichen Rechts an ihren BgA angewandt werden, soweit es sich um Wirtschaftsgüter handelt, die für den BgA wesentliche Betriebsgrundlagen darstellen. Nach zutreffender Auffassung des BFH[7] würde die Anwendung der Grundsätze der Betriebsaufspaltung in einem solchen Fall jedoch zu einer Verkomplizierung des Rechts führen. Bei tatsächlicher Zahlung der Nutzungsentgelte von dem BgA an seine Trägerkörperschaft sei es stattdessen sachgerechter, die überlassenen Wirtschafts-

---

1 OFD Hannover v 25.1.1995, KStK § 4 KStG Karte A 8; *Meier/Semelka* in H/H/R § 4 Rn 57.
2 FG Münster 9 K 5219/99, EFG 2003, 1648.
3 BFH III R 91/81, BStBl II 1985, 241.
4 OFD Hannover v 23.7.1998, FR 1998, 911.
5 OFD Hannover 23.9.2009, DB 2009, 2520.
6 *Meier/Semelka* in H/H/R § 4 Rn 57; *Krämer* in D/J/P/W § 4 Rn 72; *Bott* in EY § 4 Rn 296 ff, 324.
7 BFH I R 223/80, BStBl II 1984, 496.

güter fiktiv dem Betriebsvermögen des BgA zuzurechnen und die von ihm an die juristische Person des öffentlichen Rechts gezahlte Vergütung als vGA zu betrachten. Insoweit werden der (rechtlich unselbständige) BgA einer Kapitalgesellschaft und die Trägerkörperschaft einem beherrschenden Gesellschafter gleichgestellt.[1] Die Vereinbarungen zwischen der Trägerkörperschaft und ihrem BgA werden in dem Fall somit auch steuerlich nicht anerkannt (H 33 „Miet- oder Pachtverträge" KStH). Die betreffenden Wirtschaftsgüter werden bei Abschluss der Nutzungsvereinbarung in das Betriebsvermögen des BgA eingelegt.[2] Wird der Sachverhalt jedoch erst iRe Betriebsprüfung aufgedeckt, besteht insbesondere bei Büro- und Verwaltungsgebäuden die Möglichkeit, sie nachträglich mit dem fortgeschriebenen Buchwert in das Betriebsvermögen einzubuchen und dem Kapitalkonto des BgA gutzuschreiben.[3] Insofern handelt es sich um eine Berichtigung des Betriebsvermögens.[4]

111 **Vermietung nicht wesentlicher Betriebsgrundlagen an einen BgA.** Vereinbarungen über die entgeltliche Nutzungsüberlassung von unwesentlichen Betriebsgrundlagen von einer Trägerkörperschaft an ihren BgA sind steuerlich wirksam (H 33 „Miet- oder Pachtverträge" KStH).[5] Die Miet- und Pachtentgelte mindern beim BgA als Betriebsausgaben den Gewinn.[6] Die von der Trägerkörperschaft erzielten Einnahmen sind dem Bereich der Vermögensverwaltung zuzuordnen und insofern steuerfrei.[7]

112 *Einstweilen frei.*

113 **d) Vermietung von Wirtschaftsgütern durch einen BgA oder eine Eigengesellschaft an die Trägerkörperschaft.** Vereinbarungen über die entgeltliche Vermietung von Wirtschaftsgütern durch einen BgA oder eine Eigengesellschaft an die Trägerkörperschaft sind steuerlich wirksam. Folglich sind die Mieteinnahmen von dem BgA laufend zu versteuern und die zur Nutzung überlassenen Wirtschaftsgüter dem (gewillkürtem) Betriebsvermögen des BgA zuzuordnen. Mit der Vermietung zusammenhängende Aufwendungen mindern als Betriebsausgaben den steuerlichen Gewinn. Die in den überlassenen Wirtschaftsgütern enthaltenen stillen Reserven bleiben steuerverhaftet.

114 *Einstweilen frei.*

115 **e) Verpachtung von Wirtschaftsgütern aus dem Hoheitsvermögen als hoheitliches Hilfsgeschäft.** Die entgeltliche Überlassung von wesentlichen Betriebsgrundlagen durch die juristische Person des öffentlichen Rechts führt dann nicht zur Betriebsaufspaltung, wenn die betreffenden Wirtschaftsgüter dem Hoheitsvermögen der juristischen Person des öffentlichen Rechts zuzuordnen sind.[8] Gleiches gilt iRd Konzessionsabgaben, vgl Rn 250.[9]

---

1   *Bott* in EY § 4 Rn 324.
2   *Wallenhorst* in Wallenhorst/Halaczinsky, H Rn 12b; hinsichtlich der verdeckten Einlage von Grundstücken *Krämer* in D/J/P/W § 4 Rn 75; *Bott* in EY § 4 Rn 311.
3   *Wallenhorst* in Wallenhorst/Halaczinsky, H Rn 12b.
4   *Krämer* in D/J/P/W § 4 Rn 75.
5   *Heger* in Gosch § 4 Rn 51, 144; *Meier/Semelka* in H/H/R § 4 Rn 57, 107, 123; *Bott* in EY § 4 Rn 310.
6   *Heger* in Gosch § 4 Rn 144.
7   *Heger* in Gosch § 4 Rn 51, 144; *Meier/Semelka* in H/H/R § 4 Rn 57.
8   *Krämer* in D/J/P/W § 4 Rn 76, 81, 185, 187; *Bott* in EY § 4 Rn 311; *Meier/Semelka* in H/H/R § 4 Rn 57; BFH I R 50/98, BStBl II 2001, 558.
9   *Krämer* in D/J/P/W § 4 Rn 82.

Einsweilen frei. 116

5. Betätigung in Privatrechtsform. Besteuerung gem § 1 I Nr 1. Wirtschaftliche 117
Tätigkeiten einer juristischen Person des öffentlichen Rechts, die in Privatrechtsformen vorgenommen werden (Kapitalgesellschaften), werden nicht nach § 1 I Nr 6 iVm § 4, sondern nach § 1 I Nr 1 besteuert.

Zusammenfassung wirtschaftlicher Tätigkeiten in Kapitalgesellschaften. Für 118
juristische Personen des öffentlichen Rechts besteht grundsätzlich die Möglichkeit, ihre verschiedenen wirtschaftlichen Tätigkeiten in Kapitalgesellschaften zwecks Zusammenfassung zu verlagern.[1] Nach Auffassung des BFH[2] bedarf es insoweit nicht der Erfüllung der Voraussetzungen für die Zusammenfassung von BgA (vgl Rn 171 ff). Demgegenüber vertrat die Finanzverwaltung bereits vor den Änderungen des JStG 2009 die Auffassung, dass verschiedene wirtschaftliche Tätigkeiten nur dann in einer Kapitalgesellschaft zusammengefasst werden konnten, wenn sie auch in einem BgA hätten zusammengefasst werden können (R 7 II S 2 KStR). Dies sollte auch dann gelten, wenn die Zusammenfassung über Organschaften erfolgte oder ein Hoheitsbetrieb mit wirtschaftlichen Tätigkeiten in einer AG oder GmbH zusammengefasst werden sollte (R 7 II S 4 KStR; H 7 KStH). Die Rechtsprechung hat die Zusammenfassung von unterschiedlichen BgA in eine Kapitalgesellschaft ohne jegliche Einschränkung als zulässig angesehen und auch einen Gestaltungsmissbrauch iSd § 42 AO verneint.[3] Gleichwohl konnte in den Fällen, in denen eine dauerdefizitäre Tätigkeit mit eingebracht wurde, eine vGA angenommen werden, da ein ordentlicher und gewissenhafter Geschäftsleiter einer Kapitalgesellschaft den Dauerverlust nicht hingenommen hätte.[4] Nunmehr ist aufgrund der Einfügung der § 8 VII-IX eine gesetzliche Grundlage geschaffen worden, anhand derer die Zulässigkeit einer Verlustverrechnung zu prüfen ist. Damit soll zudem eine Gleichstellung mit der Zusammenfassung von verschiedenen BgA erreicht werden (vgl § 8 Rn 937).

Einsweilen frei. 119

V. BgA, die selbst juristische Personen des öffentlichen Rechts sind (§ 4 120
II). Bedeutung. § 4 II hat nach der Gesetzesbegründung nur eine klarstellende Bedeutung.[5] Da die Steuerpflicht auch aus § 1 I Nr 6 iVm § 4 I hergeleitet werden kann, wird die Regelung teilweise als überflüssig angesehen.[6] Nach diesem Verständnis kann die Vorschrift nicht zu einer Ausdehnung der Besteuerung führen.

Betroffene juristische Personen des öffentlichen Rechts. Betroffen sind die ju- 121
ristischen Personen des öffentlichen Rechts, die allein auf Erfüllung umgrenzter Aufgaben angelegt sind. Entscheidend soll sein, dass der Hauptzweck der juristischen Person des öffentlichen Rechts nicht auf hoheitliche, sondern auf wirtschaftliche

---

1 BFH I R 9/03, BFH/NV 2004, 1689.
2 BFH I R 9/03, BFH/NV 2004, 1689.
3 BFH I R 9/03, BFH/NV 2004, 1689; BFH I R 32/06, BStBl II 2007, 961.
4 BFH I R 32/06, BStBl II 2007, 961.
5 BTDrs 7/1470, 336.
6 *Sauter* in Erle/Sauter § 4 Rn 16; *Alvermann* in Streck § 4 Rn 28.

Aktivitäten gerichtet sei.[1] Beispiele sind Sparkassen, Landesbanken und öffentlich-rechtliche Versicherungs- und Kreditanstalten.[2] § 4 II umfasst hingegen keine teilrechtsfähigen bzw rechtlich unselbständigen BgA wie bspw Sondervermögen und Landes- oder Eigenbetriebe.[3] Sofern der BgA als Kapitalgesellschaft betrieben wird, sind die hierfür entsprechenden allgemeinen Rechtsnormen des KStG vollumfänglich anzuwenden.

122 **BgA als Steuersubjekt.** In den von § 4 II betroffenen Fällen ist der BgA nicht nur Zuordnungsobjekt, sondern auch Steuersubjekt,[4] Steuersubjekt und Steuerobjekt sind insofern identisch.[5]

123 **Vermögensverwaltung.** Auch bei Körperschaften iSd § 4 II ist die steuerfreie Vermögensverwaltung möglich, sofern keine Nebenbetriebe zum BgA vorliegen. Als Nebenbetriebe sind solche wirtschaftlichen Tätigkeiten anzusehen, die wegen ihrer engen räumlichen oder sachlichen Verbindung mit dem BgA nach wirtschaftlicher Betrachtung mit diesem eine Einheit bilden. Es ist dann nicht mehr zu prüfen, ob diese Betriebe im Einzelnen die Voraussetzungen eines BgA erfüllen. Allerdings führt nach Ansicht der Rechtsprechung[6] eine wirtschaftliche Betätigung mit einem anderen Gegenstand zu einem eigenständigen wirtschaftlichen Geschäftsbetrieb. In der Praxis ist die Abgrenzung häufig streitanfällig.[7]

124 *Einstweilen frei.*

125 **VI. Versorgungs-, Verkehrs- und Hafenbetriebe (§ 4 III). 1. Allgemeines. Zweck der Regelung.** Durch § 4 III soll klargestellt werden, dass Versorgungseinrichtungen sowie Verkehrs- und Hafenbetriebe keine Hoheitsbetriebe sind.[8] Versorgungsbetriebe erfüllen öffentliche Aufgaben der Daseinsvorsorge und unterlagen in der Vergangenheit zumindest teilweise auch den Regelungen des Verwaltungsprivatrechts.[9] Demnach hätten sie bei einer weiten Auslegung des Begriffes der Ausübung öffentlicher Gewalt grundsätzlich auch als Hoheitsbetriebe iSv § 4 V in Betracht kommen können.[10] Mit der Voranstellung von § 4 III wird der Begriff der Ausübung öffentlicher Gewalt im Körperschaftsteuerrecht enger gefasst als im allgemeinen Verwaltungsrecht.[11] Somit ist sichergestellt, dass nicht jede Ausübung öffentlicher Gewalt im verwaltungsrechtlichen Sinne dem hoheitlichen Bereich einer juristischen

---

1 *Heger* in Gosch § 4 Rn 82; *Meier/Semelka* in H/H/R § 4 Rn 40; *Alvermann* in Streck § 4 Rn 28.
2 *Heger* in Gosch § 4 Rn 82; *Meier/Semelka* in H/H/R § 4 Rn 40; *Sauter* in Erle/Sauter § 4 Rn 17; *Alvermann* in Streck § 4 Rn 28; *Erhard* in Blümich § 4 Rn 63; *Krämer* in D/J/P/W § 4 Rn 58; *Mai* in Frotscher/Maas § 4 Rn 19; *Bott* in EY § 4 Rn 82.
3 *Mai* in Frotscher/Maas § 4 Rn 19.
4 *Heger* in Gosch § 4 Rn 82; *Meier/Semelka* in H/H/R § 4 Rn 40; *Sauter* in Erle/Sauter § 4 Rn 17; *Bott* in EY § 4 Rn 79.
5 *Meier/Semelka* in H/H/R § 4 Rn 40; *Bott* in EY § 4 Rn 79.
6 BFH I R 85/04, BStBl II 2005, 545 zu § 64 AO.
7 Unklar zB die Vermietung von Wohnhäusern durch Sparkassen.
8 BTDrs 7/1470, 336.
9 BFH V R 112/86, BStBl II 1988, 473.
10 BFH V R 112/86, BStBl II 1988, 473; BFH V B 53/68, BStBl II 1969, 415; *Sauter* in Erle/Sauter § 4 Rn 19.
11 BFH V R 112/86, BStBl II 1988, 473; BFH V B 53/68, BStBl II 1969, 415.

Person des öffentlichen Rechts im steuerlichen Sinne zugeordnet wird. Für den Fall, dass Versorgungsbetriebe als Kapitalgesellschaften betrieben werden, ergibt sich eine Körperschaftsteuerpflicht aus § 1 I Nr 1.[1]

Erleichterung der Zusammenfassung. Darüber hinaus folgt wegen § 4 VI Nr 1 eine Erleichterung der steuerlich wirksamen Zusammenfassung der in diesem Absatz aufgezählten Betriebe.[2]

126

Verhältnis zu § 4 V. § 4 III ist lex specialis zu § 4 V.[3] Dies ist sachgerecht, da die hoheitliche Aufgabe idR als hilfs- oder vorbereitende Tätigkeit für die eigentliche Versorgung betrachtet werden kann.[4] Lässt sich eine Tätigkeit der juristischen Person des öffentlichen Rechts nicht klar dem hoheitlichen oder wirtschaftlichen Bereich zuordnen, ist auf die überwiegende Zweckbestimmung der Tätigkeit abzustellen.[5] Somit ist ausnahmsweise denkbar, dass Versorgungsbetriebe dem hoheitlichen Bereich zugeordnet werden oder hoheitliche Aufgaben als BgA qualifiziert werden.[6]

127

Einstweilen frei.

128

2. Versorgungsbetriebe ieS. Definition. Versorgungsbetriebe müssen ihre Leistungen der Bevölkerung zur Verfügung stellen (in Abgrenzung zu den Selbstversorgungsbetrieben vgl Rn 86) und sind auf Einrichtungen im Bereich der Versorgung mit

129

- Wasser,
- Gas,
- Elektrizität,
- oder Wärme

beschränkt. Im Entwurf zum JStG 2009 war ursprünglich eine Erweiterung des § 4 III um Bäderbetriebe enthalten.[7] Das hätte eine uneingeschränkte Zusammenfassung ohne enge wechselseitige technisch-wirtschaftliche Verflechtung (vgl Rn 187) ermöglicht. Aufgrund des Berichts des Finanzausschusses des Bundestages[8] wurde diese Änderung jedoch nicht umgesetzt.

Nebengeschäfte. Nebengeschäfte der Versorgungsbetriebe wie bspw der Handel von Elektrizitätswerken mit Elektroartikeln oder Tourismusaktivitäten dürfen nur Hilfscharakter haben.[9]

130

---

1 *Heger* in Gosch § 4 Rn 83; BFH V R 112/86, BStBl II 1988, 473.
2 *Bott* in EY § 4 Rn 151.
3 BFH V R 112/86, BStBl II 1988, 473; *Sauter* in Erle/Sauter § 4 Rn 20; *Bott* in EY § 4 Rn 87; *Meier/Semelka* in H/H/R § 4 Rn 45.
4 *Sauter* in Erle/Sauter § 4 Rn 20.
5 Senator für Finanzen Bremen v 5.8.1975, BStBl I 1975, 934, Rn 2; *Sauter* in Erle/Sauter § 4 Rn 20 f.
6 *Sauter* in Erle/Sauter § 4 Rn 21.
7 BTDrs 16/545/08, 105.
8 BTDrs 16/111/08, 33.
9 FG Düsseldorf 7 K 61/87, EFG 1993, 98; BFH II 205/56 U, BStBl III 1960, 446; *Wallenhorst* in Wallenhorst/Halaczinsky, H Rn 26.

131 **Erfasste und nicht erfasste Trägerunternehmen.** § 4 III soll nach überwiegender Meinung[1] nur Anwendung auf Versorgungsbetriebe finden, deren Trägerkörperschaft eine Gebietskörperschaft (Bund, Länder, Gemeinden, Gemeindeverbände) ist. Betriebe ausländischer juristischer Personen des öffentlichen Rechts sollen somit grundsätzlich nicht als Versorgungsbetriebe gelten, da ihnen nicht die Versorgung der deutschen Bevölkerung obliege.[2] Auch Betriebe kirchlicher juristischer Personen des öffentlichen Rechts würden nicht unter § 4 III fallen, da die Versorgung der Bevölkerung mit Elektrizität außerhalb des kirchlichen Aufgabenkreises liege.[3] Es ist zweifelhaft, ob diese Auslegung insbesondere nach der Liberalisierung in der Energiewirtschaft noch unionsrechtskonform ist.

132 **Wertschöpfungsstufen.** Nach zutreffender Ansicht der Finanzverwaltung sind sämtliche Wertschöpfungsstufen der Versorgung (Erzeugung, Transport und Handel bzw Vertrieb) von § 4 III umfasst (also auch Netzbetrieb und Fotovoltaikanlagen[4]). Zudem genügt es, wenn der Betrieb nur eine der Wertschöpfungsstufen umfasst.[5] Als Versorgungsbetrieb ist auch der bloße Netzbesitz-BgA anerkannt.[6]

133 **Weitere Dienstleistungen (Telekommunikationsbetriebe, Energiecontracting uä).** § 4 III ist vor dem Hintergrund des zunehmenden Wettbewerbs und der Notwendigkeit der Erschließung neuer Geschäftsfelder für Zwecke der Kundenbindung weit auszulegen und nicht nur bei Tätigkeiten einschlägig, die lediglich bis zur Übergabe an den Endkunden anfallen.[7] Deshalb gehören auch Dienstleistungen zu § 4 III, die in Folge der Verwendung des Wassers, Stroms, der Energie oder Wärme durch den Endkunden anfallen. Dies betrifft ua die Wartung von Kundenanlagen, die Energieberatung, den Betrieb einer Anlage beim Kunden (sog Contracting) sowie das Unterhalten eines öffentlichen Telekommunikationsbetriebs. Die Finanzverwaltung sieht das anders und nimmt für diese Tätigkeiten einen gesonderten BgA an, der jedoch bei Vorliegen der Voraussetzungen des § 4 VI mit einem Versorgungsbetrieb oder einem anderen BgA zusammengefasst werden kann.[8] Hieraus ergeben sich jedoch kaum lösbare (organisatorische) Abgrenzungsschwierigkeiten. Zudem steht auch bei sog Contracting-Dienstleistungen der Versorgungsgedanke im Vordergrund. Nach anderer Auffassung liegt bezüglich dieser Tätigkeiten jedenfalls dann ein Versorgungsbetrieb vor, wenn die Anlagen im Eigentum des Versorgungsbetriebs stehen.[9]

134-135 *Einstweilen frei.*

---

1 RFH I A 400/36, RStBl 1937, 487; Finanzministerium Baden-Württemberg v 20.4.1993, BStBl I 1993, 401 (für Hessen mit Wirkung ab 1.1.1995 ersetzt durch Finanzministerium ME v 28.11.1994); *Sauter* in Erle/Sauter § 4 Rn 18; *Meier/Semelka* in H/H/R § 4 Rn 45.
2 RFH I A a 10/29, RStBl 1929, 232.
3 RFH I A 200/31, RStBl 1933, 1038.
4 BMF v 12.11.2009, BStBl I 2009, 1303, Rn 9, 11, 14.
5 BMF v 12.11.2009, BStBl I 2009, 1303, Rn 9.
6 BMF v 12.11.2009, BStBl I 2009, 1303, Rn 12.
7 *Meier/Semelka* in H/H/R § 4 Rn 45 sowie *Leippe*, DStZ 2010, 108.
8 BMF v 12.11.2009, BStBl I 2009, 1303, Rn 10.
9 *Krämer* in D/J/P/W § 4 Rn 60 und *Pinkos*, DB 2010, 99.

VI. Versorgungs-, Verkehrs- und Hafenbetriebe

3. Öffentlicher Verkehr und Häfen. Definition öffentlicher Verkehr. Öffentlicher 136
Verkehr iSd § 4 III ist definiert als der Transport von Personen und Gütern, wobei
nicht nur der bewegte, sondern auch der ruhende Verkehr umfasst ist.[1] Demnach
fällt darunter auch der Betrieb von Flughäfen, Parkplätzen und Parkhäusern (R 10
IV S 1 KStR).[2] Demgegenüber ist der Betrieb von Parkuhren oder Parkscheinautomaten iRd StVO als Ausübung öffentlicher Gewalt und folglich hoheitliche Tätigkeit
anzusehen (R 10 IV S 2 KStR). Die reine Parkraumüberlassung durch eine juristische
Person des öffentlichen Rechts an ihr Personal bzw durch eine öffentlich-rechtliche
Hochschule an ihre Studenten ist hingegen dem Bereich der Vermögensverwaltung
zuzuordnen (R 10 IV S 3 KStR). Die bloße Unterstützung oder auch Ermöglichung
der von Dritten vorgenommenen Beförderungen (zB durch Zurverfügungstellung
von Straßen, Schienen oder ähnlichen Verkehrswegen) dient gem der BFH-Rechtsprechung[3] ebenfalls dem Verkehr. Demnach müssten solche Tätigkeiten ebenfalls in
den Anwendungsbereich des § 4 III fallen.[4]

Definition Hafenbetrieb. Als Hafenbetrieb iSd § 4 III gelten Betriebe, die dem 137
Güterumschlag und der Unterhaltung von Anlagen, die zur sicheren und zweckmäßigen Aufnahme von Schiffen bestimmt sind, dienen.[5] Hafenbetriebe liegen somit
in folgenden Fällen vor:[6]

- Kaianlagen,
- Schleusen,
- Lotsenwesen,
- Unterhaltung von Hafenbauten,
- Stromregulierung,
- Kennzeichnungen,
- Eisbrecher,
- Baggerei.

Ferner ist zu beachten, dass lediglich öffentliche und keine Werkshäfen privater
Personen von § 4 III erfasst werden.[7]

Einstweilen frei. 138

---

1 Allgemeine Auffassung, vgl *Krämer* in D/J/P/W § 4 Rn 64; *Alvermann* in Streck § 4 Rn 30; *Erhard* in
 Blümich § 4 Rn 74; *Meier/Semelka* in H/H/R § 4 Rn 47; Finanzministerium Baden-Württemberg v
 20.4.1993, BStBl I 1993, 401 (für Hessen mit Wirkung ab 1.1.1995 ersetzt durch Finanzministerium ME
 v 28.11.1994).
2 Zu Tiefgaragen BFH I R 187/85, BStBl II 1990, 242; aA FG Köln IX K 13/83, EFG 1986, 143.
3 BFH II R 68/93, BStBl II 1996, 495; BFH II R 138/88, BFH/NV 1993, 154; offen gelassen für Industriegleisanlage BFH I R 42/01, NV 2003, 511.
4 So auch *Krämer* in D/J/P/W § 4 Rn 62; *Meier/Semelka* in H/H/R § 4 Rn 47, auch wenn ein Verkehrsbetrieb iSd Vorschriften des BewG gem BFH II R 68/93, BStBl II 1996, 495 sowie BFH II R 138/88, BFH/
 NV 1993, 154 verneint wird.
5 *Heger* in Gosch § 4 Rn 87.
6 *Heger* in Gosch § 4 Rn 87; *Alvermann* in Streck § 4 Rn 30; *Erhard* in Blümich § 4 Rn 75; *Bott* in EY § 4
 Rn 94; *Meier/Semelka* in H/H/R § 4 Rn 48.
7 BFH III R 23/78, BStBl II 1981, 355; *Heger* in Gosch § 4 Rn 87; *Alvermann* in Streck § 4 Rn 30; *Erhard* in
 Blümich § 4 Rn 75; *Wallenhorst* in Wallenhorst/Halaczinsky, H Rn 31; *Meier/Semelka* in H/H/R § 4 Rn 48.

139 **VII. Verpachtung eines BgA (§ 4 IV). Zweck.** § 4 IV zielt darauf ab, die privatwirtschaftliche Betätigung der öffentlichen Hand auch dann zu besteuern, wenn sie den BgA nicht selbst ausübt, sondern durch Verpachtung nutzt.[1] Das von der juristischen Person des öffentlichen Rechts durch Verpachtung der Einrichtung bzw der dazu erforderlichen Wirtschaftsgüter erzielte Pachtentgelt wird demnach ebenfalls der Besteuerung unterworfen und damit anderen gewerblichen Tätigkeiten gleichgestellt. Ohne diese Vorschrift könnten juristische Personen des öffentlichen Rechts sich durch eine Verpachtung der Steuerpflicht entziehen.

140 **Verpachtung von Einrichtungen, die eine BgA begründen.** Voraussetzung für die Annahme einer Verpachtung iSd § 4 IV ist, dass Einrichtungen, Anlagen oder Rechte überlassen werden, die beim Verpächter bei gedachtem unmittelbaren Eigenbetrieb einen BgA begründen (R 6 V S 6 KStR).[2] Das Inventar muss dabei nicht vollständig verpachtet werden, solange die überlassenen Wirtschaftsgüter den Pächter in die Lage versetzen, sogleich ohne größere Vorkehrungen einen Gewerbebetrieb auszuüben (H 8 „Inventar" KStH).[3] Ein BgA liegt jedoch auch vor, wenn der Pächter Wirtschaftsgüter von untergeordneter Bedeutung zur Verbesserung des Betriebs selbst anschafft[4], mehrfach erneuert bzw die Anzahl der Inventarstücke erhöht oder das Inventar nach Beendigung des Vertrages an die juristische Person des öffentlichen Rechts zurückgegeben wird.[5] Für das Vorliegen eines BgA ist ferner unschädlich, wenn das Inventar zwar formal verkauft wird, der Kaufpreis sich jedoch in Wirklichkeit als zusätzliches Pachtentgelt darstellt.[6] Eine gesonderte Auflistung des überlassenen Inventars im Pachtvertrag ist jedoch nicht erforderlich.[7] Für das Vorliegen eines BgA ist zudem nicht erforderlich, dass hinsichtlich des überlassenen BgA bei der juristischen Person des öffentlichen Rechts eine vollständige kaufmännische Organisation gegeben ist.[8] Vielmehr genügt bspw die gesonderte Aufzeichnung der Entgelte. Ein ggf mehrfacher Pächterwechsel im Wege der Vertragsübernahme führt allein nicht zur Begründung eines BgA, entscheidend ist vielmehr, ob die vorstehenden Voraussetzungen erfüllt sind.[9]

141 **Verpachtung zusätzlicher Wirtschaftsgüter.** Ein BgA liegt ebenfalls vor, wenn zusätzlich zu einem Betrieb weitere, mit diesem in einem engen wirtschaftlichen Zusammenhang stehende Gegenstände verpachtet werden.[10] Diese Tätigkeit ist nicht isoliert zu betrachten, sondern dem einheitlichen Verpachtungs-BgA zuzurechnen.

142 **Vorenthalten wesentlicher Betriebsgrundlagen. Abgrenzung zur Betriebsaufspaltung.** Ausgehend von den Ausführungen in Rn 139 liegt eine Verpachtung eines BgA nur vor, wenn alle wesentlichen Betriebsgrundlagen zur Nutzung überlassen

---

1 BFH I 40/55 U, BStBl III 1956, 105; BFH I R 106/76, BStBl II 1979, 716.
2 BFH I R 7/71, BStBl II 174, 391; RFH I 390/38, RStBl 1939, 560; RFH I 143/36, RStBl 1939, 1039.
3 BFH II R 33/86, BStBl II 1990, 1100; BMF v 12.11.2009, BStBl I 2009, 1303, Rn 15.
4 BFH I R 106/66, BStBl II 1969, 443.
5 BFH I R 83/70, BStBl II 1972, 776.
6 BFH I R 100/79, BStBl II 1983, 386.
7 *Heger* in Gosch § 4 Rn 93 mit Verweis auf BFH I 267/63, BStBl III 1967, 679.
8 BFH I R 100/79, BStBl II 1983, 386; BFH V R 15/74, BStBl II 1977, 813.
9 BFH I R 115/75, BStBl II 1977, 94.
10 BFH I R 7/71, BStBl II 1974, 391.

werden. Die Finanzverwaltung vertritt dabei zutreffend die Auffassung, dass bei Vorenthalten einer wesentlichen Betriebsgrundlage die Überlassung an den Pächter Vermögensverwaltung darstellt.[1] Voraussetzung für eine Betriebsaufspaltung ist ua jedoch die Verpachtung lediglich mindestens einer Betriebsgrundlage (H 15.7 IV „Allgemeines" EStH). Sofern neben der sachlichen Verflechtung eine personelle Verflechtung gegeben ist, wird auch bei Vorenthalten wesentlicher Betriebsgrundlagen eine gewerbliche Tätigkeit und insoweit ein Verpachtungs-BgA bei der juristischen Person des öffentlichen Rechts begründet (vgl Rn 102 zur Betriebsaufspaltung).[2]

Wirtschaftliches Gewicht der Verpachtung. Die Verpachtung eines Betriebs begründet jedoch nur dann einen BgA, wenn sie sich wirtschaftlich aus der Gesamtbetätigung der juristischen Person des öffentlichen Rechts heraushebt. Dabei ist weder auf Umsatz- noch Gewinngrößen abzustellen. Entscheidend ist vielmehr, ob die juristische Person des öffentlichen Rechts durch mit der gegenüber der übrigen Tätigkeit der Gemeinde deutlich abgrenzbaren und abgegrenzten wirtschaftlichen Betätigung der Verpachtung unmittelbar mit privaten Verpachtungsunternehmen in Wettbewerb tritt.[3]

Einnahmeerzielungsabsicht. Für die Annahme eines Verpachtungs-BgA genügt ebenfalls Einnahmeerzielungsabsicht.[4] Danach ist bei der Verpachtung zB eines Schwimmbades an einen Dritten, der zugleich für den Betrieb des Bades einen Zuschuss erhält, keine „Summenprüfung" durchzuführen. Auch wenn der Zuschuss höher ist als das Pachtentgelt, liegt ein Verpachtungs-BgA vor. Auf eine wirtschaftliche Betrachtungsweise in dem Sinne, dass ein positiver Saldo verbleiben müsse, kommt es daher nicht an.[5]

Verpachtung eines Hoheitsbetriebs oder land- und forstwirtschaftlichen Betriebs. Die Verpachtung eines Hoheitsbetriebs oder eines land- und forstwirtschaftlichen Betriebs führt grundsätzlich nicht zu einem BgA (§ 4 V S 1 iVm IV, R 6 VI S 3 KStR).[6]

Beispiele für Verpachtung eines BgA. Die Verpachtung eines BgA liegt bspw in folgenden Fällen vor:

- Verpachtung einer Gastwirtschaft mit Inventar,[7]
- Verpachtung eines Campingplatzes, sofern neben dem Grundstück auch die notwendigen Einrichtungen überlassen werden,[8]
- Verpachtung einer Kiesgrube einschließlich der zur Ausbeutung der Grube erforderlichen Einrichtung,[9]

---

1 BMF v 12.11.2009, BStBl I 2009, 1303, Rn 17.
2 BMF v 12.11.2009, BStBl I 2009, 1303, Rn 17.
3 BFH II R 33/86, BStBl II 1990, 1100; BFH V R 111/85, BStBl II 1990, 868.
4 BFH II R 33/86, BStBl II 1990, 1100.
5 AA OFD Hannover v 23.9.2009, DB 2009, 2520.
6 FG Brandenburg 1 K 2642/99, EFG 2002, 1124.
7 RFH I 204/37, RStBl 1940, 60; BFH V R 111/85, BStBl II 1990, 868.
8 BFH I R 106/66, BStBl II 1969, 443.
9 RFH I 332/38, RStBl 1940, 444.

- Verpachtung einer Apotheke einschließlich Inventar,[1]
- Verpachtung eines Reklamebetriebs, sofern nicht nur das Recht zur Aufstellung von Anschlagtafeln eingeräumt wird und die Anschlagtafeln in gebrauchsfähigem Zustand zur Verfügung gestellt werden,[2]
- Entgeltliche Überlassung einer Sportanlage.[3]

147 **Pflicht zur Betriebsfortführung bei Betriebsverpachtung.** Die Verpachtung eines BgA führt stets zu gewerblichen Einkünften iSv § 15 EStG (H 33 „Einkunftsart" S 2 KStH).[4] Die verpachtende juristische Person des öffentlichen Rechts hat kein Wahlrecht, ob sie den überlassenen Betrieb aufgeben oder fortführen will (H 8 „Aufgabe des Verpachtungsbetriebs" KStH).[5] Verpachtungs-BgA von juristischen Person des öffentlichen Rechts können somit nicht durch bloße Erklärung gegenüber dem Finanzamt aufgegeben werden. Die für die Verpachtung von Betrieben natürlicher Personen geltenden Grundsätze finden demnach keine Anwendung.

148 **Ende der Betriebsverpachtung.** Ein Verpachtungs-BgA kann nur durch Einstellung oder (entgeltliche) Veräußerung aufgegeben werden. Hinsichtlich der Besonderheiten bei der Gewinnermittlung vgl Rn 200 (H 8 „Aufgabe des Verpachtungsbetriebs" KStH).[6]

149 **Gewerbesteuerpflicht.** Hinsichtlich verpachteter BgA ist zu beachten, dass diese nicht in jedem Fall der GewSt unterliegen.[7] Wie unter Rn 41 und 85 ausgeführt, setzt die Gewerbesteuerflicht eine Gewinnerzielungsabsicht voraus, während eine Körperschaftsteuerpflicht bereits bei Vorliegen der Absicht, Einnahmen zu erzielen, besteht.

150-152 *Einstweilen frei.*

153 **VIII. Hoheitsbetriebe (§ 4 V). 1. Allgemeines. Hoheitsbetriebe sind keine BgA.** Die Nichtbesteuerung von Hoheitsbetrieben ergibt sich bereits aus § 4 I. Somit soll mittels § 4 V lediglich Rechtssicherheit für die Fälle geschaffen werden, in denen Einrichtungen von juristischen Personen des öffentlichen Rechts lediglich nur überwiegend der Ausübung öffentlicher Gewalt und iÜ wirtschaftlichen Tätigkeiten dienen.[8]

154 **Ausübung öffentlicher Gewalt.** Unter Ausübung öffentlicher Gewalt sind Tätigkeiten zu verstehen, die der juristischen Person des öffentlichen Rechts eigentümlich und vorbehalten sind. Kennzeichnend dafür ist die Erfüllung spezifisch öffentlich-rechtlicher Aufgaben, die aus der Staatsgewalt abgeleitet sind, staatlichen Zwecken dienen und zu deren Annahme der Leistungsempfänger aufgrund gesetzlicher oder

---

1 BFH I 40/55 U, BStBl III 1956, 105.
2 BFH I R 83/70, BStBl II 1972, 776; BFH I R 204/67, BStBl II 1970, 151.
3 FG Baden-Württemberg 9 K 139/00, EFG 2005, 235.
4 *Mai* in Frotscher/Maas § 4 Rn 25; *Heger* in Gosch § 4 Rn 98.
5 BFH I R 106/76, BStBl II 1979, 716; *Mai* in Frotscher/Maas § 4 Rn 25.
6 BFH I R 106/76, BStBl II 1979, 716.
7 *Meier/Semelka* in H/H/R § 4 Rn 8; *Erhard* in Blümich § 4 Rn 18; *Mai* in Frotscher/Maas § 4 Rn 5.
8 BTDrs 7/1470, 336; *Sauter* in Erle/Sauter § 4 Rn 49; *Erhard* in Blümich § 4 Rn 91; *Meier/Semelka* in H/H/R § 4 Rn 70. Missverständlich *Heger* in Gosch § 4 Rn 106, die auch bei Überwiegen der hoheitlichen Tätigkeit deren Einbezug in die Gewinnermittlung annimmt.

behördlicher Anordnung verpflichtet ist.[1] Entscheidend ist das jeweilige Landesrecht.[2] Somit kann in einem Bundesland auch dann ein Hoheitsbetrieb bestehen, wenn dies in anderen Bundesländern aufgrund anderslautender gesetzlicher Regelungen nicht der Fall ist. Allerdings gilt dies nach Ansicht des BFH nur dann, wenn der Markt für die angebotene Leistung örtlich so eingegrenzt ist, dass eine Wettbewerbsbeeinträchtigung steuerpflichtiger Unternehmen in anderen Bundesländern oder EU-Mitgliedstaaten ausgeschlossen werden kann.[3]

Abgrenzung hoheitlicher und gewerblicher Tätigkeiten. Zur Abgrenzung anhand von Beispielen vgl Rn 161 ff.   155

Übertragung auf private Dritte und andere juristische Personen des öffentlichen Rechts. Eine hoheitliche Tätigkeit liegt grundsätzlich dann nicht vor, wenn die juristische Person des öffentlichen Rechts die Aufgaben rechtlich auf private Dritte übertragen kann.[4] Hierbei ist es unerheblich, ob die Übertragung tatsächlich erfolgt; die gesetzlich eingeräumte, potentielle Möglichkeit einer Übertragung ist vor dem Hintergrund des Wettbewerbsschutzes ausreichend. Abzugrenzen davon sind die Fälle, in denen sich die juristischen Personen des öffentlichen Rechts privater Dritter lediglich als Erfüllungsgehilfen bedienen (Beleihung, vgl Rn 157).[5] Eine Übertragungsmöglichkeit von hoheitlichen Aufgaben auf andere juristische Personen des öffentlichen Rechts ist hingegen immer unschädlich[6], allerdings muss auch hier der Leistungsannahmezwang gegeben sein. Die Finanzverwaltung sieht vor dem Leitgedanken der Erhaltung des Wettbewerbs zutreffend eine Rückausnahmemöglichkeit: Kann eine Wettbewerbsbeeinträchtigung ausgeschlossen werden, ist ein BgA auch dann nicht anzunehmen, wenn kein Benutzungszwang vorliegt.[7]   156

Beleihung. Beleihung ist anzunehmen, wenn der private Dritte, dem die der juristischen Person des öffentlichen Rechts eigentümliche und vorbehaltene Tätigkeit übertragen wurde bzw der zur Unterstützung eingeschaltet wird, die Aufgabe nach Maßgabe öffentlich-rechtlicher Handlungsformen zu erfüllen hat.[8] Die Aufgabe muss dem Dritten durch ein oder aufgrund eines Gesetzes übertragen werden, damit er in Ausübung dieser Tätigkeit ebenfalls hoheitlich, also als Behörde im verwaltungsrechtlichen Sinne, tätig wird.[9]   157

Zwangs- und Monopolrechte. Öffentlich-rechtliche Zwangs- und Monopolrechte sollen uU die juristische Person des öffentlichen Rechts vor Wettbewerb schützen und somit ihre Einnahmen aus der Tätigkeit sichern.[10] Da sie somit nicht überwiegend der Ausübung öffentlicher Gewalt dienen, reicht das Vorliegen von öffentlich-rechtlichen Zwangs- und Monopolrechten für die Annahme eines Hoheitsbetriebs alleine   158

---
1 BFH I R 51/07, BStBl II 2009, 1022 mwN.
2 BMF v 11.12.2009, BStBl I 2009, 1597.
3 BFH I R 51/07, BStBl II 2009, 1022.
4 BMF v 11.12.2009, BStBl I 2009, 1597.
5 BFH I R 63/03, BStBl II 2005, 501.
6 BMF v 11.12.2009, BStBl I 2009, 1597.
7 BMF v 11.12.2009, BStBl I 2009, 1597.
8 BMF v 11.12.2009, BStBl I 2009, 1597.
9 BFH I R 63/03, BStBl II 2005, 501.
10 BFH I R 1-2/94, BStBl II 1997, 139.

nicht aus (§ 4 V S 2). Die Regelung hat folglich nur eine klarstellende Funktion.[1] Bspw sind Versorgungsbetriebe trotz eines etwaigen Anschluss- und Benutzungszwanges der Abnehmer keine Hoheitsbetriebe, sondern nach § 4 III BgA.[2]

159-160 *Einstweilen frei.*

161 **2. Ausgewählte Beispiele. Abfallentsorgung.** Die gesetzlich zuständigen juristischen Personen des öffentlichen Rechts haben gem § 15 I KrW-/AbfG die in ihrem Gebiet angefallenen und überlassenen Abfälle aus privaten Haushaltungen und Abfälle zur Beseitigung aus anderen Herkunftsbereichen zu verwerten bzw zu beseitigen. Die Erfüllung dieser Entsorgungspflicht wird von der Rechtsprechung und der Finanzverwaltung als hoheitliche Tätigkeit angesehen.[3] Die Finanzverwaltung ordnet auch die entgeltliche Abgabe dieser Abfälle oder der aus den Abfällen gewonnenen Stoffe bzw Energien dem hoheitlichen Bereich als Hilfsgeschäft zu (R 10 VI S 2 KStR). Diese Einordnung wird vor allem vor dem Hintergrund, dass private Dritte in diesem Bereich immer stärker eingebunden werden, zunehmend kritisiert.[4] Auch im Koalitionsvertrag zwischen CDU, CSU und FDP vom 26.10.2009 zur 17. Legislaturperiode findet sich die Aussage, dass eine „grundsätzliche steuerliche Gleichstellung von öffentlichen und privaten Unternehmen" befürwortet werde. Das getrennte Einsammeln wiederverwertbarer Abfälle und die entgeltliche Veräußerung dieser Abfälle oder der aus den Abfällen gewonnenen Stoffe oder Energie durch die entsorgungspflichtige Körperschaft sieht die Finanzverwaltung ebenfalls als Hoheitsbetriebe an (R 10 VI 5 KStR). Ein BgA liege allerdings dann vor, wenn die veräußerten Stoffe oder die veräußerte Energie nicht überwiegend aus Abfällen gewonnen werden (R 10 VI 4 KStR). Für die Abgrenzung soll der Brennwert der eingesetzten Abfälle und sonstigen Brennstoffe entscheidend sein (R 10 VI S 4 KStR). Ferner werden die entsorgungspflichtigen Körperschaften wirtschaftlich tätig, wenn sie aufgrund von privatrechtlichen Vereinbarungen Aufgaben iRd in § 6 III 1 VerpackV bezeichneten sog „Dualen-" Systems durchführen. Dies gilt auch für die Erfassung von Verkaufsverpackungen, Öffentlichkeitsarbeit, Wertstoffberatung, Zurverfügungstellung und Reinigung von Containerstellplätzen (R 10 VI S 7 KStR).

162 **Wasser.** Wasserbeschaffung ist für Zwecke der KSt eine hoheitliche Tätigkeit[5] während Wasserversorgung kraft Gesetzes (§ 4 III) einen BgA begründet. Wird für den Wasserversorgungsbetrieb die Wasserbeschaffung selbst vorgenommen, scheidet eine Trennung in hoheitliche und steuerpflichtige Tätigkeit aus. Es liegt eine Betriebseinheit vor, die insgesamt als BgA zu beurteilen ist (H 10 „Wasserbeschaffung, Wasserversorgung" KStH).[6] Die Einordnung der Abwasserentsorgung ist bundeslandspezifisch und kann sowohl

---

1   BTDrs 7/1470, 337; *Meier/Semelka* in H/H/R § 4 Rn 75; *Alvermann* in Streck § 4 Rn 42.
2   *Meier/Semelka* in H/H/R § 4 Rn 75; *Heger* in Gosch § 4 Rn 112.
3   R 10 VI 1 KStR; BFH I R 1 2/94, BStBl II 1997, 139; allerdings hat bereits in diesem Verfahren das BMF geäußert, das Einsammeln und Deponieren von Müll sei keine hoheitliche Tätigkeit und an der in Abschn 5 XIV 3 und XXIV KStR 1995 vertretenen Auffassung, die Müllbeseitigung durch juristische Personen des öffentlichen Rechts seien Hoheitsbetriebe, halte man nicht mehr fest.
4   *Heger* in Gosch § 4 Rn 115; *Seer/Klemke*, BB 2010, 2015; *Kurth*, FR 2009, 321.
5   BFH I R 79/86, BStBl II 1990, 452; umsatzsteuerlich noch nicht durch BFH geklärt, vgl anhängiges Verfahren mit dem Az XI R 65/07.
6   BFH I R 79/86, BStBl II 1990, 452.

zu einer Beurteilung als hoheitliche als auch erwerbswirtschaftliche Tätigkeit führen.[1] Es kommt darauf an, ob das jeweilige Bundesland nach § 56 S 2 WHG regelt, dass die Entsorgungspflicht befreiend auf Dritte übertragen werden kann oder nicht.[2] Umsatzsteuerlich wird die Wasserbeschaffung bei richtlinienkonformer Auslegung von § 2 III S 1 UStG dagegen als unternehmerische Tätigkeit angesehen, vgl Rn 49.[3]

Hochschulkliniken. Hinsichtlich der Einordnung von Universitätskliniken als BgA oder Hoheitsbetrieb herrscht prinzipiell Einigkeit dahingehend, dass die mit der Behandlung und Heilung von Kranken zusammenhängende Tätigkeit eindeutig gewerblicher Art[4] und die Lehr- und Forschungstätigkeit der Universitäten regelmäßig hoheitlicher Art ist.[5] Dennoch kann man es für diskussionswürdig halten, Universitätskliniken in BgA und Hoheitsbetriebe aufzuspalten. Das liegt darin begründet, dass die Patientenversorgung mit Forschung und Lehre untrennbar verbunden ist. In diesem Zusammenhang vertritt jedenfalls die Finanzverwaltung die Auffassung, dass nach ihrer überwiegenden Zweckbestimmung die Tätigkeit der Hochschulkliniken wirtschaftlichen Charakter habe, da sie ganz überwiegend von der Patientenversorgung bestimmt sei.[6] Indessen habe die dem hoheitlichen Bereich zuzurechnende Forschungs- und Lehrtätigkeit gegenüber der Patientenversorgung nur eine untergeordnete Bedeutung. Dieser Auffassung hat sich die überwiegende Meinung[7] unter Verweis auf zwei Gutachten des RFH aus dem Jahre 1937[8] angeschlossen, obwohl der RFH sogar eingeräumt hat, dass die Forschungs- und Lehrtätigkeit Anlass für die Patientenversorgung sei.

Träger der Sozialversicherung. Träger der Sozialversicherung (zB gesetzliche Krankenkassen) sind regelmäßig hoheitlich tätig.[9] Allerdings begründen sie ggf einen BgA, wenn sie zB Versicherungsverträge vermitteln oder Adressen von Mitgliedern weitergeben.[10] Dagegen ist die Qualitätsprüfung von Leistungserbringern durch einen Träger der Sozialversicherung zugunsten anderer Träger als Amtshilfe einzustufen, genauso wie die gegenseitige Unterstützung bei der Datenverarbeitung.[11] Die Behandlung der Mitglieder eines Trägers der Sozialversicherung in eigenen oder Rehabilitationseinrichtungen anderer Träger der Sozialversicherung wird als

---

1 BTDrs 14/8564, Vorschlag der Arbeitsgruppe „Neustrukturierung der Wasserwirtschaft" hingegen für eine einheitliche – steuerpflichtige – Behandlung.
2 BFH III R 45/05, BFH/NV 2008, 1878.
3 BFH XI R 65/07, BFH/NV 2011, 1454.
4 *Meier/Semelka* in H/H/R § 4 Amn 140 „Hochschulkliniken"; *Krämer* in D/J/P/W § 4 Rn 109 „Hochschulkliniken"; *Mai* in Frotscher/Maas § 4 Rn 23 „Universitätsklinik"; *Alvermann* in Streck § 4 Rn 75 „Universitätsklinik".
5 RFH V D 1/37, RStBl 1937, 1306; RFH GrS D 5/38, RStBl 1938, 743; *Meier/Semelka* in H/H/R § 4 Rn 140 „Universitäten"; *Krämer* in D/J/P/W § 4 Rn 109 „Hochschulen"; *Mai* in Frotscher/Maas § 4 Rn 23 „Schulen, Universitäten"; *Alvermann* in Streck § 4 Rn 75 „Universität".
6 TOP I/5 der Sitzung KSt/GewSt I/84 und TOP I/1 der KSt/GewSt IV/86, Finanzministerium Baden-Württemberg v 16.8.1990, KStK § 4 KStG Nr 15.
7 *Meier/Semelka* in H/H/R § 4 Rn 140 „Hochschulkliniken"; *Krämer* in D/J/P/W § 4 Rn 109 „Hochschulkliniken"; *Mai* in Frotscher/Maas § 4 Rn 23 „Universitätsklinik"; *Alvermann* in Streck § 4 Rn 75 „Universitätsklinik".
8 RFH V D 1/37, RStBl 1937, 1306 und RFH GrS D 5/38, RStBl 1938, 743.
9 H 10 „Träger der Sozialversicherung" KStH mit Verweis auf BFH I R 200/73, BStBl II 1976, 355.
10 BFH I R 8/09, BStBl II 2010, 502.
11 *Krämer* in D/J/P/W § 4 Rn 98, 104.

hoheitliche Tätigkeit angesehen (R 10 I S 1 KStR).[1] Unschädlich ist es, wenn die Anzahl der Behandlungen von Mitgliedern privater Versicherungen oder Privatpersonen 5 % der insgesamt behandelten Fälle nicht übersteigt, andernfalls wird ein BgA begründet (R 10 I S 2 KStR).

165 **Kommunale Krematorien.** Bei den von Kommunen betriebenen Krematorien ist zu differenzieren. Erlaubt es die Rechtslage in einem Bundesland, die Aufgabe der Kommune auf privatwirtschaftliche Unternehmen dergestalt zu übertragen, dass eine unmittelbare Leistungserbringung durch Unternehmen in privater Rechtsform erfolgen kann, so stellt eine entsprechende kommunale Betätigung einen BgA dar.[2] Sehen die landesrechtlichen Vorschriften dagegen lediglich vor, dass sich juristische Personen des öffentlichen Rechts bei der Erfüllung ihrer Aufgaben nur eines Privaten bedienen kann, dann liegt keine Übertragbarkeit der Aufgaben und damit auch kein BgA vor.[3]

166 **Schulschwimmen.** Es ist davon auszugehen, dass die Finanzverwaltung die Durchführung des Schulschwimmens mittlerweile als hoheitliche Tätigkeit betrachtet.[4] Dabei soll es wohl keine Rolle spielen, dass Schulschwimmen regelmäßig in auch für den öffentlichen Badebetrieb gewidmeten Bädern stattfindet. Zweifelhaft erscheint diese Auffassung, wenn von dem Schulträger oder von dritter Seite Entgelte für die Nutzung an den Bäderbetrieb gezahlt werden, die sich nach den allgemeinen Eintrittstarifen für Gruppen richten.

167 **Tierkörperbeseitigung.** Das Einsammeln und die seuchenrechtliche Behandlung von Tierkörpern und Schlachtabfällen gem EG-Verordnung Nr 1774/2002[5] und § 2 TierNebG iVm den landesrechtlichen Durchführungsbestimmungen stellt eine hoheitliche Pflichtaufgabe dar. Im Zuge der BFH-Entscheidung[6] und des BMF-Schreibens zu den Kriterien zur Abgrenzung hoheitlicher von wirtschaftlicher Tätigkeit einer juristischen Person des öffentlichen Rechts[7] gehen die Finanzämter verstärkt dazu über, nach den einzelnen Kategorien der Tierkörper zu differenzieren. Jedenfalls soweit eine Andienungspflicht besteht, bleibt es bei einem Hoheitsbetrieb.

168-170 *Einstweilen frei.*

171 **IX. Zusammenfassung von BgA (§ 4 VI).** Verschiedene BgA einer juristischen Person des öffentlichen Rechts können auf verschiedenen Wegen zusammengefasst werden:[8]

- innerhalb der juristischen Person des öffentlichen Rechts (§ 4 VI, vgl Rn 172 ff) oder

- in einer rechtlich selbständigen juristischen Person des privaten Rechts, insbesondere Kapitalgesellschaften (vgl § 8 Rn 937 ff).

---

1 BFH III 136/61 U, BStBl III 1965, 571; *Krämer* in D/J/P/W § 4 Rn 142 „Sozialversicherung".
2 BFH I B 245/04, BFH/NV 2005, 1135, bejaht für ein Krematorium in Bayern; BFH I R 51/07, BStBl II 2009, 1022, zu einem Krematorium in NRW; BMF v 11.12.2009, BStBl I 2009, 1597.
3 Dazu bspw die Rechtslage in Thüringen, Finanzministerium Thüringen v 15.12.2004, ZKF 2005, 133.
4 BMF v 12.11.2009, BStBl I 2009, 1303, Rn 50 aE.
5 ABl EG Nr L 273, 1.
6 BFH I R 51/07, BStBl II 2009, 1022.
7 BMF v 11.12.2009, BStBl I 2009, 1597.
8 OFD Hannover v 25.1.1995, KStK § 4 KStG Karte A 8.

IX. Zusammenfassung von BgA

1. Grundsätze. Steuersubjekt. Bei der Bestimmung der Möglichkeiten einer Ergebnisverrechnung von wirtschaftlichen Aktivitäten der öffentlichen Hand ist zu beachten, dass nach der hA Steuersubjekt die juristische Person des öffentlichen Rechts jedes einzelnen BgA ist.[1] Ein vorbehaltloses Zusammenrechnen der Ergebnisse bzw ein Ausgleich von Verlusten von verschiedenen BgA bei der Einkommensermittlung darf daher grundsätzlich nicht erfolgen.[2] Zur Frage des Steuersubjekts ansonsten Rn 12.   172

Hintergrund der Einführung des § 4 VI. Bereits vor dem JStG 2009 war im Grundsatz allgemein anerkannt, dass juristische Personen des öffentlichen Rechts ihre BgA unter bestimmten Voraussetzungen steuerlich zusammenfassen können (R 7 KStR).[3] Spätestens nach der Entscheidung des I. Senats des BFH v 22.8.2007[4] mussten die bisherigen Verwaltungsgrundsätze zur steuerlich wirksamen Zusammenfassung, die insbesondere in Abschn 5 VII-X der KStR 1995 und R 7 KStR 2004 niedergelegt waren bzw sind, aus Gründen der Rechtssicherheit[5] allerdings gesetzlich verankert werden.[6]   173 §4

Neuerungen des JStG 2009. Mit dem JStG 2009 ist in § 4 VI gesetzlich geregelt, dass BgA zusammengefasst werden können, wenn sie   174

- gleichartig (vgl § 4 VI S 1 Nr 1 Rn 181 ff),
- miteinander eine enge wechselseitige technisch-wirtschaftliche Verflechtung aufweisen (vgl § 4 VI S 1 Nr 2 Rn 187 ff) oder
- Versorgungs-, Verkehrs- oder Hafenbetriebe iSd § 4 III sind (vgl § 4 VI S 1 Nr 3 Rn 185).

Diese einzelnen Zusammenfassungstatbestände sind jeweils getrennt zu prüfen.[7]

Zusammenfassung mit einem Hoheitsbetrieb. Mit Einführung des § 4 VI S 2 durch das JStG 2009 wurde ausdrücklich klargestellt, dass eine Zusammenfassung eines BgA mit einem Hoheitsbetrieb nicht zulässig ist. Aus früheren Schreiben der Finanzverwaltung[8] lässt sich schlussfolgern, dass die Zusammenfassung mit Bereichen der Vermögensverwaltung ebenfalls ausgeschlossen ist.[9]   175

Organisatorische Zusammenfassung. Einer organisatorischen Zusammenfassung der einzelnen BgA bedarf es dabei nach zutreffender Auffassung der Finanzverwaltung[10] nicht mehr.[11] Somit ist nunmehr eine Zusammenfassung von BgA, die von   176

---

1   BFH I R 7/71, BStBl II 1974, 391 sowie BFH I R 187/85, BStBl II 1990, 242.
2   *Heger* in Gosch § 4 Rn 118.
3   Ua BFH I 267/63, BStBl II 1967, 679; BFH X R 130/87, BStBl II 1989, 901; BFH III 50/61, BStBl III 1967, 510; BFH GrS 4/66, BStBl III 1967, 240.
4   BFH I R 32/06, BStBl II 2007, 961. Die Finanzverwaltung reagierte zunächst mit einem Nichtanwendungserlass (BMF v 7.12.2007, BStBl I 2007, 905).
5   BTDrs 16/10189, 68.
6   *Strahl*, DStR 2010, 193; *Pinkos*, DB 2010, 96; *Leippe*, DStZ 2010, 106.
7   BMF v 12.11.2009, BStBl I 2009, 1303, Rn 4.
8   Finanzministerium Niedersachsen v 21.12.1988 (bek OFD Hannover v 12.1.1989).
9   *Krämer* in D/J/P/W § 4 Rn 147.
10 BMF v 12.11.2009, BStBl I 2009, 1303, Rn 1.
11 Bis einschließlich VZ 2008 war neben den weiteren Voraussetzungen eine organisatorische Verbindung und Verflechtung bspw durch gemeinsame Leitung, Buchführung und Betriebsabrechnung erforderlich (vgl BFH III 50/61, BStBl 1967, 510 und BFH I R 42/01, BFH/NV 2003, 511).

verschiedenen Ämtern der juristischen Person des öffentlichen Rechts verwaltet werden, möglich.[1] Für den zusammengefassten BgA muss jedoch eine eigenständige Gewinnermittlung erfolgen.[2] Inwieweit zusätzlich Ratsbeschlüsse oder Organisationsverfügungen zur Dokumentation der gewollten Zusammenfassung erforderlich sind, wird von der Finanzverwaltung offen gelassen.[3] Hinsichtlich der Besonderheiten bei der Gewinnermittlung wird auf Rn 256 ff verwiesen.

177 **Auslegung der Neuregelung und verbindliche Auskünfte auf Basis vor JStG 2009.** Nach der ausdrücklichen Gesetzesbegründung ist Leitgedanke von § 4 VI die Beibehaltung des status quo.[4] Die in R 7 KStR und H 7 KStH enthaltenen Verwaltungsgrundsätze sind weiterhin anzuwenden, soweit sie nicht von dem BMF-Schreiben v 12.11.2009 abweichen.[5] Es kann daher nur folgerichtig sein, dass in der Vergangenheit erteilte verbindliche Auskünfte mit In-Kraft-Treten der gesetzlichen Querverbunds-Regelungen grundsätzlich weiterhin wirksam bleiben. Die Finanzverwaltung folgt dem mit der Einschränkung, wenn verbindliche Auskünfte „auf der Grundlage der bisherigen Verwaltungsauffassung im Einzelfall" erteilt wurden.[6]

178 **Verpachtungs-BgA.** Ein Verpachtungs-BgA kann mit einem anderen BgA nur zusammengefasst werden, wenn es sich um gleichartige Betriebe handelt. Dabei ist unerheblich, ob die BgA an dieselbe oder verschiedene Personen verpachtet werden (H 7 „Verpachtungsbetriebe gewerblicher Art untereinander und mit anderen Betrieben gewerblicher Art" KStH). Ferner ist nicht auf die Verpachtungstätigkeit, sondern auf die Tätigkeit des Pächters abzustellen.[7] Davon abweichend sind Verpachtungs-BgA zu beurteilen, die bei der juristischen Person des öffentlichen Rechts als Besitzunternehmen aufgrund einer Betriebsaufspaltung entstanden sind (vgl Rn 102 zu Betriebsaufspaltung). Diese können nur zusammengefasst werden, wenn die juristische Person des öffentlichen Rechts mit der Verpachtung der Wirtschaftsgüter die allgemeinen Zusammenfassungsvoraussetzungen des § 4 VI erfüllt.[8] Gleiches gilt für die Zusammenfassung mehrerer Verpachtungs-BgA einer juristischen Person des öffentlichen Rechts, sofern die BgA in der Haushaltsführung, Verwaltung und Überwachung der juristischen Person des öffentlichen Rechts nicht eindeutig als mehrere Betriebe behandelt werden.[9] Durch die Rechtsprechung oder Finanzverwaltung noch nicht geklärt ist, ob durch das JStG 2009 eine Zusammenfassung von Verpachtungs-BgA untereinander und mit selbst betriebenen Tätigkeiten nicht nur bei Gleichartigkeit, sondern auch mit Katalogbetrieben des § 4 III oder bei Be-

---

1 *Krämer* in D/J/P/W § 4 Rn 138.
2 BMF v 12.11.2009, BStBl I 2009, 1303, Rn 3.
3 *Leippe* geht in DStZ 2010, 107 zutreffend davon aus, dass die gemeinsame, eigenständige Gewinnermittlung zur Dokumentation des Willens zur Zusammenfassung ausreicht.
4 BTDrs 16/10189, 68.
5 BMF v 12.11.2009, BStBl I 2009, 1303, Rn 1.
6 BMF v 12.11.2009, BStBl I 2009, 1303, Rn 19.
7 BMF v 12.11.2009, BStBl I 2009, 1303, Rn 16.
8 BMF v 12.11.2009, BStBl I 2009, 1303, Rn 18.
9 H 7 „Verpachtungsbetriebe gewerblicher Art untereinander und mit anderen Betrieben gewerblicher Art" KStH mit Verweis auf BFH I 213/58 U, BStBl III 1959, 339.

IX. Zusammenfassung von BgA

stehen einer wechselseitig engen technisch-wirtschaftlichen Verflechtung steuerlich anzuerkennen ist.[1] Dies dürfte mit der Intention des Gesetzgebers, den status quo der damaligen Verwaltungsgrundsätze festzuschreiben, jedoch nicht übereinstimmen.[2]

Einstweilen frei. 179-180

2. Gleichartige BgA. Zusammenfassung gleichartiger BgA. Hinsichtlich der Zusammenfassung gleichartiger BgA sind folgende Gestaltungen zulässig: 181

- mehrere gleichartige BgA iSv § 4 VI S 1 Nr 1 untereinander (R 7 I S 1 KStR),
- mehrere Einrichtungen, die mangels wirtschaftlichen Gewichtes keine BgA darstellen, zu einem BgA (R 7 I S 2 KStR) sowie
- gleichartige BgA iSv § 4 VI S 1 Nr 1 mit den og Einrichtungen (R 7 I S 2 KStR).

Definition. Eine allgemein gültige Definition, unter welchen Bedingungen BgA zueinander gleichartig sind, existiert nicht. Nach der Rechtsprechung ist die Gleichartigkeit bei einem gleichen Betriebszweck, bei Tätigkeiten, die im gleichen Gewerbezweig ausgeübt werden, und auch dann gegeben, wenn die Tätigkeiten sich zwar unterscheiden, aber einander ergänzen.[3] 182

Beispiele. Als Beispiele für gleichartige Betriebe sind zu nennen: 183

- Hallenbäder und Freibäder,[4]
- Bäckerei und Metzgerei,[5]
- Solebad und -quelle,[6]
- Verkehrs- und Versorgungsbetriebe, die gemeinsam der Daseinsvorsorge dienen (vgl Rn 125).

Keine Gleichartigkeit besteht hingegen zwischen:

- Versorgungsbetrieben und einem Freibad[7], vgl aber Rn 187,
- Wasser- und Energieversorgung einerseits und dem Betrieb einer Solequelle, eines Sole-Freibades und eines Gradierwerks andererseits,[8]
- Verkehrsbetrieben und Müllentsorgung im Dualen System.[9]

Einstweilen frei. 184

---

1 Ablehnend: *Meier/Semelka* in H/H/R § 4 Rn 84 (bspw wirtschaftliche Ergänzung oder Unterbringung in demselben Gebäude sind allein nicht ausreichend) sowie *Krämer* in D/J/P/W § 4 Rn 142; bejahend: *Mai* in Frotscher/Maas § 4 Rn 31.
2 *Krämer* in D/J/P/W § 4 Rn 141 mwN.
3 BFH I R 161/94, BFH/NV 1997, 625; BFH X R 130/87, BStBl II 1989, 901 mwN; *Mai* in Frotscher/Maas § 4 Rn 17.
4 *Krämer* in D/J/P/W § 4 Rn 115.
5 Offengelassen: BFH I R 161/94, BFH/NV 1997, 625.
6 *Krämer* in D/J/P/W § 4 Rn 115.
7 BFH I 65/60 U, BStBl III 1962, 450; *Mai* in Frotscher/Maas § 4 Rn 27.
8 FG Hessen 4 K 1984/00, EFG 2001, 591.
9 FG Münster 9 K 76007/98, EFG 2001, 849.

185 **3. Versorgungs- und Verkehrsbetriebe.** Die in § 4 III aufgeführten Versorgungsbetriebe sind gleichartig.[1] Somit können mehrere Verkehrsbetriebe, mehrere Versorgungsbetriebe[2] oder mehrere Hafenbetriebe sowie Hafen-, Verkehrs- und Versorgungsbetriebe (H 7 „Nicht gleichartige BgA" KStH) einer juristischen Person des öffentlichen Rechts nicht nur gem § 4 VI S 1 Nr 3 zusammengefasst werden, sondern auch nach § 4 VI S 1 Nr 1. § 4 VI S 1 Nr 3 hat als speziellere Vorschrift jedoch Vorrang.[3] Versorgungsbetriebe, Verkehrsbetriebe, Hafenbetriebe und Flughafenbetriebe iSv § 4 III sind gleichartig. Eine Zusammenfassung ist somit auch ohne enge technisch-wirtschaftliche Verflechtung der BgA möglich.[4]

186 *Einstweilen frei.*

187 **4. Technisch-wirtschaftliche Verflechtung von einigem Gewicht.**
Betriebe, die nicht gleichartig iSv § 4 VI S 1 Nr 1 sind, können gem § 4 VI S 1 Nr 2 zusammengefasst werden, wenn zwischen ihnen nach dem Gesamtbild der tatsächlichen Verhältnisse objektiv eine enge wechselseitige technisch-wirtschaftliche Verflechtung von einigem Gewicht besteht.

188 **Definition.** Eine gesetzliche Definition, wann eine technisch-wirtschaftliche Verflechtung gegeben ist, existiert nicht. Der Begriff geht zurück auf eine Entscheidung des I. Senats des BFH, die sich mit der Zusammenfassung eines Versorgungsbetriebs mit einem Badebetrieb befasste.[5] Bereits dort wird ein „notwendiger Funktionszusammenhang" verlangt, der nur dann gegeben sei, wenn die miteinander verbundenen Betriebe „in so starken wechselseitigen Beziehungen" zueinander stünden, dass sie „in ihrer Betätigung gegenseitig aufeinander angewiesen" sind. Der Große Senat des BFH hat dies aufgegriffen und in seiner Entscheidung verlangt, es müsse zur steuerlich wirksamen Zusammenfassung von nicht gleichartigen Betrieben „objektiv eine enge wechselseitige technisch-wirtschaftliche Verflechtung bestehen, wie sie zB in dem Ausgleich des Überdrucks in einem Heizkraftwerk durch Erwärmung des Wassers in dem Badebetrieb gesehen werden kann."[6] Ob diese Voraussetzung vorliegt, kann nur im Einzelfall nach dem Gesamtbild der tatsächlichen Verhältnisse festgestellt werden.

189 **Ausprägung.** Schließlich muss die technisch-wirtschaftliche Verflechtung von einigem Gewicht sein. Dies bestimmt sich nach der Verkehrsanschauung[7] und muss ggf durch Sachverständigengutachten nachgewiesen werden.[8]

---

1 BMF v 12.11.2009, BStBl I 2009, 1303, Rn 4.
2 BFH I 164/59 S, BStBl III 1962, 448; BFH I 5/54 U, BStBl III 1956, 133.
3 *Mai* in Frotscher/Maas § 4 Rn 27; *Meier/Semelka* in H/H/R § 4 Rn 83.
4 *Heger* in Gosch § 4 Rn 119.
5 BFH I 120/59, Steuerrechtsprechung in Karteiform KStG:1 R 46; BFH I 164/59 S, BStBl III 1962, 448; BFH I 212/63, BStBl III 1966, 287.
6 BFH GrS 4/66, BStBl III 1967, 240.
7 BFH III 50/61, BStBl III 1967, 510.
8 Für die Verflechtung von Bäderbetrieb und einem Blockheizkraftwerk zB durch ein Wirtschaftlichkeitsgutachten, das der VDI-RL 2067 entsprechen muss. Sa OFD Frankfurt am Main v 27.7.1995, StEK KStG 1977, § 4.

IX. Zusammenfassung von BgA

Einzelfälle zur technisch-wirtschaftlichen Verflechtung. Nach der Rechtsprechung des BFH kommt eine Verbindung von BgA in den folgenden Einzelfällen nicht in Betracht:

- Marktbetrieb mit Gaststätte,[1]
- Ratskellerverpachtung mit Kur- und Verkehrsverwaltungsbetrieb,[2]
- Fernheizwerke, Theatertiefgarage und Industriegleisanlagen mit einem Eigenbetrieb „Verpackungsverordnung", der der Entsorgung und Verwertung von Abfall und Wertstoffen dient.[3]

Dagegen wurden anerkannt:

- Schwimmbad und Wasserwerk,[4]
- Bäderbetrieb einerseits und Wasser- und Fernwärmewerk, Fernwärmeversorgung oder Verkehrsbetrieb andererseits,[5]
- Elektrizitäts-, Gas- und Wasserwerk mit Freibad,[6]
- Elektrizitäts- und Wasserwerk mit Hallenbad einschließlich Blockheizkraftwerk, wenn das Blockheizkraftwerk ohne den Bäderbetrieb nicht wirtschaftlich zugeführt werden könnte,[7]
- Fernheizwerk mit Fernheizwerk eines Freibades sowie Theatertiefgarage,[8]
- Heizkraftwerk mit Badebetrieb.[9]

Einstweilen frei.

5. Kettenzusammenfassungen. Die gesetzliche Differenzierung zwischen § 4 VI Nr 1 und Nr 3 hat bei Zugrundelegung der Ansicht der Finanzverwaltung bezüglich der Nichtgleichartigkeit von Versorgungs- und Verkehrsbetriebe (vgl Rn 185) Auswirkungen auf sog Kettenzusammenfassungen. Bei der Zusammenfassung eines bereits zusammengefassten BgA mit einem anderen (ggf ebenfalls zusammengefassten BgA) reicht es für die Finanzverwaltung[10] zwar aus, wenn die Zusammenfassungsmerkmale nur zwischen diesem BgA und einem der BgA des zusammengefassten BgA vorliegen. Allerdings müssten nach dem BMF-Schreiben für die Anbindung eines weiteren Betriebs an einen bereits zusammengefassten Betrieb die „Gewichtigkeit" der Zusammenfassung auch gegenüber dem bereits zusammengefassten Betrieb bestehen. Insbesondere die Zusammenfassungen, bei denen ein Hallenbad über ein Blockheizkraftwerk, zB an einem Stadtwerk mit den typischen Sparten Energie (also Strom, Gas, Wärme), Wasser und Verkehr verbunden ist, könnten daher

---

1   BFH I 105/60 U, BStBl III 1961, 552.
2   BFH I 267/63, BStBl III 1967, 679.
3   BFH I R 42/01, BFH/NV 2003, 511; *Meier/Semelka* in H/H/R § 4 Rn 82.
4   BFH I 212/63, BStBl III 1966, 287.
5   BFH III 50/61, BStBl III 1967, 510.
6   BFH I 65/60 U, BStBl III 1962, 450; *Meier/Semelka* in H/H/R § 4 Rn 82.
7   BFH I R 74/89, BStBl II 1992, 432; OFD Frankfurt am Main v 27.7.1995, DB 1995, 2094; *Meier/Semelka* in H/H/R § 4 Rn 82.
8   BFH I R 42/01, BFH/NV 2003, 511; *Meier/Semelka* in H/H/R § 4 Rn 82.
9   BFH Gr 4/66, BStBl III 1967, 240.
10 BMF v 12.11.2009, BStBl I 2009, 1303, Rn 5.

kritisch sein, soweit die Verflechtung nur zu dem Strom-Bereich besteht und nicht „gewichtig" genug ist. Die Zusammenfassung eines Betriebs an einen bereits zusammengefassten Betrieb mittels der beiden anderen Kriterien (Gleichartigkeit bzw Zugehörigkeit zum Versorgungs- bzw Verkehrsbetrieb) sei zudem nur möglich, wenn der bereits zusammengefasste Betrieb durch eine mit dem neuen hinzukommenden Betrieb gleichartige Tätigkeit bzw durch Tätigkeiten aus dem Bereich Versorgung bzw Verkehr geprägt ist.[1] Ein solches „Mitschleppen" – also die Anerkennung der Zusammenfassung – einzelner wirtschaftlicher Aktivitäten von untergeordneter Bedeutung entsprach aber bislang geübter Praxis der Finanzverwaltung.[2] Da mit der gesetzlichen Neufassung der bisherige status quo fortgeschrieben werden sollte, ist die Verschärfung durch das BMF-Schreiben nicht nachvollziehbar.

193 *Einstweilen frei.*

194 **6. Rechtsfolgen einer nicht anzuerkennenden Zusammenfassung.** Die Folgen einer steuerlich nicht anzuerkennenden Zusammenfassung sind nicht im Gesetz geregelt. Es kann jedoch davon ausgegangen werden, dass jeder der unzulässig verbundenen BgA mit dem von ihm erwirtschafteten Ergebnis zu besteuern ist.[3] Weitere Folgen ergeben sich demnach nicht.

195 *Einstweilen frei.*

196 **7. Besonderheiten hinsichtlich der Einkommensermittlung.** Hinsichtlich der steuerlichen Auswirkungen der Zusammenfassung auf die Betriebsvermögen wird auf die Rn 210 verwiesen.

197 *Einstweilen frei.*

198 **8. Ende der Zusammenfassung.** Die Trennung vormals verbundener BgA ist steuerlich zulässig, wenn ihre Zusammenfassung nicht zwingend, dh gesetzlich vorgeschrieben ist.[4] Sofern alle BgA nach der Aufteilung die Voraussetzungen eines BgA erfüllen, ist eine steuerneutrale Spaltung im Wege der Realteilung möglich. Andernfalls tritt hinsichtlich des BgA, der seinen Status als BgA verliert, eine Gewinnrealisation ein.[5]

199 *Einstweilen frei.*

200 **X. Besondere Grundsätze bei der Einkommensermittlung. 1. Allgemeines. Anwendung der Vorschriften über die Einkommensermittlung.** Grundsätzlich finden die allgemeinen Regelungen über die Ermittlung des Einkommens auch bei BgA von juristischen Personen des öffentlichen Rechts Anwendung.

---

1 BMF v 12.11.2009, BStBl I 2009, 1303, Rn 6 sowie die Beispiele in Rn 7 und 8.
2 *Starck* in Lüdicke/Kempf/Brink, Verluste im Steuerrecht, 2010, S 139.
3 *Krämer* in D/J/P/W § 4 Rn 150; *Meier/Semelka* in H/H/R § 4 Rn 80.
4 BFH I 5/54 U, BStBl 1956, 133; *Heger* in Gosch § 4 Rn 120; *Meier/Semelka* in H/H/R § 4 Rn 80; *Erhard* in Blümich § 4 Rn 106.
5 *Heger* in Gosch § 4 Rn 120; *Wallenhorst* in Wallenhorst/Halaczinsky, H Rn 40c; *Meier/Semelka* in H/H/R § 4 Rn 80; *Krämer* in D/J/P/W § 4 Rn 222.

X. Besondere Grundsätze bei der Einkommensermittlung

Einkünftequalifikation. Einkünfte aus BgA sind stets gewerbliche Einkünfte iSd 201
§ 15 EStG (H 33 „Einkunftsart" S 1 KStH). Dies gilt auch im Fall der Verpachtung
eines BgA (H 33 „Einkunftsart" S 2 KStH).

Geschäfte zwischen BgA und juristischer Person des öffentlichen Rechts. Für 202
die Zwecke der Ermittlung des körperschaftsteuerpflichtigen Einkommens wird der
BgA nach ständiger Rechtsprechung und Auffassung der Finanzverwaltung verselbständigt.[1] Obwohl zivilrechtlich betrachtet der BgA kein Sondereigentum begründen kann,[2] werden von Rechtsprechung und Finanzverwaltung Geschäfte zwischen der juristischen Person des öffentlichen Rechts und ihrem BgA grundsätzlich steuerlich anerkannt (vgl auch Rn 234 und 239). Sie müssen jedoch klar und eindeutig sein und können nur für die Zukunft, nicht aber mit Wirkung für die Vergangenheit getroffen werden (R 33 I S 3 KStR). Bei alledem sind die Grundsätze zu berücksichtigen, die für beherrschende Anteilseigner bzw Alleingesellschafter einer Kapitalgesellschaft gelten.[3] Gleichwohl ist es möglich, dass auch ohne besondere Vereinbarungen Aufwendungen der juristischen Person des öffentlichen Rechts, die dieser aus der Unterhaltung des BgA erwachsen, in angemessenem Umfang als Betriebsausgaben des BgA abziehbar bleiben (zB Kosten für die Prüfung nach § 53 HGrG; R 33 III S 1 KStR).

Einstweilen frei. 203

2. Betriebsvermögen. Buchführung, Gewinnermittlung durch Betriebsvermögensvergleich. Der steuerliche Gewinn eines BgA kann mittels Betriebsvermögensvergleich iSd § 4 I EStG oder durch Einnahmenüberschussrechnung nach § 4 III EStG ermittelt werden. Sofern der BgA jedoch aufgrund gesetzlicher Vorschriften zum Führen von Büchern verpflichtet ist oder dies freiwillig tut, sind gem § 5 I S 1 EStG zwingend die Vorschriften über den Betriebsvermögensvergleich anzuwenden.[4] 204

Eine steuerliche Buchführungspflicht iSd § 140 AO kann sich für BgA, die in der Rechtsform von Eigenbetrieben geführt werden, aufgrund der landesspezifischen Eigenbetriebsgesetze ergeben (R 33 V KStR).

Regiebetriebe sind grundsätzlich iRd Haushalts der jeweiligen Trägerkörperschaft zu erfassen.[5] Vor dem Hintergrund der Einführung der Doppik[6] im kommunalen Rechnungswesen bleibt abzuwarten, ob und inwieweit diese Rechtslage beibehalten wird.[7] Für Regiebetriebe kann sich jedoch bereits nach derzeitiger Rechtslage eine Buchführungspflicht ergeben, wenn die Tatbestandsvoraussetzungen des § 141

---

1   R 33 KStR; RFH I A 198/35, RStBl 1936, 769; BFH I R 108-109/95, BStBl II 1997, 230.
2   Ein BgA ist lediglich rechtlich unselbstständiges Sondervermögen der juristischen Person des öffentlichen Rechts.
3   BFH I R 50/98, BStBl II 2001, 558.
4   *Krämer* in D/J/P/W § 4 Rn 176.
5   *Krämer* in D/J/P/W § 4 Rn 177.
6   Doppelte Buchführung in der öffentlichen Verwaltung: 3-Komponenten-Modell bestehend aus Vermögensrechnung (entspricht Bilanz), Ergebnisrechnung (entspricht Gewinn- und Verlustrechnung) und Finanzrechnung (entspricht vereinfacht der klassischen kameralen Rechnung), ggf ergänzt um Kosten- und Leistungsrechnung.
7   OFD Rostock v 26.2.2003, DStR 2003, 395; *Krämer* in D/J/P/W § 4 Rn 177 mwN zum aktuellen Diskussionsstand.

AO erfüllt sind.[1] Dazu müsste der Regiebetrieb als ein Gewerbebetrieb iSd § 15 II EStG zu qualifizieren sein. Mangels Gewinnerzielungsabsicht werden strukturell dauerdefizitäre BgA somit idR keine Bücher zu führen haben.[2] Auf kaufmännische Betriebe, die als Regiebetriebe geführt werden, sind jedoch die handelsrechtlichen Rechnungslegungsvorschriften der §§ 238 ff HGB anzuwenden. Somit haben diese Betriebe Bücher nach § 140 AO zu führen (R 33 V KStR).

Bei BgA, die freiwillig Bücher führen und regelmäßig Abschlüsse erstellen, ist zu beachten, dass die kameralistische Verwaltungsbuchführung nicht die Voraussetzungen des § 4 I S 1 EStG erfüllt.[3] Da diese nur die Einhaltung der Haushaltsplanung dokumentieren soll, werden in ihr keine Aufwendungen und Erträge, sondern Liquiditätsströme abgebildet. Bislang ist offen, inwieweit durch die im kommunalen Rechnungswesen künftig anzuwendende Doppik eine Vergleichbarkeit der Gewinnermittlungsarten hergestellt wird.

205 **Gewinnermittlung durch Einnahmen-Überschussrechnung.** Sofern für den BgA weder aufgrund einer gesetzlichen Verpflichtung noch freiwillig Bücher geführt werden, ist der Gewinn für Zwecke der Besteuerung durch Einnahmenüberschussrechnung zu ermitteln (§ 8 I iVm § 4 III EStG). Die entsprechenden Werte sind aus der kameralistischen Buchführung abzuleiten.[4]

206 **Abgrenzung des Betriebsvermögens der BgA.** Juristische Personen des öffentlichen Rechts besitzen keine private und betriebliche Sphäre, sondern die Bereiche Hoheitsbetrieb, Vermögensverwaltung und BgA.[5] Zum Zwecke der steuerlichen Gleichstellung öffentlicher und privatrechtliche Betriebe wird dem BgA trotz fehlender zivilrechtlicher Rechtsfähigkeit steuerlich ein eigenes Vermögen zuerkannt.[6] Somit ist bei juristischen Personen des öffentlichen Rechts das Vermögen entsprechend der wirtschaftlichen Zugehörigkeit in Hoheitsvermögen (Rn 208), gewillkürtes[7] (Rn 209) und notwendiges Betriebsvermögen (Rn 207) des BgA zu unterteilen.[8] Dabei sind bei einer gemischten Nutzung des Vermögens die für die Abgrenzung zwischen Privat- und Betriebsvermögen entwickelten allgemeinen bilanzrechtlichen Grundsätze anzuwenden.[9]

207 **Notwendiges Betriebsvermögen.** Notwendiges Betriebsvermögen umfasst Wirtschaftsgüter, die ausschließlich und unmittelbar für Zwecke des BgA genutzt werden oder dazu bestimmt sind (R 4.2 I S 1 EStR). Dies betrifft bspw das Ver-

---

1 *Krämer* in D/J/P/W § 4 Rn 177.
2 *Krämer* in D/J/P/W § 4 Rn 178.
3 *Krämer* in D/J/P/W § 4 Rn 180; BMF v 11.9.2002, BStBl I 2002, 935, Rn 16.
4 *Krämer* in D/J/P/W § 4 Rn 180; OFD Frankfurt am Main v 27.3.2000, KSt-Kartei § 4 KStG Karte A 23.
5 FG Niedersachsen VI 395/88, nv.
6 RFH I A 564/29, RStBl 1930, 466; *Krämer* in D/J/P/W § 4 Rn 182.
7 Auch ein BgA kann gewillkürtes Betriebsvermögen bilden gem FG Schleswig-Holstein II 1058/97, EFG 2000, 1144; FG Nürnberg I 365/2004, EFG 2007, 432; BFH I B 52/02, BFH/NV 2002, 1341. Dies gilt gem BFH IV R 13/03, BStBl II 2004, 985 und BMF v 17.11.2004, BStBl I 2004, 1064, Rn 1 auch bei Ermittlung des Gewinns mittels Einnahmenüberschussrechnung.
8 *Krämer* in D/J/P/W § 4 Rn 183; *Kronawitter*, KStZ 2011, 81.
9 *Wallenhorst* in Wallenhorst/Halaczinsky, H Rn 31f; FG Niedersachsen VI 395/88, nv; BFH V R 18/71, BStBl II 1972, 75.

mögen, das dem Betrieb zur Führung seiner Geschäfte von der Trägerkörperschaft übergeben wurde.[1] Es muss zu mehr als 50% wirtschaftlich genutzt werden (R 4.2 I S 4 EStR). Wesentliche Betriebsgrundlagen sind demnach auch ohne eine entsprechende Widmung als notwendiges Betriebsvermögen des BgA zu behandeln.[2] Die wesentlichen Betriebsgrundlagen können sich auch räumlich im hoheitlichen Bereich der Trägerkörperschaft befinden.[3] Die Zuordnung zum notwendigen Betriebsvermögen des BgA ist hingegen nicht zulässig, wenn das Wirtschaftsgut bzw. die wesentliche Betriebsgrundlage zum Hoheitsbereich der Trägerkörperschaft gehört.[4]

Hoheitsvermögen. Das Hoheitsvermögen umfasst alle Wirtschaftsgüter, die zur Ausübung der öffentlichen Gewalt und damit für den nicht steuerbaren hoheitlichen Bereich angeschafft oder hergestellt und dort genutzt werden.[5] Wirtschaftsgüter, die hoheitlichen Zwecken dienen, können nicht Betriebsvermögen eines BgA sein.[6] Bspw gehören dem öffentlichen Verkehr gewidmete Straßen, Wege und Plätze zum gemeindlichen Hoheitsbereich und können daher nicht Betriebsvermögen eines BgA sein.[7] Wirtschaftsgüter, die hingegen sowohl im Hoheitsbetrieb als auch im BgA genutzt werden, sind dem Hoheitsvermögen zuzurechnen, wenn ihre hoheitliche Nutzung mindestens 90% beträgt.[8] Hoheitsvermögen kann auch kein gewillkürtes Betriebsvermögen darstellen.[9]

Gewillkürtes Betriebsvermögen. Gewillkürtes Betriebsvermögen eines BgA umfasst die Wirtschaftsgüter, die in einem gewissen objektiven Zusammenhang mit dem BgA stehen und ihn zu fördern bestimmt und geeignet sind.[10] Ferner müssen die Wirtschaftsgüter zu mindestens 10-50% wirtschaftlich genutzt werden (R 4.2 I S 6 EStR)[11] und dem Betriebsvermögen des BgA durch unmissverständliche Aufzeichnungen eindeutig zugeordnet werden.[12] Zu dem gewillkürten Betriebsvermögen zählen auch Wirtschaftsgüter, die der BgA zur Nutzung für nicht hoheitliche Zwecke an seine Trägerkörperschaft verpachtet. Denkbar ist zB die Verpachtung eines nicht mehr benötigten Verwaltungsgebäudes zur Nutzung als Bücherei.[13]

Betriebsvermögen bei der Zusammenfassung von BgA. Wie unter der Rn 172 ausgeführt wurde, entsteht bei der Zusammenfassung von BgA ein neuer, einheitlicher BgA, für den eine eigenständige Gewinnermittlung vorzunehmen ist. Bei der Zusammenfassung handelt es sich mangels Eigentumsübertragung[14] jedoch

---

1   RFH I A 564/29, RStBl 1930, 466; *Krämer* in D/J/P/W § 4 Rn 182.
2   H 33 „Betriebsvermögen" KStH mit Verweis auf BFH I R 223/80, BStBl II 1984, 496; BFH I R 82-85/00, BStBl II 2001, 773.
3   H 33 „Betriebsvermögen" KStH mit Verweis auf BFH I R 82-85/00, BStBl II 2001, 773.
4   H 33 „Betriebsvermögen" KStH mit Verweis auf BFH I R 50/98, BStBl II 2001, 558.
5   *Krämer* in D/J/P/W § 4 Rn 184.
6   BFH I R 52/06, BStBl II 2009, 248.
7   BFH I R 50/98, BStBl II 2001, 558; FG Sachsen 4 K 81/03, EFG 2009, 880.
8   *Krämer* in D/J/P/W § 4 Rn 184; R 4.2 I S 5 EStR.
9   H 33 „Betriebsvermögen" KStH mit Verweis auf BFH I R 52/06, BStBl II 2009, 248.
10 FG Nürnberg I 365/2004, EFG 2007, 432.
11 *Krämer* in D/J/P/W § 4 Rn 185; BMF v 17.11.2004, BStBl I 2004, 1064, Rn 1.
12 FG Nürnberg I 365/2004, EFG 2007, 432; BMF v 17.11.2004, BStBl I 2004, 1064, Rn 1.
13 *Krämer* in D/J/P/W § 4 Rn 185.
14 *Meier/Semelka* in H/H/R § 4 Rn 80.

um keine Fusion im Rechtssinn,[1] sondern die Betriebsvermögen der einzelnen BgA werden weiterhin isoliert betrachtet und dem jeweiligen Teil-BgA zugerechnet.[2] Folglich dürfen die stillen Reserven in den „beendeten" BgA nicht aufgelöst werden, und es liegt keine Entnahme vor.[3] Bei Veräußerung eines Teil-BgA werden ggf zurückbehaltene Wirtschaftsgüter dem Hoheitsvermögen der Trägerkörperschaft zugeordnet, wenn sie keinen eigenen Teil-BgA bilden oder einem der anderen Teil-BgA entsprechend zu dienen geeignet sind.[4]

211 **Negatives Betriebsvermögen (Passiva).** Etwaige Passiva sind dem Betriebsvermögen des BgA zuzuordnen, wenn sie objektiv erkennbar mit der wirtschaftlichen Tätigkeit des BgA verbunden bzw durch den BgA veranlasst sind.[5] Dazu zählen bspw Verbindlichkeiten aus Darlehen, die (von) der Trägerkörperschaft gewährt werden[6] sowie Verbindlichkeiten aus der Anschaffung eines Wirtschaftsgutes für den BgA.[7] Bei einer nicht aus Eigenmitteln des BgA finanzierten Anschaffung von Wirtschaftsgütern, die sowohl im Hoheitsbetrieb als auch im BgA genutzt und zum Teil mit öffentlichen Mitteln mit Zweckbestimmung finanziert werden, ist Folgendes zu beachten: Wenn die öffentlichen Mittel (zB Städtebauförderungsmittel) nach ihrer Zweckbestimmung nur für hoheitliche und nicht wirtschaftliche Zwecke verwendet werden dürfen, gilt der hoheitlich genutzte Teil des Wirtschaftsgutes vorrangig als durch diese Mittel finanziert. Soweit zur Finanzierung dieses Teils zusätzlich Darlehen aufgenommen werden mussten, sind diese in voller Höhe dem BgA zuzuordnen und nicht anteilig aufzuteilen.[8] Soweit hingegen die öffentlichen Mittel die Anschaffungskosten des Teils des Wirtschaftsgutes übersteigen, der im Hoheitsbetrieb genutzt wird, gelten sie als für die Anschaffung des im BgA genutzten Anteils verwendet. Die darauf entfallenden Zinsen, Gebühren usw mindern somit den Gewinn des BgA.[9] Sollte ein Wirtschaftsgut zunächst im BgA und später im Hoheitsbetrieb genutzt werden, kann das uU zur Finanzierung des Wirtschaftsgutes aufgenommene Darlehen im Betriebsvermögen bleiben. Gleiches gilt bei einer Veräußerung eines Wirtschaftsguts an den Hoheitsbetrieb.[10]

212 **Betriebseinnahmen, Betriebsausgaben.** Analog zur Zuordnung zum Betriebsvermögen gelten auch für die Zuordnung der Betriebseinnahmen und -ausgaben die allgemeinen bilanzrechtlichen Grundsätze zur betrieblichen Veranlassung (§ 4 IV EStG iVm § 8 I).[11] Somit sind Betriebsausgaben im BgA steuerlich anzuerkennen, wenn sie ausschließlich durch diesen verursacht wurden (R 33 III S 1 KStR).[12] Ent-

---

1 *Wallenhorst* in Wallenhorst/Halaczinsky, H Rn 39.
2 *Krämer* in D/J/P/W § 4 Rn 188; *Meier/Semelka* in H/H/R § 4 Rn 80.
3 *Wallenhorst* in Wallenhorst/Halaczinsky, H Rn 39; *Meier/Semelka* in H/H/R § 4 Rn 80; *Krämer* in D/J/P/W § 4 Rn 220 mit weiteren Erläuterungen zum Diskussionsstand.
4 BFH I 136/62 U, BStBl III 1964, 559; *Krämer* in D/J/P/W § 4 Rn 188.
5 *Krämer* in D/J/P/W § 4 Rn 190.
6 Zur steuerlichen Anerkennung solcher Darlehensgewährungen vgl Rn 239 ff.
7 *Krämer* in D/J/P/W § 4 Rn 190.
8 *Krämer* in D/J/P/W § 4 Rn 190.
9 *Krämer* in D/J/P/W § 4 Rn 190.
10 BFH I R 20/01, BStBl II 2003, 412.
11 *Krämer* in D/J/P/W § 4 Rn 192.
12 BFH I R 137/86, BStBl 1990, 647; FG Münster 9 K 5796/93, EFG 1997, 1134.

scheidend ist somit allein die Zweckbestimmung. Ob die Aufwendungen mit Mitteln des BgA oder aus den öffentlichen Mitteln der Trägerkörperschaft finanziert werden, ist irrelevant.[1] So sind bspw Buchführungsaufwendungen, die für den BgA anfallen, Betriebsausgaben des BgA, auch wenn sie von Mitarbeitern der Trägerkörperschaft erbracht werden.

Gewichtungstheorie zur primären Veranlassung. Die vom BFH für steuerbegünstigte Körperschaften iSd §§ 51 ff AO entwickelte Gewichtungstheorie zur „primären Veranlassung der Aufwendungen" (hierzu § 5 Rn 49) wird von der hM[2] zutreffend nicht iRd der Bestimmung des Veranlassungszusammenhangs von Aufwendungen bei BgA übernommen, da sie sich auf gemeinnützigkeitsrechtliche Mittelverwendungsgrundsätze stützt, die bei juristischen Personen des öffentlichen Rechts nicht anzuwenden sind. 213

Gemischte Aufwendungen. Aufwendungen, die sowohl im BgA als auch nicht steuerbaren Bereich veranlasst sind, sind anhand eines objektiven Maßstabes aufzuteilen.[3] Vor dem Hintergrund der Gleichstellung juristischer Personen des privaten und des öffentlichen Rechts wird dieses Vorgehen jedenfalls dann kritisch gesehen, wenn eine klare Trennung nicht möglich ist.[4] 214

Einstweilen frei. 215-217

3. Gewinnauskehrungen. Einkommensermittlung. Gewinnauskehrungen von BgA an die Trägerkörperschaft mindern gem § 8 III S 1 nicht das Einkommen. 218

VGA. Beruht eine Vermögensminderung nicht auf einer steuerlich anzuerkennenden Regelung zwischen BgA und juristischer Person des öffentlichen Rechts, die auch ein ordnungsgemäß und gewissenhaft handelnder Geschäftsleiter geschlossen hätte, nimmt die ständige Rechtsprechung eine vGA an.[5] 219

Keine Entnahmemöglichkeit in nicht steuerbaren Bereich. Es ist nicht zulässig, Vermögen unter Aufdeckung der stillen Reserven aus dem Verpachtungs-BgA zu entnehmen und dem nicht steuerbaren Hoheitsbereich oder Bereich der Vermögensverwaltung zuzuführen.[6] Eine Überführung von Wirtschaftsgütern aus dem Betriebsvermögen eines BgA in den Hoheitsbereich der Trägerkörperschaft ohne entsprechende Gegenleistung ist nicht als Entnahme, sondern als Gewinnausschüttung zu beurteilen.[7] Die Finanzverwaltung hat ihre bisherige gegenteilige Auffassung dazu aufgegeben und wendet die Rechtsprechung an (H 33 „Überführung von Wirtschafts- 220

---

1 Krämer in D/J/P/W § 4 Rn 196.
2 Krämer in D/J/P/W § 4 Rn 194; *Wallenhorst* in Wallenhorst/Halaczinsky, H Rn 49.
3 Krämer in D/J/P/W § 4 Rn 193; *Wallenhorst* in Wallenhorst/Halaczinsky, H Rn 49; *Sauter* in Erle/Sauter § 4 Rn 34; *Meier/Semelka* in H/H/R § 4 Rn 122.
4 Krämer in D/J/P/W § 4 Rn 189; *Heger* in Gosch, § 4 Rn 169; BFH I R 108-109/95, BStBl II 1997, 230.
5 RFH I A 198/35, RStBl 1936, 769; BFH I R 108-109/95, BStBl II 1997, 230; BFH I R 20/01, BStBl II 2003, 412; so auch H 36 „I. Grundsätze. Betriebe gewerblicher Art" KStH iVm R 33 III S 2 KStR.
6 Krämer in D/J/P/W § 4 Rn 69; *Meier/Semelka* in H/H/R § 4 Rn 117 mwN.
7 BFH I R 20/01, BStBl II 2003, 412.

gütern" KStH). Die Literaturmeinung, die die Verselbständigungsthese ablehnt, kritisiert diese Konsequenzen mit dem Hinweis, dass die steuerliche Anerkennung von zivilrechtlich nicht existenten Vereinbarungen systemwidrig sei.[1]

221 **Überführung von Wirtschaftsgütern aus dem Betriebsvermögen eines BgA in das Vermögen eines anderen BgA.** Die Überführung von Wirtschaftsgütern aus dem Betriebsvermögen eines BgA in das Vermögen eines anderen BgA ist aufgrund der Verselbständigung der BgA als eine vGA zu behandeln. Die in den Wirtschaftsgütern verhafteten stillen Reserven sind folglich gewinnwirksam aufzulösen und zu versteuern (H 33 „Überführung von Wirtschaftsgütern" KStH). Bei dem übernehmenden BgA führt die Umwidmung zu einer verdeckten Einlage (H 33 „Überführung von Wirtschaftsgütern" KStH). Um die weitergehenden Folgen einer vGA zu vermeiden, genügt allerdings eine „Vereinbarung" zwischen den betroffenen Bereichen.[2] Eine Besteuerung auf Ebene der Trägerkörperschaft kann allenfalls verhindert werden, indem die Ausschüttung des Gewinns aus der Auflösung der stillen Reserven durch Einstellung in zulässige Rücklagen des BgA umgangen wird. Hinsichtlich der steuerlichen Behandlung der Zusammenführung von BgA vgl Rn 171.

222 **KESt.** Unterschiede ergeben sich zB bei der Überführung von Wirtschaftsgütern aus einem BgA und bei der KESt. Sowohl vGA als auch oGA des BgA lösen KESt aus, die iHv 15 % bei der Trägerkörperschaft als definitive Belastung verbleiben.

223 **Einlagen.** Die Einlage eines Wirtschaftsgutes durch eine Trägerkörperschaft in ihren BgA erfolgt grundsätzlich zum Teilwert.[3] Die Ausnahmeregelung des § 6 I Nr 5 lit b EStG hinsichtlich der Einlage wesentlicher Beteiligungen findet keine Anwendung, da die Beteiligung bei der einlegenden juristischen Person des öffentlichen Rechts nicht unter § 17 EStG fällt.[4] Eine Einlage von Vermögensgegenständen aus dem Hoheitsbetrieb oder dem Bereich der Vermögensverwaltung ist hingegen steuerfrei.

224-225 *Einstweilen frei.*

226 **4. Angemessene Eigenkapitalausstattung. Gesetzliche Regelungen.** Mangels gegenteiliger Steuervorschriften steht es grundsätzlich im Ermessen der juristischen Person des öffentlichen Rechts, wie sie den BgA mit EK ausstattet.[5] Auch die Eigenbetriebsgesetze der Bundesländer sehen lediglich vor, dass ein angemessenes EK zu gewährleisten ist.[6] IdR wird in den zu den Eigenbetriebsverordnungen ergangenen Ausführungsanweisungen zu einem EK iHv 30-40 % der Bilanzsumme geraten.[7]

---

[1] Ausführlich dazu und zu den weiteren Konsequenzen der abweichenden Auffassung *Hüttemann*, Die Besteuerung der öffentlichen Hand, 2002, S 130 ff, mwN.
[2] *Krämer* in D/J/P/W § 4 Rn 219.
[3] BFH I R 197/83, BStBl II 1987, 865.
[4] Finanzministerium Niedersachsen (bek OFD Hannover) v 18.1.1989, KSt-Kartei Nds § 4 KStG Karte A 5.
[5] BFH I R 20/01, BStBl II 2003, 412; BFH I 74/54 U, BStBl III 1956, 238.
[6] ZB § 5 in Bayern, § 9 in Nordrhein-Westfalen und § 10 in Brandenburg der jeweiligen Vorschriften für Eigenbetriebe.
[7] Ua Hinweise zur Umsetzung des § 9 EigVOVV Mecklenburg-Vorpommern v 3.8.2010, VV Mecklenburg-Vorpommern Gl Nr 2020 – 18.

X. Besondere Grundsätze bei der Einkommensermittlung

Steuerliche Anerkennung von schuldrechtlichen Beziehungen. Die Gewährung von verzinslichen Darlehen durch die Trägerkörperschaft an ihren (rechtlich unselbständigen) BgA führt auf Ebene des BgA grundsätzlich zum Abzug der Zinsen als Betriebsausgaben und damit zu einer Minderung des steuerlichen Gewinns.[1] Im Gegensatz zu privatrechtlichen Unternehmen hat die fremdkapitalgebende juristische Person des öffentlichen Rechts die Zinserträge jedoch nicht zu versteuern, da diese dem nicht steuerbaren Bereich der Vermögensverwaltung zuzuordnen sind. Juristische Personen des öffentlichen Rechts sind somit hinsichtlich der steuerlichen Behandlung der Fremdkapitalgewährung bessergestellt als privatrechtliche Unternehmen, obgleich auch für juristische Personen des privaten Rechts eine Finanzierung mit Fremdkapital steuerlich grundsätzlich vorteilhafter ist als eine Gewährung von EK. Da jedoch privatrechtliche Unternehmen über ausreichend EK verfügen müssen, um in der Privatwirtschaft überlebensfähig sein zu können,[2] ergäbe sich steuerlich eine erhebliche Benachteiligung gegenüber juristischen Personen des öffentlichen Rechts, wenn diese ihre BgA ohne Einschränkungen anstelle von EK mit Fremdkapital ausstatten könnten. Vor dem Hintergrund der Gleichstellung des BgA mit vergleichbaren privaten Unternehmen[3] wurden schuldrechtliche Beziehungen von BgA und juristischen Personen des öffentlichen Rechts (vgl Rn 234 ff und 239 ff) folglich seit jeher steuerlich nur anerkannt, wenn auf Ebene des BgA bestimmte Eigenkapitalquoten eingehalten werden (R 33 II S 1 KStR). Dies gilt insbesondere für Darlehensverträge, nicht jedoch für Miet- oder Pachtverträge (vgl Rn 234; H 33 „Miet- oder Pachtverträge" KStH).[4] Sofern der BgA mit angemessenem EK ausgestattet ist, kann die Trägerkörperschaft frei entscheiden, ob sie ihrem BgA das Kapital in Form eines Darlehens (Fremdkapital) oder durch Einlagen (EK) zuführt.[5]

Angemessene Eigenkapitalquote. Als Maßstab für die Beurteilung einer angemessenen Eigenkapitalquote eines BgA gilt im jeweiligen Einzelfall die Kapitalstruktur gleichartiger Unternehmen der Privatwirtschaft im maßgeblichen Zeitraum.[6] Diese sind nicht konstant, sondern werden stetig an die jeweilig vorherrschenden gesamtwirtschaftlichen und branchenspezifischen Bedingungen angepasst. Folglich kann nach Auffassung des BFH[7] die für BgA maßgebliche Eigenkapitalquote ebenfalls nicht pauschal auf eine bestimmte Höhe festgelegt werden. Davon abweichend geht die Finanzverwaltung aus Gründen der Praktikabilität von einer einheitlichen Eigenkapitalquote aus.[8] Demnach sieht sie grundsätzlich ein EK iHv mindestens 30 % des Aktivvermögens als angemessen an (R 33 II S 3 KStR). Für die Berechnung der Quote geht sie von den Buchwerten in der Steuerbilanz am Anfang eines WJ aus (R 33 II S 4 KStR). Dabei sei das Aktivvermögen um Baukostenzuschüsse und passive Wertberichtigungsposten zu kürzen (R 33 II S 5 KStR). Pensionsrückstellungen rechnen

227

228

§ 4

---

1 *Sauter* in Erle/Sauter § 4 Rn 36.
2 BFH I 65/60 U, BStBl III 1962, 450; RFH I 147/42, RStBl 1943, 799.
3 BFH I R 48/02, BStBl II 2004, 425; BFH I 65/60 U, BStBl III 1962, 450.
4 BFH I R 223/80, BStBl II 1984, 496.
5 BFH I R 223/80, BStBl II 1984, 496.
6 BFH I R 48/02, BStBl II 2004, 425; BFH I R 52/78, BStBl II 1983, 147; BFH I 65/60 U, BStBl III 1962, 450.
7 BFH I R 48/02, BStBl II 2004, 425; BFH I R 52/78, BStBl II 1983, 147.
8 *Krämer* in D/J/P/W § 4 Rn 210.

als echte Verpflichtungen nicht zum EK (R 33 II S 7 KStR). Dennoch verweist die Finanzverwaltung in H 33 „Eigenkapitalausstattung und Darlehensgewährung" KStH auf die Rechtsprechung des BFH. Daraus kann geschlussfolgert werden, dass auch eine niedrigere Eigenkapitalquote – unter Berufung auf den BFH und Heranziehung gleichartiger privatwirtschaftlicher Betriebe – als angemessen akzeptiert wird.[1] Die Angemessenheit der Eigenkapitalquote ist für jeden VZ neu zu prüfen (R 33 II S 9 KStR).

229 **Rechtsfolgen bei Über- oder Unterschreiten der angemessenen Eigenkapitalquote.** Wird die Eigenkapitalquote des BgA als zu gering festgestellt, ist das von der Trägerkörperschaft gewährte Darlehen als EK umzuqualifizieren.[2] Die vom BgA an die Körperschaft gezahlten Zinsen stellen vGA dar. Die Beweislast für das Vorliegen einer unangemessen niedrigen Eigenkapitalquote trägt das Finanzamt.[3] Im Falle eines Überschreitens der Eigenkapitalquote kann der übersteigende Teil mittels einer klaren Vereinbarung in ein Darlehen und somit Fremdkapital umgewandelt werden, um steuerlich abzugsfähige Betriebsausgaben entstehen zu lassen.[4] Noch ungeklärt ist, ob diese nicht kodifizierten Anforderungen der Finanzverwaltung an die Eigenkapitalausstattung auch nach Einführung der Zinsschrankenregelung Bestand haben. Da § 8a erstmalig insoweit auch für BgA gilt, liegt nunmehr eine gesetzliche Regelung vor, die die entsprechenden Verwaltungsregelungen verdrängt. Die durch mit diesen Grundsätzen beabsichtigte Gleichstellung mit Kapitalgesellschaften erfolgt nunmehr durch die Regelungen des § 8a. Die zusätzliche Prüfung der Angemessenheit der Eigenkapitalausstattung nach den bisherigen Verwaltungsgrundsätzen würde zu einer Benachteiligung von BgA führen.

230 **Ausstattung des BgA mit EK durch eine der Trägerkörperschaft nahe stehenden juristischen Person des öffentlichen Rechts.** Die oa Grundsätze sind auch in den Fällen anzuwenden, in denen der BgA von einer seiner Trägerkörperschaft nahe stehenden juristischen Person des öffentlichen Rechts mit EK ausgestattet wird.[5] Dies gilt jedoch nur, wenn die von dem BgA für die Kapitalgewährung gezahlten Vergütungen bei der juristischen Person des öffentlichen Rechts im außersteuerlichen Bereich vereinnahmt werden.

231 **Keine Mindest-Eigenkapitalausstattung in den Fällen des § 4 II.** In den Fällen, in denen der BgA selbst eine juristische Person des öffentlichen Rechts ist (vgl Rn 120), finden die vorstehenden Regelungen zu einer angemessenen Eigenkapitalausstattung keine Anwendung, da BgA und juristische Person des öffentlichen Rechts identisch sind (zur Anwendbarkeit der Zinsschrankenregelung vgl aber Rn 240).[6] Bei Darlehen des Gewährträgers (bspw Kommune für eine selbständige Anstalt öffentlichen

---

1 *Krämer* in D/J/P/W § 4 Rn 211.
2 BFH I R 52/78, BStBl II 1983, 147.
3 *Wallenhorst* in Wallenhorst/Halaczinsky, H Rn 31e mit Verweis auf BFH I R 159/85, BFH/NV 1990, 635 und BFH VIII R 41/89, BStBl II 1993, 569.
4 BFH I 65/60 U, BStBl III 1962, 450.
5 *Krämer* in D/J/P/W § 4 Rn 212.
6 *Krämer* in D/J/P/W § 4 Rn 216 mit Verweis auf OFD Hannover v 27.6.1995, DB 1995, 1540; *Wallenhorst* in Wallenhorst/Halaczinsky, H Rn 31e.

Rechts, die BgA iSd § 4 II ist, und für deren Schulden die Kommune ggf haftet) finden in Bezug auf die Mindest-Kapitalausstattung die Einschränkungen nach vorstehender Rn 230 jedoch Anwendung. Allerdings stellt sich auch hier die Frage, ob § 8a diese Prüfung der Mindestkapitalausstattung verdrängt (vgl Rn 229).

Einstweilen frei. 232-233

5. Miet- und Pachtverhältnisse. Steuerliche Anerkennung. Bei Regelungen zur Überlassung von Sachgegenständen gilt der Grundsatz, dass sie steuerlich anzuerkennen sind (H 33 „Miet- oder Pachtverträge" KStH). 234

Wesentliche Betriebsgrundlagen. Um den Zweck des § 1 I Nr 6 nicht zu gefährden (Gleichbehandlung des BgA mit der Privatwirtschaft), zieht die Rechtsprechung allerdings bei den Wirtschaftsgütern eine Grenze, die wesentliche Betriebsgrundlagen der wirtschaftlichen Tätigkeit sind.[1] Dh der BFH wendet die Grundsätze der Betriebsaufspaltung im Verhältnis juristische Person des öffentlichen Rechts zu ihren BgA nicht an. Davon zu unterscheiden ist die Überlassung von wesentlichen Betriebsgrundlagen durch die juristische Person des öffentlichen Rechts an ihre Eigengesellschaft (vgl Rn 106). 235

Nicht wesentliche Betriebsgrundlagen. Das Entgelt für nicht wesentliche Betriebsgrundlagen ist dagegen zum Betriebsausgabenabzug zugelassen, ein zusätzlicher (Verpachtungs-)BgA wird dadurch nicht geschaffen (vgl Rn 141). 236

Sondernutzungsgebühren. Von den Überlassungsregelungen privatrechtlicher Natur sind Sondernutzungsgebühren zu unterscheiden. Daher sind Gebühren, die ein kommunaler Marktbetrieb zu zahlen hat, Betriebsausgaben.[2] 237

Einstweilen frei. 238

6. Darlehen. Steuerliche Anerkennung. Regelungen der juristischen Person des öffentlichen Rechts mit BgA über verzinsliche Darlehen waren nach Auffassung der Finanzverwaltung schon immer steuerlich nur dann anzuerkennen, soweit der BgA mit einem angemessenen EK (hierzu Rn 226 ff) ausgestattet ist (R 33 II S 1 KStR). 239

Zinsschranke. Darüber hinaus finden nunmehr die Regelungen des § 8a iVm § 4h EStG auf BgA Anwendung (vgl Rn 32 sowie § 8a Rn 55 und 78). Der Anwendungsbereich von § 8a wurde mit dem UntStRefG 2008 v 14.8.2007[3] erweitert, so dass die Vorschrift in der neuen Fassung nunmehr auch auf BgA iSd § 4 II anzuwenden ist. 240

Hinsichtlich der Freigrenze des § 4h II 1 Buchst a EStG ist zu beachten, dass zusammengefasste BgA als ein Betrieb, ebenso Organträger und Organgesellschaft (vgl § 8a Rn 79) anzusehen sind.[4] Vor diesem Hintergrund ist auch die Entscheidung über eine Zusammenfassung nach § 4 VI abzuwägen, dass für jeden nicht zusammengefassten BgA die Freigrenze für den Schuldzinsenabzug gesondert gilt (vgl § 8a Rn 78 und 110).[5] Sofern der Zinssaldo des jeweiligen Betriebs diese Freigrenze

---

1 BFH I R 223/80, BStBl II 1984, 496; BFH I R 20/01, BStBl II 2003, 412.
2 BFH VIII R 11/99, BStBl II 2000, 621, aber BMF v 11.6.2002, BStBl I 2002, 647.
3 BGBl I 2007, 1912.
4 BMF v 4.7.2008, BStBl I 2008, 718, Rn 57; *Heger* in Gosch § 4 Rn 146a.
5 BMF v 4.7.2008, BStBl I 2008, 718, Rn 56; *Heger* in Gosch § 4 Rn 146a.

übersteigt, sind die Ausnahmeregelungen des § 4h 1 lit b und c EStG – keine Konzernzugehörigkeit und Escape-Klausel – zu prüfen. Mehrere gleichgeordnete BgA oder Beteiligungen an Kapitalgesellschaften einer juristischen Person des öffentlichen Rechts bilden grundsätzlich keinen Konzern (vgl § 8a Rn 366).[1] Ein Konzern kann uU jedoch vorliegen, wenn die Beteiligungen innerhalb eines BgA gehalten werden. Insofern können Eigen- und Beteiligungsgesellschaften einer juristischen Person des öffentlichen Rechts Teil eines Konzerns sein.[2]

Für die Gewährung von Bürgschaften und anderen Sicherheiten soll § 8a nach Verwaltungsauffassung nicht einschlägig sein, sofern die juristische Person des öffentlichen Rechts als Trägerkörperschaft zu mindestens 50 % an den von Dritten zu finanzierenden Gesellschaften beteiligt ist.[3] Die Regelung ist als Billigkeitsregelung zu sehen. Eine schädliche Gesellschafter-Fremdfinanzierung kann jedoch vorliegen, wenn die juristische Person des öffentlichen Rechts gegenüber dem kreditgewährenden Dritten oder einer ihm nahestehenden Person eine Forderung hat (Back-to-Back-Finanzierung). Gleiches gilt im Falle einer gesamtschuldnerischen Mithaftung der öffentlichen Hand. Vergütungen für Förderdarlehen sind ebenfalls keine Zinsaufwendungen bzw -erträge iSd Zinsschranke, wenn es sich um unmittelbar aus öffentlichen Haushalten gewährte Mittel der EU, von Bund, Ländern, Gemeinden oder Mittel anderer juristischer Personen des öffentlichen Rechts einer nach § 5 I Nr 2, 17 oder 18 steuerbefreiten Körperschaft handelt.[4]

Im Falle eines Zinsvortrags ist die gesonderte Feststellung an den Rechtsträger des BgA zu richten.[5]

241 *Einstweilen frei.*

242 **7. Dauerdefizitäre Tätigkeiten, fehlender Gewinnaufschlag. Definition.** Ein Dauerverlustgeschäft liegt vor, wenn aus verkehrs-, umwelt-, sozial-, kultur-, bildungs- oder gesundheitspolitischen Gründen auf ein kostendeckendes Entgelt verzichtet wird (vgl § 8 Rn 861).

243 **Rechtslage vor dem JStG 2009.** Dauerdefizitäre Tätigkeiten einer Kapitalgesellschaft, die im Interesse einer juristischen Person des öffentlichen Rechts erfolgen, begründeten nach Ansicht des BFH vGA.[6] Da auch ein BgA grundsätzlich geeignet ist, vGA auszulösen (vgl Rn 219), stellte sich bis zum JStG 2009 die Frage, ob die genannte Rechtsprechung zu dauerdefizitären Tätigkeiten ebenso auf BgA zu übertragen ist.[7] Eine abschließende Entscheidung seitens der FG steht bislang aus. Das FG Düsseldorf[8] hat die Annahme einer vGA für dauerdefizitäre BgA zwar verneint, das entsprechende

---

1 BMF v 4.7.2008, BStBl I 2008, 718, Rn 91.
2 BMF v 4.7.2008, BStBl I 2008, 718, Rn 92; *Meier/Semelka* in H/H/R § 4 Rn 8 mwN.
3 BMF v 4.7.2008, BStBl I 2008, 718, Rn 93.
4 BMF v 4.7.2008, BStBl I 2008, 718, Rn 94.
5 BMF v 4.7.2008, BStBl I 2008, 718, Rn 49.
6 BFH I R 32/06, BStBl II 2007, 961, vgl aber BMF v 7.12.2007, BStBl I 2007, 905.
7 *Hölzer*, DB 2003, 2090, *Wallenhorst*, DStZ 2004, 711.
8 FG Düsseldorf 10 K 2561/00, EFG 2003 1408; FG Düsseldorf 15 K 637/04 F, EFG 2007, 435.

Verfahren wurde beim BFH[1] wegen Klagerücknahme jedoch nicht endgültig entschieden. Im Ergebnis war seit jeher die Annahme einer vGA abzulehnen, weil die Verlustsituation aus dem Wesen der dem BgA übertragenen Aufgaben heraus selbst begründet ist; die Sonderstellung des BgA zu seiner Trägerkörperschaft ist nicht kausal.[2]

Gewinnaufschlag. Selbst wenn man eine vGA annähme, kann diese allenfalls den bei dem BgA entstandenen Verlust, nicht jedoch auch noch einen angemessenen Gewinnaufschlag umfassen.[3] Denn für den Fall einer GmbH hat der BFH entschieden, dass bei einer im Interesse des Gesellschafters liegenden Tätigkeit ohne Gewinnerzielungsabsicht zwar ein fehlender Verlustausgleich, nicht jedoch auch noch ein fehlender Gewinnaufschlag zur vGA führe, wenn die Leistungen im öffentlichen Interesse liegen bzw für den Verzicht keine gesellschaftlichen Gründe ersichtlich seien.[4] 244

Neuregelung durch das JStG 2009. Mit den Neuregelungen des JStG 2009 wurde die Frage nach dem Entstehen einer vGA bei dauerdefizitären Tätigkeiten eines BgA geklärt. So sind nach dem eingefügten § 8 VII 1 Nr 1 die Rechtsfolgen einer vGA bei einem BgA nicht bereits deshalb zu ziehen, weil er ein Dauerverlustgeschäft betreibt. 245

Einstweilen frei. 246

8. Spenden. Abzug. Vor dem Hintergrund der steuerlichen Verselbständigung des BgA von seiner Trägerkörperschaft werden konsequenterweise auch Zuwendungen iSd § 9 I Nr 2 zugunsten seiner juristischen Person des öffentlichen Rechts grundsätzlich berücksichtigt (vgl auch Rn 34).[5] 247

Vorrang der Einkommensverteilung. Zuwendungen iSd § 9 I Nr 2 sind jedoch vorrangig anhand des § 8 III zu würdigen. Dh ein Spendenabzug entfällt, soweit die Zuwendungen als Teil der Einkommensverteilung oder vGA zu qualifizieren sind. Daher ist ein Abzug zB ausgeschlossen, wenn die juristische Person des öffentlichen Rechts 248

- vorher eine entsprechende Verpflichtung eingegangen ist oder sich dieser nicht entziehen kann,[6]
- die Zuwendung zugunsten der juristischen Person des öffentlichen Rechts den durchschnittlichen Betrag an Zuwendungen übersteigt, die der BgA an fremde Dritte leistet[7] oder
- Zuwendungen aus dem Teil des Jahresüberschusses leistet, auf dessen Auszahlung der Gewährträger vorher verzichtet hat.[8]

Einstweilen frei. 249

---

1 BFH I R 8/04, BStBl II 2006, 190. Die Revision gegen das zweite Verfahren des FG Düsseldorf hat sich ebenfalls ohne Entscheidung in der Sache erledigt, BFH I R 5/07.
2 *Sauter* in Erle/Sauter § 4 Rn 47; *Strahl*, KÖSDI 2005, 14749, 14758; *Kohlhepp*, DB 2005, 1705; aA *Pinkos*, DB 2006, 692.
3 *Kohlhepp*, DB 2005, 1705.
4 BFH I R 49/99, BStBl II 2002, 271; BFH I R 32/93, BStBl II 2000, 496.
5 BFH I R 126/90, BStBl II 1992, 849.
6 BFH I R 23/68, BStBl II 1970, 468; BFH I R 94/71, BStBl II 1974, 586; BFH I R 126/90, BStBl II 1992, 849.
7 BFH I R 4/84, BStBl II 1990, 237.
8 BFH I R 98/84, BStBl II 1989, 471.

250 **9. Konzessionsabgaben. Rechtliche Qualität.** Versorgungsunternehmen benötigen für die Versorgung der Bevölkerung mit Energie (Strom, Gas, Wärme) oder Wasser ein umfassendes Leitungsnetz.[1] Die hierzu erforderliche Verlegung bzw Kontroll-, Instandhaltungs- und Erneuerung der Leitungen führt idR zu Eingriffen in die Rechte und Interessen der hierdurch jeweils betroffenen Grundstückseigentümer. Neben privatrechtlichen Eigentümern sind bspw auch Gemeinden und Landkreise, fremde Versorgungsunternehmen sowie Eigenbetriebe (BgA) denkbar.[2] Bei öffentlich-rechtlichen Körperschaften richtet sich die Zulässigkeit und Höhe der jeweiligen Vergütungen (Konzessionsabgaben) nach der KAV.[3]

251 **Begründung BgA.** Von einer juristischen Person des öffentlichen Rechts vereinnahmte Konzessionsabgaben begründen keinen BgA.[4]

252 **Abzugsfähigkeit von Konzessionsabgaben.** Die von einem BgA an die juristische Person des öffentlichen Rechts gezahlten Konzessionsabgaben sind aufgrund der fiktiven Verselbständigung des BgA grundsätzlich abzugsfähig (R 33 I S 2 KStR; H 33 „Konzessionsabgaben" KStH mwN), soweit diese angemessen sind. Aus Vereinfachungsgründen wird der Abzug von der Finanzverwaltung ohne nähere Nachprüfung anerkannt, wenn die preisrechtlichen Höchstsätze[5] der KAV nicht überschritten werden und der geforderte Mindestgewinn von 1,5 % des eigenen oder gemieteten Sachanlagevermögens gegeben ist.[6]

253 *Einstweilen frei.*

254 **10. Verlustabzug. Anwendbarkeit.** Auch für BgA sind über §§ 7 f die Regelungen des § 10d EStG anwendbar (R 32 KStR; vgl auch Rn 47).

255 **Verlustverrechnung mit den Einkünften der Trägerkörperschaft.** Es ist nicht zulässig, die Einkünfte der Trägerkörperschaft aus Kapitalvermögen mit dem für einen BgA festgestellten steuerrechtlichen Verlustvortrag zu verrechnen.[7]

256 **Verlustabzug bei mehreren BgA.** Soweit mehrere (nicht zusammengefasste) BgA vorliegen, ist aufgrund der Qualifikation des BgA als Steuersubjekt jeweils gesondert für jeden BgA ein Verlustabzug möglich bzw ein Verlustausgleich zwischen verschiedenen, nicht zusammengefassten BgA nicht möglich (H 33 „Verlustrücktrag nach Zusammenfassung von Betrieben" KStH).

257 **Verlustrücktrag eines nach Zusammenfassung entstandenen Verlusts eines BgA.** Gem dem durch das JStG 2009 neu eingefügten § 8 VIII S 3 ist ein Rücktrag eines Verlustes, der nach der Zusammenfassung der BgA entstanden ist, unzulässig.[8]

---

1 Krämer in D/J/P/W § 4 Rn 238; Bott in EY § 4 Rn 333.
2 Krämer in D/J/P/W § 4 Rn 238; Bott in EY § 4 Rn 333.
3 BGBl I 1992, 12, 407, zuletzt geändert durch Art 3 IV der Verordnung v 1.11.2006, BGBl I 2006, 2477.
4 RFH I 303/38, RStBl 1938, 1184.
5 § 2 KAV unterscheidet dabei zwischen Tarifkunden und Sondervertragskunden. Wann ein „allgemeiner Tarifpreis" vorliegt: BFH I R 171/87, BStBl II 1991, 315.
6 BMF v 9.2.1998, BStBl I 1998, 209, Rn 2; BMF v 27.9.2002, BStBl I 2002, 940; differenzierter, dh insbesondere in der Anlaufphase, BFH I R 15/04, BStBl II 2006, 196.
7 BFH I R 18/07, BStBl II 2008, 573.
8 BMF v 12.11.2009, BStBl I 2009, 1303, Rn 64.

Dies stellt eine Schlechterstellung gegenüber der Rechtslage bis zum JStG 2009 dar.[1] Bis Ende des VZ 2008 konnten derartige Verluste insoweit zurückgetragen werden, als diese auf den den Verlust verursachenden BgA entfallen sind (höchstens war jedoch der gesamte Verlust des BgA rücktragsfähig).[2]

Verlustvortrag eines vor Zusammenfassung entstanden Verlusts eines BgA. § 8 VIII S 2 schließt den Abzug nicht ausgeglichener negativer Einkünfte der einzelnen BgA aus der Zeit vor der Zusammenfassung beim zusammengefassten BgA aus. Dies betrifft im Wesentlichen den Verlustvortrag aus den vor der Zusammenfassung liegenden VZ. Fraglich ist aber, ob davon auszugehen ist, dass die Vorschrift auch für unterjährige Zusammenfassungen einschlägig und somit ein Verlustausgleich im Jahr der Zusammenfassung unzulässig sein soll.[3] Nach Auffassung der Finanzverwaltung[4] fallen nicht nur Zusammenfassungen von zuvor eigenständigen BgA in den Anwendungsbereich von § 8 VIII S 2, sondern auch die Fälle, in denen ein bereits zusammengefasster BgA um einen weiteren BgA ergänzt wird. Veränderungen innerhalb eines Tätigkeitsbereichs (zB Erweiterung des Verkehrsbetriebs, der bisher nur aus Buslinien bestand, um Straßenbahnen) sind dagegen unschädlich.   258

„**Eingefrorener**" **Verlustrücktrag nach Zusammenfassung.** Die Verluste aus der Zeit vor der Zusammenfassung gehen jedoch nicht unter. Sie werden bei dem zusammengefassten BgA gem § 8 II S 4 „eingefroren" und können (erst wieder) nach Beendigung der Zusammenfassung herangezogen werden, wenn der separierte BgA in seiner Ursprungsform fortgeführt wird (§ 8 VIII S 4). Die neu kodifizierte Verlustnutzung zusammengefasster BgA gem § 8 VIII 2 ff gleicht damit den Regelungen für Organschaften bezüglich vororganschaftlicher Verluste.[5]   259

Gleichartige BgA. Nach § 8 VIII 5 gelten die Einschränkungen der § 8 VIII S 2-4 dagegen nicht, wenn gleichartige Betriebe zusammengefasst werden (hierzu auch § 8 Rn 935).   260

Gesonderte Feststellung/Verfahrensrecht. Aus den Ausführungen der Finanzverwaltung[6] („Einfrieren" bzw „Festschreiben" des früheren Verlustes) könnte gem *Krämer*[7] geschlussfolgert werden, dass keine gesonderte Feststellung der Verlustvorträge nach § 10d IV EStG erforderlich sei. Die hM[8] ist jedoch zutreffend anderer Ansicht und betont, dass die früheren einzelnen BgA aus verfahrenstechnischen Gründen steuerlich weiterzuführen sind.   261

Einstweilen frei.   262-263

---

1 *Krämer* in D/J/P/W § 8 Abs 8 Rn 5, 7.
2 H 33 „Verlustrücktrag nach Zusammenfassung von Betrieben" KStH mit Verweis auf BFH IR 74/89, BStBl II 1992, 432; *Krämer* in D/J/P/W § 4 Rn 238.
3 *Krämer* in D/J/P/W § 8 Abs 8 Rn 4.
4 BMF v 12.11.2009, BStBl I 2009, 1303, Rn 64.
5 *Starck* in Lüdicke/Kempf/Brink, Verluste im Steuerrecht, 2010, S 139.
6 BMF v 12.11.2009, BStBl I 2009, 1303, Rn 65.
7 *Krämer* in D/J/P/W § 8 Abs 8 Rn 6.
8 *Krämer* in D/J/P/W § 8 Abs 8 Rn 6; *Frotscher* in Frotscher/Maas § 8 Rn 267; offen: *Rengers* in Blümich § 8 Rn 1133.

264   **11. Beendigung eines BgA. Veräußerungs- oder Aufgabegewinn.** Bei der Beendigung eines BgA durch Aufgabe oder Veräußerung unterliegt ein Veräußerungs- oder Aufgabegewinn den entsprechenden allgemeinen Grundsätzen der Besteuerung. Die in dem Betriebsvermögen des zu beendenden BgA enthaltenen stillen Reserven sind aufzulösen und entsprechend zu versteuern (H 8 „Aufgabe des Verpachtungsbetriebs" KStH).[1] Hinsichtlich der Besteuerung von Entnahmen vgl Rn 220.

265   **Zurückbehaltung von Wirtschaftsgütern.** Soweit bei der Veräußerung eines BgA Wirtschaftsgüter nicht auf den Erwerber übergehen, fallen diese in das allgemeine Vermögen der Trägerkörperschaft zurück und ggf enthaltene stille Reserven sind nach vGA-Grundsätzen zu versteuern.[2] Diese Konsequenz ließe sich verhindern, wenn die zurückbehaltenen Wirtschaftsgüter wiederum einen BgA darstellen[3] oder aber das Buchwertprivileg nach § 6 I Nr 4 S 4 EStG greift.[4]

266   **Überführung in Kapitalgesellschaft oder Genossenschaft.** Ein BgA kann ohne Aufdeckung stiller Reserven nach § 20 UmwStG in eine Kapitalgesellschaft oder Genossenschaft überführt werden (vgl Rn 55), allerdings sind kapitalertragsteuerliche Folgen zu beachten (§ 20 I Nr 10 lit b S 2 EStG).

267   *Einstweilen frei.*

268   **XI. ABC der BgA.** Bei der Bestimmung von BgA ist im Einzelfall wie folgt zu unterscheiden:

Abfallberatung: Strittig ist, inwieweit die den öffentlich-rechtlichen Entsorgungsträgern gem § 6 IV S 8 VerpackV zugewiesene und von den Systembetreibern verpflichtend in Anspruch zu nehmende Abfallberatung der Ausübung öffentlicher Gewalt dient und damit als hoheitliche Tätigkeit iSd § 4 V anzusehen ist.[5]

Abfallentsorgung hat grundsätzlich hoheitlichen Charakter, soweit iRd § 15 I KrW/AbfG eine Pflichtaufgabe vorliegt. Weitergehende Ausführungen vgl Rn 161.

Abwasserbeseitigung: Die Abwasserbeseitigung erfolgt in den mehrheitlichen Fällen hoheitlich. Eine Qualifizierung als BgA ist nur in Bundesländern denkbar, in denen der Landesgesetzgeber eine aufgabenbefreiende Übertragung nach Vorgabe des früheren § 18a IIa WHG zulässt. Das ist derzeit in keinem Bundesland der Fall. Zwar ist in den Gesetzen des Landes Sachsen (§ 63 IV SächsWG), Sachsen-Anhalt (§ 151a WG-LSA) und Baden-Württemberg (§ 45c WG-BW) eine befreiende Aufgabenübertragung auf Dritte angesprochen. Jedoch verlangen die Vorschriften für die Wirksamkeit der Übertragung den Erlass einer konkretisierenden Rechtsverordnung. Weitergehende Ausführungen sowie zur Einordung des Betriebs einer Kläranlage vgl Rn 162.

Altenwohnheime sind BgA.[6]

---

[1]   BFH I R 106/76, BStBl II 1979, 716.
[2]   BFH I R 20/01, BStBl II 2003, 412.
[3]   BFH I 136/62 U, BStBl III 1964, 559; *Krämer* in D/J/P/W § 4 Rn 116; *Alvermann* in Streck § 4 Rn 63.
[4]   *Heger* in Gosch § 4 Rn 174.
[5]   FG Berlin-Brandenburg 12 K 8281/06, Revision eingelegt (Az BFH: I R 22/11).
[6]   OFD Magdeburg v 9.3.2010, GewSt-Kartei ST § 3 GewStG Karte 6a.

XI. ABC der BgA

Amtsblatt: Die Herausgabe ist Bestandteil der hoheitlichen Betätigung. Ein kommerzieller Anzeigenmarkt begründet einen BgA.[1]

Amtshilfe: Die Ausführung von Handlungen iRd Amtshilfe ist eine hoheitliche Tätigkeit (vgl Rn 81).

Anschlagsäulen, Anschlagstellen auf öffentlichen Plätzen: Räumt eine juristische Person des öffentlichen Rechts einem Dritten gegen Entgelt das Recht ein, Werbung innerhalb des kommunalen Gebietes zu betreiben, so handelt es sich hierbei um Vermögensverwaltung. Über die Grundsätze der Betriebsaufspaltung ist allerdings die Begründung eines BgA möglich.

Anwendungsbeobachtungen sind Studien im Bereich der Arzneimittelforschung. Mit ihnen werden Erkenntnisse bei der Anwendung zugelassener oder registrierter Arzneimittel (keine klinischen Erprobungen noch nicht zugelassener Arzneimittel) gesammelt. Die Durchführung solcher Anwendungsbeobachtungen begründet einen BgA.[2]

Anzeigenbetriebe stellen BgA dar.[3]

Apotheken sind BgA.[4] Zur Verpachtung einer Apotheke.[5]

Arbeitsbetriebe von Strafvollzugsanstalten sind hoheitliche Betätigungen (H 10 „Arbeitsbetriebe von Straf- und Untersuchungshaftanstalten" KStH). Das Gleiche gilt für Untersuchungshaftvollzugsanstalten, soweit die dortigen Arbeitsbetriebe mit denjenigen von Strafvollzugsanstalten vergleichbar sind.[6]

Arbeitsmedizinische Zentren der Berufsgenossenschaften sind BgA, da eine Pflicht zur Errichtung solcher Zentren nach § 24 I SGB VII nicht besteht.[7]

Arzneimittelabgabe: Vgl hierzu „Krankenhausapotheke".

Asylbewerber/Spätaussiedler; Wohnungsüberlassung: Die Überlassung von Wohnraum an Asylbewerber und Spätaussiedler begründet einen BgA, insbesondere wenn der Vermieter Sonderleistungen erbringt oder aber die Mieter besonders häufig wechseln.[8] Die Finanzverwaltung hatte zunächst bis zum 31.12.2000 eine Billigkeitsregelung zugelassen.[9] Ihr folgend wurden Entgelte dem Hoheitsbereich zugerechnet. Voraussetzung war die Unterbringung in einer zum Hoheitsbereich einer juristischen Person des öffentlichen Rechts gehörenden Einrichtung.

Auftragsforschung: Vgl hierzu unter „Forschungstätigkeit".

§ 4

---

1 BFH I 34/61 U, BStBl III 1962, 73.
2 *Krämer* in D/J/P/W § 4 Rn 109.
3 BFH I 34/61 U, BStBl III 1962, 73.
4 BMF v 8.5.1991, UR 1991, 332.
5 BFH I 40/55 U, BStBl III 1956, 105.
6 BFH I 80/62 U, BStBl III 1965, S. 95.
7 BMF v 9.10.1998, UR 1998, 478; Finanzministerium Baden-Württemberg v 1.8.1978, KSt-Kartei RP § 4 KStG Karte 1 (noch zur Vorgängervorschrift des § 719 a RVO)
8 Ständige Rechtsprechung des BFH; vgl zB BFH I R 182/79, BStBl II 1984, 722; BFH IX R 58/97, BFH/NV 2011, 752 mwN; BFH VIII R 27/72, BStBl II 1977, 244; BFH IV R 150/82, BStBl II 1985, 211.
9 BMF v 1.7.1991, BStBl I 1991, 744.

Aufzug in Fernsehturm: Die Verpachtung einer in einem Fernsehturm befindlichen Aufzugsanlage zusammen mit einer Aussichtsterrasse und im Turmkorb sowie weiteren einer Gaststätte zugehörigen Räumen begründet einen gemeinsamen BgA.[1]

AU-Plaketten-Verkauf: Die Zuteilung von AU-Plaketten und ihre Verteilung auf den nach § 47b VI StVZO vorgeschriebenen Wegen waren – bis einschließlich 1994 – dem hoheitlichen Bereich zuzurechnen. Gewerblich war demgegenüber ein auf Gewinnerzielung ausgerichteter nach freier Vereinbarung stattfindender Handel mit Plaketten über Zwischenhändler. Durch Nutzung dieser Vertriebswege wurde der Bereich des hoheitlichen Handelns verlassen. Ebenfalls gewerblich erfolgte die Plaketten-Veräußerung, wenn sie über die Kfz-Innungen vollzogen wurde.[2] Die Abgasuntersuchung ist seit dem 1.1.2010 Bestandteil der Hauptuntersuchung. Die zu dieser Thematik entwickelten Grundsätze können jedoch auf andere Konstellationen Anwendung finden (vgl hierzu zB unter „Feinstaubplaketten").

Ausgleichs- und Ersatzmaßnahmen durch die Naturschutzbehörden: Übernimmt eine Naturschutzbehörde Ausgleichs- oder Ersatzmaßnahmen (§ 15 BNatSchG) in Vertretung des primär Verpflichteten, handelt sie hierbei in Erfüllung ihrer hoheitlichen Aufgabe. Die Ersatzmaßnahmen sind gewerblich, wenn ihrer Ausführung eine gesonderte Vereinbarung mit dem Verursacher zugrunde liegt.[3]

Bauhof: Setzt eine Gemeinde den kommunalen Bauhof einer Verbandsgemeinde zur Erledigung von Arbeiten im Bereich der Hoheitsverwaltung einer Ortsgemeinde ein, begründet dieses Vorgehen keinen BgA.[4] Die Ortsgemeinden sind bei der Inanspruchnahme der Leistungen des Bauhofes keine Dritten. Die Tätigkeiten sind vielmehr Beistandsleistungen. Vgl aber Rn 82.

Bauleitplanung: Vgl unter „Grundstücksverkäufe der Gemeinden".

Beratungs-/Begutachtungstätigkeit: Die Untersuchungs-, Beratungs- und Begutachtungstätigkeit eines Instituts kann nicht zu den den Hochschulen gesetzlich zugewiesenen Aufgaben gerechnet werden. Untersuchungs-, Beratungs- und Begutachtungstätigkeiten begründen einen BgA.[5]

Beregnungsverband: Ein Beregnungsverband, der seinen Mitgliedern Beregnungswasser liefert, unterhält einen BgA.[6]

Besichtigungsbetriebe begründen BgA.[7]

Beurkundungen, die von Amtsgerichten vorgenommen werden, erfolgen hoheitlich.[8]

---

1 BFH I R 7/71, BStBl II 1974, 391.
2 Finanzministerium Baden-Württemberg v 9.6.1993, KSt-Kartei BW § 4 KStG Nr 9.
3 OFD Hannover v 1.9.2006, DB 2006, 2092.
4 Finanzministerium Rheinland-Pfalz v 13.2.1980, UStK § 2/3 UStG S-7106 Karte 12.
5 BFH V 120/59 U, BStBl III 1961, 298 (für den Fall einer Versuchs- und Lehrbrennerei und Versuchs- und Lehrkelterei einer Hochschule).
6 FG Niedersachsen V 131/84, UR 1987, 242
7 BFH VIII R 95/77, BStBl II 1980, 633 „Schlossbesichtigung"; RFH I 131/38, RStBl 1939, 910 „Domschatz" und RFH VI a 7/38, RStBl 1938, 1189 „Kirchturmbesichtigung".
8 Krämer in D/J/P/W § 4 Rn 109 „Beurkundung".

Blockheizkraftwerk: Sind Blockheizkraftwerke Bestandteile von Abwasser- oder Abfallbeseitigungsanlagen und werden diese Kraftwerke mit Klärgas oder Deponiegas – also einem bei der Beseitigung der Abfälle entstehenden Abfallprodukt – befeuert, so unterfällt auch die Veräußerung des so erzeugten Stroms und der Wärme dem hoheitlichen Bereich des hoheitlichen Entsorgers.[1] Wird das Blockheizkraftwerk zum größeren Teil mit Abfällen betrieben, die nicht der gesetzlichen Entsorgungspflicht des kommunalen Trägers (§ 15 KrW-/AbfG) unterliegen, führt die Stromveräußerung unter den weiteren Voraussetzungen des § 4 I zu einem BgA. Weitergehende Ausführungen unter Rn 161.

Blutalkoholuntersuchungen: Führen chemische Untersuchungsämter einer Gemeinde Blutalkoholuntersuchungen und toxikologische Untersuchungen im Auftrag von Polizeibehörden durch, so handeln sie iRe BgA. Die Untersuchungen sind der öffentlichen Hand weder eigentümlich noch vorbehalten.[2] Übernimmt eine juristische Person des öffentlichen Rechts eine solche Untersuchung iRd „Amtshilfe" für eine andere juristische Person des öffentlichen Rechts, wird die Untersuchung dadurch nicht zur nichtunternehmerischen Betätigung.[3]

Börsen: Der Betrieb einer Börse (sowohl Wertpapier- als auch Warenbörse) ist BgA.[4]

Botanischer Garten: Das Unterhalten eines botanischen Gartens ist kein hoheitliches Handeln.[5]

Buchstelle: Eine Buchstelle der Handwerkerinnung (selbständige Stelle zur Durchführung einer Fernbuchhaltung, vgl § 4 Nr 8 StBerG) bildet mit ihren Leistungen einen BgA.[6]

Bücherei: Unterhält eine juristische Person des öffentlichen Rechts eine Bibliothek, so handelt sie iRe BgA.[7]

Bürgschaft: BFH[8] nahm 1968 eine hoheitliche Tätigkeit an, wenn eine Bürgschaft zwar gegen Entgelt, aber ohne die Stellung von Sicherheiten für eine Verbindlichkeit erfolgt, die ein Dritter zur Durchführung einer im Gemeinwohl liegenden Handlung eingegangen ist. Zweifelhaft bleibt, ob diese Entscheidung Bestand haben wird. Krämer[9] nimmt dies mit Hinweis darauf an, dass bereits ein potentieller Wettbewerb für die Begründung einer gewerblichen Tätigkeit ausreiche, dies zu verneinen.

---

1 OFD Karlsruhe v 28.1.2009, UStK S-7104 Karte 2 § 2/1 UStG.
2 BFH I R 156/87, BStBl II 1990, 866.
3 BFH V R 89/85, BStBl II 1990, 95.
4 BFH I 114/53 U, BStBl III 1955, 12 (für den Fall der von einem Verein betriebenen Getreidebörse).
5 BFH V 287/85, HFR 1962, 64.
6 BFH I R 83/89, BStBl II 1991, 709.
7 FG Nürnberg I 365/2004, EFG 2007, 432.
8 BFH V 120/64, BStBl II 1969, 94.
9 Krämer in D/J/P/W Rn 109 Stichwort „Bürgschaft".

Campingplatz: Unterhält eine juristische Person des öffentlichen Rechts einen Zelt- bzw Campingplatz, so begründet sie hiermit einen BgA (H 10 „Campingplatz" KStH).[1] Selbiges gilt über § 4 IV auch für die Verpachtung eines solchen Platzes, soweit das notwendige Inventar von der Verpachtung mit umfasst ist.[2]

Desinfektionsanstalten können zu den Hoheitsbetrieben zählen (R 9 I 2 KStR).

Dienstkraftfahrzeuge: Der An- und Verkauf von Dienstkraftfahrzeugen ist ein hoheitliches Hilfsgeschäft. Dies gilt nach R 9 II KStR selbst dann, wenn die Veräußerung regelmäßig vor Ablauf der wirtschaftlichen Nutzungsdauer erfolgt. Die Zahl der An- und Verkäufe ist unerheblich.

Duales System: Juristische Personen des öffentlichen Rechts sind insoweit wirtschaftlich tätig,[3] da im Unterschied zur allgemeinen Abfallentsorgung diese Entsorgung durch die VerpackV v 21.8.1998[4] teilweise auf die Privatwirtschaft übertragen worden ist. Keinen BgA sollen juristische Personen des öffentlichen Rechts durch eine gemäß § 6 IV 8 VerpackV durchgeführte entgeltliche Abfallberatung begründen.[5]

EDV-Anlage: Stellt eine juristische Person des öffentlichen Rechts anderen juristischen Personen des öffentlichen Rechts EDV-Anlagen gegen Kostenerstattung zur Verfügung, findet dieses Handeln nach Auffassung der Finanzverwaltung dann iRd sog „Amtshilfe" statt, wenn die vermieteten Anlagen wiederum selbst im hoheitlichen Bereich Verwendung finden. Nicht mehr hoheitlich, sondern wirtschaftlich zu bewerten ist die Überlassung der Anlagen an einen BgA.

Eichämter: Medizinische Messgeräte unterliegen nach der MPBetreibV v 29.6.1998[6] einer Eichverpflichtung. Die notwendige sog messtechnische Kontrolle kann sowohl von den Eichämtern als auch von privaten Unternehmern durchgeführt werden. Nimmt die juristische Person des öffentlichen Rechts messtechnische Kontrollen selbst vor, handelt es sich dabei nicht um Handlungen, die der öffentlichen Hand immanent und vorbehalten sind. Ihre Durchführung begründet einen BgA. Diese steuerliche Einschätzung gilt seit Einführung der MPBetreibV in vorgenannter Fassung. Aufgrund der bisherigen Charakterisierung als hoheitliche Leistung und dem in die steuerliche Einschätzung bestehenden Vertrauensschutz nimmt die OFD Düsseldorf[7] einen BgA erst ab dem 1.1.1999 an.

Einstellplätze: Keine hoheitliche Tätigkeit liegt vor, wenn sich eine Gemeinde vertraglich verpflichtet, die im Grundsatz dem Bauherren als Nebenbestimmung zur Baugenehmigung obliegende Pflicht zur Errichtung von Pkw-Stellplätzen zu übernehmen.[8]

---

1 BFH III 440/58 S, BStBl III 1960, 368.
2 BFH I R 106/66, BStBl II 1969, 443.
3 BFH I R 72/06, BStBl II 2009, 246.
4 BGBl I 1998, 2317.
5 FG Berlin-Brandenburg 12 K 8281/06 B, Revision eingelegt (BFH I R 22/11).
6 BGBl I 1998, 1762.
7 OFD Düsseldorf v 7.7.1999, DB 1999, 1533.
8 Noch zur Verpflichtung nach § 2 der Reichsgaragenordnung: BFH V 217/64, BStBl II 1969, 274.

Erbschaften: Geht eine Steuerberaterkanzlei im Wege des Erbfalls auf eine juristische Person des öffentlichen Rechts über, so begründet sie einen BgA. Dass die Kanzlei nach Eintritt des Erbfalls unmittelbar veräußert werden soll, ist unerheblich.[1]

Erschließung: Vgl unter „Grundstücksverkäufe der Gemeinden".

ERP-Sondervermögen ist ein von der Bundesrepublik verwaltetes Sondervermögen, das durch das European Recovery Program[2] bereitgestellt wird. Mit der Verwaltung dieses Sondervermögens wird der Bund überwiegend hoheitlich tätig.[3] Parallelen zu anderen Sondervermögen sind jedenfalls bei der Verwaltung von hoheitlichen Fremdgeldern denkbar (zB EU-Hilfsgelder).

Fachzeitschriften: Werden iRv hoheitlich zu qualifizierenden Tätigkeiten Forschungsergebnisse erzielt und diese im Anschluss hieran verwertet, soll diese Verwertung als Hilfsgeschäft der hoheitlichen Tätigkeit ebenfalls steuerfrei sein.[4]

Feinstaubplaketten: Der Verkauf von Feinstaubplaketten durch Kfz-Zulassungsstellen und Stadtverwaltungen stellt keine hoheitliche Tätigkeit dar.[5] Zur identischen Problematik bei der Veräußerung von AU-Plaketten, vgl unter „AU-Plaketten-Verkauf".

Fernheizwerke sind BgA.[6]

Feuerwehr: In Wahrnehmung ihrer eigentlichen Aufgaben (Gefahrenabwehr durch Brandbekämpfung und technische Hilfeleistung) wird die Feuerwehr hoheitlich tätig. Die Grenze hoheitlichen Handelns wird allerdings überschritten, wenn eine örtliche Löschgruppe ein Feuerwehrfest durchführt und hierdurch Einnahmen erzielt.[7]

Flurbereinigungsverfahren: Nach Auffassung der Finanzverwaltung[8] sind die Leistungen eines Verbandes, der die einzelnen Teilnehmergesellschaften der betroffenen Grundstückseigentümer vereint und dem die Durchführung der von der Flurbereinigungsbehörde aufgestellten Pläne praktisch und wirtschaftlich obliegt, hoheitliche Leistungen.

Forschungs- und Lehrtätigkeiten einer Universität sind hoheitliche Tätigkeiten.[9] Zum gleichen Ergebnis (kein Gewerbebetrieb) gelangt der BFH für die in einer Schule durchgeführte Forschung und Lehre.[10] Sind Forschung und Lehre allerdings nicht klar von sonstigen wirtschaftlichen Tätigkeiten zu trennen, kann eine Bewertung als hoheitliche Betätigung in Anwendung von § 4 V entfallen. Das Finanzministerium Baden-Württemberg hat dies für den Bereich von Hochschulkliniken angenommen.[11]

---

1 BFH I R 19/87, BStBl II 1990, 246.
2 ERP-Wirtschaftsplangesetz 2011 v 21.12.2010 (BGBl I 2011, 2205).
3 BFH I 274/64, BStBl II 1968, 218.
4 *Regierer/Becker*, DStR 2006, 1494.
5 LfSt Bayern v 12.2.2009, DB 2009, 428; OFD Niedersachsen v 22.6.2011, KSt-Kartei ND § 4 KStG Karte A 7.
6 BFH I R 42/01, BFH/NV 2003, 511.
7 FG Köln 13 K 2366/93, EFG 1996, 603, bestätigt durch BFH I R 16/96, BStBl II 1997, 361.
8 OFD Koblenz v 3.4.2002, KStK § 4 KStG Karte A 17.
9 RFH GrS-D-5/38, RStBl 1938, 743.
10 BFH V 120/59 U, BStBl III 1961, 298.
11 Finanzministerium Baden-Württemberg v 16.8.1990, KStK § 4 KStG Nr 15.

Die überwiegende Zweckbestimmung der Hochschulen trägt wirtschaftlichen Charakter; die Hochschulkliniken sind damit insgesamt als BgA zu behandeln. Werden Hochschulen iRd sog Auftragsforschung tätig, erfolgt diese nicht im hoheitlichen, sondern gewerblichen Bereich.[1] Weitergehende Ausführungen unter Rn 163.

Fotovoltaikanlagen: Der Betrieb von Fotovoltaikanlagen durch juristische Personen des öffentlichen Rechts begründet einen BgA.[2]

Freizeitpark: Das Unterhalten einer Parkanlage durch eine Gemeinde erfolgt idR nicht in einem gewerblichen Rahmen.[3] Vgl auch unter „Parkanlage".

Fremdenverkehr: Nach R 44 V KStR können Einrichtungen zur Förderung des Fremdenverkehrs BgA sein.

Friedhöfe: In der Vergangenheit bestand im Wesentlichen Zwang, Menschen auf Friedhöfen zu bestatten. Die Unterhaltung dieser Friedhöfe und die Durchführung der Bestattung ist den juristischen Personen des öffentlichen Rechts damit vorbehalten und erfolgt hoheitlich. Hierzu gehören neben der Grabfundamentierung auch das Vorhalten der wesentlichen Einrichtungen und Vorrichtungen, die für die Durchführung eines Begräbnisses notwendig sind (Leichenhalle, Trauerhalle, Krematorium, Friedhofskapelle). Nach Auffassung des BFH[4] sind dem hoheitlichen Bereich ebenfalls die für die Bestattung notwendigen Dienstleistungen wie „Wächterdienste, Sargaufbewahrung, Sargtransportdienste im Friedhofsbereich, Totengeleit, Kranzannahme, Graben der Gruft und ähnliche Leistungen" zuzurechnen. Auch das Läuten der Glocken und die Bereitstellung eines normalen Grabschmucks erfolgen hoheitlich.[5] Die Grenze der Hoheitlichkeit kann überschritten werden (H 10 „Friedhofsverwaltung, Grabpflegeleistungen" KStH).[6] Vielfach lassen die Bestattungsgesetze der Länder heute auch eine Bestattung auf privaten Bestattungsplätzen zu. Bestattungen auf Waldgrundstücken werden von privaten Dritten angeboten. Diese Entwicklungen zeigen, dass der Friedhofszwang in Deutschland aufgeweicht wird und das Bestattungswesen der juristischen Person des öffentlichen Rechts nicht mehr ausschließlich vorbehalten ist. Konsequenterweise müsste dann aber auch das Unterhalten kommunaler Friedhöfe als gewerbliche Tätigkeit qualifiziert werden.[7]

Friedhofsgärtnerei: Mit dem Unterhalten eines Friedhofs wird die juristische Person des öffentlichen Rechts hoheitlich tätig (vgl unter „Friedhöfe"). Demgegenüber handelt sie gewerblich, wenn sie gärtnerische Tätigkeiten an den Grabstellen und die Umrahmung von Trauerfeiern durch eine städtische Gärtnerei durchführen lässt. Hierbei ist unerheblich, dass die Stadtgärtnerei mit dem städtischen Friedhofamt organisatorisch verbunden ist.[8]

---

1 BFH V R 29/91, BStBl II 1997, 189.
2 FG Niedersachsen 16 K 11189/08, EFG 2010, 1263.
3 FG Düsseldorf 10 K 484/87 U, EFG 1994, 767.
4 BFH R 3/79, BStBl II 1983, 491.
5 BFH I R 38/80, BFH/NV 1987, 810.
6 BFH I R 38/80, BFH/NV 1987, 810; BFH V R 80/99, BStBl II 2003, 810.
7 *Krämer* in D/J/P/W § 4 Rn 109 „Friedhöfe".
8 BFH V R 15/74, BStBl II 1977, 813 sowie BFH V R 3/79, BStBl II 1983, 491.

Gastwirtschaft: Verpachtet eine juristische Person des öffentlichen Rechts eine Gastwirtschaft, so kann die Verpachtung über § 4 IV einen BgA begründen.[1]

Gemeinschaftshaus: Die Vermietung eines Gemeinschaftshauses an einen Unternehmer begründet bei Vorliegen der Voraussetzungen des § 4 IV einen Verpachtungs-BgA.[2]

Gesundheitsamt: Soweit die Erstellung amtsärztlicher Gutachten von den Gesundheitsämtern durchgeführt wird, ist für die Abgrenzung zwischen hoheitlichem und wirtschaftlichem Handeln danach zu differenzieren, ob diese Gutachten allein durch die Gesundheitsämter oder aber auch von Dritten erstellt werden dürfen.[3]

Gradierwerk: Das Betreiben eines Gradierwerkes durch die öffentliche Hand ist BgA.[4]

Grundstücksverkäufe der Gemeinden: Veräußern juristische Personen des öffentlichen Rechts Grundstücke, begründen sie nur dann einen BgA, wenn die relevanten Grundstücke vor deren Veräußerung selbst zum Betriebsvermögen eines BgA zählten.[5] IdR erfolgt die Veräußerung somit hoheitlich. Dies gilt auch dann, wenn Gemeinden Grundstücke aufgrund ihrer gesetzlichen Verpflichtung zur Durchführung der Boden- und Siedlungspolitik veräußern. Das BMF versteht hierunter insbesondere auch Maßnahmen iRv Umlegungsverfahren nach § 45 ff BauGB und Enteignungsverfahren nach §§ 85 ff BauGB sowie Grundstücksveräußerungen im Rahmen zur Durchführung städtebaulicher Sanierungs- und Entwicklungsmaßnahmen. Das Gleiche gelte für Handlungen, die auf einer gesetzlichen Verpflichtung aus § 89 II WoBauG beruhen. Die Rechtsprechung ist zT aA.[6] Nicht als gewerblich stufte das FG allerdings den Bau von Infrastruktur (Straßen, Entwässerungsanlagen, Abwasseranlagen) ein. Der BFH[7] hat die Auffassung des FG bestätigt.

Gutachterausschüsse für Grundstückswerte werden hoheitlich nur insoweit tätig, als sie Kaufpreissammlungen führen und Auskünfte aus diesen Sammlungen erteilen (§ 195 III BauGB) sowie Bodenrichtwerte iSd § 196 BauGB ermitteln und veröffentlichen. Die Erstellung von Verkehrswertgutachten nach § 193 I BauGB, Zustandsfeststellungen und die Erstellung von Gutachten über Miet- und Pachtwerte begründen einen BgA (R 10 IX KStR).[8]

Hartz-IV-Arbeitsgemeinschaften: Vgl unter „Personalgestellung".

---

1 BFH V R 111/85, BStBl II 1990, 868.
2 FG Rheinland-Pfalz 3 K 2009/93, EFG 1996, 115.
3 OFD Karlsruhe v 5.4.2011, DStR 2011, 915.
4 Hessisches FG 4 K 1984/00, DStRE 2001, 706.
5 Bayerisches Staatsministerium der Finanzen (bek OFD Nürnberg) v 17.11.1980, KStK 1977 § 1 I Nr 6 KStG Karte 2; Hessisches Ministerium der Finanzen (bek OFD Frankfurt am Main) v 18.4.1994, KStK § 4 KStG Karte A 2.
6 FG Baden-Württemberg 3 K 225/00, EFG 2003, 346.
7 BFH V R 64/02, BFH/NV 2005, 252.
8 OFD Magdeburg v 11.12.1998, KSt-Kartei ST § 4 KStG Karte 2.3; FG Baden-Württemberg 12 K 201/95, EFG 1998, 408.

Hochbauverwaltung: Soweit kommunale Hochbauverwaltungen gegenüber BgA der eigenen Gebietskörperschaft tätig werden, begründen sie mit ihren Leistungen selbst keinen BgA.[1] Ein BgA liegt vor, wenn Leistungen gegenüber Dritten (auch anderen Gebietskörperschaften) erbracht werden.[2]

Hochschulen: Vgl unter „Schulen".

Hochschulkliniken: Nach der überwiegenden Zweckbestimmung wird dem Handeln von Hochschulkliniken insgesamt ein wirtschaftlicher Charakter beigemessen (vgl unter „Forschungstätigkeit"). Nebenbetriebe (Kantinen, Blumenläden, Wäschereien) werden aufgrund einer engen räumlichen Verbindung in den bestehenden BgA-Hochschulklinik mit einbezogen. Weitergehende Ausführungen unter Rn 163.

Hygienisch-Bakteriologisches Institut: Die Tätigkeiten eines solchen Instituts begründen einen BgA.[3]

Industriegleisanlage: Ein Betrieb, der der entgeltlichen Bereitstellung von Verkehrswegen dient, ist ein BgA.[4]

Innungen, Handwerkskammern, Kreishandwerkerschaften: Die Durchführung von Prüfungen als Teil der Berufsausbildung begründet keinen BgA. Dies gilt aber nur insoweit, als die Prüfungsdurchführung nicht auch von privaten Dritten angeboten wird. Betreiben die Kammern Kantinen, führen Exportberatungen durch oder verkaufen Adressen, Vordrucke, Broschüren und Messeausweise, sind sie unternehmerisch tätig.[5]

Innungskrankenkassen sind grundsätzlich hoheitlich tätig. Soweit sie allerdings Versicherungsverträge vermitteln, ist ihre Tätigkeit wirtschaftlich iSd § 4 I. Für den Fall der Durchführung von Vermittlungstätigkeiten, vgl unter „Sozialversicherung".

Integrationskurse: Die Durchführung sog Integrationskurse nach § 43 III AufenthG 2004 begründet einen BgA.[6]

Jagdgenossenschaften begründen durch die Nutzung des Gemeinschaftsjagdreviers, unabhängig davon, ob sie die Jagd selbst ausüben oder Jagdbezirke verpachten, keinen BgA.[7]

Job-Ticket: Kein BgA wird bei der unentgeltlichen Überlassung eines „Job-Tickets" begründet. Erst wenn hierfür ein die tatsächlichen Kosten übersteigendes Entgelt erhoben wird, kann eine gewerbliche Betätigung vorliegen.[8]

Jugend- und Erholungsstätten von Organen der öffentlichen Jugendhilfe sind keine hoheitlichen Einrichtungen. Sie begründen unter den weiteren Voraussetzungen des § 4 einen BgA.[9]

---

1 OFD Koblenz v 3.4.2002, DB 2002, 870.
2 OFD Hannover v 6.9.2002, BB 2002, 2322.
3 BFH I R 137/86, BStBl II 1990, 647.
4 BFH I R 42/01, BFH/NV 2003, 511.
5 BTDrs 15/4081, 13.
6 OFD Münster v 18.1.2006, ZKF 2006, 133.
7 OFD Nürnberg v 7.3.2001, ZKF 2001, 258.
8 *Alvermann* in Streck § 4 Rn 75; *Meier/Semelka* H/H/R § 4 Rn 140.
9 OFD Frankfurt v 5.5.1994, StEK KStG 1977, § 4 Nr 36.

Kantinenbetrieb: Betreibt eine juristische Person des öffentlichen Rechts eine Kantine, betätigt sie sich wirtschaftlich (H 9 „Hoheitsbetrieb – Betrieb gewerblicher Art im Rahmen eines Hoheitsbetriebs" KStH).

Kapitalgesellschaft: Eine juristische Person des öffentlichen Rechts, die sich an einer Kapitalgesellschaft beteiligt, betätigt sich idR nicht gewerblich.[1] Weitergehende Ausführungen unter Rn 97.

Kassenärztliche Vereinigungen und kassenzahnärztliche Vereinigungen nehmen sowohl hoheitliche (Mitwirkung bei der Erfüllung von vertragsärztlichen Aufgaben) als auch wirtschaftliche Tätigkeiten (Interessenvertretung der Mitglieder) wahr. Im Umfang der wirtschaftlichen Tätigkeiten begründen sie einen BgA.[2]

Kiesgrube: Unterhält eine juristische Person des öffentlichen Rechts eine Kiesgrube, handelt sie hierbei gewerblich.[3] Wird eine kommunale Kiesgrube verpachtet, kann dies – bei Überlassung des betriebsnotwendigen Inventars – einen Verpachtungs-BgA nach § 4 IV begründen.[4]

Kindergarten: Den gewerblichen Tätigkeiten juristischer Personen des öffentlichen Rechts ist das Betreiben kommunaler Kindergärten zuzuordnen.[5] Einer aA folgt die Finanzverwaltung bei Einrichtungen, die von öffentlich-rechtlichen Religionsgemeinschaften betrieben werden. Letztere sollen dem hoheitlichen Bereich der Körperschaften zugeschrieben werden. Nach Auffassung der Finanzverwaltung stehe bei ihnen die pastorale Aufgabenwahrnehmung im Vordergrund.[6]

Kläranlage: Der Betrieb einer Kläranlage ist Teil der hoheitlichen Abwasserbeseitigung.[7]

Klinische Studien: Juristische Personen des öffentlichen Rechts, die klinische Prüfungen iSd § 22 II Nr 3 AMG durchführen, begründen mit dieser Tätigkeit einen BgA. Ergänzend liegen ggf die Voraussetzungen des § 5 I Nr 23 vor.[8]

Kommanditbeteiligung: Beteiligt sich eine juristische Person des öffentlichen Rechts an einer KG, begründet diese Beteiligung einen BgA.[9]

Konzessionsabgaben: Einnahmen einer Gemeinde aus der Benutzung öffentlicher Straßen und Wege (sog Konzessionsabgaben) werden nicht im gewerblichen Bereich vereinnahmt.[10] Weitergehende Ausführungen unter Rn 21.

---

1 *Krämer* in D/J/P/W § 4 Rn 109 „Kapitalgesellschaft".
2 BFH VI 141/60, BStBl III 1962, 201.
3 BFH I R 197/83, BStBl II 1987, 865.
4 RFH I 332/38, I 333/38, RStBl 1940, 444.
5 BFH V R 66/01, BFH/NV 2004, 985, aA mit Hinweis auf die nach § 24a III SGB VIII ab dem 1.10.2010 bestehende Verpflichtung der Träger der öffentlichen Jugendhilfe, Betreuungseinrichtungen zu schaffen: FG Düsseldorf 6 K 2138/08 K, EFG 2011, 482 (Revision eingelegt, Az BFH: I R 106/10).
6 OFD Hannover v 12.10.2004, DB 2004, 2612.
7 FG Bandenburg 1 K 2642/99, EFG 2002, 1124.
8 OFD Frankfurt am Main v 9.8.2005, DB 2005, 2052.
9 FG Schleswig-Holstein V 762/97, EFG 1998, 590.
10 RFH I 303/38, RStBl 1938, 1184.

Krankenbeförderung: Hinsichtlich der Steuerbarkeit der von öffentlich-rechtlichen Körperschaften ausgeführten Tätigkeiten im Bereich der Krankenbeförderung ist nach der Art des Transports zu differenzieren. Wird der Transport mit Spezialfahrzeugen durchgeführt, erfolgt er hoheitlich.[1] Kommen demgegenüber nicht spezialisierte Fahrzeuge zum Einsatz, begründet der Transport einen BgA.[2]

Krankenhäuser sind BgA. Vgl auch unter „Hochschulkliniken".

Krankenhausapotheke: Das Betreiben einer Krankenhausapotheke erfolgt iRe BgA.[3]

Krematorien sind BgA. Die Tätigkeit der Leichenverbrennung ist den juristischen Personen des öffentlichen Rechts nicht mehr eigentümlich und vorbehalten.[4] Weitergehende Ausführungen unter Rn 165.

Kurbetriebe/Kurverwaltungen/Kurheime: Das Unterhalten gemeindlicher Kurbetriebe ist eine wirtschaftliche Tätigkeit (R 10 VII KStR).[5] Auch Parkanlagen – soweit sie dem Allgemeingebrauch nicht durch öffentlich-rechtliche Widmung vorbehalten sind – können dem Kurbetrieb zugerechnet werden.[6] Kurheime sind BgA.[7]

Landesärztekammern: Im Vordergrund ihres Wirkens steht nicht die Erfüllung hoheitlicher Aufgaben. Sie dienen vielmehr der ärztlichen Selbstverwaltung und handeln ggf auch wirtschaftlich. Ebenfalls als nichthoheitlich ist die Abgabe von Stellungnahmen zu Gesetzentwürfen sowie die Tätigkeit der Pressestelle einer Landesärztekammer zu bewerten.[8] Soweit Ärztekammern Versorgungswerke unterhalten, begründen auch diese einen BgA. Die Versorgung der Ärzte in Form von Altersrente, Berufsunfähigkeitsrente, Hinterbliebenenrente, Kinderzuschuss usw ist eine wirtschaftliche Tätigkeit.[9] Hieran anknüpfend ist auch der Abschluss und die Durchführung eines Gruppenversicherungsvertrages mit einem privaten Versicherungsunternehmen zum Zwecke der Absicherung der im Bereich der Landesärztekammern praktizierenden bzw nicht mehr praktizierenden aber wohnenden Ärzte keine hoheitliche Betätigung.[10] Untergliedern sich Landeseinrichtungen in Bezirksärztekammern, so begründen diese eigenständige BgA.[11]

Landwirtschaftskammern haben wie andere Berufsvertretungen auch eine „Doppelnatur". Sie sind einerseits Teil der mittelbaren Staatsverwaltung und nehmen andererseits die wirtschaftlichen Interessen der durch sie repräsentierten Landwirte

---

1   BFH V 79/56 U, BStBl III 1956, 353.
2   UStAE 4.18.1 XII zu § 4 Nr 18 UStG.
3   *Meier/Semelka* in H/H/R § 4 Rn 140.
4   BFH I R 51/07, BStBl II 2009, 1022; BFH I B 245/04, BFH/NV 2005, 1135.
5   BFH V R 18/83, BStBl II 1988, 971.
6   BFH V R 18/83, BStBl II 1988, 971.
7   BFH I R 48/02, BStBl II 2004, 425.
8   BFH IV 255/56 U, BStBl III 1957, 395.
9   BFH IV R 160/71, BStBl II 1974, 631.
10 BFH I R 166/85, BFH/NV 1991, 628.
11 BFH I R 29/99, BFH/NV 2001, 1099.

wahr.[1] Gewerblich handeln die Landwirtschaftskammern, wenn sie Holzverkäufe im Auftrag privater Dritter durch Forstabteilungen vermitteln oder Leistungen iRd Betreuung von Privatwäldern erbringen.[2]

Lebensmitteluntersuchungsanstalten: Anstalten zur Lebensmitteluntersuchung können Hoheitsbetriebe sein (R 9 I S 2 KStR).

Marktveranstaltungen, Messen: Halten kommunale Gebietskörperschaften gemeindeeigene Schlachtviehmärkte ab, so handeln sie hierbei hoheitlich (R 10 III KStR).[3] Auch die entgeltliche Abgabe von Futter ist Teil der hoheitlichen Betätigung. Demgegenüber gewerblichen Charakter haben gemeindeeigene Nutz- und Zuchtviehmärkte (R 10 III KStR) sowie Wochen-, Kram-, Jahr, Vieh- und andere regelmäßig wiederkehrende Märkte.[4] Die für die Durchführung der Märkte notwendige regelmäßige Überlassung von Standplätzen an Verkäufer erfolgt – bei Vorliegen der weiteren Voraussetzungen des § 4 – ebenfalls iRe BgA (H 10 „Marktveranstaltungen" KStH).[5] Dass sich die Marktflächen dabei auf öffentlichen Straßen befinden, steht der Gewerblichkeit nicht entgegen.[6] Hiervon abweichend ist aber die Vermietung eines gesamten Festplatzes an einen einzigen Veranstalter Vermögensverwaltung.[7]

Mehrzweckhalle: Die Vermietung einer Mehrzweckhalle ist keine hoheitliche Tätigkeit.[8]

Mensabetriebe: Vgl unter „Studentenwerk".

Messehalle: Betreibt eine juristische Person des öffentlichen Rechts eine Messehalle, ist sie hierbei wirtschaftlich tätig.[9]

Milchquotenverkauf: Zu den gewerblichen Tätigkeiten einer juristischen Person des öffentlichen Rechts ist auch die Veräußerung von Milchquoten zu zählen.[10]

Mobilfunkmasten: Die Vermietung von Plätzen für Funkfeststation an Mobilfunkbetreiber erfolgt nicht gewerblich. Sie geht nicht über den Rahmen der reinen Vermögensverwaltung hinaus. Anders ist diese Vermietung nur dann zu bewerten, wenn das zu überlassene Grundstück einem bereits bestehenden BgA zugehörig ist. In diesem Fall werden die Mieteinnahmen dem bestehenden BgA zugerechnet.[11]

Mülldeponie, Verpachtung: Nicht vom Umfang der hoheitlichen Betätigungen einer juristischen Person des öffentlichen Rechts umfasst ist die Verpachtung einer zur Abfallbeseitigung dienenden Mülldeponie an einen privaten Unternehmer.[12]

---

1   BFH II R 242/82, BStBl II 1985, 681.
2   Niedersächsisches FG V 22/75, EFG 1980, 100, bestätigt durch BFH V R 105/79, nv; BFH V R 79/84, BStBl 1988, 910
3   BFH V 217/64, BStBl II 1969, 274.
4   BFH I 327/56 U, BStBl III 1957, 146.
5   BFH I 145/60 U, BStBl III 1961, 67.
6   BFH I R 50/98, BStBl II 2001, 558.
7   Niedersächsisches FG VI Kö 33/76, EFG 1981, 259.
8   BFH V R 95/86, BStBl II 1992, 569.
9   *Krämer* in D/J/P/W § 4 Rn 109 „Messehalle".
10 BFH V R 40/04, BStBl II 2009, 208.
11 OFD Chemnitz v 1.2.2005, DStR 2005, 333.
12 Finanzministerium Baden-Württemberg v 25.2.1987, KStK § 4 KStG Seite 9 Nr 14.

Museen, die der Allgemeinheit gegen Entgelt offenstehen, sind BgA.[1]

Musikschule: Die von einer Gebietskörperschaft unterhaltene Musikschule ist ein BgA.[2]

Notarkammer: Die durch einen Geschäftsbereich der Notarkammern vorgenommene Bestellung von Notarverwesern (heute Notarverwaltern, § 56 ff BNotO) ist eine hoheitliche Betätigung.[3] Gleiches gilt für das bei der Bundesnotarkammer geführte elektronische Register über Vorsorgevollmachten und Betreuungsverfügungen (sog Zentrales Vorsorgeregister nach § 78 BNotO).

Parkanlage: Unterhält eine Gemeinde eine Parkanlage, so erfolgt dies regelmäßig nicht im wirtschaftlichen Bereich.[4]

Parkhäuser und Tiefgaragen sind Einrichtungen des ruhenden Verkehrs. Werden sie von juristischen Personen des öffentlichen Rechts betrieben, sind sie BgA in Form von Verkehrsbetrieben (H 10 „Parkraumbewirtschaftung – Einrichtungen des ruhenden Verkehrs" KStH). Anders aber bei Aufstellen von Parkuhren (vgl unter „Parkuhren").

Parkplätze: Unterhält eine Gemeinde gebührenpflichtige bewachte Parkplätze auf eigenem oder gepachtetem Grund und Boden, erfüllt diese Betätigung die Merkmale eines BgA (H 10 „Parkraumbewirtschaftung – bewachte Parkplätze" KStH).[5] Gleiches gilt auch für die von einer Gemeinde betriebene Tiefgarage.[6] Abweichend hiervon erfüllt die entgeltliche Überlassung von Parkplätzen an Bedienstete und Studenten durch Landesbehörden und Hochschulen nicht die Voraussetzungen eines BgA. Die Vergabe der Plätze erfolgt ohne feste Zuordnung und ohne weitere Leistungen. Die Verwaltung der Parkeinrichtungen erfordert dadurch keinen über den Rahmen einer Vermögensverwaltung hinausgehenden Aufwand.[7]

Parkuhren, Parkscheinautomaten: Gebietskörperschaften handeln nicht iRe BgA, wenn sie Parkuhren oder Parkscheinautomaten im Geltungsbereich der StVO aufstellen (R 10 IV S 1 KStR).[8] Sowohl die Anordnung des gebührenpflichtigen Parkens als auch die Sanktionierung von Verstößen erfolgt hoheitlich durch Verwaltungsakt. Hiervon abweichend ist das Betreiben von Parkeinrichtungen im Bereich des ruhenden Verkehrs als gewerbliche Betätigung der juristischen Person des öffentlichen Rechts zu charakterisieren (vgl auch: „Parkhäuser/Tiefgaragen").

Personalgestellung: Die Gestellung von Personal aus dem Hoheitsbereich einer juristischen Person des öffentlichen Rechts begründet insoweit einen BgA, als das Personal an eine Eigengesellschaft, den BgA einer anderen juristischen Person des öffentlichen Rechts, einen privatrechtlichen Unternehmer oder eine gemeinnützige

---

1 RFH GrS D 5/38, RStBl 1938, 743.
2 BFH I B 52/02, BFH/NV 2002, 1341.
3 BFH I 319/62 U, BStBl III 1966, 150.
4 FG Düsseldorf 10 K 484/87 U, EFG 1994, 767.
5 BFH V R 78/01, BStBl II 2004, 431.
6 BFH I R 187/85, BStBl II 1990, 242; BFH V R 1/11, DStR 2012, 352.
7 OFD Hannover v 26.1.1999, KStK § 4 KStG Karte B 8.
8 BFH V R 78/01, BStBl II 2004, 431.

Körperschaft des öffentlichen Rechts überlassen wird.[1] Keine gewerbliche Tätigkeit liegt vor, wenn die Überlassung für den Einsatz im Hoheitsbereich einer anderen juristischen Person des öffentlichen Rechts oder einem eigenen BgA erfolgt.[2] Abweichend hiervon kann die Überlassung aufgrund bestimmter organisatorischer Zwänge (Wechsel der Rechtsform, Unkündbarkeit der Bediensteten) hoheitlichen Charakter haben.[3] Ebenfalls nicht als gewerbliches Handeln wird die entgeltliche Personalüberlassung an eine Arbeitsgemeinschaft nach § 44b SGB II durch die Träger der Grundsicherung (kommunale Träger/Bundesagentur) angesehen. Weitergehende Ausführungen unter Rn 81.

Psychiatrische Landeskrankenhäuser: Bei psychiatrischen Landeskrankenhäusern ist zwischen Behandlungsfällen, Verwahrfällen und Pflegefällen zu unterscheiden. Behandlungsfälle (zielgerichtete ärztliche Behandlung des Patienten) gehören zu den wirtschaftlichen Betätigungen der Krankenhäuser. Demgegenüber sind Verwahrfälle (Unterbringung aus Gründen der öffentlichen Sicherheit) und Pflegefälle (stationäre Unterbringung aus medizinischen Gründen) dem hoheitlichen Tätigkeitsbereich zuzurechnen.[4]

Rechteüberlassung: Die Überlassung von Rechten allein kann einen BgA nur dann begründen, wenn ein BgA bereits durch die Ausübung des Rechts begründet werden kann und die juristische Person des öffentlichen Rechts zur Vermeidung dieser Folge das Recht auf einen Dritten überträgt[5] Dem folgend wurde die Gewerblichkeit im Fall der Überlassung des Rechts zur Einrichtung und Ausnutzung von Anschlagstellen auf öffentlichen Wegen, Straßen und Plätzen verneint.[6] Ein BgA wurde jedoch bejaht, wenn neben dem Recht selbst auch nutzbare Werbeflächen in ausreichender Zahl mit verpachtet wurden.[7]

Röntgeneinrichtungen-Überprüfung: Ärztliche und zahnärztliche Stellen iSd § 16 III RöV, die mit der Prüfung von Röntgeneinrichtungen beschäftigt sind, handeln hoheitlich. Ihre Arbeit dient der Qualitätssicherung ärztlicher Leistungen mit dem Ziel der Strahlenreduktion.[8]

Rundfunk- und Fernsehanstalten: Öffentlich-rechtliche Rundfunkanstalten sind Körperschaften des öffentlichen Rechts (R 6 I S 2 KStR). Mit der Veranstaltung und Vermittlung von Sendungen in Wort, Ton und Bild werden sie hoheitlich tätig.[9] Tauschen inländische und ausländische Rundfunkanstalten des öffentlichen Rechts jedoch sonstige Leistungen gegen Entgelt untereinander aus, sind diese Leistungen

§ 4

---

1 BFH V R 25/92, BFH/NV 1995, 353.
2 OFD München v 25.1.2005, ZKF 2006, 84.
3 OFD Hannover v 22.8.2002, DStZ 2002, 798 (für den Fall der Arbeitnehmerüberlassung zwischen Universität und Universitätsklinikum); OFD Magdeburg v 30.5.2002, KSt-Kartei ST § 4 KStG Karte 2.6.
4 BMF v 19.3.1987, nv, für Steuertatbestände, die nach dem 31.12.2004 verwirklicht worden, sind aufgehoben durch BMF v 29.3.2007, BStBl I 2007, 369; Finanzministerium Baden-Württemberg v 16.8.1990, KStK § 4 KStG Nr 15.
5 RFH I 191/43, RStBl 1945, 42.
6 BFH I R 83/70, BStBl II 1972, 776; BFH I R 204/67, BStBl II 1970, 151.
7 BFH I R 100/79, BStBl II 1983, 386.
8 OFD Hannover v 10.12.1998, KStK § 4 KStG Karte E 4.
9 FG München I (VII) 83/67, EFG 1970, 189; BVerfG 2 BvR 1/68 2 BvR 702/68, BStBl II 1971, 567.

dem unternehmerischen Bereich der leistenden Rundfunkanstalt zuzurechnen.[1] Auch das Ausführen von Werbesendungen ist eine wirtschaftliche Betätigung und erfolgt iRe BgA. Dies gilt auch dann, wenn Rundfunk- und Fernsehanstalten Werbesendungen von TG beziehen.[2]

Schlachthöfe in Gemeinden mit Schlachtzwang sind Hoheitsbetriebe (R 9 I S 1 KStR). Besteht jedoch kein gesetzlicher Zwang zur Nutzung der Einrichtung, sind sie als BgA zu führen. Das Anbieten der Schlachtleistungen ist den kommunalen Trägern in diesem Fall nicht alleinig vorbehalten.[3]

Schulen: Betreiben juristische Person des öffentlichen Rechts Schulen, werden sie hierbei hoheitlich tätig.[4] Einen BgA bildet die vom Schulträger betriebene Kantine.[5]

Schulschwimmhalle: Erfolgt die Nutzung gemeindlicher Schwimmbäder zu schulischen Zwecken, werden sie als Hoheitsbetriebe geführt.[6] Eine darüber hinausgehende Nutzung durch die allgemeine Öffentlichkeit begründet – bei Vorliegen der Umsatzgrenzen gem R 6 V KStR 2004 – einen BgA im Umfang der tatsächlichen Nutzung (R 10 V 1 KStR).[7]

Schülerheime öffentlicher Schulen werden im hoheitlichen Bereich geführt, soweit deren Bereitstellung zur Erreichung von Unterrichts- und Erziehungszwecken erforderlich ist (R 10 II KStR).

Schuttabladeplatz: Verbietet die Gemeinde die Errichtung privater Müllkippen und gestattet demgegenüber das Abladen von Schutt auf Gemeindegrund, so handelt sie hierbei nicht iRe BgA.[8]

Schwimmbäder: Stellt eine Gemeinde ein Schwimmbad zur öffentlichen Nutzung zur Verfügung, so begründet sie hierdurch einen BgA.[9] Die Vermietung etwaiger im Schwimmbad befindlicher nicht genutzter Räume an Dritte gehört – soweit sie ohne Inventar erfolgt – grundsätzlich zur nichtgewerblichen Vermögensverwaltung. Ein einheitlicher BgA aus Schwimmbad und vermieteten Räumen soll jedoch dann vorliegen, wenn die Leerräume dem BgA Schwimmbad als Betriebsvermögen zugerechnet werden.[10]

Skilift: Das Betreiben eines Skilifts durch eine juristische Person des öffentlichen Rechts erfolgt iRe BgA.[11]

---

1 BMF v 16.7.2001, BStBl I 2001, 489; BFH XI R 62/06, BStBl II 2010, 436.
2 FG München I (VII) 83/67, EFG 1970, 189.
3 Finanzministerium Baden-Württemberg v 10.6.1992, KSt-Kartei BW § 4 KStG Nr 8.
4 BFH III R 54/74, BStBl II 1975, 746.
5 Zur Schulspeisung bei öffentlich-rechtlichen Bildungsträgern *Baldauf*, ZFK 2008, 248.
6 BMF v 12.11.2009, BStBl I 2009, 1303, Rn 50.
7 BFH V R 26/74, BStBl II 1979, 746.
8 BFH V 217/64, BStBl II 1969, 274.
9 FG Düsseldorf 5 K 1480/96 U, EFG 2000, 969.
10 OFD Frankfurt v 28.3.2000, KSt-Kartei HE § 4 KStG Karte A 24.
11 FG Nürnberg II 45/80, EFG 1984, 416.

Sozialversicherung: Die Träger der Sozialversicherung werden als Hoheitsbetriebe tätig (H 10 „Träger der Sozialversicherung" KStH).[1] Ebenfalls zum Hoheitsbetrieb zu zählen sind Erholungs- und Rehabilitationseinrichtungen, soweit damit öffentlich-rechtliche Leistungspflichten gegenüber Versicherten wahrgenommen werden (R 10 I S 1 KStR).[2] Weitergehende Ausführungen vgl Rn 164.

Sparkassen- und Giroverbände sind nicht vollständig als BgA anzusehen.[3] Nicht gewerblich tätig sind sie in ihrer Funktion als Berufsverband der Sparkassen. Auch das Halten einer Beteiligung an einer Landesbank begründet keinen BgA. Der Rahmen der Vermögensverwaltung wird hierdurch nicht überschritten.

Sponsoring: Vgl unter „Werbung".

Sportstätten: Der Betrieb von Sportstätten durch juristische Personen des öffentlichen Rechts begründet dann einen BgA, wenn die Grenze zur Vermögensverwaltung überschritten wird. Nach Auffassung der Finanzverwaltung[4] ist dies nicht der Fall, wenn die Sportstätte ausschließlich verschiedenen Vereinen zur Verfügung gestellt wird. Für eine gewerbliche Tätigkeit kann sprechen, dass Sportstätten vielen kurzfristig wechselnden Nutzern überlassen werden oder zusätzliche Leistungen (Tribünenaufbau, Reinigung, Bewachung, usw) erbracht werden. Zuschüsse, die vom Bundesministerium des Innern an Olympiastützpunkte und Bundesleistungszentren gezahlt werden, begründen keinen Leistungsaustausch zwischen dem Träger der geförderten Sportstätte und dem Träger des Olympiastützpunktes. Sie werden im hoheitlichen Bereich vereinnahmt.[5]

Stadthalle: Das Unterhalten einer kommunalen Stadthalle begründet einen BgA.[6]

Strandpromenade: Die Strandpromenade einer Ostseegemeinde gehört zu deren wirtschaftlichen Bereich.[7] Soweit die Straßen allerdings dem öffentlichen Verkehr gewidmet sind, gehören sie zum Hoheitsbereich der Gebietskörperschaft.[8]

Straßenbaulast: Der Bau einer Straße auf Grundlage der kommunalen Straßenbaulast erfolgt im hoheitlichen Bereich. Dies gilt auch dann, wenn die Straße der Erschließung eines von der Gemeinde geführten BgA dient.[9]

Straßenreinigung: Zum hoheitlichen Aufgabenbereich von Gebietskörperschaften zählt auch die Reinigung von Straßen (R 9 I KStR).

Studentenwerk: Mit dem Betrieb von Mensen und Cafeterien begründen Studentenwerke einen BgA.[10] Die Überlassung von Wohn- und Schlafraum kurzfristig an Nichtstudierende begründet ebenso einen BgA.[11] Hoheitlich handeln Studenten-

---

1 BFH I R 200/73, BStBl II 1976, 355.
2 BFH III 136/61 U, BStBl III 1965, 571.
3 BFH VI R 97/72, BStBl II 1976, 418.
4 OFD Münster v 2.3.2007, DStR 2009, 1313.
5 OFD Frankfurt am Main v 22.6.2006, ZKF 2007, 133.
6 BFH I R 14/72, BStBl II 1974, 664.
7 FG Schleswig-Holstein III 253/74 (IV), EFG 1978, 353.
8 BFH XI R 65/95, BStBl II 1999, 420.
9 FG München III 209/77 U, UR 1982, 228.
10 BFH V R 77/83, BFH/NV 1989, 265; Sächsisches FG 1 K 861/03, EFG 2006, 303.
11 BFH V R 32/03, BStBl II 2005, 900.

werke dagegen, wenn sie die Förderungsfälle nach Maßgabe des BAFöG stellvertretend für die Ämter für Ausbildungsförderung durchführen und hierfür Fallpauschalen erhalten.[1]

Studienfonds: Eine Landesanstalt des öffentlichen Rechts ist hoheitlich tätig, soweit sie ausgefallene Studiendarlehens-Rückzahlungsforderungen bei Banken ausgleicht. Der Ausgleich erfolgt durch einen bei der Anstalt eingerichteten Studienfonds, der sich über Umlagen der Hochschulen und Berufsakademien des jeweiligen Landes speist.[2]

Studiengebühren, Studienbeiträge: vgl unter „Hochschulen".

Telefon- und Internetnutzung, Fernsehernutzung: Werden Patienten Telefone und Fernsehgeräte in Krankenhäusern entgeltlich zur Verfügung gestellt, ist dieses Handeln gewerblich.[3]

Tennisplatz: Eine öffentlich-rechtliche Körperschaft wird gewerblich tätig, wenn Tennisplätze an Spieler vermietet werden.[4]

Tiefgarage: Vgl unter „Parkhäuser".

Tiergarten: Das Unterhalten eines Tiergartens ist einer Stadt nicht besonders vorbehalten und begründet bei ihr einen BgA.[5]

Tiergesundheitsdienst: Zu zweifeln ist, ob der Tierseuchendienst einer juristischen Person des öffentlichen Rechts zur unternehmerischen oder hoheitlichen Betätigung zu zählen ist.[6] Das FG hat die Frage unentschieden gelassen, tendiert wohl aber zu einer Zuordnung zum hoheitlichen Bereich.

Tierkliniken von Universitäten begründen sowohl mit ihren ambulanten als auch stationären Behandlungsleistungen eine wirtschaftliche Tätigkeit.[7]

Tierkörperbeseitigung: Die Durchführung der Tierkörperbeseitigung durch Einrichtungen von juristischen Personen des öffentlichen Rechts erfolgt im Rahmen hoheitlicher Betätigung,[8] weitergehende Ausführungen unter Rn 167.

Toilettenanlagen: Die von einer Körperschaft des öffentlichen Rechts betriebene und ohne gesondertes Entgelt zur öffentlichen Nutzung bereitgestellte Toilettenanlage begründet keinen BgA.[9] Für den Fall der entgeltlichen Nutzungsmöglichkeit einer Bedürfnisanstalt hat das FG Brandenburg[10] die BgA-Eigenschaft zu Recht bejaht.

---

1   OFD Hannover v 22.10.2004, KSt-Kartei ND § 4 KStG Karte B 13.
2   OFD Frankfurt am Main v 22.3.2006, DB 2006, 1870.
3   Bayerisches Staatsministerium der Finanzen v 16.3.2005, DB 2005, 582.
4   BFH VIII R 262/80, BStBl II 1989, 291.
5   RFH V 233/37, RStBl 1938, 459.
6   FG Baden-Württemberg 12 K 145/95, EFG 1999, 408.
7   Finanzministerium Baden-Württemberg v 16.8.1990, KStK § 4 KStG Nr 15.
8   OFD Karlsruhe v 11.4.2006, UR 2006, 664.
9   BFH I R 52/06, BStBl II 2009, 248.
10 FG Brandenburg 1 K 1787/96 U, EFG 1998, 1439.

Toxikologische Untersuchungen: Toxikologische Untersuchungen sind ebenso wie Blutalkoholuntersuchungen eines Untersuchungsamtes einer Gemeinde gewerbliche Tätigkeiten. Dies gilt auch dann, wenn sie im Auftrag von Polizeibehörden erfolgen.[1]

Unfallverhütung: Gibt eine Berufsgenossenschaft Unfallverhütungsvorschriften an ihre Mitglieder weiter, so handelt sie iRd Ausübung öffentlicher Gewalt. Sie begründet auch dann keinen BgA, wenn die Abgabe gegen Entgelt erfolgt.[2]

Universitätsbälle: Veranstaltet eine Universität Faschings- oder Universitätsbälle, kann diese Tätigkeit einen BgA begründen.[3]

Universitätskliniken: Vgl unter „Hochschulkliniken".

Untersuchungstätigkeit: Führen juristische Person des öffentlichen Rechts Untersuchungen auf privatrechtlicher Grundlage für Unternehmen im In- und Ausland durch, so erfolgt diese Tätigkeit iRe BgA.[4]

Veranstaltungen: Auch die einmalige Durchführung von Veranstaltungen durch juristische Personen des öffentlichen Rechts kann einen BgA begründen. Die für den Begriff der Gewerblichkeit notwendige Nachhaltigkeit erfordert lediglich die Ausführung mehrerer Einzeltätigkeiten, die auf einem gemeinsamen Entschluss beruhen.[5] Insbesondere bei Großveranstaltungen kann bereits eine einzelne Veranstaltung zur Gewerblichkeit führen.

Verbindliche Auskünfte: Die Erteilung einer verbindlichen Auskunft durch die Finanzverwaltung nach § 89 AO erfolgt iRe Hoheitsbetriebs.[6]

Verkaufsautomaten: Der Betrieb von Verkaufsautomaten begründet einen BgA.[7] Wird das Recht zur Aufstellung von Automaten übertragen, ist dieses Handeln nicht gewerblich.[8] Analog der Rechteüberlassung zur Durchführung von Werbung ist auch die Vermittlung des Rechts zur Automatenaufstellung Teil der Vermögensverwaltung.[9]

Verlag: Der von einer öffentlich-rechtlichen Körperschaft betriebene Verlag ist ein BgA.[10]

Vermessungs- und Katasterämter: Ob die Leistungen von Vermessungs- und Katasterämtern iRe BgA erbracht werden oder aber dem hoheitlichen Tätigkeitsbereich zuzurechnen sind, bestimmt sich nach den einschlägigen Vorschriften des Landesrechts.[11] Entscheidend ist, ob die Tätigkeit den öffentlichen Vermessungs- und

---

1 BFH V R 89/85, BStBl II 1990, 95.
2 BFH V 281/57 U, BStBl III 1959, 490.
3 FG München 14 K 1749/96, EVG 1997, 707.
4 BFH V 120/59 U, BStBl III 1961, 298.
5 BFH I R 60/80, BStBl II 1986, 88.
6 FG München 3 K 3055/07, DStRE 2010, 1014.
7 OFD Hannover v 1.8.2000, KStK § 4 KStG Karte D 1.
8 FG Münster 5 K 6658/03 U, EFG 2009, 1060.
9 BFH V R 10/09, DStR 2010, 1280.
10 Zu Gesangbuchverlag RFH VI a 25/37, RStBl 1941, 158.
11 BFH I R 63/03, BStBl II 2005, 501.

Katasterämtern vorbehalten ist und ein Benutzungszwang besteht. Das FG Düsseldorf[1] hat das Handeln der in Nordrhein-Westfalen gelegenen Vermessungs- und Katasterämter als hoheitlich eingestuft. Soweit die Katasterämter allerdings nichtamtliches Kartenmaterial verkaufen, werden sie grundsätzlich wirtschaftlich tätig.[2] Eine Ausnahme besteht für die Abgabe an andere juristische Personen des öffentlichen Rechts. Diese erfolgt iRd steuerfreien Amtshilfe.[3]

Vermietung von Räumen: Vermietet eine juristische Person des öffentlichen Rechts Räume, so ist die Vermietung von der nicht gewerblichen Vermögensverwaltung abzugrenzen. Eine Vermögensverwaltung liegt idR vor, wenn unbewegliches Vermögen vermietet oder verpachtet wird.[4] Demgegenüber ist von der Gewerblichkeit der Vermietung auszugehen, wenn die Vermietung durch häufige Mieterwechsel, einen kaufmännischen Bürobetrieb, nicht unbedeutende Nebenleistungen und eine Teilnahme am allgemeinen wirtschaftlichen Verkehr gekennzeichnet ist. Weitere Ausführungen unter Rn 88.

Versicherungsanstalten können sowohl hoheitlichen als auch gewerblichen Charakter haben. Die Abgrenzung erfolgt nach dem rechtlichen Gehalt der Aufgaben, die die Versicherungsanstalten wahrnehmen.[5] Demnach sind die gesetzlichen Träger der Sozialversicherung als Hoheitsbetriebe anzusehen (vgl unter „Sozialversicherung"). Für den Fall einer Gebäudebrandversicherung hat der BFH[6] einen hoheitlichen Charakter bejaht. Einen BgA begründen berufsständige Versorgungseinrichtungen. Sie sind idR jedoch nach § 5 I Nr 8 von der KSt befreit (vgl unter „Versorgungseinrichtungen freier Berufe" sowie § 5 Rn 274 ff).

Versorgungseinrichtungen freier Berufe: Berufsständige Versorgungseinrichtungen sind BgA. Sie üben anders als die Träger der gesetzlichen Sozialversicherung keine Tätigkeit aus, die der öffentlichen Hand eigentümlich und vorbehalten ist.[7]

Versteigerungen: Werden bei der Polizei abgelieferte und später in das Eigentum der kommunalen Träger übergegangene Gegenstände versteigert, erfolgt die Versteigerung nicht in Ausübung hoheitlicher Gewalt.[8]

Volkshochschule: Auch Volkshochschulen sind BgA.[9]

Wachdienst: Stellt eine Stadt Wachmänner zum Zwecke der Bewachung eines Geldinstitutes ein, so führt die Ausführung der Bewachung zu einem BgA.[10]

---

1 FG Düsseldorf 15 K 1986/00, ZFK 2004, 82.
2 UStAE 2.11 IX S 3 zu § 2 UStG.
3 OFD Koblenz v 5.11.1980, KSt-Kartei RP § 4 KStG Karte A 9.
4 BFH I 182/55 U, BStBl III 1958, 96.
5 BFH I R 200/73, BStBl II 1976, 355.
6 BFH I R 157/67, BStBl II 1970, 519.
7 FG Düsseldorf 6 K 3127/06 K, G, F, EFG 2009, 1593.
8 RFH V 231/39, RStBl 1940, 866.
9 BFH I B 52/02, BFH/NV 2002, 1341; OFD Rheinland v 6.2.2006, DB 2006, 362.
10 BFH V 120/64, BStBl II 1969, 94.

Wasserbeschaffung, Wasserversorgung: Die von einer juristischen Person des öffentlichen Rechts durchgeführte Wasserversorgung ist ein BgA (§ 4 III).[1] Hiervon zu unterscheiden ist die Beschaffung von Wasser. Letztere erfolgt ertragsteuerlich im hoheitlichen Bereich (H 10 „Wasserbeschaffung, Wasserversorgung" KStH). Werden Wasserversorgung und Wasserbeschaffung gemeinsam durchgeführt, bilden sie einen einheitlichen BgA. Zwischen beiden Tätigkeiten besteht eine untrennbare Einheit. Sie schließe eine separate Beurteilung aus. Weitergehende Ausführungen unter Rn 162.

Werbung: Hinsichtlich der Folgen des Sponsorings für die Ertragsteuern, vgl BMF-Schreiben v 18.12.1998.[2]

Wetterwarten können zu den Hoheitsbetrieben gehören (R 9 I S 2 KStR).

Zeltplatz: Vgl unter „Campingplatz".

Zoologische Gärten und Tiergärten sind BgA.[3]

---

1   BFH I R 12/98, BFH/NV 2000, 1365; BFH V R 112/86, BStBl II 1988, 473.
2   BMF v 18.12.1998, BStBl I 1998, 212.
3   BFH V 287/58, HFR 1962, 64; RFH V 23/37, RStBl 1938, 495.

§ 5 Befreiungen

(1) Von der Körperschaftsteuer sind befreit

1. das Bundeseisenbahnvermögen, die Monopolverwaltungen des Bundes, die staatlichen Lotterieunternehmen und der Erdölbevorratungsverband nach § 2 Abs. 1 des Erdölbevorratungsgesetzes vom 25. Juli 1978 (BGBl. I S. 1073);

2. die Deutsche Bundesbank, die Kreditanstalt für Wiederaufbau, die Landwirtschaftliche Rentenbank, die Bayerische Landesanstalt für Aufbaufinanzierung, die Niedersächsische Gesellschaft für öffentliche Finanzierungen mit beschränkter Haftung, die Bremer Aufbau-Bank GmbH, die Landeskreditbank Baden-Württemberg – Förderbank, die Bayerische Landesbodenkreditanstalt, die Investitionsbank Berlin, die Hamburgische Wohnungsbaukreditanstalt, die NRW.Bank, die Investitions- und Förderbank Niedersachsen, die Saarländische Investitionskreditbank Aktiengesellschaft, die Investitionsbank Schleswig-Holstein, die Investitionsbank des Landes Brandenburg, die Sächsische Aufbaubank – Förderbank –, die Thüringer Aufbaubank, die Investitionsbank Sachsen-Anhalt – Anstalt der Norddeutschen Landesbank – Girozentrale -, die Investitions- und Strukturbank Rheinland-Pfalz, das Landesförderinstitut Mecklenburg-Vorpommern – Geschäftsbereich der Norddeutschen Landesbank Girozentrale -, die Wirtschafts- und Infrastrukturbank Hessen – rechtlich unselbständige Anstalt in der Landesbank Hessen-Thüringen Girozentrale und die Liquiditäts-Konsortialbank Gesellschaft mit beschränkter Haftung;

2a. die Bundesanstalt für vereinigungsbedingte Sonderaufgaben;

3. rechtsfähige Pensions-, Sterbe- und Krankenkassen, die den Personen, denen die Leistungen der Kasse zugute kommen oder zugute kommen sollen (Leistungsempfängern), einen Rechtsanspruch gewähren, und rechtsfähige Unterstützungskassen, die den Leistungsempfängern keinen Rechtsanspruch gewähren,

   a) wenn sich die Kasse beschränkt

      aa) auf Zugehörige oder frühere Zugehörige einzelner oder mehrerer wirtschaftlicher Geschäftsbetriebe oder

      bb) auf Zugehörige oder frühere Zugehörige der Spitzenverbände der freien Wohlfahrtspflege (Arbeiterwohlfahrt-Bundesverband e.V., Deutscher Caritasverband e.V., Deutscher Paritätischer Wohlfahrtsverband e.V., Deutsches Rotes Kreuz, Diakonisches Werk – Innere Mission und Hilfswerk der Evangelischen Kirche in Deutschland sowie Zentralwohlfahrtsstelle der Juden in Deutschland e.V.) einschließlich ihrer Untergliederungen, Einrichtungen und Anstalten und sonstiger gemeinnütziger Wohlfahrtsverbände oder

      cc) auf Arbeitnehmer sonstiger Körperschaften, Personenvereinigungen und Vermögensmassen im Sinne der §§ 1 und 2; den Arbeitnehmern stehen Personen, die sich in einem arbeitnehmerähnlichen Verhältnis befinden, gleich;

     zu den Zugehörigen oder Arbeitnehmern rechnen jeweils auch deren Angehörige;

   b) wenn sichergestellt ist, dass der Betrieb der Kasse nach dem Geschäftsplan und nach Art und Höhe der Leistungen eine soziale Einrichtung darstellt. ²Diese Voraussetzung ist bei Unterstützungskassen, die Leistungen von Fall zu Fall gewähren, nur gegeben, wenn sich diese Leistungen mit Ausnahme des Sterbegeldes auf Fälle der Not oder Arbeitslosigkeit beschränken;

   c) wenn vorbehaltlich des § 6 die ausschließliche und unmittelbare Verwendung des Vermögens und der Einkünfte der Kasse nach der Satzung und der tatsächlichen Geschäftsführung für die Zwecke der Kasse dauernd gesichert ist;

d) wenn bei Pensions-, Sterbe- und Krankenkassen am Schluss des Wirtschaftsjahrs, zu dem der Wert der Deckungsrückstellung versicherungsmathematisch zu berechnen ist, das nach den handelsrechtlichen Grundsätzen ordnungsmäßiger Buchführung unter Berücksichtigung des Geschäftsplans sowie der allgemeinen Versicherungsbedingungen und der fachlichen Geschäftsunterlagen im Sinne des § 5 Abs. 3 Nr. 2 Halbsatz 2 des Versicherungsaufsichtsgesetzes auszuweisende Vermögen nicht höher ist als bei einem Versicherungsverein auf Gegenseitigkeit die Verlustrücklage und bei einer Kasse anderer Rechtsform der dieser Rücklage entsprechende Teil des Vermögens. ²Bei der Ermittlung des Vermögens ist eine Rückstellung für Beitragsrückerstattung nur insoweit abziehbar, als den Leistungsempfängern ein Anspruch auf die Überschussbeteiligung zusteht. ³Übersteigt das Vermögen der Kasse den bezeichneten Betrag, so ist die Kasse nach Maßgabe des § 6 Abs. 1 bis 4 steuerpflichtig; und

e) wenn bei Unterstützungskassen am Schluss des Wirtschaftsjahrs das Vermögen ohne Berücksichtigung künftiger Versorgungsleistungen nicht höher ist als das um 25 Prozent erhöhte zulässige Kassenvermögen. ²Für die Ermittlung des tatsächlichen und des zulässigen Kassenvermögens gilt § 4d des Einkommensteuergesetzes. ³Übersteigt das Vermögen der Kasse den in Satz 1 bezeichneten Betrag, so ist die Kasse nach Maßgabe des § 6 Abs. 5 steuerpflichtig;

4. kleinere Versicherungsvereine auf Gegenseitigkeit im Sinne des § 53 des Versicherungsaufsichtsgesetzes, wenn

a) ihre Beitragseinnahmen im Durchschnitt der letzten drei Wirtschaftsjahre einschließlich des im Veranlagungszeitraum endenden Wirtschaftsjahrs die durch Rechtsverordnung festzusetzenden Jahresbeträge nicht überstiegen haben oder

b) sich ihr Geschäftsbetrieb auf die Sterbegeldversicherung beschränkt und die Versicherungsvereine nach dem Geschäftsplan sowie nach Art und Höhe der Leistungen soziale Einrichtungen darstellen;

5. Berufsverbände ohne öffentlich-rechtlichen Charakter sowie kommunale Spitzenverbände auf Bundes- oder Landesebene einschließlich ihrer Zusammenschlüsse, wenn der Zweck dieser Verbände nicht auf einen wirtschaftlichen Geschäftsbetrieb gerichtet ist. ²Die Steuerbefreiung ist ausgeschlossen,

a) soweit die Körperschaften oder Personenvereinigungen einen wirtschaftlichen Geschäftsbetrieb unterhalten oder

b) wenn die Berufsverbände Mittel von mehr als 10 Prozent der Einnahmen für die unmittelbare oder mittelbare Unterstützung oder Förderung politischer Parteien verwenden.

³Die Sätze 1 und 2 gelten auch für Zusammenschlüsse von juristischen Personen des öffentlichen Rechts, die wie die Berufsverbände allgemeine ideelle und wirtschaftliche Interessen ihrer Mitglieder wahrnehmen. ⁴Verwenden Berufsverbände Mittel für die unmittelbare oder mittelbare Unterstützung oder Förderung politischer Parteien, beträgt die Körperschaftsteuer 50 Prozent der Zuwendungen;

6. Körperschaften oder Personenvereinigungen, deren Hauptzweck die Verwaltung des Vermögens für einen nichtrechtsfähigen Berufsverband der in Nummer 5 bezeichneten Art ist, sofern ihre Erträge im Wesentlichen aus dieser Vermögensverwaltung herrühren und ausschließlich dem Berufsverband zufließen;

7. politische Parteien im Sinne des § 2 des Parteiengesetzes und ihre Gebietsverbände sowie kommunale Wählervereinigungen und ihre Dachverbände. ²Wird ein wirtschaftlicher Geschäftsbetrieb unterhalten, so ist die Steuerbefreiung insoweit ausgeschlossen;

8. öffentlich-rechtliche Versicherungs- und Versorgungseinrichtungen von Berufsgruppen, deren Angehörige auf Grund einer durch Gesetz angeordneten oder auf Gesetz beruhenden Verpflichtung Mitglieder dieser Einrichtung sind, wenn die Satzung der Einrichtung die Zahlung keiner höheren jährlichen Beiträge zulässt als das Zwölffache der Beiträge, die sich bei einer Beitragsbemessungsgrundlage in Höhe der doppelten monatlichen Beitragsbemessungsgrenze in der allgemeinen Rentenversicherung ergeben würden. ²Ermöglicht die Satzung der Einrichtung nur Pflichtmitgliedschaften sowie freiwillige Mitgliedschaften, die unmittelbar an eine Pflichtmitgliedschaft anschließen, so steht dies der Steuerbefreiung nicht entgegen, wenn die Satzung die Zahlung keiner höheren jährlichen Beiträge zulässt als das Fünfzehnfache der Beiträge, die sich bei einer Beitragsbemessungsgrundlage in Höhe der doppelten monatlichen Beitragsbemessungsgrenze in der allgemeinen Rentenversicherung ergeben würden;

9. Körperschaften, Personenvereinigungen und Vermögensmassen, die nach der Satzung, dem Stiftungsgeschäft oder der sonstigen Verfassung und nach der tatsächlichen Geschäftsführung ausschließlich und unmittelbar gemeinnützigen, mildtätigen oder kirchlichen Zwecken dienen (§§ 51 bis 68 der Abgabenordnung). ²Wird ein wirtschaftlicher Geschäftsbetrieb unterhalten, ist die Steuerbefreiung insoweit ausgeschlossen. ³Satz 2 gilt nicht für selbst bewirtschaftete Forstbetriebe;

10. Erwerbs- und Wirtschaftsgenossenschaften sowie Vereine, soweit sie

   a) Wohnungen herstellen oder erwerben und sie den Mitgliedern auf Grund eines Mietvertrags oder auf Grund eines genossenschaftlichen Nutzungsvertrags zum Gebrauch überlassen; den Wohnungen stehen Räume in Wohnheimen im Sinne des § 15 des Zweiten Wohnungsbaugesetzes gleich,

   b) im Zusammenhang mit einer Tätigkeit im Sinne des Buchstabens a Gemeinschaftsanlagen oder Folgeeinrichtungen herstellen oder erwerben und sie betreiben, wenn sie überwiegend für Mitglieder bestimmt sind und der Betrieb durch die Genossenschaft oder den Verein notwendig ist.

   ²Die Steuerbefreiung ist ausgeschlossen, wenn die Einnahmen des Unternehmens aus den in Satz 1 nicht bezeichneten Tätigkeiten 10 Prozent der gesamten Einnahmen übersteigen;

11. (weggefallen)

12. die von den zuständigen Landesbehörden begründeten oder anerkannten gemeinnützigen Siedlungsunternehmen im Sinne des Reichssiedlungsgesetzes in der jeweils aktuellen Fassung oder entsprechender Landesgesetze, soweit diese Landesgesetze nicht wesentlich von den Bestimmungen des Reichssiedlungsgesetzes abweichen, und im Sinne der Bodenreformgesetze der Länder, soweit die Unternehmen im ländlichen Raum Siedlungs-, Agrarstrukturverbesserungs- und Landentwicklungsmaßnahmen mit Ausnahme des Wohnungsbaus durchführen. ²Die Steuerbefreiung ist ausgeschlossen, wenn die Einnahmen des Unternehmens aus den in Satz 1 nicht bezeichneten Tätigkeiten die Einnahmen aus den in Satz 1 bezeichneten Tätigkeiten übersteigen;

13. (weggefallen)

14. Erwerbs- und Wirtschaftsgenossenschaften sowie Vereine, soweit sich ihr Geschäftsbetrieb beschränkt

   a) auf die gemeinschaftliche Benutzung land- und forstwirtschaftlicher Betriebseinrichtungen oder Betriebsgegenstände,

b) auf Leistungen im Rahmen von Dienst- oder Werkverträgen für die Produktion land- und forstwirtschaftlicher Erzeugnisse für die Betriebe der Mitglieder, wenn die Leistungen im Bereich der Land- und Forstwirtschaft liegen; dazu gehören auch Leistungen zur Erstellung und Unterhaltung von Betriebsvorrichtungen, Wirtschaftswegen und Bodenverbesserungen,

c) auf die Bearbeitung oder die Verwertung der von den Mitgliedern selbst gewonnenen land- und forstwirtschaftlichen Erzeugnisse, wenn die Bearbeitung oder die Verwertung im Bereich der Land- und Forstwirtschaft liegt, oder

d) auf die Beratung für die Produktion oder Verwertung land- und forstwirtschaftlicher Erzeugnisse der Betriebe der Mitglieder.

²Die Steuerbefreiung ist ausgeschlossen, wenn die Einnahmen des Unternehmens aus den in Satz 1 nicht bezeichneten Tätigkeiten 10 Prozent der gesamten Einnahmen übersteigen. ³Bei Genossenschaften und Vereinen, deren Geschäftsbetrieb sich überwiegend auf die Durchführung von Milchqualitäts- und Milchleistungsprüfungen oder auf die Tierbesamung beschränkt, bleiben die auf diese Tätigkeiten gerichteten Zweckgeschäfte mit Nichtmitgliedern bei der Berechnung der 10-Prozentgrenze außer Ansatz;

15. der Pensions-Sicherungs-Verein Versicherungsverein auf Gegenseitigkeit,

a) wenn er mit Erlaubnis der Versicherungsaufsichtsbehörde ausschließlich die Aufgaben des Trägers der Insolvenzsicherung wahrnimmt, die sich aus dem Gesetz zur Verbesserung der betrieblichen Altersversorgung vom 19. Dezember 1974 (BGBl. I S. 3610) ergeben, und

b) wenn seine Leistungen nach dem Kreis der Empfänger sowie nach Art und Höhe den in den §§ 7 bis 9, 17 und 30 des Gesetzes zur Verbesserung der betrieblichen Altersversorgung bezeichneten Rahmen nicht überschreiten;

16. Körperschaften, Personenvereinigungen und Vermögensmassen, die als Entschädigungseinrichtungen im Sinne des Einlagensicherungs- und Anlegerentschädigungsgesetzes vom 16. Juli 1998 (BGBl. I S. 1842) oder als Sicherungseinrichtung eines Verbandes der Kreditinstitute nach ihrer Satzung oder sonstigen Verfassung ausschließlich den Zweck haben, bei Gefahr für die Erfüllung der Verpflichtungen eines Kreditinstituts im Sinne des § 1 Abs. 1 des Gesetzes über das Kreditwesen oder eines Finanzdienstleistungsinstituts im Sinne des § 1 Abs. 1a Satz 2 Nr. 1 bis 4 des Gesetzes über das Kreditwesen Hilfe zu leisten. ²Voraussetzung ist, dass das Vermögen und etwa erzielte Überschüsse nur zur Erreichung des gesetzlichen oder satzungsmäßigen Zwecks verwendet werden. ³Die Sätze 1 und 2 gelten entsprechend für Sicherungsfonds im Sinne der §§ 126 und 127 des Versicherungsaufsichtsgesetzes sowie für Einrichtungen zur Sicherung von Einlagen bei Wohnungsgenossenschaften mit Spareinrichtung. ⁴Die Steuerbefreiung ist für wirtschaftliche Geschäftsbetriebe ausgeschlossen, die nicht ausschließlich auf die Erfüllung der begünstigten Aufgaben gerichtet sind;

17. Bürgschaftsbanken (Kreditgarantiegemeinschaften), deren Tätigkeit sich auf die Wahrnehmung von Wirtschaftsförderungsmaßnahmen insbesondere in Form der Übernahme und Verwaltung von staatlichen Bürgschaften und Garantien oder von Bürgschaften und Garantien mit staatlichen Rückbürgschaften oder auf der Grundlage staatlich anerkannter Richtlinien gegenüber Kreditinstituten, Versicherungsunternehmen, Leasinggesellschaften und Beteiligungsgesellschaften für Kredite, Leasingforderungen und Beteiligungen an mittelständischen Unternehmen zu ihrer Gründung und zur Erhaltung und Förderung ihrer Leistungsfähigkeit beschränkt. ²Voraussetzung ist, dass das Vermögen und etwa erzielte Überschüsse nur zur Erreichung des in Satz 1 genannten Zwecks verwendet werden;

§ 5

18. Wirtschaftsförderungsgesellschaften, deren Tätigkeit sich auf die Verbesserung der sozialen und wirtschaftlichen Struktur einer bestimmten Region durch Förderung der Wirtschaft, insbesondere durch Industrieansiedlung, Beschaffung neuer Arbeitsplätze und der Sanierung von Altlasten beschränkt, wenn an ihnen überwiegend Gebietskörperschaften beteiligt sind. ²Voraussetzung ist, dass das Vermögen und etwa erzielte Überschüsse nur zur Erreichung des in Satz 1 genannten Zwecks verwendet werden;

19. Gesamthafenbetriebe im Sinne des §1 des Gesetzes über die Schaffung eines besonderen Arbeitgebers für Hafenarbeiter vom 3. August 1950 (BGBl. I S. 352), soweit sie Tätigkeiten ausüben, die in § 2 Abs. 1 dieses Gesetzes bestimmt und nach § 2 Abs. 2 dieses Gesetzes genehmigt worden sind. ²Voraussetzung ist, dass das Vermögen und etwa erzielte Überschüsse nur zur Erfüllung der begünstigten Tätigkeiten verwendet werden. ³Wird ein wirtschaftlicher Geschäftsbetrieb unterhalten, dessen Tätigkeit nicht ausschließlich auf die Erfüllung der begünstigten Tätigkeiten gerichtet ist, ist die Steuerbefreiung insoweit ausgeschlossen;

20. Zusammenschlüsse von juristischen Personen des öffentlichen Rechts, von steuerbefreiten Körperschaften oder von steuerbefreiten Personenvereinigungen,

   a) deren Tätigkeit sich auf den Zweck beschränkt, im Wege des Umlageverfahrens die Versorgungslasten auszugleichen, die den Mitgliedern aus Versorgungszusagen gegenüber ihren Arbeitnehmern erwachsen,

   b) wenn am Schluss des Wirtschaftsjahrs das Vermögen nicht höher ist als 60 Prozent der im Wirtschaftsjahr erbrachten Leistungen an die Mitglieder;

21. die nicht in der Rechtsform einer Körperschaft des öffentlichen Rechts errichteten Arbeitsgemeinschaften Medizinischer Dienst der Krankenversicherung im Sinne des § 278 des Fünften Buches Sozialgesetzbuch und der Medizinische Dienst der Spitzenverbände der Krankenkassen im Sinne des § 282 des Fünften Buches Sozialgesetzbuch, soweit sie die ihnen durch Gesetz zugewiesenen Aufgaben wahrnehmen. ²Voraussetzung ist, dass das Vermögen und etwa erzielte Überschüsse nur zur Erreichung der in Satz 1 genannten Zwecke verwendet werden;

22. gemeinsame Einrichtungen der Tarifvertragsparteien im Sinne des § 4 Abs. 2 des Tarifvertragsgesetzes vom 25. August 1969 (BGBl. I S. 1323), die satzungsmäßige Beiträge auf der Grundlage des § 186a des Arbeitsförderungsgesetzes vom 25. Juni 1969 (BGBl. I S. 582) oder tarifvertraglicher Vereinbarungen erheben und Leistungen ausschließlich an die tarifgebundenen Arbeitnehmer des Gewerbezweigs oder an deren Hinterbliebene erbringen, wenn sie dabei zu nicht steuerbegünstigten Betrieben derselben oder ähnlicher Art nicht in größerem Umfang in Wettbewerb treten, als es bei Erfüllung ihrer begünstigten Aufgaben unvermeidlich ist. ²Wird ein wirtschaftlicher Geschäftsbetrieb unterhalten, dessen Tätigkeit nicht ausschließlich auf die Erfüllung der begünstigten Tätigkeiten gerichtet ist, ist die Steuerbefreiung insoweit ausgeschlossen;

23. die Auftragsforschung öffentlich-rechtlicher Wissenschafts- und Forschungseinrichtungen; ist die Tätigkeit auf die Anwendung gesicherter wissenschaftlicher Erkenntnisse, die Übernahme von Projektträgerschaften sowie wirtschaftliche Tätigkeiten ohne Forschungsbezug gerichtet, ist die Steuerbefreiung insoweit ausgeschlossen.

(2) Die Befreiungen nach Absatz 1 und nach anderen Gesetzen als dem Körperschaftsteuergesetz gelten nicht

1. für inländische Einkünfte, die dem Steuerabzug vollständig oder teilweise unterliegen; Entsprechendes gilt für die in § 32 Abs. 3 Satz 1 zweiter Halbsatz genannten Einkünfte.

2. für beschränkt Steuerpflichtige im Sinne des § 2 Nr. 1, es sei denn, es handelt sich um Steuerpflichtige im Sinne des Absatzes 1 Nr. 9, die nach den Rechtsvorschriften eines Mitgliedstaats der Europäischen Union oder nach den Rechtsvorschriften eines Staates, auf den das Abkommen über den Europäischen Wirtschaftsraum vom 3. Januar 1994 (ABl. EG Nr. L 1 S. 3), zuletzt geändert durch den Beschluss des Gemeinsamen EWR-Ausschusses Nr. 91/2007 vom 6. Juli 2007 (ABl. EU Nr. L 328 S. 40), in der jeweiligen Fassung Anwendung findet, gegründete Gesellschaften im Sinne des Artikels 48 des Vertrags zur Gründung der Europäischen Gemeinschaft oder des Artikels 34 des Abkommens über den Europäischen Wirtschaftsraum sind, deren Sitz und Ort der Geschäftsleitung sich innerhalb des Hoheitsgebiets eines dieser Staaten befinden, und mit diesen Staaten ein Amtshilfeabkommen besteht,

3. soweit § 38 Abs. 2 anzuwenden ist.

KStR 11-27; KStH 10a-18, 20, 26

Übersicht

	Rn
I. Regelungsgehalt der Norm	1 – 2
II. Rechtsentwicklung	3 – 4
III. Normzweck und Anwendungsbereich	5 – 110
1. Bedeutung	5 – 8
2. Persönlicher Anwendungsbereich	9 – 14
3. Sachlicher Anwendungsbereich	15 – 76
a) Umfang der Steuerbefreiung	15 – 17
b) Sphären	18 – 19
c) Ideeller Bereich	20 – 24
d) Vermögensverwaltung	25 – 30
e) Wirtschaftlicher Geschäftsbetrieb	31 – 42
f) Einkünfte des wirtschaftlichen Geschäftsbetriebs	43 – 57
g) Zweckbetrieb	58 – 63
h) ABC der wirtschaftlichen Geschäftsbetriebe und Zweckbetriebe	64
i) KESt	65 – 73
j) Keine Befreiung hinsichtlich einer Körperschaftsteuererhöhung	74 – 76
4. Verfahrensrecht	77 – 83
5. Verhältnis zu anderen Vorschriften	84 – 110
a) KStG	84 – 90
b) GewStG	91 – 92
c) AO	93 – 95
d) Gemeinschaftsrecht	96 – 99
e) DBA	100 – 101

f) Verfassungsrecht .... 102 – 103
g) UStG .... 104 – 105
h) Weitere Befreiungsvorschriften .... 106 – 110
IV. Steuerbefreiungen im Einzelnen (§ 5 I) .... 111 – 462
1. Staatsbetriebe (§ 5 I Nr 1) .... 111 – 119
2. Kreditinstitute (§ 5 I Nr 2 und 2a) .... 120 – 125
3. Rechtsfähige Pensions-, Sterbe-, Kranken- und
   Unterstützungskassen (§ 5 I Nr 3) .... 126 – 225
   a) Allgemeines .... 126 – 130
   b) Historie .... 131 – 132
   c) Erfasste Rechtsträger .... 133 – 146
   d) Beschränkung der Leistungsempfänger (§ 5 I Nr 3 lit a) 147 – 158
   e) Soziale Einrichtung (§ 5 I Nr 3 lit b) .... 159 – 173
   f) Dauernde Zweckbindung des Kassenvermögens
      und der Einkünfte (§ 5 I Nr 3 lit c) .... 174 – 188
   g) Begrenzung des zulässigen Kassenvermögens bei
      Pensions-, Sterbe- und Krankenkassen
      gem § 5 I Nr 3 lit d .... 189 – 200
   h) Begrenzung des zulässigen Kassenvermögens bei
      Unterstützungskassen gem § 5 I Nr 3 lit e .... 201 – 214
   i) Zeitpunkt der Erfüllung der Voraussetzungen .... 215 – 216
   j) Rechtsfolgen .... 217 – 225
4. VVaG (§ 5 I Nr 4) .... 226 – 240
   a) Inhalt und Bedeutung .... 226 – 229
   b) Historie .... 230 – 231
   c) Voraussetzungen der Körperschaftsteuerfreiheit .... 232 – 238
   d) Rechtsfolge .... 239 – 240
5. Berufsverbände und kommunale Spitzenverbände
   (§ 5 I Nr 5) .... 241 – 257
6. Vermögensverwaltung nichtrechtsfähiger
   Berufsverbände (§ 5 I Nr 6) .... 258 – 265
7. Parteien, Wählervereinigungen (§ 5 I Nr 7) .... 266 – 273
8. Öffentlich-rechtliche Versicherungs- und
   Versorgungseinrichtungen (§ 5 I Nr 8) .... 274 – 281
9. Körperschaften, Personenvereinigungen und
   Vermögensmassen, die steuerbegünstigten Zwecken
   dienen (§ 5 I Nr 9) .... 282 – 340
   a) Allgemeines .... 282 – 292
   b) Zweckbindung .... 293 – 313
   c) Gemeinnützige Zwecke .... 314 – 321

d) Mildtätige Zwecke	322 – 329
e) Kirchliche Zwecke	330 – 333
f) Partielle Steuerpflicht	334 – 340
10. Vermietungsgenossenschaften und -vereine (§ 5 I Nr 10)	341 – 352
11. Gemeinnützige Siedlungsunternehmen (§ 5 I Nr 12)	353 – 359
12. Erwerbs- und Wirtschaftsgenossenschaften, Vereine (§ 5 I Nr 14)	360 – 375
13. PSVaG (§ 5 I Nr 15)	376 – 381
14. Sicherungseinrichtungen der Kreditinstitute (§ 5 I Nr 16)	382 – 392
15. Bürgschaftsbanken (§ 5 I Nr 17)	393 – 402
16. Wirtschaftsförderungsgesellschaften (§ 5 I Nr 18)	403 – 418
17. Gesamthafenbetriebe (§ 5 I Nr 19)	419 – 429
18. Zusammenschlüsse zum Ausgleich von Versorgungslasten (§ 5 I Nr 20)	430 – 437
19. Medizinischer Dienst (§ 5 I Nr 21)	438 – 446
20. Sozialkassen der Tarifvertragsparteien (§ 5 I Nr 22)	447 – 454
21. Auftragsforschung (§ 5 I Nr 23)	455 – 462

I. Regelungsgehalt der Norm. Der Befreiungskatalog des § 5 I schränkt die in § 1 geregelte unbeschränkte Steuerpflicht für bestimmte Körperschaften, Personenvereinigungen und Vermögensmassen ein, indem diese vollständig von der KSt befreit werden oder nur partiell mit einem bestimmten Teil ihrer Einkünfte der Steuerpflicht unterworfen werden. Die Befreiungstatbestände betreffen dabei teilweise bestimmte einzeln aufgezählte Rechtsträger (§ 5 I Nr 1, 2, 2a und 15) als persönliche Steuerbefreiungen. IÜ handelt es sich um Steuerbefreiungen, die an bestimmte Merkmale und Voraussetzungen anknüpfen.[1] § 5 II begrenzt die in § 5 I geregelten Steuerbefreiungen.

Einstweilen frei.

II. Rechtsentwicklung. Die mit dem Körperschaftsteuerreformgesetz v 31.8.1976[2] eingeführte Regelung geht überwiegend auf entsprechende Vorschriften des § 4 idFd KStG 1968 zurück und fasst außerdem weitere vorher in verschiedenen Vorschriften geregelte Körperschaftsteuerbefreiungen zusammen.[3] Neben zahlreichen Änderungen und Aktualisierungen im Befreiungskatalog[4] hat die Vorschrift in der Folge nur wenige systematische Änderungen erfahren. Durch das StSenkG v 23.10.2000[5]

---

1 In der Literatur werden diese Befreiungstatbestände daher teilweise als sachliche oder objektive Steuerbefreiungen bezeichnet, vgl *Bott* in EY § 5 Rn 13; *Pel* in H/H/R § 5 Rn 14; aA *Jost* in D/J/P/W § 5 Einf Rn 3.
2 BGBl I 1976, 2597.
3 BTDrs 7/1470, 337.
4 Übersichten über die Gesetzesänderungen hinsichtlich des Befreiungskatalogs finden sich zB bei *Bott* in EY § 5 Rn 12 sowie *Jost* in D/J/P/W § 5 Einf Rn 11.
5 BGBl I 2000, 1433.

sowie das UntStFG v 20.12.2001[1] wurde die Vorschrift an den Wegfall des körperschaftsteuerlichen Anrechnungsverfahrens angepasst. Durch das StÄndG 2001 v 20.12.2001[2] wurde der Anwendungsbereich der in § 5 II geregelten allgemeinen Schranken der Steuerbefreiung auf außerhalb des KStG geregelte Steuerbefreiungen erweitert. Durch das StÄndG 2003 v 15.12.2003[3] sowie das EURLUmsG v 9.12.2004[4] wurden lediglich redaktionelle Änderungen vorgenommen. Mit dem UntStRefG 2008 v 14.8.2007[5] wurden die steuerpflichtigen Einkünfte nach § 5 II Nr 1 um Einkünfte aus Wertpapierleihe nach § 2 Nr 2 iVm § 32 III S 1 Hs 2 ergänzt. Im JStG 2009 v 19.12.2008[6] wurde der in § 5 II Nr 2 geregelte persönliche Anwendungsbereich an unionsrechtliche Vorgaben angepasst (vgl Rn 11).

4 *Einstweilen frei.*

5 **III. Normzweck und Anwendungsbereich. 1. Bedeutung. Begünstigung und Rechtfertigung.** § 5 begünstigt Körperschaften, die Gemeinwohlzwecken dienen und deren Tätigkeit den Staat entlastet und daher nicht als besteuerungswürdig betrachtet wird.[7]

6 **Art der Steuerbegünstigung.** Eine Steuerbegünstigung erfolgt einerseits durch die in § 5 geregelte Steuerbefreiung. Anderseits ist die Steuerbefreiung nach § 5 I Nr 9 auch Voraussetzung für weitere Steuerbegünstigungen, wie bspw

- den begünstigten Spendenempfang (Rn 85),
- die Steuerbefreiung des sog Übungsleiterfreibetrags nach § 3 Nr 26 EStG,
- den Freibetrag für nebenberufliche gemeinnützige Tätigkeit nach § 3 Nr 26a EStG (eingeführt durch das Gesetz zur Förderung des bürgerlichen Engagements v 10.10.2007[8]),
- den Erhalt von Stipendien nach § 3 Nr 44 S 2 EStG.

7 **Wettbewerbsschutz.** § 5 befindet sich in einem Spannungsfeld: einerseits sollen bestimmte als förderungswürdig betrachtete Einrichtungen durch die Befreiung von der KSt unterstützt werden. Anderseits darf durch die Steuerbefreiung keine Wettbewerbsverzerrung entstehen.[9] Dies ist nicht nur nach innerstaatlichem Recht insbesondere aus verfassungsrechtlicher Sicht geboten,[10] sondern darüber hinaus auch aus unionsrechtlichen Gründen. Hier ist insbesondere das Beihilfeverbot nach

---

1 BGBl I 2001, 3858.
2 BGBl I 2001, 3794.
3 BGBl I 2003, 2645.
4 BGBl I 2004, 3310.
5 BGBl I 2007, 1912.
6 BGBl I 2008, 2794.
7 *Heger* in Gosch § 5 Rn 1.
8 BGBl I 2007, 2332.
9 BTDrs 7/4292, 21; BFH I R 60/91, BStBl II 1994, 573; BFH X R 115/91, BStBl II 1994, 314; *Knobbe-Keuk*, BB 1982, 385, 387; *Fischer* in H/H/S § 65 AO 1977 Rn 11 f, 27; zur verfassungsrechtlichen Legitimation von Steuerbegünstigungen für gemeinnützige Körperschaften vgl *Schauhoff* in Schauhoff, Handbuch der Gemeinnützigkeit, 2. Aufl, Einleitung Rn 40 ff.
10 *Hüttemann*, Gemeinnützigkeits- und Spendenrecht, 2008, § 6 Rn 74; *Heger* in Gosch § 5 Rn 1; *Fischer* in H/H/S § 64 AO Rn 9.

III. Normzweck und Anwendungsbereich

Art 107 AEUV (zuvor Art 87 EG) zu beachten[1] (vgl Rn 98). Der Wettbewerbsschutz wird insbesondere dadurch verwirklicht, dass sich die einzelnen Steuerbefreiungen bis auf wenige Ausnahmen nicht auf einen wirtschaftlichen Geschäftsbetrieb erstrecken (vgl Rn 31 ff). Daneben ist auch die Möglichkeit einer Konkurrentenklage (vgl Rn 79) sowie des Anspruchs auf Auskunft (vgl Rn 80) zu beachten.

Einstweilen frei. 8

2. Persönlicher Anwendungsbereich. Erfasste Körperschaften. Welche einzelnen Körperschaften von § 5 I erfasst werden ist differenziert in Abhängigkeit der einzelnen Tatbestände der Befreiungsvorschriften zu bewerten (vgl im Einzelnen Rn 111 ff). 9

Unbeschränkt Steuerpflichtige (§ 5 II Nr 2). Die Steuerbefreiungen nach § 5 gelten grundsätzlich nur für unbeschränkt Steuerpflichtige mit Ausnahme der Steuerbefreiung nach § 5 I Nr 9 für Körperschaften, die steuerbegünstigten Zwecken dienen. 10

Erweiterung des § 5 I Nr 9 auf beschränkt steuerpflichtige Körperschaften eines anderen EU-/EWR-Staates. Durch das JStG 2009 (vgl Rn 3) wurde von dem in Rn 10 beschriebenen Grundsatz eine Ausnahme geschaffen und damit der persönliche Anwendungsbereich des § 5 I Nr 9 in § 5 II Nr 2 auch auf in Deutschland beschränkt steuerpflichtige Körperschaften eines anderen EU-Mitgliedstaates sowie EWR-Staates, mit dem ein Amtshilfeabkommen besteht, erweitert. Damit wurde das Urteil des EuGH in der Rs *Stauffer*[2] umgesetzt. Hier hatte der EuGH entschieden, dass die unbeschränkte Steuerpflicht als Voraussetzung für die Steuerbefreiung von Vermietungseinkünften einer Körperschaft, die steuerbegünstigten Zwecken dient, gegen die Kapitalverkehrsfreiheit verstößt. Die erweiterte Fassung des § 5 II Nr 2 ist auch für VZ vor 2009 anzuwenden (§ 34 Va). Gleichzeitig wurde die Förderung von steuerbegünstigten Zwecken, die im Ausland verwirklicht werden, grundsätzlich eingeschränkt durch Einführung des sog strukturellen Inlandsbezug (vgl Rn 287). Zu der Frage, ob die Umsetzung ausreichend ist bzw der strukturelle Inlandsbezug EU-konform ist, vgl Rn 97. 11

Erweiterung des persönlichen Anwendungsbereichs aufgrund von DBA. Einige DBA sehen eine Gleichstellung ausländischer gemeinnütziger Körperschaften, die im Ansässigkeitsstaat steuerbefreit sind, mit inländischen Körperschaften, die steuerbegünstigten Zwecken dienen, vor,[3] so dass der persönliche Anwendungsbereich von § 5 I Nr 9 in diesen Fällen aufgrund DBA erweitert wird. 12

Einstweilen frei. 13-14

---

1 *Hüttemann*, DB 2006, 914.
2 EuGH Rs C-386/04, *Stauffer*, Slg 2006, I-8203; BFH I R 94/02, BFH/NV 2007, 805; zum Verstoß gegen die Kapitalverkehrsfreiheit durch die Beschränkung des steuerlichen Abzugs von Spenden auf solche an unbeschränkt steuerpflichtige Körperschaften EuGH Rs C-318/07, *Persche*, Slg 2009, I-359; BFH X R 46/05, BFH/NV 2009, 1633.
3 ZB Art 21 VII lit b DBA-Frankreich, Art 28 DBA-Schweden, Art 27 DBA-USA.

15   3. **Sachlicher Anwendungsbereich. a) Umfang der Steuerbefreiung.** § 5 I enthält einen Katalog an Tatbeständen, welche Steuerbefreiungen für bestimmte Körperschaften, Personenvereinigungen und Vermögensmassen regeln. Hierbei lassen sich in Anlehnung an *Jost* grundsätzlich folgende Fälle im Katalog des § 5 I unterscheiden:[1]

1. Steuerbefreiung ohne sachliche Voraussetzungen und ohne partielle Steuerpflicht (§ 5 I Nr 1, 2, 2a);
2. Steuerbefreiung mit sachlichen Voraussetzungen und ohne partielle Steuerpflicht (§ 5 I Nr 4, 6, 8, 12, 15, 17,18, 20 und 21; zu den Voraussetzungen im Einzelnen vgl nachfolgend Rn 111 ff);
3. Steuerbefreiung ohne sachliche Voraussetzungen mit partieller Steuerpflicht (§ 5 I Nr 7 und 23);
4. Steuerbefreiung mit sachlichen Voraussetzungen (hierzu im Einzelnen nachfolgend Rn 111 ff) und mit partieller Steuerpflicht
   - für bestimmte Tätigkeiten (§ 5 I Nr 3, 5, 9, 16, 19 und 22),
   - außerhalb bestimmter Tätigkeiten (§ 5 I Nr 10, 14),
   - unter bestimmten Voraussetzungen (§ 5 I Nr 12, 19).

Bei den Normen der Fallgruppen 3 und 4, welche eine partielle Steuerpflicht vorsehen, sind verschiedene Sphären zu unterscheiden, wobei zumeist der wirtschaftliche Geschäftsbetrieb als der Bereich definiert ist, welcher einer partiellen Steuerpflicht unterliegt (hierzu im Einzelnen Rn 18 ff).

Daneben kann unterschieden werden zwischen solchen Befreiungstatbeständen, die bestimmte, einzeln aufgeführte Rechtsträger von der KSt befreien (teilweise mit, teilweise ohne zusätzliche sachliche Voraussetzungen) und solchen Befreiungstatbeständen, die eine Gruppe von Körperschaften, Personenvereinigungen oder Vermögensmassen mit bestimmten persönlichen Merkmalen von der KSt befreien.

Die folgende Tabelle gibt einen Überblick:

---

1   *Jost* in D/J/P/W § 5 Abs 1 Nr 9 Rn 2.

III. Normzweck und Anwendungsbereich

	Partielle Steuerpflicht zB für einen wirtschaftlichen Geschäftsbetrieb (wG)	Einschränkungen hinsichtlich nicht begünstigter (sonstiger) Tätigkeiten	Regelung zur Vermögensbindung
Steuerbefreiungen ohne sachliche Voraussetzungen			
Befreiungen bestimmter einzeln aufgeführter Körperschaften			
Staatsbetriebe (Nr 1)	Steuerbefreiung umfasst wG (BgA)	n/a	-
Kreditinstitute (Nr 2, 2a)	Steuerbefreiung umfasst wG (BgA)	n/a	-
Befreiungen einer Gruppe mit bestimmten persönlichen Merkmalen			
Parteien, Wählervereinigungen (Nr 7)	Partielle Steuerpflicht für wG	Keine	-
Auftragsforschung (Nr 23)	Partielle Steuerpflicht für: • Anwendung gesicherter wissenschaftlicher Erkenntnisse, • Projektträgerscharten, • sonstige wirtschaftliche Tätigkeiten ohne Forschungsbezug	Keine	-
Steuerbefreiungen mit sachlichen Voraussetzungen			
Befreiungen bestimmter einzeln aufgeführter Körperschaften			
Pensions-Sicherungs-Verein VVaG (Nr 15)	Keine partielle Steuerpflicht	Es sind nur bestimmte Tätigkeiten erlaubt	-
Befreiungen einer Gruppe mit bestimmten persönlichen Merkmalen			
Rechtsfähige Pensions-, Sterbe-, Kranken- und Unterstützungskassen (Nr 3)			
Versicherungsvereine auf Gegenseitigkeit (Nr 4)			
Berufsverbände, kommunale Spitzenverbände (Nr 5)	Partielle Steuerpflicht für wG	WG darf nicht Verbandszweck sein	x
Vermögensverwaltung nichtrechtsfähiger Berufsverbände (Nr 6)	Keine partielle Steuerpflicht	Vermögensverwaltung = Hauptzweck	Nur in Bezug auf Erträge
Öffentlich-rechtl. Versicherungs- und Versorgungseinrichtungen (Nr 8)	Keine partielle Steuerpflicht	Keine	-
Steuerbegünstigte Körperschaften, Personenvereinigungen und Vermögensmassen (Nr 9)	Partielle Steuerpflicht für wG, Ausnahme: Zweckbetrieb	WG darf kein Satzungszweck sein	x
Vermietungsgenossenschaften und -vereine (Nr 10)	Steuerbefreiung umfasst nur bestimmte Tätigkeiten	Einnahmen aus sonstigen Tätigkeiten dürfen maximal 10 % der gesamten Einnahmen betragen	-
Gemeinnützige Siedlungsunternehmen (Nr 12)	Steuerbefreiung umfasst nur bestimmte Tätigkeiten	Vermögensverwaltung = Hauptzweck aus sonstigen Tätigkeiten nicht übersteigen	-
Erwerbs- und Wirtschaftsgenossenschaften, Vereine (Nr 14)	Partielle Steuerpflicht für wG, Ausnahme: Zweckbetrieb	Einnahmen aus sonstigen Tätigkeiten dürfen maximal 10 % der gesamten Einnahmen betragen	-
Sicherungseinrichtungen der Kreditinstitute (Nr 16)	Partielle Steuerpflicht für wG, Ausnahme: Zweckbetrieb	Es sind nur bestimmte Tätigkeiten erlaubt	x
Bürgschaftsbanken (Nr 17)	Keine partielle Steuerpflicht	Es sind nur bestimmte Tätigkeiten erlaubt	x
Wirtschaftsförderungsgesellschaften (Nr 18)	Keine partielle Steuerpflicht	Es sind nur bestimmte Tätigkeiten erlaubt	x
Gesamthafenbetriebe (Nr 19)	Steuerbefreiung umfasst nur bestimmte Tätigkeiten; ausdrücklich partielle Steuerpflicht für wG, Ausnahme: Zweckbetrieb	Keine	-
Zusammenschlüsse zum Ausgleich von Versorgungslasten (Nr 20)	Keine partielle Steuerpflicht	Es sind nur bestimmte Tätigkeiten erlaubt	-
Medizinischer Dienst (Nr 21)	Steuerbefreiung umfasst nur bestimmte Tätigkeiten	Keine	x
Sozialkassen der Tarifvertragsparteien (Nr 22)	Partielle Steuerpflicht für wG, Ausnahme: Zweckbetrieb		

§ 5

16-17 *Einstweilen frei.*

18 **b) Sphären.** Bei bestimmten Steuerbefreiungen des §5 (Fallgruppe 3 und 4) verbleibt eine partielle Steuerpflicht bzw ein weiterhin steuerpflichtiger Bereich der Körperschaft. Für Zwecke des §5 sind daher auch bei privatrechtlichen Körperschaften, Personenvereinigungen und Vermögensmassen anders als bei nach §1 I Nr 1-3 voll steuerpflichtigen Kapitalgesellschaften, Genossenschaften sowie VVaG und PVaG, die ausschließlich Einkünfte aus Gewerbebetrieb erzielen bzw keine Privatsphäre haben (vgl §8 Rn 180 ff), unterschiedliche Bereiche der von der Vorschrift erfassten Körperschaft zu unterscheiden (sog Sphären):

- ideeller Bereich (vgl Rn 20 ff),
- Vermögensverwaltung (vgl Rn 25 ff),
- wirtschaftlicher Geschäftsbetrieb (vgl Rn 31 ff) und Zweckbetrieb (vgl Rn 58 ff).

19 *Einstweilen frei.*

20 **c) Ideeller Bereich. Definition.** Der ideelle Bereich umfasst die eigentliche ideelle Tätigkeit der Körperschaft, mit der die Körperschaft Gemeinwohlzwecken dient und die daher den Grund für die Steuerbegünstigung darstellt.[1]

21 **Festlegung des Zwecks.** Der ideelle Bereich von (Ideal-)Vereinen und Stiftungen wird als Vereins- bzw Stiftungszweck festgelegt.

22 **Fehlende körperschaftsteuerliche Erfassung.** Einnahmen und Aufwendungen, die zum ideellen Bereich einer Körperschaft gehören (wie Mitgliedsbeiträge, Zuschüsse oder Spenden), sind regelmäßig keiner der Einkunftsarten nach §2 EStG zuzuordnen. Der ideelle Bereich unterliegt daher bereits nach §8 I iVm §2 EStG mangels Einkünfte nicht der KSt, so dass die Steuerbefreiungsvorschriften des §5 nicht zur Anwendung kommen.[2] Mitgliedsbeiträge eines Vereins bleiben nach §8 V bei Ermittlung des Einkommens grundsätzlich außer Ansatz, solange sie kein Entgelt für eine bestimmte Leistung an das Mitglied darstellen (hierzu auch §8 Rn 782 ff).[3]

23 **Hilfsgeschäfte.** Der ideelle Bereich umfasst auch Hilfsgeschäfte wie die Veräußerung eines nicht mehr benötigten Grundstückes, das dem ideellen Bereich gedient hat (R 16 VI KStR).[4] Aufwendungen für die Erfüllung der satzungsmäßigen Zwecke einer Körperschaft fallen unter das Abzugsverbot des §10 Nr 1.

24 *Einstweilen frei.*

25 **d) Vermögensverwaltung. Definition (§14 S3 AO).** Bei der Vermögensverwaltung handelt es sich nach §14 S3 AO insbesondere um Einkünfte aus Kapitalvermögen iSv §20 EStG oder Vermietung und Verpachtung von unbeweglichem Vermögen iSv §21 EStG.[5] Denkbar sind auch sonstige Einkünfte nach §22 EStG.[6]

---

1 *Heger* in Gosch §5 Rn 66.
2 *Heger* in Gosch §5 Rn 1.
3 Werden Leistungen an die Mitglieder erbracht, ohne dass ein Entgelt vereinbart ist, kann dies eine vGA darstellen, vgl BFH I R 85/96, BStBl II 1998, 161.
4 *Frotscher* in Frotscher/Maas §5 Rn 80; *Heger* in Gosch §5 Rn 39.
5 *Von Twickel* in Blümich §5 Rn 185.
6 *Heger* in Gosch §5 Rn 51.

III. Normzweck und Anwendungsbereich

Abgrenzung zum wirtschaftlichen Geschäftsbetrieb. Einkünfte aus Vermögensverwaltung gehören nach § 14 S 1 AO nicht zum wirtschaftlichen Geschäftsbetrieb und sind dementsprechend von diesem abzugrenzen. So sind Einkünfte, die nach einkommensteuerlichen Regeln als Einkünfte aus Gewerbebetrieb gelten, wie der gewerbliche Grundstückshandel (Bestimmung nach allgemeinen Grundsätzen wie zB der Drei-Objekt-Grenze) oder wie die Verwaltung fremden Grundbesitzes nicht der Vermögensverwaltung zuzuordnen, sondern dem wirtschaftlichen Geschäftsbetrieb (vgl Rn 31 ff).[1]

26

Steuerbefreiung der Vermögensverwaltung gem § 5. Einkünfte aus Vermögensverwaltung fallen bei den in § 5 genannten Steuerbefreiungen, soweit diese nicht nur auf bestimmte Tätigkeitsbereiche eingeschränkt sind, regelmäßig unter die Steuerbefreiung. Dies gilt allerdings nur, soweit kein Steuerabzug vorzunehmen ist (vgl Rn 71 und 87).

27

Beteiligung an einer Personengesellschaft. Eine Beteiligung an einer vermögensverwaltenden Personengesellschaft ist ebenfalls Vermögensverwaltung. Dies gilt auch für die Beteiligung an einer gewerblich geprägten Personengesellschaft nach § 15 II EStG, die keine originär gewerblichen Einkünfte erzielt. Die einheitliche und gesonderte Gewinnfeststellung ist nicht bindend für die Frage, ob Einkünfte einem wirtschaftlichen Geschäftsbetrieb zuzuordnen sind und daher für den Mitunternehmer steuerpflichtig sind oder ob steuerfreie Einkünfte vorliegen.[2] Zur Zuordnung einer gewerblichen Personengesellschaft zum wirtschaftlichen Geschäftsbetrieb vgl hingegen Rn 39.

28

Beteiligung an Kapitalgesellschaften. Bei der Beteiligung an einer Kapitalgesellschaft (einschließlich einer hundertprozentigen Beteiligung[3]), aus welcher Einkünfte aus Kapitalvermögen nach § 20 EStG erzielt werden, liegt grundsätzlich Vermögensverwaltung vor (da auch bei häufiger Umschichtung die Grenze zum Gewerbebetrieb regelmäßig nicht überschritten wird[4]). Dies gilt grundsätzlich auch für Anteile, die nach § 21 UmwStG aF einbringungsgeboren bzw nach § 22 UmwStG steuerverhaftet sind. Bei Veräußerung einbringungsgeborener Anteile iSv § 21 UmwStG aF gilt der Veräußerungsgewinn nach § 21 III Nr 2 UmwStG allerdings als in einem wirtschaftlichen Geschäftsbetrieb entstanden, so dass er nicht zur Vermögensverwaltung gehört. Gleiches gilt trotz der rückwirkenden Ermittlung des Einbringungsgewinns I nach § 22 I UmwStG auch nach § 22 IV Nr 2 UmwStG. Aus dem Erfordernis dieser Fiktion wird deutlich, dass für die betroffenen Anteile iÜ die allgemeinen Zurechnungsregeln (hier: zum Bereich der Vermögensverwaltung) gelten.

29

Zu einer Zuordnung einer Beteiligung an einer Kapitalgesellschaft zum wirtschaftlichen Geschäftsbetrieb kommt es ausnahmsweise dann, wenn und soweit das bloße Halten der Beteiligungen überschritten wird, bspw indem tatsächlich maßgeblicher Einfluss auf die Leitung einer TG ausgeübt wird.[5]

---

1 *Heger* in Gosch § 5 Rn 38 f.
2 BFH I R 60/10, BFH/NV 2011, 1615; aA noch BFH I R 113/84, BStBl II 1989, 134; AEAO Nr 3 S 1 zu S 64 AO.
3 BFH I R 97/09, BFH/NV 2011, 312.
4 *Heger* in Gosch § 5 Rn 41.
5 BFH I R 57/70, BStBl II 1971, 753.

30 *Einstweilen frei.*

31 **e) Wirtschaftlicher Geschäftsbetrieb. Zweck.** Ausgenommen von der Steuerbefreiung sind bei einzelnen Steuerbefreiungstatbeständen der Fallgruppen 3 und 4 (vgl Rn 15) regelmäßig Einkünfte, die iRe wirtschaftlichen Geschäftsbetriebs erzielt werden (partielle Steuerpflicht). Zweck der Steuerpflicht von Einkünften aus einem wirtschaftlichen Geschäftsbetrieb ist die Wahrung der Wettbewerbsneutralität (vgl Rn 7).

32 **Definition.** Der wirtschaftliche Geschäftsbetrieb ist in § 14 AO definiert. Er erfordert

- eine wirtschaftliche und selbständige nachhaltige Tätigkeit (hierzu Rn 34 ff),
- die zur Erzielung von Einnahmen oder anderen wirtschaftlichen Vorteilen gem § 14 S 1 AO ausgeübt wird (eine Gewinnerzielungsabsicht ist nach § 14 S 2 AO nicht Voraussetzung für die Annahme eines wirtschaftlichen Geschäftsbetriebs iSd § 14 AO, vgl aber Rn 37) und
- die Tätigkeit über eine Vermögensverwaltung (vgl Rn 25 ff) nach § 14 S 3 AO hinausgeht.

Die genannten Merkmale müssen nach dem eindeutigen Gesetzeswortlaut kumulativ erfüllt werden, damit ein wirtschaftlicher Geschäftsbetrieb vorliegt.

33 **Steuersubjekt.** Der wirtschaftliche Geschäftsbetrieb selbst ist kein Steuersubjekt. Steuersubjekt bleibt die Körperschaft, Personenvereinigung oder Vermögensmasse. § 51 S 3 AO trifft eine Sonderregelung insbesondere für nach Nr 9 steuerbefreite gemeinnützige Vereine. Nach § 1 I Nr 5 sind auch nichtrechtsfähige Vereine unbeschränkt körperschaftsteuerpflichtig. Funktionale und regionale Untergliederungen von Vereinen sind daher regelmäßig eigene Steuersubjekte, wenn sie zivilrechtlich verselbständigt sind. Nach § 51 S 3 AO gelten Abteilungen, dh funktionale Untergliederungen einer gemeinnützigen Körperschaft (zB die verschiedenen Sparten eines Sportvereins) nicht als selbständige Steuersubjekte. Hierdurch wird verhindert, dass die Besteuerungsgrenze des § 64 III AO, die Zweckbetriebsgrenze gem § 67 a I AO und Freibeträge (§ 24, § 11 I 3 GewStG) von einer gemeinnützigen Körperschaft mehrfach beansprucht werden können, indem sie ihre Abteilungen, etwa als nicht eingetragene Vereine (§ 1 I Nr 5), zivilrechtlich verselbständigt.[1] Eine Untergliederung liegt bei einer verbandsmäßigen Eingliederung in die gemeinnützige Körperschaft vor, zB wenn die Mitgliedschaft in der Untergliederung zugleich eine Mitgliedschaft in der Hauptkörperschaft begründet oder die Untergliederung selbst Mitglied der übergeordneten Körperschaft ist, und ein Über- und Unterordnungsverhältnis besteht.[2] Für regionale Untergliederungen (zB Landes-, Bezirks- oder Ortsgruppen) gilt die Sonderregelung des § 51 S 3 AO nicht, so dass diese als eigenständiges Steuersubjekt behandelt werden.[3]

---

1 BTDrs 11/5582, 31.
2 Koenig in Pahlke/Koenig § 51 AO Rn 17.
3 AEAO Nr 2 zu § 51 I AO.

Tätigkeit. Eine Tätigkeit ist jedes aktive Tun, Dulden oder Unterlassen. Die Körperschaft kann sich dazu eines Erfüllungsgehilfen bedienen, muss also nicht originär selbst tätig werden.[1] Eine organisatorische Verselbständigung ist nicht notwendig.[2]

34

Selbständigkeit. Selbständigkeit ist nach Auffassung des BFH als sachliche Selbständigkeit, dh Abgrenzbarkeit von dem steuerbegünstigten Wirkungskreis der Körperschaft zu verstehen.[3] Als selbständig ist demnach eine Tätigkeit anzusehen, die nicht mit einer anderweitigen Betätigung der Körperschaft (hier insbesondere mit der ideellen Tätigkeit, die die Steuerbegünstigung begründet) dergestalt zusammenhängt, dass ihre Ausübung ohne die anderweitige Betätigung nicht möglich wäre.[4] Unerheblich ist die Höhe des Gewinns aus der betreffenden Tätigkeit.[5] Bereits aus der Besteuerungsgrenze nach § 64 III AO ergibt sich, dass es für die Frage, ob ein wirtschaftlicher Geschäftsbetrieb vorliegt, im Grundsatz auf den Umfang der Tätigkeit nicht ankommt.[6] Von Bedeutung könnte aufgrund der Zielrichtung der Vorschrift (Schutz vor Wettbewerbsverzerrungen, vgl Rn 7) allenfalls die Höhe des Umsatzes aus der Tätigkeit als Maßstab für den Umfang des Auftretens am Markt sein.[7] In der Literatur wird der Begriff dagegen teilweise als persönliche Selbständigkeit – vergleichbar mit dem Selbständigkeitsbegriff im Einkommensteuerrecht (§ 15 II, § 18 EStG) oder Umsatzsteuerrecht (§ 2 UStG) – verstanden; teilweise wird auch vertreten, es müsse sowohl eine sachliche als auch eine persönliche Selbständigkeit gegeben sein.[8]

35

Nachhaltigkeit. Nachhaltigkeit liegt bei einer auf Wiederholung angelegten Tätigkeit vor (auch wenn diese auf einem einmaligen Beschluss beruht) oder wenn zumindest die Absicht besteht, die Tätigkeit bei sich bietender Gelegenheit zu wiederholen.[9] Der Begriff stimmt damit mit dem in § 15 II EStG verwendeten überein.[10]

36

Einnahmeerzielungs-/Gewinnerzielungsabsicht. Die den wirtschaftlichen Geschäftsbetrieb begründende Tätigkeit muss nach § 14 S 1 AO mit Einnahmeerzielungsabsicht ausgeübt werden. Daran fehlt es bspw bei Tätigkeiten, die gegenüber Mitgliedern ohne besonderes Entgelt erbracht werden.[11] Ein einheitlicher erhobener Mitgliedsbeitrag iSv § 8 V stellt keine Einnahmen dar und wird nicht als Entgelt für eine bestimmte Leistung erbracht (hierzu § 8 Rn 782 ff). § 14 AO erfordert für das Vorliegen eines wirtschaftlichen Geschäftsbetriebs nach dem ausdrücklichen Gesetzeswortlaut dagegen keine Gewinnerzielungsabsicht. Ungeachtet dessen wird in der Literatur vertreten, dass ohne Gewinnerzielungsabsicht aufgrund von § 8 I iVm

37

---
1 FG Saarland 1 K 177/94, EFG 1997, 1153.
2 *Hüttemann*, Gemeinnützigkeits- und Spendenrecht, 2008, § 6 Rn 96.
3 BFH I R 138/79, BStBl II 1984, 451; BFH I R 2/97, BStBl II 1998, 175.
4 BFH I R 2/97, BStBl II 1998, 175.
5 *Heger* in Gosch § 5 Rn 20; aA FG Münster I b 301/60, EFG 1961, 171.
6 *Jost* in D/J/P/W § 5 Abs 1 Nr 9 Rn 240/2.
7 *Heger* in Gosch § 5 Rn 20.
8 *Hüttemann*, Gemeinnützigkeits- und Spendenrecht, 2008, § 6 Rn 97 mwN.
9 BFH I R 60/80, BStBl II 1986, 88; BFH IV 313/59 U, BStBl III 1961, 194.
10 *Heger* in Gosch § 5 Rn 19.
11 *Heger* in Gosch § 5 Rn 26.

§ 2 I EStG keine sachliche Steuerpflicht vorliegen kann, da keine Einkunftsart gegeben ist (sog Liebhaberei vgl § 8 Rn 175, 196 ff).[1] Die sich aus § 5 ergebene persönliche Körperschaftsteuerpflicht einer Körperschaft, soweit die Körperschaft einen wirtschaftlichen Geschäftsbetrieb betreibt, soll daher nur dann Auswirkungen haben und zu einer Besteuerung führen, wenn auch eine Gewinnerzielungsabsicht gegeben ist.[2]

38 **Teilnahme am wirtschaftlichen Verkehr.** Aufgrund der Zwecksetzung des wirtschaftlichen Geschäftsbetriebs (hierzu Rn 31) hat der BFH in seiner älteren Rechtsprechung eine Teilnahme am wirtschaftlichen Verkehr als weiteres ungeschriebenes Merkmal des wirtschaftlichen Geschäftsbetriebs betrachtet,[3] wobei eine Tätigkeit zB gegenüber den Mitgliedern – eine Teilnahme am „inneren Markt" – ausreichen sollte.[4] In einer neueren Entscheidung ist der BFH von der Teilnahme am wirtschaftlichen Verkehr als Voraussetzung für einen wirtschaftlichen Geschäftsbetrieb jedoch abgerückt.[5]

39 **Beteiligung an einer Personengesellschaft.** Die Beteiligung an einer gewerblichen Personengesellschaft, mit der Einkünfte aus Gewerbebetrieb nach § 15 I Nr 2 EStG erzielt werden, ist dem wirtschaftlichen Geschäftsbetrieb zuzuordnen.[6] Dies gilt auch für einen Gewinn aus der Veräußerung der Beteiligung.[7] Einkünfte aus der Beteiligung an einer gewerblich geprägten Personengesellschaft nach § 15 III Nr 2 EStG, die keine originär gewerblichen Einkünfte erzielt, sind dagegen nicht dem wirtschaftlichen Geschäftsbetrieb, sondern dem Bereich der Vermögensverwaltung zuzuordnen.[8] Zu vermögensverwaltenden Personengesellschaften vgl Rn 28.

40 **Betriebsaufspaltung.** Einkünfte, die iRe Betriebsaufspaltung aus der Vermietung von Betriebsvermögen an die Betriebsgesellschaft von der Besitzgesellschaft erzielt werden, sind als gewerbliche Einkünfte immer dem wirtschaftlichen Geschäftsbetrieb einer unter § 5 fallenden Körperschaft zuzuordnen.[9] Nach Auffassung der Finanzverwaltung gilt dies aber nicht, wenn sowohl das Betriebs- als auch das Besitzunternehmen gemeinnützig sind, soweit die überlassene wesentliche Betriebsgrundlage nicht in einem steuerpflichtigen wirtschaftlichen Geschäftsbetrieb eingesetzt wird.[10]

41-42 *Einstweilen frei.*

43 **f) Einkünfte des wirtschaftlichen Geschäftsbetriebs. Einkunftsarten bei einem wirtschaftlichen Geschäftsbetrieb.** Die persönliche Steuerpflicht einer Körperschaft, soweit ein wirtschaftlicher Geschäftsbetrieb unterhalten wird, kann sich aufgrund § 8 I nur insoweit auswirken, als in dem wirtschaftlichen Geschäftsbetrieb Einkünfte

---

1   *Heger* in Gosch § 5 Rn 27.
2   Ausführlich *Hüttemann*, Gemeinnützigkeits- und Spendenrecht, 2008, § 6 Rn 81 ff mit Darstellung der teilweise abweichenden Rechtsprechung des BFH; aA *Von Twickel* in Blümich § 5 Rn 82, 189.
3   BFH I 145/64, BStBl III 1967, 373; BFH I R 3/82, BStBl II 1986, 92; *Hüttemann*, Gemeinnützigkeits- und Spendenrecht, 2008, § 6 Rn 100 mwN.
4   BFH I R 40/68, BStBl II 1969, 43; *Von Twickel* in Blümich § 5 Rn 190.
5   BFH I R 78/99, BStBl II 2001, 449.
6   BFH I R 78/99, BStBl II 2001, 449.
7   *Heger* in Gosch § 5 Rn 45.
8   BFH I R 60/10, BFH/NV 2011, 1615.
9   BFH I R 164/94, BFH/NV 1997, 825; BFH I R 97/09, BFH/NV 2011, 312.
10 AEAO Nr 3 S 7 f zu § 64 AO.

III. Normzweck und Anwendungsbereich

iSd EStG erzielt werden (vgl Rn 37). In Betracht kommen diejenigen Einkunftsarten, bei denen es sich nicht um Vermögensverwaltung handelt, also Einkünfte aus Land- und Forstwirtschaft, aus Gewerbebetrieb, aus sonstiger selbständiger Arbeit iSv § 18 I Nr 3 EStG[1] und sonstige Einkünfte iSd § 22 Nr 3 EStG. Einkünfte aus Kapitalvermögen können in einem wirtschaftlichen Geschäftsbetrieb nur ausnahmsweise dann entstehen, wenn die Beteiligung an einer Kapitalgesellschaft aufgrund der tatsächlichen Einflussnahme auf die Geschäftsführung dem wirtschaftlichen Geschäftsbetrieb zuzuordnen ist.[2] Bei Kapitalgesellschaften, Genossenschaften, VVaG und PVaG liegen nach § 8 II stets Einkünfte aus Gewerbebetrieb vor.

Gewinnermittlung bei einem wirtschaftlichen Geschäftsbetrieb. Grundsätzlich gelten für die Gewinnermittlung eines wirtschaftlichen Geschäftsbetriebs die allgemeinen Grundsätze. Besteht Buchführungspflicht (nach §§ 238 ff HGB[3] oder §§ 140, 141 AO) oder werden freiwillig Bücher geführt, ist der Gewinn nach Bestandsvergleich zu ermitteln (§ 8 I S 1 iVm § 4 EStG), ansonsten nach Einnahme-Überschussrechnung (§ 4 III EStG).[4]

44

Gewinnermittlung im Schätzungswege (§ 64 V AO). Die Überschüsse aus der Verwertung unentgeltlich erworbenen Altmaterials können nach § 64 V AO auf Antrag im Schätzungswege ermittelt werden iHd branchenüblichen Reingewinns, der nach Auffassung der Finanzverwaltung zB bei Altpapier 5 % und bei übrigen Altmaterial (Altkleider, Schrott) 20 % der Einnahmen beträgt.[5] Voraussetzung ist, dass die Verwertung außerhalb einer ständig dafür vorgehaltenen Verkaufsstelle erfolgt. Bei der Verwertung von Altmaterial handelt es sich um die Verwertung von Gegenständen mit reinem Altmaterialwert und nicht um den Einzelverkauf von gebrauchten Sachen.[6] Unter die Vorschrift fallen daher nicht Flohmärkte und Basare.[7]

45

Pauschale Gewinnermittlung (§ 64 VI AO). Für folgende Tätigkeiten einer Körperschaft, die steuerbegünstigten Zwecken dient, sieht § 64 VI AO auf Antrag eine pauschale Gewinnermittlung iHv 15 % der Einnahmen vor:

46

- Werbung (inkl Sponsoring[8]; wobei nur die Werbung in Zusammenhang mit der steuerbegünstigten Tätigkeit einschließlich Zweckbetrieben von § 65 VI AO erfasst wird, nicht jedoch Werbung in Zusammenhang mit einem wirtschaftlichen Geschäftsbetrieb oder der Vermögensverwaltung; § 64 VI Nr 1 AO),
- eigene Wettbüros auf Rennbahnen (sog Totalisatorbetriebe, § 64 VI Nr 2 AO); nicht dagegen auswärtige Wettbüros,[9]

---

1 ZB Verwaltung fremden Grundbesitzes.
2 *Jost* in D/J/P/W § 5 Abs 1 Nr 9 Rn 244.
3 Stets für Kapitalgesellschaften (§ 6 HGB) und Genossenschaften (§ 17 II GenG), die kraft Rechtsform Kaufleute sind.
4 *Heger* in Gosch § 5 Rn 64.
5 AEAO Nr 27 zu § 64 AO.
6 BFH I R 73/08, BStBl II 2009, 516.
7 BFH I R 73/08, BStBl II 2009, 516.
8 *Jost* in D/J/P/W § 5 Abs 1 Nr 9 Rn 267/3.
9 *Jost* in D/J/P/W § 5 Abs 1 Nr 9 Rn 267/3.

- zweite Fraktionierungsstufe der Blutspendendienste (§ 64 VI Nr 3 AO), dh Herstellung und Veräußerung von Plasmaderivaten wie Albumin, Globulin, Gerinnungsfaktoren.[1]

47 **Notwendiges und gewillkürtes Betriebsvermögen.** Aufgrund des Mittelverwendungsgebots des § 55 I Nr 1 AO (vgl Rn 296) ist die Umwidmung von Vermögen des ideellen Bereichs oder der Vermögensverwaltung in Betriebsvermögen nicht zulässig, so dass gewillkürtes Betriebsvermögen bei einer steuerbegünstigten Körperschaft regelmäßig nicht gegeben ist.[2]

48 **Zuordnung von Wirtschaftsgütern zum wirtschaftlichen Geschäftsbetrieb.** Die allgemeinen Grundsätze gelten auch bei Überführung aus dem steuerfreien in den steuerpflichtigen Bereich. Nach § 6 I Nr 6 EStG sind die Wirtschaftsgüter mit dem Teilwert anzusetzen.[3] Eine Überführung in den steuerfreien Bereich ist wie eine Entnahme zu behandeln.[4] Zu beachten sind die besonderen Bewertungsvorschriften des § 13 bei Beginn und Erlöschen der Steuerbefreiung sowie § 6 I Nr 4 S 4 EStG.[5]

49 **Zuordnung von Aufwendungen.** Die Zuordnung von Ausgaben erfolgt gem § 4 IV EStG nach dem Veranlassungsprinzip.[6] Aufwendungen eines Zweckbetriebs sollen nach Auffassung der Rechtsprechung auch bei enger Verflechtung nur dann anteilig Berücksichtigung in einem wirtschaftlichen Geschäftsbetrieb finden, wenn die Aufwendungen ohne den wirtschaftlichen Geschäftsbetrieb geringer gewesen wären (Prinzip der sog Primärveranlassung).[7] Diese Auffassung wird in der Literatur vielfach kritisiert.[8] Der Gesetzgeber hat auf die entsprechende Rechtsprechung mit der Möglichkeit der pauschalen Gewinnermittlung für bestimmte Tätigkeiten nach § 64 VI AO reagiert (vgl Rn 46), um eine Benachteiligung steuerbegünstigter Körperschaften gegenüber voll steuerpflichtigen Körperschaften durch eine Überbesteuerung zu vermeiden.[9] Die Finanzverwaltung lässt eine Aufteilung gemischt veranlasster Aufwendungen unabhängig von ihrer primären Veranlassung zu, wenn ein objektiver Maßstab für die Aufteilung der Aufwendungen (zB nach zeitlichen Gesichtspunkten) besteht.[10] In Umkehrung der vorstehenden Rechtsprechung sieht der BFH eine vollständige Zuordnung von Aufwendungen zum wirtschaftlichen Geschäftsbetrieb auch dann vor, wenn neben der Veranlassung durch den wirtschaftlichen Geschäftsbetrieb ein Bezug zur ideellen Tätigkeit einer Körperschaft besteht, sich dies aber auf den Grund oder die Höhe von Aufwendungen nicht auswirkt.[11] Soweit Mitgliedsbeiträge

---

1 Abschn 12.9 IV Nr 2 UStAE.
2 *Jost* in D/J/P/W § 5 Abs 1 Nr 9 Rn 246; aA für wirtschaftliche Geschäftsbetriebe, die die Voraussetzungen eines Gewerbebetriebs erfüllen *Heger* in Gosch § 5 Rn 61.
3 *Heger* in Gosch § 5 Rn 61 f.
4 *Heger* in Gosch § 5 Rn 65.
5 *Bott* in Schauhoff, Handbuch der Gemeinnützigkeit, 2. Aufl, § 7 Rn 160 ff.
6 *Frotscher* in Frotscher/Maas § 5 Rn 81a; *Heger* in Gosch § 5 Rn 65; BFH I R 31/89, BStBl II 1992, 103.
7 BFH I R 31/89, BStBl II 1992, 103; BFH I R 55/98, BFH/NV 2000, 85.
8 *Jost* in D/J/P/W § 5 Abs 1 Nr 9 Rn 248 ff; *Heger* in Gosch § 5 Rn 72 mwN.
9 BTDrs 14/4626, 8.
10 AEAO Nr 6 zu § 64 AO.
11 BFH I R 76/01, BStBl II 2005, 305; aA BMF v 24.3.2005, BStBl I 2005, 608.

III. Normzweck und Anwendungsbereich

eines steuerbefreiten Vereins auf Leistungen an das Mitglied entfallen, die der Verein iRe wirtschaftlichen Geschäftsbetriebs erbringt, sind diese anteilig als Betriebseinnahmen zu erfassen (R 16 KStR).[1]

Rechtliche Beziehungen zwischen wirtschaftlichem Geschäftsbetrieb und Trägerkörperschaft. Da es sich bei einem wirtschaftlichen Geschäftsbetrieb weder um ein eigenes Rechts- noch Steuersubjekt handelt, kann es keine Vertragsbeziehungen zwischen der Trägerkörperschaft und dem wirtschaftlichen Geschäftsbetrieb geben.[2] Ebenso kann es keine offene oder verdeckte Einlage in den wirtschaftlichen Geschäftsbetrieb oder eine oGA oder vGA durch den wirtschaftlichen Geschäftsbetrieb im Verhältnis zur Trägerkörperschaft geben. Für Gewinnentnahmen aus dem wirtschaftlichen Geschäftsbetrieb sieht § 20 I Nr 10 lit b S 4 EStG bei bestimmten Körperschaften eine Ausschüttungsfiktion und Kapitalertragssteuerpflicht vor (vgl Rn 65 ff). Für die Überführung von Wirtschaftsgütern zwischen dem wirtschaftlichen Geschäftsbetrieb und der Trägerkörperschaft gelten Einlage- bzw Entnahmegrundsätze (vgl Rn 48). 50

VGA mit Gesellschaftern oder Mitgliedern. Die Geschäftsbeziehungen und anderen Leistungen zwischen den Gesellschaftern oder Mitgliedern einer Körperschaft und einem wirtschaftlichen Geschäftsbetrieb dieser Körperschaft sind nach den Grundsätzen der vGA bzw Einlagen zu prüfen.[3] 51

Freigrenze (§ 63 III AO). Bei nach § 5 I Nr 9 steuerbefreiten Körperschaften führen die wirtschaftlichen Geschäftsbetriebe nach § 51 I S 1 AO iVm § 64 III AO nur zur Körperschaftsteuerpflicht,[4] wenn die Einnahmen einschließlich USt eine Freigrenze von 35.000 EUR in dem betroffenen Jahr überschreiten. Einzubeziehen in die Einnahmen sind auch die anteiligen Einnahmen aus der Beteiligung an einer gewerblichen Personengesellschaft.[5] Die Freigrenze ist auch im Verlustfall zu beachten; dh wird die Freigrenze nicht überschritten, ist im Verlustfall kein Vortrag des Verlustes nach § 10d EStG möglich.[6] Ein positives Ergebnis des wirtschaftlichen Geschäftsbetriebs ist, wenn die Einnahmen die Freigrenze nicht überschreiten, nicht mit vorgetragenen Verlusten zu verrechnen.[7] Verfügt eine steuerbefreite Körperschaft bspw über einen Verlustvortrag von 10.000 EUR und erzielt im laufenden Jahr einen steuerpflichtigen Gewinn mit ihrem wirtschaftlichen Geschäftsbetrieb iHv 5.000 EUR, vermindert sich der Verlustvortrag nur dann um den Gewinn von 5.000 EUR, wenn die Einnahmen des wirtschaftlichen Geschäftsbetriebs die Freigrenze von 35.000 EUR überschreiten. 52

Keine Aufteilung einer Körperschaft (§ 64 IV AO). Zu beachten ist, dass die Aufteilung einer Körperschaft in mehrere selbständige Körperschaften zur mehrfachen Inanspruchnahme der Freigrenze nach § 64 III AO (Rn 52) nach § 64 IV AO als Missbrauch von rechtlichen Gestaltungsmöglichkeiten iSd § 42 AO gilt und daher für die Anwendung 53

---

1 Ansonsten liegt eine vGA vor, BFH I R 85/96, BStBl II 1998, 161.
2 *Heger* in Gosch § 5 Rn 67.
3 *Heger* in Gosch § 5 Rn 68.
4 Gleiches gilt für die Gewerbesteuerpflicht.
5 *Heger* in Gosch § 5 Rn 44.
6 BFH I R 55/06 BStBl II 2007, 725; FG Rheinland-Pfalz 1 K 1291/94, EFG 1997, 306.
7 AEAO Nr 20 zu § 64 III AO.

des § 64 III AO unbeachtlich ist. Die Vorschrift gilt nicht für regionale Untergliederungen einer steuerbegünstigten Körperschaft (Landes-, Bezirks- und Ortsverbände)[1] und dürfte auch nicht anwendbar sein, wenn die Aufteilung in mehrere Körperschaften vernünftig begründet werden kann.[2]

54 **Zusammenfassung mehrerer wirtschaftlicher Geschäftsbetriebe (§ 64 II AO).** Mehrere wirtschaftliche Geschäftsbetriebe einer nach § 5 I Nr 9 steuerbefreiten Körperschaft sind zusammenzufassen (§ 64 II AO).

55 **Verlustausgleich bei mehreren wirtschaftlichen Geschäftsbetrieben.** Die Vorschrift des § 64 II AO ermöglicht durch die Zusammenfassung mehrerer wirtschaftlicher Geschäftsbetriebe einer steuerbegünstigen Körperschaft (§ 5 Nr 9) den Ausgleich von Verlusten eines wirtschaftlichen Geschäftsbetriebs mit Gewinnen aus einem anderen wirtschaftlichen Geschäftsbetrieb.[3] Zu beachten ist, dass die Vorschrift nur auf mehrere wirtschaftliche Geschäftsbetriebe einer Körperschaft anzuwenden ist, nicht dagegen auf unterschiedliche BgA einer juristischen Person des öffentlichen Rechts, die steuerlich jeweils einzeln zu erfassen sind und zwischen denen ein Verlustausgleich nicht möglich ist, vgl auch § 4 Rn 172.[4] Insbesondere ist diese Möglichkeit im Hinblick auf das Mittelverwendungsgebot nach § 55 I AO für steuerbegünstigte Körperschaften von Bedeutung (vgl Rn 296). Für die Einkommensermittlung ist ohnehin nach den allgemeinen Vorschriften aufgrund § 2 EStG iVm § 8 ein horizontaler und vertikaler Verlustausgleich vorzunehmen, unabhängig von der Einkunftsart der in den jeweiligen wirtschaftlichen Geschäftsbetrieben erzielten Einkünfte.[5] Da nicht der einzelne wirtschaftliche Geschäftsbetrieb, sondern die Körperschaft Steuersubjekt ist (vgl Rn 33), muss nur eine Summe der Einkünfte ermittelt werden. Ein Verlustausgleich zwischen mehreren wirtschaftlichen Geschäftsbetrieben erfolgt daher auch iRd übrigen Steuerbefreiungen.[6] Eine Verrechnung von Gewinnen und Verlusten aus einem wirtschaftlichen Geschäftsbetrieb und einem steuerbefreiten Zweckbetrieb ist dagegen nicht möglich.[7]

56-57 *Einstweilen frei.*

58 **g) Zweckbetrieb. Steuerbefreiung.** Eine Steuerpflicht wird für einen wirtschaftlichen Geschäftsbetrieb bei bestimmten Steuerbefreiungen nur insoweit angenommen, als dieser den Umfang eines Zweckbetriebs iSv § 65 AO überschreitet. Dies gilt für:

- steuerbefreite Körperschaften nach § 5 I Nr 9, § 64 I AO iVm § 65 AO (Rn 282 ff),
- steuerbefreite Sicherungseinrichtungen der Kreditinstitute nach § 5 I Nr 16 (Rn 382 ff),

---

1   AEAO Nr 24 zu § 64 AO.
2   *Jost* in D/J/P/W § 5 Abs 1 Nr 9 Rn 261.
3   *Von Twickel* in Blümich § 5 Rn 195; *Heger* in Gosch § 5 Rn 30.
4   BFH I R 161/94, BFH/NV 1997, 625; aA *Jost* in D/J/P/W § 5 Abs 1 Nr 9 Rn 252.
5   *Jost* in D/J/P/W § 5 Abs 1 Nr 9 Rn 251/1; aA AEAO Nr 11 zu § 64 nach deren Wortlaut § 64 II AO auch auf die Einkommensermittlung durchschlägt.
6   *Heger* in Gosch § 5 Rn 90.
7   BFH I R 59/91, BFH/NV 1993, 341.

III. Normzweck und Anwendungsbereich

- steuerbefreite Gesamthafenbetriebe nach § 5 I Nr 19 (Rn 419 ff),
- steuerbefreite gemeinsame Einrichtungen der Tarifvertragsparteien nach § 5 I Nr 22 (Rn 447 ff),

die jeweils eine Steuerpflicht des wirtschaftlichen Geschäftsbetriebs vorsehen, soweit dessen Tätigkeit nicht ausschließlich auf die Erfüllung der begünstigten Tätigkeiten gerichtet ist (§ 5 I Nr 16 S 4, § 5 I Nr 19 S 3, § 5 I Nr 22 S 2).

Definition. Ein Zweckbetrieb ist ein Unterfall des wirtschaftlichen Geschäftsbetriebs nach §§ 14, 64 I AO. Ein Zweckbetrieb liegt vor, soweit: 59

- ein wirtschaftlicher Geschäftsbetrieb in seiner Gesamteinrichtung dazu dient, steuerbegünstigte satzungsmäßige Zwecke zu verwirklichen (§ 65 Nr 1 AO, vgl Rn 60),
- der Zweck nur durch einen solchen Geschäftsbetrieb erreicht werden kann (§ 65 Nr 2 AO, vgl Rn 61),
- der wirtschaftliche Geschäftsbetrieb zu nicht begünstigten Betrieben derselben oder ähnlichen Art nicht in größeren Umfang in Wettbewerb tritt (§ 65 Nr 3 AO, vgl Rn 62).

Verwirklichung satzungsmäßiger Zwecke. Ein Zweckbetrieb liegt nur dann vor, wenn die Körperschaft durch die betreffende Tätigkeit ihrem satzungsmäßigen Zweck dient, der die Steuerbegünstigung begründet. Nach dem eindeutigen Gesetzeswortlaut muss es sich um den in der Satzung festgelegten Zweck handeln. Nicht ausreichend ist, dass die Tätigkeit einem grundsätzlich steuerbegünstigten Zweck dient.[1] Der Zweck muss außerdem unmittelbar durch die Tätigkeit verwirklicht werden und nicht zB durch eine bestimmte Zweckbestimmung der Einnahmen aus der Tätigkeit.[2] 60

Zweckerreichung. Ein Geschäftsbetrieb ist nur dann ein Zweckbetrieb, wenn er notwendig ist, damit die Körperschaft ihren steuerbegünstigten satzungsmäßigen Zweck erfüllen kann, dh der wirtschaftliche Geschäftsbetrieb muss unentbehrliches einziges Mittel zur Erreichung dieses Zweckes sein.[3] Dass der Geschäftsbetrieb den satzungsmäßigen Zweck fördert, genügt nicht.[4] 61

Schädlicher Wettbewerb. Der Eintritt in den Wettbewerb mit nicht begünstigten Unternehmen über das notwendige Maß hinaus führt zu einem vollständigen Verlust der Zweckbetriebsqualifikation und der Steuerbegünstigung (§ 65 Nr 3 AO). 62

Einstweilen frei. 63

h) ABC der wirtschaftlichen Geschäftsbetriebe und Zweckbetriebe. Abfallbeseitigung und Abfallverwertung einschließlich Müllheizkraftwerke sind steuerpflichtige wirtschaftliche Geschäftsbetriebe.[5] 64

---

1 AEOA Nr 2 S 1 f zu § 65.
2 BFH I R 60/80, BStBl II 1986, 88.
3 BFH II R 94/94, BFH/NV 1998, 150; BFH I R 35/93, BStBl II 1995, 767.
4 BFH I R 122/87, BStBl II 1990, 724.
5 BFH X R 115/91, BStBl II 1994, 314; BFH I R 60/91, BStBl II 1994, 573.

Altenheime, Altenwohnheime und Pflegeheime: Zweckbetrieb, wenn diese im besonderen Maße als Wohlfahrtspflegeeinrichtungen den in § 53 AO genannten Personen zugutekommen (§§ 68 Nr 1 lit a, 66 AO); auch bei Pflegeleistungen iRv häuslicher Pflege.[1]

Altmaterialsammlung (Altkleider, Altpapier) ist ein wirtschaftlicher Geschäftsbetrieb (inkl der Sammlung mittels Container[2]) und grundsätzlich kein Zweckbetrieb,[3] selbst wenn durch den Verkauf Mittel für steuerbegünstigte Zwecke generiert werden.[4] Allerdings kann eine günstige Gewinnermittlung im Schätzungswege gem § 64 V AO in Betracht kommen. Der Einzelverkauf gesammelter Altkleider ist ausnahmsweise ein Zweckbetrieb, wenn mindestens 2/3 der Leistungen hilfsbedürftigen Personen iSd § 53 AO zugutekommen (§ 66 AO).[5]

Angelkartenverkauf eines Vereins an Nichtmitglieder ist ein steuerpflichtiger wirtschaftlicher Geschäftsbetrieb.[6] Der Verkauf von Angelkarten durch Vereine an Vereinsmitglieder wird iRe Zweckbetriebs durchgeführt.[7]

Anzeigengeschäft einer Vereinszeitung stellt idR einen wirtschaftlichen Geschäftsbetrieb dar.[8] Kein wirtschaftlicher Geschäftsbetrieb liegt vor, wenn das Anzeigengeschäft verpachtet wird und sich die Körperschaft nicht aktiv betätigt.[9]

Asylantenunterbringung ist ein wirtschaftlicher Geschäftsbetrieb, der bis zum 31.12.2000 aus Billigkeitsgründen als Zweckbetrieb behandelt wurde.[10]

Auftragsforschung ist ein wirtschaftlicher Geschäftsbetrieb,[11] soweit in Ermangelung der Erfüllung des § 68 I Nr 9 AO kein Zweckbetrieb vorliegt (vgl auch Stichwort „Wissenschaftseinrichtungen" und Rn 318). Zur Steuerbefreiung der Auftragsforschung öffentlich-rechtlicher Wissenschafts- und Forschungseinrichtungen nach § 5 I Nr 23 vgl Rn 455 ff.

Bandenwerbung ist ein wirtschaftlicher Geschäftsbetrieb,[12] außer es erfolgt eine Übertragung des Nutzungsrechts an ein Werbeunternehmen[13] (vgl auch Stichwort „Werbung").

Beauftragter für Sozialplan gem § 180 BauGB: Die Tätigkeit stellt einen wirtschaftlichen Geschäftsbetrieb dar.[14]

---

1 Finanzministerium Brandenburg v 18.10.1995, DB 1995, 2397; BFH I R 49/08, BStBl II 2010, 398.
2 OFD Frankfurt am Main v 11.9.1991, DB 1991, 2415.
3 BFH I R 149/90, BStBl 1992, 693; BFH I R 76/90, BFH/NV 1992, 839; BMF v 25.9.1995, BStBl I 1995, 630.
4 BFH I B 14/94, BFH/NV 1995, 568.
5 BMF v 25.9.1995, BStBl I 1995, 630.
6 BMF v 25.9.1991, DB 1991, 2518.
7 BMF v 25.9.1991, DB 1991, 2518.
8 BFH I 34/61 U, BStBl III 1962, 73.
9 BFH I 145/64, BStBl III 1967, 373; ist die Körperschaft trotz Verpachtung weiterhin aktiv an der Gewinnung der Anzeigenkunden und der Abwicklung des Anzeigengeschäfts beteiligt, kann dies missbräuchlich iSv § 42 AO sein, vgl BFH I B 20/96, BFH/NV 1997, 688.
10 BMF v 20.4.2000, BStBl I 2000, 487; ursprünglich BMF v 1.7.1991, BStBl I 1999, 744.
11 BFH V R 29/97, BStBl II 1997, 189; BFH I R 76/05, BStBl II 2007, 631.
12 BFH I R 8/88, BStBl II 1992, 101.
13 AEAO Nr 9 S 1 ff zu § 67a AO.
14 FG Berlin 7 K 8618/99, EFG 2002, 518.

III. Normzweck und Anwendungsbereich

Behindertenhotel: Der Betrieb eines behindertengerechten Hotels mit Vermietung auch an Nichtbehinderte ist wirtschaftlicher Geschäftsbetrieb.[1]

Behindertenwerkstätten sind Zweckbetrieb nach § 68 Nr 3 AO einschließlich Läden und Verkaufsstellen solcher Werkstätten, soweit diese selbst hergestellte Produkte verkaufen, und einschließlich einer Kantine.[2]

Beschaffungsstelle (zentraler Ein- und Verkauf von Ausrüstungsgegenständen, Auftragsbeschaffung etc) ist steuerpflichtiger wirtschaftlicher Geschäftsbetrieb und kein Zweckbetrieb, da der Betrieb weder unentbehrlich noch das einzige Mittel zur Erreichung des steuerbegünstigten Zwecks ist.[3]

Beschäftigungsgesellschaften: Lohnaufträge einer arbeitstherapeutischen Beschäftigungsgesellschaft, die ausschließlich Ergebnis der Arbeitstherapie für schwer vermittelbare und zuvor längere Zeit arbeitslose Personen sind, begründen einen Zweckbetrieb.[4]

Beteiligung an einer Kapitalgesellschaft ist Vermögensverwaltung, vgl Rn 29.

Beteiligung an einer Personengesellschaft ist ein wirtschaftlicher Geschäftsbetrieb, wenn die Personengesellschaft gewerbliche Einkünfte erzielt, vgl Rn 28 und 39.

Betriebsaufspaltung ist ein wirtschaftlicher Geschäftsbetrieb, vgl Rn 40.

Betriebsverpachtung: Es besteht ein Wahlrecht zur Fortführung des Betriebs oder Betriebsaufgabe.[5]

Blindenfürsorgeeinrichtung ist ein Zweckbetrieb nach § 68 Nr 4 AO.

Buch- und Treuhandstelle ist ein wirtschaftlicher Geschäftsbetrieb.[6]

Carsharing ist ein wirtschaftlicher Geschäftsbetrieb und kein Zweckbetrieb.[7]

Cafeteria eines Altenheims[8] oder eines Jugendhilfevereins[9] ist ein wirtschaftlicher Geschäftsbetrieb und kein Zweckbetrieb, da eine Cafeteria zur Zweckverwirklichung jeweils nicht notwendig ist.

City-Marathon: Die Veranstaltung eines City-Marathons stellt einen wirtschaftlichen Geschäftsbetrieb dar.[10]

Dialyseverein ist ein Zweckbetrieb.[11]

Dritte-Welt-Laden ist ein wirtschaftlicher Geschäftsbetrieb.[12]

---

1 BFH XI B 128/98, BFH/NV 1999, 1055; BFH XI B 130/98, BFH/NV 1999, 1089.
2 AEAO Nr 5 und 6 zu § 68 Nr 3 AO.
3 AEAO Nr 3 S 3 zu § 65 AO.
4 BFH I R 35/93, BStBl II 1995, 767.
5 *Heger* in Gosch § 5 Rn 256 Stichwort „Betriebsverpachtung".
6 BFH I R 21/98, BStBl 1999, 99.
7 BFH V R 33/05, BStBl II 2009, 221.
8 BFH I R 33/86, BStBl II 1990, 470.
9 BFH I R 122/87, BStBl II 1990, 725.
10 FG München 3 K 3670/89, EFG 1992, 47.
11 Finanzministerium Baden-Württemberg v 16.3.1993, DStR 1993, 915.
12 FG Brandenburg 2 K 825/96 G, EFG 1999, 199; FG Baden-Württemberg 12 K 217/96, EFG 1998, 846.

Druckschriftenverkauf ist ein Zweckbetrieb, wenn der Rahmen der satzungsmäßigen Zwecke eingehalten wird.[1]

Erholungsheime stellen einen wirtschaftlichen Geschäftsbetrieb dar[2], wenn nicht 2/3 der Empfänger der Leistung Personen iSv § 53 AO sind (§ 68 Nr 1 lit a iVm § 66 III AO).

Erziehungshilfe ist ein Zweckbetrieb nach § 68 Nr 5 AO.

Fernsehfilmproduktion ist ein wirtschaftlicher Geschäftsbetrieb und kein Zweckbetrieb.[3]

Festschriften zu Vereinsfesten oä, die durch Anzeigen finanziert werden, sind ein wirtschaftlicher Geschäftsbetrieb.[4]

Forschungseinrichtungen können, auch soweit sie in der Auftragsforschung tätig sind, Zweckbetrieb sein, wenn sich der Träger überwiegend aus Zuwendungen der öffentlichen Hand oder Dritter oder aus der Vermögensverwaltung finanziert (§ 68 Nr 9 AO; vgl auch Stichwort „Wissenschaftseinrichtungen"). IÜ sind Laboratorien und Untersuchungseinrichtungen wirtschaftliche Geschäftsbetriebe (R 16 IV S 10 KStR).[5]

Forstbetrieb (auch als Rittergut[6]) ist grundsätzlich ein wirtschaftlicher Geschäftsbetrieb. Selbstbewirtschaftete Forstbetriebe von steuerbegünstigten Körperschaften sind aber nach § 5 I Nr 9 S 3 steuerbefreit.

Gehaltsabrechnungsstelle ist ein wirtschaftlicher Geschäftsbetrieb.[7]

Geschäftsführungs- und Verwaltungsleistungen: Entgeltliche Erbringung von Geschäftsführungs- und Verwaltungsleistungen (auch für andere steuerbefreite Körperschaften) ist ein wirtschaftlicher Geschäftsbetrieb.[8]

Golfplatzüberlassung an vereinsfremde Spieler ist wirtschaftlicher Geschäftsbetrieb.[9]

Inkasso für Mitglieder eines Vereins (bzw einer Genossenschaft) ist wirtschaftlicher Geschäftsbetrieb.[10]

Jubiläumsfeier eines Vereins ist ein wirtschaftlicher Geschäftsbetrieb.[11]

Jugendherberge ist Zweckbetrieb nach § 68 Nr 1 lit b AO, solange nicht mehr als 10 % alleinreisende Erwachsene beherbergt werden.[12]

---

1 BFH I R 11/88, BStBl II 1989, 391.
2 BFH I 67/54 U, BStBl III 1956, 29.
3 BFH II R 246/81, BStBl II 1986, 831.
4 BFH IV R 189/71, BStBl II 1976, 472.
5 BFH I R 156/87, BStBl II 1990, 867 und BFH V R 89/85, BStBl II 1990, 95 nach denen bei öffentlichen Trägern ein BgA vorliegt.
6 BFH III 328/59 U, BStBl III 1963, 532; BFH I R 198/74, BStBl II 1977, 493.
7 FG Baden-Württemberg 12 K 51/91, EFG 1993, 619.
8 BFH V R 46/06, BStBl II 2009, 560.
9 BFH V R 150/78, BStBl II 1987, 659.
10 BFH I R 85/96, BStBl II 1998, 161.
11 BFH I R 200/85, BFH/NV 1989, 342.
12 BFH V R 139-142, BStBl II 1995, 446; ist die 10%-Grenze überschritten, verliert die Jugendherberge ihre Zweckbetriebseigenschaft vollständig, es sei denn die Beherbergung von alleinreisenden Erwachsenen lässt sich als ein selbstständiger wirtschaftlicher Geschäftsbetrieb von den satzungsmäßigen Leistungen abgrenzen.

III. Normzweck und Anwendungsbereich

Karneval, Fasching, Fastnacht: Maskenbälle und Tanzveranstaltungen sind wirtschaftlicher Geschäftsbetrieb.[1] Karnevalssitzungen und -umzüge sind Zweckbetrieb mit Ausnahme des Verkaufs von Speisen und Getränken (§ 68 Nr 7 Hs 2 AO) sowie der Einnahmen aus Werbung (vgl Stichwort „Werbung") an den Wagen für Karnevalsumzüge.[2]

Kindergärten und Kinderheime sind Zweckbetriebe nach § 68 Nr 1 lit b AO.

Konzerte können Zweckbetrieb nach § 68 Nr 7 AO sein.

Körperbehinderte, Fürsorgeeinrichtungen: Fürsorgeeinrichtungen für Körperbehinderte sind Zweckbetriebe nach § 68 Nr 4 AO.

Krankenfahrten im Pkw sind wirtschaftliche Geschäftsbetriebe und kein Zweckbetrieb.[3]

Krankenhäuser sind nach § 67 AO unter bestimmten Voraussetzungen Zweckbetrieb. Die Voraussetzungen können auch von Belegkrankenhäusern erfüllt werden.[4] Die bloße Unterbringung und Verpflegung von Patienten ohne eigene spezifische Krankenhausleistung begründen dagegen kein Betreiben eines Krankenhauses.[5] Die Erbringung von ausschließlich ambulanten Leistungen stellt ebenfalls kein Krankenhaus dar.[6]

Krankenhausapotheken, -wäscherein können nach § 68 Nr 2 lit b AO als Selbstversorgungsbetriebe Zweckbetriebe sein, wenn sie als unselbständige Einrichtung eines Krankenhauses betrieben werden.[7] Soweit auch andere Krankenhäuser oder Einrichtungen mit Medikamenten versorgt werden, liegt kein Selbstversorgungsbetrieb, sondern ein steuerpflichtiger wirtschaftlicher Geschäftsbetrieb vor.[8]

Krematorium ist ein wirtschaftlicher Geschäftsbetrieb.[9]

Kulturelle Einrichtungen und Veranstaltungen zB Kunstaustellungen sind Zweckbetriebe nach § 68 Nr 7 AO.

Lotterien sind Zweckbetriebe unter den Voraussetzungen des § 68 Nr 6 AO.

Mahlzeitdienste sind Zweckbetriebe unter den Voraussetzungen des § 68 Nr 1 lit a AO, wenn ihre Leistungen zu mindestens 2/3 den in § 53 AO (vgl Rn 322 ff) genannten Personen zugutekommen.

Märkte sind wirtschaftliche Geschäftsbetriebe (R 16 IV S 10 KStR).

§ 5

---

1 OFD Frankfurt am Main v 7.8.1991, DB 1991, 2315.
2 OFD Frankfurt am Main v 7.8.1991, DB 1991, 2315.
3 Abschn 12.9 IV Nr 3 UStAE.
4 BFH V R 64/89, BStBl II 1994, 212.
5 BFH V R 76/97, BFH/NV 1998, 1534.
6 BFH IV B 43/94, BStBl II 1995, 418, BFH IV R 83/86, BStBl II 1989, 506.
7 Rechtlich selbständige Einrichtungen sind dagegen keine Selbstversorgungsbetriebe, vgl BFH I R 56/94, BStBl II 1996, 28.
8 BFH V R 76/89, BStBl II 1991, 268.
9 BFH I B 66-68/04, BFH/NV 2005, 1213.

Mensen und Cafeterien der Studentenwerke sind Zweckbetriebe unter den Voraussetzungen des § 66 AO, wenn ihre Leistungen zu mindestens 2/3 den Studenten zugutekommen.[1]

Museen sind Zweckbetriebe nach § 68 Nr 7 AO.

Musikschulen sind Zweckbetriebe.[2]

Personalüberlassung gegen Entgelt ist kein Zweckbetrieb, sondern ein steuerpflichtiger wirtschaftlicher Geschäftsbetrieb.[3]

Projektträgerschaft ist ein wirtschaftlicher Geschäftsbetrieb[4] (vgl Rn 461).

Rechtsschutz: Gewährung von Rechtsschutz durch einen Berufsverband begründet einen wirtschaftlichen Geschäftsbetrieb.[5]

Rechteüberlassung ist kein wirtschaftlicher Geschäftsbetrieb, sondern Vermögensverwaltung.[6]

Restaurationsbetriebe sind wirtschaftliche Geschäftsbetriebe.[7]

Rettungsdienste sind wirtschaftliche Geschäftsbetriebe und keine Zweckbetriebe iSd § 66 AO.[8]

Schülerbeförderung ist ein wirtschaftlicher Geschäftsbetrieb.[9]

Schullandheime sind Zweckbetriebe nach § 68 Nr 1 lit b AO.

Selbstversorgungsbetriebe von Körperschaften können nach § 68 Nr 2 lit b AO unter bestimmten Voraussetzungen Zweckbetriebe sein (Lieferungen und Leistungen an Außenstehende dürfen höchstens 20 % der gesamten Lieferungen und sonstigen Leistungen ausmachen).

Sponsoring ist ein wirtschaftlicher Geschäftsbetrieb, wenn dem Sponsor eine Gegenleistung für die Unterstützung in Form von Werbeleistungen der begünstigten Körperschaft gewährt wird und die begünstigte Körperschaft an den Werbemaßnahmen mitwirkt.[10] Kein wirtschaftlicher Geschäftsbetrieb wird begründet, wenn der Sponsor lediglich das Recht zur Nutzung des Namens der begünstigten Körperschaft für Werbezwecke erhält oder die begünstigte Körperschaft auf die Unterstützung des Sponsors lediglich hinweist[11] (vgl auch Stichwort „Werbung").

Sportliche Veranstaltungen sind Zweckbetriebe nach § 67a AO, wenn

- die Einnahmen einschließlich USt insgesamt 35.000 EUR im Jahr nicht übersteigen (§ 67a I S 1 AO) oder

---

1 BFH V R 77/83, BFH/NV 1989, 265; BFH V R 76/83, BStBl II 1988, 908.
2 BFH III R 22/88, BFH/NV 1990, 673.
3 BFH I R 2/08, BStBl II 2010, 1006
4 BFH V R 29/91, BStBl II 1997, 189.
5 FG München 7 K 4322/98, DStR 2000, 1093.
6 FG München 7 K 3705/03, EFG 2006, 285.
7 BFH I R 60/80, BStBl II 1986, 88; BFH I R 3/82, BStBl II 1986, 92.
8 BFH I R 30/06, BStBl II 2009, 126, aA AEAO Nr 6 S 2 f zu S 66 AO; BMF v 20.1.2009, BStBl I 2009, 339.
9 OFD Frankfurt am Main v 9.3.2006, DB 2006, 697.
10 BFH I R 42/06, BStBl II 2008, 946; BFH V R 21/01, BStBl II 2003, 438.
11 AEAO Nr 9 zu § 64 I AO.

III. Normzweck und Anwendungsbereich

- auf die Anwendung der vorgenannten Einnahmegrenze verzichtet wird und kein Sportler des Vereins teilnimmt, der von dem Verein bezahlt wird (Profisportler) (§ 67a III S 1 Nr 1 AO) sowie kein vereinsfremder Sportler an der Veranstaltung teilnimmt, der für die Teilnahme eine Vergütung erhält (§ 67a III S 1 Nr 2 AO).

Sportplatzüberlassung von längerer Dauer ist Vermögensverwaltung.[1] Die kurzfristige Vermietung an Mitglieder ist Zweckbetrieb iSd § 65 AO.[2] Die kurzfristige Vermietung an Nichtmitglieder ist steuerpflichtiger wirtschaftlicher Geschäftsbetrieb.[3]

Studentenheime sind Zweckbetriebe nach § 68 Nr 1 lit b AO.

Theater können Zweckbetriebe iSd § 68 Nr 7 AO sein.

Therapieeinrichtungen für Behinderte sind Zweckbetriebe nach § 68 Nr 3 lit b AO.

Tonträgerverkauf ist wirtschaftlicher Geschäftsbetrieb.[4]

Trabrennen und Betrieb eines Totalisators durch einen Verein, dessen Zweck die Förderung der Traberzucht ist, sind wirtschaftliche Geschäftsbetriebe.[5]

Trikotwerbung ist ein wirtschaftlicher Geschäftsbetrieb[6] (vgl auch Stichwort „Werbung").

Umlagen vgl Rn 251.

Verkauf von Speisen und Getränken in kulturellen Einrichtungen oder bei kulturellen Veranstaltungen ist ein wirtschaftlicher Geschäftsbetrieb nach § 68 Nr 7 Hs 2 AO. **Vermietung und Verpachtung** ist grundsätzlich Vermögensverwaltung. Ein wirtschaftlicher Geschäftsbetrieb liegt jedoch vor,

- wenn aufgrund der Art und Häufigkeit der Vermietung die Grenze zum Gewerbebetrieb überschritten wird (zB die Vermietung von Räumen für regelmäßig kurze Zeit, zB Stunden oder einzelne Tage, an wechselnde Benutzer, R 16 IV S 10 KStR) oder
- weitere Leistungen neben der Vermietung erbracht werden (zB die Überlassung von Fachpersonal sowie Verbrauchsmaterial bei der Vermietung von medizinischen Geräten[7])
- sowie bei der Vermietung iRe Betriebsaufspaltung.

Versicherungstätigkeit, Abschluss einer Gruppenversicherung für Mitglieder gegen Überschussbeteiligung für Beitragsinkasso und Übernahme von Informationspflichten sind wirtschaftlicher Geschäftsbetrieb.[8]

---

1 AEAO Nr 12 I zu § 67a AO.
2 AEAO Nr 12 II S 3 zu § 67a AO.
3 AEAO Nr 12 II S 4 f zu § 67a AO.
4 BFH V B 159/99, BFH/NV 2000, 1506.
5 BFH I R 15/07, BStBl II 2011, 475; aA in Bezug auf die Veranstaltung von Trabrennen (Zweckbetrieb) BFH I R 76/01, BStBl II 2005, 305.
6 AEAO Nr 9 S 4 zu § 67a AO.
7 BFH I R 85/04, BStBl II 2005, 545.
8 BFH I R 2/97, BStBl II 1998, 175.

Verwaltungstätigkeit: Die Verwaltung fremden Grundbesitzes ist ein wirtschaftlicher Geschäftsbetrieb.[1] Die Vermögensverwaltung umfasst die Verwaltung eigenen Grundbesitzes solange kein gewerblicher Grundstückshandel vorliegt (vgl Rn 26).

Volkshochschulen sind Zweckbetriebe nach § 68 Nr 8 AO, auch soweit die Einrichtungen den Teilnehmern von Veranstaltungen selbst Beherbergung und Beköstigung gewähren.

Weingut: Der Betrieb eines Weingutes ist ein wirtschaftlicher Geschäftsbetrieb.[2]

Werbung eines Sportvereins für einen Dritten ist ein wirtschaftlicher Geschäftsbetrieb[3] (siehe auch Stichworte „Sponsoring", „Bandenwerbung" und „Trikotwerbung").

Wissenschaftseinrichtungen sind Zweckbetriebe nach § 68 Nr 9 AO, wenn sich der Träger überwiegend aus Zuwendungen der öffentlichen Hand oder Dritter oder aus der Vermögensverwaltung finanziert und die Einnahmen aus Auftrags- oder Ressortforschung (vgl auch Stichworte „Auftragsforschung" und „Forschungseinrichtungen") 50 % der gesamten Einnahmen nicht übersteigen.[4]

Wohlfahrtspflegeeinrichtungen sind Zweckbetriebe nach § 66 AO, wenn mindestens 2/3 der Leistungen Personen iSd § 53 AO zugutekommen.[5]

Zeitschriften: Die Herausgabe einer Fachzeitschrift kann ein Zweckbetrieb sein.[6]

Zentraleinkauf eines Dachverbandes ist ein steuerpflichtiger wirtschaftlicher Geschäftsbetrieb.[7]

65 **i) KESt. Fiktion von Ausschüttungen.** Da der wirtschaftliche Geschäftsbetrieb tatsächlich keine „Ausschüttungen" an die „Trägerkörperschaft" vornehmen kann,[8] wird für Zwecke des Kapitalertragsteuerabzugs fingiert, dass Gewinne des wirtschaftlichen Geschäftsbetriebs einer von der KSt befreiten Körperschaft, Personenvereinigung oder Vermögensmasse, soweit diese nicht den Rücklagen zugeführt werden, als Ausschüttung an die steuerbefreite Körperschaft nach § 20 I Nr 10 lit b S 4 EStG behandelt werden. Ziel der Regelung ist es, den wirtschaftlichen Geschäftsbetrieb einer iÜ im Ganzen[9] steuerbefreiten Körperschaft den nicht von der KSt befreiten Wettbewerbern gleichzustellen. Voraussetzung ist, dass der Gewinn des wirtschaftlichen Geschäftsbetriebs durch Betriebsvermögensvergleich ermittelt wird, die Körperschaft, Personenvereinigung oder Vermögensmasse für ihren steuerpflichtigen und ihren steuerbegünstigten Bereich zusammen einen einheitlichen Betriebsvermögensvergleich erstellt[10] oder bestimmte Umsatz- und Gewinngrenzen überschritten werden (hierzu Rn 66).

---

1 BFH I R 35/94, BStBl II 1996, 583.
2 BFH III 307/57 U, BStBl III 1960, 131.
3 BFH I R 31/89, BStBl II 1992 103.
4 BFH I R 76/05, BStBl II 2007, 631.
5 AEAO zu § 66 AO; vgl auch zu den amtlich anerkannten Wohlfahrtsverbänden § 23 UStDV.
6 BFH I R 11/88, BStBl II 1989, 391.
7 BFH II R 94/94, BFH/NV 98, 150.
8 *Frotscher* in Frotscher/Maas § 5 Rn 82.
9 BMF v 10.11.2005, BStBl I 2005, 1029, betroffen sind nur Nr 5, 7, 9, 16, 19, 22, 23.
10 BMF v 10.11.2005, BStBl I 2005, 1029.

III. Normzweck und Anwendungsbereich

Überschreiten der Umsatz- und Gewinngrenzen. Ermittelt die Körperschaft, Personenvereinigung oder Vermögensmasse den Gewinn des wirtschaftlichen Geschäftsbetriebs nicht durch Betriebsvermögensvergleich, ist Voraussetzung für den Kapitalertragsteuerabzug gem § 20 I Nr 10 lit b S 2 EStG, dass der wirtschaftliche Geschäftsbetrieb einen Umsatz von mehr als 350.000 EUR im Kalenderjahr oder einen Gewinn von mehr als 30.000 EUR im WJ[1] erzielt. Die Umsatz- und Gewinngrenzen des § 20 I Nr 10 lit b S 1 EStG sind auf den jeweiligen wirtschaftlichen Geschäftsbetrieb anzuwenden.[2]

66

Kapitalertragsteuerabzug gem § 43 I S 1 Nr 7c EStG. Soweit der Gewinn nicht den Rücklagen zugeführt wird, unterliegt er daher dem Kapitalertragsteuerabzug nach § 43 I S 1 Nr 7c EStG, der allerdings bei nach § 5 I Nr 9 steuerbefreiten Körperschaften nicht vorzunehmen ist (§ 44a VII S 1 EStG) und in den übrigen Fällen auf 15 % reduziert wird (§ 44a VIII S 2 EStG; vgl Rn 70).

67

Sonstige Erträge mit Kapitalertragsteuerabzug. Der nicht den Rücklagen zugeführte Gewinn erhöht sich nach § 20 I Nr 10 lit b S 2 EStG um:
1. Auflösung von Rücklagen für Zwecke außerhalb des BgA (§ 20 I Nr 10 lit b S 2 Hs 1 EStG),
2. Rücklagen, die aufgrund der Einbringung eines wirtschaftlichen Geschäftsbetriebs gem § 20 UmwStG oder eines Formwechsels gem § 25 UmwStG als aufgelöst gelten (§ 20 I Nr 10 lit b S 2 Hs 2 EStG).

68

Steuerbefreiter BgA einer juristischen Person des öffentlichen Rechts. Die Kapitalertragsteuerpflicht gilt gem § 20 I Nr 10 lit b S 1 ff EStG auch für Gewinne des wirtschaftlichen Geschäftsbetriebs eines steuerbefreiten BgA einer juristischen Person des öffentlichen Rechts.

69

Reduzierung des Steuerabzugs (§ 44a IV, VII, VIII S 1 und 2 EStG). Ist Gläubiger von Kapitalerträgen, die dem Kapitalertragsteuerabzug unterliegen, eine der in § 5 (mit Ausnahme des § 5 I Nr 9) genannten Körperschaften, Personenvereinigungen oder Vermögensmassen, ist der Steuerabzug nach § 44a IV S 1 EStG für bestimmte Kapitalerträge entweder überhaupt nicht vorzunehmen oder der Steuerabzug wird für andere Kapitalerträge nach § 44a VIII S 1 und 2 EStG auf 3/5 der KESt nach § 43a EStG von 25 % reduziert. Dies geschieht je nach Art der Einkünfte entweder durch einen ermäßigten Steuerabzug oder im Wege der Erstattung an die steuerbefreite Körperschaft.[3] Im Ergebnis wird so eine verbleibende Belastung von 15 % erreicht, entsprechend dem KSt-Satz nach § 23 I. Für nach § 5 I Nr 9 steuerbefreite Körperschaften gilt nach § 44a VII EStG statt der Reduzierung der KESt auf 15 % für bestimmte weitere Kapitalerträge eine vollständige Befreiung vom Steuerabzug.

70

Beschränkung für abgeltenden Steuerabzug (§ 5 II Nr 1). § 5 II Nr 1 schränkt den sachlichen Anwendungsbereich der in § 5 I geregelten Steuerbefreiungen hinsichtlich bestimmter Einkünfte ein. Die Steuerbefreiungen gelten nicht für inländische Ein-

71

---
1 Entspricht den Grenzen der Buchführungspflicht nach § 141 AO.
2 BMF v 10.11.2005, BStBl I 2005, 1029.
3 Hierzu im Einzelnen *Lindberg* in Blümich § 44a EStG Rn 27 ff.

künfte, die dem Steuerabzug unterliegen sowie für inländische Einkünfte aus Wertpapierleihgeschäften iSd § 32 III S 1 Hs 2 iVm § 2 Nr 2 Hs 2. Für diese Einkünfte ist die KSt mit dem Steuerabzug abgegolten (§ 32 I Nr 1). Der abgeltende Steuerabzug betrifft insbesondere Einkünfte, die iRe steuerbefreiten Vermögensverwaltung erzielt werden, kann aber auch die teilweise ebenfalls von der Steuerbefreiung erfassten Einkünfte eines Zweckbetriebs oder – bei juristischen Personen des öffentlichen Rechts – eines BgA betreffen, die unter die Befreiungsvorschriften des § 5 fallen. Einkünfte, die iRe wirtschaftlichen Geschäftsbetriebs (Rn 31 ff) erzielt werden, fallen dagegen meist nicht unter die Steuerbefreiung (Ausnahme: § 5 I Nr 6, vgl Rn 263), so dass durch den Steuerabzug keine Abgeltungswirkung eintritt. Während Einkünfte aus Vermietung und Verpachtung daher iRe steuerbefreiten Vermögensverwaltung ohne irgendeine Steuerbelastung erzielt werden, sind Einkünfte aus Kapitalvermögen im Regelfall durch den abgeltenden Kapitalertragsteuerabzug belastet. Nach § 8 VI ist ein Abzug von Betriebsausgaben nicht möglich, wenn das Einkommen nur aus Einkünften besteht, von denen lediglich ein Steuerabzug vorzunehmen ist.

72-73 *Einstweilen frei.*

74 **j) Keine Befreiung hinsichtlich einer Körperschaftsteuererhöhung (§ 5 II Nr 3).** Die Steuerbefreiungen nach § 5 gelten nicht, soweit eine Körperschaftsteuererhöhung nach § 38 II festzusetzen ist (§ 5 II Nr 3).

75-76 *Einstweilen frei.*

77 **4. Verfahrensrecht. Kein Antragserfordernis.** Die Steuerbefreiung erfolgt von Amts wegen auch ohne Antrag der Körperschaft, wenn die Voraussetzungen erfüllt sind.[1] Ein Verzicht auf die Steuerbefreiung durch den Steuerpflichtigen ist nicht möglich (zur befristeten Ausnahme nach § 34 V für Vermietungsgenossenschaften und -vereine nach § 5 I Nr 10 vgl Rn 350 und Erwerbs- und Wirtschaftsgenossenschaften und -vereine nach § 5 I Nr 14 vgl Rn 373) und unbeachtlich.[2]

78 **Entscheidung über Gewährung einer Steuerbefreiung.** Die Entscheidung über die Gewährung der Steuerbefreiung wird im Veranlagungsverfahren getroffen.[3] Sind die Voraussetzungen für die Steuerbefreiung erfüllt, wird ein Freistellungsbescheid nach § 155 I S 3 AO erlassen. Erlässt das Finanzamt einen KSt-Bescheid, ggf über 0 EUR, ist die Steuerbefreiung versagt und der Einspruch/die Anfechtungsklage zulässig.[4]

79 **Konkurrentenklage.** Aufgrund der möglichen Wettbewerbsverzerrung durch eine Steuerbefreiung hat § 5 I Nr 9 S 2 das Ziel des Drittschutzes.[5] Verfahrenstechnisch erfolgt dieser durch einen Antrag auf Besteuerung durch den Wettbewerber beim zuständigen Finanzamt sowie im Falle der Ablehnung durch ein Einspruchs-

---

1 AEAO Nr 3 S 3 f zu § 59 AO.
2 AEAO Nr 3 S 5 zu § 59 AO; offen gelassen BFH I 34/61 U, BStBl III 1962, 73.
3 AEAO Nr 3 S 2 zu § 59 AO.
4 BFH I R 14/98, BStBl II 2000, 325; BFH I R 153/93, BStBl II 1995, 499.
5 Für § 5 I Nr 9 iVm §§ 64-68 AO vgl BFH I R 10/92 BStBl II 1998, 63; BFH I R 30/06, BStBl II 2009, 126; EuGH Rs C-430/04, *Feuerbestattungsverein Halle eV*, Slg 2006, I-4999.

verfahren mit anschließender Klagemöglichkeit.¹ Hierbei ist umstritten, welche Klageart in diesem Fall statthaft ist.² Der BFH hält nach bisheriger Rechtsprechung für den Fall, dass bereits ein Freistellungsbescheid ergangen ist, eine Anfechtungsklage für zulässig, mit der die Aufhebung des Freistellungsbescheids begehrt wird.³ Für den Fall, dass noch kein Steuerbescheid für einen in der Vergangenheit liegenden VZ ergangen ist, soll eine Feststellungsklage zulässig sein.⁴ Eine Klage, die sich auf zukünftige Zeiträume bezieht, ist stets unzulässig.⁵ Daneben tritt überdies auch ein potentieller Schutz aufgrund nicht notifizierter Beihilfe gem Art 107 AEUV (zuvor Art 87 EG) (vgl Rn 98).

Anspruch auf Auskunft. Um Kenntnis darüber zu erlangen, ob ein Konkurrent besteuert wird, besteht ein Anspruch auf Auskunft gegenüber dem Finanzamt darüber, ob die Umsätze aus einer bestimmten Tätigkeit der Umsatz- oder Ertragsbesteuerung unterliegen, wenn ein Steuerpflichtiger substantiiert und glaubhaft darlegt, durch eine unzutreffende Besteuerung eines Konkurrenten konkret feststellbare, durch Tatsachen belegte Wettbewerbsnachteile zu erleiden und mit Aussicht auf Erfolg steuerlichen Drittschutz geltend machen zu können.⁶ Dies gilt unbeschadet des Steuergeheimnisses (§ 30 IV Nr 1 iVm II Nr 1 lit a AO).

80

Vertrauensschutz. Problematisch ist das Verhältnis der Konkurrentenklage zum Vertrauensschutz der unrechtmäßig nicht oder nicht hinreichend besteuerten Körperschaft. Da dem Konkurrenten, der sich auf eine Wettbewerbsverzerrung beruft, der Steuerbescheid gegenüber der begünstigten Körperschaft nicht bekannt gegeben worden ist, wäre eine Anfechtung durch ihn bis zum Ablauf der Festsetzungsfrist möglich,⁷ was für die begünstigte Körperschaft eine besondere Härte darstellen kann, wenn unvorhergesehene Steuernachzahlungen entstehen. Eine engere zeitliche Beschränkung kann sich möglicherweise unter dem Gesichtspunkt der Verwirkung ergeben.⁸

81

Einstweilen frei.

82-83

5. Verhältnis zu anderen Vorschriften. a) KStG. § 6. § 6 schränkt die Steuerbefreiung nach § 5 I Nr 3 für überdotierte Pensions-, Sterbe-, Kranken- und Unterstützungskassen ein.

84

Spendenabzug (§ 9 I Nr 2, § 9 Nr 5 GewStG und § 10b EStG). Die Steuerbefreiung des Spendenempfängers nach § 5 I Nr 9 ist Voraussetzung für den begünstigten Spendenabzug nach § 10b I EStG bzw § 9 I Nr 2 sowie § 9 Nr 5 GewStG für Spenden an privatrechtliche Körperschaften, Personenvereinigungen oder Vermögensmassen. Der Freistellungsbescheid, der iRd Veranlagung die Steuerbefreiung nach § 5 I Nr 9

85

---

1 Heger in Gosch § 5 Rn 11.
2 Englisch, StuW 2008, 43 mit einer ausführlichen Darstellung der unterschiedlichen Auffassungen in der Literatur.
3 BFH I R 10/92, BStBl II 1998, 63.
4 BFH I R 10/92, BStBl II 1998, 63.
5 BFH I R 10/92, BStBl II 1998, 63.
6 BFH VII R 24/03, BStBl II 2007, 243.
7 Englisch, StuW 2008, 43; Heger in Gosch § 5 Rn 13.
8 Englisch, StuW 2008, 43.

verbindlich feststellt, berechtigt auch (für die Folgejahre vorläufig) zum Spendenempfang und ist somit Voraussetzung für die Ausstellung von zum Spendenabzug berechtigenden Zuwendungsbescheinigungen.[1] Ist die Steuerbegünstigung noch nicht im Veranlagungsverfahren festgestellt worden, kann das Finanzamt eine vorläufige Freistellungsbescheinigung ausstellen, zB zum Empfang steuerbegünstigter Spenden.[2] Bei der Freistellungsbescheinigung handelt es sich nicht um einen Verwaltungsakt, sondern lediglich um eine das Finanzamt nicht bindende Rechtsauskunft.[3] Ihre Geltungsdauer soll 18 Monate nicht überschreiten.[4]

86   § 13. § 13 regelt den Wertansatz von Wirtschaftsgütern bei Beginn und Erlöschen einer Steuerbefreiung. Sowohl beim Eintritt einer Steuerbefreiung als auch bei deren Wegfall hat die betroffene Körperschaft eine Schluss- (§ 13 I) bzw Anfangsbilanz (§ 13 II) aufzustellen. Die Wirtschaftsgüter sind gem § 13 III jeweils mit dem Teilwert anzusetzen mit Ausnahme derjenigen Wirtschaftsgüter, die bei einer Befreiung nach § 5 Nr 9 steuerbegünstigten Zwecken dienen und einer Buchwertfortführung unterliegen (§ 13 IV). Wertänderungen während der Zeit der Steuerbefreiung werden im Ergebnis steuerlich nicht erfasst.

87   § 32 III. Die Steuerbefreiungen gelten nicht für inländische Einkünfte aus Wertpapierleihgeschäften iSd § 32 III S 1 Hs 2 iVm § 2 Nr 2 Hs 2. Für diese Einkünfte ist die KSt mit dem Steuerabzug abgegolten (§ 32 I Nr 1).

88   § 38 II. Die Steuerbefreiungen nach § 5 gelten nicht soweit eine Körperschaftsteuererhöhung nach § 38 II festzusetzen ist (§ 5 II Nr 3).

89-90   *Einstweilen frei.*

91   **b) GewStG. § 3 GewStG.** Die Befreiung von der GewSt ist in § 3 GewStG inhaltlich in vielen Fällen übereinstimmend mit den sich aus § 5 ergebenden Befreiungen geregelt.

92   *Einstweilen frei.*

93   **c) AO. § 14 AO.** Einige Steuerbefreiungstatbestände aus dem Katalog des § 5 schließen Einkünfte, die iRe wirtschaftlichen Geschäftsbetriebs iSv § 14 AO erzielt werden, von der Befreiung aus und regeln insoweit eine partielle Steuerpflicht (vgl Rn 31 ff).

94   **§§ 51-68 ff AO.** Körperschaften, die steuerbegünstigte Zwecke verfolgen und die Voraussetzungen der §§ 51-68 ff AO erfüllen, sind nach § 5 I Nr 9 steuerbefreit (weiterführend Rn 282 ff).

95   *Einstweilen frei.*

96   **d) Gemeinschaftsrecht. Persönlicher Anwendungsbereich der Steuerbegünstigung.** Die Erweiterung des persönlichen Anwendungsbereichs in § 5 II Nr 2 auf Einrichtungen eines anderen EU- bzw EWR-Staates hinsichtlich der Steuerbefreiung

---

1 BFH I B 82/98, BFH/NV 1998, 352.
2 AEAO Nr 4-6 zu § 59 AO.
3 BFH I B 58/85, BStBl II 1986, 677; das Finanzamt kann durch eine einstweilige Anordnung zur Erteilung einer Bescheinigung verpflichtet werden, BFH I B 82/98, BStBl II 2000, 320.
4 AEAO Nr 5 zu § 59 AO.

III. Normzweck und Anwendungsbereich

gem § 5 I Nr 9 durch das JStG 2009 (vgl Rn 11) ist unionsrechtlich nicht ausreichend. Eine Erweiterung des persönlichen Anwendungsbereichs auf Einrichtungen eines anderen EU- bzw EWR-Staates wäre durchaus auch bei anderen Steuerbefreiungsvorschriften aus dem Katalog des § 5 I denkbar wie zB:

- bei der Steuerbefreiung von Pensionskassen (Nr 3),
- bestimmten VVaG (Nr 4),
- Berufsverbänden (Nr 5),
- Vermögensverwaltungsgesellschaften der Berufsverbände (Nr 6),
- Vermietungsgenossenschaften und -vereinen (Nr 10).

Ob diesbezüglich eine Rechtfertigung mit dem Argument möglich ist, dass mit diesen Befreiungsvorschriften an inländische Förderungssachverhalte angeknüpft wird, mag zumindest hinsichtlich einzelner Steuerbefreiungstatbestände zweifelhaft sein. So hat die Europäische Kommission hinsichtlich der Besteuerung von Dividendenzahlungen an ausländische Pensionskassen bereits die dritte Stufe eines Vertragsverletzungsverfahrens gegen Deutschland eingeleitet und verklagt Deutschland vor dem EuGH.[1]

Struktureller Inlandsbezug (§ 51 II AO). Die unionsrechtliche Zulässigkeit eines strukturellen Inlandsbezugs, dh einer auf die Tätigkeit und nicht die unbeschränkte Steuerpflicht der Körperschaft bezogenen Einschränkung, hatte der EuGH in den Urteilsbegründungen in der Rs *Stauffer* nicht grundsätzlich ausgeschlossen.[2] Es kann allerdings bezweifelt werden, ob die Umsetzung durch den deutschen Gesetzgeber durch die Einführung des § 51 II AO mit dem JStG 2009 (vgl Rn 287) unionsrechtlichen Anforderungen genügt, da die Vorschrift für inländische Körperschaften keine Hürde darstellen dürfte, die Voraussetzungen für ausländische Körperschaften dagegen schwer zu erfüllen sein dürften und so letztlich doch die Ansässigkeit ein entscheidendes Förderkriterium darstellt.[3] Insbesondere das Kriterium der Förderung des Ansehens Deutschlands „im Ausland" (vgl Rn 289) kann eine gezielte Benachteiligung ausländischer Einrichtungen darstellen,[4] auch wenn die Finanzverwaltung die Erfüllung dieses Tatbestandsmerkmals durch ausländische Einrichtungen für „nicht grundsätzlich ausgeschlossen" hält.[5]

97

Art 107 AEUV (zuvor 87 EG). In Bezug auf den sachlichen Anwendungsbereich der Norm ist das Beihilfeverbot nach Art 107 AEUV (zuvor Art 87 EG) zu berücksichtigen.[6] Die Vorschrift verbietet staatliche Beihilfen, dh die Begünstigung be-

98

---

1 Pressemitteilung v 3.6.2010, IP/10/662.
2 EuGH Rs C-386/04, *Stauffer*, Slg 2006, I-8203, Rn 34, 37; zu Bedenken hinsichtlich der unionsrechtlichen Zulässigkeit vgl *Hüttemann*, DB 2008, 1061 mit Hinweis auf EuGH Rs C-281/06, *Jundt*, Slg 2007, I-12231 und *Freiherr von Proff*, IStR 2009, 371.
3 *Freiherr von Proff*, IStR 2009, 371.
4 *Hüttemann*, DB 2008, 1061.
5 AEAO Nr 7 III S 2 zu § 51 II AO; dazu auch *Hüttemann*, DB 2012, 250.
6 *Benicke* in Schauhoff, Handbuch der Gemeinnützigkeit, 2. Aufl, § 23 Rn 81; zu den Folgen eines Verstoßes gegen Art 107 AEUV (zuvor Art 87 EG) vgl *Hüttemann*, Gemeinnützigkeits- und Spendenrecht, 2008, § 1 Rn 121.

stimmter Unternehmen oder Produktionszweige, welche den Wettbewerb verfälscht oder zu verfälschen droht. Während Vermögensverwaltung und der ideelle Bereich eines Vereins oder einer Stiftung keine unternehmerische Tätigkeit iSd Beihilfenrechts darstellen,[1] liegt hinsichtlich eines wirtschaftlichen Geschäftsbetriebs eine wirtschaftliche Tätigkeit vor, deren Steuerbefreiung eine verbotene staatliche Beihilfe iSd Art 107 AEUV (zuvor Art 87 EG) sein kann (da auch die erforderliche Selektivität regelmäßig gegeben sein wird).[2] Die Steuerbefreiungen nach § 5 umfassen aber im Allgemeinen die Einkünfte aus einem wirtschaftlichen Geschäftsbetrieb gerade nicht. Ob allerdings eine partielle Steuerpflicht, die sich ausschließlich auf einen wirtschaftlichen Geschäftsbetrieb beschränkt, ausreichend ist, ist zweifelhaft. Denn auch die Steuerbefreiung eines Zweckbetriebs kann gegen das Beihilfenrecht verstoßen, da insoweit eine unternehmerische Tätigkeit, die in den Anwendungsbereich des Art 107 AEUV fällt, gegeben ist.[3] Diesbezüglich können allerdings die Ausnahmetatbestände des Art 107 II und III AEUV, die staatliche Beihilfen unter bestimmten Bedingungen gestatten, als Rechtfertigungsgründe für die steuerliche Begünstigung in Betracht kommen.[4] Bei solchen Beihilfen, die nach dem Beitrittstag zur EU (im Falle Deutschlands der Tag des Inkrafttretens des Vertrags zur Gründung der Europäischen Gemeinschaft am 1.1.1958) eingeführt wurden, wäre allerdings ein Notifizierungsverfahren nach Art 108 III AEUV bei der EU-Kommission durchzuführen, um sich auf die Ausnahmetatbestände berufen zu können.[5] Ohne eine solche besteht ein Durchführungsverbot nach Art 108 III S 3 AEUV. Bei einem Verstoß gegen dieses ist die gewährte Beihilfe zuzüglich Zinsen zurückzufordern.[6] Wird eine Beihilfe nachträglich von der EU-Kommission genehmigt, sind die Zinsvorteile bis zum Tag der Entscheidung der Kommission aller bis dahin gewährten Beihilfen zwingend zurückzufordern.[7] Gegen am Beitrittstag bereits bestehende Beihilfen (sog bestehende Beihilfen) kann die EU-Kommission ein lediglich für die Zukunft wirkendes Verfahren nach Art 107 II AEUV einleiten. Da viele der Befreiungstatbestände des § 5 bereits vor Schaffung der Regelung mit dem Körperschaftsteuerreformgesetz materiell-rechtlich existierten und aus Vorgängerregelungen übernommen wurden (§ 5 I Nr 1-15, vgl Rn 3), wird es sich bei einigen Tatbeständen des Befreiungskatalogs um vor 1958 bestehende Beihilfen handeln (zB § 5 I Nr 9). Allerdings haben auch einige der Regelungen, die durch das Körperschaftsteuerreformgesetz lediglich aus einer Vorgängerregelung übernommen wurden, teilweise materiell-rechtliche Änderungen in der Folge erfahren, so dass es sich ggf nicht mehr oder nur teilweise um eine bestehende

---

1 *Heger* in Gosch § 5 Rn 16; *Hüttemann*, Gemeinnützigkeits- und Spendenrecht, 2008, § 1 Rn 113, 39; zu einem möglichen Verstoß gegen Art 107 AEUV (zuvor Art 87 EG) durch die Steuerbegünstigung von Spenden vgl *Benicke* in Schauhoff, Handbuch der Gemeinnützigkeit, 2. Aufl, § 23 Rn 83.
2 *Hüttemann*, Gemeinnützigkeits- und Spendenrecht, 2008, § 1 Rn 110 ff.
3 EuGH, Rs C-222/04, *Cassa di Risparmio*, Slg 2006, I-325, Rn 122 f.
4 *Hüttemann*, Gemeinnützigkeits- und Spendenrecht, 2008, § 1 Rn 120; EuGH Rs C-386/04, *Stauffer*, Slg 2006, I-8203.
5 *Heger* in Gosch § 5 Rn 15.
6 Art 14 der Verordnung (EG) Nr 659/1999 des Rates v 22.3.1999 über besondere Vorschriften für die Anwendung von Art 93 des EG-Vertrags, ABl EG 1999, L83/1.
7 Bekanntmachung der Kommission über die Durchsetzung des Beihilfenrechts durch die einzelstaatlichen Gerichte v 9.4.2009 (2009/C 85/01), ABl EU, C 85/1, Rn 41 lit e.

Beihilfe handeln wird. Insbesondere die Befreiung von staatlich kontrollierten Wirtschaftsförderungsgesellschaften nach § 5 I Nr 18 ist vor dem Hintergrund des Beihilfenrechts kritisch zu sehen, vgl Rn 416.

Einstweilen frei. 99

e) DBA. Der persönliche Anwendungsbereich von § 5 I Nr 9 (vgl Rn 9 ff und Rn 284) wird in einigen Fällen durch DBA, die eine Gleichstellung ausländischer gemeinnütziger Körperschaften, die im Ansässigkeitsstaat steuerbefreit sind, mit inländischen Körperschaften, die steuerbegünstigten Zwecken dienen, vorsehen, entgegen § 5 II erweitert (vgl Rn 12). 100

Einstweilen frei. 101

f) Verfassungsrecht. Ein steuerlicher Eingriff in die Wettbewerbsgleichheit ist vor Art 3 I GG nur gerechtfertigt, wenn dafür ein hinreichender sachlicher Grund vorliegt, zB eine Entlastung der Sozialträger, die dem öffentlichen Wohl dient.[1] Eine Durchbrechung des Leistungsfähigkeitsprinzips muss auf Gemeinwohlwerte gestützt werden.[2] Das verfassungsrechtliche Gebot der Wettbewerbsneutralität des Steuerrechts soll § 5 dadurch Rechnung tragen, dass die meisten Steuerbefreiungen eine partielle Steuerpflicht vorsehen und zumindest Erträge aus einem wirtschaftlichen Geschäftsbetrieb im Regelfall von der Steuerbefreiung nicht erfasst werden.[3] Für steuerfreie Zweckbetriebe, die nach § 65 Nr 3 AO zu einem nicht begünstigten Betrieb derselben oder ähnlichen Art nicht in größerem Umfang in Wettbewerb treten dürfen als bei der Erfüllung der steuerbegünstigten Zwecke unvermeidbar, erfolgt eine Abwägung zwischen der Wettbewerbsbeeinträchtigung und den als förderungswürdig erachteten Gemeinwohlzwecken.[4] 102

Einstweilen frei. 103

g) UStG. § 12 I Nr 8 UStG. Nach § 12 I Nr 8 lit a UStG ist für Leistungen von steuerbegünstigten Körperschaften iSd §§ 51-68 AO (§ 5 I Nr 9) der ermäßigte USt-Satz von 7 % anzuwenden, wenn die Leistungen nicht iRe wirtschaftlichen Geschäftsbetriebs oder – unter bestimmten Voraussetzungen – iRe Zweckbetriebs ausgeführt werden. 104

Einstweilen frei. 105

h) Weitere Befreiungsvorschriften. § 11 I S 2 f InvStG. Nach § 11 I S 2 und 3 InvStG sind inländische Sondervermögen iSd § 2 II InvG und Investment-AG iSd § 2 V InvG von der KSt und der GewSt befreit. 106

§§ 16-18 REITG. Die Steuerbefreiung der REIT AG ist in § 16 I REITG geregelt. Eine REIT-AG ist eine Immobilien-AG mit börsennotierten Anteilen. Das REITG sieht ua eine Mindestquote an unbeweglichem Vermögen (§ 12 II lit a REITG) und eine Mindestquote an Erträgen aus der Nutzung unbeweglichen Vermögens (§ 12 III 107

---

1 BVerfG 1 BvR 191/74, BVerfGE 43, 58.
2 *Lang,* DStZ 1988, 18.
3 *Heger* in Gosch § 5 Rn 3.
4 *Lang,* DStZ 1988, 18.

lit a REITG) sowie ein Mindestmaß an Anteilen im Streubesitz (§ 11 I REITG) vor. Die Steuerbefreiung beginnt mit dem WJ, in dem die Eintragung in das Handelsregister erfolgt ist (§ 17 I REITG).

108 **§ 12 III VRG.** § 12 III VRG befreit Ausgleichskassen der Arbeitgeber und gemeinsame Einrichtungen der Tarifvertragsparteien iSv § 8 VRG, soweit sie die gesetzlich geregelten Aufgaben erfüllen, von der KSt und GewSt.

109 **§ 15 II PostPersRG.** § 15 II PostPersRG befreit die Postbeamtenversorgungskasse ist von der KSt und der GewSt.

110 *Einstweilen frei.*

111 **IV. Steuerbefreiungen im Einzelnen (§ 5 I). 1. Staatsbetriebe (§ 5 I Nr 1). Keine sachlichen Voraussetzungen und keine partielle Steuerpflicht.** Bei § 5 I Nr 1 handelt es sich um eine Vorschrift, welche keine sachlichen Voraussetzungen an die Steuerbefreiung und keine partielle Steuerpflicht vorsieht (Fallgruppe 1; zur Systematik Rn 15). Befreit sind die im Gesetzestext namentlich genannten Staatsbetriebe.

112 **Historie.** Die Steuerbefreiungen für die Monopolverwaltungen des Bundes und die staatlichen Lotterieunternehmen waren bereits bei der Einführung des § 5 mit dem Körperschaftsteuerreformgesetz (vgl Rn 3) im Befreiungskatalog enthalten. Das Bundeseisenbahnvermögen ist mit dem ENeuOG v 27.12.1993[1] an die Stelle der Deutschen Bundesbahn getreten (Art 6 LIII ENeuOG). Die Steuerbefreiung für den Erdölbevorratungsverband ist durch § 39 des ErdölBevG v 25.7.1978[2] in die Vorschrift aufgenommen worden. Die ursprünglich enthaltene Steuerbefreiung für die Deutsche Bundespost ist durch Art 12 XL des PTNeuOG v 14.9.1994[3] entfallen.

113 **Erfasste Unternehmen.** Bei den in § 5 I Nr 1 genannten Unternehmen handelt es sich um folgende Staatsbetriebe, die bereits ohne eine Steuerbefreiung nach § 1 I Nr 6 lediglich mit ihrem BgA steuerpflichtig wären:

- Bundeseisenbahnvermögen,
- Monopolverwaltungen des Bundes,
- Staatliche Lotterieunternehmen (vgl Rn 118),
- Erdölbevorratungsverband.

Die Aufzählung in § 5 I Nr 1 ist abschließend.

114 **Monopolcharakter.** Aufgrund des Monopolcharakters der in § 5 I Nr 1 aufgezählten Unternehmen gilt die umfassende Steuerbefreiung auch vor dem Hintergrund möglicher Wettbewerbsverzerrungen als unproblematisch.[4]

---

1 BGBl I 1993, 2378.
2 BGBl I 1978, 1073.
3 BGBl I 1994, 2325.
4 *Heger* in Gosch § 5 Rn 96.

IV. Steuerbefreiungen im Einzelnen

Tätigkeit außerhalb des Zwecks der Unternehmen. Die Vorschrift sieht keine partielle Steuerpflicht vor. Die Steuerbefreiung umfasst daher die gesamte Tätigkeit.[1] Sollten betroffene Unternehmen außerhalb ihres Zweckes tätig werden, wäre zu prüfen, ob ein Missbrauch iSv § 42 AO vorliegt und daher die entsprechende Tätigkeit im Ergebnis steuerpflichtig wird.[2]

Tochterunternehmen. Die Befreiung gilt nur für die aufgeführten Unternehmen selbst. Rechtlich selbständige Tochterunternehmen werden nicht erfasst.[3]

Steuerbefreiung des BgA. Bei juristischen Personen des öffentlichen Rechts ist zwischen dem Hoheitsbetrieb und einem BgA zu unterscheiden (hierzu ausführlich § 4 Rn 15). Soweit ein Hoheitsbetrieb vorliegt, ist bereits keine Steuerpflicht nach § 1 gegeben.[4] Die Befreiung betrifft daher auch nur den BgA gem § 4.

Lotterieunternehmen. Lotterieunternehmen werden nur erfasst, wenn es sich um unmittelbar durch den Staat geführte BgA handelt oder um rechtsfähige Anstalten des öffentlichen Rechts.[5] Werden sie von einer Kapitalgesellschaft betrieben, gilt die Steuerbefreiung auch dann nicht, wenn sich alle Anteile im Eigentum des Staates befinden.[6] Genausowenig gilt die Befreiung für private Lotterieveranstalter, die nicht nur als Einnehmer einer staatlichen Lotterie handeln.[7]

Einstweilen frei.

2. Kreditinstitute (§ 5 I Nr 2 und 2a). Keine sachlichen Voraussetzungen und keine partielle Steuerpflicht. Bei § 5 I Nr 2, 2a handelt es sich um Vorschriften, welche keine sachlichen Voraussetzungen an die Steuerbefreiung und keine partielle Steuerpflicht vorsehen (Fallgruppe 1; zur Systematik Rn 15). Befreit sind die im Gesetzestext namentlich genannten Körperschaften.

Historie. Der Katalog des § 5 sah bereits bei seiner Einführung mit dem Körperschaftsteuerreformgesetz (vgl Rn 3) eine Steuerbefreiung für bestimmte öffentliche Banken vor, die mit anderen Kreditinstituten grundsätzlich nicht im Wettbewerb stehen. Der Katalog der steuerbefreiten öffentlichen Kreditinstitute hat zahlreiche Änderungen zB durch Umstrukturierungen dieser Kreditinstitute erfahren und ist insbesondere aufgrund der Wiedervereinigung erheblich erweitert worden.[8] Durch das StRefG 1990 v 25.7.1988[9] wurden Kreditinstitute, die zuvor als Organe der staatlichen Wohnungspolitik nach § 5 I Nr 11 steuerbefreit waren, in die Vor-

---

1 BFH I R 182/57 U, BStBl III 1958, 429.
2 *Heger* in Gosch § 5 Rn 96.
3 *Heger* in Gosch § 5 Rn 96.
4 BTDrs 7/1470, 337.
5 BFH I R 158/81, BStBl II 1985, 223.
6 BFH GrS 1/62 S, BStBl III 1964, 190 zu § 3 GewStG.
7 BFH IV R 18/09, BStBl II 2011, 368; BFH IV R 39/07, BFH/NV 2011, 842.
8 *Jost* in D/J/P/W § 5 Abs 1 Nr 1-2a zur Historie des § 5 I Nr 2.
9 BGBl I 1988, 1093.

schrift aufgenommen.[1] Die Befreiung für die Bundesanstalt für vereinigungsbedingte Sonderaufgaben ist mit Art 10 des JStG 1997 v 20.12.1996[2] anstelle der Befreiung der Treuhandanstalt getreten.

122 **Deutsche Bundesbank und bestimmte öffentliche Banken.** Die Vorschriften enthalten eine persönliche Steuerbefreiung für

- die Deutsche Bundesbank,
- einige abschließend aufgezählte öffentliche Banken, die grundsätzlich mit anderen Kreditinstituten nicht im Wettbewerb stehen,[3]
- ehemalige anerkannte Organe der staatlichen Wohnungspolitik[4]
- sowie die Bundesanstalt für vereinigungsbedingte Sonderaufgaben als Nachfolgeorganisation der Treuhandanstalt (soweit deren Aufgaben auf privatwirtschaftliche Gesellschaften übertragen wurden, greift die Steuerbefreiung hingegen nicht[5]).[6]

Die Aufzählung in § 5 I Nr 2 und 2a ist abschließend.

123 **Begründung.** Die Steuerbefreiung wird mit der Wahrnehmung öffentlicher Aufgaben, bspw die Abwicklung von staatlichen Förderprogrammen oder Finanzierungsmaßnahmen, begründet.[7]

124 **Grenzen der Steuerbefreiung.** Zur Begrenzung der Steuerbefreiung bei einer Tätigkeit außerhalb des eigentlichen Zwecks vgl Rn 115 sowie bei Tochterunternehmen Rn 116.

125 *Einstweilen frei.*

126 **3. Rechtsfähige Pensions-, Sterbe-, Kranken- und Unterstützungskassen (§ 5 I Nr 3). a) Allgemeines. Rechtsgrundlagen des Aufsichtsrechts.** § 7 VAG reglementiert den Versicherungsmarkt ua durch Einschränkungen bei der Wahl der Rechtsform der Versicherungsunternehmen. Die Erlaubnis zum Geschäftsbetrieb darf gem § 7 VAG nur AGs (einschließlich der SE), VVaGs sowie Körperschaften und Anstalten des Öffentlichen Rechts erteilt werden.

127 **Pensions-, Sterbe- und Krankenkassen sowie Unterstützungskassen als Steuersubjekt.** Pensions-, Sterbe- und Krankenkassen wie auch Unterstützungskassen sind grundsätzlich nach § 1 I unbeschränkt körperschaftsteuerpflichtige Steuersubjekte (vgl § 1 Rn 82 ff). Bei Vorliegen bestimmter Voraussetzungen sind diese aber von der KSt befreit. § 5 I Nr 3 schafft einen sachlichen Steuerbefreiungstatbestand, der durch die §§ 1-3 KStDV ergänzt wird.

---

1 BTDrs 11/2536, 88.
2 BGBl I 1996, 2049.
3 BTDrs 7/1470, 337.
4 BTDrs 11/2157, 169; BTDrs 11/2226, 21 f.
5 *Heger* in Gosch § 5 Rn 98.
6 BGBl I 1994, 2062.
7 BTDrs 11/2157, 169; BTDrs 11/2226, 21 f.

IV. Steuerbefreiungen im Einzelnen

Verhältnis zu § 6. § 5 I Nr 3 steht im inhaltlichen Zusammenhang mit § 6, welcher eine Einschränkung der Steuerbefreiung für überdotierte Pensions-, Sterbe-, Kranken- und Unterstützungskassen durch eine entsprechende sog partielle Steuerpflicht beinhaltet (vgl § 6 Rn 24 ff).   **128**

Sachliche Voraussetzungen und partielle Steuerpflicht. § 5 I Nr 3 bedarf zur Anwendung der Erfüllung bestimmter sachlicher Voraussetzungen und sieht gleichzeitig eine partielle Steuerpflicht vor (Fallgruppe 4; zur Systematik Rn 15).   **129**

Einstweilen frei.   **130**

b) Historie. Entscheidend für die Aufnahme von Steuerbefreiungsvorschriften in das KStG war das BetrAVG v 19.12.1974.[1] Hier wurde erstmals die Ausgestaltung betrieblicher Versorgungsregelungen zwingenden arbeitsrechtlichen Vorschriften unterworfen. Auch die flankierenden steuergesetzlichen Änderungen finden im BetrAVG ihre Grundlage. Durch die Novellierung des § 20 BetrAVG wurde die Beschränkung der Steuerbefreiung sowie das Aufleben einer partiellen Steuerpflicht bei Überdotierung der Kasse gem § 21 und eine Zweckbindung des Vermögens und der Einkünfte von Pensionskassen eingeführt.   **131**

Einstweilen frei.   **132**

c) Erfasste Rechtsträger. Rechtsfähigkeit. Unabdingbare Voraussetzung für die Körperschaftsteuerfreiheit gem § 5 I Nr 3 ist die Rechtsfähigkeit der genannten Rechtsträger. Von Bedeutung ist die Rechtsfähigkeit der Pensions-, Sterbe-, Kranken- und Unterstützungskassen aus zwei Gründen. Die Rechtsfähigkeit dient zum einen der Sicherung des Kassenvermögens und damit als Garantie für die Versorgungsleistungen der Leistungsempfänger.[2] Zum anderen gewährleistet sie eine vermögensmäßige Trennung zwischen Kassenvermögen und dem Vermögen des Trägerunternehmens.[3] Diese Voraussetzungen sieht das VAG bei den genannten Rechtsformen als gegeben an. Hintergrund sind die gesetzlichen Regularien im Hinblick auf Veröffentlichungspflichten, Haftungsstruktur und Beaufsichtigung durch staatliche Behörden.   **133**

Kapitalgesellschaften. AG und SE sind bereits qua Rechtform rechtsfähig (§ 1 I S 1 AktG bzw Art 1 III SE-Verordnung). Die Rechtsfähigkeit wird mit Eintragung in das jeweilige Register erlangt. Vor ihrer Eintragung existieren sie als solche nicht (§ 41 I AktG), was die persönliche Haftung der Gesellschafter zur Folge hat.   **134**

VVaG und Körperschaften und Anstalten des Öffentlichen Rechts. VVaGs erlangen nach § 15 S 2 VAG durch Erlaubnis der Aufsichtsbehörde Rechtsfähigkeit. Körperschaften und Anstalten des Öffentlichen Rechts werden kraft Gesetz rechtsfähig.   **135**

Eingetragene Vereine. Eine Unterstützungskasse in der Rechtsform eines eV genügt bereits im Stadium vor Eintragung in das Vereinsregister (sog Vorverein) den mit dem Rechtsfähigkeitserfordernis verbundenen Zwecken.[4]   **136**

---

1   BGBl I 1974, 3610, zuletzt geändert durch Art 4e des Gesetzes v 21.12.2008 (BGBl I 2008, 2940).
2   *Jost* in D/J/P/W § 5 Abs 1 Nr 3-4 Rn 6.
3   *Bott* in EY § 5 Rn 52.
4   BFH I R 33/00, BFH/NV 2001, 1300.

| 137 | **Kassen mit und ohne Rechtsanspruch der Leistungsempfänger.** Die Körperschaftsteuerfreiheit nach § 5 I Nr 3 erfasst |

- Kassen mit Rechtsanspruch der Leistungsempfänger, also Pensions-, Sterbe- und Krankenkassen (vgl Rn 138 ff) und
- bestimmte Kassen ohne einen solchen Rechtsanspruch, dh Unterstützungskassen (vgl Rn 142 ff).

| 138 | **Pensionskassen.** Unter einer Pensionskasse ist gem § 1b III BetrAVG eine rechtsfähige Versorgungseinrichtung zu verstehen, die eine betriebliche Altersversorgung (zum Begriff Rn 139) durchführt, die dem Arbeitnehmer oder seinen Hinterbliebenen einen Rechtsanspruch auf ihre Leistungen gewährt. Diese arbeitsrechtliche Definition ist auch für das Steuerrecht verbindlich.[1] Auch die an früherer Stelle im Gesetz eigens genannten Witwen- und Waisenkassen werden von dem Begriff der Pensionskasse erfasst.[2] Eine Pensionskasse, die auch das Rückdeckungsgeschäft betreibt, kann sich auf die Steuerfreiheit des § 5 I Nr 3 nicht berufen, da sie keine unmittelbaren Ansprüche gewährt, sondern nur durch die Rückdeckung der Pensionszusagen Dritter mittelbare Ansprüche gewährt.[3] |

| 139 | **Betriebliche Altersversorgung.** Der Begriff der betrieblichen Altersversorgung umfasst Leistungen der Alters-, Invaliditäts- und Hinterbliebenenversorgung (§ 1 I S 1 BetrAVG). Diese Leistungen bestehen grundsätzlich in laufenden, idR lebenslangen Rentenzahlungen. |

| 140 | **Sterbekassen.** Sterbekassen sind Einrichtungen, die die einfache Versicherung auf den Todesfall betreiben. Sofern auch der Erlebensfall mitversichert wird, ist die Steuerfreiheit ausgeschlossen. Die Leistung besteht in der einmaligen Zahlung eines (der Höhe nach begrenzten) Sterbegeldes, das zur Deckung der mit dem Todesfall verbundenen Aufwendungen bestimmt ist. |

| 141 | **Krankenkassen.** Krankenkassen sind vom Regelungszweck des § 5 I Nr 3 umfasst, wenn sie betriebsbezogen das Krankenversicherungsgeschäft betreiben. Sie sind als Träger der gesetzlichen Sozialversicherung idR öffentlich-rechtliche Körperschaften und Hoheitsbetriebe, so dass sie ohnehin nicht der KSt unterliegen. Insoweit hat die Einbeziehung der Krankenkassen in den hier genannten Kontext nur geringe praktische Bedeutung.[4] |

| 142 | **Kassen ohne Rechtsanspruch der Leistungsempfänger.** Als Kassen, welche keinen Rechtsanspruch der Leistungsempfänger gewähren, sind in § 5 I Nr 3 allein die Unterstützungskassen erwähnt. Da diese bereits per Definition keinen Rechtsanspruch gewähren dürften, unterliegen Unterstützungskassen auch nicht der Versicherungsaufsicht und damit auch nicht den Beschränkungen hinsichtlich der Rechtsform.[5] |

---

1 *Streck* in Streck § 5 Rn 48
2 *Frotscher* in Frotscher/Maas § 5 Rn 11; *Jost* in D/J/P/W § 5 Abs 1 Nr 3-4 Rn 8.
3 *Jost* in D/J/P/W § 5 Abs 1 Nr 3-4 Rn 10.
4 *Frotscher* in Frotscher/Maas § 5 Rn 13.
5 *Jost* in D/J/P/W § 5 Abs 1 Nr 3-4 Rn 14.

IV. Steuerbefreiungen im Einzelnen

IdR werden sie als eingetragener Verein oder als GmbH, manchmal auch als Stiftung betrieben. Unterstützungskassen sind ebenfalls Versorgungseinrichtungen, die die betriebliche Altersversorgung durchführen.

Funktion. Pensionskassen und Unterstützungskassen sind Durchführungswege der betrieblichen Altersvorsorge und haben insoweit vor dem Hintergrund sinkender Rentenansprüche eine soziale Funktion.[1] Neben den sozialen Beweggründen spielen bei der Übernahme von Versorgungsverpflichtungen auch wirtschaftliche Überlegungen für die Unternehmen eine Rolle. Aufwendungen eines Unternehmens für die betriebliche Altersvorsorge sind steuerlich gem §§ 4c, 4d EStG abziehbar, obwohl der Empfänger der Leistungen steuerbefreit ist. § 5 I Nr 3 ist daher Teil der steuerrechtlichen Regelungen zur Förderung der betrieblichen Altersvorsorge.

143

Sitz und Ort der Geschäftsleitung im Inland. Weiterhin ist für die Anwendung des § 5 I Nr 3 erforderlich, dass die betroffenen Rechtsträger ihren Sitz bzw ihre Geschäftsleitung im Inland haben müssen (zum Begriff vgl § 1 Rn 51 ff und 62 ff).

144

Einstweilen frei.

145-146

d) Beschränkung der Leistungsempfänger (§ 5 I Nr 3 lit a). Enumerative Aufzählung. Der Kreis der möglichen Leistungsempfänger ist in § 5 I Nr 3 lit a enumerativ und abschließend aufgezählt:

147

- Zugehörige oder frühere Zugehörige einzelner oder mehrerer wirtschaftlicher Geschäftsbetriebe (vgl Rn 149),
- Zugehörige oder frühere Zugehörige der Spitzenverbände der freien Wohlfahrtspflege (vgl Rn 154),
- Arbeitnehmer sonstiger Körperschaften, Personenvereinigungen und Vermögensmassen iSd §§ 1, 2 (vgl Rn 155).

Funktion. Die Begrenzung des Umfangs des Kreises der möglichen Leistungsempfänger ergibt sich aus der Funktion der Kassen, die sich wiederum aus der gesetzgeberischen Intention für die Steuerbefreiung ergibt. Es sollen Einrichtungen der betrieblichen Altersvorsorge begünstigt werden. Eine sachliche Begrenzung ergibt sich ua durch das Merkmal der Betriebsbezogenheit.

148

Zugehörige oder frühere Zugehörige wirtschaftlicher Geschäftsbetriebe. Zugehörige sind Arbeitnehmer oder Personen, die in einem arbeitnehmerähnlichen Verhältnis (vgl Rn 150) stehen.[2] Umfasst werden auch Arbeitnehmer, die über den Zeitpunkt der Pensionierung hinaus weiter beschäftigt werden.[3] Für eine frühere Zugehörigkeit im Betrieb ist die entsprechende Betätigung des Arbeitnehmers entscheidend. Ob die Kasse während des aktiven Beschäftigungsverhältnisses bereits bestanden hat, ist nicht von Bedeutung.[4]

149

---

1 *Ahrend/Förster/Rösler*, Steuerrecht der betrieblichen Altersversorgung, 3. Teil Rn 540.
2 *Von Twickel* in Blümich § 5 Rn 35.
3 *Frotscher* in Frotscher/Maas § 5 Rn 27.
4 *Bott* in EY § 5 Rn 67.

150 **Arbeitnehmerähnliches Verhältnis.** Bei einem arbeitnehmerähnlichen Verhältnis ist der Beschäftigte zwar kein Arbeitnehmer im lohnsteuerrechtlichen Sinn, er ist jedoch für das Trägerunternehmen nicht nur vorübergehend, sondern für eine gewisse Dauer tätig und steht dadurch in einer sozialen Abhängigkeit. Insoweit umfasst der Kreis der möglichen Leistungsempfänger auch Handelsvertreter, Hausgewerbetreibende und freie Mitarbeiter.[1]

151 **Ausländische Arbeitnehmer.** Die Steuerfreiheit wird nicht dadurch berührt, dass zu den Leistungsempfängern Arbeitnehmer usw gehören, die in eine ausländische Betriebsstätte oder TG abgeordnet wurden. Entsprechend werden auch andere ausländische Arbeitnehmer der ausländischen TG oder Betriebsstätte eines inländischen Unternehmens als Leistungsempfänger zugelassen, wenn für diese Arbeitnehmer von der ausländischen TG oder Betriebsstätte Beiträge an die Kasse abgeführt werden.[2]

152 **Unternehmer und Gesellschafter als Leistungsempfänger.** Auch die Unternehmer selbst sowie je nach Rechtsform (bei Personengesellschaften) die Gesellschafter können zu den Leistungsempfängern gehören; allerdings dürfen sie nicht die Mehrzahl der Leistungsempfänger stellen bzw die Leistungen an sie dürfen nicht unverhältnismäßig hoch sein.[3]

153 **Wirtschaftliche Geschäftsbetriebe als Trägerunternehmen.** Trägerunternehmen können einzelne oder mehrere wirtschaftliche Geschäftsbetriebe sein. Ein solcher ist in § 14 AO definiert als selbstständige, nachhaltige Tätigkeit, durch die Einnahmen oder sonstige wirtschaftliche Vorteile erzielt werden und die über den Rahmen einer Vermögensverwaltung hinausgeht. Eine Gewinnerzielungsabsicht ist nicht erforderlich. Möglich sind Gruppenkassen und Konzernkassen.[4]

154 **Spitzenverbände der Wohlfahrtspflege als Trägerunternehmen.** Die subjektive Steuerfreiheit bezieht sich auf solche Pensions- und Unterstützungskassen, die sich auf Zugehörige bzw frühere Zugehörige der explizit aufgezählten Spitzenverbände der freien Wohlfahrtsverbände einschließlich ihrer Untergliederungen beschränken. Hierzu gehören nicht nur Personen, die diesen Verbänden unmittelbar angehören, sondern auch diejenigen, die unmittelbar Arbeitnehmer der Krankenhäuser und sonstigen Anstalten sind.[5]

155 **Arbeitnehmer sonstiger Körperschaften, Personenvereinigungen und Vermögensmassen iSd §§ 1, 2.** Ausdrücklich von Arbeitnehmern (diesen werden Personen in einem arbeitnehmerähnlichen Verhältnis gleichgestellt) spricht § 5 I Nr 3 lit a sublit cc in Bezug auf sonstige Körperschaften, Personenvereinigungen und Vermögensmassen iSv §§ 1, 2. Die Begrifflichkeit der Zugehörigen wurde hier von Seiten des Gesetzgebers bewusst vermieden, um die Körperschaftsteuerfreiheit solcher Kassen zu verhindern, die sich ausschließlich auf Selbständige erstrecken.[6] Denn die

---

1 *Jost* in D/J/P/W § 5 Abs 1 Nr 3-4 Rn 26.
2 *Bott* in EY § 5 Rn 72.
3 BFH I R 73/68, BStBl II 1970,473.
4 *Jost* in D/J/P/W § 5 Abs 1 Nr 3-4 Rn 29.
5 *Höfer/Veit/Verhuven*, BetrAVG, Bd II, Rn 2142.
6 BTDrs 7/1281, 43.

Vorschrift sollte insbesondere solchen Kassen zugutekommen, deren Leistungsempfänger Arbeitnehmer von öffentlich-rechtlichen Körperschaften oder von Berufsverbänden sind.

Angehörige. Explizit werden auch die Angehörigen als mögliche Leistungsempfänger genannt, § 5 I Nr 3 lit a letzter Hs. Der Begriff der Angehörigen bestimmt sich nach § 15 AO; dh Ehegatten (auch geschiedene), Kinder, Geschwister und Verlobte sind erfasst. Das BMF[1] will auch nichteheliche Lebensgefährten in den Kreis der Angehörigen einbeziehen.

Einstweilen frei.

e) Soziale Einrichtung (§ 5 I Nr 3 lit b). Definition. Weitere Voraussetzung für die Körperschaftsteuerfreiheit ist gem 5 I Nr 3 lit b das Vorliegen einer sozialen Einrichtung. Der Begriff der sozialen Einrichtung wird vom Gesetzgeber nicht legal definiert; es werden lediglich einzelne Kriterien angeführt, bei deren Vorliegen von einer sozialen Einrichtung ausgegangen werden kann. Im Einzelnen sind dies:

- das Vorliegen eines Geschäftsplanes (Rn 160) und
- die Art und Höhe der Leistungen (Rn 164).

Auch die §§ 1–3 KStDV geben Hinweise zu den Kriterien einer sozialen Einrichtung. Ergänzend werden hier Begrenzungen hinsichtlich der Leistungsempfänger, des Kassenvermögens, der Ansprüche der Leistungsempfänger genannt. Für Unterstützungskassen werden diese Vorschriften sogar noch weiter konkretisiert.

Geschäftsplan. Unternehmen, die der Versicherungsaufsicht unterliegen, sind nach § 5 II VAG bei Beantragung der Erlaubnis zum Betreiben des Versicherungsgeschäfts ohnehin verpflichtet, einen Geschäftsplan einzureichen. Der Begriff des Geschäftsplanes hier ist in einem weiten Sinne zu verstehen, da zB Unterstützungskassen, die dem VAG nicht unterliegen, zur Aufstellung eines Geschäftsplanes nicht verpflichtet sind. Es bedarf vielmehr einer Festschreibung des sozialen Charakters der Einrichtung innerhalb eines Regelwerkes, das nach Zielsetzung, Bindungswirkung und Überprüfbarkeit mit dem Geschäftsplan eines Versicherungsunternehmens vergleichbar ist.[2] Nach Ansicht des BFH ist es für Unterstützungskassen ausreichend, wenn sich der soziale Charakter der Einrichtung in der Satzung manifestiert.[3]

Verstöße gegen den Geschäftsplan. Die Steuerfreiheit wird bei Verstößen gegen den Geschäftsplan im Regelfall nicht tangiert. Anders verhält es sich bei schwerwiegenden Verstößen; als solche sind insbesondere zu nennen, wenn die Leistungsgrenzen des § 3 Nr 3 iVm § 2 KStDV durch Zusatzleistungen überschritten werden.[4]

Leistungsempfänger. Die §§ 1–3 KStDV füllen den Begriff der sozialen Einrichtung inhaltlich aus. So dürfen sich die Leistungsempfänger gem § 1 Nr 1 KStDV nicht in der Mehrzahl aus Eigentümern bzw Gesellschaftern des Trägerunternehmens oder

---

1 BMF v 8.1.2009, BStBl I 2003, 93.
2 *Frotscher* in Frotscher/Maas § 5 Rn 34.
3 BFH I R 22-23/87, BStBl II 1990, 1088.
4 *Jost* in D/J/P/W § 5 Abs 1 Nr 3-4 Rn 37; FG Köln 1 K 5585/88, EFG 1991, 748.

163 **Vermögensverwendung bei Auflösung.** Auch die Vermögensverwendung bei Auflösung der Kasse ist entscheidend für das Vorliegen einer sozialen Einrichtung. Nur wenn das Vermögen auch nach Auflösung der Kasse satzungsmäßig ausschließlich den Leistungsempfängern oder deren Angehörigen zugutekommt oder für ausschließlich gemeinnützige oder mildtätige Zwecke verwendet werden darf, liegt eine soziale Einrichtung gem § 1 Nr 2 KStDV vor. Möglich ist auch, dass den Leistungsempfängern anstelle der bisherigen Kassenleistungen unmittelbare Versorgungsleistungen zugesagt werden oder für sie Direktversicherungen abgeschlossen werden.[2] Sollte das Trägerunternehmen allerdings in Insolvenz fallen, regelt § 9 III BetrAVG, dass das Vermögen der Unterstützungskasse auf den Pensions-Sicherungs-Verein als Träger der Insolvenzsicherung übergeht.[3]

Seite beginnt mit:

ihren Angehörigen zusammensetzen. Nach der Rechtsprechung des BFH[1] darf auch keine einseitige Bevorzugung der Unternehmer bei der Bemessung der Leistung erfolgen. Dies würde den Charakter der sozialen Einrichtung stören.

164 **Begrenzung der Leistungen bei Pensions-, Sterbe- und Krankenkassen.** Für Pensions-, Sterbe- und Krankenkassen gibt es gem § 2 KStDV detaillierte Vorgaben, welche Höhe der laufenden Leistungen bzw beim Sterbegeld der einmaligen Leistung nicht überstiegen werden darf, damit der Charakter einer sozialen Einrichtung erhalten bleibt und die Steuerfreiheit der Kasse eintritt:

- in 4 % der Fälle darf die Leistung bei Pensionen, Witwen- und Waisengeld unbeschränkt hoch sein,
- in weiteren 8 % der Fälle dürfen die Leistungen bei Pensionen, Witwen- und Waisengeld die in § 2 II S 3 KStDV bezeichneten Beträge nicht übersteigen,

als Pension	38.654 EUR	jährlich
als Witwengeld	25.769 EUR	jährlich
als Waisengeld	7.731 EUR	jährlich für jede Halbwaise
	15.461 EUR	jährlich für jede Vollwaise

- in den übrigen (88 %) Fällen dürfen die Leistungen in den vorgenannten Fällen bestimmte, in § 2 I KStDV genannte Beträge nicht übersteigen.

als Pension	25.769 EUR	jährlich
als Witwengeld	17.179 EUR	jährlich
als Waisengeld	5.154 EUR	jährlich für jede Halbwaise
	10.308 EUR	jährlich für jede Vollwaise
als Sterbegeld	7.669 EUR	als Gesamtleistung

---

1 BFH I R 73/68, BStBl II 1970, 473.
2 *Höfer/Veit/Verhuven*, BetrAVG, Bd II, Rn 2154.
3 *Jost* in D/J/P/W § 5 Abs 1 Nr 3-4 Rn 42.

Berechnung der Höchstbeträge. Bei der Berechnung wird auf die Zahl der insgesamt bestehenden Rechtsansprüche, dh die laufenden tatsächlich zu gewährenden Leistungen und Anwartschaften abgestellt, nicht wie viel tatsächlich gewährt wurde.[1] Für die Einhaltung der Grenzen ist jede Leistungsart, dh Pensionen, Witwengelder, Waisengelder und Sterbegelder für sich zu betrachten; nicht ausgenutzte Höchstbeträge können nicht übertragen werden. Auch eine Durchschnittsberechnung ist nicht zulässig.[2] Zu den vorgenannten Ansprüchen gehören auch die Gewinnzuschläge, die in die Höchstbetragsberechnung einzubeziehen sind.[3] Erfolgt eine Kapitalabfindung (Barwert der Rente), ist von einem Zinssatz von 5,5 % auszugehen. Dies ist entscheidend für die Frage, ob sich auch die kapitalisierte Rente innerhalb der zulässigen Höchstbetragsgrenzen hält.[4]

165

Begrenzung der Leistungen bei Unterstützungskassen. Für Unterstützungskassen sind in § 3 KStDV die Bedingungen für das Vorliegen einer sozialen Einrichtung genannt:

166

- die Leistungsempfänger dürfen nicht gem § 3 Nr 1 KStDV zu laufenden Beiträgen oder sonstigen Zuschüssen verpflichtet werden (vgl Rn 167),

- den Leistungsempfängern oder den Arbeitnehmervertretungen des Betriebs muss satzungsmäßig und tatsächlich das Recht gem § 3 Nr 2 KStDV zustehen, an der Verwaltung sämtlicher Beträge, die der Kasse zufließen, mitzuwirken (vgl Rn 168),

- die Höchstbeträge in § 2 KStDV sind gem § 3 Nr 3 KStDV auch auf Unterstützungskassen anzuwenden (vgl Rn 169).

Keine Verpflichtung zur Leistung laufender Beträge oder sonstiger Zuschüsse. Die Anforderung der fehlenden Pflicht zur Leistung von Beiträgen oder sonstigen Zuschüssen gem § 3 Nr 1 KStDV soll den Charakter der sozialen Einrichtung widerspiegeln.[5] Freiwillige Zuwendungen (Spenden) der Leistungsempfänger tangieren die Körperschaftsteuerfreiheit der Unterstützungskasse nicht.[6] Auch die Entgeltumwandlung iRd sog arbeitnehmerfinanzierten betrieblichen Altersversorgung ist unschädlich.[7]

167

Satzungsmäßiges und tatsächliches Recht der Mitwirkung. Das den Leistungsempfängern oder Arbeitnehmervertretungen zustehende Recht der Mitwirkung betrifft sowohl die Entscheidung über Ausgaben für steuerbegünstigte Zwecke als auch die Mittelanlage (unabhängig davon, woher die Mittel stammen).[8] Zwar darf das Recht nicht eingeschränkt werden bzw wird durch Art 87 I Nr 8 BetrVG nicht hinfällig.[9] Allerdings ist das Mitwirkungsrecht nur beratender Natur; eine Entscheidungsbefugnis kommt den Leistungsempfängern nicht zu. Materielle Bedeutung hat dieses

168

---

1 *Frotscher* in Frotscher/Maas § 5 Rn 37.
2 *Bott* in EY § 5 Rn 92.
3 BFH I R 107/67, BStBl II 1970, 227.
4 *Jost* in D/J/P/W § 5 Abs 1 Nr 3-4 Rn 56.
5 *Jost* in D/J/P/W § 5 Abs 1 Nr 3-4 Rn 58.
6 *Ahrend/Förster/Rösler*, Steuerrecht der betrieblichen Altersversorgung, 3. Teil Rn 289.
7 BMF v 4.2.2000, BStBl I 2000, 354.
8 FG Köln 1 K 5585/88, EFG 1998, 1356.
9 *Höfer/Veit/Verhuven*, BetrAVG, Bd II, Rn 2162 ebenso BFH I R 253/83, BStBl II 1988, 27.

Mitbestimmungsrecht bei solchen Betrieben, die keinen Betriebsrat haben und bei Gruppenkassen, für die nur das Mitbestimmungsrecht nach § 87 I Nr 10 BetrAVG besteht, das sich nicht auf die Mittelanlage der Kasse erstreckt.[1] Mit der Bildung eines Betriebsrats aus den Arbeitnehmern wird das Erfordernis der Mitbestimmung gem § 3 Nr 2 KStDV nachgekommen.[2]

169 **Höchstbetragsberechnung.** Eine Besonderheit gilt bei Unterstützungskassen bei einzelfallbezogenen Leistungen im Falle der Not oder Arbeitslosigkeit. Für solche Fälle sind keine generellen Höchstbetragsgrenzen geregelt worden, sofern sich die Leistungen in einem dem Anlass entsprechenden angemessenen Rahmen halten.[3] In diesen Fällen werden auch die wirtschaftlichen Verhältnisse der Leistungsempfänger zu prüfen und zu berücksichtigen sein.[4]

170 **Notstandsleistungen.** Bei den für Unterstützungskassen zulässigen Leistungen muss es sich gem § 5 I Nr 3 lit b um sog Notstandsleistungen handeln. Diese sind weit gefasst: zB fallen darunter[5]

- Unterstützungsleistungen bei Krankheit oder Unfall,
- Überbrückungsbeihilfen an entlassene Arbeitnehmer,
- Beihilfen für die Fortbildung der Arbeitnehmer und Ausbildungsbeihilfen für die Kinder der Arbeitnehmer,
- Vermittlungsleistungen bei drohender Arbeitslosigkeit.

Beihilfen bei Geburt oder Heirat gehören nicht dazu.[6]

171 **Änderungen der Pensionsverpflichtung.** Im Falle von Änderungen der Altersversorgung der Arbeitnehmer durch Pensionsverpflichtungen auf die Versorgung durch eine Unterstützungskasse ist zu beachten, dass die Steuerfreiheit nur für Unterstützungskassen mit Leistungen ohne einen Rechtsanspruch gilt. Die Steuerfreiheit kann daher nur dann weiter gewährt werden, wenn das bisherige Trägerunternehmen seine Pensionsverpflichtung aufhebt und die Unterstützungskasse die Leistungen an die bisherigen pensionsberechtigten Arbeitnehmer als freiwillige eigene Leistung fortführt. Da arbeitsrechtlich bisher ein Anspruch der Arbeitnehmer bestand, wird eine solche Änderung nur mit Zustimmung der betroffenen Arbeitnehmer zulässig sein.[7] Im umgekehrten Fall, dh wenn ein Unternehmen von einer betrieblichen Altersversorgung durch eine Unterstützungskasse zu einer direkten vertraglichen Pensionszusage übergeht, kann es zu einer Überdotierung der Unterstützungskasse kommen. Daher sollte so ein Wechsel schrittweise vollzogen werden. Dann allerdings ist fraglich, ob die Voraussetzungen für die Steuerfreiheit weiter erfüllt sind, da die Kasse dann nicht ausschließlich Leistungen ohne Rechtsanspruch gewährt.[8]

---

1 *Höfer/Veit/Verhuven*, BetrAVG, Bd II, Rn 2163.
2 *Frotscher* in Frotscher/Maas § 5 Rn 48.
3 *Jost* in D/J/P/W § 5 Abs 1 Nr 3-4 Rn 67.
4 *Ahrend/Förster/Rössler*, Steuerrecht der betrieblichen Altersversorgung, 3. Teil Rn 596.
5 *Frotscher* in Frotscher/Maas § 5 Rn 42.
6 AA *Streck* in Streck § 5 Rn 59.
7 *Jost* in D/J/P/W § 5 Abs 1 Nr 3-4 Rn 64; *Gosch* in Gosch § 5 Rn 145.
8 *Jost* in D/J/P/W § 5 Abs 1 Nr 3-4 Rn 65.

Einstweilen frei. 172-173

**f) Dauernde Zweckbindung des Kassenvermögens und der Einkünfte (§ 5 I Nr 3 174
lit c). Ziel.** Die dauernde Zweckbindung des Kassenvermögens, die auch für den Fall der Auflösung der Kasse gilt, ist eine weitere Voraussetzung der Körperschaftsteuerfreiheit gem § 5 I Nr 3 lit c. Ziel dieser Regelung ist es, einen Rückfluss des Kassenvermögens in das Trägerunternehmen zu verhindern und damit Vermögensverlagerungen auszuschließen, die nicht durch die sozialen Aufgaben der Kasse geboten sind, sondern bspw aus steuerlichen Gründen vorgenommen werden.[1]

Dotiertes Vermögen. Die satzungsmäßige Vermögensbindung gilt für das gesamte 175
Vermögen. Mit anderen Worten wird eine Kasse dann in vollem Umfang steuerpflichtig, wenn sie ihr Vermögen bzw ihre Einkünfte zu anderen als den satzungsgemäßen Zwecken verwendet.[2] In der Literatur wird zT die Ansicht vertreten, der überdotierte Teil des Vermögens sei von der Bindung ausgenommen, da für diesen ja bereits eine partielle Steuerpflicht nach § 6 greift (vgl § 6 Rn 24 ff).[3] Diese Ansicht ist jedoch aus zwei Gründen gravierenden Bedenken ausgesetzt: zum einen erfolgt die Feststellung der Überdotierung in der Praxis erst zum Ende eines WJ, also rückwirkend. Insofern ist das für eine mögliche schädliche Verwendung zur Verfügung stehende Vermögen im Voraus gar nicht bestimmbar. Weiterhin hat der BFH festgestellt, dass die Ausübung von Betätigungen, die über die Vermögensverwaltung hinausgehen, die Steuerbefreiung ausschließt, weil die Kasse damit einen weiteren Zweck erfüllt, der mit ihren satzungsmäßigen Zwecken nicht vereinbar ist.[4]

Vermögensbindung nach dem VAG. Im Falle der Pensionskassen sind diese schon 176
aufgrund der Regelungen des VAG zu einer Vermögensbindung verpflichtet, da sie der Versicherungsaufsicht unterliegen.[5] Die Zweckbindung muss dennoch sowohl in der Satzung festgeschrieben als auch nach tatsächlicher Geschäftsführung dauerhaft gesichert sein.

Regulatorische Vorgaben. Die Vermögensanlage muss sicher sein. Pensionskassen 177
müssen bereits nach § 54 ff VAG bestimmte Anlagekriterien beachten. Für Unterstützungskassen gelten solche Regelungen nicht unmittelbar, ergeben sich jedoch aus ihrem Geschäftszweck (zu den steuerlichen Anforderungen Rn 178 f).

Wertpapiergeschäfte in erheblichem Umfang. Grundsätzlich sind Unterstüt- 178
zungskassen in der Anlage ihrer Mittel frei. Insbesondere für diese hat daher der Grundsatz Bedeutung, dass sich unter Beachtung des § 5 I Nr 3 lit c eine Kasse durch die Anlage der Mittel nicht gewerblich betätigen darf, dh sie sind beschränkt auf eine steuerunschädliche Vermögensverwaltung.[6]

---

1 BTDrs 7/1281, 43.
2 *Jost* in D/J/P/W § 5 Abs 1 Nr 3-4 Rn 74.
3 *Bott* in EY § 5 Rn 109.
4 BFH I 247/65, BStBl II 1969, 269 und BFH I R 14/76, BStBl II 1980, 225.
5 *Ahrend/Förster/Rößler*, Steuerrecht der betrieblichen Altersversorgung, 5. Teil Rn 579.
6 *Ahrend/Förster/Rößler*, Steuerrecht der betrieblichen Altersversorgung, 3. Teil Rn 650; BFH IV R 139/63, BStBl II 1968, 775.

| 179 | **Darlehensgewährung an das Trägerunternehmen.** Unterstützungskassen können ihr Vermögen auch dem Trägerunternehmen als Darlehen iRe steuerunschädlichen Vermögensverwaltung überlassen, sofern dessen wirtschaftliche Leistungsfähigkeit für die Sicherheit der Mittel geradestehen kann (R 13 II 1 KStR 2004). Die Darlehensgewährung muss gegen angemessene Verzinsung erfolgen.[1] Die Angemessenheit der Verzinsung richtet sich nach der Laufzeit des Darlehens und ist einzelfallbezogen zu bestimmen. Der BFH hält Zinsen iHv 1 % über dem Basiszins[2] für angemessen. Zu berücksichtigen sind für die Bemessung des Zinssatzes auch Nebenleistungen wie die Abwicklung des Zahlungsverkehrs für die Kasse.[3] Der Verzicht der Durchsetzung eines angemessenen Zinssatzes, obwohl dies möglich gewesen wäre, soll nach Ansicht des BFH zur Versagung der Steuerbefreiung führen.[4] Gleiches gilt für Pensionskassen. |

| 180 | **Vermögensanlage in Grundstücken. Vermietung.** Die Vermögensanlage in Grundstücken ist grundsätzlich möglich, dabei darf eine Kasse auch als Vermieter auftreten.[5] Zu beachten ist allerdings, dass daraus für die Kasse kein neuer Zweck entstehen darf. Dies ist der Fall, wenn sie einen erheblichen Teil ihres Vermögens in Grundstücken anlegt und diese an das Trägerunternehmen als dessen wesentliche Betriebsgrundlagen vermietet werden.[6] Steuerschädlich wäre auch die Entstehung zB eines Wohnungsunternehmens durch vorrangige Vermietung (R 11 III 2 KStR 2004). |

| 181 | **Unterbeteiligung.** Möglich ist auch eine Kommanditbeteiligung an einer GmbH & Co KG oder einem anderen gewerblichen Unternehmen zur Vermögensanlage. Durch diese Beteiligung darf aber nicht atypisch eine mitunternehmerische Rechtsstellung eingeräumt werden.[7] Möglich ist auch eine Einlage infolge eines Vertrages über eine typisch stille Gesellschaft oder auch die Hingabe eines partiarischen Darlehens, da hierdurch keine Mitunternehmerschaft und somit keine gewerbliche Tätigkeit begründet wird.[8] |

| 182 | **Rückdeckungsversicherung.** Die Unterstützungskasse darf ihr Vermögen auch zum Abschluss einer Rückdeckungsversicherung verwenden.[9] Problematisch ist allerdings, wenn die Kasse die Ansprüche der von ihr abgeschlossenen Rückdeckungsversicherungen wiederum an das Trägerunternehmen verpfändet. Hierin wird ein Verstoß gegen die Vermögensbindungspflicht mit der Folge des Entfallens der Steuerbefreiung gesehen.[10] Unschädlich hingegen ist die Verpfändung der Rückdeckungsversicherung an die begünstigten Arbeitnehmer.[11] |

---

1 BFH I R 64/86, BStBl II 1990, 1000.
2 BFH I B 60/76, BStBl II 1977, 443. Hier wird noch vom Diskontsatz gesprochen, dieser wurde ab 1.1.2002 vom Basiszins, § 247 BGB, abgelöst. Er beträgt seit dem 13.5.2009 0,38 %.
3 *Jost* in D/J/P/W § 5 Abs 1 Nr 3-4 Rn 91.
4 BFH I B 60/76, BStBl II 1977, 443.
5 *Ahrend/Förster/Rößler*, Steuerrecht der betrieblichen Altersversorgung, 3. Teil Rn 660 f.
6 *Jost* in D/J/P/W § 5 Abs 1 Nr 3-4 Rn 77.
7 FG Baden-Württemberg X 185/79, EFG 1984, 189.
8 *Stuhrmann*, BB 1980, 879; *Frotscher* in Frotscher/Maas § 5 Rn 49a.
9 *Jost* in D/J/P/W § 5 Abs 1 Nr 3-4 Rn 81.
10 BMF v 28.5.1991, BetrAV 1991, 184.
11 BMF v 7.9.1998, BB 1998, 2244.

Kündigungsmodalitäten. Auch die Kündigungsmodalitäten müssen den sozialen Zwecken der Kasse angemessen sein. Diese müssen so beschaffen sein, dass die erforderliche dauernde Sicherung des Kassenvermögens gewährleistet ist.[1] Demnach ist nicht ausreichend, wenn eine Kasse nur mit Zustimmung des Vorstandes des Trägerunternehmens über die Kündigung entscheiden kann.[2] 183

Insolvenz. Nach § 9 III BetrAVG geht das Vermögen der Unterstützungskasse im Falle der Insolvenz des Trägerunternehmens auf den Pensions-Sicherungs-Verein über. Dies stellt jedoch keinen Verstoß gegen die satzungsmäßige Vermögensbindung dar, die Steuerfreiheit bleibt erhalten.[3] 184

Vermögensübertragungen bei Ablösung von Altersversorgungsverpflichtungen. Werden Verpflichtungen aus Altersversorgungen gegenüber vor Eintritt des Versorgungsfalles aus dem Trägerunternehmen ausscheidenden Arbeitnehmern nach § 3 I oder § 4 II BetrAVG übertragen, stellt dies keinen Verstoß gegen den Grundsatz der dauernden Vermögensbindung dar (Abschn 6 XI KStR 1995 bzw R 13 III KStR 2004). Dies gilt in gleicher Weise für Pensionskassen.[4] 185

Verschmelzung von Unterstützungskassen und Trägerunternehmen. Sofern Unterstützungskassen mit ihrem jeweiligen Trägerunternehmen verschmolzen werden und dieses die Leistungen der Unterstützungskasse übernimmt, ist darin kein Verstoß gegen den Grundsatz der Vermögensbindung zu sehen. Die Zuwendungen des Trägerunternehmens gehen dann in die tatsächlichen Anschaffungskosten der Anteile ein. Somit wird sichergestellt, dass das Trägerunternehmen nicht zweimal die Alterssicherungsleistungen geltend machen kann, einmal durch die Zuführungen an die Kasse (abziehbar nach § 4d EStG) und im Wege der Pensionsrückstellung nach § 6a EStG.[5] 186

Einstweilen frei. 187-188

g) Begrenzung des zulässigen Kassenvermögens bei Pensions-, Sterbe- und Krankenkassen gem § 5 I Nr 3 lit d. Überdotiertes Vermögen. Eine Pensions-, Sterbe- und Krankenkasse sowie Unterstützungskassen sind gem § 5 I Nr 3 lit d nur dann (vollständig) von der KSt befreit, wenn 189

- am Schluss des WJ, zu dem der Wert der Deckungsrückstellung versicherungsmathematisch zu berechnen ist (vgl Rn 190),
- das nach den handelsrechtlichen Grundsätzen ordnungsmäßiger Buchführung (vgl Rn 191)
- unter Berücksichtigung des Geschäftsplans sowie der allgemeinen Versicherungsbedingungen und der fachlichen Geschäftsunterlagen (vgl Rn 192)
- iSd § 5 III Nr 2 Hs 2 VAG auszuweisende Vermögen (sog „Kassenvermögen", vgl Rn 193)

---

1 *Jost* in D/J/P/W § 5 Abs 1 Nr 3-4 Rn 87.
2 FG Niedersachsen VI 640/91, EFG 1995, 536.
3 *Jost* in D/J/P/W § 5 Abs 1 Nr 3-4 Rn 73.
4 *Jost* in D/J/P/W § 5 Abs 1 Nr 3-4 Rn 92.
5 *Gosch* in Gosch § 5 Rn 142.

- nicht höher ist als bei einem VVaG die Verlustrücklage und bei einer Kasse anderer Rechtsform der dieser Rücklage entsprechende Teil des Vermögens (vgl Rn 197).

Die weitere Konkretisierung dieser Tatbestandsvoraussetzungen ergibt sich aus § 6. Zu den Rechtsfolgen, falls diese Grenze nicht eingehalten wird, vgl Rn 221.

190 **Ermittlung am Schluss des WJ.** Zeitpunkt der Ermittlung ist der Schluss des WJ, zu dem der Wert der Deckungsrückstellung versicherungsmathematisch zu berechnen ist. Ist die Pensionskasse als VVaG organisiert, ist diese Berechnung nur zu jedem dritten Bilanzstichtag erforderlich. Allerdings kann die Versicherungsaufsichtsbehörde die Berechnung auch in kürzeren Zeitabschnitten anfordern. Zum Zeitpunkt der Ermittlung des Kassenvermögens vgl § 6 Rn 28, 53.

191 **Anwendung der Rechnungslegungsvorschriften nach HGB und RechVersV.** Das Kassenvermögen muss nach den handelsrechtlichen Grundsätzen ordnungsmäßiger Buchführung ermittelt werden. Vom Handelsrecht abweichende Bewertungsgrundsätze des EStG wie auch des BewG sind unbeachtlich.[1] Es gelten die Rechnungslegungsvorschriften der §§ 341-341o HGB, die die allgemeinen Rechnungslegungsvorschriften für Versicherungsunternehmen regeln. Weitere Einzelheiten finden sich in der RechVersV.[2]

192 **Berücksichtigung des Geschäftsplans sowie der allgemeinen Versicherungsbedingungen und der fachlichen Geschäftsunterlagen.** Seit der Neufassung des § 5 I Nr 3 lit d S 1 müssen bei der Feststellung des Vermögens der Kasse sowohl der Geschäftsplan wie auch die allgemeinen Versicherungsbedingungen und die fachlichen Geschäftsunterlagen berücksichtigt werden. Hieraus ergibt sich insbesondere der versicherungstechnische Verpflichtungsumfang der Pensionskasse und der Modus zur Berechnung der Deckungsrückstellung, die den Großteil der Verpflichtungen einer Pensionskasse ausmacht.[3]

193 **Kassenvermögen iSd § 5 III Nr 2 Hs 2 VAG.** Mit dem Begriff des Vermögens iSd § 5 III Nr 2 Hs 2 VAG (oder auch des sog „Kassenvermögens") meint der Gesetzgeber das Reinvermögen, dh ihr EK oder ihre Eigenmittel.[4] Das Vermögen einer Pensions-, Sterbe- und Krankenkasse ergibt sich damit aus der Differenz zwischen der Summe des Aktivvermögens und Fremdkapitals. Abzuziehen als Fremdkapital sind Verbindlichkeiten, passivische Rechnungsabgrenzungsposten und Rückstellungen (insbesondere die Deckungsrückstellung und sonstige versicherungstechnische Rückstellungen), jedoch die Rückstellungen für Beitragsrückerstattung nur insoweit, als den Leistungsempfängern ein Anspruch auf die Überschussbeteiligung zusteht (dazu Rn 194).[5] Steuern, die infolge einer partiellen Steuerpflicht aufgrund Überdotierung entstehen, werden als Schuldposten beim Vermögen der Kasse abgezogen.[6]

---

1 *Höfer/Veit/Verhuven*, BetrAVG, Bd II, Rn 2191.
2 RechVersV v 8.11.1994, BGBl I 1994, 3378, zuletzt geändert durch Art 4 Verordnung zur Änderung von Rechnungslegungsverordnungen v 9.6.2011, BGBl I 2011, 1041.
3 *Höfer/Veit/Verhuven*, BetrAVG, Bd II, Rn 2192,
4 *Bott* in EY § 5 Rn 126.
5 *Frotscher* in Frotscher/Maas § 5 Rn 56.
6 *Von Twickel* in Blümich in § 5 Rn 57.

IV. Steuerbefreiungen im Einzelnen

Rückstellung für Beitragsrückerstattung (§ 5 I Nr 3 lit d S 2). Rückstellungen für Beitragsrückerstattungen sind gem § 5 I Nr 3 lit d S 2 nur in begrenztem Maße in der Steuerbilanz zu passivieren. So darf eine handelsrechtlich gebildete Rückstellung für Beitragsrückerstattung nur insoweit berücksichtigt werden, als den Leistungsempfängern ein Anspruch auf die Überschussbeteiligung zusteht.[1] Der Gesetzgeber will dadurch einer Ansammlung von Kassenmitteln, die nicht Versorgungszwecken dienen, vorbeugen.[2] Der Anspruch auf Überschussbeteiligung steht den Leistungsempfängern bereits dann zu, wenn am maßgeblichen Stichtag aufgrund Satzung oder anderer verbindlicher Erklärung bestimmt ist, dass der Überschuss zugunsten der Leistungsempfänger, also zur Leistungsverbesserung oder zur Ermäßigung der Eigenbeiträge der Arbeitnehmer zu verwenden ist (R 28 III S 4 KStR 2004).

194

Rückstellung für satzungsgemäße Überschussbeteiligung. Rückstellungen für satzungsgemäße Überschussbeteiligungen sind den Rückstellungen für Beitragsrückerstattungen gleichzusetzen und unterfallen daher § 5 I Nr 3 lit d S 2, wenn durch Satzung, geschäftsplanmäßige Erklärung oder Beschluss des zuständigen Organs festgelegt ist, dass die Überschüsse in vollem Umfang den Leistungsempfängern und Mitgliedern der Kasse zustehen (R 23 II KStR 2004).

195

Folgen für § 21 II und § 6. Da Pensions-, Sterbe- und Krankenkassen Lebensversicherungsunternehmen sind, gilt für sie nach § 21 II, dass ein zugeführter Überschuss höchstens drei Jahre in der Rückstellung für Beitragsrückerstattung bleiben darf. Wenn er innerhalb dieser Frist nicht für Zwecke der Leistungsempfänger verwendet worden ist, geht die Abzugsfähigkeit der Rückstellung bei der Vermögensermittlung zum dritten auf ihre Bildung folgenden Bilanzstichtag verloren (vgl § 21 Rn 126, 145 f). Die Rückstellung ist dann in der Steuerbilanz aufzulösen. Die Folge kann dann wiederum eine Überdotierung der Kasse und somit eine partielle Steuerpflicht nach § 6 sein.[3]

196

Verlustrücklage. Sofern die Pensionskasse in der Rechtsform des VVaG organisiert ist, muss als Vergleichsmaßstab für das zulässige Vermögen gem § 5 I Nr 3 lit d S 1 die Höhe der Verlustrücklage herangezogen werden. Diese hat nach § 37 VAG die Aufgabe, einen außergewöhnlichen Verlust aus dem Geschäftsbetrieb zu decken. Damit übernimmt sie eine wesentliche Funktion des EK.[4] Die Versicherungsaufsichtsbehörde kann unter bestimmten Voraussetzungen von der Bildung einer Verlustrücklage befreien (§ 37 II VAG). In steuerlicher Hinsicht darf eine solche bei der Ermittlung des erforderlichen Deckungsvermögens dann auch nicht fiktiv berücksichtigt werden.[5] Zur Bestimmung der Verlustrücklage bei anderen Rechtsformen sowie weiteren Einzelheiten vgl § 6 Rn 27.

197

§ 5

---

1 *Ahrend/Förster/Rößler*, Steuerrecht der betrieblichen Altersversorgung, 5. Teil Rn 656.
2 BTDrs 7/1281, 44.
3 *Frotscher* in Frotscher/Maas § 5 Rn 55.
4 *Höfer/Veit/Verhuven*, BetrAVG, Bd II, Rn 2202.
5 *Jost* in D/J/P/W § 5 Abs 1 Nr 3-4 Rn 104.

198 **Zusatzversorgungseinrichtungen des öffentlichen Dienstes.** Auch die Zusatzversorgungseinrichtungen des öffentlichen Dienstes gelten als Pensionskassen (R 11 I S I KStR 2004). Diese finanzieren sich idR nicht nach dem Anwartschaftsdeckungsverfahren, sondern nach einem modifizierten Umlageverfahren mit der Auflage einer Bedarfsdeckung für einen mehrjährigen Abschnitt. Dieses besondere Verfahren eignet sich nicht für die Prüfung der Voraussetzungen des § 5 I Nr 3 lit d. Das modifizierte Umlageverfahren erfordert geringere Vermögenswerte als das Anwartschaftsdeckungsverfahren, so dass eine partielle Steuerpflicht nach § 6 nur geringe praktische Relevanz haben dürfte. Daher ist es nach Ansicht der Finanzverwaltung hier zulässig, die Einhaltung der Voraussetzungen des § 5 I Nr 3 lit d nicht zu prüfen.[1]

199-200 *Einstweilen frei.*

201 **h) Begrenzung des zulässigen Kassenvermögens bei Unterstützungskassen gem § 5 I Nr 3 lit e. Überdotiertes Vermögen.** Bei Unterstützungskassen kommt gem § 5 I Nr 3 lit e eine andere Berechnungsmethode bei der Prüfung des Bestehens von überdotierten Vermögen zur Anwendung. Bei diesen darf zum Erhalt der Steuerbefreiung

- am Schluss des WJ (vgl Rn 202)
- das tatsächliche Kassenvermögen (vgl Rn 203 ff)
- ohne Berücksichtigung künftiger Versorgungsleistungen (vgl Rn 207)
- nicht höher sein als das um 25 % erhöhte zulässige Kassenvermögen.

202 **Ermittlung am Schluss des WJ.** Ausschlaggebend sind wiederum die Verhältnisse am Ende des WJ der Kasse, unterjährige Schwankungen gehen in die Berechnung nicht ein (vgl § 6 Rn 53).

203 **Ermittlung des Kassenvermögens nach § 4d EStG.** Für die Ermittlung des tatsächlichen Kassenvermögens gelten gem § 5 I Nr 3 lit e S 2 die gleichen Grundsätze wie für die Begrenzung der abzugsfähigen Zuwendungen an Unterstützungskassen gem § 4d EStG. Es gelten insbesondere nicht die handelsrechtlichen Grundsätze ordnungsmäßiger Buchführung. Nach § 4d I Nr 1 lit b S 3 EStG kann das Trägerunternehmen zwischen der Grundsatzregelung und der Sonderregelung zur Bemessung des Reservepolsters für Versorgungsanwartschaften wählen. An diese Wahl ist die Unterstützungskasse für die Ermittlung des Kassenvermögens aber nicht gebunden. Für die Ermittlung des tatsächlichen Kassenvermögens trifft § 4d I S 3 EStG detaillierte Anordnungen wie zB:

- für Grundbesitz 200 % der Einheitswerte, die zu dem Feststellungszeitpunkt maßgebend sind, der dem Schluss des WJ folgt;
- Ansprüche aus einer Versicherung mit dem Wert des geschäftsplanmäßigen Deckungskapitals zuzüglich der Guthaben aus Beitragsrückerstattung am Schluss des WJ; ist eine solche Berechnung nach dem Geschäftsplan nicht vorgesehen, so tritt gem § 4d I S 6 EStG an dessen Stelle der nach § 176 III VVG berechnete Zeitwert;
- der gemeine Wert für die übrigen Ansprüche gem § 4d I S 3 EStG.

---

1 *Jost* in D/J/P/W § 5 Abs 1 Nr 3-4 Rn 106.

Tatsächliche Kassenvermögen bei rückgedeckten Unterstützungskassen. Für die Ermittlung des tatsächlichen Kassenvermögens sind bei rückgedeckten Unterstützungskassen die Ansprüche der Kasse gegen die Versicherung mit dem Wert des geschäftsplanmäßigen Deckungskapitals sowie des Guthabens aus der Beitragsrückerstattung am Ende des WJ anzusetzen (§ 4d I Nr 1 S 3 Hs 2 EStG). Demgegenüber steht das zulässige Kassenvermögen, welches lediglich mit dem Wert des geschäftsplanmäßigen Deckungskapitals bemessen wird (§ 4d I Nr 1 S 5 EStG). Sofern die Berechnung des Deckungskapitals nicht zum Geschäftsplan gehört, sind nach § 4d I Nr 1 S 6 EStG besondere Wertansätze vorgesehen, das Guthaben aus Beitragsrückerstattung bleibt unberücksichtigt.[1]

Tatsächliche Kassenvermögen bei Konzern- und Gruppenunterstützungskassen. Da im Regelfall bei Konzern- und Gruppen-Unterstützungskassen das anteilige Vermögen, welches aufgrund der Zuwendungen der einzelnen Trägerunternehmen entsteht, buchhalterisch getrennt verbucht wird, ist die Feststellung des zulässigen Kassenvermögens schwierig. Diese getrennte Verbuchung verfolgt den Zweck, keinen internen Vermögensausgleich zuzulassen.[2] Nach geltendem Recht wird die Gruppenkasse als Einheit behandelt mit der Folge, dass es nach Saldierung der einzelnen Über- und Unterdotierungen entweder ein Anwendungsfall des § 13 gegeben ist oder nicht.

Handelsrecht. Die Grundsätze des Handelsrechts sind für Unterstützungskassen hinsichtlich der Bewertung des Kassenvermögens nicht angemessen. Da sie der Versicherungsaufsicht nicht unterliegen, können sie frei über ihr Vermögen verfügen. Damit ist auch die steuerliche Bewertung losgelöst vom Handelsrecht.[3] Die Bewertung erfolgt nach §§ 9, 11-16 BewG.[4]

Keine Berücksichtigung künftiger Versorgungsleistungen. Kommende Versorgungsleistungen werden nicht im Wege eines Passivpostens berücksichtigt, da sich ein Rechtsanspruch der Leistungsempfänger hierfür nicht begründen lässt.[5] Solche zukünftigen Kassenleistungen gehen nicht in die Ermittlung des tatsächlichen Vermögens ein, sie werden aber bei der Ermittlung des zulässigen Kassenvermögens in der Form des Deckungskapitals bzw der Leistungsreserve berücksichtigt.[6]

Zulässiges Kassenvermögen bei lebenslangen Laufzeiten. Bei einer Kasse, die lebenslange laufende Leistungen gewährt, setzt sich das zulässige Kassenvermögen gem § 4d I S 1 Nr 1 EStG zusammen aus

- dem Deckungskapital für die am Schluss des WJ laufenden Leistungen und
- einer Reserve (sog Reservepolster), die das Achtfache der nach § 4d I S 2 Nr 1 lit b EStG zulässigen jährlichen Zuwendungen beträgt.

---

1 *Jost* in D/J/P/W § 5 Abs 1 Nr 3-4 Rn 122, 127.
2 *Jost* in D/J/P/W § 5 Abs 1 Nr 3-4 Rn 128 mwN; *Höfer/Veit/Verhuven*, BetrAVG, Bd II, Rn 2221.
3 *Jost* in D/J/P/W § 5 Abs 1 Nr 3-4 Rn 112.
4 *Bott* in EY § 5 Rn 154.
5 *Jost* in D/J/P/W § 5 Abs 1 Nr 3-4 Rn 111.
6 *Frotscher* in Frotscher/Maas § 5 Rn 60.

209 **Deckungskapital für am Schluss des WJ laufende Leistungen.** Das Deckungskapital kann auch der Tabelle in Anlage 1 zu § 4d EStG entnommen werden. Maßgeblich ist das Lebensalter der Leistungsempfänger am Bilanzstichtag.[1] Nach dem Vorruhestandsgesetz dürfen hierauf basierende Leistungen nicht auf das zulässige Kassenvermögen angerechnet werden, da es sich nicht um satzungsgemäße Leistungen einer Unterstützungskasse handelt.[2]

210 **Reservepolster.** Die Reserve beträgt jeweils das Achtfache folgender Beträge:
- bei ausschließlicher Invaliditäts- oder Hinterbliebenenversorgung: 6 %,
- bei Altersversorgung: 25 %

der jährlichen Versorgungsleistungen, die der Leistungsanwärter vertragsgemäß erhalten würde.

211 **Zulässiges Kassenvermögen bei nicht lebenslangen Leistungen.** Das zulässige Kassenvermögen darf gem § 4d I S 1 Nr 1 S 3 EStG 1 % der durchschnittlichen Lohn- und Gehaltssumme der letzten drei Jahre nicht übersteigen; hierin sind aber nur diejenigen Gehaltsempfänger zu berücksichtigen, die auch einen möglichen Anspruch aus der Unterstützungskasse haben. Weiterhin darf das Kassenvermögen die Summe der in den letzten zehn Jahren erbrachten Leistungen nicht übersteigen. Mit diesen doppelten Voraussetzungen sollte ein Missbrauch durch diejenigen Kassen verhindert werden, die tatsächlich nie eine Leistung erbracht hatten.[3]

212 **Unterstützungskasse mit und ohne lebenslange Leistungen.** Erbringt eine Unterstützungskasse beiderlei Leistungen, gelten die Vorschriften zur Bestimmung des zulässigen Kassenvermögens nebeneinander.[4] Das zulässige Kassenvermögen ist gemeinsam festzustellen und bedarf auch keiner Aufteilung in die unterschiedlichen Teilbereiche.

213-214 *Einstweilen frei.*

215 **i) Zeitpunkt der Erfüllung der Voraussetzungen.** Die Voraussetzungen für die Steuerbefreiung müssen am Ende eines VZ erfüllt sein (Abschn 6 II S 1 KStR 1995/R 11 II KStR 2004). Dies gilt in gleicher Weise auch für die Befreiung von der GewSt. Daher kann nicht beanstandet werden, wenn die Kasse diese Voraussetzungen erst im Laufe des VZ erwirbt.

216 *Einstweilen frei.*

217 **j) Rechtsfolgen. Volle Steuerpflicht bei Nichterfüllung der § 5 I Nr 3 lit a-c.** Die Rechtsfolgen bei Nichteinhaltung der Voraussetzungen sind zweigeteilt. Im Falle des Verstoßes gegen das Gebot der § 5 I Nr 3 lit a-c tritt die volle Körperschaftsteuerpflicht ein.[5] Beginn (und Erlöschen) der Befreiung von der Steuerpflicht und daran anknüpfende Rechtsfolgen sind in § 13 geregelt (vgl § 13 Rn 28 ff, 45 ff).

---

1 Frotscher in Frotscher/Maas § 5 Rn 58.
2 Jost in D/J/P/W § 5 Abs 1 Nr 3-4 Rn 121.
3 Bott in EY § 5 Rn 148 f.
4 Bott in EY § 5 Rn 150.
5 BFH I R 235/75, BStBl II 1977, 490.

Rückwirkung. In besonderen Fällen kann die volle Steuerpflicht auch für die Vergangenheit zurückwirken. Dies ist bei einem Verstoß gegen die Regelungen zur Bindung bzw Verwendung des Kassenvermögens der Fall. Nach § 61 III S 2 AO wird eine Kasse nachträglich für die letzten zehn Jahre voll steuerpflichtig, wenn die Zweckbindung des Kassenvermögens, welche in der Satzung festgelegt und nach der tatsächlichen Geschäftsführung dauernd gesichert sein soll, verletzt wird. Weitere Fälle einer rückwirkenden Steuerpflicht sind zB:

- das Vermögen wird iRd tatsächlichen Geschäftsführung endgültig der satzungsgemäßen Verwendung entzogen oder
- die Versorgungsleistungen einer Unterstützungskasse werden durch Satzungsbeschluss in vollem Umfang ersatzlos aufgehoben.[1]

Besteuerung von steuerpflichtigen Pensions-, Sterbe- und Krankenkassen. Im Falle der Pensions-, Sterbe- und Krankenkassen sind diese als Versicherungsunternehmen unabhängig von ihrer Rechtsform zu besteuern; sie haben stets Einkünfte aus Gewerbebetrieb. Auch im Falle der Steuerpflicht bleiben die Zuwendungen des Trägerunternehmens (=Prämienzahlungen) Betriebseinnahmen, die Leistungen an die Begünstigten sind Betriebsausgaben. Das Abzugsverbot des § 10 Nr 1 findet keine Anwendung.[2] Grundsätzlich sind Zuwendungen an Pensionskassen nach § 4c EStG beim Trägerunternehmen bei Leistungen aufgrund Satzung, Geschäftsplan, Anforderung durch die Versicherungsaufsichtsbehörde oder zur Abdeckung von Fehlbeträgen unbeschränkt abziehbar.[3]

Besteuerung von steuerpflichtigen Unterstützungskassen. Im Falle steuerpflichtiger Unterstützungskassen, welche keine Versicherungsunternehmen sind, ist für deren Besteuerung auf die Rechtsform abzustellen.[4] Handelt es sich um eine Kapitalgesellschaft, sind alle Einkünfte solche aus Gewerbebetrieb. Die Zuwendungen des Trägerunternehmens sind als gesellschaftsrechtliche Einlagen zu verbuchen und daher auch nicht als Ertrag zu erfassen (Abschn 36 II KStR 1995). Die Leistungen der Kasse wiederum sind nicht abziehbar nach § 10 Nr 1.[5] Bei Unterstützungskassen, die in den Rechtsformen Verein oder Stiftung betrieben werden, sind die Zuwendungen des Trägerunternehmens ebenfalls nicht steuerlich zu erfassen, da es sich nicht um Einkünfte iSd § 2 EStG handelt; im Gegenzug sind die Leistungen der Kasse nicht abziehbar. Es können bei voller Steuerpflicht der Unterstützungskasse Einkünfte aus Gewerbebetrieb, Vermietung und Verpachtung oder Kapitalvermögen vorliegen, außerdem solche aus §§ 17, 23 EStG. Abzustellen ist jeweils auf die wirtschaftliche Gesamtbetätigung der Kasse unabhängig von ihrem Hauptzweck „Übernahme und Durchführung der Altersversorgung".[6]

---

[1] *Ahrend/Förster/Rößler*, Steuerrecht der betrieblichen Altersversorgung, 3. Teil Rn 710 f; *Jost* in D/J/P/W § 5 Abs 1 Nr 3-4 Rn 134 f.
[2] BFH I R 280/81, BStBl II 1988, 75.
[3] *Jost* in D/J/P/W § 5 Abs 1 Nr 3-4 Rn 153 f.
[4] *Jost* in D/J/P/W § 5 Abs 1 Nr 3-4 Rn 138.
[5] OFD Düsseldorf v 5.11.1987, DB 1987, 2613.
[6] *Jost* in D/J/P/W § 5 Abs 1 Nr 3-4 Rn 147.

221 Partielle Steuerpflicht bei Überdotierung gem § 6. Wird gegen die Voraussetzung der Vermögensbindung gem § 5 I Nr 3 lit e verstoßen, kommt es nicht zur vollen Steuerpflicht, sondern lediglich zu einer sog partiellen Steuerpflicht nach § 6; dh das Gesamteinkommen der Pensions-, Sterbe- und Krankenkassen sowie der Unterstützungskassen wird im Verhältnis des übersteigenden Vermögens zum Gesamteinkommen versteuert (vgl § 6 Rn 1). Grund für diese Regelung ist, dass die Vergünstigung der Steuerfreiheit nur insoweit gewährt werden soll, als das Vermögen der Kasse zur Erfüllung ihrer Aufgaben erforderlich ist. Daher entsteht eine Steuerpflicht nur insoweit, als die zulässige Höhe des Kassenvermögens überschritten wird.

222 Prüfung. Bei Versicherungsunternehmen wird die Höhe des Vermögens und der Deckungsrückstellung nach den Vorgaben der Versicherungsaufsichtsbehörde nur alle drei Jahre versicherungsmathematisch berechnet. Die Frage, ob eine Überdotierung vorliegt, kann insoweit nur alle drei Jahre geprüft werden. Liegt danach eine Überdotierung vor, wirkt diese für drei Jahre.[1] Der Steuerpflichtige kann jedoch freiwillig zu einem früheren Zeitpunkt eine Neuberechnung fordern. Eine solche Neuberechnung wirkt nur zugunsten des Steuerpflichtigen.[2]

223 Partielle Steuerpflicht für einen VZ. Bei Unterstützungskassen wirkt die partielle Steuerpflicht jeweils nur für einen VZ, da maßgeblicher Zeitpunkt für die Feststellung der Überdotierung der Schluss jedes WJ ist.

224-225 *Einstweilen frei.*

226 4. VVaG (§ 5 I Nr 4). a) Inhalt und Bedeutung. Eigenständige Befreiungsvorschrift. § 5 I Nr 4 enthält eine sachliche Steuerbefreiungsvorschrift für kleine VVaG iSd § 53 VAG. Sie steht eigenständig neben den anderen Steuerbefreiungsvorschriften und kann auch und gerade dann zum Einsatz kommen, wenn die Voraussetzungen des § 5 I Nr 3 nicht erfüllt sind oder es nach diesen Vorschriften zu einer partiellen Steuerpflicht kommen würde.

227 Vereinfachung. Die Norm wurde primär zur Vereinfachung des Besteuerungsverfahrens eingeführt und beinhaltet Erleichterungen für die Steuerbefreiung kleiner Versicherungsunternehmen.

228 Sachliche Voraussetzungen und keine partielle Steuerpflicht. § 5 I Nr 4 bedarf zur Anwendung der Erfüllung bestimmter sachlicher Voraussetzungen und sieht gleichzeitig keine partielle Steuerpflicht vor (Fallgruppe 2; zur Systematik Rn 15).

229 *Einstweilen frei.*

230 b) Historie. Die Vereinfachungsregelung war ursprünglich in den KStR enthalten, wurde dann in die KStDV 1968 übernommen und erstmals mit dem KStG 1977 in § 5 I Nr 4 gesetzlich festgeschrieben. Neben den nunmehr gesetzlich geregelten Grundvoraussetzungen wird die Vorschrift durch Regelungen der KStDV ergänzt.

231 *Einstweilen frei.*

---

1 Bott in EY § 5 Rn 133.
2 Zum Streitstand vgl *Frotscher* in Frotscher/Maas § 5 Rn 57.

IV. Steuerbefreiungen im Einzelnen

c) Voraussetzungen der Körperschaftsteuerfreiheit. Kleinerer VVaG iSd § 53 VAG. Ein kleinerer VVaG iSd § 5 I Nr 4 ist ein Verein, der bestimmungsgemäß einen sachlich, örtlich oder dem Personenkreis nach eng begrenzten Wirkungskreis hat (§ 53 I VAG). Der Wirkungskreis gilt als sachlich eng begrenzt, wenn der VVaG das Versicherungswesen wirtschaftlich nicht entscheidend beeinflusst. Die örtliche Beschränkung verlangt nach dem VAG ein verhältnismäßig beschränktes Geschäftsgebiet (Gemeinden, Landkreise). Daraus folgt auch die Beschränkung des Geschäftsgebiets auf das Inland. Ein dem Personenkreis nach eng begrenzter Wirkungskreis liegt zB dann vor, wenn dieser auf Angestellte eines Unternehmens oder einer Behörde begrenzt ist.[1] — 232

Prüfung der Voraussetzungen. Die Prüfung der Erfüllung dieser Voraussetzungen obliegt der Aufsichtsbehörde und ist für das Besteuerungsverfahren verbindlich.[2] Die Entscheidung steht nicht im Ermessen der Aufsichtsbehörde. — 233

Freigrenze der Beitragseinnahmen. Kleinere VVaG sind gem § 5 I Nr 4 lit a von der KSt befreit, wenn ihre durchschnittlichen Beitragseinnahmen der letzten drei WJ einschließlich des im VZ endenden WJ die durch § 4 Nr 1 KStDV festgesetzten Jahresbeiträge nicht übersteigen. Dies sind — 234

- 797.615 EUR bei Versicherungsvereinen, die die Lebens- oder die Krankenversicherung betreiben,
- 306.775 EUR bei allen übrigen Versicherungsvereinen.

Bei diesen Grenzen handelt es sich um Freigrenzen, nicht um Freibeträge.

Wahlweise Beschränkung auf die Sterbegeldversicherung. Sofern der Geschäftsbetrieb eines kleineren VVaG auf die Sterbegeldversicherung beschränkt ist, kann auch dieser VVaG die volle Körperschaftsteuerbefreiung für sich gem § 5 I Nr 4 lit b in Anspruch nehmen. Auf die Höhe der Beitragseinnahmen kommt es dann nicht an.[3] — 235

Soziale Einrichtung. Weitere Voraussetzung für die Anwendung des § 5 I Nr 4 lit b ist, dass die Kasse nach dem Geschäftsplan und nach Art und Höhe der Leistungen eine soziale Einrichtung darstellt. Konkretisierungen hierzu enthält § 4 Nr 2 KStDV, welcher aufgrund der Ermächtigungsgrundlage des § 33 I Nr 1 lit b sublit bb erlassen wurde. Diese beziehen sich auf das Vorliegen einer sozialen Einrichtung und betreffen die Zusammensetzung der Leistungsempfänger, die satzungsmäßige Zweckbindung bei Auflösung der Kasse und die Begrenzung der Kassenleistungen. — 236

Gesamtleistung. Die Gesamtleistungen je Leistungsempfänger dürfen nach §§ 2,3 KStDV bestimmte Beträge nicht übersteigen (vgl analog Rn 164 ff). Zu diesen Gesamtleistungen zählen auch die Gewinnzuschläge, auf die das Mitglied Anspruch — 237

---

1 *Weigel* in Prölls § 53 VAG Rn 4-6.
2 *Bott* in EY § 5 Rn 251.
3 *Frotscher* in Frotscher/Maas § 5 Rn 72.

hat.¹ Sofern ein Mitglied mehrere Versicherungsverträge für sich abgeschlossen hat, werden die Versicherungsleistungen für die Ermittlung der Gesamtleistung zusammengerechnet.²

238 *Einstweilen frei.*

239 **d) Rechtsfolge.** Bei Erfüllung der gesetzlichen Voraussetzungen und den in der KStDV geregelten Ergänzungen sind kleinere VVaG von der KSt befreit. Im Anwendungsbereich des § 5 I Nr 4 kann bei einer Überdotierung der Eintritt in die partielle Steuerpflicht nach § 6 vermieden werden.

240 *Einstweilen frei.*

241 **5. Berufsverbände und kommunale Spitzenverbände (§ 5 I Nr 5). Sachliche Voraussetzungen und partielle Steuerpflicht.** Bei § 5 I Nr 5 handelt es sich um eine Vorschrift, welche sachliche Voraussetzungen an die Steuerbefreiung und eine partielle Steuerpflicht vorsieht (Fallgruppe 4; zur Systematik Rn 15).

242 **Historie.** Die Steuerbefreiung für Berufsverbände war bereits bei der Einführung des § 5 mit dem Körperschaftsteuerreformgesetz (vgl Rn 3) im Befreiungskatalog enthalten. Die Steuerbefreiungen für kommunale Spitzenverbände und ihre Zusammenschlüsse sowie für Zusammenschlüsse von juristischen Personen des öffentlichen Rechts wurde durch das StÄndG 1992 v 25.2.1992³ in die Vorschrift aufgenommen. Die Beschränkungen in Bezug auf Zuwendungen an politische Parteien (Versagung der Steuerbefreiung (vgl Rn 253), besondere KSt auf Zuwendungen (vgl Rn 254)) wurden durch das Sechste Gesetz zur Änderung des Parteiengesetzes und anderer Gesetze v 28.1.1994⁴ eingeführt.

243 **Erfasste Verbände.** § 5 I Nr 5 erfasst zunächst

- Berufsverbände ohne öffentlich-rechtlichen Charakter (vgl Rn 244),
- Kommunale Spitzenverbände auf Bundes- und Länderebene und ihre Zusammenschlüsse (vgl Rn 246).

Zudem sieht § 5 I Nr 5 S 3 eine analoge Anwendung der Steuerbefreiung für Zusammenschlüsse von juristischen Personen des öffentlichen Rechts vor.

244 **Berufsverbände, Wahrnehmung allgemeiner ideeller wirtschaftlicher Interessen.** Voraussetzung für die Steuerbefreiung als Berufsverband gem § 5 I Nr 5 ist die Wahrnehmung allgemeiner ideeller wirtschaftlicher Interessen der Angehörigen eines Berufsstandes bzw eines Wirtschaftszweiges. Unter die Befreiungsvorschrift können bspw folgende Personenvereinigungen fallen:⁵

- Gewerkschaften,
- Arbeitgeberverbände,
- Wirtschaftsverbände,

---

1 BFH I R 107/67, BStBl II 1970, 227.
2 *Frotscher* in Frotscher/Maas § 5 Rn 72.
3 BGBl I 1992, 297.
4 BGBl I 1994, 142.
5 Zur Abgrenzung R 16 I, II KStR und H 16 „Abgrenzung" KStH.

- Bauernvereine,
- Hauseigentümervereine.

Dabei dürfen die Tätigkeiten des Verbandes nicht überwiegend den persönlichen und geschäftlichen Interessen seiner Mitglieder dienen, sondern müssen auf eine Interessenvertretung des Berufstandes als solchem gerichtet sein.[1] Nicht begünstigt ist daher zB eine Güteschutzgemeinschaft,[2] ein Werbeverband,[3] eine Abrechnungsstelle von Apothekeninhabern[4] oder ein Verein, der der Koordinierung des Einkaufs seiner Mitglieder dient.[5] Die verfolgten Ziele müssen sich aus einer Erwerbstätigkeit der Mitglieder des Verbandes ableiten lassen. Dies setzt die Zugehörigkeit der im Berufsverband zusammengeschlossenen Personen und Unternehmen zu einer bestimmten Berufsgruppe oder einem bestimmten Wirtschaftszweig voraus.[6] Nicht zu den Berufsverbänden zählen daher zB Lohnsteuerhilfevereine,[7] Mietervereine,[8] Warenzeichenverbände[9] und Rabattsparvereine.[10] Die satzungsmäßigen Ziele des Verbandes müssen mit der tatsächlichen Geschäftsführung des Verbandes übereinstimmen.[11]

Berufsverbände mit öffentlich-rechtlichem Charakter. Berufsverbände mit öffentlich-rechtlichem Charakter, bspw Handwerkskammern, fallen nicht unter die Befreiungsvorschrift, da sich die Steuerpflicht nach § 1 I Nr 6 bei Körperschaften des öffentlichen Rechts nur auf den BgA (§ 4) beschränkt. Zusammenschlüsse solcher Körperschaften des öffentlichen Rechts sind dagegen von § 5 I Nr 5 S 3 erfasst, da das öffentliche Recht keine Organisationsform für solche Zusammenschlüsse bietet und diese daher als juristische Personen des privaten Rechts der unbeschränkten Körperschaftsteuerpflicht nach § 1 I unterliegen.[12]

245

Kommunale Spitzenverbände und ihre Zusammenschlüsse. Bei den kommunalen Spitzenverbänden handelt es sich um Zusammenschlüsse der Kommunen wie den Deutschen Städtetag, den Deutschen Städte- und Gemeindebund, den Deutschen Landkreistag und entsprechende Zusammenschlüsse auf Landesebene. Diese Verbände unterliegen, anders als die Kommunen selbst, als privatrechtliche Organisationen nach § 1 I S 1 Nr 4 der unbeschränkten Körperschaftsteuerpflicht, da für sie keine Möglichkeit besteht, sich in einer öffentlich-rechtlichen Organisationsform zusammenzuschließen.[13] Die Befreiung von der KSt ist daher in § 5 I Nr 5 geregelt.

246

---

1 BFH I D 1/52 S, BStBl III 1952, 228.
2 BFH III R 114/71, BStBl II 1973, 39; H 16 „Abgrenzung" KStH mit weiteren Beispielen.
3 BFH III 179/64, BStBl III 1966, 638.
4 BFH I 110/53 U, BStBl III 1954, 204.
5 BFH I R 137/73, BStBl II 1975, 722.
6 BFH I R 234/71, BStBl II 1974, 60.
7 BFH I R 234/71, BStBl II 1974, 60.
8 BFH III 190/64, BStBl III 1966, 525.
9 BFH I 151/63, BStBl III 1966, 632.
10 BFH I 67/65, BStBl II 1968, 236.
11 BFH VIII R 324/82, BStBl II 1985, 92; BFH VIII R 76/85, BStBl II 1989, 97.
12 BTDrs 12/1108, 66.
13 BRDrs 522/91, 65.

247 **Partielle Steuerpflicht.** Die Befreiung gilt nur, soweit kein wirtschaftlicher Geschäftsbetrieb unterhalten wird (§ 5 I Nr 5 S 2 lit a, zum Begriff des wirtschaftlichen Geschäftsbetriebs vgl Rn 31 ff); anders bei Vermögensverwaltungsgesellschaften von Berufsverbänden (vgl Rn 258 ff, Rn 263). Die Vorschrift sieht auch keine Begünstigung eines Zweckbetriebs (vgl Rn 58) vor.[1]

248 **Zulässigkeit des wirtschaftlichen Geschäftsbetriebs.** Aus der Regelung der partiellen Steuerpflicht nach § 5 I Nr 5 S 2 lit a folgt die grundsätzliche Unschädlichkeit eines wirtschaftlichen Geschäftsbetriebs für die Steuerbefreiung iÜ. Gänzlich ausgeschlossen ist die Steuerbefreiung nach § 5 I Nr 5 S 1 jedoch, wenn der Zweck des Verbandes auf einen wirtschaftlichen Geschäftsbetrieb gerichtet ist. Dies bestimmt sich nach Satzung und tatsächlicher Geschäftsführung.[2] Bei Berufsverbänden lässt die Finanzverwaltung zu, dass ein wirtschaftlicher Geschäftsbetrieb in der Satzung aufgeführt wird (R 16 I S 5 KStR). Die Rechtsprechung sieht die Erwähnung eines wirtschaftlichen Geschäftsbetriebs in der Satzung jedenfalls, solange die Satzung das Betreiben eines wirtschaftlichen Geschäftsbetrieb nur zur Erfüllung der begünstigten satzungsmäßigen Zwecke erlaubt ohne ihn selbst zum Satzungszweck zu machen, als unschädlich an.[3] Schädlich wäre demnach nur eine Bestimmung über einen wirtschaftlichen Geschäftsbetrieb, der um seiner selbst Willen betrieben wird.[4]

249 **Kein Gepräge des wirtschaftlichen Geschäftsbetriebs.** Nach Auffassung der Finanzverwaltung darf ein wirtschaftlicher Geschäftsbetrieb eines Berufsverbandes der Körperschaft, der nicht dem Verbandszweck dient, nach dem Gesamtbild der tatsächlichen Geschäftsführung nicht das Gepräge geben mit der Folge des vollständigen Verlustes der Steuerbefreiung (R 16 I S 6 KStR). Nach der Rechtsprechung zur gleichen Frage in Bezug auf die Befreiung nach § 5 I Nr 9 (vgl Rn 337), bei der übereinstimmende Grundsätze gelten,[5] dürfte es allerdings nicht darauf ankommen, ob die Körperschaft den überwiegenden Teil ihrer Einnahmen aus einem wirtschaftlichen Geschäftsbetrieb erzielt.[6] Die Finanzverwaltung hat daher die sog Geprägetheorie in Bezug auf steuerbegünstigte Körperschaften iSv §§ 51 ff AO, die nach § 5 I Nr 9 steuerbefreit sind, aufgegeben, vgl Rn 336 ff. Maßgeblich ist nach Auffassung des BFH, dass nicht in erster Linie eigenwirtschaftliche Zwecke verfolgt werden, indem vorrangig und nicht nur nebenbei die eigenen wirtschaftlichen Interessen oder diejenigen der Mitglieder der Köperschaft gefördert werden.[7] Die Mittel aus dem wirtschaftlichen Geschäftsbetrieb müssen letztendlich dem steuerbegünstigten Satzungszweck zugutekommen.[8]

---

1 *Frotscher* in Frotscher/Maas § 5 Rn 79.
2 BFH I 44/52 U, BStBl III 1952, 221; *Heger* in Gosch § 5 Rn 157; *Bott* in EY § 5 Rn 280.
3 BFH I R 15/02, BStBl II 2003, 384 zu gemeinnützigen Körperschaften.
4 *Bott* in EY § 5 Rn 279; aA *Jost* in D/J/P/W § 5 I Nr 5-8 Rn 20, der die Erwähnung eines wirtschaftlichen Geschäftsbetriebs in der Satzung dem Gesetzeswortlaut nach immer für schädlich hält.
5 *Jost* in D/J/P/W § 5 Abs 1 Nr 5-8 Rn 21.
6 BFH I R 156/94, BStBl II 2002, 162.
7 BFH I R 19/91, BStBl II 1992, 62.
8 BFH I R 76/05, BStBl II 2007, 631.

IV. Steuerbefreiungen im Einzelnen

Mitgliedsbeiträge. Mitgliedsbeiträge sind dem ideellen Bereich zuzuordnen bzw bleiben nach § 8 V bei Ermittlung des Einkommens grundsätzlich außer Ansatz, solange sie kein Entgelt für eine bestimmte Leistung an das Mitglied darstellen (vgl Rn 22). 250

Umlagen. Umlagen, die gleichmäßig von allen Mitgliedern in gleicher Höhe oder nach einem bestimmten Maßstab erhoben werden, begründen noch keinen Leistungsaustausch zwischen dem Verband und dem Mitglied.[1] Sie sind daher wie Mitgliedsbeiträge dem ideellen Bereich zuzuordnen und begründen keinen wirtschaftlichen Geschäftsbetrieb. Werden allerdings mindestens 20 % der Mitglieder nicht zu der Umlage herangezogen, liegt nach Verwaltungsauffassung regelmäßig ein Leistungsaustausch zwischen Mitglied und Verband vor (R 16 IV S 6 KStR). Werden Umlagen als pauschaliertes Entgelt für Leistungen des Berufsverbandes, zB für zusammengefasste Werbung, erhoben, liegen Einnahmen eines wirtschaftlichen Geschäftsbetriebs vor.[2] 251

KESt. Gewinne des wirtschaftlichen Geschäftsbetriebs, die nicht einer Rücklage zugeführt werden, unterliegen der KESt (vgl Rn 65). 252

Versagung der Steuerbefreiung wegen Spenden an politische Parteien. Betragen die für die Unterstützung oder Förderung von politischen Parteien verwendeten Mittel mehr als 10 % der Einnahmen, führt dies zur vollständigen Versagung der Steuerbefreiung (§ 5 I Nr 5 S 2 lit b). Schädlich ist sowohl die unmittelbare Förderung (zB über Parteispenden oder verbilligte Darlehensgewährung) als auch die mittelbare Förderung (zB Finanzierung des Wahlkampfes eines Abgeordneten), vgl R 16 III KStR mit weiteren Beispielen. Unerheblich ist, ob die Mittel aus dem ideellen Bereich (zB Beitragseinnahmen) oder aus Einnahmen aus dem wirtschaftlichen Geschäftsbetrieb bzw der Vermögensverwaltung stammen.[3] 253

KSt auf Spenden an politische Parteien. Darüber hinaus fällt auf sämtliche Spenden an politische Parteien eine durch den Berufsverband zu entrichtende KSt iHv 50 % der Spende an (§ 5 I Nr 5 S 4). Dies gilt auch, wenn die Steuerbefreiung für einen Berufsverband mangels Erfüllung der Voraussetzungen nicht zur Anwendung kommt.[4] Diese KSt soll einen Ausgleich darstellen für die auf Ebene des Mitglieds des Berufsverbandes durch einen Werbungskosten- oder Betriebsausgabenabzug erlangte Steuerentlastung und setzt ein Urteil des BVerfG v 9.4.1992[5] um.[6] Sowohl die Parteispende selbst als auch die KSt nach § 5 I Nr 5 S 4 gehören zu den nichtabziehbaren Betriebsausgaben (§ 4 VI EStG, § 10 Nr 2). 254

Verwendung von Beitragseinnahmen zur Förderung gemeinnütziger Zwecke. Verwenden Berufsverbände Beiträge regelmäßig zu Spenden an gemeinnützige Organisationen, kann dies den Charakter als Berufsverband und damit die Steuerbefreiung gefährden, insbesondere wenn kein Zusammenhang mit den Zweck des Ver- 255

---

[1] Heger in Gosch § 5 Rn 158.
[2] BFH I 151/63, BStBl III 1966, 632.
[3] Jost in D/J/P/W § 5 Abs 1 Nr 5-8 Rn 29.
[4] BTDrs 12/5774, 20.
[5] BVerfG 2 BvE 2/89, BVerfGE 85, 264, BStBl II 1992, 766.
[6] BTDrs 12/5774, 20.

bandes, der Interessenvertretung des Berufsstandes, besteht.¹ Unschädlich sollten aber Spenden an Einrichtungen sein, die zB die fachliche Aus- und Fortbildung der Verbandsmitglieder und ihrer Bediensteten sowie der übrigen Mitglieder des Berufsstandes fördern und so berufspezifischen Zwecken dienen, zB gemeinnützige Berufsbildungseinrichtungen.²

256-257 *Einstweilen frei.*

258 **6. Vermögensverwaltung nichtrechtsfähiger Berufsverbände (§ 5 I Nr 6). Sachliche Voraussetzungen und keine partielle Steuerpflicht.** § 5 I Nr 6 sieht sachliche Voraussetzungen für die Steuerbefreiung und keine partielle Steuerpflicht vor (Fallgruppe 2; zur Systematik Rn 15).

259 **Historie.** Die Steuerbefreiung war bereits bei der Einführung des § 5 mit dem Körperschaftsteuerreformgesetz (vgl Rn 3) im Befreiungskatalog enthalten.

260 **Vermögensverwaltungsgesellschaften.** Nach § 5 I Nr 6 sind auch die Einkünfte von als Körperschaft oder Personenvereinigung organisierten Vermögensverwaltungsgesellschaften steuerbefreiter Berufsverbände steuerbefreit. Die Vorschrift ist nur auf Körperschaften oder Personenvereinigungen anwendbar. Vermögensmassen (wie zB Stiftungen) werden nach dem eindeutigen Gesetzeswortlaut von der Vorschrift nicht erfasst.³

261 **Keine Rechtsfähigkeit des Berufsverbands.** Die Steuerbefreiung nach § 5 I Nr 6 gilt für nichtrechtsfähige Berufsverbände, die ihr Vermögen im Regelfall vor dem Hintergrund ihrer eingeschränkten Rechtsfähigkeit nicht selbst verwalten.

262 **Hauptzweck.** Haupt-, aber nicht alleiniger Zweck des Rechtsträgers muss die Vermögensverwaltung sein. Auch die Erträge müssen im Wesentlichen aus der Vermögensverwaltung entstehen und dürfen nur dem Berufsverband zufließen, wobei eine Thesaurierung zulässig ist. Wie der Begriff „im Wesentlichen" auszulegen ist, ist unklar. In der Literatur werden unterschiedlichste Zulässigkeitsgrenzen für andere Erträge außerhalb der Vermögensverwaltung genannt.⁴ Die Frage ist von der Rechtsprechung bisher nicht geklärt. Aus Beratungssicht dürfte damit im Einzelfall eine enge Abstimmung mit der Finanzverwaltung und ggf eine Absicherung über eine verbindliche Auskunft – soweit auf Schätzungsgrundlage möglich – angeraten sein.

263 **Keine partielle Steuerpflicht.** § 5 I Nr 6 sieht keine Ausnahme für einen wirtschaftlichen Geschäftsbetrieb vor. Dh sofern die Erträge in dem „nicht wesentlichen" Rahmen bleiben, umfasst die Steuerbefreiung anders als diejenige für den Berufsverband selbst auch einen wirtschaftlichen Geschäftsbetrieb (vgl Rn 31 ff).

---

1 Bott in EY § 5 Rn 277; Jost in D/J/P/W § 5 Abs 1 Nr 5-8 Rn 44.
2 Jost in D/J/P/W § 5 Abs 1 Nr 5-8 Rn 44.
3 Ebenso *Heger* in Gosch § 5 Rn 166; *Von Twickel* in Blümich § 5 Rn 87; *Bott* in EY § 5 Rn 330.
4 Bspw 25 %: *Jost* in D/J/P/W § 5 Abs 1 Nr 5-8 Rn 89; *Alvermann/Streck* in Streck § 5 Rn 90; 10 %: *Von Twickel* in Blümich § 5 Rn 91; *Heger* in Gosch § 5 Rn 166; 5 %: *Frotscher* in Frotscher/Maas § 5 Rn 83.

Zufluss. Voraussetzung für die Steuerbefreiung ist, dass die von der Vermögensverwaltungsgesellschaft erzielten Erträge ausschließlich dem Berufsverband zufließen. Die Thesaurierung auf Ebene der Vermögensverwaltungsgesellschaft und die Vermögensumschichtung werden damit aber nicht ausgeschlossen.[1]   264

Einstweilen frei.   265

7. Parteien, Wählervereinigungen (§ 5 I Nr 7). Keine sachlichen Voraussetzungen und partielle Steuerpflicht. § 5 I Nr 7 sieht keine sachliche Voraussetzung an die Steuerbefreiung, jedoch eine partielle Steuerpflicht vor (Fallgruppe 3; zur Systematik Rn 15).   266

Historie. Die Steuerbefreiung für politische Parteien war bereits bei der Einführung des § 5 mit dem Körperschaftsteuerreformgesetz (vgl Rn 3) im Befreiungskatalog enthalten. Die Befreiung für die Gebietsverbände der politischen Parteien wurde durch das Gesetz zur Änderung des Parteiengesetzes und anderer Gesetze v 22.12.1983[2] aufgenommen. Die Begünstigung für kommunale Wählervereinigungen und ihre Dachverbände wurde durch das StBereinG 1999 v 22.12.1999[3] geschaffen. Die ursprünglich in der Vorschrift enthaltene Befreiung für politische Vereine, deren Zweck nicht auf einen wirtschaftlichen Geschäftsbetrieb gerichtet war, wurde durch das Gesetz zur Änderung des Parteiengesetzes und anderer Gesetze gestrichen.   267

Politische Parteien. Politische Parteien, die meist in der Rechtsform eines Vereins auftreten, sind nach § 2 PartG Vereinigungen von Bürgern, die dauernd oder für längere Zeit für den Bereich des Bundes oder eines Landes auf die politische Willensbildung Einfluss nehmen und an der Vertretung des Volkes im Deutschen Bundestag oder einem Landtag mitwirken. Das PartG stellt noch zahlreiche weitere Voraussetzungen und Regelungen für Parteien auf, wie zB: 268

- Mitglieder einer Partei können nur natürliche Personen sein (§ 2 I S 2 PartG),
- Sitz und Geschäftsleitung einer Partei müssen sich im Inland befinden (§ 2 III Nr 2 PartG),
- Mitglieder oder die Mitglieder ihres Vorstandes dürfen nicht in der Mehrheit Ausländer sein (§ 2 III Nr 1 PartG).

Gebietsverbände. Die Gebietsverbände, dh die regionalen Untergliederungen wie Landes-, Bezirks-, Kreis-, und Ortsverbände sind selbständige Steuerrechtssubjekte und daher ebenfalls in § 5 I Nr 7 aufgeführt.[4]   269

Politische Vereine. Abzugrenzen sind die politischen Parteien von politischen Vereinen, die nicht unter § 2 PartG und damit nicht unter die Befreiungsvorschrift fallen.[5]   270

Kommunale Wählervereinigungen und deren Dachverbände. Kommunale Wählervereinigungen und deren Dachverbände mussten aufgrund eines Urteils des BVerfG v 29.9.1998 in § 5 I Nr 7 aufgenommen werden, da die vorherige   271

---

1 *Heger* in Gosch § 5 Rn 168.
2 BGBl I 1983, 1577.
3 BGBl I 1999, 2601.
4 *Jost* in D/J/P/W § 5 Abs 1 Nr 5-8 Rn 110, 115; BTDrs 10/697, 11.
5 Zur Definition des politischen Vereins BFH I D 1/52, BStBl III 1952, 228.

unterschiedliche Behandlung von Parteien einerseits und kommunalen Wählervereinigungen bzw ihrer Dachverbände andererseits gegen das verfassungsrechtliche Gebot der Chancengleichheit verstoßen hat.[1]

272 **Partielle Steuerpflicht.** Die Befreiung von der KSt gilt nur, soweit kein wirtschaftlicher Geschäftsbetrieb unterhalten wird (§ 5 I Nr 7 S 2). Die Vorschrift sieht auch keine Begünstigung eines Zweckbetriebs (vgl Rn 58 ff) vor. Gewinne des wirtschaftlichen Geschäftsbetriebs, die nicht einer Rücklage zugeführt werden, unterliegen darüber hinaus der KESt (vgl Rn 65).

273 *Einstweilen frei.*

274 **8. Öffentlich-rechtliche Versicherungs- und Versorgungseinrichtungen (§ 5 I Nr 8). Sachliche Voraussetzungen und keine partielle Steuerpflicht.** Bei § 5 I Nr 8 handelt es sich um eine Vorschrift, welche sachliche Voraussetzungen an die Steuerbefreiung stellt, aber keine partielle Steuerpflicht vorsieht (Fallgruppe 2; zur Systematik Rn 15).

275 **Historie.** Die Steuerbefreiung für öffentlich-rechtliche Versicherungs- und Versorgungseinrichtungen war bereits bei der Einführung des § 5 mit dem Körperschaftsteuerreformgesetz (vgl Rn 3) im Befreiungskatalog enthalten. Die Vorschrift hat in der Folge lediglich redaktionelle Änderungen erfahren.

276 **Gleichstellung mit den Sozialversicherungsträgern.** Die in der Form der juristischen Person des öffentlichen Rechts auftretenden Versicherungs- und Versorgungseinrichtungen von Berufsgruppen[2] unterliegen grundsätzlich der Steuerpflicht nach § 1 I Nr 6, da es sich um BgA nach § 4 handelt.[3] Für solche Versicherungs- und Versorgungseinrichtungen regelt § 5 I Nr 8 daher zur Gleichstellung mit den Sozialversicherungsträgern eine Steuerbefreiung.[4]

277 **Gesetzliche Pflichtmitgliedschaft.** § 5 I Nr 8 erfordert, dass eine gesetzliche Pflichtmitgliedschaft für einen bestimmten Personenkreis besteht. Dies ist insbesondere der Fall für die Versorgungseinrichtungen von Mitgliedern freier Berufe wie Ärzte, Apotheker, Architekten, Tierärzte, Zahnärzte, Rechtsanwälte, Notare, Steuerberater und Wirtschaftsprüfer,[5] bei denen die Pflichtmitgliedschaft in einem Versorgungswerk anstelle der Pflichtmitgliedschaft für Arbeitnehmer in der Deutschen Rentenversicherung tritt.[6]

278 **Voraussetzungen.** Die Steuerbefreiung setzt voraus, dass die Satzung die Beiträge auf den doppelten Höchstbetrag zur gesetzlichen Pflichtversicherung beschränkt. Diese Begrenzung muss für die kumulierten Beiträge eines Jahres eingehalten werden (§ 5 I Nr 8 S 1). Die Grenze erhöht sich auf 125 % (15/12), wenn die Satzung ausschließ-

---

1 BVerfG 2 BvL 64/93, BStBl II 1999, 110.
2 Befreit sind auch Einrichtungen in der Form von rechtlich unselbständigen Sondervermögen, vgl FG Düsseldorf 6 K 3127/06, EFG 2009, 1593 bestätigt durch BFH I R 47/09, BFH/NV 2011, 1257.
3 BFH I R 200/73, BStBl II 1976, 355.
4 BMF v 14.7.1987, BStBl I 1987, 1763.
5 Die Pflichtmitgliedschaft in einem Versorgungswerk ergibt sich aus entsprechenden Landesgesetzen, zB § 5 RAVG v 10.12.1984, GBl 1984, 671 für Rechtsanwälte in Baden-Württemberg.
6 Eine Befreiung von der Versicherungspflicht in der Deutschen Rentenversicherung ist für diese Berufe nach § 6 I Nr 1 SGB VI möglich.

IV. Steuerbefreiungen im Einzelnen

lich Pflichtmitgliedschaften ermöglicht und solche freiwillige Mitgliedschaften, die unmittelbar an eine Pflichtmitgliedschaft anschließen (bspw beim Ausscheiden aus der Pflichtmitgliedschaft).

Versorgungsausgleich. Zahlungen an eine Versicherungseinrichtung iRe Versorgungsausgleichs zusätzlich zu den Höchstbeträgen sind in der Regel für die Steuerbefreiung unschädlich.[1] 279

Umfang der Steuerbefreiung. Die Steuerbefreiung umfasst sowohl vermögensverwaltende als auch gewerbliche Kapitalanlagen der Einrichtung (keine Ausnahme der Steuerbefreiung für einen wirtschaftlichen Geschäftsbetrieb).[2] 280

Einstweilen frei. 281

9. Körperschaften, Personenvereinigungen und Vermögensmassen, die steuerbegünstigten Zwecken dienen (§ 5 I Nr 9). a) Allgemeines. Sachliche Voraussetzungen und partielle Steuerpflicht. Bei § 5 Nr 9 handelt es sich um eine Vorschrift, welche sachliche Voraussetzungen an die Steuerbefreiung stellt und eine partielle Steuerpflicht vorsieht (Fallgruppe 4; zur Systematik Rn 15). 282

§ 5

Historie. Die Steuerbefreiung für Körperschaften, Personenvereinigungen und Vermögensmassen, die steuerbegünstigten Zwecken dienen, war bereits bei der Einführung des § mit dem Körperschaftsteuerreformgesetz (vgl Rn 3) im Befreiungskatalog enthalten. Durch das Vereinsförderungsgesetz v 18.12.1989[3] wurde die Begünstigung für selbstbewirtschaftete Forstbetriebe gem S 3 der Vorschrift eingeführt. 283

Unbeschränkt und beschränkt Steuerpflichtige. Die Vorschrift betrifft bestimmte nach § 1 I unbeschränkt körperschaftsteuerpflichtige Körperschaften und nach § 2 Nr 1 mit ihren inländischen Einkünften beschränkt steuerpflichtige Körperschaften aus anderen Mitgliedstaaten der EU bzw. EWR-Staaten, mit denen ein Amtshilfeabkommen besteht (§ 5 II Nr 2; zum persönlichen Anwendungsbereich vgl auch Rn 9), die steuerbegünstigten Zwecken dienen. 284

Erfasste Rechtsformen. Von § 5 I Nr 9 werden alle Körperschaften, Personenvereinigungen und Vermögensmassen erfasst, welche die in der Vorschrift genannten steuerbegünstigten Zwecke erfüllen (können). Im Einzelnen können derartige Zwecke insbesondere folgende Rechtsformen erfüllen: 285

- Vereine,
- Stiftungen,
- gemeinnützige GmbH, AG, UG (haftungsbeschränkt)[4] (dh das handelsrechtliche Kriterium der Gewinnerzielung steht der Selbstlosigkeit nicht entgegen[5]; begünstigt können auch Vorgesellschaften sein[6]),

---

1   BMF v 14.7.1987, BStBl I 1987, 1763.
2   BFH I R 47/09, BFH/NV 2011, 1257.
3   BGBl I 1989, 2212.
4   Die Pflicht zur Bildung einer Rücklage nach § 5a III GmbHG aus den Jahresüberschüssen steht dem nicht entgegen, vgl Rn 300.
5   *Jost* in D/J/P/W § 5 Abs 1 Nr 9 Rn 305.
6   *Heger* in Gosch § 5 Rn 181.

- BgA der juristischen Person des öffentlichen Rechts[1]; diese bedürfen jeweils für jeden BgA eine Steuerbefreiung, da eine juristische Person des öffentlichen Rechts grundsätzlich wegen jedes einzelnen BgA steuerpflichtig ist[2] (weiterführend § 4 Rn 172),
- Genossenschaften.

Nicht erfasst werden hingegen:

- KGaA,[3]
- Familienstiftungen (regelmäßig mangels Selbstlosigkeit),[4]
- Personengesellschaften bzw GbR (keine Körperschaftsteuersubjekte, vgl § 1 Rn 48).

286 **Steuerbegünstigte Zwecke.** Eine Körperschaft, Personenvereinigung oder Vermögensmasse ist dann steuerbefreit nach § 5 I Nr 9, wenn sie

- ihrer Satzung, Stiftungsgeschäft oder sonstigen Verfassung (Satzung) gem §§ 59-61 AO (vgl Rn 293) und
- ihrer tatsächlichen Geschäftsführung gem § 63 AO nach (vgl Rn 294)
- ausschließlich gem § 56 AO (vgl Rn 302) und
- unmittelbar gem § 57 AO (vgl Rn 304)

bestimmten Zwecken dient, die als:

- gemeinnützig gem § 52 AO (vgl Rn 314 ff),
- mildtätig gem § 53 AO (vgl Rn 322 ff) oder
- kirchlich gem § 54 AO (vgl Rn 330 ff)

gesetzlich definiert sind.

287 **Struktureller Inlandsbezug.** Mit dem JStG 2009 (vgl Rn 3) wurde einhergehend mit der Erweiterung des persönlichen Anwendungsbereichs in § 5 II Nr 2 (vgl Rn 11) als Reaktion auf das Urteil des EuGH in der Rs *Stauffer*[5] durch Neufassung von § 51 II AO die Förderung von steuerbegünstigten Zwecken (dh gemeinnützige, mildtätige oder kirchliche), die im Ausland verwirklicht werden, eingeschränkt[6] (zur Unionsrechtskonformität vgl Rn 97). Dies wird erreicht, indem eine Steuerbegünstigung in dem Fall, dass eine Körperschaft ausschließlich[7] im Ausland tätig wird, nur noch dann gewährt wird, wenn:

- natürliche Personen mit Wohnsitz oder gewöhnlichem Aufenthalt im Inland gefördert werden (vgl Rn 288) oder

---

1 BFH I R 21/81, BStBl II 1985, 162.
2 BFH I R 161/94, BFH/NV 1997, 625.
3 *Jost* in D/J/P/W § 5 Abs 1 Nr 9 Rn 4; aA für Kapitalgesellschaft & Co KGaA: *Hüttemann*, Gemeinnützigkeits- und Spendenrecht, 2008, § 2 Rn 12.
4 AEAO Nr 3 zu § 53.
5 EuGH Rs C-386/04, *Stauffer*, Slg 2006, I-8203; BFH I R 94/02, BFH/NV 2007, 805; zum Verstoß gegen die Kapitalverkehrsfreiheit durch die Beschränkung des steuerlichen Abzugs von Spenden auf solche an unbeschränkt steuerpflichtige Körperschaften EuGH Rs C-318/07, *Persche*, Slg 2009, I-359; BFH X R 46/05, BFH/NV 2009, 1633.
6 BTDrs 16/10189, 79.
7 AEAO Nr 7 I S 1 und III zu § 51 AO.

IV. Steuerbefreiungen im Einzelnen

- die Tätigkeit der Körperschaft zum Ansehen der BRD im Ausland beitragen kann (vgl Rn 289).[1]

Natürliche Personen. Wegen der allgemeinen Anforderungen des § 5 I Nr 9 wird nur eine unmittelbare Förderung von natürlichen Personen mit Wohnsitz oder gewöhnlichem Aufenthalt in Deutschland den Anforderungen des § 51 II AO genügen (vgl zum Erfordernis der Unmittelbarkeit bei § 5 I Nr 9 Rn 304). Nach dem Gesetzeswortlaut ist die Förderung deutscher Staatsangehöriger nicht begünstigt, wenn diese eine ausländische Ansässigkeit innehaben; dh auf die Staatsangehörigkeit ist nicht abzustellen.[2] Unklar ist nach dem Gesetzeswortlaut, in welchem Umfang Personen mit Wohnsitz oder gewöhnlichem Aufenthalt im Inland gefördert werden müssen, wenn eine Körperschaft mit ihrer Auslandstätigkeit sowohl solche Personen als auch solche mit Wohnsitz und gewöhnlichem Aufenthalt im Ausland fördert.[3] Jost vertritt wohl die Auffassung, dass sämtliche in- und ausländischen Einnahmen für die Förderung inländischer Personen verwendet werden müssten, um dem Ausschließlichkeitsgrundsatz gem § 56 AO zu genügen.[4] Dies erscheint zweifelhaft, da sich der Ausschließlichkeitsgrundsatz auf die Verfolgung steuerbegünstigter Zwecke nach §§ 52 ff bezieht. § 51 II AO regelt aber keine weiteren Voraussetzungen für die Frage, ob ein steuerbegünstigter Zweck vorliegt, sondern schränkt die Steuerbegünstigung für den Fall ein, dass ein solcher gegeben ist. Dies ergibt sich auch aus der Gesetzesbegründung, nach der der strukturelle Inlandsbezug keine Auswirkung auf Inhalt und Umfang der in den §§ 52-54 beschriebenen förderungswürdigen Zwecke hat.[5] Die Gesetzesbegründung sieht hier eine zweistufige Prüfung vor. Zuerst ist zu prüfen, ob die Körperschaft die Voraussetzungen der §§ 52 ff AO erfüllt unbeachtlich eines Inlandsbezugs. Liegt ein Fall des § 51 II AO vor, dh werden die steuerbegünstigten Zwecke im Ausland verwirklicht, ist sodann zu prüfen, ob ein (ausreichender) Inlandsbezug gegeben ist.

Ansehen der BRD. Bei in Deutschland ansässigen Organisationen soll das Merkmal, dass deren Auslandstätigkeit zum Ansehen der Bundesrepublik Deutschland im Ausland beitragen kann, ohne besonderen Nachweis bereits dadurch erfüllt sein, dass sie sich personell, finanziell, planend, schöpferisch oder anderweitig an der Förderung gemeinnütziger, mildtätiger oder kirchlicher Zwecke im Ausland beteiligen.[6] Als inländische Organisation treten solche Körperschaften nach Auffassung des Gesetzgebers wohl als Vertreter Deutschlands auf, deren Tätigkeit das Ansehen Deutschlands fördert. Der mögliche Ansehensbeitrag ist nicht als eigenständiger Nebenzweck der Organisation gemeint; sie muss daher weder ihre Tätigkeit noch ihre Satzungszwecke speziell darauf ausrichten.[7] Für inländische Körperschaften soll durch die Neuregelung

288

289

---

1 Zur Kritik an der Neuregelung durch das JStG 2009 *Hüttemann*, DB 2008, 1061.
2 AEAO Nr 7 I S 3 zu § 51 AO.
3 *Gersch* in Klein § 51 AO Rn 8; die Finanzverwaltung vertritt, dass eine Körperschaft, soweit sie nur im Ausland tätig wird, „auch" im Inland lebende natürliche Personen fördern muss, AEAO Nr 7 III zu § 51 II AO.
4 *Jost* in D/J/P/W § 5 Abs 1 Nr 9 Rn 6/18 und 6/19.
5 BTDrs 16/11108, 45; glA AEAO Nr 7 IV S 3 zu § 51 II AO.
6 BTDrs 16/11108, 45 f; glA AEAO Nr 7 II zu § 51 II AO
7 BTDrs 16/11108, 46.

daher keine Einschränkung eintreten, da diese Voraussetzung nahezu immer erfüllt sein wird.[1] Für beschränkt steuerpflichtige EU-/EWR-Körperschaften, welche zwar nunmehr eigentlich durch die Änderung des § 5 II als steuerfreie Körperschaften in Frage kommen (vgl Rn 11), wird aufgrund des § 51 II AO eine Steuerbegünstigung von ausländischen Tätigkeiten jedoch eingeschränkt. Denn bei ausländischen Organisationen gibt es die og Indizwirkung nicht. Dennoch sollen sich auch ausländische Organisationen auf § 51 II Alt 2 AO berufen können.[2] Die Steigerung des Ansehens der Bundesrepublik Deutschland durch im Ausland ausgeübte Tätigkeiten durch eine ausländische Organisation könnte zB dann gegeben sein, wenn in dieser Organisation (auch) deutsche Mitarbeiter iRd Zweckverwirklichung tätig werden. Nicht ausreichend wird wohl sein, dass die eingesetzten finanziellen Mittel aus Deutschland stammen.[3]

290 **§ 4 BVerfSchG.** Nach § 51 III AO[4] setzt eine Steuervergünstigung außerdem voraus, dass die Körperschaft nach Satzung und tatsächlicher Geschäftsführung keine Bestrebungen iSd § 4 BVerfSchG (Bestrebungen gegen den Bestand des Bundes oder eines Landes, gegen die Sicherheit des Bundes oder eines Landes, gegen die freiheitliche demokratische Grundordnung) fördert oder dem Gedanken der Völkerverständigung zuwiderhandelt.

291-292 *Einstweilen frei.*

293 **b) Zweckbindung. Satzung.** Die Satzung muss nicht nur den Zweck, den die Körperschaft verfolgt, benennen, sondern auch eine Prüfung, ob die Anforderungen der §§ 52-55 AO erfüllt werden, ermöglichen (§ 60 AO).[5] Die dazu wesentlichen Bestimmungen müssen sich in der Satzung befinden. Ein Verweis auf außerhalb der Satzung bestehende Vereinbarungen ist nicht hinreichend.[6]

294 **Tatsächliche Geschäftsführung.** Nach § 63 I AO muss die tatsächliche Geschäftsführung auf die ausschließliche und unmittelbare Erfüllung der satzungsmäßigen steuerbegünstigten Zwecke gerichtet sein und den Bestimmungen der Satzung entsprechen. Insbesondere darf die tatsächliche Geschäftsführung aufgrund des Gebots der Ausschließlichkeit (§ 56 AO) nicht über die satzungsmäßigen Zwecke hinausgehen (vgl Rn 302).[7] Eine Erweiterung der steuerbegünstigten Zweckbestimmung ist daher nur über eine Satzungsänderung möglich.[8] Dass die tatsächliche Geschäftsführung den Anforderungen genügt, muss nach § 63 III AO anhand ordnungsmäßiger Aufzeichnungen über die Einnahmen und Ausgaben nachgewiesen werden. Es ist ein Tätigkeitsbericht und eine Vermögensübersicht mit Nachweisen über die Bildung und Entwicklung der Rücklagen zu erstellen.[9] Die tatsächliche Geschäftsführung muss sich außerdem iRd verfassungsmäßigen Ordnung halten (§ 51 III AO). Eine Steuerver-

---

1 *Jost* in D/J/P/W § 5 Abs 1 Nr 9 Rn 6/12.
2 BTDrs 16/11108, 45 f; glA AEAO Nr 7 III zu § 51 II AO
3 Ebenso *Jost* in D/J/P/W § 5 Abs 1 Nr 9 Rn 6/17.
4 Eingeführt durch das JStG 2009 (Rn 3).
5 Eine Mustersatzung findet sich in Anlage 1 zur AO.
6 BFH I R 91/09, BFH/NV 2011, 1111; BFH I R 2/98, BFH/NV 2000, 297 im Hinblick auf die Festschreibung der künftigen Vermögensverwendung iSv § 60 I AO.
7 *Jost* in D/J/P/W § 5 Abs 1 Nr 9 Rn 208 mwN; BFH I R 19/10, BFH/NV 2011, 1113.
8 *Jost* in D/J/P/W § 5 Abs 1 Nr 9 Rn 211; AEAO zu § 56 AO S 3.
9 AEAO zu § 63 Nr 3 S 1.

kürzung kann als ein Verstoß gegen diese gewertet werden.¹ Ist über das Vermögen der Körperschaft das Insolvenzverfahren eröffnet, endet die Steuerbefreiung, da das Insolvenzverfahren auf die Befriedigung der Gläubiger durch Verwertung des Vermögens gerichtet ist und daher kein steuerbegünstigter Zweck mehr verfolgt wird.²

Selbstlosigkeit. Aus der satzungsmäßigen Bindung an einen steuerbegünstigten Zweck ergibt sich das Gebot der Selbstlosigkeit nach § 55 AO. Das Gebot der Selbstlosigkeit verbietet die Verfolgung vorwiegend eigenwirtschaftlicher Interessen.³ Ist die Tätigkeit der Körperschaft überwiegend auf die Mehrung des eigenen Vermögens gerichtet und werden gemeinnützige Zwecke mit Gewinnstreben verfolgt, so fehlt für die gesamte Tätigkeit die für selbstloses Handeln erforderliche Opferwilligkeit zugunsten anderer.⁴ Eine satzungsmäßig festgelegte, an die Mitglieder zu leistende Darlehensvergütung, die eine Gewinnerzielung erfordert, ist daher für eine Steuerbefreiung schädlich.⁵ Unschädlich ist dagegen die Erzielung von Gewinnen in einem wirtschaftlichen Geschäftsbetrieb (hierzu Rn 336) und Thesaurierung iRe zulässigen Rücklagenbildung.⁶ Die Gewinnerzielung und der Mittelbezug aus dem wirtschaftlichen Geschäftsbetrieb zur Finanzierung steuerbegünstigter Zwecke ist zulässig, wenn die Gewinnerzielung nicht um ihrer selbst willen oder aus privatnützigen Zwecken erfolgt.⁷

Mittelverwendungsgebot und Vermögensbindung. Aus der für die einzelnen steuerbegünstigten Zwecke verlangten Selbstlosigkeit ergibt sich nach § 55 I Nr 1-5 AO das Gebot, die Mittel der Körperschaft zeitnah und unmittelbar ausschließlich für steuerbegünstigte Zwecke zu verwenden. Nach dem Grundsatz der Vermögensbindung ist nach § 55 I Nr 1-4 AO eine Verwendung des Vermögens der Körperschaft auch im Falle der Auflösung oder Aufhebung der Körperschaft ausschließlich für steuerbegünstigte Zwecke zulässig. Gewinnausschüttungen an die Anteilseigner sind nach § 55 I Nr 1 S 2 AO unzulässig. Dies gilt auch für vGA.⁸ Die Vermögensbindung bedarf nach § 61 I AO einer satzungsmäßigen Festlegung der Vermögensverwendung im Falle der Auflösung oder Aufhebung der Körperschaft. Aufgrund des Mittelverwendungsgebots müssen Gewinne aus einem wirtschaftlichen Geschäftsbetrieb (vgl Rn 31) und der Vermögensverwaltung (vgl Rn 25) grundsätzlich dem ideellen Bereich (vgl Rn 20) zufließen. Gleichzeitig ist ein Mittelabfluss aus dem ideellen Bereich in den Bereich der Vermögensverwaltung oder in einen wirtschaftlichen Geschäftsbetrieb unzulässig, während ein Mittelfluss zwischen dem ideellen Bereich und einem Zweckbetrieb (vgl Rn 58) in beide Richtungen möglich ist.⁹ Ein Mittelabfluss aus dem ideellen Bereich ist außerdem in den Bereich der unschädlichen Nebentätigkeiten zulässig (Rn 307).

---

1 BFH V R 17/99, BStBl II 2002, 169.
2 BFH I R 14/06, BStBl II 2007, 808.
3 BFH I R 39/78, BStBl II 1979, 482.
4 BFH I R 209/85, BStBl II 1989, 670.
5 BFH I R 209/85, BStBl II 1989, 670.
6 BMF (koordinierter Ländererlass) v 15.2.2002, BStBl I 2002, 267.
7 BFH I R 76/05, BStBl II 2007, 631.
8 BFH I R 59/09, BFH/NV 2011, 329.
9 *Jost* in D/J/P/W § 5 Abs 1 Nr 9 Rn 2.

297 **Ausgleich von Verlusten aus einem wirtschaftlichen Geschäftsbetrieb.** Die Verwendung von Mitteln des ideellen Bereichs für den Ausgleich des Verlustes eines steuerpflichtigen wirtschaftlichen Geschäftsbetriebs ist nur dann kein Verstoß gegen das Mittelverwendungsgebot, wenn der Verlust auf einer Fehlkalkulation beruht und dem ideellen Bereich bis zum Ende des folgenden WJ wieder Mittel in entsprechender Höhe zugeführt werden.[1] Die wieder zugeführten Mittel dürfen weder aus einem steuerbefreiten Zweckbetrieb oder dem Bereich der steuerbegünstigten vermögensverwaltenden Tätigkeiten noch aus Beiträgen oder anderen Zuwendungen stammen, die zur Förderung der steuerbegünstigten Zwecke der Körperschaft bestimmt sind. Sobald absehbar ist, dass durch den wirtschaftlichen Geschäftsbetrieb zeitnah keine Überschüsse mehr erzielt werden können, ist die wirtschaftliche Tätigkeit einzustellen.[2] Überschüsse und Verluste aus mehreren wirtschaftlichen Geschäftsbetrieben sind aufgrund § 64 II AO zu saldieren.[3]

298 **Erfordernis der Erzielung von Überschüssen aus Vermögensverwaltung.** Aufgrund des Mittelverwendungsgebots ist auch eine Vermögensverwaltung nur zulässig, wenn hierdurch dauerhaft Überschüsse erzielt werden.[4] Es sollen die gleichen Grundsätze wie für Verluste eines wirtschaftlichen Geschäftsbetriebs gelten, dh eine Vermögensminderung im ideellen Bereich durch Verluste aus der Vermögensverwaltung ist durch Vermögenszuführungen in den ideellen Bereich wieder auszugleichen.[5] Unklar ist, ob Überschüsse und Verluste aus unterschiedlichen Vermögensanlagen miteinander saldiert werden können analog zu der Vorgehensweise bei wirtschaftlichen Geschäftsbetrieben nach § 64 II AO.[6] Als grundsätzlich unschädlich sieht der BFH vorübergehende Verluste aus Vermögensverwaltung an, die unvermeidbar sind, um die satzungsmäßigen steuerbegünstigten Zwecke der Körperschaft längerfristig weiterzuverfolgen.[7]

299 **Umfang der Vermögensbindung.** Unter die Vermögensbindung fallen sämtliche Vermögenswerte der Körperschaft, nicht nur die ihr durch Spenden, Beiträge und Erträge ihres Vermögens und ihrer wirtschaftlichen Zweckbetriebe zur Verfügung stehenden Geldbeträge,[8] soweit das Vermögen in der Zeit der Steuerbegünstigung gebildet wird.[9] Nicht umfasst sind die eingezahlten Kapitalanteile[10] und der gemeine Wert von Sacheinlagen der Mitglieder, die im Falle der Auflösung oder Aufhebung der Körperschaft oder bei Ausscheiden eines Mitglieds der Köperschaft zurückgewährt werden können (§ 55 I Nr 2 und 4 S 1 AO). Ein Verstoß gegen den Grundsatz der

---

1 BFH I R 152/93, BStBl II 1998, 711.
2 BFH I R 6/08, BFH/NV 2009, 1837.
3 BTDrs 11/4176, 10.
4 *Jost* in D/J/P/W § 5 Abs 1 Nr 9 Rn 116.
5 AEAO Nr 9 zu § 55 AO; kritisch dazu *Orth*, DStR 2009, 1397.
6 *Orth*, DStR 2009, 1397.
7 BFH I R 35/94, BStBl II 1996, 583 zu Verlusten aus der vorübergehenden Vermietung von Wohnungen an nicht unterstützungsbedürftige Personen durch eine Körperschaft, die entsprechend ihrer Satzung ihr gehörende Wohnungen vorrangig an Personen iSd § 53 Nr 1 oder 2 AO vermietet, weil eine kostendeckende Vermietung nicht möglich war.
8 BFH I R 19/91, BStBl II 1992, 62.
9 *Schauhoff*, in Schauhoff, Handbuch der Gemeinnützigkeit, 2. Aufl, § 5 Rn 103.
10 Eingezahlte Kapitalanteile liegen nicht vor, soweit für eine Kapitalerhöhung Gesellschaftsmittel verwendet wurden, AEAO Nr 22 S 5 zu § 55 I Nrn 2 und 4 AO.

IV. Steuerbefreiungen im Einzelnen

Vermögensbindung, wie zB die verdeckte Ausschüttung von aus der gemeinnützigen Tätigkeit erzielten Gewinnen an die steuerpflichtigen Gesellschafter,[1] führt nach § 63 II iVm § 61 III AO zu einem rückwirkenden Verlust der Steuerbefreiung von Anfang an mit Auswirkung, soweit Steuern betroffen sind, die innerhalb der letzten zehn Kalenderjahre vor dem Verstoß entstanden sind.

Zeitnahe Verwendung. Die erforderliche zeitnahe Mittelverwendung nach § 55 I Nr 5 AO ist bei Verwendung für den satzungsmäßigen Zweck spätestens in dem dem Zufluss folgenden Kalenderjahr oder WJ gegeben,[2] so dass sich eine mindestens einjährige und höchstens zweijährige Verwendungsphase ergibt. Eine Mittelthesaurierung auch von Überschüssen aus einem wirtschaftlichen Geschäftsbetrieb, einem Zweckbetrieb oder Vermögensverwaltung ist nur iRd zulässigen Rücklagenbildung nach § 58 Nr 6 und 7 (sowie Nr 12 für Stiftungen) AO oder zur Bildung einer wirtschaftlich begründeten Rücklage für den jeweiligen Bereich selbst[3] möglich. Sammelt eine private Stiftung zur nachhaltigen Erfüllung ihres satzungsmäßigen Zwecks Kapital an, so steht ihr insoweit die Steuervergünstigung der Gemeinnützigkeit nur zu, wenn die Mittel in einer besonderen, jederzeit kontrollierbaren und nachprüfbaren Rücklage gebunden sind.[4] Werden Mittel angesammelt, ohne dass die Voraussetzungen nach § 58 Nr 6 oder 7 AO erfüllt sind, kann das Finanzamt nach § 63 IV AO eine Frist zur Mittelverwendung setzen, so dass kein Verlust der Steuerfreiheit eintritt, wenn diese Frist eingehalten wird. Vermögensumschichtungen innerhalb des Bereichs der Vermögensverwaltung sind zulässig.[5] Zur zulässigen Bildung von Rücklagen und zur Vermögensbildung nach § 58 Nr 11 AO vgl auch Rn 310. Eine Unternehmergesellschaft iSd § 5a I GmbHG verstößt mit der Bildung der gesetzlichen Rücklage nach § 5a III GmbHG aus dem Jahresüberschuss grundsätzlich nicht gegen das Mittelverwendungsgebot.[6]

Ausnahme von der satzungsmäßigen Vermögensbindung (§ 62 AO). Eine Ausnahme von der satzungsmäßigen Vermögensbindung (vgl Rn 293) enthielt § 62 AO bis zu seiner Aufhebung mit dem JStG 2009 für nach dem 19.12.2006 errichtete (Art 97 § 1f I EGAO)[7] staatlich beaufsichtigte Stiftungen. § 62 AO ist nur noch anzuwenden auf BgA von Körperschaften des öffentlichen Rechts, auf von einer Körperschaft des öffentlichen Rechts verwaltete unselbständige Stiftungen und auf geistliche Genossenschaften, die vor dem 1.1.2009 errichtet wurden (Art 97 § 1f I EGAO).

Ausschließlichkeit. Das Gebot der Ausschließlichkeit fordert, dass die Köperschaft neben dem steuerbegünstigten Zweck keinen weiteren Zweck verfolgt (§ 56 AO). Das Verfolgen mehrerer steuerbegünstigter satzungsmäßiger Zwecke ist zulässig.[8] Diese Voraussetzung bezieht sich nur auf den verfolgten Zweck der Körperschaft, aber nicht auf die

---

1 BFH I R 59/09, BFH/NV 2011, 329.
2 *Schauhoff*, in Schauhoff, Handbuch der Gemeinnützigkeit, 2. Aufl, § 6 Rn 4.
3 AEAO Nr 3 zu § 55 I Nr 1 AO.
4 BFH I R 21/76, BStBl II 1979, 495.
5 *Jost* in D/J/P/W § 5 Abs 1 Nr 9 Rn 116.
6 AEAO Nr 21 zu § 55 I Nr 1 AO.
7 Zur Anwendung bei ausländischen Stiftungen vgl BFH I R 94/02, BFH/NV 2007, 805.
8 AEAO zu § 56 S 1.

Tätigkeiten, mit denen dieser Zweck erreicht wird.[1] Das Handeln der Körperschaft muss aber geeignet und erforderlich sein, um die ausschließlich steuerbegünstigten Zwecke zu fördern, und auf die Verwirklichung dieser Zwecke gerichtet sein. Die verfolgten steuerbegünstigten Zwecke müssen darüber hinaus sämtlich satzungsmäßige Zwecke sein.[2] Ausnahmen von dem Gebot der Ausschließlichkeit finden sich in einigen Regelungen des § 58 AO, der zB eine Versorgung der Stifterfamilie zulässt (§ 58 Nr 5 AO).

303 **Kein Verstoß gegen das Ausschließlichkeitsgebot durch Vermögensverwaltung.** Die Vermögensverwaltung stellt keine gemeinnützige Tätigkeit dar und darf daher auch nicht Satzungszweck sein.[3] Allerdings ist die Vermögensverwaltung als Mittel zur Vermögenserhaltung zulässig und verstößt insbesondere nicht gegen das Ausschließlichkeitsgebot bei steuerbegünstigten Körperschaften.[4] Nach Auffassung der Finanzverwaltung ist die Vermögensverwaltung, genau wie ein wirtschaftlicher Geschäftsbetrieb, aus der Sicht des Gemeinnützigkeitsrechts nur dann unschädlich, wenn sie um des steuerbegünstigten Zwecks willen erfolgt, indem sie zB der Beschaffung von Mitteln zur Erfüllung der steuerbegünstigten Aufgabe dient.[5]

304 **Unmittelbarkeit.** Der steuerbegünstigte Zweck muss von der Körperschaft selbst verfolgt werden. Die Unmittelbarkeit erfordert, dass die Körperschaft selbst tätig wird. Der Zweck und die Tätigkeit der Körperschaft dürfen sich daher nicht auf reine Hilfs- oder Unterstützungsleistungen beschränken.[6] Auch die Personalgestellung an ein anderes Unternehmen für steuerbegünstigte Zwecke dient nicht der Verwirklichung eigener satzungsmäßiger Zwecke.[7] Ein gemeinsames Tätigwerden zur Verwirklichung eines steuerbegünstigten Zwecks mit anderen steuerbegünstigten Körperschaften ist aber möglich.[8]

305 **Hilfspersonen.** Auch die Einschaltung von Hilfspersonen nach § 57 I S 2 AO ist nicht schädlich, wenn die Tätigkeit der Hilfsperson der Körperschaft zuzurechnen ist. Allerdings begründet die Tätigkeit einer Hilfsperson grundsätzlich keine umgekehrte eigene Begünstigung der Hilfsperson,[9] schließt diese aber auch nicht aus,[10] wenn die Körperschaft auch eigene steuerbegünstigte Satzungszwecke verfolgt.

306 **Dachverband.** Nach § 57 II AO wird eine Körperschaft, in der steuerbegünstigte Körperschaften zusammengefasst sind, einer Körperschaft, die unmittelbar steuerbegünstigte Zwecke verfolgt, gleichgestellt. Damit fallen auch Dachverbände von ausschließlich steuerbefreiten gemeinnützigen Körperschaften, die selbst nicht unmittelbar steuerbegünstigte Zwecke verfolgen, unter die Steuerbefreiung.[11]

1 Vgl *Schauhoff* in Schauhoff, Handbuch der Gemeinnützigkeit, 2. Aufl, § 6 Rn 1 ff; *Hüttemann*, Gemeinnützigkeits- und Spendenrecht, 2008, § 4 Rn 8 mwN.
2 AEAO zu § 56 AO S 2.
3 BFH I R 95/97, BFH/NV 1999, 739.
4 BFH I R 19/91, BStBl II 1992, 62.
5 AEAO Nr 1 S 3 zu § 56 AO.
6 Die Unterkunft und Verpflegung der Schüler einer Sportschule, wenn die eigentliche Durchführung der eigentlichen Lehrgänge durch eine andere Körperschaft erfolgt, ist daher zB nicht begünstigt, vgl BFH II R 110/77, BStBl II 1981, 478.
7 BFH I R 2/08, BStBl II 2010, 1006.
8 *Hüttemann*, Gemeinnützigkeits- und Spendenrecht, 2008, § 4 Rn 41; BFH I R 2/08, BStBl II 2010, 1006.
9 BFH I R 90/04, BStBl II 2007, 628.
10 AEAO Nr 2 S 9 zu § 57 AO.
11 AEAO Nr 3 S 3 zu § 57 AO.

IV. Steuerbefreiungen im Einzelnen

Ausnahmen: Steuerlich unschädliche Betätigungen nach § 58 AO. Als Ausnahme von den Voraussetzungen der Ausschließlichkeit und Unmittelbarkeit sind nach § 58 AO bestimmte Tätigkeiten unter bestimmten Bedingungen steuerlich unschädlich. Der Bereich der unschädlichen Nebentätigkeiten ist neben dem ideellen Bereich (vgl Rn 20 ff), der Vermögensverwaltung (Rn 25 ff), dem wirtschaftlichen Geschäftsbetrieb (Rn 31 ff) und dem Zweckbetrieb (Rn 58 ff) der fünfte Tätigkeitsbereich bei steuerbegünstigten Körperschaften.[1] Zu den unschädlichen Nebentätigkeiten gehören: 307

Ausnahme vom Gebot der Unmittelbarkeit. 308

- Mittelbeschaffung für eine andere steuerbegünstigte Körperschaft oder eine juristische Person des öffentlichen Rechts für die Verwirklichung steuerbegünstigter Zwecke (Spendensammelvereine, Fördergesellschaften) (§ 58 Nr 1 AO).
- Mittelüberlassung für eine andere steuerbegünstigte Körperschaft[2] oder eine juristische Person des öffentlichen Rechts zur Verwendung für steuerbegünstigte Zwecke (§ 58 Nr 2 AO).
- Personalüberlassung für steuerbegünstigte Zwecke (§ 58 Nr 3 AO).
- Überlassen von Räumen an eine andere steuerbegünstigte Körperschaft oder eine juristische Person des öffentlichen Rechts zur Nutzung für steuerbegünstigte Zwecke (§ 58 Nr 4 AO).

Ausnahme vom Gebot der Ausschließlichkeit. 309

- Gesellige Zusammenkünfte von untergeordneter Bedeutung (§ 58 Nr 8 AO).
- Förderung von Profisport neben der Förderung des unbezahlten Sports durch einen Sportverein (§ 58 Nr 9 AO).

Ausnahme vom Gebot der Mittelverwendung/ Vermögensbindung. 310

- Unterhaltsleistungen sowie Grabpflege und Ehrung des Andenkens durch eine Stiftung iHv höchstens einem Drittel ihres Einkommens für den Stifter und seine nächsten Angehörigen (§ 58 Nr 5 AO).
- Rücklagenbildung:
  - Rücklagen für den ideellen Bereich (§ 58 Nr 6 AO),
  - freie Rücklagen iHv höchstens einem Drittel der Überschüsse aus Vermögensverwaltung und 10 % der übrigen Mittel (§ 58 Nr 7 lit a AO),
  - Rücklagen zum Erwerb von Gesellschaftsrechten zur Erhaltung der prozentualen Beteiligung an Kapitalgesellschaften (zB im Falle einer Kapitalerhöhung) in den Grenzen und unter Anrechnung auf die Grenzbeträge für freie Rücklagen (§ 58 Nr 7 lit b AO).

§ 5

---

[1] Jost in D/J/P/W § 5 Abs 1 Nr 9 Rn 2.
[2] Nach Auffassung der Finanzverwaltung nur nach § 5 I Nr 9 steuerbefreite Körperschaften (inländische Körperschaften, steuerbefreite Körperschaften eines EU-/EWR-Staates, juristische Personen des öffentlichen Rechts), nicht dagegen lediglich zum begünstigten Spendenempfang nach § 10b I S 2 Nr 3 EStG berechtigte EU-/EWR-Körperschaften ohne inländische Einkünfte.

- Vergabe von Zuschüssen an Wirtschaftsunternehmen durch eine von einer Gebietskörperschaft errichtete Stiftung zur Erfüllung ihrer steuerbegünstigten Zwecke (§ 58 Nr 10 AO).
- Vermögenszuführungen aus folgenden Mitteln:
  - Zuwendungen von Todes wegen, wenn vom Erblasser nicht anders bestimmt (§ 58 Nr 11 lit a AO),
  - Zuwendungen, wenn vom Zuwendenden ausdrücklich so bestimmt (§ 58 Nr 11 lit b AO),
  - Zuwendungen aufgrund eines Spendenaufrufes, aus dem die entsprechende Verwendung der Beträge ersichtlich ist (§ 58 Nr 11 lit c AO),
  - Sachzuwendungen, die der Natur nach zum Vermögen gehören (§ 58 Nr 11 lit d AO),
  - Überschüsse aus Vermögensverwaltung und Gewinne aus einem wirtschaftlichen Geschäftsbetrieb einer Stiftung in dem Jahr ihrer Errichtung und in den zwei folgenden Kalenderjahren (§ 58 Nr 12 AO).

311-313 *Einstweilen frei.*

314 **c) Gemeinnützige Zwecke. Definition.** Gemeinnützigkeit setzt gem § 52 I AO eine Tätigkeit voraus, die

- der Förderung auf materiellem, geistigem oder sachlichem Gebiet dient (vgl Rn 315),
- sich an die Allgemeinheit richtet (vgl Rn 318) und
- selbstlos ausgeübt wird (vgl Rn 295 ff).

315 **Gesetzlich definierte gemeinnützige Zwecke.** In § 52 II AO findet sich eine Aufzählung gemeinnütziger Zwecke, die – seit der Neufassung durch das Gesetz zur weiteren Stärkung des bürgerschaftlichen Engagements v 10.10.2007[1] – grundsätzlich abschließend ist,[2] allerdings durch § 52 II S 2 AO die Möglichkeit einer Erweiterung lässt. Ausreichend ist nicht, dass der Zweck einer Körperschaft einem der aufgeführten gemeinnützigen Zwecke ähnlich ist.[3]

316 **Arbeitsteilige Förderung.** Die Tätigkeit einer Hilfsperson begründet grundsätzlich keine eigene Begünstigung der Hilfsperson.[4] Dies ergibt sich bereits aus dem Gebot der Unmittelbarkeit nach § 57 AO (vgl Rn 304). Dennoch ist denkbar, dass mehrere Steuersubjekte einen gemeinnützigen Zweck gemeinschaftlich verfolgen, wenn Satzungszweck jeder der Körperschaften die Förderung eines gemeinnützigen Zweckes ist und dies der tatsächlichen Geschäftsführung entspricht.[5] Nicht aus-

---

1 BGBl I 2007, 2332.
2 AEAO Nr 2 I S 1 zu § 52; BTDrs 16/5200, 20.
3 BTDrs 16/5200, 20.
4 BFH I R 90/04, BStBl II 2007, 628.
5 *Heger* in Gosch § 5 Rn 197b mwN.

IV. Steuerbefreiungen im Einzelnen

reichend ist jedenfalls, dass eines der Steuersubjekte lediglich für das andere über Dienstleistungen (zB Reinigung, Kochen, Ausführung von Büroarbeiten) tätig wird, ohne selbst einen gemeinnützigen Zweck zu verfolgen.[1]

Keine gemeinnützigen Zwecke. Nicht gemeinnützig sind zB: 317
- Parteipolitisch motivierte Einflussnahme,[2]
- Förderung jeglicher Lebensphilosophie,[3]
- Förderung der Wirtschaft und des Arbeitsplatzangebots (zur Steuerbefreiung von Wirtschaftsförderungsgesellschaften vgl Rn 403 ff),[4]
- Förderung der esoterischen Heilslehre,[5]
- Förderung nicht im Katalog des § 52 II Nr 23 AO aufgeführter Freizeitaktivitäten wie das Kochen, Brett- und Kartenspiele, Sammeln von Gegenständen,[6]
- Studentische Verbindungen.[7]

Förderung der Allgemeinheit. Gemeinnützigkeit setzt eine Förderung der Allgemeinheit voraus (§ 52 I AO). Das bedeutet, dass eine Einschränkung der Förderung auf einen bestimmten Personenkreis (zB Berufsgruppe) grundsätzlich immer schädlich ist. Daher ist zB Auftragsforschung nach Auffassung des BFH kein gemeinnütziger Zweck, da dieser nicht der Allgemeinheit zu Gute kommt.[8] Allerdings ist eine Förderung der Allgemeinheit noch gegeben, wenn 318
- nur einzelne oder wenige Personen der Allgemeinheit gefördert werden, solange die Tätigkeit nicht infolge einer Abgrenzung nach örtlichen oder beruflichen Merkmalen, nach Stand und Religionsbekenntnis oder nach mehreren dieser Merkmale dauernd nur einem kleinen Personenkreis zugutekommt, nur den Belangen bestimmter Personen dient oder in erster Linie eigenwirtschaftliche Zwecke verfolgt werden.[9] Die Förderung der Allgemeinheit ist auch als eine Förderung des Gemeinwohls zu verstehen und setzt keine bestimmte Mindestanzahl an geförderten Personen voraus.[10]
- ein Verein sich nur an die Konfessionszugehörigen einer Kirche wendet.[11]

---

1 Ebenso *Heger* in Gosch § 5 Rn 197b.
2 AEAO Nr 8 S 4 zu § 52 AO.
3 FG Münster 15 K 5247/87 U, EFG 1994, 810 (im Revisionsverfahren durch den BFH aufgrund Verfahrensfehler an das FG zurückverwiesen, BFH V R 65/94, BFH/NV 1998, 971, Klage im zweiten Rechtszug zurückgenommen).
4 BFH I R 38/96, BFH/NV 1997, 904.
5 AEAO Nr 5 II zu § 52 AO.
6 AEAO Nr 9 S 5 zu § 52 AO.
7 AEAO Nr 11 S 4 zu § 52 AO.
8 BFH I R 76/05, BStBl II 2007, 631; BFH V R 29/91, BStBl II 1997, 189; zu beachten ist für die Auftragsforschung für die öffentliche Hand die Zweckbetriebsfiktion nach § 68 Nr 9 AO. Eigene Forschungseinrichtungen der öffentlichen Hand fallen unter die Befreiung nach § 5 I Nr 23 (Rn 455).
9 BFH I R 39/78, BStBl II 1979, 482; BFH I R 55/08, BStBl II 2010, 335.
10 *Jost* in D/J/P/W § 5 Abs 1 Nr 9 Rn 15 mwN.
11 BFH III 99/55 U, BStBl III 1956, 22.

- die Mitgliedschaft in einem Verein durch bestimmte Regelungen erschwert wird, wenn das Leistungsangebot des Vereins unabhängig von einer Mitgliedschaft der Allgemeinheit zugänglich ist.[1] Erbringt der Verein sein Leistungsangebot dagegen nur gegenüber seinen Mitgliedern, darf der Zugang zur Mitgliedschaft nicht nur für einen abgeschlossenen Personenkreis möglich sein, zB durch eine Begrenzung der Mitgliederzahl, wenn diese nicht auf entsprechenden sachlichen Gegebenheiten beruht.[2] Dass bestimmte Mitgliedschaftsvoraussetzungen bestehen, zB eine Neuaufnahme von zwei Vereinsmitgliedern befürwortet werden muss, ist alleine nicht schädlich.[3]
- eine Beschränkung nur auf Frauen oder Männer vorliegt.[4]

Vor der gesetzlichen Neuregelung der im Ausland verwirklichten, steuerbegünstigten Zwecke durch das JStG 2009 (struktureller Inlandsbezug gem § 51 II AO, vgl Rn 287 ff) war nach der Auslegung des BFH unter der „Förderung der Allgemeinheit" als Tatbestandsmerkmal der Gemeinnützigkeit nach § 52 I AO nicht nur die Bevölkerung Deutschlands, sondern auch anderer Staaten zu verstehen.[5] Mit der Neuregelung wird nunmehr § 52 I AO in den Fällen, in denen die Körperschaft im Ausland tätig wird, auf die „Förderung der deutschen Allgemeinheit" reduziert.[6]

319 **Zielkonflikte.** Dass Gemeinnützigkeit eine Förderung der Allgemeinheit voraussetzt, bedeutet nicht, dass Gemeinnützigkeit ausgeschlossen ist, wenn die Förderung einer der in § 52 II AO genannten Zwecke zwar den Interessen eines Teils der Allgemeinheit dient, aber gleichzeitig den Interessen anderer Teile der Allgemeinheit oder der Planungen staatlicher Stellen zuwiderläuft (zB ein Verein zur Verhinderung des Baus einer Schnellbahntrasse, der nach § 52 II Nr 8 AO dem Naturschutz dient).[7] Ebenso kann Gemeinnützigkeit auch dann vorliegen, wenn die Verfolgung eines der in § 52 II AO genannten Zwecke im Widerspruch zu einem anderen der gesetzlich definierten gemeinnützigen Zwecke steht (zB Förderung des (Motor-)Sports und Naturschutz).[8] Es ist Aufgabe des Gesetzgebers, solche Zielkonflikte zu lösen.[9]

320-321 *Einstweilen frei.*

322 **d) Mildtätige Zwecke. Definition.** Nach § 53 AO setzt die Verfolgung mildtätiger Zwecke die selbstlose Unterstützung von Personen voraus, die

- wegen ihres körperlichen, geistigen oder seelischen Zustands auf Hilfe angewiesen sind (§ 53 Nr 1 AO) oder

---

1 *Jost* in D/J/P/W § 5 Abs 1 Nr 9 Rn 17.
2 BFH I R 64/77, BStBl II 1979, 488.
3 BFH I R 19/96, BStBl II 1997, 794.
4 Ebenso *Jost* in D/J/P/W § 5 Abs 1 Nr 9 Rn 15 unter Berufung auf den Sachverhalt in BFH III 99/55 U, BStBl III 1956, 22: Betreiben eines Frauenstifts. AA in Bezug auf die Beschränkung einer Freimaurerloge auf Männer, wenn die satzungsmäßig erstrebten Zwecke gleichermaßen Frauen und Männern zugutekommen können BFH II R 40/72, BStBl II 1973, 430.
5 BFH I R 94/02, BStBl II 2010, 331; aA BMF v 20.9.2005, BStBl I 2005, 902.
6 *Jost* in D/J/P/W § 5 I Nr 9 Rn 6/11.
7 BFH I R 39/78, BStBl II 1979, 482.
8 BFH I R 13/97, BStBl II 1998, 9; offenlassend aber zweifelnd noch BFH X R 165/88, BStBl II 1992, 1048.
9 BFH I R 13/97, BStBl II 1998, 9.

- wirtschaftlich hilfsbedürftig iSv § 53 Nr 2 AO sind.

Hilfsbedürftigkeit aufgrund des körperlichen, geistigen oder seelischen Zustands. Hilfsbedürftigkeit aufgrund des körperlichen, geistigen oder seelischen Zustandes liegt bspw bei (auch vorübergehender[1]) körperlicher Hilfsbedürftigkeit aufgrund Krankheit oder Altersschwäche,[2] kleinen Kindern und Geisteskrankheit usw[3] vor.   323

Wirtschaftliche Hilfsbedürftigkeit. § 53 Nr 2 AO definiert die wirtschaftliche Hilfsbedürftigkeit anhand bestimmter Einkommens- und Vermögensgrenzen. Eine Person ist danach hilfsbedürftig, wenn ihre Einkünfte und sonstigen Bezüge nicht das Vier- bzw Fünffache des Regelsatzes der Sozialhilfe (ohne etwaige Mehrbedarfszuschläge[4]) übersteigen. Zu berücksichtigen sind auch die Einkünfte und Bezüge von Haushaltsangehörigen. Voraussetzung ist, dass die Person nicht über ausreichend Vermögen verfügt, um ihren Unterhalt nachhaltig ausreichend zu verbessern.[5] Unter den Begriff der Bezüge fallen auch nicht steuerbare und steuerfreie Einnahmen.[6] Die Körperschaft hat die wirtschaftliche Hilfsbedürftigkeit der von ihr unterstützten Personen mit einer Berechnung der Einkünfte und Bezüge sowie des Vermögens nachzuweisen.[7]   324

Katastrophenfälle. Eine Person ist nach § 52 Nr 2 S 3 AO unabhängig von der Höhe ihrer Bezüge und ihres Vermögens wirtschaftlich hilfsbedürftig, wenn ihre wirtschaftliche Lage aus besonderen Gründen zu einer Notlage geworden ist, zB aufgrund einer Naturkatastrophe oder Krieg.[8]   325

Beschränkter Personenkreis. Anders als iRe gemeinnützigen Zweckes kann sich die mildtätige Unterstützung von hilfsbedürftigen Personen nach § 53 AO auf einen bestimmten Personenkreis beschränken. Allerdings setzt auch ein mildtätiger Zweck Selbstlosigkeit voraus. Selbstlosigkeit liegt nicht vor, wenn in erster Linie eigenwirtschaftliche Interessen verfolgt werden (vgl Rn 295). Daher ist eine auf bestimmte Personen gerichtete Unterstützung dann nicht mildtätig, wenn sie zB nur den Arbeitnehmern eines verbundenen Unternehmens und deren Familien zu Gute kommt.[9] Mit der gleichen Argumentation lässt die Finanzverwaltung die Unterstützung von hilfsbedürftigen Verwandten der Mitglieder, Gesellschafter, Genossen oder Stifter nicht als begünstigt zu,[10] was in der Literatur kritisiert wird, da insoweit kein eigenbetriebliches Interesse vorläge.[11]   326

---

1   AEAO Nr 4 S 2 zu § 53 AO.
2   Bei Personen, die das 75. Lebensjahr vollendet haben, kann körperliche Hilfbedürftigkeit ohne Nachprüfung angenommen werden (AEAO Nr 4 S 4 zu § 53 AO).
3   *Von Twickel* in Blümich § 5 Rn 126.
4   AEAO Nr 5 S 3 zu § 53 AO.
5   Die Finanzverwaltung geht hier von einer Vermögensgrenze iHv 15.500 EUR aus, AEAO Nr 9 zu § 53 AO.
6   BFH VI R 148/71, BStBl II 1975, 139.
7   AEAO Nr 9 zu § 53 AO.
8   *Von Twickel* in Blümich § 5 Rn 130.
9   RFH VIa 96/39, RStBl 1940, 190.
10   AEAO Nr 10 zu § 53.
11   *Hüttemann*, Gemeinnützigkeits- und Spendenrecht, 2008, § 3 Rn 161 mwN.

327 **Entgeltlichkeit.** Nicht erforderlich ist, dass die Unterstützung für die genannten Personenkreise vollständig unentgeltlich erfolgt.[1] Bei entgeltlichen Leistungen müssen die Grenzen des Zweckbetriebs (§ 65 AO) eingehalten werden, damit kein wirtschaftlicher Geschäftsbetrieb begründet wird.[2] Begünstigt ist außerdem nur die selbstlose Unterstützung. Es ist daher nur ein solches Entgelt zulässig, das ohne Gewinnaufschlag den entstandenen Aufwand deckt[3] oder sich zB nach den wirtschaftlichen Verhältnissen der unterstützten Person richtet.[4] Die entgeltliche Hilfe für andere als die in § 53 AO genannten Personen ist keine mildtätige Tätigkeit.[5] Werden entgeltliche Leistungen für die in § 53 AO genannten Personen gegenüber einem anderen Vertragspartner erbracht, liegt ein wirtschaftlicher Geschäftsbetrieb vor.[6]

328-329 *Einstweilen frei.*

330 **e) Kirchliche Zwecke. Definition.** Der kirchliche Zweck ist in § 54 AO definiert. Begünstigt ist ausschließlich die Förderung von Kirchen in der Rechtsform einer Körperschaft des öffentlichen Rechts. Ob eine Körperschaft des öffentlichen Rechts vorliegt, richtet sich nach dem öffentlichen Recht des Bundes (Art 140 GG iVm Art 137 V WRV) oder eines Landes.[7] Insbesondere folgende Religionsgemeinschaften haben gegenwärtig den Status einer Körperschaft des öffentlichen Rechts: die evangelischen Kirchen und die katholischen Diözesen und ihre Untergliederungen, die Neuapostolische Kirche, die Jüdische Religionsgemeinschaft, die Baptisten, die Alt-Katholische Kirche sowie die Russisch-orthodoxe Kirche im Ausland.[8] Nach § 54 II AO zählen zu den kirchlichen Zwecken:

- Errichtung, Ausschmückung und Unterhaltung von Gotteshäusern und Gemeindehäusern,
- Abhalten von Gottesdiensten,
- Ausbildung von Geistlichen,
- Erteilung von Religionsunterricht,
- Beerdigungen und Pflege des Andenkens der Toten,
- Verwaltung des Kirchenvermögens,
- Besoldung der Geistlichen, der Kirchenbeamten und Kirchendiener einschließlich der Alters- und Behindertenversorgung dieser Personen und die Versorgung ihrer Witwen und Waisen.

---

1 AEAO Nr 2 zu § 53 AO.
2 *Hüttemann*, Gemeinnützigkeits- und Spendenrecht, 2008, § 3 Rn 162.
3 BFH I R 35/94, BStBl II 1996, 583.
4 RFH VIa 47/41, RStBl 1941, 796.
5 *Heger* in Gosch § 5 Rn 198.
6 BFH I R 49/08, BStBl II 2010, 398.
7 BFH I 52/50 U, BStBl II 1951, 420.
8 *Korioth* in Maunz/Dürig Art 140 GG, Art 137 WRV Rn 70 mwN: Der Körperschaftsteuerstatus der vorgenannten Glaubensgemeinschaften ist in nahezu allen Bundesländern anerkannt. Weitere Glaubensgemeinschaften sind in mindestens einem Bundesland körperschaftlich organisiert. Die Zeugen Jehovas sind in 12 Bundesländern als Körperschaft des öffentlichen Rechts anerkannt.

IV. Steuerbefreiungen im Einzelnen

Steuerbefreiung des BgA einer Kirche. Die Kirchen in der Rechtsform einer Körperschaft des öffentlichen Rechts selbst sind nach § 1 I Nr 6 nur iRe BgA nach § 4 körperschaftsteuerpflichtig, so dass sich die Steuerbefreiung nach § 5 I Nr 9 für die Kirchen selbst nur auf einen BgA beziehen kann. 331

Keine Körperschaften des öffentlichen Rechts. Religionsgemeinschaften, die keine Körperschaften des öffentlichen Rechts sind, können nur unter den Voraussetzungen des § 52 II Nr 2 AO als gemeinnützig begünstigt sein. 332

Einstweilen frei. 333

f) Partielle Steuerpflicht. Umfang der Steuerbefreiung. Die von § 5 I Nr 9 betroffenen Körperschaften sind grundsätzlich mit sämtlichen Einkünften steuerpflichtig (bzw mit den inländischen bei beschränkter Steuerpflicht), soweit die Steuerbefreiung nach § 5 I Nr 9 nicht greift. Allerdings gehören die Einnahmen aus dem ideellen Bereich eines Vereins oder einer Stiftung zu keiner Einkunftsart, so dass diese von vornherein nicht steuerbar sind und daher keiner Befreiung bedürfen (§ 8 I S 1 iVm § 2 EStG), vgl Rn 20. 334

Wirtschaftlicher Geschäftsbetrieb. Die Steuerbefreiung gilt gem § 5 I Nr 9 S 2 AO nur, soweit kein wirtschaftlicher Geschäftsbetrieb unterhalten wird (zum wirtschaftlichen Geschäftsbetrieb allgemein vgl Rn 31 ff, zur Gewinnermittlung vgl Rn 44). 335

Zulässigkeit des wirtschaftlichen Geschäftsbetriebs. Das Unterhalten eines wirtschaftlichen Geschäftsbetriebs führt grundsätzlich nicht zum vollständigen Verlust der Steuerbegünstigung. Dies ergibt sich bereits daraus, dass das Gesetz für den Fall des Vorhandenseins eines wirtschaftlichen Geschäftsbetriebs lediglich eine partielle Steuerpflicht vorsieht. Allerdings darf der wirtschaftliche Geschäftsbetrieb aufgrund des Ausschließlichkeitsgebots § 56 AO kein Satzungszweck sein,[1] dh er darf in der Satzung nicht genannt werden. Der wirtschaftliche Geschäftsbetrieb darf kein von dem gemeinnützigen Zweck losgelöster Zweck oder gar der Hauptzweck der Betätigung der Körperschaft sein. Vielmehr muss er um des steuerbegünstigten Zwecks willen betrieben werden, indem zB der Beschaffung von Mitteln zur Erfüllung der gemeinnützigen Aufgabe dient.[2] 336

Kein Gepräge des wirtschaftlichen Geschäftsbetriebs. Entgegen der Auffassung des BFH, nach der es nicht darauf ankommen soll, ob die Körperschaft den überwiegenden Teil ihrer Einnahmen aus einem wirtschaftlichen Geschäftsbetrieb erzielt,[3] hat die Finanzverwaltung bisher unter Berufung auf das Gebot der Selbstlosigkeit nach § 55 I S 1 AO vertreten, dass ein wirtschaftlicher Geschäftsbetrieb einer steuerbegünstigten Körperschaft auch nach der tatsächlichen Geschäftsführung nicht das Gepräge geben darf.[4] Die Finanzverwaltung hat diese Auffassung – die sog Geprägetheorie – nunmehr aufgegeben. 337

---

1 BFH I R 76/05, BStBl II 2007, 631
2 BFH I R 76/05, BStBl II 2007, 631; AEAO Nr 1 zu § 56 AO.
3 BFH I R 156/94, BStBl II 2002, 162, dazu auch *Jost* in D/J/P/W § 5 Abs 1 Nr 9 Rn 239/1 mwN.
4 AEAO v 2.1.2008, BStBl I 2008, 26 idF BMF v 11.7.2011, BStBl I 2011, 706 Nr 2 zu § 55 AO gestrichen durch BMF v 17.1.2012, BStBl I 2012, 83.

338   **Schädliches Ausmaß eines wirtschaftlichen Geschäftsbetriebs.** Nach Auffassung des BFH liegt ein Verstoß gegen das Gebot der Selbstlosigkeit nur dann vor, wenn eine Körperschaft in erster Linie eigenwirtschaftliche Zwecke verfolgt, indem vorrangig und nicht nur nebenbei die eigenen wirtschaftlichen Interessen oder diejenigen der Mitglieder der Köperschaft gefördert werden.[1] Maßgeblich ist, dass die Mittel aus dem wirtschaftlichen Geschäftsbetrieb letztendlich dem steuerbegünstigten Satzungszweck zugutekommen.[2] Schädlich können daher insbesondere defizitäre wirtschaftliche Aktivitäten sein.[3] Wirtschaftliche Tätigkeiten zur Erhöhung der Einkünfte mit dem Ziel, den gemeinnützigen Satzungszweck durch Zuwendungen von Mitteln zu fördern, sind nach Auffassung des BFH dagegen nicht schädlich.[4] Es ist aber denkbar, dass ein profitabler wirtschaftlicher Geschäftsbetrieb dann schädlich für die Steuerbefreiung ingesamt werden kann, wenn die Gewinne aus dem wirtschaftlichen Geschäftsbetrieb so hoch sind, dass eine ausschließliche Verwendung der Mittel für die satzungsmäßigen steuerbegünstigten Zwecke unter Beachtung des Mittelverwendungsgebots und der Regelungen über die zulässige Rücklagenbildung aufgrund des vergleichsweise geringeren Umfangs der steuerbegünstigten Tätigkeiten nicht mehr möglich ist.[5]

339   **Selbstbewirtschaftete Forstbetriebe.** Bei selbstbewirtschafteten Forstbetrieben ist gem § 5 I Nr 9 S 3 AO auch ein wirtschaftlicher Geschäftsbetrieb steuerbefreit. Die umfassende Befreiung dient der Gleichstellung mit öffentlich-rechtlichen Forstbetrieben.[6] Bei diesen Betrieben soll aus Wettbewerbsüberlegungen keine Notwendigkeit der Besteuerung bestehen.[7]

340   *Einstweilen frei.*

341   **10. Vermietungsgenossenschaften und -vereine (§ 5 I Nr 10). Sachliche Voraussetzungen und partielle Steuerpflicht.** Bei § 5 I Nr 10 handelt es sich um eine Vorschrift, welche sachliche Voraussetzungen an die Steuerbefreiung stellt und eine partielle Steuerpflicht vorsieht (Fallgruppe 4; zur Systematik Rn 15).

342   **Historie.** Die Steuerbefreiung für Vermietungsgenossenschaften und -vereine wurde durch das StRefG 1990 (vgl Rn 121) eingeführt und hat die zuvor geltende Steuerbefreiung für gemeinnützige Wohnungsunternehmen ersetzt.[8]

343   **Erwerbs-, Wirtschaftsgenossenschaften und Vereine.** Die Befreiungsvorschrift betrifft Erwerbs- und Wirtschaftsgenossenschaften (zum Begriff vgl § 1 Rn 115 ff) oder Vereine (zum Begriff vgl § 1 Rn 148 ff), deren Tätigkeiten sich im Wesentlichen auf die Vermietung von Wohnungen an ihre Mitglieder und damit zusammenhängende Tätigkeiten beschränken (§ 5 I Nr 10 S 1 lit a und b). Das entspricht dem gesetzlichen

---

1   BFH I R 19/91, BStBl II 1992, 62.
2   BFH I R 76/05, BStBl II 2007, 631.
3   Hüttemann, DB 2012, 250.
4   BFH I R 76/05, BStBl II 2007 631.
5   Jost in D/J/P/W § 5 Abs 1 Nr 9 Rn 238.
6   Kulosa in H/H/R § 5 Rn 230.
7   Hüttemann, Gemeinnützigkeits- und Spendenrecht, 2008, § 6 Rn 110; Heger in Gosch § 5 Rn 52.
8   BTDrs 11/2157, 169.

Bild des Wesens einer Genossenschaft, als Selbsthilfeeinrichtung ihrer Mitglieder eine wirtschaftliche Hilfsfunktion (§ 1 I GenG) für diese wahrzunehmen, ohne eigene wirtschaftliche Zwecke zu verfolgen.[1]

Steuerbegünstigte Tätigkeiten gem § 5 I Nr 10 S 1 lit a. Die Befreiung gilt nur, soweit die in § 5 I Nr 10 S 1 lit a und b genannten steuerbegünstigten Tätigkeiten ausgeübt werden: 344

- Herstellung oder Erwerb von Wohnungen;
- Überlassung von Wohnungen oder Räume in Wohnheimen iSd § 15 II WoBauG an Mitglieder aufgrund eines Mietvertrages oder eines genossenschaftlichen Nutzungsvertrages zum eigenen Gebrauch, wobei
  - die übliche teilweise Untervermietung durch den Mieter unschädlich ist,[2]
  - auch die Vermietung zu Ferienzwecken umfasst ist, solange diese iRd Vermögensverwaltung stattfindet;[3]
- Herstellung oder Erwerb und Betreiben von Gemeinschaftsanlagen oder Folgeeinrichtungen. Voraussetzung ist, dass ein Zusammenhang mit den vorgenannten Tätigkeiten besteht und dass die Anlagen überwiegend für Mitglieder bestimmt sind. Die Anlagen müssen notwendigerweise durch die Genossenschaft oder den Verein betrieben werden.
- Gemeinschaftseinrichtungen sind zB[4]
  - Waschküche,
  - Trockenräume,
  - Gemeinsame Heizungsanlagen.
- Als Beispiele für Folgeeinrichtungen nennt die Finanzverwaltung[5]
  - Kindergärten,
  - Kindertagesstätten,
  - Lesehallen.

Personenidentität zwischen Mitglied, Mieter und Nutzer der Wohnung. Dem Gesetzeswortlaut nach ist nur die Vermietung an Mitglieder[6] zum Gebrauch steuerbefreit. Mieter, Mitglied und Nutzer der Wohnung müssen daher identisch 345

---

1   BTDrs 11/2157, 122; die Befreiung für Vermietungsgenossenschaften und -vereine wurde im Rahmen der Abschaffung der Steuerbefreiung für gemeinnützige Wohnungsunternehmen durch das StRefG 1990 geschaffen. Zur Abschaffung der Steuerbefreiung für gemeinnützige Wohnungsunternehmen vgl BMF (koordinierte Ländererlasse) v 24.7.1989, BStBl I 1989, 271 und BMF v 22.11.1991, BStBl I 1991, 1014.
2   BMF v 22.11.1991, BStBl I 1991, 1014, Tz 22.
3   BMF v 22.11.1991, BStBl I 1991, 1014, Tz 24.
4   BMF v 22.11.1991, BStBl I 1991, 1014, Tz 26.
5   BMF v 22.11.1991, BStBl I 1991, 1014, Tz 27.
6   Mitglied muss entweder der Mieter selbst oder sein Ehegatte bzw eingetragener Lebenspartner sein, vgl BMF v 22.11.1991, BStBl I 1991, 1014, Tz 17; OFD Frankfurt am Main v 5.12.2007, DStR 2008, 721.

sein. Eine Vermietung über eine TG der Genossenschaft ist daher nicht begünstigt.[1] Unter die Steuerfreiheit fällt dagegen nach Verwaltungsauffassung unter bestimmten Voraussetzungen auch die Zwischenschaltung von Hausgemeinschaften.[2]

346 **Geschäfte, die den begünstigten Tätigkeiten zuzurechnen sind.** Unter § 5 I Nr 10 S 1 lit a und b fallen alle Geschäfte, die zur Abwicklung der begünstigten Tätigkeit notwendig sind und die der Geschäftsbetrieb der Vermietungsgenossenschaften/ des Vermietungsvereins mit sich bringt.[3] Dazu zählen zB auch der Verkauf von nicht mehr benötigtem Inventar oder von Betriebsgrundstücken aus dem begünstigten Bereich, wenn der Grundstückshandel keinen gewerblichen Charakter annimmt (sog Hilfsgeschäfte).[4]

347 **Nicht begünstigte Geschäfte.** Nicht begünstigt sind zB
- die Vermietung an Nichtmitglieder,
- die Weitervermietung angemieteter nicht durch die Genossenschaft hergestellter oder erworbener Wohnungen,[5]
- die Durchführung von Reparaturen, zu denen vertraglich der Mieter verpflichtet ist, insbesondere durch eigene Handwerker der Genossenschaft,[6]
- Verkauf von Wirtschaftsgütern aus dem nicht begünstigten Bereich,[7]
- Anlage von (zurückgelegtem) Kapital, das das mittelfristig benötigte Kapital für Instandhaltungsarbeiten und Investitionen an den im Mitgliedergeschäft zur Nutzung überlassenen Wohnungen übersteigt.[8] Begünstigt ist dagegen nach Auffassung der Finanzverwaltung die Anlage liquider Mittel, die entsprechend der Instandhaltungs- und Investitionsplanung mittelfristig (bis zu fünf Jahren) bereitgehalten werden müssen und die aus der begünstigten Vermietung von Wohnungen stammen.[9]

348 **Partielle Steuerpflicht für andere Tätigkeiten.** Betragen Einnahmen aus anderen Tätigkeiten, zB Vermietungen an Nichtmitglieder,[10] weniger als 10 % der gesamten Einnahmen der Genossenschaft bzw des Vereins, führt dies insoweit zu einer partiellen Steuerpflicht.[11] Die 10%-Grenze ist je VZ zu prüfen. Die Einnahmen sind die Bruttoeinnahmen gem § 8 I EStG (inkl USt[12]). Die Einnahmen einer buchführungspflichtigen Genossenschaft[13] sind nach Gewinnermittlungsgrundsätzen zu bestimmen, so dass

---

1 *Jost* in D/J/P/W § 5 Abs 1 Nr 10-13 Rn 20.
2 OFD Frankfurt am Main 14.6.2000, DB 2000, 1991.
3 BMF v 22.11.1991, BStBl I 1991, 1014, Tz 38.
4 BMF v 22.11.1991, BStBl I 1991, 1014, Tz 39 ff mit weiteren Beispielen.
5 BMF v 22.11.1991, BStBl I 1991, 1014, Tz 16.
6 BMF v 22.11.1991, BStBl I 1991, 1014, Tz 42 mit weiteren Beispielen.
7 BMF v 22.11.1991, BStBl I 1991, 1014, Tz 42.
8 BFH I R 95/09, BFH/NV 2011, 311.
9 BMF v 22.11.1991, BStBl I 1991, 1014, Tz 41.
10 Zur Vermeidung der Vermietung an Nichtmitglieder und zur Abgrenzung und Ermittlung der Einnahmen aus nichtbegünstigten Tätigkeiten BMF v 22.11.1991, BStBl I 1991, 1014, Tz 18 ff und 30 ff.
11 BFH I R 95/09, BFH/NV 2011, 311.
12 BMF v 22.11.1991, BStBl I 1991, 1014, Tz 32.
13 Die Buchführungspflicht für Genossenschaften ergibt sich aus § 17 II GenG iVm § 33 GenG.

IV. Steuerbefreiungen im Einzelnen

der Zuflusszeitpunkt unerheblich ist.[1] Allerdings sind nach Auffassung der Finanzverwaltung (Miet-)Vorauszahlungen für mehrere Jahre bereits im Zuflussjahr für die Prüfung der 10%-Grenze voll zu erfassen, obwohl die bilanzielle Erfassung über einen Rechnungsabgrenzungsposten nach § 5 V S 1 Nr 2 EStG erfolgt, soweit die Vorauszahlungen künftige Jahre betreffen, da die Auflösung des Rechnungsabgrenzungspostens zwar zu Erträgen, aber nicht zu Einnahmen führt.[2] Gleiches gilt bei Wertänderungen im Betriebsvermögen, die ebenfalls nicht zu Einnahmen führen und daher für die Prüfung der 10%-Grenze unbeachtlich sind.[3]

Wird die 10%-Grenze für die nichtbegünstigten Einnahmen überschritten, führt dies nach § 5 Nr 10 S 2 der Vorschrift zum vollständigen Wegfall der Steuerbefreiung.

Prüfung. Zur Überprüfung der Einhaltung der 10%-Grenze und der Ordnungsmäßigkeit der Buchführung hat eine Wohnungsbaugenossenschaft auf Verlangen des Finanzamts den Prüfungsbericht nach §§ 53 ff GenG vollständig vorzulegen.   349

Verzicht auf die Steuerbefreiung. Nach § 34 V konnten die von der Vorschrift erfassten Genossenschaften und Vereine innerhalb bestimmter Fristen (im Regelfall bis zum 31.12.1991) auf die Steuerbefreiung verzichten. Der Verzicht galt mindestens für fünf aufeinander folgende Kalenderjahre (§ 34 V S 2 f) und kann nach Ablauf dieser Frist vom Beginn eines Kalenderjahres bis zur Unanfechtbarkeit der Steuerfestsetzung für das betroffene Kalenderjahr widerrufen werden (§ 34 V S 3 f).   350

Einstweilen frei.   351-352

11. Gemeinnützige Siedlungsunternehmen (§ 5 I Nr 12). Sachliche Voraussetzungen und partielle Steuerpflicht. Bei § 5 I Nr 12 handelt es sich um eine Vorschrift, welche sachliche Voraussetzungen an die Steuerbefreiung stellt und eine partielle Steuerpflicht vorsieht (Fallgruppe 4; zur Systematik Rn 15).   353

Historie. Die Steuerbefreiung für gemeinnützige Siedlungsunternehmen war bereits bei der Einführung des § 5 mit dem Körperschaftsteuerreformgesetz im Befreiungskatalog enthalten. Durch das StRefG 1990 (vgl Rn 121) wurde die Befreiung auf Siedlungs- und Agrarstrukturverbesserungs- und Landentwicklungsmaßnahmen im ländlichen Raum mit Ausnahme des Wohnungsbaus beschränkt,[4] so dass die zuvor ebenfalls befreiten gesetzlich zugewiesenen Aufgaben steuerpflichtig wurden.   354

Siedlungsunternehmen. Die Steuerbefreiung in Nr 12 betrifft Siedlungs-, Agrarstrukturverbesserungs- und Landentwicklungsmaßnahmen durch Siedlungsunternehmen iSd Reichssiedlungsgesetzes oder entsprechender Landesgesetze und der Bodenreformgesetze der Länder, die von den zuständigen Landesbehörden gegründet oder anerkannt wurden. Die Anerkennung durch die zuständige Landesbehörde ist für das Besteuerungsverfahren bindend.[5]   355

---

1   BMF v 22.11.1991, BStBl I 1991, 1014, Tz 32.
2   Jost in D/J/P/W § 5 Abs 1 Nr 10-13 Tz 48.
3   BMF v 22.11.1991, BStBl I 1991, 1014, Tz 36.
4   BTDrs 11/2536, 89.
5   Von Twickel in Blümich § 5 Rn 229; Jost in D/J/P/W § 5 Abs 1 Nr 10-13 Rn 107; Heger in Gosch § 5 Rn 269.

356 **Sachlicher Anwendungsbereich.** Unter die Begünstigung fallen die Planung und Durchführung von Maßnahmen der Ortssanierung, Ortsentwicklung, Bodenordnung und der Agrarstrukturverbesserung und die Durchführung von Umsiedlungen und Landtausch, weil Land für öffentliche oder städtebauliche Zwecke in Anspruch genommen wird, insbesondere die Landbeschaffung (R 19 S 3 f KStR). Die Steuerbefreiung gilt auch dann für die Durchführung der begünstigten Tätigkeiten, wenn diese dem Siedlungsunternehmen nicht ausdrücklich durch Gesetz zugewiesen sind (R 19 S 2 KStR). Nicht begünstigt ist der Wohnungsbau. Darunter fällt zB die Tätigkeit als Baubetreuer oder Bauträger (R 19 S 5 KStR).

357 **Partielle Steuerpflicht.** Die Befreiung gilt nur, soweit die in § 5 I Nr 12 S 1 genannten steuerbegünstigten Tätigkeiten ausgeübt werden. Werden Einkünfte aus anderen Tätigkeiten erzielt, greift eine partielle Steuerpflicht. Übersteigen die Einnahmen aus nicht begünstigten Tätigkeiten diejenigen aus der begünstigten Tätigkeit, entfällt die Steuerbefreiung nach S 2 der Vorschrift vollständig.

358 **Verhältnis zu der Steuerbefreiung gem § 5 I Nr 9.** Erfüllt ein durch die zuständige Landesbehörde anerkanntes gemeinnütziges Siedlungsunternehmen gleichzeitig die Voraussetzungen für eine Steuerbefreiung nach § 5 I Nr 9 (insbesondere die Voraussetzungen nach §§ 51 ff AO, vgl zu § 5 I Nr 9 Rn 282 ff), kann grundsätzlich auch diese Steuerbefreiung in Anspruch genommen werden.[1] Abzuwägen sind dann die Vor- und Nachteile der beiden Regelungen. Eine Steuerbefreiung nach § 5 I Nr 9 bietet den Vorteil, dass eine partielle Steuerpflicht nur eintritt, soweit ein wirtschaftlicher Geschäftsbetrieb unterhalten wird und die Einnahmen hieraus 35.000 EUR übersteigen (§ 64 III AO). Auch tritt kein vollständiger Verlust der Steuerbefreiung ein, wenn die Einnahmen aus anderen als den in Nr 12 genannten Tätigkeiten diejenigen aus der begünstigten Tätigkeit übersteigen. Andererseits sind für eine Befreiung nach § 5 I Nr 9 grundsätzlich umfangreichere Voraussetzungen zu erfüllen.[2] Die Befreiung nach Nr 12 kennt keine Vermögensbindung,[3] so dass anders als bei einer Befreiung nach § 5 I Nr 9 Gewinnausschüttungen zulässig bleiben. Zu beachten ist auch, dass Tätigkeiten, die nach Nr 12 begünstigt sind, wenn sie entgeltlich erbracht werden, durchaus einen wirtschaftlichen Geschäftsbetrieb darstellen können und die Einkünfte in diesem Fall nur dann steuerbefreit wären, wenn die Zweckbetriebsvoraussetzungen (vgl Rn 58) erfüllt sind.[4]

359 *Einstweilen frei.*

360 **12. Erwerbs- und Wirtschaftsgenossenschaften, Vereine (§ 5 I Nr 14). Sachliche Voraussetzungen und partielle Steuerpflicht.** Bei § 5 I Nr 14 handelt es sich um eine Vorschrift, welche sachliche Voraussetzungen an die Steuerbefreiung stellt und eine partielle Steuerpflicht vorsieht (Fallgruppe 4; zur Systematik Rn 15).

---

1 BMF v 23.5.1990, DB 1990, 1164.
2 Ausführlich dazu *Jost* in D/J/P/W § 5 Abs 1 Nr 10-13 Rn 123.
3 *Heger* in Gosch § 5 Rn 272; *Von Twickel* in Blümich § 5 Rn 233; *Jost* in D/J/P/W § 5 Abs 1 Nr 10-13 Rn 118 ff.
4 *Jost* in D/J/P/W § 5 Abs 1 Nr 10-13 Rn 123.

IV. Steuerbefreiungen im Einzelnen

Historie. Die Steuerbefreiung für Erwerbs- und Wirtschaftsgenossenschaften und Vereine war bereits bei der Einführung des § 5 mit dem Körperschaftsteuerreformgesetz (vgl Rn 3) im Befreiungskatalog enthalten. Durch das WoBauFG v 22.12.1989[1] wurde eine partielle Steuerpflicht für nicht begünstigte Tätigkeiten eingeführt, deren Ausübung zuvor unabhängig von ihrem Umfang zum vollständigen Verlust der Steuerbefreiung geführt hat.[2]

Zusammenschlüsse von Land- und Forstwirten. Die Befreiungsvorschrift betrifft Zusammenschlüsse von Land- und Forstwirten in der Rechtsform einer Genossenschaft oder eines Vereins (rechtsfähige und nichtrechtsfähige, R 20 I S 2 KStR), wenn und soweit diese die aufgeführten begünstigten Tätigkeiten ausführen. Begünstigt sind auch Genossenschaftszentralen, wenn sie selbst in der Rechtsform einer Genossenschaft oder eines Vereins auftreten und soweit die ihr angeschlossenen Genossenschaften die Voraussetzungen der Nr 14 erfüllen.[3]

Zweck. Die Befreiung dient einem agrarpolitischen Zweck. Land- und forstwirtschaftlichen Betrieben – insbesondere kleinbäuerlichen Betrieben – soll im Wettbewerb mit Großbetrieben dadurch geholfen werden, dass ihre überbetrieblichen Zusammenschlüsse zur Verbesserung der Produktion oder des Absatzes ihrer Erzeugnisse steuerlich begünstigt werden.[4]

Besteuerung auf Ebene der Mitglieder. Da die Zweckgeschäfte einer Genossenschaft für die Mitglieder einen Nebenbetrieb ohne eigenen wirtschaftlichen Zweck darstellen (vgl Rn 367), soll die Besteuerung ausschließlich auf Ebene der Mitglieder über die Besteuerung von Gewinnausschüttungen bzw Rückvergütungen iSd § 22 erfolgen. Eine Thesaurierung von Gewinnen auf Ebene der Genossenschaft bleibt möglich.[5]

Kein Gebot der zeitnahen Mittelverwendung. Ein Gebot der zeitnahen Mittelverwendung (analog § 58 Nr 6 und 7 AO, § 63 IV AO für steuerbegünstigte Körperschaften) besteht nicht.

Geschäftsarten. Bei Genossenschaften sind die steuerbegünstigten[6]

- Zweckgeschäfte mit Mitgliedern (vgl Rn 367),
- Gegengeschäfte (vgl Rn 368),
- Hilfsgeschäfte (vgl Rn 369)

und die grundsätzlich nicht begünstigten Zweckgeschäfte mit Nichtmitgliedern und Nebengeschäfte (vgl Rn 370)[7] zu unterscheiden (R 20 VIII 1 KStR). Für die Aufteilung der Einnahmen von Vereinen ist sinngemäß zu verfahren (R 20 VII KStR).

---

1 BGBl I 1989, 2408.
2 BTDrs 11/5970, 42.
3 BFH I D 3/50 S, BStBl III 1950, 26.
4 BFH I R 26/97, BStBl II 1998, 576; BTDrs 7/1470, 339; BTDrs 11/5970, 42.
5 BFH I R 26/97, BStBl II 1998, 576; BFH IV R 115/88, BStBl II 1990, 86; BFH I D 2/52 S, BStBl III 1954, 38.
6 BFH I R 67/68, BStBl II 1971, 116; BFH I 123/52 U, BStBl III 1953, 81; BFH I R 192/73, BStBl II 1976, 351.
7 BFH I R 262/83, BStBl II 1988, 592.

367 **Steuerbegünstigte Zweckgeschäfte mit Mitgliedern.** Zweckgeschäfte dienen der Erfüllung des satzungsmäßigen Gegenstandes und der Förderung des Erwerbs und der Wirtschaft der Mitglieder (§ 1 I GenG). Die in § 5 I Nr 14 genannten begünstigten Tätigkeiten stellen für die Mitglieder einen Nebenbetrieb ohne eigenen wirtschaftlichen Zweck dar.[1] Begünstigt sind die Tätigkeiten nur, wenn sie für die Betriebe der Mitglieder ausgeführt werden[2] und wenn sie im Bereich der Land- und Forstwirtschaft liegen (dh begünstigt ist zB nicht die Rechts- und Steuerberatung,[3] R 20 IV S 4 KStR). Die Mitglieder müssen Inhaber eines land- oder forstwirtschaftlichen Betriebs sein,[4] aber nicht zwingend land- und forstwirtschaftliche Einkünfte erzielen.[5] Auch Kapitalgesellschaften, die kraft Rechtsform gewerbliche Einkünfte erzielen, können Mitglieder sein.[6] Im Einzelnen erfasst werden folgende Tätigkeiten, die auch nebeneinander ausgeübt werden können (R 20 IV S 1 KStR):

- Die gemeinsame Nutzung von land- und forstwirtschaftlichen Betriebseinrichtungen oder Betriebsgegenständen (Nutzungsgenossenschaften gem § 5 I Nr 14 lit a), zB Zuchtgenossenschaften, Pfluggenossenschaften, Dreschgenossenschaften, ausnahmsweise auch die gemeinsame Nutzung von land- und forstwirtschaftlichen Flächen zB zum gemeinsamen Ziehen von Saatgut.[7]

- Leistungen iRv Dienst- oder Werkverträgen für die Produktion land- und forstwirtschaftlicher Erzeugnisse einschließlich Leistungen zur Erstellung und Unterhaltung von Betriebsvorrichtungen, Wirtschaftswegen und Bodenverbesserungen (Dienst- und Werkleistungsgenossenschaften gem § 5 I Nr 14 lit b), zB das Abernten von Feldern oder das Füttern von Tieren[8] sowie die Vermittlung von Leistungen, zB Mietverträgen für Maschinenringe (R 20 IV S 2 KStR).

- Die Bearbeitung oder Verwertung der von den Mitgliedern selbst gewonnenen land- und forstwirtschaftlichen Erzeugnisse (Verwertungsgenossenschaften gem § 5 I Nr 14 lit c),[9] zB Molkereigenossenschaften oder Winzergenossenschaften.

- Die Beratung für die Produktion land- und forstwirtschaftlicher Erzeugnisse (Beratungsgenossenschaften gem § 5 I Nr 14 lit d), zB Beratung zur Sortenwahl, Düngung, Erntezeitpunkt, Zuchtauswahl, Fütterung usw.[10]

---

1 BFH II R 238/81, BStBl II 1988, 753; BFH III R 124/75, BStBl II 1978, 285.
2 Zur Zwischenschaltung von Anschluss- oder Lieferungsgenossenschaften zwischen Erzeuger und Verwertungsgenossenschaft R 20 X KStR.
3 BTDrs 7/1470, 339.
4 *Krämer* in D/J/P/W § 5 Abs 1 Nr 14 Rn 11.
5 OFD Hannover v 17.1.2006, DB 2006, 813.
6 *Krämer* in D/J/P/W § 5 Abs 1 Nr 14 Rn 28.
7 BFH I 150/58 U, BStBl III 1959, 372.
8 *Heger* in Gosch § 5 Rn 277.
9 Zur Steuerbefreiung von Biogas-Erzeugergenossenschaften BMF v 6.3.2006, BStBl I 2006, 248; zu Molkereiengenossenschaften vgl R 21 KStR; zu Winzergenossenschaften vgl R 22 KStR; zu Propfrebengenossenschaften R 23 KStR; zu weiteren Beispielen für Tätigkeiten iSv § 5 I Nr 14 lit c vgl R 24 KStR.
10 *Krämer* in D/J/P/W § 5 Abs 1 Nr 14 Rn 22.

Gegengeschäfte. Begünstigt sind auch Gegengeschäfte, die sich auf die Zweckgeschäfte beziehen (R 20 IIX S 1 KStR). Gegengeschäfte sind solche, die zur Durchführung der Zweckgeschäfte erforderlich sind, zB bei Bezugsgenossenschaften der Einkauf der Waren, bei Nutzungsgenossenschaften der Ankauf von Betriebsgegenständen, bei Absatzgenossenschaften der Verkauf der Waren (R 20 VI Nr 2 KStR). 368

Hilfsgeschäfte. Begünstigt sind auch Hilfsgeschäfte im Zusammenhang mit den Zweckgeschäften mit den Mitgliedern (R 20 IIX S 1 KStR). Hilfsgeschäfte sind solche, die zur Abwicklung der Zweckgeschäfte und Gegengeschäfte notwendig sind und die der Geschäftsbetrieb der Genossenschaft mit sich bringt, zB Einkauf von Büromaterial, Verkauf von Inventar, Lieferung von Molkereibedarfsartikeln durch eine Molkereigenossenschaft an ihre Mitglieder, Vermietung von Wohnräumen an Betriebsangehörige aus betrieblichen Gründen (R 20 VI Nr 3 KStR). Die Veräußerung eines nicht mehr benötigten Betriebsgrundstückes ist hingegen nur ein Hilfsgeschäft, wenn der Erlös der Finanzierung neuer Betriebsanlagen dient.[1] 369

Nebengeschäfte. Nebengeschäfte sind alle Geschäfte (dh Entfaltung einer werbenden Tätigkeit der Genossenschaft nach außen[2]) der Genossenschaft, die keine Zweckgeschäfte, Gegengeschäfte oder Hilfsgeschäfte darstellen. Diese sind nicht begünstigt (R 20 IIX S 1 KStR). 370

Maßgeblichkeit der tatsächlichen Geschäftsführung. § 5 I Nr 14 sieht anders als insbesondere § 60 ff AO für steuerbegünstigte Körperschaften iSv §§ 51-68 AO und § 5 I Nr 16 für Sicherungseinrichtungen der Kreditinstitute nicht ausdrücklich satzungsmäßige Voraussetzungen für die Steuerbefreiung vor. Ob die Voraussetzungen für die Steuerbefreiung nach § 5 I Nr 14 erfüllt sind, bestimmt sich nach Auffassung des BFH[3] daher insbesondere nach der tatsächlichen Geschäftsführung, so dass Satzungsmängel dadurch ausgeglichen werden können, dass die Genossenschaft nachhaltig die Voraussetzungen für die Steuerbefreiung erfüllt.[4] 371

Verlust der Steuerbefreiung und partielle Steuerpflicht. Einnahmen aus anderen als den begünstigten Tätigkeiten dürfen 10 % der gesamten Einnahmen (einschließlich USt) nicht übersteigen, sonst entfällt die Steuerbefreiung nach § 5 Nr 14 S 2 der Vorschrift vollständig. Die Einnahmen einer buchführungspflichtigen Genossenschaft,[5] die nach § 8 II ausschließlich Einkünfte aus Gewerbebetrieb erzielt, sind nach Gewinnermittlungsgrundsätzen zu bestimmen, so dass der Zuflusszeitpunkt unerheblich ist (R 20 II S 2 f KStR). Bei nicht zur Buchführung verpflichteten Vereinen sollte dagegen der Zufluss nach § 11 EStG maßgeblich sein.[6] Mit den Einnahmen aus nicht begünstigten Tätigkeiten ist die Genossenschaft bzw der Verein partiell steuerpflichtig, solange die 10%-Grenze eingehalten wird.[7] Zur Abgrenzung des Begriffs 372

---

1 BFH I R 67/68, BStBl II 1971, 116; BFH I R 192/73, BStBl II 1974, 351.
2 BFH I R 253/78. BStBl II 1980, 577.
3 BFH I 127/54 U, BStBl III 1954, 339.
4 Vgl dazu ausführlich *Krämer* in D/J/P/W § 5 Abs 1 Nr 14 Rn 10.
5 Die Buchführungspflicht für Genossenschaften ergibt sich aus § 17 II GenG iVm § 33 GenG.
6 *Krämer* in D/J/P/W § 5 Abs 1 Nr 14 Rn 49; *Heger* in Gosch § 5 Rn 286; *Bott* in EY § 5 Rn 760; *Von Twickel* in Blümich § 5 Rn 245.
7 Zur Lieferung an Nichtmitglieder R 20 X 3 KStR.

der Einnahmen vom Begriff des Ertrags vgl Rn 348. Bei solchen Genossenschaften und Vereinen, die überwiegend Milchqualitäts- und Milchleistungsprüfungen oder Tierbesamungen durchführen, bleiben Zweckgeschäfte mit Nichtmitgliedern bei der Prüfung der 10%-Grenze nach S 3 der Vorschrift außer Ansatz. Bei Verwertungsgenossenschaften kann anstelle des Verhältnisses der begünstigten zu den nichtbegünstigten Einnahmen das Verhältnis der Ausgaben für bezogene Waren von Mitgliedern und Nichtmitgliedern herangezogen werden, wenn eine Zuordnung der Einnahmen nicht möglich ist (R 20 II 1 KStI). Beteiligungserträge sind für die Prüfung der 10%- Grenze voll anzusetzen, sofern sie nicht aus einer Beteiligung an einer nach Nr 14 begünstigen Genossenschaft bzw einem begünstigten Verein stammen (R 20 V KStR).

373 **Verzicht auf die Steuerbefreiung.** Nach § 34 V konnten die von der Vorschrift erfassten Genossenschaften und Vereine innerhalb bestimmter Fristen (im Regelfall bis zum 31.12.1991) auf die Steuerbefreiung verzichten. Der Verzicht galt mindestens für fünf aufeinander folgende Kalenderjahre (§ 34 V S 2 f) und kann nach Ablauf dieser Frist vom Beginn eines Kalenderjahres bis zur Unanfechtbarkeit der Steuerfestsetzung für das betroffene Kalenderjahr widerrufen werden (§ 34 V S 3 f).

374-375 *Einstweilen frei.*

376 **13. PSVaG (§ 5 I Nr 15). Sachliche Voraussetzungen und keine partielle Steuerpflicht.** § 5 I Nr 15 enthält eine Vorschrift, welche ein bestimmtes Körperschaftsteuersubjekt unter bestimmten sachlichen Voraussetzungen von der Steuerpflicht befreit, ohne eine partielle Steuerpflicht aufzustellen (Fallgruppe 2; zur Systematik Rn 15).

377 **Historie.** Durch das BetrAVG v 19.12.1974[1] wurde eine Insolvenzsicherung zur Sicherstellung der Ansprüche der Arbeitnehmer bei Zahlungsunfähigkeit des Arbeitgebers oder Versorgungsträgers in Form einer Ausfallhaftung eingeführt. Die Trägerschaft der Insolvenzsicherung wurde durch das BetrAVG auf Initiative der Wirtschaft auf einen privatrechtlichen Versicherungsverein übertragen, der am 7.10.1974 durch die Bundesvereinigung der Deutschen Arbeitgeberverbände, den Bundesverband der Deutschen Industrie und den Lebensversicherungsverband im Hinblick auf die gesetzliche Neuregelung gegründet wurde.[2]

378 **Steuerbefreiung der nach dem BetrAVG vorgesehenen Aufgaben.** § 5 I Nr 15 regelt die Steuerbefreiung für den Träger der Insolvenzsicherung PSVaG in Köln nach § 14 BetrAVG, der ua nach § 7 BetrAVG in bestimmten Fällen anstelle des Arbeitgebers zu Versorgungsleistungen gegenüber dem Arbeitnehmer verpflichtet ist. Die Steuerbefreiung gilt nur, solange der PSVaG ausschließlich die im BetrAVG vorgesehenen Aufgaben mit Erlaubnis der Versicherungsaufsichtsbehörde erfüllt und seine Leistungen in dem im BetrAVG vorgesehenen Rahmen bleiben.

---

1 BGBl I 1974, 3610.
2 *Blomeyer/Otto*, § 14 BetrAVG, Rn 1 ff.

IV. Steuerbefreiungen im Einzelnen

Pensions-Sicherungs-Verein VVaG. Der PSVaG ist eine Gemeinschaftseinrichtung der Wirtschaft und der Lebensversicherungswirtschaft und wird durch Beiträge von Arbeitgebern finanziert.[1] Rückstellungen für künftige Beiträge an den Pensions-Sicherungs-Verein dürfen nicht gebildet werden.[2]   379

Partielle Steuerpflicht. Die Vorschrift sieht keine partielle Steuerpflicht vor. Ein Verstoß gegen die Befreiungsvoraussetzungen einschließlich der Beschränkung der Tätigkeit auf die gesetzlich vorgesehenen Aufgaben würde daher zur vollständigen Steuerpflicht der Einkünfte des PSVaG führen.   380

Einstweilen frei.   381

14. Sicherungseinrichtungen der Kreditinstitute (§ 5 I Nr 16). Sachliche Voraussetzungen und partielle Steuerpflicht. § 5 I Nr 16 ist eine Vorschrift, welche sachliche Voraussetzungen an die Steuerbefreiung stellt und eine partielle Steuerpflicht vorsieht (Fallgruppe 4; zur Systematik Rn 15).   382

Historie. Durch das EAEG v 16.7.1998[3], das die Vorgaben der EG-Einlagensicherungs-RL und der EG-Anlagensicherungs-RL in nationales Recht umsetzt, wurden die Kreditinstitute verpflichtet, sich einer Entschädigungseinrichtung der Kreditwirtschaft anzuschließen, deren Aufgabe es ist, im Falle der wirtschaftlichen Schwierigkeiten eines Kreditinstitutes (§ 1 EAEG), dem sog Entschädigungsfall, die Gläubiger des Kreditinstituts nach Maßgabe des § 3 ff EAEG zu entschädigen. Mit dem gleichen Gesetz wurde auch eine Steuerbefreiung für diese nunmehr verpflichtenden Einrichtungen geschaffen. Mit Wirkung ab VZ 1978 waren zuvor die vor Einführung der Verpflichtung bereits bestehenden freiwilligen Einrichtungen von Verbänden der Kreditinstitute nach § 5 I Nr 16 steuerbefreit.[4]   383

Zielsetzung. Die mit Wirkung ab VZ 1978 eingeführte Befreiung der Sicherungseinrichtungen von Verbänden der Kreditinstitute hatte das Ziel, die Einlagensicherung der Kreditinstitute steuerlich zu erleichtern, die zur Erhaltung und Förderung des Vertrauens in das Kreditgewerbe und in seine Funktionsfähigkeit innerhalb der Volkswirtschaft erforderlich ist.[5] Zu diesem Zweck sollte die neue Befreiung sicherstellen, dass solche Sicherungseinrichtungen auch dann steuerbefreit sind, wenn sie rechtlich selbstständig sind. Zuvor waren die Sicherungseinrichtungen regelmäßig unselbständige Sondervermögen der Kreditwirtschaftsverbände und fielen unter die Befreiung nach § 5 I Nr 5 für Berufsverbände.[6]   384

Befreite Sicherungseinrichtungen. Von der Steuerbefreiung gem § 5 I Nr 16 S 1 sind folgende Sicherungseinrichtungen erfasst: 385

- teilrechtsfähige Sondervermögen des Bundes, welche bei der Kreditanstalt für Wiederaufbau errichtete Entschädigungseinrichtungen wurden (§ 6 EAEG),

---

1 *Blomeyer/Otto*, § 14 BetrAVG, Rn 19 f.
2 BFH I R 102/88, BStBl II 1992, 336; BFH I R 14/95, BStBl II 1996, 406; BMF v 13.3.1987, BStBl I 1987, 365, Tz 2 lit c.
3 BGBl I 1998, 1842.
4 StÄndG 1977 v 16.8.1977, BGBl I 1977, 442.
5 BTDrs 8/292, 23.
6 BTDrs 8/292, 23.

- als juristische Person des privaten Rechts bestehende sog beliehene Entschädigungseinrichtungen (§ 7 EAEG),
- Sicherungseinrichtungen eines Verbandes der Kreditinstitute einschließlich institutssichernder Einrichtungen, die einen Anschluss des Kreditinstituts an die staatlichen Einrichtungen entbehrlich machen (§ 12 EAEG), dh die Sicherungseinrichtungen der regionalen Sparkassen- und Giroverbände und die Sicherungseinrichtungen des Bundesverbandes der Deutschen Volks- und Raiffeisenbanken.

Nach dem eindeutigen Gesetzeswortlaut fallen nur solche Einrichtungen unter die Vorschrift, die rechtlich selbstständig sind.[1] Dies entspricht auch dem Zweck der Vorschrift (vgl Rn 384), da der Gesetzgeber davon ausging, dass eine eigenständige Befreiungsvorschrift für rechtlich unselbständige Einrichtungen der Kreditwirtschaftsverbände nicht notwendig sei, da diese bereits von der Befreiung für Berufsverbände nach § 5 I Nr 5 erfasst werden. In der Literatur wird allerdings vertreten, dass bei rechtlich unselbständigen Sicherungseinrichtungen der Kreditwirtschaftsverbände beide Befreiungsvorschriften (Nr 5 und Nr 16) gesondert geprüft und angewendet werden müssten.[2]

- Sicherungseinrichtungen der Wohnungsgenossenschaften mit Spareinrichtung,
- Sicherungsfonds der Lebensversicherer und Krankenversicherer iSd §§ 126 und 127 VAG, die durch das Gesetz zur Änderung des Versicherungsaufsichtsgesetzes und anderer Gesetze v 15.12.2004[3] in § 5 I Nr 16 S 3 aufgenommen wurden.

386 **Finanzierung der Einrichtungen.** Die Finanzierung der Einrichtungen erfolgt über öffentlich-rechtliche Beiträge. Für künftige Beiträge dürfen die Mitgliedsbanken keine Rückstellungen bilden.[4]

387 **Satzungsmäßige Voraussetzungen an die Steuerbefreiung.** Die Steuerbefreiung gem § 5 I Nr 16 setzt voraus:
- dass der ausschließliche Satzungszweck die Hilfeleistung bei Gefahr für die Erfüllung der Verpflichtung eines Kreditinstitutes, einer Wohnungsgenossenschaft mit Spareinrichtung oder eines Lebens- oder Krankenversicherers ist,
- eine strikte Vermögensbindung (§ 5 I Nr 16 S 2).

388 **Strikte Vermögensbindung.** Die Steuerbefreiung setzt nach § 5 I Nr 16 S 2 eine strikte Vermögensbindung voraus, die auch das Nominalkapital umfasst. Die Regelung geht damit über die für steuerbegünstigte Körperschaften nach § 5 I Nr 9 geltenden Anforderungen hinaus (vgl Rn 299) und entspricht den Regelungen für Bürgschaftsbanken (vgl § 5 I Nr 17 Rn 400), Wirtschaftsförderungsgesellschaften (vgl § 5 I Nr 18 Rn 412) und Gesamthafenbetriebe (vgl § 5 I Nr 19 Rn 426).[5] Ausschüttungen und Kapitalrückzahlungen an die Anteilseigner sind so unzulässig.

---

1 Ebenso *Jost* in D/J/P/W § 5 Abs 1 Nr 15-19 Rn 9; FG München 7 K 1332/95, EFG 1999, 1096.
2 *Jost* in D/J/P/W § 5 Abs 1 Nr 15-19 Rn 8 ff.
3 BGBl I 2004, 3416.
4 BFH I R 78/89, BStBl II 1992, 177.
5 *Bott* in EY § 5 Rn 797.

Gleiches gilt grundsätzlich für Spenden an gemeinnützige Körperschaften.[1] Ein Verstoß gegen die Vermögensbindung, die auch die den Anteilseignern im Falle der Liquidation zustehenden Vermögensteile umfasst, führt damit zum rückwirkenden Verlust der Steuerbefreiung.[2] Die Vermögensbindung erfordert eine Festlegung der Vermögensverwendung im Auflösungsfall in der Satzung.

Tatsächliche Geschäftsführung. Aus dem Gebot der Vermögensbindung (vgl Rn 388) folgt, dass sich die tatsächliche Geschäftsführung grundsätzlich auf die ausschließliche Erfüllung der satzungsmäßigen Aufgaben beschränken muss.[3] Allerdings führt das Unterhalten eines wirtschaftlichen Geschäftsbetriebs, der nicht auf die Erfüllung der satzungsmäßigen Aufgaben gerichtet ist, lediglich zu einer partiellen Steuerpflicht (vgl Rn 390). 389

Partielle Steuerpflicht. Nach § 5 Nr 16 S 4 der Vorschrift erstreckt sich die Steuerbefreiung nicht auf einen wirtschaftlichen Geschäftsbetrieb (Rn 31 ff), der die Grenzen eines Zweckbetriebs (Rn 58) überschreitet, so dass ein solcher zu einer partiellen Steuerpflicht führt. Ein wirtschaftlicher Geschäftsbetrieb, der nicht der Erfüllung des begünstigten Satzungszweckes dient, darf nicht Satzungszweck sein (vgl Rn 387). 390

Einstweilen frei. 391-392

15. Bürgschaftsbanken (§ 5 I Nr 17). Sachliche Voraussetzungen und keine partielle Steuerpflicht. § 5 I Nr 17 ist eine Vorschrift, welche sachliche Voraussetzungen an die Steuerbefreiung stellt und keine partielle Steuerpflicht vorsieht (Fallgruppe 2; zur Systematik Rn 15). 393

Historie. Vor Einführung der Steuerbefreiung für Bürgschaftsbanken durch das StÄndG 1992 (vgl Rn 242) wurden die Bürgschaftsbanken als gemeinnützige Einrichtungen behandelt, die nach § 5 I Nr 9 steuerbefreit waren, was allerdings zweifelhaft war.[4] 394

Bürgschaftsbanken und Kreditgarantiegemeinschaften. Bürgschaftsbanken und Kreditgarantiegemeinschaften sind Selbsthilfeeinrichtungen der Wirtschaft zum Zweck der (Sicherung der) Finanzierung von Unternehmungen, für die mangels Sicherheiten ansonsten keine Finanzierungsmöglichkeit bestände.[5] Eine bestimmte Rechtsform ist nicht vorgeschrieben.[6] 395

Begünstigte Tätigkeiten. Die Steuerbefreiung setzt voraus, dass sich die Tätigkeit der Bürgschaftsbank grundsätzlich ausschließlich auf bestimmte im Gesetzestext nicht abschließend aufgezählte Wirtschaftsförderungsmaßnahmen beschränkt. Dabei müssen insbesondere Tätigkeiten im Zusammenhang mit der Übernahme oder Verwaltung von staatlichen oder aufgrund staatlich anerkannter RL gewährter Bürgschaften und Garantien für mittelständische Unternehmen einschließlich freier Berufe ausgeübt werden (§ 5 I Nr 17 S 1). 396

---

1 Ebenso *Jost* in D/J/P/W § 5 Abs 1 Nr 15-19 Rn 60.
2 BFH I R 235/75, BStBl II 1977, 490.
3 *Jost* in D/J/P/W § 5 Abs 1 Nr 15-19 Rn 37.
4 BTDrs 12/1108, 66.
5 BTDrs 12/1108, 66; BTDrs 12/1368, 22.
6 *Heger* in Gosch § 5 Rn 308.

397 **Förderung von Unternehmen ohne Gewinnerzielungsabsicht.** Begünstigt sind auch Fördermaßnahmen, die Unternehmen ohne Gewinnerzielungsabsicht bzw solchen Unternehmen, die selbst steuerbefreit sind, zugutekommen.[1]

398 **Andere Wirtschaftsförderungsmaßnahmen.** Daneben hält der BFH auch andere in § 15 I Nr 17 eigentlich nicht genannte Wirtschaftsförderungsmaßnahmen wie die betriebswirtschaftliche Beratung oder die Förderung nicht mittelständischer Unternehmen für zulässig, solange die im Gesetzeswortlaut genannten Maßnahmen überwiegen und überwiegend, aber nicht ausschließlich, kleine und mittlere Unternehmen gefördert werden.[2] Diese weite Auslegung des Gesetzeswortlautes, die mit der Gesetzesbegründung schwer vereinbar erscheint, wird in der Literatur kritisch gesehen.[3]

399 **Vermögensverwaltende Maßnahmen.** Rein vermögensverwaltende Maßnahmen sind iRd § 15 I Nr 17 hingegen unschädlich.[4]

400 **Strikte Vermögensbindung.** Die Steuerbefreiung setzt nach § 5 I Nr 17 S 2 eine strikte Vermögensbindung voraus, die auch das Nominalkapital umfasst, das im Regelfall durch Kammern, Wirtschaftsverbände, Innungen, Kreditinstitute und Versicherungsunternehmen bereitgestellt wird und durch Rückbürgschaften des Bundes und der Länder sowie ERP-Haftungsfondsdarlehen ergänzt wird.[5] Die Regelung geht damit über die für gemeinnützige Körperschaften nach § 5 I Nr 9 geltenden Anforderungen hinaus (vgl Rn 299) und entspricht den Regelungen für Sicherungseinrichtungen der Kreditinstitute (§ 5 I Nr 16 Rn 388), Wirtschaftsförderungsgesellschaften (vgl § 5 I Nr 18 Rn 412) und Gesamthafenbetriebe (vgl § 5 I Nr 19 Rn 426).[6] Ausschüttungen und Kapitalrückzahlungen an die Anteilseigner sind so unzulässig. Gleiches gilt grundsätzlich für Spenden an gemeinnützige Körperschaften.[7] Ein Verstoß gegen die Vermögensbindung, die auch die den Anteilseignern im Falle der Liquidation zustehenden Vermögensteile umfasst, führt damit zum rückwirkenden Verlust der Steuerbefreiung.[8]

401 **Vollständiger Verlust der Steuerbefreiung.** Da neben Wirtschaftsförderungsmaßnahmen keine weiteren Tätigkeiten erlaubt sind, führen darüberhinausgehende Tätigkeiten und das Betreiben eines wirtschaftlichen Geschäftsbetriebs, der nicht unmittelbar der Zweckverwirklichung dient, dem Gesetzeswortlaut nach zum Verlust der Steuerbefreiung.[9] Eine partielle Steuerpflicht ist dem Gesetzeswortlaut nach nicht vorgesehen.[10]

402 *Einstweilen frei.*

1 GlA *Jost* in D/J/P/W § 5 Abs 1 Nr 15-19 Rn 56 mit Hinweis auf BFH I R 14/98, BStBl II 2000, 325.
2 BFH I R 14/98, BStBl II 2000, 325.
3 *Frotscher* in Frotscher/Maas § 5 Rn 111; *Heger* in Gosch § 5 Rn 308.
4 *Heger* in Gosch § 5 Rn 310.
5 BTDrs 12/1108, 67.
6 *Bott* in EY § 5 Rn 797.
7 Ebenso *Jost* in D/J/P/W § 5 Abs 1 Nr 15-19 Rn 60.
8 BFH I R 235/75, BStBl II 1977, 490.
9 *Jost* in D/J/P/W § 5 Abs 1 Nr 15-19 Rn 51 ff; *Bott* in EY § 5 Rn 796; *Frotscher* in Frotscher/Maaß § 5 Rn 111; ebenso wohl BFH I R 14/98, BStBl II 2000, 325.
10 *Heger* in Gosch § 5 Rn 310.

IV. Steuerbefreiungen im Einzelnen

16. Wirtschaftsförderungsgesellschaften (§ 5 I Nr 18). Sachliche Voraussetzungen und keine partielle Steuerpflicht. § 5 I Nr 18 ist eine Vorschrift, welche sachliche Voraussetzungen an die Steuerbefreiung stellt und keine partielle Steuerpflicht vorsieht (Fallgruppe 2; zur Systematik Rn 15). 403

Historie. Vor Einführung der Steuerbefreiung für Wirtschaftsförderungsgesellschaften durch das StandOG v 13.9.1993[1] wurden die betroffenen Kapitalgesellschaften als gemeinnützig und nach § 5 I Nr 9 steuerbefreit behandelt. Allerdings ist zweifelhaft, ob tatsächlich eine gemeinnützige Tätigkeit vorliegt, da die Wirtschaftsförderungsgesellschaften im Interesse ihrer Gesellschafter tätig werden und es daher an der für eine gemeinnützige Tätigkeit erforderlichen Selbstlosigkeit fehlt.[2] 404

Kapitalgesellschaften mit Mehrheitsbeteiligung von Gebietskörperschaften. Von § 5 I Nr 18 werden als Rechtsform nur Kapitalgesellschaften erfasst.[3] Zudem sind gem § 5 I Nr 18 S 1 Hs 2 nur solche Kapitalgesellschaften befreit, an denen mehrheitlich (zu mehr als 50 %) Gebietskörperschaften (also Bund, Länder, Gemeinden) unmittelbar beteiligt sind und diese die Mehrheit der Stimmrechte haben.[4] Auch die Mehrheitsbeteiligung anderer Körperschaften des öffentlichen Rechts (zB Industrie- und Handelskammer, Sparkassen) ist damit ausgeschlossen.[5] 405

Wirtschaftsförderungsmaßnahmen im öffentlichen Interesse. Unter § 5 I Nr 18 fallen bestimmte Kapitalgesellschaften, deren Tätigkeiten sich auf Wirtschaftsförderungsmaßnahmen beschränken, die nach Auffassung des Gesetzgebers im öffentlichen Interesse liegen.[6] Dazu gehören: 406

- die Verbesserung der sozialen und wirtschaftlichen Struktur (vgl Rn 407)
- einer bestimmten Region (vgl Rn 408) durch
- Förderung der Wirtschaft (insbesondere durch Industrieansiedlung und Beschaffung neuer Arbeitsplätze) (vgl Rn 409) oder
- Förderung der Sanierung von Altlasten (vgl Rn 411).

Verbesserung der sozialen und wirtschaftlichen Struktur. § 5 I Nr 18 ist nur auf Leistungen begrenzt, die unmittelbar der Verbesserung der sozialen und wirtschaftlichen Struktur dienen. Dh es ist ein zweckgerichtetes Handeln mit dem Ziel der selektiven unternehmensbezogenen Förderung abgrenzbarer wirtschaftlicher Verhaltensweisen begünstigt.[7] Damit sind nur mittelbar fördernde, allgemein gesamtwirtschaftlich wirkende Maßnahmen wie die Planung und Erschließung eines Wohngebiets (Straßenbau, Gas, Wasser- und Elektrizitätsversorgung) nicht begünstigt.[8] 407

---

1 BGBl I 1993, 1569.
2 BTDrs 12/4487, 61; später bestätigt durch BFH I R 38/96, BFH/NV 1997, 904.
3 BTDrs 12/4487, 61; BMF v. 4.1.1996, BStBl I 1996, 54, Tz I; FG Schleswig Holstein I 1095/94, EFG 1998, 520; ebenso *Heger* in Gosch § 5 Rn 322; *Jost* in D/J/P/W § 5 Abs 1 Nr 15-19 Rn 67; aA *Frotscher* in Frotscher/Maas § 5 Rn 115, der auch Genossenschaften und rechtsfähige Vereine für möglich hält.
4 BMF v. 4.1.1996, BStBl I 1996, 54, Tz I; *Bott* in EY § 5 Rn 805.
5 BMF v 4.1.1996, BStBl I 1996, 54, Tz I; *Frotscher* in Frotscher/Maas § 5 Rn 116.
6 BTDrs 12/4487, 61; BMF v 4.1.1996, BStBl I 1996, 54.
7 BFH I R 49/01, BStBl II 2003, 723.
8 *Frotscher* in Frotscher/Maas § 5 Rn 112; *Jost* in D/J/P/W § 5 Abs 1 Nr 15-19 Rn 69; BFH I R 49/01, BStBl II 2003, 723; BMF v 4.1.1996, BStBl I 1996, 54, Tz II.

408 **Bestimmte Region.** Eine bestimmte Region liegt nach Auffassung der Finanzverwaltung zB bei dem Gebiet einer Kommune vor.[1] Es kann aber auch eine Gesamtheit von mehreren Bundesländern, zB die ostdeutschen Bundesländer, als eine bestimmte Region angesehen werden.[2]

409 **Wirtschaftsförderung.** Die Verbesserung der sozialen und wirtschaftlichen Struktur hat nach dem Gesetzeswortlaut durch Wirtschaftsförderungsmaßnahmen oder die Förderung der Sanierung von Altlasten zu erfolgen. Der Gesetzestext nennt die Industrieansiedlung und die Beschaffung neuer Arbeitsplätze als Wirtschaftsförderungsmaßnahmen. Der Katalog ist nicht abschließend und schließt vergleichbare Maßnahmen nicht von der Begünstigung aus.[3] Allerdings kann man aus dem Wort „insbesondere" im Gesetzestext schließen, dass die Wirtschaftsförderung überwiegend in Form der genannten Förderungsmaßnahmen erfolgen muss.[4] Die Rechtsprechung zu § 5 I Nr 18 verlangt zumindest, dass eine Förderung der Wirtschaft vorliegt und die Tätigkeiten eine vergleichbare Zielrichtung haben wie die im Gesetzestext genannten Beispiele.[5] Unter die begünstigten Tätigkeiten der Wirtschaftsförderung fallen zB:[6]

- Analyse über die Erwerbs- und Wirtschaftsstruktur einzelner Regionen und Standorte,
- Informationen zu Standortvorteilen und Förderungsmaßnahmen der betreffenden Region,
- Informationen über Wirtschaftsförderungsmaßnahmen von Bund, Ländern und Gemeinden sowie der EU,
- Anwerbung und Ansiedlung von Unternehmen,
- Beratung und Betreuung von Kommunen und ansiedlungswilligen Unternehmen in Verfahrens-, Förderungs- und Standortfragen,
- Beratung bei der Beschaffung von Gewerbegrundstücken in Zusammenarbeit mit der örtlichen Gemeinde,
- Beschaffung und Veräußerung von Grundstücken zur Ansiedlung, Erhaltung oder Erweiterung von Unternehmen,
- Vermietung oder Verpachtung von Geschäfts- und Gewerberäumen an Existenzgründer für einen beschränkten Zeitraum (bis fünf Jahre), einschließlich dazugehöriger Nebenleistungen (Technologiezentren),
- Förderung überbetrieblicher Kooperationen,

---

1 BMF v 4.1.1996, BStBl I 1996, 54, Tz II.
2 *Jost* in D/J/P/W § 5 Abs 1 Nr 15-19 Rn 70.
3 BFH I R 49/01, BStBl II 2003, 723.
4 So BFH I R 14/98, BStBl II 2000, 325 zu § 5 I Nr 17; ebenso *Jost* in D/J/P/W § 5 Abs 1 Nr 15-19 Rn 77.
5 BFH I R 37/04, BStBl II 2006, 141, BFH I R 49/01, BStBl II 2003, 723.
6 BMF v 4.1.1996, BStBl I 1996, 54, Tz II.

IV. Steuerbefreiungen im Einzelnen

- Beschaffung neuer Arbeitsplätze, zB durch Förderung von Maßnahmen, die dem Aufbau, Erhalt bzw Schaffung von Dauerarbeitsplätzen dienen, oder Einrichtung, Koordinierung und Übernahme von Trägerschaften projektbezogener Arbeitsbeschaffungsmaßnahmen (aber nicht die Tätigkeit der Beschaffungsgesellschaften).

Förderung von Unternehmen ohne Gewinnerzielungsabsicht. Dass eine bestimmte Fördermaßnahme Unternehmen ohne Gewinnerzielungsabsicht bzw solchen Unternehmen, die selbst steuerbefreit sind, zu Gute kommt, schließt diese Maßnahme nicht als Wirtschaftsfördermaßnahme aus.[1]

410

Sanierung von Altlasten. Die Förderung der Sanierung ist nach zutreffender Auffassung ein eigenständiger Zweck iSd § 5 I Nr 18.[2] Die Tätigkeiten zur Förderung der Sanierung von Altlasten müssen daher keine Wirtschaftsförderungsmaßnahmen sein. Die Finanzverwaltung[3] nennt die Förderung der Sanierung von Altlasten für Zwecke der

411

- Ansiedlung von Unternehmen,
- Erhaltung von Unternehmen,
- Erweiterung von Unternehmen.

Begünstigt sollte aber auch die Förderung der Sanierung von Altlasten zu anderen als Unternehmenszwecken, zB Wohnzwecken sein.[4]

Vermögensbindung. Die Steuerbefreiung setzt nach § 5 I Nr 18 S 2 der Vorschrift eine strikte Vermögens- und Überschussbindung voraus, die auch das Nominalkapital umfasst. Die Regelung geht damit über die für gemeinnützige Körperschaften nach § 5 I Nr 9 geltende Rechtslage hinaus (vgl Rn 299) und entspricht den Regelungen für Sicherungseinrichtungen der Kreditinstitute (§ 5 I Nr 16 Rn 388), Bürgschaftsbanken (§ 5 I Nr 17 Rn 400) und Gesamthafenbetriebe (§ 5 I Nr 19 Rn 426).[5] Ausschüttungen und Kapitalrückzahlungen an die Anteilseigner sind so unzulässig. Gleiches gilt grundsätzlich für Spenden an gemeinnützige Körperschaften.[6] Ein Verstoß gegen die Vermögensbindung, die auch die den Anteilseignern im Falle der Liquidation zustehenden Vermögensteile umfasst, führt damit zum rückwirkenden Verlust der Steuerbefreiung.[7]

412

Vollständiger Verlust der Steuerbefreiung. Ein neben der Durchführung der begünstigten Wirtschaftsförderungsmaßnahmen betriebener Geschäftsbetrieb, der nicht unmittelbar zur Erreichung der begünstigten Zwecke unterhalten wird, führt

413

---

1 Ebenso *Jost* in D/J/P/W § 5 Abs 1 Nr 15-19 Rn 77 mit Hinweis auf BFH I R 14/98, BStBl II 2000, 325 zu § 5 I Nr 17.
2 *Jost* in D/J/P/W § 5 Abs 1 Nr 15-19 Rn 79; auch die Gesetzesbegründung BTDrs 12/4487, 61 nennt die Altlastensanierung als Gemeinwohlzweck neben der Förderung der Wirtschaft.
3 BMF v 4.1.1996, BStBl I 1996, 54, Tz II Nr 11.
4 *Jost* in D/J/P/W § 5 Abs 1 Nr 15-19 Rn 79.
5 *Von Twickel* in Blümich § 5 Rn 266; *Bott* in EY § 5 Rn 806.
6 Ebenso *Jost* in D/J/P/W § 5 Abs 1 Nr 15-19 Rn 91 der Spenden an Körperschaften, die wegen der Förderung des Umweltschutzes steuerbefreit sind, für zulässig hält, wenn die Spenden zur Altlastensanierung verwendet werden.
7 BFH I R 235/75, BStBl II 1977, 490.

dem Gesetzeswortlaut nach zur vollen Steuerpflicht.¹ Schädlich ist insbesondere das Angebot eigener gewerblicher Leistungen, die auch von privaten Unternehmen angeboten werden und mit denen die Wirtschaftsförderungsgesellschaft in Wettbewerb zu anderen Unternehmen treten würde. Die Finanzverwaltung führt folgende Beispiele auf:

- die betriebswirtschaftliche Beratung von Unternehmen über die Ansiedlungsberatung hinaus,²
- die Tätigkeit als Beschäftigungsgesellschaft,³
- Vermittlungsleistungen (zB Maklertätigkeit),⁴
- der Andenkenverkauf.⁵

Nicht befreit sind auch Wirtschaftsförderungsgesellschaften, die im eigenwirtschaftlichen Interesse handeln, zB sog Public-Leasing-Leistungen erbringen, da dies mit dem Gebot der Wettbewerbsneutralität nicht vereinbar wäre.⁶ In diesen Fällen ist die Ausgründung dieses Betriebs in eine eigene Kapitalgesellschaft empfehlenswert.

414 **Keine Bagatellgrenze.** Der Gesetzeswortlaut sieht keine Bagatellgrenze vor. Nicht begünstigte Tätigkeiten führen daher auch bei geringem Umfang zur vollen Steuerpflicht.⁷ Die Verwaltung lässt aber „eine in ihrem Umfang und in ihrer wirtschaftlichen Bedeutung ganz geringfügige Nebentätigkeit" zu und verweist zur Auslegung des Begriffes „geringfügig" auf die Rechtsprechung zur Infektionstheorie bei gewerblichen Einkünften.⁸

415 **Beteiligung an anderen Wirtschaftsförderungsgesellschaften und Vermögensverwaltung.** Die vermögensverwaltenden Tätigkeiten führen nicht zu einem Verlust der Steuerbefreiung.⁹ Eine Thesaurierung von Einnahmen soll aber nur zulässig sein, soweit dies zur Zweckverwirklichung erforderlich ist.¹⁰ Unschädlich ist auch die Beteiligung an anderen Wirtschaftsförderungsgesellschaften iSv § 5 I Nr 18.¹¹ Ebenfalls unschädlich ist eine Beteiligung an anderen Unternehmen, die den Zwecken der Wirtschaftsförderungsgesellschaft dient.¹²

---

1 Ebenso BMF v 4.1.1996, BStBl I 1996, 54, Tz III 1; BFH I R 37/04, BStBl II 2006, 141; *Jost* in D/J/P/W § 5 Abs 1 Nr 15-19 Rn 80; *Bott* in EY § 5 Rn 804; *Frotscher* in Frotscher/Maas § 5 Rn 117.
2 BMF v 4.1.1996, BStBl I 1996, 54, Tz II.
3 BMF v 4.1.1996, BStBl I 1996, 54, Tz II Nr 10.
4 BMF v 4.1.1996, BStBl I 1996, 54, Tz II Nr 12.
5 BMF v 4.1.1996, BStBl I 1996, 54, Tz II Nr 12.
6 BFH I R 37/04, BStBl II 2006, 141.
7 *Jost* in D/J/P/W § 5 Abs 1 Nr 15-19 Rn 82 f.
8 OFD München v 15.5.2003, DStR 2003, 1525 mit Hinweis auf BFH XI R 12/98 BStBl II 2000, 229. Im Urteilsfall galt ein Anteil von 1,25 % der Gesamtumsätze als „geringfügig".
9 *Jost* in D/J/P/W § 5 Abs 1 Nr 15-19 Rn 80; *Bott* in EY § 5 Rn 803.
10 *Frotscher* in Frotscher/Maas § 5 Rn 117; BMF v 4.1.1996, BStBl I 1996, 54, Tz III Nr 3.
11 *Heger* in Gosch § 5 Rn 324; *Frotscher* in Frotscher/Maas § 5 Rn 114; *Jost* in D/J/P/W § 5 Abs 1 Nr 15-19 Rn 80.
12 *Frotscher* in Frotscher/Maas § 5 Rn 114; BMF v 4.1.1996, BStBl I 1996, 54, Tz III Nr 2.

Beihilfe. Bei den Wirtschaftsförderungsleistungen handelt es sich grundsätzlich um eine wirtschaftliche Tätigkeit, durch deren Steuerbefreiung es auch zu Wettbewerbsbeeinträchtigungen kommen kann.[1] Bedenklich ist dies nicht nur in verfassungsrechtlicher Hinsicht, sondern insbesondere unter dem Aspekt des Beihilfeverbots nach Art 107 AEUV (zuvor Art 87 EG) (vgl Rn 98), so dass die unionsrechtliche Zulässigkeit der Befreiung ausschließlich von staatlich kontrollierten Wirtschaftsförderungsgesellschaften kritisch gesehen werden kann. 416

Einstweilen frei. 417-418

17. Gesamthafenbetriebe (§ 5 I Nr 19). Sachliche Voraussetzungen und partielle Steuerpflicht. § 5 I Nr 19 ist eine Vorschrift, welche sachliche Voraussetzungen an die Steuerbefreiung stellt und eine partielle Steuerpflicht vorsieht (Fallgruppe 4; zur Systematik Rn 15). 419

Historie. Vor Einführung der Befreiungsvorschrift in § 5 I Nr 19 durch das StandOG (vgl Rn 404) wurden die Gesamthafenbetriebe als gemeinnützige Einrichtung, die nach § 5 I Nr 9 steuerbefreit ist, behandelt. An dieser Praxis hatte der Bundesrechnungshof Zweifel angemeldet.[2] 420

Zielsetzung. Die Steuerbefreiung der Gesamthafenbetriebe liegt in der sozialstaatlichen und volkswirtschaftlichen Notwendigkeit der Einrichtungen begründet, die eine wesentliche Bedeutung für die Funktionsfähigkeit der Häfen haben und die den Hafenarbeitern dauernde Arbeitsverhältnisse vermitteln.[3] 421

Gesamthafenbetrieb. Nach § 1 GHfBetrG können Betriebe eines Hafens, in dem Hafenarbeit geleistet wird, durch schriftliche Vereinbarung zwischen Arbeitgebern (vertreten durch einen Arbeitgeberverband oder einzeln) und Gewerkschaften einen Gesamthafenbetrieb bilden, der als besonderer Arbeitgeber zur Schaffung stetiger Arbeitsverhältnisse für Hafenarbeiter dient. 422

Genehmigte steuerbefreite Tätigkeiten. Nach dem Gesetzeswortlaut sind Gesamthafenbetriebe steuerbefreit, soweit 423

- sie Tätigkeiten ausüben, die in § 2 I GHfBetrG bestimmt (vgl Rn 424) und
- nach § 2 II GHfBetrG genehmigt worden sind (vgl Rn 425).

Nach § 2 I GHfBetrG bestimmte Tätigkeiten. § 2 I GHfBetrG weist den Gesamthafenbetrieben keine Tätigkeiten zu. Vielmehr bestimmt die Vorschrift, dass der Gesamthafenbetrieb bzw die Vertragsparteien Rechtsform, Aufgaben, Organe und Geschäftsführung selbst bestimmen. 424

Nach § 2 II GHfBetrG genehmigte Tätigkeiten. Die von den Vertragsparteien getroffenen Regelungen für den Gesamthafenbetrieb sind nach § 2 II GHfBetrG durch die oberste Arbeitsbehörde des Landes widerruflich zu genehmigen. 425

---

1 BFH I R 37/04, BStBl II 2006, 141.
2 *Heger* in Gosch § 5 Rn 326.
3 BTDrs 12/5016, 91.

426 **Vermögensbindung.** § 5 I Nr 19 S 2 sieht eine strikte Vermögensbindung hinsichtlich des Vermögens und der Überschüsse des Gesamthafenbetriebs an seine festgelegten Aufgaben vor. Das Vermögen des Gesamthafenbetriebs umfasst dabei auch von Gesellschaftern eingezahlte Kapitalanteile, geleistete Sacheinlagen oder vom Stifter zur Verfügung gestelltes Dotationskapital, die anders als nach § 55 I Nr 2 und 4, III AO in Bezug auf gemeinnützige Körperschaften nicht ausgenommen sind. Insofern entspricht die Regelung denjenigen in § 5 I Nr 16, 17, 18 und 21.[1] Die Vermögensbindung muss statuarisch abgesichert sein.[2]

427 **Spenden, Rücklagen und Ausschüttungen an Anteilseigner.** Aufgrund der strikten Vermögensbindung sind zB Ausschüttungen an Anteilseigner oder Spenden an gemeinnützige Körperschaften ausgeschlossen.[3] Eine Rücklagenbildung sollte dagegen zulässig sein.[4]

428 **Partielle Steuerpflicht.** Das Wort „soweit" in S 1 der Vorschrift schränkt die Steuerbefreiung nicht auf bestimmte Tätigkeiten des Gesamthafenbetriebs ein. Eine partielle Steuerpflicht für einen wirtschaftlichen Geschäftsbetrieb ist vielmehr explizit in § 5 I Nr 19 S 3 geregelt. Die partielle Steuerpflicht dürfte allerdings regelmäßig ins Leere laufen, da für den Gesamthafenbetrieb nach § 1 I S 2 GHfBetrG erwerbswirtschaftliche Tätigkeiten ausgeschlossen sind.[5]

429 *Einstweilen frei.*

430 **18. Zusammenschlüsse zum Ausgleich von Versorgungslasten (§ 5 I Nr 20).** **Sachliche Voraussetzungen und keine partielle Steuerpflicht.** § 5 I Nr 20 ist eine Vorschrift, welche sachliche Voraussetzungen an die Steuerbefreiung stellt und keine partielle Steuerpflicht vorsieht (Fallgruppe 2; zur Systematik Rn 15).

431 **Historie.** Die Steuerbefreiung für Zusammenschlüsse zum Ausgleich von Versorgungslasten wurde mit dem StMBG v 21.12.1993[6] in den Katalog des § 5 aufgenommen. In der Praxis war den Zusammenschlüssen bereits zuvor eine Steuerfreistellung durch die Finanzverwaltung gewährt worden, die allerdings keine Rechtsgrundlage hatte.[7]

432 **Zweck.** Die Steuerbefreiung des § 5 I Nr 20 hat zwei Funktionen. Sie stellt einerseits sicher, dass die Tätigkeiten iRd Versorgungszusagen an die Arbeitnehmer der Mitglieder nicht aufgrund der Ausgliederung auf einen Zusammenschluss steuerpflichtig werden, obwohl diese bei unmittelbarer Durchführung durch die juristische Person des öffentlichen Rechts mangels Zugehörigkeit zu einem BgA oder durch die steuerbefreite Körperschaft oder Personenvereinigung mangels Zugehörigkeit zum

---

1 Jost in D/J/P/W § 5 Abs 1 Nr 15-19 Rn 103.
2 BTDrs 12/5016, 91.
3 Jost in D/J/P/W § 5 Abs 1 Nr 15-19 Rn 105.
4 Jost in D/J/P/W § 5 Abs 1 Nr 15-19 Rn 105.
5 Jost in D/J/P/W § 5 Abs 1 Nr 15-19 Rn 106.
6 BGBl I 1993, 2310.
7 BTDrs 12/6078, 129.

wirtschaftlichen Geschäftsbetrieb ohnehin dem nicht steuerrelevanten bzw steuerfreien Bereich zuzuordnen wären.[1] Andererseits dient die Befreiung der Gleichstellung mit den nach § 5 I Nr 3 steuerbefreiten Pensionskassen.[2]

Mitglieder. Mitglieder eines Zusammenschlusses iSd § 5 I Nr 20 können sein: 433
- juristische Personen des öffentlichen Rechts,
- steuerbefreite Körperschaften,
- steuerbefreite Personenvereinigungen.

Rechtsform des Zusammenschlusses. Anders als auf die Rechtsform der Mitglieder kommt es auf die Rechtsform des Zusammenschlusses für die Steuerbefreiung nicht an. 434

Zulässige Tätigkeiten. Die Tätigkeit des Zusammenschlusses muss sich gem § 5 I Nr 20 lit a auf den eigentlichen Zweck, dh den Ausgleich von Versorgungsleistungen im Umlageverfahren, beschränken. Eine Steuerbefreiung ist ausgeschlossen, wenn der Zusammenschluss auch Tätigkeiten ausübt, die nicht in unmittelbarem Zusammenhang mit dem Ausgleich von Versorgungslasten steht. Eine Bagatellgrenze sollte in Übereinstimmung mit der Rechtslage für § 5 I Nr 18 aufgrund des eindeutigen Gesetzeswortlautes nicht zur Anwendung kommen (vgl Rn 414). Eine Vermögensverwaltung iRd Tätigkeit ist hingegen zulässig.[3] Ebenso ist es zulässig, wenn die Mitglieder selbst einen wirtschaftlichen Geschäftsbetrieb bzw die juristischen Personen des öffentlichen Rechts einen BgA unterhalten.[4] 435

Vermögensgrenze. Voraussetzung für die Steuerbefreiung ist gem § 5 I Nr 20 lit b weiterhin, dass das Vermögen am Ende des WJ 60% der im WJ erbrachten Leistungen an die Mitglieder nicht überschreitet. Das Überschreiten der Grenze führt (im Unterschied zu der Rechtslage bei Pensions- und Unterstützungskassen, vgl Rn 221) zur vollständigen Steuerpflicht. Es gilt ein Stichtagsprinzip, so dass es auf unterjährige Vermögensschwankungen nicht ankommt.[5] 436

Einstweilen frei. 437

19. Medizinischer Dienst (§ 5 I Nr 21). Sachliche Voraussetzungen und keine partielle Steuerpflicht. § 5 I Nr 21 ist eine Vorschrift, welche sachliche Voraussetzungen an die Steuerbefreiung stellt und keine partielle Steuerpflicht vorsieht (Fallgruppe 2; zur Systematik Rn 15). 438

Historie. Die Steuerbefreiung wurde mit dem JStErgG 1996 v 18.12.1995[6] in den Katalog des § 5 aufgenommen. 439

Erfasste Körperschaften. Die Befreiungsvorschrift betrifft 440

---

1 BTDrs 12/6078, 129.
2 BTDrs 12/6078, 130.
3 *Jost* in D/J/P/W § 5 Abs 1 Nr 20-23 Rn 7; *Heger* in Gosch § 5 Rn 330.
4 BTDrs 12/6078, 130.
5 *Heger* in Gosch § 5 Rn 329.
6 BGBl I 1995, 1959.

- die von den Landesverbänden der gesetzlichen Krankenkassen nach § 278 SGB V eingerichteten Arbeitsgemeinschaften „Medizinischer Dienst der Krankenversicherung" und
- „Medizinischer Dienst des Spitzenverbandes der Krankenkassen".

441 **Medizinischer Dienst der Krankenversicherung.** Körperschaften eines Medizinischen Dienstes der Krankenversicherung der alten Bundesländer werden von § 5 I Nr 21 zunächst nicht erfasst, da die Medizinischen Dienste der Krankenversicherung der alten Bundesländer die Rechtsform einer juristischen Person des öffentlichen Rechts haben[1] und daher nach § 1 I Nr 6 nur mit ihrem BgA nach § 4 steuerpflichtig sind. § 5 I Nr 21 stellt den Einrichtungen der alten Bundesländer die in den neuen Bundesländern gegründeten Medizinischen Dienste der Krankenversicherung in der Rechtsform des eingetragenen Vereins gleich.[2]

442 **Gutachterliche Stellungnahme.** Krankenkassen sind nach § 275 SGB V in gesetzlich bestimmten Fällen oder wenn es nach Art, Schwere, Dauer oder Häufigkeit der Erkrankung oder nach dem Krankheitsverlauf erforderlich ist, verpflichtet,

- bei Erbringung von Leistungen,
- zur Einleitung von Rehabilitationsmaßnahmen,
- bei Arbeitsunfähigkeit zur Sicherung des Behandlungserfolgs oder
- zur Beseitigung von Zweifeln an der Arbeitsunfähigkeit

eine gutachtliche Stellungnahme des Medizinischen Dienstes der Krankenversicherung einzuholen.

443 **Medizinischer Dienst des Spitzenverbandes der Krankenkassen.** Der Medizinische Dienst des Spitzenverbandes der Krankenkasse berät den Spitzenverband der Krankenkassen in allen medizinischen Fragen, koordiniert und fördert die Durchführung der Aufgaben und die Zusammenarbeit der Medizinischen Dienste der Krankenversicherung in medizinischen und organisatorischen Fragen (§ 282 II SGB V).

444 **Steuerbefreiung der durch Gesetz zugewiesenen Aufgaben.** Die gesetzlich zugewiesenen Tätigkeiten des Medizinischen Dienstes der Krankenversicherung und des Medizinischen Dienstes des Spitzenverbandes der Krankenkassen liegen im öffentlichen Interesse. Daher erstreckt sich die Steuerbefreiung gem § 5 I Nr 21 nur auf diese nach dem Gesetz zugewiesenen Tätigkeiten. Da der Medizinische Dienst der Krankenversicherung und der Medizinische Dienst des Spitzenverbandes der Krankenkassen durch Umlagen der Mitglieder finanziert werden (§ 281 SGB V), betrifft die Steuerbefreiung vorrangig die Freistellung vom Zinsabschlag nach § 44a IV EStG.[3]

---

1 BTDrs 13/3084, 24.
2 BTDrs 13/3084, 24.
3 *Jost* in D/J/P/W § 5 Abs 1 Nr 20-23 Rn 17; *Frotscher* in Frotscher/Maas § 5 Rn 121.

IV. Steuerbefreiungen im Einzelnen

Vermögensbindung. Die Befreiungsvorschrift des § 5 I Nr 21 gilt unter der Voraussetzung, dass das Vermögen und erzielte Überschüsse zur Erreichung dieses Zweckes verwendet werden (Vermögensbindung, vgl Rn 426). 445

Einstweilen frei. 446

20. Sozialkassen der Tarifvertragsparteien (§ 5 I Nr 22).

Sachliche Voraussetzungen und partielle Steuerpflicht. § 5 I Nr 22 ist eine Vorschrift, welche sachliche Voraussetzungen an die Steuerbefreiung stellt und eine partielle Steuerpflicht vorsieht (Fallgruppe 4; zur Systematik Rn 15). 447

Historie. § 5 I Nr 22 stellt eine Ergänzung zu § 12 III VRG[1] dar, der ua die Steuerbefreiung für solche gemeinsame Einrichtungen der Tarifvertragsparteien vorsieht, die Vorruhestandsleistungen iSd VRG erbringen und sollte die Steuerbefreiung der begünstigten Einrichtungen vereinheitlichen, die bis zur Einführung der Regelung in § 5 I Nr 22 durch das JStG 1997 v 20.12.1996[2] je nach Art der Leistung unter unterschiedliche andere bereits bestehende Befreiungsvorschriften gefasst worden waren (insbesondere § 5 I Nr 3, Nr 5 oder Nr 9).[3] 448

Betroffene Einrichtungen. Die Steuerbefreiung gilt für in einem Tarifvertrag vorgesehene und geregelte gemeinsame Einrichtungen der Tarifvertragsparteien (Lohnausgleichskassen, Urlaubskassen usw),[4] also Gewerkschaften, einzelne Arbeitgeber und Arbeitgebervereinigungen sowie ggf deren Spitzenorganisationen (§ 2 TVG). 449

Finanzierung der Einrichtungen. Die Einrichtungen müssen sich durch satzungsmäßige Beiträge aufgrund § 186a des AFG v 25.6.1969[5] (sog Wintergeld) oder tarifliche Vereinbarung finanzieren. 450

Kreis der Begünstigten. Voraussetzung für die Steuerbefreiung ist, dass der Kreis der Begünstigten auf tarifgebundene Arbeitnehmer und deren Hinterbliebene beschränkt ist. 451

Wettbewerbsverbot. Weiterhin dürfen die nach § 5 I Nr 22 steuerbefreiten Einrichtungen nicht zu nicht steuerbegünstigten Betrieben derselben oder ähnlichen Art in größerem Umfang in Wettbewerb treten.[6] Die Auslegung ist anhand der Vorgaben des § 65 Nr 3 AO zu vollziehen (vgl Rn 62).[7] 452

Wirtschaftlicher Geschäftsbetrieb. Nach § 5 I Nr 22 S 2 erstreckt sich die Steuerbefreiung nicht auf einen wirtschaftlichen Geschäftsbetrieb (vgl Rn 31 ff), der die Grenzen eines Zweckbetriebs (vgl Rn 58 ff) überschreitet, so dass ein solcher zu einer partiellen Steuerpflicht führt. 453

Einstweilen frei. 454

---

1 BGBl I 1984, 601.
2 BGBl I 1996, 2049.
3 BRDrs 390/96, 178.
4 Einrichtungen nach § 4 II TVG (v 25.8.1969, BGBl I 1969, 1323). Regelungen des Tarifvertrags gelten unmittelbar und zwingend für die Satzung dieser Einrichtung und das Verhältnis der Einrichtung zu den tarifgebundenen Arbeitgebern und Arbeitnehmern.
5 BGBl I 1969, 582.
6 *Jost* in D/J/P/W § 5 Abs 1 Nr 20-23 Rn 33.
7 *Heger* in Gosch § 5 Rn 346.

455 **21. Auftragsforschung (§ 5 I Nr 23). Keine sachlichen Voraussetzungen und keine partielle Steuerpflicht.** § 5 I Nr 23 ist eine Vorschrift, welche keine sachlichen Voraussetzungen an die Steuerbefreiung, allerdings eine partielle Steuerpflicht vorsieht (Fallgruppe 3; zur Systematik Rn 15).

456 **Historie.** Die Steuerbefreiung für Auftragsforschung öffentlich-rechtlicher Wissenschafts- und Forschungseinrichtungen wurde mit dem StÄndG 2003 (vgl Rn 3) in den Katalog des § 5 aufgenommen. Die Vorschrift dient der Gleichbehandlung mit der Forschungstätigkeit gemeinnütziger Einrichtungen und sollte die entsprechende bereits zuvor geltende Verwaltungspraxis absichern.[1]

457 **Zweck.** § 5 I Nr 23 ergänzt als vorrangig anzuwendende Norm[2] die Steuerbefreiung nach § 5 I Nr 9 für Forschungstätigkeiten gemeinnütziger Körperschaften (§ 68 Nr 9 AO, vgl Rn 318) und stellt die Gleichbehandlung öffentlich-rechtlicher Einrichtungen sicher,[3] auch wenn diese zB mangels Satzung die Voraussetzungen für eine Befreiung nach § 5 I Nr 9 als gemeinnützige Körperschaft nicht erfüllen.

458 **Öffentlich-rechtliche Wissenschafts- und Forschungseinrichtungen.** Die Steuerbefreiung des § 5 I Nr 23 gilt für die Auftragsforschung öffentlich-rechtlicher Wissenschafts- und Forschungseinrichtungen. Hierunter fallen zB staatliche Hochschulen.[4]

459 **Auftragsforschung.** Befreit ist die Auftragsforschung, dh von Dritten in Auftrag gegebene Forschungsvorhaben, die im Interesse und auf Kosten des Auftraggebers ausgeführt werden.[5] Die Auftragsforschung erfolgt im Gegensatz zur Eigenforschung regelmäßig zur Erfüllung von Aufgaben eines Auftraggebers, dem die ausschließlichen Verwertungsrechte zustehen und dient in erster Linie den Interessen und Zwecken des jeweiligen Auftraggebers und nicht der Forschung zum gemeinen Wohl.[6]

460 **Eigen- und Grundlagenforschung.** Da öffentlich-rechtliche Einrichtungen nach § 1 I Nr 6 nur mit ihrem BgA nach § 4 körperschaftsteuerpflichtig sind, gilt die Steuerbefreiung nur für in diesem Rahmen ausgeübte Auftragsforschung. Eigen- und Grundlagenforschung dagegen stellt keinen BgA dar und unterliegt daher von vornherein keiner Körperschaftsteuerpflicht (vgl § 4 Rn 268 Stichwort „Forschungs- und Lehrtätigkeiten"), so dass die Steuerbefreiung nach § 5 I Nr 23 hierfür keine Bedeutung hat.

461 **Ausschluss der Steuerbefreiung.** Genau wie § 68 Nr 9 S 3 AO für gemeinnützige Körperschaften schließt § 5 I Nr 23 Hs 2 die Steuerbefreiung für Tätigkeiten aus, die

- auf die Anwendung gesicherter wissenschaftlicher Erkenntnisse (dh zB Routinemessungen, der Routineeinsatz eines Ergebnisses und die Fertigung marktfähiger Produkte[7]),

---

1 BTDrs 15/1945, 12.
2 Zutreffend *Jost* in D/J/P/W § 5 Abs 1 Nr 20-23 Rn 43 ff.
3 BTDrs 15/1945, 12.
4 BTDrs 15/1945, 12.
5 *Frotscher* in Frotscher/Maas § 5 Rn 123.
6 BFH I R 76/05, BStBl II 2007, 631.
7 BMF v 22.9.1999, BStBl I 1999, 944, Tz IV Rn 2.

IV. Steuerbefreiungen im Einzelnen

- auf die Übernahme von Projektträgerschaften (dh die fachliche und verwaltungsmäßige Betreuung und Abwicklung von Projektförderung eines Dritten, zB Prüfung und Beurteilung von Förderanträgen anderer Forschungseinrichtungen, Verwaltung der vom Zuwendungsgeber bereitgestellten Mittel uä[1])
- sowie wirtschaftliche Tätigkeiten ohne Forschungsbezug (zB die teilweise Nutzungsüberlassung des Rechenzentrums oder der Kantinenbetrieb)[2]

gerichtet sind.

Einstweilen frei. 462

§ 5

---

1   BFH V R 29/91, BStBl II 1999, 189; BMF v 22.9.1999, BStBl I 1999, 944, Tz IV Rn 4.
2   BMF v 22.9.1999, BStBl I 1999, 944, I Rn 3 sowie Tz IV Rn 5.

§ 6 Einschränkung der Befreiung von Pensions-, Sterbe-, Kranken- und Unterstützungskassen

(1) Übersteigt am Schluss des Wirtschaftsjahres, zu dem der Wert der Deckungsrückstellung versicherungsmathematisch zu berechnen ist, das Vermögen einer Pensions-, Sterbe- oder Krankenkasse im Sinne des § 5 Abs. 1 Nr. 3 den in Buchstabe d dieser Vorschrift bezeichneten Betrag, so ist die Kasse steuerpflichtig, soweit ihr Einkommen anteilig auf das übersteigende Vermögen entfällt.

(2) Die Steuerpflicht entfällt mit Wirkung für die Vergangenheit, soweit das übersteigende Vermögen innerhalb von achtzehn Monaten nach dem Schluss des Wirtschaftsjahres, für das es festgestellt worden ist, mit Zustimmung der Versicherungsaufsichtsbehörde zur Leistungserhöhung, zur Auszahlung an das Trägerunternehmen, zur Verrechnung mit Zuwendungen des Trägerunternehmens, zur gleichmäßigen Herabsetzung zukünftiger Zuwendungen des Trägerunternehmens oder zur Verminderung der Beiträge der Leistungsempfänger verwendet wird.

(3) Wird das übersteigende Vermögen nicht in der in Absatz 2 bezeichneten Weise verwendet, so erstreckt sich die Steuerpflicht auch auf die folgenden Kalenderjahre, für die der Wert der Deckungsrückstellung nicht versicherungsmathematisch zu berechnen ist.

(4) ¹Bei der Ermittlung des Einkommens der Kasse sind Beitragsrückerstattungen oder sonstige Vermögensübertragungen an das Trägerunternehmen außer in den Fällen des Absatzes 2 nicht abziehbar. ²Das Gleiche gilt für Zuführungen zu einer Rückstellung für Beitragsrückerstattung, soweit den Leistungsempfängern ein Anspruch auf Überschussbeteiligung nicht zusteht.

(5) ¹Übersteigt am Schluss des Wirtschaftsjahrs das Vermögen einer Unterstützungskasse im Sinne des § 5 Abs. 1 Nr. 3 den in Buchstaben e dieser Vorschrift bezeichneten Betrag, so ist die Kasse steuerpflichtig, soweit ihr Einkommen anteilig auf das übersteigende Vermögen entfällt. ²Bei der Ermittlung des Einkommens sind Vermögensübertragungen an das Trägerunternehmen nicht abziehbar.

(6) ¹Auf den Teil des Vermögens einer Pensions-, Sterbe-, Kranken- oder Unterstützungskasse, der am Schluss des Wirtschaftsjahrs den in § 5 Abs. 1 Nr. 3 Buchstabe d oder e bezeichneten Betrag übersteigt, ist Buchstabe c dieser Vorschrift nicht anzuwenden. ²Bei Unterstützungskassen gilt dies auch, soweit das Vermögen vor dem Schluss des Wirtschaftsjahrs den in § 5 Abs. 1 Nr. 3 Buchstabe e bezeichneten Betrag übersteigt.

KStR 28; KStH 28

Übersicht

	Rn
I. Inhalt und Regelungsgehalt der Norm	1 – 2
II. Rechtsentwicklung	3 – 4
III. Normzweck und Anwendungsbereich	5 – 23
1. Bedeutung der Norm	5 – 8
2. Persönlicher Anwendungsbereich	9 – 10
3. Sachlicher Anwendungsbereich	11 – 12
4. Zeitlicher Anwendungsbereich	13 – 14
5. Verhältnis zu anderen Normen	15 – 23

IV. Partielle Steuerpflicht der Pensions-, Sterbe-
   und Krankenkassen .... 24 – 77
   1. Partielle Steuerpflicht bei Überdotierung (§ 6 I) .... 24 – 33
   2. Rückwirkender Wegfall der Steuerpflicht (§ 6 II) .... 34 – 49
   3. Dauernder Wegfall der Steuerpflicht (§ 6 III) .... 50 – 59
   4. Ermittlung des Einkommens (§ 6 IV) .... 60 – 77
V. Partielle Steuerpflicht bei Unterstützungskassen (§ 6 V) .... 78 – 90
   1. Gemeinsamkeiten und Unterschiede .... 78 – 83
   2. Ermittlung des Einkommens .... 84 – 90
VI. Wegfall der Zweckbindung (§ 6 VI) .... 91 – 102
   1. Keine Zweckbindung für das überdotierte Vermögen ...... 91 – 93
   2. Rückübertragung im Laufe des WJ .... 94 – 102

I. Regelungsgehalt der Norm. § 6 bestimmt, in welchem Umfang die grundsätzlich bestehende Körperschaftsteuerfreiheit für Pensions-, Kranken-, Sterbe- und Unterstützungskassen bei sog überdotierten Kassen eingeschränkt wird, also eine partielle Steuerpflicht besteht. Dabei wird in § 6 I geregelt, dass die genannten Kassen partiell steuerpflichtig werden, wenn ihr Vermögen das nach § 5 I Nr 3 lit d zulässige Vermögen übersteigt. Nach § 6 II kann diese partielle Steuerpflicht innerhalb einer bestimmten Frist rückwirkend in vollem Umfang oder anteilig beseitigt werden. Der Zeitraum, für den eine partielle Steuerpflicht besteht, wird in § 6 III genannt. Flankierende Regelungen zu § 8 betreffend die Einkommensermittlung von Pensions-, Sterbe- und Krankenkassen finden sich in § 6 IV. § 6 V nennt die Voraussetzungen, unter denen eine Unterstützungskasse partiell steuerpflichtig wird und ergänzt für diese Fälle die Regelungen zur Einkommensermittlung. In § 6 VI ist eine Ausnahme zu § 5 I Nr 3 lit c festgeschrieben, nach der die ausschließliche und unmittelbare Verwendung des Vermögens und der Einkünfte der Kasse nach der Satzung und der tatsächlichen Geschäftsführung für die Kasse dauernd gesichert sein muss. Für den überdotierten Teil besteht eine solche Bindung nicht.

Einstweilen frei.

II. Rechtsentwicklung. Die Befreiungsnorm des § 4 I Nr 7 aF sowie die Bestimmungen des Zuwendungsgesetzes v 26.3.1952[1] zur steuerlichen Behandlung der Zuwendungen an Pensions- und Unterstützungskassen förderten eine übermäßige Dotierung der Kassen durch deren Trägerunternehmen und erlaubten eine externe Vermögensansammlung, die für die Steuerbefreiung der Kassen selbst ohne Bedeutung war und zur Steuergestaltung genutzt werden konnte. Abhilfe geschaffen wurde durch die Einführung der sog partiellen Körperschaftsteuerpflicht, welche mit dem BetrAVG v 19.12.1974[2] als § 4a idFd KStG 1975 eingeführt wurde. Diese Norm besteht seit dem KStG 1977 als § 6 unverändert fort.

---
1 BGBl I 1952, 206; BStBl I 1952, 227.
2 BGBl I 1974, 3610; BStBl I 1975, 22.

4   *Einstweilen frei.*

5   **III. Normzweck und Anwendungsbereich. 1. Bedeutung der Norm. Charakteristika von Pensionskassen.** Pensionskassen unterscheiden sich von herkömmlichen Lebensversicherungsgesellschaften insbesondere dadurch, dass die versicherten Personen (Leistungsempfänger) nur Zugehörige eines idR gewerblichen Unternehmens des Trägerunternehmens sein können. Es besteht also eine enge Bindung zwischen der betrieblichen Pensionskasse als Versicherer und demjenigen, der die Finanzierung der versicherten Leistungen sicherstellt. Im Steuerrecht gilt ein aus § 42 AO abgeleiteter allgemeiner Grundsatz, der besagt, dass bei solchen engen Beziehungen die Vorgänge der steuerlich relevanten Sphäre daraufhin zu überprüfen sind, ob sie mit Gestaltungsformen, wie sie unter fremden Dritten üblich sind, vergleichbar sind. Nur in diesen Fällen kann es dann auch zu steuerlichen Vergünstigungen kommen.

6   **Charakteristika des Lebensversicherungsgeschäfts.** Charakteristisch für das Lebensversicherungsgeschäft ist, dass iRd Beitragsbemessung vorsichtig gewählte Berechnungsgrundlagen angesetzt werden. Insoweit kann es zu erheblichen Jahresüberschüssen kommen, die über die Beitragsrückerstattung ausgeglichen werden sollten. Durch die Beteiligung der Trägergesellschaft an der Beitragsrückerstattung besteht jedoch die Möglichkeit der Gewinnverlagerung dergestalt, dass trotz hoher Zuwendungen die daraus möglicherweise resultierenden Rückerstattungen zu einem von den Trägerunternehmen beeinflussbaren Zeitpunkt abgerufen werden.[1] Ein solches „Steuersparmodell" war durch die Körperschaftsteuerfreiheit der genannten Kassen jedoch nicht intendiert. Auch bestünde die Möglichkeit, dass die Mittel, die Kassen zugewendet worden waren, von diesen aber nicht in dieser Höhe benötigt werden, als Darlehen an das Trägerunternehmen zurückgewährt werden. Dies führt zu abziehbaren Zinszahlungen beim Trägerunternehmen, denen keine Steuerbelastung bei den jeweiligen Kassen gegenübersteht.[2] § 6 dient der Verhinderung derartiger Missbräuche.[3]

7   **Säule der Alters- und Krankenvorsorge.** Durch die Regelung des § 6 soll die Steuerbefreiung bei überdotierten Kassen auf das Maß beschränkt werden, welches dem sozialen Charakter der Einrichtungen entspricht. Genau hierin liegt auch die wirtschaftliche Bedeutung von Pensions-, Sterbe-, Kranken- und Unterstützungskassen, da diese eine wichtige Säule der Alters- und Krankenvorsorge sind. Diese Funktion will der Staat durch die Steuerbefreiung begünstigen, aber nur insoweit, als die soziale Komponente im Vordergrund steht.[4]

8   *Einstweilen frei.*

9   **2. Persönlicher Anwendungsbereich.** § 6 erfasst nach § 5 I Nr 3 steuerbefreite Pensions-, Sterbe- und Krankenkassen auf der einen Seite (zum Begriff § 5 Rn 138, 140, 141) und Unterstützungskassen auf der anderen Seite (zum Begriff vgl § 5

---

1   *Jost* in D/J/P/W § 6 Rn 4.
2   BTDrs 7/1281, 42.
3   *J Hoffmann* in H/H/R § 6 Rn 3.
4   *J Hoffmann* in H/H/R § 6 Rn 3.

III. Normzweck und Anwendungsbereich

Rn 142). Allerdings gelten nach § 6 unterschiedliche Regelungen für beide Gruppen. Dies liegt in der unterschiedlichen Qualität der gebotenen Leistungen der Kassen begründet, da lediglich Unterstützungskassen keinen Rechtsanspruch auf die Leistungen bieten, die anderen genannten Kassen jedoch schon. So gilt § 6 I-IV für Pensions-, Sterbe- und Krankenkassen während § 6 V für Unterstützungskassen gilt. § 6 VI gilt für beide Kassengruppen.

Einstweilen frei. 10

3. Sachlicher Anwendungsbereich. § 6 regelt die Auswirkungen einer Überdotation von Pensions-, Sterbe, Kranken- sowie Unterstützungskassen auf die Steuerbefreiung iSv § 5 I Nr 3. Wird die Kasse mit mehr Vermögen ausgestattet als sie zur Erfüllung ihrer Pflichten benötigt (zulässiges Kassenvermögen), entfällt die Steuerbefreiung iHd Einkommens der Kasse, das auf den überdotierten Teil des Vermögens entfällt. Es kommt mithin zu einer partiellen Steuerpflicht der Kasse. 11

Einstweilen frei. 12

4. Zeitlicher Anwendungsbereich. Die partielle Steuerpflicht für Pensions-, Sterbe- und Krankenkassen gilt seit dem VZ 1974, für Unterstützungskassen seit 1975. Nach § 54 I aF gilt § 6 ab dem 1.1.1977. § 6 V S 1 ist auf am 31.12.1995 bestehende Unterstützungskassen in vor dem 1.1.1999 endende WJ nur anzuwenden, soweit sich nach § 5 I Nr 3 lit e aF ein übersteigendes Vermögen ergibt.[1] 13

Einstweilen frei. 14

5. Verhältnis zu anderen Vorschriften. § 5 I Nr 3 lit c-e. § 6 enthält ergänzende Vorschriften zu § 5 I Nr 3 lit c-e, welche die Zweckbindung des zulässigen Kassenvermögens bei Pensions-, Sterbe-, Kranken- und Unterstützungskassen als Voraussetzung für deren Körperschaftsteuerfreiheit festschreibt. Ebenfalls in § 6 wird das zweckgebundene Vermögen sowie das Vermögen, welches keiner Zweckbindung (mehr) unterliegt, definiert. 15

§ 5 II Nr 1. Die partielle Steuerpflicht nach § 5 II Nr 1, welche inländische steuerabzugspflichtige Einkünfte einer steuerbefreiten Körperschaft, Personenvereinigung oder Vermögensmasse zur KSt heranzieht, wird von der partiellen Steuerpflicht nach § 5 I Nr 3 iVm § 6 verdrängt.[2] 16

§ 13 V iVm § 13 I-III. § 13 trifft eine Aussage über die Abgrenzung der während der Steuerpflicht und Steuerbefreiung angesammelten stillen Reserven bei bilanzieller Gewinnermittlung. Nach § 13 V iVm § 13 I-III ist eine solche Abgrenzung erforderlich, wenn eine partielle Steuerpflicht nach § 5 I Nr 3 lit d oder e iVm § 6 begründet oder beendet bzw der Grad der Überdotierung verändert wird und eine Abgrenzung des steuerverhafteten betrieblichen Bereichs nicht bereits nach den allgemeinen Gewinnermittlungsvorschriften gewährleistet ist.[3] 17

---

1 Erhard in Blümich § 6 Rn 4.
2 Bott in EY § 6 Rn 12.
3 Bott in EY § 6 Rn 12.

18 **§ 24.** Der Freibetrag nach § 24 darf auch in den Fällen einer partiellen Steuerpflicht berücksichtigt werden. Er kommt für Unterstützungskassen in der Rechtsform eines Vereins oder einer Stiftung in Betracht, ebenso für Pensionskassen in der Rechtsform des VVaG. Der Freibetrag wird in vollem Umfang vom partiell steuerpflichtigen Einkommen abgezogen.[1] Kassen, die in der Rechtsform einer Kapitalgesellschaft geführt werden, steht ein Freibetrag nach § 24 nicht zu.

19 **§§ 4c, 4d EStG.** § 6 steht in engem Zusammenhang mit den Bestimmungen der §§ 4c, 4d EStG zur steuerlichen Berücksichtigung von Zuwendungen an Pensions- und Unterstützungskassen dergestalt, dass eine Überdotierung der Pensions- und Unterstützungskassen über die Abzugsfähigkeit von Zuwendungen als Betriebsausgaben verhindert werden soll.[2]

20 **§ 44a IV S 3 und § 44c II S 2 EStG.** Bescheinigungen nach § 44a IV S 3 und § 44c II S 2 EStG bleiben zulässig.[3]

21 **§ 3 Nr 9 GewStG.** Die partielle Steuerpflicht einer Kasse nach § 6 wirkt sich über § 3 Nr 9 GewStG im gleichen Umfang auch auf die GewSt aus.[4]

22-23 *Einstweilen frei.*

24 **IV. Partielle Steuerpflicht der Pensions-, Sterbe- und Krankenkassen. 1. Partielle Steuerpflicht bei Überdotierung (§ 6 I). Überdotierung.** § 6 I legt die partielle Steuerpflicht der Pensions-, Sterbe- und Krankenkassen fest.[5] Diese findet ihren Rechtsgrund bereits in § 5 I Nr 3, in § 6 I jedoch konkretisiert. Die genannten Kassen werden teilweise steuerpflichtig, wenn eine Überdotierung gegeben ist. Die Bestimmung einer möglichen Überdotierung wird iRe Vergleichsberechnung vollzogen:

- tatsächliches Vermögen
- abzüglich des nach § 5 I Nr 3 lit d zulässigen Kassenvermögens (Verlustrücklage)
- am Schluss des WJ, zu dem der Wert der Deckungsrückstellung versicherungsmathematisch zu berechnen ist.

25 **Berechnung des tatsächlichen Kassenvermögens.** Die Berechnung des tatsächlichen Kassenvermögens richtet sich nach § 5 I Nr 3. Das Kassenvermögen entspricht dem EK der Versorgungseinrichtung, also dem Saldo aus Aktivvermögen und Fremdkapital. Dieses ist nach den handelsrechtlichen Grundsätzen ordnungsgemäßer Buchführung und unter Berücksichtigung der allgemeinen Versicherungsbedingungen sowie der fachlichen Geschäftsunterlagen auszuweisen (hierzu im Einzelnen § 5 Rn 192, 193). Diese Geschäftsunterlagen enthalten die Tarife und Grundsätze für die Berechnung der Rückstellungen einschließlich weiterer versicherungsmathematischer Formeln. Für rein steuerrechtliche Sonderregelungen ist bei der Berechnung des tatsächlichen Kassenvermögens kein Raum; somit sind

---

1 *Jost* in D/J/P/W § 6 Rn 49.
2 *Erhard* in Blümich § 6 Rn 7.
3 BMF v 5.11.2002, BStBl I 2002, 1346.
4 *J Hoffmann* in H/H/R § 6 Rn 4.
5 Im folgenden wird aus Vereinfachungsgründen lediglich von Pensionskassen gesprochen.

IV. Partielle Steuerpflicht der Pensions-, Sterbe- und Krankenkassen

steuerliche Sonderabschreibungen, aber auch das Verbot bei der Bildung von Drohverlustrückstellungen iRd § 6 unbeachtlich.[1] Allerdings gelten für Rückstellungen für Beitragsrückerstattungen gem § 5 I Nr 3 lit d S 2 Besonderheiten (vgl § 5 Rn 194).

Berechnung des zulässigen Kassenvermögens bei VVaG. Für die Ermittlung des in § 5 I Nr 3 lit d genannten zulässigen Kassenvermögens muss zwischen den einzelnen für die genannten Versorgungseinrichtungen möglichen Rechtsformen unterschieden werden (zu den verschiedenen zulässigen Rechtsformen § 5 Rn 133 ff). Bei einem VVaG ist gem § 5 I Nr 3 lit d als zulässiges Kassenvermögen die Verlustrücklage nach § 37 VAG heranzuziehen. Diese ist in der Satzung festgeschrieben und kann sich zB an der nach versicherungsmathematischen Grundsätzen berechneten Deckungsrückstellung orientieren. § 5 I Nr 3 lit d lässt sprachlich offen, ob der Ist-, Soll- oder der Höchstbetrag der Verlustrücklage gemeint ist. ISd Gleichbehandlung aller Kassen sollte hier mit der Verwaltungsauffassung auf den zu erreichenden und von der Versicherungsaufsichtsbehörde genehmigten Mindestbetrag (Sollbetrag) gem § 37 VAG abgestellt werden (R 28 II S 3 KStR). Weiterhin ist ebenfalls von Bedeutung, dass eine Kasse, deren Verlustrücklage noch nicht einmal den Sollbetrag erreicht hat, schlechthin gar nicht überdotiert sein kann.[2] Die Rücklage darf nach § 37 VAG nur zur Vorsorge für außergewöhnlich hohe Schäden, dh Verluste gebildet werden. Eine Verwendung für andere Zwecke, wie zB Ausschüttungen an das Trägerunternehmen, ist nach den Regelungen des VAG nicht möglich (R 28 II S 6 KStR).

26

Berechnung des zulässigen Kassenvermögens bei anderen Rechtsformen. Als der der Verlustrücklage entsprechende Teil des Vermögens gilt bei einer AG die gesetzliche Rücklage nach § 150 AktG und bei öffentlich-rechtlichen Unternehmen[3] ein dem Zweck der Verlustrücklage entsprechender Passivposten ungeachtet seiner tatsächlichen Bezeichnung. Bei kleineren VVaG, die die Versicherungsaufsichtsbehörde unter bestimmten Voraussetzungen von der Bildung einer Verlustrücklage befreien kann, ist eine fiktive Verlustrücklage heranzuziehen, damit „nicht bereits der geringste Betrag ihres Vermögens (...) zur partiellen Steuerpflicht führt".[4]

27

Prüfung der Überdotierung bzw der partiellen Steuerpflicht. Die Prüfung, ob eine Pensionskasse wegen Überdotierung der partiellen Steuerpflicht unterliegt, erfolgt nicht jährlich, sondern ist auf die Bilanzstichtage beschränkt, zu denen nach den Vorschriften der Versicherungsaufsichtsbehörde auch der Wert der Deckungsrückstellung versicherungsmathematisch zu berechnen ist. Dies ist im Regelfall alle drei Jahre. Daraus folgt, dass auch der Zeitraum für eine partielle Steuerpflicht drei Jahre umfasst.[5]

28

---

1 *J Hoffmann* in H/H/R § 6 Rn 12.
2 *Höfer/Veit/Verhuven*, BetrAVG, Bd II, Rn 2204.
3 Hierzu auch R 28 II S 8 KStR.
4 *Höfer/Veit/Verhuven*, BetrAVG, Bd II, Rn 2206; ebenso *Rau* in Rau/Heubeck/Höhne, Kommentar zum Betriebsrentengesetz, Bd II, § 20 Rn 86; *Ahrend/Förster/Rößler*, Steuerrecht der betrieblichen Altersversorgung, 5. Teil Rn 151.
5 *Jost* in D/J/P/W § 6 Rn 10.

29 **Freiwillige Berechnung der Deckungsrückstellung.** Die Pensionskasse kann die Deckungsrückstellung freiwillig auch vorzeitig berechnen lassen. Allerdings ist dies nach dem eindeutigen Gesetzeswortlaut des § 6 I und III für Beginn und Ende sowie eine graduelle Veränderung der partiellen Steuerpflicht ohne Auswirkung.[1] Die Finanzverwaltung sieht dies jedoch insbesondere bei Verringerung der Überdotierung anders und geht von einer Verringerung des Drei-Jahres-Zeitraums wie auch von dem möglichen Wegfall bzw der Begründung der partiellen Steuerpflicht aus (R 28 IV S 4 und 5 KStR).[2]

30 **Entscheidung über Überdotierung.** Über die Überdotierung entscheidet dann die Finanzbehörde, nicht die Versicherungsaufsichtsbehörde (R 28 IV S 1 KStR).

31 **Rechtsfolgen der Überdotierung.** Lediglich der übersteigende Teil des tatsächlichen Kassenvermögens bildet die Überdotierung. Auf Rechtsfolgenseite unterstellt der Gesetzgeber, dass ein bestimmter Teil des Einkommens aus dem die Zulässigkeitsgrenze überschreitenden Teil des Vermögens erwirtschaftet wurde (zu weiteren Einzelheiten vgl Rn 65 f).

32-33 *Einstweilen frei.*

34 **2. Rückwirkender Wegfall der Steuerpflicht (§ 6 II). Verwendung des übersteigenden Vermögens.** § 6 II nennt fünf Möglichkeiten, nach denen die partielle Steuerpflicht entfallen kann. Für die rückwirkende Beseitigung der Steuerpflicht muss das übersteigende Vermögen innerhalb von 18 Monaten nach dem Schluss des Kalenderjahres, für das es festgestellt ist, zur

- Leistungserhöhung,
- Verminderung der Beiträge der Leistungsempfänger,
- Auszahlung an das Trägerunternehmen,
- Verrechnung mit Zuwendungen an das Trägerunternehmen oder
- gleichmäßigen Herabsetzung künftiger Zuwendungen des Trägerunternehmens

verwendet werden. Die Aufzählung der Verwendungsmöglichkeiten ist abschließend.[3]

35 **Zustimmung der Versicherungsbehörde.** Jede dieser Möglichkeiten bedarf gem § 6 II der Zustimmung der Versicherungsaufsichtsbehörde. Diese kann auch nachträglich erfolgen.[4] Bei Kassen, die von der seit 1994 aufgrund unionsrechtlicher Vorgaben bestehenden Möglichkeit der Deregulierung Gebrauch gemacht haben, kann dies nicht uneingeschränkt gelten. Für den Neubestand der Versicherungsverhältnisse gibt es keine Vorabkontrolle der Aufsichtsbehörde mehr, damit entfällt für diese auch das Zustimmungserfordernis. Allerdings könnte die BaFin als Aufsichtsbehörde nachträglich kontrollierend eingreifen.[5]

---

1 *Bott* in EY § 6 Rn 28.
2 Ebenso *Erhard* in Blümich § 6 Rn 12.
3 *Höfer/Veit/Verhuven*, BetrAVG, Bd II, Rn 2245.
4 *J Hoffmann* in H/H/R § 6 Rn 22.
5 *Höfer/Veit/Verhuven*, BetrAVG, Bd II, Rn 2253.

IV. Partielle Steuerpflicht der Pensions-, Sterbe- und Krankenkassen

Begrenzung der Verwendung. Für alle Verwendungsmöglichkeiten gilt jedoch, dass nur der Teil des überdotierten Vermögens verwendet wird. Denn nur für diesen ist die soziale Zweckbindung aufgehoben. Wird ein zu hoher Teil verwendet, wird die Pensions-, Sterbe- und Krankenkasse wegen Verstoßes gegen § 5 I Nr 3 lit c in vollem Umfang steuerpflichtig.[1] — 36

Auflösung der Steuerpflicht für die Vergangenheit (ex tunc). Die Steuerpflicht entfällt gem § 6 II mit Wirkung für die Vergangenheit (ex tunc). Durch den rückwirkenden Wegfall einer nach § 6 I eingetretenen Steuerpflicht ist die Steuerschuld zunächst auflösend bedingt entstanden, § 155 I AO iVm § 120 II S 2 AO.[2] Bis zum Eintritt des Ereignisses gem § 6 II ergibt sich eine Steuererklärungspflicht. § 109 I AO gestattet es, die Steuererklärungsfrist bis zum Ablauf der Verwendungsfrist zu verlängern.[3] Sofern die Steuerpflicht rückwirkend entfällt, ist der Steuerbescheid nach § 175 I Nr 2 AO zu ändern.[4] — 37

18-Monats-Frist. Die 18-Monats-Frist ist eine Ausschlussfrist, die nicht verlängert werden kann. Durch die Einräumung einer Verwendungsfrist wollte der Gesetzgeber den Pensionskassen ausreichend Zeit lassen, geeignete Maßnahmen zum Abbau des überdotierten Vermögens zu ergreifen. Gerade bei Pensionskassen konnte ein Vermögensüberhang aufgrund aufsichtsrechtlicher Regelungen leicht entstehen, da die Deckungsrückstellung aufsichtsrechtlich nach wie vor mit einem Rechnungszinsfuß von maximal 2,75 % (ab 1.1.2012 1,75 %) berechnet wird, während der tatsächliche Zinsertrag des Vermögens höher liegen kann.[5] — 38 § 6

Unterstützungskassen. Der rückwirkende Wegfall der partiellen Steuerpflicht gem § 6 II gilt nicht für Unterstützungskassen, da für diese § 6 V gilt (vgl Rn 1). — 39

Verwendung des überdotierten Vermögens zugunsten der Leistungsempfänger. Zwei der gesetzlichen Möglichkeiten zur Vermeidung der partiellen Steuerpflicht beziehen sich auf eine Verwendung des überdotierten Vermögens zugunsten der Leistungsempfänger. Dies kann geschehen durch Leistungserhöhung oder durch eine Verminderung der Beiträge. In der Praxis spielen beide Gestaltungsformen jedoch eine eher untergeordnete Rolle. Denn meist haben die Leistungsempfänger ohnehin schon qua Satzung einen Anspruch auf Überschussbeteiligung.[6] — 40

Einstellung in die Rückstellung für Beitragsrückerstattung. Allerdings kann die Kasse Überschüsse bereits bei Feststellung des Jahresabschlusses steuerlich wirksam in die Rückstellung für Beitragsrückerstattung einstellen (§ 56a VAG). Die gebildete Rückstellung ist bei der Ermittlung des tatsächlichen Kassenvermögens gem § 6 I wiederum steuerlich abzugsfähig, so dass auch auf diesem Wege eine Überdotierung vermieden werden kann. Von Bedeutung ist diese Gestaltungsvariante also nur dann, wenn die Rückstellung für Beitragsrückerstattung wegen eines fehlenden Anspruchs auf Überschussbeteiligung nicht steuerlich abzugsfähig ist oder aber wenn bei gegebenem Anspruch auf Überschuss- — 41

---

1 *Bott* in EY § 5 Rn 103 f sowie § 6 Rn 102 f; *Höfer/Veit/Verhuven*, BetrAVG, Bd II, Rn 2243.
2 *Jost* in D/J/P/W § 6 Rn 13.
3 *J Hoffmann* in H/H/R § 6 Rn 20.
4 *Bott* in EY § 6 Rn 39.
5 BTDrs 7/1281, 45.
6 *Ahrend/Förster/Rößler*, Steuerrecht der betrieblichen Altersversorgung, 5. Teil Rn 120.

beteiligung die Rückstellung für Beitragsrückerstattung zwar bei der Eigenkapitalermittlung abgezogen wurde, aber nicht innerhalb der Drei-Jahres-Frist effektiv zur Leistungserhöhung verwendet wurde. In diesem Fall ist die Rückstellung entsprechend aufzulösen, was zur Überdotierung führen kann. Diese Überdotierung kann dann wiederum innerhalb von 18 Monaten auf die erwähnten fünf Möglichkeiten abgebaut werden.[1]

42 **Arbeitsrechtliche und versicherungsrechtliche Vorgaben.** Bei der Leistungserhöhung für die Versicherten sind sowohl arbeitsrechtliche wie auch der versicherungsrechtliche Gleichbehandlungsgrundsatz zu beachten. Grundsätzlich müssen bei der Überschussverteilung alle Versicherungsarten in dem Verhältnis berücksichtigt werden, in dem sie auch zur Entstehung der Überschüsse beigetragen haben. Einschränkungen dieses Grundsatzes können sich allerdings dadurch ergeben, dass bei Pensionskassen die Beiträge überwiegend durch das Trägerunternehmen aufgebracht worden sind. Auch die Versorgungsempfänger sind in dem Ausmaß zu beteiligen, wie ihre Versicherungen zur Entstehung des übersteigenden Vermögens beigetragen haben.[2]

43 **Beschluss- und Zustimmungserfordernis.** Sowohl die Leistungserhöhung wie auch die Beitragssenkung setzen einen Beschluss der Organe der Kasse über Art, Umfang und Zeitpunkt des Inkrafttretens der Maßnahme voraus. Weiterhin ist die Zustimmung der Versicherungsaufsichtsbehörde (BaFin) notwendig.[3]

44 **Verwendung des überdotierten Vermögens zugunsten des Trägerunternehmens.** Auch dem Trägerunternehmen kann ein Anspruch auf Überschussbeteiligung zustehen. Die Überschüsse sind dann nicht iRd Rückstellung für Beitragsrückerstattung abzugsfähig, sondern bleiben bis zur Auszahlung EK. Dennoch kann das überdotierte Vermögen zugunsten des Trägerunternehmens verwendet bzw nachträglich reduziert werden und damit die partielle Steuerpflicht gem § 6 II rückwirkend beseitigen. Das Gesetz nennt hierfür die Auszahlung an das Trägerunternehmen, die Verrechnung mit Zuwendungen des Trägerunternehmens und die gleichmäßige Herabsetzung künftiger Zuwendungen des Trägerunternehmens als Voraussetzung.

45 **Auszahlung an das Trägerunternehmen.** Im Falle der unmittelbaren Auszahlung an das Trägerunternehmen genügt die Einbuchung eines Anspruchs auf Auszahlung. Das Trägerunternehmen muss diesen Anspruch nach den allgemeinen Bilanzierungsgrundsätzen als Forderung aktivieren und als Erhöhung des Betriebsvermögens versteuern. Spiegelbildlich dazu steht die Einbuchung einer Verbindlichkeit, welche das überdotierte Vermögen reduziert. Darüber hinaus entfällt gem § 6 II die Steuerpflicht der Kasse.

46 **Verrechnung mit Zuwendungen.** Auch bei der Verrechnung mit Zuwendungen ergibt sich beim Trägerunternehmen ein entsprechend höherer zu versteuernder Gewinn und eine Reduzierung des überdotierten Vermögens der Kasse. Insoweit ist die tatsächliche Steuerbelastung durch die partielle Steuerpflicht mit der des Trägerunternehmens zu vergleichen, um zu ermitteln, ob der rückwirkende Wegfall der partiellen Steuerpflicht bei der Kasse wirtschaftlich gesehen sinnvoll ist.[4]

---

1 *Ahrend/Förster/Rößler*, Steuerrecht der betrieblichen Altersversorgung, 5. Teil Rn 660 f.
2 *Höfer/Veit/Verhuven*, BetrAVG, Bd II, Rn 2248 f.
3 *Ahrend/Förster/Rößler*, Steuerrecht der betrieblichen Altersversorgung, 5. Teil Rn 687.
4 *Sauter/Riehl* in Erle/Sauter § 6 Rn 24.

Gleichmäßige Herabsetzung künftiger Zuwendungen. Im Falle der Verwendung überschießenden Vermögens zur gleichmäßigen Herabsetzung künftiger Zuwendungen des Trägerunternehmens wird das überdotierte Vermögen als Einmalbeitrag zur teilweisen Deckung des Barwerts der künftigen Zuwendungen verwendet. Hierbei kann von Vorteil sein, dass die Gewinnerhöhung erst sukzessive in künftigen Jahren in Abhängigkeit vom Umfang der jeweiligen Minderungen der Zuwendungen eintritt.[1]   47

Gruppen-Pensionskassen. Bei Firmen- und Konzern-Pensionskassen kann die partielle Steuerpflicht durch die genannten Varianten vergleichsweise einfach beseitigt werden. Anders verhält es sich bei Gruppen-Pensionskassen, die mit vielen verschiedenen Firmen zusammenarbeiten. Aus Gründen der Vereinfachung, aber auch zur Kosteneinsparung verwenden Gruppenkassen ihre Überschüsse daher meist zur Leistungserhöhung.   48

Einstweilen frei.   49

3. Dauernder Wegfall der Steuerpflicht (§ 6 III). Dauer. In § 6 III wird die Dauer der partiellen Steuerpflicht geregelt, welche infolge einer Überdotierung zu dem in § 6 I festgelegten Bilanzstichtag besteht und auch nicht durch entsprechende Verwendung des überdotierten Vermögens iSd § 6 II innerhalb von 18 Monaten rückwirkend beseitigt wurde.   50

Beginn der partiellen Steuerpflicht. Die Überdotierung wird zum Ende eines WJ ermittelt bzw festgestellt.[2] Sie erfasst dann jedoch bereits den Beginn dieses WJ.[3] Dennoch bleiben unterjährige Schwankungen unberücksichtigt.   51

Abweichendes WJ. Bei einem vom Kalenderjahr abweichenden WJ bezieht sich die zum Schluss des maßgebenden WJ festgestellte partielle Steuerpflicht auf den VZ, in dem dieses WJ endet (§ 7 IV S 2).   52

Ermittlung am Schluss des WJ. Die Frage einer möglichen Überdotierung stellt sich regelmäßig am Schluss des WJ, in dem die Deckungsrückstellung versicherungsmathematisch ermittelt wird. In der Praxis sind die Kassen idR in der Rechtsform eines kleineren VVaG organisiert. Bei diesen Kassen wird die mögliche Überdotierung grundsätzlich alle drei Jahre ermittelt.[4] Pensions- und Sterbekassen, die einen Altbestand iSv § 11c VAG verwalten, müssen gem § 22 S 1 BerVersV spätestens 8 Monate nach dem Schluss des WJ ein versicherungsmathematisches Gutachten einreichen. Damit ist eine jährliche Prüfung des Kassenvermögens verbunden.[5]   53

Freiwillige Berechnung der Deckungsrückstellung. Streitig ist, ob die Kasse die Möglichkeit hat, durch eine freiwillige Berechnung der Deckungsrückstellung vor Ablauf des Drei-Jahres-Zeitraums eine Überprüfung der Überdotierung herbei-   54

---

1 *Höfer/Veit/Verhuven*, BetrAVG, Bd II, Rn 2252.
2 *Erhard* in Blümich § 6 Rn 19.
3 *Bott* in EY § 6 Rn 44.
4 *Sauter/Riehl* in Erle/Sauter § 6 Rn 28.
5 *Sauter/Riehl* in Erle/Sauter § 6 Rn 27.

zuführen.[1] Der Wortlaut der Norm sieht dies nicht vor. Eine solche freiwillige Neuberechnung kann sich zugunsten wie zu Lasten der Kasse[2] auswirken. In der Praxis wird eine Abwägung zwischen den Kosten einer jährlichen bzw häufigeren Ermittlung, welche ein versicherungsmathematisches Gutachten erfordert, und einer möglichen Steuerersparnis stattfinden. Die Möglichkeit, den Drei-Jahres-Zeitraum nach eigenem Ermessen abzukürzen, schafft erhebliche Gestaltungsmöglichkeiten. Auch dies könnte ein Grund dafür sein, eine solche Möglichkeit praeter oder sogar contra legem nicht zuzulassen.

55 **Dauer der partiellen Steuerpflicht.** Nach dem Wortlaut des § 6 III gilt die partielle Steuerpflicht einer Kasse nach einer Überdotierung auch für die Jahre, in denen der Wert der Deckungsrückstellung nicht versicherungsmathematisch zu berechnen ist. Maßgeblich für die Dauer der partiellen Steuerpflicht ist daher der Pflichtprüfungszeitraum für die Deckungsrückstellung (vgl Rn 53), so dass auch die partielle Steuerpflicht regelmäßig drei VZ beträgt.

56 **Einkommensermittlung während der partiellen Steuerpflicht.** Die Höhe der Deckungsrückstellung ist ausschlaggebend für den Prozentsatz, der den Anteil des steuerpflichtigen Einkommens bestimmt (vgl Rn 31). Dieser sog Grad der Überdotierung bleibt als konstante Größe für die drei VZ der teilweisen Steuerpflicht festgeschrieben. Mangels Ermittlung der Deckungsrückstellung kann sich der Wert nicht ändern.[3] Lediglich das Einkommen ändert sich von Jahr zu Jahr.

57 **Ende der partiellen Steuerpflicht.** Sofern iRd Prüfung der Überdotierung auf den Bilanzstichtag, für den der Wert der Deckungsrückstellung versicherungsmathematisch zu berechnen ist, ein Vermögensüberhang nicht mehr festgestellt wird, endet die partielle Steuerpflicht der Pensions-, Sterbe- und Krankenkasse in diesem VZ.[4] Sofern eine freiwillige versicherungsmathematische Neuberechnung der Deckungsrückstellung, welche zu einer Verringerung oder sogar zu einem Wegfall der Überdotierung führt, aus Billigkeitsgründen zugelassen wird, kann dies zu einer Verringerung oder dem Ende der partiellen Steuerpflicht genügen. In diesen Fällen verkürzt sich die Dauer der Steuerpflicht.

58-59 *Einstweilen frei.*

60 **4. Ermittlung des Einkommens (§ 6 IV). Gewerbliche Einkünfte.** Voranzustellen ist, dass Kassen, die das Versicherungsgeschäft betreiben und als Rechtsträger unter § 1 I Nr 1-3 fallen, grundsätzlich gewerbliche Einkünfte erzielen, § 8 II. Sofern diese also Einkünfte aus Kapitalvermögen oder Vermietung und Verpachtung beziehen, gehören diese zu den Einkünften aus Gewerbebetrieb; Werbungskostenpauschbeträge in diesen verschiedenen Einkunftsarten stehen ihnen also nicht zu. Die gewerblichen Einkünfte sind durch Betriebsvermögensvergleich gem § 8 I und II iVm §§ 4, 5 I EStG zu ermitteln.

---

1   Dafür R 28 IV S 4 KStR; *Erhard* in Blümich § 6 Rn 12; dagegen *Ahrend/Heger*, DStR 1991, 1105; zum Streitstand vgl *J Hoffmann* in H/H/R § 6 Rn 13.
2   OFD Frankfurt am Main v 12.1.1993, DB 1993, 506.
3   *Bott* in EY § 6 Rn 47.
4   *Bott* in EY § 6 Rn 48.

IV. Partielle Steuerpflicht der Pensions-, Sterbe- und Krankenkassen

Einkommensermittlung. Die Ermittlung des Einkommens, welches der partiellen Steuerpflicht unterliegt, ist im Gesetz nur zum Teil geregelt. § 6 IV benennt lediglich die Aufwendungen, die bei der Ermittlung des Einkommens nicht abziehbar sind. Mangels anderer Regelungen sind die allgemeinen Grundsätze der Einkommensermittlung nach § 8 ff sowie die Sondervorschriften für Versicherungsunternehmen nach § 20 ff heranzuziehen. Zusätzlich sind nach § 6 IV bei der Ermittlung des Einkommens

- Beitragsrückerstattungen oder sonstige Vermögensübertragungen an das Trägerunternehmen, soweit sie nicht zum Abbau eines überdotierten Vermögens verwendet werden, und

- Zuführungen zu einer Rückstellung für Beitragsrückerstattung, soweit den Leistungsempfängern kein Anspruch auf Überschussbeteiligung zusteht,

nicht abzugsfähig. Dieses Verbot dient der Verhinderung einer Umgehung der Vorschriften über die partielle Steuerpflicht.[1] Sofern die vorgenannten Posten ungehindert abzugsfähig wären, könnte das Einkommen der Kasse soweit gemindert werden, dass eine bestehende partielle Steuerpflicht praktisch gegenstandslos wäre.

Gesamteinkommen. Das Gesamteinkommen einer Pensions-, Sterbe- und Krankenkasse kann vereinfacht durch folgende Gegenüberstellung veranschaulicht werden:

Summe der jährlichen Beiträge (Zuwendungen) und Vermögenserträge
./. Summe der jährlichen Versorgungsleistungen
./. Nettozuführung (dh Saldo aus Zuführungen und Auflösungen) zur Deckungsrückstellung und zur Rückstellung für Beitragsrückerstattung
./. Verwaltungsaufwand
= Saldo, dh Gewinn oder Verlust

Während der dreijährigen Dauer der partiellen Steuerpflicht ist das Einkommen für jedes Jahr gesondert zu berechnen (vgl hierzu Rn 56).

Gezahlte oder geschuldete KSt und GewSt. Bereits gezahlte oder geschuldete KSt und GewSt ist nicht als Aufwand anzusehen, da dieser Steueraufwand das körperschaftsteuerpflichtige Einkommen nach § 10 Nr 2 nicht mindern darf. Entsprechendes gilt für den Solidaritätszuschlag. Allerdings geht die Steuerverbindlichkeit mindernd in die Berechnung zur Bestimmung des Kassenvermögens ein (vgl § 5 Rn 219). Dies belegt die Stellung der §§ 5 und 6 im Abschnitt über die „Steuerpflicht". Hier sind keine Regelungen über die Ermittlung des Einkommens enthalten; diese finden sich in §§ 13 ff. Zuzugeben ist allerdings, dass der Wortlaut der Normen §§ 5 und 6 auch eine andere Auslegung zulässt, die aber nicht mit dem Sinn der Regelung vereinbar ist. Es soll erreicht werden, dass die „Erträge" dem Teil des Vermögens zugeordnet werden, aus dem sie stammen, so dass die GewSt voll abziehbar sein sollte.

---

1 *Sauter/Rhiel* in Erle/Sauter § 6 Rn 30; *Bott* in EY § 6 Rn 62.

64 **Steuerliche Anfangsbilanz gem § 13 II und V.** Wird eine bisher steuerbefreite Pensions-, Sterbe- und Krankenkasse partiell steuerpflichtig, hat sie zur Einkommensermittlung eine Steuerbilanz nach § 13 II, V mit entsprechenden steuerlichen Wertansätzen für den betroffenen Teil des Betriebsvermögens aufzustellen.[1] Diese dient allein steuerlichen Zwecken, hat demnach mit der Prüfung einer Überdotierung keinen Zusammenhang.

65 **Steuerliche Endbilanz gem § 13 I, III und V.** Wird die Pensions-, Sterbe- oder Krankenkasse wieder von der Steuerpflicht befreit, hat sie zum Zwecke der Einkommensermittlung nach § 13 II eine eigenständige Steuerbilanz mit den steuerlichen Wertansätzen aufzustellen.

66 **Aufteilung des Einkommens.** Das ermittelte Gesamteinkommen ist in einem zweiten Schritt in den steuerfreien und den steuerpflichtigen Teil aufzuteilen. Dies geschieht iRe Verhältnisrechnung. Der Aufteilungsmaßstab entspricht dem Verhältnis von überdotiertem Vermögen zum Gesamtvermögen. Allerdings erfolgt diese Ermittlung rein rechnerisch, eine gegenständliche Aufteilung in steuerfreies und steuerpflichtiges Einkommen findet nicht statt.[2]

Beispiel

Das (nur partiell) steuerpflichtige Einkommen einer Pensionskasse (VVaG) wird per 31.12.2010 wie folgt ermittelt:

Aktiva	*9.000.000 €*
Passiva	*./. 5.400.000 €*
Vermögen der Kasse	*3.600.000 €*
Verlustrücklage iSd § 37 VAG	*1.500.000 €*
übersteigendes Vermögen (= Überdotierung)	*2.100.000 €*
Einkommen der Kasse im WJ	*300.000 €*
steuerpflichtiges Einkommen der Kasse im Jahr 2010:	*175.000 €*
300.000 € x 2.100.000 €	*3.600.000 €*

67 **Dauer der Geltung des Aufteilungsschlüssels.** Die Überprüfung der Steuerpflicht wegen Überdotierung der Kasse erfolgt zu dem Bilanzstichtag, an dem der Wert der Deckungsrückstellung versicherungsmathematisch zu berechnen ist oder freiwillig berechnet wird. Für die Dauer der Steuerpflicht ist der Aufteilungsschlüssel anzuwenden, der zu Beginn der Steuerpflicht ermittelt wurde. Dauert die Steuerpflicht drei Jahre, dann gilt auch der Aufteilungsschlüssel für diesen Zeitraum (R 28 IV KStR). Die Pflicht zur jährlichen Ermittlung des Einkommens bleibt davon unberührt.

---

1 Bott in EY § 6 Rn 66; Höfer/Veit/Verhuven, BetrAVG, Bd II, Rn 2236.
2 BFH I R 4/89, BStBl II 1992, 98.

Aufwandszuordnung. Aufwendungen, die ausschließlich im steuerpflichtigen Bereich der Kasse anfallen, sind nach § 6 nach einer wortlautgetreuen Auslegung ebenfalls bereits iRd Einkommensermittlung zu erfassen. Diese werden dann über die Aufteilung dem steuerfreien und steuerpflichtigen Bereich zugeordnet.[1]

Steuerfreie Einkommensbestandteile und Freibeträge. Die hier dargestellte Einkommensermittlung hat zur Folge, dass steuerfreie Einkommensbestandteile und Freibeträge nur anteilig im steuerpflichtigen Einkommen enthalten sind.[2]

Verlustabzug nach § 10d EStG. Ein Verlustabzug nach § 10d EStG ist zulässig. Die Aufteilung des Einkommens bewirkt auch die Möglichkeit der Aufteilung in einen anteiligen Verlustrücktrag bzw -vortrag.[3] Allerdings ist ein Verlustrücktrag in eine steuerbefreite Zeit nicht möglich.[4]

Tatsächliche Steuerbelastung. Die KSt ist nach § 7 III S 1 eine Jahressteuer. Auch die Grundlagen für ihre Festsetzung sind jeweils für ein Kalenderjahr festzustellen. Insoweit wird auf den steuerpflichtigen Teil des Einkommens der Steuersatz von derzeit 15 % angewandt, um die tatsächliche Steuerlast zu ermitteln.

Anrechnungsverfahren. Im Geltungsbereich des Anrechnungsverfahrens wurde das vEK einheitlich ermittelt. IRd partieller Steuerpflicht entstand nur voll belastetes EK (als EK 40, 45, 50, 56). Das steuerfreie Einkommen führe zu EK 02. Bei Ausschüttungen war die Ausschüttungsbelastung herzustellen.[5]

Halbeinkünfteverfahren. Nach dem Systemwechsel ist für die Übergangszeit von 19 Jahren ab idR 31.12.2000 (bei kalendergleichem WJ) sowohl eine Realisierung von Körperschaftsteuerguthaben, § 37, wie auch eine Nacherhebung von KSt bei Leistungen aus unbelastetem ehemaligen EK 02, § 38, iRd partieller Steuerpflicht möglich.[6]

KESt. Durch die KESt können auch bei Pensions-, Sterbe- und Krankenkassen Steuerabzugsbeträge entstehen. Auch diese sind im Verhältnis von überdotiertem zu Gesamtvermögen einzubeziehen (H 28 KStH). Zu differenzieren ist, ob die bezogenen Kapitalerträge im steuerpflichtigen oder steuerfreien Bereich bezogen werden:

- Bezüge im steuerpflichtigen Bereich
  - Freistellung der bezogenen Beteiligungserträge gem §§ 8b I, V iHv 95 % der Dividenden,
  - Einbehalt der KESt iHv 20 % (bis 31.12.2008) bzw 25 % (ab 1.1.2009) des Bruttobetrages, sofern keine Nichtveranlagungsbescheinigung beantragt wurde,
  - Anrechnung der einbehaltenen KESt mit der Folge der Erstattung des überzahlten Betrages gem § 36 II Nr 2 S 1 EStG (vgl § 44a VIII S 1 EStG).[7]

---

1 *Heger* in Gosch § 6 Rn 20; aA J *Hoffmann* in H/H/R § 6 Rn 16; *Jost* in D/J/P/W § 6 Rn 39 ff.
2 *Erhard* in Blümich § 6 Rn 22; *Höfer/Veit/Verhuven*, BetrAVG, Bd II, Rn 2265.
3 *Erhard* in Blümich § 6 Rn 25.
4 *Streck* in Streck § 6 Rn 5.
5 *Erhard* in Blümich § 6 Rn 26.
6 *Bott* in EY § 6 Rn 67.
7 BFH I R 4/89, BStBl II 1992, 98.

- Bezüge im steuerfreien Bereich
  - Abgeltender Abzug von KESt; eine Veranlagung findet nicht statt,
  - Umfang der partiellen Steuerpflicht richtet sich nach dem Umfang des vorgenommenen Kapitalertragsteuerabzugs,
  - hälftige Abstandnahme bzw Erstattung nach §§ 44a EStG beschränkt sich auf die verbleibende KESt.

75 **§ 6 IV S 2.** Die Zuführungen zur Rückstellung für Beitragsrückerstattung können nur insoweit einkommensmindernd berücksichtigt werden, als den Leistungsempfängern ein Anspruch auf Überschussbeteiligung zusteht.[1]

76-77 *Einstweilen frei.*

78 **V. Partielle Steuerpflicht bei Unterstützungskassen (§ 6 V). 1. Gemeinsamkeiten und Unterschiede. Partielle Steuerpflicht.** Das Grundprinzip der partiellen Steuerpflicht gilt bei Unterstützungskassen in gleicher Weise wie bei Pensions-, Kranken- und Sterbekassen. Das Gesamteinkommen der Unterstützungskasse wird nur mit dem Anteil körperschaftsteuerpflichtig, der dem Verhältnis des übersteigenden Vermögens zu dem Gesamtvermögen der Kasse entspricht (vgl Rn 66).

79 **Überdotierung.** Unterstützungskassen werden nach § 6 V iVm § 5 I Nr 3 lit e steuerpflichtig, wenn ihr Vermögen als Überdotierung am Schluss des WJ das um 25% erhöhte zulässige Kassenvermögen übersteigt (zum Kassenvermögen nach § 4d EStG weiter § 5 Rn 201 ff). Das Einkommen ist anteilig steuerpflichtig, soweit es auf das übersteigende Vermögen entfällt.[2] Dabei ist wiederum die Überdotierung am Ende eines WJ maßgeblich für das Bestehen und den Umfang der Körperschaftsteuerpflicht in dem VZ, in dem das betreffende WJ endet.

80 **Begrenzung des Betriebsausgabenabzugs gem § 4d EStG.** Die Zuwendungen des Trägerunternehmens an die Kasse werden iRd § 4d EStG steuerlich als Betriebsausgaben abgezogen, sofern die Zuwendungen betrieblich veranlasst sind und die Zuwendungen bestimmte Beträge nicht übersteigen. Dabei werden Kassen mit lebenslänglich laufenden Leistungen und Kassen mit nicht lebenslänglich laufenden Leistungen voneinander unterschieden. Darüber hinaus erfolgt eine Unterscheidung zwischen rückgedeckten und sog reservepolsterfinanzierten Unterstützungskassen. Die rückgedeckte Unterstützungskasse definiert sich dabei dadurch, dass die Zuwendungen des Trägerunternehmens von der Kasse als Beiträge zu einer Versicherung verwendet werden. Die reservepolsterfinanzierte Unterstützungskasse ist hingegen in der Mittelanlage frei.[3] Der Höchstbetrag der steuerlich abzugsfähigen Zuwendungen als Betriebsausgaben ergibt sich nach Anwendung eines dreistufigen Prüfverfahrens.

1. In einem ersten Schritt werden die maximal abzugsfähigen Zuwendungen vor Begrenzung durch das zulässige Kassenvermögen in Abhängigkeit von den versprochenen bzw gewährten Leistungen und der Mittelanlage definiert.

---

1 Bott in EY § 6 Rn 63.
2 BFH I R 4/89, BStBl II 1992, 98.
3 *Ahrend/Förster/Rößler*, Steuerrecht der betrieblichen Altersversorgung, 2. Teil Rn 145.

2. In einem zweiten Schritt wird die Obergrenze des steuerlich zulässigen Kassenvermögens ermittelt. Der Differenzbetrag zwischen tatsächlichem Kassenvermögen nach §§ 4d I Nr 1 S 2 bzw I Nr 2 S 2 EStG und dem steuerlich zulässigen Kassenvermögen stellt dabei den Zuwendungsspielraum dar.

3. Die maximal abzugsfähigen Zuwendungen gem Schritt 1 und der Zuwendungsspielraum nach Schritt 2 definieren in einem letzten Schritt die steuerlich abzugsfähigen Zuwendungen beim Trägerunternehmen.[1]

Ermittlung und Vorgehen bei Überdotierungen. Wenngleich die Systematik der Ermittlung von Überdotierungen angelehnt ist an die bei Pensions-, Sterbe- und Krankenkassen, existieren einige Unterschiede. So besteht für Unterstützungskassen nicht die Möglichkeit, innerhalb von 18 Monaten die Steuerpflicht rückwirkend durch geeignete Einkommensverwendung nach § 6 II zu beseitigen (vgl Rn 39). Unterstützungskassen haben hingegen die Möglichkeit, die Überdotierung nach § 6 VI S 2 von vornherein zu vermeiden. Ihnen ist es bspw gestattet, die Überdotierung durch Rückübertragung von Vermögensteilen auf das Trägerunternehmen vor Ablauf des WJ zu vermeiden (vgl Rn 44). 81

Dauer. Die partielle Steuerpflicht besteht für Unterstützungskassen grundsätzlich nur für ein Jahr bzw wird von VZ zu VZ gem § 6 VI S 1 neu berechnet. Denn für die Ermittlung des Deckungskapitals bei Unterstützungskassen ist eine versicherungsmathematische Berechnung nicht notwendig, die Regelungen des VAG sind hier nicht einschlägig. Insoweit kann die Überdotierung in jedem Jahr neu geprüft werden.[2] 82

Einstweilen frei. 83

2. Ermittlung des Einkommens. Art der Einkünfte. Die Art der Betätigung spielt hinsichtlich der Einkunftsart bei Unterstützungskassen für die Einkommensermittlung eine große Rolle. Da Unterstützungskassen keinen formellen Rechtsanspruch auf ihre Leistungen gewähren, unterliegen sie nicht der Versicherungsaufsicht. Ihrer Art nach ist die Tätigkeit der Unterstützungskassen mithin keine gewerbliche Tätigkeit. Einkünfte aus Gewerbebetrieb können sich somit nur rechtsformabhängig ergeben.[3] Allerdings kann eine Unterstützungskasse auch in der Rechtsform eines eV oder einer Stiftung betrieben werden (§ 1 III Nr 1 VAG). Insofern kann sie je nach Anlage ihres Vermögens über Einkünfte aus Kapitalvermögen und/oder Vermietung und Verpachtung, auch aus den §§ 17 und 23 EStG verfügen. 84

Einkommensermittlung, Pausch- und Freibeträge. Sofern die Unterstützungskasse gewerbliche Einkünfte bezieht, ergeben sich hinsichtlich der Einkommensermittlung keine Unterschiede zu den Pensionskassen (vgl Rn 56). Es gelten die allgemeinen Bestimmungen der §§ 7, 8. Soweit eine Unterstützungskasse nicht gewerblich tätig ist (zB in der Rechtsform eines eV oder einer Stiftung lediglich vermögensverwaltend tätig wird), ist der Umfang der Berücksichtigung des Sparer- bzw Werbungskostenpauschbetrags fraglich. Die Finanzverwaltung vertritt die Ansicht, bei einer 85

---
1 Ahrend/Förster/Rößler, Steuerrecht der betrieblichen Altersversorgung, 2. Teil Rn 146.
2 Jost in D/J/P/W § 6 Rn 23.
3 Bott in EY § 6 Rn 90.

partiellen Steuerpflicht seien auch die Pauschbeträge nur anteilig zu gewähren.[1] Sinnvoller erscheint es angesichts des Zwecks von Freibeträgen, einen bestimmten Teil des Vermögens steuerlich zu schonen. Soweit das Einkommen steuerbefreit ist, bedarf es keiner weiteren steuerlichen Begünstigung durch Pausch- und Freibeträge. Daher kann sich ein Pausch- bzw Freibetrag nur bei dem steuerpflichtigen Teil des Einkommens steuermindernd auswirken. Der Pausch- bzw Freibetrag ist jedoch nur im Verhältnis des steuerpflichtigen zum Gesamteinkommen zu berücksichtigen. Erst nach der Ermittlung des Einkommens in Abzug zu bringende Beträge (wie zB der Freibetrag nach § 24 bei Unterstützungskassen) mindern in vollem Umfang das der partiellen Steuerpflicht unterliegende (anteilige) Vermögen (R 72 I S 2 KStR 2004, H 72 KStH 2008).

86 **Kassenleistungen.** Leistungen der Kassen an Leistungsanwärter sind als Betriebsausgaben zu behandeln, die nicht dem Abzugsverbot nach § 10 Nr 1 unterliegen. Darüber hinaus können sie vGA darstellen.[2]

87 **Vermögensübertragungen an Trägerunternehmen (§ 6 V S 2).** Nicht abziehbar bei der Einkommensermittlung qua ausdrücklicher gesetzlicher Regelung sind Vermögensübertragungen an das Trägerunternehmen. Diese Regelung entspricht § 6 IV für die Einkommensermittlung der partiell steuerpflichtigen Pensions-, Kranken- und Sterbekassen und soll verhindern, dass die Übertragung von Vermögenswerten bzw Erträgen der Unterstützungskasse zu einer Minderung des partiell steuerpflichtigen Einkommens führt und somit die partielle Steuerpflicht umgangen wird.[3]

88 **Beitragsrückerstattungen.** Dies gilt nicht für Beitragsrückerstattungen, soweit Steuerpflicht besteht.[4] Die Begrenzungen des § 5 I Nr 3 lit d greifen hier nicht.

89-90 *Einstweilen frei.*

91 **VI. Wegfall der Zweckbindung (§ 6 VI). 1. Keine Zweckbindung für das überdotierte Vermögen. Zweckbindung gem § 5 I Nr 3 lit c.** Das Vermögen einer Pensions-, Sterbe- und Krankenkasse sowie Unterstützungskasse bzw das damit erzielte Einkommen ist grundsätzlich insoweit gebunden, als es den satzungsmäßigen Zwecken zugutekommen muss. Diese Zweckbindung ist ua in § 5 I Nr 3 lit c als Voraussetzung für die volle Steuerfreiheit einer Kasse festgeschrieben, mit anderen Worten bei einem Verstoß gegen die Zweckbindung wird die Kasse in vollem Umfang steuerpflichtig.

92 **Ausnahme für das überdotierte Vermögen.** Jedoch kann diese Zweckbindung nur für das dotierte, dh dem sozialen Zweck gewidmete Vermögen gelten. Das sog überdotierte Vermögen löst eine partielle Steuerpflicht aus, so dass auch für diesen Vermögensteil keine soziale Zweckbindung mehr gem § 6 VI S 1 gegeben ist. Der Gesetzgeber überlässt diesen Vermögensteil den Kassen ohne weitere Reglementierung.

93 *Einstweilen frei.*

1   OFD Frankfurt am Main v 22.6.2001, DB 2001, 1750.
2   *Erhard* in Blümich § 6 Rn 31.
3   *Bott* in EY § 6 Rn 96.
4   *Erhard* in Blümich § 6 Rn 32.

VI. Wegfall der Zweckbindung

2. Rückübertragung im Laufe des WJ. Grundsatz. Den Unterstützungskassen ist die rückwirkende Beseitigung der Überdotierung gesetzlich nicht gestattet (vgl Rn 39). Als Ausgleich hierfür dürfen sie jedoch überdotiertes Vermögen bereits unterjährig, dh vor der eigentlichen Feststellung der Überdotierung, gem § 6 VI S 2 auf ihr Trägerunternehmen zurückübertragen. Damit besteht die Möglichkeit, durch Auszahlung die Überdotierung selbst zu beseitigen und so die partielle Steuerpflicht für die Folgejahre zu vermeiden.[1]

94

Begrenzung auf überdotiertes Vermögen. Zu beachten ist, dass nur das 25 % des Kassenvermögen übersteigenden überdotierten Vermögens und nicht anderes dotiertes Vermögen gem § 6 VI S 2 iVm § 5 I Nr 3 lit e zurückübertragen werden darf, um nicht eine volle Körperschaftsteuerpflicht zu riskieren, da das Zweckbindungserfordernis missachtet wird.

95

Tatsächliche Übertragung. Zur Anwendung des § 6 VI S 1 bzw zur Aufhebung der Überdotierung muss eine tatsächliche Rückübertragung des Vermögens noch nicht stattfinden; die Eingehung einer Verpflichtung zur Rückübertragung und Einbuchung einer Rückstellung zu diesem Zweck soll genügen.[2] Soweit die Unterstützungskasse nicht bilanziert, ist der tatsächliche Abfluss notwendig.

96

Schwierigkeiten bei der unterjährigen Feststellung. Problematisch ist hier insbesondere die unterjährige Feststellung, dass eine Überdotierung vorliegen wird, weiterhin aber auch in welchem Umfang dies der Fall sein wird. Denn das zulässige Kassenvermögen unterliegt nicht beeinflussbaren biometrischen und sonstigen Faktoren, die sich an der Anzahlung der Leistungsanwärter und -empfänger orientieren. Es bestehen Abhängigkeiten von noch eintretenden Versorgungsfällen und auch einem gewissen Fluktuationsverhalten der Kassenbegünstigten.[3] Auch Kursentwicklungen innerhalb der Vermögensanlagen können Schwankungen verursachen. Dieser Ermittlungsunsicherheit folgt das Problem der tatsächlichen Höhe der Überdotierung, welche unterjährig noch nicht mit letzter Sicherheit vorausgesagt werden kann.

97

Vorverlegte Stichtagsinventur versus Rückübertragungsrecht. Die Praxis stellt zwei Lösungswege zur unterjährigen Feststellung bereit, die allerdings nur unvollkommen sind. Eine Möglichkeit besteht in einer vorverlegten Stichtagsinventur, bei der bis zu drei Monaten vor dem Bilanzstichtag das tatsächliche und zulässige Vermögen der Kasse festgestellt wird, um eine Überdotierung zu ermitteln. Diese Möglichkeit wird von der Finanzverwaltung auch anerkannt.[4] Eine weitere Möglichkeit besteht in der Vereinbarung zwischen der Kasse und dem Trägerunternehmen, dass das übersteigende Vermögen immer dem Trägerunternehmen zusteht. Insoweit kann ein sog überdotiertes Vermögen bei der Kasse gar nicht mehr entstehen, da es ihr als Schuld letztlich nicht zugerechnet wird. Durch diesen Automatismus begeben sich Kasse und Trägerunternehmen jedoch der Möglichkeit, die unterschiedlichen

98

---
1 Bott in EY § 6 Rn 107; Jost in D/J/P/W § 6 Rn 24.
2 Bott in EY § 6 Rn 112; BFH VIII R 24/95, DB 1997, 1256; aA Jost in D/J/P/W § 6 Rn 29.
3 Höfer/Veit/Verhuven, BetrAVG, Bd II, Rn 2270.
4 BMF v 7.1.1994, BStBl I 1994, 18.

Steuerbelastungen der Rechtssubjekte zu vergleichen, um zu ermitteln, ob die partielle Steuerpflicht der Kasse wirtschaftlich belastender ist als die auf Seiten des Trägerunternehmens entstehende Steuerlast.[1] Alternativ könnte zB erwogen werden, dem Trägerunternehmen das Vermögen als Darlehen zu überlassen, so dass es beim Trägerunternehmen zu abziehbaren Zinsaufwendungen (iRd § 4h EStG, § 8a) und zu steuerpflichtigen Betriebseinnahmen bei der Unterstützungskasse kommt, was uU günstiger ist.

99 **Übertragung vor Ablauf des WJ.** Weiterhin ist von Bedeutung, dass die Vermögensübertragung auf das Trägerunternehmen tatsächlich vor Ablauf des WJ erfolgt. Eine Übertragung mit Wirkung für die Vergangenheit, wie dies für Pensionskassen machbar ist, existiert für Unterstützungskassen nicht.

100 **Übernahme von Leistungen durch Trägerunternehmen.** Es ist möglich, dass die Leistungen einer Unterstützungskasse in vollem Umfang vom Trägerunternehmen übernommen werden. Grundlage kann eine Betriebsvereinbarung sein für den Fall, dass Leistungen nur von Fall zu Fall übergehen oder aber die Altersversorgung wird auf Pensionszusagen umgestellt.[2] Auch in diesem Fall geht die Steuerfreiheit der Unterstützungskasse für die Vergangenheit nicht verloren. Denn das zulässige Kassenvermögen beträgt dann 0 EUR.

101-102 *Einstweilen frei.*

---

1 Höfer/Veit/Verhuven, BetrAVG, Bd II, Rn 2275 f.
2 Jost in D/J/P/W § 6 Rn 27.

Zweiter Teil: Einkommen

Erstes Kapitel: Allgemeine Vorschriften

§ 7 Grundlagen der Besteuerung

(1) Die Körperschaftsteuer bemisst sich nach dem zu versteuernden Einkommen.

(2) Zu versteuerndes Einkommen ist das Einkommen im Sinne des § 8 Abs. 1, vermindert um die Freibeträge der §§ 24 und 25.

(3) ¹Die Körperschaftsteuer ist eine Jahressteuer. ²Die Grundlagen für ihre Festsetzung sind jeweils für ein Kalenderjahr zu ermitteln. ³Besteht die unbeschränkte oder beschränkte Steuerpflicht nicht während eines ganzen Kalenderjahrs, so tritt an die Stelle des Kalenderjahrs der Zeitraum der jeweiligen Steuerpflicht.

(4) ¹Bei Steuerpflichtigen, die verpflichtet sind, Bücher nach den Vorschriften des Handelsgesetzbuchs zu führen, ist der Gewinn nach dem Wirtschaftsjahr zu ermitteln, für das sie regelmäßig Abschlüsse machen. ²Weicht bei diesen Steuerpflichtigen das Wirtschaftsjahr, für das sie regelmäßig Abschlüsse machen, vom Kalenderjahr ab, so gilt der Gewinn aus Gewerbebetrieb als in dem Kalenderjahr bezogen, in dem das Wirtschaftsjahr endet. ³Die Umstellung des Wirtschaftsjahrs auf einen vom Kalenderjahr abweichenden Zeitraum ist steuerlich nur wirksam, wenn sie im Einvernehmen mit dem Finanzamt vorgenommen wird.

KStR 29, 30, 31; KStH 29

Übersicht

	Rn
I. Regelungsgehalt der Norm	1 – 2
II. Rechtsentwicklung	3 – 4
III. Normzweck und Anwendungsbereich	5 – 19
1. Bedeutung der Norm	5 – 8
2. Anwendungsbereich	9 – 12
3. Verhältnis zu anderen Vorschriften	13 – 19
IV. Steuerbemessungsgrundlage (§ 7 I)	20 – 22
V. Zu versteuerndes Einkommen (§ 7 II)	23 – 25
VI. Zeiträume (§ 7 III)	26 – 49
1. Grundsätzliches	26 – 28
2. Steuerbemessungszeitraum	29 – 30
3. Einkünfteermittlungszeitraum	31 – 32
4. VZ	33 – 34
5. Sonderregelung (§ 7 III S 3)	35 – 43
6. Liquidation	44 – 49
VII. Einkünfteermittlung bei handelsrechtlicher Buchführungspflicht (§ 7 IV S 1)	50 – 83
1. Regelungsgehalt	50 – 53

2. Anknüpfung an das WJ	54 –	60
3. Buchführungspflicht	61 –	66
4. Einzelne Körperschaftsteuersubjekte	67 –	73
5. Festlegung des WJ	74 –	81
6. Vereinfachungsregel	82 –	83
VIII. Zeitliche Zurechnung der Einkünfte (§ 7 IV S 2)	84 –	87
IX. Umstellung des WJ (§ 7 IV S 3)	88 –	112
1. Regelungsgehalt	88 –	92
2. Allgemeine Voraussetzungen	93 –	98
3. Steuerrechtliche Anforderungen	99 –	112

1 **I. Regelungsgehalt der Norm.** § 7 ist Ausgangsnorm und Grundlage für die Bestimmung des Umfangs der sachlichen Steuerpflicht der unbeschränkt oder beschränkt steuerpflichtigen Steuersubjekte der KSt (§§ 1 und 2). In § 7 I wird als Bemessungsgrundlage das zu versteuernde Einkommen festgelegt. Die inhaltliche Ausgestaltung des zu versteuernden Einkommens findet sich in § 7 II. Im Hinblick auf den Zeitraum für die Ermittlung der Bemessungsgrundlage legt § 7 III den Bemessungszeitraum fest. Die KSt wird als Jahressteuer erhoben. Die Ausrichtung erfolgt grundsätzlich am Kalenderjahr (Steuerbemessungszeitraum). Ausnahmen sind für die Fälle vorgesehen, in denen die (unbeschränkte oder beschränkte) Steuerpflicht nicht während des ganzen Kalenderjahres besteht. Für Steuersubjekte, die verpflichtet sind, nach den HGB-Vorschriften Bücher zu führen, hat der handelsrechtliche Gewinnermittlungszeitraum (WJ) auch für das Steuerrecht nach § 7 IV Bedeutung. Die Einkünftezurechnung bei einem vom Kalenderjahr abweichenden WJ (Einkünfteermittlungszeitraum) für Einkünfte aus Gewerbebetrieb zum Kalenderjahr, in dem das WJ endet, ist in § IV ebenso enthalten wie das Erfordernis des Einvernehmens des Finanzamts zur steuerlichen Wirksamkeit im Falle der Umstellung des WJ auf ein vom Kalenderjahr abweichendes WJ.

2 *Einstweilen frei.*

3 **II. Rechtsentwicklung.** Der Regelungsbereich des § 7 war auch in den Vorgängergesetzen des heute geltenden KStG enthalten. Gewisse (meist kleinere) Verschiebungen im Hinblick auf die Begrifflichkeiten und die Ermittlung der Bemessungsgrundlage lassen sich gleichwohl aus der Geschichte des Körperschaftsteuerrechts ablesen. § 20 idFd KStG 1920[1] und § 17 KStG idFd 1922[2] bestimmten das Einkommen des Steuersubjekts im WJ bzw Kalenderjahr zur Bemessungsgrundlage. Das KStG von 1925[3] brachte nur unwesentliche Änderungen durch Einführung des Begriffs des Steuerabschnitts. Eigentliche Grundlage des § 7 war § 5 KStG 1934[4]. Dort

---
1 RGBl 1920, 393.
2 RGBl I 1922, 472.
3 RGBl I 1925, 208.
4 RGBl I 1934, 1031.

wurde das Einkommen, welches das Steuersubjekt innerhalb eines Kalenderjahres bezog, als Bemessungsgrundlage bestimmt. Ferner fand sich dort auch die Zurechnung des Ergebnisses eines abweichenden WJ bei handelsrechtlich zur Buchführung verpflichteten Steuersubjekten zum Kalenderjahr, in dem das WJ endet. In der Folgezeit wurde die Bestimmung der Bemessungsgrundlage insoweit verändert, als eine Zurechnung zum Kalenderjahr bei abweichendem WJ umsatzanteilig angeordnet wurde (KStG 1950[1]). Durch eine Änderung zum VZ 1955[2] wurde das tatsächlich ordnungsgemäße Führen der Bücher aus dem Gesetzestext gestrichen. Entscheidend war fortan nur noch die Verpflichtung. Das KStG 1957[3] kehrte dann zur Zurechnung des KStG 1934 auf das Ende des WJ zurück und schaffte die umsatzabhängige Zurechnung des Ergebnisses ab. Ferner wurde das Erfordernis eingeführt, dass die Umstellung des WJ auf ein vom Kalenderjahr abweichendes WJ nur im Einvernehmen mit der Finanzverwaltung möglich ist. Seine heutige Fassung und Nummerierung erhielt die Norm durch das KStG 1977[4]. Aus dem Begriff des Einkommens wurde in Übereinstimmung mit der ESt das „zu versteuernde Einkommen". Gleichzeitig wurde für das ZDF eine Sonderregelung eingeführt, welche aber durch das StSenkG 2000[5] inzwischen wieder entfallen ist. Im KStG 1977 wurde auch die Regelung eingeführt, dass der Besteuerungszeitraum an die unbeschränkte bzw beschränkte Steuerpflicht anknüpft, wenn diese nicht das ganze Kalenderjahr besteht. In der Folgezeit ergaben sich mit Ausnahme der Behandlung der Rundfunkanstalten (jetzt: § 8 I S 2) nur redaktionelle Änderungen der Vorschrift, etwa wegen des Auslaufens der Vermögensabgabe (StRefG 1990[6]). Für Steuerpflichtige, die während eines Kalenderjahres sowohl unbeschränkt als auch beschränkt steuerpflichtig sind, hat das JStG 2009[7] in § 32 II Nr 1 eine Neuerung gebracht. Einkünfte eines beschränkt Steuerpflichtigen (§ 2 Nr 1), die dem Steuerabzug unterliegen, sind insoweit durch den Abzug nicht abgegolten, sondern in die Veranlagung iRd unbeschränkten Steuerpflicht einzubeziehen.

Einstweilen frei.

III. Normzweck und Anwendungsbereich. 1. Bedeutung der Norm. Bemessungsgrundlage. § 7 legt die Grundlagen der sachlichen Steuerpflicht für alle steuerpflichtigen Körperschaftsteuersubjekte fest. Danach gilt es, das „zu versteuernde Einkommen" als Steuerbemessungsgrundlage zu ermitteln. Die Ermittlung der Bemessungsgrundlage im Einzelnen wird aber erst in den folgenden Vorschriften geregelt, insbesondere durch den Verweis in § 8 I auf die Normen des Einkommensteuerrechts (vgl § 8 Rn 104 ff).

Steuerbemessungsgzeitraum. § 7 bestimmt weiterhin den maßgebenden Steuerbemessungszeitraum für die KSt. Dieser ist grundsätzlich das Kalenderjahr bzw in Ausnahmefällen ein Teil des Kalenderjahres.

---

1 BGBl I 1950, 95.
2 BGBl I 1954, 703.
3 BGBl I 1958, 12.
4 BGBl I 1976, 2597.
5 BStBl I 2000, 1433.
6 BGBl I 1988, 1093.
7 BGBl I 2008, 2794.

7   **Einkünfteermittlungszeitraum.** Vom Steuerbemessungszeitraum zu unterscheiden ist der Zeitraum der Einkünfteermittlung. Dieser stimmt bei handelsrechtlich zur Buchführung verpflichteten Steuersubjekten nicht zwingend mit dem Kalenderjahr überein. Vielmehr ist ein abweichendes WJ auch für den steuerlichen Einkünfteermittlungszeitraum maßgebend. Die Zuordnung der Einkünfte zu einem Steuerbemessungszeitraum wird in § 7 ebenfalls vorgenommen.

8   *Einstweilen frei.*

9   **2. Anwendungsbereich. Zeitlicher Anwendungsbereich.** Die Regelung in der derzeitigen Fassung ist in zeitlicher Hinsicht seit dem VZ 2001 uneingeschränkt anwendbar. In großen Teilen (ausgenommen der Wegfall des § 7 I 1 Hs 2, die Neufassung des § 7 II ab dem VZ 1984 und dem vorübergehend angefügten § 7 V) war § 7 in der heutigen Nummerierung bereits seit dem VZ 1977 anwendbar. Liegt bei einem Steuerpflichtigen während eines Kalenderjahres sowohl beschränkte Steuerpflicht als auch unbeschränkte Steuerpflicht vor, sind die während der beschränkten Steuerpflicht erzielten Einkünfte ab dem VZ 2009 gem § 32 II Nr 1 in die Veranlagung zur unbeschränkten Steuerpflicht einzubeziehen, auch wenn ein Steuerabzug vorgesehen ist (vgl § 32 Rn 113).

10 **Persönlicher Anwendungsbereich.** § 7 gilt grundsätzlich für alle unbeschränkt und beschränkt steuerpflichtigen Körperschaftsteuersubjekte. Allerdings können sich Einschränkungen beim persönlichen Anwendungsbereich ergeben, sofern besondere Voraussetzungen in der Norm benannt sind, welche von einigen beschränkt Steuerpflichtigen nicht erfüllt werden (§ 7 IV – nach Handelsrecht zur Buchführung verpflichtet vgl Rn 61 ff).

11 **Sachlicher Anwendungsbereich.** Bei § 7 handelt es sich um eine Vorschrift zur Bestimmung der allgemeinen Grundlagen der Besteuerung. Abweichende Sonderregelungen sind zu beachten und gehen der allgemeinen Regelung vor. Das gilt im Hinblick auf den Besteuerungszeitraum für die Liquidation einer unbeschränkt steuerpflichtigen Kapitalgesellschaft, Genossenschaft oder eines VVaG und PVaG (§ 11, vgl Rn 14). Ferner findet § 7 keine Anwendung, wenn für das Körperschaftsteuersubjekt keine Veranlagung durchgeführt wird, sondern die KSt lediglich durch Erhebung eines abgeltenden Steuerabzugs vom Kapitalertrag (§ 32) erfolgt. Beispiele dafür sind etwa die nur mit Kapitalerträgen beschränkt steuerpflichtigen öffentlich-rechtlichen Körperschaften, die mit ihren Kapitalerträgen im Inland beschränkt steuerpflichtigen anderen Körperschaften, die weder Sitz noch Geschäftsleitung im Inland haben, und ansonsten steuerbefreite Körperschaften mit inländischen Kapitalerträgen (vgl § 32 Rn 45 ff).

12 *Einstweilen frei.*

13 **3. Verhältnis zu anderen Vorschriften. EStG.** § 7 regelt für Körperschaften, was die §§ 2 V, 2 VII und 4a II EStG für natürliche Personen regeln. Die Normen des EStG werden verdrängt, soweit die Regelungen in § 7 reichen. Über die Verweisung in §§ 7

IV. Steuerbemessungsgrundlage

II und 8 I sind die Vorschriften des EStG zur Ermittlung des körperschaftsteuerlichen Einkommens heranzuziehen, soweit nicht in den §§ 8 II-22 Sonderregelungen enthalten sind.

HGB. § 7 folgt den handelsrechtlichen Regelungen. Die Regeln aus dem Handels- und Gesellschaftsrecht bestimmen die insoweit relevanten Tatbestandsmerkmale der Norm, etwa im Hinblick auf die Buchführungspflicht nach § 7 IV.[1]

§ 8 I S 1. Die Regelung in § 8 I S 1 füllt die Vorschrift des § 7 II im Hinblick auf das körperschaftsteuerliche Einkommen aus. Die Konkretisierung erfolgt über die Verweisung in § 8 I S 1 auf die Vorschriften des EStG und die Sonderregelungen des KStG (§§ 8 II-22).

Liquidation (§ 11). Eine Sonderregelung gegenüber den § 7 III und IV enthält § 11 iRd Liquidation (zu den Einzelheiten vgl Rn 44). Die Regelung des § 11 verändert den Einkünfteermittlungszeitraum des § 7.[2] Für eine Änderung des Steuerbemessungszeitraums besteht hingegen kein Bedarf.[3]

Organschaft (§§ 14-19). Von § 7 abweichende Bestimmungen sind insbesondere iRd Organschaft (§§ 14-19) zu beachten (vgl Rn 24).

AStG. § 7 erfasst auch Einkünfte ausländischer Kapitalgesellschaften, die einer inländischen Körperschaft nach den §§ 7-14 AStG hinzuzurechnen sind.[4]

Einstweilen frei.

IV. Steuerbemessungsgrundlage (§ 7 I). Begriff. Die Regelung in § 7 I enthält eine begriffliche Festlegung. Danach ist Bemessungsgrundlage der KSt das zu versteuernde Einkommen. Was unter dem zu versteuernden Einkommen für die KSt zu verstehen ist, ergibt sich aus § 7 II. Das zu versteuernde Einkommen als Bemessungsgrundlage entspricht vom Begriff her gesehen grundsätzlich der Bemessungsgrundlage für die ESt (§ 2 V EStG). Dabei ist aber zu berücksichtigen, dass die inhaltliche Ausgestaltung des Begriffs in dem jeweiligen Gesetz den unterschiedlichen Steuersubjekten der KSt und ESt Rechnung trägt. Bei der Ermittlung des zu versteuernden Einkommens sind daher neben vielen Gemeinsamkeiten auch Unterschiede zu berücksichtigen (zB besondere Freibeträge §§ 24, 25; Sonderausgaben und außergewöhnliche Belastungen bei der ESt).

Funktion. Das zu versteuernde Einkommen ist die Rechengröße, welche die sachliche Steuerpflicht konkretisiert und als Grundlage für die Anwendung des Steuertarifs (§ 23) dient. Fehlt es an einem zu versteuernden Einkommen im Besteuerungszeitraum, ist eine KSt für das Steuersubjekt nicht entstanden.

Einstweilen frei.

---

1 *Lambrecht* in Gosch § 7 Rn 12.
2 *B Lang* in EY § 7 Rn 19.
3 Vgl aber *Rengers* in Blümich § 7 Rn 22; *Schulte* in Erle/Sauter § 7 Rn 31.
4 *Schulte* in Erle/Sauter § 7 Rn 14.

23　**V. Zu versteuerndes Einkommen (§ 7 II). Definition.** Die Regelung in § 7 II definiert das zu versteuernde Einkommen. Darunter ist das Einkommen zu verstehen, welches in § 8 I näher bestimmt ist, vermindert um die Freibeträge für bestimmte Körperschaften (§ 24) bzw bei land- und forstwirtschaftlicher Tätigkeit für Erwerbs- und Wirtschaftsgenossenschaften sowie Vereine (§ 25). Für Körperschaftsteuersubjekte mit gewerblichen Einkünften enthält R 29 KStR ein Schema zur Ermittlung des zu versteuernden Einkommens (vgl § 8 Rn 107).

24　**Organschaft.** Besonderheiten sind bei der Einkommensermittlung im Falle einer Organschaft zu beachten. Das Einkommen der Organgesellschaft ist dem Organträger zuzurechnen.[1] Erst nach der Zurechnung ist über einen Verlustabzug nach § 10d EStG beim Organträger zu entscheiden.[2] Bei den Organgesellschaften ergibt sich grundsätzlich ein Einkommen iSd §§ 7, 8 von Null, da das Einkommen der Organgesellschaft dem Organträger zuzurechnen ist (vgl § 14 Rn 610 ff, § 15 Rn 7 ff und § 16 Rn 40).

25　*Einstweilen frei.*

26　**VI. Zeiträume (§ 7 III). 1. Grundsätzliches. Abschnittsbesteuerung.** Entsprechend der ESt folgt auch die KSt dem Prinzip der Abschnittsbesteuerung. Bei der KSt handelt es sich um eine Jahressteuer (§ 7 III S 1). Das Prinzip der Abschnittsbesteuerung ist zur Erhebung der Ertragsteuern üblich und im Grundsatz sachgerecht. Gleichwohl wird es dem Prinzip der Besteuerung nach der wirtschaftlichen Leistungsfähigkeit nur im Hinblick auf den konkreten Abschnitt gerecht. Es steht in einem gewissen Spannungsverhältnis zum abschnittsübergreifenden Nettoprinzip, welches die wirtschaftliche Leistungsfähigkeit eines Steuersubjekts insgesamt abbildet. Durchbrechungen der Abschnittsbetrachtung sind daher durchaus verbreitet, aber keineswegs in allen Fällen zwingend notwendig.[3] Ein bedeutendes Beispiel zur Berücksichtigung des abschnittsübergreifenden Nettoprinzips stellt der Verlustabzug nach §§ 10d EStG, 8 I dar (hierzu § 8 Rn 107).

27　**Maßgebliche Zeiträume.** In Bezug auf die Abschnittsbesteuerung (Jahressteuer) sind drei verschiedene Zeiträume zu unterscheiden: Der Zeitraum der Bemessung der KSt (Steuerbemessungszeitraum), der Zeitraum der Ermittlung der Einkünfte (Einkünfteermittlungszeitraum) und der Zeitraum für die verfahrensrechtliche Abwicklung und Festsetzung der KSt (VZ).

28　*Einstweilen frei.*

29　**2. Steuerbemessungszeitraum.** Der Steuerbemessungszeitraum ist der Zeitraum, für den das zu versteuernde Einkommen zu ermitteln ist. Der Steuerbemessungszeitraum stimmt grundsätzlich mit dem Kalenderjahr überein (Ausnahme: Zeitweise unbeschränkte oder beschränkte Steuerpflicht gem § 7 III S 3; vgl Rn 35) und entspricht im Regelfall auch dem Einkünfteermittlungszeitraum (Ausnahme: zB § 7

1　Die entsprechende Klarstellung erfolgte mit der Streichung des Verweises auf die §§ 14, 17 und 18 durch das StBereinG 1986 v 19.12.1985, BGBl I 1985, 2436; BTDrs 10/4513, 25.
2　Rengers in Blümich § 7 Rn 14.
3　Dazu BFH GrS 2/04, BStBl II 2008, 608.

IV; vgl Rn 40). Aus der Formulierung ergibt sich, dass die Steuerbemessungsgrundlage für ein Kalenderjahr zu ermitteln ist. Die in dem entsprechenden Kalenderjahr geltende Rechtslage ist daher für die Besteuerung maßgebend. Freibeträge sind ebenfalls für die Bemessungsgrundlage eines Kalenderjahres zu gewähren. Eine zeitanteilige Kürzung kommt insoweit nicht in Betracht.[1]

Einstweilen frei. 30

3. Einkünfteermittlungszeitraum. Der Zeitraum, für den die Einkünfte zu ermitteln sind, kann als Einkünfteermittlungszeitraum[2] oder Einkommensermittlungszeitraum[3] bezeichnet werden. Im Hinblick auf die Formulierung in § 7 IV ist die erstgenannte Terminologie aber vorzugswürdig. Aus § 7 IV ergibt sich ferner, dass der Steuerbemessungszeitraum und der Zeitraum der Ermittlung der Einkünfte nicht übereinstimmen müssen. Stimmt der Zeitraum, für den die Einkünfte zu ermitteln sind, nicht mit dem Kalenderjahr überein, ist eine Zurechnung zu einem bestimmten Steuerbemessungszeitraum (Kalenderjahr) vorzunehmen. Ein kürzerer Zeitraum als zwölf Monate ist bei Rumpf-WJ aufgrund der Gründung oder Löschung eines Körperschaftsteuersubjekts innerhalb eines Kalenderjahres möglich. Ferner dann, wenn die Steuerpflicht aus anderen Gründen nur ein Teil des Kalenderjahres bestand.[4] Längere Zeiträume sind möglich, wenn ein Körperschaftsteuersubjekt liquidiert wird (§ 11 I). Keine Übereinstimmung mit dem Kalenderjahr hat der Ermittlungszeitraum insbesondere bei buchführungspflichtigen Steuersubjekten, die ihren Abschlüssen ein abweichendes WJ zugrunde legen. Regelungen dazu finden sich in § 7 IV (vgl Rn 50). Aufgrund von Vereinfachungen lässt die Finanzverwaltung eine Abweichung auch für kleine Betriebe, Stiftungen, Verbände und Vereine zu, die einer juristischen Person des öffentlichen Rechts angeschlossen sind oder von ihr verwaltet werden, soweit diese gezwungen sind, ihre Abschlüsse abweichend vom Kalenderjahr aufzustellen (R 31 I KStR). Gleiches gilt im Hinblick auf wirtschaftliche Geschäftsbetriebe von Körperschaften iSd § 5 I Nr 9, die ohne Verpflichtung nach dem HGB ordnungsgemäß Bücher führen und regelmäßige Abschlüsse machen, mit einem vom Kalenderjahr abweichenden WJ (R 31 II KStR). 31

Einstweilen frei. 32

4. VZ. Die KSt wird nach § 7 III S 2 festgesetzt. Es handelt sich daher um eine Veranlagungsteuer (§ 31). Der VZ ist nach § 31 iVm § 25 I EStG stets das Kalenderjahr (vgl weiterführend § 31 Rn 22). 33

Einstweilen frei. 34

5. Sonderregelung (§ 7 III S 3). Regelungsgehalt, Verkürzung des Besteuerungszeitraums. Eine abweichende Regelung zur Bestimmung des Steuerbemessungs- und Einkünfteermittlungszeitraums enthält § 7 III S 3. Besteht die unbeschränkte oder beschränkte Steuerpflicht eines Steuerpflichtigen nicht während des ganzen 35

---

1 *Lambrecht* in Gosch § 7 Rn 29; *B Lang* in EY § 7 Rn 11.
2 So die allgemeine Terminologie, vgl etwa *Rengers* in Blümich § 7 Rn 18; *Schulte* in Erle/Sauter § 7 Rn 23.
3 *Lambrecht* in Gosch § 7 Rn 24.
4 *Pung* in D/J/P/W § 7 Rn 20.

Kalenderjahres, tritt nach § 7 III S 3 an die Stelle des Kalenderjahres der Zeitraum der jeweiligen Steuerpflicht. Die Vorschrift regelt also die Verkürzung des Besteuerungszeitraums. Die Verkürzung gilt für die Steuerbemessung und die Einkünfteermittlung gleichermaßen. Im Hinblick auf den VZ bleibt das Kalenderjahr hingegen maßgebend.[1] Einer Zustimmung des Finanzamtes zur Verkürzung des Besteuerungszeitraums nach § 7 III S 3 bedarf es nicht.

36 **Begründung der unbeschränkten Steuerpflicht.** § 7 III S 3 hat unterschiedliche Anwendungsbereiche. Zunächst erfasst die Regelung die Fallgruppe, dass die unbeschränkte oder beschränkte Steuerpflicht während eines Kalenderjahres begründet wird oder endet. IRd Begründung der unbeschränkten Steuerpflicht ist insbesondere die Gründung eines Steuersubjekts im Laufe des Kalenderjahres oder die erstmalige Verlagerung von Sitz bzw Geschäftsleitung durch ein Steuersubjekt ins Inland von Bedeutung.

37 **Beendigung der unbeschränkten Steuerpflicht.** Weiterhin erfasst § 7 III S 3 den Fall, dass die unbeschränkte oder beschränkte Steuerpflicht während eines Kalenderjahres endet. Die Beendigung der Steuerpflicht in Bezug auf ein Steuersubjekt kann durch vollständige Abwicklung (und Löschung im Register), aber auch durch Umwandlungsvorgänge[2] (mit Ausnahme des identitätswahrenden Formwechsels eines BgA einer Anstalt des öffentlichen Rechts in eine GmbH für Zwecke der KSt[3]) eintreten.

38 **Begründung und Beendigung der beschränkten Steuerpflicht.** In Bezug auf die beschränkte Steuerpflicht sind die Fallgruppen erfasst, die aufgrund der Aufnahme oder Beendigung einer Tätigkeit erstmals eine Veranlagung erfordern oder eine solche entfallen lassen (vgl auch § 2 Rn 243 ff).

39 **Wechsel zwischen unbeschränkter und beschränkter Steuerpflicht.** Die Regelung erfasst aber auch die Fallgruppe des Wechsels zwischen unbeschränkter und beschränkter Steuerpflicht. Ein solcher Wechsel kann durch die rechtswahrende Verlegung von Sitz und Geschäftsleitung einer deutschen Gesellschaft vom In- ins Ausland[4] sowie durch die rechtswahrende Verlegung von Sitz oder Geschäftsleitung einer ausländischen Gesellschaft ins Inland[5] erfolgen. Voraussetzung für die beschränkte Steuerpflicht ist, dass weiterhin inländische Einkünfte erzielt werden.

40 **Rechtsfolge beim Wechsel der Steuerpflicht.** Der (mehrfache) Wechsel der Art der Steuerpflicht führt in einem Kalenderjahr zu zwei oder mehreren Steuerbemessungs- und Einkünfteermittlungszeiträumen. Es erfolgt eine getrennte Ermittlung und Besteuerung der iRd unbeschränkten und beschränkten Steuerpflicht erzielten Ergebnisse. Eine andere Frage ist, ob in diesem Fall auch mehrere Veranlagungen erfolgen. In der Literatur bestand bis zum VZ 2008 weitgehend Einigkeit, dass die Regelung in § 2 VII

---

1 Schulte in Erle/Sauter § 7 Rn 27 mwN.
2 BFH I R 66/05, BStBl II 2006, 469.
3 BFH I R 3/06, BStBl II 2010, 186.
4 Spätestens seit dem MoMiG BGBl 2008, 2026 ist die Verlegung des Verwaltungssitzes deutscher GmbHs möglich. Eine Verlegung des statuarischen Sitzes ist hingegen nur für eine SE sowie zugezogene ausländische Gesellschaft möglich.
5 Aus unionsrechtlichen Gründen ist die Verlegung des Verwaltungssitzes bereits seit geraumer Zeit möglich. EuGH Rs C-208/00, *Überseering*, Slg 2002, I-9919 ff; EuGH Rs C-167/01, *Inspire Art*, Slg 2003, I-10155 ff.

VI. Zeiträume

S 3 EStG, die zur Einbeziehung der erzielten inländischen Einkünfte während der beschränkten Steuerpflicht in die Veranlagung zur unbeschränkten Steuerpflicht führt, aufgrund der Sonderregelung in § 7 III S 3 nicht anwendbar war und somit zwei (oder mehr) Veranlagungen erfolgen müssen.[1] Dies erscheint verständlich, denn ein Bedürfnis für die Anwendung des § 2 VII S 3 EStG besteht aufgrund des linearen Steuersatzes (§ 23) bei der KSt grundsätzlich nicht. Die Finanzverwaltung sprach sich ausweislich der Richtlinienregelung in R 32 I Nr 1 KStR (2004) dennoch für eine Anwendung des § 2 VII S 3 EStG aus, was nur eine Veranlagung zur Folge hatte.[2] Mit dem Einfügen des § 32 II Nr 1 iRd JStG 2009[3] und der Intention, einen Gleichklang mit dem § 2 VII S 3 EStG zu erreichen, ist jedoch davon auszugehen, dass beim Wechsel der unbeschränkten zur beschränkten Steuerpflicht ab dem VZ 2009 stets nur eine Veranlagung erfolgt (vgl § 32 Rn 113 ff).

Verlustausgleich und Verlustabzug. Die weitergehende Frage, ob innerhalb eines Kalenderjahres zwischen den unterschiedlichen Besteuerungszeiträumen ein Verlustausgleich oder Verlustabzug möglich ist, kann grundsätzlich unabhängig von der Frage einer einheitlichen oder getrennten Veranlagung beantwortet werden. Die Finanzverwaltung wird aufgrund der Einbeziehung der inländischen Einkünfte, die iRd beschränkten Steuerpflicht erzielt werden, in die Veranlagung zur unbeschränkten Steuerpflicht zu einer Verlustberücksichtigung kommen. Dagegen hat das FG Köln[4] entschieden, dass beide Zeitabschnitte zwei selbständige (Rumpf-)Ermittlungszeiträume darstellen, für die jeweils eine selbständige Summe der Einkünfte zu bilden ist. Ein Verlustabzug nach § 10d EStG sei vom Wortlaut der Vorschrift ebenfalls nicht gedeckt, da insoweit zwei verschiedene VZ vorausgesetzt werden. Danach wäre für einen Verlustausgleich oder Verlustabzug keine gesetzliche Grundlage vorhanden. Bei Einbeziehung in eine Veranlagung ist allerdings für eine Abweichung vom objektiven Nettoprinzip innerhalb eines Kalenderjahres kein ausreichender sachlicher Grund erkennbar. In der Praxis sollte daher ein Verlustausgleich möglich sein.

41

Einstweilen frei.

42-43

6. Liquidation. Einkünfteermittlungszeitraum. § 11 enthält eine besondere Regelung für den Einkünfteermittlungszeitraum bei der Abwicklung von unbeschränkt steuerpflichtigen Kapitalgesellschaften, Erwerbs- oder Wirtschaftsgenossenschaften oder VVaG bzw PVaG. Danach sind die Einkünfte abweichend von der Grundregel des § 7 III im Abwicklungszeitraum zu ermitteln. Der Besteuerungszeitraum soll drei Jahre nicht übersteigen (§ 11 I). Erfolgt die Abwicklung durch ein Insolvenzverfahren, gilt die Regelung sinngemäß.

44

Steuerbemessungszeitraum. Uneinheitlich beantwortet wird die Frage, ob nur der Einkünfteermittlungszeitraum oder auch der Steuerbemessungszeitraum aufgrund des § 11 verändert wird.[5] Praktische Auswirkungen werden aus der unterschiedlichen

45

---

1 Stellvertretend *Rengers* in Blümich § 7 Rn 20; *Lambrecht* in Gosch § 7 Rn 33.
2 *Seeger* in Schmidt § 2 EStG Rn 69.
3 BGBl I 2008, 2794.
4 FG Köln 5 K 211/87, zur alten Regelung in § 2 VII S 3 EStG.
5 Dazu *B Lang* in EY § 7 Rn 19 (nur Einkünfteermittlung); hL stellvertretend *Rengers* in Blümich § 7 Rn 22 (beide Zeiträume).

Auslegung allerdings nicht ersichtlich. Es besteht Einigkeit, dass die Einkünfte dem Kalenderjahr zugerechnet werden (Steuerbemessungszeitraum), in dem der Abwicklungszeitraum endet. Für die Besteuerung sind daher auch die Vorschriften maßgebend, die im Kalenderjahr der Beendigung der Abwicklung gelten.

46 **Rumpf-WJ.** Nach richtiger Ansicht hat die Regelung in § 11 I auch keine Auswirkung auf den VZ.[1] Im Kalenderjahr des Auflösungsbeschlusses entsteht damit ein Rumpf-WJ und ein Teil des Abwicklungszeitraums. Das Ergebnis des Rumpf-WJ kann aufgrund des Wahlrechts der Finanzverwaltung in R 51 I S 3 KStR in den Liquidationszeitraum einbezogen werden. Systematisch betrachtet, gibt es für eine Einbeziehung jedoch keine Grundlage.[2]

47 **Verlust.** Ein im Liquidationszeitraum erzielter Verlust kann nach Maßgabe des § 10d EStG in den letzten vor Beginn der Liquidation liegenden VZ zurückgetragen werden.[3] Der Liquidationszeitraum ist als ein VZ anzusehen. Innerhalb eines Liquidationszeitraums findet ein Verlustausgleich „automatisch" statt, da die Ergebnisse insoweit zusammengefasst werden.

48-49 *Einstweilen frei.*

50 **VII. Einkünfteermittlung bei handelsrechtlicher Buchführungspflicht (§ 7 IV S 1). 1. Regelungsgehalt. Ausnahmebestimmung.** Der maßgebende Zeitraum für die Ermittlung der Einkünfte – und nur dieser- erfährt durch die Regelung in § 7 IV eine bedeutende Ausnahme vom Grundsatz, dass das Kalenderjahr bestimmend ist. Der VZ/Steuerbemessungszeitraum und der Einkünfteermittlungszeitraum fallen insoweit auseinander. Für Steuerpflichtige, die verpflichtet sind, Bücher nach handelsrechtlichen Vorschriften zu führen, ist die Einkünfteermittlung nach dem WJ vorzunehmen, für das sie regelmäßig Abschlüsse machen. Die Buchführungspflicht selbst muss sich dabei nicht zwingend aus dem HGB ergeben. Die Bücher müssen aber nach den Vorschriften des HGB zu führen sein. Ermittlungszeitraum ist in solchen Fällen das WJ.

51 **Spezielle Regelung.** § 7 IV S 1 ist für Körperschaftsteuersubjekte eine spezielle Norm im Verhältnis zu § 4a I Nr 2 EStG. Steuerpflichtige, die nicht verpflichtet sind, Bücher nach den HGB-Vorschriften zu führen, haben die Einkünfteermittlung nach dem Kalenderjahr vorzunehmen. § 7 IV S 1 findet insoweit keine Anwendung (Ausnahmen vgl Rn 62).

52 **Einkünfte aus Land- und Forstwirtschaft.** Bei Einkünften aus Land- und Forstwirtschaft ist nach Auffassung der Finanzverwaltung § 4a I Nr 1 und Nr 3 EStG anwendbar.[4] Danach sind die Einkünfte für den Zeitraum 1.7. bis 30.6. des Folgejahres zu ermitteln. Abweichungen sind iRd § 8c EStDV zulässig. Für die Zurechnung zum Steuerbemessungszeitraum (Kalenderjahr) ist die Sonderregelung in § 4a II Nr 1 EStG

---

1 *Rengers* in Blümich § 7 Rn 22; *Schulte* in Erle/Sauter § 7 Rn 33.
2 BFH I R 233/71, BStBl II 1974, 692.
3 *Lambrecht* in Gosch § 11 Rn 77; *Schulte* in Erle/Sauter § 7 Rn 34.
4 Dagegen etwa *B Lang* in EY § 7 Rn 25 und 60.

zu beachten, wonach eine zeitanteilige Zurechnung vorzunehmen ist. Die Zurechnung der Einkünfte erfolgt also rein nach der jeweils auf das Kalenderjahr des Beginns und das Kalenderjahr des Endes der Ermittlung entfallenden Zeiträume.

Einstweilen frei. 53

2. Anknüpfung an das WJ. Definition. Der Begriff des WJ ergibt sich aus § 7 IV S 1, ohne dass die Norm eine gesetzliche Definition vornimmt. Es handelt sich um den Zeitraum, für welchen ein Steuersubjekt regelmäßig Abschlüsse macht. Regelmäßige Abschlüsse liegen vor, wenn sie einerseits fortlaufend im Hinblick auf die handelsrechtliche Verpflichtung zur Rechnungslegung erfolgt sind und andererseits aber auch dem Grundsatz des Bilanzzusammenhangs (§ 252 I Nr 1 HGB) Rechnung tragen.[1] Eine Folge von Abschlüssen auf den gleichen Stichtag allein reicht nicht aus. Die Umstellung des WJ auf einen anderen Abschlussstichtag steht der Regelmäßigkeit nicht entgegen. Die Umstellung von einem „regelmäßigen" Abschlussstichtag auf einen anderen „regelmäßigen" Abschlussstichtag ist daher iSd Norm regelmäßig, wenn die Umstellung berechtigt vorgenommen wird. Die Ordnungsgemäßheit des Abschlusses ist insoweit nicht erheblich.[2] 54

Geschäftsjahr. Im Handelsrecht findet sich der Begriff des Geschäftsjahres (vgl §§ 240 II, 242 HGB). Nach § 242 I HGB hat der Kaufmann zum Ende eines jeden Geschäftsjahres einen Abschluss zu erstellen. Das handelsrechtliche Geschäftsjahr und das steuerrechtliche WJ werden beide über die Abschlusserstellung festgelegt. Eine Abweichung des steuerlichen WJ vom handelsrechtlichen Geschäftsjahr kommt daher grundsätzlich nicht in Betracht. Es ist aber dann möglich, wenn das Geschäftsjahr handelsrechtlich wirksam auf ein vom Kalenderjahr abweichendes Geschäftsjahr umgestellt wird, das steuerrechtlich erforderliche Einvernehmen mit dem Finanzamt (§ 7 IV S 3) aber nicht hergestellt werden kann. Die Handelsbilanz ist in diesem Fall für die Steuerbilanz nicht maßgeblich.[3] Es muss eine getrennte Bilanzierung zu zwei Stichtagen erfolgen. 55

Dauer. Da es sich bei dem handelsrechtlichen Geschäftsjahr regelmäßig um eine Periode von zwölf Monaten handelt (§ 240 II HGB), stimmt dies mit der steuergesetzlichen Regelung zum WJ überein (§ 8b EStDV) und gilt auch für ein abweichendes WJ, das ebenfalls höchstens zwölf Monate umfassen darf.[4] Das handelsrechtlich maßgebende Geschäftsjahr, das von der buchführungspflichtigen Körperschaft bei der Aufnahme der Tätigkeit frei gewählt werden kann, stimmt daher grundsätzlich mit dem steuerrechtlichen WJ überein (Ausnahmen vgl Rn 55). 56

Rumpf-WJ. Rumpf-WJ, die kürzer als zwölf Monate sind, können aus steuerlicher Sicht auftreten, wenn ein Betrieb eröffnet, erworben, aufgegeben oder veräußert wird (§ 8b Nr 1 EStDV). Die Regelung ist nicht abschließend.[5] Im Hinblick auf juristische Personen kann ferner die Errichtung (zB Vor-GmbH) oder das Löschen aus dem Re- 57

---

1 *Pung* in D/J/P/W § 7 Rn 29; *Frotscher* in Frotscher/Maas § 7 Rn 27.
2 BFH I R 115/78, BStBl II 1982, 485.
3 BFH IV R 26/99, BStBl II 2000, 498.
4 *Schulte* in Erle/Sauter § 7 Rn 52.
5 BFH I R 233/71, BStBl II 1974, 692.

gister zu einem Rumpf-WJ führen. Ein Rumpf-WJ kann darüber hinaus entstehen, wenn die Körperschaft auf ein WJ mit einem anderen Abschlussstichtag übergehen will.[1] Andernfalls würde sich ein Zeitraum von mehr als zwölf Monaten ergeben.

58 **Liquidation.** In der Liquidation kann es zu Zeiträumen für die Einkünfteermittlung von mehr als zwölf Monaten kommen. Denn das Ergebnis des gesamten Abwicklungszeitraums, der nicht mehr als drei Jahre betragen soll, ist der Besteuerung als Gesamtergebnis zugrunde zu legen. Dabei wird aber der Grundsatz, dass ein WJ höchstens zwölf Monate umfassen soll, nicht durchbrochen. Es verändert sich insoweit nur der Ermittlungszeitraum, nicht aber das WJ oder der VZ.[2]

59 **Maßgeblichkeit des handelsrechtlichen Abschlusses.** Die handelsrechtlich getroffene Entscheidung, für eine bestimmte Periode regelmäßig Abschlüsse aufzustellen (Geschäftsjahr), ist daher als WJ für die steuerliche Einkünfteermittlung regelmäßig maßgebend. Ohne besondere Handlungen, die sich in regelmäßigen Abschlüssen auf einen anderen Zeitpunkt dokumentieren lassen, entspricht das Geschäftsjahr dem WJ. Auf diese Weise wird eine fortlaufende Erfassung der Geschäftsvorfälle und Bilanzansätze über den Grundsatz des Bilanzzusammenhangs (§ 252 I Nr 1 HGB) auch für das Steuerrecht gewährleistet.

60 *Einstweilen frei.*

61 **3. Buchführungspflicht. HGB.** Das WJ ist nur dann Zeitraum der Einkünfteermittlung, wenn eine Verpflichtung besteht, Bücher nach den Vorschriften des HGB zu führen. Nach den Vorschriften des HGB haben Kaufleute Bücher zu führen (§ 238 HGB), so dass diese primär von § 7 IV S 1 betroffen sind (zu den Kaufleuten im Einzelnen vgl Rn 67 ff). Die Verpflichtung selbst kann sich aber auch aus einer Verweisung ergeben (zB EigBVO).

62 **AO.** In der Literatur wird darüber hinaus die Frage diskutiert, ob eine Buchführungspflicht aus § 141 AO ebenfalls in den Anwendungsbereich des § 7 IV S 1 fällt. Denn Bücher sind auch in solchen Fällen unter sinngemäßer Anwendung der HGB-Vorschriften zu führen.[3] Früher wurde zur Auslegung der Norm auf die alte Fassung des § 8 II hingewiesen. Während dort von einer Buchführungspflicht nach HGB die Rede war, geht § 7 IV von einer Verpflichtung, nach den Vorschriften des HGB Bücher zu führen, aus.[4] Das sollte eine großzügigere Anwendung des § 7 IV erlauben. Inzwischen wurde § 8 II geändert und auf die Buchführungspflicht nach HGB kommt es insoweit nicht mehr an. Ein solche Auslegung wird den Vorschriften (§§ 141 AO, 7 IV S 1) aber auch nicht gerecht. In § 141 AO geht es lediglich darum, bestimmte HGB-Vorschriften sinngemäß für anwendbar zu erklären. Es geht nicht darum, den Kreis der Personen zu erweitern, die Bücher nach den Vorschriften des HGB zu führen haben.[5] Ein WJ ist daher nur für die nach HGB zur Buchführung verpflichteten, steuerpflichtigen Körperschaftsteuersubjekte Zeitraum der Einkünfteermittlung.

---

1 *Schulte* in Erle/Sauter § 7 Rn 53.
2 *Schulte* in Erle/Sauter § 7 Rn 54.
3 *B Lang* in EY § 7 Rn 23 ff.
4 *B Lang* in EY § 7 Rn 23.
5 *Schulte* in Erle/Sauter § 7 Rn 41; *Frotscher* in Frotscher/Maas § 7 Rn 14.

IFRS. Die Rechnungslegungsgrundsätze nach den IFRS (ehemals IAS) haben derzeit lediglich für konsolidierte Abschlüsse börsennotierter Unternehmen verbindlichen Charakter.[1] Eine Buchführungspflicht iSd § 7 IV S 1 ergibt sich daher aus ihnen nicht.[2]   63

Beginn der Buchführungspflicht. Die Buchführungspflicht beginnt mit dem Erwerb der Eigenschaft als Kaufmann. Dabei ist eine Gründungsgesellschaft (Vor-GmbH) mit der durch Eintragung zur Entstehung gelangenden Gesellschaft identisch.   64

Ende der Buchführungspflicht. Die Buchführungspflicht endet mit dem Verlust der Kaufmannseigenschaft, etwa durch Löschung der Körperschaft aus dem Register oder dem Entfallen der Voraussetzungen des Kaufmanns (vgl Rn 67 ff). Ergänzend sind die jeweils für das Körperschaftsteuersubjekt maßgebenden verbands- bzw gesellschaftsrechtlichen Regelungen zu beachten.   65

Einstweilen frei.   66

4. Einzelne Körperschaftsteuersubjekte. Formkaufleute. Kaufleute iSd § 238 HGB sind im Hinblick auf die Körperschaftsteuersubjekte in erster Linie die Formkaufleute nach § 6 HGB. Darunter fallen neben der AG (§ 3 AktG) auch die KGaA (§§ 278 III, 3 AktG), die GmbH (§ 13 III 3 GmbHG), die Genossenschaften (§ 17 II GenG), die SE mit Sitz im Inland (Art 9 SE-VO), die SCE (Art 8 SCE-Verordnung) und der VVaG und PVaG (§§ 16, 55 ff VAG). Lediglich kleine Versicherungsvereine sind insoweit ausgenommen (§ 53 VAG).   67

Istkaufmann, Kannkaufmann. Andere Körperschaftsteuersubjekte (sonstige juristische Personen des privaten Rechts nach § 1 I Nr 4 wie zB Vereine iSd § 22 BGB, Idealvereine mit Zweckbetrieb, Unternehmensstiftungen iSd § 80 BGB sowie Vereine, Anstalten, Stiftungen und andere Zweckvermögen nach § 1 I 1 Nr 5) sind nach HGB buchführungspflichtig, wenn sie Kaufmann nach den allgemeinen Regeln (§§ 1 – 3 HGB) sind. Dazu ist erforderlich, dass sie ein Handelsgewerbe iSd § 1 HGB betreiben (Istkaufmann) oder als gewerbliches Unternehmen mit der Firma im Handelsregister eingetragen sind (Kannkaufmann). Gleiches gilt auch für BgA von juristischen Personen des öffentlichen Rechts (§ 1 I Nr 6).   68

Fiktivkaufmann. Die Kaufmannseigenschaft kraft Eintragung nach § 5 HGB reicht für die Verpflichtung, Bücher nach dem HGB zu führen, nach hM nicht aus.[3]   69

Ausländische Körperschaften mit Zweigniederlassung. Unterhalten Körperschaftsteuersubjekte mit Sitz im Ausland eine Betriebsstätte im Inland, besteht eine gesetzliche Verpflichtung, Bücher nach den Vorschriften des HGB zu führen, nur unter den Voraussetzungen der §§ 13d-13g HGB. Dazu muss in jedem Fall eine Zweigniederlassung im Inland unterhalten werden.   70

Ausländische Körperschaften ohne Zweigniederlassung. Ausländische Körperschaften, die keine handelsrechtliche Zweigniederlassung unterhalten, sind nicht verpflichtet, Bücher nach handelsrechtlichen Vorschriften zu führen. Bei ihnen   71

---

1 Verordnung (EG) Nr 1725/2003, ABl EG L 261/1.
2 BFH I R 5/04, BStBl II 2009, 100.
3 Ausführlich *Hüttemann/Meinert*, BB 2007, 1436.

entspricht der Zeitraum der Einkünfteermittlung daher grundsätzlich dem Kalenderjahr.[1] Selbst wenn eine steuerliche Rechnungslegung nach § 141 AO für die Betriebsstätte verpflichtend wäre, reicht dies für den Anwendungsbereich des § 7 IV S 1 nicht aus (vgl Rn 45). Ausnahmen sind zur Vermeidung eines Verstoßes gegen die Niederlassungsfreiheit des AEUV (unzulässige Diskriminierung/Beschränkung) für ausländische Körperschaften mit Sitz in einem EU-/EWR-Mitgliedsstaat angezeigt. Bei solchen Körperschaften, denen lediglich die Voraussetzung fehlt, Bücher nach den HGB-Vorschriften zu führen, die aber nach harmonisiertem europäischen Bilanzrecht verpflichtet sind, Bücher zu führen, können der Besteuerung im Inland auch das Ergebnis des handelsrechtlichen Geschäftsjahres als steuerrechtliches Ergebnis des WJ zugrunde legen.[2] Das gilt auch in den Fällen, in denen eine nach ausländischem Recht gegründete EU-/EWR-Körperschaft die Geschäftsleitung (und damit quasi die Hauptniederlassung) ins Inland verlegt und damit unbeschränkt steuerpflichtig wird.[3] Wird ein vom Kalenderjahr abweichendes WJ ohne Berechtigung gewählt, sind die Einkünfte des Kalenderjahres zu schätzen. Dabei kann die Gewinnermittlung unter zeitanteiliger Zuordnung als Anhaltspunkt verwendet werden.[4]

72 **Umfang der Buchführungspflicht.** Die Buchführungspflicht umfasst den gesamten Geschäftsbereich unabhängig von der Lage der Vermögenswerte. Ausländische unselbständige Betriebsteile (zB Zweigniederlassungen) sind daher einzubeziehen und deren Ergebnisse einheitlich nicht nur handelsrechtlich für das Geschäftsjahr, sondern auch steuerrechtlich (soweit erforderlich) für das WJ zu ermitteln.

73 *Einstweilen frei.*

74 **5. Festlegung des WJ. WJ als Einkünfteermittlungszeitraum.** Das WJ ist bei den von § 7 IV S 1 erfassten Steuerpflichtigen der maßgebende Zeitraum zur Ermittlung der Einkünfte. Dabei handelt es sich aufgrund der Maßgeblichkeit der regelmäßigen Abschlusserstellung in der Regel um das Geschäftsjahr nach dem HGB.

75 **Wahlrecht.** Das Geschäftsjahr wird häufig, aber selten zwingend (siehe aber § 8 I Nr 3 GenG) in der Satzung festgelegt. Ohne besondere Bestimmung entspricht das Geschäftsjahr dem Kalenderjahr.[5] Bei der Wahl des WJ sind die vom Anwendungsbereich des § 7 IV betroffenen Körperschaften zunächst grundsätzlich frei. Lediglich die Umstellung des WJ auf ein vom Kalenderjahr abweichendes WJ unterliegt dem Zustimmungserfordernis. Ein neu entstehendes Körperschaftsteuersubjekt kann daher das WJ frei wählen.

76 **Frist und Form.** Eine Frist oder eine Form für die Ausübung des Wahlrechts gibt es nicht. Wird die Wahl nicht in der Satzung ausgeübt und umgesetzt, kann die Wahl durch Einreichung des ersten Abschlusses mit Steuererklärung beim Finanz-

---

1 *Rengers* in Blümich § 7 Rn 26; *Schulte* in Erle/Sauer § 7 Rn 45; *Schwedhelm* in Streck § 7 Rn 6, wollen eine Buchführungspflicht nach ausländischem Recht der HGB-Verpflichtung gleichstellen.
2 *Suchanek* in H/H/R § 7 Rn 27.
3 *Rengers* in Blümich § 7 Rn 26.
4 BFH IV R 41/98, BStBl II 2000, 24.
5 *Suchanek* in H/H/R § 7 Rn 29.

amt erfolgen.¹ Bei einem vom Kalenderjahr abweichenden WJ sind lediglich ein Abschluss und die Absicht, den Zeitpunkt in Zukunft beizubehalten, erforderlich. Auf die Ordnungsmäßigkeit der Abschlüsse kommt es nicht an.²

Abweichungen bei der Bestimmung des WJ. Eine vorherige Erklärung gegenüber der Finanzbehörde ist nach zutreffender Auffassung nicht bindend.³ Die tatsächliche Abschlusserstellung und Absicht für die Zukunft gehen den Absichtserklärungen der Vergangenheit vor. Stimmt der Zeitpunkt allerdings nicht mit der ausdrücklichen Festlegung in der Satzung überein, hat der Abschluss keine steuerliche Wirkung für die Festlegung des WJ.⁴   77

Folgen der Wahl eines abweichenden WJ. Steht das WJ fest, sind alle Maßnahmen zur Ermittlung der Einkünfte auf das WJ zu beziehen (zB Schätzung der Besteuerungsgrundlagen). Kommt der Steuerpflichtige dem Erfordernis der regelmäßigen Abschlüsse über Jahre nicht nach, sprechen gute Gründe dafür, die Grundregel – Ermittlungszeitraum ist das Kalenderjahr – wieder anzuwenden.⁵   78

Anforderungen an den Zeitraum. Der Zeitraum für ein WJ beträgt grundsätzlich zwölf Monate (§ 8b EStDV). Ein Zeitraum, der über zwölf Monate hinausgeht, entspricht nicht den steuerlichen Anforderungen. In solchen Fällen hat eine Schätzung auf der Grundlage des Kalenderjahrs als Einkünfteermittlungszeitraum zu erfolgen.⁶   79   §7

Rumpf-WJ. Ein WJ, das kürzer ist als zwölf Monate, kann sich insbesondere bei Rumpf-WJ wegen Gründung oder Liquidation eines Körperschaftsteuersubjekts ergeben. Ferner dann, wenn das WJ umgestellt wird (§ 8b S 2 EStDV). Bei der Umstellung des WJ darf grundsätzlich nur ein Rumpf-WJ entstehen. Ausnahmen sind allenfalls außerhalb eines Gesamtplanes und bei Vorliegen von zusätzlichen Gründen (etwa die Einbeziehung in eine Organschaft) anzuerkennen.⁷ Weitere Fälle können sich aus Gründen ergeben, die zur Entstehung oder dem Wegfall von unbeschränkter oder beschränkter Steuerpflicht führen (§ 7 III S 3). Ferner führt ein Wechsel zwischen den Arten der Steuerpflicht zu Rumpf-WJ (vgl Rn 46).   80

Einstweilen frei.   81

6. Vereinfachungsregel. Die Finanzverwaltung lässt auch in Fällen, in denen die Voraussetzungen des § 7 IV S 1 nicht vorliegen, aus Billigkeitsgründen das WJ als Einkünfteermittlungszeitraum zu. Das gilt nach R 31 KStR für kleine Betriebe, Stiftungen, Verbände und Vereine, die einer juristischen Person des öffentlichen Rechts angeschlossen sind oder von ihr verwaltet werden, soweit sie gezwungen sind, ihre Abschlüsse abweichend vom Kalenderjahr aufzustellen. Gleiches gilt für technische Überwachungsvereine. Ferner kann das Ergebnis des WJ bei wirtschaftlichen   82

---

1 BFH IV R 307/84, BFH/NV 1990, 632.
2 Allgemeine Ansicht BFH I R 115/78, BStBl II 1982, 485.
3 *Rengers* in Blümich § 7 Rn 35; *Schwedhelm* in Streck § 7 Rn 9.
4 FG Nürnberg I 243/96, EFG 1998, 1693; ebenso *Rengers* in Blümich § 7 Rn 38; aA *Schwedhelm* in Streck § 7 Rn 7.
5 *Schwedhelm* in Streck § 7 Rn 9.
6 Kein ordnungsgemäßer Abschluss *Schulte* in Erle/Sauter § 7 Rn 52.
7 Ebenso im Ergebnis BFH I B 31/96, BFH/NV 1997, 378; FG Berlin VIII 334/95, EFG 1996, 75; *Lambrecht* in Gosch § 7 Rn 39.

Geschäftsbetrieben von gemeinnützigen, mildtätigen oder kirchlichen Zwecken dienenden Körperschaften, Personenvereinigungen oder Vermögensmassen der Besteuerung zugrunde gelegt werden. Voraussetzung ist allerdings, dass solche Gebilde isd § 5 I Nr 9 auch ohne Verpflichtung nach den Vorschriften des HGB ordnungsgemäß Bücher führen und regelmäßig Abschlüsse machen.

83 *Einstweilen frei.*

84 **VIII. Zeitliche Zurechnung der Einkünfte (§ 7 IV S 2). Zurechnungsfiktion.**
Für Steuerpflichtige, welche in Erfüllung der Voraussetzungen des in § 7 IV S 1 vorgesehenen Wahlrechts für ein vom Kalenderjahr abweichendes WJ (handelsrechtliches Geschäftsjahr) regelmäßig Abschlüsse machen, so dass der Zeitraum der Einkünfteermittlung vom Kalenderjahr als dem maßgebenden Steuerbemessungszeitraum abweicht, ist eine Zurechnungsregelung erforderlich. Die Zurechnung wird nach § 7 IV S 2 durch eine Fiktion vorgenommen. Eine abweichende Zurechnung kommt nicht in Betracht. Die Einkünfte gelten als in dem Kalenderjahr bezogen, in dem das WJ – also der Einkünfteermittlungszeitraum – endet. Steuerpausen können bei der KSt durch die erstmalige Wahl eines abweichenden WJ nicht eintreten.[1] Nach § 31 II sind die Vorauszahlungen für den VZ bereits während des WJ zu entrichten, das im VZ endet (vgl § 31 Rn 29).

85 **Rumpf-WJ.** Die Zurechnungsregel gilt auch für Rumpf-WJ. Dabei kann es in den Fällen der Umstellung des WJ auf das Kalenderjahr zu einer Kumulation der Besteuerung der Ergebnisse beider Einkünfteermittlungszeiträume in einem Steuerbemessungszeitraum kommen (höchstens 23 Monate).[2] Verluste aus einem Zeitraum sind in diesem Fall ohne die Regelung des § 10d EStG mit Gewinnen aus dem anderen Zeitraum zu verrechnen, da es nur eine Steuerbemessungsgrundlage für das Kalenderjahr gibt.[3] Die Umstellung eines WJ auf einen vom Kalenderjahr abweichenden Zeitraum bedarf zur steuerlichen Anerkennung der Zustimmung des Finanzamts. Nach wirksamer Umstellung kann sich ebenfalls ein Rumpf-WJ ergeben, dessen Ergebnis entsprechend § 7 IV S 2 zuzurechnen ist.

86 **Mitunternehmerschaft.** Bei mitunternehmerischen Beteiligungen an Personengesellschaften ist zu beachten, dass das Ergebnis als Mitunternehmer in dem WJ zu erfassen ist, in welches der Bilanzstichtag der Personengesellschaft fällt.[4]

87 *Einstweilen frei.*

88 **IX. Umstellung des WJ (§ 7 IV S 3). 1. Regelungsgehalt. Betroffene Steuerpflichtige.** § 7 IV S 3 beschäftigt sich nur mit der Umstellung des WJ. Aus der Regelung ergibt sich, dass der Anwendungsbereich des § 7 IV S 3 mit dem Anwendungsbereich des IV S 1 übereinstimmt. Dh nur Steuerpflichtige, die handelsrechtlich ein Geschäftsjahr frei gewählt haben, welches als steuerliches WJ anzusehen ist, können eine Umstellung des WJ vornehmen und sind von § 7 IV S 3 betroffen.

---

1 *Frotscher* in Frotscher/Maas § 7 Rn 31.
2 BFH I R 181/66, BStBl II 1970, 788.
3 *Schulte* in Erle/Sauter § 7 Rn 57.
4 BFH I 231, 232/62 U, BStBl III 1965, 54; *Schulte* in Erle/Sauter § 7 Rn 56.

Erstwahl. Die erstmalige Festlegung des WJ ist von der Beschränkung des § 7 IV   89
S 3 nicht erfasst. Sie unterliegt lediglich iRd § 42 AO insoweit einer Begrenzung, dass
keine sog Steuerpause entstehen darf.[1] Kein solcher Fall liegt nach der Rechtsprechung
des BFH vor, soweit ein abweichendes WJ erstmalig zur Verhinderung eines Rumpf-
WJ gewählt wird[2] (vgl auch zum entsprechenden Erfordernis einer Umstellung
Rn 107). Damit ist der plausible Grund, ein Rumpf-WJ zu vermeiden, zu Recht aus
dem schillernden Bereich der „rechtsmissbräuchlichen Steuerpause" entschwunden.
Es gilt daher die Umstellung von der erstmaligen Festlegung abzugrenzen. Körperschaftsteuersubjekte, die durch Gründung oder Umwandlung neu entstehen, legen
das WJ zunächst lediglich fest. Gleiches ist im Fall der echten Betriebsaufspaltung
bei der Betriebsgesellschaft anzunehmen.[3] Andererseits sind die reine Umfirmierung
eines Körperschaftsteuersubjekts oder eine identitätswahrende formwechselnde Umwandlung keine Vorgänge, die eine Erstwahl des WJ rechtfertigen würden.

Fallgruppen. Im Anwendungsbereich der Vorschrift sind zwei Fallgruppen zu   90
unterscheiden: Während die Umstellung des WJ auf einen vom Kalenderjahr abweichenden Zeitraum steuerlich wirksam nur im Einvernehmen mit dem Finanzamt
vorgenommen werden kann, gibt es für die Umstellung des WJ auf das Kalenderjahr
keine Beschränkungen. Rumpf-WJ, die durch letztgenannte Umstellung entstehen,
sind daher ebenfalls ohne Beschränkungen möglich.

Auflösung der Körperschaft. Gleiches gilt für Rumpf-WJ, die durch die Auflösung   91
der Körperschaft entstehen. Sie unterfallen nicht § 7 IV S 3 und bedürfen daher keiner
Zustimmung durch das Finanzamt. Hier fehlt es an der Zielrichtung, das WJ umzustellen. Vielmehr steht insoweit die Berücksichtigung anderer Interessen und Ziele
(zB Liquidations- oder Insolvenzverfahren) im Vordergrund.[4] Das Entstehen eines
Rumpf-WJ ist insoweit nur eine Begleiterscheinung.

Einstweilen frei.   92

2. Allgemeine Voraussetzungen. Umstellung des handelsrechtlichen Ge-   93
schäftsjahres. Die Umstellung des WJ hängt unmittelbar von der Umstellung des
handelsrechtlichen Geschäftsjahres ab. Die Umstellung des handelsrechtlichen Geschäftsjahres hängt wiederum von der zivilrechtlich wirksamen Umstellung des Geschäftsjahres ab.[5] Da die Eintragung der Umstellung des Geschäftsjahres konstitutive
Wirkung hat, ist den zivilrechtlichen Formerfordernissen besondere Bedeutung beizumessen (vgl Rn 94).

Formerfordernisse der Änderung von Satzung oder Gesellschaftsvertrag. Es ist   94
allgemein anerkannt, dass die Änderung des Geschäftsjahres bei der AG oder KGaA
bzw GmbH nur durch Änderung der Satzung oder des Gesellschaftsvertrags möglich
ist.[6] Jede Satzungsänderung bedarf eines Beschlusses der Gesellschafterversamm-

---

1 BFH VIII R 89/02, BFH/NV 2004, 936.
2 BFH IV R 21/05, BStBl 2010, 230.
3 BFH IV R 89/76, BStBl II 1980, 94.
4 Anders in der Begründung aber nicht im Ergebnis *Schulte* in Erle/Sauter § 7 Rn 74.
5 *Suchanek* in H/H/R § 7 Rn 40; *Schulte* in Erle/Sauter § 7 Rn 66.
6 *Priester* in Scholz § 53 GmbHG Rn 139; *Ulmer* in Ulmer/Habersack/Winter § 53 GmbHG Rn 110.

lung (zB Hauptversammlung bei der AG, § 179 I AktG; Gesellschafterversammlung bei der GmbH, § 53 I GmbHG). Der Beschluss der Hauptversammlung einer AG bedarf einer Mehrheit, die mindestens drei Viertel des anwesenden Grundkapitals umfasst. Bei der GmbH ist neben der notariellen Beurkundung grundsätzlich die Mehrheit von drei Viertel der abgegebenen Stimmen erforderlich (§ 53 II GmbHG). Die Änderung der Satzung ist erst wirksam, wenn sie ins Handelsregister des Sitzes der Gesellschaft eingetragen ist (§ 181 III AktG; § 54 III GmbHG). Der Zeitpunkt gilt auch für steuerrechtliche Zwecke, obwohl für die betroffenen Körperschaftsteuersubjekte grundsätzlich keine Verpflichtung besteht, das Geschäftsjahr in die Satzung aufzunehmen. Fehlt es an einer Festlegung, stimmt das Geschäftsjahr mit dem WJ überein.

95 **Satzungsänderung iRv Umwandlungen.** Entsprechend den Ausführungen zum Inhalt der Satzung gehört die Festlegung des Geschäftsjahres nicht zum verpflichtenden Inhalt eines Verschmelzungsvertrages (§ 5 I). Denkbar in einem Verschmelzungsvertrag sind aber Verpflichtungen zur Änderung der Satzung der aufnehmenden Gesellschaft als fakultativer Bestandteil. Auf diesem Wege könnte auch eine Änderung des Geschäftsjahres vereinbart werden.[1] Für die Umstellung gelten dann die allgemeinen Regeln zur Satzungsänderung (vgl Rn 94).

96 **Rückwirkung.** Unabhängig von der zivilrechtlichen Rückwirkung ist davon auszugehen, dass für steuerliche Zwecke eine Rückwirkung nur sehr eingeschränkt in Betracht kommt. Sie ist nur anzuerkennen, wenn die Eintragung in das Register innerhalb des ersten von der Änderung betroffenen WJ erfolgt.[2] Im Zivilrecht ist eine rückwirkende Änderung des Geschäftsjahres nach hM zumindest bei Kapitalgesellschaften auch nur sehr beschränkt möglich. Der Antrag auf Umstellung des Geschäftsjahres muss im ersten von der Änderung betroffenen Rumpf-Geschäftsjahre gestellt und dann auch tatsächlich noch innerhalb dieses Rumpf-Geschäftsjahres in das Handelsregister eingetragen werden.[3]

97 **Weitere Anforderungen.** Handelsrechtlich werden an das Geschäftsjahr selbst und dessen Umstellung mit Ausnahme der Dauer (zwölf Monate) keine weiteren qualitativen Anforderungen gestellt.

98 *Einstweilen frei.*

99 **3. Steuerrechtliche Anforderungen. Umstellung auf das Kalenderjahr.** Die Umstellung des WJ auf das Kalenderjahr ist ohne weitere (steuerrechtliche) Voraussetzungen möglich. Das Einvernehmen des Finanzamtes ist dafür nicht erforderlich.

100 **Fallgruppen mit Erfordernis des Einvernehmens.** Will der Steuerpflichtige das WJ auf ein vom Kalenderjahr abweichendes WJ umstellen, setzt die steuerliche Wirksamkeit der Umstellung das Einvernehmen mit dem Finanzamt voraus. Betroffen sind die zwei Fallgruppen:

---

1 *Lutter/Drygala* in Lutter § 5 UmwG Rn 96; *Ulmer* in Ulmer/Habersack/Winter § 53 GmbHG Rn 42.
2 BFH I B 31/96, NV 1997, 378; dagegen FG Nürnberg I 243/96, EFG 1998, 1693, Eintrag schon vor Beginn des neuen WJ erforderlich.
3 *Bayer* in Lutter/Hommelhoff § 53 GmbHG Rn 43, unter Hinweis auf OLG Frankfurt GmbHR 1999, 484 und OLG Schleswig NJW-RR 2000, 1425.

IX. Umstellung des WJ

- Es wird von einem WJ, welches mit dem Kalenderjahr übereinstimmt, auf ein vom Kalenderjahr abweichendes WJ umgestellt und
- es wird von einem vom Kalenderjahr abweichenden WJ auf ein anderes vom Kalenderjahr abweichendes WJ umgestellt.

Zeitpunkt der Einholung der Zustimmung. Das Einvernehmen mit dem Finanzamt kann bereits vorab durch einen entsprechenden Antrag auf Zustimmung erreicht werden[1] oder zu einem späteren Zeitpunkt auch konkludent, etwa durch Abgabe der Steuererklärung mit entsprechend umgestelltem WJ.[2] Die Erteilung oder Verweigerung des Einvernehmens ist ein selbständiger Verwaltungsakt.[3] Aus praktischer Sicht ist die rechtzeitige Abstimmung der Umstellung mit dem Finanzamt empfehlenswert, um im Hinblick auf die steuerliche Wirksamkeit Sicherheit zu haben. Dies empfiehlt sich auch daher, da viele Amtsgerichte in der Praxis die Eintragung des abweichenden WJ von der tatsächlichen Zustimmung abhängig machen. 101

Form. Das Einvernehmen mit dem Finanzamt setzt keine bestimmte Form voraus.[4] Der Antrag selbst kann auch erst durch die Abgabe der Steuererklärung unter Beifügung eines Jahresabschlusses, der auf ein abweichendes WJ bezogen ist, gestellt werden. Der Steuerpflichtige muss dabei aber die Gründe darlegen, die eine Umstellung rechtfertigen.[5] 102

Formen des Einvernehmens. Bei der Entscheidung über das Einvernehmen handelt sich aber um einen Verwaltungsakt des Finanzamtes, der die Billigung der Umstellung zum Ausdruck bringt. Als Zustimmungsakte kommen daher die Einwilligung (gem § 183 BGB, bei vorheriger Beantragung) und die Genehmigung (gem § 184 BGB, bei nachträglicher Beantragung) in Betracht.[6] 103

Grundlagenbescheid. Nach überwiegender Ansicht handelt es sich bei der Entscheidung über das Einvernehmen um einen Grundlagenbescheid (§ 171 X AO).[7] 104

Ermessensentscheidung. Die Entscheidung über das Einvernehmen ist vom Finanzamt entsprechend dem Zweck des § 7 IV vorzunehmen. Es handelt sich um eine Ermessenentscheidung (§ 5 AO), auf deren Ergehen nach Antragstellung durch den Steuerpflichtigen ein Anspruch besteht.[8] 105

Maßstab des Ermessens. Im Hinblick auf den Maßstab, an dem sich die Ermessensentscheidung des Finanzamts über das Einvernehmen auszurichten hat, ist Folgendes zu beachten: Mangels gesetzlicher Anhaltspunkte ergibt sich aus dem Zweck des § 7 IV, dass die Wahl des WJ am handelsrechtlichen Geschäftsjahr ausgerichtet werden soll. Das Finanzamt hat somit das Einvernehmen grundsätzlich zu erteilen, wenn wirtschaftliche oder betriebliche Gründe vorhanden sind, die zur Umstellung des 106

---

1   Etwa *Schulte* in Erle/Sauter § 7 Rn 68; *Lambrecht* in Gosch § 7 Rn 52.
2   *B Lang* in EY § 7 Rn 69; *Schulte* in Erle/Sauter § 7 Rn 68.
3   *B Lang* in EY § 7 Rn 70.
4   *B Lang* in EY § 7 Rn 69.
5   *Schulte* in Erle/Sauter § 7 Rn 68.
6   *B Lang* in EY § 7 Rn 69.
7   BFH IV R 4/98, BStBl II 2000, 5; *Heinicke* in Schmidt § 4a EStG Rn 18; aA *Schwedhelm* in Streck § 7 Rn 12.
8   BFH IV 46/62 S, BStBl III 1963, 142; *Schulte* in Erle/Sauter § 7 Rn 69.

Geschäftsjahres geführt haben. Erforderlich ist dabei nicht die Stufe der Notwendigkeit oder Erforderlichkeit, sondern allenfalls der Nützlichkeit für den Gewerbebetrieb.[1] Das Einvernehmen ist lediglich zu versagen, wenn Missbräuche oder völlig willkürliche Erwägungen in Bezug auf steuerliche Aspekte zur Umstellung geführt haben.[2] Ausreichend für das Vorbringen des Steuerpflichtigen sind daher alle tatsächlich relevanten betrieblichen Gründe für eine Umstellung auf das konkrete WJ. Um eine Prüfung vornehmen zu können, müssen die Gründe objektiv nachvollziehbar sein. Solche Gründe können sich zB ergeben aus:[3]

- der Branchenzugehörigkeit[4],
- der Zugehörigkeit zu einem Unternehmensverbund,
- dem Bestreben der Bildung einer Organschaft[5] mit einheitlichen WJ,
- Vereinfachungsgesichtspunkten (zB Inventurerleichterung[6]; Personalplanung; Pächter – Verpächter[7]).

107 **Ablehnungsgründe.** Gründe, welche das Einvernehmen zur Umstellung des WJ rechtfertigen, liegen nur dann nicht vor, wenn ausschließlich zu missbilligende steuerliche Aspekte für die Entscheidung zur Umstellung ausschlaggebend waren (zB das Erreichen einer Steuerpause, dh eine verspätete Zurechnung von Einkommen zu einem Steuersubjekt, so dass während eines Erhebungszeitraums keine Steuer entsteht).[8] Im Hinblick auf § 31 II ist eine Steuerpause bei Körperschaftsteuersubjekten allerdings nur sehr eingeschränkt zu erreichen. Einer rein steuerlich motivierten Umstellung des WJ ist aber die Zustimmung zu versagen. Steuerlich motiviert können im Einzelfall auch Entscheidungen über die Umstellung eines WJ sein, die im Hinblick auf die Abzugsfähigkeit von Zinsen (§ 8a), Vermeidung von vorübergehenden Steuerbelastungen oder Möglichkeiten des Verlustrücktrags getroffen werden, zumindest soweit sie keinen über die Besteuerung hinausgehenden betriebswirtschaftlichen Anlass haben.[9] Soll allerdings lediglich ein dem Steuerpflichtigen gesetzlich eingeräumter Steuervorteil durch die Umstellung (früher) ausgenutzt werden, ist das Einvernehmen zu erteilen (zB Steuerermäßigungen oder Steuerentlastungen).[10] Es handelt sich dann um einen betrieblichen Grund, nämlich von der steuerlichen Begünstigungsmaßnahme zu profitieren, die der Gesetzgeber ausweislich der entsprechenden Norm zur Verfügung gestellt hat.

---

1   BFH IV 46/62 S, BStBl III 1963, 142; BFH I R 141/72, BStBl II 1974, 238.
2   BFH I R 167/66, BStBl II 1970, 85; BFH VI 303/65, BStBl II 1967, 111.
3   *Schulte* in Erle/Sauter § 7 Rn 70; *Schwedhelm* in Streck § 7 Rn 13.
4   BFH I R 165/68, BStBl II 1972, 87 (Betriebsvergleiche).
5   Zur (mehrfachen) Umstellung der WJ auf ein einheitliches WJ im Organkreis BFH I B 31/96, BFH/NV 1997, 378 und R 59 III KStR.
6   BFH VI 109/64 U, BStBl III 1965, 287.
7   BFH I R 167/66, BStBl II 1970, 85.
8   BFH I R 141/72, BStBl II 1974, 238; BFH XI R 40/89, BStBl II 1992, 486.
9   Umstritten: ebenso *Schulte* in Erle/Sauter § 7 Rn 70; dagegen *B Lang* in EY § 7 Rn 83.
10 *Lambrecht* in Gosch § 7 Rn 52; *Schwedhelm* in Streck § 7 Rn 13.

IX. Umstellung des WJ

Entstehung mehrerer aufeinander folgender Rumpf-WJ. Die Umstellung des WJ darf grundsätzlich nicht zu mehreren aufeinander folgenden Rumpf-WJ führen.[1] Ausnahmen sind aber zuzulassen, wenn es sich nicht um eine planerische Gesamtgestaltung handelt[2] oder im Zusammenhang mit der Begründung einer Organschaft Umstellungen des WJ[3] erfolgen. **108**

Versagung. Die Versagung des Einvernehmens kann außerhalb des Veranlagungsverfahrens durch selbständigen Verwaltungsakt erfolgen. Wird die Zustimmung iRe Veranlagung beantragt, kann die Versagung auch iRd Veranlagung vorgenommen werden. Die Entscheidung bleibt aber auch dann ein selbständig anfechtbarer Verwaltungsakt.[4] **109**

Anfechtung einer Ablehnung. Im Fall der Ablehnung liegt ein belastender Verwaltungsakt vor, der selbständig mit dem Einspruch gem § 347 I AO anfechtbar ist.[5] Das gilt auch dann, wenn die Entscheidung über das Einvernehmen im Zusammenhang mit der Veranlagung der KSt getroffen wird.[6] Bei der gerichtlichen Prüfung beschränkt sich die Beurteilung darauf, ob bei der Entscheidung die gesetzlichen Grenzen des Ermessens überschritten sind oder das Finanzamt vom Ermessen gar keinen bzw nicht in einer dem Zweck der Ermächtigung entsprechenden Art und Weise Gebrauch gemacht hat (§ 102 AO). Eine unanfechtbare Entscheidung ist bei gleichem Sachverhalt auch für die Zukunft bindend und kann nur unter den Voraussetzungen der §§ 130, 131 AO geändert werden. **110**

Folgen bei fehlendem Einvernehmen. Ohne einen Zustimmungsakt fehlt das erforderliche Einvernehmen nach § 7 IV S 3 und die Umstellung des WJ hat steuerlich keine Wirkung. Für die Einkünfteermittlung bleibt dann zunächst das bisherige abweichende WJ maßgebend, soweit die Umstellung von einem abweichenden auf ein anderes abweichendes WJ betroffen ist. Das gilt allerdings nur so lange, wie iRd § 7 IV S 1 erforderlich von regelmäßigen Abschlüssen zu dem entsprechenden Zeitpunkt (Stichtag) noch ausgegangen werden kann.[7] Anderenfalls tritt an die Stelle des bisherigen WJ das Kalenderjahr als WJ. Soweit die Umstellung vom Kalenderjahr auf ein abweichendes WJ angestrebt wird, bleibt es bei dem bisherigen kalenderjahrgleichen WJ. Das handelsrechtliche Geschäftsjahr und das steuerlich maßgebende WJ können bei fehlendem Einvernehmen zur Umstellung in der Folgezeit daher voneinander abweichen. Die Besteuerungsgrundlagen sind nach den vorstehenden Erwägungen zu schätzen (§ 162 AO), falls in Folge der steuerlichen Nichtanerkennung des WJ keine ordnungsgemäße Steuererklärung vorliegt. Anhaltspunkte für die Schätzung können sich aber aus dem vorgelegten Abschluss ergeben, auch wenn er nicht dem steuerlichen WJ entspricht.[8] **111**

Einstweilen frei. **112**

---
1 BFH VI R 88/67, BStBl II 1969, 337.
2 *Lambrecht* in Gosch § 7 Rn 39.
3 R 59 III S 2 KStR.
4 *Schulte* in Erle/Sauter § 7 Rn 75; aA *B Lang* in EY § 7 Rn 72. Das wird der zu treffenden Ermessensentscheidung aber nicht gerecht.
5 BFH IV 46/62 S, BStBl III 1963, 142.
6 Überzeugend *Schulte* in Erle/Sauter § 7 Rn 75; dagegen *B Lang* in EY § 7 Rn 72.
7 Der von *Schwedhelm* in Streck § 7 Rn 14 vorgeschlagene Übergangszeitraum von 3 Jahren entspricht nicht der gesetzlichen Intuition.
8 *Lambrecht* in Gosch § 7 Rn 54.

§ 8 Ermittlung des Einkommens

(1) ¹Was als Einkommen gilt und wie das Einkommen zu ermitteln ist, bestimmt sich nach den Vorschriften des Einkommensteuergesetzes und dieses Gesetzes. ²Bei Betrieben gewerblicher Art im Sinne des § 4 sind die Absicht, Gewinn zu erzielen, und die Beteiligung am allgemeinen wirtschaftlichen Verkehr nicht erforderlich. ³Bei den inländischen öffentlich-rechtlichen Rundfunkanstalten beträgt das Einkommen aus dem Geschäft der Veranstaltung von Werbesendungen 16 Prozent der Entgelte (§ 10 Abs. 1 des Umsatzsteuergesetzes) aus Werbesendungen.

(2) Bei unbeschränkt Steuerpflichtigen im Sinne des § 1 Abs. 1 Nr. 1 bis 3 sind alle Einkünfte als Einkünfte aus Gewerbebetrieb zu behandeln.

(3) ¹Für die Ermittlung des Einkommens ist es ohne Bedeutung, ob das Einkommen verteilt wird. ²Auch verdeckte Gewinnausschüttungen sowie Ausschüttungen jeder Art auf Genussrechte, mit denen das Recht auf Beteiligung am Gewinn und am Liquidationserlös der Kapitalgesellschaft verbunden ist, mindern das Einkommen nicht. ³Verdeckte Einlagen erhöhen das Einkommen nicht. ⁴Das Einkommen erhöht sich, soweit eine verdeckte Einlage das Einkommen des Gesellschafters gemindert hat. ⁵Satz 4 gilt auch für eine verdeckte Einlage, die auf einer verdeckten Gewinnausschüttung einer dem Gesellschafter nahe stehenden Person beruht und bei der Besteuerung des Gesellschafters nicht berücksichtigt wurde, es sei denn, die verdeckte Gewinnausschüttung hat bei der leistenden Körperschaft das Einkommen nicht gemindert. ⁶In den Fällen des Satzes 5 erhöht die verdeckte Einlage nicht die Anschaffungskosten der Beteiligung.

(4) (weggefallen)

(5) Bei Personenvereinigungen bleiben für die Ermittlung des Einkommens Beiträge, die auf Grund der Satzung von den Mitgliedern lediglich in ihrer Eigenschaft als Mitglieder erhoben werden, außer Ansatz.

(6) Besteht das Einkommen nur aus Einkünften, von denen lediglich ein Steuerabzug vorzunehmen ist, so ist ein Abzug von Betriebsausgaben oder Werbungskosten nicht zulässig.

(7) ¹Die Rechtsfolgen einer verdeckten Gewinnausschüttung im Sinne des Absatzes 3 Satz 2 sind
1. bei Betrieben gewerblicher Art im Sinne des § 4 nicht bereits deshalb zu ziehen, weil sie ein Dauerverlustgeschäft ausüben;
2. bei Kapitalgesellschaften nicht bereits deshalb zu ziehen, weil sie ein Dauerverlustgeschäft ausüben. ²Satz 1 gilt nur bei Kapitalgesellschaften, bei denen die Mehrheit der Stimmrechte unmittelbar oder mittelbar auf juristische Personen des öffentlichen Rechts entfällt und nachweislich ausschließlich diese Gesellschafter die Verluste aus Dauerverlustgeschäften tragen.

²Ein Dauerverlustgeschäft liegt vor, soweit aus verkehrs-, umwelt-, sozial-, kultur-, bildungs- oder gesundheitspolitischen Gründen eine wirtschaftliche Betätigung ohne kostendeckendes Entgelt unterhalten wird oder in den Fällen von Satz 1 Nr. 2 das Geschäft Ausfluss einer Tätigkeit ist, die bei juristischen Personen des öffentlichen Rechts zu einem Hoheitsbetrieb gehört.

(8) ¹Werden Betriebe gewerblicher Art zusammengefasst, ist § 10d des Einkommensteuergesetzes auf den Betrieb gewerblicher Art anzuwenden, der sich durch die Zusammenfassung ergibt. ²Nicht ausgeglichene negative Einkünfte der einzelnen Betriebe gewerblicher Art aus der Zeit vor der Zusammenfassung können nicht beim zusammengefassten Betrieb gewerblicher Art abgezogen werden. ³Ein Rücktrag von Verlusten des zusammengefassten Betriebs gewerblicher Art auf die einzelnen Betriebe gewerblicher Art vor Zusammenfas-

sung ist unzulässig. ⁴Ein bei einem Betrieb gewerblicher Art vor der Zusammenfassung festgestellter Verlustvortrag kann nach Maßgabe des § 10d des Einkommensteuergesetzes vom Gesamtbetrag der Einkünfte abgezogen werden, den dieser Betrieb gewerblicher Art nach Beendigung der Zusammenfassung erzielt. ⁵Die Einschränkungen der Sätze 2 bis 4 gelten nicht, wenn gleichartige Betriebe gewerblicher Art zusammengefasst oder getrennt werden.

(9) ¹Wenn für Kapitalgesellschaften Absatz 7 Satz 1 Nr. 2 zur Anwendung kommt, sind die einzelnen Tätigkeiten der Gesellschaft nach folgender Maßgabe Sparten zuzuordnen:

1. Tätigkeiten, die als Dauerverlustgeschäfte Ausfluss einer Tätigkeit sind, die bei juristischen Personen des öffentlichen Rechts zu einem Hoheitsbetrieb gehören, sind jeweils gesonderten Sparten zuzuordnen;
2. Tätigkeiten, die nach § 4 Abs. 6 Satz 1 zusammenfassbar sind oder aus den übrigen, nicht in Nummer 1 bezeichneten Dauerverlustgeschäften stammen, sind jeweils gesonderten Sparten zuzuordnen, wobei zusammenfassbare Tätigkeiten jeweils eine einheitliche Sparte bilden;
3. alle übrigen Tätigkeiten sind einer einheitlichen Sparte zuzuordnen.

²Für jede sich hiernach ergebende Sparte ist der Gesamtbetrag der Einkünfte getrennt zu ermitteln. ³Die Aufnahme einer weiteren, nicht gleichartigen Tätigkeit führt zu einer neuen, gesonderten Sparte; Entsprechendes gilt für die Aufgabe einer solchen Tätigkeit. ⁴Ein negativer Gesamtbetrag der Einkünfte einer Sparte darf nicht mit einem positiven Gesamtbetrag der Einkünfte einer anderen Sparte ausgeglichen oder nach Maßgabe des § 10d des Einkommensteuergesetzes abgezogen werden. ⁵Er mindert jedoch nach Maßgabe des § 10d des Einkommensteuergesetzes die positiven Gesamtbeträge der Einkünfte, die sich in dem unmittelbar vorangegangenen und in den folgenden Veranlagungszeiträumen für dieselbe Sparte ergeben. ⁶Liegen die Voraussetzungen des Absatzes 7 Satz 1 Nr. 2 Satz 2 ab einem Zeitpunkt innerhalb eines Veranlagungszeitraums nicht mehr vor, sind die Sätze 1 bis 5 ab diesem Zeitpunkt nicht mehr anzuwenden; hiernach nicht ausgeglichene oder abgezogene negative Beträge sowie verbleibende Verlustvorträge aus den Sparten, in denen Dauerverlusttätigkeiten ausgeübt werden, entfallen. ⁷Liegen die Voraussetzungen des Absatzes 7 Satz 1 Nr. 2 Satz 2 erst ab einem bestimmten Zeitpunkt innerhalb eines Veranlagungszeitraums vor, sind die Sätze 1 bis 5 ab diesem Zeitpunkt anzuwenden; ein bis zum Eintritt der Voraussetzungen entstandener Verlust kann nach Maßgabe des § 10d des Einkommensteuergesetzes abgezogen werden; ein danach verbleibender Verlust ist der Sparte zuzuordnen, in denen keine Dauerverlustgeschäfte ausgeübt werden. ⁸Der am Schluss eines Veranlagungszeitraums verbleibende negative Gesamtbetrag der Einkünfte einer Sparte ist gesondert festzustellen; § 10d Absatz 4 des Einkommensteuergesetzes gilt entsprechend.

(10) ¹Bei Einkünften aus Kapitalvermögen ist § 2 Abs. 5b des Einkommensteuergesetzes nicht anzuwenden. ²§ 32d Abs. 2 Satz 1 Nr. 1 Satz 1 und Nr. 3 Satz 1 und Satz 3 bis 6 des Einkommensteuergesetzes ist entsprechend anzuwenden; in diesen Fällen ist § 20 Abs. 6 und 9 des Einkommensteuergesetzes nicht anzuwenden.

§ 8

KStR 32-44; KStH 32-44

Übersicht

	Rn
I. Regelungsgehalt der Norm	1 – 14
1. Allgemeines	1 – 3
2. Absätze im Einzelnen	4 – 14

II. Rechtsentwicklung	15 – 25
III. Normzweck und Anwendungsbereich	26 – 78
1. Bedeutung der Norm	26 – 33
2. Anwendungsbereich	34 – 46
a) Zeitlicher Anwendungsbereich	34 – 35
b) Persönlicher Anwendungsbereich	36 – 43
c) Sachlicher Anwendungsbereich	44 – 46
3. Verhältnis zu anderen Vorschriften	47 – 78
a) KStG	47 – 57
b) EStG	58 – 66
c) Sonstiges	67 – 72
d) Höherrangiges Recht	73 – 78
IV. Einkommen (§ 8 I)	79 – 134
1. Einkommensbegriff	79 – 119
a) Gesetzestechnik	79 – 84
b) Allgemeines zur Einkommensbesteuerung	85 – 103
c) Einkommensermittlung im Einzelnen	104 – 119
2. BgA (§ 8 I S 2)	120 – 126
3. Inländische öffentlich-rechtliche Rundfunkanstalten (§ 8 I S 3)	127 – 134
V. Einkünfte aus Gewerbebetrieb (§ 8 II)	135 – 206
1. Allgemeines	135 – 139
2. Rechtsentwicklung von § 8 II	140 – 144
3. Verfassungsrechtliche Einordnung	145 – 146
4. Unionsrechtliche Einordnung	147 – 151
5. Persönlicher Anwendungsbereich	152 – 164
6. Rechtsfolgen	165 – 179
a) § 8 II unterfallende Körperschaften	165 – 173
b) § 8 II nicht unterfallende Körperschaften	174 – 179
7. Sphärentrennung bei Kapitalgesellschaften	180 – 206
a) Keine Privatsphäre	180 – 195
b) Liebhaberei	196 – 206
VI. Einkommensermittlung (§ 8 III S 1)	207 – 230
1. Keine Auswirkungen der Einkommensverteilung (§ 8 III S 1)	207 – 211
2. Arten an Ausschüttungen	212 – 219
3. Sonstige Einkommensverteilungen	220 – 227
4. Rechtsfolge	228 – 230

VII. VGA (§ 8 III S 2) .... 231 – 545
   1. Funktion .... 231 – 243
   2. Rechtsentwicklung .... 244 – 245
   3. Sachlicher Anwendungsbereich .... 246 – 263
   4. Verhältnis zu anderen Vorschriften .... 264 – 306
      a) Handelsrecht .... 264 – 266
      b) EStG .... 267 – 274
      c) KStG .... 275 – 285
      d) AStG .... 286 – 289
      e) DBA allgemein .... 290 – 294
      f) Sonstige Vorschriften .... 295 – 300
      g) Steuerstrafrecht .... 301 – 304
      h) Verfassungsrecht .... 305 – 306
   5. Persönlicher Anwendungsbereich .... 307 – 332
      a) Leistende der vGA .... 307 – 321
      b) Begünstigte .... 322 – 332
   6. Vermögensminderung und verhinderte
     Vermögensmehrung .... 333 – 349
   7. Veranlassung im Gesellschaftsverhältnis .... 350 – 476
      a) Grundlagen .... 350 – 358
      b) Fremdvergleich als Maßstab .... 359 – 368
      c) Beherrschender Gesellschafter .... 369 – 392
      d) Folge der Beherrschungsstellung .... 393 – 421
      e) Ordentlicher und gewissenhafter Geschäftsleiter .... 422 – 430
      f) Ernsthaftigkeit .... 431 – 441
      g) Der verdoppelte Geschäftsleiter .... 442 – 447
      h) Interner Fremdvergleich .... 448 – 453
      i) Externer Fremdvergleich .... 454 – 462
      j) Erweiterung des Fremdvergleichs .... 463 – 465
      k) Nahestehende Personen .... 466 – 476
   8. Rechtsfolgen der vGA .... 477 – 501
      a) KStG .... 477 – 490
      b) USt .... 491 – 497
      c) Gemeinnützigkeit .... 498 – 501
   9. Höhe und Bewertung der vGA .... 502 – 511
      a) Hinzurechnung des Aufwands bei
         einer Vermögensminderung .... 502 – 506

§ 8

b) Ansatz des gemeinen Wertes bei verhinderter
Vermögensmehrung .... 507 – 511
10. Rückabwicklung und Vorteilsausgleich .... 512 – 527
   a) Rückabwicklung .... 512 – 519
   b) Vorteilsausgleich .... 520 – 527
11. Beweislast .... 528 – 544
12. ABC der vGA 545
VIII. Genussrechte (§ 8 III S 2) .... 546 – 613
   1. Zweck der Regelung .... 546 – 549
   2. Begriff der Genussrechte .... 550 – 564
   3. Handelsbilanz .... 565 – 574
   4. Voraussetzungen .... 575 – 599
      a) Allgemeines .... 575 – 577
      b) Beteiligung am Gewinn .... 578 – 587
      c) Beteiligung am Liquidationserlös .... 588 – 599
   5. Rechtsfolge .... 600 – 613
IX. Verdeckte Einlagen .... 614 – 711
   1. Allgemeines .... 614 – 619
   2. Einlagen im Handelsrecht .... 620 – 632
   3. Verdeckte Einlagen .... 633 – 693
      a) Definition .... 633 – 639
      b) Gesellschafter bzw nahestehende Person .... 640 – 649
      c) Gesellschaft .... 650 – 659
      d) Bilanzierungsfähiger Vorteil .... 660 – 674
      e) Zuwendung .... 675 – 685
      f) Gesellschaftsrechtliche Veranlassung .... 686 – 693
   4. Rechtsfolge der verdeckten Einlage .... 694 – 711
X. Materielles Korrespondenzprinzip (§ 8 III S 4-6) .... 712 – 771
   1. Allgemeines .... 712 – 717
   2. Einschränkung der Steuerbefreiung (§ 8 III S 4) .... 718 – 743
      a) Persönlicher Anwendungsbereich .... 718 – 723
      b) Sachlicher Anwendungsbereich .... 724 – 736
      c) Rechtsfolgen .... 737 – 743
   3. Dreiecksfälle (§ 8 III S 5) .... 744 – 769
      a) Zielsetzung .... 744 – 747
      b) Persönlicher Anwendungsbereich .... 748 – 750
      c) Sachlicher Anwendungsbereich des § 8 III S 5 Hs 1 ...... 751 – 755
      d) Rückausnahme (§ 8 III S 5 Hs 2) .... 756 – 765

e) Rechtsfolgen	766 – 769
4. Zeitlicher Anwendungsbereich	770 – 771
XI. Mitgliederbeiträge (§ 8 V)	772 – 812
1. Allgemeines	772 – 775
2. Persönlicher Anwendungsbereich	776 – 781
3. Sachlicher Anwendungsbereich	782 – 806
a) Allgemeines	782 – 783
b) Beiträge	784 – 789
c) Erhebung aufgrund der Satzung	790 – 794
d) Mitgliederbeiträge versus Leistungsentgelte	795 – 803
e) Gemischte Beiträge	804 – 806
4. Rechtsfolgen	807 – 812
XII. Steuerabzugspflichtiges Einkommen (§ 8 VI)	813 – 821
1. Allgemeines	813 – 815
2. Anwendungsfälle des Abzugsverbots	816 – 821
XIII. VGA und Verlustnutzung bei BgA (§ 8 VII)	822 – 911
1. Zweck und Gesetzgebungsgeschichte	822 – 827
2. Unionsrechtliche und verfassungsrechtliche Bedenken	828 – 834
3. Liebhaberei bei Körperschaften	835 – 839
4. Erfasste Körperschaften	840 – 859
a) BgA	840 – 841
b) Kapitalgesellschaften	842 – 857
c) Personengesellschaften	858 – 859
5. Dauerverlustgeschäfte	860 – 903
a) Allgemeines	860 – 865
b) Politische Gründe	866 – 882
c) Wirtschaftliche Betätigung ohne kostendeckendes Entgelt	883 – 897
d) Ausfluss hoheitlicher Tätigkeit	898 – 903
6. Rechtsfolge	904 – 911
XIV. Verlustnutzung bei Zusammenfassung von BgA (§ 8 VIII)	912 – 936
1. Allgemeines	912 – 918
2. Verluste nach Zusammenfassung	919 – 923
3. Verluste vor Zusammenfassung (§ 8 VIII S 2)	924 – 929
4. Verlustrücktrag (§ 8 VIII S 3)	930 – 931
5. Verlustabzug nach Zusammenfassung (§ 8 VIII S 4)	932 – 934
6. Zusammenfassung gleichartiger BgA (§ 8 VIII S 5)	935 – 936

XV. Spartenrechnung bei der Verlustnutzung durch öffentlich-
rechtlich beherrschte Kapitalgesellschaften (§ 8b IX) .... 937 – 982
   1. Allgemeines .... 937 – 944
   2. Spartenrechnung (§ 8 IX S 1) .... 945 – 553
   3. Spartenbezogene Ermittlung der Einkünfte (§ 8 IX S 2) ...... 954 – 964
   4. Veränderung der Sparten (§ 8 IX S 3) .... 965 – 973
   5. Verlustverrechnungsverbot zwischen den Sparten
      (§ 8 IX S 4 und 5) .... 974 – 977
   6. Unterjähriger Wegfall und erstmalige Anwendung
      der Spartenrechnung (§ 8 IX S 6 und 7) .... 978 – 982
XVI. Sonderregelungen für Einkünfte aus Kapitalvermögen
    (§ 8 X) .... 983 –1005
   1. Allgemeines .... 983 – 988
   2. Nichtanwendbarkeit von § 2 Vb S 1 EStG (§ 8 X S 1) .... 989 – 992
   3. Anwendbarkeit von § 32d II EStG .... 993 –1005
      a) Tatbestandsvoraussetzungen (§ 8 X S 2 Hs 1) .... 993 –1000
      b) Rechtsfolgen ....1001 –1005

1   **I. Regelungsgehalt der Norm. 1. Allgemeines. Konkretisierung der sachlichen Steuerpflicht.** § 8 konkretisiert die sachliche Steuerpflicht der Körperschaftsteuersubjekte und steht in engem Zusammenhang mit § 7, der einen Verweis auf § 8 enthält. Die allgemeinen Grundsätze zur Ermittlung des Einkommens der Körperschaftsteuersubjekte werden in der Norm näher bestimmt.

2   **Systematik der Regelungen.** Die Regelungen in § 8 lassen sich systematisch unterschiedlichen Bereichen zuordnen. Während es in § 8 I, II um die Bestimmung des Einkommens nach dem KStG und die Ermittlung des Einkommens geht, beschäftigt sich § 8 III mit der Abgrenzung zwischen der Einkommensermittlung und der Einkommensverwendung. Für den Sonderfall der Mitgliedsbeiträge bei Personenvereinigungen enthält § 8 V eine Klarstellung. § 8 VI modifiziert die Grundregeln zur Einkommensermittlung. § 8 VII modifiziert die Rechtsfolgen einer vGA bei BgA und Kapitalgesellschaften, die von juristischen Personen des öffentlichen Rechts beherrscht werden. Mit der Verlustberücksichtigung bei zusammengefassten BgA beschäftigt sich § 8 VIII. § 8 IX begründet für die Kapitalgesellschaften, die von juristischen Personen des öffentlichen Rechts beherrscht werden, eine Verpflichtung zur Bildung von Sparten. Nur innerhalb einer Sparte ist eine Verlustberücksichtigung über den Besteuerungszeitraum hinweg möglich. § 8 X ist Besonderheiten gewidmet, die sich aus der Verweisung ins EStG bei Einkünften aus Kapitalvermögen ergeben.

3   *Einstweilen frei.*

4   **2. Absätze im Einzelnen. Anwendung der Regelungen des EStG (§ 8 I).** In § 8 I knüpft das KStG für die Fiktion des Einkommens und die Einkommensermittlung bzw Zurechnung an die Regelungen im EStG an. Auf diesem Wege erlangen grund-

I. Regelungsgehalt der Norm

sätzlich alle Regeln des EStG auch für das KStG Geltung. Ihre Anwendung ist lediglich ausgeschlossen, soweit im KStG Sonderregelungen bestehen (§§ 8 II-22) oder Bezugspunkt der Norm im EStG ausschließlich natürliche Personen sind. In Bezug auf BgA wird in Abweichung von den ertragsteuerlichen Regeln die Gewinnerzielungsabsicht als Ausprägung der Einkünfteerzielungsabsicht und die Beteiligung am allgemeinen wirtschaftlichen Verkehr in § 8 I S 2 für entbehrlich erklärt. Für inländische öffentlich-rechtliche Rundfunkanstalten ist in § 8 I S 3 eine Sonderregelung für die Einkommensermittlung aus dem Geschäft der Veranstaltung von Werbesendungen vorgesehen. Die Pauschalierung trägt den Abgrenzungsschwierigkeiten bei der Aufwandszuordnung Rechnung. Systematisch handelt es sich um eine Pauschalbesteuerung von Umsätzen eines BgA der öffentlich-rechtlichen Rundfunkanstalten.

Sonderregelungen für die Qualifikation von Einkünften (§ 8 II). § 8 II nimmt eine einheitliche Qualifizierung der Einkünfte als solche aus Gewerbebetrieb vor und macht auf diese Weise eine Differenzierung zwischen den unterschiedlichen Einkunftsarten für die betroffenen Körperschaften entbehrlich.

Abgrenzung von Einkommensermittlung und Einkommensverwendung (§ 8 III). Mit der Abgrenzung zwischen Einkommensermittlung und Einkommensverwendung beschäftigt sich § 8 III. Hiernach werden Gewinnausschüttungen und vGA bei der Ermittlung des Einkommens nicht berücksichtigt. Anders gewendet bedeutet dies, dass bloße Einkommensverwendungen die Steuerbemessungsgrundlage nicht mindern dürfen. Auf der anderen Seite können verdeckte Einlagen das Einkommen grundsätzlich nicht erhöhen.

Altregelung zum Mantelkauf (§ 8 IV). § 8 IV wurde durch das UntStRefG v 14.8.2007[1] aufgehoben. Die Regelung beschäftigte sich mit den Voraussetzungen des Verlustabzugs bei Körperschaften über die Kriterien des § 10d EStG hinaus. Sie wurde teilweise als Einschränkung der tatbestandlichen Voraussetzungen des § 10d EStG und teilweise als eigenständige Konkretisierung der Missbrauchsvorschrift des § 42 AO[2] verstanden. Sie diente insbesondere dem Ausschluss einer Verlustberücksichtigung in den Fällen des Mantelkaufs (vgl auch § 34 Rn 80) und hat mit Wirkung zum 1.1.2008 in § 8c eine Neuregelung erfahren (zur übergangsweisen Beachtlichkeit vgl jedoch § 8c Rn 30).

Steuerbefreiung für Mitgliedsbeiträge (§ 8 V). § 8 V sieht für Mitgliedsbeiträge eine sachliche Steuerbefreiung vor, falls es sich dabei nicht ohnehin um Einlagen handelt. Auf diesem Wege werden Personenvereinigungen, die Überschusseinkünfte beziehen, mit den Personenvereinigungen gleichbehandelt, die Gewinneinkünfte erzielen. Betroffen sind allerdings nur Beiträge, die von den Mitgliedern lediglich in ihrer Eigenschaft als Mitglieder erhoben werden.

Bruttobesteuerung bei Steuerabzug (§ 8 VI). § 8 VI modifiziert die allgemeinen Grundsätze für das Einkommen von Körperschaftsteuersubjekten, das nur aus Einkünften besteht, von denen ein Steuerabzug vorzunehmen ist. Es ist insoweit eine Bruttobesteuerung vorgesehen. Ein Betriebsausgaben- oder Werbungskostenabzug kommt nicht in Betracht.

---

1 BGBl I 2007, 1912.
2 *Cloppenburg/Strunk*, BB 1998, 2446; *Lenz/Behnes*, BB 2005, 2219.

10 **Dauerverlustgeschäfte (§ 8 VII).** Eine Sonderregelung für bestimmte Dauerverlustgeschäfte iRd Daseinsvorsorge enthält § 8 VII. Die Rechtsfolgen einer vGA sind im Bereich der juristischen Personen des öffentlichen Rechts nicht allein aufgrund eines Dauerverlustgeschäfts zu ziehen.

11 **§ 8 VIII und IX.** Ferner enthalten § 8 VIII und IX besondere Regelungen zur Berücksichtigung von Verlusten bei dauerdefizitären BgA aus anderen Besteuerungszeiträumen. § 8 VIII bestimmt, dass zusammengefasste BgA (§ 4 VI) in Bezug auf die Verlustberücksichtigung über den Besteuerungszeitraum hinaus jeweils als Einheit zu behandeln sind. Bei Kapitalgesellschaften, die von einer juristischen Person des öffentlichen Rechts beherrscht werden, sind nach § 8 IX Sparten zu bilden und für jede Sparte ist der Gesamtbetrag der Einkünfte getrennt zu ermitteln. Die Berücksichtigung von Verlusten, die in einer Sparte entstehen, kommt bei der Ermittlung des Ergebnisses einer anderen Sparte in einem Besteuerungszeitraum nicht in Betracht. Über den Besteuerungszeitraum hinaus ist eine Verlustberücksichtigung aber innerhalb derselben Sparte möglich. Auf diese Weise wird eine steuerliche Gleichbehandlung der BgA mit den rechtlich selbständigen Kapitalgesellschaften bei den Aufgaben der Daseinsvorsorge erreicht.

12 **Abgeltungsteuer.** § 8 X schließt die Anwendung von Vorschriften der Abgeltungsteuer aus.

13-14 *Einstweilen frei.*

15 **II. Rechtsentwicklung.** Die unterschiedlichen Regelungsbereiche in § 8 haben jeweils eine unterschiedliche Historie. Ausgehend von der aktuellen Fassung des § 8 soll die Entwicklung nachgezeichnet werden.

16 **§ 8 I.** Die grundsätzliche Verweisung bei der Einkommensermittlung auf die Regeln des EStG war schon im KStG 1920 v 30.3.1920[1] enthalten. Während die Verweisungen aber zunächst noch in unterschiedlichen Vorschriften vorgenommen wurden, führte schon das KStG 1934 v 16.10.1934[2] die Verweisung in einer Norm zusammen (§ 6). Zunächst war eine Einzelaufzählung der von der Verweisung eingeschlossenen Normen in der KStDV enthalten. Das Regelungskonzept wurde aber 1968[3] aufgegeben. Das KStG 1977 v 31.8.1976[4] übernahm die Regelung zur Bestimmung des Einkommens und der Einkommensermittlung aus dem bisherigen § 6 und gab ihr eine „Hausnummer". Die Sonderregelung für BgA in § 8 I S 2 wurde durch das JStG 2009[5] in die Vorschrift aufgenommen. Als Reaktion auf eine Beanstandung des Bundesrechnungshofs hat der Gesetzgeber mit dem SFG v 20.12.2001[6] in § 8 I S 3 eine Pauschalierung für alle öffentlich-rechtlichen Rundfunkanstalten eingeführt. Die Vorgängerregelung in §§ 7 I, 23 VI (2000) galt nur für das ZDF.

---

1 RGBl 1920, 393.
2 RGBl I 1934, 1031.
3 Streichung des § 15 KStDV, BGBl I 1968, 1452.
4 BGBl I 1976, 2597.
5 BGBl I 2008, 2794.
6 BGBl I 2001, 3955.

II. Rechtsentwicklung

§ 8 II. Die besondere Qualifizierung der Einkünfte als solche aus Gewerbebetrieb hat ebenfalls eine lange Tradition. Bis zur Aufnahme der Bestimmung in § 8 II durch das KStG 1977 war eine inhaltsgleiche Bestimmung in der KStDV 1968 v 26.3.1969[1] enthalten, welcher vergleichbare Bestimmungen in den Vorgängerregelungen vorausgingen.[2] Eine wesentliche inhaltliche Veränderung brachte das SEStEG v 7.12.2006.[3] Während bis dahin die Umqualifizierung in gewerbliche Einkünfte an die Buchführungspflicht des Körperschaftsteuersubjekts geknüpft war, hängt die Umqualifizierung nach der geltenden Regelung nur noch von der Rechtsform ab. Erforderlich ist die Zugehörigkeit zu den in § 1 I Nr 1-3 aufgezählten Körperschaftsteuersubjekten.

17

§ 8 III. Die Differenzierung zwischen der Einkommenserzielung und der Einkommensverwendung geht auf die Regelung in § 10 KStG 1925 v 18.8.1925[4] zurück. Die Regelung wurde in den Nachfolgevorschriften fortgeführt und schon im KStG 1934 um eine Bestimmung für Genussscheine erweitert. Die Erweiterung auf Genussrechte wurde durch das StBerG 1985 v 14.12.1984[5] in die Regelung aufgenommen. Die Behandlung der vGA fand ebenfalls im KStG 1934 eine Regelung. In der Folgezeit wurden teilweise Aufzählungen für Fallgruppen der vGA in die KStDV aufgenommen. § 8 III KStG 1977 fasste dann die Regelungen zur vGA zusammen und wurde in der Folgezeit im Hinblick auf den materiellen Gehalt erhalten. Mit dem JStG 2007 v 13.12.2006[6] wurde § 8 III um die S 3-6 erweitert.

18

§ 8 IV. Die aufgehobene Regelung zum Mantelkauf in § 8 IV wurde durch das StRefG 1990 v 25.7.1988[7] eingeführt. Sie sollte Entwicklungen entgegenwirken, einen Verlustabzug auch bei fehlender wirtschaftlicher Identität vornehmen zu können. Die wirtschaftliche Identität wurde zur tatbestandlichen Voraussetzung für die Verlustberücksichtigung. Im Gesetz zur Fortsetzung der Unternehmensteuerreform v 25.10.1997[8] wurde der Begriff der wirtschaftlichen Identität enger gefasst. Mit dem UntStRefG 2008 wurde der umstrittene Begriff der wirtschaftlichen Identität als maßgebendes Kriterium aufgegeben und eine Neuregelung sowie Neuausrichtung für die Materie in § 8c mit Wirkung ab 2008 geschaffen.

19

§ 8 V, VI. § 8 V und VI waren schon im KStG 1920, 1925 enthalten und sind bis heute nahezu ohne inhaltliche Veränderungen erhalten geblieben. Im KStG 1977 waren die Regelungen noch in § 8 VI und VII berücksichtigt. Durch das StSenkG 2000[9] wurden die Regelungen in die aktuell geltenden Absätze verschoben. Bis zum Jahr 2000[10] war die heute in § 8b VI S 2 enthaltene Regelung zur Ausdehnung der Steuerbefreiung auf mittelbare Beteiligungen in § 8 V zu finden.

20

---

1 BGBl I 1969, 270.
2 *Rengers* in Blümich § 8 Rn 13.
3 BGBl I 2006, 2782.
4 RGBl I 1925, 208.
5 BGBl I 1984, 1493.
6 BGBl I 2006, 2878.
7 BGBl I 1988, 1093.
8 BGBl I 1997, 2590.
9 BGBl I 2000, 1433.
10 Geändert durch das StSenkG, BGBl I 2000, 1433.

Fehrenbacher

21 **§ 8 VII.** § 8 VII als Regelung zur Beschränkung der Rechtsfolgen einer vGA bei Dauerverlustgeschäften von BgA und Kapitalgesellschaften, die von juristischen Personen des öffentlichen Rechts beherrscht werden, ist als Reaktion des Gesetzgebers auf eine Entscheidung des BFH[1] mit dem JStG 2009 in das Gesetz aufgenommen worden. Damit soll die Finanzierung der Daseinsvorsorge – insbesondere durch die Kommunen – entsprechend der bisherigen Praxis gewährleistet bleiben.

22 **§ 8 VIII und IX.** § 8 VIII und IX wurden durch das JStG 2009 neu eingeführt und stehen in engem Zusammenhang mit der steuerlichen Behandlung und Finanzierung der Daseinsvorsorge durch die Kommunen. Um eine Verlustverrechnung zwischen BgA zu gewährleisten, ist eine Zusammenfassung dieser unter bestimmten Voraussetzungen möglich (§ 4 VI). Die Berücksichtigung von Verlusten über einen Besteuerungszeitraum hinaus wird von § 8 VIII für zusammengefasste BgA gesondert geregelt. § 8 IX bezieht sich auf Kapitalgesellschaften, die von juristischen Personen des öffentlichen Rechts beherrscht und typischerweise zur Daseinsvorsorge eingesetzt werden. Seit der Ergänzung durch das JStG 2010 v 8.12.2010[2] ist ein am Schluss eines VZ verbleibender negativer Gesamtbetrag der Einkünfte gesondert festzustellen.

23 **§ 8 X.** § 8 X wurde durch das JStG 2009 in die Norm aufgenommen. Sie dient der Anpassung der Regeln im EStG für Körperschaftsteuersubjekte mit Einkünften aus Kapitalvermögen.

24-25 *Einstweilen frei.*

26 **III. Normzweck und Anwendungsbereich. 1. Bedeutung der Norm. Instrument zur Ermittlung der sachlichen Steuerpflicht.** § 7 bestimmt, dass maßgebende Bemessungsgrundlage für die KSt das zu versteuernde Einkommen ist und verweist zur Ableitung auf das Einkommen auf § 8 I. Die Norm ist daher für die Besteuerung der Körperschaftsteuersubjekte von zentraler Bedeutung und Instrument zur Ermittlung der sachlichen Steuerpflicht.

27 **Generalverweisung.** Das maßgebende Besteuerungsobjekt, das Einkommen, wird von der Norm nicht eigenständig geregelt, sondern durch eine Generalverweisung auf die entsprechenden Vorschriften des EStG (§§ 2-24b EStG) bestimmt.

28 **Rechtsformunabhängige Besteuerung nach dem objektiven Nettoprinzip.** Aufgrund der Generalverweisung wird im Grundsatz eine von der Rechtsform unabhängige Ermittlung der Bemessungsgrundlage gewährleistet. Körperschaftsteuersubjekte werden wie Einkommensteuersubjekte nach der Leistungsfähigkeit besteuert. Maßgebend ist insoweit das objektive Nettoprinzip. Die Norm trägt daher zur Wettbewerbsneutralität der Unternehmensbesteuerung bei.[3]

29 **Subjektives Nettoprinzip.** Es ist zu berücksichtigen, dass dem subjektiven Nettoprinzip bei der Besteuerung nach der Leistungsfähigkeit der Körperschaften naturgemäß keine Bedeutung zukommt und daher die entsprechenden Regeln des EStG wie zB §§ 10, 33, 33a, 33b EStG für Körperschaften keine Rolle spielen.

---

1 BFH I R 32/06, BStBl II 2007, 961.
2 BGBl I 2010, 1768.
3 Ausführlich *Balmes* in H/H/R § 8 Rn 3 mwN.

III. Normzweck und Anwendungsbereich

Sonderregelungen. Den wesentlichen Unterschieden zwischen Körperschaften und natürlichen Personen[1] wird darüber hinaus iRd §§ 8 II-22 Rechnung getragen, welche speziellere bzw ergänzende (Sonder-)Regelungen, insbesondere für die Organschaft, Versicherungsunternehmen, Bausparkassen sowie Erwerbs- und Wirtschaftsgenossenschaften enthalten. 30

Trennungsprinzip. Die Notwendigkeit der KSt ergibt sich aus dem Trennungsprinzip, das der Verselbständigung der juristischen Personen von den Gesellschaftern/Mitgliedern zugrunde liegt. Ohne die KSt würde der nicht ausgeschüttete Ertrag der Körperschaften zudem nicht besteuert werden. 31

Andere Steuergesetze. Andere Steuergesetze mit Vorschriften zur Einkommensermittlung (zB AStG) sind auf Körperschaftsteuersubjekte nicht schon aufgrund der Verweisung in § 8 I anwendbar. Vielmehr sind insoweit die jeweiligen Voraussetzungen zur Anwendung des Gesetzes für Körperschaftsteuersubjekte isoliert zu prüfen.[2] 32

Einstweilen frei. 33

2. Anwendungsbereich. a) Zeitlicher Anwendungsbereich. § 8 wurde durch das KStG 1977 mit den Regeln zur Einkommensbestimmung und Einkommensermittlung in das KStG eingeführt und gilt grundsätzlich ab dem VZ 1977. Die nachträglichen Änderungen und Ergänzungen (vgl Rn 15 ff) sind regelmäßig nach dem VZ ihrer Verkündung anzuwenden. Das gilt auch für die letzten Ergänzungen in § 8 VII-X, die ab dem VZ 2009 anzuwenden sind. Abweichend von dem Grundsatz ist § 8 I S 2 auch für VZ vor 2009 anzuwenden. Gleiches gilt für § 8 VII. Zu Einzelheiten wird insoweit auf die Kommentierung zu § 34 VI verwiesen. Dort sind insbesondere die Abweichungen von der Grundregel und Übergangsvorschriften in Bezug auf einzelne Bestimmungen im Detail erörtert (vgl § 34 Rn 32 ff). 34

Einstweilen frei. 35

b) Persönlicher Anwendungsbereich. § 8 I und III. Die Regeln in § 8 I und III sind grundsätzlich für alle unbeschränkt und beschränkt steuerpflichtigen Körperschaftsteuersubjekte anwendbar, es sei denn, es ergibt sich aus dem Normtext ausdrücklich eine Einschränkung (etwa § 8 I S 2 und 3). 36

§ 8 II. Der Anwendungsbereich des § 8 II ist bezüglich der Rechtsfolge auf unbeschränkt steuerpflichtige Körperschaftsteuersubjekte iSd § 1 I Nr 1-3 beschränkt. Nur für diesen Personenkreis kommt eine einheitliche Behandlung aller Einkünfte als Einkünfte aus Gewerbebetrieb in Betracht. 37

§ 8 V. Der Anwendungsbereich des § 8 V schließt alle Personenvereinigungen ein. Darunter fallen alle Körperschaftsteuersubjekte nach § 1 I Nr 1-5[3] sowie solche nach § 3 I, sofern diese Mitglieder haben können. Die unbeschränkte oder beschränkte Steuerpflicht ist insoweit nicht erheblich. 38

---

1 BFH I R 27/01, BStBl II 2002, 155.
2 *Schwedhelm* in Streck § 8 Rn 3.
3 *Schulte* in Erle/Sauter § 8 Rn 14.

39	**§ 8 VI.** Der Anwendungsbereich des § 8 VI erfasst nur Körperschaftsteuersubjekte, die nicht zur KSt veranlagt werden. Der Steuerabzug muss insoweit abgeltende Wirkung haben. Nach § 32 I sind davon die Einkünfte der steuerbefreiten Körperschaften betroffen, die nicht an der Steuerbefreiung teilhaben (§ 5 II Nr 1) und Einkünfte beschränkt steuerpflichtiger Körperschaftsteuersubjekte, wenn nicht Ausnahmen zu beachten sind (§ 32 I Nr 2, II; vgl die Kommentierung zu § 32).
40	**§ 8 VII-IX.** § 8 VII-IX sind auf BgA und Körperschaften zugeschnitten, die im Hinblick auf die Mehrheit der Stimmrechte (mittelbar und unmittelbar) von juristischen Personen des öffentlichen Rechts beherrscht werden.
41	**§ 8 X.** Vom Anwendungsbereich des § 8 X sind solche Körperschaftsteuersubjekte betroffen, die Einkünfte aus Kapitalvermögen erzielen (können). Das sind im Grundsatz alle Körperschaftsteuersubjekte, die nicht unter § 1 I Nr 1-3 fallen (vgl Rn 984).
42-43	*Einstweilen frei.*
44	**c) Sachlicher Anwendungsbereich.** § 8 ist die zentrale Regelung für die Bestimmung des Umfangs der sachlichen Steuerpflicht der Körperschaftsteuersubjekte. Die hierin enthaltenen Regelungen zum Einkommen bzw der Einkommensermittlung sind die entscheidenden Grundlagen für die Ermittlung des zu versteuernden Einkommens nach § 7 I und II. Die Modifikationen der im Grundsatz maßgebenden Regeln des EStG in den § 8 II-X trägt den Besonderheiten der Körperschaftsteuersubjekte Rechnung. Die Regeln bringen insbesondere eine Klarstellung zur Abgrenzung der Einkommenserzielung von der Einkommensverwendung sowie Beschränkungen im Hinblick auf die Rechtsfolgen einer vGA in besonderen Fällen und schränken die Verlustberücksichtigung bei Dauerverlustgeschäften ein. § 8 X bezieht sich nur auf Einkünfte aus Kapitalvermögen.
45-46	*Einstweilen frei.*
47	**3. Verhältnis zu anderen Vorschriften. a) KStG. § 7.** § 7 II verweist bei der Definition des zu versteuernden Einkommens auf das Einkommen gem § 8 I (abzüglich der Freibeträge gem §§ 24 und 25).
48	**§§ 8a-8c.** Die Regelungen in §§ 8a-8c ergänzen § 8. Die Regelung in § 8a ist bei der Ermittlung des zu versteuernden Einkommens als vorrangige Sonderregelung in Bezug auf den Betriebsausgabenabzug für Zinsaufwendungen bei Körperschaften zu berücksichtigen. § 8b ist insoweit bei Beteiligungserträgen oder Veräußerungsvorgängen in Bezug auf Beteiligungen als vorrangige Sonderregelung zu beachten. Für den Verlustabzug bei Körperschaften enthält § 8c eine einschränkende Regelung im Hinblick auf den Verlustabzug nach § 10d EStG.
49	**§§ 9-10.** § 9 ist eine Vorschrift zur Einkommensermittlung und ergänzt den § 8 im Hinblick auf den Spendenabzug von Körperschaftsteuersubjekten und die Verteilung des Einkommens einer KGaA zwischen Gesellschaft und dem persönlich haftenden Gesellschafter. Beide Gewinnverwendungen werden auf diesem Wege den Betriebsausgaben zugeordnet. § 10 ist ebenfalls eine Sondervorschrift zur Einkommensermittlung in Bezug auf nichtabziehbare Aufwendungen und schließt für Körperschaftsteuersubjekte eine Lücke, die § 12 EStG mangels Anwendbarkeit insoweit nicht füllen kann.

III. Normzweck und Anwendungsbereich

§ 14. Die in § 14 enthaltene Zurechnung des Einkommens der Organgesellschaft zum Organträger gem § 14 durchbricht den Grundsatz, dass jedes Steuersubjekt sein Einkommen selbst zu versteuern hat. — 50

§ 15. § 15 enthält besondere Vorschriften für die Einkommensermittlung bei einer Organgesellschaft, welche dem § 8 vorgehen. — 51

§ 16. Für die Fälle, dass eine Ausgleichsverpflichtung nach § 304 AktG gegenüber Minderheitsgesellschaftern besteht, bestimmt § 16 die Höhe des von der Organgesellschaft selbst zu versteuernden Einkommens und stellt daher eine Sonderregelung zu § 8 dar (vgl § 16 Rn 40). — 52

§§ 20-21b. Die Vorschriften zur Bildung von Schwankungs- und Schadenrückstellungen gem § 20 sowie Deckungsrückstellungen für Versicherungsunternehmen, Berücksichtigung von Beitragsrückerstattungen gem § 21 und Zuteilungsrücklagen bei Bausparkassen gem § 21b stellen steuerliche Sondervorschriften bei der Bestimmung des Einkommens im Wege der Gewinnermittlung dar. — 53

§ 22. § 22 dient in Bezug auf Genossenschaften der Abgrenzung von Betriebsausgaben bzw genossenschaftlichen Rückvergütungen als Ausnahmevorschrift zu § 8 III. — 54

§ 31. § 8 enthält keine verfahrensrechtlichen Regelungen. Für die Durchführung der Besteuerung wird in § 31 I gesondert auf das EStG verwiesen. — 55

Einstweilen frei. — 56-57

b) EStG. Allgemeines. Die Regelung in § 8 steht durch die Generalverweisung in § 8 I in einem engen Verhältnis zu den Vorschriften des EStG. Die Verweisung umfasst allerdings nur das Einkommen und die Einkommensermittlung. — 58

§ 2a EStG. Zur Anwendung des § 2a EStG vgl Rn 101. — 59

§§ 4-7k EStG. Von besonderer Bedeutung iRd Verweisung in § 8 I ist insbesondere die Gewinnermittlung nach dem EStG unter Berücksichtigung des Maßgeblichkeitsgrundsatzes (§ 5 I EStG) für Kapitalgesellschaften. Die speziellen Regelungen im KStG gehen den Regeln des EStG allerdings vor. Auf Einzelheiten wird insoweit im Zusammenhang mit der Kommentierung der entsprechenden Norm eingegangen. Von der Verweisung in § 8 I umfasst sind insbesondere die §§ 4-7k EStG. Mit wenigen Ausnahmen sind die Regelungen auch auf Körperschaftsteuersubjekte anwendbar. Solche Ausnahmen sind etwa im Bereich der nichtabzugfähigen Betriebsausgaben (§ 4 V) zu beachten, wenn die Normadressaten ersichtlich einem anderen Personenkreis zuzuordnen sind (zB Mehraufwendungen für Verpflegung). Die Regelung des § 8 II hat nicht nur auf die Qualifizierung der Einkünfte Auswirkung, sondern auch auf die Art der Einkommensermittlung.[1] — 60

§§ 8-9a und 19-24a EStG. Die Regelungen zur Ermittlung der Überschusseinkünfte sind weitgehend auch für Körperschaftsteuersubjekte anwendbar. Ausnahmen sind im Hinblick auf die besonderen Regelungen für Arbeitnehmer zu machen (zB §§ 19, 9 I Nr 4, 5, 6 EStG). Die Regelung zu den Abgeordnetenbezügen (§ 22 Nr 4 EStG) und der Altersentlastungsbetrag (§ 24a EStG) finden aufgrund des besonderen Subjektbezugs der Normen ebenfalls keine Anwendung.[2] — 61

---

1 *Balmes* in H/H/R § 8 Rn 6.
2 *Balmes* in H/H/R § 8 Rn 7; *Schwedhelm* in Streck § 8 Rn 5; *Schulte* in Erle/Sauter § 8 Rn 20.

62 **§§ 10 ff EStG.** Der Sonderausgabenabzug spielt bei Körperschaftsteuersubjekten keine Rolle, da insoweit die auf natürliche Personen bezogenen Aufwendungen entweder als Betriebsausgaben oder Werbungskosten bei der Einkünfteermittlung zu berücksichtigen sind oder gar nicht anfallen.[1] Für den Spendenabzug geht § 9 I Nr 2 dem § 10b EStG vor. Die Berücksichtigung eines Verlustabzugs nach § 10d EStG ist grundsätzlich möglich, aber nur unter den weiteren (einschränkenden) Voraussetzungen des § 8c.

63 **§§ 13-18 EStG.** Mit Ausnahme der Regelungen zur Wohnung des Steuerpflichtigen in §§ 13, 13a sind die speziellen Gewinnermittlungsvorschriften über die Verweisung in § 8 I für die Ermittlung der Einkünfte der Körperschaftsteuersubjekte anwendbar.

64 **§ 49 EStG.** Vom Anwendungsbereich des § 8 II sind nach dem klaren Wortlaut nur unbeschränkt steuerpflichtige Körperschaftsteuersubjekte erfasst. § 49 EStG ist dagegen nur für beschränkt steuerpflichtige Körperschaftsteuersubjekte im Hinblick auf die Abgrenzung der Einkunftsarten von Bedeutung.[2]

65-66 *Einstweilen frei.*

67 **c) Sonstiges. § 7 GewStG.** Die Ermittlung des Gewerbeertrags nach § 7 GewStG als Ausgangsgröße für die Bemessungsgrundlage der GewSt knüpft an die Gewinnermittlung nach dem KStG an.

68 **§ 10 III AStG.** Die Regelung in § 8 hat bei der Ermittlung des Hinzurechnungsbetrags nach § 10 III S 1 AStG Bedeutung. Die Gewinnermittlung im Wege des Überschusses nach § 4 III EStG ist dabei jedoch alternativ zur Gewinnermittlung nach § 4 I möglich (§ 10 III S 2 AStG). Bei der Ermittlung des Hinzurechnungsbetrags sind jedoch gem § 10 III S 4 steuerliche Vergünstigungen nicht zu berücksichtigen, die an die unbeschränkte Steuerpflicht, das Bestehen eines inländischen Betriebs oder einer inländischen Betriebsstätte anknüpfen, sowie die § 4h EStG, §§ 8a, 8b I und II und die Vorschriften des UmwStG (soweit die Einkünfte aus einer Umwandlung nicht § 8 I Nr 10 AStG unterfallen) nicht anzuwenden.

69 **§ 8 III AStG.** Zudem hat § 8 aufgrund der Bedeutung des Hinzurechnungsbetrags[3] bei der Bestimmung der Niedrigbesteuerung auch Auswirkungen auf § 8 III AStG.

70 **§ 3 I InvStG.** Bei der Ermittlung der Erträge eines Investmentvermögens sind stets die Regelungen des § 2 II Nr 2 EStG maßgebend. Dabei sind die Grundsätze zur Ermittlung der Überschusseinkünfte auch dann anzuwenden, wenn der Investor eine Körperschaft ist.[4]

71-72 *Einstweilen frei.*

73 **d) Höherrangiges Recht. GG.** Die Blankettverweisung in § 8 I auf die Vorschriften des EStG und der EStDV beziehen sich nicht statisch auf die bei Inkrafttreten des § 8 I geltenden Regeln, sondern dynamisch auf die jeweils geltende Fassung der in Bezug

---

1 Schulte in Erle/Sauter § 8 Rn 24; *Balmes* in H/H/R § 8 Rn 8.
2 BFH I R 129/79, BStBl II 1984, 620; *Balmes* in H/H/R § 8 Rn 9.
3 Vogt in Blümich § 8 AStG Rn 185 mit Hinweisen auf die entsprechende Ansicht der Finanzverwaltung.
4 *Wenzel* in Blümich § 3 InvStG Rn 7.

III. Normzweck und Anwendungsbereich

genommenen Vorschriften.[1] Solche dynamischen Verweisungen auf andere Gesetze (sog Außenverweisungen) werfen verfassungsrechtliche Bedenken im Hinblick auf den Bestimmtheitsgrundsatz auf. Dabei ist neben dem Aspekt, dass die in Bezug genommenen Normen zeitlich bezogenen Veränderungen unterworfen sind, auch zu berücksichtigen, dass die dynamische Verweisung selbst unbestimmt ist. Das BVerfG hält demgegenüber aber eine solche dynamische Verweisung auf die jeweils geltende Fassung einer Norm im Hinblick auf Art 103 II GG selbst im Strafrecht für möglich.[2]

Art 115 AEUV. Europäische Einflüsse auf das KStG sind in Einklang mit der allgemeinen Rechtsentwicklung nicht ganz ausgeblieben. Für die direkten Steuern wie die KSt ergibt sich aus dem AEUV kein Harmonisierungsauftrag. Im Bereich der direkten Steuern besteht daher unter den Mitgliedsstaaten in den Grenzen des AEUV grundsätzlich ein Wettbewerb der Steuersysteme um Investoren bzw Steuerzahler. Als Rechtsgrundlage für die Harmonisierung kann nur Art 115 AEUV herangezogen werden. Danach bedürfen die zur Sicherung der Funktionsfähigkeit des gemeinsamen Marktes erforderlichen Maßnahmen eines einstimmigen Beschlusses des Rats.

RL. Ferner ist der Subsidiaritätsgrundsatz des Art 5 III EUV zu beachten. Daher wurden bisher auf dem Gebiet der direkten Steuern nur fünf RL erlassen, die der Harmonisierung der Ertragsteuern und damit auch der KSt dienen:

- FusionsRL[3] (Vermeidung der Aufdeckung und Versteuerung von stillen Reserven bei Strukturveränderungen grenzüberschreitend tätiger Unternehmen),
- MTRL[4] (Vermeidung der Doppelbesteuerung bei Gewinnausschüttungen von Tochter- an Mutterunternehmen in der EU),
- Schiedsverfahrenskonvention[5] (Schlichtungsverfahren für die beteiligten Staaten bei grenzüberschreitenden Steuersachverhalten),
- ZinsRL[6] (Besteuerung von Zinseinkünften im Wohnsitzstaat und Kontrollverfahren – Auskunftserteilung),
- RL über Zinsen und Lizenzgebühren zwischen verbundenen Unternehmen.[7]

Einheitliche Bemessungsgrundlage. Die EU beschäftigt sich schon seit einiger Zeit mit einer einheitlichen Bemessungsgrundlage für die KSt iRd Harmonisierung der Unternehmensbesteuerung. Vorteil einer Angleichung der Vorschriften zur steuerlichen Gewinnermittlung wäre eine Reduzierung der Kosten für international tätige Unternehmen und die Verwaltung. Erfolge könnten sich dabei in erster Linie bei der Schaffung einer gemeinsamen konsolidierten Bemessungsgrundlage für EU weit tätige Konzerne (Common-Consolidated-Corporate-Tax-Base, CCCTB) einstellen.[8] Allerdings hat der Wissenschaftliche Beirat beim BMF einer Vereinheitlichung der

---
1 *Balmes* in H/H/R § 8 Rn 13.
2 BVerfG 2 BvL 4/62, BVerfGE 14, 245, 252; BVerfG 2 BvL 11/85, 75, 329, 345.
3 ABl EG 1990 Nr L 225, 1.
4 ABl EG 1990 Nr L 225, 6.
5 ABl EG 1990 Nr L 225, 10.
6 ABl 2003 Nr L 157, 38. Vgl dazu die Zinsinformationsverordnung, BGBl I 2004, 128.
7 ABl 2003 Nr L 157, 49.
8 KOM (2007) 223.

Bemessungsgrundlage ohne Vereinbarungen, die zu einer stärkeren Angleichung der Steuersätze auf Unternehmensgewinne in der EU führen, eine Absage erteilt.[1] Nach langjährigen Arbeiten hat die Europäische Kommission im März 2011 einen Entwurf einer RL zur gemeinsamen konsolidierten KSt-Bemessungsgrundlage (GKKB) veröffentlicht.[2] Darin ist die GKKB als System konzipiert, das drei Stufen umfasst. Auf der ersten Stufe werden gemeinsame Regeln zur Ermittlung der Steuerbemessungsgrundlage von Unternehmen mit steuerlichem Sitz in der EU eingeführt. Die nach den gemeinsamen Regeln ermittelten Ergebnisse werden in Unternehmensgruppen konsolidiert. Anschließend wird die konsolidierte Steuerbemessungsgrundlage unter den einbezogenen Mitgliedstaaten verteilt. Die Ermittlung der Steuerbemessungsgrundlage soll in einer Art Einnahmenüberschussrechnung erfolgen. In den Einzelregelungen im Richtlinienentwurf zur Erfassung der Erträge sind auch Bestimmungen zur Periodenabgrenzung, zu Realisationszeitpunkten oder zur Bewertung von Transaktionen sowie zur (planmäßigen und außerplanmäßigen) Abschreibung enthalten. Ferner sollen Verluste unbeschränkt vortragsfähig sein. Über die Konsolidierung wird zudem ein grenzüberschreitender Verlustausgleich in der Unternehmensgruppe gewährleistet. IRd Konsolidierung werden die Wirkungen von konzerninternen Transaktionen eliminiert. Dadurch verlieren die Bestimmungen zu Verrechnungspreisen innerhalb der Unternehmensgruppe erheblich an Bedeutung. Die Aufteilung der einheitlichen konsolidierten Steuerbemessungsgrundlage auf die einzelnen Gruppenmitglieder zur Besteuerung mit den jeweiligen nationalen Steuersätzen soll nach einem Maßstab erfolgen, in den mehrere Faktoren eingehen. In die Aufteilung fließen die Lohnsumme und die Anzahl der Beschäftigen (Arbeit), der Umsatz nach Bestimmungsstandort (Markt) und die Vermögenswerte (Kapital) zu je einem Drittel ein. Zur Vereinfachung des Verwaltungsverfahrens soll die Kommunikation nur über eine Hauptsteuerbehörde laufen (sog „one-stop-shop"). Die Überlegungen im Richtlinienentwurf sind zur Entwicklung einer Dynamik in den Fragen der Vereinheitlichung des Unternehmenssteuerrechts in Europa sicher nützlich. Es ist allerdings nicht davon auszugehen, dass eine Harmonisierung der Bemessungsgrundlage für alle Körperschaftsteuersubjekte auf EU-Ebene ohne weitere Diskussionen und zeitnah erfolgen wird. Auf eine Kommentierung der einzelnen vorgesehenen Detailregelungen wird daher zunächst verzichtet.[3]

77-78 *Einstweilen frei.*

79 **IV. Einkommen (§ 8 I). 1. Einkommensbegriff. a) Gesetzestechnik. Generalverweisung.** In erster Linie nutzt der Gesetzgeber zur Bestimmung der sachlichen Steuerpflicht in § 8 I S 1 eine Generalverweisung auf die Vorschriften des EStG (§§ 2 – 24b EStG) sowie der EStDV (zu letztem im Detail auch Rn 105). Die Verweisung beinhaltet neben der Festlegung des Einkommens die Zurechnung und auch die Ermittlung des Einkommens.

---

1 Gutachten des Wissenschaftlichen Beirats beim BMF (März 2007), abrufbar über die Internetseite des BMF.
2 KOM (2011) 121/4.
3 Dazu *Lenz/Rautenstrauch*, DB 2011, 726.

Sondervorschriften des KStG. Die weiteren Vorschriften der §§ 8 II-22 enthalten speziellere bzw ergänzende (Sonder-)Regelungen, insbesondere für die Organschaft, Versicherungsunternehmen, Bausparkassen sowie Erwerbs- und Wirtschaftsgenossenschaften, welche ersatzweise bzw zusätzlich bei Körperschaften anzuwenden sind.

80

Außen- und Innenverweisung sowie dynamischer Verweis. Systematisch handelt es sich bei der Verweisung auf das EStG um eine sog Blankettverweisung als Außenverweisung, da auf Normen außerhalb des konkreten Gesetzes verwiesen wird. Dagegen ist die Verweisung auf die anderen Vorschriften des KStG eine Innen- bzw Binnenverweisung. Mangels konkreten zeitlichen Bezugs handelt es sich darüber hinaus um eine dynamische Verweisung auf die jeweils geltenden Fassungen der Regelungen (zur verfassungsrechtlichen Würdigung Rn 73).[1]

81

Verweis auf die Vorschriften das EStG. § 8 I enthält keine eigenständige Regelung, was als Einkommen gilt und wie das Einkommen zu ermitteln ist, sondern macht sich dafür in erheblichem Umfang die Vorschriften des EStG zu nutze. Auf diesem Wege werden grundsätzlich die gleichen Besteuerungsregeln iRd sachlichen Einkommen- und Körperschaftsteuerpflicht herangezogen.

82

Einstweilen frei.

83-84

b) Allgemeines zur Einkommensbesteuerung. Wirtschaftliche Leistungsfähigkeit. Die Selbständigkeit der juristischen Person gebietet es, ihre wirtschaftliche Leistungsfähigkeit für die Besteuerung der Körperschaftsteuersubjekte als maßgebendes Prinzip heranzuziehen.[2]

85

Einkommensbegriff gem § 2 IV EStG für Körperschaften. Das Einkommen nach § 2 IV EStG wird durch einen Rechenvorgang ermittelt. Die Grundlage für das Einkommen bilden die Einkünfte nach Maßgabe des § 2 I EStG. Die Einkünfte werden nach den Vorgaben in § 2 II EStG abhängig von der Zuordnung zu den Einkunftsarten nach § 2 I EStG errechnet. Daraus wird der Gesamtbetrag der Einkünfte durch Summenbildung abgeleitet. Unter Berücksichtigung weiterer Abzüge ergibt sich der in § 2 IV EStG als Einkommen bezeichnete Betrag. Für Körperschaftsteuersubjekte sind allerdings, auch aus der Natur des Steuersubjekts heraus, einige Besonderheiten im Vergleich mit den natürlichen Personen zu beachten.

86

Objektives und subjektives Nettoprinzip. Im Gegensatz zu natürlichen Personen entfällt bei Körperschaftsteuersubjekten ein Aspekt bei der Besteuerung nach der wirtschaftlichen Leistungsfähigkeit. Während die Leistungsfähigkeit natürlicher Personen durch die Berücksichtigung des objektiven und des subjektiven Nettoprinzips zu bestimmen ist, kann bei juristischen Personen dem subjektiven Nettoprinzip keine Bedeutung beigemessen werden.[3] Unvermeidbare Privataufwendungen entstehen bei juristischen Personen daher nicht.

87

---

1   Einzelheiten dazu *Balmes* in H/H/R § 8 Rn 13.
2   *Roser* in Gosch § 8 Rn 15.
3   *Lang* in Tipke/Lang § 9 Rn 42, 54 ff, 68 ff.

88 **Zurechnung.** Grundlage für die Erzielung von Einkünften ist die Zurechnung. Einkünfte sind dem Steuersubjekt zuzurechnen, dem die Quelle zuzurechnen ist. Ausgangspunkt für die Zurechnung sind nach § 39 I AO zwar grundsätzlich die zivilrechtlichen Regeln. Unter den Voraussetzungen des § 39 II AO ist allerdings abweichend von den zivilrechtlichen Regeln eine Zurechnung zum wirtschaftlichen Eigentümer vorzunehmen. Das gilt auch für die KSt.

89 **Gesellschaftsrechtlich veranlasste Vermögensmehrung und Vermögensminderung.** Aus dem Einkommen sind Vermögensmehrungen bzw -minderungen auszusondern, die mit der Steigerung der wirtschaftlichen Leistungsfähigkeit in keinem Zusammenhang stehen. Das trifft auf eine Vermögensmehrung, aber auch Vermögensminderung zu, die gesellschaftsrechtlich veranlasst sind und nicht in erster Linie auf der Marktteilnahme des Körperschaftsteuersubjekts beruhen (weiterführend Rn 350 ff).

90 **Leistungsbeziehungen zwischen Körperschaft und Gesellschafter.** Die getrennte Besteuerung von Körperschaften einerseits und Gesellschaftern/Mitgliedern andererseits führt dazu, dass Leistungsbeziehungen zwischen der Körperschaft und den Gesellschaftern/Mitgliedern und daraus entstehende Verpflichtungen bei der Einkommensermittlung grundsätzlich zu berücksichtigen sind. Die Berücksichtigung kann aber nur soweit reichen, soweit nicht die gesellschaftsrechtliche Verbindung als Grundlage der Vermögensverschiebung anzusehen ist (vgl Rn 231 ff).

91 **Welteinkommensprinzip.** Bei unbeschränkt steuerpflichtigen Körperschaftsteuersubjekten unterliegen im Grundsatz auch ausländische Einkünfte der inländischen Besteuerung. Das ergibt sich aus dem Welteinkommensprinzip, das auch dem KStG zugrunde liegt. Der Grundsatz kennt eine wichtige Ausnahme, nämlich wenn die ausländischen Einkünfte aufgrund eines DBA[1] von der inländischen Besteuerung freigestellt sind. Neben der Freistellung kommt zur Vermeidung der Doppelbesteuerung auch die Anrechnung der im Ausland erhobenen und bezahlten Steuer in Betracht (vgl § 26 Rn 62 ff). Wird die Doppelbesteuerung weder durch Freistellung noch durch Anrechnung der im Ausland erhobenen Steuer vermieden, kommt ein Abzug der ausländischen Steuer bei der Ermittlung der Einkünfte in Betracht (§ 26 VI, § 34c II EStG).

92 **Ausländische Verluste bei Freistellungsmethode.** Für Verluste aus DBA-Staaten, welche im Inland der Steuerbefreiung unterfallen (zB ausländische Betriebsstättenverluste), kommt eine Berücksichtigung im Inland aufgrund der sog Symmetriethese grundsätzlich nicht in Betracht.[2]

93 **Berücksichtigung finaler ausländischer Verluste innerhalb der EU.** Nur ausnahmsweise kann innerhalb der EU eine Berücksichtigung zur Verhinderung einer unzulässigen Diskriminierung geboten sein. Ausgehend von verschiedenen Entscheidungen des EuGH ist die Berücksichtigung von sog finalen Verlusten auslän-

---

1 Zum 1.1.2009 hat Deutschland mit mehr als 100 Staaten DBAs auf dem Gebiet der Steuer von Einkommen und vom Vermögen abgeschlossen.
2 Zur Symmetriethese vgl BFH I R 107/09, BFH/NV 2010, 1744 mwN.

discher Betriebsstätten und ausländischer TG innerhalb der EU auf dem Wege zu gesicherten Grundsätzen, wenn auch Details nach wie vor umstritten sind (hierzu Rn 94 ff).

Ausländische Verluste aus TG. In der Rs *Marks & Spencer*[1] machte der EuGH 94 deutlich, dass der Ausschluss der Verrechnung von Verlusten einer im anderen Mitgliedstaat tätigen TG durch Verrechnung mit Gewinnen der gebietsansässigen MG eine Beschränkung der Niederlassungsfreiheit (Art 49, 54 AEUV) darstellt. Zur Rechtfertigung für eine solche Beschränkung sah es der EuGH als ausreichend an, dass zur Wahrung der Aufteilung der Besteuerungsbefugnis zwischen den Mitgliedsstaaten die wirtschaftliche Tätigkeit sowohl in Bezug auf Gewinne als auch Verluste im Sitzstaat besteuert wird. Ferner müssen die Mitgliedstaaten eine doppelte Verlustberücksichtigung verhindern können. Darüber hinaus kann die Möglichkeit der Übertragung von Verlusten einer gebietsfremden auf eine gebietsansässige Gesellschaft die Gefahr einer Steuerflucht bergen, die verhindert werden darf. Handelt es sich aber um finale Verluste, greifen die Rechtfertigungsgründe (zumindest im konkreten Fall) nicht durch. Finale ausländische Verluste müssen im Inland zum Abzug zugelassen werden. Wann Finalität vorliegt, brauchte der EuGH im konkreten Fall nicht zu entscheiden.

Ausländische Verluste aus Betriebsstätten. Im Hinblick auf die Abziehbarkeit 95 für Verluste aus ausländischen Betriebsstätten innerhalb der EU hat der EuGH in der Rs *Lidl Belgium*[2] entschieden, dass die in *Marks & Spencer* aufgestellten Grundsätze auch für Verluste aus Betriebsstätten in der EU gelten. Im Hinblick auf die Rechtfertigungsgründe wurde klargestellt, dass die aufgeführten Gründe keineswegs kumulativ vorliegen müssen. Verluste aus einer ausländischen Betriebsstätte sind aber, sofern nach einem DBA die Einkünfte im Ausland besteuert werden, dann nicht zu berücksichtigen, wenn keine finalen Verluste vorliegen. Im konkreten Fall konnten die Verluste bei der Besteuerung der Einkünfte dieser Betriebsstätte für künftige Zeiträume berücksichtigt werden. Es fehlte an der Finalität.

Rechtliche und tatsächliche Finalität. In der Rs *Krankenheim Ruhesitz am* 96 *Wannsee-Seniorenheimstatt GmbH*[3] hat der EuGH ferner deutlich gemacht, dass eine Verlustberücksichtigung mangels Finalität dann nicht erforderlich ist, wenn die vermeintliche Finalität darauf zurückzuführen ist, dass ungünstige Auswirkungen aufgrund der besonderen Regeln in der ausländischen Steuerrechtsordnung Ursache für die Nichtberücksichtigung der ausländischen Verluste sind. Rechtliche Ursachen in der ausländischen Rechtsordnung, die der Berücksichtigung der Verluste dort entgegenstehen, begründen keine finalen Verluste. Die Ursache der Finalität ist daher sehr genau zu ermitteln. Liegt die Ursache in der Regelung eines anderen Staates (zB kein Verlustvortrag), müssen die Verluste im Inland nicht ausgeglichen werden. Auch der BFH hat entschieden, dass Verluste einer ausländischen Betriebsstätte nicht final sind, weil das entsprechende ausländische Steuerrecht nur einen zeitlich beschränkten

---
1   EuGH Rs C 446/03, *Marks & Spencer*, Slg 2005, I-10837.
2   EuGH Rs C 414/06, *Lidl Belgium*, Slg 2008, I-3601.
3   EuGH Rs C 157/07, *Wannsee*, Slg 2008, I-8061.

Verlustvortrag kennt und in diesem Zeitraum eine Verrechnung mit Gewinnen (etwa mangels Gewinn) nicht möglich ist.[1] Zur steuerhoheitlichen Berechtigung eines jeden Mitgliedsstaats gehört auch, den Verlustvortrag zeitlich zu beschränken. Anders liegt der Fall aber, wenn nicht rechtliche Gründe der Verlustberücksichtigung entgegenstehen, sondern tatsächliche Vorgänge. Der BFH[2] sieht etwa in der Aufgabe einer Betriebsstätte ein finales Ereignis, das zu Berücksichtigung eines Verlusts führen kann. Die Unterscheidung zwischen rechtlicher und tatsächlicher Finalität hat durchaus Überzeugungskraft. Entscheidend sind aber letztlich die konkreten Maßstäbe, die heranzuziehen sind, um die beiden Fälle voneinander abzugrenzen. Die Erwägungen des BFH lassen erkennen, in welche Richtung die weitere Beurteilung der offenen Fragen der finalen Verluste gehen kann. Gleichwohl handelt es sich dabei um obiter dicta, die nicht ohne Risiko als Rechtssätze interpretiert werden können.

97 **Wirtschaftliche Finalität.** Von Vertretern der Finanzverwaltung wird kritisiert, dass wenn man allein auf tatsächliche Veränderungen für die Beurteilung der Finalität von Verlusten abstellt, ausländische Verluste durch tatsächliche Gestaltungen beliebig ins Inland verschoben werden können (zB Umwandlung einer Auslandsbetriebsstätte in eine Kapitalgesellschaft).[3] In solchen Fällen fällt darüber hinaus die Entscheidung schwer, ob es ein rechtliches oder ein tatsächliches Ereignis ist, das die Finalität des Verlustes begründet, falls die ausländische Rechtsordnung ein Mitnehmen der Verluste in die neue Rechtsform verhindert. Von Finalität soll daher nach dieser Auffassung wohl erst dann ausgegangen werden, wenn die Verluste wirtschaftlich final sind. Die wirtschaftliche Finalität bringt mit sich, dass die Verluste im Ausland auch tatsächlich nicht mehr genutzt werden dürfen. Sie liegt jedenfalls dann vor, wenn die Aktivitäten im betroffenen ausländischen Staat aufgegeben werden. Die Aufgabe einer ausländischen Betriebsstätte wäre danach bei Neueröffnung einer anderen Betriebsstätte im gleichen ausländischen Staat nicht ohne weiteres als finales Ereignis anzusehen.[4] Denn es soll nicht in das Belieben des Steuerpflichtigen gestellt werden, in welchem Mitgliedsstaat Gewinne versteuert oder Verluste geltend gemacht werden.[5] Offen ist, ob die restriktive Beurteilung auch vorzunehmen ist, wenn das Unternehmen im betroffenen ausländischen Staat zwar keine Betriebsstätte mehr unterhält, aber noch eine TG (also die Betriebsstätte zB in die TG eingebracht wird). Zumindest der BFH hat in einem obiter dictum angedeutet, das in diesem Fall eine Finalität der Verluste gegeben ist. Dies ist zumindest dann konsequent, wenn man nur auf die Berücksichtigung der Verluste bei der MG als Steuerpflichtige abstellt. Auch eine weitere Nutzung der Verluste auf Ebene der übernehmenden TG muss nicht zwingend schädlich sein. Da der Verlust der Betriebsstätte in Folge der Einbringung eigentlich untergehen sollte, dürften im Ausnahmefall bei Übergang der Verluste auf die TG die §§ 7 ff AStG Schutz vor ungewünschten Gestaltungen bieten.

---

1 BFH I R 100/09, BStBl II 2010, 1065.
2 BFH I R 107/09, BFH/NV 2010, 1744.
3 *Mitschke*, FR 2011, 24; *derselbe*, FR 2010, 900.
4 Zur sehr restriktiven Auffassung der Finanzverwaltung etwa das Argumentationspapier des Bayerischen LfSt v 19.2.2010, S 1366.1.1-3/10 St 32.
5 *Benecke/Staats*, IStR 2010, 668.

Finale Verluste bei TG. In Bezug auf finale Verluste bei ausländischen TG hat der BFH bisher nur in einem Verfahren betreffend eine Teilwertabschreibung auf die durch stete Zahlungen an eine ausländische TG gestiegenen Anschaffungskosten Stellung genommen,[1] wenn die ausländische TG durch ihre Verluste die Zahlungen aufgebraucht hat. Insoweit hat der BFH die Finalität der Verluste abgelehnt. Nur iRe Organschaft kann das Trennungsprinzip zwischen der Kapitalgesellschaft und deren Anteilseigner überwunden werden. Im konkreten Fall war für eine wirtschaftliche Finalität, etwa Beendigung der Geschäftstätigkeit oder Liquidation, nichts ersichtlich. Im Hinblick auf die konzerninterne Verlustverrechnung in der EU rechtfertigte der EuGH in der *Rs X-Holding*[2] die Beschränkung auf die Verlustverrechnung mit inländischen TG. Ausländische Betriebsstätten und ausländische TG sind nämlich nach den Ausführungen in den Entscheidungsgründen zumindest im Hinblick auf die Aufteilung der Besteuerungsgrundlage, wie sie sich aus einem DBA ergibt (Art 7 I und 23 II OECD-MA), nicht in einer vergleichbaren Situation. Während eine ausländische TG im Vertragsstaat, in dem sie ihren Sitz hat, unbeschränkt steuerpflichtig ist, gilt dies nicht für Betriebsstätten. Vielmehr unterliegen die ausländischen Betriebsstätten prinzipiell und in beschränktem Umfang weiterhin der Steuerhoheit des Herkunftsstaats. Eine unterschiedliche Behandlung ist daher möglich (dh es müssen nicht per se die gleichen Grundsätze bei der Bestimmung der Finalität von Verlusten anzuwenden sein).

98

Entscheidungen der Finanzgerichte. Das FG Niedersachsen[3] hat in dem Fall einer deutschen Holding, welche die Berücksichtigung von Verlusten ihrer italienischen TG geltend gemacht hat, entschieden, dass die Voraussetzungen für eine Verlustberücksichtigung auch bei gemeinschaftskonformer Reduktion des § 14 (dazu § 14 Rn 970) nicht gegeben waren. Selbst wirtschaftlich finale Verluste der TG können nur berücksichtigt werden, wenn eine rechtsverbindliche Verpflichtung zur Übernahme der Verluste der TG für mindestens fünf Jahre vorliegt. Damit wird dem Erfordernis eines Ergebnisabführungsvertrags iRd Organschaft Rechnung getragen. Eine faktische Verpflichtung soll nach der Entscheidung hingegen nicht ausreichen. Das FG Rheinland-Pfalz[4] hat die Berücksichtigung des Verlusts einer dänischen TG bei einer deutschen MG ebenfalls abgelehnt, dabei aber schlicht darauf abgestellt, dass ohne Ergebnisabführungsvertrag eine Verlustberücksichtigung auch bei inländischen Sachverhalten nicht in Betracht kommt. An der Vergleichspaarbildung des FG Rheinland-Pfalz wird Kritik geübt.[5] Kernstreitpunkt bleibt das unklare Erfordernis einer rechtsverbindlichen Verpflichtung zur Verlustübernahme.

99

Zeitpunkt der Berücksichtigung von finalen Verlusten. Im Hinblick auf die Berücksichtigung von finalen Verlusten aus einer ausländischen Betriebsstätte ist zu beachten, dass der ausländische Verlust nicht phasengleich mit der Entstehung

100

---

1 BFH I R 16/10, BFH/NV 2011, 524.
2 EuGH C 337/08, *X Holding BV*, Slg 2010, I-1237.
3 Niedersächsisches FG 6 K 406/08, EFG 2010, 815; BFH I R 16/10, BFH/NV 2011, 524.
4 FG Rheinland-Pfalz 1 K 2406/07, EFG 2010, 1632 (Revision eingelegt und zrückgenommen, Az BFH: I R 34/10).
5 *Graw*, DB 2010, 2469, 2471.

im Inland verrechnet werden kann. Vielmehr entscheidet der Eintritt der (wirtschaftlichen) Finalität über die Berücksichtigung des Verlusts. Der Verlustabzug richtet sich dann uneingeschränkt nach den inländischen Regeln (§§ 10d EStG, 8c). Der BFH[1] sieht insoweit den Grundsatz der Besteuerung nach der Leistungsfähigkeit und die Gleichbehandlung mit gleichgelagerten Inlandssachverhalten durch die im DBA vereinbarte und gemeinschaftsrechtlich konkretisierte Symmetrie der Freistellung auch von Verlusten für das Verlustentstehungsjahr im Inland gewissermaßen suspendiert. Maßgebend für den Verlustabzug ist daher allein der Eintritt der (wirtschaftlichen) Finalität im Hinblick auf den Verlust. Das ist der Moment, in dem das Symmetrieprinzip und die Landesgrenzen überschritten werden. Die Finalität bewirkt in dieser Form keine Besserstellung gegenüber einer vergleichbaren inländischen Besteuerungssituation. Im Hinblick auf finale Verluste bei ausländischen TG ist dagegen nicht ausgeschlossen, dass eine phasengleiche Verlustzurechnung iRe unionsrechtskonformen Organschaftsregelung erfolgen muss.[2]

101 **Ausländische Verluste bei Anrechnungsmethode.** Falls kein DBA besteht oder in Folge der Freistellungs- zur Anrechnungsmethode gewechselt wird, ist die Regelung des § 2a EStG für Verluste zu beachten, die aus Drittstaaten stammen. Danach kommt im Grundsatz nur ein Ausgleich von Verlusten mit positiven Einkünften derselben Art und aus demselben Staat in Betracht.

102-103 *Einstweilen frei.*

104 **c) Einkommensermittlung im Einzelnen. Vorschriften des EStG.** Die Generalverweisung in das EStG umfasst im Grundsatz alle Vorschriften des EStG, die sich mit dem Einkommen und der Einkommensermittlung beschäftigen. Die Einkünfte, die nach § 2 I EStG der ESt unterliegen,[3] sind daher grundsätzlich auch für die Bestimmung des Einkommens von Körperschaftsteuersubjekten nach § 8 I bedeutsam. Mit gewissen Modifikationen sind daher die Einkunftsarten und die Qualifizierungsvorschriften des EStG (§§ 13-24 EStG) maßgeblich für den Einkommensbegriff des KStG.

105 **EStDV.** Von der Generalverweisung werden auch die Ermächtigungsgrundlagen für die EStDV und damit die entsprechenden Regelungen erfasst, die auf den Ermächtigungsgrundlagen beruhen.[4] Konkret sind die Vorschriften gemeint, die im EStG unter der Überschrift „Einkommen" stehen (§§ 2-24b EStG) und entsprechende Regelungen in der EStDV.

106 **Natürliche Personen betreffende Vorschriften.** Bestimmte Vorschriften des EStG sind allerdings iRd KStG nicht anwendbar, da sie erkennbar auf natürliche Personen und nicht auf Körperschaftsteuersubjekte zugeschnitten sind, wie etwa § 10 EStG, der auf die Berücksichtigung von Aufwendungen in Ausgestaltung des subjektiven Nettoprinzips gerichtet ist. Nicht anzuwenden sind aufgrund des Bezugs auf

---

1 BFH I R 107/09, BFH/NV 2010, 1744.
2 *Roser*, Ubg 2010, 30, 33; *Cordewener*, IWB Fach 11 Gruppe 2, 983, 990.
3 BFH GrS 4/82, BStBl II 1984, 751.
4 *Rengers* in Blümich § 8 Rn 30; *Schulte* in Erle/Sauter § 8 Rn 18. AA *Balmes* in H/H/R § 8 Rn 16; *Schwedhelm* in Streck § 8 Rn 3.

IV. Einkommen

natürlich Personen § 19 EStG und §§ 24a, 24b EStG, ferner §§ 10 ff, 33-33b EStG.[1] Auch Einkünfte aus selbständiger Arbeit sind regelmäßig durch die Persönlichkeit des Ausübenden geprägt und daher bei Körperschaftsteuersubjekten nur in außergewöhnlichen Konstellationen denkbar.[2] Das gilt aber auch im Hinblick darauf, dass einzelne Absätze von Normen einen ausschließlich auf natürliche Personen ausgerichteten Bezug aufweisen. Der Freibetrag nach § 16 IV EStG ist zB ersichtlich auf natürliche Personen zugeschnitten. Ähnliches gilt für die einzelnen Nummern in § 3 EStG oder § 4 V Nr 5 EStG.

Anwendbare Vorschriften des EStG im Einzelnen. Die Finanzverwaltung hat in den R 32 I KStR dazu Stellung genommen, welche Normen von der Verweisung umfasst sein sollen:

Aus dem EStG:

§§ 2 I-IV, VI und VII S 3; 2a; 2b; 3 Nr 7, 8 S 1, Nr 11 S 1 und 3, Nr 18, 21, 41, 42, 44 und 54; 3c I; 4 I-IV, V S 1 Nr 1-4, 7 -10, S 2, VI-VIII; 4a I S 2 Nr 1 und 3, II; 4b; 4c; 4d; 4e; 5; 5a; 6; 6a; 6b; 6c; 6d; 7; 7a; 7b; 7c; 7d; 7f; 7g; 7h; 7i; 7k; 8; 9 I S 3 Nr 1-3 und 7 und V; 9a S 1 Nr 2 und 3 und S 2; 9b; 10d; 10g; 11; 11a; 11b; 13 I, II Nr 1, III 3 S 1 und 2, VI und VII; 13a; 14 S 1; 15; 15a; 16 I-III; 17; 18 I Nr 2 und 3, II, III, IV S 2; 20; 21 I und III; 22 Nr 1, 2 und 3; 23; 24.

107

§ 8

Aus der EStDV:

§§ 6; 8b; 8c; 9a; 10; 10a; 11c; 11d; 15; 48; 49; 50; 51; 53; 54; 55.

Die Aufzählung der anwendbaren Regeln aus dem EStG in den KStR gibt die Gesetzeslage weitgehend zutreffend wieder. Im Einzelfall ist allerdings zu berücksichtigen, dass nicht alle der in KStR 32 I in Bezug genommenen Normen auf Körperschaftsteuersubjekte uneingeschränkt anwendbar sein können. So können Körperschaften zB nicht hilfsbedürftig iSd § 3 Nr 11 S 1 EStG sein[3] und der Verlustabzug (§ 10d EStG) kann nur unter den weiteren Voraussetzungen des § 8c vorgenommen werden. Der Verlustabzug ist der einzige Posten, der iRd KSt den Gesamtbetrag der Einkünfte vom Einkommen unterscheidet. Im Unterschied zur ESt ist der Spendenabzug in § 9 I Nr 2 iRd KSt als besondere Gewinnermittlungsvorschrift ausgestaltet und kann daher etwa den abzugsfähigen Verlust beeinflussen.[4] Bei der ESt handelt es sich beim Spendenabzug nach § 10b EStG um einen Sonderausgabenabzug, der lediglich die Höhe des Einkommens beeinflusst, nicht aber den Gesamtbetrag der Einkünfte.

Korrekturen. Nach der Bestimmung der grundsätzlich anwendbaren einkommensteuerlichen Vorschriften, die ausgehend von deren genereller Berücksichtigungsfähigkeit vorzunehmen ist, sind Feinabstimmungen erforderlich. Hierbei sind insbesondere die Regelungen in §§ 8 II-22 einzubeziehen. Auf diesem Wege können sich differenzierte Lösungen im Hinblick auf die Anwendbarkeit einer Norm des EStG ergeben. Das wird bspw bei der Anwendung des § 3c I EStG deutlich, der in der Richt-

108

---

1 *Balmers* in H/H/R § 8 Rn 17.
2 Etwa bei sonstiger selbständiger Arbeit durch Vermögensverwaltung. *B Lang* in EY § 8 Rn 116.
3 *Rengers* in Blümich § 8 Rn 45.
4 *Roser* in Gosch § 8 Rn 42.

Fehrenbacher 369

linienaufzählung genannt ist, aber durch die Sonderregelung in § 8b V S 2 bzw III S 2 für den Regelungsbereich des § 8b von der Anwendung ausgeschlossen wird. IÜ bleibt § 3c I EStG aber auf Körperschaftsteuersubjekte grundsätzlich anwendbar.

109 **Einkunftsarten.** Für Kapitalgesellschaften, Genossenschaften sowie VVaG und PVaG ist § 8 II als vorrangige Sonderregelung zu beachten (vgl Rn 135 f). Insoweit liegen stets gewerbliche Einkünfte vor. Für die übrigen Körperschaftsteuersubjekte sind die einkommensteuerrechtlichen Besonderheiten im Hinblick auf die einzelnen Einkunftsarten zu beachten (vgl Rn 135 und 160).

110 **Wirtschaftliche Betrachtungsweise.** Grundlage für die zu ermittelnden Einkünfte ist die wirtschaftliche Betrachtungsweise. Im Hinblick auf die zu beurteilenden Einkünfte kommt es auf die zivilrechtliche Zulässigkeit (§ 40 AO) bzw Wirksamkeit (§ 41 AO) grundsätzlich nicht an. Werden missbräuchliche rechtliche Gestaltungen gewählt, ist auf eine, den wirtschaftlichen Vorgängen angemessene, rechtliche Gestaltung abzustellen (§ 42 AO).

111 **Einkünfteermittlung.** In Übereinstimmung mit § 2 II EStG sind bei der Einkünfteermittlung Gewinneinkünfte und Überschusseinkünfte zu unterscheiden. Während es bei den Einkünften aus Land- und Forstwirtschaft, den Einkünften aus Gewerbebetrieb und den Einkünften aus selbständiger Arbeit um die Gewinnermittlung geht, ist bei den anderen Einkunftsarten der Überschuss der Einnahmen über die Werbungskosten zu ermitteln. Die Subsidiarität einzelner Einkunftsarten ist zu beachten (§§ 20 VIII, 21 III EStG).

112 **Gewinneinkünfte.** Bei den Gewinneinkünften (Land- und Forstwirtschaft, Gewerbebetrieb, selbständige Arbeit) ist der Gewinn, also der Unterschiedsbetrag zwischen dem Wert des Betriebsvermögens am Ende und am Beginn des WJ – korrigiert um Einlagen und Entnahmen – (§ 4 I EStG), zu ermitteln. Sofern keine Buchführungspflicht besteht, kann der Gewinn auch durch Überschussrechnung ermittelt werden (§ 4 III EStG). In Einzelfällen kommt ferner eine Gewinnermittlung nach Sonderregeln in Betracht (§§ 5a, 13a EStG). Die Anknüpfung an den Gewinn ist eine Umsetzung des objektiven Nettoprinzips. Sind die Erwerbsaufwendungen höher als die Einnahmen, entstehen ein Verlust bzw negative Einkünfte. Die Gewinnermittlung lehnt sich an den Reinvermögenszugang an.[1] Änderungen im Wert und in der Zusammensetzung des Vermögens, das der Einkunftsart zuzuordnen ist, sind daher zu berücksichtigen.

113 **Überschusseinkünfte.** Bei den Überschusseinkünften (Kapitaleinkünfte, Vermietung und Verpachtung und sonstige Einkünfte) kann sich ein Überschuss der Einnahmen über die Werbungskosten (positive Einkünfte) oder ein Überschuss der Werbungskosten über die Einnahmen ergeben (negative Einkünfte). Maßgebend für die Ermittlung ist der Zu- und Abfluss der Einnahmen und Ausgaben. Dabei bleiben Veränderungen im Vermögensbestand mit Bezug zur Einkunftsquelle unberück-

---

1 *Lang* in Tipke/Lang § 9 Rn 50; zur Reinvermögenszugangstheorie vgl *Tipke*, Steuerrechtsordnung II, 2. Aufl, S 624.

sichtigt. Wertminderungen durch Abnutzung sind allerdings zu berücksichtigen (AfA). Die Sonderregelung in § 32d EStG für Überschusseinkünfte aus Kapitalvermögen hat für Körperschaftsteuersubjekte keine Bedeutung.

Schema der Einkünfteermittlung bei Körperschaften mit gewerblichen Einkünften. Bei Körperschaften, die nur gewerbliche Einkünfte haben können (§ 8 II), ist das zu versteuernde Einkommen damit wie folgt zu ermitteln:[1] 114

    Gewinn / Verlust lt Steuerbilanz bzw nach § 60 II EStDV korrigierter Jahresüberschuss / Jahresfehlbetrag lt Handelsbilanz unter Berücksichtigung der besonderen Gewinnermittlung bei Handelsschiffen nach § 5a EStG

+   Hinzurechnung von vGA (§ 8 III S 2)

−   Abzug von Gewinnerhöhungen im Zusammenhang mit bereits in vorangegangenen VZ versteuerten vGA

+   Berichtigungsbetrag nach § 1 AStG

−   Einlagen (§ 4 I S 5 EStG)

+   nichtabziehbare Aufwendungen (zB § 10, § 4 V EStG, § 160 AO)

+   Gesamtbetrag der Zuwendungen nach § 9 I Nr 2

+/− Kürzungen / Hinzurechnungen nach § 8b und § 3c I EStG

−   sonstige inländische steuerfreie Einnahmen (zB Investitionszulagen)

+/− Korrekturen bei Organschaft iS der §§ 14, 17 und 18 (zB gebuchte Gewinnabführung, Verlustübernahme, Ausgleichszahlungen iSd § 16)

+/− Hinzurechnungen und Kürzungen bei ausländischen Einkünften ua

- Korrektur um nach DBA steuerfreie Einkünfte unter Berücksichtigung des § 3c I EStG,
- Hinzurechnung nach § 52 III EStG iVm § 2a III und IV
- EStG 1997,
- Abzug ausländischer Steuern nach § 26 VI oder § 12 III AStG iVm § 34c II, III und VI EStG
- Hinzurechnungsbetrag nach § 10 AStG einschließlich Aufstockungsbetrag nach § 12 I und III AStG,
- Hinzurechnungen und Kürzungen von nicht nach einem DBA steuerfreien negativen Einkünften nach § 2a I EStG

+/− Hinzurechnungen und Kürzungen bei Umwandlung ua

- nach § 4 VI und VII bzw § 12 II S 1 UmwStG nicht zu berücksichtigender Übernahmeverlust oder -gewinn,
- Hinzurechnungsbetrag nach § 12 II S 2 und III UmwStG

---

[1] R 29 I KStR. Dabei ist zu berücksichtigen, dass Änderungen durch die Unternehmensteuerreform 2008 und JStG 2009 noch nicht eingearbeitet sind. Ferner sind zahlreiche Regelungen noch berücksichtigt, die nur noch für Altfälle Bedeutung haben.

+/- sonstige Hinzurechnungen und Kürzungen ua
- nach § 52 LIX EStG iVm § 50c EStG idF des Gesetzes v 24.3.1999[1] nicht zu berücksichtigende Gewinnminderungen,
- nicht ausgleichsfähige Verluste nach § 8 IV S 4 und nach § 13 III sowie nach §§ 2b, 15 IV, § 15a I EStG,
- Hinzurechnungen nach § 15a III EStG, § 13 III S 10,
- Kürzungen nach § 2b S 4, § 15 IV S 2, 3 und 6, § 15a II, III S 4 EStG, § 13 III S 7,
- Gewinnzuschlag nach § 6b VII und VIII, § 7g V EStG

= steuerlicher Gewinn (Summe der Einkünfte in den Fällen des R 29 II S 1 KStR; Einkommen iSd § 9 II S 1)
- abzugsfähige Zuwendungen nach § 9 I Nr 2
+/- bei Organträgern:
- Zurechnung des Einkommens von Organgesellschaften (§§ 14, 17 und 18),
- Kürzungen / Hinzurechnungen nach § 8b, § 3c I EStG und § 4 VII UmwStG bezogen auf das dem Organträger zugerechnete Einkommen von Organgesellschaften (§ 15 Nr 2)
- bei Organgesellschaften:
- Abzug des dem Organträger zuzurechnenden Einkommens (§§ 14, 17 und 18)
= Gesamtbetrag der Einkünfte iSd § 10d EStG
- bei der übernehmenden Körperschaft im Jahr des Vermögensübergangs zu berücksichtigender Verlust nach § 12 III S 2 bzw § 15 IV UmwStG
- Verlustabzug nach § 10d EStG
= Einkommen
- Freibetrag für bestimmte Körperschaften (§ 24)
- Freibetrag für Erwerbs- und Wirtschaftsgenossenschaften sowie Vereine, die Land- und Forstwirtschaft betreiben (§ 25)
= zu versteuerndes Einkommen

===

115 **Einkünfteermittlung bei anderen Körperschaften.** Die Grundsätze des vorstehenden Schemas sind auf alle Körperschaften anwendbar, allerdings sind bei Körperschaften, die nicht unter § 8 II fallen Modifikationen erforderlich. Ausgangsgröße sind die Einkünfte aus den einzelnen Einkunftsarten. Durch Addition der Einkünfte aus den einzelnen Einkunftsarten ist die Summe der Einkünfte zu ermitteln. Dabei ist zu berücksichtigen, dass grundsätzlich ein horizontaler und vertikaler Verlustausgleich vorzunehmen ist. Somit werden positive Einkünfte aus einer Einkunfts-

---

1 BGBl I 1999, 402.

art mit negativen Einkünften aus der gleichen Einkunftsart verrechnet. Gleiches geschieht mit positiven Einkünften aus einer Einkunftsart und negativen Einkünften aus einer anderen Einkunftsart. Die Einschränkungen in § 2a EStG, der aufgrund der Verweisung in § 8 I auch für Körperschaftsteuersubjekte gilt, sind allerdings zu berücksichtigen. Danach sind negative Einkünfte mit Drittstaatenbezug nur eingeschränkt für den Verlustausgleich geeignet.[1] Im Hinblick auf in der Vergangenheit liegende VZ (etwa bis VZ 2003) sind darüber hinaus weitere Modifikationen zu beachten, die in R 29 II KStR von der Finanzverwaltung zusammengefasst wurden.

Einheitliche Begriffe Einkünfte, Einkommen und zu versteuerndes Einkommen. 116
Die Begriffe Einkünfte, Einkommen und zu versteuerndes Einkommen werden insgesamt nicht ganz einheitlich gebraucht. Das wird besonders deutlich, wenn man die Regelung in § 8 II in die Betrachtung mit einbezieht.[2] An einzelnen Stellen entstehen Transformationsprobleme zwischen KStG und EStG, die aber nach Sinn und Zweck der Regelungen zu lösen sind. Erhöhte Sorgfalt ist insoweit insbesondere bei Verweisungen aus anderen Gesetzen geboten (etwa § 7 GewStG). Im Einkommensteuerrecht sind bspw Spenden als Sonderausgaben abzugsfähig und mindern den Gesamtbetrag der Einkünfte. Der vor- oder rücktragsfähige Verlust (§ 10d EStG) der Einkommensteuersubjekte kann dadurch nicht beeinflusst werden. Bei der Einkommensermittlung der Körperschaftsteuersubjekte ist die Regelung des § 9 I Nr 2 aber schon bei der Ermittlung der Einkünfte zu berücksichtigen[3] und kann den Verlustabzug daher erhöhen.

Einstweilen frei. 117-119

2. BgA (§ 8 I S 2). Regelungsgehalt. Die Regelung für BgA in § 4 I S 2 wurde durch 120
das JStG 2009 in die Vorschrift aufgenommen und stellt klar, dass die Absicht Gewinn zu erzielen und die Beteiligung am allgemeinen wirtschaftlichen Verkehr bei BgA für die sachliche Steuerpflicht nicht erforderlich ist. Damit sind auch Tätigkeiten, die auf Dauer nur Verluste erwirtschaften, geeignet, (negative) Einkünfte zu begründen.

Hintergrund der Regelung. Der Gesetzgeber reagierte mit der Einführung des § 4 121
I S 2 auch auf eine Strömung in der Literatur[4], die dauerhafte Verluste aus der Gewinnermittlung ausschließen wollte. Argument war insoweit die Überlegung, dass es iRd sachlichen Steuerpflicht ansonsten zu Wettbewerbsverzerrungen verglichen mit anderen Körperschaftsteuersubjekten kommen kann, die mit § 4 gerade vermieden werden sollten. Für eine Sonderbehandlung der BgA iRd sachlichen Steuerpflicht fehlte bisher eine (eindeutige) gesetzliche Grundlage, die mit § 4 I S 2 geschlossen wurde.

Verhältnis zu § 4. Der Wortlaut der Regelung entspricht § 4 I S 2. Während es in 122
§ 4 I S 2 aber um eine Regelung zum Steuersubjekt geht, beschäftigt sich § 8 mit der sachlichen Steuerpflicht. Einkünfte liegen bei BgA nach § 8 I S 2 also auch vor, wenn die Gewinnerzielungsabsicht als Ausprägung der Einkünfteerzielungsabsicht fehlt.

---
1 Zur Änderung des Auslandsbezugs in den Drittstaatenbezug vgl JStG 2009.
2 *Klingebiel* in D/J/P/W § 8 Rn 5.
3 BFH I R 146/77, BStBl II 1982, 177.
4 *Seer*, DStR 1992, 1790; *Seer/Wendt*, DStR 2001, 825.

123	**Ausnahmeregelung.** Es handelt sich bei § 8 I S 2 um eine Ausnahme von dem allgemeinen Grundsatz, der sich aus der Generalverweisung in das EStG ergibt (vgl Rn 32).
124	**Verlustausgleich.** Für juristische Personen des öffentlichen Rechts ist zu beachten, dass diese nur mit ihren BgA Körperschaftsteuersubjekt sind (vgl dazu Rn 40). Im Zusammenhang mit der Besteuerung von BgA ist allerdings zu berücksichtigen, dass ein Verlustausgleich mit anderen Tätigkeiten der juristischen Person des öffentlichen Rechts in anderen BgA nur sehr eingeschränkt möglich ist. Nur falls die Betriebe gleichartig sind, zwischen ihnen nach dem Gesamtbild der tatsächlichen Verhältnisse objektiv eine enge wechselseitige technisch-wirtschaftliche Verflechtung von einigem Gewicht besteht oder es sich um verschiedene Betriebe handelt, die aber alle der Versorgung der Bevölkerung mit Wasser, Gas, Elektrizität oder Wärme, dem öffentlichen Verkehr oder dem Hafenbetrieb dienen, kann eine Zusammenfassung und damit ein Verlustausgleich erfolgen (vgl § 4 Rn 185). Für Verlustvorträge und Verlustrückträge ist ferner die den § 10d EStG ergänzende Sonderregelung in § 8 VIII zu beachten (vgl Rn 912).
125-126	*Einstweilen frei.*
127	**3. Inländische öffentlich-rechtliche Rundfunkanstalten (§ 8 I S 3). Vereinfachungsregel.** § 8 I S 3 enthält eine Vereinfachungsregelung für die Ermittlung des Einkommens von inländischen öffentlich-rechtlichen Rundfunkanstalten.
128	**Gleichbehandlung.** Die allgemeine Fassung der Norm begegnet einer Ungleichbehandlung, die in der Vorgängerregelung zugunsten des ZDF gesehen wurde (vgl Rn 16).
129	**BgA inländischer öffentlich-rechtlicher Rundfunkanstalten.** § 8 I S 3 ist ausgehend von der Systematik eine besondere Art der Einkommensermittlung für einen BgA von inländischen öffentlich-rechtlichen Rundfunkanstalten. Anwendbar ist die Regelung auf die inländischen öffentlich-rechtlichen Körperschaften. Das sind neben dem ZDF auch die ARD-Rundfunkanstalten.
130	**Geschäft der Veranstaltung von Werbesendungen.** Die Vereinfachungsregelung bezieht sich nur auf das Geschäft der Veranstaltung von Werbesendungen. Es handelt sich beim Geschäft der Veranstaltung von Werbesendungen um keinen Hoheitsbetrieb, vielmehr entsteht in diesem Bereich Wettbewerb zu privaten Anbietern. Es geht dabei um Werkleistungen der Rundfunkanstalten gegenüber den Auftraggebern, die Werbung zum Inhalt haben und für die eine Gegenleistung bezahlt wird.
131	**Einkommensermittlung.** Das Einkommen beträgt pauschal 16 % der Entgelte aus Werbesendungen. Für die Ermittlung des zu versteuernden Einkommens nach § 7 II ist noch der Freibetrag nach § 24 zu berücksichtigen, da § 8 I nur das Einkommen bestimmt.
132	**Entgelte aus Werbesendungen.** Für den Entgeltbegriff verweist die Regelung auf § 10 I UStG. Danach ist das Entgelt die Gegenleistung des Vertragspartners oder eines Dritten für die Werbesendung, jedoch ohne die USt. Von den Rundfunkanstalten im Namen und für die Rechnung eines anderen vereinnahmte und verausgabte Beträge (sog durchlaufende Posten) gehören nicht zum Entgelt.

Einstweilen frei. **133-134**

V. Einkünfte aus Gewerbebetrieb (§ 8 II). 1. Allgemeines. Ausnahmevorschrift. **135**
§ 8 II enthält eine Ausnahme vom Grundsatz, dass auch iRd KSt das Einkommen anhand der Summe der Einkünfte aus den sieben Einkunftsarten (§ 2 I EStG) zu bestimmen ist.

Regelungsgehalt. Der Begriff und die Ermittlung des Einkommens werden zwar im Grundsatz nach den Regelungen des EStG bestimmt. Davon abweichend fingiert § 8 II als Sondervorschrift des KStG, dass die Einkünfte von bestimmen Körperschaften stets als Einkünfte „aus Gewerbebetrieb zu behandeln" sind. Auf die konkrete Art der Betätigung kommt es dabei nicht an. **136**

Reichweite. Aus § 8 II lässt sich ableiten, dass die Ermittlung der Einkünfte den Regelungen über die Ermittlung von Einkünften aus Gewerbebetrieb folgt.[1] Allerdings stellt sich die Frage, ob die Behandlung als Einkünfte aus Gewerbebetrieb auch begrifflich den Einkünften iSd § 2 EStG entsprechen, also etwa ob Vermögensbewegungen, die nicht in den Anwendungsbereich von § 2 I Nr 1-7 EStG fallen, möglicherweise einer Privatsphäre der Körperschaft zuzuordnen sind (vgl dazu Rn 180) oder die Aspekte der Liebhaberei ein Rolle spielen (vgl Rn 196). Methodisch geht es insoweit um die Frage, ob § 8 II eine Rechtsgrund- oder eine Rechtsfolgenverweisung enthält (vgl Rn 188). **137**

Einstweilen frei. **138-139**

2. Rechtsentwicklung von § 8 II. Rechtsprechung des RFH. § 8 II findet seine Grundlage bereits in der Rechtsprechung des RFH. Dieser hatte entschieden, dass buchführungspflichtige Erwerbsgesellschaften ausschließlich gewerbliche Einkünfte erzielen können.[2] Danach vertrat der RFH die Auffassung, dass Unstimmigkeiten im Hinblick auf zivilrechtliche Bestimmungen nur dadurch zu vermeiden sind, dass Einkünfte jeglicher Herkunft bei buchführungspflichtigen Erwerbsgesellschaften wie Einkünfte aus Gewerbebetrieb zu ermitteln und steuerlich zu behandeln sind. **140**

Rechtslage bis zum VZ 2005. Bereits die KStDV 1935 bestimmte, dass die Einkünfte von nach den Bestimmungen des HGB buchführungspflichtigen Gesellschaften stets in Einkünfte aus Gewerbebetrieb umzuqualifizieren sind.[3] Ab dem VZ 1949 galt diese Regelung aufgrund der Ermächtigungsnorm des § 23a I Nr 1 lit a und b KStG als § 19 KStDV 1949 und danach als § 16 KStDV 1961 sowie § 16 KStDV 1968 fort. IRd KStG 1977 ist die Regelung des § 16 KStDV 1968 in Form von § 8 II inhaltsgleich im KStG verankert worden. **141**

Rechtslage ab dem VZ 2006. Durch das SEStEG wurde § 8 II mit Wirkung ab dem VZ 2006 grundlegend geändert. Hintergrund der gesetzlichen Umgestaltung war, auch ausländischen Kapitalgesellschaften (insbesondere SE und SCE) in den Anwendungsbereich von § 8 II einzubeziehen.[4] § 8 II regelt nunmehr, dass bei unbeschränkt Steuerpflichtigen iSv § 1 I Nr 1-3 alle Einkünfte als Einkünfte aus Gewerbebetrieb zu behandeln sind. **142**

---

1 *Rengers* in Blümich § 8 Rn 57.
2 RFH I A3/27, RStBl 1928, 6.
3 § 19 KStDV; RGBl I 1935, 163.
4 *Schallmoser* in H/H/R § 8 Rn 31.

143-144 *Einstweilen frei.*

145 **3. Verfassungsrechtliche Einordnung.** Ein Verstoß gegen verfassungsrechtliche Grundsätze ist unter gleichheitsrechtlichen Gesichtspunkten nicht ersichtlich. Weder die bis einschließlich VZ 2005 geltende Umqualifizierung der Einkünfte von Steuerpflichtigen, die nach den Vorschriften des HGB buchführungspflichtig waren, in Einkünfte aus Gewerbebetrieb, noch die ab dem VZ 2006 nunmehr geltende Regelung der Umqualifizierung der Einkünfte von Steuerpflichtigen iSv § 1 I Nr 1-3 verstößt gegen das Gleichheitsgebot des Art 3 I GG.[1]

146 *Einstweilen frei.*

147 **4. Unionsrechtliche Einordnung. Diskriminierung der Altregelung.** Im Hinblick auf unionsrechtliche Gesichtspunkte war die Altregelung in § 8 II Vorwürfen einer Diskriminierung von ausländischen Körperschaftsteuersubjekten ausgesetzt. Diese wurden im Vergleich zu inländischen Körperschaften, denen nach den Vorschriften des HGB eine Verpflichtung zur Buchführung auferlegt war und deren Einkünfte folglich in gewerbliche Einkünfte umqualifiziert wurden, unterschiedlich besteuert. Denn soweit keine handelsrechtliche Buchführungspflicht im Inland bestand (hierzu Rn 166 und § 7 Rn 71, 72), konnten ausländische Kapitalgesellschaften einer ungünstigeren Besteuerung unterliegen (zB andere Abschreibungsdauern gem § 7 EStG sowie keine Übertragung von Rücklagen gem § 6b EStG).[2] Nach Auffassung des BFH waren ausländische Kapitalgesellschaften vom Anwendungsbereich der Altregelung jedenfalls dann nicht erfasst, wenn sie keine Zweigniederlassung im Inland hatten.[3] Die Neuregelung gilt aufgrund des klaren Wortlauts für beschränkt steuerpflichtige Kapitalgesellschaften nicht. Insoweit ist die Art der Einkünfte nach den allgemeinen Regeln zu bestimmen.

148 **Auswirkungen der Neuregelung auf doppeltansässige Kapitalgesellschaften.** Der Gesetzgeber hat durch die veränderte Anknüpfung in § 8 II einen mit unionsrechtliche Grundsätzen übereinstimmenden Zustand zumindest für doppeltansässige Kapitalgesellschaften hergestellt. Die Frage nach der Behandlung dieser Gesellschaften stellt sich vor dem Hintergrund des Konkurrenzverhältnisses zwischen der Gründungs- und Sitztheorie. Wurde in der viel beachteten Entscheidung des EuGH in *Daily Mail*[4] noch die Befürwortung der Sitztheorie gesehen, hat sich mit den Folgeentscheidungen eine Abkehr von der Sitztheorie hin zur Gründungstheorie abgezeichnet.[5] Insbesondere im Hinblick auf die Entscheidung *Inspire Art* steht fest, dass vor dem Hintergrund der in Art 49 und 54 AEUV garantierten Niederlassungsfreiheit den in anderen Mitgliedstaaten rechtswirksam gegründeten Gesellschaften der Zuzug unter Beibehaltung der ursprünglichen Gründungsform im Aufnahmemitgliedstaat gewährleistet sein muss (vgl § 1 Rn 200 ff). Da doppelt ansässige Kapitalgesell-

---

[1] Schallmoser in H/H/R § 8 Rn 32.
[2] Einzelheiten bei *Schnitger/Fischer*, DB 2007, 598.
[3] BFH I R 14/01, BStBl II 2002, 861.
[4] EuGH Rs 81/87, *Daily Mail*, Slg 1988, I-5483.
[5] EuGH Rs 212/97, *Centros*, Slg 1999, I-1459; EuGH Rs C-208/00, *Überseering*, Slg 2002, I-9919; EuGH Rs C-167/01, *Inspire Art*, Slg 2003, I-10155.

schaften als unbeschränkt steuerpflichtige Körperschaften ebenso nach § 8 II immer Einkünfte aus Gewerbebetrieb beziehen, ist insoweit die Behebung der früheren Diskriminierung behoben bzw eine Verbesserung der freien Rechtsformwahl im grenzüberschreitenden Kontext eingetreten.[1]

Auswirkungen der Neuregelung auf doppeltansässige Kapitalgesellschaften. 149
Beschränkt steuerpflichtige Kapitalgesellschaften unterfallen jedoch weiterhin nicht § 8 II und können daher auch nicht nur gewerbliche Einkünfte erzielen (vgl Rn 153). Bis zu den Neuregelungen des JStG 2009 konnten hier insbesondere für grundstücksverwaltende ausländische Kapitalgesellschaften Diskriminierungen entstehen,[2] welche nunmehr jedoch aufgrund der Erweiterung des § 49 I Nr 2 lit f sublit bb EStG zumindest gelöst wurden.[3] Dennoch sind für andere Einkunftsquellen theoretisch weiter Grundfreiheitsverstöße denkbar, soweit eine Besteuerung als gewerbliche Einkünfte zu einer vorteilhafteren Versteuerung führt.

Einstweilen frei. 150-151

5. Persönlicher Anwendungsbereich. Unbeschränkte Steuerpflicht. § 8 II regelt, 152
dass unbeschränkt körperschaftsteuerpflichtige Personen iSv § 1 I Nr 1-3 nur Einkünfte aus Gewerbebetrieb erzielen können. Die Art der Betätigung spielt insoweit keine Rolle.

Beschränkte Steuerpflicht. Nur unbeschränkt steuerpflichtige Körperschaften 153
werden ausdrücklich von der Regelung erfasst. § 8 II findet keine Anwendung auf beschränkt steuerpflichtige Körperschaftsteuersubjekte (zur EU-rechtlichen Würdigung vgl Rn 147). Die Regelung schließt aber nicht aus, dass beschränkt steuerpflichtige Personen Einkünfte aus Gewerbebetrieb erzielen können, vielmehr müssen sich die Tatbestandsvoraussetzungen zur Annahme einer gewerblichen Tätigkeit insoweit aus allgemeinen Erwägungen ergeben (§ 15 II EStG; vgl weiterführend § 2 Rn 114 ff).

Körperschaften iSd § 1 I Nr 1 (Kapitalgesellschaften). Von § 1 I Nr 1 werden 154
inländische und ausländische Kapitalgesellschaften erfasst. Darunter fallen insbesondere

- AG,
- KGaA,
- GmbH sowie
- die SE.[4]

Ausländische zugezogene Kapitalgesellschaften. Die Aufzählung in Nr 1 ist 155
nicht abschließend. So werden auch identitätswahrend zugezogene ausländische EU-/EWR-Gesellschaften erfasst, die nach dem Recht des Gründungsstaates als Kapitalgesellschaft anerkannt sind (vgl dazu § 1 Rn 112, 51) und ihren Ort der Geschäftsleitung im Inland haben (und somit in Deutschland der unbeschränkten

---

1 *Schallmoser* in H/H/R § 8 Rn 32; vgl auch zu der Zielsetzung BTDrs 542/06, 2.
2 *Schnitger/Fischer*, DB 2007, 598, 599.
3 *Schnitger* in Lüdicke, Wo steht das Internationale Steuerrecht?, 2009, S 183, 207.
4 Verordnung EG Nr 2157/2001 des Rates v 8.10.2001, ABl EG Nr L 294/1 v 10.11.2001.

Steuerpflicht unterliegen).¹ Bei zugezogenen Gesellschaften, die nach dem Recht eines Drittstaats gegründet wurden, ist für die Anwendbarkeit der Nr 1 hingegen entscheidend, inwieweit der Zuzug gesellschaftsrechtlich anzuerkennen ist (hierzu § 1 Rn 200 ff). Bei allen ausländischen Gesellschaften mit Ort der Geschäftsleitung im Inland ist zudem nach dem Rechtstypenvergleich entscheidend, ob die in Frage stehende Gesellschaft ihrem Erscheinungsbild nach körperschaftlich strukturiert oder mit einer Personengesellschaft vergleichbar ist. Nur in ersterem Fall wird die Gesellschaft von der Regelung des § 8 II erfasst.

156 **Verzogene inländische Kapitalgesellschaften.** Durch die Formulierung in § 4a GmbHG und § 5 AktG wird deutlich, dass der Gesetzgeber wollte, dass Kapitalgesellschaften ihren Verwaltungssitz ins Ausland verlegen können.² Lediglich der Satzungssitz muss im Inland liegen. Für die Anwendung des § 8 II ergeben sich daraus aber keine Auswirkungen. Solange die unbeschränkte Steuerpflicht bestehen bleibt und die Kapitalgesellschaft den Satzungssitz im Inland hat, ist die iRd unbeschränkten Steuerpflicht der Kapitalgesellschaft geltende Regelung anwendbar (zu weiteren Details § 1 Rn 200 ff). Auf die Behandlung im Zuzugsstaat kommt es insoweit nicht an.

157 **Fehlende Bedeutung der Buchführungspflicht.** Der Diskussion, ob eine im EU-Ausland gegründete Kapitalgesellschaft mit Verwaltungssitz im Inland zur Buchführung nach HGB-Vorschriften verpflichtet ist, kommt nach der Neuregelung des § 8 II keine Bedeutung mehr zu.

158 **Körperschaften iSd § 1 I Nr 2 (Genossenschaften).** § 1 I Nr 2 erfasst eingetragene Genossenschaften. Darunter fallen sowohl nationale Genossenschaften als auch SCE.³ § 1 I GenG definiert die Genossenschaft als eine Gesellschaft mit nichtgeschlossener Mitgliederzahl, deren Zweck darauf gerichtet ist, den Erwerb oder die Wirtschaft ihrer Mitglieder oder deren soziale oder kulturelle Belange durch gemeinschaftlichen Geschäftsbetrieb zu fördern. Für die Sozial- und Kulturgenossenschaften kommt es aufgrund der Regelung in § 8 II auf eine eventuell fehlende Einkünfteerzielungsabsicht nicht an. Die Einkünfte sind regelmäßig als Einkünfte aus Gewerbebetrieb zu qualifizieren (zur Möglichkeit der Annahme einer vGA vgl jedoch Rn 180 ff).

159 **Körperschaften iSd § 1 I Nr 3.** Die Regelung des § 1 I Nr 3 umfasst die VVaG und PVaG. Hier gelten auch keine Besonderheiten. Die Einkünfte werden ebenfalls iRv § 8 II in Einkünfte aus Gewerbebetrieb umqualifiziert.

160 **Keine Anwendung für Körperschaften iSd § 1 I Nr 4-6.** Die in § 1 I Nr 4-6 aufgezählten übrigen Körperschaftsteuersubjekte wurden von der Vorgängerregelung des § 8 II aF erfasst, sofern sie als Kaufleute nach §§ 1-3 HGB zur Buchführung verpflichtet waren.⁴ Obwohl bei diesen Körperschaften die Kaufmannseigenschaft erfüllt sein kann und dann auch die Buchführungspflicht besteht, können ab dem VZ 2006 gleichwohl bei diesen andere Einkünfte als solche aus Gewerbebetrieb bestehen, wie

---

1 Lang in D/J/P/W § 8 Abs 2 Rn 20.
2 Bayer in Lutter/Hommelhoff § 4a GmbHG Rn 15.
3 Verordnung (EG) Nr 1435/2003 des Rates v 2207.2003, ABl EG NrL 207/1 sowie SCEAG v 14.8.2006, BGBl I 2006, 1911.
4 BFH I R 33/02, BFH/NV 2004, 445.

V. Einkünfte aus Gewerbebetrieb

zB Einkünfte aus Kapitalvermögen oder Einkünfte aus Vermietung und Verpachtung. Die Qualifizierung der Einkünfte richtet sich bei diesen Einkünften nach § 8 I S 1 iVm den maßgeblichen Vorschriften des EStG.

Keine Bedeutung für BgA. Bei BgA gilt nach § 1 I Nr 6 iVm § 4, dass eine juristische Person des öffentlichen Rechts nur mit diesen der Körperschaftsteuerpflicht unterliegt. Eine gewerbliche Tätigkeit mit den entsprechenden Modifikationen (§ 4) wird insoweit vorausgesetzt. § 8 II ist für BgA daher ohne Bedeutung, da bei diesen von vornherein nur gewerbliche Einkünfte vorliegen können. Folglich hatte auch die Neufassung der Regelung ab dem VZ 2006 keine Auswirkungen auf die Art der Einkünfte von BgA.[1]

161

Einstweilen frei.

162-164

6. Rechtsfolgen. a) § 8 II unterfallende Körperschaften. Fiktion gewerblicher Einkünfte. Nach § 8 II sind alle Einkünfte von den dort benannten Körperschaftsteuersubjekten, unabhängig von der konkret ausgeübten Tätigkeit, als Einkünfte aus Gewerbebetrieb einzuordnen. Andere Einkunftsarten sind in diesem Zusammenhang nicht relevant.

165

Keine Bedeutung der handelsrechtlichen Buchführungspflicht. Dem bisherigen Abgrenzungskriterium der Verpflichtung zur Führung von Büchern nach den Vorschriften des HGB kommt daher keine maßgebende Bedeutung mehr zu.[2] Das gilt auch für die Streitfrage zur Altregelung, ob eine Buchführungspflicht nach HGB für EU-Kapitalgesellschaften mit inländischem Verwaltungssitz besteht.[3]

166

Einkünfteermittlung. Die Ermittlung der Einkünfte aus Gewerbebetrieb richtet sich nach den entsprechenden ertragsteuerlichen Regeln in §§ 4 I, 5 I EStG.[4] Demnach sind die Einkünfte der unter § 1 I Nr 1-3 gefassten Körperschaften nach den Grundsätzen der Gewinnermittlung gem § 8 I iVm § 5 I EStG durch qualifizierten Betriebsvermögensvergleich[5] zu bestimmen.

167

Einkünftequalifikation. Aus § 8 II lässt sich nicht folgern, dass Einkünfte nach § 2 EStG bestimmt und im Anschluss in Einkünfte aus Gewerbebetrieb umqualifiziert werden (Rechtsgrundverweisung),[6] was auch Auswirkungen auf die steuerliche Berücksichtigung von Verlusten aus Tätigkeiten einer Körperschaft ohne Gewinnerzielungsabsicht hätte (sog Liebhaberei; hierzu Rn 196). Da § 8 II mittlerweile von der Rechtsprechung als Rechtsfolgenverweisung gesehen wird[7] („zu behandeln"), werden bei Tätigkeiten einer von § 8 II erfassten Körperschaft alle Tatbestandsmerkmale des § 15 II EStG als erfüllt betrachtet.[8] Weiterführend zur Qualifikation des § 8 II als Rechtsgrund- oder Rechtsfolgeverweis Rn 180 ff und 188.

168

---

1 *Lang* in D/J/P/W § 8 Abs 2 Rn 24.
2 BTDrs 16/2710, 30.
3 Vgl dazu etwa *Wachter*, FR 2006, 393; *Graf/Bisle*, IStR 2004, 873.
4 BFH I B 34/00, BStBl II 2002, 490.
5 *Weber-Grellet* in Schmidt § 5 EStG Rn 8 ff mwN.
6 So in ständiger Rechtsprechung zuletzt BFH I R 32/06, BStBl II 2007, 961.
7 Statt vieler *Frotscher* in Frotscher/Maas § 8 Rn 25, 41, zurückgehend auf *Wassermeyer*, DB 1987, 1113.
8 *Roser* in Gosch § 8 Rn 75.

169 **Vermögenssphären.** Aufgrund der Würdigung des § 8 II durch die Rechtsprechung (vgl Rn 180 ff) kann eine Kapitalgesellschaft keine außerbetriebliche Sphäre haben, da alle Wirtschaftsgüter und die damit im Zusammenhang stehenden Mehrungen oder Minderungen den Einkünften aus Gewerbebetrieb zuzuschreiben sind.

170 **Zebragesellschaft.** Die von § 8 II aufgestellten Grundsätze kommen auch dann zum Tragen, wenn eine der in § 1 I Nr 1-3 genannten Körperschaften eine Beteiligung an einer nicht gewerblich tätigen und auch nicht nach § 15 III Nr 2 EStG gewerblich geprägten Personengesellschaft hält und die übrigen Beteiligten Einkünfte zB aus Kapitalvermögen oder Vermietung und Verpachtung erzielen (sog Zebragesellschaft).[1] Die verbindliche Entscheidung über die Einkünfte eines an einer vermögensverwaltenden Gesellschaft beteiligten Gesellschafters ist sowohl der Art als auch der Höhe nach durch das für die persönliche Besteuerung des Gesellschafters zuständige Finanzamt zu treffen. Im Falle einer Umqualifizierung in gewerbliche Einkünfte bei der Beteiligung einer Kapitalgesellschaft als Gesellschafter sind die entsprechenden Gewinnermittlungsvorschriften für die Ermittlung der Einkünfte aus der Beteiligung an der „Zebragesellschaft" maßgebend.[2]

171 **Einkünfte aus Land- und Forstwirtschaft.** Um eine gleichmäßige Besteuerung zu gewährleisten, geht auch die Finanzverwaltung davon aus, dass Körperschaften, bei denen alle Einkünfte als Einkünfte aus Gewerbebetrieb zu behandeln sind, bestimmte Begünstigungen in Anspruch nehmen können, die auf die Einkünfte aus Land- und Forstwirtschaft zugeschnitten sind. So können die Kapitalgesellschaften, die ihren Gewinn nach § 5 I EStG ermitteln, die Steuervergünstigung nach § 6b EStG in Anspruch nehmen (Veräußerung von Aufwuchs oder Anlagen im Grund und Boden mit dem dazugehörigen Grund und Boden). Ferner kann die Vereinfachungsregelung in R 14 II S 3 EStR 2008 angewandt werden. Insoweit ist aber Voraussetzung, dass sich der Betrieb der Körperschaft auf den Betrieb der Land- und Forstwirtschaft beschränkt oder ein derart verselbständigter Betriebsteil vorliegt (R 34 KStR).

172-173 *Einstweilen frei.*

174 **b) § 8 II nicht unterfallende Körperschaften. Alle Einkunftsarten.** Bei Körperschaftsteuerpflichtigen, für die der Anwendungsbereich von § 8 II nicht eröffnet ist, können idR alle Einkunftsarten iRd § 2 I EStG verwirklicht sein.[3] Welche Folgerungen aus der Regelung in § 8 II im Einzelnen zu ziehen sind, ist aber umstritten.

175 **Liebhaberei, Einkünfteerzielungsabsicht.** Nicht unter die Regelung des § 8 II fallende Körperschaften können nicht nur grundsätzlich die Tatbestände aller Einkunftsarten des § 2 I EStG verwirklichen. Für diese Körperschaftsteuersubjekte gilt auch, dass relevante Einkünfte nur vorliegen, wenn die Tätigkeit mit Einkünfteerzielungsabsicht vorgenommen wird und keine steuerlich unbeachtliche Liebhaberei darstellt.[4]

---

1 BFH GrS 4/82, BStBl II 1984, 751.
2 BGH GrS 2/02, BStBl II 2005, 679.
3 BFH I R 33/02, BFH/NV 2004, 445.
4 Zum Motorsport bei einem Verein BFH I R 33/02, BFH/NV 2004, 445.

Vermögenssphären. Ein Körperschaftsteuersubjekt, das nicht unter § 8 II fällt, hat in Abhängigkeit von der jeweiligen Einkunftsart der Tätigkeit eine steuerlich relevante und eine steuerlich nicht relevante Vermögenssphäre.[1] Bei den Überschusseinkunftsarten sind nur die Erträge aus den Quellen und die damit zusammenhängenden Ausgaben relevant für die KSt. Nicht zur Einkommenssphäre zählt das sog Stammvermögen, das die Einkünfte gewährleisten soll und deshalb auch nicht zur Veräußerung bestimmt ist. Veräußerungsgewinne auf der einen Seite, aber auch Substanz- und Wertverluste des Stammvermögens auf der anderen Seite sind für die Einkünfteermittlung insoweit grundsätzlich nicht relevant. Im Gegensatz dazu ist bei den Gewinneinkünften das Gesamtergebnis der unternehmerischen Betätigung zu erfassen. Dazu zählen auch Gewinne und Verluste aus der Veräußerung von Wirtschaftsgütern des Betriebsvermögens. Zum Betriebsvermögen gehören alle Wirtschaftsgüter, die ausschließlich und unmittelbar für die unternehmerischen Zwecke des Steuerpflichtigen genutzt werden oder dazu bestimmt sind. Ferner zählen Wirtschaftsgüter zum Betriebsvermögen, wenn sie in einem gewissen objektiven Zusammenhang mit dem Betrieb stehen und vom Steuerpflichtigen dazu bestimmt sowie geeignet sind, diesen zu fördern.[2]

176

Verschiebungen zwischen den Vermögenssphären. Zwischen den Vermögenssphären sind im Fall von Gewinneinkünften Verschiebungen möglich, die steuerlich sachgerecht behandelt werden müssen, da entsprechende Vermögensmehrungen zu besteuern sind. Bei den Überschusseinkünften sind solche Verschiebungen dagegen nicht relevant, da Vermögensmehrungen der Wirtschaftsgüter grundsätzlich nicht besteuert werden. Die Verschiebungen in den Vermögenssphären Betriebsvermögen und Vermögensverwaltung der Körperschaft (außerbetrieblicher Bereich) lassen sich mit den Instrumenten der Entnahme und Einlage, die iRd Betriebsvermögensvergleichs oder der Einnahmenüberschussrechnung zur Korrektur der Ergebnisse durch Hinzu- oder Abrechnungen führen, bewältigen.[3] Die Verweisung in § 8 I soll als gesetzliche Grundlage insoweit ausreichend sein. Dabei bleibt aber unberücksichtigt, dass – auch wenn es sich um Verschiebungen innerhalb einer Körperschaft handelt – die vGA zur Ergebniskorrektur das speziellere Instrument darstellt.[4]

177 §8

Einstweilen frei.

178-179

7. Sphärentrennung bei Kapitalgesellschaften. a) Keine Privatsphäre. Auswirkungen des § 8 II. Im Zusammenhang mit der Vermögenszuordnung, aber auch in Bezug auf die Bestimmung des Umfangs der Einkünfte und ihrer Ermittlung stellt sich die Frage, ob eine Kapitalgesellschaft wie eine natürliche Person eine außerbetriebliche Sphäre haben kann. Konkret ist zu fragen, ob die Fiktion des § 8 II immer zu Einkünften gem § 2 I EStG führt bzw ob bestimmte Zuflüsse außerhalb der Einkunftsarten einer außerbetrieblichen bzw privaten Sphäre der Kapitalgesellschaft zugeordnet werden können.

180

---

1 BFH I R 14/01, BStBl II 2002, 861.
2 Ständige Rechtsprechung vgl R 4.2. EStR 2008.
3 *Roser* in Gosch § 8 Rn 79 hält die Regeln zur Entnahme und Einlage sogar zur Abgrenzung der Vermögenssphären bei Kapitalgesellschaften für ausreichend und sachgerecht.
4 *B Lang* in EY § 8 Rn 453.

181 **Bedeutung.** Die Frage des Bestehens einer Sphärentrennung ist insbesondere im Hinblick auf verlustbringende, nicht von Einkünfteerzielungsabsicht getragene Tätigkeiten der juristischen Person bedeutsam, wie zB der Finanzierung eines Gestüts[1] oder dem Handel mit Risikofinanzinstrumenten[2]. Auch im Hinblick auf den Ansatz einzelner Vermögensvorgänge, wie Spenden, Lotteriegewinne oder Erbschaften bzw Schenkungen stellt sich die Frage nach deren körperschaftlicher Sphäre außerhalb einer betrieblichen Sphäre.

182 **Juristische Personen des öffentlichen Rechts, BgA.** Juristische Personen des öffentlichen Rechts unterliegen nur mit ihren BgA (betriebliche Sphäre) der KSt. Insoweit wurde eine Trennung schon iRd subjektiven Steuerpflicht angelegt und wird iRd sachlichen Steuerpflicht fortgeführt.

183 **Wirtschaftlicher Geschäftsbetrieb und steuerfreie Sphäre.** Ferner lässt sich aber bei Körperschaften auch ein wirtschaftlicher Geschäftsbetrieb (betrieblicher Bereich) von einer steuerbefreiten Sphäre abgrenzen. Während die Einkünfte aus einem wirtschaftlichen Geschäftsbetrieb einer steuerbefreiten Körperschaft der KSt unterliegt, gehören die Vermögensgegenstände, die mit dem wirtschaftlichen Geschäftsbetrieb nicht im Zusammenhang stehen, zur steuerlich nicht relevanten Vermögenssphäre (weiterführend § 5 Rn 31 ff).

184 **Kein allgemeiner Grundsatz der Trennung.** Im KStG ist darüber hinaus aber eine allgemeine Trennung von betrieblichen und außerbetrieblichen Sphären nicht geregelt. Ob die oben genannten Ansätze allerdings ausreichen, um den Grundsatz einer allgemeinen Sphärentrennung zu begründen, wird nicht ganz einheitlich beurteilt. Während die Rechtsprechung einen Wechsel vollzogen hat und die Finanzverwaltung der mittlerweile ständigen Rechtsprechung[3] folgt, werden in der Literatur auch andere Wege aufgezeigt.[4] So konnte nach der Rechtsprechung des RFH zum KStG aF auch eine Kapitalgesellschaft eine außerbetriebliche Sphäre haben und Aufwendungen dieser zugeordnet werden.[5] Dem schloss sich der BFH in seinen ersten Entscheidungen zunächst an,[6] ließ die Frage in seiner Rechtsprechung zum KStG 1977 nach Einführung des Anrechnungsverfahrens dann allerdings offen.[7] Mit Urteil v 28.11.1991[8] hat der BFH die Anerkennung einer Privatsphäre bei einer Kapitalgesellschaft dann ausdrücklich abgelehnt und sich dabei in der Begründung auf das BVerfG[9] gestützt. Im sog Segelyacht-Urteil[10] hat der I. Senat des BFH nochmals bestätigt, dass die Tätigkeit einer Kapitalgesellschaft auch dann als gewerbliche Tätigkeit einzustufen ist, wenn diese nicht unter eine der sieben in § 2 I EStG abschließend aufgezählten Einkunftsarten fällt. Den Entscheidungen des BFH im Zusammenhang mit der Verneinung der Privatsphäre einer Kapitalgesellschaft liegen drei wesentliche Argumente zu Grunde, auf die immer wieder Bezug genommen wird:

---

1   BFH I R 221/62, BStBl III 1966, 255.
2   BFH I R 83/03, BFH/NV 2004, 1482.
3   BFH I R 54/95, DStR 1997, 492; BFH I R 32/06, BStBl II 2007, 961.
4   *Roser* in Gosch § 8 Rn 74 ff; *Schwedhelm* in Streck § 8 Rn 29.
5   RFH I A 30/27, RStBl 1930, 353.
6   ZB BFH IV 117/60 S, BStBl III 1964, 181.
7   BFH I R 80/87, BStBl II 1990, 920.
8   BFH IV R 122/90, BStBl II 1992, 342.
9   BVerfG 1 BvR 752/69, HFR 1970, 128.
10 BFH I R 54/95, DStR 1997, 492.

V. Einkünfte aus Gewerbebetrieb

- umfassende gesetzliche Fiktion von Einkünften aus Gewerbebetrieb (vgl Rn 185),
- Maßgeblichkeit der Handelsbilanz (vgl Rn 186),
- fehlende korrespondierende Regelung zu § 12 EStG im KStG (vgl Rn 187).

Umfassende gesetzliche Fiktion von Einkünften aus Gewerbebetrieb. Einerseits lässt der Gesetzgeber in § 8 II eine klare Zuordnung erkennen, indem er „alle" Einkünfte den Einkünften aus Gewerbebetrieb zuordnet. Darüber hinaus käme es im Falle der Annahme einer außerbetrieblichen Sphäre auch zu einem Wertungswiderspruch mit § 2 II GewStG, der ausdrücklich die Tätigkeit einer Kapitalgesellschaft vollumfänglich als gewerbliches Unternehmen definiert.[1] 185

Maßgeblichkeit der Handelsbilanz. Zudem spricht die Maßgeblichkeit der Handelsbilanz für die Steuerbilanz, wonach sämtliches Vermögen der Gesellschaft in der Handelsbilanz aufzunehmen ist, dafür, dass kein außerbetriebliches Vermögen gegeben sein kann.[2] 186

Fehlende korrespondierende Regelung zu § 12 EStG im KStG. Während § 12 EStG für natürliche Personen regelt, dass es unterschiedliche Sphären bei natürlichen Personen gibt, ist die Regelung auf Kapitalgesellschaften nicht anwendbar. Zudem enthält das KStG keine Regelungen für die Fälle, dass Wirtschaftsgüter aus dem Betriebsvermögen in außerbetriebliches Vermögen überführt werden, welche diesen Vorgang dann als Ausschüttung bzw im umgekehrten Fall, der Überführung aus dem außerbetrieblichen Vermögen in das Betriebsvermögen der Kapitalgesellschaft, als Einlage behandeln würden. Die Vorschriften über Entnahmen und Einlagen für die Vermögensverschiebungen zwischen den unterschiedlichen Vermögenssphären anzuwenden,[3] scheint ohne weitere gesetzliche Regelung iRd § 8 II nicht begründbar.[4] Das würde den speziellen Ergebniskorrekturregelungen in § 8 III nicht gerecht. Gerade das letztgenannte Argument hat der BFH herangezogen, um einen außerbetrieblichen Bereich abzulehnen.[5] Daraus kann gefolgert werden, dass der Gesetzgeber einer Kapitalgesellschaft keine außerbetriebliche Sphäre zugestehen wollte, so dass in § 10 Nr 2 und Nr 3 auch lediglich die Regelungen des § 12 Nr 3 und Nr 4 EStG übernommen wurden.[6] 187

Rechtsgrund- oder Rechtsfolgeverweis. Letztlich geht es bei der Frage nach der Existenz der Privatsphäre einer Kapitalgesellschaft darum, ob es sich bei § 8 II um eine Rechtsgrundverweisung (dh die Tatbestandsvoraussetzungen des EStG müssen in Folge des Verweises in § 8 II erfüllt sein) oder einen Rechtsfolgenverweis handelt (dh § 8 II fingiert die Erfüllung der Voraussetzungen der Tatbestandsvoraussetzungen). Betrachtet man die einzelnen Argumente, fällt eine klare Entscheidung für eine Rechtsgrund- oder eine Rechtsfolgeverweisung nicht leicht. Die Rechtsprechung geht jedoch wie beschrieben unbeirrt von einer Rechtsfolgen- 188

---

1 BFH I R 67/88, BStBl II 1991, 250; BFH I R 33/02, BFH/NV 2004, 445.
2 *Wassermeyer*, DB 1987, 1113.
3 So wohl *Roser* in Gosch § 8 Rn 79.
4 *B Lang* in EY § 8 Rn 431.
5 BFH I R 32/06, BStBl II 2007, 961.
6 BFH I R 32/06, BStBl II 2007, 961.

verweisung aus. Damit spielen bei der Besteuerung der Kapitalgesellschaft nur die ertragsteuerlich relevante Ebene und die gesellschaftsvertragliche Veranlassung eine Rolle (hierzu Rn 196 ff). Aus systematischer Sicht liegt daher auch weder eine Rechtsfolgen-, noch eine reine Rechtsgrundverweisung vor. Die von der Rechtsprechung favorisierte Rechtsfolgenlösung muss den ausgeführten Besonderheiten des KStG stattdessen angemessen Rechnung tragen.

189 **Kritik.** Gleichwohl sind die von der Rechtsprechung herangezogenen Argumente und die damit verbundenen Folgen nicht durchweg zwingend.[1] So ist das Nebeneinander von Ertragsteuer und Erbschaft- bzw Schenkungsteuer zu beachten. Selbst wenn man also eine außerbetriebliche Sphäre ablehnt, fallen nicht alle Erwerbe in den körperschaftsteuerlich relevanten Bereich. Eine Differenzierung wäre danach vorzunehmen, ob der Erwerb am Markt erwirtschaftet wird (KSt) oder auf andere Weise in das Vermögen der Kapitalgesellschaft gelangt (unentgeltlicher Vermögenszugang durch Schenkung oder Erbschaft). An dieser Unterscheidung sollte auch durch die Auslegung des § 8 II nicht gerüttelt werden, um Verwerfungen im Besteuerungssystem zu vermeiden. Darüber hinaus differenziert auch die Rechtsprechung iSe gegenseitigen Ausschlusses zwischen einer Schenkung durch Gesellschafter und einer Einlage des Gesellschafters.[2] Folglich gibt es Vorgänge, die nicht bei der Gewinnermittlung der Kapitalgesellschaft einzubeziehen sind. Darüber hinaus würde die Akzeptanz der unterschiedlichen Sphären die sachgerechte Gewinnermittlung als Grundlage der Besteuerung von Kapitalgesellschaften stärker gewährleisten. Eine Auslegung des § 8 II als Vorschrift mit einem strengen Rechtsfolgenverweis wird zudem weder vom Gesetz noch von der Finanzverwaltung durchgehalten. Zahlreiche Durchbrechungen in Einzelfällen sind Beleg dafür (zB Überführung von Wirtschaftsgütern in eine ausländische Betriebsstätte – §§ 4 I S 3, 4g EStG; § 7 S 2 GewStG).[3] Die handelsrechtliche Bilanzierung ist ebenfalls kein durchschlagendes Argument, da iRd steuerlichen Gewinnermittlung Korrekturen auch außerhalb der Bilanz vorgesehen sind.[4]

190 **Zuordnung von Wirtschaftsgütern zum Betriebsvermögen.** Folge der fehlenden außerbetrieblichen Sphäre ist, dass die von der Gesellschaft angeschafften und zur Erzielung von Einkünften eingesetzten Wirtschaftsgüter immer dem Betriebsvermögen zuzuordnen sind. Im Unterschied zu natürlichen Personen ist ein funktionaler Zusammenhang des Wirtschaftsguts mit dem Gesellschaftszweck oder dem Betrieb der Gesellschaft nicht erforderlich. Widmungen kommen insoweit ebenfalls nicht in Betracht. Notwendig ist lediglich, dass ein Wirtschaftsgut der Kapitalgesellschaft nach steuerlichen Maßstäben zuzurechnen ist (§ 39 AO). Die Aufnahme der Wirtschaftsgüter in die Handelsbilanz lässt gleichwohl Raum, unterschiedliche Sphären zur Gewinnermittlung zu bilden. Auf diesem Wege lassen sich Aufwendungen und Erträge iRd steuerlichen Gewinnermittlung zuordnen.

---

1 Kritische Stimmen in der Literatur zB auch bei *Rengers* in Blümich § 8 Rn 63 und *Frotscher* in Frotscher/Maas § 8 Rn 25.
2 BFH II R 63/05, BFH/NV 2008, 298.
3 *Roser* in Gosch § 8 Rn 78.
4 *B Lang* in EY § 8 Rn 437.

Betriebsausgaben. Die damit im Zusammenhang stehenden Aufwendungen sowie daraus entstehende Verluste sind als Betriebsausgabe bzw Verluste aus Gewerbebetrieb zu berücksichtigen. 191

Ausnahme für nichtabzugsfähige Ausgaben. Eine Ausnahme vom Betriebsausgabenabzug enthält zunächst § 8 I iVm § 4 V EStG für bestimmte nichtabzugsfähige Aufwendungen. Weiterhin sind jedoch die Grundsätze zur Abgrenzung von betrieblich und gesellschaftsrechtlich veranlassten Aufwendungen zu beachten (dazu nachfolgend und Rn 350 ff). 192

Einstweilen frei. 193-195

b) Liebhaberei. Begriff. Eine Liebhaberei ist anzunehmen, wenn betriebswirtschaftliche Ziele bei den Entscheidungen nicht ausschlaggebend sind und die Erzielung eines Totalgewinns nicht möglich ist.[1] Konkret erfolgt die Abgrenzung anhand von äußeren Merkmalen und Verhaltensweisen, welche Rückschlüsse auf die Gewinnerzielungsabsicht zulassen. 196

Keine Anwendbarkeit bei Kapitalgesellschaften. Wie gesehen sind die Motive der Gesellschaft für die Anschaffung eines Wirtschaftsguts für die Zuordnung des Wirtschaftsguts zum Betriebsvermögen nicht maßgebend. Es liegen vielmehr kraft gesetzlicher Fiktion originär gewerbliche Einkünfte nach § 8 II vor. In Ermangelung einer Privatsphäre ist deshalb bei einer Kapitalgesellschaft Liebhaberei iSd EStG strukturbedingt grundsätzlich ausgeschlossen.[2] 197

Abgrenzung von betrieblicher und gesellschaftsvertraglicher Veranlassung. Für Kapitalgesellschaften gilt aber der Grundsatz, dass betriebliche Veranlassung, (dh Betriebseinnahme/Betriebsausgabe) und gesellschaftsvertragliche Veranlassung, (dh vGA oder Einlage) abzugrenzen sind.[3] Denn Tätigkeiten, die von der Gesellschaft ausschließlich iSe Gesellschafters unterhalten werden, dürfen auf das steuerliche Ergebnis keine Auswirkungen haben; sie sind als vGA der Gesellschaft an den Gesellschafter und damit als Einkommensverwendung zu qualifizieren (vgl Rn 231 ff), da durch sie nicht erwerbswirtschaftliche Gewinne für die Gesellschaft erzielt werden.[4] 198

Abgrenzung anhand der Grundsätze zur Liebhaberei. Der Liebhaberei liegt eine Zielsetzung zugrunde (fehlende Gewinnerzielungsabsicht), welche bei Kapitalgesellschaften nur durch den subjektiven Willen der Organe einer Kapitalgesellschaft vergleichbar entstehen kann und regelmäßig gesellschaftsrechtlich (dh durch das Interesse der Anteilseigner) begründet ist. Daher sind im Grenzbereich zwischen betrieblicher und gesellschaftsrechtlicher Veranlassung die Grundsätze für die Bestimmung von Liebhaberei heranzuziehen.[5] Denn eine gesellschaftsvertragliche Veranlassung ist regelmäßig ebenso dadurch gekennzeichnet, dass die Entscheidungen der Organe einer Kapitalgesellschaft nicht durch Gewinnstreben im Interesse der Gesellschaft, sondern insbesondere durch die privaten Interessen der Gesellschafter 199

---

1 B Lang in EY § 8 Rn 422. Ausführlich zur Liebhaberei *Weber-Grellet* in Schmidt § 8 Rn 24 ff.
2 Schallmoser in H/H/R § 8 Rn 42 mwN.
3 Rengers in Blümich § 8 Rn 63.
4 BFH I R 32/06, BStBl II 2007, 961.
5 Schallmoser in H/H/R § 8 Rn 42.

geleitet werden. Bei Erfüllung der Voraussetzungen für die Annahme einer Liebhaberei ist eine gesellschaftsvertragliche Veranlassung und eine Korrektur über die Regeln der vGA damit vorzunehmen. In beiden Fällen geht es um die Korrektur nicht marktbezogener, sondern privat veranlasster bzw gesellschaftsvertraglich veranlasster Einflüsse auf die ertragsteuerlich relevanten erwirtschafteten Einkünfte.

200 **Positive Totalgewinnprognose.** Für das Vorliegen von Gewinnerzielungsabsicht sprechen zB ein tragfähiges wirtschaftliches Konzept sowie eine positive Totalgewinnprognose.[1] Nach ständiger BFH-Rechtsprechung lässt sich die Absicht einer Gewinnerzielungsabsicht nur anhand äußerer Umstände feststellen. Es ist darauf abzustellen, ob nach der Wesensart und der Art der Bewirtschaftung eine Eignung besteht, auf Dauer Einkünfte zu erwirtschaften. Die Aufnahme einer typischerweise zur Einkünfteerzielung geeigneten Tätigkeit ist als Indiz für die entsprechende Absicht zu werten.[2] Selbst aus einer objektiv negativen Prognose kann nicht zwingend auf die fehlende Absicht geschlossen werden. Vielmehr handelt es sich lediglich um eine widerlegbare Vermutung. In der Literatur wird an der Totalgewinn- oder Totalüberschussprognose teilweise Kritik geübt.[3] Dabei steht der Grundsatz der Abschnittsbesteuerung im Zentrum der Argumente, die gegen eine solche Prognose vorgetragen werden. In Einzelfällen deutet auch der BFH an, dass der hinter einer Tätigkeit stehenden Neigung verstärkt Bedeutung beigemessen werden sollte.[4]

201 **Merkmale gegen eine Gewinnerzielungsabsicht.** Gegen Gewinnerzielungsabsicht sprechen insbesondere Merkmale, die die Verfolgung ausschließlich privater Gesellschafterinteressen nahe legen, wie mehrjährige, über eine Anlaufphase hinausgehende Verluste ohne Anpassungs- oder Änderungsbemühungen.[5] Weitere Anhaltspunkte können auch die Inkaufnahme von unverhältnismäßigen Risiken durch die Gesellschaft sein, die sich nicht durch den möglichen Geschäftserfolg rechtfertigen lassen sowie die Fortführung von Tätigkeiten, die auch in Zukunft unter keinen Umständen zu Einnahmen führen können. Darüber hinaus ist nicht entscheidend, ob sich die Liebhaberei auf ein einzelnes Wirtschaftsgut (etwa eine vermietete Wohnung), einen Teilbetrieb oder den gesamten Betrieb erstreckt.

202 **Erfassung des Markteinkommens.** Somit ist nur ertragsteuerlich relevantes erwirtschaftetes Markteinkommen nach § 8 II zu erfassen. Für die Marktteilnahme ohne Gewinnerzielungsabsicht liegt die Ursache regelmäßig ohne entsprechenden Ausgleich auf der gesellschaftsvertraglichen Grundlage. Korrekturen sind insoweit über die vGA herbeizuführen.

203 **Zeitpunkt.** Eine Rückbetrachtung, ob die in Frage stehende Tätigkeit erfolgversprechend war oder nicht, ist nicht maßgebend. Entscheidend ist ausschließlich die Betrachtung im aktuellen VZ. Dh die Prognose ist in Bezug auf den Totalgewinn auf der Grundlage der in einem VZ vorliegenden Tatsachen vorzunehmen.

1   Weber-Grellet in Schmidt § 8 EStG Rn 30 ff.
2   BFH IV R 60/01, BStBl II 2003, 85.
3   Seeger in Schmidt § 2 EStG Rn 23 mwN.
4   BFH IV R 6/03, BFH/NV 2005, 1511.
5   Weber-Grellet in Schmidt § 8 EStG Rn 31.

Einstweilen frei. 204-206

VI. Einkommensermittlung (§ 8 III S 1). 1. Keine Auswirkungen der Einkommensverteilung (§ 8 III S 1). Allgemeines. 207

Gem § 8 III S 1 ist es für die Ermittlung des Einkommens ohne Bedeutung, ob das Einkommen verteilt wird. Dh Einkommensverteilungen dürfen das Einkommen nicht mindern.[1] Unter Aufzählung zweier Varianten der Einkommensverteilung unterstreicht § 8 III S 2 somit die allgemeine Regel des § 8 III S 1 (vgl Rn 277).[2] Diese verdeutlicht den allgemeinen ertragsteuerlichen Grundsatz, demgemäß Einkommensminderungen durch Einkommensverwendungen iRd Einkommensermittlung unterbleiben müssen.[3] Allerdings erfasst § 8 III S 1 nicht nur oGA, sondern sämtliche Möglichkeiten der Einkommensverteilung.[4]

Sinn und Zweck. Sinn und Zweck der Vorschrift besteht in der Unterscheidung zwischen der Ermittlung des zu versteuernden Einkommens iSv § 8 I, II (vgl Rn 26, 114 ff) und der nicht zu versteuernden Verteilung bzw Verwendung des Einkommens; wobei § 8 III S 1 deutlich macht, dass die Einkommensermittlung vor der Einkommensverteilung erfolgt.[5] 208

Definition der Einkommensverteilung. Die vom Gesetz nicht näher erläuterte Einkommensverteilung ist regelmäßig jede Zuwendung (zumeist in Form einer Ausschüttung), die den Anteilseignern einer Körperschaft oder ihnen nahe stehenden Personen aufgrund des gesellschaftsrechtlichen bzw mitgliedschaftsrechtlichen Verhältnisses vermittelt wird.[6] Bloße Kapitalrückzahlungen werden nicht erfasst.[7] Die Einkommensverteilung erfolgt demnach als: 209

- Gewinnverteilung/oGA (vgl Rn 212 ff) bzw
- sonstige Einkommensverteilung (vgl Rn 220 ff).

Einstweilen frei. 210-211

2. Arten an Ausschüttungen. Gewinnausschüttung. § 8 III S 2 bestätigt den allgemeinen Grundsatz des § 8 III S 1 ausdrücklich „auch" für die vGA (vgl Rn 231 ff) und Ausschüttungen auf Genussrechte (vgl Rn 546 ff), obschon sowohl die vGA als auch Genussrechte bereits vor Einfügung von § 8 III S 2 das Einkommen nicht mindern durften.[8] Jedenfalls führt die beispielhafte Nennung der vGA in § 8 III S 2 dazu, dass die Einkommensverteilung iSv § 8 III S 1 auch „normale" Gewinnausschüttungen erfasst. Es fehlt jedoch eine allgemeingültige Definition, welche den ausgeschütteten Gewinn für die Zwecke der Einkommensverteilung iSv § 8 III S 1 beschreiben würde.[9] Nach der in der Zeit des Anrechnungsverfahrens entwickelten Rechtsprechung 212

---

1 *Dieterlen/Staiger* in Lademann § 8 Rn 152; *Lang* in D/J/P/W § 8 Abs 3 Teil A Rn 1.
2 *Janssen* in Mössner/Seeger § 8 Rn 71; *Lang* in D/J/P/W § 8 Abs 3 Teil A Rn 1.
3 *Schwedhelm* in Streck § 8 Rn 145; *Lang* in D/J/P/W § 8 Abs 3 Teil A Rn 1; *Schallmoser* in H/H/R § 8 Rn 91.
4 *Lang* in D/J/P/W § 8 Abs 3 Teil A Rn 1; *Schallmoser* in H/H/R § 8 Rn 90; idS auch *Frotscher* in Frotscher/Maas § 8 Rn 108.
5 *Janssen* in Mössner/Seeger § 8 Rn 71; *Hey* in Tipke/Lang § 11 Rn 36.
6 *B Lang* in EY § 8 Rn 555; *Hey* in Tipke/Lang § 11 Rn 45; *Schallmoser* in H/H/R § 8 Rn 92.
7 *Zenthöfer* in Dötsch/Franzen/Sädtler/Sell/Zenthöfer, Körperschaftsteuer, 15. Aufl, S 122.
8 Im Hinblick auf die vGA vgl RFH I A 82/19, RFHE 2, 183 und für die Genussrechte vgl RFH I A 316/62, RStBl 1934, 773.
9 *Schallmoser* in H/H/R § 8 Rn 92.

213 unterliegt der ausgeschüttete Gewinn sowohl formal als auch sachlich einem handelsrechtlichen Begriffsverständnis.[1] Er umfasst alles, was die Gesellschaft als Gewinn ausgewiesen und an die Gesellschafter ausgeschüttet hat (Reingewinn bzw Bilanzgewinn).[2]

213 **OGA.** Die oGA ist die häufigste Form der Einkommensverteilung. Eine Gewinnausschüttung ist offen, wenn sie auf einem den gesellschaftsrechtlichen Vorschriften entsprechenden Gewinnverteilungsbeschluss beruht (vgl § 27 III aF). Entscheidend ist hierfür die zivilrechtliche Wirksamkeit des Beschlusses.[3] Dabei ist es unerheblich, ob der Beschluss anfechtbar oder rechtsfehlerhaft ist.[4] Denn erst bei Nichtigkeit des Gewinnverteilungsbeschlusses entspricht dieser nicht mehr den gesellschaftsrechtlichen Vorschriften.[5] Nichtigkeitsgründe ergeben sich bspw aus § 253 I AktG iVm § 256 AktG (Nichtigkeit des festgestellten Jahresabschlusses, der zur Nichtigkeit des Gewinnverteilungsbeschlusses führt). Umstritten ist, ob die Nichtigkeit des Gewinnverteilungsbeschlusses zur Folge hat, dass eine vGA anzunehmen ist und demnach § 8 III S 2 anwendbar ist[6] oder gleichwohl eine „sonstige" oGA iSv § 8 III S 1[7] vorliegt. Zwar scheint das Ergebnis zunächst dasselbe zu sein, da sowohl oGA als auch vGA das Einkommen nicht mindern dürfen.[8] Allerdings kann die Qualifikation durchaus iRd § 8b I S 2 Bedeutung haben, unterliegen vGA doch den erhöhten Anforderungen des Korrespondenzprinzips zur Steuerbefreiung (vgl § 8b Rn 200 ff).

214 **Vorabausschüttungen.** Vorabausschüttungen zählen ebenfalls zu den oGA.[9] Dabei handelt es sich um Gewinnausschüttungen, die vor der Feststellung des Jahresabschlusses erfolgen.[10] Mithin ist die Vorabausschüttung vor und nach Ablauf des WJ möglich.[11] Bei der AG ist jedoch § 59 AktG zu beachten, wonach eine Vorabausschüttung erst nach Ablauf des Geschäftsjahrs erfolgen darf. Überdies sind Vorabausschüttungen gem § 158 II BGB auflösend bedingt mit dem tatsächlichen Erreichen des Jahresgewinns verknüpft.[12] Im Falle der Rückzahlung der Vorabausschüttung ist umstritten, ob dabei von einer Einlage[13] oder einer Korrektur der Vorabausschüttung[14] auszugehen ist. Es sprechen gute Gründe für die Annahme einer Korrektur der Vorabausschüttung. Denn die Vorabausschüttung erfolgt „vorläufig" und ihre Rückzahlung wird nicht durch einen selbständigen Beschluss ausgelöst.[15]

1 ZB BFH I R 88/69, BStBl II 1971, 73.
2 ZB BFH I R 88/69, BStBl II 1971, 73; BFH I R 205/70, BStBl II 1973, 59.
3 BFH I R 40/05, BStBl II 2007, 728; BFH I R 165/73, BStBl II 1976, 73.
4 *Schallmoser* in H/H/R § 8 Rn 93; *Danelsing* in Blümich § 27 aF Rn 46.
5 BFH I R 40/05, BStBl II 2007, 728.
6 So *Schallmoser* in H/H/R § 8 Rn 93.
7 So *Lang* in D/J/P/W § 8 Abs 3 Teil A Rn 3, der die oGA als Oberbegriff über Gewinnausschüttungen, die den gesellschaftsrechtlichen Vorschriften entsprechen, und den sonstigen oGA verstehen will. IdS wohl auch *B Lang* in EY § 8 Rn 557.
8 So auch *Frotscher* in Fotscher/Maas § 8 Rn 118. Allerdings bezeichnet er oGA, die auf einem nicht den gesellschaftsrechtlichen Vorschriften entsprechenden Gewinnverteilungsbeschluss beruhen als „verunglückte offene Gewinnausschüttungen", die aufgrund ihrer offenen Zuwendung eben keine vGA seien.
9 *Gosch* in Gosch § 8 Rn 146; *Lang* in D/J/P/W § 8 Abs 3 Teil A Rn 3.
10 *Schallmoser* in H/H/R § 8 Rn 93; *Danelsing* in Blümich § 27 aF Rn 47.
11 *Frotscher* in Fotscher/Maas § 8 Rn 113c; *Schallmoser* in H/H/R § 8 Rn 93.
12 *Gosch* in Gosch § 8 Rn 146; *Frotscher* in Fotscher/Maas § 8 Rn 113d.
13 BFH I R 57/98, BStBl II 2001, 127; BFH I R 51/02, BStBl II 2003, 779; *Gosch* in Gosch § 8 Rn 146.
14 *Frotscher* in Fotscher/Maas § 8 Rn 113d; *Kohlhaas*, GmbHR 2000, 796 ff; FG Berlin VIII 54/91, EFG 1994, 409 (rkr).
15 *Frotscher* in Fotscher/Maas § 8 Rn 113d; aA *Gosch* in Gosch § 8 Rn 146.

VI. Einkommensermittlung

Inkongruente Gewinnausschüttung. Gem § 29 III S 1 GmbHG erfolgt die Verteilung des Ergebnisses nach § 29 I GmbHG grundsätzlich nach dem Verhältnis der Geschäftsanteile. Gem § 29 III S 2 kann im Gesellschaftsvertrag ein anderer Maßstab der Verteilung festgesetzt werden, sog inkongruente, disproportionale oder auch disquotale Gewinnausschüttung.[1] Inkongruente Gewinnausschüttungen können wie folgt ausgeprägt sein:

- Unterbewertung einer Sacheinlage,
- Abgeltung von Nebenleistungen bzw persönlichen Leistungen eines Gesellschafters,
- ungleichmäßige Leistung der Gesellschaftereinlagen (§ 60 II AktG),
- Einsatz des Schütt-aus-hol-zurück-Verfahrens.[2]

215

Demgemäß sind inkongruente Gewinnausschüttungen gesellschaftsrechtlich regelmäßig zulässig. Bei der steuerlichen Anerkennung ist zu differenzieren. Auf der Ebene der Kapitalgesellschaft ist die Frage der steuerlichen Anerkennung bei der Einkommensermittlung weniger bedeutsam, da auch die inkongruente Gewinnausschüttung eine Einkommensverteilung iSd § 8 III S 1 ist.[3] Jedoch ist die steuerliche Anerkennung auf Gesellschafterebene vor dem Hintergrund des Gestaltungsmissbrauchs gem § 42 I S 1 AO umstritten. Nach der Rechtsprechung des BFH sind inkongruente Gewinnausschüttungen grundsätzlich zulässig (soweit gesellschaftsrechtlich vereinbart),[4] ohne dass außersteuerliche Beweggründe hierfür bestehen.[5] Dagegen erkennt die Finanzverwaltung inkongruente Gewinnausschüttungen steuerlich nur an, wenn der abweichenden Gewinnverteilung besondere Leistungen eines oder mehrerer Gesellschafter für die Kapitalgesellschaft zugrunde liegen und die abweichende Gewinnverteilung gerade nicht aus steuerlichen Beweggründen erfolgt.[6]

Sachausschüttung. Die oGA erfolgt regelmäßig in bar (sog Barausschüttung). Daneben sind aber auch Sachausschüttungen in der Form von Wirtschaftsgütern gesellschaftsrechtlich zulässig, vgl § 58 AktG.[7] Auch auf Sachausschüttungen ist § 8 III S 1 anwendbar.[8] Allerdings ist zu beachten, dass es iRd Aufdeckung stiller Reserven zu einer vGA kommen kann, vgl auch Rn 545 „Sachdividenden".[9]

216

Gewinnabführung, Organschaft. Gewinnabführungen an den Organträger iRd Organschaft stellen keine Gewinnausschüttungen dar.[10] OGA von Gewinnrücklagen aus vororganschaftlicher Zeit der Organgesellschaft sind zudem zulässig und werden von § 8 III S 1 erfasst.

217

---

1 Umfassend *Erhart/Riedel*, BB 2008, 2266 ff.
2 Aufzählung in Anlehnung an *Frotscher* in Fotscher/Maas § 8 Rn 113a; *Gosch* in Gosch § 8 Rn 146b.
3 *Lang* in D/J/P/W § 8 Abs 3 Teil A Rn 11.
4 BFH I R 77/96, BStBl II 2001, 43.
5 BFH I R 77/96, BStBl II 2001, 43; BFH I R 97/05, BFH/NV 2006, 2207.
6 BMF v 7.12.2000, BStBl I 2001, 47.
7 Ausführlich *Orth*, WPg 2004, 777 ff und 841 ff.
8 *Schallmoser* in H/H/R § 8 Rn 93; *Lang* in D/J/P/W § 8 Abs 3 Teil A Rn 8.
9 *Gosch* in Gosch § 8 Rn 147; *Schallmoser* in H/H/R § 8 Rn 380 „Sachdividende".
10 IdS *Danelsing* in Blümich § 27 aF Rn 53; *Schallmoser* in H/H/R § 8 Rn 94.

218-219 *Einstweilen frei.*

220 **3. Sonstige Einkommensverteilungen. VGA.** Die vGA stellt eine weitere bzw sonstige Möglichkeit der Einkommensverteilung iSv § 8 III S 1 dar.[1] Dies ergibt sich auch aus § 8 III S 2, der die vGA in diesem Zusammenhang ausdrücklich benennt.[2] Zur Definition der vGA vgl Rn 246 ff.

221 **Genussrechte.** Überdies sind auch Ausschüttungen auf Genussrechte iSv § 8 III S 2, mit denen das Recht auf Beteiligung am Gewinn und am Liquidationserlös der Kapitalgesellschaft verbunden ist, sonstige Einkommensverteilungen nach § 8 III S 1.[3] Zu Genussrechten vgl auch Rn 550 ff.

222 **Liquidation.** Zu den sonstigen Gewinnverteilungen iSv § 8 III S 1 gehören auch während der Abwicklung durchgeführte Gewinnausschüttungen für vorangegangene WJ.[4]

223 **Gewinnabführung, Organschaft.** Gewinnabführungen an den Organträger gehören zu den sonstigen Einkommensverteilungen iSd § 8 III S 1, so dass diese das Einkommen der Organgesellschaft nicht mindern.[5] Das von der Organgesellschaft erzielte Einkommen wird jedoch dem Organträger nach § 14 I S 1 zugerechnet.

224 **Ausgleichszahlungen.** Ausgleichszahlungen iSd § 304 AktG an außenstehende Aktionäre bei Beherrschungs- und Gewinnabführungsverträgen erfolgen zwar ohne gesellschaftsrechtlichen Beschluss, „ersetzen" jedoch einen nicht mehr möglichen Gewinnverteilungsbeschluss und stellen daher eine Einkommensverteilung iSv § 8 III S 1 dar.[6]

225 **Rückgewähr von Einlagen.** Einlagen sind alle Vorteilszuwendungen eines Gesellschafters an seine Gesellschaft mit Rücksicht auf sein Mitgliedschaftsrecht, vgl hierzu auch Rn 616, 620 ff.[7] Die Rückgewähr solcher Einlagen ist damit keine (sonstige) Einkommensverteilung iSv § 8 III S 1, sondern unterfällt § 27 I S 3 (vgl § 27 Rn 55 ff), da diese lediglich die Rückführung von zugewendetem Kapital und nicht von erzieltem Einkommen der Kapitalgesellschaft darstellt.[8]

226-227 *Einstweilen frei.*

228 **4. Rechtsfolge.** Auf der Rechtsfolgenseite ordnet § 8 III S 1 ein Abzugsverbot an. Dh Einkommensverteilungen dürfen das Einkommen der Körperschaft nicht mindern. Allerdings erfolgen etwaige Korrekturen verschiedenartig. So werden oGA bereits in der Gewinn- und Verlustrechnung erfasst (§ 275 IV HGB, § 158 I AktG), wohingegen die Korrektur für sonstige Einkommensverteilungen (wie zB vGA) außerbilanziell durchgeführt wird (vgl Rn 478).[9]

---

1 *Schallmoser* in H/H/R § 8 Rn 94.
2 *Janssen* in Mössner/Seeger § 8 Rn 71.
3 *Janssen* in Mössner/Seeger § 8 Rn 71; *Schallmoser* in H/H/R § 8 Rn 94.
4 *Lang* in D/J/P/W § 8 Abs 3 Teil A Rn 3; *Danelsing* in Blümich § 27 aF Rn 68 f; *Schallmoser* in H/H/R § 8 Rn 94; *B Lang* in EY § 8 Rn 557.
5 *Lang* in D/J/P/W § 8 Abs 3 Teil A Rn 5; unklar *Schallmoser* in H/H/R § 8 Rn 94.
6 *B Lang* in EY § 8 Rn 557; *Schallmoser* in H/H/R § 8 Rn 94; *Danelsing* in Blümich § 27 aF Rn 54; aA *Lang* in D/J/P/W § 8 Abs 3 Teil A Rn 4, der aber im Ergebnis aufgrund von § 4 V Nr 9 EStG zur selben Rechtsfolge kommt.
7 ZB *Schwedhelm* in Streck § 8 Rn 61; *Janssen* in Mössner/Seeger § 8 Rn 73.
8 *Schallmoser* in H/H/R § 8 Rn 94; *Danelsing* in Blümich § 27 aF Rn 62.
9 *Schallmoser* in H/H/R § 8 Rn 96; *Lang* in D/J/P/W § 8 Abs 3 Teil A Rn 6.

Einstweilen frei. 229-230

VII. VGA (§ 8 III S 2). 1. Funktion. Abgrenzung von Einkommenserzielung und Einkommensverwendung. Das Institut der vGA ist vor dem Hintergrund des Trennungsprinzips zu sehen, wonach die schuldrechtlichen Rechtsbeziehungen zwischen Kapitalgesellschaft und Anteilseigner grundsätzlich steuerlich anerkannt werden und bei der Kapitalgesellschaft das Betriebsergebnis beeinflussen.[1] Gesellschaftsrechtlich veranlasste Auszahlungen und Einzahlungen sind aber Einkommensverwendung und dürfen sich demgegenüber (als Kehrseite des Trennungsprinzips) nicht auf das Einkommen auswirken. Insoweit setzt sich die vGA über das Trennungsprinzip hinweg und besteuert das Einkommen der Körperschaft, wie es sich ohne gesellschaftsrechtlich veranlasste Verschiebungen ergeben würde. 231

Fiktionsthese. Zur Erklärung der vGA wurde verschiedentlich die sog Fiktionstheorie herangezogen, wonach an die Stelle des tatsächlichen Sachverhalts ein gedachter, fiktiver Sachverhalt treten sollte.[2] Gleichwohl stellt die vGA keine Besteuerung eines fiktiven Sachverhalts dar, denn Fiktionen müssen grundsätzlich gesetzlich angeordnet werden.[3] Die vGA nach § 8 III S 2 (Alt 1) grenzt lediglich die Einkommenserzielungs- von der Einkommensverwendungsebene ab. Allerdings ist die Fiktionstheorie für die Besteuerung des Anteilseigners heranzuziehen (vgl unten Rn 252). 232

Besteuerung nach der Leistungsfähigkeit. Aufgrund der Abgrenzung der Einkommenserzielung von der Einkommensverwendung dient die vGA der Sicherstellung der Besteuerung nach der Leistungsfähigkeit,[4] des steuerlich richtigen Gewinns. 233

Ausschüttungsbelastung unter dem Anrechnungsverfahren. Im Anrechnungsverfahren war die vGA auf drei Ebenen relevant. Neben der Beeinflussung des Einkommens der Körperschaft nach § 8 III S 2 und der Erfassung auf Ebene des Anteilseigners nach § 20 I EStG war im Zeitpunkt des Abflusses der vGA die Ausschüttungsbelastung herzustellen.[5] Die Herstellung der Ausschüttungsbelastung korrespondierte systematisch mit der Besteuerung der Ausschüttung beim Anteilseigner als Einkünfte aus der Beteiligung, wobei allerdings eine zeitliche Kongruenz nicht vorausgesetzt war.[6] Dieser Aspekt der vGA ist im Halbeinkünfte- bzw Teileinkünfteverfahren weggefallen, ohne dass die vGA grundsätzlich an Bedeutung verloren hätte. 234

Übergangsphase vom Anrechnungs- zum Halbeinkünfteverfahren. In der Übergangsphase vom Anrechnungs- zum Halbeinkünfteverfahren gelten Besonderheiten. So führt die vGA, da sie nicht auf einem Gewinnverteilungsbeschluss beruht, nicht zu einer Körperschaftsteuerminderung iSd § 37 II nF; sie kann aber zu einer Körperschaftsteuererhöhung iSd § 38 nF führen.[7] 235

---

1 *Gosch* in Gosch § 8 Rn 156; *Hey* in H/H/R Einf KSt Rn 4.
2 Schulte in Erle/Sauter § 8 Rn 77.
3 BFH GrS 2/86, BStBl II 1988, 348.
4 *Wilk* in H/H/R § 8 Rn 100; *Lang* in D/J/P/W § 8 Abs 3 Teil C Rn 4; *Frotscher* in Frotscher/Maas Anh zu § 8 Rn 6.
5 BFH I R 16/03, BStBl II 2004, 1010 mwN.
6 BFH I R 260/83, BStBl II 1988, 460.
7 *Bauschatz* in Gosch § 38 Rn 38.

236 **Teileinkünfteverfahren.** Auch im Teileinkünfteverfahren hat die vGA noch ihre Bedeutung, bestünde doch andernfalls die Möglichkeit, über hohe Leistungsentgelte Gewinne von der körperschaftsteuerlichen Sphäre auf die Gesellschafterebene zu verlagern. Gegenüber einer Leistungsbeziehung ist die vGA im Regelfall nachteiliger, da die einkommensteuerliche Belastung durch das Halbeinkünfteverfahren zur steuerlichen Vorbelastung auf Körperschaftsebene hinzutritt und insgesamt regelmäßig über der tariflichen ESt liegt. Eine Verlagerung kann aber vorteilhaft sein, wenn Einkünfte beim Gesellschafter einem günstigeren ESt-Satz unterliegen, mit Verlusten aus anderen Einkunftsarten verrechnet werden können oder nicht steuerbar sind (zB der Verkauf eines PKW eines Gesellschafters außerhalb der Spekulationsfrist des § 23 I Nr 2 EStG). Weiterhin kann die vGA auch als Gestaltungsmittel zur Herbeiführung disquotaler Gewinnausschüttungen genutzt werden (vgl aber unter Rn 295).

237 **Abgeltungsteuer.** Hält der Anteilseigner die Anteile an der Kapitalgesellschaft im Privatvermögen, so kommt die Abgeltungsteuer zur Anwendung (§§ 32d I, 20 I Nr 1, 52a I EStG). Die Steuer ist durch die KESt abgegolten (§ 43 I S 1 Nr 1 EStG), auf deren Erhebung aber bei nachträglicher Entdeckung der vGA verzichtet werden kann, wenn der Anteilseigner unbeschränkt steuerpflichtig ist und zur ESt veranlagt wird.[1]

238 **Bedeutung für die GewSt.** Die vGA ist zwar keine Gewinnermittlungsvorschrift, greift also nicht auf Ebene der Steuerbilanz ein, sondern ordnet lediglich die Korrektur des Steuerbilanzgewinnes (bzw des Unterschiedsbetrages nach § 4 I S 1 EStG) an.[2] Somit hat die vGA gleichwohl unmittelbaren Einfluss auf die GewSt (§ 7 S 1 GewStG). Sie kann etwa durch den Wegfall von Hinzurechnungen (bei Zinsen auf Gesellschafterdarlehen) auch teilweise gegenläufige gewerbesteuerliche Entlastungswirkung haben.

239 **Verhinderung von Steuerstundung.** Die vGA greift für jeden einzelnen gesellschaftsrechtlich veranlassten Geschäftsvorfall ein und korrigiert somit auch gesellschaftsrechtlich veranlasste Rückstellungs- oder Verbindlichkeitsausweise, denen keine tatsächliche betriebliche Belastung entgegensteht. Insoweit ist die vGA auch ein Instrument zur Verhinderung der Steuerstundung.

240 **Verhinderung der Einkommensverschiebung auf nahestehende Personen.** Durch die korrespondierende Korrekturfunktion des § 20 I S 1 EStG verhindert die vGA auch die Verlagerung von Einkommen auf nahestehende Personen (Ehepartner, Kinder) mittels (nicht tatsächlich durchgeführter) schuldrechtlicher Verträge der nahestehenden Person mit der Kapitalgesellschaft.

241-243 *Einstweilen frei.*

244 **2. Rechtsentwicklung.** Die vGA wurde in den Grundzügen durch das PrOVG (eigentliche Gewinnverteilung) entwickelt,[3] bezog sich aber ausschließlich auf die Nichtanerkennung von Betriebsausgaben. Ursprünglich wurde § 4 RAO als dogmatische Grundlage der vGA angesehen, allerdings durch die Rechtsprechung des RFH bald

---

1 BFH I 40/60 S, BStBl III 1962, 701; BFH I 191/65, BStBl II 1969, 4.
2 *Lang* in D/J/P/W § 8 Abs 3 Teil C Rn 4; *Gosch* in Gosch § 8 Rn 166; *Rengers* in Blümich § 8 Rn 240; *Wassermeyer*, DB 2010, 1959; aA *Bareis*, DB 2010, 2637.
3 *Fröhlich*, VGA, 1968, S 13.

in Frage gestellt.[1] Eine Definition der vGA entwickelte erst der BFH.[2] Dabei bestand bis 1989 eine einheitliche Definition der vGA für die Kapitalgesellschaft und den Anteilseigner.[3] Erst mit Urteil vom 1.2.1989 wurde die vGA iSd § 8 III S 2 ausschließlich aus der Sicht der Kapitalgesellschaft definiert.[4] Mit Urteil v 5.6.2002[5] führte der BFH das Kriterium der Auswirkung auf den Unterschiedsbetrag iSd § 4 I S 1 EStG ein, das allerdings mit dem Merkmal der Vermögensminderung/verhinderten Vermögensmehrung inhaltlich identisch und daher redundant ist.[6]

Einstweilen frei. 245

3. Sachlicher Anwendungsbereich. Definition der VGA. Handelsrecht. Die 246 handelsrechtliche Definition der sog vGA oder Einlagenrückgewähr (handelsrechtlich ist die Terminologie uneinheitlich und sollte zur besseren Unterscheidung deutlich von der steuerlichen vGA unterschieden werden) hat Überschneidungspunkte mit der steuerlichen vGA, ist aber von dieser völlig unabhängig.[7] Handelsrechtliches Schutzgut ist das Stammkapital der Gesellschaft gem §§ 30, 31 GmbHG bzw (aktienrechtlich) das gesellschaftsrechtlich gebundene Sondervermögen gem §§ 57, 62 AktG.[8] Dagegen ist Zweck der steuerlichen vGA die Erfassung der zutreffenden Leistungsfähigkeit der Gesellschaft. Aus der Verletzung der gesellschaftsrechtlichen Eigenkapitalerhaltungsvorschriften kann somit noch nicht zulässigerweise auf eine steuerrechtliche vGA geschlossen werden. Allerdings ist die Verletzung gesellschaftsrechtlicher Verhaltensanforderungen ggf für die Verletzung der Sorgfalt des ordentlichen und gewissenhaften Geschäftsleiters relevant, da die Rechtsfigur im Zivilrecht ihren Ausgangspunkt hat (vgl Rn 423).[9]

Steuerrecht. Der Gesetzeswortlaut des § 8 III S 2 enthält keine Definition der vGA, 247 sondern bestimmt lediglich ihre Rechtsfolge. Die Definition der vGA ist im Laufe der Zeit durch den BFH präzisiert worden und besteht aus einer Reihe von Einzelmerkmalen, von denen zwei (Auswirkung auf den Unterschiedsbetrag iSd § 4 I S 1 EStG und Veranlassung im Gesellschaftsverhältnis) eine besonders große Bedeutung haben.

Tatbestandsmerkmale Rechtsprechung. Der I. Senat des BFH versteht unter einer 248 vGA in ständiger Rechtsprechung[10] eine

- Vermögensminderung oder verhinderte Vermögensmehrung (vgl Rn 333 ff),
- die sich auf den Unterschiedsbetrag iSd § 4 I EStG auswirkt (vgl Rn 258),
- durch das Gesellschaftsverhältnis veranlasst ist (vgl Rn 350 ff)

---

1 RFH I A 272/31, RFHE 34, 194; unrichtig daher *Wassermeyer*, DB 2001, 2465, der anführt, der RFH habe die vGA aus § 4 RAO entwickelt.
2 BFH I 12/55 U, BStBl III 1956, 43.
3 BFH VIII R 74/84, BStBl II 1989, 419; BFH I R 110/83, BStBl II 1988, 301.
4 BFH I R 73/85, BStBl II 1989, 522; BFH I R 4/84, BStBl II 1990, 237.
5 BFH I R 69/01, BStBl II 2003, 329.
6 *Kohlhepp*, VGA, 2006, S 134 f.
7 *Kohlhepp*, VGA, 2006, S 65 ff mwN.
8 *Frotscher* in FS für Arndt Raupach, Steuer- und Gesellschaftsrecht zwischen Unternehmerfreiheit und Gemeinwohl, 2006, S 363, 372.
9 *Gosch* in Gosch § 8 Rn 300.
10 BFH I R 45/07, BFH/NV 2008, 1534; BFH I R 61/07, BFH/NV 2009, 504; BFH I R 89/04, BStBl II 2008, 523.

- und in keinem Zusammenhang mit einer oGA steht.
- Dabei muss diese Unterschiedsbetragsminderung die objektive Eignung haben, beim Gesellschafter einen sonstigen Bezug iSd § 20 I Nr 1 S 2 EStG auszulösen (vgl Rn 253).[1] Umgangssprachlich ist eine vGA in jeder Leistung der Körperschaft zu sehen, die nicht durch eine angemessene Gegenleistung des Gesellschafters gedeckt ist und gleichwohl im Gewand eines Austauschverhältnisses daherkommt.

249 **Subjektive Elemente.** Die vGA auf Ebene der Körperschaft setzt weder eine bestimmte Absicht (etwa Gewinne verdeckt auszuschütten) noch einen Bereicherungsvorsatz zugunsten des Gesellschafters voraus.[2] Die Handlung, durch welche die vGA ausgelöst wird, muss der Gesellschaft lediglich objektiv zurechenbar sein.[3] Das Tatbestandsmerkmal der „Veranlassung im Gesellschaftsverhältnis" enthält aber insoweit ein subjektives Element, als der tatsächliche oder irrtümlich angenommene Sachverhalt[4] auch nach den Vorstellungen der Gesellschaft (dh der Geschäftsführungsorgane) die Möglichkeit einer Vorteilszuwendung beinhalten muss.[5] Dieses subjektive Element ist im Regelfall anhand von objektiven Beweisanzeichen nachzuweisen. Steht aber zur Überzeugung der Finanzbehörde oder des FG fest, dass der Geschäftsführer von einer formell (dh dem Verpflichtungsgrunde nach) und materiell (dh dem Verpflichtungsinhalte nach) drittüblichen Leistungsverpflichtung ausging, so ist eine vGA zu verneinen, da es an dem subjektiven Element der Veranlassung fehlt.[6]

250 **Überschusseinkünfte.** Weder muss die Körperschaft Gewinne erzielen, noch müssen Gewinneinkünfte vorliegen, um eine vGA annehmen zu können. VGA sind auch bei Überschusseinkünften möglich.[7]

251 **Ebene des Anteilseigners.** Der Begriff der vGA findet sich für Zwecke der Besteuerung auf Ebene des Anteilseigners in § 20 I Nr 1 S 2, Nr 9 Hs 2 sowie Nr 10 lit a Hs 2 EStG wieder. Er ist vom BFH insbesondere aufgrund des Zuflussprinzips im Einkommensteuerrecht teilweise abweichend von § 8 III S 2 definiert worden. Eine vGA einer Kapitalgesellschaft ist hiernach gegeben, wenn

- die Kapitalgesellschaft ihrem Gesellschafter außerhalb der gesellschaftsrechtlichen Gewinnverteilung einen Vermögensvorteil zuwendet und
- diese Zuwendung ihren Anlass oder zumindest ihre Mitveranlassung im Gesellschaftsverhältnis hat.[8]

Verbindungsglied zwischen beiden Definitionen ist stets die Veranlassung im Gesellschaftsverhältnis (hierzu Rn 350 ff).[9]

---

1 BFH I R 2/02, BStBl II 2004, 131; BFH I R 15/04, BStBl II 2006, 196; BFH I R 124/04, BFH/NV 2006, 1729; BFH I R 45/07, BFH/NV 2008, 1534.
2 *Gosch* in Gosch § 8 Rn 276.
3 *Frotscher* in Frotscher/Maas Anh zu § 8 Rn 72.
4 BFH I R 67/06, BFH/NV 2008, 1621.
5 *Schulte* in Erle/Sauter § 8 Rn 156; *Gosch* in Gosch § 8 Rn 277.
6 BFH I R 67/06, BFH/NV 2008, 1621; ebenso *Gosch* in Gosch § 8 Rn 277.
7 BFH I R 65/94, BB 1995, 1174.
8 BFH VIII R 13/05, BStBl II 2008, 568; BFH VIII R 34/06, BFH/NV 2007, 2291; BFH VIII R 54/05, BFH/NV 2007, 1976; BFH VIII R 2/85, BFH/NV 1992, 19; BFH VIII R 31/05, BStBl II 2007, 393.
9 *Kohlhepp*, VGA, 2008, § 4 Rn 1 mwN.

Kein Korrespondenzprinzip iRd Definition der vGA. Der BFH hat in vereinzelten Entscheidungen deutlich gemacht, dass eine vGA iSd § 8 III mit einer vGA iSd § 20 I EStG nicht zwingend deckungsgleich sein muss. Abweichungen können sich etwa bei der Höhe der vGA ergeben.[1] Außerdem kann die vGA nach § 8 III und die vGA nach § 20 I EStG zeitlich auseinanderfallen (etwa bei vGA aufgrund unangemessener Pensionsrückstellungen). Bei der Definition ist damit grundsätzlich nicht von einer zeitlich oder sachlich korrespondierenden Erfassung der vGA auf Gesellschafts- und Gesellschafterebene auszugehen, so dass für die vGA nach § 8 III 2 und für die vGA nach § 20 I EStG jeweils eigenständige Tatbestandsmerkmale erforderlich sind. Während der Kern der vGA, nämlich die Veranlassung im Gesellschaftsverhältnis, für beide vGA identisch ist, kommt es für § 20 I EStG auf den Zufluss und die konkrete Zurechnung der vGA an. Weiterhin ist die vGA iSd § 20 I EStG lediglich mit Hilfe der Fiktionstheorie erklärbar, da hier ein Sachverhalt besteuert wird, der sich ggf ja gerade im Gewand einer anderen Einkunftsart vollzieht und daher in Einkünfte nach § 20 I EStG umqualifiziert werden muss.

252

Eignung zu einem sonstigen Bezug auf Gesellschafterebene. In neueren Entscheidungen wurde die Eignung der Unterschiedsbetragsänderung, beim Gesellschafter (vgl Rn 231 ff) zu einem Ertrag iSd § 20 I EStG zu führen,[2] als zusätzliches Kriterium der vGA eingeführt (sog Vorteilsgeneigtheit, teilweise auch missverständlich als Korrespondenzkriterium bezeichnet). Es herrscht keine abschließende Klarheit darüber, ob es sich hierbei um ein weiteres Tatbestandsmerkmal oder um einen Bestandteil der Veranlassungsprüfung handelt. Während *Wassermeyer* davon ausgeht, die Vorteilsgeneigtheit sei ein Bestandteil des Tatbestandsmerkmals der gesellschaftsrechtlichen Veranlassung,[3] spricht die Forderung des BFH dass sich „daraus", also aus der vGA ein zurechenbarer Vorteil iSv § 20 I Nr 1 Satz 2 EStG ergeben müsse, gegen die Einbeziehung in die Veranlassungsprüfung.[4] Angewendet wird dieses Merkmal zB im Zusammenhang mit

253

- Versicherungsbeiträgen zur Rückdeckung von Pensionszusagen[5]
- Zinsen zur Finanzierung einer vGA,[6]
- Risikogeschäften[7] und
- der Inkaufnahme einer höheren ausländischen Steuer zur Bewahrung der inländischen Anteilseigner vor der Hinzurechnungsbesteuerung.[8]

Kritisch angemerkt werden muss, dass das Merkmal grundsätzlich nicht erforderlich ist, um eine vGA zu begründen oder zu widerlegen. Es führt in die Besteuerung der Körperschaft Aspekte ein (Ertrag des Gesellschafters) die nicht zur

---

1 So ausdrücklich BFH I R 8/06, BB 2008, 919 zur Höhe der vGA bei unbefugter Privatnutzung eines Dienstwagens durch den Gesellschafter/Geschäftsführer.
2 BFH I R 45/07, BFH/NV 2008, 1534; BFH I R 124/04, BFH/NV 2006, 1729; BFH I R 2/02, BStBl II 2004, 131; BFH I R 61/07, DStR 2009, 139.
3 *Wassermeyer*, DB 2002, S. 2668ff.
4 *Kohlhepp*, INF 2006, 625; gegen die Lösung auf Basis der Veranlassungsprüfung auch *Gosch* in Gosch § 8 Rn 246.
5 BFH I R 2/02, BStBl II 2004, 131, zustimmend *Rose*, DB 2005, 2596.
6 BFH I R 45/07, BFH/NV 2008, 1534.
7 BFH I R 83/03, BFH/NV 2004, 1482.
8 BFH I R 124/04, BFH/NV 2006, 1729.

Systematik der vGA passen¹ und wird vom BFH dann nicht herangezogen, wenn die Anwendung des Tatbestandsmerkmals zu unpassenden Ergebnissen führen würde.²
Deutlich wird das auch an einer Entscheidung des BFH v 19.6.2007.³ Hier wurde auf Ebene der Kapitalgesellschaft eine vGA festgestellt, ohne dass endgültig feststand, in welchem Gesellschaftsverhältnis die vGA veranlasst war. Der Geschäftsführer war Sohn des Mehrheitsgesellschafters und stellte Scheinrechnungen. Die Minderheitsgesellschafterin war die Schwester des Geschäftsführers. Auf Ebene der Kapitalgesellschaft wurde eine vGA angenommen, ob beim Mehrheitsgesellschafter eine vGA nach § 20 I EStG anzunehmen sein müsste, war streitig. Der BFH verwies die Sache – zu Recht – zurück, da keine hinreichenden Feststellungen zur Veranlassung in eben diesem Gesellschaftsverhältnis zum Hauptgesellschafter getroffen worden waren. Die Entscheidung verdeutlicht, dass das Kriterium der Vorteile iSv § 20 I EStG in die Irre führt.

254 **Einzelner Geschäftsvorfall bzw Handlung.** Gegenstand der vGA ist grundsätzlich immer ein einzelner Geschäftsvorfall. Mit dessen Vollzug ist die Voraussetzung der Vermögensminderung oder der verhinderten Vermögensmehrung erfüllt.⁴ Es kommt damit nicht auf die Steuerbilanz am Abschlussstichtag an, sondern auf die Steuerbilanz, wie sie nach jedem einzelnen Geschäftsvorfall aufzustellen wäre. Daher ist es auch grundsätzlich nicht von Relevanz, ob eine Vermögensminderung rückabgewickelt oder anderweitig kompensiert wird; die Rückabwicklung der vGA ist im Grundsatz verdeckte Einlage und kann die Rechtsfolgen der vGA nicht verhindern (vgl Rn 512ff). Für den einzelnen Geschäftsvorfall ist daher zu prüfen, ob er die Kriterien der vGA erfüllt.

255 **Objektive Zurechnung bei Handlung der Organe.** Die Handlung muss der Körperschaft objektiv zurechenbar sein.⁵ Auf die Art der Handlung (aktives Tun, Unterlassen, Dulden) kommt es nicht an. Der Körperschaft objektiv zurechenbar sind die Handlungen der Organe. Fehlbuchungen (im Einzelnen unten Rn 545 Stichwort „Buchungsfehler") sind daher nur objektiv zurechenbar, wenn Sie dem Geschäftsführer hätten mutmaßlich auffallen müssen oder von ihm unmittelbar veranlasst wurden (keine subjektive Kenntnis des Geschäftsführers). Im Regelfall ist davon auszugehen, dass der Buchführung keine Bedeutung für die vGA zukommt, da Fehlbuchungen iRd Aufstellung des Jahresabschlusses korrigiert werden können.⁶

256 **Handeln außerhalb der Befugnisse.** Umstritten ist, ob die objektive Zurechnung fehlt, wenn Organe außerhalb ihrer Befugnisse handeln.⁷ Das gilt zB auch für die Frage der fehlenden Ressortverantwortung bei Geschäftsführern. Ob in diesen Fällen die objektive Zurechnung gleichwohl aufgrund der rein faktischen oder der recht-

---

1 *Kohlhepp*, VGA, 2008, § 2 Rn 52.
2 BFH I R 63/08, BFH/NV 2009, 1841; *Kohlhepp*, DB 2010, 1485.
3 BFH VIII R 54/05, BStBl II 2007, 830.
4 So für § 20 I EStG BFH VIII R 4/01, BFH/NV 2005, 105; BFH I R 248/81, BStBl II 1986, 178; für § 8 III BFH I R 51/92, BStBl II 1993, 635.
5 *Gosch* in Gosch § 8 Rn 275; *Kohlhepp*, VGA, 2008, § 2 Rn 36.
6 *Frotscher* in Frotscher/Maas § 8 Anh zu Rn 75.
7 *Kohlhepp*, VGA, 2008, § 2 Rn 37; ähnlich BFH VIII R 54/05, BStBl II 2007, 830; aA *Gosch* in Gosch § 8 Rn 275.

lichen Handlungsmöglichkeit anzunehmen ist, hängt eng mit der Frage der Beachtlichkeit von Schadenersatzansprüchen zusammen, die im Einzelnen umstritten ist (vgl unten Rn 514ff). Eine objektive Zurechnung wird man jedoch in einem ersten Schritt bejahen müssen, wenn das Organ im Rahmen seiner Handlungsmöglichkeiten, dh auch ggf außerhalb der Ressortzuständigkeit, handelt.

Keine Zurechnung bei nicht vertretungsberechtigten Angestellten. Handlungen eines nicht vertretungsberechtigten Angestellten sind der Kapitalgesellschaft grundsätzlich nicht zurechenbar. Das gilt sowohl für die GmbH als auch für alle anderen Körperschaftsteuersubjekte und grundsätzlich auch für (nicht beherrschende) Gesellschafter.[1] Entsprechende Handlungen sind Vermögensschädigungen, die zu Schadensersatzansprüchen führen. Werden diese nicht durchgesetzt, so beruht dies auf einem eigenständigen, ggf als vGA zu qualifizierenden Entschluss der Geschäftsführung. Aufgrund der Weisungsbefugnis des beherrschenden Gesellschafters der GmbH wird man auch dessen Handeln objektiv zurechnen müssen.

257

Unterschiedsbetrag. Ob eine Vermögensminderung vorliegt, wird anhand der Steuerbilanz ermittelt. Der Unterschiedsbetrag nach § 4 I EStG misst diese Auswirkung auf die Steuerbilanz als maßgebliche Größe des einkommensteuerlichen Gewinnbegriffs durch Vermögensvergleich.[2] Somit weist das Tatbestandsmerkmal der Auswirkung einer vGA auf den Unterschiedsbetrag iSd § 4 I S 1 EStG Überschneidungen mit dem Erfordernis der Vermögensminderung sowie verhinderten Vermögensmehrung auf. Hierzu Rn 333 ff.[3]

258

Einkommensauswirkung. Dass eine vGA auf das Einkommen des Körperschaftsteuersubjektes Auswirkungen haben müsse, wurde lange Zeit von der Rechtsprechung vorausgesetzt.[4] Teilweise wird heute noch eine tatbestandliche Anknüpfung der vGA am zu versteuernden Einkommen als zweckdienliche Vorgehensweise vorgeschlagen.[5] Dem wird entgegengehalten, es bestünde ein Bedürfnis für die Erfassung steuerfreier vGA,[6] auch um das Eingreifen der Rechtsfolgen der vGA für Zwecke der GewSt zu sichern. Der Streit kann dahingestellt bleiben, da das Erfordernis einer Einkommensauswirkung durch den BFH aufgegeben wurde.[7]

259

Einstweilen frei.

260-263

4. Verhältnis zu anderen Vorschriften. a) Handelsrecht. Handelsrechtliche Einlagenrückgewähr. Die Rechtsfigur des ordentlichen und gewissenhaften Geschäftsleiters ist dem Handelsrecht entlehnt. Sie hat ihre Wurzeln in §§ 93 I S 1 AktG, 43 GmbHG und dient der Bestimmung der Veranlassung im Gesellschaftsverhältnis. Soweit einem Geschäftsführer nach den Vorschriften des Handels- und Gesellschaftsrechts bestimmte Handlungsweisen vorgeschrieben sind, liegt bei einem Verstoß gegen

264

---

1 *Frotscher* in Frotscher/Maas § 8 Rn 78 wohl mit Ausnahme der GmbH.
2 *Crezelius* in Kirchhof § 4 EStG Rn 28.
3 *Forschungsgruppe Viadrina*, BB 1996, 2436, 2437; *Lehmann/Kirchgesser*, DB 1994, 2052, 2054.
4 BFH I R 14/96, DB 1997, 1798; BFH I R 89/85, BStBl II 1989, 854; BFH I 261/63, BStBl III, 1967, 626.
5 *Kohlhepp*, VGA, 2006, S 136.
6 *Oppenländer*, VGA, 2004, S 16.
7 Zur Entwicklung der BFH-Rechtsprechung *Kohlhepp*, VGA, 2006, S 134.

diese Vorschriften zunächst eine gesellschaftsrechtliche Veranlassung nahe. Dies betrifft insbesondere einen Verstoß gegen gesellschaftsrechtliche Kapitalerhaltungsvorschriften (§ 30 GmbHG) und die Tragung von Kosten, die gesellschaftsrechtlich den Gesellschaftern zugewiesen sind. Allerdings ist auch bei einer Erfüllung der handelsrechtlichen Tatbestände zu überprüfen, ob der Tatbestand der vGA nach § 8 III S 2 erfüllt ist. Dies setzt insbesondere voraus, dass eine Vermögensminderung erfolgt ist und diese ihre Veranlassung im Gesellschaftsverhältnis hat.[1] Dh eine handelsrechtliche vGA muss nicht zwingend auch eine steuerrechtliche vGA darstellen, da beide vGA in beiden Normkreisen unterschiedliche Funktionen zukommen (Verbot der Einlagenrückgewähr und Besteuerung nach der wirtschaftlichen Leistungsfähigkeit).

265   **Handelsbilanz.** In der Handelsbilanz sind die Vorgänge so abzubilden, wie sie zivilrechtlich vereinbart worden sind. Dementsprechend sind Aufwendungen als Betriebsausgaben und überhöhte Kaufpreise als Anschaffungskosten zu erfassen. Lediglich bei einem Verstoß gegen § 30 GmbHG sind Rückgewährforderungen zu aktivieren (§ 31 GmbHG). Zivilrechtliche und satzungsmäßige Rückgewähransprüche sind zu aktivieren, auch wenn es sich steuerlich um Einlageforderungen handelt (vgl Rn 512).

266   *Einstweilen frei.*

267   **b) EStG. § 4 I EStG (Entnahmen).** Entnahmen aus der Kapitalgesellschaft sind grundsätzlich nicht denkbar, § 8 II S 2 ist insoweit lex specialis zum Entnahmetatbestand des § 4 I EStG. Die Vorschriften des EStG über Einlagen sind indes anwendbar.

268   **§ 4 V EStG (nichtabziehbare Betriebsausgaben).** Nach Ansicht des I. Senats besteht kein Rangverhältnis zwischen vGA und nichtabziehbaren Betriebsausgaben gem § 4 V EStG.[2] Vielmehr seien beide Vorschriften so lange nebeneinander anwendbar, wie ihre Rechtsfolgen nicht voneinander abweichen. Soweit die Rechtsprechung einen Gewinnaufschlag bei vGA annehmen möchte, unterscheiden sich allerdings die Rechtsfolgen, so dass eine Festlegung notwendig erscheint.[3] Aus dem Zweck der Normen kann mE der Schluss gezogen werden, dass § 4 V EStG der vGA vorgehen muss.[4] § 4 V EStG hat Vereinfachungsfunktion, dh es soll bei Sachverhalten, die typischerweise eine private Mitveranlassung nahelegen gerade die rechtliche Prüfung der privaten Mitveranlassung unterbleiben. Das impliziert den Vorrang vor § 8 III S 2. Im Ergebnis folgt dem zumeist auch die Rechtsprechung des BFH.

269   **§ 5 I EStG.** Der Maßgeblichkeitsgrundsatz gilt für das Verhältnis der Handelsbilanz zur Steuerbilanz. Auf Basis der Steuerbilanz ist eine Aussage über Vermögensminderung (oder verhinderte Vermögensmehrung) zu treffen. Die Korrektur einer im Gesellschaftsverhältnis veranlassten Vermögensauswirkung findet außerhalb der Steuer- und Handelsbilanz statt. Der Maßgeblichkeitsgrundsatz des § 5 I EStG gilt hierfür nicht. Auch umgekehrt hat die steuerliche Korrektur außerhalb der Bilanz keine Auswirkung auf die Handelsbilanz.[5]

---

1   BFH I R 19/07, BFH/NV 2008, 1963.
2   BFH I R 27-29/05, BFH/NV 2007, 1230; BFH I R 54/95, DStR 1997, 492.
3   *Gosch* in Gosch § 8 Rn 185.
4   Eingehend *Kohlhepp*, VGA, 2006, S 67 ff.
5   Unzutreffend *Martini/Valta*, DStR 2010, 2329; vgl Replik *Kohlhepp*, DStR 2011, 702.

§ 12 EStG (Aufteilungsverbot). Hinsichtlich des Aufteilungsverbotes nach § 12 EStG ist zu differenzieren. Einerseits ist das Aufteilungsverbot des § 12 EStG nach der Rechtsprechung des VI. Senats auf der Einnahmeseite nicht anwendbar[1], so dass bei Anwendung des § 12 EStG auf eine vGA nach § 8 III 2 keine Einkünfte iSd § 20 I 1 EStG auf Ebene des Gesellschafters entstehen würden.[2]

§ 12 EStG findet nach hM und ständiger Rechtsprechung des I. Senats des BFH auf die vGA nach § 8 III 2 Anwendung, so dass auch durch das Gesellschaftsverhältnis lediglich mitveranlasste Aufwendungen in vollem Umfang zu vGA führen konnten.[3] Allerdings ist der Große Senat des BFH inzwischen iRd § 12 EStG von dem strikten Aufteilungsverbot abgerückt und wendet dieses lediglich dann noch in der ursprünglichen Weite an, wenn es an objektiven Anhaltspunkten für eine Aufteilung von Aufwendungen fehlt.[4] Unter dieser Prämisse ist § 12 EStG nunmehr auf die vGA nach § 8 III 2 anzuwenden.

Da aber § 12 EStG iRd § 20 I 1 EStG nicht anwendbar ist, ist dort auch dann eine Schätzung der Veranlassung möglich, wenn das Aufteilungsverbot iRd § 8 III 2 eingreift.

§ 15 IV S 3 EStG. Liegt ein Verlust aus Termingeschäften iSd § 15 IV S 3 EStG vor, der aufgrund einer Veranlassung im Gesellschaftsverhältnis als vGA zu qualifizieren ist, so sind die Verlustausgleichsbeschränkungen des § 15 IV S 3 ff EStG schon mangels eines vorliegenden Verlustes nicht anwendbar.[5] Somit findet auch keine Verrechnung mit späteren Gewinnen aus Termingeschäften statt.

§ 20 I Nr 1 S 2 EStG. Die Feststellung des Bestehens einer vGA nach § 20 I Nr 1 S 2 EStG erfolgt grundsätzlich unabhängig von der vGA nach § 8 III S 2.[6] Auch das materielle in § 8 III S 4 ff bzw § 8b I S 2 ff und das formelle Korrespondenzprinzip gem § 32a führen nicht dazu, dass vGA auf beiden Ebenen in derselben Höhe festzusetzen sind.[7] Verbindendes Element ist allerdings die Veranlassung im Gesellschaftsverhältnis. Dh was auf Ebene der Körperschaft im Gesellschaftsverhältnis veranlasst ist, löst auf Gesellschafterebene im Regelfall die Rechtsfolge des § 20 I Nr 1 S 2 EStG aus (vgl Rn 532).

Einstweilen frei.

c) KStG. § 8 I (Liebhaberei bei anderen Körperschaften). Nach überwiegender Ansicht verfügen alle juristischen Personen infolge ihres körperschaftlichen Charakters nicht über eine private Sphäre.[8] Stattdessen bestehen nebeneinander zwei

---

1   BFH VI R 32/03, BStBl II 2006, 30.
2   *Rengers* in Blümich § 8 Rn 376; *Schallmoser* in H/H/R § 8 Rn 71.
3   BFH I R 86/04, BStBl II 2005, 666; *Schallmoser* in H/H/R § 8 Rn 71; *Buciek*, DStZ 2005, 574.
4   BFH GrS 1/06, BStBl II 2010, 614.
5   *Schallmoser* in H/H/R § 8 Rn 72; *Schmittmann/Wepler*, DStR 2001, 1783.
6   Niedersächsisches FG 15 K 458/07, Haufe-Index 2666502 (Revision eingelegt, Az BFH: VIII R 54/10).
7   BFH I R 70/04, BStBl II 2005, 882 zur Rechtslage vor § 32a; FG Köln 10 K 4414/07, EFG 2009, 1096 (Revision eingelegt, Az BFH: VIII R 9/09).
8   *Frotscher* in Frotscher/Maas § 8 Rn 22; *Brezing*, HdJ, Abt I/4, Rn 41; *Wassermeyer*, DB 1987, 1113, 1114; *Crezelius*, ZGR 1987, 1, 9.

Rechtssphären (Sphäre der Gesellschaft und des Gesellschafters),[1] wobei die Sphäre der Körperschaft keinen eigenen Willen hat. Die Bereiche der Betriebssphäre und der von Gesellschafterinteressen geprägten Sphäre stehen sich überschneidungsfrei gegenüber.[2] Folglich kann darüber hinaus keine private Sphäre bei der Körperschaft existieren. Die Verweisung des § 8 I auf die Vorschriften des EStG gilt hingegen nur soweit dies der Natur der Körperschaftsteuersubjekte nicht zuwiderläuft. Bei einer Bejahung der Existenz einer privaten Sphäre würde hingegen eine nicht zum Wesen der Körperschaften passende Einstufung in das Körperschaftsteuerrecht übernommen. Der BFH schien jedoch zumindest bei BgA eine Privatsphäre zur Annahme der Liebhaberei als erforderlich anzusehen.[3] Diese obiter dicta geäußerte Rechtsauffassung ist aber durch die ausdrückliche Ablehnung durch den Gesetzgeber in § 8 I S 2 mittlerweile gegenstandslos geworden. Durch Urteil v 12.10.2011[4] hat der BFH aber zumindest für Stiftungen das Bestehen einer außerbetrieblichen Sphäre wieder bejaht.

276   **§ 8 II (Liebhaberei bei Kapitalgesellschaften).** Der BFH geht davon aus, dass bei einer Kapitalgesellschaft keine Liebhaberei in Betracht kommt.[5] Er begründet dies mit der fehlenden privaten Sphäre der Kapitalgesellschaft (hierzu weiterführend Rn 180 ff). Systematisch zweifelhaft ist die Argumentation des BFH wonach der Wortlaut des § 8 II und der Anknüpfung an das Wort „alle" Einkünfte dazu führe, dass alle Zuflüsse gewerblich seien. Der BFH übersieht hier, dass sich die Verweisung des § 8 I auf die Vorschriften des EStG nicht mit einem Verweis auf das Wort „alle" übergehen lässt. Der Begriff „Einkünfte" bestimmt sich nach den Vorschriften des EStG, soweit diese auf Körperschaften der Sache nach angewandt werden können. Allerdings sprechen andere Argumente gegen die Annahme von Liebhaberei bei Kapitalgesellschaften wie die Maßgeblichkeit der Handels- für die Steuerbilanz.[6] Allerdings würde es zu einer Spaltung der Körperschaftsteuersubjekte in buchführungspflichtige (keine Liebhaberei) und nicht-buchführungspflichtige (Liebhaberei) führen.[7] Für den Bereich der Kapitalgesellschaften ist daher nach gefestigter Rechtsprechung des BFH grundsätzlich nicht von einer privaten Sphäre auszugehen.[8] Die vGA ersetzt damit die Abgrenzung zwischen privater und betrieblicher Sphäre bei Kapitalgesellschaften. Zur Abgrenzung werden die Kriterien herangezogen, die bei natürlichen Personen für die Liebhaberei gelten.[9]

277   **§ 8 III S 1.** Die oGA ist bereits wegen der allgemeinen Regel des § 8 III S 1 nicht von der vGA-Definition erfasst. Ihr Ausschluss durch die Definition der vGA ist daher entbehrlich, wenngleich man argumentieren könnte, dass § 8 III S 2 als Sonderregelung Vorrang habe.

---

1   *Stolterfoht* in FS für Heinrich Wilhelm Kruse, 2001, S 485, 492; *Seeger* in FS für Franz Wassermeyer, Körperschaftsteuer, Internationales Steuerrecht, Doppelbesteuerung, 2005, S 81, 84; unverständlich ist allerdings, dass Seeger gleichwohl eine private Sphäre nur bei Kapitalgesellschaften ablehnt.
2   *Prinz*, StuW 1996, 267, 273.
3   BFH I R 32/06, BStBl II 2007, 961.
4   BFH I R 102/10, BFH/NV 2012, 517.
5   BFH I R 54/85, DStR 1997, 492; BFH I B 120/05, BFH/NV 2007, 502.
6   AA mit der Zwecksetzung des Steuerrechts argumentierend *Hüttemann* in FS für Arndt Raupach, Steuer- und Gesellschaftsrecht zwischen Unternehmerfreiheit und Gemeinwohl, 2006, S 495, 499 f.
7   *Kohlhepp*, VGA, 2006, S 33 ff; *Pezzer* in Tipke/Lang § 11 Rn 21; *derselbe* StuW 1998, 76, 80.
8   BFH I R 32/06, BStBl II 2007, 961.
9   Niedersächsisches FG 6 K 503/03, EFG 2006, 1937.

§ 8a idFd StandOG. § 8a idFd StandOG v 13.9.1993[1] (VZ 1993-2003) fingierte das 278
Vorliegen einer vGA nach § 8 III 2, indem Vergütungen für Gesellschafter-Fremdkapital als vGA „galten". Die Fiktion erstreckte sich nach unterinstanzlicher Rechtsprechung[2] ledglich auf die Rechtsfolgen nach § 8 III 2 und hatte keine Auswirkungen auf die Gesellschafterebene, wobei dies mangels Ansässigkeit der Gesellschafter im Inland nicht erheblich war. Die Regelung wurde vom EuGH als unionsrechtswidrig eingestuft.[3]

§ 8a idFd Korb II-G. § 8a idFd Korb II-G v 22.12.2003[4] (VZ 2004-2007) regelte eine 279
Rechtsgrundverweisung für bestimmte Vergütungen für Gesellschafter-Fremdkapital, da diese vGA „sind". Daran schloss sich die in der Literatur umstrittene Fragestellung an, ob infolge dieser Änderung auf Ebene des Gesellschafters ebenfalls eine vGA – die dann nach § 8b zu 95 % steuerfrei wäre – anzunehmen sei[5] oder ob § 8a nur auf Ebene der Kapitalgesellschaft wirke, und damit quasi dieselben Rechtsfolgen wie eine nichtabzugsfähige Betriebsausgabe erzeuge.[6] Dabei ist der erstgenannten Auffassung der Vorzug zu geben, da § 8a eine Vermutung für das Vorliegen einer Veranlassung im Gesellschaftsverhältnis enthält, die somit auch auf Ebene des Anteilseigners eingreift.[7] Weiterhin wurde sowohl die Auffassung vertreten, § 8 III S 2 gehe der Anwendung des § 8a aF vor,[8] als auch § 8a aF sei eine § 8 III S 2 vorgehende Spezialregelung.[9] Von der Finanzverwaltung wird die erstgenannte Ansicht vertreten.[10] Diese Ansicht ist auch vorzugswürdig, weil die Zwecke von § 8 III S 2 und § 8a aF einander nicht entsprechen. § 8a aF fingiert für die Fälle, die nicht bereits nach § 8 III S 2 vGA sind, eine Veranlassung im Gesellschaftsverhältnis um typisierend Missbrauch zu verhindern. Die Missbrauchsverhütung ist dagegen kein Ziel des § 8 III S 2. Damit kann § 8a aF gegenüber § 8 III S 2 nicht lex specialis sein.

§ 8a nF iVm § 4h EStG (Zinsschranke). Mittlerweile sieht § 8a nF auf Rechts- 280
folgenseite vor, dass Zinsaufwendungen nichtabzugsfähig sind, so dass eigentlich keine Normenkonkurrenz mehr gegeben ist. Da jedoch vGA gesellschaftsrechtlich veranlasste Aufwendungen darstellen und Zinsen betriebliche Aufwendungen darstellen, geht die vGA der Zinsschranke vor. Zinsaufwand iSd § 8a nF ist nur gegeben, wenn keine vGA vorliegt.[11] Ein Vorrang der Zinsschranke ist bereits deswegen teleologisch und systematisch auszuschließen, weil andernfalls innerhalb des Zinsvortrages eine

---

1 BGBl I 1993, 1569.
2 FG Düsseldorf 6 K 2821/97 KE, DStRE 2000, 1318.
3 EuGH Rs C-324/00, *Lankhorst-Hohorst*, Slg 2002, 11779.
4 BGBl I 2003, 2840.
5 So die hM *Gosch* in Gosch, 1. Aufl, § 8a Rn 152 f, 162 f; *Frotscher* in Frotscher/Maas § 8a Rn 7, 101 ff; *derselbe*, DStR 2004, 377; *Prinz* in H/H/R Jahresbd 2004 § 8a Rn J 03-18, 20; *derselbe*, FR 2007, 561, sowie FR 2008, 765; *Rödder/Schumacher*, DStR 2003, 1725, 2057, *dieselben*, DStR 2004, 758; *Kohlhepp*, VGA, 2006, 212 ff, S 258 f.
6 So insbesondere *Wassermeyer*, DStR 2004, 749.
7 BFH I R 29/07, BStBl II 2010, 142
8 *Pung* in D/J/P/W § 8a Rn 41; Gosch § 8a Rn 46; *Kohlhepp*, VGA, 2006, S 77 f.
9 *Janssen*, DStZ 1997, 180, ebenda.
10 BMF v 15.7.2004, BStBl I 2004, 593, Rn 2. Ebenso bereits zu § 8a aF BMF v 15.12.1994, BStBl I 1995, 25, Rn 3.
11 BMF v 4.7.2008, BStBl I, 2008, 718, Rn 18; *Frotscher* in Frotscher/Maas § 8a Rn 15; *Schulte* in Erle/Sauter § 8 Rn 136.

Unterscheidung nach „echtem" Zinsaufwand und vGA erforderlich wäre. Der Vorrang der vGA hat zur Folge, dass kein Zinsaufwand iSd Zinsschranke bei überhöhtem Zinsaufwand, Fehlen einer vertraglichen Grundlage mit einem beherrschenden Gesellschafter und sonstiger Drittunüblichkeit der Vereinbarung vorliegt. Aufgrund des ersatzlosen Entfallens der Regelungen zur Gesellschafter-Fremdfinanzierung könnte sich die Frage stellen, ob allein aufgrund einer übermäßigen Fremdkapitalausstattung weiterhin eine vGA nach allgemeinen Grundsätzen gegeben sein kann. Zu § 8a aF wurde vertreten, dass die Regelung lediglich eine Vermutungsregelung für eine Veranlassung im Gesellschaftsverhältnis bei einem bestimmten EK:Fremdkapital-Verhältnis aufstellte.[1] Auch die Rechtsprechung des BFH zu vGA bei Fremdfinanzierung von BgA könnte dafür sprechen, dass bei einer fremdunüblichen Fremdkapitalausstattung, unabhängig vom § 8a aF eine vGA vorliegt. Das hätte zur Folge, dass unter Geltung des § 8a nF zunächst zu prüfen wäre, ob die EK:Fremdkapital-Quote ggf zur Annahme einer vGA wegen unzureichender Eigenkapitalausstattung zwingt. Allerdings ist zu berücksichtigen, dass der Grundsatz der Finanzierungsfreiheit der Annahme einer vGA wegen eines bestimmten EK:Fremdkapital-Verhältnisses entgegenstehen dürfte.

281 § 8b. § 8b betrifft die Körperschaft als Anteilseigner, während § 8 III S 2 die Kapitalgesellschaft als ausschüttende Körperschaft betrifft. Insoweit besteht nur ausnahmsweise ein Berührungspunkt zwischen § 8b und § 8 III 2, wenn etwa Beteiligungen verdeckt ausgeschüttet werden. Allerdings kann ein Veräußerungsgewinn iSd § 8b II vGA iSd § 20 I 1 EStG sein, allerdings wohl nur iHd steuerlich beachtlichen Teils von 5 %.

282 § 22 (genossenschaftliche Rückvergütungen). Rückvergütungen außerhalb des § 22 können eine bei Erfüllung der Voraussetzungen des § 8b III S 2 vGA darstellen.[2] § 22 stellt eine Ausnahme von § 8 III S 2 dar. Insoweit sind Rückvergütungen Betriebsausgaben. Auf Arbeitnehmerproduktionsgenossenschaften findet § 22 nach Auffassung des BFH keine Anwendung, so dass von einer vGA auszugehen ist (zur Kritik § 22 Rn 65).[3]

283-285 *Einstweilen frei.*

286 d) AStG. § 1 AStG. § 1 AStG wird von der Verwaltung so gelesen, dass die Vorschrift grundsätzlich nachrangig zur vGA greift, was im Wortlaut eine gewisse Deckung findet („unbeschadet anderer Vorschriften").[4] Nur soweit die Rechtsfolgen des § 1 AStG über diejenigen der vGA hinausgehen (weil der Fremdvergleich nach § 1 AStG zu einer höheren Einkünftekorrektur führt), kommt § 1 AStG neben § 8 III S 2 zur Anwendung.

287 §§ 7 ff AStG. Für Gewinnausschüttungen von Kapitalgesellschaften ist eine ausländische Gesellschaft aufgrund des Bezugs aktiver Einkünfte nach § 8 I Nr 8 AStG nicht Zwischengesellschaft. Daher sind auch vGA aus einem potentiellen Hinzurechnungsbetrag auszunehmen.

---

1 BFH I R 29/07, BStBl II 2010, 142.
2 BFH I R 78/92, BStBl II 1994, 489; BFH I R 262/83, BStBl II 1988, 592.
3 BFH I R 37/06, BFH/NV 2007, 1599.
4 BMF v 14.5.2004, Anwendungsschreiben zum AStG, Rn 1.1.2, BStBl I 2004, 3.

§ 15 AStG. Soweit die vGA auch bei Stiftungen Anwendung finden kann (vgl unten 288
Rn 317) führt sie zu einer Einkommenserhöhung auf Ebene der Stiftung, die dann
über § 15 I AStG den Bezugs- oder Anfallberechtigten zugewiesen wird. Die insoweit
auftretende Doppelbesteuerung wird durch § 8b bzw § 3 Nr 40 EStG gemindert, da
diese auch Zuwendungen iSd § 20 I Nr 9 EStG erfassen (vgl § 8b Rn 156 ff).

Einstweilen frei. 289

e) DBA allgemein. Unter Berücksichtigung der Einschränkung des Art 9 I OECD- 290
MA kommt es auf Gesellschafterebene entweder zu einer Qualifizierung einer Leistung der Kapitalgesellschaft als Dividende, oder als Einkommen aus anderen Quellen, je nachdem, wie die zu betrachtende Leistungsbeziehung gestaltet ist.

Art 9 I OECD-MA. Das FG Köln hatte darüber zu entscheiden, ob Art 9 I OECD-MA 291
eine Sperrwirkung gegenüber dem iRd vGA anzuwendenden formellen Fremdvergleich
entfaltet.[1] Mit der hM[2] kommt das FG Köln zu dem Ergebnis, dass bei einer Leistung einer
inländischen Körperschaft an einen ausländischen Anteilseigner, auf die Art 9 I OECD-MA bzw eine entsprechende DBA-Norm anwendbar ist, der formelle Fremdvergleich
keine Anwendung findet. Trotz Zulassung der Revision wurde das Urteil rechtskräftig.

Art 10 OECD-MA. Art 10 OECD-MA führt zu einer Zuordnung von vGA zu 292
„Dividenden", wenn es sich um andere geldwerte Vorteile aus der Beteiligung handelt.
Auch hier gilt die Einschränkung des Art 9 I OECD-MA.

Einstweilen frei. 293-294

f) Sonstige Vorschriften. ErbStG. Mit koordinierten Ländererlassen v 20.10.2010[3] hat 295
die Finanzverwaltung auf ein Urteil des BFH zur vGA an nahestehende Personen und
Schenkungsteuer[4] reagiert. Die Finanzverwaltung hatte bei Leistungen an eine dem Gesellschafter nahestehende Person eine unentgeltliche Zuwendung des Gesellschafters an die
nahestehnde Person angenommen. Der BFH hatte aber die Ansicht vertreten, dass bei
solchen Leistungen der Kapitalgesellschaft aufgrund der Anknüpfung des Schenkungssteuerrechts an das Zivilrecht keine unentgeltliche Zuwendung im Verhältnis zwischen
Gesellschafter und nahestehender Person vorliege. In einem obiter dictum äußerte der
BFH, dass aber an eine solche Zuwendung im Verhältnis der Kapitalgesellschaft zur nahestehenden Person angenommen werden könnte. Die Finanzverwaltung schließt sich
dieser Auffassung in ihrem Erlass an, und möchte im Verhältnis zwischen nahestehender
Person und Kapitalgesellschaft eine gemischte freigiebige Zuwendung annehmen.

Diese Auffassung, die vom Gesetzgeber auch im BeitrRLUmsG nicht geregelt wurde,
die aber von der Finanzverwaltung auch in H 18 ErbStH vertreten wird, ist abzulehnen. Das
Urteil des II. Senats des BFH ist ebenfalls nicht zutreffend. Wendet eine Kapitalgesellschaft
einer dem Gesellschafter nahestehenden Person einen unangemessenen Vorteil zu, liegt zu-

---

1 FG Köln 13 K 647/03, EFG 2008, 161 (rkr).
2 *Gosch* in Gosch § 8 Rn 190; *Rasch*, Konzernverrechnungspreise im nationalen, bilateralen und europäischen Steuerrecht, 2001, S 192 ff; *Knobbe-Keuk*, Bilanz- und Unternehmenssteuerrecht, 9. Aufl, S 695; *Wassermeyer* in D/W Art 9 MA Rn 128; *Kohlhepp*, VGA, 2008, § 1 Rn 46; *Jacobs*, Internationale Unternehmensbesteuerung, 7. Aufl, S 609 f; *Rasch*, IWB Nr 6 2008, Gruppe 1 Fach 3a, 1103.
3 Oberste Finanzbehörden der Länder, BStBl I 2010, 1207.
4 BFH II R 28/06, BStBl II 2008, 258.

nächst eine vGA der Gesellschaft an den Gesellschafter vor. Die Leistung ist damit aus Sicht der Kapitalgesellschaft Gewinnausschüttung und nicht Schenkung. Gewinnausschüttung und Schenkung schließen sich wechselseitig aus. Die Leistung an die dem Gesellschafter nahestehende Person ist nicht freigiebig, da die Kapitalgesellschaft auf Weisung des Gesellschafters handelt. Im Verhältnis zwischen Gesellschafter und nahestehender Person kann die Zuwendung Schenkung, Darlehen, Erfüllung usw sein. Durch das BeitrRLUmsG wurde nun zumindest § 15 IV ErbStG dahingehend ergänzt, dass für die Frage der Erbschaftsteuerklasse das Verhältnis des Gesellschafters zur nahestehenden Person maßgeblich ist.

Den Fall der in Bereicherungsabsicht getätigten Zuwendung zwischen verschiedenen Kapitalgesellschaften wird nunmehr durch § 7 VIII S 2 ErbStG aufgegriffen und der Schenkungsteuer unterworfen, wenn keine betriebliche Veranlassung vorliegt und nicht an beiden Gesellschaften dieselben Gesellschafter beteiligt sind. Im Ergebnis führt diese Regelung zu einer wirtschaftlichen Doppelbelastung durch Schenkungsteuer und KSt (vGA-Besteuerung), denn eine nicht drittübliche Zuwendung zwischen Kapitalgesellschaften ist häufig im Gesellschaftsverhältnis veranlasst und wird beim ausführenden Gesellschafter als verdeckte Einlage bzw verdeckte Gewinnausschüttung behandelt. Die Regelung ist unsystematisch und daher abzulehnen, denn sie verkennt, dass die Veranlassung im Gesellschaftsverhältnis (dh nicht betriebliche Veranlassung) keine Freigiebigkeit impliziert. Die Lösung wird iRd Bewertung der freigiebigen Zuwendung, dh der Bereicherung des anderen Gesellschafters gesucht werden müssen.

H 18 Tz 6.2 ErbStR spricht in strenger Auslegung nunmehr für eine Schenkungsteuerpflicht jeder vGA, die zu inkongruenten Gewinnausschüttungen führt. Das ist verfehlt.

296 **GrESt.** Die GrESt knüpft an den zivilrechtlichen Übertragungsvorgang an. Da es im GrEStG weder eine § 8 III S 2 noch eine § 3 Ib UStG entsprechende Vorschrift gibt, unterliegt auch nur der zivilrechtlich vereinbarte Kaufpreis der GrESt[1].

297 **§ 41 II AO (Scheingeschäft).** Um das Verhältnis zum Scheingeschäft zu präzisieren, ist zunächst die Auswirkung von diesen auf die Handelsbilanz zu berücksichtigen. Scheingeschäfte sind dadurch gekennzeichnet, dass die Beteiligten die zivilrechtlichen Folgen gerade nicht eintreten lassen wollen. Das hat handelsbilanziell zur Folge, dass der Vorgang richtigerweise nicht so wie vereinbart, sondern so wie er tatsächlich abgewickelt wird, in der Bilanz abzubilden ist. Als solcher, dh in der tatsächlich durchgeführten Form, unterliegt der Vorgang dann der Besteuerung. Er kann als solcher auch Gegenstand einer vGA sein.

298 **§ 42 AO (Missbrauch).** Die vGA ist keine Missbrauchsbekämpfungsvorschrift. Sie erfordert keine Absicht der Steuerumgehung und ist daher auch kein Unterfall des § 42 AO.[2] § 42 AO ist gegenüber der vGA in dem Sinne vorrangig, dass der vGA der Sachverhalt zugrunde zu legen ist, der nach § 42 AO der Besteuerung zugrunde zu legen ist.[3]

---

1 Lang in D/J/P/W § 8 Abs 3 Teil C Rn 680.
2 IdS auch *Hoffmann*, DStR 1998, 313, 319; vgl auch BFH I R 2/85, BStBl II 1989, 473, 474, wo das Urteil der Vorinstanz, die sich auf § 42 AO gestützt hatte, mangels feststellbarer Unangemessenheit aufgehoben wurde und eine Zurückverweisung unter Hinweis auf § 8 III erfolgte.
3 FG Köln 13 K 1337/92, DStRE 1999, 870.

Einstweilen frei. 299-300

g) Steuerstrafrecht. Steuerarten. Eine vGA kann insbesondere zur Verkürzung folgender Steuerarten führen: 301

- ESt des Gesellschafters, wenn vGA dem steuerlich unbeachtlichen Bereich oder einer anderen Einkunftsart zugerechnet wurde;
- KSt des Gesellschafters, wenn Gesellschafter eine juristische Person ist und die vGA einer anderen Einkunftsart zugerechnet wurde;
- Schenkungsteuer bei Leistungen an Dritte;
- KSt der Gesellschaft;
- GewSt der Gesellschaft;
- KESt der Gesellschaft;
- USt der Gesellschaft.

Voraussetzungen. Die Voraussetzungen einer Steuerstraftat liegen im Falle einer vGA nur vor, wenn die vGA nicht in die Steuererklärung Eingang findet und der Steuerpflichtige von einer vGA weiß (oder wissen müsste, § 378 AO), dh Angaben dazu pflichtwidrig unterlassen werden.[1] Dagegen liegt eine Steuerstraftat mangels unrichtiger oder unvollständiger Angaben nicht vor, wenn der Steuerpflichtige aufgrund einer vertretbaren Rechtsauffassung nicht von einer vGA ausgeht und diese deswegen auch nicht in der Steuererklärung offenlegt.[2] 302

Strafrechtliche Definition. Die steuerrechtliche Definition der vGA gilt auch für das Strafrecht.[3] Der Strafrichter muss dahingehend so klare Feststellungen treffen, dass sowohl die steuerrechtlichen Gesichtspunkte als auch die Berechnung der verkürzten Steuer der Höhe nach erkennbar wird.[4] 303

Einstweilen frei. 304

h) Verfassungsrecht. Die vGA ist ein zentraler Tatbestand der Besteuerung von Körperschaften. Gleichwohl fehlt es an einer gesetzlichen Begriffsbestimmung. Die hat bereits mehrfach zu dem Versuch geführt, die durch die Gerichte und die Finanzverwaltung vorgenommene inhaltliche Präzisierung als Verstoß gegen das Bestimmtheitsgebot bzw den Parlamentsvorbehalt anzugreifen. Das BVerfG hat diese Versuche jedoch zu Recht zurückgewiesen und festgestellt, dass durch Gerichte und Verwaltung eine hinreichende Präzisierung erreicht worden ist.[5] 305

Einstweilen frei. 306

5. Persönlicher Anwendungsbereich. a) Leistende der vGA. Abgrenzungsmerkmal. Im Einzelnen ist offen, ob alle vom KStG erfassten Steuersubjekte vGA auslösen können. Entscheidendes Merkmal für die Fähigkeit einer Körperschaft, vGA zu bewirken ist, dass sie Leistungen an Gesellschafter oder diesen gleichgestellte Per- 307

---

1 BGH 5 StR 268/05, BFH/NV Beilage 2006, 378.
2 *Hardtke*, Steuerhinterziehung durch vGA, 1995, S 33.
3 BGH 5 StR 333/03, wistra 2004, 467.
4 BGH 5 StR 469/04, wistra 2005, 307; BGH 5 StR 466/92, wistra 1993, 109.
5 BVerfG 1 BvR 326/89, HFR 1993, 201 und NVwZ 1994, 477.

sonen sowohl im Wege regulärer Ausschüttungen oder vergleichbarer Zuwendungen an ihre Gesellschafter oder Mitglieder als auch im Wege des zivilrechtlichen Leistungsaustausches erbringen können.

308 **GmbH.** Insbesondere die GmbH kommt als Leistende einer vGA in Betracht. Die GmbH ist besonders deswegen anfällig für vGA, weil ihre Gesellschafter als Empfänger der regulären Ergebnisausschüttungen regelmäßig Einfluss darauf haben, ob und inwieweit sie mit der GmbH auch zivilrechtliche Verträge abschließen.

Im Gegensatz zur Vorgründungsgesellschaft ist die sog Vorgesellschaft bereits Körperschaftsteuersubjekt und damit potentieller Leistender einer vGA.

309 **AG.** Bei einer AG vertritt der Aufsichtsrat gem § 112 AktG die Gesellschaft exklusiv bei Rechtsgeschäften gegenüber dem Vorstand. Vorstände dürfen dem Aufsichtsrat nicht angehören. Aufgrund dieser strukturellen Besonderheiten kommt die vGA bei einer AG deutlich seltener zum Zuge als bei der GmbH, soweit die Höhe von Vorstandsvergütungen oder Pensionsrückstellungen in Frage steht. Es bedarf besonderer Umstände, um auch hier die Rechtsprechungsregeln für beherrschende Gesellschafter anzuwenden (hierzu unter Rn 376 ff).[1]

310 **Ausländische Kapitalgesellschaften.** Ausländische Kapitalgesellschaften sind nach § 1 I Nr 1 idFd SEStEG unmittelbar steuerpflichtig, wenn der Ort Ihrer Geschäftsleitung, zB bei zugezogenen Ltd im Inland liegt. Insoweit gilt deutsches Körperschaftsteuerrecht und damit auch die Grundsätze der vGA. Allerdings richtet sich die Frage der Beherrschung nach den jeweiligen gesellschaftsrechtlichen Vorschriften, die für die ausländische Kapitalgesellschaft zur Anwendung kommen.

311 **KGaA.** Soweit der persönlich haftende Gesellschafter der KGaA steuerlich zu beurteilen ist, sind die Vorschriften über die KG und damit nicht die Vorschriften über die vGA anwendbar. Ist die Vergütung für den persönlich haftenden Gesellschafter überhöht, handelt es sich um eine steuerlich anzuerkennende Gewinnverteilungsabrede. Eine vGA liegt nicht vor. Für die Kommanditaktionäre gilt gem § 278 III AktG Aktienrecht. Auch steuerlich sind die Regelungen über die Besteuerung von Kapitalgesellschaften anwendbar und damit auch die Regeln über die vGA.[2]

312 **GmbH & Co KG.** Vgl ABC Rn 545 „GmbH & Co KG".

313 **Genossenschaft.** Die Genossenschaft kann anerkanntermaßen ebenfalls vGA an ihre Genossen leisten.[3] Hier gilt jedoch ebenso wie bei der AG, dass die Genossenschaft bei Geschäften mit dem Vorstand durch den Aufsichtsrat vertreten wird (§ 39 GenG). Ob insoweit die Rechtsprechung des BFH hinsichtlich der Anwendbarkeit der vGA auf AG auch auf Genossenschaften übertragen werden kann, hat der BFH offengelassen.[4] Hier sind hinsichtlich genossenschaftlicher Rückvergütungen allerdings Besonderheiten zu berücksichtigen (vgl oben Rn 282).

---

1 BFH I R 5/69, BStBl II 1972, 438; BFH I R 93/01, BFH/NV 2003, 946.
2 *Frotscher* Frotscher/Maas Anh zu § 8 Rn 46.
3 BFH I R 208/85, BStBl II 1990, 541.
4 BFH I B 5/07, BFH/NV 2007, 2355.

VII. VGA

VVaG. Auch beim Versicherungsverein auf Gegenseitigkeit sind vGA denkbar.[1] Lediglich terminologisch ist hier nicht eine Zuwendung mit gesellschaftlicher, sondern mit mitgliedschaftlicher Veranlassung Auslöser einer vGA.

314

Verein. VGA sind auch bei Vereinen denkbar. Sie können hier in überhöhten Vergütungen an Vereinsmitglieder oder in zu geringen Entgelten für Leistungen des Vereins liegen. Dabei ist zu berücksichtigen, dass der BFH dem Verein zubilligt, Entgelte nach dem Kostendeckungsprinzip zu veranschlagen.[2] Dementsprechend dürfte ein Gewinnzuschlag bei Vereinen nur in besonderen Konstellationen vorzunehmen sein.

315

BgA. BgA können vGA an ihre Trägerkörperschaften bewirken.[3] Hier sind die Rechtsprechungs-Grundsätze für vGA an beherrschende Gesellschafter von Kapitalgesellschaften analog anzuwenden.[4] Allerdings sind Besonderheiten zu beachten. So gelten für die Zusammenfassung von BgA die Regelungen in § 4 VI und § 8 VII ff, so dass die Rechtsprechung des BFH zu Dauerverlustbetrieben nicht anwendbar ist.[5] Schließlich ist zu beachten, dass bereits bei der Gewinnermittlung von BgA Besonderheiten gelten. So werden Aufwendungen des BgA auch ohne vorherige klare Vereinbarung mit der Trägerkörperschaft anerkannt, wenn sie dem BgA funktional zugewiesen werden können; drittunübliche Vereinbarungen, wie Zinsen auf Darlehen bei zu geringer Eigenkapitalausstattung führen aber zu vGA (vgl § 4 Rn 226 ff).[6] Das FG Baden-Württemberg ist der Auffassung, eine gesetzliche Ausgleichsverpflichtung für frühere Minderkonzessionszahlungen führe gleichfalls zu vGA.[7] Diese Ansicht scheint aufgrund der klaren gesetzlichen Verpflichtung in § 5 KAEAnO nicht zutreffend.[8] Miet- und Pachtaufwand für wesentliche Betriebsgrundlagen des BgA führen zu vGA,[9] da die Rechtsprechung ansonsten eine Ungleichbehandlung von Wettbewerbern des BgA annimmt, welche iRd Betriebsaufspaltung wesentliche Betriebsgrundlagen ebenfalls der Besteuerung unterwerfen müssten. Abweichend davon hat der BFH entschieden, dass keine vGA vorliegen soll, wenn die Flächen dem öffentlichen Verkehr gewidmet sind und nur Sondernutzungsrechte eingeräumt werden.[10]

316

Stiftungen. Insbesondere für Stiftungen ist die Möglichkeit, vGA zu bewirken, umstritten. Die wohl hM ist der Ansicht, vGA würden ein kooperationsrechtliches Rechtsverhältnis verdecken und erforderten daher ein solches. Daran fehle es bei Stiftungen, weshalb hier vGA nicht möglich seien.[11] Die hM beruft sich zum einen auf

317

---

1 BFH I R 45/90, BStBl II 1992, 429.
2 BFH I R 21/98, BStBl II 1999, 99.
3 BFH I R 171/87, BStBl II 1991, 315.
4 Etwa BFH I R 48/02, BStBl II 2004, 425.
5 Anders noch BFH I R 8/04, BStBl II 2006, 190.
6 BFH I R 48/02, BStBl II 2004, 425.
7 FG Baden-Württemberg 6 K 179/05, Haufe Index 2267782.
8 AA BFH I R 28/09, BFH/NV 2011, 850, der dies als Tatsachenfrage behandelt; zur Kritik *Kohlhepp*, DB 2011, 1598.
9 BFH I R 223/80, BStBl II 1984, 496.
10 Angedeutet in BFH I R 61/91, BStBl II 1993, 459; bestätigt in BFH I R 50/98, BStBl II 2001, 558; zustimmend *Kohlhepp*, VGA, 2006, S 114 f.
11 *Gosch* in Gosch § 8 Rn 176, 201; *Schwedhelm* in Streck § 8 Rn 175; einschränkend Klingebiel in D/J/P/W Anh zu § 8 Abs 3 „Stiftung" Rn 3 („bisher"), zur alten Rechtslage auch *Schnitger*, Die Stiftung als steuerliches Gestaltungsmittel zur Sicherung des Fortbestandes eines Unternehmens, 2006, S 43. AA *Schulze zur Wiesche*, DStZ 1991, 161; *Kohlhepp*, VGA, 2006, S 115 ff; implizit auch FG Berlin-Brandenburg 8 K 9250/07, EFG 2010, 55.

ein Urteil des BFH, in dem dieser eine vGA wegen verhinderter Vermögensmehrung auf Ebene der Stiftung tatbestandlich nicht anspricht, sondern aufgrund der fehlenden Gewinnverwendung eine Besteuerung verneint.[1] Dieses Urteil hat der BFH nunmehr bestätigt.[2] Während das FG noch zutreffend ausgeführt hatte, dass Destinatäre in einem mitgliedschaftsähnlichen Verhältnis zu einer Stiftung stehen können,[3] lehnt der BFH dies mit der zivilrechtlichen Begründung, ein Einfluss von Personen außerhalb der Stiftung sei nicht gegeben, ab. Diese Auffassung, die die wirtschaftlichen Realitäten verkennt, führt zu einer Unanwendbarkeit der vGA für Stiftungen.

Weiterhin beruft sich die hM auf die Regelung des § 10 Nr 1, wonach die Aufwendungen zur Erfüllung des Stiftungsgeschäfts (Mittelverwendung) keine abziehbaren Betriebsausgaben darstellen. Dennoch ist die hM nicht unproblematisch, da der Vorstand der Stiftung auch der Destinatär sein kann und damit ein Interessenkonflikt ähnlich wie bei Kapitalgesellschaften denkbar ist, dessen Lösung insbesondere bei zu niedrigen Einnahmen Schwierigkeiten bereitet.[4] VGA sind zur Erfassung verhinderter Vermögensmehrungen auch auf Stiftungen anzuwenden. Andernfalls bestünde hier eine Umgehungsmöglichkeit. Die Argumentation, es fehle an einer Person, die Einfluss auf die Stiftung nehmen könne[5], geht ebenfalls fehl. Da Vorstand der Stiftung auch ein Destinatär sein kann, besteht ein Interessenkonflikt hier genauso wie bei Kapitalgesellschaften, es kommt auf die individuelle Ausgestaltung der Stiftungssatzung an.

Insbesondere seit der Erfassung von Destinatärsbezügen bei den Kapitaleinkünften durch § 20 I Nr 9 EStG und die Anwendung des Halbeinkünfte-[6] bzw Teileinkünfteverfahrens bzw der Steuerbefreiung nach § 8b I sowie unter Berücksichtigung der Bezugnahme des § 20 I Nr 1 S 2 EStG in § 20 I Nr 9 S 1 Hs 2 aE EStG muss von einer Anwendbarkeit der vGA auf Stiftungen ausgegangen werden.

318 **Unbeschränkte und beschränkte Steuerpflicht.** Sowohl unbeschränkt als auch beschränkt steuerpflichtige Körperschaften können eine vGA bewirken. Nach Ansicht des BFH soll die Rechtsprechung zum Fehlen einer außerbetrieblichen, privaten Sphäre auf ausländische Kapitalgesellschaften aber nicht anwendbar sein, da auf diese im Regelfall § 8 II keine Anwendung findet.[7] Daher wäre bei ausländischen Kapitalgesellschaften ein Liebhaberei-Betrieb möglich, was eine vGA ausschließen kann.[8] Zu Recht wird aber verschiedentlich angemerkt, dass die Möglichkeit eines Liebhaberei-Betriebes einer ausländischen Kapitalgesellschaft zu einer gleichheitswidrigen Besteuerung nur aufgrund des Kriteriums der beschränkten Steuerpflicht führen würde.[9] Will man diese Ungleichbehandlung abwenden, muss ein Liebhabe-

---

1 BFH I 5/59, BStBl III 1960,37.
2 Schleswig-Holsteinisches FG 2 K 282/07, DStRE 2011, 622.
3 BFH I R 102/10, BFH/NV 2012, 517.
4 Nachweise aus der Rechtsprechung bei *Schnitger*, Die Stiftung als steuerliches Gestaltungsmittel zur Sicherung des Fortbestandes eines Unternehmens, 2006, S 43 f.
5 *Gosch* in Gosch § 8 Rn 201.
6 BFH X R 62/08, BFH/NV 2011, 113.
7 BFH I R 14/01, BStBl II 2002, 861.
8 *Gosch* in Gosch § 8 Rn 200.
9 *Gosch*, DStR 2002, 671; *Prinz*, FR 2002, 1171; *Musil*, DStZ 2003, 649.

reibetrieb bei Körperschaften generell zB mit der Begründung abgelehnt werden, dass diese keine Eigeninteressen haben, die als Begründung für eine private Sphäre in Betracht kämen (vgl oben Rn 180 ff).

Einstweilen frei. 319-321

b) Begünstigte. Gesellschafter. Begünstigte der vGA können stets nur die Gesellschafter von Kapitalgesellschaften sein. 322

Zukünftige Gesellschafter. Erfolgt die Vorteilszuwendung in einem engen zeitlichen und sachlichen Zusammenhang mit dem Erwerb einer Gesellschafterstellung, kann eine vGA vorliegen.[1] 323

Ehemalige Gesellschafter. Für die Annahme einer vGA nach § 8 III 2 ist es nicht relevant, wann auf Ebene des Gesellschafters ein Zufluss zu verzeichnen ist.[2] Es ist daher für die Kapitalgesellschaft zunächst nicht von Relevanz, ob der Begünstigte der vGA im Zeitpunkt des Zuflusses noch Gesellschafter ist. Maßgebend ist vielmehr der Zeitpunkt, in dem die Gesellschaft eine Vermögensminderung erfährt, bzw der Zeitpunkt, in dem diese Vermögensverminderung (oder verhinderte Vermögensmehrung) verursacht wird.[3] 324

Treuhand und Nießbrauch. In Bezug auf Treuhandverhältnisse und Nießbrauche muss differenziert werden, welche der beiden beteiligten Personen steuerlich als Gesellschafter, welche als dem Gesellschafter (aufgrund des Treuhand- oder Nießbrauchsverhältnisses) nahestehende Person anzusehen ist. Empfänger der vGA nach § 20 I Nr 1 EStG kann nur der Gesellschafter sein (§ 20 V EStG), dh derjenige, dem die Anteile nach § 39 AO zuzurechnen sind. 325

Zwerganteil und Umfang der vGA. Auch ein Zwerganteil genügt, um eine vGA an den Gesellschafter annehmen zu können. Die relative Größe des Gesellschaftsanteils ist nicht relevant für den möglichen Umfang der vGA. 326

Zufluss bei einer dritten Person. Begünstigte einer vGA bleiben die Gesellschafter auch dann, wenn ihnen tatsächlich kein Vermögensvorteil direkt zufließt. Vielmehr kann ihnen die vGA auch zuzurechnen sein, wenn sie an eine ihnen nahestehende dritte Person bewirkt wird (zum Begriff der nahestehenden Person weiterführend Rn 466 ff).[4] Begünstigter und Empfänger der vGA können daher auseinanderfallen. 327

Genossenschaften, VVaG und Vereine. Begünstigter bei Genossenschaften ist stets das Mitglied.[5] Ebenso verhält es sich bei VVaG und Vereinen.[6] 328

Bei Stiftungen kommt eine vGA nicht in Betracht. Es kommt nicht darauf an, wer über die individuelle Satzungsregelung Einfluss auf das Ausschüttungsverhalten der Stiftung nehmen kann.[7] Zur Gegenansicht vgl Rn 317.

---

1 BFH I B 88/09, BFH/NV 2010, 1125; BFH VIII R 74/84, BStBl II 1989, 419; FG Berlin 8 K 8171/00, EFG 2004, 1712.
2 BFH I R 9/85, BStBl II 1989, 631.
3 BFH I R 36/93, BFH/NV 1994, 827; *Frotscher* in Frotscher/Maas Anh zu § 8 Rn 58.
4 BFH I R 61/07, BStBl II 2011, 62; BFH I R 139/94, BStBl II 1997, 301.
5 BFH I B 5/07, BFH/NV 2007, 2355.
6 BFH I B 40/01, BFH/NV 2001, 1536.
7 BFH I R 102/10, BFH/NV 2012, 517.

329   **BgA.** Bei BgA ist stets die jeweilige Trägerkörperschaft Begünstigter der vGA.[1]

330   **Unbeschränkt und beschränkte Steuerpflicht.** Sowohl unbeschränkt als auch beschränkt Steuerpflichtige können Begünstigte einer vGA sein. Für die Korrektur nach § 8 III 2 kommt es nicht darauf an, ob der Gesellschafter im Inland steuerpflichtig ist.

331-332   *Einstweilen frei.*

333   **6. Vermögensminderung und verhinderte Vermögensmehrung. Bedeutung der Unterscheidung.** Ob eine Vermögensminderung oder verhinderte Vermögensmehrung vorliegt, ist für die Körperschaft grundsätzlich aufgrund der Identität der Rechtsfolgen nach § 8 III 2 nicht relevant. Allerdings ist die Unterscheidung von Bedeutung für die Bestimmung des Abflusszeitpunkts und damit für §§ 27 I S 3, 38 I S 3.

334   **Begriff der Vermögensminderung.** Eine Vermögensminderung ist durch jede Leistung des Gesellschafters denkbar, bei der sich in der Steuerbilanz (vgl Rn 338) ein Aktivposten erhöht oder ein Passivposten mindert.[2]

335   **Begriff der verhinderten Vermögensmehrung.** Verhinderte Vermögensminderungen zeichnen sich dadurch aus, dass die Gesellschaft es unterlässt sich einen gem § 4 I EStG in ihrer Steuerbilanz auswirkenden Vermögensvorteil zu erlangen (quasi ein Gewinnverzicht).[3] Zur Feststellung einer verhinderten Vermögensminderung bedarf es daher in jedem Fall der Anstellung eines Fremdvergleichs (vgl Rn 359 ff). Beispiele für verhinderte Vermögensminderungen sind verbilligte oder unentgeltliche Veräußerung oder Nutzungsüberlassung von Wirtschaftsgütern.

336   **Regelungslücke.** Nach *Gosch* liegt hinsichtlich der Erfassung der verhinderten Vermögensmehrung eine Regelungslücke vor, die von der Rechtsprechung durch Analogieschluss gefüllt wurde.[4] Denn bei einer verhinderten Vermögensmehrung sei keine Einkommensminderung zu korrigieren, sondern eine verhinderte Erhöhung des Einkommens, die von § 8 III S 2 eigentlich nicht erfasst werde. Diese Auslegung übersieht, dass § 8 III S 2 lediglich eine Konkretisierung des allgemeinen Gesetzesbefehls des § 8 III S 1 ist, wonach Einkommensverwendung auf die Ermittlung des Einkommen keine Auswirkung haben darf. Auch die verhinderte Vermögensmehrung ist aber eine Einkommensverwendung, nämlich die Verwendung von Einkommenspotential zugunsten der Gesellschafter, so dass eine Regelungslücke nicht vorliegt.

337   **Fiktionstheorie als Denkhilfe.** Inwieweit die Fiktionstheorie als „Denkhilfe" für die Beurteilung verhinderter Vermögensmehrungen tauglich ist,[5] mag der Rechtsanwender entscheiden. Einen Anwendungsbereich hat sie allenfalls noch auf Ebene des Gesellschafters, da für diesen tatsächlich ein fiktiver Sachverhalt (ggf mit fiktivem Vorteilsverbrauch, vgl Rn 545 Stichwort „Dreiecksverhältnis") betrachtet wird.

---

1   BFH I R 8/04, BStBl II 2006, 190.
2   *Wilk* in H/H/R § 8 Rn 108.
3   BFH I R 6/04, BFH/NV 2005, 796.
4   *Gosch* in Gosch § 8 Rn 254.
5   *Wilk* in H/H/R § 8 Rn 110.

Steuerbilanz. Ausgangspunkt der Frage, ob eine vGA vorliegt, ist stets die Vermögensminderung oder verhinderte Vermögensmehrung. Ob eine Vermögensminderung oder verhinderte Vermögensmehrung vorliegt ist anhand eines Vergleiches der Steuerbilanz wie sie sich infolge des und ohne des Geschäftsvorfalles darstellt. 338

Unterschiedsbetrag iSd § 4 I S 1 EStG. Die Messung des Vorliegens einer Vermögensminderung oder verhinderte Vermögensmehrung erfolgt anhand des Unterschiedsbetrags iSd § 4 I S 1 EStG. 339

DBA-Betriebsstätte. Auch soweit ein Aufwand einer Betriebsstätte zuzuordnen ist, kann hierin eine als vGA zu qualifizierende Vermögensminderung liegen.[1] 340

Durchlaufende Posten. Die Weiterleitung eines durchlaufenden Postens ist keine vGA. Lediglich im Verzicht auf eine Verwaltungsvergütung kann eine verhinderte Vermögensmehrung zu sehen sein.[2] 341

Stichtag. Bei der Frage des maßgeblichen Zeitpunktes des Bestehens einer Vermögensminderung bzw verhinderten Vermögensmehrung kommt es nicht auf die Steuerbilanz am Abschlussstichtag an, sondern auf die Steuerbilanz, wie Sie nach jedem einzelnen Geschäftsvorfall aufzustellen wäre, so dass die Rückabwicklung einer vGA im Regelfall scheitert (vgl hierzu und zu den Konsequenzen für Rückforderungsansprüche unten Rn 512). Hinsichtlich des maßgebenden Zeitpunkts ist darauf abzustellen, wann der für die Kapitalgesellschaft Handelnde, meist der Geschäftsführer, seine Entscheidung trifft. Ab diesem Zeitpunkt ist die Kapitalgesellschaft gebunden und muss handels- und steuerbilanziell die Rechtsfolgen tragen. Irrelevant ist in diesem Zusammenhang, wann das Erfüllungsgeschäft stattfindet. 342

Einmaliger Aufwand. Aufwand, der im laufenden Jahr den Jahresüberschuss mindert, lässt sich klar als Vermögensminderung bestimmen. Gleiches gilt für ein zu gering vereinbartes Entgelt, welches nicht abzugrenzen ist.[3] Bei periodenübergreifendem Aufwand ist zu differenzieren zwischen 343

- der Bildung von Rückstellungen (vgl Rn 344 f) und
- der Anschaffung von Wirtschaftsgütern (vgl Rn 346 f).

VGA bei Rückstellungen hM. Werden Rückstellungen gebildet, die der Höhe nach teilweise gesellschaftsrechtlich veranlasst sind (zB überhöhte Pensionszusage), so ist die Rückstellung handels- und steuerbilanziell in voller Höhe auszuweisen. Allerdings ist eine steuerliche Nebenrechnung zu führen: Zunächst ist festzustellen, in welcher Höhe die Rückstellung gesellschaftsrechtlich veranlasst ist (Teilbetrag I). Die Zuführung zur Rückstellung ist iHd jeweils überhöhten Teils vGA. IHd tatsächlich vorgenommenen Korrektur nach § 8 III S 2 ist ein Teilbetrag II zu bilden. Wird die vGA erst nachträglich festgestellt, dh liegt ein Teil der Rückstellungsbildung bereits in bestandskräftig veranlagter Zeit, so ist der Teilbetrag II niedriger als Teilbetrag I. Sind Rückstellungen ertragswirksam aufzulösen, so führt die Rückstellung iHd Teilbetrages II zu einer außerbilanziellen Korrektur aus Billigkeitsgründen, da die 344

---

1 BFH I B 171/07, BFH/NV 2008, 1060.
2 BFH I R 85/96, BStBl II 1998, 161.
3 BFH I R 72/92, BStBl II 1993, 801.

Rückstellung insoweit das Vermögen nicht gemindert hat.[1] IHd Differenz zwischen Teilbetrag I und Teilbetrag II wird die vGA im Zeitpunkt der ertragswirksamen Auflösung der Rückstellung versteuert.

Nach *Klingebiel* soll darüber hinaus unter bestimmten Voraussetzungen die Bildung eines Teilbetrages III erforderlich werden, um festzuhalten, in welchem Umfang für Pensionsleistungen die Steuerbefreiung nach § 3 Nr 40 lit d S 2 EStG gewährt wurde.[2]

345 **VGA bei Rückstellungen Mindermeinung.** Die Bildung von Teilbeträgen I und II (sowie ggf III) hat keine Grundlage im Gesetz. Die ertragswirksame Auflösung der Rückstellungen führt, soweit es sich um vGA handelt, zu einer unzulässigen Nachholung der vGA aus bestandskräftig veranlagter Zeit.[3] Systematisch richtig wäre es, hier ebenfalls den Ertrag aus der Auflösung der Rückstellung außerbilanziell zu korrigieren, soweit die Bildung der Rückstellung gesellschaftsrechtlich veranlasst war.[4] Ob dies systematisch als verdeckte Einlage oder als actus contrarius zu vGA zu klassifizieren ist, kann dahinstehen.

346 **Aktivierung von Wirtschaftsgütern hM.** Werden Wirtschaftsgüter zu einem überhöhten Preis erworben, so kann eine Vermögensminderung vorliegen. Umstritten ist, wie mittels der vGA zu korrigieren ist. Die Rechtsprechung und hM sind der Auffassung, dass ein zu einem überhöhten Preis erworbenes Wirtschaftsgut in der Steuerbilanz (unabhängig von der Behandlung in der Handelsbilanz[5]) nur mit den angemessenen Anschaffungskosten zu aktivieren ist.[6] Die Differenz zwischen aufgewandten Mitteln und angemessenen Anschaffungskosten ist Vermögensminderung und dem Gewinn außerhalb der Steuerbilanz wieder hinzuzurechnen. Wird die vGA nicht im WJ der Anschaffung des Wirtschaftsgutes aufgedeckt, sondern in einem späteren VZ, so ist eine Korrektur nach der hM nicht mehr möglich.

347 **Aktivierung von Wirtschaftsgütern Mindermeinung.** Zutreffenderweise ist die vGA keine Bilanzierungsnorm (was die hM auch für die Passiva anerkennt) und erlaubt daher nicht die steuerbilanzielle Berücksichtigung niedrigerer Anschaffungskosten. Zu aktivieren ist hiernach das Wirtschaftsgut handels- und steuerbilanziell mit den überhöhten Anschaffungskosten,[7] soweit nicht eine dauernde Wertminderung den Ansatz des niedrigeren Teilwertes ermöglicht (steuerliches Wahlrecht nach BilMoG v 26.5.2009[8]). Eine Vermögensminderung liegt daher nur vor, soweit aufgrund des überhöhten Ansatzes von Anschaffungskosten erhöhte Abschreibungen verbucht werden. In dieser Höhe liegen dann vGA vor.[9] Diese Auffassung wird für das Steuerstrafrecht auch vom BGH geteilt.[10]

---

1 BMF v 28.5.2002, BStBl I 2002, 603; BFH I R 74/06, BStBl II 2008, 277.
2 *Klingebiel* in D/J/P/W § 8 Abs 3 Teil C Rn 397 f.
3 *Frotscher*, FR 2002, 859, 862; *Paus*, DStZ 2002, 787; *Briese*, GmbHR 2005, 597, 603; *Kohlhepp*, VGA, 2006, S 63 f.
4 *Wassermeyer*, GmbHR 2002, 617, 618; *Reiss*, StuW 2003, 21, 39.
5 Für eine sog „Vorwirkung für das Handelsrecht" zu Unrecht *Martini/Valta*, DStR 2010, 2329
6 BFH I R 9/81, BFH/NV 1986, 116; *Janssen* in Lange/Janssen, VGA, Rn 283; *Wassermeyer*, GmbHR 1998, 116; BMF v 28.5.2002, DStR 2002, 910.
7 *Gelhausen*, WP-Handbuch 2006, 13. Aufl, Teil E Rn 263 mwN; *Ellrott/Brendt* in Beck'scher BilKomm § 255 HGB Rn 20; ausführlich *Kohlhepp*, DStR 2011, 702.
8 BGBl I 2009, 1102.
9 *Kohlhepp*, VGA, 2008, § 5 Rn 33 ff.
10 BGH 3 StR 335/88, NJW 1989, 1168.

Einstweilen frei. 348-349

7. Veranlassung im Gesellschaftsverhältnis. a) Grundlagen. Prüfungsebenen. 350
Zentrales Element der vGA ist die sog Veranlassung im Gesellschaftsverhältnis. Da der BFH[1] und mit ihm die hM die Korrekturwirkung der vGA außerhalb der Steuerbilanz ansetzen lassen, muss man zwischen

- der betrieblichen Veranlassung als formeller Veranlassung auf der ersten Prüfungsebene (vgl Rn 351) und
- der materiellen Veranlassung als zweiter Prüfungsebene außerhalb der Steuerbilanz (vgl Rn 352 f)

unterscheiden.[2]

Betriebliche Veranlassung. Da der BFH eine private Sphäre bei Kapitalgesellschaften ablehnt[3] sind sämtliche Aufwendungen einer Kapitalgesellschaft auf der ersten Stufe betrieblich veranlasst und damit Betriebsausgaben. Dies begründet zumindest für Kapitalgesellschaften eine sog formelle Veranlassung. Ob dies nur für Kapitalgesellschaften gilt ist umstritten (vgl Rn 275). 351

Materielle Veranlassung. Auf der zweiten Stufe ist iRe materiellen Veranlassungsprüfung zu untersuchen, ob eine überlagernde Veranlassung im Gesellschaftsverhältnis vorliegt. Nur wenn dies der Fall ist, liegt eine vGA vor. 352

Verursachung versus Veranlassung. Die Veranlassung ist ein qualitatives „Mehr" gegenüber einer bloßen Verursachung. Die Vermögensminderung/verhinderte Vermögensmehrung ist immer iSe „conditio sine qua non" durch das Gesellschaftsverhältnis verursacht. Die Veranlassung setzt daher zusätzlich eine Finalität der Leistungsbeziehung, im Interesse des Gesellschafters voraus.[4] Dieser Maßstab gilt ebenso bei der Abgrenzung zwischen privater und betrieblicher Sphäre nach § 12 EStG sowie bei Werbungskosten und Betriebsausgaben.[5] 353

Objektiver Veranlassungszusammenhang. Maßgeblich für die Annahme einer vGA ist der objektive Veranlassungszusammenhang im Gesellschaftsverhältnis, so dass es auf den Willen der Zuwendung oder das Bewusstsein der Zuwendung gerade nicht ankommen soll.[6] Der völlige Verzicht auf subjektive Merkmale iRd Veranlassungszusammenhangs wird jedoch nicht möglich sein, da die vGA gerade durch die Zweckrichtung der Leistung geprägt ist. Der Zweck einer Leistung hat aber immer einen subjektiven Kern, so dass zutreffend bei völligem Fehlen subjektiver Veranlassungskriterien nicht von einer vGA auszugehen ist.[7] 354

---

1 Grundlegend BFH I R 137/93, BStBl II 2002, 366.
2 *Gosch* in Gosch § 8 Rn 293 bezeichnet dies als Überlagerung der betrieblichen Veranlassung.
3 BFH I R 54/95, DStR 1997, 492; BFH I B 120/05, BFH/NV 2007/502
4 *Gosch* in Gosch § 8 Rn 285.
5 *Prinz*, StuW 1996, 267.
6 BFH VIII R 207,85, BStBl II 1992, 605.
7 BFH IX R 68/99, BStBl II 2002, 699.

355 **Ausnahmen bei konkreter Veranlassung.** Infolgedessen kann trotz gegebener objektiver Veranlassung die konkrete Veranlassung zur Verneinung einer vGA führen[1], wenn ein ausschließlich betrieblicher Veranlassungszusammenhang vorliegt. Das kann etwa der Fall sein, wenn doloses Verhalten des Geschäftsleiters, Unerfahrenheit oder die irrtümliche Annahme einer Zahlungsverpflichtung der Leistung zugrundeliegt. Die irrtümliche Annahme, es liege keine vGA vor, führt allerdings nicht zur Verneinung einer gesellschaftsrechtlichen Veranlassung, da der Beweggrund der Leistung dann gerade nicht im betrieblichen Bereich wurzelt.

356 **Zeitpunkt.** Der Zeitpunkt der Veranlassungsprüfung ist mit dem Zeitpunkt der zivilrechtlichen Verpflichtung, dh idR mit dem Zeitpunkt der Vermögensminderung bzw verhinderten Vermögensmehrung identisch, denn diese Auswirkung auf den Unterschiedsbetrag ist auf ihre konkrete Veranlassung hin zu untersuchen. Daher können auch ehemalige Gesellschafter Empfänger einer vGA sein (hierzu Rn 324), wenn der Abfluss der Leistung zu einem späteren Zeitpunkt erfolgt.

357-358 *Einstweilen frei.*

359 **b) Fremdvergleich als Maßstab. Formen des Fremdvergleichs.** Die Veranlassung im Gesellschaftsverhältnis ist anhand eines Fremdvergleiches festzustellen. Der Fremdvergleich ist Instrument, Hilfsmittel oder Vehikel zur Feststellung der gesellschaftlichen Veranlassung.[2] Dabei sind verschiedene Formen des Fremdvergleichs zu unterscheiden:[3]

- formeller Fremdvergleich (vgl Rn 360),
- materieller Fremdvergleich (vgl Rn 361).

360 **Formeller Fremdvergleich.** Der formelle Fremdvergleich wird an der Erfüllung formeller Hilfskriterien festgemacht. Dh soweit der formelle Fremdvergleich nicht geführt werden kann, kann dies bereits als ausreichende Grundlage für die Annahme einer vGA (losgelöst vom materiellen Fremdvergleich) herangezogen werden (weiterführend Rn 393 ff). Die iRd formellen Fremdvergleichs zu erfüllenden Kriterien hat der BFH für die beherrschende Gesellschafter aufgestellt (hierzu weiterführend Rn 369 ff).

361 **Materieller Fremdvergleich.** Der materielle Fremdvergleich wird unter Anwendung auf den konkreten Sachverhalt angestellt. Der materielle Fremdvergleich ist seinerseits zu unterscheiden in den

- abstrakten oder hypothetischen Fremdvergleich anhand
  - der Rechtsfigur des ordentlichen und gewissenhaften Geschäftsleiters (vgl Rn 422 ff),
  - der Ernsthaftigkeit einer Vereinbarung (Üblichkeit, Angemessenheit, vgl Rn 431 ff),
  - der Rechtsfigur des verdoppelten Geschäftsleiters (vgl Rn 442 ff)

---

1 *Gosch* in Gosch § 8 Rn 277.
2 *Wilk* in H/H/R § 8 Rn 132.
3 *Gosch* in Gosch § 8 Rn 284.

- konkreten Fremdvergleich in den Unterformen des
  - betriebsinternen Fremdvergleichs (dh identische Rechtsverhältnisse im selben Unternehmen, vgl Rn 448 ff),
  - betriebsexternen Fremdvergleichs (dh identische Rechtsverhältnisse bei vergleichbaren Unternehmen, vgl Rn 454 ff).

Verhältnis der verschiedenen Formen des materiellen Fremdvergleichs. Alle Formen des materiellen Fremdvergleichs können nebeneinander zur Anwendung kommen und stellen jede für sich Hilfsmittel zur Feststellung der Veranlassung im Gesellschaftsverhältnis dar.[1] Dagegen ist bei einem Verstoß gegen die Kriterien des formellen Fremdvergleichs eine vGA nicht unter Verweis auf die materielle Fremdvergleichbarkeit abzuwenden. 362

Fremdvergleich dem Grunde und der Höhe nach. Es ist zwischen dem Fremdvergleich dem Grunde und der Höhe nach zu unterscheiden. Der Fremdvergleich dient dazu, festzustellen, ob eine Leistung 363

- einem fremden Dritten überhaupt gewährt worden wäre (vGA dem Grunde nach),
- sie auch in dieser Höhe einem Dritten gewährt worden wäre (vGA der Höhe nach).[2]

Liegt eine vGA dem Grunde nach vor, so ist die gesamte Leistung vGA. Liegt nur eine vGA der Höhe nach vor, so ist lediglich der überschießende, dh nicht fremdübliche Teil vGA.[3]

Zeitpunkt des Fremdvergleichs. Der Fremdvergleich, also die Veranlassungsprüfung, ist auf den Zeitpunkt der zivilrechtlichen Verpflichtung, idR also der Vermögensminderung oder verhinderten Vermögensmehrung, durchzuführen.[4] Zwischenzeitlich eintretende Veränderungen sind unbeachtlich, wenn sie nicht im Zeitpunkt des Vertragsschlusses absehbar waren. Verpflichtet sich also bspw die Gesellschaft zum Erwerb einer bestimmten Warenmenge vom Gesellschafter, so führt ein unvorhergesehener Verfall des Warenpreises auch bei späterer Ausführung des Geschäftes nicht zu einer vGA. 364

Bandbreitenbetrachtung. Der Fremdvergleichspreis lässt sich nicht genau bestimmen. Es gibt immer eine Bandbreite, in der sich der fremdübliche Preis bewegen kann. Entgegen der nunmehr in § 1 III AStG gefundenen Regelung ist der Fremdvergleichspreis keineswegs immer der Median, sondern er kann sich an jeder Stelle der Bandbreite befinden, so dass auch ein Preis am oberen oder unteren Rand der Bandbreite als fremdüblich angesehen werden kann.[5] 365

Rechts- oder Tatsachenfrage. Dem Fremdvergleich liegt ein Sachverhalt zugrunde, dessen Vorliegen abschließend von der letzten Tatsacheninstanz, also dem 366

---

1 *Wilk* in H/H/R § 8 Rn 132; *Gosch* in Gosch § 8 Rn 340.
2 *Gosch* in Gosch § 8 Rn 340.
3 AA *Gosch* in Gosch § 8 Rn 312, nach welchem eine dem Grunde nach nicht fremdübliche Vereinbarung im Einzelfall nicht zu einer vGA-Korrektur führen könne, weil die Höhe fremdüblich sei.
4 BFH I R 114/70, BStBl II 1971, 600.
5 BFH I B 51/08, BFH/NV 2009, 1280; BFH I R 103/00, BStBl II 2004, 171; BFH I R 46/01, BStBl II 2004, 132.

FG zu klären ist. Bislang ungeklärt ist aber, ob die Anwendung des Fremdvergleiches ebenfalls Teil der Tatsachenfeststellung oder normativ wertende Vorfrage der Veranlassungsprüfung und als solche revisibel ist.[1] Die der rechtlichen Würdigung zugrundeliegende Tatsachenfeststellung, auch die Feststellung der zutreffenden Bandbreite der Fremdvergleichspreise obliegt aber der Tatsacheninstanz.[2]

367-368 *Einstweilen frei.*

369 **c) Beherrschender Gesellschafter. Hintergrund.** Beherrschende Gesellschafter üben (zumindest bei der GmbH, vgl Rn 308 ff) einen erheblichen Einfluss auf die Kapitalgesellschaft aus. Da es dem Gesellschafter grundsätzlich freisteht, ob er eine Leistung als Gesellschafterleistung (also unentgeltlich bzw gegen eine Teilhabe am Gewinn) oder in einem schuldrechtlichen Leistungsaustausch wie ein fremder Dritter von der Gesellschaft vergütet erhalten möchte, dies aber im Leistungszeitpunkt feststehen muss, bestehen für beherrschende Gesellschafter eine Reihe von Sonderkriterien, an denen eine Veranlassung im Gesellschaftsverhältnis iRd formellen Fremdvergleichs gemessen werden kann, vgl Rn 393 ff.[3] Weiterhin besteht wegen des fehlenden Interessengegensatzes zwischen der Gesellschaft und dem beherrschenden Gesellschafter die Möglichkeit, den Gewinn der Gesellschaft mehr oder weniger beliebig festzusetzen und ihn so zu beeinflussen, wie es bei der steuerlichen Gesamtbetrachtung der Einkommen der Gesellschaft und des Gesellschafters jeweils am günstigsten ist[4]

370 **Kritik.** Gegen die Sonderkriterien für beherrschende Gesellschafter hat sich insbesondere *Frotscher* mit den Argumenten gewandt, der formale Maßstab für die Annahme oder Nichtannahme einer gesellschaftsrechtlichen Veranlassung entspreche nicht dem Gesetz. Er verstoße gegen den Grundsatz der Besteuerung nach der wirtschaftlichen Leistungsfähigkeit und damit die Gleichmäßigkeit der Besteuerung. Die Rechtsprechung des BFH zum besonderen Maßstab bei beherrschenden Gesellschaftern lasse sich mit der Dogmatik der vGA nicht vereinbaren und in ihre Systematik nicht einordnen.[5]

Dieser Kritik ist zuzustimmen, soweit die Rechtsprechung die Anforderungen an Vereinbarungen mit dem beherrschenden Gesellschafter überspannt. Allerdings ist die jüngere Rechtsprechung von einer Liberalisierung der Kriterien geprägt. Die zivilrechtliche Wirksamkeit als zwingendes Kriterium wurde aufgeweicht[6] (vgl Rn 321) und die Anforderung an eine vorherige Vereinbarung lässt sich anhand der tatsächlichen Durchführung belegen (vgl Rn 394, 398).

371 **Beherrschungsstellung.** Eine Beherrschungsstellung liegt nach der Rechtsprechung des BFH vor, wenn der Gesellschafter die Mehrheit der Stimmrechte besitzt und er deshalb bei Gesellschafterversammlungen entscheidenden Einfluss aus-

---

1 In ersterem Sinne wohl BFH IX R 46/01, BStBl II 2003, 243; in letzterem *Gosch* in Gosch § 8 Rn 290 mwN.
2 BFH I R 22/04, BStBl II 2007, 658.
3 *Gosch* in Gosch § 8 Rn 318.
4 BFH I R 172/87, BStBl II 1989, 673; BFH I R 70/97, BStBl II 1998, 545, mwN.
5 *Frotscher* in Frotscher/Maas Anh zu § 8 Rn 122 f.
6 BFH I R 168/94, BFH/NV 1996, 644.

üben kann.¹ Dies ist regelmäßig der Fall, wenn er über mehr als 50 % der Stimmrechte verfügt. Ist für das zu beurteilende Rechtsgeschäft allerdings eine höhere Stimmquote erforderlich, gilt der Gesellschafter nur dann als beherrschend, wenn er dieses Quorum erfüllt.²

Stimmrechtsbindung. Hat der Gesellschafter eine Stimmrechtsbindungsvereinbarung abgeschlossen, so liegt eine Beherrschungsstellung nur unter den Voraussetzungen der gleichgerichteten Interessen vor (vgl Rn 379). 372

Mittelbare Beherrschung. Es genügt auch eine mittelbare Beherrschung; allerdings ist für eine Zurechnung die Beherrschung des vermittelnden Rechtsträgers erforderlich.³ Treuhänderisch gehaltene Anteile sind, je nachdem, ob die Stimmrechte im betreffenden Rechtsgeschäft ausgeübt werden können, hinzuzurechnen. Liegen Stimmrechte unter 50 %, dann kann eine Beherrschungsstellung vorliegen, wenn eine vertragliche oder satzungsmäßige Unterwerfung der Körperschaft unter den Willen des Gesellschafters besteht.⁴ Auch bei einer mittelbaren Beteiligung, bei der der vermittelnde Rechtsträger nicht iSe Stimmrechtsmehrheit, wohl aber aufgrund der Ausübung von Geschäftsführungsbefugnissen beherrscht wird, kann eine Zurechnung erfolgen.⁵ 373

Vermutung der Beherrschung. Hat der Gesellschafter über 50 % der Stimmrechte, so besteht lediglich eine Vermutung für die Beherrschung. Diese Vermutung kann sowohl für einzelne Geschäfte, aufgrund abweichender Quoren als auch aufgrund anderer Umstände widerlegt werden. Eine Widerlegung ist auch allgemein denkbar, wenn sich aus den Umständen ergibt, dass der Gesellschafter trotz der Stimmmehrheit seinen Willen in der Körperschaft nicht durchsetzen kann.⁶ 374

Beherrschung aufgrund besonderer Umstände. Im Einzelfall kann auch ein Gesellschafter, der keine Stimmrechtsmehrheit hat, als beherrschend einzustufen sein. Das gilt insbesondere dann, wenn aufgrund der Strukturen der Gesellschaft, meist aufgrund von Satzungsregelungen, eine Sonderstellung des Minderheitsgesellschafters besteht, die zu einer faktischen Beherrschung führt.⁷ 375

Beherrschung bei der AG. Im Gegensatz zur GmbH ist bei der AG nicht automatisch aufgrund einer Stimmrechtsmehrheit in der Hauptversammlung von einer Beherrschungsstellung auszugehen. Der Mehrheitsaktionär einer AG, der gleichzeitig Vorstandsmitglied ist, kann Vertragsanpassungen bzw Änderungen bereits deswegen nicht unmittelbar durchsetzen, weil der Abschluss von Verträgen mit dem Vorstand zur Verantwortlichkeit des Aufsichtsrats gehört. Die Anwendbarkeit der Regeln über den beherrschenden Gesellschafter erfordert insoweit, dass der Mehrheitsaktionär 376

---

1 BFH I R 98/75, BStBl II 1977, 172.
2 BFH I R 45/84, BFH/NV 1990, 455.
3 BFH I R 45/84, BFH/NV 1990, 455; BFH I 334/61 U, BStBl III 1964, 163: auch Geschäftsführerstellung des mittelbaren Gesellschafters kann genügen.
4 BFH I R 247/81, BStBl II 1986, 195.
5 BFH I 334/61 U, BStBl III 1964, 163.
6 *Froscher* in Frotscher/Maas Anh zu § 8 Rn 131.
7 BFH I R 247/81, BStBl II 1986, 195.

auch den Aufsichtsrat beherrscht.[1] Bei einer 100 % Beteiligung des Aktionärs an einer AG, besteht jedoch nach Ansicht des BFH eine Vermutung für eine Beherrschungsstellung.[2] Weiterhin ist darauf abzustellen, ob der Aktionär im Zeitpunkt des Abschlusses einer Vereinbarung ggf durch eine Mitgliedschaft im Aufsichtsrat Einfluss ausüben konnte.[3]

Insoweit muss der Aktionär aber Einfluss auf die Mehrzahl der Aufsichtsräte ausüben können.[4] Sind die Aufsichtsräte dem Gesellschafter nahestehende Personen, führt dies nur zu einer Vermutungswirkung, wenn beherrschender Gesellschafter und nahestehende Person gleichgerichtete Interessen haben. *Gosch* ist der Ansicht, eine Beherrschung des Aufsichtsrats sei immer gegeben, wenn ein Aktionär 100 % der Aktien halte.[5] Diese These ist vor dem Hintergrund des geltenden Mitbestimmungsrechts, das Mehrheitsbeschlüsse (§ 29 MitBestG) und paritätische Besetzung des Aufsichtsrates (§ 7 MitBestG) vorsieht, nicht haltbar.[6] Auch bei Alleinaktionären muss im Einzelfall die Beherrschung des Aufsichtsrates nachgewiesen werden. Besteht der Aufsichtsrat überwiegend aus Vertretern des Arbeitgebers (der Gesellschaft) mag eine Vermutung für die Möglichkeit des Alleinaktionärs seinen Willen durchzusetzen bestehen. Sind die Regeln für beherrschende Gesellschafter grundsätzlich anwendbar, so sollten sie bei der AG aufgrund der abweichenden Struktur der Gesellschaft nicht zwingend zu einer vGA führen, sondern lediglich ein Indiz für das Vorliegen einer vGA darstellen.

377 **Beherrschung bei der KGaA.** Soweit bei einer KGaA die Kommanditaktionäre betroffen sind und damit die Grundsätze der vGA überhaupt erst anwendbar sind, ist auch eine beherrschende Stellung der Aktionäre denkbar. Eine solche muss sich aber nur auf die Beherrschung der Aktionärsversammlung beziehen. Ein Kommanditaktionär, der aufgrund der Mehrheit der Kommanditaktien die Aktionärsversammlung (und den Aufsichtsrat) beherrscht, kann daher beherrschender Gesellschafter sein, wobei auch hier auf die Besonderheiten des jeweils zu beurteilenden Rechtsgeschäfts abzustellen ist. Insoweit muss der Kommanditaktionär gerade in dem als vGA zu beurteilenden Rechtsgeschäft auch berechtigt zum jeweiligen Abschluss des in Frage stehenden Rechtsgeschäftes sein, was insbesondere bei einer Geschäftsführungsausübung durch den persönlich haftenden Gesellschafter nur im Einzelfall der Fall sein wird.

378 **Zeitpunkt der Beherrschung.** Die Beherrschung muss in dem Zeitpunkt vorliegen, in dem die Gesellschaft die Entscheidung über den Abschluss des Rechtsgeschäftes oder die tatsächliche Handlung, die als vGA zu behandeln ist, trifft. Leistungen iRv Dauerschuldverhältnissen mit einem beherrschenden Gesellschafter sind auch dann nach den für beherrschende Gesellschafter geltenden Maßstäben zu beurteilen, wenn die einzelnen Leistungen (Miet-, Zins-, Pensionszahlungen) zu einem Zeitpunkt erbracht werden, zu dem die beherrschende Stellung nicht mehr besteht.

---

1 *Schulte* in Erle/Sauter § 8 Rn 204.
2 BFH I R 110/72, BStBl II 1976, 74.
3 BFH I R 93/01, BFH/NV 2003, 946.
4 *Gosch* in Gosch § 8 Rn 566.
5 *Gosch* in Gosch § 8 Rn 566 unter Berufung auf BFH I R 110/72, BStBl II 1976, 74.
6 Ähnlich, das Kriterium der Rückwirkungsverbots gänzlich für auf die AG unanwendbar haltend *Neumann*, VGA, 2. Aufl, S 59.

Gleichgerichtete Interessen. Ein Gesellschafter kann zudem einem beherrschenden Gesellschafter gleichgestellt werden, wenn er mit anderen, gleichgerichtete Interessen verfolgenden Gesellschaftern zusammenwirkt, um eine ihren Gesellschafterinteressen entsprechende Willensbildung der Kapitalgesellschaft herbeizuführen und die zusammenzurechnenden Stimmanteile 50 % übersteigen.[1] Gleichgerichtete Interessen sind anzunehmen, wenn die betroffenen Gesellschafter im gleichen Maße von einer Leistung der Körperschaft profitieren. Das ist der Fall, wenn eine Leistung allen Gesellschaftern unterschiedslos zukommt. Eine solche Interessenübereinstimmung ist aber nur in besonders gelagerten Einzelfällen anzunehmen, dh es genügt nicht ein immaterielles oder affektiertes Interesse, sondern der Vorteil muss auch rechnerisch den betroffenen Gesellschaftern entsprechend ihrer Beteiligungsquoten zugutekommen.[2]

379

Gleichgerichtete Interessen bei Ehegatten. Gleichgerichtete Interessen sind insbesondere nicht alleine wegen familiärer Verbundenheit anzunehmen.[3] Die Anteile von Ehegatten sind daher grundsätzlich nicht zusammenzurechnen. Insbesondere genügt es nicht, dass[4]

380

- Ehegatten jahrelang konfliktfrei in einer Gesellschaft gearbeitet haben;
- die Anteile des einen Ehegatten an der Gesellschaft ursprünglich dem anderen Ehegatten gehörten oder mit dessen Mitteln angeschafft worden sind;
- ein Ehegatte der Gesellschaft „das Gepräge" gibt, zB durch die Stellung als alleiniger Geschäftsführer oder durch die für die Gesellschaft unverzichtbaren Spezialkenntnisse;
- sich die Ehegatten gegenseitig zum Erben einsetzen, dass sie im gesetzlichen Güterstand der Zugewinngemeinschaft leben und dass die beanstandete Maßnahme der Alterssicherung eines der Ehegatten dient.

Gleichgerichtete Interessen bei Kindern. Auch eine Zusammenrechnung der Anteile des Gesellschafters mit denen seiner minderjährigen Kinder ist zwar grundsätzlich denkbar.[5] Kein Anwendungsbereich der gleichgerichteten Interessen ist indes der Fall, dass der Gesellschafter etwa aufgrund seiner Stellung als gesetzlicher Vertreter die Stimmrechte aus den Anteilen seiner Kinder unmittelbar ausüben kann; denn hier liegen Stimmrechtsvollmachten vor, die schlicht zu einer unmittelbaren Beherrschungsstellung des Gesellschafters führen. Auch bei erwachsenen Kindern kommt eine Zusammenrechnung allein wegen der Verwandtschaft nicht in Betracht.[6] Eine Zusammenrechnung ist nur unter denselben Voraussetzungen zu rechtfertigen, wie sie bei nicht miteinander Verwandten zur Anwendung kommen.

381

---

1 ZB BFH I R 52/96, BFH/NV 1997, 808; BFH I R 99/87, BStBl II 1990, 454; BFH I R 38/05, DStR 2006, 1172; BFH I B 12/09, BFH/NV 2010, 66.
2 *Gosch* in Gosch § 8 Rn 222.
3 BVerfG 1 BvR 571/81, 1 BvR 494/82, 1 BvR 47/83, BStBl II 1985, 475.
4 *Frotscher* in Frotscher/Maas Anh zu § 8 Rn 140.
5 BFH I 30/64, BStBl III 1966, 604.
6 BFH I R 40/99, BStBl II 2000, 504.

382   **Gleichgerichtete Interessen bei unterschiedlicher Beteiligungshöhe.** Bei unterschiedlichen Beteiligungsverhältnissen ist für die Annahme gleichgerichteter Interessen regelmäßig erforderlich, dass der Vorteil den Gesellschaftern im Verhältnis ihrer Beteiligung zugewandt wird.[1] Allerdings ist von gleichgerichteten Interessen auch dann auszugehen, wenn eine grundsätzliche Entscheidung den Gesellschaftern in ihrer Gesamtheit zugutekommt.[2] So wurde die Zahlung einer Abfindung an zwei ausscheidende Gesellschafter, trotz grundsätzlichem Abfindungsverbot gem § 3 I BetrAVG aF unabhängig von der jeweiligen Abfindungs- und Beteiligungshöhe als vGA aufgrund gleichgerichteter Interessen gewertet.[3]

383   **Zustimmung des anderen Gesellschafters.** Nicht erforderlich für die Annahme gleichgerichteter Interessen ist es, dass die Vorteilsgewährung der Zustimmung des jeweils anderen Gesellschafters bedarf. So können auch die Anteile von zwei Minderheitsgesellschaftern zusammengerechnet werden, wenn der Abschluss der in Frage stehenden Verträge auch ohne Zustimmung des jeweils anderen Gesellschafters zustande gekommen wäre.[4] Dagegen liegen gleichgerichtete Interessen nicht vor, wenn ein Gesellschafter durch seine Zustimmung zu der fraglichen Maßnahme der Gesellschaft zugunsten des anderen Gesellschafters eine Benachteiligung in Kauf nimmt. Es liegt dann keine verhältniswahrende Zuwendung vor, so dass davon ausgegangen werden kann, dass der betroffene Gesellschafter seine Interessen gewahrt hat. Die Begünstigung des anderen Gesellschafters ist mithin aus betrieblichen Gründen erfolgt. Ein Beispiel ist die überproportionale Heraufsetzung des Gehaltes eines Gesellschafters zu nennen. Der andere Gesellschafter verzichtet auf eine gleichfalls proportionale Anpassung. Dies erfolgt eher aus betrieblichen Gründen, nämlich aufgrund eines entsprechend erhöhten Einsatzes des anderen Gesellschafters, und ist daher steuerlich zu akzeptieren.

384   **Beherrschender Gesellschafter und gleichgerichtete Interessen.** Gleichgerichtete Interessen können auch anzunehmen sein, wenn ein Gesellschafter für sich allein schon beherrschender Gesellschafter ist und gleichwohl mit einem oder mehreren anderen Gesellschaftern zusammenwirkt, indem auch ihnen vergleichbare Vorteile zugestanden werden. Dieses Vorgehen, das den Vorwurf der treuwidrigen Ausnutzung der beherrschenden Stellung zum Nachteil der übrigen Gesellschafter im Innenverhältnis verhindern mag, kann steuerlich gleichwohl ggf zur Annahme einer vGA führen.[5]

385   **Gesellschafter Geschäftsführer.** Keine gleichgerichteten Interessen sind anzunehmen, wenn die Begünstigung nur einem Gesellschafter zukommt. Bei der Frage der gleichgerichteten Interessen im Zusammenhang mit Geschäftsführerverträgen ist daher vonnöten, dass alle beteiligten Gesellschafter, deren Anteile zusammengerechnet werden sollen, auch Geschäftsführer sind.

386   **Zwerganteil.** Ist der begünstigte Gesellschafter, dessen Begünstigung als vGA in Rede steht, Inhaber eines Zwerganteils, liegt die Annahme einer Beherrschungs-

---

1   BFH I R 138/76, BStBl II 1978, 659.
2   BFH I R 107/84, BFH/NV 1989, 195.
3   BFH I R 38/05, BFH/NV 2006, 1515.
4   BFH I B 12/09, BFH/NV 2010, 66.
5   BFH I R 223/74, BStBl II 1976, 734.

stellung auch dann fern, wenn seine Beteiligung durch Zusammenrechnung mit anderen Gesellschaftern die 50 % Marke überschreitet.[1] In diesem Fall ist eine ausreichende Basis für eine beherrschende Stellung nicht gegeben. Ein Zwerganteil kann bis 5 % angenommen werden. Der BFH hat jedenfalls Anteile ab 10 % nicht mehr als Zwerganteile behandelt.[2] Ob aus der vorstehend zitierten Rechtsprechung konsequenterweise geschlossen werden muss, dass der Zwerganteil auch nicht als Hinzurechnungsbetrag zu einer Beherrschung durch andere Gesellschafter führen kann[3] ist nicht geklärt.

Nahestehende Person des beherrschenden Gesellschafters. Liegen gleichgerichtete Interessen nicht vor, und ist der Empfänger der vGA selbst kein beherrschender oder überhaupt kein Gesellschafter, steht aber einem solchen nahe (zur Definition der nahestehenden Personen Rn 466 ff), so können aufgrund dieses Nahestehens gleichwohl die Kriterien für beherrschende Gesellschafter zum Tragen kommen.[4] Der Anscheinsbeweis der Veranlassung im Gesellschaftsverhältnis ist aber dann erschüttert, wenn der Zuwendungsempfänger selbst Gesellschafter ist.[5] Dann bedarf es zur Heranziehung der Kriterien für beherrschende Gesellschafter weiterer Beweisanzeichen, die nahelegen, dass nicht das eigene Gesellschaftsverhältnis, sondern das des beherrschenden Gesellschafters für die Zuwendung maßgeblich war. Hier sind die Kriterien der gleichgerichteten Interessen heranzuziehen.[6]

387

Trägerkörperschaft und beherrschender Aktionär. Als beherrschend hat der BFH auch die Trägerkörperschaft im Verhältnis zu ihren BgA angesehen.[7] Dagegen sind die Kriterien nicht grundsätzlich auf beherrschende Aktionäre bei Aktiengesellschaften übertragbar.[8]

388

Einstweilen frei.

389-392

d) Folge der Beherrschungsstellung. Besondere Anforderungen. An Vereinbarung. Liegt eine Leistung an einen beherrschenden Gesellschafter oder eine diesem nahestehende Person vor, so muss die zugrundeliegende Vereinbarung

393

- im Voraus abgeschlossen (vgl Rn 394 f),
- zivilrechtlich wirksam (vgl Rn 399 ff),
- klar und eindeutig sein (vgl Rn 407 f) und
- der Leistungsaustausch muss tatsächlich durchgeführt werden (vgl Rn 412).[9]

Faktisch ist die Einhaltung der einzelnen Kriterien aufgrund der insoweit bestehenden Sphärenverantwortlichkeit von der Körperschaft zu beweisen.

---

1 BFH I R 24/69, BStBl II 1970, 761.
2 BFH I R 164/82, BStBl II 1986, 469.
3 So *Frotscher* in Frotscher/Maas Anh zu § 8 Rn 138.
4 BFH I B 161/08, BFH/NV 2009, 969; *Schaden* in EY, VGA und verdedeckte Einlagen, Fach 3 Rn 115.
5 BFH VIII R 54/05, DB 2007, 1954; dazu *Kohlhepp*, DB 2007, 2446 ff.
6 BFH I R 54/83, BStBl II 1987, 459; BFH I R 247/81, BStBl II 1986, 195.
7 BFH I R 20/01, BStBl II 2003, 412 mwN.
8 Ausführlich *Binnewies*, Steueranwalt 2005/2006, 63, 66 ff.
9 Ständige Rechtsprechung BFH I R 70/97, BStBl II 1998, 545 mwN.

394 **Indizwirkung und Erschütterung.** Obgleich die Kriterien teilweise als „indiziell" bezeichnet werden[1], geht die Praxis bei einem Verstoß gegen Nachzahlungsgebot, Klarheit und Eindeutigkeit von einem Prima-Facie-Beweis, also von der Vermutung für eine Veranlassung im Gesellschaftsverhältnis, aus. Insbesondere muss nicht zusätzlich ein materieller Fremdvergleich durchgeführt werden.[2] Eine solche Vermutung kann nur durch andere Beweismittel erschüttert werden. Der mangelnden Klarheit kann man etwa eine langjährige tatsächliche Durchführung entgegenhalten. Insbesondere kann, da der sog „formelle Fremdvergleich" einen Unterfall des eigentlichen Fremdvergleichs darstellt,[3] mittels eines innerbetrieblichen oder eines externen Fremdvergleiches der Gegenbeweis geführt werden.[4] Dabei kommt dem innerbetrieblichen Fremdvergleich die weit größere Bedeutung zu, da er als Beleg dafür dienen kann, dass die Leistung im konkreten Fall auf schuldrechtlicher Basis abgewickelt werden sollte. Die bloße Fremdüblichkeit der Höhe der Gegenleistung kann hingegen die indizielle Feststellung der gesellschaftlichen Veranlassung nicht widerlegen.

395 **Vorheriger Abschluss (Nachzahlungsverbot).** Spätestens im Zeitpunkt des Leistungsaustauschs muss eine Vereinbarung zwischen Gesellschafter und Gesellschaft vorliegen, da zu diesem Zeitpunkt bereits klar sein muss, ob der Gesellschafter einen gesellschaftsrechtlichen oder einen schuldrechtlichen Ausgleich fordert.[5] Erbringt der Gesellschafter eine Leistung an die Gesellschaft, so muss spätestens zu diesem Zeitpunkt eine Vereinbarung vorliegen;[6] andernfalls liegt ein Verstoß gegen das Rückwirkungsverbot vor. Dabei gelten Boni, Urlaubs- oder Weihnachtsgelder oder Vergütungen für nicht genommenen Urlaub usw als Entgelte (Gegenleistung) für die gesamte Jahresleistung des Gesellschafters. Eine entsprechende Vereinbarung muss daher bereits zu Beginn des Jahres vorliegen. Andernfalls ist der Teil der Vergütung, der dem Zeitraum vor dem Abschluss der Vereinbarung prozentual entspricht, als vGA zu behandeln.[7] Der vorherigen Vereinbarung bedarf es auch, wenn Ansprüche kraft Gesetzes entstehen, etwa aus Geschäftsführung ohne Auftrag oder Bereicherungsrecht.[8] Auch die rückwirkende Vereinbarung der gleichen Vergütung für alle anderen leitenden Angestellten[9] oder eine fehlende Üblichkeit der vorherigen Vereinbarung einer Zusatzvergütung an fremde Arbeitnehmer[10] ändert nichts an dem Erfordernis.

396 **Bedingter Vergütungsverzicht.** Kein Verstoß gegen das Gebot des vorherigen Abschlusses liegt bei der Leistung einer Kapitalgesellschaft bei Besserung infolge eines bedingten Vergütungsverzichts des Gesellschafter-Geschäftsführers vor,[11] da hier infolge des Nichteintritts der Bedingung eine Rückbeziehung nicht gegeben ist, sondern die (bedingte) Leistungspflicht von Anfang an feststand.

---

1 *Gosch* in Gosch § 8 Rn 321; aber *derselbe* in Rn 320: widerlegbare Vermutung.
2 BFH I B 45/09, BFH/NV 2009, 2005.
3 *Gosch* in Gosch § 8 Rn 319.
4 *Schaden* in EY, VGA und verdedeckte Einlagen, Fach 3 Rn 93.
5 BFH I R 247/81, BStBl II 1986, 195.
6 BFH I R 49/90, BStBl II 1992, 434.
7 BFH I R 70/97, BStBl II 1998, 545; aA *Gosch* in Gosch § 8 Rn 325: entweder insgesamt vGA oder keine vGA, da auf Grundlage einer Vereinbarung erbracht.
8 *Gosch* in Gosch § 8 Rn 325.
9 BFH I R 205/72, BStBl II 1974, 719.
10 BFH I R 62/03, BStBl II 2005, 177.
11 BFH I R 41/87, BStBl II 1991, 588.

Sonderfälle. Unschädlich ist ein Verstoß gegen das Nachzahlungsverbot, wenn der vorherigen Vereinbarung beachtliche Hindernisse im Wege standen.[1] Auch übliche Leistungen, etwa der Ersatz von Auslagen oder Reisekosten[2] oder dienstbezogene Fahrten zwischen Wohnung und Arbeitsstätte[3] sollen auch ohne vorherige Vereinbarung ohne die Annahme einer vGA möglich sein. Allerdings ist die Rechtsprechung hier nicht einheitlich (vgl Rn 545 ABC „Dienstwagen").

397

Nachweis. Der Abschluss einer vorherigen Vereinbarung kann durch Vorlage entsprechender Schriftstücke oder durch Zeugenbeweis geführt werden. Auch die tatsächliche Durchführung des Vereinbarten kann insbesondere bei Dauerschuldverhältnissen als Indiz für einen vorherigen Abschluss herangezogen werden.[4] Für Wiederkehrschuldverhältnisse, bei denen sich aus den einzelnen Zahlungen nicht auf die zugrundeliegende Vereinbarung schließen lässt, ist diese Indizwirkung nicht erfüllt.[5]

398

Zivilrechtliche Wirksamkeit. Der BFH verlangt grundsätzlich nach wie vor, dass die Vereinbarung zwischen Gesellschafter und Gesellschaft zivilrechtlich wirksam sein muss.[6] Andernfalls sieht er darin ein Indiz für die mangelnde Ernstlichkeit des Vereinbarten.[7] § 41 AO stehe dem nicht entgegen, da sich aus ihm nicht entnehmen lasse, aus welchem Grunde die Beteiligten das Vereinbarte gelten ließen, ob aus betrieblicher oder aus gesellschaftlicher Veranlassung.[8] Das Kriterium der zivilrechtlichen Wirksamkeit einer Vereinbarung ist für die Frage, ob die zugrundeliegende Leistungsbeziehung betrieblich oder gesellschaftlich veranlasst ist, aber nicht tauglich. Denn auch wer aufgrund eines zivilrechtlich unwirksamen Vertrages tätig wird, erfüllt zumindest gedanklich eine betrieblich begründete Pflicht, nicht aber eine gesellschaftsrechtliche Leistung. Damit erfüllt auch ein zivilrechtlich unwirksamer Vertrag eher eine Indizwirkung zugunsten der betrieblichen Veranlassung.[9]

399

Erleichterungen bei schwebend unwirksamen Verträgen. Soweit die Parteien auf eine Gültigkeit des Rechtsgeschäftes vertrauen konnten bzw die Rechtslage unklar war, soll die zivilrechtliche Unwirksamkeit nicht die gesellschaftliche Veranlassung indizieren.[10] Darüber hinaus ist das Kriterium eines zivilrechtlich wirksamen Vertrages bei BgA nicht durchsetzbar, da ein zivilrechtlich wirksamer Vertragsabschluss wegen der zivilrechtlichen Personenidentität zwischen Trägerkörperschaft und BgA gar nicht denkbar ist.[11] Da der BFH die Rechtsprechung zum beherrschenden Gesell-

400

---

1 BFH I R 63/88, BStBl II 1988, 590.
2 FG Niedersachsen VI 110/97, EFG 2000, 235.
3 BFH I R 47/87, BFH/NV 1991, 773.
4 BFH I R 157/86, BStBl II 1990, 645; BFH I R 9/95, BStBl II 1997, 703; BFH VIII R 13/05, BStBl II 2008, 669.
5 FG München 7 V 3723/09, Haufe Index 2298869.
6 BFH I R 71/95, BStBl II 1999, 35; BFH I R 96/95, DStZ 1999, 618; BFH I B 215/02, BFH/NV 2003, 1613.
7 *Schaden* in EY, VGA und vertedeckte Einlagen, Fach 3 Rn 98; BFH I R 71/95, BStBl II 1999, 35.
8 BFH I B 65/89, BFH/NV 1991, 704.
9 *Kohlhepp*, VGA, 2006, S 187; dies bestätigt auch *Gosch* in Gosch § 8 Rn 327, er will an dem Kriterium aber dennoch festhalten.
10 BFH I R 64/94, BStBl II 1996, 246; BFH I R 128/94, BFH/NV 1996, 363; BFH I R 168/94, BFH/NV 1996, 644; FG Niedersachsen 6 k 4/97, EFG 2000, 649.
11 *Streck*, DStR 1991, 1645; *Hüttemann*, DB 2007, 1603.

schafter zu Recht auch beim BgA anwendet, hat er auf das Kriterium der zivilrechtlichen Wirksamkeit hier de facto bereits verzichtet.[1]

401 **Form.** In welcher Form die Vereinbarung getroffen wird, ist vorbehaltlich einer vereinbarten gewillkürten Schriftformklausel (vgl Rn 402) sowie bestehender gesetzlicher Formvorschriften (vgl Rn 403) grundsätzlich nicht festgelegt. Es genügt also auch eine wirksame mündliche Absprache[2] oder eine einseitige Mitteilung und konkludente Annahme. Allerdings muss der vorherige Abschluss der Vereinbarung von der Gesellschaft nachgewiesen werden.

402 **Gewillkürte Schriftformklausel.** Ein Verstoß gegen eine gewillkürte Schrift-formklausel ist grundsätzlich schädlich. Ein solcher Verstoß soll nur dann unbeachtlich sein, wenn die Parteien zumindest konkludent die Absicht äußern, das Schriftformerfordernis aufzuheben.[3] Der VI. Senat geht davon aber bei dauernder abweichender Übung (etwa der vertragswidrigen Pkw-Nutzung) zu Recht aus.[4] Der konkludente Wille zur Aufhebung des Schriftformerfordernisses setzt zumindest das Bewusstsein voraus, dass ein Schriftformerfordernis besteht.[5] Eine qualifizierte Schriftformklausel, die eine schriftliche Aufhebung erfordert, kann nicht mündlich geändert werden, so dass ein Verstoß hiergegen zu einer vGA führen muss.

403 **Gesetzliche Formvorschriften.** Gesetzliche Formvorschriften müssen aufgrund des Erfordernisses der zivilrechtlichen Wirksamkeit iRd formellen Fremdvergleichs eingehalten werden (vgl aber oben Rn 400) wie zB:

- § 311b BGB Verträge über Grundstücke, das Vermögen oder den Nachlass;
- § 518 BGB Schenkungsversprechen;
- § 766 BGB Bürgschaftserklärung.

404 **Protokollierungspflicht.** Die Protokollierungspflicht für Geschäfte zwischen dem Alleingesellschafter und der Kapitalgesellschaft (§§ 35 IV, 48 III GmbHG) ist keine Wirksamkeitsvoraussetzung sondern dient ebenso wie andere Dokumentationen dem Nachweis der Vereinbarung. Daher kann ein Verstoß gegen die Protokollierungspflicht für die Annahme einer vGA allenfalls Indiziencharakter haben.[6]

405 **Gesetzliche und vertragliche Zuständigkeitsvorbehalte.** Ebenso sind gesetzliche bzw vertragliche Zuständigkeitsvorbehalte hingegen iRd formellen Fremdvergleichs einzuhalten,[7] so zB die Zuständigkeit der Gesellschafterversammlung für Erhöhung der Bezüge des Geschäftsführers.[8]

406 **Selbstkontrahierungsverbot.** Das Selbstkontrahierungsverbot (§ 181 BGB) sieht bei Verstoß eine schwebende Unwirksamkeit vor und führt grundsätzlich zu einer vGA. Es gilt für:

---

1 So bereits *Hoffmann*, DB 1997, 444, 445, mit Verweis auf BFH I R 71/95, BStBl II 1999, 35 ff.
2 BFH VIII R 13/05, BStBl II 2008, 669.
3 BFH I R 115/95, BStBl II 1997, 138.
4 BFH VI R 81/06, BFH/NV 2009, 1311; BFH VI R 43/09, BFH/NV 2010, 1016.
5 BFH I R 115/95, BStBl II 1997, 138.
6 *Wilk* in H/H/R § 8 Rn 155.
7 *Gosch* in Gosch § 8 Rn 330.
8 BMF v 16.5.1994, BStBl I 1994, 868.

VII. VGA

- **Einmann-GmbH:** Eine Befreiung vom Selbstkontrahierungsverbot ist mittels Satzung oder aufgrund Satzungsermächtigung getroffenen Gesellschafterbeschluss möglich.
- **Mehrgliedrige GmbH:** Hier ist neben der für Einmann-GmbH geltenden Befreiungsmöglichkeit auch die Befreiung durch Beschluss der Gesellschafter möglich. Eine solche wird auch vom BFH anerkannt.[1]
- **AG:** Für AG gilt zwar grundsätzlich auch das Selbstkontrahierungsverbot, da jedoch die AG durch den Vorstand vertreten wird, Geschäfte mit dem Vorstand aber vom Aufsichtsrat abzuschließen sind, hat es hier eine geringere Bedeutung.

Für zivilrechtlich wegen eines Verstoßes gegen das Selbstkontrahierungsverbot schwebend unwirksame Vereinbarungen hat der BFH seine Spruchpraxis modifiziert und sieht eine Veranlassung im Gesellschaftsverhältnis nicht mehr als durch einen schwebend unwirksamen und lediglich im Nachhinein genehmigten Vertrag als indiziert an.[2] Das Selbstkontrahierungsverbot steht damit insbesondere bei notarieller Beurkundung der Verträge der steuerlichen Beachtlichkeit nicht grundsätzlich im Wege.[3] Die Befreiung vom Selbstkontrahierungsverbot und damit die Heilung des Verstoßes ist jedoch nicht entbehrlich. Ohne diese liegt ein Indiz für eine vGA vor. Auch die erst nachträgliche Regelung in der Satzung und Eintragung der Befreiung wirkt auf vorher abgeschlossene Geschäfte zurück.[4] Dies gilt insbesondere bei rechtsirrtümlicher Annahme der zivilrechtlichen Wirksamkeit des abgeschlossenen Geschäfts.[5]

Klare und eindeutige Vereinbarung. Die Vereinbarung muss hinsichtlich der wesentlichen Vertragspunkte dem Grunde und der Höhe nach klar und eindeutig sein, dh dass sich die Höhe und Art von Leistung und Gegenleistung ohne Weiteres aus der Vereinbarung ergeben müssen. So ist es zB unzureichend, ein Geschäftsführergehalt festzulegen, indem ein „angemessenes Gehalt" vereinbart wird. Die fehlende Klarheit der Vereinbarung ist nach der Rechtsprechung des BFH ein Indiz für eine mangelnde Ernsthaftigkeit der Vereinbarung (hierzu auch Rn 431 ff).[6] Daher kann nicht lediglich aus der Unklarheit der Vereinbarung unmittelbar auf eine vGA geschlossen werden, ohne den gedanklichen Schritt zu einer fehlenden Ernsthaftigkeit zu formulieren.[7]

407

Kein Beurteilungsspielraum. Es darf für die Beteiligten kein Beurteilungsspielraum verbleiben, so dass insbesondere bei Vergütungen jede Form von Ermessen ausgeschlossen sein muss. So muss sich eine Tantieme zB allein aufgrund eines Rechen-

408

---

1 BFH I R 71/95, BStBl II 1999, 35.
2 BFH I R 71/95, BStBl II 1999, 35; BFH I R 19/97, BFH/NV 1998, 746; BFH I R 96/95, BFH/NV 1999, 1127.
3 Niedersächsisches FG 6 K 4/97, DStRE 2000, 700.
4 BFH I R 34/96, BFH/NV 1997, 805; BFH I R 58/96, BFH/NV 1997, 803; BFH I R 19/97, BFH/NV 1998, 746.
5 FG Nürnberg I 226/00, Haufe-Index 1284566.
6 BFH I R 39/96, BFH/NV 1997, 902.
7 Kohlhepp, VGA, 2008, § 4 Rn 34.

vorgangs ermitteln lassen.¹ Bei Bezugnahme auf den „Gewinn" muss klargestellt sein, welcher Gewinn gemeint ist (handelsbilanziell, steuerbilanziell).² Die Vergütung muss betragsmäßig bestimmt sein und darf nicht als „angemessene" Vergütung vereinbart oder die Bestimmung einem Dritten übertragen werden.³ Auch die Ausrichtung an der wirtschaftlichen Lage oder an betriebswirtschaftlichen Grundsätzen ist schädlich.⁴

409 **Objektive Kriterien.** Die Vergütung muss sich zumindest anhand objektiver Kriterien ermitteln lassen. Das schließt nicht aus, dass Vereinbarungen auslegungsfähig sind.⁵ Für die Auslegung sind ggf auch außerhalb der Vereinbarung liegende Umstände heranzuziehen.⁶ Neben vertraglichen greifen bei Lücken in der Vereinbarung gesetzliche Regeln ein.⁷ Erst wenn nach einer Auslegung des Vertrages noch ein Beurteilungsspielraum verbleibt, liegt ein Verstoß gegen das Kriterium der Klarheit vor.

410 **Widersprechende Vereinbarungen.** Dem Kriterium der Klarheit ist jedenfalls nicht genügt, wenn mehrere Vereinbarungen existieren, die einander teilweise widersprechen, ohne dass klar aus den Vereinbarungen hervorgeht, welche Gültigkeit haben soll.⁸

411 **Klare Vereinbarung bei Dauerschuldverhältnissen.** Die tatsächliche Übung kann einen Hinweis auf die klare Vereinbarung bei Dauerschuldverhältnissen geben, so dass die tatsächliche Durchführung als Indiz für das Bestehen einer klaren vorherigen Vereinbarung anzusehen ist (vgl ABC Rn 545 „Dauerschuldverhältnisse").

412 **Tatsächliche Durchführung.** Eine vGA ist nach der ständigen Rechtsprechung des BFH dann anzunehmen, wenn eine an sich klare und von vornherein geschlossene Vereinbarung mit einem beherrschenden Gesellschafter nicht tatsächlich durchgeführt wird (dh Haupt- oder Nebenleistungen nicht erbracht werden).⁹ Dieser Grundsatz gilt jedoch nur dann, wenn das Fehlen der tatsächlichen Durchführung darauf schließen lässt, dass die Vereinbarung lediglich die Unentgeltlichkeit der Leistung des Gesellschafters verdecken soll.¹⁰ Letzteres wird vom BFH aber als Regelfall vermutet.¹¹ Fehlt es an einer tatsächlichen Durchführung etwa nur deswegen, weil statt einer regelmäßigen Zahlung eine Verrechnung mit fälligen Gegenforderungen vorgenommen wird, so liegt keine vGA vor, weil ein fremder Dritter bei Bestehen einer Aufrechnungslage ebenfalls keine Zahlungen vorgenommen hätte. Das Gleiche kann bei finanziellen Schwierigkeiten der Gesellschaft gelten, setzt aber eine Anpassung der Auszahlungsvereinbarung voraus.¹²

---

1   FG Hamburg III 319/03, Haufe-Index 1240242.
2   BFH I R 78/91, BStBl II 1992, 975; BFH I R 63/90, BStBl II 1992, 362.
3   BFH I R 70/97, BStBl II 1998, 545; BFH I R 241/71, BStBl II 1974, 497; BFH I R 16/66, BStBl II 1971, 64.
4   BFH I R 49/90, BStBl II 1992, 434; BFH I R 223/74, BStBl II 1976, 734.
5   *Schaden* in EY, VGA und verdedeckte Einlagen, Fach 3 Rn 94; *Gosch* in Gosch § 8 Rn 324.
6   BFH I R 20/98, BStBl II 2001, 612.
7   BFH I R 110/83, BStBl II 1988, 301.
8   BFH I R 90/85, BStBl II 1989, 800.
9   BFH I 97/64, BStBl II 1968, 49; BFH I R 194/72, BStBl II 1974, 585; BFH I R 247/81, BStBl II 1986, 195; BFH I R 36/02, BFH/NV 2004, 88.
10 BFH I R 36/02, BFH/NV 2004, 88.
11 BFH I R 110/83, BStBl II 1988, 301.
12 BFH I R 103/86, BStBl II 1988, 786.

VII. VGA

Veranlagungszeitraumübergreifende Betrachtung. Tatsächliche Durchführung setzt bei Dauerschuldverhältnissen eine veranlagungszeitraumübergreifende Betrachtung voraus. Wird das Dauerschuldverhältnis nur in einzelnen VZ tatsächlich durchgeführt, muss es in diesen als ernsthaft gewollt anzusehen sein, um eine vGA zu vermeiden. 413

Tatsächliche Zahlung. Von einer tatsächlichen Durchführung einer Zahlungsverpflichtung ist auszugehen bei: 414

- Novation der Zahlungsverpflichtung durch Abschluss eines Darlehensvertrages; eine alleinige Passivierung einer Verpflichtung oder eine stillschweigende Umbuchung reicht hingegen nicht aus,[1]
- Verbuchung auf einem Verrechnungskonto, wenn der Gesellschafter darüber frei verfügen kann,[2]
- Aufrechnung.[3]

Beispiele fehlender tatsächlicher Durchführung. An der tatsächlichen Durchführung bestehen insbesondere Zweifel, wenn 415

- Zahlungen unregelmäßig erfolgen;[4]
- Zahlungen in schwankender Höhe erfolgen;[5]
- Zahlungen mal bar, mal unbar durchgeführt werden; Änderungen der Zahlungsweise müssen hingegen vernünftige wirtschaftliche Gründe zu Grunde liegen;[6]
- die üblichen Nebenleistungen (LSt, Sozialabgaben) nicht abgeführt werden;[7]
- keine unterjährige Verbuchung erfolgt und dies ein ordentlicher und gewissenhafter Geschäftsleiter bei Durchsicht der Bilanz hätte erkennen können.[8]

Ausnahmen vom Gebot der Durchführung. Ein Verstoß gegen das Durchführungsgebot liegt hingegen ausnahmsweise nicht vor: 416

- bei geringfügigen Abweichungen;
- bei finanziellen Schwierigkeiten der Gesellschaft solange die weiteren Folgen wie die Passivierung der Verbindlichkeit gezogen werden;[9]
- bei Durchführungsmängeln, welche der Gesellschaft nicht zuzurechnen sind (zB Berechnungsfehler eines Sachverständigen).[10]

Teilweise Durchführung. Besonderheiten bestehen, wenn Dauerschuldverhältnisse, also insbesondere Gehaltszahlungen, lediglich teilweise nicht durchgeführt 417

---

1 BFH I R 28/92, BStBl 1993, 247.
2 BFH I R 54/91, BStBl 1993, 311.
3 BFH I B 31/00, BFH/NV 2001, 1149.
4 FG München 6 V 1656/06, Haufe-Index 1586534.
5 FG München 6 V 1656/06, Haufe-Index 1586534.
6 BFH I R 136/84, BFH/NV 1990, 64.
7 Frotscher in Frotscher/Maas Anh zu § 8 Rn 107b.
8 BFH I R 58/05, DB 2006, 1654; FG München 7 K 767/05, Haufe-Index 1586539.
9 BFH I R 183/71, BStBl II 1974, 179; BFH I R 194/72, BStBl II 1974, 585.
10 BFH I R 20/99, BStBl II 2001, 612.

werden. Wenn es über einen bestimmten Zeitraum hinweg[1] oder in einer bestimmten Höhe[2] an einer tatsächlichen Durchführung des Vertrages fehlt, so ist lediglich insoweit eine vGA anzunehmen.

418-421 **Einstweilen frei.**

422 **e) Ordentlicher und gewissenhafter Geschäftsleiter. Grundsatz.** In ständiger Rechtsprechung nehmen BFH und Instanzgerichte eine gesellschaftsrechtliche Veranlassung an, wenn ein ordentlicher und gewissenhafter Geschäftsleiter den in Frage stehenden Vorteil einem Nichtgesellschafter nicht zugewandt hätte.[3]

423 **Denkfigur des Zivilrechts.** Der ordentliche und gewissenhafte Geschäftsleiter als Denkfigur ist dem Zivilrecht, und zwar den §§ 43 I GmbHG, 93 I S 1 AktG und 34 I S 1 GenG entlehnt. Er beruht auf dem Gedanken, dass wenn ein Geschäftsleiter eine Vermögensminderung oder verhinderte Vermögensminderung in Beziehung zu einem Nichtgesellschafter ohne Pflichtverstoß akzeptieren würde, da dieses unter Abwägung aller wesentlicher Umstände angemessen ist, keine gesellschaftsrechtliche Begünstigung bei Geschäften einer Gesellschaft mit ihren Gesellschaftern vorliegen kann. Die Rechtsfigur hat aber lediglich ihre Wurzeln im Zivilrecht und ist abgesehen von vereinzelten Rückgriffen auf zivilrechtliche Grundlagen eine eigenständige steuerrechtliche Rechtsfigur.[4]

424 **Abstrakter oder hypothetischer Fremdvergleich.** Bei dem ordentlichen und gewissenhaften Geschäftsleiter handelt es sich um eine Konkretisierung des abstrakten oder hypothetischen Fremdvergleiches.[5] Der Geschäftsleiter ist eine gedachte Figur, dh es ist völlig unerheblich, welche besonderen Befähigungen oder Begabungen, welche Kenntnisse oder welche Defizite der tatsächlich agierende Geschäftsführer hat.[6] Diese Funktion als Rechtsfigur des hypothetischen Fremdvergleichs rechtfertigt es auch, in einem Verstoß gegen die Rechtsfigur des ordentlichen und gewissenhaften Geschäftsleiters lediglich ein Indiz für eine Veranlassung im Gesellschaftsverhältnis zu sehen.[7]

425 **Keine Bedeutung des ordentlichen und gewissenhaften Geschäftsleiters.** Der ordentliche und gewissenhafte Geschäftsleiter kann immer nur bei den Geschäften als Maßstab herangezogen werden, bei denen ein Fremdvergleich, also der Vergleich mit dem hypothetischen Fall eines Geschäftsabschlusses mit einem außenstehenden Dritten überhaupt denkbar erscheint. Dagegen scheitert die Anwendung der Denkfigur bei Geschäften, die ihrem Wesen nach nur mit Gesellschaftern abge-

---

1 BFH I R 44/00, BFH/NV 2002, 543; BFH I R 65/94, BFHE 176, 571.
2 BFH I R 32/04, BFH/NV 2005, 1374.
3 BFH VIII R 31/05, BStBl II 2007, 393; BFH I B 20/06, BFH/NV 2007, 108; BFH I R 108/05, BFH/NV 2007, 107; FG München 6 K 265/04, Haufe-Index 1711627; FG Münster 9 K 1100/03 K, F, EFG 2007, 539.
4 *Gosch* in Gosch § 8 Rn 300; *Frotscher* in Widmann, DStJG 20, 1997 205; *derselbe* in Frotscher/Maas Anh zu § 8 Rn 177; *Wassermeyer* in F/W/B/S § 1 AStG Rn 104; *Rasch*, Konzernverrechnungspreise im nationalen, bilateralen und europäischen Steuerrecht 2001, S 54 ff.
5 BFH I R 108/05, BFH/NV 2007, 107.
6 *Flume*, ZHR 1980, 18; *Wassermeyer*, GmbHR 1993, 329; BFH I R 64/94, BStBl II 1996, 246; BFH I R 128/94, BFH/NV 1996, 363; BFH I R 168/94, BFH/NV 1996, 644.
7 *Oppenländer*, VGA, 2004, S 145; *Kohlhepp*, VGA, 2006, S 203; BFH I R 103/00, BStBl II 2004, 171.

schlossen werden können.¹ Das betrifft insbesondere Geschäfte bei der Gründung und bei der Beendigung der Körperschaft. Hier ist der Fremdvergleich auf eine reine Angemessenheitsprüfung reduziert.² Etwa bei der Erstausstattung scheitert die Angemessenheitsprüfung regelmäßig, wenn der von der Gesellschaft erzielbare Gewinn dauerhaft nicht über eine Eigenkapitalverzinsung bzw einen Mindestgewinn hinausgeht.³ Diese Rechtsprechung darf aber nicht dahingehend missverstanden werden, als könne eine vGA bei der Neugründung einer GmbH nur vorliegen, wenn die Kapitalgesellschaft mit ihrem Gesellschafter Vereinbarungen trifft, die der Gesellschaft keine hinreichende Kapitalverzinsung sichern. Vielmehr werden auch schuldrechtliche Vereinbarungen, die bei Gründung einer Kapitalgesellschaft zwischen Kapitalgesellschaft und Gesellschaftern oder diesen nahe stehenden Personen geschlossen werden, grundsätzlich am Maßstab des ordentlichen und gewissenhaften Geschäftsleiters gemessen.⁴

Maßstäbe. Als Leitlinie für das Handeln eines ordentlichen und gewissenhaften Geschäftsleiters gilt: 426

- er würde keine Kosten im Verhältnis zu Gesellschaftern übernehmen, zu deren Tragung die Gesellschaft nicht vertraglich oder gesetzlich verpflichtet ist;⁵
- er würde Verträge nur zu Bedingungen abschließen die für die Gesellschaft nicht nachteilig sind;
- er würde Vorteile und Chancen nicht ohne angemessenen finanziellen Ausgleich aus der Hand geben;
- er würde Verlustgeschäfte zugunsten eines Gesellschafters nur tragen, wenn der Gesellschafter hierfür einen Ausgleich leistet; die Rechtsprechung verlangt darüber hinaus einen angemessenen Gewinnzuschlag.⁶

Soll-Verhalten. Der gedachte ordentliche und gewissenhafte Geschäftsleiter ist ein Soll-Geschäftsführer, der typischerweise etwa keine Sonn- und Feiertagszuschläge oder Überstundenvergütungen für seine Tätigkeit erhält und zwar selbst dann, wenn diese einem Fremdgeschäftsführer gewährt würden (vgl auch „Überstundenvergütungen und Zuschläge" unter Rn 545).⁷ Gleichwohl ist er (wie *Gosch* zutreffend feststellt) kein allwissender ordentlicher und gewissenhafter Geschäftsleiter, wie er von § 1 III S 5 AStG nF postuliert wird.⁸   427

Sachverständigengutachten. Der ordentliche und gewissenschafte Geschäftsleiter ist auch nicht fehlerfrei. Stattdessen steht dem Geschäftsleiter ein unternehmerischer Spielraum bei seinen Entscheidungen zu. Aus diesem Grunde ist die teilweise vertretene Ansicht, ein ordentlicher und gewissenhafter Geschäftsleiter treffe Ent-   428

---

1 BFH I R 22/79, BStBl II 1985, 69.
2 *Gosch* in Gosch § 8 Rn 314.
3 BFH I R 294/81, BStBl II 1984, 673 unter Verweis auf BFH I R 230/75, BStBl II 1978, 234.
4 BFH I B 34/05, BFH/NV 2006, 362 mwN.
5 BFH I R 42/96, BFH/NV 1997, 711.
6 BFH I R 56/03, BFH/NV 2005, 793.
7 BFH I R 75/96, BStBl II 1997, 577; BFH I R 40/00, BStBl II 2001, 655.
8 *Gosch* in Gosch § 8 Rn 300a.

scheidungen stets selbst und lasse sich nicht von Gutachtern oder Beurteilungen von Sachverständigen leiten,[1] so nicht haltbar. Wenn eine Beurteilung durch einen Sachverständigen plausibel ist, kann der ordentliche und gewissenhafte Geschäftsleiter sich aufgrund dessen Beurteilungen für ein bestimmtes Verhalten entscheiden, ohne dass dies die Rechtsfolge der vGA nach sich zieht.

429-430 *Einstweilen frei.*

431 **f) Ernsthaftigkeit. Bestimmung anhand objektiver Kriterien.** Ein eigenständiger Maßstab bei der Überprüfung der Fremdüblichkeit iRd abstrakten Fremdvergleichs ist das Kriterium der Ernsthaftigkeit.[2] Man kann insoweit auch vom „erweiterten" Fremdvergleich sprechen, da der klassische abstrakte Fremdvergleich quasi durch Wertungskategorien angereichert wird. Eine nicht ernstlich gemeinte Vereinbarung indiziert die Veranlassung im Gesellschaftsverhältnis. Da die bestehende oder mangelnde Ernsthaftigkeit eine rein innere Tatsache ist, muss wiederum auf objektive Hilfskriterien zurückgegriffen werden, die ihrerseits die mangelnde Ernsthaftigkeit indizieren, wie:

- Mängel bei der Durchführung (vgl Rn 432 ff);
- unklare Vereinbarungen (vgl Rn 436);
- unübliche Vereinbarungen (vgl Rn 437 ff).

432 **Mängel der Durchführung.** Die Nichtdurchführung von Vereinbarungen fußt oftmals weniger auf dem Willen, die Rechtsfolgen eines Rechtsgeschäftes nicht eintreten zu lassen. Stattdessen soll häufig zB abgewartet werden, wie viel Liquidität zu einem bestimmten Zeitpunkt zur Verfügung steht oder das steuerliche Ergebnis nachträglich gesteuert wird. Diese Beweggründe sind jedoch im Regelfall solche, die gegenüber einem fremden Dritten nicht zu einer Nichtdurchführung des Vertrages geführt hätten. Im Einzelfall sind die zugrundeliegenden Überlegungen gesellschaftertypisch. Damit stellt sich auch die mangelnde Durchführung als Indiz der mangelnden Ernstlichkeit ihrerseits als ein Unterfall des gescheiterten Fremdgleiches heraus. Ein Mangel in der Durchführung liegt insbesondere vor, wenn

- Monatsgehälter nicht auch monatlich pünktlich ausgezahlt werden,[3]
- nachweispflichtige Auslagen durch den Gesellschafter nicht nachgewiesen werden müssen,[4]
- die bilanzielle Darstellung unzutreffend ist.[5]

433 **Teilweise mangelnde Durchführung.** Die Rechtsprechung des BFH zur lediglich teilweise mangelnden Durchführung und der daraus folgenden zeitlichen oder betragsmäßigen Beschränkung der Annahme einer vGA gilt auch hier. Dh, dass bei

---

1 FG München 15 K 2874/90, EFG 1994, 998; *Gosch* in Gosch § 8 Rn 303.
2 BFH I R 88/94, BStBl II 1996, 383; ebenso *Gosch* in Gosch § 8 Rn 345; *Oppenländer*, VGA, 2004, S 152 ff; *Kohlhepp*, VGA, 2008, § 4 Rn 68 ff.
3 BFH I R 53/95, BFH/NV 1997, 622; FG Hamburg III 78/01, EFG 2004, 685; BFH I R 4/04, BFH/NV 2005, 723.
4 BFH I B 227/04, BFH/NV 2006, 132.
5 BFH I R 12/00, BStBl II 2001, 468; BFH VIII R 56/93, BStBl II 1998, 152; BFH I B 124/96, BFH/NV 1997, 712.

Dauerschuldverhältnissen eine vGA nur insoweit angenommen wird, als es nur für einen bestimmten Zeitraum[1] oder nur in einer bestimmten Höhe[2] an der tatsächlichen Durchführung der Vereinbarung mangelt.

Nachweis der betrieblichen Veranlassung. Obgleich bei mangelnder Durchführung ein Indiz für eine Veranlassung im Gesellschaftsverhältnis vorliegt, kann im Einzelfall der Nachweis geführt werden, dass die mangelnde Durchführung betrieblich veranlasst war. So ist etwa eine unterjährige Falschverbuchung dann nicht problematisch, wenn sie nicht auf eine Maßnahme der Geschäftsführung zurückzuführen ist.[3] Stockende oder unregelmäßige Zahlungen können ihre Ursache auch in Liquiditätsschwierigkeiten der Gesellschaft haben, müssen dann aber nach kurzer Frist zu Vertragsanpassungen oder Stundungsvereinbarungen führen (solche Stundungsvereinbarungen müssen ihrerseits drittüblich sein, dh es sollte eine verzinsliche Stundung vereinbart werden und es darf nicht ins Belieben der Gesellschaft gestellt sein, wann die Gelder zur Auszahlung kommen).[4]

434

Beweiswirkung und Gegenbeweis. Wird eine Vereinbarung tatsächlich durchgeführt, so liegt darin bereits ein gewichtiges Indiz dafür, dass die Beteiligten die Vereinbarung ernsthaft gelten lassen wollten. Nach einer zutreffenden, und vom BFH bestätigten Entscheidung des FG Düsseldorf kann die tatsächliche Durchführung von Verträgen auch die Vermutung entkräften, die aus einem Verstoß gegen die für beherrschende Gesellschafter bestehenden formalen Kriterien erwächst.[5]

435

Unklare Vereinbarungen. Die fehlende Eindeutigkeit und Klarheit einer Vereinbarung ist insbesondere im Zusammenhang mit Leistungen an den beherrschenden Gesellschafter (vgl Rn 412 ff) ein Kriterium, das zur Annahme einer nicht ernstlich gemeinten Vereinbarung führen kann.[6] Auch die Existenz mehrerer, nicht in einem Rangverhältnis zueinander stehender Vereinbarungen kann Fragen der Ernsthaftigkeit der Vereinbarung aufwerfen.[7]

436

Unübliche Vereinbarungen. Die Üblichkeit einer Vereinbarung ist gleichfalls Ausfluss des erweiterten (vgl Rn 431) Fremdvergleichs und ist für den BFH Anlass, auf die fehlende Ernsthaftigkeit eines Geschäftes zu schließen.[8] Eine unübliche Vereinbarung soll entgegen der Ansicht des FG Hamburg[9] auch dann vorliegen, wenn die Vergütung der Höhe nach angemessen ist, ihre zwischenzeitliche Erhöhung dem Grunde nach aber unüblich ist.[10] Diese Auslegung verstößt gegen den Fremdvergleichsgrundsatz, der der vGA zugrunde zu legen ist, soweit die Vertragsänderung zu einem angemessenen Gehalt führt. Der BFH wendet hier den Blick vom Inhalt der Vereinbarung bzw der Üblichkeit der Höhe nach ab und wendet sich der Frage der

437

---

1 BFH I R 44/00, BFH/NV 2002, 543; BFH I R 65/94, BB 1995, 1126.
2 BFH I R 32/04, BFH/NV 2005, 1374.
3 BFH I R 12/00, BStBl II 2001, 468.
4 BFH I R 53/95, BFH/NV 1997, 622.
5 FG Düsseldorf 6 K 5750/99 E, EFG 2005, 1046; bestätigt von BFH VIII R 13/05, BStBl II 2008, 568.
6 BFH I R 39/96, BFH/NV 1997, 902.
7 BFH I R 90/85, BStBl II 1989, 800.
8 BFH I R 54/91, BStBl II 1993, 311, 314; BFH I R 27/04, BFH/NV 2005, 1631.
9 FG Hamburg III 250/03, EFG 2004, 1006.
10 BFH I R 27/04, BFH/NV 2005, 1631.

Fremdüblichkeit der Vertragsänderung als solcher dem Grunde nach zu. Die Vertragsänderung ist jedoch iRd § 8 III S 2 nicht Gegenstand der Betrachtung, sondern es ist zu fragen, ob die Änderung durch das Gesellschaftsverhältnis veranlasst war. Der BFH bejaht dies, weil er annimmt, der Gesellschafter sei nicht befugt seine Entscheidung über die Höhe der schuldrechtlich vereinbarten Vergütung der jeweiligen Geschäftssituation anzupassen; vielmehr muss sich der Gesellschafter nach Ansicht des BFH auch in solchen Situationen die Verhaltensweise eines fremden Dritten zu eigen machen. Dies verabsolutiert aber den Fremdvergleich und widerspricht dem Zweck des § 8 III S 2. Zumindest wenn eine Vergütungsprüfung im Vertrag ausdrücklich vorgesehen ist, liegt jedoch in einer entsprechenden Anpassung in keinem Fall eine Unüblichkeit bzw eine vGA begründet. Es steht dann dem Gesellschafter gleichwohl frei, eine Vertragsänderung zu unterlassen, denn er kann jeweils frei entscheiden, ob er entgeltlich oder iRd Gesellschaftsverhältnisses tätig werden möchte.[1]

438   **Keine Bedeutung der Gewinnbeteiligung bei der Prüfung der Üblichkeit.** Teilweise wird vertreten, dass die Unüblichkeit einer Gestaltung nur dann als Kriterium anerkannt werden soll, wenn der betreffende Gesellschafter zumindest zu 50 % am Gewinn beteiligt ist.[2] Die Gewinnbeteiligung kann aber kein ausschlaggebendes Kriterium sein. Entscheiden könnte allenfalls der Einfluss des Gesellschafters und damit das Stimmrecht sein. Das Kriterium der Unüblichkeit wäre dann nur bei beherrschenden Gesellschaftern tauglich, eine mangelnde Ernsthaftigkeit und damit eine vGA zu indizieren. Der BFH wendet das Kriterium der Üblichkeit einer Vereinbarung jedoch völlig unabhängig von Beteiligungs- oder Gewinnbezugsquote, also auch für nicht beherrschende Gesellschafter an.[3]

439   **Kritik am Kriterium der Unüblichkeit.** Eine unübliche Gestaltung kann allerdings durchaus angemessen und ernstlich gewollt sein.[4] Ein Gesellschafter ist kein fremder Dritter und wird daher im Zweifel eine Form der Vergütung wählen, die auch im Interesse der Gesellschaft liegt. Insoweit kann auch eine Nur-Pension eine angemessene schuldrechtliche Vergütung für die Tätigkeit darstellen (vgl „Pensionszusage, Pensionsrückstellung" unter Rn 545). Die Unüblichkeit einer Gestaltung kann allenfalls ein Anhaltspunkt für die Prüfung der Angemessenheit einer Vereinbarung sein.[5] Sie kann jedoch nicht als Zeichen für eine fehlende Ernsthaftigkeit der Vereinbarung herangezogen werden. Die fehlende Ernsthaftigkeit spiegelt sich alleine in der Nichtdurchführung des Vereinbarten ab. Die Üblichkeit ist daher als Kriterium der Bestimmung der Ernsthaftigkeit abzulehnen.

440-441   *Einstweilen frei.*

---

1   BFH I R 32/04, BFH/NV 2005, 1374.
2   *Oppenländer*, VGA, 2004, S 155.
3   BFH I R 75/96, BStBl II 1997, 577.
4   *Frotscher* in Frotscher/Maas Anh zu § 8 Rn 194; *derselbe* in Widmann DStJG 20, 1997, 205; *derselbe*, GmbHR 1998, 23; *Hoffmann*, DStR 1998, 314.
5   *Frotscher* in Frotscher/Maas Anh zu § 8 Rn 196; *derselbe*, GmbHR 1998, 23; kritisch auch *Schuhmann*, FR 1994, 309; aA wohl *Gosch* in Gosch § 8 Rn 345, der der Üblichkeit eigenständige Bedeutung zumessen möchte; *Wassermeyer*, DStR 1996, 733.

g) Der verdoppelte Geschäftsleiter.

442 Grundsätzlich ist iRd Fremdvergleichs aus Sicht der Körperschaft zu prüfen, ob das in Frage stehende Geschäft mit dem Gesellschafter dem fiktiven, mit einem fremden Dritten abgeschlossenen Geschäft entspricht. Von dieser Sichtweise rückte der BFH soweit ersichtlich erstmals in seinem Urteil zur sog Nur-Pension ab. Ein Geschäftsführer hatte sich anstelle eines laufenden Geschäftsführergehaltes lediglich eine Pensionszusage einräumen lassen.[1] Aus Sicht der Körperschaft war dies aus naheliegenden Gründen ein durchaus vorteilhaftes Geschäft. Trotzdem stellte der BFH auf die Sichtweise des Vertragspartners ab, wonach ein fremder Dritter der Vereinbarung nicht zugestimmt hätte, weil einseitig die Körperschaft begünstigt werde und nahm aufgrund des Verstoßes gegen den Fremdvergleich zwingend eine vGA an.[2] Auch in der jüngeren Rechtsprechung zieht der BFH diese Argumentation vereinzelt heran.[3]

443 **Rechtfertigung.** Sieht man das Veranlassungsprinzip als Ausprägung eines rein objektiven Fremdvergleiches und sähe man das Ziel des § 8 III S 2 darin, objektiv angemessene Geschäftsbeziehungen zwischen verbundenen Unternehmen oder zu Gesellschaftern herzustellen[4], könnte dem Ansatz des BFH ohne weiteres gefolgt werden. Denn die Verdoppelung des Geschäftsleiters ist eine insbesondere im internationalen Steuerrecht und somit iRd § 1 AStG bzw iRd Art 9 I OECD-MA anerkannte und gebräuchliche Fremdvergleichsmethode.[5]

444 **Kritik.** Den Entscheidungen des BFH ist zu entnehmen, dass lediglich im Einzelfall nicht ernstlich gewollte Gestaltungen steuerlich nicht zu berücksichtigen sein sollen und durch den verdoppelten Geschäftsleiter zu erfassen sind.[6] Damit handelt es sich letztlich um einen Fall der unüblichen Vertragsgestaltung, der bereits als Kriterium der Ernsthaftigkeit zur Bestimmung des Bestehens einer vGA abgelehnt wurde (vgl Rn 439). *Gosch* lehnt das Kriterium mit der ebenfalls zutreffenden Argumentation ab, dass ansonsten das Wahlrecht des Gesellschafters, für seine Gesellschaft teilweise auf gesellschaftlicher Ebene und eben nicht entgeltlich tätig werden zu können, unterlaufen würde.[7]

445 **Beschränkung auf beherrschende Gesellschafter.** In jüngster Zeit werden Stimmen laut, die den Anwendungsbereich des verdoppelten Geschäftsleiters auf beherrschende Gesellschafter beschränken wollen.[8] Richtigerweise sind nicht ernstlich gemeinte Geschäftsvorgänge abschließend durch das Kriterium der fehlenden tatsächlichen Durchführung beschrieben (vgl Rn 432 ff). Darüber hinaus sind un-

---

1 Zu beachten ist, dass die Nur-Pension bereits wegen Bestehens einer Überversorgung steuerrechtlich nicht anerkannt wird, wenn kein Fall der Barlohn-Umwandlung vorliegt, vgl BFH I R 89/04, BStBl II 2008, 523.
2 BFH I R 147/93, BStBl II 1996, 204.
3 BFH I R 15/04, BStBl II 2006, 196; BFH I R 88/94, BStBl II 1996, 383; BFH I R 87/02, BFH/NV 2004, 736; relativiert in BFH I R 36/97, BStBl II 1998, 689.
4 So wohl *Oppenländer*, VGA, 2004, S 145 f.
5 *Jacobs*, Internationale Unternehmensbesteuerung, 7. Aufl, S 701.
6 *Wassermeyer*, DStR 1996, 733, 734; *Hoffmann*, DStR 1996, 729, 730.
7 *Gosch* in Gosch § 8 Rn 316 und 361 mit Einschränkungen.
8 FG Berlin-Brandenburg, 12 K 8423/05, EFG 2009, 433.

angemessene Gestaltungen iRd allgemeinen Fremdvergleiches aufzugreifen. Das Kriterium des verdoppelten Geschäftsleiters ist daher auch iRd beherrschenden Gesellschafters abzulehnen.

446-447 *Einstweilen frei.*

448 **h) Interner Fremdvergleich. Grundsatz.** Der sog betriebsinterne Fremdvergleich vergleicht die mit dem Gesellschafter abgeschlossenen Rechtsgeschäfte der Körperschaft unmittelbar mit den Rechtsgeschäften, die mit fremden Dritten abgeschlossen wurden. Zeigt sich hier eine Diskrepanz, so ist diese Abweichung im Fremdvergleich ein Indiz für eine Veranlassung im Gesellschaftsverhältnis.

449 **Verhältnis zum hypothetischen Fremdvergleich.** Allerdings kann der interne Fremdvergleich eine aufgrund eines hypothetischen Fremdvergleichs indizierte Veranlassung im Gesellschaftsverhältnis widerlegen. So hat der BFH sowohl durch den I. Senat[1] als auch durch den VIII. Senat[2] entschieden, dass die aufgrund der Rechtsfigur des ordentlichen und gewissenhaften Geschäftsleiters als im Gesellschaftsverhältnis veranlasst anzusehenden Sonn-, Feiertags- und Nachtarbeitszuschläge dann als betrieblich veranlasst angesehen werden können[3], wenn derartige Vereinbarungen nicht nur mit Gesellschaftern, sondern auch mit gesellschaftsfremden Personen inhaltsgleich abgeschlossen wurden. Soweit die zu beurteilende Regelung einem betriebsinternen Fremdvergleich standhält, ist im Einzelfall eine vGA selbst dann zu verneinen, wenn eine entsprechende Regelung im allgemeinen Wirtschaftsleben unüblich sei oder gar aus anderen Gründen regelmäßig zur vGA führt.[4] Ein interner konkreter Fremdvergleich ist daher nach dieser Sichtweise gegenüber einem hypothetischen Fremdvergleich stets vorrangig.[5]

450 **Verhältnis zwischen externem und hypothetischem Fremdvergleich.** Während ein interner Fremdvergleich die Indizwirkung eines hypothetischen Fremdvergleiches, also eines aus abstrakten Sollwerten abgeleiteten Richtwertes, zu entkräften vermag, ist ein externer Fremdvergleich ggf ohne Bedeutung. So hat der BFH den Nachweis der Branchenüblichkeit von Überstundenzuschlägen oder sonstigen Zuschlägen regelmäßig nicht gelten lassen.[6]

451 **Eintritt in die Gesellschafterstellung.** Auch in den Fällen, in denen bestimmte Vereinbarungen bereits bestanden, bevor der Betreffende Gesellschafter der Kapitalgesellschaft wurde, können nicht alleine aufgrund des Statuswechsels nunmehr als vGA zu qualifizieren sein.[7] Auch insoweit liegt ein interner Fremdvergleich vor, wenn nicht aufgrund des zeitlichen Zusammenhangs eine Leistung im Hinblick auf die spätere Gesellschafterstellung erbracht wurde.[8]

1 BFH I R 111/03, BStBl II 2005, 307; BFH I R 7/05, BFH/NV 2006, 131.
2 BFH VIII R 31/05, BStBl II 2007, 393.
3 BFH I B 23, 24/08 nv.
4 BFH VIII R 31/05, BStBl II 2007, 393; BFH I R 7/05, BFH/NV 2006, 131.
5 BFH I B 22/06, BFH/NV 2007, 464; einschränkend *Gosch* in Gosch § 8 Rn 300.
6 BFH I R 111/03, BStBl II 2005, 307 mwN.
7 BFH I R 36/02, BFH/NV 2004, 88.
8 BFH I B 88/09, BFH/NV 2010, 1125.

Einstweilen frei. 452-453

i) Externer Fremdvergleich. Grundsatz. Der externe Fremdvergleich beruht darauf, Vergleichszahlen anderer, vergleichbarer Unternehmen zu Vergleichszwecken heranzuziehen. 454

Vergleichbarkeit. Die Hauptschwierigkeit beim externen Fremdvergleich ist es, tatsächlich vergleichbare Unternehmen zu finden, die sowohl in derselben Branche, in derselben Produktionsstufe, auf demselben Markt tätig sind und dabei noch dieselbe Größe, Organisationsstruktur und Rechtsform haben. 455

Bedeutung für Bandbreitenbestimmung. In jedem Fall hat der externe Fremdvergleich als Mittel der Bandbreitenbestimmung eine erhebliche Bedeutung, da auch dann wenn Unternehmen nicht vollständig vergleichbar sind, sich gleichwohl Korridore für die Fremdüblichkeit von Gehältern abzeichnen, innerhalb derer eine vGA nicht anzunehmen sein wird. 456

Bestimmung von Gehältern als typischer Anwendungsfall. Der externe Fremdvergleich wird insbesondere herangezogen um etwa die Branchenüblichkeit von Gehältern anhand von Gehaltsstrukturuntersuchungen zu messen. Dabei beziehen sich die insoweit herangezogenen Vergleichsgrößen stets auf eine Gesamtgeschäftsführung, so dass bei mehreren Geschäftsführern Vergütungsabschläge vorzunehmen sind.[1] Bei allgemein zugänglichen Gehaltsstrukturuntersuchungen obliegt es der Tatsachenfeststellung durch das FG, ob die Durchschnittswerte als angemessen anzusehen oder durch Zu- oder Abschläge auf die individuellen Verhältnisse des Unternehmens anzupassen sind.[2] 457

Branchenbesonderheiten und Unternehmensgröße bei der Bestimmung von Gehältern. Auch die Finanzverwaltung akzeptiert Kenntnisse über Branchenverhältnisse als Leitlinien für einen externen Fremdvergleich.[3] Dabei sollen zwar die Obergrenzen nach den Umständen des Einzelfalles bestimmt werden, es sollen aber die Höchstwerte der Gehaltsstrukturuntersuchungen insoweit eine Orientierung bieten.[4] Die Höhe des angemessenen Gehalts wird demzufolge vorrangig durch die Größe des Unternehmens bestimmt. Je größer ein Unternehmen ist, desto höher kann das angemessene Gehalt des Geschäftsführers liegen, da mit der Größe eines Unternehmens auch Arbeitseinsatz, Anforderung und Verantwortung steigen. Die Unternehmensgröße ist vorrangig anhand der Umsatzhöhe und der Beschäftigtenzahl zu bestimmen.[5] 458

Angemessenheit bei homogener Grundgesamtheit. Bei einer homogenen Grundgesamtheit der herangezogenen Unternehmen können als Vergleichswert zur Bestimmung des Bestehens einer vGA nur diejenigen Beträge herangezogen werden, die den oberen Rand der Bandbreite wesentlich übersteigen.[6] 459

---

1 BFH I R 38/02, BStBl II 2004, 139.
2 BFH I B 34/01, BFH/NV 2002, 1174.
3 BMF v 14.10.2002, BStBl I, 2002, 972, Rn 21.
4 BMF v 14.10.2002, BStBl I, 2002, 972; OFD Karlsruhe v 17.4.2001, DStR 2001, 792.
5 OFD Karlsruhe v 17.4.2001, DStR 2001, 792.
6 BFH I R 79/04, BFH/NV 2005, 1147; BFH I R 46/01, BStBl II 2004, 132; BFH I R 80, 81/01, BFH/NV 2003, 1346; BFH I R 24/02, BStBl II 2004, 136; BFH I R 38/02, BStBl II 2004, 139; BFH I R 92/03, BFH/NV 2005, 77, jeweils mwN.

460 **Angemessenheit bei heterogener Grundgesamtheit.** Sind die iRe (auch antizipierten) Sachverständigengutachtens ermittelten Vergleichswerte aus einer Branche mit heterogener Unternehmensstruktur gewonnen, so muss zunächst festgestellt werden, ob

- sich der angemessene Vergleichswert im oberen oder unteren Drittel der Bandbreite wiederfinden muss oder
- der Median als angemessen anzusehen ist.[1]

An dieser Maßgabe ist dann der tatsächlich festgestellte Wert zu messen.

461-462 *Einstweilen frei.*

463 **j) Erweiterung des Fremdvergleichs. Einkommensteuerrechtliche Kriterien.** Die Schwierigkeit, den Fremdvergleich auf Fallkonstellationen anzuwenden, in denen die Gesellschaft Aufwendungen trägt, die teilweise oder insgesamt eher der Sphäre des Gesellschafters zuzurechnen sind, löst der BFH durch einen Verweis auf folgende analog anwendbare Kriterien des Einkommensteuerrechts:

- die Abgrenzung von Einkünfteerzielungsabsicht und Liebhaberei auf Dauerverlustbetriebe;[2]
- das Abzugsverbot des § 12 Nr 1 S 2 EStG bei privater Mitveranlassung.[3]

Folge dieser Rechtsprechung ist, dass vGA anzunehmen sind, wenn die Körperschaft Aufwendungen trägt, die typischerweise privaten Neigungen des Gesellschafters dienen, und iRe prognostizierten Ergebnisses der Totalperiode kein Gewinn zu erwarten ist.[4] IRd analogen Anwendung des § 12 Nr 1 EStG sind auch solche Aufwendungen insgesamt vGA, die nicht unwesentlich privat mit veranlasst sind.[5] Diese Rechtsprechung wird allerdings durch die Entscheidung des Großen Senats zu § 12 Nr 1 EStG in Bewegung kommen (vgl Rn 270).

464 **Kritik.** Dabei ist kritisch anzumerken, dass bereits die Unanwendbarkeit des § 12 Nr 1 EStG iRd KStG dazu führen muss, dass entgegen der einkommensteuerrechtlichen Vorgehensweise im Regelfall eine Aufteilung in einen betrieblichen und einen privat veranlassten Teil bei der vGA zwingend ist.[6] Dies hat nunmehr auch der BFH für den Bereich der Repräsentationsaufwendungen so entschieden,[7] während das FG Baden-Württemberg die Teilnahme am Weltwirtschaftsforum in Davos zunächst noch als nur unwesentlich betrieblich veranlasst angesehen und daher insgesamt auf eine vGA erkannt hatte.[8] Dabei konnte die Entscheidung des FG wegen der Anwendung einkommensteuerrechtlicher Grundsätze nicht überzeugen und wurde folgerichtig vom BFH aufgehoben. Bezogen auf die Kapitalgesellschaft ist § 12 Nr 1 EStG nicht anwendbar. Die Tragung der Kosten führt daher nur iHd privaten Anteils der Aufwendungen zu

---

1 Etwa für heterogene Märkte Hessisches FG 4 K 3248/99, EFG 2000, 1032.
2 BFH I R 56/03, BFH/NV 2005, 793.
3 BHF I R 86/04, BStBl II 2005, 666; BFH VIII R 32/07, BFH/NV 2010, 1330.
4 *Lang* in Tipke/Lang § 9 Rn 133.
5 Zur Schwierigkeit der Ermittlung *Lang* in Tipke/Lang § 9 Rn 240 ff.
6 *Gosch* in Gosch § 8 Rn 335.
7 BFH VIII R 32/07, BFH/NV 2010, 1330.
8 FG Baden-Württemberg 12 K 78/06, EFG 2007, 698.

einer vGA auf Körperschaftsebene. Gegen die Anwendung des § 12 EStG spricht zunächst, dass die Kapitalgesellschaft nicht über eine Privatsphäre verfügt. Weiterhin wird vom BFH argumentiert, dass auf Ebene des Anteilseigners eine Vorschrift zur Gegenkorrektur fehlen würde, da die Norm nur den Abzug von Aufwendungen begrenzt, nicht jedoch die Steuerpflicht beim Zufluss der Erträge einschränkt.[1]

Einstweilen frei. 465

k) Nahestehende Personen. Begriff. Der BFH lässt für eine Annahme des Nahestehens jede Beziehung zwischen einem Gesellschafter und dem Dritten, die den Schluss zulässt, sie habe die Vorteilszuwendung der Kapitalgesellschaft an den Dritten beeinflusst ausreichen. Derartige Beziehungen können 466

- familienrechtlicher Art (dh Verwandte[2], Ehegatten und Partner nichtehelicher Lebensgemeinschaften[3]),
- gesellschaftsrechtlicher Art (dh Personengesellschaften[4], Kapitalgesellschaften[5] und verbundene Unternehmen des Gesellschafters[6]),
- schuldrechtlicher Art (dh Vertragspartner einer persönlichen Geschäftsbeziehung)
- tatsächlicher Art (zB enge Freunde,[7] nicht jedoch gewöhnliche freundschaftliche Beziehungen[8])

sein.

Kritik. Der Begriff der nahestehenden Person ist zu weit, als dass daran Vermutungen geknüpft werden dürfen.[9] Es wäre daher anzuraten, alternativ auf § 1 AStG bzw auf § 15 AO abzustellen.[10] 467

Vermutung der Veranlassung im Gesellschaftsverhältnis. Der BFH vermutet jedoch unter bestimmten Umständen eine Veranlassung im Gesellschaftsverhältnis bei Leistungen, die an Personen erbracht werden, die einem Gesellschafter nahestehen (es sei denn die Gesellschaft hat ein eigenes, ausschließlich unternehmerisches Interesse an der Leistung an die nahestehende Person).[11] Dabei sind zwei Fallgruppe zu unterscheiden: 468

- die Leistung wird an eine Person erbracht, die einem beherrschenden Gesellschafter nahesteht (vgl Rn 470);
- die Leistung wird an eine einem sonstigen Gesellschafter nahestehende Person erbracht (vgl Rn 471 f).

---

1 BFH VI R 48/99, BStBl II 2003, 724; BFH VI R 43/99, BFH/NV 2003, 1039.
2 BFH I R 192/82, BStBl II 1987, 797.
3 BFH I R 90/99, BStBl II 2001, 204.
4 BFH I R 9/85, BStBl II 1985, 631.
5 BFH GrS 2/86, BStBl II 1988, 348.
6 BFH I R 139/94, BStBl II 1997, 301.
7 BFH BStBl II BFH I R 139/94, BStBl II 1997, 301.
8 BFH I R 75/04, BStBl II 2005, 702 insoweit FG Brandenburg 2 K 1263/01; EFG 2004, 1859 nicht aufhebend.
9 *Gosch* in Gosch § 8 Rn 228.
10 *Kohlhepp*, VGA, 2006, S 218.
11 BFH I R 103/86, BStBl II 1988, 786; BFH I R 192/82, BStBl II 1987, 797.

469 **Nahestehen und Vorteilsgeneigtheit.** Die vGA nach § 8 III S 2 setzt voraus, dass die vGA die Eignung hat, beim Empfänger zu einem sonstigen Ertrag iSd § 20 I S 2 EStG zu führen (vgl Rn 253).[1] Auch Zuwendungen an dem Gesellschafter nahestehende Personen haben diese Eignung in der Weise, dass der nahestehenden Person auf Veranlassung des Gesellschafters etwas quasi im abgekürzten Zahlungswege zugewandt wird. Die Vorteilsgeneigtheit schließt also die Zuwendung an dem Gesellschafter nahestehende Personen nicht aus dem Anwendungsbereich der vGA aus. Gleichwohl kann das Kriterium zu Verwerfungen führen (vgl Rn 472).[2]

470 **Nahestehen zu einem beherrschenden Gesellschafter.** Steht eine Person einem beherrschenden Gesellschaftern nahe, sind die erhöhten Anforderungen zum beherrschenden Gesellschafter bezüglich der Leistungsbeziehung zu erfüllen (vgl Rn 369 ff), damit diese nicht als vGA qualifiziert.

471 **Nahestehen zu einem sonstigen Gesellschafter.** Bei Personen, die sonstigen Gesellschaftern nahestehen, führt eine Leistung an diese unter denselben Voraussetzungen zu vGA, wie sie für diese nicht beherrschenden Gesellschafter gelten.

472 **Nahestehen zu mehreren Gesellschaftern.** Steht eine Person mehreren Gesellschaftern nahe und wird dieser Person etwas zugewandt, so ist für die Feststellung der vGA nach § 8 III S 2 nicht von Bedeutung aufgrund wessen Nahestehens die Zuwendung erfolgt. Dann ist insoweit zumindest klar, dass die als vGA zu qualifizierende Leistung einer nahestehenden Person zugewandt wurde. Hierdurch kann es aber zu einem auseinanderfallen der vGA auf Gesellschaftsebene nach § 8 III S 2 und der vGA auf Gesellschafterebene nach § 20 I S 2 EStG kommen.[3] Denn während für die vGA nach § 8 III S 2 lediglich erforderlich ist, dass die Zuwendung ihre Veranlassung in irgendeinem Gesellschaftsverhältnis hatte. Es ist nicht notwendig nachzuweisen, welches konkrete Gesellschaftsverhältnis der Zuwendung zugrunde lag.[4] Für die Besteuerung des Gesellschafters muss der Zufluss bei dem Gesellschafter erfolgen bzw der Nachweis geführt werden, dass die Zuwendung in seinem konkreten Gesellschaftsverhältnis begründet lag. Daher kann die Zurechnung der vGA nach § 20 I Nr 1 EStG ggf nicht erfolgen, so dass zwar eine vGA nach § 8 III S 2 vorliegt, trotz der abstrakten Eignung zu einem Zufluss beim Gesellschafter aber ein korrespondierender Zufluss bei einem Gesellschafter ausscheidet. Die Veranlassung, die die vGA nach § 20 I EStG und nach § 8 III 2 verbindet, kann insoweit beim Gesellschafter ggf tatbestandlich nicht festgestellt werden. Eine „Wahlfeststellung" scheidet aus.

473 **Schenkungsteuer und nahestehende Person.** Nach hM wird bei einer Leistung durch die Körperschaft an die dem Gesellschafter nahestehende Person ggf im Verhältnis zwischen Gesellschafter und nahestehender Person ein schenkungsteuerlicher Sachverhalt verwirklicht.[5] Die Finanzverwaltung hatte ursprünglich offengelassen, ob ein schenkungsteuerlicher Tatbestand im Verhältnis des Zuwendungsempfängers

---

1 BFH I R 29/07, BStBl II 2010, 142.
2 BFH I R 63/08, BFH/NV 2009, 1841, dazu *Kohlhepp*, DB 2010, 1485.
3 BFH VIII R 54/05, BStBl II 2007, 393; aA *Gosch* in Gosch § 8 Rn 229.
4 BFH I R 63/08, BFH/NV 2009, 1841.
5 *Kohlhepp*, VGA, 2008, § 5 Rn 185 ff; *Kamps*, AG 2004, 449 mwN.

zur leistenden Körperschaft oder zum Gesellschafter gesehen werden könnte (R 18 VIII ErbStR 2003). Der II. Senat des BFH hat (allerdings nur in einem obiter dictum) dargelegt, dass im Verhältnis des Gesellschafters zur nahestehenden Person jedenfalls keine Schenkung in Betracht komme, da es an der erforderlichen Vermögensverschiebung fehle.[1] Diese Auffassung greift zu kurz und ist in der Literatur zu Recht kritisiert worden.[2] Eine Schenkung zwischen Gesellschaft und Zuwendungsempfänger scheidet entgegen der Auffassung des II. Senats des BFH aus, da die Leistung im Gesellschaftsverhältnis veranlasst und mithin nicht freigebig ist (vgl Rn 295). Schenkungsteuerlich relevant kann nur das Verhältnis Gesellschafter zur nahestehenden Person sein. Die Finanzverwaltung folgt nun allerdings der Rechtsprechung des BFH und nimmt sowohl bei Leistungen an nahestehende Personen von Gesellschaftern als auch bei Leistungen an Gesellschafter, die über die gesellschaftsrechtliche Beteiligungsquote hinausgehen, eine gemischt freigiebige Zuwendung der Kapitalgesellschaft an.[3] Für die Steuerklasse gilt jedoch nicht in jedem Fall die Steuerklasse III, sondern nach dem neu eingeführten § 15 IV ErbStG das Verhältnis zwischen Gesellschafter und nahestehender Person. Verwerfungen ergeben sich aber daraus, dass die Zuwendung nicht zwingend „freigiebig" im Verhältnis dieser beiden, sondern etwa in Erfüllung einer schuldrechtlichen Verpflichtung erfolgen kann.

Einstweilen frei. 474-476

8. Rechtsfolgen der vGA. a) KStG. Zweistufiges Vorgehen. Der BFH hat sich für eine zweistufige Vorgehensweise hinsichtlich der Berücksichtigung der Rechtsfolgen der vGA entschieden:[4] Auf der ersten Stufe, dh auf Ebene der Steuerbilanz ist die Vermögensminderung oder verhinderte Vermögensmehrung iRd Steuerbilanz ohne Berücksichtigung der Rechtsfolgen des § 8 III S 2 zu ermitteln. Auf der zweiten Stufe, wird die die Vermögensminderung oder verhinderte Vermögensmehrung außerhalb der Steuerbilanz (vgl Rn 478) korrigiert. Der Wortlaut des § 8 III S 2 spricht für eine Einkommenskorrektur. *Gosch* will hingegen unter Berufung auf den BFH (Hinzurechnung zum Steuerbilanzgewinn) eine Einkünftekorrektur annehmen.[5] Dem entspricht auch das Gewinnermittlungsschema in R 29 I KStR. Die Rechtsfolgen unterscheiden sich faktisch nicht.[6] Systematik und Wortlaut streiten eher für eine Einkommenskorrektur. 477

Außerbilanzielle Einkommenskorrektur. Die Korrektur der vGA erfolgt entgegen der überholten Ansicht, wonach die vGA innerhalb der Steuerbilanz zu korrigieren ist[7], außerhalb der Bilanz.[8] Sie ist also nicht zu bilanzieren sondern stellt eine Korrektur in Form einer Nebenrechnung iRd Einkommensermittlung 478

---

1 BFH II R 28/06, BStBl II 2008, 258.
2 *Götz*, ZEV 2008, 156; *Roser*, EStB 2008, 144; *Gosch* in Gosch § 8 Rn 230.
3 Gleichlautende Ländererlasse v 20.10.2010, BStBl I 2010, 1207.
4 BFH I R 137/93, BStBl II 2002, 366.
5 *Gosch* § 8 Rn 166, 177.
6 *Klingebiel* in D/J/P/W § 8 Abs 3 Teil C Rn 357.
7 *Meyer-Sievers*, DStR 1990, 543; *Schäfer*, DStZ 1995, 364; *Quantschniff*, DStJG 1991, Bd 14, 47.
8 BFH I R 137/93, BStBl II 2002, 366; BFH I R 58/05, BStBl II 2006, 928; BMF v 28.5.2002, BStBl I, 2002, 603.

dar. Die Besonderheiten der Teilbetragsrechnung und der Auswirkung der vGA bei Überpreiserwerben sind allerdings zu beachten. Die Auffassung von *Briese*, wonach die vGA als Ausschüttungsverbindlichkeit zu passivieren sei,[1] ist abzulehnen.[2]

479 **Geschäftsfallbezogene Korrektur.** Zur Korrektur des einzelnen Geschäftsvorfalls vgl Rn 254.

480 **Aktivierung und Passivierung von Wirtschaftsgütern.** Zur bilanziellen Erfassung von aktiven und passiven Wirtschaftsgütern iRv vGA vgl Rn 344 ff.

481 **Zeitpunkt der Korrektur.** Die Korrekturwirkung der vGA tritt im Zeitpunkt der Vermögensminderung oder der verhinderten Vermögensmehrung ein. Im Gegensatz zur Veranlassungsprüfung, die im Zeitpunkt der zivilrechtlichen Vereinbarung und damit im Einzelfall zu einem früheren Zeitpunkt eingreifen kann, ist die Korrektur stets korrespondierend mit der Änderung des Unterschiedsbetrags vorzunehmen.

482 **Erfassung beim Anteilseigner.** Auf die Besteuerung des Anteilseigners hat die vGA nach § 8 III S 2 zunächst keinen Einfluss. Eine vGA ist bei diesem erst mit Zufluss nach § 20 I Nr 1 EStG zu erfassen.[3]

483 **Dreieckssachverhalte.** Zu den Rechtsfolgen von vGA in Dreieckssachverhalten vgl Rn 545 Stichwort „Dreiecksfälle".

484 **KESt.** VGA lösen grundsätzlich gem § 43 I S 1 EStG KESt iHv 25 % aus (weitere Einzelheiten zum Kapitalertragsteuerabzug § 32 Rn 59). Allerdings gilt der Vorrang des Veranlagungs- vor dem Abzugsverfahren[4], so dass in der Praxis bei nachträglich festgestellten vGA keine KESt mehr nacherhoben wird, zumindest soweit der Empfänger im Inland der Steuerveranlagung unterliegt (zur anderweiten Abgeltungswirkung vgl § 32 Rn 52). Wird eine vGA allerdings bereits iRd Steuererklärung erklärt, so sind auch KESt einzubehalten und abzuführen. Trotz des Vorrangs der Veranlagung vor dem Abzugsverfahren ist es neben der grundsätzlich zu erfüllenden Einbehaltungspflicht auch aufgrund der Verzinsung der Einkommensteuernachforderung geboten, eine Kapitalertragsteueranmeldung abzugeben.[5] Wird erst iRe Betriebsprüfung eine vGA festgestellt, so können die Fristen nach § 44b III EStG zur Erstattung der KESt regelmäßig nicht eingehalten werden. Daher kann aus Billigkeitsgründen insoweit auf die Erhebung der KESt verzichtet werden, als bei rechtzeitigem Antrag die Voraussetzungen der Erstattung vorgelegen hätten.[6]

485 **Übernahme von KESt.** Übernimmt und entrichtet die Gesellschaft die KESt stellt dies wieder eine vGA dar, wenn nicht sogleich der Regressanspruch gegenüber dem Gesellschafter geltend gemacht wird (zu den weiteren Folgen § 32 Rn 52).[7]

---

1 *Briese*, FR 2009, 991.
2 *Kohlhepp*, FR 2009, 996.
3 *Gosch* in Gosch § 8 Rn 400.
4 OFD Münster v 7.11.2007, DB 2008, 204.
5 *Neumann*, VGA, 2. Aufl, S 232.
6 OFD Cottbus v 30.1.2003, HaufeIndex 1136077.
7 BFH VI R 122/67, BStBl II 1971, 53.

Minderung des Einlagekontos gem § 27. Im Zeitpunkt des tatsächlichen Abflusses der vGA liegt eine Leistung iSd § 27 I S 3 vor (vgl § 27 Rn 97), die zu einer Minderung des steuerlichen Einlagekontos führen kann (zur Differenzrechnung § 27 Rn 55).[1] 486

Steuerliche Organschaft. VGA sind auch im Verhältnis Organgesellschaft zu Organträger iRe ertragsteuerlichen Organschaft möglich. Das Einkommen der Organgesellschaft ist nämlich nach den allgemeinen steuerlichen Regelungen zu ermitteln, welche lediglich durch § 15 modifiziert werden und zu denen jedoch in jedem Fall § 8 III S 2 gehört. Um die drohende Doppelerfassung der vGA zu vermeiden, besteht Einigkeit darüber, dass die vGA aus dem Einkommen des Organträgers auszuscheiden ist.[2] Nach einem älteren Urteil des BFH ist dies auf dem Wege zu bewerkstelligen, dass die vGA aus dem zuzurechnenden Einkommen der Organgesellschaft eliminiert wird.[3] Die Finanzverwaltung und die hM in der Literatur verteten demgegenüber die systematisch zutreffende Auffassung, dass das Einkommen des Organträgers um die vGA als vorweggenommene Gewinnabführung zu kürzen ist (R 62 II KStR).[4] Bei vGA an dem Organträger nahestehende Personen erhöht sich das dem Organträger zuzurechnenden Einkommen der Organgesellschaft, es ergeben sich mithin keine Besonderheiten. 487

Einstweilen frei. 488-490

b) USt. Allgemeines. Liegt dem als vGA einzustufenden Vorgang ein umsatzsteuerbarer Leistungsaustausch zugrunde, so sind auch die umsatzsteuerlichen Folgen zu berücksichtigen. Dies gilt sowohl für die Berücksichtigung der USt als sich aus der vGA ergebender Nebenfolge (vgl Rn 492 ff) als auch für die wertbestimmende Funktion der USt iRd vGA nach § 8 III S 2 (vgl Rn 495). 491

Lieferung oder sonstige Leistung gegen ein zu geringes Entgelt oder ohne Entgelt. Erfolgt eine Lieferung oder sonstige Leistung der Körperschaft an den Anteilseigner ohne Entgelt, so ist der Tatbestand des § 3 IXa UStG einschlägig, und der Vorgang wird einer sonstigen Leistung gegen Entgelt gleichgestellt oder es liegt ein Fall des § 3 Ib UStG vor. Die Bemessungsgrundlage für Zwecke der USt bemisst sich gem § 10 IV UStG nach den bei Ausführung der Umsätze entstandenen Ausgaben bzw nach dem Einkaufspreis zuzüglich der Nebenkosten (Mindestbemessungsgrundlage).[5] Soweit die Lieferung oder Leistung hingegen nur gegen ein zu geringes Entgelt erfolgt, sind § 3 Ib und IXa UStG nicht anwendbar; die USt bemisst sich jedoch gem § 10 V iVm IV UStG ebenfalls nach der Mindestbemessungsgrundlage.[6] 492

Lieferung oder sonstige Leistung gegen ein zu hohes Entgelt. Erbringt der Gesellschafter gegenüber der Körperschaft eine Leistung gegen ein zu hohes Entgelt iRe umsatzsteuerbaren Leistungsaustausches, so besteht für eine Korrektur der Bemessungsgrundlage für die Zwecke der USt kein Bedarf und keine Rechtsgrundlage. 493

---

1 *Klingebiel* in D/J/P/W § 8 Abs 3 Teil C Rn 364.
2 *Lang* in D/J/P/W § 8 Abs 3 Teil D Rn 1818; *Gosch* in Gosch § 8 Rn 1048; *Schulte* in Erle/Sauter § 8 Rn 452.
3 BFH I R 150/82, BStBl II 1987, 455.
4 *Thiel*, DB 2006, 633; *Lang* in D/J/P/W § 8 Abs 3 Teil D Rn 1819.
5 *Klingebiel* in D/J/P/W Anh zu § 8 Abs 3 USt Rn 1.
6 *Schulte* in Erle/Sauter § 8 Rn 307.

Die USt knüpft an das zivilrechtliche Rechtsgeschäft und mithin an den erhöhten Betrag als Bemessungsgrundlage an.[1] Die Körperschaft kann aus der in einer Rechnung gesondert ausgewiesenen USt die Vorsteuer vollumfänglich ziehen, da die Leistung insgesamt an und für das Unternehmen erfolgt. Insoweit kann nur in einem erhöhten Nettobetrag eine vGA zu sehen sein. Vgl unten Rn 504.

494 **Übernahme von Kosten der privaten Lebensführung.** Übernimmt die Körperschaft Kosten der privaten Lebensführung des Gesellschafters, so besteht ungeachtet der Frage, ob in diesem Aufwand eine vGA oder eine nichtabziehbare Betriebsausgabe gesehen wird, in dem Maße, in dem der Leistung eine nichtunternehmerische Veranlassung zugrunde liegt, ein Abzugsverbot für die Vorsteuer aus § 15 I UStG. Dh soweit die Leistung nicht für unternehmerische Zwecke bezogen wurde, darf aus einer Rechnung keine Vorsteuer gezogen werden. Ggf ist der Rechnungsbetrag aufzuteilen, auch wenn dem einkommensteuerrechtlich das Abzugsverbot des § 12 EStG entgegenstehen sollte.[2] Insoweit erhöht die nichtabzugsfähige USt wiederum die vGA, da insoweit eine (weitere) Vermögensminderung vorliegt.

Beispiel

Die Kapitalgesellschaft lässt Räume renovieren, die zur Hälfte von der Kapitalgesellschaft, zur Hälfte vom Gesellschafter für außerbetriebliche Zwecke genutzt werden. Die Kapitalgesellschaft darf nur auf 50 % des Rechnungsbetrages die Vorsteuer ziehen. Hat die Kapitalgesellschaft die Rechnung vollständig als Aufwand verbucht und die Vorsteuer gezogen, so liegt im Grundsatz iHd hälftigen Bruttobetrages eine vGA vor. 50 % des Nettobetrages sind zu korrigierender Aufwand (Vermögensminderung). Hierbei bleibt es, wenn nicht die USt aufgrund des Verstoßes gegen § 15 I UStG korrigiert wird. Erfolgt aber diese Korrektur, so liegt in der nicht abzugsfähigen Vorsteuer ebenfalls eine vGA.

495 **Korrektur des Brutto- oder Nettowerts.** Es ist im Zusammenhang mit verhinderten Vermögensmehrungen fraglich, ob sich die vGA als Brutto- oder als Nettowert bemisst. Die Thematik wird im Allgemeinen kaum diskutiert.[3] Die Finanzverwaltung wendet § 10 Nr 2 deswegen nicht an, weil sie bereits den Wert der vGA um die USt erhöht, also als Bruttowert versteht.[4] Zutreffend wäre aber darauf abzustellen, welche Vermögensmehrung bei der Gesellschaft aufgrund der vGA unterblieben ist. In der abzuführenden USt auf den Bruttoverkaufserlös liegt keine potentielle Vermögensmehrung vor, da die USt als durchlaufender Posten direkt an die Finanzbehörden abzuführen ist und das Vermögen daher nicht erhöhen würde. Daher ist die Nettomethode bei verhinderten Vermögensmehrungen vorzugswürdig.[5]

496-497 *Einstweilen frei.*

---

1 BFH X R 12/81, BStBl II 1988, 210.
2 *Bülow* in Vogel/Schwarz § 15 UStG Rn 102 ff.
3 *Neumann*, VGA, 2. Aufl, S 484; *Schulze zur Wiesche/Ottersbach*, VGA und verdeckte Einlagen im Steuerrecht, 2004, S 70; *Schulte* in Erle/Sauter § 8 Rn 490.
4 *Gosch* in Gosch § 8 Rn 385.
5 Zutreffend *Janssen* in Lange/Janssen, VGA, Rn 269 f.

c) **Gemeinnützigkeit. Verstoß gegen Selbstlosigkeit.** Wird eine vGA festgestellt, kann dies für gemeinnützige Körperschaften zum Verlust der Steuerbegünstigung führen.[1] Das liegt daran, dass eine vGA eine Leistung an den Gesellschafter darstellt, die durch das Gemeinnützigkeitsrecht wegen des Gebots der Selbstlosigkeit untersagt ist.[2] Besonders anfällig für vGA sind gemeinnützige GmbHs, da hier der Einfluss der Gesellschafter auf die Geschäftsleitung anders als bei Stiftungen und Vereinen, höher ist; aber auch bei den gemeinnützigen Vereinen kann eine vGA auftreten. Im Grenzbereich zwischen § 17 EStG und dem gemeinnützigkeitsrechtlichen Mittelverwendungsgebot liegt die Frage, ob eine gemeinnützigkeitsschädliche vGA vorliegt, wenn ein verdeckter Kaufpreis für Anteile an gemeinnützigen GmbHs bezahlt wird.[3]

Rückgewährklausel. Eine Rückgewährklausel sorgt ggf dafür, dass eine Vorteilsgewährung an Gesellschafter und damit ein Verstoß gegen das Gemeinnützigkeitsrecht ausscheidet.[4] Das gilt unbeschadet der Tatsache, dass eine Rückgewährklausel für Zwecke der KSt und GewSt nicht zu einer Rückabwicklung der vGA führt (vgl Rn 499 ff), da der Zweck des Gemeinnützigkeitsrechts dahin geht, die Mittel für gemeinnützige Zwecke zu erhalten. Das ist zumindest dann gewährleistet, wenn der Rückforderungsanspruch werthaltig ist.[5]

Nicht nur geringfügiger Verstoß. Wurde keine Rückgewährklausel vereinbart, so ist gleichwohl das Gebot der Selbstlosigkeit nicht zwingend verletzt. Denn hierfür ist erforderlich, dass es sich um einen nicht nur geringfügigen Verstoß handelt. So ist etwa die Zuwendung kostenfreier Broschüren oder ähnlicher geringfügiger Zuwendungen nicht gemeinnützigkeitsschädlich. Während die vGA keinen Bagatellvorbehalt kennt, gilt ein solcher für das Gemeinnützigkeitsrecht.[6] Insbesondere bei Dauersachverhalten wird ein Verlust der Steuerbegünstigung aber ohne Rückgewährklausel nicht vermeidbar sein.

Einstweilen frei.

9. Höhe und Bewertung der vGA. a) Hinzurechnung des Aufwands bei einer Vermögensminderung. Ist eine Vermögensminderung (dh die Abzugsfähigkeit von Aufwand) zu beurteilen und steht fest, dass dieser Aufwand durch das Gesellschaftsverhältnis veranlasst war (etwa indem Kosten der privaten Lebensführung durch die Körperschaft getragen wurden), ist dieser Aufwand gesellschaftsrechtlich veranlasst und in eben dieser Höhe bei der Einkommensermittlung hinzuzurechnen (zum Gewinnaufschlag vgl Rn 505).

Totale und partielle vGA. Die Unterteilung in totale und partielle vGA[7] ist wenig hilfreich, da sie den Blick auf das eigentlich entscheidende Kriterium der Veranlassung verstellt. Totale vGA ist hiernach die Umqualifizierung einer Leistung ins-

---

1 BFH I R 59/09, BFH/NV 2011, 329.
2 *Tipke* in T/K § 55 AO Rn 9.
3 *Kohlhepp*, DB 2011, 1598.
4 *Weidmann/Kohlhepp*, Die gemeinnützige GmbH, 2. Aufl, 2009, § 7 Rn 18.
5 *Weidmann/Kohlhepp*, DB 2011, 497.
6 *Tipke* in T/K § 55 AO Rn 9.
7 Etwa *Oppenländer*, VGA, 2004, S 246.

gesamt, während partielle vGA nur bei teilweiser Unangemessenheit, zB eines bestimmten Vergütungsbestandteils, vorliegen sollen, dh wenn zB das Gehalt nur in einer angemessenen Höhe akzeptiert wird, und darüber hinaus vGA darstellt.

504 **Bruttokosten.** Da der Gesellschaft aufgrund § 15 I UStG ein Vorsteuerabzug aus dem als vGA qualifizierenden Aufwand versagt bleibt („für sein Unternehmen" vgl Rn 494), bilden bei Vermögensminderungen (anders bei verhinderten Vermögensmehrungen) die Bruttokosten die Höhe der vGA. Allerdings besteht angesichts des Wahlrechts des Unternehmers bezüglich der Zuordnung eines zu mehr als 10 % unternehmerisch genutzten Gegenstands zum Unternehmen iSd § 15 I UStG[1] keine Kongruenz zwischen vGA und Versagung des Vorsteuerabzugs wegen § 15 UStG.

Beispiel

Eine Kapitalgesellschaft erwirbt einen LKW zu überhöhtem Preis vom Gesellschafter. Der LKW wird nachweislich zu 70 % betrieblich genutzt, während der Gesellschafter-Geschäftsführer diesen zu 30 % für ein Einzelunternehmen nutzt. Die Kapitalgesellschaft kann umsatzsteuerrechtlich die vollen Vorsteuern ziehen, muss diese aber in den Folgejahren jeweils nach § 15a UStG korrigieren.

Körperschaftsteuerrechtlich ist die Situation verfahren. Einerseits liegt nach der hM wohl teilweise bereits im Erwerbszeitpunkt eine Vermögensminderung vor, die zu einer vGA führen müsste (vgl Rn 346f). Dabei müsste die USt aus der vGA ausgenommen bleiben, da hier die Vermögensminderung definitiv erst im Korrekturzeitraum nach § 15a UStG einsetzt. Richtig ist die hier vertretene Auffassung (Rn 347), wonach die Vermögensminderung erst durch die AfA anzunehmen ist. Hier korrespondieren vGA und USt-Korrektur.

505 **Gewinnaufschlag bei Vermögensminderung.** Der BFH will teilweise im Falle der Vermögensminderung die Höhe der vGA nach dem Fremdvergleichsgrundsatz bestimmen und kommt im Einzelfall daher auch zur Annahme eines Gewinnaufschlages.[2] Nicht zum Tragen kommt ein Gewinnaufschlag auch nach der Rechtsprechung des BFH zB bei Vermögensminderungen im Zusammenhang mit Geschäftsführervergütungen und Pensionszusagen. Ein Gewinnzuschlag sollte aber mE in Fällen der Vermögensminderung niemals gerechtfertigt sein. Sinn und Zweck der vGA nach § 8 III S 2 ist die Ermittlung der zutreffenden Leistungsfähigkeit der Körperschaft und eine dem entsprechende Gewinnkorrektur. Trägt die Körperschaft Kosten, die an sich durch den Gesellschafter zu tragen wären, so liegt lediglich in Höhe dieser Kostentragung eine unzutreffende Gewinndarstellung vor.[3]

506 *Einstweilen frei.*

507 **b) Ansatz des gemeinen Wertes bei verhinderter Vermögensmehrung.** Eine verhinderte Vermögensmehrung tritt ein, wenn eine Leistung der Gesellschaft ohne oder ohne angemessene Gegenleistung erbracht wird. Maßgeblich dafür, ob die Gegenleistung angemessen ist, kann nur der im gewöhnlichen Geschäftsverkehr erzielbare Gegen-

---

1 *Wagner* in Sölch/Ringleb § 15 UStG Rn 260.
2 BFH I R 70/04, DB 2005, 1145; dazu sogleich.
3 *Kohlhepp*, DStR 2009, 357.

wert der Leistung, mithin der gemeine Wert iSd § 9 BewG sein.[1] Für eine zutreffende Anpassung des Gewinns der Körperschaft bedarf es daher einer Gewinnerhöhung nach Maßgabe des gem § 9 BewG erzielbaren Betrages. Allerdings ist § 9 BewG nicht uneingeschränkt auf die vGA anwendbar, da bei der Bewertung vGA auch ungewöhnliche und persönliche Verhältnisse zu berücksichtigen sind, die ein ordentlicher und gewissenhafter Geschäftsleiter im Geschäftsverkehr mit fremden Dritten mit in die Preiskalkulation einbezogen hätte.[2] § 9 BewG gilt also für vGA mit der Maßgabe, dass § 9 II S 3 BewG keine Anwendung findet (zum Gewinnaufschlag vgl Rn 509).[3]

USt und gemeiner Wert. Ist der einer verhinderten Vermögensminderung zugrundeliegende Vorgang bei der Körperschaft nicht umsatzsteuerpflichtig (weil diese zB steuerfreie Leistungen ausführt), so ist der gemeine Wert iSd § 9 BewG bei der Bewertung der vGA unter der Maßgabe anwendbar, dass sich der gemeine Wert iSd § 9 BewG nach den individuellen Verhältnissen richtet. Somit ist auf Ebene der Kapitalgesellschaft der drittübliche Wert anzunehmen. Bei umsatzsteuerpflichtigen Unternehmern gilt dies entsprechend, so dass die individuellen Verhältnisse zum Ansatz der vGA mit dem Nettowert führen, da nur insoweit eine Vermögensmehrung bei der Gesellschaft eintreten würde Die USt als durchlaufender Posten würde den Gewinn der Körperschaft nicht erhöhen und auch nicht zu einer Unterschiedsbetragsänderung iSd § 4 I Nr 1 EStG führen können.

508

Gewinnaufschlag bei verhinderter Vermögensmehrung. Aufgrund des Ansatzes der vGA mit dem gemeinen Wert gem § 9 BewG sieht die hM in der Literatur[4] und Rechtsprechung[5] grundsätzlich immer eine Verpflichtung zur Berücksichtigung eines Gewinnaufschlags bei verhinderten Vermögensmehrungen. Dies wird damit begründet, dass ein ordentlicher und gewissenhafter Geschäftsleiter bei einer Leistung einen Marktpreis (der einen Gewinnaufschlag enthält) durchsetzen würde. Da die Zwecksetzung des § 8 III S 2 jedoch nur die Erfassung der zutreffenden Leistungsfähigkeit des jeweiligen Steuersubjektes ist, können mE entgegen der hM bei verhinderten Vermögensmehrungen Unterschiede zum Fremdvergleichspreis auftreten. Das ist insbesondere dann der Fall, wenn eine Leistung zwischen Gesellschaft und Anteilseigner in Frage steht, die nicht dem Leistungsspektrum der Gesellschaft entstammt.[6] Alleine im Kerngeschäft der Körperschaften kann ein Gewinnzuschlag in Betracht kommen und vor Sinn und Zweck des § 8 III S 2 zu rechtfertigen sein.[7] Diese Einschränkung korrespondiert mit der Ablehnung der Liebhaberei bei Körperschaften.[8] Im Bereich der Verlustbetriebe kommt ein genereller Gewinnaufschlag ebenfalls nicht in Betracht. Auch für den Bereich der Vermögensverwaltung steht es der Kapitalgesellschaft grundsätzlich frei, ob sie Gewinne erzielen will, oder sich mit einem Kostenersatz begnügt.

509

---

1 BFH I 262/63, BStBl II 1968, 105; BFH I R 250/72, BStBl II 1975, 306.
2 BFH I R 250/72, BStBl II 1975, 306.
3 BFH I R 250/72, BStBl II 1975, 306.
4 *Schulte* in Erle/Sauter § 8 Rn 431; *Janssen* in Lange/Janssen, VGA, Rn 265.
5 BFH I R 54/95, BFHE 182; BFH I R 8/06, BFH/NV 2008, 1057.
6 Insoweit im Ansatz richtig *Janssen* in Lange/Janssen, VGA, Rn 265 f.
7 *Kohlhepp*, DStR 2009, 357.
8 *Hüttemann*, DStJG 2010, 321.

510-511 *Einstweilen frei.*

512 **10. Rückabwicklung und Vorteilsausgleich. a) Rückabwicklung. Grundsatz der fehlenden Rückabwicklungsmöglichkeit.** VGA sind grundsätzlich geschäftsvorfallbezogen zu ermitteln (vgl Rn 254). Das bedeutet auch, dass eine Rückforderung des vGA-Betrages von dem Gesellschafter die Rechtsfolgen der vGA nicht zu heilen vermag. Von diesen Grundsätzen geht auch der BFH in ständiger Rechtsprechung aus. Die Forderung der Gesellschaft gegen ihren Gesellschafter auf Rückgewähr der vGA kompensiert hiernach nicht die vGA, sondern stellt als „actus contrarius" eine Einlageforderung dar.[1] Etwas anderes gilt lediglich dann, wenn eine Vermögensminderung oder verhinderte Vermögensmehrung von Anfang an entweder gar nicht eingetreten ist, weil die Vorschriften der Bilanzkorrktur vorrangig zu beachten sind, oder mit einem anderen Vorteil im Zusammenhang steht (sog Vorteilsausgleich vgl Rn 520 ff).

513 **Bilanzkorrektur.** Es ist dennoch ebenfalls allgemein anerkannt, dass die Bilanzkorrektur grundsätzlich gegenüber der vGA vorrangig ist.[2] Dh wirkt ein entstehender Rückforderungsanspruch bereits dergestalt auf die (Steuer-)Bilanz ein, dass die (geschäftsvorfallbezogene) Vermögensminderung (zumindest teilweise) kompensiert wird, so entsteht insoweit keine vGA. Voraussetzung ist, dass der Ersatzanspruch bilanziert werden kann. Dies erfordert neben den Tatbestandsvoraussetzungen des Schadensersatzanspruches auch das Anerkenntnis bzw mutmaßliche Nichtbestreiten oder das Vorliegen eines rechtskräftigen Zivil- oder eines anerkannten Schiedsurteils. Dabei ist nicht abschließend geklärt, in welchen Fällen der entstehende Ersatzanspruch auf der denklogisch der vGA vorgreiflichen Stufe der bilanziellen Korrektur Berücksichtigung finden darf und wann dies aufgrund der Einstufung dieses Anspruches als Einlage einer Forderung ausgeschlossen ist.[3] Der BFH führt zwar aus: „dass jede Forderung einer Kapitalgesellschaft gegen ihren Gesellschafter solange, als sie nach den Grundsätzen ordnungsmäßiger Bilanzierung in der Steuerbilanz in voller Höhe zu aktivieren ist, nicht Gegenstand einer verdeckten Gewinnausschüttung i.S. des § 8 Abs. 3 Satz 2 KStG sein kann. Der die Vermögensminderung ausschließende Ansatz in der Steuerbilanz hat Vorrang vor der Rechtsfolge des § 8 Abs. 3 Satz 2 KStG".[4] Dies steht jedoch nicht im Einklang mit dem Grundsatz, dass grundsätzlich jeder Rückgewähranspruch als verdeckte Einlage zu behandeln ist (vgl Rn 514).

514 **Vertragliche Rückgewähr- und Steuerklauseln.** Für Rückgewährforderungen aufgrund von Satzungsklauseln oder aufgrund § 31 GmbHG geht der BFH davon aus, dass eine Einlageforderung vorliegt.[5] Der BFH hat jedoch bislang offengelassen, ob dies auch bei Rückgewähransprüchen aus einem weitergehenden allgemeinen Schadensersatz ebenso gilt.

---

1   BFH I B 164/98, BFH/NV 2000, 749; BFH I R 118/93, BStBl II 1997, 92; BFH VIII R 4/01, BFH/NV 2005, 105.
2   BFH I R 88/97, BFH/NV 1998, 1374; BFH I B 38/99, BFH/NV 2000, 751.
3   Vermeintliche Klarheit dagegen bei *Gosch* in Gosch § 8 Rn 516: in keinem Fall kann die vGA vermieden werden; vgl aber Rn 249 f, wo Schadensersatzansprüche (= gesetzliche Rückgewähransprüche?) im Einzelfall doch beachtlich sein sollen.
4   BFH I R 6/94, BStBl II 1997, 89.
5   BFH VIII B 113/99, nv; BFH VIII B 38/98, DStR 1998, 1547.

Allgemeine Schadensersatzansprüche. Es ist nicht abschließend geklärt, unter welchen Voraussetzungen allgemeine Schadensersatzansprüche, etwa aus Delikt oder aus Schlechterfüllung, zu einer Einlageforderung oder zu einer Kompensation der Vermögensminderung führen können. Die insoweit teilweise konstatierte[1] Differenz in der Rechtsprechung des I. und des VIII. Senats existiert mE nicht. Vielmehr bemühen sich beide Senate um eine einheitliche Linie[2], die jedoch entweder noch nicht eindeutig festgelegt oder in den veröffentlichten Urteilen noch nicht zutage getreten ist. Im Einzelnen gilt: bei Schadensersatzansprüchen, die unmittelbar in Folge eines schädigenden Ereignisses aufgrund gesetzlicher Vorschriften entstehen, soll die Aktivierung des Rückforderungsanspruches grundsätzlich möglich sein.[3] In diese Richtung weist eine Entscheidung des BFH, in der dieser zwischen innerbetrieblichem (beachtlich) und außerbetrieblichem (unbeachtlich) Schaden unterscheidet.[4] Ein außerbetrieblicher Schaden soll hiernach vorliegen, wenn die Schadenszufügung durch den Gesellschafter-Geschäftsführer gesellschaftlich mit veranlasst ist. Dagegen liegt ein innerbetrieblicher Schaden etwa bei einem bloßen Buchungsversehen oder bei rechtswidrigen Handlungen des Minderheitsgesellschafters vor. Zumindest bei Verletzung der gesellschaftsrechtlichen Treuepflicht soll jedoch eine Einlageforderung vorliegen.[5] Da es hiernach auf die Qualität des die vGA hervorrufenden Ereignisses ankommt, ist es letztlich maßgebend, ob eine Handlung der Körperschaft zugerechnet werden kann oder nicht. Eine Aktivierung eines Rückforderungsanspruches ist also möglich, wenn entweder ein bloßes Buchungsversehen vorliegt oder die Schädigung der Körperschaft nicht objektiv zugerechnet werden kann. In beiden Fällen liegt aber bereits dem Grunde nach keine vGA vor. Damit kommt eine Rückgängigmachung einer vGA nach der Rechtsprechung des I. und des VIII. Senats nicht in Betracht, wenn dem schädigenden Ereignis eine vGA zugrunde liegt. Ist das schädigende Ereignis hingegen keine vGA, ist der Schadensersatzanspruch zu aktivieren[6] bzw begründet die fehlende Aktivierung erst die vGA. Die weiterreichende Ansicht der Literatur, wonach zumindest in den Fällen, in denen über das Bestehen einer vGA keine Klarheit herrscht, satzungsmäßige Rückforderungsansprüche aktivierbar sein müssten[7], lässt sich in der Praxis nicht umsetzen. Im Ergebnis ist verstärktes Augenmerk auf die Zurechnung der vGA zu legen. So wäre ein der Gesellschaft nicht zurechenbares Verhalten des Geschäftsführers und Minderheitsgesellschafters nicht vGA auslösend, weshalb durch die hierdurch entstehende Schadenszufügung ein Anspruch (innerbetrieblicher Schaden[8]) der Gesellschaft entsteht. Inwieweit die Zurechnung der vGA durch fehlende Kenntnis des Gesellschafters verhindert werden kann[9], oder ob es hierauf gerade nicht ankommt[10], ist zumindest auf Ebene der Kapitalgesellschaft noch offen.[11]

515

§ 8

---

1 *Wilk* in H/H/R § 8 Rn 115.
2 Insbesondere hierzu BFH VIII R 10/07, BFH/NV 2009, 1815.
3 *Gosch* in Gosch § 8 Rn 522.
4 BFH I R 23/03, BFH/NV 2004, 667.
5 BFH VIII R 10/07, BFH/NV 2009, 1815.
6 BFH VIII R 4/01; BFH/NV 2005, 105; BFH I R 126/95, BFH/NV 1997, 355.
7 *Pezzer*, StbKRep 1997, 63; *Döllerer*, ZGR 1985, 386; *derselbe*, BB 1986, 97; zusammenfassend *Kohlhepp*, VGA, 2006, S 148.
8 BFH I R 23/03, BFH/NV 2004, 667.
9 BFH VIII R 54/05, BStBl II 2007, 830.
10 *Frotscher* in Frotscher/Maas Anh zu § 8 Rn 79.
11 *Kohlhepp*, DB 2008, 1523.

516	**Behandlung beim Gesellschafter.** Beim Gesellschafter gilt umgekehrt, dass eine Rückgewährverpflichtung den Zufluss nach § 20 I Nr 1 EStG nicht verhindern kann, sondern ihrerseits zu einer Einlageverpflichtung führt.[1]
517	**Beherrschender Gesellschafter.** Kein Unterschied besteht hiernach in der Behandlung beherrschender und nicht beherrschender Gesellschafter. Ungeachtet dessen muss ein Schadensersatzanspruch rechtlich denkbar sein. Dh wenn die Gesellschafterversammlung einer Maßnahme des Geschäftsführers zustimmt, die als vGA zu beurteilen ist, kommt ein Schadensersatzanspruch nicht in Betracht.
518-519	*Einstweilen frei.*
520	**b) Vorteilsausgleich. Bedeutung.** Der Vorteilsausgleich steht der Annahme einer vGA entgegen, weil es unter Berücksichtigung aller betrachteten Rechtsverhältnisse nicht zu einer Vermögensminderung bzw verhinderten Vermögensmehrung bei der Kapitalgesellschaft gekommen ist.
521	**Anforderungen.** Mehrere Handlungen, Geschäfte, sowie Geschäftsvorfälle zwischen Gesellschaft und Gesellschafter sind gemeinsam zu betrachten, wenn über diese Zusammenfassung eine eindeutige Vereinbarung im Voraus besteht und die Verträge miteinander in einem zeitlichen Zusammenhang[2] stehen.[3] Insoweit können Vermögensnachteile durch anderweitige Vermögensvorteile ausgeglichen werden.[4] Dabei ist eine genaue Dokumentation in der Argumentation mit der Finanzverwaltung sicherlich hilfreich, jedoch keine Voraussetzung des Vorteilsausgleichs.[5]
522	**Personale Gegenseitigkeit.** Um zu einem Ausgleich zu gelangen, müssen die Vereinbarungen gegenseitig sein, dh dieselben Vertragsparteien müssen einerseits begünstigt, andererseits benachteiligt sein. Da aber nahestehende Personen auch Begünstigte der vGA sein können, kann auch insoweit ein Vorteilsausgleich unter Einbeziehung nahestehender erfolgen. In diesem Fall sind zwischen nahestehendem und Gesellschafter die richtigen Folgerungen zu treffen. Innerhalb eines Konzerns können Vor- und Nachteile auf Seiten der Kapitalgesellschaft nicht verrechnet werden.
523	**Kein Vorteilsausgleich.** Ein Vorteilsausgleich kann zB nicht angenommen werden, bei
- zinslosem Baudarlehen an die Gesellschaft gegen verbilligte Wohnungsüberlassung,[6]
- unenentgeltlicher Büroraumüberlassung gegen Gehaltsnachzahlung,[7]
- verbilligter Anmietung und Vermietung,[8]
- unangemessener Gehaltserhöhung für Ehegatten gegen Gehaltsminderung des Gesellschafters.[9]

---

1 BFH VIII R 59/97, BStBl II 2001, 226; BFH VIII R 7/99, BStBl II 2001, 173.
2 Nach *Wassermeyer* in F/W/B/S § 1 AStG Rn 795 soll eine Zeitspanne von 12 Monaten ausreichen.
3 BFH I 130/62 U, BStBl III 1965, 598; BFH I 65/60 N, BStBl III 1062, 450.
4 *Gosch* in Gosch § 8 Rn 260.
5 *Wilk* in H/H/R § 8 Rn 115.
6 BFH I R 95/75, BStBl II 1977, 704.
7 BFH I R 241/71, BStBl II 1974, 497.
8 BFH I R 25/82, BStBl II 1989, 248.
9 FG Saarland 1 K 129/99, EFG 2002, 1555.

VII. VGA

Gegenseitige (synallagmatische) Verträge. Der Zusammenhang zwischen einem erlittenen wirtschaftlichen Nachteil der Körperschaft und einem der Körperschaft „im Gegenzug" gewährten wirtschaftlichen Vorteil ist nach dem grundlegenden Urteil des BFH[1] zu bejahen bei: **524**

- Leistungen und Gegenleistungen, die sich aus einem gegenseitigen Vertrag ergeben und miteinander in einem zivilrechtlichen Synallagma stehen. Eine vGA kann insoweit nur vorliegen, wenn die Leistung der Körperschaft insgesamt gesehen die Leistung des Gesellschafters übersteigt.

- Leistungen und Gegenleistungen, die miteinander in einem wirtschaftlichen Zusammenhang stehen, so dass die Geschäfte wirtschaftlich als einheitliches Geschäft anzusehen sind. Voraussetzung ist allerdings, dass auch eine enge zeitliche Verknüpfung zwischen den unterschiedlichen Rechtsgeschäften vorliegt.

- künftigen Vorteilen, die bereits hinreichend der Höhe und dem Grunde nach gesichert sind. Für eine solche Sicherung bedarf es wohl eines gegenseitigen vorherigen Vertrages, durch den die künftigen Vorteile zumindest zum Rechtsgrund der Vorteilsgewährung an den Gesellschafter werden; so kann im Falle des Fortfalls der künftigen Vorteile auch die eigene Leistung der Körperschaft kondiziert werden.

Einstweilen frei.   **525-527**

11. Beweislast. Kapitalgesellschaften. Akzeptiert man die Rechtsprechung des BFH zum Fehlen einer privaten Sphäre bei Kapitalgesellschaften (hierzu im Detail Rn 180 ff), sind alle Ausgaben der Kapitalgesellschaft zunächst als Betriebsausgaben anzuerkennen. Der hierfür zu erbringende Nachweis auf Seiten der Kapitalgesellschaft bezieht sich lediglich auf die Kostentragung, dh auf die sog „formelle Veranlassung".[2] Auf zweiter Stufe ist zu untersuchen, ob eine Einkommenskorrektur aufgrund einer „materiellen" Veranlassung im Gesellschaftsverhältnis als vGA vorliegt, wofür die Feststellungslast dem Finanzamt iRd Amtsermittlungspflicht gem § 88 AO obliegt.[3] Denn die Frage, ob ein Abzug als Betriebsausgabe zulässig ist, richtet sich nicht danach, ob die Veranlassung einer Aufwendung im Geschäftsbetrieb liegt, da der Abzug als Betriebsausgabe unabhängig davon möglich ist. Dagegen ist eine „materielle" Veranlassung im Gesellschaftsverhältnis auf zweiter Stufe der Gewinnermittlung für eine Einstufung als vGA maßgeblich; hierauf beruft sich die Finanzverwaltung und trägt dafür die Feststellungslast.   **528**

Nachkalkulation. Ergeben sich Hinzuschätzungsbeträge des Finanzamts aufgrund von Differenzen, so führt dies auf Ebene der Kapitalgesellschaft ggf zu einer Gewinnerhöhung. Um jedoch zu einer vGA zu gelangen, muss eine Veranlassung im Gesellschaftsverhältnis nachgewiesen werden.[4] Zweifel gehen zu Lasten der Gesellschaft. Eine vGA gilt immer im Verhältnis der Beteiligungsquoten als zugewandt. Dagegen ist auf Ebene des Anteilseigners eine konkrete Veranlassung im jeweiligen Gesellschaftsverhältnis ebenso wie ein Zufluss nachzuweisen.   **529**

---

1   BFH I R 95/75, BStBl II 1977, 704.
2   *Gosch* in Gosch § 8 Rn 495.
3   Ausführlich *Kohlhepp*, VGA, 2006, S 176 ff.
4   Zu dieser Unterscheidung *Brete*, GmbHR 2010, 911.

530 **Umfang des Nachweises.** Die Feststellungslast des Finanzamts betrifft jedes einzelne Tatbestandsmerkmal der vGA; somit sind Vermögensminderung oder verhinderte Vermögensmehrung, Veranlassung im Gesellschaftsverhältnis und Vorteilsgeneigtheit jeweils zu belegen.

531 **Sonstige Körperschaften.** Auf der ersten Stufe der Gewinnermittlung müssen die sonstigen Körperschaften nach hM nachweisen, dass bestimmte Ausgaben mit Einnahmen in ursächlichem Zusammenhang stehen, für die eine Gewinnerzielungsabsicht besteht. Auch hinsichtlich der Gewinnerzielungsabsicht ist die Körperschaft dann beweisbelastet. Halten Ausgaben dieser Prüfung stand, sind sie als Betriebsausgaben grundsätzlich abziehbar. Auf der zweiten Stufe der Gewinnermittlung kann allerdings eine Korrektur des Einkommens aufgrund der Vorschrift des § 8 III S 2 erfolgen. Ob insoweit eine Veranlassung im Gesellschaftsverhältnis vorliegt ist wiederum vom Finanzamt zu beweisen bzw dieses hat die Rechtsfolgen der Beweislosigkeit zu tragen. Da aber die Liebhaberei bereits weitgehend den Tatbestand der vGA konsumiert, erhöht sich bei allen Körperschaften, die nicht Kapitalgesellschaften sind, das Beweisrisiko. Der gesamte Bereich der Liebhaberei betrifft iRd Beweislastverteilung die Risikosphäre der Körperschaft. Freilich ändert sich nach Feststellung des Betriebsausgabencharakters für die Beweislastverteilung bei der vGA selbst nichts.

532 **Gesellschafter.** Die Finanzbehörde muss auch nachweisen, dass ein sonstiger Bezug iSd § 20 I Nr 1 S 2 EStG vorliegt, um die Rechtsfolge der vGA auf Gesellschafterebene durchschlagen zu lassen. Das gilt auch für die Veranlassung im Gesellschaftsverhältnis.[1] Die Veranlassung muss unmittelbar im Bezug zu dem betroffenen Einkommensteuerpflichtigen dargelegt werden. Es genügt nicht, darzutun, die Leistung sei jedenfalls durch irgendein Gesellschaftsverhältnis veranlasst. Da die vGA einem Anteilseigner konkret zugerechnet werden muss, muss es gerade sein Verhältnis zu der Körperschaft sein, das Basis der Leistung ist. Da eine vGA aufgrund der Anwendung des Halb- oder Teileinkünfteverfahrens für den Gesellschafter auch vorteilhaft sein kann, besteht aber auch die Möglichkeit, dass der Gesellschafter die Voraussetzungen des § 20 I EStG als der ihm günstigeren Norm beweisen muss. Der Steuerpflichtige wird sich regelmäßig auf eine vGA nach § 20 I Nr 1 S 2 EStG berufen, wenn er damit die Besteuerung mit seinem individuellen Steuersatz vermeiden kann und auf Ebene der Körperschaft eine vGA bereits festgestellt und besteuert wurde (so dass das Korrespondenzprinzip nicht zur Anwendung kommt, vgl § 8b Rn 184 ff). Verfahrensrechtlich ermöglicht § 32a eine Anpassung der Besteuerung bei späterer Qualifikation von Leistungen als vGA auf Gesellschaftsebene (vgl § 32a Rn 17 ff).

533 **Gegenbeweis Vorteilsausgleich.** Hat die Finanzbehörde Beweise für die Veranlassung einer bestimmten Aufwendung oder eines entgangenen Gewinns der Körperschaft im Gesellschaftsverhältnis vorgebracht, steht dem Gesellschafter bzw der Körperschaft als Gegenbeweis insbesondere der Nachweis eines Vorteilsausgleichs offen (zum Vorteilsausgleich auch Rn 520 ff). Mittels des Vorteilsausgleichs wird nicht ein Un-

---

1 AA *Weber-Grellet* in Schmidt § 20 EStG Rn 74.

gleichgewicht zwischen Leistung und Gegenleistung bestritten. Stattdessen wird geltend gemacht, Leistung und Gegenleistung stünden im Kontext eines übergreifenden Geschäftsverhältnisses zwischen Gesellschafter und Körperschaft und müssten auch übergreifend auf ihre gesellschaftsrechtliche Veranlassung überprüft werden. Da nach wie vor dem Finanzamt die Beweislast für die Frage obliegt, ob das übergreifende Geschäftsverhältnis gesellschaftsrechtlich veranlasst ist, reduziert sich der Inhalt des Gegenbeweises des Anteilseigners auf die Darlegung einer rechtlichen Verknüpfung zwischen dem isoliert als vGA erscheinenden Vorfall und dem gesamten Geschäftsverhältnis.

Mitwirkungspflichten. In der Rechtsprechung[1] und Literatur[2] herrscht weitgehend Einigkeit darüber, dass sich aus Verstößen des Steuerpflichtigen gegen seine Mitwirkungspflichten bei der Aufklärung des Sachverhaltes eine Beweislasterleichterung für die Finanzverwaltung ergibt. Rechtsgrundlage für eine solche Beweismaßreduzierung sind die analoge Anwendung des § 96 I S 1 Hs 2 FGO iVm § 162 AO und § 444 ZPO.[3] Nach § 444 ZPO sollen dem Beweisverderber aus seinem Verhalten keine Vorteile erwachsen. Ist iRd Nachweises von Tatsachen, Indizien oder Vermutungen die Mitwirkung des Steuerpflichtigen oder eines Dritten erforderlich, so kann das Gericht bzw die Verwaltung von einem Nachweis ausgehen, wenn dieser die Mitwirkung verweigert.[4] Das gilt nicht, wenn ein mitwirkungsverpflichteter Dritter die Mitwirkung verweigert. Mitwirkungspflichten ergeben sich darüber hinaus insbesondere aus den Aufzeichnungspflichten bei Auslandssachverhalten nach § 90 III S 5 AO iVm der GAufZ.

Möglichkeit und Zumutbarkeit. Die Erfüllung der Mitwirkungspflichten muss allerdings zumutbar sein, dh es darf nicht über die Mitwirkungspflichten quasi zu einer Umkehr der Beweislast kommen.[5]

Keine Beweiserleichterung der Höhe nach. Die sphärenorientierte Beweisrisikoverteilung betrifft nur die Frage, ob eine vGA vorliegt. Für die Höhe der vGA folgt daraus allenfalls eine Schätzungsbefugnis des Finanzamts gem § 162 I AO. Der Höhe nach muss sich diese Schätzung, die auf einer bestimmten Bandbreitenbetrachtung basieren wird, am für den Steuerpflichtigen günstigen unteren oder oberen Rand der Bandbreite bewegen.[6]

Rechtsverhältnisse mit beherrschenden Gesellschaftern. Auch Aufwendungen mit Bezug auf beherrschende Gesellschafter sind zunächst Betriebsausgaben. Daher obliegt der Finanzverwaltung auch hier der Nachweis der vGA. Die Mitwirkungspflichten der Gesellschaft gehen jedoch dahin, dass der vorherige Abschluss einer Vereinbarung mit dem beherrschenden Gesellschafter glaubhaft zu machen ist. Eine Beweislastumkehr ist damit nicht verbunden.[7]

---

1 BFH X R 16/86, BStBl II 1989, 462; BFH I R 103/00, BStBl II 2004, 171; BFH I R 48/02, BStBl II 2004, 425; BFH III R 9/03, BStBl II 2005, 160.
2 *Wassermeyer*, DB 2001, 2465, 2467; *derselbe*, StbJb 1997/98, 79, 81; *Oppenländer*, VGA, 2004, S 200; *Lang* in D/J/P/W § 8 Abs 3 Teil C Rn 111.
3 *Seer* in T/K § 96 FGO Rn 71.
4 BFH IR 103/00, BStBl II 2004, 171.
5 *Gosch* in Gosch § 8 Rn 499.
6 *Lang* in D/J/P/W § 8 Abs 3 Teil C Rn 113.
7 AA *Lang* in D/J/P/W § 8 Abs 3 Teil C Rn 706.

538 **Zivilrechtliche Schadensersatzansprüche.** Zivilrechtliche Schadensersatzansprüche der Gesellschaft gegen den Gesellschafter verpflichten die Gesellschaft nur zum Nachweis des Schadens, während der Gesellschafter den Nachweis der Beachtung der Verhaltensweise eines ordentlichen und gewissenhaften Geschäftsleiters zu besorgen hat.[1]

539 **Nahestehen.** Bei Leistungen an nahestehende Personen muss das Finanzamt auch den Nachweis über das „Nahestehen" erbringen.[2] Aufgrund der Weite der Nahestehens-Definition ist dieser Nachweis grundsätzlich leicht zu führen. Aus diesem Grunde sollte die Definition grundlegend überdacht werden (vgl oben Rn 466 ff).

540 **Beweislast bei § 20 I Nr 1 EStG.** Die Beweislast für das Vorliegen steuererhöhender Tatsachen liegt beim Finanzamt. Folglich ist dem Finanzamt grundsätzlich auch der Nachweis des Vorliegens einer vGA nach § 20 I Nr 1 EStG aufzuerlegen, wenn die Einkünfte ansonsten beim Anteilseigner noch nicht erfasst sind. Geht es allerdings um eine Umqualifizierung von Einkünften etwa aus nichtselbständiger Tätigkeit, Vermietung und Verpachtung usw, kann es auf die Verhältnisse des Einzelfalles ankommen, so dass die Nachweisproblematik nicht pauschal beantwortet werden kann. So kann, soweit sich der Steuerpflichtige auf eine Steuerbefreiung nach § 3 Nr 40 EStG bzw § 8b stützt, der Nachweis der Einkünfte nach § 20 I EStG als Tatbestandsmerkmal der Steuerbefreiungsvorschriften ihm obliegen.[3]

541-544 *Einstweilen frei.*

545 **12. ABC der vGA. Abfindungen:** Für die Beurteilung von Abfindungen ist zu unterscheiden zwischen beherrschenden Gesellschaftern und Minderheitsgesellschaftern. Abfindungen an Minderheitsgesellschafter können Betriebsausgabe sein, wenn damit eine Vertragsbeendigung vor Ablauf der regulären Kündigungsfrist abgegolten werden soll.[4] Ebenso, wenn ein besonderer Einsatz des Geschäftsführers abgegolten wird.[5] Maßstab der Höhe nach ist die Rechtsprechung der Arbeitsgerichte, wonach für jedes Beschäftigungsjahr eine Abfindung iHv 50 % des Monatsgehalts ergibt.[6]

Bei beherrschenden Gesellschaftern und ihnen nahestehenden Personen ist hingegen regelmäßig von einer vGA auszugehen.[7] Ist eine Abfindungszahlung im Einzelfall angemessen, so schade auch deren Vereinbarung erst im Ausscheidenszeitpunkt nicht.[8] Insbesondere gilt dies, wenn der Gesellschaft ein Kündigungsrecht zusteht und sie von diesem ohne zivilrechtliche Verpflichtung zu einer Abfindungszahlung Gebrauch machen könnte.[9] Erhält der Nur-Gesellschafter eine Abfindung für den Verzicht auf Gesellschafterrechte, so kann in einem gegenüber dem Verkehrswert

---

1 BGH II ZR 224/00, BGHZ 152, 280.
2 *Gosch* in Gosch § 8 Rn 233.
3 *Lang* in D/J/P/W § 8 Abs 3 Teil C Rn 707.
4 FG Köln 13 K 521/02, EFG 2003, 118; vgl auch BFH I B 161/08, BFH/NV 2009, 969.
5 BFH I B 161/08, BFH/NV 2009, 969.
6 *Schulte* in Erle/Sauter § 8 Rn 394 mwN.
7 BFH I B 1/98, BFH/NV 2000, 1364.
8 *Gosch* in Gosch § 8 Rn 557.
9 Sächsisches FG 1 K 1769/05, Haufe-Index 2023691; bestätigt durch BFH I B 162/08, BFH/NV 2009, 1458.

erhöhten Entgelt eine vGA liegen, wenn nicht die für lästige Gesellschafter geltenden Grundsätze eingreifen.[1] Zahlungen an Arbeitnehmer-Ehegatten sind vGA, wenn sie in vergleichbaren Fällen an familienfremde Dritte nicht gezahlt worden wären.

Abfluss: Der Abfluss der vGA hat seit der Einführung des Halbeinkünfte-/Teileinkünfteverfahrens lediglich Einfluss auf die KESt (vgl Rn 484).

Abwärtsverschmelzung: Teilweise wird angenommen, dass die Verschmelzung einer MG auf ihre TG dann zu einer vGA führt, wenn hierdurch das Stammkapital der TG angegriffen wird.[2] *Gosch* hat zu Recht ausgeführt, dass es in diesem Fall aber an der gesellschaftlichen Veranlassung der Vermögensminderung der TG fehlt.[3]

AfA (Abschreibungen): Ob Abschreibungen zu vGA führen können, ist umstritten. Die hM und Verwaltung gehen davon aus, dass im Falle überhöhter Anschaffungskosten eines Gegenstands des Anlagevermögens nur der drittübliche Wert zu aktivieren ist und der Differenzbetrag im Jahr der Anschaffung des Wirtschaftsgutes eine vGA darstellt.[4] Handelsrechtlich ist als Ansatz hingegen in jedem Fall der Wert der Gegenleistung maßgeblich, so dass am folgenden Bilanzstichtag ggf eine Abschreibung auf den niedrigeren beizulegenden Wert durchzuführen ist.[5] ME sind Wirtschaftsgüter in der Handels- und in der Steuerbilanz nach dem Grundsatz der Maßgeblichkeit einheitlich zu behandeln, auch weil § 8 III S 2 keine Bilanzierungsvorschrift ist. Folgt man dieser Auslegung, ist die regelmäßige Abschreibung auf den überhöhten Preis der Wirtschaftsgüter anteilig als vGA zu behandeln. Spätere Teilwertabschreibungen führen isoliert betrachtet nicht zu vGA, sie sind allenfalls anteilig im Gesellschaftsverhältnis verursacht, wenn das gesamte Wirtschaftsgut zu einem überhöhten Preis erworben wurde. Zu Abschreibung von Forderungen gegenüber Gesellschaftern vgl „Darlehen".

Abwehrberatung: Beratungskosten bei der Abwehr einer geplanten Übernahme, die von der Gesellschaft getragen werden, können vGA sein, wenn eine Veranlassung im Gesellschaftsverhältnis nachgewiesen werden kann. Insoweit ist der Einzelfall maßgebend, da es auf die Motivlage für die Inanspruchnahme von Abwehrberatung ankommt. Geht es um Interessen des Gesellschafters, da dieser zB Anteilseigner bleiben will, so liegen vGA vor. Stehen Interessen der Gesellschaft im Vordergrund, da zB deren Zerschlagung befürchtet wird, liegt keine vGA vor.

Agio: Das Agio ist dem Einlagekonto nach § 27 zuzuordnen. Die Nichtzahlung des Agio kann zu vGA iHd entgangenen Zinsen führen (vgl „nichtgeleistete Einlagen").

Aktienoptionen: Werden Mitarbeitern Aktienoptionen (sog stock-options) eingeräumt und erfolgt dies dergestalt, dass die Gesellschaft zur Erfüllung ihrer Verpflichtung gegenüber den Mitarbeitern einem Aktienoptionsprogramm der MG beitritt und sich zur Kostenübernahme verpflichtet, so liegt weder in der Einbuchung einer

---

1 *Neumann*, VGA, 2. Aufl, S 54.
2 OFD Koblenz v 9.1.2006, HaufeIndex 1541283.
3 *Gosch* in Gosch § 8 Rn 1322.
4 BFH I R 9/81, BFH/NV 1986, 116; *Wassermeyer*, GmbHR 1998, 116, *Klingebiel* in D/J/P/W § 8 Abs. 3 Teil C Rn 377 ff.
5 *Ellrott/Brendt* in Beck'scher BilKomm § 255 HGB Rn 20.

Rückstellung für die Verpflichtungen aus Aktienoptionen noch in der fremdüblichen Ausgleichzahlung an die MG eine vGA. Die Ausgleichzahlung ist als fremdüblich anzusehen, wenn an die MG der „spread" (dh der Differenzbetrag zwischen dem Ausübungspreis der Option und dem aktuellen Börsenpreis der Aktie) bezahlt wird. Es ist dabei nicht von Relevanz, welche Kosten auf Seiten der MG tatsächlich entstehen, da der „spread" als Entgelt unabhängig davon drittüblich ist, wie die MG die Aktien für die Erfüllung ihrer Verpflichtungen aus dem Aktienoptionsprogramm beschafft.

Anlaufverluste: Anlaufverluste stellen keine vGA dar. Bereits methodisch stellt die vGA immer auf den einzelnen Geschäftsvorfall ab, so dass die Anfangsverluste in ihrer Summe nicht separat beurteilt werden. Allenfalls eine Analogie zu Dauerverlustbetrieben ist hier denkbar. Insoweit ist entsprechend der Grundsätze zur Liebhaberei abzugrenzen, ob die Geschäftsleitung auf Anfangsverluste reagiert und davon ausgehen kann, in die Gewinnphase überzugehen. Wenn das der Fall ist, sind die Aufwendungen vollständig abzugsfähig.

Anteilserwerb, -veräußerung: Der Erbwerb oder die Veräußerung von Anteilen an anderen Unternehmen vom oder an den Gesellschafter ist eine vGA, wenn überhöhte oder vergünstigte Preise vereinbart werden. Der Erwerb oder die Veräußerung von eigenen Anteilen an der Kapitalgesellschaft kann auch zu einer vGA führen, wenn die Kapitalgesellschaft die Veräußerungs- oder Erwerbskosten übernimmt, da dies der Gesellschaftssphäre zuzuordnen ist.

Anwaltskosten: Anwaltskosten iRd Gründung der Kapitalgesellschaft gehören zu den Gründungsaufwendungen, für die ohne entsprechende Satzungsregelung das Vorbelastungsverbot des § 41 III AktG gilt. Werden sie gleichwohl von der Kapitalgesellschaft übernommen liegen vGA vor. Laufende Anwaltskosten sind dann vGA, wenn die Beratung dem Gesellschafter zugutekommt. Dies gilt auch bei Kosten anlässlich Kapitalerhöhungen oder der Veräußerung des Unternehmens.

Arbeitnehmerüberlassung: Die verbilligte Überlassung von Arbeitnehmern an das Mutterunternehmen oder nahestehende Personen (Schwesterunternehmen) stellt eine vGA dar.[1] Umgekehrt ist die Arbeitnehmerüberlassung an die Kapitalgesellschaft durch den Gesellschafter oder eine ihm nahestehende Person zu überhöhten Vergütungen eine vGA.[2]

Arbeitszeitkonten: Arbeitszeitkonten eines Gesellschafter-Geschäftsführers, bei denen Mehrarbeit in ein Zeitkonto eingestellt wird und später in Form von Freizeit in Anspruch genommen werden kann, stellen nach den Grundsätzen der Finanzverwaltung vGA dar.[3] Möglich ist die Führung von Arbeitszeitkonten nach Ansicht der Finanzverwaltung wohl aber in Fällen der Gehalts- bzw Entgeltumwandlung.[4] Ob die vollständige Gehaltsumwandlung ebenso wie die Nur-Pension zu vGA führt[5] ist noch nicht geklärt, mE aber mit denselben Argumenten wie im Falle der Nur-Pension abzulehnen (vgl Rn 439).

---

1 FG Niedersachsen VI 469/84, GmbHR 1990, 582.
2 *Schallmoser* in H/H/R § 8 Rn 380 „Arbeitnehmerüberlassung".
3 BMF v 28.12.2005, DStR 2006, 39; aA *Schwedhelm*, GmbHR 2006, 281, 290.
4 Zutreffend *Wellisch/Liedtke/Quast*, BB 2005, 1989, 1990.
5 So *Schallmoser* in H/H/R § 8 Rn 287.

Arztkosten: Die Übernahme von Arztkosten des Gesellschafter-Geschäftsführers sind vGA, unabhängig von der Verursachung der Erkrankung. Etwas anderes kann nur dann gelten, wenn der Gesellschafter-Geschäftsführer Schadensersatzansprüche gegen die Gesellschaft geltend machen kann und sich hierauf die Übernahme von Arztkosten gründet.

Aufsichtsratsvergütung: Übt ein Aufsichtsratsmitglied, das gleichzeitig Aktionär oder nahestehende Person eines Aktionärs ist, entweder seine Funktion nicht tatsächlich aus, oder erhält es eine zu hohe Aufsichtsratsvergütung, so können vGA vorliegen.[1]

Aufwendungsersatz: Die Auszahlung von Aufwendungsersatz stellt grundsätzlich keine vGA dar, wenn der Gesellschafter-Geschäftsführer nicht vorab auf die Erstattung verzichtet hatte und die Erstattung üblich ist. Der Erstattungsanspruch entsteht kraft Gesetzes und bedarf keiner vertraglichen Fixierung.[2] Etwas anderes gilt, wenn der Geschäftsführer ein beherrschender Gesellschafter ist, da hier vorab geklärt sein muss, ob der Gesellschafter seine Leistungen auf Basis einer vertraglichen Vereinbarung oder im Rahmen seiner Gesellschafterstellung erbringen will[3]. Steht dies aber aufgrund anderer Indizien fest, ist eine vorherige schriftliche Fixierung nicht erforderlich.[4]

Ausbildung: Die Übernahme von Ausbildungskosten stellt dann keine vGA dar, wenn auch Nichtgesellschafter in vergleichbarer Weise gefördert werden.[5] Dies gilt auch für die Übernahme von Kosten eines Studiums, wenn geregelt ist, in welcher Höhe und für welche Frist ein Rückforderungsanspruch der Gesellschaft besteht.

Ausgeschiedene Gesellschafter: VGA sind nur an Gesellschafter möglich. Ist ein Empfänger einer vGA nicht mehr Gesellschafter der Kapitalgesellschaft, so kommen unterschiedliche Konstellationen in Betracht: Wird an den ausgeschiedenen Gesellschafter ein überhöhtes Entgelt für eine Dienstleistung (bspw für Vermietungsleistungen) erbracht, so kann darin eine vGA an eine dem derzeitigen Gesellschafter nahestehende Person liegen. Es kann sich zB um nachträgliche Anschaffungskosten auf die Beteiligung handeln, die der Sphäre des derzeitigen Gesellschafters zuzuordnen sind. Sind die Aufwendungen überhöht, weil der ausgeschiedene Gesellschafter einen nicht vorzeitig kündbaren Vertrag mit der Gesellschaft noch bei Bestehen der Gesellschafterstellung abgeschlossen hatte, so wären diese Verpflichtungen nach handelsrechtlichen Grundsätzen bereits vor Ausscheiden zu passivieren gewesen (ggf als Drohverlustrückstellung). Diese Passivierung ist vGA. Wird die Passivierung nachträglich nachgeholt, gilt dasselbe. Hiervon unabhängig ist die Frage des Zuflusses von vGA beim Gesellschafter. Dies ist auch nach dem Ausscheiden noch möglich (zB in Form einer Pension).

---

1   *Gosch* in Gosch § 8 Rn 569.
2   BFH I R 222/83, BFH/NV 1989, 103.
3   BFH VIII R 9/03, BFH/NV 2005, 526.
4   BFH I R 56/78, BStBl II 1988, 301.
5   BFH I R 43/94, BFH/NV 1995, 548.

Ausgleichszahlung: Ausgleichzahlungen sind Zahlungen der Kapitalgesellschaft auf angebliche Erstattungsansprüche der MG bzw des Gesellschafters. Diese können vGA sein, wenn die Grundsätze über Aufwendungsersatz verletzt sind.[1]

Auslandstagung: Die Teilnahme des Gesellschafter-Geschäftsführers an Auslandstagungen führt fast zwangsläufig zu Überlegungen im Hinblick auf eine private Mitveranlassung. Dies ist jedoch nur insoweit zulässig, als das Programm nicht im Wesentlichen auf betriebliche Bedürfnisse zugeschnitten ist und private Interessen daneben in nicht unbedeutendem Umfange zum Tragen kommen.[2] Soweit eine private Mitveranlassung in Rede steht, gelten die Grundsätze zu § 12 I EStG; dh es ist grundsätzlich eine Aufteilung der Reisekosten vorzunehmen.[3] Die anderslautende ältere Rechtsprechung des BFH[4] ist insoweit überholt.

Außerbetriebliche Sphäre: Der BFH hat ausdrücklich auch unter Geltung des Halbeinkünfteverfahrens daran festgehalten, dass eine Kapitalgesellschaft nicht über eine außerbetriebliche Sphäre verfügt.[5] Damit bestätigt er seine Rechtsprechung zum Anrechnungsverfahren und auch die herrschende Literaturauffassung.[6] Für BgA hat der BFH angedeutet, eine außerbetriebliche Sphäre anerkennen zu wollen.[7] Dies ist aber durch die Einführung des § 8 I S 2 gegenstandslos geworden, da nunmehr gesetzlich angeordnet ist, dass auch BgA keine außerbetriebliche Sphäre haben. Dies ist vor dem allgemeinen Gleichbehandlungsgrundsatz auch konsequent, da hiernach alle Körperschaftsteuersubjekte grundsätzlich gleich zu behandeln sind.

Ausstehende Einlagen: Ausstehende und eingeforderte Einlagen sind in drittüblicher Höhe zu verzinsen, sonst liegt in dem Verzicht auf eine angemessene Verzinsung eine verhinderte Vermögensmehrung. Vor der Einforderung dieser liegt jedoch keine vGA vor, da das Stammkapital seine Funktion auch ohne Einforderung erfüllt.[8] Abweichendes gilt für die Mindesteinlage, da diese von Anfang an zu verzinsen ist. Der Verzicht auf Verzinsung führt hier also auch ohne Einforderung zur vGA.[9]

Avalprovision: Vgl „Bürgschaften".

Bagatallaufwendungen: Bagatellgrenzen der vGA gibt es grundsätzlich nicht, dh auch geringe, mit Veranlassung im Gesellschaftsverhältnis, gezahlte Beträge, sind vGA. Allerdings kann ein Ersatz von verauslagten Bagatellaufwendungen des Gesellschafter-Geschäftsführers auch ohne vorherige ausdrückliche und klare Vereinbarung geleistet werden, ohne eine vGA auszulösen.

---

1 BFH I B 168/02, BFH/NV 2003, 1412.
2 BFH I R 212/72, BStBl II 1975, 70.
3 BFH VIII R 32/07, BFH/NV 2010, 1330.
4 BFH I R 86/04, BStBl II 2005, 666.
5 BFH I R 32/06, BStBl II 2007, 961.
6 BFH I R 54/95, BFHE 182, 123; BFH IV R 122/90, BStBl II 1992, 342; *Gosch* in Gosch § 8 Rn 955; *Rengers* in Blümich § 8 Rn 60 ff, 63 ff; *Oppenländer*, VGA, 2004, S 97 ff.
7 BFH I R 32/06, BStBl II 2007, 2424 unter Hinweis auf *Hüttemann*, DB 2007, 1603.
8 BFH I 200/65, BStBl II 1969, 11.
9 *Gosch* in Gosch § 8 Rn 611 mwN.

Bahncard: Die Übernahme der Kosten für eine Bahn-Card des Gesellschafter-Geschäftsführers sind dann keine vGA, wenn die Übernahme für die Gesellschaft wirtschaftlich vorteilhaft ist, dh wenn damit eine Reduzierung der Kosten um einen höheren Betrag erreicht werden kann, als Kosten für den Erwerb der Bahn-Card entstehen.

Beraterverträge: Gesellschafter können unabhängig davon ob sie gleichzeitig Geschäftsführer sind[1] oder nicht, als selbständige Unternehmer (also auch als Berater) gegenüber der Gesellschaft auftreten. Dabei dürfen aber keine originären Geschäftsführungstätigkeiten von dieser Beratungstätigkeit abgedeckt sein, andernfalls wird die Vergütung iRd Fremdvergleichs in die übliche Geschäftsführervergütung mit einbezogen.[2] Das gilt auch für Beratungstätigkeiten nach der Pensionierung.[3] Dabei ist aber die Rechtsprechung zu beachten, wonach bei gleichzeitiger Zahlung von Rente und Gehalt eine Kürzung der Versorgungsleistungen vorgenommen wird.[4] Insofern darf bezweifelt werden, dass der BFH eine freie Mitarbeit, also Zahlungen aus einem selbständigen Beratervertrag nach Beendigung der abhängigen Beschäftigung neben der Rente, ungeschmälert zulässt, wenn Geschäftsführungstätigkeiten übernommen werden.[5]

Beratungskosten: Trägt die Gesellschaft Kosten der Beratung ihrer Gesellschafter, so liegt darin eine vGA.

Besserungsleistungen: Zahlungen der Gesellschaft auf Forderungen des Gesellschafters im Besserungsfall sind keine vGA, wenn der Besserungsfall eingetreten ist.[6] Dies gilt selbstredend nur, wenn ein Wiederaufleben der Forderung im Besserungsfalle vereinbart wurde. Dies setzt voraus, dass die Vereinbarung auch hinsichtlich des Bedingungseintritts klar und eindeutig ist.[7] Bei einem Gesellschafterwechsel zwischen Verzicht mit Besserungsabrede und Eintritt des Besserungsfalles hat der BFH ein Wiederaufleben der Forderung und einen Verstoß gegen § 42 AO angenommen, da im vorliegenden Fall eigentlich ein Forderungsverzicht die angemessenere Gestaltung gewesen wäre, so dass das Aufleben als vGA zu werten sei.[8] In dieselbe Richtung weist eine Entscheidung des FG München, in der zwischen vGA und § 42 AO abgewogen wird.[9] Eine vGA soll hiernach anzunehmen sein, weil der Veranlassungszusammenhang der Forderung durch die Veräußerung unterbrochen worden sei. Diese Annahme ist jedoch unstimmig. Der Veranlassungszusammenhang der Forderung im Zeitpunkt des Entstehens der Forderung wird durch eine Übertragung nicht verändert.[10] Allerdings muss hier im Hinblick auf § 42 AO differenziert werden. Aufgrund der Wertung des § 8 IV aF bzw 8c nF (zumindest nach der Einfügung der

---
1 BFH XI R 47/96, BStBl II 1997, 255.
2 BFH I B 171/07, BFH/NV 2008, 1060; BFH I R 70/95, BFH/NV 1997/65.
3 FG Baden-Württemberg 6 K 44/98, EFG 2001, 777.
4 BFH I R 12/07, DB 2008, 785.
5 *Kohlhepp*, DB 2009, 1487.
6 BFH I R 121/95, BFH/NV 1997, 265.
7 BFH I R 27/02, BFH/NV 2003, 824.
8 BFH IV R 3/00, BStBl II 2001, 520.
9 FG München 6 K 1451/08, EFG 2011, 1086.
10 *Kohlhepp*, DB 2011, 1598.

§ 8c I S 6 ff) hat der Gesetzgeber einen Rahmen vorgegeben, innerhalb dessen ein Untergang von Verlusten aufgrund der missbräuchlichen Übertragung von Anteilen folgt. Daher ist hier eine Anwendung des § 42 AO naheliegend, soweit ein planvolles Handeln erkennbar ist. Auf Ebene des Gesellschafters liegt daher in der Darlehensrückzahlung grundsätzlich kein steuerbarer Zufluss, sondern eine Zahlung auf eine Kapitalforderung. Eine vGA liegt mithin im Grundsatz nicht vor.

BgA: Ausgangspunkt der ständigen Rechtsprechung des BFH zu vGA bei BgA ist die These der Verselbständigung gegenüber der Trägerkörperschaft für Zwecke der Einkommensermittlung und die Anerkennung von Vereinbarungen zwischen beiden Rechtssubjekten.[1] Die Verselbständigung der BgA ist jedoch nicht umfassend. Sie bleiben bezogen auf das Vermögen und auch bezogen auf die Vermögensverwendung Teil der Trägerkörperschaft. Das Vermögen eines BgA wird lediglich organisatorisch vom Hoheitsvermögen abgegrenzt.

Dabei wird nach den Vorschriften des öffentlichen Rechts zwischen Eigenbetrieben und Regiebetrieben unterschieden. Ein Eigenbetrieb stellt eine organisatorisch und haushaltsmäßig verselbständigte Einrichtung der juristischen Person des öffentlichen Rechts dar, die als wirtschaftliches Unternehmen auftritt und mit eigener Satzung und eigenem Rechnungswesen ausgestattet ist.[2] Regiebetriebe sind demgegenüber unselbständige Teile des Haushalts einer Gemeinde, die nicht der Eigenbetriebs- und Anstaltsverordnung unterliegen. Er verfügt nicht über ein gesondertes Rechnungswesen, sondern wird auch insoweit als Teil der Trägerkörperschaft behandelt. Lediglich bei Regiebetrieben gilt nach Ansicht des FG Rheinland-Pfalz hinsichtlich erzielter Gewinne die gesetzliche Ausschüttungsfiktion des § 20 I Nr 10 lit b EStG.[3] Die Gewinne gelten als unmittelbar an die Trägerkörperschaft ausgeschüttet und unterfallen der KESt. Verluste gelten als unmittelbar aus dem kommunalen Haushalt ausgeglichen.[4] Die Ansicht des FG Baden-Württemberg, wonach § 20 I Nr 10 lit b EStG in der Weise auszulegen ist, dass ihm (unabhängig von Regie- oder Eigenbetrieb) nur die Gewinne unterfallen, die frühere Verluste des BgA übersteigen,[5] wurde vom BFH nur für Eigenbetriebe bestätigt, die unter die Eigenbetriebsverordnung der Länder fallen.[6]

Die Verselbständigung des BgA gegenüber seiner Trägerkörperschaft wird allerdings nicht konsequent durchgehalten und demzufolge insbesondere von *Hüttemann* scharf kritisiert.[7] Geht man aber mit dem BFH von der strikten Trennung zwischen Trägerkörperschaft und BgA aus, so folgt daraus, dass steuerrechtlich zwischen beiden Verträge abgeschossen werden können, die auch steuerrechtliche Folgen zeitigen.[8] Dabei ist das Verhältnis der BgA zu ihren Trägerkörperschaften nach der Rechtsprechung des BFH dem Verhältnis zwischen Körperschaft und Alleingesellschafter

---
1 BFH I R 108-109/95, BStBl II 1997, 230.
2 *Krämer* in D/J/P/W § 4 Rn 16.
3 FG Rheinland-Pfalz 1 K 1185/05, EFG 2007, 841.
4 FG Düsseldorf 15 K 457/05 F, EFG 2007, 212.
5 FG Baden-Württemberg 6 K 176/03, EFG 2006, 1701.
6 BFH I R 18/07, BStBl II 2008, 573.
7 *Hüttemann*, DB 2007, 1603, 1604 mwN.
8 BFH I R 48/02, BStBl II 2004, 425.

vergleichbar.[1] Aus diesem Grunde müssen die abgeschlossenen Verträge auch den Anforderungen entsprechen, die beherrschende Gesellschafter im Verhältnis zu ihren Körperschaften berücksichtigen (hierzu Rn 393 ff). Da zwischen Trägerkörperschaft und BgA aber keine zivilrechtlich wirksamen Verträge abgeschlossen werden können,[2] müssen „Vereinbarungen", dh schriftliche Dokumentationen über den gewollten Regelungsinhalt, lediglich im Vorhinein abgeschlossen, klar und eindeutig sein. Auch ohne ausdrückliche Vereinbarung geht die Finanzverwaltung allerdings davon aus, dass angemessene, und durch die wirtschaftliche Betätigung verursachte Kosten iRd Gewinnermittlung des BgA abgezogen werden können (R 33 III S 1 KStR). Dies steht sowohl im Widerspruch zu dem Erfordernis vorheriger Vereinbarungen (R 33 I S 3 KStR) als auch zu der These der Verselbständigung des BgA im Verhältnis zur Trägerkörperschaft. In der Praxis ist dieser Widerspruch dahingehend aufzulösen, dass Aufwendungen, die nicht eindeutig der wirtschaftlichen Betätigung und damit dem BgA zugeordnet werden können, nur aufgrund eines zuvor abgeschlossenen Vertrages der Sphäre des BgA zugeordnet werden können.

Der BFH hat zu Recht den Grundsatz aufgestellt, dass Miet- und Pachtverträge des BgA mit seiner Trägerkörperschaft der Besteuerung nicht zugrundegelegt werden können, wenn es sich um die Vermietung oder Verpachtung notwendigen Betriebsvermögens des BgA handelt.[3] Entsprechende Mietzahlungen für wesentliche Betriebsgrundlagen der BgA an ihre Trägerkörperschaften sind idR vGA.[4] Eine Ausnahme von diesem Grundsatz gilt, wenn die Betriebsgrundlagen wegen ihrer Zuordnung zum Hoheitsvermögen dem Hoheitsbereich der Trägerkörperschaft zuzurechnen sind.[5]

Der juristischen Person des öffentlichen Rechts ist es nicht grundsätzlich freigestellt, inwieweit sie ihre BgA mit EK ausstattet (vgl auch § 4 Rn 226 ff). Auch hierbei muss sich die juristische Person des öffentlichen Rechts jedoch an den Grundsatz der Drittüblichkeit halten. Nach der Rechtsprechung des BFH muss das EK einen bestimmten Teil der Aktiva erreichen bzw einer bei gleichartigen Unternehmen der Privatwirtschaft üblichen Finanzierung entsprechen.[6] Der BFH behandelt (soweit das zur Verfügung gestellte EK diesem Maßstab nicht entspricht) das von der Trägerkörperschaft zur Verfügung gestellte Darlehen als EK mit der Folge, dass dafür angefallene Zinsen vGA darstellen. Damit soll eine Gleichstellung des BgA mit vergleichbaren Unternehmen der Privatwirtschaft erreicht werden, da auch BgA mit einem angemessenen EK auszustatten sind.[7] Nach der Rechtsprechung des BFH orientiert sich die zugrunde zu legende Eigenkapitalquote an der Eigenkapitalausstattung gleichartiger Unternehmen der Privatwirtschaft im maßgebenden Zeitraum.[8]

---

1 BFH I B 52/02, BFH/NV 2002, 1341; BFH I R 20/01, BStBl II 2003, 412.
2 BFH I R 98/84, BStBl II 1989, 471.
3 BFH I R 223/80, BStBl II 1984, 496.
4 FG Rheinland-Pfalz 2 K 1898/99, BeckRS 2000, 21009317, entgegen BFH I R 61/91, BStBl II 1993, 459 nicht nur „wie vGA".
5 FG Düsseldorf 15 K 3204/04 K,G,F, EFG 2007, 288, bestätigt durch BFH I R 72/06, BStBl II 2009, 246.
6 BFH III 65/63 U, BStBl III 1964, 154.
7 BFH I R 48/02, BStBl II 2004, 425.
8 BFH I R 48/02, BStBl II 2004, 425 unter Berufung auf BFH III 65/63 U, BStBl III 1964, 154; BFH I 65/60 U, BStBl III 1962, 450; BFH I R 52/78, BStBl II 1983, 147.

Inwieweit die Rechtsprechung zu nahestehenden Personen uneingeschränkt auf BgA Anwendung findet ist nicht abschließend geklärt. So ist einigen Urteilen des BFH zu entnehmen, dass Gebietskörperschaften untereinander keine nahestehenden Personen seien[1] und auch deren Mitglieder keine nahestehenden Personen sind[2]. Die Rechtsprechung zu Dauerverlustbetrieben bei BgA ist durch den iRd JStG 2009 eingeführten § 8 VII überholt (vgl dazu unten Rn 822 ff).

Betriebsaufspaltung: Eine Betriebsaufspaltung führt nicht zu einer vGA, wenn die Betriebs-Kapitalgesellschaft einen angemessenen, insbesondere keinen überhöhten Pachtzins bezahlt. In der Rückgabe des Geschäftswertes nach Beendigung der Betriebsaufspaltung liegt keine vGA, da dies eine geschuldete Leistung der Betriebsgesellschaft ist.[3] Gehen iRd Betriebsaufspaltung geschäftswertbildende Faktoren auf die Betriebsgesellschaft über, kann dann eine vGA vorliegen, wenn hierfür ein Pachtzins gezahlt wird. Dies ist jedoch vom Einzelfall abhängig.[4]

Betriebsausgaben: Betriebsausgaben sind zunächst sämtliche Aufwendungen der Kapitalgesellschaft. Sie sind in einem zweiten Schritt darauf zu untersuchen, ob sie auch materiell betrieblich veranlasst sind. Die Rechtsprechung geht von einer Idealkonkurrenz zwischen nichtabziehbaren Betriebsausgaben und vGA aus. Hier wird ein Vorrang der nichtabziehbaren Betriebsausgaben angenommen (vgl Rn 268).

Bewirtungsaufwand: Bewirtungsaufwand für private Anlässe der Gesellschafter führt zu einer vGA iHd steuerlich abzugsfähigen Teils der Betriebsausgaben (da ansonsten keine Auswirkung auf das Einkommen). Die hM müsste eine vGA iHd sog Unterschiedsbetrages nach § 4 I S 1 EStG annehmen, dh in der gesamten Höhe der Aufwendungen[5] iHv 30 % muss dann eine steuerfreie vGA angenommen werden. Eine Rechtsgrundlage für diese Rechtsfigur ist nicht ersichtlich.

Bezugsrecht: Verzichtet ein Gesellschafter zugunsten eines anderen Gesellschafter auf sein Bezugsrecht bei einer Kapitalerhöhung, so liegt hierin mangels Vermögensminderung bei der Kapitalgesellschaft keine vGA.[6] Ist eine GmbH neben ihren Gesellschaftern an einer anderen Kapitalgesellschaft beteiligt und nimmt sie an einer Kapitalerhöhung bei jener Gesellschaft nicht teil, so kann dieses Verhalten zu einer vGA führen; allerdings nur dann, wenn die GmbH für ihr Recht zum Bezug neuer Anteile ein Entgelt hätte erzielen können.[7]

Börseneinführungskosten: Die Übernahme von Börseneinführungskosten durch die Kapitalgesellschaft führt nicht zu einer vGA. Der Börsengang ist regelmäßig ausschließlich im betrieblichen Interesse, da hier Finanzierungsmittel zugänglich gemacht werden. Reflexwirkungen auf Ebene der Anteilseigner sind unbeachtlich.[8]

---

1 BFH IR 69-70/80, BStBl II 1983, 152.
2 BFH I R 78/92, BStBl II 1994, 479.
3 BFH I R 111/69, BStBl II 1971, 536.
4 BFH I R 42/00, BStBl II 2001, 771.
5 *Gosch* in Gosch § 8 Rn 247.
6 *Neumann*, VGA, 2. Aufl, S 121.
7 BFH I R 6/04, BStBl II 2009, 197.
8 So auch *Schulte* in Erle/Sauter § 8 Rn 411; aA *Janssen* in Lange/Janssen, VGA, S 780 (Rn 1661); *Haun/Schiegel* in EY, VGA und verdeckte Einlagen, Fach 4 „Börseneinführungskosten" Rn 3.

Buchungsfehler führen grundsätzlich auch bei Buchungen im Zusammenhang mit Rechtsgeschäften von Gesellschaftern nicht zu vGA.[1] Die laufende Buchführung als internes Rechenwerk hat nicht dasselbe Gewicht, wie der Bilanzausweis im Jahresabschluss oder einem Zwischenabschluss. Die Buchführung wird idR von nicht zur Vertretung der Gesellschaft befugten Personen erstellt und kann schon unter diesem Gesichtspunkt häufig keinen Aufschluss darüber geben, welche Willensrichtung hinter einem bestimmten Geschäft steht.[2] Wird die Fehlbuchung aufgedeckt, muss sie korrigiert werden, ansonsten kann in der unterlassenen Korrektur eine vGA liegen.[3] Etwas anderes soll gelten, dh eine Beachtlichkeit des Buchungsfehlers soll dann vorliegen, wenn ein Buchungsfehler offensichtlich war, aber vom Gesellschafter nicht korrigiert wurde.[4] Das sollte so zu interpretieren sein, dass bei einem Unterlassen der Korrektur die tatsächliche Durchführung der zugrundeliegenden Vereinbarung zweifelhaft sein könnte.[5]

Bürgschaften: Das Eingehen von Bürgschaften zugunsten der Gesellschafter führt, wenn eine drittübliche Gegenleistung vereinbart wird,[6] nicht zu einer vGA, da sich hieraus lediglich ein Haftungsverhältnis, jedoch noch keine Vermögensminderung ergibt. Entgegen anderen Stimmen[7] ist eine vGA nicht lediglich deswegen anzunehmen, weil einem ordentlichen und gewissenhaften Geschäftsführer das Risiko zu hoch gewesen wäre. Erst wenn sich das Risiko einer Inanspruchnahme konkretisiert, liegt in der sich aus der Bürgschaftsverpflichtung ergebenden Verbindlichkeit eine vGA. Dies gilt zB dann, wenn bereits im Zeitpunkt des Eingehens der Bürgschaftsverpflichtung absehbar war, dass die Bürgschaft in Anspruch genommen werden würde,[8] da in diesem Fall eine Rückstellung zu passivieren und mithin das Gesellschaftsvermögen gemindert wäre.

Damnum, Disagio: Damnum oder Disagio können auch zwischen Gesellschafter und Anteilseignern vereinbart werden. Allerdings muss diese Vereinbarung klar und fremdüblich sein. Dh die Bemessung der Zinshöhe muss berücksichtigen, dass zusätzlich ein Damnum vereinbart wurde. Auch die Höhe von Damnum bzw Disagio muss sich iRd Bankenüblichen bewegen.

Darlehen: Gewährt der Gesellschafter ein Darlehen so sind (abgesehen von der Nichterfüllung der für beherrschende Gesellschafter bestehenden erhöhten Anforderungen) vGA anzunehmen, wenn unüblich hohe Zinsen vereinbart und bezahlt werden. Umgekehrt sind bei Darlehensgewährungen der Gesellschaft an den Gesellschafter vGA bei unüblich niedrigen Zinsen anzunehmen. In beiden Fällen liegen vGA iHd Differenz zwischen überhöhten bzw vergünstigten Zinsen und marktüblichen Zinsen vor. Weiterhin können vGA vorliegen, wenn ein ordentlicher und

§ 8

---

1   BFH I R 88/97, BFH/NV 1998, 1374; BFH I B 38/99, BFH/NV 2000, 751.
2   BFH I R 12/00, BStBl II 2001, 468.
3   BFH X B 130/03, Haufe-Index 1169390.
4   BFH I R 58/05, BStBl II 2006, 928.
5   FG München 7 K 767/05, Haufe-Index 1586539.
6   IHd üblichen Avalprovision, BFH I R 23/91, BStBl II 1992, 846.
7   BFH I R 173/73, BStBl II 1975, 614; *Gosch* in Gosch § 8 Rn 676.
8   BFH I R 45/06, BFH/NV 2007, 1710.

gewissenhafter Geschäftsleiter dem Gesellschafter wegen der Ungewissheit der Darlehensrückführung kein Darlehen gewährt hatte.[1] Die Darlehensrückführung kann auch ungewiss sein, wenn unverzinsliche Darlehen mit einer ungewöhnlich langen Laufzeit (zB 84 oder 100 Jahre) ausgestattet sind.[2] Ist die Bonität des Darlehensempfängers hingegen nicht zweifelhaft, führt auch die spätere Teilwertabschreibung des Darlehens nicht zur vGA, sofern die Gesellschaft die rechtzeitige Rückforderung oder Besicherung nicht möglich war.[3] Auf die Verwendung der empfangenen Mittel für private Zwecke kommt es hingegen nicht an.[4]

Dementsprechend hat der BFH in seinem Urteil v 8.10.2008[5] eine Darlehensgewährung an eine teilweise beteiligungsidentische Kapitalgesellschaft, die sich in einer „prekären wirtschaftlichen Situation" befand als vGA gewertet. Ähnlich verhält es sich, wenn der Geschäftsleiter bei heraufziehender Krise das Darlehen nicht kündigt oder zumindest ausreichende Sicherheiten hierfür bestellen lässt.[6] Da die Pflichten des ordentlichen und gewissenhaften Geschäftsleiters sich unmittelbar aus dem Gesellschaftsrecht herleiten, wird man direkt auf die Kriterien des BGH in der sog MPS-Entscheidung[7] zurückgreifen können und die laufende Prüfung etwaiger Änderungen des Kreditrisikos durch den Geschäftsleiter verlangen müssen.[8] Nur wenn der Geschäftsleiter seinen ihm vom BGH auferlegten Pflichten nachgekommen ist, wird man auf Ebene der TG eine Teilwertabschreibung auf das Darlehen auch steuerlich anerkennen müssen.

Weitere Kriterien iRd abstrakten Fremdvergleiches sind die generelle Bestellung von Sicherheiten[9], die Novation von Verbindlichkeiten als Darlehen, die klar und eindeutig vereinbart sein muss[10].

Nach den Grundsätzen der verdeckten Sachgründung lag vor Inkrafttreten des MoMiG v 23.10.2008[11] ein Verstoß gegen die Grundätze des ordentlichen und gewissenhaften Geschäftsleiters vor, wenn Teile des Stammkapitals unmittelbar nach der Vereinnahmung als Darlehen an den Gesellschafter ausgekehrt wurden. Nunmehr ist eine solche Handhabung möglich, sofern der Rückzahlungsanspruch jederzeit fällig ist oder durch Kündigung fällig gestellt werden kann. Es ist daher im Einzelfall zu prüfen, ob die Voraussetzungen vorliegen und daher ein Verstoß gegen die Verhaltensvorschriften für Geschäftsführer verneint werden muss.

Hinsichtlich des Zeitpunkts der Annahme einer vGA können je nach Konstellation unterschiedliche Grundsätze Anwendung finden:

1 BFH VIII R 62/93, BStBl II 2001, 234; BFH VIII B 191/03, BFH/NV 2005, 1318.
2 BFH I 272/56 U BStBl III 1958, 69; BFH I 103/53 U, BStBl III 1956, 8.
3 *Neumann*, VGA, 2. Aufl, S 129.
4 BFH VIII R 284/83, BStBl II 1986, 481.
5 BFH I R 61/07, BStBl II 2011, 62.
6 BFH I R 6/89, BStBl II 1990, 795.
7 BGH II ZR 280/07, NJW 2009, 2454.
8 *Kohlhepp*, status:Recht 2009, 51.
9 BFH I R 35/89, BFH/NV 1991, 839.
10 BFH I R 53/95, BFH/NV 1997,622.
11 BGBl I 2008, 2026.

- Wäre ein Darlehen mangels Bonität des Empfängers schon nicht gewährt worden, so ist der Zeitpunkt der Umbuchung bei der Kapitalgesellschaft für die Annahme der vGA maßgebend, da die Darlehensforderung mangels Werthaltigkeit wertgemindert werden muss. Dieser Zusammenhang gilt nicht für §§ 27 I S 3 aF, 38 I S 4 aF, da insoweit der Mittelabfluss realisiert sein musste, um Einfluss auf das Einlagekonto bzw die Körperschaftsteuererhöhung zu nehmen.[1] Beim Gesellschafter ist der Zuflusszeitpunkt entscheidend.

- Wäre zwar ein Darlehen gewährt, jedoch von einem ordentlichen und gewissenhaften Geschäftsleiter gekündigt worden, weil ein drohender Vermögensverfall des Empfängers offensichtlich war, so liegt im Zeitpunkt der Teilwertabschreibung des Darlehens eine vGA vor.[2]

- Bei Verzicht auf ein Darlehen aus Gründen, die im Gesellschaftsverhältnis liegen, ist zu diesem Zeitpunkt die vGA anzunehmen. Sie fällt dann sowohl mit dem Zufluss beim Gesellschafter nach § 20 I S 1 Nr 1 EStG als auch mit dem Mittelabfluss nach § 27 I S 3 aF zusammen.

Die für die Gewährung eines partiarischen Darlehens oder der stillen Beteiligung vereinbarte Verzinsung darf nach der Rechtsprechung des BFH 25 % des Nennwerts der Darlehenssumme oder der stillen Beteiligung nicht überschreiten.[3] Dh unter Zugrundelegung der im Zeitpunkt des Vertragsschlusses erwarteten Gewinne ist eine Rendite von 25 % angemessen, übersteigende Gewinnanteile sind vGA. Die so bestimmte Gewinnverteilung kann grundsätzlich in den Folgejahren beibehalten werden, auch wenn im Einzelfall die 25%-Grenze überschritten wird.[4] Die Höhe der vGA bestimmt sich nach der Differenz zwischen den drittüblichen Zinsen und den tatsächlich gezahlten Zinsen bzw besteht in der vollen Höhe der Darlehenssumme, wenn das Darlehen von einem ordentlichen und gewissenhaften Geschäftsleiter nicht gewährt worden wäre.

Dauerschuldverhältnisse: Maßgeblicher Zeitpunkt zur Prüfung der Drittüblichkeit einer Vereinbarung ist deren Abschluss.[5] Für Dauerschuldverhältnisse gilt hinsichtlich vGA grundsätzlich dasselbe wie für einmalige Geschäftsvorfälle, es bestehen aber Besonderheiten. So kann bei beherrschenden Gesellschaftern die tatsächliche Durchführung eines Dauerschuldverhältnisses für die Ernsthaftigkeit einer Vereinbarung sprechen, auch wenn es an einer vorherigen und klaren Vereinbarung fehlt.[6] Es ist dann keine vGA anzunehmen.

Dauerverlustbetriebe: Ein ordentlicher und gewissenhafter Geschäftsleiter wird Dauerverluste zugunsten des Gesellschafters bzw zugunsten einer Schwestergesellschaft nicht zulassen, sondern auf einen angemessenen Verlustausgleich hinwirken. Der BFH verlangt darüber hinaus einen angemessenen Gewinnzuschlag.[7]

---

1 BFH I R 7/04, GmbHR 2005, 497.
2 *Klingebiel* in D/J/P/W Anh zu § 8 Abs 3 „Abschreibungen" Rn 8.
3 BFH I R 78/67, BStBl II 1969, 649.
4 BFH I R 52/00, BFH/NV 2002, 537.
5 BFH I R 166/73, BStBl II 1975, 617.
6 BFH I R 47/87, BFH/NV 1991, 773; BFH I R 157/86, BStBl II 1990, 645; BFH I R 39/91, BFH/NV 1993, 385.
7 BFH I R 32/06, BStBl II 2007, 961.

Diebstahl und andere Vermögensdelikte gegen die Gesellschaft: Diebstahl und Vermögensdelikte von Gesellschaftern gegen die Gesellschaft können vGA darstellen, wenn der Gesellschafter selbst ein beherrschender Gesellschafter ist.[1] Davon abgesehen ist eine vGA nur denkbar, wenn die Handlung von den Gesellschaftern insgesamt gebilligt wird, weil sie Kenntnis davon haben oder indem sie keine Rückforderungsansprüche gegen den entsprechenden Gesellschafter geltend machen (und damit die Aktivierung eines solchen Anspruchs unterlassen). Dann ist nicht das Delikt selbst vGA, sondern das Unterlassen der Geltendmachung von Ersatzansprüchen. Inwieweit ein Verstoß gegen Beschlüsse der Gesellschafterversammlungen bzw. die Kompetenzen oder eine Handlung einen Straftatbestand erfüllt, ist hingegen letztlich für die Annahme einer vGA nicht entscheidend.[2]

Dienstwagen: Die private Pkw-Nutzung durch den Gesellschafter/Geschäftsführer ist Teil der Gesamtvergütung und insoweit in die Angemessenheitsprüfung mit einzubeziehen.

Die private Pkw-Nutzung kann vGA sein, wenn ihr keine vorherige klare vertragliche Vereinbarung zwischen beherrschendem Gesellschafter/Geschäftsführer und der Gesellschaft zugrunde liegt, die auch tatsächlich durchgeführt wird.[3] Grundsätzlich ist nur diejenige Pkw-Nutzung betrieblich veranlasst (und führt zu Arbeitslohn iSv § 19 EStG), die auf einer fremdüblichen Nutzungsvereinbarung beruht. Das FG München möchte zur Feststellung der vertragswidrigen Pkw-Nutzung auf die Vermutungsregel des Lohnsteuerrechts zurückgreifen, wonach bei Fehlen eines Fahrtenbuches und organisatorischer Maßnahmen, die eine Privatnutzung unterbinden sowie bei unbeschränkten Zugriffsmöglichkeiten des Geschäftsführers eine Privatnutzung zu vermuten ist.[4] Das ist bedenklich, da es die für vGA geltende Beweislast quasi umkehrt.

Gosch hat die Frage aufgeworfen, mit welchem Wert dies zu geschehen habe.[5] Entgegen Gosch ist hier iRd Angemessenheitsprüfung des Geschäftsführergehalts der lohnsteuerliche Wert zugrundezulegen. Auch gegenüber fremden Dritten wird für die Bemessung der Gesamtvergütung der lohnsteuerliche Wert berücksichtigt. Liegt in der privaten Pkw-Nutzung eine vGA, so ist deren Bewertung ggf abweichend vorzunehmen. Die Höhe der vGA bestimmt sich dann nicht nach dem lohnsteuerlichen Wert, sondern nach dem Fremdvergleichspreis, wobei die Mietraten eines professionellen Verleihers nur eine grobe Richtung angeben. Vertretbar ist wohl bei der Feststellung des Prozentsatzes der Privatnutzung an den Gesamtfahrten die entsprechende prozentuale Kostenbelastung an den Gesellschafter heranzuziehen, wobei die Rechtsprechung zusätzlich einen Gewinnaufschlag fordert.[6]

---

1 Insoweit identisch *Neumann*, VGA, 2. Aufl, S 149; BFH I R 112/93, BStBl II 1995, 198.
2 BFH I R 112, 93, BStBl II 1995, 198.
3 BFH I R 83/07, BFH/NV 2009, 417; der IV. Senat hat seine entgegenstehende Rechtsprechung aufgegeben. BFH VI B 118/08, BStBl II 2010, 234; BFH I R 8/06, BFH/NV 2008, 1057.
4 FG München 7 K 3056/06, DB 2009, 1491.
5 *Gosch* in Gosch § 8 Rn 715.
6 BFH I R 8/06, BFH/NV 2008, 1057.

Direktversicherung: Zahlungen der Kapitalgesellschaft zu einer Direktversicherung des Gesellschafters zählen zur Gesamtversorgung und sind als deren Bestandteil der Angemessenheitsbeurteilung zugrundezulegen.

Dokumentationsverpflichtung: Für rein nationale Sachverhalte besteht nach deutschem Steuerrecht keine an unmittelbare Rechtsfolgen geknüpfte Aufzeichnungs- oder Dokumentationsverpflichtung.[1] Dagegen hat der Gesetzgeber eine Dokumentationsverpflichtung für Vorgänge mit Auslandsbezug geschaffen, soweit sie Geschäfte mit nahestehenden Personen iSd § 1 II AStG betreffen (§ 90 III AO). An die Nichterfüllung dieser Anforderungen sind hohe Sanktionen geknüpft (§ 162 IV AO: Zuschlag von mindestens 5.000 EUR, bei verspäteter Vorlage maximal 1.000.000 EUR ohne Ermessen). Die Details über Art und Umfang der Aufzeichnungspflichten regelt zum einen die GAufzV. Sie sieht in § 6 I GAufzV Erleichterungen für kleinere Unternehmen vor, bei denen Geschäfte mit nahestehenden Personen bestimmte Grenzwerte[2] nicht übersteigen. Zum anderen hat die Verwaltung mit dem sog Verwaltungsgrundsätzeverfahren aus ihrer Sicht die unbestimmten Rechtsbegriffe im Bereich der Verrechnungspreisgestaltung konkretisiert.[3] Erfüllt der Steuerpflichtige die iRd GAufzV gestellten Anforderungen, so besteht nach wohl hM eine Richtigkeitsvermutung für den gewählten und dokumentierten Verrechnungspreis.[4] Dagegen bindet das Verwaltungsgrundsätzeverfahren nach zutreffender Ansicht lediglich die Verwaltung und erhöht den Pflichtenkatalog nicht in zulässiger Weise zusätzlich zu Lasten der Steuerpflichtigen.[5]

Domizilgesellschaft: Zahlung der inländischen Kapitalgesellschaft an eine ausländische Domizilgesellschaft, dh eine Gesellschaft ohne eigenes Personal, ohne eigene Geschäftsräume und ohne eigene Geschäftsausstattung[6], können vGA sein, wenn die betriebliche Veranlassung der Zahlung dem Grunde oder der Höhe nach nicht vorliegt. Die Annahme einer vGA gründet sich nicht auf dem Terminus der Domizilgesellschaft, sondern daran, dass unbegründete Gewinnverlagerungen von einem ordentlichen und gewissenhaften Geschäftsleiter nicht hingenommen würden.[7] Hier gelten die allgemeinen Kriterien für die Annahme einer vGA.

Domizilgesellschaft kann daher auch keine TG der leistenden Körperschaft sein (dies wäre nämlich eine Zahlung „an sich selbst"), wohl aber eine Schwestergesellschaft oder eine MG.

Dreiecksverhältnis: Bei Zuwendungen im Dreiecksverhältnis (üblicherweise zwischen Schwestergesellschaften) sind zwei Fälle zu unterscheiden: Die unentgeltliche Nutzungsüberlassung, also die Zuwendung eines nicht einlagefähigen Vorteils und die Zuwendung einlagefähiger Vorteile gegen zu geringes Entgelt. In beiden Fällen liegt unzweifelhaft eine vGA der zuwendenden Gesellschaft an den Gesell-

---

1 BFH I R 103/00, BStBl II 2004, 171.
2 Warenverkehr 1.000.000 EUR, Sonstige 500.000 EUR.
3 BMF v 12.4.2005, BStBl I 2005, 570.
4 *Seer*, FR 2002, 380, 383 f; *Seer* in T/K § 90 AO Rn 42.
5 *Finsterwalder*, DStR 2005, 1549 ff mwN.
6 BFH I R 40/95, BStBl II 1997, 118.
7 FG Münster 9 K 5420/96 K, G, Haufe-Index 1408725.

schafter der nahestehenden Schwestergesellschaft vor. Bei der Zuwendung einlagefähiger Vorteile ist darüber hinaus eine verdeckte Einlage des Gesellschafters an die Zuwendungsempfängerin anzunehmen.[1]

Eine verdeckte Einlage scheitert jedoch im Fall der Zuwendung eines nicht einlagefähigen Vorteils.[2] Etwa bei der unentgeltlichen Nutzungsüberlassung oder bei Erbringung oder der Übernahme von Kosten für Dienstleistungen. Daher wird auf Ebene des Gesellschafters ein fiktiver Vorteilsverbrauch angenommen (zur Anwendung der §§ 8a, 8b auf diesen vgl § 8a Rn 143 „Verbrauchender Aufwand und Fiktionstheorie" und § 8b Rn 231).[3] Auf Ebene der empfangenden Schwestergesellschaft bleibt dieser Vorgang neutral.

Sind an den beteiligten Schwesterkapitalgesellschaften nicht die selben Anteilseigner zu gleichen Quoten (auch mittelbar) beteiligt, so soll, soweit die Zuwendung in der Absicht der Bereicherung der nicht oder zu geringen Anteilen beteiligten Gesellschafter erfolgt, eine Schenkung nach § 7 VIII S 2 ErbStG vorliegen. Abgesehen von den seltenen Fällen, in denen eine Bereicherungsabsicht nachgewiesen werden kann, stellt sich in diesen Fällen die Frage nach der Höhe der Zuwendung, die an sich eine Unternehmensbewertung erforderlich macht.

Ehrenamt: Ist in der Satzung einer gemeinnützigen Körperschaft geregelt, dass der Vorstand oder Geschäftsführer sein Amt „ehrenamtlich" übernimmt, so sind Zahlungen, die über den Auslagenersatz hinausgehen vGA. Dies kann ggf zum Verlust der Gemeinnützigkeit führen. Ohne entsprechende Regelung muss ein Geschäftsführer einer GmbH aber nicht ehrenamtlich tätig werden, sondern kann iRd regulären Angemessenheitskriterien ein Gehalt beziehen.[4]

Eigene Anteile: Die Veräußerung eigener Anteile der Kapitalgesellschaft an ihre Gesellschafter zum Nennwert kann eine vGA sein, wenn der gemeine Wert der Anteile höher liegt. Dies gilt auch dann, wenn die Gesellschaft über Einziehung und Kapitalerhöhung das gleiche Ergebnis auf gesellschaftsrechtlich zulässigem Wege erreichen könnte.[5]

Bei den verbleibenden Gesellschaftern stellt der Erwerb eigener Anteile durch die Gesellschaft keine vGA dar, da die Erhöhung der Stimmrechte und Gewinnbezugsrechte lediglich Reflexwirkung und kein den Gesellschaftern zufließender Vermögensvorteil ist.[6] Das gilt entgegen einer älteren Entscheidung des BFH auch dann, wenn alle Gesellschafter gleichsam Anteile auf die GmbH übertragen und die Kapitalgesellschaft im Gegenzug auf Rückzahlung eines an die Gesellschafter ausgereichten Darlehen verzichtet.[7] Insoweit fehlt es an einer Vermögensminderung auf Ebene der Kapitalgesellschaft.[8]

---

1 BFH I 228/65, BStBl II 1969, 243; BFH IV R 3/04, BFH/NV 2005, 1784.
2 BFH I R 51/66, BStBl II 1971, 408.
3 BFH GrS 2/86, BStBl II 1988, 348; BFH IV R 3/04, BFH/NV 2005, 1784.
4 *Weidmann/Kohlhepp*, Die gemeinnützige GmbH, 2. Aufl, 2009, § 3 Rn 18.
5 BFH I B 51/09, BFH/NV 2009, 1280; BFH I B 102/09, BFH/NV 2010, 1131; kritisch *Kohlhepp*, DB 2010, 1481.
6 BFH VI 177/62 U, BStBl III 1964, 578.
7 BFH VIII R 95/76, BStBl II 1979, 553.
8 *Frotscher* in Frotscher/Maas Anh zu § 8 Rn 302 „Anteile, eigene".

VII. VGA

Eigenkapitalausstattung: Für BgA geht die Rechtsprechung von einer vGA aus, wenn eine unterdurchschnittliche Eigenkapitalquote vorliegt und auf das „Soll-EK" Fremdkapitalzinsen gezahlt werden.[1] Die „übliche" Eigenkapitalquote ist über einen Branchenvergleich festzustellen. Bei BgA hat der BFH eine Eigenkapitalquote von 26 % nicht beanstandet. Für Kapitalgesellschaften ist mit Wegfall des § 8a aF keine Vermutungsregelung für eine ausreichende Eigenkapitalquote mehr gegeben. Damit stellt sich die Frage, ob es eine angemessene Eigenkapitalausstattung außerhalb der Vorgaben der Zinsschranke als Maßstab gibt. Dies ist abzulehnen, da der Grundsatz der Finanzierungsfreiheit gilt (vgl auch § 8a Rn 31).

Eigenkapitalersetzende Darlehen: Die Rechtsfigur des eigenkapitalersetzenden Darlehens ist seit dem MoMiG aufgegeben worden. Darlehen des Gesellschafters, die in der Krise gewährt werden, bleiben Fremdkapital. Infolgedessen sind Zinszahlungen auf „eigenkapitalersetzende Darlehen" nicht per se vGA. Verzichtet der Gesellschafter „mit Besserungsschein" auf ein Darlehen, sind Zahlungen nach Eintreten des Besserungsfalles keine vGA.

Einbringung: Vgl „Umwandlung".

Entführungsrisikoversicherungen: Sind idR betrieblich veranlasst. Es gelten dieselben Kriterien wie iRv Sicherheitsaufwendungen (vgl „Sicherheitsaufwendungen").

Entschuldung: Die Nichtwahrnehmung einer Möglichkeit zur Entschuldung ist keine vGA.[2] Andernfalls würde der Gesetzgeber bzw die Finanzverwaltung ihre Vorstellungen über die richtige Geschäftsführung an die Stelle derjenigen der Geschäftsleitung setzen.

Erbbaurecht: Wird einer Kapitalgesellschaft ein Erbbaurecht an einem betrieblich genutzten Grundstück eingeräumt und bestand hierfür zuvor ein Mietvertrag, so ist eine Weiterzahlung der Miete nach der Bestellung des Erbbaurechts unabhängig von der Höhe der Miete und des Erbbauzinses eine vGA, da der Mietvertrag aufgrund der Berechtigung des Erbbauberechtigten gegenstandslos wird.[3] Die Rückgabe nach Beendigung des Erbbaurechts muss gegen Zahlung einer angemessenen Entschädigung erfolgen.[4]

Erbschaft: Die Annahme eines überschuldeten Nachlasses kann vGA sein, wenn damit nicht anderweitige Vorteile der Kapitalgesellschaft verbunden sind.[5]

Erfindervergütung: Auch für Gesellschafter-Geschäftsführer ist das Gesetz über Arbeitnehmererfindungen anzuwenden, wenn diese arbeitsrechtlich als Arbeitnehmer einzustufen sind und soweit die Erfindung Ausfluss der nichtselbständigen Tätigkeit ist. Wenn die Erfindung als freie Erfindung einzustufen ist, kann eine Zahlung hierauf nur dann vGA sein, wenn keine Drittüblichkeit vorliegt (also insbesondere kein

---

1 BFH I R 48/02, BStBl II 2004, 425.
2 BFH I R 13/01, BFH/NV 2002, 1172.
3 FG München 6 K 1296/02, Haufe-Index 1314934.
4 BFH IR 203/70, BStBl II 1972, 802.
5 BFH I R 131/90, BStBl II 1993, 799.

Schutzrecht überlassen wird).[1] Ist der Gesellschafter-Geschäftsführer arbeitsrechtlich nicht als Arbeitnehmer einzustufen, findet das ArbNErfG keine direkte Anwendung.[2] Eine entgeltliche Übertragung an die GmbH ist nicht möglich, wenn der Geschäftsführer gerade im Bereich Forschung und Entwicklung tätig ist.

Erstausstattung: Die Höhe und Gestalt der Kapitalerstausstattung einer GmbH steht den Gesellschaftern grundsätzlich frei und ist dem Maßstab des ordentlichen und gewissenhaften Geschäftsleiters entzogen. Gleichwohl darf die Gesellschaft nicht so gestellt werden, dass sie aufgrund eines vollständigen Entzugs der Chancen und eines Belassens der Risiken keinen, über eine Eigenkapitalverzinsung hinausgehenden Gewinn erzielen kann.[3]

Forderungsverzicht: Ein Forderungsverzicht der Kapitalgesellschaft gegen ihren Gesellschafter führt zur vGA, wenn keine betrieblichen Gründe vorliegen und der Anspruch zivilrechtlich besteht.[4] Solche sind nur denkbar, wenn die Kapitalgesellschaft ggf aus dritter Quelle einen entsprechenden Ersatz erhält. Gleiches gilt für dem Gesellschafter nahestehende Personen.

Ein Forderungsverzicht des Gesellschafters gegenüber der Kapitalgesellschaft ist hingegen nur ihd werthaltigen Teils der Forderung verdeckte Einlage und insoweit auch nachträgliche Anschaffungskosten auf die Beteiligung (vgl Rn 669).[5]

Fehlbuchungen: Vgl unter „Buchungsfehler".

Finanzierungskosten: Aufwendungen zur (mittelbaren) Finanzierung von vGA sind selbst keine solchen.[6] Es herrscht Finanzierungsfreiheit, so dass eine Kapitalgesellschaft auch (offene oder verdeckte) Gewinnausschüttungen iRd gesellschaftsrechtlich Zulässigen fremdfinanzieren kann.

Firmenjubiläum: Ist eine Feierlichkeit ausschließlich durch ein Firmenjubiläum begründet, so sind die Aufwendungen hierfür abzugsfähige Betriebsausgaben. Hiervon abzugrenzen sind Geburtstagsfeiern und Jubiläen des Gesellschafters. Bei diesen liegt eine private Mitveranlassung nahe (vgl „Geburtstagsfeier").

Freianteile: Anteile die ein Gesellschafter iRe Kapitalerhöhung aus Gesellschaftsmitteln ohne Gegenleistung erhält (§§ 207 ff AktG/57c ff GmbHG) sind keine vGA, da hiermit keine Vermögensminderung oder verhinderte Vermögensmehrung der Kapitalgesellschaft verbunden ist. Die Gesellschafter sind ebenfalls nicht bereichert, da sie lediglich in der vorherigen Beteiligungsquote beteiligt bleiben.

Fortbildung: Aufwendungen für Fortbildung sind Betriebsausgaben. Dass gilt auch dann, wenn die Fortbildung keinen Bezug zu aktuellen, aber zu geplanten Geschäftsfeldern der Kapitalgesellschaft hat. Etwas anderes kann bei Kommunikationsseminaren und Seminaren zur Persönlichkeitsbildung gelten, wenn diese eher der allgemeinen Lebensführung zuzurechnen sind.

---

1 *Neumann*, VGA, 2. Aufl, S 186; *Schwedhelm* in Streck § 8 Anh Rn 439.
2 FG Rheinland Pfalz II 49/68, Haufe-Index 1484534.
3 BFH I R 294/81, BStBl II 1984, 673; BFH I R 89/85, BStBl II 1989, 854.
4 BFH I R 183/75, BStBl II 1977, 571.
5 BFH GrS 1/94, BStBl II 1998, 307.
6 BFH I R 83/03, BFH/NV 2004, 1482; BFH I R 45/07, BFH/NV 2008, 1534.

Freiberufler-GmbH: Für Freiberufler-GmbHs gelten keine von anderen Gesellschaften abweichenden Grundsätze. Dies gilt sowohl für die Angemessenheit von Gehältern als auch für alle anderen Aspekte der vGA.[1]

Fremdkapitalvergütung: Vgl unter „Darlehen".

Gebäude auf einem Gesellschaftergrundstück: Die Errichtung eines Gebäudes auf fremden Grundstücken führt auch dann nicht zu vGA, wenn Eigentümer des Grundstücks der Gesellschafter ist.[2] IRd Nutzungsbefugnis der Kapitalgesellschaft ist das Gebäude zu aktivieren. Bei Beendigung der Nutzung stehen der Gesellschaft zivilrechtliche Ausgleichsansprüche zu, deren Nichtgeltendmachung wiederum zu einer vGA führen kann.

Geburtshilfe: Zahlungen einer Geburtshilfe an den Gesellschafter-Geschäftsführer, die nicht im Anstellungsvertrag geregelt sind und die auch nicht unter eine Betriebsvereinbarung fallen, die auf den Gesellschafter-Geschäftsführer Anwendung findet, sind vGA.

Geburtstagsfeier: Die Ausrichtung von Jubiläen und Geburtstagsfeiern des Gesellschafters stellt auch dann eine vGA dar, wenn zu den Veranstaltungen nahezu ausschließlich Kunden und Geschäftsfreunde bzw Arbeitnehmer geladen werden und nachweislich Geschäftsanbahnungsgespräche stattgefunden haben.[3] Maßgeblich sei der private Anlass der Geburtstagsfeier bzw des Jubiläums. Ob diese Rechtsprechung angesichts der Änderung der Rechtsprechung zu § 12 I EStG (vgl oben Rn 270) aufrechterhalten wird, kann angezweifelt werden. Zumindest eine anteilige Abzugsfähigkeit der Aufwendungen wird man bejahen müssen, wenn vorwiegend Geschäftspartner geladen werden und der Rahmen auch der Repräsentation des Unternehmens dient.

Gehaltsverzicht: Ein Gehaltsverzicht des Gesellschafter-Geschäftsführers in der Krise der GmbH stellt kein Indiz für eine nicht ernstlich gemeinte Gehaltsabrede dar, sondern ist Ausfluss der gesellschaftsrechtlichen Treuepflicht.

Geldstrafen und -bußen sind vGA, wenn sie gegen den Gesellschafter festgesetzt wurden.[4]

Gemischte Aufwendungen: § 12 Nr 1 EStG hat für das Körperschaftsteuerrecht keine Bedeutung. Daher sind gemischtveranlasste Aufwendungen grundsätzlich nach dem Maß ihrer jeweiligen Veranlassung aufzuteilen und ggf teilweise als vGA zu behandeln.[5]

Geschäftsberichte: Die Kosten der Erstellung und Versendung von Geschäftsberichten ist stets betrieblich veranlasst.

Geschäftschancen: Fälle, in denen der Gesellschafter Einkommen generiert, weil er einen an sich der Körperschaft zustehenden Vorteil nutzt, führen als verhinderte Vermögensmehrungen zu einer vGA.[6] Bereits dem Grunde nach liegt in der Nutzung

---

1 Vgl im Einzelnen *Gosch* in Gosch § 8 Rn 811.
2 BFH I R 65/96, BStBl II 1998, 402.
3 BFH I R 13/90, BStBl II 1992, 359; BFH I R 57/03, BStBl II 2011, 285.
4 BFH X R 40/86, BStBl II 1991, 234.
5 BFH I B 132/00, BFH/NV 2001, 1048; BFH VIII R 32/07, BFH/NV 2010, 1330; *Gosch* in Gosch § 8 Rn 835.
6 BFH I R 155/94, BFHE 178, 371.

einer an sich der Körperschaft zustehenden Geschäftschance eine vGA vor, wenn der Gesellschafter durch die Nutzung der Geschäftschance gegen ein bestehendes Wettbewerbsverbot verstößt.[1] Wird der Gesellschafter wirksam von einem Wettbewerbsverbot befreit, so kann damit die vGA dem Grunde nach verhindert werden. Die Befreiung vom Wettbewerbsverbot entbindet jedoch nicht davon, der Höhe nach ein angemessenes Entgelt für die Überlassung der Geschäftschance zu vereinbaren. Umgekehrt bleibt es bei einer vGA auch im Falle der Zahlung eines angemessenen Entgelts, wenn keine (zumindest konkludente) Befreiung vom Wettbewerbsverbot vorliegt.

Leistet der Gesellschafter ein angemessenes Entgelt für die Nutzung der Geschäftschance, so liegt keine verhinderte Vermögensmehrung vor. Ebenso wenig liegt eine verhinderte Vermögensmehrung vor, wenn aufgrund der Nutzung der Geschäftschance ein Schadensersatzanspruch der Gesellschaft entsteht. Wird ein solcher Schadensersatzanspruch nicht durchgesetzt, so liegt im Verzicht auf diese Durchsetzung eine verhinderte Vermögensmehrung, die ebenfalls idR eine vGA begründet.

Ob eine Geschäftschance der Körperschaft vorliegt, richtet sich danach, ob bereits eine rechtlich gesicherte oder gefestigte Position vorliegt, die einem Dritten nicht ohne Entgelt überlassen worden wäre. Das ist etwa der Fall, wenn bereits ein bindender Vertrag[2] oder eine feste Geschäftsbeziehung[3] vorliegt, kann aber auch bei Geschäftsentwicklungen, die die Körperschaft nach der Art ihres Geschäftsbereiches vorhersehen musste[4] bereits vorliegen. Es kommt bei der Bestimmung einer bestehenden Geschäftschance auf die Gegebenheiten des Einzelfalles an (so kann zB mit der Beauftragung des Gesellschafters als Subunternehmer eine vGA begründet werden; dies gilt aber nicht, wenn die Gesellschaft die Chance mit eigenen personellen Mitteln und Sachmitteln nicht wahrgenommen hätte[5] und wenn die Vergütung des Gesellschafters fremdüblich bemessen ist[6]).

Eine Geschäftschance liegt nicht darin begründet, dass eine gegen die GmbH gerichtete Forderung vom Gesellschafter zu einem unter dem Nominalwert liegenden Preis aufgekauft wird.[7] Die Frage des Teilerlasses von Verbindlichkeiten und der Forderungskauf stellen zwei wesentlich unterschiedliche Geschäfte dar, die nicht miteinander vergleichbar sind.

Geschäftsführervergütung: Unabhängig von einer Beherrschungsstellung des Gesellschafter-Geschäftsführers (zu den Anforderungen an das Anstellungsverhältnis eines beherrschenden Gesellschafter-Geschäftsführers analog Rn 393 ff) knüpfen Finanzverwaltung und Rechtsprechung besondere Anforderungen an die Ausgestaltungen von Gehaltszusagen bei der Bestimmung der Gesamtvergütung der Höhe nach (vgl unter „Gesamtvergütung"), der Pensionen (vgl „Pensionszusage, Pensionsrückstellung") und der Tantiemen (vgl „Tantieme"). Die Abschlusskom-

---

1 BFH I R 155/94, BFHE 178, 371.
2 BFH I R 73/89, BStBl II 1991, 593.
3 BFH I B 194/02, BFH/NV 2003, 1349.
4 Hessisches FG 4 V 5281/00, EFG 2002, 493.
5 BFH I R 14/96, BFHE 183, 459.
6 BFH I B 194/02, BFH/NV 2003, 1349.
7 BFH I R 13/01, BFH/NV 2002, 1172, entgegen FG München 6 K 2809/98, EFG 2001, 457.

petenz für Geschäftsführerverträge liegt ohne anderweitige Regelung durch die Satzung bei der Gesellschafterversammlung.[1] Es bedarf daher eines entsprechenden Gesellschafterbeschlusses.[2] Die Vereinbarung muss tatsächlich durchgeführt werden, dh

- idR monatliche Auszahlung,[3]
- bei Aufrechnung: Vorliegen einer Aufrechnugnserklärung,[4]
- Einbehaltung und Abführung von Sozialabgaben,
- monatliche Buchung und Erfassung.

Ist die Vergütung insgesamt der Höhe nach unangemessen, stellt sich die Frage nach der Zuordnung der vGA. VGA ist grundsätzlich nur der unangemessene Teil der Vergütung.[5] Wurden die einzelnen Komponenten nicht zeitgleich vereinbart, so ist grundsätzlich die Komponente zu kürzen, die zeitlich zuletzt vereinbart wurde. Wurden alle Komponenten zeitgleich vereinbart, so bietet sich eine quotale Kürzung an.[6]

Geschäftsführungsbefugnisse: Das Handeln gesetzlicher Vertreter ist der Kapitalgesellschaft auch dann zurechenbar, wenn es sich außerhalb der Geschäftsführungsbefugnisse im Innenverhältnis bewegt. Die Überschreitung hat daher nur Bedeutung für die Berücksichtigung etwaiger Schadensersatzansprüche (vgl Rn 515).

Gesamtvergütung: Die zunächst zu vergleichende Gesamtvergütung eines Gesellschafter-Geschäftsführers setzt sich zusammen aus der Summe des jährlichen Entgelts (inkl Einmalzahlungen) zuzüglich der sonstigen Leistungen wie Pkw- und Telefonbenutzung, Versicherungen, Pensionszusagen, Wohnungsüberlassung usw.[7] Die Angemessenheit des Gehalts lässt sich nicht durch starre Grenzen beschreiben, sondern ist durch Heranziehung aller Umstände durch Schätzung zu ermitteln.[8] Dabei wird sich im Regelfall ein Korridor angemessener Gehälter ergeben, wobei jeder Wert innerhalb des Korridors als angemessen anzusehen ist.

Im Einzelnen ist es gerechtfertigt, wenn der Gesellschafter-Geschäftsführer ein gegenüber dem bestverdienenden Angestellten erhöhtes Gehalt erhält. Für angemessen gilt etwa das 2,5-fache des Gehalts des bestverdienenden Angestellten.[9] Von einem krassen Missverhältnis der Gesamtvergütung geht der BFH aus, wenn die Angemessenheitsgrenze um mehr als 20 % überschritten wird.[10] Dh eine geringfügige Überschreitung der Angemessenheitsgrenze führt nicht per se zur Annahme einer vGA.

---

1 BGH II ZR 240/85, GmbHR 1987, 94.
2 FG Hessen 4 K 4113/90, EFG 1992, 414.
3 BFH I R 65/70, BStBl II 1972, 721.
4 BFH I B 31/00, BFH/NV 2001, 1149.
5 *Gosch* in Gosch § 8 Rn 797.
6 BMF v 14.10.2002, BStBl I 2002, 972, Rn 8.
7 *Schwedhelm*, GmbHR 2006, 281, 282; *Bascopé/Hering*, GmbHR 2005, 741, 743.
8 BFH I R 24/02, BStBl II 2004, 136; BFH I R 92/03, BFH/NV 2005, 77.
9 FG Baden-Württemberg 6 K 131/98, EFG 2001, 851.
10 BFH I R 89/85, BStBl II 1989, 854.

Bei ertragsstarken Kapitalgesellschaften mit hohen Geschäftsführervergütungen hat das BMF einen „Halbteilungsgrundsatz" aufgestellt, wonach mindestens 50 % des Jahresüberschusses vor dem Abzug der Geschäftsführervergütungen bei der Kapitalgesellschaft verbleiben muss.[1] Dh die Geschäftsführervergütungen sind gedanklich dem Jahresüberschuss hinzuzurechnen und dürfen, einschließlich aller ihrer Bestandteile (Gewinntantieme, Pensionszusage, Fahrzeugüberlassung), maximal dieselbe Höhe erreichen, wie der bei der Kapitalgesellschaft verbleibende Betrag.

Auf den maximal angemessenen Betrag kann bei mehreren Geschäftsführern, deren Gehalt bzw dessen Angemessenheit grundsätzlich isoliert betrachtet werden muss, ggf ein Abschlag erforderlich sein.[2] In der Verwaltungspraxis beträgt dieser Abschlag bei zwei Geschäftsführern im Regelfall 20-25 %, bei drei Geschäftsführern mindestens 30 %. Ist ein Geschäftsführer bei mehreren Gesellschaften tätig, so kann er regelmäßig bei keiner der Gesellschaften ein „volles" Gehalt beziehen.[3] Dies gilt aber dann nicht, wenn die zusätzliche Tätigkeit für die Gesellschaft Vorteile mit sich bringt, die den Verlust des Arbeitseinsatzes des Geschäftsführers aufwiegen. Abgesehen von dieser Ausnahme ist bei der Tätigkeit für mehrere Gesellschaften von einer Obergrenze der Gesamtvergütung (über alle Gesellschaften) vom 1,5-fachen des regulär angemessenen Gehaltes auszugehen.

Ein Angemessenheitskriterium wird in der Eigenkapitalverzinsung gesehen. So soll eine vGA anzunehmen sein, wenn nach Abzug der Vergütung keine angemessene Eigenkapitalverzinsung verbleibt.[4] EK ist das gesamte, von der Gesellschaft eingesetzte EK, womit allerdings das bilanzielle EK gemeint sein dürfte, da eine Ermittlung der stillen Reserven nur zur Feststellung eines angemessenen Gehaltes wohl nicht zumutbar ist.[5] Die angemessene Höhe der Verzinsung wird zwischen 11 % und 25 % benannt.[6] Die Finanzverwaltung sieht dieses Kriterium in engem Zusammenhang mit dem sog Halbteilungsgrundsatz, wonach der Gesellschaft zumindest die Hälfte des Gewinns vor Geschäftsführervergütung verbleiben muss.[7] Damit würde bei eigenkapitalstarken Gesellschaften die Eigenkapitalverzinsung, bei eigenkapitalschwachen der Halbteilungsgrundsatz das Gehalt des Gesellschafters bestimmen.

Häufig wechselnde Höhen der vereinbarten Gehälter bzw Gehaltsschwankungen stellen entgegen einer vereinzelt geäußerten Auffassung[8] kein Indiz für eine vGA dar, da es dem Gesellschafter überlassen bleibt, ob er eine Leistung auf zivilrechtlicher oder gesellschaftsrechtlicher Grundlage erbringen möchte. Wenn dem Gesellschafter aber diese Freiheit zugestanden wird, dann kann auch ein im Vorfeld der Leistungserbringung geänderter Entschluss nicht mit dem Argument der fehlenden Dritt-

---

1 BMF v 14.10.2002, BStBl I, 2002, 972, Rn 14 ff.
2 BFH I R 38/02, BStBl II 2004, 139.
3 BFH I R 92/03, BFH/NV 2005, 77.
4 BFH I R 74/99, BStBl II 2000, 547.
5 AA *Gosch* in Gosch § 8 Rn 809.
6 Gosch in Gosch § 8 Rn 809.
7 BMF v 14.10.2002, BStBl I 2002, 972, Rn 16.
8 *Gosch* in Gosch § 8 Rn 825 mwN.

üblichkeit in ein Indiz für eine vGA umfunktioniert werden. Um gleichwohl einer entsprechenden Argumentation entgegenzuwirken, bietet sich die Vereinbarung von Gehaltsüberprüfungsrhythmen an.[1]

Die Unterbrechung von Zahlungen wegen wirtschaftlichen Schwierigkeiten der Kapitalgesellschaft führt nicht zu einer vGA, da dies gerade der Treuepflicht des Gesellschafters entspricht. Etwas anderes gilt nur, wenn erst iRd Erstellung des Jahresabschlusses über die Verbuchung entschieden wird[2] oder wenn Gehaltszahlungen schon vertraglich von der wirtschaftlichen Lage der Gesellschaft abhängig gemacht werden[3].

In der Aufbauphase einer Kapitalgesellschaft ist zu berücksichtigen, dass der Aufbau eines Unternehmens besonderen Einsatz erfordert. Daher kann für eine begrenzte Zeit (3-5 Jahre) auch eine Vergütung angemessen sein, die bei einer Kapitalgesellschaft im laufenden Betrieb als vGA gelten würde.[4]

Geschäftsreisen: Vgl „gemischte Aufwendungen".

Geschäftswert: Ob Pachtzahlungen für einen Geschäftswert vGA sein können, ist nicht einheitlich zu beantworten. Im Regelfall geht der Geschäftswert mit der Veräußerung von Anteilen an den Erwerber über. Anschließende Pachtzahlungen für die Nutzung des Geschäftswertes an den Veräußerer sind für diesen Veräußerungserlöse. Für die Gesellschaft und den Erwerber können sie vGA darstellen, wenn der Geschäftswert nicht von der Kapitalgesellschaft abtrennbar ist. Abtrennbarkeit liegt zB dann vor, wenn ein persönlich erworbener Kundenstamm abgegolten wird.[5]

Überträgt eine Kapitalgesellschaft einen Geschäftsbetrieb ohne Geschäftswert (dh lediglich für den gemeinen Wert der bilanzierten Aktiva und Passiva) an eine Schwestergesellschaft, so liegt eine vGA an die MG iHd Geschäftswertes und eine verdeckte Einlage in die Schwestergesellschaft durch die MG vor.[6]

Gerichtsurteil: Die Hinnahme eines die Gesellschaft zu einer Zahlung verpflichtenden Urteils trotz Erkennens der Rechtswidrigkeit des Urteils kann eine vGA sein.[7] Dies setzt aber nicht nur voraus, dass die Finanzverwaltung nachweisen kann, dass das Urteil falsch ist, sondern auch, dass die Kenntnis des Gesellschafter-Geschäftsführers von dieser Fehlerhaftigkeit und die Erfolgsaussicht einer Anfechtung des Urteils zweifellos feststehen. Im Ergebnis wird eine vGA nur in extremen Ausnahmefällen vorliegen.

Gesellschafterversammlung: Die allgemeinen Kosten der Gesellschafterversammlung (Raum- und Personalkosten, Organisationsaufwand) sind betrieblich veranlasster Aufwand. Weiterhin darf eine Genossenschaft oder ein VVaG Fahrtauslagen, Sitzungsgelder, Verpflegungs- und Übernachtungspauschalen an Mitglieder der Ver-

---

1 *Gosch* in Gosch § 8 Rn 810a.
2 BFH I B 124/96, BFH/NV 1997, 712.
3 BFH I R 99/87, BStBl II 1990, 454.
4 *Frotscher* in Frotscher/Maas Anh zu § 8 Rn 302 „Geschäftsführervergütung".
5 BFH I R 128-129/95, BStBl II 1997, 546.
6 *Klingebiel* in D/J/P/W Anh zu § 8 Abs 3 „Geschäftswert" Rn 5.
7 BFH I B 8/99, BFH /NV 2000, 752.

treterversammlung[1], nicht aber an die Gesellschafter, Genossen oder Mitglieder[2] vergüten. Hinsichtlich von Bewirtungsaufwendungen für Gesellschafter, Genossen und Mitglieder ist vorrangig § 4 V S 1 Nr 2 EStG zu berücksichtigen. Insoweit danach noch ein BA-Abzug verbleibt, muss dieser angemessen sein. Die Heranziehung veralteter Rechtsprechung aus 1961[3] erscheint insoweit wenig weiterführend. ME sind hier allgemeine Angemessenheitsüberlegungen anzustellen.

Gewerbesteuerumlage: Sind die Voraussetzungen der gewerbesteuerlichen Organschaft gegeben, so gelten die Organgesellschaften als Betriebsstätten des Organträgers. Der Organträger ist damit alleiniger Steuerschuldner, die GewSt ist aber durch alle Organgesellschaften wirtschaftlich verursacht. Eine überhöhte Gewerbesteuerumlage konnte bis 2001 bei Nichtbestehen einer körperschaftsteuerlichen Organschaft zu einer vGA führen. Nunmehr ergeben sich aus einer überhöhten Gewerbesteuerumlage keine steuerlichen Konsequenzen.[4]

Gewinnabführung: Im Falle einer verunglückten Organschaft, also zB bei Nichtvorliegen der Voraussetzungen etwa der finanziellen Eingliederung (hierzu § 14 Rn 148 ff) oder bei Verstoß gegen Formerfordernisse der Gewinnabführung (hierzu § 14 Rn 268 ff), liegt in der Auskehrung des Gewinnes und der damit verbundenen Minderung des Unterschiedsbetrags eine vGA.[5]

Gewinnaufschlag: Die Annahme eines Gewinnaufschlags bei vGA ist nach der derzeitigen Rechtsprechung nicht von einheitlichen Grundsätzen beherrscht. Der BFH geht teilweise davon aus, dass der Fremdvergleichspreis unabhängig von Vermögensminderung und verhinderter Vermögensmehrung den Gewinnaufschlag bereits mit einschließt.[6] Denn der ordentliche und gewissenhafte Geschäftsführer würde zusätzlich zum Kostenausgleich einen Gewinnaufschlag fordern.[7] Andererseits wird weder bei Leistungen direkt an den Gesellschafter (Pensionszusage, Tantieme, Gehalt) noch bei Leistungen an ihm nahestehende Personen ein Gewinnaufschlag angesetzt.[8] Zutreffend dürfte es sein, nur bei verhinderten Vermögensmehrungen einen Gewinnaufschlag anzunehmen, soweit die Gesellschaft gegenüber dem Gesellschafter eine Leistung erbringt, die im Verhältnis zu Dritten mit einem Gewinnaufschlag versehen worden wäre (Kerngeschäft). Dagegen sind sonstige Vermögensminderungen (Übernahme von Kosten des Gesellschafters) und verhinderte Vermögensmehrungen (unentgeltliche Überlassung von Gegenständen) nur auf Basis der Kostenverrechnung zu bewerten.[9]

Gewinntantieme: Vgl unter „Tantieme".

---

1   BFH I R 16/79, BStBl II 1984, 273.
2   BFH I 12/55 U, BStBl III 1956, 43.
3   DM 25 nach BFH I 73/60 U, BStBl III 1962, 89.
4   Ausführlich *Neumann*, VGA, 2. Aufl, S 297 ff.
5   BFH I R 39/06, BFH/NV 2008, 614 mwN.
6   BFH I B 143/07, BFH/NV 2008, 1202; BFH I R 8/06, BFH/NV 2008, 1057.
7   BFH I R 56/03, BFH/NV 2005, 793.
8   BFH I R 63/08, BFH/NV 2009, 1841.
9   *Kohlhepp*, DStR 2009, 357.

GmbH & Co KG: Die KG ist kein Körperschaftsteuersubjekt, so dass es die vGA der GmbH & Co KG daher faktisch nicht gibt. Allerdings bestehen für die Komplementär-GmbH Besonderheiten: Wird keine Haftungsvergütung an die Komplementär GmbH gezahlt, so liegt regelmäßig eine vGA wegen verhinderter Vermögensmehrung vor. Ist der Gesellschafter der GmbH zugleich Kommanditist, so liegt in jeder unangemessenen oder gegen die Grundsätze für beherrschende Gesellschafter verstoßenden Zuwendung der GmbH an die KG eine vGA begründet. Bei kapitalmäßiger Beteiligung der GmbH an der KG auch dann, wenn die GmbH unentgeltlich auf die Teilnahme an einer Kapitalerhöhung verzichtet.[1] Ist die GmbH am Gewinn der KG beteiligt, so können sich indirekt (nämlich über die Minderung ihres Gewinnbezugsrechts aus überhöhten Aufwendungen der KG) vGA ergeben. Grundsätzlich ist über eine vGA bei der GmbH iRd Körperschaftsteuerveranlagung der GmbH zu entscheiden. Davon abweichend ist bei einer GmbH als Gesellschafterin einer KG eine vGA iRd Gewinnfeststellung der KG zu entscheiden, wenn die Frage nach der vGA bei der GmbH untrennbar mit der Höhe des Gewinnanteils der GmbH bei der KG verbunden ist.[2]

Golfclubbeitrag: Beiträge für eine Golfclubmitgliedschaft führen auch dann zu vGA, wenn im Golfclub geschäftliche Kontakte gepflegt werden.[3] Anderes kann für reine Business-Clubs gelten.[4]

Gründungsaufwand: Die Übernahme der Gründungskosten obliegt den Gesellschaftern, soweit nicht in der Satzung etwas Abweichendes geregelt ist.[5] Daher ist die Übernahme dieser Kosten durch die Gesellschaft vGA, wenn nicht die Satzung einen Höchstbetrag[6] ausweist, bis zu dem die Gesellschaft die Kosten der Gründung übernimmt. Üblich ist eine Beteiligung der Gesellschaft iHv 10 % des Stammkapitals bzw 3.000 EUR.

Haftung: Haftet die Kapitalgesellschaft für eine Handlung oder Unterlassung des Gesellschafter-Geschäftsführers, so stellt ein Verzicht auf den Regress im Innenverhältnis eine vGA dar.

Handelsvertreter: Wird die Kapitalgesellschaft als Handelsvertreter tätig, so können vGA insoweit vorliegen, als die Kapitalgesellschaft auf Ausgleichansprüche nach § 89b HGB zugunsten ihres Gesellschafters verzichtet.[7]

Hinzuschätzung: Ob Hinzuschätzungen aufgrund einer Nachkalkulation nach § 162 AO zu einer vGA führen lässt sich nicht undifferenziert beantworten.[8] Es ist vielmehr nach dem Anlass der Hinzuschätzung und nach den Besteuerungsebenen Gesellschafter und Gesellschaft zu differenzieren.[9]

---

1 BFH IV R 90/72, BStBl II 1977, 467.
2 BFH VIII R 2/86, BStBl II 1992, 832 mwN.
3 FG Hamburg VI 155/99, EFG 2002, 708.
4 *Kohlhepp*, DB 2010, 1480; aA FG Hamburg 2 K 8/07, EFG 2009, 1672.
5 BFH I R 12/87, BStBl II 1990, 89.
6 OFD Kiel v 22.9.1999, BB 1999, 2340.
7 *Schallmoser* in H/H/R § 8 Rn 340 „Handelsvertretung" mwN.
8 AA schlicht bejahend *Klingebiel* in D/J/P/W Anh zu § 8 Abs 3 „Hinzuschätzungen von Betriebseinnahmen".
9 *Brete*, GmbHR 2010, 911.

Bei der Kapitalgesellschaft kann eine vGA vorliegen, da Ungewissheiten hinsichtlich des Verbleibs von Einnahmen zu Lasten der Gesellschaft gehen. Allerdings wird zu Recht bei bloßen Buchführungsmängeln eine vGA in Frage gestellt, auch wenn ein Rechtsgrund zu einer Hinzuschätzung nach § 162 AO besteht.[1] Insoweit wird von einer Ausschüttung entsprechend den Beteiligungsquoten auszugehen sein. Schließlich wird auf Ebene der Gesellschafter eine vGA regelmäßig daran scheitern, dass ein Zufluss nachzuweisen ist und der entsprechende Nachweis den Finanzbehörden obliegt.[2]

Schließlich sind bei bloßen Kassenfehlbeträgen, bei denen Sicherheitszuschläge geschätzt werden, vGA nicht anzunehmen, da die gesellschaftliche Veranlassung nicht nachgewiesen werden kann.[3]

Incentive-Reisen: Wird der Kapitalgesellschaft von einem Dritten eine Incentive-Reise zugewandt, so liegt in deren Entgegennahme und in der Weiterleitung an die Gesellschafter-Geschäftsführer keine vGA.[4] Beim Geschäftsführer führt die Zuwendung zu einem lohnsteuerpflichtigen Sachbezug.

Inkongruente Gewinnausschüttung: Die Finanzverwaltung hält inkongruente Gewinnausschüttungen entgegen dem BFH nicht für möglich.[5] Dem ist nicht zuzustimmen; stattdessen stellen vGA, die stets inkongruent möglich sind, (unter einschränkender Berücksichtigung des § 42 AO[6]) eine nicht angreifbare Möglichkeit der Gesellschafter zur Gewinnverteilung dar.[7] Neuerdings will die Finanzverwaltung ausweislich H 18 Tz 6.2 ErbStR diese Vorgänge sogar der Schenkungssteuerpflicht unterwerfen.

Jagdaufwendungen: Jagdaufwendungen unterfallen ggf bei Repräsentations- oder Unterhaltungszweck[8] bereits § 4 V S 1 Nr 4 EStG und sind daher nicht abzugsfähige Betriebsausgaben. Soweit Jagdaufwendungen einem land- und forstwirtschaftlichen Betrieb dienen, sind sie Erwerbsaufwendungen und als solche abzugsfähig.[9] In diesem Fall können Jagdaufwendungen vGA darstellen, wenn sie im Interesse eines Gesellschafters anfallen. Das ist jedoch nicht schon bei bloßer Erfüllung einer Neigung des Gesellschafters anzunehmen, denn die Jagd erfüllt vordringlich einen öffentlich rechtlichen Zweck der Hege und Pflege und ist daher nicht eigen-, sondern gemeinnützig.[10] Die bloße Tatsache, dass der Gesellschafter Jäger ist, genügt der Annahme einer vGA ebenso nicht.

Kapitalerhaltung: Verstöße gegen die Kapitalerhaltungsvorschriften des GmbHG bzw AktG stellen auch Verstöße gegen die Vorgaben für ordentliche und gewissenhafte Geschäftsleiter dar. Insoweit liegt in entsprechenden Leistungsgewährungen eine

---

1 *Assmann*, StBp 2001, 255, 256 f; *Braun*, PStR 2003, 80.
2 *Brete*, GmbHR 2010, 911.
3 BFH I R 82/99, DStRE 2000, 1201.
4 FG München 6 K 776/01, EFG 2002, 1122.
5 BMF v 7.12.2000, BStBl I 2001, 47 entgegen BFH I R 77/96, BStBl II 2001, 43.
6 FG Baden-Württemberg 13 K 146/04, EFG 2008, 1206.
7 *Kohlhepp*, VGA, 2008, § 1 Rn 20; Janssen in Lange/Janssen, VGA, Rn 236.
8 *Adamik* in H/H/R § 4 EStG Rn 1328 mwN.
9 BFH IV R 6/00 BStBl II 2000, 575; aA *Klingebiel* in D/J/P/W Anh zu § 8 Abs 3 „Jagdaufwendungen".
10 *Asche*, GS für W Rainer Walz, Zwischen Markt und Staat, 2007, S 1.

vGA, der Rückforderungsanspruch ist eine Einlageforderung. Daran hat auch das MoMiG insoweit nichts geändert. Demgegenüber sind auch in der Krise gewährte Darlehen des Gesellschafters an die Gesellschaft Fremdkapital und nicht EK. Kapitalrückzahlungen und Zinsen sind daher keine vGA.

Kapitalerhöhung: Das sog Vorbelastungsverbot des § 26 II AktG gilt nur für die Gründungskosten. Daher ist die Übernahme von Kosten iRd Kapitalerhöhung mangels anderweitiger gesetzlicher Regelung originär betrieblich veranlasst und daher keine vGA, auch wenn es an einer Satzungsregelung fehlt. Allerdings stellen die Kosten, die in Bezug auf die Durchführung des Kapitalerhöhungsbeschlusses anfallen, originär im Gesellschaftsverhältnis veranlasste Kosten dar, deren Übernahme auch dann zu einer vGA führt, wenn eine Satzungsregelung besteht.[1]

Kassenfehlbestand: Kassenfehlbestände führen mangels Veranlassung im Gesellschaftsverhältnis regelmäßig nicht zu vGA (vgl auch „Hinzuschätzungen").[2]

Know-how: Nutzt der Gesellschafter Know-how der Gesellschaft unentgeltlich, so liegt hierin eine vGA wegen verhinderter Vermögensmehrung vor, soweit dieses im üblichen Geschäftsverkehr nur entgeltlich überlassen worden wäre. Das ist dann der Fall, wenn es lizenzfähig ist und als Gebrauchsmuster, Marke oder Patent zur Eintragung gelangt ist oder eintragungsfähig ist.

Nutzt die Gesellschaft Know-how des Gesellschafters gegen Entgelt, und ist das Know-How eindeutig der Sphäre des Gesellschafters zuzuordnen, dh es handelt sich nicht um ein iRd Tätigkeit für die Gesellschaft entstandenes Recht, so sind die Zahlungen nicht als vGA zu werten. Das ist insbesondere dann der Fall, wenn das Know-how bereits entstanden war, bevor die Gesellschaft gegründet wurde. Anders liegt es, wenn das Know-how Ausfluss der Tätigkeit der Gesellschaft ist und damit deren Sphäre zuzuordnen ist. In diesem Fall liegt in den Entgeltzahlungen eine vGA, da ein ordentlicher und gewissenhafter Geschäftsleiter nicht für Know-how zahlen würde, das ohnehin der Gesellschaft zuzuordnen ist.

Konzernstrukturen: Die Behandlung von vGA in mehrstufigen Konzernstrukturen, bei der diese von Untergesellschaften über mehrere Konzerngesellschaften hinweg an die MG gewährt werden, soll nach ganz hM in der Weise erfolgen, dass bei jedem beteiligten Rechtsträger sofort ein Beteiligungsertrag von der TG und eine vGA an die unmittelbare MG anzunehmen ist.[3] Dies führt aufgrund des sog Kaskadeneffekts[4], dh der Anwendung des § 8b V auf jeder Ebene der Konzerngesellschaften bis hin zur MG zu einer erheblichen Belastung (vgl § 8b Rn 388).

Zur Vermeidung dieser Mehrfachbelastung, die ihre Ursache einerseits in § 8b V, andererseits in der fiktiven Durchleitung der vGA durch die gesamte Beteiligungskette hat, wurde als Alternative vorgeschlagen, eine vGA nach § 8 III S 2 zunächst

---

1 BFH I R 24/99, BStBl II 2000, 545.
2 BFH I R 82/99, DStRE 2000, 1201.
3 BFH I R 247/81, BStBl II 1986, 195.
4 *Watermeyer* in H/H/R § 8b Rn 126.

lediglich bei der Enkelgesellschaft anzunehmen und eine vGA nach § 20 I Nr 1 EStG iVm § 8b V zunächst lediglich bei der Konzernobergesellschaft.[1] Der Vorschlag gründet sich auf folgende Überlegungen:

- Ein tatsächlicher Zufluss hat bei einer beliebigen Mittelgesellschaft nicht stattgefunden, die Annahme einer vGA nach § 20 I Nr 1 ist daher fiktiv.
- Eine vGA nach § 8 III S 2 liegt mangels Vermögensminderung bzw verhinderter Vermögensmehrung ebenfalls bei keiner Mittelgesellschaft vor, wenn die Zuwendung nicht zu einer Teilwertabschreibung der Beteiligung an der Enkelgesellschaft führt.
- Bei der Mittelgesellschaft fehlt es auch (selbst wenn man über das Argument der fehlenden Vermögensminderung hinwegkäme) an einer Veranlassung im Gesellschaftsverhältnis. Die Geschäftsleitung der Mittelgesellschaft muss von den Vorgängen nicht einmal Kenntnis haben. Eine Veranlassung ist allenfalls in der Weisungskompetenz der Obergesellschaft an die Enkelgesellschaft zu erblicken.
- Die Konzernobergesellschaft erhält einen Vorteil iSd § 20 I Nr 1 EStG iVm § 8b I von ihrer unmittelbaren TG, die ihrerseits aber keine vGA nach § 8 III S 2 ausschüttet.

Dieser Ansatz ist verschiedentlich diskutiert worden, er wird jedoch von der hM abgelehnt.[2] Gegen die vorgebrachten Argumente lässt sich jedoch unter Weiterentwicklung der vorstehenden Thesen folgendes einwenden:

- Die Argumentation der Ungleichbehandlung mit Dreiecksfällen[3] führt in die Irre. Zwar hat bei Dreiecksfällen die Konzernmutter ebenfalls keine tatsächliche unmittelbare Zuwendung erhalten, ebenso wie die Mittelgesellschaften in Durchleitungsfällen; die Bereicherung der Konzernobergesellschaft findet jedoch als wesentlicher Unterschied ihren Niederschlag in der Vermögensmehrung auf Ebene ihrer weiteren TG und wird hier durch die Berücksichtigung erhöhter Anschaffungskosten auf die Beteiligung (verdeckte Einlage) oder in Form eines fiktiven Vorteilsverbrauches berücksichtigt.[4]
- Die drohende Folge, dass es sich bei einer Zurechnung der Beteiligungserträge direkt bei der Konzernobergesellschaft nicht um Beteiligungseinkünfte iSd § 20 I Nr 1 iVm § 20 VIII EStG handeln könne (und mithin die Steuerbefreiung iSd § 8b I entfiele[5]) verkennt, dass nach wie vor ein Beteiligungsertrag von der unmittelbaren TG vorliegt,[6] dieser Zufluss erfolgt lediglich zeitlich vor der möglichen vGA bei der Mittelgesellschaft (zumindest soweit bei der Mittelgesellschaft nicht in Folge der vGA eine Teilwertabschreibung auf ihre Beteiligung an der Unterge-

---

1   Kohlhepp, DStR 2008, 1859.
2   Lang in D/J/P/W § 8 Abs 3 Teil C Rn 800 ff; Gosch in Gosch § 8 Rn 242; Brandis in FS für Joachim Lang, Gestaltung der Steuerrechtsordnung, 2010, S 719; zustimmend Hauber in EY, VGA und verdeckte Einlagen, Fach 2 Rn 356.1.
3   Lang in D/J/P/W § 8 Abs 3 Teil C Rn 819.
4   Kohlhepp, DStR 2008, 1859.
5   Gosch in Gosch § 8 Rn 242.
6   Zutreffend Brandis in FS für Joachim Lang, Gestaltung der Steuerrechtsordnung, 2010, S 719.

sellschaft greift), weswegen § 8b I anwendbar bleibt. Hinsichtlich des möglichen Gegenarguments der Anwendung des Korrespondenzprinzips in diesen Fällen lässt sich vertreten, dass die Beschränkung des § 8b I S 2 durch S 4 für den vorliegenden Fall aufgehoben wird (nämlich in Folge der Einkommenserhöhung der Untergesellschaft als nahestehende Person). Es ist nicht ersichtlich, wieso eine vGA auf Gesellschaftsebene zeitlich vor dem Zufluss dieser beim Gesellschafter gegeben sein kann, nicht jedoch umgekehrt ein Zufluss auf Gesellschafterebene vor der Einkommenskorrektur auf Gesellschafterebene vorliegen darf.

- Eine Besserstellung gegenüber oGA[1] liegt nicht vor, da eine vGA auf Ebene der Mittelgesellschaften spätestens dann anzunehmen ist, wenn es bei dieser zu Vermögensminderungen oder verhinderten Vermögensmehrungen kommt. Die hier vorgeschlagene Lösung bietet stattdessen einen Ansatzpunkt für eine Beseitigung der Schlechterstellung der vGA gegenüber der oGA: Während bei oGA die Basis für die Gewinnausschüttung aufgrund der Wirkung des § 8b V immer kleiner würde, ist bei vGA auf jeder Ebene 5 % des ungeschmälerten Betrages der vGA nichtabzugsfähige BA. Diese Schlechterstellung könnte jedenfalls durch die vorgeschlagene Handhabung auf Basis der Bewertung der vGA bei der Mittelgesellschaft vermieden werden.

- Ein Verstoß gegen das Prinzip eines einheitlichen Veranlassungszusammenhangs der vGA nach § 20 I Nr 1 EStG und § 8 III S 2[2] liegt auch bei dieser Behandlung nicht vor. Die vGA bei der Enkelgesellschaft und der Beteiligungsertrag bei der Konzernmutter haben denselben Veranlassungszusammenhang. Auch die ggf später festzustellende vGA der Mittel- an die Obergesellschaften haben einen einheitlichen Veranlassungszusammenhang.

Kern der Überlegungen ist also mit anderen Worten, dass im Zeitpunkt der Zuwendung von der Enkelgesellschaft an die Konzernobergesellschaft weder eine verhinderte Vermögensmehrung noch eine Vermögensminderung auf Ebene der Mittelgesellschaften vorliegt, außer die Zuwendung führt unmittelbar zu einer Teilwertabschreibung auf die Beteiligung der Mittelgesellschaft an der Untergesellschaft. Spätestens im Zeitpunkt der Veräußerung der Enkelgesellschaft durch die Mittelgesellschaft kann aber (nach den Verhältnissen zu diesem Zeitpunkt) eine Vermögensminderung vorliegen, die durch das Gesellschaftsverhältnis, nämlich die frühere Abführung an die Konzernobergesellschaft, veranlasst ist. Korrespondierend ist erst zu diesem Zeitpunkt nach dem zu der hM abweichenden Alternativvorschlag ein identischer Ertrag nach § 20 I Nr 1 EStG fiktiv anzunehmen, wobei es iHv 5 % dieses Ertrages zu nichtabzugsfähigen Betriebsausgaben kommt.

Konzernname, Konzernmarke: Vgl „Namensüberlassung".

Konzessionsabgaben: Das BMF hat zur Abzugsfähigkeit von Konzessionsabgaben angemerkt, dass bei Fällen in denen die öffentliche Hand nicht an einer Kapitalgesellschaft beteiligt ist, keine vGA sondern Betriebsausgaben vorlägen. In Beteiligungsfällen soll auch

---

1 So Lang in D/J/P/W § 8 Abs 3 Teil C Rn 819.
2 So die Bedenken von *Brandis* in FS für Joachim Lang, Gestaltung der Steuerrechtsordnung, 2010, S 719.

bei Einhalten der Höchstsätze (in der Anordnung über die Zulässigkeit von Konzessionsabgaben der Unternehmen und Betriebe zur Versorgung mit Elektrizität, Gas und Wasser an Gemeinden und Gemeindeverbände oder Konzessionsabgabenverordnung) nur dann Schutz vor einer vGA gegeben sein, wenn der Kapitalgesellschaft ein angemessener Mindestgewinn verbleibt.[1] Als Mindestgewinn soll 1,5 % des Sachanlagevermögens maßgebend sein. Sachanlagevermögen kann eigenes oder geleastes Sachanlagevermögen sein.[2] ME ist die Mindestgewinnannahme verfehlt. Wenn die Anwendung der Höchstsätze für Konzessionsabgaben ohne Beteiligung der öffentlichen Hand als fremdüblich gilt, dann kann auch bei Beteiligung der öffentlichen Hand nichts anderes gelten. Liegen dennoch Dauerverluste vor, greift entweder § 8 VII oder es liegen ggf aus anderen Gründen vGA vor, etwa aufgrund einer nicht angemessenen Mindestkapitalausstattung.

Konzessionsangaben, die dem Grunde oder der Höhe nach unangemessen sind, können auch darüber hinaus vGA sein. Es sind die allgemeinen Grundsätze des Fremdvergleichs anzusetzen.[3] Dies gilt grundsätzlich auch für die für beherrschende Gesellschafter geltenden Anforderungen (hierzu Rn 369 ff). Allerdings hat der BFH mE zu weitgehend eine vGA auch in einem Fall angenommen, in dem eine Nachzahlung von Konzessionsabgaben gesetzlich angeordnet war.[4] Jedoch kann die tatsächliche Durchführung von Konzessionsabgaben ggf sogar über fehlende Vertragliche Vereinbarungen hinweghelfen.[5]

Kostenumlagen: Verwaltungskosten oder Kosten für sonstige Dienstleistungen können ohne Weiteres auf Basis eines angemessenen Schlüssels auf TG oder Schwestergesellschaften umgelegt werden, ohne vGA zu verursachen. Die Kriterien für beherrschende Gesellschafter sind ggf zu beachten (vgl Rn 369 ff).

Lästiger Gesellschafter: Wird ein lästiger Gesellschafter abgefunden, so kann ausnahmsweise der Überpreis, dh der Teil des Kaufpreises, der den inneren Wert der Anteile übersteigt, Betriebsausgabe sein.[6] Das setzt aber voraus, dass der Gesellschafter bzw sein Verhalten zu einer erheblichen Beeinträchtigung der betrieblichen Tätigkeit der Gesellschaft, ihrer Gewinnerwartungen und Zukunftsaussichten geführt hat und eine Änderung des Verhaltens des Gesellschafters nicht zu erwarten ist. Besteht nur ein Streit zwischen Gesellschaftern, so liegt ein originär dem anderen Gesellschafter zuzurechnender Aufwand vor, der den Verkehrswert der Anteile gerade widerspiegelt und daher sind solche Aufwendungen vGA.[7]

Liebhaberei: Vgl dazu Rn 196, 275 und 276.

Lösegeld: Lösegeldzahlungen für den Gesellschafter oder die ihm nahestehenden Personen sind nach Auffassung der Finanzgerichte immer durch die Privatsphäre der ausgelösten Personen veranlasst, da eine drohende Gefahr für deren Leib

---

1 BMF v 9.2.1998, BStBl I 1998, 209.
2 BMF v 27.9.2002, BStBl I 2002, 940.
3 BFH I R 15/04, BStBl II 2006, 196.
4 BFH I R 28/09, BFH/NV 2011, 850; dazu *Kohlhepp*, DB 2011, 1598, 1604.
5 Sächsisches FG 4 K 635/08, Haufe-Index 2597702.
6 BFH I B 50/95, BFH/NV 1996, 438.
7 BFH VI 71/64 U, BStBl III 1965, 618.

und Leben abgewandt werden soll. Daher liegt auch dann eine vGA vor, wenn die Lösegeldzahlung durch eine Dienstreise verursacht wurde.[1] Diese Rechtsprechung ist durchaus kritikwürdig, denn man mag zwar eine private Mitveranlassung begründen können, eine alleinige private Veranlassung liegt aber wohl bereits aufgrund der Fürsorgepflicht des Arbeitgebers (bei Zahlungen für den Geschäftsführer) bzw bei Familienunternehmen aufgrund der Verbundenheit mit der Gründerfamilie nicht vor.

Mitgliedsbeiträge können vGA sein, wenn kein betrieblicher Zusammenhang besteht.[2] Es kann sich aber auch um Teil des lohnsteuerpflichtigen Arbeitslohns handeln, wenn dies vertraglich vereinbart oder der Vertrag entsprechend interpretierbar ist.[3]

Mittelbare Organschaft: Für den Fall der mittelbaren Organschaft ist das Fehlen einer Ausgleichszahlung an die unmittelbare MG wegen der steuerlichen Anerkennung einer mittelbaren Beteiligung iRd § 14 I Nr 1 S 2 bei der Mittelgesellschaft betrieblich veranlasst und stellt insoweit keine vGA an den Organträger dar (vgl § 16 Rn 43).

Namensüberlassung: Vergütungen für die Nutzung des bürgerlichen Namens des Gesellschafters durch die Kapitalgesellschaft sind regelmäßig vGA.[4] Auch die Nutzung des Konzernnamens stellt grundsätzlich einen sog Rückhalt im Konzern dar, so dass Lizenzentgelte hierfür nicht berechnet werden können, ohne vGA auszulösen.[5] Ist der Konzernname aber eine eingetragene (Dach-)Marke, so sind Entgelte für die Nutzung dieser Marke steuerlich anzuerkennen, soweit sie der Höhe nach drittüblich sind.[6]

Nichteinforderung von Einlagen: Die Nichtgeltendmachung von Forderungen auf Einlagen, etwa wegen Rückforderung von vGA führt iHd entgangenen Zinsen zu vGA.[7] Dies gilt nicht, soweit Einlagen auf das Stammkapital noch nicht eingefordert sind.

Nebentätigkeit: Vgl unter „Beratervertrag".

Non-Profit-Unternehmen: Vgl unter „Gewinnaufschlag".

Patronatserklärung: Hier sind die Grundsätze unter „Bürgschaften" entsprechend anzuwenden.

Pensionszusage, Pensionsrückstellung: Zur generellen steuerlichen Anerkennung von Pensionsrückstellungen müssen die Voraussetzungen des § 6a EStG erfüllt sein. In den Rahmen des § 6a EStG fällt auch die Prüfung, ob eine Überversorgung vorliegt. Demnach darf bei einer Festbetragszusage die Versorgungsanwartschaft zusammen mit der Rentenanwartschaft aus der gesetzlichen Rentenversicherung 75 % der am Bilanzstichtag bezogenen Aktivbezüge nicht übersteigen.[8] Andernfalls ist der überschießende Teil in der Steuerbilanz aufzulösen.

---

1 BFH I B 132/00, BFH/NV 2001, 1048; FG Berlin 8 K 8497/98, EFG 2001, 308.
2 BFH I R 140/81, BStBl II 1982, 465.
3 FG Hamburg 2 K 8/07, EFG 2009, 1672, dazu *Kohlhepp*, DB 2010, 1480.
4 BFH I 332/55 U BStBl III 1956, 180.
5 BFH I R 12/99 BStBl II 2001, 140.
6 BFH I R 12/99, BStBl II 2001, 140.
7 BFH I R 126/95, BFH/NV 1997, 355
8 BFH I R 105/94, BStBl II 1996, 423; BFH I R 79/03, BStBl II 2004, 940; BFH I R 29/06, BFH/NV 2007, 1350.

Eine vGA, sowohl bei Gesellschaftern als auch bei diesen nahestehenden Personen wird regelmäßig angenommen, wenn einem Gesellschafter unmittelbar nach Aufnahme der Tätigkeit eine Pension zugesagt wird. Nach Ansicht der Verwaltung und der Rechtsprechung würde eine Pensionszusage bei einem fremden Dritten erst nach einer Warte- oder Probezeit abgegeben werden. Dabei gilt:

- Eine Wartezeit von 5 Jahren ist bei Neugründungen ausreichend.[1] Sie kann sich bei Teilzeit verlängern.[2]
- Eine Wartezeit von 2-3 Jahren ist im Regelfall ausreichend.[3]
- Bei Branchenerfahrung verkürzt sich die Probezeit ggf auf 1,5 Jahre.[4]
- Bei Umwandlung eines Einzelunternehmens in eine GmbH[5] bzw bloßem Wandel des Rechtskleids[6] ist eine erneute Probezeit entbehrlich.

Bei einem Verstoß gegen das Probezeiterfordernis nehmen Rechtsprechung und Finanzverwaltung nur bis zum Ablauf der für erforderlich erachteten Probezeit eine vGA an.[7] Dementsprechend kann auch nur anteilig eine vGA beim Gesellschafter angenommen werden, denn die Pensionszusage ist nur partiell gesellschaftsrechtlich veranlasst.[8]

Eine Pensionszusage an einen Gesellschafter(-Geschäftsführer) muss ernsthaft (dh nicht aus bilanzpolitischen bzw steuerlichen Gründen) abgegeben werden. Die Finanzverwaltung bemisst die Ernsthaftigkeit am Kriterium der Finanzierbarkeit. Da es sich bei der Frage der Finanzierbarkeit also um einen Unterfall der Ernsthaftigkeit handelt ist einsichtig, dass dieses Kriterium bei der Erteilung der Zusage vorliegen muss. Ein späterer Wegfall der Finanzierbarkeit führt nicht automatisch zur Annahme einer vGA, ein späteres Hineinwachsen in die Finanzierbarkeit behebt jedoch den Gründungsfehler der Pensionszusage nicht mehr. Bei neu gegründeten Unternehmen müssen gesicherte Erkenntnisse über die künftige Ertragslage vorliegen. Ein Prognosezeitraum von lediglich 15 Monaten soll dabei nicht genügen.[9] Nach Ansicht der Rechtsprechung ist ein Zeitraum von fünf Jahren zugrundezulegen.[10] Dies erscheint jedoch ebenso unrealistisch, da konkrete Prognosen (zB iRd Unternehmensbewertung) lediglich für einen Zeitraum von ca 3 Jahren als realistisch erscheinen.[11]

Folgende Punkte sind iRd Finanzierbarkeit von Pensionsrückstellungen zu beachten:

1 BFH I R 42/97, BStBl II 1999, 316.
2 FG Baden-Württemberg 6 K 311/90, GmbHR 1996, 66.
3 BMF v 14.5.1999, BStBl I, 1999, 512.
4 BFH I B 131/97, BFH/NV 1998, 1530.
5 BFH I R 52/97, BStBl II 1999, 318.
6 BFH I R 19/09, BFH/NV 2010, 1310.
7 FG Saarland 1 K 1377/04, EFG 2009, 774.
8 AA, insgesamt gesellschaftsrechtlich veranlasst, *Neumann*, VGA, 2. Aufl, S 374; auch er will aber die Konsequenz daraus, nämlich die Versteuerung des gesamten Zuflusses als vGA nicht ziehen.
9 BFH I R 73/97, BFH/NV 1998, 796.
10 Finanzministerium Mecklenburg-Vorpommern v 14.6.2006, HaufeIndex 1567219.
11 IDW S1, Rn 77.

- Eine Rückdeckungsversicherung ist kein zwingendes Erfordernis aber dennoch ein Indiz für Finanzierbarkeit.[1]
- Eine Pensionszusage ist nicht finanzierbar und infolgedessen nicht ernsthaft, wenn ein unmittelbar eintretender Versorgungsfall und die daraus folgende Passivierung der Verpflichtung mit dem Anwartschaftsbarwert zu einer bilanziellen Überschuldung der Gesellschaft führen würde.[2] Bei der Ermittlung der Überschuldung sind iRd Aktivvermögens stille Reserven und ein etwaiger Anspruch aus Rückdeckungsversicherungen einzubeziehen. Bei Fortführung des Betriebes oder bei Veräußerung können künftige Ertragsaussichten berücksichtigt werden.
- Eine Pensionszusage, die mehrere Risiken abdeckt (Invalidität, Hinterbliebenenversorgung, Altersrente), kann bei fehlender Finanzierbarkeit in einen betrieblich veranlassten Teil (soweit finanzierbar) und einen gesellschaftsrechtlich veranlassten Teil (soweit nicht finanzierbar) aufgespalten werden.[3]
- Eine bei Erteilung nicht finanzierbare Zusage ist vGA, auch wenn die Zusage später aufgrund der Geschäftsentwicklung finanzierbar wird.[4]
- Eine bei Erteilung finanzierbare Zusage ist keine vGA, auch wenn die Finanzierbarkeit später entfällt; außer die Gesellschaft wäre zivilrechtlich in der Lage, eine Kürzung der Zusage gegenüber dem Gesellschafter durchzusetzen.[5] Aus diesem Grund führt auch der Verzicht des Gesellschafters auf eine solche Zusage selbst bei fehlender Finanzierbarkeit zum Zufluss von Arbeitslohn. Das BMF geht aber wohl nach wie vor zugunsten der Gesellschafter nur von einem Zufluss von Arbeitslohn aus, wenn die Zusage finanzierbar war.[6]

Die Finanzverwaltung lehnt im Regelfall die Anerkennung einer Pensionszusage als betrieblich bedingt ab, wenn das Pensionseintrittsalter unter dem 60. Lebensjahr liegt (R 38 S 8 KStR). Die Rechtsprechung verlangt bei beherrschenden Gesellschaftern auch im Fall einer Zusage zwischen dem 60. und 65. Lebensjahr eine Berechnung des Pensionsanspruches auf das 65. Lebensjahr.[7] Diese Altersgrenzen sind vor dem Hintergrund der Vertragsfreiheit nicht nachvollziehbar,[8] werden aber von der Praxis befolgt.

Bei vorzeitigem Ausscheiden aus der Gesellschaft ist eine zeitanteilige Kürzung des Pensionsanspruchs vorzusehen, andernfalls ist die Zusage insgesamt nicht als drittüblich anzusehen. Ein ordentlicher und gewissenhafter Geschäftsleiter würde mit einem Fremdgeschäftsführer für den Fall des vorzeitigen Ausscheidens eine Regelung treffen, die eine zeitanteilige Kürzung der Anwartschaft entsprechend dem Verhältnis zwischen der Betriebszugehörigkeit und der Dauer bis zum Eintritt des Versicherungsfalles wegen Eintritts der Altersgrenze vorsieht.[9]

---

1 BFH I R 42/97, BStBl II 1999, 316.
2 BFH I R 15/00, BStBl II 2005, 657.
3 BFH I R 42/97, BStBl II 1999, 316.
4 VGA dem Grunde nach BFH I R 75/91, BFH/NV 1993, 330.
5 BFH I R 70/99, BStBl II 2005, 653.
6 Insoweit ist BMF v 14.5.1999, BStBl I, 1999, 512 weiterhin anwendbar.
7 BFH I R 113/88, BStBl II 1991, 379.
8 Zutreffend *Janssen* in Lange/Janssen, VGA, Rn 915.
9 Hessisches FG 4 K 4005/96, GmbHR 1999, 724.

Die Pensionszusage muss durch die Arbeitskraft des Gesellschafters erdienbar sein. Grundgedanke dieser Annahme ist, dass einem fremden Dritten keine Zusage gemacht werden würde, die nicht in einem angemessenen Verhältnis zu der erbrachten Arbeitsleistung steht.[1]

- Hat der Geschäftsführer im Zeitpunkt der Erteilung der Zusage bereits das 60. Lebensjahr (Höchstzusagealter) überschritten, so spricht eine Vermutung gegen die Erdienbarkeit der Pension.[2]
- Beherrschende Gesellschafter erdienen ihre Pension im Regelfall in 10 Jahren ab Erteilung der Zusage.[3] Ein 58jähriger darf daher erst eine Pension ab dem 68. Lebensjahr erwerben.
- Ausnahmen für beherrschende Gesellschafter hat die Rechtsprechung in einigen Fällen zugelassen,[4] etwa wenn eine Lücke in der Altersversorgung zu schließen ist.[5] Die Finanzverwaltung wendet diese Rechtsprechung nur im Einzelfall an.[6]
- Bei nicht-beherrschenden Gesellschaftern kann die Pension auch in 3 Jahren ab Erteilung der Zusage erdient werden, wenn der Betreffende zum Zeitpunkt des Eintritts des Pensionsfalles dem Betrieb mindestens 12 Jahre angehört.[7]

Bei nicht beherrschenden Gesellschaftern können Vordienstzeiten bei Unternehmen, die in die Gesellschaft eingebracht oder an sie veräußert worden sind, angerechnet werden.[8] Das soll wegen des strikten Rückwirkungsverbots bei beherrschenden Gesellschaftern nicht gelten.[9] Diese Unterscheidung ist indes nicht nachvollziehbar, da das Rückwirkungsverbot kein Selbstzweck ist, sondern eine klare Entscheidungsfindung zwischen gesellschaftlicher und schuldrechtlicher Leistung ermöglichen soll. Bei der Frage der anrechenbaren Dienstzeiten stellt sich diese Frage nicht, so dass auch bei beherrschenden Gesellschaftern eine Anrechnung erfolgen müsste.

Werden diese Fristen unterschritten, sind sämtliche Zuführungen zu den Pensionsrückstellungen als vGA zu versteuern. Allerdings erkennt der BFH eine nachträgliche Anpassung des Erdienenszeitraumes durch Vereinbarung einer längeren Arbeitsdauer als möglich an.[10] Zuführungen zu den Pensionsrückstellungen ab dem Zeitpunkt dieser Anpassung sind nicht mehr als vGA zu werten.

Soweit die Schutzwirkung des BetrAVG nicht auch Gesellschafter-Geschäftsführer umfasst, wird für deren Pensionszusagen eine Regelung der Unverfallbarkeit des Pensionsanspruchs anzuraten sein, da die Frage des Vorliegens einer vGA bei Unver-

1 Gegen das Kriterium *Janssen* in Lange/Janssen, VGA, Rn 919, mE ohne gewichtige Gründe.
2 BFH I R 80/02, BStBl II 2003, 926 mwN; mE ist diese Vermutung aber insbesondere bei nicht-beherrschenden Gesellschaftern widerlegbar, wenn die nachfolgenden Voraussetzungen erfüllt sind.
3 BFH I B 3/99 BFH/NV 2000, 892 mwN.
4 BFH I R 14/04, BFH/NV 2005, 245; *Neumann*, VGA, 2. Aufl, S 362 mwN.
5 BFH I R 43/01, BStBl II 2003, 416.
6 BMF v 13.5.2003, BStBl I, 2003, 300.
7 BFH I R 41/95, BStBl II 1997, 440.
8 BFH I R 10/99, BFH/NV 2000, 225; BFH I R40/99, BStBl II 2000, 504.
9 BFH I R 107/84, BStBl II 1989, 43; BFH I R 36/93, BFH/NV 1994, 827.
10 BFH I R 36/97, BStBl II 1998, 689.

fallbarkeit nicht zweifelsfrei ist. Eine Regelung der Unverfallbarkeit muss immer mit Rücksicht auf die Höhe des bereits erdienten Anteils der Pension erfolgen, da eine pauschale Unverfallbarkeit ggf nicht drittüblich wäre und daher zur vGA bezogen auf die gesamte Zusage führt. Eine ratierliche Unverfallbarkeit ist dagegen unschädlich.[1] Allerdings hat der BFH jüngst auch eine sofortige Unverfallbarkeit steuerlich anerkannt.[2] Die Unverfallbarkeit darf sich wegen des Rückwirkungsverbots bei beherrschenden Gesellschaftern aber nur auf den Zeitraum zwischen Erteilung der Zusage und insgesamt erreichbarer Dienstzeit erstrecken. Eine Ausdehnung bis zum Diensteintritt wäre insoweit eine vGA.[3]

Eine Überversorgung liegt vor, wenn entgegen § 6a III S 2 Nr 1 S 4 EStG künftige Gehalts- und Lohntrends vorweggenommen werden und mithin nicht auf den Stichtagslohn als Bemessungsgrundlage abgestellt wird.[4] Basis ist insoweit eine fiktive Jahresnettoprämie, dh der Jahresbeitrag einer gedachten Lebensversicherung bis zum vorgesehenen Versorgungsalter ohne Berücksichtigung von Veraltungskostenzuschlägen.[5] Auf Grundlage der Überversorgungsrechtsprechung wurde vom BFH iRd Behandlung der sog „Nur-Pension" diese aufgrund der fehlenden Angemessenheit als vGA qualifiziert.[6] Eine Nur-Pension, die mittels einer Barlohnumwandlung erzielt wird, kann aber anerkennungsfähig sein.[7] Der BFH sieht eine dienstzeitunabhängige Invaliditätszusage, die statt einer über angesparte Arbeitgeberbeiträge finanzierbaren Versorgung von 20–25 % eine Versorgung von 75 % der Bruttobezüge vorsieht, als vGA aufgrund einer Überversorgung an.[8]

Eine in der Pensionszusage enthaltene Witwenversorgung ist Bestandteil der Versorgung des Gesellschafters und muss im Zuge der Beurteilung dieser Versorgung insgesamt mit betrachtet werden. Es ist unzutreffend, diese Versorgung mit einer eigenen Versorgung der Ehefrau zusammenzurechnen.[9] Teilweise wird bei Zusage einer Witwenversorgung die Einfügung einer Spät-Ehenklausel als Voraussetzung der Angemessenheit einer Pensionszusage angesehen.[10] Zutreffend ist dies jedoch Bestandteil der allgemeinen Angemessenheitsprüfung.[11]

Die Bemessungsgrundlage der Pensionszusage darf nicht ihrerseits vGA sein. Ist die Bemessungsgrundlage teilweise (zB als Umsatztantieme) als vGA anzusehen, so liegt insoweit auch in der Pensionszusage eine vGA.[12]

---

1   BMF v 9.12.2002, BStBl I, 2002, 1393.
2   BFH I R 131/97, BFH/NV 1998, 1530.
3   BFH I R 99/02, BFH/NV 2004, 373; BMF v 9.12.2002, BStBl I 2002, 1393.
4   Etwa BFH I R 52/97, BStBl II 1999, 318; BFH I R 79/03, BStBl II 2004, 940; BFH I R 62/03, BStBl II 2005, 176.
5   *Gosch* in Gosch § 8 Rn 1126.
6   BFH I R 147/93, BStBl II 1996, 204.
7   *Gosch*, BFH-PR 2006, 95.
8   BFH I R 21/03, BStBl II 2005, 841.
9   *Frotscher* in Frotscher/Maas Anh zu § 8 Rn 302 „Pensionszusage"; aA FG Saarland 1 K 11/97, EFG 2001, 1316.
10 FG Nürnberg I 269/97, DB 2000, 1641.
11 *Frotscher* Frotscher/Maas Anh zu § 8 Rn 302 „Pensionszusage".
12 BFH I R 45/05, BFH/NV 2010, 244.

Bei der Abfindung einer Pensionszusage treten ggf vGA-Probleme auf:[1]
- Demnach soll eine vGA vorliegen, wenn bereits die Zusage zur Anwartschaft vGA ist. Dem ist mangels Vermögensminderung nicht zuzustimmen.
- Es könnte weiter eine vGA vorliegen, wenn die Abfindung oder zumindest die eine Abfindung auslösenden Gründe nicht bereits vorab (schriftlich, § 6a I Nr 3 EStG) im Anstellungsvertrag vereinbart wurden (Nachzahlungsverbot). Die Pensionszusage war in diesem Fall aber steuerrechtlich wirksam, damit entstand auch steuerrechtlich ein Anspruch des Gesellschafters. Wenn nunmehr die Auszahlungsmodalitäten geändert werden (Sofortabfindung), so muss dies zwar „vorher", aber doch nur „vor" der Abfindung, nicht vor der erstmaligen Pensionszusage erfolgen.[2]
- Keine Ernsthaftigkeit soll vorliegen, wenn sich die Anwartschaft im Zeitpunkt der Abfindung noch im Verfallbarkeitsstadium befindet, selbst wenn der Geschäftsführer weiter tätig bleibt und die Anwartschaft hätte unverfallbar werden können.
- Die Abfindungshöhe muss angemessen sein. Der BFH verlangt grundsätzlich eine Abfindung mit dem Anwartschaftsbarwert. Dem hat sich auch die Finanzverwaltung angeschlossen.[3] Nach aA ist die Höhe der Abfindung nach Wiederbeschaffungskosten (dh nach der Höhe einer fiktiven Einmalprämie) zu bemessen, die an einen Versicherer gezahlt werden müsste, um einen entsprechenden Versicherungsschutz zu erlangen.[4]

Die Rechtsprechung des BFH zur Weiterbeschäftigung des Gesellschafter-Geschäftsführers nach Erreichen der Pensionsgrenze ist zu kritisieren. Der BFH hat es zunächst als unüblich angesehen, wenn der Gesellschafter-Geschäftsführer nach Erreichen des Pensionsalters weiterhin für die Gesellschaft tätig ist.[5] So sollen sich ein Nebeneinander von Pension und Gehalt gegenseitig ausschließen. Der BFH hat dies später dahingehend konkretisiert, dass ein ordentlicher und gewissenhafter Geschäftsleiter zumindest eine Anrechnung der Pension auf die laufenden Bezüge verlangt hätte.[6] Hier treibt der BFH allerdings den hypothetischen Fremdvergleich auf die Spitze.[7] Die Pensionsleistung ist durch die bis zum vereinbarten Pensionseintrittsalter erbrachte Arbeitsleistung verdient. Vereinbart die Kapitalgesellschaft mit dem Gesellschafter nunmehr eine Anrechnung der bereits verdienten Pensionsleistungen auf Arbeitsentgelte, die eigentlich Gegenleistung für noch zu erbringende Tätigkeiten sind, wird eine bestehende Vereinbarung nicht durchgeführt, was eigentlich ein Verstoß gegen die Kriterien einer Fremdüblichkeit darstellt (vgl Rn 412). Dass gerade dieses Verhalten fremdüblich sein soll, ist nicht nachvollziehbar. Bei gleichzeitiger Gewährung einer Pension an Gesellschafter und Nichtgesellschafter ist das

---

1 BFH I R 38/05, BFH/NV 2006, 1515 und DStR 2006, 1172 ff mit Anmerkung *Gosch*.
2 Ebenso *Wellisch/Quast/Machill*, BB 2007, 987, 988; FG Köln 13 K 1531/03, EFG 2005, 1075; aufgehoben durch BFH I R 38/05, BFH/NV 2006, 1515.
3 BMF v 6.4.05, BStBl I, 2005, 619.
4 *Wellisch/Quast/Machill*, BB 2007, 987, 988 ff.
5 BFH IR 54/91, BStBl II 1993, 311.
6 BFH I R 12/07, BFH/NV 2008, 1273.
7 Kritisch insoweit auch *Gosch* in Gosch § 8 Rn 1133.

Fremdvergleichskriterium grundsätzlich erfüllt (betriebsinterner Fremdvergleich).[1] Umgekehrt kann darin, dass einem Fremdgeschäftsführer keine Pensionszusage erteilt wird, während der Gesellschafter-Geschäftsführer eine solche erhält, ein Indiz für eine Veranlassung im Gesellschaftsverhältnis gesehen werden.[2] Dagegen ist, wenn anderen Betriebsangehörigen, die nicht Geschäftsführer sind, im Zuge der Erteilung einer Pensionszusage an den Gesellschafter-Geschäftsführer keine Zusage gemacht wird, daraus kein Indiz für eine vGA ableitbar.[3]

Die Pensionszusage muss nach § 6a I Nr 3 EStG schriftlich erteilt werden. Dies beinhaltet ein Nachweiserfordernis, das zu Lasten des Steuerpflichtigen geht. So hat der BFH eine vGA angenommen, weil die Erteilung nur aus Telefonvermerken ersichtlich war, die dem Gebot der Schriftlichkeit nicht entsprechen sollen.[4] Das entsprechende Urteil des BFH ist aber falsch, da richtigerweise hier keine vGA, sondern eine Korrektur nach § 6a EStG auf Ebene der Steuerbilanz einzusetzen hat. Die Betriebsausgabe war schon nicht als solche anzuerkennen.

Rabatte, Preisnachlässe an Gesellschafter führen bei Drittunüblichkeit zu einer vGA.[5]

Rangrücktritt: Es wird vertreten, auch die Einräumung eines Rangrücktritts führe zu einer vGA auf Ebene der Gesellschaft, wenn der Gesellschafter auf diesen keinen Anspruch habe.[6] Diese Argumentation verkennt jedoch, dass der Rangrücktritt als solcher nicht zu einer Vermögensminderung auf Ebene der Kapitalgesellschaft führt. Im Regelfall war die Forderung zwar zuvor bereits wertgemindert. Dann liegt aber auch in einem Rangrücktritt keine Vermögensminderung. Lediglich wenn aufgrund des Rangrücktritts eine quotal schlechtere Befriedigung der Kapitalgesellschaft eintritt, kann in Höhe dieser Differenz eine vGA vorliegen. Allerdings wird der Rangrücktritt häufig von Banken erzwungen, um die Kreditlinie der Gesellschaft aufrechtzuerhalten. In diesem Fall ist der Rangrücktritt nicht gesellschaftlich veranlasst, so dass auch iHd der Differenz keine vGA, sondern betrieblich veranlasster Aufwand vorliegt.

Repräsentationsaufwand: Repräsentationsaufwand der Kapitalgesellschaft ist grundsätzlich Betriebsausgabe und unter Berücksichtigung des § 4 V EStG voll abzugsfähig. Abgrenzungsschwierigkeiten ergeben sich bei Anlässen mit privatem Einschlag, dh etwa bei Geburtstagsfeiern und Jubiläen (vgl unter Geburtstagsfeier).

Risikogeschäfte: Risikogeschäfte, dh Wertpapierspekulationen der Kapitalgesellschaft, führen nicht zu vGA.[7] Das gilt auch bei Verlusten aus Risikogeschäften. Es steht der GmbH frei, ihren Geschäftsbereich zu ändern bzw auszudehnen. Etwas anderes kann nur dann gelten, wenn eine unklare Zuordnung von Wertpapieren besteht und Gewinne regelmäßig im Privatvermögen, Verluste jedoch im Betriebsvermögen realisiert werden.[8]

---

1   BFH I R 29/98, BFH/NV 1999, 972.
2   BFH I R 118/91, BStBl II 1993, 604.
3   BFH I R 105/94, BStBl II 1996, 423.
4   BFH I R 37/02, BStBl II 2004, 121.
5   BFH VIII B 50/93, BFH/NV 1994, 786.
6   *Gosch* in Gosch § 8 Rn 781.
7   BFH I R 106/99, BFH/NV 2001, 1678; BFH I R 92/00, BFH/NV 2002, 1538; BFH I B 159/01, BFH/NV 2003, 1093.
8   BFH I R 123/97, BFH/NV 1999, 269.

Risikogeschäfte können iÜ allenfalls zu Schadensersatzansprüchen gegen Geschäftsführer führen, wenn dieser seine Handlungsvollmachten im Außenverhältnis ausnutzt und ohne Einverständnis der anderen Gesellschafter agiert. Die Finanzverwaltung will jedoch an ihrer gegenteiligen Auffassung festhalten, wonach vGA vorliegen sollen, wenn „das Geschäft nach Art und Umfang der Geschäftstätigkeit der Gesellschaft völlig unüblich, mit hohen Risiken verbunden und nur aus privaten Spekulationsabsichten des Gesellschafter-Geschäftsführers zu erklären ist."[1] Der Nichtanwendungserlass verdeutlicht dass die Finanzverwaltung das Trennungsprinzip dann nicht anwenden möchte, wenn es zur Berücksichtigung größerer Verluste auf Gesellschaftsebene führen würde.

Rückzahlung aus dem Liquidationsüberschuss: Hat eine Körperschaft ihrer MG ein Darlehen gegeben und hierfür den Rangrücktritt erklärt, um die Überschuldung der MG zu verhindern, ist die Darlehensverbindlichkeit nach § 5 IIa EStG auszubuchen. Hierin liegt entgegen der Ansicht des FG Berlin[2] keine gesellschaftsrechtlich veranlasste Zuwendung iHd Nennwertes der Darlehenssumme, denn entweder bei der MG tritt der Besserungsfall ein und die Forderung lebt wieder auf oder die Überschuldung tritt aus anderen Gründen wieder auf und die TG fällt mit ihrer (bereits zum Ausbuchungszeitpunkt weitgehend wertlosen Forderung) vollständig aus. In beiden Fällen ist der Rangrücktritt nicht gesellschaftsrechtlich veranlasst.[3] Um die Rechtsfolge des § 5 IIa EStG zu vermeiden, bietet sich die Regelung an, wonach eine Tilgung der Forderung auch aus sonstigem freiem Vermögen möglich ist.

Sachdividenden: Im Zusammenhang mit der Auskehr von Sachdividenden an den Gesellschafter kann eine vGA anzunehmen sein, wenn dem Gesellschafter stille Reserven zugewandt werden, ohne dies iRd Bewertung der Sachdividende offenzulegen.[4]

Sachzuwendungen, die nicht vertraglich vereinbart wurden, sind kein Arbeitslohn, sondern vGA.

Schadensersatz: Vgl Rn 515.

Steuerklausel: Eine Steuerklausel, wonach Leistungen, die als vGA klassifiziert werden, zurückzugewähren sind, hindert die Annahme einer vGA nicht, sondern führt zu einer Einlage der Gesellschafter.[5]

Schmiergelder: Die Entgegennahme von Schmiergeldern durch den Gesellschafter hat einen betrieblichen Bezug und führt zu einer Herausgabeverpflichtung gegenüber der Gesellschaft. Wird diese nicht geltend gemacht, liegt hierin eine vGA.[6]

Die Zahlung von Schmiergeldern führt zwar auf der ersten Stufe zu Betriebsausgaben. Außerhalb der Steuerbilanz findet jedoch wegen § 4 V S 1 Nr 10 EStG eine Korrektur statt, so dass eine vGA in freier Konkurrenz zu § 4 V EStG steht.

---

1 BMF v 20.5.2003, BStBl I 2003, 333.
2 FG Berlin 12 K 8271/05 B, DStRE 2009, 1380.
3 Hierzu auch *Mattern*, DStRE 2009, 1381.
4 BFH I R 93/70, BStBl II 1972, 547; *Prinz/Schürner*, DStR 2003, 181; *Schallmoser* in H/H/R § 8 Rn 380 „Sachdividenden" mwN.
5 BFH I R 176/83, BStBl II 1987, 733.
6 BFH I R 176/83, BStBl II 1987, 733.

Hier wird von einem Vorrang des § 4 V EStG ausgegangen (vgl Rn 268). Bei verdeckten Schmiergeldern durch die Kapitalgesellschaft an Dritte kann eine vGA vorliegen, wenn der Gesellschafter den Dritten nahe steht. Darüber hinaus ist auf der Ebene des Gesellschafters ggf auch dann eine vGA anzunehmen, wenn eine in der Bilanz ausgewisene oder nicht als solche ausgewiesene Schmiergeldzahlung nicht zu einer Einkommensauswirkung auf Ebene der Kapitalgesellschaft führt.

Schwestergesellschaft: Vgl „Dreiecksverhältnisse".

Sicherheitsaufwand: Sicherheitsaufwand für Mitarbeiter der Kapitalgesellschaft ist stets betrieblich veranlasst. Das gilt auch für Schutzmaßnahmen zugunsten des Geschäftsführers, auch wenn dieser Gesellschafter ist.[1] Wird Sicherheitsaufwand für den Gesellschafter betrieben, so soll eine vGA vorliegen.[2] Das ist jedoch insoweit nicht einsichtig, als die Person des Gesellschafters für die Kapitalgesellschaft (zB für Familienunternehmen) von besonderer Bedeutung ist. Auch ohne geschäftsführende Funktion des Gesellschafters kann im Einzelfall eine betriebliche Veranlassung anzunehmen sein. Ein Einstehen des Unternehmens für den Geschäftsführer entspricht auch der arbeitsrechtlichen Fürsorgepflicht.[3]

Spenden: Nach § 9 I Nr 2 sind Spenden vorbehaltlich § 8 III S 2 abzugsfähige Betriebsausgaben. Bei Spenden ist idR ein Eigeninteresse der Gesellschaft zu vermuten.[4] Der BFH lehnt aber die im Schrifttum vertretene Ansicht ab, wonach eine Zuwendung, die aus Sicht des Leistenden eine Spende darstellt, keine vGA sein kann.[5] Um eine Aushöhlung des § 8 III S 2 zu vermeiden, müsse jedenfalls dann eine vGA angenommen werden, wenn die Leistung durch ein besonderes Näheverhältnis zwischen dem Empfänger und dem Gesellschafter veranlasst sei. Das ist aufgrund einer umfassenden Beweiswürdigung auf Tatsachenebene festzustellen, wobei auch der sog Drittspendenvergleich heranzuziehen ist.[6] Ein Nahestehen soll etwa dann angenommen werden, wenn der Empfänger selbst eine Beteiligung an der Kapitalgesellschaft hält[7] oder der Gesellschafter zu den Mitgliedern[8] bzw zu den ehrenamtlichen Helfern[9] gehört. Diese Rechtsprechung ist fragwürdig, da sie im Widerspruch zur Rechtsprechung des BFH zu Risikogeschäften (vgl „Risikogeschäfte") steht, wonach es der Gesellschaft grundsätzlich freisteht, solche Geschäfte zu tätigen. Ebenso sollte die Entscheidung der Geschäftsführung, Spenden zu tätigen, unabhängig vom Empfänger anerkannt werden,[10] wenn der Drittspendenvergleich eingehalten wird.

---

1 *Schallmoser* in H/H/R § 8 Rn 380 „Sicherheitsaufwand".
2 *Rengers* in Blümich § 8 Rn 900 „Sicherheitsaufwendungen"; *Klingebiel* in D/J/P/W Anh zu § 8 Abs 3 „Personenschutz".
3 *Gosch* in Gosch § 8 Rn 960.
4 BFH I R 126/85, BStBl II 1988, 220.
5 *Woitschell* in EY § 9 Rn 35; *Janssen*, DStZ 2001, 161, 162.
6 BFH I R 83/06, BFH/NV 2008, 988; BFH I R 94/71, BStBl II 1974, 586.
7 *Gosch* in Gosch § 8 Rn 1220.
8 FG Schleswig-Holstein I 338/96, EFG 2000, 193.
9 FG Baden-Württemberg 6 V 38/97, EFG 1998, 1488.
10 *Wagner*, DStR 2011, 1594.

Sponsoring: Aufwand aus Sponsoring kann bei der Kapitalgesellschaft sowohl betrieblich veranlasste, steuerlich abzugsfähige Betriebsausgaben als auch beschränkt abzugsfähige Spende iSd § 9 I Nr 2 bzw nicht abzugsfähige Betriebsausgaben iSd § 4 V S 1 Nr 1 EStG sein. Eine vGA ist nur denkbar, wenn auf erster Stufe der Gewinnermittlung eine zumindest teilweise abzugsfähige Betriebsausgaben vorliegen und diese teilweise steuerlich geltend zu machenden Aufwendungen durch das Gesellschaftsverhältnis veranlasst sind, weil persönliche Interessen des Gesellschafters hiermit verbunden sind.[1]

Squeeze Out: Entschädigungszahlungen an Minderheitsaktionäre können vGA sein, wenn sie unangemessen sind. Angemessen ist eine Entschädigung iHd vollen Wertes der Anteile, der sich am Verkehrswert dieser orientiert.[2] Ein Überschreiten des Börsenkurses kann aber gerechtfertigt sein, wenn die höhere Zahlung zB im Hinblick auf die Vermeidung von Rechtsstreitigkeiten oder aus anderen Gründen geleistet wird. Ist die Zahlung unangemessen, liegt regelmäßig eine vGA nicht an die weichenden Minderheitsgesellschafter, sondern an die verbleibenden Gesellschafter vor. Denn die Zahlung ist der Sphäre der Gesellschafter zuzurechnen, die den Überpreis quasi für das Weichen lästiger Gesellschafter bezahlen.

Stille Beteiligung: Eine stille Beteiligung eines GmbH-Gesellschafters am Unternehmen der GmbH ist zivilrechtlich zulässig und ist steuerrechtlich anzuerkennen.[3] Gewinnanteile, die stillen Gesellschaftern gewährt werden, sind dabei als vGA anzusehen, soweit sie den Anteil übersteigen, den die GmbH bei Anwendung der Sorgfalt eines ordentlichen und gewissenhaften Geschäftsleiters auch einem Nichtgesellschafter unter sonst gleichen Umständen gewährt hätte.[4] Dabei ist laut BFH die Angemessenheit der Gewinnverteilung durch eine Gegenüberstellung des Werts der Einlagen der stillen Gesellschafter und des wirklichen Werts des Gesamtunternehmens der GmbH im Zeitpunkt der Vereinbarung der stillen Gesellschaft zu ermitteln. Der Wert der Einlage des stillen Gesellschafters ist bei der Prüfung der Angemessenheit mit dem Nennwert anzusetzen.

Das Gesamtunternehmen der GmbH ist nach der sog indirekten Methode zu bewerten. Dies entspricht dem arithmetischen Mittel aus Ertrags- und Substanzwert.[5]

Die Grundsätze angemessener Gewinnverteilung für Familienpersonengesellschaften[6], wonach idR eine Vergütung bis zu 35 % der Einlage als angemessen erscheint, ist nach Ansicht des BFH nicht einschlägig, wenn die Angemessenheit der Gewinnverteilung zwischen einer Kapitalgesellschaft und ihrem stillen Gesellschafter zu prüfen ist.[7] Der BFH nennt insoweit keine Gründe für die Differenzierung nach der Rechtsform und verstößt damit gegen den Grundsatz der Rechtsformneutralität der Besteuerung.

---

1 BMF v 18.2.1998, BStBl I 1998, 212; FG Schleswig-Holstein I 338/96, EFG 2000, 193.
2 Gosch in Gosch § 8 Rn 1229.
3 BFH I R 50/76, BStBl II 1980, 477; BFH I R 96/85, BFH/NV 1990, 63 jeweils mwN.
4 BFH I R 50/76, BStBl II 1980, 477.
5 BFH I R 106/88, BFH/NV 1991, 841.
6 BFH I R 167/78, BStBl II 1982, 387.
7 BFH I R 106/88, BFH/NV 1991, 841.

Tantieme: Eine Tantiemevereinbarung ist grundsätzliche als erfolgsabhängige Vergütungskomponente als Geschäftsführervergütung üblich und zulässig. Zivilrechtlich kann sich eine Tantieme an beliebigen Kennzahlen orientieren wie dem Gewinn, dem Umsatz, einem Spartenergebnis, dem Niederlassungs- oder Konzernergebnis, dem Marktanteil, dem Grad der Erreichung von Zielvorgaben usw. Soweit ein bestimmter fester Betrag an Bedingungen, wie die Erreichung bestimmter Messgrößen (Gewinn, Umsatz usw) geknüpft wird, liegt trotz ggf abweichender Bezeichnung keine Tantieme, sondern eine bedingte Festvergütung vor, die sich an den für die Festvergütung geltenden Vorgaben messen lassen muss.[1] Tantiemen sind demnach durch eine variable Höhe, orientiert an einer beliebigen erfolgsabhängigen Bemessungsgrundlage, gekennzeichnet.

Bei beherrschenden Gesellschaftern sind die allgemeinen Anforderungen an eine klare, eindeutige und im Vorhinein getroffene Vereinbarung zu beachten (vgl Rn 369 ff). Bei Vereinbarung einer Tantieme im laufenden VZ ist eine zeitanteilige Kürzung zu vereinbaren.[2] Eine gleichzeitig vereinbarte Gewinn- und Umsatztantieme eines Gesellschafter-Geschäftsführers führt zwingend zu einer vGA bezüglich der Umsatztantieme, da ein ordentlicher und gewissenhafter Geschäftsleiter eine Gewinnabsaugung durch zwei Tantiemen nicht akzeptiert hätte.[3]

Eine Umsatztantieme ist darüber hinaus auch isoliert nur unter besonders engen Voraussetzungen zulässig, da sie unabhängig von der Ertragslage zu zahlen ist und deshalb die Gefahr einer Gewinnabsaugung in sich birgt.[4] Ein besonderer Grund für die Zusage einer Umsatztantieme kann darin liegen, dass die mit der variablen Vergütung angestrebte Leistungssteigerung durch eine Gewinntantieme nicht zu erreichen wäre.[5] Das betrifft insbesondere die Aufbauphase eines Unternehmens. Daneben hat der BFH angedeutet, dass eine Umsatztantieme als Leistungsanreiz für einen ausschließlich für den Vertrieb zuständigen Geschäftsführer angemessen sein könnte. Umsatztantiemen können nicht gerechtfertigt werden, wenn es trotz Vorliegen der vorstehenden Ausnahmen an einer vertraglich vereinbarten zeitlichen oder betragsmäßigen Grenze für die Tantieme fehlt.[6] Weiterhin ist die Anknüpfung an Umsatzgrößen dann nicht drittüblich, wenn Gewinngrößen ohnehin dieselbe Aussagekraft haben sollen, dh wenn von einer parallelen Entwicklung von Umsatz und Gewinn ausgegangen wird.[7] Rohgewinntantiemen unterscheiden sich erheblich von Umsatztantiemen. Sie sind daher grundsätzlich nicht wie diese sondern wie Gewinntantiemen zu behandeln.[8] Allerdings ist im Einzelfall abzuwägen, ob die Einbeziehung von Kosten in die Bemessungsgrundlage der Tantieme die Kapitalgesellschaft davor schützt, Tantiemen ggf auch dann zahlen zu müssen, wenn insgesamt ein Verlust erzielt wird. Das wäre etwa bei Unternehmen im Dienstleistungsbereich möglich, während im Handel Rohgewinntantiemen im Regelfall unschädlich sein dürften.

---

1 BFH I R 69/01, BStBl II 2003, 329.
2 BFH I R 70/97, BStBl II 1998, 545.
3 BFH I R 10/04, BFH/NV 2005, 2058; BFH I R 104/97, BFH/NV 1999, 519.
4 BFH I R 230/75, BStBl II 1978, 234; BFH I R 89/85, BStBl II 1989, 854; BFH I R 83/92, BFH/NV 1994, 124.
5 BFH I R 83/92, BFH/NV 1994, 124 auch zum Folgenden.
6 BFH I R 105-107/97, BStBl II 1999, 321.
7 *Gosch* in Gosch § 8 Rn 1273.
8 BFH I R 9/95, BStBl II 1997, 703; BFH I B 119/98 BStBl II 1999, 241; aA *Gosch* in Gosch § 8 Rn 1274.

Generell darf als Angemessenheitsvermutung eine Gewinntantieme 50 % des handelsrechtlichen Jahresüberschusses vor Abzug der Gewinntantieme und der ertragsabhängigen Steuern[1] (KSt, GewSt, SolZ) nicht überschreiten.[2] Diese Grenze gilt auch bei mehreren Gesellschafter-Geschäftsführern.[3] Darüber hinaus ist für die Frage der Angemessenheit von der Höhe der angemessenen Jahresgesamtbezüge auszugehen und diese in ein Festgehalt iHv mindestens 75 % und einen variablen Tantiemeanteil von höchstens 25 % aufzuteilen.[4] Ausnahmen von dieser Regelaufteilung gelten nach Ansicht der Finanzverwaltung in der Gründungsphase des Unternehmens, in Phasen vorübergehender wirtschaftlicher Schwierigkeiten und bei Tätigkeiten in stark risikobehafteten Geschäftszweigen.[5] In diesen Fällen sieht die Finanzverwaltung auch die Vereinbarung einer Nur-Tantieme als zulässig an, soweit die Vereinbarung ausdrücklich zeitlich begrenzt wird. Der BFH hat hinsichtlich der Ausnahmen von der Regelaufteilung als zusätzliche Fallgruppe starke Schwankungen in der Ertragslage der Körperschaft anerkannt.[6]

Bemessungsgrundlage der Tantieme ist, wenn der Jahresgewinn, Gewinn oder Reingewinn maßgebend sein soll, entsprechend § 86 AktG aF der handelsrechtliche Jahresüberschuss vermindert um den Verlustvortrag aus dem Vorjahr und um die Beträge, die in die offenen Rücklagen einzustellen sind.[7] Der BFH hat im Urteil v 17.12.2003 entschieden, dass im Fall einer Gewinntantieme bestehende Verlustvorträge der Körperschaft zumindest dann in die Bemessungsgrundlage der Tantieme mit einbezogen werden müssen, wenn der tantiemeberechtigte Gesellschafter für den Verlust verantwortlich oder mitverantwortlich ist. Andernfalls liegt iHd Differenzbetrages zwischen der sich bei Berücksichtigung des Verlustvortrages ergebenden und der tatsächlich zu zahlenden Tantieme eine vGA vor.[8]

Bei beherrschenden Gesellschafter-Geschäftsführern muss die Bemessungsgrundlage der Tantieme klar im Voraus vereinbart sein. Auch hier gilt, dass eine über längere Zeit geübte Praxis dafür spricht, dass eine solche (mündliche) Vereinbarung besteht (vgl „Dauerschuldverhältnisse"). Ansonsten muss die Bemessungsgrundlage klar benannt und von Dritten nachvollziehbar sein.

Eine Nur-Tantieme wird im Regelfall als vGA angesehen. Verzichtet der Gesellschafter allerdings in der Krise der Gesellschaft auf seine Bezüge und lässt lediglich die Tantieme stehen, so führt das nicht zu einer vGA, wenn eine zeitliche und betragsmäßige Begrenzung vereinbart ist.[9]

Fixe Mindest- und Garantietantiemen sind Bestandteil des Festgehaltes und als solche der allgemeinen Angemessenheitskontrolle der Gesamtausstattung des Ge-

---

1 BFH I R 24/02 BStBl II 2004, 136; BFH I B 99/05, BFH/NV 2006, 982.
2 BFH I R 74/99, BStBl II 2000, 547; BFH I R 88/99, BFH/NV 2001, 342; BFH I B 99/05, BFH/NV 2006, 982.
3 BFH I R 50/94, BStBl II 1995, 549.
4 BFH I R 4/95, BFH/NV 1996, 437; BFH I R 50/94, BStBl II 1995, 549.
5 BMF v 1.2.2002, BStBl I 2002, 219.
6 BFH I R 80, 81/01, BFH/NV 2003, 1346; BFH I R 24/02, BStBl II 2004, 136.
7 BFH I R 59/89, BFH/NV 1991, 269; BFH I R 73/06, BStBl II 2008, 314.
8 BFH I R 22/03, BStBl II 2004, 524; ebenso FG München 6 K 835/04, Haufe-Index 1547818.
9 BFH I R 27/99, BStBl II 2002, 111.

schäftsführers unterworfen.¹ Bei erfolgsbedingten Festbetragsgarantien ist jedoch zu prüfen, ob im Einzelfall eine Umgehung der Begrenzungen für Umsatz- bzw Gewinntantiemen bezweckt ist, oder tatsächlich bedingte Festgehälter vorliegen.²

Tantiemenvorauszahlungen ohne klare vorherige Vereinbarung sind zumindest bei beherrschenden Gesellschafter-Geschäftsführern regelmäßig vGA. Tantiemen werden am Jahresende fällig und pflegen nicht vorher ausgezahlt zu werden.³ Eine klare Vereinbarung erfordert eine Bezifferung über den Begriff „angemessen" hinaus.⁴ Weiterhin soll eine vGA vorliegen, wenn solchermaßen vereinbarte Vorschüsse nicht verzinst werden.⁵ Rechtsfolge einer überhöhten Tantieme ist nicht die steuerliche Unbeachtlichkeit des gesamten Tantiemeversprechens. Vielmehr ist nur der steuerlich als unangemessen anzusehende Teil als vGA zu behandeln.⁶

Teilhaberversicherung: Teilhaberversicherungen sind Versicherungen des Lebens der Gesellschafter (versichertes Risiko) durch die Gesellschaft (Versicherungsnehmerin), wobei Begünstigter der Versicherung im Todesfall entweder die Gesellschaft (echte Teilhaberversicherung) oder ein Dritter (unechte Teilhaberversicherung) ist. Die echte Teilhaberversicherung sichert ein Risiko der Gesellschaft zu Gunsten der Gesellschaft ab. Die Beitragszahlungen sind daher keine vGA. Zahlungen auf unechte Teilhaberversicherungen sind aber idR vGA, wenn sie nicht Teil des Arbeitslohns sind, da die Prämienzahlung mit keiner künftigen Begünstigung der Gesellschaft in Verbindung steht.

Telefonkosten: Die unentgeltliche private Nutzung von Telekommunikationseinrichtungen des Unternehmens ist eine vGA, wenn keine dienstvertragliche Vereinbarung über diese Nutzung vorliegt. Ansonsten liegt Arbeitslohn vor.⁷

Trauerfeier: Kosten der Trauerfeier und der Beerdigung des Gesellschafters sollen nach Ansicht des BFH vGA darstellen, da solche Kosten für einen Nicht-Gesellschafter nicht übernommen würden.⁸ Das soll auch für Ausgaben für eine Todesanzeige oder einen Kranz gelten, sofern der Gesellschafter nicht Angestellter der Kapitalgesellschaft war.⁹ Hier ist allerdings zu differenzieren. Zum einen kann der Gesellschafter die Kapitalgesellschaft als Erbin oder Vermächtnisnehmerin mit den Beerdigungskosten beschweren. Sofern ein ordentlicher und gewissenhafter Geschäftsleiter die Erbschaft nicht ausgeschlagen hätte, liegt dann in der Übernahme der Kosten keine vGA. Weiterhin wird ein ordentlicher und gewissenhafter Geschäftsleiter eines Familienunternehmens gar nicht umhinkommen, eine Trauerfeier in einem Umfang abzuhalten, der über rein private Anlässe hinausgeht. Insoweit kann ebenfalls keine vGA vorliegen. Dies kann auch mit dem Kriterium der Vorteilsgeneigtheit begründet werden.¹⁰

---

1 *Gosch* in Gosch § 8 Rn 1275.
2 FG Saarland 1 K 116/01, EFG 2003, 1195.
3 BFH I R 70/97, BStBl II 1998, 545.
4 BFH I R 36/03, BStBl II 2004, 307.
5 *Gosch* in Gosch § 8 Rn 1278; aA FG Köln 13 K 6661/02, EFG 2003, 1038.
6 BFH I R 4/95, BFH/NV 1996, 437.
7 *Schallmoser* in H/H/R § 8 Rn 380 „Telefonkosten".
8 BFH I R 62/88, DB 1991, 20.
9 BFH I 77/55 U, BStBl III 1956, 94.
10 Argumente liefert BFH I 77/55 U, BStBl III 1956, 94.

Überstundenvergütungen und Zuschläge: Überstundenvergütungen sowie Zuschläge für Sonntags-, Nachts- und Feiertagsarbeit sind fast ausnahmslos in voller Höhe vGA, da ein ordentlicher und gewissenhafter Geschäftsleiter sich mit allen Kräften für seine Gesellschaft einsetzen würde und daher die zusätzliche Vergütung der zeitlichen Mehrarbeit diesem Bild eines Gesellschafter-Geschäftsführers widerspricht.[1] Das gilt unabhängig davon, ob der Geschäftsführer die Überstunden im operativen Bereich der Gesellschaft erbringt.[2] Hiervon kommt es nur in absoluten Ausnahmefällen zu Abweichungen, wenn der Geschäftsführer in gleicher Weise wie andere Arbeitnehmer eingesetzt wird, die Gesellschaft für seinen Einsatz ein besonderes Entgelt erhält, der tatsächliche Einsatz klar belegt werden kann, er für seinen besonderen Arbeitseinsatz nicht eine anderweitige erfolgsabhängige Vergütung erhält und gesellschaftsfremden Arbeitnehmern die Zuschläge ebenfalls bezahlt werden.[3] Der BFH lässt insoweit aber nur den betriebsinternen Fremdvergleich zu.[4] Ansonsten kommen als Honorierungsformen für den besonderen Arbeitseinsatz Gehalt, Tantiemen und Sonderhonorare in Betracht.[5]

Unterhaltsleistungen: Leistungen von Unterhalt an Vereinsmitglieder, die in einem wirtschaftlichen Geschäftsbetrieb des Vereins arbeiten, können bei Überschreiten des Marktwerts der konkret von den Mitgliedern erbrachten Leistung vGA sein.[6]

Unternehmensbewertung: Die Kosten einer Unternehmensbewertung, die von einer Kapitalgesellschaft getragen werden, können vGA sein, wenn diese dem Verkauf der Anteile durch den Gesellschafter[7] oder der Ermittlung der Erbschaftsteuerbelastung der Erben dient. Sie können aber auch abzugsfähige Betriebsausgabe sein, wenn sie der Zahlung einer Abfindung an scheidende Gesellschafter oder der Vorbereitung der Erbfolge der Gesellschafter auf Unternehmensebene dienen. Insoweit besteht an einer geregelten Unternehmensfortführung und einer Vermeidung der Zerschlagung, die sonst ggf wegen Erbschaftsteuerzahlungen nötig würde, auch ein betriebliches Interesse. Dass der Gesetzgeber den Erhalt von betrieblichen Einheiten im Erbfall als schutzwürdiges Interesse anerkennt, wird auch an den erbschaftsteuerlichen Vergünstigungen des Betriebsvermögens in § 13b ErbStG deutlich. Die Abgrenzung kann im Einzelnen schwierig sein.

Umwandlung: Die Behandlung einer nicht verhältniswahrenden Spaltung kann zu einer vGA führen. So hat der BFH für eine nicht verhältniswahrende Verschmelzung eine verdeckte Einlage angenommen.[8] Ebenso können andere nicht verhält-

---

1 BMF v 28.9.1998, BStBl I 1998, 1194; BMF v 14.10.2002, BStBl I 2002, 972; BFH I B 162/05, BFH/NV 2006, 2131; BFH I R 75/96, BStBl II 1997, 577; BFH I R 66/96, BFH/NV 1997, 804; BFH I B 14/00, BFH/NV 2001, 1608.
2 BFH I B 55/09, BFH/NV 2010, 469.
3 BFH I R 7/05, BFH/NV 2006, 131.
4 BFH I R 111/03, BStBl II 2005, 307.
5 BFH I R 18/93, BFH/NV 1995, 440.
6 *Schallmoser* in H/H/R § 8 Rn 380 „Unterhaltsleistungen"; BFH I R 58/97, BStBl II 1998, 357.
7 BFH I R 79/99, BStBl II 2000, 480.
8 BFH IX R 24/09, BFH/NV 2011, 507.

niswahrende Umwandlungsvorgänge wie Verschmelzungen Vorteilszuwendungen zwischen den Gesellschaftern begründen, die eine vGA der Gesellschaft an die begünstigten Anteilseigner auslösen.[1]

Soweit Umwandlungen nicht dem deutschen UmwStG unterfallen (zB bei Umwandlungen in Drittstaaten), stellt sich die Frage, wie diese beim Anteilseigner zu behandeln sind bzw inwieweit diese bei diesem eine vGA auslösen können. Die Abspaltung zwischen Körperschaften nach § 15 UmwStG 1995 bei fehlenden Teilbetrieben ist nach Auffassung des BFH[2] als Sachausschüttung bzw vGA der übertragenden Körperschaft an ihre Gesellschafter mit folgender Einlage der Wirtschaftsgüter gegen Gewährung von Anteilen in die übernehmende Körperschaft zu qualifizieren. Verschmelzungen hat der BFH auf der anderen Seite hingegen grundsätzlich nicht als Sachausschüttung, sondern als tauschähnliche Vorgänge (zumindest für Zwecke der steuerbilanziellen Behandlung von GrESt) eingestuft.[3]

Wird eine Personengesellschaft in eine Kapitalgesellschaft eingebracht oder formwechselnd umgewandelt, so sind ab dem Zeitpunkt der Einbringung bzw der Umwandlung vGA an die Anteilseigner möglich. Im Rückwirkungszeitraum, dh zwischen dem Übertragungsstichtag, der bis zu acht Monate vor dem zivilrechtlichen Umwandlungsvorgang liegen kann, sind vGA bei unangemessenen Leistungen nicht anzunehmen, sondern es liegen Entnahmen nach § 20 V UmwStG vor.[4] Dagegen führt ein Verstoß gegen die Sonderbedingungen für beherrschende Gesellschafter in dieser Zeit zu einer vGA.[5] Damit kann nicht im Zuge der Umwandlung zB eine rückwirkende Gehaltserhöhung der Geschäftsführer wirksam vereinbart werden.[6] Im umgekehrten Fall ist § 2 II UmwStG einschlägig, so dass die übernehmende Personengesellschaft nach den für sie geltenden Grundsätzen im Rückwirkungszeitraum zu besteuern ist.

Umsatzrückvergütung: Eine Auskehrung von Gewinnen an die Gesellschafter in Form einer Umsatzrückvergütung soll vGA sein, weil eine Kapitalgesellschaft nur mit Gewinnerzielungsabsicht tätig sein dürfe.[7] Diese Ansicht geht fehl. Wie das Beispiel der gemeinnützigen GmbH zeigt, dass eine Gewinnerzielung nicht erforderlich sein muss. Umsatzrückvergütungen sind allerdings dann vGA, wenn sie zu einem vollständigen Gewinnentzug der Kapitalgesellschaft führen und ausschließlich an Gesellschafter erfolgen. Die Grundsätze für vGA bei Dauerverlustbetrieben sollten analog angewandt werden, so dass bei der Kapitalgesellschaft zumindest ein Gewinn iHe angemessenen Kapitalverzinsung verbleiben sollte. Gewährt die Kapitalgesellschaft Rückvergütungen an Gesellschafter (wie eine Einkaufsgenossenschaft, § 22) sind in diesem Rahmen lediglich überhöhte Rückvergütungen an die Gesellschafter vGA.

---

1 Gosch in Gosch § 8 Rn 1325; idS wohl BMF v 11.11.2011 UmwStE Rn 13.03, BStBl I 2011, 1314.
2 BFH I R 96/08, BStBl II 2011, 467.
3 BFH I R 22/96, BStBl 1998 II, 168; BFH I R 97/02, BStBl II 2004, 686.
4 Tz 20.21 UmwStE v 25.3.1998, BStBl I 1998, 268; Rn 20.16 UmwStE v 11.11.2011, BStBl I 2011, 1314.
5 BFH I R 70/77, BStBl II 1984, 384; FG Hamburg VII 314/04, EFG 2006, 1364.
6 BFH I R 192/82, BStBl II 1987, 797.
7 BFH I R 78/92, BStBl II 1994, 479; Gosch in Gosch § 8 Rn 1310.

Urlaubsabgeltung: Anders als bei der grundsätzlichen Nichtanerkennung von Zuschlägen verhält es sich nach der Rechtsprechung des BFH jedoch mit Abgeltungszahlungen für nicht genommenen Urlaub als Entgelt in anderer Form („Geld statt Freizeit"), soweit der Urlaubsinanspruchnahme betriebliche Gründe entgegenstanden.[1] Dies gilt selbst dann, wenn keine Vereinbarung über eine Abgeltung des Urlaubs besteht und trotz des Verbotes der Abgeltung von Urlaubsansprüchen nach § 7 IV BUrlG. IdR werden 30-40 gewährte Urlaubstage von der Finanzverwaltung nicht aufgegriffen.[2] Die gleichen Grundsätze gelten für Urlaubsansprüche naher Angehöriger.

Verspätungszuschlag: Ein Verspätungszuschlag für verspätet abgegebene Steuererklärungen oder Steueranmeldungen ist Betriebsausgabe.[3] Der Verspätungszuschlag beruht auf der gesetzlichen Verpflichtung zur Abgabe von Erklärungen und ist daher nicht durch das Gesellschaftsverhältnis veranlasst. Dies gilt auch, wenn das die KESt auslösende Ereignis eine vGA war.

Vertragskosten: Kosten eines zwischen Gesellschaft und Gesellschafter abgeschlossenen Vertrages dürfen nur dann zu Lasten der Gesellschaft gehen, wenn diese Kostenübernahme mit dem Verhalten eines ordentlichen und gewissenhaften Geschäftsleiters übereinstimmt. Das wird dann der Fall sein, wenn die Gesellschaft aus dem Vertrag Vorteile erhält. Kosten von nur die Gesellschaft betreffenden Verträgen, auch wenn deren Änderung von den Gesellschaftern initiiert ist (Geschäftsführer-Anstellungsvertrag, Änderungen der Satzung), können ohne eine vGA zu begründen von der Gesellschaft übernommen werden.

Verbindlichkeiten: Das Eingehen und das Erfüllen einer Verbindlichkeit können vGA darstellen, wenn die Veranlassung im Gesellschaftsverhältnis aufgrund eines Verstoßes gegen die Pflichten des ordentlichen und gewissenhaften Geschäftsleiters deswegen vorliegt, weil ein solcher die Verbindlichkeit entweder nicht eingegangen wäre oder sie nicht erfüllt hätte.[4] Letzteres ist zB der Fall, wenn der Gesellschafter in der Krise der Gesellschaft gegenüber Fremdgläubigern bevorzugt behandelt wird.

Wettbewerbsverbot: Der Alleingesellschafter einer GmbH unterliegt trotz Fehlen eines gesetzlichen Wettbewerbsverbotes einer Loyalitätspflicht im Verhältnis zu seiner Gesellschaft.[5] Gleichwohl muss er bei Verletzungen des Wettbewerbsverbots nicht per se Schadensersatz leisten, so lange ein Entzug von Gesellschaftsvermögen, das zur Deckung des Stammkapitals benötigt wird, unterbleibt.[6] Das gilt bei mehrgliedrigen Gesellschaften auch bei Tätigkeiten, die den anderen Gesellschaftern bei Aufnahme der gemeinsamen Tätigkeit bekannt waren.[7]

---

1   BFH I R 21/68, BStBl II 1969, 327; BFH I R 119/70, BStBl II 1973, 322; BFH I R 50/03, BStBl II 2005, 524; BFH I B 28/06, BFH/NV 2007, 275.
2   *Schwedhelm*, GmbHR 2006, 281, 290.
3   BFH I R 64/96, BStBl II 1997, 543.
4   BFH I B 38/90, BFH/NV 1991, 121.
5   *Marsch-Barner/Diekmann*, Münchener Handbuch des Gesellschaftsrechts, Bd 3, 3. Aufl, § 43 Rn 60 ff.
6   BGH II ZR 74/92, DStR 1993, 1072.
7   BFH I R 96/95, BFH/NV 1999, 1125.

VIII. Genussrechte

Liegt eine privatrechtliche Vereinbarung eines Wettbewerbsverbotes in der Satzung oder neben der Satzung vor, so bedarf eine wettbewerbsrelevante Tätigkeit des Gesellschafters einer Aufhebung des Wettbewerbsverbots. Eine solche Aufhebung kann beim Alleingesellschafter grundsätzlich auch konkludent erfolgen, während bei mehrgliedrigen Gesellschaften für einen generellen Dispens eine Satzungsreglung erforderlich ist.[1] Dagegen ist für ein einzelnes Geschäft auch ein Gesellschafterbeschluss mit einfacher Mehrheit ausreichend.[2]

- An die zivilrechtliche schließt sich die steuerrechtliche Würdigung an.[3] Diese führt dann zu einer vGA, wenn entweder zivilrechtlich ein Schadensersatzanspruch aufgrund Verstoßes gegen das Wettbewerbsverbot bestand und ein solcher Anspruch aus im Gesellschaftsverhältnis liegenden Gründen nicht durchgesetzt wird oder
- es trotz Fehlens eines zivilrechtlichen Ausgleichsanspruchs zu einer Gewinnverlagerung durch das Ausnutzen von Geschäftschancen der GmbH gekommen ist (vgl „Geschäftschancenlehre").

Zinsaufbesserung: Zinsvergünstigungen, die eine öffentlich-rechtliche Sparkasse ihrer Gewährträgerin zukommen lässt (sei es in Form von Zinsnachlässen bei ausgereichten Darlehen bzw bei Zinsaufbesserungen für bestehende Einlagen), sind vGA, soweit diese Vorteile fremden Dritten nicht gewährt werden.[4] Dass demgegenüber Zinsvergünstigungen an kreisangehörige Gemeinden und Zweckbetriebe der Gewährträger mangels eines Nahestehens von Gewährträger und den angeschlossenen Gemeinden und Zweckbetrieben keine vGA sein sollen,[5] ist nicht nachvollziehbar und wurde vom BFH zwischenzeitlich entgegen anderslautenden Literaturstimmen[6] auch nicht bestätigt. Der BFH hatte in einem ähnlichen Fall lediglich ein betriebliches Eigeninteresse der Sparkasse an Leistungen an eine Wirtschaftsförderungsgesellschaft anerkannt.[7]

Zinsen: Vgl unter „Darlehen".

VIII. Genussrechte (§ 8 III S 2). 1. Zweck der Regelung. Steuerliche Gleich-behandlung. Ausschüttungen jeder Art auf Genussrechte, mit denen ein Recht auf Beteiligung

- am Gewinn (vgl Rn 578) und
- am Liquidationserlös (vgl Rn 588)

der Kapitalgesellschaft verbunden ist, mindern gem § 8 III S 2 Alt 2 das Einkommen nicht. Die Regelung bezweckt die steuerliche Gleichbehandlung von Genussrechtsinhabern und Gesellschaftern von Kapitalgesellschaften.

546

---

1 *Marsch-Barner/Diekmann* in Münchener Handbuch des Gesellschaftsrechts, Bd 3, 3. Aufl, Rn 68 mwN.
2 *Schneider* in Scholz § 43 GmbHG Rn 189.
3 *Gosch* in Gosch § 8 Rn 1360.
4 BFH I R 69-70/80, BStBl II 1983, 152.
5 BFH I R 69-70/80, BStBl II 1983, 152.
6 *Klingebiel* in D/J/P/W Anh zu § 8 Abs 3 „Zinsaufbesserung".
7 BFH I R 40/04, BFH/NV 2006, 822.

547 **Hintergrund.** Rechtshistorisch ist § 8 III S 2 Alt 2 auf die streitige Behandlung von Ausschüttungen auf Genussscheine zurückzuführen.[1] Die Rechtsprechung des RFH schloss Ausschüttungen auf solche Genussscheine vom Betriebsausgabenabzug aus, die dem Inhaber eine dem Gesellschafter vergleichbare Stellung einräumten.[2] Daraus leitet sich das kumulative Erfordernis einer Beteiligung am Gewinn und am Liquidationserlös her.[3]

548 **Ausschüttungen jeder Art.** § 8 III S 2 Alt 2 erfasst „Ausschüttungen jeder Art", dh Zinszahlungen, Gewinnanteile und Liquidationserlöse, aber auch Nutzungsrechte und sonstige Vorteile, die nicht in Geld bestehen und daher bewertet werden müssen. Abfluss ist nicht erforderlich, dh die Verbuchung als Verbindlichkeit genügt.[4]

549 *Einstweilen frei.*

550 **2. Begriff der Genussrechte. Genussrechte nach dem AktG.** Der Begriff der Genussrechte wird steuerlich nicht ausdrücklich definiert. Es ist daher zunächst auf das gesellschaftsrechtliche Begriffsverständnis zurückzugreifen. Das Aktienrecht erwähnt die Genussrechte in §§ 160 I Nr 6 und 221 III AktG und erklärt die Regelungen für Schuldverschreibungen hinsichtlich des erforderlichen Beschlusses der Hauptversammlung zum Zwecke des Aktionärsschutzes vor Aushöhlung ihrer Rechte[5] sinngemäß für anwendbar.

551 **Schuldrechtlicher Anspruch.** Von einem Genussrecht spricht man im Falle eines schuldvertraglich, also nicht mitgliedschaftlich begründeten Rechts, wie es normalerweise Gesellschaftern zusteht idR gegen die Überlassung von Kapital.[6] Das den Genussrechtsinhaber gewährte Recht kann etwa in einer Beteiligung am Gewinn und/oder am Liquidationserlös aber auch in anderen typischen Gesellschafterrechten liegen, nicht aber in der Übertragung mitgliedschaftlicher Verwaltungsrechte, insbesondere Stimmrechten.[7]

552 **Genussrechte nach dem GmbHG.** Genussrechte können auch von GmbH und anderen Unternehmensträgern ausgegeben werden, auch wenn es an einer gesetzlichen Regelung fehlt.[8] Anders als bei der AG bedarf die Vereinbarung eines Genussrechts bei der GmbH aber keines Gesellschafterbeschlusses, wenn dies nicht ausdrücklich im Gesellschaftsvertrag festgelegt wird.[9] Umstritten ist dies für eigenkapitalähnliche Genussrechte unter dem Aspekt der Aushöhlung der Mitgliedschaftsrechte.[10]

553 **Ausländische Kapitalgesellschaften.** Auch ausländische Kapitalgesellschaften können Genussrechte emittieren. Eine Beschränkung auf inländische Kapitalgesellschaften besteht nicht. Dies ergibt sich bereits aus § 1 I S 1.

---

1   Begründung zum KStG 1934, RStBl 1935, 81, 84.
2   RFH I A 316/32, RStBl 1934, 773.
3   BFH I R 67/92, BStBl II 1996, 77.
4   *Rengers* in Blümich § 8 Rn 204; *Gosch* in Gosch § 8 Rn 152.
5   *Hüffer*, § 221 AktG, Rn 25b.
6   *Schmidt*, Gesellschaftsrecht, 4. Aufl, S 521; *Hüffer*, 7. Aufl, § 221 AktG, Rn 725.
7   BGH II ZR 172/91, BGHZ 119, 305.
8   *K Stein* in H/H/R § 8 Rn 170 mwN.
9   *Winter/Seibt* in Scholz § 14 GmbHG Rn 69.
10 *Winter/Seibt* in Scholz § 14 GmbHG Rn 70 mwN.

Andere Körperschaften. Die Anwendung des § 8 III S 2 Alt 2 auf andere Körperschaftsteuersubjekte als Kapitalgesellschaften, welche von der Finanzverwaltung aus dem Wort „auch" abgeleitet wird,[1] ist vom Gesetzeswortlaut nicht gedeckt. Es scheint zwar vertretbar, dass § 8 III S 2 Alt 2 auch für die anderen Körperschaftsteuersubjekte in analoger Anwendung gilt, da andernfalls eine nicht zu rechtfertigende Ungleichbehandlung im Vergleich zu den Kapitalgesellschaften eintreten würde;[2] da es sich jedoch bei § 8 III S 2 Alt 2 um eine belastende Norm handelt, die eine systematisch folgerichtige Aufwandsverrechnung verhindert, kann eine solche Analogie nach hier vertretener Auffassung nicht gebildet werden.[3]

554

Genossenschaft. Auch bei Genossenschaften ist der Einsatz von Genussrechtskapital grundsätzlich zulässig.[4] Allerdings ergeben sich hier rechtsformspezifische Besonderheiten, insbesondere aus dem Zweck der Mitgliederförderung nach § 1 I GenG. Andererseits gilt bei der Genossenschaft ebenso wie bei der AG die Vorstandsautonomie (§ 34 I S 1 GenG), so dass unter analoger Anwendung der Mehrheitserfordernisse des § 221 AktG für eine weitreichende Zulässigkeit der Finanzierung durch Genussrechte gestritten wird.[5] Insbesondere bei emittierenden Banken sind die Restriktionen des KWG zu beachten.[6]

555

Genussschein. Genussscheine sind in Urkunden verbriefte Genussrechte. Sie können als Inhaberpapiere oder als Namens- oder Orderpapiere ausgestaltet sein.

556

Umtausch in Aktien. Der Umtausch von Genussrechten in Aktien ist grundsätzlich nicht möglich. Allerdings können Nebenabreden in Form von Optionsrechten bestehen bzw separate Wandlungsrechte vereinbart werden, die die Einbringung der Genussrechte gegen die Gewährung von Aktien vorsehen.[7]

557

Informations- und Kontrollrechte. Die Gewährung von Informations- und Kontrollrechten ist aktienrechtlich zulässig. Bei gewinnbezogenen Vergütungen besteht auch ohne individuelle Vereinbarung der allgemeine Auskunftsanspruch aus §§ 242, 259, 315, 810 BGB bezogen auf die vermögensrechtlichen Grundlagen des Genussrechts.[8]

558

Abgrenzung stimmrechtslose Vorzugsaktien. § 139 I AktG erlaubt den Ausschluss des Stimmrechts für Aktien, die mit einem nachzuzahlenden Vorzug ausgestattet sind. Nach § 139 II AktG kann bis zu 50 % des Grundkapitals in Gestalt stimmrechtsloser Vorzugsaktien ausgegeben werden. Dies gilt weder analog noch unmittelbar für Genussrechte. Im Gegensatz zu stimmrechtslosen Vorzugsaktien vermitteln Genussrechte keine Mitgliedschaftsrechte, die der Vollrechtsstellung der Aktionäre von Rechts wegen angenähert sind.[9]

559

---

1 BMF v 8.12.1986, BB 1987, 667.
2 *Frotscher* in Frotscher/Maas § 8 Rn 126; *Lang* in D/J/P/W § 8 Abs 3 Teil A Rn 106.
3 *K Stein* in H/H/R § 8 Rn 191; *Gosch* in Gosch § 8 Rn 150; *Schulte* in Erle/Sauter § 8 Rn 292.
4 *Kühnberger*, DB 2004, 661, 664 unter Verweis auf *Hadding*, ZIP 1984, 1295.
5 *Kühnberger*, DB 2004, 661, 664.
6 *Padberg*, DB 2000, 990.
7 FG Rheinland Pfalz 1 K 2375/89, Lexinform Nr 552589.
8 *K Stein* in H/H/R § 8 Rn 170 mwN.
9 Zur Unterscheidung von stimmrechtslosen Vorzugsaktien BFH I 204/64, BStBl III 1967, 781.

560 **Abgrenzung Mitunternehmerschaft.** Soweit Verwaltungsrechte, die (wenn sie bestünden) eine Analogie zu Mitgliedschaftsrechten rechtfertigen könnten, fehlen, muss auch das Bestehen einer Mitunternehmerschaft in Ermangelung von Mitunternehmerinitiative idR ausscheiden.[1] Allerdings ist im Einzelnen für die Abgrenzung nicht die Klassifizierung als Genussrechtsverhältnis oder als Innengesellschaft maßgeblich, sondern es ist auf die Verfolgung eines gemeinsamen Zweckes (dann Mitunternehmerschaft) bzw die Verfolgung von Einzelinteressen (dann Kapitalbeteiligung) abzustellen.[2] Mangels Vereinbarung einer Außengesellschaft ist insoweit im Wesentlichen die Abgrenzung zur stillen Gesellschaft zu treffen (Rn 561).

561 **Abgrenzung stille Gesellschaft.** Ein gemeinsamer Zweck setzt ein substantielles „Mehr" als die bloße Kapitalhingabe und die Verwendung des Kapitals zwischen Anleger und Anlagegesellschaft voraus.[3] Es müssen gewisse mitgliedschaftsrechtliche Mitspracherechte eingeräumt worden sein, um zu einer gesellschaftsvertraglichen Beteiligung zu gelangen, etwa die Vereinbarung von Kontrollrechten nach § 233 HGB.[4]

562 **Partiarisches Darlehen.** Die Abgrenzung des Genussrechtsverhältnisses zum partiarischen Darlehen bereitet erhebliche Schwierigkeiten, weil sowohl das Genussrecht als auch das partiarische Darlehen regelmäßig eine Gewinnbeteiligung und zumindest ein obligationsähnliches Genussrecht ebenfalls keine Beteiligung am Liquidationserlös vorsieht. Als charakteristisch für ein Genussrechtsverhältnis kann dabei die Teilnahme am Verlust anzusehen sein. Allerdings kann auch bei partiarischen Darlehen ein Verzicht auf eine Kapitalrückzahlung vereinbart werden, so dass es an klar handhabbaren Abgrenzungskriterien fehlt.[5]

563-564 *Einstweilen frei.*

565 **3. Handelsbilanz. Abgrenzung EK/Fremdkapital.** Handelsbilanziell ist Genussrechtskapital nach der Stellungnahme des IDW HFA 1/1994[6] nur dann EK, wenn die folgenden Voraussetzungen erfüllt sind:

- Nachrangigkeit im Insolvenz/Liquidationsfall,
- Erfolgsabhängigkeit der Vergütung (dh diese ist nicht aus Eigenkapitalbestandteilen zu bedienen, die gegen Ausschüttungen geschützt sind),
- Verlustteilnahme bis zur vollen Höhe des Genussrechtskapitals,
- Längerfristigkeit der Kapitalüberlassung (dh Rückzahlung ist zumindest binnen eines Jahres für beide Seiten ausgeschlossen, wird die Frist unterschritten, ist in Fremdkapital umzuqualifizieren[7]). Eine Anforderung an die Frist nennt auch der HFA des IDW nicht. In der Literatur werden Zeiträume zwischen 5 und 25 Jahren genannt,[8] so dass man eine fünfjährige Laufzeit als Mindestlaufzeit wird fordern müssen.

---

1 *K Stein* in H/H/R § 8 Rn 170.
2 BFH VIII R 3/05, BStBl II 2008, 852.
3 BFH VIII R 3/05, BStBl II 2008, 852.
4 FG Baden-Württemberg 10 K 225/01, DStRE 2006, 15.
5 *K Stein* in H/H/R § 8 Rn 180.
6 IDW, WPg 1994, 419.
7 IDW HFA 1/1994, 2.1.1.c.
8 *Große*, DStR 2010, 1397 mwN.

VIII. Genussrechte

Ausweis als EK. Soweit das Genussrechtskapital nach den Grundsätzen des IDW als EK zu qualifizieren ist und nicht erfolgswirksam vereinnahmt wird, erfolgt der Ausweis in einem gesonderten Posten entweder als letzter Posten des EK oder nach den Posten „Gezeichnetes Kapital" oder „Gewinnrücklagen".[1] Ein Agio erfüllt nicht die Voraussetzungen einer Kapitalrücklage iSd § 272 II Nr 1, 3 und 4 HGB. Daher befürwortet das IDW eine Einstellung in den Posten Genussrechtskapital unter Verwendung eines „davon"-Vermerks. Ein Disagio vermindert zunächst den Ausweis des Postens Genussrechtskapital. Allerdings ist dieser über die Laufzeit der Genussrechte (Mindestlaufzeit) ratierlich über einen gesonderten Aufwandsposten aufzustocken.[2] **566**

Ausweis als Fremdkapital. Soweit das Genussrechtskapital nach den Grundsätzen des IDW Fremdkapital darstellt, ist es als Verbindlichkeit unter einem gesonderten Posten auszuweisen. Das IDW akzeptiert auch einen Ausweis unter dem Posten „Anleihen" mit weiterer Untergliederung oder „davon"-Vermerk.[3] Soweit die Position des Genussrechtsinhabers sich nur unwesentlich von den Kriterien für den Eigenkapitalausweis unterscheidet, kommt auch eine Einstellung in einen gesonderten Posten zwischen EK und Fremdkapital (bzw einem noch vorhandenen Sonderposten mit Rücklageteil) in Betracht.[4] **567**

Ist die Gegenleistung nicht durch die Zahlung von Genussrechtskapital erfolgt, sondern erfolgt sie durch Nutzungsüberlassung oder ist die Gewährung der Genussrechte Bestandteil der Leistungen an Arbeitnehmer, so soll eine Passivierung in Ermangelung einer gegenwärtigen Verpflichtung ausscheiden.[5]

Erfolgsneutrale Vereinnahmung und Ertragszuschuss. Das überlassene Genussrechtskapital kann, wenn die Voraussetzungen für die Einstufung als EK grundsätzlich erfüllt sind, handelsbilanziell erfolgswirksam vereinnahmt werden, wenn kein Rückforderungsrecht vereinbart wurde und die Mittel ausdrücklich als Ertragszuschuss geleistet wurden.[6] Steuerlich ist der Ertragszuschuss dann als Einlage zu korrigieren. **568**

Minderung des Jahresüberschusses durch Ausschüttungen. Unabhängig von der Qualifizierung als EK oder Fremdkapital mindern Ausschüttungen auf Genussrechte den Jahresüberschuss.[7] Auf der ersten Stufe der steuerlichen Gewinnermittlung sind Ausschüttungen auf Genussrechtskapital daher in jedem Fall Betriebsausgaben. Nur unter der Voraussetzung des § 8 III S 2 Alt 2 sind sie dem Gewinn außerbilanziell hinzuzurechnen. **569**

Verlustbeteiligung. Eine vereinbarte Verlustbeteiligung des Genussrechtskapitals mindert bei Eintritt der Voraussetzungen die Höhe des Genussrechtskapitals. Dies führt zu einem steuerlichen Gewinn, wenn das Genussrechtskapital steuerlich als Fremdkapital einzustufen ist, da sich dann der Rückzahlungsbetrag vermindert **570**

---

1 IDW HFA 1/1994, 2.1.3.
2 IDW HFA 1/1994, 2.1.4.2.2.
3 IDW HFA 1/1994, 2.1.3.
4 *K Stein* in H/H/R § 8 Rn 173.
5 *Frotscher* in Frotscher/Maas § 8 Rn 123a.
6 IDW HFA 1/1994, 2.1.2.
7 *Hoyos/M Ring* in Beck'scher BilKomm, 6. Aufl, § 247 HGB Rn 229; IDW HFA 1/1994, 2.2.2. a.

(soweit der Genussrechtsinhaber nicht daneben Anteilseigner ist). Bei einer Einstufung als EK ist der Ausweis des Genussrechtskapitals entsprechend zu vermindern, ohne dass sich Ergebnisauswirkungen ergeben; soweit die Einlage nicht werthaltig ist, ergeben sich Gewinnauswirkungen.[1]

571 **Bilanzierung beim Genussrechtsinhaber.** Unabhängig von der Form der Kapitalüberlassung stellt diese beim Genussrechtsinhaber die Anschaffung eines eigenständigen Vermögensgegenstandes „Genussrecht" dar.[2] Dabei gelten die allgemeinen Ansatz- und Bewertungsregeln. Die Vergütung ist dementsprechend erfolgswirksam zu vereinnahmen. Sieht das Genussrecht die Teilhabe am handelsbilanziellen Überschuss des Genussrechtsemittenten vor, so sind die Grundsätze der phasengleichen Vereinnahmung von Erträgen aus Beteiligungen zu berücksichtigen,[3] soweit keine obligationsähnlichen Genussrechte vorliegen. Bei letzteren sind die Zinsansprüche unabhängig von den Kriterien zur phasengleichen Vereinnahmung von Dividendenansprüchen zu aktivieren.[4]

572 **Bilanzierung nach IFRS.** Die Einstufung nach IFRS, ob hier ein Eigenkapitalinstrument oder eine finanzielle Verbindlichkeit vorliegt, bestimmt sich nach IAS 32, der derzeit überarbeitet wird. Diese Einstufung hat durch den Emittenten gem IAS 32.15 beim erstmaligen Ansatz zu erfolgen. Die Einstufung ist abhängig von der individuellen Ausgestaltung der Genussrechte. Generell ist jedoch festzuhalten, dass nach IAS 32.18(b) eine Kündigungsmöglichkeit des Inhabers für eine Einstufung als Fremdkapital (finanzielle Verbindlichkeit) spricht, zumal in diesem Fall die weiteren Voraussetzungen für die Einstufung als Eigenkapitalinstrumente der IAS 32.16A/B kaum vorliegen werden. Liegt ausnahmsweise ein Eigenkapitalinstrument nach IFRS vor, so wird man regelmäßig zur Annahme eines zusammengesetzten Finanzinstruments kommen[5] und mithin eine Aufteilung in Eigenkapital- und Fremdkapitalkomponente vornehmen müssen (IAS 32.28, IAS 32.AG37).

573-574 *Einstweilen frei.*

575 **4. Voraussetzungen. a) Allgemeines. Tatbestandsvoraussetzungen.** Ein Genussrecht iSd § 8 III S 2 setzt eine Beteiligung

- am Gewinn (vgl Rn 578 f) und
- am Liquidationserlös (vgl Rn 588 f)

der Gesellschaft voraus.

576 **Kumulative Erfüllung.** Die Voraussetzungen müssen kumulativ vorliegen. Die im älteren Schrifttum vertretene gegenteilige Auffassung[6] widerspricht dem klaren Gesetzeswortlaut und wird heute im Schrifttum nicht mehr vertreten.[7] Auch der BFH verlangt ausdrücklich, dass beide Tatbestandsvoraussetzungen vorliegen.[8] Das

---

1 BFH I R 23/93, BFH/NV 1998, 826.
2 IDW HFA 1/1994, 3.1.
3 BFH GrS 2/99, BStBl II 2000, 632.
4 BFH I R 11/02, BStBl II 2003, 400.
5 IDW RS HFA 45, Rn 28.
6 *Friedlaender*, DStZ/A 1966, 242; *Thiel*, StbJb 1963/64, 161, 179.
7 *Gosch* in Gosch § 8 Rn 148; *K Stein* in H/H/R § 8 Rn 190.
8 BFH I R 67/92, BStBl II 1996, 77; BFH VIII R 73/03, BStBl II 2005, 861.

VIII. Genussrechte

BMF hat zwar das dementsprechende Urteil des BFH v 19.1.1994[1] mit einem Nichtanwendungserlass belegt.[2] Allerdings bezieht sich der Nichtanwendungserlass nach seinem Wortlaut ausschließlich auf die Frage, unter welchen Umständen eine Beteiligung am Liquidationserlös vorliegt.[3]

Einstweilen frei. 577

b) Beteiligung am Gewinn. Unmittelbare Gewinnbeteiligung. Eine Beteiligung am Gewinn liegt vor, wenn die Genussrechtsvergütung auf Basis einer Bemessungsgrundlage ermittelt wird, die am Ergebnis der Emittentin orientiert ist. Insoweit genügt grundsätzlich jede Teilnahme am wirtschaftlichen Erfolg der emittierenden Kapitalgesellschaft.[4] 578

Mittelbare Gewinnbeteiligung. Gewinnabhängigkeit ist gegeben, wenn lediglich eine mittelbare Orientierung an ergebnisbezogenen Größen erfolgt. Das gilt auch dann, wenn das Bestehen eines Gewinnes als Voraussetzung einer Auszahlung vorausgesetzt ansonsten aber auf Bilanzkennzahlen nicht Bezug genommen wird.[5] Das gilt ebenso, wenn es sich bei der Zahlung um eine fixe Vergütung handelt, die aber (gewinnabhängig) nur unter bestimmten Voraussetzungen zur Auszahlung kommt. 579

Bezugsbasis. Zivilrechtliche Bezugsgröße für die Ermittlung des an den Genussrechtsinhaber auszuzahlenden Betrages kann der handelsrechtliche (oder steuerliche[6]) Gewinn, das steuerliche Ergebnis, der Gewinn pro Aktie, die Dividende oder eine andere aus dem Jahresergebnis ableitbare Größe sein. Der Umsatz als Bezugsgröße scheidet hingegen aus.[7] Bei Bezugnahme auf das steuerliche Ergebnis ist jedoch zu beachten, dass maximal der handelsrechtliche Gewinn ausgeschüttet werden darf, damit weiterhin eine Beteiligung am Gewinn gegeben ist. 580 §8

Betrachtungszeitraum. Gewinnabhängigkeit liegt auch dann vor, wenn ein vom WJ abweichender Bezugszeitraum für die zivilrechtliche Bezugsgröße gewählt wird.[8] 581

Nachzahlungsansprüche. Gewinnabhängigkeit liegt auch dann vor, wenn in Abhängigkeit vom Ergebnis unterlassene Zahlungen auf Genussrechte aus Vorjahren nachgeholt werden.[9] 582

Spartengewinnbeteilgung (Tracking Stocks). Auch wenn die Höhe des Gewinns nur an eine Unternehmenssparte anknüpft, sollte dies der Qualifikation einer Gewinnbeteiligung iSd § 8 III S 2 Alt 2 nicht entgegenstehen. Dies gilt zumindest dann, wenn die Auszahlung eines Spartengewinns von einem positiven Gesamtergebnis ausgeht.[10] 583

---

1 BFH VIII R 73/03, BStBl II 2005, 861.
2 BMF v 27.12.1995, BStBl I 1996, 49.
3 *Gosch* in Gosch § 8 Rn 148 (Fn 1); *Carlé/Rosner*, KÖSDI 2006, 15365, 15373; *Achenbach* in D/J/P/W § 8 Abs 3 Rn 213; *K Stein* in H/H/R § 8 Rn 190.
4 *Kratzsch*, BB 2005, 2603.
5 RFH I A 316/32, RStBl 1934, 773; *K Stein* in H/H/R § 8 Rn 184; *Strunk*, Stbg 2005, 341; *Häuselmann*, BB 2007, 931; aA *Lang* in D/J/P/W § 8 Abs 3 Teil A Rn 110.
6 *K Stein* in H/H/R § 8 Rn 184.
7 *Lang* in D/J/P/W § 8 Abs 3 Teil A Rn 111.
8 BFH VIII R 3/05, BStBl II 2008, 852.
9 *Bieg*, StB 1997, 481; *K Stein* in H/H/R § 8 Rn 184. AA *Häuselmann*, BB 2007, 931.
10 Unklar *K Stein* in H/H/R § 8 Rn 184.

584 **Teilhabe am Verlust.** Eine Teilhabe am Verlust ist nicht erforderlich aber auch nicht schädlich.[1]

585 **Mindestverzinsung.** Ob die Vereinbarung einer Mindestverzinsung für die Annahme einer „Beteiligung am Gewinn" schädlich ist, wird unterschiedlich beurteilt. Nach der Rechtsprechung[2] ist für die Frage, ob bei Vereinbarung eines Mindestzinses eine Beteiligung am Gewinn vereinbart ist, auf die Lage des jeweiligen Einzelfalles abzustellen. Wird das Gewinnbezugsrecht demjenigen der Gesellschafter angeglichen, besteht lediglich nach unten eine Begrenzung auf einen Mindestbezug, so soll die Gewinnanteilsberechtigung wirtschaftlich im Vordergrund stehen. Der BFH bringt dies auf die Formel, dass die Mindestverzinsung die Gesellschaft etwa ebenso belasten solle, wie die Gewinnansprüche der Gesellschafter. In der Literatur wird teilweise verlangt, dass die erfolgsabhängige Vergütung im Vordergrund stehen müsse,[3] oder dass die Mindestverzinsung unter dem liegt, was aufgrund der Ertragskraft üblicherweise an Gewinn erwirtschaftet wird.[4] Im Ergebnis wird man auf das Gesamtbild der Verhältnisse abstellen und (periodenübergreifend) beurteilen müssen, ob der Charakter der Vergütung eher an einer risikobehafteten Teilhabe am Unternehmenserfolg oder an einer sicheren, marktüblichen Verzinsung orientiert ist. Das entspricht der vom RFH geprägten und an der Leistungsfähigkeit der Körperschaft orientierten Betrachtung, nach der entscheidend ist, dass die Steuerkraft des Unternehmens durch die Genussrechte nicht anders belastet wird, als durch Gesellschaftsrechte.[5] Dagegen wird ein (unter dem Marktniveau liegender Mindestzins) als Kompensation für die fehlenden Stimm- und Auskunftsrechte als unschädlich zu betrachten sein.

586-587 *Einstweilen frei.*

588 **c) Beteiligung am Liquidationserlös. Definition.** Unter Liquidationserlös wird das Abwicklungsendvermögen iSd § 11 III verstanden (dh das iRd Liquidation nach Abzug aller Verbindlichkeiten zur Verteilung kommende Vermögen).[6]

589 **Beteiligung an den stillen Reserven.** Eine Beteiligung am Liquidationserlös scheidet aus, wenn ausschließlich das Genussrechtskapital zurückzugewähren ist. Die Beteiligung hieran setzt eine Beteiligung an den stillen Reserven des Unternehmens voraus.[7] Daher ist eine Beteiligung am Liquidationserlös nicht gegeben, wenn eine Rückzahlung des Genussrechtskapitals ohne Beteiligung an den stillen Reserven außerhalb der Liquidation vereinbart ist.[8]

590 **Wandlungsrecht.** Nach einer Literaturansicht soll dies auch bei der Verbindung von Genussrecht und Wandlungsrecht der Fall sein, wenn nach den Umständen des Falles damit gerechnet werden muss, dass der Genussrechtsinhaber von dem

---

1 *Gosch* in Gosch § 8 Rn 151; RFH II A 394/31, RStBl 1932, 746.
2 RFH II A 394/31, RStBl 1932, 746; BFH I 85/60, DB 1960, 1057.
3 *Gosch* in Gosch § 8 Rn 151.
4 *K Stein* in H/H/R § 8 Rn 184.
5 Prägnant RFH Urteil I A 316/32, RStBl 1934, 773.
6 *Schulte* in Erle/Sauter § 8 Rn 294; *Gosch* in Gosch § 8 Rn 151.
7 *Rengers* in Blümich § 8 Rn 203; *Gosch* in Gosch § 8 Rn 151; *Schulte* in Erle/Sauter § 8 Rn 294; *K Stein* H/H/R § 8 Rn 187.
8 BFH VIII R 73/03, BStBl II 2005, 861, 863.

Wandlungsrecht unter allen denkbaren Umständen Gebrauch machen wird.[1] Nach aA begründet weder ein einfaches Wandlungsrecht[2] noch eine Zwangswandelanleihe[3] ein Recht auf Beteiligung am Liquidationserlös. Zumindest handelsbilanziell ist vor dem Hintergrund der Behandlung von Pflichtwandelanleihen unstreitig, dass das Genussrecht bis zum Zeitpunkt der Wandlung weiter als Fremdkapital qualifiziert.[4] Angesichts der Zielsetzung des § 8 III S 2 Alt 2 sollte eine Beteiligung am Liquidationserlös gegeben sein, wenn zwar kein rechtlicher aber ein wirtschaftlicher Zwang zur Wandlung im Liquidationszeitpunkt der Gesellschaft oder Beendigungszeitpunkt der Genussrechtsvereinbarung besteht (und die in Folge der Wandlung erlangte Beteiligung am Liquidationserlös Bestandteil der Genussrechtsvereinbarung ist).

Vorzeitig Kündigung. Keine Beteiligung am Liquidationserlös soll nach Ansicht von *Gosch* daher vorliegen, wenn eine Beteiligung an den stillen Reserven vor dem Liquidationsfall besteht und durch Kündigung ausgelöst werden kann.[5] Das entspricht nicht dem Zweck der Regelung, der nicht auf die Dauer der Beteiligung, sondern auf die mitgliedschaftsähnliche Stellung des Genussrechtsinhabers abstellt. Daher ist auch bei vorzeitigem Ausscheiden eine Beteiligung am Liquidationserlös iSd Vorschrift gegeben, wenn der Rückkaufswert eine Beteiligung an den stillen Reserven vorsieht.[6]

591

Höhe der Beteiligung am Liquidationserlös. Grundlegende Rechtsprechung zur Bestimmung der notwendigen Höhe der Beteiligung am Liquidationserlös besteht nicht. Der BFH hat eine solche Beteiligung nur ausgeschlossen, wenn lediglich eine erhöhte Verzinsung des Genussrechtskapitals gewährt wird.[7] Wenn der Genussrechtsinhaber entsprechend dem Verhältnis des Genussrechtskapitals zum gesamten Stamm- bzw Grundkapital im Liquidationszeitpunkt an den stillen Reserven der Gesellschaft beteiligt ist, sollte eine Beteiligung am Liquidationserlös gegeben sein. Vor dem Hintergrund der mittlerweile steuerlich anerkannten inkongruenten Gewinnausschüttung[8] bestehen keine Vorgabe iSe Mindestbeteiligung bzw es sollte auch die Einräumung einer Marginalbeteiligung am Liquidationserlös ausreichen.

592

Beschränkung der Höhe nach. Eine Beteiligung am Liquidationserlös ist der Sache nach auch dann gegeben, wenn diese der Höhe nach (prozentual oder in einem absoluten Betrag) beschränkt ist.[9]

593

---

1 *K Stein* in H/H/HR § 8 Rn 187; *Strunk*, Stbg 2005, 341, 347 Fn 66.
2 *Grieger*, WM 1958, 914, 919.
3 *Häuselmann*, BB 2003, 1531, 1536; *Kozikowski/Schubert* in Beck'scher BilKomm § 253 HGB Rn 91 (unter Verweis auf Häuselmann).
4 BFH I R 106/71, BStBl II 1973, 460; *Kozikowski/Schubert* in Beck'scher BilKomm § 253 HGB Rn 91; *Häuselmann* in Kessler/Körner/Köhler, Konzernsteuerrecht, 2. Aufl, § 10 Rn 278.
5 *Gosch* in Gosch § 8 Rn 151; ebenso *Lindscheidt*, DB 1992, 1852.
6 BFH VIII R 73/03, BStBl II 2005, 861; BFH VIII R 3/05, BStBl II 2008, 852; *K Stein* in H/H/HR § 8 Rn 187; *Rengers* in Blümich § 8 Rn 203.
7 BFH VIII R 73/03, BStBl II 2005, 861.
8 BFH I R 77/96, BFH/NV 1998, 330; vgl jedoch BMF v 2.11.2000, BStBl I, 2001, 47; nach dem Entwurf zur ErbStG droht hier künftig Schenkungsteuer.
9 *Häuselmann*, BB 2007, 931, 935.

594 **Keine Rückzahlung vor Liquidation.** Die Finanzverwaltung nimmt eine Beteiligung am Liquidationserlös darüber hinaus bereits dann an, wenn eine Rückzahlung des Genussrechtskapitals vor der Liquidation der Körperschaft nicht oder erst in ferner Zukunft (mehr als 30 Jahren) verlangt werden kann.[1] Die Finanzverwaltung begründet dies mit der bestehenden Gleichstellung zwischen Stammkapital und Genussrechtskapital. Allerdings wird hierbei verkannt, dass das Kriterium der Teilhabe am Liquidationserlös nicht den Zeitpunkt der Auszahlung, sondern die Teilhabe an den stillen Reserven betrifft. Kann eine Rückzahlung erst bei Liquidation verlangt werden, ist aber keine Beteiligung an den stillen Reserven vorgesehen, so liegt somit keine Beteiligung am Liquidationserlös vor.[2]

595 **Kein (oder Verzicht auf) Rückzahlungsanspruch.** Besteht von Anfang an kein Rückzahlungsanspruch, so kann bereits keine Verbindlichkeit passiviert werden. In diesem Fall muss das Steuerrecht der handelsbilanziellen Einordnung folgen, so dass es auf die Beteiligung an den stillen Reserven nicht ankommt. Ebenso hat der BFH entschieden, dass im Falle des Verzichts auf einen Rückzahlungsanspruch keine Beteiligung an den stillen Reserven gegeben ist.[3] Die gegenteilige Verwaltungsauffassung[4] ist erneut unbeachtlich, da auch hier keine Verbindlichkeit passiviert werden kann. Soweit der Genussrechtsinhaber hingegen Gesellschafter ist, liegt eine Einlage vor, andernfalls ist eine steuerpflichtige Betriebseinnahme zu erfassen.[5]

596 **Verlustbeteiligung.** Eine Beteiligung am Liquidationsverlust (die letztlich eine Nachschusspflicht darstellen würde) ist nicht notwendig, um eine Beteiligung am Liquidationserlös iSd § 8 III S 2 Alt 2 zu begründen.[6] Nach gegenteiliger Verwaltungsauffassung soll eine Beteiligung am Liquidationserlös aber auch dann gegeben sein, wenn eine Verlustbeteiligung vereinbart und das Genussrechtskapital bei Liquidation zum Nennwert zurückzuzahlen ist.[7]

597 **Nachrangvereinbarung.** Eine bloße Nachrangvereinbarung führt nicht zu einem beteiligungsähnlichen Genussrecht, sondern ist (ohne Hinzutreten einer Teilhabe am Liquidationserlös) mit eigenkapitalersetzenden Darlehen vergleichbar.[8]

598-599 *Einstweilen frei.*

600 **5. Rechtsfolge. Außerbilanzielle Korrektur der Ausschüttungen.** Trotz der mit der Regelung der vGA identischen systematischen Stellung des Abzugsverbots für Ausschüttungen auf Genussrechte sind die Rechtsfolgen nicht zweifelsfrei. Die Mindermeinung geht entsprechend der Praxis bei der vGA davon aus, dass die Ausschüttung dem Gewinn der Körperschaft außerbilanziell hinzuzurechnen ist.[9] Die

---

1 BMF v 8.12.1986, BB 1987, 667; bestätigt durch BMF v 27.12.1995, BStBl I 1996, 49; aA *Gosch* in Gosch § 8 Rn 151.
2 *Gosch* in Gosch § 8 Rn 151; *Schulte* in Erle/Sauter § 8 Rn 294.
3 BFH I R 67/92, BStBl II 1996, 77.
4 BMF v 27.12.1995, BStBl I 1996, 49.
5 *K Stein* in H/H/R § 8 Rn 187.
6 *K Stein* in H/H/R § 8 Rn 187; aA *Groh*, BB 1993, 1882, 1890.
7 BMF v 17.2.1986, BeckVerw 095225, bestätigt durch BMF v 8.12.1986, BB 1987, 667.
8 BFH VIII R 73/03, BStBl II 2005, 861.
9 *Lang* in D/J/P/W § 8 Abs 3 Teil A Rn 133; wohl ebenso *Schulte* in Erle/Sauter § 8 Rn 295; *Gosch* in Gosch § 8 Rn 148.

Rechtsfolge unterscheidet sich nach dieser Auffassung auch bezüglich der Nebenfolgen nicht von derjenigen der vGA. Demnach würde im Ergebnis eine Auszahlung auf steuerbilanzielles EK zu einer Betriebsausgabe führen können. Dies gilt jedoch auch für das Handelsrecht und ist daher entgegen anderslautender Stimmen aus dem Schrifttum nicht widersinnig.[1] Dagegen will die hM[2] die Bilanzierung der Genussrechte steuerrechtlich abweichend vom Handelsrecht vornehmen. In der Konsequenz sieht sie kein Bedürfnis für eine außerbilanzielle Korrektur, sondern versteht § 8 S 2 Alt 2 insoweit als Korrekturnorm innerhalb der Bilanz. Systematisch spricht viel für die Erwägungen der Mindermeinung, gleichwohl wird man aufgrund des umfassenden Beteiligungsbegriffs des § 8b III 2 der hM zugeben müssen, dass sie zumindest seit dem körperschaftsteuerlichen Systemwechsel 2001/2002 teleologisch besser begründbar ist.[3]

Bewertung von nicht in Geld bestehender Ausschüttungen. Bewertungsmaßstab für Ausschüttungen, die nicht in Geld bestehen, ist der Fremdvergleichspreis; insoweit besteht Kongruenz zur vGA (vgl Rn 502 ff).   601

KESt. Die Kaitalgesellschaft ist zur Einbehaltung und Abführung der KESt verpflichtet. Das gilt für die Einordnung der Auszahlung als Zahlung auf beteiligungsähnliche Erträge oder als Zahlung auf Fremdkapital gleichermaßen (25 % KESt nach § 43 I Nr 1 oder Nr 2 iVm §§ 20 I Nr 1 EStG, 43a I Nr 1 EStG zuzüglich 5,5 % SolZ).   602

Einlagekonto gem § 27. Ob die Qualifikation der Zahlung auf Genussrechtskapital auch auf die steuerliche Qualifikation des Genussrechtskapitals selbst als Eigen- oder Fremdkapital durchschlägt entscheidet sich danach, ob man die Wirkung des § 8 III S 2 Alt 2 insoweit entsprechend der anerkannten Rechtsfolgen der vGA beurteilt, oder ob man eine steuerliche Umqualifikation befürwortet. In letzterem Fall hat die Zahlung Auswirkung auf das steuerliche Einlagekonto nach § 27.[4]   603

§ 8b und Korrespondenzprinzip. Zur fehlenden Anwendung des § 8b I S 2 (Korrespondenzprinzip) bei Ausschüttungen auf beteiligungsähnliche Genussrechte vgl § 8b Rn 209.   604

Behandlung eines Agios oder Disagios. Die steuerliche Behandlung eines Agios oder Disagios richtet sich nach der Qualifikation des Genussrechts. Ein Agio stellt eine zusätzliche Einlage dar, während ein Disagio entsprechend § 8 III S 2 Alt. 2 zu behandeln ist.   605

Kosten für Ausgabe von Genussrechten. Die steuerliche Abzugsfähigkeit von Kosten richtet sich gleichfalls nach der Qualifizierung des Genussrechtskapitals. Liegt Fremdkapital vor, so stellen die Kosten Beschaffungskosten für Fremdkapital dar, die abzugsfähig sind, während bei EK die Kostentragung entsprechend der Rechtsprechung zur Kapitalerhöhung erfolgen sollte.[5]   606

---

1 Günkel, Jahrbuch der FAfStR Arbeitsbuch 2011, S 608.
2 K Stein in H/H/R § 8 Rn 230 ff; Emde, BB 1988, 1214; Groh, BB 1993, 1882; Winter, GmbHR 1993, 31; Günkel, Jahrbuch der FAfStR Arbeitsbuch, 2011, S 607.
3 Vgl dazu auch OFD Rheinland Kurzinformation v 14.12.2011, DStR 2012, 189.
4 K Stein in H/H/R § 8 Rn 230.
5 BFH I R 24/99, BStBl II 2000, 545; vgl K Stein in H/H/R § 8 Rn 230.

607 **Rückkauf.** Konfusionsgewinne durch Rückkauf von Genussrechten sind entsprechend der Einordnung der Genussrechte als EK oder Fremdkapital zu behandeln.

608 **Verzicht.** Ein Verzicht des Genussrechtsinhabers löst je nach Qualifizierung des Genussrechts als EK oder Fremdkapital unterschiedliche Rechtsfolgen aus. Bei obligationsähnlichen Genussrechten ergibt sich iHd werthaltigen Teils ein außerordentlicher Ertrag. Eine Einlage kann insoweit nur vorliegen, wenn der Genussrechtsinhaber gleichzeitig Gesellschafter ist (dann jedoch nur iHd werthaltigen Teils vgl analog zum Forderungsverzicht Rn 682). Bei Genussrechten, die eigenkapitalähnlich ausgestaltet sind, ergibt sich ein nicht steuerbarer Passivtausch, wobei der Gesellschafter eine logische Sekunde nach dem Verzicht seine Gesellschafterstellung verliert. Nach § 7 VIII S 1 ErbStG-E[1] könnte dies künftig aber ggf Schenkungsteuer auslösen.[2]

609 **§ 8 Nr 1 GewStG.** Gewerbesteuerlich ist eine Hinzurechnung von Dauerschuldzinsen bei obligationsähnlichen Genussrechten nach § 8 Nr 1 GewStG vorzunehmen.[3] Zur Rechtslage vor dem UntStRefG 2008 wurde die Frage des Vorliegens von Dauerschuldzinsen teilweise kritisch gesehen.[4]

610 **DBA.** Art 10 III DBA MA stellt Ausschüttungen auf Genussrechte den Dividendenbezügen gleich. Art 10 III DBA MA differenziert jedoch dem ausdrücklichen Wortlaut nach nicht zwischen beteiligungs- und obligationsähnlichen Genussrechten. Da KESt nach den DBA typischerweise nur auf Dividenden, nicht aber auf Zinsen einzubehalten ist, kommt der Abgrenzung dennoch Bedeutung zu. Es werden aber in Art 10 III OECD-MA Einkünfte aus sonstigen Gesellschaftsanteilen gefordert, was dafür spricht, nur solche Genussrechte unter den Dividendenartikel fallen zu lassen, die ein Unternehmerrisiko vermitteln.[5]

611 **AStG.** Da Genussrechte keine mitgliedschaftliche Stellung vermitteln, können sie auch keine Beteiligung iSd § 7 AStG darstellen.[6] Die hieraus erzielten Einkünfte zählen nach einer Auffassung daher nicht zu den Gewinneinkünften iSd § 8 I Nr 8 AStG.[7] Allerdings ist der Begriff der Gewinnausschüttungen nicht definiert. Das weite Verständnis, das iRv § 8b I zugrundezulegen ist, spricht eher für eine Einbeziehung der beteiligungsähnlichen Genussrechte in § 8 I Nr 8 AStG, zumal ansonsten die Gefahr besteht, aktive Einkünfte in schädliche passive Einkünfte zu modifizieren.[8]

612-613 *Einstweilen frei.*

614 **IX. Verdeckte Einlagen. 1. Allgemeines. Erfordernis der Korrektur von betriebsfremden Vorgängen.** Korrekturen im Hinblick auf den in der Bilanz ausgewiesenen Gewinn sind auch im Körperschaftsteuerrecht notwendig, um Einflüsse

---

1 BRDrs 253/11.
2 *Korezkij*, DStR 2011, 1454.
3 FG Rheinland-Pfalz 6 K 3450/98, EFG 2001, 1159.
4 *Loritz*, DStR 2006, 77; *Mitsch*, INF 2002, 205.
5 *Wassermeyer* in D/W Art 10 DBA MA Rn 102a.
6 *Wassermeyer* in F/W/B/S § 7 AStG Rn 12.
7 *K Stein* in H/H/R § 8 Rn 198; nicht eindeutig BFH I R 75/09, BStBl II 2011, 208.
8 *Schnitger/Bildstein*, IStR 2009, 629.

IX. Verdeckte Einlagen

auszuschließen, die nicht auf der werbenden Tätigkeit des Körperschaftsteuersubjekts beruhen (sog betriebsfremde Vorgänge). Ein solcher Korrekturbedarf besteht für Vermögensmehrungen, die von Anteilseignern stammen und ihre Grundlage im Gesellschaftsverhältnis haben. Das Instrument zur Korrektur ergibt sich aus allgemeinen Erwägungen zur Gewinnermittlung (Entnahmen/Einlagen, § 4 I EStG).

Gewinnbegriff gem § 4 I EStG. Über § 8 I gilt der Gewinnbegriff des § 4 I EStG grundsätzlich auch für Körperschaftsteuersubjekte. Gewinn ist danach der bilanzrechtlich ermittelte Jahresüberschuss, vermehrt um Entnahmen und vermindert um Einlagen. 615

Einlagenbegriff im EStG und KStG. Im EStG beschreibt der Begriff der Einlage eine Vermögensverschiebung von der außerbetrieblichen Sphäre eines Steuerpflichtigen in seine betriebliche Sphäre. Im KStG hingegen stehen sich mit der Körperschaft und ihren Anteilseignern verschiedene Rechtssubjekte gegenüber. Der Verschiebung zwischen der betrieblichen und der außerbetrieblichen Sphäre, sofern man eine solche bei Gesellschaften (§ 8 II) anerkennt, kommt jedenfalls erheblich geringere Bedeutung zu (vgl dazu Rn 180 ff). Dennoch gelten insoweit insgesamt die gleichen Grundsätze.[1] Einlagen sind im Körperschaftsteuerrecht somit Vermögenszuführungen, die ihren Grund im Gesellschaftsverhältnis haben.[2] 616

AStG. Die Einlage geht § 1 AStG vor.[3] 617

Einstweilen frei. 618-619

2. Einlagen im Handelsrecht. Offene Einlagen. Der Begriff der verdeckten Einlage ist als steuerlicher Begriff dem Handelsrecht eigentlich fremd. Stattdessen werden nur sog offene Einlagen handelsrechtlich als Erhöhung des Kapitalkontos ausgewiesen (vgl Rn 625). Bei den offenen Einlagen führt der Gesellschafter seiner Gesellschaft Vermögenswerte gegen Gewährung von Anteilsrechten aufgrund der gesellschaftsrechtlichen Verpflichtung zur Erhöhung des Nennkapitals zu. Aber auch freiwillige Zahlungen in die Kapitalrücklage gem § 272 II Nr 4 HGB zur freien Verfügung der Gesellschaft stellen offene Einlagen dar. 620

Tauschgeschäft. Bar- bzw Sacheinlage zur Begründung oder Erhöhung des Nennkapitals gegen Gewährung von Gesellschaftsrechten haben aufgrund der gewährten Gegenleistung im Gegensatz zu den verdeckten Einlagen (vgl Rn 634) den Charakter eines Tauschgeschäfts. Die verdeckte Einlage zeichnet sich dagegen dadurch aus, dass ihr keine Gegenleistung gegenübersteht. Der einlegende Gesellschafter erhält für seine verdeckt erfolgende Einlage insbeondere keine Gesellschaftsrechte. 621

Bewertung. Der Wert einer offenen Sacheinlage muss in der Handelsbilanz mindestens dem Nennbetrag der hierauf zu gewährenden Gesellschaftsrechte entsprechen. Anderenfalls liegt eine Überbewertung der Sacheinlage und damit eine verbotene Unterpariemission vor (§ 9 AktG, § 9 GmbHG). Bei Erwerb von Vermögensgegenständen, die nicht aufgrund gesellschaftsrechtlicher Verpflichtungen 622

---
1 BFH GrS 1/94, BStBl II 1998, 308.
2 *B Lang* in EY § 8 Rn 455; *Roser* in Gosch § 8 Rn 89.
3 BFH I R 97/88, BStBl II 1990, 875.

geleistet werden (verdeckte Einlage), richtet sich der Ansatz nach den effektiven Anschaffungskosten (§§ 253, 255), was bei Unentgeltlichkeit des Erwerbs bzw bei zu geringen Anschaffungskosten zu einem Ansatz von Null bzw iHd effektiven Gegenleistung und bei einer Veräußerung der Vermögensgegenstände zu einem betrieblichen Ertrag führt. Unter Berufung auf die Grundsätze ordnungsgemäßer Buchführung wird es jedoch nach hM für zulässig erachtet, den unentgeltlich erworbenen Vermögensgegenstand stattdessen mit den Kosten zu aktivieren, die die Kapitalgesellschaft bei entgeltlichem Erwerb für sie aufgewandt hätte.[1]

623 **Einlage gegen Gewährung von Gesellschaftsanteilen.** Die Einlage gegen Gewährung von Gesellschaftsanteilen ist mit der Gründung oder Kapitalerhöhung einer Gesellschaft verbunden. Die Grundsätze zur Kapitalaufbringung und Kapitalerhaltung bei Kapitalgesellschaften sind nur im Hinblick auf die offenen Einlagen gegen Gewährung von Gesellschaftsanteilen relevant, zB die Verpflichtung zu einer Mindesteinlage, die Verlustdeckungshaftung oder die Ausfallhaftung als Aufbringungsschutz und der Vermögensschutz durch Verlustanzeige, Ausschüttungsverbote sowie Haftungsregeln für die Kapitalerhaltung (Einzelheiten dazu in den Kommentaren zum AktG und GmbHG).

624 **Einlage in die Kapitalrücklage.** Bei der Einlage in die Kapitalrücklage geht es um die Stärkung des EK. Handelsrechtlich gibt es insoweit den Begriff der Zuzahlungen, die Gesellschafter freiwillig in das EK leisten (§ 272 II Nr 4 HGB). Diese Zuzahlungen können auch durch Übertragung von Sachwerten erfolgen. Nicht jede verdeckte Einlage stellt aber eine solche Zuzahlung dar. Keine verdeckten Einlagen sind sog kapitalersetzende Darlehen, selbst wenn sie mit einer Rangrücktrittsklausel versehen sind.[2] Derartige Darlehen stellen für die Kapitalgesellschaft eine Verbindlichkeit dar und haben nur bezüglich der Gläubigerhaftung, aber nicht in jeder Hinsicht Eigenkapitalqualität. Die nach § 272 II Nr 4 HGB in die Kapitalrücklage eingestellten Beträge dürfen jederzeit aufgelöst werden.[3]

625 **Gewinnauswirkungen der offenen Einlagen.** Eine Gewinnauswirkung ist mit beiden offenen Einlageformen nicht verbunden. Dh der Vermögenszuwachs der Gesellschaft wird außerhalb der Gewinn- und Verlustrechnung im EK widergespiegelt.[4] Das gilt auch, falls eine vereinbarte Bareinlage als sog „verdeckte Sacheinlage" erbracht wird. Dabei handelt es sich um eine Geldeinlage auf einen Gesellschaftsanteil, die bei wirtschaftlicher Betrachtungsweise, falls eine vorherige Abrede getroffen wurde, als Sacheinlage zu bewerten ist (§ 19 IV GmbHG, Nichterfüllung, aber Anrechnung).

626 **Aufgelder bei offenen Einlagen.** Aufgelder (§ 272 II Nr 1 HGB) sind bei den offenen Einlagen als Teil des Tauschvorgangs zu behandeln. Es liegt insoweit einheitlich eine offene Einlage vor.[5]

---

1 *Förschle/Taetzner* in Beck'scher BilKomm § 272 HGB Rn 405.
2 *Förschle/Taetzner* in Beck'scher BilKomm § 272 HGB Rn 400.
3 *Förschle/Hoffmann* in Beck'scher BilKomm § 272 HGB Rn 205.
4 Unklar BFH IV R 10/01, BStBl II 2004, 416, hier wird wohl allein auf die fehlende Gegenleistung in Form von Gesellschaftsrechten abgestellt; vgl auch BFH I R 20/03, BFH/NV 2005, 19; *Frotscher* in Frotscher/Maas § 8 Rn 82.
5 BFH I R 35/05, BStBl II 2008, 253.

IX. Verdeckte Einlagen

Gewinnauswirkungen von verdeckten Einlagen. Werden dagegen Vermögenszuführungen getätigt, die sich nicht im Nennkapital oder der Kapitalrücklage spiegeln, aber ihre Grundlage gleichwohl im Gesellschaftsverhältnis haben, liegen sog steuerliche verdeckte Einlagen vor,[1] welche den handelsrechtlichen Gewinn erhöhen.[2]   627

Aufgelder bei verdeckten Einlagen. Leistungen eines Gesellschafters sind handelsrechtlich nur dann ergebnisneutral zu behandeln, wenn sie willentlich in das EK geleistet werden.[3] Das gilt auch für die Aufgelder bei (verdeckten) Einlagen. Fehlt es am Willen, die Leistung in das EK zu erbringen, ist handelsrechtlich ein Ertrag zu berücksichtigen. Steuerrechtlich liegt mangels Erwirtschaftung auch insoweit eine verdeckte Einlage vor.[4]   628

Vermögenszuführungen aufgrund schuldrechtlicher Vereinbarungen. Von den offenen und verdeckten Einlagen sind Vermögenszuführungen abzugrenzen, die ihre Grundlage nicht im Gesellschaftsverhältnis, sondern in einer schuldrechtlichen Vertragsbeziehung haben. Einer Gesellschaft und den Anteilseignern steht es frei, schuldrechtliche Verträge wie unter fremden Dritten abzuschließen, die auch steuerrechtlich die gleichen Wirkungen entfalten (soweit diese dem Fremdvergleich standhalten).   629

Keine steuerliche Bedeutung. Da die verdeckte Einlage ein besonderes steuerrechtliches Institut ist, spielt die handelsrechtliche Behandlung für das Steuerrecht keine Rolle. Die Maßgeblichkeit vermag daran nichts zu ändern.[5] Der Grundsatz der Maßgeblichkeit wird insoweit durchbrochen.[6] Es geht um ein steuerrechtliches Institut, um die Vermögenssphäre des Gesellschafters und der Gesellschaft voneinander zu trennen und den steuerlichen Gewinn zutreffend auszuweisen.   630

Einstweilen frei.   631-632

3. Verdeckte Einlagen. a) Definition. § 8 III S 3 regelt die Rechtsfolgen einer verdeckten Einlage, ohne deren Tatbestandsvoraussetzungen zu regeln. Eine verdeckte Einlage ist nach ständiger Rechtsprechung des BFH[7] gegeben, wenn: 633

- ein Gesellschafter bzw eine ihm nahestehende Person (vgl Rn 640 ff)
- seiner Gesellschaft (vgl Rn 650 ff)
- einen bilanzierungsfähigen Vorteil (vgl Rn 659 ff)
- zuwendet (vgl Rn 675 ff),
- der Vorteil seine Ursache im Gesellschaftsverhältnis hat (vgl Rn 686),
- und diese Vorteilszuwendung den handelsrechtlichen Gewinn der Gesellschaft erhöht, also insbesondere keine Gesellschaftsrechte dafür gewährt werden (vgl Rn 623 f).

---

1 BFH I R 3/04, BStBl II 2008, 809.
2 Förschle/Taetzner in Beck'scher BilKomm § 272 HGB Rn 405 mwN.
3 Förschle/Taetzner in Beck'scher BilKomm § 272 HGB Rn 400 mwN.
4 Schulte in Erle/Sauter § 8 Rn 345.
5 Watermeyer in H/H/R § 8 Rn 330.
6 BFH GrS 1/94, BStBl II 1998, 307; BFH I R 96/88, BStBl II 1990, 797.
7 BFH IV R 115/88, BStBl II 1990, 86. Ebenso R 40 I KStR 2004.

634	**Kein tauschähnliches Geschäft.** Anders als bei der offenen Einlage handelt es sich bei der verdeckten Einlage nicht um ein tauschähnliches Geschäft. Zwar erhöht sich durch die Einlage der Beteiligungswert des Gesellschafters, dies stellt allerdings einen reinen Reflex der Vermögenszuführung dar.[1]
635	**Steuerliche Neutralisierung der handelsrechtlichen Gewinnerhöhung.** Aus steuerlicher Sicht sind die handelsrechtlichen Gewinnerhöhungen aufgrund von verdeckten Einlagen zu neutralisieren. § 8 III S 3 bestimmt insoweit, dass sie das Einkommen nicht erhöhen. Die Ergebniskorrektur führt zur steuerrechtlichen Gleichstellung der offenen und der verdeckten Einlagen.
636	**Zeitpunkt für die Prüfung der Voraussetzungen der verdeckten Einlage.** Die einzelnen Tatbestandsvoraussetzungen der verdeckten Einlage müssen bei Abschluss des Verpflichtungsgeschäftes vorliegen. Das Erfüllungsgeschäft ist nicht maßgeblich.[2] Das betrifft insbesondere die Fälle unangemessener Gegenleistungen aus Leistungsbeziehungen im Vergleich mit fremden Dritten.
637	**Einlagekonto gem § 27.** Die Regelung in § 27 I S 1 ordnet das Führen eines besonderen steuerlichen Einlagekontos für nicht in das Nennkapital geleistete Einlagen an (vgl die Kommentierung zu § 27). Die Erfassung auf dem steuerlichen Einlagekonto stellt sicher, dass die Rückgewähr von Einlagen beim Gesellschafter nicht zur Besteuerung nach dem Teileinkünfteverfahren führt.[3]
638-639	*Einstweilen frei.*
640	**b) Gesellschafter bzw nahestehende Person. Grundsatz.** Verdeckte Einlagen müssen durch das Gesellschaftsverhältnis veranlasst sein. Als Einlegende kommen daher nur Gesellschafter (vgl Rn 641 ff) bzw diesen nahe stehende Personen (vgl Rn 646) in Betracht.[4]
641	**Unmittelbar beteiligte Gesellschafter.** Erfasst sind zunächst unmittelbar am Nennkapital beteiligte Gesellschafter. Maßgebend ist insoweit die Beteiligung. Ein Stimmrecht ist nicht erforderlich.[5] Auf die Höhe der Beteiligung der Gesellschafter kommt es dabei nicht an (zur Frage der Vorteilszuwendung an nahestehende Personen mittels verdeckter Einlagen vgl Rn 708).[6]
642	**Zukünftige Gesellschafter.** Ausnahmsweise können auch schon Dritte als Gesellschafter behandelt werden, wenn davon auszugehen ist, dass die Leistungen im Vorgriff auf ein zu erwartendes Gesellschaftsverhältnis erfolgen. Denn eine verdeckte Einlage setzt nicht zwingend eine Zuführung zum Betriebsvermögen durch einen Gesellschafter voraus (R 40 V KStR).[7] Vielmehr können Einlagen auch Zuführungen sein, die von einem (Noch-)Nichtgesellschafter zur Erlangung einer unentziehbaren Anwartschaft

---

1 BFH I R 147/83, BStBl II 1989, 271; BFH I R 44/04, BStBl II 2005, 522; *Schulte* in Erle/Sauter § 8 Rn 345.
2 BFH I R 80/96, BFH/NV 1998, 624.
3 *Schulte* in Erle/Sauter § 8 Rn 326.
4 *B Lang* in EY § 8 Rn 495; *Watermeyer* in H/H/R § 8 Rn 333.
5 *Watermeyer* in H/H/R § 8 Rn 333.
6 *Watermeyer* in H/H/R § 8 Rn 333.
7 *Watermeyer* in H/H/R § 8 Rn 333.

auf eine Gesellschafterstellung erfolgen.[1] Der Ursächlichkeit der Zuführung im gesellschaftsrechtlichen Bereich könnte nur eine Ursächlichkeit des Zuflusses im betrieblichen Bereich der Gesellschaft entgegenstehen.[2] Das ist im Einzelfall zu prüfen. Nur im letztgenannten Fall scheidet die verdeckte Einlage aus. So hat der BFH eine verdeckte Einlage sogar im Fall des verdeckten Aufgelds bei einer Optionsanleihe angenommen, obwohl die Gesellschafterstellung des Anleiheninhabers nicht gesichert ist.[3]

Ehemalige Gesellschafter. Nach überwiegender Ansicht können auch sog Nichtmehr-Gesellschafter verdeckte Einlagen tätigen.[4] Leistet ein Gesellschafter nach Ausscheiden an seine ehemalige Gesellschaft, so handelt es sich um eine verdeckte Einlage, wenn der Grund für die Leistung im früher bestehenden Gesellschaftsverhältnis begründet ist.

Inhabern von beteiligungsähnlichen Genussrechten. Inhaber von beteiligungsähnlichen Genussrechten stehen als Nichtgesellschafter gleichwohl in einer besonderen Verbindung zur Gesellschaft. Eine steuerlich erhebliche Beziehung besteht zumindest dann, wenn das Ziel einer gesellschaftsrechtlichen Verbindung darüber hinaus eine besondere Nähebeziehung begründet.[5] Solche Nähebeziehungen können auch gesellschaftsrechtlicher oder schuldrechtlicher Art sein.[6]

Mittelbare Gesellschafter. Verdeckte Einlagen sind auch möglich, wenn ein mittelbarer Gesellschafter eine Vermögenszuführung tätigt; es handelt sich dabei nicht um den Fall der verdeckten Einlage von einer nahestehenden Person. In diesem Fall erfolgt stattdessen die verdeckte Einlage „durch die Kette" der zwischengeschalteten Kapitalgesellschaften:

Beispiel

Die MG M leistet direkt an ihre Enkelgesellschaft E eine Zahlung, so dass eine mittelbare Einlage vorliegt, die als Einlage von M an ihre TG T sowie eine weitere (mittelbare) Einlage von T an ihre TG E fingiert wird.[7]

Nahestehende Personen. Soweit eine dem Gesellschafter nahestehende Person der Gesellschaft einen Vermögensvorteil verschafft, wird eine Vermögenszuwendung des Dritten an den Gesellschafter und von diesem an die Gesellschaft fingiert.[8]

Beispiel

M ist alleiniger Anteilseigner ihrer TG T1 und T2. T1 verschafft der T2 direkt einen Vermögensvorteil (etwa durch die Abnahme von Waren zu überhöhten Preisen), so eine vGA von T1 an M sowie eine verdeckte mittelbare Einlage von M an T2 vorliegt.[9]

---

1 Watermeyer in H/H/R § 8 Rn 333; Roser in Gosch § 8 Rn 96.
2 BFH I R 3/04, BStBl II 2008, 809.
3 BFH I R 26/04, BFH/NV 2006, 616.
4 BFH I 92/54 U, BStBl III 1956, 154; BFH I R 50/80, BStBl II 1985, 227; Watermeyer in H/H/R § 8 Rn 333.
5 Roser in Gosch § 8 Rn 96 unter Hinweis auf BFH I R 3/04, BStBl II 2008, 809.
6 Watermeyer in H/H/R § 8 Rn 333.
7 BFH VIII R 159/85, BStBl II 1987, 257.
8 BFH VIII B 62/93, BStBl II 2001, 234.
9 BFH VIII R 207/85, BStBl II 1992, 605.

Der Begriff der nahestehenden Person ist weiter als der in § 1 II AStG gefasst. Insbesondere werden auch familienrechtliche, andere rechtliche sowie rein tatsächliche Verbindungen erfasst. Das Begriffsverständnis ist deckungsgleich mit dem Begriff der nahestehenden Person bei der vGA (vgl im Einzelnen Rn 466 ff). Entscheidend ist, dass die Beziehung des Dritten zum Gesellschafter den Schluss erlaubt, sie habe die Vorteilszuwendung an die Kapitalgesellschaft beeinflusst.[1]

Beispiel

Die Ehefrau ist Alleingesellschafterin der E GmbH. Der Ehemann M wird für Verbindlichkeiten der E GmbH gegenüber einem Lieferanten aus seinem Schuldbeitritt in Anspruch genommen, die er erfüllt. Die Tilgungsleistung des M gegenüber dem Lieferanten stellt eine mittelbare Einlage der E durch die Zuwendung des M an die E GmbH dar.

647 **Verfolgung eigener Interessen.** Verfolgt ein Dritter mit der Vermögenszuführung an eine Kapitalgesellschaft ausschließlich eigene Interessen und nicht solche des (nahestehenden) Anteilseigners, liegt keine verdeckte Einlage vor. Vielmehr bestimmen die verfolgten eigenen Interessen des Dritten auch die steuerliche Behandlung bei der Kapitalgesellschaft, was die Besteuerung als laufender Ertrag zur Folge hat.[2]

648-649 *Einstweilen frei.*

650 **c) Gesellschaft. Kapitalgesellschaft.** Das Instrument der verdeckten Einlagen ist bei Kapitalgesellschaften erforderlich, um die Zuwendungen steuerlich sachgerecht zu erfassen, die durch das Gesellschaftsverhältnis veranlasst vom Gesellschafter auf die Gesellschaft hin erfolgen. Sie dürfen sich auf die Höhe des Einkommens der empfangenden Körperschaft nicht auswirken.

651 **Organgesellschaften.** Da die verdeckte Einlage Auswirkungen auf die Höhe des zu ermittelnden Einkommens hat (§ 8 III S 3) und bei der Organschaft die Einkommensermittlung der Organgesellschaften selbständig vorzunehmen ist (§ 14 I), sind verdeckte Einlagen bei einer Organgesellschaft möglich und entsprechend einkommensmindernd zu berücksichtigen.

652 **KGaA.** Die KGaA ist eine Kapitalgesellschaft, die in den §§ 278-290 AktG geregelt ist. § 278 AktG definiert: „Die Kommanditgesellschaft auf Aktien ist eine Gesellschaft mit eigener Rechtspersönlichkeit, bei der mindestens ein Gesellschafter den Gesellschaftsgläubigern unbeschränkt haftet (persönlich haftender Gesellschafter) und die übrigen an dem in Aktien zerlegten Grundkapital beteiligt sind, ohne persönlich für die Verbindlichkeiten der Gesellschaft zu haften (Kommanditaktionäre)." Dabei sind im Hinblick auf den oder die persönlich haftenden Gesellschafter die Vorschriften des HGB über KG anzuwenden, iÜ sind die Vorschriften des AktG einschlägig. Kommanditaktionäre werden ausnahmslos wie die Aktionäre einer AG behandelt. Es gilt insoweit uneingeschränkt das Trennungsprinzip bei der Besteuerung. Bei den Kommanditaktionären tritt eine Besteuerung erst im Zeitpunkt einer oGA oder vGA

---

1 BFH I R 139/94, BStBl II 1997, 301 zur vGA.
2 *Frotscher* in Frotscher/Maaß § 8 Rn 87 mwN.

IX. Verdeckte Einlagen

(§§ 20, 43, 3 Nr 40 EStG, § 8b, §§ 8, 9 GewStG) bzw bei einer Veräußerung der Anteile (§§ 20, 43, 17, 3 Nr 40 EStG, § 8b) ein. Dagegen erzielt der persönlich haftende Gesellschafter der KGaA gewerbliche Einkünfte gem § 15 I S 1 Nr 3 EStG. Seine Besteuerung erfolgt damit nach der Systematik des Transparenzprinzips, das bei der Besteuerung von Mitunternehmerschaften gilt. Im Hinblick auf die Kommanditaktionäre sind daher verdeckte Einlagen nach den allgemeinen Regeln wie bei anderen Kapitalgesellschaften möglich (vgl § 9 Rn 30 ff).

Genossenschaft. Eine Genossenschaft ist eine mitgliedschaftliche Vereinigung und daher ein für eine verdeckte Einlage geeignetes Körperschaftsteuersubjekt. Der BFH hat das mehrfach bestätigt.[1] 653

VVaG. Eine mitgliedschaftliche Beteiligungsstruktur als Voraussetzung für eine verdeckte Einlage findet sich auch bei einem VVaG.[2] Es handelt sich bei den Versicherungs- und Pensionsfondsvereinen um besondere Vereinsstrukturen zum Betrieb eines Unternehmens in einer bestimmten Branche. 654

Anstalten und Stiftungen. Eine verdeckte Einlage ist bei rechtsfähigen und nichtrechtsfähigen Stiftungen und Anstalten mangels einer gesellschaftsrechtlichen oder mitgliedschaftlichen Beteiligung oder eines ähnlichen Verhältnisses nicht möglich.[3] Insoweit kann es nicht zu Zuwendungen veranlasst durch ein solches Verhältnis kommen. 655

Vereine. Eine mitgliedschaftliche Beteiligung reicht als Grundvoraussetzung für eine Zuwendung aus, die als verdeckte Einlage eingeordnet werden kann.[4] Eine Unterscheidung zwischen einem rechtsfähigen und einem nichtrechtsfähigen Verein ist insoweit nicht angezeigt. 656

Zweckvermögen. Eine verdeckte Einlage ist bei Zweckvermögen mangels einer gesellschaftsrechtlichen oder mitgliedschaftlichen Beteiligung oder eines ähnlichen Verhältnisses ebenfalls nicht möglich.[5] 657

BgA. Verdeckte Einlagen sind auch bei BgA möglich. BgA werden für steuerliche Zwecke der Einkommensermittlung verselbstständigt und als Subjekt der KSt behandelt. Sie bleiben aber zivilrechtlich Teil der Trägerkörperschaft, die steuerrechtlich als Anteilseigner anzusehen ist. Die Beurteilung einer Einlage richtet sich daher nach den allgemeinen Regeln. Die Rechtsprechung hat neben der vGA insoweit auch eine verdeckte Einlage anerkannt.[6] 658

Einstweilen frei. 659

d) Bilanzierungsfähiger Vorteil. Bilanzierungsfähige Wirtschaftsgüter. Gegenstand einer (verdeckten) Einlage und damit der entsprechenden Vermögensmehrung können nur bilanzierungsfähige Wirtschaftsgüter sein. In der Bilanz der Gesellschaft muss durch die Einlage entweder ein Aktivposten geschaffen bzw erhöht werden oder 660

---

1 BFH VIII R 13/66, BStBl II 1972, 117; BFH IV R 115/88, BStBl II 1990, 86.
2 BFH I R 45/90, BStBl II 1992, 429 allerdings zur vGA.
3 BFH I 5/59 U, BStBl III 1960, 37; *Rengers* in Blümich § 8 Rn 101. AA *Schulze zur Wische*, DStZ 1991, 161.
4 BFH I B 40/01, BFH/NV 2001, 1436; *Rengers* in Blümich § 8 Rn 101. AA wohl *Reimer/Waldhoff*, FR 2002, 318.
5 *Gosch* in Gosch § 8 Rn 201.
6 BFH I R 3/06, BFH/NV 2009, 301.

ein Passivposten wegfallen oder sich mindern.[1] Im Hinblick auf das Wirtschaftsgut kommt es nur darauf an, ob ein gedachter Kaufmann gerade dieses Wirtschaftsgut vergüten würde. Ob das Wirtschaftsgut zu einer Erhöhung des Beteiligungswerts führt, ist nicht maßgebend.[2] Ferner sind bei der Beurteilung Risiken einzubeziehen, die im Hinblick auf eine gesicherte Rechtsposition bestehen.

661 **Mittelzuführung.** Eine Mittelzuführung selbst ist nicht (mehr) erforderlich. Es kommt daher nicht mehr auf die Bilanzierung eines Aktivpostens an, ausreichend ist jede Art der Wertzuführung.[3] Die Sichtweise hat die Rechtsprechung seit der Entscheidung des Großen Senats des BFH[4] zum Verzicht des Gesellschafters auf eine Pensionszusage als verdeckte Einlage beibehalten.[5] Die Gesellschafterforderung geht im Zeitpunkt des Verzichts unter und löst keinen bilanzierungsfähigen Zugang in Bezug auf einen Aktivposten aus.

662 **Nutzungseinlagen.** Ausgeschlossen sind damit Einlagen bloßer Nutzungsrechte oder -vorteile, gleich ob obligatorischer oder dinglicher Art. Insoweit entspricht das Verständnis vom Gegenstand der verdeckten Einlage den Anforderungen an eine Einlage nach § 4 I S 8 EStG.

663 **Selbstgeschaffene immaterielle Wirtschaftsgüter.** Offene und verdeckte Einlagen werden gleich behandelt. Gegenstand einer verdeckten Einlage können daher auch selbstgeschaffene immaterielle Wirtschaftsgüter sein.[6] Zwar dürfen nur entgeltlich erworbene immaterielle Wirtschaftsgüter in der Steuerbilanz ausgewiesen werden (§ 5 II EStG). Das Aktivierungsgebot steht aber der Einlagefähigkeit als solcher nicht entgegen. Die Regelungen zur Einlage gehen dem Aktivierungsverbot insoweit vor und ermöglichen auf diese Weise eine Trennung vom betrieblichen Bereich.

664 **Geschäfts- und Firmenwert.** Gegenstand einer verdeckten Einlage kann auch ein Geschäfts- oder Firmenwert sein. Relevant wird dies etwa dann, wenn eine Kapitalgesellschaft für den Erwerb der Wirtschaftsgüter von einem Gesellschafter iRe Unternehmenskaufs keine Gegenleistung über den Wert der materiellen Wirtschaftsgüter hinaus erbringt. Der BFH hat seine früher vertretene Ansicht[7], dass eine Aktivierung nur bei entgeltlichem Erwerb möglich ist und damit eine verdeckte Einlage ausscheide, aufgegeben. Der BFH setzt sich über das Argument des Aktivierungsverbots hinweg, indem ein Vorrang der Trennung des betrieblichen Bereichs und der gesellschaftsrechtlichen Veranlassung eingeführt wird.[8] Ähnliche Erwägungen mit gleichem Ergebnis wurden in anderem Zusammenhang in Bezug auf das Wirtschaftsgut Geschäfts- und Firmenwert angestellt.[9] Die Finanzverwaltung folgt der Ansicht (H 40 KStR „Einlagefähiger Vermögensvorteil").

---

1 BFH GrS 2/86, BStBl II 1988, 348.
2 *Roser* in Gosch § 8 Rn 91.
3 *Roser* in Gosch § 8 Rn 91.
4 BFH GrS 1/94, BStBl II 1998, 307.
5 *Roser* in Gosch § 8 Rn 91, spricht von einer virtuellen Werteinlage.
6 BFH I R 202/83, BStBl II 1987, 705.
7 BFH I R 135/70, BStBl II 1975, 533.
8 BFH I R 150/82, BStBl II 1987, 455; BFH I R 202/83, BStBl II 1987, 705.
9 BFH I R 42/00, BStBl II 2001, 771.

IX. Verdeckte Einlagen

Beispiele für verdeckte Einlagen. Typische Fälle für verdeckte Einlagen als Mehrungen auf der Aktivseite sind: 665

- die Übertragung von Wirtschaftsgütern (zu immateriellen Wirtschaftsgütern vgl Rn 663) zu einem unangemessen niedrigen Entgelt; die Differenz zwischen dem vereinbarten Entgelt und dem tatsächlichen Wert einer Sache hat ihre Ursache im Gesellschaftsverhältnis;
- die Einräumung von Forderungsrechten gegenüber den Gesellschaftern ohne Rechtsgrund;
- die Rückzahlung von vGA.[1]

Verdeckte Einlagen sind aber auch Minderungen der Passivseite, wie etwa:

- der Verzicht oder Erlass von Forderungen gegenüber der Gesellschaft (hierzu Rn 669 und 705 f);[2]
- Handlungen, die aus wirtschaftlicher Sicht den gleichen Erfolg herbeiführen, etwa der Ankauf einer nicht mehr werthaltigen Forderung oder Schuldbeitritt mit Verzicht auf den Gesamtschuldnerausgleich;[3]
- die Erfüllung von Verbindlichkeiten der Gesellschaft nach der Gewährung von Sicherheiten für eine Verbindlichkeit der Gesellschaft und dem Einsatz der Sicherheit zur Tilgung ohne Regressanspruch;[4]
- gesellschaftsrechtlich veranlasster Pensionsverzicht (bzw Teilverzicht) eines Gesellschafter-Geschäftsführers;[5]
- Verlustübernahmen, unabhängig davon, ob sie durch einen Zuschuss ausgeglichen werden, soweit sie ohne rechtliche Verpflichtung getragen werden (oder iRe gescheiterten Organschaft);[6]
- Eine nicht den realen Wertverhältnissen entsprechende Verschmelzung, zu deren Durchführung das Kapital der aufnehmenden Kapitalgesellschaft um den Nominalwert der Anteile der übertragenden Kapitalgesellschaft erhöht wird, kann (anteilig) zu einer nach § 17 I S 2 EStG steuerbaren verdeckten Einlage des Wirtschaftsguts „Geschäftsanteil" zugunsten neuer, im Zuge der Verschmelzung gewährter Geschäftsanteile führen, wenn die steuerpflichtige natürliche Person sowohl am Übernehmenden wie auch an der Anteilseignerin der übertragenden Kapitalgesellschaft maßgebend beteiligt ist.[7]

---

1 BFH I R 118/93, BStBl II 1997, 92 mwN; BFH VIII R 7/99, BStBl II 2001, 173 mwN.
2 Grundlegend BFH GrS 1/94, BStBl II 1998, 307.
3 BFH IV R 3/00, BStBl II 2001, 520; BFH I B 74/01, BFH/NV 2002, 678.
4 BFH VIII R 22/92, BStBl 2002, 691.
5 Grundlage BFH GrS 1/94, BStBl II 1998, 307.
6 BFH I R 96/88, BStBl II 1990, 797.
7 BFH IX R 24/09, BFH/NV 2011, 507.

666 **Beispiele, die nicht zu verdeckten Einlagen führen.** Als Gegenstand einer verdeckten Einlage kommen aber vor allem die Zuwendung von Gebrauchs- und Nutzungsvorteilen nicht in Betracht, da es an einem bilanzierungsfähigen Wirtschaftsgut fehlt.[1] Daher sind als Gegenstand einer verdeckten Einlage nicht geeignet:

- unentgeltliche oder verbilligte Gebrauchsüberlassung von Wirtschaftsgütern,
- unentgeltlich oder verbilligt erbrachte Dienstleistungen,
- zinslose oder zinsgünstige Darlehensgewährung.

667 **Nutzungsrechte.** Von den nicht einlagefähigen bloßen Nutzungs- bzw Gebrauchsvorteilen abzugrenzen sind Nutzungsrechte. Diese sind als Wirtschaftsgut in die Bilanz einzustellen und damit einlagefähig.[2]

668 **Verzicht auf entstandenen Anspruch.** Eine verdeckte Einlage kann auch vorliegen, wenn auf einen bereits entstandenen (und damit zu passivierenden) Anspruch von Seiten des Anteilseigners verzichtet wird.[3] Woraus sich der Anspruch ergibt, ist insoweit nicht relevant.[4] Der Verzicht auf einen künftigen Anspruch reicht aber nicht aus.

669 **Forderungsverzicht.** Gegen die Beurteilung des Verzichts einer Forderung als Einlage in der Rechtsprechung wurde immer wieder Kritik geäußert, da die Forderung durch die Handlung erlischt und damit kein Wirtschaftsgut zugeführt wird.[5] Es fällt lediglich ein Passivposten weg. Problematisch ist insoweit auch die Bewertung der Einlage. Der Große Senat des BFH hat den Teilwert als maßgebenden Ansatz vorgegeben.[6] Bei werthaltigen Forderungen liegt daher in voller Höhe eine verdeckte Einlage vor. Bei einer wertlosen Forderung kommt es dagegen in vollem Umfang zu einem außerordentlichen Ertrag. Die Folge, es handle sich bei entsprechenden Vorgängen um außerordentliche Erträge, lässt aber außer Betracht, dass Vermögensmehrungen aus dem außerbetrieblichen Bereich steuerlich nicht zu erfassen sind.[7] Berücksichtigt man weiter, dass inzwischen der Aufwand aus der Abschreibung auf eine Forderung gegenüber einer TG nach § 8b III S 4 nicht abzugsfähig ist, ergeben sich weitere Widersprüche. Im Hinblick auf die Besteuerung nach der Leistungsfähigkeit ist es zumindest zweifelhaft, wenn der Gesetzgeber die Folgen einer verdeckten Einlage grundsätzlich an die steuerlichen Wirkungen bei der Gesellschaft anknüpft, aber mit § 8b III S 4 auf Gesellschafterebene zu Lasten des Gesellschafters in die Einkommenswirkungen eingreift.[8] Das ist auch im Hinblick auf das materielle Korrespondenzprinzip nicht konsequent.

---

1 BFH GrS 2/86, BStBl II 1988, 348. Zur zinslosen Kapitalüberlassung BFH I R 97/00, BFH/NV 2002, 240.
2 Vgl auch BFH GrS 1/05, BStBl II 2007, 508.
3 *B Lang* in EY § 8 Rn 491; *Roser* in Gosch § 8 Rn 106.
4 Verzicht auf Darlehenszinsen BFH I R 166/78, BStBl II 1984, 747.
5 *Roser* in Gosch § 8 Rn 120.
6 BFH GrS 1/94, BStBl II 1998, 307.
7 BFH I R 3/04, BFH/NV 2006, 426.
8 *Roser* in Gosch § 8 Rn 120b. Vgl ferner *Letzgus*, BB 2010, 92 unter dem Blickwinkel der Sanierungsfolgen.

IX. Verdeckte Einlagen

Herkunft der Wirtschaftsgüter. Eine verdeckte Einlage setzt aus systematischer Sicht voraus, dass die Vermögensmehrung nicht durch den Betrieb erwirtschaftet wurde. Es spielt dagegen keine Rolle, woher das Wirtschaftsgut stammt, das durch eine verdeckte Einlage zugeführt wird.[1] Die Wirtschaftsgüter können aus dem Privatvermögen oder aus einem anderen Betriebsvermögen stammen.[2]   670

Einstweilen frei.   671-674

e) Zuwendung. Einlagehandlung. Der Begriff der Einlage setzt grundsätzlich eine Zuführung, also eine (rechtliche) Einlagenhandlung voraus.[3] Es geht dabei um einen Rechtsakt, der den Rechtsgrund für die Vermögensverschiebung darstellt.   675

Zuführung in das Gesellschaftsvermögen. Weiterhin ist bei Annahme einer verdeckten Einlage § 4 I S 8 Hs 1 EStG zu beachten, welcher ebenfalls für Körperschaften gilt.[4] Danach müssen bei der Einlage Wirtschaftsgüter dem (betrieblichen) Gesellschaftsvermögen rechtlich zugeführt werden.   676

Beispiele für eine fehlende rechtliche Zuführung. Nicht als verdeckte Einlagen sind in Ermangelung einer rechtlichen Zuführung zu behandeln zB: 677

- kapitalersetzende Darlehen;[5]
- Einlagen von stillen Gesellschaftern, soweit sie ihren Charakter als Fremdkapital behalten;[6]
- Verbindlichkeiten unter Rangrücktritt;[7]
- Verbindlichkeiten, die nur aus künftigen Gewinnen zu tilgen sind und daher gem § 6 IIa EStG nicht zu passivieren sind.[8]

Vermögensmehrung. Neben der Zuführung, die einen rechtlichen Zuführungsakt voraussetzt, muss ein Wirtschaftsgut in das Gesellschaftsvermögen gelangen. Die Vermögensmehrung muss sich in der Entstehung bzw Erhöhung eines Aktivpostens oder dem Wegfall oder der Verringerung eines Passivpostens in der Bilanz der Körperschaft zeigen.[9]   678

Erbschaft. Erwirbt die Körperschaft Vermögen auf erbrechtlicher Grundlage von einem Gesellschafter, beruht die Vermögensmehrung nicht auf betrieblicher (erwirtschafteter) Grundlage. Wirtschaftlich liegt eine Zuwendung des Gesellschafters an die Körperschaft vor, die nach den Grundsätzen einer (verdeckten) Einlage zu behandeln ist.[10] Nachlassschulden sowie die durch den Erbanfall entstehenden Verbindlichkeiten mindern die Höhe des Wertes der Einlage.   679

---

1 *Schulte* in Erle/Sauter § 8 Rn 335.
2 *Glanegger* in Schmidt § 6 EStG Rn 430.
3 *Roser* in Gosch § 8 Rn 89a.
4 *Roser* in Gosch § 8 Rn 89.
5 *Rengers* in Blümich § 8 Rn 180.
6 BFH VIII R 16/94, BStBl II 1999, 339.
7 BFH IV R 10/01, BStBl 2004, 416; *B Lang* in EY § 8 Rn 552.10.
8 BFH GrS 2/86, BStBl II 1988, 348. Missverständlich insoweit FG Berlin 6 V 6154/08, EFG 2009, 322.
9 BFH IV R 10,01, BStBl II 2004, 416.
10 BFH I R 131/90, BStBl II 1993, 799.

680 **Anwachsung bei Personengesellschaften.** Eine verdeckte Einlage kann sich aus der Anwachsung bei Personengesellschaften ergeben. Das Ausscheiden eines Gesellschafters führt nach § 738 I S 1 BGB zur Anwachsung bei den übrigen Gesellschaftern. Auf diese Weise kann eine GmbH & Co KG außerhalb des UmwG ihre Rechtsform in eine GmbH wechseln. Mit dem Ausscheiden aller Kommanditisten geht das Vermögen der KG auf die GmbH über. Aus steuerlicher Sicht haben die Kommanditisten eine verdeckte Einlage ihrer Mitunternehmeranteile in die Komplementär-GmbH vorgenommen. Die verdeckte Einlage erhöht die Werte für die im Sonderbetriebsvermögen gehaltenen Anteile an der Komplementär-GmbH (§ 6 VI S 2 EStG) iHd Teilwerte der eingelegten Wirtschaftsgüter. § 6 III wird durch die Regeln über die verdeckte Einlage verdrängt.[1]

681 **Verschleierte oder verdeckte Sacheinlage.** Eine verdeckte Einlage kann sich aus steuerlicher Sicht ergeben, wenn eine verdeckte oder verschleierte Sacheinlage zwischen dem Gesellschafter und der Gesellschaft vereinbart wird. Die Gefahr einer verdeckten Sacheinlage besteht immer dann, wenn der Gesellschaft im Zusammenhang mit der Einlagenschuld (Bareinlage) aus wirtschaftlicher Sicht anstelle des Geldes andere Vermögensgegenstände zukommen, ohne dass eine Vereinbarung in den Gesellschaftsvertrag aufgenommen wurde.[2] Der Zusammenhang ist anzunehmen, wenn eine entsprechende Abrede zwischen den Beteiligten vorliegt. Wichtigstes Indiz für das Kriterium der Abrede ist der sachliche und zeitliche Zusammenhang zwischen der Übernahme der Bareinlageverpflichtung und dem Veräußerungsgeschäft in Bezug auf den Gegenstand. Nach der Neuregelung in § 19 IV GmbHG bleibt den Rechtshandlungen die Erfüllungswirkung versagt. Allerdings sind die Rechtsgeschäfte im Zusammenhang mit der verdeckten Sacheinlage aufgrund der ausdrücklichen gesetzlichen Regelung nunmehr als wirksam zu behandeln. Die nicht eingetretene Erfüllung und damit die Verpflichtung zur nochmaligen Leistung der Einlage in bar wird dadurch abgemildert, dass der Wert des eingelegten Vermögensgegenstandes im Zeitpunkt der Anmeldung oder im Zeitpunkt seiner Überlassung an die Gesellschaft, falls diese später erfolgt, auf die bestehende Verpflichtung angerechnet wird. Die Anrechnung erfolgt allerdings nicht vor Eintragung der Gesellschaft ins Handelsregister. Geht der Wert der verdeckten Sacheinlage über die bestehende Einlageschuld hinaus, liegt insoweit eine verdeckte Einlage vor.[3]

682 **Forderungsverzicht mit Besserungsklausel.** Der Forderungsverzicht mit Besserungsklausel ist in Sanierungsfällen ein gebräuchliches Instrument. Rechtlich handelt es sich bei der Vereinbarung um einen Erlass (§ 397 BGB), der aufgrund des Besserungsscheins (abstraktes Schuldanerkenntnis iSv § 781 BGB) unter der Bedingung steht, dass die Forderungen bei Besserung der Vermögensverhältnisse wieder aufleben.[4] Solange die Bedingung nicht eintritt, können daran keine Rechtswirkungen angeknüpft werden (§ 158 BGB). Bis zum Eintritt der Bedingung steht das Instrument des Verzichts mit Besserungsschein daher einem „normalen" Forderungsverzicht gleich.[5]

---

1 BFH VIII R 36/93, BStBl II 1995, 770 mwN; BFH VIII R 17/85, BStBl II 1991, 512.
2 *Winter* in Scholz § 5 GmbHG Rn 77 ff; *Ulmer* in Ulmer § 5 GmbHG Rn 173.
3 *Schulte* in Erle/Sauter § 8 Rn 376.
4 Zu anderen in der Literatur und Rechtsprechung vertretenen Interpretationen *Roser* in Gosch § 8 Rn 131.
5 BFH I R 50/02, BFH/NV 2003, 1267.

IX. Verdeckte Einlagen

Einlagefiktion. Als Einlage wird aber auch behandelt, wenn das Besteuerungsrecht Deutschlands hinsichtlich des Gewinns aus der Veräußerung eines Wirtschaftsguts begründet wird (§ 4 I S 8 Hs 2 EStG). Die Einlagehandlung wird insoweit durch den Wechsel des Besteuerungszugriffs ersetzt. Die Fiktion der Einlage erfasst nur die Begründung eines Besteuerungsrechts, nicht schon die bloße Verstärkung des Besteuerungsrechts.[1] Kein Fall der Einlage ist daher der Wechsel eines Wirtschaftsguts von der Einbeziehung in die beschränkte zur Einbeziehung in die unbeschränkte Steuerpflicht. Anzusetzen ist die Einlage mit dem gemeinen Wert (§ 6 I Nr 5a EStG). Die fiktiven Einlagen führen zu einer Erhöhung des Bestands der nicht auf das Nennkapital geleisteten Einlagen (§ 27 II 3). 683

Einstweilen frei. 684-685

f) Gesellschaftsrechtliche Veranlassung. Gesellschafterstellung. Die Gesellschafterstellung allein reicht nicht aus, um eine gesellschaftsvertragliche Veranlassung und damit eine verdeckte Einlage zu rechtfertigen. 686

Fremdvergleich. Die Vermögenszuführung muss durch das Gesellschaftsverhältnis veranlasst sein, um eine verdeckte Einlage zu begründen. Die Abgrenzung der Veranlassung durch das Gesellschaftsverhältnis zum betrieblichen Bereich der Gesellschaft ist nach Fremdvergleichsgrundsätzen vorzunehmen.[2] 687

Sorgfalt eines ordentlichen Kaufmanns. Eine gesellschaftsrechtliche Veranlassung ist gegeben, wenn ein Nichtgesellschafter bei Anwendung der Sorgfalt eines ordentlichen Kaufmanns der Gesellschaft den Vorteil nicht gewährt hätte.[3] Die Grundsätze entsprechen denen bei der vGA (vgl dazu bereits Rn 422). 688

Handelsrechtlicher Kaufmann. Es spielt keine Rolle, ob die Person, welche die Einlage leistet, handelsrechtlicher Kaufmann ist. Gesellschafter einer Kapitalgesellschaft, die keine Handelskaufleute sind, müssen sich gleichwohl nach den Maßstäben behandeln lassen. 689

Willen der Vermögenszuführung. Für die Annahme einer verdeckten Einlage hat die Rechtsprechung ein subjektives Element in Form des Willens einer Vermögenszuführung bisher selbständig nicht gefordert. Notwendig erscheint eine solche Erweiterung der Tatbestandsvoraussetzungen nicht.[4] 690

Einstweilen frei. 691-693

4. Rechtsfolge der verdeckten Einlage. Außerbilanzielle Korrektur. Die verdeckte Einlage erhöht gem § 8 III S 3 das Einkommen des Körperschaftsteuersubjekts nicht. Nach hM erfolgt die Korrektur der Einlage außerbilanziell durch Abzug vom Steuerbilanzgewinn auf der zweiten Stufe.[5] 694

---

1 *Heinicke* in Schmidt § 4 EStG Rn 331.
2 BFH I R 40/04, BFH/NV 2006, 822 mwN.
3 BFH I R 182/78, BStBl II 1983, 744; BFH I R 80/96, BFH/NV 1998, 624.
4 *Roser* in Gosch § 8 Rn 109.
5 *Watermeyer* in H/H/R § 8 Rn 336; *Roser* in Gosch § 8 Rn 97; BFH I R 137/93, BStBl II 2002, 366 (zu vGA); aA *Frotscher* in Frotscher/Maas, § 8 Rn 83b.

695	**Deklatorische Bedeutung des § 8 III S 3.** Die Rechtsfolge ergibt sich schon aus der zweistufigen Gewinnermittlung nach § 8 I iVm § 4 I EStG. Der mit dem JStG 2007 eingefügte § 8 III S 3 hat daher (in Übereinstimmung mit der vor Einführung der Regelung praktizierten Behandlung der verdeckten Einlage) nur deklaratorische Bedeutung (R 40 II KStR).
696	**Erhöhung der Anschaffungskosten beim Anteilseigner.** Auf Seiten des Gesellschafters erhöht die verdeckte Einlage grundsätzlich die Anschaffungskosten der Beteiligung, unabhängig davon, ob die Beteiligung im Betriebsvermögen gehalten wird oder nicht. Eine Ausnahme sieht das Gesetz in § 8 III S 6 für den Anwendungsbereich des § 8 III S 5 vor (hierzu Rn 751 ff sowie 768).
697	**Zufluss von Arbeitslohn bei Verzicht auf Pensionszusagen.** In Fällen des Verzichts oder Teilverzichts auf eine Pensionszusage durch einen Gesellschafter-Geschäftsführer ist vom erstmaligen Zufluss von Arbeitslohn iHd verdeckten Einlage (Teilwert) auszugehen.[1]
698	**Bewertung verdeckter Einlagen mit dem Teilwert.** Für die Bewertung einer verdeckten Einlage bei der Gesellschaft ist der Wertansatz grundsätzlich gem § 6 I Nr 5 EStG mit dem Teilwert zu vollziehen. Die Vorschrift gilt gem § 8 I auch für Körperschaften.[2]
699	**Bewertung verdeckter Einlagen mit den fortgeführten Anschaffungskosten gem § 6 I Nr 5 lit a EStG.** Falls die Zuführung von Wirtschaftsgütern als verdeckte Einlage innerhalb der ersten drei Jahre seit der Anschaffung erfolgt, sind gem § 6 I Nr 5 lit a EStG die (fortgeführten) Anschaffungskosten als Obergrenze zu beachten.
700	**Bewertung verdeckter Einlagen von wesentlichen Beteiligungen gem § 6 I Nr 5 lit b EStG.** Im Hinblick auf Beteiligungen an Kapitalgesellschaften kommt § 6 I Nr 5 lit b EStG nach wohl hM nicht zur Anwendung, da anderenfalls eine mehrfache Erfassung von stillen Reserven droht.[3] Die Rechtsprechung hat sich der Auffassung angeschlossen. Legt ein Gesellschafter Anteile an einer Kapitalgesellschaft verdeckt in eine andere Kapitalgesellschaft ein, hat diese die Anteile mit dem Teilwert zu bewerten.[4] § 6 I Nr 5 S 1 EStG ist im Wege der teleologischen Reduktion einschränkend dahingehend zu verstehen, dass stets S 1 Hs 1 anzuwenden ist. Eine teleologische Reduktion nimmt auch die Finanzverwaltung vor.[5]
701	**Bewertung verdeckter Einlagen von Wirtschaftsgütern iSd § 20 II EStG gem § 6 I Nr 5 lit c EStG.** Einlagen sind nach § 6 I Nr 5 S 1 lit c EStG statt mit dem Teilwert höchstens mit den Anschaffungskosten/Herstellungskosten anzusetzen, wenn das zugeführte Wirtschaftsgut ein Wirtschaftsgut iSd § 20 II EStG ist. § 20 II EStG regelt, dass neben den Einnahmen aus den in § 20 I EStG angeführten Kapitalanlagen auch die Wertzuwächse, die dem Steuerpflichtigen durch die Veräußerung der Ka-

---

1 Finanzministerium Nordrhein-Westfalen, DStR 2010, 603.
2 BFH GrS 1/94, BStBl II 1998, 307; BFH I R 89/97, BStBl II 1998, 691; BFH VIII R 10/01, BStBl II 2002, 463.
3 Etwa *Roser* in Gosch § 8 Rn 116.
4 BFH I R 32/08, BFH/NV 2009, 1207; *Rengers* in Blümich § 8 Rn 181.
5 BMF v 2.11.1998, BStBl I 1998, 1227.

IX. Verdeckte Einlagen

pitalanlagen (unabhängig von der Haltedauer im Privatvermögen) oder nach dem Abschluss eines Kapitalüberlassungsvertrages zufließen, der ESt unterworfen werden. Zur Gewährleistung des Steuerabzugs vom Kapitalertrag enthält die Vorschrift eine Aufzählung der einzelnen maßgebenden Geschäftsvorfälle.[1] Die verdeckte Einlage von Anteilen in eine Kapitalgesellschaft gilt dabei als Veräußerung iSd § 20 II (§ 20 II S 2 EStG). Durch die Regelung in § 6 I Nr 5 S 1 lit c EStG soll gewährleistet werden, dass bei der verdeckten Einlage von Wirtschaftsgütern iSd § 20 II EStG in eine Kapitalgesellschaft die stillen Reserven, die sich vor der Einlage gebildet haben und die durch die spätere Veräußerung in der Kapitalgesellschaft realisiert werden, steuerlich entsprechend erfasst werden.[2]

Entnahmewert anstatt Anschaffungskosten. Wurde das Wirtschaftsgut, das Gegenstand der verdeckten Einlage ist, schon vorher aus einem Betriebsvermögen entnommen, tritt der Entnahmewert als Obergrenze an die Stelle der ursprünglichen Anschaffungskosten (§ 6 I Nr 5 S 3 EStG). 702

Anteilseigner mit Betriebsvermögen. Beim Anteilseigner erhöhen sich gem § 6 VI S 2 EStG die Anschaffungskosten der Beteiligung an der Kapitalgesellschaft um den Teilwert des iRd verdeckten Einlage eingelegten Wirtschaftsguts. Die verdeckte Einlage wird insoweit im Herkunftsbetriebsvermögen (natürliche Person, Personengesellschaft oder Kapitalgesellschaft) einem gewinnwirksamen Vorgang gleichgestellt. Die Regelung betrifft unmittelbar nur die verdeckte Einlage aus einem Betriebsvermögen. Wird der Teilwertansatz bei der Gesellschaft allerdings durch die (fortgeführten) Anschaffungskosten (Buchwert) bzw den Entnahmewert begrenzt (Dreijahreszeitraum, § 6 I Nr 5 S 1 lit a EStG), gilt dies auch für die Erhöhung der Anschaffungskosten der Beteiligung gem § 6 VI S 3 EStG iVm § 6 I Nr 5 S 1 lit a EStG. Die stillen Reserven werden innerhalb des Dreijahreszeitraums vom Betriebsvermögen des Gesellschafters auf die Kapitalgesellschaft übertragen. Das zugeführte Wirtschaftsgut muss aber zwingend aus einem Betriebsvermögen stammen. Umstritten ist, ob davon auch solche Wirtschaftsgüter betroffen sind, die dem Betriebsvermögen des Gesellschafters nicht durch Einlage zugeführt wurden, sondern innerhalb von drei Jahren vor der verdeckten Einlage hergestellt oder angeschafft wurden.[3] 703

Anteilseigner mit Privatvermögen. Stammt das Wirtschaftsgut, das verdeckt in die Kapitalgesellschaft eingelegt wird, aus dem Privatvermögen des Gesellschafters, ist § 6 VI S 2 und 3 EStG nicht anwendbar.[4] Kommt es im Privatvermögen zu einer Realisierung der stillen Reserven, weil die verdeckte Einlage eines Wirtschaftsguts einer Veräußerung gleichgestellt wird (§§ 17 I S 2, 20 II S 2, 23 I S 5 Nr 2 EStG), ist bei der Kapitalgesellschaft der Teilwert anzusetzen.[5] Andernfalls hat die Bewertung bei der Kapitalgesellschaft nach § 6 I Nr 5 lit a, lit b EStG zu erfolgen. 704

---
1 BTDrs 16/4841, 54 f.
2 BTDrs 16/4841, 50.
3 Dafür etwa *Glanegger* in Schmidt § 6 EStG Rn 568; aA *Füger/Rieger*, DStR 2003, 628 mwN.
4 *Schulte* in Erle/Sauter § 8 Rn 350.
5 BFH I R 32/08, BFH/NV 2009, 1207; *Rengers* in Blümich § 8 Rn 181.

705   **Forderungsverzicht.** Liegt die verdeckte Einlage im Verzicht auf eine Forderung, greift grundsätzlich die Bewertung mit dem Teilwert. Ist der werthaltige Teil der Forderung allerdings niedriger als der Bilanzansatz, entsteht iHd Differenz nach der Rechtsprechung des BFH ein außerordentlicher (steuerpflichtiger) Ertrag.[1] Ein Forderungsverzicht führt damit auch nur iHd werthaltigen Teils (Teilwert) zu einer Erhöhung der Anschaffungskosten. Ist die nicht mehr vollwertige Forderung beim Gesellschafter noch nicht auf den Teilwert abgeschrieben, entsteht mit dem Verzicht neben der Erhöhung des Anteilswerts ein Aufwand. Der Aufwand ist aber unter den Voraussetzungen des § 8b III S 4 bei der Ermittlung des Einkommens nicht zu berücksichtigen.[2] Neben der grundsätzlichen Kritik an der verdeckten Einlage durch einen Forderungsverzicht wird auch die Bewertung in Frage gestellt. Als Begründung dafür wird das Erfordernis der Neutralität betriebsfremder Vorgänge auf das steuerliche Ergebnis ins Feld geführt.[3] Wegen des rein bilanztechnischen Ergebnisses wird es auch dem Leistungsfähigkeitsprinzip nicht gerecht. In Fällen der notwendigen Sanierung von Kapitalgesellschaften erschwert der entstehende steuerpflichtige Ertrag solche Maßnahmen ganz erheblich.[4] Eine Verrechnung mit Verlustvorträgen ist allenfalls iRd Mindestbesteuerung (§ 10d I EStG) gewährleistet. Geht der Verlustvortrag nach § 8c unter, kann eine Verrechnung sogar vollständig ausgeschlossen sein, was ebenfalls unter dem Gesichtspunkt der Besteuerung nach der Leistungsfähigkeit erhebliche verfassungsrechtliche Bedenken mit sich bringt.[5]

706   **Gestaltungen um den Forderungsverzicht.** Zur Vermeidung der steuerlichen Wirkungen im Hinblick auf die verdeckte Einlage beim Verzicht auf nicht werthaltige Forderungen werden zahlreiche Modelle erwogen. Im Vordergrund steht dabei die Beseitigung der Wertlosigkeit bzw des wertlosen Teils der Forderung. Insoweit werden neben Bareinlagen zur Erfüllung der Forderung des Gesellschafters[6] auch Sicherungsmaßnahmen (zB Bürgschaft durch eine Bank oder Patronatserklärungen) mit zeitlich verzögertem Verzicht vorgeschlagen.[7] Der BFH hat bei einer Schuldübernahme verbunden mit dem Verzicht auf Regressansprüche die Grundsätze zum Forderungsverzicht nicht angewendet und vollständig auch iHd nicht werthaltigen Teils der Forderungen eine verdeckte Einlage angenommen.[8] Soweit eine Schuldübernahme ohne Verzicht auf einen Regressanspruch vollzogen wird, kommt jedoch aufgrund des im Zeitpunkt der Schuldübernahme bestehenden nicht werthaltigen Freistellungsanspruchs eines Bürgen gegen den Schuldner ein Ertrag nach den Grund-

---

1 BFH GrS 1/05, BStBl II 1998, 307.
2 *Rengers* in Blümich § 8 Rn 182.
3 *Roser* in Gosch § 8 Rn 120.
4 *Schulte* in Erle/Sauter § 8 Rn 365; *Frotscher* in Frotscher/Maas § 8 Rn 101a.
5 BFH I B 49/10, DStR 2010, 2179.
6 Zur fehlenden Anwendbarkeit des § 42 AO bei zeitnaher Bareinlage mit nachfolgender Darlehensrückzahlung vgl FG München 6 K 3941/06, EFG 2010, 462.
7 *Roser*, GmbHR 1998, 301; *Hoffmann*, GmbHR 2001, 825; *derselbe*, DStR 2002, 1233; *derselbe*, GmbHR 2002, 222.
8 BFH I B 74/01, BFH/NV 2002, 678.

sätzen zum Forderungsverzicht in Betracht.¹ Weder wirtschaftlich noch rechtlich mit dem Forderungsverzicht vergleichbar ist ein Forderungsverkauf.² Die Anwendung von § 42 AO droht insoweit allenfalls in Sonderfällen.³

Forderungsverzicht mit Besserungsschein. Ein Besserungsschein ändert an der zunächst vorliegenden verdeckten Einlage nichts. Die Wirkungen des Besserungsscheins können erst berücksichtigt werden, wenn die Bedingung, also der Besserungsfall eintritt.⁴ Tritt die Bedingung ein und wird die Forderung gegen die Kapitalgesellschaft wieder begründet, darf der entsprechende Aufwand das Einkommen der Kapitalgesellschaft nicht mindern.⁵ Bei dem Gesellschafter wird der Ansatz der Beteiligung reduziert. Im Hinblick auf den nicht werthaltigen Teil ist zu berücksichtigen, dass der Verzicht zu einem Gewinn führt. Tritt insoweit der Besserungsfall ein, entsteht grundsätzlich ein entsprechender steuerlich abzugsfähiger Aufwand bei der Gesellschaft.⁶ Handelt es sich um einen Sanierungsfall und wurde der mit dem Forderungsverzicht entstehende Sanierungsgewinn aus Billigkeitsgründen nicht besteuert, wird der Aufwand zur Neubegründung der Forderung des Gesellschafters mit dem Sanierungsgewinn verrechnet.⁷

707

Vorteilszuwendungen an nahestehende Personen. Ist eine dem Gesellschafter nahe stehende Person selbst nicht Gesellschafter der Kapitalgesellschaft und erbringt eine verdeckte Einlage, gelten für die steuerliche Beurteilung die allgemeinen Regeln.⁸ Ist die nahe stehende Person aber selbst an der Kapitalgesellschaft beteiligt, der die Einlage zugeführt wird, kann es aufgrund einer verdeckten Einlage der nahe stehenden Person zu Wertverschiebungen zwischen den Gesellschaftern kommen, die zu vGA oder verdeckten Einlagen führen können.

708

Beispiel

Die A-GmbH ist zu 100 % an der B-GmbH beteiligt. A-GmbH und B-GmbH halten zusammen je 50 % der Anteile an der C-GmbH. A-GmbH liefert Waren unter Wert an die C-GmbH.

Aufgrund der Lieferung der A-GmbH an die C-GmbH leistet diese zu 50 % eine direkte verdeckte Einlage in die C-GmbH. Zu 50 % erfolgt die verdeckte Einlage über die B-GmbH in die C-GmbH. Denn die B-GmbH profitiert aufgrund ihrer Kapitalbeteiligung an der C-GmbH von der verdeckten Vermögenszuführung der A-GmbH.

Beispiel

Die A-GmbH ist zu 100 % an der B-GmbH beteiligt. A-GmbH und B-GmbH halten zusammen je 50 % der Anteile an der C-GmbH. B-GmbH liefert Waren unter Wert an die C-GmbH.

---

1 BFH X R 36/02, BStBl II 2005, 707.
2 BFH I R 13/01, BFH/NV 2002, 1172.
3 BFH IV R 3/00, BStBl II 2001, 520.
4 *Roser* in Gosch § 8 Rn 131 „Forderungsverzicht mit Besserungsklausel".
5 BMF v 2.12.2003, BStBl I 2003, 648, Rn 2. a).
6 *Frotscher* in Frotscher/Maas § 8 Rn 101d.
7 BMF v 27.3.2003, BStBl I 2003, 240, Rn 5 und 9; *Frotscher* in Frotscher/Maas § 8 Rn 149b.
8 *Rengers* in Blümich § 8 Rn 182; zu möglichem Drittaufwand in solchen Fällen *Lang*, Ubg 2009, 469.

Aufgrund der Lieferung der B-GmbH an die C-GmbH leistet diese zu 50% eine direkte verdeckte Einlage in die C-GmbH. Zu 50% leistet die B-GmbH eine vGA an die A-GmbH, welche eine verdeckte Einlage in die C-GmbH leistet. Denn die A-GmbH profitiert aufgrund ihrer Kapitalbeteiligung an der C-GmbH von der verdeckten Vermögenszuführung der B-GmbH.

709-711 *Einstweilen frei.*

712 **X. Materielles Korrespondenzprinzip (§ 8 III S 4-6). 1. Allgemeines. Zweck der Regelung.** § 8 III S 4 ff ergänzt das ebenso in § 8b I S 2 ff verankerte Korrespondenzprinzip. Hiermit wird festgestellt, dass die eine Körperschaft begünstigende außerbilanzielle Kürzung einer verdeckten Einlage nicht anwendbar ist, wenn diese auf Gesellschafterebene zu Aufwand führt. Hierdurch sollen Besteuerungslücken geschlossen werden. Mittels § 8 III S 4 können Fälle erfasst werden, welche in Folge eines Qualifikationskonfliktes oder in Folge einer Verjährung auf Ebene der Gesellschaft unbesteuert bleiben. Das Bestehen eines Qualifikationskonflikts ist dennoch nicht Tatbestandsvoraussetzung.

713 **Hintergrund.** Die Regelung findet sich in ähnlicher Form bei der Auslegung verdeckter Einlagen durch die Finanzverwaltung im Zusammenhang mit § 8a aF wieder, welche ohne Rechtsgrundlage vergleichbare Schlussfolgerungen im Vorgriff vorsahen.[1]

714 **Grundfall der Behandlung verdeckten Einlage (§ 8 III S 3).** IRd Einführung der Vorschriften über das Korrespondenzprinzip wurde auch § 8b III S 3 eingefügt, der den Grundsatz enthält, dass verdeckte Einlagen das Einkommen nicht erhöhen. Dieses entspricht der bereits vorher mittels § 8 I S 1 iVm § 4 I S 1 EStG geltenden Rechtslage (R 40 II KStR).[2]

715 **Weiterführende allgemeine Überlegungen.** Zu weiterführenden allgemeinen Überlegungen bezüglich des materiellen Korrespondenzprinzips vgl ansonsten analog § 8b Rn 184 ff.

716-717 *Einstweilen frei.*

718 **2. Einschränkung der Steuerbefreiung (§ 8 III S 4). a) Persönlicher Anwendungsbereich. Gesellschafter.** § 8 III S 4 stellt auf die steuerliche Behandlung der verdeckten Einlage beim „Gesellschafter" ab. Nach zutreffender Auffassung sollten Gesellschafter iSd § 8 III S 4 mangels weiterer ausdrücklicher Anforderungen Kapitalgesellschaften, Personengesellschaften oder natürliche Personen (obwohl kein Verweis auf das Einkommen laut EStG vorliegt) sein können.[3] Diese Gesellschafter können unbeschränkt, beschränkt oder nicht in Deutschland steuerpflichtig sein.

719 **Mittelbare Gesellschafter.** Weiterhin sollten nur unmittelbar beteiligte Gesellschafter von § 8 III S 4 erfasst werden, wobei dies nicht die Erfassung von diesen Gesellschaftern zuzurechnenden „Dritteinlagen" ausschließt (vgl Rn 645 f), zumindest falls eine Ein-

---

1 BMF v 15.7.2004, BStBl I 2004, 593, Rn 27.
2 *Strnad*, GmbHR 2006, 1321, 1322; *Janssen* in Mössner/Seeger § 8 Rn 1051; *Schwedhelm* in Streck § 8 Rn 56.
3 *Frotscher* in Frotscher/Maas § 8 Rn 86c; *Schulte* in Erle/Sauter § 8 Rn 379; BRDrs 622/06, 119. AA *Roser* in Gosch § 8 Rn 124a; *Watermeyer* in H/H/R § 8 Rn 341.

X. Materielles Korrespondenzprinzip

kommensminderung beim Gesellschafter weiter greift (zum Fall der Einkommensminderung beim Gesellschafter vgl Rn 720). Bei mittelbar beteiligten Gesellschaftern sind jeweils auf jeder Stufe die Auswirkungen des § 8b III S 4 zu prüfen:

Beispiel

Die O-GmbH gewährt der mittelbar (über die M-GmbH) gehaltenen E-GmbH Mittel ohne Gegenleistung. Bei der E-GmbH wurde keine verdeckte Einlage angenommen bzw die aufwandswirksame Zahlung mindert weiterhin das Einkommen der O-GmbH. Bei der M-GmbH wurde ebenso keine verdeckte Einlage reflektiert. Variante a) Die Veranlagung der O-GmbH ist bestandskräftig. Variante b) Die Veranlagungen der O-GmbH und M-GmbH sind bestandskräftig.

In der Variante a) des Beispiels ist das Einkommen der O-GmbH gemindert, so dass eine verdeckte Einlage in die M-GmbH angenommen werden müsste, welche eigentlich gem § 8 III S 4 das Einkommen der M-GmbH erhöht. Dementsprechend ist in Folge der Anwendung des § 8 III S 4 bei der M-GmbH deren Einkommen nicht gemindet und eine verdeckte Einlage in die E-GmbH nicht gem § 8 III S 4 zu korrigieren. In der Variante b) kommt es in Folge der Bestandskraft der M-GmbH bei dieser hingegen nicht zu einer verdeckten Einlage, welche gem § 8 III S 4 das Einkommen der M-GmbH erhöht. Daher sollte es bei der E-GmbH zu einer Einkommenserhöhung gem § 8 III S 4 kommen, da es an einer Einkommenserhöhung bei der M-GmbH mangelt.

Einkommensminderung bei einer nahestehenden Person. § 8 III S 4 greift nicht, wenn eine Einkommensminderung bei einer nahestehenden natürlichen Person vorliegt.[1] Nur soweit die nahestehende Person eine Körperschaft ist, kommt die Anwendung des § 8 III S 5 in Betracht.

Beispiel

Die A-GmbH gewährt dem Sohn S des Gesellschafters V ein Darlehen zur Refinanzierung seines Unternehmens mit einem überhöhten Zinssatz. Bei S wurde das Einkommen nicht aufgrund einer verdeckten Einlage korrigiert und die Veranlagung ist bestandskräftig. Eine Anwendung des § 8 III S 4 und 5 scheidet aus.

Gesellschaft. Auch wenn nicht ausdrücklich im Gesetzeswortlaut vorgeschrieben, erfordert § 8 III S 4 eine Zuführung des Vermögensvorteils in eine Gesellschaft aufgrund der allgemeinen Anforderungen der verdeckten Einlage (vgl Rn 675 ff). Der Begriff der Gesellschaft ist dabei entsprechend § 8 III S 3 auszulegen, so dass hierunter Körperschaften mit mitgliedschaftlichen Rechten wie Kapitalgesellschaften aber auch zB Genossenschaften fallen (vgl Rn 650 ff).

Einstweilen frei.

---

1 Lang in D/J/P/W § 8 Abs 3 Teil B Rn 155; *Janssen* in Mössner/Seeger § 8 Rn 1080/36; *Rengers* in Blümich § 8 Rn 187; Dötsch/Pung, DB 2007, 11, 14.

724 **b) Sachlicher Anwendungsbereich. Verdeckte Einlagen.** § 8 III S 4 erfasst nur verdeckte Einlagen. Der Begriff der „verdeckten Einlage" ist entsprechend allgemeiner Grundsätze auszulegen und zu den offenen Einlagen abzugrenzen (vgl Rn 620 ff, 633 ff). Offene Einlagen (dh Kapitalerhöhung einschließlich eines offenen oder verdeckten Agios) werden nämlich nicht von der Vorschrift erfasst.[1]

725 **Nutzungsüberlassungen.** Auch wenn verbilligte oder unentgeltliche Nutzungsüberlassungen auf Ebene des überlassenden Gesellschafters eine verhinderte Vermögensmehrung darstellen, sind diese jedoch mangels Einlagefähigkeit nicht dem § 8 III S 4 zugänglich.[2]

726 **Maßgeblichkeit inländischen Rechts.** Die Bestimmung, inwieweit eine verdeckte Einlage gegeben ist, wird ausschließlich nach deutschen Grundsätzen vollzogen (vgl § 8b Rn 212 analog).

727 **Einkommensminderung.** § 8 III S 4 erfordert, dass die verdeckte Einlage bei dem Gesellschafter nach inländischem (bzw bei ausländischen Gesellschaftern nach ausländischem)[3] Steuerrecht zu einer Einkommensminderung geführt hat bzw keine außerbilanzielle Korrektur des Einkommens erfolgt ist. Der Grund für diese fehlende Korrektur des Einkommens kann entweder in einer abweichenden materiell-rechtlichen Qualifikation der verdeckten Einlage oder der fehlenden verfahrensrechtlichen Änderungsmöglichkeit auf Gesellschafterebene begründet sein. Auch wenn der Begriffs der verdeckten Einlage nicht im Gleichlauf zur vGA auszulegen ist, könnte aufgrund des in § 8 III S 4 verwendeten Begriff der Einkommensminderung angenommen werden, dass diese ebenso auf einer Vermögensminderung (vgl Rn 728) oder verhinderten Vermögensmehrung (vgl Rn 730) beruhen kann.[4]

728 **Vermögensminderung.** Eine Vermögensminderung wie der Abzug von Betriebsausgaben kann ohne Frage zu einer Einkommensminderung iSd § 8 III S 4 führen (vgl analog § 8b Rn 214).

729 **Forderungsverzicht.** Eine für die Anwendung des § 8 III S 4 erforderliche Vermögensminderung, welche eine Einkommensminderung auslöst, kann ebenso in einem Forderungsverzicht begründet sein, wenn der Forderungsverzicht bei der bestandskräftigen Veranlagung des Gesellschafters zB mangels Werthaltigkeit der Forderung in ausländischer Wertung (aber auch aus jedem anderen Grund) zu steuerlichem Aufwand geführt hat. Dies gilt bei grenzüberschreitenden Sachverhalten zumindest dann, wenn eine Werthaltigkeit der verdeckten Einlage auf Gesellschaftsebene im Inland (aufgrund abweichender Beurteilung der Werthaltigkeit) angenommen wird. Zudem wird die Anwendbarkeit des § 8 III S 4 in diesem Fall nicht dadurch eingeschränkt, dass eine steuerwirksame Erfassung des Aufwands aufgrund des § 8b III S 4 nach inländischem Recht eigentlich nicht möglich gewesen wäre (insoweit keine Maßgeblichkeit des inländischem Wertungsmaßstabs):

---

1 *Frotscher* in Frotscher/Maas § 8 Rn 86g.
2 *Roser* in Gosch § 8 Rn 124; *Lang* in D/J/P/W § 8 Abs 3 Teil B Rn 155.
3 Kritisch *Roser* in Gosch § 8 Rn 124c.
4 *Lang* in D/J/P/W § 8 Abs 3 Teil B Rn 153; *Rengers* in Blümich § 8 Rn 186.

X. Materielles Korrespondenzprinzip

Beispiel
Die ausländische M-Ltd verzichtet auf ihre werthaltige Forderung iHv 100 gegenüber der T-GmbH. Bei der M-Ltd greift eine Einkommensminderung iHv 100 (zB weil nach ausländischem Recht von einer fehlenden Werthaltigkeit ausgegangen wird), die steuerlich nicht als verdeckte Einlage korrigiert wird.

Bei der T-GmbH ist das Einkommen um 100 gem § 8 III S 4 zu erhöhen, auch wenn nach den Wertungen des deutschen Steuerrechts der Aufwand der M-Ltd gem § 8b III S 4 zu korrigieren gewesen wäre.

Soweit in dem Beispiel die Forderung hingegen aufgrund einer vorangegangenen Abschreibung das Einkommen des ausländischen Gesellschafters gemindert hat, kommt nach dem eindeutigen Wortlaut § 8 III S 4 nicht zur Anwendung (vgl zur Ursächlichkeit Rn 733 sowie § 8b Rn 220). Wird einheitlich von einer fehlenden Werthaltigkeit der Forderung im In- und Ausland ausgegangen, scheidet bereits die Annahme einer Einlage gem § 8 III S 3 aus, so dass es der Anwendung des § 8 III S 4 nicht bedarf.

Verhinderte Vermögensmehrung. Die hM will in der verhinderten Erfassung eines Ertrags in Form einer verhinderten Vermögensmehrung ebenso eine Einkommensminderung iSd § 8 III S 4 sehen.[1] Dieses wird zum einen zutreffend bezweifelt, als die verhinderte Vermögensmehrung nur iRd Rechtsinstituts der vGA vollständig Eingang gefunden hat (vgl Rn 725).[2] Zudem stellt sich in grenzüberschreitenden Sachverhalten die Frage, warum die Erfassung ausländischen Steuersubstrats gerechtfertigt ist (vgl § 8b Rn 218).[3]

730

DBA-Betriebsstätten und steuerfreie Korrekturen. Zur Frage der Einkommensminderung bei DBA-Betriebsstätten und steuerfreien Korrekturen vgl analog § 8b Rn 217, 219.

731

Zeitpunkt. Der klare Wortlaut des § 8 III S 4 erfordert, dass die verdeckte Einlage bei dem Gesellschafter bereits das Einkommen gemindert „hat". Auch hier gilt angesichts des Wortlauts wie bei § 8 b I S 2 der Grundsatz, dass eine Anwendung des § 8 III S 4 ausscheidet, wenn eine Minderung des Einkommens des ausländischen Gesellschafters aufgrund von Unterschieden im Recht erst zu einem späteren Zeitpunkt bzw in einem anderen VZ greift (vgl § 8b Rn 216). Ebenfalls kann in diesem Fall keine Korrektur gem § 32a II erfolgen (vgl § 32a Rn 8).

732

Ursächlichkeit. Ebenso wie bei § 8b I S 2 erfordert § 8 III S 3 eine Ursächlichkeit der Einkommensminderung aufgrund der verdeckten Einlage (vgl § 8b Rn 220).

733

Beweislast. Zur Beweislast vgl analog § 8b Rn 222.

734

Einstweilen frei.

735-736

---

1 *Rengers* in Blümich § 8 Rn 186; *Schulte* in Erle/Sauter § 8 Rn 382 f; *Lang* in D/J/P/W § 8 Abs 3 Teil B Rn 153; *Dötsch/Pung*, DB 2007, 11, 14.
2 *Roser* in Gosch § 8 Rn 124; *Watermeyer* in H/H/R § 8 Rn 341.
3 *Dörfler/Heurung/Adrian*, DStR 2007, 514, 518.

737 **c) Rechtsfolgen. (Anteilige) Erhöhung des Einkommens.** Bei Erfüllung der Tatbestandsvoraussetzungen des § 8 III S 4 folgt in Abweichung zur Grundregel des § 8 III S 3 eine Erhöhung des Einkommens der Gesellschaft. Dh die für verdeckte Einlagen auf Gesellschaftsebene eigentlich geltende außerbilanzielle Korrektur des Einkommens kommt nicht zur Anwendung. Wie die Verwendung des Worts „soweit" in § 8 III S 4 nahelegt, greift die Nichtanwendung der Einkommenskorrektur der Höhe nach anteilig, falls die Bewertung der verdeckten Einlage auf Gesellschafter- und Gesellschaftsebene unterschiedlich ausfällt.

738 **Keine Umqualifikation.** Nach zutreffender hM regelt § 8b III S 4 nur die steuerlichen Folgen einer verdeckten Einlage, ohne die Qualifikation der verdeckten Einlage als solches in Frage zu stellen.[1]

739 **Einlagekonto.** Aufgrund des Erhalts der Qualität der verdeckten Einlage und mangels anderweitiger Regelung in § 27 bleibt es selbst bei der Anwendung des § 8 III S 4 bei der Erhöhung des Einlagekontos, allerdings um den Nettozufluss (dh nach Abzug der durch die Einkommenserhöhung ausgelösten Ertragsteuern).[2]

740 **Anschaffungskosten der Beteiligung.** Ebenso führt § 8 III S 4 mangels ausdrücklicher gesetzlicher Anordnung nicht zu einer Aufhebung der Erhöhung der Anschaffungskosten der Beteiligung gem § 6 VI S 2 EStG aufgrund der verdeckten Einlage. Insbesondere ist § 8 III S 6 nicht anwendbar, der nur für § 8 III S 5 gilt.

741 **GewSt.** Aufgrund des § 7 S 1 GewStG schlägt die Einkommenserhöhung auf den Gewerbeertrag durch. Insoweit besteht aufgrund einer daneben wirkenden Kürzungsvorschrift im § 9 GewStG ein Unterschied auf Rechtsfolgenseite zum § 8b I S 2 ff (vgl § 8b Rn 234).

742-743 *Einstweilen frei.*

744 **3. Dreiecksfälle (§ 8 III S 5). a) Zielsetzung.** § 8 III S 5 soll sog „Dreiecksfälle" erfassen und gleichfalls dem Anwendungsbereich des materiellen Korrespondenzprinzips unterstellen, bei denen eine verdeckte Einlage auf einer vGA einer dem Gesellschafter nahestehenden Person beruht.

745 **Aufbau.** Die Vorschrift unterteilt sich in zwei Bestandteile. § 8 III S 5 Hs 1 ordnet im Wesentlichen eine analoge Anwendung der Rechtsfolgen des § 8 III S 4 bei Erfüllung der dort genannten Tatbestandsvoraussetzungen an. Die Tatbestandsvoraussetzungen sind hierbei nicht identisch mit denen des § 8 III S 4, sondern offenbar vom Versuch geleitet, den besonderen Erfordernissen der Dreieckssachverhalte Rechnung zu tragen. Weiterhin sieht § 8 III S 5 Hs 2 eine Rückausnahme von dem Grundsatz der Anwendung der Rechtsfolgen des materiellen Korrespondenzprinzips vor.

746 **Verhältnis zu § 8 III S 4.** Aufgrund des Abzielens auf die Dreiecksfälle geht § 8 III S 5 als Spezialvorschrift § 8 III S 4 vor, auch wenn letzte allgemeine Vorschrift ebenso grundsätzlich derartige Dreieckssachverhalte erfassen könnte.

---

1 *Roser* in Gosch § 8 Rn 124b; *Lang* in D/J/P/W § 8 Abs 3 Teil B Rn 159; *Dötsch/Pung*, DB 2007, 11, 14.
2 *Frotscher* in Frotscher/Maas § 8 Rn 86g; *Lang* in D/J/P/W § 8 Abs 3 Teil B Rn 158; *Schulte* in Erle/Sauter § 8 Rn 385; *Watermeyer* in H/H/R § 8 Rn 345.

Einstweilen frei. 747

b) Persönlicher Anwendungsbereich. Gesellschafter. § 8 III S 5 stellt ebenso auf 748
die steuerliche Behandlung einer vGA beim Gesellschafter ab. Zur Frage, wer ein für
die Anwendung des § 8 III S 5 erforderlicher Gesellschafter sein kann, vgl analog die
Grundsätze in Rn 718 und 719.

Nahestehende Person. Weiterhin stellt § 8 III S 5 auf eine dem Gesellschafter nahe- 749
stehende Person ab. Nahestehende Personen iSd § 8 III S 5 sind nach den zu § 8 III S 2
geltenden Grundsätzen zu bestimmen (vgl Rn 466 ff).

Einstweilen frei. 750

c) Sachlicher Anwendungsbereich des § 8 III S 5 Hs 1. Auf einer vGA beruhende 751
verdeckte Einlage. Ebenso wie § 8 III S 4 erfordert § 8 III S 5 Hs 1 die Existenz einer
verdeckten Einlage (vgl zur Bestimmung und Abgrenzung analog Rn 724-726). Die
verdeckte Einlage muss jedoch auf einer vGA „beruhen". Wie dieser Terminus auszulegen ist und welche Kausalität damit im Einzelnen erforderlich wird, bleibt aufgrund
des Gesetzeswortlautes unklar. Es ist jedoch zu unterstellen, dass der Gesetzgeber
von einem „Beruhen" ausgeht, wenn die verdeckte Einlage aufgrund einer Leistungsbeziehung zwischen der Gesellschaft und einer nahestehenden Gesellschaft angenommen wird. Dh es muss ein Zusammenhang zwischen verdeckter Einlage und
vGA bestehen. Der Umstand, dass eine nahestehende Person eine vGA an den Gesellschafter ausführt und daneben aufgrund einer anderen Leistungsbeziehung eine verdeckte Einlage des Gesellschafters in die Gesellschaft bewirkt wird, reicht nicht aus.[1]
Zudem sollten jedoch der Anwendungsbereich des § 8 III S 5 Hs 1 auch eröffnet sein,
wenn Leistungsbeziehungen zwischen einer nahestehenden Person und dem Gesellschafter sowie dem Gesellschafter und der Gesellschaft gegeben sind, die in einem
unmittelbaren wirtschaftlichen Zusammenhang stehen:

Beispiel
*M-GmbH hält die Anteile an der T1-GmbH und der T2-GmH. T1-GmbH gewährt
an M-GmbH ein Darlehen zu einem Zinssatz von 10 % (angemessen 5 %) und M-
GmbH gewährt den gleichen Darlehensbetrag zeitgleich an die T2-GmbH. Aufgrund des offenbar bestehenden Zusammenhangs zwischen der Vereinbarung der
T1-GmbH und der T2-GmbH ist der Anwendungsbereich des § 8 III S 5 Hs 1 eröffnet.*

Schwieriger ist jedoch der Anwendungsbereich des § 8 III S 5 Hs 1 abzugrenzen,
wenn die Leistungsbeziehungen betragsmäßig oder zeitlich auseinanderfallen:

Beispiel
*Die M-GmbH hält die Anteile an der T1-GmbH, T2-GmbH, T3-GmbH und T4-
GmbH. Die T1-GmbH sagt der M-GmbH eine Zahlung ohne Rechtsgrund iHv 100
im Jahr 1 zu. Zudem sagt die T2-GmbH der M-GmbH eine Zahlung ohne Rechtsgrund iHv 150 im Jahr 1 zu. Die M-GmbH sagt zeitgleich der T3-GmbH aufgrund
der ersten Vereinbarung mit der T1-GmbH eine Zahlung ohne Rechtsgrund iHv 50*

---
1 *Roser* in Gosch § 8 Rn 125.

zu. *Weiterhin verpflichtet sich die M-GmbH aufgrund der Vereinbarung mit der T2-GmbH der T4-GmbH gegenüber zu einer Zahlung iHv 250 im Jahr 1. Im Jahr 3 entschließt sich die M-GmbH zu einer Zahlung ohne Rechtsgrund iHd restlichen von der T1-GmbH erhaltenen Mittel von 50 an die T3-GmbH.*

Im Jahr 1 könnte die verdeckte Einlage der M-GmbH in die T3-GmbH iHv 50 von § 8 III S 5 Hs 1 erfasst sein. Die im Jahr 3 an die T3-GmbH gezahlten restlichen 50 beruhen hingegen auf einer von der vGA losgelösten Entscheidung der M-GmbH zur Leistung einer verdeckten Einlage und unterfallen damit nicht § 8 III S 5, sondern § 8 III S 4. Die verdeckte Einlage der M-GmbH in die T4-GmbH im Jahr 1 ist weiterhin iHv 150 anhand des § 8 III S 5 Hs 1 zu prüfen; die verdeckte Einlage der restlichen 100 im Jahr 1 basiert hingegen auf einer Entscheidung der M-GmbH zur Leistung einer höheren Einlage und ist damit anhand des § 8 III S 4 zu prüfen. Die Anwendung des § 8 III S 5 Hs 1 könnte allenfalls (iHv 50) zusätzlich folgen, falls ein Zusammenhang der verdeckten Einlage der M-GmbH in die T4-GmbH mit der im Jahr 1 ebenfalls geleisteten vGA der T1-GmbH besteht.

752 **Nichtberücksichtigung der vGA.** Anders als § 8 III S 4 erfordert § 8 III S 5 Hs 1 eine „Nichtberücksichtigung" einer vGA bei der Besteuerung des Gesellschafters. Der Begriff ist sichtlich weiter gefasst als der in § 8 III S 4 verwendete Begriff der „Einkommensminderung". Die Frage der „Einkommensminderung" wird hingegen erst bei der Rückausnahme in § 8 III S 5 Hs 2 geprüft. Offenkundig hat der Gesetzgeber die Formulierung vor dem Hintergrund des § 32a I gewählt, die ebenso von einer „Berücksichtigung" einer vGA spricht. Von einer Nichtberücksichtigung ist aber wohl auszugehen, wenn eine vGA bei der Ermittlung der Besteuerungsgrundlagen des Gesellschafters nicht Eingang gefunden hat und nicht in dessen Einkommen enthalten ist, so dass letztlich doch eine gewisse Deckungsgleichheit der beiden Begriffe gegeben ist.[1]

753 **Grund für die Nichtberücksichtigung.** Der Grund für die Nichtberücksichtigung kann sowohl materiell- (bei Qualifikationskonflikten) oder verfahrensrechtlicher (bei Festsetzungsverjährung) Natur sein.[2]

754-755 *Einstweilen frei.*

756 **d) Rückausnahme (§ 8 III S 5 Hs 2). Funktion.** Vergleichbar zur Regelung des § 8b II S 4 (vgl § 8b Rn 361 ff) ordnet § 8 III S 5 Hs 2 eine Rückausnahme an, wonach selbst bei Nichtberücksichtigung der vGA beim Gesellschafter gem § 8 III S 5 Hs 2 das materielle Korrespondenzprinzip nicht greift, wenn eine zutreffende Einkommenskorrektur mittels einer vGA bei einer nahestehenden Person erfolgt. Dh zwecks Vermeidung einer Doppelbesteuerung soll das Einkommen der die verdeckte Einlage empfangenden Körperschaft nicht erhöht werden, wenn eine vGA bei der leistenden Körperschaft (in Folge eines materiell-rechtlichen Qualifikationskonflikts bzw mangels einer verfahrensrechtlichen Änderbarkeit) das Einkommen nicht gemindert hat.

---

1   *Watermeyer* in H/H/R § 8 Rn 351.
2   *Roser* in Gosch § 8 Rn 125a.

X. Materielles Korrespondenzprinzip

Leistende Körperschaft. § 8 III S 5 Hs 2 stellt auf die steuerliche Behandlung der vGA bei der leistenden Körperschaft ab, dh bei dieser muss das Einkommen nicht gemindert sein. Inwieweit die vGA bei einer anderen nahstehenden Person das Einkommen nicht gemindert hat, ist nicht von Bedeutung. **757**

Keine Einkommensminderung. § 8 III S 5 Hs 2 erfordert, dass die vGA zu keiner Einkommensminderung geführt hat oder positiv formuliert eine Einkommenserhöhung aufgrund des zutreffenden Ansatzes einer vGA bei der leistenden Gesellschaft vorliegt. Auch wenn kein Bezug auf die vGA iSd § 8 III S 2 enthalten ist, muss erneut hinsichtlich der fehlenden Einkommensminderung bei der nahestehenden Person wie folgt unterschieden werden: **758**

- Korrektur einer Vermögensminderung (vgl Rn 759),
- Korrektur einer verhinderten Vermögensmehrung (vgl Rn 762).

Korrektur einer Vermögensminderung. Soweit bei der leistenden Gesellschaft eigentlich eine Vermögensminderung gegeben wäre, welche jedoch als vGA nach § 8 III S 2 oder einer vergleichbaren ausländischen Vorschrift korrigiert wird, ist keine Einkommensminderung gegeben und die Anwendbarkeit des § 8 III S 5 Hs 2 gewährleistet (vgl § 8b Rn 214 analog). **759**

Rechtliche Grundlage. Auf welcher rechtlichen Grundlage die Vermögensminderung korrigiert wird, ist für Zwecke des § 8 III S 5 Hs 2 unbeachtlich (vgl analog § 8b Rn 215). **760**

DBA-Betriebsstätten. Auch wenn die Einkommenskorrektur der Vermögensminderung in einer ausländischen DBA-Betriebsstätte anfällt und daher von der Besteuerung befreit ist, schränkt dieses den Anwendungsbereich des § 8 III S 5 Hs 2 nicht ein (vgl analog § 8b Rn 217). **761**

Korrektur einer verhinderten Vermögensmehrung. Will man entgegen der hier vertretenen Auffassung die verhinderten Vermögensmehrungen dem Anwendungsbereich des § 8 III S 5 unterstellen (vgl analog dem § 8 III S 4 Rn 730), kommt § 8 III S 5 Hs 2 in diesen Fällen eine besondere Bedeutung zu. Aufgrund des grundsätzlich fehlenden Erfordernisses einer Zeitkongruenz (vgl § 8b Rn 249, 252) sollte eine für § 8 III S 5 Hs 2 erforderliche fehlende Einkommensminderung insbesondere dann gegeben sein, wenn die vGA auf Ebene der ausschüttenden Gesellschaft nachvollzogen wird und in Folge dessen keine Erhöhung des Gewinns aus der Übertragung eines Wirtschaftsgutes der nahestehenden Person erfolgt. Die korrespondierende Einkommensminderung manifestiert sich dann in einer zukünftigen geringeren Abschreibung oder einem höheren Veräußerungsgewinn (vgl § 8b Rn 249). **762**

Steuerbefreiung der Einkommenserhöhung. Inwieweit die Einkommenserhöhung bei der die vGA leistenden Gesellschaft einer Steuerbefreiung unterliegt, ist unerheblich (vgl § 8b Rn 250). **763**

Einstweilen frei. **764-765**

766 **e) Rechtsfolgen. Keine Minderung des Einkommens.** Die Rechtsfolgen des § 8 III S 5 Hs 1 entsprechen denen des § 8 III S 4 (vgl Rn 737). Dh die Einkommensminderung gem § 8 III S 3 wird versagt.[1]

767 **Rückausnahme.** Bei Anwendung der Rückausnahme des § 8 III S 5 Hs 2 verbleibt es bei der Anwendung des § 8 III S 3, wonach die verdeckte Einlage das Einkommen der Körperschaft nicht erhöht.

768 **Keine Erhöhung der Anschaffungskosten der Beteiligung.** § 8 III S 6 schließt weiterhin für die Fälle des § 8 III S 5 die Grundregel aus, wonach eine verdeckte Einlage die Anschaffungskosten der Beteiligung beim Gesellschafter um den Teilwert des eingelegten Gegenstands erhöht (§ 6 VI S 2 EStG). Der Wortlaut des § 8 III S 6 könnte so gelesen werden, als beziehe sich die Vorschrift auf den ganzen Anwendungsbereich des § 8 III S 5, also unter Einschluss der Fallgruppen der Rückausnahme. Selbst wenn man dieser Lesart folgt, ist unter Beachtung des Telos die Vorschrift nicht auf Fälle der Rückausnahme anzuwenden.[2]

769 *Einstweilen frei.*

770 **4. Zeitlicher Anwendungsbereich.** § 8 III S 4 ff ist gem § 34 VI S 2 für alle verdeckte Einlagen anzuwenden, die nach dem 18.12.2006 getätigt werden.

771 *Einstweilen frei.*

772 **XI. Mitgliederbeiträge (§ 8 V). 1. Allgemeines. Regelungsgehalt.** Gem § 8 V bleiben bei Personenvereinigungen bei der Ermittlung des Einkommens Beiträge, die aufgrund der Satzung von Mitgliedern lediglich in ihrer Eigenschaft als Mitglieder erhoben werden, außer Ansatz.

773 **Sachliche Steuerbefreiung.** Mithin ist § 8 V eine sachliche Steuerbefreiungsvorschrift.[3]

774 **Korrespondenz mit § 10 Nr 1.** Überdies deckt sich § 8 V mit § 10 Nr 1, wonach auch die Aufwendungen für die Erfüllung von Zwecken des Steuerpflichtigen, die durch Stiftungsgeschäft, Satzung oder sonstige Verfassung vorgeschrieben sind, nichtabziehbar sind.[4]

775 *Einstweilen frei.*

776 **2. Persönlicher Anwendungsbereich. Personenvereinigungen.** Der persönliche Anwendungsbereich des § 8 V erfasst lediglich Personenvereinigungen. IRd § 8 V bleibt der Begriff der Personenvereinigung jedoch ohne nähere Erläuterung.[5] Personenvereinigungen sind grundsätzlich Zusammenschlüsse von natürlichen Personen, von juristischen Personen bzw von natürlichen und juristischen Personen.[6]

---

1 *Watermeyer* in H/H/R § 8 Rn 351.
2 *Watermeyer* in H/H/R § 8 Rn 360; *Roser* in Gosch § 8 Rn 126a.
3 *Frotscher* in Frotscher/Maas § 8 Rn 230; *Janssen* in Mössner/Seeger § 8 Rn 1351; *Schulte* in Erle/Sauter § 8 Rn 507; *Krämer* in D/J/P/W § 8 Abs 5 Rn 1; *B Lang* in EY § 8 Rn 1326.
4 *Krämer* in D/J/P/W § 8 Abs 5 Rn 2.
5 *Roser* in Gosch § 8 Rn 1500; *Krämer* in D/J/P/W § 8 Abs 5 Rn 3.
6 *Rengers* in Blümich § 8 Rn 971; *Frotscher* in Frotscher/Maas § 8 Rn 231.

XI. Mitgliederbeiträge

Allerdings gehören zu den Personenvereinigungen iSv § 8 V nur solche, die Mitglieder haben.[1] Betroffen sind demgemäß zB rechtsfähige und nichtrechtsfähige Vereine, Erwerbs- und Wirtschaftsgenossenschaften sowie VVaG (vgl auch R 42 II S 1 KStR).[2]

Kapitalgesellschaften   777

Nach hM zählen auch Kapitalgesellschaften zu den Personenvereinigungen iSv § 8 V;[3] wobei jedoch diese nicht Mitgliederbeiträge erheben, sondern gesellschaftsrechtliche Einlagen empfangen.[4]

Beschränkte und unbeschränkte Steuerpflicht   778

Das Bestehen einer beschränkten oder unbeschränkten Steuerpflicht der Personenvereinigung ist indes für § 8 V unbeachtlich.[5]

Keine Personenvereinigungen. Aufgrund des Mangels an Mitgliedern stellen Anstalten, Stiftungen, andere Zweckvermögen des privaten Rechts und BgA von juristischen Personen des öffentlichen Rechts keine Personenvereinigungen dar.[6] Diese Körperschaften sind vielmehr Sachvereinigungen.[7]   779

Einstweilen frei.   780-781

3. Sachlicher Anwendungsbereich. a) Allgemeines. Sachlich bleiben für die Ermittlung des Einkommens nur die   782

- Beiträge (vgl Rn 784 f),
- die aufgrund der Satzung von den Mitgliedern (vgl Rn 790 f)
- lediglich in ihrer Eigenschaft als Mitglieder erhoben werden (vgl Rn 795 ff)

außer Ansatz.

Einstweilen frei.   783

b) Beiträge. Definition. Beiträge können in der Form von Geld- oder Sachleistungen regelmäßig oder einmalig (wie zB Eintrittsgelder[8] oder Vereinsstrafen[9]) erhoben werden.[10] Dabei kann die Höhe der Beiträge entsprechend der wirtschaftlichen Leistungsfähigkeit oder des Alters der einzelnen Mitglieder variieren (Staffelung); allerdings gilt dies nur, wenn die Mitglieder, die höhere Beiträge zahlen, nur die gleichen Rechte und Vorteile wie die Mitglieder erlangen, die den Mindestbeitrag zahlen.[11]   784

---

1 *Frotscher* in Frotscher/Maas § 8 Rn 231; *Krämer* in D/J/P/W § 8 Abs 5 Rn 3; *B Lang* in EY § 8 Rn 1321; *Schulte* in Erle/Sauter § 8 Rn 511.
2 *Schulte* in Erle/Sauter § 8 Rn 511; *Krämer* in D/J/P/W § 8 Abs 5 Rn 3; *Rengers* in Blümich § 8 Rn 971.
3 *Schulte* in Erle/Sauter § 8 Rn 511; *Olbing/Schwedhelm* in Streck § 8 Rn 460; *Rengers* in Blümich § 8 Rn 971; *Staiger/Dieterlen* in Lademann § 8 Rn 367; aA *Roser* in Gosch § 8 Rn 1500.
4 *Krämer* in D/J/P/W § 8 Abs 5 Rn 3; *Frotscher* in Frotscher/Maas § 8 Rn 231.
5 *Rengers* in Blümich § 8 Rn 971; *Janssen* in Mössner/Seeger § 8 Rn 1351; *Roser* in Gosch § 8 Rn 1501.
6 *Schulte* in Erle/Sauter § 8 Rn 512; *Frotscher* in Frotscher/Maas § 8 Rn 232; *Rengers* in Blümich § 8 Rn 971; *Krämer* in D/J/P/W § 8 Abs 5 Rn 4.
7 *B Lang* in EY § 8 Rn 1325; *Schulte* in Erle/Sauter § 8 Rn 512.
8 BFH I 32/53 U, BStBl III 1953, 175; BFH I 179/62 U, BStBl III 1964, 277.
9 *Rengers* in Blümich § 8 Rn 974.
10 *Krämer* in D/J/P/W § 8 Abs 5 Rn 6; *Schulte* in Erle/Sauter § 8 Rn 513.
11 FG Hessen VIII 73/76, EFG 1977, 88 (rkr).

785	**Umlagen.** Überdies sind auch Umlagen, die von allen Mitgliedern oder einem Teil der Mitglieder in gleicher Höhe oder nach einem bestimmten Maßstab, der von dem Maßstab der Mitgliederbeiträge erhoben werden, Beiträge iSv § 8 V.[1]
786	**Einnahmen aus eigener Tätigkeit.** Einnahmen einer Personenvereinigung, die aus ihrer eigenen Tätigkeit oder aus ihrem eigenen Vermögen stammen bzw nur mittelbar aus Mitgliederbeiträgen stammen (wie zB Überschüsse aus dem Weinverkauf oder Zinsen aus der Anlage von Mitgliederbeiträgen), sind keine Beiträge iSd § 8 V.[2]
787	**Steuerliche Behandlung bei Mitgliedern.** Zudem ist die steuerliche Behandlung der Beiträge bei den Mitgliedern für § 8 V unerheblich, dh bei ihnen ist der Abzug der Beiträge als Betriebsausgaben oder Werbungskosten möglich (wie zB die Beiträge an einen Berufsverband).[3]
788-789	*Einstweilen frei.*
790	**c) Erhebung aufgrund der Satzung.** Weiterhin setzt § 8 V voraus, dass die Beiträge aufgrund der Satzung erhoben werden. Das ist nach R 42 II KStR der Fall, wenn alternativ

- die Satzung Art und Höhe der Mitgliederbeiträge bestimmt,
- die Satzung einen bestimmten Berechnungsmaßstab vorsieht oder
- die Satzung ein Organ bezeichnet, das die Beiträge der Höhe nach erkennbar festsetzt.

791	**Freiwillige oder aufgrund anderer vertraglicher Vereinbarungen geleistete Zahlungen.** Beiträge, die freiwillig oder aufgrund einer anderen vertraglichen Vereinbarung zwischen der Personenvereinigung und dem Mitglied (dh außerhalb der Satzung) geleistet werden, erfasst § 8 V jedoch nicht.[4] Insoweit kommt eine persönliche Steuerbefreiung bei der Personenvereinigung gem § 5 I Nr 9 in Betracht.[5] Zur Abgrenzung zum Spendenbegriff vgl auch und § 9 Rn 73 ff.
792	**Satzungsgemäße Verwendung.** Darüber hinaus kommt es für die Steuerbefreiung des § 8 V nicht darauf an, ob die Beiträge von der Personenvereinigung tatsächlich satzungsgemäß verwendet werden[6] oder ob die Gemeinnützigkeit eines Vereins aufgrund fehlender Selbstlosigkeit aberkannt wurde[7].
793-794	*Einstweilen frei.*
795	**d) Mitgliederbeiträge versus Leistungsentgelte. Echte Mitgliederbeiträge.** Ferner dürfen die Beiträge von den Mitgliedern lediglich in ihrer Eigenschaft als Mitglieder erhoben werden. Dh sie dürfen der Personenvereinigung nicht für die Wahrnehmung besonderer geschäftlicher Interessen oder für Leistungen zugunsten ihrer Mitglieder zufließen (R 42 I S 2 KStR). Zudem

---

1 *Janssen* in Mössner/Seeger § 8 Rn 1352; *Krämer* in D/J/P/W § 8 Abs 5 Rn 6; vgl auch R 16 IV S 4 KStR zu den Berufsverbänden.
2 RFH I A 324/30, RStBl 1931, 115; RFH I A 234/32, RStBl 1933, 682; RFH I A 392/36, RStBl 1937, 430.
3 *Krämer* in D/J/P/W § 8 Abs 5 Rn 10; *Schulte* in Erle/Sauter § 8 Rn 514.
4 *B Lang* in EY § 8 Rn 1327; *Rengers* in Blümich § 8 Rn 980; *Krämer* in D/J/P/W § 8 Abs 5 Rn 12.
5 *Krämer* in D/J/P/W § 8 Abs 5 Rn 12.
6 *Krämer* in D/J/P/W § 8 Abs 5 Rn 9.
7 FG Hamburg 5 V 152/06, EFG 2007, 1543.

XI. Mitgliederbeiträge

steht es der Beurteilung als echter Mitgliedsbeitrag entgegen, wenn die Beitragshöhe von der tatsächlichen Inanspruchnahme für Leistungen durch die Mitglieder abhängt (R 42 I S 3 KStR). Denn es ist nicht Sinn der Steuerbefreiung des § 8 V, Einkünfte der Personenvereinigung aus solchen Tätigkeiten freizulassen, die bei den diese Tätigkeiten ausübenden Personen (Gewerbetreibenden, Angehörigen freier Berufe) der Steuer unterworfen werden.[1] Gleichwohl erfordert § 8 V nicht die vollständige Uneigennützigkeit iRd Beitragszahlung seitens der Mitglieder.[2] Ein echter Mitgliederbeitrag ist auch dann gegeben, wenn sich das Mitglied von der Beitragszahlung allgemeine Annehmlichkeiten erhofft, solange sie nicht die Wahrnehmung besonderer geschäftlicher Interessen oder konkrete Leistungen bedeuten.[3] Mithin ist von echten Mitgliedsbeiträgen auszugehen, wenn sie für die Wahrnehmung allgemeiner ideeller oder wirtschaftlicher Interessen der Mitglieder und nicht für die Wahrnehmung besonderer geschäftlicher Interessen der Mitglieder gezahlt werden.[4] Echte Mitgliedsbeiträge liegen überwiegend bei Personenvereinigungen mit wesentlich gesellschaftlicher (zB geselliger, gemeinnütziger oder mildtätiger) Zweckbestimmung vor, da diese Beiträge sich nicht als Gegenleistungen der Mitglieder für die Leistungen der Personenvereinigung darstellen.[5]

Beispiele für echte Mitgliederbeiträge. Vereinsbeiträge sind grundsätzlich echte Mitgliederbeiträge;[6] auf Sportvereine trifft dies auch dann zu, wenn der Beitrag für das Recht auf Nutzung der Anlage, nicht aber für eine Nutzung in einem bestimmten Umfang entrichtet wird[7].

- Überdies handelt es sich bei Beiträgen von Kleingärtner- und Siedlervereinen um echte Mitgliederbeiträge (R 44 II KStR).
- Auch Beiträge der Mitglieder an eine Offizierheimgesellschaft (Verein) stellen echte Mitgliederbeiträge iSv § 8 V dar.[8]
- Beiträge an VVaG sind regelmäßig Entgelt für die Übernahme der Versicherung und mithin keine echten Mitgliederbeiträge; jedoch können Eintrittsgelder insoweit, als ein Rückzahlungsanspruch beim Austritt besteht, der in seiner Höhe genau festgelegt ist und nicht vom Betriebsergebnis abhängt, steuerfreie Mitgliedsbeiträge iSd § 8 V vermitteln (H 42 KStH).[9]
- Für Erwerbs- und Wirtschaftsgenossenschaften, die einen wirtschaftlichen Geschäftsbetrieb unterhalten, gilt die widerlegbare Vermutung für einen Leistungsaustausch, so dass zunächst keine steuerfreien Mitgliedsbeiträge iSd § 8 V vorliegen.[10] Zahlt allerdings ein Genosse zur Abgeltung des mit dem Eintritt verbundenen Aufwands ein einmaliges Eintrittsgeld, kann dieses in vollem Umfang als echter Mitgliederbeitrag nach § 8 V steuerfrei sein.[11]

---

1 BFH I 104/52 U, BStBl III 1953, 212.
2 *Frotscher* in Frotscher/Maas § 8 Rn 235; *Krämer* in D/J/P/W § 8 Abs 5 Rn 14.
3 *Frotscher* in Frotscher/Maas § 8 Rn 235.
4 BFH I 104/52 U, BStBl III 1953, 212; BFH I R 234/71, BStBl II 1974, 60.
5 RFH I 383/40, RStBl 1941, 507; *Schulte* in Erle/Sauter § 8 Rn 518; *Frotscher* in Frotscher/Maas § 8 Rn 235.
6 *Frotscher* in Frotscher/Maas § 8 Rn 235.
7 FG Nürnberg II 21/87, EFG 1991, 768.
8 FG Münster 9 K 599/96 K, G, U, EFG 1999, 678.
9 BFH I 32/53, BStBl III 1953, 175.
10 RFH I 383/40, RStBl 1941, 507.
11 BFH I 179/62 U, BStBl III 1964, 277.

797 **Abgrenzungsbedarf.** Von echten Mitgliedsbeiträgen sind abzugrenzen:
- andere freiwillige Leistungen (wie zB Spenden sowie offene und verdeckte Einlagen, vgl Rn 798) und
- unechte Mitgliedsbeiträge bzw Leistungsentgelte (vgl Rn 799).[1]

798 **Andere freiwillige Leistungen.** Insbesondere die Abgrenzung im Hinblick auf Einlagen, sofern die Personenvereinigung ausschließlich Gewinneinkünfte erzielt, ist unklar[2] und wird kontrovers diskutiert. Nach Ansicht des FG Berlin soll es sich bei echten Mitgliedsbeiträgen bzw Eintrittsgeldern jedenfalls um Einlagen iSv § 4 I EStG handeln. Denn § 8 V, der derartige Beiträge „außer Ansatz" stellt, habe danach keine konstitutive Bedeutung, sondern stelle nur klar, dass diese als Einlagen in die Personenvereinigung die mitgliedschaftliche Sphäre treffen und nicht steuerbar seien.[3] Der BFH hat in seinem Revisionsurteil jedoch nicht geklärt, ob insoweit Mitgliedsbeiträge iSv § 8 V oder Einlagen iSv § 8 I S 1 iVm § 4 I EStG gegeben sind.[4] Relevant ist diese Abgrenzung für die Anwendbarkeit des Abzugsverbots des § 3c I EStG.

799 **Unechte Mitgliederbeiträge.** Unechte Mitgliederbeiträge beruhen im Gegensatz zu den echten Mitgliederbeiträgen auf einem Leistungsaustausch zwischen der Personenvereinigung und ihren Mitgliedern, wobei die Beiträge zur Wahrnehmung besonderer geschäftlicher Interessen oder zur wirtschaftlichen Förderung der Mitglieder entrichtet werden (vgl auch Rn 795).[5] Mithin werden sie nicht von § 8 V erfasst. Dabei ist ohne Einfluss, ob die Personenvereinigung für ihre Tätigkeit ein besonderes Entgelt erhebt oder ob die Tätigkeiten durch ein pauschaliertes Entgelt abgegolten werden.[6] Das gilt insbesondere für Beiträge iRe pauschalierten Abgeltung, wenn die Personenvereinigung zwar über keinen wirtschaftlichen Geschäftsbetrieb verfügt, das Schwergewicht jedoch in der wirtschaftlichen Förderung der Einzelmitglieder liegt.[7] Die Abgrenzung von echten und unechten Mitgliederbeiträgen ist überdies iRd USt zur Feststellung von steuerbaren und nichtsteuerbaren Leistungen bedeutsam.[8]

800 **Beispiele für unechte Mitgliederbeiträge.** Beschränkt sich die Tätigkeit eines Vereins darauf, seinen Mitgliedern preisgünstige Reisen zu vermitteln und zinsgünstige Darlehen zu gewähren, so sind die gesamten Beiträge Entgelt für diese Leistungen.[9]

---

1 *Roser* in Gosch § 8 Rn 1505.
2 *Rengers* in Blümich § 8 Rn 971; *Roser* in Gosch § 8 Rn 1505.
3 FG Berlin VIII 553/83, EFG 1986, 308; idS auch *Schulte* in Erle/Sauter § 8 Rn 507 ff; aA *B Lang* in EY § 8 Rn 1330, wonach der Auffassung des FG Berlins nicht zu folgen sei, da es sich bei den satzungsgemäß erbrachten Leistungen entweder um Einlagen iSd § 4 I EStG oder um Mitgliedsbeiträge handele.
4 BFH I R 208/85, BStBl II 1990, 88.
5 BFH I 104/52 U, BStBl III 1953, 212; BFH I R 234/71, BStBl II 1974, 60; BFH I R 86/85, BStBl II 1990, 550.
6 BFH I R 234/71, BStBl II 1974, 60.
7 BFH I D 1/52 S, BStBl III 1952, 228; BFH I 151/63, BStBl III 1966, 632; *Frotscher* in Frotscher/Maas § 8 Rn 237; *Krämer* in D/J/P/W § 8 Abs 5 Rn 19.
8 *Rengers* in Blümich § 8 Rn 982 mwN.
9 BFH I R 86/85, BStBl II 1990, 550.

XI. Mitgliederbeiträge

- Auch die von Lohnsteuerhilfevereinen erhobenen Mitgliedsbeiträge bleiben nicht gem § 8 V außer Ansatz.[1]
- Unechte Mitgliederbeiträge sind ferner Zahlungen an eine Getreidebörse[2], einen Warenzeichenverein[3], einen Werbeverein[4] oder einen Haus- und Grundeigentümerverein als Entgelt für individuelle (Rechts-)Beratung[5].

Einstweilen frei. 801-803

e) Gemischte Beiträge. Dient eine Personenvereinigung auch der wirtschaftlichen Förderung der Einzelmitglieder, so sind die Mitgliederbeiträge durch Schätzung in einen steuerfreien Teil (echte Mitgliederbeiträge) und einen steuerpflichtigen Teil (unechte Mitgliederbeiträge) aufzuteilen (R 42 III KStR). Von dieser Aufteilung ist abzusehen und ein gänzlich unechter Mitgliederbeitrag zu unterstellen, wenn der in der Eigenschaft als Mitglied geleistete Beitragsteil verschwindend gering ist.[6] Werden für Sonderleistungen der Personenvereinigung an die einzelnen Mitglieder keine oder keine kostendeckenden Entgelte gefordert, so kann in den allgemeinen Mitgliederbeiträgen teilweise ein ggf im Wege der Schätzung zu ermittelndes Leistungsentgelt enthalten sein (H 42 KStH).[7] In R 43 und 44 KStR wurde zur Verwaltungsvereinfachung eine geschätzte Aufteilung in steuerfreie bzw echte und steuerpflichtige bzw unechte Mitgliederbeiträge für Haus- und Grundeigentümervereine, Mietervereine, Obst- und Gartenbauvereine, Tierzuchtverbände, Vatertierhaltungsvereine sowie Einrichtungen zur Förderung des Fremdenverkehrs vorgenommen. 804

Einstweilen frei. 805-806

4. Rechtsfolgen. Beiträge bleiben außer Ansatz. Auf der Rechtsfolgenseite ordnet § 8 V an, dass die Beiträge bei der Ermittlung des Einkommens der Personenvereinigung außer Ansatz bleiben. 807

Abzugsverbot für Ausgaben. Überdies dürfen Ausgaben gem § 8 I S 1 iVm § 3c I EStG, soweit sie mit steuerfreien Einnahmen in unmittelbarem wirtschaftlichen Zusammenhang stehen, nicht als Betriebsausgaben oder Werbungskosten abgezogen werden.[8] Die Finanzverwaltung versteht die Mitgliederbeiträge als steuerfreie Einnahmen. Dazu müssen sie allerdings auch einer Einkunftsart zuzurechnen sein.[9] Folgt man der Ansicht, wonach Mitgliederbeiträge iSv § 8 V Einlagen iSv § 4 I EStG darstellen (vgl Rn 798), würde das Abzugsverbot des § 3c I EStG hingegen nicht zur Anwendung kommen, da Einlagen nichtsteuerbare Vermögenszuführungen sind und keine steuerfreien Einnahmen sind.[10] 808

---

1 BFH I R 234/71, BStBl II 1974, 60.
2 BFH I 114/53 U, BStBl III 1955, 12.
3 BFH I 151/63, BStBl III 1966, 632.
4 FG Baden-Württemberg 3 K 7/87, EFG 1992, 766.
5 FG Hessen 4 K 3898/01, EFG 2005, 561.
6 BFH I R 86/85, BStBl II 1990, 550.
7 BFH I 25/63 U, BStBl III 1965, 294.
8 BFH I 179/62 U, BStBl III 1964, 277.
9 *Rengers* in Blümich § 8 Rn 995.
10 *Heinicke* in Schmidt § 3 EStG ABC „Einlagen"; *B Lang* in EY § 8 Rn 1343; *Schulte* in Erle/Sauter § 8 Rn 523.

| 809 | **Aufteilung der Mitgliederbeiträge.** IRd Aufteilung der Mitgliederbeiträge in einen steuerfreien und steuerpflichtigen Teil sind auch die mit ihnen in unmittelbarem wirtschaftlichen Zusammenhang stehenden Ausgaben entsprechend aufzuteilen (vgl Beispiel zur Aufteilung in H 43 KStH).

| 810 | **Unmittelbarer wirtschaftlicher Zusammenhang.** Nach der Rechtsprechung des BFH ist ein unmittelbarer wirtschaftlicher Zusammenhang zwischen Einnahmen und Aufwendungen jedenfalls nur dann anzunehmen, wenn die Einnahmen und Ausgaben durch dasselbe Ereignis veranlasst sind; die bloße Finanzierung von Aufwendungen durch steuerfreie Einnahmen reicht dagegen nicht aus, um einen unmittelbaren wirtschaftlichen Zusammenhang zu begründen.[1]

| 811-812 | *Einstweilen frei.*

| 813 | **XII. Steuerabzugspflichtiges Einkommen (§ 8 VI). 1. Allgemeines. Geltung für Einkünfte mit abgeltendem Steuerabzug.** Gem § 8 VI ist ein Abzug von Betriebsausgaben oder Werbungskosten nicht zulässig, wenn das Einkommen nur aus Einkünften besteht, von denen lediglich ein Steuerabzug vorzunehmen ist. Dh mit dem Wort „lediglich" wird klargestellt, dass das Abzugsverbot nur bei einem Steuerabzug mit abgeltender Wirkung gilt.[2]

| 814 | **„Nur" Einkünfte mit abgeltendem Steuerabzug.** Dem klaren Gesetzeswortlaut nach ist § 8 VI anwendbar, wenn das Einkommen „nur" aus Einkünften besteht, bei denen Steuern im Wege des Steuerabzugs erhoben werden, dh bei denen der Steuerabzug abgeltende Wirkung hat. Dies ist insoweit verständlich, als dass soweit im Inland zB Betriebsstätteneinkünfte erzielt werden, die Abgeltungswirkung des Steuerabzugs gem § 32 I Nr 2 nicht greift. Dennoch ist § 8 VI nicht so zu lesen, dass wenn der Steuerpflichtige neben den mit Abgeltungswirkung erhobenen Steuerabzugsbeträgen andere im Veranlagungswirkung zu besteuernde Einkünfte erzielt (zB Einkünfte gem § 49 I Nr 2 lit e EStG) insoweit das Abzugsverbot von Betriebsausgaben oder Werbungskosten für abzugpflichtige Einkünfte gem § 8 VI nicht greift. Dh auch insoweit können die Betriebsausgaben oder Werbungskosten nicht bei der Veranlagung geltend gemacht werden.[3]

| 815 | *Einstweilen frei.*

| 816 | **2. Anwendungsfälle des Abzugsverbots.** Damit erfasst § 8 VI insbesondere folgende Fälle:

- steuerbefreite Körperschaften iSd § 5 I mit inländischen dem Steuerabzug unterliegenden Einkünften (vgl § 5 II Nr 1 iVm § 32 I Nr 1; hierzu § 32 Rn 83 ff);[4]
- beschränkt steuerpflichtige ausländische Körperschaften iSd § 2 Nr 1 mit inländischen dem Steuerabzug unterliegenden Einkünften aus Kapitalvermögen iSd § 49 I Nr 5 EStG, die weder ihren Sitz noch ihre Geschäftsleitung im Inland haben (vgl § 2 Nr 1 iVm § 32 I Nr 2) und bei denen die Einkünfte nicht einem inländischen Betrieb zuzurechnen sind (hierzu § 32 Rn 94 ff);[5]

---

1   BFH I R 208/85, BStBl II 1990, 88.
2   *Frotscher* in Frotscher/Maas § 8 Rn 240; *Krämer* in D/J/P/W § 8 Abs 6 Rn 1.
3   *Krämer* in D/J/P/W § 8 Abs 6 Rn 2.
4   *B Lang* in EY § 8 Rn 1346; *Schulte* in Erle/Sauter § 8 Rn 528; *Roser* in Gosch § 8 Rn 1510.
5   *B Lang* in EY § 8 Rn 1346; *Roser* in Gosch § 8 Rn 1510.

- beschränkt steuerpflichtige ausländische Körperschaften iSd § 2 Nr 1 mit inländischen dem Steuerabzug nach § 50a I EStG unterliegenden Einkünften, die weder ihren Sitz noch ihre Geschäftsleitung im Inland haben (vgl § 2 Nr 1 iVm § 32 I Nr 2; hierzu § 32 Rn 96, 98);[1]

- beschränkt steuerpflichtige öffentlich-rechtliche Körperschaften mit inländischen dem Steuerabzug unterliegenden Einkünften aus Kapitalvermögen zB iSd § 43 I Nr 1, Nr 7 (vgl § 2 Nr 2 iVm § 32 I Nr 2; hierzu § 32 Rn 106, 98, 58 ff) und Leihgebühren und Kompensationszahlungen bei Wertpapierleihen (vgl § 2 Nr 2 Hs 2 iVm § 32 I Nr 2; hierzu § 32 Rn 107).[2]

Unbeschränkt Steuerpflichtige. Da unbeschränkt Steuerpflichtige, welche nicht nach § 5 I steuerbefreit sind, nicht unter § 32 I fallen, kommt für diese grundsätzlich auch § 8 VI keine Bedeutung zu.[3]

Unionsrecht. Die Anwendung des Abzugsverbots auf abzugspflichtige Einkünfte für beschränkt Steuerpflichtige begegnet erheblichen unionsrechtlichen Bedenken (vgl § 32 Rn 39 und 40).

Keine Anwendung des Abzugsverbots. Das Abzugsverbot des § 8 VI greift jedoch nicht, wenn die steuerabzugspflichtigen Einkünfte iRd Veranlagung zu berücksichtigen sind.[4] Demnach ist ein Abzug von Betriebsausgaben oder Werbungskosten zB zulässig, wenn

- die steuerabzugspflichtigen Einkünfte einer beschränkt steuerpflichtigen Körperschaft iSd § 2 Nr 1, die weder ihre Geschäftsleitung noch ihren Sitz im Inland hat, in einem inländischen gewerblichen oder land- oder forstwirtschaftlichen Betrieb angefallen sind, aber iRd körperschaftsteuerlichen Veranlagung erfasst werden (hierzu § 32 Rn 99 f);[5]

- die nach § 50a I Nr 1, 2 oder Nr 4 EStG steuerabzugspflichtigen Einkünfte einer beschränkt steuerpflichtigen SE bzw SCE iSd § 2 Nr 1 iVm § 32 IV, deren Sitz und Ort der Geschäftsleitung sich innerhalb des Hoheitsgebiets eines Mietgliedstaats der EU oder des EWR befinden, auf Antrag nach § 32 II Nr 2, IV iRd körperschaftsteuerlichen Veranlagung erfasst werden (hierzu § 32 Rn 128 ff);[6] insoweit wird § 8 VI von § 32 II Nr 2 verdrängt;

- bei dem Steuerpflichtigen während eines Kalenderjahres sowohl unbeschränkte Steuerpflicht als auch beschränkte Steuerpflicht iSd § 2 Nr 1 bestanden hat, in diesen Fällen sind die während der beschränkten Steuerpflicht erzielten Einkünfte gem § 32 II Nr 2 in eine Veranlagung zur unbeschränkten Körperschaftsteuerpflicht einzubeziehen (vgl § 32 Rn 118)[7].

---

1 *Krämer* in D/J/P/W § 8 Abs 6 Rn 2.
2 *B Lang* in EY § 8 Rn 1346; *Schulte* in Erle/Sauter § 8 Rn 529.
3 *Krämer* in D/J/P/W § 8 Abs 6 Rn 5.
4 *Rengers* in Blümich § 8 Rn 999; *Schwedhelm* in Streck § 8 Rn 480; *B Lang* in EY § 8 Rn 1347; *Frotscher* in Frotscher/Maas § 8 Rn 240.
5 *Krämer* in D/J/P/W § 8 Abs 6 Rn 3; *Schulte* in Erle/Sauter § 8 Rn 528; *B Lang* in EY § 8 Rn 1347 f.
6 *Krämer* in D/J/P/W § 8 Abs 6 Rn 3; *Schulte* in Erle/Sauter § 8 Rn 530.
7 *Krämer* in D/J/P/W § 8 Abs 6 Rn 3.

820-821 *Einstweilen frei.*

822 **XIII. VGA und Verlustnutzung bei BgA (§ 8 VII). 1. Zweck und Gesetzgebungsgeschichte. Hintergrund.** Der Gesetzgeber hat mit dem JStG 2009 eine Regelung zum steuerlichen Querverbund (ieS, dh der Zusammenfassung zweier oder mehrerer betrieblicher Organisationseinheiten unternehmerisch geführter kommunaler Dienstleistungen in einem Wirtschaftsunternehmen in der Rechtsform eines Eigenbetriebes, eines Zweckverbandes oder einer kommunal beherrschten Kapitalgesellschaft (Eigengesellschaft))[1] eingeführt, die als Nichtanwendungsgesetz zu der am 22.8.2007 ergangenen Entscheidung des BFH[2] anzusehen ist. Grundsätzlich ging es in der Entscheidung um die ungeklärten Fragen, unter welchen Umständen Dauerverluste von BgA zu vGA führen können oder iRe Querverbundes oder einer Organschaft bzw durch Erhöhung von Verlustvorträgen in den Folgejahren mit Gewinnen verrechenbar sind. Die Verwaltung hatte bei dauerdefizitären BgA idR keine vGA angenommen.[3] Mit der Streitfrage im Zusammenhang stand die Frage, unter welchen Umständen verschiedene BgA für steuerliche Zwecke zusammengerechnet werden können, um die Verluste einer Sparte für gewinnbringende andere Sparten der öffentlichen Hand nutzbar zu machen. Schließlich war zu klären, welche Grundsätze für Eigengesellschaften der öffentlichen Hand gelten sollten.[4]

823 **Rechtsprechung vor dem JStG 2009.** Im Zusammenhang mit der gesetzlichen Neuregelung sind die Beschlüsse des BFH v 25.7.2002[5] und v 25.1.2005[6] zu nennen, mit letzterem wurde das BMF zum Verfahrensbeitritt und zur Stellungnahme aufgefordert, ob das Unterhalten eines strukturell dauerdefizitären BgA ohne Verlustausgleich und ohne angemessenen Gewinnaufschlag durch die Trägerkörperschaft zur Annahme einer vGA führe. Das betreffende Verfahren wurde durch Klagerücknahme beendet. Mit Urteil v 22.8.2007 versagte der BFH in einer anderen Sache einer Eigengesellschaft („Hallenbad- und Freizeit GmbH") einer Kommune die steuerliche Berücksichtigung von Verlusten, da es sich bei den von der Organgesellschaft erwirtschafteten Verlusten in vollem Umfang um vGA an die Obergesellschaft und von dieser an die Gemeinde handele.[7] Der BFH unterscheidet in diesem Urteil hinsichtlich der Anwendung von Liebhaberei-Grundsätzen zwischen BgA und Eigengesellschaft. Auf das Urteil reagierte das BMF mit einem Nichtanwendungserlass[8] und schließlich der Gesetzgeber durch die Regelung des steuerlichen Querverbundes im KStG durch das JStG 2009.

824 **VGA bei Dauerverlustgeschäften (§ 8 VII).** In § 8 VII wird nunmehr geregelt, dass

- bei BgA (§ 8 VII S 1 Nr 1, vgl Rn 840) und

---

1 Gabler, Wirtschaftslexikon, Stichwort Querverbund.
2 BFH I R 32/06, BStBl II 2007, 961; dazu Nichtanwendungserlass BMF v 7.12.2007, BStBl I 2007, 905.
3 OFD Hannover v 21.12.2006, ZKV 2007, 108.
4 Zum Meinungsstand vor der BFH Entscheidung *Hüttemann*, DB 2007, 1603.
5 BFH I B 52/02, BFH/NV 2002, 1341.
6 BFH I R 8/04, BStBl II 2006, 190, dazu *Kohlhepp*, DB 2005, 1705; *Beiser*, DB 2005, 2598; *Binnewies*, DB 2006, 465; *Pinkos*, DB 2006, 692; *Kalwarowskyj*, DB 2005, 226.
7 BFH I R 32/06, BStBl II 2007, 961.
8 BMF v 7.12.2007, BStBl I 2007, 905.

- bei bestimmten Kapitalgesellschaften (§ 8 VII S 1 Nr 2, vgl Rn 842),
- soweit sie Dauerverlustbetriebe (hierzu Rn 860) unterhalten,

die Rechtsfolgen der vGA nicht zu ziehen sind. Die Finanzverwaltung hat ihre Auffassung zur Auslegung der Regelungen in einem Schreiben v 12.11.2009 dargelegt.[1] Die Einkommensermittlung des Querverbundes nach § 8b VII S 1 Nr 2 wird in § 8b IX geregelt.

Zeitlicher Anwendungsbereich. Nach § 34 VI 4 ist § 8 VII auch für VZ vor 2009 anzuwenden. Demnach ist die Regelung auf alle noch offenen Verfahren anwendbar. Dies gilt ohne Einschränkung, auch wenn die Spartenrechnung, die eine Verrechnung von Verlusten und Gewinnen in Eigengesellschaften verhindern soll, aufgrund der erst für 2009 geltenden Regelung noch nicht greift.[2] Für besondere Fälle beinhaltet § 34 VI 5 f weitere Übergangsregelungen bis zum VZ 2011 (vgl § 34 Rn 86). 825

Einstweilen frei. 826-827

2. Unionsrechtliche und verfassungsrechtliche Bedenken. Selektivität. Ua *Weitemeyer* ist der Frage nachgegangen, ob § 8b VII eine Beihilfe und demzufolge den unionsrechtlich für Beihilfen geltenden Regelungen (Art 107 AEUV ff) zu unterwerfen ist.[3] Die Begründung liegt darin, dass aufgrund der Vorschrift die öffentliche Hand die Möglichkeit hat, Ergebnisse von Dauerverlustbetrieben von BgA und Eigengesellschaften mit Gewinnen anderer Tätigkeiten zu verrechnen und somit ein Wettbewerbsvorteil entsteht. Die Regelung erfasst ausschließlich BgA und Eigengesellschaften der öffentlichen Hand. Sie wirkt damit selektiv, zumal eine Beschränkung hinsichtlich der Wettbewerbswirkungen fehlt, so dass auch Fälle betroffen sind, in denen BgA oder Eigengesellschaften der öffentlichen Hand in Wettbewerb zu Privatanbietern treten. 828

„De-minimis Beihilfe". Während *Weitemeyer* zu dem Schluss kommt, dass eine Beihilfe vorliegt, lehnt *Gosch* dies ab, weil es bereits nach der Art der Betätigungen an einer Berührung bzw Verfälschung des Wettbewerbs im Europäischen Binnenmarkt fehle. Soweit der EG-Binnenmarkt, insbesondere im Bereich des kommunalen Personennahverkehrs, berührt sei, griffen andere EG-Ausnahmevorschiften ein.[4] Dem kann jedoch nicht zugestimmt werden. Zutreffend weist *Weitemeyer* darauf hin, dass der EuGH in seiner Altmark-Trans-Entscheidung klargestellt hat, dass es grundsätzlich keine Schwelle oder keinen Prozentsatz gibt, bis zu der oder dem man davon ausgehen kann, dass der Handel zwischen den Mitgliedsstaaten nicht beeinträchtigt ist.[5] Zwar mögen kleinere kommunale Betriebe uU aus dem Anwendungsbereich des EG-Beihilfenrechts herausfallen. Denn die bloße Möglichkeit, dass eine Beihilfe unterhalb der „De-minimis-Beihilfe" von 200.000 EUR je Unternehmen in einem 829

---

1 BMF v 12.11.2009, BStBl I 2009, 1303.
2 Sächsisches FG 4 K 635/08, Haufe-Index 2597702, Revision anhängig nach erfolgreicher NZB, Az BFH: I R 58/11; aA *Krämer* in D/J/P/W § 8 Abs 7 Rn 69.
3 *Weitemeyer*, FR 2009, 1.
4 *Gosch* in Gosch § 8 Rn 1043.
5 *Weitemeyer*, FR 2009, 1; EUGH Rs C-280/00, *Altmark Trans*, Slg 2003, I-7747.

Zeitraum von 3 Jahren liegt,[1] genügt nicht, um den Anwendungsbereich der Art 107 ff AEUV auszuschließen. Die abstrakt und bei der Größe mancher kommunaler Betriebe auch konkret bestehende Möglichkeit, dass der Vorteil innerhalb des entsprechenden Zeitraumes größer als 200.000 EUR ist, reicht daher aus, um eine Beihilfe grundsätzlich anzunehmen.

830   **Keine Alt-Beihilfe.** *Weitemeyer* geht jedoch davon aus, dass durch § 8 VII lediglich die bisherige Verwaltungsauffassung gesetzlich kodifiziert wurde und daher eine Alt-Beihilfe iSd Art 108 III AEUV vorliegt,[2] die unionsrechtlich unbedenklich ist.[3] Entsprechend haben inzwischen mehrere FG judiziert, jedoch ohne die Frage dem EuGH zur Klärung vorzulegen.[4] Hiervon kann nicht ausgegangen werden.[5] Eine Alt-Beihilfe liegt nach der Definition der Kommission bei allen Beihilfen vor, die vor Inkrafttreten des EG-Vertrags 1958 in dem entsprechenden Mitgliedstaat bestanden. Der BFH hat jedoch klargestellt, dass die bisherige Verwaltungspraxis gegen geltendes Recht verstieß, und somit früher gerade keine Regelung bestand, die die öffentliche Hand in ähnlicher Form begünstigte.[6] Eine Rechtfertigung des § 8 VII als Alt-Beihilfe scheidet daher aus.

831   **Keine Wettbewerbsverfälschung.** Gleichwohl liegt kein Verstoß gegen Gemeinschaftsrecht vor. Voraussetzung für die Anwendung des Art 107 I AEUV ist, dass die Beihilfe den Wettbewerb verfälscht oder zu verfälschen droht. Für die Anwendung des § 8 VII erforderliche verkehrs-, umwelt-, sozial-, kultur-, bildungs- oder gesundheitspolitische Gründe können aber nur vorliegen, wenn gerade keine Wettbewerbssituation im konkreten Markt besteht. Anders formuliert ist der Tatbestand des § 8 VII nicht erfüllt, wenn eine für Art 107 AEUV bedeutsame Wettbewerbssituation vorliegt. Stattdessen ist in diesen Fällen eine vGA nach allgemeinen Grundsätzen vorzunehmen, so dass keine besondere Begünstigung der öffentlichen Hand vorliegt.

832   **Verfassungsrecht.** Die Selektivität der Regelung kann auch verfassungsrechtliche Fragen aufwerfen. So werden dauerdefizitäre Eigengesellschaften der öffentlichen Hand und BgA gegenüber Kapitalgesellschaften, die nicht der Trägerschaft der öffentlichen Hand unterliegen, benachteiligt. Differenzierungsmerkmal ist das Vorliegen eines Dauerverlustgeschäftes, im Wesentlichen im Bereich der Daseinsvorsorge. Eine verfassungskonforme Auslegung wird erfordern, diesen Bereich eng auszulegen. Insbesondere werden im Hinblick auf die Berufsfreiheit Wettbewerbsaspekte eine Rolle spielen müssen.

833-834 *Einstweilen frei.*

835   **3. Liebhaberei bei Körperschaften. Kapitalgesellschaften.** Für Kapitalgesellschaften geht der BFH in mittlerweile ständiger Rechtsprechung davon aus, dass Liebhaberei nicht denkbar ist (vgl Rn 276). Aufwendungen von Kapitalgesellschaften

---

1   EG-Verordnung Nr 1998/2006 der Kommission v 15.12.2006.
2   *Weitemeyer*, FR 2009, 1, 9; zustimmend *Müller-Gatermann*, FR 2009, 314.
3   EuGH Rs C-172/03, *Heiser*, Slg 2005, I-1627; *Weitemeyer*, FR 2009, 1, 12.
4   FG Köln 13 K 3181/05, EFG 2010, 1345; Sächsisches FG 4 K 635/08, Haufe-Index 2597702 Revision anhängig nach erfolgreicher NZB, Az BFH: I R 58/11; vgl auch *Kohlhepp*, DB 2011, 1598.
5   *Richter/Welling*, FR 2009, 323.
6   *Heger*, FR 2009, 301.

sind auf der ersten Stufe der Gewinnermittlung grundsätzlich (formell) betrieblich veranlasst. Außerhalb der Steuerbilanz ist dann zu prüfen, ob ggf eine überlagernde gesellschaftliche Veranlassung vorliegt, die zur Annahme einer vGA führt.[1] Diese ständige Rechtsprechung betrifft auch die Eigengesellschaft der öffentlichen Hand.[2]

BgA vor dem JStG 2009. Anders sah der BFH die Sachlage – entgegen der hier vertretenen Auffassung (vgl Rn 545 Stichwort „BgA") – bei BgA.[3] Hier sollte nach der bisherigen Regelung Liebhaberei denkbar sein. Damit folgte der BFH insoweit der Auffassung *Hüttemanns*, der dauerdefizitäre BgA in die Sphäre der steuerlich unbeachtlichen Liebhaberei verweist.[4] Dies widerspricht grundsätzlich der vom BFH aufgestellten sog Gleichstellungsthese, wonach BgA und Kapitalgesellschaften gleich zu behandeln sind.[5]   836

BgA nach dem JStG 2009. Der Gesetzgeber hat durch das JStG 2009 eine neue systematische Grundlage geschaffen. Ließ sich bislang die insbesondere von *Hüttemann*[6] vorgebrachte Forderung, bei BgA anders als bei Kapitalgesellschaften Liebhabereigrundsätze anzuwenden hören, so folgt der Gesetzgeber mit der Neuregelung in § 8 I S 2 offensichtlich der Gleichstellungsthese des BFH. Damit scheidet auch bei BgA eine Liebhabereisphäre grundsätzlich aus.[7]   837

Einstweilen frei.   838–839

4. Erfasste Körperschaften. a) BgA. Von § 8 VII S 1 Nr 1 sind gem § 8 VII S 1 Nr 1 zunächst dauerdefizitäre BgA iSd § 4 erfasst. Die Voraussetzungen sind dabei für jeden BgA iSd § 4, einschließlich des Verpachtungs-BgA, gesondert zu prüfen.   840

Einstweilen frei.   841

b) Kapitalgesellschaften. Anforderungen. Von § 8 VII S 1 Nr 1 sind gem § 8 VII S 1 Nr 2 Kapitalgesellschaften erfasst, bei denen: 842

- die Mehrheit (vgl Rn 845)
- der Stimmrechte (vgl Rn 846)
- mittelbar oder unmittelbar (vgl Rn 847) auf eine juristische Person des öffentlichen Rechts (vg. Rn 844) entfällt und
- ausschließlich solche Gesellschafter die Verluste nachweislich tragen (vgl Rn 848).

Gesellschafter. Gesellschafter muss zumindest eine juristische Person des öffentlichen Rechts sein. Daneben können beliebige andere Gesellschafter vertreten sein. Juristische Personen des öffentlichen Rechts müssen nach § 8 VII 1 Nr 2 Hs 2 unmittelbare Gesellschafter sein, und als solche die Verluste tragen, auch wenn die Mehrheit der Stimmrechte (ausschließlich) mittelbar auf sie entfallen kann.   843

---

1 Grundlegend BFH I R 54/95, DStR 1997, 492; BFH I R 56/03, BFH/NV 2005, 793; BFH I B 120/05, BFH/NV 2007, 502.
2 BFH I R 32/06, BStBl II 2007, 961.
3 BFH I R 32/06, BStBl II 2007, 961.
4 *Hüttemann*, DB 2007, 1603.
5 BFH I R 48/02, BStBl II 2004, 425.
6 *Hüttemann*, DB 2007, 2508.
7 BTDrs 16/10189, 69; *Bracksiek*, FR 2009, 15.

844 **Ansässigkeit der Gesellschafter.** Der Gesellschafter muss nicht zwingend eine inländische juristische Person des öffentlichen Rechts sein. Vielmehr kann sie auch in der EU oder im EWR[1], nach hM[2] sogar in einem Drittland ansässig sein. Die hM rechtfertigt das durch einen Rückgriff auf das Umsatzsteuerrecht, da dort § 2 UStG auf juristische Personen des öffentlichen Rechts analog angewandt wird.

845 **Mehrheit.** Mehrheit der Stimmrechte liegt vor, wenn Stimmrechte, Stimmrechtsvereinbarungen[3] oder Vollmachten[4] usw so bei juristischen Personen des öffentlichen Rechts liegen, dass bei anderen Gesellschaftern weniger Stimmrechte verbleiben. Die Regelung bezweckt den Einfluss der öffentlichen Hand auf die tatsächliche Geschäftsführung. Eine Satzungsändernde Mehrheit ist dafür nicht erforderlich. Folglich genügt die einfache Mehrheit der Stimmen.

846 **Stimmrechte.** Die Stimmrechte müssen unabhängig von den Kapitalanteilen[5] mittelbar oder unmittelbar juristischen Personen des öffentlichen Rechts (also Anstalten, Körperschaften und Stiftungen des öffentlichen Rechts) zustehen. Eine bestimmte kapitalmäßige Beteiligung wird von § 8 VII 1 Nr 1 2 Hs 2 ausdrücklich nicht gefordert. Daher sind auch Vereinbarungen, die anderweitig die Ausübung von Stimmrechten sichern (wie Stimmrechtsbindungsverträge und Stimmrechtsvollmachten), ausreichend.

847 **Mittelbare Zurechnung.** Für die mittelbare Zurechnung stellt sich die Frage, ob der vermittelnde Rechtsträger seinerseits durch juristische Personen der öffentlichen Hand beherrscht werden muss, oder ob auch Minderheitsbeteiligungen iRe anteiligen Zurechnung der Stimmrechte berücksichtigt werden. Nach Sinn und Zweck des § 8 VII S 1 Hs 2, der offensichtlich auf den in der Gesellschafterversammlung der Kapitalgesellschaft ausübbaren Willen der öffentlichen Hand abstellt, können nur solche mittelbar auf die öffentliche Hand entfallenden Stimmrechte hinzugerechnet werden, die durch eine ihrerseits mehrheitlich von der öffentlichen Hand beherrschten Rechtsträger vermittelt werden.[6] Die Hinzurechnung erfolgt dabei aber nicht im Wege einer Multiplikation, sondern in der Weise, dass die von der vermittelnden Gesellschaft gehaltenen Stimmrechte zu 100 % der öffentlichen Hand zuzurechnen sind:[7]

Beispiel

Die Holding-GmbH ist an der V-GmbH zu 80 % beteiligt. Die öffentliche Hand hält 60 % der Stimmrechte an der Holding-GmbH, so dass eigentlich nur eine 48%ige mittelbare Beherrschung durch die öffentliche Hand besteht. Im Beispielsfall ergibt sich für Zwecke des § 8 VII Nr 2 Hs 2 eine Quote von 80 %, so dass die Mehrheit der Stimmrechte gegeben ist.

---

1 BMF v 12.11.2009, BStBl I 2009, 1303, Rn 26.
2 Strahl, DStR 2010, 193; Meier/Smelka in H/H/R § 8 Rn 515.
3 BMF v 12.11.2009, BStBl I 2009, 1303, Rn 26.
4 Rengers in Blümich § 8 Rn 1112.
5 Krämer in D/J/P/W § 8 Abs 7 Rn 56.
6 BMF v 12.11.2009, BStBl I 2009, 1303, Rn 27.
7 Rengers in Blümich § 8 Rn 1112.

Umgekehrt dürfen Stimmrechte einer vermittelnden Kapitalgesellschaft dann nicht hinzugerechnet werden, wenn die öffentliche Hand diese vermittelnde Gesellschaft nicht beherrscht.[1]

Beispiel
An der defizitären V-GmbH hält die öffentliche Hand direkt 20 % der Stimmrechte. 80 % der Stimmrechte werden von einer zwischengeschalteten Holding-GmbH gehalten. Hält die öffentliche Hand an dieser Holding-GmbH lediglich 45 %, können deren Stimmrechte iHv 80 % nicht anteilig hinzugerechnet werden. Es liegt kein Fall des § 8 VII Nr 2 Hs 2 vor.

Art und Weise der Verlusttragung. § 8 VII S 1 Nr 2 Hs 2 erfordert, dass die Dauerverluste durch eine juristische Person des öffentlichen Rechts getragen werden. Worauf diese Verlusttragung beruht (ob auf vertraglichen oder satzungsmäßigen Vorgaben oder bloße Verlustübernahme), ist nicht geregelt. Entgegen *Gosch*[2] bedarf es keiner Verpflichtung der öffentlichen Hand zur Verlusttragung. Das Gesetz fordert nur, dass im jeweiligen VZ die Verluste durch die öffentliche Hand getragen wurden. Auch das BMF geht hier zu weit, wenn es eine rechtliche „Verpflichtung" zur Verlusttragung verlangt.[3] Eine solche ist nicht erforderlich. Relevant ist ausschließlich das tatsächliche Tragen von Verlusten in Form von Einlagen oder Zuschüssen.[4] Teilweise wird vertreten, dass eine schuldrechtliche Vereinbarung zur Verlusttragung den Anforderungen genügen würde.[5] Dies wird jedoch zu Recht mit dem Hinweis darauf abgelehnt, dass dies zu einem Ertrag und damit zum Entfallen des Dauerverlustes führen würde.[6] Ausreichend sind in jedem Fall (kommunal-)gesetzliche und satzungsmäßige Verpflichtungen. Auch Ergebnisabführungsverträge genügen den Erfordernissen,[7] nicht aber ein bloßer Rangrücktritt[8] zur Vermeidung der Überschuldung.

848

Zeitpunkt der Verlusttragung. Zu welchem Zeitpunkt die Verluste zu tragen sind, wird in § 8 VII S 1 Nr 2 Hs 2 nicht geregelt. Soweit eine satzungsmäßige oder gesetzliche Verpflichtung besteht, sind die Buchungen idR zum Jahresabschluss vorzunehmen. Besteht eine solche Verpflichtung nicht, hat ein Verlustausgleich im zeitlichen Zusammenhang mit der Feststellung des Jahresfehlbetrages zu erfolgen.[9]

849

Verlusttragung bei mehreren öffentlich rechtlichen Anteilseignern. Der Gesetzestext ist bezüglich der Bestimmung, wer die Verluste tragen muss, wegen Einbezugs der unmittelbaren oder mittelbaren Beteiligung der öffentlichen Hand nicht

850

---

1 Zutreffend *Bracksiek*, FR 2009, 15; BMF v 12.11.2009, BStBl I 2009, 1303, Rn 27; *Meier/Smelka* in H/H/R § 8 Rn 516; aA *Schiffers*, GmbH-StB 2009, 67.
2 *Gosch* in Gosch § 8 Rn 1043e.
3 BMF v 12.11.2009, BStBl I 2009, 1303, Rn 30.
4 *Frotscher* in Frotscher/Maas § 8 Rn 251a.
5 *Bracksiek*, FR 2009, 15; *Gosch* in Gosch § 8 Rn 1043e.
6 *Meier/Smelka* in H/H/R § 8 Rn 517; *Krämer* in D/J/P/W § 8 Abs 7 Rn 61; *Geisselmeier/Bargenda*, DStR 2009, 1333.
7 BMF v 12.11.2009, BStBl I 2009, 1303, Rn 31.
8 Meier/Smelka in H/H/R § 8 Rn 518.
9 Ähnlich *Frotscher* in Frotscher/Maas § 8 Rn 253, wobei zeitliche Nähe zum „Wirtschaftsjahr" mE missverständlich ist.

klar. Im Falle mehrerer öffentlich-rechtlicher Anteilseigner hatte das BMF in Rn 28 des Schreibens v 12.11.2009 gefordert, dass die Verluste entsprechend der Beteiligungsquote (nicht des Stimmrechts) getragen werden müssten.[1] Dies findet keine Stütze im Gesetz und wurde bereits durch das BMF insoweit relativiert, als sie nur für Mehrheitsgesellschafter gelten soll.[2] Auch diese Forderung geht jedoch zu weit. Denn ansonsten wäre bei mehreren, jeweils nicht beherrschenden öffentlich-rechtlichen Gesellschaftern eine Regelung, wonach abweichend von den Beteiligungsquoten Verluste getragen werden, stets schädlich. Nach aA soll eine Aufteilung nach wirtschaftlichen Gesichtspunkten[3], teilweise begrenzt auf Verkehrsbetriebe,[4] möglich sein. Auch diese Differenzierung ist nicht aus dem Gesetz abzulesen. Ausreichend ist es, wenn die juristische Person des öffentlichen Rechts in ihrer Gesamtheit die Verluste trägt. Wie im Innenverhältnis zwischen den juristischen Personen des öffentlichen Rechts die Verteilung der Verluste erfolgt, ist irrelevant. § 8 VII 1 Nr 2 Hs 2 differenziert nicht nach juristischen Personen des öffentlichen Rechts, die die Mehrheit innehaben, und anderen juristischen Personen des öffentlichen Rechts. Die Vorschrift bestimmt auch nicht, ob die Verlustverteilung quotal nach der Beteiligung, nach Stimmrechten oder nach wirtschaftlicher Verursachung erfolgt. Jede Verteilung der juristischen Person des öffentlichen Rechts ist daher zu akzeptieren.

851 **Umfang der Verlusttragung.** Eine Beschränkung der Verlusttragung auf diejenigen Verluste, die das EK angreifen, ist dem Gesetz nicht zu entnehmen. Die Gegenansicht[5] verkennt die Unterscheidung zwischen handelsrechtlicher und steuerlicher vGA. Der Zweck des § 8 VII liegt aber in der Vermeidung der steuerlichen vGA. Auszugleichen ist der durch das Dauerverlustgeschäft entstandene Verlust, also bei Unterhalten eines profitablen Bereichs vor Verrechnung mit diesen positiven Ergebnissen.[6] Allerdings entsteht durch die steuerliche Anerkennung des Dauerverlustes auch ein anteiliger steuerlicher Vorteil für Minderheitsgesellschafter. Die Verlustausgleichverpflichtung der juristischen Person des öffentlichen Rechts ist um diesen Vorteil zu kürzen.

Beispiel[7]

An einer Kapitalgesellschaft sind zu 70% juristische Personen des öffentlichen Rechts beteiligt, zu 30% private Gesellschafter. Die Kapitalgesellschaft unterhält einen Energieversorgungsbereich (Gewinn 200) und ÖPNV (Verlust 100). Beide Tätigkeiten sind einer einheitlichen Sparte iSd § 8 IX 1 Nr 2 zuzuordnen. Ohne den Dauerverlustbetrieb ergäbe sich ein Nachsteuergewinn von 140, der zu 98 auf juristische Personen des öffentlichen Rechts und zu 42 auf private Anteilseigner entfiele.

---

1 Krämer in D/J/P/W § 8 Abs 7 Rn 62b; aA *Pinkos*, DStZ 2010, 96.
2 Bayerisches LfSt v 18.10.2010, DStR 2010, 2636; *Kirchhof*, DStR 2010, 1659 unter Hinweis auf ein unveröffentlichtes BMF v 31.5.2010.
3 Krämer in D/J/P/W § 8 Abs 7 Rn 62c.
4 Bayerisches LfSt v 18.10.2010, DStR 2010, 2636.
5 *Geisselmeier/Bargenda*, DStR 2009, 1333, *Meier/Semelka* H/H/R § 8 Rn 518.
6 BMF v 12.11.2009, BStBl I 2009, 1303, Rn 29; *Meier/Semekla* in H/H/R § 8 Rn 519; *Krämer* in D/J/P/W § 8 Abs 7 Rn 62a.
7 Krämer in D/J/P/W § 8 Abs 7 Rn 62a mit Verweis auf PwC.

Nach Verrechnung verbleibt ein Gewinn von 100 und mithin nach Steuern 49 für juristische Personen des öffentlichen Rechts und 21 für private Anteilseigner.

Leisten die juristischen Personen des öffentlichen Rechts eine Einlage iHd Verlustes von 100, entfielen 30 aufgrund disquotaler Einlage auf die privaten Anteilseigner. Diese könnten sich 30 + 21 = 51 ausschütten lassen und erhielten damit 9 mehr, als bei Vollversteuerung der Gewinne des Energieversorgungsbereichs. Dies entspricht ihrem steuerlichen Vorteil. In dieser Höhe ist eine Kürzung der Verlustausgleichverpflichtung vorzunehmen.

Inkongruente Gewinn- und Verlustbeteiligung. Disquotale Gewinnausschüttungen werden durch die Regelung der disquotalen Verlusttragung in § 8 VII nach Auffassung der Finanzverwaltung nicht generell anerkannt.[1] Vielmehr ist eine besondere Leistung privater Anteilseigner erforderlich, um eine disquotale Gewinnausschüttung zu rechtfertigen. Aufgrund der oben beschriebenen Ermittlung des Verlustausgleichsbetrages (Rn 851) stellt sich dieses Problem jedoch nicht mehr.[2] Gewinnausschüttungen an private Minderheitsbeteiligte müssen sich ausschließlich nach den profitablen Geschäftsbereichen richten, da andernfalls eine Verlustbeteiligung vorläge.[3] Eine Antwort auf die Frage, wie dies wieder mit H 18 Tz 6.2 ErbStR 2010 zusammenpasst, der eine schenkungssteuerpflicht nicht-verhältniswahrender Ausschüttungen vorsieht, bleibt die Finanzverwaltung schuldig.

852

Verlusttragung in der Kette. Bei mittelbarer Beteiligung ist der Nachweis der Verlusttragung durch die gesamte Beteiligungskette zu führen.[4]

853

Organschaft. Die Regelung des § 8 VII 1 Nr 2 erfasst die Kapitalgesellschaft, die einen Dauerverlustbetrieb unterhält. Ist die Gesellschaft Organträger, ist § 8 VII 1 Nr 2 gem § 15 1 Nr 4 S 2 auf den in ihrem Einkommen enthaltenen Dauerverlustbetrieb anzuwenden (vgl § 15 Rn 100 ff).

854

Einstweilen frei.

855-857

c) Personengesellschaften. Die Beteiligung einer juristischen Person des öffentlichen Rechts an einer Mitunternehmerschaft iSd § 15 I 1 Nr 2 EStG ist ein eigenständiger BgA.[5] Jede Tätigkeit ist hiernach gesondert zu beurteilen und kann (als würde die juristische Person des öffentlichen Rechts die Tätigkeit unmittelbar selbst ausüben) als eigenständiger BgA beurteilt werden. Eine Zusammenfassung der unterschiedlichen BgA beurteilt sich nach § 4 VI.[6] Hat die Personengesellschaft selbst lediglich einen Dauerverlustbetrieb, übt also demnach ihre Tätigkeit nicht insgesamt mit Gewinnerzielungsabsicht aus, ist § 15 I 1 Nr 2 EStG nicht anwendbar. Die defizitäre Tätigkeit stellt aber bei der juristischen Person des öffentlichen Rechts unmittelbar einen BgA dar.[7] Ist eine Kapitalgesellschaft an einer Personengesellschaft

858

---

1 BMF v 12.11.2009, BStBl I 2009, 1303, Rn 32.
2 *Krämer* in D/J/P/W § 8 Abs 7 Rn 63.
3 *Pinkos*, DStZ 2010, 96.
4 *Gosch* in Gosch § 8 Rn 1043e.
5 BFH I R 78/99, BStBl II 2001, 449.
6 BMF v 12.11.2009, BStBl I 2009, 1303, Rn 56.
7 *Meier/Semelka* in H/H/R § 8 Rn 506.

beteiligt, gelten nach der Verwaltungsauffassung andere Grundsätze als bei unmittelbarer Beteiligung einer juristischen Person des öffentlichen Rechts. In diesem Fall soll eine ohne Gewinnerzielungsabsicht betriebene Tätigkeit der Personengesellschaft steuerlich unbeachtlich sein. Es ist auch nicht zwischen begünstigten und nicht begünstigten Dauerverlusten zu unterscheiden.[1] Diese Auffassung ist abzulehnen. Kapitalgesellschaften haben keine steuerliche unbeachtliche Sphäre. Da die Einkünfte einer Tochter-Personengesellschaft entweder als mitunternehmerische Einkünfte oder nach der Rechtsprechung des BFH[2] nach § 39 AO der Kapitalgesellschaft zugerechnet werden, entsteht bei defizitären Personengesellschaften auf Ebene der Kapitalgesellschaft unmittelbar ein Verlust. Auf diesen ist § 8 VII anwendbar, wenn die weiteren Kriterien für dessen Anwendung erfüllt sind.[3]

859 *Einstweilen frei.*

860 **5. Dauerverlustgeschäfte. a) Allgemeines. Intention der Regelung.** Die Intention des Gesetzgebers ist es, bestimmte Dauerverlustbetriebe, die in § 8 VII S 2 definiert werden, und deren Verluste nach der Rechtsprechung des BFH als vGA zu klassifizieren wären (vgl Rn 545 Stichwort „BgA") von den Rechtsfolgen der vGA auszunehmen.[4] Daneben ist eine vGA entsprechend der Rechtsprechungsgrundsätze des BFH für alle übrigen Verluste, die durch das Gesellschaftsverhältnis veranlasst sind, weiterhin anzunehmen.[5]

861 **Definition.** Als Dauerverlust gilt eine Tätigkeit, die nicht mit Gewinnerzielungsabsicht, sondern in der Erwartung eines Verlustes über die Totalperiode ausgeübt wird. Eine Begrenzung des Prognosezeitraums auf drei Jahre[6] entsprechend den Liebhabereigrundsätzen[7] erscheint willkürlich. Die Verluste müssen weiterhin aus folgenden politischen Gründen entstehen (vgl Rn 866):

- verkehrspolitische,
- umweltpolitische,
- sozialpolitische,
- kulturpolitische,
- bildungspolitische und
- gesundheitspolitische Gründe.

862 **Leistungen der Daseinsvorsorge.** Die Definition des Dauerverlusts ist weitreichend und soll ausweislich der Gesetzesbegründung insbesondere die Leistungen der Daseinsvorsorge abdecken.[8] Denn es bestehe eine faktische Erwartungshaltung der Bürger, dass solche Leistungen, die in den Aufgabenbereich der öffentlichen Hand fielen, angeboten würden.[9]

---

1 BMF v 12.11.2009, BStBl I 2009, 1303, Rn 63; *Krämer* in D/J/P/W § 8 Abs 7 Rn 75.
2 BFH IV R 80/05, BStBl II 2009, 266.
3 *Frotscher* in Frotscher/Maas § 8 Rn 246.
4 *Geißelmeier/Bargenda*, DStR 2009, 1333.
5 BMF v 12.11.2009, BStBl I 2009, 1303, Rn 33.
6 *Strahl*, DStR 2010, 193; *Meier/Semelka* in H/H/R § 8 Rn 520.
7 BFH I R 92/00, BFH/NV 2002, 1538.
8 BTDrs 16/10189, 69.
9 BRDrs 545/08, 107.

Kritik. *Gosch* kritisiert zu Recht, dass die vom Gesetzgeber aufgebotenen Abgrenzungsmerkmale amorph und streitanfällig sind.[1] Eine abstrakte „Erwartungshaltung" des Bürgers ist jedenfalls kein taugliches Abgrenzungskriterium. Zudem kann nicht jede Betätigung der öffentlichen Hand, die nicht marktgerecht entgolten wird, die Privilegierung des § 8 VII nach sich ziehen.   863

Einstweilen frei.   864-865

b) Politische Gründe. Objektives Vorliegen. Eine Auslegung des Anwendungsbereichs der Dauerverlustgeschäfte gem § 8 VII S 2, die sich an dem Wortlaut der Norm orientiert, führt auf die Begrifflichkeit der „politischen" Gründe zurück. Gemeinsames Wesensmerkmal der abschließend aufgezählten Privilegierungsgründe ist die Tätigkeit im Bereich der Daseinsvorsorge. Für die Annahme solcher Gründe kann es nicht genügen, dass die Trägerkörperschaft selbst der Ansicht ist, die Tätigkeit des Dauerverlustbetriebes sei für Zwecke der Daseinsvorsorge erforderlich. Es genügt auch nicht, dass die öffentliche Hand diese Tätigkeiten nach den einschlägigen kommunalrechtlichen Vorschriften ausüben darf.[2] Auch eine Abgrenzung nach der Erfolgstauglichkeit der Maßnahmen[3] erscheint nicht praxistauglich, denn wer vermag diese Erfolgstauglichkeit beurteilen? Der Entstehensgrund der Verluste ist nicht abhängig von dem Willen der Trägerkörperschaft, sondern es müssen objektiv verkehrs-, umwelt-, sozial-, kultur-, bildungs- oder gesundheitspolitische Gründe[4] vorliegen.   866

Wettbewerb. Eine Tätigkeit im Bereich der Daseinsvorsorge sollte grundsätzlich nicht vorliegen, wenn die Nachfrage auch von privaten Wettbewerbern ebenso gut bedient werden kann und keine zwingenden öffentlichen Interessen ein Tätigwerden des Staates verlangen. Es kommt also letztlich auf eine Untersuchung der konkreten Wettbewerbssituation an.[5] Tritt die Körperschaft mit ihrer Betätigung in Wettbewerb, so fehlt es an den besonderen öffentlichen Gründen für ein Tätigwerden ohne kostendeckendes Entgelt.   867

Konkreter Markt. Dabei kann aber nicht jede Form von Wettbewerb ausreichen, sondern es ist auf den konkreten Wettbewerb im konkreten Markt abzustellen. Der insoweit relevante Markt muss sachlich, räumlich und zeitlich abgegrenzt werden, insoweit sind die für Art 101 und 102 AEUV entwickelten Grundsätze heranzuziehen.[6] Hinsichtlich der sachlichen aber auch der räumlichen Abgrenzung des relevanten Marktes sind sowohl der Standort und Radius des fraglichen Unternehmens als auch die Gewohnheiten und wirtschaftlichen Möglichkeiten der Nachfrager entscheidend.[7] So wird bei Verkehrsbetrieben ein Abstellen auf den konkreten Markt insbesondere bedeuten, dass ein Versorger das Gesamtnetz (einer Stadt oder eines Landkreises), inkl der nicht rentablen Streckennetze bedienen muss. Dass   868

---

1 *Gosch* in Gosch § 8 Rn 1043a.
2 So aber BTDrs 16/10189, 70.
3 *Bracksiek*, FR 2009, 15.
4 Zum Inhalt BMF v 12.11.2009, BStBl I 2009, 1303, Rn 41 ff.
5 *Gosch* in Gosch § 8 Rn 1043b.
6 *V Wallenberg* in Grabitz/Hilf Art 87 EGV Rn 53.
7 *Jung* in Grabitz/Hilf Art 82 EGV Rn 44 mwN.

Teilbereiche dieser Tätigkeit im Wettbewerb zu anderen Anbietern stehen können schließt nicht aus, dass die Tätigkeit im konkreten Markt nicht zu einer Wettbewerbssituation führt. Dem steht auch das Altmark-trans-Urteil des EuGH nicht entgegen, da dieses keine Ausführungen zum sachlich und räumlich relevanten Markt enthält.[1]

869 **Verkehrspolitische Gründe.** Unter verkehrspolitische Gründe fallen der gesamte öffentliche Personennahverkehr, Schienen- und Güterverkehr, einschließlich der Infrastrukturbewirtschaftung. Sowohl der Betrieb als auch die Konzessionierung sind hiervon erfasst. Weitere Beispiele sind:

- Netzinfrastruktur (Schienen und Wegenetz),
- Parkraumbewirtschaftung,
- Hafen und Fährbetrieb,
- Flughafenbetrieb.

870 **Umweltpolitische Gründe.** Unter umweltpolitische Gründe sind im nichthoheitlichen Bereich etwa Straßen- und Wegereinigung, Abwasserbeseitigung und Müllbeseitigung zu zählen. Ob Parks und Gärten sowie botanische Einrichtungen hierunter fallen oder den kulturpolitischen Gründen zuzuordnen sind[2], kann dahinstehen.

871 **Sozialpolitische Gründe.** Unter sozialpolitische Gründe fallen der Betrieb von Kindergärten und Kindertagesstätten, Behinderten- und Altenheime, Begegnungsstätten für Jugendliche und Alte, Frauenhäuser. Auch der Betrieb von Schulspeisungseinrichtungen, Armenspeisung und Obdachlosenbetreuung gehört, trotz fehlender Nennung durch das BMF, hierzu.[3]

872 **Kulturpolitische Gründe.** Kulturpolitische Gründe sind der Betrieb von Museen, Theatern, Opernhäusern, Bibliotheken unterschiedlichster Art, Orchestern, Chören und Kapellen. Soweit zoologische und botanische Einrichtungen sowie Parks und Gärten nicht zu den umweltpolitischen Gründen gezählt werden, fallen sie unter die kulturpolitischen Gründe. Der Betrieb denkmalgeschützter Anwesen ist ebenfalls hierunter zu fassen wie Märkte und Kulturkinos. Nicht eindeutig zu beurteilen, ist der Betrieb von Gemeindehallen. Nach einer Auffassung zählen diese nur dann zu den kulturpolitischen Gründen, wenn sie Mittel zur Verwirklichung anderer kulturpolitischer Ziele (Aufführung von Theater, Bühnen, Konzerten) darstellen.[4] Nach der hier vertretener Auffassung sind diese auch dann unter die kulturpolitischen Gründe zu subsumieren, wenn sie der Gemeinde zwar zu diesen Zwecken, aber auch zur Verpachtung an private Veranstalter dienen, und soweit dieser Verpachtung ein kultur- oder sozialpolitischer Zweck innewohnt (zB bei nicht kostendeckender Verpachtung an Karnevalsvereine oder für private Feiern, wenn dies in Ermangelung anderer kultureller Einrichtungen der Gemeinde als identitätsstiftend anzusehen ist). Keine kul-

---

1 EuGH Rs C-280/00, *Altmark Trans*, Slg 2003, I-7747.
2 So BMF v 12.11.2009, BStBl I 2009, 1303, Rn 44.
3 *Tipke* in T/K § 52 AO Rn 29.
4 *Meier/Semelka* in H/H/R § 8 Rn 525 einerseits, Rn 521 andererseits ähnlich der hier vertretenen Auffassung.

turpolitischen Gründe liegen hingegen vor, wenn die Einrichtungen einem externen Betreiber zur Bewirtschaftung überlassen werden bzw ausschließlich für kommerzielle Zwecke vermietet werden. Eine überwiegende Vermietung für kommerzielle Zwecke ist dann schädlich, wenn die Gemeinde über andere kulturelle Einrichtungen verfügt.

Bildungspolitische Gründe. Bildungspolitische Gründe sind der nicht hoheitliche Betrieb von Schulen, Hochschulen, Musikschulen, Volkshochschulen sowie die Durchführung von Fortbildungsveranstaltungen durch öffentlich rechtliche Berufsverbände (Kammern, Innungen). 873

Gesundheitspolitische Gründe. Zu den gesundheitspolitischen Gründen zählen unmittelbar der Betrieb von Krankenhäusern, Kurhäusern, Sanatorien, Kurparks, sonstigen Kureinrichtungen, medizinischer Beratungsstellen sowie Einrichtungen für sportliche Betätigungen wie Skilift- und -sprunganlagen, Schwimmhallen und Freibädern. Minigolfanlagen, Trabrennbahnen, Pferderennbahnen, Kartbahnen sind hingegen aufgrund des Überwiegens des Eventcharakters nicht erfasst. Beherbergungsbetriebe werden vom BMF ausdrücklich ausgenommen.[1] 874

Keine politischen Gründe. Keine unter § 8 VII S 2 fallenden Gründe sind hingegen nach Festlegung des BMF:[2] 875

- Messe- und Markttätigkeiten,
- kommunale Tätigkeiten bei der Wirtschaftsförderung,
- Beherbergungsbetriebe.

Ob diese Festlegung des BMF hinsichtlich der Messe- und Markttätigkeiten (ggf im Einzelfall kulturpolitische Gründe, bildungspolitische Gründe, umweltpolitische Gründe) bzw hinsichtlich der Wirtschaftsförderung in der jeweiligen Ausprägung zutrifft, ist nicht unumstritten und in dieser Absolutheit wohl nicht zutreffend.[3]

Erfordernis der unmittelbaren Tätigkeit. Ähnlich wie das Unmittelbarkeitserfordernis im Gemeinnützigkeitsrecht sieht das BMF auch für § 8 VII S 2 das Erfordernis der unmittelbaren Tätigkeit bzw will bei deren Nichterfüllung die durch die Vorschrift gewährte Begünstigung versagen.[4] Diese Auffassung ist in ihrer Absolutheit für § 8 VII S 2 unzutreffend, bleibt aber in der Literatur unwidersprochen.[5] Den Schlüssel zu dieser Problematik liefert die hM selbst, soweit sie – zu Recht – unter verkehrspolitischen Gründen auch die Konzessionierung und Infrastruktur fassen möchte.[6] Wer die Mittel für eine begünstigte Tätigkeit zur Verfügung stellt und damit einen eigenen begünstigten Zweck verfolgt, muss ebenso begünstigt sein, wie derjenige, der diese Mittel selbst bereithält. Entscheidend ist hier das Kriterium der Ausschließlichkeit der Zweckverfolgung.[7] 876

---

1   BMF v 12.11.2009, BStBl I 2009, 1303, Rn 46.
2   BMF v 12.11.2009, BStBl I 2009, 1303, Rn 43 ff.
3   *Leippe*, DStZ 2010, 106; *Meier/Semelka* in H/H/R § 8 Rn 528.
4   BMF v 12.11.2009, BStBl I 2009, 1303, Rn 47.
5   *Bracksiek*, FR 2009, 15; *Gosch* in Gosch § 8 Rn 1043c; *Meier/Semelka* in H/H/R § 8 Rn 521; *Rengers* in Blümich § 8 Rn 1124.
6   *Meier/Semelka* in H/H/R § 8 Rn 522.
7   Insgesamt erweisen sich gemeinnützigkeitsrechtliche Kategorien als fruchtbar für die Auslegung des § 8 VII.

877 **Verpachtung.** Ein Dauerverlust kann dementsprechend auch im Falle der Verpachtung eines BgA nach dem Zweck der Norm vorliegen, wenn die Verluste aus der Verpachtung für entsprechend begünstigte Zwecke iSd § 4 IV ohne kostendeckendes Entgelt entstehen und der Pächter ausschließlich die erforderlichen politischen Gründe ausübt.[1] Erfasst sind die Vermietung von Theatern, Opernhäusern, Stadthallen, Marktplätzen und Infrastruktureinrichtungen jeweils ohne kostendeckendes Entgelt.

878 **Betriebsaufspaltung.** Die Betriebsaufspaltung ist dem Grunde nach nicht anders zu behandeln als der Verpachtungs-BgA.[2]

879 **Nachweispflichten.** Sind die Voraussetzungen der vGA ohne die Anwendung des § 8 VII gegeben (Darlegungspflicht des FA) liegt die Darlegungslast für die Voraussetzungen des (begünstigenden) § 8 VII bei dem Steuerpflichtigen, der sich hierauf beruft.

880-882 *Einstweilen frei.*

883 **c) Wirtschaftliche Betätigung ohne kostendeckendes Entgelt. Wirtschaftliche Betätigung.** Erfordernis der Anwendung des § 8 VII ist die wirtschaftliche Betätigung iwS. Dies erfordert bei BgA zumindest Einnahmen, wie § 4 I klarstellt (wobei Zuschüsse und Einlagen des Trägers nicht als Einnahmen anzusehen sind).[3] Einnahmelose Tätigkeiten können keinen Dauerverlustbetrieb eines BgA darstellen. Bei Kapitalgesellschaften stellt sich die Frage, ob hier von anderen Grundsätzen auszugehen ist. Es wird die Ansicht vertreten, dass ansonsten „BgA" und Kapitalgesellschaften unterschiedlich behandelt würden.[4] Bei verlustbringenden Tätigkeiten (nicht BgA, da die Voraussetzungen des § 4 I nicht vorliegen) von juristischen Personen des öffentlichen Rechts wären gerade in Ermangelung des Vorliegens der Voraussetzungen eines BgA Verluste steuerlich nicht beachtlich. Dasselbe gilt bei Anwendung des § 8 III S 2, so dass § 8 VII keine Anwendung finden dürfte, wenn keine Einnahmen erzielt werden. Andernfalls würden verlustbringende, nicht in Form eines BgA ausgeführte Tätigkeiten gegenüber einnahmelosen Tätigkeiten in Kapitalgesellschaften schlechter behandelt werden.

884 **Tätigwerden ohne Entgelt.** Nach einigen Literaturstimmen soll das Tätigwerden ohne Entgelt kein Dauerverlustgeschäft iSd § 8 VII S 2 begründen.[5] IRd Daseinsvorsorge werden manche Leistungen an Bedürftige jedoch zu sehr niedrigen Entgelten und teilweise auch unentgeltlich abgegeben. In diesen Fällen die Begünstigung zu versagen, widerspricht dem Sinn und Zweck des Gesetzes. Mithin könnte durch die Festlegung eines marginalen Entgelts, das auch wieder zurückerstattet werden könnte, die Anwendbarkeit des § 8 VII sichergestellt werden. Der Gesetzeszweck spricht im Sinne dieses „Erst-Recht"-Schlusses dafür, auch Tätigkeiten ohne Entgelt von § 8 VII zu erfassen. Dem steht allerdings § 4 I für „BgA" entgegen, da diese Norm gerade

---

1 BMF v 12.11.2009, BStBl I 2009, 1303, Rn 47.
2 *Meier/Semelka* in H/H/R § 8 Rn 521.
3 Gosch in Gosch § 8 Rn 1043c; unentschieden *Bracksiek*, FR 2009, 15.
4 *Meier/Semelka* in H/H/R § 8 Rn 529; *Rengers* in Blümich § 8 Rn 1121.
5 Gosch in Gosch § 8 Rn 1043c; *Meier/Semelka* in H/H/R § 8 Rn 529.

ein Entgelt für einen BgA voraussetzt. IRe wertenden Betrachtung wird man wohl im Ergebnis den Gleichbehandlungsgrundsatz und das Tatbestandsmerkmal der „wirtschaftlichen Tätigkeit" über die Intention des Gesetzgebers, die im Gesetzestext keinen Niederschlag gefunden hat, gewichten müssen. Dies kann wieder zu Abgrenzungsproblemen führen, da jede Tätigkeit für sich zu betrachten ist, und mithin eine entgeltlose Tätigkeit aus dem Anwendungsbereich des § 8 VII herausfällt, auch wenn daneben eine entgeltliche Tätigkeit besteht.

Kein kostendeckendes Entgelt. Zur Annahme eines Dauerverlustgeschäfts iSd § 8 VII S 2 muss eine Betätigung ohne kostendeckendes Entgelt unterhalten werden. Werden hingegen kostendeckende Entgelte verlangt, liegt bereits keine vGA vor. Das entspricht der Intention des Gesetzgebers und der Teleologie der vGA (vgl Rn 545 „Gewinnaufschlag"). Eine extensive Auslegung des § 8 VII, die von der wohl hM unter Berufung auf das BMF vertreten wird,[1] ist insoweit nicht nur unnötig, sondern unterstellt eine vGA, also eine Vorteilsgewährung an den Träger, obgleich ein solcher Vorteil gerade nicht mehr vorliegt.

Kausaler Zusammenhang. Der Verzicht auf kostendeckende Einnahmen muss durch einen der genannten politischen Gründe kausal veranlasst sein, dh iSe conditio sine qua non mit den politischen Gründen verknüpft sein. Unbeachtlich ist es, wenn daneben noch andere Gründe für einen Verzicht auf kostendeckendes Entgelt vorliegen.

Bewusste Entscheidung. Aufgrund dieser kausalen Verknüpfung ist auch eine bewusste Entscheidung zum Verzicht auf kostendeckendes Entgelt erforderlich. Diese Entscheidung muss zumindest die billigende Inkaufnahme einer Kostenunterdeckung beinhalten, da ansonsten kein Dauerverlustgeschäft vorliegt (beabsichtigte Gewinnerzielung über die Totalperiode). Fehlt diese billigende Inkaufnahme, so sind Verluste nicht durch die genannten Gründe verursacht.

Keine Durchsetzbarkeit von höherem Entgelt am Markt. Sind höhere Preise am Markt nicht durchsetzbar, führt das alleine nicht zur Annahme einer Ursächlichkeit der politischen Gründe für die Verluste.[2]

Definition der Kosten. Der Begriff der Kosten ist zwar gesetzlich nicht bestimmt. Darunter sollte jedoch der steuerliche Aufwand zu verstehen sein, der sich für den VZ ergibt (dh Betriebsausgaben inkl Abschreibungen). Betriebswirtschaftliche Größen wie kalkulatorischer Unternehmerlohn, handelsrechtlich höhere Abschreibungen oder steuerlich unzulässige Rückstellungen bleiben außer Betracht.[3] Kostendeckend bedeutet, dass sowohl die unmittelbar zuzuordnenden Kosten als auch entsprechende Anteile der Gemeinkosten gedeckt sein müssen.

Anlaufverluste und vorübergehende Verluste. Bloße Anlaufverluste, auf die in der Totalperiode Gewinne folgen, fallen schon begrifflich nicht in den Anwendungsbereich des § 8 VII S 2, da dieser dem Wortlaut nach Dauerverlustgeschäfte voraus-

---

1 *Bracksiek*, FR 2009, 15; *Leippe*, DStZ 2010, 106; *Meier/Semelka* in H/H/R § 8 Rn 530; BMF v 12.11.2009, BStBl I 2009, 1303, Rn 36.
2 *Rengers* in Blümich § 8 Rn 1122.
3 *Geißelmeier/Bargenda*, DStR 2009, 1333.

setzt. Allerdings fallen Anlaufverluste der ansonsten begünstigten Tätigkeiten unter die Vorschrift. Bei Anlaufverlusten und vorübergehenden Verlusten, die vGA darstellen, ist zu differenzieren, ob ein Dauerverlustgeschäft vorliegt. Dies kann bei Anlaufverlusten nicht der Fall sein, da dies eine gewinnbringende Fortführung der Tätigkeit impliziert. Bei vorübergehenden Verlusten, die aus den genannten politischen Gründen getragen werden, kann aber eine Anwendung des § 8 VII S 2 in Betracht kommen, wenn diese Gründe überwiegen und die spätere Tätigkeit mit der Tätigkeit der vorübergehenden Verlusterzielung nicht identisch ist.

891 **Prognosezeitraum.** Hinsichtlich des Prognosezeitraums ist auf die Totalperiode abzustellen.[1] Einen konkreten Zeitraum gibt weder die Verwaltung vor, noch lässt sich dieser aus einer Parallele zum Liebhabereibetrieb ermitteln, zumal dort ebenfalls nur indizielle Bedeutung besteht (Rn 196).

892 **Umfang der relevanten Geschäftstätigkeit.** Aufgabe- und Veräußerungsgeschäfte sind von § 8 VII S 2 grundsätzlich nicht erfasst, da dieser ausschließlich die laufenden Verluste erfassen soll.[2] Liegt ein Dauerverlustgeschäft nicht mehr vor, etwa weil die politischen Gründe wegfallen (Aufzug von Konkurrenz) oder weil nunmehr über die Totalperiode mit einem Gewinn gerechnet wird, fallen ab diesem VZ die Voraussetzungen für die Anwendung des § 8 VII weg.

893 **Veranlagungszeitraumbezogene Prüfung.** Die Prüfung der Kriterien des § 8 VII S 2 erfolgt veranlagungszeitraumbezogen. Ein Entfallen der Voraussetzungen in einem VZ hat keine Auswirkungen auf frühere VZ. Die Verwaltung geht offenbar davon aus, dass auch unterjährig, dh ab einem bestimmten Zeitpunkt die Voraussetzungen des § 8 VII vorliegen können bzw wegfallen können.[3] Aufgrund des strengen Bezugs der Vorschriften des KStG auf den VZ dürfte dies nicht zutreffend sein.

894 **Mischtätigkeit.** Übt eine Eigengesellschaft sowohl begünstigte Tätigkeiten als auch andere Verlusttätigkeit aus, die nicht begünstigt sind, ist für jeden Bereich das Einkommen getrennt zu ermitteln und § 8 VII nur insoweit anzuwenden, wie die begünstigte Tätigkeit reicht. Abzugrenzen ist dabei die Mischtätigkeit, dh das Nebeneinander von begünstigter und nicht begünstigter Tätigkeit und die bloße unterstützende Nebentätigkeit (zu letzterem Rn 895). Eine Mischtätigkeit ist dabei anzunehmen, soweit eigenständige (nicht begünstigte) Zwecke mit einer Tätigkeit verfolgt werden. Für diese Tätigkeit sind dann die Rechtsfolgen der vGA nach § 8 III 2 zu ziehen.

895 **Nebentätigkeit.** Nebentätigkeit liegt dagegen vor, wenn lediglich der begünstigte Hauptzweck unterstützt werden soll. Die Abgrenzung kann im Einzelfall schwierig sein. Indizien für eine bloße Nebentätigkeit können etwa die Höhe der mit dieser Tätigkeit erzielten Einkünfte und die betriebswirtschaftliche Unterstützungsfunktion der Tätigkeit sein.

896-897 *Einstweilen frei.*

---

1   BMF v 12.11.2009, BStBl I 2009, 1303, Rn 36.
2   BMF v 12.11.2009, BStBl I 2009, 1303, Rn 37; *Leippe*, DStZ 2010, 106.
3   BMF v 12.11.2009, BStBl I 2009, 1303, Rn 39; *Meier/Semelka* in H/H/R § 8 Rn 520.

d) Ausfluss hoheitlicher Tätigkeit. Bedeutung für Kapitalgesellschaften gem § 8 VII S 1 Nr 2. Werden hoheitliche Tätigkeiten, die nicht in den Bereich der Daseinsvorsorge fallen, auf Kapitalgesellschaften iSd § 8 VII S 1 Nr 2 ausgelagert, soll gem § 8 VII S 2 Hs 2 ebenfalls die Rechtsfolge der vGA nicht zu ziehen sein. Für BgA hat die Vorschrift hingegen keine Bedeutung. 898

Hoheitliche Tätigkeiten im Einzelnen. Als Beispiel für eine hoheitliche Tätigkeit ist das „Schulschwimmen" zu nennen.[1] Ob hier nicht ebenfalls ein (bildungs-) politischer Grund vorliegt, und somit die Regelung schon nicht erforderlich wäre, kann dahingestellt bleiben. Zumal unklar bleibt, welchen Anwendungsbereich die Regelung haben soll, da bereits aufgrund der Ausgliederung der Tätigkeit auf eine eigenständige Kapitalgesellschaft nur noch dann von einer hoheitlichen Tätigkeit ausgegangen werden kann, wenn eine Beleihung vorliegt. Ansonsten ist der Begriff des Hoheitsbetriebs iSd § 4 V zu verstehen (vgl hierzu im Einzelnen § 4 Rn 153 ff). 899

Verpachtung. Die hoheitliche Tätigkeit muss von der Kapitalgesellschaft selbst ausgeführt werden. Eine Verpachtung der Wirtschaftsgüter und ein hierbei entstehender Verlust führen zu einer vGA.[2] 900

Kein Wettbewerb. Soweit die Übernahme der hoheitlichen Tätigkeit gesetzlich zulässig ist, wird man auch hier als zusätzliches Kriterium fordern müssen, dass die Kapitalgesellschaft mit ihrer Tätigkeit nicht in größerem Maße in Wettbewerb zu privaten Anbietern tritt.[3] Wählt die öffentliche Hand für hoheitliche Betätigungen die privatrechtliche Rechtsform, so muss sie sich auch hieran festhalten lassen und kann kein Sonderrecht beanspruchen, wenn Unternehmen der Privatwirtschaft diese Aufgabe gleichfalls ausführen können. 901

Einstweilen frei. 902-903

6. Rechtsfolge. Keine Einschränkung der Erfüllung der tatbestandlichen Voraussetzungen. Mittels § 8 VII hat der Gesetzgeber die geschilderten Sachverhalte nicht tatbestandlich aus dem vGA-Begriff ausgesondert. Es liegen also nach wie vor tatbestandlich die Voraussetzungen einer vGA vor.[4] Daher müssen die Rechtsfolgen etwa dann noch gezogen werden, wenn zB keine Dauerverluste oder keine begünstigten Dauerverluste vorliegen, obwohl ansonsten alle Voraussetzungen des § 8 VII erfüllt sind.[5] 904

Einschränkung der Rechtsfolgen bei dem BgA und der Kapitalgesellschaft. § 8 VII bestimmt, dass die Rechtsfolgen einer vGA nicht zu ziehen sind. Dh es unterbleibt eine Hinzurechnung zum Gewinn außerhalb der Steuerbilanz des BgA bzw der Kapitalgesellschaft. 905

Einschränkung der Rechtsfolgen bei der Trägerkörperschaft. Ob auch auf Ebene der Trägerkörperschaft die Rechtsfolgen nicht gezogen werden sollen, ist durch den Wortlaut des Gesetzes nicht geklärt. Es könnte angenommen werden, dass bei der 906

---

1 BMF v 12.11.2009, BStBl I 2009, 1303, Rn 50.
2 BMF v 12.11.2009, BStBl I 2009, 1303, Rn 51.
3 *Gosch* in Gosch § 8 Rn 1043b.
4 *Heger*, FR 2009, 301.
5 *Meier/Semelka* in H/H/R § 8 Rn 511.

Trägerkörperschaft die Rechtsfolgen weiterhin zur Anwendung kommen, denn tatbestandlich liegt weiterhin eine vGA vor. Der Sinn und Zweck des § 8 VII verlangt allerdings, dass auch auf Ebene der Trägerkörperschaft die Rechtsfolgen der vGA nicht gezogen werden[1] (bzw keine Einkünfte gem § 20 I S 1 EStG vorliegen) und damit auch die Abführung von KESt für die Kapitalgesellschaft/den BgA unterbleiben kann.

907 **Höhe der vGA bei Nichterfüllung des § 8 VII.** Werden die Voraussetzungen des § 8 VII nicht erfüllt, gelten hinsichtlich der Höhe der vGA die allgemeinen Ausführungen zu Dauerverlustbetrieben (vgl Rn 545 „Dauerverlustbetriebe"). Das bedeutet, dass kein Gewinnzuschlag anzunehmen ist. Diese Handhabung wird auch vom BMF ausdrücklich bestätigt und belegt die Richtigkeit der hier vertretenen Thesen.[2] In diesem Zusammenhang wird die Frage aufgeworfen, wie hinsichtlich der vGA mit zusammenhängenden steuerfreien Erträgen zu verfahren ist, dh ob diese die Höhe der vGA mindern (da ja in dieser Höhe keine Verluste angefallen sind).[3] Auf Basis dieser Begründung wird auch argumentiert, abschreibungsbedingte Verluste aus der Bemessungsgrundlage müssten ausgeklammert werden, da die Anlagegegenstände zumeist als Einlage von der Trägerkörperschaft zur Verfügung gestellt würden.[4] Letztere Überlegung ist bereits deswegen nicht durchgreifend, weil die Trägerkörperschaft gleichwohl den Werteverzehr, der sich in der Abschreibung ausdrückt, ausgleichen muss. In dieser Höhe steuerlich beachtliche Verluste zu akzeptieren, widerspricht dem Telos der vGA. Dieser geht dahin, die gesellschaftsrechtlich veranlassten steuerlichen Verluste dem Gewinn hinzuzurechnen. Daraus erschließt sich auch, warum steuerfreie Erträge nicht zu einer Minderung der vGA führen können; denn durch deren Berücksichtigung würden sie im Ergebnis wie steuerpflichtige Erträge behandelt werden und die vGA würde nur noch zum Ausgleich des negativen Cash-Flows dienen.

908 **GewSt.** Ebenso wie für § 8 III 2 gilt auch für § 8 VII, dass diese Vorschrift das körperschaftsteuerliche Ergebnis bestimmt, das nach § 7 GewStG der GewSt zugrundezulegen ist. Damit hat die Vorschrift auch Bedeutung für die GewSt.

909-911 *Einstweilen frei.*

912 **XIV. Verlustnutzung bei Zusammenfassung von BgA (§ 8 VIII). 1. Allgemeines. Regelungsgehalt.** § 8 VIII regelt den Verlustvor- und Verlustrücktrag zwischen dem zusammengefassten BgA und den Ergebnissen der einzelnen BgA vor Zusammenfassung. Die Regelung verankert zum einen die bisherige Praxis,[5] schränkt zum anderen jedoch die bisherigen Möglichkeiten der Verlustnutzung ein.[6] So führt die Regelung des § 8 VII grundsätzlich zu stetig ansteigenden Verlustvorträgen, die eine sachliche Begrenzung erforderlich machen. Dieser Begrenzung

---

1 *Gosch* in Gosch § 8 Rn 1043 f; *Bracksiek*, FR 2009, 15.
2 BMF v 12.11.2009, BStBl I 2009, 1303, Rn 52.
3 So etwa *Meier/Semelka* in H/H/R Rn 511.
4 So *Leippe*, DStZ 2010, 106.
5 BFH I R 74/89, BStBl II 1992, 432; OFD Köln v 17.8.1998, FR 1998, 966.
6 *Schiffers*, GmbH-StB 2009, 67.

dient § 8 VIII, der vereinfachend gesprochen den Verlustvortrag auf den jeweiligen BgA in seiner individuellen Gestalt begrenzt und Zusammenfassungen mit weiteren Tätigkeitsbereichen als Entstehen eines neuen BgA begreift, der keinen Verlustvortrag hat.[1]

Beispiel

In einem BgA A sind Stromversorgung und Wasserversorgung zusammengefasst. Zum Ende des VZ 01 liegt ein Verlustvortrag iHv 100 vor. Nunmehr soll der Bereich ÖPNV hinzukommen. Ab dem Zeitpunkt der Zusammenfassung liegt ein neuer BgA B ohne Verlustvorträge vor. Wird später der ÖPNV wieder abgespalten steht der Verlustvortrag von 100 wieder zur Verfügung.

Bedeutung. Ein unmittelbarer tatbestandlicher Bezug des § 8 VIII zu den Dauerverlustgeschäften iSd § 8 VII besteht zwar nicht. Denn BgA können auch defizitär sein, wenn Verluste aus anderen Gründen betrieblich veranlasst sind. § 8 VIII ist dennoch als Folgeänderung der Einführung des § 8 VII zu sehen, da Dauerverlustgeschäfte keine vGA mehr begründen und hierdurch bei den einzelnen BgA regelmäßig Verlustvorträge aufgebaut werden.[2]

Zulässige Zusammenfassung iSd § 4 VI. § 8 VIII setzt zunächst eine zulässige Zusammenfassung von nicht gleichartigen BgA voraus. Die Voraussetzungen, unter denen die Zusammenfassung mehrerer BgA möglich ist, wurde mit dem JStG 2009 in § 4 VI geregelt. Die Regelung entspricht der bisherigen Verwaltungsauffassung (hierzu im Einzelnen § 4 Rn 171 ff).

Zinsvorträge. § 8 VIII bezieht sich ausschließlich auf Verlustvorträge. Zinsvorträge (§ 4h EStG) sind nicht von der Vorschrift umfasst. Ebensowenig erfasst § 8 VIII Verluste gem §§ 2a (Auslandsverluste), 15 IV S 1 (gewerbliche Tierzucht), S 3 (Termingeschäfte mit Differenzausgleich), S 4 und 5 (Absicherungsgeschäfte bei Banken, Finanzdienstleistern und Finanzunternehmen) und S 6 (stille Gesellschaften und andere Innengesellschaften) EStG. §§ 15a und 15b EStG haben bei BgA bereits keinen sachlichen Anwendungsbereich und sind daher ebenfalls nicht von der Regelung erfasst.

Rücklagen. Nach § 20 I Nr 10 lit b EStG gebildete Rückalgen sind weiterzuführen und entsprechend der jeweiligen Zweckbestimmung zu verwenden. § 8 VIII hat auf diese Rücklagen in Ermangelung einer ausdrücklichen Regelung keine Auswirkung.

Einstweilen frei.

2. Verluste nach Zusammenfassung. Anwendung des § 10d EStG auf zusammengefasste BgA (§ 8 VIII S 1). § 8 VIII S 1 bestimmt zunächst, dass § 10d EStG nicht für jeden einzelnen gleichartigen BgA anzuwenden ist. Dh der zusammengefasste BgA stellt nicht mehr die Summe der einzelnen BgA dar, sondern ist für Zwecke der Bestimmung des Verlustabzugs als eigenes Ermittlungssubjekt zu sehen.[3]

---

1 Rengers in Blümich § 8 Rn 1131.
2 Fiand/Klaiber, KStZ 2009, 41.
3 Pinkos, DStZ 2010, 96.

920	**Verlustabzug bei Zusammenfassung gleichartiger BgA.** Bei der Zusammenfassung gleichartiger BgA gem § 4 VI Nr 1 ergeben sich hingegen nach § 8 VIII S 5 abweichend zu der Zusammenfassung gem § 4 VI Nr 2 und 3 (hierzu Rn 924 ff) keine weiteren Einschränkungen für den Verlustabzug iSd § 10d EStG. Dh Verlustvorträge aus der Zeit vor der Zusammenfassung können ebenso mit Einkünften des zusammengefassten BgA verrechnet werden, wie neu entstehende Verluste auf einzelne BgA zurückgetragen werden können. Allerdings beschränkt sich der Verlustvortrag bzw -rücktrag nach der Rechtsprechung des BFH auf die jeweilige Tätigkeit.[1]
921	**Verlustabzug bei Zusammenfassung von zusammengefassten BgA.** Werden zusammengefasste BgA mit anderen einzelnen BgA oder einem anderen zusammengefassten BgA zusammengefasst, gilt § 8 VIII S 1 entsprechend. Damit ist für diesen neuen erweiterten zusammengefassten BgA wieder gesondert der Verlustabzug nach § 10d EStG vorzunehmen.
922-923	*Einstweilen frei.*
924	**3. Verluste vor Zusammenfassung (§ 8 VIII S 2). „Einfrieren" der Verluste.** Werden nicht gleichartige BgA nach § 4 VI zusammengefasst, wird der für jeden BgA vor der Zusammenfassung angesammelte Verlustvortrag gem § 8 VIII S 2 eingefroren.[2] Diese Verlustvorträge sind damit nicht für den zusammengefassten BgA nutzbar.

> **Beispiel**
>
> *Ein Wasserversorgungs BgA erwirtschaftet bis zum Ende des VZ 01 Verluste iHv 100. Ende 01 wird der Stromerzeugungs BgA mit dem vorgenannten BgA zusammengefasst. Dieser erzielt Überschüsse. Der Verlustvortrag iHv 100 kann jedoch wegen § 8 VIII S 2 nicht genutzt werden.*

Dies stellt gegenüber der Rechtslage vor der Neuregelung eine Schlechterstellung dar, da bislang Verluste aus der Zeit vor der Zusammenfassung (für dieselbe Tätigkeit) weiterhin genutzt werden konnten.[3]

925	**Feststellung eingefrorener Verluste.** Die Verluste sind gemäß § 8 IX S 8 für jede Sparte gesondert festzustellen. § 10d IV EStG gilt entsprechend.
926	**Verluste zusammengefasster BgA.** Wird ein bereits zusammengefasster BgA A mit weiteren BgA zum BgA B zusammengefasst, gilt § 8 VIII S 2 in gleicher Weise.[4] Der vor der Zusammenfassung zum BgA B bestehende Verlustvortrag des zusammengefassten BgA A wird eingefroren und kann erst wieder genutzt werden, wenn der zusammengefasste BgA A wieder aus dem erweiterten zusammengefassten BgA gelöst wird.
927	**Verfassungsmäßigkeit bei Verkauf von Wirtschaftsgütern des BgA.** Die Aufteilung des Verlustvortrages und seine Zuordnung zu jeweils fiktiven BgA in ihrer jeweiligen Gestalt steht im Spannungsverhältnis zu Entscheidung des BFH v

---

1 BFH I R 74/89, BStBl II 1992, 432.
2 *Krämer* in D/J/P/W § 8 Abs 8 Rn 7.
3 *Krämer* in D/J/P/W § 8 Abs 8 Rn 5.
4 *Gosch* in Gosch § 8 Rn 1044a.

26.8.2010.¹ In den Fällen, in denen eine Verlustverrechnung in späteren VZ nicht mehr möglich ist, könnte aus dieser Entscheidung geschlussfolgert werden, dass Verluste abzugsfähig sein müssen. Allerdings steht dem die Entscheidungshoheit der Trägerkörperschaft zur Zusammenfassung oder Beibehaltung des BgA entgegen. Die Endgültigkeit der Verluste ist lediglich dann zwangsläufig, wenn die juristische Person des öffentlichen Rechts aus rechtlichen Gründen gehindert ist, den BgA in der bisherigen Form weiterzubetreiben oder ihn wieder entstehen zu lassen. In diesen Fällen folgt aus dem genannten BFH-Beschluss eine Berücksichtigungsfähigkeit der Verluste.

Einstweilen frei. 928-929

4. Verlustrücktrag (§ 8 VIII S 3). § 8 VIII S 3 verhindert einen Verlustrücktrag des zusammengefassten BgA auf die einzelnen BgA vor der Zusammenfassung. Damit verschlechtert sich die Rechtslage im Verhältnis zur bisherigen Rechtsprechung. Danach war ein Verlustrücktrag auf einen bestimmten BgA insoweit möglich, als der Verlust aus dessen Tätigkeit stammte.² 930

Einstweilen frei. 931

5. Verlustabzug nach Zusammenfassung (§ 8 VIII S 4). Verlustvorträge vor Zusammenfassung von BgA. Eine Nutzung des Verlustvortrags erlaubt § 8 VIII S 4 erst dann, wenn die Zusammenfassung der BgA gem § 4 VI beendet wird. Über die Beendigung der Zusammenfassung hinaus ist in entsprechender Anwendung der BFH-Rechtsprechung³ zu verlangen, dass der BgA nach der Beendigung der Zusammenfassung wirtschaftlich noch mit dem BgA vor der Zusammenfassung, in dem der Verlust entstanden ist, identisch ist, dh die gleiche Tätigkeit ausübt. Hier sollte auf das Kriterium der Unternehmensidentität aus dem Gewerbesteuerrecht zurückgegriffen werden, um Umgehungen zu verhindern.⁴ 932

Verlustvorträge des zusammengefassten BgA. Nicht geregelt ist, was mit dem von einem zusammengefassten BgA seinerseits aufgebauten Verlustvortrag nach der Beendigung des Zusammenschlusses geschieht. Denkbar ist, dass auch dieser nur dann wieder zur Verfügung steht, wenn sich dieselben BgA erneut zusammenschließen. Ebenso ist denkbar, dass der Verlustvortrag anteilig von den wieder getrennt geführten BgA fortgeführt werden kann. Da es an einer Regelung fehlt, könnte man sich auch an den für Kapitalgesellschaften geltenden umwandlungssteuerrechtlichen Grundsätzen orientieren, wonach ein Verlustvortrag bei Aufspaltung untergeht (§ 15 III UmwStG).⁵ Der Gesetzgeber intendiert jedoch offensichtlich keine Orientierung am Umwandlungssteuerrecht (wobei sich hier durchaus gleichheitsrechtliche Fragen aufwerfen ließen), sondern will die Verlustvorträge nach Möglichkeit einfrieren. Daher wird man unter Berücksichtigung der vom Gesetzgeber vorgegebenen Rechts- 933

---

1 BFH I B 49/10, BFH/NV 2010, 2356.
2 BFH I R 74/89, BStBl II 1992, 432.
3 BFH I R 74/89, BStBl II 1992, 432.
4 AA *Meier/Semelka* in H/H/R § 8 Rn 558; *Fiand*, KStZ 2010, 8.
5 *Schlenker* in Blümich § 10d EStG Rn 205.

grundsätze im Fall des Zusammenschlusses davon ausgehen müssen, dass der Verlustvortrag auch dann wieder zur Verfügung steht, wenn die einstmals zusammengeschlossenen BgA getrennt werden und später wieder zusammenfinden.

934 *Einstweilen frei.*

935 **6. Zusammenfassung gleichartiger BgA (§ 8 VIII S 5).** § 8 VIII S 5 ermöglicht den juristischen Personen des öffentlichen Rechts bei gleichartigen BgA (§ 4), die gezielte Zusammenfassung von Verlustvorträgen und deren Nutzung. Diese Regelung ist darauf zurückzuführen, dass bei gleichartigen Betrieben eine besonders enge Verknüpfung vorliegt, die bei den anderen Zusammenfassungsgründen nach § 4 VI nicht gegeben sind.

936 *Einstweilen frei.*

937 **XV. Spartenrechnung bei der Verlustnutzung durch öffentlich rechtlich beherrschte Kapitalgesellschaften (§ 8b IX). 1. Allgemeines. Notwendigkeit der Regelung.** Bei Kapitalgesellschaften führt der Betrieb unterschiedlicher Teilbereiche grundsätzlich zu einer Zusammenfassung auf Ebene der Gesellschaft. Die Spartenrechnung soll hier die Gleichbehandlung mit dem BgA sichern, indem auch auf Ebene der Kapitalgesellschaft, dh der Eigengesellschaft verschiedene Bereiche unterschieden werden. Die Bereiche sind an § 4 VI orientiert, was für die Auslegung sowohl des § 8 VIII als auch des § 8 IX von entscheidender Bedeutung ist.

938 **Begrenzung der Quersubventionierung.** Der Zweck des § 8 IX ist in einer Begrenzung der Quersubventionierung der einzelnen Sparten entsprechend der unmittelbaren Anwendung des § 4 VI iVm § 8 VIII zu sehen. Dies betrifft die getrennte Einkommensermittlung sowie die getrennte Verlustnutzung für die entsprechenden Sparten.

939 **Kritik und Komplexität.** Der Spartenrechnung wird (zu Recht) erhebliche Komplexität und „Scheingenauigkeit" vorgeworfen.[1] Die Vorwürfe sind der Sache nach berechtigt. Zu konstatieren ist aber, dass der Kern der Kritik sich auf die Einkommensermittlung der BgA richten sollte. § 8 IX ist lediglich Folge der Anwendung von Grundsätzen der BgA-Besteuerung auf Kapitalgesellschaften. Unter den gegebenen Umständen ist die Norm nicht verzichtbar.[2]

940 **Persönlicher Anwendungsbereich der Spartenrechnung.** Die Spartenrechnung ist auf Kapitalgesellschaften anwendbar, die mindestens ein Dauerverlustgeschäft betreiben und daneben

- andere wirtschaftliche Tätigkeiten ausüben,
- hoheitliche Tätigkeiten ausüben,
- andere Dauerverlustgeschäfte ausüben, die entweder nicht gleichartig (vgl Rn 965) oder zumindest nicht zusammenfassbar (Rn 949) sind.

941 **Dauerverlustgeschäft.** Voraussetzung für die Anwendbarkeit des § 8 IX ist, dass ein Fall des § 8 VII Nr 2 vorliegt (dh ein Dauerverlustgeschäft idS existiert und die Kapitalgesellschaft öffentlich rechtlich beherrscht wird). Auch insoweit gelten die aufgezeigten Grundsätze für die Zusammenrechnung von Stimmrechten (vgl Rn 845 ff).

---

1 *Fiand/Klaiber*, KStZ 2009, 41; *Gosch* in Gosch § 8 Rn 1044c.
2 *Meier/Semelka* in H/H/R § 8 Rn 567.

XV. Spartenrechnung bei der Verlustnutzung

Übergangsregelung. Die Spartenrechnung ist erstmals für VZ anzuwenden, die in 2009 enden. Das gilt auch für die verfahrensrechtlichen Regelungen. Ein zum Ende des vorangehenden VZ festgestellter Verlustvortrag ist sachgerecht auf die sich ergebenden Sparten aufzuteilen (§ 34 VI S 10). Ein Verlustrücktrag auf den VZ 2008 ist möglich, wenn die Summe aller Sparten im VZ 2009 negativ ist (§ 34 VI S 11). Daher ist der Höchstbetrag von 511.500 EUR auch nur einmal zu gewähren.[1]

Einstweilen frei.

2. Spartenrechnung (§ 8 IX S 1). Definition der Sparten. Die getrennte Einkommensermittlung nach Sparten ist gem § 8 IX S 1 nach folgenden Bereichen zu vollziehen:

1. Dauerverlustgeschäfte, die Ausfluss einer Tätigkeit sind und zu einem Hoheitsbetrieb gehören (§ 8 IX S 1 Nr 1; vgl Rn 947),

2. zusammenfassbare Dauerverlustgeschäfte nach § 4 VI (vgl Rn 948) oder übrige Dauerverlustgeschäfte, die nicht unter § 8 IX S 1 Nr 1 fallen (§ 8 IX S 1 Nr 2; vgl Rn 949),

3. alle übrigen Tätigkeiten (§ 8 IX S 1 Nr 3; vgl Rn 950).

Anzahl an Sparten. § 8 IX S 1 ist nicht so zu verstehen, dass maximal drei Sparten zu führen sind. Vielmehr bilden nach dem Wortlaut des Gesetzes bei den Tätigkeiten die Ausfluss eines Hoheitsbetriebes sind, etwaige unterschiedliche Hoheitsbetriebe unterschiedliche Sparten. Ebenso verhält es sich jeweils mit den für sich zusammenfassbaren Tätigkeiten (jeweils eigene Sparten) und den übrigen Dauerverlustbetrieben, die ihrerseits nicht zusammenzufassen sind, sondern jeweils eine eigenständige Sparte bilden.[2]

Hoheitliche Dauerverlustgeschäfte. Jede hoheitliche Tätigkeit, die einen Dauerverlustbetrieb darstellt, ist einer eigenen Sparte zuzuordnen. Dies ergibt sich aus § 8 IX S 1 Nr 1 letzter Satzteil. Dies gilt unabhängig davon, ob einzelne Tätigkeiten Gewinne abwerfen.

Zusammenfassbare Tätigkeiten iSd § 4 VI. Zusammenfassbare Tätigkeiten iSd § 4 VI bilden bei der erstmaligen Erfassung jeweils eine eigenständige Sparte Es kommt hier nach dem Wortlaut nicht darauf an, ob die Kapitalgesellschaft eine Zusammenfassung beabsichtigt. Für BgA gilt nach § 4 VI ein Wahlrecht, dh die Möglichkeit solche Tätigkeiten zusammenzufassen und das Einkommen insoweit gemeinsam zu ermitteln; Kapitalgesellschaften haben aber nach der Vorstellung des Gesetzgebers nur eine einheitliche betriebliche Sphäre, so dass die Aufteilung in unterschiedliche Sparten grundsätzlich ein Fremdkörper ist. Treten neue, nicht gleichartige Tätigkeiten hinzu, so bilden sie grundsätzlich eine neue Sparte (§ 8 IX S 3). Das gilt für die erstmalige Erfassung der Tätigkeiten nach dem klaren Wortlaut auch dann, wenn die Tätigkeit mit anderen Tätigkeiten nach § 4 VI zusammenfassbar wäre. Ob in der

---
1 *Rengers* in Blümich § 8 Rn 1145.
2 *Bracksiek*, FR 2009, 15.

949 **Nicht zusammenfassbare Tätigkeiten aus nichthoheitlichen Dauerverlustgeschäften.** Tätigkeiten, die Dauerverlustgeschäfte iSd § 8 VII S 2, aber nicht hoheitlich und nicht nach § 4 VI zusammenfassbar sind, werden jeweils unterschiedlichen Sparten zugeordnet.

Folge eine Zusammenfassung möglich ist oder nicht, ist nicht geregelt (vgl Rn 965). Die Aufnahme einer neuen, gleichartigen Tätigkeit führt dagegen nicht zum Entstehen einer neuen Sparte.

950 **Übrige Tätigkeiten mit einheitlicher Spartenbildung.** Die übrigen Tätigkeiten in § 8 IX S 1 Nr 3 bilden die weder unter hoheitliche Tätigkeiten fallenden noch als Dauerverlustgeschäfte zu identifizierenden Tätigkeiten. Diese bilden insgesamt eine Sparte, ähnlich einem einheitlichen wirtschaftlichen Geschäftsbetrieb.

951 **Kettenzusammenfassung.** Sind unterschiedliche Konstellationen der Zusammenfassung denkbar (etwa zwischen Wärmeversorger, Bäderbetrieb und Parkgarage) so bleibt die Wahl der individuellen Zusammenfassung für Zwecke der Spartenrechnung der Kapitalgesellschaft überlassen,[1] sog Kettenzusammenfassung hierzu § 4 Rn 192 f.

952-953 *Einstweilen frei.*

954 **3. Spartenbezogene Ermittlung der Einkünfte (§ 8 IX S 2). Separate Ermittlung.** Die Einkünfte jeder Sparte sind jeweils getrennt voneinander zu ermitteln. Damit ergibt sich eine Einkommensermittlung entsprechend den für BgA geltenden Grundsätzen. Auch diese Regelung spricht dafür, der Kapitalgesellschaft ein Wahlrecht hinsichtlich der Zusammenfassung zuzugestehen.

955 **Steuerpflicht der Kapitalgesellschaft.** Die Steuerpflicht der Kapitalgesellschaft bleibt von der Einkommensermittlung für die einzelnen Sparten unberührt. Daher haben Übertragungen zwischen einzelnen Sparten keine Auswirkungen auf das Ergebnis, insbesondere werden keine stillen Reserven realisiert, soweit Wirtschaftsgüter nicht zwischen verschiedenen Körperschaften übertragen werden.[2]

956 **Zuordnung von Wirtschaftsgütern und Ergebnissen.** Die Spartenrechnung erfordert eine umfangreiche Zuordnung und Zuschlüsselungen von Einkünften, Ausgaben und den jeweils zur Leistungserstellung verwandten Wirtschaftsgütern. Dies erfordert eine komplexe Kostenrechnung. Im Grundsatz steht dabei die Kapitalgesellschaft vor einer Aufgabe, die einerseits durch die Tätigkeiten determiniert, andererseits der Gestaltung zugänglich ist. Die Finanzverwaltung unterscheidet hier ebenso wie im Einkommensteuerrecht nach notwendigem und gewillkürtem Betriebsvermögen. Flüssige Mittel und Festgelder sollen nach Umsatzgrößen geschlüsselt werden.[3] ME muss der gewählte Maßstab lediglich plausibel sein und stetig angewandt werden. Entscheidend ist im Ergebnis nur die Erstzuordnung bei erstmaliger Anwendung (dann erscheint ein Umsatzschlüssel ebenso nah- oder fernliegend wie ein Schlüssel nach Maßgabe der Aufwendungen) und beim Entstehen neuer Sparten.

---

1 *Bracksiek*, FR 2009, 15.
2 *Hüttemann*, DB 2009, 2629.
3 BMF v 12.11.2009, BStBl I 2009, 1303, Rn 82.

XV. Spartenrechnung bei der Verlustnutzung

Notwendiges Spartenvermögen. Hinsichtlich notwendigem Spartenvermögen sind die Zuordnungsvorschriften für BgA analog heranzuziehen (vgl § 4 Rn 207)

Gewillkürtes Spartenvermögen. Entsprechend der Handhabung bei BgA solle es Kapitalgesellschaften auch möglich sein, gewillkürtes Spartenvermögen zu bilden. Nach § 8 II ist das gesamte Vermögen der Kapitalgesellschaft notwendiges Betriebsvermögen, es muss jedoch den einzelnen Sparten zugeteilt werden. Der Begriff des gewillkürten Betriebsvermögens[1] ist hierfür ggf missverständlich. Kapitalgesellschaft hätte demnach bei erstmaliger Anwendung der Vorschriften die Möglichkeit, weitgehend Entscheidungen über die Zuordnung zu treffen. Die Entscheidung ist im Zeitablauf stetig fortzuführen.

Allgemeine Verwaltungskosten. Auch die Kosten des sog Overhead, also die Verwaltungskosten und Servicekosten müssen sachgerecht aufgeteilt werden. Auch dieser Maßstab muss stetig angewandt werden. Sachgerecht kann etwa eine Aufteilung nach dem Umsatzschlüssel oder nach dem sonstigen Kostenschlüssel sein. Möglich ist auch eine Ausdifferenzierung der Leistungserfassung und die direkte Zuordnung der jeweiligen Kosten, dies stellt besondere Anforderungen an das Erfassungssystem.

Hilfstätigkeiten. Hilfstätigkeiten teilen das Schicksal der jeweiligen Sparte. Dabei können Hilfstätigkeiten auch mehreren Sparten (jeweils anteilig) zuzuordnen sein. Hilfstätigkeiten sind solche, die eine dienende Funktion gegenüber der Haupttätigkeit haben. Würde eine Tätigkeit einen eigenen BgA begründen, kann sie bei der Kapitalgesellschaft keine Hilfstätigkeit sein. Wirtschaftliche Geschäftsbetriebe fallen mE in die Sparte der sonstigen Tätigkeiten nach § 8 IX S 1 Nr 3 und können daher auch wenn sie unterstützende Tätigkeiten darstellen (wie etwa die Cafeteria des Schwimmbad-Betriebes) kein Hilfsbetrieb sein.[2]

Zinsschranke. Kommt es zu einer Anwendung der Zinsschranke nach § 4h EStG bzw § 8a, so sind die Besonderheiten der Spartenrechnung zu beachten (vgl § 8a Rn 143 „Verluste aus Sparten").

Organschaft. § 15 Nr 4 und 5 bestimmen, dass § 8 VII und IX auf Ebene der Organgesellschaft keine Anwendung finden, sondern stattdessen bei der Ermittlung des Einkommens des Organträgers zu berücksichtigen sind. Da für Dauerverluste iSd § 8 VII S 2 auch die Anwendung des § 8 III S 2 ausgeschlossen wird, ist das Ergebnis der Organgesellschaft ohne Korrekturen, also auch ohne vorweggenommene Gewinnabführung, dem Organträger zuzurechnen.

Einstweilen frei.

4. Veränderung der Sparten (§ 8 IX S 3). Neue nicht gleichartige Tätigkeit. Wird nachträglich eine „nicht gleichartige" Tätigkeit aufgenommen, bildet diese gem § 8 IX S 3 Hs 1 eine eigenständige Sparte. Dies gilt auch, wenn die Tätigkeit zwar nicht gleichartig ist, aber nach § 4 VI mit anderen Tätigkeiten zusammengefasst werden könnte.[3] Wegen des Grundsatzes der Gleichbehandlung von BgA und Kapitalgesell-

---

1 *Meier/Semelka* in H/H/R § 8 Rn 576.
2 AA *Westermann/Prechtl*, KStZ 2010, 149.
3 *Meier/Semekla* in H/H/R § 8 Rn 581; *Rengers* in Blümich § 8 Rn 1138; *Gosch* in Gosch § 8 Rn 1044c; *Bracksiek*, FR 2009, 15.

schaft ist aber anzunehmen, dass in der Folge ein Wahlrecht zur Zusammenfassung auch für Kapitalgesellschaften vorliegt, dessen Ausübung durch entsprechende Einkommensermittlung und Erklärung ausgeübt werden kann. Der Kapitalgesellschaft steht es dann frei, entsprechend der Handhabung bei BgA, diese Tätigkeiten ab dem Hinzutreten der nicht gleichartigen, aber zusammenfassbaren Tätigkeit, in einer Sparte zusammenzufassen. Dieses Wahlrecht findet sich nicht ausdrücklich in § 8 IX, kann aber indirekt aus § 8 IX S 1 Nr 2 geschlossen werden. Das Entsehen einer neuen Sparte (durch die gewillkürte Zusammenfassung) bewirkt ein Einfrieren des Altverlustes. Dieser kann nur bei Auflüsung der Verbindung beider Sparten wieder genutzt werden.

966 **Fortführung der bisherigen Sparte bei Gleichartigkeit.** Wird eine gleichartige Tätigkeit aufgenommen, liegt keine neue Sparte vor, so dass auch die bisherige Sparte nicht beendet wird. Die Verluste können weiter genutzt bzw fortgeschrieben werden.[1]

967 **Veränderung in der einheitlichen Sparte.** Erfolgt eine Zusammenfassung nach § 4 VI Nr 2 oder 3, ist der bisherige Verlust festzuschreiben und erst dann wieder mit Gewinnen zu verrechnen, wenn die Sparte in gleicher Form wieder entsteht. Erfolgt eine Zusammenfassung nach § 4 VI Nr 1 ändert die Sparte ihr Wesen nicht, so dass Verluste weiter genutzt werden können bzw fortzuschreiben sind. Veränderungen bei den übrigen Tätigkeiten iSd § 8 IX S 1 Nr 3 führen nicht zu einer Änderung dieser Sparte, da sie keine eigene Verlustzuordnungsfunktion hat. Daher sind Verluste insoweit in jedem Fall weiterhin nutzbar bzw fortzuschreiben.[2]

968 **Gesonderte Feststellung (§ 8 IX S 8).** Durch das JStG 2010 wurde § 8 IX S 8 dahingehend erweitert, dass der verbleibende Verlustvortrag am Ende eines VZ gesondert festzustellen ist. Die derzeitige Regelung ist iSe Feststellung von Amts wegen zu interpretieren. Die Feststellungsbescheide sind separat anfechtbar. Aufgrund der ebenfalls mit dem JStG 2010 geänderten Bindungswirkung der Steuerbescheide für die Feststellungsbescheide nach § 10d IV EStG, auf den § 8 IX ausdrücklich verweist, ist eine Änderung des Feststellungsbescheids nur möglich, wenn auch der Körperschaftsteuerbescheid geändert werden könnte. Ob der Feststellungsbescheid Grundlagenbescheid nach § 171 X AO für den Bescheid zum folgenden Feststellungszeitpunkt sein soll, ist nicht geklärt. Ebenso wenig, ob eine Erklärungspflicht mit der Feststellung verbunden ist.[3]

969 **Aufnahme einer gleichartigen Tätigkeit.** Gleichartige Tätigkeiten können nach § 4 VI Nr 1 zusammengefasst werden. Die Aufnahme einer gleichartigen Tätigkeit führt daher nicht zum Entstehen einer neuen Sparte.

970 **Aufgabe einer nicht gleichartigen Sparte.** Für die Aufgabe einer Tätigkeit gilt nach § 8 IX S 3 Hs 2 dasselbe wie für die Aufnahme der Tätigkeit. Entsprechend ergibt sich auch bei Aufgabe einer nicht gleichartigen in einer eigenen Sparte geführten Tätigkeit kein Einfluss auf die Verlustvorträge anderer Sparten. Dh die Verlustvorträge

---

[1] BMF v 12.11.2009, BStBl I 2009, 1303, Rn 75.
[2] BMF v 12.11.2009, BStBl I 2009, 1303, Rn 74.
[3] Meier/Semelka in H/H/R § 8 Rn 593.

XV. Spartenrechnung bei der Verlustnutzung

der übrigen Sparten bleiben insoweit bestehen und sind weiter nutzbar. Wird ein Teil einer zusammengefassten Sparte aufgegeben, ist zu differenzieren. Handelt es sich um eine nicht gleichartige Tätigkeit, so wird die zusammengefasste Sparte beendet und der Verlust wird eingefroren. Es entsteht eine neue, nicht zusammengefasste Sparte. Wann und in welcher Form eine Sparte endgültig beendet wird, ist nicht geregelt. Der Aufgabewille muss deutlich zutage treten.

Aufgabe einer gleichartigen Tätigkeit. Die Aufgabe einer gleichartigen Tätigkeit innerhalb einer Sparte hat keine Auswirkungen auf die Verluste und ihre Nutzung. Wird etwa ein Teil des ÖPNV einer Kapitalgesellschaft eingestellt, kann der hierdurch entstandene Altverlust von den übrigen ÖPNV-Betrieben weiterhin genutzt werden. 971

Einstweilen frei. 972-973

5. Verlustverrechnungsverbot zwischen den Sparten (§ 8 IX S 4 und 5). Verrechnung innerhalb einer Sparte. § 8 IX S 4 sperrt die Verlustverrechnung zwischen verschiedenen Sparten und ordnet an, dass Verluste nur mit positiven Einkünften der jeweiligen Sparte zu verrechnen sind. 974

Verlustvor- und Verlustrücktrag innerhalb einer Sparte. Der Verlustvor- und rücktrag erfolgt gleichfalls nur innerhalb der jeweiligen Sparten. Das bedeutet, dass für die Zwecke der Verlustverrechnung jede Sparte als eigenständig anzusehen ist. Daher sind die Begrenzungen nach § 10d iHv 511.500 EUR bzw 1 Mio für jede Sparte und damit ggf mehrfach zu berücksichtigen. Ein verbleibender Verlustvortrag ist gesondert festzustellen. 975

Einstweilen frei. 976-977

6. Unterjähriger Wegfall und erstmalige Anwendung der Spartenrechnung (§ 8 IX S 6 und 7). Aufgabe der Spartenrechnung. Wird innerhalb eines VZ die Spartenrechnung beendet, weil Stimmrechtsmehrheit oder Verlusttragung der öffentlichen Hand wegfallen, ist die Kapitalgesellschaft als einheitliches Rechtssubjekt zu behandeln. Die laufenden Gewinne oder Verluste des VZ sind für Zwecke der letztmaligen Spartenrechnung entsprechend aufzuteilen, wobei offen ist, in welcher Form die Zuteilung zu erfolgen hat (quotal pro rata temporis, nach tatsächlicher Verursachung?). 978

Beispiel

Eine Kapitalgesellschaft erzielt im VZ 01 Verluste iHv 300 iRe Dauerverlustgeschäftes. Die Spartenrechnung endet zum 1.5., weil die öffentliche Hand zu diesem Zeitpunkt einen Stimmbindungsvertrag abschließt, der die Ausübung der Mehrheit der Stimmen verhindert. Die Verluste sind aufzuteilen. Bei einer Aufteilung pro rata temporis entfallen auf die Spartenrechnung 100. Diese Verluste, ebenso wie ein etwaiger Verlustvortrag der Sparte, entfallen nach § 8 IX S 6. Die übrigen Verluste begründen ggf eine vGA. Die Aufteilung könnte auch nach Verursachung erfolgen. Wird etwa der Verlust iHv 150 bis zum 30.4. der Restverlust bis zum Jahresende erzielt, entfallen 150 der Verluste.

979 **Wegfall nicht ausgeglichener oder abgezogener Verluste.** Rechtsfolge des Wegfalls der Voraussetzungen ist ein Entfallen der gebildeten und bisher nicht ausgeglichenen Verlustvorträge der einzelnen Sparten. Ob dies auch gelten soll, wenn die Voraussetzungen kurzzeitig (etwa durch Stimmrechtsveränderungen) entfallen und dann wieder hergestellt werden, ist fraglich. ME entfallen Verlustvorträge nur, wenn der Wegfall der Voraussetzungen entweder Ausdruck eines Aufgabewillens der Körperschaft des öffentlichen Rechts oder von einer gewissen Nachhaltigkeit ist.[1] Andernfalls wären verfassungsrechtliche Bedenken auch mit Rücksicht auf die jüngste BFH Rechtsprechung[2] naheliegend. Verluste in der Sparte nach § 8 IX S 1 Nr 3 entfallen nicht, sondern sind nunmehr der Kapitalgesellschaft als Ganzes zuzuordnen.

980 **Verluste vor Eintritt der Spartenrechnung.** Verluste, die vor Eintritt der Voraussetzungen entstehen, sind bis zu diesem Zeitpunkt abzugsfähig. Danach sind sie der Sparte nach § 8 IX S 1 Nr 3 zuzuordnen. Dies führt bei Verlusten, die aufgrund des Bestandsschutzes nach § 34 VI S 5 fortgeschrieben wurden, zu fragwürdigen Ergebnissen.

Beispiel
Eine Kapitalgesellschaft hat in den VZ vor Eingreifen der Spartenrechnung nach der bisherigen Verwaltungsauffassung Verlustvorträge iHv 500 angesammelt. Mit Eintritt in die Spartenrechnung können diese der Sparte des sonstigen wirtschaftlichen Geschäftsbetriebs zugeordnet und dort mit Gewinnen verrechnet werden, auch wenn sie aus einem Dauerverlustgeschäft stammen.

981-982 *Einstweilen frei.*

983 **XVI. Sonderregelungen für Einkünfte aus Kapitalvermögen (§ 8 X). 1. Allgemeines. Regelungsgehalt.** § 8 X regelt die Anwendbarkeit der Regelungen zur Abgeltungsteuer für Körperschaften, die Einkünfte aus Kapitalvermögen erzielen.

984 **Betroffene unbeschränkt steuerpflichtige Körperschaften.** Körperschaften, die Einkünfte aus Kapitalvermögen erzielen und § 8b X unterfallen, sind solche iSv § 1 I Nr 4-6.[3] Körperschaften iSv § 1 I Nr 1-3 erzielen hingegen aufgrund des § 8 II grundsätzlich Einkünfte aus Gewerbebetrieb.

985 **Beschränkt steuerpflichtige Körperschaften.** Beschränkt steuerpflichtige Körperschaften können sowohl im Fall des § 2 Nr 1 als auch im Fall des § 2 Nr 2 zwar grundsätzlich Einkünfte aus Kapitalvermögen erzielen. Bei diesen beschränkt steuerpflichtigen Körperschaften hat jedoch der Steuerabzug gem § 32 I Nr 2 Abgeltungswirkung (§ 32 Rn 6) bzw es erfolgt keine weitere Einkommensermittlung nach § 8 I iVm § 2 EStG, so dass es nicht mehr der Anwendung des § 8 X bedarf.[4] Lediglich soweit derartige Einkünfte in einem inländischen Betrieb anfallen, kann eine Er-

---
1 AA *Meier/Semelka* in H/H/R § 8 Rn 589.
2 BFH I B 49/10, BFH/NV 2010, 2356.
3 *Pung* in D/J/P/W § 8 Abs 10 Rn 1; *Roser* in Gosch § 8 Rn 1516.
4 So auch die Gesetzesbegründung, wonach bei beschränkt steuerpflichtigen Körperschaften § 32 I Nr 2 unberührt bleibt, BTDrs 16/11108, 28.

fassung dieser Einkünfte bei der Einkommensermittlung in Frage kommen. In diesen Fällen tritt jedoch bereits keine Abgeltungswirkung gem § 32 I Nr 2 ein, so dass es des Ausschlusses nach §§ 2 Vb S 1, 43 V EStG ebenfalls nicht bedarf.

Zielsetzung. Aufgrund von § 8 X sollen Einkünfte von Körperschaften nach den Vorschriften des KStG besteuert werden und nicht bestimmten vor dem Hintergrund der Abgeltungsteuer eingeführten Regelungen unterliegen.[1]   986

Einstweilen frei.   987-988

2. Nichtanwendbarkeit von § 2 Vb S 1 EStG (§ 8 X S 1). Regelungsgehalt des § 2 Vb S 1 EStG. Durch den Verweis in § 8 I sind für die Ermittlung des körperschaftsteuerlichen Einkommens die Vorschriften des EStG und damit auch § 2 Vb EStG zu beachten. Nach § 2 Vb EStG sind Kapitalerträge nach § 32d I EStG und § 43 V EStG nicht einzubeziehen, soweit Rechtsnormen des EStG an die definierten Begriffe Einkünfte, Summe der Einkünfte, Gesamtbetrag der Einkünfte, Einkommen und zu versteuerndes Einkommen anknüpfen. Mit der Vorschrift wird klargestellt, dass der Abgeltungsteuer unterliegende Kapitalerträge nicht bei der allgemeinen Ermittlung der Einkünfte und des Einkommens gem § 2 EStG zu berücksichtigen sind.   989

Einbeziehung der Einkünfte aus Kapitalvermögen. Gem § 8 X S 1 ist bei Einkünften aus Kapitalvermögen, welche Körperschaften beziehen, § 2 Vb EStG nicht anzuwenden. Damit hat § 8 X S 1 zur Folge, dass bei der Ermittlung des körperschaftsteuerlichen Einkommens auch Einkünfte aus Kapitalvermögen einzubeziehen sind.[2]   990

Einstweilen frei.   991-992

3. Anwendbarkeit von § 32d II EStG. a) Tatbestandsvoraussetzungen (§ 8 X S 2 Hs 1). Regelungsgehalt. § 8 X S 2 Hs 1 sieht vor, dass § 32d II S 1 Nr 1 S 1 und Nr 3 S 1 und S 3-6 EStG entsprechend anzuwenden sind. § 32d II EStG ordnet Ausnahmen vom gesonderten Steuertarif nach § 32d I EStG (Abgeltungsteuer) an.   993

Bedeutung. Die ausdrückliche Anwendung der genannten Vorschriften des § 32d II EStG ist notwendig, weil es sich bei § 32d EStG um eine Tarifvorschrift handelt, die nicht unmittelbar für Körperschaften anzuwenden ist (§ 31 I iVm § 23).[3] Zur fehlenden Bedeutung bei der Bestimmung des Steuersatzes vgl Rn 1002.   994

§ 32d II S 1 Nr 1 S 1 EStG. § 32d II S 1 Nr 1 S 1 erstreckt sich auf Kapitalerträge iSd § 20 I Nr 4 und 7 sowie II S 1 Nr 4 und 7 EStG unter der Maßgabe, dass alternativ   995

- Gläubiger und Schuldner einander nahe stehende Personen sind;
- sie von einer Kapitalgesellschaft oder Genossenschaft an einen Anteilseigner gezahlt werden, der zu mindestens 10 % an der Gesellschaft oder Genossenschaft beteiligt ist bzw der Gläubiger der Kapitalerträge eine dem Anteilseigner nahe stehende Person ist, oder

---

1   *Frotscher* in Frotscher/Maas § 8 Rn 276.
2   BTDrs 16/11108, 27.
3   BTDrs 16/11108, 27 f.

- soweit ein Dritter die Kapitalerträge schuldet und diese Kapitalanlage im Zusammenhang mit einer Kapitalüberlassung an einen Betrieb des Gläubigers steht (Back-to-back-Finanzierungen).

996 **§ 32d II Nr 3 S 1 und S 3 bis 6 EStG.** § 32d II Nr 3 S 1 EStG betrifft Kapitalerträge iSd § 20 I Nr 1 und 2 EStG, welche auf Antrag nicht der Abgeltungsteuer, sondern der Regelbesteuerung unterliegen falls diese aus einer Beteiligung an einer Kapitalgesellschaft stammen, an der der Steuerpflichtige im VZ, für den der Antrag erstmals gestellt wird, unmittelbar oder mittelbar

- zu mindestens 25 % an der Kapitalgesellschaft beteiligt ist oder
- zu mindestens 1 % an der Kapitalgesellschaft beteiligt und beruflich für diese tätig ist. Wobei diese Variante für Körperschaften wohl nicht in Betracht kommen sollte.[1]

997 **Antragserfordernis.** Der Verweis auf § 32d II Nr 3 S 3-6 EStG überträgt die Antragserfordernisse entsprechend auf Körperschaften.[2] Dh insoweit ist ebenfalls ein Antrag erforderlich, damit Verluste aus Kapitalvermögen verrechnungsfähig sind und die tatsächlich entstandenen Werbungskosten bei Erfüllung des Antragserfordernisses abzugsfähig sind.

998 **§ 32d V EStG.** Die besondere Vorschrift über die Anrechnung von ausländischen Steuern auf Kapitalerträge in § 32d V EStG kommt hingegen mangels Nennung in § 8 X nicht zur Anwendung.

999-1000 *Einstweilen frei.*

1001 **b) Rechtsfolgen. Keine Auswirkungen aufgrund von § 8 X S 2 Hs 1.** § 8 X S 2 Hs 1 schreibt selbst keine ausdrücklichen Rechtsfolgen vor. Diese ergeben sich mittelbar erst aufgrund der Rechtsfolge des § 32d II EStG sowie des § 8 X S 2 Hs 2.[3]

1002 **Keine Auswirkungen auf den KSt-Satz.** Nach § 32d II S 1 EStG gilt grundsätzlich § 32d I EStG nicht, der jedoch nur für natürliche Personen den besonderen Steuersatz iHv 25 % für Einkünfte aus Kapitalvermögen vorsieht, der für Körperschaften nicht unmittelbar anwendbar ist. Dh im Gegensatz zur ESt hat die entsprechende Anwendbarkeit von § 32d II S 1 Nr 1 S 1 und Nr 3 S 1 und S 3-6 EStG keine Auswirkungen auf den gesonderten KSt-Tarif zur Folge.[4] Der Steuersatz für Einkünfte aus Kapitalvermögen von Körperschaften richtet sich daher grundsätzlich ebenfalls nach § 23.[5]

1003 **Nichtanwendbarkeit von § 20 VI und IX EStG (§ 8 X S 2 Hs 2).** Auf die Einkünften aus Kapitalvermögen sind grundsätzlich gem § 8 I auch die Regelungen des § 20 VI EStG und § 20 IX EStG in Folge der Abgeltungsteuer anwendbar.[6] Gem § 8 X S 2 Hs 2 wird jedoch die Anwendung der

- Verlustverrechnungsbeschränkung des § 20 VI EStG und

---

1 *Frotscher* in Frotscher/Maas § 8 Rn 278.
2 *Bracksiek* in H/H/R § 8 Jahreskommentierung 2009 Rn J 08-23.
3 *Bracksiek* in H/H/R § 8 Jahreskommentierung 2009 Rn J 08-23.
4 *Pung* in D/J/P/W § 8 Abs 10 Rn 3.
5 BTDrs 16/11108, 28.
6 BTDrs 16/11108, 27.

XVI. Sonderregelungen für Einkünfte aus Kapitalvermögen

- Regelung des Sparer-Pauschbetrags § 20 IX S 1 Hs 1 EStG iVm dem Abzugsverbot der tatsächlichen Werbungskosten § 20 IX S 1 Hs 2 EStG

bei den von § 8b X betroffenen Körperschaften eingeschränkt.[1] Demnach sind Verluste aus Kapitalvermögen unbeschränkt verrechnungsfähig und anstatt des Sparer-Pauschbetrags sind die tatsächlich entstanden Werbungskosten bei Erfüllung des Antragserfordernisses (vgl Rn 997) abzugsfähig.[2]

Einstweilen frei. **1004-1005**

---

1 BTDrs 16/11108, 28.
2 *Schulte* in Erle/Sauter § 8 Rn 536; *Pung* in D/J/P/W § 8 Abs 10 Rn 3.

§ 8a Betriebsausgabenabzug für Zinsaufwendungen bei Körperschaften (Zinsschranke)

(1) [1]§ 4h Abs. 1 Satz 2 des Einkommensteuergesetzes ist mit der Maßgabe anzuwenden, dass anstelle des maßgeblichen Gewinns das maßgebliche Einkommen tritt. [2]Maßgebliches Einkommen ist das nach den Vorschriften des Einkommensteuergesetzes und dieses Gesetzes ermittelte Einkommen mit Ausnahme der §§ 4h und 10d des Einkommensteuergesetzes und des § 9 Abs. 1 Nr. 2 dieses Gesetzes. [3]§ 8c gilt für den Zinsvortrag nach § 4h Abs. 1 Satz 5 des Einkommensteuergesetzes mit der Maßgabe entsprechend, dass stille Reserven im Sinne des § 8c KStG Absatz 1 Satz 7 nur zu berücksichtigen sind, soweit sie die nach § 8c Absatz 1 Satz 6 abziehbaren nicht genutzten Verluste übersteigen. [4]Auf Kapitalgesellschaften, die ihre Einkünfte nach § 2 Abs. 2 Nr. 2 des Einkommensteuergesetzes ermitteln, ist § 4h des Einkommensteuergesetzes sinngemäß anzuwenden.

(2) § 4h Abs. 2 Satz 1 Buchstabe b des Einkommensteuergesetzes ist nur anzuwenden, wenn die Vergütungen für Fremdkapital an einen zu mehr als einem Viertel unmittelbar oder mittelbar am Grund- oder Stammkapital beteiligten Anteilseigner, eine diesem nahe stehende Person (§ 1 Abs. 2 des Außensteuergesetzes vom 8. September 1972 – BGBl. I S. 1713 –, das zuletzt durch Artikel 3 des Gesetzes vom 28. Mai 2007 – BGBl. I S. 914 –) geändert worden ist, in der jeweils geltenden Fassung) oder einen Dritten, der auf den zu mehr als einem Viertel am Grund- oder Stammkapital beteiligten Anteilseigner oder eine diesem nahe stehende Person zurückgreifen kann, nicht mehr als 10 Prozent der die Zinserträge übersteigenden Zinsaufwendungen der Körperschaft im Sinne des § 4h Abs. 3 des Einkommensteuergesetzes betragen und die Körperschaft dies nachweist.

(3) [1]§ 4h Abs. 2 Satz 1 Buchstabe c des Einkommensteuergesetzes ist nur anzuwenden, wenn die Vergütungen für Fremdkapital der Körperschaft oder eines anderen demselben Konzern zugehörenden Rechtsträgers an einen zu mehr als einem Viertel unmittelbar oder mittelbar am Kapital beteiligten Gesellschafter einer konzernzugehörigen Gesellschaft, eine diesem nahe stehende Person (§ 1 Abs. 2 des Außensteuergesetzes) oder einen Dritten, der auf den zu mehr als einem Viertel am Kapital beteiligten Gesellschafter oder eine diesem nahe stehende Person zurückgreifen kann, nicht mehr als 10 Prozent der die Zinserträge übersteigenden Zinsaufwendungen des Rechtsträgers im Sinne des § 4h Abs. 3 des Einkommensteuergesetzes betragen und die Körperschaft dies nachweist. [2]Satz 1 gilt nur für Zinsaufwendungen aus Verbindlichkeiten, die in dem voll konsolidierten Konzernabschluss nach § 4h Abs. 2 Satz 1 Buchstabe c des Einkommensteuergesetzes ausgewiesen sind und bei Finanzierung durch einen Dritten einen Rückgriff gegen einen nicht zum Konzern gehörenden Gesellschafter oder eine diesem nahe stehende Person auslösen.

§ 4h EStG Betriebsausgabenabzug für Zinsaufwendungen (Zinsschranke)

(1) [1]Zinsaufwendungen eines Betriebs sind abziehbar in Höhe des Zinsertrags, darüber hinaus nur bis zur Höhe des verrechenbaren EBITDA. [2]Das verrechenbare EBITDA ist 30 Prozent des um die Zinsaufwendungen und um die nach § 6 Abs. 2 Satz 1 abzuziehenden, nach § 6 Abs. 2a Satz 2 gewinnmindernd aufzulösenden und nach § 7 abgesetzten Beträge erhöhten und um die Zinserträge verminderten maßgeblichen Gewinns. [3]Soweit das verrechenbare EBITDA die um die Zinserträge geminderten Zinsaufwendungen des Betriebs übersteigt, ist es in die folgenden fünf Wirtschaftsjahre vorzutragen (EBITDA-Vortrag); ein EBITDA-Vortrag entsteht nicht in Wirtschaftsjahren, in denen Absatz 2 die Anwendung von Absatz 1 Satz 1 ausschließt. [4]Zinsaufwendungen, die nach Satz 1 nicht abgezogen werden können, sind bis zur Höhe der EBITDA-Vorträge aus vorangegangenen Wirtschaftsjahren abziehbar und mindern die EBITDA-Vorträge in ihrer zeitlichen Reihenfolge. [5]Danach verbleibende nicht abziehbare Zinsaufwendungen sind in die folgenden Wirtschaftsjahre vorzutragen (Zinsvortrag). [6]Sie erhöhen die Zinsaufwendungen dieser Wirtschaftsjahre, nicht aber den maßgeblichen Gewinn.

(2) ¹Absatz 1 Satz 1 ist nicht anzuwenden, wenn
a) der Betrag der Zinsaufwendungen, soweit er den Betrag der Zinserträge übersteigt, weniger als drei Millionen Euro beträgt,
b) der Betrieb nicht oder nur anteilmäßig zu einem Konzern gehört, oder
c) der Betrieb zu einem Konzern gehört und seine Eigenkapitalquote am Schluss des vorangegangenen Abschlussstichtages gleich hoch oder höher ist als die des Konzerns (Eigenkapitalvergleich). ²Ein Unterschreiten der Eigenkapitalquote des Konzerns um bis zu zwei Prozentpunkte ist unschädlich.

³Eigenkapitalquote ist das Verhältnis des Eigenkapitals zur Bilanzsumme; sie bemisst sich nach dem Konzernabschluss, der den Betrieb umfasst, und ist für den Betrieb auf der Grundlage des Jahresabschlusses oder Einzelabschlusses zu ermitteln. ⁴Wahlrechte sind im Konzernabschluss und im Jahresabschluss oder Einzelabschluss einheitlich auszuüben; bei gesellschaftsrechtlichen Kündigungsrechten ist insoweit mindestens das Eingenkapital anzusetzen, das sich nach den Vorschriften des Handelsgesetzbuchs ergeben würde. ⁵Bei der Ermittlung der Eigenkapitalquote des Betriebs ist das Eingenkapital um einen im Konzernabschluss enthaltenen Firmenwert, soweit er auf den Betrieb entfällt, und um die Hälfte von Sonderposten mit Rücklagenanteil (§ 273 des Handelsgesetzbuchs) zu erhöhen sowie um das Eingenkapital, das keine Stimmrechte vermittelt – mit Ausnahme von Vorzugsaktien –, die Anteile an anderen Konzerngesellschaften und um Einlagen der letzten sechs Monate vor dem maßgeblichen Abschlussstichtag, soweit ihnen Entnahmen oder Ausschüttungen innerhalb der ersten sechs Monate nach dem maßgeblichen Abschlussstichtag gegenüberstehen, zu kürzen. ⁶Die Bilanzsumme ist um Kapitalforderungen zu kürzen, die nicht im Konzernabschluss ausgewiesen sind und denen Verbindlichkeiten im Sinne des Absatzes 3 in mindestens gleicher Höhe gegenüberstehen. ⁷Sonderbetriebsvermögen ist dem Betrieb der Mitunternehmerschaft zuzuordnen, soweit es im Konzernvermögen enthalten ist.

⁸Die für den Eigenkapitalvergleich maßgeblichen Abschlüsse sind einheitlich nach den International Financial Reporting Standards (IFRS) zu erstellen. ⁹Hiervon abweichend können Abschlüsse nach dem Handelsrecht eines Mitgliedstaats der Europäischen Union verwendet werden, wenn kein Konzernabschluss nach den IFRS zu erstellen und offen zu legen ist und für keines der letzten fünf Wirtschaftsjahre ein Konzernabschluss nach den IFRS erstellt wurde; nach den Generally Accepted Accounting Principles der Vereinigten Staaten von Amerika (US-GAAP) aufzustellende und offen zu legende Abschlüsse sind zu verwenden, wenn kein Konzernabschluss nach den IFRS oder dem Handelsrecht eines Mitgliedstaats der Europäischen Union zu erstellen und offen zu legen ist. ¹⁰Der Konzernabschluss muss den Anforderungen an die handelsrechtliche Konzernrechnungslegung genügen oder die Voraussetzungen erfüllen, unter denen ein Abschluss nach den §§ 291 und 292 des Handelsgesetzbuchs befreiende Wirkung hätte. ¹¹Wurde der Jahresabschluss oder Einzelabschluss nicht nach denselben Rechnungslegungsstandards wie der Konzernabschluss aufgestellt, ist die Eigenkapitalquote des Betriebs in einer Überleitungsrechnung nach den für den Konzernabschluss geltenden Rechnungslegungsstandards zu ermitteln. ¹²Die Überleitungsrechnung ist einer prüferischen Durchsicht zu unterziehen. ¹³Auf Verlangen der Finanzbehörde ist der Abschluss oder die Überleitungsrechnung des Betriebs durch einen Abschlussprüfer zu prüfen, der die Voraussetzungen des § 319 des Handelsgesetzbuches erfüllt.

¹⁴Ist ein dem Eigenkapitalvergleich zugrunde gelegter Abschluss unrichtig und führt der zutreffende Abschluss zu einer Erhöhung der nach Absatz 1 nicht abziehbaren Zinsaufwendungen, ist ein Zuschlag entsprechend § 162 Absatz 4 Satz 1 und 2 der Abgabenord-

§ 8a

nung festzusetzen. [15]Bemessungsgrundlage für den Zuschlag sind die nach Absatz 1 nicht abziehbaren Zinsaufwendungen. [16]§ 162 Absatz 4 Satz 4 bis 6 der Abgabenordnung gilt sinngemäß.

[2]Ist eine Gesellschaft, bei der der Gesellschafter als Mitunternehmer anzusehen ist, unmittelbar oder mittelbar einer Körperschaft nachgeordnet, gilt für die Gesellschaft § 8a Absatz 2 und 3 des Körperschaftsteuergesetzes entsprechend.

(3) [1]Maßgeblicher Gewinn ist der nach den Vorschriften dieses Gesetzes mit Ausnahme des Absatzes 1 ermittelte steuerpflichtige Gewinn. [2]Zinsaufwendungen sind Vergütungen für Fremdkapital, die den maßgeblichen Gewinn gemindert haben. [3]Zinserträge sind Erträge aus Kapitalforderungen jeder Art, die den maßgeblichen Gewinn erhöht haben. [4]Die Auf- und Abzinsung unverzinslicher oder niedrig verzinslicher Verbindlichkeiten oder Kapitalforderungen führen ebenfalls zu Zinserträgen oder Zinsaufwendungen. [5]Ein Betrieb gehört zu einem Konzern, wenn er nach dem für die Anwendung des Absatzes 2 Satz 1 Buchstabe c zugrunde gelegten Rechnungslegungsstandard mit einem oder mehreren anderen Betrieben konsolidiert wird oder werden könnte. [6]Ein Betrieb gehört für Zwecke des Absatzes 2 auch zu einem Konzern, wenn seine Finanz- und Geschäftspolitik mit einem oder mehreren anderen Betrieben einheitlich bestimmt werden kann.

(4) [1]Der EBITDA-Vortrag und der Zinsvortrag sind gesondert festzustellen. [2]Zuständig ist das für die gesonderte Feststellung des Gewinns und Verlusts der Gesellschaft zuständige Finanzamt, im Übrigen das für die Besteuerung zuständige Finanzamt. [3]§ 10d Abs. 4 gilt sinngemäß. [4]Feststellungsbescheide sind zu erlassen, aufzuheben oder zu ändern, soweit sich die nach Satz 1 festzustellenden Beträge ändern.

(5) [1]Bei Aufgabe oder Übertragung des Betriebs gehen ein nicht verbrauchter EBITDA-Vortrag und ein nicht verbrauchter Zinsvortrag unter. [2]Scheidet ein Mitunternehmer aus einer Gesellschaft aus, gehen der EBITDA-Vortrag und der Zinsvortrag anteilig mit der Quote unter, mit der der ausgeschiedene Gesellschafter an der Gesellschaft beteiligt war. [3]§ 8c des Körperschaftsteuergesetzes ist auf den Zinsvortrag einer Gesellschaft entsprechend anzuwenden, soweit an dieser unmittelbar oder mittelbar eine Körperschaft als Mitunternehmer beteiligt ist.

KStH 45; §§ 6, 8, 8b, 8c, 9a, 10, 10a, 11c, 11d EStDV

Übersicht

	Rn
I. Regelungsgehalt	1 – 2
II. Rechtsentwicklung	3 – 4
III. Verhältnis zu anderen Vorschriften	5 – 35
1. EStG	5 – 14
2. KStG	15 – 22
3. Sonstiges	23 – 35
IV. Vereinbarkeit mit höherrangigem Recht	36 – 45
V. Normzweck und Anwendungsbereich	46 – 97
1. Bedeutung der Norm	46 – 50
2. Persönlicher Anwendungsbereich	51 – 64
3. Sachlicher Anwendungsbereich „Betrieb"	65 – 95

a) Bedeutung des Betriebsbegriffs	65 – 67
b) Begriff des Betriebs	68 – 71
c) Unbeschränkt Steuerpflichtige	72 – 81
d) Beschränkt Steuerpflichtige	82 – 88
e) Personengesellschaften	89 – 95
4. Zeitlicher Anwendungsbereich	96 – 97
VI. Grundregel 30 % EBITDA	98 – 159
1. Verrechenbares EBITDA	98 – 103
2. Maßgeblicher Gewinn/maßgebliches Einkommen	104 – 112
a) Definition	104 – 106
b) Ermittlung	107 – 111
c) ABC des maßgeblichen Gewinns/Einkommens	112
3. Zinsaufwendungen	113 – 143
a) Begriff und Umfang	113 – 129
b) Auf- und Abzinsung	130 – 135
c) Besonderheiten bei Mitunternehmerschaften	136 – 142
d) ABC der Zinsaufwendungen	143
4. Zinserträge	144 – 146
a) Begriff	144 – 145
b) ABC der Zinserträge	146
5. Abgesetzte Beträge	147 – 151
6. Rechtsfolge des § 4h I EStG	152 – 159
a) ESt und KSt	152 – 155
b) GewSt	156 – 159
VII. Freigrenze	160 – 168
VIII. Konzernlose Betriebe	169 – 285
1. Keine oder anteilmäßige Konzernzugehörigkeit	169 – 174
2. Rückausnahme bei schädlicher Gesellschafterfremdfinanzierung	175 – 285
a) Regelungsgehalt	175 – 178
b) Persönlicher Anwendungsbereich	179 – 191
c) Vergütungen für Fremdkapital (Vergleichsgröße 1)	192 – 205
d) Zinssaldo (Vergleichsgröße 2)	206 – 216
e) Wesentlich beteiligter Anteilseigner	217 – 233
f) Nahestehende Personen	234 – 245
g) Rückgriffsfälle	246 – 263
h) Nachweis	266 – 265
i) Nachgeordnete Mitunternehmerschaften	266 – 285

IX. Konzernzugehörige Betriebe (EK-Escape) .... 286 – 529
  1. Regelungsgehalt .... 286 – 290
  2. Konsolidierte Betriebe (§ 4h III S 5 und 6 EStG) .... 291 – 346
     a) Grundsatz .... 291 – 293
     b) Konsolidierung mit einem oder mehreren anderen
        Betrieben .... 294 – 299
     c) Zugrundeliegender Rechnungslegungsstandard .... 300 – 302
     d) Zeitpunkt der Bestimmung der
        Konzernzugehörigkeit .... 303 – 310
     e) Konsolidierung nach den
        Rechnungslegungsstandards .... 311 – 332
     f) Konsolidierungsmöglichkeit .... 333 – 335
     g) Einzelfragen .... 336 – 346
  3. Erweiterter Konzernbegriff (§ 4h III S 6 EStG) .... 347 – 371
     a) Allgemeines .... 347 – 351
     b) Beherrschung mit einem oder mehreren
        anderen Betrieben .... 352 – 353
     c) Beherrschung nach § 4h III S 6 EStG .... 354 – 357
     d) Einzelfragen .... 358 – 371
  4. Eigenkapitalvergleich .... 372 – 483
     a) Maßgeblicher Rechnungslegungsstandard .... 372 – 380
     b) Konsolidierungskreis in den Fällen des
        § 4h III S 5 EStG .... 381 – 393
     c) Konsolidierungskreis in den Fällen des
        § 4h III S 6 EStG .... 394 – 399
     d) Eigenkapitalquote des Konzerns .... 400 – 411
     e) Eigenkapitalquote des Betriebs .... 412 – 455
        aa) Grundsätze .... 412 – 420
        bb) Modifikationen des EK .... 421 – 449
        cc) Modifikationen der Bilanzsumme .... 450 – 455
     f) Anforderungen an den Konzernabschluss .... 456 – 462
     g) Anforderungen an den Einzelabschluss bzw. die
        Überleitungsrechnung .... 463 – 473
     h) Rechtsfolgen unrichtiger Abschlüsse .... 474 – 483
  5. Rückausnahme bei schädlicher
     Gesellschafterfremdfinanzierung .... 484 – 529
     a) Allgemeines .... 484 – 487
     b) Persönlicher Anwendungsbereich .... 488 – 493
     c) Vergütungen für Fremdkapital (Vergleichsgröße 1) ..... 494 – 499

d) Zinssaldo (Vergleichsgröße 2)	500 – 506
e) Wesentlich beteiligter Gesellschafter	507 – 510
f) Nahestehende Personen	511 – 512
g) Rückgriffsfälle	513 – 514
h) Nicht konsolidierte Verbindlichkeiten	515 – 519
i) Nachweis	520 – 521
j) Nachgeordnete Mitunternehmerschaften	522 – 529
X. Zinsvortrag	530 – 626
1. Regelungsinhalt und Zweck	530 – 536
2. Persönlicher Anwendungsbereich	537 – 539
3. Sachlicher Anwendungsbereich	540 – 557
a) Ermittlung des Zinsvortrags	540 – 544
b) Verbrauch des Zinsvortrags	545 – 557
4. Zeitlicher Anwendungsbereich	558 – 559
5. Feststellung des Zinsvortrags	560 – 570
6. Untergang des Zinsvortrags	571 – 626
a) Entsprechende Anwendung § 8c (§ 8a I S 3)	571 – 579
b) Aufgabe oder Übertragung des Betriebs (§ 4h V S 1 EStG)	580 – 590
c) Besonderheiten bei Mitunternehmerschaften	591 – 604
d) Nachgeordnete Mitunternehmerschaften	605 – 615
e) Umwandlungsvorgänge	616 – 626
XI. EBITDA-Vortrag	627 – 682
1. Regelungsinhalt und Zweck	627 – 629
2. Persönlicher Anwendungsbereich	630 – 631
3. Sachlicher Anwendungsbereich	632 – 667
a) Ermittlung des EBITDA-Vortrags	632 – 636
b) Ausschluss bei Anwendung eines Escape	637 – 646
c) Erhöhung um fiktive EBITDA-Vorträge	647 – 658
d) Verbrauch des EBITDA-Vortrags	659 – 667
4. Zeitlicher Anwendungsbereich	668 – 669
5. Gesonderte Feststellung	670 – 672
6. Untergang des EBIDTA-Vortrags	673 – 682
a) Entsprechende Anwendung von § 8c (§ 8a I S 3)	673 – 674
b) Aufgabe oder Übertragung des Betriebs (§ 4h V S 1 EStG)	675 – 676
c) Besonderheiten bei Mitunternehmerschaften	677 – 679
d) Umwandlungsvorgänge	680 – 682

1   **I. Regelungsgehalt.** § 8a und § 4h EStG sind die zentralen Normen der sog Zinsschranke. § 4h EStG findet über § 8 I für Körperschaften vollumfänglich Anwendung, wobei die Regelung durch § 8a ergänzt wird. Beide Vorschriften müssen daher im Zusammenhang betrachtet werden. Im Kern geht es um die Begrenzung des Betriebsausgabenabzugs von Zinsaufwendungen eines Betriebs. Erreicht wird dies durch eine grundsätzliche Begrenzung des Betriebsausgabenabzugs für Zinsaufwendungen auf 30 % des steuerlichen EBITDAs, soweit diese die Zinserträge des Betriebs überschreiten (§ 4h I S 1-2 EStG). Zinsaufwendungen und -erträge innerhalb eines Organkreises sind nicht erfasst, da dieser einen Betrieb bildet (§ 15 S 1 Nr 3). Eine Begrenzung des Zinsabzuges bei Finanzierung des Erwerbs von Anteilen (§ 8a VI aF) oder bei Überschreiten einer bestimmten Eigen-Fremdkapital-Relation (§ 8a aF) sieht die Zinsschranke nicht vor.

Die Zinsschrankenregelungen enthalten drei Ausnahmen von der Begrenzung des Betriebsausgabenabzugs. Die erste Ausnahme konstituiert eine für alle Betriebe geltende Freigrenze von 3 Mio EUR bezogen auf den Zinssaldo (§ 4h II S 1 lit a EStG). Eine weitere Ausnahme von der Abzugsbegrenzung greift, wenn der Betrieb nicht oder nur anteilsmäßig zu einem Konzern gehört (§ 4h II S 1 lit b EStG). Gehört der Betrieb zu einem Konzern, findet eine als „sog EK-Escape" bezeichnete Ausnahme Anwendung, wenn der Steuerpflichtige nachweisen kann, dass die Eigenkapitalquote des Betriebs die des Konzerns nicht um mehr als 2%-Punkte unterschreitet (§ 4h II lit c EStG). Ist eine der drei Ausnahmen einschlägig, findet die Zinsabzugsbegrenzung insgesamt keine Anwendung.

Für Körperschaften sind die zwei letztgenannten Ausnahmen nur dann anwendbar, wenn die Körperschaft den Nachweis erbringt, dass keine schädliche Gesellschafterfremdfinanzierung vorliegt (§ 8a II und III). Dies gilt auch für fremdfinanzierte Mitunternehmerschaften, die Körperschaften nachgeordnet sind (§ 4h II S 2 EStG). Zinsaufwendungen, die aufgrund der Begrenzung des Zinsabzugs in einem VZ nicht zum Abzug zugelassen sind, können unter bestimmten Voraussetzungen unbefristet vorgetragen und in künftigen VZ als Betriebsausgaben abgezogen werden (§ 4h I S 5-6 EStG). Die Abzugsbegrenzung soll damit konzeptionell nur temporär wirken. Als weiteres Element zur Milderung der krisenverschärfenden Wirkung der Zinsschranke besteht die Möglichkeit, nicht ausgeschöpftes steuerliches EBITDA in die fünf folgenden VZ vorzutragen (§ 4h I S 3-4 EStG).[1] Bei einem positiven Zinssaldo (= Zinserträge > Zinsaufwendungen) besteht keine Vortragsmöglichkeit der nicht ausgeschöpften Zinserträge.

Sowohl der Zinsvortrag als auch der EBITDA-Vortrag gehen bei Übertragung oder Aufgabe des Betriebs und bei bestimmten Umwandlungsvorgängen unter (§ 4h V S 1 EStG, §§ 4 II, 12 III, 15 III, 20 IX, 24 VI UmwStG). Weiterhin geht ein Zinsvortrag einer Körperschaft oder einer dieser nachgelagerten Mitunternehmerschaft unter den Voraussetzungen des § 8c unter (§ 8a I S 3, § 4h V S 3 EStG).

---

[1] Eingefügt durch Wachstumsbeschleunigungsgesetz v 29.4.2010, BGBl I 2010, 534.

II. Rechtsentwicklung

Die Wirkungsweise der Zinsschranke stellt sich für Körperschaften und diesen nachgeordneten Mitunternehmerschaften grafisch wie folgt dar:

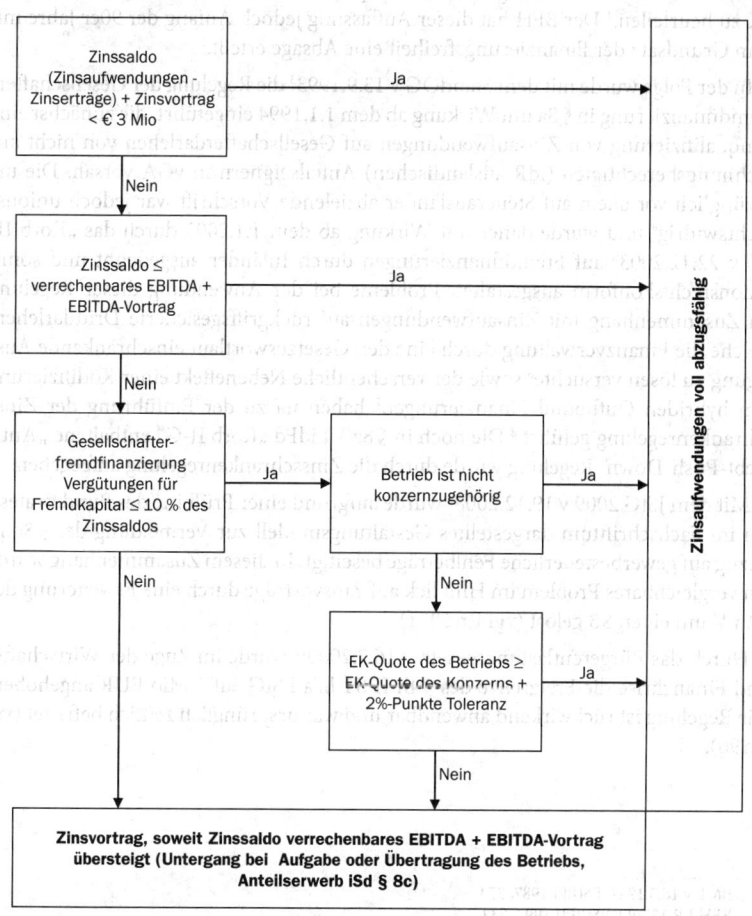

Einstweilen frei. 2

II. Rechtsentwicklung. Die Zinsschranke ist durch das UntStRefG 2008 v 14.8.2007[1] mit Wirkung ab dem 1.1.2008 (zur zeitlichen Anwendung vgl Rn 96) eingeführt worden. Sie hat gegenüber der Vorgängerregelung des § 8a aF einen grundlegenden systematischen Wandel in der Abzugsbegrenzung von Finanzierungsaufwendungen gebracht, indem anstatt einer endgültigen Umqualifizierung der nicht abzugsfähigen 3

---
1 BGBl I 2007, 1912.

Zinsaufwendungen in vGA nunmehr ein zeitlich begrenztes Betriebsausgabenabzugsverbot greift. Ausgangspunkt war das Bestreben der Finanzverwaltung Ende der 80er Jahre, die Zuführung von Fremdkapital in bestimmten Fällen als verdecktes EK zu beurteilen.[1] Der BFH hat dieser Auffassung jedoch Anfang der 90er Jahre mit dem Grundsatz der Finanzierungsfreiheit eine Absage erteilt.[2]

In der Folge wurde mit dem StandOG v 13.9.1993[3] die Regelung der Gesellschafterfremdfinanzierung in § 8a mit Wirkung ab dem 1.1.1994 eingeführt, die zunächst eine Umqualifizierung von Zinsaufwendungen auf Gesellschafterdarlehen von nicht anrechnungsberechtigten (idR ausländischen) Anteilseignern in vGA vorsah. Die ursprünglich vor allem auf Steuerausländer abzielende Vorschrift war jedoch unionsrechtswidrig[4] und wurde daher mit Wirkung ab dem 1.1.2003 durch das „Korb II-G" v 22.12.2003[5] auf Fremdfinanzierungen durch Inländer ausgedehnt und somit unionsrechtskonform ausgestaltet. Probleme bei der Anwendung dieser Regelung im Zusammenhang mit Zinsaufwendungen auf rückgriffsgesicherte Drittdarlehen, welche die Finanzverwaltung durch eine den Gesetzeswortlaut einschränkende Auslegung zu lösen versuchte[6] sowie der versehentliche Nebeneffekt einer Kodifizierung von hybriden Outbound-Finanzierungen[7] haben ua zu der Einführung der Zinsschrankenregelung geführt.[8] Die noch in § 8a VI idFd „Korb II-G" enthaltene „Anti-Debt-Push-Down" Regelung wurde durch die Zinsschrankenregelung aufgegeben.

Mit dem JStG 2009 v 19.12.2008[9] wurde aufgrund einer Prüfbitte des Bundesrates[10] ein im Fachschrifttum dargestelltes Gestaltungsmodell zur Vermeidung des § 8c in Bezug auf gewerbesteuerliche Fehlbeträge beseitigt. In diesem Zusammenhang wurde ein vergleichbares Problem im Hinblick auf Zinsvorträge durch eine Erweiterung des § 4h V um einen S 3 gelöst (vgl Rn 605 f).

Durch das Bürgerentlastungsgesetz v 16.7.2009[11] wurde im Zuge der Wirtschafts- und Finanzkrise die Freigrenze des § 4h II S 1 lit a EStG auf 3 Mio EUR angehoben. Die Regelung ist rückwirkend anwendbar und war ursprünglich zeitlich befristet (vgl Rn 96).

---

1 BMF v 16.3.1987, BStBl I 1987, 373.
2 BFH I R 127/90, BStBl II 1992, 532.
3 BGBl I 1993, 1569.
4 EuGH Rs C-324/00, *Lankhorst-Hohorst*, Slg 2002, I-11779; weiterhin lag ein Verstoß gegen das Diskrimierungsverbot des Art 25 III DBA Schweiz vor, BFH I R 6/09, BFH/NV 2011, 154.
5 BGBl I 2003, 2840.
6 BMF v 15.7.2004, BStBl I 2004, 593, Rn 18-25.
7 *Benecke/Schnitger*, IStR 2004, 44 f; vgl insoweit auch die nicht vom Gesetz gedeckte Einschränkung der Finanzverwaltung auf solche Zinsaufwendungen, welche nach dem Recht des anderen Staates die Bemessungsgrundlage nicht gemindert haben, BMF v 15.7.2004, BStBl I 2004, 593, Rn 27.
8 Nachdem zuvor das Problem der hybriden Outbound-Finanzierung durch die Einführung des sog Korrespondenzprinzips in § 8b I S 2 gelöst wurde.
9 BGBl I 2008, 2794.
10 BTDrs 16/11108, 12.
11 BGBl I 2009, 1959.

III. Verhältnis zu anderen Vorschriften

Mit dem Wachstumsbeschleunigungsgesetz v 22.12.2009[1] wurde die Freigrenze des § 4h II S 1 lit a EStG dauerhaft auf 3 Mio EUR angehoben. Daneben wurden weitere Regelungen zur Abmilderung der Auswirkungen der Zinsschranke eingeführt, um die Unternehmen in der Wirtschafts- und Finanzkrise zu entlasten. Hierzu zählt die Einführung eines EBITDA-Vortrags (vgl Rn 627 f) und die Anhebung der Toleranzgrenze für den EK-Escape von 1 % auf 2 % (vgl Rn 286). Weiterhin wurde eine Stille-Reserven-Klausel zum Erhalt des Zinsvortrags im Falle eines schädlichen Beteiligungserwerbs eingeführt, soweit diese die stillen Reserven zum Erhalt der nicht genutzten Verluste iRd § 8c übersteigen (vgl Rn 573).

Einstweilen frei. 4

III. Verhältnis zu anderen Vorschriften. 1. EStG. § 3c EStG. Die nach § 3c I und II EStG nicht abziehbaren Zinsaufwendungen stellen keine Zinsaufwendungen iSd Zinsschranke dar. 5

§ 4 IV EStG. Der Zinsschranke unterliegen nur betrieblich veranlasste Zinsaufwendungen, so dass bei Aufwendungen, die nicht durch den Gewerbebetrieb veranlasst sind (zB Zinsaufwendungen bei den Einkünften aus Vermietung und Verpachtung durch Vereine), § 4h EStG nicht greift. Bei Kapitalgesellschaften iSd § 8 II hat dies keine Bedeutung, da es hier an einer außerbetrieblichen Sphäre mangelt.[2] 6

§ 4 IVa EStG. Soweit Zinsen aus Überentnahmen gem § 4 IVa EStG nicht abzugsfähig sind, liegen keine Zinsaufwendungen iSd § 8a iVm § 4h EStG vor (vgl Rn 143 Stichwort „Nicht abzugfähige Betriebsausgaben"). 7

§ 6 I Nr 3 EStG. Die Abzinsung von unverzinslichen Verbindlichkeiten gem § 6 I Nr 3 EStG stellt nach unzutreffender Auffassung der Finanzverwaltung keinen Zinsertrag iSd Zinsschranke dar (vgl § 4h III S 4 EStG). Der Aufwand aus der Abzinsung in folgenden WJ stellt Zinsaufwand dar (vgl zur Problematik Rn 132). 8

§ 10d EStG. Die Regelungen der Zinsschranke greifen systematisch vor dem Verlustvortrag gem § 10d EStG ein.[3] Dies bedeutet, dass die nicht abzugsfähigen Zinsaufwendungen vorrangig in einen Zinsvortrag eingehen. Ein unter Berücksichtigung der abzugsfähigen Zinsaufwendungen ermittelter negativer Gesamtbetrag der Einkünfte wird gem § 10d EStG vorgetragen.[4] Im Jahr des Abzugs des Verlustvortrags werden zunächst die ggf vorgetragenen und abzugsfähigen Zinsaufwendungen bei der Ermittlung der Einkünfte bzw des Einkommens abgezogen, bevor der Verlustvortrag iRd Mindestbesteuerung berücksichtigt wird. Während die Zinsabzugsbegrenzung der Zinsschranke 30 % des steuerlichen EBITDA (vgl Rn 98) beträgt, können iRd Mindestbesteuerung Verluste iHv 60 % des 1 Mio EUR übersteigenden Gesamtbetrags der Einkünfte in Folgejahren abgezogen werden. Zum Zusammenspiel von Zinsvortrag und Verlustvortrag vgl Rn 549. 9

---

1 BGBl I 2009, 3950.
2 BFH I R 32/06, BStBl II 2007, 961.
3 *Rödder*, Unternehmersteuerreformgesetz 2008, als Beihefter zu DStR 2007, Heft 40, 8; *Beußer*, FR 2009, 49, 50.
4 *Dörfler* in Erle/Sauter § 4h EStG/Anh 1 Rn 59.

10	**§§ 2a, 15 IV, 15b EStG.** Zum Verhältnis der Zinsschranke zu den §§ 2a, 15 IV, 15b EStG vgl Rn 112 und Rn 143 jeweils Stichwort „Verluste iSd §§ 2a, 15 IV, 15b EStG".
11	**§ 15a EStG.** Zum Verhältnis des § 15a zur Zinsschranke vgl Rn 112 und Rn 143 jeweils Stichwort „Verluste iSd § 15a EStG".
12	**§ 34c I S 4 EStG.** Zinsen, die in wirtschaftlichem Zusammenhang mit Einnahmen aus ausländischen Einkunftsquellen iSd § 34d Nr 3, 4, 6, 7 und 8 lit c EStG stehen, sind bei der Ermittlung des Anrechnungshöchstbetrages abzuziehen. Sind diese Zinsaufwendungen nach § 8a iVm § 4h EStG nicht abzugsfähig, sollte auch ein Abzug für Zwecke des Anrechnungshöchstbetrages nach § 34c I S 4 EStG unterbleiben.
13-14	*Einstweilen frei.*
15	**2. KStG. § 8 III S 2 (vGA).** Die Zinsschrankenregelung ist gegenüber § 8 III S 2 wie die Vorgängerregelung des § 8a aF nachrangig anwendbar.[1] Zinsen, die nach § 8 II S 2 in vGA umqualifiziert werden, stellen daher keine Vergütungen für Fremdkapital iSd Zinsschranke dar (vgl auch Rn 126 und 143 Stichwort „VGA").[2]
16	**§ 8 III S 3 (verdeckte Einlagen).** Soweit Zinsaufwendungen oder -erträge als verdeckte Einlage zu qualifizieren sind, stellen diese keine Zinsaufwendungen oder -erträge iSd Zinsschranke dar (vgl Rn 143 und 146 jeweils Stichwort „Verdeckte Einlagen").
17	**§ 8 IX.** Die Zinsschranke greift in Konkurrenz zur Nichtabzugsfähigkeit von Spartenverlusten iSd § 8 IX. Vgl hierzu Rn 112 und 143 jeweils Stichwort „Verluste aus Sparten gem § 8 IX".
18	**§ 8b.** Erzielt eine Körperschaft nach § 8b I und II steuerfreie Bezüge, stellt sich die Frage, ob die Vorschriften des § 8b III und V neben dem § 8a I zur Anwendung kommen. Nach § 8b III gelten 5 % vom jeweiligen Gewinn iSd § 8b II als nicht abzugsfähige Betriebsausgaben. Gleiches gilt nach § 8 V für Bezüge iSd § 8b I. In beiden Fällen kommt eine Anwendung der Zinsschranke in Betracht, da zwischen § 8a und den §§ 8b III und V kein Konkurrenzverhältnis besteht. Dh § 8b III und V sind unabhängig davon anwendbar, ob tatsächliche Betriebsausgaben bestehen bzw es ist unerheblich, ob die Betriebsausgaben bereits nach § 8a I nicht abzugsfähig sind.[3] Die nach § 8b III und V als nicht abzugsfähig geltenden Beträge gehen aber in das verrechenbare EBITDA als Ausgangsgröße für die Ermittlung der Abzugsbeschränkung der Zinsschranke ein (iHv jeweils 5 % der steuerfreien Bezüge). Für ausschließlich steuerfreie Dividenden beziehende Holdinggesellschaften begrenzt die Zinsschranke damit den Zinsabzug auf effektiv 1,5 % der nach § 8b begünstigten Bezüge (bei Anwendung der Begrenzung iHv 30 % nach der Grundregel des § 4h I EStG I). Dies zwingt Steuerpflichtige dazu, Organschaften zwischen inländischen Betrieben zu bilden oder im Zusammenhang mit dem Erwerb der Beteiligung stehende Finanzierungsaufwendungen soweit wie möglich durch gestalterische Maßnahmen auf die operativen Gesellschaften zu übertragen (debt-push-down).

---

1 *Möhlenbrock/Pung* in D/J/P/W § 8a Rn 25; BMF v 15.12.1994, BStBl I 1995, 25 (ber 176), Rn 3; BMF v 4.7.2008, BStBl I 2008, 718, Rn 18.
2 *Förster* in Gosch Exkurs § 4h EStG Rn 19, 136.
3 *Möhlenbrock/Pung* in D/J/P/W § 8a Rn 27.

III. Verhältnis zu anderen Vorschriften

§ 8c. § 8c ist entsprechend auf Zinsvorträge von Körperschaften (vgl Rn 571 f) sowie auf Zinsvorträge von Mitunternehmerschaften gem § 4h V S 3 EStG, welche Körperschaften nachgeordnet sind (vgl Rn 605 f), anzuwenden, so dass diese bei einem schädlichen Beteiligungserwerb iSd § 8c untergehen. Laufende Zinsaufwendungen eines WJ gehen bei einem unterjährigen schädlichen Beteiligungserwerb iSd § 8c dagegen nicht unter (vgl Rn 574).

§ 15 S 1 Nr 3. § 15 S 1 Nr 3 ergänzt § 8a für Fälle der Organschaft. Danach gelten Organträger und Organgesellschaften als ein Betrieb und Zinserträge und -aufwendungen werden auf Ebene des Organträgers zusammengefasst. Auf Organgesellschaften ist gem § 15 S 1 Nr 3 S 1 die Vorschrift des § 4h EStG nicht anwendbar. Soweit § 8a I S 1 und 2 iRd Anwendung des § 4h EStG den Begriff „Gewinn" durch den Begriff „Einkommen" ersetzt, ist die Anwendung des § 8a ebenfalls suspendiert. Dies gilt auch für die entsprechende Anwendung des § 4h EStG auf Kapitalgesellschaften mit Überschusseinkünften gem § 8a I S 4. Eine Anwendung des § 8a I S 3 auf einen etwaigen Zinsvortrag der Organgesellschaft sowie die Regelungen zur Gesellschafterfremdfinanzierung gem § 8a II und III bleiben jedoch durch § 15 S 1 Nr 3 unberührt (vgl aber zu den sich ergebenden Auslegungsproblemen bei der Gesellschafterfremdfinanzierung Rn 188, 201, 214, 230, 490 und 496).[1]

Einstweilen frei.

3. Sonstiges. § 8 Nr 1 lit a GewStG. Soweit Zinsaufwendungen aufgrund der Zinsschranke nicht abgezogen werden können, erfolgt keine Hinzurechnung von Entgelten nach § 8 Nr 1 lit a GewStG.[2] Da die Begriffe der Entgelte für Schulden und Zinsaufwendungen nicht identisch sind, stellt sich die Frage wie diese für Zwecke des § 8 Nr 1 lit a GewStG und des Zinsvortrags aufzuteilen sind, wenn keine Deckungsgleichheit zwischen den Zinsaufwendungen und den Entgelten für Schulden besteht (vgl Rn 157 und Rn 554). Weiterhin ist unklar, wie das Zusammenspiel von nicht abzugsfähigen Zinsaufwendungen und gewerbesteuerlicher Hinzurechnung im Falle der Organschaft erfolgt (vgl Rn 158).

§ 9 Nr 2a S 3, Nr 7 S 2 GewStG. Nach § 9 Nr 2a S 3 und Nr 7 S 2 GewStG sind Aufwendungen, die in unmittelbarem Zusammenhang mit den dort genannten Gewinnanteilen stehen, von dem Kürzungsbetrag abzuziehen und sind damit effektiv bei der Ermittlung des Gewerbeertrages nicht abzugsfähig. Soweit es sich dabei um Zinsaufwendungen handelt, die aufgrund der Zinsschranke nicht abzugsfähig sind, kommt eine Minderung des Kürzungsbetrages jedoch nicht in Betracht.

§ 1 AStG. Werden Zinserträge des Stpfl nach § 1 AStG berichtigt, liegen insoweit Zinserträge iSd Zinsschranke vor. Die Regelung des § 1 AStG greift vorrangig vor § 4h EStG (vgl Rn 146 Stichwort „Berichtigung nach § 1 AStG").

---

1 *Förster* in Gosch § 8a Rn 6.
2 BTDrs 16/4841, 48.

26 **§§ 7 I, 8 III, 10 III S 4 AStG.** § 8a iVm § 4h EStG sind bei der Ermittlung des Hinzurechnungsbetrages gem § 10 III S 4 AStG nicht anzuwenden. Dies gilt auch für die Ermittlung der Niedrigbesteuerung gem § 8 III AStG. Zur Auswirkung eines Hinzurechnungsbetrages auf das EBITDA und die Zinserträge vgl Rn 112 und 146 jeweils Stichwort „Hinzurechnungsbetrag nach § 10 II AStG".

27 **§ 15 AStG.** Bei der Ermittlung des nach § 15 AStG zuzurechnenden Einkommens findet § 8a iVm § 4h EStG Anwendung (vgl § 15 VII S 1 AStG). Sofern nach § 15 AStG zugerechnetes Einkommen Zinserträge oder -aufwendungen enthält, unterfällt dieses nicht als Zinsertrag oder -aufwand bei dem unbeschränkt Steuerpflichtigen der Zinsschranke. Es erhöht aber dessen steuerliches EBITDA.

28 **§ 2 IV UmwStG.** Nach § 2 IV UmwStG kann der Zinsvortrag gem § 4h I S 5 EStG und der EBITDA-Vortrag gem § 4h I S 3 EStG im Falle einer rückwirkenden Umwandlung nicht genutzt werden, wenn dies ohne die Rückwirkung nicht möglich gewesen wäre (vgl dazu Rn 618).

29 **§§ 4 II, 12 III, 15 III, 20 IX, 24 VI UmwStG.** Im Falle von Umwandlungen geht ein Zinsvortrag gem § 4h I S 5 EStG und ein EBITDA-Vortrag gem § 4h I S 3 EStG regelmäßig nicht auf den übernehmenden Rechtsträger über (§§ 4 II, 12 III, 15 III, 20 IX, 24 VI UmwStG). Zu Einzelheiten wird auf Rn 616 f verwiesen.

30 **InvStG.** Zinserträge eines Investmentvermögens werden gem § 2 III InvStG beim Anleger als Zinserträge iSd Zinsschranke behandelt (vgl Rn 146 Stichwort „Erträge aus Investmentvermögen").

31 **§ 42 AO.** § 42 AO ist neben § 8a iVm § 4h EStG anwendbar.[1] Fraglich ist, ob die Zinsschranke als spezielle Missbrauchsvermeidungsnorm angesehen werden kann. Zwar soll ausweislich der Gesetzesbegründung die Zinsschranke steuermindernde Gestaltungen bekämpfen und verhindern, dass allein aus Gründen der Steueroptimierung eine hohe Fremdkapitalquote angestrebt wird.[2] Das Ziel der Missbrauchsvermeidung kommt indes im Tatbestand der Vorschrift nur noch schemenhaft zum Ausdruck.[3] So greift die Zinsschranke zB auch bei reinen Inlandsfällen, obwohl eine Verlagerung von Steuersubstrat ins Ausland hier nicht zu befürchten ist. Auch sind die Gründe für die Fremdkapitalaufnahme iRd Zinsschranke unerheblich und es fehlt die Möglichkeit eines Gegenbeweises im Falle von angemessenen Finanzierungsgestaltungen. Aus diesen Gründen erscheint die Zinsschranke als spezielle Missbrauchsvermeidungsnorm ungeeignet.[4] Sie ist vielmehr als Fiskalzwecknorm zu interpretieren[5] und dürfte keine spezielle Missbrauchsvermeidungsnorm iSd § 42 I S 2 AO darstellen.[6] § 8a iVm § 4h EStG verdrängt daher die Regelung des § 42 AO

---

1   *Möhlenbrock/Pung* in D/J/P/W § 8a Rn 23; aA *Heuermann* in Blümich § 4h EStG Rn 21, der eine vorrangige Anwendung von § 42 AO vertritt.
2   BTDrs 16/4841, 31.
3   *Hey*, StuW 2008, 167, 172.
4   *Hey*, BB 2007, 1303, 1305 f.
5   *Eilers*, FR 2007, 733, 735.
6   *Hick* in H/H/R § 4h EStG Rn 14; *Stangl/Hageböcke* in Schaumburg/Rödder, UntStRef 2008, S 449.

nicht abschließend.¹ Allerdings stellt die Regelung in § 4h II S 5 EStG über Einlagen und Entnahmen/Ausschüttungen innerhalb von sechs Monaten vor bzw nach dem Bilanzstichtag eine spezielle Missbrauchsvermeidungsnorm dar, welche abschließend wirkt. Dies dürfte gleichermaßen für die Regelungen zur schädlichen Gesellschafterfremdfinanzierung in § 8a II und III gelten. IÜ sollte bei Gestaltungen im Zusammenhang mit der Zinsschranke § 42 AO nur in seltenen Ausnahmefällen einschlägig sein. Solche Gestaltungen können insbesondere folgende Maßnahmen beinhalten:

- Vermeidung von Zinsaufwendungen iSd Zinsschranke (zB Sachkapitalüberlassung, Swapgeschäfte oä);
- Reduzierung der Zinsaufwendungen (zB Verlagerung in ausländische Konzerngesellschaften);
- Erhöhung der Zinserträge ohne zusätzliche Steuerbelastung (zB Ausnutzung von Anrechnung fiktiver Steuern);
- mehrfache Nutzung der Freigrenze durch Vermehrung der Betriebe (zB Schaffung von Mitunternehmerschaften);
- Gestaltung der Gruppenstruktur zur Vermeidung eines Konzerns (zB Stammhauskonzern, Herstellung von Organschaften);
- Vermeidung einer schädlichen Gesellschafterfremdfinanzierung
- Erhöhung der Eigenkapitalquote des Betriebs (zB Ausübung von Wahlrechten, Vermeidung der Kürzung um Auslandsbeteiligungen durch Fremdkapitalisierung der TG);
- Verringerung der Eigenkapitalquote des Konzerns.

Die vorgenannten Maßnahmen entsprechen zT dem gesetzgeberischen Ziel, eine Verlagerung des Steuersubstrats in das Ausland zu verhindern bzw eine Verlagerung von Steuersubstrat in das Inland zu fördern. Ein Gestaltungsmissbrauch liegt jedoch nach der Rechtsprechung des BFH stets nur dann vor, wenn die gewählte Gestaltung nach den Wertungen des Gesetzgebers, die den jeweils maßgeblichen steuerrechtlichen Vorschriften zugrunde liegen, der Steuerumgehung dienen soll, ansonsten aber nicht.² Weiterhin zielen alle Gestaltungen im Zusammenhang mit der Zinsschranke darauf ab, einen Betriebsausgabenabzug im Jahr der Entstehung zu erreichen und damit einen Zinsvortrag zu vermeiden oder einen bestehenden Zinsvortrag zu nutzen. Die Vermeidung bzw vorzeitige Nutzung eines Zinsvortrags sollte jedoch analog zu der Nutzung von Verlustvorträgen mit dem Prinzip der Besteuerung nach der Leistungsfähigkeit im Einklang stehen und daher nicht missbräuchlich sein.³ Aus diesen Gründen dürfte auch die Erhöhung von Zinserträgen zur Maximierung des Zinsabzugs iRv Wertpapierleihegeschäften schwerlich einen Missbrauch darstellen.⁴ Darüber hinaus wird ein Missbrauch iSd § 42 AO nur ausnahmsweise anzunehmen

---

1 AA *Schmidt-Fehrenbacher*, Ubg 2008, 469, 470; anders als § 50d III EStG, vgl BFH I R 26/06, BStBl II 2008, 978.
2 BFH I R 77/96, BStBl II 2001, 43; BFH I R 55/95, BStBl II 1998, 90.
3 BFH IX R 77/06, BStBl II 2008, 789; BFH I R 97/00, BFH/NV 2002, 240.
4 Entgegen BMF v 4.7.2008, BStBl I 2008, 718, Rn 24.

sein, da der Grundsatz der Finanzierungsfreiheit den Steuerpflichtigen weitgehende Diskretion in der Entscheidung über die Finanzierung ihrer Unternehmungen überlässt.[1] Dies gilt insbesondere bei der Wahl des Umfangs der Fremdfinanzierung (dh keine Korrektur von Zinsaufwendungen außerhalb des Anwendungsbereiches der Zinsschranke aufgrund von § 42 AO bei einer hohen Fremdkapitalquote).

32   **ErbStG.** Gem § 13b II S 2 Nr 1 lit c ErbStG gehören zum Verwaltungsvermögen nicht die zur Nutzung überlassenen Grundstücke, Grundstücksteile, grundstücksgleichen Rechte und Bauten, wenn sowohl der überlassende Betrieb als auch der nutzende Betrieb zu einem Konzern iSd § 4h EStG gehören, soweit keine Nutzungsüberlassung an einen weiteren Dritten erfolgt.

33-35 *Einstweilen frei.*

36   **IV. Vereinbarkeit mit höherrangigem Recht. Art 3 GG.** Gegen die Verfassungsmäßigkeit des § 8a iVm § 4h EStG bestehen vor dem Hintergrund der Durchbrechung des objektiven Nettoprinzips als Konkretisierung des Leistungsfähigkeitsprinzips, welches sich aus Art 3 GG ergibt,[2] erhebliche Bedenken. Der Verfassungsrang des objektiven Nettoprinzips ist durch das BVerfG bislang nicht bestätigt. Unterstellt man Verfassungsrang des objektiven Nettoprinzips kann seine Durchbrechung schwerlich durch das Ziel zur Vermeidung missbräuchlicher Gestaltungen gerechtfertigt werden, da die Regelung in unzulässiger Weise typisiert und damit als spezielle Missbrauchsvermeidungsnorm ungeeignet ist.[3] Besonderes Gewicht kommt weiterhin dem Umstand zu, dass die Zinsschranke eine krisenverschärfende Wirkung hat, die im Einzelfall dazu führen kann, dass ein Gewinn zu versteuern ist, obwohl der Betrieb real einen Verlust erleidet. Dh die Zinsschranke wirkt im Extremfall sogar existenzbedrohend, wenn der Betrieb einen geringen Gewinn vor Steuern und Zinsaufwendungen bei gleichzeitig hohen Zinsaufwendungen aufweist.[4] In diesem Fall würde der Betrieb durch die entstehende Steuerlast real einen Verlust erleiden. Weiterhin bestehen Bedenken im Hinblick auf die Verletzung des objektiven Nettoprinzips durch die entsprechende Anwendung des § 8c auf den Zinsvortrag mit der Folge einer endgültigen Nichtabzugsfähigkeit von Zinsaufwendungen.[5] Entsprechendes gilt für den endgültigen Untergang des Zinsvortrags bei Liquidation oder Umwandlung.[6]

37   **Art 20 III GG.** Darüber hinaus gibt die Regelung unter dem Gesichtspunkt der Normenklarheit, welches aus Art 20 III GG folgt, Anlass zu Bedenken.[7]

38   **Art 7 OECD-MA.** Die Zinsschranke gibt auch im Hinblick auf die von Deutschland abgeschlossenen DBA Anlass zu Bedenken. In Frage stehen die Art 7, 9, 11 und 24 OECD-MA. Nach Art 7 OECD-MA darf Deutschland idR den Unternehmens-

---

1   BFH I R 127/90, BStBl II 1992, 532; BFH VIII R 57/98, DB 2000, 2098.
2   BVerfG 2 BvL 1/07, 2 BvL 2/07, 2 BvL 1/08, 2 BvL 2/08, DStRE 2009, 63.
3   *Hey,* BB 2007, 1303, 1305 f; *Musil/Volmering,* DB 2008, 12, 15; *Hallerbach,* StuB 2007, 487, 493; *Hick* in H/H/R § 4h EStG Rn 6; *Stangl/Hageböke* in Schaumburg/Rödder, UntStRef 2008, S 449; FG Berlin-Brandenburg v 13.10.2011, EFG 2012, 358; aA FG München v 1.6.2011, EFG 2011, 1830.
4   *Frotscher* in Frotscher/Maas § 8a Rn 13.
5   *Prinz* in H/H/R Jahresbd 2006-2008 § 8a Rn J 07-9.
6   BFH I B 49/10, DB 2010, 2366; BMF v 19.10.2011, DB 2011, 2407.
7   *Müller-Gatermann,* Stbg 2007, 145, 158; *Loschelder* in Schmidt, 29. Aufl, § 4h EStG Rn 3.

gewinn einer inländischen Betriebsstätte besteuern. Was Gewinne sind, bestimmt sich dabei nach hM nach dem innerstaatlichen Recht.[1] Art 7 OECD-MA sollte daher der Zinsschranke nicht entgegenstehen.[2]

Art 9 OECD-MA. Art 7 wird ergänzt durch Art 9 OECD-MA, der die Beseitigung einer wirtschaftlichen Doppelbesteuerung im Falle von verbundenen Unternehmen bei zwei unterschiedlichen Steuersubjekten zum Ziel hat.[3] Nach dem OECD-MK steht Art 9 OECD-MA innerstaatlichen Regelungen über die Unterkapitalisierung unter bestimmten Voraussetzungen nicht entgegen.[4] Daraus wurde für den Bereich des § 8a aF zT gefolgert, dass dieser mit Art 9 OECD-MA konform war, soweit dem Steuerpflichtigen die Möglichkeit bleibt, die Fremdüblichkeit der Darlehensgewährung nachzuweisen.[5] Im Hinblick auf die Zinsschranke ist kritisch, dass diese nicht nur reine Unterkapitalisierungsfälle erfasst. Allenfalls der EK-Escape weist einen Bezug zu einer übermäßigen Fremdkapitalquote des Betriebs auf. Ob dies als ausreichende Gegenbeweismöglichkeit angesehen werden kann, ist fraglich, zumal die Führung des EK-Escape in der Praxis mit erheblichen Hindernissen verbunden ist (vgl Rn 288). Die Zinsschranke dürfte daher in vielen Fällen dem in Art 9 OECD-MA verankerten Fremdvergleichsgrundsatz entgegenstehen.[6] Dies gilt erst recht für Fälle nicht verbundener Fremdkapitalgeber und Fremdkapitalnehmer. Umstritten ist hier jedoch, ob Art 9 OECD-MA Beziehungen zwischen unverbundenen Personen einschränkt.[7]

Art 11 OECD-MA. Weiterhin könnte die Zinsschranke Art 11 OECD-MA entgegenstehen, wonach das Besteuerungsrecht für Zinsen regelmäßig dem Ansässigkeitsstaat zugewiesen wird. Ist Deutschland Quellenstaat, stellt sich die Frage, ob die Nichtabzugsfähigkeit der Zinsaufwendungen nach §§ 8a iVm 4h EStG eine unzulässige Besteuerung iSd Art 11 OECD-MA darstellt. Dies ist zu verneinen, da die Frage der Abzugsfähigkeit ein anderes Steuersubjekt betrifft und damit allenfalls eine wirtschaftliche Doppelbesteuerung auslöst.

Art 24 IV OECD-MA. Auch der OECD-MK sieht in der Beschränkung der Abzugsfähigkeit der Zinsen bei einem anderen Steuersubjekt allenfalls ein Problem des Art 24 IV OECD-MA.[8] Ein Verstoß gegen Art 24 IV OECD-MA liegt jedoch nicht vor, da die Zinsschranke für Inländer und Ausländer gleichermaßen greift.[9] Sollte die Auffassung der Finanzverwaltung zur Anwendung der Zinsschranke bei Sondervergütungen eines ausländischen Mitunternehmers greifen, würden hingegen Zinsaufwendungen des Gesamthandsvermögens, die an einen ausländischen Mitunternehmer geleistet werden, der Zinsschranke unterliegen, die Zinsaufwendungen

---

1 *Hemmelrath* in Vogel/Lehner Art 7 DBA Rn 21 mwN.
2 *Mössner* in Lüdicke, Unternehmensteuerreform 2008 im internationalen Umfeld, 2008, S 40.
3 *Eigelshoven* in Vogel/Lehner Art 9 DBA Rn 6.
4 OECD-MK, Art 9, Rn 3.
5 *Eigelshoven* in Vogel/Lehner Art 9 DBA Rn 7; für in einem Bruchteil des Kapitals bemessene Vergütungen ebenso *Portner*, IStR 1996, 23, 27.
6 *Homburg*, FR 2007, 717, 726; *Förster* in Gosch Exkurs § 4h EStG Rn 38.
7 Bejahend *Eigelshoven* in Vogel/Lehner Art 9 DBA Rn 38; aA *Wassermeyer* in D/W Art 9 MA Rn 79.
8 OECD-MK, Art 11, Rn 4.
9 *Mössner* in Lüdicke, Unternehmensteuerreform 2008 im internationalen Umfeld, 2008, S 41.

des Gesamthandsvermögens, welche an einen inländischen Mitunternehmer geleistet werden, aber nicht (vgl Rn 138). Dies dürfte einen Verstoß gegen das Diskriminierungsverbot des Art 24 IV OECD-MA darstellen.

42 **Art 49 AEUV.** Das § 8a iVm § 4h EStG für Gebietsansässige wie für Gebietsfremde gleichermaßen greift, deutet auf die Unionsrechtskonformität der Regelung hin bzw erfordert allenfalls eine Prüfung der Regelung anhand eines Beschränkungsverbots (welche regelmäßig ohne Ergebnis bleibt). Allerdings besteht für Gebietsansässige uU die Möglichkeit, den nachteiligen Folgen der Zinsschranke zu entgehen, indem sie eine Organschaft begründen (§ 15 S 1 Nr 3). Dies könnte eine versteckte Diskriminierung darstellen, welche einen Eingriff in die unionsrechtlich garantierte Niederlassungsfreiheit gem Art 49 AEUV begründet,[1] da einem Gebietsfremden diese Möglichkeit ua aufgrund des doppelten Inlandsbezuges für Organgesellschaften in § 14 I S 1 verwehrt bleibt. Das BMF lässt allerdings im Hinblick auf ein Vertragsverletzungsverfahren der EU-Kommission[2] auch eine Organschaft zu einer im EU-Ausland gegründeten Kapitalgesellschaft mit Ort der Geschäftsleitung im Inland zu,[3] wobei das Erfordernis des Gewinnabführungsvertrags diese Möglichkeit regelmäßig einschränken wird (vgl § 14 Rn 242). Darüber hinaus hat der BFH mit Urteil v 9.2.2011 entschieden, dass entgegen § 14 Nr 3 idFd KStG 1999 iVm § 2 II S 2 GewStG ein in Großbritannien ansässiges gewerbliches Unternehmen wegen des Diskriminierungsverbotes in Art XX IV und V DBA-Großbritannien 1964/1970 Organträger in einer gewerbesteuerlichen Organschaft sein kann. Damit könnte es auch EU-Ausländern möglich werden, eine Organschaft im Inland zu begründen und damit einen Konzern iSd Zinsschranke zu vermeiden. Da jedoch ein ausländischer Organträger mangels der Fiktion des § 8 II mehrere Betriebe haben kann, würde dies nur für Fälle greifen, in denen der Organträger im Ausland keinen eigenständigen Betrieb unterhält (vgl auch Rn 83). Sofern man eine Diskriminierung dennoch annimmt, hat der EuGH anerkannt, dass eine Regelung durch das Ziel der Verhütung von Steuerumgehungen bei einer Gesamtbetrachtung mit dem Ziel der Wahrung der ausgewogenen Aufteilung der Besteuerungsbefugnis zwischen den Mitgliedsstaaten gerechtfertigt sein kann.[4] Ob § 8a iVm § 4h EStG jedoch zur Erreichung dieses Ziels verhältnismäßig ist, darf bezweifelt werden. An der Verhältnismäßigkeit dürfte es insbesondere fehlen, weil die Zinsschranke auch bei Finanzierungen zu Bedingungen greift, welche denen des freien Wettbewerbs entsprechen, ohne dass dem Steuerpflichtigen die Möglichkeit eines Gegenbeweises eingeräumt wird.[5] Auch beim EK-Escape wirft die bevorzugte Behandlung von Organschaften unionsrechtliche Bedenken auf. So erfolgt keine Buchwertkürzung um Organbeteiligungen bei der Ermittlung der Eigenkapitalquote des Betriebs der Organschaft, während Mehrheitsbeteiligungen außerhalb des Organ-

---

1 *Homburg*, FR 2007, 717, 724.
2 Nr 2008/4909.
3 BMF v 28.3.2011, BStBl I 2011, 300.
4 EuGH Rs C-311/08, *SGI*, Slg 2010, I-511, Rn 66; EuGH Rs C-446/03, *Marks & Spencer*, Slg 2005, I-10866; EuGH Rs C-414/06, *Lidl Belgium*, Slg 2008, I-3617; EuGH Rs C-231/05, *Oy AA*, Slg 2007, I-6373.
5 EuGH Rs C-414/06, *Lidl Belgium*, Slg 2008, I-3617; *Hick* in H/H/R § 4h EStG Rn 6.

kreises der Kürzung unterliegen (vgl Rn 434).[1] Die vorstehenden Ausführungen greifen entsprechend, sofern die Auffassung der Finanzverwaltung zur Anwendung der Zinsschranke auf Sondervergütungen bei ausländischen Mitunternehmern zutreffen sollte (vgl Rn 138).[2] Weiterhin werfen einzelne Regelungen der Finanzverwaltung unionsrechtliche Bedenken auf. So ist die gemeinsame Antragsmöglichkeit für Leasing und Factoring bzw Forfaitierung bei grenzüberschreitenden Fällen wohl nicht möglich, so dass Vertragspartner in anderen EU Mitgliedsstaaten diskriminiert werden.

Zins- und Lizenzgebühren-RL. Ein Verstoß der Zinsschranke gegen die EU-Zins- und Lizenzgebühren-RL[3] kommt dagegen nicht in Betracht, weil die Wirkungen der Zinsschranke auf den Schuldner der Zinsen beschränkt bleiben.[4]

Einstweilen frei.

V. Normzweck und Anwendungsbereich. 1. Bedeutung der Norm. Verhinderung der Einkommensverlagerung. Da die Fremdfinanzierung eines Betriebs ein besonders flexibles Instrument zur Steuerung der Bemessungsgrundlage darstellt,[5] ist es Ziel des § 8a, eine Minderung der Steuerlast bzw Verlagerung von Einkünften durch Finanzierungsaufwendungen zu Lasten der inländischen Bemessungsgrundlage, zu verhindern.[6]

US Earnings Stripping Rules. § 8a folgt dem Vorbild der US-amerikanischen Earnings Stripping Rules. Ein wesentlicher Unterschied besteht jedoch darin, dass die Zinsschranke nicht nur Zinsaufwendungen gegenüber Gesellschaftern und diesen nahestehenden Personen, sondern auch Zinsaufwendungen gegenüber außenstehenden Fremdkapitalgebern erfasst.[7] Im Einzelfall kann die Zinsschranke hierdurch deutlich überschießende Wirkungen entfalten, welche sich gerade bei Unternehmen in der Krise bemerkbar machen.

Erfassung von internationalen Konzernen. Die Zinsschranke soll nach dem erklärten Ziel des Gesetzgebers ausdrücklich verhindern, dass Konzerne mittels grenzüberschreitender konzerninterner Fremdkapitalfinanzierung in Deutschland erwirtschaftete Erträge ins Ausland transferieren.[8] Der Adressatenkreis wird dabei über die Ausnahmen der Zinsschranke bei Finanzierungen innerhalb der Freigrenze oder nicht konzernzugehöriger Betriebe eingeschränkt, so dass im Ergebnis nur international tätige Konzerne der Zinsschranke unterliegen sollen. Er wird jedoch aufgrund des sehr weiten Konzernbegriffes der Zinsschranke wieder erweitert, mit der Folge, dass auch mittelständische Unternehmen betroffen sein können.[9]

---

1 Herzig/Liekenbrock, DB 2007, 2387, 2389.
2 Mössner in Lüdicke, Unternehmensteuerreform 2008 im internationalen Umfeld, 2008, S 42 f.
3 Abl EG Nr L 157 v 26.6.2003, 49 ff.
4 EuGH Rs C-397/09, *Scheuten Solar Technology GmbH*, IStR 2011, 766; Mössner in Lüdicke, Unternehmensteuerreform 2008 im internationalen Umfeld, 2008, S 52 f; aA Hick in H/H/R § 4h EStG Rn 6; Homburg, FR 2007, 717, 725.
5 Eilers, FR 2007, 733, 734.
6 BTDrs 16/4841, 31.
7 Homburg, FR 2007, 717, 720.
8 BTDrs 16/4841, 31.
9 Rödder/Stangl, DB 2007, 479, 480.

49 **Wirtschaftliche Doppelbelastung.** In die Gesamtbetrachtung der steuerlichen Wirkungen der Zinsschranke ist weiterhin einzubeziehen, dass der jeweilige Fremdkapitalgeber die korrespondierenden Zinserträge der Besteuerung unterwerfen muss, auch wenn es sich hierbei um inländische Steuerpflichtige handelt. Dadurch kommt es zu einer wirtschaftlichen Doppelbesteuerung, die zwar aufgrund des Zinsvortrags temporär angelegt ist, jedoch bei Untergang des Zinsvortrags definitiv wird.

50 *Einstweilen frei.*

51 **2. Persönlicher Anwendungsbereich. Grundsatz.** Die Vorschriften des § 4h EStG bzw 8a gelten für alle
- einkommensteuerpflichtigen (§ 4h EStG) und
- körperschaftsteuerpflichtigen Personen (§ 8 I, 8a iVm § 4h EStG).

52 **Einkünfte aus Gewerbebetrieb.** Da es sich bei § 4h EStG und § 8a um Gewinnermittlungsvorschriften handelt, müssen diese Personen jedoch Gewinneinkünfte beziehen, also Einkünfte aus Gewerbebetrieb, Land- und Forstwirtschaft oder selbständiger Arbeit.

53 **Einzelunternehmer.** Die Vorschrift des § 4h EStG findet auf Betriebe eines Einzelunternehmers Anwendung. Aufgrund der Ausnahmeregelung des § 4h II S 1 lit b EStG greift die Zinsabzugsbegrenzung des § 4h I EStG jedoch mangels Zugehörigkeit zu einem Konzern idR nicht ein.[1] Dies verdeutlicht, dass die Zinsschrankenregelung auf Konzerne abzielt. Allerdings kann im Einzelfall auch der Betrieb eines Einzelunternehmers zu einem Konzern iSd Zinsschranke gehören (vgl Rn 337).

54 **Körperschaften iSd § 8 II.** Unbeschränkt steuerpflichtige Kapitalgesellschaften, Genossenschaften und VVaG und PVaG gem § 1 I Nr 1-3 unterliegen stets der Zinsschranke, da sie nach § 8 II ausschließlich Einkünfte aus Gewerbebetrieb erzielen. Auch für sie ist § 8a iVm § 4h EStG nicht einschlägig, wenn die Körperschaft bzw der von ihr unterhaltene Betrieb nicht konzernzugehörig ist. Allerdings greift die Zinsabzugsbegrenzung wieder ein, wenn der nicht konzernzugehörigen Körperschaft ein schädliches Gesellschafterdarlehen nach § 8a II gewährt wurde (vgl dazu Rn 175 f).

55 **Andere unbeschränkt steuerpflichtige Körperschaften.** Bei anderen unbeschränkt steuerpflichtigen Körperschaften iSd § 1 I Nr 3-5 (sonstige juristische Personen des privaten Rechts, nicht rechtsfähige Vereine, Anstalten, Stiftungen, Zweckvermögen des privaten Rechts) kommt die Zinsschranke zur Anwendung, soweit diese Gewinneinkünfte erzielen. Juristische Personen des öffentlichen Rechts unterliegen mit ihren BgA gem § 1 I Nr 6 der unbeschränkten Steuerpflicht und der Zinsschranke (vgl § 4 Rn 77 ff).

56 **Beschränkt Steuerpflichtige iSd § 2 Nr 1.** Beschränkt Steuerpflichtige ausländische Körperschaften, Personenvereinigungen und Vermögensmassen iSd § 2 Nr 1 unterliegen der Zinsschranke, sofern sie im Inland Gewinneinkünfte, also insbesondere Einkünfte aus Gewerbebetrieb, erzielen.

---

1 BTDrs 16/4841, 48.

V. Normzweck und Anwendungsbereich

Beschränkt steuerpflichtige Kapitalgesellschaften. Für beschränkt steuerpflichtige Kapitalgesellschaften findet die Zinsschranke nach § 8a I S 4 auch dann Anwendung, wenn diese lediglich Einkünfte aus vermögensverwaltenden Tätigkeiten beziehen, für welche die Einkünfte nach dem Überschuss der Einnahmen über die Werbungskosten zu ermitteln sind. Diese Vorschrift ist im Hinblick auf Objektgesellschaften mit inländischem Grundbesitz geschaffen worden und läuft ab dem VZ 2009 weitgehend ins Leere. Zur Anwendung des Betriebsbegriffs und der Freigrenze in diesen Fällen vgl Rn 84. Sie findet auch Anwendung, wenn zwischen die beschränkt steuerpflichtige Kapitalgesellschaft und die inländische Einkunftsquelle eine in- oder ausländische vermögensverwaltende und nicht gewerblich geprägte Personengesellschaft geschaltet wird.[1] Für ausländische Rechtsformen, welche nach dem Rechtstypenvergleich nicht als Kapitalgesellschaften qualifizieren (zB ausländische Genossenschaften), findet § 8a I S 4 keine Anwendung. 57

Beschränkt Steuerpflichtige iSd § 2 Nr 2. Die beschränkte Steuerpflicht wird für juristische Personen des öffentlichen Rechts unter den Voraussetzungen des § 2 Nr 2 erweitert. Dies betrifft jedoch nur bestimmte abzugssteuerpflichtige Einkünfte (vgl § 2 Rn 229), so dass die Zinsschranke insoweit nicht greift. 58

Organgesellschaften. Organgesellschaften sind von der Anwendung der Zinsschranke explizit ausgenommen, da sie zusammen mit dem Organträger einen Betrieb bilden (§ 15 S 1 Nr 3 S 1). 59

Mitunternehmerschaften. Mitunternehmerschaften unterliegen als Gewinnerzielungs- und -ermittlungssubjekte der Zinsschranke gem § 4h EStG. Dies gilt sowohl für Außen- (OHG, KG) als auch für Innengesellschaften (atypisch stille Gesellschaften). Der Anwendungsbereich erstreckt sich dabei auch auf lediglich gewerblich infizierte Personengesellschaften iSd § 15 III Nr 1 EStG[2] und gewerblich geprägte Personengesellschaften iSd § 15 III Nr 2 EStG. Bei Mitunternehmerschaften, welche Körperschaften nachgeordnet sind greift gem § 4h II S 2 EStG darüber hinaus § 8a II und III. 60

Vermögensverwaltende Personengesellschaften. Auf rein vermögensverwaltende nicht gewerblich geprägte Personengesellschaften findet die Zinsschranke keine Anwendung.[3] Aufgrund der Bruchteilsbetrachtung kommt jedoch eine Anwendung der Zinsschranke auf Ebene der Gesellschafter in Betracht. 61

Einstweilen frei. 62-64

---

1 *Förster* in Gosch § 8a Rn 31; *Möhlenbrock/Pung* in D/J/P/W § 8a Rn 62; aA *Kußmaul/Pfirmann/Meyering/Schäfer*, BB 2008, 135, 137; *Töben/Fischer*, Ubgg 2008, 149, 153; *Geißelmeier/Bargenda*, NWB Fach 4, 5329, 5338; eventuell auch *Kröner/Bolik*, DStR 2008, 1309, 1312; *Meining/Telg genannt Kortmann*, IStR 2008, 507, 509.
2 AA *Winkler/Käshammer*, Ubgg 2008, 478, 479, die in der Nichterwähnung von gewerblich infizierten Personengesellschaften in Rn 5 des BMF-Schreibens v 4.7.2008 eine Billigkeitsregelung zur Nichtanwendung der Zinsschranke erblicken. Diese soll jedoch nur den Fall gelten, dass eine vermögensverwaltende Personengesellschaft an einer gewerblichen Personengesellschaft beteiligt ist.
3 BMF v 4.7.2008, BStBl I 2008, 718, Rn 5; *Möhlenbrock/Pung* in D/J/P/W § 8a Rn 60.

65 **3. Sachlicher Anwendungsbereich „Betrieb". a) Bedeutung des Betriebsbegriffs.**
Die Identifizierung des Betriebs ist von zentraler Bedeutung für die Anwendung der Zinsschranke. Der Begriff des Betriebs ist insbesondere für folgende Aspekte relevant:
- steuerpflichtiger Gewinn bzw steuerpflichtiges Einkommen des Betriebs;
- Zinsaufwendungen/-erträge und sonstige abgesetzte Beträge des Betriebs;
- steuerpflichtiges EBITDA des Betriebs;
- festzustellender EBITDA-Vortrag des Betriebs;
- festzustellender Zinsvortrag des Betriebs;
- Anwendung der Freigrenze nach § 4h II S 1 lit a EStG;
- Konzernzugehörigkeit des Betriebs;
- Eigenkapitalquote des Betriebs nach § 4h II S 1 lit c EStG.

66 **Betriebsbezogenheit.** Jeder Betrieb ist für Zwecke der Zinsschranke gesondert zu beurteilen. Die Zinsabzugsbeschränkung greift für die Zinsaufwendungen eines Betriebs.[1]

67 *Einstweilen frei.*

68 **b) Begriff des Betriebs. Gewinneinkünfte.** Der Begriff des Betriebs wird gesetzlich nicht definiert. Aus der Stellung als Gewinnermittlungsvorschrift folgt jedoch, dass die Vorschrift lediglich auf Gewinneinkünfte anzuwenden ist. Hierzu gehören Einkünfte aus Land- und Forstwirtschaft (§ 13 EStG), Gewerbebetrieb (§ 15 EStG) sowie selbständiger Arbeit (§ 18 EStG).[2] Daraus ergibt sich, dass die Zinsschranke nicht auf Überschusseinkünfte iSd § 2 II Nr 2 EStG, also den Bereich der Vermögensverwaltung, anzuwenden ist (Ausnahme: § 8a I S 4 dazu vgl Rn 84).

69 **Gewinnermittlungsmethode.** Unbeachtlich ist, ob die Einkünfte durch Betriebsvermögensvergleich oder den Überschuss der Betriebseinnahmen über die Betriebsausgaben ermittelt werden. Keine Anwendung findet die Zinsschranke allerdings dann, wenn der Gewinn nach §§ 5a oder § 13a EStG ermittelt wird, da hier der Gewinn pauschal ohne Möglichkeit des Betriebsausgabenabzugs versteuert wird.[3]

70 **Einkünfte aus Gewerbebetrieb.** Für den Bereich der Einkünfte aus Gewerbebetrieb stimmt der Betriebsbegriff der Zinsschranke mit dem des Gewerbebetriebs iSd § 15 II EStG überein.[4]

71 *Einstweilen frei.*

---

1 *Förster* in Gosch Exkurs § 4h EStG Rn 48.
2 BMF v 4.7.2008, BStBl I 2008, 718, Rn 2.
3 *Kaminski*, Stbg 2008, 196, 198; *Möhlenbrock/Pung* in D/J/P/W § 8a Rn 45.
4 Ebenso *Prinz*, FR 2008, 441, 447; BTDrs 16/4835; für Einkünfte aus Land- und Forstwirtschaft vgl § 14 I Nr 1 EStG und BFH IV R 48/96, BFH/NV 1997, 749, der Bereich der Einkünfte aus selbständiger Arbeit kennt keinen Betriebsbegriff, so dass auf die selbständige Tätigkeit abgestellt werden muss; *Geibel/Dörr/ Fehling*, NWB Fach 4, 5199, 5201 verweisen auf den Betriebsbegriff der §§ 14, 15 II, 16, 18 III EStG und § 20 UmwStG wobei sich dieser in den genannten Vorschriften unterschieden kann; *Köster-Böckenförde/ Clauss*, DB 2008, 2213, 2214 legen den Betriebsbegriff objektiv und tätigkeitsbezogen aus; *Köhler*, DStR 2007, 597, 598, bezieht sich auf den Betriebsbegriff des § 16 EStG und § 20 UmwStG; *Kraft/Mayer-Theobald*, DB 2008, 2325, 2326 stellen auf die Einheit ab, für die der Gewinn ermittelt wird.

V. Normzweck und Anwendungsbereich

c) **Unbeschränkt Steuerpflichtige. Einzelunternehmer.** Ein Einzelunternehmer kann mehrere Betriebe unterhalten.[1] Nach der Rechtsprechung des BFH sind mehrere Gewerbebetriebe anzunehmen, wenn die gewerblichen Betätigungen nicht wirtschaftlich, finanziell oder organisatorisch zusammenhängen.[2] Da jeder Betrieb gesondert zu beurteilen ist, kommt bspw die Freigrenze für jeden Betrieb zur Anwendung.

72

Betriebsaufspaltung. Unklar ist, ob bei einer Betriebsaufspaltung das Besitz- und Betriebsunternehmen zwei getrennte oder ein einheitlicher Betrieb iSd Zinsschranke vorliegen oder das Besitzunternehmen gar keinen Betrieb darstellt. Aufgrund der hier vertretenen Betriebsdefinition muss davon ausgegangen werden, dass im Falle der Betriebsaufspaltung sowohl das Besitz- als auch das Betriebsunternehmen jeweils einen Betrieb unterhalten, da es sich um unterschiedliche Steuersubjekte handelt. Möglicherweise geht der Gesetzgeber davon aus, dass das Besitzunternehmen keinen Betrieb iSd Zinsschranke darstellt, da nach seiner Auffassung im Falle einer klassischen Betriebsaufspaltung kein Konzern vorliegt.[3] Eine solche Auslegung steht jedoch mit dem Gesetzeswortlaut nicht im Einklang und könnte allenfalls im Wege der teleologischen Reduktion erreicht werden.[4] Zu den widersprüchlichen Aussagen des Gesetzgebers zum Konzernbegriff vgl auch Rn 364.

73

Körperschaften iSd § 8 II. Unbeschränkt Steuerpflichtige iSd § 1 I Nr 1-3, bei denen alle Einkünfte als solche aus Gewerbebetrieb gelten (§ 8 II), haben nur einen Betrieb.[5] Dazu zählen Kapitalgesellschaften, Genossenschaften und Pensions- und Sicherungsvereine auf Gegenseitigkeit. Zwar fingiert § 8 II lediglich, dass die Einkünfte dieser Körperschaften als gewerblich gelten, nicht aber die Existenz eines Gewerbebetriebs. Jedoch ergibt sich aus § 2 II S 1 GewStG, dass die Tätigkeit der vorgenannten Körperschaften stets in vollem Umfang als Gewerbebetrieb gilt. Um Wertungswidersprüche zu vermeiden, ist eine einheitliche Auslegung geboten.[6]

74

Kein Erfordernis einer inländischen Betriebsstätte bei Körperschaften iSd § 1 I Nr 1-3. Unbeachtlich ist, ob Körperschaften iSd § 1 I Nr 1-3 im Inland eine Betriebsstätte unterhalten. Hat zB eine Kapitalgesellschaft mit statutarischem Sitz im Inland ihren Ort der Geschäftsleitung im Ausland und erzielt diese Einkünfte aus unbeweglichem Vermögen, für die Deutschland nach dem anwendbaren DBA (Art 6 OECD-MA) das Besteuerungsrecht hat, unterliegen die mit diesen Einkünften zusammenhängenden Zinsen der Zinsschranke. In diesem Fall liegt eine unbeschränkt steuerpflichtige Körperschaft iSd § 8 II vor, welche stets einen Betrieb hat. Dass die einzige Betriebsstätte des Betriebs die Stätte der Geschäftsleitung im Ausland bildet, ist für die Anwendung der Zinsschranke nicht beachtlich, da es nicht darauf ankommt, wo der Betrieb liegt.[7]

75

---

1 BFH X R 130/87, BStBl II 1989, 901; BMF v 4.7.2008, BStBl I 2008, 718, Rn 3.
2 Vgl auch R 2.4 II GewStR zur Abgrenzung mehrerer gleichartiger Gewerbebetriebe für Zwecke der GewSt.
3 BTDrs 16/4841, 50; BMF v 4.7.2008, BStBl I 2008, 718, Rn 63; so auch *Levedag*, GmbHR 2008, 281, 287.
4 *Stangl/Hageböke* in Schaumburg/Rödder, UntStRef 2008, S 478; *Hallerbach*, StuB 2007, 487, 490.
5 BMF v 4.7.2008, BStBl I 2008, 718, Rn 7; BFH III R 78/86, BStBl II 1989, 467; aA *Köster-Böckernförde/Clauss*, DB 2008, 2213, 2216.
6 So auch schon BFH I R 54/95, DStR 1997, 492 unter 2. a).
7 So schon *Möhlenbrock* in der Podiumsdiskussion auf der 24. Hamburger Tagung zur Internationalen Besteuerung, in Lüdicke, Unternehmensteuerreform 2008 im internationalen Umfeld, 2008, S 67 f.

76 **KGaA.** Eine KGaA hat nach Auffassung der Finanzverwaltung nur einen Betrieb.[1] Dies ist zutreffend, da zwischen dem persönlich haftenden Gesellschafter und der KGaA keine Mitunternehmerschaft besteht.[2] Davon zu unterscheiden ist die Frage, ob der persönlich haftende Gesellschafter einen Betrieb iSd Zinsschranke unterhält, welchem der Gewinnanteil zuzurechnen ist. Daran dürfte es fehlen, wenn der persönlich haftende Gesellschafter keinen eigenen Gewerbebetrieb hat, in dem er den Anteil als persönlich haftender Gesellschafter hält (zB natürliche Personen oder Körperschaften ohne Gewerbebetrieb). Zur Behandlung von Finanzierungskosten des persönlich haftenden Gesellschafters im Zusammenhang mit dem Anteil an der KGaA vgl Rn 143 Stichwort „KGaA, Sonderbetriebsausgaben".

77 **Ausländische Betriebsstätten unbeschränkt Steuerpflichtiger.** Ausländische Betriebsstätten von unbeschränkt Steuerpflichtigen begründen regelmäßig keinen eigenständigen Betrieb, sondern gehören zum Betrieb des inländischen Stammhauses.[3]

78 **Andere Körperschaften.** Körperschaften iSd § 1 I Nr 4 und 5, welche nicht unter § 8 II fallen, können ebenso wie Einzelunternehmer mehrere Betriebe iSd Zinsschranke unterhalten.[4] Auch juristische Personen öffentlichen Rechts unterhalten mit ihren BgA jeweils einen Betrieb iSd Zinsschranke (vgl auch § 4 Rn 240).[5]

79 **Organschaft.** Organgesellschaften und Organträger gelten gem § 15 I S 1 Nr 3 als ein Betrieb (vgl § 15 Rn 178). Sofern alle Gesellschaften einer Unternehmensgruppe zu einer Organschaft gehören und der Organträger eine natürliche Person ist oder dessen Anteile im Streubesitz sind, findet die Zinsschranke aufgrund der Ausnahme des § 4 h II S 1 lit b EStG keine Anwendung, es sei denn, es liegt eine schädliche Gesellschafterfremdfinanzierung vor (vgl Rn 171).

80-81 *Einstweilen frei.*

82 **d) Beschränkt Steuerpflichtige. Gewinneinkünfte.** Die Zinsschranke findet auf beschränkt Steuerpflichtige mit inländischen Gewinneinkünften, zB aus einer inländischen gewerblichen Betriebsstätte, Anwendung.[6] Ausweislich der Gesetzesbegründung beschränkt sich die Anwendung der Regelung auf die inländische Gewinnermittlung.[7] Diese Aussage ist wohl so zu verstehen, dass nur Zinsaufwendungen und -erträge der Zinsschranke unterliegen, die sich auf den im Inland „steuerpflichtigen" Gewinn ausgewirkt haben, was sich bereits aus den gesetzlichen Begriffsdefinitionen ergibt. Dies bedeutet indes nicht, dass die inländische Betriebsstätte als

---

1 BMF v 4.7.2008, BStBl I 2008, 718, Rn 8.
2 BFH X R 14/88, BStBl II 1989, 881.
3 So *Förster* in Gosch Exkurs § 4h EStG Rn 56; im Ergebnis auch *Geibel/Dörr/Fehling*, NWB Fach 4, 5199, 5201; BMF v 4.7.2008, BStBl I 2008, 718, Rn 9.
4 *Förster* in Gosch Exkurs § 4h EStG Rn 53; *derselbe* in Gosch § 8a Rn 16; aA *Grotherr*, IWB 2007, Gruppe 3 Fach 3, 1489, 1498; *Köhler*, DStR 2007, 597, 598.
5 BFH I R 7/71, BStBl II 1974, 391; *Förster* in Gosch Exkurs § 4h EStG Rn 53; *Geibel/Dörr/Fehling*, NWB Fach 4, 5199, 5201.
6 Ebenso *Förster* in Gosch § 4h EStG Exkurs Rn 56; *Töben/Fischer*, BB 2007, 974; aA *Grotherr*, IWB 2007, Gruppe 3 Fach 3, 1489, 1496; *Dörfler*, Ubg 2008, 693, 694; wohl auch *Middendorf/Stegemann*, INF 2007, 305, 306.
7 BTDrs 16/4841, 48.

V. Normzweck und Anwendungsbereich

Betrieb anzusehen ist.[1] Vielmehr gehört die Betriebsstätte regelmäßig zum Betrieb des ausländischen Stammhauses.[2] Davon zu trennen ist die Frage, ob beschränkt steuerpflichtige Körperschaften (einschließlich Kapitalgesellschaften) mehrere Betriebe iSd Zinsschranke haben können. Dies ist zu bejahen, da für beschränkt steuerpflichtige Körperschaften § 8 II keine Anwendung findet.[3] Zur Abgrenzung mehrerer Betriebe einer ausländischen Körperschaft sollten die von der Rechtsprechung zu Einzelunternehmern entwickelten Kriterien herangezogen werden (vgl Rn 72).

Ausländischer Organträger. Zweifelhaft ist, ob im Falle einer inländischen Betriebsstätte eines ausländischen Stammhauses, zu der die Anteile an einer inländischen Organgesellschaft gehören, mehrere Betriebe vorliegen. Denn in diesem Fall gelten Organträger und Organgesellschaft nach § 15 S 1 Nr 3 S 1 als ein Betrieb. Ausweislich der Gesetzesbegründung soll der Organkreis in diesem Fall den Betrieb darstellen, wogegen das ausländische Stammhaus einen eigenen Betrieb haben soll, der von dem Betrieb des Organkreises zu unterscheiden ist.[4] Diese gesetzgeberische Auffassung steht jedoch im Gegensatz zum Wortlaut der Vorschrift des § 15 S 1 Nr 3, da dieser vom „Organträger" und nicht vom „Organkreis" spricht. Organträger dürfte indes der ausländische Rechtsträger sein und nicht dessen inländische Betriebsstätte. Damit ist die Aussage des Gesetzgebers dahingehend einzuschränken, dass ein vom Stammhaus separater Betrieb nur dann vorliegt, wenn die inländische Zweigniederlassung einen eigenständigen Betrieb iSd Zinsschranke darstellt, diese insbesondere nicht wirtschaftlich, finanziell und organisatorisch mit einer anderen gewerblichen Betätigung des Stammhauses zusammenhängen.

83

Überschusseinkünfte. Aufgrund der Sonderregelung in § 8a I S 4 ist auf Kapitalgesellschaften, welche lediglich Überschusseinkünfte nach § 2 II Nr 2 EStG erzielen, § 4h EStG sinngemäß anzuwenden. Diese Regelung kann sich nur auf beschränkt steuerpflichtige Kapitalgesellschaften beziehen, da bei unbeschränkt steuerpflichtigen Kapitalgesellschaften alle Einkünfte nach § 8 II als gewerbliche Einkünfte gelten. Die Regelung zielte ursprünglich auf ausländische Objektgesellschaften mit inländischen Einkünften aus Vermietung und Verpachtung ab, welche nach § 49 I Nr 6 EStG beschränkt steuerpflichtig waren.[5] Aufgrund der Änderung des § 49 I Nr 2 lit f EStG durch das JStG 2009 gelten Einkünfte aus Vermietung und Verpachtung, die von einer Kapitalgesellschaft erzielt werden, ab VZ 2009 als gewerbliche Einkünfte (vgl § 2 Rn 173). Die Vorschrift des § 8a I S 4 findet daher ab VZ 2009 nur noch in den seltenen Fällen beschränkt steuerpflichtiger, nicht dem Steuerabzug unterliegenden Einkünfte aus Kapitalvermögen Anwendung (zB bei Zinsen aus durch inländischen Grundbesitz gesicherten Forderungen, § 49 I Nr 5 lit c sublit aa EStG, die nicht dem

84

---

1 BMF v 4.7.2008, BStBl I 2008, 718, Rn 9; *Bron*, IStR 2008, 14, 15. AA eventuell *Stangl/Hageböke* in Schaumburg/Rödder, UntStRef 2008, S 455; *Schmidt-Fehrenbacher*, Ubg 2008, 469, 471; *Blumenberg Lechner* in Blumenberg/Benz, UntStRef 2008, S 115.
2 *Förster* in Gosch § 4h EStG Exkurs Rn 56.
3 Ebenso *Förster* in Gosch § 4h EStG Exkurs Rn 53; sowie für Kapitalgesellschaften, nicht aber für andere Körperschaften *Möhlbrock/Pung* in D/J/P/W § 8a Rn 46; aA *Kaminski*, Stbg 2008, 196, 198. Möglicherweise auch aA BMF v 4.7.2008, BStBl I 2008, 718, Rn 7, da es verallgemeinernd davon spricht, dass Kapitalgesellschaften „grundsätzlich" nur einen Betrieb haben.
4 BTDrs 16/4841, 77.
5 BTDrs 16/5491, 22.

Kapitalertragsteuerabzug nach § 43 I Nr 7 EStG unterliegen).[1] Ungeachtet dessen stellt sich die Frage, ob aus der sinngemäßen Anwendung des § 4h EStG folgt, dass ein Betrieb der ausländischen Kapitalgesellschaft fingiert wird,[2] in dem die Überschusseinkünfte als erzielt gelten, bzw worauf sich die sinngemäße Anwendung stattdessen bezieht. Geht man wie hier davon aus, dass ausländische Kapitalgesellschaften mehrere Betriebe unterhalten können, kommt eine getrennte Anwendung der Zinsschranke auf jede Überschusseinkunftsquelle als quasi-Betrieb als vertretbare Auslegung in Betracht.[3] Ein quasi-Betrieb dürfte jedoch analog der Grundsätze der Rechtsprechung zur Abgrenzung mehrerer Gewerbebetriebe nur insoweit vorliegen, als kein wirtschaftlicher, finanzieller und organisatorischer Zusammenhang zwischen den einzelnen Überschusseinkunftsquellen besteht. Können die Überschusseinkunftsquellen (zB bis 2009 einzelne Grundstücke) danach als separate quasi-Betriebe angesehen werden, greift die Freigrenze für jeden dieser quasi-Betriebe gesondert.

85   **Beschränkt Steuerpflichtige mit originären Einkünften aus Gewerbebetrieb ohne inländische Betriebsstätte.** Erzielen beschränkt Steuerpflichtige inländische, originär gewerbliche Einkünfte ohne das Bestehen einer inländischen Betriebsstätte, stellt sich die Frage nach der Anwendung der Zinsschranke. Diese Situation liegt insbesondere dann vor, wenn beschränkt Steuerpflichtige inländische Einkünfte aus gewerblichem Grundstückshandel oder aus einer gewerblichen Vermietung im Inland erzielen, ohne eine inländische Betriebsstätte zu unterhalten (entsprechendes gilt aber auch für gewerbliche Einkünfte nach § 49 I Nr 2 lit b-d EStG, deren Steuerpflicht ebenfalls nicht das Vorliegen einer inländischen Betriebsstätte voraussetzt). Nach § 49 I Nr 2 lit f S 1 EStG unterliegen diese Einkünfte auch ohne Bestehen einer inländischen Betriebsstätte der beschränkten Steuerpflicht. In diesem Fall ist ebenfalls ein (ausländischer) Betrieb iSd Zinsschranke anzunehmen, da die Erzielung originär gewerblicher Einkünfte ohne Betrieb nicht denkbar ist. Darauf, dass der Betrieb im Ausland liegt bzw im Inland keine Betriebsstätte besteht, kommt es für Zwecke der Zinsschranke nicht an.[4] Die isolierende Betrachtungsweise des § 49 II EStG steht dem nicht entgegen, da sich an der Einordnung der Einkünfte nach innerstaatlichem Recht nichts ändert.

86   **Beschränkt Steuerpflichtige mit fingierten Einkünften aus Gewerbebetrieb ohne inländische Betriebsstätte.** Die Frage nach der Anwendung der Zinsschranke stellt sich auch bei beschränkt Steuerpflichtigen, die im Inland lediglich fingierte gewerbliche Einkünfte erzielen. Solche liegen insbesondere dann vor, wenn ausländische

---

1   *Mensching*, DStR 2009, 96, 99.
2   *Möhlenbrock/Pung* in D/J/P/W § 8a Rn 49 und 63; wohl ebenfalls davon ausgehend: *Kröner/Bolik*, DStR 2008, 1309, 1314; *Töben/Fischer*, Ubg 2008, 149, 152; aA *Köster-Böckernförde/Clauss*, DB 2008, 2213, 2216.
3   *Förster* in Gosch § 8a Rn 16; *Köster-Böckernförde/Clauss*, DB 2008, 2213, 2216; *Kröner/Bolik*, DStR 2008, 1309, 1314 gehen davon aus, dass bei gleichzeitigem Vorliegen von Überschusseinkünften und gewerblich fingierten Einkünften nach § 49 I Nr 1 lit f EStG zwei separate Betriebe anzunehmen sind; aA *Möhlenbrock/Pung* in D/J/P/W § 8a Rn 63, die alle Einkünfte einer einheitlichen Abzugsbeschränkung unterwerfen wollen.
4   So schon *Möhlenbrock* in der Podiumsdiskussion auf der 24. Hamburger Tagung zur Internationalen Besteuerung, in Lüdicke, Unternehmensteuerreform 2008 im internationalen Umfeld, 2008, S 67 f.

Körperschaften iSd § 1 I Nr 1-3 Einkünfte aus der Veräußerung oder Vermietung und Verpachtung von inländischem unbeweglichem Vermögen usw iSd § 49 I Nr 2 lit f EStG erzielen, welche Ausfluss einer vermögensverwaltenden Tätigkeit sind. Nach § 49 I Nr 1 lit f S 2 EStG gelten die vorgenannten Einkünfte als gewerbliche Einkünfte, selbst wenn die Körperschaft ausschließlich vermögensverwaltend tätig ist, wobei dies anders als bei § 8a I S 4 nicht nur auf Kapitalgesellschaften, sondern auch für sonstige Körperschaften iSd § 1 I Nr 1-3 (zB Genossenschaften) gilt. Umstritten ist, ob ein Betrieb iSd Zinsschranke aus dem bloßen Vorliegen von fingierten Einkünften aus Gewerbebetrieb abgeleitet werden kann.[1] Wäre dies nicht der Fall, käme die Zinsschranke unter Umständen nicht zur Anwendung, so dass eine Besteuerungslücke bestünde.[2] Zunächst ist für die Beantwortung dieser Frage danach zu differenzieren, ob die Körperschaft einen Betrieb im Ausland unterhält, dh originär gewerbliche Einkünfte erzielt, die in einer ausländischen Betriebsstätte anfallen. Gehören die inländischen Einkünfte aus unbeweglichem Vermögen zu dieser gewerblichen Tätigkeit, liegt ein Betrieb iSd Zinsschranke vor, da es sich um gewerbliche Einkünfte handelt, welche bereits nach § 49 I Nr 1 lit f S 1 EStG beschränkt steuerpflichtig sind (vgl Rn 85). Sofern die ausländische Körperschaft dagegen ausschließlich vermögensverwaltend tätig ist, spricht für eine Anwendung der Zinsschranke, dass die Fiktion des § 49 I Nr 2 lit f S 2 EStG eine Gleichbehandlung der ausländischen Körperschaft mit inländischen Körperschaften iSd § 8 II bezweckt. Aus dem Gedanken des § 8 I S 4 kann ferner hergeleitet werden, dass der Gesetzgeber zumindest für rein vermögensverwaltende Kapitalgesellschaften eine Gleichbehandlung für Zwecke der Zinsschranke im Auge hatte. Aus dem Normenzusammenhang ist daher eine Anwendung der Zinsschranke in diesen Fällen anzunehmen.[3] Dies gilt auch dann, wenn zwischen die ausländische Körperschaft iSd § 49 I Nr 1 lit f S 2 EStG und die inländische Einkunftsquelle eine in- oder ausländische vermögensverwaltende und nicht gewerblich geprägte Personengesellschaft geschaltet wird.[4] Bejaht man das Vorliegen eines Betriebs im Falle fingierter gewerblicher Einkünfte, stellt sich die Frage, ob je fingierter Einkunftsquelle (zB Grundstück) ein Betrieb vorliegt. Dies wäre analog der Behandlung bei Überschusseinkünften (vgl Rn 84) vertretbar.

Einstweilen frei. 87-88

e) **Personengesellschaften. Inländische Mitunternehmerschaften.** Mitunternehmerschaften iSd § 15 I Nr 2 EStG haben nur einen Betrieb iSd Zinsschranke.[5] Dies folgt aus § 15 III Nr 1 EStG, nach dessen Wortlaut die Tätigkeit von gewerblich infizierten sowie gewerblich geprägten Personengesellschaften in vollem Umfang als Gewerbebetrieb gilt. Wenn 89

---

1 Bejahend *Fischer/Wagner*, BB 2008, 1872; *Kröner/Bolik*, DStR 2008, 1309, 1314; *Schaden/Käshammer*, BB 2007, 2317, 2319; *van Lishaut/Schumacher/Heinemann*, DStR 2008, 2341, 2342, die davon ausgehen, dass durch § 49 I Nr 2 lit f EStG gleichsam ein Betrieb fingiert wird; ebenso *Förster* in Gosch Exkurs § 4h EStG Rn 56.
2 *Köster-Böckenförde/Clauss*, DB 2008, 2213, 2215; zweifelnd *Dörfler/Rautenstrauch/Adrian*, BB 2009, 580, 583 und *Beinert/Benecke*, Ubg 2009, 169, 175; zweifelnd auch *Huschke/Hartwig*, IStR 2008, 745, 749; aA *Mensching*, DStR 2009, 96, 99 der der Auffassung ist, dass die Zinsschranke über § 8 I S 1 zur Anwendung kommt.
3 Ebenso Finanzministerium Schleswig-Holstein v 12.3.2009, VI 324 – S 2741 – 109, Haufeindex 2655871; BMF v 16.5.2011, BStBl I 2011, 530, Rn 9.
4 Im Ergebnis auch *Geißelmeier/Bargenda*, NWB Fach 4, 5329, 5338.
5 BMF v 4.7.2008, BStBl I 2008, 718, Rn 3.

selbst teilweise vermögensverwaltende Personengesellschaften als Gewerbebetrieb gelten, muss dies erst recht für ausschließlich gewerblich tätige Personengesellschaften zutreffen. Damit haben Mitunternehmerschaften stets nur einen Betrieb, unabhängig davon ob sie lediglich gewerblich infiziert oder geprägt sind.[1] Zum Betrieb der Mitunternehmerschaft gehört neben dem Gesamthandsvermögen auch das Sonderbetriebsvermögen.[2] Wird der Anteil an einer Mitunternehmerschaft im Betriebsvermögen des Mitunternehmers gehalten, so ist der Betrieb der Mitunternehmerschaft von dem Betrieb des Mitunternehmers abzugrenzen. Es liegen mithin zwei Betriebe vor. Durch die Ein- oder Zwischenschaltung von Mitunternehmerschaften lässt sich daher die Anwendung der Freigrenze vervielfältigen, nicht aber das steuerliche EBITDA (dazu Rn 112 Stichwort „Mitunternehmerschaft"). Sind beschränkt Steuerpflichtige an einer inländischen Mitunternehmerschaft beteiligt, liegt stets ein Betrieb iSd Zinsschranke vor. Dies gilt auch dann, wenn die Mitunternehmerschaft lediglich aufgrund gewerblicher Prägung besteht und im Inland über keine Betriebsstätte verfügt (zur Problematik von beschränkt Steuerpflichtigen mit gewerblichen Einkünften ohne inländische Betriebsstätte vgl Rn 86).[3]

90 **Ausländische Mitunternehmerschaften.** Ein (ausländischer) Betrieb iSd Zinsschranke liegt auch dann vor, wenn beschränkt steuerpflichtige Körperschaften über eine ausländische originär gewerblich tätige Personengesellschaft inländische Einkünfte beziehen, welche unter Beachtung der isolierten Betrachtungsweise der beschränkten Steuerpflicht unterliegen. Dies gilt auch dann, wenn die Gewerblichkeit der ausländischen Personengesellschaft lediglich kraft Prägung besteht.[4] Unbeachtlich ist in diesen Fällen ferner, ob die ausländische originär gewerblich tätige oder gewerblich geprägte Personengesellschaft über eine inländische Betriebsstätte verfügt; denn darauf kommt es für die Anwendung der Zinsschranke nicht an. Ergibt sich die beschränkte Steuerpflicht lediglich in Bezug auf Überschusseinkünfte, ist die Zinsschranke jedoch dem Grunde nach nur anwendbar, wenn Gesellschafter der ausländischen Personengesellschaft eine Kapitalgesellschaft ist. Für unbeschränkt steuerpflichtige Mitunternehmer einer ausländischen Mitunternehmerschaft gilt dies ohnehin, da in diesen Fällen eine Besteuerung nach dem Welteinkommensprinzip erfolgt.

91 **Atypisch stille Gesellschaften.** Bei atypisch stillen Gesellschaften gelten die Grundsätze für Mitunternehmerschaften entsprechend, dh die atypisch stille Gesellschaft hat einen von dem stillen Gesellschafter getrennten Betrieb. Bezieht sich die stille Beteiligung auf einen Teilbereich des Handelsgewerbes des Betriebsinhabers, stellen das quasi-Betriebsvermögen der stillen Gesellschaft und das verbleibende Betriebsvermögen des Betriebsinhabers getrennte Betriebe dar. Beteiligen sich mehrere Personen an verschiedenen Bereichen des Handelsgewerbes eines Betriebsinhabers atypisch still, liegen mehrere Mitunternehmerschaften und dementsprechend mehrere Betriebe vor.[5]

---

1 Ebenso *van Lishaut/Schumacher/Heinemann*, DStR 2008, 2341; *Kröner/Bolik*, DStR 2008, 1309, 1310; aA zu gewerblich infizierten Mitunternehmerschaften *Winkler/Käshammer*, Ubg 2008, 478, 479.
2 BMF v 4.7.2008, BStBl I 2008, 718, Rn 6; *Fischer/Wagner*, BB 2007, 1811.
3 *Kröner/Bolik*, DStR 2008, 1309, 1314.
4 § 15 III Nr 2 EStG findet auf ausländische Personengesellschaften Anwendung, BFH XI R 15/05, BStBl II 2007, 924.
5 *Kraft/Mayer-Theobald*, DB 2008, 2325, 2326; *Förster* in Gosch § 4h EStG Exkurs Rn 50.

V. Normzweck und Anwendungsbereich

Vermögensverwaltende Personengesellschaften. Vermögensverwaltende Personengesellschaften, die weder gewerblich infiziert noch gewerblich geprägt sind, haben keinen Betrieb iSd Zinsschranke. Die Zinserträge, -aufwendungen und das EBITDA werden den beteiligten Gesellschaftern aufgrund der Bruchteilsbetrachtung für Zwecke der Zinsschranke zugerechnet.[1]

92

Gewerbliche Personengesellschaften, die keine Mitunternehmerschaft sind. Gewerbliche Personengesellschaften, welche nicht als Mitunternehmerschaft qualifizieren, weil nicht mindestens zwei Personen als Mitunternehmer anzusehen sind, haben keinen eigenen Betrieb. Dies ist bspw der Fall, wenn der Kommanditist einer KG seinen Anteil treuhänderisch für den Komplementär hält (sog Treuhandmodell). Die Mitunternehmerschaft entfällt in diesem Fall sowohl für einkommen-/körperschaftsteuerliche als auch für gewerbesteuerliche Zwecke.[2] Damit liegt auf Ebene der Personengesellschaft kein Betrieb vor.[3] Die gewerbliche Tätigkeit der Personengesellschaft kann gleichwohl einen von den sonstigen Aktivitäten des Treugebers abzugrenzenden Betrieb darstellen. Dies ist allerdings nur dann denkbar, wenn der Treugeber mehrere Betriebe iSd Zinsschranke unterhalten kann, dh wenn es sich bei dem Treugeber um einen Einzelunternehmer oder eine nicht unter § 8 II fallende Körperschaft handelt. Wenn der Treugeber dagegen, wie im Regelfall, eine Kapitalgesellschaft ist, geht die gewerbliche oder gewerblich fingierte Aktivität der Personengesellschaft in dem einheitlichen Betrieb der Treugeber-Kapitalgesellschaft auf.

93

Einstweilen frei.

94-95

4. Zeitlicher Anwendungsbereich. Die Zinsschrankenregelung des § 4h EStG ist gem § 52 XIId S 1 EStG erstmals für WJ anzuwenden, die nach dem 25.5.2007 beginnen und nicht vor dem 1.1.2008 enden. Gleiches gilt für die Anwendung des § 8a gem § 34 VIa S 3. Damit greift die Zinsschranke für Betriebe mit kalenderjahrgleichem WJ seit dem WJ 2008. Bei abweichendem WJ ist die Regelung seit dem WJ 2007/2008 anzuwenden, sofern dieses nach dem 25.5.2007 begann, ansonsten greift die Regelung seit dem WJ 2008/2009. Für beschränkt Steuerpflichtige mit Überschusseinkünften greift die Regelung seit dem Kalenderjahr 2008 (§ 7 III S 2).

96

Durch das JStG 2009 wurde der Untergang des Zinsvortrags einer Mitunternehmerschaft, die einer Körperschaft nachgeordnet ist, in Folge eines schädlichen Beteiligungserwerbs der Körperschaft geregelt (vgl Rn 605). Die Regelung ist auf schädliche Beteiligungserwerbe nach dem 28.11.2008 anzuwenden, deren sämtliche Erwerbe und gleichgestellte Rechtsakte nach dem 28.11.2008 stattfinden (§ 52 XIId S 2 EStG).

---

1 BMF v 4.7.2008, BStBl I 2008, 718, Rn 43; *Wagner/Fischer*, BB 2007, 1811, 1812; *Meining/Telg genannt Kortmann*, IStR 2008, 507, 509.
2 Anders noch ua OFD Hannover v 22.3.2005, DB 2005, 858, wonach ein gewerbesteuerlicher Betrieb ungeachtet der Treuhandabrede vorliegt. Diese Ansicht ist durch den BFH IV R 26/07, BStBl II 2010, 751 verworfen worden.
3 So im Ergebnis auch *van Lishaut/Schumacher/Heinemann*, DStR 2008, 2341, 2342; *Benz/Goß*, DStR 2010, 839, 845.

Die durch das Bürgerentlastungsgesetz Krankenversicherung v 16.7.2009[1] eingeführte Erhöhung der Freigrenze von 1 Mio EUR auf 3 Mio EUR ist rückwirkend für WJ, die nach dem 25.5.2007 und nicht vor dem 1.1.2008 enden, anwendbar. Sie war ursprünglich zeitlich begrenzt für WJ, die vor dem 1.1.2010 enden, anwendbar. Mit dem Wachstumsbeschleunigungsgesetz wurde die Befristung aufgehoben.

Die mit dem gleichen Gesetz eingeführte Erleichterung zum Erhalt des Zinsvortrags bei vorhandenen stillen Reserven (vgl Rn 573) ist gem § 34 VIa S 6 erstmals bei schädlichen Beteiligungserwerben nach dem 31.12.2009 anzuwenden. Die parallel eingeführte Anhebung der Freigrenze des § 4h II S 1 lit a EStG von 1 Mio EUR auf 3 Mio EUR ist gem § 52 XIId S 3 rückwirkend für nach dem 25.5.2007 beginnende und nicht vor dem 1.1.2008 endende WJ anzuwenden. Die Anhebung der Toleranzgrenze beim unterschreiten der Eigenkapitalquote von einem Prozentpunkt auf 2%-Punkte sowie die Feststellung eines EBITDA-Vortrags finden erstmals für WJ Anwendung, die nach dem 31.12.2009 enden (§ 52 XIId S 4 EStG). Auf Antrag erhöhen nicht verbrauchte EBITDA-Vorträge für WJ, die nach dem 31.12.2006 beginnen und vor dem 1.1.2010 enden, den EBITDA-Vortrag des WJ, dass nach dem 31.12.2009 endet (§ 52 XIId S 5 EStG). Bei abweichendem WJ wird der EBITDA-Vortrag erstmalig für das WJ 2008/2009 festgestellt bzw die 2%-Toleranzgrenze des § 4h II lit c S 1 EStG wird erstmalig für dieses WJ angewendet.

97 *Einstweilen frei.*

98 **VI. Grundregel 30% EBITDA. 1. Verrechenbares EBITDA. Begriff.** Nach der Grundregel des § 4h I S 1 EStG sind die Zinsaufwendungen bis zur Höhe der Zinserträge voll abziehbar und darüber hinaus (= negativer Zinssaldo) nur bis zur Höhe des verrechenbaren EBITDA. EBITDA bedeutet Earnings (= maßgeblicher Gewinn bzw maßgebliches Einkommen) before Interest (= Saldo aus Zinsaufwendungen und Zinserträgen), Taxes (= KSt und GewSt), Depreciation and Amortization (= bestimmte steuerliche Abschreibungen einschließlich Abschreibungen für geringwertige Wirtschaftsgüter). Der Begriff des EBITDA ist jedoch nicht gleichzusetzen mit dem EBITDA, das sich nach einem Rechnungslegungsstandard ergibt, sondern setzt sich nach der gesetzlichen Regelung des § 4h I S 2 EStG aus rein steuerlichen Größen zusammen.[2] Das verrechenbare EBITDA beträgt gem § 4h I S 2 EStG 30% des um die Zinsaufwendungen (Rn 113 f) und um die abgesetzten Beträge (Rn 147 f) erhöhten und um die Zinserträge (Rn 144 f) verminderten maßgeblichen Gewinn (Rn 104 f). Die Begriffe des maßgeblichen Gewinns sowie der Zinsaufwendungen und Zinserträge sind in § 4h III EStG definiert. Für Körperschaften ist anstelle des maßgeblichen Gewinns das maßgebliche Einkommen anzusetzen. Eine entsprechende Definition enthält § 8a I S 2. Es kann demzufolge von einem „steuerlichen" EBITDA gesprochen werden.

---

[1] BGBl I 2009, 1959.
[2] Rödder/Stangl, DB 2007, 479.

VI. Grundregel 30 % EBITDA

Das steuerliche EBITDA ermittelt sich wie folgt:

Maßgeblicher Gewinn	§ 4h III S 1 EStG
bzw maßgebliches Einkommen	§ 8a I S 2
+ Zinsaufwendungen	§ 4h III S 2 und 4 EStG
- Zinserträge	§ 4h III S 3 und 4 EStG
+ Abschreibungen nach §§ 6 II S 1, 6 IIa S 2 und 7 EStG	§ 4h I S 2 EStG
= steuerliches EBITDA	
x 30 % = verrechenbares EBITDA	§ 4h I S 2 EStG

EBITDA-Vortrag. Soweit Zinsaufwendungen in der Grenze des verrechenbaren EBITDA des betreffenden WJ nicht abgezogen werden können, sind sie bis zur Höhe eines etwaigen EBITDA-Vortrags aus dem Vorjahr abziehbar. Zu Einzelheiten wird auf Rn 627 f verwiesen. **99**

Negatives EBITDA. Ist das verrechenbare EBITDA des laufenden Jahres negativ, ist der gesamte Zinssaldo nicht abziehbar, sofern kein EBITDA-Vortrag existiert (zum Zusammenspiel von negativem EBITDA und EBITDA-Vortrag vgl Rn 660). **100**

Zinsvortrag. Der Zinsvortrag erhöht den maßgeblichen Gewinn gem § 4h I S 6 EStG nicht. Diese Regelung stellt sicher, dass der Zinsvortrag nur die Zinsaufwendungen eines Jahres erhöhen soll (vgl Rn 143 Stichwort „Zinsvortrag"), nicht aber den maßgeblichen Gewinn. Die Regelung ist im Zusammenhang mit § 4h I S 2 EStG zu lesen, wonach zur Ermittlung des verrechenbaren EBITDA der maßgebliche Gewinn um Zinsaufwendungen zu erhöhen ist. Die in § 4h I S 2 EStG genannten Zinsaufwendungen beinhalten damit nicht den Zinsvortrag. Dies ist folgerichtig, da der Zinsvortrag den maßgeblichen Gewinn des WJ auch nicht gemindert hat. Aus dem Zusammenhang der Sätze 2 und 6 wird zudem klar, dass sich § 4h I S 6 EStG weniger auf den Begriff des maßgeblichen Gewinns als vielmehr auf das verrechenbare EBITDA bezieht. Im Ergebnis wird das verrechenbare EBITDA nicht um einen Zinsvortrag erhöht,[1] weil andernfalls die vorgetragenen Zinsaufwendungen für Zwecke der Ermittlung des verrechenbaren EBITDA mehrfach berücksichtigt würden (zum einen im Jahr des Anfalls und zum anderen in den Folgejahren bis zum Verbrauch des Zinsvortrags). Als weitere Folge ergibt sich aus § 4h I S 6 EStG ein gespaltener Zinsbegriff. Für die Anwendung des § 4h I S 1, 3 und 4 EStG sowie § 4h II S 1 lit a EStG enthalten die Zinsaufwendungen den Zinsvortrag (vgl auch Rn 143 Stichwort „Zinsvortrag" und Rn 166), für Zwecke des § 4h I S 2 EStG jedoch nicht. **101**

Einstweilen frei. **102-103**

2. Maßgeblicher Gewinn/maßgebliches Einkommen. a) Definition. Natürliche Personen und Mitunternehmerschaften. Das steuerliche EBITDA wird gem § 4h I S 2 EStG ausgehend von dem maßgeblichen Gewinn berechnet. Nach § 4h III S 1 EStG handelt es sich bei dem maßgeblichen Gewinn um den nach den Vorschriften des EStG mit Ausnahme des § 4h I EStG ermittelten steuerpflichtigen Gewinn. **104**

---
1 *Möhlenbrock/Pung* in D/J/P/W § 8a Rn 224.

105	**Körperschaften.** Für Körperschaften stellt die Zinsschranke gem § 8a I S 1 nicht auf den maßgeblichen Gewinn sondern auf das maßgebliche Einkommen ab. Maßgebliches Einkommen ist das nach den Vorschriften des EStG und des KStG ermittelte Einkommen mit Ausnahme der §§ 4h, 10d EStG und des § 9 I Nr 2.
106	*Einstweilen frei.*
107	**b) Ermittlung. Ausgangsgröße Gewinn aus Gewerbebetrieb.** Ausgangsgröße für die Ermittlung des maßgeblichen Gewinns/Einkommens ist der Gewinn aus Gewerbebetrieb, dh idR der Unterschiedsbetrag nach § 4 I EStG. Dieser ist über § 8 I auch bei Körperschaften der Ausgangspunkt für die Ermittlung des steuerpflichtigen Einkommens.
108	**Ermittlungsschema.** Der Gewinn aus Gewerbebetrieb ist zur Ermittlung des maßgeblichen Gewinns/Einkommens um diverse Beträge zu modifizieren. Im Einzelnen wird auf das ABC des maßgeblichen Gewinns/Einkommens verwiesen (vgl Rn 112). Für unbeschränkt steuerpflichtige Körperschaften iSd § 1 I Nr 1-3, bei denen alle Einkünfte als Einkünfte aus Gewerbebetrieb zu behandeln sind, ergibt sich für das maßgebliche Einkommen folgendes Ermittlungsschema:

	Gewinn aus Gewerbebetrieb nach EStG (ohne Anwendung des § 4h EStG) nach Abzug von steuerfreien Einnahmen und Hinzurechnung nicht abzugsfähiger Betriebsausgaben iSd § 4 V-VII EStG	§§ 8 I, 7 IV iVm 4 I, V-VII EStG
+	Betriebsstättenverluste, die in vorangegangenen VZ abgezogen wurden	§ 2a III S 3 oder IV EStG
+	nicht abziehbare Aufwendungen	§ 10
+	Spenden, welche die abzugsfähigen Beträge übersteigen	§ 9 I Nr 2
+	vGA	§ 8 III S 2
-	verdeckte Einlagen	§ 8 III S 3-5
-	Bezüge und Gewinne nach § 8b	§ 8b I und II
+	nicht abziehbare Betriebsausgaben iSd § 8b III und V	§ 8b III und V
+	Laufende Verluste aufgrund schädlichen Beteiligungserwerbs	§ 8c I
-	Verlustabzug nach § 10d EStG	§ 10d EStG
=	Einkommen	§ 8 I
+	abzugsfähige Spenden	§ 8a I S 2
+	Verlustabzug nach § 10d EStG	§ 8a I S 2
+	Gewinnanteil des persönlich haftenden Gesellschafters einer KGaA	
+/-	Gewinn-/Verlustanteil aus Mitun-ternehmeranteil	
=	Maßgebliches Einkommen	§ 8a I S 2

VI. Grundregel 30 % EBITDA

Wirtschaftsjahrbezogene Ermittlung. Der maßgebliche Gewinn bzw das maßgebliche Einkommen ist für jedes WJ zu ermitteln (§ 4a EStG). Enden in einem Kalenderjahr ausnahmsweise zwei WJ, so ist der maßgebliche Gewinn/das maßgebliche Einkommen für jedes WJ getrennt zu ermitteln. Wird in einem der beiden WJ ein Verlust erzielt, so mindert dieser das Abzugsvolumen des anderen WJ nicht.[1] Entsprechendes gilt für das verrechenbare EBITDA.

Mehrere Betriebe desselben Steuerpflichtigen. Bei mehreren Betrieben des Steuerpflichtigen ist der maßgebliche Gewinn bzw das maßgebliche Einkommen für jeden Betrieb getrennt zu ermitteln. Dies hat insbesondere Auswirkungen für Körperschaften, welche nicht unter § 8 II fallen, da diese neben gewerblichen Einkünften auch Überschusseinkünfte erzielen können. Das maßgebliche Einkommen wäre in diesem Fall nach einem geeigneten Schlüssel aufzuteilen.[2] Bei beschränkt steuerpflichtigen Körperschaften iSd § 1 I Nr 1-3 ist die Zinsschranke im Falle von fingierten gewerblichen Einkünften sowie auf Überschusseinkünfte sinngemäß anzuwenden. Darüber hinaus können beschränkt steuerpflichtige Körperschaften mehrere Betriebe iSd Zinsschranke haben. In diesen Fällen ist das maßgebliche Einkommen auf jeden (fingierten) Betrieb und jede Überschusseinkunftsquelle zu verteilen.[3] Für BgA von juristischen Personen öffentlichen Rechts ist das Einkommen ohnehin gesondert zu ermitteln, so dass eine Aufteilung für Zinsschrankenzwecke entfällt (vgl § 4 Rn 200 f).

Einstweilen frei.

c) ABC des maßgeblichen Gewinns/Einkommens. Ausländische Betriebsstättenverluste: In vergangenen VZ abgezogene Betriebsstättenverluste, die gem § 2a III S 3 oder IV EStG wieder hinzuzurechnen sind, gehen nicht in die Ausgangsgröße des maßgeblichen Gewinns ein, da sie erst beim Gesamtbetrag der Einkünfte hinzuzurechnen sind.[4] Bei Körperschaften sind dagegen die gem § 2a III S 3 oder IV EStG hinzugerechneten Betriebsstättenverluste definitorisch bereits im maßgeblichen Einkommen enthalten, da dieses an die Ermittlung des Gesamtbetrages der Einkünfte gem § 2 IV EStG anknüpft.[5]

Ausländische Einkünfte: Auch Erträge, die nach einem DBA steuerbefreit sind, mindern den maßgeblichen Gewinn bzw das maßgebliche Einkommen.[6] Das inländische Zinsabzugsvolumen kann daher entsprechend der gesetzgeberischen Zielsetzung nicht durch die Erhöhung steuerfreier ausländischer Einkünfte erhöht werden. Für die Dotation der ausländischen Freistellungsbetriebsstätte mit EK gelten die Betriebsstätten-Verwaltungsgrundsätze nach dem Schreiben des BMF v 24.12.1999.[7] Steuerpflichtige ausländische Einkünfte, für welche die Anrechnungs-

---

1 Möhlenbrock/Pung in D/J/P/W § 8a Rn 51; Förster in Gosch § 8a Rn 51.
2 Förster in Gosch § 8a Rn 16; Möhlenbrock/Pung in D/J/P/W § 8a Rn 51 wollen in diesem Fall die Überschusseinkünfte aus dem steuerlichen EBITDA ausscheiden.
3 Förster in Gosch § 8a Rn 16.
4 Förster in Gosch Exkurs § 4h EStG Rn 124.
5 Förster in Gosch § 8a Rn 20.
6 Stangl/Hageböcke in Schaumburg/Rödder, UntStRef 2008, S 457; Möhlenbrock, Ubg 2008, 1, 5.
7 BStBl I 1999, 1076; BTDrs 16/4841, 50.

methode gilt, sind in dem maßgeblichen Gewinn/Einkommen enthalten bzw nicht aus diesem auszuscheiden, da die ausländische Betriebsstätte keinen eigenständigen Betrieb, sondern einen Teil des Betriebs des Stammhauses darstellt.[1] Da die Anrechnungsmethode eine Doppelbelastung mit KSt vermeidet, kann durch die Erhöhung von ausländischen Anrechnungseinkünften das Zinsabzugsvolumen gesteigert werden, ohne dass es im Einzelfall zu einer höheren Körperschaftsteuerbelastung kommt. Bei Einkünften aus ausländischen Anrechnungsbetriebsstätten entfiele darüber hinaus eine zusätzliche Gewerbesteuerbelastung (§ 9 Nr 3 GewStG).

Dividendenbezüge von Mitunternehmerschaften: Erzielt eine Mitunternehmerschaft, an der Körperschaften als Mitunternehmer beteiligt sind, Bezüge iSd § 8b I, stellt sich die Frage, ob diese im maßgeblichen Gewinn enthalten sind. Nach § 8b VI sind die Bezüge iSd § 8b I bei der Ermittlung des Gewinns der Mitunternehmerschaft auszunehmen und gem § 8b V 5% der Bezüge dem Gewinn wieder hinzuzurechnen (Gewinnermittlungsvorschrift). Zweifel könnten allerdings nach dem Wortlaut des § 4h III S 1 EStG aufkommen, da dieser an den nach den Vorschriften des EStG ermittelten Gewinn anknüpft. Danach würde § 8b grundsätzlich keine Anwendung finden. Dieser ist auch über § 8a I nicht anwendbar, da die Mitunternehmerschaft nicht unter das KStG fällt. Allerdings würde eine volle Einbeziehung der Bezüge iSd § 8b I zu sinnwidrigen Ergebnissen führen. Entsprechendes gilt für Gewinne gem § 8b II.

Einkünftekorrektur nach § 1 AStG: Sofern die Einkünfte nach § 1 I AStG aufgrund von Geschäftsbeziehungen zum Ausland mit nahestehenden Personen berichtigt werden, ergibt sich daraus auch eine Erhöhung des maßgeblichen Gewinns/Einkommens.[2] Handelt es sich bei dem Berichtigungsbetrag um Zinserträge iSd Zinsschranke, qualifizieren diese als Zinserträge (vgl Rn 146 Stichwort „Berichtigung nach § 1 AStG") und werden bei der Ermittlung des steuerlichen EBITDA wieder abgezogen.

Entnahmen/Einlagen: Der Gewinn aus Gewerbebetrieb und damit der maßgebliche Gewinn ist um Entnahmen (§ 4 I S 1 EStG) zu erhöhen sowie um Einlagen (§ 4 I S 1 EStG) zu mindern.

Entstrickungsgewinne: Entstrickungsgewinne nach § 4 I S 3 EStG und nach § 12 I erhöhen den maßgeblichen Gewinn bzw das maßgebliche Einkommen.

Erträge aus Investmentanteilen: Die ausgeschütteten und ausschüttungsgleichen Erträge aus im Betriebsvermögen gehaltenen Investmentanteilen gehören nach § 2 I S 1 InvStG zu den Betriebseinnahmen und erhöhen somit den maßgeblichen Gewinn bzw das maßgebliche Einkommen. Zur Behandlung von in den Ausschüttungen und ausschüttungsgleichen Erträgen enthaltene Zinsaufwendungen und -erträge vgl Rn 143 und 146 jeweils Stichwort „Erträge aus Investmentvermögen".

---

1   *Förster* in Gosch Exkurs § 4h EStG Rn 122; *Köhler/Hahne*, DStR 2008, 1505, 1512; *Hoffmann*, GmbHR 2008, 113; aA eventuell *Schmidt-Fehrenbacher*, Ubg 2008, 469, 471; *Middendorf/Stegemann*, INF 2007, 305, 307.

2   *Förster* in Gosch Exkurs § 4h EStG Rn 122.

VI. Grundregel 30 % EBITDA

Hinzurechnungsbetrag nach § 10 II AStG: Der Hinzurechnungsbetrag gehört nach § 10 II S 2 AStG zu den Einkünften aus Gewerbebetrieb und erhöht den Gewinn des Betriebs. Entsprechend erhöht sich der maßgebliche Gewinn bzw das maßgebliche Einkommen für Zwecke der Zinsschranke. Sind in den zugrundeliegenden Einkünften der Zwischengesellschaft Zinserträge enthalten, werden diese nicht bei der Ermittlung der steuerlichen EBITDA abgezogen, da insoweit keine Zinserträge iSd Zinsschranke vorliegen (vgl Rn 146 Stichwort „Hinzurechnungsbetrag nach § 10 II AStG").[1]

KGaA: Eine weitere Modifikation des maßgeblichen Gewinns/Einkommens ergibt sich für den Sonderfall der KGaA. Die Finanzverwaltung nimmt hier die Position ein, dass zur Ermittlung des maßgeblichen Einkommens einer KGaA der Gewinnanteil des persönlich haftenden Gesellschafters und die Tätigkeitsvergütungen für seine Geschäftsführung iSd § 9 I Nr 1, nicht abzuziehen sind.[2] Beim persönlich haftenden Gesellschafter sollen der Gewinnanteil und die Tätigkeitsvergütungen entsprechend nicht in die Ermittlung des maßgeblichen Gewinns/Einkommens einbezogen werden. Der Gewinnanteil des persönlich haftenden Gesellschafters wird damit für die Ermittlung des steuerlichen EBITDA auf Ebene der KGaA berücksichtigt und nicht bei ihm selbst. Hierfür findet sich indes im Gesetzeswortlaut keine Stütze, im Gegenteil hat es der Gesetzgeber gerade unterlassen, die Nichtanwendung des § 9 I Nr 1 in den § 8a I S 2 aufzunehmen. Gleichwohl ist die Auffassung zu befürworten, da damit ein Gleichlauf zwischen KSt und GewSt erreicht wird (der Gewinnanteil wird bei Ermittlung des Gewerbeertrages der KGaA gem § 8 Nr 4 GewStG wieder hinzugerechnet und auf Ebene des persönlich haftenden Gesellschafters ggf aus dem Gewerbeertrag gem § 9 Nr 2b GewStG gekürzt). Andernfalls würde das EBITDA der KGaA iHd Gewinnanteils körperschaft- und gewerbesteuerlich eine unterschiedliche Zuordnung erfahren.

Beispiel

Die A GmbH ist persönlich haftender Gesellschafter einer KGaA. Die A GmbH hat ihre Einlage mit einem Darlehen finanziert. Die Zinsaufwendungen betragen 15. Ansonsten entfaltet die A GmbH keine weiteren Aktivitäten. Der Gewinnanteil der A GmbH als persönlich haftender Gesellschafter der KGaA beträgt 60. Die KGaA hat einen negativen Zinssaldo iHv 20. Das Einkommen der KGaA beträgt vor Anwendung der Zinsschranke (also unter Abzug des Zinssaldos von 20) 20. Die Abschreibungen betragen Null. Weder bei der A GmbH noch bei der KGaA greift eine der Ausnahmeregelungen des § 4h II EStG.

Die A GmbH hat einen steuerlichen Gewinn von 60 – 15 = 45. Nach Auffassung der Finanzverwaltung beträgt das verrechenbare EBITDA der A GmbH 45 + 15 – 60 = 0, da der Gewinnanteil iSd § 15 I Nr 3 EStG zu kürzen ist. Die Zinsaufwendungen iHv 15 sind damit nicht abzugsfähig. Die A GmbH muss den Gewinnanteil in voller Höhe der KSt unterwerfen. Da der Gewerbeertrag der A GmbH um den Gewinnanteil gem § 9 Nr 2b GewStG zu kürzen ist, beträgt der Gewerbeertrag der A GmbH ebenfalls Null. Es entsteht ein Zinsvortrag von 15, der bei unveränderten Verhält-

---

1 Köhler/Hahne, DStR 2008, 1505, 1511; Dörfler, Ubg 2008, 693, 699.
2 BMF v 4.7.2008, BStBl I 2008, 718, Rn 44; Möhlenbrock/Pung in D/J/P/W § 8a Rn 61; Kollruss/Weißert/Ilin, DStR 2009, 88, 92; aA noch Kollruss, BB 2007, 1988, 1990.

nissen nie genutzt werden kann. Die KGaA hat ein verrechenbares EBITDA iHv 30 (30 % von 100), da der Gewinnanteil dem steuerlichen EBITDA nach Auffassung der Finanzverwaltung hinzugerechnet wird. Die Zinsaufwendungen sind somit voll abzugsfähig. Sie mindern ebenfalls iHv 75 % (= 15) den Gewerbeertrag. Es empfiehlt sich bei Anwendung der Finanzverwaltungsmeinung die Fremdfinanzierung möglichst auf Ebene der KGaA anzusiedeln.

Nach dem Gesetzeswortlaut beträgt das verrechenbare EBITDA der A GmbH 18 (= 30 % von 60). Die Zinsaufwendungen sind voll abzugsfähig. Dies führt gewerbesteuerlich zu einem Verlustvortrag, da der Gewinnanteil aus dem Gewerbeertrag der A GmbH zu kürzen ist. Auf Ebene der KGaA ergibt sich ein verrechenbares EBITDA iHv 12 (= 30 % von 40). Die Zinsaufwendungen führen iHv 8 zu einem Zinsvortrag. Das Einkommen beträgt nach Anwendung der Zinsschranke 28. Die nach § 4h I EStG nichtabzugsfähigen Zinsaufwendungen schlagen auch auf den Gewerbeertrag durch, so dass dieser 91 (28 + 60 + 25 % von 12) beträgt. Im Ergebnis können bei Anwendung des Gesetzeswortlautes gegenüber der Finanzverwaltungsmeinung höhere Zinsaufwendungen für Körperschaftsteuerzwecke abgezogen werden (15 + 12 = 27) während gewerbesteuerlich ein geringerer Zinsaufwand die effektive Gewerbesteuerbelastung mindert (nämlich 12, da die 15 auf Ebene der A GmbH ins Leere laufen). Eine steueroptimale Verteilung der Zinsaufwendungen müsste im Einzelfall analysiert werden.

Ob die Position der Finanzverwaltung durch die Finanzgerichte bestätigt wird, bleibt indes zweifelhaft. Es verbleibt daher für die Besteuerungspraxis der KGaA eine beträchtliche Rechtsunsicherheit, die im Gesetzgebungswege beseitigt werden sollte. Vorstehendes gilt nicht für Vergütungen für die Hingabe von Darlehen des persönlich haftenden Gesellschafters, da auf diese § 9 I Nr 1 GewStG nicht anwendbar ist.[1]

Mitunternehmerschaft: Der Gesetzeswortlaut lässt keinen Zweifel daran, dass der maßgebliche Gewinn des Betriebs nach den Vorschriften des EStG zu ermitteln ist. Danach geht der Gewinnanteil aus einer Beteiligung an einer Mitunternehmerschaft, welche zu dem Vermögen des Betriebs einer Körperschaft, einer Mitunternehmerschaft oder eines Einzelunternehmers gehört, in den Gewinn des Betriebs des Mitunternehmers ein. Nach dem Gesetzeswortlaut geht demnach der Gewinn des Betriebs einer Mitunternehmerschaft sowohl in ihr eigenes EBITDA als auch das EBITDA des Betriebs des Mitunternehmers ein. Da die Mitunternehmerschaft einen eigenständigen Betrieb iSd Zinsschranke darstellt, erscheint es aufgrund der Betriebsbezogenheit der Zinsschranke jedoch sachgerecht, den Gewinnanteil aus der Beteiligung an einer Mitunternehmerschaft für Zwecke der Zinsschranke aus dem maßgeblichen Gewinn bzw Einkommen des

---

[1] BFH X R 6/05, BStBl II 2008, 363 unter 2. a) der Urteilsgründe. AA offenbar *Möhlenbrock/Pung* in D/J/P/W § 8a Rn 61.

Mitunternehmers zu eliminieren.[1] Damit wird einerseits ein Kaskadeneffekt durch die mehrfache Berücksichtigung desselben Gewinns vermieden. Andererseits mindert der Anteil am Verlust der Mitunternehmerschaft nicht den maßgeblichen Gewinn bzw das maßgebliche Einkommen des Betriebs des Mitunternehmers. Weiterhin folgt aus dieser Auffassung, dass Sondervergütungen, Sonderbetriebseinnahmen und Sonderbetriebsausgaben des Mitunternehmers dem Betrieb der Mitunternehmerschaft zuzuordnen[2] und daher ebenfalls aus dem maßgeblichen Gewinn/Einkommen des Betriebs des Mitunternehmers auszunehmen sind. Auch der Gewinn oder Verlust aus der Aufgabe oder Veräußerung des Mitunternehmeranteils ist auf Ebene der Mitunternehmerschaft zu berücksichtigen und beim Mitunternehmer entsprechend zu eliminieren. Den maßgeblichen Gewinn der Mitunternehmerschaft beeinflussen ferner Ergebnisse aus etwaigen Ergänzungsbilanzen. Die Einbeziehung von Ergänzungs- und Sonderbilanzen kann dazu führen, dass das EBITDA und damit die abzugsfähigen Zinsaufwendungen der Mitunternehmerschaft wesentlich zu Lasten einzelner Mitunternehmer, beeinflusst werden. Hierüber müssen sich die Mitunternehmer ähnlich wie bei den Auswirkungen von Ergänzungs- und Sonderbilanzen auf die Gewerbesteuerbelastung einer Mitunternehmerschaft, zivilrechtlich auseinandersetzen.[3] Verschärft wird die Problematik noch durch die Auffassung zur Verteilung der nichtabzugsfähigen Zinsaufwendungen vgl dazu unten Rn 140.

Sonstige nicht abziehbare Betriebsausgaben: Nicht abziehbare Schuldzinsen (§ 4 IVa EStG), Betriebsausgaben iSd § 4 V EStG und Parteispenden (§ 4 VII EStG) erhöhen den steuerpflichtigen Gewinn und damit auch das steuerpflichtige Einkommen. Für Körperschaften sind weiterhin Aufwendungen iSd § 10 hinzuzurechnen. Nicht abzugsfähige Zinsen nach § 4h EStG bleiben jedoch explizit außer Betracht.

Spenden: Bei Körperschaften sind Spenden nicht abzuziehen, da § 9 I Nr 2 bei der Ermittlung des maßgeblichen Einkommens keine Anwendung findet.

Steuerfreie Erträge: Steuerfreie Betriebseinnahmen (§ 3 EStG) sind vom Gewinn aus Gewerbebetrieb abzuziehen. Für Körperschaften sind Bezüge iSd § 8b I (insbesondere Dividenden aus Beteiligungen an Kapitalgesellschaften) sowie Gewinne iSd § 8b II (insbesondere Veräußerungsgewinne aus Beteiligungen an Kapitalgesellschaften) vom Einkommen ausgenommen und mindern daher das maßgebliche Einkommen. Allerdings erhöhen 5 % dieser Bezüge bzw Gewinne gem § 8b V S 1 bzw III S 1 wieder als nichtabzugsfähige Betriebsausgaben das Einkommen. Holdinggesellschaften weisen im Ergebnis nur ein EBITDA iHv 5 % der Beteiligungserträge auf. Dies zwingt hinsichtlich der Finanzierungsaufwendungen in Zusammenhang mit dem Erwerb der Tochterbeteiligungen zu entsprechenden Gestaltungsmaßnahmen (vgl Rn 18).

---

1 BMF v 4.7.2008, BStBl I 2008, 718, Rn 42; *Förster* in Breitecker/Förster/Förster/Klapdor, UntStRefG, § 4h EStG Rn 55; *derselbe* in Gosch § 8a Rn 19 und Exkurs § 4h EStG Rn 52; *Möhlenbrock/Pung* in D/J/P/W § 8a Rn 56; aA ua *Frotscher* in Frotscher/Maas § 8a Rn 67; *Stangl/Hageböcke* in Schaumburg/Rödder, UntStRef 2008, S 458 f; *Blumenberg/Lechner* in Blumenberg/Benz, UntStRef 2008, S 128; *Dörfler*, Ubg 2008, 693, 698; *Fischer/Wagner*, BB 2008, 1872, 1875; *Dörr/Fehling*, Ubg 2008, 345, 350; zweifelnd auch *Köhler/Hahne*, DStR 2008, 1505, 1511 und *van Lishaut/Schumacher/Heinemann*, DStR 2008, 2341, 2343.
2 BMF v 4.7.2008, BStBl I 2008, 718, Rn 19.
3 Zur Problematik *Hoffmann*, GmbHR 2008, 927 f.

Steuern: Bei Körperschaften ist die KSt nach § 10 Nr 2 zur Ermittlung des steuerpflichtigen Einkommens hinzuzurechnen. Die GewSt ist bereits nach § 4 VI EStG nicht abziehbar. Zur Ermittlung des steuerlichen EBITDA bedarf es daher keiner Hinzurechnung von Ertragssteuern mehr (das „T" in EBITDA ist also bereits im „E" enthalten).

VGA/verdeckte Einlagen: VGA erhöhen grundsätzlich das maßgebliche Einkommen (§ 8 III S 2). Sind die aus der vGA resultierenden Einkünfte allerdings aufgrund einer steuerlichen Begünstigungsnorm befreit (zB § 8b oder Art 23 DBA-OECD-MA), erhöht sich insoweit das Einkommen nicht. Verdeckte Einlagen erhöhen das maßgebliche Einkommen gem § 8 III S 3 nicht, es sei denn, sie erhöhen das Einkommen nach § 8 III S 3-5 (Korrespondenzprinzip vgl § 8 Rn 712 f).

Verluste iSd § 10d EStG: Im Jahr der Verlustentstehung wird das maßgebliche Einkommen um den vor- und rücktragsfähigen Verlust des Betriebs gemindert, da § 10d EStG gem § 8a I S 2 bei der Ermittlung des maßgeblichen Einkommens nicht anzuwenden ist. Im Jahr des Verlustabzugs eines gem § 10d EStG rück- oder vorgetragenen Verlustes wird das maßgebliche Einkommen dieses Jahres entsprechend nicht gemindert.

Verluste aus Sparten iSd § 8 IX: Gem § 8 IX darf ein negativer Gesamtbetrag der Einkünfte einer Sparte bei einer Kapitalgesellschaft iSd § 8 VII S 1 Nr 2 nicht mit einem positiven Gesamtbetrag der Einkünfte einer anderen Sparte ausgeglichen werden. Da sich die Spartentrennung nach dem eindeutigen Gesetzeswortlaut auf Ebene der Ermittlung des Gesamtbetrages der Einkünfte vollzieht, haben die nichtausgleichsfähigen Spartenverluste das maßgebliche Einkommen nicht gemindert. Anders als bei § 10d EStG schließt das Gesetz die Anwendung des § 8 IX bei der Ermittlung des maßgeblichen Einkommens nicht aus. Kann der Spartenverlust in einem späteren Jahr abgezogen werden, mindert dieser das maßgebliche Einkommen. Keine Regelung enthält das Gesetz zu der Frage, ob das maßgebliche Einkommen in diesen Fällen getrennt nach Sparten zu ermitteln ist. Dies erscheint aufgrund der Notwendigkeit der Zuordnung der nichtabzugsfähigen bzw abzugsfähigen Zinsaufwendungen geboten. Zu den Folgefragen in Zusammenhang mit der Zuordnung von Zinsaufwendungen bzw dem Zinsvortrag vgl Rn 143 Stichwort „Verluste aus Sparten gem § 8 IX" und Rn 569.

Verluste iSd §§ 2a, 15 IV und 15b EStG: Verluste, welche nach §§ 2a, 15 IV und 15b EStG nicht mit anderen Einkünften ausgeglichen werden dürfen, mindern weder den maßgeblichen Gewinn noch das maßgebliche Einkommen, weil diese Vorschriften den Ausgleich von Verlusten aus bestimmten Tätigkeiten (zB aus passiver Tätigkeit in Drittstaaten) auch innerhalb der Einkunftsart des Gewinns aus Gewerbebetrieb verhindern. Sie sind daher bei der Ermittlung des maßgeblichen Gewinns und des Einkommens[1] anzuwenden, an den die Zinsschranke anknüpft.[2] Im Jahr des Verlustabzugs wird das maßgebliche Einkommen entsprechend gemindert.

---

1 R 29 I S 2 KStR.
2 *Stangl/Hageböcke* in Schaumburg/Rödder, UntStRef 2008, S 449; *Förster* in Gosch Exkurs § 4h EStG Rn 17, 137; aA *Möhlenbrock/Pung* in D/J/P/W § 8a Rn 28; *Frotscher* in Frotscher/Maas § 8a Rn 18; *Loschelder* in Schmidt § 4h EStG Rn 4; *Dorenkamp*, FR 2008, 1129, 1130.

Verluste iSd § 15a EStG: Verluste iSd § 15a EStG, welche einem Kommanditisten zugewiesen werden, dürfen bei diesem nicht mit anderen gewerblichen Einkünften oder Einkünften aus anderen Einkunftsarten ausgeglichen werden. Diese Rechtsfolge betrifft den Mitunternehmer, dessen Betrieb iSd Zinsschranke nicht mit dem der Mitunternehmerschaft identisch ist (vgl Rn 89). Daher hat die Vorschrift auf den Gewinn/Verlust der Mitunternehmerschaft keine Auswirkung, die Verluste haben dementsprechend den maßgeblichen Gewinn/Verlust des Betriebs der Mitunternehmerschaft gemindert.[1] § 15a EStG setzt erst auf der Ebene des Mitunternehmers an. Bei diesem geht der Verlustanteil aus einem Anteil an einer Mitunternehmerschaft nach hier vertretener Auffassung aber ohnehin nicht in dessen maßgeblichen Gewinn/maßgebliches Einkommen ein (vgl Stichwort „Mitunternehmerschaft").

Verlustuntergang nach § 8c: Das maßgebliche Einkommen wird erhöht, wenn der laufende Verlust des WJ aufgrund eines schädlichen Beteiligungserwerbes gem § 8c untergeht. In der Folge sind höhere Zinsaufwendungen abzugsfähig. Ein Verfall des Verlustvortrags nach § 8c hat dagegen keine Auswirkungen auf das maßgebliche Einkommen.

Vermögensverwaltende Personengesellschaften: Die anteiligen Einkünfte aus der Beteiligung an einer vermögensverwaltenden, nicht gewerblich tätigen oder geprägten Personengesellschaft sind aufgrund der Bruchteilsbetrachtung dem Betrieb des Gesellschafters zuzurechnen und erhöhen/vermindern dessen maßgeblichen Gewinn bzw maßgebliches Einkommen.[2]

Zinsaufwendungen/Zinserträge: Betrieblich veranlasste Zinsaufwendungen – soweit sie nach anderen Vorschriften abzugsfähig sind – mindern und Zinserträge erhöhen den maßgeblichen Gewinn bzw das maßgebliche Einkommen iRd Gewinnermittlung nach § 4 I EStG. Sie werden erst bei der Ermittlung der steuerlichen EBITDA hinzugerechnet bzw abgezogen.

3. Zinsaufwendungen. a) Begriff und Umfang. Definition. Gemäß § 4h III S 2 EStG sind Zinsaufwendungen iSd Zinsschranke

- Vergütungen für Fremdkapital (hierzu Rn 114 ff),
- die den maßgeblichen Gewinn gemindert haben.

Überlassung von Fremdkapital. Es muss begrifflich eine Überlassung von Fremdkapital vorliegen. Eine Definition des Begriffs Fremdkapital enthält das Gesetz nicht. Ausweislich der Gesetzesbegründung handelt es sich um Vergütungen für Fremdkapital, wenn die Rückzahlung des Fremdkapitals zur Nutzung zugesagt oder gewährt

113

114

---

1 *Möhlenbrock/Pung* in D/J/P/W § 8a Rn 28; *Frotscher* in Frotscher/Maas § 8a Rn 18; *Loschelder* in Schmidt § 4h EStG Rn 4; *Dorenkamp*, FR 2008, 1129, 1130; aA *Stangl/Hageböcke* in Schaumburg/Rödder, UntStRef 2008, S 449; *Förster* in Gosch Exkurs § 4h EStG Rn 17, 137.
2 BMF v 4.7.2008, BStBl I 2008, 718, Rn 43; zu verfahrensrechtlichen Fragen für Zebragesellschaften *Kröner/Bolik*, DStR 2008, 1309, 1311.

worden ist. Danach muss es sich um Vergütungen für eine vorübergehende Überlassung von Geldkapital handeln, was der Gesetzgeber als Zinsaufwendungen ieS versteht.[1] Dies ist typischerweise bei der Gewährung von Darlehen der Fall.[2]

115 **Steuerrechtlicher Begriff maßgeblich.** Die Finanzverwaltung zählt dementsprechend zum Fremdkapital alle als Verbindlichkeiten passivierungspflichtigen Kapitalzuführungen in Geld, die nach steuerlichen Kriterien nicht zum EK gehören.[3] Dass der Begriff des Fremdkapitals steuerlich auszulegen ist, ergibt sich auch aus dem Gesetzeswortlaut, nach dem die Vergütungen auf Fremdkapitalüberlassungen den maßgeblichen Gewinn gemindert haben müssen.[4]

116 **Keine Maßgeblichkeit des Bilanzausweises.** Die handelsbilanzielle Behandlung der Kapitalüberlassungsverhältnisses ist für die Einordnung im Rahmen der Zinsschranke unbeachtlich.[5] Ebenso wenig spielt die Einordnung nach dem dem Konzernabschluss zugrundeliegenden Rechnungslegungsstandard eine Rolle.

117 **Keine Maßgeblichkeit des abkommensrechtlichen Begriffs.** Auch die abkommensrechtliche Behandlung der Vergütungen hat für die Einordnung für Zwecke der Zinsschranke keine Bedeutung. Die Begriffsbestimmungen der DBA gelten lediglich auf Abkommensebene zur Verteilung der Besteuerungsrechte. Das Abkommen begründet aber keinen Besteuerungstatbestand.

118 **Keine Deckungsgleichheit mit Entgelten für Schulden.** Der Begriff der Vergütungen für Fremdkapital stimmt nicht mit dem Begriff der Entgelte für Schulden des § 8 I Nr 1 lit a GewStG überein.[6] Zu den Unterschieden vgl Rn 157.

119 **Wirtschaftsjahrbezogenheit.** Da § 4h EStG eine Gewinnermittlungsvorschrift ist, sind die Zinsaufwendungen iSd § 4h III S 2 EStG für jedes WJ getrennt zu ermitteln.

120 **Fremdkapitalgeber.** Unbeachtlich ist, von wem das Fremdkapital überlassen wird. § 4h III S 2 EStG erfasst daher Zinsaufwendungen, welche aus Fremdkapitalüberlassungen von nahestehenden Personen aber auch von dritten Personen resultieren.

121 **Laufzeit der Fremdkapitalüberlassung.** Anders als bei der Vorgängervorschrift des § 8a aF[7] kommt es auf die Dauer der Kapitalüberlassung bei § 4h III S 2 EStG nicht an. Auch eine kurzfristige Kapitalüberlassung fällt in den Anwendungsbereich der Zinsschranke.

122 **Bemessung der Vergütung.** Es spielt für die Einordnung als Zinsaufwendungen iSd § 4h III S 2 EStG keine Rolle, wie die Vergütung für die Überlassung des Fremdkapitals bemessen wird (dh ob die Vergütung fest oder variabel vereinbart wurde). Ob die Vergütung von einem ungewissen Ereignis abhängt, ist damit ebenso unbeachtlich.[8] Daher fallen auch Fremdkapitalüberlassungen mit Gewinnbeteiligung wie

1 BTDrs 16/4841, 49.
2 BTDrs 16/4841, 49.
3 BMF v 4.7.2008, BStBl I 2008, 718, Rn 11.
4 Zum Fremdkapitalbegriff detailliert *Häuselmann*, FR 2009, 401.
5 *Häuselmann*, FR 2009, 401, 404; aA für Genussrechte mglw OFD Rheinland v 14.12.2011, DStR 2012, 189.
6 *Häuselmann*, FR 2009, 401, 402.
7 BGBl I 2003, 2840 (sog „Korb II-G").
8 BTDrs 16/4841, 49.

VI. Grundregel 30 % EBITDA

zB partiarische Darlehen, stille Beteiligungen, Genussrechte und Gewinnschuldverschreibungen unter die Zinsschrankenregelung.[1] Auch Fremdkapitalüberlassungen mit Umsatzbeteiligung sind erfasst.

Form der Vergütung. Es spielt zudem keine Rolle, ob die Vergütung in bar oder in Sachwerten geschuldet wird[2] und zu welchen Zeitpunkten sie fällig wird. Unbeachtlich ist ferner, ob eine rechtliche Verpflichtung zur Leistung der Vergütung besteht.[3]

123

Umfang der Vergütungen für Fremdkapital. Zu den Vergütungen für Fremdkapital zählen Leistungen des Schuldners für das Fremdkapital an den Gläubiger der Kapitalforderung aufgrund des zwischen beiden bestehenden Kapitalüberlassungsverhältnisses.[4] Daraus ergibt sich, dass folgende Aufwendungen nicht erfasst sind:

124

- Vergütungen für andere Leistungen, die nicht als Vergütung für die Kapitalüberlassung anzusehen sind (zB Aval- und Bürgschaftsprovisionen, Bereitstellungszinsen oder Gebühren, vgl die jeweiligen Stichworte in Rn 143),[5]
- Vergütungen, die an Dritte geleistet werden,[6]
- Aufwendungen bzw Verluste, die aus dem Stammrecht resultieren bzw auf der Vermögensebene entstehen (zB Abschreibungen von Forderungen Rn 143 Stichwort „Teilwertabschreibung von Forderungen").[7]

Minderung des maßgeblichen Gewinns/Einkommens. Der Zinsschranke unterliegen nach dem eindeutigen Gesetzeswortlaut nur Zinsaufwendungen, die den maßgeblichen Gewinn bzw das maßgebliche Einkommen gemindert haben. Die Ermittlung des maßgeblichen Gewinns bzw Einkommens ist somit sachlogisch Voraussetzung für die Bestimmung der Höhe der Zinsaufwendungen iSd Zinsschranke. Daher ist zunächst der Gewinn bzw das Einkommen unter Anwendung der Vorschriften des EStG und des KStG wie in Rn 104 f dargestellt zu ermitteln. Erst dann kann in einem nächsten Schritt bestimmt werden, ob die Zinsaufwendungen des Betriebs den maßgeblichen Gewinn bzw das maßgebliche Einkommen gemindert haben. Daraus ergibt sich, dass Zinsaufwendungen, die bereits nach anderen Vorschriften nicht abzugsfähig sind (zB § 4 V EStG bzw § 4 IVa EStG vgl Rn 143 Stichwort „nichtabzugsfähige Zinsaufwendungen" oder Zinsaufwendungen für beteiligungsähnliche Genussrechte iSd § 8 III S 2 vgl Rn 143 Stichwort „Genussrechte") nicht unter die Zinsschranke fallen. Folglich gehen diese Zinsaufwendungen nicht in den

125
§ 8a

---

1 BMF v 4.7.2008, BStBl I 2008, 718, Rn 15.
2 *Förster* in Breithecker/Förster/Förster/Klapdor, UntStRefG, § 4h EStG Rn 133; *Möhlenbrock/Pung* in D/J/P/W § 8a Rn 218.
3 *Förster* in Breithecker/Förster/Förster/Klapdor, UntStRefG, § 4h EStG Rn 133; BTDrs 16/4841, 49.
4 *Häuselmann*, FR 2009, 401, 402 f.
5 *Förster* in Breithecker/Förster/Förster/Klapdor, UntStRefG, § 4h EStG Rn 134; *Häuselmann*, FR 2009, 401, 403; aA *Möhlenbrock/Pung* in D/J/P/W § 8a Rn 218, die alle Kosten, die ohne die Gewährung des Fremdkapitals nicht entstanden wären, als Zinsaufwendungen behandeln wollen. Für ein derart weites Verständnis des Zinsbegriffs findet sich im Gesetzeswortlaut indes keine Stütze.
6 BMF v 4.7.2008, BStBl I 2008, 718, Rn 15: „Zinsaufwendungen bzw Zinserträge sind auch Vergütungen, die zwar nicht als Zins berechnet werden, aber Vergütungscharakter haben (z. B. Damnum, Disagio, Vorfälligkeitsentschädigungen, Provisionen und Gebühren, *die an den Geber des Fremdkapitals* gezahlt werden)."; *Möhlenbrock/Pung* in D/J/P/W § 8a Rn 218; *Häuselmann*, FR 2009, 401, 403.
7 *Häuselmann*, FR 2009, 506, 507; *derselbe*, FR 2009, 401, 402.

Zinssaldo für Zwecke des § 4h I S 1 EStG oder der Prüfung der Freigrenze gem § 4h II S 1 lit a EStG ein (hinsichtlich des Begriffs der Zinsaufwendungen iRd schädlichen Gesellschafterfremdfinanzierung vgl Rn 192 ff und 494 ff).

126 **VGA.** Auch vGA, welche gem § 8 III S 2 das Einkommen und damit auch das maßgebliche Einkommen iSd Zinsschranke nicht mindern, führen nicht zu der Annahme von Zinsaufwand. Zu den einzelnen Konstellationen einer vGA vgl Rn 143 Stichwort „Verbrauchender Aufwand und Fiktionstheorie".

127 **Steuerbefreiung nach den DBA.** Soweit Deutschland Einkünfte nach dem Methodenartikel eines DBAs freistellt, haben die diese Einkünfte mindernden Zinsaufwendungen den maßgeblichen Gewinn bzw das maßgebliche Einkommen für Zwecke der Zinsschranke nicht gemindert. Die Freistellung nach den DBA setzt auf Ebene der Gewinnermittlung an. Nach den in Rn 125 dargestellten Grundsätzen sind die freigestellten Einkünfte, einschließlich der bei der Ermittlung dieser Einkünfte abgezogenen Zinsaufwendungen, im maßgeblichen Gewinn bzw Einkommen aber nicht enthalten.[1] Dies gilt auch dann, wenn Deutschland aufgrund einer Verteilungsnorm eines DBA kein Besteuerungsrecht hat und daher die entsprechenden Einkünfte freistellen muss.

128-129 *Einstweilen frei.*

130 **b) Auf- und Abzinsung. Gesetzliche Regelung.** Die Auf- und Abzinsung von un- oder niedrigverzinslichen Verbindlichkeiten oder Kapitalforderungen führt gem § 4h III S 4 EStG zu Zinsaufwendungen oder -erträgen.

131 **Steuerbilanz.** Erträge oder Aufwendungen aus Auf- oder Abzinsungen können sich begrifflich nur bilanziell ergeben, wobei die Steuerbilanz maßgeblich ist.

132 **Verwaltungsauffassung.** Die Finanzverwaltung schränkt die Anwendung dieser Regelung in dreifacher Hinsicht ein:
1. Zum einen soll der Ertrag anlässlich der erstmaligen Bewertung von Verbindlichkeiten (Abzinsung) keinen Zinsertrag darstellen.
2. Zum anderen soll die vom Nennwert abweichende Bewertung von Kapitalforderungen nicht zu Zinsaufwendungen führen.
3. Schließlich soll die Regelung nicht auf Kapitalforderungen und Verbindlichkeiten mit einer Laufzeit von weniger als zwölf Monaten anzuwenden sein.[2]

Letztgenannte Auffassung ergibt sich zwangsläufig, da eine Auf- oder Abzinsung zum jeweiligen Bilanzstichtag nur bei Forderungen nach allgemeiner handelsbilanzieller Auffassung[3] bzw bei Verbindlichkeiten steuerbilanziell gem § 6 I Nr 3 EStG bei einer Restlaufzeit von mehr als einem Jahr erfolgt. Die Auffassung, dass der Ertrag aus der erstmaligen Abzinsung von Verbindlichkeiten keinen Zinsertrag iSd Zinsschranke darstellt, ist contra legem und führt zu einer ungerechtfertigten Ungleichbehandlung, da Aufwand aus der Abzinsung weiterhin Zinsaufwand dar-

---
1 *Förster* in Breithecker/Förster/Förster/Klapdor, UntStRefG, § 4h EStG Rn 135.
2 BMF v 4.7.2008, BStBl I 2008, 718, Rn 27.
3 A/D/S, § 253 HGB, Rn 532.

VI. Grundregel 30 % EBITDA

stellen soll. Vielmehr ist gem § 4h III S 4 EStG eine Gleichbehandlung des Ertrags aus der Abzinsung unverzinslicher Verbindlichkeiten und der Aufzinsung in Folgejahren geboten. Auch kann eine Ungleichbehandlung nicht mit dem Argument der Verhinderung der Verlagerung von Aufwand in das Inland gerechtfertigt werden, da der Abzinsungsertrag im Gegenteil zu steuerpflichtigen Einkünften führt.[1]

Abtretung von niedrig- oder unverzinslichen Forderungen. Gewinne oder Verluste aus der Abtretung von un- oder niedrigverzinslichen Forderungen stellen weder Zinsaufwendungen noch -erträge dar, sofern das Bonitätsrisiko auf den Erwerber der Forderung übergeht (vgl zur Billigkeitsregelung in diesen Fällen Rn 143 Stichwort „Factoring/Forfaitierung"). Es handelt sich insoweit nicht um einen Ertrag oder einen Aufwand aus einer Auf- oder Abzinsung, sondern aus einem tatsächlichen Realisationsakt. Der Gewinn oder Verlust fällt daher definitorisch nicht unter § 4h III S 4 EStG.

Rückstellungen. Die Auf- oder Abzinsung von Rückstellungen fällt nach dem eindeutigen Wortlaut des § 4h III S 4 EStG nicht unter die Zinsschranke.[2]

Einstweilen frei.

c) Besonderheiten bei Mitunternehmerschaften. Sondervergütungen inländischer Mitunternehmer. Gewährt ein Mitunternehmer der Mitunternehmerschaft ein Darlehen, stellen die an den Mitunternehmer geleisteten Zinsen Sondervergütungen iSd § 15 I S 1 Nr 2 EStG dar und gehören in der Folge zu den Einkünften aus Gewerbebetrieb. Die Rechtsprechung folgert aus dieser Vorschrift weiter, dass Darlehensverbindlichkeiten einer Personengesellschaft gegenüber ihren Gesellschaftern, die aus der Hingabe von Darlehen iSd § 15 I Nr 2 S 1 EStG herrühren, einkommensteuerrechtlich – jedenfalls in der Gesamtbilanz der Mitunternehmerschaft – EK darstellen und demgemäß die Hingabe der Darlehensvaluta als Einlage und die Rückzahlung der Darlehenssumme als Entnahme zu beurteilen sind.[3] Hieraus sollte bereits folgen, dass es sich bei einer Darlehenshingabe iSd § 15 I S 1 Nr 2 nicht um eine Überlassung von Fremdkapital iSd Zinsschranke handelt, da der Begriff steuerrechtlich auszulegen ist (vgl Rn 115).[4] Zinsen aus solchen Darlehensverhältnissen stellen demnach keine Zinsaufwendungen bzw -erträge iSd Zinsschranke dar. Auf das Erfordernis der Gewinnminderung kommt es danach nicht an. Dem könnte die Auffassung der Finanzverwaltung entsprechen, wonach Zinsaufwendungen, die im Inland steuerpflichtige Sondervergütungen eines Mitunternehmers iSd § 15 I S 1 Nr 2 EStG sind, weder Zinsaufwendungen der Mitunternehmerschaft noch Zinserträge des Mitunternehmers darstellen.[5] Allerdings schränkt die Finanzverwaltung diese Auslegung auf im Inland steuerpflichtige Sondervergütungen ein. Auch nach der hM liegen im

---

1 *Groh*, DB 2007, 2275, 2278; *Kaminski*, Stbg 2008, 196, 200; aA *Fischer/Wagner*, BB 2008, 1872, 1874.
2 *Rödder/Stangl*, DB 2007, 479, 480; *Förster* in Breithecker/Förster/Förster/Klapdor, UntStRefG, § 4h EStG Rn 139.
3 BFH XI R 42/88, XI R 43/88, BStBl II 1992, 585, unter II. 2. a); BFH VIII R 35/84, BStBl II 1985, 243 mwN; ebenfalls BFH X R 6/05, BStBl II 2008, 363 unter II. 2. c) aa).
4 *Förster*, in Breithecker/Förster/Förster/Klapdor, UntStRefG, § 4h EStG Rn 143; *derselbe* in Gosch Exkurs § 4h EStG Rn 136.
5 BMF v 4.7.2008, BStBl I 2008, 718, Rn 19.

Falle von Sondervergütungen keine Zinsaufwendungen iSd Zinsschranke vor, jedoch wird dies damit begründet, dass die Zinsaufwendungen den maßgeblichen Gewinn nicht gemindert haben.[1] Dies entspricht auch der gewerbesteuerlichen Behandlung von Entgelten iSd §8 Nr 1 lit a GewStG, welche nicht hinzugerechnet werden, da sie bei der Ermittlung des Gewinns der Mitunternehmerschaft nach §7 GewStG nicht abzusetzen sind.[2] Nach anderer Auslegung liegen auf Ebene der Gesamthand Zinsaufwendungen und auf Ebene des Mitunternehmers Zinserträge iSd Zinsschranke vor.[3] Gegen letztgenannte Auffassung spricht jedoch, dass das Gesamthandsvermögen und das Sonderbetriebsvermögen zu einem Betrieb iSd Zinsschranke gehören.[4] Diese Unterscheidung gewinnt vor allem in den Fällen Bedeutung, in denen die Sondervergütungen aufgrund der Anwendung eines DBA im Inland nicht besteuert werden dürfen (vgl dazu Rn 138). Aber auch im Inlandsfall können sich je nach Auslegung unterschiedliche Rechtsfolgen ergeben.

Beispiel

Der Mitunternehmer A gewährt der gewerblichen KG ein Darlehen, welches diese zur Finanzierung der Herstellung eines Gebäudes verwendet. Die Zinsaufwendungen für das gewährte Darlehen werden in der Gesamthandsbilanz der KG aktiviert.

Die Darlehenszinsen stellen Sondervergütungen dar, unabhängig davon, ob sie sich auf Gesamthandsebene gewinnmindernd ausgewirkt haben.[5] Geht man davon aus, dass auf Ebene des Mitunternehmers Zinserträge iSd Zinsschranke vorliegen, würden die Sondervergütungen als Zinsertrag bei der Ermittlung des Zinssaldos zu berücksichtigen sein, während die späteren Abschreibungen der aktivierten Zinsaufwendungen keinen Zinsaufwand iSd Zinsschranke darstellen (vgl Rn 143 Stichwort „aktivierte Zinsaufwendungen"). Vorzugswürdig erscheint jedoch die Auslegung, dass die Sondervergütungen keine Zinserträge iSd Zinsschranke darstellen. Sie erhöhen daher lediglich das verrechenbare EBITDA.

137 **Gestaltungsmöglichkeit bei Mitunternehmerschaften.** Für den Fall inländischer Mitunternehmer resultiert aus der Behandlung von Sondervergütungen Gestaltungspotential, da sich ein Darlehensgeber ggf als Mitunternehmer an der finanzierten Mitunternehmerschaft beteiligen kann. Aufgrund der additiven Gewinnermittlung werden die Sondervergütungen nur dem finanzierenden Mitunternehmer zugerechnet und von ihm versteuert (der Darlehensgeber ist dadurch jedoch nicht schlechter gestellt, da er die Zinsen auch ohne die Mitunternehmerstellung besteuern müsste). Bei den übrigen Mitunternehmern wirkt sich der Zinsaufwand in der Gesamthandsbilanz gewinnmindernd aus, ohne dass die Zinsschranke Anwendung

---

1   *Middendorf/Stegemann*, INF 2007, 305, 307; *Möhlenbrock/Pung* in D/J/P/W §8a Rn 57; *Fischer/Wagner*, BB 2008, 1872, 1873; *Schaden/Franz*, Ubg 2008, 452, 458; *Dorenkamp*, FR 2008, 1129, 1130; *Kußmaul/ Ruiner/Schappe*, DStR 2008, 904, 905; *Hoffmann*, GmbHR 2008, 113.
2   BFH GrS 3/92, BStBl II 1993, 616.
3   *Van Lishaut/Schumacher/Heinemann*, DStR 2008, 2341, 2342.
4   *Fischer/Wagner*, BB 2008, 1872, 1873.
5   BFH I R 56/77, BStBl II 1979, 763.

findet. Allerdings mindern die Zinsaufwendungen in dieser Gestaltung nicht mehr den Gewerbeertrag der Mitunternehmerschaft, so dass eine entsprechende Ausgleichsvereinbarung zwischen den Mitunternehmern erforderlich wird.

Sondervergütungen ausländischer Mitunternehmer. Die in Rn 136 dargestellten Grundsätze gelten für einen im Nicht-DBA-Ausland ansässigen Mitunternehmer entsprechend, da die Sondervergütungen zu den beschränkt steuerpflichtigen Einkünften aus Gewerbebetrieb gem § 49 I Nr 2 lit a EStG gehören. Erzielt allerdings ein in einem DBA-Staat ansässiger Mitunternehmer Sondervergütungen aus einer Darlehensgewährung an eine inländische Mitunternehmerschaft, dürfen diese nach ständiger Rechtsprechung des BFH idR nicht besteuert werden.[1] Grund hierfür ist, dass der BFH die Sondervergütungen der Verteilungsnorm für Zinseinkünfte zuordnet,[2] nach welcher regelmäßig das Besteuerungsrecht für den Quellenstaat ausgeschlossen ist. Dies wirft die Frage auf, ob die Zinsaufwendungen der Gesamthand der Mitunternehmerschaft der Zinsschranke unterliegen. Die Finanzverwaltung schränkt die Auffassung, dass Sondervergütungen nicht als Zinsaufwendungen iSd Zinsschranke qualifizieren, auf im Inland steuerpflichtige Vergütungen ein.[3] Daraus folgt, dass die Zinsaufwendungen der Gesamthand nach Auffassung der Finanzverwaltung der Zinsschranke unterliegen, wenn der darlehensgewährende Mitunternehmer im DBA-Ausland ansässig ist und Deutschland für die Sondervergütungen kein Besteuerungsrecht hat. Dieses Ergebnis steht im Widerspruch zu der Grundwertung, dass bei einer Darlehensgewährung iSd § 15 I S 1 Nr 2 EStG weder Zinsaufwendungen noch -erträge vorliegen. Zwar mindern die freizustellenden Sondervergütungen nach der in Rn 125 dargestellten Systematik den maßgeblichen Gewinn.[4] Allerdings stellt diese Gewinnminderung sachlich nicht zwingend Zinsaufwand iSd Zinsschranke dar. Die abkommensrechtliche Einordnung der Einkünfte aus dem Darlehensverhältnis unter den Zinsartikel ändert an der innerstaatlichen Anwendung des Mitunternehmerkonzepts und der Umqualifizierung der Zinsen in Sondervergütungen nichts.[5] Dementsprechend lehnt die hM die einschränkende Auslegung der Finanzverwaltung ab.[6] Zu einem anderen Ergebnis könnte man gelangen, wenn auf Ebene der Gesamthand Zinsaufwendungen iSd Zinsschranke vorliegen, denen auf Ebene des Mitunternehmers Zinsertrag iSd Zinsschranke gegenübersteht. Bei dieser Sichtweise fielen die freizustellenden Zinserträge weg und der Zinsaufwand ist auf Gesamt-

138

§ 8a

---

1 BFH I R 5/06, BStBl II 2009, 356; bestätigt durch BFH I R 74/09, BFH/NV 2011, 138, der ein Besteuerungsrecht Deutschlands ungeachtet des § 50d X EStG verneint.
2 Eine funktionale Zuordnung zur inländischen Betriebsstätte und damit eine Zuordnung der Zinseinkünfte zu den Unternehmensgewinnen ist bei Darlehensforderungen im Sonderbetriebsvermögen nach ständiger Rechtsprechung regelmäßig zu verneinen.
3 BMF v 4.7.2008, BStBl I 2008, 718, Rn 19.
4 AA offenbar *Köhler/Hahne*, DStR 2008, 1505, 1508.
5 *Salzmann*, IStR 2008, 399, 400.
6 *Dörfler*, Ubg 2008, 693, 697; *Boller/Eilinghoff/Schmidt*, IStR 2009, 109, 114; *Schmidt*, IStR 2008, 290, 291; *Salzmann* IStR 2008, 399, 400; *Schaden/Franz*, Ubg 2008, 452, 458; der Bundesrat äußerte im Gesetzgebungsverfahren zum JStG 2009 ebenfalls Zweifel, ob die Zinsschranke bei Zinszahlungen an ausländische Mitunternehmer Anwendung findet, BRDrs 545/08, 3; aA *Möhlenbrock/Pung* in D/J/P/W § 8a Rn 57; *Fischer/Wagner*, BB 2008, 1872, 1873; *Frotscher* in Frotscher/Maas § 8a Rn 196.

handsebene der Zinsschranke zu unterwerfen.¹ Dieser Argumentation steht jedoch entgegen, dass die Zinsaufwendungen und -erträge aus dem Darlehensverhältnis zu dem Betrieb der Mitunternehmerschaft iSd Zinsschranke gehören, woran auch die abkommensrechtliche Würdigung nichts ändert. Es erscheint daher vorzugswürdig, dass Vorliegen von Zinsaufwendungen bei Darlehenshingaben iSd § 15 I S 1 Nr 2 EStG zu verneinen, unabhängig davon, ob Deutschland das Besteuerungsrecht für die Sondervergütungen zusteht.²

139 **Sonderbetriebsausgaben bei Mitunternehmerschaften.** Sonderbetriebsausgaben eines Mitunternehmers aus der Finanzierung seines Mitunternehmeranteils stellen Zinsaufwendungen des Betriebs der Mitunternehmerschaft dar (zur Verteilung der nichtabzugsfähigen Zinsen vgl Rn 140). Hat der Mitunternehmer ein Darlehen aufgenommen, um es der Mitunternehmerschaft darlehensweise (back-to-back) zu überlassen, liegen insoweit Zinsaufwendungen auf Ebene der Mitunternehmerschaft vor. Dies ergibt sich daraus, dass zumindest im Inlandsfall die Sondervergütungen weder Zinsaufwand noch -ertrag darstellen (vgl Rn 136). Es verbleibt daher in diesen Fällen bei der Abzugsbegrenzung auf 30 % des steuerlichen EBITDA sofern keine der Ausnahmeregelungen greift.

140 **Verteilung des nichtabzugsfähigen Zinsaufwands bei Mitunternehmerschaften.** Ein Sonderproblem bei Mitunternehmerschaften stellt die Verteilung des nichtabzugsfähigen Zinsaufwands zwischen den Mitunternehmern dar. Die Finanzverwaltung will hier grundsätzlich den allgemeinen Gewinnverteilungsschlüssel zugrundelegen.³ Diese Auffassung stützt sich auf die Betriebsbezogenheit der Zinsschranke und führt insbesondere in dem Fall, dass die nichtabzugsfähigen Zinsaufwendungen auf Sonderbetriebsausgaben eines Mitunternehmers (zB aus der Finanzierung eines der Mitunternehmerschaft vermieteten Grundstücks) beruhen, dazu, dass die übrigen Mitunternehmer durch die anteilig auf ihren Gewinnanteil hinzugerechneten Zinsen steuerlich belastet werden, obgleich die Sonderbetriebsausgaben nur beim darlehensnehmenden Mitunternehmer berücksichtigt werden.⁴ Deshalb erscheint eine gesellschafterbezogene Verteilung der nicht abzugsfähigen Zinsaufwendungen entgegen der Auffassung der Finanzverwaltung vorzugswürdig. Insbesondere fehlt es an einer dem § 10a S 4 GewStG entsprechenden Vorschrift für die Zinsschranke. Da Sonderbetriebsausgaben den Gewinnanteil des Mitunternehmers mindern, ist es systematisch schwer nachvollziehbar, dass die Nichtabzugsfähigkeit dieser Sonderbetriebsausgaben anteilig den Gewinnanteil der anderen Mitunternehmer beeinflussen.⁵ Allerdings ergeben sich bei einer gesellschafterbezogenen Verteilung Folgefragen zum anzuwendenden Maßstab, der Reihenfolge der Nichtabzugsfähigkeit von Zinsen des Gesamthands- und Sonderbetriebsvermögens, der Verteilung der Freigrenze und zum Zinsvortrag. In der Literatur wurden dementsprechend verschiedene Modelle

---

1 Zweifeld *van Lishaut/Schumacher/Heinemann*, DStR 2008, 2341, 2343.
2 *Förster* in Gosch Exkurs § 4h EStG Rn 136.
3 BMF v 4.7.2008, BStBl I 2008, 718, Rn 51.
4 *Van Lishaut/Schumacher/Heinemann*, DStR 2008, 2341, 2343 f weisen darauf hin, dass bis zu einer gerichtlichen Klärung vorsorglich gesellschaftsvertragliche Ausgleichsregelungen getroffen werden sollten.
5 *Van Lishaut/Schumacher/Heinemann*, DStR 2008, 2341, 2343 f.

entwickelt, die eine verursachungsgerechte bzw gesellschafterbezogene Verteilung der nicht abzugsfähigen Zinsaufwendungen zum Ziel haben.[1] Diese Problematik kommt zu den Verwerfungen, die sich beim EBITDA durch die Einbeziehung von Sonderbilanzen und Ergänzungsbilanzen ergeben können, hinzu (vgl Rn 112 Stichwort „Mitunternehmerschaft").

Einstweilen frei. **141-142**

d) ABC der Zinsaufwendungen. Agio: Ein Agio stellt wirtschaftlich eine Vergütung für die Fremdkapitalüberlassung dar.[2] Das Agio ist bei Gewinnermittlung nach § 4 I EStG über die Laufzeit der Kapitalüberlassung abzugrenzen und ratierlich aufzulösen. Die Auflösungsbeträge stellen Zinsaufwendungen iSd Zinsschranke dar. Bei Gewinnermittlung nach § 4 III EStG stellt das Agio im Zeitpunkt des Abflusses Zinsaufwand dar. **143**

Anleihen: Zinsen aus Anleihen stellen Zinsaufwendungen iSd Zinsschranke dar. Dies gilt auch für Hybridanleihen, sofern diese steuerlich als Fremdkapital qualifizieren.[3] Entsprechendes gilt für Zwangswandelanleihen.[4]

Aktivierte Zinsaufwendungen: Zinsen, die als Herstellungskosten nach § 255 III S 2 HGB aktiviert werden, stellen keinen Zinsaufwand iSd Zinsschranke dar, da sie den maßgeblichen Gewinn nicht gemindert haben. Die spätere Abschreibung bzw Ausbuchung des Aktivpostens stellt ebenfalls keinen Zinsaufwand dar, da die Zinsen mit der Aktivierung ihren ursprünglichen Charakter verloren haben.[5]

Atypisch stille Beteiligung: Eine atypische stille Gesellschaft wird steuerlich als Mitunternehmerschaft behandelt. Es gelten daher die Ausführungen in Rn 136 f entsprechend.

Ausländische Betriebsstätten: Soweit das Fremdkapital einer ausländischen Betriebsstätte zuzuordnen ist, deren Einkünfte nach einem DBA im Inland freizustellen sind, stellen die Vergütungen für dieses Fremdkapital mangels Minderung des maßgeblichen Gewinns keine Zinsaufwendungen iSd § 4h III S 2 EStG dar (vgl auch grundlegend Rn 127). Findet auf das Betriebsstättenergebnis jedoch die Anrechnungsmethode Anwendung (zB aufgrund eines DBA, § 50d IX EStG oder 20 II AStG) qualifizieren die Vergütungen als Zinsaufwendungen iSd Zinsschranke.[6]

Aval- und Bürgschaftsprovisionen: Avalprovisionen stellen keine Vergütungen für Fremdkapital dar, da es an einem Kapitalüberlassungsverhältnis fehlt.[7] Gleiches gilt für Bürgschaftsprovisionen, welche nicht an den Fremdkapitalgeber, sondern an

---

1 *Hoffmann,* GmbHR 2008, 113 f; *Kußmaul/Ruiner/Schappe,* DStR 2008, 904, 905 f; *Ley* in DAI, Besteuerung der Personengesellschaften, 2008, S 187.
2 *Möhlenbrock/Pung* in D/J/P/W § 8a Rn 218.
3 *Rams,* die bank 2008, 14.
4 Zur steuerlichen Behandlung vgl *Häuselmann,* BB 2003, 1531.
5 BMF v 4.7.2008, BStBl I 2008, 718, Rn 20; BFH I R 19/02, BStBl II 2004, 192.
6 *Dörfler,* Ubg 2008, 693, 699.
7 BFH IV R 55/05, BStBl II 2007, 655; *Förster* in Gosch § 4h EStG Exkurs Rn 132; aA *Möhlenbrock/Pung* in D/J/P/W § 8a Rn 218.

den Bürgen geleistet werden.[1] Aus steuerplanerischer Sicht ist es daher günstiger bei der Darlehensaufnahme eine Bürgschaft durch einen Dritten (zB der MG) zu stellen, da sich der Zinsaufwand aus dem aufgenommenen Darlehen dadurch regelmäßig reduzieren lässt.

Bereitstellungszinsen und Schadenersatzleistungen für die Nichtinanspruchnahme von Kreditzusagen sind keine Vergütungen für die Fremdkapitalüberlassung, sondern sind dieser vorgelagert.[2]

Boni: Vgl Stichwort „Rabatte" entsprechend.

Bürgschaftsprovisionen: Vgl Stichwort „Aval- und Bürgschaftsprovisionen".

Damnum/Disagio: Ein Damnum oder Disagio stellt wirtschaftlich eine Zinsvorauszahlung dar, für welches ein Rechnungsabgrenzungsposten zu bilden ist. Der Aufwand aus der Auflösung des Rechnungsabgrenzungspostens fällt daher unter die Zinsschranke (vgl auch Stichwort „Agio").[3]

Darlehen: Vergütungen für Darlehen (§ 20 I Nr 7 EStG) sind Zinsaufwendungen iSd § 4h III S 2 EStG.[4]

Darlehensforderungen iSd § 8b III: Vergütungen für Darlehensforderungen iSd § 8b III stellen Zinsaufwendungen für Zwecke der Zinsschranke ungeachtet der Tatsache dar, dass Wertminderungen auf solche Forderungen gem § 8b III steuerlich nicht abzugsfähig sind.

Erbbauzinsen stellen ein Entgelt für die Nutzung des Grundstücks dar und führen nicht zu Zinsaufwendungen oder Zinserträgen.[5]

Eigenkapitalersetzende Darlehen: Zinsen aus eigenkapitalersetzenden Darlehen stellen Zinsaufwendungen iSd § 4h III S 2 EStG dar, da die Qualifikation als Fremdkapital für steuerliche Zwecke unberührt bleibt.[6]

Erträge aus Investmentvermögen: Gehören zum Vermögen des Betriebs Anteile an Investmentvermögen und sind in den Ausschüttungen und ausschüttungsgleichen Erträgen iSd § 1 III InvStG Zinsaufwendungen enthalten, sind diese auf Ebene des Investors nicht als Zinsaufwand iSd Zinsschranke zu behandeln. Eine dem § 2 IIa InvStG entsprechende Vorschrift ist für Zinsaufwendungen nicht vorgesehen. Praktisch dürfte dieser Fall die Ausnahme sein, da der Zweck von Investmentvermögen die gemeinschaftliche Kapitalanlage ist. Zu der Behandlung von Zinserträgen eines Investmentvermögens vgl Rn 146 Stichwort „Erträge aus Investmentvermögen".

---

1 *Fischer/Wagner*, BB 2008, 1872, 1873; *Häuselmann*, FR 2009, 506, 509; aA *Möhlenbrock/Pung* in D/J/P/W § 8a Rn 218, die jedoch in derselben Rn als maßgebliches Kriterium für die Fremdkapitalvergütungen ansehen, dass die Vergütung an den Fremdkapitalgeber und nicht an einen Dritten geleistet werden; idS auch BMF v 4.7.2008, BStBl I 2008, 718, Rn 15.
2 BFH I R 12/96, BStBl 1997 II, 253; *Förster* in Gosch Exkurs § 4h EStG Rn 132; *Häuselmann*, FR 2009, 401, 408; aA *Möhlenbrock/Pung* in D/J/P/W § 8a Rn 218.
3 BMF v 4.7.2008, BStBl I 2008, 718, Rn 15.
4 BTDrs 16/4841, 49.
5 BMF v 4.7.2008, BStBl I 2008, 718, Rn 21.
6 BFH I R 4/08, BStBl II 2010, 177.

VI. Grundregel 30 % EBITDA

Förderdarlehen: Ohne erkennbare Rechtsgrundlage unterwirft die Finanzverwaltung Zinsen aus Förderdarlehen nicht der Zinsschranke, wenn es sich um mittelbar oder unmittelbar aus öffentlichen Haushalten gewährte Mittel der EU, von Bund, Ländern, Gemeinden oder Mittel anderer öffentlich-rechtlicher Körperschaften oder einer nach § 5 I Nr 2, 17 oder 18 steuerbefreiten Einrichtung handelt.[1]

Forderungsverzicht mit Besserungsschein: Die bei einem Forderungsverzicht mit Besserungsschein bei Eintritt des Besserungsfalls für die Dauer des Verzichts entstehenden Zinsen, stellen im Jahr des Eintretens des Besserungsfalls Zinsaufwendungen iSd Zinsschranke dar.[2] Es liegt weder Zinsertrag bei Ausbuchung der Verbindlichkeit im Zeitpunkt des Verzichts vor, noch stellt die Einbuchung der Verbindlichkeit im Besserungsfall Zinsaufwand iSd Zinsschranke dar.

Factoring/Forfaitierung: Übernimmt bei der Abtretung von Forderungen der Zessionar das Risiko der Uneinbringlichkeit der abgetretenen Forderungen (echtes Factoring/echte Forfaitierung), stellt der Unterschiedsbetrag zwischen dem Nennwert und dem Kaufpreis der abgetretenen Forderungen weder Zinsaufwendungen noch -erträge iSd Zinsschranke dar. Zedent und Zessionar können jedoch auf übereinstimmenden schriftlichen Antrag zur Behandlung als Fremdkapitalüberlassung optieren.[3] Die Billigkeitsregelung beim Zessionar setzt voraus, dass eine korrespondierende Erfassung der Zinsaufwendungen beim Zedenten iRd Zinsschranke erfolgt. Diese Voraussetzung ist in grenzüberschreitenden Fällen nicht durchführbar, was unionsrechtliche Bedenken aufwirft. Weiterhin ist nicht auszuschließen, dass die Regelung im Falle einer Anfechtung im Klagewege vom Gericht verworfen wird. Verbleibt das Risiko der Uneinbringlichkeit der Forderung dagegen beim Zedenten, liegt eine Fremdkapitalüberlassung vor, so dass iHd Unterschiedsbetrages zwischen Nennwert und Kaufpreis der abgetretenen Forderungen Zinsaufwand bzw -ertrag vorliegt. Entgelte für die Übernahme des Bonitätsrisikos und sonstige Gebühren stellen keinen Zinsaufwand/-ertrag iSd Zinsschranke dar, sofern diese offen in einer ordnungsgemäßen Rechnung ausgewiesen sind. Sind Gegenstand der Forfaitierung bzw des Factoring künftig entstehende Forderungen aus Dauerschuldverhältnissen, ergeben sich vor der Abtretung keine Zinsaufwendungen iSd Zinsschranke, da diese bilanziell noch nicht erfasst sind.[4]

Gebühren: Vgl Stichwort „Provisionen und Gebühren".

Genussrechte: Vergütungen für Genussrechte, welche nicht die Voraussetzungen des § 8 III S 2 und § 20 I Nr 1 S 1 EStG erfüllen (Fremdkapital-Genussrechte) fallen unter die Zinsschranke. Abschreibungen dieser Genussrechte aufgrund von Wertminderungen bzw zugewiesenen Verlusten sind dagegen nicht als Zinsaufwendungen zu qualifizieren.[5]

---

1 BMF v 4.7.2008, BStBl I 2008, 718, Rn 94; vgl zu Einzelheiten *Eisenbach*, Stbg 2009, 644.
2 *Frotscher* in Frotscher/Maas § 8a Rn 191; *Häuselmann*, FR 2009, 506, 509.
3 BMF v 4.7.2008, BStBl I 2008, 718, Rn 14.
4 BMF v 4.7.2008, BStBl I 2008, 718, Rn 35.
5 *Häuselmann*, Ubg 2009, 225, 231.

Gewinnausschüttungen: Leistungen der Gesellschaft an ihre Gesellschafter in Form von Gewinnausschüttungen oder Leistungen aus dem steuerlichen Einlagekonto stellen keinen Zinsaufwand iSd Zinsschranke dar.

Haftkapital von Banken: Das nach dem KWG zum haftenden EK zählende Fremdkapital von Banken stellt Fremdkapital und die Vergütungen darauf dementsprechend Zinsaufwendungen iSd § 4h III S 2 EStG dar.[1]

KGaA, Gewinnanteil: Der Gewinnanteil des persönlich haftenden Gesellschafters einer KGaA stellt keine Zinsaufwendungen iSd Zinsschranke dar, da es sich um eine Vergütung für steuerliches EK handelt. Gleichwohl ist der Gewinnanteil nach § 9 I Nr 1 auf Ebene der KGaA abzugsfähig (zur Behandlung des Gewinnanteils bei der Ermittlung des maßgeblichen Gewinns vgl Rn 112 Stichwort „KGaA").

KGaA, Sondervergütungen: Zinsen aus der Hingabe von Darlehen durch den persönlich haftenden Gesellschafter an die KGaA stellen abzugsfähige Betriebsausgaben der KGaA dar.[2] Dies gilt ungeachtet dessen, dass diese Zinsen beim persönlich haftenden Gesellschafter als Sondervergütungen gem § 15 I S 1 Nr 3 EStG zu den gewerblichen Einkünften zählen. Eine einheitliche und gesonderte Gewinnfeststellung auf Ebene der KGaA erfolgt nicht, da der persönlich haftende Gesellschafter nur wie ein Mitunternehmer (ohne Mitunternehmerschaft) behandelt wird.[3] Anders als bei der Mitunternehmerschaft stellt daher die Darlehensgewährung des persönlich haftenden Gesellschafters an die KGaA in körperschaftsteuer- und gewerbesteuerrechtlicher Hinsicht Fremdkapital dar und der Zinsaufwand daraus unterfällt der Zinsschranke.[4]

KGaA, Sonderbetriebsausgaben: Hat der persönlich haftende Gesellschafter einer KGaA Zinsaufwendungen im Zusammenhang mit der Beteiligung als persönlich haftender Gesellschafter, sind diese wie Sonderbetriebsausgaben von dem Gewinnanteil iSd § 15 I S 1 Nr 3 EStG abzugsfähig. Sie stellen für Zwecke der Zinsschranke Zinsaufwendungen des Betriebs des persönlich haftenden Gesellschafters dar. Anders als bei Mitunternehmerschaften werden diese Zinsaufwendungen nicht dem Betrieb der Mitunternehmerschaft zugeordnet.

Leasing: Bei Leasingverhältnissen ist zu unterscheiden, ob das wirtschaftliche Eigentum am Leasinggegenstand auf den Leasingnehmer übergeht oder beim Leasinggeber verbleibt.[5] Im ersten Fall unterliegt der in den Leasingraten enthaltene Zinsanteil der Zinsschranke und der Leasingnehmer hat eine Verbindlichkeit auszuweisen, die sich iHd Tilgungsanteils in den Leasingraten ratierlich verringert. Die Behandlung gleicht der eines Ratenkaufes. Verbleibt das wirtschaftliche Eigentum beim Leasinggeber stellen die Leasingraten insgesamt keinen Zinsaufwand iSd Zinsschranke dar. Die Finanzverwaltung räumt im Billigkeitswege für Finanzierungsleasing von Immobilien das Wahlrecht ein, die Zinsanteile in den Leasingraten als Zinsen iSd Zins-

---

1 BMF v 4.7.2008, BStBl I 2008, 718, Rn 13.
2 BFH X R 6/05, BStBl II 2008, 363, unter 2. c) bb); *Hofmeister* in Blümich § 9 I Nr 1 Rn 26.
3 BFH I R 235/81, BStBl II 1986, 72, unter 2.
4 BFH X R 6/05, BStBl II 2008, 363, unter 2. c) bb).
5 Für die Abgrenzung gelten die Leasingerlasse, vgl BMF v 4.7.2008, BStBl I 2008, 718, Rn 25.

VI. Grundregel 30 % EBITDA

schranke zu behandeln, wenn der Leasinggeber nachweislich mit den in der Grundmietzeit zu entrichtenden Raten zuzüglich des Erlöses aus einer Ausübung eines von Anfang an zum Ende der Grundmietzeit vertraglich vereinbarten Optionsrechts seine Anschaffungs- oder Herstellungskosten für den Leasinggegenstand sowie alle Nebenkosten einschließlich der Finanzierungskosten deckt (Vollamortisationsleasing).[1] Die Behandlung der Zinsanteile in den Leasingraten als Zinsertrag iSd § 4h III EStG erfolgt auf gemeinsamen Antrag mit dem Leasingnehmer bei dem für den Leasinggeber zuständigen Finanzamt. Weitere Voraussetzung ist, dass der Leasinggeber die Zinsanteile in den Leasingraten gegenüber dem Leasingnehmer offen ausweist und dass der Leasingnehmer bei dem für ihn zuständigen Finanzamt eine schriftliche und unwiderrufliche Einvertsändniserklärung abgegeben hat, dass er mit der Erfassung der Zinsanteile als Zinsaufwand iSd § 4h III EStG einverstanden ist. Für Altfälle, in denen der Immobilienleasingvertrag bis zum 25.5.2007 abgeschlossen wurde, kann der Leasinggeber bis zur erstmaligen Änderungsmöglichkeit des Leasingvertrages die in den Leasingraten enthaltenen Zinsanteile auch ohne Ausweis gegenüber dem Leasingnehmer als Zinserträge iSd Zinsschranke saldieren. Die Anwendung der Billigkeitsregelung beim Leasinggeber hängt von der korrespondierenden Erfassung der Zinsen beim Leasingnehmer ab. Dies ist problematisch, wenn der Leasingnehmer im EU-Ausland ansässig ist, weil die Billigkeitsregelung in diesem Fall nicht greift. Die Billigkeitsregelung sollte daher unionsrechtskonform ausgelegt werden, so dass auch ohne entsprechende Erklärung des Leasingnehmers und die korrespondierende Erfassung die Billigkeitsregelung beim inländischen Leasinggeber in diesen Fällen greift.[2]

Lizenzen: Vgl Stichwort „Sachkapitalüberlassung".

Miete: Vgl Stichwort „Sachkapitalüberlassung".

Nicht abzugsfähige Zinsaufwendungen: Zinsen, die zB nach §§ 4 V, IVa EStG bei der Ermittlung des steuerpflichtigen Gewinns nicht abzugsfähig sind, stellen keine Zinsaufwendungen iSd Zinsschranke dar.[3]

Nicht abzugsfähige Betriebsausgaben gem § 8b V: Stehen Zinsen mit steuerfreien Bezügen iSd § 8b I in Zusammenhang, sind diese ungeachtet des § 3c I EStG gem § 8b V S 2 voll abzugsfähig. Jedoch gelten 5 % der Bezüge pauschaliert als nicht abzugsfähige Betriebsausgaben. Der pauschal hinzugerechnete Betrag mindert aber nicht die Zinsaufwendungen iSd Zinsschranke, da er unabhängig von dem Vorliegen von Zinsaufwendungen das maßgebliche Einkommen erhöht.[4]

Obligationen: Vgl Stichwort „Anleihen".

Organschaft: Darlehensbeziehungen zwischen Mitgliedern desselben Organkreises können nicht zu Zinsaufwendungen iSd § 4h III S 2 EStG führen, da insoweit ein Betrieb vorliegt (vgl § 15 Rn 178).

---

1 BMF v 4.7.2008, BStBl I 2008, 718, Rn 26.
2 *Fischer/Wagner*, BB 2008, 1872, 1874; *Frotscher* in Frotscher/Maas § 8a Rn 195a.
3 BMF v 4.7.2008, BStBl I 2008, 718, Rn 18.
4 Weiterhin würde sich bei Vorliegen anderer Aufwendungen das Problem der Aufteilung stellen, aA *Förster* in Gosch Exkurs § 4h EStG Rn 136.

Partiarische Darlehen: Zinsen für partiarische Darlehen (§ 20 I Nr 4 EStG) fallen unter die Zinsschranke.

Provisionen und Gebühren: Provisionen und Gebühren stellen Vergütungen für andere Leistungen und nicht für die Fremdkapitalüberlassung dar.[1] Die Finanzverwaltung will diese Vergütungen als solche für die Fremdkapitalüberlassung ansehen, wenn diese an den Fremdkapitalgeber gezahlt werden.[2] Provisionen, zB für die Kreditvermittlung, werden aber regelmäßig an Dritte geleistet und stellen daher bereits deshalb keine Vergütungen für Fremdkapital dar (vgl auch Rn 124).

Rabatte für Lieferungen und Leistungen stellen keine Zinsaufwendungen gem § 4h III S 2 EStG dar, sofern diese nicht für die Vergütung einer Kapitalüberlassung gewährt werden.[3]

Rückstellungen: Gewinnauswirkungen aufgrund der Bildung von Rückstellungen sind keine Zinsaufwendungen oder -erträge. Etwas anderes gilt nur dann, wenn Zinsen zurückgestellt werden.[4] Dies gilt entsprechend für die Bildung von versicherungstechnischen Rückstellungen in der Anwartschaftsphase und der gesamten Leistungsphase.[5]

Sachkapitalüberlassungen (Miete, Pacht, Lizenz, Sachdarlehen usw) stellen keine Überlassung von Fremdkapital iSd Zinsschranke dar.[6] Dazu gehören auch Aufwendungen und Erträge, die Scheideanstalten aus der Goldleihe bzw aus Edelmetallkonten erzielen.[7]

Schuldverschreibungen: Vgl Stichwort „Anleihen".

Skonti und Boni stellen weder Zinsaufwendungen noch -erträge dar.[8]

Steuerfreie Einnahmen iSd § 3c EStG: Zinsaufwendungen, welche mit steuerfreien Einnahmen iSd § 3c I oder II EStG zusammenhängen und deshalb nicht abzugsfähig sind, stellen keine Zinsaufwendungen iSd Zinsschranke dar.[9]

Swapgeschäfte: Vgl Stichwort „Zins- und Währungsswaps".

Teilwertabschreibung von Forderungen: Abschreibungen von Forderungen auf den niedrigeren Teilwert nach § 6 I Nr 2 S 2 EStG stellen keinen Zinsaufwand dar. Dies gilt selbst dann, wenn es sich um Forderungen aus Zinsansprüchen handelt, unabhängig davon, ob die Aktivierung der Zinsansprüche zu Zinsertrag führte.[10]

---

1 *Förster* in Gosch Exkurs § 4h EStG Rn 132; *Häuselmann*, FR 2009, 401, 407; aA *Möhlenbrock/Pung* in D/J/P/W § 8a Rn 218.
2 BMF v 4.7.2008, BStBl I 2008, 718, Rn 15.
3 *Stangl/Hageböke* in Schaumburg/Rödder, UntStRef 2008, S 461.
4 BMF v 4.7.2008, BStBl I 2008, 718, Rn 22.
5 BTDrs 16/4841, 79.
6 BMF v 4.7.2008, BStBl I 2008, 718, Rn 11 und 23.
7 BMF v 4.7.2008, BStBl I 2008, 718, Rn 23.
8 BTDrs 16/4841, 49.
9 *Förster* in Breithecker/Förster/Förster/Klapdor, UntStRefG, § 4h EStG Rn 135.
10 *Häuselmann*, FR 2009, 506, 509.

Typisch stille Beteiligung: Gewinnanteile aus typisch stillen Beteiligungen (§ 20 I Nr 4 EStG) stellen Zinsaufwand iSd Zinsschranke dar. Der Verlustanteil aus einer typisch stillen Beteiligung stellt dagegen keinen Zinsaufwand iSd Zinsschranke dar, da es sich insoweit um einen Verlust auf Vermögensebene handelt.[1]

Verbrauchender Aufwand und Fiktionstheorie: In Dreieckskonstellationen, in denen eine Schwestergesellschaft der anderen ein Darlehen zu einem marktunüblich niedrigen Zins gewährt, kommt es nach der Rechtsprechung des Großen Senats des BFH zu einem verbrauchenden Aufwand auf Ebene der MG, da der Vorteil aus der un(teil)verzinslichen Darlehensgewährung zwar der MG in Form einer vGA zufließt, jedoch nicht einlagefähig ist und sich daher auf Ebene der MG verbraucht (vgl auch § 8 Rn 545 Stichwort „Dreiecksverhältnisse").[2] Der verbrauchende Aufwand hängt mit der Beteiligung der MG an der den Vorteil erlangenden TG zusammen. Daher stellt dieser Aufwand keinen Zinsaufwand iSd Zinsschranke dar. Anders ist die Situation dagegen, wenn die TG ihrer MG ein unangemessen niedrig verzinsliches Darlehen gewährt (Upstream-Darlehen). In diesem Fall wird auf Ebene der TG eine vGA ausgelöst, der zu einem höheren Zinsertrag bei der TG führt. Zugleich kann die MG aufgrund der Fiktionstheorie einen gleich hohen Aufwand geltend machen (vgl auch § 8 Rn 337). Nach der Fiktionstheorie ist die Besteuerung einer vGA bei der Gesellschaft und dem Gesellschafter so durchzuführen, als ob ein Leistungsaustausch zu angemessenen Preisen stattgefunden hätte.[3] Die fingierten Zinsaufwendungen der MG stellen in diesem Fall solche iSd Zinsschranke dar.[4]

VGA: Sind die Zinsen aus einer Darlehensgewährung des Gesellschafters oder einer dem Gesellschafter nahestehenden Person überhöht und daher iHd überhöhten Teils als vGA zu qualifizieren, liegt insoweit kein Zinsaufwand des Betriebs vor (vgl auch Rn 15).[5]

Verdeckte Einlagen: Sofern eine TG ein Darlehen zu überhöhten Zinsen gewährt hat, liegt iHd überhöhten Zinses eine verdeckte Einlage vor. Insoweit stellen die Zinsen aus dem Darlehensverhältnis keinen Zinsaufwand iSd Zinsschranke beim darlehensgewährenden Gesellschafter dar.

Verluste aus Sparten iSd § 8 IX: Soweit Spartenverluste gem § 8 IX im Jahr der Verlustentstehung nicht mit Gewinnen aus anderen Sparten ausgeglichen werden dürfen, stellen solche Zinsaufwendungen, welche in den nicht ausgleichsfähigen Verlusten enthalten sind, keine Zinsaufwendungen iSd Zinsschranke dar, da sie das maßgebliche Einkommen nicht gemindert haben. Können die Verluste in späteren Jahren von Gewinnen aus derselben Sparte abgezogen werden, liegen ebenfalls keine Zinsaufwendungen vor, da lediglich der Verlust nicht jedoch die in ihm enthaltenen Zins-

---

1 Im Ergebnis ebenso *Häuselmann*, FR 2009, 506, 512.
2 BFH GrS 2/86, BStBl II 1988, 348, unter II. 2. b). Die Theorie des verbrauchenden Aufwands ist auch nach Abschaffung des Anrechnungsverfahrens weiterhin anzuwenden, *Becker/Kempf/Schwarz*, DB 2008, 370, 374, Fn 61.
3 BFH IV R 30/71, BStBl II 1976, 88, unter 2. c) bb).
4 Ebenso *Möhlenbrock/Pung* in D/J/P/W § 8a Rn 218, aA *Becker/Kempf/Schwarz*, DB 2008, 370, 374; *Dörfler/Adrian*, Ubg 2008, 373, 379.
5 BMF v 4.7.2008, BStBl I 2008, 718, Rn 18; *Möhlenbrock/Pung* in D/J/P/W § 8a Rn 25.

aufwendungen vorgetragen werden. Zur Ermittlung der nicht ausgleichsfähigen Verluste sowie der Spartenergebnisse erscheint es geboten, die Zinsaufwendungen auch für Zinsschrankenzwecke den Sparten verursachungsgerecht zuzuordnen, obgleich eine gesetzliche Regelung hierfür fehlt und eine Sparte idR keinen Betrieb iSd Zinsschranke darstellen dürfte. Vgl zur Problematik auch Rn 112 Stichwort „Verluste aus Sparten iSd § 8 IX" und Rn 569.

Verluste iSd §§ 2a, 15 IV und 15b EStG: Zinsaufwendungen, die einen nicht ausgleichsfähigen Verlust iSd § 2a, 15 IV und 15b EStG erhöht haben, stellen keine Zinsaufwendungen für Zwecke der Zinsschranke dar, da sie den maßgeblichen Gewinn bzw das maßgebliche Einkommen nicht gemindert haben (vgl dazu Rn 112 Stichwort „Verluste iSd §§ 2a, 15 IV und 15b EStG"). Fraglich ist, ob diese Verluste in dem WJ, in dem sie abgezogen werden können, zu Zinsaufwendungen führen. Hierfür fehlt es jedoch an einer ausdrücklichen Regelung. Die Zinsaufwendungen sind vielmehr in den gesondert festzustellenden Verlusten aufgegangen und verlieren ihre Eigenschaft als Zinsaufwendungen.[1]

Verluste iSd § 15a EStG: Werden nicht ausgleichsfähige Verluste iSd § 15a EStG um Zinsaufwendungen erhöht, liegen Zinsaufwendungen iSd Zinsschranke vor, da die Verlustausgleichsbeschränkung sachlich erst nach der Anwendung der Zinsschranke ansetzt (vgl Rn 112 Stichwort „Verluste iSd § 15a EStG"). Die Zinsaufwendungen haben den maßgeblichen Gewinn des Betriebs der Mitunternehmerschaft gemindert.

Verpflichtungen nach § 5 IIa EStG: Nach § 5 IIa EStG dürfen Verpflichtungen, die nur zu erfüllen sind, soweit künftig Einnahmen oder Gewinne anfallen, erst passiviert werden, wenn die Einnahmen oder Gewinne angefallen sind. Auch wenn ein Passivierungsverbot in der Steuerbilanz besteht, fallen die Zinsen auf solche Verpflichtungen unter die Zinsschranke.

Verzugszinsen: Verzugszinsen sind gem § 288 BGB für Geldschulden bzw Entgeltforderungen zu leisten. Sie können auch vertraglich geschuldet sein. Da es sich um Zinsen für einen zugrundeliegenden Entgeltanspruch handelt, liegen Zinsen iSd Zinsschranke vor, auch wenn eine Kapitalüberlassung nicht Gegenstand des zugrundeliegenden Rechtsgeschäftes, aus dem der Anspruch erwächst, war.[2] Unerheblich ist auch, dass die Verzugszinsen für eine unfreiwillige Vorenthaltung von Kapital zu leisten sind.[3]

Vorfälligkeitsentschädigungen: Umstritten ist, wie Entschädigungen, die bei vorzeitiger Vertragsbeendigung an den Gläubiger geleistet werden, zu behandeln sind. Sie stellen einen Ausgleich des dem Darlehensgeber aufgrund der vorzeitigen Beendigung des Kreditvertrags entstandenen Schadens dar und sind nach neuerer Rechtsprechung

---

1 Förster in Gosch Exkurs § 4h EStG Rn 17 und 137.
2 Häuselmann, FR 2009, 401, 406.
3 BFH VIII R 3/09, BFH/NV 2012, 618.

VI. Grundregel 30 % EBITDA

Nutzungsentgelte iwS für das aufgenommene Kapital.[1] Daher zählt die Finanzverwaltung sie zu den Vergütungen für die Fremdkapitalüberlassung.[2] Dem ist aufgrund des eng auszulegenden Zinsbegriffes der Zinsschranke nicht zuzustimmen, da die Entschädigung keine Vergütung für eine Kapitalüberlassung darstellt.

Wandel- und Optionsanleihen: Vergütungen für Wandelanleihen sind bis zur Wandlung Zinsaufwendungen für Zwecke der Zinsschranke. Bei Optionsanleihen, bei denen die Anleihe ein von dem Optionsrecht getrenntes Rechtsverhältnis darstellt, gilt dies bis zur Rückzahlung der Anleihe. Wird bei der Ausgabe von Wandel- und Optionsanleihen ein offenes oder verdecktes Aufgeld geleistet, ist dies in einem Rechnungsabgrenzungsposten zu aktivieren und über die Laufzeit der Anleihe aufzulösen.[3] Der Auflösungsbetrag qualifiziert als Zinsaufwand iSd § 4h III S 2 EStG.

Wertpapierleihe: Die Wertpapierleihe stellt ein Sachdarlehen dar. Die vom Entleiher geleisteten Kompensationszahlungen an den Verleiher sind demzufolge keine Zinsaufwendungen iSd Zinsschranke.[4] Die Wertpapierleihe kann daher zu Gestaltungszwecken eingesetzt werden, um voll abzugsfähige Betriebsausgaben zu generieren. Die Finanzverwaltung will jedoch in Fällen, in denen zinstragende Wertpapiere Gegenstand der Leihe sind, den Missbrauchstatbestand des § 42 AO prüfen.[5] Werden lediglich Aktien von dem Betrieb entliehen, können daraus keine Zinserträge für den Betrieb resultieren. Gleichwohl stellen die Kompensationszahlungen voll abzugsfähige Betriebsausgaben dar. Ggf ist die Abzugsfähigkeit jedoch nach § 8b X eingeschränkt (vgl § 8b Rn 797 ff).

Zerobonds: Bei Zerobonds werden die Zinsen bei Fälligkeit iHd Differenz zwischen dem Ausgabe- und dem Rückzahlungsbetrag geleistet. Bei Gewinnermittlung nach § 4 I EStG erfolgt die Erfassung der Zinsaufwendungen iSd § 4 III S 2 EStG jährlich iHd abgegrenzten Betrages.[6] Bei Überschussermittlern erfolgt die Erfassung mit Abfluss.

Zinsen nach §§ 233-238 AO: Zinsen nach § 233 AO sollen nach Auffassung des Gesetzgebers weder Zinserträge noch -aufwendungen darstellen.[7] Für nicht abzugsfähige Zinsen iSd § 10 Nr 2 (KSt und USt), § 4 V Nr 8a (Hinterziehungszinsen) und Vb EStG (GewSt) ergibt sich dies bereits daraus, dass diese Zinsen den maßgeblichen Gewinn nicht gemindert haben. Für alle übrigen Fälle ist die Auffassung des Gesetz-

---

1 BFH IV R 55/97, BStBl II 1999, 473 zu Dauerschuldentgelten; BFH VIII R 34/04, BStBl 2006 II, 265 zu Werbungskosten; anders noch BFH VIII R 6/92, BFH NV 1995, 1010 zu Dauerschuldzinsen iSd § 8 Nr 1 GewStG idF vor 1990; der BFH verneint allerdings die Bildung eines passiven Abgrenzungspostens, BFH I R 18/06, BStBl II 2007, 697, unter II. 4. a).
2 BMF v 4.7.2008, BStBl I 2008, 718, Rn 15; *Möhlenbrock/Pung* in D/J/P/W § 8a Rn 218; aA *Förster* in Gosch Exkurs § 4h EStG Rn 132; *Häuselmann*, FR 2009, 506, 509; *Köhler/Hahne*, DStR 2008, 1505, 1508.
3 *A/D/S*, 6. Aufl, § 272 HGB, Rn 125; BFH I R 3/04, BStBl II 2008, 809; BFH I R 26/04, BFH/NV 2006, 616.
4 AA eventuell *Möhlenbrock/Pung* in D/J/P/W § 8a Rn 215 für den Fall, dass das wirtschaftliche Eigentum auf den Entleiher übergeht und er daher in der Bilanz eine Sachverbindlichkeit zur Rückübertragung von Wertpapieren gleicher Art und Güte ausweisen muss. Diese Behandlung ist bei Wertpapierleihegeschäften jedoch der Regelfall und ändert nichts am Charakter eines Sachdarlehens, weshalb die Auffassung für Wertpapierleihegeschäfte abzulehnen ist.
5 BMF v 4.7.2008, BStBl I 2008, 718, Rn 24.
6 *Häuselmann*, Ubg 2009, 226, 229.
7 BTDrs 16/4841, 49; so auch BMF v 4.7.2008, BStBl I 2008, 718, Rn 16.

gebers vor dem Hintergrund des Gesetzeswortlauts schwer nachvollziehbar.[1] Der BFH hat in ständiger Rechtsprechung entschieden, dass Erstattungszinsen iSd § 233a AO als Gegenleistung dafür gezahlt werden, dass der Steuerpflichtige dem Fiskus, wenn auch gezwungenermaßen, Kapital zur Nutzung überlassen hat, zu dessen Leistung er letztlich nicht verpflichtet war.[2] Dies sollte umgekehrt auch für Zinsen auf Nachzahlungsforderungen des Fiskus gegenüber dem Steuerpflichtigen gelten, sofern sie den maßgeblichen Gewinn bzw das maßgebliche Einkommen gemindert haben.

Zins- und Währungsswaps: Aufwendungen in Zusammenhang mit Zins- und Währungsswapgeschäften stellen keine Zinsaufwendungen dar, da diesen Geschäften keine Kapitalüberlassung zugrundeliegt.[3] Etwas anderes könnte nur dann gelten, wenn das Swapgeschäft zugleich mit dem Darlehensgeber abgeschlossen wird, vorausgesetzt dass sich die Swapzahlungen als Vergütungen aus dem Kapitalüberlassungsverhältnis darstellen. Nach den Grundsätzen des BFH kommt es dabei darauf an, ob es sich bei dem Swapgeschäft um eine unternehmensinterne Maßnahme handelt, durch welche ein Teil der mit der Kreditaufnahme verbundenen Risiken abgedeckt wird.[4] Ob das Swapgeschäft zusammen mit dem gesicherten Kapitalüberlassungsverhältnis eine Bewertungseinheit bildet, ist dagegen für die Einordnung der Swapvergütungen für Zwecke der Zinsschranke irrelevant, da die Bewertungseinheit nichts an dem zugrundeliegenden Rechtsverhältnis ändert.[5] Durch Swapgeschäfte zur Sicherung von Niedrigzinsdarlehen kann der Zinsaufwand iSd Zinsschranke reduziert werden, während die Swapvergütungen nicht der Zinsschrankenregelung unterliegen.

Zinsvortrag: Der Zinsvortrag erhöht gem § 4h I S 6 Hs 1 EStG die Zinsaufwendungen folgender WJ. Dies gilt für Zwecke der Anwendung des § 4h I S 1, 3 und 4 sowie II S 1 lit a EStG, nicht aber für Zwecke des § 4h I S 2 EStG zur Ermittlung des verrechenbaren EBITDA (vgl Rn 101).

144 **4. Zinserträge. a) Begriff.** Zinserträge sind Erträge aus Kapitalforderungen jeder Art, die den maßgeblichen Gewinn erhöht haben. Der Gesetzgeber geht davon aus, dass die Begriffe Zinsaufwendungen und Zinserträge inhaltlich korrespondieren und erläutert diese gemeinsam.[6] Auch iRd Zinsschranke ist eine Korrespondenz von Zinsaufwand und -ertrag enthalten, wenn in § 4h I S 1 EStG auf den Zinssaldo abgestellt wird. Daraus ist zu schließen, dass der Zinsbegriff der Zinsschranke hinsichtlich der Zinsaufwendungen und -erträge korrespondiert. Es kann daher zu Einzelheiten bezüglich der Definition von Zinserträgen iRd Zinsschranke auf die Erläuterungen zu Zinsaufwendungen vollumfänglich verwiesen werden (vgl Rn 113 ff).

145 *Einstweilen frei.*

---

1 Kritisch auch *Häuselmann*, FR 2009, 401, 406.
2 BFH VIII R 33/07, BStBl II 2011, 503; BFH VIII R 104/70, BStBl II 1975, 568; BFH VIII R 260/82, BStBl II 1986, 557.
3 *Dörfler*, Ubg 2008, 693, 695 f; *Köhler/Hahne*, DStR 2007, 1505, 1510; *Häuselmann*, FR 2009, 506, 513.
4 BFH I R 89/02, BStBl II 2004, 517; so auch oberste Finanzbehörden der Länder v 14.8.2007, DStR 2008, 1439 Rn 15.
5 *Häuselmann*, FR 2009, 506, 513 f; aA *Möhlenbrock/Pung* in D/J/P/W § 8a Rn 219; *Förster* in Gosch Exkurs § 4h EStG Rn 132; *Stangl/Hageböke* in Schaumburg/Rödder, UntStRef 2008, S 460 f.
6 BTDrs 16/4841, 49.

b) ABC der Zinserträge. Vorbemerkung. Aufgrund der Korrespondenz des Be- 146
griffs der Zinsaufwendungen und -erträge gilt das ABC der Zinsaufwendungen (vgl
Rn 143) entsprechend. Im folgenden ABC der Zinserträge werden lediglich Ergänzungen dargestellt.

Ausländische Familienstiftungen: Gem § 15 AStG wird das Einkommen von ausländischen Familienstiftungen dem Stifter oder den Bezugs- bzw Anfallsberechtigten zugerechnet. In dem zugerechneten Einkommen enthaltene Zinserträge stellen keine Zinserträge iSd § 4h III S 2 EStG für den Stifter oder den Bezugs- bzw Anfallsberechtigten dar.

Berichtigung nach § 1 AStG: Sofern die Einkünfte des Betriebs aufgrund einer niedrig verzinslichen oder unverzinslichen Darlehensbeziehung zu nahestehenden Personen im Ausland nach § 1 I AStG zu berichtigen sind, qualifiziert der Berichtigungsbetrag zugleich als Zinsertrag iSd Zinsschranke.[1]

Erträge aus Investmentvermögen: Gehören zum Vermögen des Betriebs Anteile an Investmentvermögen und sind in den Ausschüttungen und ausschüttungsgleichen Erträgen iSd § 1 III InvStG, Zinserträge enthalten, sind diese gem § 2 IIa InvStG beim Anleger (= Betrieb) als Zinserträge iSd § 4h III S 2 EStG zu berücksichtigen. Voraussetzung ist, dass die Publikationspflichten des § 5 InvStG erfüllt sind. Zur Behandlung von Zinsaufwendungen vgl Rn 143 Stichwort „Erträge aus Investmentvermögen".

Hinzurechnungsbetrag nach § 10 II AStG: Ist dem Betrieb ein Hinzurechnungsbetrag hinzuzurechnen und liegen diesem Zinseinkünfte der Zwischengesellschaft zugrunde, scheidet eine Berücksichtigung dieser Zinserträge für Zwecke der Zinsschranke gleichwohl aus.[2] Das gilt selbst dann, wenn die Zwischengesellschaft dem inländischen Betrieb, zu dessen Vermögen die Anteile an der Zwischengesellschaft gehören, ein Darlehen gewährt hat. In diesem Fall können die Zinsaufwendungen des Betriebs vorbehaltlich der Ausnahmeregelungen des § 4h II EStG nur iHv 30 % des Hinzurechnungsbetrages abgezogen werden, obgleich in diesem Zinserträge aus demselben Darlehensverhältnis enthalten sind. Dies ist sachlich nicht zu rechtfertigen und stellt eine Ungleichbehandlung gegenüber Anteilen an Investmentvermögen dar.

Leasing: Es gelten die in Rn 143 Stichwort „Leasing" dargestellten Grundsätze für Zinserträge entsprechend. Die Finanzverwaltung räumt darüber hinaus im Billigkeitswege für Finanzierungsleasing von Immobilien das Wahlrecht ein, die Zinsanteile in den Leasingraten als Zinsen iSd Zinsschranke zu behandeln, wenn der Leasinggeber nachweislich mit den in der Grundmietzeit zu entrichtenden Raten zuzüglich des Erlöses aus einer Ausübung eines von Anfang an zum Ende der Grundmietzeit vertraglich vereinbarten Optionsrechts seine Anschaffungs- oder Herstellungskosten für den Leasinggegenstand sowie alle Nebenkosten einschließlich der Finanzierungskosten deckt (Vollamortisationsleasing).[3] Die Behandlung der Zinsanteile in den Leasingraten als Zinsertrag iSd § 4h III EStG erfolgt auf gemein-

---

1 Förster in Breithecker/Förster/Förster/Klapdor, UntStRefG, § 4h EStG Rn 148; Eisgruber in Herzig ua, Handbuch Unternehmensteuerreform 2008, 2008, Rn 203; Köhler/Hahne, DStR 2008, 1505, 1507.
2 Köhler/Hahne, DStR 2008, 1505, 1511; Dörfler, Ubg 2008, 693, 699.
3 BMF v 4.7.2008, BStBl I 2008, 718, Rn 26.

samen Antrag mit dem Leasingnehmer bei dem für den Leasinggeber zuständigen Finanzamt. Weitere Voraussetzung ist, dass der Leasinggeber die Zinsanteile in den Leasingraten gegenüber dem Leasingnehmer offen ausweist und dass der Leasingnehmer bei dem für ihn zuständigen Finanzamt eine schriftliche und unwiderrufliche Einverständniserklärung abgegeben hat, dass er mit der Erfassung der Zinsanteile als Zinsaufwand iSd § 4h III EStG einverstanden ist. Für Altfälle, in denen der Immobilienleasingvertrag bis zum 25.5.2007 abgeschlossen wurde, kann der Leasinggeber die in den Leasingraten enthaltenen Zinsanteile auch ohne Ausweis gegenüber dem Leasingnehmer als Zinserträge für Zwecke der Zinsschranke behandeln. Dies gilt bis zur erstmaligen Änderungsmöglichkeit des Leasingvertrages.[1] Die Billigkeitsregelung soll die verschärfende Wirkung der Zinsschranke für Leasingunternehmen abmildern. Problematisch wird die Anwendung der Billigkeitsregelung allerdings in dem Fall, dass der Leasingnehmer im Ausland ansässig ist, weil in diesen Fällen ein gemeinsamer übereinstimmender Antrag wohl nicht möglich ist und eine Erfassung als Zinsaufwand beim ausländischen Leasingnehmer idR ausscheidet. Zu unionsrechtlichen Bedenken vgl Rn 42 und 143 Stichwort „Leasing".

Sondervergütungen aus ausländischer Mitunternehmerschaft: Erzielt der Betriebsinhaber aus seiner Mitunternehmerstellung bei einer ausländischen Mitunternehmerschaft Zinserträge aus der Hingabe von Darlehen, sind diese gem § 15 I Nr 2 EStG als Sondervergütungen zu qualifizieren. Folgt man der vorzugswürdigen Auslegung, dass Sondervergütungen als Bestandteil des steuerlichen Gesamtgewinns keine Zinsaufwendungen oder -erträge darstellen, liegen iHd vom inländischen Mitunternehmer bezogenen Sondervergütungen keine Zinserträge iSd § 4h III S 3 EStG vor.[2] Da Sondervergütungen aus einer ausländischen Mitunternehmerschaft regelmäßig nicht nach einem DBA steuerbefreit sind, ergibt sich bei dieser Auslegung eine ungünstige Besteuerungsfolge, wenn der Mitunternehmer eine Fremdfinanzierung im Zusammenhang mit dem Mitunternehmeranteil aufgenommen hat. In diesem Fall unterliegen die Finanzierungsaufwendungen der Zinsschranke und können lediglich iHv 30% der Sondervergütungen abgezogen werden, sofern keine Ausnahme des § 4h II EStG greift. Da die Finanzverwaltung lediglich für im Inland steuerpflichtige Sondervergütungen das Vorliegen von Zinsaufwand und -ertrag verneint,[3] müsste sie konsequenterweise einen Zinsertrag iSd Zinsschranke beim inländischen Mitunternehmer annehmen, wenn die Zinsaufwendungen der Gesamthand den steuerfreien Betriebsstätteneinkünften zuzuordnen sind (vgl zum Inboundfall auch Rn 138).

Stückzinsen: Werden beim Verkauf einer Anleihe die seit dem letzten Zinstermin aufgelaufenen anteiligen Stückzinsen mit veräußert, stellt der dabei realisierte Ertrag Zinsertrag des Veräußerers iSd Zinsschranke dar. Der Erwerber der Zinsansprüche zieht insoweit lediglich eine Forderung ein. Dies gilt unabhängig davon, ob die veräußerten Stückzinsen gesondert abgerechnet werden.[4]

---

1 BMF v 4.7.2008, BStBl I 2008, 718, Rn 26.
2 *Förster* in Gosch Exkurs § 4h EStG Rn 136.
3 BMF v 4.7.2008, BStBl I 2008, 718, Rn 19.
4 *Häuselmann*, Ubg 2009, 225, 226.

VI. Grundregel 30 % EBITDA

Verdeckte Einlage: Hat der Betrieb Darlehen an seinen Gesellschafter oder eine diesem nahestehende Person zu überhöhten Zinsen gewährt, resultiert hieraus eine verdeckte Einlage, die beim Betrieb zu erfassen ist. Insoweit liegt kein Zinsertrag iSd § 4h III S 3 EStG vor. Dies dürfte ungeachtet einer etwaigen Steuerpflicht der verdeckten Einlage nach § 8 III S 4-5 (Korrespondenzprinzip) gelten (vgl auch § 8 III Rn 712 ff).

VGA: Sind die Zinsen aus einer Darlehensgewährung an die TG unangemessen hoch, liegt iHd unangemessenen Teils eine vGA bei der TG vor, welche dem Betrieb des Gesellschafters als zugeflossen gilt. Insoweit sind die Zinserträge des Betriebs der MG zu verringern. Dies dürfte selbst dann gelten, wenn die vGA nach § 8b I S 2 (Korrespondenzprinzip) oder § 8b VII und VIII beim Betrieb voll steuerpflichtig ist (zur Behandlung der Zinsaufwendungen bei der TG vgl Rn 143 Stichwort „VGA").[1] Die Zinserträge der TG erhöhen sich dagegen, soweit aus einer Darlehensgewährung an den Gesellschafter oder eine diesem nahestehende Person unangemessen niedrige Zinsen vereinbart wurden, so dass iHd unangemessenen Teils eine vGA des Betriebs vorliegt.[2]

Wertpapierleihe: Bei der Wertpapierleihe geht das wirtschaftliche Eigentum an den übertragenen Wertpapieren erfolgsneutral auf den Entleiher über, so dass ihm die Erträge aus den Wertpapieren steuerlich zugerechnet werden (vgl § 8b Rn 821 und 823). Sind Gegenstand der Wertpapierleihe zinstragende Wertpapiere, werden dem Entleiher die Zinserträge aus diesen Wertpapieren zugerechnet. Der Entleiher ist nach dem Wertpapierleihevertrag verpflichtet, die Zinserträge an den Verleiher in Form von Kompensationszahlungen zu leisten. Da die Zinserträge als solche iSd Zinsschranke qualifizieren, erhöht sich das Zinsabzugspotential durch die Wertpapierleihe beim Entleiher. Gleichzeitig hat der Entleiher voll abzugsfähige Betriebsausgaben iHd Kompensationszahlungen, da diese nicht der Zinsschranke unterliegen (vgl Rn 143 Stichwort „Sachkapitalüberlassung"). Dieses Gestaltungsmodell betrachtet die Finanzverwaltung jedoch im Hinblick auf den allgemeinen Missbrauchstatbestand des § 42 AO kritisch.[3]

Zinsen iSd § 233a AO: Erstattungszinsen iSd § 233a AO gehören zu den steuerpflichtigen Einnahmen einer Körperschaft (R 48 II S 2 KStR). Der BFH hat in seiner jüngeren Rechtsprechung zwar entschieden, dass Erstattungszinsen dem nicht steuerbaren Bereich gem § 12 Nr 3 EStG zuzuordnen sind.[4] Diese Rechtsprechung ist nicht auf Körperschaften übertragbar (weiterführend vgl § 10 Rn 67 ff).[5] Da es sich nach der Rechtsprechung aber um eine Kapitalüberlassung handelt (vgl auch Rn 143 Stichwort „Zinsen nach §§ 233-238 AO"), stellen Erstattungszinsen Zinserträge iSd Zinsschranke dar.[6]

---

1 Köhler/Hahne, DStR 2008, 1505, 1507 plädieren im Falle der Anwendung des Korrespondenzprinzips für eine Behandlung als Zinsertrag im Billigkeitswege.
2 Förster in Gosch Exkurs § 4h EStG Rn 147.
3 BMF v 4.7.2008, BStBl I 2008, 718, Rn 24.
4 BFH VIII R 33/07, BStBl II 2011, 503.
5 BFH I B 97/11, DStR 2012, 554; OFD Münster v 3.12.2010, DStR 2011, 222.
6 AA BMF v 4.7.2008, BStBl I 2008, 718, Rn 16.

147   **5. Abgesetzte Beträge. Erfasste Abschreibungen.** Zur Ermittlung des steuerlichen EBITDA sind die in § 4h I S 2 EStG genannten Abschreibungen dem maßgeblichen Gewinn bzw maßgeblichen Einkommen hinzuzurechnen. Hierzu gehören
- lineare Abschreibungen nach § 7 II EStG,
- Sofortabschreibungen von geringwertigen Wirtschaftsgütern gem § 6 II S 1 EStG oder alternativ die Auflösung von Sammelposten für geringwertige Wirtschaftsgüter gem § 6 IIa S 2 EStG sowie
- Abschreibungen für außergewöhnliche technische oder wirtschaftliche Abnutzung gem § 7 I S 7 EStG.

148   **Minderung des maßgeblichen Gewinns.** Eine Definition für die vorgenannten Beträge ist in § 4h III EStG nicht enthalten. Fraglich ist daher, ob Voraussetzung für deren Hinzurechnung zum EBITDA ist, dass diese Abschreibungen den maßgeblichen Gewinn gemindert haben. Andernfalls wären auch solche Abschreibungen hinzuzurechnen, die in einer ausländischen Freistellungsbetriebsstätte angefallen sind.[1] Aufgrund der Definition des maßgeblichen Gewinns und der Verwendung des Ausdrucks „abgesetzte Beträge" erscheint es jedoch sachgerecht, dass nur solche Abschreibungen hinzugerechnet werden, die zuvor den steuerpflichtigen Gewinn gemindert haben. Abschreibungen die in ausländischen Anrechnungsbetriebsstätten anfallen sind hingegen zu berücksichtigen.

149   **Wertaufholung und Veräußerung abgeschriebener Wirtschaftsgüter.** Bei einer späteren (steuerpflichtigen) Wertaufholung bzw Veräußerung der abgeschriebenen Wirtschaftsgüter, erhöht der sich daraus ergebende Gewinn das steuerliche EBITDA, so dass die vorgenannten Abschreibungen im Ergebnis zweimal das EBITDA erhöhen.

150   **Teilwertabschreibungen, Sonderabschreibungen und § 6b-Rücklagen.** Nicht dem EBITDA hinzugerechnet werden jedoch Teilwertabschreibungen (§ 6 I Nr 1 S 2 EStG), Sonderabschreibungen (§§ 7a-k EStG) und § 6b-Rücklagen.

151   *Einstweilen frei.*

152   **6. Rechtsfolge des § 4h I S 1 EStG. a) ESt und KSt. Außerbilanzielle Hinzurechnung.** Die Rechtsfolge des § 4h I S 1 EStG besteht in einer außerbilanziellen Hinzurechnung der nicht abzugsfähigen Zinsaufwendungen.

153   **Begründung oder Erhöhung des Zinsvortrags.** Die nicht abzugsfähigen Zinsaufwendungen begründen oder erhöhen einen Zinsvortrag (vgl dazu Rn 530 ff).

154   **Keine Steuerfreiheit der Zinserträge.** Eine weitergehende Rechtsfolge ergibt sich aus § 4h I S 1 EStG nicht. Insbesondere ändert sich an der Steuerpflicht der Zinserträge beim Darlehensgeber nichts.

155   *Einstweilen frei.*

---

1   Köhler/Hahne, DStR 2008, 1505, 1506.

b) GewSt. Hinzurechnung nach § 8a Nr 1 lit a GewStG. Bedeutung des § 4h **156**
I S 1 EStG. § 4h I S 1 EStG schlägt auf die GewSt durch, so dass es nicht zu einer
nochmaligen Hinzurechnung nach § 8 Nr 1 lit a GewStG kommt. § 8 Nr 1 lit a GewStG
greift lediglich, soweit die Zinsaufwendungen gem § 4h I S 1 EStG abzugsfähig sind.[1]

Auseinanderfallen von Entgelten für Schulden und Zinsaufwendungen. **157**
Problematisch ist in diesem Zusammenhang, dass der Begriff der für gewerbesteuerliche Zwecke hinzuzurechnenden Entgelte für Schulden nicht mit dem Begriff der Zinsaufwendungen für Zwecke der Zinsschranke übereinstimmt. Bspw stellen Auf- und Abzinsungsbeträge keine Entgelte für Schulden dar,[2] sehr wohl aber Zinsaufwendungen iSd § 4h I S 1 EStG. Umgekehrt unterfällt auch der Aufwand aus echter Forfaitierung und echtem Factoring der Hinzurechnung nach § 8 Nr 1 lit a S 3 GewStG,[3] wenngleich dieser keine Zinsaufwendungen iSd Zinsschranke darstellt (vgl Rn 143 Stichwort „Factoring/Forfaitierung"). Es stellt sich die Frage, wie zu verfahren ist, wenn die Abzugsbeschränkung des § 4h I S 1 EStG in einem WJ für Zinsaufwendungen greift, welche nur zT als Entgelte für Schulden qualifizieren. In diesem Fall besteht die Möglichkeit, dass eine bestimmte Rangfolge (zB vorrangige Abzugsfähigkeit von Zinsaufwendungen, welche nicht als Entgelte für Schulden der Hinzurechnung nach § 8 Nr 1 lit a GewStG unterliegen) anzuwenden ist oder die abzugsfähigen Zinsaufwendungen zB quotal aufzuteilen sind.[4] Mangels gesetzlicher Regelung und aufgrund der steuererhöhenden Wirkung der Zinsschranke und der gewerbesteuerlichen Hinzurechnung, sollte der Steuerpflichtige stets die für ihn günstigste Aufteilung vornehmen dürfen.[5] Ggf sollte dieses Wahlrecht für jedes WJ erneut ausgeübt werden können.[6] Der gewählte Aufteilungsmaßstab bestimmt zugleich die in den Zinsaufwendungen enthaltenen abzugsfähigen und die nicht abzugsfähigen Entgelte für Schulden. Letztere gehen in den Zinsvortrag ein (zu Einzelheiten Rn 554).

Beispiel
Die Zinsaufwendungen iSd § 4h III S 2 EStG der X GmbH betragen 10 Mio EUR. Sie setzen sich zusammen aus Darlehenszinsen iHv 8 Mio EUR und Aufwendungen aus Abzinsungen iHv 2 Mio EUR. Zinserträge liegen nicht vor. Das verrechenbare EBITDA beträgt 8 Mio EUR. Die X GmbH kann sich für eine vorrangige Abzugsfähigkeit des Abzinsungsaufwandes iHv 2 Mio EUR entscheiden. Damit wären 6 Mio EUR der Darlehenszinsen ebenfalls abzugsfähig und 2 Mio EUR gingen in einen Zinsvortrag ein. Von den abzugsfähigen Zinsaufwendungen unterliegen folglich 6 Mio EUR der gewerbesteuerlichen Hinzurechnung nach § 8 Nr 1 lit a GewStG.

---

1 BTDrs 16/4841, 48.
2 Koordinierter Ländererlass der obersten Finanzbehörden der Länder v 4.7.2008, BStBl I 2008, 730, Rn 12 für Aufzinsungsbeträge nach § 6 I Nr 3 und 3a EStG.
3 Koordinierter Ländererlass der obersten Finanzbehörden der Länder v 4.7.2008, BStBl I 2008, 730, Rn 19-26.
4 Beispielsberechnungen bei *Krempelhuber*, NWB Fach 4, 5369 f.
5 *Förster* in Gosch Exkurs § 4h EStG Rn 23; *Dörfler* in Erle/Sauter § 8a Rn 63.
6 *Krempelhuber*, NWB Fach 4, 5369, 5383.

158 **Hinzurechnung in Organschaftsfällen.** In Organschaftsfällen ergibt sich aufgrund der in § 15 S 1 Nr 3 S 1 angeordneten Bruttomethode die Frage nach der Anwendbarkeit der Zinsschranke für gewerbesteuerliche Zwecke bei der Organgesellschaft. Da § 4h EStG bei der Organgesellschaft keine Anwendung findet, mindern die Zinsaufwendungen der Organgesellschaft ihren Gewinn aus Gewerbebetrieb (vorbehaltlich anderer Abzugsbeschränkungen) in voller Höhe. Da der Gewerbeertrag der Organgesellschaft gesondert zu ermitteln ist, führt die Hinzurechnungsvorschrift des § 8 Nr 1 lit a GewStG sodann zu einer partiellen Hinzurechnung dieser Zinsaufwendungen.[1] Auf Ebene des Organträgers werden die Zinserträge und -aufwendungen für Zwecke des § 4h EStG einbezogen. Es stellt sich die Frage, ob und ggf in welcher Höhe der nicht abzugsfähige Teil der Zinsaufwendungen bei der Ermittlung des Gewerbeertrages der Organgesellschaft zu berücksichtigen ist. Zunächst fehlt es für eine Korrektur des Gewerbeertrages der Organgesellschaft an einer gesetzlichen Regelung. Es kann auch nicht aus § 15 S 1 Nr 3 geschlossen werden, dass die Zinsaufwendungen der Organgesellschaft bei der Ermittlung des Gewerbeertrages des Organträgers einbezogen werden, da die Zinsaufwendungen und -erträge der Organgesellschaft im Gewerbeertrag des Organträgers nicht enthalten sind. Bei der Ermittlung des Gewerbeertrages des Organträgers können höchstens die Zinsaufwendungen seines eigenen Betriebs als nicht abzugsfähig behandelt werden. Darüber hinaus verbliebe es beim Abzug der Zinsaufwendungen der Organgesellschaft für gewerbesteuerliche Zwecke. Allerdings wirft dieses Ergebnis systematische Zweifel auf und es ergeben sich Folgefragen im Falle einer Nutzung des Zinsvortrags in späteren Jahren beim Organträger. In diesem Fall würde es zu einem Abzug der Zinsaufwendungen der Organgesellschaft vom körperschaftsteuerlichen Einkommen des Organträgers kommen. Dieser Abzug würde in der Folge den Gewerbeertrag des Organträgers mindern, so dass es zu einer doppelten Berücksichtigung dieser Zinsaufwendungen für gewerbesteuerliche Zwecke käme. Systematisch vorzugswürdig erscheint dagegen eine Verteilung der nicht abziehbaren Aufwendungen auf die Mitglieder des Organkreises für Zwecke der Ermittlung des Gewerbeertrages.[2] Dies wiederum wirft die Frage nach der Aufteilungsmethode auf.[3]

Beispiel

Organträger GmbH und Organgesellschaft GmbH bilden einen Organkreis. Die Organträger GmbH weist ohne Anwendung des § 14 I S 1 (Einkommenszurechnung) und ohne Anwendung des § 15 S 1 Nr 3 S 3 (Zurechnung von Zinsaufwendungen und -erträgen) ein steuerliches EBITDA von 9 Mio EUR und einen negativen Zinssaldo von 4,5 Mio EUR (Zinsertrag = 1,5 Mio EUR und Zinsaufwand = 6 Mio EUR) auf. Das steuerliche EBITDA der Organgesellschaft GmbH beträgt isoliert betrachtet 3 Mio EUR und der negative Zinssaldo 9 Mio EUR (Zinsertrag = 0 EUR und Zinsaufwand = 9 Mio EUR). Eine Ausnahmeregelung des § 4h II EStG ist nicht einschlägig.

---

1 Gleichlautende Ländererlasse v 4.7.2008, BStBl I 2008, 730, Rn 4.
2 *Franke/Gageur*, BB 2008, 1704, 1709; *Schuck/Faller*, DB 2010, 2186, 2187.
3 *Schuck/Faller*, DB 2010, 2186, 2188 f mit Beispielsberechnungen zu den Auswirkungen der unterschiedlichen Allokationsmethoden.

VII. Freigrenze

Das steuerliche EBITDA des Organkreises beträgt 12 Mio EUR. Daraus ergibt sich ein verrechenbares EBITDA iHv 3,6 Mio EUR (= 30 % von 12 Mio). Der negative Zinssaldo des Organkreises beläuft sich auf 13,5 Mio EUR, so dass Zinsaufwendungen iHv 9,9 Mio EUR nach § 4h I EStG nicht abzugsfähig sind. Die Zinsaufwendungen der Organträger GmbH betragen lediglich 6 Mio EUR. Bei der Ermittlung des Gewerbeertrages der Organträger GmbH kann höchstens dieser Betrag als nicht abzugsfähig behandelt werden. IÜ fehlt es an einer Regelung zur Korrektur des Gewerbeertrages der Organgesellschaft. Sachgerecht erscheint dagegen eine Aufteilung der nicht abzugsfähigen Zinsaufwendungen auf Organträger GmbH und Organgesellschaft GmbH. Hierfür stünden verschiedene Aufteilungsschlüssel zur Verfügung, zB nach dem Verhältnis der Zinsaufwendungen (1/3 Organträger, 2/3 Organgesellschaft), der Zinssalden (40 % Organträger, 60 % Organgesellschaft) oder der steuerlichen EBITDA (75 % Organträger, 25 % Organgesellschaft) zueinander. Vorzugswürdig erscheint eine isolierte Berechnung des abzugsfähigen Aufwands für Organträger GmbH und Organgesellschaft GmbH. Danach wären bei der Organträger GmbH Zinsaufwendungen iHv 1,8 Mio EUR (= 4,5 Mio EUR − 2,7 Mio, dh 30 % von 9 Mio) und bei der Organgesellschaft GmbH iHv 8,1 Mio EUR (= 9 Mio EUR − 0,9 Mio EUR, dh 30 % von 3 Mio) nicht abzugsfähig. Für die abzugsfähigen Zinsen ist § 8 Nr 1 lit a GewStG anwendbar. Entsprechendes gilt für die Anwendung des § 9 Nr 2a S 3 und § 9 Nr 7 S 2 GewStG.

Einstweilen frei.

VII. Freigrenze. Gem § 4h II S 1 lit a EStG ist § 4h I S 1 EStG nicht anzuwenden, wenn der negative Zinssaldo weniger als 3 Mio EUR beträgt. In der Folge sind die Zinsaufwendungen des Betriebs in voller Höhe ohne Abzugsbeschränkung abzugsfähig. Übersteigen die Zinsaufwendungen die Zinserträge nicht, ist § 4h II S 1 lit a EStG nicht einschlägig.[1]

Betroffene Unternehmensgrößen. Bei einem unterstellten Zinssatz von 5 % würde bis zu einem Finanzierungsvolumen von unter 60 Mio EUR die Zinsschranke nicht eingreifen. Dies führt dazu, dass mittelständische Unternehmen in der Praxis regelmäßig nicht von der Zinsschranke betroffen sind.

Betriebsbezogenheit. Die Freigrenze des § 4h II S 1 lit a EStG wird für jeden Betrieb gesondert angewendet.[2] Dies kann dazu verleiten, die Anzahl der Betriebe (zB durch Begründung von Mitunternehmerschaften oder Beendigung von Organschaften) zu vermehren, um die Freigrenze mehrfach zu nutzen.

Ausländische Körperschaften. Da ausländische Körperschaften mehrere Betriebe haben können (vgl Rn 82 ff), kommt für sie die Nutzung der Freigrenze für jeden Betrieb in Betracht. Dies gilt auch für beschränkt steuerpflichtige Kapitalgesellschaften mit Überschusseinkünften, soweit mehrere quasi-Betriebe vorliegen (vgl Rn 84). Auch beschränkt steuerpflichtige Körperschaften mit fingierten gewerblichen

---

1 Rödder, DStR 2010, 529, 530.
2 BMF v 4.7.2008, BStBl I 2008, 718, Rn 56.

Grundstückseinkünften iSd § 49 I Nr 2 lit f S 2 EStG können mehrere Betriebe iSd Zinsschranke unterhalten und damit die Freigrenze mehrfach in Anspruch nehmen (vgl Rn 86).

164 **Organschaft.** Da Organträger und Organgesellschaften gem § 15 S 1 Nr 3 S 2 als ein Betrieb gelten, wird für den Organkreis die Freigrenze nur einmal gewährt.[1]

165 **Wirtschaftsjahrbezogenheit.** Die Freigrenze ist bezogen auf das jeweilige WJ anzuwenden. Enden in einem Kalenderjahr zwei WJ, kommt die Freigrenze zweimal zur Anwendung.[2]

166 **Zinsvortrag und Zinsvortragsfalle.** Nach Auffassung der Finanzverwaltung sind für die Anwendung des § 4h II S 1 lit a EStG die Zinsaufwendungen um einen etwaigen Zinsvortrag zu erhöhen.[3] Dieser Zinsbegriff kann aus § 4h III S 2 iVm I S 6 Hs 1 EStG hergeleitet werden. Wie in Rn 101 erwähnt, ergibt sich daraus ein unterschiedlicher Zinsbegriff iRd Zinsschrankenregelung. Die Folgewirkung dieser Auffassung besteht in einer „Zinsvortragsfalle", weshalb die Auffassung der Finanzverwaltung umstritten ist.[4] Hat der Betrieb erst einmal die 3-Mio-Euro-Grenze erreicht, kann ein Unterschreiten der Freigrenze nur noch durch einen positiven Zinssaldo in einem Folgejahr erreicht werden. Überdies wird der Zinsvortrag dann „lästig", wenn ohne ihn die laufenden Zinsaufwendungen die Freigrenze unterschreiten. Dies kann Steuerpflichtige dazu zwingen, den Zinsvortrag mutwillig untergehen zu lassen oder durch Gestaltungsmaßnahmen den Betrieb von dem Zinsvortrag zu separieren.

167-168 *Einstweilen frei.*

169 **VIII. Konzernlose Betriebe. 1. Keine oder anteilmäßige Konzernzugehörigkeit. Grundsatz.** Die Zinsschranke findet gem § 4h II S 1 lit b EStG keine Anwendung, wenn

- der Betrieb nicht (vgl Rn 171) oder
- nur anteilmäßig zu einem Konzern gehört (vgl Rn 172).

Diese Ausnahmeregelung findet bei Körperschaften jedoch keine Anwendung, wenn eine schädliche Gesellschafterfremdfinanzierung nach § 8a II vorliegt (dazu Rn 175 ff). Hat eine, einer Körperschaft nachgeordnete, Mitunternehmerschaft in schädlichem Umfang eine Gesellschafterfremdfinanzierung aufgenommen, findet die Ausnahmeregelung ebenfalls keine Anwendung (vgl Rn 266 ff). In diesen Fällen ist der Zinsabzug bei Überschreiten der Freigrenze gem der Grundregel wieder auf 30 % des steuerlichen EBITDA begrenzt.

170 **Konzernbegriff.** Ein Konzern setzt zwingend die Existenz mehrerer Betriebe voraus, die in einem Konzern verbunden sind. Zu weiteren Einzelheiten des Konzernbegriffs der Zinsschranke vgl Rn 286 ff.

---

1 BTDrs 16/4841, 77.
2 BMF v 4.7.2008, BStBl I 2008, 718, Rn 58.
3 BMF v 4.7.2008, BStBl I 2008, 718, Rn 46.
4 *Förster* in Gosch Exkurs § 4h EStG Rn 64; *Blumenberg/Lechner* in Blumenberg/Benz, UntStRef 2008, S 133 f; kritisch auch *Köhler/Hahne*, DStR 2008, 1505, 1512.

VIII. Konzernlose Betriebe

Nicht konzernzugehöriger Betrieb. Nicht zu einem Konzern gehörige Betriebe liegen insbesondere in folgenden Fällen vor: 171

- Eine im Streubesitz befindliche Gesellschaft oder ein Einzelunternehmen, welche keine weiteren Beteiligungen halten.[1]
- Eine im Streubesitz befindliche Gesellschaft oder ein Einzelunternehmen, welche ausschließlich über in- und ausländische Betriebsstätten verfügt.[2]
- Mehrere Kapitalgesellschaften, welche iRe Organschaft zu einem Betrieb zusammengeschlossen sind, wenn sich der Organträger im Streubesitz befindet (vgl auch § 15 Rn 215).[3]

Diese Fälle werden in international aufgestellten Unternehmensgruppen jedoch die Ausnahme sein.

Anteilmäßig zu einem Konzern gehörige Betriebe. Der Begriff „anteilmäßig zu einem Konzern gehörige Betriebe" bezieht sich auf die Konsolidierungstechniken der Konzernrechnungslegung. Danach kommen neben der Vollkonsolidierung, die quotale Konsolidierung und die Konsolidierung nach der Equity-Methode in Betracht. Da ein Betrieb nach hM nur dann zu einem Konzern gehört, wenn er voll konsolidiert wird (vgl Rn 311), sind Betriebe, die lediglich quotal oder nach der Equity-Methode konsolidiert werden, als anteilmäßig zu einem Konzern gehörige Betriebe anzusehen.[4] Dies sind insbesondere unter gemeinschaftlicher Leitung geführte Unternehmen (Gemeinschaftsunternehmen bzw Joint Ventures) und sog assoziierte Unternehmen. Während Gemeinschaftsunternehmen bei keinem Mutterunternehmen voll konsolidiert werden können, da kein Gesellschafter allein die Kontrolle ausübt,[5] kommt dies für assoziierte Unternehmen sehr wohl in Betracht, da diese bereits ab einer Beteiligungsquote von 20% vorliegen können und nur einen maßgeblichen Einfluss, aber keinen beherrschenden Einfluss voraussetzen (§ 311 I S 2 HGB und IAS 28.6). Damit kann eine Gesellschaft zugleich assoziiertes Unternehmen aus der Sicht des einen Gesellschafters und Tochterunternehmen aus der Sicht eines anderen Gesellschafters (= Mutterunternehmen) sein. Mit anderen Worten gehört ein assoziiertes Unternehmen nicht per se zu keinem Konzern, sondern dies hängt davon ab, ob ein Gesellschafter einen beherrschenden Einfluss hat.[6] 172

Beispiel

Die Y Inc ist zu 20% an der X GmbH beteiligt. Die übrigen 80% der Anteile hält die Z AG.

Die X GmbH gehört zu dem Konzern der Z AG. Der Minderheitsanteil der Y Inc ist im Konzernabschluss der Z AG gem IAS 27.33 getrennt vom EK der Z AG auszuweisen.

§ 8a

---

1 BTDrs 16/4841, 48.
2 BMF v 4.7.2008, BStBl I 2008, 718, Rn 64.
3 BMF v 4.7.2008, BStBl I 2008, 718, Rn 65.
4 BMF v 4.7.2008, BStBl I 2008, 718, Rn 61; *Ganssauge/Mattern*, DStR 2008, 213, 215; zu Einzelheiten auch *Stangl/Rödder*, DB 2008, 200.
5 Anders der Gesetzgeber, der offenbar irrtümlicherweise davon ausgeht, dass Gemeinschaftsunternehmen von einem einzelnen Rechtsträger beherrscht werden können, vgl BTDrs 16/4841, 50; dies hat zu einiger Verwirrung in der Literatur geführt, *Heintges/Kamphaus/Loitz*, DB 2007, 1261, 1262.
6 Undifferenziert BMF v 4.7.2008, BStBl I 2008, 718, Rn 61.

173-174 *Einstweilen frei.*

175 **2. Rückausnahme bei schädlicher Gesellschafterfremdfinanzierung. a) Regelungsgehalt.** Nach § 8a II ist die Ausnahme für nicht konzernzugehörige Betriebe gem § 4h II S 1 lit b EStG nur anwendbar, wenn

- die Vergütungen für Fremdkapital (vgl Rn 192 ff)
- an einen zu mehr als einem Viertel unmittelbar oder mittelbar am Grund- oder Stammkapital beteiligten Anteilseigner (vgl Rn 217 ff),
- eine diesem nahestehende Person (vgl Rn 234 ff) oder
- einen Dritten, der auf den zu mehr als einem Viertel am Grund- oder Stammkapital beteiligten Anteilseigner oder eine diesem nahestehende Person zurückgreifen kann (vgl Rn 246 ff),
- nicht mehr als 10 % der die Zinserträge übersteigenden Zinsaufwendungen (dh des negativen Zinssaldos) der Körperschaft betragen (vgl Rn 206 ff) und
- die Körperschaft dies nachweist (vgl Rn 264).

Im Ergebnis findet die Zinsschranke somit wie die Vorgängervorschrift des § 8a aF immer dann Anwendung, wenn eine schädliche Gesellschafterfremdfinanzierung vorliegt.

176 **Zielsetzung.** Die Regelung soll Finanzierungsgestaltungen zwischen einer Körperschaft und ihrem Anteilseigner verhindern.[1] Andernfalls könnte der nicht unternehmerisch tätige Gesellschafter durch Fremdfinanzierung der Körperschaft Gewinne auf die Gesellschafterebene verlagern, wo diese der Abgeltungsteuer oder sofern der Gesellschafter im Ausland ansässig ist, einer (niedrigen) Besteuerung im Ausland unterliegen.

177 **Kritik.** Die Regelung des § 8a II zur schädlichen Gesellschafterfremdfinanzierung ist problematisch, da eine Bruttogröße (Fremdkapitalvergütungen) einer Nettogröße (Zinssaldo) gegenübergestellt wird. Der Zinssaldo ist dabei umso geringer je höher die Zinserträge ausfallen. Dies führt dazu, dass bei hohen Zinserträgen die 10 %-Schädlichkeitsgrenze schneller erreicht wird. Damit schafft die Regelung Anreize zur Vermeidung von Zinserträgen und konterkariert im Ergebnis die gesetzgeberische Zielsetzung. Ein Vergleich von Bruttogrößen (Verhältnis Gesellschafterzinsaufwand zu den gesamten Zinsaufwendungen) hätte näher gelegen;[2] zumindestens wäre es gerechtfertigt, die Zinserträge aus Gesellschafterforderungen bei der schädlichen Fremdfinanzierung mindernd zu berücksichtigen. Weiterhin fügt sich § 8a II systematisch nicht in die Zinsschranke ein, da die Regelung an die Gesellschafterfremdfinanzierung einer Körperschaft anknüpft, die Zinsschranke jedoch für den Betrieb greift. Stimmen die Zinsaufwendungen des Rechtsträgers nicht mit denen des Betriebs überein, ergeben sich erhebliche Auslegungsprobleme und damit verbundene Rechtsunsicherheiten (vgl für Mitunternehmerschaften Rn 200 und 279

---

1 BTDrs 16/4841, 75.
2 *Schaden/Käshammer*, BB 2007, 2259, 2261; *Möhlenbrock/Pung* in D/J/P/W § 8a Rn 102.

sowie für Organschaften Rn 188, 201, 214 und 230). Die in diesen Fällen gebotene betriebsbezogene Betrachtungsweise hätte deutlich im Gesetzeswortlaut verankert werden sollen.

Einstweilen frei. 178

b) Persönlicher Anwendungsbereich. Körperschaften. § 8a II ist nach seinem Wortlaut grundsätzlich auf alle der Zinsschranke unterliegenden Körperschaften (vgl Rn 54 f) anwendbar. Denn die Vorschrift stellt auf eine schädliche Fremdfinanzierung einer Körperschaft ab („10 % der…Zinsaufwendungen der Körperschaft"). Dh für alle diese Körperschaften darf im Grundsatz keine schädliche Gesellschafterfremdfinanzierung vorliegen, um in den Anwendungsbereich des § 4h II S 1 lit b EStG zu gelangen. 179

Wesentlich am Grund- oder Stammkapital beteiligter Anteilseigner. Der persönliche Anwendungsbereich wird tatbestandlich jedoch eingeschränkt, da eine schädliche Fremdfinanzierung iSd § 8a II einen wesentlich am Grund- oder Stammkapital beteiligten Anteilseigner voraussetzt. Die verwendete Terminologie erinnert stark an § 8a aF, der jedoch ausschließlich auf Kapitalgesellschaften Anwendung fand. Die Begriffe „Anteilseigner" und „Grund- oder Stammkapital" sind nicht für alle der Zinsschranke unterliegenden Körperschaften passend, so dass sich Zweifelsfragen hinsichtlich des persönlichen Anwendungsbereiches ergeben. 180

Kapitalgesellschaften. Kapitalgesellschaften (AG, KGaA und GmbH) haben sowohl Anteilseigner als auch ein Grund- oder Stammkapital und unterliegen daher unzweifelhaft dem § 8a II. 181

Genossenschaften. Auch Genossen einer Genossenschaft sind als Anteilseigner anzusehen, da sie ein Mitgliedschaftsrecht haben und am Gewinn und Vermögen der Genossenschaft partizipieren. Allerdings hat eine Genossenschaft kein Grund- oder Stammkapital sondern Geschäftsguthaben bzw ein Genossenschaftskapital. Daher ließe sich vertreten, Genossenschaften aus dem persönlichen Anwendungsbereich der Regelung auszunehmen.[1] Dagegen spricht jedoch, dass § 8a gegenüber dem § 8a aF einen deutlich weiteren Anwendungsbereich hat und Finanzierungsgestaltungen iSd Zielsetzung des § 8a II bei Genossenschaften aufgrund der mitgliedschaftlichen Einflussnahmemöglichkeit der Genossen unterbunden werden sollen. Diese den Wortlaut einschränkende Auslegung erscheint daher vorzugswürdig. Zur Prüfung der Wesentlichkeitsgrenze vgl Rn 218. 182

Vereine. Vereine fallen nicht unter § 8a II, da Vereinsmitglieder trotz ihres Mitgliedschaftsrechtes nicht als Anteilseigner iSd Vorschrift angesehen werden können. Denn das Mitgliedschaftsrecht vermittelt keine Teilhabe am Gewinn und Vermögen und die Einflussnahmemöglichkeit ist begrenzt.[2] Damit findet die Zinsschranke ungeachtet einer Fremdfinanzierung durch die Vereinsmitglieder auf Vereine keine Anwendung. 183

---

1 *Schaden/Käshammer*, BB 2007, 2259, 2260; *Frotscher* in Frotscher/Maas § 8a Rn 97; aA *Möhlenbrock/Pung* in D/J/P/W § 8a Rn 106; *Förster* in Breithecker/Förster/Förster/Klapdor, UntStRefG, § 8a Rn 30 und in Gosch § 8a Rn 36.
2 *Förster* in Breithecker/Förster/Förster/Klapdor, UntStRefG, § 8a Rn 31 und in Gosch § 8a Rn 38; *Dörfler* in Erle/Sauter § 8a Rn 43; *Prinz* in H/H/R Jahresbd 2006-2008 § 8a Rn J 07-12.

184 **Stiftungen.** Weiterhin scheidet eine Anwendung der Vorschrift bei Stiftungen mangels einer mitgliedschaftsrechtlichen Beteiligung aus.[1] Dh auch bei Stiftungen greift die Zinsschranke im Ergebnis nicht ein. Eine schädliche Gesellschafterfremdfinanzierung ist nicht zu prüfen.

185 **Beschränkt steuerpflichtige Körperschaften.** § 8a II findet ebenfalls auf beschränkt steuerpflichtige Körperschaften, welche einen inländischen Betrieb unterhalten, Anwendung. Zur Bestimmung der Wesentlichkeitsgrenze vgl Rn 219.

186 **BgA.** BgA von Körperschaften öffentlichen Rechts unterliegen § 8a II, da sie für Zwecke der Gewinnermittlung wie ein selbständiges Steuerrechtssubjekt behandelt werden. Diese Fiktion führt nach ständiger Rechtsprechung dazu, dass der BgA wie eine Kapitalgesellschaft und die Trägerkörperschaft wie deren Gesellschafter behandelt wird, so dass (interne) Vereinbarungen zwischen der Trägerkörperschaft und ihrem BgA bei der Gewinnermittlung grundsätzlich zu beachten sind.[2] Diese Fiktion ist auch iRd § 8a II zu beachten, so dass bei einem BgA eine schädliche Gesellschafterfremdfinanzierung durch die Trägerkörperschaft vorliegen kann.[3] Zu Ausnahmefällen bei Rückgriffsfällen vgl Rn 258.

187 **Sparkassen und Landesbanken.** Sparkassen und Landesbanken sind Anstalten des öffentlichen Rechts und unterliegen grundsätzlich den Regelungen des § 8a I. Jedoch wurden diese iRd § 8a aF nicht als nahestehende Personen der Trägerkörperschaft angesehen, so dass Verbindlichkeiten einer Kapitalgesellschaft, welche durch dieselbe Trägerkörperschaft gehalten wurden, gegenüber einer Sparkasse als Drittverbindlichkeiten zu behandeln waren.[4] Fraglich ist, ob die Trägerkörperschaft für Zwecke der Zinsschranke wesentlich beteiligter Anteilseigner der Sparkasse oder Landesbank sein kann. Dafür könnte bereits die Regelung in § 34 VIa S 4 sprechen, nach der die (auslaufende) Gewährträgerhaftung der Trägerkörperschaft keine schädliche Rückgriffsmöglichkeit begründet, und die andernfalls nur einen Anwendungsbereich für die Gewährträgerhaftung für BgA hätte. Weiterhin hat der BFH die Beziehung zwischen Gewährträger und der Sparkasse mit dem Verhältnis zwischen einer Kapitalgesellschaft und ihren Gesellschaftern verglichen und dementsprechend eine vGA bejaht.[5] Ob die Finanzverwaltung daher eine Anwendung von § 8a II auf Sparkassen und Landesbanken verneinen wird, erscheint zumindest unklar.

188 **Organschaft.** Bei einem Organträger in der Rechtsform einer Körperschaft findet § 8a II unter den in Rn 179 ff genannten Einschränkungen Anwendung (dh bei Kapitalgesellschaften, Genossenschaften und BgAs). Fraglich ist, ob § 8a II bezogen auf die Organgesellschaft greift. Da Organträger und -gesellschaft gem § 15 S 1 Nr 3 S

---

1 *Förster* in Breithecker/Förster/Förster/Klapdor, UntStRefG, § 8a Rn 31 und in Gosch § 8a Rn 38; *Frotscher* in Frotscher/Maas § 8a Rn 91; *Prinz* in H/H/R Jahresbd 2006-2008 § 8a Rn J 07-12.
2 BFH I R 61/91, BStBl II 1993, 459; BFH I R 108-109/95, BStBl II 1997, 230; BFH I R 20/01, BStBl II 2003, 412.
3 *Förster* in Breithecker/Förster/Förster/Klapdor, UntStRefG, § 8a Rn 30 und in Gosch, § 8a Rn 37; *Dörfler* in Erle/Sauter § 8a Rn 43; aA *Frotscher* in Frotscher/Maas § 8a Rn 91; *Prinz* in H/H/R Jahresbd 2006-2008 § 8a Rn J 07-12.
4 OFD Hannover v 26.5.2005, DStR 2005, 1230; Kurzinformation OFD Chemnitz v 5.1.2005, DB 2005, 698.
5 BFH I R 94/71, BStBl II 1974, 586.

VIII. Konzernlose Betriebe

2 einen Betrieb iSd Zinsschranke darstellen, ergibt sich die Frage, ob das Vorliegen einer schädlichen Gesellschafterfremdfinanzierung für die Organgesellschaft eigenständig zu prüfen ist oder ausschließlich auf Ebene des Organträgers für den gesamten Organkreis bestimmt wird (betriebsbezogene vs rechtsträgerbezogene Betrachtung). Der Gesetzeswortlaut spricht für eine rechtsträgerbezogene Anwendung des § 8a II bei der Organgesellschaft. § 15 S 1 Nr 3 S 1 steht dem nicht entgegen, da dieser lediglich die Anwendung des § 4h EStG iVm § 8a I bei der Organgesellschaft ausschließt, nicht aber § 8a II. Allerdings läuft die Rechtsfolge des § 8a II auf Ebene der Organgesellschaft mangels Anwendung des § 4h II S 1 lit b EStG ins Leere. Es ergeben sich darüber hinaus Folgefragen aus einer rechtsträgerbezogenen Anwendung in Bezug auf die Durchführung der Vergleichsrechnung (vgl Rn 201). Systematisch erscheint daher eine betriebsbezogene Anwendung des § 8a II auf den Organkreis insgesamt sachgerecht.[1] Dies scheint auch der gesetzgeberischen Zielsetzung zu entsprechen.[2] § 8a II greift jedoch im Ergebnis nicht, wenn der Organträger selbst keine dem § 8a II unterliegende Körperschaft ist, dh ein Einzelunternehmen oder eine (nicht nachgeordnete) Mitunternehmerschaft.[3]

Beispiel

An der AB OHG sind zu jeweils 50 % die natürlichen Personen A und B beteiligt. Die AB OHG ist Organträger der X GmbH, an der sie sämtliche Anteile im Gesamthandsvermögen hält. A hat der X GmbH ein Darlehen gewährt.

Die Anwendung des § 8a II ist auf Ebene der X GmbH unbeachtlich, da § 4h EStG gem § 15 S 1 Nr 3 S 1 keine Anwendung findet. Die AB OHG unterliegt als Organträgerin nicht dem § 8a II. Mangels einer dem § 15 S 1 Nr 2 entsprechenden Regelung zur Anwendung des § 8a II auf Ebene des Organträgers (Bruttomethode), kann das von A gewährte Darlehen somit keine schädliche Gesellschafterfremdfinanzierung iSv § 8a II darstellen.

Mitunternehmerschaften. Vgl Rn 266.	189
Einstweilen frei.	190-191
c) Vergütungen für Fremdkapital (Vergleichsgröße 1). Vergleichsmaßstab. Die Vergütungen für Fremdkapital dürfen nicht mehr als 10 % der die Zinserträge übersteigenden Zinsaufwendungen der Körperschaft iSd § 4h III EStG betragen. Zur Berechnung der 10 %-Grenze sind damit zwei Vergleichsgrößen ins Verhältnis zu setzen:	192

- Vergleichsgröße 1 stellen die Vergütungen für Fremdkapital dar
- Vergleichsgröße 2 ist der Zinssaldo aus Zinsaufwendungen und Zinserträgen (vgl Rn 206 ff).

Begriff der Vergütungen für Fremdkapital. Der Begriff der Vergütungen für Fremdkapital iSd Vergleichsgröße 1 stimmt mit dem des § 4h III S 2 EStG überein.[4] Da der Begriff des Fremdkapitals nach deutschem Steuerrecht zu bestimmen 193

---

1 *Stangl/Hageböke* in Schaumburg/Rödder, UntStRef 2008, S 512.
2 BTDrs 16/4841, 77.
3 Ebenso *Förster* in Gosch § 8a, Rn 79; *Herzig/Liekenbrock*, DB 2007, 2387, 2390.
4 *Möhlenbrock/Pung* in D/J/P/W § 8a Rn 103.

ist, müssen die Vergütungen dem Grunde nach als abzugsfähige Betriebsausgaben qualifizieren, dh Vergütungen für beteiligungsähnliche Genussrechte können bspw keine schädliche Gesellschafterfremdfinanzierung auslösen. IÜ kann für den Begriff der Fremdkapitalvergütungen auf Rn 113 ff verwiesen werden.

194 **Keine Minderung des maßgeblichen Einkommens.** In Abgrenzung zu § 4h I EStG verwendet § 8a II nicht den Begriff Zinsaufwendungen, was die Frage aufwirft, ob die Vergütungen das maßgebliche Einkommen gemindert haben müssen. In der Gesetzesbegründung wird zwar der Begriff Zinsaufwendungen verwendet,[1] dies hat indes keinen Eingang in den Gesetzeswortlaut gefunden. Da im Hinblick auf § 8a III auch die Fremdfinanzierung nicht im Inland steuerpflichtiger Rechtsträger schädlich sein kann, kommt es bei gleichmäßiger Auslegung des Begriffs Vergütungen für Fremdkapital nicht darauf an, ob sich die Zinsaufwendungen auf das maßgebliche Einkommen ausgewirkt haben.[2] Dies führt zu dem problematischen Ergebnis, dass Zinsaufwendungen, die einer ausländischen Freistellungsbetriebsstätte eines unbeschränkt Steuerpflichtigen zuzuordnen sind, in die Berechnung der Schädlichkeitsgrenze einbezogen werden, obwohl deren Ergebnis im Inland nicht der Besteuerung unterliegt. Bei beschränkt steuerpflichtigen Körperschaften sind entsprechend auch Zinsaufwendungen, die nicht der inländischen Betriebsstätte zuzuordnen sind, einzubeziehen.

195 **VGA und verdeckte Einlage.** Zinsen, welche in vGA oder verdeckte Einlagen umzuqualifizieren sind, stellen keine Vergütungen für Fremdkapital iSd § 8a II dar, weil die Regelung der vGA bzw vE insoweit vorrangig sind (vgl Rn 15 und 143 Stichwort „VGA").

196 **Auf- und Abzinsungsbeträge.** Aufgrund der Verwendung des Begriffs Vergütungen für Fremdkapital gehen Auf- oder Abzinsungsbeträge nicht in die Vergleichsgröße 1 iSd § 8a II ein. Der Begriff der Fremdkapitalvergütungen schließt anders als der Begriff der Zinsaufwendungen Auf- und Abzinsungsbeträge iSd § 4h III S 4 EStG nicht ein.[3] Eine über den Wortlaut hinausgehende Ausweitung des Begriffs der Fremdkapitalvergütungen erscheint nicht möglich, zumal nach dem Gesetzeswortlaut die Vergütungen an den Anteilseigner geleistet werden müssen.[4] Damit werden bspw zinslose Gesellschafterdarlehen nicht in die Prüfung des Umfangs der schädlichen Gesellschafterfremdfinanzierung einbezogen.

197 **Zinsvortrag.** Ein Zinsvortrag erhöht die Fremdkapitalvergütungen iSd § 8a II nicht. Dies gilt selbst dann, wenn in dem Zinsvortrag Zinsaufwendungen für schädliche Gesellschafterfremdfinanzierungen aus Vorjahren enthalten sein sollten. Die Fremdkapitalvergütungen für schädliche Gesellschafterfremdfinanzierungen werden sachlich richtig nur einmalig in dem WJ berücksichtigt, in dem sie angefallen sind.[5]

---

1 BTDrs 16/4841, 74.
2 BMF v 4.7.2008, BStBl I 2008, 718, Rn 82; *Möhlenbrock/Pung* in D/J/P/W § 8a Rn 102; aA *Förster* in Gosch Exkurs § 4h EStG Rn 49; *Prinz* in H/H/R Jahrsbd 2006-2008 § 8a Rn J 07-13; *Goebel/Eilinghoff*, DStZ 2010, 515, 517; *Frotscher* in Frotscher/Maas § 8a Rn 92.
3 *Stangl/Hageböke* in Schaumburg/Rödder, UntStRef 2008, S 505; *Schaden/Käshammer*, BB 2007, 2259, 2261; *Förster* in Gosch § 8a Rn 50; *Töben/Fischer*, Ubg 2008, 149, 158; aA *Möhlenbrock/Pung* in D/J/P/W § 8a Rn 103.
4 Ebenso *Frotscher* in Frotscher/Maas § 8a Rn 94.
5 *Möhlenbrock/Pung* in D/J/P/W § 8a Rn 119; *Förster* in Gosch § 8a Rn 50; aA *Schaden/Käshammer*, BB 2007, 2259, 2262.

VIII. Konzernlose Betriebe

Wirtschaftsjahrbezogene Betrachtung. Die Vergütungen für Fremdkapital sind für das WJ zu ermitteln. Enden zwei WJ in einem VZ ist die 10%-Grenze für jedes WJ gesondert zu prüfen. In den Fällen des § 8a I S 4 sind die Vergütungen bezogen auf das Kalenderjahr zu ermitteln.[1]   198

Vergütungen der Körperschaft. § 8a II stellt bei der Ermittlung der Vergleichsgröße 1 nach dem Gesetzeswortlaut auf die Vergütungen der Körperschaft und nicht des Betriebs ab.[2] Für Kapitalgesellschaften, die nur einen Betrieb haben, stimmen die Vergütungen der Körperschaft mit denen des Betriebs überein. Die rechtsträgerbezogene Betrachtungsweise führt auch zu zutreffenden Ergebnissen, sofern die Körperschaft über mehrere Betriebe verfügt, so dass die Vergütungen in diesem Fall zusammenzufassen sind. Schwierige Abgrenzungsfragen hinsichtlich der Bestimmung der Vergleichsgröße 1 ergeben sich jedoch, wenn die Zinsaufwendungen der Körperschaft für Zinsschrankenzwecke einem anderen Betrieb zuzuordnen sind (wie zB bei Sonderbetriebsausgaben vgl folgende Rn 200 und Rn 279) oder mehrere Rechtsträger einen Betrieb bilden, dh im Falle der Organschaft (vgl dazu Rn 201). Zur Kritik vgl Rn 177.   199

Sonderbetriebsschulden. Hat die Körperschaft Fremdkapital zur Finanzierung ihres Anteils an einer Mitunternehmerschaft aufgenommen, stellen diese Fremdkapitalvergütungen iSd § 8a II bei der der Körperschaft nachgeordneten Mitunternehmerschaft dar. Eine betriebsbezogene Betrachtungsweise erscheint in diesem Fall sachgerecht. Zu Einzelheiten wird auf Rn 279 verwiesen.   200

Vergütungen bei Organschaft. Bei einer Organschaft ist nicht eindeutig, ob hinsichtlich der Bestimmung der Vergleichsgröße 1 eine betriebsbezogene oder eine rechtsträgerbezogene Betrachtung greift. Auch wenn der Wortlaut eine rechtsträgerbezogene Betrachtung nahelegt, erscheint es geboten eine betriebsbezogene Betrachtung anzuwenden, um sinnwidrige Ergebnisse zu vermeiden. Bei einer rechtsträgerbezogenen Betrachtung wären nämlich Vergütungen des Organträgers oder einer Organgesellschaft an andere Mitglieder des Organkreises als Fremdkapitalvergütungen iSd § 8a II einzubeziehen, obwohl diese für Zinsschrankenzwecke nicht zu Zinserträgen oder -aufwendungen führen. Überdies könnten schädliche Fremdkapitalvergütungen der Organgesellschaften bei rechtsträgerbezogener Betrachtung nicht die Rechtsfolgen des § 8a II auslösen, da auf Ebene der Organgesellschaft § 4h II S 1 lit b EStG ohnehin keine Anwendung findet. Eine Zurechnung der schädlichen Fremdkapitalvergütungen der Organgesellschaft zum Organträger über § 15 S 1 Nr 3 S 3 würde auch ausscheiden, da dieser lediglich die Zinsaufwendungen iSd § 4h III EStG für Zwecke der Anwendung des § 4h I EStG dem Organträger zurechnet.[3] Bei einer zutreffenden betriebsbezogenen Betrachtung bleiben Kapitalüberlassungen innerhalb des Organkreises dagegen iRd Ermittlung der Vergleichsgrößen außer Acht.   201

---

1 *Dörfler* in Erle/Sauter § 8a Rn 77.
2 *Möhlenbrock/Pung* in D/J/P/W § 8a Rn 106; Zweifelnd *Stangl/Hageböke* in Schaumburg/Rödder, UntStRef 2008, S 499; aA für den Organschaftsfall *Dörfler* in Erle/Sauter § 8a Rn 78.
3 *Herzig/Liekenbrock*, DB 2007, 2387, 2390; *Dörfler* in Erle/Sauter § 8a Rn 78.

weil Organträger und Organgesellschaften einen Betrieb bilden.[1] Aus diesem Grund sollten auch bei der Ermittlung der Vergleichsgröße 1 die Fremdkapitalvergütungen an denselben wesentlich beteiligten Anteilseigner usw zusammengerechnet werden. Fremdkapitalvergütungen an unterschiedliche wesentlich beteiligte Anteilseigner usw sind jedoch wie in Nicht-Organschaftsfällen getrennt der Vergleichsrechnung zu unterwerfen (vgl Rn 202).[2] Für die vorgenannte Auslegung spricht weiterhin die Gesetzesbegründung, wonach Zinserträge und -aufwendungen des Organkreises zu saldieren sind.[3]

Beispiel

Die nicht konzernzugehörige Organträgerin ist zu 100 % an einer Organgesellschaft beteiligt, mit der eine Organschaft besteht. Die Organträgerin hat der Organgesellschaft ein Darlehen gewährt, aus dem Zinszahlungen iHv 3 Mio EUR resultieren. Der an der Organträgerin wesentlich beteiligte Gesellschafter A gewährt der Organträgerin ein Darlehen, welches zu Zinsaufwendungen iHv 1 Mio EUR führt. Weiterhin gewährt A der Organgesellschaft ein Darlehen, aus dem Zinsaufwendungen iHv 1 Mio EUR resultieren. Der an Organträgerin ebenfalls wesentlich beteiligte B hat für ein Bankdarlehen der Organgesellschaft eine Bürgschaft abgegeben. Die Zinsaufwendungen aus diesem Darlehen betragen 2 Mio EUR. Der negative Zinssaldo des Organkreises beträgt 25 Mio EUR.

Die schädliche Fremdfinanzierungsgrenze iSd § 8a II beträgt 2,5 Mio EUR (= 10 % von 25 Mio EUR). Die Zinsaufwendungen der Organgesellschaft an Organträgerin sind bei betriebsbezogener Betrachtung außer Acht zu lassen. Die Zinsaufwendungen der Organträgerin und der Organgesellschaft an den Gesellschafter A sind bei betriebsbezogener Betrachtung zusammenzufassen, unterschreiten aber mit 2 Mio EUR die 10%-Grenze. Die Zinsaufwendungen an die rückgriffsberechtigte Bank sind getrennt der Vergleichsrechnung zu unterwerfen[4] und unterschreiten ebenfalls die 10%-Grenze. Es liegt im Ergebnis keine schädliche Gesellschafterfremdfinanzierung vor.

Vergütungen an mehrere Personen iSd § 8a II. Werden Vergütungen sowohl an den wesentlich beteiligten Anteilseigner als auch diesem nahestehende Personen bzw Dritte, die auf die vorgenannten Personen zurückgreifen können, für die Überlassung von Fremdkapital geleistet, sind diese bei der Prüfung der Schädlichkeitsgrenze zusammenzufassen. Andernfalls wäre die Vorschrift leicht zu umgehen. Dies legt auch der Gesetzeswortlaut nahe, der die drei Personengruppen alternativ aufzählt. Allerdings sollte entgegen der Auffassung der Finanzverwaltung[5] für Fremdkapitalvergütungen an verschiedene wesentlich beteiligte Anteilseigner bzw diesen

---

1 Herzig/Liekenbrock, DB 2007, 2387, 2390; Möhlenbrock/Pung in D/J/P/W § 8a Rn 104; Dörfler in Erle/Sauter § 8a Rn 78.
2 Ebenfalls Herzig/Liekenbrock, DB 2007, 2387, 2390.
3 BTDrs 16/4841, 77.
4 AA BMF v 4.7.2008, BStBl I 2008, 718, Rn 82.
5 BMF v 4.7.2008, BStBl I 2008, 718, Rn 82; das Niedersächsische FG hat in seinem Beschluss 6 V 21/10, EFG 2010, 981 ernstliche Zweifel an der Rechtmäßigkeit der Auffassung der Finanzverwaltung geäußert.

jeweils nahestehende Personen oder Dritte, die auf diese Anteilseigner jeweils zurückgreifen können, eine getrennte Vergleichsrechnung angestellt werden.¹ Dies ergibt sich zum einen aus dem Wortlaut („an einen Anteilseigner") der Vorschrift und zum anderen aus dem Umstand, dass Beteiligungen von mehreren Anteilseignern für die Wesentlichkeitsgrenze ebenfalls nicht mehr zusammenzurechnen sind (vgl Rn 227).

Keine Berücksichtigung von Zinserträgen. In die Vergleichsgröße 1 finden Zinserträge der Körperschaft aus Forderungen gegen den wesentlich beteiligten Anteilseigner, nahestehende Personen oder rückgriffsberechtigte Dritte systemwidrig keinen Eingang.² Vgl zur Kritik Rn 177. 203

Einstweilen frei. 204-205

d) Zinssaldo (Vergleichsgröße 2). Begriff. Die Vergleichsgröße 2 sind die die Zinserträge übersteigenden Zinsaufwendungen der Körperschaft iSd § 4h III EStG (dh der Zinssaldo). Für die Bestimmung des Begriffs der Zinserträge und -aufwendungen kann daher auf § 4h III EStG zurückgegriffen werden (vgl Rn 113 ff und 144 ff). 206

Minderung des maßgeblichen Einkommens. Aus dem Verweis auf die Definition der Zinsaufwendungen gem § 4h III EStG folgt, dass für die Ermittlung der Vergleichsgröße 2 anders als bei der Vergleichsgröße 1 nur solche Zinsaufwendungen und -erträge einbezogen werden, die gem § 4h III S 2 EStG iVm § 8a I das maßgebliche Einkommen der Körperschaft gemindert haben.³ 207

Ausländische Betriebsstätten. Dies bedeutet, dass Zinsaufwendungen und -erträge einer ausländischen Freistellungsbetriebsstätte nicht in den Zinssaldo einbezogen werden, die Zinsaufwendungen aber gleichwohl in die Vergleichsgröße 1 eingehen, was dazu führt, dass die 10%-Grenze noch schneller überschritten wird. Nicht eindeutig ist, ob die Finanzverwaltung sowohl für Zwecke der Vergleichsgröße 1 als auch der Vergleichsgröße 2 Zinserträge bzw Zinsaufwendungen von ausländischen Betriebsstätten einbezieht, unabhängig davon, ob diese sich auf den inländischen oder ausländischen Gewinn des Rechtsträgers auswirken.⁴ 208

Auf- und Abzinsungsbeträge. Weiterhin gehen im Unterschied zur Vergleichsgröße 1 in die Vergleichsgröße 2 auch Beträge aus der Auf- und Abzinsung gem § 8a II iVm § 4h III S 4 EStG ein. 209

---

1 *Frotscher* in Frotscher/Maas § 8a Rn 92; *Stangl/Hageböke* in Schaumburg/Rödder, UntStRef 2008, S 499; *Goebel/Eilinghoff/Kim*, DStZ 2008, 630, 639; aA *Dörfler* in Erle/Sauter § 8a Rn 76; *Prinz* in H/H/R Jahresbd 2006-2008 § 8a Rn J 07-13; auch die alternativ benannten nahestehenden Personen und Dritte sind zwar lediglich im Singular benannt, sollten jedoch für jeden wesentlich beteiligten Anteilseigner zusammengefasst werden.
2 *Stangl/Hageböke* in Schaumburg/Rödder, UntStRef 2008, S 499.
3 *Förster* in Gosch § 8a Rn 49.
4 BMF v 4.7.2008, BStBl I 2008, 718, Rn 82; möglicherweise bezieht sich die Aussage ausschließlich auf Fremdfinanzierungen iSd § 8a III, da der Begriff Rechtsträger verwendet wird und nicht wie in § 8a II der Begriff Körperschaft. Unklar ist auch, ob es um die Vergleichsgröße 1 oder auch um die Vergleichsgröße 2 geht, da von Gesellschafterfremdfinanzierungen die Rede ist.

210	**Zinsvortrag.** Ein Zinsvortrag findet dagegen keine Berücksichtigung im Zinssaldo, da auf § 4h I S 6 EStG kein Bezug genommen wird.[1]
211	**Übersteigende Zinsaufwendungen.** Der Gesetzeswortlaut spricht von die Zinserträge übersteigenden Zinsaufwendungen. Fraglich ist, ob die Vorschrift auch anwendbar ist, wenn die Zinserträge die Zinsaufwendungen übersteigen (positiver Zinssaldo). Handelt es sich bei dem „Übersteigen" um ein Tatbestandsmerkmal spricht der Wortlaut gegen eine Anwendung des § 8a II in diesem Fall (dh es liegt keine schädliche Gesellschafterfremdfinanzierung vor). Zwar ist bei einem Überhang der Zinserträge über die Zinsaufwendungen regelmäßig die Begrenzung des Abzugs nach § 4h I S 1 EStG nicht einschlägig. Bedeutung erlangt diese Frage aber zB, wenn aufgrund eines Zinsvortrags die Zinsschranke zur Anwendung kommt, obwohl der Zinssaldo des laufenden Jahres positiv ist, denn der Zinsvortrag geht nicht in die Vergleichsgröße 2 ein.[2] Bejaht man die Anwendung des § 8a II in diesem Fall, würde jegliche Gesellschafterfremdfinanzierung schädlich sein. Dies erscheint nicht sachgerecht, zumal eine Gesellschafterfremdfinanzierung des laufenden Jahres gestalterisch mit aus den Vorjahren vorgetragenen Zinsen nicht in Zusammenhang steht. Andernfalls müsste man konsequenterweise den Zinsvortrag in die Vergleichsgröße 2 einbeziehen.
212	**Wirtschaftsjahrbezogene Betrachtung.** Der Zinsaldo ist ebenfalls je WJ zu ermitteln; vgl analog Rn 198.
213	**Zinssaldo der Körperschaft.** Zur Bestimmung des Zinssaldos der Körperschaft (insbesondere bei mehreren Betrieben); vgl analog Rn 199.
214	**Zinssaldo bei Organschaft.** Zur Bestimmung des Zinssaldos bei Organschaften vgl analog Rn 201.
215	**Zinssaldo bei Kapitalüberlassung gegenüber mehreren Personen.** Der Zinssaldo umfasst alle Zinsaufwendungen und -erträge unabhängig davon, ob diese von mehreren Schuldnern stammen oder gegenüber mehreren Gläubigern entstanden sind.
216	*Einstweilen frei.*
217	**e) Wesentlich beteiligter Anteilseigner. Beteiligung am Stamm- oder Grundkapital.** Der Gesetzeswortlaut des § 8a II bezeichnet als Grundfall des schädlichen Fremdkapitalgebers iRd Bestimmung der Vergleichsgröße 1 den zu mehr als 25 % am Stamm- oder Grundkapital beteiligten Anteilseigner. Dh eine exakt 25%ige Beteiligung ist nicht ausreichend. Entscheidend ist die Beteiligung am Stamm- oder Grundkapital, auf die Stimmrechte kommt es nicht an.[3]
218	**Genossenschaften.** Bei Genossenschaften ist auf die Summe der Geschäftsguthaben abzustellen.

---

1 *Förster* in Gosch § 8a Rn 50; *Dörfler* in Erle/Sauter § 8a Rn 77.
2 Geht man davon aus, dass der Begriff der Zinsaufwendungen und -erträge abweichend von § 4h III EStG auch solche umfasst, die den Gewinn nicht gemindert bzw erhöht haben, ist diese Frage ebenfalls relevant; vgl *Dörfler* in Erle/Sauter § 8a Rn 75.
3 *Förster* in Gosch Exkurs § 4h EStG Rn 41; *Stangl/Hageböke* in Schaumburg/Rödder, UntStRef 2008, S 495.

VIII. Konzernlose Betriebe

Ausländische Körperschaften. Für ausländische Körperschaften kann es im Einzelfall an einer Beteiligung am Grund- oder Stammkapital fehlen (zB nennwertlose Vorzugsaktien). Insoweit ist auf eine vergleichbare Größe abzustellen. 219

BgA. Bei BgA ist die Trägerkörperschaft als wesentlich beteiligter Anteilseigner anzusehen (vgl zur Anwendung des § 8a II auch Rn 186). 220

Sparkassen und Landesbanken. Gleiches gilt für Sparkassen und Landesbanken (vgl Rn 187). 221

Eigene Anteile. Eigene Anteile verringern das Stamm- oder Grundkapital.[1] 222

Wirtschaftliches Eigentum. Maßgeblich für die Ermittlung der Beteiligungsquote ist das wirtschaftliche Eigentum an den Anteilen.[2] 223

Rechtsform des Anteilseigners. Auf die Rechtsform des Anteilseigners kommt es nicht an, so dass natürliche oder juristische Personen, aber auch Personengesellschaften Anteilseigner iSd Vorschrift sein können.[3] 224

Mittelbare Beteiligungen. Anders als bei der Vorgängervorschrift des § 8a I aF sind für Zwecke des § 8a II auch (rein) mittelbare Beteiligungen für das Vorliegen einer wesentlichen Beteiligung ausreichend, ohne dass daneben eine unmittelbare Beteiligung bestehen muss.[4] Unbeachtlich ist, ob die mittelbare Beteiligung über eine Personen- oder Kapitalgesellschaft vermittelt wird.[5] Bei der Bestimmung des Überschreitens der Beteiligungsquote iHv 25 % ist bei mittelbar gehaltenen Beteiligungen auf die durchgerechnete Beteiligungsquote abzustellen, dh auf die Höhe der einzelnen, die mittelbare Beteiligung vermittelnden Beteiligungsquoten kommt es nicht an.[6] Beteiligungen, welche über Personengesellschaften gehalten werden, sind dem Gesellschafter entsprechend der Beteiligung am Kapital (idR Festkapital) zuzurechnen. Mehrere mittelbare Beteiligungen desselben Beteiligten sind zusammenzurechnen.[7] 225

Beispiel

An der Y-GmbH sind zu 40 % die X-GmbH und zu je 20 % A, B und C beteiligt. Die X-GmbH wird von Z-GmbH (20 %), Z-OHG (20 %), C (25 %) und D (35 %) gehalten. D und E sind an der Z-GmbH und der Z-OHG zu jeweils 50 % beteiligt.

An der Y-GmbH sind wesentlich beteiligte Anteilseigner iSd § 8a II: X-GmbH unmittelbar zu 40 %, C unmittelbar und mittelbar zu 30 % (20 % + [25 % x 40 %]) und D mittelbar zu 22 % ([35 % x 40 %] + [2 x 50 % x 20 % x 40 %]). Nicht wesentlich beteiligt sind dagegen A und B mit jeweils 20 %, Z-OHG und Z-GmbH mit jeweils 8 % (20 % x 40 %) und E mit 8 % (2 x 50 % x 20 % x 40 %).

---

1 BMF v 15.12.1994, BStBl I 1995, 25 (ber 176), Rn 10.
2 *Dörfler* in Erle/Sauter § 8a Rn 48.
3 *Frotscher* in Frotscher/Maas § 8a Rn 97.
4 BMF v 4.7.2008, BStBl I 2008, 718, Rn 81; aA *Stangl/Hageböke* in Schaumburg/Rödder, UntStRef 2008, S 495 unter Verweis auf BMF v 15.12.1994, BStBl I 1995, 25 (ber 176), Rn 8.
5 *Stangl/Hageböke* in Schaumburg/Rödder, UntStRef 2008, S 495.
6 *Frotscher* in Frotscher/Maas § 8a Rn 100; *Stangl/Hageböke* in Schaumburg/Rödder, UntStRef 2008, S 496.
7 *Frotscher* in Frotscher/Maas § 8a Rn 100.

226 **Zusammenrechnung unmittelbarer und mittelbarer Beteiligungen.** Unmittelbare und mittelbare Beteiligungen werden nach Verwaltungsauffassung zusammengerechnet.[1] Nach dem Wortlaut muss der Anteilseigner zu mehr als einem Viertel unmittelbar „oder" mittelbar beteiligt sein. Der Wortlaut schließt semantisch nicht aus, dass seine Bedingung bereits erfüllt ist, wenn der Anteilseigner sowohl unmittelbar als auch mittelbar beteiligt ist und beide Beteiligungen zusammen mehr als ein Viertel betragen. Diese Auslegung erscheint auch sinnvoll; denn wenn bereits ein rein mittelbar wesentlich beteiligter Anteilseigner unter § 8a II fällt und mehrere mittelbare Beteiligungen zusammengerechnet werden, muss gleiches für einen unmittelbar und mittelbar beteiligten Anteilseigner gelten.

227 **Zusammenrechnung mehrerer Beteiligter.** Die Beteiligungen mehrerer nicht wesentlich beteiligter Anteilseigner sind nicht zusammenzurechnen. Anders als bei § 8a III S 2 aF gilt dies auch für Fälle, in denen diese Anteilseigner eine Personenvereinigung bilden oder für Fälle gegenseitiger oder gemeinsamer Beherrschung.[2]

Beispiel

A, B, C und D sind jeweils mit 25 % am Stammkapital der X-GmbH beteiligt. A und B schließen sich zu einer GbR zur gemeinsamen Willensbildung zusammen, ohne dass die Anteile Vermögen der GbR werden. Keiner der Anteilseigner der X-GmbH ist als wesentlich beteiligter Anteilseigner iSd § 8a II anzusehen. Der Zusammenschluss von A und B in einer GbR zur gemeinsamen Willensbildung führt nicht zur Zusammenrechnung der Anteile von A und B.

228 **Stimmrechtsbindung.** Stimmrechtsbindungsverträge sind für die Frage der wesentlichen Beteiligung unbeachtlich, da es insoweit typisierend allein auf die Beteiligung am Kapital ankommt.[3] Gleiches gilt für eine abweichende Stimmrechtsverteilung oder Verfügung über die Stimmrechte.

229 **Unterjährige Änderung der Beteiligungsquote.** Ändern sich unterjährig die Beteiligungsverhältnisse an der Körperschaft, sind nur die Fremdkapitalvergütungen periodengerecht für den Zeitraum der wesentlichen Beteiligung einzubeziehen. Bei Einnahmen-Überschussrechnung kommt es darauf an, ob die wesentliche Beteiligung im Zeitpunkt des Abflusses der Fremdkapitalvergütungen bestand.[4] Dies gilt analog, wenn der Fremdkapitalgeber erst nachträglich Gesellschafter wird oder als wesentlich Beteiligter ausscheidet.[5]

230 **Organgesellschaft.** Fraglich ist, ob eine schädliche Fremdfinanzierung durch einen an der Organgesellschaft zu mehr als 25 % beteiligten Minderheitsgesellschafter vorliegen kann, wenn dieser nicht zugleich am Organträger wesentlich beteiligt ist. Wie in Rn 201 dargestellt läuft die Rechtsfolge des § 8a II bei der Organgesellschaft ins Leere, da auf sie § 4h II S 1 lit b EStG gem § 15 S 1 Nr 3 S 1 keine Anwendung findet. Eine

---

1   BMF v 4.7.2008, BStBl I 2008, 718, Rn 81; *Stangl/Hageböke* in Schaumburg/Rödder, UntStRef 2008, S 495; *Förster* in Gosch § 8a Rn 42; aA *Frotscher* in Frotscher/Maas § 8a Rn 100.
2   *Stangl/Hageböke* in Schaumburg/Rödder, UntStRef 2008, S 496.
3   *Frotscher* in Frotscher/Maas § 8a Rn 103; BFH VIII R 29/94, BStBl II 1998, 257.
4   *Frotscher* in Frotscher/Maas § 8a Rn 105.
5   *Frotscher* in Frotscher/Maas § 8a Rn 106.

VIII. Konzernlose Betriebe

Zurechnung des Merkmals „wesentlich beteiligter Anteilseigner" wird in § 15 nicht angeordnet, zugerechnet werden gem § 15 S 1 Nr 3 S 3 für Zwecke der Anwendung des § 4h I EStG lediglich Zinserträge und -aufwendungen der Organgesellschaft. Legt man, wie hier vertreten, eine betriebsbezogene Betrachtung zugrunde, stellt sich die Frage, ob die Beteiligung des Minderheitsgesellschafters als Beteiligung am Betrieb interpretiert werden kann. Hieraus würden sich weitere Folgefragen hinsichtlich der Ermittlung des Überschreitens der 25%-Grenze (Zusammenrechnung des Stamm- und Grundkapitals?) ergeben. Eine betriebsbezogene Betrachtungsweise erscheint insoweit nicht zielführend. Überdies ist durch Finanzierungen durch einen nur an der Organgesellschaft wesentlich beteiligten Anteilseigner keine Umgehung der Zinsschranke zu erwarten, da die an den Minderheitsgesellschafter zu leistende Ausgleichszahlung bei der Organgesellschaft ohne Abzug von Zinsaufwendungen der Besteuerung unterliegt. Im Ergebnis sollte in diesem Fall keine schädliche Gesellschafterfremdfinanzierung iRd Anwendung des § 4h I EStG beim Organträger vorliegen.[1]

Komplementär einer KGaA. Der Komplementär einer KGaA ist mit seiner Einlage als persönlich haftender Gesellschafter nicht am Grundkapital beteiligt und stellt damit keinen schädlichen Anteilseigner dar, solange er nicht zugleich Kommanditaktionär ist (möglicherweise aber eine dem Anteilseigner nahestehende Person vgl Rn 241). **231**

Einstweilen frei. **232-233**

f) Nahestehende Personen. Begriff. Fremdkapitalvergütungen der Körperschaft an eine dem wesentlich beteiligten Anteilseigner nahestehende Person werden für Zwecke des § 8a II iRd Bestimmung der Vergleichsgröße 1 ebenfalls berücksichtigt. Zum Begriff der nahestehenden Person verweist § 8a II auf § 1 II AStG. Nach letzterer Vorschrift steht dem Steuerpflichtigen eine Person nahe, wenn **234**

- die Person an dem Steuerpflichtigen mindestens zu einem Viertel unmittelbar oder mittelbar beteiligt ist oder auf den Steuerpflichtigen unmittelbar oder mittelbar einen beherrschenden Einfluss ausüben kann oder umgekehrt der Steuerpflichtige an der Person mindestens zu einem Viertel beteiligt ist (vgl Rn 236) oder auf die Person unmittelbar oder mittelbar einen beherrschenden Einfluss ausüben (vgl Rn 237),

- eine dritte Person sowohl an der Person als auch an dem Steuerpflichtigen mindestens zu einem Viertel beteiligt ist (vgl Rn 236) oder auf beide unmittelbar oder mittelbar einen beherrschenden Einfluss ausüben kann (vgl Rn 237),

- die Person oder der Steuerpflichtige imstande ist, bei der Vereinbarung der Bedingungen einer Geschäftsbeziehung auf den Steuerpflichtigen oder die Person einen außerhalb dieser Geschäftsbeziehung begründeten Einfluss auszuüben oder wenn einer von ihnen ein eigenes Interesse an der Erzielung der Einkünfte des anderen hat (vgl Rn 238).

---

[1] Förster in Gosch § 8a Rn 45; aA Dörfler in Erle/Sauter § 8a Rn 52.

Der Begriff des Steuerpflichtigen im § 1 II AStG ist bei sinngemäßer Anwendung durch den Begriff wesentlich beteiligter Anteilseigner iSd § 8a II zu ersetzen. Die Geschäftsbeziehung bezieht sich bei sinngemäßer Anwendung iRd § 8a II auf das Fremdkapitalüberlassungsverhältnis.

235 **Person.** Personen iSd § 1 II AStG können Körperschaften, natürliche Personen und Personengesellschaften[1] sein. Gegenüber natürlichen Personen kann jedoch kein Beteiligungsverhältnis bestehen. Angehörige einer natürlichen Person stellen keine nahestehende Person iSd § 8a II dar.[2]

236 **Wesentliche Beteiligung nach § 1 II AStG.** Anders als iRd § 8a II reicht für Zwecke des § 1 II Nr 1 und 2 AStG eine mindestens 25%ige Beteiligung aus. Damit muss die Beteiligung des wesentlich beteiligten Anteilseigners iSd § 8a II an der finanzierten Gesellschaft mehr als 25 % betragen, während eine Beteiligung an der finanzierenden Gesellschaft von mindestens 25 % ausreicht. IÜ gelten die Grundsätze in Rn 217 ff entsprechend.[3]

237 **Beherrschender Einfluss iSd § 1 II Nr 1 und 2 AStG.** Anders als für die Frage des wesentlich beteiligten Anteilseigners iSd § 8a II reicht für das diesem Anteilseigner Nahestehen iSd § 1 II Nr 1 und 2 AStG ein beherrschender Einfluss aus. Eine mittelbare Beherrschung ist ausreichend. Die Beherrschungsmöglichkeit muss rechtlich bestehen, zB durch Stimmrechtsbindung, Beherrschungsvertrag oder die rechtliche Möglichkeit das Geschäftsführungsorgan zu bestimmen. Eine nur faktische Beherrschung, zB aufgrund von wirtschaftlich bedeutenden Lieferungs- und Leistungsverträgen, ist nicht ausreichend.[4] Auf die tatsächliche Ausübung der Beherrschungsmöglichkeit kommt es nicht an, die bestehende Möglichkeit reicht aus. In Ausnahmefällen kann auch gegenüber einer natürlichen Person ein Beherrschungsverhältnis bestehen.[5]

238 **Fälle des § 1 II Nr 3 AStG.** Die Fälle des § 1 II Nr 3 AStG (außerhalb der Geschäftsbeziehung begründeter Einfluss und Interesse an der Erzielung der Einkünfte des anderen) sollten praktisch geringe Bedeutung haben. Fraglich ist, ob dieser Tatbestand iRd § 8a überhaupt Anwendung findet.[6]

239 **Upstream-Darlehen.** Eine dem wesentlich beteiligten Anteilseigner nahestehende Person kann auch eine TG der finanzierten Kapitalgesellschaft sein. Daher können auch Darlehen der TG an die Kapitalgesellschaft unter § 8a II fallen, sofern nicht beide zum selben Konzern gehören.[7] Hat die Kapitalgesellschaft keinen wesentlich beteiligten Anteilseigner, sind Upstream-Darlehen unschädlich, selbst wenn die die finanzierende TG nahestehende Person der finanzierten Kapitalgesellschaft ist.

---

1 *Wassermeyer* in F/W/B/S § 1 AStG Rn 826.
2 *Frotscher* in Frotscher/Maas § 8a Rn 109.
3 *Wassermeyer* in F/W/B/S § 1 AStG Rn 834 f.
4 *Wassermeyer* in F/W/B/S § 1 AStG Rn 840; *Frotscher* in Frotscher/Maas § 8a Rn 115.
5 *Wassermeyer* in F/W/B/S § 1 AStG Rn 842.
6 Verneinend *Frotscher* in Frotscher/Maas § 8a Rn 116; wohl davon ausgehend *Förster* in Gosch § 8a Rn 46.
7 *Dörfler* in Erle/Sauter § 8a Rn 56.

VIII. Konzernlose Betriebe

Beispiel

Die im Streubesitz befindliche X-GmbH ist an der Y-GmbH iHv 30 % beteiligt. X-GmbH und Y-GmbH gehören nicht zu einem Konzern. Die Y-GmbH hat der X-GmbH ein Darlehen gewährt.

Das Darlehen der X-GmbH an die Y-GmbH stellt keine Gesellschafterfremdfinanzierung iSd § 8a II dar, da Y-GmbH an der X-GmbH nicht wesentlich beteiligt ist. Weiterhin ist Y-GmbH auch keine einem wesentlich beteiligten Anteilseigner nahestehende Person, da kein solcher existiert.

Betriebsaufspaltung. Ob bei einer Darlehensgewährung zwischen der Besitz- und Betriebsgesellschaft in einer Betriebsaufspaltung eine schädliche Gesellschafterfremdfinanzierung vorliegen kann, hängt davon ab, ob beide einen Konzern bilden. Bejaht man dies, liegt ein unschädliches konzerninternes Darlehen vor (vgl Rn 364). Andernfalls kann die Darlehensgewährung durch die Besitzgesellschaft eine schädliche Fremdfinanzierung darstellen, da die Besitzgesellschaft regelmäßig als nahestehende Person des wesentlich beteiligten Anteilseigners der Betriebsgesellschaft anzusehen sein wird. — **240**

Komplementär einer KGaA. Der Komplementär kann nahestehende Person eines wesentlich beteiligten Kommanditaktionärs sein. — **241**

Sparkassen und Landesbanken. Die Frage, ob Sparkassen oder Landesbanken als nahestehende Personen des Gewährträgers anzusehen sind, richtete sich für Zwecke des § 8a aF nach dem jeweiligen Sparkassengesetz des Landes.[1] Dies wurde für den Freistaat Sachsen und Niedersachsen verneint und sollte für § 8a nF weiterhin gelten. — **242**

Unterjährige Änderung der Stellung als nahestehende Person. Ändert sich unterjährig die Stellung als nahestehende Person, sind die Fremdkapitalvergütungen entsprechend anteilig zu berücksichtigen.[2] — **243**

Einstweilen frei. — **244-245**

g) Rückgriffsfälle. Grundsatz. Fremdkapitalvergütungen an Dritte können eine schädliche Fremdfinanzierung darstellen, wenn die dritte Person gem § 8a II auf den wesentlich beteiligten Anteilseigner oder eine diesem nahestehende Person zurückgreifen kann. Hintergrund der Regelung ist es, Finanzierungsgestaltungen zwischen der Körperschaft und ihrem Anteilseigner zu vermeiden.[3] — **246**

Dritte Person. Als Dritte kommen rechtsformunabhängig alle Personen in Betracht, welche nicht wesentlich beteiligte Anteilseigner (vgl Rn 217 ff) oder diesem nahestehende Personen (vgl Rn 234 ff) sind. — **247**

Rückgriff von einer dem Darlehensgeber nahestehenden Person. Eine Rückgriffsmöglichkeit von einer dem Darlehensgeber nahestehenden Person ist vom Gesetzeswortlaut nicht umfasst. Eine über den Wortlaut hinausgehende Anwendung des — **248**

---

1 OFD Hannover v 26.5.2005, DStR 2005, 1230; Kurzinformation OFD Chemnitz v 5.1.2005, DB 2005, 698; Möhlenbrock/Pung in D/J/P/W § 8a Rn 114.
2 Dörfler in Erle/Sauter § 8a Rn 59.
3 BTDrs 16/4841, 75.

§ 8a II erscheint in diesem Fall nicht möglich.¹ Eventuell liegt ein Gestaltungsmissbrauch vor. Zu berücksichtigen ist jedoch, dass § 8a II eine spezielle Missbrauchsvermeidungsnorm darstellt (vgl Rn 31).

249 **Mittelbarer Rückgriff.** Fraglich ist, ob auch Fälle erfasst werden, in denen der Darlehensgeber zwar nicht auf den wesentlich beteiligten Anteilseigner oder eine diesem nahestehende Person zurückgreifen kann, aber auf eine dritte Person (Sicherheitsgeber), die seinerseits auf den wesentlich beteiligten Gesellschafter oder eine diesem nahestehende Person zurückgreifen kann. Auch hier erscheint eine Auslegung über den Wortlaut hinaus nicht möglich² und eine Erfassung dieser Fälle könnte allenfalls bei Vorliegen eines Gestaltungsmissbrauchs erfolgen.

Beispiel

Die nicht konzernzugehörige A-GmbH hat von der X-Bank ein Darlehen erhalten. Die Fremdkapitalvergütungen überschreiten die 10%-Grenze des § 8a II. Für das Darlehen hat die Y-Bank eine Bürgschaft übernommen. Der wesentlich beteiligte Gesellschafter der A-GmbH hat wiederum der Y-Bank eine Sicherheit gewährt, für den Fall, dass diese aus der Bürgschaft für das Darlehen gegenüber der Y-Bank in Anspruch genommen wird.

Es liegt kein Fall des § 8a II vor, so dass die Ausnahmeregelung des § 4h II S 1 lit b EStG anwendbar bleibt, sofern kein Gestaltungsmissbrauch anzunehmen ist.

250 **Darlehensnehmende Körperschaft als nahestehende Person.** Die das Darlehen aufnehmende Körperschaft kann für Zwecke des § 8a II nicht zugleich dem wesentlich beteiligten Anteilseigner nahestehende Person iSd § 1 II AStG sein. Da der Darlehensgeber auf die finanzierte Gesellschaft zurückgreifen kann, läge andernfalls stets ein schädlicher Rückgriff vor. Die finanzierte Gesellschaft sollte daher einschränkend für Zwecke des § 8a II nicht als nahestehende Person gelten.³

251 **Rückgriff auf eine dem Darlehensnehmer nachgeordnete Person.** Auch die Rückgriffsmöglichkeit auf eine TG der finanzierten Körperschaft kann schädlich sein, wenn die Körperschaft einen wesentlich beteiligten Anteilseigner hat (vgl Rn 239).⁴ Zu nachgeordneten Personengesellschaften vgl Rn 274.

252 **Rückgriffsmöglichkeit.** Eine Rückgriffsmöglichkeit liegt nach der Intention des Gesetzgebers bereits dann vor, wenn der Anteilseigner oder eine diesem nahestehende Person gegenüber dem Dritten faktisch für die Erfüllung der Schuld einsteht.⁵ Damit kehrt der Gesetzgeber zu einer weiten Auslegung des Begriffs der Rückgriffsmöglichkeit zurück, nachdem dieser in Bezug auf § 8a aF von der Finanzverwaltung erheblich enger gesehen wurde.⁶ Neben schuldrechtlichen Ansprüchen (zB

---

1 AA *Frotscher* in Frotscher/Maas § 8a Rn 118.
2 AA *Möhlenbrock/Pung* in D/J/P/W § 8a Rn 116.
3 *Möhlenbrock/Pung* in D/J/P/W § 8a Rn 112; *Frotscher* in Frotscher/Maas § 8a Rn 119.
4 *Möhlenbrock/Pung* in D/J/P/W § 8a Rn 116.
5 BTDrs 16/4841, 75.
6 BMF v 15.7.2004, BStBl I 2004, 593 Rn 18 ff; kritisch dazu *Stangl/Hageböke* in Schaumburg/Rödder, UntStRef 2008, S 497.

Garantieerklärungen, Bürgschaften oder harte Patronatserklärungen) und dinglichen Sicherheiten (zB Sicherungseigentum und Grundschuld) kommen danach auch faktische Rückgriffsmöglichkeiten (vgl jedoch Rn 254) in Betracht.

Verpfändung der Anteile des Kreditnehmers. Die Verpfändung der Anteile an der darlehensnehmenden Gesellschaft stellt einen Rückgriff dar, unabhängig davon, ob der Gläubiger bereits auf das Vermögen des Darlehensnehmers zugreifen kann und daher mit der Verpfändung der Anteile wirtschaftlich keine zusätzliche Sicherheit erlangt. Nach dem insoweit eindeutigen Gesetzeswortlaut liegt ein Rückgriff auf den Anteilseigner vor.[1]

253

Faktischer Rückgriff. Ein faktischer Rückgriff soll nach der Gesetzesbegründung ausreichen, um eine Rückgriffsmöglichkeit zu bejahen.[2] Bereits eine Vermerkpflicht in der Bilanz oder eine weiche Patronatserklärung sind danach ausreichend. Eine derart weite Auslegung des Rückgriffsbegriffs ist jedoch abzulehnen und eine am Sinn und Zweck der Vorschrift orientierte Auslegung vorzuziehen. Im Ergebnis muss der Rückgriffsanspruch rechtlich bestehen, da andernfalls der Fremdkapitalgeber den Rückgriff nicht gegen den Willen des Gesellschafters oder einer diesem nahestehenden Person durchsetzen kann.[3]

254

Back-to-back-Finanzierungen. Weiterhin sind Back-to-back-Finanzierungen, bei denen eine Bank ein Darlehen an eine Körperschaft gewährt und der Anteilseigner seinerseits eine Einlage bei der Bank unterhält, wie schon bei § 8a aF als schädliche Rückgriffsfälle anzusehen.[4] Kann die Bank auf die Einlagen aller konzernzugehörigen Gesellschaften Rückgriff nehmen, so ist dies ebenfalls schädlich. Die Abtretung der Einlageforderungen soll nicht erforderlich sein. Allerdings wird man wohl einen zumindest abstrakt durchsetzbaren Anspruch voraussetzen müssen, aufgrund dessen der Gläubiger das Guthaben für die Rückzahlung des Darlehens in Anspruch nehmen kann.[5]

255

Verwaltungspraxis zu § 8a aF. In der Literatur wird zT vertreten, dass die Rückgriffsfälle auf die von der Finanzverwaltung zu § 8a aF geregelten Back-to-back-Finanzierungen zu beschränken seien, wenn der Steuerpflichtige den entsprechenden Gegenbeweis führt.[6] Dh ein schädlicher Rückgriffsfall läge nicht vor, wenn der Steuerpflichtige nachweist, dass die Fremdkapitalvergütungen an den rückgriffsberechtigten Dritten nicht mit Vergütungen für Einlagen oder sonstige Kapitalüber-

256

---

1 BMF v 4.7.2008, BStBl I 2008, 718 Rn 83; *Möhlenbrock/Pung* in D/J/P/W § 8a Rn 116; *Frotscher* in Frotscher/Maas § 8a Rn 121; aA *Töben/Fischer*, Ubg 2008, 149, 159; zweifelnd auch FG Berlin-Brandenburg v 13.10.2011, EFG 2012, 358.
2 BTDrs 16/4841, 75.
3 *Frotscher* in Frotscher/Maas § 8a Rn 122; *Dörfler* in Erle/Sauter § 8a Rn 64; *Köhler/Hahne*, DStR 2008, 1505, 1516.
4 BTDrs 16/4841, 75; BMF v 4.7.2008, BStBl I 2008, 718, Rn 83; aA *Prinz* in H/H/R Jahresbd 2006-2008 § 8a J 07-12.
5 *Frotscher* in Frotscher/Maas § 8a Rn 125; aA *Möhlenbrock/Pung* in D/J/P/W § 8a Rn 116.
6 *Förster* in Gosch § 8a Rn 37, 53; *Schaden/Käshammer*, BB 2007, 2259, 2261; *Stangl/Hageböke* in Schaumburg/Rödder, UntStRef 2008, S 498, die in der Verwaltungsauffassung zum § 8a aF eine teleologische Auslegung des insoweit identischen Gesetzeswortlauts sehen; aA *Frotscher* in Frotscher/Maas § 8a Rn 126.

lassungen im Zusammenhang stehen, deren unmittelbarer oder mittelbarer Empfänger der wesentlich beteiligte Anteilseigner oder eine diesem nahestehende Person ist.[1] Ob diese Auslegung für den § 8a nF weiterhin gültig ist, darf bezweifelt werden, da die Rechtsfolgen des § 8a I iVm § 4h I EStG auch dann greifen, wenn der Fremdkapitalgeber ein Dritter ist und die Vergütungen beim Fremdkapitalgeber besteuert werden (vgl Rn 1 und 49). Insbesondere unterscheiden sich die Rechtsfolgen des § 8a aF und des § 8a nF darin, dass keine Umqualifizierung mehr in (steuerfreie) vGA beim wesentlich beteiligten Anteilseigner bzw (nicht steuerbare) verdeckte Einalge bei der nahestehenden Person erfolgt, dh die Zinsabzugsbeschränkung wirkt nicht mehr definitiv sondern lediglich temporär (sofern der Zinsvortrag nicht verfällt). Die Zielsetzung des § 8a nF ist es dabei, eine übermäßige Fremdkapitalisierung der Körperschaft außerhalb der Grundregel des § 4h I EStG durch bestimmte Fremdkapitalgeber zu unterbinden. Eine einschränkende Auslegung des Gesetzeswortlautes des § 8a II erscheint aus diesen Gründen sowie vor dem Hintergrund der Gesetzesbegründung zweifelhaft.

257 **Konzernrückhalt.** Eine allgemeine Vermutung, dass das Mutterunternehmen für die Verbindlichkeiten seiner Tochterunternehmen einstehen wird, ist abzulehnen.[2] IRd Zinsschranke ist dies jedoch von geringer praktischer Relevanz, da es sich beim Konzernrückhalt regelmäßig um Fälle des § 8a III handeln wird und ein Rückgriff auf eine zum Konzern gehörende Person hierbei unschädlich ist (vgl Rn 515).

258 **Rückgriff bei Körperschaften öffentlichen Rechts.** Nach § 34 VIa S 4 ist § 8a II nicht anzuwenden, wenn die Rückgriffsmöglichkeit des Dritten allein auf der Gewährträgerhaftung einer Gebietskörperschaft oder einer anderen Einrichtung des öffentlichen Rechts gegenüber den Gläubigern eines Kreditinstitutes für Verbindlichkeiten beruht, die bis zum 18.7.2001 vereinbart worden sind. Gleiches gilt für bis zum 18.7.2005 vereinbarte Verbindlichkeiten, wenn deren Laufzeit nicht über den 31.12.2015 hinausgeht (vgl auch § 34 Rn 106).

259 **Gegenstand des Rückgriffs.** Unerheblich ist, ob sich die Rückgriffsmöglichkeit auf das überlassene Fremdkapital oder die für dieses Fremdkapital zu leistenden Vergütungen bezieht. Wurde also die Sicherheit nur für die Rückzahlung der Darlehensvaluta oder für den Vergütungsanspruch gewährt, ist dies für die Anwendung des § 8a II ausreichend.[3]

260 **Umfang des schädlichen Rückgriffs.** Die Regelung des § 8a II sollte in Rückgriffsfällen nur in dem Umfang angewendet werden, in dem das Drittdarlehen rückgriffsgesichert ist.[4] Dies entspricht der Rechtslage zu § 8a aF[5] und dem Zweck der Regelung.[6]

---

1 In analoger Anwendung des BMF v 15.7.2004, BStBl I 2004, 593, Rn 20.
2 *Förster* in Gosch § 8a Rn 48.
3 *Möhlenbrock/Pung* in D/J/P/W § 8a Rn 116; *Frotscher* in Frotscher/Maas § 8a Rn 120.
4 OFD Koblenz v 27.4.2009, DB 2009, 1964; *Förster* in Gosch § 8a Rn 48; *Stangl/Hageböke* in Schaumburg/Rödder, UntStRef 2008, S 498; *Möhlenbrock/Pung* in D/J/P/W § 8a Rn 116; aA *Frotscher* in Frotscher/Maas § 8a Rn 126.
5 BMF v 15.7.2004, BStBl I 2004, 593, Rn 18 ff.
6 BTDrs 16/4841, 75.

VIII. Konzernlose Betriebe

In Fällen von Back-to-back-Finanzierungen ohne Verpfändung der Guthaben des Anteilseigners sollte der Betrag der schädlichen Fremdkapitalvergütungen auf den Betrag der Zinserträge des Anteilseigners aus Guthaben begrenzt werden.

Dauer des Rückgriffs. Besteht die Rückgriffsmöglichkeit nicht während des ganzen WJ sind die Vergütungen an den Dritten entsprechend anteilig zu berücksichtigen.[1]

Einstweilen frei.

h) Nachweis. Das Nichtüberschreiten der 10%-Grenze ist von der Körperschaft nachzuweisen. Der Gesetzgeber lässt dabei offen, wie der Nachweis zu führen ist. Zulässig sind alle Nachweise, aus denen sich ergibt, dass keine schädliche Gesellschafterfremdfinanzierung vorliegt. Bemerkenswert ist, dass es sich um einen Negativnachweis handelt. Es kann der Körperschaft schwerlich zugemutet werden, von sämtlichen Gläubigern eine Negativbescheinigung einzuholen, um den Nachweis zu erbringen. Angemessen erscheint dagegen, dass bei Vorliegen eines wesentlich beteiligten Anteilseigners positiv nachgewiesen wird, ob und in welcher Höhe schädliche Fremdkapitalvergütungen geleistet wurden.[2] Der Nachweis ist zweckmäßigerweise mit der Einreichung der Steuererklärung zu führen, kann aber grundsätzlich bis zum Eintritt der Bestandskraft erbracht werden. Bei formeller Bestandskraft kommt eine Änderung nach § 173 AO in Betracht.[3]

Einstweilen frei.

i) Nachgeordnete Mitunternehmerschaften. Regelungsinhalt. Nach § 4h II S 2 EStG ist für eine Gesellschaft, bei der der Gesellschafter als Mitunternehmer anzusehen ist, die Regelung des § 8a II entsprechend anzuwenden, wenn diese Gesellschaft einer Körperschaft unmittelbar oder mittelbar nachgeordnet ist. Die Regelung soll Gestaltungen vermeiden, bei denen eine Körperschaft zwischen den Gesellschafter und die Mitunternehmerschaft geschaltet wird, um das Entstehen von Sondervergütungen iSd § 15 I S 1 Nr 2 EStG zu vermeiden.[4] Zugleich würde durch die Aufnahme des Fremdkapitals über eine Personengesellschaft ohne den § 4h II S 2 EStG die Regelung des § 8a unterlaufen.[5] Die vom Gesetzgeber gewählte Verweistechnik wirft verschiedene Zweifelsfragen auf und erhöht damit die Komplexität der ohnehin komplexen Regelungen zur Gesellschafterfremdfinanzierung.

Nachordnung. Eine Mitunternehmerschaft ist einer Körperschaft iSd § 4h II S 2 EStG nachgeordnet, sobald diese als Mitunternehmer an der Mitunternehmerschaft beteiligt ist. Auf die Höhe der Beteiligungsquote kommt es nach dem eindeutigen Wortlaut der Vorschrift nicht an.[6] Damit sind auch bei einer klassischen GmbH & Co KG die Regelungen über die Gesellschafterfremdfinanzierung gem § 8a II und III

---

1 *Frotscher* in Frotscher/Maas § 8a Rn 127.
2 IdS auch *Möhlenbrock/Pung* in D/J/P/W § 8a Rn 120; zur Kritik vgl *Rödder/Stangl*, DB 2007, 479, 484.
3 *Dörfler* in Erle/Sauter § 8a Rn 99.
4 BTDrs 16/4841, 48.
5 *Schmitz-Herscheidt*, BB 2008, 699, 702.
6 Ebenso *Möhlenbrock/Pung* in D/J/P/W § 8a Rn 193; *van Lishaut/Schumacher/Heinemann*, DStR 2008, 2341, 2346; *Wagner/Fischer*, BB 2007, 1811, 1812; *Schmitz-Herscheidt*, BB 2008, 699, 701; *Dörfler* in Erle/Sauter § 8a Rn 104; *Frotscher* in Frotscher/Maas § 8a Rn 34; aA *Prinz*, FR 2008, 441, 445; *Stangl/Hageböke* in Schaumburg/Rödder, UntStRef 2008, S 501.

anzuwenden, obwohl die Komplementär-GmbH nicht am Kapital der KG beteiligt ist. Es reicht zudem eine mittelbare Nachordnung über eine weitere Personengesellschaft für die Anwendung des § 4h II S 2 EStG aus.

268 **Vermögenverwaltende Personengesellschaft.** Auf vermögensverwaltende Personengesellschaften findet § 4h II S 2 EStG aufgrund ihres eindeutigen Wortlauts keine Anwendung.[1]

269 **Atypisch stille Gesellschaften.** Auch eine atypisch stille Gesellschaft stellt eine Mitunternehmerschaft dar, auf die § 4h II S 2 EStG Anwendung findet.

270 **Ausländische Mitunternehmerschaften.** § 4h II S 2 EStG findet grundsätzlich auch bei einer nachgeordneten ausländischen Mitunternehmerschaft Anwendung, wobei der Gewinn der beteiligten Körperschaft in dem Fall nicht gemindert wird, wenn der Gewinnanteil aus der ausländischen Mitunternehmerschaft nach einem DBA freizustellen ist.

271 **KGaA.** Zinsaufwendungen der KGaA unterfallen bereits unmittelbar dem § 8a II. Eine anteilige Zuordnung der Zinsaufwendungen der KGaA zum persönlich haftenden Gesellschafter scheidet insoweit aus.[2] Eine Mitunternehmerschaft zwischen dem persönlich haftenden Gesellschafter und der KGaA besteht iÜ nicht. Allerdings wird der persönlich haftende Gesellschafter wie ein Mitunternehmer behandelt und kann daher auch Sonderbetriebsausgaben von seinem Gewinnanteil abziehen. Allerdings ist dies kein Anwendungsfall des § 4h II S 2 EStG, da die Zinsaufwendungen ggf dem Betrieb des persönlich haftenden Gesellschafters zugeordnet werden, wenn dieser eine Körperschaft ist.

272 **Fremdkapitalgeber.** Bei der entsprechenden Anwendung des § 8a II ist zu prüfen, ob es sich bei dem Fremdkapitalgeber um eine der in Rn 175 genannten Personen handelt, insbesondere um einen wesentlich beteiligten Anteilseigner. Dies wirft die Frage auf, ob der Anteilseigner an der Mitunternehmerschaft oder an der vorgelagerten Körperschaft wesentlich beteiligt sein muss. Zwar ordnet § 4h II S 2 EStG an, dass für die Gesellschaft (= Personengesellschaft) § 8a II und III entsprechend gilt, was dafür sprechen würde, das Vorhandensein des wesentlich beteiligten Anteilseigners auf Ebene der Mitunternehmerschaft zu prüfen. Allerdings würde bei einer derartigen Auslegung die Regelung überschießende Wirkung entfalten.

Beispiel

An der XY KG ist die X-GmbH und die natürliche Person Y zu jeweils 50 % beteiligt. Y ist weder an der X-GmbH beteiligt noch zu ihr nahestehend iSd § 1 II AStG. X-GmbH ist nicht konzernzugehörig. Die XY KG nimmt von der Z-Bank ein Darlehen auf, für welches Y bürgt.

Wäre die Stellung des wesentlich beteiligten Anteilseigners im Verhältnis zur Personengesellschaft zu prüfen, fielen die Bankzinsen unter § 8a II, da Y wesentlich an der XY KG beteiligt ist und ein Dritter auf Y zurückgreifen kann. Dies erscheint jedoch überschießend, da die X-GmbH nicht in die Fremdfinanzierung involviert ist.

---

1 *Schmitz-Herscheidt*, BB 2008, 699, 700.
2 AA *Möhlenbrock/Pung* in D/J/P/W § 8a Rn 192.

VIII. Konzernlose Betriebe

Gegen eine Prüfung der Anteilseignerstellung im Verhältnis zur Mitunternehmerschaft spricht auch, dass die vorgelagerte Körperschaft nur dann wesentlich beteiligter Anteilseigner wäre, wenn sie zu mehr als einem Viertel an der Mitunternehmerschaft beteiligt ist. Damit wären Fälle nicht erfasst, in denen die Körperschaft nicht mehr als 25 % an der Mitunternehmerschaft beteiligt ist, obwohl auch hier eine Umgehung von Sondervergütungen vorliegen kann. Zudem wäre eine Anwendung des § 8a II bei einem Darlehensverhältnis zwischen Körperschaft als Gesellschafter der Mitunternehmerschaft und der Mitunternehmerschaft systematisch unsinnig. Denn in diesem Fall liegen Sondervergütungen vor, welche nicht zu Zinsaufwendungen iSd der Zinsschranke führen (vgl Rn 136). Nach der gesetzgeberischen Vorstellung wird die Körperschaft aber gerade zwischengeschaltet, um das Entstehen von Sondervergütungen zu vermeiden. Die Vorschrift zielt damit vorrangig darauf ab, Fälle zu erfassen, bei denen der Gewinnanteil der Körperschaft durch die Zinsaufwendungen gemindert wurde. Es erscheint daher systematisch gerechtfertigt, die Frage, ob ein schädlicher Fremdkapitalgeber vorliegt, im Verhältnis zur mitunternehmerisch beteiligten Körperschaft zu prüfen.[1]

Vorgelagerte Körperschaft. Aus den vorgenannten Überlegungen ergibt sich auch, dass die vorgelagerte Körperschaft selbst dem § 8a II unterliegen muss, dh zB eine Kapitalgesellschaft oder eine Genossenschaft ist (vgl Rn 179 ff).[2]

Rückgriffsfälle. Dritte Fremdkapitalgeber der Mitunternehmerschaft können auch dann zu einer schädlichen Gesellschafterfremdfinanzierung iSd § 4h II S 1 lit b EStG iVm § 8a II führen, wenn sie auf den wesentlich beteiligten Anteilseigner oder diesem nahestehende Personen der vorgelagerten Körperschaft zurückgreifen können. Schädlich sollte jedoch nicht der Fall sein, dass der Dritte auf die vorgelagerte Körperschaft zurückgreifen kann. Hier sollte nichts anderes gelten als bei direkter Darlehensvergabe an die Körperschaft (vgl Rn 250).[3] Daher führt auch die Stellung einer Körperschaft als unbeschränkt haftender Gesellschafter der Personengesellschaft nicht grundsätzlich dazu, dass alle Verbindlichkeiten der Mitunternehmerschaft schädlich iSd § 8a II sind.

Prüfung der 10%-Grenze. Die Prüfung der 10%-Grenze erfolgt auf Ebene der Mitunternehmerschaft.[4] Da die Mitunternehmerschaft und die Körperschaft jeweils einen eigenen Betrieb haben, sind die Regelungen der schädlichen Gesellschafterfremdfinanzierung für jeden Betrieb gesondert anzuwenden. Eine konsolidierte Betrachtung ordnet die Vorschrift des § 4h II S 2 EStG nicht an.[5]

273

274 § 8a

275

---

1 Schmitz-Herscheidt, BB 2008, 699, 701 f; van Lishaut/Schumacher/Heinemann, DStR 2008, 2341, 2347; Möhlenbrock/Pung in D/J/P/W § 8a Rn 193; Stangl/Hageböke in Schaumburg/Rödder, UntStRef 2008, S 502; aA Frotscher in Frotscher/Maas § 8a Rn 128; Wagner/Fischer, BB 2007, 1811, 1813.
2 Schaden/Käshammer, BB 2007, 2259, 2261.
3 Van Lishaut/Schumacher/Heinemann, DStR 2008, 2341, 2347; Stangl/Hageböke in Schaumburg/Rödder, UntStRef 2008, S 502; Schaden/Käshammer, BB 2007, 2259, 2262; Dörfler in Erle/Sauter § 8a Rn 109; aA Hoffmann in L/B/P § 4h EStG Rn 378; Wagner/Fischer, BB 2007, 1811, 1813.
4 Van Lishaut/Schumacher/Heinemann, DStR 2008, 2341, 2347; Frotscher in Frotscher/Maas § 8a Rn 128; Schmitz-Herscheidt, BB 2008, 699, 703; Prinz in H/H/R Jahresbd 2006-2008 § 8a Rn J 07-15; aA Möhlenbrock/Pung in D/J/P/W § 8a Rn 195.
5 AA Möhlenbrock/Pung in D/J/P/W § 8a Rn 195, welche die Fremdkapitalvergütungen und Nettozinsaufwand zu den jeweiligen Beträgen der Körperschaft hinzuaddieren wollen.

276 **Fremdkapitalvergütungen.** Für die Ermittlung der 10%-Grenze sind alle auf Ebene der Mitunternehmerschaft angefallenen Fremdkapitalvergütungen zu berücksichtigen. Zum Begriff der Fremdkapitalvergütungen vgl Rn 192. Nach dem Sinn und Zweck der Vorschrift sollten jedoch die Fremdkapitalvergütungen der Höhe nach, nur insoweit einzubeziehen sein, als sie den Gewinnanteil der Körperschaft gemindert haben.[1] Zwar hätte der Gesetzeswortlaut dies klarer mittels der Verwendung des Wortes „soweit" zum Ausdruck bringen können. Jedoch ist eine Gewinnminderung des Gewinnanteils der Körperschaft nur insoweit möglich, als diese an der Mitunternehmerschaft beteiligt ist. Andernfalls könnte bereits eine geringfügige Beteiligung einer Körperschaft dazu führen, dass der gesamte Betrieb der Mitunternehmerschaft aus der Ausnahme für nicht konzernzugehörige Betriebe oder dem EK-Escape herausfällt.

Beispiel

An der XY KG ist die Z GmbH iHv 30% beteiligt. Die übrigen 70% werden von A gehalten. B ist Alleingesellschafter der Z GmbH und gewährt der XY KG ein Darlehen. Die Zinsaufwendungen aus diesem Darlehen betragen 60. IÜ betragen die Bankzinsen der XY KG ohne Rückgriffsmöglichkeit 130.

Die an B geleisteten Zinsen der XY KG stellen iHv 30% = 18 Fremdkapitalvergütungen iSd § 8a II dar. Der Zinssaldo beträgt 190 (= 130 + 60), die Fremdkapitalvergütungen von 18 betragen damit weniger als 10%. Es liegt mithin keine schädliche Gesellschafterfremdfinanzierung vor.

277 **Sondervergütungen.** Wie in Rn 272 dargestellt, sind Sondervergütungen, welche die vorgelagerte Körperschaft von der Mitunternehmerschaft erzielt, keine bei entsprechender Anwendung des § 8a II zu qualifizierenden Fremdkapitalvergütungen. Jedoch könnten Sondervergütungen als Fremdkapitalvergütungen anzusehen sein, wenn sie einem Mitunternehmer zufließen, der zugleich wesentlich beteiligter Anteilseigner der vorgelagerten Körperschaft ist.[2] Zwar werden insoweit keine Sondervergütungen vermieden, jedoch kommt es aufgrund der additiven Gewinnermittlung bzw der Berücksichtigung von Zinsaufwendungen iRd Gesamthandsbilanz zu einer Gewinnverlagerung zuungunsten der Körperschaft iHd Sondervergütungen. Da Sondervergütungen jedoch steuerlich keine Vergütungen für Fremdkapital darstellen (vgl Rn 136), sollte § 4h II S 2 EStG auf Sondervergütungen grundsätzlich nicht zur Anwendung kommen.[3]

278 **Sondervergütungen einer ausländischen Körperschaft.** Sondervergütungen an ausländische Mitunternehmer, für welche Deutschland kein Besteuerungsrecht hat, stellen nach Auffassung der Finanzverwaltung Zinsaufwendungen iSd Zinsschranke dar (vgl Rn 138). Die an der Mitunternehmerschaft beteiligte Körperschaft qualifiziert jedoch nicht als Anteilseigner (vgl Rn 272). Sie könnte allenfalls als eine

---

1   Van Lishaut/Schumacher/Heinemann, DStR 2008, 2341, 2347; *Dörfler* in Erle/Sauter § 8a Rn 111; *Frotscher* in Frotscher/Maas § 8a Rn 35.
2   *Möhlenbrock/Pung* in D/J/P/W § 8a Rn 194.
3   *Förster* in Gosch § 8a Rn 69; *Frotscher* in Frotscher/Maas § 8a Rn 129; *Wagner/Fischer*, BB 2007, 1811, 1813; aA *Möhlenbrock/Pung* in D/J/P/W § 8a Rn 194.

VIII. Konzernlose Betriebe

dem wesentlich an ihr beteiligten Anteilseigner nahestehende Person anzusehen sein, wenn ein solcher gegeben ist. In diesem Fall würde § 8a II bei zugrundeliegender Verwaltungsmeinung entsprechende Anwendung finden.[1] Nach hier vertretener Meinung stellen jedoch Sondervergütungen keine Vergütungen für Fremdkapital (vgl Rn 138) dar, so dass eine entsprechende Anwendung des § 8a II ausscheidet.

Sonderbetriebsschulden. Vergütungen für Fremdkapital, welches der Mitunternehmer zur Finanzierung seines Mitunternehmeranteils aufgenommen hat, sollten auf Ebene der Mitunternehmerschaft berücksichtigt werden, da diese auch dem Betrieb der Mitunternehmerschaft für Zwecke der Zinsschranke zugeordnet werden.[2] Es spielt dabei keine Rolle, ob das Fremdkapital von einem der in § 8a II genannten Personen aufgenommen wurde. Ist dies der Fall gehen die Fremdkapitalvergütungen in die Vergleichsgröße 1 und 2 ein. Andernfalls gehen sie nur in die Vergleichsgröße 2 ein. Würde man die Fremdkapitalvergütungen rechtsträgerbezogen zuordnen, hätte dies uU zur Folge, dass § 8a II in Bezug auf diese Zinsaufwendungen ins Leere läuft.

Beispiel

A ist Alleingesellschafter einer GmbH. Die GmbH hat von A ein Darlehen zur Finanzierung des Erwerbs eines Anteils an der XY KG aufgenommen. Weder die GmbH noch die XY KG gehören zu einem Konzern iSd § 4h III S 5 und 6 EStG. Die GmbH hat keine weiteren Zinsaufwendungen. Die XY KG hat selbst kein schädliches Gesellschafterfremdkapital aufgenommen.

Die Zinsaufwendungen der GmbH sind bei der Ermittlung des Gewinns der XY KG als Sonderbetriebsausgaben zu berücksichtigen. Sie stellen für Zwecke der Zinsschranke Zinsaufwendungen des Betriebs der XY KG dar (vgl Rn 139). Wären diese Zinsen als Fremdkapitalvergütungen iSd § 8a II bei der GmbH zu berücksichtigen, läge bei ihr eine schädliche Gesellschafterfremdfinanzierung vor, mit der Folge, dass die Grundregel des § 4h I EStG bei ihr greifen würde. Allerdings fallen bei der GmbH keine Zinsaufwendungen iSd § 4h III S 2 EStG an, so dass die Rechtsfolge des § 8a II ins Leere liefe. Die Zinsaufwendungen sind daher als Fremdkapitalvergütungen der XY KG iRd entsprechenden Anwendung des § 8a II iVm § 4h II S 2 EStG anzusehen.

Zinssaldo. Zur Bestimmung des Zinssaldos gelten die Rn 206 ff. Auch Auf- und Abzinsungsbeträge von Verbindlichkeiten oder Rückstellungen aus etwaigen Ergänzungs- und Sonderbilanzen sind zu berücksichtigen, da diese dem Betrieb der Mitunternehmerschaft zuzuordnen sind.[3]

Nachweis. Zum Nachweis der Einhaltung der 10%-Grenze gelten die Ausführungen in Rn 264 entsprechend.

---

1   Schmidt, IStR 2008, 290, 291.
2   *Dörfler* in Erle/Sauter § 8a Rn 110; *Schaden/Käshammer*, BB 2007, 2259, 2262; *van Lishaut/Schumacher/Heinemann*, DStR 2008, 2341, 2347; *Wagner/Fischer*, BB 2007, 1811, 1813; aA eventuell *Schmitz-Herscheidt*, BB 2008, 699, 703.
3   *Förster* in Gosch § 8a Rn 71.

282 **Rechtsfolge.** Die Rechtsfolge des § 4h II S 2 EStG besteht darin, dass die Mitunternehmerschaft für Ihren Betrieb die Ausnahme für konzernlose Betriebe § 4h II S 1 lit b EStG nicht in Anspruch nehmen kann.[1] Für die vorgelagerte Körperschaft treten die Rechtsfolgen ggf bereits aufgrund der unmittelbaren Anwendung des § 8a II ein.

283-285 *Einstweilen frei.*

286 **IX. Konzernzugehörige Betriebe. 1. Regelungsgehalt.** Eine weitere Ausnahme von der Begrenzung des Abzugs des Zinssaldos gem § 4h I S 1 EStG greift ein, wenn dem Steuerpflichtigen der Nachweis des Eigenkapitalvergleichs des § 4h II S 1 lit c EStG (sog „EK-Escape") gelingt, wobei die Beweislast beim Steuerpflichtigen liegt.[2] Dieser setzt voraus, dass

- der betreffende Betrieb zu einem Konzern gehört (vgl Rn 291 ff und 347 ff) und
- dass die Eigenkapitalquote des Betriebs zum vorangegangenen Abschlussstichtag gleich hoch oder höher ist, als diejenige des Konzerns, wobei ein Unterschreiten der Eigenkapitalquote des Konzerns bis zu 2%-Punkte unschädlich ist (vgl Rn 372 ff).

Eine Rückausnahme vom Eigenkapitalvergleich greift für Körperschaften und diesen nachgeordnete Mitunternehmerschaften im Falle einer schädlichen Gesellschafterfremdfinanzierung iSd § 8a III (vgl Rn 484). Ob eine solche vorliegt, ist daher vorrangig zu prüfen. Denn liegt eine schädliche Gesellschafterfremdfinanzierung vor, so entfällt die Möglichkeit des EK-Escape.

287 **Erweiterter Konzernbegriff.** Die Ermittlung der Eigenkapitalquoten und der Konzernzugehörigkeit des Betriebs richtet sich nach dem im Einzelfall zugrundezulegenden Rechnungslegungsstandard, wobei entweder IFRS, HGB, das Handelsrecht eines EU-Mitgliedstaates oder US-GAAP in Frage kommen. Betriebe können für Zwecke der Zinsschranke selbst dann zu einem Konzern gehören, wenn diese selbst überhaupt nicht den vorgenannten Konzernrechnungslegungsvorschriften unterliegen. In diesem Zusammenhang spricht man von dem erweiterten Konzernbegriff der Zinsschranke.

288 **Problemfelder.** Der Gesetzgeber hat mit dem EK-Escape eine Regelung geschaffen, bei der noch viele Anwendungsprobleme bestehen. Diese resultieren im Wesentlichen aus einem nicht abgestimmten Zusammenspiel zwischen der Zinsschrankenregelung und den jeweiligen Rechnungslegungsstandards, auf welche die Regelungen zum EK-Escape einen dynamischen Verweis enthalten. Es hat dabei den Anschein, dass der Gesetzgeber bei der Einführung der Zinsschranke nicht im Detail mit den Regelungen der Konzernrechnungslegung vertraut war.

---

1 AA *Möhlenbrock/Pung* in D/J/P/W § 8a Rn 195, wonach die Rechtsfolge gegen die hM auf Ebene der Körperschaft eintreten soll.
2 *Förster* in Gosch Exkurs § 4h EStG Rn 71; *Hallerbach*, StuB 2007, 490 f.

IX. Konzernzugehörige Betriebe

Bedeutung. Der Umstand, dass viele Zweifelsfragen in Zusammenhang mit dem EK-Escape ungelöst sind, mag ein Grund dafür sein, dass viele Unternehmen mit dem EK-Escape kurz nach Einführung der Vorschrift eher zurückhaltend umgingen.[1] Ein weiterer Grund ist in den praktischen Nachweisproblemen in Bezug auf das Nichtvorliegen einer schädlichen Gesellschafterfremdfinanzierung zu sehen.[2] Gleichwohl kommt dem EK-Escape eine hohe Bedeutung zu, denn wenn er gelingt, ermöglicht er einen unbegrenzten Abzug der Zinsaufwendungen (einschließlich des Zinsvortrags) für den betroffenen Betrieb für körperschaftsteuerliche Zwecke.

289

Einstweilen frei.

290

2. Konsolidierte Betriebe (§ 4h III S 5 EStG). a) Grundsatz. Für die Frage, ob die Ausnahmeregelung des § 4h II S 1 lit c EStG zur Anwendung kommt, muss die Zugehörigkeit des Betriebs zu einem Konzern geklärt werden. Gem § 4h III S 5 EStG gehört ein Betrieb zu einem Konzern, wenn er nach dem für die Ermittlung der Eigenkapitalquote zugrunde gelegten Rechnungslegungsstandard mit einem oder mehreren anderen Betrieben konsolidiert wird oder werden könnte. § 4h III S 5 EStG enthält damit keine eigenständige Definition des Konzernbegriffs, sondern nimmt Bezug auf den zugrunde gelegten Rechnungslegungsstandard. Zum erweiterten Konzernbegriff des § 4h III S 6 EStG vgl Rn 347 ff.

291

Einstweilen frei.

292-293

b) Konsolidierung mit einem oder mehreren anderen Betrieben. Erfordernis von mindestens zwei Betrieben. Aus § 4h III S 5 und 6 EStG wird deutlich, dass ein Konzern die Existenz von mindestens zwei Betrieben erfordert.[3] Der Betriebsbegriff des § 4h III S 5 EStG entspricht dem des § 4h I S 1 EStG (vgl Rn 68 ff).

294

Konsolidierung mit ausländischen Betrieben. Nicht erforderlich für die Anwendung des § 4h III S 5 EStG ist, dass der Konzern neben dem Unternehmen, welches der Zinsschranke unterliegt, weitere Unternehmen mit inländischen Betrieben unterhält. Nach dem hier vertretenen Verständnis des Betriebsbegriffs ist es unerheblich, wo der Betrieb liegt (vgl Rn 75). Daher sind auch Konzerne mit nur einem inländischen Tochterunternehmen von § 4h III S 5 EStG erfasst, da dieses mit „anderen Betrieben", welche im Ausland liegen, konsolidiert wird.

295

Problematik des Betriebsbegriffs in grenzüberschreitenden Fällen. Problematisch ist, dass die Rechnungslegungsstandards nicht die Konsolidierung von Betrieben sondern von Mutter- und Tochterunternehmen regeln.[4] Für die Frage der Konsolidierung nach dem jeweiligen Rechnungslegungsstandard kommt es nicht darauf an, ob das Mutter- bzw die Tochterunternehmen einen Betrieb iSd Zins-

296

---

1 Laut einer Ende 2007 durchgeführten Unternehmensbefragung von *Herzig/Lochmann/Liekenbrock*, DB 2008, 593, 597 (Tabelle 11), lag der EK-Escape bei den befragten Unternehmen, die eine Zinsabzugsbegrenzung zu befürchten hatten, mit einer Relevanz von 32,4 % an fünfter Stelle von sieben zur Auswahl gestellten Anpassungs- und Gestaltungsoptionen.
2 Nach der Unternehmensbefragung waren 77,8 % der betroffenen Unternehmen der Meinung, dass sie den Nachweis des Nichtvorliegens einer schädlichen Gesellschafterfremdfinanzierung nicht erbringen können, *Herzig/Lochmann/Liekenbrock*, DB 2008, 593, 596.
3 *Förster* in Gosch Exkurs § 4h EStG Rn 161.
4 *Stangl/Hageböke* in Schaumburg/Rödder, UntStRef 2008, S 468.

schranke unterhalten, dh ob sie Einkünfte aus Gewerbebetrieb erzielen (vgl Rn 68). Dies kann in grenzüberschreitenden Fällen bedeuten, dass außer dem Konzernunternehmen, welches der Zinsschranke unterliegt, kein anderes Unternehmen des Konzerns einen Betrieb iSd Zinsschranke unterhält. Wären die anderen Unternehmen des Konsolidierungskreises in diesem Fall nicht als „andere Betriebe" iSd § 4h III S 5 EStG anzusehen, läge ohne eine alternative Auslegung des Begriffs „anderer Betrieb" (vgl Rn 297) kein Konzern iSd Zinsschranke vor.

Beispiel

Die im Streubesitz befindliche A Ltd hält 100 % der Anteile der D GmbH. A Ltd ist ausschließlich vermögensverwaltend tätig (zB Holding oder Grundstücksgesellschaft).

Die A Ltd unterhält keinen Betrieb iSd der Zinsschranke, da sie weder gewerblich tätig ist noch § 8 II auf sie Anwendung findet. Sie erzielt zwar ggf Dividenden aus ihrer Beteiligung an der D GmbH, welche Einkünfte iSd § 8a I S 4 darstellen. Allerdings unterliegen die Dividenden der Abzugsbesteuerung, so dass eine entsprechende Anwendung des § 4h EStG auf die A Ltd ausscheidet. Es fehlte daher bei enger Auslegung des Konzernbegriffs der Zinsschranke an einem zweiten Betrieb. Dieses Ergebnis erscheint nicht sachgerecht, da kein Grund erkennbar ist, weshalb die Bestimmung der Konzernzugehörigkeit der D GmbH davon abhängig sein soll, ob die A Ltd gewerblich tätig ist oder nicht.

297 **Auslegung des Begriffs der „anderen Betriebe".** Die in Rn 296 dargestellte Problematik ergibt sich daraus, dass rein vermögensverwaltend tätige Konzernunternehmen im Ausland mangels Anwendung des § 8 II keinen Betrieb iSd Zinsschranke unterhalten. Zu einem mit dem Gesetzeswortlaut und dem Sinn und Zweck des § 4h III S 5 EStG vereinbaren Ergebnis gelangt man daher nur, wenn ausländische Unternehmen des Konzerns für Zwecke der Prüfung, ob ein „anderer Betrieb" vorliegt, wie inländische Unternehmen behandelt werden (Inlandsfiktion). Dies bedeutet ua, dass eine ausländische Kapitalgesellschaft im Wege der Fiktion stets und eine ausländische Personengesellschaft nur dann einen Betrieb unterhält, wenn sie originär gewerblich tätig oder gewerblich geprägt ist.[1] Abzulehnen ist dagegen eine Auslegung, nach welcher der Begriff der „anderen Betriebe" im § 4h III S 5 EStG als „andere Unternehmen" (Mutter- oder Tochterunternehmen) iSd anzuwendenden Rechnungslegungsstandards zu verstehen ist.[2] Dies würde im Einzelfall zu einer Erweiterung des Konzerns über den Gesetzeswortlaut hinaus führen.

Beispiel

Die AB KG und deren Komplementär-GmbH befinden sich im Streubesitz. Die AB KG ist ausschließlich vermögensverwaltend tätig und nicht gewerblich geprägt. Sie hält 100 % der Anteile an der C GmbH.

---

1 AA *Winkler/Käshammer*, Ubg 2008, 478, 480, welche ausländische vermögensverwaltende Kapitalgesellschaften nicht als „anderen Betrieb" für Zwecke des S 5 ansehen.
2 So wohl *Brunsbach*, IStR 2010, 745, 748 f; möglicherweise auch die Finanzverwaltung, welche in „freier Auslegung" den Betrieb als konzernzugehörig ansieht, wenn er in einen Konzernabschluss einzubeziehen ist oder einbezogen werden könnte, BMF v 4.7.2008, BStBl I 2008, 718, Rn 59; kritisch dazu *Fischer/Wagner*, BB 2008, 1872, 1876.

IX. Konzernzugehörige Betriebe

Die AB KG ist gem §§ 264a iVm 390 I HGB als Mutterunternehmen anzusehen. AB KG und C GmbH bilden daher einen handelsrechtlichen Konzern. Ggf ist AB KG von der Verpflichtung zur Erstellung eines Konzernabschlusses befreit. Jedoch stellt die AB KG keinen Betrieb iSd Zinsschranke dar, da sie weder gewerblich tätig noch gewerblich geprägt ist. Es mangelt daher an einem weiteren Betrieb mit dem der Betrieb der C GmbH konsolidiert werden könnte. Würde man eine Konzernzugehörigkeit aufgrund der Eigenschaft der AB KG als Mutterunternehmen bejahen, stünde diesem Ergebnis sowohl der Gesetzeswortlaut als auch der Wille des Gesetzgebers entgegen (hiernach soll entgegen des Gesetzeswortlauts selbst in Fällen der Betriebsaufspaltung kein Konzern vorliegen, wenn das Besitzunternehmen nur aufgrund der personellen und sachlichen Verflechtung mit dem Betriebsunternehmen als gewerblich anzusehen ist).[1]

Einstweilen frei. 298-299

c) Zugrundeliegender Rechnungslegungsstandard. Verweis auf Rechnungslegungsstandard für Zwecke des Eigenkapitalvergleichs. Der für § 4h III S 5 EStG zugrunde gelegte Rechnungslegungsstandard ergibt sich aus § 4h II lit c S 8 EStG. Dies ist der für die Ermittlung der Eigenkapitalquoten des Betriebs und des Konzerns maßgebliche Rechnungslegungsstandard. 300

Keine Maßgeblichkeit der Aufstellungspflicht. Aus der Verwendung der Zeitform des Perfekt („zugrunde gelegt") könnte geschlossen werden, dass die Anwendung des § 4h III S 5 EStG tatbestandsmäßig voraussetzt, dass bereits ein Konzernabschluss nach dem jeweiligen Rechnungslegungsstandard erstellt wurde.[2] Der Gesetzgeber geht jedoch zutreffend davon aus, dass § 4h III S 5 EStG auch zur Anwendung kommt, ohne dass ein handelsrechtlicher Konzernabschluss erstellt wurde, dieser aber erstellt werden könnte.[3] Diese Situation liegt insbesondere dann vor, wenn eine Verpflichtung zur Aufstellung eines Konzernabschlusses (zB aufgrund größenabhängiger Erleichterungen gem § 293 HGB) nicht besteht, obwohl konsolidierungsfähige Unternehmen gegeben sind. 301

Einstweilen frei. 302

d) Zeitpunkt der Bestimmung der Konzernzugehörigkeit. Vorangegangener Abschlussstichtag. Das Gesetz lässt offen, welcher Zeitpunkt für die Bestimmung der Konzernzugehörigkeit eines Betriebs maßgeblich ist. Da die Eigenkapitalquoten des Betriebs und des Konzerns auf den Schluss des vorangegangenen Abschlussstichtages zu ermitteln sind (§ 4h II S 1 lit c EStG), ist auch für die Bestimmung der Konzernzugehörigkeit auf diesen Zeitpunkt abzustellen.[4] 303

Abweichender Abschlussstichtag. Weicht der Abschlussstichtag des Betriebs von dem des Konzerns ab, ist der vorangegangene Abschlussstichtag des Betriebs maßgeblich.[5] 304

§ 8a

---

1 BTDrs 16/4841, 50.
2 *Mensching/Rössel*, DStR 2008, 1224 f; *Krain*, StuB 2009, 486, 488.
3 BTDrs 16/4841, 50; *Hennrichs*, DB 2007, 2101, 2102; *Blumenberg/Lechner* in Blumenberg/Benz, UntStRef 2008, S 136; *Heintges/Kamphaus/Loitz*, DB 2007, 1261; zugegebenermaßen wäre die Formulierung „zugrunde zu legender Rechnungslegungsstandard" treffender gewesen.
4 BMF v 4.7.2008, BStBl I 2008, 718, Rn 68.
5 *Förster* in Gosch Exkurs § 4h EStG Rn 162.

305   **Unterjähriger Wechsel der Konzernzugehörigkeit.** Wird der Betrieb unterjährig erstmalig Teil eines Konzerns, gehört dieser erst ab dem folgenden WJ zu einem Konzern gem § 4h II S 1 lit c EStG. Umgekehrt bleibt ein Betrieb auch bei unterjährigem Ausscheiden aus dem Konzern bis zum Ende des WJ konzernzugehörig. Entsteht ein Konzern unterjährig oder wird er im Laufe des WJ aufgelöst (zB durch Erwerb oder Verkauf von Tochterunternehmen), gelten diese Grundsätze entsprechend.[1]

306   **Neugründung des Betriebs.** Wird ein Betrieb iSd Zinsschranke während des WJ des Konzerns neu gegründet, soll er nach Auffassung der Finanzverwaltung ab dem Gründungszeitpunkt als konzernzugehörig gelten.[2] Diese Ansicht ist kritisch, da die Gesellschaft im Konzernabschluss des vorangegangenen Abschlussstichtages noch nicht konsolidiert werden konnte und das Gesetz aus Vereinfachungsgründen eine stichtagsbezogene Betrachtung vorsieht. Es erscheint daher sachgerecht, den Betrieb erst ab dem folgenden WJ als konzernzugehörig zu betrachten.

307   **Umwandlungen.** Erfolgt eine Umwandlung zur Neugründung, stellt sich ebenfalls die Frage, ob der neu entstandene Rechtsträger mit Neugründung zu einem Konzern gehört. Die Finanzverwaltung bejaht dies.[3] Dieser Auffassung ist zuzustimmen, soweit der neu gegründete Rechtsträger in die Rechtsstellung des übertragenden Rechtsträgers eintritt und der übergegangene Betrieb bei letzterem zu einem Konzern gehörte. Entsteht durch den Umwandlungsvorgang erst ein Konzern (zB aufgrund einer Spaltung), so gehört die neu gegründete Gesellschaft erst ab dem folgenden WJ zu einem Konzern.[4]

308   **Rückwirkende Umwandlungen.** Im Falle von rückwirkenden Umwandlungen ist der Umwandlungsstichtag auch für die Frage der Konzernzugehörigkeit maßgeblich. Entsteht demnach durch rückwirkende Spaltung auf den letzten Abschlussstichtag ein Konzern, so liegt eine Konzernzugehörigkeit für das dem Umwandlungsstichtag folgende WJ vor. Umgekehrt entfällt die Konzernzugehörigkeit für den Rückwirkungszeitraum bei rückwirkender Verschmelzung auf den letzten Abschlussstichtag.

309   **Organschaften.** Wird bis zum Ende des ersten WJ der Organgesellschaft ein wirksamer Ergebnisabführungsvertrag geschlossen und dadurch vom Beginn des WJ eine Organschaft begründet, mit der Folge, dass nur ein Betrieb iSd Zinsschranke vorliegt, gelten Organträger und –gesellschaften von Beginn des WJ an als nicht konzernzugehörig. Wird eine Organschaft unterjährig beendet, wirkt dies gem § 14 I S 1 Nr 3 S 3 auf den Beginn des WJ zurück, so dass auch vom Beginn dieses WJ an zwei Betriebe iSd Zinsschranke vorliegen, welche einen Konzern bilden. Zu den Auswirkungen auf die Eigenkapitalquote des Betriebs der Organschaft vgl Rn 417.

310   *Einstweilen frei.*

---

1   BMF v 4.7.2008, BStBl I 2008, 718, Rn 68.
2   BMF v 4.7.2008, BStBl I 2008, 718, Rn 68.
3   BMF v 4.7.2008, BStBl I 2008, 718, Rn 68.
4   Förster in Gosch Exkurs § 4h EStG Rn 162.

e) Konsolidierung nach den Rechnungslegungsstandards. Vollkonsolidierung. 311
§ 4h III S 5 EStG kommt nur zur Anwendung, wenn der Betrieb im Konzernabschluss voll konsolidiert wird oder werden könnte.[1] Eine quotale Konsolidierung oder eine Konsolidierung nach der Equity-Methode reicht nicht aus, da in diesen Fällen ein nur anteilmäßig zu einem Konzern gehöriger Betrieb vorliegt.

Mutter- und Tochterunternehmen. Im Ergebnis gehören zum Konzern das 312 Mutter- und die Tochterunternehmen iSd jeweiligen Rechnungslegungsstandards, wobei zwischen den Konzernunternehmen ein Beherrschungsverhältnis besteht.

Beherrschung nach IFRS. Nach IAS 27.4 besteht der Konzern aus dem Mutter- 313 unternehmen mit allen seinen Tochterunternehmen. Ein Tochterunternehmen ist ein Unternehmen, das von einem anderen Unternehmen beherrscht wird. Beherrschung („control") ist die Möglichkeit, die Finanz- und Geschäftspolitik eines Unternehmens zu bestimmen, um aus dessen Tätigkeit Nutzen zu ziehen. Eine Beherrschung wird regelmäßig angenommen, wenn das Mutterunternehmen direkt oder indirekt über die Mehrheit der Stimmrechte des Tochterunternehmens verfügt. Im Einzelfall kann gem IAS 27.13 eine Beherrschung aber auch dann vorliegen, wenn das Unternehmen nicht über die Mehrheit der Stimmrechte verfügt. Umgekehrt kann trotz Mehrheit der Stimmrechte eine Beherrschung im Einzelfall verneint werden.

Beherrschung nach IFRS 10. Mit den IFRS 10 wurde der Beherrschungsbegriff 314 unter IFRS neu geregelt. Der neue Beherrschungsbegriff ist grundsätzlich für Geschäftsjahre, die am 1.1.2013 oder danach beginnen, anwendbar. Eine freiwillige frühere Anwendung ist zulässig. Nach IFRS 10.7 setzt Beherrschung künftig voraus:

- Entscheidungsmacht über das andere Unternehmen (power over the investee),
- variable Rückflüsse, auf die das berichtende Unternehmen wegen einer Beziehung zu dem anderen Unternehmen ein Recht hat bzw denen es ausgesetzt ist (exposure, or rights, to variable returns from its involvement with the investee) und
- die Möglichkeit, die Entscheidungsmacht über das andere Unternehmen zu nutzen, um die Höhe der eigenen Rückflüsse zu beeinflussen (the ability to use its power over the investee to affect the amount of the investor's return).[2]

IFRS 10 löst den bisherigen Beherrschungsbegriff nach IAS 27 und SIC 12 ab. Wesentliche Änderungen zu dem bisherigen Beherrschungsbegriff nach IAS 27 beinhalten, dass eine Beherrschung aufgrund von faktischer Beherrschung (de facto control), potentiellen Stimmrechten (zB bei bestehenden Options- oder Wandlungsrechten) oder vertraglichen Rechtspositionen beruhen kann. Mit IFRS 10 nähert sich der Beherrschungsbegriff dem der US-GAAP an.

Mutterunternehmen nach IFRS. Die IFRS enthalten keine eigenständige De- 315 finition des Begriffs des Mutterunternehmens. Gem Art 4 der IAS Verordnung[3] sind die dem Recht eines Mitgliedstaates unterliegenden Gesellschaften verpflichtet, ihre

---
1   Köhler, DStR 2007, 597, 599; Heintges/Kamphaus/Loitz, DB 2007, 1261, 1262; Lüdenbach/Hoffmann, DStR 2007, 636; Stangl/Hageböke in Unternehmensteuerreform 2008, S 469.
2   Beyhs/Buschhüter/Schurbohm, WPg 2011, 662, 663.
3   EG-Verordnung 1606/2002 v 19.7.2002, ABl EG L 243/1 v 11.9.2002.

konsolidierten Abschlüsse nach den von der EU-Kommission übernommenen IFRS aufzustellen, wenn ihre Wertpapiere am jeweiligen Bilanzstichtag in einem beliebigen Mitgliedsstaat zum Handel in einem geregelten Markt freigegeben worden sind. Ob ein Mutterunternehmen vorliegt, richtet sich nach dem Recht der jeweiligen Mitgliedsstaaten (§ 315a I HGB).[1] Das Mutterunternehmen wird regelmäßig eine Kapitalgesellschaft sein. Aus IAS 27.4 ergibt sich, dass auch Personengesellschaften Mutterunternehmen iSd IFRS sein können. Sofern es sich um ein Mutterunternehmen mit Sitz in Deutschland handelt, besteht eine Pflicht zur Aufstellung eines Konzernabschlusses regelmäßig für Personengesellschaften, bei denen keine natürliche Person persönlich haftender Gesellschafter ist (vgl Rn 320).

316 **Einbeziehungswahlrechte und -ausnahmen nach IFRS.** Der Konzernabschluss schließt nach IAS 27.12 alle Tochterunternehmen des Mutterunternehmens ein. Daraus ergibt sich, dass es grundsätzlich kein Einbeziehungswahlrecht gibt. Allerdings kann aus Wesentlichkeitsgründen auf eine Einbeziehung verzichtet werden. Da diese Unternehmen gleichwohl konsolidiert werden könnten, stellen sie nach dem eindeutigen Gesetzeswortlaut des § 4h III S 5 EStG einen konzernzugehörigen Betrieb dar. Eine Ausnahme von der Einbeziehung in den Konzernabschluss gilt nach IAS 27.16, wenn das Tochterunternehmen ausschließlich zum Zweck der Wiederveräußerung innerhalb von zwölf Monaten erworben wurde und das Management aktiv einen Käufer sucht. Solche Unternehmen gehören folglich zu keinem Konzern iSd Zinsschranke (vorbehaltlich des § 4h III S 6 EStG).

317 **Zweckgesellschaften nach IFRS.** Auch ohne Mehrheit der Stimmrechte kommt gem SIC 12 eine Konsolidierung von Zweckgesellschaften (Special Purpose Entity – SPE) in Betracht, wenn zB bei wirtschaftlicher Betrachtung die Mehrheit des Nutzens einem Unternehmen zusteht und dieses die Mehrheit der Risiken des SPE trägt.[2] In diesem Fall ist keine Beteiligung des Unternehmens an dem SPE erforderlich. Ein SPE ist ein Unternehmen, welches gegründet wurde, um ein enges und genau definiertes Ziel zu erreichen, zB um ein Leasinggeschäft, Forschungs- und Entwicklungsaktivitäten oder eine Verbriefung von Finanzinstrumenten durchzuführen (zu Verbriefungszweckgesellschaften vgl auch Rn 329).

318 **Zweckgesellschaften unter IFRS 10.** Der SIC 12 wird künftig durch IFRS 10 abgelöst. Eine wesentliche Änderung des Beherrschungskonzepts ist, dass Zweckgesellschaften künftig nicht mehr nach quantitativen Kriterien, die dem Risk-and-reward-Ansatz zugrunde liegen, zu konsolidieren sind, sondern der Beherrschungsbegriff des IFRS 10 gilt. Zweckgesellschaften werden danach künftig unter den Begriff der structured entities fallen. Dabei ist gem IFRS 10.10 zu untersuchen, wem das Recht zusteht die maßgeblichen Entscheidungen für den unternehmerischen Erfolg zu bestimmen. Dieses ergibt sich nicht zwangsläufig aus der Mehrheit der Stimmrechte. Weiterhin ist gem IFRS 10.B5 der Zweck und die Ausgestaltung des Tochterunternehmens zu berücksichtigen, um die für den unternehmerischen Erfolg maßgeblichen Aktivitäten zu bestimmen sowie die Person, welche diese Aktivitäten maßgeblich bestimmen.

---

1   Ellrott/Kozikowski/Ritter in Beck'scher BilKomm § 315a HGB Rn 5.
2   Zu den Kriterien im Einzelnen SIC 12, der eine Interpretation des IAS 27 darstellt.

IX. Konzernzugehörige Betriebe

Beherrschung nach HGB. Gem § 290 I HGB ist ein Mutterunternehmen zur Aufstellung eines Konzernabschlusses verpflichtet, wenn dieses auf ein Tochterunternehmen mittelbar oder unmittelbar beherrschenden Einfluss ausüben kann. Beherrschender Einfluss besteht gem § 290 II Nr 1-3 HGB stets, wenn

- dem Mutterunternehmen die Mehrheit der Stimmrechte des Tochterunternehmens zustehen,
- dem Mutterunternehmen, welches zugleich Gesellschafter ist, das Recht zusteht, die Mehrheit der Mitglieder des die Finanz- und Geschäftspolitik bestimmenden Verwaltungs-, Leitungs- und Aufsichtsorgans zu bestellen oder abzuberufen, oder
- dem Mutterunternehmen das Recht zusteht, die Finanz- und Geschäftspolitik aufgrund eines mit dem Tochterunternehmen geschlossenen Beherrschungsvertrages oder aufgrund einer Bestimmung in der Satzung des Tochterunternehmens zu bestimmen.

Vor Änderung des § 290 I HGB durch das BilMoG v 25.5.2009[1] war es noch erforderlich, dass die Tochterunternehmen tatsächlich unter der einheitlichen Leitung des Mutterunternehmens stehen. Durch das BilMoG wurden die Regelungen des HGB den IFRS (vor Geltung des IFRS 10) angenähert, so dass nunmehr nur noch die Möglichkeit bestehen muss, einen beherrschenden Einfluss auszuüben.[2] Der Konzernbegriff des BilMoG ist erstmals verpflichtend für WJ anzuwenden, die nach dem 31.12.2009 beginnen (Art 66 III EGHGB).

Mutterunternehmen nach HGB. Mutterunternehmen sind gem § 290 I S 1 HGB Kapitalgesellschaften (AG, GmbH, KGaA) und gem §§ 264a I iVm 290 I HGB Personenhandelsgesellschaften (OHG, KG), bei denen nicht mindestens

- eine natürliche Person persönlich haftender Gesellschafter ist oder
- eine Personengesellschaft persönlich haftender Gesellschafter ist, bei der wiederum eine natürliche Person persönlich haftender Gesellschafter ist.

Für Kreditinstitute und Versicherungsunternehmen gelten gesonderte Regelungen.

Mutterunternehmen nach PublG. Gem § 11 I PublG sind alle Unternehmen, welche einen beherrschenden Einfluss auf ein anderes Unternehmen ausüben, zur Aufstellung eines Konzernabschlusses verpflichtet, wenn die in § 11 I PublG genannten Größenmerkmale überschritten werden. Unternehmen iSd § 11 I PublG sind[3]

- Personengesellschaften, welche nicht unter § 264a HGB fallen,
- Einzelkaufleute,
- Vereine mit einem auf einen wirtschaftlichen Geschäftsbetrieb gerichteten Zweck,
- rechtsfähige, gewerbetreibende Stiftungen des bürgerlichen Rechts,

---

1 BGBl I 2009, 1102.
2 Vgl BTDrs 16/12407, 89.
3 *Kozikowski/Ritter* in Beck'scher BilKomm § 290 HGB Rn 104.

- Körperschaften, Stiftungen oder Anstalten des öffentlichen Rechts mit Kaufmannseigenschaft kraft Eintragung ins Handelsregister oder Grundhandelsgewerbe oder
- eingetragene Genossenschaften.

Personenhandelsgesellschaften und Einzelkaufleute sind gem § 11 V S 2 PublG nicht zur Aufstellung eines Konzernabschlusses verpflichtet, wenn sie ausschließlich vermögensverwaltend tätig sind und nicht die Aufgaben der Konzernleitung wahrnehmen. Für den Konzernabschluss gelten gem § 13 II PublG die Rechnungslegungsregelungen des HGB entsprechend.

322 **Einbeziehungswahlrechte nach HGB.** Wie unter IFRS sind auch im HGB alle Tochterunternehmen in den Konzernabschluss gem § 294 I HGB einzubeziehen. Gem § 296 I HGB brauchen jedoch Tochterunternehmen unter bestimmten Voraussetzungen, insbesondere wenn die Anteile ausschließlich zum Zweck der Weiterveräußerung gehalten werden, nicht in den Konzernabschluss einbezogen werden. Gleiches gilt, nach § 296 II HGB bei Tochterunternehmen von untergeordneter Bedeutung. Da es sich in den Fällen des § 296 HGB um Wahlrechte handelt, sind diese Tochterunternehmen als konzernzugehörige Betriebe iSd Zinsschranke anzusehen, auch wenn sie nicht konsolidiert werden.

323 **Zweckgesellschaften nach HGB.** Die Einbeziehung von Zweckgesellschaften in den HGB-Konzernabschluss war vor Inkrafttreten des BilMoG mindestens zweifelhaft.[1] Mit Inkrafttreten des BilMoG wurde durch die Einfügung des § 390 II Nr 4 HGB eine Annäherung an die IFRS (vor Geltung von IFRS 10) hergestellt, so dass Zweckgesellschaften unter den gleichen Kriterien in den Konzernabschluss einzubeziehen sind.[2] Gem dieser Vorschrift können auch sonstige juristische Personen des Privatrechts und selbständige Sondervermögen des Privatrechts einzubeziehen sein, nicht jedoch Spezialsondervermögen iSd § 2 III InvG. Vor BilMoG stellte sich noch die Frage, ob Zweckgesellschaften in einem HGB-Konzern für Zinsschrankenzwecke über den erweiterten Konzernbegriff des § 4h III S 6 EStG einzubeziehen waren.[3]

324 **Beherrschung nach US-GAAP.** Bei Anwendung von US-GAAP sind gem ASC 810-10-15-10 alle Einheiten (entities) zu konsolidieren, in denen das Mutterunternehmen einen sog controlling financial interest hält und es sich bei diesen Einheiten nicht um eine sog variable interest entity (VIE) handelt. Ein controlling financial interest liegt gem ASC 810-10-15-8 regelmäßig vor, wenn ein Mutterunternehmen unmittelbar oder mittelbar über mehr als die Hälfte der Stimmrechte einer anderen Einheit verfügt. Die Beherrschungsmöglichkeit (power to control) kann aber auch auf anderen Umständen beruhen, zB auf vertraglicher Beziehung, auf Leasingvereinbarungen, auf einer Gesellschafterabrede oder einer gerichtlichen Anordnung. Besondere Regelungen bestehen für Beherrschungsverhältnisse zB aufgrund einer Kommanditistenstellung (ASC 810-20), Forschung und Entwicklung (ASC 810-30) oder Managementverträgen in der Health Care Industry (vgl ASC 810-15-22).

---

1 Schruff/Rothenburger, WPg 2002, 763; Weber/Böttcher/Griesemann, WPg 2002, 907.
2 So Hinweis auf die Kriterien von SIC 12 in BTDrs 16/12407, 89.
3 Lüdenbach/Hoffmann, DStR 2007, 636, 637.

IX. Konzernzugehörige Betriebe

Mutterunternehmen nach US-GAAP. US-GAAP enthält keine Einschränkung hinsichtlich der Rechtsform des Mutterunternehmens. Die Verpflichtung zur Erstellung eines Konzernabschlusses für kapitalmarktorientierte Unternehmen ergibt sich aus den Verlautbarungen der SEC. Konzernabschlüsse sind danach von in den USA börsennotierten Unternehmen zu erstellen. 325

Einbeziehungswahlrechte und -ausnahmen nach US-GAAP. Ausnahmen von der Einbeziehung in den Konzernabschluss bestehen gem ASC 810-10-15 für Tochterunternehmen, für welche das Mutterunternehmen die Beherrschungsmöglichkeit tatsächlich nicht ausüben kann, zB weil sich das Tochterunternehmen in einem Konkursverfahren befindet, einer Devisenbewirtschaftung oder Zahlungsbeschränkung unterliegt oder durch staatliche Restriktionen seine Möglichkeiten zur beherrschenden Einflussnahme nicht ausüben kann. Auch bei voraussichtlich nur vorübergehender Beherrschung, zB aufgrund des geplanten Weiterverkaufs eines Tochterunternehmens, besteht grundsätzlich Einbeziehungspflicht. Weiterhin besteht gem ASC 810-10-15-10 iVm ASC 810-10-25 keine Konsolidierungspflicht, wenn die Minderheitsgesellschafter des Tochterunternehmens gewisse Mitbestimmungs-, Blockade- oder Vetorechte (sog substantive participating rights) haben. 326

Zweckgesellschaften nach US-GAAP. Sog variable interest entities sind nicht bei dem Mehrheitsgesellschafter zu konsolidieren sondern bei dem sog Meistbegünstigten (primary beneficiary). Ob ein Tochterunternehmen als variable interest entity anzusehen ist, bestimmt sich nach ASC 810-10-25-20 ff. Eine variable interest entity liegt danach vor, wenn die Berichtseinheit die Aktivitäten der variable interest entity, welche die wirtschaftliche Leistungsfähigkeit der variable interest entity am stärksten beeinflussen, bestimmen kann (power to direct activities). Weitere Voraussetzung ist gem ASC 810-10-25-38A, dass die Berichtseinheit die Verpflichtung hat, potenziell bedeutende Verluste der variable interest entity zu tragen oder ein Recht auf bedeutende Nutzenpotentiale aus der variable interest entity hat. 327

Vollkonsolidierung nach GAAP eines anderen EU-Mitgliedsstaates. Ob eine Vollkonsolidierung nach dem Rechnungslegungsstandard eines anderen EU-Mitgliedsstaates zu erfolgen hat, ist im jeweiligen Einzelfall zu beurteilen. Eine Darstellung jedes Rechnungslegungsstandards der EU-Mitgliedsstaaten kann an dieser Stelle nicht erfolgen. 328

Verbriefungszweckgesellschaften. Die Finanzverwaltung vertritt die Auffassung, dass Verbriefungszweckgesellschaften iRv Asset-Backed-Securities-Gestaltungen, deren Unternehmensgegenstand in dem rechtlichen Erwerb von Forderungen aller Art und/oder der Übernahme von Risiken aus Forderungen und Versicherungen liegt, als nicht konzernzugehörig gelten, wenn eine Einbeziehung in den Konzernabschluss allein aufgrund einer wirtschaftlichen Betrachtungsweise unter Berücksichtigung der Nutzen- und Risikoverteilung erfolgt.[1] Diese Auffassung basiert augenscheinlich auf 329

---

1 BMF v 4.7.2008, BStBl I 2008, 718, Rn 67.

einer widersprüchlichen Passage der Gesetzesbegründung.[1] Indes hat sie keinen Ausdruck im Gesetzeswortlaut gefunden. Im Gegenteil sind Zweckgesellschaften nach IFRS und für WJ, die nach dem 31.12.2009 beginnen, auch nach HGB unter Anwendung der wirtschaftlichen Betrachtungsweise zu konsolidieren (vgl Rn 317 und 323). Daher gehören auch Verbriefungszweckgesellschaften gleich welcher Art regelmäßig zu einem Konzern.[2]

330-332 *Einstweilen frei.*

333 **f) Konsolidierungsmöglichkeit.** Gem § 4h III S 5 EStG gehört ein Betrieb auch dann zu einem Konzern, wenn er nach dem zugrunde gelegten Rechnungslegungsstandard mit einem oder mehreren anderen Betrieben konsolidiert werden könnte. Fraglich ist, wann eine Konsolidierungsmöglichkeit iSd § 4h III S 5 EStG gegeben ist. Denkbar sind insbesondere folgende Fälle:

- Der Betrieb ist zwar als Tochterunternehmen anzusehen, wurde aber wegen eines Einbeziehungswahlrechtes tatsächlich nicht konsolidiert (vgl Rn 316 und 322). Dieser Fall fällt unstrittig unter § 4h III S 5 EStG.[3]
- Der betrachtete Betrieb und sein potentielles Mutterunternehmen wären nach dem zugrundegelegten Rechnungslegungsstandard zu konsolidieren, sind aber aufgrund von Befreiungstatbeständen, zB größenabhängige Befreiung gem § 293 HGB oder Befreiung gem § 290 V HGB, nicht zur Aufstellung eines Konzernabschlusses verpflichtet.
- Eine Verpflichtung zur Aufstellung eines Konzernabschlusses besteht nicht, weil der Konzern nicht die größenabhängigen Aufstellungsvoraussetzungen des § 11 I PublG erfüllt.

Nach dem gesetzgeberischen Willen kommt es auf die Verpflichtung zur Erstellung eines Konzernabschlusses nicht an.[4] Auch wenn tatsächlich kein Konzernabschluss aufgestellt wurde, kann der Betrieb gleichwohl zu einem Konzern gehören. Es kommt daher lediglich darauf an, ob mindestens ein konsolidierungsfähiges Mutterunternehmen und ein konsolidierungsfähiges Tochterunternehmen iSd jeweiligen Rechnungslegungsstandards vorliegen. Damit fallen auch die beiden zuletzt aufgezählten Fälle unter § 4h III S 5 EStG.[5]

334 **Mutterunternehmen in Drittstaaten (ohne USA).** Weiterhin ist fraglich, ob auch Fälle unter § 4h III S 5 EStG zu subsumieren sind, in denen der Betrieb ein ausländisches Mutterunternehmen hat, für welches keine Konsolidierungspflicht oder eine

---

1 BTDrs 16/4841, 50. In der gleichen Passage geht der Gesetzgeber auch davon aus, dass Gemeinschaftsunternehmen als konzernzugehörig (iSv Vollkonsolidierung) angesehen werden können, obgleich dies sowohl unter IFRS als auch unter HGB definitorisch ausgeschlossen ist.
2 *Hennrichs*, DB 2007, 2101, 2102; *Förster* in Gosch Exkurs § 4h EStG Rn 166; aA *Blumenberg/Lechner* in Blumenberg/Benz, UntStRef 2008, S 142 die Gesetzesbegründung auf alle Zweckgesellschaften ausweitend.
3 *Blumenberg/Lechner* in Blumenberg/Benz, UntStRef 2008, S 135; *Hennrichs*, DB 2007, 2101, 2102; *Ganssauge/Mattern*, DStR 2008, 213, 216.
4 BTDrs 16/4841, 50.
5 Ebenso *Blumenberg/Lechner* in Blumenberg/Benz, UntStRef 2008, S 135; *Hennrichs*, DB 2007, 2101, 2102; *Heintges/Kamphaus/Loitz*, DB 2007, 1261; aA *Heuermann* in Blümich § 4h EStG Rn 57.

IX. Konzernzugehörige Betriebe

Konsolidierungspflicht nach einem anderen, als den in § 4h II S 1 lit c S 8 EStG genannten, Rechnungslegungsstandard besteht. Dies sind regelmäßig außerhalb der EU und den USA ansässige Mutterunternehmen.

Beispiel
Die T GmbH wird zu 100 % von der kanadischen M Inc. gehalten. Die M Inc stellt einen Konzernabschluss nach kanadischem GAAP auf, in den die T GmbH einbezogen wird.

Die M Inc stellt ein qualifizierendes Mutterunternehmen iSd in § 4h II S 1 lit c S 8 EStG genannten Rechnungslegungsstandards (zB IFRS) dar. Wäre die M Inc im Geltungsbereich dieser Rechnungslegungsstandards ansässig, bestünde eine Konsolidierungspflicht. Die T GmbH gehört daher zu einem Konzern iSd § 4h III S 5 EStG.

Kommt es für Zwecke des § 4h III S 5 EStG wie hier vertreten lediglich auf die Konsolidierungsfähigkeit des Mutterunternehmens an, ist dessen Ansässigkeit für die Frage der Zugehörigkeit des Betriebs zu einem Konzern, unbeachtlich. Insofern kann iRd § 4h III S 5 EStG bereits von einem erweiterten Konzernbegriff gesprochen werden. Denn auch Mutterunternehmen, die außerhalb des Anwendungsbereichs der Rechnungslegungsstandards liegen, können eine Konzernzugehörigkeit begründen. Im Gegensatz dazu fehlt es in den Fällen des § 4h III S 6 EStG an einem konsolidierungsfähigen Mutterunternehmen iSd Rechnungslegungsstandards (vgl Rn 347).[1]

Einstweilen frei.

g) Einzelfragen. Wahlrecht bei Nichtvorliegen eines Konzernabschlusses.
Ist kein Konzernabschluss aufgestellt worden, stellt sich die Frage, nach welchem Rechnungslegungsstandard die Konzernzugehörigkeit des Betriebs zu prüfen ist. Aufgrund des Verweises des § 4h III S 5 EStG auf § 4h II S 1 lit c S 8 EStG, können Steuerpflichtige in diesem Fall wählen, ob IFRS oder ein Rechnungslegungsstandard eines EU Mitgliedsstaates dem EK-Escape zugrundegelegt werden soll.[2] US-GAAP ist hingegen nur dann anwendbar, wenn eine Verpflichtung zur Aufstellung eines Konzernabschlusses nach US-GAAP besteht, so dass insoweit keine Wahlmöglichkeit besteht. Die Wahl zwischen IFRS oder EU-GAAP eröffnet dem Steuerpflichtigen Gestaltungsmöglichkeiten, da er durch die Wahl des Rechnungslegungsstandards auch den Konsolidierungskreis und im Extremfall die Konzernzugehörigkeit des Betriebs beeinflussen kann.[3] Allerdings wird sich der Gestaltungsspielraum aufgrund des im

---

[1] Auch die Finanzverwaltung begrenzt den Anwendungsbereich des § 4h III S 6 EStG auf Gleichordnungskonzerne, BMF v 4.7.2008, BStBl I 2008, 718, Rn 60.
[2] AA wohl *Blumenberg/Lechner* in Blumenberg/Benz, UntStRef 2008, S 135, welche die Konzernzugehörigkeit anhand aller zugelassenen Rechnungslegungsstandards prüfen wollen, dies aber aus Praktikabilitätsgründen auf IFRS und HGB beschränken. Eine Stütze im Gesetzeswortlaut findet sich für diese Auslegung nicht.
[3] Ablehnend *Bohn*, Zinsschranke und Alternativmodelle zur Beschränkung des steuerlichen Zinsabzugs, 2009, S 271.

EU-Raum verbreiteten Control-Prinzips in Grenzen halten. Selbst wenn es gelingt, dass der Betrieb durch die Wahl des Rechnungslegungsstandards nicht konzernzugehörig ist, käme der erweiterte Konzernbegriff des § 4h III S 6 EStG zur Anwendung.

337 **Einzelkaufleute.** Einzelkaufleute können ein Mutterunternehmen gem § 11 I PublG darstellen (vgl Rn 321). Daher liegt ein Konzern iSd § 4h III S 5 EStG vor, wenn ein Einzelunternehmer eine Beteiligung an mindestens einem Tochterunternehmen (Kapitalgesellschaft oder Personengesellschaft) hält.[1] Verfügt der Einzelunternehmer dagegen lediglich über zwei Betriebe iSd Zinsschranke soll ausweislich der Gesetzesbegründung kein Konzern vorliegen.[2] Dies ist zutreffend, da eine Konsolidierung von mehreren Betrieben iSd § 4h III S 5 EStG das Vorliegen von mehreren Rechtsträgern voraussetzt. Liegt nur ein Rechtsträger vor, umfasst dessen Vermögen, Schulden und Ergebnis bereits alle Betriebe. Diese Auslegung erscheint auch sachgerecht, da keine Darlehensbeziehungen zwischen zwei Betrieben desselben Rechtsträgers begründet werden können.[3] Vorstehendes gilt unabhängig davon, ob die Betriebe im In- oder Ausland unterhalten werden, und erst recht, wenn mehrere Betriebsstätten vorliegen, welche keinen eigenständigen Betrieb bilden.

338 **Andere Körperschaften.** Körperschaften, die keine Kapitalgesellschaften sind, können gem § 11 I PublG als Mutterunternehmen anzusehen sein (vgl Rn 321). Unterhalten diese Körperschaften mehrere Betriebe, liegt ebenso wie bei Einzelunternehmern kein Konzern iSd § 4h III S 5 EStG vor, sofern die Körperschaft nicht selbst Mutter- oder Tochterunternehmen eines Konzerns ist. Die Ausführungen in Rn 337 gelten entsprechend.

339 **Beschränkt steuerpflichtige Körperschaften.** Beschränkt steuerpflichtige Körperschaften können mehrere Betriebe iSd Zinsschranke haben (vgl Rn 82). Dies allein führt jedoch ebenso wie bei Einzelunternehmern nicht zur Begründung eines Konzerns iSd Zinsschranke. Die Ausführungen in Rn 337 gelten entsprechend.

340 **Personengesellschaften.** Personengesellschaften können Mutterunternehmen bei Anwendung von HGB, IFRS und US-GAAP[4] sein. Dies gilt bei Anwendung von HGB und IFRS gem § 264a HGB für Personengesellschaften, bei denen keine natürliche Person persönlich haftender Gesellschafter ist und gem § 11 I PublG auch für andere Personengesellschaften, es sei denn diese sind ausschließlich vermögensverwaltend tätig und nehmen nicht die Aufgaben der Konzernleitung wahr (siehe Rn 321). Die Personengesellschaften formen mit ihren Tochterunternehmen einen Konzern iSd § 4h III S 5 EStG.

341 **Vermögensverwaltende Gesellschaften.** Vermögensverwaltend tätige Gesellschaften können Mutterunternehmen und damit Konzernspitze für Zwecke der Zinsschranke sein. Dies gilt uneingeschränkt für Kapitalgesellschaften (vgl Rn 315 und

---

1 BTDrs 16/4841, 50; BMF v 4.7.2008, BStBl I 2008, 718, Rn 62.
2 BTDrs 16/4841, 50.
3 *Förster* in Gosch Exkurs § 4h EStG Rn 173.
4 Andere EU-GAAP werden hier nicht behandelt.

320) und eingeschränkt für Personengesellschaften (vgl Rn 315, 320 und 321, zur Einbeziehung in den Konzernabschluss vgl Rn 389, zur Behandlung als „anderer Betrieb" iSd § 4h III S 5 EStG vgl Rn 297).[1]

Private Equity Fonds. Private Equity Fonds sind häufig in der Rechtsform einer Personengesellschaft organisiert. Insofern gelten die Rn 340 und 341 entsprechend. Dies bedeutet, dass inländische Private Equity Fonds als Mutterunternehmen anzusehen sein können, wenn es sich um Personengesellschaften gem § 264a HGB handelt.[2] Bei in anderen EU-Mitgliedsstaaten ansässigen Private Equity Fonds kommt es darauf an, ob die für den Fonds verwendete Rechtsform als Mutterunternehmen für Zwecke der IFRS iVm dem Handelsrecht des Mitgliedsstaates anzusehen sein kann. Wie in Rn 313 und 319 dargelegt, reicht die Beherrschungsmöglichkeit aus. Auf eine tatsächliche Beherrschung kommt es für die Rechnungslegungsstandards und damit auch für die Anwendung des § 4h III S 5 EStG nicht an. Zur Ermittlung der Konzernspitze bei Private Equity Fonds wird auf Rn 390 verwiesen.   342

Oberste Konzernspitze. Welches Unternehmen bzw welcher Betrieb die oberste Konzernspitze bildet, ist für Zwecke des § 4h III S 5 EStG nicht relevant. Diese Vorschrift bestimmt nur, ob der zu betrachtende Betrieb zu einem Konzern gehört. Hierzu reicht es bereits aus, wenn ein Teilkonzern identifiziert wurde, zu dem der Betrieb gehört. § 4h III S 5 EStG bestimmt nach seinem eindeutigen Wortlaut nicht den Konsolidierungskreis, für den der Konzernabschluss iSd § 4h II S 1 lit c S 8 EStG aufzustellen ist, um die Eigenkapitalquote des Konzerns zu ermitteln. Jedoch ist nach dem Willen des Gesetzgebers auf den größtmöglichen Konsolidierungskreis mit dem sich für diesen Konsolidierungskreis obersten Rechtsträger abzustellen[3] (vgl dazu Rn 388 ff). Der Konsolidierungskreis ist weiterhin für die Prüfung des Vorliegens einer schädlichen Gesellschafterfremdfinanzierung von erheblicher Bedeutung (dazu Rn 484 ff).   343

Einstweilen frei.   344-346

3. Erweiterter Konzernbegriff (§ 4h III S 6 EStG). a) Allgemeines. Nach § 4h III S 6 EStG gehört ein Betrieb zu einem Konzern, wenn seine Finanz- und Geschäftspolitik mit einem oder mehreren anderen Betrieben einheitlich bestimmt werden kann. § 4h III S 6 EStG enthält einen eigenständigen Konzernbegriff, der über die Rechnungslegungsstandards hinausgeht. Auf das Vorhandensein eines Mutterunternehmens iSd Rechnungslegungsstandards kommt es nicht an.   347

Gleichordnungskonzern. Daher geht die Finanzverwaltung davon aus, dass es sich bei den Fällen des § 4h III S 6 EStG um sog Gleichordnungskonzerne ohne qualifizierendes Mutterunternehmen handelt.[4]   348

---

1 BMF v 4.7.2008, BStBl I 2008, 718, Rn 60.
2 *Förster* in Gosch Exkurs § 4h EStG Rn 170; aA IDW v 23.11.2007, IDW FN, 640; *Blumenberg/Lechner* in Blumenberg/Benz, UntStRef 2008, S 156; kritisch auch *Töben/Fischer*, Ubg 2008, 149, 154.
3 BTDrs 16/4841, 50.
4 BMF v 4.7.2008, BStBl I 2008, 718, Rn 60.

349 **Konsolidierungsfähiges Tochterunternehmen.** Gleichsam muss der Betrieb iRd § 4h III S 6 EStG kein konsolidierungsfähiges Tochterunternehmen iSd Rechnungslegungsstandards sein (im Einzelnen Rn 358 ff).

350 **Verhältnis zu § 4h III S 5 EStG.** Die Regelung des § 4h III S 6 EStG ist als Auffangtatbestand zu § 4h III S 5 EStG zu verstehen.[1] Dies bedeutet, dass § 4h III S 6 EStG nur zur Anwendung kommt, wenn ein Betrieb nicht bereits nach § 4h III S 5 EStG als zu einem Konzern zugehörig anzusehen ist. Zugleich erweitert § 4h III S 6 EStG den Konzern für nicht konsolidierungsfähige Betriebe, wenn bereits ein Konzern nach § 4h III S 5 EStG vorliegt (vgl Rn 358 ff). Dies hat Bedeutung für die Bestimmung des Konsolidierungskreises, für den die Eigenkapitalquote des Konzerns zu ermitteln ist (vgl Rn 383). Weiterhin hat der Konsolidierungskreis Auswirkungen auf das Vorliegen einer schädlichen Gesellschafterfremdfinanzierung, da diese von außerhalb des Konsolidierungskreises erfolgen muss (vgl dazu Rn 515 ff).

351 *Einstweilen frei.*

352 **b) Beherrschung mit einem oder mehreren anderen Betrieben.** § 4h III S 6 EStG setzt voraus, dass die Geschäfts- und Finanzpolitik des zu betrachtenden Betriebs mit einem oder mehreren anderen Betrieben bestimmt werden kann. Wie in § 4h III S 5 EStG ist der Begriff der „anderen Betriebe" dahingehend auszulegen, dass ausländische Unternehmen auch dann als solche gelten, wenn sie bei Ansässigkeit im Inland als Betrieb angesehen würden (vgl auch Rn 297).

Beispiel

Die natürliche Person A ist zu 60 % an der gewerblichen X OHG beteiligt. Zugleich ist A Alleingesellschafter der B Ltd mit Sitz in UK. Die B Ltd ist ausschließlich vermögensverwaltend tätig und unterliegt im Inland nicht der beschränkten Steuerpflicht.

B Ltd unterhält zwar keinen Betrieb iSd der Zinsschranke, da § 8 II auf sie keine Anwendung findet. Wäre sie unbeschränkt steuerpflichtig, läge ein weiterer Betrieb iSd Zinsschranke vor. Aufgrund der hier vertretenen Inlandsfiktion ist sie daher gleichwohl als „anderer Betrieb" für Zwecke der Anwendung des § 4h III S 6 EStG anzusehen, so dass ein Gleichordnungskonzern vorliegt, zu dem der Betrieb der X OHG gehört.

353 *Einstweilen frei.*

354 **c) Beherrschung nach § 4h III S 6 EStG. Beherrschungsmöglichkeit.** § 4h III S 6 EStG setzt voraus, dass die Finanz- und Geschäftspolitik des Betriebs einheitlich bestimmt werden kann. Daraus folgt zunächst, dass der Beherrschungsbegriff des S 6 ebenso wie iRv IFRS und HGB keine tatsächliche Beherrschung, sondern lediglich eine Beherrschungsmöglichkeit erfordert.

---

1 Fischer/Wagner, BB 2008, 1872, 1876; Möhlenbrock/Pung in D/J/P/W § 8a Rn 78; Krain, StuB 2009, 486, 489.

"Einheitliche Leitung". Unglücklich gewählt sind die den Beherrschungsbegriff 355
des § 4h III S 6 EStG determinierenden Begrifflichkeiten, die zT den IFRS und zT dem
HGB entstammen. Der Begriff der „einheitlichen Leitung", der den HGB Konzernbegriff bestimmte, ist mittlerweile durch das BilMoG überholt.

Beherrschung iSd IAS 27. Nach IAS 27.4 erfordert der Beherrschungsbegriff die 356
Möglichkeit der „Bestimmung der Finanz- und Geschäftspolitik" eines Unternehmens,
um aus dessen Tätigkeit Nutzen zu ziehen. Das bedeutende Merkmal der Nutzziehung
ist jedoch im Wortlaut des § 4h III S 6 EStG nicht enthalten. Gleichwohl geht der Gesetzgeber offenbar davon aus, dass § 4h III S 6 EStG den Beherrschungsbegriff des IAS 27
meint.[1] Die Vorschriften zur Zinsschranke definieren nicht, wann eine einheitliche
Bestimmung der Finanz- und Geschäftspolitik vorliegt. Diese Begriffe werden auch
ansonsten im Steuerrecht nicht verwendet. Da nicht ersichtlich ist, dass der Gesetzgeber den Konzernbegriff des § 4h III S 6 EStG über denjenigen der IFRS erweitern
wollte, setzt die Vorschrift ein Beherrschungsverhältnis iSd IAS 27 und SIC 12 voraus.[2]
Fraglich ist, wie die Auslegung des erweiterten Konzernbegriffes unter dem künftigen
Beherrschungsbegriff unter IFRS 10 zu erfolgen hat. Verneint man eine dynamische
Auslegung des erweiterten Konzernbegriffs iSe Übereinstimmung mit dem Konzern-
kreis unter IFRS, werden sich künftig auch Abweichungen zwischen dem Konzern
unter IFRS 10 und dem Konzern nach § 4h III S 6 EStG ergeben.

Einstweilen frei. 357

d) Einzelfragen. Anwendungsfälle des § 4h III S 6 EStG. Aufgrund der Überein- 358
stimmung des Beherrschungsbegriffs mit IAS 27 kommt § 4h III S 6 EStG nicht zur
Anwendung, wenn der nach § 4h III S 5 EStG zugrunde gelegte Rechnungslegungsstandard IFRS ist. Anders ausgedrückt findet der Beherrschungsbegriff der IFRS auch
in den Fällen Anwendung, in denen für Zwecke des § 4h III S 5 EStG andere Rechungs-
legungsstandards (EU GAAP oder US GAAP) zugrunde gelegt werden. Ist der Betrieb
daher nach dem zugrunde gelegten Rechnungslegungsstandard nicht konsolidierungsfähig, kann er gleichwohl als konzernzugehörig anzusehen sein, wenn er nach dem
Beherrschungsbegriff der IFRS (welcher sich in § 4h III S 6 EStG widerspiegelt) konsolidiert werden könnte (zu der Frage, ob dieser Betrieb in den Konzernabschluss einzubeziehen ist vgl Rn 383). Weiterhin erweitert § 4h III S 6 EStG den Konzernbegriff
in dem Fall, dass kein qualifizierendes Mutterunternehmen iSd dem § 4h III S 5 EStG
zugrunde gelegten Rechnungslegungsstandard existiert (vgl Rn 347 f).

Beherrschung durch mehrere Personen. Das Beherrschungsverhältnis iSd § 4h III 359
S 6 EStG muss zu einer Person bestehen. Eine gemeinschaftliche Bestimmung der
Finanz- und Geschäftspolitik durch mehrere Personen reicht nicht aus, solange nicht
eine Person die Mehrheit der Stimmrechte ausüben kann oder eine andere Beherrschungsmöglichkeit iSd IAS 27.13 innehat.[3]

---

1 BTDrs 16/4841, 50.
2 *Blumenberg/Lechner* in Blumenberg/Benz, UntStRef 2008, S 140; *Lüdenbach/Hoffmann*, DStR 2007, 636, 637; *Töben*, BB 2007, 974, 976; *Ganssauge/Mattern*, DStR 2008, 213, 216.
3 BMF v 4.7.2008, BStBl I 2008, 718, Rn 59; ebenso *Förster* in Gosch Exkurs § 4h EStG Rn 170; *Levedag*, GmbHR 2008, 281, 288 zu Betriebsaufspaltungen.

360 **Natürliche Personen.** § 4h III S 6 EStG kommt ausweislich der Gesetzesbegründung insbesondere dann zur Anwendung, wenn eine natürliche Person eine Beteiligung an zwei Kapitalgesellschaften hält, die sie beherrscht.[1] Zum Konsolidierungskreis in diesem Fall vgl Rn 394. Gehört eine Beteiligung an einer Kapitalgesellschaft zum Einzelunternehmen liegt dagegen ein Konzern iSd § 4h III S 5 EStG vor (vgl Rn 337).

361 **Vermögensverwaltende Personengesellschaften.** Vermögensverwaltende Personengesellschaften sind gem § 11 V S 2 PublG nicht zur Aufstellung eines Konzernabschlusses verpflichtet, wenn sie ausschließlich vermögensverwaltend tätig sind und nicht die Aufgaben der Konzernleitung wahrnehmen (vgl Rn 321). In diesem Fall ist § 4h III S 5 EStG nicht anwendbar, da die Personengesellschaft nicht die Eigenschaft eines Mutterunternehmens hat.[2] Fraglich ist in diesem Fall, ob die vermögensverwaltende Personengesellschaft ein Beherrschungsverhältnis iSd § 4h III S 6 EStG zu mehreren Betrieben begründen kann. Im Rahmen dieser Vorschrift wird die Frage insbesondere dann relevant, wenn die Personengesellschaft ihrerseits von keiner Person iSd Vorschrift beherrscht wird. Die Finanzverwaltung bejaht die Frage;[3] der Gesetzeswortlaut und die Gesetzesbegründung enthalten keinen Hinweis auf die Antwort. Da die vermögensverwaltende Personengesellschaft weder Steuersubjekt ist noch einen Betrieb iSd Zinsschranke hat, bestehen an der Auffassung der Finanzverwaltung gewichtige Zweifel.

Beispiel

Die vermögensverwaltende X-KG befindet sich im Streubesitz von natürlichen Personen. Die X-KG hält jeweils alle Anteile an der Y-GmbH und der Z-GmbH, nimmt aber nicht die Aufgaben der Konzernleitung wahr.

Die X-KG hat eine Beherrschungsmöglichkeit iSd IAS 27 gegenüber der Y-GmbH und Z-GmbH. Es erscheint jedoch nicht sachgerecht, die X-KG als beherrschende Person iSd § 4h III S 6 EStG anzusehen, da sie keinen Betrieb hat und ihre Wirtschaftsgüter aufgrund der Bruchteilsbetrachtung den dahinterstehenden Gesellschaftern zugerechnet werden. Die Situation unterscheidet sich nicht von einer gemeinschaftlichen Beherrschung der Y-GmbH und der Z-GmbH durch die natürlichen Personen, welche nicht ausreicht, einen Konzern gem § 4h III S 6 EStG zu begründen.[4]

362 **Private Equity Fonds.** Da Private Equity Fonds regelmäßig in der Rechtsform einer vermögensverwaltenden Personengesellschaft ausgestaltet sind gelten für sie Rn 361 entsprechend, wenn sie nicht bereits unter § 4h III S 5 EStG fallen (dann vgl Rn 342). Eine Besonderheit bei Private Equity Fonds besteht in der Stellung des Komplementärs (General Managers). Diesbezüglich sind die gesellschaftsrechtlichen Regelungen und eventuell bestehende Nebenvereinbarungen dahingehend zu unter-

---

1 BTDrs 16/4841, 50.
2 Dies gilt gleichermaßen für IFRS, da diese keine eigenständige Definition von Mutterunternehmen kennen.
3 BMF v 4.7.2008, BStBl I 2008, 718, Rn 60; ebenfalls *Möhlenbrock/Pung* in D/J/P/W § 8a Rn 78.
4 Diese Situation hatte möglicherweise das IDW im Hinblick auf Private Equity Fonds vor Augen, IDW FN 12/2007, 640; vgl auch detaillierte Kritik bei *Töben/Fischer*, Ubg 2008, 149, 154.

suchen, ob dem Komplementär ggf die Mehrheit der Chancen und Risiken iSv SIC 12 zuzurechnen sind, so dass dieser den Fonds iSd IAS und damit auch iSd § 4h III S 6 EStG beherrscht.[1]

Zweckgesellschaften. Zweckgesellschaften sind sowohl nach HGB als auch nach IFRS nunmehr konsolidierungsfähig und fallen daher regelmäßig unter § 4h III S 5 EStG. Vor Inkrafttreten des BilMoG war es allerdings zweifelhaft, ob Zweckgesellschaften nach HGB zu konsolidieren waren. War daher der zugrunde gelegte Rechnungslegungsstandard des § 4h III S 5 EStG das HGB, waren Zweckgesellschaften über § 4h III S 6 EStG ebenfalls als konzernzugehörig anzusehen. Ggf kann diese Vorschrift weiterhin relevant sein, wenn der Rechnungslegungsstandard eines anderen EU-Mitgliedsstaates maßgeblich ist.

363

Betriebsaufspaltung. Bei einer Betriebsaufspaltung soll nach der Gesetzesbegründung kein Konzern vorliegen, wenn sich die Gewerblichkeit des Besitzunternehmens allein aufgrund der personellen und sachlichen Verflechtung mit dem Betriebsunternehmen ergibt.[2] Diese auch von der Finanzverwaltung vertretene Auffassung ist nicht nachvollziehbar, da im Falle der Betriebsaufspaltung begrifflich mehrere Betriebe verschiedener Rechtsträger vorliegen (vgl Rn 73), die nach dem eindeutigen Gesetzeswortlaut auch zu einem Konzern gehören können.[3] Dies gilt insbesondere in Fällen der klassischen Betriebsaufspaltung, bei der der Mehrheitsgesellschafter seiner Kapitalgesellschaft eine wesentliche Betriebsgrundlage überlässt. In diesem Fall gilt aufgrund der sachlichen und persönlichen Verpflichtung das Besitzunternehmen als Gewerbebetrieb, obgleich dieses nicht gewerblich tätig oder gewerblich geprägt ist. Es liegen mithin zwei Betriebe iSd Zinsschranke vor, deren Finanz- und Geschäftspolitik durch den Mehrheitsgesellschafter bestimmt werden kann. Demgegenüber nimmt der Gesetzgeber an gleicher Stelle einen Konzern an, wenn eine natürliche Person ein Einzelunternehmen betreibt und darüber hinaus beherrschender Gesellschafter einer GmbH ist, und begibt sich damit in Widerspruch zu seiner Auffassung bei einer Betriebsaufspaltung.[4] Im Ergebnis fallen diese Fälle nach dem eindeutigen Gesetzeswortlaut unter § 4h III S 6 EStG, da das (gewerbliche) Besitzunternehmen als Betrieb iSd Zinsschranke anzusehen ist.[5] Ein Fall des § 4h III S 5 EStG liegt nicht vor, da der Mehrheitsgesellschafter nicht als Mutterunternehmen iSd Vorschrift qualifiziert. Ob die Auffassung des BMF von der Rechtsprechung bestätigt wird, bleibt daher abzuwarten.[6]

364

GmbH & Co KG. Die Finanzverwaltung sieht bei einer klassischen GmbH & Co KG nur einen Betrieb iSd Zinsschranke, der die KG und die Komplementär-GmbH umfasst, wenn sich die Tätigkeit der Komplementär-GmbH in der Übernahme der Geschäftsführung und Haftung für die KG erschöpft und weder Komplementär-

365

---

1 *Ganssauge/Mattern*, DStR 2008, 213, 217.
2 BTDrs 16/4841, 50; ebenso BMF v 4.7.2008, BStBl I 2008, 718, Rn 63.
3 Zu den verschiedenen Fallkonstellationen von Betriebsaufspaltungen auch *Levedag*, GmbHR 2008, 281.
4 BTDrs 4841, 50.
5 *Stangl/Hageböke* in Schaumburg/Rödder, UntStRef 2008, S 478; *Hallerbach*, StuB 2007, 487, 490.
6 Zweifelnd auch *Levedag*, GmbHR 2008, 281, 287.

GmbH noch KG anderweitig zu einem Konzern gehören.[1] Die Auffassung der Finanzverwaltung ist aus dem Gesetz schwerlich herzuleiten und daher als Billigkeitsregelung anzusehen, da sowohl GmbH als auch KG jeweils Betriebe iSd Zinsschranke darstellen, die regelmäßig von einer Person iSd § 4h III S 6 EStG beherrscht werden.[2]

366 **Körperschaften des öffentlichen Rechts.** Eine Körperschaft des öffentlichen Rechts kann außerhalb eines BgA mangels Kaufmannseigenschaft nicht als Mutterunternehmen iSd IFRS oder HGB fungieren. Gleichwohl kann sie mehrere Betriebe iSd § 4h III S 6 EStG beherrschen. Ein Gleichordnungskonzern soll nach Auffassung der Finanzverwaltung nicht vorliegen, wenn die Körperschaft mehrere BgA hat (offenbar entsprechend der Behandlung bei Einzelunternehmern vgl Rn 337).[3] Im Unterschied zu mehreren Betrieben eines Einzelunternehmers, wird steuerlich das Verhältnis zwischen Trägerkörperschaft und BgA jedoch wie das Verhältnis zwischen einer Kapitalgesellschaft und ihrem Gesellschafter behandelt (vgl Rn 186). Es erscheint daher anders als bei Einzelunternehmern nicht gerechtfertigt, einen Konzern in diesem Fall zu verneinen, da steuerlich anzuerkennende Finanzierungen zwischen Träger und BgA möglich sind. Andererseits sind Finanzierungen zwischen verschiedenen BgA derselben Körperschaft nicht denkbar, was für eine Gleichbehandlung mit Einzelunternehmen spricht. Ein Konzern iSd § 4h III S 6 EStG liegt vor, wenn die Körperschaft über Beteiligungen an anderen Unternehmen und BgA verfügt.[4] Hält die Körperschaft eine Holdinggesellschaft, kann diese ihrerseits einen Konzern iSd Zinsschranke darstellen.[5]

367 **PPP-Projektgesellschaften.** Die Gesetzesbegründung enthält im Zusammenhang mit Gemeinschaftsunternehmen einen Hinweis darauf, dass PPP-Projektgesellschaften im Einzelfall zu einem Konzern gehören können. Wie in Rn 172 dargelegt gehören Gemeinschaftsunternehmen nicht zu einem Konzern. Eine Konzernzugehörigkeit kann sich daher im Einzelfall nur ergeben, wenn ein Partner (zB öffentliche Hand) die PPP-Projektgesellschaft iSd § 4h III S 6 EStG beherrscht.

368 **Oberste Konzernspitze.** Die Ausführungen in Rn 343 gelten entsprechend. Zum Konsolidierungskreis vgl Rn 394.

369-371 *Einstweilen frei.*

372 **4. Eigenkapitalvergleich. a) Maßgeblicher Rechnungslegungsstandard. Rangfolge.** Nach § 4h II S 1 lit c S 8 und 9 EStG sind die für die Ermittlung der Eigenkapitalquote maßgeblichen Abschlüsse einheitlich nach den IFRS zu erstellen. Bestand für keines der letzten fünf WJ eine Verpflichtung zur Erstellung und Offenlegung eines IFRS-Konzernabschlusses und wurde dieser auch nicht freiwillig erstellt, hat der Steuerpflichtige ein Wahlrecht statt IFRS einen Rechnungslegungs-

---

1 BMF v 4.7.2008, BStBl I 2008, 718, Rn 66.
2 *Möhlenbrock/Pung* in D/J/P/W § 8a Rn 82, der darauf hinweist, dass in diesen Fällen der EK-Escape regelmäßig gelingen dürfte.
3 BMF v 4.7.2008, BStBl I 2008, 718, Rn 91.
4 Die Finanzverwaltung will die BgA und die Beteiligungen an anderen Unternehmen allerdings nur dann als einem Konzern zugehörig betrachten, wenn die Beteiligungen in dem BgA gehalten werden, BMF v 4.7.2008, BStBl I 2008, 718, Rn 91.
5 BMF v 4.7.2008, BStBl I 2008, 718, Rn 92.

standard (einschließlich HGB) nach dem Handelsrecht eines EU-Mitgliedsstaates zu verwenden. Nur wenn eine Verpflichtung zur Erstellung und Offenlegung eines Konzernabschlusses weder nach IFRS noch nach dem Handelsrecht eines EU-Mitgliedsstaates besteht, ist ein verpflichtend aufzustellender und offenzulegender Konzernabschluss nach US-GAAP der Ermittlung der Eigenkapitalquote zugrundezulegen.

IFRS. IFRS sind die von der EU Kommission gem Art 3 und Art 6 II der IAS Verordnung iRd sog „Endorsement"-Prozesses förmlich übernommenen internationalen Rechnungslegungsstandards.[1] Nur diese sind gem Art 4 der IAS Verordnung, der unmittelbar ohne weitere Umsetzung gilt, anzuwenden.[2] Die durch IFRS nicht abgedeckten Bereiche bleiben in der nationalen Gesetzgebungskompetenz, vgl § 315a I HGB. Die internationalen Rechnungslegungsstandards bezeichnen die IAS, die IFRS und damit verbundene Auslegungen (SIC/IFRIC Interpretationen) sowie künftige Standards und die damit verbundenen Auslegungen, die durch das IASB herausgegeben oder angenommen wurden. Der dynamische Verweis auf IFRS für deutsche steuerliche Zwecke ist verfassungsrechtlich nicht unkritisch, da das IASB eine privatrechtliche Organisation ist.[3]

373

Wahlrecht zwischen IFRS und EU-GAAP. § 4h II S 1 lit c S 9 EStG eröffnet ein Wahlrecht zwischen der Anwendung von IFRS oder EU-GAAP bei der Ermittlung der Eigenkapitalquoten. Dieses endet jedoch faktisch, sobald ein Abschluss nach IFRS freiwillig aufgestellt wurde, da das Wahlrecht nur besteht, wenn für keines der letzten fünf WJ ein IFRS-Konzernabschluss erstellt wurde.[4] Fraglich ist, ob das Wahlrecht auch dann greift, wenn lediglich für einen Teilkonzern ein Konzernabschluss nach IFRS erstellt wurde, jedoch nicht für den Konzern der obersten Konzernspitze. Auch in diesem Fall dürfte ein Wahlrecht bestehen, da der Teilkonzernabschluss für § 4h II S 1 lit c S 8 und 9 EStG nicht maßgeblich ist (vgl Rn 388).

374

US-GAAP. Die Rechnungslegungsstandards nach US-GAAP werden vom FASB, einer privatrechlichen Organisation, herausgegeben. Auch insoweit ist der dynamische Verweis für deutsche steuerliche Zwecke nicht unproblematisch.[5]

375

Maßgeblicher Rechnungslegungsstandard bei Nichtvorliegen eines Konzernabschlusses. Sofern mangels Verpflichtung zur Erstellung kein Konzernabschluss aufgestellt wurde, gleichwohl jedoch ein solcher iSd § 4h III S 5 EStG erstellt werden könnte, da ein qualifizierendes Mutterunternehmen vorliegt, hat der Steuerpflichtige nach dem eindeutigen Gesetzeswortlaut gem § 4h II S 1 lit c S 8 und 9 EStG ein Wahlrecht hinsichtlich des Rechnungslegungsstandards, wenn die in Rn 374 genannten Voraussetzungen erfüllt sind.[6] Dies gilt auch in den Fällen einer Konzernzuge-

376

---

1 EG-Verordnung 1606/2002 v 19.7.2002, ABl EG L 243/1 v 11.9.2002.
2 *Merkt* in Baumbach/Hopt § 315a HGB Rn 5.
3 Kritisch auch *Hennrichs*, DB 2007, 2101, 2103; *Lüdenbach/Hoffmann*, DStR 2007, 636, 641.
4 AA *Köster*, BB 2007, 2278, 2280, Fn 25, der eine Umstellung befürwortet, wenn lediglich für Zwecke der Zinsschranke ein IFRS Konzernabschluss für fünf Jahre erstellt wurde, da ansonsten eine Rückkehr zu einem EU Standard nicht möglich sei.
5 *Möhlenbrock/Pung* in D/J/P/W § 8a Rn 138.
6 *Köster*, BB 2007, 2278, 2280; BMF v 4.7.2008, BStBl I 2008, 718, Rn 77.

hörigkeit nach § 4h III S 6 EStG, da in diesen Fällen ein Konzernabschluss mangels qualifizierendem Mutterunternehmen nicht vorliegt. Die Ausübung des Wahlrechts zur Aufstellung des Konzernabschlusses nach EU GAAP entfaltet anders als bei Aufstellung nach IFRS keine Bindung für nachfolgende WJ.

377 **Maßgeblicher Rechnungslegungsstandard bei Konzernabschluss nach EU-GAAP.** Wurde ein Konzernabschluss nach dem Rechnungslegungsstandard eines EU-Mitgliedsstaates (einschließlich HGB) erstellt, kann dieser dem EK-Escape zugrundegelegt werden. Der Steuerpflichtige hat in diesem Fall aber nach dem eindeutigen Gesetzeswortlaut auch das Wahlrecht stattdessen einen Abschluss nach IFRS für den Konzern und den Betrieb zu erstellen.[1]

378 **Gestaltungsspielraum durch Wahl des Rechnungslegungsstandards.** Die Wahlmöglichkeit hinsichtlich des Rechnungslegungsstandards eröffnet den Steuerpflichtigen Gestaltungsspielraum im Hinblick auf die Eigenkapitalquote. Wird zur Optimierung der Eigenkapitalquote ein Rechnungslegungsstandard gewählt, nach dem bisher noch kein Konzernabschluss aufzustellen war, sind jedoch die daraus resultierenden Erstellungskosten in der Nutzenanalyse zu berücksichtigen.

379-380 *Einstweilen frei.*

381 **b) Konsolidierungskreis in den Fällen des § 4h III S 5 EStG.** Liegt ein Konzern iSd § 4h III S 5 EStG vor, ergibt sich der Konsolidierungskreis aus dem zugrundegelegten Rechnungslegungsstandard. In vielen Fällen wird für den maßgeblichen Konsolidierungskreis bereits ein Konzernabschluss vorliegen. Dieser Konzernabschluss ist dem Eigenkapitalvergleich zugrundezulegen, wenn er den Anforderungen an die handelsrechtliche Konzernrechnungslegung genügt oder nach den §§ 291 und 292 HGB befreiende Wirkung hat (§ 4h II S 1 lit c S 10 EStG).[2]

382 **Nicht konsolidierte Betriebe.** Wurde der Betrieb oder ein anderes Unternehmen nach dem Rechnungslegungsstandard zulässigerweise nicht konsolidiert (vgl Rn 316 und 322), ist der Konzernabschluss nicht um diese Betriebe bzw Unternehmen zu erweitern. Dies ändert nichts an der Konzernzugehörigkeit dieses Betriebs.[3]

383 **Nicht konsolidierte Betriebe iSd § 4 III S 6 EStG.** Sofern ein Betrieb aufgrund der Anwendung des Beherrschungsbegriffs des § 4h III S 6 EStG zu dem Konzern gehört, jedoch nicht nach dem zugrunde gelegten Rechnungslegungsstandard konsolidiert werden muss, ist dieser Betrieb nicht in den Konsolidierungskreis einzubeziehen.[4] An der Konzernzugehörigkeit dieses Betriebs ändert sich dadurch nichts. Nachdem der Beherrschungsbegriff des HGB und IFRS durch das BilMoG weitgehend angeglichen wurde, dürfte dieser Fall in der Praxis selten vorkommen.

---

1 Köster, BB 2007, 2278, 2280.
2 BMF v 4.7.2008, BStBl I 2008, 718, Rn 72.
3 BMF v 4.7.2008, BStBl I 2008, 718, Rn 72.
4 So wohl auch Möhlenbrock/Pung in D/J/P/W § 8a Rn 79.

IX. Konzernzugehörige Betriebe

Tochterunternehmen, die keine Betriebe sind. Tochterunternehmen, welche keine Betriebe iSd Zinsschranke unterhalten (hierzu gehören insbesondere vermögensverwaltende Personengesellschaften), sind aus dem Konzernabschluss nicht herauszurechnen.

Verbriefungszweckgesellschaften. Fragwürdig ist die Auffassung der Finanzverwaltung, dass konsolidierte Verbriefungszweckgesellschaften, welche nicht als konzernzugehörig anzusehen sind, zur Ermittlung der Eigenkapitalquote aus dem Konzernabschluss herauszurechnen sind.[1] Hintergrund ist wohl die Auffassung, dass bestimmte Verbriefungszweckgesellschaften generell als nicht konzernzugehörig gelten (vgl Rn 329). Diese Auffassung ist abzulehnen und ein Herausrechnen solcher Gesellschaften daher nicht erforderlich.[2] Fraglich könnte indes der Ausnahmefall sein, dass eine Verbriefungszweckgesellschaft in zwei Konzernabschlüssen konsolidiert wird. In diesem Fall erscheint es sachgerecht, die Gesellschaft bei dem Konzernabschluss zu berücksichtigen, zu dessen Konzern sie für Zwecke der Zinsschranke gehört.

Gemeinschaftsunternehmen. Für Gemeinschaftsunternehmen darf nach Auffassung der Finanzverwaltung ein Wahlrecht auf eine anteilmäßige Konsolidierung (Quotenkonsolidierung) bei der Bestimmung der Eigenkapitalquote nicht ausgeübt werden.[3] Diese Auffassung geht offenbar auf eine Aussage in der Gesetzesbegründung zurück.[4] Sie ist jedoch abzulehnen, da Gemeinschaftsunternehmen mangels Beherrschung durch eine Person nicht zu einem Konzern gehören.[5] Eine Vollkonsolidierung scheidet damit aus und das Gemeinschaftsunternehmen kann entweder quotal oder nach der Equity-Methode konsolidiert werden (IAS 31.30 und 31.38). Es ist kein Grund ersichtlich, warum eine Einbeziehung von Gemeinschaftsunternehmen stets nach der Equity-Methode zu erfolgen hat. Ebenso wenig ergibt sich aus dem Gesetzeswortlaut, dass Gemeinschaftsunternehmen aus dem Konzernabschluss herauszurechnen sind. Eine gesetzgeberisch ungewünschte Manipulation der Eigenkapitalquote des Konzerns durch Wahl der Konsolidierungsmethode ist ebenfalls nicht erkennbar. Zur Reduzierung des ohnehin schon hohen administrativen Aufwands für den Steuerpflichtigen bei der Führung des Eigenkapitalvergleiches sollte daher eine Anpassung des Konzernabschlusses im Hinblick auf die Konsolidierung von Gemeinschaftsunternehmen unterbleiben.[6]

Keine erhebliche Veränderung der Eigenkapitalquote. Nach Finanzverwaltungsmeinung kann die Herausrechnung von Verbriefungszweckgesellschaften und Gemeinschaftsunternehmen unterbleiben, wenn sich dadurch keine erheblichen Veränderungen der Konzerneigenkapitalquote ergeben.[7] Über die Frage, wann eine Veränderung erheblich ist, schweigt das BMF. Man wird in Anlehnung an die Unbeacht-

---

1 BMF v 4.7.2008, BStBl I 2008, 718, Rn 72, vgl auch BTDrs 16/4841, 50.
2 Ebenso IDW Steuerhinweis 1/2010 v 1.3.2010, Rn 9.
3 BMF v 4.7.2008, BStBl I 2008, 718, Rn 72.
4 BTDrs 16/4841, 50.
5 Ausführlich *Stangl/Hageböke* in Schaumburg/Rödder, UntStRef 2008, S 470 f; ebenso IDW Steuerhinweis 1/2010 v 1.3.2010, Rn 9.
6 AA *Förster* in Gosch Exkurs § 4h EStG Rn 101, der Anteile an Gemeinschaftsunternehmen mit den Anschaffungskosten ggf vermindert um außerplanmäßige Abschreibungen ansetzen will.
7 BMF v 4.7.2008, BStBl I 2008, 718, Rn 72.

lichkeitsgrenze des § 4h II S 1 lit c EStG von einer Unerheblichkeit ausgehen können, wenn sich die Eigenkapitalquote durch die unterlassene Herausrechnung nicht um mehr als 2%-Punkte verändert.

388 **Fehlen eines Konzernabschlusses iSd § 4h II S 1 lit c S 8 und 9 EStG. Konzernspitze im Drittstaat (außer USA).** Liegt ein Konzernabschluss vor, der keinem den in § 4h II S 1 lit c S 8 und 9 EStG zulässigen Rechnungslegungsstandards entspricht, weil sich die Konzernspitze in einem anderen Drittstaat als den USA befindet (zB Japan, Kanada, Australien usw), ist eigens für Zwecke des Eigenkapitalvergleiches ein Konzernabschluss nach IFRS oder wahlweise nach dem Handelsrecht eines EU-Mitgliedstaates aufzustellen, der die Konzernspitze und alle seine Tochterunternehmen umfasst. Dies gilt selbst dann, wenn für den Teilkonzern, zu dem der Betrieb gehört, ein Teilkonzernabschluss nach einem in § 4h II S 1 lit c S 8 und 9 EStG genannten Rechnungslegungsstandard erstellt wurde.[1] Nach dem Willen des Gesetzgebers ist zur Vermeidung von Gestaltungen der nach dem erweiterten Konzernabschluss größtmögliche Konsolidierungskreis mit dem sich für diesen Konsolidierungskreis ergebenden obersten Rechtsträger zugrunde zu legen.[2] Daraus ist zu schließen, dass ein Teilkonzernabschluss keinen Konzernabschluss iSd § 4h II S 1 lit c S 3 EStG darstellt. Der Konzernabschluss ist danach für dasjenige Mutterunternehmen zu erstellen, welches nach dem Beherrschungsbegriff des zugrundegelegten Rechnungslegungsstandards das oberste Mutterunternehmen darstellt. Dies gilt selbst dann, wenn dieses Unternehmen keiner Verpflichtung zur Erstellung eines Konzernabschlusses unterliegt und ergibt sich aus dem Konzernbegriff des § 4h III S 5 EStG. Andernfalls würde es bei der Bestimmung der Konzernzugehörigkeit des Betriebs und der Ermittlung der Eigenkapitalquote zu Wertungswidersprüchen kommen.

Beispiel

Die im Streubesitz befindliche M-Ltd mit Sitz in Australien ist alleinige Gesellschafterin der T-GmbH und weiterer Tochtergesellschaften weltweit.

Die T-GmbH gehört zu einem Konzern iSd § 4h III S 5 EStG. Der Konzernabschluss iSd § 4h II S 1 lit c S 8 und 9 EStG ist für die M-Ltd als oberstem Mutterunternehmen nach IFRS oder dem Handelsrecht eines EU-Mitgliedstaates zu erstellen.

Beispiel

Wie davor, aber die T-GmbH wird von der Holding-GmbH gehalten, welche wiederum zu 100 % von der M-Ltd gehalten wird. Holding-GmbH und T-GmbH erstellen einen Teilkonzernabschluss nach HGB.

Der Konzernabschluss iSd § 4h II S 1 lit c S 8 und 9 EStG ist wiederum für die M-Ltd als oberstem Mutterunternehmen nach IFRS oder dem Handelsrecht eines EU-Mitgliedstaates zu erstellen. Würde man auf den Teilkonzernabschluss abstellen, wäre die Eigenkapitalquote des Konzerns iSd Zinsschranke abhängig vom Konzernaufbau und damit eine willkürliche und gestaltungsanfällige Größe.

---

1 *Brunsbach*, IStR 2010, 745, 749.
2 BTDrs 16/4841, 50; der Referentenentwurf v 5.2.2007 enthielt noch in § 4h III EStG eine Definition für die Eigenkapitalquote des Konzerns, die auf Grundlage des konsolidierten Konzernabschlusses des obersten zur Konsolidierung verpflichteten Rechtsträgers, der den Betrieb umfasst, ermittelt werden sollte.

IX. Konzernzugehörige Betriebe

Vermögensverwaltende Personengesellschaft als Konzernspitze. Qualifiziert eine vermögensverwaltende Personengesellschaft als Mutterunternehmen iSd zugrunde gelegten Rechnungslegungsstandards, umfasst der Konzernabschluss auch diese als Mutterunternehmen. Dies sollte selbst dann gelten, wenn die Personengesellschaft keinen Betrieb iSd Zinsschranke darstellt, da in diesem Fall kein Gleichordnungskonzern vorliegt.[1] Andernfalls müsste eigens für Zinsschrankenzwecke ein Konzernabschluss nach den Grundsätzen eines Gleichordnungskonzerns erstellt werden. 389

Private Equity Fonds als Konzernspitze. Bei einem Private Equity Fonds ist die Bestimmung der Konzernspitze in der Praxis mit Schwierigkeiten behaftet. Dies resultiert aus dem Beherrschungsbegriff der IFRS und neuerdings auch des HGB sowie dem Umstand, dass derartige Fonds regelmäßig in der Rechtsform einer Personengesellschaft (Limited Partnership) ausgestaltet sind. Aufgrund der häufig komplexen vertraglichen Regelungen ist in diesen Fällen im Einzelfall zu prüfen, ob aufgrund der Verteilung der Risiken und Chancen (vgl Rn 313 und 319) der General Manager als Mutterunternehmen anzusehen ist, selbst wenn dieser nicht die Mehrheit der Anteile an der Personengesellschaft hält. Der General Manager kann wiederum Tochterunternehmen eines Konzerns sein, womit sich der Konsolidierungskreis für Zwecke der Zinsschranke nochmals erweitert. 390

Andere Mutterunternehmen. Für andere Mutterunternehmen iSd des jeweiligen Rechnungslegungsstandards (zB Einzelkaufleute, Vereine, Stiftungen, Genossenschaften uä) gelten die Ausführungen in Rn 381 ff entsprechend. 391

Einstweilen frei. 392-393

c) Konsolidierungskreis in den Fällen des § 4h III S 6 EStG. Keine Vollkonsolidierung. In den Fällen des § 4h III S 6 EStG liegt idR kein Konzernabschluss vor. Es muss daher eigens für Zwecke des Eigenkapitalvergleichs ein Konzernabschluss aufgestellt werden. Der Konsolidierungskreis richtet sich dabei wiederum nach dem zugrundegelegten Rechnungslegungsstandard. Zu beachten ist, dass es in diesen Fällen an einem Mutterunternehmen iSd Rechnungslegungsstandards fehlt (sog Gleichordnungskonzern). Daher ist der beherrschende Rechtsträger nicht in den Konsolidierungskreis einzubeziehen. Die Konsolidierung erfolgt lediglich für die beherrschten Tochterunternehmen (vgl zu Einzelheiten Rn 402).[2] Dies gilt insbesondere, wenn die Konzernspitze eine natürliche Person, eine vermögensverwaltende Personengesellschaft, die nicht als Mutterunternehmen qualifiziert, bzw eine Körperschaft des öffentlichen Rechts ist. 394

Verhältnis zum Konsolidierungskreis iSd § 4h III S 5 EStG. Liegt bereits ein Konzernabschluss für den Konzern iSd § 4h III S 5 EStG vor, ist dieser nicht zu erweitern, sofern das Mutterunternehmen von einer Person iSd § 4h III S 6 EStG beherrscht wird und diese Person keine weiteren Tochterunternehmen hält. 395

---

[1] *Möhlenbrock/Pung* in D/J/P/W § 8a Rn 130; aA wohl BMF v 4.7.2008, BStBl I 2008, 718, Rn 60.
[2] So wohl auch BMF v 4.7.2008, BStBl I 2008, 718, Rn 60, wonach in den Fällen, in denen die Spitze des Konzerns keinen Betrieb darstellt, nur die beherrschten Betriebe einzubeziehen sind; aA *Förster* in Gosch Exkurs § 4h EStG Rn 102, der eine Vollkonsolidierung auf die Konzernspitze vertritt.

Beispiel

Die M-AG ist Mutterunternehmen für diverse Tochterunternehmen im In- und Ausland. An der M-AG ist zu 60 % die natürliche Person A beteiligt.

Der Konsolidierungskreis ist nicht um A zu erweitern. Der Konzernabschluss der M-AG kann dem Eigenkapitalvergleich zugrundegelegt werden.

Ist der beherrschende Rechtsträger iSd § 4h III S 6 EStG dagegen an weiteren Unternehmen beteiligt, die er beherrscht, ist der Konsolidierungskreis um diese Unternehmen zu erweitern.

Beispiel

Wie vorstehend, allerdings hält A außerdem 100 % der Anteile an der B-GmbH.

Der Konzernabschluss der M-AG ist für Zwecke des Eigenkapitalvergleichs um die B-GmbH zu erweitern.

396   **Tochterunternehmen iSd § 4h III S 6 EStG.** Bei einem Gleichordnungskonzern gehören nur die Tochterunternehmen zum Konsolidierungskreis, welche auch Betriebe iSd der Zinsschranke darstellen. Damit werden vermögensverwaltende Personengesellschaften nicht in den Konzernabschluss einbezogen, sofern deren Einkünfte nicht als gewerblich gelten.

Beispiel

Die natürliche Person A ist Alleingesellschafter der B-GmbH und der C-GmbH. Darüber hinaus ist A alleiniger Kommanditist der D-KG. D-KG ist weder gewerblich geprägt noch werden die Einkünfte der D-KG nach den Grundsätzen der Betriebsaufspaltung als gewerblich behandelt.

Zum Konsolidierungskreis gehören für Zinsschrankenzwecke lediglich die B-GmbH und die C-GmbH.

IÜ sollten auch die Betriebe in den Konsolidierungskreis einbezogen werden, welche für die Bestimmung der Konzernzugehörigkeit als „andere" Betriebe gelten (vgl Rn 352).

397   **Private Equity Fonds.** Sofern an der Spitze von mehreren Betrieben ein Private Equity Fonds steht, der selbst nicht als Mutterunternehmen qualifiziert, besteht der Konsolidierungskreis lediglich aus den beherrschten Betrieben. Die Grundsätze in Rn 396 gelten entsprechend. Qualifiziert der Fonds als Mutterunternehmen wird auf Rn 390 verwiesen.

398   **Körperschaft öffentlichen Rechts.** Eine Körperschaft öffentlichen Rechts ist kein Mutterunternehmen. Der Konsolidierungskreis besteht ausschließlich aus den BgA und den TG der Körperschaft.

399   *Einstweilen frei.*

400   **d) Eigenkapitalquote des Konzerns. Ermittlung.** Die Eigenkapitalquote des Konzerns ist nach dem Verhältnis des Eigenkapitals zur Bilanzsumme zu ermitteln, mithin nach folgender Formel: EK/Bilanzsumme x 100. Sie bemisst sich für den

IX. Konzernzugehörige Betriebe

Konzern nach dem Konzernabschluss, der den Betrieb umfasst (vgl Rn 381 ff). Sowohl im Hinblick auf das EK als auch die Bilanzsumme schreibt das Gesetz verschiedene Modifikationen vor.

Negatives EK. Die Ermittlung der Eigenkapitalquote erfolgt auch dann nach der in Rn 400 genannten Formel, wenn das EK des Konzerns negativ ist. In diesem Fall ist auch die Eigenkapitalquote des Konzerns negativ, was sich günstig für den EK-Escape auswirken kann. Mathematisch kann die Eigenkapitalquote auch Null betragen, wenn das EK Null ist. Dies wird aber der Ausnahmefall sein. 401

Konzern iSd § 4h III S 6 EStG. Im Falle eines Konzerns iSd § 4h III S 6 EStG liegt mangels Mutterunternehmen kein Konzernabschluss vor. Dieser ist unter sinngemäßer Anwendung des zugrunde gelegten Rechnungslegungsstandards zu erstellen. Hierbei sind nach der hier vertretenen Auffassung nur die beherrschten Tochterunternehmen im Wege einer horizontalen Addition in einen Konzernabschluss zusammenzuführen. Auf Geschäftsbeziehungen zwischen diesen Unternehmen findet die Schuldenkonsolidierung und Zwischenergebniseliminierung Anwendung.[1] Forderungen gegenüber der herrschenden Person (zB natürliche Person) werden nicht konsolidiert. Ebenso werden Zwischenergebnisse aus Geschäften mit dieser Person nicht eliminiert. 402

Maßgeblicher Abschlussstichtag. Maßgeblich für den Eigenkapitalvergleich ist die Eigenkapitalquote am Schluss des vorangegangenen Abschlussstichtages (§ 4h II S 1 lit c S 1 EStG). Zu abweichenden Abschlussstichtagen vgl Rn 415. 403

Abschlussstichtag bei einem Gleichordnungskonzern. Fraglich ist, welcher Abschlussstichtag bei einem Gleichordnungskonzern maßgeblich ist. Hier wird man auf die obersten Unternehmen des Gleichordnungskonzerns abstellen müssen, da die Konzernspitze nicht zum Konsolidierungskreis gehört und keine Abschlüsse erstellt. Sofern die obersten Unternehmen unterschiedliche WJ haben, ist eines der WJ für Zwecke des Eigenkapitalvergleiches zu wählen. 404

Wahlrechte bei der Ermittlung des Eigenkapitals. Wahlrechte sind im Konzernabschluss und Jahresabschluss oder Einzelabschluss einheitlich auszuüben. Da der Konzernabschluss den Anforderungen an die handelsrechtliche Konzernrechnungslegung genügen muss, sind solche Wahlrechte bereits bei der Erstellung des Konzernabschlusses auszuüben. Dabei können die Wahlrechte zur Erhöhung der Eigenkapitalquoten genutzt werden. Allerdings sind einem Wechsel der Bilanzierungs- und Bewertungsmethoden ggf Grenzen gesetzt. Bewertungswahlrechte bestehen unter IFRS zB für die Bewertung von Sachanlagen, Immobilienvermögen und Finanzinstrumenten.[2] Eine Ausübung der Wahlrechte außerhalb der Konzernrechnungslegung allein für steuerliche Zwecke scheidet aus. 405

---

1 Ebenso *Köhler/Hahne*, DStR 2008, 1505, 1514; BMF v 4.7.2008, BStBl I 2008, 718, Rn 60; aA *Förster* in Gosch Exkurs § 4h EStG Rn 102.
2 Übersicht bei *Köster*, BB 2007, 2278, 2282 f.

406 **Gesellschaftsrechtliche Kündigungsrechte.** Bei gesellschaftsrechtlichen Kündigungsrechten ist gem § 4h II S 1 lit c S 4 Hs 2 EStG mindestens das EK anzusetzen, welches sich nach den Vorschriften des HGB ergeben würde. Hintergrund dieser Vorschrift, die sowohl für den Konzern- als auch den Einzelabschluss gilt, war die Behandlung von Gesellschaftereinlagen insbesondere bei Personengesellschaften nach IAS 32. Danach sind Gesellschaftereinlagen bei Personengesellschaften als Fremdkapital zu bilanzieren, mit der Folge, dass diese nahezu kein relevantes EK iRd Eigenkapitalvergleichs hätten. Technisch besteht die Rechtsfolge dieser Regelung in der Umgliederung des Fremdkapitals in EK. Die Erstellung eines Konzernabschlusses nach HGB ist für die Anwendbarkeit des § 4h II S 1 lit c S 4 Hs 2 EStG nicht erforderlich.[1]

407 **Andere Fälle des Fremdkapitalausweises.** Kritisch ist, dass der Gesetzgeber lediglich den Fall der gesellschaftsvertraglichen Kündigungsrechte geregelt hat. Daneben ist ein Fremdkapitalausweis jedoch zB auch beim Bestehen satzungsmäßiger Verpflichtungen zur Gewinnausschüttung und bei auf Zeit gegründeten Gesellschaften vorgesehen. Es wäre sinnwidrig, wenn in diesen Fällen nicht mindestens das EK angesetzt wird, welches sich nach HGB ergibt.[2] § 4h II S 1 lit c S 4 Hs 2 EStG sollte daher in diesen Fällen entsprechend angewendet werden.

408 **Stimmrechtsloses EK.** Eine Kürzung des Eigenkapitals des Konzerns um stimmrechtsloses EK sieht das Gesetz nicht ausdrücklich vor. Die Regelung des § 4h II S 1 lit c S 5 EStG findet nach ihrem eindeutigen Wortlaut nur auf die Ermittlung der Eigenkapitalquote des Betriebs Anwendung. Die Regelung sollte im Wege der Auslegung auf die Ermittlung der Eigenkapitalquote des Konzerns ausgedehnt werden.[3] Andernfalls führt diese Begrenzung in der Praxis zu einem faktischen Ausschluss des Eigenkapitalvergleiches, wenn der Konzern eine Mezzanine-Finanzierung am Markt aufgenommen hat.

Beispiel

Der deutsche Konzern X-AG hat über eine niederländische TG eine Hybridanleihe begeben. Die Anleihe wird unter Anwendung von IFRS im Konzernabschluss als EK ausgewiesen, nach deutschem Steuerrecht sind die Vergütungen jedoch Betriebsausgaben. Die niederländische TG gewährt die Erlöse aus der Emission als Darlehen an die Konzernmutter weiter. Im Einzelabschluss der X-AG ist das Darlehen ggü der niederländischen TG als Fremdkapital auszuweisen, wodurch die Eigenkapitalquote ihres Betriebs entsprechend gemindert wird. Selbst wenn die Anleihe direkt von der X-AG begeben würde, wäre das EK ihres Betriebs um die Hybridanleihe zu kürzen, da es sich um stimmrechtsloses EK handelte. Im Konzernabschluss wird die Anleihe dagegen als EK ausgewiesen, so dass dieser eine entsprechend hohe Eigenkapitalquote aufweist. Ohne Kürzung des Eigenkapitals des Konzerns könnte der Nachweis des Eigenkapitalvergleiches für die X-AG faktisch ausgeschlossen sein.

---

1 Hennrichs, DB 2007, 2101, 2106; Ganssauge/Mattern, DStR 2008, 213, 218 f.
2 So auch IDW FN 12/2007, 640, 641; IDW Steuerhinweis 1/2010 v 1.3.2010, Rn 41.
3 Bejahend *Förster* in Gosch Exkurs § 4h EStG Rn 99.

IX. Konzernzugehörige Betriebe

Einstweilen frei.   409-411

e) Eigenkapitalquote des Betriebs. aa) Grundsätze. Ermittlung. Die Ermittlung der Eigenkapitalquote des Betriebs erfolgt nach dem Verhältnis des im Einzelabschluss des Betriebs ausgewiesenen Eigenkapitals zur Bilanzsumme (Formel siehe Rn 400).   412

Negatives EK. Es gelten die Ausführungen in Rn 401 entsprechend. Ein negatives EK des Betriebs führt daher zu einer negativen Eigenkapitalquote.   413

Maßgeblicher Abschlussstichtag. Maßgeblich ist die Eigenkapitalquote des Betriebs am Schluss des vorangegangenen Abschlussstichtages.   414

Maßgeblicher Abschlussstichtag bei abweichendem WJ. Hat der Betrieb ein vom Konzern abweichendes WJ, ist auf den Abschluss des Betriebs abzustellen, der in den Konzernabschluss einbezogen wurde. Dies kann auch ein Zwischenabschluss sein.[1]   415

Neugründung des Betriebs. Wird der Betrieb im Laufe des WJ neu gegründet, stellt die Finanzverwaltung ausnahmsweise auf die Eigenkapitalquote der Eröffnungsbilanz ab. Der Konzernabschluss ist in diesen Fällen nicht um den neu gegründeten Betrieb zu erweitern.[2] Fraglich ist allerdings, ob der neugegründete Betrieb bereits im Zeitpunkt der Gründung als konzernzugehörig anzusehen ist. Wäre dies nicht der Fall, käme es auf die Eigenkapitalquote für das WJ der Gründung nicht an (vgl auch Rn 306).   416

Organschaft. Der Organkreis gilt gem § 15 S 1 Nr 3 S 2 als ein Betrieb iSd Zinsschranke. Dies wirft die Frage auf, wie die Eigenkapitalquote des Organkreises zu ermitteln ist, da ein Jahresabschluss für den Organkreis nicht existiert. Das Gesetz enthält keine Regelung zu dieser Frage. Da kein Grund dafür ersichtlich ist, dem Organkreis die Möglichkeit eines EK-Escape zu verwehren, ist die Eigenkapitalquote des Betriebs des Organkreises aus dem konsolidierten Abschluss aller zum Organkreis gehörenden Gesellschaften zum vorangegangenen Abschlussstichtag zu ermitteln.[3] Dabei sind die Konsolidierungsregelungen des zugrundeliegenden Rechnungslegungsstandards anzuwenden. Mehrheitsbeteiligungen des Organträgers oder der Organgesellschaften an Tochterunternehmen außerhalb des Organkreises sind nicht zu konsolidieren, da diese nicht von der Betriebsfiktion erfasst sind.[4] Zur Beteiligungsbuchwertkürzung vgl Rn 434. Der konsolidierte Abschluss zum vorangegangenen Abschlussstichtag sollte auch dann maßgeblich sein, wenn die Organgesellschaft erstmals für das WJ begründet wurde und daher zum vorangegangenen Abschlussstichtag noch nicht bestand. Sofern neue Organgesellschaften dem Organkreis beitreten, sind diese ebenfalls in den konsolidierten Abschluss einzubeziehen, selbst wenn die Organschaft erstmals für das folgende WJ anwendbar ist und die Tochterbeteiligung zum Schluss des vorangegangenen Stichtags noch nicht von der Organträgerin ge-   417

---

1 BMF v 4.7.2008, BStBl I 2008, 718, Rn 70 mit Verweis auf § 299 II HGB.
2 BMF v 4.7.2008, BStBl I 2008, 718, Rn 70.
3 BTDrs 16/4841, 77; *Heintges/Kamphaus/Loitz*, DB 2007, 1261, 1263; *Herzig/Liekenbrock*, DB 2007, 2387, 2389.
4 *Herzig/Liekenbrock*, DB 2007, 2387, 2389.

halten wurde.[1] Wird die Organschaft mit Wirkung vom Beginn des WJ beendet, so sind die jeweiligen Einzelabschlüsse der ehemaligen Organgesellschaften zum vorangegangenen Abschlussstichtag maßgeblich. Verpflichtungen und Ansprüche aus dem Ergebnisabführungsvertrag sind dabei nicht zu eliminieren.

418 **Neuerwerb.** Wird der Betrieb erst zu Beginn oder während des WJ erworben, war dieser zum Schluss des vorangegangenen Abschlussstichtages nicht im Konzernabschluss des erwerbenden Konzerns konsolidiert. Nach dem Gesetzeswortlaut, kommt es aufgrund der stichtagsbezogenen Betrachtung in diesem Fall darauf an, ob der Eigenkapitalvergleich beim veräußernden Konzern zum letzten Abschlussstichtag gelingt. Der Nachweis dürfte auf praktische Schwierigkeiten stoßen, da dem Erwerber die relevanten Informationen regelmäßig nicht zur Verfügung stehen.[2] Vorteilhaft kann der Neuerwerb allerdings dann sein, wenn die erworbene Gesellschaft zuvor nicht zu einem Konzern gehörte.

419 **Umwandlungen.** Bei Umwandlungen wird das übergehende Vermögen zum Umwandlungsstichtag regelmäßig noch in der Handelsbilanz des übertragenden Rechtsträgers ausgewiesen. Stellt man mit der Finanzverwaltung zur Neugründung von Betrieben[3] bei Umwandlungen zur Neugründung beim übernehmenden Rechtsträger auf die Eigenkapitalquote der Eröffnungsbilanz ab, würde das übertragene Vermögen für Zwecke des Eigenkapitalvergleichs beim übertragenden und beim übernehmenden Rechtsträger berücksichtigt. Sinnvoll erscheint in diesem Fall, den übertragenen Betrieb nur beim übernehmenden Rechtsträger für den Eigenkapitalvergleich einzubeziehen. Dabei ist auf die Schlussbilanz auf den steuerlichen Umwandlungsstichtag abzustellen.

Beispiel

Die A-GmbH unterhält zwei Teilbetriebe. Mit Wirkung zum 31.12.10 spaltet sie Teilbetrieb 1 auf die B-GmbH zur Neugründung ab.

Der Teilbetrieb 1 ist für Zwecke der Ermittlung der Eigenkapitalquote der B-GmbH mit dem EK und der Bilanzsumme zu berücksichtigen, welche auf den Teilbetrieb 1 im Abschluss zum 31.12.10 entfällt. Bei der Ermittlung der Eigenkapitalquote der A-GmbH ist der Teilbetrieb 1 entsprechend herauszurechnen.

Entsprechendes sollte in dem Fall gelten, dass der übertragende Rechtsträger iRd Umwandlungsvorgangs untergeht.

420 *Einstweilen frei.*

421 **bb) Modifikationen des EK. Wahlrechte bei der Ermittlung des Eigenkapitals.** Wahlrechte sind gem § 4h II S 1 lit c S 4 Hs 1 EStG im Konzern- und Einzelabschluss einheitlich auszuüben. Vgl hierzu auch Rn 405. Die Regelung betrifft sowohl Ansatz- als auch Bewertungswahlrechte.

---

1 *Kowallik*, IWB 2010, 241, 243 f.
2 Kritisch auch *Töben/Fischer*, Ubg 2008, 149, 159 f.
3 BMF v 4.7.2008, BStBl I 2008, 718, Rn 70.

IX. Konzernzugehörige Betriebe

Wahlrechte bei Erstaufstellung nach IFRS. In der Praxis wird ein Einzelabschluss nach IFRS 1 für die einzelnen Tochterunternehmen nicht aufgestellt, da dieser weder für Zwecke der Konsolidierung benötigt wird, noch eine rechtliche Verpflichtung hierzu besteht. Allerdings werden durch IFRS 1 Wahlrechte für die erstmalige Aufstellung eines Einzelabschlusses eingeräumt. Da diese Wahlrechte allein für den Einzelabschluss gelten, können diese unbeschadet der Ansätze im Konzernabschluss ausgeübt und insoweit Gestaltungsspielräume genutzt werden.[1]

422

Formelle Maßgeblichkeit der Wertansätze im Konzernabschluss. Der Gesetzgeber hat offenbar mit § 4h II S 1 lit c S 4 Hs 1 EStG eine formelle Maßgeblichkeit der Wertansätze von Vermögenswerten, Schulden einschließlich Rückstellungen, Bilanzierungshilfen und Rechnungsabgrenzungsposten uä verfolgt. Ausweislich der Gesetzesbegründung sollen diese Posten im Einzelabschluss des Betriebs mit den Werten angesetzt werden, mit denen sie im Konzernabschluss ausgewiesen sind.[2] Der Gesetzeswortlaut stützt diese Interpretation nicht zwingend, da er von einer einheitlichen Ausübung von Wahlrechten spricht. Problematisch daran ist, dass die Wertansätze im Konzernabschluss nicht immer auf einem Wahlrecht beruhen. Damit wäre der Wertansatz im Konzernabschluss nach dem Gesetzeswortlaut nur dann für den Einzelabschluss maßgeblich, wenn dieser aus der Ausübung eines Bewertungswahlrechtes resultiert. Wahlrechte, welche nur im Einzelabschluss bestehen, können ohne Bindung an den Wertansatz im Konzernabschluss ausgeübt werden.[3]

423

Formelle Maßgeblichkeit der Bilanzansätze im Konzernabschluss. Fraglich ist, ob sich auch eine formelle Maßgeblichkeit für die in der Konzernbilanz zwingend ausgewiesenen Vermögenswerte, Schulden usw begründen lässt, soweit diese im Einzelabschluss des Betriebs nicht enthalten sind. Hiergegen könnte sprechen, dass der Gesetzgeber im Hinblick auf einen im Konzernabschluss ausgewiesenen Firmenwert eine Erhöhung des Eigenkapitals des Betriebs in § 4h II S 1 lit c S 5 EStG geregelt hat (vgl Rn 425). Dieser Regelung hätte es ansonsten nicht bedurft.

424

Erhöhung um Firmenwert. Das EK des Betriebs ist gem § 4h II S 1 lit c S 5 EStG um einen im Konzernabschluss enthaltenen Firmenwert zu erhöhen, soweit dieser auf den Betrieb entfällt. Hintergrund dieser Regelung ist, dass bei einem Unternehmenszusammenschluss der für den Erwerb der Beteiligung gezahlte Kaufpreis iRd Kaufpreisallokation zwingend im Konzernabschluss auf die erworbenen Vermögenswerte, Schulden usw zu verteilen ist. Ein danach verbleibender Betrag wird gem IFRS 3.32 als Firmenwert ausgewiesen. Im Einzelabschluss des Betriebs werden die Vermögenswerte, Schulden usw dagegen regelmäßig mit den fortgeführten Anschaffungskosten angesetzt und ein Firmenwert ist idR nicht ausgewiesen. § 4h II S 1 lit c S 5 EStG soll damit eine Vergleichbarkeit des Konzernabschlusses mit dem Einzelabschluss herstellen. Sie wirkt sich günstig auf die Eigenkapitalquote des Betriebs aus. Da die im Konzernabschluss ausgewiesenen Firmenwerte unter IFRS den Zahlungsmittel

425

---

1 Lüdenbach/Hoffmann, DStR 2007, 636, 638; Heintges/Kamphaus/Loitz, DB 2007, 1261, 1264; Ganssauge/Mattern, DStR 2008, 267.
2 BTDrs 16/4841, 49.
3 Förster in Gosch Exkurs § 4h EStG Rn 94.

generierenden Einheiten und nicht den einzelnen Tochterunternehmen bzw Betrieben zugeordnet werden, muss eine Zuordnung zu dem jeweiligen Betrieb nach einem sachgerechten Maßstab erfolgen.[1] Hierdurch eröffnet sich weiterer Spielraum zur Gestaltung der Eigenkapitalquote.

426 **Stille Reserven in anderen nicht bilanzierten Wirtschaftsgütern.** IRd Kaufpreisallokation werden die erworbenen stillen Reserven im IFRS-Abschluss gem IFRS 3.10 vorrangig anderen, insbesondere immateriellen Vermögenswerten, zugeordnet (zB Patente, Kundenbeziehungen usw). Hier fehlt eine entsprechende ausdrückliche Regelung, wie beim Firmenwert innerhalb des § 4h EStG, die eine Berücksichtigung bei der Ermittlung der Eigenkapitalquote des Betriebs vorsieht. Es dürfte insoweit eine planwidrige Gesetzeslücke vorliegen, die im Wege der Analogie zu schließen ist, um die gesetzgeberische Intention der Herstellung der Vergleichbarkeit des Konzernabschlusses mit dem Einzelabschluss zu erreichen. Auch die Finanzverwaltung geht davon aus, dass alle iRd Beteiligungserwerbs vergüteten stillen Reserven dem Betrieb zuzuordnen sind.[2] Ist der zugrundegelegte Rechnungslegungsstandard IFRS wird damit im Ergebnis ein sog push down accounting durchgeführt, welches für einen nach IFRS zu erstellenden Einzelabschluss ansonsten nicht zulässig wäre.[3]

427 **Stille Reserven in anderen bilanzierten Vermögenswerten.** Die Grundsätze in Rn 426 gelten erst recht für Vermögenswerte, Schulden usw, welche im Einzelabschluss des Betriebs bereits enthalten sind. Dh die iRe Unternehmenszusammenschlusses vergüteten stillen Reserven sind auf die Vermögenswerte, Schulden usw im Einzelabschluss zu verteilen, soweit sie im Konzernabschluss ausgewiesen sind.

428 **Zwischenergebniseliminierung und Schuldenkonsolidierung.** Eine Maßgeblichkeit der Bilanz- und Wertansätze des Konzernabschlusses besteht nicht, soweit Vermögenswerte, Schulden usw im Konzernabschluss aufgrund der Eliminierung von Zwischenergebnissen bzw der Schuldenkonsolidierung nicht oder mit einem anderen Wert angesetzt werden. Dies gilt insbesondere für konzerninterne Forderungen sowie die Eliminierung von Gewinnrealisierungen aus dem konzerninternen Leistungsaustausch.[4]

429 **Gesellschaftsrechtliche Kündigungsrechte.** Vgl die analog geltenden Rn 406 f.

430 **Sonderposten mit Rücklageanteil.** Das EK des Betriebs ist gem § 4h II S 1 lit c S 5 EStG um die Hälfte eines Sonderpostens mit Rücklageanteil zu erhöhen. Diese Regelung hat lediglich Bedeutung, wenn der zugrundegelegte Rechnungslegungsstandard HGB ist, da unter IFRS keine Sonderposten gebildet werden.[5] Nach BilMoG dürfen keine neuen Sonderposten mit Rücklageanteil unter HGB mehr gebildet werden, womit die Regelung nur noch bei Ausübung des Beibehaltungswahlrechts für bestehende Sonderposten Bedeutung hat.[6]

---

1   Zu weiteren Einzelheiten und Grenzen der Zuordnung IDW Steuerhinweis 1/2010 v 1.3.2010, Rn 43-52.
2   BMF v 4.7.2008, BStBl I 2008, 718, Rn 73; ebenso *Möhlenbrock/Pung* in D/J/P/W § 8a Rn 151; *Förster* in Gosch Exkurs § 4h EStG Rn 110.
3   IDW Steuerhinweis 1/2010 v 1.3.2010, Rn 43.
4   Ebenso IDW Steuerhinweis 1/2010 v 1.3.2010, Rn 36; *Förster* in Gosch Exkurs § 4h EStG Rn 110; aA offenbar *Möhlenbrock/Pung* in D/J/P/W § 8a Rn 151.
5   Zur Kritik auch *Lüdenbach/Hoffmann*, DStR 2007, 636, 638.
6   IDW Steuerhinweis 1/2010 v 1.3.2010, Rn 53 f.

IX. Konzernzugehörige Betriebe

Stimmrechtsloses EK. Das EK des Betriebs ist gem § 4h II S 1 lit c S 5 EStG um das EK zu kürzen, welches keine Stimmrechte vermittelt, mit Ausnahme von Vorzugsaktien. Hinter dieser Regelung steht die gesetzgeberische Intention, Gestaltungen zu verhindern, Mezzanine-Kapital nach den Rechnungslegungsstandards bilanzrechtlich als EK auszuweisen, obwohl darauf gezahlte Vergütungen für steuerliche Zwecke als Betriebsausgaben abgezogen werden könnten.[1] Dies könnte zB durch eine Finanzierung in Form von Genussrechten geschehen, welche nicht die Voraussetzungen des § 8 III S 2 erfüllen, jedoch nach dem zugrundegelegten Rechnungslegungsstandard als EK ausgewiesen werden. Die ausdrückliche Ausnahme der Vorzugsaktien gem § 4h II S 1 lit c S 5 EStG soll nach der Gesetzesbegründung lediglich klarstellenden Charakter haben.[2] Daher sollten auch andere gesellschaftsrechtliche Kapitalüberlassungen von der Kürzung ausgenommen sein, da Vergütungen hierfür grundsätzlich nicht als Betriebsausgaben abgezogen werden können. Gleiches gilt für die Rücklagen, den Bilanzgewinn und andere direkt im EK erfasste Gewinne und Verluste (sog other comprehensive income), auch wenn dieser Teil des Eigenkapitals keine Stimmrechte vermittelt.[3] Fraglich ist jedoch, ob schuldrechtliche Kapitalüberlassungen, welche nicht zu einem steuerlichen Abzug führen können (zB beteiligungsähnliche Genussrechte), von der Kürzung gem § 4h II S 1 lit c S 5 EStG betroffen sind. Dies ist grundsätzlich zu bejahen, so dass der Gesetzeswortlaut überschießende Wirkung hat.[4] Nach dem Telos der Regelung ist jedoch eine einschränkende Auslegung geboten.[5] Nicht geregelt ist außerdem der Fall, dass eine gesellschaftsrechtliche Kapitalüberlassung (zB Vorzugsaktien) nach dem anwendbaren Rechnungslegungsstandard als Fremdkapital ausgewiesen wird und die Vergütungen hierfür steuerlich nicht als Betriebsausgaben abgezogen werden können. Hier wäre nach dem Telos der Norm eine Hinzurechnung beim EK des Betriebs sachgerecht.[6]

431

KGaA. Bei einer KGaA ist das EK des Betriebs nicht um die Einlage des persönlich haftenden Gesellschafters zu kürzen, obgleich dem Komplementär kein Stimmrecht zusteht (§ 285 AktG).[7] Da es sich insoweit um die personalistische Sphäre der KGaA handelt, sollte die Kürzungsvorschrift für Mezzanine-Kapital gem § 4h II S 1 lit c S 5 EStG hinter § 4h II S 1 lit c S 4 Hs 2 EStG zurücktreten, so dass insoweit wie bei Personengesellschaften mindestens das EK anzusetzen ist, welches sich nach HGB ergeben würde (vgl Rn 406 f).[8] Bei dem Einzelabschluss des Betriebs des Komplementärs ist der Komplementäranteil aus dem EK zu kürzen (vgl auch Rn 433).

432

Anteile an anderen Konzerngesellschaften. Bei der Ermittlung des Eigenkapitals des Betriebs sind Anteile an anderen Konzerngesellschaften gem § 4h II S 1 lit c S 5 EStG ebenfalls zu kürzen. Die Regelung erfasst sowohl Anteile an Kapitalgesellschaften und

433

§ 8a

---

1 BTDrs 16/5491, 17.
2 BTDrs 16/5491, 17.
3 *Möhlenbrock/Pung* in D/J/P/W § 8a Rn 153; IDW Steuerhinweis 1/2010 v 1.3.2010, Rn 59.
4 *Heintges/Kamphaus/Loitz*, DB 2007, 1261, 1265.
5 *Förster* in Gosch Exkurs § 4h EStG Rn 113; *Möhlenbrock/Pung* in D/J/P/W § 8a Rn 153.
6 *Ganssauge/Mattern*, DStR 2008, 267, 269.
7 *Kollruss*, BB 2007, 1988, 1989.
8 Der Komplementär hat ein gesellschaftsrechtliches Kündigungsrecht, vgl § 289 I AktG iVm 131 III HGB; so auch *Perlitt* in MüKo AktG § 289 AktG Rn 84.

anderen Körperschaften (zB Genossenschaften) sowie Personengesellschaften.[1] Sie soll Kaskadeneffekte verhindern, bei denen in einer mehrstufigen Beteiligungskette dasselbe EK mehrfach genutzt wird. Eingeschlossen sind inländische und ausländische Tochterunternehmen. Der Begriff Konzerngesellschaften bezieht sich auf Tochterunternehmen. Anteile an Gemeinschaftsunternehmen und assoziierten Unternehmen sind demzufolge nicht erfasst.[2] Auch eigene Anteile unterliegen nicht der Kürzung. Allerdings werden diese nach IAS 32.33 unter IFRS und nunmehr auch gem § 272 Ia HGB im HGB-Abschluss ohnehin vom EK abgesetzt. Kritisch ist, dass die Regelung nicht mit der bilanziellen Behandlung der Anteile beim Emittenten korrespondiert. So werden stimmrechtslose Anteile ggf sowohl beim Tochterunternehmen als auch beim Gesellschafter gekürzt.[3] Ob ein Anteil an einer anderen Konzerngesellschaft vorliegt, bestimmt sich nach dem jeweiligen anwendbaren Rechnungslegungsstandard. Dies bedeutet, dass Kapitalüberlassungen an das Beteiligungsunternehmen, welche beim Gesellschafter als Forderung ausgewiesen werden, nicht der Kürzung unterliegen. Die Kürzung erfolgt nach ihrem Wortlaut unabhängig davon, ob die Kapitalüberlassung beim Beteiligungsunternehmen als EK oder Fremdkapital ausgewiesen wird.[4] Unbeachtlich ist ferner, ob die Kapitalüberlassung steuerlich zu Bezügen iSd § 8b I (zB bei beteiligungsähnlichen Genussrechten iSd § 8 III S 2) führt. Zu kürzen ist der in dem Einzelabschluss nach dem Rechnungslegungsstandard ausgewiesene Buchwert der Anteile.

434 Organschaften. Bei Organschaften ist ein konsolidierter Abschluss für den Organkreis zu erstellen, da dieser als ein Betrieb gilt (vgl Rn 417). Deshalb erübrigt sich eine Kürzung der Organbeteiligung, da diese in einem konsolidierten Abschluss für den Organkreis nicht ausgewiesen wird. Beteiligungen des Organträgers oder der Organgesellschaften an Gesellschaften außerhalb des Organkreises unterliegen der Kürzung.[5]

435 Kürzung um Anteile an Mitunternehmerschaften. Bei Anteilen an Mitunternehmerschaften hat die Kürzung iHd nach dem zugrunde gelegten Rechnungslegungsstandard ausgewiesenen Buchwertes zu erfolgen. Unbeachtlich ist der steuerliche Buchwert (= Kapitalkonto des Mitunternehmers), dh Ergänzungsbilanzen sind nicht in die Kürzung einzubeziehen.[6] Ferner spielt es für die Kürzung keine Rolle, welches EK auf Ebene der Personengesellschaft nach § 4h II S 1 lit c S 4 Hs 2 EStG anzusetzen ist. Zum Sonderbetriebsvermögen vgl Rn 440.

436 Anteile an vermögensverwaltenden Personengesellschaften. Bei Anteilen an vermögensverwaltenden Personengesellschaften kann kein Kaskadeneffekt erzielt werden, weshalb eine Kürzung um diese Anteile zT abgelehnt wird.[7] Da das Vermögen und die Schulden der Personengesellschaften in diesem Fall steuerlich den Gesellschaftern

---

1 *Möhlenbrock/Pung* in D/J/P/W § 8a Rn 154.
2 BMF v 4.7.2008, BStBl I 2008, 718, Rn 74.
3 *Förster* in Gosch Exkurs § 4h EStG Rn 114 und *Köhler*, DStR 2007, 597, 601 fordern daher, dass eine Kürzung in diesem Fall auf einer Ebene zu unterbleiben hat; wohl ebenso *Möhlenbrock/Pung* in D/J/P/W § 8a Rn 154.
4 AA *Förster* in Gosch Exkurs § 4h EStG Rn 114, der eine Kürzung in letzterem Fall nicht vornehmen will.
5 *Herzig/Liekenbrock*, DB 2007, 2387, 2389.
6 *Möhlenbrock/Pung* in D/J/P/W § 8a Rn 154.
7 In teleologischer Reduktion des Wortlautes, ebenso *Möhlenbrock/Pung* in D/J/P/W § 8a Rn 154; IDW Steuerhinweis 1/2010 v 1.3.2010, Rn 69.

IX. Konzernzugehörige Betriebe

entsprechend ihren Anteilen zugerechnet werden (Bruchteilsbetrachtung gem § 39 II Nr 2 AO), gehört dieses insoweit zum Betrieb des Gesellschafters und sollte daher für Zwecke der Ermittlung der Eigenkapitalquote im Einzelabschluss des Betriebs des Gesellschafters erfasst werden. Der im Einzelabschluss ausgewiesene Beteiligungsansatz sollte dagegen gekürzt werden, um eine Doppelerfassung zu vermeiden.

Holdinggesellschaften. Die Kürzung von Anteilen an anderen Konzerngesellschaften stellt für Holdinggesellschaften eine Doppelbelastung dar. Denn Holdinggesellschaften weisen aufgrund der Steuerfreistellung von Dividendenerträgen ein geringes steuerpflichtiges EBITDA auf. Durch die Beteiligungsbuchwertkürzung wird ihnen zusätzlich der EK-Escape erschwert.[1] Dies zwingt die Steuerpflichtigen zu gestalterischen Maßnahmen (vgl auch Rn 18).

437

Deutsche Mutterunternehmen. Für deutsche Mutterunternehmen bedeutet die Kürzung um Anteile an anderen Konzerngesellschaften einen Nachteil bei der Führung des Eigenkapitalvergleichs gegenüber ausländischen Mutterunternehmen mit inländischen Tochterunternehmen. Da die Anteile an Tochterunternehmen im Konzernabschluss durch deren Vermögen und Schulden ersetzt werden und daher das EK des Konzerns im Ergebnis nicht gemindert wird, weist der Betrieb des Mutterunternehmens im Vergleich zum Konzern ein um die Anteile an anderen Konzerngesellschaften, die außerhalb der Organschaft stehen, niedrigeres EK aus. Das gleiche gilt für Anteile des Betriebs an Personengesellschaften und Tochterbeteiligungen, welche nicht im Konzernabschluss konsolidert werden, da diese im Konzernabschluss ebenfalls nicht gekürzt werden. Ausländische Mutterunternehmen können die Buchwertkürzung durch entsprechende Gestaltungen vermeiden, indem keine ausländischen Tochterbeteiligungen von den in Deutschland belegenen Betrieben gehalten werden. Für deutsche Mutterunternehmen besteht diese Möglichkeit nicht. Damit werden im Ergebnis inländische Konzerne durch die Zinsschranke sanktioniert.[2]

438

Einlagen vor dem Abschlussstichtag. Das EK des Betriebs ist gem § 4h II S 1 lit c S 5 EStG um Einlagen der letzten sechs Monate vor dem maßgeblichen Abschlussstichtag zu kürzen, soweit ihnen Entnahmen oder Ausschüttungen innerhalb der ersten sechs Monate nach diesem Stichtag gegenüberstehen. Hiermit sollen Gestaltungen durch Legein-Hol-zurück unterbunden werden.[3] Nach dem eindeutigen Wortlaut sind die Einlagen und Entnahmen bzw Ausschüttungen lediglich betragsmäßig gegenüberzustellen und der kleinere Betrag ist zu kürzen. Ob es sich bei den Ausschüttungen sachlich um Ausschüttungen von Kapitalrücklagen oder Gewinnen handelt ist unbeachtlich.[4] Zu den Einlagen zählen sowohl verdeckte als auch offene Einlagen sowie Bar- und Sacheinlagen.

439

Sonderbetriebsvermögen. Sonderbetriebsvermögen ist für Zwecke der Ermittlung der Eigenkapitalquote dem Betrieb der Mitunternehmerschaft zuzuordnen, soweit es im Konzernvermögen[5] enthalten ist (§ 4h II S 1 lit c S 7 EStG). Damit sollen

440

---

1 Zur Kritik *Rödder/Stangl*, DB 2007, 479, 484 unter III. 6.
2 *Rödder/Stangl*, DB 2007, 479, 483 unter III. 2.
3 BTDrs 16/4841, 49.
4 *Möhlenbrock/Pung* in D/J/P/W § 8a Rn 155.
5 Im Referentenentwurf v 5.2.2007, S 3 wurde noch der Begriff „Konzernabschluss" verwendet.

Gestaltungsmöglichkeiten durch die Zuordnung von Wirtschaftsgütern verhindert werden.[1] Andererseits ergibt sich aus der Zuordnungsregel seinerseits Gestaltungspotential, indem Sonderbetriebsvermögen herbeigeführt oder vermieden wird. Die Zuordnungsregel betrifft sowohl positives als auch negatives Sonderbetriebsvermögen. Weiterhin ist Sonderbetriebsvermögen I und II erfasst.[2] Unbeachtlich ist ferner, ob es sich um notwendiges oder gewillkürtes Sonderbetriebsvermögen handelt. Der Zuordnung zur Mitunternehmerschaft unterliegen auch Darlehensforderungen des zum selben Konzern gehörigen Mitunternehmers gegenüber der Gesamthand. Diese werden zwar aufgrund der Schuldenkonsolidierung im Konzernabschluss nicht mehr ausgewiesen, gehören aber dennoch zum Konzernvermögen.[3] Aus der Zuordnungsregel folgt, dass das betreffende Sonderbetriebsvermögen aus dem Einzelabschluss des Mitunternehmers für Zwecke der Ermittlung seiner Eigenkapitalquote herauszurechnen ist.[4]

441 **Sonderbetriebsvermögen konzernfremder Mitunternehmer.** Sonderbetriebsvermögen, das im Eigentum eines nicht zum Konzern gehörenden Mitunternehmers steht, unterliegt nicht der Zuordnungsregelung, da es sich nicht um Konzernvermögen handelt und das demzufolge nicht im Konzernabschluss ausgewiesen ist.[5] Gleiches gilt für negatives Sonderbetriebsvermögen, dh die Eigenkapitalquote der Mitunternehmerschaft wird durch das negative Sonderbetriebsvermögen nicht verringert, da das Fremdkapital im Konzernabschluss nicht ausgewiesen ist und daher die Eigenkapitalquote des Konzerns nicht belastet. Dies gilt ungeachtet der Tatsache, dass die Zinsaufwendungen aus dem negativen Sonderbetriebsvermögen für Zwecke der Zinsschranke Zinsaufwendungen der Mitunternehmerschaft sind.

442 **Ergänzungsbilanzen.** Im handelsrechtlichen Abschluss einer Mitunternehmerschaft ist das Vermögen zu fortgeführten Buchwerten ausgewiesen. Bei Erwerb des Mitunternehmeranteils bezahlte stille Reserven in den Wirtschaftsgütern der Gesamthand, die steuerlich in einer Ergänzungsbilanz ausgewiesen werden, erhöhen zunächst nicht das handelsrechtliche EK des Betriebs der Mitunternehmerschaft. Allerdings ist davon auszugehen, dass in diesem Fall die Wirtschaftsgüter im Konzernabschluss mit den um die bezahlten stillen Reserven aufgestockten Werten ausgewiesen sind. Die in den Rn 425–427 dargestellte Problematik gilt hier entsprechend.

443 **Gleichordnungskonzern.** Bei einem Gleichordnungskonzern wird das Vermögen der Konzernspitze nicht in den Konzernabschluss einbezogen (vgl Rn 402). Dies führt dazu, dass Sonderbetriebsvermögen der Konzernspitze in diesem Fall nicht dem Betrieb der Mitunternehmerschaft zugeordnet werden kann.[6]

---

1 BTDrs 16/4841, 49.
2 *Möhlenbrock/Pung* in D/J/P/W § 8a Rn 158.
3 *Ganssauge/Mattern*, DStR 2008, 267, 270.
4 *Wagner/Fischer*, BB 2007, 1811, 1815.
5 Ebenso *Wagner/Fischer*, BB 2007, 1811, 1815; *van Lishaut/Schumacher/Heinemann*, DStR 2008, 2341, 2345; *Feldgen*, NWB 2009, 998, 1005; aA wohl *Möhlenbrock/Pung* in D/J/P/W § 8a Rn 158.
6 AA *Förster* in Gosch Exkurs § 4h EStG Rn 102; kritisch *Dörfler*, BB 2007, 1084, 1086.

IX. Konzernzugehörige Betriebe

Ausländisches Betriebsstättenvermögen. Ausländisches Betriebsstättenvermögen eines inländischen Betriebs ist bei der Ermittlung der Eigenkapitalquote einzubeziehen. Dies gilt unabhängig davon, ob auf die ausländischen Betriebsstätteneinkünfte die Freistellungs- oder Anrechnungsmethode angewendet wird und ergibt sich aus dem Betriebsbegriff der Zinsschranke.[1]

444

Zusammenfassung der Modifikationen beim EK des Betriebs. Zusammenfassend ist das EK des Betriebs um folgende Positionen zu modifizieren:

445

+	Firmenwert, soweit er auf den Betrieb entfällt
+	Stille Reserven anderer Wirtschaftsgüter, soweit sie auf den Betrieb entfallen
+/-	Korrektur zur einheitlichen Ausübung von Bewertungswahlrechten
+	Korrektur bei gesellschaftsrechtlichen Kündigungsrechten
+	Hälfte des Sonderpostens mit Rücklageanteil
-	EK, das keine Stimmrechte vermittelt
-	Anteile an anderen Konzerngesellschaften
-	Einlagen innerhalb von sechs Monaten vor dem Abschlussstichtag, soweit ihnen Ausschüttungen/Entnahmen innerhalb von sechs Monaten nach dem Abschlussstichtag gegenüberstehen
+/-	Sonderbetriebsvermögen
+/-	Korrektur um Vermögen von vermögensverwaltenden PersG

Einstweilen frei.

446-449

cc) Modifikationen der Bilanzsumme. Kapitalforderungen. Die Bilanzsumme des Betriebs ist gem § 4h II S 1 lit c S 6 EStG um Kapitalforderungen zu kürzen, die nicht im Konzernabschluss ausgewiesen sind und denen Verbindlichkeiten iSd § 4h III EStG gegenüberstehen. Durch die Regelung soll sichergestellt werden, dass Fremdkapital des Betriebs, welches anderen Konzerngesellschaften zur Verfügung gestellt wird, nicht die Eigenkapitalquote des Betriebs belastet.[2]

450

Beispiel

Die A-GmbH weist in ihrem Jahresabschluss Verbindlichkeiten gegenüber der Konzernmutter iHv 220 Mio EUR aus. Gleichzeitig bilanziert sie eine Forderung gegenüber der zum gleichen Konzern gehörenden B-GmbH iHv 200 Mio EUR. Das EK beträgt 200 Mio EUR, die Bilanzsumme 1 Mrd EUR.

Die Eigenkapitalquote der A-GmbH wird durch die Konzernverbindlichkeit belastet und beträgt daher lediglich 20 %, obwohl Konzernforderungen iHv 100 Mio EUR gegenüberstehen, die zu einer Bilanzverlängerung führen. Ohne diese Forderungen und Verbindlichkeiten würde die Bilanzsumme lediglich 800 Mio EUR und die Ei-

---

1 *Prinz*, FR 2008, 441, 447
2 BTDrs 16/4841, 49.

genkapitalquote 25 % betragen. Gem § 4h II S 1 lit c S 6 EStG ist daher die Bilanzsumme um 200 Mio EUR zu kürzen, so dass die Eigenkapitalquote des Betriebs ohne Berücksichtigung weiterer Modifikationen 25 % beträgt.

Es findet wiederum eine rein betragsmäßige Gegenüberstellung von Forderungen und Verbindlichkeiten statt, ohne dass ein sachlicher Zusammenhang zwischen den Forderungen und Verbindlichkeiten bestehen muss. Die Begriffe der Kapitalforderungen und Verbindlichkeiten ergeben sich aus § 4h III EStG (vgl Rn 113 ff). Damit fallen Forderungen aus Lieferungen und Leistungen nicht unter die Kürzungsvorschrift, obwohl eine vergleichbare Problematik auch hier besteht.[1] Forderungen und Verbindlichkeiten, welche Sonderbetriebsvermögen darstellen und daher dem Betrieb der Mitunternehmerschaft zuzuordnen sind, müssen bei der Korrektur der Bilanzsumme der Mitunternehmerschaft, dürfen dafür aber nicht bei dem Mitunternehmer berücksichtigt werden.[2]

451 **Sonderbetriebsvermögen.** Ist Sonderbetriebsvermögen der Mitunternehmerschaft gem § 4h II S 1 lit c S 7 EStG zuzuordnen und insoweit das EK des Mitunternehmers anzupassen, erfolgt eine entsprechende Anpassung der Bilanzsumme. Dies gilt jedoch nicht, wenn eine korrespondierende Verbindlichkeit bei der Personengesellschaft ausgewiesen wird, da diese bereits die Bilanzsumme erhöht hat. Bei negativem Sonderbetriebsvermögen sollte lediglich ein Passivtausch stattfinden (Erhöhung des Fremdkapitals und Verringerung des EK), so dass auch hier eine Korrektur der Bilanzsumme unterbleibt.[3]

> **Beispiel**
>
> *An der AB Mitunternehmerschaft sind A und B beteiligt. Alle gehören zu demselben Konzern. A hat der Mitunternehmerschaft ein Darlehen iHv 10 Mio EUR gewährt. B hat ein Darlehen zur Finanzierung des Mitunternehmeranteils iHv 5 Mio EUR aufgenommen. Weiteres Sonderbetriebsvermögen existiert nicht. Das EK der Gesamthand beträgt 20 Mio EUR, die Bilanzsumme 100 Mio EUR.*
>
> *Das Sonderbetriebsvermögen von A und B ist gem § 4h II S 1 lit c S 7 EStG der Mit-unternehmerschaft zuzuordnen. Deren EK ist demzufolge um 10 Mio EUR zu erhöhen und um 5 Mio EUR zu vermindern, beträgt also 25 Mio EUR. Die Bilanzsumme wird jedoch nicht um 10 Mio EUR erhöht, da die Verbindlichkeit gegenüber A in der Gesamthandsbilanz passiviert wird und daher die Bilanzsumme bereits erhöht hat. Weiterhin wird die Bilanzsumme nicht um 5 Mio EUR modifiziert, da die Verbindlichkeit des B lediglich einen Teil des Eigenkapitals der Mitunternehmerschaft ersetzt. Die Eigenkapitalquote der Mitunternehmerschaft beträgt mithin 25 %.*

452 **Übrige Eigenkapitalanpassungen.** Die übrigen Anpassungen des Eigenkapitals sollten mit Ausnahme der Korrekturen beim Sonderposten mit Rücklageanteil, bei gesellschaftsrechtlichen Kündigungsrechten und beim EK ohne Stimmrechte zu

---

1 Zur Problematik *Pawelzik*, DB 2008, 2440.
2 IDW Steuerhinweis 1/2010 v 1.3.2010, Rn 93.
3 IDW Steuerhinweis 1/2010 v 1.3.2010, Rn 92; *Pawelzik*, Ubg 2009, 50, 54; aA *Möhlenbrock/Pung* in D/J/P/W § 8a Rn 158.

IX. Konzernzugehörige Betriebe

einer entsprechenden Anpassung der Bilanzsumme führen, auch wenn der Gesetzeswortlaut dies nicht ausdrücklich anordnet. Andernfalls ergäben sich unsachgerechte Ergebnisse.[1]

Zusammenfassung der Modifikationen der Bilanzsumme des Betriebs. Zusammenfassend ist die Bilanzsumme des Betriebs um folgende Positionen zu modifizieren:

453

+	Firmenwert, soweit er auf den Betrieb entfällt
+	Stille Reserven anderer Wirtschaftsgüter, soweit sie auf den Betrieb entfallen
+/-	Korrektur zur einheitlichen Ausübung von Bewertungswahlrechten
-	Anteile an anderen Konzerngesellschaften
-	Einlagen innerhalb von sechs Monaten vor dem Abschlussstichtag, soweit ihnen Ausschüttungen/Entnahmen innerhalb von sechs Monaten nach dem Abschlussstichtag gegenüberstehen
+/-	Sonderbetriebsvermögen (mit Ausnahmen)
+/-	Korrektur um Vermögen von vermögensverwaltenden Personengesellschaften
-	Durchgeleitete Kapitalforderungen

Einstweilen frei. 454-455

f) Anforderungen an den Konzernabschluss. Konzernabschluss mit befreiender Wirkung. Gem § 4h II S 1 lit c S 10 EStG muss der Konzernabschluss den Anforderungen an die handelsrechtliche Konzernrechnungslegung genügen oder die Voraussetzungen erfüllen, unter denen ein Abschluss nach §§ 291 und 292 HGB befreiende Wirkung hätte. Sofern der Konzernabschluss für den Konzern nicht nach HGB aufgestellt wurde, ist daher im Einzelfall zu prüfen, ob der nach IFRS, US-GAAP oder den GAAP eines anderen EU-Mitgliedstaates aufgestellte Konzernabschluss befreiende Wirkung nach §§ 291 und 292 HGB iVm KonBefrV hätte. Sofern im Inland ein Teilkonzern vorliegt, wird die Frage der befreienden Wirkung im Jahresabschluss des Mutterunternehmens für den Teilkonzern vom Abschlussprüfer testiert. Sofern kein Teilkonzern vorliegt, ist die Frage abstrakt zu beantworten.

456

Befreiende Wirkung bei Abschlüssen nach US-GAAP. Im Hinblick auf US-GAAP besteht die Problematik, dass ein Konzernlagebericht nicht verpflichtend ist, was der befreienden Wirkung iSd § 292 HGB entgegenstehen könnte. Der Konzernabschluss sollte dennoch für Zwecke des EK-Escape anerkannt werden, da der Lagebericht keine Bedeutung für die Eigenkapitalquote des Konzerns hat.[2]

457

---

1 BMF v 4.7.2008, BStBl I 2008, 718, Rn 76.
2 *Dörfler* in Erle/Sauter § 4h EStG/Anh 1 Rn 103.

458 **Deutsche Sprache und Abschlussprüfertestat.** Nach der Gesetzesbegründung ist der Eigenkapitalnachweis nur erbracht, wenn der Konzernabschluss in deutscher Sprache oder in einer beglaubigten Übersetzung vorgelegt wird und von einem Abschlussprüfer testiert worden ist.[1] Dies ergibt sich daraus, dass der Konzernabschluss den handelsrechtlichen Anforderungen genügen oder die Voraussetzungen für eine befreiende Wirkung nach §§ 291 und 292 HGB erfüllen muss.[2]

459 **Keine Verpflichtung zur Aufstellung eines Konzernabschlusses.** Es stellt sich die Frage, wie § 4h II S 1 lit c S 10 EStG erfüllt werden soll, wenn für den Konsolidierungskreis mit dem obersten Mutterunternehmen iSd Zinsschranke kein Konzernabschluss verpflichtend ist oder ein Konzern iSd § 4h III S 6 EStG vorliegt. In diesen Fällen kann mangels Verpflichtung zur Erstellung eines Konzernabschlusses kein Testat erteilt werden.[3] Insbesondere entspricht der Konzernabschluss in diesen Fällen nicht mehr den HGB, IFRS oder anderen Rechnungslegungsvorschriften, so dass ein Testat iSd § 322 HGB oder entsprechender Vorschriften nicht erteilt werden kann.

460 **Nebenrechnung für Modifikationen.** Die erforderlichen Modifikationen des Eigenkapitals des Konzerns sind nach Auffassung der Finanzverwaltung in einer Nebenrechnung außerhalb des Abschlusses vorzunehmen.[4] Für die Nebenrechnung besteht keine Verpflichtung eines Testats.

461-462 *Einstweilen frei.*

463 **g) Anforderungen an den Einzelabschluss bzw die Überleitungsrechnung. Jahresabschluss oder Einzelabschluss.** Die Eigenkapitalquote des Betriebs ist grundsätzlich aus dem Jahresabschluss oder Einzelabschluss abzuleiten.

464 **Überleitungsrechnung.** Wurde der Jahresabschluss oder Einzelabschluss nicht nach denselben Rechnungslegungsstandards wie der Konzernabschluss aufgestellt, ist gem § 4h II S 1 lit c S 11 EStG die Eigenkapitalquote des Betriebs in einer Überleitungsrechnung nach den für den Konzernabschluss geltenden Rechnungslegungsstandards zu ermitteln. Ausweislich der Gesetzesbegründung soll die Überleitungsrechnung nach den Grundsätzen des Prüfungsstandards IDW PS 900[5] erfolgen.[6]

465 **Deutsche Sprache.** Laut der Gesetzesbegründung muss auch der Jahresabschluss oder Einzelabschluss in deutscher Sprache aufgestellt oder eine beglaubigte Übersetzung vorgelegt werden.[7] Gleiches dürfte für die Überleitungsrechnung gelten.

466 **Prüferische Durchsicht.** Die Überleitungsrechnung ist gem § 4h II S 1 lit c S 12 EStG einer prüferischen Durchsicht zu unterziehen. Hierzu hat das IDW einen Entwurf eines Prüfungsstandards EPS 901 veröffentlicht.[8] Danach ist es nicht erforderlich, dass

---

1 BTDrs 16/4841, 49.
2 *Förster* in Gosch Exkurs § 4h EStG Rn 88, 89, 90.
3 *Ganssauge/Mattern*, DStR 2008, 213, 218.
4 BMF v 4.7.2008, BStBl I 2008, 718, Rn 71.
5 Verabschiedet durch den HFA des IDW am 4.9.2001, WPg 2001, 1078.
6 BTDrs 16/4841, 49.
7 BTDrs 16/4841, 49; kritisch *Stangl/Hageböcke* in Schaumburg/Rödder, UntStRef 2008, S 479; *Förster* in Gosch Exkurs § 4h EStG Rn 92.
8 Entwurf IDW EPS 901 v 9.3.2009; bis zur endgültigen Verabschiedung des Standards steht dieser im Internet auf www.idw.de unter der Rubrik Verlautbarungen als Download zur Verfügung.

IX. Konzernzugehörige Betriebe

für den Betrieb ein vollständiger den Gliederungsvorschriften entsprechender Abschluss zu erstellen ist. Allerdings ist zumindest die Entwicklung einer vereinfachten Bilanz und Gewinn- und Verlustrechnung für Zwecke der prüferischen Durchsicht zu erstellen, da dies für die Durchführung analytischer Beurteilungen, zB Verprobung einzelner Bilanzposten, erforderlich ist.[1] Weder der IDW PS 900 noch der IDW EPS 901 (nach seiner endgültigen Verabschiedung) haben Gesetzescharakter. Beide sind nur von den Mitgliedern des Berufsstandes der Wirtschaftsprüfer verbindlich zu beachten. Jedoch werden auch Steuerberater diese Grundsätze in der Praxis beachten.[2] IDW EPS 901 sieht vor, dass über die prüferische Durchsicht ein Vermerk zu erteilen ist.[3] Ein gesetzliches Erfordernis hierzu existiert nicht.[4]

Nebenrechnung für Modifikationen. Die Modifikationen des § 4h S 1 lit c S 4-6 EStG sind außerhalb des Einzelabschlusses für den Betrieb vorzunehmen.[5] Sie sind nicht Gegenstand der prüferischen Durchsicht.[6]   467

Organschaft. Nach dem gesetzgeberischen Willen ist das EK der Gesellschaften eines Organkreises nach den Grundsätzen des Rechnungslegungsstandards zu konsolidieren, der für die Konsolidierung des Konzernkreises angewendet wird, dem der Organkreis angehört.[7] Sofern der Organkreis nicht zugleich einen Teilkonzern darstellt, entspricht der Abschluss in diesem Fall weder HGB noch IFRS, da diese eine Erstellung eines Einzelabschlusses für eine Mehrheit von Gesellschaften nicht vorsehen.[8] Gleichwohl wird dieser Abschluss bzw diese Überleitungsrechnung für Zwecke des Eigenkapitalvergleiches anzuerkennen sein.   468

Vermögensverwaltende Personengesellschaften. Ist der Betrieb an einer vermögensverwaltenden Personengesellschaft beteiligt, ergibt sich ein analoges Problem wie bei Organschaften, da das Vermögen und die Schulden der Personengesellschaft ggf anteilig dem Betrieb für steuerliche Zwecke zuzurechnen sind (vgl auch Rn 436). Hier ist die Überleitungsrechnung unter Einbeziehung des ggf anteiligen Vermögens und der Schulden der Personengesellschaft zu erstellen.   469

Abschlussprüfer iSd § 319 HGB. Gem § 4h II S 1 lit c S 13 EStG ist der Abschluss oder die Überleitungsrechnung des Betriebs auf Verlangen der Finanzbehörde durch einen Abschlussprüfer zu prüfen, der die Voraussetzungen des § 319 HGB erfüllt. Es handelt sich hierbei um eine Ermessensentscheidung, welche von den Finanzbehörden zu begründen ist. Damit § 4h II S 1 lit c S 12 EStG nicht unterlaufen wird, kommt eine Abschlussprüfung nur bei Vorliegen besonderer Gründe in Frage, zB wenn begründete Zweifel an der Richtigkeit der Überleitungsrechnung bestehen.[9] Hinsichtlich der Abschlussprüfung stellt sich analog zur Überleitungsrechnung das   470

---

1   Entwurf IDW EPS 901 v 9.3.2009 Rn 9.
2   Hennrichs, DStR 2007, 1926.
3   Entwurf IDW EPS 901 v 9.3.2009 Rn 23.
4   Hennrichs, DStR 2007, 1926, 1927.
5   BMF v 4.7.2008, BStBl I 2008, 718, Rn 71.
6   Entwurf IDW EPS 901 v 9.3.2009 Rn 8.
7   BTDrs 16/4841, 77.
8   *Ganssauge/Mattern*, DStR 2008, 267, 268.
9   Hennrichs, DStR 2007, 1926, 1929; *Förster* in Gosch Exkurs § 4h EStG Rn 80.

Problem, dass ein Einzelabschluss nach den jeweiligen Rechnungslegungsstandards für mehrere Rechtsträger, zB im Falle der Organschaft oder bei Beteiligung an vermögensverwaltenden Personengesellschaften, regelmäßig nicht vorgesehen ist. Hier kann der Bestätigungsvermerk ebenso wie bei der prüferischen Durchsicht ausschließlich für Zwecke des § 4h II EStG erteilt werden.[1]

471 **Bilanzpolitische Maßnahmen.** Durch bilanzpolitische Maßnahmen kann die Eigenkapitalquote des Betriebs angehoben werden, wobei zugleich die Eigenkapitalquote des Konzerns möglichst niedrig gehalten werden sollte. Bei Anwendung der IFRS und nach der Änderung des HGB im Zuge des BilMoG[2] bestehen auch bei der Rechnungslegung nach HGB eine Vielzahl von Wahlrechten und Ermessensspielräumen, die zur Gestaltung der Eigenkapitalquote genutzt werden können. Durch den vom Gesetz in § 4h II S 1 lit c S 4 EStG geforderten Gleichlauf bei der Ausübung von Wahlrechten, wird die Eigenkapitalquote des Betriebs und des Konzerns insoweit in die gleiche Richtung beeinflusst. Besondere Bedeutung wird daher der Frage zukommen, inwieweit eine Maßgeblichkeit bei den Bilanz- und Wertansätzen besteht, welche nicht auf einem Wahlrecht in beiden Abschlüssen beruhen (vgl dazu Rn 421 ff). Hier ist zu erwarten, dass es zu Meinungsverschiedenheiten zwischen Finanzbehörden und Steuerpflichtigen über die Frage der „Richtigkeit" der dem Eigenkapitalvergleich zugrundeliegenden Abschlüsse kommen wird (zu den Folgen eines unrichtigen Abschlusses vgl Rn 474 ff).

472-473 *Einstweilen frei.*

474 **h) Rechtsfolgen unrichtiger Abschlüsse. Zuschlag entsprechend § 162 AO.** Gem § 4h II S 1 lit c S 14 EStG ist ein Zuschlag entsprechend § 162 IV S 1 und 2 AO festzusetzen, wenn ein dem Eigenkapitalvergleich zugrunde gelegter Abschluss unrichtig ist und der zutreffende Abschluss zu einer Erhöhung der nach § 4h I EStG nicht abziehbaren Zinsaufwendungen führt. Unbeachtlich ist, ob die Unrichtigkeit von der Finanzbehörde festgestellt wird oder vom Steuerpflichtigen ein berichtigter Abschluss eingereicht wird.[3]

475 **Bemessung des Zuschlags.** Gem § 162 IV S 1 AO beträgt der Zuschlag mindestens 5.000 EUR. Zwar setzt § 162 IV S 1 AO tatbestandlich die Nichtvorlage von Aufzeichnungen iSd § 90 III AO bzw die wesentliche Unverwertbarkeit von vorgelegten Aufzeichnungen voraus. Dies wird jedoch durch das Tatbestandsmerkmal der Unrichtigkeit des Abschlusses ersetzt, so dass der Verweis für Zwecke der Zinsschranke lediglich die Rechtsfolge des § 162 IV S 1 AO betrifft.[4] Der Zuschlag beträgt mindestens 5 % und höchstens 10 % der Bemessungsgrundlage, sofern sich danach ein Zuschlag von mehr als 5.000 EUR ergibt. Dies ergibt sich aus dem Verweis auf § 162 IV S 2 AO. Bemessungsgrundlage sind gem § 4h II S 1 lit c S 15 EStG die nach § 4h I EStG nicht abziehbaren Zinsaufwendungen. Dies ist zutreffend, da die Rechtsfolge eines unrichtigen Abschlusses iSd § 4h II S 1 lit c S 14 EStG in der Nichterfüllung

---

1 Vgl auch Anhang zum Entwurf IDW EPS 901.
2 BGBl I 2009, 1102.
3 *Frotscher* in Frotscher/Maas § 8a Rn 160.
4 *Frotscher* in Frotscher/Maas § 8a Rn 161.

des EK-Escape bestehen muss.¹ Nur in diesem Fall wird der Zinsabzug durch § 4h I EStG begrenzt. Ergibt sich selbst bei Zugrundelegung richtiger Abschlüsse, dass der EK-Escape immer noch erfüllt ist, bleiben sämtliche Zinsaufwendungen abzugsfähig. Eine Sanktion tritt in diesem Fall nicht ein, da sich die nicht abziehbaren Zinsaufwendungen nicht erhöhen.

Abschluss. Abschlüsse iSd § 4h II S 1 lit c S 14 EStG sind zunächst der dem Eigenkapitalvergleich zugrundeliegende Konzernabschluss und der Einzelabschluss des Betriebs. Fraglich ist, ob die Regelung auch greift, wenn kein Einzelabschluss für den Betrieb, sondern lediglich eine Überleitungsrechnung erstellt wurde. Nach dem Zweck der Regelung wird man auch die Überleitungsrechnung als Abschluss iSd Vorschrift ansehen müssen.² 476

Unrichtigkeit des Abschlusses. Aufgrund der Vielzahl der Auslegungsprobleme, Lücken und Prognosespielräume unter IFRS stellt sich die Frage, wann ein Abschluss als unrichtig anzusehen ist. Durch die Angleichung an IFRS durch das BilMoG gilt dies nunmehr auch für HGB.³ Darüber hinaus ergeben sich vielfältige Auslegungsprobleme im Hinblick auf die Ermittlung der Eigenkapitalquote für Zwecke der Zinsschranke. Ein Abschluss wird in entsprechender Anwendung der Rechtsprechung zum sog subjektiven Fehlerbegriff nur dann als unrichtig angesehen werden können, wenn die zugrundeliegende Position nicht vertretbar ist und zu der Bilanzierungsfrage zum Zeitpunkt der Bilanzerstellung keine entgegenstehende Rechtsprechung ergangen ist.⁴ Ein unrichtiger Abschluss liegt nicht vor, wenn ein Abschluss unzutreffenderweise dem Eigenkapitalvergleich zugrundegelegt wurde, weil er nicht den richtigen Betrieb iSd Zinsschranke umfasst oder nicht für den richtigen Konsolidierungskreis erstellt wurde.⁵ 477

Gerichtsbarkeit. Bei Streitigkeiten über die Richtigkeit von Abschlüssen werden sich die Finanzgerichte künftig neben der Auslegung des HGB auch mit Auslegungsfragen zu IFRS, US-GAAP und den GAAP anderer EU-Mitgliedstaaten auseinandersetzen müssen.⁶ 478

Modifikationen der Abschlüsse. Sofern sich die nach § 4h I EStG nicht abziehbaren Zinsaufwendungen aufgrund der unrichtigen Vornahme von Modifikationen außerhalb der zugrundeliegenden Abschlüsse erhöhen, treten die Sanktionen des § 4h II S 1 lit c S 14 EStG nicht ein. 479

---

1 Unklar *Frotscher* in Frotscher/Maas § 8a Rn 159, der die Bemessungsgrundlage für den Zuschlag auf die Differenz zwischen den unrichtig und den richtig berechneten Zinsaufwendungen begrenzen will. Allerdings richtet sich die Abschlusserstellung primär auf die Ermittlung der Eigenkapitalquoten und nicht die Zinsaufwendungen.
2 *Förster* in Gosch Exkurs § 4h EStG Rn 80; aA *Frotscher* in Frotscher/Maas § 8a Rn 159.
3 ZB Bilanzierungswahlrecht für selbst geschaffene immaterielle Vermögensgegenstände des Anlagevermögens gem § 248 II und deren Bewertung gem § 255 IIa HGB; Bewertung von Rückstellungen mit dem Erfüllungsbetrag gem § 253 I S 2 HGB.
4 BFH I R 46/04, BStBl II 2006, 688; BFH I R 46/07, BStBl II 2007, 818; *Hennrichs*, DStR 2007, 1926, 1929; *Förster* in Gosch Exkurs § 4h EStG Rn 120.
5 *Förster* in Gosch Exkurs § 4h EStG Rn 118.
6 Kritisch *Köhler*, DStR 2007, 597, 602.

480	**Sinngemäße Anwendung von § 162 IV S 4-6 AO.** Gem. § 4h II S 1 lit c S 16 EStG gelten § 162 IV S 4-6 AO sinngemäß. Daraus folgt insbesondere, dass von der Festsetzung eines Zuschlags abzusehen ist, wenn der Fehler des Abschlusses entschuldbar erscheint oder ein Verschulden nur geringfügig ist. Man wird hier aufgrund der Vielzahl der Auslegungsfragen sowohl unter den einschlägigen Rechnungslegungsstandards als auch im Zusammenhang mit der Zinsschranke keine allzu hohen Anforderungen an die Entschuldbarkeit stellen dürfen.[1]
481	**Abziehbarkeit der Zuschläge.** Die Zuschläge gem. § 4h II S 1 lit c S 14 EStG iVm § 162 IV S 1 und 2 AO sind bei der Ermittlung des Einkommens gem. § 10 Nr 2 nicht abzugsfähig.[2]
482-483	*Einstweilen frei.*
484	**5. Rückausnahme bei schädlicher Gesellschafterfremdfinanzierung. a) Allgemeines. Regelungsinhalt.** Nach § 8a III ist der EK-Escape des § 4h II S 1 lit c EStG nur anzuwenden, wenn die Vergütungen für Fremdkapital der Körperschaft oder eines anderen demselben Konzern zugehörenden Rechtsträgers an

- einen zu mehr als einem Viertel unmittelbar oder mittelbar am Kapital beteiligten Gesellschafter einer konzernzugehörigen Gesellschaft (vgl Rn 507 ff),
- eine diesem nahestehende Person (vgl Rn 511) oder
- einen Dritten, der auf den zu mehr als einem Viertel am Kapital beteiligten Gesellschafter oder eine diesem nahestehende Person zurückgreifen kann (vgl Rn 513),
- nicht mehr als 10 % des Nettozinssaldos (die Zinserträge übersteigenden Zinsaufwendungen) des Rechtsträgers iSd § 4h III EStG betragen (vgl Rn 500 ff) und
- die Körperschaft dies nachweist (vgl Rn 520).

485	**Ausnahme: Konsolidierte Forderungen und Rückgriff auf Konzerngesellschaften.** Eine schädliche Gesellschafterfremdfinanzierung liegt jedoch nur vor, soweit die den Zinsaufwendungen zugrundeliegenden Verbindlichkeiten nicht voll konsolidierten Konzernabschluss nach § 4h II S 1 lit c EStG ausgewiesen sind und bei Finanzierung durch einen Dritten ein Rückgriff gegen einen nicht zum Konzern gehörenden Gesellschafter oder eine diesem nahestehende Person besteht (vgl Rn 515 ff). Damit sind voll konsolidierte Forderungen und Rückgriffsmöglichkeiten auf andere Konzerngesellschaften vom Anwendungsbereich des § 8a III ausgenommen.
486	**Logikfehler des § 8a III.** Nach dem Wortlaut des § 8a III wäre es ausreichend, wenn entweder die Körperschaft oder ein anderer demselben Konzern zugehöriger Rechtsträger keine schädliche Fremdfinanzierung aufweist und dies nachgewiesen wird (Oder-Verknüpfung). Da davon auszugehen ist, dass regelmäßig irgendein konzernzugehöriger Rechtsträger keine schädliche Gesellschafterfremdfinanzierung aufweist, liefe die Vorschrift des § 8a III damit in nahezu allen Fällen ins Leere.[3] Der Wortlaut widerspricht

---

1 *Frotscher* in Frotscher/Maas § 8a Rn 162.
2 *Möhlenbrock/Pung* in D/J/P/W § 8a Rn 140; *Frotscher* in Frotscher/Maas § 8a Rn 163.
3 *Staats/Renger*, DStR 2007, 1801.

IX. Konzernzugehörige Betriebe

jedoch dem gesetzgeberischen Willen,[1] weshalb die Finanzverwaltung eine dem Sinn der Vorschrift entsprechende Auslegung vertritt, wonach § 8a III greift, wenn irgendeine in- oder ausländische Konzerngesellschaft eine schädliche Gesellschafterfremdfinanzierung aufgenommen hat. Der Nachweis des Nichtvorliegens einer schädlichen Gesellschafterfremdfinanzierung ist danach für sämtliche Konzerngesellschaften zu führen.[2]

Einstweilen frei. 487

b) Persönlicher Anwendungsbereich. Körperschaften. Die Regelung des § 8a III findet auf die Körperschaft oder einen anderen zu demselben Konzern gehörenden Rechtsträger Anwendung. Hinsichtlich des Begriffs der Körperschaft wird auf die Ausführungen in Rn 179 ff verwiesen. 488

Konzernzugehöriger Rechtsträger. Für Zwecke des § 8a III ist es ausreichend, dass irgendein Rechtsträger, der zum selben Konzern wie die betreffende Körperschaft gehört, in schädlicher Weise fremdfinanziert wird. Unerheblich ist, ob der Rechtsträger im Inland steuerpflichtig ist. Es kann sich mithin auch um ausländische Rechtsträger handeln. Die Regelung erfordert daher, dass der gesamte Konzern weltweit im Hinblick auf eine schädliche Gesellschafterfremdfinanzierung untersucht wird. Die Ausdehnung der schädlichen Gesellschafterfremdfinanzierung auf sämtliche Konzerngesellschaften soll Gestaltungen verhindern, in denen durch Zwischenschaltung einer anderen (ausländischen) Konzerngesellschaft die der Zinsschranke unterliegende Körperschaft mittels einer unschädlichen konzerninternen Fremdkapitalüberlassung finanziert wird.[3] Dadurch ist die Regelung jedoch deutlich komplexer und in ihrer Wirkung überschießend.[4] Zum Konzernbegriff vgl Rn 286 ff. Der Begriff Rechtsträger schließt sowohl Körperschaften als auch Personengesellschaften ein. Weiterhin sind Einzelunternehmer erfasst, sofern sie das Mutterunternehmen des Konzerns betreiben.[5] 489

Organschaft. Im Fall von Organschaften kann § 8a III nur dann Anwendung finden, wenn der Organkreis zu einem Konzern gehört. Dies setzt voraus, dass die Mitglieder der Organschaft mit weiteren Rechtsträgern außerhalb der Organschaft verbunden sind, mit denen sie einen Konzern bilden. Andernfalls findet § 8a II Anwendung (vgl auch Rn 188). 490

Personengesellschaften. Personengesellschaften können zugleich anderer Rechtsträger iSd § 8a III und nachgeordnete Mitunternehmerschaft iSd § 4h II S 2 EStG sein. 491

Einstweilen frei. 492-493

c) Vergütungen für Fremdkapital (Vergleichsgröße 1). Begriff und Umfang. § 8a III verwendet wie § 8a II als Vergleichsgröße 1 den Begriff der Vergütungen für Fremdkapital. Da es sich um Vergütungen irgendeines zum Konzern gehörigen 494

---

1 BTDrs 16/4841, 75.
2 BMF v 4.7.2008, BStBl I 2008, 718, Rn 80.
3 *Ganssauge/Mattern*, DStR 2007, 213, 214; noch im Referentenentwurf v 5.2.2007, 28, beschränkte sich die Regelung ausschließlich auf Fremdfinanzierungen der betreffenden Körperschaft. Dies wäre durch Zwischenschaltung einer ausländischen Konzerngesellschaft leicht zu umgehen gewesen, da konsolidierte Finanzierungen aus dem Anwendungsbereich herausfallen.
4 Zur Kritik *Dörfler* in Erle/Sauter § 8a Rn 89.
5 *Förster* in Gosch § 8a Rn 76.

Rechtsträgers handeln kann, kommt es nicht darauf an, ob die Fremdkapitalvergütungen den im Inland steuerpflichtigen Gewinn bzw das im Inland steuerpflichtige Einkommen gemindert haben.[1] Die in der Gesetzesbegründung[2] enthaltene Formulierung, wonach nur Zinsaufwendungen einbezogen werden, welche Teil einer inländischen Gewinnermittlung sind, entstammt wohl noch der Fassung im Referentenentwurf v 5.2.2007, wonach nur Fremdfinanzierungen der betreffenden Körperschaft schädlich sein sollten.

495 **Qualifikation der Kapitalüberlassung nach deutschen Grundsätzen.** Ob Fremdkapitalvergütungen vorliegen, ist bei ausländischen Rechtsträgern nach innerstaatlichen Grundsätzen zu beurteilen. Unbeachtlich ist, ob die Fremdkapitalvergütungen nach dem Steuerrecht des Ansässigkeitsstaates des anderen Rechtsträgers abzugsfähig sind. Der Begriff der Fremdkapitalvergütungen entspricht dem des § 4h III S 2 EStG (vgl Rn 193). Dies bedeutet zB, dass Sondervergütungen eines ausländischen Mitunternehmers aus der Darlehensüberlassung an die ausländische Mitunternehmschaft keine Fremdkapitalvergütungen iSd § 8a III darstellen (vgl Rn 138). Ferner können Vergütungen für beteiligungsähnliche Genussrechte keine schädliche Gesellschafterfremdfinanzierung auslösen (vgl Rn 125).

496 **Organschaft.** Ist der Rechtsträger Mitglied einer Organschaft, sind insoweit bei der Überprüfung der Vergleichsgröße 1 wie bei einer Fremdfinanzierung der Körperschaft selbst die gesamten Fremdkapitalvergütungen des Organkreises heranzuziehen. Vergütungen verschiedener Mitglieder des Organkreises an denselben wesentlich beteiligten Gesellschafter bzw diesem nahestehende Personen oder rückgriffberechtigte Dritte sind zusammenzufassen.[3] Zur Vergütung an verschiedene wesentlich beteiligte Gesellschafter vgl Rn 202 und 498. Vergütungen an andere Mitglieder derselben Organschaft stellen dagegen keine Fremdkapitalvergütungen dar (vgl auch Rn 201).

497 **Rechtsträgerbezogene Betrachtung.** Die Vergleichsrechnung ist für die betroffene Körperschaft und jeden zu demselben Konzern gehörigen Rechtsträger gesondert durchzuführen.[4] Eine Zusammenrechnung der Fremdkapitalvergütungen mehrerer Rechtsträger erfolgt für Zwecke der Vergleichsrechnung hingegen nicht.[5]

498 **Vergütungen an mehrere Personen iSd § 8a III.** Die Vergütungen an mehrere wesentlich beteiligte Gesellschafter, diesen nahestehende Personen oder Dritte, die auf die vorgenannten Personen zurückgreifen können, werden sowohl für jeden Rechtsträger als auch für jeden wesentlich beteiligten Gesellschafter bzw diesem nahestehende Personen oder rückgriffberechtigte Dritte gesondert ermittelt. Eine Gesamtbetrachtung sollte aus den in Rn 202 genannten Gründen nicht erfolgen.[6] IÜ gilt Rn 202 entsprechend.

499 *Einstweilen frei.*

---

1 BMF v 4.7.2008, BStBl I 2008, 718, Rn 82; aA *Förster* in Gosch § 8a Rn 89.
2 BTDrs 16/4841, 75.
3 *Herzig/Liekenbrock*, DB 2007, 2387, 2390.
4 *Förster* in Gosch § 8a Rn 97; *Frotscher* in Frotscher/Maas § 8a Rn 168; *Möhlenbrock/Pung* in D/J/P/W § 8a Rn 162; *Dörfler* in Erle/Sauter § 8a Rn 96; aA *Blumenberg/Lechner* in Blumenberg/Benz, UntStRef 2008, S 171.
5 AA Niedersächsische FG , 6 V 21/10, EFG 2010, 981 mit unzutreffendem Hinweis auf die Gesetzesbegründung.
6 Niedersächsische FG, 6 V 21/10, EFG 2010, 981; aA BMF v 4.7.2008, BStBl I 2008, 718, Rn 82.

d) Zinssaldo (Vergleichsgröße 2). Begriff und Umfang. Regelungsgehalt und Kritik. Der Zinssaldo aus Zinsaufwendungen und -erträgen iSd § 4h III EStG bildet gem § 8a III die Vergleichsgröße 2. Auch für Zwecke des § 8a III wird damit eine Bruttogröße mit einer Nettogröße verglichen (zur Kritik vgl Rn 177). IÜ gelten die Ausführungen in Rn 206 ff entsprechend.

500

Zinssaldo des Rechtsträgers. Wie in Rn 489 dargestellt kann die schädliche Gesellschafterfremdfinanzierung bei irgendeinem in- oder ausländischen Rechtsträger desselben Konzerns vorliegen. Es kann sich dabei um einen anderen Rechtsträger handeln als die Körperschaft, auf welche § 4h EStG Anwendung findet. Umstritten ist jedoch, ob es sich bei der Vergleichsgröße 2 um den Zinssaldo des anderen zu demselben Konzern gehörenden Rechtsträgers handelt oder denjenigen der Körperschaft, auf welche § 4h EStG anzuwenden ist. Der Gesetzeswortlaut spricht von Zinsaufwendungen bzw -erträgen „des Rechtsträgers". Dies könnte darauf hindeuten, dass nur der andere zu demselben Konzern gehörende Rechtsträger angesprochen wird. Allerdings ist auch die Körperschaft begrifflich ein Rechtsträger ansonsten hätte es des Wortes „anderen" in § 8a III S 1 nicht bedurft. Würde man auf den anderen, zu demselben Konzern gehörenden Rechtsträger abstellen,[1] wäre der Zinssaldo von ausländischen Konzerngesellschaften idR null, da ihre Zinserträge und -aufwendungen das steuerpflichtige Einkommen nicht gemindert haben. Damit wäre jede Gesellschafterfremdfinanzierung schädlich.[2] Für eine sachgerechte Anwendung des § 8a III müssten die Begriffe Zinsaufwendungen und -erträge auf solche erweitert werden, die das ausländische Einkommen gemindert haben. Sinnvoller erscheint die Auslegung, nach der die Fremdkapitalvergütungen des anderen Rechtsträgers mit dem Zinssaldo der Körperschaft verglichen werden.[3] Diese Auslegung scheint auch im Einklang mit der gesetzgeberisch gewollten Verhinderung einer Umgehung der Gesellschafterfremdfinanzierung durch die Zwischenschaltung ausländischer Rechtsträger. Mit anderen Worten stellt die 10%-Grenze des § 8a III eine Unschädlichkeitsgrenze dar, bis zu der eine Minderung inländischer Gewinne gesetzgeberisch akzeptiert wird. Die Verhinderung der Erodierung nicht steuerpflichtiger Gewinne ausländischer Rechtsträger des Konzerns wird mit § 8a III hingegen nicht bezweckt. Die Finanzverwaltung scheint indes dem Verständnis zu folgen, dass die Vergleichsgröße 1 und 2 bei demselben Rechtsträger gegenüberzustellen sind.[4]

501

---

1 Befürwortend *Frotscher* in Frotscher/Maas § 8a Rn 169; aA *Ganssauge/Mattern*, DStR 2008, 213, 214.
2 *Förster* in Gosch § 8a Rn 98 geht dagegen davon aus, dass § 8a III insgesamt bei ausländischen Rechtsträgern nicht anwendbar wäre.
3 AA *Schaden/Käshammer*, BB 2007, 2259, 2265, mit dem Hinweis, dass dies administrativ zu aufwendig wäre. Allerdings müssen die erforderlichen Größen ohnehin ermittelt werden, so dass dieses Argument nicht nachvollziehbar ist.
4 *Möhlenbrock* äußerte auf der Podiumsdiskussion der 24. Hamburger Tagung zur Internationalen Besteuerung, dass das Ansinnen der kurzfristig geänderten Gesetzesformulierung war, eine schädliche Fremdfinanzierung bezogen auf den nämlichen ausländischen Rechtsträger zu erfassen, also die Schädlichkeitsgrenze bezogen auf den Zinssaldo des ausländischen Rechtsträgers zu prüfen, vgl *Möhlenbrock* in Lüdicke, Unternehmensteuerreform 2008 im internationalen Umfeld, 2008, S 64.

502 **Andere Rechtsträger im Anwendungsbereich des § 4h EStG.** Gehören zu demselben Konzern zwei nicht organschaftlich verbundene Körperschaften bzw nachgeordnete Mitunternehmerschaften mit inländischen Betrieben, können diese eine schädliche Gesellschafterfremdfinanzierung für die jeweils andere Körperschaft begründen. Liegt eine schädliche Gesellschafterfremdfinanzierung bei einer dieser Körperschaften vor, ist beiden der EK-Escape des § 4h II S 1 lit c EStG verwehrt. Fraglich ist in diesen Fällen, ob § 8a III auch dann Anwendung findet, wenn die Abzugsfähigkeit von Zinsaufwendungen des anderen Rechtsträgers iRd § 4h EStG nicht eingeschränkt ist, weil zB die 30 % EBITDA-Grenze nicht überschritten oder die 3 Mio Euro-Grenze unterschritten wurde. Es wird vertreten, dass § 8a III in diesen Fällen keine Anwendung finden sollte.[1] Auch ist fraglich, ob bei Zinsaufwendungen von untergeordneter Bedeutung eine Anwendung des § 8a III in Betracht kommt.[2] Selbst wenn diese Fälle die überschießende Wirkung des § 8a III verdeutlichen, käme eine Nichtanwendung des § 8a III in diesen Fällen wohl nur im Billigkeitswege in Betracht. Eine gesetzgeberische Lösung für derartige Fälle wäre zu begrüßen.

503 **Übersteigende Zinsaufwendungen.** Wie in Rn 211 erläutert erscheint zweifelhaft, ob die Vorschrift des § 8a III anwendbar ist, wenn die Zinserträge die Zinsaufwendungen übersteigen (positiver Zinssaldo). Dies hat in Fällen des § 8a III insbesondere dann Bedeutung, wenn sich die Vergleichsgröße 2 entgegen der hier vertretenen Auffassung nicht auf die übersteigenden Zinsaufwendungen der betreffenden Körperschaft, sondern des anderen zu demselben Konzern gehörigen Rechtsträger bezieht.[3] IÜ gilt Rn 211 entsprechend.

504 **Konsolidierter Zinssaldo.** Zur Frage, inwieweit Zinsaufwendungen und Zinserträge, welche im Konzern konsolidiert werden, in die Vergleichsgröße einzubeziehen sind vgl Rn 516.

505-506 *Einstweilen frei.*

507 **e) Wesentlich beteiligter Gesellschafter. Begrifflichkeiten.** Anders als § 8a II verwendet § 8a III nicht den Begriff des Anteilseigners, sondern des Gesellschafters. Weiterhin wird anstatt der Beteiligung am Grund- oder Stammkapital eine solche am Kapital einer konzernzugehörigen Gesellschaft erfordert. Hintergrund der unterschiedlichen Begrifflichkeiten ist vermutlich, dass andere Rechtsträger zB auch Personengesellschaften sein können. IÜ sollten sich im Vergleich zu § 8a II jedoch keine abweichenden Konsequenzen aus den unterschiedlichen Begrifflichkeiten ergeben.

508 **Beteiligung an konzernzugehöriger Gesellschaft.** Nach dem eindeutigen Gesetzeswortlaut muss die wesentliche Beteiligung an einer konzernzugehörigen Gesellschaft bestehen. Damit können insbesondere Personen- und Kapitalgesellschaften des Konzerns wesentlich beteiligte Gesellschafter haben, nicht jedoch der Einzelunternehmer als Mutterunternehmen. Es ist unbeachtlich, ob die wesentliche

---

1 Schaden/Käshammer, BB 2007, 2259, 2265; Förster in Gosch § 8a Rn 101.
2 Förster in Gosch § 8a Rn 101.
3 Stangl/Hageböke in Schaumburg/Rödder, UntStRef 2008, S 506.

IX. Konzernzugehörige Betriebe

Beteiligung an der Körperschaft oder an einem anderen zu demselben Konzern gehörenden Rechtsträger gehört. Dies gilt entsprechend für nahestehende Personen. IÜ wird auf Rn 217 ff verwiesen.

Personengesellschaften. Bei Personengesellschaften sollte für die Frage der wesentlichen Beteiligung auf den Gewinnverteilungsschlüssel abzustellen sein.[1] 509

Einstweilen frei. 510

f) Nahestehende Personen. Zur Definition der nahestehenden Person vgl Rn 234 ff. 511

Einstweilen frei. 512

g) Rückgriffsfälle. In Rückgriffsfällen liegt eine schädliche Gesellschafterfremdfinanzierung vor, wenn der Fremdkapitalgeber auf einen nicht Konzern zugehörigen wesentlichen Gesellschafter zurückgreifen kann. Auch im Falle eines Rückgriffs auf eine nahestehende Person, darf diese nicht zum Konzern gehören.[2] 513

Einstweilen frei. 514

h) Nicht konsolidierte Verbindlichkeiten. Grundsatz. Eine schädliche Gesellschafterfremdfinanzierung iSd § 8a III liegt nur für Zinsaufwendungen aus Verbindlichkeiten vor, die in dem voll konsolidierten Konzernabschluss ausgewiesen sind. Damit führen konzerninterne Verbindlichkeiten nicht zu einer schädlichen Gesellschafterfremdfinanzierung, da diese aufgrund der Schuldenkonsolidierung nicht im Konzernabschluss ausgewiesen werden. Dies ist konsequent, da konzerninterne Verbindlichkeiten der Körperschaft iRd EK-Escape bereits zu einem strukturellen Nachteil führen, denn diese mindern die Eigenkapitalquote des Betriebs nicht jedoch des Konzerns und erschweren damit die Führung des EK-Escape. 515

Zinsaufwendungen aus nicht konsolidierten Verbindlichkeiten. Der Gesetzgeber verwendet in § 8a III S 2 den Begriff der „Zinsaufwendungen". Dieser stimmt weder mit dem Begriff der Vergleichsgröße 1 („Vergütungen für Fremdkapital") noch mit dem der Vergleichsgröße 2 („Zinserträge übersteigende Zinsaufwendungen") überein. Nach dem Sinn und Zweck der Regelung erscheint es geboten, den Begriff im Sinne beider Vergleichsgrößen auszulegen. Dies bedeutet, dass der Begriff der „Zinsaufwendungen" iSd § 8a III S 2 für Zwecke der Vergleichsgröße 1 mit den „Vergütungen für Fremdkapital" und für Zwecke der Vergleichsgröße 2 mit den jeweils die Zinserträge übersteigenden Zinsaufwendungen korrespondiert.[3] 516

Gleichordnungskonzern. In einem Gleichordnungskonzern werden das Vermögen und die Schulden der beherrschenden Person für Zwecke der Zinsschranke nicht in die Konsolidierung einbezogen (vgl auch Rn 394). Dies bedeutet, dass Fremdkapitalvergütungen an die beherrschende Person eines Gleichordnungskonzerns eine schädliche Gesellschafterfremdfinanzierung begründen können, da die zugrundeliegenden Verbindlichkeiten in dem Konzernabschluss für den Gleichordnungskonzern ausgewiesen sind. Eine wesentliche Beteiligung wird in diesen 517

---

1 Dörfler in Erle/Sauter § 8a Rn 92.
2 Stangl/Hageböke in Schaumburg/Rödder, UntStRef 2008, S 508; Ganssauge/Mattern, DStR 2008, 213, 214.
3 Stangl/Hageböke in Schaumburg/Rödder, UntStRef 2008, S 508; Frotscher in Frotscher/Maas § 8a Rn 171a.

Fällen aufgrund des Konzernbegriffs des § 4h III S 6 EStG regelmäßig vorliegen. Zwar gehört die beherrschende Person zum Gleichordnungskonzern.[1] Dies schließt jedoch nicht aus, dass dieser wesentlich beteiligter Gesellschafter iSd § 8a III S 1 ist.[2] Etwas anderes gilt jedoch für Rückgriffsfälle, da § 8a III S 2 ausdrücklich einen Rückgriff auf einen nicht zum Konzern gehörenden Gesellschafter erfordert. Ein Rückgriff auf die beherrschende Person im Gleichordnungskonzern ist damit unschädlich, da diese zum Konzern gehört.

518 **Betriebsaufspaltung.** Geht man wie hier vertreten davon aus, dass in den Fällen der Betriebsaufspaltung ein Konzern zwischen Besitz- und Betriebsgesellschaft vorliegt, sind Verbindlichkeiten gegenüber der Besitz- oder Betriebsgesellschaft für Zwecke des § 8a III als unschädliche konzerninterne Verbindlichkeiten zu qualifizieren (vgl Rn 364).

519 *Einstweilen frei.*

520 **i) Nachweis.** Der Nachweis ist für jeden konzernzugehörigen Rechtsträger bzw in Rückgriffsfällen für jeden Dritten zu erbringen. Im ersten Schritt erscheint es sinnvoll, das Vorhandensein eines wesentlich beteiligten Gesellschafters zu prüfen. Kann dies bereits widerlegt werden, ist der Negativnachweis erbracht. Anderenfalls wäre in einem zweiten Schritt für die im Konzernabschluss ausgewiesenen Verbindlichkeiten der Nachweis zu erbringen, dass diese nicht gegenüber dem wesentlich beteiligten Gesellschafter, einer nahestehenden Person bzw einem Dritten mit Rückgriffsmöglichkeit bestehen. IÜ gelten die Ausführungen in Rn 264 entsprechend.

521 *Einstweilen frei.*

522 **j) Nachgeordnete Mitunternehmerschaften. Entsprechende Anwendung des § 8a III.** Die Regelung des § 8a III findet gem § 4 II S 2 EStG entsprechend Anwendung, wenn eine Mitunternehmerschaft einer Körperschaft nachgeordnet ist. Es gelten insoweit die Grundsätze zu § 8a II entsprechend (vgl Rn 266 ff).

523 **Konzernzugehörigkeit der Körperschaft oder Mitunternehmerschaft.** Fraglich ist iRd § 8a III, ob die Körperschaft und/oder die Mitunternehmerschaft konzernzugehörig sein müssen, damit eine entsprechende Anwendung von § 8a III in Betracht kommt. Für die Konzernzugehörigkeit sollte es auf die Mitunternehmerschaft selbst ankommen, denn diese unterhält einen eigenständigen Betrieb, für welchen sie den Eigenkapitalvergleich nach § 4h II S 1 lit c EStG führen kann. Auf die vorgeschaltete Körperschaft kommt es dagegen nicht an, da § 8a III auf die nachgeordnete Mitunternehmerschaft entsprechende Anwendung findet.[3] Dh, dass § 8a III auch dann entsprechend anzuwenden ist, wenn die Mitunternehmerschaft zu einem Konzern gehört, die vorgelagerte Körperschaft jedoch nicht. Umgekehrt findet § 8a II und nicht § 8a III Anwendung, wenn zwar die vorgeschaltete Körperschaft konzernzugehörig ist, die Mitunternehmerschaft aber nicht. Es ist für die Anwendung des § 4h II

---

1 *Förster* in Gosch § 8a Rn 85; aA offenbar BMF v 4.7.2008, BStBl I 2008, 718, Rn 80.
2 BMF v 4.7.2008, BStBl I 2008, 718, Rn 80; aA *Förster* in Gosch § 8a Rn 85.
3 *Van Lishaut/Schumacher/Heinemann*, DStR 2008, 2341, 2348; *Wagner/Fischer*, BB 2007, 1811, 1814; *Schmitz-Herscheidt*, BB 2008, 699, 703; *Dörfler* in Erle/Sauter § 8a Rn 113; aA *Möhlenbrock/Pung* in D/J/P/W § 8a Rn 196.

X. Zinsvortrag

S 2 EStG iVm 8a III auf die nachgeordnete Mitunternehmerschaft nach dem Gesetzeswortlaut nicht erforderlich, dass die vorgelagerte Körperschaft und die nachgeordnete Mitunternehmerschaft zu demselben Konzern gehören.[1] § 8a III ist vielmehr auch dann auf die nachgeordnete Mitunternehmerschaft anzuwenden, wenn diese zu einem anderen Konzern gehört.[2]

Fremdkapitalgeber. Der Fremdkapitalgeber muss ein wesentlich beteiligter Anteilseigner, eine nahestehende Person außerhalb des Konsolidierungskreises oder ein Dritter mit Rückgriffsmöglichkeit auf eine der vorgenannten Personen außerhalb des Konsolidierungskreises sein. Aus den in Rn 272 dargelegten Gründen kommt es hier auf das Verhältnis zur vorgeschalteten Körperschaft und nicht zur Mitunternehmerschaft an. — 524

Fremdkapitalnehmer. Fremdkapitalnehmer kann die Mitunternehmerschaft selbst oder irgendein anderer demselben Konzern zugehöriger Rechtsträger sein.[3] — 525

Sondervergütungen. Zur Frage, ob Sondervergütungen als schädliche Gesellschafterfremdfinanzierung qualifizieren vgl Rn 277. Sofern die Körperschaft und die Mitunternehmerschaft zum gleichen Konzern gehören, wären die Fremdkapitalvergütungen gem § 8a III S 2 zudem unschädlich. — 526

Zinssaldo. Die in Rn 501 und 502 dargestellte Problematik gilt für nachgeordnete Mitunternehmerschaften entsprechend. Dabei können auch nachgeordnete Mitunternehmerschaften mit Wirkung für andere nachgeordnete Mitunternehmerschaften eine schädliche Gesellschafterfremdfinanzierung auslösen. — 527

Einstweilen frei. — 528-529

X. Zinsvortrag. 1. Regelungsgehalt und Zweck. Gem § 4h I S 5 EStG sind Zinsaufwendungen, welche unter Berücksichtigung des verrechenbaren EBITDA des WJ sowie eines etwaigen EBITDA-Vortrags nicht abziehbar sind, in die folgenden WJ vorzutragen. Sie erhöhen gem § 4h I S 6 EStG die Zinsaufwendungen der folgenden WJ, nicht aber den maßgeblichen Gewinn (vgl auch Rn 101 und Rn 143 Stichwort „Zinsvortrag"). — 530

Keine Zeitliche Begrenzung. Der Zinsvortrag ist zeitlich unbegrenzt. Damit wirkt die Zinsabzugsbegrenzung des § 4h I EStG grundsätzlich temporär. Solange der Fremdfinanzierungsgrad und die Ergebnissituation allerdings unverändert bleiben, kann der Vortrag nicht genutzt werden. Kritisch ist in diesem Zusammenhang, dass Umstrukturierungen mit dem Ziel der Verbesserung der Ergebnissituation zu einem Untergang des Zinsvortrags führen können (vgl dazu Rn 616 ff). Daher wirkt die Zinsabzugsbegrenzung in vielen Fällen definitiv. — 531

Kein Wahlrecht zum Vortrag. Der Zinsvortrag gem § 4h I S 5 EStG ist verpflichtend, ein Wahlrecht besteht nicht. Dies kann nachteilig sein, wenn der Betrieb dadurch in die Zinsvortragsfalle läuft (vgl Rn 166). — 532

---

1 So wohl aber *Förster* in Gosch § 8a Rn 78.
2 *Van Lishaut/Schumacher/Heinemann*, DStR 2008, 2341, 2347.
3 *Van Lishaut/Schumacher/Heinemann*, DStR 2008, 2341, 2348.

533 **Rücktrag.** Ein Rücktrag von nicht abziehbaren Zinsaufwendungen ist anders als bei § 10d EStG gesetzlich nicht vorgesehen.

534 **Freigrenze des § 4h II S 1 lit a EStG.** Zum Zusammenspiel des Zinsvortrags mit der Freigrenze des § 4h II S 1 lit a EStG (vgl Rn 166).

535 **Kein Vortrag eines positiven Zinssaldos.** Übersteigen die Zinserträge die Zinsaufwendungen des WJ (positiver Zinssaldo), besteht gesetzlich keine Möglichkeit den positiven Zinssaldo vorzutragen. Die Zinserträge des WJ können nur mit Zinsaufwendungen des WJ oder einem Zinsvortrag verrechnet werden (vgl Rn 550), nicht aber mit Zinsaufwendungen künftiger WJ.

536 *Einstweilen frei.*

537 **2. Persönlicher Anwendungsbereich.** Der persönliche Anwendungsbereich des § 4h I S 5 EStG ist mit dem der Zinsschrankenregelung deckungsgleich, weshalb auf die Rn 51 ff verwiesen werden kann.

538 **Organgesellschaft.** Bei einer Organgesellschaft kann für die Dauer der Organschaft kein Zinsvortrag entstehen, da § 4h EStG bei ihr gem § 15 S 1 Nr 3 S 1 nicht anwendbar ist. Zu einem vororganschaftlichen Zinsvortrag vgl Rn 551. Die Zinsaufwendungen und -erträge der Organgesellschaft sind gem § 15 S 1 Nr 3 S 3 bei der Anwendung des § 4h I EStG beim Organträger einzubeziehen.

539 *Einstweilen frei.*

540 **3. Sachlicher Anwendungsbereich. a) Ermittlung des Zinsvortrags.** Der Zinsvortrag erhöht sich um die nach § 4h I S 1-4 EStG nicht abziehbaren Zinsaufwendungen. Der Zinsvortrag ist betragsmäßig nicht begrenzt.

541 **Betriebsbezogenheit.** Der Zinsvortrag ist betriebsbezogen zu ermitteln.[1] Haben Steuerpflichtige mehrere Betriebe, sind demzufolge mehrere Zinsvorträge zu ermitteln und gesondert festzustellen.

542 **Mitunternehmerschaft.** Weiterhin sind Zinsvorträge des Betriebs einer Mitunternehmerschaft und des Betriebs des Mitunternehmers getrennt voneinander zu ermitteln und festzustellen.

543 **Wirtschaftsjahrbezogenheit.** Der Zinsvortrag ist ebenso wie das steuerliche EBITDA (vgl Rn 109) und die nicht abzugsfähigen Zinsaufwendungen (vgl Rn 119) für jedes WJ zu ermitteln.[2] Bei einem Rumpfwirtschaftsjahr können in einem VZ zwei WJ enden, so dass in dem VZ der Zinsvortrag zum Ende von zwei WJ festzustellen ist.

544 *Einstweilen frei.*

545 **b) Verbrauch des Zinsvortrags. Allgemeines.** Da der Zinsvortrag die Zinsaufwendungen des folgenden WJ erhöht, wird er ohne Anwendung einer der Ausnahmen des § 4h II EStG verbraucht, soweit die laufenden Nettozinsaufwendungen eines folgenden WJ das verrechenbare EBITDA unterschreiten.

---

1 BTDrs 16/4841, 50.
2 Die Finanzverwaltung spricht zwar davon, dass die nicht abzugsfähigen Zinsaufwendungen eines VZ in die folgenden WJ vorzutragen sind, BMF v 4.7.2008, BStBl I 2008, 718, Rn 46. Die Begrifflichkeit ist aber iSv WJ zu verstehen, da andernfalls unterschiedliche Zeiträume angesprochen sein könnten.

X. Zinsvortrag

Außerbilanzielle Minderung. Der in einem folgenden WJ verbrauchte Betrag des Zinsvortrags mindert außerhalb der Steuerbilanz den Gewinn dieses WJ. 546

Verbrauchszwang. Der Verbrauch des Zinsvortrags ist zwingend, ein Wahlrecht besteht auch insoweit nicht. 547

Voller Verbrauch bei Anwendung eines Escape. Sofern in einem der Feststellung des Zinsvortrags folgenden WJ eine der Escape-Klauseln (vgl Rn 160 ff zur Freigrenze, Rn 169 ff zur Ausnahme für nicht konzernzugehörige Betriebe und Rn 286 ff zum EK-Escape) erfüllt ist, ist der Zinsvortrag insgesamt vom Gewinn dieses WJ abzugsfähig.[1] Dies kann dazu führen, dass ein Verlust entsteht. 548

Vorteilhaftigkeit von Zins- bzw Verlustvortrag. Die volle Nutzung des Zinsvortrags in einem späteren WJ durch Erfüllung einer Escape-Klausel ist tendenziell vorteilhaft, selbst wenn die einmalige volle Abzugsfähigkeit des Zinsvortrags zu einem Verlustvortrag führen sollte. Dies liegt daran, dass der Verlustvortrag, soweit er 1 Mio EUR des Gesamtbetrages der Einkünfte übersteigt, iHv 60 % abgezogen werden darf, während die Zinsabzugsbegrenzung der Zinsschranke iHv 30 % des steuerlichen EBITDA greift. Soweit EBITDA und Gesamtbetrag der Einkünfte (vor Anwendung der Zinsschranke) identisch sind, ergibt sich ein Vorteil iHv 30 % des Gesamtbetrags der Einkünfte. Weiterhin können der Verlustvortrag und der Zinsabzug iRd Zinsschranke nebeneinander genutzt werden. Unterstellt man wiederum, dass EBITDA und Gesamtbetrag der Einkünfte (vor Anwendung der Zinsschranke) identisch sind, ergibt sich zunächst eine Abzugsfähigkeit von Zinsaufwendungen iHv 30 % und vom verbleibenden Gesamtbetrag der Einkünfte können ohne Beachtung des Freibetrages des § 10d II EStG nochmals 60 % (von 70 = 42) abgezogen werden, so dass insgesamt ein Abzugspotential von 72 % besteht. Es empfiehlt sich daher regelmäßig einen Zinsvortrag durch die einmalige Erfüllung des Escape in einen Verlustvortrag umzuwandeln. Auch das „Speichern" von Zinsaufwendungen in einem Zinsvortrag kann insbesondere für Einprojektgesellschaften vorteilhaft sein, wenn zB mit einem hohen Veräußerungsgewinn in einem zukünftigen WJ gerechnet wird. Während die Verrechnung eines Verlustvortrags stets den Beschränkungen der Mindestbesteuerung unterliegt, kann durch Ausnutzung eines Escape der Zinsvortrag in voller Höhe mit dem Gewinn bei Beendigung des Projektes verrechnet werden.[2] Gelingt es allerdings nicht, den Zinsvortrag durch Erfüllung eines Escape in einem der Folgejahre vollständig abzugsfähig zu gestalten, wird die Abzugsbegrenzung auf 30 % des steuerlichen EBITDA idR gegenüber dem Verlustabzug iHv 60 % des Gesamtbetrags der Einkünfte nachteilig sein. 549

Verbrauch bei positivem Zinssaldo. Sofern in den folgenden WJ vor Berücksichtigung des Zinsvortrags ein positiver Zinssaldo besteht, also die Zinserträge die Zinsaufwendungen übersteigen, wird ein Zinsvortrag bis zur Höhe des positiven 550

---

1 *Stangl/Hageböke* in Schaumburg/Rödder, UntStRef 2008, S 463; *Möhlenbrock/Pung* in D/J/P/W § 8a Rn 241.
2 Das gleiche Ergebnis ließe sich nur erzielen, wenn der Gesamtbetrag der Einkünfte ohne Berücksichtigung des Freibetrages gem § 10d II EStG in den Folgejahren 166,67 % des Verlustvortrags iSd § 10d EStG beträgt, vgl auch *Beußer*, FR 2009, 49, 50.

Zinssaldos genutzt. Dies ergibt sich aus § 4h I S 5 Hs 1 EStG, wonach die Zinsaufwendungen um einen Zinsvortrag erhöht werden. Dies gilt insbesondere für die Anwendung des § 4h I S 1 EStG, der bestimmt, dass Zinsaufwendungen (inkl Zinsvortrag) iHd Zinsertrags abziehbar sind.[1]

551 **Organschaft.** Umstritten ist, ob ein vororganschaftlicher Zinsvortrag der Organgesellschaft während der Dauer des Organschaftsverhältnisses nicht genutzt werden kann und somit eingefroren ist. Die Finanzverwaltung bejaht diese Frage auf Grundlage einer analogen Anwendung des § 15 S 1 Nr 1.[2] Eine steuerverschärfende Analogie scheidet jedoch aus.[3] In Teilen der Literatur wird aus dem Fehlen einer dem § 15 I S 1 Nr 1 entsprechenden Vorschrift daher geschlossen, dass der vororganschaftliche Zinsvortrag nicht eingefroren wird.[4] Die Erhöhung der Zinsaufwendungen der Organgesellschaft um einen vororganschaftlichen Zinsvortrag könnte jedoch bereits deshalb ausgeschlossen sein, weil § 4h EStG bei der Organgesellschaft gem § 15 S 1 Nr 3 S 1 nicht anzuwenden ist, so dass der vororganschaftliche Zinsvortrag faktisch eingefroren sein könnte.[5] Demgegenüber erscheint es aufgrund der Betriebsbezogenheit der Zinsschranke auch vertretbar, den vororganschaftlichen Zinsvortrag der Organgesellschaft ebenso wie denjenigen des Organträgers als den (zusammengefassten) Zinsvortrag des Betriebs des Organkreises anzusehen.[6] Für diese Auslegung spricht auch, dass der Gesetzgeber anders als bei den gewerbesteuerlichen Fehlbeträgen[7] keine ausdrückliche Regelung geschaffen hat. Sie führt allerdings zu der Folgeproblematik, dass ein bei Beendigung der Organschaft noch bestehender vororganschaftlicher Zinsvortrag sachgerecht zwischen Organträger und -gesellschaft aufzuteilen ist. Dies müsste ggf iRd einheitlichen und gesonderten Feststellung des Zinsvortrags gelöst werden. Wird die Organschaft beendet, kann der Zinsvortrag vom Organträger fortgeführt werden, unabhängig davon, ob die zugrunde liegenden Zinsaufwendungen durch die Organgesellschaft oder den Organträger verursacht wurden.[8] Ist der vororganschaftliche Zinsvortrag der Organgesellschaft während der Dauer der Organschaft faktisch eingefroren, kann dieser nach Beendigung der Organschaft von der Organgesellschaft wieder genutzt werden.[9] Zum Untergang des Zinsvortrags bei Beendigung der Organschaft vgl Rn 587.

552 **Mitunternehmerschaften.** Hinsichtlich des Verbrauchs des Zinsvortrags bei Mitunternehmerschaften gelten die Ausführungen in Rn 140 entsprechend.

---

1 AA *Frotscher* in Frotscher/Maas § 8a Rn 69.
2 BMF v 4.7.2008, BStBl I 2008, 718, Rn 48.
3 Zutreffend *Köhler/Hahne*, DStR 2008, 1505, 1512.
4 *Köhler/Hahne*, DStR 2008, 1505, 1512; *Dörfler* in Erle/Sauter § 4h EStG/Anh 1 Rn 55; *Hick* in H/H/R § 4h EStG Rn 32; *Blumenberg/Lechner* in Blumenberg/Benz, UntStRef 2008, S 122; *Hölzer/Nießner*, FR 2008, 845, 848.
5 So *Schaden/Käshammer*, BB 2007, 2317, 2322; *Herlinghaus* in H/H/R § 15 Rn 69; *Herzig/Liekenbrock*, DB 2009, 1949, 1950; *Herzig/Liekenbrock*, DB 2007, 2387, 2391; *Dötsch/Krämer* in D/P/J/W § 15 Rn 47a (unter Aufgabe der bisherigen Auffassung); *Fischer/Wagner*, BB 2008, 1872, 1875; *Förster* in Breithecker/Förster/Förster/Klapdor, UntStRefG, § 15 Rn 8.
6 *Hierstätter*, DB 2009, 79, 83.
7 Vgl § 10a S 2 GewStG.
8 *Erle/Heurung* in Erle/Sauter § 15 Rn 79; *Schuck/Faller*, DB 2010, 2186, 2192.
9 *Schaden/Käshammer*, BB 2007, 2317, 2323.

X. Zinsvortrag

Zinsen aus schädlicher Gesellschafterfremdfinanzierung. Soweit Zinsaufwendungen aus einer schädlichen Gesellschafterfremdfinanzierung nach §4h I S 1-4 EStG nicht abgezogen werden können, gehen sie in einen Zinsvortrag ein. Sie führen jedoch mangels ausdrücklicher Regelung nicht dazu, dass insoweit in Folgejahren ebenfalls Zinsen aus schädlicher Gesellschafterfremdfinanzierung vorliegen (vgl auch Rn 197).[1]   553

Zinsvortrag und GewSt. Im Falle des Verbrauchs des Zinsvortrags, unterliegen die abzugsfähigen Zinsaufwendungen in dem WJ des Abzugs der Hinzurechnung gem § 8 Nr 1 lit a GewStG. Dies gilt jedenfalls soweit Entgelte für Schulden iSd § 8 Nr 1 lit a GewStG in den Zinsvortrag eingegangen sind (vgl zur Problematik Rn 157). Es stellt sich wiederum die Frage, in welcher Reihenfolge bzw in welchem Verhältnis die in dem Zinsvortrag enthaltenen Beträge als verwendet gelten. Auch hier sollten Steuerpflichtige ein Wahlrecht zur für sie günstigsten Verwendung der Zinsvorträge haben.[2]   554

Aktivierung von latenten Steuern. Für Zinsvorträge können grundsätzlich latente Steuern aktiviert werden, die sich daraus ergeben, dass Zinsaufwendungen in anderen Perioden steuerlich berücksichtigt werden können.[3] Da die latenten Steuern nicht abgezinst werden, wäre daher der effektive Steueraufwand bei vollständiger Aktivierung der sich künftig aus dem Zinsvortrag ergebenden Steuerentlastung mit dem Steueraufwand bei einer vollen Abzugsfähigkeit der Zinsaufwendungen identisch. Es ergäbe sich mithin keine Auswirkung auf die effektive Steuerquote.[4] Hierzu muss es allerdings wahrscheinlich sein, dass der Zinsvortrag in der Zukunft genutzt werden kann. Dies setzt wiederum voraus, dass sich das steuerliche EBITDA voraussichtlich verbessert, sich der Zinssaldo verringert oder ein Escape gelingt und darüber hinaus kein Untergang des Zinsvortrags in der Zukunft droht. Dies dürfte die Aktivierung latenter Steuern für einen Zinsvortrag grundsätzlich erschweren.   555

Einstweilen frei.   556-557

4. Zeitlicher Anwendungsbereich. Vgl im Einzelnen Rn 96.   558

Einstweilen frei.   559

5. Feststellung des Zinsvortrags. Grundsatz. Gem § 4h IV S 1 EStG ist der Zinsvortrag gesondert festzustellen. Die Regelung bestimmt weiterhin die für die Feststellung zuständige Behörde und Vorschriften für den Erlass, die Änderung oder Aufhebung des Feststellungsbescheides.   560

Betriebsbezogenheit. Der Feststellungsbescheid ist für jeden Betrieb unter Bezeichnung des Betriebs gesondert zu erlassen.   561

Zusammensetzung des Zinsvortrags. Gesondert festgestellt wird lediglich die Höhe des Zinsvortrags zum Ende des WJ. Die gesonderte Feststellung der Zusammensetzung des Zinsvortrags ist gesetzlich nicht geregelt. Da die Zusammenset-   562

---

1   *Dörfler* in Erle/Sauter § 4h EStG/Anh 1 Rn 311; *Möhlenbrock/Pung* in D/J/P/W § 8a Rn 119; aA *Schaden/Käshammer*, BB 2007, 2259, 2262.
2   *Förster* in Gosch Exkurs § 4h EStG Rn 23.
3   *Kirsch*, DStR 2007, 1268; *Loitz/Neukamm*, WPg 2008, 196.
4   *Stangl/Hageböke* in Schaumburg/Rödder, UntStRef 2008, S 463.

zung (wie in Rn 554 dargelegt) für die gewerbesteuerliche Hinzurechnung der ggf in dem Zinsvortrag enthaltenen Entgelte für Schulden von Bedeutung ist, bietet es sich an, dass Steuerpflichtige die Höhe der Entgelte für Schulden, wie sie im WJ der Entstehung in den Zinsvortrag eingegangen sind, dokumentieren.[1]

563 **Adressat.** Adressat des Feststellungsbescheides ist der Betriebsinhaber. Bei Personengesellschaften ist diese selbst der Adressat, nicht die Mitunternehmer.[2] Bei BgA ist der Bescheid an dessen Rechtsträger zu richten. Bei einer Organschaft ist der Adressat des Feststellungsbescheides der Organträger.

564 **Zuständigkeit.** Für die gesonderte Feststellung des Zinsvortrags ist das Finanzamt zuständig, welches bei Mitunternehmerschaften für die gesonderte Feststellung des Gewinns und Verlusts der Gesellschaft zuständig ist. Für Einzelunternehmen und Körperschaften ist das für die Besteuerung zuständige Finanzamt auch für die Feststellung des Zinsvortrags zuständig (§ 4h IV S 2 EStG). Für Mitunternehmerschaften und Körperschaften richtet sich die Zuständigkeit daher regelmäßig nach dem Ort der Geschäftsleitung (§§ 18 I Nr 1, 20 I AO). Für Einzelunternehmer wird regelmäßig das Wohnsitzfinanzamt zuständig sein (§ 19 I AO).

565 **Feststellungsverfahren.** Für die Feststellung des Zinsvortrags gilt § 10d IV EStG entsprechend. Allerdings wird der Zinsvortrag anders als der Verlustvortrag nicht zum Ende des VZ, sondern zum Ende des WJ festgestellt.[3] Der am Schluss des vorangegangenen WJ festgestellte Zinsvortrag wird demzufolge vermindert um die nach § 4h I S 6 iVm S 1 EStG abziehbaren Zinsaufwendungen und erhöht sich um die im WJ gem § 4h I EStG nicht abzugsfähigen Zinsaufwendungen. Sofern kein Zinsvortrag entsteht, unterbleibt eine Feststellung.

566 **Bindungswirkung.** Der Feststellungsbescheid ist Grundlagenbescheid für die gesonderte Feststellung des Zinsvortrags auf den Schluss des folgenden WJ.[4] Weiterhin entfaltet die Feststellung Bindungswirkung für den Körperschaftsteuerbescheid des WJ, in dem der Zinsvortrag verbraucht wird.[5] Ggf sind somit zwei Feststellungen des Zinsvortrags für den Körperschaftsteuerbescheid eines VZ bindend, wenn in dem VZ zwei WJ enden.

567 **Erlass, Aufhebung, Änderung.** Gem § 4h IV S 4 EStG sind Feststellungsbescheide zu erlassen, aufzuheben oder zu ändern, soweit sich der festzustellende Zinsvortrag des betreffenden WJ ändert. Unbeachtlich ist, aus welchem Grund der Erlass, die Aufhebung oder die Änderung erfolgt.[6] Die Vorschrift stellt eine eigenständige Änderungsvorschrift dar, ohne dass die Voraussetzungen der §§ 173 f AO zu erfüllen sind und überschneidet sich zT mit den Änderungsvorschriften der AO. Der Erlass, die Aufhebung oder die Änderung kann nur innerhalb der Festsetzungsfrist erfolgen.

---

1 Krempelhuber, NWB Fach 4, 5369, 5384.
2 BMF v 4.7.2008, BStBl I 2008, 718, Rn 49.
3 Möhlenbrock/Pung in D/J/P/W § 8a Rn 242; Frotscher in Frotscher/Maas § 8a Rn 214; Dörfler in Erle/Sauter § 4h EStG/Anh 1 Rn 314.
4 Frotscher in Frotscher/Maas § 8a Rn 217.
5 Frotscher in Frotscher/Maas § 8a Rn 217.
6 Frotscher in Frotscher/Maas § 8a Rn 220.

X. Zinsvortrag

Feststellungsfrist. Für die Feststellungsfrist gelten die allgemeinen Regelungen (§ 181 I iVm § 170 II AO). § 4h IV S 3 EStG verweist auch auf § 10d IV S 6 EStG, wonach die Feststellungsfrist nicht endet, bevor die Festsetzungsfrist für den VZ abgelaufen ist, auf dessen Schluss der Zinsvortrag gesondert festzustellen ist. Die Durchbrechung der Feststellungsfrist nach § 181 V AO kann nur in den Fällen erfolgen, in denen die zuständige Finanzbehörde die Feststellung des Zinsvortrags pflichtwidrig unterlassen hat. 568

Spartenverluste gem § 8 IX. Soweit Zinsaufwendungen, welche einer Sparte iSd § 8 IX zuzuordnen sind, in einen Zinsvortrag eingehen, erscheint es geboten, den Zinsvortrag den jeweiligen Sparten zuzuordnen. Eine gesetzliche Regelung hierzu besteht indes nicht. 569

Einstweilen frei. 570

6. Untergang des Zinsvortrags. a) Entsprechende Anwendung von § 8c (§ 8a I S 3). Gem § 8a I S 3 gilt § 8c für den Zinsvortrag nach § 4h I S 5 EStG entsprechend. Der Verweis gilt vollumfänglich, dh der Zinsvortrag geht im Falle eines schädlichen Beteiligungserwerbs iSd § 8c im gleichen Ausmaß wie die nicht genutzten Verluste iSd § 8c unter. Soweit § 8c nicht anwendbar ist, zB aufgrund der Konzern- oder Sanierungsklausel oder in den Fällen des § 14 III FMStG, gilt dies auch für den Zinsvortrag.[1] 571

Dynamische Verweisung. Der Verweis in § 8a I S 3 ist dynamisch, so dass Änderungen des § 8c zugleich für den Zinsvortrag Wirkung entfalten. 572

Stille Reserven Klausel. Gem § 8c I S 6 kann ein nicht genutzter Verlust abgezogen werden, soweit er die (anteiligen oder gesamten) im Inland steuerpflichtigen stillen Reserven der Körperschaft nicht übersteigt (vgl § 8c Rn 284 ff). Die stillen Reserven sind dabei in § 8c I S 7 definiert. Aufgrund der entsprechenden Anwendung des § 8c auf den Zinsvortrag entsteht eine Konkurrenz zwischen dem Zinsvortrag und den nicht genutzten Verlusten, welche zugunsten der nicht genutzten Verluste gelöst wird. Stille Reserven sind demnach vorrangig zum Erhalt von nicht genutzten Verlusten iSd § 8c zu verwenden und nur soweit danach noch stille Reserven verbleiben, geht ein Zinsvortrag nicht unter (§ 8a I S 3). Zur zeitlichen Anwendung dieser Regelung vgl Rn 96. 573

Laufende Zinsaufwendungen. § 8c erfasst nicht genutzte Verluste bis zum Zeitpunkt des schädlichen Beteiligungserwerbs. Hierzu zählen auch laufende Verluste des VZ, in dem der schädliche Beteiligungserwerb erfolgt (vgl zu § 8c Rn 225). Die entsprechende Anwendung des § 8c bezieht sich nach dem ausdrücklichen Gesetzeswortlaut ausschließlich auf den Zinsvortrag. Laufende Zinsaufwendungen des WJ bleiben bei einem unterjährigen Beteiligungserwerb erhalten.[2] 574

---

1 *Förster* in Gosch § 8a Rn 12.
2 *Möhlenbrock/Pung* in D/J/P/W § 8a Rn 243; *Stangl/Hageböke* in Schaumburg/Rödder, UntStRef 2008, S 492 f.

575   **Organgesellschaft.** Während der Dauer der Organschaft ist § 8c auf schädliche Beteiligungserwerbe in Bezug auf Organgesellschaften entsprechend anwendbar. Dies folgt daraus, dass gem § 15 S 1 Nr 3 S 1 lediglich § 4h EStG für Organgesellschaften nicht gilt. Insoweit laufen auch Regelungen des § 8a I, welche auf § 4h EStG Bezug nehmen, ins Leere. Dies gilt indes nicht für § 8a I S 3. Dieser ist während der Organschaft weiterhin anwendbar, so dass ein schädlicher Erwerb der Beteiligung des Organträgers oder der Organgesellschaft zu einem (teilweisen) Untergang eines Zinsvortrags der Organgesellschaft führt. Dies hat indes nur dann Bedeutung, wenn ein vororganschaftlicher Zinsvortrag der Organgesellschaft faktisch eingefroren ist (vgl Rn 551).

576   **GewSt.** Der Wegfall des Zinsvortrags schlägt gem § 7 S 1 GewStG auf die GewSt durch.[1]

577   **Latente Steuern.** Bei einem Untergang des Zinsvortrags sind die für diesen Zinsvortrag aktivierten latenten Steuern aufzulösen, so dass sich der effektive Steueraufwand des WJ erhöht.[2]

578-579   *Einstweilen frei.*

580   **b) Aufgabe oder Übertragung des Betriebs (§ 4h V S 1 EStG). Untergang des Zinsvortrags.** Die Aufgabe oder Übertragung des Betriebs führt gem § 4h V S 1 EStG zum Untergang eines nicht verbrauchten Zinsvortrags. Die Regelung knüpft an die betriebsbezogene Ermittlung und Feststellung des Zinsvortrags an (vgl Rn 541 und 561).

581   **Unentgeltliche Übertragungen.** § 4h V S 1 EStG findet sowohl auf entgeltliche als auch auf unentgeltliche Übertragungen, zB im Wege der vorweggenommenen Erbfolge, Anwendung.[3] Die für § 8c von der Finanzverwaltung eingeräumte Ausnahme für Erwerbe im Wege der Erbfolge, Erbauseinandersetzung und vorweggenommene Erbfolge[4] greift für Zwecke des § 4h V S 1 EStG nicht.

582   **Umwandlungsvorgänge.** Für Umwandlungsvorgänge greifen die spezialgesetzlichen Vorschriften des UmwStG (vgl Rn 616 ff).

583   **Körperschaften iSd § 8 II.** Körperschaften iSd § 8 II haben nur einen Betrieb iSd Zinsschranke (vgl Rn 74). Daher kann bei diesen Körperschaften eine Betriebsübertragung oder -aufgabe gem § 4h V S 1 EStG lediglich bei Vollbeendigung oder Umwandlung der Körperschaft eintreten.[5] Selbst wenn die Körperschaft ihre gesamten betrieblichen Tätigkeiten einstellt, kommt demnach eine Anwendung des § 4 V S 1 EStG nicht in Betracht. Gleiches gilt bei einem kompletten Strukturwandel in der Geschäftstätigkeit der Körperschaft. Für nicht untergehende Körperschaften kann damit allenfalls § 8c zu einem Untergang des Zinsvortrags führen.

---

1   *Förster* in Gosch § 8a Rn 23; *Dörfler* in Erle/Sauter § 8a Rn 25.
2   *Stangl/Hageböke* in Schaumburg/Rödder, UntStRef 2008, S 493.
3   *Van Lishaut/Schumacher/Heinemann*, DStR 2008, 2341, 2344; *Förster* in Gosch Exkurs § 4h EStG Rn 182.
4   BMF v 4.7.2008, BStBl I 2008, 736, Rn 4.
5   *Schaden/Käshammer*, BB 2007, 2317, 2319; *Förster* in Gosch Exkurs § 4h EStG Rn 184; *Beußer*, FR 2009, 49, 52; aA *Möhlenbrock/Pung* in D/J/P/W § 8a Rn 244.

Mitunternehmerschaften. Auch Mitunternehmerschaften können nur einen Betrieb iSd Zinsschranke haben (vgl Rn 89). Die in Rn 583 dargelegten Grundsätze gelten daher entsprechend.[1] 584

Wesentliche Betriebsgrundlagen. Eine Betriebsübertragung setzt die Übertragung der funktional wesentlichen Betriebsgrundlagen voraus.[2] 585

Teilbetrieb. Der Begriff des Teilbetriebs ist für Zwecke des Zinsvortrags wie für die Zinsschranke ohne Bedeutung.[3] Der nach Ansicht der Finanzverwaltung anteilige Untergang des Zinsvortrags bei Übertragung oder Aufgabe eines Teilbetriebs[4] ist daher mit der hM abzulehnen.[5] 586

Beendigung der Organschaft. Noch weitergehender ist die Auffassung der Finanzverwaltung, wonach das Ausscheiden der Organgesellschaft aus dem Organkreis eine Teilbetriebsaufgabe darstellen soll, mit der Folge, dass der Zinsvortrag anteilig untergeht. Damit ist nicht nur die Veräußerung der Organgesellschaft, sondern wohl auch die schlichte Beendigung der Organschaft gemeint. Diese Auffassung ist ebenfalls mit der hM abzulehnen, da der Betrieb des Organträgers wenn auch ohne den auf die Organgesellschaft entfallenden Teil fortbesteht (vgl auch § 15 Rn 204).[6] 587

Unterjährige Übertragung oder Aufgabe. Bei unterjähriger Übertragung oder Aufgabe des Betriebs ist lediglich der Zinsvortrag zum Ende des vorangegangenen Ende des WJ vom Verfall bedroht. Die laufenden Zinsaufwendungen des WJ der Übertragung bzw der Aufgabe sind nicht erfasst.[7] 588

Einstweilen frei. 589-590

c) Besonderheiten bei Mitunternehmerschaften. Gesellschafterwechsel. Scheidet ein Mitunternehmer aus einer Mitunternehmerschaft aus, geht der Zinsvortrag anteilig mit der Quote unter, mit der der ausgeschiedene Gesellschafter an der Gesellschaft beteiligt war (§ 4h V S 2 EStG). Nach der Gesetzesbegründung sollen die Grundsätze zu § 10a entsprechend gelten.[8] Dies bedeutet zunächst, dass Träger des Zinsvortrags die einzelnen Mitunternehmer sind (R 10a.3 III S 1 GewStR). 591

Form des Ausscheidens. Es ist für die Anwendung des § 4h V S 2 EStG unbeachtlich, ob der Mitunternehmer gegen Entschädigung oder entschädigungslos ausscheidet und die Mitunternehmerschaft von den übrigen Mitunternehmern fortgeführt wird oder ob der Mitunternehmer seinen Anteil an einen Dritten veräußert. Weiterhin findet die Regelung auf entgeltliche oder unentgeltliche Vorgänge 592

---

1 *Beußer*, FR 2009, 49, 52; *Schaden/Käshammer*, BB 2007, 2317, 2319, die dies allerdings auf gewerblich geprägte und gewerblich infizierte Mitunternehmerschaften beschränken.
2 *Dörfler* in Erle/Sauter § 8a Rn 325; *Hick* in H/H/R § 4h EStG Rn 111.
3 *Beußer*, FR 2009, 49, 52.
4 BMF v 4.7.2008, BStBl I 2008, 718, Rn 47.
5 Ebenso *Schaden/Käshammer*, BB 2007, 2317, 2320; *Förster* in Gosch Exkurs § 4h EStG Rn 183; *Fischer/Wagner*, BB 2008, 1872, 1875; *Dörfler*, Ubg 2008, 693, 700; *Hierstätter*, DB 2009, 79, 80; *Beußer*, FR 2009, 49, 52; zweifelnd *Möhlenbrock/Pung* in D/J/P/W § 8a Rn 244.
6 *Fischer/Wagner*, BB 2008, 1872, 1875; *Herzig/Liekenbrock*, DB 2007, 2387, 2391; *Förster* in Gosch Exkurs § 4h EStG Rn 183; *Dörfler*, Ubg 2008, 693, 700; *Hierstätter*, DB 2009, 79, 83; *Beußer*, FR 2009, 49, 54; zweifelnd *Möhlenbrock/Pung* in D/J/P/W § 8a Rn 244.
7 *Dörfler* in Erle/Sauter § 4h EStG/Anh 1 Rn 326.
8 BTDrs 16/4841, 50.

Anwendung. Auch der Übergang des Mitunternehmeranteils im Wege der Gesamt- oder Sonderrechtsnachfolge wie durch Umwandlungsvorgänge führt zu einem Ausscheiden iSd § 4h V S 2 EStG.[1]

593 **Umfang des Untergangs.** Der untergehende Zinsvortrag richtet sich gem § 4h V S 2 EStG nach dem Gewinnverteilungsschlüssel im Zeitpunkt des Ausscheidens des Mitunternehmers.[2]

594 **Kein Verursachungszusammenhang.** Es kommt nicht darauf an, ob die in den Zinsvortrag eingegangenen nicht abzugsfähigen Zinsaufwendungen durch den Mitunternehmer verursacht wurden bzw diesem im Jahr der Entstehung zuzurechnen waren. Dadurch kann der Fall eintreten, dass ein Zinsvortrag, der durch einen Mitunternehmer verursacht wurde, durch den Austritt eines anderen Mitunternehmers untergeht. Für diese Fälle sind daher gesellschaftsvertragliche Vereinbarungen hinsichtlich etwaiger schuldrechtlicher Ausgleichsansprüche notwendig.[3]

595 **Unterjähriges Ausscheiden.** Scheidet der Mitunternehmer während des WJ aus, kann der Zinsvortrag mit laufenden Gewinnen, soweit sie auf den ausscheidenden Mitunternehmer entfallen, und dem Gewinn aus der Veräußerung des Mitunternehmeranteils verrechnet werden.[4]

596 **Veräußerung eines Teils eines Mitunternehmeranteils.** Die Veräußerung eines Teils des Mitunternehmeranteils führt nicht zum Untergang des Zinsvortrags, da der Mitunternehmer in diesem Fall nicht ausscheidet.[5] Wird der Teil des Mitunternehmeranteils an einen Mitgesellschafter veräußert, kommt es zu einer Verschiebung der Beteiligungsverhältnisse. Stellte man mit der Finanzverwaltung für die Verteilung der abzugsfähigen Zinsen auf den Gewinnverteilungsschlüssel ab, würde sich der Anteil des erwerbenden Mitgesellschafters an den vorgetragenen und abzugsfähigen Zinsaufwendungen erhöhen.[6] Es erscheint dagegen sachgerecht, bei einer Verschiebung der Beteiligungsverhältnisse einen bestehenden Zinsvortrag den Mitunternehmern verursachungsgerecht zuzuordnen.[7] Der Feststellungsbescheid zum Zinsvortrag könnte eine entsprechende Zuordnung zu den Mitunternehmern vorsehen, wobei eine verfahrensrechtliche Regelung hierzu nicht besteht. Gleiches gilt bei einem partiellen Ausscheiden des Mitunternehmers.[8] Scheidet der Mitunternehmer zu einem späteren Zeitpunkt vollständig aus der Mitunternehmerschaft aus, entfällt der Zinsvortrag dann nur noch iHd Beteiligungsquote im Zeitpunkt des Ausscheidens.[9]

---

1 Van Lishaut/Schumacher/Heinemann, DStR 2008, 2341, 2345.
2 Möhlenbrock/Pung in D/J/P/W § 8a Rn 245; Stangl/Hageböke in Schaumburg/Rödder, UntStRef 2008, S 465; aA Förster in Gosch Exkurs § 4h EStG Rn 185, der auf den Gewinnverteilungsschlüssel im Zeitpunkt des Entstehens des Zinsvortrags abstellt.
3 Rodewald/Pohl, DStR 2008, 724, 728.
4 Van Lishaut/Schumacher/Heinemann, DStR 2008, 2341, 2344; Dörfler in Erle/Sauter § 4h EStG/Anh 1 Rn 332; vgl auch R 10a.3 III Nr 9 GewStR.
5 Van Lishaut/Schumacher/Heinemann, DStR 2008, 2341, 2344; Dörfler in Erle/Sauter § 4h EStG/Anh 1 Rn 334; aA Möhlenbrock/Pung in D/J/P/W § 8a Rn 245.
6 Van Lishaut/Schumacher/Heinemann, DStR 2008, 2341, 2344.
7 Förster in Gosch Exkurs § 4h EStG Rn 186.
8 Beußer, FR 2009, 49, 53.
9 Zur gestalterischen Nutzung dieses Umstandes Frotscher in Frotscher § 4h EStG Rn 198a.

X. Zinsvortrag

Beispiel

An der ABC OHG sind seit Gründung A und B mit jeweils 30 % und C mit 40 % beteiligt. Es besteht ein Zinsvortrag iHv 10 Mio EUR, der aus Zinsaufwendungen des Gesamthandsvermögens resultiert. Zum 1.1.01 veräußert C einen Anteil von 20 % an B. Im Jahr 01 beträgt das verrechenbare EBITDA der Gesamthand 6 Mio EUR und der Zinssaldo ohne Berücksichtigung des Zinsvortrags 0 EUR. Zum 1.1.02 scheidet C aus der ABC OHG gegen Abfindung aus.

Bei einer Verteilung des vorgetragenen und abzugsfähigen Zinsaufwandes nach dem Gewinnverteilungsschlüssel kann A von seinem Gewinnanteil für das Jahr 01 Zinsen iHv 1,8 Mio EUR (= 30 %), B iHv 3 Mio (= 50 %) und C iHv 1,2 Mio EUR (= 20 %) abziehen. Ginge man dagegen von den Verhältnissen im Zeitpunkt der Verschiebung der Beteiligungsverhältnisse aus, könnte A und B jeweils 1,8 Mio EUR (= je 30 %) und C 2,4 Mio EUR (= 40 %) von ihrem Gewinnanteil absetzen. Zum 1.1.02 geht der Zinsvortrag iHv 800.000 EUR unter. Der restliche Zinsvortrag iHv 3,2 Mio EUR wäre A und B bei verursachungsgerechter Verteilung je zur Hälfte zuzuordnen.

Veräußerung an Mitgesellschafter. Auch die Veräußerung des Mitunternehmeranteils an einen Mitgesellschafter führt zu einem anteiligen Untergang des Zinsvortrags.[1]

Mehrstöckige Mitunternehmerschaften. Scheidet ein Mitunternehmer aus einer Mitunternehmerschaft aus, die an einer weiteren Mitunternehmerschaft beteiligt ist (mehrstöckige Mitunternehmerschaft), wird der Zinsvortrag der Untergesellschaft durch das Ausscheiden des Mitunternehmers der Obergesellschaft nicht berührt.[2]

Eintritt eines neuen Gesellschafters. Der Eintritt eines neuen Gesellschafters in die Mitunternehmerschaft ohne Ausscheiden eines Mitunternehmers führt nicht zum (anteiligen) Untergang des Zinsvortrags.[3] Fraglich ist, ob der Zinsvortrag von dem neu eingetretenen Mitunternehmer künftig genutzt werden kann.[4] Es erscheint sachgerecht, dass die Nutzung des zum Zeitpunkt des Eintritts bestehenden Zinsvortrags nur den Alt-Mitunternehmern vorbehalten bleibt.[5] Auch hier wäre es verfahrensrechtlich zu begrüßen, wenn der bis zum Eintritt entstandene Zinsvortrag den Mitunternehmern in der gesonderten Feststellung zugeordnet wird. Nach dem Eintritt des neuen Mitunternehmers entstehende Zinsvorträge können von allen Mitunternehmern entsprechend dem Gewinnverteilungsschlüssel im WJ des Verbrauchs mit ihrem Gewinnanteil in den Schranken des § 4h I S 1 EStG verrechnet werden.

---

1 *Hoffmann*, GmbHR 2008, 113, 117.
2 *Möhlenbrock/Pung* in D/J/P/W § 8a Rn 245; *Dörfler* in Erle/Sauter § 4h EStG/Anh 1 Rn 336.
3 *Förster* in Gosch Exkurs § 4h EStG Rn 186; *Beußer*, FR 2009, 49, 53; *Hoffmann*, GmbHR 2008, 113, 117; *Möhlenbrock/Pung* in D/J/P/W § 8a Rn 245, die jedoch einen Untergang des Zinsvortrags befürworten, wenn das Vermögen der Mitunternehmerschaft nicht entsprechend der Beteiligung des neuen Mitunternehmers aufgestockt wird.
4 Bejahend *Beußer*, FR 2009, 49, 53.
5 *Hoffmann*, GmbHR 2008, 113, 117; *Förster* in Gosch Exkurs § 4h EStG Rn 186.

600 **Anwachsung.** Im Falle der Anwachsung der Mitunternehmerschaft auf den letzten verbleibenden Mitunternehmer geht der Zinsvortrag iHd Beteiligungsquote des oder der letzten ausscheidenden Mitunternehmer unter. In entsprechender Anwendung der Grundsätze zu § 10a GewStG kann der letzte verbleibende Mitunternehmer den nach dem Gewinnverteilungsschlüssel im Zeitpunkt der Anwachsung auf ihn entfallenden Zinsvortrag weiter nutzen.[1] Der letzte verbleibende Mitunternehmer scheidet nicht iSd § 4h V S 2 EStG aus. Auch wird der Betrieb der Mitunternehmerschaft weder übertragen noch aufgegeben, da die Anwachsung lediglich ein Reflex des Ausscheidens des vorletzten Mitunternehmers ist.

601 **Realteilung.** Bei einer Realteilung wird der Betrieb der Mitunternehmerschaft aufgegeben, weshalb der Zinsvortrag in diesem Fall wohl untergeht (§ 4h V S 1 EStG).[2] Zwar entspricht dies nicht den zu § 10a GewStG entwickelten Grundsätzen, allerdings steht der eindeutige Gesetzeswortlaut der Gesetzesbegründung hier entgegen. Auch wäre eine Zuordnung des Zinsvortrags zu den iRd Realteilung übertragenen Teilbetrieben dem Konzept der Zinsschranke fremd (vgl auch Rn 586).

602 **Atypisch stille Gesellschaften.** Atypisch stille Gesellschaften sind Mitunternehmerschaften, weshalb § 4h V S 2 EStG auf diese in gleicher Weise wie für andere Mitunternehmerschaften anzuwenden ist.

603-604 *Einstweilen frei.*

605 **d) Nachgeordnete Mitunternehmerschaft. Regelungsgehalt.** Nach § 4h V S 3 EStG ist § 8c auf den Zinsvortrag einer Mitunternehmerschaft entsprechend anzuwenden, soweit an dieser unmittelbar oder mittelbar eine Körperschaft als Mitunternehmer beteiligt ist. Vor Einführung dieser Regelung mit dem JStG 2009 hatte ein schädlicher Beteiligungserwerb bei einer Körperschaft keine Auswirkungen auf den Zinsvortrag einer ihr nachgeschalteten Mitunternehmerschaft.[3]

606 **Zweck.** § 4h V S 3 EStG ist im Zusammenhang mit § 10a S 10 Hs 2 GewStG zu sehen, welcher der Vermeidung von Gestaltungen im Gewerbesteuerrecht dient, bei denen der verlustverursachende Betrieb vor dem schädlichen Erwerb auf eine Personengesellschaft ausgegliedert wurde, mit der Folge, dass die gewerbesteuerlichen Fehlbeträge auf die Personengesellschaft übertragen wurden und im Falle eines schädlichen Beteiligungserwerbs bei der vorgelagerten Körperschaft nicht untergingen. Der Gesetzgeber hat sich bei Einführung des § 4h V S 3 EStG von dem Gedanken leiten lassen, dass diese Gestaltung mit ähnlicher Wirkung bei der Zinsschranke eingesetzt werden kann.[4] Dies ist indes nicht der Fall, da der Zinsvortrag anders als die gewerbesteuerlichen Fehlbeträge nicht auf die Mitunternehmerschaft übergehen (vgl Rn 624).

---

1 *Beußer,* FR 2009, 49, 53; *van Lishaut/Schumacher/Heinemann,* DStR 2008, 2341, 2345; *Stangl/Hageböke* in Schaumburg/Rödder, UntStRef 2008, S 466; *Förster* in Gosch Exkurs § 4h EStG Rn 186, der aber auf die Beteiligungsquote im WJ der Entstehung des Zinsvortrags abstellt; *Hierstätter,* DB 2009, 79, 80; aA *Frotscher* in Frotscher § 4h EStG Rn 197; *Möhlenbrock/Pung* in D/J/P/W § 8a Rn 246.
2 AA *Förster* in Gosch Exkurs § 4h EStG Rn 186; *van Lishaut/Schumacher/Heinemann,* DStR 2008, 2341, 2345.
3 *Möhlenbrock/Pung* in D/J/P/W § 8a Rn 243; *Frotscher* in Frotscher/Maas § 8a Rn 73; *Schaden/Käshammer,* BB 2007, 2317, 2321.
4 BTDrs 16/11108, 12.

X. Zinsvortrag

Kein Erfordernis der Betriebsübertragung. § 4h V S 3 EStG setzt nach dem Wortlaut nicht voraus, dass der Betrieb zuvor auf die Mitunternehmerschaft ausgegliedert wurde, und findet daher auch auf Fälle Anwendung, in denen der Zinsvortrag vor dem schädlichen Beteiligungserwerb auf Ebene der Mitunternehmerschaft entstanden ist.[1] 607

Zeitliche Anwendung. Vgl Rn 96. 608

Schädlicher Beteiligungserwerb bei der Körperschaft. Ein Zinsvortrag der Mitunternehmerschaft geht nach § 4h V S 3 EStG (anteilig) unter, wenn bei der an ihr beteiligten Körperschaft ein schädlicher Beteiligungserwerb iSd § 8c erfolgt. 609

Erwerbsschwelle in Bezug auf Mitunternehmerschaft. Nach dem Gesetzeswortlaut kommt es auf die Höhe der Beteiligung der Körperschaft an der Mitunternehmerschaft für die Anwendung des § 4h V S 3 EStG nicht an (zu den erfassten Fällen analog Rn 267). Hierdurch werden zwar Zinsvorträge von nachgeordneten Mitunternehmerschaften einerseits nachteiliger behandelt als solche von Körperschaften, da anders als im § 8c auch eine Beteiligung der Körperschaft an der Mitunternehmerschaft von 25 % oder weniger ausreichend ist. Allerdings führt auch eine unmittelbare Übertragung der Beteiligung an einer Mitunternehmerschaft andererseits ungeachtet der Höhe der Beteiligung zu einem anteiligen Untergang des Zinsvortrags (vgl Rn 591). Daher geht der Zinsvortrag der Mitunternehmerschaft anteilig unter, wenn bei der vorgeordneten Köperschaft ein schädlicher Beteiligungserwerb stattfindet (dh mindestens mehr als 25 % der Anteile übertragen werden), auch wenn die Körperschaft nicht mehr als 25 % an der Mitunternehmerschaft beteiligt ist (zum Umfang des Untergangs Rn 613).[2] 610

Veräußerung des Mitunternehmeranteils. Die Veräußerung eines Anteils an einer Mitunternehmerschaft vermag die Rechtsfolgen des § 4h V S 3 EStG nicht auszulösen, da auf die unmittelbare Übertragung von Mitunternehmeranteilen § 8c keine Anwendung findet. 611

Mehrstöckige Mitunternehmerschaften. § 4h V S 3 EStG ist auch nicht anzuwenden, wenn die übertragene Mitunternehmerschaft an einer weiteren Mitunternehmerschaft beteiligt ist. Der Zinsvortrag der nachgeordneten Mitunternehmerschaft geht in diesem Fall nicht unter.[3] Findet dagegen bei der Körperschaft, welche an einer mehrstöckigen Mitunternehmerschaft beteiligt ist, ein schädlicher Anteilseignerwechsel statt, gehen die Zinsvorträge aller nachgeschalteter Mitunternehmerschaften in der Höhe unter, zu der die Körperschaft beteiligt ist. 612

Umfang des Untergangs. Der Zinsvortrag geht bei mehrheitlichem Beteiligungserwerb der Körperschaft iHd auf die Körperschaft entsprechend ihrer Beteiligung entfallenden Anteils am Zinsvortrag unter. Bei mehreren Stufen ist die durchgerech- 613

---

1 *Möhlenbrock/Pung* in D/J/P/W § 8a Rn 243.
2 *Beinert/Benecke*, Ubg 2009, 169, 173; aA *Förster* in Gosch § 8a Rn 25; *Dörfler* in Erle/Sauter § 8a Rn 31.
3 *Hierstätter*, DB 2009, 79, 81; *Möhlenbrock/Pung* in D/J/P/W § 8a Rn 243.

nete Beteiligungsquote der Körperschaft maßgeblich.[1] Bei einem Beteiligungserwerb von mehr als 25 % und nicht mehr als 50 % geht der auf die Körperschaft entsprechend ihrer Beteiligung entfallende Zinsvortrag quotal unter.[2]

Beispiel

X-GmbH ist an der A-GmbH & Co KG zu 40 % beteiligt, welche wiederum 10 % der Anteile an der B-GmbH & Co KG hält. 30 % der Anteile der X-GmbH werden an einen Erwerber übertragen. Es handelt sich um einen schädlichen Beteiligungserwerb iSd § 8c.

Der Zinsvortrag der A GmbH & Co KG geht iHv 12 % (30 % x 40 %) und der Zinsvortrag der B GmbH & Co KG geht iHv 1,2 % (30 % x 40 % x 10 %) unter.

614-615 Einstweilen frei.

616 e) **Umwandlungsvorgänge. Grundsatz.** Der Zinsvortrag geht in Umwandlungsfällen regelmäßig nicht auf den übernehmenden Rechtsträger über. Ob der Zinsvortrag beim übertragenden Rechtsträger erhalten bleibt, hängt von der Rechtsform und der jeweiligen Umwandlung ab (vgl dazu Rn 619 ff). Nach dem eindeutigen Gesetzeswortlaut in den jeweiligen Vorschriften des UmwStG (§§ 4 II, 15 III, 20 IX UmwStG) ist jeweils nur der Zinsvortrag jedoch sind nicht die laufenden Zinsaufwendungen betroffen.

617 **Bestimmung des betroffenen Zinsvortrags.** Regelmäßig ist auf den Umwandlungsstichtag eine Steuerbilanz für das letzte WJ (ggf Rumpfwirtschaftsjahr) vor der Umwandlung aufzustellen. Zum Ende dieses WJ ist auch ein Zinsvortrag festzustellen (vgl Rn 560). Dieser ist jeweils von der fehlenden Übertragbarkeit des Zinsvortrags nach den Vorschriften des UmwStG betroffen. Zinsaufwendungen im Rückwirkungszeitraum sind hingegen nicht vom Untergang bedroht und können mit verrechenbarem EBITDA des übernehmenden Rechtsträgers verrechnet werden.

618 **Rückwirkung.** Gem § 2 IV S 1 UmwStG ist eine Verrechnung des Übertragungsgewinns mit dem Zinsvortrag nur zulässig, wenn dem übertragenden Rechtsträger die Nutzung des Zinsvortrags auch ohne die steuerliche Rückwirkung der Umwandlung möglich gewesen wäre. Ein Übertragungsgewinn entsteht, wenn in der steuerlichen Schlussbilanz ein über dem Buchwert liegender Wert angesetzt wurde. Die Vorschrift will wohl die Nutzung des zusätzlich verrechenbaren EBITDA, welches aus dem Übertragungsgewinn resultiert, einschränken. Dh die Regelung zielt darauf ab, dass die Nutzung des Zinsvortrags durch eine rückwirkende Umwandlung zu einem über dem Buchwert liegenden Wert nicht möglich sein soll, wenn im Rückwirkungszeitraum ein schädlicher Beteiligungserwerb stattgefunden hat, der ohne die Rückwirkung zu einem Untergang des Zinsvortrags geführt hätte (hierzu § 8c Rn 44 ff).[3] In diesem Zusammenhang ist zu beachten, dass für Beteiligungserwerbe, die nach dem 31.12.2009 erfolgen, gem § 8a I S 3 der Zinsvortrag nicht untergeht,

---

1 Beinert/Benecke, Ubg 2009, 169, 173; aA wohl Hoffmann, DStR 2009, 257, 258.
2 Möhlenbrock/Pung in D/J/P/W § 8a Rn 243.
3 Eine schädlicher Erwerb nach dem Rückwirkungszeitraum würde insoweit nicht ausreichen, Rödder/Schönfeld, DStR 2009, 560, 563.

X. Zinsvortrag

soweit die Körperschaft stille Reserven hat und diese die nicht genutzten Verluste iSd § 8c im Zeitpunkt des Beteiligungserwerbs übersteigen (vgl Rn 573). Soweit die nicht genutzten Verluste bereits zum steuerlichen Umwandlungsstichtag bestanden, mindern sie jedoch den Gewinn und damit das verrechenbare EBITDA zum Umwandlungsstichtag. Der verrechenbare Zinsvortrag hätte insoweit auch ohne die Rückwirkung genutzt werden können, wenn man unterstellt, dass die stillen Reserven zum Umwandlungsstichtag und zum Zeitpunkt der Wirksamkeit der Umwandlung gleich hoch sind. § 2 IV S 1 UmwStG läuft somit regelmäßig tatbestandlich ins Leere.[1] Entstehen die nicht genutzten Verluste allerdings erst im Rückwirkungszeitraum, verbleibt ein Anwendungsbereich für die Vorschrift.

Beispiel

Sämtliche Anteile der X-GmbH werden am 1.5.2010 an einen Erwerber übertragen (schädlicher Beteiligungserwerb). Die zu diesem Zeitpunkt nicht genutzten Verluste iSd § 8c betragen 4 Mio EUR, wovon 3 Mio EUR auf einen zum 31.12.2009 festgestellten Verlustvortrag entfallen und die restliche 1 Mio EUR in dem Zeitraum 1.1. bis 30.4.2010 entstanden sind. Der auf den 31.12.2009 festgestellte Zinsvortrag beträgt 3 Mio EUR. Zum 31.8.2010 (Wirksamkeit) gliedert die X-GmbH ihren gesamten Betrieb in die Y-GmbH gem § 20 II S 1 UmwStG zum gemeinen Wert aus. Die Ausgliederung erfolgt gem § 20 VI S 3 UmwStG rückwirkend zum 31.12.2009. Die stillen Reserven des Betriebs der X-GmbH betragen zum 31.12.2009 10 Mio EUR und blieben bis zum 31.8.2010 unverändert.

Zum 31.12.2009 entsteht ein Übertragungsgewinn von 10 Mio EUR. Nach Abzug des Verlustvortrags von 3 Mio EUR resultiert aus dem Übertragungsgewinn ein verrechenbares EBITDA von 2,1 Mio EUR (= 30 % von 7 Mio EUR) bis zu dessen Höhe der Zinsvortrag genutzt werden kann. Im Zeitpunkt des Beteiligungserwerbs am 1.5.2010 gingen die nicht genutzten Verluste iHv 4 Mio EUR nicht unter. Die darüber hinaus gehenden stillen Reserven von 6 Mio EUR dienten zum Erhalt des Zinsvortrages iHv 1,8 Mio EUR (= 30 % von 6 Mio EUR). Ohne die Rückwirkung würde daher ein Zinsvortrag iHv 1,2 Mio EUR untergehen, mit der Rückwirkung jedoch lediglich iHv 0,9 Mio EUR. Gem § 2 IV S 1 UmwStG ist daher die Verrechnung des Zinsvortrags lediglich mit einem verrechenbaren EBITDA von 1,8 Mio EUR zulässig, so dass der Zinsvortrag iHv 1,2 Mio EUR untergeht.

Zinsaufwendungen im Rückwirkungszeitraum sind nicht vom Untergang bedroht. Daher ist auch § 2 IV S 2 UmwStG nicht auf Zinsaufwendungen im Rückwirkungszeitraum anwendbar.

Verschmelzung auf eine Personengesellschaft. Gem § 4 II S 2 UmwStG geht der Zinsvortrag bei einer Verschmelzung von einer Körperschaft auf eine Personengesellschaft oder einen Einzelunternehmer nicht über.[2] Da die Körperschaft bei der Verschmelzung ohne Liquidation aufgelöst wird, geht der Zinsvortrag unter.

619

---

1 Schnitger, DB 2011, 1718 ff.
2 Zu Kritik Schaden/Käshammer, BB 2007, 2317, 2321.

620 **Formwechsel in eine Personengesellschaft.** Über § 9 iVm § 4 II S 2 UmwStG geht der Zinsvortrag auch bei einem Formwechsel einer Kapitalgesellschaft in eine Personengesellschaft nicht über und gleichzeitig unter, da die Kapitalgesellschaft in ihrer bisherigen Rechtsform nicht fortbesteht, sondern fortan das Rechtskleid der Personengesellschaft trägt.

621 **Verschmelzung von Körperschaften.** Bei einer Verschmelzung von einer Körperschaft auf eine Körperschaft gilt § 4 II S 2 UmwStG über § 12 III UmwStG entsprechend, womit auch in diesem Fall ein Zinsvortrag nicht übergeht sowie beim übertragenden Rechtsträger untergeht.

622 **Abspaltung.** Bei der Abspaltung eines Teilbetriebs durch eine Körperschaft mindert sich der Zinsvortrag dieser Körperschaft in dem Verhältnis, in dem bei Zugrundelegung des gemeinen Werts das Vermögen auf eine andere Körperschaft bzw Personengesellschaft übergeht (§ 15 II und § 16 S 1 UmwStG). Damit ist die Abspaltung eines Teilbetriebs im Hinblick auf den Zinsvortrag nachteiliger als die Übertragung im Wege der Einzelrechtsnachfolge, wenn man der Finanzverwaltung in ihrer Ansicht nicht folgt (vgl Rn 586).

623 **Einbringung in eine Kapitalgesellschaft oder Genossenschaft.** Bei der Einbringung von Betrieben, Teilbetrieben oder Mitunternehmeranteilen in eine Kapitalgesellschaft oder Genossenschaft gem § 20 I UmwStG geht ein Zinsvortrag nach § 20 IX UmwStG nicht auf die übernehmende Gesellschaft über. Die Einbringung von Betrieben führt dabei zugleich zum Untergang des Zinsvortrags beim Einbringenden, sofern es sich nicht um eine Körperschaft iSd § 8 II handelt (vgl Rn 583). Dies gilt entsprechend bei einer Mitunternehmerschaft, vorausgesetzt diese übt auch nach der Ausgliederung eine gewerbliche Tätigkeit aus bzw ist gewerblich geprägt, da die Mitunternehmerschaft grundsätzlich einen Betrieb iSd Zinsschranke hat (vgl Rn 584). Die Einbringung von Teilbetrieben berührt dagegen den Zinsvortrag beim Einbringenden nach der hier vertretenen Auffassung nicht (vgl Rn 586).[1] Sofern ein Mitunternehmeranteil in eine Kapitalgesellschaft eingebracht wird, ist ein Anwendungsfall des § 4h V S 2 EStG gegeben und es kommt anteilig zu einem Untergang des Zinsvortrags der Mitunternehmerschaft.[2]

624 **Einbringung in eine Personengesellschaft.** Wird ein Betrieb, Teilbetrieb oder Mitunternehmeranteil in eine Personengesellschaft eingebracht, geht der Zinsvortrag gem § 24 VI iVm 20 IX UmwStG nicht über. Die Ausführungen in Rn 623 gelten entsprechend. Da der Zinsvortrag durch die Einbringung bei einer Körperschaft iSd § 8 II zurückbleibt, kann die aufnehmende Mitunternehmerschaft die Freigrenze des § 4h II S 1 lit a EStG ohne „Belastung" durch den Zinsvortrag nutzen (vgl zur Zinsvortragsfalle auch Rn 166). Ein etwaiger Zinsvortrag der übernehmenden Mitunternehmerschaft bleibt durch die Einbringung unberührt.[3] Sofern durch die Einbringung ein neuer Gesellschafter eintritt, gelten die Ausführungen in Rn 599 entsprechend.

---

1   AA BMF v 4.7.2008, BStBl I 2008, 718, Rn 47.
2   AA *Förster* in Gosch Exkurs § 4h EStG Rn 188 mit Hinweis, dass § 20 IX UmwStG ansonsten überflüssig wäre.
3   *Beußer*, FR 2009, 49, 53.

XI. EBITDA-Vortrag

Einstweilen frei. 625-626

XI. EBITDA-Vortrag. 1. Regelungsinhalt und Zweck. Vortrag in die folgenden fünf WJ. Gem § 4h I S 3 Hs 1 EStG ist das verrechenbare EBITDA (zum Begriff vgl Rn 98) in die fünf folgenden WJ vorzutragen, soweit es die um die Zinserträge geminderten Zinsaufwendungen des Betriebs übersteigt. Ein EBITDA-Vortrag entsteht nicht in WJ, in denen eine der Ausnahmeregelungen des § 4h II EStG einschlägig ist und deshalb § 4h I S 1 EStG nicht zur Anwendung kommt. 627

Hintergrund. Der EBITDA-Vortrag wurde mit dem Wachstumsbeschleunigungsgesetz eingeführt und soll eine Entlastung im Hinblick auf die krisenverschärfende Wirkung der Zinsschranke schaffen. Er ist daher als Korrektur zur Unternehmensteuerreform 2008 zu verstehen.[1] 628

Einstweilen frei. 629

2. Persönlicher Anwendungsbereich. Der persönliche Anwendungsbereich des § 4h I S 3 EStG ist mit den übrigen Vorschriften der Zinsschrankenregelung deckungsgleich (vgl Rn 51 ff). 630

Einstweilen frei. 631

3. Sachlicher Anwendungsbereich. a) Ermittlung des EBITDA-Vortrags. Unterschiedsbetrag. Der EBITDA-Vortrag ermittelt sich als Unterschiedsbetrag zwischen 632

- dem verrechenbaren EBITDA des WJ (zum Begriff Rn 98 ff) und
- dem Betrag der Zinsaufwendungen (zum Begriff vgl Rn 113 ff)
- gemindert um die Zinserträge (zum Begriff vgl Rn 144 ff),
- wobei maximal das verrechenbare EBITDA des WJ vorgetragen werden kann (hierzu Rn 633).

Positiver Zinssaldo. Fraglich ist, in welcher Höhe ein EBITDA-Vortrag entsteht, wenn die Zinserträge die Zinsaufwendungen übersteigen (positiver Zinssaldo). Die Regelung erfordert nach ihrem Wortlaut keinen negativen Zinssaldo. Vortragsfähig ist im Falle eines positiven Zinssaldos jedoch höchstens das verrechenbare EBITDA. Die um die Zinsaufwendungen geminderten Zinserträge betragen höchstens Null. Das vortragsfähige verrechenbare EBITDA wird mit anderen Worten nicht um einen positiven Zinssaldo erhöht.[2] 633

Wirtschaftsjahrbezogenheit. Wie die Ermittlung des verrechenbaren EBITDA und die Anwendung der 30%-Begrenzung des § 4h I S 1 EStG (vgl Rn 109) ist auch der EBITDA-Vortrag bezogen auf das jeweilige WJ zu ermitteln. In einem Rumpf-WJ entsteht ggf ein weiterer EBITDA-Vortrag.[3] 634

---

1 BTDrs 17/15, 10.
2 *Rödder*, DStR 2010, 529, 530; *Möhlenbrock/Pung* in D/J/P/W § 8a Rn 240b; aA *Bohn/Loose*, DStR 2011, 241, 243, die bei positivem Zinssaldo den EBITDA-Vortrag um den Nettozinsertrag erhöhen wollen.
3 *Bien/Wagner*, BB 2009, 2626, 2632; *Dörfler* in Erle/Sauter § 8a Rn 50a.

635 **Zeitliche Begrenzung.** Der EBITDA-Vortrag ist auf fünf WJ begrenzt. Nach Ablauf der fünf WJ verfällt ein nicht verbrauchter EBITDA-Vortrag.[1] Ein Verfall kann durch Erhöhung des Zinsaufwandes spätestens im fünften WJ nach Entstehung des EBITDA-Vortrags verhindert werden. Dies führt ggf zu einem Verlustvortrag nach § 10d EStG, der jedoch zeitlich unbefristet besteht.

636 *Einstweilen frei.*

637 **b) Ausschluss bei Anwendung eines Escape. Grundsatz.** Ein EBITDA-Vortrag entsteht gem § 4h I S 3 Hs 2 EStG nicht in WJ, in denen § 4h II EStG die Anwendung des § 4h I EStG ausschließt. Damit entsteht oder erhöht sich ein EBITDA-Vortrag in einem WJ nicht, wenn entweder der negative Zinssaldo weniger als 3 Mio EUR beträgt, die Ausnahme für nicht konzernzugehörige Betriebe oder der EK-Escape erfüllt ist.

638 **Positiver Zinssaldo.** Ist der Zinssaldo positiv, findet § 4h II lit a EStG keine Anwendung (vgl Rn 160), so dass ein EBITDA-Vortrag entsteht.[2]

639 **Sanktionswirkung.** Durch § 4h I S 3 Hs 2 EStG kann ein profitabler Betrieb sanktioniert werden, wenn für diesen in Gewinnjahren ein Escape nach § 4h II EStG einschlägig ist. Denn steht der Escape in späteren Verlustjahren nicht mehr zur Verfügung, wird dem Betrieb zugleich auch die Vergünstigung des EBITDA-Vortrags nicht gewährt. Dies ist angesichts des Ziels des EBITDA-Vortrags, die krisenverschärfende Wirkung der Zinsschrankenregelung abzumildern, kritisch zu werten.

640 **Teleologische Einschränkung.** § 4h I S 3 Hs 2 EStG ist auch deshalb schwer verständlich, weil im Falle eines bestehenden EBITDA-Vortrags, die Ausnahmetatbestände gem § 4h II lit a-c EStG keine Bedeutung haben bzw die Abzugsfähigkeit der Zinsaufwendungen bereits gewährleistet ist. Einer Anwendung der Ausnahmetatbestände bedarf es nur dann, wenn die Nettozinsaufwendungen das verrechenbare EBITDA überschreiten, mithin ein EBITDA-Vortrag ohnehin nicht vorhanden ist. Mit diesem Argument ließe sich auch iRe teleologischen Reduktion vertreten, dass ein EBITDA-Vortrag auch dann entsteht, wenn die Nettozinsaufwendungen das verrechenbare EBITDA unterschreiten und die Ausnahmetatbestände zwar abstrakt erfüllt sind, aber nicht konkret angewendet werden.[3] Inwieweit eine derartige teleologische Reduktion jedoch trägt, muss bezweifelt werden. Denn dann liefe die Vorschrift des § 4h I S 3 Hs 2 EStG gänzlich ins Leere.

641 **Einschränkung des § 4h I S 3 Hs 2 EStG in den Fällen des § 4h II S 1 lit b und c EStG.** In Bezug auf die Ausnahme für nicht konzernzugehörige Betriebe gem § 4h II S 1 lit b EStG und des EK-Escape gem § 4h II S 1 lit c EStG kann der Steuerpflichtige die Erfüllung der Voraussetzungen des § 4h I S 3 Hs 2 EStG vermeiden, indem kein Nach-

---

1 BTDrs 17/15, 17.
2 *Rödder*, DStR 2010, 529, 530; *Bohn/Loose*, DStR 2011, 241, 243.
3 Auch der Gesetzeswortlaut ließe eine solche Auslegung zu, vgl *Herzig/Bohn*, DStR 2009, 2341, 2345; aA *Dörfler* in Erle/Sauter § 8a Rn 50b.

weis über das Nichtvorliegen einer schädlichen Gesellschafterfremdfinanzierung geführt wird (vgl § 8a II und III).[1] Daran wird der Steuerpflichtige auch kein Interesse haben, wenn der Zinsabzug durch § 4h I EStG nicht eingeschränkt wird.

Einschränkung des § 4h I S 3 Hs 2 EStG in den Fällen des § 4h II S 1 lit a EStG. 642
Sollte entgegen der hier vertretenen Auffassung der EBITDA-Vortrag aufgrund des § 4h II S 1 lit a EStG versagt werden, zwingt dies Steuerpflichtige dazu, soviel Nettozinsaufwand anfallen zu lassen, dass das verrechenbare EBITDA innerhalb der Freigrenze des § 4h II S 1 lit a EStG stets voll ausgenutzt wird oder dieser mindestens 3 Mio EUR beträgt, um in den Genuss eines EBITDA-Vortrags zu gelangen.[2]

Kritik. Angesichts der beschriebenen Wertungswidersprüche und des einge- 643
schränkten Anwendungsbereichs sollte § 4h I S 3 Hs 2 EStG ersatzlos gestrichen werden.

Auswirkung auf Fünfjahresfrist. Die Fünfjahresfrist für bestehende EBITDA- 644
Vorträge wird auch in WJ, in denen aufgrund der Anwendung eines Escape kein EBITDA-Vortrag entsteht, nicht verlängert.

Einstweilen frei. 645-646

c) Erhöhung um fiktive EBITDA-Vorträge. Grundsatz. Auf Antrag des Steuer- 647
pflichtigen können gem § 52 XIId S 5 EStG (fiktive) EBITDA-Vorträge für WJ, die nach dem 31.12.2006 beginnen und vor dem 31.12.2010 enden, nach den Grundsätzen des § 4h I S 1-3 EStG ermittelt werden und das verrechenbare EBITDA des ersten WJ, welches nach dem 31.12.2009 endet, erhöhen.

Gesonderte Ermittlung der fiktiven EBITDA-Vorträge. Bei kalenderjahr- 648
gleichem WJ erhöht sich das verrechenbare EBITDA des WJ 2010 um nicht ausgeschöpftes verrechenbares EBITDA der WJ 2007-2009. Das nicht ausgeschöpfte verrechenbare EBITDA der WJ 2007-2009 ist dabei für jedes Jahr gesondert zu ermitteln, wird jedoch nicht gesondert festgestellt.[3]

Berücksichtigung nicht ausgeschöpfter EBITDA pro WJ. Es wird nur nicht 649
ausgeschöpftes EBITDA (positive EBITDA-Vorträge) pro WJ einbezogen. Sofern in einem dieser WJ die Nettozinsaufwendungen das verrechenbare EBITDA überschreiten, mindert der übersteigende Betrag die EBITDA-Vorträge der anderen Jahre nicht (dh keine Saldierung der WJ).[4]

Abweichende WJ. Bei abweichendem WJ gelten die Rn 647 ff für die WJ 2007/2008 650
und 2008/2009 entsprechend. Die EBITDA-Vorträge dieser WJ erhöhen entsprechend das verrechenbare EBITDA des WJ 2009/2010.

Anwendung des Escape bei fiktiven EBITDA-Vorträgen. Fraglich ist, ob fiktive 651
EBITDA-Vorträge auf Antrag auch dann zu berücksichtigen sind, wenn ein Ausnahmetatbestand des § 4h II EStG in dem jeweiligen WJ erfüllt war. Wie in Rn 637 ff dargestellt beschränkt sich das Problem auf Fälle des Unterschreitens der Freigrenze

---
1 *Bohn/Loose*, DStR 2011, 241, 242; *Kessler/Lindemer*, DB 2010, 472, 474.
2 Zu dieser Gestaltung vgl *Kessler/Lindemer*, DB 2010, 472, 474.
3 BTDrs 17/15, 18.
4 BTDrs 17/147, 9.

des § 4h II S 1 lit a EStG, da es regelmäßig in Bezug auf die § 4h II S 1 lit b und c EStG an dem Nachweis einer fehlenden Gesellschafterfremdfinanzierung mangelt. Es stellt sich hier erneut die Frage, ob der Ausnahmetatbestand konkret angewendet wurde oder lediglich abstrakt anwendbar sein muss. Geht man wie hier von einer konkreten Anwendung aus, sind fiktive EBITDA-Vorträge auch für WJ zu berücksichtigen, in denen die Freigrenze unterschritten wurde, weil es aufgrund der vollen Abzugsfähigkeit aller Zinsen innerhalb der 30%-EBITDA-Grenze auf die Anwendung des § 4h II S 1 lit a EStG nicht ankam.[1] Folgt man der hier vertretenen Auffassung nicht, stellt sich zudem die Frage, welche Freigrenze in den jeweiligen Jahren zugrundezulegen ist (vgl hierzu auch Rn 96). Aufgrund der rückwirkenden Erhöhung der Freigrenze auf 3 Mio EUR, ist diese maßgeblich.

652 **Fiktiver EBITDA-Vortrag für 2007.** Es stellt sich die Frage, ob ein fiktiver EBITDA-Vortrag bei kalenderjahrgleichen WJ für 2007 auf Antrag zu berücksichtigen ist, obwohl die Zinsschrankenregelung insgesamt noch nicht anwendbar war (vgl Rn 96). Bei abweichendem WJ stellt sich diese Frage ebenso für WJ, die vor dem 26.5.2007 begannen. Ein Ausnahmetatbestand konnte mangels Anwendbarkeit der Zinsschranke ebenfalls nicht einschlägig sein. Nach dem Wortlaut des § 52 XIId S 5 EStG kommt es jedoch iRd Ermittlung des fiktiven EBITDA-Vortrags nicht darauf an, ob die Zinsschranke in den betreffenden WJ bereits anwendbar war.[2] Insoweit liegt eine steuerliche Vergünstigung vor.

653 **Erhöhung des verrechenbaren EBITDA zum 31.12.2010.** Die fiktiv ermittelten EBITDA-Vorträge erhöhen das verrechenbare EBITDA des ersten nach dem 31.12.2009 endenden WJ. Sie gehen damit in die Berechnung des EBITDA-Vortrags für dieses WJ mit ein. Dabei ist zu beachten, dass die fiktiven EBITDA-Vorträge uU bereits in diesem WJ verbrauchen können, wenn die Nettozinsaufwendungen das verrechenbare EBITDA dieses Jahres übersteigen.[3] Weiterhin werden die fiktiven EBITDA-Vorträge nicht berücksichtigt, wenn in dem ersten nach dem 31.12.2009 endenden WJ ein Ausnahmetatbestand des § 4h II EStG zur Anwendung kommt.[4]

654 **Negatives EBITDA im WJ der Erhöhung.** Nach dem Wortlaut des § 52 XIId S 5 EStG erhöhen die fiktiven EBITDA-Vorträge das verrechenbare EBITDA. Dies wirft die Frage auf, ob bei negativem verrechenbaren EBITDA die fiktiven EBITDA-Vorträge zunächst den negativen Betrag ausgleichen, bevor ein positives verrechenbares EBITDA entsteht. Dies stünde dem Gesetzesziel entgegen, da insoweit die fiktiven EBITDA-Vorträge in einer Krisensituation ins Leere laufen würden.[5] Vertretbar erscheint indessen eine bei Verbrauch eines EBITDA-Vortrags entsprechende Behandlung (vgl Rn 660). Das negative EBITDA des in 2010 endenden WJ mindert demzufolge nicht die fiktiven EBIDTA-Vorträge.

---

1   Im Ergebnis ebenso *Bohn/Loose*, DStR 2011, 241, 245.
2   *Bien/Wagner*, BB 2009, 2626, 2633; aA wohl *Rödding*, DStR 2009, 2649, 2651.
3   *Kessler/Lindemer*, DB 2010, 472, 473; *Bien/Wagner*, BB 2009, 2626, 2633, mit Berechnungsbeispielen.
4   *Kessler/Lindemer*, DB 2010, 472, 473.
5   *Bohn/Loose*, DB 2011, 1246, 1249.

XI. EBITDA-Vortrag

Verbrauch der fiktiven EBITDA-Vorträge. Da die fiktiven EBITDA-Vorträge in den zum Ende des in 2010 endenden WJ festzustellenden EBITDA-Vortrag einfließen, können diese in den folgenden fünf WJ verbraucht werden, bevor sie (idR mit Ablauf des WJ 2015 bzw bei abweichendem WJ mit Ablauf des WJ 2014/15) verfallen.[1]   **655**

Antragstellung. Der Antrag zur Berücksichtigung fiktiver EBITDA-Vorträge kann bis zur Bestandskraft des Feststellungsbescheides für den EBITDA-Vortrag des ersten nach dem 31.12.2009 endenden WJ gestellt werden.[2]   **656**

Einstweilen frei.   **657-658**

d) Verbrauch des EBITDA-Vortrags. Verbrauch in zeitlicher Reihenfolge. Zinsaufwendungen eines WJ, die nach der 30%-Grundregel des § 4h I S 1 EStG nicht abgezogen werden können, sind bis zur Höhe des EBITDA-Vortrags aus den fünf vorangegangenen WJ abziehbar und mindern die EBITDA-Vorträge in ihrer zeitlichen Reihenfolge. Dies bedeutet, dass immer der älteste EBITDA-Vortrag zuerst verbraucht wird.[3] Bei der gesonderten Feststellung der EBITDA-Vorträge ist daher festzustellen, in welchem WJ der EBITDA-Vortrag entstanden ist (vgl Rn 670). Aufgrund der Verwendungsreihenfolge verfallen die EBITDA-Vorträge zum spätestmöglichen Zeitpunkt.   **659**

Negatives verrechenbares EBITDA im Verbrauchsjahr. Hat der Betrieb einen EBITDA-Vortrag und können in späteren Jahren Zinsaufwendungen wegen eines negativen verrechenbaren EBITDAs nicht abgezogen werden, steht der EBITDA-Vortrag in voller Höhe zur Verrechnung zur Verfügung und wird nicht iHd negativen verrechenbaren EBITDAs gemindert.   **660**

Kein Verbrauch bei Anwendung eines Escape gem § 4h II EStG. Der EBITDA-Vortrag wird nicht verbraucht, wenn in dem betreffenden WJ ein Escape gem § 4h II EStG anwendbar ist. Dies ergibt sich aus dem Wortlaut des § 4h I S 4 EStG, wonach Zinsaufwendungen, welche nach S 1 nicht abgezogen werden können, bis zur Höhe der EBITDA-Vorträge aus vorangegangenen WJ abziehbar sind. Greift aber eine Ausnahmeregelung nach § 4h II EStG, sind alle Zinsaufwendungen abziehbar.   **661**

Zwingender Verbrauch. Der Verbrauch des EBITDA-Vortrags ist zwingend, es besteht insoweit kein Wahlrecht des Steuerpflichtigen.   **662**

Verlust und Mindestbesteuerung. Da ein Verbrauch des EBITDA-Vortrags regelmäßig in WJ mit geringem Gewinn oder Verlust erfolgen wird, führen die abzugsfähigen Zinsaufwendungen vielfach zu einem Verlustvortrag. Dies kann nachteilig sein, da der Verlustvortrag nur iRd Regelungen zur Mindestbesteuerung genutzt werden kann.[4]   **663**

Organschaft. Ist für eine Kapitalgesellschaft ein EBITDA-Vortrag festgestellt worden und wird diese Organgesellschaft gem § 14 I, ist fraglich, ob der EBITDA-Vortrag während der Dauer der Organschaft genutzt werden kann, da § 4h EStG   **664**

---

1   Bien/Wagner, BB 2009, 2626, 2633; Rödding, DStR 2009, 2649, 2651.
2   Rödding, DStR 2009, 2649, 2651.
3   BTDrs 17/15, 17.
4   Bohn/Loose, DStR 2011, 241, 244.

bei der Ermittlung des Einkommens der Organgesellschaft keine Anwendung findet (§ 15 S 1 Nr 3 S 1). Eine dem § 15 S 1 Nr 1 vergleichbare Regelung fehlt jedoch für den EBITDA-Vortrag. Zum Zinsvortrag vertritt die Finanzverwaltung, dass dieser während der Organschaft nicht genutzt werden kann und damit eingefroren wird (vgl Rn 551).[1] Allerdings hat diese Auffassung zur Folge, dass der EBITDA-Vortrag verfällt, da eine Organschaft idR mindestens für fünf Jahre bestehen muss (vgl § 14 Rn 299). Daher sollte mangels entgegenstehender gesetzlicher Anordnung ein EBITDA-Vortrag während der Dauer der Organschaft genutzt werden können; dafür spricht auch, dass Organgesellschaft und Organträger gem § 15 S 1 Nr 2 S 2 als ein Betrieb gelten. Folgt man dieser Auffassung nicht, wäre hilfsweise zur Vermeidung ungerechtfertiger Ergebnisse vertretbar, dass die Fünfjahresfrist des § 4h I S 3 EStG während der Dauer des Organschaftsverhältnisses ebenfalls eingefroren wird. Ist für einen Organträger ein EBITDA-Vortrag festgestellt worden, kann dieser auch nach Beendigung der Organschaft auf Ebene des Organträgers genutzt werden.[2]

665 **Zinsvortrag.** Der Begriff der Zinsaufwendungen des § 4h I S 4 EStG beinhaltet den Zinsvortrag (vgl Rn 101), so dass auch dieser zum Verbrauch des EBITDA-Vortrags genutzt werden kann. Allerdings werden ein Zinsvortrag und ein EBITDA-Vortrag nur in dem Ausnahmefall zusammentreffen, dass ein Zinsvortrag in den WJ 2007-2009 entstanden ist und zugleich fiktive EBITDA-Vorträge in diesen Jahren entstehen.[3]

666-667 *Einstweilen frei.*

668 **4. Zeitlicher Anwendungsbereich.** Die Feststellung eines EBITDA-Vortrags erfolgt erstmals für WJ, die nach dem 31.12.2009 enden, dh für WJ 2010 bzw WJ 2009/2010 bei abweichendem WJ (§ 52 XIId S 4 EStG). Auf Antrag erhöhen nicht verbrauchte EBITDA-Vorträge für WJ, die nach dem 31.12.2006 beginnen und vor dem 1.1.2010 enden, den EBITDA-Vortrag des WJ, dass nach dem 31.12.2009 endet (§ 52 XIId S 5 EStG).

669 *Einstweilen frei.*

670 **5. Gesonderte Feststellung. Grundsatz.** Es gelten die Ausführungen zum Zinsvortrag in Rn 560 ff entsprechend. Der EBITDA-Vortrag ist für jedes WJ getrennt festzustellen, um die vom Gesetz vorgegebene Verwendungsreihenfolge umzusetzen.

671 **Feststellung bei Anwendung eines Escape.** Entsteht in einem WJ kein EBITDA-Vortrag aufgrund der Anwendung des § 4h II EStG erfolgt gleichwohl eine gesonderte Feststellung für EBITDA-Vorträge aus Vorjahren, in denen der Escape nicht einschlägig war.

672 *Einstweilen frei.*

---

[1] BMF v 4.7.2008, BStBl I 2008, 718, Rn 48.
[2] Schaden/Käshammer, BB 2007, 2317, 2322.
[3] Beispiel bei Bien/Wagner, BB 2009, 2626, 2633 unter II. 2. d.

XI. EBITDA-Vortrag

6. Untergang des EBITDA-Vortrags. a) Entsprechende Anwendung von § 8c **673**
(§ 8a I S 3). Für den EBITDA-Vortrag findet § 8c anders als beim Zinsvortrag keine entsprechende Anwendung. Ein schädlicher Beteiligungserwerb iSd § 8c hat daher auf den EBITDA-Vortrag der Körperschaft keine Auswirkungen.

Einstweilen frei. **674**

b) Aufgabe oder Übertragung des Betriebs (§ 4h V S 1 EStG). Die Ausführungen **675**
in Rn 580 ff gelten für den EBITDA-Vortrag entsprechend.

Einstweilen frei. **676**

c) Besonderheiten bei Mitunternehmerschaften. Gesellschafterwechsel bei einer **677**
Mitunternehmerschaft. Die Ausführungen in Rn 591 ff gelten für den EBITDA-Vortrag entsprechend.

Nachgeordnete Mitunternehmerschaft. Für den EBITDA-Vortrag gilt § 4h V S 3 **678**
EStG nicht, dh der EBITDA-Vortrag einer Mitunternehmerschaft bleibt auch bei einem schädlichen Beteiligungserwerb auf Ebene der vorgeordneten Körperschaft erhalten.

Einstweilen frei. **679**

d) Umwandlungsvorgänge. Rückwirkung. Gem § 2 IV S 1 UmwStG soll ein EBITDA- **680**
Vortrag im Falle einer rückwirkenden Umwandlung nicht mit einem Übertragungsgewinn verrechnet werden können, wenn dem übertragenden Rechtsträger die Verrechnung auch ohne die Rückwirkung möglich gewesen wäre. Es ist unverständlich, wie ein EBITDA-Vortrag mit einem Übertragungsgewinn verrechnet werden kann. Letzterer erhöht nur einen EBITDA-Vortrag zum Umwandlungsstichtag und geht sodann ggf unter. Die Regelung hat wohl keinen Anwendungsbereich, da § 8c für einen EBITDA-Vortrag keine entsprechende Anwendung findet (vgl Rn 673).[1] Daher ist der EBITDA-Vortrag mit oder ohne Rückwirkung gleich (nicht) nutzbar. Allerdings ist zu beachten, dass der Umwandlungsvorgang zum Untergang des EBITDA-Vortrags zum Umwandlungsstichtag führen kann.

Verschmelzungen, Formwechsel, Spaltungen, Einbringungen. Für Verschmel- **681**
zungen, Formwechsel, Spaltungen und Einbringungen gelten die Ausführungen in Rn 619 ff entsprechend, dh der zum Schluss des der Umwandlung vorangegangenen WJ festgestellte EBITDA-Vortrag geht nicht über und verfällt ggf.

Einstweilen frei. **682**

---

1 *Schnitger*, DB 2011, 1718, 1722.

§ 8b Beteiligung an anderen Körperschaften und Personenvereinigungen

(1) ¹Bezüge im Sinne des § 20 Abs. 1 Nr. 1, 2, 9 und 10 Buchstabe a des Einkommensteuergesetzes bleiben bei der Ermittlung des Einkommens außer Ansatz. ²Satz 1 gilt für sonstige Bezüge im Sinne des § 20 Abs. 1 Nr. 1 Satz 2 des Einkommensteuergesetzes und der Einnahmen im Sinne des § 20 Abs. 1 Nummer 9 Satz 1 zweiter Halbsatz sowie des § 20 Abs. 1 Nr. 10 Buchstabe a zweiter Halbsatz des Einkommensteuergesetzes nur, soweit sie das Einkommen der leistenden Körperschaft nicht gemindert haben (§ 8 Abs. 3 Satz 2). ³Sind die Bezüge im Sinne des Satzes 1 nach einem Abkommen zur Vermeidung der Doppelbesteuerung von der Bemessungsgrundlage für die Körperschaftsteuer auszunehmen, gilt Satz 2 ungeachtet des Wortlauts des Abkommens für diese Freistellung entsprechend. ⁴Satz 2 gilt nicht, soweit die verdeckte Gewinnausschüttung das Einkommen einer dem Steuerpflichtigen nahe stehenden Person erhöht hat und § 32a des Körperschaftsteuergesetzes auf die Veranlagung dieser nahe stehenden Person keine Anwendung findet. ⁵Bezüge im Sinne des Satzes 1 sind auch Einnahmen aus der Veräußerung von Dividendenscheinen und sonstigen Ansprüchen im Sinne des § 20 Abs. 2 Satz 1 Nr. 2 Buchstabe a des Einkommensteuergesetzes sowie Einnahmen aus der Abtretung von Dividendenansprüchen oder sonstigen Ansprüchen im Sinne des § 20 Abs. 2 Satz 2 des Einkommensteuergesetzes.

(2) ¹Bei der Ermittlung des Einkommens bleiben Gewinne aus der Veräußerung eines Anteils an einer Körperschaft oder Personenvereinigung, deren Leistungen beim Empfänger zu Einnahmen im Sinne des § 20 Abs. 1 Nr. 1, 2, 9 und 10 Buchstabe a des Einkommensteuergesetzes gehören, oder an einer Organgesellschaft im Sinne der §§ 14, 17 oder 18 außer Ansatz. ²Veräußerungsgewinn im Sinne des Satzes 1 ist der Betrag, um den der Veräußerungspreis oder der an dessen Stelle tretende Wert nach Abzug der Veräußerungskosten den Wert übersteigt, der sich nach den Vorschriften über die steuerliche Gewinnermittlung im Zeitpunkt der Veräußerung ergibt (Buchwert). ³Satz 1 gilt entsprechend für Gewinne aus der Auflösung oder der Herabsetzung des Nennkapitals oder aus dem Ansatz des in § 6 Abs. 1 Satz 1 Nr. 2 Satz 3 des Einkommensteuergesetzes bezeichneten Werts. ⁴Die Sätze 1 und 3 gelten nicht, soweit der Anteil in früheren Jahren steuerwirksam auf den niedrigeren Teilwert abgeschrieben und die Gewinnminderung nicht durch den Ansatz eines höheren Werts ausgeglichen worden ist. ⁵Satz 4 gilt außer für Gewinne aus dem Ansatz mit dem Wert, der sich nach § 6 Abs. 1 Nr. 2 Satz 3 des Einkommensteuergesetzes ergibt, auch für steuerwirksam vorgenommene Abzüge nach § 6b des Einkommensteuergesetzes und ähnliche Abzüge. ⁶Veräußerung im vorstehenden Sinne ist auch die verdeckte Einlage.

(3) ¹Von dem jeweiligen Gewinn im Sinne des Absatzes 2 Satz 1, 3 und 6 gelten 5 Prozent als Ausgaben, die nicht als Betriebsausgaben abgezogen werden dürfen. ²§ 3c Abs. 1 des Einkommensteuergesetzes ist nicht anzuwenden. ³Gewinnminderungen, die im Zusammenhang mit dem in Absatz 2 genannten Anteil entstehen, sind bei der Ermittlung des Einkommens nicht zu berücksichtigen. ⁴Zu den Gewinnminderungen im Sinne des Satzes 3 gehören auch Gewinnminderungen im Zusammenhang mit einer Darlehensforderung oder aus der Inanspruchnahme von Sicherheiten, die für ein Darlehen hingegeben wurden, wenn das Darlehen oder die Sicherheit von einem Gesellschafter gewährt wird, der zu mehr als einem Viertel unmittelbar oder mittelbar am Grund- oder Stammkapital der Körperschaft, der das Darlehen gewährt wurde, beteiligt ist oder war. ⁵Dies gilt auch für diesem Gesellschafter nahestehende Personen im Sinne des § 1 Abs. 2 des Außensteuergesetzes oder für Gewinnminderungen aus dem Rückgriff eines Dritten auf den zu mehr als einem Viertel am Grund- oder Stammkapital beteiligten Gesellschafter oder eine diesem nahestehende Person auf Grund eines der Gesellschaft gewährten Darlehens. ⁶Die Sätze 4 und 5 sind nicht anzuwenden, wenn nachgewiesen wird, dass auch ein fremder Dritter das Darlehen bei sonst gleichen Umständen gewährt oder noch nicht zurückgefordert hätte; dabei sind nur

die eigenen Sicherungsmittel der Gesellschaft zu berücksichtigen. [7]Die Sätze 4 bis 6 gelten entsprechend für Forderungen aus Rechtshandlungen, die einer Darlehensgewährung wirtschaftlich vergleichbar sind. [8]Gewinne aus dem Ansatz einer Darlehensforderung mit dem nach § 6 Abs. 1 Nr. 2 Satz 3 des Einkommensteuergesetzes maßgeblichen Wert bleiben bei der Ermittlung des Einkommens außer Ansatz, soweit auf die vorangegangene Teilwertabschreibung Satz 3 angewendet worden ist.

(4)[1] [1]*Absatz 2 ist nur anzuwenden, soweit die Anteile nicht*
1. *einbringungsgeboren im Sinne des § 21 des Umwandlungssteuergesetzes sind oder*
2. *durch eine Körperschaft, Personenvereinigung oder Vermögensmasse unmittelbar, mittelbar oder mittelbar über eine Mitunternehmerschaft von einem Einbringenden, der nicht zu den von Absatz 2 begünstigten Steuerpflichtigen gehört, zu einem Wert unter dem Teilwert erworben worden sind.*

[2]*Satz 1 gilt nicht,*
1. *wenn der in Absatz 2 bezeichnete Vorgang später als sieben Jahre nach der Einbringung stattfindet oder*
2. *soweit die Anteile nicht unmittelbar oder mittelbar auf einer Einbringung im Sinne des § 20 Abs. 1 Satz 1 oder § 23 Abs. 1 bis 3 des Umwandlungssteuergesetztes und auf einer Einbringung durch einen nicht von Absatz 2 begünstigten Steuerpflichtigen innerhalb der in Nummer 1 bezeichneten Frist beruhen.*

[3]*In den Fällen des Satzes 1 und 2 ist Absatz 3 Satz 3 auf Gewinnminderungen anzuwenden, die im Zusammenhang mit den Anteilen entstehen.*

(5) [1]Von den Bezügen im Sinne des Absatzes 1, die bei der Ermittlung des Einkommens außer Ansatz bleiben, gelten 5 Prozent als Ausgaben, die nicht als Betriebsausgaben abgezogen werden dürfen. [2]§ 3c Abs. 1 des Einkommensteuergesetzes ist nicht anzuwenden.

(6) [1]Die Absätze 1 bis 5 gelten auch für die dort genannten Bezüge, Gewinne und Gewinnminderungen, die dem Steuerpflichtigen im Rahmen des Gewinnanteils aus einer Mitunternehmerschaft zugerechnet werden, sowie für Gewinne und Verluste, soweit sie bei der Veräußerung oder Aufgabe eines Mitunternehmeranteils auf Anteile im Sinne des Absatzes 2 entfallen. [2]Die Absätze 1 bis 5 gelten für Bezüge und Gewinne, die einem Betrieb gewerblicher Art einer juristischen Person des öffentlichen Rechts über andere juristische Personen des öffentlichen Rechts zufließen, über die sie mittelbar an der leistenden Körperschaft, Personenvereinigung oder Vermögensmasse beteiligt ist und bei denen die Leistungen nicht im Rahmen eines Betriebs gewerblicher Art erfasst werden, und damit in Zusammenhang stehende Gewinnminderungen entsprechend.

(7) [1]Die Absätze 1 bis 6 sind nicht auf Anteile anzuwenden, die bei Kreditinstituten und Finanzdienstleistungsinstituten nach § 1a des Kreditwesengesetzes dem Handelsbuch zuzurechnen sind. [2]Gleiches gilt für Anteile, die von Finanzunternehmen im Sinne des Gesetzes über das Kreditwesen mit dem Ziel der kurzfristigen Erzielung eines Eigenhandelserfolges erworben werden. [3]Satz 2 gilt auch für Kreditinstitute, Finanzdienstleistungsinstitute und Finanzunternehmen mit Sitz in einem anderen Mitgliedstaat der Europäischen Gemeinschaft oder in einem anderen Vertragsstaat des EWR-Abkommens.

(8) [1]Die Absätze 1 bis 7 sind nicht anzuwenden auf Anteile, die bei Lebens- und Krankenversicherungsunternehmen den Kapitalanlagen zuzurechnen sind. [2]Satz 1 gilt nicht für Ge-

---

1   § 8b VI wurde mit Wirkung vom VZ 2006 durch das SEStEG v 7.12.2006 (BGBl I 2006, 2782) aufgehoben und war zuletzt durch das sog Korb II-G v 22.12.2003 (BGBl I 2003, 2840) geändert worden. Zur weiteren Anwendung vgl § 34 VIIa.

winne im Sinne des Absatzes 2, soweit eine Teilwertabschreibung in früheren Jahren nach Absatz 3 bei der Ermittlung des Einkommens unberücksichtigt geblieben ist und diese Minderung nicht durch den Ansatz eines höheren Werts ausgeglichen worden ist. ³Gewinnminderungen, die im Zusammenhang mit den Anteilen im Sinne des Satzes 1 stehen, sind bei der Ermittlung des Einkommens nicht zu berücksichtigen, wenn das Lebens- oder Krankenversicherungsunternehmen die Anteile von einem verbundenen Unternehmen (§ 15 des Aktiengesetzes) erworben hat, soweit ein Veräußerungsgewinn für das verbundene Unternehmen nach Absatz 2 in der Fassung des Artikels 3 des Gesetzes vom 23. Oktober 2000 (BGBl. I S. 1433) bei der Ermittlung des Einkommens außer Ansatz geblieben ist. ⁴Für die Ermittlung des Einkommens sind die Anteile mit den nach handelsrechtlichen Vorschriften ausgewiesenen Werten anzusetzen, die bei der Ermittlung der nach § 21 abziehbaren Beträge zu Grunde gelegt wurden. ⁵Entsprechendes gilt für Pensionsfonds.

(9) Die Absätze 7 und 8 gelten nicht für Bezüge im Sinne des Absatzes 1, auf die die Mitgliedstaaten der Europäischen Union Artikel 4 Abs. 1 der Richtlinie 90/435/EWG des Rates vom 23. Juli 1990 über das gemeinsame Steuersystem der Mutter- und Tochtergesellschaften verschiedener Mitgliedstaaten (ABl. EG Nr. L 225 S. 6, Nr. L 266 S. 20, 1997 Nr. L 16 S. 98), zuletzt geändert durch die Richtlinie 2003/123/EG des Rates vom 22. Dezember 2003 (Abl. EU 2004 Nr. L 7 S. 41), anzuwenden haben.

(10) ¹Überlässt eine Körperschaft (überlassende Körperschaft) Anteile, auf die bei ihr Absatz 7 oder 8 anzuwenden ist oder auf die bei ihr aus anderen Gründen die Steuerfreistellungen der Absätze 1 und 2 oder vergleichbare ausländische Vorschriften nicht anzuwenden sind, an eine andere Körperschaft, bei der auf die Anteile Absatz 7 oder 8 nicht anzuwenden ist, und hat die andere Körperschaft, der die Anteile zuzurechnen sind, diese oder gleichartige Anteile zurückzugeben, dürfen die für die Überlassung gewährten Entgelte bei der anderen Körperschaft nicht als Betriebsausgabe abgezogen werden. ²Überlässt die andere Körperschaft für die Überlassung der Anteile Wirtschaftsgüter an die überlassende Körperschaft, aus denen diese Einnahmen oder Bezüge erzielt, gelten diese Einnahmen oder Bezüge als von der anderen Körperschaft bezogen und als Entgelt für die Überlassung an die überlassende Körperschaft gewährt. ³Absatz 3 Satz 1 und 2 sowie Absatz 5 sind nicht anzuwenden. ⁴Die Sätze 1 bis 3 gelten auch für Wertpapierpensionsgeschäfte im Sinne des § 340b Abs. 2 des Handelsgesetzbuchs. ⁵Die Sätze 1 bis 4 gelten nicht, wenn die andere Körperschaft keine Einnahmen oder Bezüge aus den ihr überlassenen Anteilen erzielt. ⁶Die Sätze 1 bis 5 gelten entsprechend, wenn die Anteile an eine Personengesellschaft oder von einer Personengesellschaft überlassen werden, an der die überlassende oder die andere Körperschaft unmittelbar oder mittelbar über eine Personengesellschaft oder mehrere Personengesellschaften beteiligt ist. ⁷In diesen Fällen gelten die Anteile als an die Körperschaft oder von der Körperschaft überlassen. ⁸Die Sätze 1 bis 7 gelten nicht, soweit § 2 Nr. 2 zweiter Halbsatz oder § 5 Abs. 2 Nr. 1 zweiter Halbsatz auf die überlassende Körperschaft Anwendung findet. ⁹Als Anteil im Sinne der Sätze 1 bis 8 gilt auch der Investmentanteil im Sinne von § 1 Abs. 1 des Investmentsteuergesetzes vom 15. Dezember 2003 (BGBl. I S. 2676, 2724), das zuletzt durch Artikel 23 des Gesetzes vom 20. Dezember 2007 (BGBl. I S. 3150) geändert worden ist, in der jeweils geltenden Fassung, soweit daraus Einnahmen erzielt werden, auf die § 8b anzuwenden ist.

KStH 46

Übersicht

	Rn
I. Regelungsgehalt der Norm	1 – 2
II. Rechtsentwicklung	3 – 4
III. Normzweck und Anwendungsbereich	5 – 125
1. Bedeutung der Norm	5 – 7
2. Anwendungsbereich	8 – 49
a) Persönlicher Anwendungsbereich	8 – 27
b) Sachlicher Anwendungsbereich	28 – 33
c) Zeitlicher Anwendungsbereich	34 – 49
3. Verhältnis zu anderen Vorschriften	50 – 123
a) EStG	50 – 53
b) KStG	54 – 61
c) GewStG	62 – 68
d) UmwStG	69 – 76
e) Abkommensrecht	77 – 81
f) AStG	82 – 88
g) InvStG	89 – 102
h) REITG	103 – 106
i) Verfassungsrecht	107 – 114
j) Unionsrecht	115 – 123
4. Besteuerungsverfahren	124 – 125
IV. Steuerbefreiung von Dividenden (§ 8b I S 1 und V)	126 – 183
1. Allgemeines	126 – 136
2. Begünstigte Bezüge	137 – 167
a) Bezüge iSd § 20 I Nr 1 EStG	137 – 149
b) Bezüge iSd § 20 I Nr 2 EStG	150 – 155
c) Bezüge iSd § 20 I Nr 9 EStG	156 – 158
d) Bezüge iSd § 20 I Nr 10 lit a EStG	159 – 161
e) Bezüge aus der Veräußerung von Dividendenscheinen oder sonstigen Ansprüchen iSd § 20 II S 1 Nr 2 lit a EStG	162 – 164
f) Einnahmen aus der Abtretung von Dividendenansprüchen oder sonstigen Ansprüchen iSd § 20 II Nr 2 S 2 EStG	165 – 167
3. Nicht von § 8b I begünstigte Bezüge	168 – 176
4. Rechtsfolgen	177 – 183
V. Korrespondenzprinzip	184 – 254

1. Allgemeines .... 184 – 199
2. Einschränkung der Steuerbefreiung (§ 8b I S 2) .... 200 – 236
   a) Persönlicher Anwendungsbereich .... 200 – 206
   b) Sachlicher Anwendungsbereich (§ 8b I S 2) .... 207 – 226
   c) Rechtsfolgen .... 227 – 236
3. Versagung abkommensrechtlicher Schachtelprivilegien
   (§ 8b I S 3) .... 237 – 244
4. Rückausnahme (§ 8b I S 4) .... 245 – 254
5. Zeitlicher Anwendungsbereich .... 255 – 256

VI. Steuerbefreiung von Veräußerungsgewinnen (§ 8b II) .... 257 – 385
1. Allgemeines .... 257 – 262
2. Anteile (§ 8b II S 1) .... 263 – 299
   a) Allgemeines .... 263 – 268
   b) Anteile iSd § 8b II S 1 Alt 1 .... 269 – 290
   c) Anteile an Organgesellschaften (§ 8b II S 1 Alt 2) .... 291 – 299
3. Gewinne aus der Veräußerung (§ 8b II S 1) .... 300 – 321
   a) Veräußerung iSd Vorschrift .... 300 – 304
   b) Einzelheiten .... 305 – 321
4. Veräußerungsgleiche Tatbestände (§ 8b II S 3) .... 322 – 336
5. Verdeckte Einlagen (§ 8b II S 6) .... 337 – 340
6. Ermittlung des Veräußerungsgewinns .... 341 – 360
7. Einschränkung der Steuerbefreiung bei früherer
   steuerwirksamer Teilwertabschreibung (§ 8b II S 4) .... 361 – 368
8. Einschränkung der Steuerbefreiung bei vorheriger
   Übertragung stiller Reserven (§ 8b II S 5) .... 369 – 375
9. Erstmalige Anwendung von § 8b II .... 376 – 377
10. Rechtsfolgen .... 378 – 385

VII. Nichtabziehbarkeit von Betriebsausgaben und
Gewinnminderungen (§ 8b III) .... 386 – 527
1. Pauschale Nichtabziehbarkeit von Betriebsausgaben
   (§ 8b III S 1 und 2) .... 386 – 412
   a) Allgemeines .... 386 – 392
   b) Sachlicher Anwendungsbereich .... 393 – 401
   c) Rechtsfolgen .... 402 – 412
2. Nichtabziehbarkeit von Gewinnminderungen im
   Zusammenhang mit Anteilen (§ 8b III S 3) .... 413 – 448
   a) Allgemeines .... 413 – 416
   b) Erfasste Gewinnminderungen .... 417 – 428
   c) Betroffene Anteile .... 429 – 439

      d) Rechtsfolgen .... 440 – 446

      e) Zeitlicher Anwendungsbereich .... 447 – 448

  3. Nichtabziehbarkeit von Gewinnminderungen im
Zusammenhang mit Darlehensforderungen
(§ 8b III S 4 ff) .... 449 – 527

      a) Allgemeines .... 449 – 459

      b) Sachlicher Anwendungsbereich für Darlehen
(§ 8b III S 4 Alt 1) .... 460 – 469

      c) Sachlicher Anwendungsbereich für Inanspruchnahme
von Sicherheiten (§ 8b III S 4 Alt 2) .... 470 – 476

      d) Persönlicher Anwendungsbereich .... 477 – 487

      e) Nahestehende Personen und rückgriffsberechtigte
Dritte (§ 8b III S 5) .... 488 – 493

      f) Drittvergleich (§ 8b III S 6) .... 494 – 506

      g) Ausweitung auf Forderungen aus Rechtshandlungen,
die einer Darlehensgewährung wirtschaftlich
vergleichbar sind (§ 8b III S 7) .... 507 – 514

      h) Rechtsfolgen .... 515 – 525

      i) Zeitlicher Anwendungsbereich .... 526 – 527

VIII. Einschränkung der Steuerbefreiung bei vorangegangenen
Einbringungen (§ 8b IV aF) .... 528 – 605

  1. Allgemeines .... 528 – 535

  2. Sachliche Ausnahme (§ 8b IV S 1 Nr 1 aF) .... 536 – 545

  3. Persönliche Ausnahme (§ 8b IV S 1 Nr 2 aF) .... 546 – 558

  4. Zeitliche Rückausnahme (§ 8b IV S 2 Nr 1 aF) .... 559 – 571

  5. Sachliche Rückausnahme (§ 8b IV S 2 Nr 2 aF) .... 572 – 586

      a) Bedeutung .... 572 – 576

      b) Einbringung iSd § 20 I S 2 und § 23 IV UmwStG aF
(1. Alt) .... 577 – 581

      c) Einbringung durch eine gem § 8b II begünstigte Person
(2. Alt) .... 582 – 586

  6. Rechtsfolgen .... 587 – 594

  7. Sonderregelung für Entflechtung von Energieversorgungs-
unternehmen .... 595 – 599

  8. Übergangszeitraum .... 600 – 605

IX. Pauschales Abzugsverbot für Betriebsausgaben bei
Dividenden (§ 8b V S 1) .... 606 – 635

  1. Allgemeines .... 606 – 612

  2. Sachlicher Anwendungsbereich .... 613 – 622

  3. Rechtsfolgen .... 623 – 628

4. Nichtanwendbarkeit des § 3c I EStG (§ 8b V S 2) .... 629 – 635
X. Zurechnung über eine Mitunternehmerschaft (§ 8b VI S 1) .... 636 – 657
   1. Allgemeines .... 636 – 639
   2. Anwendungsbereich .... 640 – 657
XI. Kurzfristiger Eigenhandel von Banken und Finanzdienstunternehmen (§ 8b VII) .... 658 – 726
   1. Allgemeines .... 658 – 660
   2. Persönliche Voraussetzungen .... 661 – 690
      a) Erfasste Unternehmen .... 661 – 664
      b) Kreditinstitute (§ 8b VII S 1) .... 665 – 668
      c) Finanzdienstleistungsinstitute (§ 8b VII S 1) .... 669 – 671
      d) Finanzunternehmen (§ 8b VII S 2) .... 672 – 679
      e) Kreditinstitute, Finanzdienstleistungsinstitute und Finanzunternehmen eines anderen EG- oder EWR-Staates (§ 8b VII S 3) .... 680 – 684
      f) Kreditinstitute, Finanzdienstleistungsinstitute und Finanzunternehmen eines Drittstaates .... 685 – 690
   3. Sachliche Voraussetzungen .... 691 – 715
      a) Kreditinstitute .... 691 – 706
      b) Finanzunternehmen .... 707 – 715
   4. Rechtsfolgen .... 716 – 726
XII. Lebens- und Krankenversicherungsunternehmen sowie Pensionsfonds (§ 8b VIII) .... 727 – 774
   1. Allgemeines .... 727 – 730
   2. Persönlicher Anwendungsbereich .... 731 – 736
   3. Sachlicher Anwendungsbereich .... 737 – 741
   4. Rechtsfolgen .... 742 – 750
   5. Rückausnahme bei früheren Teilwertabschreibungen (§ 8b VIII S 2) .... 751 – 756
   6. Einschränkung von Gewinnminderungen bei Erwerb von verbundenen Unternehmen (§ 8b VIII S 3) .... 757 – 763
   7. Wertansatz bei der Einkommensermittlung (§ 8b VIII S 4) .... 764 – 770
   8. Zeitlicher Anwendungsbereich .... 771 – 774
XIII. Rückausnahme gem § 8b IX .... 775 – 796
   1. Zweck .... 775 – 776
   2. Persönlicher Anwendungsbereich .... 777 – 778
   3. Sachlicher Anwendungsbereich .... 779 – 785
   4. Rechtsfolgen .... 786 – 794

I. Regelungsgehalt der Norm

5. Zeitlicher Anwendungsbereich	795 – 796
XIV. Wertpapierleihe (§ 8b X)	797 – 916
1. Hintergrund und Zweck	797 – 798
2. Verhältnis zu anderen Vorschriften	799 – 810
3. Anwendungsbereich	811 – 818
a) Zeitlicher Anwendungsbereich	811 – 812
b) Persönlicher Anwendungsbereich	813 – 815
c) Sachlicher Anwendungsbereich	816 – 818
4. Betriebsausgabenabzugsverbot bei der Wertpapierleihe (§ 8b X S 1)	819 – 870
a) Wertpapierleihe	820 – 825
b) Überlassende Körperschaft (Verleiher)	826 – 843
c) Andere Körperschaft (Entleiher)	844 – 854
d) Überlassung von Anteilen	855 – 862
e) Feststellungslast	863 – 864
f) Rechtsfolgen	865 – 870
5. Überlassung von Wirtschaftsgütern als Gegenleistung (§ 8b X S 2)	871 – 879
6. Erweiterung des Anwendungsbereichs auf echte Wertpapierpensionsgeschäfte (§ 8b X S 4)	880 – 886
7. Keine Einnahmen oder Bezüge aus den überlassenen Anteilen (§ 8b X S 5)	887 – 893
8. Nachgeschaltete Personengesellschaften (§ 8b X S 6 und 7)	894 – 905
9. Kommunale Wertpapierleihe (§ 8b X S 8)	906 – 907
10. Organschaftsfälle	908 – 916
a) Grundsatz	908 – 909
b) Organgesellschaft als Entleiher	910 – 914
c) Organgesellschaft als Verleiher	915 – 916

I. Regelungsgehalt der Norm. § 8b ist eine zentrale Norm der körperschaftsteuerlichen Einkommensermittlung. Die Vorschrift erstreckt sich über zehn Absätze. § 8b I S 1 und 5 hat die allgemeine Steuerbefreiung insbesondere von in- und ausländischen Dividenden zum Gegenstand. Diese Steuerbefreiung erfährt in § 8b I S 2-4 Einschränkungen.

Durch § 8b II S 1, 3 und 6 werden auch Veräußerungsgewinne vorbehaltlich der Ausnahmen in § 8b II S 4 und 5 freigestellt. Korrespondierend dazu sind gem § 8b III S 3 Gewinnminderungen aus Kapitalbeteiligungen iSd § 8b II nicht abzugsfähig. Durch § 8b III S 4-8 wird dieses Abzugsverbot auf Gewinnminderungen aus Darlehen von Gesellschaftern und nahe stehenden Personen sowie bestimmte Drittdarlehen ausgeweitet.

1

In § 8b III S 1 werden 5 % des steuerfreien Veräußerungsgewinns iSd § 8b II und in § 8b V 5 % der steuerbefreiten Dividenden als nicht abzugsfähige Betriebsausgaben fingiert.

Nach § 8b VI finden die § 8b I-V auch bei der Zwischenschaltung von Personengesellschaften oder juristischen Personen des öffentlichen Rechts Anwendung.

Gem § 8b VII S 1 ist § 8b I-VI nicht auf Anteile anzuwenden, die bei Kreditinstituten und Finanzdienstleistungsinstituten nach § 1a KWG dem Handelsbuch zuzurechnen sind. Gleiches gilt gem § 8b VII S 2 für Anteile, die von Finanzunternehmen iSd KWG mit dem Ziel der kurzfristigen Erzielung eines Eigenhandelserfolges erworben werden. § 8b VIII S 1 bestimmt, dass § 8b I-VII nicht auf Anteile anzuwenden ist, die bei Lebens- und Krankenversicherungsunternehmen den Kapitalanlagen zuzurechnen sind. In § 8b IX ist eine Rückausnahme enthalten, wonach § 8b VII und VIII nicht für Dividenden gelten, auf die die MTRL anzuwenden ist.

§ 8b X enthält schließlich eine Sondernorm, welche die Abzugsfähigkeit bestimmter Zahlungen im Zusammenhang von Wertpapierleihen oder Wertpapierpensionsgeschäften einschränkt.

2   *Einstweilen frei.*

3   **II. Rechtsentwicklung.** § 8b aF wurde durch das StandOG v 13.9.1993[1] eingefügt. Hierdurch wurden ausschließlich Ausschüttungen aus ausländischen Gesellschaften unter Berücksichtigung der deutschen DBA von der KSt befreit. Im Inland wurde die wirtschaftliche Doppelbesteuerung hingegen mittels des Anrechnungssystems vermieden. Daher wurde § 8b aF auch als „Steuervergünstigung" eingeordnet.[2] Bereits vor der Neuordnung des § 8b nF wurde die Fiktion nichtabzugsfähiger Betriebsausgaben in § 8b VII aF mit dem StEntlG 1999/2000/2002 v 24.3.1999[3] iHv 15 % bzw reduziert durch das StBereinG 1999 v 22.12.1999[4] auf 5 % für ausländische Dividenden ab dem VZ 1999 eingeführt.

§ 8b nF wurde durch das StSenkG v 23.10.2000[5] iRd Umstellung vom Anrechnungs- auf das Halbeinkünfteverfahren eingeführt, um Doppel- und Mehrfachbelastungen innerhalb des Körperschaftsteuersystems auszuschließen. Durch das InvZulG v 20.12.2000[6] wurde die Vorschrift rückwirkend geändert, dh noch bevor sie idFd StSenkG in Kraft getreten war. Gegenstand der Änderung war die Streichung der einjährigen Haltefrist in § 8b II und III und die Einfügung des heutigen § 8b VII.

Mit dem UntStFG v 20.12.2001[7] wurde § 8b I-VI umfassend geändert, um Unklarheiten und Ungenauigkeiten zu beseitigen.

---

1   BGBl I 1993, 1569.
2   *Frotscher* in Frotscher/Maas § 8b Rn 5; *Gosch* in Gosch § 8b Rn 1; *Gröbl/Adrian* in Erle/Sauter § 8b Rn 14; *Schön*, FR 2001, 381, 384; sa BTDrs 12/4487, 38.
3   BGBl I 1999, 402.
4   BGBl I 1999, 2601.
5   BGBl I 2000, 1433.
6   BGBl I 2000, 1850.
7   BGBl I 2001, 3858.

II. Rechtsentwicklung

Durch das ProtErklG v 22.12.2003[1] (auch sog Korb II-G) wurde § 8b erneut umfangreich geändert.[2] Insbesondere wurde in § 8b III S 1 die Fiktion der nichtabzugsfähigen Betriebsausgaben iHv 5 % bei Veräußerungsgewinnen iSd § 8b II S 1, 3 und 6 aufgenommen. Zudem wurde die Fiktion nichtabzugsfähiger Betriebsausgaben iHv 5 % gem § 8b V auf inländische Dividenden ausgeweitet. § 8b IV aF wurde klarstellend neu formuliert. Zudem wurde der für Lebens- und Krankenversicherungsunternehmen geltende § 8b VIII eingeführt.

Mit dem EURLUmsG v 9.12.2004[3] wurde § 8b um IX erweitert. Danach gelten § 8b VII und VIII nicht für Bezüge iSd § 8b I, auf die die MTRL[4] Anwendung findet. In diesem Zusammenhang erfolgte ebenfalls die Änderung von § 21 I Nr 1 S 1.

Durch das Gesetz zur Umsetzung der neu gefassten Bankenrichtlinie und der neu gefassten Kapitaladäquanzrichtlinie v 17.11.2006[5] wurde als redaktionelle Folgeänderung der Verweis in § 8b VII S 1 von § 1 XI KWG auf § 1a KWG angepasst.

Mit dem SEStEG v 7.12.2006[6] wurde in § 8b II S 3 der Verweis auf § 21 II UmwStG aF sowie § 8b IV in Folge der Neuregelung des Systems der einbringungsgeborenen Anteile gestrichen. Des Weiteren wurde § 8b II S 5 neu eingefügt, damit entfällt die Steuerbefreiung für steuerwirksame Abzüge nach § 6b EStG bzw für ähnliche Abzüge. Der bisherige § 8b II S 5 wurde zu § 8b II S 6.

Durch das JStG 2007 v 13.12.2006[7] wurde § 8b I um neue S 2-4 erweitert. Mit diesen Änderungen wurde das sog materielle Korrespondenzprinzip eingeführt, wonach vGA gem § 8b I S 1 nur steuerfrei gestellt werden, sofern sie das Einkommen der leistenden Körperschaft nicht gemindert haben.

In Folge des UntStRefG 2008 v 14.8.2007[8] wurde § 8b X neu eingefügt, der Sonderregelungen für Wertpapierleihgeschäfte enthält und ein Betriebsausgabenabzugsverbot normiert.

Durch das JStG 2008 v 20.12.2007[9] wurden in § 8b III die S 4-8 eingefügt, welche die Regelung zum Abzugsverbot von Betriebsausgaben im Zusammenhang mit Gesellschafterdarlehen enthalten. In § 8b III S 1 wurde die Verweisung auf § 8b II S 5 in § 8b II S 6 berichtigt.

Das JStG 2009 v 19.12.2008[10] sah entgegen der vorgelagerten Diskussion[11] von der Abschaffung der Steuerfreiheit von Dividenden und Veräußerungsgewinnen bei einer Beteiligungsquote von unter 10 % (Streubesitzanteile) ab. Grund für die erwogene Abschaffung war ein durch die Europäische Kommission eingeleitetes Vertragsverlet-

---

1 BGBl I 2003, 2840; BStBl I 2004, 14.
2 *Kußmaul/Zabel*, BB 2004, 577; *Dötsch/Pung*, DB 2004, 151.
3 BGBl I 2004, 3310; BStBl I 2004, 1158.
4 ABl EU 2004 Nr L 7, 41.
5 BGBl I 2006, 2606; BStBl I 2007, 2.
6 BGBl I 2006, 2782; BStBl I 2007, 4.
7 BGBl I 2006, 2878; BStBl I 2007, 28.
8 BGBl I 2007, 1912; BStBl I 2007, 630.
9 BGBl I 2007, 3150; BStBl I 2008, 218.
10 BGBl I 2008, 2794; BStBl I 2009, 74.
11 dazu *Patzner/Frank*, IStR 2008, 433 ff; *Schwenke*, IStR 2008, 473 ff.

zungsverfahren gegen Deutschland wegen der höheren Belastung von ausländischen Unternehmen mit KESt. § 8b greift nicht iRd Einbehalts von KESt, so dass ein Verstoß gegen Art 63 AEUV gegeben ist (vgl auch Rn 119). § 8b X wurde um Satz 9 ergänzt, wonach als Anteil iSd Vorschrift auch ein Investmentanteil iSd § 1 I InvStG gilt, soweit daraus Einnahmen erzielt werden, auf die § 8b anzuwenden ist.

Durch das SteuerHBekG v 29.7.2009[1] wurde § 33 I Nr 2 lit e ergänzt. Hiernach wird die Bundesregierung zum Erlass von Rechtsverordnungen ermächtigt, die Steuerbefreiungen nach § 8b I S 1 und II S 1 von der Erfüllung besonderer Nachweis- und Mitwirkungspflichten abhängig zu machen.

Die SteuerHBekV v 18.9.2009[2] konkretisiert das SteuerHBekG und verfügt nunmehr als Rechtsfolge die Versagung der Steuerbefreiungen nach § 8b I S 1 und II S 1 in bestimmten Fällen.

Das JStG 2010 v 8.12.2010[3] führte lediglich zu einer redaktionellen Änderung von § 8b 1 S 2.

4 *Einstweilen frei.*

5 **III. Normzweck und Anwendungsbereich. 1. Bedeutung der Norm. Steuervergünstigung.** § 8b idFd StandOG v 13.9.1993 sollte nach der Intention des Gesetzgebers den Holdingstandort Deutschland fördern. Aufgrund des Ausschlusses der Doppelbesteuerung für Dividenden und Veräußerungsgewinne aus bestimmten Anteilen an ausländischen Kapitalgesellschaften war die Vorschrift vor dem Hintergrund des damals geltenden Anrechnungsverfahrens als Steuervergünstigung ausgelegt.[4]

6 **Vermeidung der wirtschaftlichen Doppelbesteuerung.** Seit der Abschaffung des Anrechnungsverfahrens durch das StSenkG soll die Vorschrift die wirtschaftliche Doppelbesteuerung bei mehrstöckigen Gruppenstrukturen vermeiden.[5] Mittels der Steuerbefreiung sollen zwischen Körperschaften ausgeschüttete Gewinne nicht mehrfach, sondern nur einmal mit KSt belastet werden. Die KSt fällt hierbei bei der ersten Kapitalgesellschaft in der Kette an. Daher ist § 8b in seiner heutigen Fassung als sachliche Steuerbefreiungsnorm zu werten, die eine der zentralen Normen des neuen Körperschaftsteuerrechts darstellt.[6]

7 *Einstweilen frei.*

8 **2. Anwendungsbereich. a) Persönlicher Anwendungsbereich. Grundsätzliches.** Die Vorschrift selbst enthält keine Angaben zum persönlichen Anwendungsbereich. Daher ist § 8b I-V im Grundsatz auf alle unbeschränkt und beschränkt körperschaftsteuerpflichtigen Steuersubjekte iSd §§ 1 und 2 anwendbar.[7] Des Weiteren gilt die Vorschrift für BgA von Personen des öffentlichen Rechts iSv § 4.

---

1 BGBl I 2009, 2302.
2 BGBl I 2009, 3046.
3 BGBl I 2010, 1768.
4 BTDrs 12/4487, 38; *Frotscher* in Frotscher/Maas § 8b Rn 5; *Gosch* in Gosch § 8b Rn 1; *Gröbl/Adrian* in Erle/Sauter § 8b Rn 14.
5 BTDrs 14/2683, 120.
6 *Frotscher* in Frotscher/Maas § 8b Rn 1; *Binnewies* in Streck § 8b Rn 3; *Dötsch/Pung* in D/J/P/W § 8b Rn 6; *Watermeyer* in H/H/R § 8b Rn 12.
7 BMF v 28.4.2003, BStBl I 2003, 292, Rn 4; *Geißer* in Mössner/Seeger § 8b Rn 2.

III. Normzweck und Anwendungsbereich

Kapitalgesellschaften (§ 1 Nr 1). Begünstigte unbeschränkt körperschaftsteuerpflichtige Steuersubjekte sind zunächst nach § 1 I Nr 1 alle Kapitalgesellschaften, dh insbesondere die dem Gesetzeswortlaut nach genannte:

- Europäische Gesellschaft,
- AG,
- KGaA,
- GmbH.

Zuziehende doppelt ansässige ausländische Kapitalgesellschaften. Vor dem Hintergrund der Rechtsprechung des EuGH zur fehlenden Vereinbarkeit der zivilrechtlichen Nichtanerkennung zuziehender ausländischer Gesellschaften unter der Sitztheorie mit Art 49 und Art 54 AEUV (Art 43 und Art 48 EG)[1] ist auch der persönliche Anwendungsbereich des § 8b zu sehen. Da § 1 I Nr 1 nunmehr nach hM ebenso ausländische, ohne Verlust ihrer Rechtsidentität (dh nach dem Recht eines EU- oder bestimmter Drittstaat errichtete) zuziehende körperschaftsteuerpflichtige Gesellschaften umfasst, die nach dem Typenvergleich als Kapitalgesellschaft qualifizieren (vgl § 1 Rn 89, 200 ff), kommt die Steuerbefreiung des § 8b auch für diese doppelt ansässigen Kapitalgesellschaften zur Anwendung.[2]

Genossenschaften (§ 1 Nr 2). Genossenschaften einschließlich der Europäischen Genossenschaften (§ 1 I Nr 2) fallen gleichfalls unter den persönlichen Anwendungsbereich. Nach § 1 I GenG sind Genossenschaften Gesellschaften von nicht begrenzter Mitgliederzahl, welche die Förderung des Erwerbs oder der Wirtschaft ihrer Mitglieder oder deren soziale oder kulturelle Belange mittels eines gemeinschaftlichen Geschäftsbetriebs bezwecken.

Versicherungsvereine (§ 1 Nr 3-6). Im Vergleich zu § 8b idFd KStG 1999 ist der Anwendungsbereich auf eine Reihe weiterer Körperschaftsteuersubjekte ausgedehnt worden, wie die:

- Versicherungs- und Pensionsfondsvereine auf Gegenseitigkeit (§ 1 I Nr 3),
- sonstige juristische Personen des privaten Rechts (§ 1 I Nr 4),
- nichtrechtsfähige Vereine, Anstalten, Stiftungen und andere Zweckvermögen des privaten Rechts (§ 1 I Nr 5),
- sowie BgA von juristischen Personen des öffentlichen Rechts (§ 1 I Nr 6).

Nicht steuerbefreit. Falls eine Körperschaft persönlich steuerbefreit ist, stellt sich die Frage der Anwendbarkeit der sachlichen Steuerbefreiung gem § 8b nicht. Denn die weiterreichende persönliche Steuerbefreiung verdrängt § 8b. Dh weitere Voraussetzung für die Anwendbarkeit von § 8b ist, dass die empfangende Körperschaft nicht persönlich steuerbefreit ist.[3] Steuerbefreite Körperschaften, die mit den § 8b unterfallenden Einkünften innerhalb ihres wirtschaftlichen Geschäftsbetriebes gem § 5 I Nr 9 steuerpflichtig sind, profitieren von der Steuerbefreiung des § 8b I bzw II.

---

1 EuGH Rs C-212/97, *Centros*, Slg 1999, I-1459 ff; EuGH Rs C-208/00, *Überseering*, Slg 2002, I-9919; EuGH Rs C-167/01, *Inspire Art*, Slg 2003, I-10455.
2 *Kußmaul/Ruiner*, IStR 2007, 696, 698 f; *Binnewies* in Streck § 8b Rn 23; *Frotscher* in Frotscher/Maas § 8b Rn 16.
3 *Gosch* in Gosch § 8b Rn 13; *Binnewies* in Streck § 8b Rn 22.

14 **Beschränkt körperschaftsteuerpflichtige Steuersubjekte.** In persönlicher Hinsicht sind grundsätzlich folgende beschränkt körperschaftsteuerpflichtigen Steuersubjekte von § 8b begünstigt:

- Körperschaften, Personenvereinigungen und Vermögensmassen, die weder ihre Geschäftsleitung noch ihren Sitz im Inland haben (ausländische Körperschaften gem § 2 Nr 1; vgl hierzu Rn 15); soweit diese beschränkt steuerpflichtige Körperschaft jedoch Einkünfte beziehen, die der Abgeltungssteuer unterfallen, scheidet die Anwendung des § 8b I regelmäßig in sachlicher Hinsicht aus (vgl Rn 52);

- inländische sonstige Körperschaften, Personenvereinigungen und Vermögensmassen, die nicht unbeschränkt steuerpflichtig sind und von § 2 Nr 2 erfasst sind, werden zwar in persönlicher Hinsicht nicht vom Anwendungsbereich des § 8b ausgeschlossen; allerdings ist deren Besteuerung auf die inländischen Einkünfte beschränkt, die dem Steuerabzug vollständig oder teilweise unterliegen und damit der Abgeltungswirkung unterfallen, so dass die Anwendung des § 8b I in sachlicher Hinsicht für diese ausgeschlossen ist (vgl Rn 52).

15 **Typenvergleich für ausländische Körperschaften.** Nach dem sog Typenvergleich[1] ist für eine ausländische Gesellschaft anhand der gesellschaftsrechtlichen Ausgestaltung festzustellen, wie diese für das deutsche Steuerrecht zu qualifizieren ist.[2] Ist die ausländische Gesellschaft mit einer Körperschaft, Personenvereinigung oder Vermögensmasse iSv § 1 I vergleichbar, findet auch für diese § 8b grundsätzlich Anwendung. Dabei wird das Erfordernis eines Typenvergleichs nicht dadurch ausgeschlossen, dass die beschränkt steuerpflichtige ausländische Körperschaft die Anteile in einem inländischen Betriebsvermögen hält.[3]

16 **Holding- oder Zwischengesellschaft gem § 8 AStG.** Für die Eröffnung des persönlichen Anwendungsbereichs kommt es nicht auf die ausgeübte Tätigkeit an, so dass auch reine vermögensverwaltende Gesellschaften, Holding- oder ausländische Zwischengesellschaften iSd § 8 AStG mit ihren inländischen Einkünften iRd beschränkten Steuerpflicht vom § 8b profitieren können.[4]

17 **Ausländische Basisgesellschaft.** Ausländische Kapitalgesellschaften ohne Substanz (sog Basisgesellschaften) werden nach § 42 AO steuerlich negiert, so dass sie dem persönlichen Anwendungsbereichs des § 8b nicht zugänglich sind (dh allenfalls die Gesellschafter der Basisgesellschaft können den persönlichen Anwendungsbereich des § 8b eröffnen).[5]

---

1   RFH VI A 899/27, RStBl 1930, 444 (sog *Venezuela-Entscheidung*), im Einzelnen BMF v 24.12.1999, BStBl I 1999, 1076, Tabelle 1.
2   *Dötsch/Pung* in D/J/P/W § 8b Rn 26 und 16; *Gosch* in Gosch § 8b Rn 115; *Frotscher* in Frotscher/Maas § 8b Rn 16; *Binnewies* in Streck § 8b Rn 23; *Gröbl/Adrian* in Erle/Sauter § 8b Rn 22; *Watermeyer* in H/H/R § 8b Rn 16; *Stewen*, FR 2007, 1047 mwN; BMF v 19.3.2004, BStBl I 2004, 411; BFH I R 110/05, BStBl II 2007, 521. AA wohl *Strunk/Kaminski*, NWB Fach 4, 4731, 4734 und *Kröner* in EY § 8b Rn 47, die neben der Durchführung des Typenvergleichs auch die Qualifikation der ausländischen Gesellschaft nach dem nationalen Steuerrecht des Quellenstaats berücksichtigen wollen.
3   *Binnewies* in Streck § 8b Rn 23; *Frotscher* in Frotscher/Maas § 8b Rn 16.
4   *Gröbl/Adrian* in Erle/Sauter § 8b Rn 22; *Gosch* in Gosch § 8b Rn 10.
5   *Watermeyer* in H/H/R § 8b Rn 16 mwN; *Gröbl/Adrian* in Erle/Sauter § 8b Rn 22.

III. Normzweck und Anwendungsbereich

Natürliche Personen und Personenvereinigungen. Nicht von § 8b begünstigt werden insbesondere natürliche Personen und Personenvereinigungen.[1] 18

Personengesellschaften, Venture Capital, Private Equity. Im Falle vermögensverwaltender Personengesellschaften (zB bei Venture Capital oder Private Equity Fonds) ist § 8b direkt auf Ebene des Gesellschafters nach der Bruchteilsbetrachtung gem § 39 II AO anwendbar, soweit dieser die persönlichen Voraussetzungen erfüllt (vgl Rn 646).[2] Für hinter der Mitunternehmerschaft und atypisch stillen Gesellschaft stehenden Körperschaften wird der persönliche Anwendungsbereich durch § 8b VI S 1 ausgeweitet (vgl Rn 640 ff). 19

BgA einer juristischen Person. Durch § 8b VI S 2 wird der persönliche Anwendungsbereich der Steuerfreistellung auf Bezüge und Gewinne ausgeweitet, die einem BgA einer juristischen Person des öffentlichen Rechts über andere juristische Personen des öffentlichen Rechts zufließen. 20

Zurechnungsbesteuerung bei ausländischen Familienstiftungen (§ 15 AStG). Inwieweit Destinatäre, welche mit von einer ausländischen Familienstiftung bezogenen Gewinnausschüttung der Zurechnungsbesteuerung unterliegen, iRd Einkommensermittlung gem § 15 AStG von § 8b profitierten, losgelöst davon, ob sie selbst die persönlichen Anforderungen des § 8b erfüllen, ist umstritten.[3] Der bewusste Verzicht des Gesetzgebers iRd Neuregelung des § 15 VII AStG nur die früher mögliche negative Zurechnung auszuschließen, ansonsten aber nur allgemein auf die Ermittlung des Hinzurechnungsbetrages nach deutschen Vorschriften abzustellen, mag ebenso wie die iRd JStG 2013 vorgeschlagenen Änderungen in § 15 AStG auf eine Gewährung des § 8b unabhängig von der Rechtsform des Destinatärs hindeuten.[4] 21

Kreditinstitute, Finanzdienstleistungsinstitute sowie Finanzunternehmen. Kreditinstitute, Finanzdienstleistungsinstitute sowie Finanzunternehmen sind grundsätzlich vom Anwendungsbereich des § 8b erfasst. Allerdings schränkt § 8b VII für diese Steuersubjekte den sachlichen Anwendungsbereich der Vorschrift ein (vgl Rn 658 ff). 22

Lebens- und Krankenversicherungsunternehmen sowie Pensionsfonds. Lebens- und Krankenversicherungsunternehmen sowie Pensionsfonds unterfallen grundsätzlich dem § 8b. § 8b VIII schränkt den sachlichen Anwendungsbereich für diese Steuersubjekte in Bezug auf Beteiligungen aus Kapitalanlagen ein (vgl Rn 727 ff). 23

Organschaft. In Fällen der Organschaft kommt es auf der Ebene der Organgesellschaft gem § 15 S 1 Nr 2 S 1 nicht zur Anwendung von § 8b I-VI. Auf der Ebene des Organträgers findet dagegen gem § 15 S 1 Nr 2 S 2 die Steuerbefreiung des § 8b Anwendung, sofern für den Organträger der persönliche Anwendungsbereich eröffnet ist (sog Bruttomethode)[5] und das zugerechnete Einkommen Bezüge, Gewinne oder

---

1 Gosch in Gosch § 8b Rn 11.
2 BMF v 16.12.2003, BStBl I 2004, 40, Rn 22.
3 Dafür zB *Edelmann* in Kraft § 15 AStG Rn 171; *Rundshagen* in Strunk/Kaminski/Köhler § 15 AStG Rn 54; *Wassermeyer*, IStR 2009, 191, 193; *Schönfeld*, IStR 2009, 16, 17 und 19; BFH I B 223/08, IStR 2009, 503 mit Anmerkung *Wassermeyer*. Dagegen *Dötsch/Pung* in D/J/P/W § 8b Rn 26.
4 *Wassermeyer*, IStR 2009, 191, 193; *Kraft* in Kraft § 15 AStG Rn 420.
5 *Watermeyer* in H/H/R § 8b Rn 16; *Gröbl/Adrian* in Erle/Sauter § 8b Rn 24.

Gewinnminderungen gem § 8b I-III enthält. Nur wenn bei der Organgesellschaft § 8b VII, VIII oder X zur Anwendung kommt, wird die Bruttomethode gem § 15 S 1 Nr 2 S 3 eingeschränkt (vgl § 15 Rn 119 ff).

25-27 *Einstweilen frei.*

28 **b) Sachlicher Anwendungsbereich. Einheitlicher Regelungsgehalt.** Die Anknüpfungspunkte des sachlichen Anwendungsbereichs von § 8b I und II sind weitestgehend einheitlich geregelt. Im Wesentlichen werden alle Bezüge iSd § 20 I Nr 1, 2, 9,10 lit a bzw Veräußerungsgewinne aus Anteilen mit Leistungen iSd § 20 II S 1 Nr 2 lit a und S 2 EStG erfasst. § 8b III S 1-3, V, VI, VII und VIII knüpfen an diesen sachlichen Anwendungsbereich grundsätzlich an, erweitern bzw beschränken diesen dann jedoch.

29 **Sondernormen.** § 8b III S 4 ff und X knüpfen hingegen nicht unmittelbar an den sachlichen Anwendungsbereich der § 8b I und II an. Zwar besteht in systematischer Hinsicht eine gewisse Nähe zu den dort geregelten Steuerbefreiungen, dennoch stellen § 8b III S 4 ff und X letztlich eigenständige Sondernormen dar.

30 **Keine territoriale Begrenzung.** Der sachliche Anwendungsbereich des § 8b unterliegt anders als § 8b idFd KStG 1999 grundsätzlich keinen territorialen Beschränkungen. Dh die dort vorgesehenen Steuerbefreiungen kommen grundsätzlich für Einnahmen aus inländischen, ausländischen und doppelt ansässigen Kapitalgesellschaften zur Anwendung.[1]

31 **Außerbilanzielle Ergebniskorrektur.** Nach einhelliger Meinung ist § 8b eine sachliche Befreiungsvorschrift, die sich als außerbilanzielle Ergebniskorrektur bei der Gewinnermittlung auf zweiter Stufe auswirkt.[2] Sie setzt damit bereits bei der Ermittlung der Einkünfte an und ist nicht erst bei der Ermittlung des zu versteuernden Einkommens anzuwenden, obwohl der Wortlaut der Vorschrift auf das Einkommen abstellt.[3]

32-33 *Einstweilen frei.*

34 **c) Zeitlicher Anwendungsbereich. Gewinnausschüttungen (§ 8b I).** Bei der erstmaligen Anwendung von § 8b I ist zwischen Bezügen aus In- und Auslandsbeteiligungen zu unterscheiden.

35 **Bezüge aus Inlandsbeteiligungen.** Nach § 34 VII S 1 Nr 1 ist § 8b I erstmals auf Bezüge aus Inlandsbeteiligungen anzuwenden, für welche bei der ausschüttenden Gesellschaft das Anrechnungsverfahren gem § 34 XII nicht mehr zur Anwendung kommt. Dies bedeutet bei dem Kalenderjahr entsprechenden WJ der ausschüttenden Kapitalgesellschaft, dass § 8b I erstmals für
- im VZ 2002 erfolgende oGA von Gewinnen des WJ 2001 (§ 34 XII S 1 Nr 1 iVm § 34 XII Nr 1),

---

1 *Watermeyer* in H/H/R § 8b Rn 17.
2 *Dötsch/Pung* in D/J/P/W § 8b Rn 6; *Gröbl/Adrian* in Erle/Sauter § 8b Rn 25; *Binnewies* in Streck § 8b Rn 3.
3 *Gosch* in Gosch § 8b Rn 140; *Frotscher* in Frotscher/Maas § 8b Rn 28; *Gröbl/Adrian* in Erle/Sauter § 8b Rn 25; *Watermeyer* in H/H/R § 8b Rn 17; BFH I B 34/00, BStBl II 2002, 490.

III. Normzweck und Anwendungsbereich

- im VZ 2001 erfolgende andere Ausschüttungen und sonstige Leistungen (§ 34 XII S 1 Nr 2) anzuwenden ist.

Bei vom Kalenderjahr abweichenden WJ, ist § 8b I erstmals

- für offene Ausschüttungen anwendbar, die (nach Ablauf des WJ 2001/2002) ab dem WJ 2002/2003 bzw ab dem VZ 2003 erfolgen (§ 34 XII S 1 Nr 1 iVm § 34 XII Nr 1),
- für andere Ausschüttungen und sonstige Leistungen anzuwenden, die (nach Ablauf des WJ 2000/2001) ab dem WJ 2001/2002 bzw ab dem VZ 2002 erfolgen (§ 34 XII S 1 Nr 1 iVm § 34 XII S 1 Nr 2).

Bezüge aus Auslandsbeteiligungen und Bezüge gem § 20 I Nr 9 und Nr 10a EStG. Die Steuerbefreiung des § 8b I erfasst auch Gewinnausschüttungen ausländischer Gesellschaften an inländische Körperschaften. Die Spezialregelung des § 34 VII erwähnt die Gewinnausschüttungen ausländischer Gesellschaften jedoch nicht, da für sie das Anrechnungsverfahren nicht galt. Gleiches gilt für die Bezüge gem § 20 I Nr 9 und Nr 10a EStG (vgl § 34 Rn 112). Nach hM ist in diesen Fällen die Grundregel des § 34 IV, II idFd UntStFG zu bemühen, so dass Bezüge aus Auslandsbeteiligungen

36

- bei kalenderjahrgleichem WJ erstmals ab dem VZ 2001 und
- bei abweichendem WJ ab dem WJ 2001/2002 bzw dem VZ 2002

gem § 8b I steuerfrei sind.[1]

Korrespondenzprinzip (§ 8b I S 2-4). Die Regelungen zum sog Korrespondenzprinzip in § 8b I S 2-4 sind gem § 34 VII S 12 erstmalig auf nach dem 18.12.2006 zufließende Bezüge anzuwenden.

37

Veräußerungsgewinne und Gewinnminderungen bei inländischen Gesellschaften (§ 8b II und III). Nach § 34 VII S 1 Nr 2 iVm XII ist § 8b II und III (vorbehaltlich des § 8b IV aF, § 34 VII) erstmals auf Veräußerungsgewinne und Gewinnminderungen auf Anteile an inländischen Kapitalgesellschaften nach Ablauf des ersten WJ anzuwenden, welche den WJ folgen, für welche das Anrechnungsverfahren letztmalig zur Anwendung kommt. Dh falls das WJ der ausschüttenden inländischen Kapitalgesellschaft dem Kalenderjahr entspricht, kommt § 8b II und III erstmals auf im VZ 2002 realisierte Vorgänge zur Anwendung; bei abweichendem WJ hingegen erstmals ab dem WJ 2002/2003 bzw dem VZ 2003. Im Fall der Umstellung vom kalenderjahrgleichen auf ein abweichendes WJ kann bei Darlegung der sachlichen Gründe für die Umstellung das Halbeinkünfteverfahren bereits ab dem WJ 2001/2002 zur Anwendung kommen.[2]

38

Veräußerungsgewinne und Gewinnminderungen bei ausländischen Gesellschaften (§ 8b II und III). Bei Veräußerungsgewinnen und Gewinnminderungen aus Anteilen an ausländischen Kapitalgesellschaften richtet sich die Anwendung der § 8b II und III hingegen nach dem § 34 IV, II, so dass bei kalenderjahrgleichem

39

---

1 BMF v 28.4.2003, BStBl I 2003, 292, Rn 68; *Binnewies* in Streck § 8b Rn 45; *Pung* in D/J/P/W § 34 Rn 40; *Watermeyer* in H/H/R § 8b Rn 6; im Ergebnis auch *Frotscher* in Frotscher/Maas § 8b Rn 11.
2 BMF v 28.4.2003, BStBl I 2003, 292, Rn 67.

WJ die Vorschriften bereits ab dem VZ 2001 bzw bei abweichendem WJ ab dem WJ 2001/2002 bzw ab dem VZ 2002 zur Anwendung kommen.[1] Zur Unionsrechtskonformität vgl Rn 115 ff.

40   **Nichtabzugsfähige Betriebsausgaben (§ 8b III S 1, 2).** Bis VZ 2003 galt für inländische Veräußerungsgewinne noch das Abzugsverbot des § 3c I EStG.[2] Die Anwendung der durch das ProtErklG neu eingefügten § 8b III S 1 und 2 richtet sich in Ermangelung spezialgesetzlicher Bestimmungen nach § 34 I idFd ProtErklG, so dass die Fiktion nichtabzugsfähiger Betriebsausgaben für in- und ausländische Veräußerungsgewinne bzw ähnliche Gewinne bei gleichzeitiger Nichtanwendung des § 3c I EStG erstmals ab dem VZ 2004 gilt.[3] Danach kommt die Regelung bei abweichendem WJ 2003/2004 rückwirkend bei im 2003 beginnenden abweichenden WJ zur Anwendung.[4]

41   **Gewinnminderung aus eigenkapitalersetzenden Darlehen (§ 8b III S 4 ff).** Die Einschränkung der Abzugsfähigkeit von Verlusten aus eigenkapitalersetzenden Darlehen (§ 8b III S 4 ff) ist gem § 34 I idFd JStG 2008 erstmals für den VZ 2008 anwendbar. Entgegen der Gesetzesbegründung ist die Regelung nicht als „Klarstellung" zu verstehen (Einzelheiten unter Rn 451).

42   **Frühere Missbrauchsregelung (§ 8b IV aF).** § 8b IV aF kommt gem § 34 IV grundsätzlich bei kalenderjahrgleichem WJ im VZ 2001 und bei abweichendem WJ im VZ 2002 zur Anwendung. Die später eingeführte Regelung des § 8b IV S 2 Nr 2 Hs 2 aF kommt gem § 34 VII S 7 erstmals auf nach dem 15.8.2001 erfolgte Veräußerungen zur Anwendung und hat damit nur im Falle der Umstellung auf ein abweichendes WJ in 2001 und Veräußerung der Anteile nach Bildung eines Rumpf-WJ Bedeutung.[5] Obwohl § 8b IV aF durch das SEStEG aufgehoben wurde, ist die Vorschrift gem § 34 VIIa in der am 12.12.2006 geltenden Fassung für Anteile weiter anzuwenden, die einbringungsgeboren iSd § 21 UmwStG aF sind, und für Anteile iSd § 8b IV S 1 Nr 2 aF, die auf einer Übertragung bis zum 12.12.2006 beruhen. Folglich ist § 8b IV aF bei Auslösen der Frist des § 8b IV S 2 Nr 1 bis zum Inkrafttreten des SEStEG noch weitere sieben Jahre (bis zum Jahr 2013) bedeutsam.[6]

43   **Nichtabzugsfähige Betriebsausgaben (§ 8b V).** Die Anwendung des § 8b V idFd StSenkG richtet sich in Ermangelung spezialgesetzlicher Bestimmungen nach § 34 IV,[7] so dass die Fiktion nichtabzugsfähiger Betriebsausgaben nur für Auslandsdividenden bei gleichzeitiger Nichtanwendung des § 3c EStG bei kalenderjahrgleichem WJ ab dem VZ 2001 bis zum VZ 2003 und bei abweichendem WJ ab dem VZ 2002 bis zum VZ 2003 zur Anwendung kommt (zur Unionsrechtswidrigkeit vgl Rn 118). Die Erweiterung des § 8b idFd ProtErklG auf Inlandsdividenden bei gleich-

---

1   BFH I R 57/06, BStBl II 2007, 945; BMF v 28.4.2003, BStBl I 2003, 292, Rn 68; *Pung* in D/J/P/W § 34 Rn 60; *Bott* in EY § 34 Rn 104.2; *Lambrecht* in Gosch § 34 Rn 71; *Watermeyer* in H/H/R § 8b Rn 6.
2   *Frotscher* in Frotscher/Maas § 8b Rn 56a; *Dötsch/Pung* in D/J/P/W § 8b Rn 100.
3   *Gosch* in Gosch § 8b Rn 84; *Dötsch/Pung* in D/J/P/W § 8b Rn 101; *Frotscher* in Frotscher/Maas § 8b Rn 56a.
4   *Dötsch/Pung* in D/J/P/W § 8b Rn 101 und 217.
5   *Dötsch/Pung* in D/J/P/W § 8b Rn 205.
6   *Dötsch/Pung* in D/J/P/W § 8b Rn 144; *Frotscher* in Frotscher/Maas § 8b Rn 61c; *Watermeyer* in H/H/R Jahresbd 2006-2008 § 8b Rn J 06-2; *Haritz*, GmbHR 2007, 169, 170.
7   Ebenso wohl auch *Gosch* in Gosch § 8b Rn 87.

III. Normzweck und Anwendungsbereich

zeitiger Nichtanwendung des §3c I EStG ist mangels Sonderregelung gem §34 I idFd ProtErklG ab dem VZ 2004 anzuwenden. Danach kommt die Regelung bei abweichendem WJ 2003/2004 rückwirkend bei im 2003 beginnenden abweichenden WJ zur Anwendung.[1]

Personengesellschaften sowie Kredit- und Finanzdienstleistungsinstitute (§ 8b VI und VII). Auch für §8b VI und VII kommt mangels ausdrücklicher spezialgesetzlicher Bestimmungen der §34 IV zur Anwendung,[2] so dass beide Vorschriften erstmals in dem VZ zur Anwendung kommen, in dem das Halbeinkünfteverfahren Anwendung findet.

Lebens- und Krankenversicherungsunternehmen (§ 8b VIII). §8b VIII findet grundsätzlich gem §34 VII S8 ab dem VZ 2004 bzw bei abweichendem WJ ab dem VZ 2005 Anwendung. Zum Wahlrecht der vorzeitigen Anwendung des §8b VIII für die VZ 2002-2004 vgl Rn772.

Rückausnahme gem § 8b IX. Die in §8b IX geregelte Rückausnahme zu VII und VIII ist gem §34 VIII S10 bereits für den VZ 2004 anwendbar (allerdings in der damals geltenden Fassung der MTRL).

Wertpapierleihe (§ 8b X). Die Einschränkung des Abzugs von Leihgebühren und Ausgleichszahlungen für Wertpapierleihen nach §8b X ist gem §34 VII S9 erstmals ab dem VZ 2007 anwendbar. Die Ausweitung auf die Verleihung bestimmter Investmentanteile in §8b X S9 kommt ab dem VZ 2009 zur Anwendung.

Einstweilen frei.

3. Verhältnis zu anderen Vorschriften. a) EStG. Halbeinkünfte- bzw Teileinkünfteverfahren (§ 3 Nr 40 EStG). §8b und §3 Nr 40 EStG sind die Eckpfeiler im System des Halbeinkünfte- bzw ab VZ 2009 des Teileinkünfteverfahrens. §3 Nr 40 EStG regelt parallel zu §8b für einkommensteuerpflichtige natürliche Personen als Anteilseigner, dass bei der Einkommensermittlung die Beteiligungserträge hälftig bzw ab VZ 2009 zu 40% von der Steuer freigestellt werden und entsprechende Ausgaben gem §3c II EStG zur Hälfte bzw ab VZ 2009 zu 60% abzugsfähig sind. §8b wirkt vorrangig und schließt daher die Anwendung des §3 Nr 40 EStG bei Erfüllung der persönlichen Tatbestandsvoraussetzungen aus.[3]

Nichtabzugsfähige Betriebsausgaben. §3c EStG wird in Folge des §8b III S2 und V S2 mittlerweile verdrängt (vgl Rn 409 und 629 ff).

KESt (§ 43 EStG). Die KESt beträgt gem §43a I Nr 1 EStG regelmäßig 25% des Kapitalertrags (ab VZ 2009) bzw 20% (bis VZ 2008). Bemessungsgrundlage ist die Bruttodividende. Nach §43 I S3 EStG ist bei der Bestimmung der einzubehaltenden KESt §8b nicht anzuwenden. Bei der Ausschüttung an eine unbeschränkt steuerpflichtige Kapitalgesellschaft ist dies unbeachtlich, da bei der empfangenden Kapitalgesellschaft §8b I und II im Veranlagungsverfahren zur Anwendung kommt und die KESt auf die KSt gem §31 iVm §36 II Nr 2 S1 EStG vollständig anzurechnen und ggf zu erstatten

---
1 Dötsch/Pung in D/J/P/W §8b Rn 217; Gosch in Gosch §8b Rn 87.
2 Ebenso wohl Gosch in Gosch §8b Rn 87.
3 Watermeyer H/H/R §8b Rn 18.

ist. Für beschränkt steuerpflichtige Kapitalgesellschaften hat die KESt hingegen gem § 32 I Nr 2 iVm § 50 V S 1 EStG abgeltende Wirkung und es kommt keine daneben mögliche Steuererstattung etwa in analoger Anwendung des § 50d I EStG oder auf anderer Rechtsgrundlage in Frage,[1] sofern die Dividenden nicht in einer inländischen Betriebsstätte anfallen.[2] Daraus resultiert ein Verstoß gegen die Grundfreiheiten des AEUV, wenn eine Steuerbefreiung gem § 43b EStG oder einem DBA nicht zur Anwendung kommt (vgl Rn 119).

53 *Einstweilen frei.*

54 **b) KStG. VGA.** Die Rechtsfolgen des § 8b greifen nach überwiegender Auffassung außerbilanziell auf der zweiten Stufe der Gewinnermittlung nach den Rechtsfolgen der vGA ein.[3] Andernfalls könnte auch die tatbestandlich für die Annahme einer vGA erforderliche Vermögensminderung in Frage stehen, falls die Gewinnminderung außerbilanziell gem § 8b III zu korrigieren wäre (vgl § 8 Rn 477 ff).

55 **Organschaft (§§ 14-19).** Die Gewinnzurechnung der Organgesellschaft an den Organträger iRd Organschaft gem §§ 14-19 ist nach der Bruttomethode vor der Anwendung der Steuerbefreiung gem § 8b zu vollziehen. § 8b kommt gem § 15 S 1 Nr 2 S 2 erst bei der Einkommensermittlung des Organträgers zur Anwendung,[4] sofern dieser den persönlichen Anforderungen des § 8b genügt und das dem Organträger zugerechnete Einkommen Bezüge, Gewinne oder Gewinnminderungen iSv § 8b I-III enthält (vgl § 15 Rn 103 ff). Etwas anderes gilt gem § 15 S 1 Nr 2 S 3 nur, wenn bei der Organgesellschaft § 8b VII, VIII oder X zur Anwendung kommt (vgl § 15 Rn 119 ff). Ist der Organträger keine Körperschaft, sondern eine natürliche Person, sind § 3 Nr 40 EStG und § 3c II EStG anzuwenden. Ist der Organträger eine Personengesellschaft, hängt die Anwendbarkeit vorgenannter Vorschriften davon ab, ob die Gesellschafter der Personengesellschaft entsprechend Körperschaften oder natürliche Personen sind.

56 **§ 32 I Nr 2.** Zur fehlenden Anwendbarkeit des § 8b im Falle des abgeltenden Steuerabzugs vgl Rn 52.

57 **§ 33 I Nr 2 lit e.** Nach § 33 I Nr 2 lit e wird die Bundesregierung zum Erlass von Rechtsverordnungen ua ermächtigt, die Steuerbefreiungen nach § 8b I S 1 und II S 1 von der Erfüllung besonderer Nachweis- und Mitwirkungspflichten abhängig zu machen, wenn im Ausland (in sog „Steueroasen"[5]) ansässige Beteiligte oder andere Personen nicht wie inländische Beteiligte bei Vorgängen innerhalb des Geltungsbereichs des deutschen Gesetzgebers zur Mitwirkung bei der Ermittlung des Sachverhalts herangezogen werden können. Die besonderen Nachweis- und Mitwirkungspflichten gelten gem § 33 I Nr 2 lit e S 3 nicht, wenn ein DBA besteht, das die Erteilung

---

1 BFH I R 53/07, BFH/NV 2009, 1543, hierzu auch *Gosch* in FS für Norbert Herzig, Unternehmensbesteuerung, 2010, S 63, 81.
2 *Binnewies* in Streck § 8b Rn 6 und 27; *Gosch* in Gosch § 8b Rn 62.
3 *Lang* in D/J/P/W § 8 Rn 12; *Klingebiel* in D/J/P/W § 8 Rn 405; BMF v 28.4.2003, BStBl I 2003, 292, Rn 21 und 26.
4 *Geißer* in Mössner/Seeger § 8b Rn 2.
5 *Kleinert/Göres*, NJW 2009, 2713.

von Auskünften entsprechend Art 26 OECD-MA vorsieht oder der Staat Auskünfte in einem vergleichbaren Umfang erteilt oder die Bereitschaft zu einer entsprechenden Auskunftserteilung besteht.[1] Darüber hinaus wird der Regelungsbedarf in Frage gestellt, da sich sog nicht kooperative Staaten zunehmend dem OECD-Standard für Transparenz und Informationsaustausch unterwerfen bzw diesen zT auch schon umgesetzt haben.[2]

SteuerHBekV. Nach § 4 S 1 SteuerHBekV sind auf Vorgänge iSd § 33 I Nr 2 lit e S 1 die Vorschriften über die Steuerbefreiung nach § 8b I S 1 und II S 1 sowie vergleichbare Vorschriften in DBA nicht anzuwenden, wenn die in § 1 I oder V SteuerHBekV genannten besonderen Mitwirkungs- und Aufzeichnungspflichten nicht erfüllt werden.[3] Das gilt nach § 4 S 2 SteuerHBekV nicht, soweit eine der Voraussetzungen des § 33 I Nr 2 lit e S 3 erfüllt ist. Problematisch ist bereits der Verweis auf „Vorgänge iSd § 33 I Nr 2 lit e S 1"; § 33 I Nr 2 lit e S 1 enthält nämlich keine gesetzliche Definition dieser Vorgänge. Ausweislich der Verordnungsbegründung bezieht sich § 4 SteuerHBekV jedoch auf Geschäftsbeziehungen iSd § 1 I AStG.[4] Hierbei geht es um Geschäftsbeziehungen mit dem Steuerpflichtigen nahe stehenden Personen.[5] Was eine dem Steuerpflichtigen nahe stehenden Person ist, gibt § 1 II AStG vor. Die Erforderlichkeit einer zwingenden Verknüpfung der Steuerfreiheit von Dividenden bzw Veräußerungsgewinnen mit bestimmten Mitwirkungs- und Aufzeichnungspflichten unter der Berücksichtigung der diesbezüglichen Ausgestaltung der Geschäftsbeziehungen zwischen nahe stehenden Personen ist indes fraglich.[6] Aus Gründen der Rechtssicherheit und Klarheit hat das BMF entsprechend der Verordnungsbegründung[7] ein Schreiben veröffentlicht, welches sich zu den in Betracht kommenden Staaten und Gebieten äußert.[8] Danach erfüllt zum Zeitpunkt der erstmaligen Anwendung kein Staat oder Gebiet die Voraussetzungen der Maßnahmen der Einschränkung des § 8b nach der SteuerHBekV. Überdies will das BMF Staaten und Gebiete, die künftig die Voraussetzungen für Maßnahmen nach der SteuerHBekV erfüllen, zum jeweils gegebenen Zeitpunkt bekanntgeben. Bis dahin bestehen für Steuerpflichtige keine zusätzlichen Mitwirkungs-, Nachweis- oder Aufklärungspflichten nach § 33 I Nr 2 lit e.[9] Gem § 6 SteuerHBekV ist die Vorschrift erstmals ab dem VZ 2010 anzuwenden. Die Vorschrift hat sich als wirksames Druckmittel erwiesen.[10] In jüngster Vergangenheit hat Deutschland mit zahlreichen sog nicht kooperativen Staaten entsprechende DBA abschließen können oder steht in entsprechenden Verhandlungen.

---

1 Kritik bei *Haarmann/Suttorp*, BB 2009, 1275, 1277; *Ettinger/Bauer*, RIW 2009, 417, 422; *Puls*, Ubg 2009, 186, 189; *Worgulla/Söffing*, FR 2009, 545, 549; *Wagner*, BB 2009, 2293, 2297; *Geuenich*, NWB 2009, 2396, 2398; *Kleinert/Göres*, NJW 2009, 2713, 2714 f; *Gosch* in Gosch § 8b Rn 17.
2 *Sinz/Kubaile*, IStR 2009, 401; *Kessler/Eicke*, DB 2009, 1314, 1315; *Eilers/Dann*, BB 2009, 2399, 2400.
3 Zur Vereinbarkeit mit höherrangigem Recht *Frotscher* in Frotscher/Maas SteuerHBekV Rn 15 ff und Fn 82.
4 BRDrs 681/09, 10.
5 *Von Wedelstädt*, DB 2009, 2284, 2286.
6 *Dötsch/Pung* in D/J/P/W § 8b Rn 2.
7 BRDrs 681/09, 5.
8 BMF v 5.1.2010, BStBl I 2010, 19.
9 Kritisch *Frotscher* in Frotscher/Maas SteuerHBekV Rn 13 f.
10 *Eilers/Dann*, BB 2009, 2399, 2404; *von Wedelstädt*, DB 2009, 2284.

59 **Nachsteuer (§ 37).** In § 37 III wurde eine Nachsteuer für von § 8b I begünstigte Ausschüttungen an unbeschränkt steuerpflichtige Körperschaften angeordnet, wenn bei der ausschüttenden Körperschaft eine Körperschaftsteuer-Minderung ausgelöst wurde.[1] § 37 III wird durch den § 8b somit nicht ausgeschlossen, sondern knüpft tatbestandlich an diesen an.[2]

60-61 *Einstweilen frei.*

62 **c) GewStG. Anwendbarkeit des § 8b.** Gem § 7 S 1 GewStG ist der Gewerbeertrag der nach den Vorschriften des EStG oder des KStG zu ermittelnde Gewinn. Folglich hat die Steuerbefreiung des § 8b auch iRd Gewerbesteuerrechts bei der Bestimmung des Gewerbeertrages als Ausgangsbasis vor Anwendung der Hinzurechnungen und Kürzungen Bedeutung.[3]

63 **Nachgeschaltete Personengesellschaften.** Für gewerbesteuerliche Zwecke folgt die Anwendung des § 8b bei der einer Kapitalgesellschaft nachgeschalteten Personengesellschaft aus § 7 S 4 Hs 2 GewStG. Dieses gilt auch dann, wenn die Kapitalgesellschaft eine Organgesellschaft ist (dh insoweit verdrängt nach der hier vertretenen Auffassung § 15 S 1 Nr 2 S 1, welcher ja die Anwendung des § 8b I, II und VI bei der vorgeschalteten Organgesellschaft ausschließt, nicht den daneben eigenständig stehenden § 7 S 4 Hs 2 GewStG auf Ebene der nachgeschalteten Personengesellschaft; vgl § 15 Rn 168).

64 **Hinzurechnungen (§ 8 Nr 5 GewStG) und Kürzungen (§ 9 Nr 2a und Nr 7 GewStG).** Nach § 8 Nr 5 GewStG sind Dividenden und diesen gleichgestellte Bezüge, die nach § 8b I außer Ansatz geblieben sind, dem Gewerbeertrag wieder hinzuzurechnen, soweit nicht die Voraussetzungen des gewerbesteuerlichen Schachtelprivilegs des § 9 Nr 2a GewStG (Beteiligungen an ua inländischen Kapitalgesellschaften und auch Genossenschaften) oder § 9 Nr 7 GewStG (Beteiligungen an ausländischen Kapitalgesellschaften und ua wegen § 9 Nr 7 S 1 Hs 2 an den in der MTRL darüberhinaus genannten ausländischen Gesellschaften wie zB der SCE) erfüllt sind.[4] Zwar wird teilweise die Frage aufgeworfen, ob § 9 Nr 2a und Nr 7 GewStG ins Leere laufen, weil die betreffenden Gewinnanteile nicht Bestandteil des zu kürzenden Gewinns sind.[5] Nach richtiger Auffassung muss § 8 Nr 5 GewStG aber als Sonderregelung gesehen werden, die den Regelungsmechanismus der § 9 Nr 2a und Nr 7 GewStG vorwegnimmt, indem es abstrakt auf den Tatbestand dieser Vorschriften abstellt.[6] Damit kommt die gewerbesteuerliche Hinzurechnung für Streubesitzdividenden (Beteiligung < 15 %) und Schachteldividenden (Beteiligung > 15 %), falls für letzte nicht die Haltefristen der § 9 Nr 2a und Nr 7 GewStG oder die Tätigkeitsvoraussetzungen der § 8 I Nr 1-6 AStG

---

1 Dötsch in D/J/P/W § 37 Rn 1.
2 BMF v 28.4.2003, BStBl I 2003, 292, Rn 12.
3 BFH I R 95/05, BStBl II 2007, 279. Ebenso die hM *Watermeyer* in H/H/R § 8b Rn 20; *Frotscher* in Frotscher/Maas § 8b Rn 28a; *Gosch* in Gosch § 8b Rn 74.
4 Zur Darstellung von Ausnahmen und Besonderheiten vgl OFD Koblenz v 11.9.2003, DB 2003, 2041. Zum Verstoß des § 9 Nr 7 GewStG gegen die MTRL *Kempf/Gelsdorf*, IStR 2011, 173, 177.
5 *Prinz/Simon*, DStR 2002, 149 ff.
6 *Gosch* in Gosch § 8b Rn 74; zur Auslegung von § 8 Nr 5 GewStG sa *Haas*, DB 2002, 549; *Prinz/Simon*, DStR 2002, 149; *Ritzer/Stangl*, INF 2002, 131, 134; *Watermeyer*, GmbH-StB 2002, 200.

III. Normzweck und Anwendungsbereich

bzw der § 9 Nr 7 S 4 ff GewStG bei der ausschüttenden ausländischen Nicht-EU/EWR-Gesellschaften erfüllt werden, zur Anwendung.[1] Zur Anwendbarkeit des § 9 Nr 2a und Nr 7 GewStG bei einer Organgesellschaft trotz § 15 S 1 Nr 2 S 1 vgl § 15 Rn 166.

Nettobetrag und fingierte nichtabzugsfähige Betriebsausgaben. Die Kürzung greift ab dem Erhebungszeitraum 2006[2] gem § 9 Nr 2a S 3 und Nr 7 S 2 GewStG lediglich auf den um die in unmittelbarem Zusammenhang stehenden Aufwendungen gekürzten Bruttobetrag der Dividenden. Anders als im KStG gilt damit im GewStG eine in der Wirkung mit § 3c EStG vergleichbare Befreiung des Nettobetrags. Bezüglich der gem § 8b V fingierten nichtabzugsfähigen Betriebsausgaben kommt gem § 9 Nr 2a S 4 und Nr 7 S 3 GewStG eine gewerbesteuerliche Kürzung gleichfalls nicht in Betracht.

65

DBA-Schachtelprivileg. Fraglich ist die Hinzurechnung nach § 8 Nr 5 GewStG falls nur die Anwendung des abkommensrechtlichen Schachtelprivilegs nicht aber die Kürzung nach § 9 Nr 7 GewStG in Betracht kommt. Zumindest ein ausdrücklicher Verweis auf § 9 Nr 8 GewStG bzw die DBA fehlt in § 8 Nr 5 GewStG. Richtig ist, dass in dieser Konstellationen § 8 Nr 5 GewStG anwendbar bleibt, da die weiterreichende Regelung des § 8b I vorgeht (vgl auch Rn 77). Hieraus kann nicht geschlossen werden, dass die Kürzung nach den DBA bzw § 9 Nr 8 GewStG nicht greift. Zutreffend ist hingegen die zitierte hA, dass selbst bei Hinzurechnung gem § 8 Nr 5 GewStG die unabhängig davon angeordnete Kürzung nach den DBA bzw § 9 Nr 8 GewStG greift, was mittlerweile auch vom BFH festgestellt wurde.[3]

66

Einstweilen frei.

67-68

d) UmwStG. Steuerpflichtiger Zuschreibungsgewinn (§ 4 I S 2 und 3, § 5 III, § 12 I S 2, § 15 I S 2, § 16 S 1 UmwStG). In § 4 I S 2 UmwStG ist für die Verschmelzung bzw daran anknüpfend in den § 12 I S 2, § 15 I S 2 und § 16 S 1 UmwStG für weitere Arten von Umwandlungen beim übernehmenden Rechtsträger eine Wertzuschreibung angeordnet. Hiernach ist der Buchwert der Anteile an der übertragenden Körperschaft um in der Vergangenheit steuerwirksam (dh vor Einführung des § 8b III) vollzogene Teilwertabschreibungen sowie um § 6b EStG und ähnliche Abzüge, höchstens jedoch auf den gemeinen Wert der Anteile, zuzuschreiben. Diese Zuschreibung ist gem § 4 I S 3 UmwStG iVm § 8b III S 4 ohne Anwendung der ansonsten anwendbaren Befreiungsvorschrift steuerpflichtig.

69

Übernahmegewinn (§§ 4 VII, 12 II UmwStG). Nach § 4 VII S 1 UmwStG ist auf den bei einer Verschmelzung einer Körperschaft auf eine Personengesellschaft entstehende Übernahmegewinn (iHd Unterschiedsbetrags zwischen dem Wert der übergehenden Wirtschaftsgüter abzüglich der Kosten für den Vermögensübergang und dem Wert der Anteile an der übertragenden Körperschaft gem § 4 I und II UmwStG, § 5 II und III UmwStG) gem § 8b steuerfrei, soweit dieser auf eine Körperschaft, Personenvereinigung oder Vermögensmasse als Mitunternehmerin

70

---

1 *Watermeyer* in H/H/R § 8b Rn 20; *Geißer* in Mössner/Seeger § 8b Rn 51; Details bei *Prinz/Simon*, DStR 2002, 149 ff.
2 § 36 VIII S 5 GewStG idFd JStG 2007. Zur vorherigen Rechtslage BFH I R 104/04, BStBl II 2006, 844.
3 BFH I R 71/09, BStBl II 2011, 129. Hierzu auch *Heurung/Engel/Seidel*, DB 2010, 1551, 1555; *Schönfeld*, IStR 2010, 658, 659 f.

der Personengesellschaft entfällt. Für den Fall der Aufwärtsverschmelzung wird in § 12 II S 1 UmwStG die grundsätzliche Steuerfreiheit des Verschmelzungsgewinns angeordnet, während § 12 II S 2 UmwStG die Anwendung des § 8b auf den Verschmelzungsgewinn regelt, soweit dieser dem Anteil der übernehmenden an der übertragenden Körperschaft entspricht (zur Frage, ob hierdurch die offenbar intendierte Fiktion nichtabzugsfähiger Betriebsausgaben hinreichend zum Ausdruck kommt vgl § 14 Rn 764; § 5 Rn 92).

71 **Übernahmeverlust (§ 4 VI UmwStG).** Ein Übernahmeverlust bleibt außer Ansatz, soweit er gem § 4 VI UmwStG bei der Verschmelzung einer Kapital- auf eine Personengesellschaft auf eine Körperschaft, Personenvereinigung oder Vermögensmasse als Mitunternehmerin entfällt. Etwas anderes gilt gem § 4 VI S 2 UmwStG nur, falls die Anteile an der übertragenden Körperschaften § 8b VII oder § 8b VIII S 1 unterfallen.

72 **Besteuerung offener Rücklagen (§ 7 UmwStG).** Im Falle der Umwandlung einer Körperschaft in bzw auf ein Personenunternehmen ist dem Anteilseigner nach § 7 UmwStG der Teil des in der Steuerbilanz ausgewiesenen EK abzüglich des Bestands des steuerlichen Einlagekontos iSd § 27, der sich nach Anwendung des § 29 I ergibt, in dem Verhältnis der Anteile zum Nennkapital der übertragenden Körperschaft als Einnahmen aus Kapitalvermögen iSd § 20 I Nr 1 EStG zuzurechnen. Dh es wird eine Vollausschüttung der offenen Rücklagen an die an der übertragenden Körperschaft beteiligten Anteilseigner fingiert. Die Einnahmen iSv § 20 I Nr 1 EStG iVm § 7 S 1 UmwStG sind grundsätzlich gem § 8b I S 1 steuerfrei, allerdings ist auch hier das pauschale Betriebsausgabenabzugsverbot gem § 8b V S 1 zu beachten.[1] Dies gilt nicht sofern § 8b VII bzw VIII zur Anwendung kommt.

73 **Einbringungsgewinn I (§ 22 I UmwStG).** Die Regelung des § 22 I UmwStG zur steuerwirksamen Erfassung eines sog „Einbringungsgewinns I" hat zum Ziel, die ungerechtfertigte Anwendung des § 8b II beim Verkauf von Anteilen zu verhindern, welche aufgrund einer zeitnahen Sacheinlage gem § 20 II S 2 UmwStG unter dem gemeinen Wert von durch § 8b II eigentlich nicht begünstigter Wirtschaftsgüter (wie insbesondere Betriebe, Teilbetriebe und Mitunternehmeranteile) entstanden sind. Anders als § 8b IV aF schränkt § 22 I UmwStG jedoch nicht die Steuerbefreiung des § 8b II ein, sondern fingiert iRe rückwirkenden Ereignisses iSd § 175 I S 1 Nr 2 AO eine Einbringung zum gemeinen Wert, wobei sich dieser Wert jeweils um ein Siebtel des seit dem Einbringungszeitpunktes abgelaufenen Jahres vermindert.

74 **Einbringungsgewinn II (§ 22 II UmwStG).** Auch § 22 II hat die Verhinderung einer missbräuchlichen Inanspruchnahme des § 8b II nach dem Anteilstausch durch eine nicht von § 8b II begünstigte Person innerhalb einer Frist von sieben Jahren zum Ziel. Im Falle eines schädlichen Verkaufs entsteht ebenfalls rückwirkend ein sog „Einbringungsgewinn II" für den Anteilstausch durch die nicht von § 8b II begünstigte Person (erneut jeweils um ein Siebtel gemindert).

75-76 *Einstweilen frei.*

---

1 *Schmitt* in Schmitt/Hörtnagl/Stratz § 7 UmwStG Rn 18; *Birkemeier* in Rödder/Herlinghaus/van Lishaut § 7 UmwStG Rn 21; *Klingberg* in Blümich § 7 UmwStG Rn 17.

III. Normzweck und Anwendungsbereich

e) Abkommensrecht. Schachtelprivileg. § 8b I ist im Vergleich zu den abkommensrechtlichen Schachtelprivilegien die weitreichendere Vorschrift (keine erforderliche Mindestbeteiligung,[1] kein Ansässigkeitserfordernis der ausschüttenden Gesellschaft[2], kein zu erfüllender Aktivitätsvorbehalt).[3] Dem abkommensrechtlichen Schachtelprivileg für bezogene Dividendeneinnahmen geht nach zutreffender hM § 8b I S 1 trotz des § 2 AO vor, wie sich nunmehr auch ausdrücklich aus § 8b I S 3 ergibt.[4] Dennoch wird auch das abkommensrechtliche Schachtelprivileg nicht durch § 8b I suspendiert, sondern nur für die überwiegende Anzahl der Fälle iSe Doppelfreistellung überlagert.[5] Die Anwendbarkeit des abkommensrechtlichen Schachtelprivilegs wird selbst bei dem nach einigen DBA weiter gefassten Dividendenbegriff aufgrund des unmittelbar durch die Einkunftsquelle zu erfüllende Beteiligungserfordernis die Ausnahme bleiben.[6] Dennoch ist die alleinige Anwendbarkeit eines abkommensrechtlichen Schachtelprivilegs möglich, wie die Fallgruppe der Kreditinstitute zB beweist (hierzu vgl Rn 718). 77

Nichtabzugsfähige Betriebsausgaben gem § 8b V S 1. Die Fiktion nichtabzugsfähiger Betriebsausgaben gem § 8b V S 1 sollte bei einem unbeschränkt Steuerpflichtigen grundsätzlich nicht gegen die abkommensrechtlichen Schachtelprivilegien verstoßen bzw trotz der dort geregelten Steuerbefreiung zur Anwendung kommen, da diese auf die reine Bruttogröße abstellen[7] und die Verpflichtung zur Berücksichtigung von damit im Zusammenhang stehenden Aufwendungen nicht regelt; von einem Treaty-Override ist damit nicht auszugehen.[8] Eine Einschränkung der Fiktion nichtabzugsfähiger Betriebsausgaben kann sich allenfalls dann ergeben, wenn Dividendeneinkünfte einer ausländischen Betriebsstätte in einem DBA-Staat zugerechnet werden, da in diesem Fall eine Verpflichtung zur vollständigen Freistellung der Nettoeinkünfte nach Art 7 OECD-MA besteht. Aufgrund der hohen Anforderungen an die tatsächliche Zuordnung der Anteile zu ausländischen Betriebsstätten,[9] wird diese Verdrängung des § 8b V S 1 jedoch nicht der Regelfall sein. Bei einem beschränkt Steuerpflichtigen ist die Besteuerung der fiktiven nichtabzugsfähigen Betriebsausgaben bei einem bestehenden Quellensteuersatz gem Art 10 II OECD-MA unproblematisch. Bei vollständiger Steuerbefreiung der (Brutto-)Dividenden (zB gem Art 10 III DBA USA) bei einem beschränkt Steuerpflichtigen sollte die Fiktion nichtabzugsfähiger Betriebsausgaben gem § 8b V S 1 dennoch regelmäßig verdrängt werden; denn obwohl der Dividendenbegriff 78

---

1   Anders als nach § 8b VI wird das Schachtelprivileg auch nicht bei mittelbar über Mitunternehmerschaften gehaltene Beteiligungen gewährt. Vgl BFH I R 26/73, BStBl II 1975, 584; BFH I R 130/70, BStBl II 1973, 57.
2   Zum daraus sich potentiell ergebenden Problem der fehlenden Anwendbarkeit des Schachtelprivilegs für ausländische steuerbefreite Fonds vgl FG Niedersachsen 6 K 514/03, IStR 2007, 755 sowie *Geurts/Jacob*, IStR 2007, 737. Zur „S-Corporation" jedoch BFH I R 39/07, BStBl II 2009, 234.
3   *Watermeyer* in H/H/R § 8b Rn 24; *Gosch* in Gosch § 8b Rn 40; *Dötsch/Pung* in D/J/P/W § 8b Rn 10.
4   *Gosch* in Gosch § 8b Rn 40; *Dötsch/Pung* in D/J/P/W § 8b Rn 10; *Watermeyer* in H/H/R § 8b Rn 24.
5   BFH I R 47/08 BStBl II 2011, 131; BFH I R 71/09, BStBl II 2011, 129.
6   ZB Art 13 iVm Abschnitt 11, 12, 21, 21a und 23 des DBA Luxemburg; Art 10 iVm Nr 5 des Schlussprotokolls DBA Belgien. Zur engen Auslegung dieses Erfordernis BFH I R 62/06, BStBl II 2008, 793 (stille Beteiligung).
7   ZB BFH I R 178/94, BStBl II 1997, 657; BFH I R 30/01, BStBl II 2002, 865 mwN.
8   Zutreffend *Gosch* in Gosch § 8b Rn 483f; kritisch *Vogel* in Vogel/Lehner Art 23 DBA Rn 110. AA *Hageböke*, IStR 2009, 473, 476.
9   Jüngst BFH I R 66/06, BStBl II 2008, 510 ff; wobei das Verhältnis zu BFH I R 63/06, BStBl II 2008, 510 unklar bleibt.

abkommensrechtlich als Bruttogröße zu verstehen ist, kommt aufgrund der in den jeweiligen Verteilungsnormen der speziellen DBA vorgesehene umfassenden Rechtsfolge (zB Art 10 III DBA USA „... werden solche Dividenden [...] nicht besteuert...") eine Nichtanwendung des § 8b V S 1 zumeist hinreichend klar zum Ausdruck.

79 **Nichtabzugsfähige Betriebsausgaben gem § 8b III S 1.** Bezüglich der Fiktion nichtabzugsfähiger Betriebsausgaben gem § 8b III S 1 sollte bei unbeschränkt Steuerpflichtigen aufgrund des Art 13 V OECD-MA der Erhebung nichtabzugsfähiger Betriebsausgaben regelmäßig nichts im Wege stehen. Für beschränkt Steuerpflichtige sollte hingegen Art 13 V OECD-MA aufgrund des Abstellens auf den „Gewinn" als Nettogröße (und der damit nach den abschließenden Verteilungsnormen greifenden sachlichen Steuerbefreiung) die Fiktion nichtabzugsfähiger Betriebsausgaben gem § 8b III S 1 nicht zur Anwendung kommen (zur Frage, inwieweit nach nationalem Recht eine Steuerpflicht überhaupt besteht vgl Rn 405).

80-81 *Einstweilen frei.*

82 **f) AStG. Berichtigung von Einkünften (§ 1 AStG).** Eine gesellschaftsrechtliche Beteiligung, deren Bezüge sowie Veräußerungsgewinne § 8b I, II unterfallen, stellt nach dem ausdrücklichen Gesetzeswortlaut keine Geschäftsbeziehung iSd § 1 V AStG dar. Aufgrund der mit dem StVergAbG getroffenen Neufassung der Vorschrift können jedoch Genussrechte eine solche Geschäftsbeziehung grundsätzlich begründen, da sie eine schuldrechtliche Beziehung darstellen. Soweit iRe beteiligungsähnlichen Genussrechts keine fremdübliche Vergütung vereinbart wird, sollte jedoch eine Korrektur gem § 1 I AStG ausscheiden, da Vergütungen auf dieses gem § 8b iRd zweiten Stufe der Gewinnermittlung steuerbefreit sind (vgl Rn 138 und 178; etwas anderes gilt allenfalls im Falle der Anwendung des § 8b I S 2, VII oder VIII bzw soweit ein Genussrecht Fremdkapitalcharakter hat). Lediglich in Bezug auf die Fiktion nichtabzugsfähiger Betriebsausgaben gem § 8b V S 1 verbleibt theoretisch ein Anwendungsbereich des § 1 I AStG.

83 **§§ 7 ff AStG (Hinzurechnungsbesteuerung). Systematischer Zusammenhang.** Mit der Einführung der weitreichenden Begünstigung des § 8b ergibt sich in Bezug auf Dividenden und Veräußerungsgewinne aus Anteilen von ausländischen Tochterkapitalgesellschaften das Bedürfnis für Regelungen, welche sicherstellen, dass die ausländischen Tochterkapitalgesellschaften in ihrem Sitzstaat einer angemessenen Vorbelastung unterliegen. Anders als in anderen Rechtsordnungen ist dieses Erfordernis nicht unmittelbar in § 8b verankert (mit Ausnahme des § 8b I S 2), sondern wird durch die § 7 ff AStG gewährleistet.[1]

84 **Besteuerung des Hinzurechnungsbetrags (§ 10 I und II AStG).** Der nach § 10 I AStG anzusetzende Hinzurechnungsbetrag gehört, soweit die Anteile im Betriebsvermögen gehalten werden, gem § 10 II S 1 AStG zu den Einkünften aus Gewerbebetrieb. § 8b ist jedoch gem § 10 II S 3 AStG auf den Hinzurechnungsbetrag nicht anzuwenden, was angesichts der Zielsetzung der §§ 7 ff AStG konsequent ist, da andernfalls die Herstellung einer angemessen Vorbelastung nicht möglich ist (vgl Rn 82). Die spätere

---

1 *Gosch* in Gosch § 8b Rn 25 f; *Watermeyer* in H/H/R § 8b Rn 22; *Vogt* in Blümich Vor § 7 AStG Rn 7 f, 39 ff; BTDrs 14/2683, 120.

III. Normzweck und Anwendungsbereich

Ausschüttung der Gewinne der ausländischen Zwischengesellschaft unterfällt konsequenterweise für Zwecke der KSt grundsätzlich dem Anwendungsbereich des § 8b.[1] Dennoch führt die Anwendung von § 8b V S 1 zu einer Doppelbesteuerung iHd Fiktion nichtabzugsfähiger Betriebsausgaben von 5 % der Ausschüttungen.[2] Teilweise wird daher eine teleologische Reduktion von § 8b V vorgeschlagen.[3] Naheliegender scheint hingegen eine sinngemäße Anwendung des § 3 Nr 41 EStG, welche den § 8b I insoweit verdrängt, zur Gewährleistung einer vollständigen Steuerfreistellung, welche die Finanzverwaltung offenbar auch bisher anerkannt hat.[4]

Ermittlung des Hinzurechnungsbetrags (§ 10 III S 4 AStG). Weiterhin ist § 8b ebenfalls iRd Ermittlung des Hinzurechnungsbetrages gem § 10 III S 4 AStG nicht anwendbar. Selbst unter Beachtung der Zielsetzung der §§ 7 ff AStG ist dieser Ausschluss unnötig, unsystematisch und führt zu grundsätzlichen unionsrechtlichen Bedenken[5] und anderen Verwerfungen.[6] Aufgrund des eindeutigen Wortlautes verbleibt dennoch kein Raum für eine abweichende Auslegung. Noch weniger konsequent ist, dass die Einschränkungen der Abzugsfähigkeit von Gewinnminderungen gem § 8b III S 3 ff sowie von Entgelten bei Wertpapierleihgeschäften gem § 8b X bei der Ermittlung des Hinzurechnungsbetrages und damit auch der Niedrigbesteuerung gem § 8 III AStG dennoch anzuwenden sind.[7]

85

Aktive Einkünfte (§ 8 I Nr 8 und 9 AStG). § 8 I Nr 8 und 9 AStG vermeiden zwar innerhalb der Vorschriften über die Hinzurechnungsbesteuerung eine Doppelbesteuerung in Folge des Zusammenwirkens mit der sog Zurechnungsbesteuerung gem § 14 AStG.[8] Damit sind sie quasi das Gegenstück zu § 8b I und II iRd §§ 7 ff AStG. Dennoch wirken beide Normen unabhängig voneinander, so dass insbesondere die § 8b I S 2 ff, VII und VIII selbst bei Erfüllung ihrer Tatbestandsvoraussetzungen nicht zu einer Einschränkung der Annahme von aktiven Einkünften iSd § 8 I Nr 8 und 9 AStG führen.

86

Niedrigbesteuerung (§ 8 III AStG). Nach hM[9] sind die Einkünfte bei der Prüfung des Bestehens einer Niedrigbesteuerung ausgehend von dem Hinzurechnungsbetrag zu bestimmen, so dass § 8b I und II grundsätzlich nicht iRd § 8 III AStG anwendbar sind.[10] § 8b III S 4 ff und X sind hingegen als allgemeine Einkommensermittlungsvorschriften ebenso wie bei der Ermittlung des Hinzurechnungsbetrages iRd § 8 III AStG beachtlich (vgl Rn 85).

87

---

1   *Binnewies* in Streck § 8b Rn 28; *Gosch* in Gosch § 8b Rn 25; *Watermeyer* in H/H/R § 8b Rn 22. Die Erfüllung der Voraussetzungen von § 9 Nr 7 GewStG wird hingegen aufgrund des Aktivitätserfordernisses nicht ohne Weiteres in Drittstaatsfällen gelingen. Vgl *Gosch* in Gosch § 8b Rn 25; *Watermeyer* in H/H/R § 8b Rn 22.
2   *Binnewies* in Streck § 8b Rn 28.
3   *Watermeyer* in H/H/R § 8b Rn 22 mwN.
4   Hierzu R 32 I KStR. Nun jedoch offenbar aA die zwischen Bund und Ländern abgestimmte OFD Niedersachsen v 11.4.2011, DStR 2011, 1274, 1276.
5   *Wassermeyer*, IStR 2000, 114, 117. Durch § 8 I Nr 8, 9 und II AStG wird dieser Unionsrechtsverstoß jedoch häufig geheilt werden.
6   *Schnitger/Bildstein*, IStR 2009, 629, 635.
7   So auch *Luckey* in Strunk/Kaminski/Köhler § 10 AStG Rn 74.3 f (in Bezug auf § 8b III S 4 und 5).
8   *Wassermeyer* in F/W/B/S § 14 AStG Rn 21; *Vogt* in Blümich § 8 AStG Rn 86 f.
9   *Wassermeyer/Schönfeld* in F/W/B/S § 8 AStG Rn 316.4; *Lehfeldt* in Strunk/Kaminski/Köhler § 8 AStG Rn 191; BMF v 14.5.2004, BStBl I 2004, Sondernr 1/2004, Tz 8.3.2.1.
10 *Wassermeyer/Schönfeld* in F/W/B/S § 8 AStG Rn 714.

88   *Einstweilen frei.*

89   **g) InvStG. Sachlicher Anwendungsbereich.** Mit dem InvestmentmodernisierungsG[1] wurden sowohl das KAGG als auch das AuslInvestG für in- bzw ausländische Investmentfonds ab dem Geschäftsjahr, welches nach dem 31.12.2003 begann, durch das InvG sowie das InvStG abgelöst. Das InvStG enthält nunmehr einheitlich die steuerlichen Regeln für Anleger in- und ausländischer Investmentfonds.[2]

90   **Transparenzprinzip.** Die ausgeschütteten sowie ausschüttungsgleichen Erträge aus Investmentanteilen gehören zu den Einkünften aus Kapitalvermögen gem § 20 I Nr 1 EStG, wenn sie nicht Betriebseinnahmen des Anlegers sind (§ 2 I S 1 Hs 1 InvStG). Die Anwendung des § 8b I ist auf diese Einkünfte zwar grundsätzlich gem § 2 I Hs 2 InvStG ausgeschlossen. Hiervon abweichend existieren allerdings eine Reihe von Ausnahmen, nach denen die Anwendung der Steuerbefreiung, welche für bestimmte vom Fonds bezogene Einkunftsquellen eigentlich gilt, auf Anlegerebene spezialgesetzlich angeordnet wird (Besteuerung nach dem sog Transparenzprinzip).

91   **Vom Fonds bezogene Dividenden.** Soweit ausgeschüttete sowie ausschüttungsgleiche Erträge Einkünfte iSd § 43 I S 1 und 2 EStG enthalten (dh Einkünfte gem § 20 I Nr 1 und 2 EStG wie insbesondere Dividenden), sind diese gem § 2 II InvStG iVm § 8b steuerfrei. Jedoch greift gem § 8b V die Fiktion nichtabzugsfähiger Betriebsausgaben iHv 5 % der steuerfreien Einkünfte.[3] Etwas anderes gilt, soweit der Investor § 8b VII oder VIII unterfällt. Zur Anforderung der Veröffentlichung eines Aktiengewinns vgl Rn 94.

92   **Abzugsfähigkeit von Wertpapierleihgebühren und Ausgleichszahlungen.** Zur Abzugsfähigkeit von Leihgebühren und Ausgleichszahlungen für Wertpapierleihen sowie Wertpapierpensionsgeschäfte bei Beteiligung von Investmentvermögen gem § 8b X vgl Rn 832 und 848.

93   **Vom Fonds bezogene Veräußerungsgewinne.** Vom Fonds bezogene Veräußerungsgewinne sind im Falle der Ausschüttung gem § 1 III S 1 InvStG grundsätzlich und im Falle der Thesaurierung nur ausnahmsweise gem § 1 III S 2 InvStG als ausschüttungsgleiche Erträge wie zB im Falle der Veräußerung von Dividendenscheinen gem § 20 II Nr 2 lit a EStG steuerbar (ausgenommen sind hingegen insbesondere Einkünfte aus der Veräußerung von Anteilen gem § 20 II Nr 1 EStG). Soweit die Veräußerungsgewinne steuerbar sind, kommt ab dem 1.1.2009 gem § 2 II S 1 InvStG die Steuerbefreiung des § 8b ebenso zur Anwendung. Zukünftig ist das Erfordernis der Veröffentlichung eines Aktiengewinns zu beachten (vgl Rn 94).

94   **Veröffentlichung eines Aktiengewinns (§ 5 II S 4 InvStG).** Der mit dem JStG 2010 eingeführte § 5 II S 4 InvStG stellt die Anwendung der Steuerbefreiung des § 8b nach § 2 II InvStG unter die Voraussetzung einer bewertungstäglichen Veröffentlichung des Aktiengewinns zur Verhinderung von Gestaltungen.[4] Falls bei der erstmaligen Ausgabe von Anteilen keine Veröffentlichung des Aktiengewinns erfolgte, kann gem

---

1   BGBl I 2003, 2676 ff.
2   Einzelheiten bei *Kayser/Steinmüller*, FR 2004, 137 ff; *Wellisch/Quast/Lenz*, BB 2008, 490 ff.
3   *Steinmüller*, Ausländische Hedgefonds und Private Equity-Pools im Investmentsteuerrecht, Diss 2005, S 63; *Wellisch/Quast/Lenz*, BB 2008, 490, 491.
4   *Benecke/Schnitger*, IStR 2010, 432, 438 f.

§ 18 IX S 2 InvStG das Wahlrecht zur Veröffentlichung des Aktiengewinns gem § 5 II S 3 InvStG erneut ausgeübt werden. Das Erfordernis gilt erstmals für Erträge, die dem Investor nach dem Tag des Kabinettsbeschlusses zufließen. Die Veröffentlichung des Aktiengewinns muss entsprechend der Verwaltungspraxis zur Ausübung des Wahlrechts bei ausländischen Investmentvermögen spätestens zwei Monate nach dem Tag des Kabinettsbeschlusses erfolgen (§ 18 IX S 4 InvStG).[1]

Gewinne aus der Rückgabe und Veräußerung von Investmentanteilen sowie Zuschreibungen (§ 8 I InvStG). Nach § 8 I S 1 InvStG ist auf die Einnahmen aus der Rückgabe oder Veräußerung von Investmentanteilen im Betriebsvermögen § 8b anzuwenden, soweit diese auf bestimmte gesetzlich definierte Bezüge entfallen, die beim Empfänger zu Einnahmen iSd § 20 I Nr 1 EStG führen und iRd sog positiven Aktiengewinns festgestellt werden. Die Steuerbefreiung gilt gem § 8 I S 2 InvStG ebenso, falls der Gewinn auf Beteiligungen des Investmentvermögens an anderen Investmentvermögen entfällt, für die ihrerseits ein positiver Aktiengewinn festgestellt wurde. Weiterhin erweitert § 8 I S 3 InvStG die Steuerbefreiung auf Zuschreibungen gem § 6 I Nr 2 S 3 EStG. Voraussetzung für die Gewährung der Steuerbefreiung ist jedoch gem § 5 II InvStG, dass die Investmentgesellschaft bewertungstäglich den Aktiengewinn in Form eines positiven oder negativen Prozentsatzes veröffentlicht; sofern eine Investmentgesellschaft ihren Veröffentlichungspflichten nicht mehr nachkommt, ergeben sich die Rechtsfolgen aus § 8 IV InvStG. Soweit Gewinne aus der Rückgabe oder Veräußerung von Investmentanteilen außerhalb des Betriebsvermögens anfallen, ist § 8b gem § 8 V S 1 Hs 2 InvStG nicht anzuwenden. Ebenso sind verdeckte Einlagen von Investmentanteilen mangels einer § 17 I S 2 EStG vergleichbaren Vorschrift nicht von der Definition der „Veräußerung" iSd § 8 I S 1 InvStG erfasst.[2]

95

Vermögensminderung (§ 8 II InvStG). Korrespondierend regelt § 8 II S 1 InvStG, dass Vermögensminderungen innerhalb des Investmentvermögens insoweit den Abzugsbeschränkungen des § 8b III unterfallen, als diese auf einen negativen Aktiengewinn entfallen. Der Begriff der Vermögensminderung umfasst dabei sowohl Veräußerungsverluste als auch Teilwertabschreibungen, wie die Bestimmung der Vermögensminderungen in § 8 III S 2 InvStG beweist (vgl Rn 97).[3] Ebenso sollen Vermögensminderungen in Folge von verdeckten Einlagen durch § 8 II S 1 InvStG erfasst sein.[4]

96

Ermittlung des Aktiengewinns oder -verlusts auf Anlegerebene (§ 8 III InvStG). Während § 8 I, II InvStG den positiven bzw negativen Aktiengewinn auf der Ebene des Fonds beschreiben (sog Fonds-Aktiengewinn)[5], regelt § 8 III InvStG wie der positive bzw negative Aktiengewinn auf der Ebene der Anleger der Höhe nach ermittelt wird

97

---

1 BMF v 18.8.2009, BStBl I 2009, 931 ff, Rn 110.
2 BFH I R 92/10, DStR 2012, 178.
3 So die hM *Intemann* in H/H/R Jahresbd 2002-2004 InvStG Rn J 03-23; *Sradj/Mertes*, DStR 2004, 201, 204; *Lübbehüsen/Schmitt*, DB 2004, 268, 270.
4 FG Niedersachsen 6 K 165/09, EFG 2011, 368; BFH I R 92/10, DStR 2012, 178. Kritisch *Helios/Birker*, DB 2011, 2226 ff.
5 *Bacmeister*, BB 2004, 2787, 2788; *Bujotzek*, Offene Immobilienfonds im Investmentsteuerrecht, Diss 2006, S 222.

(sog besitzzeitanteiliger Anleger-Aktiengewinn)[1]. § 8 III S 1 InvStG betrifft dabei die besitzzeitanteilige Ermittlung des positiven oder negativen Anleger-Aktiengewinns für den Fall der Rückgabe oder Veräußerung gem § 8 I, II InvStG. § 8 III S 2 und 3 InvStG normieren die besitzzeitanteilige Ermittlung des positiven oder negativen Anleger-Aktiengewinns für die Fälle der Teilwertabschreibung bzw der Zuschreibung. Im Umkehrschluss bedeutet dies, dass soweit ein Investmentvermögen keinen negativen Fonds-Aktiengewinn veröffentlicht, die Begrenzungen des § 8b III bei Vermögensminderungen auf Ebene des Anteilseigners nicht zur Anwendung kommen.[2] Hierbei ist jedoch zu beachten, dass die Investmentgesellschaft gem § 5 II S 3 InvStG an ihre bei der erstmaligen Ausgabe der Anteile getroffene Entscheidung, ob sie den Fonds-Aktiengewinn ermittelt oder davon absieht, gebunden ist. Dies kann beim Anteilsscheininhaber zu nachteiligen Rechtsfolgen führen:[3] Kommt die Investmentgesellschaft ihrer gewählten Ermittlungs- und Veröffentlichungspflicht gem § 5 II InvStG nicht nach, gilt gem § 8 IV S 1 InvStG der Investmentanteil als zum zeitgleich mit dem letzten Aktiengewinn veröffentlichen Rücknahmepreis zurückgegeben und wieder angeschafft. Zwar wird die dabei anfallende Steuer zunächst gem § 8 IV S 2 InvStG gestundet, diese Stundung endet gem § 8 IV S 3 InvStG jedoch mit der tatsächlichen Rückgabe oder Veräußerung des Investmentanteils, wobei die als angeschafft geltenden Investmentanteile gem § 8 IV S 4 InvStG nicht mehr von § 8b begünstigt werden.

98 **Keine Hinzurechnung negativer Anleger-Aktiengewinne, Korrekturposten I und II für Altverluste.** Aus unionsrechtlichen Gründen (vgl Rn 116) ist für im Jahr 2001 an einem Investmentvermögen beteiligte Anleger keine Hinzurechnung bestimmter negativer Anleger-Aktiengewinne im VZ 2001 vorzunehmen bzw die Bildung eines Korrekturpostens I für bestimmte auf Ebene des Investmentvermögens und eines Korrekturpostens II für bestimmte auf Ebene des Anlegers realisierte „Altkursverluste" zu gewähren.[4]

99 **Anteilseigner iSd § 8b VII und VIII.** Soweit die beteiligten Anleger § 8b VII oder VIII unterfallen und die sachlichen Anwendungsvoraussetzungen in Bezug auf die Anteilsscheine erfüllt werden, sind die Steuerbefreiungen der §§ 2 II, 8 I S 1 und 2 InvStG sowie die Einschränkungen der Abzugsfähigkeit von Betriebsvermögensminderungen gem § 8 II S 1 InvStG nicht anwendbar.[5]

100 **Gewerbesteuerliche Hinzurechnung nach § 8 Nr 5 GewStG.** Die gewerbesteuerliche Hinzurechnung nach § 8 Nr 5 GewStG findet aufgrund des Verweises in § 2 II S 1 InvStG auf § 8b grundsätzlich auch auf über ein Investmentvermögen als Ausschüttungen oder ausschüttungsgleiche Erträge erzielte Dividenden Anwendung.[6]

---

1 *Intemann* in H/H/R Jahresbd 2002-2004 InvStG Rn J 03-24.
2 *Ramackers* in L/B/P § 5 InvStG Rn 121; *Bujotzek*, Offene Immobilienfonds im Investmentsteuerrecht, Diss 2006, S 222.
3 *Harenberg/Intemann*, NWB Fach 3, 13529, 13539 f; *Ebner*, NWB Fach 3, 13611, 13617 f; *Bujotzek*, Offene Immobilienfonds im Investmentsteuerrecht, Diss 2006, S 223.
4 Einzelheiten unter BMF v 1.2.2011, BStBl I 2011, 201.
5 *Gosch* in Gosch § 8b Rn 56.
6 BFH I R 109/08, BFH/NV 2010, 1364; BFH I R 92/10, DStR 2012, 178; BMF v 18.8.2009, BStBl I 2009, 931, Rn 42; *Dötsch/Pung* in D/J/P/W § 8b Rn 30. AA *Steinmüller*, DStR 2009, 1564 ff; *Hils*, DB 2009, 1151 ff.

III. Normzweck und Anwendungsbereich

Bei Zugrundelegen der vom BFH entwickelten Rechtsprechung kommt zudem eine gewerbesteuerliche Hinzurechnung nach § 8 Nr 5 GewStG auch für Gewinne aus der Rückgabe und Veräußerung von Investmentanteilen sowie Zuschreibungen gem § 8 I S 1 InvStG in Betracht, soweit diese noch nicht ausgeschüttete bzw noch nicht als ausschüttungsgleiche Erträge erfasste Dividenden umfassen.[1] Für auf Ebene des Investmentvermögens noch nicht realisierte stille Reserven sollte hingegen eine Hinzurechnung iRd § 8 I S 1 InvStG bei teleologischer Auslegung des § 8 Nr 5 GewStG ausscheiden; denn bei Direktbezug der Erträge würden diese auf Investorenebene ebenso nicht hinzugerechnet werden. Zwar soll die Hinzurechnung bei Erträgen aus ausländischen Investmentvermögen zumindest nach Verwaltungsauffassung davon abhängen, ob die Beteiligung die Voraussetzung der § 9 Nr 2a und 7 GewStG erfüllt.[2] Bei inländischen als Sondervermögen organisierten Investmentvermögen soll hingegen nach Verwaltungsauffassung immer eine Hinzurechnung nach § 8 Nr 5 GewStG greifen. Zwar wird dies in Literatur damit begründet, dass die Anwendung des § 9 Nr 2a GewStG bei steuerbefreiten Körperschaften ausscheidet.[3] Unter Beachtung der Rechtsprechung des BFH, wonach iRd § 8 Nr 5 GewStG nicht unterschieden wird, auf welcher Weise dem Anteilseigner Bezüge zugerechnet werden, kann jedoch auch die gegenteilige Auffassung vertreten werden. Zumindest bei ausländischen Investmentvermögen sollte jedoch eine mittelbare Beteiligung iRd § 9 Nr 7 GewStG an der ausschüttenden Gesellschaft grundsätzlich geeignet sein, eine Hinzurechnung nach § 8 Nr 5 GewStG zu vermeiden.[4]

Einstweilen frei. 101-102

h) REITG. Transparente Besteuerung von Immobilienvermögen. Durch das REITG[5] sollte für AG ein rechtlicher Rahmen geschaffen werden, der die Sammlung von Kapital zur Anlage in Immobilienvermögen sowie bestimmten damit im Zusammenhang stehenden Anlagegegenstände erleichtert. Bei Erfüllung der verschiedenen in §§ 1 ff REITG genannten Anforderungen wird eine REIT-AG auch die in § 16 ff REITG genannten steuerlichen Regelungen in Anspruch nehmen können, welche eine Besteuerung nach dem Transparenzprinzip gewährleisten sollen. 103

Steuerbefreiung der REIT-AG. Zentrale steuerliche Folge ist zunächst, ob die REIT-AG von der Steuerbefreiung für Zwecke der KSt und GewSt gem § 16 I REITG profitiert. Bei dem Unterschreiten bestimmter Anlagegrenzen wird die Steuerbefreiung gem § 16 III REITG eingeschränkt. Zudem muss zum Erhalt der vollständigen Steuerbefreiung 90 % des Jahresüberschusses gem § 16 V REITG ausgeschüttet werden. 104

Keine Anwendung des § 8b. Zur Erfassung der erzielten Erträge auf Anlegerebene wird gem § 19 III REITG aufgrund der Steuerbefreiung der REIT-AG die eigentlich für die Auschüttungen der REIT-AG zur Anwendung kommende Steuerbefreiung gem § 8b I sowie der Steuerbefreiung für Veräußerungsgewinne gem § 8b II eingeschränkt. 105

---

1 Ebenso angesichts der Entscheidung der Vorinstanz bereits *Steinmüller*, DStR 2009, 1564, 1568.
2 BMF v 18.8.2009, BStBl I 2009, 931, Rn 42.
3 *Steinmüller*, DStR 2009, 1564, 1569.
4 *Steinmüller*, DStR 2009, 1564, 1569. Implizit auch BFH I R 92/10, DStR 2012, 178.
5 BGBl 2007, I 2794.

Lediglich soweit die Dividenden bzw Gewinne einer REIT-AG aus vorbelasteten Teilen eines Gewinns stammen (dh diese mit einer deutschen oder ausländischen KSt von mind 15% belastet sind), kommt eine Anwendung des § 8b gem § 19a REITG in Frage.

106 *Einstweilen frei.*

107 **i) Verfassungsrecht. Rückwirkende Einführung des § 8 Nr. 5 GewStG.** Es wird die Auffassung vertreten, dass die Anwendung der Hinzurechnung nach § 8 Nr 5 GewStG gem § 36 IV GewStG idFd UntStFG auf vor dem 20.12.2001 gefasste Gewinnverwendungsbeschlüsse und entsprechende Auszahlungen eine verfassungswidrige Rückwirkung darstellt, weil das zum Zeitpunkt der Beschlussfassung und Auszahlung geltende Gesetz eine Hinzurechnung nicht kannte.[1] Inzwischen ist zu dieser Frage aufgrund des Vorlagebeschlusses des FG Münster v 2.3.2007[2] ein Normenkontrollverfahren beim BVerfG anhängig[3]. Das FG Köln hält die Rückwirkung indes für verfassungsgemäß.[4] Das anhängige Revisionsverfahren wurde jedoch durch Beschluss bis zur Entscheidung des BVerfG in vorgenanntem Verfahren ausgesetzt.[5]

108 **Materielles Korrespondenzprinzip.** Verfassungsrechtlich begegnen den § 8b I S 2 ff vor dem Hintergrund des in Art 3 I GG manifestierten Leistungsfähigkeitsprinzips, welches eigentlich eine Besteuerung nur nach den Verhältnissen des Steuerpflichtigen gebietet, Bedenken.[6] Noch stärker sind diese Bedenken iRd Anwendung des § 8 III S 4.

109 **Nichtabzugsfähige Gewinnminderungen iSd § 8b III S 3.** Die in § 8b III S 3 angeordnete Nichtabzugsfähigkeit von Gewinnminderungen im Zusammenhang mit einem Anteil iSd § 8b II verstößt nicht gegen das objektive Nettoprinzip als Teil des Leistungsfähigkeitsprinzips.[7]

110 **Nichtabzugsfähige Betriebsausgaben.** § 8b V bzw § 8b III S 1 standen im Verdacht, gegen Verfassungsrecht zu verstoßen, da keine Nachweismöglichkeit besteht, dass die tatsächlichen Betriebsausgaben geringer als die pauschalierten Betriebsausgaben sind.[8] Inzwischen hat das BVerfG entschieden, dass die Pauschalisierung eines Betriebsausgabenabzugsverbots durch die Hinzurechnung von 5 % des Veräußerungsgewinns und der Bezüge aus Unternehmensbeteiligungen nach § 8b III S 1 und § 8b V verfassungsgemäß ist.[9]

111 **Wertpapierpensionsgeschäfte.** Weiterhin wird in der Anordnung der Anwendung des § 8b X für den VZ 2007 ein Verstoß gegen das Rückwirkungsverbot moniert.[10]

112-114 *Einstweilen frei.*

---

1   *Prinz/Simon*, DStR 2002, 149, 150 f; aA *Frotscher* in Frotscher/Maas § 8b Rn 28a.
2   FG Münster 9 K 5772/03 G, EFG 2007, 1728.
3   Az BVerfG: 1 BvL 6/07.
4   FG Köln 15 K 5537/03, EFG 2007, 1345.
5   Az BFH: I R 14/07.
6   *Kohlhepp*, DStR 2007, 1502, 1505; *Becker/Kempf/Schwarz*, DB 2008, 370, 372; *Pohl/Raupach*, FR 2007, 210, 215.
7   BFH I R 79/09, BFH/NV 2011, 521.
8   FG Hamburg 5 K 153/06, EFG 2008, 236; ebenso *Kaminski/Strunk*, BB 2004, 689, 691; *Oldiges*, DStR 2008, 533. AA *Frotscher* in Frotscher/Maas § 8b Rn 83. Offenlassend BFH I R 95/05, BStBl II 2007, 279 ff.
9   BVerfG 1 BvL 12/07, DB 2010, 2590 ff. Hierzu auch *Krug*, DStR 2011, 598 f.
10 *Obermann/Brill/Füllbier*, BB 2007, 1647, 1651; *Hahne*, FR 2007, 819, 828; *Roser*, Ubg 2008, 89, 95 f.

III. Normzweck und Anwendungsbereich

j) Unionsrecht. MTRL. § 8b kommt den sekundärrechtlichen Anforderungen an die 115
Vermeidung einer wirtschaftlichen Doppelbesteuerung innerhalb von Europa nach,
indem die durch Art 4 I MTRL eingeräumte Möglichkeit der Anwendung der sog Freistellungsalternative genutzt wird. § 8b geht hier auch über die er erforderlichen Begünstigungen hinaus, indem entgegen der MTRL zB keine Mindestbeteiligung gefordert
wird und auch über Personengesellschaften bezogene Dividenden erfasst werden.

Anwendungszeitpunkt. Die vorgezogene Anwendung des Halbeinkünfteverfahrens 116
für Anteile an ausländischen Kapitalgesellschaften ist, soweit es die Steuerbefreiung der
§ 8b II, III und VI betrifft, grundsätzlich vorteilhaft und damit AUEV-konform. Die
frühere Nichtabzugsfähigkeit von Veräußerungsverlusten und Teilwertabschreibungen
verstößt hingegen gegen die Art 63 AEUV (56 EG) sowie ggf Art 49 AEUV (Art 43 EG)
und ist für den VZ 2001 folglich nicht anzuwenden.[1] Gleiches gilt, nach unterinstanzlicher
Rechtsprechung bei Verlusten aus Drittstaatsbeteiligungen[2] und soweit die Erträge über
ein Investmentvermögen nach § 40a I S 2 KAGG bezogen wurden (vgl auch Rn 98).[3]

Materielles Korrespondenzprinzip. Es ist davon auszugehen, dass § 8b I S 2 ff nicht gegen 117
die Grundfreiheiten des AEUV verstoßen.[4] Denn zum einen werden nach der Regelung
inländische und grenzüberschreitende Sachverhalte gleichbehandelt; auch der Umstand,
dass die Regelung vorrangig grenzüberschreitende Sachverhalte in Form einer eintretenden
Doppelbesteuerung betrifft, ist unionsrechtlich weniger beachtlich.[5] Zum anderen hat
der EuGH aus verschiedenen Gründen auch im Fall der Ungleichbehandlung grenzüberschreitender Sachverhalte keinen Verstoß angenommen, wenn andernfalls ein vollständiger
Steuerausfall droht.[6] Allerdings ist ein Verstoß gegen Art 4 MTRL anzunehmen, da in Folge
der § 8b I S 2 ff keine erforderliche Steuerbefreiung und auch keine indirekte Steueranrechnung für die von der MTRL geschützten vGA mehr zur Anwendung kommt.[7]

Nichtabzugsfähige Betriebsausgaben. Die ausschließliche Anwendung des 118
früheren § 8b VII idFd StBereinG sowie § 8b V idFd StSenkG auf Auslandsdividenden
verstößt sowohl hinsichtlich innerhalb im Unionsraum[8] als auch in Drittstaaten[9] ansässigen Tochterkapitalgesellschaften gegen Art 49 AEUV bzw Art 63 AEUV (Art 43
EG bzw Art 56 EG) und ist folglich nicht anzuwenden. In Folge dieser unionsrechtlich gebotenen Gleichbehandlung greift jedoch auch subsidiär wieder das Betriebs-

---

1   EuGH Rs C-377/07, *STEKO Industriemontage GmbH*, Slg 2009, I-299, sowie BFH I R 57/06, DStR 2009, 1748; BFH I B 199/09, DStR 2010, 1729; BMF v 11.11.2010, BStBl I 2011, 40.
2   FG Köln 13 K 80/06, IStR 2011, 640, Az BFH: I R 40/11.
3   BFH I R 27/08, BStBl 2011, 40; BMF v 1.2.2011, BStBl I 2011, 201.
4   *Dötsch/Pung* in D/J/P/W § 8b Rn 35; *Frotscher* in Frotscher/Maas § 8b Rn 29f. AA *Watermeyer* in H/H/R Jahresbd 2006-2008 § 8b Rn J 06-3; *Becker/Kempf/Schwarz*, DB 2008, 370, 372.
5   EuGH Rs C-513/04, *Kerckhaert-Morres*, Slg 2006, I-10967.
6   EuGH Rs C-403/03, *Schempp*, Slg 2005, I-6421; EuGH Rs C-231/05, *Oy AA*, Slg 2007, I-6373; EuGH Rs C-311/08, *SGI*, Slg 2010, I-511. AA *Dörfler/Heurung/Adrian*, DStR 2007, 514, 517; *Becker/Kempf/Schwarz*, DB 2008, 370, 372.
7   *Frotscher* in Frotscher/Maas § 8b Rn 29f; *Becker/Kempf/Schwarz*, DB 2008, 370, 373; *Gosch* in Gosch § 8b Rn 146.
8   EuGH Rs C-168/01, *Bosal*, Slg 2003 I-9409; EuGH Rs C-471/04, *Keller Holding*, Slg 2006, I-2107; BFH I R 78/08, BStBl II 2008, 821; BFH I R 50/05, BStBl II 2008, 823.
9   BFH I R 95/05, BStBl II 2007, 279; BFH I R 7/08, BFHE, 224, 50.

ausgabenabzugsverbot gem § 3c EStG.[1] Bezüglich in Drittstaaten ansässiger Tochterkapitalgesellschaften will die Verwaltung dieses noch nicht anerkennen,[2] was auf der teilweise restriktiven Rechtsprechung des EuGH in Drittstaatssacherhalten beruht.[3] Eine entsprechende Verfassungsbeschwerde wegen des Verstoßes gegen das Recht auf den gesetzlichen Richter mangels Vorlage an den EuGH ist anhängig.[4] § 8b V idFd Korb II-G steht hingegen zum einen aufgrund der einheitlichen Anwendung für In- und Auslandssachverhalte im Einklang mit den Grundfreiheiten des AEUV – auch soweit etwaige ausländische Quellensteuern bei der Bemessungsgrundlage einbezogen werden[5] – und ist zum anderen durch Art 4 II MTRL[6] gedeckt.

119 **Kapitalertragsteuerabzug.** Die Verpflichtung zum Einbehalt von KESt ist als Erhebungsform ebenso wie die Haftungsschuld des Auszahlenden als solches zwar grundsätzlich AEUV-konform.[7] Nach hM begründet die fehlende Anwendbarkeit des § 8b beim Abzug von KESt für Streubesitzdividenden (dh außerhalb der Steuerbefreiung nach der MTRL[8] und DBA) eine unionsrechtswidrige Diskriminierung.[9] Diese Auffassung wurde durch eine Reihe von Entscheidung des EuGH zu Regelungen über die Dividendenbesteuerung ausländischer Steuersysteme gestützt.[10] Das mögliche Gegenargument, durch die Nichtanwendung des § 8b werde die mangelnde gewerbesteuerliche Erfassung der Streubesitzdividenden ausgeglichen, wurde durch eine Entscheidung des EuGH zu vergleichbaren Regelungen in Italien entkräftet.[11] Daher verwundert es nicht, dass der EuGH mittlerweile die fehlende Konformität der Nichtgewährung des § 8b mit der Kapitalverkehrsfreiheit bei das Unionsgebiet betreffenden Sachverhalten festgestellt hat.[12] Es bleibt daher abzuwarten, inwieweit der vom BFH entwickelte Grundsatz, wonach bei Drittstaatssachverhalten kein Verstoß gegen die Kapitalverkehrsfreiheit bei fehlender Anwendung des § 8b iRd Kapitalertragsteuerabzugs gegeben ist, aufrechterhalten werden kann; denn der BFH stützte sich insbesondere auf die Möglichkeit einer Steueranrechnung im ausländischen Staat, dem der EuGH jedoch als Rechtfertigunggrund eine Absage erteilte.[13]

120 **Währungskursverluste.** Soweit eine gem § 8b III S 3 nichtabzugsfähige Abschreibung auf Währungskursverlusten innerhalb des Unionsraums beruht, gebietet das freiheitsrechtliche Beschränkungsverbot der Grundfreiheiten eine Berück-

---

1 FG Schleswig-Holstein 1 K 224/07, EFG 2011, 1459, Az BFH: I R 44/11.
2 BMF v 21.3.2007, BStBl I 2007, 302; BMF v 30.9.2008, BStBl I 2008, 940; hierzu *Rehm/Nagler*, IStR 2011, 622 ff.
3 Übersicht der Rechtsprechung bei *Wunderlich/Blaschke*, IStR 2008, 754; *Hindelang*, IStR 2010, 443 jeweils mwN. Jüngst jedoch EuGH Rs C-436/08 und 437/08, *Haribo/Salinen*, IStR 2011, 299 ff.
4 Az BVerfG: 2 BvR 862/09.
5 EuGH Rs C-27/07, *Crédit Mutuel*, Slg 2008, I-2067.
6 RL 90/435/EWG des Rates v 23.7.1990 über das gemeinsame Steuersystem der Mutter- und Tochtergesellschaften verschiedener Mitgliedstaaten, ABl 1990, L 225, 6-9, zuletzt geändert durch die RL 2003/123/EG des Rates v 22.12.2003, ABl EU 2004, L 7, 41.
7 EuGH Rs C-290/04, *Scorpio*, Slg 2006, I-9461; EuGH Rs C-282/07, *Truck Center*, Slg 2008, I-10767.
8 Zu Verstößen gegen die MTRL auch *Kempf/Gelsdorf*, IStR 2011, 173, 174 f.
9 ZB bereits *Dautzenberg*, BB 2001, 2137 ff; *Behrens*, AG 2008, 117 ff; *Patzner/Frank*, IStR 2008, 433 ff; *Schwenke*, IStR 2008, 473 ff.
10 EuGH Rs C-170/05, *Denkavit*, Slg 2006, I-11949; EuGH Rs C-379/05, *Amurta*, Slg 2007, I-9569 ff.
11 EuGH Rs C-540/07, *Kommission/Italien*, IStR 2009, 853, Rn 38 ff.
12 EuGH Rs C-284/09, *Kommission/BRD* DStR 2011, 2038.
13 BFH I R 53/07, BFH/NV 2009, 1543.

sichtigung der Verluste, wie sich aus der Entscheidung des EuGH in der Rs *Shell* ergibt.[1] Auch wenn das Verfahren die Berücksichtigung von Währungskursverlusten aus ausländischen Betriebsstätten betraf und meist vor dem Hintergrund des gleichheitsrechtlichen Diskriminierungsverbots betrachtet wird[2], ist die Nichtberücksichtigung von Währungskursverlusten genau genommen unter Maßgabe des freiheitsrechtlichen Beschränkungsverbots zu prüfen. Denn in einem zu Vergleichszwecken fingierten Inlandssachverhalt wäre ein Währungskursverlust nicht entstanden.

Einstweilen frei. 121-123

4. Besteuerungsverfahren. Die Steuerfreistellung ist zu gewähren, wenn der Tatbestand des § 8b erfüllt ist. Das Vorliegen der Voraussetzungen muss nach den allgemeinen Regeln der Beweislast derjenige darlegen, der die Steuerbefreiung für sich einfordert. Die steuerliche Vorbelastung entsprechender Bezüge und Gewinne ist (mit Ausnahme der Steuerbefreiung von vGA gem § 8b I S 2 vgl hierzu Rn 184 ff)nicht Tatbestandsvoraussetzung bzw wird vom Gestzgeber unterstellt und muss daher vom Steuerpflichtigen nicht belegt werden.[3] 124

Einstweilen frei. 125

IV. Steuerbefreiung von Dividenden (§ 8b I S 1 und V). 1. Allgemeines. § 8b I S 1 regelt die Steuerbefreiung für bestimmte Bezüge, die von einer anderen Körperschaft bezogen werden. § 8b I S 2-4 sehen Ausnahmen von der Steuerbefreiung im Falle des Bezugs von vGA in bestimmten Konstellationen vor. § 8b I S 5 dehnt schließlich die Steuerbefreiung nach § 8b I S 1 auch auf Einnahmen aus der Veräußerung von Dividendenscheinen aus. 126

Bezüge. Begrifflich stellt § 8b I auf „Bezüge" ab. Eine ausdrückliche Definition, was hierunter zu verstehen ist, enthält die Vorschrift nicht. Offensichtlich wird hiermit allerdings auf den weiten Begriff der „sonstigen Bezüge" in § 20 I Nr 1 S 1, 2 und 3 sowie Nr 2 S 1 EStG abgestellt.[4] Einkünfte sind hingegen nicht mit Bezügen gleichzusetzen, sie erwachsen erst aus Bezügen bzw Einnahmen.[5] 127

Bruttogröße. Der Begriff der „Bezüge" umfasst eine Bruttogröße, was auch im Zusammenhang mit dem § 8b V Bedeutung hat (vgl Rn 624).[6] 128

Geld und Sachleistungen. Aufgrund des Abstellens auf den weiten Begriff der Bezüge, werden Geld- und Sachleistungen von § 8b I erfasst.[7] 129

Rechtsgrundverweis. § 8b I enthält einen Rechtsgrundverweis auf die in § 20 I Nr 1, 2, 9 und 10 lit a EStG sowie § 20 II S 1 Nr 2a EStG und § 20 II S 2 EStG genannten Bezüge. Folglich müssen auch die Voraussetzungen der Verweisnormen des EStG 130

---

1 EuGH Rs C-293/06, *Deutsche Shell*, Slg 2008, I-1129 ff.
2 Ebenso in Bezug auf § 8b III S 3 vgl BFH I R 79/09, BFH/NV 2011, 521.
3 *Gosch* in Gosch § 8b Rn 101.
4 *Gosch* in Gosch § 8b Rn 101; *Frotscher* in Frotscher/Maas § 8b Rn 19.
5 *Frotscher* in Frotscher/Maas § 8b Rn 19.
6 *Gosch* in Gosch § 8b Rn 101; *Frotscher* in Frotscher/Maas § 8b Rn 19.
7 *Gosch* in Gosch § 8b Rn 101; *Frotscher* in Frotscher/Maas § 8b Rn 20; *Dötsch/Pung* in D/J/P/W § 8b Rn 13; *Gröbl/Adrian* in Erle/Sauter § 8b Rn 46.

erfüllt sein, damit die Rechtsfolgen des § 8b I eintreten können.[1] Allerdings bedarf es keiner übereinstimmenden Qualifikation auf Ebene der leistenden und empfangenden Körperschaft; das Korrespondenzprinzip greift erst auf Rechtsfolgenseite innerhalb des eingeschränkten Rahmens der § 8b I S 2 ff.

131 **Einkunftsart unmaßgeblich.** Ob die Bezüge zu den Einkünften aus Kapitalvermögen oder aus Gewerbetrieb gehören, ist für die Anwendung des § 8b I unerheblich. Entscheidend ist nur, inwieweit die Bezüge abstrakt die in den verwiesenen Normen des EStG enthaltenen Anforderungen erfüllen.

132 **In- und ausländische Körperschaft.** Ferner werden sowohl Bezüge von in- als auch von ausländischen Körperschaften gleichermaßen von § 8b I erfasst. Bei Bezügen einer ausländischen Körperschaft ist allerdings erforderlich, dass diese nach dem Typenvergleich mit einer inländischen Körperschaft vergleichbar ist.[2]

133 **Steuerliche Vorbelastung.** Die Vorbelastung von Bezügen mit der KSt ist grundsätzlich keine tatbestandliche Voraussetzung für die Anwendung des § 8b I.[3] Lediglich iRd § 8b I S 2 ff finden sich Vorschriften, welche allerdings auf Rechtsfolgenseite ansetzen und auf die fehlende Minderung des körperschaftsteuerlichen Einkommens für vGA abstellen (vgl Rn 184 ff).

134 **Abschließende Aufzählung.** Die in § 8b I aufgeführten Bezüge stellen eine abschließende Aufzählung der erfassten Sachverhalte dar.[4]

135-136 *Einstweilen frei.*

137 **2. Begünstigte Bezüge. a) Bezüge iSd § 20 I Nr 1 EStG.** Bezüge iSd § 20 I Nr 1 EStG sind Gewinnanteile (Dividenden), Ausbeuten und sonstige Bezüge aus Aktien, GmbH-Anteilen, Anteilen an Erwerbs- und Wirtschaftsgenossenschaften sowie Anteilen an bergbautreibenden Vereinigungen, die die Rechte einer juristischen Person haben. Eine Mindestbeteiligung ist zur Anwendung des § 8b I nicht erforderlich.

138 **Beteiligungsähnliche Genussrechte.** Genussrechte iSd § 8 III S 2, mit denen das Recht am Gewinn und Liquidationserlös einer Kapitalgesellschaft verbunden ist, unterfallen ebenso dem § 8b I.

139 **VGA.** Zu den sonstigen Bezügen gehören auch vGA gem § 20 I Nr 1 S 2 EStG.[5] Die Einschränkung in § 8b I S 2 macht dies mittlerweile deutlich.

140 **Ausgleichszahlungen an außenstehende Aktionäre.** Ebenfalls begünstigt sind Ausgleichszahlungen an außenstehende Aktionäre bei Vorliegen eines entsprechenden Gewinnabführungsvertrages.[6]

---

1 *Watermeyer* in H/H/R § 8b Rn 31.
2 *Frotscher* in Frotscher/Maas § 8b Rn 24; *Dötsch/Pung* in D/J/P/W § 8b Rn 16; *Geißer* in Mössner/Seeger § 8b Rn 27.
3 *Gröbl/Adrian* in Erle/Sauter § 8b Rn 44; *Frotscher* in Frotscher/Maas § 8b Rn 25; *Gosch* in Gosch § 8b Rn 2.
4 *Gosch* in Gosch § 8b Rn 100; *Gröbl/Adrian* in Erle/Sauter § 8b Rn 43; *Dötsch/Pung* in D/J/P/W § 8b Rn 11; *Geißer* in Mössner/Seeger § 8b Rn 30; *Watermeyer* in H/H/R § 8b Rn 31; BMF v 28.4.2003, BStBl I 2003, 292, Rn 5.
5 *Dötsch/Pung* in D/J/P/W § 8b Rn 11; *Watermeyer* in H/H/R § 8b Rn 32.
6 BFH I D 1/56 S, BStBl III 1957, 139; *Frotscher* in Frotscher/Maas § 8b Rn 20; *Dötsch/Pung* in D/J/P/W § 8b Rn 14; *Binnewies* in Streck § 8b Rn 33.

IV. Steuerbefreiung von Dividenden

Investmentanteile. Bei bestimmten Einkünften aus Investmentanteilen kommt § 8b I zur Anwendung (vgl zu den Einzelheiten Rn 89 ff).

Steuerliches Einlagekonto (§ 27). Rückzahlungen aus dem steuerlichen Einlagekonto iSd § 27 gehören gem § 20 I Nr 1 S 3 EStG als nicht steuerbare Vermögensmehrungen nicht zu den Einnahmen aus Kapitalvermögen. Rückzahlungen aus dem steuerlichen Einlagekonto gem § 27 sind seit jeher bei inländischen Körperschaften möglich, ab dem VZ 2006 allerdings auch bei ausländischen Gesellschaften eines EU-Staates (vgl § 27 Rn 3, 169 ff); vor dem Hintergrund der dem EWR-Abkommen innewohnenden Diskriminierungsverbote ist die Vorschrift zudem auf ausländische Gesellschaften eines EWR-Staates zu erweitern. Die Anwendung des § 20 I Nr 1 S 3 EStG führt bei einer zum Betriebsvermögen gehörenden Beteiligung jedoch nicht zu steuerfreien Einnahmen.[1] Stattdessen führen Rückzahlungen aus dem Einlagekonto in diesen Fällen zu einer Verminderung des Buchwerts der Beteiligung, so dass insoweit steuerbilanziell eine Vermögensmehrung zu verneinen ist.[2] Soweit die Ausschüttungen aus dem Einlagekonto den Buchwert der Beteiligung hingegen übersteigen (was zB bei vorheriger Abschreibung des Beteiligungsbuchwerts möglich ist), ging die hM in der Literatur bisher davon aus, dass § 8b I anwendbar ist.[3] Der BFH hat jedoch jüngst die Anwendbarkeit des § 8b I auf den übersteigenden Betrags in Folge des § 20 I Nr 1 S 3 EStG abgelehnt.[4] Die Finanzverwaltung will hingegen § 8b II anwenden (vgl Rn 318). *Gosch*[5] will jedoch weder § 8b I noch II zur Anwendung bringen, so dass die übersteigende Ausschüttung voll steuerpflichtig sein soll. Letzte Auslegung steht mit der Zielsetzung des § 8b mE nicht im Einklang bzw misst dem Gesetzeswortlaut ein zu hohes Gewicht bei.

Rückzahlung von Einlagen bei Körperschaften aus Drittstaaten. Bei Rückzahlung der Einlagen von Körperschaften aus Drittstaaten ist § 27 und somit auch § 20 I Nr 1 S 3 EStG nicht anwendbar.[6] Mit dem BFH ist jedoch richtigerweise davon auszugehen, dass auch bei Körperschaften aus Drittstaaten eine vorrangige Verrechnung mit dem Buchwert der Beteiligung möglich ist, was wiederum als nichtsteuerbare Vermögensmehrungen das Vorliegen von Bezügen ausschließt.[7] Gleiches soll iÜ für die Umwandlung einer Kapitalrücklage in ein Darlehen gelten, welches in eine Kapitalrückzahlung und Darlehensgewährung aufzuspalten ist.[8] Ob eine Verrechnung mit dem Buchwert in diesen Fällen möglich ist, richtet sich danach, inwieweit

---

1 BFH I R 68/88, BStBl II 1991, 177 ff.
2 BFH I R 68/88, BStBl II 1991, 177 ff; BFH I R 116/08, BFH/NV 2010, 549; BMF v 28.4.2003, BStBl I 2003, 292, Rn 6; ebenso *Gosch* in FS für Norbert Herzig, Unternehmensbesteuerung, 2010, S 63, 67.
3 *Dötsch/Pung* in D/J/P/W § 8b Rn 80 mit Hinweis auf BFH VIII R 38/96, BStBl II 1999, 647. Ebenso *Watermeyer* in H/H/R § 8b Rn 32; *Herzig*, DB 2003, 1459, 1461; *Kröner* in EY § 8b Rn 52.
4 BFH I R 116/08, BFH/NV 2010, 549.
5 *Gosch* in Gosch § 8b Rn 106.
6 *Füger/Rieger*, FR 2003, 543, 544; *Watermeyer*, GmbH-StB 2003, 194, 195; *Dötsch/Pung* in D/J/P/W § 8b Rn 80. AA *Schmidt/Hageböke*, IStR 2002, 150, 151, wonach eine Gesetzeslücke vorliegt, die im Wege der Analogie geschlossen werden soll.
7 BFH I R 1/91, BStBl II 1993, 189 ff mwN; *Rödder/Schumacher*, DStR 2003, 909, 910; *Kröner* in EY § 8b Rn 52.
8 BFH I R 58/99, BStBl II 2001, 168.

eine Kapitalherabsetzung nach ausländischem Handelsrecht vorliegt.[1] Hinsichtlich des den Buchwert überschießenden Betrages gilt das unter Rn 142 Beschriebene entsprechend.

144   **Sachdividenden.** Auf der Ebene der empfangenden Körperschaft gehören auch Sachdividenden zu den von § 8b I S 1 begünstigten Bezügen; zur Behandlung auf Ebene der leistenden Körperschaft (vgl Rn 308).[2]

145   **Genossenschaftliche Rückvergütungen.** Sog genossenschaftliche Rückvergütungen stellen bei den Mitgliedern Betriebseinnahmen iSd § 15 EStG und keine Bezüge iSd § 20 I Nr 1 dar, so dass § 8b I S 1 auf diese nicht anwendbar ist; dies gilt zumindest dann, wenn diese keine vGA begründen bzw die Voraussetzungen des § 22 nicht erfüllt werden (vgl § 22 Rn 33, 148, 150).

146   **Besondere Entgelte und Vorteile iSd § 20 III EStG.** Auch besondere Entgelte iSd § 20 III EStG unterfallen dem § 8b. Die Vorschrift regelt lediglich klarstellend den Umfang der Einnahmen nach § 20 I EStG. Dementsprechend gehören Bezüge aus Dividendengarantien von dritter Seite gem § 20 II S 1 Nr 1 EStG als besonderes Entgelt zu den Einkünften iSd § 20 I EStG.[3] § 8b sollte folglich auf diese ebenso wie auf Aktienrückkaufsgarantien sowie Boni anwendbar sein.[4]

147-149   *Einstweilen frei.*

150   **b) Bezüge iSd § 20 I Nr 2 EStG. Kapitalherabsetzung.** Bezüge aus einer Kapitalherabsetzung einer unbeschränkt steuerpflichtigen Körperschaft oder Personenvereinigung fallen ebenfalls unter § 20 I Nr 2 S 2 EStG (sofern nicht § 20 I Nr 1 S 3 EStG greift) und sind damit von § 8b I erfasst. Als beachtliche Kapitalherabsetzungen kommt die Verringerung des Stammkapitals der GmbH (§ 58 GmbHG) sowie des Grundkapitals der AG (§ 222 AktG) bzw der KGaA (§§ 278, 222 AktG) im Wege der ordentlichen Kapitalherabsetzung in Betracht. Die vereinfachte Kapitalherabsetzung (§§ 58a ff GmbHG, §§ 229 ff AktG) erfordert hingegen in Ermangelung von Bezügen bzw Einkünften nicht die Anwendung des § 8b I. Bezüge aus solchen Kapitalrückzahlungen unterfallen dem § 8b I, soweit:

- in Kapital umgewandelte Gewinnrücklagen zurückgeführt werden, was gem § 28 II S 2 als Gewinnausschüttung gilt (vgl zu den Einzelheiten § 28 Rn 61 ff),

- Kapitalrückzahlungen, den positiven Bestand des steuerlichen Einlagekontos übersteigen, was gem § 28 II S 4 als Gewinnausschüttung gilt (vgl zu den Einzelheiten § 28 Rn 71).

---

1   BFH I R 1/91, BStBl II 1993, 189 ff mwN; BFH I R 58/99, BStBl II 2001, 168; BFH I R 117/08, BFH/NV 2011, 669.
2   *Dötsch/Pung* in D/J/P/W § 8b Rn 13; *Frotscher* in Frotscher/Maas § 8b Rn 20.
3   Bereits RFH I Aa 378/29, RStBl 1929, 667; ebenso BFH VIII R 13/91, BStBl II 1993, 602.
4   *Gosch* in Gosch § 8b Rn 104.

Sofern dagegen eine Verwendung des Einlagekontos gem § 27 vorliegt, so dass § 20 I Nr 1 S 3 EStG erfüllt ist, kommt zunächst eine Verrechnung mit dem Buchwert der Anteile in Betracht; der den Buchwert überschießende Betrag unterfällt nach der jüngeren Rechtsprechung nicht § 8b I, sondern mE § 8b II (vgl Rn 142).

Auflösung. Von § 8b I erfasste Bezüge iSd § 20 I Nr 2 S 1 EStG sind auch solche, die aufgrund der „Auflösung" einer Körperschaft oder Personenvereinigung anfallen und keine Rückzahlung von Nennkapital oder steuerlichem Einlagekonto gem § 27 darstellen; dies sind insbesondere Bezüge aus dem neutralen Vermögen oder im Übergangszeitraum Auskehrungen aus dem EK 02.[1] „Auflösung" bedeutet in diesem Zusammenhang die Änderung des Satzungszwecks durch Beschluss der Mitglieder oder kraft Gesetzes hin zur Abwicklung. Unter § 20 I Nr 2 EStG fallen sowohl die Bezüge iRd Schlussverteilung des Liquidationsüberschusses als auch Abschlagszahlungen auf den Liquidationsüberschuss, nicht jedoch die nach Auflösung beschlossene Ausschüttung des Gewinns eines vorher abgelaufenen WJ.[2] Rückzahlungen von Nennkapital iRd Auflösung qualifizieren als Bezüge gem § 20 I Nr 2 S 2 und 4 EStG und unterfallen damit § 8b I, falls diese gem § 28 II S 2 und 4 zu Gewinnausschüttungen führen (hierzu vgl § 28 Rn 61 ff, 71). Soweit iRd Auflösung das Einlagekonto gem § 27 ausgeschüttet wird, kommt zunächst eine Verrechnung mit dem Buchwert der Anteile in Betracht; der den Buchwert überschießende Betrag unterfällt nach der jüngeren Rechtsprechung nicht § 8b I, sondern mE § 8b II (vgl Rn 142).

Kapitalherabsetzung oder Auflösung ausländischer Körperschaften. Bezüge aus der Auflösung oder Kapitalherabsetzung einer nicht unbeschränkt steuerpflichtigen Körperschaft fallen bis zum VZ 2006 nicht unter § 8b I, da der bis dahin geltende Wortlaut des § 20 I Nr 2 EStG allein auf unbeschränkt steuerpflichtige Körperschaften abstellt.[3] Durch das SEStEG wurden in § 20 I Nr 2 S 1 EStG die Worte „unbeschränkt steuerpflichtig" gestrichen, so dass bei der Auflösung oder Kapitalherabsetzung einer ausländischen Körperschaft auch Bezüge iSd § 8b I S 1 anfallen können (zur Verrechnung des Kapitalkontos iSd § 27 bei EU-Gesellschaften bzw mit dem Buchwert bei Gesellschaften aus einem Drittstaat vgl Rn 142 sowie 143).[4] Zur Befreiung des das Einlagenkonto gem § 27 bzw den Buchwert überschießenden Teils nach § 8b II vgl Rn 318.

Umwandlungen außerhalb des UmwStG. Bezüge im Zusammenhang mit einer ausländischen Umwandlung außerhalb des Anwendungsbereichs des UmwStG (dh insbesondere in Drittstaatsfällen) können zu Bezügen iSd § 8b I und § 8b II (vgl Rn 313) führen.

Einstweilen frei.

---

1 *Dötsch/Pung* in D/J/P/W § 8b Rn 18; *Binnewies* in Streck § 8b Rn 35; *Gröbl/Adrian* in Erle/Sauter § 8b Rn 58.
2 BFH I R 9/72, BStBl II 1974, 14; BFH I R 202/79, BStBl II 1983 II 433.
3 *Dötsch/Pung* in D/J/P/W § 8b Rn 18 mwN.
4 *Dötsch/Pung* in D/J/P/W § 8b Rn 18 und *Dötsch/Pung* in D/J/P/W § 20 EStG Rn 175.

156 **c) Bezüge iSd § 20 I Nr 9 EStG.** Bezüge iSd § 20 I Nr 9 EStG (und damit ebenfalls von § 8b I erfasst) sind Einnahmen aus Leistungen einer nicht von der KSt befreiten Körperschaft, Personenvereinigung oder Vermögensmasse iSd § 1 I Nr 3-5 (Versicherungs- und Pensionsfondsvereine auf Gegenseitigkeit, sonstige juristische Personen des privaten Rechts, nichtrechtsfähige Vereine, Anstalten, Stiftungen und andere Zweckvermögen des privaten Rechts), soweit sie nicht bereits zu den Einnahmen iSd § 20 I Nr 1 EStG gehören. Bei den genannten Körperschaften fehlt es zwar an Ausschüttungen an Anteilseigner oder Mitglieder. Um dennoch Vermögensübertragungen an die dahinter stehenden Personen mit einer Beteiligung oder vergleichbaren Stellung zu besteuern, erfasst § 20 I Nr 9 EStG alle Einnahmen aus Leistungen (dh alle oGA oder vGA bei Vereinen) und erweitert so auch den Kreis der möglichen Empfänger einer vGA (vgl auch § 8 Rn 314 ff).[1]

157-158 *Einstweilen frei.*

159 **d) Bezüge iSd § 20 I Nr 10 lit a EStG.** Von § 8b I erfasste Bezüge iSd § 20 I 1 Nr 10 lit a EStG sind Leistungen eines nicht von der KSt befreiten BgA iSd § 4 mit eigener Rechtspersönlichkeit. Diese können im Gegensatz zu BgA, die in rechtlich unselbständiger Weise in eine juristische Person des öffentlichen Rechts eingegliedert sind (§ 20 I 1 Nr 10 lit b EStG), mit Gewinnausschüttungen iSd § 20 I Nr 1 S 1 EStG wirtschaftlich vergleichbare Abführungen an den Gewehrträger ebenso wie vGA vollziehen.

160-161 *Einstweilen frei.*

162 **e) Bezüge aus der Veräußerung von Dividendenscheinen oder sonstigen Ansprüchen iSd § 20 II S 1 Nr 2 lit a EStG.** Von § 8b I erfasste Bezüge iSd § 20 II S 1 Nr 2 lit a EStG sind Einnahmen aus der Veräußerung von Dividendenscheinen und sonstigen Ansprüchen durch den Inhaber des Stammrechts, wenn die dazugehörigen Aktien oder sonstigen Anteile nicht mit veräußert werden. Die Vorschrift tritt als speziellere Norm an die Stelle von § 20 I Nr 1 EStG. Mit der Einfügung des § 8b I S 5 ist klargestellt, dass die Steuerbefreiung auf solche Einnahmen anwendbar ist.[2]

163-164 *Einstweilen frei.*

165 **f) Einnahmen aus der Abtretung von Dividendenansprüchen oder sonstigen Ansprüchen iSd § 20 II Nr 2 S 2 EStG.** Auch wenn der Verweis in § 8b I S 5 auf den bisherigen § 20 II S 2 EStG noch nicht auf den durch das UntStRefG 2008[3] eingefügten § 20 II Nr 2 S 2 EStG angepasst wurde, fallen dennoch Einnahmen aus der Abtretung von Dividenden oder sonstigen Ansprüchen, wenn die dazugehörigen Anteilsrechte oder Schuldverschreibungen nicht in einzelnen Wertpapieren verbrieft sind, unter die Steuerbefreiung.

166-167 *Einstweilen frei.*

---

1 Zum den Stiftungen BFH I R 98/09, BStBl 2011, 417.
2 *Jandura*, DB-Beilage 1/2002, 8.
3 BGBl I 2007, 1912; BStBl I 2007, 630.

IV. Steuerbefreiung von Dividenden

3. Nicht von § 8b I begünstigte Bezüge. Einnahmen aus Wertpapierleihgeschäften. Einnahmen aus Wertpapierleihgeschäften fallen nicht unter § 8b I, da der Verleiher eine Vergütung in Form einer Leihgebühr und Kompensationszahlung bezieht.[1] Auf die während der Leihe gezahlten Dividenden kann beim Entleiher als wirtschaftlichem Eigentümer § 8b I anwendbar sein (vgl ebenfalls Rn 823 ff).[2]

168

Wertpapierpensionsgeschäfte. Einnahmen aus Wertpapierpensionsgeschäften unterfallen ebenso nicht dem § 8b I.[3]

169

Hinzurechnungsbetrag. Zur Nichtanwendbarkeit des § 8b I auf den Hinzurechnungsbetrag gem § 10 AStG vgl Rn 84 ff.

170

Gewinnabführungen an Organträger. Verpflichtet sich eine Organgesellschaft durch einen Gewinnabführungsvertrag iSd § 291 I AktG ihren ganzen Gewinn an den Organträger abzuführen, so ist nach § 14 das Einkommen der Organgesellschaft dem Organträger zuzurechnen. Gewinnabführungen der Organgesellschaft sind dementsprechend keine nach § 8b I begünstigten Bezüge.[4]

171

Genussrechte. Nicht von § 8b I S 1 erfasst sind Genussrechte, die nicht unter § 8 III S 2 fallen. Diese sind Einnahmen iSd § 20 I Nr 7 EStG.[5]

172

REIT-AG. Zur Nichtanwendbarkeit des § 8b auf REITs vgl Rn 105.

173

KESt. Zur Nichtanwendbarkeit des § 8b I bei der KESt in Folge der Abgeltungswirkung vgl Rn 52.

174

Einstweilen frei.

175-176

4. Rechtsfolgen. Steuerbefreiung. Bei Erfüllung der Tatbestandsvoraussetzungen ordnet § 8b I eine Steuerfreistellung der Bezüge an. Aufgrund des Abstellens auf den Begriff der „Bezüge" erfasst die Steuerbefreiung nur Dividendeneinnahmen als Bruttogröße (vgl Rn 128).

177

Einkommensermittlung. Die von § 8b I betroffenen Bezüge sind als Teil des Betriebsvermögens iRd Gewinnermittlung zunächst zu berücksichtigen. § 8b I ordnet jedoch dem Gesetzeswortlaut nach an, dass die Steuerbefreiung ähnlich der Korrekturen von vGA nach dem Gesetzeswortlaut bei der Einkommensermittlung außerbilanziell auf der zweiten Stufe der Gewinnermittlung ansetzt.[6] Teilweise wird jedoch mit einem Hinweis auf die Grundsätze zur Korrektur von vGA vertreten[7], die Korrektur solle bereits gegen den Wortlaut bei der Einkünfteermittlung ansetzen (vgl analog im Zusammenhang mit der vGA § 8 Rn 477).

178

---

1 BMF v 28.4.2003, BStBl I 2003, 292, Rn 9; *Geißer* in Mössner/Seeger § 8b Rn 32; *Gosch* in Gosch § 8b Rn 108; *Dötsch/Pung* in D/J/P/W § 8b Rn 23; *Frotscher* in Frotscher/Maas § 8b Rn 20c; *Binnewies* in Streck § 8b Rn 32.
2 *Dötsch/Pung* in D/J/P/W § 8b Rn 23.
3 *Dötsch/Pung* in D/J/P/W § 8b Rn 23.
4 *Geißer* in Mössner/Seeger § 8b Rn 32; *Gröbl/Adrian* in Erle/Sauter § 8b Rn 48.
5 *Dötsch/Pung* in D/J/P/W § 8b Rn 15; *Kröner* in EY § 8b Rn 52.
6 *Gosch* in Gosch § 8b Rn 140; *Gröbl/Adrian* in Erle/Sauter § 8b Rn 67; *Herzig*, DB 2003, 1459, 1460.
7 *Gosch* in Gosch § 8b Rn 140.

179	**Organschaft und Bruttomethode.** Bei der Ermittlung des Einkommens iRd Organschaft für Zwecke der KSt gilt für auch für § 8b I die sog Bruttomethode: Danach erfolgt gem § 15 S 1 Nr 2 S 1 die Anwendung der Vorschrift nicht bei der Einkommensermittlung der Organgesellschaft, sondern gem § 15 S 1 Nr 2 S 2 erst auf der Ebene des Organträgers (zu den Einzelheiten vgl Rn 55).
180	**GewSt.** Zu den Auswirkungen der Steuerbefreiung für Zwecke der GewSt vgl Rn 62 f.
181	**DBA.** Soweit die Voraussetzungen des § 8b I erfüllt sind, kommt die Steuerbefreiung losgelöst von den abkommensrechtlichen Schachtelprivilegien als weiterreichende Norm zur Anwendung (zum Verhältnis zu den DBA vgl auch Rn 77).
182-183	*Einstweilen frei.*
184	**V. Korrespondenzprinzip. 1. Allgemeines. Zweck der Regelung.** Das in § 8b I S 2 ff niedergelegte materielle Korrespondenzprinzip hat zum Ziel, die mit der Steuerfreistellung von Dividenden verbundene Begünstigung nur dann zu gewähren, wenn die Einkünfte bei der ausschüttenden Gesellschaft einer Besteuerung unterlegen haben.[1] Zwar erfasst § 8b I S 2 ff häufig Einkünfte, welche in Folge eines Qualifikationskonfliktes oder in Folge einer Verjährung auf Ebene der Gesellschaft unbesteuert bleiben. Dennoch ist das Bestehen eines Qualifikationskonflikts anders als zB bei § 50d IX EStG keine Tatbestandsvoraussetzung der Vorschrift.
185	**Hintergrund.** Anlass für die Einführung des Korrespondenzprinzips war die Streitfrage, inwieweit aufgrund des § 8a aF bei von einer ausländischen TG an ihren inländischen Gesellschafter gezahlten Zinsen als vGA auch dann einer Steuerbefreiung gem § 8b I unterlagen, wenn diese bei der ausländischen Gesellschaft nach dem ausländischen Recht als Betriebsausgabe abzugsfähig waren.[2] Vor dem Hintergrund der erneuten Änderung des § 8a sowie der mit dem materiellen Korrespondenzprinzip verbundenen vielfältigen Probleme, welche insbesondere Vorgänge zwischen ausländischen Schwestergesellschaften betreffen (vgl Rn 204 und 231), wäre der Gesetzgeber jedoch gut beraten, dieses wieder abzuschaffen.[3]
186	**Bedeutung.** Bedeutung hat die Regelung – wie auch die ausdrückliche Aufnahme des § 8b I S 3 beweist – insbesondere bei grenzüberschreitenden Sachverhalten.[4] Soweit es hier an einer korrespondierenden Erfassung der Einkünfte bei der Tochterkapitalgesellschaft mangelt, ist der Anwendungsbereich der § 8b I S 2 und 3 grundsätzlich eröffnet. Daneben kommen die Anwendung der Regelungen für Inlandssachverhalte dann in Betracht, wenn zB aus verfahrensrechtlichen oder tatsächlichen Gründen keine Erfassung der vGA bei der ausschüttenden Gesellschaft gegeben ist.

---

1 BTDrs 16/2712, 70.
2 BMF v 15.7.2004, BStBl I 2004, 593, Rn 27. Sowie *Benecke/Schnitger*, IStR 2004, 44 f.
3 Ebenso *Dötsch/Pung* in D/J/P/W § 8b Rn 35.
4 *Lüdicke* in GS für W Rainer Walz, Zwischen Markt und Staat, 2007, S 401, 405; *Grotherr*, RIW 2006, 898, 900; *Frotscher* in Frotscher/Maas § 8b Rn 29d.

V. Korrespondenzprinzip

Trennungsprinzip. Die steuerliche Behandlung der vGA auf Gesellschafts- und Gesellschafterebene ist getrennt zu beurteilen und unterliegt damit einem Trennungsprinzip. Dieses Trennungsprinzip wird von § 8b I S 2 ff nicht grundsätzlich aufgehoben bzw eine materielle Bindungswirkung eingeführt (vgl Rn 230); dennoch wird das Trennungsprinzip in Teilbereichen aufgeweicht, indem die Gewährung außerbilanzieller Korrekturen der vGA von einer korrespondierenden Erfassung auf Gesellschaftsebene abhängig gemacht wird.

187

Systematik. In systematischer Hinsicht stellt § 8b I S 2 für bestimmte, von § 8b I S 1 begünstigte Bezüge weitere Voraussetzungen zur Anwendung der Steuerbefreiung auf. Soweit diese nicht erfüllt sind, schränkt § 8b I S 2 die Steuerbefreiung auf Rechtsfolgenseite ein. § 8b I S 3 stellt darüber hinaus sicher, dass die Einschränkung der Steuerbefreiung auch bei daneben bestehender Steuerbefreiung durch DBA aufrecht erhalten bleibt (zur Qualifikation des Treaty Overrides vgl Rn 237).

188

Kritik. Dem Korrespondenzprinzips liegt eine Durchbrechung der dem § 8b I innewohnenden Trennung der Besteuerungsebenen zu Grunde.[1] Insbesondere in grenzüberschreitenden Konstellationen kann dieses zu Verwerfungen führen, soweit sich Unterschiede bei der Ermittlung der Einkünfte ergeben.[2] Zudem bürdet § 8b I S 2 den Steuerpflichtigen trotz der hier vertretenen Beweislastregelung (vgl Rn 222) unverhältnismäßige Pflichten in Form der Kenntnis bzw der steuerlichen Qualifikation von Sachverhalten nach ausländischem Steuerrecht auf. Schließlich wirkt das materiellrechtliche Korrespondenzprinzip nur zu Ungunsten des Steuerpflichtigen; die eigentlich gebotene Verhinderung der Doppelbesteuerung als andere Seite der Medaille wird von der Vorschrift nicht erfasst.

189

Materielles Korrespondenzprinzip. § 8b I S 2 und 3 enthält zusammen mit § 8 III S 4 ff Regelungen zur Änderung der nach allgemeinen Grundsätzen vorgesehenen Steuerbefreiung in materieller Hinsicht. Daneben regelt § 32a I die Anpassung der Steuerveranlagung in verfahrensrechtlicher Hinsicht.

190

Unionsrechtliche Vereinbarkeit. Zur unionsrechtlichen Vereinbarkeit des Korrespondenzprinips vgl Rn 117.

191

Verfassungsrecht. Zum Verfassungsrecht vgl Rn 108.

192

Verhältnis zu anderen Vorschriften. Soweit neben § 8b I S 2 ff bzw § 8 III S 4 ff gleichzeitig die Voraussetzungen der Einschränkung abkommensrechtlicher Steuerbefreiungen nach anderen Vorschriften erfüllt werden (zB im Falle des § 50d IX EStG oder abkommensrechtlicher Switch-over-Klauseln) sind nach Teilen der Literatur erstgenannte Normen vorrangig anzuwenden.[3] Tatsächlich ist § 8b I S 2 unabhängig von einer Einschränkung abkommensrechtlicher Steuerbefreiungen zu sehen, da die Steuerbefreiung nach § 8b I S 1 und das abkommensrechtliche Schachtelprivileg parallel zur Anwendung kommen (vgl Rn 77). Soweit jedoch eine

193

---

1 Gosch in Gosch § 8b Rn 143a; *Watermeyer* in H/H/R Jahresbd 2006-2008 § 8b Rn J 06-3; *Lüdicke* in GS für W Rainer Walz, Zwischen Markt und Staat, 2007, S 401, 408 f.
2 Hierzu auch *Haas*, IStR 2011, 354, 355 f.
3 Gosch in Gosch § 8b Rn 147; *Dötsch/Pung* in D/J/P/W § 8b Rn 35; *Kollruss*, BB 2007, 467, 473.

Einschränkung abkommensrechtlicher Steuerbefreiungen nach anderen Vorschriften greift, bedarf es des § 8b I S 3 nicht mehr, so dass insoweit von einem logischen Vorrang dieser Vorschriften auszugehen ist.

194 **Verhältnis zu § 32a I S 1.** Das für Inlandssachverhalte bedeutsame Verhältnis von § 8b I S 2 ff und § 32a I S 1 kann als konträr bezeichnet werden. Aufgrund des Erfordernisses der fehlenden Einkommensminderung (vgl Rn 213) wird § 8b I S 2 bei inländischen Sachverhalten regelmäßig dann zur Anwendung kommen, wenn keine Änderung auf Ebene der inländischen Körperschaft verfahrensrechtlich möglich ist. Soweit der Steuerbescheid der Körperschaft noch änderbar ist, wird aufgrund des Ermittlungsgrundsatzes regelmäßig die Korrektur einer vGA folgen, welche die Anwendung des § 32a I S 1 auslöst.

195 **Verhältnis zu den §§ 7 ff AStG.** Eine mögliche Doppelbesteuerung kann sich ergeben, wenn bei grenzüberschreitenden Sachverhalten eine ausländische Gesellschaft passive Einkünfte erzielt und aufgrund abweichender Qualifikation eine Einkommensminderung nicht mittels einer nach deutschem Verständnis bestehenden vGA nach ausländischem Steuerrecht korrigiert wird. In diesem Fall kommt nämlich § 8b I S 2 ff neben den §§ 7 ff AStG auf Ebene des inländischen Gesellschafters zur Anwendung, obwohl die steuerliche Erfassung im Inland bereits gesichert ist.[1] Dieses Beispiel verdeutlicht das mit den § 8b I S 2 ff verbundene Dilemma eines zu weitreichenden Eingriffs des deutschen Gesetzgebers. Allenfalls § 3 Nr 41 lit a EStG kann in diesem Fall die erforderliche Steuerfreiheit gewährleisten, falls vorgelagert eine Hinzurechnungsbesteuerung von Einkünften eines anderen VZ bereits stattgefunden hat; allerdings muss dafür der Umstand, dass der Hinzurechnungsbetrag nach § 10 II S 1 AStG mit Ablauf des WJ erst als abgeflossen gilt, während § 3 Nr 41 lit a EStG bereits für das Jahr des Bezugs der vGA einen Hinzurechnungsbetrag erfordert, hinweggedacht werden. Soweit hingegen eine vGA bei einer gem § 14 AStG nachgeschalteten Zwischengesellschaft mit passiven Einkünften nicht korrigiert wird, kommt es zumindest auf Ebene der ausländischen Zwischengesellschaft nicht zu einer Erfassung eines weiteren Hinzurechnungsbetrages, da die vGA weiterhin gem § 8 I S 8 AStG aktiv ist; dh die § 8b I S 2 ff haben insoweit keinen Anwendungsbereich.

196 **Verhältnis zum InvStG.** Inwieweit § 8b I S 2 ff auch iRd § 2 II InvStG anwendbar ist, bleibt unklar. Der abstrakte Verweis in § 2 II InvStG auf den gesammten § 8b spricht zwar dafür. Allerdings ist § 2 II InvStG erst bei der Ermittlung der Einkünfte des Investors anwendbar, so dass sich bereits die Frage stellt, ob die für die Erfüllung des § 8b I S 2 notwendigen Tatbestandsvoraussetzungen (keine Minderung des Einkommens der leistenden Körperschaft) ebenfalls dem Investor zugerechnet werden müssen. Zudem geht der Gesetzgeber in § 4 I S 1 InvStG davon aus, dass die in den ausgeschütteten und ausschüttungsgleichen Erträgen enthaltenen, nach DBA steuerfreien Erträge außer Betracht zu lassen

---

1 *Schnitger/Rometzki*, BB 2008, 1648, 1654.

V. Korrespondenzprinzip

sind, so dass die Anwendbarkeit des in § 8b I S 3 vorgesehenen Treaty-Override als spezialgesetzliche Norm fraglich ist. Schließlich muss gesehen werden, dass die von § 2 II InvStG betroffenen Investmentvermögen aufgrund des Erfordernisses der Risikostreuung regelmäßig nur in Streubesitz investiert sind. Für derartige Kapitalanlagen werden vGA aufgrund der begrenzten Einflussnahme nur in geringem Umfang bestehen bzw die Prüfung der Erfüllung der Tatbestandsvoraussetzungen des § 8b I S 2 ist aufgrund der Vielzahl von Kapitalanlagen auf Ebene des Investmentvermögens faktisch nicht durchführbar. Daher scheint es vertretbar, die Anwendung des § 8b I S 2 auf Ebene des Investors iRd § 2 II InvStG zu verneinen.

Einstweilen frei. 197-199

2. Einschränkung der Steuerbefreiung (§ 8b I S 2). a) Persönlicher Anwendungsbereich. Empfangende Körperschaft. § 8b I S 2 enthält ebenfalls keine Bestimmung darüber, welche Körperschaft Empfängerin der vGA bei der Anwendung des Korrespondenzprinzips ist, so dass hier die allgemeinen Grundsätze zur Anwendung des § 8b I zur Anwendung kommen (vgl Rn 8 ff). Allerdings schränkt § 15 S 1 Nr 2 S 1 die Anwendbarkeit des § 8b I S 2 auf Ebene der Organgesellschaft ein. Stattdessen ist beim Organträger nach § 15 S 1 Nr 2 S 2 die Erfüllung der Voraussetzungen des § 8b I S 2 bzw des § 3 Nr 40 lit d S 3 EStG zu prüfen (dh beim Organträger ist zu prüfen, ob die vGA bei der ausschüttenden Gesellschaft das Einkommen gemindert hat; vgl § 15 Rn 109). 200

Leistende Körperschaft. § 8b I S 2 stellt auf die „leistende Körperschaft" ab. Aufgrund des Verweises auf § 20 I Nr 1 S 2 und § 20 I Nr 9 Hs 2 und Nr 10 lit a Hs 2 EStG wird der persönliche Anwendungsbereich jedoch auf bestimmte Körperschaften begrenzt (vgl Rn 208 und 210). Leistende Körperschaft kann sowohl eine inländische Körperschaft, eine ausländische Körperschaft mit inländischen Einkünften oder eine ausländische Körperschaft ohne jeglichen Inlandsbezug sein.[1] 201

Steuerbefreite Körperschaften. Nach zutreffender Auffassung sollte für steuerbefreite Körperschaften als leistende Körperschaft § 8b I S 2 grundsätzlich keine Bedeutung haben. Denn für diese ist keine Einkommensermittlung zu vollziehen, so dass auch keine Einkommensminderung greifen kann (zum Erfordernis vgl Rn 213).[2] 202

Leistende Körperschaft bei mehrstufigen vGA. Soweit eine vGA bei mehrstufigen vGA zwischen Gesellschafter und mittelbar beteiligter Gesellschaft vorliegt, ist leistende Körperschaft (jeweils) die Körperschaft, an der die empfangende Köperschaft unmittelbar beteiligt ist.[3] Für die Frage der Einkommensminderung sind daher jeweils auf jeder Stufe die Voraussetzungen der § 8b I S 2 ff zu prüfen. 203

---

1 *Frotscher* in Frotscher/Maas § 8b Rn 29h; *Dötsch/Pung* in D/J/P/W § 8b Rn 37; *Gosch* in Gosch § 8b Rn 145.
2 *Dötsch/Pung* in D/J/P/W § 8b Rn 42; *Gröbl/Adrian* in Erle/Sauter § 8b Rn 91.
3 *Benecke*, NWB 2006 (Beratung Aktuell), 3429, 3431; *Frotscher* in Frotscher/Maas § 8b Rn 29s; *Gosch* in Gosch § 8b Rn 149e; *Gröbl/Adrian* in Erle/Sauter § 8b Rn 91.

Beispiel

Die M-GmbH hält 100 % der Anteile an der T-GmbH, die 100 % der Anteile an der E-GmbH hält. Die E-GmbH gewährt der M-GmbH ein Darlehen mit einem zu geringen Zinssatz. Die Veranlagung der T-GmbH und der E-GmbH sind bestandskräftig.
Bei der T-GmbH und der E-GmbH kann eine Berücksichtigung der vGA aufgrund von Bestandskraft auf Gesellschafter- bzw Gesellschaftsebene nicht mehr erfolgen; § 32a I S 1 ist nicht anwendbar. In Folge der Vorteilsgewährung der E-GmbH an die M-GmbH wird jedoch auch eine vGA an die M-GmbH ausgeführt. In Folge des § 8b I S 2 ist auf diese § 8b I S 1 nicht anwendbar, da die vGA auf Ebene der T-GmbH das Einkommen nicht erhöht hat.

204 **Dreieckssachverhalte.** § 8b I S 2 kann auch bei Leistungsbeziehungen zwischen Schwestergesellschaften auf Ebene der MG zur Anwendung kommen:

Beispiel

Die M-GmbH hält 100 % der Anteile an der T1-GmbH und der T2-GmbH. Die T1-GmbH gewährt der T2-GmbH ein Darlehen mit einem zu hohen Zinssatz. Die Veranlagung der T1-GmbH ist bestandskräftig.
In Folge der Darlehensausreichung erhält die M-GmbH eine vGA von der T1-GmbH, welche § 8b I S 2 unterfällt. Gleichzeitig wird eine Einlage von der M-GmbH in die T2-GmbH geleistet (zum Vorteilsverbrauch vgl Rn 231).

205-206 *Einstweilen frei.*

207 **b) Sachlicher Anwendungsbereich (§ 8b I S 2). Sonstige Bezüge iSd § 20 I Nr 1 S 2 EStG.** Der ausdrückliche Wortlaut des § 8b I S 2 erfasst nur sonstige Bezüge iSd § 20 I Nr 1 S 2 EStG (dh vGA). Der Begriff ist deckungsgleich mit der Definition der vGA iSd § 8 III S 2 (vgl § 8 Rn 246 ff).

208 **§ 8b IX unterfallende vGA.** Soweit eine vGA von einer § 8b VII oder VIII unterfallenden Körperschaft bezogen wird, sind die Regelungen des § 8b I S 2 auch zu beachten, falls § 8b IX zur Anwendung kommt. § 8b IX setzt nämlich nur § 8b VII und VIII außer Kraft, so dass wiederum die allgemeine Steuerbefreiung gem § 8b I S 1 für derartige vGA zur Anwendung kommt.

209 **Andere Bezüge iSd § 20 I Nr 1 EStG.** Nicht erfasst werden nach dem ausdrücklichen Wortlaut andere Bezüge iSd § 20 I Nr 1 EStG. Dementsprechend werden auch Dividendenausschüttungen, welche das Einkommen der ausschüttenden Gesellschaft wie bei ausländischen REITs mindern, nicht erfasst.[1] Auch auf Bezüge aus beteiligungsähnlichen Genussrechten gem § 20 I Nr 1 S 1 EStG verweist § 8b I S 2 nicht, so dass diese nicht vom Korrespondenzprinzip erfasst werden. Dies ergibt sich ungeachtet des in der Vorschrift verwendeten Klammerzusatzes, der auf den gesamten § 8 III S 2 verweist (und damit auch auf die dort genannte vGA), sowie des potentiell weiteren Anwendungsbereichs des § 8b I S 3.[2] Ebenso fallen verdeckte, gesellschaftsrechtlich begründete Liquidationsauskehrungen nicht unter § 8b I S 2.[3]

---

[1] Benecke, NWB 2006 (Beratung Aktuell), 3429, 3430.
[2] Ausführlich *Schnitger/Bildstein*, IStR 2009, 629, 630. *Gosch* in Gosch § 8b Rn 144; *Dötsch/Pung* in D/J/P/W § 8b Rn 36; *Gröbl/Adrian* in Erle/Sauter § 8b Rn 84; *Rengers* in Blümich § 8b Rn 124. AA *Stein* in H/H/R § 8 Rn 194; so wohl auch *Grothehr*, RIW 2006, 898, 901.
[3] *Gosch* in Gosch § 8b Rn 144; *Rengers* in Blümich § 8b Rn 124. AA *Frotscher* in Frotscher/Maas § 8b Rn 29g.

V. Korrespondenzprinzip

Bezüge iSd § 20 I Nr 9 Hs 2 und Nr 10 lit a Hs 2 EStG. Weiterhin werden auch 210 den vGA vergleichbare Bezüge gem § 20 I Nr 9 Hs 2 und Nr 10 lit a Hs 2 EStG von der Vorschrift erfasst. Hiermit wird eine weitestgehende Gleichstellung von Bezügen aus Kapitalgesellschaften mit Bezügen aus Genossenschaften, Versicherungsvereinen auf Gegenseitigkeit, Vereinen und BgA[1] aber mittlerweile auch unmittelbar oder mittelbar beeinflussten Stiftungen[2] (inkl ausländischer[3]) erreicht.

VGA iSd § 8a. Soweit man mit Teilen der Literatur (bzw auf Basis der ausschließend 211 ergangenen Rechsprechung des BFH) davon ausgeht, dass § 8a aF ebenso zu einer vGA auf Ebene des Gesellschafters führt,[4] ist § 8b I S 2 insoweit auf diese anzuwenden.[5] IRd § 8a iVm § 4h EStG (Zinsschranke) hat § 8b I S 2 jedoch zweifelsfrei keine Bedeutung mehr, da keine korrespondierende Umqualifizierung des Zinsertrags in eine vGA erfolgt.

Maßgeblichkeit inländischen Rechts. Die Bestimmung, inwieweit eine vGA 212 gegeben ist, richtet sich ausschließlich nach deutschen Grundsätzen.[6] Dh wenn eine Minderung des Einkommens bei der ausländischen TG mangels des Bestehens einer vGA nach ausländischem Recht zutreffend vollzogen wird (so dass ein Qualifikationskonflikt bezüglich der Bestimmung der vGA vorliegt), kommt § 8b I S 2 zur Anwendung.[7] Allerdings ist für die Denkfigur des ordentlichen und gewissenhaften Geschäftsführers auf die konkreten Verhältnisse im Ausland abzustellen.[8]

Keine Einkommensminderung. Zentrale in § 8b I S 2 festgelegte Voraussetzung 213 ist, dass die Bezüge das Einkommen der leistenden Körperschaft nicht vermindert haben. Anders formuliert ist § 8b I S 2 dann anwendbar, wenn eine solche Einkommensminderung vorliegt. Inwieweit die Einkommenskorrektur der vGA nicht greift, weil auf Ebene der Gesellschaft eine abweichende materiell-rechtliche Qualifikation erfolgt (insbesondere bei Auslandssachverhalten) oder ob eine verfahrensrechtliche Änderung aufgrund Bestandskraft bei der Gesellschaft nicht möglich und § 32a I S 1 nicht anwendbar ist (was bei Inlands- und Auslandssachverhalten der Fall sein kann), ist für Zwecke des § 8b I S 2 unbeachtlich.[9]

Vermögensminderung. Vermögensminderungen sind unstreitig von § 8b I S 2 214 erfasst.[10] Eine Vermögensminderung ist gegeben, wenn die vGA auf Ebene der Gesellschaft nicht nach § 8 III S 2 oder einer vergleichbaren ausländischen Vorschrift dem Unterschiedsbetrag nach § 4 I EStG hinzugerechnet wurde.

---

1 *Benecke*, NWB 2006 (Beratung Aktuell), 3429, 3430.
2 BFH I R 98/09, BStBl 2011, 417.
3 Aufgrund des § 20 I Nr 9 S 2 EStG; zur erstmaligen Anwendung § 52 XXXVII EStG.
4 Zum damaligen Streit *Wassermeyer*, DStR 2004, 749; *Rödder/Schumacher*, DStR 2004, 758, sowie BFH I R 13/08, BFH/NV 2009, 1613; BFH IR 29/07, BStBl II 2010, 142.
5 *Dötsch/Pung* in D/J/P/W § 8b Rn 41 mwN.
6 *Kollruss*, BB 2007, 467, 471; *Becker/Kempf/Schwarz*, DB 2008, 370, 371; *Dötsch/Pung* in D/J/P/W § 8b Rn 38.
7 *Frotscher* in Frotscher/Maas § 8b Rn 29i; *Gosch* in Gosch § 8b Rn 144; *Lang* in D/J/P/W § 32a Rn 34.
8 BFH I R 68/81, BStBl II 1985, 120; *Dallwitz/Mattern/Schnitger*, DStR 2007, 1697, 1702.
9 *Dötsch/Pung* in D/J/P/W § 8b Rn 38.
10 *Gosch* in Gosch § 8b Rn 147; *Dötsch/Pung* in D/J/P/W § 8b Rn 41.

215 **Rechtliche Grundlage.** Allerdings ist darauf hinzuweisen, dass auch im Falle der Korrektur der Vermögensminderung aufgrund anderer in- oder ausländischer Normen als einer vGA (zB wegen § 8a aF, der Zinsschranke[1] bzw ausländischen Regelungen über Fremdfinanzierung sowie anderer Abzugsbegrenzungen oder Steuerbefreiungen) ausreichen, um den Anwendungsbereich des § 8b I S 2 auszuschließen.[2]

216 **Fehlende Steuerfestsetzung.** Nach dem klaren Wortlaut erfordert § 8b I S 2, dass eine vGA bei der ausschüttenden Gesellschaft das Einkommen nicht gemindert „hat". Dies ist insofern erstaunlich, als dass eigentlich allgemein anerkannt ist, dass vGA auf Gesellschaft- und Gesellschafterebene zeitlich auseinanderfallen können. Soweit noch keine Steuerfestsetzung der leistenden Körperschaft vorliegt, soll eine Einkommensminderung nach der Gesetzesbegründung (zumindest bis zu einer anderweitigen Feststellung) dennoch gegeben sein.[3] Aus dem Gesetzeswortlaut lässt sich dieses verfahrensrechtliche Erfordernis jedoch nicht entnehmen. Tatsächlich „hat" eine vGA mangels Festsetzung noch nicht das Einkommen gemindert, so dass § 8b I S 2 in diesem Fall keine Bedeutung zukommt.[4] Selbst bei Anwendung dieser Auffassung kommt jedoch bei Festsetzung § 32a zur Anwendung.[5]

217 **DBA-Betriebsstätten.** Die fehlende Einkommensminderung wird nicht dadurch in Frage gestellt, dass das Einkommen einer ausländischen DBA-Betriebsstätte zuzurechnen ist. Denn auch in diesem Fall ist iRd steuerlich freizustellenden Einkünfte eine Korrektur der Einkommensminderung gegeben. Dh insbesondere ist insoweit nicht auf die Korrektur nach dem Recht des ausländischen Betriebsstättenstaates abzustellen.[6]

218 **Verhinderte Vermögensmehrung.** Fraglich ist weiterhin, in welchem Umfang auch verhinderte Vermögensmehrungen unter § 8b I S 2 fallen. Für eine grundsätzliche Erfassung spricht der im Klammerzusatz enthaltene Verweis auf den § 8 III S 2, der verhinderte Vermögensmehrungen unzweifelhaft umfasst, ebenso wie die Gesetzesbegründung.[7] Dagegen spricht, dass § 8b I S 2 dem Wortlaut nach nur auf Einkommensminderungen abstellt, welche bei der verhinderten Vermögensmehrung regelmäßig später auftreten. Bei rein innerstaatlichen Fällen ist die Erfassung der verhinderten Vermögensmehrung gerechtfertigt, um eine Erfassung des inländischen Steuersubstrats zu sichern. In grenzüberschreitenden Fällen scheint dies jedoch fraglich, da hierdurch im Ausland gebildete stille Reserven im Inland der Besteuerung unterworfen werden. Da die Sicherstellung der ausreichenden Besteuerung auslän-

---

1 Insoweit jedoch aA *Gosch* in Gosch § 8b Rn 147.
2 *Schnitger/Rometzki*, BB 2008, 1648, 1650; *Gosch* in Gosch § 8b Rn 147; *Dörfler/Adrian*, Ubg 2008, 373, 377 f.
3 BTDrs 622/06, 119.
4 Ebenso *Dörfler/Heurung/Adrian*, DStR 2007, 514, 515; *Gröbl/Adrian* in Erle/Sauter § 8b Rn 90.
5 *Dötsch/Pung* in D/J/P/W § 8b Rn 41.
6 *Schnitger/Rometzki*, BB 2008, 1648, 1652 f; *Gosch* in Gosch § 8b Rn 147. AA *Dötsch/Pung* in D/J/P/W § 8b Rn 41.
7 *Frotscher* in Frotscher/Maas § 8b Rn 29i; *Gosch* in Gosch § 8b Rn 148; *Dötsch/Pung* in D/J/P/W § 8b Rn 41; BTDrs 16/2712, 70.

dischen Steuersubstrats Zielsetzung der § 7 ff AStG aber nicht des § 8b I S 2 ist, spricht dies für eine teleologische Reduzierung des sachlichen Anwendungsbereichs der Vorschrift an dieser Stelle.[1]

Steuerfreie Korrektur der verhinderten Vermögensmehrung. Soweit eine verhinderte Vermögensmehrung zu einer Korrektur des Einkommens der Gesellschaft im Wege des § 8 III S 2 bzw einer ausländischen Steuerrechtsordnung führt, die Einkommenserhöhung jedoch aufgrund einer anderweitigen Steuerbefreiung dennoch von der Besteuerung vollständig oder partiell ausgenommen wird (zB in Folge des § 8b II oder einer vergleichbaren ausländischen Vorschrift), verbleibt es dennoch bei der Nichtanwendbarkeit des § 8b I S 2 bzw der Freistellung gem § 8b I S 1.[2]

219

Ursächlichkeit. § 8b I S 2 kommt nur zur Anwendung, wenn die Einkommensminderung durch die fehlende Korrektur der vGA verursacht wird; andere gegenläufige einkommensmindernde Effekte bleiben insoweit außer Betracht. Dh falls nach ausländischem Steuerrecht ein fiktiver Zinsabzug auf EK einer ausländischen TG erfolgt (wie zB in Belgien), ist § 8b I S 2 auch dann nicht anwendbar, wenn die bei der ausländischen TG entstehende vGA hierdurch nach ausländischem Recht wieder neutralisiert wird.[3] Denn die Einkommensminderung ist nicht ursächlich durch die vGA ausgelöst, sondern entsteht unabhängig davon.

220

Innerstaatliche Qualifikationskonflikte. Aufgrund der unterschiedlichen Zuständigkeiten von Wohnsitzfinanzamt des Gesellschafters und des für die Gesellschaft zuständigen Finanzamts, kann es hinsichtlich des Bestehens einer vGA dem Grunde oder der Höhe nach ebenso zu Qualifikationskonflikten kommen. Dh es besteht kein Zwang zum korrespondierenden Ansatz von vGA auf Gesellschafts- und Gesellschafterebene der verschiedenen Finanzämter.[4] Soweit auf Ebene des Gesellschafters eine vGA höher ausfällt als auf Ebene der Gesellschaft, kommt es zu einer anteiligen Anwendung der § 8b I S 2 ff (vgl Rn 227).[5]

221

Beweislast. Besondere praktische Bedeutung hat auch die Frage, wen die Beweislast in Bezug auf § 8b I S 2 trifft. Unstrittig muss das Bestehen und die Höhe einer vGA durch die Finanzverwaltung als steuererhöhender Tatbestand bewiesen werden (vgl § 8 Rn 528 ff). Teilweise wird jedoch vertreten, dass die Beweislast für die fehlende Einkommensminderung im Ausland der Steuerpflichtige trage, da § 8b I S 2 ff eine Begünstigung des Steuerpflichtigen bewirke.[6] Diese Ansicht geht fehl, da § 8b I S 2 ff die Einschränkung einer begünstigenden Vorschrift (der Steuerbefreiung gem § 8b I S 1) darstellt und daher die Beweislast auch insoweit bei der Verwaltung liegen sollte.[7]

222

---

1 *Strnad*, GmbHR 2006, 1321, 1323; *Dörfler/Heurung/Adrian*, DStR 2007, 514, 515; *Schnitger/Rometzki*, BB 2008, 1648, 1650 f; *Watermeyer* in H/H/R Jahresbd 2006-2008 § 8b Rn J 06-6. AA *Frotscher* in Frotscher/Maas § 8b Rn 29i; *Gosch* in Gosch § 8b Rn 147; *Dötsch/Pung* in D/J/P/W § 8b Rn 41; BTDrs 16/2712, 70.
2 *Dötsch/Pung* in D/J/P/W § 8b Rn 42; *Schnitger/Rometzki* BB 2008, 1648, 1651 f. AA offenbar *Gosch* in Gosch § 8b Rn 147.
3 *Benecke*, NWB 2006 (Beratung Aktuell), 3429, 3430.
4 *Pohl*, DStR 2007, 1336, 1338; *Neumann*, GmbH-StB 2007, 112, 114.
5 *Dötsch/Pung* in D/J/P/W § 8b Rn 44.
6 *Dötsch/Pung* in D/J/P/W § 8b Rn 45.
7 *Stein* in H/H/R § 8 Rn 194.

223-226	*Einstweilen frei.*
227	**c) Rechtsfolgen. Keine (anteilige) Steuerfreistellung.** Wenn die Tatbestandsvoraussetzungen des § 8b I S 2 erfüllt sind, ist die außerbilanziell vorzunehmende Steuerbefreiung des § 8b I S 1 suspendiert. Wie die Verwendung des Worts „soweit" in § 8b I S 2 indiziert, wirkt die Steuerbefreiung bei unterschiedlicher Bewertung von vGA auf Gesellschafts- und Gesellschafterebene der Höhe nach anteilig.
228	**Keine Fiktion nichtabzugsfähiger Betriebsausgaben.** Die Fiktion nichtabzugsfähiger Betriebsausgaben gem § 8b V S 1 greift bei Erfüllung der Tatbestandsvoraussetzungen des § 8b I S 2 ebenso nicht, da die Steuerbefreiung der Bezüge nach § 8b I S 1 nicht anwendbar ist.
229	**Keine Umqualifikation.** In Folge des § 8b I S 2 kommt es nicht zu einer Umqualifikation der Bezüge; dh diese bleiben solche iSd § 20 I Nr 1 S 2, Nr 9 Hs 2 oder lit a Hs 2 EStG.[1]
230	**Keine Bindungswirkung.** Auch wenn § 8b I S 2 ff das Ziel verfolgt, erstmalig eine korrespondierende Besteuerung im deutschen Steuergesetz zu verankern, begründet es doch keine Verpflichtung zur gleichlaufenden Behandlung auf Gesellschafts- und Gesellschafterebene iSe Bindungswirkung.[2] Die Vorschriften haben lediglich zum Ziel, bei fehlender korrespondierender Behandlung Einschränkungen von begünstigenden Steuerfolgen zur Anwendung zu bringen.
231	**Vorteilsverbrauch.** Trotz der Einschränkung der Steuerbefreiung gem § 8b I S 2 kann es auf Ebene des Gesellschafters nach allgemeinen Grundsätzen zur Anwendung eines Vorteilsverbrauchs in Dreieckssachverhalten kommen, welcher durch die Vorschrift nicht eingeschränkt wird.[3] Ganz überwiegend wird dies damit begründet, dass es andernfalls regelmäßig zu einer Doppelbesteuerung auch im Inlandssachverhalt kommen kann, was nicht hinnehmbar sein soll. Lediglich soweit es im Ausland bei der den Vermögensvorteil empfangenden Gesellschaft keine Besteuerung (zB in Folge eines Steuersatzes von Null) kommt, sehen Teile der Literatur keine Basis für die Anwendung der Grundsätze zum Vorteilsverbrauch, da keine Doppelbesteuerung drohe.[4] Die Auffassung verkennt jedoch, dass für die Verhinderung derartiger ungewollter Steuerfolgen im Ausland bereits die §§ 7 ff AStG dienen (vgl Rn 195).
232	**Auswirkungen des Vorteilsverbrauchs.** Bejaht man die Existenz eines Vorteilsverbrauchs, kann in bestimmten Fällen bei direktem Bezug einer vGA selbst der in Folge des § 8b I S 2 resultierende Ertrag neutralisiert werden:

---

1 *Dötsch/Pung* in D/J/P/W § 8b Rn 37.
2 *Kohlhepp*, DStR 2007, 1502, 1503; *Pohl*, DStR 2007, 1336, 1338; *Dötsch/Pung* in D/J/P/W § 8b Rn 44.
3 *Dötsch/Pung* in D/J/P/W § 8b Rn 43; *Neumann*, GmbH-StB 2007, 112, 115 f; *Becker/Kempf/Schwarz*, DB 2008, 370, 374. AA *Gosch* in Gosch § 8b Rn 148a, der keine Rechtsgrundlage für den Vorteilsverbrauch sieht.
4 *Dötsch/Pung* in D/J/P/W § 8b Rn 43 und 49; *Dörfler/Adrian*, Ubg 2008, 373, 380.

V. Korrespondenzprinzip

Beispiel

Die M-GmbH hält 100 % der Anteile an der T1-Ltd sowie 100 % der Anteile an der T2-GmbH. Die T1-Ltd gewährt der T2-GmbH ein unverzinsliches Darlehen. Auf Ebene der T-Ltd greift keine Korrektur der Zinsen nach ausländischem Recht.
In Folge der Darlehensausreichung erhält die M-GmbH eine vGA von der T1-Ltd, welche § 8b I S 2 unterfällt und daher nicht steuerbefreit ist. Gleichzeitig entsteht nach allgemeinen Grundsätzen jedoch ein Vorteilsverbrauch; mangels einlagefähigen Vermögensvorteils liegt keine verdeckte Einlage vor (vgl § 8 Rn 545 „Dreiecksverhältnis", 666f). Der verbrauchende Aufwand unterfällt nicht § 4h EStG, § 8a (vgl § 8a Rn 126, 143 „Verbrauchender Aufwand") sowie § 8b III S 3 (vgl Rn 423).

Im Falle einlagefähiger Vermögensvorteile wird in Dreieckssachverhalten der Vorteilsverbrauch aufgrund der verdeckten Einlage neutralisiert, was zu einer Doppelbesteuerung führen kann (wenn man entgegen der hier vertretenen Auffassung § 8b I S 2 für anwendbar hält):

Beispiel

Die M-GmbH hält 100 % der Anteile an der T1-Ltd sowie 100 % der Anteile an der T2-GmbH. Die T1-Ltd verkauft der T2-GmbH ein WG unter Preis. Auf Ebene der T-Ltd greift keine Korrektur des Verkaufspreises nach ausländischem Recht.
In Folge des Verkaufs erhält die M-GmbH eine vGA von der T1-Ltd, welche § 8b I S 2 unterfällt und daher nicht steuerbefreit ist. Gleichzeitig entsteht nach allgemeinen Grundsätzen ein Vorteilsverbrauch bei der M-GmbH, der jedoch aufgrund der verdeckten Einlage in die T2-GmbH neutralisiert wird. Lediglich iRd späteren (höheren) Abschreibung des in Folge der Einlage erhöhten Wirtschaftsgutes gleicht sich der nach § 8b I S 2 besteuerte Ertrag in der Unternehmensgruppe wieder aus. Wenn das in Folge der Einlage erhöhte Wirtschaftsgut jedoch wie vorliegend einen Anteil iSd § 8b II darstellt, bleibt aufgrund des § 8b III S 3 die Doppelbesteuerung bestehen.

Anrechnung und Abzug ausländischer Steuern (§ 26 VI S 1 Hs 2). Soweit in grenzüberschreitenden Sachverhalten die Steuerfreistellung nach § 8b I S 1 sowie nach einem DBA aufgrund der § 8b I S 2 und 3 außer Kraft gesetzt wird, ordnet § 26 VI S 1 Hs 2 die Möglichkeit der Anrechnung oder des Abzugs von ausländischen Quellensteuern an (vgl weitergehend § 26 Rn 82). Diese Regelung ist bei den § 8b I S 2 unterfallenden Bezügen erforderlich, da aufgrund der ausländischen abweichenden Qualifikation Quellensteuern entstehen können und die Doppelbesteuerung in Folge des § 8b I S 3 andernfalls nicht vermieden wird.

GewSt. Selbst bei Erfüllung der Tatbestandsvoraussetzungen des § 8b I S 2 verbleibt die Möglichkeit einer gewerbesteuerlichen Kürzung gem § 9 Nr 2a bzw 7 GewStG, da es an einem vergleichbaren Korrespondenzprinzips im GewStG mangelt.[1]

Einstweilen frei.

---
1 Becker/Kempf/Schwarz, DB 2008, 370, 371; Dötsch/Pung in D/J/P/W § 8b Rn 39.

237 **3. Versagung abkommensrechtlicher Schachtelprivilegien (§ 8b I S 3). Treaty Override.** Da neben § 8b I S 1 in grenzüberschreitenden Sachverhalten häufig auch abkommensrechtliche Schachtelprivilegien zur Anwendung kommen (vgl Rn 77), bedurfte es des § 8b I S 3, um den Anwendungsbereich des § 8b I S 2 zu sichern. Die Vorschrift ist mithin ein Treaty Override, welcher völker- und verfassungsrechtlichen Zweifeln ausgesetzt ist.[1]

238 **Organschaft.** In Organschaftsfällen ist § 8b I S 3 aufgrund der in § 15 S 2 iVm S 1 Nr 2 S 1 verankerten Bruttomethode nicht auf Ebene der Organgesellschaft zu prüfen. Soweit der Organträger jedoch die Voraussetzungen zur Gewährung des abkommensrechtlichen Schachtelprivilegs erfüllt (hierzu § 15 Rn 162), kommt bei diesem auch die Anwendung des § 8b I S 3 gem § 15 S 2 iVm S 1 Nr 2 S 2 in Betracht.

239 **Erfasste Bezüge.** § 8b I S 3 stellt anders als § 8b I S 2 auf den weiteren Begriff der Bezüge iSd § 8b I S 1 ab (hierzu Rn 127 ff). Dies widerspricht der Rechtsfolge des § 8b I S 3, der auf den § 8b I S 2 verweist (vgl Rn 242). Daher ist davon auszugehen, dass insoweit ein Rechtsgrundverweis im § 8b I S 3 vorliegt und die Voraussetzungen des § 8b I S 2 zusätzlich erfüllt werden müssen.[2] Dementsprechend unterfallen dem § 8b I S 3 auch nur die von § 8b I S 2 erfassten Bezüge.

240 **Nach einem DBA steuerbefreite Einkünfte.** Einzige neben § 8b I S 2 zu erfüllende Voraussetzung zur Anwendung des § 8b I S 3 ist, dass die Bezüge nach einem DBA von der Besteuerung freigestellt sind. Hierdurch werden insbesondere die sog abkommensrechtlichen Schachtelprivilegien erfasst. Daneben kann theoretisch jedoch auch die abkommensrechtliche Steuerbefreiung ausländischer Betriebsstätteneinkünfte unter § 8b I S 3 fallen, falls Dividendenausschüttungen für Zwecke des DBA funktional einer ausländischen Betriebsstätte zuzurechnen sind.[3]

241 **Verhältnis zu anderen Vorschriften.** Soweit abkommensrechtliche Steuerbefreiungen aufgrund besonderer Vorschriften eine Einschränkung erfahren (zB durch § 50d IX EStG), bedarf es der Anwendung des § 8b I S 3 nicht (vgl Rn 193).[4]

242 **Rechtsfolge.** Auf Rechtsfolgenseite ordnet § 8b I S 3 die Anwendung des § 8b I S 2 ungeachtet einer etwaigen Verpflichtungen zur Steuerbefreiung nach den DBA iSe Treaty Override an.

243-244 *Einstweilen frei.*

245 **4. Rückausnahme (§ 8b I S 4). Zielsetzung.** § 8b I S 4 sieht eine Rückausnahme von § 8b I S 2 vor. Die Regelung bezieht sich auf den Sonderfall des Bezugs von vGA in Drei- oder Mehrecksfällen. Hiermit soll insbesondere erreicht werden, dass eine Doppelbesteuerung innerhalb einer Unternehmensgruppe nicht greift, falls bei einer nahe stehenden Person eine Einkommenserhöhung aufgrund der vGA berücksichtigt wird.

---

1   *Menhorn*, IStR 2005, 325 ff; *Vogel*, IStR 2005,29 ff; *Gosch*, IStR 2008, 413 ff.
2   *Dallwitz/Mattern/Schnitger*, DStR 2007, 1697, 1702; *Gosch* in Gosch § 8b Rn 149i; *Dörfler/Heurung/Adrian*, DStR 2007, 514, 515.
3   Zu den hohen Anforderungen BFH I R 66/06, BStBl II 2008, 510.
4   *Gosch* in Gosch § 8b Rn 149g.

Nahe stehende Person. § 8b I S 4 stellt auf die steuerlichen Auswirkungen einer dem Gesellschafter nahe stehenden Person ab. Mangels Verweis auf § 1 II AStG sowie aufgrund des Zusammenhangs zur vGA ist der Begriff der nahe stehenden Person entsprechend der zu § 8 III S 2 geltenden Grundsätze auszulegen (vgl § 8 Rn 466 ff).[1] 246

Einkommenserhöhung. Zentrale Voraussetzung des § 8b I S 4 ist, dass die vGA das Einkommen einer nahe stehenden Person erhöht hat. Im Gleichklang zu § 8b I S 2 sind folgende zwei Fälle zu unterscheiden: 247

- Vermögensmehrung
- Verhinderte Verminderung.

Vermögensmehrung. Unzweifelhaft ist von einer Einkommenserhöhung auszugehen, wenn eine Vermögensmehrung bei der nahe stehenden Person vorliegt, dh die vGA bei dieser ergebniswirksam erfasst wurde. 248

Verhinderte Vermögensminderung. Soweit man mit der hier vertretenen Auffassung verhinderte Vermögensmehrungen zB in Form der Überführung von Wirtschaftsgütern zwischen Schwestergesellschaften unter Preis als vGA nur bei inländischen Sachverhalten dem § 8b I S 2 unterstellt, schränkt sich der Anwendungsbereich der Rückausnahme in § 8b I S 4 bereits auf diese Fälle ein. Will man hingegen verhinderte Vermögensmehrungen immer dem Anwendungsbereich des § 8b I S 2 unterstellen, kommt der Auslegung der Rückausnahme in § 8b I S 4 für verhinderte Vermögensminderungen eine besondere Bedeutung zu. In Folge des grundsätzlich beim Korrespondenzprinzip fehlenden Erfordernisses einer Zeitkongruenz (vgl Rn 252) sollte eine für § 8b I S 4 erforderliche Einkommenserhöhung insbesondere auch dann gegeben sein, wenn die verdeckte Einlage auf Ebene der nahe stehenden Person nicht nachvollzogen wird und in Folge dessen keine Erhöhung der Anschaffungskosten der überführten Wirtschaftsgüter bei dieser greift.[2] Die Einkommensminderung manifestiert sich dann in einer zukünftigen geringeren Abschreibung oder einem höheren Veräußerungsgewinn des Wirtschaftsguts.[3] Nur dieses gewährleistet eine sachgerechte gleichmäßige Behandlung von verhinderten Vermögensmehrungen gem § 8b I S 2 und verhinderten Vermögensminderungen gem § 8b I S 4. Gegen diese Auslegung wenden sich *Dötsch/Pung*, die aufgrund des Wortlauts in § 8b I S 4 („Einkommen [...] erhöht hat") eine zeitliche Einschränkung für die Rückausnahme erkennen wollen.[4] 249

Steuerbefreiung der Einkommenserhöhung. Nach zutreffender Auffassung wird die Anwendbarkeit des § 8b I S 4 nicht dadurch in Frage gestellt, dass die Einkommenserhöhung bei der nahe stehenden Person einer Steuerbefreiung unterliegt (vgl analog Rn 217 und 219).[5] 250

---

1   *Dötsch/Pung* in D/J/P/W § 8b Rn 37; *Frotscher* in Frotscher/Maas § 8b Rn 29p. AA *Strnad*, GmbHR 2006, 1321, 1322.
2   *Becker/Kempf/Schwarz*, DB 2008, 370, 372; *Gosch* in Gosch § 8b Rn 149a; *Dörfler/Adrian*, Ubg 2008, 373, 381.
3   *Schnitger/Rometzki*, BB 2008, 1648, 1654 f.
4   *Dötsch/Pung* in D/J/P/W § 8b Rn 48.
5   *Gosch* in Gosch § 8b Rn 149a.

251 **Nichtanwendung von § 32a.** Weitere Voraussetzung für die Anwendung des § 8b I S 4 ist, dass § 32a auf die Veranlagung der nahe stehenden Person nicht anwendbar ist. Diese Voraussetzung ist nicht nur abstrakt zu prüfen (wonach für unbeschränkt oder beschränkt Steuerpflichtige aufgrund der grundsätzlichen Anwendbarkeit des § 32a der Anwendungsbereich des § 8b I S 4 nie eröffnet wäre), sondern konkret anhand der tatsächlichen Gegebenheiten.[1] Die Voraussetzung ist daher erfüllt, wenn entweder der Steuerbescheid der die vGA ausführenden Gesellschaft nicht mehr änderbar ist oder die betreffende Person im Ausland ansässig ist.

252 **Zeitkongruenz.** Da auch unter Beachtung des materiellen und formellen Korrespondenzprinzips keine zeitkongruente Erfassung der vGA auf Gesellschafts- und Gesellschafterebene erforderlich ist, ist es unbeachtlich, wenn die Einkommenserhöhung in einem früheren oder späteren VZ bei der nahe stehenden Person greift.[2] Ebenso ist es erforderlich, dass § 32a in dem nach inländischem Recht maßgeblichen Zeitpunkt des Zuflusses nicht anwendbar ist.

253-254 *Einstweilen frei.*

255 **5. Zeitlicher Anwendungsbereich.** Das in § 8b I S 2 und 3 enthaltene Korrespondenzprinzip ist grundsätzlich auf alle Bezüge anwendbar, die nach dem 18.12.2006 zugeflossen sind (vgl Rn 37); der Zeitpunkt der Vermögensminderung oder verhinderten Vermögensmehrung auf Gesellschaftsebene ist hingegen grdstzl unbeachtlich (wobei in der Praxis beide Zeitpunkte regelmäßig zusammenfallen).

256 *Einstweilen frei.*

257 **VI. Steuerbefreiung von Veräußerungsgewinnen (§ 8b II). 1. Allgemeines. Regelungsgehalt.** Im Gleichlauf zu § 8b I dehnt § 8 II die Steuerbefreiung auf Gewinne aus der Veräußerung von Beteiligungen an einer Körperschaft oder Personenvereinigung aus, deren Leistungen beim Empfänger zu Einnahmen iSd § 20 I Nr 1, 2, 9 und 10 lit a EStG gehören.[3] Zudem werden gem § 8b II S 3 auch Gewinne aus der Auflösung oder Herabsetzung von Nennkapital oder aus der Rückgängigmachung von Teilwertabschreibungen erfasst.

258 **Zeitpunkt der Anwendung der Vorschrift.** Der Zeitpunkt des Entstehens eines Veräußerungsgewinns und damit der Anwendung des § 8b II bestimmt sich nach allgemeinen ertragsteuerlichen Regeln.[4] Daher ist im Zweifelsfall nicht der Zeitpunkt der schuldrechtlichen Vereinbarung bzw des Übergangs des zivilrechtlichen Eigentums, sondern der Zeitpunkt der Übertragung des wirtschaftlichen Eigentums iSd § 39 II Nr 1 AO entscheidend.[5] Nach § 39 II Nr 1 S 1 AO ist wirtschaftlicher Eigentümer, wer

---

1 *Dötsch/Pung* in D/J/P/W § 8b Rn 49; *Gosch* in Gosch § 8b Rn 149a; *Gröbl/Adrian* in Erle/Sauter § 8b Rn 96; *Watermeyer* in H/H/R Jahresbd 2006-2008 § 8b Rn J 06-10.
2 *Gosch* in Gosch § 8b Rn 149a.
3 *Eilers/Schmidt*, GmbHR 2003, 613, 614; *Gosch* in Gosch § 8b Rn 150; *Gröbl/Adrian* in Erle/Sauter § 8b Rn 17; *Frotscher* in Frotscher/Maas § 8b Rn 30.
4 *Binnewies* in Streck § 8b Rn 62; *Watermeyer* in H/H/R § 8b Rn 42; *Dötsch/Pung* in D/J/P/W § 8b Rn 190; *Nosky*, GmbHR 2006, 695, 697.
5 BFH VIII R 5/00, BFH/NV 2002, 640; BFH VI R 226/85, BStBl II 1988, 832, 834.

die tatsächliche Herrschaft über ein Wirtschaftsgut in der Weise ausübt, dass er den zivilrechtlichen Eigentümer im Regelfall dauerhaft von der Einwirkung auf das Wirtschaftsgut ausschließen kann. Dies setzt voraus, dass

- der Anteilskäufer bereits aufgrund eines zivilrechtlichen Rechtsgeschäfts eine rechtlich geschützte, auf den Erwerb des Rechts gerichtete Position erworben hat, die ihm gegen seinen Willen nicht mehr entzogen werden kann, und
- die mit dem Anteil verbundenen wesentlichen Rechte sowie
- das Risiko einer Wertminderung und die Chance einer Wertsteigerung auf ihn übergegangen sind.[1]

Rechtfertigung. Begründet wird die Gewährung der Steuerbefreiung damit, dass der Veräußerungsgewinn, welcher aus der Realisierung offener bzw stiller Reserven in der Beteiligungsgesellschaft resultiert, wirtschaftlich mit einer Gewinnausschüttung vergleichbar ist.[2] Nach diesem Verständnis enthält § 8b II keine zusätzliche Steuerbefreiung, sondern ist vielmehr die systematische Fortsetzung und Ergänzung der Steuerbefreiung von Dividenden gemäß § 8b I.[3] Dementsprechend sieht der überwiegende Teil der Literatur die Steuerbefreiung steuersystematisch als gerechtfertigt an.[4]

Kritik. Jedoch ist die Regelung des § 8b II inhaltlich weitgehender als die des § 8b I, da sowohl offene Gewinnrücklagen als auch stille Reserven von der Steuer freigestellt werden.[5] Teilweise wird die Gleichstellung von Dividenden und Veräußerungsgewinnen daher auch kritisiert und die weitreichendere Steuerbefreiung von Veräußerungsgewinnen abgelehnt.[6] Nach aA sollte nur der Teil des Veräußerungsgewinns steuerfrei sein, der aus erstmals aufgedeckten und unbelasteten stillen Reserven herrührt.[7] Eine weitere Ansicht empfiehlt unter Orientierung an internationalen Gepflogenheiten die Besteuerung aller Veräußerungsgewinne bei einer Steuerbelastung von 0 % bis 20 % anzusiedeln.[8]

Einstweilen frei.

2. Anteile (§ 8b II S 1). a) Allgemeines. Begriff. § 8b II S 1 Alt 1 erfasst Anteile, aus denen der Inhaber Einnahmen iSd § 20 I Nr 1, 2, 9 und 10 lit a EStG erzielt. Auch wenn § 8b II anders als § 8b I auf „Einnahmen" und nicht Bezüge iSd § 20 I Nr 1, 2, 9 und 10 lit a EStG abstellt, verdeutlicht der nahezu identische Wortlaut, die systematische Verbindung beider Vorschriften. Weiterhin erfasst § 8b II S 1 Alt 2 Anteile an einer Organgesellschaft.

---

1 BFH VIII R 68/05, BStBl II 2007, 937, 938 f; BFH VIII R 32/04, BStBl II 2007, 296, 298; BFH VI R 226/85, BStBl II 1988, 832, 834; BFH I R 146/81, BStBl II 1984, 825; *Döllerer*, BB 1971, 535; *Binnewies* in Streck § 8b Rn 62; *Kruse* in T/K § 39 AO Rn 24a.
2 BMF v 28.4.2003, BStBl I 2003, 292, Rn 2; *Rödder/Schumacher*, DStR 2003, 909; *Schreiber/Rogall*, BB 2003, 497; *Scheffler*, DB 2003, 680; *Prinz*, GmbHR 2002, R 297; *Watermeyer* in H/H/R § 8b Rn 40; *Gosch* in Gosch § 8b Rn 150; *Gröbl/Adrian* in Erle/Sauter § 8b Rn 16; *Frotscher* in Frotscher/Maas § 8b Rn 30; *Dötsch/Pung* in D/J/P/W § 8b Rn 51; iDs auch *Binnewies* in Streck § 8b Rn 50.
3 *Gosch* in Gosch § 8b Rn 150; *Scheffler*, DB 2003, 680; *Gröbl/Adrian* in Erle/Sauter § 8b Rn 17; *Frotscher* in Frotscher/Maas § 8b Rn 30.
4 *Schreiber/Rogall*, BB 2003, 497; *Scheffler*, DB 2003, 680, 685; *Rödder/Schumacher*, DStR 2003, 909; *Eilers/Schmidt*, GmbHR 2002, 613, 614; *Frotscher* in Frotscher/Maas § 8b Rn 30; *Gosch* in Gosch § 8b Rn 150.
5 *Dötsch/Pung* in D/J/P/W § 8b Rn 51; *Gröbl/Adrian* in Erle/Sauter § 8b Rn 16.
6 *Romswinkel*, GmbHR 2002, 1059; wN bei *Dötsch/Pung* in D/J/P/W § 8b Rn 51.
7 *Seer/Drüen*, GmbHR 2002, 1093, 1099.
8 *Pöllath*, DB 2002, 1342, 1345.

264 **Anteil iSd § 17 EStG.** Der Anteilsbegriff des § 8b II S 1 ist nicht deckungsgleich mit dem des § 17 I S 3 EStG (Veräußerung von Anteilen an Kapitalgesellschaften), so dass auch der Anwendungsbereich des § 8b und des § 3 Nr 40 EStG nicht identisch sind. Zum einen bezieht sich § 17 I S 3 EStG lediglich auf Anteile an Kapitalgesellschaften, während § 8b auch Anteile an Körperschaften berücksichtigt.[1] Zum anderen erfasst § 17 I S 3 EStG auch ähnliche Beteiligungen und Anwartschaften auf solche Beteiligungen, während § 8b II S 1 lediglich für gesellschaftsrechtliche Stammrechte Bedeutung hat (vgl Rn 280).[2]

265 **Mindestbeteiligung, Mindesthaltedauer.** Ebenso wie § 8b I erfordert § 8b II keine Mindestbeteiligung oder Mindesthaltedauer der jeweiligen Anteile.

266 **Begünstigte Beteiligungen.** Ferner ist es iRd § 8b II unerheblich, ob eine Beteiligung an einer in- oder ausländischen Körperschaft vorliegt.[3]

267-268 *Einstweilen frei.*

269 **b) Anteile iSd § 8b II S 1 Alt 1. GmbH-Anteile.** Geschäftsanteile an einer GmbH gem § 5 GmbH sind Anteile iSd § 8b II.[4]

270 **Aktien.** Aktien als Anteile am Grundkapital einer AG gem § 8 AktG sowie einer KGaA gem § 278 AktG und SE gelten als Anteile iSd § 8b II; dies gilt ebenso für Vorzugsaktien gem § 11 AktG, Mehrstimmrechtsaktien gem § 12 AktG sowie auch für Zwischenscheine gem § 10 III AktG, da für diese die Vorschriften für Aktien gem § 8 VI AktG bereits gelten.[5]

271 **Einbringungsgeborene Anteile iSd § 21 UmwStG aF.** Einbringungsgeborene Anteile iSd § 21 UmwStG aF sind ebenso grundsätzlich Anteile iSd § 8b II.[6] Aufgrund der Missbrauchsregelung des § 8b IV aF erfährt die Anwendbarkeit des § 8b II für diese jedoch wiederum Einschränkungen (hierzu vgl Rn 528 ff).

272 **Erhaltene Anteile aufgrund einer Sacheinlage (§ 20 UmwStG nF) sowie eines Anteilstausches (§ 21 UmwStG nF).** Auch aufgrund einer Sacheinlage gem § 20 UmwStG nF sowie eines Anteilstausches gem § 21 UmwStG nF unter dem gemeinen Wert erhaltene Anteile unterfallen dem Anwendungsbereich des § 8b II.[7] Selbst bei Erfüllung der Missbrauchsvorschrift des § 22 I, II UmwStG nF wird die Anwendbarkeit des § 8b II nicht eingeschränkt, sondern stattdessen die Einbringung bzw der Anteilstausch je nach Zeitablauf rückwirkend vollständig oder teilweise zum gemeinen Wert fingiert.[8]

---

1 *Dötsch/Pung* in D/J/P/W § 8b Rn 64; *Gosch* in Gosch § 8b Rn 160; *Watermeyer* in H/H/R § 8b Rn 43; *Eilers/Schmidt*, GmbHR 2003, 613, 618.
2 *Kröner* in EY § 8b Rn 84. IdS auch *Häuselmann/Wagner*, BB 2002, 2431, 2433, die darauf hinweisen, dass § 8b II in Zusammenhang mit § 8b I zu sehen ist und entsprechend Anteil nur eine Rechtsbeziehung sein kann, die Bezüge iSv § 20 I Nr 1, 2, 9 und 10 lit a EStG auslöst.
3 *Gosch* in Gosch § 8b Rn 161; *Binnewies* in Streck § 8b Rn 51 und 54; *Frotscher* in Frotscher/Maas § 8b Rn 38.
4 *Gosch* in Gosch § 8b Rn 162; *Binnewies* in Streck § 8b Rn 52; *Gröbl/Adrian* in Erle/Sauter § 8b Rn 107.
5 *Gosch* in Gosch § 8b Rn 162; *Binnewies* in Streck § 8b Rn 52; *Gröbl/Adrian* in Erle/Sauter § 8b Rn 107.
6 *Frotscher* in Frotscher/Maas § 8b Rn 41.
7 *Dötsch/Pung* in D/J/P/W § 8b Rn 67; *Gröbl/Adrian* in Erle/Sauter § 8b Rn 111.
8 *Patt* in D/J/P/W § 22 UmwStG Rn 59 und 80.

Zur Weiterveräußerung erworbene eigene Anteile bis zum BilMoG. Von § 8b 273
II S 1 wurden jedenfalls bis zum Inkrafttreten des BilMoG v 25.5.2009[1] unstrittig
auch Gewinne aus der Veräußerung eigener zur Weiterveräußerung erworbener
Anteile erfasst, da das Gesetz seit dem UntStFG nicht mehr zwischen Anteilen an
anderen Körperschaften und eigenen Anteilen differenziert.[2] Dies galt aufgrund einer
systematischen Auslegung der Vorschrift, obwohl eigene Anteile keine Mitgliedschaftsrechte gem § 71b AktG vermitteln und durch sie dementsprechend keine für Zwecke
der Anwendung des § 8b II eigentlich dem Wortlaut nach erforderliche Einnahmen iSd
§ 20 I Nr 1 EStG von der Kapitalgesellschaft selbst bezogen werden können.[3] Handelsrechtlich erfolgte die Aktivierung von zur Weiterveräußerung erworbener eigener Anteile im Umlaufvermögen (§ 265 III S 2 HGB aF iVm § 266 II B III Nr 2 HGB aF) und
entsprechend war auf der Passivseite der Bilanz eine Rücklage für eigene Anteile auszuweisen (§ 272 IV HGB aF). Bei zur Weiterveräußerung erworbenen eigenen Anteilen
ist im besonderen Maße § 8b VII S 2 zu beachten (vgl Rn 707).

Zur Weiterveräußerung erworbene eigene Anteile nach dem BilMoG. Seit Inkraft- 274
treten des BilMoG sind sowohl zur Weiterveräußerung wie auch zur Einziehung erworbene
eigene Anteile (vgl Rn 275) vom EK zu kürzen (§ 272 Ia HGB). Die spätere Veräußerung
wird einer Kapitalerhöhung gleichgesetzt (§ 272 Ib HGB), so dass handelsrechtlich kein
Veräußerungsvorgang zu erfassen ist. Diese Änderungen haben vor dem Hintergrund der
Maßgeblichkeit der Handels- für die Steuerbilanz gem § 5 I S 1 EStG eine kontroverse Diskussion darüber ausgelöst, ob die Weiterveräußerung der eigenen Anteile steuerlich noch
einen Veräußerungsvorgang iSv § 8b II darstellt oder in analoger Anwendung handelsrechtlicher Grundsätze von einer Kapitalmaßnahme für steuerliche Zwecke auszugehen ist.
Die hM im Schrifttum geht derzeit davon aus, dass der Erwerb zur Weiterveräußerung
bestimmter eigener Anteile aufgrund der Maßgeblichkeit auch steuerlich kein Erwerb eines
Wirtschaftsgutes, sondern eine Kapitalherabsetzung und ihre Weiterveräußerung eine Kapitalerhöhung darstellt, so dass steuerlich kein § 8b II S 1 unterfallender Veräußerungsvorgang mehr vorliegt (zur Anwendung des § 8b III S 3 vgl Rn 430). Gleichzeitig soll in
Ermangelung einer bestehenden Leistung das Einlagekonto gem § 27 nicht angesprochen
werden.[4] Diese Auslegung ist auch insofern problematisch, als dass auf Ebene des veräußernden (Alt-)Gesellschafters weiter von einer Veräußerung eines Wirtschaftsgutes und
damit der Anwendung des § 8b II S 1 auszugehen ist (da auf dessen Ebene keine eigenen
Anteile vorliegen).[5] Daher scheint die von Teilen der Literatur aufgeworfene Frage, ob die
Änderung des Bilanzausweises tatsächlich dazu führt, dass steuerlich kein Wirtschaftsgut

---

1   BGBl I 2009, 1102.
2   *Watermeyer* in H/H/R § 8b Rn 43; *Kröner* in EY § 8b Rn 86; *Gröbl/Adrian* in Erle/Sauter § 8b Rn 109; *Gosch* in Gosch § 8b Rn 163. Ebenso die Verwaltungspraxis in BMF v 2.12.1998, BStBl I, 1509, Rn 15 welches aufgrund von BMF v 10.8.2010, DB 2010, 1794 rückwirkend aufgehoben wurde; die dort enthaltenen Grundsätze zur Behandlung zur Weiterveräußerung bestimmter eigener Anteile sollten aufgrund des Vertrauensschutzes jedoch weitergelten vgl *Köhler*, DB 2011,15, 18.
3   *Gosch* in Gosch § 8b Rn 163.
4   *Ortmann-Babel/Bolik/Gageur*, DStR 2009, 934, 936; *Förster/Schmidtmann*, BB 2009, 1342, 1344; *Früchtl/Fischer*, DStZ 2009, 112, 115; *Mayer*, Ubg 2008, 779, 783; *Herzig/Briesemeister*, WPg 2010, 63, 75; *Köhler*, DB 2011,15, 19.
5   *Gröbl/Adrian* in Erle/Sauter § 8b Rn 109; *Blumenberg/Roßner*, GmbHR 2008, 1079, 1082; *Mayer*, Ubg 2008, 779, 783.

und damit kein Veräußerungsvorgang mehr gegeben ist, berechtigt.[1] Zwar hat der BFH in seiner grundlegenden Entscheidung zur Behandlung eigener Anteile auch auf die vor dem BilMoG anzuwendende handelsrechtlichen Bilanzierungsregelungen und die Maßgeblichkeit iRd Begründung seines Urteils abgestellt.[2] Primärer Anküpfungspunkt für seine Entscheidung war jedoch die bereits früher teilweise in der Literatur betonte Besonderheit, dass diese eigenen Anteile (anders als die zur Einziehung erworbenen Anteile) veräußert werden können und damit einen realisierbaren Wert darstellen (was für die Qualifikation als Wirtschaftsgut notwendig ist).[3] Dies gilt losgelöst davon, dass den eigenen Anteilen inhärente Wert der Kapitalgesellschaft mitunter bereits selbst zusteht; denn im Fall der Weiterveräußerung an einen fremden Dritten würde den eigenen Anteilen zweifelsohne ein Wert beigemessen werden. Dh die mit den eigenen Anteilen verbundenen Stimmrechte ruhen lediglich, gehen jedoch nicht unter.[4] Somit scheint es vertretbar, losgelöst von dem aufgrund des BilMoG und der Maßgeblichkeit bestehenden konkreten Bilanzierungsverbots von einer abstrakten Bilanzierungsfähigkeit eigener Anteile auszugehen, mit der Folge, dass außerbilanziell ein § 8b II, III S 1 unterfallender Veräußerungsgewinn bei Weiterveräußerung der eigenen Anteile zu ermitteln ist.[5]

275 **Zur Einziehung erworbene eigene Anteile.** Zur Einziehung erworbene eigene Anteile werden vom Gesetzeswortlaut des § 8b II zwar nicht ausdrücklich ausgeklammert. Dennoch unterfallen Gewinne aus der Veräußerung dieser sowohl vor als auch nach dem BilMoG in Ermangelung des Bestehens eines Wirtschaftsgutes (mangels einer intendierten Weiterveräußerung verkörpern diese keinen realisierbaren Wert) nicht dem § 8b II.[6] Die Weiterveräußerung der zur Einziehung erworbenen Anteile soll wirtschaftlich wie eine Kapitalerhöhung behandelt werden (dh das Kapital wäre hiernach um den Nennbetrag der ausgegebenen Anteile zu erhöhen, der den Nennbetrag übersteigende Verkaufspreis in die Kapitalrücklage einzustellen, was das steuerliche Einlagekonto gem § 27 erhöhen würde), ohne dass § 8b II auf den entstehenden Gewinn anwendbar ist.[7] Die Auffassung wird trotz der oben beschriebenen Rechtsprechung teilweise als überholt kritisiert bzw soll vor dem Hintergrund des Wortlauts des § 8b II, der nicht zwischen zur Einziehung und zur Weiterveräußerung erworbene Anteile unterscheidet, nicht anzuwenden sein.[8]

276 **Eigene Anteile und Arbeitnehmer-Aktienoptionen.** Die im Zusammenhang mit Arbeitnehmer-Aktienoptionsprogrammen gehaltenen eigenen Anteile zur Erfüllung der Lieferverpflichtung gegenüber den Arbeitnehmern bei Ausübung der Option zu einem Vorzugspreis werden nach hM von § 8b II erfasst.[9]

1 *Dötsch/Pung* in D/J/P/W § 8b Rn 72; *Blumenberg/Roßner*, GmbHR 2008, 1079, 1081 f; *Schmidtmann*, StuW 2010, 286, 289 ff.
2 BFH I R 51/95, BStBl II 1998, 781.
3 BFH I R 51/95, BStBl II 1998, 781 mit Hinweis ua auf *Wassermeyer*, DStR 1990, 158, 160.
4 BFH I R 44/04, BStBl II 2005, 522.
5 *Dötsch/Pung* in D/J/P/W § 8b Rn 72; *Hüttemann* in FS für Norbert Herzig, Unternehmensbesteuerung, 2010, S 595, 607.
6 BMF v 28.4.2003, BStBl I 2003, 292, Rn 15 dessen Grundsätze trotz Aufhebung weiter gelten sollten.
7 *Gröbl/Adrian* in Erle/Sauter § 8b Rn 110.
8 *Dötsch/Pung* in D/J/P/W § 8b Rn 72; *Gosch* in Gosch § 8b Rn 163.
9 *Gröbl/Adrian* in Erle/Sauter § 8b Rn 116; *Kröner* in EY § 8b Rn 121; *Mikus* BB 2002, 178; *Dötsch/Pung* in D/J/P/W § 8b Rn 73.

Beispiel

M-AG räumt ihren Mitarbeitern im Jahr 1 das Recht zum Erwerb von Anteilen nach drei Jahren zum Preis von 50 ein. Die M-AG deckt sich im Jahr 2 mit eigenen Anteilen zum Wert von 40 ein und verkauft diese im Jahr 4 aufgrund der Ausübung der Option der Mitarbeiter für 50 (Marktwert zu dem Zeitpunkt = 70).

Der entstehende Gewinn iHv 10 ist von § 8b II begünstigt. Lediglich *Gosch* will eine Anwendung des § 8b II nicht annehmen, da die Sachzuwendungen bei der Kapitalgesellschaft nur zu Betriebsausgaben iHd Buchwertes der Anteile führen bzw sie als Stillhalter keine stillen Reserven hinsichtlich der hingegebenen Anteile realisiert und der Gewinn im Beispiel iHv 10 nur aus den Bedingungen des Aktienoptionsprogramms resultiere.[1] Dem ist entgegenzuhalten, dass der Gewinn nicht aus dem Aktienoptionsprogramm, sondern aus der Entscheidung zur Absicherung der Stillhalteverpflichtung resultiert. Soweit der Marktpreis im Beispiel im Jahr 4 alternativ zB wieder auf 45 sinkt, werden die Arbeitnehmer die Optionen nicht ausüben, die M-AG die stillen Reserven gleichwohl am Markt realisieren können. Weiterhin ist zutreffend, dass der Unterschiedsbetrag zwischen dem Marktwert bei Bedienung der Option und dem Buchwert der eigenen Anteile (im Beispiel 70 – 50 = 20) als tauschähnlicher Vorgang qualifiziert und als Gewinn von § 8b II S 1 erfasst wird.[2] Zudem soll nach dieser Auffassung beim Arbeitgeber ein als Betriebsausgaben abzugsfähiger Personalaufwand in gleicher Höhe entstehen, der nicht dem § 8b III S 3 unterfällt (vgl auch Rn 437).[3] Gegen die Annahme eines tauschähnlichen Vorgangs richten sich *Dötsch/Pung*, die das Entstehen eines zusätzlichen Personalaufwands aus dem Aktienoptionsplan iHd realisierten Gewinns bei Lieferung der Anteile verneinen. Lediglich soweit bei Lieferung ein Verlust entsteht (etwa wenn im obigen Beispiel die Anteile im Jahr 2 zum Wert von zB 80 gekauft wurden), soll abzugsfähiger Personalaufwand gegeben sein.[4]

Genussrechte und Genussscheine iSd § 8 III S 2. Genussrechte iSd § 8 III S 2, welche ein Recht auf Beteiligung am Gewinn und am Liquidationserlös der Kapitalgesellschaft vermitteln (eigenkapitalähnliche Genussrechte; hierzu § 8 Rn 550 ff), stellen Anteile iSv § 8b II S 1 dar und werden von der Steuerbefreiung folglich erfasst.[5] Gleiches gilt für Genussscheine iSd § 8 III S 2 als verbriefte Forderungsrechte gegenüber einer Gesellschaft.[6] Genussrechte bzw Genussscheine mit Fremdkapitalcharakter, die diese Voraussetzungen nicht erfüllen, gelten dagegen nicht als Anteile iSv § 8b II S 1.[7]

277

---

1 Gosch in Gosch § 8b Rn 198.
2 *Gröbl/Adrian* in Erle/Sauter § 8b Rn 116; *Kröner* in EY § 8b Rn 121; *Mikus*, BB 2002, 178, 181.
3 *Gröbl/Adrian* in Erle/Sauter § 8b Rn 116; *Herzig*, DB 2003, 1459, 1462; *Günkel/Bourseaux*, FR 2003 497, 499 f.
4 *Dötsch/Pung* in D/J/P/W § 8b Rn 73.
5 *Kröner* in EY § 8b Rn 86; *Eilers/Schmidt*, GmbHR 2002, 613, 622. Ebenso BMF v 28.4.2003, BStBl I 2003, 292, Rn 24; *Dötsch/Pung* in D/J/P/W § 8b Rn 64.
6 *Gosch* in Gosch § 8b Rn 162.
7 BMF v 28.4.2003, BStBl I 2003, 292, Rn 24.

278 **Wandelschuldverschreibungen.** Wandelschuldverschreibungen sind nach § 221 I S 1 AktG Schuldverschreibungen, bei denen den Gläubigern ein Umtausch- oder Bezugsrecht auf Aktien eingeräumt wird. Sie sind bis zur Wandlung keine Anteile iSd § 8b II S 1 und Finanzierungskosten sind dementsprechend nicht von § 3c I EStG erfasst, sondern voll steuerlich abzugsfähig.[1] Nach der Wandlung in Anteilsrechte sind spätere Gewinne aus der Veräußerung dieser Anteilsrechte jedoch von § 8b II begünstigt.[2]

279 **Optionsanleihen.** Optionsanleihen sind Schuldverschreibungen, die in einem getrennt handelbaren Optionsschein ein Bezugsrecht auf junge Aktien verbriefen.[3] Das Optionsrecht aus einer Optionsanleihe qualifiziert nicht als Anteil iSd § 8b II.[4]

280 **Sonstige Bezugsrechte.** Sonstige Bezugsrechte aufgrund von Kapitalerhöhungen sind nach Rechtsprechung und Verwaltungsauffassung keine Anteile iSd § 8b II S 1.[5] Die auf ein früheres zu § 3 Nr 40 S 1 lit j EStG ergangenes BFH-Urteil[6] gestützte aA, wonach Bezugsrechte von § 8b II begünstigt werden, da diese ein vom Stammrecht abgespaltenes Recht darstellen und deshalb wie eine Beteiligung für Zwecke des § 8b II zu behandeln seien,[7] findet damit trotz in systematischer Hinsicht nicht gänzlich von der Hand zu weisender Argumente, alle Vermögensmehrungen aus dem Anteil zu begünstigen, keine Anwendung. Damit kommt es zukünftig zu einer unterschiedlichen Behandlung von Bezugsrechten einer natürlichen Person (§ 3 Nr 40 S 1 lit j EStG anwendbar) und Bezugsrechten einer Körperschaft (§ 8b II nicht anwendbar).[8]

281 **Call- und Put-Optionen.** Call- oder Put-Optionen sind als schuldrechtliche Ansprüche auf den Erwerb oder Verkauf von Anteilen an Kapitalgesellschaften gerichtet und folglich keine Anteile iSd § 8b II S 1.[9] Hieran ändern auch § 17 I S 5 EStG sowie § 20 II S 1 Nr 1 EStG als normspezifische Definitionen nichts.[10] Im Falle des Erwerbs einer Aktie in Ausübung einer Call-Option gehört der Buchwert der Option allerdings zu den Anschaffungsnebenkosten.[11]

282 **Aktientermingeschäfte.** Forwards (zwischen Vertragsparteien individuell abgeschlossene Aktientermingeschäfte) können eine Lieferung von Anteilen iSd § 8b II S 1 ermöglichen, wenn sie eine physische Erfüllung vorsehen. Ein Gewinn oder Ver-

---

1 BMF v 28.4.2003, BStBl I 2003, 292, Rn 24; *Dötsch/Pung* in D/J/P/W § 8b Rn 64; *Kröner* in EY § 8b Rn 86; *Häuselmann/Wagner*, BB 2002, 2431, 2432 f.
2 *Dötsch/Pung* in D/J/P/W § 8b Rn 64; *Gröbl/Adrian* in Erle/Sauter § 8b Rn 117; *Gosch* in Gosch § 8b Rn 162; *Strunk/Kaminski*, NWB Fach 4, 4737, 4735.
3 *Kröner* in EY § 8b Rn 86; *Häuselmann/Wagner*, BB 2002, 2431.
4 BMF v 28.4.2003, BStBl I 2003, 292, Rn 24; *Rödder/Schumacher*, DStR 2003, 909, 911; *Gosch* in Gosch § 8b Rn 162; *Watermeyer* in H/H/R § 8b Rn 43; *Häuselmann/Wagner*, BB 2002, 2431, 2432.
5 BMF v 28.4.2003, BStBl I 2003, 292, Rn 24; BFH I R 101/06, BStBl II 2008, 719; *Dötsch/Pung* in D/J/P/W § 8b Rn 64; *Rödder/Schumacher*, DStR 2003, 909, 911.
6 BFH IX R 15/05, BStBl II 2006, 171.
7 *Frotscher* in Frotscher/Maas § 8b Rn 41c; *Binnewies* in Streck § 8b Rn 52; *Dinkelbach*, DB 2006, 1642; *Häuselmann*, Ubg 2008, 391, 392.
8 *Gosch* in Gosch § 8b Rn 162.
9 *Dötsch/Pung* in D/J/P/W § 8b Rn 68; *Frotscher* in Frotscher/Maas § 8b Rn 41c; *Gröbl/Adrian* in Erle/Sauter § 8b Rn 117; *Watermeyer* in H/H/R § 8b Rn 43.
10 *Häuselmann*, Ubg 2008, 391, 392.
11 *Weber-Grellet* in Schmidt § 5 EStG Rn 144; *Buciek* in Blümich § 5 EStG Rn 740 „Finanzprodukte"; *Dötsch/Pung* in D/J/P/W § 8b Rn 82; *Häuselmann*, Ubg 2008, 391, 397; IDW, Bilanzierung von Optionsgeschäften, WPg 1995, 421.

lust, der aus der Veräußerung der gelieferten Aktien beim Aktienverkauf auf Termin entsteht, unterfällt § 8b II S 1, III.[1] Gleiches gilt für den Aktienkauf auf Termin für den Weiterverkauf der gelieferten Anteile. Futures (standardisierte Aktientermingeschäfte) sehen hingegen regelmäßig einen Barausgleich vor und unterfallen damit nicht § 8b II S 1, III S 3. Soweit Aktientermingeschäfte sowohl eine physische Lieferung als auch einen Barausgleich ermöglichen, hängt die Anwendbarkeit des § 8b II S 1, III S 3 von der tatsächlich gewählten Form der Erfüllung ab.

Equity Swaps. Equity Swaps sehen als wechselseitige Leistungsversprechen (dh die Vertragsparteien tauschen die Erträge und Wertsteigerungen aus einem Referenz-Wirtschaftsgut aus) idR Dividendenausgleichszahlungen sowie einen Barausgleich vor, so dass Gewinne und Verluste aus diesen Geschäften regelmäßig nicht § 8b II S 1, III S 3 unterfallen.[2] Etwas anderes könnte allenfalls dann gelten, wenn derartige Swaps eine physische Lieferung vorsehen.

Anteile an einer ausländischen Zwischengesellschaft. Anteile an einer ausländischen Kapitalgesellschaft, die den Rechtsfolgen der §§ 7 ff AStG unterliegt, werden vom § 8b II erfasst.[3]

Anteile an einer ausländischen Basisgesellschaft. Anteile an einer ausländischen Basisgesellschaft werden hingegen aufgrund der direkten Zurechnung des Vermögens an die inländischen Anteilseigner gem § 42 AO hinweg gedacht und unterfallen konsequenterweise nicht dem § 8b II.

Investmentanteile. Ob bei Gewinnminderungen auf Anteile an einem inländischen Investmentvermögen eine Einschränkung gem § 8b III S 3 zum Tragen kommt, war lange Zeit bis zu den Änderungen des KAGG durch das Korb II-G unklar.[4] Dieses spricht zumindest dafür, dass derartige Investmentanteile grundsätzlich keine Anteile iSd § 8b II sind (zur Anwendung des § 8b III vgl Rn 435).[5] Allerdings kommt § 8b II seit Inkrafttreten des InvStG am 1.1.2004 über § 8 I und II InvStG für bestimmte Investmentanteile zur Anwendung (vgl Rn 95 f).[6]

Bewertungseinheit. Umstritten ist zudem, welche Folgen sich aus im Zusammenhang mit Anteilen iSd § 8b II abgeschlossenen Sicherungsgeschäften, die als Bewertungseinheit gem § 254 HGB iVm § 5 Ia S 2 EStG bilanziert werden, ergeben. Insbesondere stellt sich die Frage, ob sich aufgrund der Bilanzierung als Bewertungseinheit eine ansonsten häufig folgende disparitätische Behandlung von Sicherungsgeschäft (keine Anwendung von § 8b II, III S 3 bei Veräußerungsgewinnen/-verlusten) und Grundgeschäft (Anwendung von § 8b II, III S 3 bei Veräußerungsgewinnen/-verlusten) verhindern lässt. Nach teilweiser Auffassung soll dieses der Fall sein, da

---

1 *Häuselmann/Wagner*, BB 2002, 2170, 2174.
2 *Häuselmann/Wagner*, BB 2002, 2170, 2175.
3 *Frotscher* in Frotscher/Maas § 8b Rn 40; *Dötsch/Pung* in D/J/P/W § 8b Rn 71.
4 *Lübbehüsen* in Brinkhaus/Scherer § 40a KAGG Rn 19; *Lübbehüsen/Schmitt*, DB 2003, 1669, 1700; *Dötsch/Pung* in D/J/P/W § 8b Rn 65.
5 Ebenso *Gröbl/Adrian* in Erle/Sauter § 8b Rn 119; *Kröner* in EY § 8b Rn 86; *Gosch* in Gosch, 1. Aufl, § 8b Rn 52. In Bezug auf Anteile an einem Sondervermögen auch *Schultz/Halbig*, DStR 2005, 1669, 1670. IdS auch FG Niedersachsen 6 K 165/09, EFG 2011, 368; BFH I R 92/10, DStR 2012, 178.
6 *Frotscher* in Frotscher/Maas § 8b Rn 38a.

§ 8b auf zweiter Gewinnermittlungsstufe nach Anwendung der steuerbilanziellen Bewertungsvorschriften zur Anwendung kommt.[1] Hiernach verbleibt sowohl für unrealisierte (nach der Marktbewertungsmethode) Wertveränderungen als auch bei der Auflösung von Bewertungseinheiten (nach der Festbewertungsmethode) zu erfassende Gewinne und Verluste kein Anwendungsbereich des § 8b, da per Saldo aus Grund- und Sicherungsgeschäft keine Auswirkung auf den Steuerbilanzgewinn folgt.[2] Es bestehen jedoch Zweifel, ob die Bildung von Bewertungseinheiten tatsächlich derartige grundlegende Auswirkungen bei der Ermittlung des steuerlichen Einkommens haben kann.[3] Diese Zweifel beruhen darauf, dass aufgrund von Bewertungseinheiten lediglich das Imparitätsprinzip durchbrochen bzw einer zeitversetzten bilanziellen Darstellung von Wertveränderungen entgegengewirkt wird.

288-290 *Einstweilen frei.*

291 **c) Anteile an Organgesellschaften (§ 8b II S 1 Alt 2). Erforderlichkeit.** § 8b II S 1 Alt 2 stellt seit dem UntStFG klar, dass auch Gewinne aus der Veräußerung von Anteilen an Organgesellschaften von der Steuerfreistellung erfasst werden.[4] Die Regelung ist vor dem Hintergrund zu sehen, dass Organgesellschaften ihre Gewinne mit Ausnahme vororganschaftlicher Rücklagen nicht ausschütten sondern abführen, so dass nicht wie gem § 8b I S 1 Alt 1 erforderlich Bezüge iSd § 20 I Nr 1, 2, 9 und 10 lit a EStG vorliegen.

292 **Erfasste Organgesellschaften.** Erfasst werden Organgesellschaften iSd § 14 (AG, KGaA) und § 17 (andere Kapitalgesellschaften wie insbesondere die GmbH). Der Gesetzeswortlaut verweist auch auf Anteile an Organgesellschaften iSd § 18, was nicht konsistent ist, da die Vorschrift ausländische Organträger mit im Inland im Handelsregister eingetragener Zweigniederlassung betrifft. Der Verweis wird daher als Klarstellung gedeutet, dass Gewinne aus der Veräußerung von Anteilen an Organgesellschaften § 8b II S 1 unterfallen, falls sich diese im Betriebsvermögen einer inländischen Betriebsstätte befinden.[5]

293 **Bildung und Auflösung von Ausgleichsposten.** Aktive und passive organschaftliche Ausgleichsposten werden beim Organträger aufgrund von Unterschieden der handelsrechtlichen Gewinnabführung und des steuerlichen Bilanzgewinns als Korrekturposten gebildet und erst im Falle der Veräußerung der Beteiligung an der Organgesellschaft aufgelöst. Allerdings war früher für während der Organschaft gebildete Ausgleichsposten nach der Rechtsprechung des BFH entgegen der Auffassung des BMF[6] ein passiver

---

1 *Häuselmann/Wagner*, BB 2002, 2170, 2171; *Micksch/Mattern*, DB 2010, 579, 582. AA *Schmitz*, DB 2009, 1620, 1622.
2 IDW, BFA 2/1993, WPg 1993, 517, 518; *Hahne*, DStR 2005, 843, 844. Nach *Maulshagen/Trepte/Walterscheidt*, Derivative Finanzunternehmen in Industrieunternehmen, 4. Aufl, Rn 459, 508 kommt auch eine erfolgsneutrale Auflösung bei der Festbewertungsmethode in Betracht.
3 Ablehnend BMF v 25.8.2010, DB 2010, 2024. Zu einem möglichen verfassungsrechtlichen Verstoß analog BVerfG 2 BvR 1710/10, DStR 2010, 2296.
4 *Dötsch/Pung* in D/J/P/W § 8b Rn 69; *Frotscher* in Frotscher/Maas § 8b Rn 39b; *Watermeyer* in H/H/R § 8b Rn 44; *Kröner* in EY § 8b Rn 89.
5 *Dötsch/Pung* in D/J/P/W § 8b Rn 69; *Gröbl/Adrian* in Erle/Sauter § 8b Rn 122; *Watermeyer* in H/H/R § 8b Rn 44.
6 BMF v 5.10.2007, BStBl I 2007, 743.

Ausgleichsposten im Falle der Veräußerung der Beteiligung an der Organgesellschaft durch den Organträger erfolgsneutral aufzulösen.[1] Seit dem JStG 2008 ist jedoch gem § 14 IV S 1 für organschaftliche Minder- und Mehrabführungen in der Steuerbilanz ein besonderer aktiver oder passiver Ausgleichsposten zu bilden, der im Zeitpunkt der Veräußerung einkommenserhöhend bzw –mindernd gem § 14 IV S 2, 3 bei der Ermittlung des Einkommen des Organträgers aufzulösen ist. Gem § 34 IX Nr 5 ist § 14 IV idFd JStG 2008 auch für VZ vor 2008 anzuwenden.[2]

Steuerbefreiung, Nichtabzugsfähigkeit. § 14 IV S 4 stellt nunmehr die auch bereits vorher vom BMF[3] vertretene Anwendbarkeit von § 8b auf die aus der Auflösung von aktiven Ausgleichsposten entstehenden Gewinnminderungen (dh keine Abzugsfähigkeit bei der Einkommensermittlung gem § 8b III S 3) bzw aus der Auflösung von passiven Ausgleichsposten entstehenden Gewinnerhöhungen (dh 95 % Steuerbefreiung bei der Einkommenserhöhung gem § 8b II, III S 1) klar. Letztes führt insbesondere dann zu Problemen, wenn ein Veräußerungsgewinn aufgrund des § 8b IV aF nicht steuerbefreit ist (vgl Rn 296). Inwieweit der Ausgleichsposten unter dem Anrechnungsverfahren gebildet wurde, hat insoweit hinsichtlich der Anwendbarkeit des § 8b in Ermangelung einer ausdrücklichen anderweitigen Regelung in § 14 IV S 4 keine Bedeutung.[4]

294

Brutto- oder Nettobetrachtung. Unklar ist auch nach Einführung des § 14 IV S 3, ob bei der Auflösung von Ausgleichsposten eine Brutto- oder Nettobetrachtung anzustellen ist. Dies hat in Bezug auf die steuerliche Behandlung des bei einem Verkauf entstehenden Veräußerungsgewinns bei gleichzeitiger Gewinnminderung aus der Auflösung passiver Ausgleichsposten auf der einen Seite Bedeutung. Auf der anderen Seite ist die Frage aber auch in Bezug auf einen aus Verkauf entstehenden Veräußerungsverlust bei gleichzeitiger Gewinnerhöhung aus der Auflösung aktiver Ausgleichsposten bedeutsam:

295

Beispiel

Die M verkauft die Anteile an ihrer Organgesellschaft OG-1 zum Preis von 100 (Buchwert 50; damit Veräußerungsgewinn 50) und an der Organgesellschaft OG-2 zum Kaufpreis von 50 (Buchwert 100, damit Veräußerungsverlust 50) an einen Dritten. Die M hat einen passiven Ausgleichsposten iHv 30 für die Anteile an der OG-1 und einen aktiven Ausgleichsposten iHv 20 für die Anteile an der OG-2 gebildet.

Nach der sog Bruttomethode würde der Veräußerungsgewinn iHv 50 aus dem Verkauf der Anteile der OG-1 vollständig dem § 8b II, III S 1 unterliegen, da die Gewinnminderung aus der Auflösung des passiven Ausgleichspostens iHv 30 dem § 8b III S 3 unterliegt. Gleichzeitig würde bei konsequenter Anwendung der Brutto-

---

1 BFH I R 5/05, BStBl II 2007, 796.
2 Zur verfassungsrechtlichen Problematik der Rückwirkung *Dötsch*, Ubg 2008, 117, 125; *Suchanek/Herbst*, FR 2008, 112.
3 BMF v 28.4.2003, BStBl I 2003, 292, Rn 16.
4 Nach *Nagel/Thies*, GmbHR 2004, 35, 38 f sollen jedoch abweichend Verluste aus unter dem Anrechnungsverfahren gebildeten aktiven Ausgleichsposten abziehbar sein.

methode der Veräußerungsverlust iHv 50 aus dem Verkauf der Anteile der OG-2 vollständig dem § 8b III S 3 unterliegen, während die Gewinnerhöhung aus der Auflösung des aktiven Ausgleichspostens iHv 20 durch § 8b II, III S 1 erfasst wird.

Unter der sog Nettomethode würde hingegen der dem § 8b II, III S 1 unterliegende Gewinn aus dem Verkauf der Anteile an der OG-1 nur 20 und der dem § 8b III S 3 unterliegende Verluste aus dem Verkauf der Anteile der OG-2 nur 30 betragen.

Das BMF-Schreiben v 28.4.2003 gibt zumindest für den oben beschriebenen Verkauf der Anteile an der OG-1 die Anwendung der Bruttomethode vor.[1] An diesem Ansatz wird kritisiert, dass er dem Bestreben der Vermeidung der Doppelbesteuerung bzw Nichtbesteuerung im Organkreis durch organschaftliche Ausgleichsposten zuwiderlaufe.[2] Demgegenüber deutete das BMF-Schreiben v 26.8.2003 auf die zutreffende Anwendung der Nettobetrachtung hin, indem es organschaftliche Ausgleichsposten als Korrekturposten zum Beteiligungsbuchwert definiert, die das steuerliche Schicksal der Organbeteiligung teilen.[3] Mit der hM ist die Anwendung der Nettobetrachtung überzeugender, führt sie doch zu systematisch zutreffenderen Ergebnissen.[4] Auch der mit dem JStG 2008 eingefügte § 14 IV ändert an dieser Auslegung nichts, da dieser lediglich den Grundsatz der Auflösung von Ausgleichsposten, nicht jedoch die Anwendung der Bruttomethode regelt.[5]

296 **Ausgleichsposten und nach § 8b IV aF steuerpflichtige Veräußerungsgewinne.** In der Literatur wird der Fall problematisiert, dass ein Gewinn aus der Veräußerung einer Organbeteiligung gem § 8b IV aF steuerpflichtig ist und ein aktiver Ausgleichsposten aufgelöst wird.[6] Hier droht eine Doppelbesteuerung, da § 8b III S 3 trotz des § 8b IV aF anwendbar bleibt (vgl Rn 433) und der Aufwand aus der Auflösung somit potentiell nicht abzugsfähig ist (obwohl in Folge der Minderabführung eine Besteuerung des steuerlichen Mehrergebnisses der Organgesellschaft bereits erfolgte). Die Nettobetrachtung spricht jedoch bereits gegen dieses Ergebnis (vgl Rn 295). Eine Stütze für eine Abzugsfähigkeit der Gewinnminderung aus der Auflösung des Ausgleichspostens bei Anwendung des § 8 IV aF findet sich auch in der OFD-Verfügung Frankfurt am Main v 8.11.2005, wonach die Organbeteiligung und der organschaftliche Ausgleichsposten als Korrekturposten zum Beteiligungsbuchwert einheitlich zu behandeln sind und fiktiv zu den steuerlichen Anschaffungskosten zählen.[7] Schließlich steht dieses Ergebnis auch im Einklang mit § 14 IV S 3.[8]

---

1 BMF v 28.4.2003, BStBl I 2003, 292, Rn 16 und 26.
2 *Dötsch/Pung* in D/J/P/W § 8b Rn 69; *Dötsch/Pung*, DB 2003, 1970, 1981; *Gröbl/Adrian* in Erle/Sauter § 8b Rn 124; *Erle/Heurung* in Erle/Sauter § 14 Rn 511 ff; *Watermeyer* in H/H/R § 8b Rn 53; *Gosch* in Gosch § 8b Rn 268.
3 BMF v 26.8.2003, BStBl I 2003, 437, Rn 43. Ebenso OFD Frankfurt am Main v 8.11.2005, DB 2005, 2608; *Watermeyer* in H/H/R § 8b Rn 53; *Dötsch/Pung* DB 2003, 1016, 1019; *Nagel/Thies*, GmbHR 2004, 35, 38.
4 *Dötsch/Pung* in D/J/P/W § 8b Rn 69; *Gröbl/Adrian* in Erle/Sauter § 8b Rn 124 f; *Erle/Heurung* in Erle/Sauter § 14 Rn 521 ff; *Müller* in Mössner/Seeger § 14 Rn 439 f; *Füger/Rieger*, FR 2003, 543, 546 f; *Rödder/Schumacher*, DStR 2003, 909, 912; *Nagel/Thies*, GmbHR 2004, 35, 38.
5 Ebenso *Dötsch/Pung* in D/J/P/W § 8b Rn 69. AA *Gröbl/Adrian* in Erle/Sauter § 8b Rn 125.
6 *Gosch* in Gosch § 8b Rn 268; *Rödder/Schumacher*, DStR 2003, 909, 912. Insbesondere auch *Füger/Rieger*, FR 2003, 543, 546 f und 589.
7 OFD Frankfurt am Main v 8.11.2005, DB 2005, 2608. Ebenso *Dötsch/Pung* in D/J/P/W § 8b Rn 69.
8 So *Gosch* in Gosch § 8b Rn 270.

Positive und negative Ausgleichsposten. Ungeklärt war und ist die daneben stehende Frage, ob Gewinne und Verluste aus der Auflösung organschaftlicher Ausgleichsposten selbständig oder saldiert dem Anwendungsbereich des § 8b zu unterwerfen sind.[1]

Beispiel

Die M verkauf die Anteile an ihrer Organgesellschaft zum Preis von 100 (Buchwert 100). Die M hat aktive Ausgleichsposten iHv 50 und passive Ausgleichsposten iHv 30 gebildet.

Zum einen könnte der Gewinn aus der Auflösung des aktiven Ausgleichspostens iHv 50 dem § 8b II, III S 1 und der Verlust aus der Auflösung des passiven Ausgleichspostens iHv 30 dem § 8b III S 3 unterliegen (Lösung 1). Zum anderen könnte aber auch der Nettobetrag aus der Auflösung aktiver und passiver Ausgleichsposten iHv 20 dem § 8b II, III S 1 unterliegen (Lösung 2).

Der Wortlaut der Vorschrift wird in der Literatur iSd Lösung 1 gedeutet, was nicht überzeugend erscheint.[2] Vielmehr scheint der Wortlaut des § 14 IV S 3 („oder") nur die Einkommenskorrektur aus der Auflösung der Ausgleichsposten in eine Richtung anzuordnen und damit für Lösung 2 zu sprechen; zumindest bietet er jedoch Raum für beide Auslegungen. Vor dem Hintergrund der Qualifikation der Ausgleichsposten als Korrekturposten (vgl Rn 293) und dem allgemeinen Erfordernis der Besteuerung nach dem Nettoprinzip scheint die Nettobetrachtung vorzugswürdig.

Einstweilen frei.

3. Gewinne aus der Veräußerung (§ 8b II S 1). a) Veräußerung iSd Vorschrift. § 8b II S 1 erfasst Gewinne aus der „Veräußerung" bestimmter Anteile. Das Gesetz enthält ebenso wie § 17 EStG keine Definition des Veräußerungsbegriffs. Nach ganz überwiegender Auffassung ist der Begriff der „Veräußerung" ausgehend vom Sinn und Zweck des § 8b II S 1, die steuerliche Doppelbelastung im Zusammenhang mit der Aufdeckung stiller Reserven zu vermeiden, unter Heranziehung der Rechtsprechung zu § 17 EStG weit auszulegen.[3] Danach ist Veräußerung jede entgeltliche Übertragung des rechtlichen oder wirtschaftlichen Eigentums.[4]

Entgeltlichkeit. Entgeltlich ist eine Übertragung, wenn bei wirtschaftlicher Betrachtungsweise eine Gegenleistung erbracht wird.[5] Dies können Bar- oder Sachleistungen sein, so dass neben Kauf und Anteilstausch auch tauschähnliche Vorgänge wie die Einlage gegen Gewährung von Gesellschaftsrechten[6] erfasst werden.[7] Auch die Übertragung objektiv wertloser Anteile ohne Gegenleistung zwischen Fremden ist regelmäßig mangels Bereicherung des Erwerbers entgeltlich.[8]

---

1 *Dötsch/Pung*, DB 2007, 2669, 2673; *Dötsch*, Ubg 2008, 117, 123.
2 *Dötsch/Witt* in D/J/P/W § 14 Rn 487.
3 *Gosch* in Gosch § 8b Rn 181 f; *Gröbl/Adrian* in Erle/Sauter § 8b Rn 108; *Frotscher* in Frotscher/Maas § 8b Rn 41; *Kröner* in EY § 8b Rn 91 f; *Watermeyer* in H/H/R § 8b Rn 42 und 78; *Rödder/Schumacher*, DStR 2003, 909, 911.
4 BFH I R 43, 44/98, BStBl II 2000, 424; BFH VIII R 32/04, BStBl II 2007, 296.
5 *Gosch* in Gosch § 8b Rn 182.
6 BFH VIII R 69/95, BStBl II 2000, 230.
7 *Kröner* in EY § 8b Rn 92; *Frotscher* in Fotscher/Maas § 8b Rn 41; *Gosch* in Gosch § 8b Rn 183; *Watermeyer* in H/H/R § 8b Rn 42; BFH I R 81/00, BStBl II 2004, 344.
8 *Strahl* in Korn § 17 EStG Rn 52; BFH VIII R 13/90, BStBl II 1993, 34.

302 **Unentgeltlichkeit.** Unentgeltliche Übertragungen werden ebenso wie Veräußerungen unter Preis nicht von § 8b II S 1 erfasst (vgl jedoch zu verdeckten Einlagen Rn 337).

303-304 *Einstweilen frei.*

305 **b) Einzelheiten. Tauschvertrag.** Seit der Einfügung des § 6 VI S 1 EStG sind nach zutreffender hM auch für den Tausch von identischen Anteilen (§ 480 BGB) die Grundsätze des Tauschgutachtens des BFH nicht mehr anzuwenden.[1] Damit führt ein Tausch grundsätzlich zu einer Aufdeckung stiller Reserven und damit zu einem Veräußerungsgewinn, auf den § 8b II anwendbar ist.

306 **Pensions- und Wertpapierleihgeschäfte.** Nicht als Veräußerung iSv § 8b II qualifizieren Pensions- und Wertpapierleihgeschäfte. Zwar wird hier regelmäßig das rechtliche und wirtschaftliche Eigentum der Anteile auf den Entleiher übertragen, allerdings nur iRe bloßen Nutzungsüberlassung, so dass kein Veräußerungsvorgang gegeben ist (vgl zu weiteren Einzelheiten Rn 821).[2]

307 **Teilwertansatz (§ 6 V S 4 ff EStG).** Soweit gem § 6 V S 4 ff EStG bei der Überführung von Anteilen in eine Personengesellschaft der Ansatz des Teilwertes erforderlich ist, wird der resultierende Gewinn von § 8b II begünstigt.[3] Werden für die Überführung der Anteile im Gegenzug Gesellschaftsrechte eingeräumt, ist dies als Tausch zu qualifizieren. Erfolgt die Überführung ohne Gegenleistung, wird dies in Teilen der Literatur als Vorgang vergleichbar zu einer verdeckten Einlage gesehen, die nach § 8b II S 6 wie eine Veräußerung zu behandeln sei[4]; die Verwaltung will offenbar grundsätzlich auch § 8b II anwenden.[5] Tatsächlich erfasst § 8b II S 6 jedoch nur verdeckte Einlagen in Kapitalgesellschaften (vgl Rn 337 f). Allerdings ist vor dem Hintergrund der jüngeren BFH Rechtsprechung[6] zumindest für die Fälle der „gemischten Einlage" ein Veräußerungsgeschäft insoweit anzunehmen, als der Einbringungsgewinn in die Kapitalrücklage eingestellt wird, womit der Anwendungsbereich des § 8b II S 1 eröffnet ist. Soweit die Einlage ausschließlich in das gesamthänderisch gebundene Rücklagenkonto erfolgt und man mit der bisherigen Verwaltungsmeinung[7] zutreffend davon ausgeht, dass damit keine Entgeltlichkeit gegeben ist[8], scheidet die Anwendung des § 8b II S 1 aus. Soweit man hingegen auch für diese Fälle mit Teilen der Literatur[9] eine Entgeltlichkeit (und folglich auch die Existenz eines Einbringungsgewinns) bejaht, liegt eine Veräußerung iSd § 8b II S 1 vor.

---

1 *Dötsch/Pung*, DB 1999, 932, 933; *Hörger/Mentel/Schulz*, DStR 1999, 565, 574 *Strahl* in Korn § 17 EStG Rn 57; *Gosch* in Gosch § 8b Rn 183; aA *Thömmes/Scheipers*, DStR 1999, 609, 614.
2 BMF v 3.4.1990, DB 1990, 863; OFD Frankfurt v 15.3.1995, BB 1995, 1081; *Gröbl/Adrian* in Erle/Sauter § 8b Rn 118.
3 *Dötsch/Pung* in D/J/P/W § 8b Rn 81; *Frotscher* in Frotscher/Maas § 8b Rn 81; *Binnewies* in Streck § 8b Rn 61; *Gröbl/Adrian* in Erle/Sauter § 8b Rn 115; *Kröner* in EY § 8b Rn 93.
4 *Gröbl/Adrian* in Erle/Sauter § 8b Rn 115 und 147; *Kröner* in EY § 8b Rn 93; *Rödder/Schumacher*, DStR 2003, 909, 911. AA *Gosch* in Gosch § 8b Rn 183.
5 So zumindest *Dötsch/Pung* in D/J/P/W § 8b Rn 81.
6 BFH I R 77/06, BStBl II 2009, 464; daraufhin erging folgende Verwaltungsanweisung BMF v 20.5.2009, BStBl I 2009, 671.
7 BMF v 26.11.2004, BStBl I 2004, 1190.
8 *Schneider/Oepen*, FR 2009, 660, 661; *Strahl*, KÖSDI 2009, 16531, 16538.
9 *Wendt*, FR 2008, 915, 916; *Zimmermann ua*, Die Personengesellschaft im Steuerrecht, 2009, B Rn 395. Zum Problem auch *Mutscher*, DStR 2009, 1625 ff.

VI. Steuerbefreiung von Veräußerungsgewinnen

Sachdividende. Sachdividenden sind Gewinnausschüttungen in Form von anderen **308**
Vermögensgegenständen als Geld.[1] Gem § 58 V AktG kann eine AG gehaltene Anteile an ihre Anteilseigner als Sachdividende ausschütten. Eine entsprechende Vorschrift gibt es für die GmbH nicht. Hier hat die Auszahlung des Gewinns in Geld zu erfolgen. Allerdings kann die Satzung etwas anderes festlegen und insbesondere Sachleistungen vorsehen (oder die Gesellschafter nehmen solche Leistungen gem § 364 I BGB an Erfüllungs Statt an).[2] Der dabei auf der Ebene der ausschüttenden Körperschaft entstehende Gewinn (iHd aufzudeckenden stillen Reserven, da die abgehenden Anteile bei der Ermittlung des Einkommens mit dem gemeinen Wert anzusetzen sind[3]) unterfällt § 8b II.[4] Strittig ist nur, ob die stillen Reserven bereits in der Handels- und Steuerbilanz aufgedeckt werden[5] oder ob im Hinblick auf den Buchwert der Beteiligung eine offene Gewinnausschüttung und im Hinblick auf die stillen Reserven eine vGA anzunehmen ist.[6] Diese Frage ist zB für die Differenzenrechnung gem § 27 bedeutsam. Die erste Auffassung ist vorzugswürdig, da bei Vorliegen der Voraussetzung des § 58 V AktG eine ordnungsgemäße, den gesellschaftsrechtlichen Vorgaben entsprechende Gewinnausschüttung gegeben ist, die nicht zum Buchwert erfolgt.[7] Zur Behandlung der Sachdividende auf der Ebene der empfangenden Körperschaft vgl Rn 144.

Einbringung und Anteilstausch. Von § 8b II werden Gewinne **309**

- aus der Einbringung von Anteilen an Kapitalgesellschaften gegen Ausgabe neuer Anteile gem § 20 UmwStG aF,
- und aus dem Anteilstausch gem § 21 UmwStG nF zum gemeinen Wert oder zu Zwischenwerten als tauschähnliche Vorgänge unzweifelhaft erfasst.[8]

Ein Einbringungsgewinn I umfasst hingegen gem § 22 I S 5 UmwStG nicht Anteile, welche als Betriebsvermögen gem § 20 UmwStG eingebracht werden. Für einen Einbringungsgewinn II gem § 22 II UmwStG wird zudem die Anwendung des § 8b II in Ermangelung der Erfüllung der persönlichen Voraussetzungen regelmäßig nicht in Frage kommen.[9]

Verschmelzungen und Spaltungen von Körperschaften. Bei Verschmelzungen **310** oder Spaltungen von Körperschaften können Übertragungsgewinne aus der Übertragung von Anteilen entstehen, wenn das übergehende Vermögen Anteile an Ka-

---

1 *Watermeyer* in H/H/R § 8b Rn 78; *Müller*, NZG 2002, 752, 757.
2 *Hueck/Fastrich* in Baumbach/Hueck § 29 GmbHG Rn 55.
3 BMF v 28.4.2003, BStBl I 2003, 292, Rn 22.
4 BMF v 28.4.2003, BStBl I 2003, 292, Rn 22; *Dötsch/Pung* in D/J/P/W § 8b Rn 74; *Frotscher* in Frotscher/Maas § 8b Rn 41a; *Geißer* in Mössner/Seeger § 8b Rn 118; *Watermeyer* in H/H/R § 8b Rn 78.
5 *Dötsch/Pung* in D/J/P/W § 8b Rn 74; *Gröbl/Adrian* in Erle/Sauter § 8b Rn 120; *Bareis*, BB 2008, 479; *Prinz/Schürner*, DStR 2003, 181, 183; *Kröner* in EY § 8b Rn 93.
6 *Gosch* in Gosch § 8b Rn 193; *Schwedhelm/Olbing/Binnewies*, GmbHR 2002, 1157, 1158; *Haun/Winkler*, GmbHR 2002, 192, 194.
7 *Dötsch/Pung* in D/J/P/W § 8b Rn 74; *Kröner* in EY § 8b Rn 93; *Hüffer*, § 58 AktG Rn 33; *Heine/Lechner*, AG 2005, 269, 270.
8 *Dötsch/Pung* in D/J/P/W § 8b Rn 67; *Gröbl/Adrian* in Erle/Sauter § 8b Rn 111; *Gosch* in Gosch § 8b Rn 186.
9 Dies gilt gem § 15 Nr 2 ebenso, soweit Einbringender eine Organgesellschaft ist und Organträger eine natürliche Person, vgl *Dötsch/Pung* in D/J/P/W § 8b Rn 67.

pitalgesellschaften enthält, deren Buchwerte in der steuerlichen Schlussbilanz der übertragenden Körperschaft aufgestockt wurden.[1] Nach BMF v 28.4.2003 sind diese Übertragungsgewinne iSd § 11 UmwStG (Verschmelzung) und § 15 UmwStG (Spaltung) von § 8b II begünstigt.[2] Dieses ist vor dem Hintergrund der Rechtsprechung zur Aktivierung von GrESt als Anschaffungsnebenkosten für neu gewährte Anteile[3] sowie zur fehlenden Anwendbarkeit der gewerbesteuerlichen Schachtelprivilegien auf einen Übernahmegewinn bei Verschmelzungen zu sehen,[4] wonach Verschmelzung und Spaltung auf Gesellschafterebene als tauschähnliche Veräußerungsvorgänge eingeordnet werden.[5]

311 **Verschmelzung und Spaltungen einer Körperschaft auf eine Personengesellschaft.** Die frühere fehlende Nennung der §§ 3 und 16 UmwStG bei der Bestimmung des Anwendungsbereichs des § 8b II durch die Verwaltung fußte auf der Auslegung, dass aufgrund der Maßgeblichkeit der Handelsbilanz für die Steuerbilanz kein Übertragungsgewinn entstehen konnte, was seit dem SEStEG überholt ist.[6] § 8b II gilt somit auch für den auf Anteile iSd § 8b II entfallenden Übertragungsgewinn aufgrund des Ansatzes des gemeinen Wertes oder Zwischenwertes gem §§ 3 und 16 UmwStG.[7]

312 **Übernahmegewinn bei Umwandlungen.** Zur steuerlichen Behandlung des Übernahmegewinns bei Umwandlungen vgl Rn 70.

313 **Umwandlungen ausländischer Kapitalgesellschaften außerhalb des UmwStG.** Gewinne aus Umwandlungen ausländischer Kapitalgesellschaften außerhalb des Anwendungsbereichs des UmwStG können ebenfalls unter § 8b II fallen.[8] Allerdings ergibt sich dieses aus § 8b II S 3, wenn man richtigerweise davon ausgeht, dass die ausländische Umwandlung auf Anteilseigner als liquidationsähnlicher Vorgang zu betrachten ist (vgl Rn 325).[9] Wenn man hingegen nach aA die ausländische Umwandlung auf Anteilseigner als Anteilstausch beurteilt, kommt § 8b II S 1 zur Anwendung.[10] Seit dem SEStEG hat sich die Anzahl der betroffenen Umwandlungen aufgrund der Erweiterung des territorialen Anwendungsbereichs des UmwStG reduziert bzw begrenzt sich insbesondere auf Umwandlungen von Gesellschaften in Drittstaaten.

---

1 Dötsch/Pung in D/J/P/W § 8b Rn 78; Gosch in Gosch § 8b Rn 188; Watermeyer in H/H/R § 8b Rn 78.
2 BMF v 28.4.2003, BStBl I 2003, 292, Rn 23.
3 BFH I R 22/96 BStBl II 1998, 168; BFH I R 83/96, BStBl II 1998, 698 davon losgelöst ist BFH I R 22/10, BStBl II 2011, 761 zur Sacheinlage von Anteilen zu sehen.
4 BFH XI R 48/99, BFH/NV 2002, 993.
5 Gosch in Gosch § 8b Rn 188; Frotscher in Frotscher/Maas § 8b Rn 41; Haun/Winkler, GmbHR 2002, 192, 194 f. Für einen liquidationsähnlichen Vorgang sprechen sich hingegen Klingberg/van Lishaut, FR 1999, 1209, 1217 ff; Herzig/Förster, DB 1995, 338, 339 aus.
6 BMF v 25.3.1998, BStBl I 1998, 268, Tz 3.11; Dötsch/Pung in D/J/P/W § 8b Rn 78; dieselben in D/J/P/W § 3 UmwStG (vor SEStEG) Rn 26 ff.
7 Dötsch/Pung in D/J/P/W § 8b Rn 78; Gosch in Gosch § 8b Rn 188; Binnewies in Streck § 8b Rn 58. Zur Rechtslage vor Inkrafttreten des SEStEG Kröner in EY § 8b Rn 93; Frotscher in Frotscher/Maas § 8b Rn 41; OFD Rheinland, Kurzinformation v 25.2.2008, DB 2008, 496.
8 Dötsch/Pung in D/J/P/W § 8b Rn 82; Rödder/Schumacher, DStR 2003, 909, 912.
9 BFH I R 96/08, DStR 2010, S 1517.
10 BFH IX R 71/07, BStBl II 2009, 13. Zum Streit vgl Schnitger/Rometzki, FR 2006, 845 ff mwN.

VI. Steuerbefreiung von Veräußerungsgewinnen

Gewinn aus der Verlegung des Sitzes. Seit Inkrafttreten des SEStEG gelten Wirtschaftsgüter im Falle der Sitzverlegung gem § 12 III fiktiv als zum gemeinen Wert veräußert.[1] Gewinne aufgrund der Verlegung des Sitzes iSd § 12 III sind daher von § 8b II S 1 begünstigt, sofern das Vermögen Anteile iSd § 8b II umfasst.[2] 314

Entstrickungsgewinne. Entstrickungsgewinne aus der Überführung von Anteilen im Betriebsvermögen vom inländischen Stammhaus in eine ausländische Betriebsstätte oder von einer inländischen Betriebsstätte in ein ausländisches Stammhaus sollen eine fiktive Veräußerung gem § 12 I auslösen (vgl § 12 Rn 157) und unterfallen damit ebenfalls der Steuerfreistellung gem § 8b II S 1.[3] 315

VGA. Bei Einkommenserhöhungen gem § 8 III S 2 aufgrund von vGA im Zusammenhang mit der Übertragung von Anteilen (zB durch eine TG an ihre MG unentgeltlich oder zu einem unangemessen niedrigen Preis) kommt nach mittlerweile hM auf der Ebene der leistenden Körperschaft § 8b II zur Anwendung (zur Anwendung auf Ebene der empfangenden Gesellschaft vgl Rn 139).[4] Dh richtigerweise ist auch die auf zweiter Stufe ansetzende außerbilanzielle Korrektur eines Veräußerungsgewinns durch eine vGA auf Gesellschaftsebene von § 8b II erfasst, um der Korrekturfunktion des § 8 III S 2 (dh Anwendung des fremdvergleichskonformen Sachverhalts iRd Fiktionsthese, vgl § 8 Rn 337) auf Gesellschafts- und Gesellschafterebene nachzukommen. Soweit Anteile an einer TG zu einem unangemessen hohen Preis durch die MG übertragen werden, unterfällt der angemessene Teils des Kaufpreises bei der Veräußerin (MG) § 8b II und der unangemessene Teil des Kaufpreises bei der MG als Empfängerin der vGA § 8b I.[5] Die TG hat lediglich iHd angemessenen Teils des Kaufpreises Anschaffungskosten und führt iHd unangemessenen Teils des Kaufpreises eine vGA als leistende Gesellschaft aus, die gem § 8 III S 2 korrigiert wird.[6] 316

VGA bei Schwestergesellschaften. Die unter Rn 316 dargestellten Grundsätze gelten ebenso für Übertragungen zwischen Schwestergesellschaften: 317

- unter Preis: a) Erhöhung des Veräußerungsgewinns, der vollständig § 8b II unterfällt, bei der übertragenden Schwestergesellschaft um die vGA gem § 8 III S 2 auf ein angemessenes Entgelt b) Steuerbefreiung der vGA bei der MG gem § 8b I und c) verdeckte Einlage in die Schwestergesellschaft).

---

1 *Benecke*, NWB Fach 3, 14733, 14750 f, der die fiktive Veräußerung als innerbilanzielle Korrektur auffasst, wobei die Wirtschaftsgut als veräußert gilt und (ausgenommen in den Fällen des Rechtsträgerwechsels) als zum gemeinen Wert wieder angeschafft.
2 *Watermeyer* in H/H/R § 8b Rn 78; *Rödder/Schumacher*, DStR 2003, 909, 911; *dieselben* in D/J/P/W § 8b Rn 82; *Frotscher* in Frotscher/Maas § 8b Rn 41.
3 FG Rheinland-Pfalz 1 V 1217/10, EFG 2011, 1096 mit unionsrechtlichen Zweifeln an der Entstrickungsbesteuerung; *Dötsch/Pung* in D/J/P/W § 8b Rn 82; *Gröbl/Adrian* in Erle/Sauter § 8b Rn 112; *Rödder/Schumacher*, DStR 2003, 909, 911 f.
4 Zur hM BMF v 28.4.2003, BStBl I 2003, 292, Rn 21; *Gosch* in Gosch § 8b Rn 189 ff; *Dötsch/Pung* in D/J/P/W § 8b Rn 76; *Watermeyer* in H/H/R § 8b Rn 78; *Leip*, BB 2002, 1839, 1840; *Wassermeyer*, GmbHR 2002, 1, 3; *Rättig/Protzen*, GmbHR 2001, 495. Anders noch Abschn 41 V KStR 1995; hierzu BFH I B 34/00, BStBl II 2002, 490 ff sowie mittlerweile auch FG Hessen 4 K 2561/09, EFG 2012, 75; *Rödder/Wochinger*, FR 2001, 1253, 1256 f.
5 Ausführlich zu Konstellationen der vGA *Dötsch/Pung* in D/J/P/W § 8b Rn 76; *Leip*, BB 2002, 1839.
6 *Dötsch/Pung* in D/J/P/W § 8b Rn 76; *Wassermeyer*, GmbHR 2002, 1, 3.

- über Preis: a) Veräußerungsgewinn iHd angemessenen Entgelts unterfällt § 8b II und vGA gem § 8 III S 2 iHd unangemessenen Entgelts bei der übertragenden Schwestergesellschaft b) Steuerbefreiung der vGA bei der MG gem § 8b I iHd unangemessenen Entgelts und c) verdeckte Einlage in die Schwestergesellschaft iHd unangemessenen Entgelts).

318 **Steuerliches Einlagekonto (§ 27).** Rückzahlungen aus dem Einlagekonto iSd § 27 (ohne formelle Kapitalherabsetzung) führen zunächst zu einer Verminderung des Buchwerts der Beteiligung. Soweit die Ausschüttungen aus dem Einlagekonto den Buchwert der Beteiligung übersteigen, ist nach Verwaltungsauffassung entgegen der hM in der Literatur nicht § 8b I, sondern § 8b II anzuwenden (vgl weitere Details und Nachweise unter Rn 142 f). Der BFH hat die Anwendbarkeit des § 8b I abgelehnt und zur Frage der Befreiung § 8b II in diesen Fällen bisher keine Stellung bezogen.[1] Nach *Gosch* kommt auch § 8b II nicht zur Anwendung.[2] Letzte Auslegung scheint vor dem Hintergrund zu eng gefasst, dass § 8b II S 3 auch für einen Gewinn, der bei Herabsetzung des Nennkapitals entsteht, die Anwendung des § 8b II speziell anordnet (vgl Rn 328). Systematisch scheint nicht gerechtfertigt, die Anwendung der Steuerbefreiung gem § 8b II davon abhängig zu machen, dass ein Anteilseigner etwaige Rücklagen (und damit das Einlagekonto gem § 27) vor Rückzahlung gem § 28 I in Nennkapital umwandelt (hierzu § 28 Rn 25 ff). Infolgedessen scheint es folgerichtig, einen Gewinn aus der Rückzahlung von Einlagekonto unter die allgemeine Regelung des § 8b II S 1 fallen zu lassen, auch wenn eine „Veräußerung" ieS für diese Fälle nicht offenkundig gegeben ist.

319-321 *Einstweilen frei.*

322 **4. Veräußerungsgleiche Tatbestände (§ 8b II S 3). Allgemeines.** Gewinne aus der Auflösung oder Herabsetzung des Nennkapitals oder aus dem Ansatz des in § 6 I S 1 Nr 2 S 3 EStG bezeichneten Werts (sog Wertaufholungsgewinn) werden als veräußerungsgleiche Tatbestände gem § 8b II S 3 dem Anwendungsbereich des § 8b unterstellt. Vor der Änderung des § 8b II S 3 durch das SEStEG umfasste die Aufzählung auch noch Gewinne iSd § 21 II UmwStG aF.

323 **Verhältnis zu § 8b I und II.** § 8b II S 3 ordnet die entsprechende Anwendung von § 8b II S 1 auf bestimmte Tatbestände ausdrücklich an.[3] § 8b II S 3 erweitert damit den Anwendungsbereich des § 8b II S 1. Das Verhältnis von § 8b II S 3 und § 8b I ist hingegen nicht ausdrücklich geregelt. Aufgrund der Rechtsfolge des § 8b II S 3 (dh sinngemäßen Anwendung des § 8b II S 1) liegt es nahe, dass die Vorschrift nur subsidiär zu § 8b I zur Anwendung kommt; dh nur soweit nicht bereits Bezüge iSd § 8b I gegeben sind, kommt die Annahme eines Veräußerungsgewinns iSd § 8b II S 3 in Betracht.

324 **Auflösung inländischer Kapitalgesellschaften iSd § 8b II S 3.** § 8b II S 3 setzt die formale Auflösung jedoch nicht die Beendigung der Kapitalgesellschaft voraus.[4] Dh ab dem Auflösungsbeschluss und dessen Eintragung in das Handelsregister ist der

---

1 BFH I R 116/08, BFH/NV 2010, 549.
2 *Gosch* in Gosch § 8b Rn 106.
3 *Watermeyer* in H/H/R § 8b Rn 60; *Gröbl/Adrian* in Erle/Sauter § 8b Rn 132.
4 BFH VIII R 81/91, BStBl II 1994, 162; BFH VIII 18/94, BStBl II 1999, 344.

Anwendungsbereich des § 8b II S 3 eröffnet (§ 31 HGB, § 65 GmbHG, § 263 AktG). Mit der abschließenden Abwicklung und Verteilung des Gesellschaftsvermögens endet schließlich die Liquidation (§§ 60, 70, 72 GmbHG, §§ 264, 271 AktG) und folglich auch der Anwendungsbereich des § 8b II S 3.

Ausländische Umwandlungen außerhalb des UmwStG als Auflösung iSd § 8b II S 3. Nach zutreffender Auffassung unterfällt die Umwandlung einer ausländischen Körperschaft außerhalb des Anwendungsbereichs des UmwStG § 8b II S 3, falls das entsprechende ausländische Recht iRd Umwandlung eine Auflösung anordnet (vgl auch Rn 313).[1] 325

Auflösungsgewinne aus inländischen Kapitalgesellschaften im Einzelnen. Gewinne aus der Auflösung inländischer Kapitalgesellschaften unterfallen bei der MG nach dem allgemeinem Vorrangverhältnis (vgl Rn 323) nur dann § 8b II S 3, sofern die Zahlungen nicht bereits als Bezüge iSd § 20 I Nr 2 EStG von § 8b I S 1 erfasst werden.[2] Da die Rückzahlung von neutralem Vermögen oder die Auskehrung aus dem früheren EK 02 dem § 8b I unterfällt (vgl Rn 151), erfasst § 8b II S 3 insbesondere die den Buchwert übersteigende Rückzahlung von Nennkapital, welche nicht aus der Umwandlung von sonstigen Rücklagen herrührt. Folglich wird nur der Liquidationserlös von § 8b II erfasst, welcher in der Rückzahlung von „echtem" Nennkapital besteht.[3] Wird hingegen eine Beteiligung an einer Tochterkapitalgesellschaft iRd Liquidation einer Kapitalgesellschaft veräußert, unterfällt der Veräußerungsgewinn bereits § 8b II S 1.[4] Wenn iRd Liquidation einer Kapitalgesellschaft die Beteiligung an einer Tochterkapitalgesellschaft an die Anteilseigner als Sachdividende ausgekehrt wird, kommt § 8b II S 1 ebenso auf Gesellschaftsebene zur Anwendung (vgl zur Sachdividende Rn 308).[5] 326

Auflösungsgewinne aus ausländischen Kapitalgesellschaften im Einzelnen. Gewinne aus der Auflösung ausländischer Körperschaften werden grundsätzlich auch von § 8b II S 3 erfasst. Nach teilweiser Auffassung soll der Liquidationserlös in voller Höhe § 8b II S 3 unterfallen;[6] zumindest mit den Änderungen des SEStEG kommt auch die Anwendung des § 8b I in Frage (vgl Rn 152), so dass die Grundsätze zur Liquidation inländischer Kapitalgesellschaften hier analog gelten (vgl Rn 326).[7] 327

Kapitalherabsetzung iSd § 8b II S 3. Als Kapitalherabsetzung iSd § 8b II S 3 gilt die Herabsetzung von Nennkapital gem § 58 GmbHG, §§ 222 ff AktG. Maßgeblicher Anwendungszeitpunkt ist grundsätzlich das Wirksamwerden der Eintragung im Handelsregister. In Ausnahmefällen kann auch vor Eintragung ein Gewinn (oder 328

---

1 *Gosch* in Gosch § 8b Rn 213; BFH I R 11/85, BStBl II 1989, 794.
2 *Gosch* in Gosch § 8b Rn 211; *Dötsch/Pung* in D/J/P/W § 8b Rn 85; *Binnewies* in Streck § 8b Rn 63; *Gröbl/Adrian* in Erle/Sauter § 8b Rn 133.
3 *Binnewies* in Streck § 8b Rn 63; *Gröbl/Adrian* in Erle/Sauter § 8b Rn 133; *Kröner* in EY § 8b Rn 96; *Füger/Rieger*, FR 2003, 543, 545; *Dötsch/Pung* in D/J/P/W § 8b Rn 18 und 85.
4 *Gosch* in Gosch § 8b Rn 211; *Dötsch/Pung* in D/J/P/W § 8b Rn 85; *Binnewies* in Streck § 8b Rn 63; *Gröbl/Adrian* in Erle/Sauter § 8b Rn 133.
5 *Dötsch/Pung* in D/J/P/W § 8b Rn 85; *Binnewies* in Streck § 8b Rn 63.
6 *Gosch* in Gosch § 8b Rn 211.
7 *Dötsch/Pung* in D/J/P/W § 8b Rn 18 und 85.

Verlust) aus der Kapitalherabsetzung entstehen, wenn alles zum Wirksamwerden der Kapitalherabsetzung Erforderliche getan wurde und die Eintragung nachgeholt wird, ohne Gläubigerinteressen zu beeinträchtigen.[1]

329 **Kapitalherabsetzungsgewinne im Einzelnen.** Von § 8b II S 3 werden wie in den Fällen der Auflösung nur Gewinne erfasst, die nicht bereits zu den Bezügen iSd § 8b I zählen. Dieses sind insbesondere solche Gewinne, die bei der Herabsetzung und Rückzahlung von Nennkapital entstehen, welches nicht aus der Umwandlung von Gewinnrücklagen herrührt (vgl auch Rn 326 f).[2]

330 **Wertaufholungsgewinne.** § 8b II S 3 stellt auch den Gewinn aus dem Ansatz des in § 6 I S 1 Nr 2 S 3 EStG iVm § 6 I Nr 1 S 4 EStG bezeichneten Wertes (Wertaufholungsgewinn) steuerfrei. Die Steuerfreistellung ist vor dem Hintergrund der in § 8b III S 3 normierten Nichtberücksichtigung vorausgegangener Teilwertabschreibung zu sehen.[3] Dabei ist nicht konsequent, dass auch für diese Wertaufholungsgewinne eine Fiktion nichtabzugsfähiger Betriebsausgaben iHv 5 % gem § 8b V greift (Zuschreibungsfalle). Seit den Änderungen durch das BilMoG hat dieses Problem jedoch an Brisanz verloren (vgl Rn 331).

331 **Entstehen von Wertaufholungsgewinnen.** Ein Wertaufholungsgewinn iSd § 8b II S 3 entsteht durch Ansatz eines höheren Teilwerts (höchstens bis zu den Anschaffungskosten) nach einer Teilwertabschreibung.[4] Früher waren Zuschreibungen auf Anteile aufgrund von Wertaufholungen nach der umgekehrten Maßgeblichkeit der Handels- für die Steuerbilanz zu vollziehen, sobald der Grund für die dauernde Wertminderung entfallen war und das in der Steuerbilanz gem § 6 I S 1 Nr 2 S 3 EStG iVm § 6 I S 1 Nr 1 S 4 EStG bestehende Wahlrecht in der Handelsbilanz nicht korrespondierend ausgeübt werden konnte. Mit dem BilMoG ist nunmehr die umgekehrte Maßgeblichkeit aufgegeben worden; nach Auffassung der Finanzverwaltung ist § 6 I Nr 1 S 2 und Nr 2 S 2 EStG als eigenständiges steuerliches Wahlrecht zu sehen, welches unabhängig von der handelsrechtlichen Behandlung ausgeübt werden kann, so dass auf auf eine nichtabzugsfähige Teilwertabschreibung (hierzu Rn 418) verzichtet bzw späteren Wertaufholungsgewinnen entgegengewirkt werden kann.[5]

332 **Wertaufholungsgewinne bei einbringungsgeborenen Anteilen.** Zur fehlenden Anwendung des § 8b II S 3 im Fall von Wertaufholungsgewinnen bei einbringungsgeborenen Anteilen vgl Rn 591.

333 **Gewinne iSd § 21 II UmwStG aF.** Bis zum Inkrafttreten des SEStEG erfasste § 8b II S 3 auch Gewinne iSd § 21 II UmwStG aF. Gem § 21 II UmwStG aF treten die in § 21 I UmwStG aF für die Veräußerung einbringungsgeborener Anteile beschriebenen Rechtsfolgen auch ohne Veräußerung der Anteile ein, wenn

---

1 BFH VIII R 69/93, BStBl II 1995, 725.
2 Binnewies in Streck § 8b Rn 67; Gröbl/Adrian in Erle/Sauter § 8b Rn 134; Dötsch/Pung in D/J/P/W § 8b Rn 18 und 86.
3 Dötsch/Pung in D/J/P/W § 8b Rn 87; Binnewies in Streck § 8b Rn 68.
4 Dötsch/Pung in D/J/P/W § 8b Rn 87; Watermeyer in H/H/R § 8b Rn 63.
5 BMF v 12.3.2010, BStBl I 2010, 239, Tz 15; Herzig/Briesemeister, DB 2010, 917, 918 f; Schiffers in Korn § 5 EStG Rn 150.6.

- der Anteilseigner dies beantragt (§ 21 II Nr 1 UmwStG aF) oder
- das deutsche Besteuerungsrecht hinsichtlich des Gewinns aus der Veräußerung der Anteile ausgeschlossen wird (§ 21 II Nr 2 UmwStG aF) oder
- die Kapitalgesellschaft, an der die Anteile bestehen, aufgelöst und abgewickelt wird oder das Kapital dieser Gesellschaft herabgesetzt und zurückgezahlt wird oder Beträge aus dem steuerlichen Einlagekonto iSd § 27 ausgeschüttet oder zurückgezahlt werden, soweit die Bezüge nicht die Voraussetzungen des § 20 I Nr 1 oder 2 EStG erfüllen (§ 21 II Nr 3 UmwStG aF) oder
- der Anteilseigner die Anteile verdeckt in eine Kapitalgesellschaft einlegt (§ 21 II Nr 4 UmwStG aF).

Nach § 34 I idFd SEStEG gilt § 8b II S 3 ohne den Verweis auf § 21 II UmwStG aF ab dem VZ 2006, obwohl § 21 II UmwStG aF gem § 27 III Nr 3 S 1 UmwStG nF für einbringungsgeborene Anteile iSd § 21 I UmwStG aF weiterhin anwendbar bleibt. Folglich kommt ab dem VZ 2006 für Gewinne iSd § 21 II Nr 1 und 2 UmwStG aF keine Steuerbefreiung gem § 8b II S 3 mehr zu Anwendung, während Gewinne iSd § 21 II Nr 3 UmwStG aF weiterhin § 8b II S 3 und Gewinne iSd § 21 II Nr 4 UmwStG aF nunmehr § 8b II S 6 unterfallen und somit weiter steuerbefreit sind.[1]

Einstweilen frei.   334-336

5. Verdeckte Einlagen (§ 8b II S 6). Qualifikation verdeckter Einlagen. Nach der Rechtsprechung des BFH stellt eine verdeckte Einlage grundsätzlich einen unentgeltlichen Vorgang dar.[2] Die mit der verdeckten Einlage verbundene Steigerung des Wertes der Anteile stellt regelmäßig keine Gegenleistung dar.[3] Erst durch die ausdrückliche Anordnung des § 17 I S 2 EStG wird die verdeckte Einlage der Veräußerung gleichgestellt bzw im Fall der Einlage aus dem Betriebsvermögen gem § 6 VI S 2 EStG eine Aufdeckung der stillen Reserven bewertungsrechtlich angeordnet.   337

Verdeckte Einlage als Veräußerung. Durch § 8b II S 6 wird parallel zu § 17 I S 2 die verdeckte Einlage von Anteilen, welche bei Bewertung mit dem Teilwert gem § 6 VI S 2 EStG zu einem Veräußerungsgewinn führt,[4] der Veräußerung von Anteilen gleichgestellt. Damit sind auch Gewinne aus verdeckten Einlagen gem § 8b II S 1 unter Berücksichtigung der Begrenzungen von § 8b II S 4 und 5 sowie § 8b IV aF regelmäßig steuerfrei.   338

Einstweilen frei.   339-340

6. Ermittlung des Veräußerungsgewinns. Legaldefinition (§ 8b II S 2). Durch das Korb II-G wurde in § 8b II S 2 eine Legaldefinition des Veräußerungsgewinns aufgenommen. Danach ist Veräußerungsgewinn iSd § 8b II S 1 der Nettobetrag, um den   341

---

1 BFH I R 147/83, BStBl II 1989, 271; BFH I R 35/05, BStBl II 2008, 253; *Dötsch/Pung* in D/J/P/W § 8b Rn 89.
2 BFH I R 147/83, BStBl II 1989, 271; BFH I R 43/86, BStBl II 1990, 615.
3 BFH X R 22/02, BStBl II 2006, 457; zur Anwendung des § 8b II aF trotz erst späterer Aufnahme der verdeckten Einlage in § 8b II S 5 aF vgl FG Niedersachsen 6 K 201/05, EFG 2007, 611; aA OFD Niedersachsen v 11.4.2011, DStR 2011, 1274.
4 BMF v 28.4.2003, BStBl I 2003, 292, Rn 20; *Dötsch/Pung* in D/J/P/W § 8b Rn 97; *Gröbl/Adrian* in Erle/Sauter § 8b Rn 146 f; *Kröner* in EY § 8b Rn 107; *Watermeyer* in H/H/R § 8b Rn 77.

- der Veräußerungspreis oder der an dessen Stelle tretende Wert
- nach Abzug der Veräußerungskosten
- den Wert übersteigt, der sich nach den Vorschriften über die steuerliche Gewinnermittlung im Zeitpunkt der Veräußerung ergibt (Buchwert).

Zwar ist § 8b II S 2 eine eigenständige Vorschrift zur Ermittlung des Veräußerungsgewinns, die neben der Definition des Veräußerungsgewinns gem § 17 II S 1 EStG anwendbar ist.[1] Die Definition des Veräußerungsgewinns iSv § 8b II S 2 ist jedoch an die Regelungen in §§ 16, 17 EStG angelehnt, so dass zur Auslegung der Begrifflichkeiten „Veräußerungspreis" und „Veräußerungskosten" iRd § 8b II S 2 die zu § 17 EStG ergangene Rechtsprechung gleichwohl heranzuziehen ist (zu den Veräußerungskosten im Einzelnen Rn 354).[2]

342 **Bedeutung der Legaldefinition.** Die Legaldefinition des § 8b II S 2 hat nur für Veräußerungsgewinne iSd § 8b II S 1 und nicht auch für die übrigen Gewinne des § 8b II S 3 Bedeutung.[3] Zudem wurde die Definition zur Anwendung des in § 8b III S 1 normierten pauschalen Betriebsausgabenabzugsverbots iHv 5 % des Veräußerungsgewinns aufgenommen (vgl Rn 386 ff).[4] Für diese übrigen Gewinne ermittelt sich der steuerfreie Betrag nach den entsprechenden Vorschriften wie zB § 6 I Nr 2 S 3 EStG iVm § 6 I Nr 1 S 4 EStG.[5]

343 **Veräußerungspreis.** Der Veräußerungspreis beschreibt nach der Rechtsprechung des BFH alles, was der Veräußerer aufgrund des Veräußerungsgeschäfts als Gegenleistung erhält.[6] Dabei kann die Gegenleistung nicht nur in Geld sondern auch in Sachen oder Rechten bzw in Forderungen hierauf bestehen.[7] Auch etwaige vom Erwerber im Zeitraum zwischen Abschluss des Anteilskaufvertrages und Erfüllung bzw Closing (bei wechselseitiger Leistungserbringung) zu erfüllende „Zinsen" sind Teil des Veräußerungspreises; etwas anderes gilt für Zinsen ab dem Fälligkeitszeitpunkt der Kaufpreiszahlung.[8]

344 **Stillhalteprämie.** Soweit eine Anteilsveräußerung aufgrund der Ausübung einer Kaufoption (sog Short-Call-Position) erfolgt, ist die Behandlung der vom Veräußerer vereinnahmten Stillhalteprämie, welche bis zur Ausübung passiviert und erst bei Ausübung gewinnerhöhend aufgelöst wird,[9] ungeklärt. Vertretbar scheint, diese aufgrund

---

1   BFH I B 34/00, BStBl II 2002, 490.
2   *Frotscher* in Frotscher/Maas § 8b Rn 43c; *Dötsch/Pung* in D/J/P/W § 8b Rn 59; *Kröner* in EY § 8b Rn 116; *Watermeyer* in H/H/R § 8b Rn 51 f.
3   *Dötsch/Pung* in D/J/P/W § 8b Rn 59; *Frotscher* in Frotscher/Maas § 8b Rn 43a; aA *Kröner* in EY § 8b Rn 117, nach der alle Realisierungsgewinne iSd § 8b II nach Maßgabe der Definition in § 8b II S 2 zu ermitteln sind.
4   BTDrs 15/1518, 15.
5   *Dötsch/Pung* in D/J/P/W § 8b Rn 59.
6   BFH VIII R 29/93, BStBl II 1995, 693; BFH IV R 223/72, BStBl II 1975, 58; BFH I 209/60 U, BStBl III 1962, 85.
7   *Frotscher* in Fotscher/Maas § 8b Rn 43c; *Pung/Dötsch* in D/J/P/W § 17 EStG Rn 238; *Watermeyer* in H/H/R § 8b Rn 51; BFH VIII R 144/77, BStBl II, 494; BFH VIII R 29/93, BStBl II 1995, 693.
8   FG Düsseldorf 6 K 1587/09 K, GmbHR 2012, 53.
9   BFH I R 17/02, BStBl 2004, 126.

des Zusammenhangs von Stillhalteprämie und Höhe des Ausübungspreises übereinstimmend mit der handelsrechtlichen Behandlung[1] als Teil des Veräußerungspreises zu behandeln.[2]

Andere Gegenleistungen. Nicht zum Veräußerungspreis gehören Gegenleistungen, welche zwar im Zusammenhang mit der Anteilsveräußerung stehen, jedoch für eigenständige Leistungen erbracht wurden[3], wie zB die Entschädigung für ein Wettbewerbsverbot bei eigenständiger wirtschaftlicher Bedeutung[4] oder die Verzinsung des Kaufpreises[5]. Ebenfalls nicht zum Veräußerungspreis zählen Entgelte für bereits entstandene Dividendenansprüche.[6] 345

Anteilstausch. Beim Anteilstausch ist als Veräußerungspreis für die übertragenen und als Anschaffungskosten der erhaltenen Anteile gem § 9 I BewG bzw § 6 VI S 1 EStG jeweils der gemeine Wert der Anteile anzusetzen.[7] 346

Währungskursgewinne und -verluste. Soweit der Veräußerungspreis für einen Anteil in fremder Währung vereinbart wird, ist dieser zum Zeitpunkt der Veräußerung nach dem amtlichen Umrechnungskurs in Euro umzurechnen.[8] Währungskursgewinne oder -verluste, die im Zeitpunkt der Forderungsentstehung realisiert werden, gehen daher im Falle des Betriebsvermögensvergleichs in den Veräußerungsgewinn ein und teilen dessen Schicksal (dh Währungskursgewinne sind steuerbefreit und Währungskursverluste sind nicht abzugsfähig).[9] Soweit Währungskursgewinne/-verluste hingegen nach diesem Zeitpunkt entstehen, basieren sie auf der Kaufpreisforderung, gehen nicht in die Ermittlung des Veräußerungsgewinns ein und unterfallen damit nicht § 8b II.[10] 347

Ausgleichsposten einer Organgesellschaft. Zur steuerlichen Erfassung des für eine Organgesellschaft gebildeten Ausgleichspostens vgl Rn 293 ff. 348

Ausgleichsposten bei negativem Kaufpreis. Nach Auffassung des BFH ist für eine gegen Zuzahlung („negativer Kaufpreis") erhaltene Beteiligung ein passiver Ausgleichsposten zu bilden.[11] Der aus der Auflösung des passiven Ausgleichspostens resultierende Gewinn erhöht entsprechend den Gewinn bzw mindert den Verlust aus einer späteren Veräußerung der Anteile. 349

---

1   IDW, BFA 2/1995, WPg 1995, 421.
2   *Häuselmann*, Ubg 2008, 391, 398; *Häuselmann/Wagner*, BB 2002, 2170, 2172; *Röder/Schumacher*, DStR 2003, 909, 212; *Herzig*, DB 2003, 1459, 1462; *Kröner* in EY § 8b Rn 121. Offenbar auch *Dötsch/Pung* in D/J/P/W § 8b Rn 82.
3   *Dötsch/Pung* in D/J/P/W § 8b Rn 59; *Frotscher* in Frotscher/Maas § 8b Rn 43c.
4   BFH VIII R 140/79, BStBl II 1983, 289; BFH IX R 76/99, BFH/NV 2003, 1161, wonach dem Wettbewerbsverbot eine besondere Bedeutung zukommt, wenn es zeitlich begrenzt ist, sich in seiner wirtschaftlichen Bedeutung heraushebt und wenn dies in den getroffenen Vereinbarungen klar zum Ausdruck gelangt ist.
5   *Watermeyer* in H/H/R § 8b Rn 51; *Dötsch/Pung* in D/J/P/W § 8b Rn 59.
6   *Frotscher* in Frotscher/Maas § 8b Rn 43c; *Pung/Dötsch* in D/J/P/W § 17 EStG Rn 246.
7   *Pung/Dötsch* in D/J/P/W § 17 EStG Rn 242; *Frotscher* in Frotscher/Maas § 8b Rn 43c.
8   R 17 VII S 1 EStR; BFH IX R 73/04 (NV), BFH/NV 2008, 1658.
9   *Dötsch/Pung* in D/J/P/W § 8b Rn 60; *Gröbl/Adrian* in Erle/Sauter § 8b Rn 128; *Kröner* in EY § 8b Rn 121.
10 BFH I R 3/01, BStBl II 2002, 865; *Schnitger*, IWB, Fach 3 Gruppe 2, 1029 ff; *Dötsch/Pung* in D/J/P/W § 8b Rn 60.
11 BFH I R 49, 50/04, BStBl II 2006, 656.

350 **An die Stelle des Veräußerungspreises tretender Wert.** Der an die Stelle des Veräußerungspreises tretende Wert ist jeweils für die folgenden veräußerungsgleichen Tatbestände des § 8b II S 3 zu bestimmen:[1]

- Liquidation (vgl Rn 351),
- Kapitalrückzahlung (vgl Rn 351),
- Wertaufholung (vgl Rn 352).

351 **Veräußerungspreis bei Liquidation, Kapitalherabsetzung.** In Anlehnung an § 17 IV EStG sowie § 9 BewG wird im Falle der Liquidation und Kapitalherabsetzung als Veräußerungspreis der gemeine Wert des dem Anteilseigner zugeteilten bzw zurückgezahlten Vermögens angesetzt.[2] Ein steuerfreier Gewinn gem § 8b II S 3 kann daher entstehen, wenn der gemeine Wert des zugeteilten oder zurückgezahlten Vermögens den Buchwert der Kapitalbeteiligung übersteigt.[3]

352 **Veräußerungspreis bei Wertaufholung.** Im Falle der Wertaufholung stellt der nach Zuschreibung anzusetzende erhöhte Buchwertansatz den Veräußerungspreis iSd § 8b II S 2 dar. Der Veräußerungsgewinn ist dementsprechend der Zuschreibungsbetrag als Unterschiedsbetrag zum bisherigen Buchwert.

353 **Veräußerungskosten.** Tatsächlich entstandene Veräußerungskosten sind aufgrund der Legaldefinition in § 8b II S 2 Teil des Veräußerungsgewinns und damit steuerlich nicht abzugsfähig bzw dem steuerfreien Bereich zuzuordnen.[4] Die gegenteilige Auffassung[5] mag systematische Verwerfungen aufgrund des Zusammenwirkens mit dem § 8b III S 1 verhindern (zur Kritik Rn 399), steht jedoch nicht mit dem Gesetzeswortlaut im Einklang. Nach bisheriger Rechtsprechung und Verwaltungsauffassung waren Veräußerungskosten solche Aufwendungen, die in unmittelbarer sachlicher Beziehung zu dem Veräußerungsgeschäft standen.[6] Diese Auffassung ist inzwischen überholt. Nach neuerer Rechtsprechung und Verwaltungsauffassung sind Veräußerungskosten nunmehr solche Aufwendungen, die durch das Veräußerungsgeschäft wirtschaftlich veranlasst wurden und die der Veräußerer per Gesetz oder Vertrag zu übernehmen hat.[7]

354 **Veräußerungskosten im Einzelnen.** Veräußerungskosten sind regelmäßig insbesondere

- Anwalts- und Notarkosten der Anteilsveräußerung[8],

---

1 *Watermeyer* in H/H/R § 8b Rn 51; *Kröner* in EY § 8b Rn 118.
2 *Gosch* in Gosch § 8b Rn 214; *Pung/Dötsch* in D/J/P/W § 17 EStG Rn 495; *Weber-Grellet* in Schmidt § 17 EStG Rn 225 und 236; *Strahl* in Korn § 17 EStG Rn 114.
3 *Dötsch/Pung* in D/J/P/W § 8b Rn 86; *Binnewies* in Streck § 8b Rn 67; *Watermeyer* in H/H/R § 8b Rn 62.
4 FG München, 7 K 558/08, DStRE 2010, 1184; *Gosch* in Gosch § 8b Rn 283; *Dötsch/Pung* in D/J/P/W § 8b Rn 103.
5 *Frotscher* in Frotscher/Maas § 8b Rn 93; offenbar auch *Kröner* in EY § 8b Rn 137; *Krug*, DStR 2011, 598, 601.
6 BFH, VIII R 47/95, BStBl II 1998, 102; BFH VIII R 36/83, BStBl II 1985, 320; BFH IV R 60/87, BStBl II 1978, 100; R 17 VI EStR 2005; *Frotscher* in Frotscher/Maas § 8b Rn 43e.
7 BFH IX R 73/04 (NV), BFH/NV 2008, 1658; BFH X R 66/98, BStBl II 2004, 830; BFH X R 70/97 (NV), BFH/NV 2001, 440; BFH VIII R 55/97, BStBl II 200, 458; *Pung/Dötsch* in D/J/P/W § 17 EStG Rn 386; *Binnewies* in Streck § 8b Rn 66; *Watermeyer* in H/H/R § 8b Rn 51.
8 *Pung/Dötsch* in D/J/P/W § 17 EStG Rn 386; *Gröbl/Adrian* in Erle/Sauter § 8b Rn 129.

VI. Steuerbefreiung von Veräußerungsgewinnen

- Provisionen, sofern sie vom Veräußerer zu tragen sind[1],
- Abfindungen an Dritte für den Verzicht auf den schuldrechtlichen Anspruch auf Anteilsübertragung[2],
- Steuerberatungskosten im Zusammenhang mit der Anteilsveräußerung[3],
- Verluste bei Ausübung einer Verkaufsoption (sog Protective-Put)[4],
- GrESt[5].

Nicht zu den Veräußerungskosten zählen bspw:
- Kosten einer fehlgeschlagenen Veräußerung[6],
- Verlust aus Kurssicherungsgeschäften für die Kaufpreisforderung aus dem Verkauf eines Anteils iSd § 8b II[7],
- Verluste aus der Refinanzierung von Anteilen in fremder Währung (zu Bewertungseinheiten vgl Rn 287).

Nachträgliche Änderungen des Veräußerungspreises und nachträgliche Veräußerungskosten. Bei nachträglichen Änderungen des Veräußerungspreises (wie zB Zuzahlungen, Minderung bzw Ausfall von Kaufpreisforderungen oder durch bereits im Kaufvertrag vereinbarte Kaufpreisanpassungsklauseln) und nachträglichen Veräußerungskosten, ist eine nachträgliche Änderung des Veräußerungsgewinns im WJ der Veräußerung gem § 175 I Nr 2 AO zu vollziehen.[8] Die gegenläufige Auffassung[9] verkennt, dass § 8b II ebenso eine punktuelle Abgrenzung – zwar nicht von Einkünften des Betriebsvermögens zum Privatvermögen, aber von steuerbefreiten zu steuerpflichtigen Einkünften – vollziehen will, so dass die Entscheidung des Großen Senats[10] zur Berücksichtigung eines nachträglichen Ausfalls der Kaufpreisforderung iRd § 16 EStG übertragbar ist.[11] Insoweit liegt ein Unterschied zur Wertveränderung von Kaufpreisforderung in Folge von Wechselkursschwankungen nach der Forderungsentstehung vor, die nicht mehr den eigentlichen Veräußerungsvorgang betreffen (vgl Rn 347). Diese Grundsätze gelten auch dann, wenn im Entstehungsjahr des Veräußerungsgewinns schon das Halbeinkünfteverfahren gegolten hat.[12]

355

---

1   BFH VIII R 13/90, BStBl II 1993, 34.
2   BFH VIII R 38/72, BStBl II 1977, 198; *Pung/Dötsch* in D/J/P/W § 17 EStG Rn 386; *Frotscher* in Frotscher/Maas § 8b Rn 43e.
3   *Pung/Dötsch* in D/J/P/W § 17 EStG Rn 386; *Gröbl/Adrian* in Erle/Sauter § 8b Rn 129.
4   *Häuselmann/Wagner*, BB 2002, 2170, 2171.
5   *Watermeyer* in H/H/R § 8b Rn 52; *Gröbl/Adrian* in Erle/Sauter § 8b Rn 129; *Binnewies* in Streck § 8b Rn 66.
6   BFH VIII R 47/95, BStBl II 1998, 102; vgl aber FG Baden-Württemberg Gerichtsbescheid 1 K 71/07, EFG 2009, 473 (nrkr), wonach fehlgeschlagene Veräußerungskosten für die gescheiterte Veräußerung eines GmbH-Anteils, soweit sie nicht als Veräußerungskosten steuerlich zu berücksichtigen sind, bei einer späteren Veräußerung als nachträgliche Anschaffungskosten zu berücksichtigen sind.
7   BFH IX R 73/04, BFH/NV 2008, 1658.
8   BMF v 13.3.2008, BStBl I 2008, 506; BFH I R 58/10, BFH/NV 2011, 711 (Vorinstanz FG Düsseldorf 17 K 4146/09, EFG 2011, 76); hierzu kritisch *Hahne*, DStR 2011, 955.
9   *Düll/Knödler*, DStR 2008, 1665 ff.
10 BFH GrS 2/92, BStBl II 1992, 479.
11 Ebenso zutreffend *Dötsch/Pung* in D/J/P/W § 8b Rn 61.
12 BMF v 13.3.2008, BStBl I 2008, 506.

356	**Auf-/Abzinsungsaufwand.** Ein Aufwand oder Ertrag aus einer Auf- oder Abzinsung der Kaufpreisforderungen unterliegt nicht § 8b II.[1]
357	**Buchwert der Anteile.** Der Buchwert ergibt sich nach den Vorschriften über die steuerliche Gewinnermittlung im Zeitpunkt der Veräußerung.[2]
358-360	*Einstweilen frei.*
361	**7. Einschränkung der Steuerbefreiung bei früherer steuerwirksamer Teilwertabschreibung (§ 8b II S 4). Bedeutung.** Nach § 8b II S 4 gilt die Steuerbefreiung des § 8b II S 1 und 3 nicht, soweit der Anteil in früheren Jahren steuerwirksam auf den niedrigeren Teilwert abgeschrieben und diese Gewinnminderung nicht durch den Ansatz eines höheren Wertes rückgängig gemacht wurde. Durch die Vorschrift wird sichergestellt, dass in der Vergangenheit außerhalb des zeitlichen Anwendungsbereichs von § 8b III vollzogene steuerwirksame Teilwertabschreibungen korrespondierend im Falle der Wertaufholung nicht von der Steuerbefreiung des § 8b II profitieren.
362	**Sachlicher Anwendungsbereich.** § 8b II S 4 gilt für alle Gewinnrealisierungstatbestände iSd § 8b II S 1, 3 und 6.[3]
363	**Erfasste Teilwertabschreibungen.** Es ist unerheblich, zu welchem Zeitpunkt, aus welchen rechtlichen bzw tatsächlichen Gründen oder ob die Teilwertabschreibung zu Recht oder Unrecht vorgenommen wurde; entscheidend ist nur, dass es sich um vorangegangene Teilwertabschreibungen, in sog Altfällen handelt.[4] Weiterhin werden von § 8b II S 4 nur solche Teilwertabschreibungen erfasst, bei welchen die Gewinnminderung bis zum Zeitpunkt der Veräußerung nicht durch eine Wertaufholung gem § 6 I Nr 2 S 3 EStG ausgeglichen wurde.[5] Nach dem reinen Wortlaut des § 8b II S 4 ist dabei unerheblich, inwieweit die Wertaufholung steuerpflichtig oder steuerfrei erfolgte, wobei iRd gesetzlichen Vorgaben vorrangig eine steuerpflichtige Wertaufholung denkbar scheint.[6]
364	**Obergrenze der Nachversteuerung.** Die Steuerbefreiung wird wegen § 8b II S 4 maximal bis zur Höhe des Veräußerungsgewinns eingeschränkt (Obergrenze der Nachversteuerung).[7]
365	**Reihenfolge.** Lange umstritten war die steuerliche Behandlung, wenn Teilwertabschreibungen in der Vergangenheit teilweise steuerwirksam und gem § 8b III S 3 teilweise steuerunwirksam waren (dh welche Teilwertabschreibung vorrangig der Wertaufholung unterliegt, ob eine quotale Aufteilung geboten ist, eine Zuordnung nach wirtschaftlichen Gesichtspunkten erfolgen muss oder ein Wahlrecht besteht).[8]

---

1 BMF v 13.3.2008, BStBl I 2008, 506.
2 *Dötsch/Pung* in D/J/P/W § 8b Rn 59; *Gröbl/Adrian* in Erle/Sauter § 8b Rn 131.
3 *Dötsch/Pung* in D/J/P/W § 8b Rn 90.
4 *Gosch* in Gosch § 8b Rn 239; *Dötsch/Pung* in D/J/P/W § 8b Rn 90; FG Düsseldorf 6 K 3380/00 K, F, EFG 2008, 980 (rkr).
5 *Binnewies* in Streck § 8b Rn 72; *Dötsch/Pung* in D/J/P/W § 8b Rn 90.
6 *Gosch* in Gosch § 8b Rn 238; *Dötsch/Pung* in D/J/P/W § 8b Rn 94.
7 *Gosch* in Gosch § 8b Rn 238; *Gröbl/Adrian* in Erle/Sauter § 8b Rn 137.
8 Zum Meinungsstand vgl *Dötsch/Pung* in D/J/P/W § 8b Rn 91; *Gosch* in Gosch § 8b Rn 241; *Gröbl/Adrian* in Erle/Sauter § 8b Rn 139.

VI. Steuerbefreiung von Veräußerungsgewinnen

Der BFH hat sich inzwischen der hM angeschlossen, wonach entgegen der Verwaltungspraxis Wertaufholungen vorrangig mit nicht steuerwirksamen und erst anschließend mit steuerpflichtigen Teilwertabschreibungen zu verrechnen sind („Last in-First out").[1]

Verkauf eines Teils der Beteiligung. Wird nur ein Teil der Beteiligung veräußert, ist die vorangegangene Teilwertabschreibung auf die gesamte Beteiligung grundsätzlich anteilig zu berichtigen.[2] Umstritten ist die steuerliche Behandlung, wenn die Teilwertabschreibung auch nur auf einen Teil der Anteile entfällt. Nach zutreffender Auffassung ist eine Zuordnung der Teilwertabschreibungen zu vollziehen, wenn die Anteile unterscheidbar sind. Nur soweit die Anteile nicht unterscheidbar sind, greift wiederum eine anteilige Verteilung der Teilwertabschreibung.[3] 366

Einstweilen frei. 367-368

8. Einschränkung der Steuerbefreiung bei vorheriger Übertragung stiller Reserven (§ 8b II S 5). Bedeutung. Der mit dem SEStEG eingefügte § 8b II S 5 sieht vor, dass § 8b II S 4 auch für steuerwirksam vorgenommene Abzüge nach § 6b EStG und ähnliche Abzüge die Steuerbefreiung ausschließt. Hiermit wurde eine bis dahin bestehende Lücke zur Verhinderung der Nachversteuerung geschlossen. 369

Rücklagen gem § 6b EStG. Von § 8b II S 5 betroffene Rücklagen gem § 6b EStG können nur bei Altfällen entstanden sein, da § 6b X EStG eine Übertragung stiller Reserven auf Anteile an Kapitalgesellschaften bei Körperschaften ausschließt.[4] 370

Ähnliche Abzüge. Ausweislich der Gesetzesbegründung sind „ähnliche Abzüge" zB Begünstigungen gem § 30 BergbauRatG zur Förderung des Steinkohlebergbaus.[5] 371

Keine Nachversteuerung bei Wertaufholung. Dem ausdrücklichen Wortlaut nach kommt die Nachversteuerung der übertragenen Rücklagen gem § 8b II S 5, 4 nicht im Falle eines Wertaufholungsgewinns gem § 6 I Nr 2 S 3 EStG zur Anwendung. 372

Zeitlicher Anwendungsbereich. Gem § 34 I idFd SEStEG kommt § 8b II S 5 ab dem VZ 2006 als sog unechte Rückwirkung zur Anwendung.[6] 373

Einstweilen frei. 374-375

9. Erstmalige Anwendung von § 8b II. § 34 VII Nr 2 bestimmt, wann § 8b II erstmals anzuwenden ist. 376

Einstweilen frei. 377

---

1 BFH I R 2/09, BFH/NV 2010, 115 entgegen OFD Münster v 23.2.2005, DB 2005, 470; OFD Koblenz v 18.9.2006, DStR 2006, 2033; OFD Hannover v 30.5.2006, DStR 2006, 1891. Nunmehr OFD Niedersachsen v 11.4.2011, DStR 2011, 1274.
2 *Frotscher* in Frotscher/Maas § 8b Rn 53; *Dötsch/Pung* in D/J/P/W § 8b Rn 93; *Gröbl/Adrian* in Erle/Sauter § 8b Rn 140.
3 *Frotscher* in Frotscher/Maas § 8b Rn 53; *Dötsch/Pung* in D/J/P/W § 8b Rn 93. Nach *Gosch* in Gosch § 8b Rn 240 greift offenbar immer die anteilige Verteilung der Teilwertabschreibung.
4 *Gosch* in Gosch § 8b Rn 245; *Frotscher* in Frotscher/Maas § 8b Rn 55a; *Dötsch/Pung* in D/J/P/W § 8b Rn 95.
5 BTDrs 16/2710, 30.
6 *Gosch* in Gosch § 8b Rn 245; *Frotscher* in Frotscher/Maas § 8b Rn 55a; *Dötsch/Pung* in D/J/P/W § 8b Rn 96.

378   **10. Rechtsfolgen. Steuerbefreiung bei der Einkommensermittlung.** Nach § 8b II bleibt der Veräußerungsgewinn als Nettobetrag auf der Ebene der vereinnahmenden Körperschaft bei der Einkommensermittlung grundsätzlich außer Ansatz, dh er wird von der KSt freigestellt. Die Korrektur erfolgt außerbilanziell auf der zweiten Stufe der Gewinnermittlung.[1]

379   **Organschaft und Bruttomethode.** Bei der Ermittlung des Einkommens iRe Organschaft für Zwecke der KSt und GewSt gilt auch für den § 8b II die sog Bruttomethode.[2] Danach erfolgt gemäß § 15 S 1 Nr 2 S 1 die Anwendung dieser Vorschrift nicht bei der Einkommensermittlung der Organgesellschaft sondern gem § 15 S 1 Nr 2 S 2 erst auf Ebene des Organträgers (zu den Einzelheiten vgl Rn 55).

380   **KESt.** Für dem § 8b II unterfallende Veräußerungsgewinne auf Anteile, die nicht solche iSd § 17 EStG sind, wird der Abzug von KESt in § 43 I Nr 9 iVm § 20 II Nr 1 EStG für die auszahlende Stelle angeordnet. Dh der Grundsatz, dass auf Gewinne iSv § 8b II außerhalb des Anwendungsbereichs des § 17 EStG grundsätzlich keine KESt erhoben wird, ist überholt, zumindest soweit nicht eine der Ausnahmen des § 43 II S 3 EStG greift.[3] Auch insoweit ist jedoch § 8b II gem § 43 I S 3 EStG nicht im Kapitalertragsteuerabzugsverfahren anwendbar.[4] Zur unionsrechtlichen Beurteilung vgl Rn 119.

381   **GewSt.** Da gem § 7 S 1 GewStG der nach den Vorschriften des KStG zu ermittelnde Gewinn aus Gewerbebetrieb die Grundlage zur Ermittlung des Gewerbeertrags ist, bleibt bei der Ermittlung des Gewerbeertrags der steuerbefreite Gewinn iSd § 8b II außer Ansatz bzw ist das pauschale Betriebsausgabenabzugsverbot iHv 5 % nach § 8b III S 1 anwendbar.[5] Im Unterschied zu Dividenden unterliegen Veräußerungsgewinne sowie diesen gleichgestellte Vorgänge gem § 8b II jedoch nicht der gewerbesteuerlichen Hinzurechnung nach § 8 Nr 5 GewStG (vgl hierzu Rn 180).[6]

382   **Mitunternehmerschaft.** Zur Anwendung des § 8b II bei über Mitunternehmerschaften gehaltenen Anteilen für Zwecke der GewSt vgl Rn 651 ff.

383   **DBA.** Neben § 8b II kommt eine Steuerbefreiung nach den abkommensrechtlichen Schachtelprvilegien regelmäßig nicht zur Anwendung, da diese für Veräußerungsgewinne regelmäßig nicht anwendbar sind; für beschränkt Steuerpflichtige ist jedoch die Steuerbefreiung in Art 13 V OECD-MA zu beachten. Für die Kapitalrückzahlung oder Liquidation als veräußerungsähnliche Tatbestände, die dem § 8b II S 3 unterfallen, ist zudem die Anwendung der abkommensrechtlichen Schachtelprivilegien möglich.

384-385 *Einstweilen frei.*

---

1   *Gosch* in Gosch § 8b Rn 140 und 231; *Gröbl/Adrian* in Erle/Sauter § 8b Rn 149; *Herzig*, DB 2003, 1459, 1460.
2   *Gosch* in Gosch § 8b Rn 12; *Kröner* in EY § 8b Rn 126; *Watermeyer* in H/H/R § 8b Rn 19.
3   Zur alten Rechtslage *Kröner* in EY § 8b Rn 128; *Gröbl/Adrian* in Erle/Sauter § 8b Rn 150.
4   *Gersch* in K/S/M § 43 EStG Rn K a 2.
5   *Gröbl/Adrian* in Erle/Sauter § 8b Rn 151; *Geißer* in Mössner/Seeger § 8b Rn 131; *Kröner* in EY § 8b Rn 130; Absch 40 II S 8 GewStR 1998.
6   *Sarrazin* in Lenski/Steinberg § 8 Nr 5 GewStG Rn 10; *Geißer* in Mössner/Seeger § 8b Rn 131; *Kröner* in EY § 8b Rn 130; *Watermeyer* in H/H/R § 8b Rn 45.

VII. Nichtabziehbarkeit von Betriebsausgaben und Gewinnminderungen (§ 8b III). 1. Pauschale Nichtabziehbarkeit von Betriebsausgaben (§ 8b III S 1 und 2). a) Allgemeines.
386

Durch das ProtErklG (Korb II-G) wurden in § 8b III die Sätze 1 und 2 eingefügt, wobei § 8b III S 1 durch das JStG 2008 nochmals geändert wurde. Mit der Vorschrift wurde die bisher nur für ausländische Dividenden geltende Fiktion nichtabzugsfähiger Betriebsausgaben iHv 5 % auf Veräußerungsgewinne von Anteilen an in- und ausländischen Kapitalgesellschaften und bestimmte ähnliche Gewinne ausgeweitet.

Zweck. Ausweislich der Gesetzesbegründung soll die Regelung verhindern, dass die Fiktion nichtabzugsfähiger Betriebsausgaben für Dividenden durch Thesaurierung der Gewinne und anschließende steuerfreie Veräußerung der Beteiligung umgangen werden kann.[1]
387

Kaskadeneffekt. Bei mehrstufigen Beteiligungsstrukturen kann das pauschale Betriebsausgabenabzugsverbot gem § 8b III S 1 aufgrund des Zusammenspiels mit § 8b V S 1 zu einem Kaskadeneffekt führen, wenn ein Veräußerungsgewinn zunächst realisiert wird und anschließend eine Gewinnausschüttung erfolgt, die § 8b I unterfällt und bei der die Dividenden empfangenden Körperschaft erneut zu fiktiven nichtabzugsfähigen Betriebsausgaben führt.[2]
388

Überschusseinkünfte. Auch wenn der Wortlaut des § 8b III S 1 nur auf Betriebsausgaben (dh auf Körperschaften, die Gewinneinkünfte erzielen) und nicht auf Werbungskosten abstellt, sollte aus systematischen Gründen nach zutreffender Auslegung die Regelung auch für Körperschaften mit Überschusseinkünften gelten.[3]
389

Verfassungsrecht. Zur verfassungsrechtlichen Zulässigkeit der Fiktion vgl analog Rn 109.
390

Einstweilen frei.
391-392

b) Sachlicher Anwendungsbereich. Steuerfreier Gewinn iSd § 8b II S 1, 3 und 6.
393

Die Fiktion nichtabzugsfähiger Betriebsausgaben gem § 8b III S 1 gilt für:

- Gewinne iSd § 8b II S 1, dh solche aus der Veräußerung eines Anteils an einer Körperschaft oder Personenvereinigung, deren Leistungen beim Empfänger zu Einnahmen iSd § 20 I Nr 1, 2, 9 und 10a EStG gehören (zur Definition der Veräußerungsgewinne iSd § 8b II S 1 vgl Rn 300 ff);

- Gewinne iSd § 8b II S 3, dh solche aus der Auflösung oder Herabsetzung des Nennkapitals (vgl Rn 322 ff) oder aus dem Ansatz des in § 6 I S 1 Nr 2 S 3 EStG bezeichneten Werts (Wertaufholung, vgl Rn 330 ff) und bis zum VZ 2005 für Gewinne iSd § 21 II UmwStG aF (vgl Rn 333 ff);

- Gewinne iSd § 8b II S 6, dh solche aus der verdeckten Einlage von Anteilen an einer Körperschaft (vgl im Einzelnen Rn 337).

---

1 BTDrs 15/1518, 15; *Gosch* in Gosch § 8b Rn 281.
2 *Binnewies* in Streck § 8b Rn 82; Gröbl/*Adrian* in Erle/Sauter § 8b Rn 166; *Kröner* in EY § 8b Rn 145; *Rödder/Schumacher*, DStR 2003, 1725, 1727; *Neu/Watermeyer*, DStR 2003, 2181, 2187; *Rogall*, DB 2003, 2185, 2187.
3 *Gosch* in Gosch § 8b Rn 281. AA *Frotscher* in Frotscher/Maas § 8b Rn 56e.

394 **Steuerfreiheit.** Auch wenn nicht ausdrücklich geregelt, erfordert die Fiktion nichtabzugsfähiger Betriebsausgaben gem § 8b III S 1 aufgrund des Bezugs zu § 8b II S 1, 3 und 6 die Steuerfreiheit der jeweiligen Gewinne. Bei steuerpflichtigen Gewinnen, wie insbesondere solchen gem § 8b IV aF, kommt § 8b III S 1 dagegen nicht zur Anwendung.[1]

395 **Teilwertabschreibung und Abzüge iSd § 6b EStG.** § 8b III S 1 bezieht sich nicht auf Gewinne iSd § 8b II S 4, so dass steuerpflichtige Gewinne und Wertaufholungen, die auf steuerwirksamen Teilwertabschreibungen beruhen, nicht unter § 8b III S 1 fallen.[2] Ist dem Gewinn iSd § 8b II S 1, 3 oder 6 dagegen eine nicht steuerwirksame Teilwertabschreibung nach § 8b III S 3 vorausgegangen, so ist § 8b III S 1 auf den entsprechend erhöhten Gewinn anwendbar.[3] Dieses Ergebnis wird zu Recht als nicht systemgerecht kritisiert.[4] Ferner bezieht sich § 8b III S 1 nicht auf Gewinne iSd § 8b II S 5, die auf Abzügen nach § 6b EStG und ähnlichen Abzügen beruhen.[5]

396 **Organbeteiligungen.** Für Gewinne aus der Veräußerung einer Organbeteiligung gilt auch gem § 8b III S 1 das pauschale Betriebsausgabenabzugsverbot (vgl Rn 291). Dies löst zu Recht Kritik vor dem Hintergrund des Zwecks der Vorschrift aus, da die Fiktion nichtabzugsfähiger Betriebsausgaben gem § 8b V S 1 innerhalb einer Organschaft für die von der Organgesellschaft erzielten und abzuführenden Gewinne bzw das zugerechnete Einkommen gleichermaßen nicht gilt.[6]

397 **Definition des Veräußerungsgewinns.** Die Definition des Veräußerungspreises und der Veräußerungskosten gem § 8b II S 2 ist auch maßgeblich für die Bestimmung des Veräußerungsgewinns gem § 8b III S 1 (vgl Rn 341 ff).[7]

398 **Keine Saldierung.** Die Formulierung „jeweiliger" Gewinn deutet darauf hin, dass im VZ erzielte Gewinne und Gewinnminderungen für Zwecke des § 8b III S 1 nicht saldiert werden dürfen.[8] Dh insoweit bleibt es bei der Fiktion nichtabzugsfähiger Betriebsausgaben selbst dann, wenn nichtabzugsfähige Gewinnminderungen iSd § 8b III S 3 ff gegeben sind.

399 **Veräußerungskosten.** Die tatsächlich angefallenen Veräußerungskosten sind gem § 8b II S 2 bei der Ermittlung des steuerfreien Veräußerungsgewinns abzuziehen. Das pauschale Betriebsausgabenabzugsverbot des § 8b III S 1 bezieht sich auch auf den

---

1 *Gröbl/Adrian* in Erle/Sauter § 8b Rn 163; *Watermeyer* in H/H/R § 8b Rn 82; *Gosch* in Gosch § 8b Rn 282, 284a; OFD Frankfurt v 25.8.2010, DStR 2011, 77.
2 *Gosch* in Gosch § 8b Rn 284a; *Dötsch/Pung* in D/J/P/W § 8b Rn 106; *Gröbl/Adrian* in Erle/Sauter § 8b Rn 161.
3 *Dötsch/Pung* in D/J/P/W § 8b Rn 106; *Frotscher* in Frotscher/Maas § 8b Rn 56b.
4 *Gosch* in Gosch § 8b Rn 284a; *Binnewies* in Streck § 8b Rn 84; *Gröbl/Adrian* in Erle/Sauter § 8b Rn 162; *Watermeyer* in H/H/R § 8b Rn 83; *Kröner* in EY § 8b Rn 139; *Mairoser/Groß*, GmbHR 2006, 362, 364.
5 *Gröbl/Adrian* in Erle/Sauter § 8b Rn 161.
6 *Binnewies* in Streck § 8b Rn 82; *Dörfler/Adrian/Geeb*, DStR 2007, 1889, 1890; *Gröbl/Adrian* in Erle/Sauter § 8b Rn 159; *Kröner* in EY § 8b Rn 141; *Rödder/Schumacher*, DStR 2003, 1725, 1727.
7 *Gosch* in Gosch § 8b Rn 283; *Dötsch/Pung* in D/J/P/W § 8b Rn 103; *Watermeyer* in H/H/R § 8b Rn 82; *Kröner* in EY § 8b Rn 138.
8 BTDrs 15/1518, 15; *Gosch* in Gosch § 8b Rn 283; *Dötsch/Pung* in D/J/P/W § 8b Rn 105; *Frotscher* in Frotscher/Maas § 8b Rn 56c; *Watermeyer* in H/H/R § 8b Rn 82.

VII. Nichtabziehbarkeit von Betriebsausgaben und Gewinnminderungen

Veräußerungsgewinn als Nettogröße.¹ Dieses ist kritisch, weil neben den nicht abzugsfähigen tatsächlichen Veräußerungskosten nichtabziehbare Betriebsausgaben fingiert werden; also systematisch gesehen insoweit ein doppeltes Abzugsverbot von Aufwendungen greift.²

Einstweilen frei. 400-401

c) Rechtsfolgen. Fiktion. Auf der Rechtsfolgenseite ordnet § 8b III S 1 iRe Fiktion an, dass 5 % der jeweiligen Gewinne als nicht abziehbare Betriebsausgaben gelten. Ferner handelt es sich um ein fingiertes Abzugsverbot, da es auch dann zur Anwendung kommt, wenn die tatsächlich anfallenden Betriebsausgaben bzw Veräußerungskosten niedriger sind oder keine solchen Aufwendungen anfallen.³ Sind die tatsächlich anfallenden Kosten niedriger, kommt nach derzeitiger Gesetzeslage die Verringerung des Prozentsatzes allenfalls aus Billigkeitsgründen in Betracht.⁴ 402

Zeitpunkt. Die Fiktion des § 8b III S 1 greift aufgrund der tatbestandlichen Verknüpfung im Zeitpunkt der Gewinnrealisation iSd § 8b II.⁵ Bei Änderung des Veräußerungsgewinns (vgl Rn 355) ändern sich auch die fiktiven nichtabzugsfähigen Betriebsausgaben gem § 8b III S 1. 403

Organschaft. Veräußert eine Organgesellschaft ihre Anteile an einer Körperschaft iSd § 8b II, ist nach dem Grundsatz des § 15 S 1 Nr 2 (sog Bruttomethode) die Vorschrift des § 8b III S 1 nicht bei der Organgesellschaft sondern erst beim Organträger anzuwenden, sofern dieser körperschaftsteuerpflichtig ist.⁶ 404

Ausländische Körperschaft. Nach teilweiser Auffassung soll § 8b III S 1 bei beschränkt steuerpflichtigen ausländischen Körperschaften nicht greifen, da diese über kein inländisches Betriebsvermögen verfügen.⁷ Nach einer weiteren Literaturauffassung soll § 8b III S 1 dennoch hier nicht anwendbar sein, da bei der Ermittlung des Veräußerungsgewinns gem § 17 EStG bereits die tatsächlich angefallenen Betriebsausgaben abgezogen werden.⁸ Allerdings ist fraglich, ob der Wortlaut des § 49 I Nr 2 lit e EStG es erlaubt, auch fiktiv nichtabzugsfähige Betriebsausgaben gem § 8b III S 1 bei beschränkt Steuerpflichtigen zu erfassen, da er nur auf die „unter den Voraussetzungen des § 17 EStG erzielte[n]" Einkünfte abstellt; als solche könnten die nichtabzugsfähigen Betriebsausgaben qualifizieren. Falls Deutschland jedoch ein Art 13 V OECD-MA entsprechendes DBA abgeschlossen hat, ist § 8b III S 1 aufgrund der Steuerbefreiung unstrittig nicht anwendbar.⁹ 405

---

1 *Gosch* in Gosch § 8b Rn 283; *Dötsch/Pung* in D/J/P/W § 8b Rn 103. AA *Frotscher* in Frotscher/Maas § 8b Rn 56f.
2 *Gosch* in Gosch § 8b Rn 283; *Dötsch/Pung* in D/J/P/W § 8b Rn 103; *Watermeyer* in H/H/R § 8b Rn 83; *Kröner* in EY § 8b Rn 120; *Rödder/Schumacher*, DStR 2003, 1725, 1728; *Hill/Kavazidis*, DB 2003, 2028, 2029; aA *Frotscher* in Frotscher/Maas § 8b Rn 56f.
3 *Watermeyer* in H/H/R § 8b Rn 83; *Dötsch/Pung* in D/J/P/W § 8b Rn 104.
4 *Gosch* in Gosch § 8b Rn 242.
5 *Gröbl/Adrian* in Erle/Sauter § 8b Rn 158.
6 *Gröbl/Adrian* in Erle/Sauter § 8b Rn 159; *Kröner* in EY § 8b Rn 142.
7 *Scheipers/Kowallik*, IWB, Fach 3 Gruppe 4, 459, 462; *Frotscher* in Frotscher/Maas § 8b Rn 56e.
8 *Kempf/Hohage*, IStR 2010, 806, 807; *Nitzschke*, IStR 2012, 125ff.
9 *Dötsch/Pung* in D/J/P/W § 8b Rn 105; *Gröbl/Adrian* in Erle/Sauter § 8b Rn 157; *Watermeyer* in H/H/R § 8b Rn 83; *Kröner* in EY § 8b Rn 143.

406 **GewSt.** Gem § 7 S 1 GewStG ist der nach den Vorschriften des KStG zu ermittelnde Gewinn aus dem Gewerbebetrieb die Grundlage für die Ermittlung des Gewerbeertrags. Das pauschale Betriebsausgabenabzugsverbot iHv 5 % greift daher auch iRd GewSt, ohne dass die Vorschriften über Hinzurechnungen und Kürzungen zu beachten wären (vgl Rn 65). Kritisch zu sehen sind hierbei entstehende Doppelbelastungen, wenn Dauerschuldzinsen dem Gewerbeertrag gemäß § 8 Nr 1 GewStG hinzugerechnet werden.[1]

407 **Mitunternehmerschaft.** Seit dem Erhebungszeitraum 2004 kommt § 8b III S 1 gem § 7 S 4 GewStG auch bei der Ermittlung des Gewerbeertrags iRd mittelbaren Beteiligung über eine Mitunternehmerschaft zur Anwendung. Bis zum Erhebungszeitraum 2003 ergibt sich das gleiche Ergebnis aufgrund der Rechtsprechung des BFH (vgl näher Rn 651). Das von der Finanzverwaltung eingeräumte Wahlrecht, auf Antrag § 8b II, III bei der Veräußerung von Mitunternehmeranteilen nicht anzuwenden, kann jedoch nicht isoliert nur auf die Fiktion nichtabzugsfähiger Betriebsausgaben gem § 8b III S 1 bezogen werden (dh es kann keine Steuerfreiheit zu 100 % erreicht werden).[2]

408 **Anrechnung.** Zur fehlenden Anrechenbarkeit ausländischer Steuern auf die fingierten Betriebsausgaben gem § 8b III S 1 vgl Rn 626.

409 **Nichtanwendbarkeit des § 3c I EStG (§ 8b III S 2).** Nach § 8b III S 2 idFd ProtErklG (Korb II-G) ist § 3c I EStG ab dem VZ 2004 korrespondierend zur Regelung des § 8b V S 2 nicht anzuwenden. Die Regelung ist in Bezug auf § 8b III S 1 im Grunde genommen überflüssig, da hier mit dem Veräußerungsgewinn bereits auf eine Nettogröße abgestellt wird. Überwiegend wird § 8b III S 2 daher nur als klarstellende Vorschrift verstanden, die verdeutlicht, dass nur substanzbezogene Gewinnminderungen von § 8b III S 3 erfasst werden (vgl im Einzelnen Rn 417).[3] Die vorherige problematische Abgrenzung des Anwendungsbereichs von § 8b III und § 3c EStG ist mit der Einführung des § 8b III S 2 folglich entfallen.[4] Bedeutung hat die Vorschrift allenfalls dann, wenn man entgegen der hier vertretenen Auffassung § 8b III S 1 nicht für Überschusseinkünfte anwenden will (vgl Rn 389). In diesem Fall ist die Anwendung des § 3c I EStG weiterhin kraft ausdrücklicher gesetzlicher Anordnung ausgeschlossen.[5]

410 **Finale Fiktion.** Die Fiktion pauschaler nichtabzugsfähiger Betriebsausgaben gem § 8b III S 1 und 2 ist final. Dh soweit die tatsächlich anfallenden Veräußerungskosten geringer sind, besteht keine Möglichkeit, diese stattdessen anzusetzen bzw diese mindern bereits den Veräußerungsgewinn.

411-412 *Einstweilen frei.*

---

1 *Watermeyer* in H/H/R § 8b Rn 127; *Kröner* in EY § 8b Rn 144 und 77; vgl diese Problematik auch in Zusammenhang mit § 8b V bei *Dötsch/Pung* in D/J/P/W § 8b Rn 220; *Gosch* in Gosch § 8b Rn 452 und 517.
2 BMF v 21.3.2007, BStBl I 2007, 302, Tz 1a.
3 *Gosch* in Gosch § 8b Rn 285; *Gröbl/Adrian* in Erle/Sauter § 8b Rn 167; *Dötsch/Pung*, DB 2004, 151, 153; *Kröner* in EY § 8b Rn 149.
4 *Watermeyer* in H/H/R § 8b Rn 84; *Füger/Rieger*, FR 2003, 589, 590; *Herzig*, DB 2003, 1459, 1463.
5 *Frotscher* in Frotscher/Maas § 8b Rn 56e; *Gosch* in Gosch § 8b Rn 285.

2. Nichtabziehbarkeit von Gewinnminderungen im Zusammenhang mit Anteilen (§ 8b III S 3). a) Allgemeines. Symmetrie.
Nach § 8b III S 3 werden Gewinnminderungen, die im Zusammenhang mit dem in § 8b II genannten Anteil stehen, korrespondierend zur Steuerbefreiung der Veräußerungsgewinne bei der Einkommensermittlung nicht berücksichtigt. Dahinter steht der Rechtsgedanke des § 3c EStG, demzufolge Aufwendungen nicht steuerwirksam bzw nicht abziehbar sein sollen, soweit die dazugehörigen Gewinnerhöhungen steuerbefreit sind.[1] Die Begrenzung des Verlustabzugs in § 8b III S 3 ist somit vor dem Hintergrund einer angestrebten Regelungssymmetrie zu sehen.[2]

Erweiterung. § 8b III idFd StSenkG enthielt lediglich einen reduzierten Kern des aktuellen § 8b III S 3.[3] Danach waren Gewinnminderungen, die durch den Ansatz des niedrigeren Teilwerts des in § 8b II genannten Anteils oder durch Veräußerung des Anteils oder bei Auflösung oder Herabsetzung des Nennkapitals entstehen, bei der Gewinnermittlung nicht zu berücksichtigen. § 8b III S 3 idFd ProtErklG (Korb II-G) ist hingegen weiter gefasst und beschreibt keine Einzeltatbestände mehr. Abgrenzungskriterium ist der allgemeine Begriff der „Gewinnminderung im Zusammenhang mit dem in § 8b II genannten Anteil".[4] Problematisch ist der weite Wortlaut der Vorschrift. Auch wenn dieser Gestaltungen zur Verlustnutzung entgegenwirkt, fehlt es doch gleichzeitig an den notwendigen strukturellen Vorgaben seitens des Gesetzgebers.

Kritik. Da aufgrund des § 8b III S 3 Verluste im Veräußerungs- und Liquidationsfall bei körperschaftsteuerlichen Anteilseignern keine Berücksichtigung finden, wird die Regelung wegen ihrer überschießenden Wirkung zu Recht kritisiert.[5]

Einstweilen frei.

b) Erfasste Gewinnminderungen. Einmalige Gewinnminderungen. Der Begriff der Gewinnminderung bedarf der Auslegung, um den sachlichen Anwendungsbereich des § 8b III S 3 von § 8b V (bzw bis zum VZ 2003 von § 3c EStG) abzugrenzen.[6] Gewinnminderungen iSd § 8b III S 3 sind substanzbezogene, einmalige Gewinnminderungen und nicht auch laufende Aufwendungen (Refinanzierungskosten, allgemeine Verwaltungskosten uä).[7] Dies ergibt sich zum einen bereits aus

---

1 *Gosch* in Gosch § 8b Rn 261; *Frotscher* in Frotscher/Maas § 8b Rn 58.
2 *Watermeyer* in H/H/R § 8b Rn 86.
3 *Dötsch/Pung* in D/J/P/W § 8b Rn 108; *Gosch* in Gosch § 8b Rn 260.
4 *Gosch* in Gosch § 8b Rn 260; *Kröner* in EY § 8b Rn 153.
5 *Grotherr*, IWB, Fach 3 Gruppe 1, 1709, 1716; *Crezelius*, DB 2001, 221, 228; *Romswinkel*, GmbHR 2003, 92; *Kanzler*, FR 2003, 1, 8; *Kessler/Kahl*, DB 2002, 2236, 2238; *Leip*, BB 2002, 1839, 1841; *Spengel/Schaden*, DStR 2003, 2192; *Herzig*, DB 2003, 1459, 1467; *Blumers/Beinert/Witt*, DStR 2001, 233, 238; *van Lishaut*, StuW 2000, 182, 190; *Gosch* in Gosch § 8b Rn 261; *Watermeyer* in H/H/R § 8b Rn 86; *Kröner* in EY § 8b Rn 136; *Gröbl/Adrian* in Erle/Sauter § 8b Rn 173; aA *Dötsch/Pung* in D/J/P/W § 8b Rn 108, die die Regelung im Ergebnis als gerechtfertigt ansehen.
6 *Watermeyer* in H/H/R § 8b Rn 85; *Gröbl/Adrian* in Erle/Sauter § 8b Rn 158; *Dötsch/Pung* in D/J/P/W § 8b Rn 110.
7 BFH I R 52/08, BStBl II 2009, 674; *Dötsch/Pung* in D/J/P/W § 8b Rn 110; *Frotscher* in Frotscher/Maas § 8b Rn 58c; *Binnewies* in Streck § 8b Rn 85; *Gröbl/Adrian* in Erle/Sauter § 8b Rn 171; *Watermeyer* in H/H/R § 8b Rn 85; *Füger/Rieger*, FR 2003, 589, 590; *Herzig*, DB 2003, 1459, 1463; aA *Greulich/Hamann/Krohn*, StBp 2007, 238, 240 f.

dem Bezug auf § 8b II, der einmalige Veräußerungsgewinne betrifft, sowie dem Begriff des „Entstehens".[1] Zum anderen wird durch die in § 8b III S 2 enthaltene Anordnung der Nichtanwendung des § 3c EStG klargestellt, dass die Vorschrift lediglich substanzbezogene Gewinnminderungen erfasst.[2]

418 **Teilwertabschreibung auf Anteile.** Gewinnminderungen durch den Ansatz des niedrigeren Teilwerts gem § 6 I Nr 2 S 1 EStG auf Anteile iSd § 8b II unterliegen dem Abzugsverbot des § 8b III S 3.[3] Voraussetzung ist jedoch, dass die Teilwertabschreibung steuerbilanziell anzuerkennen ist (dh im Fall einer voraussichtlich dauernden Wertminderung).[4]

419 **Veräußerungsverluste.** Es ist umstritten, inwieweit Verluste aus der Veräußerung von Anteilen (auch) von § 8b III S 3 erfasst werden.[5] Diskutiert wird diese Frage vor dem Hintergrund des § 8b IV aF, da im Falle der alleinigen Anwendung des § 8b II Veräußerungsverluste abzugsfähig sein könnten (soweit man einbringungsgeborene Anteile bis zur Einfügung des § 8b IV S 3 aF dem Anwendungsbereich des § 8b II unterstellt). Für eine Anwendung des § 8b III S 3 spricht, dass § 8b II dem Wortlaut nach nur von „Gewinnen" und nicht von „Verlusten" spricht. Überzeugender scheint jedoch die Gegenauffassung, wonach der „Gewinn" iSd § 8b II entsprechend der Definition des § 8b II S 2 auszulegen ist und damit als Nettogröße konsequent auch Veräußerungsverluste erfasst. Dies wird gestützt durch die ständige Rechtsprechung zum Abkommensrecht, wonach iRd sog „Symmetriethese" auch ausländische Betriebsstättenverluste als Unternehmensgewinne qualifizieren und diese von der Besteuerung „befreit" werden (bzw ihre Nichtberücksichtigung angeordnet wird).[6] Letztlich kommt diesem Streit jedoch mittlerweile keine entscheidende Bedeutung mehr zu. Denn § 8b III S 3 idFd StSenkG erfasst ebenso Anteilsveräußerungen ausdrücklich und der weite Wortlaut des § 8b III S 3 idFd Korb II-G sollte ebenso Verluste aus der Veräußerung von einbringungsgeborenen Anteilen umfassen.

420 **Verluste aufgrund einer Liquidation oder Kapitalherabsetzung.** Verluste aufgrund einer Liquidation (dh falls der erhaltene Liquidationserlös geringer als die Anschaffungskosten oder der niedrigere Buchwert der Anteile ist) unterliegen dem Abzugsverbot des § 8b III S 3.[7] Zahlungen infolge einer Kapitalherabsetzung mindern

---

1 *Watermeyer* in H/H/R § 8b Rn 85.
2 *Gosch* in Gosch § 8b Rn 285; Gröbl/*Adrian* in Erle/Sauter § 8b Rn 167; *Dötsch/Pung*, DB 2004, 151, 153; *Kröner* in EY § 8b Rn 149.
3 BMF v 28.4.2003, BStBl I 2003, 292, Rn 26.
4 *Dötsch/Pung* in D/J/P/W § 8b Rn 112; *Gosch* in Gosch § 8b Rn 266; *Frotscher* in Frotscher/Maas § 8b Rn 58a; zur Annahme einer dauernden Wertminderung bei börsennotierten Aktien BFH I R 58/06, BStBl II 2009, 294; BMF v 26.3.2009, BStBl I 2009, 372.
5 Dafür BMF v 28.4.2003, BStBl I 2003, 292, Rn 26; ausführlich *Dötsch/Pung* in D/J/P/W § 8b Rn 113; *Frotscher* in Frotscher/Maas § 8b Rn 58a; *Kröner* in EY § 8b Rn 154. AA *Gosch* in Gosch § 8b Rn 266 und *Schild/Eisele*, DStZ 2003, 443, 450, die Veräußerungsverluste § 8b II zuordnen wollen.
6 Bereits RFH VI A 199/32, RStBl 1933, 478; RFH VI A 414/35, RStBl 1935, 1358; BFH 70 I B 50/68, BStBl II 1970, 569; BFH 72 I R 128/70, BStBl II 1972, 948; BFH 73 I R 59/71, BStBl II 1976, 454; BFH I R 13/02, BStBl II 2003, 795; BFH I R 45/05, BStBl II 2007, 398; BFH I R 84/04, BStBl II 2006, 861; BFH I R 116/04, BFH/NV 2008, 1161.
7 BMF v 28.4.2003, BStBl I 2003, 292, Rn 26; aA *Gosch* in Gosch § 8b Rn 266, der auch diesen Liquidationsverlust § 8b II zuweisen möchte.

zudem zunächst in voller Höhe den Buchwert der Anteile (vgl Rn 326 und 328). Ist der Rückzahlungsbetrag jedoch niedriger als der Buchwert der Anteile, unterfällt der daraus resultierende Verlust ebenfalls § 8b III S 3.[1]

Sachdividenden. Entsteht einer Körperschaft durch Ausschüttung der von ihr gehaltenen Anteile in Form von Sachdividenden (§ 58 V AktG) eine Gewinnminderung, so wird diese vom Abzugsverbot des § 8b III S 3 erfasst.[2] 421

Kein Erfordernis der Erzielung von Einnahmen. Zur Anwendung des § 8b III S 3 bedarf es anders als bei § 3c II iVm § 17 EStG[3] nicht der Erzielung von Einnahmen aus den Anteilen.[4] 422

Gewinnminderungen im Zusammenhang mit vGA. Schwierig zu beantworten ist die Frage, ob das Abzugsverbot des § 8b III S 3 auch bei Gewinnminderungen im Zusammenhang mit vGA für den sog Vorteilsverbrauch anwendbar ist. Der weite Wortlaut der Vorschrift spricht erneut für die Nichtabzugsfähigkeit des durch den Vorteilsverbrauch entstehenden Aufwands. Hält man jedoch an der Grundannahme fest, dass § 8b III S 3 nur einmalige und keine wiederkehrenden, laufenden Aufwendungen erfasst (vgl Rn 417), scheint die Nichtanwendung der Vorschrift vertretbar.[5] Ansonsten entsteht zudem eine dauerhafte Doppelbesteuerung. 423

Beispiel

Die T1 GmbH überlässt der T2 GmbH unentgeltlich ein Darlehen. Die Anteile an der T1 und T2 werden von der M AG gehalten.

Aufgrund der unentgeltlichen Darlehensüberlassung bewirkt die T1 GmbH eine vGA an die M AG. In Ermangelung der Einlagefähigkeit eines Vorteils entsteht bei der M AG ein Aufwand, der nicht § 8b III S 3 unterfällt.

Mittelbar im Zusammenhang stehende Gewinnminderungen. Soweit Gewinnminderungen nur mittelbar im Zusammenhang mit Anteilen iSd § 8b II stehen, ist mangels eines Veranlassungszusammenhangs § 8b III S 3 nicht anwendbar. So ist zB ein Schadensersatz, der aufgrund der Nichterfüllung der Lieferung von Anteilen iSd § 8b II iRe Kaufvertrags entstanden, nicht von § 8b III S 3 erfasst. 424

GrEStG bei Erwerb von Anteilen gem § 1 III GrEStG. Nach einer neueren Entscheidung des BFH ist bei Aufstockung der Beteiligung an einer Gesellschaft mit inländischem Grundbesitz, die zu einem grunderwerbsteuerpflichtigen Erwerb gem § 1 III GrEStG führt, die anfallende GrESt nicht als Anschaffungskosten des Grundstücks sondern als sofort abzugsfähige Betriebsausgabe zu bewerten.[6] Gleiches gilt mE beim Erwerb aller Anteile an einer Gesellschaft mit inländischem Grundbesitz[7], da auch hier die vom BFH gewählte Begründung, dass der grunderwerbsteuerliche 425

---

1 BMF v 28.4.2003, BStBl I 2003, 292, Rn 26; Dötsch/Pung in D/J/P/W § 8b Rn 117; Gröbl/Adrian in Erle/Sauter § 8b Rn 173.
2 BMF v 28.4.2003, BStBl I 2003, 292, Rn 26.
3 BFH IX B 227/09, BStBl 2010, 627.
4 BFH I R 79/09, BFH/NV 2011, 521; BFH I B 166/10, BFH/NV 2011, 1399.
5 Pyszka, DStR 2010, 1468, 1470; aA Dötsch/Pung in D/J/P/W § 8b Rn 115.
6 BFH I R 2/10, BStBl 2011, 761. Ähnlich BFH I R 40/10, BFH/NV 2011, 1556.
7 Ebenso Bünning, BB 2011, 1713.

Besteuerungserwerb (die fiktive Anschaffung des Grundstücks) im Ertragsteuerrecht keine Entsprechung findet. Dem reinen Wortlaut nach könnte die Frage aufgeworfen werden, ob hier ein Zusammenhang iSd § 8 III S 3 gegeben ist. Dies ist jedoch mit der genannten Entscheidung des BFH zu verneinen, da dieser hier erkannt hat, dass es allgemein „in ertragsteuerlicher Hinsicht an einem über die reine Kausalität hinausgehenden inhaltlichen Zusammenhang" fehlt.[1]

426 **Aktive und passive Ausgleichposten.** Zur Problematik der Organschaftsausgleichsposten vgl Rn 293 ff.

427-428 *Einstweilen frei.*

429 **c) Betroffene Anteile. In § 8b II genannter Anteil.** Nach dem Wortlaut des § 8b III S 3 muss die Gewinnminderung im Zusammenhang mit einem in § 8b II genannten Anteil entstehen. Daher werden von der Vorschrift insbesondere auch erfasst (vgl im Einzelnen Rn 269 ff):

- GmbH-Anteile und Aktien,
- eigene Anteile (hierzu Rn 430),
- Genussrechte und Genussscheine mit Eigenkapitalcharakter iSd § 8 III S 2,
- Anteile an Organgesellschaften sowie
- Anteile an ausländischen Gesellschaften.

430 **Eigene Anteile.** Nach derzeit ganz hA ist der Erwerb eigener Anteile handels- und steuerbilanziell als Kapitalmaßnahme zu bewerten und die Anschaffungsneben- und Veräußerungskosten für den Erwerb eigener Anteile damit nicht von § 8b III S 3 bzw § 8b II S 1 erfasst (dh steuerlich abzugsfähiger Aufwand).[2] Folgt man der Auffassung, dass zur Weiterveräußerung bestimmte eigene Anteile weiterhin abstrakt als Wirtschaftsgut steuerlich bilanzierungsfähig sind, liegt jedoch eine Einbeziehung in den steuerfrei zu stellenden Veräußerungsgewinn nicht fern.[3]

431 **Derivate.** Auf die nicht als Anteile qualifizierende Derivate uä Instrumente (Optionen, Termingeschäfte in Abhängigkeit von der Lieferung, Swaps usw) ist korrespondierend zur fehlenden Steuerbefreiung gem § 8b II (vgl Rn 281 ff) das Abzugsverbot gem § 8b III S 3 nicht anwendbar. Dh der Verlust aus dem Verkauf eines Derivats als schuldrechtlicher Titel unterfällt nicht § 8b III S 3.

432 **Sicherungsgeschäfte.** Losgelöst von der Frage der Bildung von Bewertungseinheiten (hierzu vgl Rn 287) kommt trotz des weiten Anwendungsbereichs des § 8b III S 3 (hiernach reicht ein irgendwie gearteter Zusammenhang der Aufwendungen mit Anteilen iSd § 8b II aus) dieses Abzugsverbot nicht für Zahlungen und Verluste aufgrund von Sicherungsgeschäften zur Anwendung (zumindest soweit sie einen

---

1 BFH I R 2/10, BStBl 2011, 761 unter 1. c) cc).
2 *Ortmann-Babel/Bolik/Gageur*, DStR 2009, 934, 936; *Förster/Schmidtmann*, BB 2009, 1342, 1344; *Früchtl/Fischer*, DStZ 2009, 112, 115; *Mayer*, Ubg 2008, 779, 785; *Blumenberg/Roßner*, GmbHR 2008, 1079, 1082; *Herzig/Briesemeister*, WPg 2010, 63, 75; *Köhler*, DB 2011, 15, 19. Selbst *Schmidtmann*, StuW 2010, 286, 293, der sich für die Forbestand der Qualifikation von eigenen Anteilen als Wirtschaftsgut ausspricht, will § 8b III S 3 nicht anwenden.
3 *Dötsch/Pung* in D/J/P/W § 8b Rn 72.

Barausgleich vorsehen).¹ Dies gilt zumindest dann, wenn man das vom BFH im Bereich der ESt strikt angewendete Trennungsprinzip zwischen Basis- und Sicherungsgeschäft berücksichtigen will.²

Einbringungsgeborene Anteile (§ 21 II UmwStG aF, § 8b IV aF). Aufgrund des abstrakten Verweises auf die in § 8b II genannten Anteile sind auch § 8b IV aF unterfallende einbringungsgeborene Anteile dem Anwendungsbereich des § 8b III S 3 zugänglich, obwohl etwaige Veräußerungsgewinne nicht korrespondierend steuerbefreit sind.³ 433

Eigenkapitalersetzende Darlehen. Eigenkapitalersetzende Darlehen sind im Betriebsvermögen weiterhin Forderungen, so dass § 8b III S 3 für Verluste aus Forderungen zB aufgrund von Teilwertabschreibungen nicht gilt (zur Anwendung des § 8b III S 4 vgl Rn 449 ff).⁴ Dies gilt unbeschadet des normspezifischen Begriffs der Anschaffungskosten gem § 17 EStG, welcher eigenkapitalersetzende Darlehen umfasst.⁵ Erst nach Verzicht auf eine (werthaltige) Forderung kann § 8b III S 3, zB im Falle der nachfolgenden Teilwertabschreibung der Beteiligung, betragsmäßig den früheren Wert der Forderung umfassen. 434

Investmentanteile. Ergibt sich ein besitzanteiliger negativer Aktiengewinn aus der Rückgabe bzw Veräußerung der im Betriebsvermögen befindlichen inländischen und ausländischen Investmentanteile oder aus einer Teilwertabschreibung, so bleibt eine hierdurch entstehende Gewinnminderung losgelöst von der Frage, ob Investmentanteile als Anteile iSd § 8b II qualifizieren (vgl Rn 286), gem § 8 II InvStG iVm § 8b III S 3 bei der Einkommensermittlung unberücksichtigt.⁶ Von einem negativen Aktiengewinn ist auszugehen, wenn die realisierten und nicht realisierten Wertverluste auf Aktienbeteiligungen im Zeitpunkt der Rückgabe oder der Veräußerung nicht durch Gewinnausschüttungen sowie Kursgewinne ausgeglichen werden.⁷ 435

Vergebliche Anschaffungskosten. Mit Verweis auf die Rechtsprechung des BFH will ein Teil der Literatur Kosten für den Erwerb einer Beteiligung (Beratungs-, Reise-, oder Gutachterkosten) auch bei nicht erfolgreichem Abschluss des Geschäfts als Anschaffungsnebenkosten ansehen, wenn zu diesem Zeitpunkt eine Beteiligungsabsicht bereits bestand.⁸ Diese Beteiligungsabsicht wird bei Kosten über die rechtliche 436

---

1 *Gröbl/Adrian* in Erle/Sauter § 8b Rn 172.
2 BFH IX R 40/06, BStBl II 2007, 608; kritisch insoweit jedoch FG Düsseldorf 6 K 13/08 K, EFG 2011, 984.
3 *Gröbl/Adrian* in Erle/Sauter § 8b Rn 172; *Dötsch/Pung* in D/J/P/W § 8b Rn 116 und 166; kritisch *Watermeyer* in H/H/R § 8b Rn 86. Sa BMF v 28.4.2003, BStBl I 2003, 292, Rn 27, 33.
4 BFH I R 52/08, BStBl II 2009, 674; *Dötsch/Pung* in D/J/P/W § 8b Rn 123; *Frotscher* in Frotscher/Maas § 8b Rn 60b; *Gosch* in Gosch § 8b Rn 276; *Gröbl/Adrian* in Erle/Sauter § 8b Rn 175; *Beinert/van Lishaut*, FR 2001, 1137; *Schmidt/Hageböke*, DStR 2002, 1202; *Rödder/Stangl*, DStR 2005, 354; *Watermeyer*, GmbHR 2006, 240, 242. AA offenbar OFD Rheinland v 8.8.2008, DStR 2008, 1737; *Buchna/Sombrowski*, DB 2004, 1956.
5 BFH I B 143/00, BStBl II 2002, 436; BFH VIII R 27/00, BStBl II 2002, 733.
6 OFD Münster v 9.6.2004 (akt 19.11.2009), Kurzinformation Nr 04/2004, IStR 2010, 71; *Dötsch/Pung* in D/J/P/W § 8b Rn 118; *Frotscher* in Frotscher/Maas § 8b Rn 58; *Kröner* in EY § 8b Rn 154; FG Niedersachsen 6 K 165/09, EFG 2011, 368; BFH I R 92/10, DStR 2012, 178.
7 *Intemann* in H/H/R Jahresbd 2002-2004 InvStG Rn J 03-23.
8 *Dötsch/Pung* in D/J/P/W § 8b Rn 114 mit Bezug auf BFH VIII R 62/05, BStBl II 2010, 159; BFH VIII R 4/02, BStBl II 2004, 910.

Beratung über der Ausgestaltung des Kaufvertrags oder der Kosten für die Prüfung einer Closing-Bilanz gemeinhin bejaht und bei Aufwendungen einer Due Diligence, die einen ersten Einblick in das Unternehmen vermittelt, hingegen allgemein verneint.[1] Die § 8b III S 3 unterfallende Auflösung dieser Anschaffungsnebenkosten soll dann entsprechend später erfolgen, wenn das Anschaffungsgeschäft nicht zum Tragen kommt. Tatsächlich betrifft die Rechtsprechung jedoch Fälle, bei denen es schließlich zu einer Anschaffung gekommen ist. Zutreffender scheint daher auch vor dem Hintergrund des Erhalts einer Korrespondenz zur Steuerbefreiung gem § 8b II, die Vorschrift des § 8b III S 3 nur anzuwenden, falls Anteile tatsächlich im rechtlichen oder wirtschaftlichen Eigentum standen.[2]

437 **Arbeitnehmer-Aktienoptionsprogramme.** Nach zutreffender Auffassung ist bei Arbeitnehmer-Aktienoptionsprogrammen der Unterschiedsbetrag zwischen dem Marktwert bei Bedienung der Option und dem Buchwert der eigenen Anteile ein als Betriebsausgaben abzugsfähiger Personalaufwand, der nicht dem § 8b III S 3 unterfällt (vgl auch Rn 276).[3] Denn der entstehende Aufwand ist durch die Stellung als Arbeitgeber veranlasst.

438-439 *Einstweilen frei.*

440 **d) Rechtsfolgen. Außerbilanzielle Korrektur.** Auf Rechtsfolgenseite ordnet § 8b III S 3 an, dass die Gewinnminderungen bei der Ermittlung des Einkommens nicht zu berücksichtigen sind. Die entsprechenden Gewinnminderungen werden außerbilanziell dem steuerlichen Gewinn somit wieder hinzugerechnet.

441 **Organschaft.** Innerhalb einer Organschaft kommt nach der sog Bruttomethode gem § 15 Nr 2 die Vorschrift des § 8b III S 3 nicht bei der Einkommensermittlung der Organgesellschaft, sondern erst auf der Ebene des körperschaftsteuerpflichtigen Organträgers zur Anwendung.

442 **DBA.** Soweit ein DBA das betreffende Besteuerungsrecht dem Ansässigkeitsstaat zuweist, bedarf es der Anwendung des § 8b III S 3 nicht, da nach der Symmetriethese Veräußerungsverluste bereits aufgrund des Abkommensrechts steuerlich nicht abzugsfähig sind.[4] Soweit dagegen kein DBA eine Steuerbefreiung anordnet, kommt § 8b III S 3 zur Anwendung.[5]

443 **GewSt.** Nach § 7 S 1 GewStG ist der nach den Vorschriften des KStG zu ermittelnde Gewinn aus dem Gewerbebetrieb die Grundlage zur Ermittlung des Gewerbeertrags. Folglich sind Gewinnminderungen auch gewerbesteuerlich gem § 8b III S 3 nicht abzugsfähig.[6]

---

1 *Pyszka*, DStR 2010, 1322, 1323 mwN.
2 *Pyszka*, DStR 2010, 1322, 1323.
3 *Gröbl/Adrian* in Erle/Sauter § 8b Rn 116; *Herzig*, DB 2003, 1459, 1462; *Günkel/Bourseaux*, FR 2003, 497, 499 f. AA *Dötsch/Pung* in D/J/P/W § 8b Rn 73.
4 Sog Symmetriethese BFH 70 I B 50/68, BStBl II 1970, 569; BFH 72 I R 128/70, BStBl II 1972, 948; BFH 73 I R 59/71, BStBl II 1976, 454; BFH I R 13/02, BStBl II 2003, 795; BFH I R 45/05, BStBl II 2007, 398; BFH I R 84/04, BStBl II 2006, 861; BFH I R 116/04, BFH/NV 2008, 1161.
5 *Watermeyer* in H/H/R § 8b Rn 86.
6 *Kröner* in EY § 8b Rn 160.

Verluste aus Sicherungsgeschäften (§ 15 IV S 3 ff EStG). Grundsätzlich ist neben § 8b III S 3 auch die Begrenzung in § 15 IV S 3 ff EStG zu beachten. Gem § 15 IV S 3 EStG kommt für Verluste aus Termingeschäften, die im Wege des Differenzausgleichs beglichen werden, grundsätzlich ein Ausgleich mit Gewinnen aus anderen Einkunftsarten nicht in Betracht. Die vom Bundesrat iRd JStG 2010 vorgeschlagene Erweiterung des § 15 IV S 3 EStG auf Verluste aus Termingeschäften, die aufgrund physischer Lieferung entstehen, wurde nicht umgesetzt.[1] Dennoch will die Verwaltung § 15 IV S 3 EStG auf Termingeschäfte anwenden, die nicht lediglich auf Differenzausglich, sondern auf physische Lieferung ausgerichtet sind.[2] Wenn die Termingeschäfte gem § 15 IV S 4 EStG zum gewöhnlichen Geschäftsbetrieb bei Kreditinstituten, Finanzdienstleistungsinstituten und Finanzunternehmen gehören oder der Absicherung von Geschäften des gewöhnlichen Geschäftsbetriebs dienen, greift die Beschränkung der Verlustverrechnung nicht. Soweit die Termingeschäfte zur Absicherung von Aktientermingeschäften dienen, greift gem § 15 IV S 5 die vorgenannte Ausnahme des § 15 IV S 4 EStG nicht. Damit ist § 15 IV S 3 EStG außerhalb des sachlichen Anwendungsbereichs des § 8b VII (dh für Verluste aus der Absicherung von Anteilen des Anlagebuchs bzw Anteilen, mit denen nicht ein kurzfristiger Eigenhandelserfolg erzielt werden soll) auch für Kreditinstitute, Finanzdienstleistungsinstitute und Finanzunternehmen gem § 15 IV S 5 EStG anwendbar.

444

Einstweilen frei.

445-446

e) Zeitlicher Anwendungsbereich. § 8b III S 3 idFd JStG 2008 kommt gem § 34 I erstmals ab dem VZ 2008 zur Anwendung.

447

Einstweilen frei.

448

3. Nichtabziehbarkeit von Gewinnminderungen im Zusammenhang mit Darlehensforderungen (§ 8b III S 4 ff). a) Allgemeines. Überblick. § 8b III S 4, 5 und 7 dehnt die Nichtabziehbarkeit von Gewinnminderungen iSd § 8b III S 3 auf Gewinnminderungen aus Darlehensforderungen, der Inanspruchnahme aus Sicherheiten, dem Rückgriff Dritter sowie der Darlehensgewährung vergleichbarer Rechtshandlungen aus. § 8b III S 6 enthält Ausnahmen beim Nachweis eines Drittvergleichs.

449

Sinn und Zweck. Mittels § 8b III S 4 ff sollen zum einen Gestaltungen unterbunden werden, bei denen durch die Hingabe von Gesellschafterdarlehen das Abzugsverbot des § 8b III S 3 umgangen wird. Zum anderen soll mittels der Regelung sichergestellt werden, dass die Gesellschafterfinanzierung durch EK und (nicht fremdübliches) Fremdkapital hinsichtlich der Berücksichtigung von Gewinnminderungen gleich behandelt wird.[3]

450

Charakter der Neuregelung. Die Gesetzesbegründung beschreibt § 8b III S 4 ff als klarstellende Präzisierung der früheren Rechtslage.[4] Tatsächlich hat die Neuregelungen als verschärfende Regelung konstitutiven Charakter, da ihr Regelungsgehalt nicht durch § 8b III S 3 erfasst wird (vgl Rn 434).[5]

451

---

1 BRDrs 318/10 (B), 26.
2 BMF v 23.9.2005, DStR 2005, 1900.
3 BTDrs 16/6290, 73.
4 BTDrs 16/6290, 73. Sowie OFD Münster v 20.10.2009, Kurzinformation Nr 004/2009, IStR 2009, 868.
5 BFH I R 52/08, BStBl II 2009, 674.

452 **Regelungstechnik.** § 8b III S 4 sieht vor, dass die von der Vorschrift erfassten Gewinnminderungen gleichfalls dem Anwendungsbereich des § 8b III S 3 unterstellt bzw den dort genannten Gewinnminderungen gleichgestellt werden.

453 **Kritik.** § 8b III S 4 ff ist als unsystematische Vorschrift heftiger Kritik ausgesetzt. So wird zwar die Verlustnutzung aus Gewinnminderung der betroffenen Darlehen eingeschränkt, ohne jedoch gleichzeitig die Steuerbarkeit der Gewinne korrespondierend einzuschränken.[1] Dieses ist vor dem Hintergrund des Art 3 GG kaum zu rechtfertigen.[2] Denn in den Fällen des Verzichts nicht werthaltiger Forderungen ist auf Ebene der aufnehmenden Gesellschaft in Anwendung der Grundsätze des Großen Senats iHd nicht werthaltigen Teils der Forderung ein Ertrag anzunehmen.[3] Problematisch sind die Vorschriften überdies im Hinblick auf den Grundsatz der Finanzierungsfreiheit.[4]

454 **Verhältnis zur vGA.** Soweit im Falle von Upstream-Darlehen oder Sidestream-Darlehen zwischen Schwestergesellschaften auch die Tatbestandsvoraussetzungen des § 8 III S 2 (vGA) erfüllt sind, geht diese Vorschrift aufgrund der umfassenderen Wirkung auf Gesellschafts- und Gesellschafterebene dem § 8b III S 5 vor.[5]

455 **§ 1 AStG.** Neben bzw vor Einfügung des § 8b III S 4 ff soll nach Verwaltungsauffassung § 1 I AStG den Abzug von Wertverlusten aus ungesicherten Darlehensforderungen gegenüber ausländischen TG oder nahe stehenden Personen einschränken können, da bei kapitalersetzenden Darlehensforderungen eine Geschäftsbeziehung iSd § 1 V AStG gegeben sein soll.[6] So soll eine Teilwertabschreibung in Ermangelung eines Fremdvergleichs bei inländischen beherrschenden Gesellschaftern (ohne Geschäftsbeziehung) bereits wegen § 6 I Nr 2 S 2 EStG nicht möglich sein, wenn die Darlehensgewährung ohne Sicherheiten erfolgt und die fehlende Sicherheit nicht mit einem Sicherheitszuschlag berücksichtigt wird (wegen des angenommen Rückhalts im Konzern).[7] Der fehlende Rückhalt im Konzern soll dabei widerlegbar sein (zB wenn der beherrschende Gesellschafter nicht dafür sorgt, dass der Darlehensnehmer seine Außenverpflichtung ggü einem fremden Dritten erfüllt).[8] Soweit daneben eine Geschäftsbeziehung zB aufgrund eines Lieferungs- und Leistungsaustausches besteht, soll dagegen eine Korrektur nach § 1 AStG in Betracht kommen.[9] Weiterhin soll es unschädlich sein, wenn der Verzicht auf die Darlehensforderung auch durch einen fremden Dritten (zB zur Sicherung der wirtschaftlichen Existenz des Darlehensnehmers und dem Erhalt einer bestehenden

---

1 *Prinz* in FS für Harald Schaumburg, Steuerzentrierte Rechtsberatung, 2009, S 459, 469; *Hoffmann*, DStR 2008, 857.
2 *Gosch* in *Gosch* § 8b Rn 279a; *Rengers* in Blümich § 8b Rn 291.
3 BFH GrS 1/94, BStBl II 1998, 307. S hierzu auch *Letzgus*, BB 2010, 92 ff.
4 BFH I R 127/90, BStBl II 1992, 532. Ausführlich *Fuhrmann/Strahl*, DStR 2008, 125, 127; *Schmidt/Schwindt*, NWB Fach 4, 5223, 5230.
5 *Dötsch/Pung* in D/J/P/W § 8b Rn 133; *Gosch* in *Gosch* § 8b Rn 279h; *Eberhard*, DStR 2009, 2226, 2231; BMF v 29.3.2011, BStBl I 2011, 277, Rn 31.
6 BMF v 29.3.2011, BStBl I 2011, 277; OFD Münster v 20.10.2009, Kurzinformation Nr 004/2009, IStR 2009, 868; *Rupp* in D/J/P/W IntGA Rn 619e; *Dötsch/Pung* in D/J/P/W § 8b Rn 123; *Kuhfus*, EFG 2008, 1408. AA *Watermeyer* GmbHR 2009, 220, 221; so wohl auch *Hahne*, BB 2008, 1663, 1664.
7 BMF v 29.3.2011, BStBl I 2011, 277, Rn 13.
8 BMF v 29.3.2011, BStBl I 2011, 277, Rn 15.
9 BMF v 29.3.2011, BStBl I 2011, 277, Rn 18.

Lieferungs- und Leistungsbeziehung) vollzogen worden wäre.[1] Bei nicht beherrschten Gesellschaftern soll hingegen bei zu geringen Zinsen entweder ein fremdüblicher höherer Zinssatz angesetzt werden, mit der Folge, dass eine Teilwertabschreibung gewinnmindernd zu berücksichtigen ist. Alternativ ist bei fehlender Möglichkeit einer Kompensation durch einen höheren Zinssatz (weil ein fremder Dritter das Darlehen nicht ausgereicht hätte) eine fremdübliche Sicherheit im Konzern zu unterstellen, so dass eine Teilwertabschreibung nach § 1 AStG zu korrigieren sei.[2] Losgelöst von der Fragwürdigkeit der Auffassung der exemplarisch beschriebenen Fälle (da in einer Teilwertabschreibung auf eine Forderung keine „Gewinnverlagerung" zu sehen ist; § 1 AStG soll augenscheinlich nur unangemessene Leistungsentgelte erfassen),[3] hat § 8b III S 4 ff nunmehr Vorrang, da § 1 I AStG dem Wortlaut nach „unbeschadet anderer Vorschriften" zur Anwendung kommt.

Verhältnis zur verdeckten Einlage. Kommt es zu einem Verzicht auf die Darlehensforderung durch eine dem qualifiziert beteiligten Gesellschafter nahe stehenden Person iSd § 1 II AStG, liegt eine verdeckte Einlage vor, der eine vGA vorangeht. Mithin fehlt es an einer für § 8b III S 4 ff erforderlichen Gewinnminderung, so dass die Vorschriften über die verdeckte Einlage anzuwenden sind.[4] Soweit es im Falle des § 8b III S 5 Hs 2 zu einer Befriedigung des Dritten durch Rückgriff kommt, entsteht zunächst ein Regressanspruch bzw es kommt bei dem gesellschaftsrechtlich veranlassten Verzicht zu einer verdeckten Einlage.[5] In beiden Fällen kommt es nicht zu einer Gewinnminderung bzw die Regelungen der verdeckten Einlage haben insoweit gegenüber der Vorschrift des § 8b III S 5 Hs 2 Vorrang.

Fehlende Regelung bei natürlicher Person als Anteilseigner. Der Gesetzgeber hat im Zusammenhang mit der Einführung von § 8b III S 4-8 darauf verzichtet, eine neben § 3c II EStG erforderliche korrespondierende Regelung zu schaffen, so dass die Verlustberücksichtigung bei im Betriebsvermögen gehaltenen Forderungen von natürlichen Personen auch weiterhin möglich sein sollte.[6]

Einstweilen frei.

b) Sachlicher Anwendungsbereich (§ 8b III S 4 Alt 1). Darlehen. § 8b III S 4 erfasst Gewinnminderungen im Zusammenhang mit einer Darlehensforderung. Ein Darlehen iSv § 8b III S 4 ist ein schuldrechtlicher Vertrag gem § 488 BGB, der die Überlassung eines Geldbetrags auf Zeit gegen Zins vorsieht. Obwohl § 8b III S 4 nach der Intention des Gesetzgebers insbesondere eigenkapitalersetzende Darlehen

---

1 BMF v 29.3.2011, BStBl I 2011, 277, Rn 19.
2 BMF v 29.3.2011, BStBl I 2011, 277, Rn 27.
3 *Ditz/Tcherveniachki*, IStR 2009, 709, 713; *Watermeyer*, GmbH-StB 2009, 220, 221.
4 *Schmidt/Schwindt*, NWB Fach 4, 5223, 5226.
5 *Frotscher* in Frotscher/Maas § 8b Rn 60k; *Gröbl/Adrian* in Erle/Sauter § 8b Rn 188.
6 Ebenso *Schnitger*, IStR 2008, 124, 126; *Schmidt/Schwindt*, NWB Fach 4, 5223, 5231 f; *Fuhrmann/Strahl*, DStR 2008, 125; *Hoffmann*, DStR 2008, 857, 860; *Janssen*, GmbHR 2008, 699, 701; *Altrichter-Herzberg*, GmbHR 2008, 337, 339; *Watermeyer*, GmbH-StB 2008, 81, 86; *Frotscher* in Frotscher/Maas § 8b Rn 60c. AA *Dötsch/Pung* in D/J/P/W § 8b Rn 141, die die Anwendung des § 3c II EStG in diesen Fällen aus dem sog Veranlassungszusammenhang herleiten wollen. So auch BMF v 8.11.2010, BStBl I 2010, 1292.

erfassen sollte¹, ist der Anwendungsbereich nicht auf diese begrenzt². Dauer und Grund der Überlassung des Geldbetrags sind dabei ebenfalls unerheblich, solange der Darlehenscharakter erhalten bleibt.³

461 **Kontokorrent- und Cash-Pooling-Forderungen.** Forderungen aufgrund eines Kontokorrentkontos sowie eines Cash-Pooling können grundsätzlich § 8b III S 4 unterfallen. Dies gilt zumindest dann, wenn diese wie eine Darlehensforderung auf eine gewisse Dauer (jedoch nicht notwendigerweise langfristig) ausgerichtet sind; zwecks Abgrenzung wird eine Dauer von zwei bzw drei Monaten als grobe Orientierung vorgeschlagen.⁴ Auf einer gesetzlichen Grundlage fußen diese quantitativen Kriterien indes nicht. Somit kann die qualitative Absicht einer Finanzierung letztlich nur entscheidend sein.

462 **Stille Gesellschaft.** Da § 8b III S 4 ausschließlich die Gewährung von Darlehen betrifft, sollten typische und atypische stille Beteiligungen als Innengesellschaften nicht erfasst sein.⁵

463 **Genussrechte.** Genussrechte verkörpern zwar auch schuldrechtliche Verträge, können jedoch steuerlich EK sein, wenn sie statt einer Verzinsung eine Gewinnbeteiligung sowie eine Beteiligung am Liquidationserlös vorsehen (vgl § 8 Rn 565 ff). Diese Genussrechte sind keine Darlehen iSd § 8b III S 4; lediglich Genussrechte, welche steuerlich Fremdkapital darstellen, fallen unter diese Regelung.⁶

464 **Nutzungsüberlassungen.** Nutzungsüberlassungen aufgrund von Miet- und Pachtverhältnissen stellen keine Darlehen iSd § 8b III S 4 dar.⁷

465 **Gewinnminderung im Zusammenhang mit einer Darlehensforderung.** Grundsätzlich unterliegen alle Gewinnminderungen im Zusammenhang mit einer Darlehensforderung dem Abzugsverbot des § 8b III S 4, wie etwa:

- eine dem Grunde nach zulässige Teilwertabschreibung⁸,
- der Forderungsausfall iRd Insolvenz oder insolvenzfreien Liquidation im Zeitpunkt der Löschung des Darlehensnehmers,
- der Forderungsverzicht iHd nicht werthaltigen Teils auf diese Darlehen⁹ (iHd werthaltigen Teils liegt eine verdeckte Einlage vor).¹⁰

---

1 BTDrs 16/6290, 73.
2 Gosch in Gosch § 8b Rn 279b; Altrichter-Herzberg, GmbHR 2008, 337, 339; Watermeyer, GmbH-StB 2008, 81, 83.
3 Frotscher in Frotscher/Maas § 8b Rn 60i.
4 Gosch in Gosch § 8b Rn 279b; Frotscher in Frotscher/Maas § 8b Rn 60u.
5 Schmidt/Schwindt, NWB Fach 4, 5223, 5224; Dötsch/Pung in D/J/P/W § 8b Rn 130.
6 Gocke/Hötzel in FS für Norbert Herzig, Unternehmensbesteuerung, 2010, S 89, 96.
7 Watermeyer, GmbH-StB 2008, 83.
8 Dötsch/Pung in D/J/P/W § 8b Rn 130; Schmidt/Schwindt, NWB Fach 4, 5223, 5224. Im Einzelnen zu diesem Erfordernis vgl BFH IV R 10/01, BStBl II 2004, 416.
9 Schmidt/Schwindt, NWB Fach 4, 5223, 5224; Watermeyer, GmbH-StB 2008, 81, 83; Schnitger, IStR 2007, 729, 730; Dötsch/Pung in D/J/P/W § 8b Rn 130; Binnewies in Streck § 8b Rn 89; BTDrs 16/6290, 73.
10 BFH GrS 1/94, BStBl II 1998, 307.

Einmalige Gewinnminderungen. Im Gleichlauf zu § 8b III S 3 erfasst § 8b III S 4 nur einmalige Gewinnminderungen (vgl Rn 417). Refinanzierungskosten für Darlehen sind hingegen als laufende Aufwendungen vom Abzugsverbot des § 8b III S 4 ausgenommen.[1]

466

Gewinnminderungen durch Währungskursschwankungen. Umstritten ist, ob auch Verluste aufgrund von Währungskursschwankungen bei Fremdwährungsdarlehen dem Abzugsverbot des § 8b III S 4 unterfallen sollen. Dies wird zutreffend bejaht, weil die Gründe des Wertverlusts der jeweiligen Darlehensforderung nach dem klaren Gesetzeswortlaut unerheblich sind.[2] Die Gegenansicht will nur „beteiligungsspezifische" Verluste den Gewinnminderungen iSd § 8b III S 4 zuordnen und „marktbestimmte" Verluste dem Abzugsverbot entziehen.[3] Aufgrund der Grundfreiheiten des AEUV kann sich aber vor dem Hintergrund des Freiheitsgebots die Verpflichtung zur Berücksichtigung von Wechselkursverlusten ergeben (vgl analog Rn 120).

467

Einstweilen frei.

468-469

c) Sachlicher Anwendungsbereich für Inanspruchnahme von Sicherheiten (§ 8b III S 4 Alt 2). Sicherheit. Sicherheiten iSd § 8b III S 4 können schuldrechtlicher (Bürgschaften, Garantien, harte Patronatserklärungen[4]) oder dinglicher Natur (Pfandrechte oder Sicherungsübereignungen) sein.[5] Dabei ist die Rechtsgrundlage (Vertrag oder AGB) für die Sicherheit unerheblich. Keine von § 8b III S 4 erfassten Geschäfte sind hingegen Sicherungsgeschäfte (Optionen, Forward Sales, Swaps etc) welche Ausfall- oder Währungskursrisiken der Forderung absichern, da diese nur den Forderungsinhaber nicht jedoch die das Darlehen aufnehmenden Gesellschaft betreffen.

470

Besicherungszweck. Nach dem Gesetzeswortlaut muss die Sicherheit „für" ein Darlehen hingegeben werden. Die Gewährung einer Sicherheit für Zinsen wird mithin nicht von § 8b III S 4 erfasst.[6] Es reicht jedoch aus, wenn die Sicherheit für einen Teilbetrag des Darlehens bestellt wurde. Ferner unterfallen § 8b III S 4 auch Sicherheiten, die für Darlehensgewährungen vergleichbare Rechtshandlungen iSv § 8b III S 7 eingeräumt wurden. Inwieweit die Sicherheit als wirtschaftlich vergleichbar anzusehen ist (losgelöst von der Frage, was hierunter zu verstehen wäre), hat nach überwiegender Auffassung keine Bedeutung.[7]

471

Gewinnminderung aus der Inanspruchnahme von Sicherheiten. Im Zeitpunkt der Inanspruchnahme aus der Sicherheit entsteht eine Rückgriffsforderung gegen die darlehensnehmende Körperschaft. Eben die sich hieraus ergebende Gewinnminderung unterfällt § 8b III S 4.[8]

472

---

1 BTDrs 16/6290, 73.
2 *Frotscher* in Frotscher/Maas § 8b Rn 60l.
3 *Winhard*, IStR 2011, 237 ff.
4 Zur Abgrenzung harter und weicher Patronatserklärungen *Limmer*, DStR 1993, 1750 ff; *Saenger/Merkelbach*, WM 2007, 2309 ff.
5 *Frotscher* in Frotscher/Maas § 8b Rn 60j; *Schmidt/Schwindt*, NWB Fach 4, 5223, 5224.
6 *Gosch* in Gosch § 8b Rn 279b; *Frotscher* in Frotscher/Maas § 8b Rn 60j.
7 *Frotscher* in Frotscher/Maas § 8b Rn 60j.
8 *Dötsch/Pung* in D/J/P/W § 8b Rn 130; *Gröbl/Adrian* in Erle/Sauter § 8b Rn 182; *Frotscher* in Frotscher/Maas § 8b Rn 60j; *Binnewies* in Streck § 8b Rn 89; *Schmidt/Schwindt*, NWB Fach 4, 5223, 5224.

473   **Befreiende Schuldübernahme unter Regressverzicht.** Bei einer befreienden Schuldübernahme unter Regressverzicht ist der werthaltige Betrag des Freistellungsanspruchs auf die Beteiligung in Folge der Einlage zu aktivieren (Abschreibungen auf die Beteiligung im Nachgang unterlägen dann dem § 8b III S 3). Mit *Dötsch/Pung* ist jedoch auch bei einer bestehenden Bürgschaft in Ermangelung eines ausgereichten Darlehens oder einer Sicherheit § 8b III S 4 nicht in Bezug auf den Aufwand anwendbar, der bei einer Schuldübernahme aufgrund der Einlage eines nicht werthaltigen Freistellungsanspruchs bzw in Folge der Einlage zum geringeren Teilwert entsteht.[1] Soweit hingegen ein Gesellschafter aufgrund einer Bürgschaft in Anspruch genommen wird, greift § 8b III S 4. Das Abzugsverbot soll jedoch nach dieser Auffassung nicht greifen, wenn die befreiende Schuldübernahme unter Regressverzicht wie die Inanspruchnahme der Bürgschaft selbst zu behandeln ist. Tatsächlich ist wohl gemeint, dass eine Umqualifikation ensprechend des § 42 AO droht, wenn die befreiende Schuldübernahme wirtschaftlich der Inanspruchnahme aufgrund einer Bürgschaft entspricht (zB wenn nach der Schuldübernahme zeitlich unmittelbar nachfolgend eine Ablösung der Verbindlichkeit erfolgt).

474   **Sicherungsnehmer.** Es ist ohne Bedeutung, wem gegenüber die Sicherheiten gewährt bzw welche Darlehensforderungen besichert wurden. Besicherter Darlehensgeber bzw Sicherungsnehmer kann daher ein anderer Gesellschafter, eine nahe stehende Person oder ein fremder Dritter (insbesondere Banken) sein.[2] Die persönlichen Anforderungen (hierzu Rn 477) müssen nur im Verhältnis von Sicherungsgeber und Darlehensnehmer erfüllt sein.

475-476   *Einstweilen frei.*

477   **d) Persönlicher Anwendungsbereich. Wesentliche Beteiligung.** § 8b III S 4 Hs 2 verlangt, dass das Darlehen oder die Sicherheit von einem Gesellschafter gewährt wird, der zu mehr als 25 % am Grund- oder Stammkapital der Körperschaft, welcher das Darlehen gewährt wurde, beteiligt ist oder war (wesentliche Beteiligung).

478   **Beteiligung am Grund- oder Stammkapital.** Die Beteiligung von mehr als 25 % muss am Grund- oder Stammkapital bestehen. Eine abweichende Verteilung der Stimm- oder Gewinnrechte sowie ein beherrschender Einfluss oder ein Stimmrechtsbindungsvertrag ist für Zwecke des § 8b III S 4 unerheblich.[3] Allerdings kommt im Falle eines beherrschenden Einflusses in Folge von Stimmrechten eine Anwendung des § 8b III S 5 aufgrund der Qualifikation als nahe stehende Personen iSd § 1 II AStG in Betracht (vgl Rn 488 ff).

479   **Ausländische Körperschaften.** Fraglich ist ferner, ob § 8b III S 4 auch die Beteiligung an ausländischen Körperschaften erfasst. Zwar verfügen ausländische Körperschaften regelmäßig nicht über ein Grund- oder Stammkapital, hieraus kann

---

1   *Dötsch/Pung* in D/J/P/W § 8b Rn 130a.
2   *Dötsch/Pung* in D/J/P/W § 8b Rn 130; *Schmidt/Schwindt*, NWB Fach 4, 5223, 5224; *Binnewies* in Streck § 8b Rn 89.
3   *Fuhrmann/Strahl*, DStR 2008, 125, 126; *Gosch* in Gosch § 8b Rn 279c; *Frotscher* in Frotscher/Maas § 8b Rn 60d; *Gröbl/Adrian* in Erle/Sauter § 8b Rn 183; *Prinz* in FS für Harald Schaumburg, Steuerzentrierte Rechtsberatung, 2009, S 459, 467.

jedoch keine Beschränkung des persönlichen Anwendungsbereichs des § 8b III S 4 auf inländische Körperschaften folgen.[1] Die Vorschrift des § 8b III S 4 ist vielmehr im Zusammenhang mit § 8b III S 1-3 zu sehen, die ebenso Anteile an ausländische Kapitalgesellschaften erfassen.[2] Für die Bemessung des Überschreitens der Beteiligungsquote von 25 % ist für ausländische Körperschaften mithin auf die dem Grund- oder Stammkapital entsprechende kapitalmäßige Beteiligung nach ausländischem Recht abzustellen.

Mittelbare Beteiligung über eine andere Körperschaft. § 8b III S 4 erfasst auch mittelbare, dh über eine andere Körperschaft gehaltene Beteiligungen.[3] Bei der Bestimmung, inwieweit die Beteiligungsquote iHv 25 % erfüllt ist, muss bei mittelbar gehaltenen Beteiligungen auf die durchgerechnete Beteiligungsquote abgestellt werden.[4] Soweit jedoch die Beteiligung der darlehensgewährenden Kapitalgesellschaft an der zwischengeschalteten Körperschaft bzw Personengesellschaft sowie an der darlehensnehmenden Kapitalgesellschaft die Beteiligungsquote von 25 % übersteigt, muss auf die durchgerechneten Beteiligungsquoten nicht mehr abgestellt werden, da die darlehensgewährende Kapitalgesellschaft eine nahestehende Person des unmittelbar wesentlich beteiligten Gesellschafters iSd § 8b III S 5 darstellt.[5]

480

Zusammenrechnung von unmittelbaren und mittelbaren Beteiligungen. Nach der Verwaltungsauffassung zu § 8a II sind unmittelbare und mittelbare Beteiligungen auch iRd § 8b III S 4 zusammenzurechnen. Insoweit gelten die dort angestellten Überlegungen analog, vgl § 8a Rn 226.

481

Keine Zusammenrechnung nahestehender Anteilseigner. Die Beteiligungen einander nahe stehender Anteilseigner iSd § 1 II AStG dürfen allerdings für Zwecke des § 8b III S 4 nicht zusammengerechnet werden.[6] Dh allein aufgrund des Nahestehens iSd § 1 II AStG ist nicht der Anteil eines Gesellschafters vollständig zuzurechnen bzw dieses ersetzt nicht das zu erfüllende Erfordernis eines (unmittelbar oder mittelbar) wesentlich beteiligten Anteilseigners. Soweit allerdings ein solcher wesentlich beteiligter Anteilseigner vorliegt, kann § 8b III S 5 in Bezug auf die Forderung eines nicht wesentlich beteiligten, jedoch nahe stehenden Anteilseigners greifen (zur Vorschrift vgl Rn 488 ff).

482

Das „Gewähren" von Darlehen oder Sicherheiten. § 8b III S 4 setzt dem Wortlaut nach voraus, dass das Darlehen oder die Sicherheit von einem Gesellschafter gewährt wird. Demnach ist dieses Erfordernis nur dann erfüllt, wenn der Gesellschafter selbst das Darlehen überlässt, nicht jedoch wenn eine oder mehrere Personen (welche keine nahe stehenden Personen nach § 8b III S 5 sind) dazwischen geschaltet

483

---

1 *Dötsch/Pung* in D/J/P/W § 8b Rn 130; *Fuhrmann/Strahl*, DStR 2008, 125, 126; *Neumann*, Ubg 2008, 748, 753; *Gosch* in Gosch § 8b Rn 279c; aA *Watermeyer*, Ubg 2008, 748, 753; *Prinz* in FS für Harald Schaumburg, Steuerzentrierte Rechtsberatung, 2009, S 459, 474.
2 *Neumann*, Ubg 2008, 748, 753; *Gosch* in Gosch § 8b Rn 279c.
3 *Gosch* in Gosch § 8b Rn 279c; *Rengers* in Blümich § 8b Rn 306.
4 *Gosch* in Gosch § 8b Rn 279c; *Gröbl/Adrian* in Erle/Sauter § 8b Rn 183; *Prinz* in FS für Harald Schaumburg, Steuerzentrierte Rechtsberatung, 2009, S 459, 467.
5 *Neumann*, Ubg 2008, 748, 750; *Gröbl/Adrian* in Erle/Sauter § 8b Rn 183.
6 *Neumann/Stimpel*, GmbHR 2008, 57, 63; *Watermeyer*, GmbH-StB 2008, 81, 82; *Gosch* in Gosch § 8b Rn 279c; *Dötsch/Pung* in D/J/P/W § 8b Rn 131.

sind.¹ Eine Erfassung dieser Fälle iRd § 42 AO ist aufgrund des Charakters des § 8b III S 4 als spezialgesetzliche Missbrauchsvorschrift nur schwer möglich² bzw auf die Fälle beschränkt, wo der zwischengeschalteten Person keinerlei eigenes Interesse zur Erzielung von Einkünften verbleibt.³

484 **Mittelbare Beteiligung über eine Personengesellschaft.** Zwar werden im Unterschied zu § 8a III S 1 aF mittelbare Beteiligungen über eine Personengesellschaft in § 8b III S 4 Hs 2 nicht ausdrücklich genannt.⁴ Dies ändert jedoch nichts daran, dass Personengesellschaften gleichfalls eine mittelbare Beteiligung iSd § 8b III S 4 vermitteln können.⁵

485 **Zeitpunkt der wesentlichen Beteiligung.** § 8b III S 4 enthält keine zeitliche Begrenzung, wann die persönlichen Voraussetzungen für die Beschränkung des § 8b III S 4 gegeben sein müssen. Daher ist § 8b III S 4 auch dann anwendbar, wenn der Forderungsinhaber

- zum Zeitpunkt der Darlehensgewährung oder des Forderungserwerbs noch nicht Gesellschafter war oder
- zum Zeitpunkt der Darlehensgewährung oder des Forderungserwerbs zwar Gesellschafter war, zwischenzeitlich jedoch ausgeschieden ist.⁶

Kritisch ist insbesondere die erste Fallgruppe, da hier im Zeitpunkt der Darlehensgewährung die Umgehung des § 8b III S 3 regelmäßig nicht anzunehmen ist bzw die erforderliche gesellschaftsrechtliche Veranlassung fehlt.⁷ Dementsprechend wird in der Literatur die Auffassung vertreten, dass § 8b III S 4 nur dann zum Tragen kommen soll, wenn die Gesellschafterposition im Zeitpunkt der Darlehensgewährung bzw der Gestellung der Sicherheit gegeben ist.⁸ Es muss jedoch gesehen werden, dass dieser Auslegung der klare Wortlaut des § 8b III S 4 entgegensteht.⁹ Allerdings wird in diesen Fällen grundsätzlich von der Erfüllbarkeit des Drittvergleichs auszugehen sein (vgl Rn 484).

486-487 *Einstweilen frei.*

488 **e) Nahe stehende Personen und rückgriffsberechtigte Dritte (§ 8b III S 5).** § 8b III S 5 erweitert den Anwendungsbereich des § 8b III S 4 auf

---

1 *Gosch* in Gosch § 8b Rn 279b; *Binnewies* in Streck § 8b Rn 89.
2 Analog BFH I R 26/06, BStBl II 2008, 978; BFH I R 63/99, 50, BStBl II 2003, 50; BFH I R 94/97, BStBl II 2001, 222.
3 Vgl zu dieser Problematik BFH IV R 25/08, BStBl II 2010, 622; BFH III R 25/02, 787.
4 *Schmidt/Schwindt*, NWB Fach 4, 5223, 5225; *Watermeyer*, Ubg 2008, 748, 752; *Dötsch/Pung* in D/J/P/W § 8b Rn 131.
5 *Neumann*, Ubg 2008, 748, 752 f; Gosch § 8b Rn 279c; *Dötsch/Pung* in D/J/P/W § 8b Rn 131; *Nöcker* in H/H/R Jahresbd 2006-2008 § 8b Rn J 07-6.
6 *Fuhrmann/Strahl*, DStR 2008, 125, 126; *Schnitger*, IStR 2007, 729, 730; *Gosch* in Gosch § 8b Rn 279c; im Ergebnis ebenso *Geißer* in Mössner/Seeger § 8b Rn 219. AA mit verschiedenen Lösungsansätzen *Dötsch/Pung* in D/J/P/W § 8b Rn 131; *Schmidt/Schwindt*, NWB Fach 4, 5223, 5225; *Neumann/Watermeyer*, Ubg 2008, 748, 750 ff; *Neumann/Stimpel*, GmbHR 2008, 57, 63; *Schwedhelm/Olbing/Binnewies*, GmbHR 2008, 1233, 1243; *Frotscher* in Frotscher/Maas § 8b Rn 60g.
7 *Dötsch/Pung*, DB 2007, 2669, 2670; *Schnitger*, IStR 2007, 729, 730.
8 *Frotscher* in Frotscher/Maas § 8b Rn 60g; *Grotherr*, IWB, Gruppe 1 Fach 3, 2271, 2279.
9 *Gosch* in Gosch § 8b Rn 279c.

- Gewinnminderungen im Zusammenhang mit Darlehen von dem Gesellschafter nahe stehenden Personen iSd § 1 II AStG (§ 8b III S 5 Hs 1) und
- Gewinnminderungen aufgrund des Rückgriffs Dritter (§ 8b III S 5 Hs 2).

Nahe stehende Person iSd § 1 II AStG (§ 8b III S 5 Hs 1). Zum Begriff der nahe stehenden Person vgl § 8a Rn 234. Dementsprechend sind auch sog Upstream-Darlehen sowie Sidestream-Darlehen zwischen Schwestergesellschaften grundsätzlich von § 8b III S 5 Hs 1 betroffen.[1] Soweit jedoch die Finanzierung einer nachgeschalteten TG an die oberste MG erfolgt, wird die Anwendung des § 8b III S 5 Hs 1 in Frage gestellt:

Beispiel

Die M-GmbH hält 100% der Anteile an der B-GmbH. Die B-GmbH gewährt ein Darlehen an die M-GmbH. Die B-GmbH verzichtet auf ihre (nicht werthaltige Forderung) ggü der M-GmbH.

Im Beispielsfalls lässt sich vertreten, dass § 8b III S 5 Hs 1 dem Abzug der Gewinnminderung nicht entgegensteht. Denn aus dem Zusammenhang des § 8b III S 5 Hs 1 mit dem § 8b III S 4 lässt sich herleiten, dass der Darlehensnehmer eine andere Körperschaft sein muss, als der wesentlich Beteiligte oder die ihm nahestehende Person.[2] Falls im Beispielsfall jedoch eine weitere Körperschaft (im In- oder Ausland) an der M-GmbH beteiligt ist, ist der Anwendungsbereich des § 8b III S 5 Hs 1 eröffnet. Soweit hingegen an der M-GmbH eine natürliche Person beteiligt ist, sollte § 8b III S 5 Hs 1 auf das Upstream-Darlehen der TG an die MG nicht anwendbar sein; denn § 8b III S 4, dessen Umgehung § 8b III S 5 Hs 1 dient, wäre als Grundfall bei Darlehensausreichung der natürlichen Person an die MG ebenso nicht anwendbar gewesen. Falls an der MG eine börsennotierte Gesellschaft beteiligt ist, lässt sich die Gesellschafterstruktur nicht überprüfen, so dass in Bezug auf § 8b III S 5 Hs 1 ein Vollzugsdefizit besteht.

Rückgriffsberechtigte Dritte (§ 8b III S 5 Hs 2). § 8b III S 5 Hs 2 dehnt das Abzugsverbot des § 8b III S 4 auf Gewinnminderungen aus, bei denen ein Rückgriff eines Dritten auf den qualifiziert beteiligten Gesellschafter oder auf eine diesem nahe stehenden Person erfolgt, ohne dass eine Sicherheit gegenüber dem Dritten geleistet wurde. Soweit hingegen eine persönliche oder dingliche Sicherheit durch den Gesellschafter oder eine diesem nahe stehende Person eingeräumt wurde, liegt bereits ein Fall des § 8b III S 4 vor (vgl Rn 470 und 477).

Qualität des Anspruchs. Sog Back-to-back-Finanzierungen (dh der Dritte gewährt der Gesellschaft ein Darlehen und der Gesellschafter bzw die nahestehende Person unterhält eine Einlage bei dem Dritten) werden demnach von § 8b III S 5 Hs 2 erfasst. Allerdings geht der Anwendungsbereich der Vorschrift noch darüber hinaus.[3]

---

1 *Eberhard*, DStR 2009, 2226, 2229; *Gosch* in Gosch § 8b Rn 279d; *Rengers* in Blümich § 8b Rn 306; *Urbahns*, StuB 2008, 561, 564 f. AA *Bohne*, DStR 2008, 2444, 2447.
2 *Bohne*, DStR 2008, 2444, 2447; *Schreiber/Syré*, DStR 2011, 1254, 1256.
3 *Neumann*, Ubg 2008, 748, 754; *Prinz* in FS für Harald Schaumburg, Steuerzentrierte Rechtsberatung, 2009, S 459, 467.

So ist nicht nur ein enger (konkreter rechtlich durchsetzbarer Anspruch, dingliche Sicherheit oder harte Patronatserklärung), sondern ein weiter Rückgriffsbegriff (faktische Rückgriffsmöglichkeit) maßgeblich.[1] Es reicht also aus, wenn der Gesellschafter oder die nahestehende Person gegenüber dem Dritten faktisch (ohne rechtlichen Anspruch) für die Darlehensschuld der Gesellschaft einsteht;[2] dh der Gesellschafter oder die nahestende Person kommt aufgrund wirtschaftlicher Erwägungen, Konzernbeziehungen oder weicher Patronatserklärungen[3] dem Rückgriff des Dritten nach.[4] Da im Falle eines faktischen Einstehens aufgrund gesellschaftsrechtlicher Veranlassung regelmäßig eine vorangige verdeckte Einlage vorliegen wird (vgl Rn 456), muss die faktische Rückgriffsmöglichkeit iSd § 8b III S 5 Hs 2 betrieblich veranlasst sein. Liegen allerdings wegen der Inanspruchnahme aus einer Sicherheit aufgrund eines rechtlichen Anspruchs bereits die Voraussetzungen des § 8b III S 4 vor, ist § 8b III S 5 Hs 2 nicht einschlägig. § 8b III S 4 ist insoweit spezieller als § 8b III S 5 Hs 2.[5]

492-493 *Einstweilen frei.*

494 **f) Drittvergleich (§ 8b III S 6). Ausnahme.** § 8b III S 6 konstituiert eine Ausnahme, wonach § 8b III S 4 und 5 nicht anzuwenden sind, wenn nachgewiesen wird, dass
- auch ein fremder Dritter das Darlehen bei sonst gleichen Umständen gewährt oder
- ein fremder Dritter das Darlehen bei sonst gleichen Umständen noch nicht zurückgefordert hätte.

Es reicht aus, wenn eine der beiden Varianten vorliegt.

495 **Gewährung des Darlehens (§ 8b III S 6 Hs 1 Alt 1).** Die Führung des Fremdvergleichs nach der 1. Alt des § 8b III S 6 Hs 1 ist grundsätzlich möglich, wenn die Darlehensausreichung vor Eintritt der Krise erfolgte. Wird das Darlehen hingegen nach Eintritt der Krise gewährt, kommt der Nachweis der Fremdüblichkeit regelmäßig nicht bzw nur unter erschwerten Bedingungen in Betracht (zB zur Erhaltung von Geschäftsbeziehungen oder aus strategischen und geschäftspolitischen Erwägungen).[6] Im letzten Fall sind entsprechende Risikoaufschläge zu vereinbaren.[7]

496 **Ausschluss der Fremdüblichkeit.** Nach der Gesetzesbegründung soll die Darlehensüberlassung insbesondere dann grundsätzlich nicht fremdüblich sein, wenn das Darlehen:
- nicht verzinslich ist,

---

1 *Dötsch/Pung* in D/J/P/W § 8b Rn 134; *Schmidt/Schwindt*, NWB Fach 4, 5223, 5226 f; *Neumann*, Ubg 2008, 748, 754; *Nöcker* in H/H/R Jahresbd 2006-2008 § 8b Rn J 07-7. AA *Watermeyer*, Ubg 2008, 748, 753; *Frotscher* in Frotscher/Maas § 8b Rn 60k; *Gröbl/Adrian* in Erle/Sauter § 8b Rn 188; *Grotherr*, IWB, Gruppe 1 Fach 3, 2271, 2278.
2 BMF v 15.12.1994, BStBl I 1995, 25, ber ber 176, Rn 21, zur Konzernvermutung vgl Rn 22.
3 Zum Begriff der harten und weichen Patronatserklärung *Limmer*, DStR 1993, 1750 ff; *Saenger/Merkelbach*, WM 2007, 2309 ff.
4 Zum Begriff des faktischen Rückgiffs *Prinz* in H/H/R § 8a aF Rn 132; *Pung/Dötsch* in D/J/P/W § 8a (vor UntRefG 2008) Rn 242.
5 *Schmidt/Schwindt*, NWB Fach 4, 5223, 5226 f; *Nöcker* in H/H/R Jahresbd 2006-2008 § 8b Rn J 07-7; *Dötsch/Pung* in D/J/P/W § 8b Rn 134. AA *Frotscher* in Frotscher/Maas § 8b Rn 60k, der keinen eigenen Regelungsbereich für die Vorschrift des § 8b III S 5 Hs 2 sieht und sie damit für überflüssig hält.
6 *Gosch* in Gosch § 8b Rn 279e; *Hahne*, StuB 2008, 299, 303.
7 *Hahne*, StuB 2008, 299, 304.

- verzinslich ist, aber keine Sicherheiten vereinbart wurden,
- verzinslich ist und Sicherheiten vereinbart wurden, aber das Darlehen bei Eintritt der Krise der Gesellschaft nicht zurückgefordert wird.[1]

Problematisch ist insbesondere die zweite Fallgruppe. Gerade bei der Darlehensgewährung innerhalb eines Konzerns ist die Besicherung des Darlehens unüblich.[2] Auch der BFH hat bereits in seiner Rechtsprechung festgestellt, dass allein aufgrund einer fehlenden Besicherung ein Darlehen im Konzern nicht als fremdunüblich (bzw als vGA) zu qualifizieren ist.[3] Ebenso ist unverständlich, warum hier nur eigene Sicherungsmittel der Gesellschaft berücksichtigt werden sollen (vgl Rn 498). Bei gering verzinslichen Forderungen muss wohl grundsätzlich von einer teilweisen Fremdüblichkeit (im Verhältnis des vereinbarten zum angemessenen Zinssatz) ausgegangen werden.[4]

Stehenlassen des Darlehens (§ 8b III S 6 Hs 1 Alt 2). Falls das ursprüngliche Darlehen von einem Dritten nicht gewährt worden wäre, kann der Fremdvergleich immer noch dann erfüllt sein, wenn dieses Darlehen trotz Kriseneintritts nach der 2. Alt des § 8b III S 6 Hs 1 nicht zurück gefordert wurde. Allerdings wird es selten vorkommen, dass ein Dritter das Darlehen zwar nicht ursprünglich gewährt, später jedoch ein Darlehen bei sonst gleichen Umständen stehen gelassen hätte. Denkbar sind hier Fälle, in denen die Kreditwürdigkeit des Schuldners sich vom Zeitpunkt der Darlehensgewährung verbessert hat. Die fehlende Rückforderung kann entweder aus betriebswirtschaftlichen (vgl analog zur Gewährung eines Darlehens in der Krise Rn 495) oder aus haftungsrechtlichen Gründen resultieren (zB falls die Darlehensforderung des Gesellschafters zur Sicherung von Fremdverbindlichkeiten eingesetzt wurde) oder auch daraus folgen, dass eine Rückforderung rechtlich nicht frühzeitig erfolgen kann.[5] Spätestens mit der Abschaffung der §§ 32a, 32b GmbHG durch das MoMiG v 23.10.2008[6] wird der Charakter eines eigenkapitalersetzenden Darlehens die fehlende Rückforderung nicht mehr begründen können, da die Rückzahlung nur noch im Insolvenzverfahren Bedeutung hat (§ 44a, § 39 I Nr 5 InsO).[7] Wurde das Darlehen hingegen erst nach Entritt der Krise gewährt, müssen sowohl die Ausreichung als auch das Stehenlassen des Darlehens fremdüblich sein. In dieser Konstellation müssen ausnahmsweise beide Alternativen kumulativ erfüllt sein, um dem Fremdvergleich zu genügen.

Eigene Sicherungsmittel (§ 8b III S 6 Hs 2). Realitätsfern ist weiterhin, dass nach § 8b III S 6 Hs 2 nur die eigenen Sicherungsmittel der Gesellschaft bei der Anwendung des Drittvergleichs berücksichtigungsfähig sind (sog Stand-alone-Perspektive). Zwar

---

1   BTDrs 16/6290, 74. Noch weitergehender *Neumann/Stimpel*, GmbHR 2008, 57, 63; *Nöcker* in H/H/R Jahresbd 2006-2008 § 8b Rn J 07-9.
2   *Schmidt/Schwindt*, NWB Fach 4, 5223, 5228; *Watermeyer*, Ubg 2008, 748, 758. Ebenfalls kritisch *Fuhrmann/Strahl*, DStR 2008, 125, 128; *Neumann/Stimpel*, GmbHR 2008, 57, 63.
3   BFH I R 24/97, BStBl 1998, 573.
4   *Gosch* in Gosch § 8b Rn 279e. IdS wohl auch *Altrichter-Herzberg*, GmbHR 2008, 337, 339.
5   *Gosch* in Gosch § 8b Rn 279e; *Hahne*, StuB 2008, 299, 301.
6   BGBl I 2008, 2026.
7   Im Ergebnis auch *Gosch* in Gosch § 8b Rn 279e.

trägt dieser Zusatz dem Umstand Rechnung, dass die Vorschrift des § 8b III S 4 einer streng getrennten Betrachtung der Besteuerungsebenen von Gesellschaft und Gesellschafter nachkommt. Hierdurch wird der Drittvergleich zumeist misslingen, da in der Praxis die Darlehensbesicherung durch den Gesellschafter eine übliche Vorgehensweise darstellt.[1]

499 **Eintritt oder Austritt eines Gesellschafters.** Besonderheiten ergeben sich bei der Auslegung des § 8b III S 6, wenn ein Darlehen von einem Nichtgesellschafter, der als wesentlich beteiligter Gesellschafter nach Darlehensausreichung eintritt, gewährt oder ein von einem wesentlich beteiligten Gesellschafter nach Austritt stehengelassen wird. In beiden Fällen ist die Fremdüblichkeit zu vermuten; etwas anderes gilt nur im Fall außerordentlicher Umstände.[2]

500 **Zeitpunkt des Drittvergleichs.** Maßgeblicher Zeitpunkt für den Drittvergleich der 1. Alt ist der Zeitpunkt der Darlehensgewährung. Nach der 2. Alt bei Nichtausübung eines Kündigungsrechts ("Stehenlassen" bei Kriseneintritt) ist hingegen ein permanenter Fremdvergleich zu führen;[3] dh hier ist in regelmäßigen Abständen die Fremdüblichkeit des „Stehenlassens" zu prüfen.

501 **Kein Drittvergleich bei Gewährung von Sicherheiten.** § 8b III S 6 lässt den Nachweis durch Drittvergleich nur für die Gewährung von Darlehen nicht jedoch für die Gewährung von Sicherheiten zu.[4] Insoweit verbleiben in jedem Fall die Folgen der Nichtabzugsfähigkeit nach § 8b III S 4 bzw S 5 von Gewinnminderungen bei der Inanspruchnahme von derartigen Sicherheiten.

502 **Beweislast.** Die objektive Beweislast beim Fremdvergleich obliegt der darlehensgewährenden Körperschaft (Beweislastumkehr).[5] Lediglich im Falle des Ein- und Austritts von Gesellschaftern (vgl Rn 499) sollte die Finanzverwaltung die Beweislast einer fehlenden Fremdüblichkeit treffen.[6]

503 **Praktische Durchführung des Nachweises.** Dem Gesetz lässt sich nicht entnehmen, wie der Nachweis zu führen ist. In der Praxis sollten verbindliche Vergleichsangebote von Banken oder Wertgutachten als eine Möglichkeit des Nachweises zuerkannt werden. Allerdings wird angesichts des weiten Regelungsbereichs der § 8b III S 4 ff zu Recht gefordert, keine überhöhten Anforderungen zu stellen und zB auch den abstrakten Nachweis der Kreditwürdigkeit der aufnehmenden Gesellschaft als ausreichend zu erachten.[7]

504-506 *Einstweilen frei.*

---

1 *Schnitger*, IStR 2007, 729, 730; *Nöcker* in H/H/R Jahresbd 2006-2008 § 8b Rn J 07-8; *Schmidt/Schwindt*, NWB Fach 4, 5223, 5227.
2 *Hahne*, StuB 2008, 299, 303; *Gosch* in Gosch § 8b Rn 279e.
3 *Gosch* in Gosch § 8b Rn 279e; *Geißer* in Mössner/Seeger § 8b Rn 266.
4 *Nöcker* in H/H/R Jahresbd 2006-2008 § 8b Rn J 07-8; *Gosch* in Gosch § 8b Rn 279e; *Frotscher* in Frotscher/Maas § 8b Rn 60p.
5 *Gosch* in Gosch § 8b Rn 279e; *Frotscher* in Frotscher/Maas § 8b Rn 60t; *Dötsch/Pung* in D/J/P/W § 8b Rn 135.
6 *Gosch* in Gosch § 8b Rn 279e.
7 *Gocke/Hötzel* in FS für Norbert Herzig, Unternehmensbesteuerung, 2010, S 89, 101.

g) Ausweitung auf Forderungen aus Rechtshandlungen, die einer Darlehensgewährung wirtschaftlich vergleichbar sind (§ 8b III S 7). Regelungsgehalt. Nach § 8b III S 7 gelten § 8b III S 4-6 entsprechend für Forderungen aus Rechtshandlungen, die einer Darlehensgewährung wirtschaftlich vergleichbar sind. Dh § 8b III S 7 erweitert den sachlichen Anwendungsbereich von § 8b III S 4-6 auf Gewinnminderungen aus anderen Rechtsgeschäften als Darlehensforderungen. Eine Erweiterung des Begriffs der Sicherheiten erfolgt in § 8b III S 7 nicht, da bereits der Grundtatbestand in § 8b III S 4 und 5 weit gefasst ist. Was dies im Einzelnen bedeutet, wird im Gesetzeswortlaut nicht bestimmt. Mit der Literaturausicht sollte von einer wirtschaftlich vergleichbaren Rechtshandlung auszugehen sein, wenn diese ähnlich wie Darlehen eine Finanzierungsmaßnahme darstellen, ein Rechtsverhältnis begründen und von gewisser Dauer sind.[1]

507

Persönlicher Anwendungsbereich. Die Anwendung des § 8b III S 7 hat in persönlicher Hinsicht die gleichen Anforderungen wie § 8b III S 4 und 5 (vgl Rn 477 ff und 488 ff).

508

Forderungen aus Lieferung und Leistung sowie Mietforderungen. Ausweislich der Gesetzesbegründung sollen zB Forderungen aus Lieferungen und Leistungen oder Mietforderungen solche wirtschaftlich vergleichbaren Rechtshandlungen sein.[2] Diese pauschale Aussage erscheint jedoch zweifelhaft, da Nutzungsüberlassungen mit Gelddarlehen nicht vergleichbar sind.[3] Lediglich die Stundung von Forderungen oder eine Fälligkeitsvereinbarung, die über ein ansonsten übliches Zahlungsziel hinausgeht, kann als Gelddarlehen qualifizieren.

509

Weitere vergleichbare Finanzinstrumente. Aufgrund der weiten Definition des § 8b III S 7 droht jedoch, dass diverse Finanzinstrumente von der Vorschrift ebenso erfasst werden wie zB

510

- stille Beteiligungen,
- Sachdarlehen bzw Wertpapierleih- und Wertpapierpensionsgeschäfte sowie uU sogar
- Leasinggeschäfte.[4]

Gewinnminderungen aus derartigen Geschäften drohen damit gem § 8b III S 7 iVm § 8b III S 4 nicht abzugsfähig zu sein.

Sicherungsgeschäfte. Sicherungsgeschäfte (Optionen, Forward Sales, Swaps etc) stellen keine Kapitalüberlassung dar und werden somit auch nicht von § 8b III S 7 erfasst. Dies gilt selbst dann, wenn sie der Absicherung einer § 8b III S 4 ff unterfallenden Forderung dienen (vgl analog zu Sicherungsgeschäften bei § 8b III S 3 Rn 432).

511

---

1   Ähnlich *Gosch* in Gosch § 8b Rn 279b; *Nöcker* in H/H/R Jahresbd 2006-2008 § 8b Rn J 07-9; *Frotscher* in Frotscher/Maas § 8b Rn 60u.
2   BTDrs 16/6290, 73.
3   *Frotscher* in Frotscher/Maas § 8b Rn 60v; *Dötsch/Pung* in D/J/P/W § 8b Rn 137; *Häuselmann*, BB 2007, 1533.
4   *Schnitger*, IStR 2007, 729, 730; *Prinz* in FS für Harald Schaumburg, Steuerzentrierte Rechtsberatung, 2009, S 459, 468; *Grotherr*, IWB, Gruppe 1 Fach 3, 2271, 2278.

512	**Drittvergleich.** Nach dem ausdrücklichen Gesetzeswortlaut ist der Drittvergleich gem § 8b III S 6 bei von § 8b III S 7 erfassten Forderungen aus Rechtshandlungen, die einer Darlehensgewährung wirtschaftlich vergleichbar sind, möglich.
513-514	*Einstweilen frei.*
515	**h) Rechtsfolgen. Außerbilanzielle Korrektur (§ 8b III S 4).** Mittels § 8b III S 4 wird der Anwendungsbereich des § 8b III S 3 ausgeweitet, so dass sich die Rechtsfolgen des § 8b III S 4 ebenso nach § 8b III S 3 bestimmen. Rechtsfolge des § 8b III S 4 ist somit, dass die entsprechenden Gewinnminderungen nicht abzugsfähig und somit außerbilanziell dem Einkommen des Anteileigners in voller Höhe wieder hinzuzurechnen sind.[1]
516	**Keine korrespondierende Behandlung.** Die Rechtsfolgen des § 8b III S 4 ff greifen ausschließlich auf Ebene des Darlehensgebers. Die Ebene des Darlehensnehmers bleibt von § 8b III S 4 ff hingegen unberührt.[2] Dh Wertverluste auf Gesellschafterdarlehen unterliegen dem Abzugsverbot, entsprechende Gewinnerhöhungen bei der Gesellschaft bleiben jedoch steuerpflichtig.[3] Um diesen Widerspruch insbesondere iRd Forderungsverzichts aufzulösen, weist die Gesetzesbegründung auf die Möglichkeit eines Steuererlasses aus sachlichen Billigkeitsgründen hin.[4]
517	**Einschränkung durch § 8b VII und VIII.** Zur Einschränkung der Regelung des § 8b III S 4 durch § 8b VII und VIII vgl Rn 716 und 742.
518	**Steuerfreiheit späterer Wertaufholungsgewinne (§ 8b III S 8).** Nach § 8b III S 8 bleiben Gewinne aus der Wertaufholung von Darlehensforderungen gem § 6 I Nr 2 S 3 EStG bei der Einkommensermittlung außer Ansatz, soweit auf die vorangegangene Teilwertabschreibung § 8b III S 3 angewendet wurde. Dies ist zum einen zwar konsequent, zum anderen jedoch überraschend, da § 8b III S 8 ausdrücklich Wertaufholungsgewinne auf Anteile nicht umfasst. Mithin ist die Wertaufholung eines Gesellschafterdarlehens voll steuerfrei. Das pauschale Betriebsausgabenabzugsverbot nach § 8b III S 1 kommt nicht zur Anwendung, weil sich die Steuerfreistellung insoweit aus § 8b III S 8 und nicht aus § 8b II ergibt.[5]
519	**Erweiterung auf andere Gewinne.** § 8b III S 8 ist dem Gesetzeswortlaut nach nicht auf andere Gewinne anwendbar wie

- Veräußerungsgewinne,
- Gewinne bei Forderungsverzicht/verdeckter Einlage,
- Gewinne aufgrund einer Entstrickung,

---

1 *Dötsch/Pung* in D/J/P/W § 8b Rn 132; *Gosch* in Gosch § 8b Rn 279g; *Frotscher* in Frotscher/Maas § 8b Rn 60l; *Grotherr*, IWB, Gruppe 1 Fach 3, 2271, 2279; *Schmidt/Schwindt*, NWB Fach 4, 5223, 5225.
2 *Dötsch/Pung* in D/J/P/W § 8b Rn 130; *Frotscher* in Frotscher/Maas § 8b Rn 60o; *Neumann/Watermeyer*, Ubg 2008, 748, 756; *Prinz* in FS für Harald Schaumburg, Steuerzentrierte Rechtsberatung, 2009, S 459, 469; *Nöcker* in H/H/R Jahresbd 2006-2008 § 8b Rn J 07-5.
3 *Gosch* in Gosch § 8b Rn 279a; *Gröbl/Adrian* in Erle/Sauter § 8b Rn 179; *Schmidt/Schwindt*, NWB Fach 4, 5223, 5230.
4 BTDrs 16/6290, 74; BMF v 27.3.2003, BStBl I 2003, 240. Zu Recht kritisch *Letzgus*, BB 2010, 92, 93.
5 *Lorenz*, NWB 2009, 977; *Gocke/Hötzel* in FS für Norbert Herzig, Unternehmensbesteuerung, 2010, S 89, 103 und 113.

VII. Nichtabziehbarkeit von Betriebsausgaben und Gewinnminderungen

- Gewinne aufgrund des Eintritts eines Besserungsfalls (bei Forderungsverzicht gegen Besserungsschein).[1]

Der überwiegende Teil der Literatur will den Anwendungsbereich des § 8b III S 8 jedoch über den Wortlaut hinaus auch auf vorgenannte Realisierungstatbestände erweitern.[2] Zumindest sollte jedoch eine Nichterfassung dieser Gewinne aus Billigkeitsgründen regelmäßig erfolgen. Hierfür spricht auch die Gesetzesbegründung, wonach es sich bei § 8b III S 8 um eine „Billigkeitsregelung" handelt.[3]

Keine Steuerfreiheit von Regressansprüchen. Unsystematisch ist, dass § 8b III S 8 dem Wortlaut nach nicht Gewinne aus Regressansprüchen erfasst, die aufgrund der Inanspruchnahme von Sicherheiten entstehen, deren Gewinnminderungen wiederum § 8b III S 4 oder § 8b III S 5 unterfallen.[4] Zur Verhinderung von Doppelbesteuerung kann bei einem nachgewiesenen Zusammenhang jedoch eine Steuerfreiheit als Billigkeitsmaßnahme angezeigt sein. 520

Wechselkursgewinne. Wechselkursgewinne unterfallen auch dann § 8b III S 8, wenn die vorherige Gewinnminderung der Forderung nicht wechselkursbedingt, sondern zB aufgrund eines (partiellen) Ausfallrisikos begründet war.[5] Dem Wortlaut nach erfordert § 8b III S 8 zwar, dass auf „die" vorangegangene Teilwertbeschreibung das Abzugsverbot gem § 8b III S 3 anwendbar wäre. Dies könnte für ein Erfordernis sprechen, dass auch die vorangegangene Teilwertabschreibung wechselkursbedingt sein müsste, um den Anwendbereich des § 8b III S 8 zu eröffnen. Allein aus verfassungsrechtlichen Gründen ist zum Erhalt der Besteuerung nach dem Nettoprinzip einer derartig engen Auslegung am Wortlaut nicht zu folgen. Tatsächlich trifft § 8b III S 8 an keiner Stelle eine Aussage, dass vorangegangene Teilwertabschreibung und nachfolgende Wertaufholung in ihrer jeweiligen Begründung einen sachlogischen Zusammenhang aufweisen müssen. 521

Reihenfolge. Auch iRd § 8b III S 8 kann es zu einem Reihenfolgeproblem kommen, wenn einer Wertaufholung sowohl steuerwirksame als auch steuerunwirksame Teilwertabschreibungen vorausgegangen sind.[6] Insoweit gilt ebenso das LIFO-Prinzip (dh vorrangige Verrechnung mit steuerunwirksamen Abschreibungen vgl analog Rn 365). 522

Einstweilen frei. 523-525

i) Zeitlicher Anwendungsbereich. Durch das JStG 2008 wurde gem § 34 I idFd JStG 2008 mit Wirkung zum VZ 2008[7] § 8b III S 4-8 eingefügt. 526

Einstweilen frei. 527

---

1 Gosch in Gosch § 8b Rn 279j.
2 Schmidt/Schwindt, NWB Fach 4, 5223, 5229; Dötsch/Pung in D/J/P/W § 8b Rn 140; Binnewies in Streck § 8b Rn 89.
3 BTDrs 16/6290, 74.
4 AA offenbar aufgrund des umfassenden Verweises auf § 8b III S 3 Gosch in Gosch § 8b Rn 279j.
5 AA Grotherr, IWB, Gruppe 1 Fach 3, 2271, 2281.
6 Dötsch/Pung in D/J/P/W § 8b Rn 139; Schmidt/Schwindt, NWB Fach 4, 5223, 5229; Gröbl/Adrian in Erle/Sauter § 8b Rn 196.
7 BFH I R 52/08, BStBl II 2009, 674.

VIII. Einschränkung der Steuerbefreiung bei vorangegangenen Einbringungen (§ 8b IV aF).

528 **1. Allgemeines. Regelungszweck.** In § 8b IV aF wird die Steuerbefreiung von Veräußerungsgewinnen gem § 8b II unter bestimmten Voraussetzungen eingeschränkt. Hierdurch soll der steuerfreie (mittelbare) Verkauf von Betrieben, Teilbetrieben, Mitunternehmeranteilen und Anteilen im Anschluss an eine Einbringung zum Buch- oder Zwischenwert in eine Kapitalgesellschaft durch eine Körperschaft verhindert werden (vgl im Einzelnen Rn 536 ff). Die Vorschrift hat damit den Charakter einer Norm zur Verhinderung von Missbräuchen, ohne dass die subjektive Missbrauchsabsicht Tatbestandsmerkmal ist (dh das Bestehen eines Missbrauchs wird bei Erfüllung der Tatbestandsvoraussetzungen gem § 8b IV aF vermutet).[1] Die Regelung wurde mit dem SEStEG durch § 22 UmwStG abgelöst.

529 **Regelungssystematik.** § 8b IV aF sieht eine an die Grenze zur Unverständlichkeit reichende und verfassungsrechtlich vor dem Hintergrund des Bestimmtheitsgrundsatzes bedenkliche[2] Ansammlung von Ausnahmen (dh Einschränkung der Steuerbefreiung nach § 8b II), Rückausnahmen (dh Ausnahmen von der Einschränkung bzw es bleibt bei der Steuerbefreiung nach § 8b II) und Rück-Rückausnahmen (dh Einschränkung der Steuerbefreiung nach § 8b II gilt wieder) vor:

1. Ausnahmen

- Sachliche Ausnahme (§ 8b IV S 1 Nr 1 aF): einbringungsgeborene Anteile iSd § 21 UmwStG aF oder

- Persönliche Ausnahme (§ 8b IV S 1 Nr 2 aF): Anteile, die über eine Mitunternehmerschaft zu einem Wert unter dem Teilwert von einem nicht von § 8b II begünstigten Steuerpflichtigen erworben wurden;

2. Rückausnahmen

- Zeitliche Rückausnahme (§ 8b IV S 2 Nr 1 aF): betroffenen Anteile werden sieben Jahre nach dem Einbringungszeitpunkt veräußert oder

- Sachliche Rückausnahme (§ 8b IV S 2 Nr 2 aF):
  1. Alt = betroffene Anteile beruhen auf einer Einbringung iSd § 20 I S 2 UmwStG aF oder § 23 IV UmwStG aF.
  2. Alt = betroffene Anteile dürfen nicht unmittelbar oder mittelbar auf einer Einbringung durch einen Nichtbegünstigten iSd § 8b II beruhen.

530 **Erfasste Veräußerungsgewinne.** § 8b IV aF stellt dem Wortlaut nach auf den gesamten § 8b II ab. Dementsprechend erfasst die Vorschrift sowohl Veräußerungsgewinne gem § 8b II S 1 als auch die diesen gleichgestellte Bezüge iSd § 8b II S 3.[3]

---

1 *Gröbl/Adrian* in Erle/Sauter § 8b Rn 197; *Dötsch/Pung* in D/J/P/W § 8b Rn 754.
2 FG Hamburg 3 K 212/06, EFG 2008, 1328 (vgl auch das Urteil in der Revisionsinstanz BFH I R 37/08, BFH/NV 2009, 1712).
3 *Gosch/Bauschatz* in Gosch § 8b Rn 299; *Frotscher* in Frotscher/Maas § 8b Rn 61b; *Dötsch/Pung* in D/J/P/W § 8b Rn 165; *Strahl*, KÖSDI 2003, 13578, 13582.

VIII. Einschränkung der Steuerbefreiung bei vorangegangenen Einbringungen

Nicht erfasste Bezüge. Dem ausdrücklichen Wortlaut nach tangiert § 8b IV aF nicht die Steuerbefreiung gem § 8b I.[1] Insoweit verbleibt eine Lücke, durch die ein Steuerpflichtiger Werte einer Gesellschaft entziehen und den § 8b IV aF unterlaufen konnte.[2] **531**

Doppel- und Mehrfachbesteuerung. Kritisch anzumerken ist, dass es aufgrund des § 8b IV aF zu einer echten Doppelbesteuerung bzw im Falle der Ketteneinbringung potentiell zu einer Mehrfachbesteuerung kommt, da neben den jeweiligen Anteilen auf Gesellschaftsebene die stillen Reserven des eingebrachten Betriebsvermögens ebenso der Besteuerung unterliegen.[3] **532**

Beweislast. Umstritten ist, wer die Beweislast für die (Nicht-)Anwendbarkeit des § 8b II trägt. Nach zutreffender Auffassung obliegt dem Finanzamt die Beweislast für die Anwendbarkeit der Ausnahmen gem § 8b IV S 1 Nr 1 und 2 aF.[4] Gelingt dem Finanzamt dieser Nachweis, hat der Steuerpflichtige das Vorliegen der Rückausnahmen bzw das Nichtvorliegen der Rück-Rückausnahmen gem § 8b IV S 2 Nr 1 und 2 aF zu beweisen. **533**

Einstweilen frei. **534-535**

2. Sachliche Ausnahme (§ 8b IV S 1 Nr 1 aF).

Bedeutung. Mittels § 8b IV S 1 Nr 1 aF soll verhindert werden, dass eine Körperschaft Betriebe, Teilbetriebe oder Mitunternehmeranteile steuerbegünstigt veräußert. Ohne die Vorschrift wäre es möglich gewesen, diese gem § 20 UmwStG aF zum Buchwert oder Zwischenwert gegen Ausgabe neuer Anteile auf eine Kapitalgesellschaft zu übertragen und die neu ausgegebenen Anteile nachfolgend durch § 8b II begünstigt zu veräußern. **536**

Einbringungsgeborene Anteile iSd § 21 UmwStG aF. Die sachliche Ausnahme von der Steuerbefreiung gem § 8b IV S 1 Nr 1 aF ist weit und erfasst zunächst alle einbringungsgeborenen Anteile iSd § 21 UmwStG. Lediglich mittels der Rückausnahme wird dieser weite sachliche Anwendungsbereich der Vorschrift wieder eingeschränkt (vgl Rn 572 ff). Einbringungsgeboren sind solche Anteile, die aufgrund folgender Vorgänge enstanden sind: **537**

- der Einbringung eines Betriebs, Teilbetriebs oder Mitunternehmeranteils in eine inländische Kapitalgesellschaft unter dem Teilwert gem § 20 I UmwStG aF;
- der grenzüberschreitenden Einbringung eines Betriebs oder Teilbetriebs von einer inländischen Kapitalgesellschaft in eine andere EU-Kapitalgesellschaft unter dem Teilwert gem § 23 I UmwStG aF;
- der grenzüberschreitenden Einbringung einer inländischen Betriebsstätte einer ausländischen beschränkt steuerpflichtigen EU-Kapitalgesellschaft in eine unbeschränkt oder beschränkt steuerpflichtige EU-Kapitalgesellschaft unter dem Teilwert gem § 23 II UmwStG aF;

---

1 *Dötsch/Pung* in D/J/P/W § 8b Rn 149; *Frotscher* in Frotscher/Maas § 8b Rn 61; *Kröner* in EY § 8b Rn 209.
2 *Romswinkel*, DB 2002, 1679, 1683; *Förster*, DB 2002, 1394, 1400. Zu weiteren Gestaltungsmöglichkeiten *Bogenschütz/Hierl*, DStR 2003, 1147 ff. Zur Anwendung des § 42 AO im Zusammenhang mit steuerlichen Umgehungsgestaltungen *Spindler*, DStR 2005, 1 ff und *Kröner* in EY § 8b Rn 209.
3 *Gröbl/Adrian* in Erle/Sauter § 8b Rn 205 ff; *Förster*, Stbg 2001, 657, 667; *Linklaters Oppenhoff & Rädler*, DB 2002, Beilage 1, 19.
4 *Gosch/Bauschatz* in Gosch § 8b Rn 303; *Binnewies* in Streck § 8b Rn 106. AA *Dötsch/Pung* in D/J/P/W § 8b Rn 151.

- der grenzüberschreitenden Einbringung einer ausländischen Betriebsstätte einer inländischen unbeschränkt steuerpflichtigen Kapitalgesellschaft iRe Einbringung eines Betriebs oder Teilbetriebs in eine unbeschränkt oder beschränkt steuerpflichtige EU-Kapitalgesellschaft unter dem Teilwert gem § 23 III UmwStG aF;
- der formwechselnden Umwandlung einer inländischen Personengesellschaft oder Partnerschaftsgesellschaft in eine Kapitalgesellschaft unter dem Teilwert gem § 25 UmwStG aF;
- der Einbringung von Anteilen in eine inländische Kapitalgesellschaft gem § 20 I S 2 UmwStG aF bzw in eine EU-Kapitalgesellschaft gem § 23 IV UmwStG aF unter dem Teilwert (wobei für diese Fälle die sachliche Rückausnahme gem § 8b IV S 2 Nr 2 aF greift, vgl Rn 572 ff).

538 **Keine einbringungsgeborenen Anteile bei verdeckten Einlagen.** Auch wenn die verdeckte Einlage von Wirtschaftsgütern in eine Kapitalgesellschaft gem § 6 VI S 2 EStG iVm § 6 I S 1 Nr 5 lit a EStG innerhalb von drei Jahren nach Anschaffung zum Buchwert möglich ist, konnten hierdurch in Ermangelung der Ausgabe neuer Anteile keine einbringungsgeborenen Anteile iSd § 21 UmwStG aF entstehen.[1] Die Veräußerung der bestehenden Anteile an der aufnehmenden Gesellschaft löste mithin auch nicht § 8b IV S 1 Nr 1 aF aus.

539 **Keine einbringungsgeborenen Anteile bei Betriebsverpachtung.** Soweit eine Gesellschaft, deren Anteile einbringungsgeboren iSd § 21 UmwStG aF sind, ihren Betrieb an eine Gesellschaft verpachtet, werden die Anteile an der den Betrieb übernehmenden Gesellschaft nicht einbringungsgeboren iSd § 21 UmwStG aF.[2] Die Veräußerung der bestehenden Anteile an der aufnehmenden Gesellschaft löste mithin auch nicht § 8b IV S 1 Nr 1 aF aus. Ferner löste auch die Veräußerung der Anteile an der den Betrieb übernehmenden Gesellschaft nicht § 8b IV S 1 Nr 1 aF aus.

540 **Zeitliche Reichweite – Erfassung einbringungsgeborener Alt-Anteile.** § 8b IV S 1 Nr 1 aF sieht keine Einschränkungen hinsichtlich des Zeitpunkts des Entstehens einbringungsgeborener Anteile vor. Damit umfasst die Vorschrift richtigerweise auch einbringungsgeborene Alt-Anteile, die bereits vor dem Halbeinkünfteverfahren aufgrund einer Einbringung unter dem Teilwert entstanden sind.[3]

541 **Antrag auf vorzeitige Besteuerung gem § 21 II UmwStG aF.** Anteile verlieren ihre Eigenschaft als einbringungsgeborene Anteile iSd § 21 UmwStG aF, soweit ein Antrag auf vorzeitige Besteuerung gem § 21 II UmwStG aF gestellt wird.[4] Soweit die Anteile daher nach Stellung eines solchen Antrags (auch innerhalb der Frist von sieben Jahren) veräußert werden, kommt es nicht zur Anwendung des § 8b IV S 1 Nr 1 aF.[5]

---

1 *Dötsch/Pung* in D/J/P/W § 8b Rn 167; *Eilers/Schmidt*, GmbHR 2003, 613, 626; *Gosch/Bauschatz* in Gosch § 8b Rn 334; *Gröbl/Adrian* in Erle/Sauter § 8b Rn 215; *Kröner* in EY § 8b Rn 172.
2 *Bogenschütz/Hierl*, DStR 2003, 1147, 1149 f; *Gosch/Bauschatz* in Gosch § 8b Rn 335.
3 BMF v 28.4.2003, BStBl I 2003, 292, Rn 42.
4 BMF v 28.4.2003, BStBl I 2003, 292, Rn 35; *Frotscher* in Frotscher/Maas § 8b Rn 65.
5 *Rödder/Schumacher*, DStR 2001, 1634; *Crezelius*, DB 2001, 221, 229; BMF v 28.4.2003, BStBl I 2003, 292, Rn 35; *Frotscher* in Frotscher/Maas § 8b Rn 65; *Gosch/Bauschatz* in Gosch § 8b Rn 329; *Kröner* in EY § 8b Rn 174.

VIII. Einschränkung der Steuerbefreiung bei vorangegangenen Einbringungen

Sacheinlage bei nicht verhältniswahrender Kapitalerhöhung. Falls einbringungsgeborene Anteile in eine Kapitalgesellschaft nicht verhältniswahrend zum Buchwert gem § 20 I S 2 UmwStG aF iRe Kapitalerhöhung eingebracht werden, führt dies zu einem „Überspringen" der Einbringungsgeborenheit auf die bisher bestehenden Anteile an der aufnehmenden Kapitalgesellschaft.[1]   542

Übertragung einbringungsgeborener Anteile. Anteile behalten ihre Einbringungsgeborenheit auch dann, wenn sie unentgeltlich im Wege der verdeckten Einlage (soweit nicht nach § 6 VI S 2 EStG der Teilwert anzusetzen ist), im Wege der Entnahme aus oder Einlage in (§ 21 IV UmwStG aF) ein Betriebsvermögen oder durch Einbringung gegen Ausgabe neuer Anteile gem § 20 I S 2 UmwStG aF auf eine Kapitalgesellschaft (§ 22 I UmwStG aF) übertragen wurden.[2]   543

Einstweilen frei.   544-545

3. Persönliche Ausnahme (§ 8b IV S 1 Nr 2 aF). Bedeutung. Mittels § 8b IV S 1 Nr 2 aF soll verhindert werden, dass eine nicht von § 8b begünstigte Person missbräuchlich den persönlichen Anwendungsbereich der Vorschrift umgeht. Ohne die Vorschrift wäre es möglich gewesen, Anteile von derartigen Personen gem § 20 I S 2 UmwStG zum Buchwert oder Zwischenwert gegen Ausgabe neuer Anteile auf eine Kapitalgesellschaft zu übertragen und die neu ausgegebenen Anteile nachfolgend durch § 8b begünstigt zu veräußern.   546

Betroffene Anteile. Auslösendes Moment für § 8b IV S 1 Nr 2 aF ist: 547

- der unmittelbare, mittelbare oder mittelbar über eine Mitunternehmerschaft
- vollzogene Erwerb von Anteilen unter dem Teilwert durch die Körperschaft
- von einer nicht gem § 8b II begünstigten Person.

Dennoch kann § 8b IV S 1 Nr 2 aF auch solche Anteile umfassen, die einbringungsgeboren iSd § 21 UmwStG aF sind; dh § 8b IV S 1 Nr 1 aF tritt neben § 8b IV S 1 Nr 2 aF und schließt diesen nicht aus.[3]

Erwerb. Der Wortlaut des § 8b IV S 1 Nr 2 aF sieht nicht ausdrücklich vor, auf welcher Grundlage der Erwerb der Anteile durch die Körperschaft vollzogen werden muss, so dass grundsätzlich entgeltliche und unentgeltliche Erwerbe von der Vorschrift erfasst werden können.[4] Ein „Erwerb" iSd § 8b IV S 1 Nr 2 aF setzt damit die Übertragung der Anteile von einer Person auf eine andere Person voraus. Dieser ist damit zB: 548

---

1 BMF v 28.4.2003, BStBl I 2003, 292, Rn 51; BFH I R 128/88, BStBl II 1992, 761; BFH I R 162/90, BStBl II 1992, 764; BFH I R 164/90, BFH/NV 1992, 778; BFH I R 160/90, BStBl II 1992, 763; BFH I R 34/07, BStBl II 2008, 533; *Herzig,* DB 2003, 1459, 1468; *Dötsch/Pung* in D/J/P/W § 8b Rn 160; *van Lishaut/Förster,* GmbHR 2000, 1121, 1127; *Gosch/Bauschatz* in Gosch § 8b Rn 327. AA *Eilers/Wienands,* GmbHR 2000, 1229, 1237; *Frotscher* in Frotscher/Maas § 8b Rn 64 und 66a.
2 *Dötsch/Pung* in D/J/P/W § 8b Rn 162; *Gosch/Bauschatz* in Gosch § 8b Rn 331; *Haritz,* DStR 2000, 1537, 1541.
3 *Dötsch/Pung* in D/J/P/W § 8b Rn 172; *Gröbl/Adrian* in Erle/Sauter § 8b Rn 227; *Kröner* in EY § 8b Rn 182; *Binnewies* in Streck § 8b Rn 117.
4 *Gosch/Bauschatz* in Gosch § 8b Rn 349; *Dötsch/Pung* in D/J/P/W § 8b Rn 169; *Gröbl/Adrian* in Erle/Sauter § 8b Rn 224; *Kröner* in EY § 8b Rn 181.

- bei der Übertragung gegen Ausgabe neuer Anteile auf eine gewerbliche Personengesellschaft (zB gem §§ 6 V, 16 III EStG) gegeben;[1]
- nicht in Bezug auf Einlagen in das Betriebsvermögen gem § 6 I Nr 5 EStG anzunehmen (zB aus dem Hoheitsbereich einer Körperschaft des öffentlichen Rechts in den BgA oder dem steuerbefreiten Bereich einer Körperschaft in den wirtschaftlichen Geschäftsbetrieb);[2]
- nicht bei der Anwachsung in Folge des Austritts des vermögensmäßig nicht beteiligten Gesellschafters gegeben[3]; soweit eine Anwachsung bei Austritt des vermögensmäßig beteiligten Gesellschafters vorliegt, kommt jedoch ein Erwerb in Folge einer verdeckten Einlage iHd vermögensmäßigen Beteiligung in Betracht (vgl Rn 550).[4]

549 **Erwerb unter dem Teilwert.** Weiterhin muss der Erwerb steuerbegünstigt unter dem Teilwert, dh entweder zum Buch- oder Zwischenwert, erfolgen.

550 **Unmittelbarer Erwerb durch eine Kapitalgesellschaft.** Folgende unmittelbare Erwerbsvorgänge von Anteilen durch eine Kapitalgesellschaft werden von § 8b IV S 1 Nr 2 aF insbesondere erfasst:

- Einbringung von mehrheitsvermittelnden Anteilen[5] in eine Kapitalgesellschaft gegen Gewährung neuer Anteile unter dem Teilwert gem §§ 20 I S 2, 23 IV UmwStG aF (im Wege der Gesamt- oder Einzelrechtsnachfolge);[6]
- Einbringung von Anteilen in eine Kapitalgesellschaft gegen Gewährung neuer Anteile iRd Einbringung eines Betriebs, Teilbetriebs oder Mitunternehmeranteils unter dem Teilwert gem § 20 I S 1 UmwStG aF;
- verdeckte Einlage von Anteilen aus dem Betriebsvermögen zum Buchwert gem § 6 VI S 2 EStG iVm § 6 I S 1 Nr 5 lit a EStG (Erwerb des eingelegten Wirtschaftsgutes innerhalb von drei Jahren nach Anschaffung) oder § 6 I S 1 Nr 5 lit b EStG (Anteile iSd § 17 EStG);[7] nicht jedoch verdeckte Einlagen zum Teilwert;
- Tausch von Anteilen zum Buchwert nach dem Tauschgutachten (bis zur Einfügung des § 6 VI EStG);[8]
- Einbringung von Anteilen bei Begründung einer Betriebsaufspaltung.[9]

---

1 Zur Entgeltlichkeit und Erwerb bei der Einbringung in eine Personengesellschaft gegen Ausgabe neuer Anteile BFH I R 77/06, BStBl II 2009, 464; BFH IV R 37/06, BFH/NV 2008, 854; BFH I R 35/05, BStBl II 2008, 253.
2 *Dötsch/Pung* in D/J/P/W § 8b Rn 171.
3 *Füger/Rieger*, FR 2003, 589, 593; *Eilers/Schmidt*, GmbHR 2003, 613, 629; *Kröner* in EY § 8b Rn 183.
4 *Dötsch/Pung* in D/J/P/W § 8b Rn 171.
5 Die Fiktion eines Teilbetriebs bei 100 % der Anteile für Zwecke des § 20 I S 1 UmwStG nach BMF v 25.3.1998, BStBl I 1998, 268, Tz 24.03 wurde hingegen vom BFH I R 77/06, BStBl II 2009, 464 verworfen.
6 *Dötsch/Pung* in D/J/P/W § 8b Rn 172; *Gosch/Bauschatz* in Gosch § 8b Rn 353; *Gröbl/Adrian* in Erle/Sauter § 8b Rn 227; *Binnewies* in Streck § 8b Rn 117.
7 BMF v 28.4.2003, BStBl I 2003, 292, Rn 39; *Füger/Rieger*, FR 2003, 589, 592; *Kröner* in EY § 8b Rn 182; *Dötsch/Pung* in D/J/P/W § 8b Rn 171; *Frotscher* in Frotscher/Maas § 8b Rn 69 und 70a.
8 BFH I D 1/57 S, BStBl III 1959, 30.
9 *Gosch/Bauschatz* in Gosch § 8b Rn 351; *Dötsch/Pung* in D/J/P/W § 8b Rn 172. Zum Buchwertansatz bei Begründung einer Betriebsaufspaltung nach alter Rechtslage BMF v 22.1.1985, BStBl I 1985, 97.

VIII. Einschränkung der Steuerbefreiung bei vorangegangenen Einbringungen

Mittelbarer Erwerb über eine Mitunternehmerschaft. Als mittelbare Erwerbsvorgänge iSd § 8b IV S 1 Nr 2 aF sind zunächst alle Erwerbe über eine Mitunternehmerschaft zu werten, dh insbesondere:

- Einbringung von 100 % der Anteile in eine Mitunternehmerschaft unter dem Teilwert gem § 24 UmwStG mit nachfolgender Einbringung der neu gewährten Mitunternehmer-Anteile in eine Kapitalgesellschaft gem § 20 I S 1 UmwStG;

- nicht die Einbringung von Anteilen in eine Mitunternehmerschaft zum Buchwert gem § 6 V S 3 ff EStG, da eine nachfolgende Übertragung der neu gewährten Mitunternehmer-Anteile auf eine Kapitalgesellschaft den Teilwertansatz gem § 6 V S 6 EStG zur Folge hat;

- nicht die Übertragung von Anteilen auf eine Mitunternehmerschaft als einzelne Wirtschaftsgüter zum Buchwert gem § 16 III S 2 ff EStG, da eine nachfolgende Übertragung der neu gewährten Mitunternehmer-Anteile auf eine Kapitalgesellschaft den Teilwertansatz gem § 16 III S 4 EStG zur Folge hat.

Mittelbarer Erwerb unter dem Teilwert über eine Kapitalgesellschaft. Ein mittelbarer Erwerb gem § 8b IV S 1 Nr 2 aF liegt weiterhin seit den Ergänzungen durch das Korb II-G ab dem VZ 2004 bei Ketteneinbringungen mehrheitsvermittelnder Beteiligungen gem §§ 20 I S 2, 23 IV UmwStG aF vor:

Beispiel

Die natürliche Person N bringt die nicht einbringungsgeborenen Anteile an der C-GmbH in die A-GmbH zum Buchwert gem § 20 I S 2 UmwStG aF ein. Die weiterhin nicht einbringungsgeborenen Anteile an der C-GmbH werden anschließend von der A-GmbH in die B-GmbH zum Buchwert gem § 20 I S 2 UmwStG aF eingebracht.

Der Verkauf der Anteile an der C-GmbH durch die B-GmbH unterfällt nicht § 8b IV S 1 Nr 1 aF. Es kommt lediglich ab dem VZ 2004 § 8b IV S 1 Nr 2 aF aufgrund eines mittelbaren Erwerbs unter dem Teilwert von einer nicht durch § 8b II begünstigten Person zur Anwendung.

Für davor liegende Veräußerungen scheidet entgegen der Verwaltungsauffassung[1] die Anwendung des § 8b IV S 1 Nr 2 aF in diesen Fällen aus (keine Klarstellung).[2]

Erwerb von einer natürlichen Person. Der Erwerb von einer natürlichen Person stellt den Grundfall des Erwerbs von einer nicht von § 8b II begünstigten Person dar.[3]

Erwerb von einer Person iSd § 8b VII, VIII. Ebenso wird vertreten, dass ein Erwerb von einer nicht von § 8b II begünstigten Person vorliegen soll, wenn der Übertragende unter § 8b VII, VIII fällt.[4] Allerdings muss gesehen werden, dass die diesen Vorschriften unterfallenden Körperschaften grundsätzlich durchaus persönlich geeignet sind, von § 8b II zu profitieren, der Anwendungsbereich lediglich

---

1 BMF v 28.4.2003, BStBl I 2003, 292, Rn 38 Beispiel 2.
2 *Gosch/Bauschatz* in Gosch § 8b Rn 358; *Watermeyer* in H/H/R § 8b Rn 102; *Kröner* in EY § 8b Rn 184. Unklar *Dötsch/Pung* in D/J/P/W § 8b Rn 175.
3 *Dötsch/Pung* in D/J/P/W § 8b Rn 170; *Gröbl/Adrian* in Erle/Sauter § 8b Rn 223; *Binnewies* in Streck § 8b Rn 116; BMF v 28.4.2003, BStBl I 2003, 292, Rn 38.
4 *Bindl*, DStR 2006, 1817, 1822.

sachlich eingeschränkt wird. Daher und nicht zuletzt auch vor dem Hintergrund des parallelen Problems in § 22 II S 1 UmwStG,[1] welcher eine „Klarstellung" iRd JStG 2009 erfahren hat, wonach es auf die tatsächliche fehlende Anwendbarkeit des § 8b II ankommt, sollte ein Erwerb von einer Körperschaften iSd § 8b VII, VIII nicht den § 8b IV S 1 Nr 2 aF auslösen.

555 **Erwerb von einer Organgesellschaft.** Nach zutreffender Auffassung stellt der Erwerb der Anteile von einer Organgesellschaft kein Erwerb von einer nicht von § 8b II begünstigten Person dar; denn § 15 S 1 Nr 2 und S 2 qualifiziert die Organgesellschaft nicht als eine nicht von § 8b II begünstigte Person, sondern schließt die Anwendung der Vorschrift nur bei der Ermittlung des Einkommens der Organgesellschaft aus.[2]

556 **Sacheinlage bei nicht verhältniswahrender Kapitalerhöhung.** Bei einer nicht verhältniswahrenden Kapitalerhöhung kommt es gleichfalls zu einem Übergang der Verhaftung gem § 8b IV S 1 Nr 2 aF (vgl entsprechend Rn 542).

557-558 *Einstweilen frei.*

559 **4. Zeitliche Rückausnahme (§ 8b IV S 2 Nr 1 aF). Bedeutung.** Die zeitliche Rückausnahme berücksichtigt, dass nach Ablauf einer bestimmten Zeit auch im Falle der Veräußerung von Anteilen nach einer zeitlich (lang davor) gelagerten Einbringung nicht von einem Missbrauch auszugehen ist. In § 8b IV S 2 Nr 1 aF ist diese maßgebliche Frist mit sieben Jahren festgelegt. Für Veräußerungen bzw diesen gleichgestellten Vorgängen iSd § 8b II S 3 außerhalb dieser Frist verbleibt folglich kein Raum für die Anwendung des § 42 AO.

560 **Anwendungsbereich.** § 8b IV S 2 Nr 1 aF gilt als Rückausnahme grundsätzlich sowohl für die sachliche Ausnahme gem § 8b IV S 1 Nr 1 aF als auch die persönliche Ausnahme gem § 8b IV S 1 Nr 2 aF.

561 **Siebenjahresfrist.** Die Frist in § 8b IV S 2 Nr 1 aF ist als reine Zeitfrist zu betrachten, die nach sieben Jahren bzw 84 Monaten (dh nicht mit einem Kalender- oder WJ) abläuft.

562 **Einbringung.** Die Sperrfrist des § 8b IV S 2 Nr 1 aF beginnt aufgrund der rückwirkenden Änderung durch das UntStFG mit dem Zeitpunkt der Einbringung der Anteile. Als Einbringung gelten hierbei nach zutreffender Auffassung sowohl Vorgänge iSd §§ 20 und 23 UmwStG aF als auch Übertragungen iSd § 6 V und § 16 III S 2 EStG.[3] Dh richtigerweise ist der Begriff weit auszulegen.

563 **Steuerlicher Übertragungsstichtag.** Bei Einbringungsvorgängen, für welche eine steuerliche Rückbeziehung gem § 20 VII und VIII UmwStG aF zur Anwendung kommt, ist mit der Verwaltungsauffassung und hM maßgeblicher Einbringungszeitpunkt für den Fristbeginn der steuerliche Übertragungsstichtag.[4] Die Gegenauf-

---

1 Hierzu *Schmitt* in Schmitt/Hörtnagl/Stratz § 22 UmwStG, Rn 115.
2 *Dötsch/Pung* in D/J/P/W § 8b Rn 205.
3 *Dötsch/Pung* in D/J/P/W § 8b Rn 179; *Gosch/Bauschatz* in Gosch § 8b Rn 380. AA *Rödder/Schumacher*, DStR 2001, 1634, 1640.
4 BMF v 28.4.2003, BStBl I 2003, 292, Rn 41; *Frotscher* in Frotscher/Maas § 8b Rn 73; *Watermeyer* in H/H/R § 8b Rn 106; *Dötsch/Pung* in D/J/P/W § 8b Rn 180 mwN.

VIII. Einschränkung der Steuerbefreiung bei vorangegangenen Einbringungen

fassung, welche den Zeitpunkt der zivilrechtlichen Wirksamkeit heranziehen will, da § 2 UmwStG keine Rückwirkung für den Anteilseigner nach dem Gesetzeswortlaut vorsieht,[1] überzeugt nicht. Denn für die iRd § 8b IV S 2 Nr 1 aF insbesondere maßgeblichen § 20 VII und VIII UmwStG aF ist eine steuerliche Rückbeziehung für den Einbringenden möglich.[2]

Ende der Sperrfrist. Die Sperrfrist des § 8b IV S 2 Nr 1 aF endet nach Ablauf von sieben Jahren; dh eine Veräußerung bzw ein dem gleichgestellter Vorgang muss nach und nicht mit Ablauf von sieben Jahren erfolgen.[3] Maßgebend ist hierbei nach allgemeinen Grundsätzen die Übertragung des wirtschaftlichen Eigentums. Im Falle der rückwirkenden Einbringung zum Teilwert ist wiederum der steuerliche Übertragungsstichtag maßgeblich.[4] 564

Ketteneinbringungen. Soweit die den § 8b IV S 1 Nr 1 aF betreffenden einbringungsgeborenen Anteile oder von § 8b IV S 1 Nr 2 aF erfassten Anteile erneut zum Buchwert eingebracht werden, wird hierdurch die Frist von sieben Jahren für diese Anteile weder ausgeschaltet noch verlängert, so dass die aufnehmende Gesellschaft bzw einbringende Gesellschaft diese nach Ablauf von sieben Jahren unschädlich veräußern kann.[5] *Dötsch/Pung* bzw die Verwaltung wollen allerdings bei einem Erwerb von einem nicht von § 8b II Begünstigten unzutreffend stets den Anlauf einer neuen Siebenjahresfrist annehmen.[6] Dies überzeugt nicht; es scheint allenfalls zulässig, den Beginn einer neuen Siebenjahresfrist anzunehmen, wenn durch nachfolgende Einbringung neue Anteile entstehen, die dem § 8b II entzogen sind und erst als „mittelbare Anteile" eigenständig dem § 8b IV S 1 Nr 2 aF unterfallen (dh nunmehr auch erfassten Ketteneinbringungen, vgl Rn 552). In diesem Fall beginnt eine zweite Siebenjahresfrist durch die weitere Einbringung zu laufen. 565

Nicht verhältniswahrende Kapitalerhöhung. Gleichfalls ist mit *Gosch/Bauschatz* die Verwaltungsauffassung und hM abzulehnen, wonach bei nicht verhältniswahrenden Kapitalerhöhungen und dem Überspringen der Einbringungsgeborenheit gem § 21 UmwStG aF iVm § 8b IV S 1 Nr 1 aF bzw der Verhaftung gem § 8b IV S 1 Nr 2 aF zum Zeitpunkt der Kapitalerhöhung eine neue Siebenjahresfrist beginnt.[7] Anders als bei den in Rn 565 erfassten Fällen der schädlichen Ketteneinbringungen kommt es nicht zu einer „neuen" Verhaftung, sondern es gehen lediglich aufgrund der Wertabspaltungstheorie die vorgenannten Qualifikationsmerkmale von Anteilen über. 566

Umwandlung der die Anteile haltenden Körperschaft. Im Falle der Umwandlung der Körperschaft, welche die § 8b IV S 1 Nr 1 und 2 aF unterfallenden Anteile hält, auf eine Körperschaft (§ 12 III UmwStG aF) oder Personengesellschaft (§ 4 II UmwStG aF) 567

---

1 *Gosch/Bauschatz* in Gosch § 8b Rn 377. AA BMF v 25.3.1998 (UmwSt-Erlass), BStBl I 1998, 543, Tz 20.20.
2 *Dötsch/Pung* in D/J/P/W § 8b Rn 180.
3 *Gosch/Bauschatz* in Gosch § 8b Rn 379.
4 *Reinhardt*, BB 2003, 1149, 1152; *Dötsch/Pung* in D/J/P/W § 8b Rn 180.
5 BMF v 28.4.2003, BStBl I 2003, 292, Rn 41; *Gosch/Bauschatz* in Gosch § 8b Rn 380.
6 BMF v 28.4.2003, BStBl I 2003, 292, Rn 41; *Dötsch/Pung* in D/J/P/W § 8b Rn 181.
7 *Gosch/Bauschatz* in Gosch § 8b Rn 380. AA BMF v 28.4.2003, BStBl I 2003, 292, Rn 41 und 51 f; *Dötsch/Pung* in D/J/P/W § 8b Rn 181; *Kröner* in EY § 8b Rn 195; *Eilers/Schmidt*, GmbHR 2003, 613, 630.

zum Buchwert nach den Vorschriften des UmwG beginnt nach zutreffender Verwaltungsauffassung keine neue Siebenjahresfrist bei der aufnehmenden Gesellschaft als Gesamtrechtsnachfolgerin.[1]

568   **Verschmelzung der verstrickten Kapitalgesellschaft.** Inweiweit bei Verschmelzung der Kapitalgesellschaften, an der die einbringungsgeborenen Anteile bestehen, zum Buchwert gem § 13 UmwStG die Einbringungsgeborenheit auf die neu ausgegebenen Anteile übergeht und die Siebenjahresfrist neu anläuft, ist umstritten.[2] Nach wohl zutreffender Auffassung beginnt keine neue Frist.

569   **Gesellschafterbezogene Betrachtung.** Mit der hM ist ausgehend vom Sinn und Zweck des § 8b IV S 2 Nr 1 aF bei im Gesamthandsvermögen einer Mitunternehmerschaft befindlichen Anteilen die Behaltefrist gesellschafterbezogen zu berechnen.[3]

570-571   *Einstweilen frei.*

572   **5. Sachliche Rückausnahme (§ 8b IV S 2 Nr 2 aF). a) Bedeutung.** Aufgrund des weiten Anwendungsbereichs von § 8b IV S 1 Nr 1 und 2 aF war es notwendig, auch innerhalb der Siebenjahresfrist die Ausnahme von der Steuerbefreiung bei Veräußerungen einzuschränken. So soll § 8b IV S 2 Nr 2 aF verhindern, dass eine durch § 8b II begünstigte Körperschaft im Falle der Einbringung von Anteilen und des Erwerbs von einbringungsgeborenen Anteilen schlechter als im Fall der direkten Veräußerung gestellt wird.

573   **Anwendungsbereich.** § 8b IV S 2 Nr 2 aF gilt ebenso nach dem eindeutigen Wortlaut als Rückausnahme sowohl für die sachliche Ausnahme gem § 8b IV S 1 Nr 1 aF als auch die persönliche Ausnahme gem § 8b IV S 1 Nr 2 aF.[4]

574   **Regelungssystematik, negative Abgrenzung.** § 8b IV S 2 Nr 2 aF ist insofern unglücklich gefasst, als dass sein Wortlaut nicht positiv regelt, was unter die sachliche Rückausnahme fällt. Stattdessen grenzt die Vorschrift nur negativ ab, dass die Rückausnahme nicht greift, wenn:

1. die Anteile nicht unmittelbar oder mittelbar auf einer Einbringung iSd § 20 I S 1 oder § 23 I-III UmwStG aF (sog 1. Alt) und

2. auf einer Einbringung durch einen nicht von § 8b II begünstigten Steuerpflichtigen beruhen (sog 2. Alt).

Mit dem Korb II-G wurde klarstellend das „oder" durch ein „und" ergänzt. Letztlich wird damit zum Ausdruck gebracht, dass sowohl die 1. Alt als auch die 2. Alt nicht erfüllt sein darf, damit die Rückausnahme greift.[5]

---

1   BMF v 28.4.2003, BStBl I 2003, 292, Rn 45.
2   Dafür zB *Gosch/Bauschatz* in Gosch § 8b Rn 384; dagegen *Gröbl/Adrian* in Erle Sauter § 8b Rn 240 sowie möglicherweise BMF v 11.11.2011, BStBl 2011, 1314, Rn Org 00.02.
3   *Eilers/Schmidt* GmbHR 2003, 613, 630; *Dötsch/Pung* in D/J/P/W § 8b Rn 188; *Gosch/Bauschatz* in Gosch § 8b Rn 385.
4   *Gosch/Bauschatz* in Gosch § 8b Rn 434; *Dötsch/Pung* in D/J/P/W § 8b Rn 294. AA wohl *Widmann* in W/M § 20 UmwStG (StSenkG/UntStFG) Grüne Blätter Rn 20.2; *Haun/Winkler*, GmbHR 2002, 192, 197, die wohl bezogen auf die Bargründung durch einen nicht von § 8b II Begünstigten die 2. Alt des § 8b IV S 2 Nr 2 aF nicht anwenden wollen.
5   *Dötsch/Pung* in D/J/P/W § 8b Rn 192.

VIII. Einschränkung der Steuerbefreiung bei vorangegangenen Einbringungen

Einstweilen frei. **575-576**

b) Einbringung iSd § 20 I S 2 und § 23 IV UmwStG aF (1. Alt). § 8b IV S 2 Nr 2 aF **577** setzt voraus, dass die Einbringung nicht unmittelbar oder mittelbar auf einer Einbringung iSd § 20 I S 1 oder § 23 I-III UmwStG aF beruht. Positiv formuliert erfordert die 1. Alt, dass Anteile von der sachlichen Rückausnahme erfasst werden, die:

- auf einer Anteilseinbringung iSd § 20 I S 2 UmwStG aF oder
- auf einer grenzüberschreitenden Anteilseinbringung gem § 23 IV UmwStG aF beruhen. Im Falle der mittelbaren Einbringung ist entscheidend, dass alle mittelbar veräußerten Anteile jeweils auf einer solchen Anteilseinbringung beruhen, damit die Rückausnahme des § 8b IV S 2 Nr 2 aF greifen kann. Dh eine Einbringung iSd § 20 I S 1 UmwStG aF ist grundsätzlich schädlich (zur Ausnahme vgl sogleich Rn 578). Weiterhin kann nach der Neufassung auch der steuerneutrale Erwerb nach dem Tauschgutachten[1] sowie die Gewährung von Anteilen iRd steuerneutralen Begründung einer Betriebsaufspaltung unter § 8b IV S 2 Nr 2 aF fallen.[2]

Wertansatz des eingebrachten Vermögens. Dem reinen Wortlaut des § 8b IV **578** S 2 Nr 2 aF nach ist unerheblich, ob die Einbringung zu Buch-, Zwischen- oder Teilwerten erfolgt. Damit wären auch solche Anteilsveräußerungen von der Rückausnahme gem § 8b IV S 2 Nr 2 aF ausgeschlossen, die auf einer Einbringung zum Teilwert gem § 20 I S 1 UmwStG aF beruhen.[3] Richtigerweise ist in diesem Fall eine teleologische Reduktion geboten, so dass die Rückausnahme gem § 8b IV S 2 Nr 2 aF hier grundsätzlich anwendbar sein sollte.[4]

Einbringung von Anteilen des Betriebsvermögens gem § 20 I S 1 UmwStG aF. **579** Aus der geänderten Formulierung des § 8b IV S 2 Nr 2 aF durch das UntStFG folgt ebenfalls, dass die Rückausnahme für Anteile gilt, die auf einer Einbringung von Betriebsvermögen nach § 20 I S 1 oder § 23 I-III UmwStG aF beruhen, solange das eingebrachte Betriebsvermögen Anteile umfasst, die selbst nur auf Anteilseinbringungen iSd § 20 I S 2 oder § 23 IV UmwStG aF beruhen. Dh die veräußerten Anteile dürfen nicht auf einer Einbringung von Betriebsvermögen beruhen, welches Anteile umfasste, welche aufgrund einer Einbringung iSd § 20 I S 1 oder § 23 I-III UmwStG aF entstanden sind.[5] Nach der Verwaltungsauffassung bestehen jedoch zudem die kumulativ in der Praxis zivilrechtlich schwer zu erfüllenden Anforderungen, dass:[6]

1. die im Betriebsvermögen befindliche Beteiligung mehrheitsvermittelnd ist,
2. die im Betriebsvermögen befindliche Beteiligung nicht wesentliche Betriebsgrundlage des eingebrachten Betriebsvermögens ist,

---

[1] BFH I D 1/57 S, BStBl III 1959, 30.
[2] *Gosch/Bauschatz* in Gosch § 8b Rn 406; *Dötsch/Pung* in D/J/P/W § 8b Rn 198.
[3] *Widmann* in W/M § 20 UmwStG (StSenkG/UntStFG) Grüne Blätter Rn 13.6.
[4] *Dötsch/Pung* in D/J/P/W § 8b Rn 202.
[5] BMF v 5.1.2004, BStBl I 2004, 44 ff; *Gosch/Bauschatz* in Gosch § 8b Rn 403.
[6] BMF v 5.1.2004, BStBl I 2004, 44 ff.

3. die als Gegenleistung gewährten Anteile genau identifizierbar sind (zB anhand der Bezeichnung der Relation der auf die Einbringungsgegenstände entfallenden Werte im Einbringungsvertrag),[1]
4. das Verhältnis des Nennwerts dieser Anteile zum Nennwert der insgesamt gewährten Anteile dem Verhältnis des Verkehrswerts der übertragenen Anteile zum Verkehrwert des insgesamt übertragenen Betriebsvermögens entspricht (Verkehrswerte waren zum steuerlichen Übertragungsstichtag zu ermitteln).

Das unter 2. genannte Erfordernis ist abzulehnen. So könnte dies allenfalls iRd Einbringungsvorgangs des (Teil-)Betriebs vor dem Hintergrund Bedeutung haben, dass alle wesentlichen Betriebsgrundlagen einzubringen sind.[2] IRd Auslegung des § 8b IV S 2 Nr 2 aF besteht für diese Anforderung keine Rechtsgrundlage,[3] so dass es auch nicht entscheidend ist, inwieweit eine quantitative oder funktionale Betrachtungsweise hier durchgreift.[4] Die genannten Grundsätze gelten gleichermaßen für Formwechsel gem § 25 UmwStG aF.[5]

580-581 *Einstweilen frei.*

582 **c) Einbringung durch eine gem § 8b II begünstigte Person (2. Alt).** Nach der Neufassung durch das UntStFG ist zur Anwendung der Rückausnahme weiterhin erforderlich, dass eine von § 8b II begünstigte Person die Einbringung vollzieht (zu den begünstigten Personen im Einzelnen vgl Rn 8 ff).

583 **Unmittelbar oder mittelbar Einbringender.** Weiterhin regelt § 8b IV S 2 Nr 2 aF nicht deutlich, inwieweit sich die Wörter „nicht unmittelbar oder mittelbar" ebenso auf den Einbringenden nach der 2. Alt bezieht. Nach *Gosch/Bauschatz* sollen auch mittelbar Einbringende das Erfordernis erfüllen, um Gestaltungen zu vermeiden.[6] Allerdings ist nicht ersichtlich, welche Gestaltungen dies sein könnten bzw scheint hier bereits der weite Anwendungsbereich der 1. Alt zur Verhinderung von Gestaltungen auszureichen. Tatsächlich sollte das Erfordernis nur auf den unmittelbar Einbringenden bezogen werden, da ansonsten Abgrenzungsschwierigkeiten folgen:

Beispiel

Die natürliche Person N hält die Anteile an der A-GmbH, die wiederum Anteile (nicht einbringungsgeborene) an der C-GmbH hält. Die A-GmbH (unterfällt nicht § 8b VII, VIII) bringt die Anteile an der C-GmbH gem § 20 I S 2 UmwStG aF zum Buchwert in die B-GmbH ein.

---

1 Weiterführend *Rogall*, WPg 2005, 152, 160; *Füger/Rieger*, BB 2005, 517, 519 f; *Patt*, FR 2004, 561, 568 f; *Haritz/Wisniewski* GmbHR 2004, 266, 268; *Schumacher* DStR 2004, 589, 592. Falls die Anteile auf einer bis zum 31.1.2004 erfolgten Einbringung beruhten, wurde von der Verwaltung aus Billigkeitsgründen auch eine quotale Betrachtung angewendet.
2 BMF v 25.3.1998, BStBl I 1998, 268, Tz 20.08.
3 *Füger/Rieger*, BB 2005, 517, 519; *Gosch/Bauschatz* in Gosch § 8b Rn 405.
4 In diesem Fall sei die funktionale Betrachtungsweise maßgebend vgl *Rödder/Schumacher*, DStR 2004, 589, 593; *Patt*, FR 2004, 561, 568. Zu Gestaltungen, welche diese Unsicherheiten verhindern sollen *Haritz*, DStR 2000, 1537, 1540; *Behrens/Schmitt*, FR 2002, 549, 557 mwN; *Haun/Winkler*, GmbHR 2002, 192, 198; *Reinhardt*, BB 2003, 1148, 1152; *Eilers/Teske*, DStR 2003, 1195, 1197.
5 BMF v 5.1.2004, BStBl I 2004, 44 ff.
6 *Gosch/Bauschatz* in Gosch § 8b Rn 433.

VIII. Einschränkung der Steuerbefreiung bei vorangegangenen Einbringungen

Soweit man auf den mittelbar Einbringenden abstellt, könnte die Rückausnahme gem § 8b IV S 2 Nr 2 aF greifen, da als solche die natürliche Person qualifiziert. Zur Vermeidung dieses sinnwidrigen Ergebnisses ist nur der unmittelbar Einbringende (die A-GmbH) als maßgeblich anzusehen.

Wertansatz. Dem reinen Wortlaut nach ist erneut unerheblich, ob die Einbringung zu Buch-, Zwischen- oder Teilwerten erfolgt. Damit wären auch solche Anteilsveräußerungen von der Rückausnahme gem § 8b IV S 2 Nr 2 aF ausgeschlossen, die von einem nicht von § 8b II Begünstigten gem § 20 I S 2 UmwStG aF zum Teilwert vollzogen werden. Richtigerweise ist auch hier eine teleologische Reduktion geboten, so dass die Rückausnahme gem § 8b IV S 2 Nr 2 aF grundsätzlich anwendbar sein sollte.[1] 584

Einstweilen frei. 585-586

6. Rechtsfolgen. Grundsatz: Ausnahme von der Steuerbefreiung. Als Rechtsfolge kommt es im Falle der Anwendung der Ausnahmen in § 8b IV S 1 Nr 1 und 2 aF zu einem Ausschluss der Steuerbefreiung gem § 8b II S 1 und 3. Der Veräußerungsgewinn und die Bezüge sind demnach voll steuerpflichtig. 587

Rückausnahme: Steuerbefreiung. Soweit zwar § 8b IV S 2 Nr 1 und 2 aF einschlägig aber ebenso die zeitliche oder sachliche Rückausnahme gem § 8b IV S 2 Nr 1 bzw 2 aF erfüllt sind, kommt es abweichend zu einer Anwendung der Steuerbefreiung des Veräußerungsgewinns bzw der gleichgestellten Bezüge gem § 8b II S 1 und 3. 588

Umfang. Die Rechtsfolgen des § 8b IV aF greifen dem Gesetzeswortlaut nach nur „soweit" schädliche Anteile veräußert werden. Falls sowohl Anteile iSd § 8b IV aF als auch gewöhnliche Anteile iSd § 8b II existieren, kann der Steuerpflichtige somit iRd bestehenden Wahlrechts der gegenständlichen Bezeichnung der zu veräußernden Anteile, die Rechtsfolgen des § 8b IV aF verhindern. Eine vorrangige Verwendung der schädlichen Anteile iSd § 8b IV aF ist nämlich gesetzlich nicht geregelt. Fehlt es an einer ausdrücklichen Bestimmung der zu veräußernden Anteile, kommt eine wertmäßig anteilige Verwendung in Betracht. Nach zutreffender Ansicht erfolgt die Aufteilung hierbei entsprechend des Buchwertes der Wirtschaftsgüter bzw der Anteile.[2] 589

Vorangegangene nicht steuerwirksame Teilwertabschreibungen. Da vorherige Teilwertabschreibungen auf Anteile iSd § 8b IV aF steuerlich gem § 8b III S 3 nicht wirksam sind (hierzu vgl Rn 433), käme es im Falle der vollen Besteuerung eines Veräußerungsgewinns zu Verwerfungen.[3] Daher ist mit der Auslegung der Finanzverwaltung der steuerpflichtige Veräußerungsgewinn um die steuerlich nicht berücksichtigte Teilwertabschreibung aus Billigkeitsgründen zu mindern.[4] 590

---

1 *Dötsch/Pung* in D/J/P/W § 8b Rn 204.
2 *Gosch/Bauschatz* in Gosch § 8b Rn 418. AA für die Aufteilung nach dem Teilwert *Dötsch/Pung* in D/J/P/W § 8b Rn 199.
3 *Köster*, FR 2000, 1263, 1267.
4 BMF v 28.4.2003, BStBl I 2003, 292, Rn 46. AA *Gosch* in Gosch § 8b Rn 216.

591 **Wertaufholungsgewinne.** Dem reinen Gesetzeswortlaut des § 8b IV nach sind Wertaufholungen gem § 8b II S 3 bei Anteilen, die § 8b IV S 1 Nr 1 und 2 aF unterfallen, als Zuschreibungsgewinne steuerlich zu erfassen.[1] Dieses ist sinnwidrig, da in diesem Fall die Wertaufholung steuerpflichtig wäre, obgleich die vorherige Teilwertabschreibung gem § 8b III S 3 steuerlich nicht wirksam ist (hierzu vgl Rn 433).[2] Daher lässt die Finanzverwaltung zu, dass derartige Wertaufholungsgewinne um steuerlich nicht gewinnmindernd berücksichtigte Teilwertabschreibung zu korrigieren sind.[3]

592 **Veräußerungsverlust.** Ein Veräußerungsverlust wird selbst im Falle der Erfüllung der § 8b IV S 1 Nr 1 und 2 aF nach Verwaltungsauffassung nicht mindernd berücksichtigt, da dieser unter § 8b III S 3 fallen soll.[4] Diese Auslegung führt augenscheinlich zu inkonsistenten Ergebnissen. Das spricht dafür, einen derartigen Veräußerungsverlust als abziehbar zu behandeln (vgl Rn 419). Da § 8b IV aF die Anwendbarkeit des § 8b II vollständig ausschließt, könnte somit (während der Siebenjahresfrist) davon ausgegangen werden, dass keine für die Anwendung der § 8b III S 3 ff erforderlichen Anteile iSd § 8b II gegeben sind.[5]

593-594 *Einstweilen frei.*

595 **7. Sonderregelung für Entflechtung von Energieversorgungsunternehmen. Hintergrund.** Bis zum 1.7.2004 musste aufgrund von EU-RL zur Beschleunigung der Liberalisierung des Elektrizitäts- bzw Gasbinnenmarkts[6] eine rechtliche und organisatorische Entflechtung von Erdgasnetzbetreibern durch die Mitgliedstaaten umgesetzt werden. Ziel war es, die Netzbetreiber von den anderen Bereichen der über- und nachgeordneten Energieversorgungsunternehmen unabhängig zu machen.

596 **Nichtanwendung von § 8b IV aF.** Nach § 6 II S 4 EnWG findet § 8b IV aF auf Maßnahmen gem § 6 II S 1 EnWG keine Anwendung, wenn diese bis zum 31.12.2007 (für Unternehmen iSd § 7 I und II EnWG) bzw 31.12.2008 (für Unternehmen iSd § 7 III EnWG) ergriffen wurden.

597 **Vergangenheitsbezogene Betrachtung.** Nach *Dötsch/Pung* soll § 6 II S 4 EnWG iRd vergangenheitsbezogenen Betrachtung nur die Entflechtungsmaßnahme selbst, jedoch nicht die Veräußerung aufgrund von Entflechtungsmaßnahmen entstandenen Anteilen dem § 8b IV aF entziehen.[7]

598-599 *Einstweilen frei.*

---

1 *Dötsch/Pung* in D/J/P/W § 8b Rn 87; *Binnewies* in Streck § 8b Rn 70; *Gröbl/Adrian* in Erle/Sauter § 8b Rn 135.
2 *Köster*, FR 2000, 1263, 1267.
3 BMF v 28.4.2003, BStBl I 2003, 292, Rn 18. AA *Gosch* in Gosch § 8b Rn 216.
4 BMF v 28.4.2003, BStBl I 2003, 292, Rn 33; *Dötsch/Pung* in D/J/P/W § 8b Rn 166; *Jakobs/Wittmann*, GmbHR 2000, 910, 914; *Füger/Rieger*, FR 2003, 589, 592. AA *Schild/Eisele*, DStZ 2003, 443, 450, nach denen § 8b II anwendbar sei und daher Veräußerungsverluste abziehbar seien.
5 *Rödder/Schumacher*, DStR 2000, 1453, 1556; *Haritz*, DStR 2000, 1537, 1544; *Eilers/Schmidt*, GmbHR 2003, 613, 624 f; *Knebel/Seltenreich*, Stbg 2003, 259, 262.
6 RL 2003/54/EG v 26.6.2003 (ABl EG L 176/37 v 15.7.2003, 37); RL 2003/55/EG v 26.6.2003 (ABl EG L 176/57 v 15.7.2003, 57).
7 *Dötsch/Pung* in D/J/P/W § 8b Rn 211. AA *Hummeltenberg/Behrendt/Schlereth*, BB 2006, 241; *Behrendt/Schlereth*, BB 2006, 2050, 2053.

IX. Pauschales Abzugsverbot für Betriebsausgaben bei Dividenden

8. Übergangszeitraum. Einbringungen bis zum 12.12.2006. § 8b IV aF ist gem **600**
§ 34 VIIa für einbringungsgeborene Anteile iSd § 21 UmwStG aF iVm § 8b IV S 1
Nr 1 aF sowie für Anteile iSd § 8b IV S 1 Nr 2 aF, die auf einer Übertragung bis zum
12.12.2006 beruhen, weiter anzuwenden. Für diese Anteile kann ab diesem Zeitpunkt
bis zum Ablauf der Siebenjahresfrist gem § 8b IV S 2 Nr 1 aF ein Veräußerungsgewinn
weiterhin steuerpflichtig sein. Im Falle der Anwendung des § 8b IV aF ist der Anwendungsbereich der §§ 22, 24 V UmwStG gem § 27 IV UmwStG ausgeschlossen.

Keine neue Siebenjahresfrist bei Einbringungen nach dem 12.12.2006. Alle Einbringungen nach dem 12.12.2006 (hierzu § 27 I) unterfallen nicht mehr dem § 8b **601**
IV aF, sondern nunmehr den neuen §§ 22, 24 V UmwStG. Dementsprechend lösen
diese Einbringungen keine neue Siebenjahresfrist iSd § 8b IV S 2 Nr 1 aF aus.

Einbringung von einbringungsgeborenen Anteile iSd § 21 UmwStG aF nach **602**
dem 12.12.2006 innerhalb der Siebenjahresfrist. Im Falle der Einbringung bzw des
Anteilstausches von einbringungsgeborenen Anteilen iSd § 21 UmwStG aF nach dem
12.12.2006 gem §§ 20, 21 UmwStG nF gelten die vom Anteilseigner erhaltenen Anteile
ebenso als Anteile iSd § 21 UmwStG aF (§ 20 III S 4, § 21 II S 6 UmwStG nF). Insoweit
ist § 8b IV S 1 Nr 1 aF innerhalb der Siebenjahresfrist weiter anwendbar und neben
§ 22 UmwStG nF grundsätzlich beachtlich sowie gem § 27 IV UmwStG vorrangig anwendbar.[1] Inwieweit die eingebrachten Anteile ihre Eigenschaft der Einbringungsgeborenheit iSd § 21 UmwStG aF gem § 23 I UmwStG verlieren, ist umstritten.[2]

Einbringung von Anteilen iSd § 8b IV S 1 Nr 2 aF nach dem 12.12.2006 inner- **603**
halb der Siebenjahresfrist. Soweit Anteile iSd § 8b IV S 1 Nr 2 aF nach § 21 UmwStG
nF iRe Anteilstausches eingebracht werden, geht die Steuerverhaftung iSd § 8b IV aF
aufgrund der Veräußerungs- und Anschaffungsfiktion des § 21 II S 1 UmwStG nF
beim Überführenden hingegen unter; es fehlt an einer § 21 II S 6 UmwStG nF vergleichbaren Vorschrift.[3] Bei der aufnehmenden Kapitalgesellschaft scheidet ein Weiterlaufen der Frist gem § 8b IV S 1 Nr 2 aF aus, da § 23 I UmwStG nF nicht anwendbar
ist.[4] § 8b IV S 1 Nr 2 aF ist nach einem derartigen Anteilstausch daher grundsätzlich
nicht mehr anwendbar. Allerdings kommt in diesem Fall eine Anwendung des § 22 II
UmwStG in Betracht, da aufgrund des § 8b IV S 1 Nr 2 aF der Einbringende (aufgrund
der noch laufenden Siebenjahresfrist) im Falle der Veräußerung nicht von § 8b II begünstig wäre.

Einstweilen frei. **604-605**

IX. Pauschales Abzugsverbot für Betriebsausgaben bei Dividenden (§ 8b V S 1). **606**
1. Allgemeines. Zweck. § 8b V fußt auf dem in § 3c EStG enthaltenen Grundsatz,
dass Betriebsausgaben, die in unmittelbarem wirtschaftlichen Zusammenhang mit
steuerfreien Einnahmen stehen, nicht abzugsfähig sind.[5] Die Bestimmung, wann ein

---

1 *Dötsch/Pung* in D/J/P/W § 8b Rn 144; *Schmitt* in Schmitt/Hörtnagl/Stratz § 27 UmwStG Rn 25; *Rabback* in Rödder/Herlinghaus/van Lishaut § 27 UmwStG Rn 246.
2 *Menner* in Haritz/Menner § 20 UmwStG Rn 531; sowie *Nitzschke* in Blümich § 20 UmwStG Rn 99.
3 *Dötsch/Pung* in D/J/P/W § 8b Rn 147.
4 *Dötsch/Pung* in D/J/P/W § 23 UmwStG Rn 25 ff.
5 Zur Kritik *Schön*, FR 2001, 381, 385.

unmittelbarer wirtschaftlicher Zusammenhang vorliegt, ist nicht immer leicht zu vollziehen. In Bezug auf steuerfreie Bezüge iSd § 8b I stellt sich dieses Problem jedoch nicht mehr, da § 8b V S 1 nichtabzugsfähige Betriebsausgaben iRe vereinfachenden Pauschalierung fingiert.

607 **Entwicklung.** § 8b VII aF als Vorgängerregelung wurde mit dem StEntlG 1999/2000/2002 v 24.3.1999[1] zunächst mit der Fiktion nichtabzugsfähiger Betriebsausgaben iHv 15 % dann jedoch durch das StBereinG 1999 v 22.12.1999[2] iHv 5 % für ausländische Dividenden ab dem VZ 1999 eingeführt. Mit dem Korb II-G wurde ab dem VZ 2004 aufgrund der gemeinschaftsrechtlichen Bedenken die Fiktion nichtabzugsfähiger Betriebsausgaben auch für innerstaatliche Dividenden eingeführt.

608 **Kaskadeneffekt.** Die Fiktion nichtabzugsfähiger Betriebsausgaben greift grundsätzlich bei mehrstufigen Konzernen auf jeder Stufe, was zu einem Kaskadeneffekt führen kann.[3] Zur Vermeidung dieses hinzunehmenden Effekts ist entweder die Beteiligungskette zu verkürzen oder eine Organschaft zu schließen.[4]

609 **Vereinbarkeit mit Verfassungsrecht.** Vgl zur Vereinbarkeit mit Verfassungsrecht im Einzelnen Rn 109 f.

610 **Vereinbarkeit mit EU- und Abkommensrecht.** Vgl zur Vereinbarkeit mit EU- und Abkommensrecht im Einzelnen Rn 118 und 78.

611-612 *Einstweilen frei.*

613 **2. Sachlicher Anwendungsbereich. Bezüge.** Ursprünglich war § 8b V enger gefasst und stellte nur auf Dividenden ab. Mit dem UntStFG wurde § 8b V „klarstellend"[5] geändert, so dass jegliche Bezüge iSd § 8b I erfasst werden (dh Einkünfte iSd § 20 I Nr 1, 2, 9 und 10 lit a EStG sowie insbesondere vGA; zu der Aufzählung der erfassten Bezüge im Einzelnen vgl Rn 127 ff). Die Bestimmung der relevanten Bezüge richtet sich allein nach deutschem Recht.

614 **In- und ausländische Bezüge.** Bis zum VZ 2003 erfasste § 8b V S 1 nur ausländische Bezüge iSd § 8b I, wobei in Folge des Verstoßes gegen Gemeinschaftsrecht die Regelung sowohl im Verhältnis zu EU-/EWR-Staaten als auch Drittstaaten unanwendbar bleibt. Ab dem VZ 2004 ist die Regelung hingegen einheitlich für in- und ausländische Bezüge iSd § 8b I anwendbar (vgl Rn 607).

615 **Kein Ansatz bei der Ermittlung des Einkommens.** Weitere Voraussetzung für die Anwendung des § 8b V S 1 ist, dass die Bezüge iSd § 8b I bei der Ermittlung des Einkommens außer Ansatz bleiben. Hierbei ist fraglich, inwieweit auch andere Steuerbefreiungen nach anderen Vorschriften als § 8b I zur Erfüllung dieses Erfordernisses ausreichen. Nach hier vertretener Auffassung ist dies aufgrund der

---

1   BGBl I 1999, 402.
2   BGBl I 1999, 2601.
3   *Rödder/Schumacher*, DStR 2003, 1725, 1727; *Rogall* DB 2003, 2185 f; *Schiffers/Köster*, GmbHR 2003, 1301, 1303; *Kaminski/Strunk*, BB 2004, 689, 691.
4   *Frotscher* in Frotscher/Maas § 8b Rn 80; *Rogall*, DB 2003, 2185, 2186; *Gosch* in Gosch § 8b Rn 452.
5   Zum Verstoß gegen das Rückwirkungsverbot vgl *Schmidt/Hageböke*, IStR 2002, 150, 154 ff.

IX. Pauschales Abzugsverbot für Betriebsausgaben bei Dividenden

systematischen Stellung des § 8b V S 1 im KStG nicht der Fall.[1] Allerdings kann sich aus dem umfassenden Verweis auf den § 8b in einer anderen Vorschrift eine mittelbare Anwendung des § 8b V S 1 ergeben (vgl Rn 619).

Abkommensrechtliche Schachtelprivilegien. Auch wenn Bezüge iSd § 8b I einer Steuerbefreiung nach den abkommensrechtlichen Schachtelprivilegien unterliegen, schließt dies nicht die Anwendung des § 8b V S 1 aus (vgl im Einzelnen Rn 78).[2]

Organschaft. Da organschaftliche Gewinnabführungen keine Bezüge iSd § 8b I darstellen (vgl Rn 171), kommt für diese gleichfalls weder die Anwendung des § 3c EStG noch die Fiktion nichtabzugsfähiger Betriebsausgaben gem § 8b V S 1 in Betracht.[3] Die Organschaft stellt mithin das in der Praxis regelmäßig angewendete Mittel zur Verhinderung des mit § 8b V S 1 verbundenen Kaskadeneffekts dar. Für der Organgesellschaft zugeflossenen Dividenden findet § 8b V S 1 dementsprechend nur auf Ebene des Organträgers nach der Bruttomethode Anwendung (vgl Rn 179), soweit iRd zugerechneten Einkommens Bezüge iSd § 8b I enthalten sind (zur Frage der Anwendung iRd GewSt vgl § 15 Rn 165 ff).[4]

Bezüge aus dem steuerlichen Einlagekonto gem § 27. Bezüge, die aus dem steuerlichen Einlagekonto gem § 27 gespeist werden, unterfallen nicht § 8b V S 1, da diese nicht als Bezüge iSd § 8b I qualifizieren (vgl Rn 142).[5]

InvStG. Aufgrund des generellen Verweises in § 2 II InvStG auf § 8b inkl aller Absätze kommt auch § 8b V nach zutreffender Auffassung zur Anwendung, falls ausgeschüttete sowie ausschüttungsgleiche Erträge eines in- oder ausländischen Investmentvermögens Einkünfte iSd § 43 I S 1 und 2 EStG enthalten (vgl Rn 91).

Ausschüttung eines Hinzurechnungsbetrages (§ 3 Nr 41 EStG). Soweit Ausschüttungen einer ausländischen Zwischengesellschaft im WJ bzw Kalenderjahr oder innerhalb von sieben WJ bzw Kalenderjahren nach der Hinzurechnungsbesteuerung erfolgen, sind diese nach zutreffender Verwaltungsauffassung gem § 3 Nr 41 EStG steuerfrei (vgl Rn 84). Konsequent scheint dann jedoch, § 8b V S 1 aufgrund seiner systematischen Stellung nur bei einer Steuerfreistellung entgegen dem mittlerweile auf Bund-Länder-Ebene gefundenem Auslegungsergebnis[6] nach § 8b I nicht jedoch bei einer Steuerfreistellung nach § 3 Nr 41 EStG anzuwenden.[7] Somit verbleibt in diesen Fällen die Anwendung des § 3c EStG.[8]

616

617

618

619

620

---

1   Ebenso offenbar *Gosch* in Gosch § 8b Rn 474. AA *Dötsch/Pung* in D/J/P/W § 8b Rn 228.
2   *Frotscher* in Frotscher/Maas § 8b Rn 85a; *Dötsch/Pung* in D/J/P/W § 8b Rn 226; *Gosch* in Gosch § 8b Rn 483.
3   *Dötsch/Pung* in D/J/P/W § 8b Rn 227; *Gröbl/Adrian* in Erle/Sauter § 8b Rn 279; *Watermeyer* in H/H/R § 8b Rn 128; *Geißer* in Mössner/Seeger § 8b Rn 342.
4   *Frotscher* in Frotscher/Maas § 8b Rn 84; *Dötsch/Pung* in D/J/P/W § 8b Rn 227; *Gröbl/Adrian* in Erle/Sauter § 8b Rn 279.
5   Ebenso *Dötsch/Pung* in D/J/P/W § 8b Rn 229; *Frotscher* in Frotscher/Maas § 8b Rn 85.
6   OFD Niedersachsen v 11.4.2011, DStR 2011, 1274, 1276.
7   Ebenso *Grotherr*, IWB, Fach 3 Gruppe 1, 1883, 1898 f und *Gosch* in Gosch § 8b Rn 474 mit der zusätzlichen Begründung, dass die Ausschüttung der Gewinne vorab der Hinzurechnungsbesteuerung unterlegen haben, die fiktive steuerpflichtige Bezüge iSd § 20 I Nr 1 EStG auslöst. IdS auch *Gröbl/Adrian* in Erle/Sauter § 8b Rn 278. AA *Dötsch/Pung* in D/J/P/W § 8b Rn 228.
8   *Dötsch/Pung* in D/J/P/W § 8b Rn 228; aA *Schönfeld*, DStR 2006, 1216, 1219.

621-623 *Einstweilen frei.*

623 **3. Rechtsfolgen. Fiktion nichtabzugsfähiger Betriebsausgaben.** § 8b V S 1 fingiert unwiderlegbar das Bestehen nichtabzugsfähiger Betriebsausgaben bei der Ermittlung des Einkommens sowohl dem Grund als auch der Höhe nach. Auf das Bestehen eines tatsächlichen Zusammenhangs iSd § 3c EStG von Aufwendungen mit den Bezügen kommt es mithin nicht an.

624 **Bemessungsgrundlage.** Die Fiktion nichtabzugsfähiger Betriebsausgaben stellt als Bemessungsgrundlage auf die Bezüge ab, was iSe Bruttogröße (dh Einnahmen) zu verstehen ist (vgl Rn 128).

625 **GewSt.** Die Fiktion nichtabzugsfähiger Betriebsausgaben wirkt sich auf die GewSt aus, da die fiktiv nichtabzugsfähigen Betriebsausgaben gem § 7 S 1 GewStG Teil des Gewerbeertrags sind.[1] Dementsprechend sind vorbehaltlich der Anwendung von § 8 Nr 5 GewStG nur 5 % der Bezüge im Gewerbeertrag enthalten. Im Falle der Nichterfüllung der § 9 Nr 2a und Nr 7 GewStG sind die fiktiv nichtabzugsfähigen Betriebsausgaben dementsprechend gem § 8 Nr 5 Hs 4 GewStG nicht Teil der Hinzurechnung (dh es erfolgt maximal eine Hinzurechnung iHv 95 %). Eine Kürzung der fiktiv nichtabzugsfähigen Betriebsausgaben im Falle der Erfüllung der § 9 Nr 2a und Nr 7 GewStG scheidet jedoch gleichfalls aus, da diese Vorschriften nicht Betriebsausgaben (auch keine fiktiven) umfassen, wie sich auch klarstellend aus § 9 Nr 2a S 4 und Nr 7 S 3 GewStG mit Wirkung für frühere VZ ergibt.[2] Hieraus kann eine faktische Doppelbesteuerung entstehen, da mit den Bezügen im Zusammenhang stehende Betriebsausgaben § 8 Nr 1 GewStG unterfallen, ohne dass dieses die Anwendung des § 8b V S 1 iRd GewSt dem Gesetzeswortlaut nach ausschließt.[3] Es kommt allenfalls eine Kürzung der Entgelte iSd § 8 Nr 1 GewStG um die pauschalen Betriebsausgaben gem § 8b V S 1 in Betracht.[4] Zur Hinzurechnung und Kürzung ansonsten Rn 64.

626 **Anrechnung.** Bis dato wurde an anderer Stelle vertreten, dass auf die durch die nichtabzugsfähigen Betriebsausgaben gem § 8b V S 1 ausgelösten inländischen Steuern eine Anrechnung etwaiger ausländischer Quellensteuern möglich ist.[5] Soweit man die Fiktion nichtabzugsfähiger Betriebsausgaben trotz tatsächlich niedrigerer Aufwendungen für verfassungsrechtlich zulässig hält, wird an dieser Auffassung nicht mehr festgehalten.[6]

627-628 *Einstweilen frei.*

629 **4. Nichtanwendbarkeit des § 3c I EStG (§ 8b V S 2). Regelungsgehalt.** Mittels § 8b V S 2 wird bestimmt, dass im Falle der Fiktion nichtabzugsfähiger Betriebsausgaben § 3c I EStG keine Anwendung findet. Auch wenn nicht ausdrücklich im Gesetzeswortlaut geregelt, sind aufgrund der Gesetzessystematik hiervon alle dem § 8b V S 1

---

1   BFH I R 30/05, BFH/NV 2006, 1659. Sowie *Gosch* in Gosch § 8b Rn 515; *Dötsch/Pung* in D/J/P/W § 8b Rn 220; *Gröbl/Adrian* in Erle/Sauter § 8b Rn 284; *Herzig*, DB 2003, 1459, 1467.
2   BFH I R 53/06, BStBl II 2007, 585. AA *Starke*, FR 2005, 681, 683; *Wendt*, FR 2006, 521.
3   Zum Problem *Grotherr*, RIW 2006, 898, 912; *Grotherr*, BB 2001, 597, 602 f; *Gröbl/Adrian* in Erle/Sauter § 8b Rn 285. Eine Anwendung des § 8b V S 1 hierbei verneinend hingegen *Watermeyer* in H/H/R § 8b Rn 127.
4   Ebenso *Dötsch/Pung* in D/J/P/W § 8b Rn 220.
5   *Schnitger*, IStR 2003, 298, 303.
6   Analog BFH I R 30/05, BFH/NV 2006, 1659; BFH I R 53/06, BStBl II 2007, 585.

unterfallenden Bezüge erfasst. Die Vorschrift sollte auch dann greifen, wenn daneben ein abkommensrechtliches Schachtelprivileg anwendbar ist (vgl zur parallelen Anwendbarkeit Rn 77).

Rechtslage bis VZ 1998. Bis zum VZ 1998 stellte sich die Frage der Verdrängung des § 3c EStG durch den § 8b V nicht, da die Fiktion nichtabzugsfähiger Betriebsausgaben damals nicht existierte. 630

Rechtslage ab VZ 1999 bis 2000/2001. Ab VZ 1999 bis zum VZ 2000/2001 kam die oben beschriebene Verdrängung des § 3c EStG durch den § 8b V S 1 zum Tragen. Auch wenn § 8b VII idFd StBereinG in Folge eines Verstoßes gegen Art 49 AEUV sowie Art 63 AEUV (Art 43 sowie Art 56 EG) nicht anwendbar war, kam es gleichfalls bei grenzüberschreitenden Sachverhalten nicht zur Anwendung des § 3c EStG im Falle hoher Betriebsausgaben, da für innerstaatliche Sachverhalte der § 3c EStG aufgrund des § 8b V S 2 nicht anwendbar war.[1] 631

Rechtslage von VZ 2000/2001 bis 2003. Bis zum VZ 2003 galt ebenfalls die oben beschriebene Verdrängung des § 3c EStG durch den § 8b V S 1. Soweit die in unmittelbarem wirtschaftlichen Zusammenhang stehenden Betriebsausgaben größer als 5 % waren, kam eine Anwendung des § 3c EStG somit nicht in Betracht. Soweit hingegen ein Verstoß des § 8b V idFd StSenkG gegen Art 49 AEUV sowie Art 63 AEUV (Art 43 sowie Art 56 EG) vorliegt, da die in unmittelbarem wirtschaftlichen Zusammenhang stehenden Betriebsausgaben weniger als 5 % sind, kommt § 3c I EStG mangels Verdrängung zur Anwendung.[2] 632

Rechtslage vom VZ 2004. Entsprechend der Erweiterung des § 8b V S 1 (vgl Rn 607 und 614) gilt die Fiktion nichtabzugsfähiger Betriebsausgaben gem § 8b V S 2 ab dem VZ 2004 gleichermaßen für in- und ausländische Bezüge iSd § 8b I. In Folge greift die Begrenzung des Abzugs von Aufwendungen für dem § 8b V S 1 unterfallende Bezüge gem § 3c I EStG nicht und zwar losgelöst davon, ob die anfallenden Aufwendungen höher oder niedriger als die fingierten Aufwendungen iHv 5 % gem § 8b V S 1 sind. 633

Einstweilen frei. 634-635

**X. Zurechnung über eine Mitunternehmerschaft (§ 8b VI S 1). 1. Allgemeines. 636
Zweck.** Mitunternehmerschaften unterliegen zwar der GewSt, sind jedoch für Zwecke der KSt allenfalls Gewinnermittlungssubjekt ansonsten jedoch steuerlich „transparent". Daher scheint es nur konsequent, dass eine Körperschaft ebenso von den Vergünstigungen des § 8b profitiert, wenn sie dieser Vorschrift unterfallende Bezüge oder Gewinne über eine Mitunternehmerschaft bezieht. § 8b VI S 1 dient dazu, dieser transparenten Besteuerung von Mitunternehmerschaften Rechnung zu tragen und die Vergünstigungen des § 8b auch bei mittelbarem Bezug der Einkünfte zu gewähren.

Notwendigkeit. Inwieweit es des § 8b VI tatsächlich bedurfte, damit auch über Mitunternehmerschaften bezogene Einkünfte dem § 8b unterfallen, darf indessen bezweifelt werden. Stattdessen sollte aufgrund der allgemeinen Zurechnung der Einkünfte an die Mitunternehmer eine Anwendung der Vorschrift auf deren Ebene nach allgemeinen Prinzipien bereits geboten sein. 637

---

1 BMF v 30.9.2008, BStBl I 2008, 940.
2 BMF v 30.9.2008, BStBl I 2008, 940.

638-639	*Einstweilen frei.*
640	**2. Anwendungsbereich. Mitunternehmerschaft.** § 8b VI S 1 unterfallen solche Bezüge, die iRd Gewinnanteils aus einer Mitunternehmerschaft zugerechnet werden. Erfasst werden hierbei Mitunternehmerschaften mit Einkünften gem § 13 VII, § 15 I S 1 Nr 2 und 3, § 18 IV EStG.
641	**Inländische Personengesellschaft.** Im Einzelnen können folgende inländische Personengesellschaften als Mitunternehmerschaften qualifizieren[1]: OHG, KG, atypisch stille Gesellschaft und die GbR. Nach bisher hM fällt auch die KGaA (bezüglich des persönlich haftenden Gesellschafters) unter die Vorschrift.[2] Diese Auffassung ist jedoch angesichts der jüngeren Rechtsprechung des BFH fraglich, in der das Bestehen einer (für die Anwendung des § 8b VI S 1 erforderliche) Mitunternehmerschaft ausgeschlossen wird.[3] Allerdings sollte in diesem Fall die aufgrund des § 9 I Nr 1 iVm § 15 I Nr 3 EStG verbundene Zurechnung der Einkünfte an den Komplementär ausreichen, um die Anwendung der § 8b I und II direkt zu ermöglichen.[4]
642	**Ausländische Personengesellschaft.** Zudem können auch ausländische Gesellschaften dem § 8b VI S 1 unterfallen, wenn diese nach dem Rechtstypenvergleich mit der deutschen Personengesellschaft vergleichbar sind (auch wenn sie nach ausländischem Steuerrecht als Kapitalgesellschaft behandelt werden).
643	**Mehrstöckige Personengesellschaft.** Auch über mehrstöckige Personengesellschaften können Bezüge, Gewinne und Gewinnminderungen den Gesellschaftern zugerechnet werden. Dementsprechend kommt bei diesen auch § 8b VI S 1 zur Anwendung.[5]
644	**Gewerblich tätige und gewerblich geprägte Personengesellschaft.** Sowohl gewerblich tätige als auch gewerblich geprägte Personengesellschaften werden nach zutreffender hA von § 8b VI S 1 erfasst.[6]
645	**Vermögensverwaltende Personengesellschaft.** Auf eine vermögensverwaltende Personengesellschaft ist § 8b VI S 1 nach zutreffender Verwaltungsauffassung nicht anwendbar; stattdessen greift eine Zurechnung der Anteile an die Gesellschafter gem § 39 II Nr 2 AO nach der sog Bruchteilsbetrachtung mit der Folge der unmittelbaren Anwendung des § 8b.[7]

---

1 *Gosch* in Gosch § 8b Rn 521; *Watermeyer* in H/H/R § 8b Rn 142.
2 *Frotscher* in Frotscher/Maas § 8b Rn 101; *Dötsch/Pung* in D/J/P/W § 8b Rn 240; *Kusterer*, DStR 2008, 484 ff, die sich auf die bisherige Rechtsprechung zur Behandlung des persönlich haftenden Gesellschafters der KGaA „wie ein Mitunternehmer" stützen konnte; vgl BFH I R 235/81, BStBl II 1986, 72; BFH X R 14/88, BStBl II 1989, 881.
3 BFH X R 6/05, BStBl II 2008, 363. AA auch FG München 7 K 5340/01, EFG 2003, 670; FG Hamburg V 231/99, EFG 2003, 711.
4 BFH X R 6/05, BStBl II 2008, 363 geht von einer „Zuordnungsnorm" des § 9 I Nr 1 aus. Auch BFH I R 62/09, DStR 2010, 1086 geht von einer Zurechnung aus, kommt aber aufgrund des DBA zu einem anderen Ergebnis.
5 BMF v 28.4.2003, BStBl I 2003, 292, Rn 54; *Hoffmann*, DB 2000, 1931, 1934; *Dötsch/Pung* in D/J/P/W § 8b Rn 239; *Gosch* in Gosch § 8b Rn 521.
6 *Dötsch/Pung* in D/J/P/W § 8b Rn 239; *Watermeyer*, GmbH-StB 2002, 108, 112; *Frotscher* in Frotscher/Maas § 8b Rn 101.
7 BMF v 28.4.2003, BStBl I 2003, 292, Rn 56; *Gosch* in Gosch § 8b Rn 523; *Crezelius*, DB 2001, 221, 225; *Füger/Rieger*, FR 2003, 589, 597.

X. Zurechnung über eine Mitunternehmerschaft

Venture Capital und Private Equity. Bei Venture Capital- oder Private Equity-Gesellschaften in Form einer Personengesellschaft soll der erhöhte Gewinnanteil (carried interest) der Initiatoren als verdecktes Entgelt für ihre Tätigkeit angesehen werden, der die über die Gewinnzuweisung im Wege des abgekürzten Zahlungswegs von den übrigen Investoren gezahlt wird. Die Verwaltung will daher insoweit keine für Dividenden und Veräußerungsgewinne geltende Steuerbefreiungen anwenden, was dann auch § 8b I und II umfasst.[1] Gleiches soll offenbar auch für Venture Capital- oder Private Equity-Gesellschaften in Form einer Kapitalgesellschaft gelten (dh eine inkongruente Gewinnausschüttung wird nicht anerkannt).[2] Nach der Gesetzesbegründung[3] soll § 3 Nr 40a EStG zwar auch für Kapitalgesellschaften als Empfänger zur Anwendung kommen, nach zutreffender Auffassung gilt § 18 I Nr 4 EStG jedoch nicht für Körperschaften.[4] Daher bleibt es bei der Anwendung des § 8b II auf den carried interest soweit eine Körperschaft beteiligt ist, da er eine Gewinnbeteiligung und keine Leistungsvergütung darstellt.[5]

Gesamthandsvermögen, Sonderbetriebsvermögen. Unbeachtlich ist, ob die Anteile im Gesamthandvermögen der Personengesellschaft oder als Sonderbetriebsvermögen der Mitunternehmerschaft gehalten werden. In beiden Fällen werden die Bezüge, Gewinne und Gewinnminderungen über die Mitunternehmerschaft dem Gesellschafter gem § 15 I Nr 2 EStG zugerechnet, so dass § 8b VI S 1 anwendbar ist (zur Frage der Anwendung nach dem Gewinnverteilungsschlüssel vgl jedoch Rn 649).[6] Soweit die Anteile im Gesamthandvermögen der Personengesellschaft gehalten werden, ist allerdings erforderlich, dass eine vermögensmäßige Beteiligung der Körperschaft an der Mitunternehmerschaft besteht. Die alleinige geschäftsführende Tätigkeit einer Komplementär-GmbH reicht nicht.[7]

Als Gewinnanteil zugerechnete Bezüge, Gewinne und Gewinnminderungen. § 8b VI S 1 erfasst zunächst alle Bezüge iSd § 8b I (hierzu vgl Rn 127 ff), Gewinne iSd § 8b II (hierzu vgl Rn 300 ff) und Gewinnminderungen iSd § 8b III S 1 (hierzu vgl Rn 417 ff), die über eine Mitunternehmerschaft bezogen und dem Gesellschafter als Gewinnanteil gem § 15 I Nr 2 EStG zugerechnet werden. Ebenfalls unterfallen Gewinnminderungen auf Forderungen aus Darlehen oder wirtschaftlich vergleichbare Rechtshandlungen von Gesellschaftern oder nahestehenden Personen gegenüber Kapitalgesellschaften dem § 8b VI S 1, soweit diese über eine Mitunternehmerschaft im Gesamthands- oder Sonderbetriebsvermögen gehalten werden. Nicht erfasst werden hingegen Forderungen gegenüber der Körperschaft nachgeschalteten Personengesellschaften, da Abschreibungen auf solche Forderungen keine Minderung der Gewinne der Mitunternehmerschaft darstellen.

---

1 BMF v 16.12.2003, BStBl I 2004, 40, Rn 25. Ebenso *Kröner* in EY § 8b Rn 235; *Wiese/Klass*, FR 2004, 324, 333. AA *Weitnauer*, BKR 2004, 89, 91; *Friedrichs/Köhler*, DB 2006, 1396, 1400.
2 Bayerisches LfSt v 29.8.2008, DB 2008, 2166.
3 BTDrs 15/3336, 5.
4 *Watrin/Struffert*, BB 2004, 1888, 1889; *Altfelder*, FR 2005, 6, 13 dort Fn 63. AA *Bauer/Gemmeke*, DStR 2004, 1470, 1471; wohl auch *Behrens*, FR 2004, 1211, 1218.
5 Vgl grundlegend *Watrin*, BB 2002, 811 ff mwN.
6 *Gosch* in Gosch § 8b Rn 522; *Gröbl/Adrian* in Erle/Sauter § 8b Rn 300.
7 Ebenso *Kröner* in EY § 8b Rn 234; *Gosch* in Gosch § 8b Rn 522; *Dötsch/Pung* in D/J/P/W § 8b Rn 242.

649 **Anwendung nach dem Gewinnverteilungsschlüssel.** Bezieht eine Mitunternehmerschaft Bezüge bzw Gewinne iSd § 8b, ist die Steuerbefreiung nach dem Gewinnverteilungsschlüssel zu gewähren.[1] Eine abweichende (allerdings wirtschaftlich begründete) Gewinnverteilung oder ein Gewinnvorab sollte anerkannt werden,[2] da § 8b VI S 1 die Steuerbefreiung „im Rahmen des Gewinnanteils" anordnet (insoweit anders als § 35 EStG, welcher auf den „allgemeinen Gewinnverteilungsschlüssel" abstellt und somit Vorabgewinne nicht erfasst[3]). Bei Vereinbarung von Sondervergütungen ist hingegen die satzungsmäßige Gewinnverteilung weiterhin maßgeblich, was zu Verschiebungen von Einkünften zwischen verschiedenen Gesellschaftern aufgrund der Wirkungsweise der additiven Gewinnermittlung führen kann:

Beispiel

A-GmbH und B-GmbH sind zu je 50 % am Kapital und den Gewinnen der C-KG beteiligt. Die C-KG ist eine reine Holdinggesellschaft und erzielt ausschließlich Dividendeneinkünfte. Ihr Gewinn laut Gesamthandsbilanz beträgt 100. Hierin enthalten sind Zinsaufwendungen aufgrund eines von der A-GmbH überlassenen Darlehens iHv 50 (welche Sondervergütungen iSd § 15 I Nr 2 EStG darstellen).

In Folge des § 8b VI S 1 werden bei der C-KG ingesamt steuerfreie Bezüge iSd § 8b I iHv 150 bezogen. Bei der A-GmbH sind von den ihr iRd einheitlichen und gesonderten Gewinnfeststellung zugewiesenen Einkünften iHv 100 aufgrund der satzungsmäßigen Gewinnverteilung 75 gem § 8b VI S 1 iVm I steuerfrei bzw es verbleiben steuerpflichtige Einkünfte iHv 25. Bei der B-GmbH greift ebenso eine Steuerbefreiung gem § 8b VI S 1 iVm I iHv 75. Da dieser Gesellschaft jedoch nur Einkünfte iHv 50 zugewiesen werden, verbleibt ein Verlust iHv 25. Dieser ist auf den anteiligen Zinsaufwand der für Zwecke des § 8b VI S 1 unmaßgeblichen Sondervergütungen zurückzuführen.

Soweit die Anteile hingegen im Sonderbetriebsvermögen eines Mitunternehmers gehalten werden, ist § 8b nur bei diesem Mitunternehmer anzuwenden, da nur diesem die Einkünfte aus den Anteilen zuzurechnen sind.[4]

650 **Veräußerung oder Aufgabe eines Mitunternehmeranteils.** Zudem ist § 8b VI S 1 auch bei Gewinnen und Verlusten aus der Veräußerung (vgl analog zur Bestimmung des Gewinns Rn 341) oder Aufgabe eines Mitunternehmeranteils gem § 15 I Nr 2 EStG anwendbar, soweit diese auf Anteile iSd § 8b II entfallen. Hierdurch werden auch über die Veräußerung von Mitunternehmeranteilen erzielte mittelbare Gewinne oder Verluste iSd § 8b II erfasst.

651 **GewSt und § 8b II bis Erhebungszeitraum 2003.** Bis zum Erhebungszeitraum 2003 war § 8b II iVm § 8b VI S 1 bei der Ermittlung des Gewerbeertrags für den Fall der Beteiligung einer Körperschaft über eine Personengesellschaft (Mitunternehmerschaft) an einer anderen Körperschaft nach Auffassung der Finanzver-

---

1 Analog in Bezug auf anrechenbare KSt BFH I R 114/94, BStBl II 1996, 531.
2 Gleiches Ergebnis bei *Rödder/Schumacher*, DStR 2003, 909, 915. AA hM wie zB *Gosch* in Gosch § 8b Rn 534; *Dötsch/Pung* in D/J/P/W § 8b Rn 237.
3 BFH IV B 109/08, BStBl II 2010, 116.
4 *Kröner* in EY § 8b Rn 234.

X. Zurechnung über eine Mitunternehmerschaft

waltung jedoch nicht anzuwenden; dh der Veräußerungsgewinn sollte auf der Ebene der zwischengeschalteten Personengesellschaft der GewSt unterliegen[1] Dies war nach Auffassung der Finanzverwaltung auch bei der Gewerbeertragsermittlung einer Personengesellschaft (Mitunternehmerschaft) als Organträgerin der Fall, wenn ihr Einkommen einer Organgesellschaft zuzurechnen war, welches die in § 15 S 1 Nr 2 S 2 genannten Einkommensteile enthielt.[2] Der BFH hatte sich hingegen zwischenzeitlich der hM in der Literatur angeschlossen und vertrat abweichend von der Finanzverwaltung die Auffassung, dass in Fällen der Mitunternehmerschaft die Gewinne aus der Veräußerung eines Anteils an der Körperschaft nach § 8b II iVm § 8b VI S 1 bei der Ermittlung des Gewerbeertrags der zwischengeschalteten Personengesellschaft (Mitunternehmerschaft) gemäß § 7 S 1 GewStG außer Ansatz bleiben.[3] Folglich ist bis zum Erhebungszeitraum 2003 die Rechtsprechung des BFH maßgeblich. Allerdings ist aus Gründen des Vertrauensschutzes bei Verlusten aus der Veräußerung einer Beteiligung an einer Kapitalgesellschaft oder Teilwertabschreibungen, die sich mindernd auf den Gewerbeertrag der Mitunternehmerschaft ausgewirkt haben, auf Antrag die bisherige Auffassung der Finanzverwaltung weiter anzuwenden.[4]

GewSt und § 8b II bis Erhebungszeitraum 2004. Ab dem Erhebungszeitraum 2004 gilt der durch das EURLUmsG eingefügte § 7 S 4 GewStG, wonach § 3 Nr 40 EStG und § 3c II EStG bei der Ermittlung des Gewerbeertrags einer Mitunternehmerschaft anzuwenden sind, soweit an der Mitunternehmerschaft natürliche Personen unmittelbar oder mittelbar über eine oder mehrere Personengesellschaften beteiligt sind; iÜ ist § 8b anzuwenden. Das gilt nunmehr ebenfalls bei der Gewerbeertragsermittlung einer Personengesellschaft als Organträgerin.[5]

Haftungs- und Geschäftsführungsvergütung. Im Falle einer vermögensmäßig nicht beteiligten Komplementär-GmbH unterfallen die Haftungs- und Geschäftsvergütungen nicht § 8b VI S 1 (vgl Rn 647).

Beschränkt Steuerpflichtige. Auch falls beschränkt Steuerpflichtige an einer inländischen Mitunternehmerschaft beteiligt sind und Einkünfte gem § 49 I Nr 2 lit a EStG beziehen, kommt § 8b VI S 1 aufgrund der Steuererhebung im Wege der Veranlagung zur Anwendung. In Abgrenzung zur Nichtanwendbarkeit des § 8b I im Fall des Direktbezugs aufgrund der Abgeltungswirkung des Steuerabzugs ist nur entscheidend, inwieweit die Dividenden tatsächlich der inländischen Betriebsstätte der Mitunternehmerschaft zuzurechnen sind. Hierbei gelten jedoch nach der hier vertretenen Auffassung nicht die für das Abkommensrecht zu beachtenden engen Voraussetzungen[6], die nur auf der Regelungssystematik der Betriebsstättenvorbehalte beruhen.

Einstweilen frei.

652

653

654

655-657

---
1 BMF v 28.4.2003, BStBl I 2003, 292, Rn 57 f.
2 BMF v 26.8.2003, BStBl I 2003, 437, Rn 34.
3 BFH I R 95/05, BFH I 2007, 279; *Frotscher* in Frotscher/Maas § 8b Rn 28a, 100, 103; *Dötsch/Pung* in D/J/P/W § 8b Rn 236 ff; *Gosch* in Gosch § 8b Rn 539; *Watermeyer* in H/H/R § 8b Rn 144.
4 BMF v 21.3.2007, BStBl I 2007, 302, unter 1. a).
5 BMF v 21.3.2007, BStBl I 2007, 302, unter 1. b).
6 ZB BFH I R 96/89, BFH/NV 1992, 385; BFH I R 66/06, BStBl II 2008, 510.

658 XI. **Kurzfristiger Eigenhandel von Banken und Finanzdienstunternehmen (§ 8b VII). 1. Allgemeines. Zweck.** Der erst später rückwirkend auf Forderung der Bankenverbände mit dem InvZulG eingefügte § 8b VII soll den Besonderheiten der Unternehmen der Kreditwirtschaft beim Aktienhandel Rechnung tragen, indem er die Anwendung der § 8b I-VI ausschließt. Ohne diese Sondernorm fürchtete man eine erhebliche Beeinträchtigung des Finanzplatzes Deutschland durch den Ausschluss des Abzugs von Verlusten gem § 8b III beim Eigenhandel von Banken und Finanzdienstunternehmen.

659 **Kritik.** Aufgrund des Ausschlusses der fehlenden Anwendbarkeit des § 8b VII S 3 für Drittstaatsunternehmen wird von einem Verstoß gegen Art 3 GG und das deutsch-amerikanische Freundschaftsabkommen in der Literatur ausgegangen.[1]

660 *Einstweilen frei.*

661 **2. Persönliche Voraussetzungen. a) Erfasste Unternehmen.** Folgende Unternehmen werden von § 8b VII erfasst:

- Kreditinstitute und Finanzdienstleistungsinstitute nach § 1 KWG (§ 8b VII S 1, vgl Rn 665 ff und 669 ff),
- Finanzunternehmen iSd KWG (§ 8b VII S 2, vgl Rn 672 ff) sowie
- Kreditinstitute, Finanzdienstleistungsinstitute und Finanzunternehmen eines anderen EG- (bzw nunmehr EU-) oder EWR-Staates (§ 8b VII S 3, vgl Rn 680 ff).

662 **Rechtsformneutralität.** Die Vorschriften des KWG erlauben bis auf den Einzelkaufmann für Kreditinstiute gem § 2b I KWG die freie Rechtsformwahl, so dass auch Personengesellschaften als Kredit-, Finanzdienstleistungsinstitute und Finanzunternehmen in Betracht kommen (zu den Rechtsfolgen vgl Rn 721).[2] Auch der Gesetzgeber schränkt folgerichtig in § 3 Nr 40 S 2 ff EStG das Teileinkünfteverfahren für Personengesellschaften, die § 1 I, Ia oder III KWG unterfallen, bezogen auf die als Gesellschafter beteiligten natürlichen Personen ein.

663 **Unbeschränkte oder beschränkte Steuerpflicht.** § 8b VII S 1 und 2 differenzieren nicht nach der unbeschränkten und beschränkten Steuerpflicht. Daher können insbesondere sowohl in- als auch ausländische Finanzunternehmen unter § 8b VII S 2 fallen (vgl Rn 682 und 688).

664 *Einstweilen frei.*

665 **b) Kreditinstitute (§ 8b VII S 1).** Kreditinstitute iSd § 8b VII S 1 sind alle Kreditinstitute gem § 1 I KWG. Damit sind Kreditinstitute alle Unternehmen, die Bankgeschäfte gewerbsmäßig oder in einem Umfang betreiben, der einen in kaufmännischer Weise eingerichteten Geschäftsbetrieb erfordert.

666 **Bankgeschäfte.** Bankgeschäfte werden in § 1 I S 2 Nr 1-12 KWG abschließend genannt wie Einlagen- (Nr 1), Pfandbrief- (Nr 1a), Kredit- (Nr 2), Diskont- (Nr 3), Finanzkommissions- (Nr 4), Depot- (Nr 5), Revolving- (Nr 7), Garantie- (Nr 8), Sche-

---

1 *Pyszka/Brauer*, BB 2002, 1669, 1673.
2 Dazu *Schäfer* in Boos/Fischer/Schulte-Mattler § 1 KWG Rn 15; *Brogl* in Reischauer/Kleinhans § 1 KWG Rn 9, 171 ff, 245 ff sowie § 2b KWG Rn 1 und 5.

ckeinzugs-, Wechseleinzugs- und Reisescheck- (Nr 9), Emissions- (Nr 10) und E-Geld-Geschäfte (Nr 11) sowie die Tätigkeit als zentraler Kontrahent von Geschäften iSd § 1 XXXI KWG (Nr 12).

Aufsichtsrechtliche Erlaubnis. Nach zutreffender hA ist für die Qualifikation des Kreditinstituts unerheblich, ob das jeweilige Unternehmen tatsächlich eine aufsichtsrechtliche Erlaubnis erhalten hat, so dass auch ein Entscheid der BaFin insoweit für steuerliche Zwecke letztlich keine Bedeutung hat.[1] Der Steuergesetzgeber stellt stattdessen nur abstrakt auf die Erfüllung des § 1 I KWG ab. 667

Einstweilen frei. 668

c) Finanzdienstleistungsinstitute (§ 8b VII S 1). Die Definition des Finanzdienstleistungsinstituts gem § 8b VII S 1 richtet sich nach den Vorgaben des § 1 Ia S 1 KWG. Danach sind Finanzdienstleistungsleistungsinstitute solche Unternehmen, die Finanzdienstleistungen für andere gewerbsmäßig oder in einem Umfang erbringen, der einen in kaufmännischer Weise eingerichteten Geschäftsbetrieb erfordert, und die keine Kreditinstitute sind. 669

Finanzdienstleistungen. Als Finanzdienstleistungen sind in § 1 Ia S 2 Nr 1-11 KWG definiert: Anlagevermittlung (Nr 1), Anlageberatung (Nr 1a), Betrieb eines multilateralen Handelssystems (Nr 1b), Platzierungsgeschäft (Nr 1c), Abschlussvermittlung (Nr 2), Finanzportfolioverwaltung (Nr 3), Eigenhandel (Nr 4), Drittstaateneinlagenvermittlung (Nr 5), Sortengeschäft (Nr 7), Factoring (Nr 9), Abschluss von Finanzierungsleasingverträgen sowie die Verwaltung von Objektgesellschaften (Nr 10) und Anlageverwaltung (Nr 11). 670

Einstweilen frei. 671

d) Finanzunternehmen (§ 8b VII S 2). Definition. Finanzunternehmen iSd § 8b VII S 2 sind gem § 1 III KWG zunächst Unternehmen, die keine Institute iSd § 1 Ib KWG sind (dh keine Kreditinstitute und keine Finanzdienstleistungsinstitute), Kapitalanlagegesellschaften iSd § 6 InvG (welche damit § 8b weiter unterfallen) und keine InvAG iSd § 96 InvG (die § 8b zwar unterfallen, aber gem § 11 I S 2 InvStG bereits steuerbefreit sind). Die kreditwesenrechtliche Regelung des § 1 III KWG ist für die Bestimmung der Finanzunternehmen iSd § 8b VII S 2 maßgeblich.[2] 672

Haupttätigkeit iSd § 1 III KWG. Zudem muss die Haupttätigkeit der Finanzunternehmen iSd § 8b VII S 2 gem § 1 III S 1 KWG darin bestehen: 673

- Beteiligungen zu halten und zu erwerben (Nr 1),
- Geldforderungen entgeltlich zu erwerben (Nr 2),
- Leasing-Objektgesellschaft iSd § 2 VI S 1 Nr 17 KWG zu sein (Nr 3),
- mit Finanzinstrumenten auf eigene Rechnung zu handeln (Nr 5),
- andere bei der Anlage in Finanzinstrumenten zu beraten (Nr 6),

---

1 *Dreyer/Herrmann*, DStR 2002, 1837, 1838; *Gosch* in Gosch § 8b Rn 564; *Dötsch/Pung* in D/J/P/W § 8b Rn 259.
2 BFH I R 36/08, BStBl II 2009, 671 mwN.

- Unternehmen über die Kapitalstruktur, industrielle Strategie und damit verbundene Fragen zu beraten sowie bei Zusammenschlüssen und Übernahmen von Unternehmen diese zu beraten und Dienstleistungen anzubieten (Nr 7) oder
- Darlehen zwischen Kreditinstituten zu vermitteln/Geldmaklergeschäfte (Nr 8).

Das BMF kann nach Anhörung der Deutschen Bundesbank unter den Voraussetzungen des § 1 III S 2 KWG zudem weitere Unternehmen als Finanzunternehmen bezeichnen.

674 **Umfang.** Nach Auffassung der Finanzverwaltung[1] ist die Bestimmung, inwieweit eine Tätigkeit dem Umfang nach als Haupttätigkeit iSd § 8b VII S 2 qualifiziert, entsprechend der Abgrenzung von Holdinggesellschaften gem § 8a aF zu vollziehen. Dh eine Haupttätigkeit ist hiernach gegeben, wenn die Bruttoerträge der Beteiligungsgesellschaft iSd Abschnitts 76 VIII S 1 KStR 1995 im Durchschnitt der drei vorangegangenen Jahre zu mindestens 75 % aus dem Halten der Beteiligungen und der Finanzierung von Kapitalgesellschaften stammen.[2] Inwieweit diese pauschalierende Interpretation der gebotenen normspezifischen Auslegung des § 1 III KWG nachkommt, wird zutreffend bezweifelt.[3] Überzeugender scheint die og Heranziehung der Vorschriften des Bankenaufsichtsrechts, wonach grundsätzlich entscheidend ist, dass mehr als 50 % der Bilanzsumme oder des EK aus derartigen Tätigkeiten stammen.[4] Im Einzelfall kommt aber auch bei Unterschreiten dieser Grenze eine Qualifizierung als Finanzholding in Frage, wenn die Tätigkeit des Unternehmens in qualitativer Hinsicht besonders dem Charakter der Tätigkeiten in § 1 III KWG entspricht.[5] Auch ein die Haupttätigkeit begründendes Geschäft kann hierbei ausreichen.[6] Werden hingegen keine Umsätze erzielt, kommt eine Anwendung des § 8b VII S 2 nicht in Frage.[7]

675 **Holding- und Beteiligungsgesellschaften.** Aufgrund der weiten Definition kommt, wie mittlerweile von der Rechtsprechung geklärt, grundsätzlich auch für Holding- und Beteiligungsgesellschaften eine Qualifikation als Finanzunternehmen iSd § 8b VII S 2 in Frage.[8] Da Finanzunternehmen keiner Zulassung bedürfen und auch nicht aufsichtsrechtlich überwacht werden, ist die Abgrenzung zu den § 8b I und II unterfallenden Holdinggesellschaften mit Schwierigkeiten verbunden. Teilweise wird gefordert, im Falle geschäftsleitender Holding den Anwendungsbereich des § 8b VII S 2 zu beschränken.[9] Tatsächlich lässt sich ein sicherer Ausschluss der Anwendbarkeit des § 8b VII nur über die Nichterfüllung des sachlichen Anwendungsbereichs erreichen (hierzu Rn 707 ff).

---

1 BMF v 25.7.2002, BStBl I 2002, 712, unter C. I.
2 BMF v 15.12.1994, BStBl I 1995, 25, Rn 81 und 82.
3 *Mensching*, DB 2002, 2347, 2348; *Müller*, BB 2003, 1309, 1311; *Dreyer/Herrmann*, DStR 2002, 1837, 1838; *Gosch* in Gosch § 8b Rn 565.
4 *Schwennicke* in Schwennicke/Auerbach § 1 KWG Rn 150; *Schäfer* in Boos/Fischer/Schulte-Mattler § 1 KWG Rn 169; *Jacob/Scheifele*, IStR 2009, 304, 306; *Frotscher* in Frotscher/Maas § 8b Rn 111; *Kröner* in EY § 8b Rn 276; *Gosch* in Gosch § 8b Rn 565.
5 *Bindl*, DStR 2006, 1817, 1819; *Wagner*, StBp 2002, 361, 363.
6 *Brogl* in Reischauer/Kleinhans § 1 KWG Rn 250 sowie *Dötsch/Pung* in D/J/P/W § 8b Rn 270.
7 *Gosch* in Gosch § 8b Rn 565; *Mensching*, DB 2002, 2347, 2348.
8 BFH I B 82/10, BFH/NV 2011, 69; BFH I R 36/08, BStBl II 2009, 671; *Tibo*, DB 2001, 2369, 2371; *Dötsch/Pung* in D/J/P/W § 8b Rn 270; *Gosch* in Gosch § 8b Rn 563. AA *Stoschek/Lauermann/Peter*, NWB Fach 4, 4647, 4648 ff; *Frotscher* in Frotscher/Maas § 8b Rn 111b.
9 *Jacob/Scheifele*, IStR 2009, 304, 306; *Stoschek/Lauermann/Peter*, NWB Fach 4, 4647, 4648.

XI. Kurzfristiger Eigenhandel von Banken und Finanzdienstunternehmen

Factoring-, Leasing-, Anlagenberatungs- und ähnliche Unternehmen. Factoring-, Leasing-, Anlagenberatungs- und ähnliche Unternehmen (wie zB bestimmte Unternehmensberatungsunternehmen sowie vermögensverwaltende Kapitalgesellschaften) können grundsätzlich aufgrund des weiten Anwendungsbereichs des § 1 III S 1 KWG auch § 8b VII S 2 unterfallen.[1] 676

Private Equity- und Venture Capital-Gesellschaften. Nach zutreffender Verwaltungsauffassung sind Private Equity- und Venture Capital-Gesellschaften weder Finanzunternehmen noch verfolgen sie regelmäßig einen kurzfristigen Eigenhandelserfolg.[2] 677

Einstweilen frei. 678-679

e) Kreditinstitute, Finanzdienstleistungsinstitute und Finanzunternehmen eines anderen EG- oder EWR-Staates (§ 8b VII S 3). Grundsatz. Aufgrund der gemeinschaftsrechtlich gebotenen Gleichbehandlung werden grundsätzlich auch in anderen EG- (bzw nunmehr EU-) oder EWR-Staaten ansässige Kreditinstitute, Finanzdienstleistungsinstitute und Finanzunternehmen in § 8b VII S 3 erfasst. Dieses ist folgerichtig aber dennoch insofern überraschend, als dass der Gesetzgeber hinsichtlich der Anwendung des § 8b I für ausländische Unternehmen iRd § 43 EStG keine vergleichbare Sorgfalt walten lässt (vgl Rn 52). 680

Kredit- und Finanzdienstleistungsinstitute eines anderen EG- oder EWR-Staates. Kredit- und Finanzdienstleistungsinstitute eines anderen EG- oder EWR-Staates, welche eine Zweigniederlassung im Inland gem § 53 KWG unterhalten, haben ein Handelsbuch gem § 1a KWG zu führen, so dass auf diese bereits § 8b VII S 1 anwendbar ist. Kreditinstitute eines anderen EG- (bzw nunmehr EU-) oder EWR-Staates, welche ohne Erlaubnis gem § 53b KWG Bankgeschäfte oder Finanzdienstleistungen erbringen dürfen, müssen hingegen selbst im Falle des Bestehens einer inländischen Zweigniederlassung kein Handelsbuch im Inland führen, so dass § 8b VII S 1 nicht anwendbar ist, über § 8b VII S 3 kann jedoch § 8b VII S 2 bei Erfüllung der Tatbestandsvorraussetzungen beachtlich sein. 681

Finanzunternehmen eines anderen EG- oder EWR-Staates. Finanzunternehmen eines anderen EG- (bzw nunmehr EU-) oder EWR-Staates müssen kein Handelsbuch gem § 1a KWG führen, so dass § 8b VII S 1 für diese nicht anwendbar ist. Für sie ordnet § 8b VII S 3 jedoch klarstellend die Anwendbarkeit des § 8b VII S 2 an. 682

Einstweilen frei. 683-684

f) Kreditinstitute, Finanzdienstleistungsinstitute und Finanzunternehmen eines Drittstaates. Allgemeines. § 8b VII S 3 ist nach zutreffender Auffassung nicht für Unternehmen eines Drittstaates einschlägig. Trotz der großzügigen Rechtsprechung des BFH zur Anwendung der Kapitalverkehrsfreiheit des AEUV im Verhältnis zu Drittstaaten ist aufgrund der vorrangigen Anwendung der Niederlassungsfreiheit von einer Zulässigkeit der Ungleichbehandlung von in Drittstaaten ansässigen Unternehmen auszugehen. 685

---

1 *Pyska/Brauer*, DStR 2003, 277; *Dreyer/Herrmann*, DStR 2002, 1837, 1838; *Dötsch/Pung* in D/J/P/W § 8b Rn 270.
2 BMF v 16.12.2003, BStBl I 2004, 40.

686 **Kredit- und Finanzdienstleistungsinstitute eines Drittstaates mit inländischer Zweigniederlassung.** Kredit- und Finanzdienstleistungsinstitute eines Drittstaates, welche eine Zweigniederlassung im Inland gem § 53 KWG unterhalten, haben ebenso ein Handelsbuch gem § 1a KWG zu führen. Daher ist losgelöst von § 8b VII S 3 der Anwendungsbereich des § 8b VII S 1 für sie eröffnet.[1]

687 **Kredit- und Finanzdienstleistungsinstitute eines Drittstaates ohne inländische Zweigniederlassung.** Kredit- und Finanzdienstleistungsinstitute eines Drittstaates ohne inländische Zweigniederlassung müssen kein Handelsbuch im Inland führen, so dass weder § 8b VII S 1 noch § 8b VII S 3 anwendbar sind.[2]

688 **Finanzunternehmen eines Drittstaates.** Finanzunternehmen eines Drittstaates müssen kein Handelsbuch gem § 1a KWG führen, so dass § 8b VII S 1 für diese nicht anwendbar ist. Ebenso ist § 8b VII S 3 nicht anwendbar. In der Literatur wird jedoch zutreffend vertreten, dass § 8b VII S 2 für derartige Finanzunternehmen des Drittstaates anwendbar ist, da § 8b VII S 3 rein deklaratorischen Charakter hat.[3] Dies ergibt sich zum einen aus dem Wortlaut bzw der Geltung des § 8b VII S 2 für in- und ausländische Finanzunternehmen (vgl Rn 663). Zum anderen scheint eine Ungleichbehandlung von Finanzunternehmen eines Drittstaates systematisch nicht gerechtfertigt. Eine andere Lesart wäre wohl nur dann möglich, wenn man unterstellt, dass der Gesetzgeber als Finanzunternehmen iSd § 8b VII S 2 nur solche mit Sitz im Inland betrachtet und es daher des § 8b VII S 3 zur Erweiterung der Regelung auf Finanzunternehmen mit Sitz in einem EU-/EWR-Staat bedurfte (dann jedoch auch nur auf diese).

689-690 *Einstweilen frei.*

691 **3. Sachliche Voraussetzungen. a) Kreditinstitute. Anteile.** § 8b VII S 1 stellt abstrakt auf Anteile ab, was auf die Anwendbarkeit des weiten Begriffs der Anteile iSd § 8b II hindeutet. Allerdings ist zu beachten, dass dem Handelsbuch nur die in § 1a I KWG genannten Finanzinstrumente zuzuordnen sind. Da die aufsichtsrechtliche Zurechenbarkeit von Anteilen zum Handelsbuch für die Eröffnung des sachlichen Anwendungsbereichs des § 8b VII S 1 entscheidend ist, kann sich hieraus grundsätzlich eine Einschränkung des weiten Begriffs der Anteile iSd § 8b VII S 1 ergeben (insbesondere für GmbH-Anteile; vgl Rn 693, 695 und 696).[4]

692 **Investmentanteile.** Zwar mag nicht vollständig klar sein, inwieweit Investmentanteile als Anteile iSd § 8b II qualifizieren (vgl Rn 286). Allerdings ist aufgrund des mittlerweile umfassenden Verweises auf den § 8b in § 2 InvStG und § 8 InvStG davon auszugehen, dass die Rechtsfolgen des § 8b VII auch insoweit für Investmentanteile gelten, als in dem Investmentvermögen dem § 8b II unterfallende Anteile gehalten werden.[5]

---

1 BMF v 25.7.2002, BStBl I 2002, 712; *Watermeyer* in H/H/R § 8b Rn 168; *Feyerabend* in Erle/Sauter § 8b Rn 333.
2 *Gosch* in Gosch § 8b Rn 561; *Feyerabend* in Erle/Sauter § 8b Rn 333; *Jacob/Scheifele*, IStR 2009, 304, 309.
3 *Jacob/Scheifele*, IStR 2009, 304, 309.
4 Dem steht BFH I R 36/08, BStBl II 2009, 671, der nur die Regelung des § 8b VII S 2 betrifft, nicht entgegen.
5 *Ramackers* in L/B/P § 2 InvStG Rn 51 sowie § 8 InvStG Rn 16 und 30; *Carlé* in Korn § 8 InvStG Rn 17 und 24. Zur Rechtslage unter dem KAGG *Pyszka/Brauer*, BB 2002, 1669, 1673.

Handelsbuch. § 8b VII S 1 greift zunächst für alle Anteile, die dem Handelsbuch gem § 1a KWG nicht jedoch dem Anlagebuch zugeordnet werden, dh im Einzelnen insbesondere für

- Finanzinstrumente iSd § 1a III KWG, die mit einer Handelsabsicht erworben wurden (§ 1a I Nr 1 KWG);
- Finanzinstrumente iSd § 1a III KWG, die zur Absicherung von Marktrisiken des Handelsbuchs bzw damit im Zusammenhang stehende Refinanzierungsgeschäfte erworben wurden (§ 1a I Nr 2 KWG);
- Forderungen in Form von Dividenden, die mit den Positionen des Handelsbuches verknüpft sind (§ 1a I Nr 5 KWG).

693

Die in § 1a III KWG ebenso genannten Pensions- und Darlehensgeschäfte auf Positionen des Handelsbuchs (§ 1a I Nr 3 KWG) erfüllen hingegen nicht den Begriff der Anteile iSd § 8b II (vgl hierzu Rn 263). Aufgabegeschäfte (§ 1a I Nr 4 KWG), dh die bindende Annahme einer Schlussnote iSd § 95 HGB, bei denen sich der Handelsmakler die Bezeichnung der anderen Partei vorbehalten hat, vermitteln ebenso keine Anteile iSd § 8b II.

Ausnahme von der Führung eines Handelsbuchs. § 2 XI S 1 KWG erlaubt Instituten, von der Führung eines Handelsbuchs abzusehen, wenn:

694

- der Anteil des Handelsbuchs am Institut regelmäßig 5 % der Gesamtsumme der bilanz- und außerbilanzmäßigen Geschäfte nicht überschreitet,
- die Gesamtsumme der einzelnen Positionen des Handelsbuches regelmäßig den Gesamtwert von 15 Mio EUR nicht überschreitet und
- der Anteil des Handelsbuchs zu keiner Zeit 6 % der Gesamtsumme der bilanz- und außerbilanzmäßigen Geschäfte und die Gesamtsumme der Positionen des Handelsbuchs zu keiner Zeit den Gegenwert von 20 Mio EUR überschreiten.

Finanzinstrumente iSd §§ 1a III KWG. Die weite Definition von Finanzinstrumenten findet sich in § 1a III KWG. Danach sind Finanzinstrumente jegliche Verträge, bei denen eine der beteiligten Seiten einen finanziellen Vermögenswert und die andere Seite eine finanzielle Verbindlichkeit oder ein Eigenkapitalinstrument schaffen. Zwar umfasst § 1 XI KWG[1] bestimmte handelbare Wertpapiere, jedoch keine GmbH-Anteile;[2] diese sind auch keine Verträge iSd § 1a III KWG.[3] Dennoch erweitert der Verweis der Gesetzesbegründung auf „Anteile" (da hiermit auf die GmbH-Anteile umfassende RL 2006/49/EG Bezug genommen wird) grundsätzlich den Anwendungsbereich der Finanzinstrumente auf GmbH-Anteile (zur Einschränkung aufgrund des Erfordernisses der Handelbarkeit vgl jedoch Rn 969).[4]

695

---

1 BTDrs 16/1335, 42.
2 *Grube/Behrendt*, DStR 2007, 886, 888; *Bindl*, DStR 2007, 888.
3 *Grube/Behrendt*, DStR 2007, 886, 888.
4 RL 2006/49/EG, ABl EU L 177/201; *Bindl*, DStR 2007, 888; *Dötsch/Pung* in D/J/P/W § 8b Rn 261. AA *Grube/Behrendt*, DStR 2007, 886, 888;

696 **Handelbarkeit.** Teile der Literatur wollen der Handelbarkeit für Zwecke des § 8b VII S 1 keine Bedeutung beimessen und damit auch GmbH-Anteile der Regelung unterstellen.[1] Allerdings erlaubt § 1a I S 2 KWG ausdrücklich keine Zuordnung von Finanzinstrumenten zum Handelsbuch, wenn diese in ihrer Handelbarkeit eingeschränkt sind, so dass aufgrund von § 15 III GmbHG Anteile an einer GmbH nicht § 8b VII S 1 unterfallen können.[2]

697 **Eigenhandelserfolg.** Die für die Zuordnung von Finanzinstrumenten zum Handelsbuch erforderliche Handelsabsicht ist nach den Vorschriften des KWG gegeben, wenn die Erzielung eines Eigenhandelserfolgs vorliegt (zur Auslegung des Begriffs Rn 708).

698 **Anlagebuch.** Die dem Anlagebuch unterfallenden Instrumente werden nicht ausdrücklich gesetzlich definiert, sondern ergeben sich als Residualgröße aus den nicht dem Handelsbuch unterfallenden Instrumenten.

699 **Abstrakte Zuordnung.** Für die Frage der Zuordnung zum Handelsbuch ist ausschließlich die abstrakte und nicht die tatsächliche Zuordnung entscheidend; dh selbst wenn eine Zuordnung zum Handelsbuch aus anderen Gründen unterbleibt, ist dieses unbeachtlich.[3]

700 **Umwidmung.** In engen Grenzen ist eine Umwidmung von Anteilen vom Handelszum Anlagebuch und umgekehrt möglich. Aufgrund der Maßgeblichkeit der Vorschriften des KWG schlägt diese Umwidmung auch auf den § 8b VII S 1 durch.[4]

701 **Willkürliche Zuordnung zum Handelsbuch.** Falls Geschäfte im Handelsbuch erfasst werden, obwohl diese die Voraussetzungen hierfür nicht erfüllen, sind sie für steuerliche Zwecke als dem Anlagebuch zugehörig zu betrachten (§ 1a II KWG).[5]

702 **Dokumentation.** Die Zuordnung von Anteilen zum Handelsbuch muss nach gesetzlicher Anordnung auf einer von der Geschäftsleitung genehmigten Handelsstrategie und eindeutig verfassten Vorgaben zur aktiven Steuerung und Überwachung der Handelsbuchpositionen des Instituts beruhen (§ 1a VI KWG).

703 **Beweislast.** Aufgrund der Qualität des § 8b VII S 1 als Ausnahmevorschrift trifft die Feststellungslast zur Zuordnung von Anteilen zum Handelsbuch regelmäßig die Kreditinstitute.[6] Der Nachweis einer falschen Zuordnung zum Handelsbuch trifft hingegen die Finanzverwaltung.

704 **Forderungen gegenüber verbundenen Unternehmen (§ 8b III S 4 ff).** Forderungen stellen zwar unzweifelhaft keine Anteile iSd § 8b II dar, so dass man aufgrund des § 8b VII S 1 keine Einschränkung der steuerlichen Nichtanerkennung von Gewinnminderungen aus Forderungen gegenüber Gesellschaftern bzw nahe stehenden Per-

---

1 *Gosch* in Gosch § 8b Rn 577; *Watermeyer* in H/H/R § 8b Rn 162.
2 *Bindl*, DStR 2007, 888, 890 f; *Dötsch/Pung* in D/J/P/W § 8b Rn 261; im Ergebnis ebenso *Grube/Behrendt*, DStR 2007, 886, 888.
3 *Gosch* in Gosch § 8b Rn 578; im Ergebnis auch *Feyerabend* in Erle/Sauter § 8b Rn 353; *Dötsch/Pung* in D/J/P/W § 8b Rn 262.
4 BMF v 25.7.2002, BStBl I 2002, 712; *Pyska/Brauer*, DStR 2003, 277, 278.
5 BMF v 25.7.2002, BStBl I 2002, 712.
6 *Gosch* in Gosch § 8b Rn 580; *Dötsch/Pung* in D/J/P/W § 8b Rn 265.

sonen gem § 8b III S 4 ff sehen könnte. Allerdings ist zu beachten, dass § 8b III S 4 die dort genannten Gewinnminderungen dem Anwendungsbereich der Gewinnminderungen auf Anteile gem § 8b III S 3 unterstellt bzw diesen gleichstellt (vgl Rn 450 f).

Vor diesem Hintergrund scheint es vertretbar, dass § 8b VII S 1 sachlich die steuerliche Nichtanerkennung von Gewinnminderungen aus Forderungen gegenüber Gesellschaftern bzw nahe stehenden Personen gem § 8b III S 4 ff erfasst und außer Kraft setzt, soweit die Anteile des Gesellschafters ausnahmsweise dem sachlichen Anwendungsbereich des § 8b VII S 1 unterfallen.[1] Bei Forderungen einer nahe stehenden Person ist ebenso auf die Qualifikation des Anteils des Gesellschafters abzustellen. Lediglich soweit ein mittelbar beteiligter Gesellschafter eine Forderung ausreicht, muss auf jeder Stufe der Anteil § 8b VII S 1 unterfallen.

Einstweilen frei. **705-706**

b) Finanzunternehmen. Anteile. § 8b VII S 2 stellt ebenso grundsätzlich auf Anteile ab. In der Vorschrift wird allerdings anders als in § 8b VII S 1 (vgl Rn 693) bei der Bestimmung des sachlichen Anwendungsbereichs nicht auf die Vorschriften des KWG verwiesen. Dementsprechend wird der weitere steuerliche Begriff der Anteile iSd § 8b II bei der Bestimmung des sachlichen Anwendungsbereichs des § 8b VII S 2 herangezogen, so dass neben Aktien insbesondere auch GmbH-Anteile erfasst werden (vgl zu den erfassten Anteilen im Einzelnen Rn 263 ff).[2] Mit anderen Worten reicht eine abstrakte Handelbarkeit für Zwecke des § 8b VII S 2 aus, so dass die Vorschrift insoweit weiter als § 8b VII S 1 ist. **707**

Eigenhandelserfolg. Subjektives Merkmal des § 8b VII S 2 ist die Absicht des Steuerpflichtigen, einen Eigenhandelserfolg zu erzielen. Die Finanzverwaltung unterstellt bei Bilanzierung von Anteilen im Umlaufvermögen die Absicht des Steuerpflichtigen zur Erzielung eines Eigenhandelserfolgs.[3] Es wurde jedoch zutreffend darauf hingewiesen, dass die Widmung nur als (wenn auch bedeutsames) Indiz gewertet werden kann, da das Umlaufvermögen gem § 247 II HGB lediglich die Gegenstände umfasst, die nicht dauernd dem Geschäftsbetrieb dienen sollen.[4] Tatsächlich sollte das Merkmal der Erzielung eines Eigenhandelserfolgs iSd § 8b VII S 2 enger gefasst sein, so dass auch Umlaufvermögen, welches nicht mit dem Ziel der kurzfristigen Umschichtung erworben wurde, nicht dem § 8b VII S 2 unterfällt. Ebenso sollte die Höhe der Beteiligung letztlich unerheblich sein, da auch eine geringfügige Beteiligung eine langfristige Kapitalanlage bzw eine hohe Beteiligung das Bestreben eines Eigenhandelserfolgs nicht ausschließt. Anders formuliert ist die Beteiligungshöhe nicht in den Tatbestandsmerkmalen des § 8b VII S 2 enthalten. Somit verbleibt es bei der abstrakten Bestimmung, inwieweit der Erwerb durch die subjektive Entscheidung des Steuerpflichtigen bestimmt ist, kurzfristige Wertsteigerungen am Markt zu erzielen (etwa aufgrund von erwarteten Unterschieden von Kauf-/Verkaufs- **708**

---

1 Ebenso *Gocke/Hötzel* in FS für Norbert Herzig, Unternehmensbesteuerung, 2010, S 89, 104.
2 BFH I B 82/10, BFH/NV 2011, 69; BFH I R 36/08, BStBl II 2009, 671; *Jacob/Scheifele*, IStR 2009, 304, 307; früher strittig vgl *Dötsch/Pung* in D/J/P/W § 8b Rn 272 mwN.
3 BMF v 25.7.2002, BStBl I 2002, 712, unter C. II.
4 *Mensching*, BB 2002, 2347, 2348; *Gosch* in Gosch § 8b Rn 590; FG Hamburg 2 K 6/10, EFG 2011, 1091; BFH I R 17/11, BFH/NV 2012, 613.

preisen oder Zinsschwankungen). Insbesondere beim Erwerb eigener Anteile zur Weiterveräußerung kann mithin § 8b VII S 2 beachtlich sein (hierzu auch Rn 273 und 274). Der Absicht eines Eigenhandelserfolgs steht es nicht entgegen, wenn der Steuerpflichtige später Maßnahmen vornimmt, um den Wert der Anteile zu erhöhen.[1] Die Abgrenzung von Vermögensverwaltung und gewerblichem Grundstückshandel ist ebenso iRd § 8b VII S 2 ohne Bedeutung.[2]

709 **Kurzfristig.** Weiteres eigenständiges Tatbestandsmerkmal des § 8b VII S 2 ist, dass der Eigenhandelserfolg „kurzfristig" erzielt werden muss. Problematisch ist dabei die Bestimmung der Kurzfristigkeit isd § 8b VII S 2. Nach Verwaltungsauffassung ist bei einer Widmung als Umlaufvermögen von einer Kurzfristigkeit auszugehen[3], was als pauschales Urteil abzulehnen ist.[4] Weitergehende Versuche, der Kurzfristigkeit eine quantitative Eingrenzung zu geben (zB in Anlehnung an § 8 Nr 1 GewStG und § 23 EStG von zwölf Monaten),[5] können nur als Indikation herangezogen werden, entbehren jedoch letztlich einer gesetzlichen Grundlage. Auch wenn in dem vom BFH[6] zu entscheidenden Fall bei ca zwei Monaten ohne Weiteres der Anwendungsbereich des § 8b VII S 2 angenommen wurde, lässt sich eine absolute Grenze für die Bestimmung der Kurzfristigkeit nicht ableiten. Tatsächlich sollte dieses Kriterium im Vergleich zur Erzielung eines Eigenhandelserfolgs weniger entscheidend sein.

710 **Maßgeblicher Zeitpunkt.** Nach zutreffender hM muss für die Überprüfung, inwieweit die Absicht der Erzielung eines kurzfristigen Eigenhandelserfolgs besteht, allein auf den Erwerbszeitpunkt abgestellt werden; dh Umwidmungen sind (anders als beim § 8b VII S 1, vgl Rn 700) grundsätzlich für Zwecke des § 8b VII S 2 nicht möglich.[7] Demnach ist es nicht erforderlich, dass die Anteile tatsächlich kurzfristig verkauft werden.[8] Dh die Absicht im Zeitpunkt des Erwerbs ist ausreichend.

711 **Arten des Erwerbs.** Der Gesetzeswortlaut unterscheidet nicht danach, ob der Erwerb entgeltlich oder unentgeltlich erfolgt. Daher sollte beides zur Eröffnung des Anwendungsbereichs des § 8b VII S 2 ausreichen.[9] Eine Einbringung sowie ein Anteilstausch iSd § 21 UmwStG sollten ebenfalls als entgeltliche Übertragung einen Erwerb begründen; in diesen Fällen könnte jedoch bei der aufnehmenden Gesellschaft mangels Einflussnahme auf die Einbringung bzw die Kapitalerhöhung (welche von den Gesellschaftern beschlossen wird) das Tatbestandsmerkmal der

---

1   BFH I R 36/08, BStBl II 2009, 671; zu Immobilien-Objektgesellschaften auch *Löffler/Tietjen*, DStR 2010, 586 ff.
2   BFH I R 4/11, BFH/NV 2012, 453 unter b) cc).
3   BMF v 25.7.2002, BStBl I 2002, 712, unter C. II.
4   Ebenso BFH I R 4/11, BFH/NV 2012, 453 unter c) bb) aa).
5   *Bogenschütz/Tibo*, DB 2001, 8, 10; *Bünning/Slabon*, FR 2003, 174, 179; *Dieterlen/Dieterlen*, GmbHR 2007, 741, 742.
6   BFH I R 36/08, BStBl II 2009, 671.
7   BFH I B 82/10, BFH/NV 2011, 69; BFH I R 36/08, BStBl II 2009, 671; BMF v 25.7.2002, BStBl I 2002, 712, unter C. II.; *Düll/Fuhrmann/Eberhard*, DStR 2002, 1977, 1981; *Wagner*, StBp 2002, 361, 366. AA *Dreyer/Herrmann*, DStR 2002, 1837, 1840.
8   *Hagedorn/Matzke*, GmbHR 2009, 970, 975; *Dötsch/Pung* in D/J/P/W § 8b Rn 272.
9   *Dötsch/Pung* in D/J/P/W § 8b 275; *Bindl*, DStR 2006, 1817, 1821; *Frotscher* in Frotscher/Maas § 8b Rn 111; AA *Pyszka/Bauer*, BB 2002, 1669, 1672.

Erzielung eines Eigenhandelserfolgs iSd § 8b VII S 2 fehlen. Kein Erwerb iSd § 8b VII S 2 ist hingegen mangels Anschaffung die Gründung von Gesellschaften[1] und die Erlangung von Anteilen im Wege der Kapitalerhöhung.[2] Der Erwerb von Anteilen einer Vorratsgesellschaft stellt allerdings einen „Erwerb" iSv § 8b VII S 2 dar, da im Gegensatz zur Gründung von Gesellschaften „abgeleitet" erworbene Anteile vorliegen.[3]

Forderungen gegenüber verbundenen Unternehmen (§ 8b III S 4 ff). Zur steuerlichen Nichtanerkennung von Gewinnminderungen aus Forderungen gegenüber Gruppengesellschaften gem § 8b III S 4 ff vgl analog Rn 704.

712

Beweislast. Die Beweislast iRd § 8b VII S 2 trägt derjenige, der sich auf die Anwendung der Vorschrift beruft (dh bei einem Veräußerungsgewinn bzw Dividenden regelmäßig das Finanzamt und bei einem Veräußerungsverlust der Steuerpflichtige).[4] Diese lässt sich zB durch Business-Pläne im Kaufvertrag oder im Gremienbeschluss verankern.

713

Einstweilen frei.

714-715

4. Rechtsfolgen. Nichtanwendung der § 8b I-VI. Als Rechtsfolge sieht § 8b VII die Nichtanwendung

716

- der Steuerbefreiung gem § 8b I und II;
- der Fiktion nichtabzugsfähiger Betriebsausgaben gem § 8b III S 1 und 2;
- des Ausschlusses der steuerlichen Berücksichtigung von Gewinnminderungen iSd § 8b III S 3;
- des Ausschlusses der steuerlichen Nichtanerkennung von Gewinnminderungen aus Forderungen von Gesellschaftern bzw nahe stehenden Anteilen gem § 8b III S 4 ff, soweit deren Anteile selbst ausnahmsweise dem sachlichen Anwendungsbereich des § 8b VII unterfallen (vgl Rn 704);
- des § 8b VI bei Mitunternehmerschaften

vor.

Sicherungsgeschäfte. Für Verluste aus Termingeschäften, die im Wege des Differenzausgleichs beglichen werden, ist gem § 15 IV S 3 EStG grundsätzlich ein Ausgleich mit anderen Einkunftsarten ausgeschlossen. Allerdings enthält § 15 IV S 4 EStG für § 8b VII unterfallende Kreditinstitute, Finanzdienstleistungsinstitute und Finanzunternehmen eine Rückausnahme von dieser Einschränkung (jedoch nur für § 8b VII unterfallende Verluste aus Anteilen des Handelsbuchs bzw Anteilen, mit denen ein kurzfristiger Eigenhandelserfolg erzielt werden soll; für die übrigen Verluste aus Geschäften, die der Absicherung von Aktientermingeschäften dienen, greift die Rückausnahme gem § 15 IV S 5 EStG, vgl Rn 432).

717

---

1 BFH I R 100/05, BStBl II 2007, 60.
2 *Rogall/Luckhaupt*, DB 2011, 1362, 1364 f.
3 BFH I B 82/10, BFH/NV 2011, 69. Vgl auch *Löffler/Hansen*, DStR 2011, 558, 559.
4 FG Hamburg 3 K 40/10, EFG 2011, 1186.

718   **Abkommensrechtliche Steuerbefreiung.** Aufgrund des § 8b VII wird nur die Steuerbefreiung der § 8b I-VI eingeschränkt, nicht jedoch die aus den DBA resultierende.[1] Diese gehen als spezialgesetzliche Normen dem § 8b VII vor. Soweit § 8b VII auf eine ausländische Körperschaft mit inländischer Betriebsstätte oder Personengesellschaft anwendbar ist, kommt in Folge des Ausschlusses der § 8b I-VI zudem der Erweiterung der Abkommensvergünstigung von Betriebsstätten oder Personengesellschaften aufgrund des Verstoßes gegen die Niederlassungsfreiheit des AEUV[2] besondere Bedeutung zu (vgl zur Erweiterung in diesen Fällen § 26 Rn 59).

719   **Organgesellschaft.** Die Anwendung des § 8b VII auf Ebene der Organgesellschaft ist zunächst in § 15 Nr 2 S 1 nicht ausgeschlossen. Zudem wird abweichend von der allgemein geltenden Bruttomethode ab dem VZ 2009 die Anwendung der § 8b I-VI auf Ebene des Organträgers aufgrund des mit dem JStG 2009 eingefügten § 15 Nr 2 S 3 außer Kraft gesetzt, falls § 8b VII bei der Organgesellschaft zur Anwendung kommt. Hierdurch wird die Steuerverhaftung gesichert, wenn der Organträger nicht dem § 8b VII unterfällt.[3] Für davor liegende Jahre sollte Gleiches gelten, da die Einkommenszurechnung nicht die für § 8b VII erforderliche Anteilszurechnung ersetzt (vgl Rn 720).[4]

720   **Organträger.** Weiterhin ist § 8b vollständig (dh inkl des § 8b VII) bei der Ermittlung des Einkommens des Organträgers anzuwenden. Dennoch kann auf das zugerechnete Einkommen einer Organgesellschaft, welche von § 8b I und II profitiert an einen Organträger, der § 8b VII unterfällt, die Einschränkung der Steuerbefreiung des § 8b VII nicht greifen. Denn die Erträge stammen nicht aus Anteilen, die von einem Unternehmen iSd § 8b VII erworben wurden; die Einkommenszurechnung iSd § 14 ff ersetzt nicht die für § 8b VII erforderliche Zurechnung der Anteile.[5]

721   **Personengesellschaften iSd § 8b VII.** Soweit eine Personengesellschaft die Voraussetzungen des § 8b VII erfüllt (vgl zur Rechtsformneutralität Rn 662), ist nach dem ausdrücklichen Gesetzeswortlaut § 8b VI S 1 (und damit auch § 8b I und II) nicht auf Ebene des Mitunternehmers anwendbar, losgelöst davon, ob der Personengesellschafter selbst § 8b VII unterfällt.[6] Dies gilt sowohl für die von der Personengesellschaft direkt erzielten Bezüge, Veräußerungsgewinne und Gewinnminderungen als auch für von dem Personengesellschafter erzielten Gewinne und Verluste aus der Veräußerung oder Aufgabe der Personengesellschaftsanteile (soweit die Personengesellschaft entsprechende Anteile umfasst). Dh insoweit schlägt § 8b VII aufgrund des Wortlauts des § 8b VI S 1 („soweit sie bei der Veräußerung oder Aufgabe eines Mitunternehmeranteils auf Anteile iSd § 8b II entfallen") auf den Gesellschafter im Falle der Veräußerung oder Aufgabe eines Anteils an einer Per-

---

1   *Gosch* in Gosch § 8b Rn 598; *Dötsch/Pung* in D/J/P/W § 8b Rn 280; *Feyerabend* in Erle/Sauter § 8b Rn 376.
2   EuGH Rs C-307/97, *Saint-Gobain*, Slg 1999, I-6161.
3   *Neumann* in Gosch § 15 Rn 24a; *Dötsch* in D/J/P/W § 15 Rn 30c; Erle/Heurung in Erle/Sauter § 15 Rn 52.
4   *Rogall*, DB 2006, 2310, 2312; *Frotscher* in Frotscher/Maas § 8b Rn 111. AA *Dötsch/Pung* in D/J/P/W § 8b Rn 347.
5   *Bindl*, DStR 2006, 1817, 1819; *Frotscher* in Frotscher/Maas § 8b Rn 111.
6   *Pyszka*, BB 2002, 2049, 2050; *Bindl*, DStR 2006, 1817, 1819; *Gosch* in Gosch § 8b Rn 567; *Dötsch/Pung* in D/J/P/W § 8b Rn 255.

sonengesellschaft iSd § 8b VII durch. Dies gilt jedoch nur, soweit die fraglichen Anteile im Gesamthandsvermögen der Personengesellschaft gehalten werden. Sofern der Gesellschafter hingegen die Anteile selbst hält, so dass diese Sonderbetriebsvermögen der Personengesellschaft sind, greift § 8b VII mangels der zivilrechtlichen Anteilszurechnung an die Personengesellschaft nicht.[1] Gestaltungen, wonach zur Realisierung von abziehbaren Veräußerungsverlusten Anteile zum Buchwert gem § 6 V S 3 EStG überführt werden, wirkt § 6 V S 4 ff EStG als Missbrauchsverhinderungsvorschrift entgegen.

Personengesellschafter iSd § 8b VII. Umgekehrt wird § 8b VI S 1 (und damit auch § 8b I und II) nicht eingeschränkt, wenn ein § 8b VII S 1 unterfallender Personengesellschafter Einkünfte über eine dieser Vorschrift nicht unterfallende Personengesellschaft bezieht bzw Einkünfte aus der Veräußerung oder Aufgabe des Personengesellschaftsanteils erzielt. Denn es mangelt insoweit an der für Zwecke des § 8b VII S 1 erforderlichen Anteilszurechnung an den Personengesellschafter.[2] 722

GewSt. Für die dem § 8b VII unterfallenden Kreditinstitute, Finanzdienstleistungsinstitute und Finanzunternehmen kommt eine Kürzung gem § 9 Nr 2a, Nr 7 und Nr 8 GewStG für die Bezüge iSd § 8b I bei der Ermittlung des Gewerbeertrags bei Erfüllung der Schachtelbeteiligung grundsätzlich in Betracht.[3] Dies scheint nicht zuletzt vor dem Hintergrund der Ungleichbehandlung von Versicherungsunternehmen fraglich (vgl Rn 746). 723

Ausschluss durch § 8b IX. Die Rechtsfolgen des § 8b VII können jedoch bei Erfüllung der Tatbestandsvoraussetzungen des § 8b IX eingeschränkt werden (vgl Rn 786 ff). 724

Einstweilen frei. 725-726

XII. Lebens- und Krankenversicherungsunternehmen sowie Pensionsfonds 727
(§ 8b VIII). 1. Allgemeines. Hintergrund. Die Steuerbefreiung gem § 8b I und II hatte für Lebens- und Krankenversicherungsunternehmen bis zum VZ 2003 zunächst den vorteilhaften Effekt, dass die hiervon erfassten Bezüge und Gewinne zwar steuerbefreit waren, aber dennoch in die Bemessungsgrundlage für die erfolgsabhängigen Rückstellungen für Beitragsrückerstattungen eingingen und steuerlichen Aufwand entstehen ließen. Als Folge hieraus wurde auch den Lebens- und Krankenversicherungsunternehmen die Möglichkeit einer Qualifikation als Organgesellschaft bis zum VZ 2008 versagt, um die Nutzung zusätzlicher steuerlicher Verluste bei anderen Organträgern zu verhindern (vgl § 14 Rn 5). IRd JStG 2009 wurde zwar letzteres durch Aufhebung des § 14 II wieder rückgängig gemacht, allerdings unter Anpassung des § 21 I Nr 1, wonach steuerbefreite Einkünfte in die Berechnung der steuerlich abzugsfähigen Rückstellungen für erfolgsabhängige Beitragsrückerstattungen nicht mehr eingehen (vgl § 21 Rn 6, 68 f).

---

1 Gosch in Gosch § 8b Rn 568. AA *Dötsch/Pung* in D/J/P/W § 8b Rn 255.
2 *Bindl*, DStR 2006, 1817, 1819; *Gosch* in Gosch § 8b Rn 568.
3 *Dötsch/Pung* in D/J/P/W § 8b Rn 281; *Feyerabend* in Erle/Sauter § 8b Rn 378; kritisch *Wagner*, DK 2006, 609, 615.

728 **Zweck.** Insbesondere aufgrund der damaligen schwierigen Marktsituation und der damit verbundenen Notwendigkeit von Teilwertabschreibungen kam der Gesetzgeber den Forderungen nach einer Ausnahme von der Steuerbefreiung gem § 8b I und II (bzw noch wichtiger von der Einschränkung der steuerlichen Nutzung von Verlusten gem § 8b III) iRd Korb II-G mit der Einführung des § 8b VIII nach. Andernfalls wurde die Gefahr einer Übersteuerung bzw eine Nichtberücksichtigung von Verlusten gesehen, da aufgrund der Teilwertabschreibung auf der einen Seite die Bemessungsgrundlage für die steuerwirksamen Rückstellungen für Beitragsrückerstattungen reduziert wurden und auf der anderen Seite die Teilwertabschreibung nicht steuerwirksam waren. Allerdings muss gesehen werden, dass dies eigentlich nur der Umkehreffekt der vorher bestehenden Möglichkeit der Erzeugung zusätzlicher Verluste war.[1]

729 **Beihilfe.** Aufgrund der dokumentierten Intention, mit der Einführung des § 8b VIII allgemein zu verzeichnende Wertverluste für bestimmte Unternehmen selektiv abzugsfähig zu gestalten, droht die Gefahr der Annahme einer unzulässigen Beihilfe iSd Art 107 AEUV. Hiergegen lässt sich allerdings einwenden, dass spätere Wertsteigerungen korrespondierend steuerlich zu erfassen sind, so dass es an einer dauerhaften Vorteilszuwendung fehlt.

730 *Einstweilen frei.*

731 **2. Persönlicher Anwendungsbereich. Inländische Lebens- und Krankenversicherungsunternehmen.** § 8b VIII S 1 gilt für alle Lebens- und Krankenversicherungsunternehmen. Der Begriff ist einheitlich mit den ansonsten im KStG verwendeten Definitionen auszulegen, so dass hierher zumindest alle der Versicherungsaufsicht gem § 1 VAG unterfallenden Unternehmen, die eine Lebens- oder Krankenversicherung betreiben (vgl § 21 Rn 21), gehören. Ebenso fallen hierunter Pensionskassen gem § 118a VAG.

732 **Ausländische Lebens- und Krankenversicherungsunternehmen.** Es fällt auf, dass § 8b VIII S 1 anders als § 8b VII S 1 nicht ausdrücklich auf deutsche Vorschriften der Versicherungsaufsicht abstellt. Gleichzeitig fehlt eine Erweiterung auf EU-/EWR-Fälle wie in § 8b VII S 3. Daraus kann nur gefolgert werden, dass der Gesetzgeber auch eine nach ausländischem Recht bestehende Versicherungsaufsicht (zumindest soweit diese mit der deutschen vergleichbar ist) für die Anwendung des § 8b VIII S 1 als ausreichend erachtet.[2] Dementsprechend sollte § 8b VIII S 1 auch iRd beschränkten Steuerpflicht gelten.[3]

733 **Rechtsform.** Das (deutsche) Versicherungsaufsichtsrecht erfasst gem § 7 VAG eine Reihe von Rechtsformen wie die AG, SE, VVaG sowie Körperschaften und Anstalten des deutschen Rechts. Ausgehend von der Erkenntnis, dass auch die Anwendung ausländischen Versicherungsaufsichtsrechts für Zwecke des § 8b VIII S 1 ausreichend ist (vgl Rn 732), kann dieser Katalog im Einzelfall insbesondere iRd beschränkten

---

1 Kritisch dementsprechend auch *Gosch* in Gosch § 8b Rn 610, 611.
2 *Watermeyer* in H/H/R § 8b Rn 173.
3 *Gosch* in Gosch § 8b Rn 612; *Schick* in Erle/Sauter § 8b Rn 381.

Steuerpflicht erweitert werden. Dementsprechend ist auch nicht ausgeschlossen, dass ausländische Lebens- und Krankenversicherungsunternehmen in der Rechtsform der Personengesellschaft beim Gesellschafter dem § 8b VIII S 1 uU unterfallende Einkünfte erzielen (zu den Rechtsfolgen im Einzelnen unter Rn 742).

Pensionsfonds. Nach § 8b VIII S 5 wird der Anwendungsbereich der Vorschrift auch auf Pensionsfonds ausgeweitet. Aufgrund des offenen Wortlautes erfasst dies erneut die der inländischen Aufsicht unterliegenden Pensionsfonds iSd § 112 VAG aber auch vergleichbare ausländische Pensionsfonds. 734

Einstweilen frei. 735-736

3. Sachlicher Anwendungsbereich. Kapitalanlagen. Von § 8b VIII S 1 werden „Kapitalanlagen" erfasst. Der Begriff ist der Gliederung des Jahresabschlusses für Versicherungsunternehmen entlehnt und umfasst nach RechVersV[1] im Einzelnen: 737

- Kapitalanlagen, dh Anteile an verbundenen Unternehmen und Beteiligungen (§ 3 Nr 1 lit a RechVersV);
- Sonstige Kapitalanlagen wie Aktien (§ 3 Nr 1 lit b RechVersV).

Der Begriff der Kapitalanlage und der sachliche Anwendungsbereich des § 8b VIII S 1 ist damit weit und umfasst zunächst alle Anteile iSd § 8b II (hierzu vgl Rn 263).[2] Insbesondere unterscheidet § 8b VIII S 1 anders als § 8b VII auch nicht zwischen Handelsbuch/Umlaufvermögen und Anlagebuch/Anlagevermögen, sondern erfasst unterschiedslos Kapitalanlagen.[3]

Investmentanteile. Zur Anwendung des § 8b VIII S 1 auf Einkünfte auf Investmentanteile vgl analog Rn 692. 738

Forderungen gegenüber verbundenen Unternehmen (§ 8b III S 4 ff). Auch wenn Forderungen keine Anteile iSd § 8b II sind, sollte ebenso wie im Falle des § 8b VII vertretbar sein, dass § 8b VIII S 1 den Ausschluss der steuerlichen Nichtanerkennung von Gewinnminderungen aus Forderungen gegenüber Gruppengesellschaften gem § 8b III S 4 ff außer Kraft setzt (vgl analog Rn 704). Dies umso mehr, als die Begriffe Kapitalanlage gem § 3 Nr 1 lit a RechVersV und der sonstigen Kapitalanlage gem § 3 Nr 1 lit b RechVersV auch Ausleihungen und Forderungen uä umfassen. 739

Einstweilen frei. 740-741

4. Rechtsfolgen. Nichtanwendung der § 8b I-VII. Als Rechtsfolge sieht § 8b VIII S 1 ebenso wie § 8b VII die Nichtanwendung der § 8b I-VI vor (vgl Rn 716 ff). Der Verweis der analogen Anwendbarkeit des § 8b VII ist hingegen offenbar ein gesetzgeberisches Versehen, da § 8b VII für Zwecke der KSt die gleichen Rechtsfolgen vorsieht und tatbestandlich durch § 8b VIII ausgeschlossen wird.[4] 742

Abkommensrecht und § 8b IX. Die Rechtsfolgen des § 8b VIII S 1 können aufgrund von Abkommensrecht sowie § 8b IX eingeschränkt werden (vgl Rn 718, 775 ff). 743

---

1   BGBl I 1994, 3378.
2   *Kröner* in EY § 8b Rn 295.
3   *Wagner*, DK 2006, 609, 616.
4   *Feyerabend* in Erle/Sauter § 8b Rn 397; *Dötsch/Pung* in D/J/P/W § 8b Rn 283.

744 **Organgesellschaft.** Nach Aufgabe des Organschaftsverbots für Lebens- und Krankenversicherungsunternehmen ab dem VZ 2009 (vgl § 14 Rn 5 und § 15 Rn 124) wird die Anwendung des § 8b VIII auf Ebene der Organgesellschaft in § 15 Nr 2 S 1 nicht ausgeschlossen. Weiterhin wird die iRd Bruttomethode in § 15 Nr 2 S 3 allgemein vorgesehene Anwendbarkeit der § 8b I-VI auf Ebene des Organträgers suspendiert, falls § 8b VIII bei der Organgesellschaft einschlägig ist.[1] Letztes ist auch notwendig, um die iRd § 21 I Nr 1 vorgesehene Kürzung des handelsrechtlichen Jahresergebnisses um steuerfreie Einkünfte iRd Ermittlung der Bemessungsgrundlage für die Rückstellungen für Beitragserstattungen (die bei der Organgesellschaft erfolgt) nicht durch die Anwendung der § 8b I-VI auf Ebene des Organträgers zu unterlaufen (hierzu vgl § 21 Rn 41).

745 **Organträger.** Zur fehlenden Anwendbarkeit des § 8b VIII bei Lebens- und Krankenversicherungsunternehmen als Organträger, falls Einkünfte von einer nicht § 8b VIII unterfallenden Organgesellschaft bezogen werden vgl analog Rn 720. Zwar kann dadurch die Anwendbarkeit des § 8b I und II für Lebens- und Krankenversicherungsunternehmen mittels der Organschaft erreicht werden; dennoch greift korrespondierend der Nachteil einer Kürzung der steuerbefreiten Erträge gem § 21 I Nr 1 bei der Ermittlung der Bemessungsgrundlage von Rückstellungen für Beitragserstattungen der Lebens- und Krankenversicherungsunternehmen als Organträger.

746 **GewSt.** Anders als bei den § 8b VII unterfallenden Unternehmen (vgl Rn 723) können bei Lebens- und Krankenversicherungsunternehmen gem § 9 Nr 2a S 5, Nr 7 S 8 und Nr 8 S 4 GewStG die dem § 8b I unterfallenden Bezüge bei der Ermittlung des Gewerbeertrags nicht gekürzt werden und sind damit gewerbesteuerlich in jedem Fall zu erfassen.[2] Insoweit besteht ein Gleichklang zu Gewinnen iSd § 8b II, für die ebenso gewerbesteuerlich keine Kürzungsvorschrift vorgesehen ist.

747 **Personengesellschaft.** Zur Anwendung des § 8b VIII S 1 bei Personengesellschaften vgl analog Rn 721 und 722.

748 **Rückstellungen für Beitragsrückerstattungen nach Einfügung des § 8b VIII.** Durch die Einfügung des § 8b VIII S 1 ist die Möglichkeit der Erzielung von Steuervorteilen über die Steuerbefreiung von Bezügen und Gewinnen iSd § 8b I und II unter gleichzeitiger Erhöhung der Rückstellungen für Beitragsrückerstattungen bereits eingeschränkt worden. Hiernach verbleibt es aufgrund der allgemeinen Steuerpflicht dieser Bezüge bei der Einbeziehung dieser Beträge in die Bemessungsgrundlage für diese Rückstellungen, es sei denn, eine Steuerbefreiung resultiert aus einem DBA oder aus § 8b IX (dh insoweit bedarf es auch nicht der Anwendung des durch das JStG 2009 eingefügten § 21 I Nr 1).

749-750 *Einstweilen frei.*

751 **5. Rückausnahme bei früheren Teilwertabschreibungen (§ 8b VIII S 2). Steuerfreie Veräußerungsgewinne.** Soweit eine Teilwertabschreibung auf Anteile vorzunehmen war (im Falle dauernder Wertminderungen), welche gem § 8b III S 3

---

1 *Neumann* in Gosch § 15 Rn 24a; *Heurung/Seidel*, BB 2009, 472, 474.
2 *Dötsch/Pung* in D/J/P/W § 8b Rn 289. Kritik zu Recht *Wagner*, DK 2006, 609, 615.

außerbilanziell korrigiert und nicht bereits in Folge von steuerpflichtigen Wertzuschreibungen gem § 6 I Nr 2 S 3 EStG wieder ausgeglichen wurde, regelt § 8b VIII S 2, dass ein auf diese Anteile entfallender Gewinn iSd § 8b II weiterhin steuerfrei bleibt.[1] Hierdurch wird eine korrespondierende Steuerbefreiung gewährleistet, soweit frühere Teilwertabschreibungen gem § 8b III S 3 nicht steuerlich wirksam waren.

Nichtabzugsfähige Betriebsausgaben. Die Fiktion nichtabzugsfähiger Betriebsausgaben iHv 5 % gem § 8b III S 1 greift auch, soweit § 8b VIII S 2 die Steuerfreiheit der Veräußerungsgewinne im Wege der Rückausnahme anordnet. 752

Bezüge iSd § 8b I. Die Rückausnahme in § 8b VIII S 2 erfasst nicht Bezüge iSd § 8b I.[2] 753

Keine dauernde Wertminderung. Nach Verwaltungsauffassung soll § 8b VIII S 2 nicht greifen, falls eine Teilwertabschreibung in Folge nicht dauerhafter Wertminderungen nicht vollzogen wurde; die Auffassung ist abzulehnen (im Einzelnen Rn 766). 754

Einstweilen frei. 755-756

6. Einschränkung von Gewinnminderungen bei Erwerb von verbundenen Unternehmen (§ 8b VIII S 3). Zweck. § 8b VIII S 3 dient dazu, Gestaltungen zu verhindern, bei denen Anteile innerhalb einer Unternehmensgruppe zwischen § 8b II sowie § 8b VIII unterfallenden Unternehmen verschoben werden, um eine steuerfreie Veräußerung der Anteile bei gleichzeitiger steuerlicher Abzugsfähigkeit zukünftiger Gewinnminderungen auf diese zu erreichen.[3] Die Regelung bleibt allerdings lückenhaft und belässt weiterhin Raum für Gestaltungen vorbehaltlich des § 42 AO.[4] 757

Persönlicher Anwendungsbereich. Der persönliche Anwendungsbereich des § 8b VIII S 3 deckt sich mit dem des § 8b VIII S 1 (vgl Rn 731). 758

Sachlicher Anwendungsbereich. § 8b VIII S 3 kommt zur Anwendung, 759
- wenn die fraglichen Anteile von einem verbundenen Unternehmen gem § 15 AktG erworben wurden und
- soweit der Veräußerungsgewinn bei dem verbundenen Unternehmen gem § 8b II außer Ansatz geblieben ist.

Soweit die Anteile von einer Organgesellschaft erworben wurden, bei der nach der Bruttomethode § 8b II erst auf Ebene des Organträgers anzuwenden ist, reicht dies für die Anwendbarkeit des § 8b VIII S 3 aus, da die Vorschrift nur abstrakt die Anwendung des § 8b II voraussetzt (ohne festzulegen, auf welcher Stufe bzw bei welchem Steuerpflichtigen die Steuerbefreiung wirkt).

Nicht erfasste Fälle. § 8b VIII S 3 erfasst damit vorbehaltlich des § 42 AO grundsätzlich eine Reihe von Fällen nicht, wie zB: 760
- Erwerb der Anteile von/über einem/einen Dritten;

---

1 Ebenso OFD Frankfurt am Main v 6.10.2004, DStR 2004, 2195.
2 *Dötsch/Pung* in D/J/P/W § 8b Rn 284.
3 *Kröner* in EY § 8b Rn 300; *Gosch* in Gosch § 8b Rn 615.
4 *Frotscher* in Frotscher/Maas § 8b Rn 118.

- Gem § 8b II steuerfreier Verkauf der Anteile mit Veräußerungsgewinn innerhalb der Gruppe mit nachfolgendem steuerpflichtigen Erwerb (ohne Veräußerungsgewinn) von einem Lebens- und Krankenversicherungsunternehmen;
- Unentgeltliche Übertragung der Anteile gem § 6 III EStG;
- Steuerneutrale Übertragung der Anteile über Umwandlungen (§§ 11 ff, 15 UmwStG) bzw einem Anteilstausch (§ 21 UmwStG) zum Buchwert (nicht zum gemeinen Wert).

761 **Rechtsfolge: Ausschluss von Gewinnminderungen.** Als Rechtsfolge ordnet § 8b VIII S 3 den Ausschluss von Gewinnminderungen im Zusammenhang mit den fraglichen Anteilen an. Die Vorschrift ist mithin lex specialis zu § 8b III S 2.

762-763 *Einstweilen frei.*

764 **7. Wertansatz bei der Einkommensermittlung (§ 8b VIII S 4). Zweck.** Da Gewinne aus der Veräußerung früher die Rückstellungen für Beitragsrückerstattungen erhöhten, welche wiederum steuerlich abzugsfähig waren, sollte eine Wertkongruenz zwischen der steuerrechtlichen und handelsrechtlichen Behandlung hergestellt werden.[1] Mit anderen Worten werden handelsrechtliche Wertveränderungen, die iRd Ermittlung der Rückstellungen für Beitragsrückerstattungen herangezogen wurden, der Besteuerung durch den § 8b VIII S 4 zu Grunde gelegt. Ziel der Regelung ist, dass im Falle hoher Abweichungen zwischen steuer- und handelsbilanziellen Buchwerten keine ungewollten Verzerrungen in Form zu hoher steuerlicher Verluste oder Gewinne entstehen können.[2]

765 **Außerbilanzielle Korrektur.** § 8b VIII S 4 ist eine Vorschrift, die abweichend zu den auf erster Stufe iRd Steuerbilanz weiterhin geltenden Bewertungsvorschriften in § 8 I iVm § 6 EStG die handelsrechtlichen Werte für steuerliche Zwecke heranzieht. Dabei setzt die Vorschrift jedoch als außerbilanzielle Korrektur bei der Einkommensermittlung auf zweiter Stufe an.[3] Kritisch ist anzumerken, dass § 8b VIII S 4 zu einer Reihe von Verwerfungen führt und letztlich als Sondervorschrift bei der Ermittlung des Einkommens ein Fremdkörper bleibt (im Einzelnen Rn 766 ff).

766 **Handelsrechtliche Zuschreibung nicht dauernder Wertminderung.** Falls Anteile handelsbilanziell abgeschrieben wurden und diese Abschreibung in der Steuerbilanz aufgrund fehlender dauerhafter Wertminderung nicht nachvollzogen wurde, droht aufgrund des § 8b VIII S 4 eine ungerechtfertigte Besteuerung handelsrechtlicher Zuschreibungsgewinne, welche als außerbilanzielle Korrekturen dem Einkommen hinzugerechnet werden. Die Verwaltung will § 8b VIII S 2 in diesem Fall nicht anwenden, da eine nach dieser Vorschrift erforderliche Teilwertabschreibung nicht gegeben sei.[4] Der Wortlaut des § 8b VIII S 2 deckt diese Auslegung ab; sachgerecht ist dieses Auslegungsergebnis jedoch nicht.[5] Sieht man angesichts des Wortlauts ebenso Schwierig-

---
1 BTDrs 15/1684, 9; *Gosch* in Gosch § 8b Rn 614.
2 *Dötsch/Pung* in D/J/P/W § 8b Rn 286.
3 *Dötsch/Pung* in D/J/P/W § 8b Rn 286; *Gosch* in Gosch § 8b Rn 614.
4 OFD Frankfurt am Main v 6.10.2004, DStR 2004, 2195.
5 *Mützler*, DB 2007, 1894; *Dötsch/Pung* in D/J/P/W § 8b Rn 286.

keiten hinsichtlich der Anwendbarkeit des § 8b VIII S 2 in diesen Fällen, könnte zur Erreichung sinnvoller Ergebnisse eine alternative Auslegung erwogen werden. So könnte iRd Ermittlung des Korrekturbetrags gem § 8b VIII S 4 auch eine vorher steuerlich nicht nachvollzogene handelsbilanzielle Abschreibung zunächst berücksichtigt werden; schließlich ist in der Handelsbilanz der Anfangsbilanzwert der Beteiligung entsprechend geringer. Hieraus könnte eine Anpassung des Korrekturbetrags gem § 8b VIII S 4 folgen.

Verdeckte Einlagen und vGA. Falls für steuerbilanzielle Zwecke verdeckte Einlagen oder vGA den Beteiligungsbuchwert erhöhen bzw verringern, droht eine außerbilanzielle Korrektur gem § 8b VIII S 4, soweit man nicht oben beschriebener Anpassung des Korrekturbetrags folgen will (vgl Rn 766). 767

Rückzahlung des Einlagekontos gem § 27. Soweit die Verminderung des steuerbilanziellen Beteiligungsansatzes im Falle der Rückzahlung des Einlagekontos gem § 27 in der Handelsbilanz nicht nachvollzogen wird, droht gleichfalls eine außerbilanzielle Korrektur gem § 8b VIII S 4, da § 8b VIII S 2 nicht anwendbar ist.[1] 768

Einstweilen frei. 769-770

8. Zeitlicher Anwendungsbereich. Erstmalige Anwendung. § 8b VIII galt erstmals ab dem VZ 2004 bzw bei abweichendem WJ ab dem VZ 2005 (§ 34 VII Nr 1). 771

Blockwahlrecht. Bis zum 30.6.2004 bestand ein von den Unternehmen auszuübendes Wahlrecht, die Neuregelung der Höhe nach auf 80 % begrenzt in dem VZ 2001-2003 anzuwenden (dh 80 % Steuerpflicht/20 % Steuerbefreiung von Gewinnen und Dividenden bzw 80 % steuerliche Berücksichtigung/20 % steuerliche Nichtberücksichtigung von Verlusten). Allerdings durften im Falle der Geltendmachung von Verlusten für diese VZ kein Verlustvorträge gem § 10d EStG genutzt werden (§ 34 VII S 8 Nr 2 S 5) sowie nicht iRe Organschaft zugerechnet werden (§ 34 VII S 8 Nr 2 S 6), wobei letzte Begrenzung nicht nur Verluste aus dem Versicherungsgeschäft betrifft.[2] 772

Wertaufholung nach Ausübung des Blockwahlrechts. Im Falle späterer Wertaufholung der Anteile ist nach wohl zutreffender Auffassung diese auch zu 80 % iRd § 8b II S 4 und 5 zu erfassen.[3] Eine Übertragung der Rechtsprechung zur Reihenfolge von Zuschreibungen ist insoweit nicht möglich (hierzu Rn 365), da das Blockwahlrecht nur eine höhenmäßige Begrenzung der Berücksichtigung steuerlicher Verluste vorsah. 773

Einstweilen frei. 774

XIII. Rückausnahme gem § 8b IX. 1. Zweck. Vor der Einfügung des § 8b IX konnte es bei grenzüberschreitend erzielten Bezügen iSd § 8b I zu einem Verstoß gegen die MTRL kommen, wenn die erforderlichen Voraussetzungen (wie zB Beteiligungshöhe) erfüllt waren. In diesem Fall war nach innerstaatlichem Recht weder eine Steuerbefreiung noch indirekte Steueranrechnung, wie gem Art 4 I MTRL erfordert, möglich. 775

---
1 *Dötsch/Pung* in D/J/P/W § 8b Rn 287.
2 *Gosch* in Gosch § 8b Rn 616.
3 *Dötsch/Pung* in D/J/P/W § 8b Rn 290.

776 *Einstweilen frei.*

777 **2. Persönlicher Anwendungsbereich.** § 8b IX gilt für alle Unternehmen, die dem § 8b VII sowie VIII unterfallen (vgl im Einzelnen Rn 661 und 731 ff).

778 *Einstweilen frei.*

779 **3. Sachlicher Anwendungsbereich. Erfasste Bezüge.** § 8b IX erfasst Bezüge iSd § 8b I, welche Art 4 I MTRL unterfallen, dh insbesondere
- Dividendenausschüttungen und
- vGA,
- soweit diese von einer Tochterkapitalgesellschaft in der EU, die in Anlage 2 der MTRL genannt wird,
- bei einer Mindestbeteiligung iHv 10 %

vereinnahmt werden.

780 **Keine Erfassung inländischer und Drittstaatsdividenden.** Nicht erfasst werden hingegen Ausschüttungen von Tochterkapitalgesellschaften, die im Inland oder in Drittstaaten ansässig sind.

781 **Keine Erfassung von Ausschüttungen iRe Liquidation.** Ausschüttungen iRe Liquidation unterfallen gem Art 4 I MTRL nicht den Vorgaben der MTRL und sind damit auch nicht von § 8b IX erfasst.[1]

782 **Keine Mindesthaltedauer.** Nicht erforderlich ist zudem die Erfüllung einer Mindesthaltedauer, da Art 3 II MTRL den Mitgliedstaaten nur das Recht zur Einschränkung der Bestimmungen der RL einräumt, von dem der deutsche Gesetzgeber iRd § 8b I (anders als bei der Gewährung der Quellensteuerbefreiung in § 43b EStG) abgesehen hat. Auch § 8b IX ändert hieran nichts.[2]

783 **Keine Erfassung von Gewinnen und Gewinnminderungen.** Dem ausdrücklichen Wortlaut nach erfasst § 8b IX nicht die Aussetzung der Steuerbefreiung gem § 8b II sowie der Nichtabzugsfähigkeit von Gewinnminderungen gem § 8b III S 3, da diese gleichfalls nicht dem sachlichen Anwendungsbereich der MTRL unterfallen. Dh insoweit verbleibt es bei der Anwendung der § 8b VII und VIII.[3]

784-785 *Einstweilen frei.*

786 **4. Rechtsfolgen. Nichtanwendung der § 8b VII und VIII.** Als Rechtsfolge ordnet § 8b IX die Nichtanwendung der Einschränkung der Steuerbefreiung gem § 8b VII sowie VIII an. Positiv formuliert verbleibt es bei der Steuerbefreiung gem § 8b I S 1 und II.

787 **Erhalt der Fiktion nichtabzugsfähiger Betriebsausgaben.** Ebenso ist für § 8b IX unterfallenden Dividenden die Fiktion nichtabzugsfähiger Betriebsausgaben gem § 8b III S 1 und V S 1 anzuwenden.[4]

---

1 *Dötsch/Pung* in D/J/P/W § 8b Rn 292; *Frotscher* in Frotscher/Maas § 8b Rn 124.
2 *Feyerabend* in Erle/Sauter § 8b Rn 417. AA *Bindl*, DStR 2006, 1817, 1822.
3 *Dötsch/Pung* in D/J/P/W § 8b Rn 291.
4 *Dötsch/Pung* in D/J/P/W § 8b Rn 292.

Beitragsrücksterstattungen. In Folge der Gewährung der Steuerbefreiung gem 788
§ 8b IX kommt es für diese Bezüge zu einer Kürzung der Rückstellungen für Beitragsrückerstattungen ab dem VZ 2004 (vgl im Einzelnen § 21 Rn 6, 68 ff).

Korrespondenzprinzip. Für die dem § 8b IX unterfallende Bezüge sind gleichwohl 789
die Vorgaben des Korrespondenzprinzips gem § 8b I S 2 zu beachten (vgl Rn 208).

Organgesellschaften. § 8b IX ist auch bei einer Organgesellschaft weiterhin an- 790
wendbar, da § 15 S 1 Nr 2 S 1 diese Vorschrift nicht nennt. Hierdurch wird jedoch
nicht der Anwendungsbereich des § 8b I und II auf Ebene der Organgesellschaft eröffnet. Denn obwohl § 8b IX die Anwendbarkeit der § 8b VII und VIII auf Ebene der
Organgesellschaft ausschließt, enthält § 15 S 1 Nr 2 S 1 weiterhin den Anwendungsausschluss der § 8b I und II, welcher auch nicht durch § 8b IX außer Kraft gesetzt wird
(vgl auch § 15 Rn 87).

Inländerdiskriminierung. Die fehlende Anwendbarkeit des § 8b IX bei inner- 791
staatlichen Sachverhalten ist als unionsrechtlich zulässige Inländerdiskriminierung
hinzunehmen.[1]

Drittstaatsachverhalte. Ein Verstoß des § 8b IX gegen die Kapitalverkehrs- 792
freiheit aufgrund der fehlenden Anwendbarkeit bei Bezug von Bezügen iSd § 8b I
aus Drittstaaten sollte nicht anzunehmen sein. Denn die Vorschrift ist zum einen
bei Inlandssachverhalten nicht anwendbar, so dass keine Diskriminierung des grenzüberschreitenden Kapitalverkehrs mit Drittstaaten vorliegt. Zum anderen kommt
die Erweiterung der im Verhältnis zu anderen EU-Staaten bestehenden Vergünstigung nicht in Betracht, da aus den Grundfreiheiten des AEUV kein allgemeines
Meistbegünstigungsgebot folgt.[2] Ebenso ist ein Verstoß gegen Art 24 I OECDMA ausgeschlossen, da die fehlende Anwendbarkeit des § 8b IX weder aus der
unterschiedlichen Staatsangehörigkeit (direkte Diskriminierung) noch der Ansässigkeit (indirekte Diskriminierung) resultiert.[3]

Einstweilen frei. 793-794

5. Zeitlicher Anwendungsbereich. § 8b IX gilt gem § 34 VIIa bereits ab dem VZ 795
2004 (damals entsprechend der zu dem Zeitpunkt gem Art 4 I vorgesehenen Anforderungen).

Einstweilen frei. 796

XIV. Wertpapierleihe (§ 8b X). 1. Hintergrund und Zweck. Hintergrund für die 797
Einführung des § 8b X ist die Vermeidung von steuerlichen Vorteilen, die in der Vergangenheit bei bestimmten Wertpapiergeschäften durch die unterschiedliche Behandlung von Erträgen aus Beteiligungen erzielt werden konnten.[4] Insbesondere
folgender Konstellation sollte entgegengewirkt werden:

---

[1] EuGH Rs C-70/94, *Werner*, Slg 1995, I-3189 ff.
[2] EuGH, Rs C-376/03, *D*, Slg 2005, I-5281 ff; *Schnitger*, Die Grenzen der Einwirkung der Grundfreiheiten des EG-Vertrages auf das Ertragsteuerrecht, Diss 2006, S 292 ff und 295 ff.
[3] Offenlassend *Gosch* in Gosch § 8b Rn 626.
[4] BGBl I 2007, 1912; BTDrs 16/4841, 75.

Beispiel

Ein unter § 8b VII fallendes Kreditinstitut überlässt einer Körperschaft vor dem Dividendenstichtag ihrem Handelsbuch zuzurechnende Wertpapiere. Im Gegenzug zahlt die Wertpapiere empfangende Körperschaft Leihgebühren sowie Kompensationszahlungen für die entgangenen Dividenden. Für die überlassende Gesellschaft stellte sich der Vorgang mangels Anwendbarkeit des § 8b I-VI als steuerlich neutral dar (dh sowohl die Dividende als auch die Ausgleichzahlung sind steuerpflichtig). Die empfangende Gesellschaft vereinnahmte hingegen gem § 8b I steuerfreie Dividenden und musste gem § 8b V lediglich nichtabzugsfähige Betriebsausgaben iHv 5% versteuern. Gleichzeitig konnte die Gesellschaft jedoch Ausgleichszahlungen und Leihgebühren vollständig als Betriebsausgaben steuerlich mindernd ansetzen (vgl zur bilanziellen Behandlung Rn 821).

Um die Nutzung des beim Entleiher entstehenden Vorteils zu vermeiden, sieht § 8b X vor, dass die für die Überlassung der Wertpapiere gewährten Entgelte nicht mehr als Betriebsausgaben abzugsfähig sind. § 8b X setzt somit auf Ebene des Entleihers an.[1] Für den Verleiher hat § 8b X keine steuerlichen Auswirkungen.

798 Einstweilen frei.

799 **2. Verhältnis zu anderen Vorschriften. § 3c I EStG.** § 8b X ist lex specialis zu § 3c I EStG und verdrängt diesen, soweit seine Voraussetzungen erfüllt sind.

800 **§ 4h EStG, § 8a.** Die Zinsschranke ist nicht auf Entgelte für Wertpapierleihen anwendbar (vgl § 8a Rn 143 „Wertpapierleihe"). Denn die für die Überlassung von Anteilen gewährten Entgelte qualifizieren nicht als Zinsaufwendungen iSd § 4 h III S 2 EStG, da sie keine Entgelte für die Überlassung von Geldkapital darstellen.[2] Korrespondierend führen die Einkünfte des Verleihers nicht zu Zinserträgen iSd Zinsschranke, obgleich der Wortlaut des § 4h III S 2 EStG eine weitergehende Definition vermuten lässt.[3]

801 **§ 43 V EStG.** Die Kompensationszahlungen unterliegen als sonstige Einkünfte gem § 22 Nr 3 EStG (vgl Rn 824) nicht der Abgeltungsteuer gem § 43 V EStG. Ebenso können unter bestimmten Umständen die iRd Wertpapiergeschäfte auftretenden Veräußerungsgeschäfte abgeltungsteuerneutral behandelt werden.[4]

802 **§ 8c.** Die Übertragung der Anteile iRe Wertpapierleihe, eines echten Wertpapierpensionsgeschäfts bzw eines REPO-Geschäfts führt – soweit mit der Übertragung der Anteile das wirtschaftliche Eigentum an den Anteilen übergeht – bei Überschreiten der maßgeblichen Grenzen zum Untergang von Verlustvorträgen und laufenden Verlusten gem § 8c.[5] Die Übertragung der Anteile aufgrund der og Wertpapiergeschäfte stellt nämlich einen vergleichbaren Sachverhalt iSd § 8c dar, da infolge eines Rechtsgeschäfts das wirtschaftliche Eigentum an den Anteilen auf einen neuen Anteilseigner übergeht.

---

1 Zutreffend *Dötsch/Pung* in D/J/P/W § 8b Rn 295; kritisch *Roser*, Ubg 2008, 89 und *Gosch* in Gosch § 8b Rn 631, 661, die eine Sanktion beim Verleiher für gerechtfertigt halten.
2 *Förster* in Gosch § 4h EStG Rn 131; *Seiler* in Kirchhof § 4h EStG Rn 17.
3 BMF v 4.7.2008, BStBl I 2008, 718 Rn 11, 23.
4 BMF v 22.12.2009, BStBl I 2010, 94 Rn 170 ff.
5 *Dötsch* in D/J/P/W § 8c Rn 27; *van Lishaut*, FR 2008, 789, 792; *Roser*, DStR 2008, 77, 79.

XIV. Wertpapierleihe

GewStG. Hierzu vgl Rn 868 für den Fall, dass die Voraussetzungen des Betriebsausgabenabzugsverbots des § 8b X vorliegen. Wenn die Voraussetzungen des § 8b X nicht erfüllt sind, mindern die im Zusammenhang mit der Wertpapierleihe geleisteten Entgelte die körperschaftsteuerliche Bemessungsgrundlage als Ausgangsgröße für den Gewerbeertrag. Gem § 8 Nr 1a GewStG wird dem Gewinn aus Gewerbebetrieb grundsätzlich ein Viertel der Summe aus Engelten für Schulden wieder hinzugerechnet. Der Begriff „Entgelte für Schulden" ist nicht auf die Überlassung von Geldkapital beschränkt, sondern erfasst auch die Überlassung von Sachkapital gegen Entgelt und somit auch Wertpapierleihen.[1] Entsprechend dem Wortlaut ist entscheidend, dass die Gegenleistung „für" die Schuld und nicht für eine andere Leistung erfolgt.[2] Demzufolge ist uE nur die Leihgebühr als Entgelte für Schulden iSd § 8 Nr 1a GewStG anzusehen.[3] Denn nur diese wird für die geschuldete Rückübertragungen der Anteile geleistet. Die Kompensationszahlung wird hingegen für den Ausgleich entgangener Dividenden geleistet und steht in wirtschaftlichem Zusammenhang mit der Dividende (vgl Rn 868). Sie kann für Zwecke der GewSt nicht zugleich als für die geschuldete Rückübertragung des Sachkapitals geleistet anzusehen sein.

803

§ 7 I, II AStG. Ob eine Wertpapierleihe eine Beteiligung iSd § 7 I, II AStG vermittelt, richtet sich nach ausländischem Gesellschaftsrecht.[4] Soweit das ausländische mit dem deutschen Recht vergleichbar ist, begründet die Übertragung der Anteile auf Grundlage einer Wertpapierleihe für den Entleiher eine Beteiligung iSd § 7 I, II AStG. Denn die iRe Wertpapierleihe übertragenen Anteile vermitteln dem Entleiher eine Beteiligung am Nennkapital bzw Stimmrechte an der Gesellschaft.[5] Die Sachdarlehensforderung des Verleihers begründet als schuldrechtlicher Anspruch hingegen keine für die Hinzurechnungsbesteuerung erforderliche gesellschaftsrechtliche Beteiligung am Nennkapital bzw vermittelt keine Stimmrechte. Der Verleiher verliert durch die Wertpapierleihe insoweit seine Beteiligung nach § 7 I, II AStG.

804

§ 8 I AStG. Die im Zusammenhang mit der Wertpapierleihe bezogenen Dividenden stellen als Ausschüttungen von Kapitalgesellschaften aktive Einkünfte iSd § 8 I Nr 8 AStG dar. Die Kompensationszahlungen und Leihgebühren führen beim Verleiher zu sonstigen Einkünften iSd § 22 Nr 3 EStG (vgl Rn 824), deren Qualifikation als aktive oder passive Einkünfte für Zwecke des AStG fraglich ist. Einkünfte gem § 8 I Nr 6 AStG liegen nicht vor, weil die Wertpapierleihe als Sachdarlehen keine Vermietung oder Verpachtung darstellt. In Betracht kommt lediglich die darlehensweise Vergabe von (Sach-)Kapital, wenn der für § 8 I Nr 7 AStG erforderliche Nachweis erbracht wird bzw § 8 I Nr 3 AStG anwendbar ist.

805

---

1 *Meyer-Scharenberg* in Meyer-Scharenberg/Popp/Woring § 8 Nr 1 GewStG Rn 103; *Köster* in Lenski/Steinberg § 8 Nr 1 GewStG Rn 16.
2 *Haisch/Helios*, Rechtshandbuch Finanzinstrumente, 2011, S 240.
3 So auch *Häuselmann*, Ubg 2009, 225, 233; *derselbe*, DStR 2007, 1379, 1382; *Haisch/Helios*, Rechtshandbuch Finanzinstrumente, 2011, S 241; *Ruf*, FB 2008, 292, 297.
4 *Wassermeyer* in F/W/B/S § 7 AStG Rn 12.
5 BGH II ZR 302/06, DStR 2009, 862.

806 **§ 10 AStG.** Bei der Ermittlung der dem Hinzurechnungsbetrag zugrunde liegenden Einkünfte und des Hinzurechnungsbetrages ist § 8b X zu berücksichtigen, da § 10 AStG insoweit keine Einschränkung vorsieht. Soweit im Ausland ein Abzug der Entgelte für die Wertpapierleihe in Betracht kommt, kann die Berücksichtigung des § 8b X im Ergebnis eine Niedrigbesteuerung iSd § 8 III AStG auslösen.

807 **§ 1 IIa, III GrEStG.** IRd Wertpapierleihe wird der Entleiher zivilrechtlicher Eigentümer an den übertragenen Anteilen. Soweit durch die Wertpapierleihe die Beteiligungsgrenzen des § 1 IIa oder III GrEStG überschritten werden und daraus eine anderweitige Zuordnung der inländischen Grundstücke iSd GrESt resultiert, kann die Wertpapierleihe grundsätzlich einen grunderwerbsteuerpflichtigen Vorgang auslösen. Eine Nichtfestsetzung von GrESt kommt jedoch gem § 16 GrEStG in Betracht.

808 **InvStG.** Vgl hierzu Rn 832 und Rn 848.

809 **§ 42 AO.** § 8b X ist eine spezielle Missbrauchsverhinderungsnorm. Ein Gestaltungsmissbrauch nach § 42 AO ist daher an den Wertungen des § 8b X zu messen, was zur Folge hat, dass dieser idR von § 8b X verdrängt wird. Lediglich dann, wenn § 8b X in einer Art und Weise umgangen wird, die nicht von den Typisierungen bzw Wertungen der Norm erfasst ist, könnte eine Rückgriffsmöglichkeit auf § 42 AO verbleiben. Wird die Wertpapierleihe hingegen in missbräuchlicher Weise zur Generierung von Zinserträgen verwendet, kommt die Anwendbarkeit von § 42 AO in Betracht.[1]

810 *Einstweilen frei.*

811 **3. Anwendungsbereich. a) Zeitlicher Anwendungsbereich.** In zeitlicher Hinsicht ist § 8b X (rückwirkend) erstmals ab dem VZ 2007 anwendbar (§ 34 VIII S 9). Bei einem vom Kalenderjahr abweichenden WJ gilt die Neuregelung bereits ab dem VZ 2006/2007. Da § 2 Nr 2 und § 5 II Nr 1 erstmals für nach dem 17.8.2007 zugeflossene Entgelte gelten, greift die Ausnahme des § 8b X S 8 zeitlich verzögert.[2] § 3c II S 3 EStG gilt hingegen nach § 52 I S 1 EStG erstmals für den VZ 2008. Der durch das JStG 2009 eingeführte § 8b X S 9 gilt gem § 34 I ab dem VZ 2009.

812 *Einstweilen frei.*

813 **b) Persönlicher Anwendungsbereich. Körperschaften.** § 8b X gilt für alle Entleiher, die als Körperschaft qualifizieren (vgl Rn 826 ff). Dies gilt gem § 8b X S 6, 7 auch bei zwischen- bzw nachgeschalteten Personengesellschaften.

814 **Natürliche Personen.** Über § 3c II S 4 EStG greift das Betriebsausgabenabzugsverbot auch bei einkommensteuerpflichtigen Entleihern. Der Verweis auf § 8b X und somit das Betriebsausgabenabzugsverbot für sämtliche Entgelte könnte auch für einkommensteuerpflichtige Entleiher ein vollständiges Betriebsausgabenabzugsverbot implizieren.[3] Der Gesetzesbegründung lässt sich hingegen explizit entnehmen, dass das Betriebsausgabenabzugsverbot aufgrund des Halb- bzw Teileinkünftever-

---

1 BMF v 4.7.2008, BStBl I 2007, 718, Rn 24.
2 Kritisch zum zeitlichen Anwendungsbereich *Hahne*, BB 2007, 2055, 2057; *derselbe*, FR 2007, 819, 828; *Wagner*, DK 2007, 505, 511, 514.
3 So auch *Dötsch/Pung* in D/J/P/W § 3c EStG Rn 68.

XIV. Wertpapierleihe

fahren nur anteilig gelten soll.[1] Zudem ist die steuerliche Vorteilhaftigkeit der Wertpapierleihe bei Anwendung des Halb- bzw Teileinkünfteverfahrens nur anteilig möglich. Angesichts der lediglich sinngemäßen Anwendung des § 8b X sowie aufgrund der Verortung des Verweises bei den partiellen Abzugsverboten in § 3c II EStG ist daher nur ein Halb- bzw Teilabzugsverbot anzunehmen.[2]

Einstweilen frei. 815

c) Sachlicher Anwendungsbereich. Wertpapierleihe. § 8b X S 1 erfasst den Grundfall der Wertpapierleihe. S 1 ist jedoch nicht auf die Wertpapierleihe beschränkt, sondern erfasst je nach Ausgestaltung jedes Rechtsgeschäft, das die Tatbestandsvoraussetzungen erfüllt (ggf Pacht, Verwahrung, Nießbrauch).[3] 816

Wertpapierpensionsgeschäfte und REPO-Geschäfte. § 8b X S 4 erweitert den Anwendungsbereich auf echte Wertpapierpensionsgeschäfte sowie diesen vergleichbare REPO-Geschäfte (vgl Rn 880). 817

Einstweilen frei. 818

4. Betriebsausgabenabzugsverbot bei der Wertpapierleihe (§ 8b X S 1). Das in § 8b X S 1 enthaltene Betriebsausgabenabzugsverbot setzt voraus, dass eine Körperschaft („überlassende Körperschaft") einer anderen Körperschaft Anteile, auf die bei der jeweiligen Körperschaft bestimmte Vorschriften anwendbar bzw nicht anwendbar sind, gegen Entgelt überlässt. 819

a) Wertpapierleihe. Rechtliche Grundlage. § 8b X S 1 erfasst insbesondere die Wertpapierleihe (juristisch korrekt das Wertpapierdarlehen, § 607 BGB), bei der der Verleiher dem Entleiher Wertpapiere für einen bestimmten Zeitraum gegen Gewährung eines Entgelts (Leihgebühren und Kompensationszahlungen) überlässt. Zum Ende der Vertragslaufzeit ist der Entleiher zur Rückgabe von Wertpapieren gleicher Art, Güte, Menge und Ausstattung verpflichtet. 820

Bilanzielle Behandlung. Der Verleiher setzt bilanziell anstelle der Wertpapiere eine Sachdarlehensforderung zum Buchwert der hingegebenen Wertpapiere an. Die Sachdarlehensforderung ist das Surrogat für die Wertpapiere selbst. Eine Gewinnrealisierung aufgrund der ggf in den Wertpapieren enthaltenen stillen Reserven tritt durch diesen Aktivtausch nicht ein. Diese im BMF-Schreiben vom 3.4.1990 geäußerte Finanzverwaltungsauffassung sollte trotz Nichterwähnung in der Positivliste fortgelten.[4] Der Entleiher bucht die übernommenen Wertpapiere mit dem Kurswert und in gleicher Höhe die Verpflichtung zur Rückübertragung als Verbindlichkeit ein. Der Vorgang gestaltet sich damit insgesamt steuerlich als erfolgsneutral. 821

Anteile. Zu den erfassten Anteilen vgl Rn 855 ff. 822

---

1 BT-Drs 16/4841, 47
2 So auch *Schlotter* in Schaumburg/Rödder, UntStRef 2008, S 600.
3 BTDrs 16/4841, 75 erwähnt bspw die Pacht und Verwahrung.
4 Bayerisches LfSt v 20.7.2010, BB 2010, 2365; OFD Frankfurt am Main v 15.3.1995, BB 1995, 1081; BMF v 3.4.1990, DB 1990, 863 aufgehoben durch BMF v 29.3.2007, BStBl I 2007, 369, wobei die Aufhebung der BMF-Schreiben nach dem og BMF-Schreiben „keine Aufgabe der bisherigen Rechtsauffassung der Verwaltung" bedeutet, sondern der „Bereinigung der Weisungslage" dient; *Frotscher* in Frotscher § 5 EStG Rn 129; *Rau*, DStR 2009, 21 Fn 4.

823　**Einkünfte des Entleihers.** Der Entleiher bezieht aus den Wertpapieren regelmäßig Dividendeneinnahmen iSd § 20 I Nr 1 EStG. Die Kompensationszahlungen und die Leihgebühren führen zu Betriebsausgaben/Werbungskosten, da durch sie die Erzielung der Einnahmen ermöglicht wird und somit ein Veranlassungszusammenhang besteht.

824　**Einkünfte des Verleihers.** Beim Verleiher führen die Kompensationszahlungen und die Leihgebühren bei nicht § 8 II unterfallenden Körperschaften als einheitliches Gesamtentgelt zu Einkünften gem § 22 Nr 3 EStG, so dass § 8b I auf diese nicht anwendbar ist.[1] Das von einem ausländischen Verleiher vereinnahmte Entgelt für die Verleihung von Wertpapieren eines inländischen Emittenten führt somit nicht zu steuerbaren inländischen Einkünften, insbesondere ist § 49 I Nr 9 EStG nicht anwendbar.[2]

825　*Einstweilen frei.*

826　**b) Überlassende Körperschaft (Verleiher). Körperschaft.** § 8b X S 1 erfordert, dass eine Körperschaft als Verleiher Anteile überlässt. Der Begriff der „Körperschaft" ist einheitlich innerhalb des § 8b auszulegen (vgl Rn 8 ff). Inländische Investmentsondervermögen, die nach § 11 I 1 InvStG als Zweckvermögen iSd § 1 I Nr 5 gelten, sind nicht vom persönlichen Anwendungsbereich des § 8b X erfasst.[3] Für diese gilt ggf § 15 I S 7 InvStG iVm § 32 III. InvAGs sowie andere körperschaftlich organisierte Investmentfonds (zB SICAV) kommen hingegen als überlassende Körperschaft in Betracht (vgl Rn 832). Der Gesetzeswortlaut des § 8b X S 1 unterscheidet nicht danach, ob die überlassende Körperschaft unbeschränkt, beschränkt oder überhaupt steuerpflichtig ist. Daher ist in allen Fällen der Anwendungsbereich der Vorschrift potentiell eröffnet.[4]

827　**Zu erfüllende Alternativen.** § 8b X S 1 enthält drei Alternativen, welche von der überlassenden Körperschaft zur Eröffnung des Anwendungsbereichs erfüllt werden können:

- Anwendung von § 8b VII oder VIII (1. Alt),
- Nichtanwendung von § 8b I und II aus anderen Gründen (2. Alt),
- Nichtanwendung von § 8b I und II vergleichbaren ausländischen Vorschriften aus anderen Gründen (3. Alt).

828　**Fiktion.** Der Gesetzeswortlaut ist in Bezug auf die Alternativen missverständlich. Nicht maßgebend ist, dass bestimmte Absätze bei der überlassenden Körperschaft anzuwenden oder nicht anzuwenden „sind". Für die Erfüllung der Alternativen ist vielmehr maßgebend, dass die bestimmten Absätze bei der überlassenden Körperschaft bzw auf die Anteile anzuwenden bzw nicht anzuwenden „wären", wenn die Anteile bei dieser verblieben und nicht überlassen wären. Bei der Prüfung der Alternativen ist insoweit eine Fiktion zugrunde zu legen.

1　OFD Frankfurt am Main v 25.6.1996, DB 1996, 1702; OFD Nürnberg v 26.6.1991, DStR 1991, 1386; hingegen Einkünfte nach § 20 I Nr 7 befürwortend *Wagner*, StBp 1992, 173 ff; offen gelassen in FG Mecklenburg-Vorpommern 1 K 290/97, EFG 2001, 1496 (rkr).
2　OFD Nürnberg v 26.6.1991, DStR 1991, 1386; FG Mecklenburg-Vorpommern 1 K 290/97, EFG 2001, 1496 (rkr); *Wied* in Blümich § 49 EStG Rn 229.
3　*Schnitger/Bildstein*, IStR 2008, 202, 205; *Bacmeister/Reislhuber* in Haase § 8 InvStG Rn 109.
4　*Gosch* in Gosch § 8b Rn 644.

XIV. Wertpapierleihe

Anwendung von § 8b VII oder VIII (§ 8b X S 1 Alt 1). Die 1. Alt erfordert eine überlassende Körperschaft, bei der auf die Anteile § 8b VII oder VIII anzuwenden sind. Diese 1. Alt erfasst somit

- Kreditinstitute und Finanzdienstleistungsinstitute, bei denen die Anteile dem Handelsbuch zuzurechnen sind,
- Finanzunternehmen, die Anteile mit dem Ziel des kurzfristigen Eingehandelserfolgs erwerben,
- Lebens- und Krankenversicherungsunternehmen, bei denen die Anteile den Kapitalanlagen zuzurechnen sind.

829

Nichtanwendbarkeit von § 8b I und II aus anderen Gründen (§ 8b X S 1 Alt 2). Die 2. Alt erfasst Körperschaften, auf die die Steuerbefreiungen des § 8b I und II (kumulativ) „aus anderen Gründen" nicht anzuwenden sind. Hierbei ist keine Einschränkung auf bestimmte Gründe ersichtlich. Dh es ist insbesondere nicht entscheidend, ob die § 8b I und II aus vergleichbaren Gründen wie im Falle der § 8b VII und VIII nicht anzuwenden sind.

830

Steuerbefreite Körperschaften. Unter die 2. Alt werden in der Literatur die steuerbefreiten Körperschaften und somit insbesondere solche nach § 5 I Nr 9 subsumiert.[1] Richtigerweise gilt dies jedoch zumindest dann nicht, wenn die Anteile in einem wirtschaftlichen Geschäftsbetrieb gehalten werden, da § 8b I und II in diesen Fällen anwendbar bleibt.[2] Es könnte zudem fraglich sein, ob die persönliche Steuerbefreiung als „anderer Grund" für die Nichtanwendung der in der Einkommensermittlungsvorschrift § 8b I und II geregelten sachlichen Steuerbefreiung anzusehen ist. Denn die konkrete Anwendung der § 8b I und II wird nicht wie in etwa bei § 8b VII oder VIII rückgängig gemacht, sondern kommt deshalb nicht zur Anwendung, weil eine Einkommensermittlung nicht vorzunehmen ist.[3] Vor dem Hintergrund, dass bei Wertpapierleihen die Ausnutzung einer Steuerarbitragemöglichkeit auch bei steuerbefreiten Körperschaften möglich ist und der weite Wortlaut des § 8b X keine Einschränkung auf sachliche Steuerbefreiungsvorschriften vorsieht, ist im Ergebnis gleichwohl auch die persönliche Steuerbefreiung als „anderer Grund" iSd § 8b X S 1 anzusehen.[4]

831

Beispiel
Eine steuerbefreite Körperschaft überlässt iRe Wertpapierleihe Anteile an eine andere Körperschaft, bei der auf die Bezüge bzw Veräußerungsgewinne aus den Anteilen § 8b I, II anzuwenden sind. Letztere bezieht aus den Anteilen Dividenden und zahlt eine Kompensationszahlung an die steuerbefreite Körperschaft. Die Kompensationszahlung ist gem § 8b X nicht abzugsfähig. Dies ist gerechtfertigt, weil sich die Wertpapierleihe für die steuerbefreite Körperschaft steuerneutral darstellt (sowohl Dividenden als auch Kompensationszahlung sind wegen der Steuerbefreiung steuerbefreite Einnahmen).

---

1 Häuselmann, DStR 2007, 1379, 1381; Wagner, DK 2007, 505, 510.
2 Dötsch/Pung in D/J/P/W § 8b Rn 302.
3 Schnitger/Bildstein, IStR 2008, 202, 206.
4 So im Ergebnis Gosch in Gosch § 8b Rn 13; Dötsch/Pung in D/J/P/W § 8b Rn 302.

832 **Investmentvermögen.** InvAGs oder ausländische körperschaftlich organisierte Investmentvermögen (nicht aber inländische oder ausländische Sondervermögen wie zB der luxemburgische FCP) können grundsätzlich als überlassende Körperschaft in Betracht kommen. Die persönliche Steuerbefreiung nach § 11 I S 2, 3 InvStG greift jedoch nur für die inländischen InvAGs; für ausländische körperschaftlich organisierte Investmentvermögen gilt sie nicht.[1] Wie unter Rn 831 beschrieben, ist die persönliche Steuerbefreiung als „anderer Grund" iSd § 8b X S 1 anzusehen, der dazu führt, dass bei der überlassenden Körperschaft § 8b I und II auf die Anteile nicht anzuwenden sind.[2] Dieses Ergebnis ist vor dem Hintergrund des § 11 I S 3 InvStG (Besteuerung nach dem Transparenzprinzip) nicht sachgerecht, da institutionelle Anleger von den Vergünstigungen des § 8b profitieren können (vgl Rn 91 ff). Dies könnte eine teleologische Reduktion der 2. Alt dergestalt rechtfertigen, dass diese grundsätzlich nicht für InvAGs gilt oder alternativ insoweit nicht anzuwenden ist, als an ihr nicht § 8b VII oder VIII unterfallende Anleger beteiligt sind.[3]

833 **Ausländische Körperschaften.** Ausländische Körperschaften sollten nicht generell unter die 2. Alt fallen.[4] Von einer Nichtanwendbarkeit der § 8b I und II „aus anderen Gründen" ist nicht bereits in solchen Fällen auszugehen, in denen ausländische Körperschaften bereits mangels Inlandsbezug nicht der deutschen Besteuerung unterliegen (zB wenn eine ausländische Körperschaft Anteile an einer ausländischen Körperschaft verleiht). Anderweitig liefe die 3. Alt weitestgehend leer. Ebenfalls werden von der 2. Alt nicht per se beschränkt steuerpflichtige ausländische Körperschaften mit Beteiligung an inländischen Kapitalgesellschaften erfasst, da bei ihnen grundsätzlich § 8b I und II zur Anwendung kommen sollte.[5]

834 **Organgesellschaften.** Hierzu vgl Rn 915.

835 **Nichtanwendbarkeit vergleichbarer ausländischer Vorschriften aus anderen Gründen (§ 8b X S 1 Alt 3).** Unter die 3. Alt fallen Körperschaften, bei denen auf die Einnahmen und Bezüge den § 8b I und II vergleichbare ausländische Vorschriften aus anderen Gründen nicht anzuwenden sind. Die ausländischen Vorschriften müssen aus anderen als den in § 8b VII oder VIII genannten Gründen nicht anwendbar sein. Da § 8b VII und VIII jedoch keine ausländischen Vorschriften ausschließen, sind die Gründe für die Nichtanwendbarkeit der vergleichbaren ausländischen Steuerbefreiungen grundsätzlich unerheblich. Ob es sich bei dem ausländischen Verleiher um ein Kredit-, Finanzdienstleistungsinstitut, Finanz-, Lebens- oder Krankenversicherungsunternehmen handelt, ist iRd Anwendung der 3. Alt daher unbeachtlich.[6]

---

[1] BMF v 18.8.2009, BStBl I 2009, 931, Rn 213; *Englisch* in Berger/Steck/Lübbehüsen § 11 InvStG Rn 24.
[2] Einen solchen anderen Grund befürwortend *Wagner*, DK 2007, 505, 510; *Rau*, DStR 2009, 948, 949; *Lübbehüsen* in Berger/Steck/Lübbehüsen § 15 InvStG Rn 96; *Dötsch/Pung* in D/J/P/W § 8b Rn 302.
[3] *Schnitger/Bildstein*, IStR 2008, 202, 206 f.
[4] *Schnitger/Bildstein*, IStR 2008, 202, 207; *Gosch* in Gosch § 8b Rn 649; *Frotscher/Maas* in Frotscher/Maas § 8b Rn 128; aA *Häuselmann*, DStR 2007, 3179; *Wagner*, DK 2007, 505, 510; *Feyerabend* in Erle/Sauter § 8b Rn 428.
[5] *Gosch* in Gosch § 8b Rn 649; *Frotscher* in Frotscher/Maas § 8b Rn 36 und 128 f; *Töben*, FR 2000, 905, 910.
[6] *Häuselmann*, DStR 2007, 1379, 1381; *Dötsch/Pung* in D/J/P/W § 8b Rn 303.

Existenz einer Steuerbefreiung nach ausländischem Recht. Zur Anwendung der 3. Alt ist es erforderlich, dass nach ausländischem Steuerrecht grundsätzlich zu § 8b I und II vergleichbare Steuerbefreiungsvorschriften existieren. Zwar wird teilweise in der Literatur die Auffassung vertreten, dass bei Nichtvorliegen einer solchen Steuerbefreiung gleichfalls ein schädlicher Verleiher iSd § 8b X gegeben sein kann.[1] Unter Berücksichtigung des klaren gesetzlichen Wortlauts sowie der Gesetzesbegründung, die von einer Einschränkung steuerlicher Vorteile bestimmter Unternehmen (vorliegend insbesondere Banken) ausgeht, muss jedoch angenommen werden, dass § 8b X S 1 nur solche Fälle erfassen soll, bei denen bestimmte Körperschaften vom Anwendungsbereich einer Steuerbefreiung innerhalb eines Steuersystems ausgeschlossen werden. Mit anderen Worten will der Gesetzgeber nur die Nutzung von Steuervorteilen bestimmter, innerhalb eines Steuersystems andersartiger Körperschaften begrenzen. Hingegen soll die Möglichkeit zur Erzielung von Steuerarbitragen aufgrund unterschiedlicher Ausgestaltung der nationalen Steuersysteme nicht erfasst werden.[2] Hätte der Gesetzgeber auch diesen Fall erfassen und von der Besteuerung nach dem Leistungsfähigkeitsprinzip abweichen wollen, wäre eine klare Regelung in § 8b X S 1 zur Einschränkung des Abzugs von Betriebsausgaben notwendig gewesen. Somit ist die 3. Alt des § 8b X S 1 nicht in den Fällen anzuwenden, wenn im Ausland bereits keine zu § 8b I und II vergleichbare Vorschriften für Körperschaftsteuersubjekte existieren.[3]

836

Steuerbefreiung von Dividenden und Veräußerungsgewinnen. Zwar wird teilweise in der Literatur die Auffassung vertreten, dess es für die Anwendung der 3. Alt des § 8b X S 1 ausreichen würde, wenn

837

- eine Vorschrift zur Steuerbefreiung von Dividenden oder Veräußerungsgewinnen vorliegt, die eingeschränkt wird,[4] oder

- Vorschriften zur Steuerbefreiung sowohl von Dividenden als auch Veräußerungsgewinnen vorliegen, jedoch nur eine dieser eingeschränkt wird.

Richtigerweise ist jedoch nach dem Wortlaut des § 8b X S 1 in den og Fällen kein schädlicher Verleiher gegeben. Stattdessen müssen sowohl Dividenden als auch Veräußerungsgewinne in der 3. Alt grundsätzlich steuerbefreit, für den Verleiher jedoch steuerpflichtig sein.[5]

Vergleichbarkeit. Die Anwendung der 3. Alt hängt maßgebend von der Ausgestaltung des ausländischen Rechts ab. Wertungsmaßstab für die Bestimmung der Vergleichbarkeit sind die § 8b I und II. Es kann hierbei argumentiert werden, dass nur eine 100 % Steuerbefreiung mit § 8b I und II vergleichbar ist, da ein Verweis auf § 8b III und V in § 8b X S 1 fehlt. Ausländische Vorschriften, die Einnahmen oder Bezüge

838

---

1   *Dötsch/Pung* in D/J/P/W § 8b Rn 303; *Kaeser* in Herzig ua, Handbuch Unternehmensteuerreform 2008, 2008, Rn 438.
2   *Schnitger/Bildstein*, IStR 2008, 202, 207.
3   Hierzu auch *Schlotter* in Schaumburg/Rödder, UntStRef 2008, S 602.
4   *Häuselmann*, DStR 2007, 1379, 1381.
5   *Kaeser* in Herzig ua, Handbuch Unternehmensteuerreform 2008, 2008, Rn 438; *Schlotter* in Schaumburg/Rödder, UntStRef 2008, S 602.

als (ggf auch nur teilweise) steuerpflichtig behandeln oder nichtabzugsfähige Betriebsausgaben fingieren, sind nach dieser Meinung nicht mit § 8b I und II vergleichbar. Zutreffend ist hingegen, dass es unbeachtlich ist, ob die Steuerbefreiung zu 95 %, vollständig oder einem geringeren Teil erfolgt. Denn auch bei einer Steuerbefreiung zu einem geringeren Prozentsatz verbleibt die Möglichkeit der Erzielung einer ungewollten Steuerarbitrage für bestimmte Unternehmen, welche § 8b X verhindern soll. Ebenso sollten für die Gewährung der Steuerbefreiung nach ausländischem Recht erforderliche Mindesthaltedauern, Beteiligungsquoten usw für die Vergleichbarkeit unerheblich sein. Eine weite Auslegung ist zum Erhalt des Anwendungsbereichs des § 8b X S 1 geboten; denn wenn eine Vergleichbarkeit nicht vorliegt, ist unter Anwendung der unter Rn 836 beschriebenen Grundsätze von einer Nichtanwendbarkeit der 3. Alt in Ermangelung eines schädlichen Verleihers auszugehen.

839 **Nichtanwendbarkeit vergleichbarer ausländischer Vorschriften.** Dem Gesetzeswortlaut des § 8b X S 1 nach müssen vergleichbare ausländische Steuerbefreiungen für Körperschaften bestehen, welche wiederum nicht anzuwenden sind; dh der Gesetzgeber geht grundsätzlich von einer dem deutschen Rechtskreis vergleichbaren Regelungstechnik aus, damit ein schädlicher ausländischer Verleiher iSd § 8b X S 1 besteht. Da für die Anwendbarkeit der 3. Alt vergleichbare ausländische Vorschriften erforderlich sind (Rn 836, 838), ist die 3. Alt dann einschlägig, wenn der Anwendungsbereich der vergleichbaren ausländischen Steuerbefreiungsvorschriften für bestimmte verleihende Körperschaften eingeschränkt wird (Bereichausnahme).[1] Eine Nichtanwendbarkeit der Vorschriften über die Steuerbefreiung bedeutet, dass für diese Körperschaften letztlich steuerpflichtige Einnahmen oder Bezüge aus den Anteilen im Ausland entstehen. Lediglich insofern sollte es keinen Unterschied machen, ob die Einnahmen oder Bezüge zunächst steuerbefreit sind und die Steuerbefreiung sodann für bestimmte Körperschaften ausgeschlossen wird oder diese von vornherein für bestimmte Körperschaften steuerpflichtig sind, dh es grundsätzlich für bestimmte Körperschaften an einer Steuerbefreiung fehlt. Voraussetzung ist nur, dass der ausländische Staat grundsätzlich die Vermeidung einer Doppelbesteuerung (bspw in Form der Besteuerung der Einkünfte auf Ebene der ausschüttenden und Besteuerung der Ausschüttung auf Ebene der empfangenden Gesellschaft) im Wege der Freistellungsmethode vorsieht und diese für die verleihende Körperschaft nicht zur Anwendung kommt.

840 **Anrechnungsmethode zur Vermeidung der Doppelbesteuerung.** Falls die Vermeidung der Doppelbesteuerung hingegen nach ausländischem Recht im Wege der Anrechnungsmethode erfolgt, kann nicht von einer zu § 8b I und II vergleichbaren Vorschrift iSd § 8b X S 1 ausgegangen werden.[2] Eine Steueranrechnung ist keine Steuerfreistellung.

841 **Körperschaften iSd § 2 Nr 2 Hs 2 oder § 5 II Nr 1 Hs 2.** Ausdrücklich ausgenommen von den überlassenden Körperschaften sind gem § 8b X S 8 Gebietskörperschaften des öffentlichen Rechts und ähnliche Körperschaften, soweit die Leih-

---

1 Den Begriff der Bereichsausnahme verwendend *Schlotter* in Schaumburg/Rödder, UntStRef 2008, S 602.
2 *Schnitger/Bildstein*, IStR 2008, 202, 207.

gebühren und Kompensationszahlungen der beschränkten Steuerpflicht gem § 2 Nr 2 Hs 2 unterliegen und somit ein Steuerabzug gem § 32 III vorzunehmen ist. Aufgrund der Erfassung der Zahlungen iRd beschränkten Steuerpflicht, bedarf es keiner Einschränkung des Abzugs bei der entleihenden Körperschaft.[1] Entsprechendes gilt für inländische steuerbefreite Körperschaften, auf die § 5 II Nr 1 Hs 2 Anwendung findet.

Personengesellschaften, natürliche Personen. Hierzu vgl Rn 813 ff. 842

Einstweilen frei. 843

c) Andere Körperschaft (Entleiher). Unbeschränkt und beschränkt steuerpflichtige Körperschaften. Als andere Körperschaft iSd § 8b X S 1 können sowohl unbeschränkt als auch beschränkt steuerpflichtige Körperschaften in Frage kommen. Letzteres ist bspw der Fall, wenn die Dividenden über eine inländische Betriebsstätte bezogen werden und die Steuer im Wege der Veranlagung erhoben wird. Soweit für die Dividendeneinkünfte KESt einzubehalten ist, erfolgt die Besteuerung der Dividendeneinkünfte grundsätzlich auf Bruttobasis. Soweit aufgrund unionsrechtlicher Vorgaben jedoch eine Besteuerung auf Nettobasis geboten ist (vgl § 32 Rn 39, 131), kommt auch für beschränkt steuerpflichtige Körperschaften, die im Inland nicht der Veranlagung unterliegen, das Betriebsausgabenabzugsverbot gem § 8b X S 1 in Betracht. 844

Qualifikation der Körperschaft. Die im Gesetz als „andere Körperschaft" bezeichnete Körperschaft muss eine Körperschaft sein, 845

- bei der auf die Anteile § 8b VII oder VIII nicht anzuwenden sind (vgl Rn 846 ff),
- der die Anteile zuzurechnen sind (vgl Rn 851 ff) und
- die die überlassenen oder gleichartigen Anteile zurückzugeben hat (vgl Rn 853 ff).

Diese Voraussetzungen müssen kumulativ erfüllt sein.

Nichtanwendbarkeit von § 8b VII oder VIII auf die überlassenen Anteile. Für Körperschaften, bei denen auf die überlassenen Anteile § 8b I und II nicht anzuwenden sind, kommt es aufgrund der regulären Besteuerung der Dividenden und Veräußerungsgewinne grundsätzlich nicht zu einem steuerlichen Vorteil, der die Anwendung des § 8b X erfordert. Daher setzt § 8b X S 1 bei der anderen, die Bezüge und Einnahmen aus den Anteilen vereinnahmenden Körperschaft, die Nichtanwendbarkeit von § 8b VII oder VIII voraus; dh die persönlichen oder sachlichen Voraussetzungen des § 8b VII oder VIII dürfen nicht erfüllt sein bzw die Rückausnahme des § 8b IX darf nicht greifen. 846

Steuerbefreite Körperschaften. Bei steuerbefreiten (zB gemeinnützigen) Körperschaften sind § 8b VII oder VIII nicht anzuwenden. Mangels persönlicher Steuerpflicht sollte das Betriebsausgabenabzugsverbot jedoch ins Leere laufen. 847

Investmentvermögen. Als Körperschaften zu qualifizierende Investmentvermögen (zB Investmentaktiengesellschaften), die als Entleiher iRe Wertpapierleihe Einnahmen oder Bezüge beziehen, sind nach § 11 I S 2, 3 InvStG persönlich steuerbefreit 848

---

1 *Gosch* in Gosch § 8b Rn 647.

(vgl Rn 832). Auf sie finden § 8b VII oder VIII bereits deshalb keine Anwendung, so dass an eine Anwendbarkeit des § 8b X dem Grunde nach gedacht werden könnte. Zu beachten ist aber zum einen, dass § 3 InvStG eine spezialgesetzliche Regelung zur Ermittlung der Erträge des Investmentvermögens beinhaltet.[1] Da dieser die Anwendbarkeit des § 8b X nicht positiv vorschreibt, ist die Vorschrift bei der Ermittlung der Erträge des Investmentvermögens nicht (entsprechend) zu berücksichtigen. Auf das Transparenzprinzip sowie auf die Eigenschaft des Anlegers als § 8b begünstigte oder nicht begünstigte Körperschaft kommt es insoweit nicht an. Zum anderen dürfte eine entsprechende Anwendung des § 8b X auf Anlegerebene faktisch bereits daran scheitern, dass die Investmentgesellschaft Leihgebühren und Dividendenzahlungen, welche sie an einen Verleiher iSd § 8b X zahlt, mangels Erwähnung des § 8b X in § 5 InvStG nicht bekanntzugeben braucht. Bezieht das Investmentvermögen Dividenden und leistet Kompensationszahlungen, so kann jedoch § 3c I EStG gem § 3 III Nr 4 InvStG zur Anwendung kommen.

849   **Organgesellschaften.** Hierzu vgl Rn 910.
850   **Natürliche Personen.** Hierzu vgl Rn 814.
851   **Zurechnung der Anteile gem § 39 AO.** Die überlassenen Anteile müssen der anderen Körperschaft (Entleiher) zuzurechnen sein. Maßgebend für die Zurechnung der Anteile ist dabei nicht das zivilrechtliche Eigentum gem § 39 I AO sondern das wirtschaftliche Eigentum iSd § 39 II AO. Es genügt dabei jede willentliche Überlassung, aufgrund derer die Anteile der anderen Körperschaft zuzurechnen sind. Eine Gewinnrealisation ist nicht Voraussetzung. Bei Anteilen erlangt der Entleiher wirtschaftliches Eigentum im Allgemeinen ab dem Zeitpunkt, von dem am er nach dem Willen der Vertragsparteien über die Anteile verfügen kann.[2] Das ist idR der Fall, sobald Besitz, Gefahr, Nutzen und Lasten, insbesondere die mit den Anteilen gemeinhin verbundenen Kursrisiken und -chancen auf den Erwerber übergegangen sind.[3] Maßgebend kommt es auf das Gesamtbild der Verhältnisse an, so dass auch ein Übergang des wirtschaftlichen Eigentums möglich ist, wenn die erwähnten Voraussetzungen nicht in vollem Umfang gegeben sind. Bei der Wertpapierleihe geht neben dem zivilrechtlichen[4] idR auch das wirtschaftliche Eigentum an den Wertpapieren auf den Entleiher über (zur bilanziellen Behandlung vgl Rn 821).[5] Kann die Rückübertragungsverpflichtung bei Wertpapiergeschäften ausschließlich durch die Rückgabe der nämlichen überlassenen Anteile erfüllt werden, ist fraglich und von der Gesamtschau abhängig, ob das wirtschaftliche Eigentum übergeht.[6]

---

1   MwN *Lübbehüsen* in Berger/Steck/Lübbehüsen § 15 InvStG Rn 96.
2   BFH IX R 74/06, BStBl II 2009, 124; BFH I R 29/97, BStBl II 2000, 527; vgl auch BFH I R 198/70, BStBl II 1973, 759; FG Düsseldorf 6 K 3666/98, EFG 2003, 20.
3   MwN BFH I R 29/97, BStBl II 2000, 527.
4   Stellvertretend für viele *Hahne*, FR 2007, 819, 821; zur möglichen Herbeiführung des Squeeze-out bei Wertpapierdarlehen BGH II ZR 302/06, DStR 2009, 862.
5   *Häuselmann*, DStR 2007, 1379, 1380; *Wagner*, DK 2007, 505, 506; *Obermann/Brill/Füllbier*, BB 2007, 1647; *Schnitger/Bildstein*, IStR 2008, 202, 203; *Dötsch/Pung* in D/J/P/W § 8b Rn 307; zweifelnd *Schmid/Mühlhäuser*, BB 2001, 2609, 2611 ff.
6   Hierzu *Rau*, BB 2000, 2338, 2339, dessen Ausführungen zum echten Pensionsgeschäft für die Wertpapierleihe entsprechend gelten.

XIV. Wertpapierleihe

Vermögensverwaltende Personengesellschaft. Bei Anteilen an einer vermögensverwaltenden Personengesellschaft, die wiederum Anteile an einer Körperschaft hält, erfolgt eine Zurechnung der Anteile gem § 39 Abs. 2 Nr. 2 AO an den Anteilseigner der vermögensverwaltenden Personengesellschaft. 852

Rückgabepflicht. § 8b X S 1 betrifft nur solche Rechtsgeschäfte, bei denen für die andere Gesellschaft eine Pflicht zur Rückgabe der überlassenen oder gleichartigen Anteile besteht, also gleicher Art, Güte und Menge. Die Gleichartigkeit erfordert bei Aktien insbesondere die Identität von Emittent und Gattung (zB Inhaberaktie, Vorzugsaktie, gleiche Wertpapierkennnummer) und bei festverzinslichen Wertpapieren gleiches Ausgabedatum, gleichen Nennbetrag, gleiche Laufzeit und Verzinsung.[1] Der Wert als solches ist kein Merkmal der Gleichartigkeit. Das Tatbestandsmerkmal der Rückgabepflicht ist dem Wortlaut nach auch dann erfüllt, wenn sich die Rückgabepflicht auf die nämlichen Anteile beschränkt (vgl aber zur Zurechnung der Anteile gem § 39 AO Rn 851). Entsprechendes gilt für die Beschränkung der Rückgabepflicht auf gleichartige Anteile. Zum unechten Wertpapierpensionsgeschäft vgl Rn 885. 853

Einstweilen frei. 854

d) Überlassung von Anteilen. Überlassung. Unter dem Begriff „Überlassen" versteht der Gesetzgeber die (willentliche) vorübergehende Überlassung zur Nutzung gegen Entgelt.[2] Zivilrechtlich ist eine Überlassung eine Übertragung des Eigentums zur unbeschränkten Verfügung.[3] 855

Definition der Anteile. Gegenstand der Überlassung müssen Anteile sein. Der Begriff der Anteile sollte in § 8b einheitlich auszulegen sein, so dass die Definition grundsätzlich derjenigen des § 8b II entspricht (vgl Rn 263). 856

Aktien, Geschäftsanteile. Als Anteile qualifizieren insbesondere Aktien, Vorzugsaktien, Mehrstimmrechtsrechtsaktien, Zwischenscheine. Ebenso sind Geschäftsanteile an einer GmbH als Anteile anzusehen. 857

Genussrechte. Genussrechte qualifizieren uE nur als Anteile iSd Vorschrift, wenn sie eine Beteiligung am Gewinn und Liquidationserlös vermitteln. Dafür spricht deren Gleichbehandlung mit Anteilen in § 20 II S 1 Nr 1 S 2 EStG und eine einheitliche Begriffsverwendung in § 8b.[4] Nicht dem Begriff der Anteile iSd § 8b X unterfallen andere Genussrechte oder lediglich schuldrechtliche Finanzinstrumente. 858

Eigene Anteile und Anteile an Organgesellschaften. Erfasst sind von § 8b X auch eigene Anteile (zur Eigenschaft als Wirtschaftsgut vgl Rn 430) und Anteile an Organgesellschaften. 859

Investmentanteile (§ 8b X S 9). Aufgrund von § 8b X S 9 gelten im Wege der Fiktion seit der Umsetzung des JStG 2009 auch Investmentanteile als Anteile für Zwecke des § 8b X.[5] Als Investmentanteile gelten gem § 1 I Nr 1 InvStG Anteile 860

---

1 So auch das aufgehobene BMF v 3.4.1990, DB 1990, 863.
2 *Wagner*, DK 2007, 505, 513; *Roser*, Ubg 2008, 89, 91; eine zeitliche Beschränkung bezweifelnd *Gosch* in Gosch § 8b Rn 642.
3 MwN *Roser*, Ubg 2008, 89, 91.
4 Zu § 8b II BMF v 28.4.2003, BStBl I 2003, 292, Rn 24 aufrechterhalten gem BMF v 23.4.2010 BStBl I 2010, 391, Nr 771.
5 BRDrs 545/08, 109.

an einem inländischen Investmentvermögen sowie gem § 1 I Nr 2 InvStG Anteile an einem ausländischen Investmentvermögen. Ob Anteile an körperschaftlich organisierten Investmentvermögen (dh InvAGs) erst seit der Neueinführung des § 8b X S 9 Gegenstand der Wertpapierleihe sein können, hängt davon ab, ob sie bereits dem Begriff des Anteils iSd § 8b X S 1 unterfallen. Die Fiktion des § 8b X S 9 gilt nur insoweit (dh anteilig), als aus den Investmentanteilen Einnahmen erzielt werden, auf die § 8b anzuwenden ist. § 8b ist gem § 2 II InvStG auf die ausgeschütteten und ausschüttungsgleichen Erträge anzuwenden, soweit diese Erträge iSd § 43 I S 1 Nr 1 sowie S 2 EStG enthalten. § 8b ist gem § 8 I InvStG ferner auf die Einnahmen aus der Rückgabe oder Veräußerung von Investmentanteilen anzuwenden. Ebenso wie beim § 8b X S 5 ist die tatsächliche Erzielung von durch § 8b begünstigten Erträgen erforderlich.

861 **Wandelanleihen und Optionsanleihen.** Nicht dem Begriff der Anteile iSd § 8b X S 1 unterfallen Optionsanleihen, Wandelanleihen oder andere vergleichbare schuldrechtliche Finanzinstrumente. Anwartschaften auf Anteile sind den Anteilen für Zwecke des § 8b X grundsätzlich nicht gleichzustellen. Die darlehensweise Übertragung der Wandelanleihe unterfällt nicht § 8b X.

Beispiel

A-AG emittiert eine Wandelanleihe. Das unter § 8b VII fallende Kreditinstitut B erwirbt die Anleihe und „verleiht" diese an die Körperschaft C, bei der auf die Anteile § 8b VII oder VIII nicht anzuwenden ist. Zwischen B und C wird vereinbart, dass C im Fall der Wandlung gleichartige Wertpapiere an B übertragen kann. C zahlt B für die Überlassung der Wandelanleihe ein Entgelt. Anschließend macht C von ihrem Wandlungsrecht Gebrauch und erhält Anteile an der A-AG. Das Entgelt der C für die Wertpapierleihe unterfällt nicht § 8b X, da B der C nur Anwartschaften auf Anteile und nicht Anteile iSd § 8b X überlässt. Etwaiges ab dem Zeitpunkt der Wandlung gezahltes Entgelt (bspw bei endfälligen Wandelanleihen) unterfällt nicht § 8b X, weil das Entgelt zum einen noch für die Überlassung der Wandelanleihe und nicht für die Überlassung der Anteile selbst gezahlt wird und zum anderen die Wandlung keine selbständig zu bewertende Überlassung der Anteile von B an C begründet.

862 *Einstweilen frei.*

863 **e) Feststellungslast.** Die Finanzbehörde trifft die Feststellungslast, dass in Ausnahme zur Abzugsfähigkeit der Betriebsausgaben die in § 8b X genannten Voraussetzungen für das Betriebsausgabenabzugsverbot erfüllt sind. Der Entleiher ist grundsätzlich nicht verpflichtet, einen Entlastungsbeweis dahingehend zu erbringen, dass der Verleiher die Voraussetzungen des § 8b X nicht erfüllt und somit nicht als „schädlich" qualifiziert. Eine dahingehende gesetzliche Vermutung lässt sich § 8b X nicht entnehmen.[1]

864 *Einstweilen frei.*

---

1 Zutreffend *Dötsch/Pung* in D/J/P/W § 8b Rn 304.

XIV. Wertpapierleihe

f) Rechtsfolgen. Außerbilanzielle Korrektur. Als Rechtsfolge bestimmt § 8b X S 1 die Nichtabzugsfähigkeit der für die Überlassung (der Anteile) gewährten Entgelte bei der anderen Körperschaft, an den Entleiher. Die als Betriebsausgaben zu qualifizierenden Entgelte sind außerbilanziell in voller Höhe dem Einkommen wieder hinzuzurechnen. 865

Betroffene Entgelte. Was als Entgelt für die Überlassung der Anteile qualifiziert, ist umstritten. Es wird vertreten, dass nur die Arrangierungsgebühr für das Wertpapiergeschäft[1], nur die Leihgebühr[2] oder nur die Kompensationszahlung[3] unter das Abzugsverbot fallen. Nach der Gesetzesbegründung werden hingegen alle Entgelte erfasst, die der Entleiher „im Zusammenhang mit" dem Wertpapiergeschäft leistet.[4] Dies deutet auf die Notwendigkeit einer weiten Auslegung hin, so dass nach der zutreffenden hM neben den Kompensationszahlungen auch die Leihgebühren als Gegenleistung für die Überlassung der Anteile anzusehen und somit vom Betriebsausgabenabzugsverbot erfasst sind;[5] eine sachliche Rechtfertigung für die Erfassung der Leihgebühr fehlt jedoch und verleiht der Norm Sanktionscharakter. 866

Keine Fiktion von nicht abziehbaren Betriebsausgaben (§ 8b X S 3). § 8b X S 3 sieht vor, dass § 8b III S 1 und 2 sowie § 8b V bei der anderen Körperschaft (Entleiher) nicht anwendbar sind. Die vom Entleiher aus den überlassenen Anteilen vereinnahmten Dividenden und Veräußerungsgewinne sollten demzufolge in voller Höhe steuerfrei sein, dh es greift keine Fiktion nichtabzugsfähiger Betriebsausgaben iHv 5 %. Dies ist deshalb gerechtfertigt, weil die Entgelte für die Wertpapierüberlassung in voller Höhe nicht abzugsfähig sind und ohne § 8b X S 3 durch die gleichzeitige 5 %-ige Besteuerung mit fiktiven nichtabzugsfähigen Betriebsausgaben eine Doppelbelastung resultieren würde.[6] 867

GewSt. Die nach § 8b X nicht abziehbaren Betriebsausgaben erhöhen den Gewinn aus dem Gewerbebetrieb gem § 7 GewStG. Die vom Entleiher erzielten und außer Ansatz gebliebenen Dividenden werden (soweit die Voraussetzungen des § 9 Nr 2a oder Nr 7 GewStG nicht vorliegen) gem § 8 Nr 5 GewStG dem Gewinn aus Gewerbebetrieb wieder hinzugerechnet, wobei die mit den Dividenden in wirtschaftlichem Zusammenhang stehenden gem § 8b X nicht abziehbaren Betriebsausgaben den Hinzurechnungsbetrag wiederum mindern. In wirtschaftlichem Zusammenhang mit den Dividenden stehen uE nur die Kompensationszahlungen, da diese als Kompensation für die Dividenden, die Leihgebühren hingegen als Entgelt für die geschuldete Rückübertragung der Anteile geleistet werden.[7] Der „wirt- 868

---

1 *Roser*, Ubg 2008, 89, 94.
2 *Hahne*, FR 2007, 819, 827.
3 *Häuselmann*, DStR 2007, 1379, 1382; *Schlotter* in Schaumburg/Rödder, UntStRef 2008, S 603.
4 BTDrs 16/4841, 75.
5 MwN *Dötsch/Pung* in D/J/P/W § 8b Rn 309; *Eckl*, JbFSt 2007/2008, 278; *Rengers* in Blümich § 8b Rn 515.
6 *Häuselmann*, DStR 2007, 1379, 1382; *Besch/Jakob* in PwC, Unternehmensteuerreform 2008, 2007, Rn 2143.
7 Sa BTDrs 16/4841, 80, wonach die dem Betriebsausgabenabzugsverbot nach § 8b X unterliegenden Kompensationszahlungen von dem Hinzurechnungsbetrag abgezogen werden, wohingegen die Leihgebühr nicht erwähnt wird; aA *Obermann/Brill/Füllbier*, BB 2007, 1647, 1650; *Schlotter* in Schaumburg/Rödder, UntStRef 2008, S 616.

schaftliche Zusammenhang" in § 8 Nr 5 GewStG ist insoweit enger zu verstehen als der in der Gesetzesbegründung zu § 8b X genannte bloße „Zusammenhang".[1] Durch § 8 Nr 5 GewStG soll eine gewerbesteuerliche doppelte Berücksichtigung der gem § 8b X nichtabziehbaren Betriebsausgaben vermieden werden.[2] Folgendes Beispiel soll dies verdeutlichen:

Beispiel

Eine andere Körperschaft vereinnahmt aus den ihr iRe Wertpapierleihe überlassenen Anteilen Dividenden iHv 100. Die Körperschaft leistet an die üerlassende Körperschaften eine Kompensationszahlung iHv 100 und eine Leihgebühr iHv 10, welche beide gem § 8b X S 1 nicht abziehbar sind. Die körperschaftsteuerliche Bemessungsgrundlage beträgt 0: Die Dividenden werden nach § 8b I steuerfrei vereinnahmt. § 8b V findet gem § 8b X S 3 keine Anwendung, so dass keine nichtabzugsfähigen Betriebsausgaben die Bemessungsgrundlage erhöhen. Die von der Bemessungsgrundlage im Prinzip als Betriebsausgaben abzugsfähigen Entgelte für die Wertpapierleihe (Kompensationszahlung und Leihgebühr) sind gem § 8b X S 1 nicht abzugsfähig. Die gewerbesteuerliche Bemessungsgrundlage beträgt ebenfalls 0: Die körperschaftsteuerliche Bemessungsgrundlage iHv 0 dient gem § 7 GewStG als Ausgangsgröße. Gemäß § 8 Nr 5 werden die Dividenden iHv 100 dem Gewinn aus Gewerbebetrieb hinzugerechnet, wobei die Kompensationszahlung iHv 100 den Hinzurechnungsbetrag nach § 8 Nr 5 GewStG wieder mindert. Die Leihgebühr steht nicht in wirtschaftlichem Zusammenhang mit den Dividenden, so dass kein Gewerbeverlust von 10 entsteht. Liegen die Voraussetzungen des § 9 Nr 2a oder 7 GewStG vor, so verbleibt es bei der gewerbesteuerlichen Bemessungsgrundlage von 0, da es nach § 8 Nr 5 GewStG bereits zu keiner Hinzurechnung der Dividenden kommt. Die Leihgebühr wird nicht nach § 8 Nr 1a GewStG hinzugerechnet, da sie nicht bei der Ermittlung des Gewinns abgesetzt worden ist.

869 **Investmentanteile.** Nach dem ausdrücklichen Wortlaut des § 8b I S 9 greift das Abzugsverbot bei der Verleihung von Investmentanteilen nur anteilig, nämlich „soweit" aus diesen von § 8b begünstigte Einnahmen erzielt werden. Das Gesetz schweigt darüber, welcher Zeitpunkt für die Bestimmung des Umfangs der von § 8b begünstigen Einnahmen und Erträge heranzuziehen ist. Hier scheint es sachgerecht, die bei der Ermittlung der ausgeschütteten und ausschüttungsgleichen Erträge ebenfalls herangezogenen Wertverhältnisse zu Grunde zu legen.

870 *Einstweilen frei.*

871 **5. Überlassung von Wirtschaftsgütern als Gegenleistung (§ 8b X S 2). Regelungsgehalt.** § 8b X S 2 regelt den Fall, dass die andere Körperschaft (Entleiher) der überlassenden Körperschaft (Verleiher) kein Entgelt gewährt, sondern Ertrag bringende Wirtschaftsgüter überlässt und der Verleiher aus diesen Einnahmen oder Bezüge erzielt.

---

1 BTDrs 16/4841, 75.
2 Zur zutreffenden Kritik für den Zeitraum der erstmaligen Anwendung *Gosch* in Gosch § 8b Rn 667.

XIV. Wertpapierleihe

Wirtschaftsgüter. Der Gesetzgeber hat mit § 8b X S 2 den Fall vor Augen, dass der Entleiher anstatt von Kompensationszahlungen dem Verleiher bspw Ertrag bringende Schuldverschreibungen überlässt.[1] Vom Wortlaut werden jedoch sämtliche Wirtschaftsgüter erfasst, welche zu Erträgen beim Verleiher führen. IdR sind dies zwar andere Wertpapiere oder Schuldverschreibungen; mangels Beschränkung auf diese Wirtschaftsgüter kommen jedoch auch andere Wirtschaftsgüter in Betracht.

872

Zusammenhang. Die Überlassung anderer Wirtschaftsgüter muss in einem Gegenseitigkeitsverhältnis mit der Überlassung der Wertpapiere stehen (Argument „für").

873

Erzielung von Einnahmen und Bezügen. § 8b X S 2 setzt voraus, dass die überlassende Gesellschaft aus den überlassenen Wirtschaftsgütern tatsächlich Einnahmen oder Bezüge erzielt. Fehlt es an diesen, ist S 2 nicht anwendbar, was S 5 mit seinem Verweis auf S 2 klarstellt. Mit anderen Worten ist das Betriebsausgabenabzugsverbot bei der anderen Gesellschaft nicht anwendbar, wenn die überlassende Körperschaft keine Einnahmen oder Bezüge aus den ihr überlassenen Wirtschaftsgütern bezieht (vgl zu den Einnahmen oder Bezügen Rn 888).

874

Beispiel

Ein unter § 8b VII fallendes Kreditinstitut (überlassende Körperschaft) überlässt einer Körperschaft (andere Körperschaft) vor Dividendenstichtag ihrem Handelsbuch zuzurechnende A-Aktien. Im Gegenzug überlässt die die A-Aktien empfangende Körperschaft dem Kreditinstitut B-Aktien. Das Kreditinstitut bezieht aus den B-Aktien keine Dividenden. Da das Kreditinstitut keine Dividenden bezieht, greift für die andere Körperschaft nicht das Betriebsausgabenabzugsverbot des § 8b X. Die von der anderen Körperschaft bezogenen Dividenden werden nach den allgemeinen Regeln versteuert (begünstigt nach § 8b I, V). Sollte die andere Körperschaft hingegen auch zur Zahlung einer Kompensationszahlung und somit eines Entgelts iSd § 8b X S 1 verpflichtet sein, ist das Betriebsausgabenabzugsverbot des § 8b X wiederum anwendbar (vgl auch Rn 878).

Fiktiver Bezug von Einnahmen. Auf Rechtsfolgenseite fingiert § 8b X S 2, dass die vom Verleiher (überlassende Körperschaft) erzielten Einnahmen oder Bezüge aus den übertragenen Ertrag bringenden Wirtschaftsgütern vom Entleiher (andere Körperschaft) „als bezogen" gelten. Als bezogen gelten 100 % der Einnahmen bzw Bezüge, dh ungeachtet ggf einschlägiger Steuerbefreiungen. Die Einnahmen unterliegen jedoch beim Entleiher richtigerweise nicht der Besteuerung nach den allgemeinen Regeln.[2] Denn anderweitig würden die Einnahmen (soweit diese nicht von § 8b I erfasst sind) doppelt besteuert werden, nämlich beim Verleiher und beim Entleiher. Der fiktive Bezug ist somit nur notwendige Basis für die weitere Fiktion des geleisteten Entgelts (vgl Rn 876). Dh die Fiktion stellt keine Einkommenszurechnung ieS (wie zB beim § 14 I S 1 vorgesehen) dar.

875

---

1 BTDrs 16/4841, 75.
2 Zutreffend *Gosch* in Gosch § 8b Rn 663; aA *Dötsch/Pung* in D/J/P/W § 8b Rn 313; *Rengers* in Blümich § 8b Rn 516; wohl auch *Wagner*, DK 2009, 601, 605.

876 **Fiktives Entgelt.** Ferner wird durch § 8b X S 2 fingiert, dass die vom Entleiher als bezogen anzusehenden Einnahmen bzw Bezüge (vgl Rn 874) dem Verleiher (überlassende Körperschaft) vom Entleiher (andere Körperschaft) als Entgelt für die ihm überlassenen Anteile gewährt werden. Die vom Verleiher aus den ihm vom Entleiher überlassenen Wirtschaftsgütern erzielten Einnahmen und Bezüge werden im Ergebnis als Betriebsausgaben des Entleihers angesehen, die wiederum dem Abzugsverbot des § 8b X S 1 unterliegen.

877 **Adressatenkreis der Fiktion.** Die Fiktion betrifft nur den Entleiher (andere Körperschaft) für Zwecke der Anwendung des § 8b X S 1 und hat demzufolge keine Auswirkungen beim Verleiher; insbesondere werden die Einkünfte beim Verleiher nicht umqualifiziert bzw die Einkünftezurechnung nach den allgemeinen Grundsätzen außer Kraft gesetzt.[1]

Beispiel

Ein unter § 8b VII fallendes Kreditinstitut überlässt einer anderen Körperschaft vor dem Dividendenstichtag ihrem Handelsbuch zuzurechnende Wertpapiere. Im Gegenzug überlässt die andere Körperschaft dem Kreditinstitut Schuldverschreibungen, die zu Zinserträgen bei dieser führen. Die Dividenden werden bei der anderen Körperschaft nach den allgemeinen Regeln (begünstigt nach § 8b I) versteuert. Die von der überlassenden Körperschaft vereinnahmten Zinserträge werden für Zwecke des § 8b X der anderen Körperschaft zugerechnet und sind dort als fingierte Betriebsausgaben gem § 8b X S 1 nicht abzugsfähig. Diese Zinserträge werden jedoch nicht (zusätzlich) als Einnahmen bei der anderen Körperschaft versteuert. § 8b X S 2 hat keine steuerliche Auswirkungen für die überlassende Körperschaft. Bei dieser unterliegen die Zinserträge den allgemeinen Besteuerungsregeln.

878 **Spitzenausgleich.** Der insbesondere bei Kreuzwertpapierleihen vom Entleiher (andere Körperschaft) geleistete Spitzenausgleich wird angesichts der Gesetzesbegründung als nicht abzugsfähig anzusehen sein, da er im Zusammenhang mit der Überlassung von Anteilen gewährt wird. Ein vom Verleiher (überlassende Körperschaft) geleisteter Spitzenausgleich unterfällt bei diesem nur dem Betriebsausgabenabzugsverbot, soweit für diesen ebenfalls die Voraussetzungen des § 8b X S 1 erfüllt sind. Das Betriebsausgabenabzugsverbot beim Entleiher hat keine Fernwirkung für den Verleiher.

879 *Einstweilen frei.*

880 **6. Erweiterung des Anwendungsbereichs auf echte Wertpapierpensionsgeschäfte (§ 8b X S 4). Echtes Wertpapierpensionsgeschäft und REPO-Geschäfte.** § 8b X S 4 erweitert den Anwendungsbereich des Betriebsausgabenabzugsverbots auf echte Wertpapierpensionsgeschäfte iSd § 340b II HGB und damit auf die in ihrer Struktur vergleichbaren REPO-Geschäfte.[2] Vergleichbar sind solche REPO-Geschäfte, die

---

1 Schnitger/Bildstein, IStR 2008, 202, 209; Schlotter in Schaumburg/Rödder, UntStRef 2008, S 604.
2 Zustimmend Häuselmann, DStR 2007, 1379; Wagner, DK 2007, 505, 511; Dötsch/Pung in D/J/P/W § 8b Rn 317; aA Rau, DStR 2009, 948, 952.

XIV. Wertpapierleihe

bilanziell wie echte Wertpapierpensionsgeschäfte von § 340b II HGB erfasst werden.[1] Bei einem echten Wertpapierpensionsgeschäft überträgt der Pensionsgeber (überlassende Körperschaft) dem Pensionsnehmer (andere Körperschaft) Wertpapiere gegen Entgelt. Der Pensionsnehmer verpflichtet sich im Gegenzug, die in Pension genommenen Wertpapiere zu einem im Voraus bestimmten oder vom Pensionsgeber zu bestimmenden Zeitpunkt und bestimmbaren Kaufpreis zurück zu übertragen.

Wirtschaftliches Eigentum an den Anteilen. Ob bei einem echten Wertpapierpensionsgeschäft neben dem zivilrechtlichen Eigentum auch das wirtschaftliche Eigentum an den Anteilen auf den Pensionsnehmer übergeht, ist umstritten. Handelsbilanziell bestimmt § 340b IV HGB, dass die übertragenen Vermögensgegenstände weiterhin in der Bilanz des Pensionsgebers auszuweisen sind, so dass auch keine Gewinnrealisierung in Folge einer Übertragung eintritt. Die Finanzverwaltung[2] sowie die hM in der Fachliteratur folgen dieser formell nur für Kreditinstitute geltenden Zuordnung für Zwecke der steuerlichen Bilanzierung und sehen den § 340b HGB offensichtlich als allgemein anzuwendenden Grundsatz ordnungsgemäßer Buchführung an.[3] Nach aA[4] wird der Pensionsnehmer aufgrund seines uneingeschränkten Eigentums an den Wertpapieren und der damit verbundenen Verfügungsmöglichkeit auch wirtschaftlicher Eigentümer; § 340b HGB hat hiernach für Zwecke der steuerlichen Zuordnung keine Bedeutung.

881

Einkünfte aus dem echten Pensionsgeschäft. Die Erträge aus den Anteilen bezieht der Pensionsnehmer bei einem echten Wertpapierpensionsgeschäft in jedem Fall aufgrund seines zivilrechtlichen Eigentums an den Anteilen.[5] Ihm stehen die Einkünfte originär und somit unabhängig von der wirtschaftlichen Zuordnung des Pensionsguts zu. § 20 V EStG steht dem nicht entgegen.[6]

882

Konstitutive Wirkung. § 8b X S 4 ist nicht nur deklaratorisch. Zum einen stellt eine Veräußerung keine Überlassung dar und zum anderen überbrückt die Vorschrift ggf das Erfordernis der Zurechnung der Anteile zur anderen Körperschaft.

883

Rechtsfolge. Das Betriebsausgabenabzugsverbot umfasst beim echten Wertpapierpensionsgeschäft bzw beim vergleichbaren REPO-Geschäft die vom Pensionsnehmer für das Geschäft entrichteten Entgelte (insbesondere Kompensationszahlungen, Pensionsgebühren). § 8b X S 2 gilt entsprechend bei der Übertragung ertragbringender Wirtschaftsgüter.

884

---

1 *Häuselmann*, DStR 2007, 1379, zu den erfassten Rechtsgeschäften *Förschle/Kroner* in Beck'scher Bil-Komm § 246 HGB Rn 25.
2 BMF v 3.4.1990, DB 1990, 863; OFD Frankfurt am Main v 15.3.1995, BB 1995, 1081.
3 *Hahne*, FR 2007, 819, 821; *Mühlhäuser/Stoll*, DStR 2002, 1597, 1598; *Weber-Grellet* in Schmidt § 5 EStG Rn 270 „Pensionsgeschäfte"; hingegen sollten vor Inkrafttreten des § 340b HGB die in Pension genommenen Wirtschaftsgüter beim Pensionsnehmer zu bilanzieren sein, vgl *Hoffmann* in L/B/P §§ 4, 5 Anh 2 ABC der Aktivierung „Pensionsgeschäfte" Rn 3 f.
4 *Häuselmann/Wagner*, FR 2003, 331; 334; *Häuselmann*, BB 2000, 1287, 1291; *Rau*, BB 2000, 2338, 2339 befürwortet einen Übergang des wirtschaftlichen Eigentums nur, wenn der Pensionsnehmer lediglich zur Rückgabe gleichartiger Wertpapiere verpflichtet ist und bezieht sich auf BFH I R 29/97, BB 2000, 701.
5 BFH GrS 1/81, BStBl II 1983, 272, 274f; BMF v 12.7.1983, BStBl I 1983, 392; BMF v 28.6.1984, BStBl I 1984, 394; beide aufrechterhalten gem BMF v 23.4.2010, BStBl I 2010, Nr 542, 544.
6 *Schnitger/Bildstein*, IStR 2008, 202, 205.

885 **Unechtes Wertpapierpensionsgeschäft.** Bei unechten Wertpapierpensionsgeschäften sind die übertragenen Wertpapiere gem § 340b V HGB handelsbilanziell dem Pensionsnehmer zuzuordnen. In Ermangelung einer Rückübertragungsverpflichtung und insbesondere aufgrund der dem Pensionsnehmer zuzurechnenden Chance, an Wertsteigerungen zu partizipieren, folgt die Zurechnung des wirtschaftlichen Eigentums der handelsbilanziellen Wertung.[1] Unechte Wertpapierpensionsgeschäfte sind nicht von § 8b X erfasst, da § 8b X S 4 nicht auf Wertpapierpensionsgeschäfte iSd § 340b III HGB verweist und keine für § 8b X S 1 erforderliche Pflicht, sondern lediglich ein Recht zur Rückgabe der überlassenen Anteile besteht.

886 *Einstweilen frei.*

887 **7. Keine Einnahmen oder Bezüge aus den überlassenen Anteilen (§ 8b X S 5).**
Regelungsgehalt. Vom Betriebsausgabenabzugsverbot ausgenommen sind gem § 8b X S 5 die Fälle, in denen die Anteile übernehmende Körperschaft keine Einnahmen oder Bezüge aus diesen erzielt. Dies ist bspw der Fall, wenn keine Dividenden an den Entleiher der Anteile ausgeschüttet werden oder wenn sich der Zeitraum der Wertpapierleihe nicht über den Dividendenstichtag erstreckt, zB die Aktien vor der Auszahlung der Dividenden wieder an den Verleiher zurückgegeben werden.[2] Die Ausnahme begründet sich darauf, dass in Ermangelung von steuerfrei vereinnahmten Dividenden die Annahme eines Missbrauchs ausgeschlossen sein soll.

888 **Einnahmen oder Bezüge.** Als Einnahmen oder Bezüge der anderen Körperschaft sind insbesondere Dividenden oder sonstige Bezüge aus den Anteilen anzusehen. Bei Veräußerungsgewinnen ist umstritten, ob diese Einnahmen oder Bezüge iSd § 8b X S 5 darstellen.[3] Es ließe sich vertreten, dass Veräußerungsgewinne keine Einnahmen oder Bezüge iSd S 3 darstellen, da das Gesetz insoweit idR den Terminus „Veräußerungsgewinn" anstatt „Einnahmen oder Bezüge" verwendet und es sich bei Veräußerungsgewinnen nicht um Einnahmen oder Bezüge „aus" den Anteilen, sondern um die Verwertung dieser selbst handelt. UE können Veräußerungsgewinne das Betriebsausgabenabzugsverbot des § 8b X jedoch auslösen: Zunächst ist festzuhalten, dass der Begriff der Einnahmen nicht hinsichtlich der Art der Einnahmen unterscheidet und somit Veräußerungsgewinne dem Grunde nach erfassen kann. Darüber hinaus könnten anderweitig steuerfreie Bezüge iSd § 8 I einfach durch steuerfreie Veräußerungsgewinne iSd § 8 II ersetzt werden und § 8b X somit recht einfach umgangen werden.[4] Schließlich wären die Verweise von § 8b X S 1 auf die Steuerfreistellung gem § 8b II sowie von § 8b X S 3 auf § 8b III 1, 2 weitgehend sinnentleert, wenn § 8b X S 5 Veräußerungsgewinne nicht erfassen würde. Bei Veräußerungsverlusten kann die Regelung überschießende Wirkung entfalten. Eine Reduktion des Anwendungsbereichs ist daher dann geboten, wenn ausschließlich Veräußerungsverluste aus den Wertpapieren erzielt werden. Das Entgelt, welches mangels positiver

---
1 Ua *Hoffmann* in L/B/P §§ 4, 5 Anh 2: ABC der Aktivierung „Pensionsgeschäfte" Rn 5; *Hahne*, FR 2007, 819, 822.
2 BTDrs 16/ 5491, 22.
3 Ablehnend *Schlotter* in Schaumburg/Rödder, UntStRef 2008, S 606; befürwortend *Dötsch/Pung* in D/J/P/W § 8b Rn 320; *Rengers* in Blümich § 8b Rn 506; *Frotscher* in Frotscher/Maas § 8b Rn 132.
4 *Dötsch/Pung* in D/J/P/W § 8b Rn 320.

Einnahmen (insbesondere Dividenden) auf die Leihgebühren beschränkt ist, sollte dann abzugsfähig sein. Vom Gesetzeswortlaut sind auch Einnahmen (bspw Kompensationszahlungen) aus der Weiterleihe aus den dem (Erst-)Entleiher überlassenen Anteilen erfasst (vgl Rn 889).[1]

Steuerfreiheit und Steuerpflicht. Liegen Einnahmen oder Bezüge aus den überlassenen Anteilen vor, greift das Betriebsausgabenabzugsverbot dem Gesetzeswortlaut nach unabhängig davon, ob diese steuerfrei oder steuerpflichtig sind. Nach der Gesetzesbegründung wurde mit der Einfügung des § 8b X S 5 hingegen bezweckt, dass „das Abzugsverbot nicht gelten (soll), wenn der Entleiher keine steuerfreien Erträge bezieht",[2] dh das Abzugsverbot zumindest dann gelten soll, wenn der Entleiher steuerfreie Erträge bezieht. Angesichts des nicht zwischen steuerfreien und steuerpflichtigen Einnahmen differenzierenden Wortlauts sowie unter Berücksichtigung des insoweit wortgleichen § 8b X S 2, in welchem unter Einnahmen oder Bezügen auch (steuerpflichtige) Erträge aus Schuldverschreibungen zu subsumieren sind, scheint jedoch kein Raum für eine teleologische Reduktion des Anwendungsbereichs zu verbleiben.[3] Denn auch aus der Gesetzesbegründung lässt sich im Umkehrschluss nicht zwingend herleiten, dass der Gesetzgeber die Steuerfreiheit von Erträgen für die Anwendung des Betriebsausgabenabzugsverbots als maßgeblich erachtete. Die bei einer Weiterleihe vereinnahmten steuerpflichtigen Kompensationszahlungen können somit das Betriebsausgabenabzugsverbot auslösen.[4]

889

Höhe. Die Höhe der Einnahmen oder Bezüge ist für die Anwendung des § 8b X S 5 unbeachtlich, dh bereits im Falle von Einnahmen oder Bezüge iHv 1 EUR wird die Anwendung des § 8b X S 5 ausgeschlossen.[5]

890

Betrachtungszeitraum. Maßgebender Betrachtungszeitraum für die Prüfung, ob Einnahmen oder Bezüge erzielt werden, ist trotz widerstreitender Ansichten in der Literatur die gesamte Laufzeit der Wertpapierleihe.[6] Denn § 8b X S 5 soll verhindern, dass das Abzugsverbot auch dann gilt, wenn die vom Verleiher an den Entleiher überlassenen Wertpapiere bereits vor der Auszahlung der Dividende an diesen wieder zurückgegeben werden.[7] Diesem Zweck wird nur bei einer laufzeitbezogenen Betrachtungsweise Rechnung getragen. In den Gesetzesmaterialien heißt es zudem nur, dass das Abzugsverbot nicht gelten soll, wenn der Entleiher „keine" steuerfreien Erträge erzielt. Eine veranlagungs- oder wirtschaftsjahrbezogene Betrachtungsweise lässt sich § 8b X S 5 hingegen nicht entnehmen.

891

---

1 Dötsch/Pung in D/J/P/W § 8b Rn 321; Gosch in Gosch § 8b Rn 654; aA Häuselmann, DStR 2007, 1379; Wagner, DK 2007, 505, 511; Hahne, BB 2007, 2055; Roser, Ubg 2008, 89.
2 BTDrs 16/ 5491, 22.
3 Dötsch/Pung in D/J/P/W § 8b Rn 320; Gosch in Gosch § 8b Rn 654; vgl auch das Beispiel in BTDrs 16/4841, 75; aA Häuselmann, DStR 2007, 1379; Hahne, BB 2007, 2055; Roser, Ubg 2008, 89.
4 Dötsch/Pung in D/J/P/W § 8b Rn 321; Gosch in Gosch § 8b Rn 654; aA Häuselmann, DStR 2007, 1379; Wagner, DK 2007, 505, 511; Hahne, BB 2007, 2055; Roser, Ubg 2008, 89.
5 Dötsch/Pung in D/J/P/W § 8b Rn 320; Rengers in Blümich § 8b Rn 506; kritisch Gosch in Gosch § 8b Rn 654.
6 Gosch in Gosch § 8b Rn 654 mwN; aA Dötsch/Pung in D/J/P/W § 8b Rn 319; Feyerabend in Erle/Sauter § 8b Rn 439.
7 Änderungsantrag der Fraktionen, Umdruck-Nr 23 v 16.5.2007.

892 **Wertpapierpensionsgeschäfte.** Richtigerweise gilt § 8b X S 5 auch für die von § 8b X S 4 erfassten Wertpapierpensionsgeschäfte und die diesen vergleichbaren REPO-Geschäfte.

893 *Einstweilen frei.*

894 **8. Nachgeschaltete Personengesellschaften (§ 8b X S 6 und 7). Körperschaften als Gesellschafter.** § 8b X S 6 und 7 erweitern das Betriebsausgabenabzugsverbot für die Fälle, dass nachgeschaltete Personengesellschaften selbst

- als Verleiher (bzw Pensionsgeber)
- und/oder Entleiher (bzw Pensionsnehmer)

auftreten. Die Regelung bezweckt, die Umgehung des Betriebsausgabenabzugsverbots durch Zwischenschaltung von Personengesellschaften zu verhindern.[1] Voraussetzung ist, dass an der Personengesellschaft eine Körperschaft unmittelbar oder mittelbar über eine oder mehrere Personengesellschaften beteiligt ist. Da § 8b X S 6 und 7 lediglich die (missbräuchliche) Abwicklung der Wertpapierleihe über zwischengeschaltete Personengesellschaften erfassen soll, ist weiterhin Voraussetzung, dass sowohl eine überlassende Körperschaft als auch eine andere Körperschaft an der Wertpapierleihe (mittelbar) beteiligt ist.

895 **Personengesellschaften.** Für § 8b X S 6 und 7 ist unbeachtlich, ob es sich bei der Personengesellschaft um eine inländische oder ausländische, eine gewerbliche oder gewerblich geprägte Personengesellschaft handelt. Eine nachgeschaltete vermögensverwaltende Personengesellschaft unterfällt hingegen aufgrund des § 39 AO bereits dem § 8b X S 1 ff.[2]

896 **Personengesellschaften als Verleiher.** § 8b X S 6 ordnet die entsprechende Anwendung der Sätze 1-5 für die Fälle an, in denen die Körperschaft an einer die Anteile überlassenden Personengesellschaft (unmittelbar oder mittelbar) beteiligt ist. Da das Betriebsausgabenabzugsverbot lediglich für bestimmte Körperschaften anwendbar ist und § 8b X S 6 auf die „überlassende Körperschaft" als Gesellschafter der verleihenden Personengesellschaft abstellt, hat uE die an der Personengesellschaft beteiligte Körperschaft und nicht etwa die Personengesellschaft eine der drei schädlichen Alternativen des § 8b X S 1 zu erfüllen (hierzu Rn 827).[3] Dafür spricht auch, dass § 8b X S 6 nicht explizit die entsprechende Anwendbarkeit der Sätze 1-5 „für die Personengesellschaft" bzw „bei der Personengesellschaft" vorschreibt. Die Tatsache, dass § 8b VII und VIII und somit die 1. Alt bei der beteiligten Körperschaft mangels Zurechnung der Eigenschaft der Anteile (zB Zuordnung zum Handelsbuch) nicht erfüllt werden kann, ändert nichts daran, dass das Betriebsausgabenabzugsverbot zur Anwendung kommen kann. Denn § 8b X S 6 sieht nur die entsprechende Anwendung

---

1 BTDrs 16/4841, wonach das Betriebsausgabenabzugsverbot auch anzuwenden ist, „wenn die Wertpapierleihe über zwischengeschaltete Personengesellschaften abgewickelt wird".

2 Nach *Dötsch/Pung* in D/J/P/W § 8b Rn 324 gilt § 8b X 6 auch für vermögensverwaltende Personengesellschaften, da die Anteile von dieser oder an diese überlassen werden und nicht etwa von oder an die Körperschaft. Unter Zugrundelegung dieser rechtlich orientierten Auslegung wäre die Anwendbarkeit des § 8b X 6 zutreffend.

3 AA *Dötsch/Pung* in D/J/P/W § 8b Rn 330; *Gosch* in Gosch § 8b Rn 664.

der Sätze 1-5 vor, so dass der Gesellschafter der Personengesellschaft als schädlicher Verleiher qualifiziert, wenn er ohne Zwischenschaltung der Personengesellschaft dem Grunde nach eine der drei schädlichen Alternativen erfüllen würde. Die entsprechende Anwendung der Sätze 1-5 führt damit dazu, dass die von der Körperschaft nicht erfüllbaren Tatbestandsmerkmale (insbesondere Zurechnung der Anteile und Rückgabepflicht) als gegeben anzusehen sind, wenn die Personengesellschaft diese erfüllt. Inwieweit § 8b X S 6 auch dann anwendbar ist, wenn nur die zwischengeschaltete Personengesellschaft nicht jedoch die beteiligte Körperschaft § 8b VII oder VIII unterfällt (vgl zur Rechtsformneutralität bzw zur Anwendung der § 8b VII und VIII im Zusammenhang mit Personengesellschaften Rn 662), ist gesetzlich nicht geregelt. Obwohl in diesen Fällen § 8b I und II bei der beteiligten Körperschaft nicht anzuwenden sind (vgl Rn 721, 747), sollte dennoch § 8b X S 6 nicht anwendbar sein. Denn § 8b X S 6 stellt wie oben ausgeführt maßgebend auf die Eigenschaft der Körperschaft als eine unter § 8b VII oder VIII fallende Körperschaft („überlassende Körperschaft") ab, so dass im Ergebnis unerheblich sein sollte, ob die Personengesellschaft selbst § 8b VII oder VIII unterfällt und dadurch die Nichtanwendbarkeit von § 8b I und II beim Gesellschafter verursacht. Dies lässt sich auch der Gesetzgebungsbegründung entnehmen, die sichtlich nur auf die schädliche „Zwischenschaltung" von Personengesellschaften abstellt, so dass die Prüfung der Eigenschaft als überlassende Körperschaft und somit der Anwendbarkeit von einer der drei in § 8b X S 1 genannten schädlichen Alternativen ohne Zwischenschaltung der Personengesellschaft und der dadurch verursachten steuerlichen Auswirkungen bei der beteiligten Körperschaft zu erfolgen hat. Dass dadurch Gestaltungsmöglichkeiten verbleiben, ist der fehlerhaften Ausgestaltung des § 8b X S 6 geschuldet.

Personengesellschaften als Entleiher. § 8b X S 6 stellt ebenso nur auf die „andere Körperschaft" als Gesellschafter der entleihenden Personengesellschaft ab, so dass lediglich die Körperschaft nicht § 8b VII und VIII unterfallen darf. Dh auch hier ist unerheblich, ob die Personengesellschaft selbst § 8b VII und VIII unterfällt, solange der Gesellschafter (ohne zwischengeschaltete Personengesellschaft) von den § 8b I und II profitieren würde. Das Betriebsausgabenabzugsverbot wird daher auch dann ausgelöst, wenn die Personengesellschaft unter § 8b VII oder VIII fällt, auch wenn dadurch bei der beteiligten Körperschaft die Anwendung der § 8b I und II ausgeschlossen wird (vgl Rn 721). Die infolge der Nichtabzugsfähigkeit der Betriebsausgaben drohende Doppelbesteuerung ist die Kehrseite der Medaille, welche von der fehlerhaften Ausgestaltung des § 8b X S 6 hervorgerufen wird.

Beispiel[1]

Ein unter § 8b VII fallendes Kreditinstitut überlässt einer Personengesellschaft, an der eine andere dem Grunde nach nicht unter § 8b VII oder VIII unterfallende Körperschaft beteiligt ist, Wertpapiere. IHd vereinnahmten Dividende zahlt die Personengesellschaft der überlassenden Körperschaft eine Kompensationszahlung. Die Kompensationszahlung unterliegt dem Betriebsausgabenabzugsverbot, da

---

1 Vgl auch *Hahne*, FR 2007, 819, 825.

die andere Körperschaft ohne die Personengesellschaft als andere Körperschaft iSd § 8b X S 1 qualifizieren würde und an der Personengesellschaft, der die Anteile überlassen werden, beteiligt ist. Unerheblich ist, ob die Personengesellschaft die Steuerbefreiung von Dividenden nach § 8b I, VI der anderen Körperschaft vermittelt oder dem Grunde nach § 8b VII oder VIII unterfällt, obgleich im letzten Fall ein steuerlich nicht gerechtfertigter Nachteil entstünde.

898 **Überlassung von Anteilen an Personengesellschaften.** Die Fälle, dass Anteile an einer Personengesellschaft überlassen werden, erfasst § 8b X S 6, 7 nicht.

899 **Mittelbare Beteiligung über Körperschaften.** Mittelbare Beteiligungen über Körperschaften sind nicht von § 8b X S 6 und 7 erfasst, dh insoweit entfalten zwischengeschaltete Körperschaften eine Abschirmwirkung für den mittelbaren Gesellschafter.

900 **Natürliche Personen.** § 8b X S 6 und 7 greifen grundsätzlich nicht für den Fall, dass an der Personengesellschaft natürliche Personen beteiligt sind bzw zwischengeschaltet werden; hier kommt jedoch die Anwendung des § 3c II S 3 EStG in Betracht, so dass § 8b X sinngemäß bei Personengesellschaften als Entleiher mit natürlichen Personen als Mitunternehmer anzuwenden ist (vlg Rn 814). Bei Personengesellschaften als Verleiher, die natürliche Personen als Mitunternehmer haben, ist § 8b X nicht anzuwenden; es fehlt insoweit an einer überlassenden Körperschaft.[1] Die Ausnutzung der damit verbleibenden Steuerarbitragemöglichkeiten, welche sich durch die Anwendung des § 3 Nr 40 S 3 oder S 4 bei der Personengesellschaft ergeben, wird vom Gesetzgeber anscheinend in Kauf genommen.[2]

901 **Rechtsfolge. Fiktion der Überlassung an die Körperschaft.** § 8b X S 7 fingiert, dass im Falle der Erfüllung des § 8b X S 6 die Anteile unmittelbar als an die (andere) Körperschaft oder als von der (überlassenden) Körperschaft überlassen gelten. Damit greifen die steuerlichen Folgen des Abzugsverbots für körperschaftsteuerliche Zwecke auf Ebene der Gesellschafter, dh der hinter der Personengesellschaft stehenden Körperschaft.[3] Die Fiktion ersetzt somit in den Fällen des § 8b X S 6 die Personengesellschaft durch die Körperschaft für Zwecke des Betriebsausgabenabzugsverbots. Das Betriebsausgabenabzugsverbot gilt auch hier nur für den Entleiher und hat keine steuerlichen Auswirkungen auf den Verleiher. Technisch erfolgt die Hinzurechnung der nichtabziehbaren Betriebsausgaben zunächst auf Ebene der Personengesellschaft, dh der Gewinnanteil der beteiligten schädlichen Körpreschaft ist bereits iRd einheitlichen und gesonderten Feststellung um die nichtabziehbaren Betriebsausgaben zu erhöhen.[4]

902 **Teilweise schädliche Beteiligung.** Das Bestehen eines Betriebsausgabenabzugsverbots wird auf Ebene der Personengesellschaft festgestellt (vgl Rn 903). Lediglich der Gewinnanteil der an ihr beteiligten schädlichen Körperschaft (Entleiher) wird entsprechend der Beteiligung an der Personengesellschaft um die nicht abziehbaren Betriebsausgaben erhöht. Insoweit gelten die allgemeinen Grundsätze. Unbeachtlich ist, dass § 8b X S 6 die entsprechende Anwendung der S 1-5 vorschreibt, „wenn" die

---

1 Zutreffend sowie zu Gestaltungsmöglichkeiten *Dötsch/Pung* in D/J/P/W § 8b Rn 299.
2 *Dötsch/Pung* in D/J/P/W § 8b Rn 299.
3 *Hahne*, FR 2007, 819, 821.
4 Ausführlich zu den verschiedenen Auslegungsmöglichkeiten *Dötsch/Pung* in D/J/P/W § 8b Rn 332 ff.

XIV. Wertpapierleihe

Anteile an eine oder von einer Personengesellschaft überlassen werden. Denn das Wort „wenn" bezieht sich auf die Anteile als solche, die nur als Ganzes übertragen werden können (die Verwendung des Worts „soweit" ist somit nicht erforderlich um die Anwendung des partiellen Abzugsverbots zu gewährleisten).[1] Daher kommt es auch in Fällen marginaler Beteiligung nicht zu einem umfassenden Abzugsverbot nach § 8b X S 6.[2]

Einheitliche und gesonderte Gewinnfeststellung. Die Bestimmung des Abzugsverbots erfolgt verfahrenstechnisch iRd einheitlichen und gesonderten Gewinnfeststellung auf Ebene der Personengesellschaft (vgl Rn 902).[3] IRd § 8b X sind damit die allgemeinen Vorschriften aus der AO (§§ 179 II, 180 I Nr 2 AO) zu beachten. 903

Sonderbetriebsvermögen. Werden die Anteile im Sonderbetriebsvermögen gehalten, greift bereits § 8b X S 1.[4] § 8b X 6 ist nur anwendbar, wenn die Personengesellschaft die Anteile im Gesamthandsvermögen hält und selbst leiht bzw verleiht. 904

Einstweilen frei. 905

9. Kommunale Wertpapierleihe (§ 8b X S 8). Vgl hierzu Rn 841. 906

Einstweilen frei. 907

10. Organschaftsfälle. a) Grundsatz. Das in § 8b X enthaltene Betriebsausgabenabzugsverbot führt in Organschaftsfällen aufgrund der in § 15 S 1 Nr 2 geregelten sog Bruttomethode bei wortlautgetreuer Auslegung teilweise zu nicht sachgerechten Ergebnissen. Denn nach § 15 S 1 Nr 2 S 1 ist § 8b I-VI bei einer Organgesellschaft nicht anzuwenden. § 8b X ist auf der Ebene der Organgesellschaft hingegen anwendbar, wie sich aus § 15 S 1 Nr 2 S 3 sowie der fehlenden Nennung in § 15 S 1 Nr 2 S 1 ergibt. Die daraus resultierenden Konsequenzen sind je nach Funktion der Organgesellschaft als Entleiher oder Verleiher unterschiedlich. 908

Einstweilen frei. 909

b) Organgesellschaft als Entleiher. Organgesellschaft unterfällt 8b VII oder VIII. § 8b X ist bei der Organgesellschaft nicht anzuwenden (dh es verbleibt beim Betriebsausgabenabzug von Leihgebühren und Kompensationszahlungen), wenn bei dieser § 8b VII oder VIII anzuwenden ist. 910

Beispiel

Ein unter § 8b VII fallendes Kreditinstitut überlässt einer Organgesellschaft, welche ebenfalls als Kreditinstitut qualifiziert, vor dem Dividendenstichtag ihrem Handelsbuch zuzurechnende Wertpapiere. § 8b X S 1 ist nicht anwendbar, da bei der Organgesellschaft auf die Anteile § 8b VII S 1 anzuwenden ist. Unbeachtlich ist, ob der Organträger eine Körperschaft ist, bei der auf die Anteile § 8b VII oder VIII anwendbar ist.

---

1 AA wohl *Gosch* in Gosch § 8b Rn 665; *Frotscher* in Frotscher/Maas § 8b Rn 140; die eine proportionale Verteilung der nicht abzugsfähigen Betriebsausgaben gemäß der Beteiligung ablehnen.
2 *Besch/Jakob* in PwC, Unternehmensteuerreform 2008, 2007, Rn 2181; zur überschießenden Wirkung des § 8b X S 6 *Häuselmann*, DStR 2007, 1379, 1381; aA *Gosch* in Gosch § 8b Rn 665.
3 Zum § 8a V aF BMF v 15.7.2004, BStBl I 2004, 593, Rn 51.
4 *Dötsch/Pung* in D/J/P/W § 8b Rn 325.

911 **Organgesellschaft unterfällt nicht 8b VII oder VIII.** Wenn auf die Anteile bei der entleihenden Organgesellschaft § 8b VII oder VIII nicht anzuwenden ist, die Organgesellschaft also dem Grunde nach (dh ohne Bestehen einer Organschaft) Einnahmen oder Bezüge gem § 8b I, II steuerfrei vereinnahmen könnte, kommt das Betriebsausgabenabzugsverbot gem § 8b X S 1 bei der Organgesellschaft zur Anwendung. Die in § 15 S 1 Nr 2 geregelte Bruttomethode schränkt zwar die Anwendung der § 8b I und II bei der Organgesellschaft ein, führt aber dennoch nicht zu unsachgerechten Ergebnissen. Denn bezieht eine solche Organgesellschaft aus den ihr iRe Wertpapierleihe überlassenen Anteilen Dividenden oder Veräußerungsgewinne, so sind diese gem § 15 S 1 Nr 2 auf Ebene des Organträgers steuerbefreit (vgl Rn 912). Dies gilt selbst dann, wenn der Organträger § 8b VII oder VIII unterfällt (vgl Rn 913), so dass auch insoweit die Anwendung des § 8b X bei der Organgesellschaft gerechtfertigt ist.

912 **Anwendbarkeit von § 8b I und II beim Organträger.** Ist der Organträger eine Körperschaft, bei der § 8b I und II anwendbar sind, so werden von der Organgesellschaft vereinnahmte Dividenden zwar grundsätzlich gem § 15 S 1 Nr 2 S 2 beim Organträger von der Besteuerung befreit. Gem § 15 S 1 Nr 2 S 3 idFd JStG 2009 gilt dies aber nicht, „soweit" § 8b X bei der Organgesellschaft anzuwenden ist. Der Regelungsgehalt des § 15 S 1 Nr 2 S 3 ist unklar. Auch der Gesetzesbegründung lässt sich der Regelungsgehalt, zumindest soweit er § 8b X betrifft, nicht eindeutig entnehmen.[1] Die Norm könnte dahingehend ausgelegt werden, dass das bei der Organgesellschaft anzuwendende Betriebsausgabenabzugsverbot zu einer vollständigen Rückgängigmachung der Dividendensteuerbefreiung beim Organträger führt (mit der Folge einer Doppelbelastung).[2] Unter Zugrundelegung dieser Auslegung hätte § 15 S 1 Nr 2 S 3 in Fällen der Beteiligung einer Organgesellschaft an einer Wertpapierleihe Sanktionscharakter. Die Vorschrift lässt sich jedoch auch teleologisch auslegen: § 8b X ist auf Ebene der Organgesellschaft anzuwenden (vgl Rn 908) mit der Folge, dass gem § 15 S 1 Nr 2 S 3 iVm § 8b X S 3 nur die § 8b III S 1 und 2 sowie V beim Organträger nicht anzuwenden sind. Mit anderen Worten würde § 15 S 1 Nr 2 S 3 unter dieser Auslegung sicherstellen, dass bei Anwendung des § 8b X auf Ebene der Organgesellschaft die unter § 8b I, II zu subsumierenden Einnahmen oder Bezüge zumindest zu 100 % steuerfrei ohne die Fiktion nichtabzugsfähiger Betriebsausgaben beim Organträger vereinnahmt werden. Dies würde die teilweise („soweit") Anordnung der Nichtanwendbarkeit des § 15 S 1 Nr 2 S 2, welcher den gesamten § 8b und somit grundsätzlich auch § 8b III 1, 2 bzw V erfasst, in § 15 S 1 Nr 2 S 3 erklären. Im Ergebnis sind die Dividenden damit beim Organträger zu 100 % (und nicht effektiv nur zu 95 %) steuerbefreit.

Beispiel

Ein unter § 8b VII fallendes Kreditinstitut überlässt einer Organgesellschaft Anteile, auf die bei der Organgesellschaft dem Grunde nach § 8b I, II anzuwenden wären, wenn keine Organschaft bestünde. Der Organträger ist eine Körperschaft, bei der

---

1 BTDrs 16/11108, 28.
2 Hierzu *Heurung/Seidel*, BB 2009, 472, 473.

§ 8b I, II anzuwenden sind. Soweit die Organgesellschaft aus den ihr überlassenen Anteilen Einnahmen in Form von Dividenden bezieht, sind die Rechtsfolgen nach der oben ausgeführten teleologischen Auslegung wie folgt: Bei der Organgesellschaft greift bei Erfüllung der weiteren Voraussetzungen des § 8b X das Betriebsausgabenabzugsverbot, dh Kompensationszahlungen und Leihgebühren sind nicht abzugsfähig. Denn § 8b X findet gem § 15 S 1 Nr 2 S 1 bei der Organgesellschaft Anwendung. Die dem Organträger zugerechneten Dividenden sind gem § 8b I beim Organträger zu 100 % steuerbefreit. Da § 8b X S 3 die Nichtanwendbarkeit des § 8b V bei der Organgesellschaft gem § 15 S 1 Nr 2 S 1 anordnet, gilt gem § 15 S 1 Nr 2 S 3 der § 15 S 1 Nr 2 S 2 „insoweit" nicht bei der Ermittlung des Einkommens des Organträgers (dh die in § 8b X 3 angeordnete Aufhebung des 5 %ige Betriebsausgabenabzugsverbots wirkt auch für den Organträger).

Anwendbarkeit von § 8b VII oder VIII beim Organträger. Sofern beim Organträger § 8b VII oder VIII zur Anwendung kommt, hat dies nach hM keinen Einfluss auf die Steuerbefreiung der dem Organträger von der Organgesellschaft zugerechneten Dividenden und Veräußerungsgewinne; denn § 8b VII, VIII finden keine Anwendung, da es für § 8b VII zumindest an dem gesetzlichen Merkmal der Zurechnung der Anteile zum Handelsbuch des Organträgers (§ 8b VII S 1), der Erwerbsabsicht des Organträgers zur kurzfristigen Erzielung eines Eigenhandelserfolgs sowie der Zurechnung der Anteile zu den Kapitalanlagen des Organträgers (§ 8b VIII S 1) fehlt (vgl Rn 720). Die unter Rn 912 dargestellten Rechtsfolgen gelten somit entsprechend.

913

Einstweilen frei.

914

c) Organgesellschaft als Verleiher. Dem Wortlaut des § 8b X S 1 nach sind Organgesellschaften stets als „schädliche Verleiher" anzusehen, da bei ihnen auf die Anteile § 8b I und II gem § 15 I S 1 Nr 2 und somit aus anderen (als den in VII oder VIII genannten) Gründen nicht anzuwenden sind. Dies ist jedoch in den Fällen nicht sachgerecht, in denen die Steuerbefreiung auf Ebene des Organträgers gewährt wird. Denn in diesen Fällen fehlt die Möglichkeit der Erzielung einer Steuerarbitrage, welche in der Vereinnahmung steuerfreier Dividenden und Veräußerungsgewinne einerseits und den abzugsfähigen Entgelten für die Wertpapierleihe andererseits besteht. Daher ist eine teleologische Reduktion des Anwendungsbereichs der Norm geboten.[1] Aus dem Anwendungsbereich sind somit die Fälle auszunehmen, die nur deswegen zu einem Betriebsausgabenabzugsverbot führen, weil § 8b I und II wegen der Bruttomethode bei der Organgesellschaft nicht anzuwenden sind. Unberührt bleibt die Möglichkeit, dass die Organgesellschaft als „schädlicher Verleiher" qualifiziert, wenn sie selbst unter die 1. Alt fällt (dh eine Körperschaft ist, bei der auf die Anteile § 8b VII oder VIII zur Anwendung kommt).

915

Einstweilen frei.

916

---

1 Dötsch/Pung in D/J/P/W § 8b Rn 302; Roser, Ubg 2008, 89, 92 f; Heurung/Seidel, BB 2009, 472, 475; aA Gosch in Gosch § 8b Rn 649.

§ 8c Verlustabzug bei Körperschaften

(1) ¹Werden innerhalb von fünf Jahren mittelbar oder unmittelbar mehr als 25 Prozent des gezeichneten Kapitals, der Mitgliedschaftsrechte, Beteiligungsrechte oder der Stimmrechte an einer Körperschaft an einen Erwerber oder diesem nahe stehende Personen übertragen oder liegt ein vergleichbarer Sachverhalt vor (schädlicher Beteiligungserwerb), sind insoweit die bis zum schädlichen Beteiligungserwerb nicht ausgeglichenen oder abgezogenen negativen Einkünfte (nicht genutzte Verluste) nicht mehr abziehbar. ²Unabhängig von Satz 1 sind bis zum schädlichen Beteiligungserwerb nicht genutzte Verluste vollständig nicht mehr abziehbar, wenn innerhalb von fünf Jahren mittelbar oder unmittelbar mehr als 50 Prozent des gezeichneten Kapitals, der Mitgliedschaftsrechte, Beteiligungsrechte oder der Stimmrechte an einer Körperschaft an einen Erwerber oder diesem nahe stehende Personen übertragen werden oder ein vergleichbarer Sachverhalt vorliegt. ³Als ein Erwerber im Sinne der Sätze 1 und 2 gilt auch eine Gruppe von Erwerbern mit gleichgerichteten Interessen. ⁴Eine Kapitalerhöhung steht der Übertragung des gezeichneten Kapitals gleich, soweit sie zu einer Veränderung der Beteiligungsquoten am Kapital der Körperschaft führt. <u>⁵Ein schädlicher Beteiligungserwerb liegt nicht vor, wenn an dem übertragenden und an dem übernehmenden Rechtsträger dieselbe Person zu jeweils 100 Prozent mittelbar oder unmittelbar beteiligt ist.</u> ⁶Ein nicht abziehbarer nicht genutzter Verlust kann abweichend von Sätzen 1 und 2 abgezogen werden, soweit er bei einem schädlichen Beteiligungserwerb im Sinne des Satzes 1 die anteiligen oder bei einem schädlichen Beteiligungserwerb im Sinne des Satzes 2 die gesamten, zum Zeitpunkt des schädlichen Beteiligungserwerbs vorhandenen im Inland steuerpflichtigen stillen Reserven des Betriebsvermögens der Körperschaft nicht übersteigt. ⁷Stille Reserven im Sinne des Satzes 6 sind der Unterschiedsbetrag zwischen dem anteiligen oder bei einem schädlichen Beteiligungserwerb im Sinne des Satzes 2 dem gesamten in der steuerlichen Gewinnermittlung ausgewiesenen Eigenkapital und dem auf dieses Eigenkapital jeweils entfallenden gemeinen Wert der Anteile an der Körperschaft, soweit diese im Inland steuerpflichtig sind. ⁸Ist das Eigenkapital der Körperschaft negativ, sind stille Reserven im Sinne des Satzes 6 der Unterschiedsbetrag zwischen dem anteiligen oder bei einem schädlichen Beteiligungserwerb im Sinne des Satzes 2 dem gesamten in der steuerlichen Gewinnermittlung ausgewiesenen Eigenkapital und dem diesem Anteil entsprechenden gemeinen Wert des Betriebsvermögens der Körperschaft. ⁹Bei der Ermittlung der stillen Reserven ist nur das Betriebsvermögen zu berücksichtigen, das der Körperschaft ohne steuerrechtliche Rückwirkung, insbesondere ohne Anwendung des § 2 Absatz 1 des Umwandlungssteuergesetzes, zuzurechnen ist.

(1a) ¹Für die Anwendung des Absatzes 1 ist ein Beteiligungserwerb zum Zweck der Sanierung des Geschäftsbetriebs der Körperschaft unbeachtlich. ²Sanierung ist eine Maßnahme, die darauf gerichtet ist, die Zahlungsunfähigkeit oder Überschuldung zu verhindern oder zu beseitigen und zugleich die wesentlichen Betriebsstrukturen zu erhalten.

³Die Erhaltung der wesentlichen Betriebsstrukturen setzt voraus, dass

1. die Körperschaft eine geschlossene Betriebsvereinbarung mit einer Arbeitsplatzregelung befolgt oder

2. die Summe der maßgebenden jährlichen Lohnsummen der Körperschaft innerhalb von fünf Jahren nach dem Beteiligungserwerb 400 Prozent der Ausgangslohnsumme nicht unterschreitet; § 13a Absatz 1 Satz 3 und 4 und Absatz 4 des Erbschaftsteuer- und Schenkungsteuergesetzes gilt sinngemäß; oder

3. der Körperschaft durch Einlagen wesentliches Betriebsvermögen zugeführt wird. ²Eine wesentliche Betriebsvermögenszuführung liegt vor, wenn der Körperschaft innerhalb von zwölf Monaten nach dem Beteiligungserwerb neues Betriebsvermögen zugeführt

wird, das mindestens 25 Prozent des in der Steuerbilanz zum Schluss des vorangehenden Wirtschaftsjahrs enthaltenen Aktivvermögens entspricht. ³Wird nur ein Anteil an der Körperschaft erworben, ist nur der entsprechende Anteil des Aktivvermögens zuzuführen. ⁴Der Erlass von Verbindlichkeiten durch den Erwerber oder eine diesem nahestehende Person steht der Zuführung neuen Betriebsvermögens gleich, soweit die Verbindlichkeiten werthaltig sind. ⁵Leistungen der Kapitalgesellschaft, die innerhalb von drei Jahren nach der Zuführung des neuen Betriebsvermögens erfolgen, mindern den Wert des zugeführten Betriebsvermögens. ⁶Wird dadurch die erforderliche Zuführung nicht mehr erreicht, ist Satz 1 nicht mehr anzuwenden.

⁴Keine Sanierung liegt vor, wenn die Körperschaft ihren Geschäftsbetrieb im Zeitpunkt des Beteiligungserwerbs im Wesentlichen eingestellt hat oder nach dem Beteiligungserwerb ein Branchenwechsel innerhalb eines Zeitraums von fünf Jahren erfolgt.

§ 34 Schlussvorschriften

(7b) ¹§ 8c in der Fassung des Artikels 2 des Gesetzes vom 14. August 2007 (BGBl I S. 1912) findet erstmals für den Veranlagungszeitraum 2008 und auf Anteilsübertragungen nach dem 31. Dezember 2007 Anwendung. ²§ 8c Absatz 1 in der Fassung des Artikels 2 des Gesetzes vom 22. Dezember 2009 (BGBl. I, S. 3950) ist erstmals auf schädliche Beteiligungserwerbe nach dem 31. Dezember 2009 anzuwenden.

(7c) ¹§ 8c Absatz 1a in der Fassung des Artikels 2 des Gesetzes vom 22. Dezember 2009 (BGBl. I, S. 3950) findet erstmals für den Veranlagungszeitraum 2008 und auf Anteilsübertragungen nach dem 31. Dezember 2007 Anwendung. ²Erfüllt ein nach dem 31. Dezember 2007 erfolgter Beteiligungserwerb die Voraussetzungen des § 8c Absatz 1a, bleibt er bei Anwendung des § 8c Absatz 1 Satz 1 und 2 unberücksichtigt. ³§ 8c Absatz 1a ist nur anzuwenden, wenn

1. eine rechtskräftige Entscheidung des Gerichts oder des Gerichtshofs der Europäischen Union den Beschluss der Europäischen Kommission K(2011) 275 vom 26. Januar 2011 im Verfahren Staatliche Beihilfe C 7/2010 (ABl. L 235 vom 10.9.2011, S. 26) für nichtig erklärt und feststellt, dass es sich bei § 8c Absatz 1a nicht um eine staatliche Beihilfe im Sinne des Artikels 107 Absatz 1 des Vertrags über die Arbeitsweise der Europäischen Union handelt,

2. die Europäische Kommission einen Beschluss zu § 8c Absatz 1a nach Artikel 7 Absatz 2, 3 oder 4 der Verordnung (EG) Nr. 659/1999 des Rates vom 22. März 1999 über besondere Vorschriften für die Anwendung von Artikel 93 des EG-Vertrags (ABl. L 83 vom 27.3.1999, S. 1), die zuletzt durch Verordnung (EG) Nr. 1791/2006 des Rates vom 20. November 2006 (ABl. L 363 vom 20.12.2006, S. 1) geändert wurde, fasst und mit dem Beschluss weder die Aufhebung noch die Änderung des § 8c Absatz 1a gefordert wird oder

3. die Voraussetzungen des Artikels 2 des Beschlusses der Europäischen Kommission K(2011) 275 erfüllt sind und die Steuerfestsetzung vor dem 26. Januar 2011 erfolgt ist.

⁴Die Entscheidung oder der Beschluss im Sinne des Satzes 3 Nummer 1 oder 2 sind vom Bundesministerium der Finanzen im Bundesgesetzblatt bekannt zu machen. ⁵§ 8c Absatz 1a ist dann in den Fällen des Satzes 3 Nummer 1 und 2 anzuwenden, soweit Steuerbescheide noch nicht bestandskräftig sind.

§ 14 III, IIIa FMStFG

(3) ¹§ 8c des Körperschaftsteuergesetzes und § 10a letzter Satz des Gewerbesteuergesetzes sind bei Erwerb von Stabilisierungselementen durch den Fonds oder deren Rückübertragung durch den Fonds nicht anzuwenden. ²Satz 1 gilt auch für den Erwerb von Stabilisierungselementen oder deren Rückübertragung durch eine andere inländische Gebiets-

körperschaft oder einer von dieser errichteten, mit dem Fonds vergleichbaren Einrichtung, wenn die Stabilisierungsmaßnahmen innerhalb der in § 13 Absatz 1 genannten Frist durchgeführt werden. ³Satz 1 ist auf Maßnahmen im Sinne des Rettungsübernahmegesetzes entsprechend anzuwenden.

(3a) ¹Sofern Abspaltungen im Sinne des § 15 Absatz 1 des Umwandlungssteuergesetzes eine notwendige Vorbereitung von Stabilisierungsmaßnahmen im Sinne der §§ 6 bis 8 dieses Gesetzes darstellen, ist § 15 Absatz 3 des Umwandlungssteuergesetzes in der Fassung des Artikels 5 Nummer 2 des Gesetzes vom 14. August 2007 (BGBl. I, S. 1912) nicht anzuwenden. ²Verrechenbare Verluste, verbleibende Verlustvorträge, nicht ausgeglichene negative Einkünfte und ein Zinsvortrag nach § 4h Absatz 1 Satz 2 des Einkommensteuergesetzes verbleiben bei der übertragenden Körperschaft.

Übersicht

	Rn
I. Regelungsgehalt der Norm	1 – 2
II. Rechtsentwicklung	3 – 4
III. Normzweck und Anwendungsbereich	5 – 66
1. Bedeutung der Norm	5 – 11
2. Anwendungsbereich	12 – 33
a) Persönlicher Anwendungsbereich	12 – 15
b) Sachlicher Anwendungsbereich	16 – 26
c) Zeitlicher Anwendungsbereich	27 – 33
3. Verhältnis zu anderen Vorschriften	34 – 51
a) GewSt	34 – 37
b) KSt	38 – 41
c) § 42 AO	42 – 43
d) Rückwirkung nach § 2 UmwStG	44 – 51
4. Verfassungsrecht	52 – 53
5. Unionsrecht	54 – 58
6. Verfahrensrecht	59 – 66
a) Verlustfeststellung	59 – 60
b) Mitwirkungspflichten	61 – 64
c) Beweislast	65 – 66
IV. Grundregel (§ 8c I)	67 – 247
1. Schädlicher Beteiligungserwerb	67 – 98
a) Tatbestandsvoraussetzungen	67 – 68
b) Unmittelbarer Erwerb	69 – 92
c) Mittelbarer Erwerb	93 – 98
2. Gegenstand des Erwerbs gem § 8c I S 1 und 2	99 – 127
a) Allgemeines	99 – 102

b) Anteile am gezeichneten Kapital ... 103 – 110
c) Mitgliedschaftsrechte ... 111 – 115
d) Beteiligungsrechte ... 116 – 119
e) Stimmrechte ... 120 – 127
3. Erwerber ... 128 – 161
a) Grundsatz ... 128 – 130
b) Einzelner Erwerber ... 131 – 139
c) Nahestehende Personen des Erwerbers ... 140 – 144
d) Gruppe von Erwerbern mit gleichgerichteten Interessen (§ 8c I S 3) ... 145 – 154
e) Konzerninterne Erwerbe ... 155 – 161
4. Fünfjahreszeitraum ... 162 – 168
5. Vergleichbare Sachverhalte ... 169 – 195
a) Allgemeines ... 169 – 175
b) Vergleichbare Sachverhalte im Einzelnen ... 176 – 195
6. Kapitalerhöhung (§ 8c I S 4) ... 196 – 203
7. Zeitpunkt des Erwerbs ... 204 – 210
8. Rechtsfolgen des Beteiligungserwerbs ... 211 – 241
a) Quotaler Untergang (§ 8c I S 1) ... 211 – 215
b) Vollständiger Untergang (§ 8c I S 2) ... 216 – 221
c) Mehrfache Übertragung nämlicher Anteile ... 222 – 224
d) Unterjähriger Beteiligungserwerb ... 225 – 228
e) Verlustrücktrag ... 229 – 232
f) Organschaften ... 233 – 238
g) Beteiligung an Personengesellschaften ... 239 – 241
9. Gestaltungsmöglichkeiten ... 242 – 247
V. Konzernklausel (§ 8c I S 5) ... 248 – 283
1. Allgemeines ... 248 – 250
2. Begünstigte Vorgänge ... 251 – 254
3. Übertragende und übernehmende Rechtsträger ... 255 – 262
4. Gemeinsamer Gesellschafter ... 263 – 268
5. Maßgebliche Beteiligung von 100% ... 269 – 280
6. Rechtsfolgen ... 281 – 283
VI. Erhalt von Verlusten iHd stillen Reserven (§ 8c I S 6-9) ... 284 – 320
1. Allgemeines ... 284 – 290
2. Bestimmung stiller Reserven (§ 8c I S 7 und 8) ... 291 – 310
a) Bestimmung als Unterschiedsbetrag ... 291 – 298
b) Mehrstufige Strukturen ... 299 – 303

c) Organschaften .... 304 – 306
d) Beteiligungen an Personengesellschaften .... 307 – 310
3. Nichtberücksichtigung rückwirkender Transaktionen
   (§ 8c I S 9) .... 311 – 312
4. Rechtsfolgen .... 313 – 320
VII. Ausnahme bei qualifizierten Sanierungen (§ 8c Ia) .... 321 – 344
1. Allgemeines .... 321 – 324
2. Erwerb zum Zweck der Sanierung (§ 8c Ia S 1 und 2) .... 325 – 334
3. Erhalt der wesentlichen Betriebsstrukturen (§ 8c Ia S 3) ..... 335 – 339
4. Ausschlussgründe (§ 8c Ia S 4) .... 340 – 341
5. Rechtsfolge .... 342 – 344
VIII. Ausnahmen bei Erwerb durch den
Finanzmarktstabilisierungsfonds (§ 14 III FMStFG) .... 345 – 349

I. Regelungsgehalt der Norm. § 8c I S 1 schreibt eine anteilige Versagung nicht genutzter steuerlicher Verluste vor, sofern innerhalb eines Zeitraumes von fünf Jahren mehr als 25%, aber nicht mehr als 50% der Anteile, Stimmrechte oder ähnlicher Rechte an einer Körperschaft an einen Erwerber übertragen werden. Bei einer Übertragung von mehr als 50% solcher Rechte führt § 8c I S 2 zu einer vollständigen Versagung des Ausgleichs oder Abzugs steuerlicher Verluste. Im Gegensatz zur Vorgängerregelung § 8 IV aF ist für eine schädliche Anteilsübertragung nicht mehr die Übertragung von Anteilen relevant, sondern der Erwerb von Anteilen durch einen Erwerber bzw diesem nahestehende Personen oder durch eine Erwerbergruppe mit gleichgerichteten Interessen gem § 8c I S 3. Dabei ist es grundsätzlich unerheblich, ob der Erwerb auf einer unmittelbaren oder mittelbaren Übertragung, auf einer Übertragung innerhalb eines Konzerns oder zwischen fremden Dritten beruht. § 8c I S 5 sieht eine sog Konzernklausel vor, der zufolge Erwerbe innerhalb eines Konzerns mit 100%tigen Beteiligungen nicht zum (teilweisen) Untergang nicht genutzter Verluste führen sollen. Gleichfalls bleiben für nach dem 31.12.2009 erfolgende Übertragungen Verluste gem § 8c I S 6 ff in dem Umfang erhalten, wie sie die in der Verlustgesellschaft vorhandenen anteiligen bzw gesamten stillen Reserven nicht übersteigen. § 8c Ia enthält eine Sanierungsklausel, wonach Beteiligungserwerbe zum Zwecke der Sanierung der Gesellschaft unbeachtlich bleiben. Privilegiert werden durch die Regelung Erwerbe zum Zwecke der Sanierung der Verlustgesellschaft, sofern zugleich die wesentlichen Betriebsstrukturen erhalten bleiben. Allerdings wurde die Anwendung der Sanierungsklausel nach Einleitung eines förmlichen Prüfverfahrens durch die Europäische Kommission durch BMF-Schreiben v 30.4.2010 ausgesetzt.[1] Am 26.1.2011 verwarf die EU-Kommission die Sanierungsklausel als unzulässige Beihilfe.[2] Gegen die Entscheidung der EU-Kommission hat die Bundesregierung mit Datum v 7.4.2011 Klage eingereicht.[3]

---

1 BMF v 30.4.2010, BStBl I 2010, 488.
2 Pressemitteilung des BMF v 9.3.2011, Nr 4/2011.
3 ABl C 186 v 25.6.2011, 28 und veröffentlicht unter Az T-287/11, ABl C 238 v 13.8.2011, 21. Weiterführend *Marquart*, IStR 2011, 445 ff.

II. Rechtsentwicklung

Einstweilen frei. 2

II. Rechtsentwicklung. § 8c wurde durch das UntStRefG 2008 v 14.8.2007[1] eingeführt und löst für VZ ab 2008 und für Übertragungen nach dem 31.12.2007 § 8 IV aF ab. § 8 IV aF war ursprünglich mit dem StRefG 1990 v 25.7.1988[2] eingeführt worden, um den sog Handel mit Verlustmänteln einzudämmen. Nach mehreren Gesetzesverschärfungen sah § 8 IV aF in seiner letzten Fassung vor, dass als Voraussetzung für den Verlustabzug nach § 10d EStG eine Körperschaft nicht nur rechtlich, sondern auch wirtschaftlich mit derjenigen Körperschaft identisch sein musste, die den Verlust erlitten hatte. Wirtschaftliche Identität sollte insbesondere dann nicht vorliegen, wenn mehr als die Hälfte der Anteile an einer Kapitalgesellschaft übertragen wurden und die Kapitalgesellschaft ihren Geschäftsbetrieb mit überwiegend neuem Betriebsvermögen fortführte oder wieder aufnahm. Insbesondere das Kriterium der Zuführung überwiegend neuen Betriebsvermögens war sehr diskussions- und streitanfällig und beschäftigt bis zum heutigen Tag die Finanzgerichtsbarkeit. Ausweislich der Gesetzesbegründung sollte die Neuregelung die Rechtsanwendung vereinfachen, indem die streitige Tatbestandsvoraussetzung „Zuführung überwiegend neuen Betriebsvermögens" aufgegeben wurde.[3] Zudem kommt die Einführung des § 8c dem Bestreben der Finanzverwaltung entgegen, auch mittelbare Übertragungen von Anteilen im Hinblick auf die Nutzung von Verlusten als schädlich zu qualifizieren (der dahingehenden Auslegung des § 8 IV aF im BMF-Schreiben v 16.4.1999[4] versagte der BFH mit Urteil v 20.8.2003[5] die Anerkennung). § 8c sieht nun in I S 1 ausdrücklich vor, dass auch mittelbare Übertragungen zu einem Untergang der Verluste führen können (vgl Rn 93). Im Gegensatz zur Vorgängerregelung § 8 IV aF kommt es für die Schädlichkeit einer Anteilsübertragung nicht mehr auf die Übertragung von Anteilen an, sondern auf den Erwerb von Beteiligungen durch einen Erwerber bzw durch dem Erwerber nahestehende Personen (vgl Rn 140) oder eine Erwerbergruppe mit gleichgerichteten Interessen (vgl Rn 145).

Mit MoRaKG v 12.8.2008[6] sollte § 8c um einen Absatz 2 erweitert werden, der bei Vorliegen bestimmter Voraussetzungen den Erwerb von Kapitalgesellschaftsanteilen durch und von Wagniskapitalbeteiligungsgesellschaften dahingehend begünstigt hätte, dass Verluste iHd in der erworbenen Gesellschaft vorhandenen stillen Reserven nutzbar geblieben wären. Da die Wagniskapitalbeteiligungsgesellschaften Sitz und Geschäftsleitung im Inland haben sollten, stand die Regelung unter dem Vorbehalt der Genehmigung durch die EU-Kommission, die am 30.9.2009 endgültig verweigert wurde. Somit ist Absatz 2 niemals wirksam in Kraft getreten und wird dementsprechend nachfolgend vernachlässigt.

---

1 BGBl I 2007, 1912.
2 BGBl I 1988, 1093.
3 BTDrs 16/4841, 75.
4 BMF v 16.4.1999, BStBl I 1999, 455, Rn 28.
5 BFH I R 61/01, BStBl II 2004, 616.
6 BGBl I 2008, 1672.

Durch das FMStFG v 17.10.2008[1] wurde § 8c für Erwerbe durch den Finanzmarktstabilisierungsfonds und deren Rückerwerbe außer Kraft gesetzt. Durch das Bürgerentlastungsgesetz Krankenversicherung v 16.7.2009[2] wurde § 14 III FMStFG erweitert sowie § 14 IIIa FMStFG ergänzt.

Die durch das JStG 2009 v 19.12.2008[3] eingeführten § 2 IV UmwStG und § 10a S 10 GewStG führen faktisch zu einer Verschärfung bzw Erweiterung des Anwendungsbereiches des § 8c. Zum einen wurde die Möglichkeit der rückwirkenden Verlustnutzung durch Umwandlungsvorgänge eingeschränkt (hierzu Rn 44). Zum anderen wurde der Wirkungsbereich des § 8c für Zwecke der GewSt auf indirekte Übertragungen solcher Personengesellschaftsanteile ausgedehnt, die von Kapitalgesellschaften gehalten werden (hierzu Rn 36).

Mit dem Bürgerentlastungsgesetz Krankenversicherung wurde mit § 8c Ia eine zunächst auf Übertragungen in den Jahren 2008 und 2009 befristete Sanierungsklausel zur Bewältigung der globalen Finanz- und Wirtschaftskrise eingeführt. Durch das Wachstumsbeschleunigungsgesetz v 19.12.2009[4] wurde die Befristung zwischenzeitlich aufgehoben. Allerdings wurde nach Einleitung eines förmlichen Prüfverfahrens durch die Europäische Kommission die Anwendung der Sanierungsklausel zunächst durch BMF-Schreiben v 30.4.2010[5] suspendiert.

Die EU-Kommission kam am 26.1.2011 iRd förmlichen Prüfverfahrens für rechtswidrige staatliche Beihilfen nach Art 108 II AEUV zu dem Ergebnis, dass es sich bei der Sanierungsklausel des § 8c Ia, um eine unionsrechtswidrige staatliche Beihilfe handele (vgl Rn 29 und 323).[6] Obwohl die BRD gegen diese Entscheidung Nichtigkeitsklage vor dem EuGH erhoben hat,[7] sieht der Entwurf des BeitrRLUmsG v 22.6.2011[8] zur Umsetzung dieser Entscheidung die Suspendierung der Sanierungsklausel gem § 8c Ia ab dem VZ 2011 bzw für Anteilsübertragungen nach dem 31.12.2010 vor.[9]

Ebenfalls durch das Wachstumsbeschleunigungsgesetz wurde § 8c I in S 5 um eine Konzernklausel ergänzt. Zusätzlich wurde in § 8c I S 6-8 in Anlehnung an den ursprünglich iRd MoRaKG vorgesehenen Absatz 2 eine Regelung aufgenommen, nach der Verluste trotz schädlicher Erwerbe in der Höhe erhalten bleiben, in der stille Reserven in der Verlustgesellschaft vorhanden sind (sog „Stille-Reserven-Klausel").

IRd JStG 2010 v 8.12.2010[10] wurden die Regelungen zur Stillen-Reserven-Klausel dahingehend geändert, dass nur die im Inland steuerpflichtigen stillen Reserven des Betriebsvermögens der Verlustgesellschaft als stille Reserven iSd § 8c I S 5 gelten. Des Weiteren wurde die Ermittlung der stillen Reserven in Fällen negativen EK neu gefasst.

---

1 BGBl I 2008, 1982.
2 BGBl I 2009, 1959.
3 BGBl I 2008, 2794.
4 BGBl I 2009, 3950.
5 BMF v 30.4.2010, BStBl I 2010, 488.
6 C 7/10 (ex CP 250/09 und NN 5/10), ABl L 235 v 10.9.2011, 26.
7 Klage eingereicht am 7.4.2011, ABl C 186 v 25.6.2011, 28 und veröffentlicht unter Az T-287/11, ABl C 238 v 13.8.2011, 21. Weiterführend *Marquart*, IStR 2011, 445 ff.
8 BTDrs 17/6263, 62 (geändert aufgrund der Beschlussempfehlung des Finanzausschusses v 26.10.2011, BTDrs 17/7469).
9 *Hackemann/Momen*, BB 2011, 2135.
10 BGBl I 2010, 1768.

III. Normzweck und Anwendungsbereich

Einstweilen frei. 4

III. Normzweck und Anwendungsbereich. 1. Bedeutung der Norm. § 8 IV aF als Missbrauchsvermeidungsvorschrift. § 8 IV aF war als Missbrauchsvermeidungsvorschrift konzipiert und verlangte als Voraussetzung für die Nutzung von Verlusten nach § 10d EStG die wirtschaftliche Identität der Körperschaft, die die Verluste nutzen wollte, mit derjenigen, die die Verluste erlitten hatte. 5

Verletzung des Trennungsprinzips. Ausweislich der Gesetzesbegründung zu § 8c[1] ändert sich bereits durch das wirtschaftliche Engagement eines anderen Anteilseigners (oder Anteilseignerkreises) die wirtschaftliche Identität der Körperschaft, ohne dass es noch auf die Zuführung neuen Betriebsvermögens ankäme. An dieser Auffassung wird insbesondere kritisiert, dass einerseits das Trennungsprinzip zwischen der Körperschaft und ihren Gesellschaftern verletzt wird, andererseits aber den Altgesellschaftern aufgrund des Trennungsprinzips weder direkt noch indirekt durch Abschreibung der Beteiligung (§ 8b III) eine Nutzung der Verluste zugestanden wird.[2] 6

Verlustvernichtungsvorschrift. Darüber hinaus wird vorgebracht, dass das Eintreten eines neuen Anteilseigners bzw die Erhöhung dessen Engagements nicht als Missbrauch gesehen werden kann. Es handele sich bei dem neuen § 8c vielmehr um eine Vorschrift, die den mittelbaren Übergang von Verlusten von der Person, die sie wirtschaftlich erlitten habe, auf eine andere Person verhindern solle.[3] Die Rede ist auch von einer rein technischen Verlustvernichtungsvorschrift.[4] 7

Wachstumsbeschleunigungsgesetz. Durch die mit dem Wachstumsbeschleunigungsgesetz eingeführten Erleichterungen hat sich § 8c nunmehr wieder in Richtung einer Missbrauchsvermeidungsvorschrift bewegt. Zum einen wird – zumindest zT – dem Gedanken Rechnung getragen, dass bei konzerninternen Anteilsübertragungen, die wirtschaftliche Identität des (mittelbaren) Anteilseigners bestehen bleibt. Zum anderen wird der Gedanke berücksichtigt, dass die Verlustgesellschaft vor der schädlichen Anteilsübertragung ihre stillen Reserven realisieren und mit bestehenden Verlusten ausgleichen könnte (ohne Berücksichtigung der Mindestbesteuerung). 8

Kritik an der Einbeziehung mittelbarer Erwerbe. Die Einbeziehung mittelbarer Erwerbe ist eine wesentliche Neuerung gegenüber der Vorgängerregelung des § 8 IV aF (vgl Rn 30). Der während des Gesetzgebungsverfahrens eingebrachte Vorschlag des Bundesrats, die Einbeziehung mittelbarer Erwerbe durch eine Verhältnisberechnung der gemeinen Werte der Obergesellschaft und der Verlustgesellschaft zielgenauer auszugestalten, wurde nicht in das Gesetz aufgenommen.[5] An der Einbeziehung mittelbarer Erwerbe wird kritisiert, dass infolge fehlender Informationen über weit entfernte Beteiligungserwerbe, insbesondere im Ausland, ein ordnungsgemäßer Vollzug des Gesetzes häufig nicht möglich und insofern eine 9

---

1 BTDrs 16/4841, 76.
2 *Watrin/Wittkowski/Strom*, GmbHR 2007, 785, 788.
3 *Frotscher*, DK 2008, 548.
4 *Dötsch/Pung*, DB 2008, 1703 mit einer Übersicht über weitere Literatur.
5 BTDrs 16/5377, 29.

Verletzung von Art 3 I GG denkbar sei.¹ Durch die Einführung der Konzernklausel für Übertragungen nach dem 31.12.2009 (vgl Rn 248 ff) mag die Bedeutung des Problems etwas entschärft worden sein, das Grundproblem existiert jedoch nach wie vor.

10-11 *Einstweilen frei.*

12 **2. Anwendungsbereich a) Persönlicher Anwendungsbereich. Unbeschränkt und beschränkt steuerpflichtige Körperschaften.** § 8 IV aF richtete sich noch allein an Kapitalgesellschaften. § 8c wendet sich dagegen dem Gesetzeswortlaut nach an Körperschaften (vgl § 1 Rn 7, 82).

13 **Unbeschränkte und beschränkte Steuerpflicht.** Erfasst werden unbeschränkt steuerpflichtige (inländische) und beschränkt steuerpflichtige (ausländische) Körperschaften, soweit in Deutschland eine Veranlagung erfolgt und nicht nur eine Abzugsteuer mit abgeltender Wirkung erhoben wird. Nach derzeitiger Gesetzeslage bestehen bei beschränkt steuerpflichtigen Einkünften, die der Abzugsbesteuerung mit abgeltender Wirkung unterliegen, jedoch nur eingeschränkte Möglichkeiten, Aufwendungen geltend zu machen, so dass in diesen Fällen keine negativen Einkünfte entstehen können. Diese Begrenzung ist aus unionsrechtlicher Sicht bedenklich (vgl § 2 Rn 38 und § 32 Rn 20, 37). Aus unionsrechtlicher Sicht sollte auch bei abzugspflichtigen Einkünften einer ausländischen Körperschaft ein unbegrenzter Abzug von Aufwendungen iRd Grundfreiheiten möglich sein. Hierdurch entstehende Verluste sollten entsprechend auch unter § 8c fallen. Ein ausländisches Rechtsgebilde muss nach dem Rechtstypenvergleich einer Körperschaft entsprechen (vgl § 1 Rn 202, 216 ff).

14 **Unbeschränkt und beschränkt steuerpflichtige Personenvereinigungen und Vermögensmassen.** Darüber hinaus möchte die Finanzverwaltung § 8c auch auf unbeschränkt und beschränkt steuerpflichtige Personenvereinigungen und Vermögensmassen iSd § 1 I angewendet wissen.² Auch Anstalten und Stiftungen sollen danach unter den Anwendungsbereich des § 8c fallen. Nach der überwiegenden Auffassung in der Literatur verstößt die Finanzverwaltung mit dieser weiten Auslegung eindeutig gegen den Gesetzeswortlaut.³ Darüber hinaus wird die Frage aufgeworfen, wie bei Zweckvermögen wie Stiftungen oder Anstalten, an denen typischerweise keine zu übertragenden oder erwerbenden Anteile, Mitgliedschafts-, Beteiligungs- oder Stimmrechte bestehen, ein schädlicher Beteiligungserwerb erfolgen soll. Insoweit wird die praktische Relevanz der Rn 1 des BMF-Schreibens für gering gehalten.⁴ Allerdings könnte die Anwendung auf Nicht-Körperschaften als „vergleichbarer Sachverhalt" iSd § 8c I S 1 einzustufen sein.⁵

15 *Einstweilen frei.*

---

1 *Suchanek* in H/H/R § 8c Rn 5; *Sedemund/Fischenich*, BB 2008, 535, 537; *Dötsch/Pung*, DB 2008, 1703.
2 BMF v 4.7.2008, BStBl I 2008, 736, Rn 1.
3 Stellvertretend *Suchanek*, Ubg 2009, 178 mwN.
4 *Sistermann/Brinkmann*, BB 2008, 1928.
5 *Van Lishaut*, FR 2008, 789, 790; aA *Suchanek* in H/H/R § 8c Rn 9; *B Lang* in EY § 8c Rn 16.3.

III. Normzweck und Anwendungsbereich

b) Sachlicher Anwendungsbereich. Laufende Verluste und Verlustvorträge nach § 10d EStG. § 8c beschränkt die Nutzung der bis zum schädlichen Beteiligungserwerb „nicht ausgeglichenen oder abgezogenen negativen Einkünfte (nicht genutzte Verluste)", also insbesondere laufende Verluste und Verlustvorträge nach § 10d EStG.[1]

Ausweitung auf weitere „Verluste". Im Hinblick auf die nicht eindeutige Formulierung stellt sich die Frage, ob § 8c wie die Vorgängervorschrift § 8 IV aF allein den Verlustvortrag nach § 10d EStG oder auch andere Vorschriften erfasst, welche Begrenzungen für die Verrechnung von Verlusten begründen. In Frage kommen insbesondere:

- Verluste gem § 2a EStG;
- Verluste gem § 15 IV S 1 EStG (gewerbliche Tierzucht), § 15 IV S 3 EStG (Termingeschäfte mit Differenzausgleich), § 15 IV S 4 und 5 EStG (Absicherungsgeschäfte bei Banken, Finanzdienstleistern und Finanzunternehmen), § 15 IV S 6 EStG (stille Gesellschaften und andere Innengesellschaften);
- Verluste gem § 15a EStG;
- Verluste gem § 15b EStG;
- Negative Hinzurechnungsbeträge gem § 10 III S 5 AStG;
- Verluste iRd Ermittlung der Niedrigbesteuerung gem § 8 III AStG;
- Negative Erträge aus Investmentvermögen gem § 3 IV InvStG.

Die Anwendung des § 8c auf gewerbesteuerliche Fehlbeträge (vgl Rn 34) und auf den Zinsvortrag nach § 4h I S 2 EStG (vgl Rn 38) ist hingegen gesetzlich angeordnet (vgl § 8a I S 3, § 10a S 9f GewStG).

Verluste gem §§ 2a, 15 IV, 15a und 15b EStG. Die Finanzverwaltung will § 8c auf §§ 2a, 10d EStG (Verlustvortrag und Verlustrücktrag), §§ 15 IV, 15a und 15b EStG anwenden.[2] Gegen eine Anwendung sprechen die nicht ausreichende gesetzliche Anordnung, die Gesetzesbegründung („Die Neuregelung des § 8c über den Verlustabzug nach § 10d EStG bei einer Körperschaft vereinfacht die Rechtsanwendung"[3]) sowie verfassungsrechtliche Bedenken.[4] Die verfassungsrechtlichen Bedenken beziehen sich auf die Prinzipien der Gleichbehandlung und der Leistungsfähigkeit. Die Regelungen der §§ 2a, 15 IV, 15a und 15b EStG enthalten eigene spezielle Beschränkungen hinsichtlich der Verlustnutzung. Diese speziellen Beschränkungen dürften nicht durch eine allgemeine Regelung weiter ausgedehnt werden. Trotz der Gegenargumente wird die Ausdehnung des Anwendungsbereichs durch die Finanzverwaltung von Teilen des Schrifttums unterstützt.[5] Diese Auffassung ist vertretbar. § 8c bezieht sich auf „negative Einkünfte" und „Verluste", weist jedoch nicht explizit auf solche iSv § 10d EStG hin. ME ist jedoch auch die andere Auffassung vertretbar,[6]

---

1 Dötsch in D/J/P/W § 8c Rn 22; *Frotscher* in Frotscher/Maas § 8c Rn 17.
2 BMF v 4.7.2008, BStBl I 2008, 736, Rn 2.
3 BTDrs 16/4841, 75.
4 *Zerwas/Fröhlich* in Lüdicke/Kempf/Brink, Verluste im Steuerrecht, 2010, S 205; *Sistermann/Brinkmann*, BB 2008, 1928.
5 Nachweise bei *Zerwas/Fröhlich* in Lüdicke/Kempf/Brink, Verluste im Steuerrecht, 2010, S 204.
6 *Zerwas/Fröhlich* in Lüdicke/Kempf/Brink, Verluste im Steuerrecht, 2010, S 204.

insbesondere die Anwendung von § 8c auf Verluste gem § 15a EStG ist nicht zwingend (vgl Rn 19).

19 **Verluste gem 15a EStG.** Gegen eine Anwendung auf Verluste nach § 15a EStG spricht, dass es sich nicht um negative Einkünfte, sondern um sog verrechenbare Verluste handelt, so auch der Bezug in § 4 II S 2 UmwStG. IÜ bewirkt § 15a EStG, dass die betreffenden Verluste erst gar nicht der Körperschaft zugerechnet werden, sondern auf Ebene der Personengesellschaft verbleiben (zur Zurechnung von laufenden Verlusten bei nachgeschalteten Personengesellschaften auch Rn 239 ff). Damit können sie nicht ohne explizite gesetzliche Anordnung von § 8c erfasst werden.[1]

20 **Negativer Hinzurechnungsbetrag gem § 10 III S 5 AStG.** Die Berücksichtigung von Verlusten gem § 10 III S 5 AStG sieht keine gesellschafterbezogene Betrachtungsweise vor, sondern setzt ausschließlich voraus, dass am Ende des WJ unbeschränkt Steuerpflichtige an der Zwischengesellschaft beteiligt sind. Ein Wechsel der Anteilseigner führt nicht zum Wegfall von Verlustvorträgen. § 8c ist somit nicht anwendbar.[2]

21 **Verluste iRd Ermittlung der Niedrigbesteuerung gem § 8 III AStG.** Bei der Ermittlung einer möglichen Niedrigbesteuerung gem § 8 III AStG ist die maßgebliche Ertragsteuerbelastung durch die Gegenüberstellung der nach deutschem Steuerrecht ermittelten Zwischeneinkünfte und den von der ausländischen Gesellschaft entrichteten Steuern zu bestimmen.[3] Fraglich ist, ob § 8c bei der Ermittlung der nach deutschem Steuerrecht zu bestimmenden Zwischeneinkünfte zu berücksichtigen ist. Folgt man der Auffassung, dass es sich bei § 8c um eine Einkommensermittlungsvorschrift handelt und bei der Ermittlung der Niedrigbesteuerung die deutschen Vorschriften zur Einkünfteermittlung anzuwenden sind und nicht die zur Einkommensermittlung, findet § 8c keine Anwendung.

22 **Negative Erträge aus Investmentvermögen gem § 3 IV InvStG.** Die Verrechnung von negativen Erträgen aus Investmentvermögen über verschiedene Ertragsquellen (Mieterträge, Zinsen, Dividenden usw) hinweg, hängt gem § 3 IV InvStG ausschließlich von der Gleichartigkeit der Erträge aus dem Investmentvermögen ab. Die Gleichartigkeit richtet sich nach den steuerlichen Folgen beim Anleger hinsichtlich Steuerbarkeit, Umfang der Steuerpflicht und Erfassungszeitpunkt. Weitere Einschränkungen werden ausdrücklich nicht erwähnt. Daher sollte § 8c nicht anwendbar sein.[4]

23 **Forderungsverzicht mit Besserungsschein.** Hierzu vgl Rn 242.

24 **Unverzinsliche und gewinnabhängige Darlehen.** Hierzu vgl Rn 243.

25-26 *Einstweilen frei.*

27 **c) Zeitlicher Anwendungsbereich. § 8c I S 1-4.** § 8c I S 1-4 ist gem § 34 VIIb S 1 auf sämtliche Übertragungen nach dem 31.12.2007 anwendbar. Die bei einem abweichenden WJ 2007/2008 vor dem 1.1.2008 erfolgten Erwerbe beurteilen sich nach § 8 IV aF.[5]

---

1 *Roser* in Gosch § 8c Rn 14. Kritisch auch *Kußmaul/Richter/Tcherveniachki*, GmbHR 2008, 1009, 1013 f.
2 *Schnitger* in Lüdicke/Kempf/Brink, Verluste im Steuerrecht, 2010, S 167 f.
3 BMF v 14.5.2004, BStBl I 2004, 3, Tz 8.3.2.1.
4 *Schnitger* in Lüdicke/Kempf/Brink, Verluste im Steuerrecht, 2010, S 174 f.
5 *Frotscher* in Frotscher/Maas § 8c Rn 13 und 15; *Dötsch* in D/J/P/W § 8c Rn 155.

III. Normzweck und Anwendungsbereich

Konzernklausel und stille Reserven (§ 8c I S 5 ff). Die Konzernklausel sowie die stille Reserven Klausel sind gem § 34 VIIb S 2 iVm § 34 I auf schädliche Beteiligungserwerbe nach dem 31.12.2009 anzuwenden. 28

Sanierungsklausel (§ 8c Ia). Mit Beschluss v 26.1.2011 hat die Europäische Kommission die Sanierungsklausel als unzulässige staatliche Beihilfe eingestuft. Daher entfällt die Anwendung der Sanierungsklausel. Am 9.3.2011 hat das BMF bekannt gegeben, dass die Bundesregierung gegen die Entscheidung der Europäischen Kommission Klage erheben wird. Dies ändert jedoch nichts an der Tatsache, dass die Sanierungsklausel nach wie vor nicht anwendbar ist. Die Bundesregierung hat die Sanierungsklausel ab VZ 2011 suspendiert (vgl Rn 3). 29

Parallele Anwendung des § 8 IV aF. Nach § 34 VI S 3 ist § 8 IV aF neben § 8c letztmals anzuwenden, wenn mehr als die Hälfte der Anteile an einer Kapitalgesellschaft innerhalb eines Zeitraums von fünf Jahren übertragen wird, der vor dem 1.1.2008 beginnt, und der Verlust der wirtschaftlichen Identität vor dem 1.1.2013 eintritt. In Fällen, in denen es vor dem 1.1.2008 zu Anteilsübertragungen gekommen ist, ist daher für einen Zeitraum bis zum 31.12.2012 zu überwachen, ob die schädliche Beteiligungsgrenze von 50% gem § 8 IV überschritten wird. Ist dies zu irgendeinem Zeitpunkt vor dem 1.1.2013 der Fall, ist für einen Zeitraum von zwei Jahren (Auffassung der Finanzverwaltung[1]), maximal aber bis zum 31.12.2012 zu prüfen, ob eine schädliche Zuführung von Betriebsvermögen vorgenommen wurde. Damit entfaltet § 8 IV aF grundsätzlich bis zum 31.12.2012 seine Wirkung, sofern vor dem 1.1.2008 Anteile iSv § 8 IV aF übertragen wurden. Wird die Sanierungsklausel des § 8 IV aF in Anspruch genommen, kommt maximal ein weiterer Zeitraum von fünf Jahren hinzu. Denn Voraussetzung für die Sanierungsklausel iSd § 8 IV aF ist, dass der verlustverursachende Geschäftsbetrieb in einem nach dem Gesamtbild der wirtschaftlichen Verhältnisse vergleichbaren Umfang in den folgenden 5 Jahren fortgeführt wird. Zwar gehen vereinzelte Stimmen in der Literatur davon aus, dass sich die Übergangszeit für die parallele Anwendung des § 8 IV aF über den 31.12.2012 hinaus erstrecken könne (nämlich wenn die Zuführung neuen Betriebsvermögens nach dem 31.12.2012 erfolgt). Begründet wird dies mit der neueren BFH-Rechtsprechung[2], nach der bei Anwendung des § 8 IV aF die Verluste im Zeitpunkt der schädlichen Anteilsübertragung und nicht erst im Zeitpunkt der schädlichen Zuführung neuen Betriebsvermögens entfallen.[3] Dieser Auslegung liegt jedoch ein Missverständnis zugrunde.[4] Denn der BFH hat zwar entschieden, dass die Verluste bereits rückwirkend zum Zeitpunkt der schädlichen Anteilsübertragung untergehen und nicht erst zum Zeitpunkt der schädlichen Betriebsvermögenszuführung. Als Zeitpunkt, in dem der Verlust der wirtschaftlichen Identität eintritt, wird aber unmissverständlich der 30

---

[1] BMF v 2.8.2007, BStBl I 2007, 624; aA BFH I R 8/05, BStBl II 2007, 602.
[2] BFH I R 9/06, BStBl II 2008, 988.
[3] *Rödder/Möhlenbrock*, Ubg 2008, 595, 607; ähnlich *Roser*, DStR 2008, 1561, 1567.
[4] Ebenso *Zerwas/Fröhlich* in Lüdicke/Kempf/Brink, Verluste im Steuerrecht, 2010, S 191, 202. Sie gehen davon aus, dass für den Fall einer vor dem 1.1.2008 begonnenen und am 31.12.2012 abgeschlossenen Anteilsübertragung kein Zeitraum mehr für die Zuführung neuen Betriebsvermögens zur Verfügung stehe.

Zeitpunkt genannt, zu dem die „darin benannten tatbestandlichen Voraussetzungen kumulativ erfüllt sind".[1] Lediglich die Rechtsfolge, der Untergang der Verluste, wird auf den Zeitpunkt der schädlichen Anteilsübertragung zurückbezogen.

31 **Keine Verlängerung des Zeitraums zwischen Anteilsübertragung und Zuführung neuen Betriebsvermögens gem § 8 IV aF.** Trotz des Beobachtungszeitraums von fünf Jahren hinsichtlich der Übertragung von Anteilen bleibt dennoch Voraussetzung, dass die Zuführung des neuen Betriebsvermögens innerhalb eines Jahres bzw nach Auffassung des BMF innerhalb von zwei Jahren erfolgt. Eine Verlängerung des Zeitraums zwischen Anteilsübertragung und Zuführung neuen Betriebsvermögens erfolgt nicht.

32-33 *Einstweilen frei.*

34 **3. Verhältnis zu anderen Vorschriften a) GewSt. Fehlbeträge.** Nach § 10a S 10 Hs 1 GewStG ist § 8c auf gewerbesteuerliche Fehlbeträge entsprechend anzuwenden. Diese Vorschrift richtete sich bis zum Inkrafttreten des JStG 2009 lediglich an Körperschaften. Für natürliche Personen und Mitunternehmerschaften war das Bestehen der wirtschaftlichen Identität mittels der Kriterien Unternehmensidentität und Unternehmeridentität der Vorrang einzuräumen.[2] Zu den Änderungen durch das JStG 2009 vgl Rn 36.

35 **Laufende Verluste.** Nach der hM in der Literatur ist § 8c für gewerbesteuerliche Zwecke nur auf Verlustvorträge, nicht jedoch auf laufende Verluste im Übertragungszeitraum anzuwenden.[3] Dies wird aus der Tatsache geschlossen, dass § 10a S 10 GewStG nur auf „Fehlbeträge" abstellt. § 10a S 1 Hs 1 GewStG spricht eben diese „gewerbesteuerlichen Fehlbeträge" an, die nach § 10a S 1 GewStG aus vorangegangenen Erhebungszeiträumen stammen bzw sich nach § 10a S 7 GewStG zum Schluss eines Erhebungszeitraumes als „vortragsfähige Fehlbeträge" ergeben. Allerdings scheint die Finanzverwaltung ausweislich der Steuererklärungsformulare auch laufenden Gewerbeverlusten die Anerkennung versagen zu wollen. Auch in der Literatur wird eine Ausdehnung auf laufende Gewerbeverluste vereinzelt befürwortet.[4] Zum einen wird eine Ausdehnung auf laufende Gewerbeverluste auf § 7 S 1 GewStG gestützt, der einen allgemeinen Verweis auf die Anwendung der Regelungen des KStG enthält. Zum anderen ist der Begriff „Fehlbetrag" gem § 10a S 10 GewStG nicht eindeutig definiert. Eine Klarstellung durch den Gesetzgeber ist wünschenswert. ME besteht ein nicht unerhebliches Risiko, dass tatsächlich auch laufende Gewerbesteuerverluste in den Anwendungsbereich des § 8c fallen, da das Gewerbesteuerrecht keine wirklichen Gründe für eine Sonderbehandlung der laufenden Gewerbeverluste vorsieht.

36 **Nachgeschaltete Personengesellschaften.** Durch das JStG 2009 wurde § 10a S 10 GewStG neu gefasst und um einen Hs 2 ergänzt. Aufgrund dessen ist § 8c nun auch für Zwecke der GewSt auf Fehlbeträge von Mitunternehmerschaften

---

1 BFH I R 9/06, BStBl II 2008, 988.
2 BFH GrS 3/92, BStBl II 1993, 616; BFH VIII R 84/90, BStBl II 1994, 764; *Kleinheisterkamp* in Lenski/Steinberg § 10a GewStG Rn 18 ff, 44 ff.
3 *Zerwas/Fröhlich* in Lüdicke/Kempf/Brink, Verluste im Steuerrecht, 2010, S 204.
4 Zur Diskussion *Kempf/Walenta* in Lüdicke/Kempf/Brink, Verluste im Steuerrecht, 2010, S 238 ff.

III. Normzweck und Anwendungsbereich

anzuwenden, soweit diese unmittelbar oder mittelbar auf eine Körperschaft entsprechend ihrer Beteiligung entfallen. Gedanklich ist zu ergänzen: „und § 8c auf die Körperschaft anzuwenden wäre". Zweck dieser Ergänzung war die Verhinderung von Gestaltungen, bei denen im Vorfeld einer geplanten Übertragung der Geschäftsbetrieb einer Körperschaft steuerneutral in eine Mitunternehmerschaft eingebracht wurde, um bei der anschließenden Übertragung der Anteile an der Körperschaft zumindest die gewerbesteuerlichen Verluste zu retten.[1] Tatsächlich betroffen sind aber sämtliche Strukturen, in denen sich der verlustträchtige Geschäftsbetrieb in einer Mitunternehmerschaft befindet, an der Kapitalgesellschaften beteiligt sind (im Folgenden „nachgeschaltete Personengesellschaft").[2] Bei Wechsel des unmittelbar beteiligten Gesellschafters einer Personengesellschaft gehen die gewerbesteuerlichen Fehlbeträge mangels Unternehmeridentität unter.

Einstweilen frei. 37

b) KSt. Zinsvortrag. Nach § 8a I S 3 gilt § 8c für den Zinsvortrag nach § 4h I S 2 EStG einer Körperschaft entsprechend. Parallel zur Ausdehnung des § 8c auf Gewerbeverluste einer nachgeschalteten Mitunternehmerschaft wurde durch das JStG 2009 § 4h V EStG um einen S 3 ergänzt, nach dem der Erwerb der Anteile oä an einer vorgeordneten Körperschaft auch zum Untergang des Zinsvortrags der nachgeschalteten Personengesellschaft führt. 38

EBITDA-Vortrag. Eine Anwendung der Vorschriften des § 8c auf den durch das Wachstumsbeschleunigungsgesetz eingeführten EBITDA-Vortrag nach § 4h I S 3 EStG ist gesetzlich nicht vorgesehen. 39

Mindestbesteuerung. Mit Beschluss v 26.8.2010[3] hat der BFH entschieden, dass es ernstlich zweifelhaft ist, ob die Mindestbesteuerung in den Fällen verfassungsgemäß ist, in denen die Verlustverrechnung aus rechtlichen Gründen ausgeschlossen ist. Dies solle jedoch dann nicht gelten, wenn die Regelung, durch die eine Verlustverrechnung zukünftig nicht mehr möglich ist, als Missbrauchsvermeidungsregelung zu qualifizieren ist. Der BFH weist im vorgenannten Beschluss explizit darauf hin, dass § 8c nicht als eine solche einzustufen sei. Einschränkend fügt er jedoch hinzu, dass dies jedenfalls für die Fassung des § 8c vor dem Wachstumsbeschleunigungsgesetz so sei. Sofern § 8c nicht als Missbrauchsvermeidungsregelung zu qualifizieren ist, sollte die Regelung zur Mindestbesteuerung – je nach Entscheidung des BFH im Hauptverfahren – keine Anwendung finden, wenn die Verluste durch § 8c endgültig untergehen. Aufgrund BMF-Schreiben v 19.10.2011[4] gewährt die Finanzverwaltung in einzelnen Fällen AdV. 40

Einstweilen frei. 41

---

1 Behrendt/Arjes/Nogens, BB 2008, 367; Schöneborn, NWB 2011, 366; BTDrs 16/11108, 30.
2 Ausführlich Schöneborn, NWB 2011, 366.
3 BFH I B 49/10, BFH/NV 2010, 2356.
4 BMF v 19.10.2011, BStBl I 2011, 974.

42 c) **§ 42 AO.** Da § 8c zumindest bis zum Inkrafttreten des Wachstumsbeschleunigungsgesetzes nicht als spezielle Missbrauchsvermeidungsvorschrift einzustufen ist, sind § 42 AO und § 8c parallel anzuwenden. Das Ausnutzen der Fünfjahresfrist oder der schädlichen Beteiligungsgrenzen stellen keinen Missbrauch iSv § 42 AO dar. Werden jedoch unangemessene rechtliche Gestaltungen zur Umgehung des § 8c gewählt, ist zu prüfen, ob § 42 AO nach den allgemeinen Regelungen Anwendung findet.[1]

43 *Einstweilen frei.*

44 **d) Rückwirkung nach § 2 UmwStG. Regelungsgehalt.** Durch JStG 2009 wurde § 2 UmwStG um IV ergänzt, nach dem der Ausgleich oder die Verrechnung eines Übertragungsgewinns mit verrechenbaren Verlusten, verbleibenden Verlustvorträgen, nicht ausgeglichenen negativen Einkünften und einem Zinsvortrag nach § 4h I S 2 EStG des übertragenden Rechtsträgers nur zulässig ist, wenn dem übertragenden Rechtsträger die Verlustnutzung auch ohne Anwendung der § 2 I und II UmwStG möglich gewesen wäre. Nach § 2 IV S 2 UmwStG soll Entsprechendes für negative Einkünfte des übertragenden Rechtsträgers im Rückwirkungszeitraum gelten.

45 **Verhinderung von Gestaltungen zur „Umgehung" des § 8c.** § 2 IV UmwStG soll Gestaltungen verhindern, bei denen im Anschluss an einen schädlichen Erwerb von Anteilen (welcher eigentlich den Untergang von Verlustvorträgen gem § 8c nach sich zieht) die Körperschaft rückwirkend, zB durch Verschmelzung unter Aufdeckung stiller Reserven, umgewandelt wird und der Übertragungsgewinn gegen Verlustvorträge oder laufende Verluste zum Verschmelzungsstichtag verrechnet wird.[2] Die aufgedeckten stillen Reserven stünden dann zukünftig als Abschreibungspotential zur Verfügung. Offenkundig dient die Vorschrift damit der Verhinderung von Gestaltungen, welche den Untergang von Verlustvorträgen mittels rückwirkender Umwandlungen verhindern soll.

46 **Umwandlung vor dem Anteilserwerb.** Zweifelhaft ist die Anwendbarkeit des § 2 IV UmwStG in dem Fall, in dem die rückwirkende Umwandlung der Verlustgesellschaft im selben Jahr, aber zu einem zeitlich vor dem schädlichen Anteilserwerb liegenden Zeitpunkt erfolgt. Dem Wortlaut nach könnte § 2 IV UmwStG auch hier anwendbar sein, denn ohne die steuerliche Rückwirkung wäre die Verlustnutzung nicht mehr möglich gewesen.[3] Sofern die Umwandlung vor dem schädlichen Beteiligungserwerb bereits ins Handelsregister eingetragen wurde, sollte die Verlustnutzung zweifellos möglich sein. Denn nach § 7 III S 3 endet zu diesem Zeitpunkt die Steuerpflicht der Körperschaft. Folglich würde zu diesem Zeitpunkt letztmals eine Veranlagung einschließlich Verlustfeststellung vorgenommen, so dass eine Verlustverrechnung auch ohne Rückwirkung möglich gewesen wäre. Werden alle für die Umwandlung erforderlichen Maßnahmen vor der schädlichen Übertragung getroffen, erfolgt die Eintragung ins Handelsregister aber zu einem späteren Zeitpunkt,

---

1 *Rätke* in Mössner/Seeger § 8c Rn 29.
2 BTDrs 16/11108, 33.
3 *Rödder/Schönfeld*, DStR 2009, 560, 562 f.

III. Normzweck und Anwendungsbereich

sollte ausweislich der Gesetzesbegründung[1] eine Verlustnutzung zwar auch möglich sein, es verbleiben aber Restunsicherheiten.

Überschießende Wirkung. Im Gesetzeswortlaut des § 2 IV UmwStG fehlt ebenfalls eine ausdrückliche Bezugnahme auf § 8c, was potenziell als Basis für eine überschießende Erweiterung des Anwendungsbereichs der Vorschrift herangezogen werden könnte. Eine überschießende Wirkung kann zB eintreten, wenn eine Gesellschaft rückwirkend umgewandelt wird, um den entstehenden Übertragungsgewinn noch unter Ausschluss der Mindestbesteuerung gegen bis zum Übertragungsstichtag aufgelaufene laufende Verluste verrechnen zu können (ohne dass ein schädlicher Erwerb der Anteile stattgefunden hat). Dem Wortlaut nach könnte § 2 IV S 1 UmwStG die Verrechnung der Verluste ohne Beachtung der Mindestbesteuerung verhindern. Allerdings nimmt die Anwendungsvorschrift des § 27 IX UmwStG Bezug auf einen schädlichen Beteiligungserwerb oder ein anderes die Verlustnutzung ausschließendes Ereignis; dies sollte als Grundlage herangezogen werden, um einer überschießenden Auslegung der Vorschrift entgegenzuwirken.[2] Eine Klarstellung des Gesetzeswortlautes oder eine Verlautbarung der Finanzverwaltung dahingehend, dass § 2 IV UmwStG einen schädlichen Erwerb als Tatbestandsvoraussetzung erfordert, ist dennoch wünschenswert.

Laufende steuerliche Gewinne des übertragenden Rechtsträgers. Weiterhin möglich bleibt die rückwirkende Verschmelzung einer profitablen Gesellschaft mit laufenden steuerlichen Gewinnen auf die Verlustgesellschaft.

Negative Einkünfte des übertragenden Rechtsträgers. Offen ist, wie § 2 IV S 2 UmwStG zu verstehen ist. Eine Verrechnung des Übertragungsgewinns mit negativen Einkünften des übertragenden Rechtsträgers im Rückwirkungszeitraum scheidet in den Fällen der Verschmelzung denklogisch aus.[3] Denkbar ist die Anwendung auf Fallkonstellationen, in denen der übertragende Rechtsträger eine Umwandlung rückwirkend auf einen Zeitpunkt im laufenden Geschäftsjahr vornimmt, wobei der übertragende Rechtsträger bestehen bleibt (Abspaltung). In der Literatur wird vertreten, dass S 2 die rückwirkende Nutzung laufender Verluste des übertragenden Rechtsträgers durch den Übernehmer verhindern soll.[4] Dieses Ziel wird mE nach Maßgabe des Gesetzeswortlauts nicht erreicht, da § 2 IV S 1 und 2 UmwStG nicht die steuerliche Rückwirkung als solche außer Kraft setzen, sondern lediglich eine Verrechnung mit negativen Einkünften des übertragenden Rechtsträgers untersagen. Die laufenden Verluste im Rückwirkungszeitraum werden aber aufgrund der Rückwirkungsfiktion unmittelbar dem übernehmenden Rechtsträger zugerechnet, der selbst nicht Adressat des § 2 IV UmwStG ist.[5]

Einstweilen frei.

47

48

49

50-51

---

1 BTDrs 16/11108, 33.
2 *Rödder/Schönfeld*, DStR 2009, 560, 562.
3 *Dötsch* in D/J/P/W § 2 UmwStG Rn 106 ff; *Frotscher* in Frotscher/Maas § 2 UmwStG Rn 50 ff.
4 *Hubertus/Krenzin*, GmbHR 2009, 647, 650.
5 *Dieterlen* in Lademann § 8c Rn 117; *Suchanek*, Ubg 2009, 178; aA *Beinert/Benecke*, Ubg 2009, 169, 173.

52   **4. Verfassungsrecht.** In der Literatur werden fast einhellig Bedenken hinsichtlich der Verfassungsmäßigkeit des § 8c geäußert.[1] Diese Bedenken richten sich auf einen möglichen Verstoß gegen das objektive Nettoprinzip, das Trennungsprinzip zwischen Körperschaft und Gesellschaftern, das Bestimmtheitsgebot insbesondere in Bezug auf die Begriffe „vergleichbare Sachverhalte" oder „gleichgerichtete Interessen", die Widerspruchsfreiheit hinsichtlich der steuerlichen Belastung von unbeteiligten Alt-Gesellschaftern durch Übertragungen usw.[2] Zweifel werden auch geäußert an dem von Art 3 I GG geforderten Vollzug der Besteuerung, soweit auch weit entfernte mittelbare Erwerbe erfasst werden.[3] Auch sei die Vorschrift zu unspezifisch, um als reine Missbrauchsvermeidungsvorschrift gerechtfertigt werden zu können.[4]

53   *Einstweilen frei.*

54   **5. Unionsrecht. Inlandsbezug gem § 8c I S 6.** Durch die Änderungen im JStG 2010 ist das Erfordernis des inländischen Betriebsvermögens iRd Stillen-Reserven-Klausel nie in Kraft getreten. Somit ist die diesbezügliche Diskussion des § 8c unter unionsrechtlichen Aspekten überholt.

55   **Beihilfe.** Die Europäische Kommission hat am 26.1.2011 entschieden, dass die sog Sanierungsklausel des § 8c Ia als unzulässige Beihilfe zu qualifizieren ist.[5] Die Kommission urteilte, dass die Sanierungsklausel wirtschaftlich schlecht dastehende Unternehmen im Vergleich zu grundsätzlich wirtschaftlich gut dastehenden Unternehmen, die Verluste erleiden, bevorzuge. Zwar hat die BRD vor dem EuGH gegen die Entscheidung der Europäischen Kommission Klage erhoben,[6] jedoch werden die Erfolgsaussichten als gering eingeschätzt.[7]

56   **Fusions-RL.** Gem Art 6 der Fusions-RL[8] werden Verluste bei Vorgängen, die unter die Fusions-RL fallen, nur übertragen, wenn die nationalen Vorschriften dies bei rein inländischen Sachverhalten ebenfalls vorsehen. § 8c verstößt somit nicht gegen die Fusions-RL.[9]

57   **Finalität von Verlusten iRd Diskriminierungsverbote.** Fraglich ist, ob von § 8c auch Verluste ausländischer Betriebsstätten erfasst werden, die bisher im Inland noch nicht berücksichtigt wurden.[10] Dafür spricht, dass eine Diskriminierung zwischen in- und ausländischen Verlusten bei der Anwendung des § 8c nicht zulässig sein dürfte. Allerdings werden die Verluste der deutschen Gesellschaft entsprechend der

---

1   Das FG Hamburg ist der Überzeugung, dass § 8c I S 1 insoweit gegen den Gleichheitsgrundsatz (Art 3 I GG) verstößt, als bei der unmittelbaren Übertragung von mehr als 25% des gezeichneten Kapitals an einer Körperschaft an einen Erwerber insoweit die bis zum schädlichen Beteiligungserwerb nicht ausgeglichenen oder abgezogenen negativen Einkünfte nicht mehr abziehbar sind. Mit Beschluss v 4.4.2011, 2 K 33/10, DStR 2001, 1172 hat das FG Hamburg dem BVerfG § 8c I S 1 zur Prüfung vorgelegt (Az BVerfG: 2 BvL 6/11).
2   ZB *Oenings*, FR 2009, 606 ff; *Zerwas/Fröhlich*, DStR 2007, 1933, 1935; *Schwedhelm*, GmbHR 2008, 404 ff.
3   *Suchanek* in H/H/R § 8c Rn 5; *Sedemund/Fischenich*, BB 2008, 535, 537.
4   *Roser* in Gosch § 8c Rn 26; *Brandis* in Blümich § 8c Rn 22; *Hans*, FR 2007, 775, 780.
5   Pressemitteilung der Europäischen Kommission v 26.1.2011, IP/11/65.
6   Pressemitteilung des BMF v 9.3.2011, Nr 4/2011.
7   *Dörr*, NWB 2011, 690, 698.
8   Fusions-RL 2009/133/EG v 19.10.2009, Abl EG Nr L 310/34.
9   *Sedemund/Fischenich*, BB 2008, 535.
10 Ablehnend *Knipping*, DK 2011, 25.

III. Normzweck und Anwendungsbereich

aktuellen BFH-Rechtsprechung[1] erst im Zeitpunkt ihrer Finalität zugerechnet und sind somit im Zeitpunkt der schädlichen Übertragung noch nicht der deutschen Gesellschaft zuzuordnen. Aufgrund dieser Rechtsprechung könnten die noch nicht final gewordenen Verluste nicht von § 8c erfasst werden. Dieses Ergebnis vermag jedoch nicht recht zu überzeugen bzw man mag die Richtigkeit der genannten Rechtsprechung vor diesem Hintergrund bezweifeln. Fraglich ist des Weiteren, ob ausländische Regelungen, die § 8c entsprechen, zu einer Finalität[2] ausländischer Verluste mit der Folge einer möglichen Berücksichtigung im Inland führen.

Einstweilen frei 58

6. Verfahrensrecht. a) Verlustfeststellung. Die Entscheidung über die Nutzbarkeit der Verluste wird iRd Verlustfeststellung nach § 10d IV EStG in dem VZ getroffen, in dem das die Verlustnutzung ausschließende Ereignis eingetreten ist, und nicht erst in dem VZ, in dem die Verluste genutzt werden sollen.[3] Eine Korrektur in einem späteren VZ ist nicht möglich. Eine Korrektur des ursprünglichen Bescheids setzt eine Änderungsmöglichkeit nach den Vorschriften der AO voraus. 59

Einstweilen frei. 60

b) Mitwirkungspflichten. Sachverhaltsaufklärung. Nach § 90 I AO ist die Körperschaft verpflichtet, im Rahmen ihr bekannter Informationen bei der Sachverhaltsaufklärung hinsichtlich schädlicher Beteiligungserwerbe mitzuwirken. Solche Informationen können ihr zB im Rahmen bestehender gesetzlicher Meldepflichten (vgl § 16 GmbHG, §§ 20,21 AktG, § 15 WpHG) zur Kenntnis gelangen. Beispielhaft sind hier die Anmeldung von Veränderungen im Gesellschafterbestand beim Handelsregister, entsprechende Anmeldungen beim Aktienregister sowie die Anzeigepflichten nach § 21 WpHG zu nennen. Der Steuerpflichtige kann aber nicht verpflichtet werden, etwas nachzuweisen oder offenzulegen, was er selbst nicht weiß; ein Nachweis nicht vorhandener Tatsachen wäre nicht zumutbar. 61

Beweisvorsorge. § 90 I AO verpflichtet den Steuerpflichtigen im Gegensatz zu § 90 III AO nicht, selber Beweisvorsorge zu treffen.[4] In Bezug auf § 8c bedeutet dies, dass der Steuerpflichtige erst nach Aufforderung durch das Finanzamt aktiv bei der Ermittlung unterstützend tätig werden muss. Der Steuerpflichtige hat somit nicht die Pflicht, entsprechende Nachweise iRd § 8c „vorrätig" zu haben. § 90 III AO ist nicht einschlägig, da es bei im Ausland stattfindenden schädlichen Beteiligungserwerben an einer Geschäftsbeziehung der Körperschaft mit dem Ausland fehlt.[5] 62

Mitwirkung des den § 8c auslösenden Gesellschafters. Derjenige, der den Tatbestand des § 8c ausgelöst hat, ist oft nicht zur Mitwirkung bei der Sachverhaltsaufklärung verpflichtet. Gem § 90 I und II AO sind die Beteiligten zur Mitwirkung verpflichtet. Beteiligter iSv § 78 AO ist im Fall des § 8c die Verlustkörperschaft; die unmittelbaren oder mittelbaren Anteilseigner sind keine Beteiligten iSv § 78 AO. 63

---

[1] BFH I R 100/09, BStBl II 2010, 1065; BFH I R 107/09, BFH/NV 2010, 1744.
[2] BFH I R 100/09, BStBl II 2010, 1065.
[3] *Dötsch/Pung*, DB 2008, 1703.
[4] *Seer* in TK § 90 AO Rn 4; *Suchanek/Jansen*, GmbHR 2009, 412, 413.
[5] Zu den Mitwirkungspflichten bei der Sachverhaltsaufklärung *Suchanek* in H/H/R § 8c Rn 17.

Daneben besteht für die unmittelbaren und mittelbaren Anteilseigner auf Anfrage eine Auskunftspflicht, „wenn die Sachverhaltsaufklärung durch die Beteiligten nicht zum Ziel führt oder keinen Erfolg verspricht" (§ 93 I S 3 AO). Bei im Ausland ansässigen Anteilseignern stellt sich zusätzlich das Problem, dass im Ausland ansässige Personen, die nicht die deutsche Staatsbürgerschaft innehaben, nicht der deutschen Staatsgewalt unterliegen.[1] Ein dadurch bedingtes strukturelles Vollzugsdefizit bedingt möglicherweise einen Verstoß gegen den Gleichheitsgrundsatz nach Art 3 GG insoweit, als bei Auslandssachverhalten im Gegensatz zu reinen Inlandssachverhalten die Möglichkeiten der Sachverhaltsaufklärung begrenzt sind.[2]

64 *Einstweilen frei.*

65 **c) Beweislast.** Allgemein liegt die Beweislast für das Vorliegen eines schädlichen Beteiligungserwerbs bei der Finanzverwaltung.[3] Gleiches dürfte für das Bestehen gleichgerichteter Interessen und das Nahestehen bzw Handeln im Interesse des Erwerbers gelten. Eine Vermutungswirkung bei Familienangehörigen dürfte nicht zulässig sein.[4] Umgekehrt liegt die Beweislast bei der steuerpflichtigen Körperschaft, wenn sie von einer der Ausnahmeregelungen (Konzernklausel, stille Reserven) Gebrauch machen will. Denn nach den allgemeinen Grundsätzen trifft die Finanzverwaltung die Beweislast für steuererhöhende Tatsachen und den Steuerpflichtigen die Beweislast für Tatsachen, die eine Steuerermäßigung begründen.[5]

66 *Einstweilen frei.*

67 **IV. Grundregel (§ 8c I): Anteiliger oder vollständiger Verlustuntergang bei schädlichem Beteiligungserwerb. 1. Schädlicher Beteiligungserwerb. a) Tatbestandsvoraussetzungen.** Nach § 8c I S 1 und 2 liegt ein schädlicher Beteiligungserwerb vor, wenn:

- ein mittelbarer (vgl Rn 93 ff) oder
- ein unmittelbarer Erwerb (vgl Rn 69 ff)
- von mehr als 25% (§ 8c I S 1) oder 50% (§ 8c I S 2) des gezeichneten Kapitals, der Mitgliedschaftsrechte, Beteiligungsrechte oder der Stimmrechte an einer Körperschaft (vgl Rn 103 ff)
- durch einen Erwerber oder diesem nahe stehende Personen (vgl Rn 131 ff)
- innerhalb von fünf Jahren vollzogen wird (vgl Rn 162 ff)
- oder ein vergleichbarer Sachverhalt vorliegt (vgl Rn 169 ff).

68 *Einstweilen frei.*

69 **b) Unmittelbarer Erwerb.** § 8c I S 1 erfasst zunächst als Grundfall den unmittelbaren Erwerb von Anteilen, soweit innerhalb von fünf Jahren mehr als 25% des Kapitals, der Stimmrechte usw der Körperschaft übertragen werden (zu den Rechtsfolgen Rn 211 f).

---

1 Suchanek in H/H/R § 8c Rn 17.
2 Suchanek, GmbHR 2009, 412 ff.
3 Dötsch/Pung, DB 2008, 1703 mwN.
4 Thonemann, DB 2008, 2156, 2158.
5 BFH V R 71/67, BStBl II 1971, 220.

IV. Grundregel

Unmittelbarer Erwerb iSd § 8c I S 2. Nach § 8c I S 2 wird der Fall des unmittelbaren oder mittelbaren Erwerbs von Anteilen, Stimmrechten usw geregelt, falls innerhalb von fünf Jahren mehr als 50% des Kapitals der Körperschaft übertragen werden (zu den Rechtsfolgen Rn 216 f). Die Tatbestandsvoraussetzungen der § 8c I S 1 und 2 sind ansonsten identisch, so dass nachfolgende Überlegungen gleichermaßen für beide Vorschriften gelten. 70

Art des Erwerbs unerheblich. Es ist grundsätzlich unerheblich, ob der Erwerb gem § 8c I S 1 und 2 entgeltlich oder unentgeltlich erfolgt, ob es sich um einen Erwerb iRd Einzelrechtsnachfolge oder der Gesamtrechtsnachfolge handelt.[1] 71

Zwangsmaßnahmen. Es ist ebenfalls unerheblich, ob eine zwangsweise Übernahme zB nach §§ 29 II, 35 II WpÜG vorliegt.[2] 72

Erbanfall, Erbauseinandersetzung, vorweggenommene Erbfolge und Schenkungen. Obwohl nicht durch den Wortlaut des Gesetzes gedeckt, sieht die Finanzverwaltung von der Anwendung des § 8c I S 1 und 2 in Fällen des Erwerbs durch Erbanfall, durch Erbauseinandersetzung sowie durch vorweggenommene Erbfolge ab, sofern die jeweiligen Vorgänge in vollem Umfang unentgeltlich erfolgen. Ein auch nur geringfügiges Entgelt macht den gesamten Vorgang hingegen schädlich.[3] Eine Aufteilung in einen entgeltlichen und einen unentgeltlichen Anteil ist nicht möglich. Begünstigt sind nur natürliche Personen, nicht jedoch Kapitalgesellschaften, Stiftungen oder andere Körperschaften. Schenkungen sind nicht begünstigt.[4] 73

Rechtliches Eigentum. Zunächst ist für die Bestimmung eines Erwerbs grundsätzlich auf den Übergang des rechtlichen Eigentums abzustellen.[5] Soweit jedoch rechtliches und wirtschaftliches Eigentum auseinanderfallen, ist Letzteres iRd § 8c entscheidend. 74

Wirtschaftliches Eigentum. Bei Auseinanderfallen von rechtlichem und wirtschaftlichem Eigentum ist nach allgemeinen steuerlichen Grundsätzen gem § 39 AO auf das wirtschaftliche Eigentum abzustellen. Nach Auffassung des BMF ist iRd Bestimmung eines Erwerbs iSd § 8c sogar (nur) auf den Übergang des wirtschaftlichen Eigentums abzustellen.[6] Dagegen wird von *Roser* vertreten, dass der Übergang des wirtschaftlichen Eigentums nur dann relevant sei, wenn eine Eigentumsposition übertragen werde (also die zivilrechtliche Übertragung der wirtschaftlichen folgt oder ihr vorausgeht). Nach dieser Auffassung ist die alleinige Übertragung des wirtschaftlichen Eigentums nicht als schädlicher Erwerb anzusehen.[7] ME ist diese Auslegung nicht zwingend; es ist nicht ersichtlich, warum die nach allgemeinen Grund- 75

---

[1] *Frotscher* in Frotscher/Maas § 8c Rn 27; *Suchanek* in H/H/R § 8c Rn 27.
[2] *Dötsch* in D/J/P/W § 8c Rn 27; *Frotscher* in Frotscher/Maas § 8c Rn 31a; *Brandis* in Blümich § 8c Rn 45ff; *B Lang* in EY § 8c Rn 87; *Suchanek* in H/H/R § 8c Rn 27; aA *Roser* in Gosch § 8c Rn 35.
[3] BMF v 4.7.2008, BStBl I 2008, 736, Rn 4. Zur Unentgeltlichkeit bei vorweggenommener Erbfolge sowie zur Unterscheidung zwischen vorweggenommener Erbfolge und Schenkung *Thonemann*, DB 2008, 2156 ff.
[4] Zur Unentgeltlichkeit bei vorweggenommener Erbfolge sowie zur Unterscheidung zwischen vorweggenommener Erbfolge und Schenkung *Thonemann*, DB 2008, 2156 ff.
[5] *Roser* in Gosch § 8c Rn 35.
[6] BMF v 4.7.2008, BStBl I 2008, 736, Rn 6.
[7] *Roser* in Gosch § 8c Rn 35.

sätzen geltende Zurechnung des wirtschaftlichen Eigentums iRd § 8c nicht greifen soll. Schließlich steht dem wirtschaftlichen Eigentümer das Recht aus den Bezügen der Anteile zu; daher ist es auch nur konsequent, dass bei einem Wechsel dieser Rechtsstellung der Verlust entsprechend untergeht. Eine alleinige Übertragung des wirtschaftlichen Eigentums sollte daher schädlich sein.

76 **Treuhandschaft.** Die alleinige Übertragung des zivilrechtlichen, nicht aber des wirtschaftlichen Eigentums, wie zB bei Treuhandgeschäften, soll nach Auffassung von *Roser* für Zwecke des § 8c I S 1 und 2 unschädlich sein.[1] Dieses ist aus den beschriebenen Gründen sachgerecht und sollte zudem durch die Verwaltungsauffassung gedeckt sein.

77 **Überführung zwischen Betriebsvermögen nach § 6 V S 1 EStG oder zwischen Sonderbetriebsvermögen gem § 6 V S 2 EStG.** Nicht um eine Übertragung handelt es sich bei einer Überführung zwischen verschiedenen Betriebsvermögen nach § 6 V S 1 EStG ebenso wie bei einer Überführung von einem Betriebsvermögen ins Sonderbetriebsvermögen usw gem § 6 V S 2 EStG.[2] Insoweit ist § 8c I S 1 und 2 nicht anwendbar, da es trotz der Änderung der steuerlichen Zuordnung an der rechtlichen Übertragung bzw an einer Ausgabe neuer Anteile (und damit an einem Erwerb) mangelt.

78 **Übertragung auf eine Personengesellschaft gegen Ausgabe neuer Anteile gem § 6 V S 3 EStG und § 24 UmwStG.** Auch wenn die Verwaltung Einbringungen allgemein als vergleichbare Sachverhalte beurteilt (vgl Rn 186), sollte bei der Übertragung von Anteilen gem § 6 V S 3 EStG (Anteile < 100%) und § 24 UmwStG (Anteil = 100%) in das Gesamthandsvermögen einer Personengesellschaft gegen Ausgabe neuer Anteile die Qualifikation der Einbringung als Tausch (und damit Erwerb) nach allgemeinen Grundsätzen ausreichen, um den Anwendungsbereich des § 8c I S 1 und 2 zu eröffnen.[3]

79 **Anteilstausch.** Der Anteilstausch wird in der endgültigen Fassung des BMF-Schreibens nicht mehr als schädlicher Erwerb iSd § 8c I S 1 und 2 erwähnt. Daraus wird teilweise der Schluss gezogen, dass ein qualifizierter Anteilstausch in Anlehnung an das Tauschgutachten des BFH privilegiert sei.[4] Nach der hier vertretenen Auffassung sind für eine privilegierte Behandlung des Anteilstauschs keine Anhaltspunkte erkennbar, so dass mit der hM der Anteilstausch einen Erwerb iSd § 8c I S 1 und 2 darstellt.[5]

80 **„Innehaben".** Fraglich ist, ob für einen schädlichen Erwerb ein „Innehaben" der Anteile (dh die gleichzeitige Verfügungsmacht über die erworbenen Anteile) zu irgendeinem Zeitpunkt erforderlich ist:

---

1 *Roser* in Gosch § 8c Rn 56 „Treuhandgeschäfte".
2 *Roser* in Gosch § 8c Rn 37.
3 BFH I R 17/74, BStBl II 1976, 748; BFH VIII R 69/95, BStBl II 2000, 230; BFH VIII R 13/04, BStBl II 2008, 545.
4 *Roser* in Gosch § 8c Rn 56 „Anteilstausch".
5 *Dötsch* in D/J/P/W § 8c Rn 44; *Brandis* in Blümich § 8c Rn 45; *Frotscher* in Frotscher/Maas § 8c Rn 27; *van Lishaut*, FR 2008, 789, 793; *Dörr*, NWB 2008, 3100, 3103.

IV. Grundregel

Beispiel

A erwirbt im Jahr 01 einen Anteil von 10% am gezeichneten Kapital der X-GmbH und veräußert diesen Anteil unmittelbar nach dem Erwerb weiter an Bank B. Im Jahr 02 erwirbt A einen Anteil von 45% am gezeichneten Kapital der X-GmbH, um diesen Anteil dauerhaft zu halten. Fraglich ist, ob beide Erwerbe zusammenzurechnen sind, so dass A insgesamt 55% am gezeichneten Kapital der X-GmbH erworben hat und die Verlustvorträge mit dem zweiten Erwerb vollständig untergehen, obwohl A tatsächlich zu keinem Zeitpunkt einen Anteil von mehr als 45% hält bzw gehalten hat.

Dötsch will mit Verweis auf den Gesetzeswortlaut und gestützt auf die Verwaltungsauffassung, wonach alle Erwerbe innerhalb des Fünfjahreszeitraumes zusammenzurechnen sind[1], kein Erfordernis eines Innehabens von Anteilen sehen bzw auch kurzfristige Beteiligungserwerbe berücksichtigen.[2] Ein Teil der Literatur spricht sich zutreffend gegen die Zusammenrechnung der Erwerbe aus.[3] Gem der Gesetzesbegründung ändert sich durch das wirtschaftliche Engagement eines anderen Anteilseigners (oder Anteilseignerkreises) die wirtschaftliche Identität der Körperschaft, wobei bei der Ermittlung der schädlichen Beteiligungsgrenzen auf die Ebene des Erwerbers abgestellt wird. Bei einem nur vorübergehenden Erwerb ist nicht ersichtlich, inwieweit der vorübergehende Erwerber die wirtschaftliche Identität der Körperschaft beeinflussen sollte. Von einem wirtschaftlichen Engagement des Erwerbers kann in diesen Fällen nicht die Rede sein. Insbesondere bei der Zusammenrechnung von verschiedenen vorübergehenden Erwerben stellt sich die vorgenannte Frage. Zu berücksichtigen sind nur solche Erwerbe, die zu irgendeinem Zeitpunkt zu einem „Innehaben" von mehr als 25% bzw 50% der Anteile in der Hand eines Erwerbers/Erwerberkreises führen, auch wenn die schädlichen Grenzen nur für einen kurzen Zeitraum überschritten werden.

Zwischenerwerb von Banken. Nach dem BMF-Schreiben führt der Zwischenerwerb der Emissionsbank beim Börsengang nicht zu einem Erwerb iSd § 8c I S 1 und 2.[4] *Kußmaul/Richter/Tcherveniachki* kritisieren, dass sich die Ausnahme nur auf Übernahmekonsortien beziehe, andere Arten von Emissionskonsortien dagegen Gefahr liefen, einen Untergang der Verluste auszulösen.[5] Kritisiert wird auch die Beschränkung auf Emissionskonsortien beim Börsengang, nicht dagegen bei Erstnotierung neuer Aktiengattungen oder bei Kapitalerhöhungen.[6]

Rückübertragung/Rückabwicklung. Die Rückübertragung von Anteilen aufgrund eines fehlgeschlagenen Kaufvertrags dürfte schädlich sein, da hier zwei Übertragungsvorgänge erfolgen. Die Rückabwicklung von Anteilen aufgrund eines unwirksamen Kaufvertrags dürfte dagegen nicht schädlich sein.[7]

---

1 BMF v 4.7.2008, BStBl I 2008, 736, Rn 16.
2 *Dötsch* in D/J/P/W § 8c Rn 71. Für die Anwendung von § 8c nur bei dauerhafter Übertragung, nicht aber bei Rückübertragung im selben VZ *Roser* in Gosch § 8c Rn 38.
3 *Zerwas/Fröhlich* in Lüdicke/Kempf/Brink, Verluste im Steuerrecht, 2010, S 207; *Frotscher*, DK 2008, 548, 552; *Rödder/Möhlenbrock*, Ubg 2008, 595, 603 f; *van Lishaut*, FR 2008, 789, 797.
4 BMF v 4.7.2008, BStBl I 2008, 736, Rn 6.
5 *Kußmaul/Richter/Tcherveniachki*, GmbHR 2008, 1015.
6 *Roser*, DStR 2008, 1561, 1563; *Roser* in Gosch § 8c Rn 56 „Börsengang".
7 *Dötsch* in D/J/P/W § 8c Rn 27, 45; *Frotscher* in Frotscher/Maas § 8c Rn 27; *B Lang* in EY § 8c Rn 81; *van Lishaut*, FR 2008, 789, 797.

83 **Wertpapierleihe.** IdR wird der Entleiher wirtschaftlicher Eigentümer der Wertpapiere.[1] Letztlich ist in solchen Fällen auf die konkreten Umstände (Verteilung der Chancen und Risiken) abzustellen. Soweit das wirtschaftliche Eigentum übergeht, ist eine schädliche Übertragung iSd § 8c anzunehmen, da für § 8c der Übergang des wirtschaftlichen Eigentums maßgebend ist (vgl Rn 75).[2]

84 **Wertpapierpensionsgeschäfte.** Bei echten Wertpapierpensionsgeschäften ist die Zuordnung des wirtschaftlichen Eigentums offen. Eine Klärung durch die Rechtsprechung und Finanzverwaltung erfolgte bislang nicht. Bei unechten Wertpapierpensionsgeschäften, bei denen ein Rückübertragungsanspruch nicht besteht, geht das wirtschaftliche Eigentum hingegen auf den Entleiher über.[3] In den Fällen der Wertpapierpensionsgeschäfte, bei denen das wirtschaftliche Eigentum auf den Entleiher übergeht, ist davon auszugehen, dass diese unter § 8c zu subsumieren sind.

85 **Ausschluss von Gesellschaftern.** Soweit der Ausschluss von Gesellschaftern, die sich gesellschaftswidrig verhalten, zu einer Verschiebung von Anteilen führt, sollte auch ein solcher Ausschluss in Anlehnung an die zwangsweise Übernahme schädlich sein (vgl Rn 72), wenn die entsprechenden Grenzen des § 8c I überschritten werden.

86 **Erwerb im Konzern.** Zu unmittelbaren Erwerben innerhalb von Konzernen vgl Rn 155.

87 **(Beteiligungsidentische) Mitunternehmerschaften.** Der unmittelbare Erwerb einer Beteiligung durch eine (auch beteiligungsidentische) Mitunternehmerschaft ist in Ermangelung einer Konzernklausel in 2008 und 2009 (vgl Rn 155 ff) schädlich, da zumindest gewerbliche Personengesellschaften als Erwerber iSd § 8c I S 1 und 2 in Frage kommen (vgl Rn 132 ff).

88 **Formwechsel des Anteilseigners.** Nach zutreffender Auffassung bewirkt ein Formwechsel des Anteilseigners iSd § 190 I UmwG oder ein vergleichbarer ausländischer Vorgang keine mittelbare Übertragung der Anteile an einer nachgeordneten Körperschaft.[4] Für unmittelbare Beteiligungen dürfte nichts anderes gelten. Zu weiteren Umwandlungsvorgängen des Anteilseigners vgl Rn 184.

89 **Kapitalerhöhung und Kapitalherabsetzung.** Sowohl Kapitalerhöhung als auch Kapitalherabsetzung werden von § 8c I S 1 und 2 nicht explizit erfasst.[5] Daher hat der Gesetzgeber mit § 8c I S 4 eine Sondervorschrift zumindest für die Kapitalerhöhung (nicht jedoch für die Kapitalherabsetzung) geschaffen, um diesen als dem Anteilserwerb in wirtschaftlicher Hinsicht vergleichbaren Vorgang zu erfassen (vgl Rn 196 ff).

90-92 *Einstweilen frei.*

93 c) **Mittelbarer Erwerb.** Der Begriff des Erwerbs ist grundsätzlich identisch mit dem Begriff des Erwerbs beim unmittelbaren Erwerb iSd § 8c I S 1 und 2 (vgl insoweit daher analog die Ausführungen unter den Rn 69 ff).

---

1 *Buciek* in Blümich § 5 EStG Rn 740; *Schnitger/Bildstein,* IStR 2008, 202, 203.
2 *Dötsch* in D/J/P/W § 8c Rn 27; *van Lishaut,* FR 2008, 789, 792; *Förster,* Stbg 2007, 559, 561.
3 *Schnitger/Bildstein,* IStR 2008, 202, 204.
4 BMF v 4.7.2008, BStBl I 2008, 736, Rn 16; *Roser* in Gosch § 8c Rn 56 „Formwechsel"; *Dötsch* in D/J/P/W § 8c Rn 43; *Frotscher* in Frotscher/Maas § 8c Rn 27; *Dorfmueller,* IStR 2009, 411.
5 *Frotscher* in Frotscher/Maas § 8c Rn 94; *Suchanek* in H/H/R § 8c Rn 28.

IV. Grundregel

Formwechsel des mittelbaren Anteilseigners. Zum Formwechsel des mittelbaren Anteilseigners vgl Rn 88.

94

Beteiligungsquote. Für die Berechnung der relevanten Erwerbsquote bei mittelbaren Erwerben ist nach Auffassung des BMF auf die durchgerechnete Beteiligungsquote abzustellen und zwar sowohl hinsichtlich der Anteile als auch hinsichtlich der Stimmrechte.[1] Im Vorfeld der Verabschiedung des BMF-Schreibens[2] war diskutiert worden, ob zB nur mehrheitsvermittelnde Beteiligungen oder Beteiligungen über 25% bei der Bestimmung mittelbarer Erwerbe heranzuziehen seien.[3] Dies steht jedoch nicht im Einklang mit dem Gesetzeswortlaut. Bei der Berechnung der Stimmrechte sind bei einer Mehrheitsbeteiligung zudem auch nicht 100% der Stimmrechte zuzurechnen, auch wenn Minderheitsgesellschafter überstimmt werden können. Denn diese können nicht ihr Stimmrecht verlieren, auf das § 8c I S 1 und 2 abstellt.[4]

95

Zusammentreffen mittelbarer und unmittelbarer Erwerbe. Für die Zusammenrechnung mittelbarer und unmittelbarer Erwerbe fehlen klare gesetzliche Regelungen. Explizit verlangt § 8c I S 1 bzw S 2 lediglich die jeweilige Addition sämtlicher unmittelbarer und sämtlicher mittelbarer Erwerbe innerhalb von fünf Jahren, nicht jedoch die Addition von mittelbaren und unmittelbaren Erwerben.[5] Es ist jedoch davon auszugehen, dass die betreffenden Erwerbe zusammenzurechnen sind, da dies sonst dem Sinn und Zweck des Gesetzes widersprechen würde (zur Übertragung des nämlichen Anteils vgl Rn 222).[6]

96

Beispiel

Die A-GmbH erwirbt im Jahr 01 unmittelbar 24% an der Verlust-GmbH. Im Jahr 02 erwirbt die A-GmbH 20% an der B-GmbH, die die restlichen 76% an der Verlust-GmbH hält. Der unmittelbare Anteilswerb iHv 24% und der mittelbare Anteilserwerb iHv 15,20% (= 20% * 76%) werden für Zwecke des § 8c I S 1 zusammengerechnet.

Soweit unmittelbarer und mittelbarer Erwerb in einem Vorgang vollzogen werden, gehen die unmittelbaren Erwerbe für die Berechnung der Quote den mittelbaren vor, da sie nie zu einem niedrigeren Ergebnis führen können als die mittelbaren Erwerbe; eine Addition würde andernfalls zu einer Doppelzählung führen.[7]

Beispiel

Die A-GmbH ist zu 100% an der B-GmbH beteiligt. Die B-GmbH erwirbt 26% an der Verlust-GmbH. Im Hinblick auf die B-GmbH liegt ein unmittelbarer Anteilserwerb iHv 26% vor. Gleichzeitig liegt im Hinblick auf die A-GmbH ein mittelbarer Anteilserwerb von ebenfalls 26% (= 100% * 26%) vor. Eine Zusammenrechnung von unmittelbarem und mittelbarem Anteilserwerb würde zu einer unzutreffenden Doppelzählung führen.

---

1 BMF v 4.7.2008, BStBl I 2008, 736, Rn 12.
2 BMF v 4.7.2008, BStBl I 2008, 736.
3 *Suchanek/Herbst*, FR 2008, 863, 865; *Dörr*, NWB 2007, 2649, 2665.
4 *Frotscher*, DK 2008, 548, 549 f.
5 *Dötsch* in D/J/P/W § 8c Rn 70; *Frotscher* in Frotscher/Maas § 8c Rn 40.
6 *Brendt* in Erle/Sauter § 8c Rn 25; *Frotscher* in Frotscher/Maas § 8c Rn 40 f; *Dötsch* in D/J/P/W § 8c Rn 70.
7 *Dötsch/Pung*, DB 2008, 1703, 1710; *Frotscher*, DK 2008, 548, 550 f.

97 **Erwerb im Konzern.** Zum mittelbaren Erwerb innerhalb von Konzernen vgl Rn 156 ff.

98 *Einstweilen frei.*

99 **2. Gegenstand des Erwerbs gem § 8c I S 1 und 2. a) Allgemeines. Vergleich mit § 8 IV aF.** Aufgrund der Aufgabe des Merkmals der Zuführung neuen Betriebsvermögens kommt der Übertragung von Gesellschaftsrechten iRd § 8c I S 1 und 2 besondere Bedeutung zu. Daher (und aufgrund der Erweiterung des Anwendungsbereichs auf alle Körperschaften) hat der Gesetzgeber abweichend von § 8 IV aF, wo noch auf „Anteile an Kapitalgesellschaften" abgestellt wurde, nunmehr vier Beurteilungskriterien aufgestellt:

- Anteile am gezeichneten Kapital (vgl Rn 103 ff),
- Mitgliedschaftsrechte (vgl Rn 111 ff),
- Beteiligungsrechte (vgl Rn 116 ff),
- Stimmrechte (vgl Rn 120 ff).

100 **Alternative Anwendung.** Dem ausdrücklichen Wortlaut nach kommen die in § 8c I S 1 und 2 genannten vier Kriterien alternativ („oder") in Betracht, wobei die weitgehendste Übertragung bedeutsam ist. Dh die Überschreitung der Grenze von 25% bzw 50% bezogen auf eines der Kriterien ist für den Untergang von Verlusten nach § 8c I S 1 und 2 ausreichend.[1]

101 **Keine Addition von Quoten.** Bei Übertragung von verschiedenen Gesellschaftsrechten kommt es jedoch nicht zu einer Addition der unterschiedlichen Quoten für Zwecke der in § 8c I S 1 und 2 genannten Quoten.[2]

102 *Einstweilen frei.*

103 **b) Anteile am gezeichneten Kapital. Inländische Kapitalgesellschaften.** Gezeichnetes Kapital bezeichnet nach § 272 I S 1 HGB für deutsche Kapitalgesellschaften das Kapital, auf das die Haftung der Gesellschafter für die Verbindlichkeiten der Kapitalgesellschaft gegenüber den Gläubigern beschränkt ist. Für deutsche GmbH und AG sind dies die Anteile am Stammkapital gem § 5 I GmbHG bzw am Grundkapital gem § 6 AktG. Ob das gezeichnete Kapital eingezahlt ist, soll für die Berechnung der relevanten Quote keine Rolle spielen, relevant ist das gesamte gezeichnete Kapital.[3] Keine Übertragung von gezeichnetem Kapital liegt bei Übertragung von Komplementäranteilen einer KGaA vor.[4]

104 **Ausländische Kapitalgesellschaften.** Für ausländische Rechtssubjekte, die nach dem Rechtstypenvergleich einer inländischen Körperschaft entsprechen, ist ein dem Kapital vergleichbares Gesellschafterrecht heranzuziehen. Soweit ausländische Kapitalgesellschaften über kein festes Haftkapital verfügen, dürfte für Zwecke des § 8c

---

1 BMF v 4.7.2008, BStBl I 2008, 736, Rn 5.
2 BMF v 4.7.2008, BStBl I 2008, 736, Rn 8.
3 *Dötsch* in D/J/P/W § 8c Rn 66 f.
4 *Kollruss/Weißert/Ilin*, DStR 2009, 88, 89; grundsätzlich *Dötsch* in D/J/P/W § 8c Rn 38; *Frotscher* in Frotscher/Maas § 8c Rn 25.

IV. Grundregel

auf Mitgliedschaftsrechte, Beteiligungsrechte oder ggf Stimmrechte abzustellen sein (vgl auch Rn 113).[1] Eine US LLC zB vergibt Mitgliedschaftsrechte („membership interest").

Kapital bei Nicht-Körperschaften als vermittelnde Rechtsträger. Für Nicht-Körperschaften, zB Mitunternehmerschaften als vermittelnde Rechtsträger bei mittelbaren Erwerben, dürfte hinsichtlich des gezeichneten Kapitals auf die vermögensmäßige Beteiligung abzustellen sein. Die Übertragung eines Komplementäranteils ohne Beteiligung am Kapital ist somit für Zwecke des § 8c I für eine nachgeschaltete Kapitalgesellschaft irrelevant.

Tracking Stocks. Im Falle des Erwerbs von Tracking Stocks beteiligt sich der Erwerber nur an einer von mehreren Sparten eines Unternehmens. Hierdurch kann es zu einer inkongruenten Gewinnverteilung kommen. Obwohl der erworbene Anteil ggf unterhalb der Grenzen von § 8 I S 1 oder 2 liegt, kann der zugewiesene Gewinn die Grenzen des § 8c I S 1 oder 2 übersteigen. Für Zwecke des § 8c ist die Gewinnverteilung jedoch nicht erheblich. Der Anwendungsbereich von § 8c ist daher nicht eröffnet.[2]

Stimmrechtslose Vorzugsaktien. In der Literatur wird bezweifelt, ob die Übertragung stimmrechtsloser Vorzugsaktien zu einem schädlichen Erwerb führen kann; aus der gesonderten Erwähnung der Übertragung von Stimmrechten wird geschlossen, dass die Übertragung von Anteilen ohne Stimmrechte nicht zu einem schädlichen Erwerb iSv § 8c I S 1 führen könne.[3] Nach der hier vertretenen Auffassung ist dieser Umkehrschluss nicht zulässig, da das Gesetz die Übertragung des gezeichneten Kapitals, anderer Rechte und Stimmrechte als alternative und nicht als kumulative Tatbestandsvoraussetzungen vorsieht.[4]

Stimmberechtigte und stimmrechtslose Anteile. Sind sowohl stimmberechtigte als auch stimmrechtslose Anteile vorhanden, soll nach Auffassung des BMF für die Berechnung der Quoten für Stammaktien nur auf das stimmberechtigte Kapital, für Vorzugsaktien dagegen auf das gesamte Kapital abzustellen sein; allerdings sind die Quoten nicht zu addieren (vgl Rn 101).[5] Diese Auslegung sowie das im BMF-Schreiben genannte Beispiel sind nach der hier vertretenen Auffassung nicht zutreffend. Für den Erwerb von Anteilen beider Gattungen ist vielmehr auf das gesamte gezeichnete Kapital abzustellen. Im Beispiel 1 Buchstabe b) der Rn 8 des BMF-Schreibens[6] führt die Übertragung von Stammaktien zudem bereits deshalb zu einer höheren Erwerbsquote, da alternativ iRd § 8c I S 1 und 2 auch auf die Berechnung der Quote der erworbenen Stimmrechte abzustellen ist (vgl Rn 100).[7] Eine Differenzierung der

---

1 *Roser* in Gosch § 8c Rn 31.
2 *Rätke* in Mössner/Seeger § 8c Rn 203.
3 *Beußer*, DB 2007, 1549, 1551; *Lang*, DStZ 2007, 652, 653; *Neumann*, GmbH-StB 2007, 249, 253; *Zerwas/Fröhlich*, DStR 2007, 1933; *Breuninger/Schade*, Ubg 2008, 261, 263); *Lenz*, Ubg 2008, 24, 26; aA *Dötsch* in D/J/P/W § 8c Rn 36; *Frotscher* in Frotscher/Maas § 8c Rn 20; *Rätke* in Mössner/Seeger § 8c Rn 52.
4 Ebenso *Rödder* in Rödder/Möhlenbrock, Ubg 2008, 595, 596; *Brandis* in Blümich § 8c Rn 40.
5 BMF v 4.7.2008, BStBl I 2008, 736, Rn 8 mit Beispielen.
6 BMF v 4.7.2008, BStBl I 2008, 736.
7 *Dötsch/Pung*, DB 2008, 1703, 1705; *Suchanek*, GmbHR 2008, 292, 293; aA *Sistermann/Brinkmann*, BB 2008, 1928, 1929.

Quoten nach stimmberechtigten und stimmrechtslosen Anteilen ist nicht gerechtfertigt und irreführend. Eine separate Berechnung nach Anteilen und nach Stimmrechten ist ausreichend und führt aus Sicht der Finanzverwaltung im Falle der Übertragung stimmberechtigter Anteile überdies zum gewünschten Ergebnis.

109-110 *Einstweilen frei.*

111 **c) Mitgliedschaftsrechte. Definition.** Eine Definition der Mitgliedschaftsrechte sieht weder § 8c noch das BMF-Schreiben vor. Mitgliedschaftsrechte sind insbesondere aus dem Recht der Personengesellschaften und Vereine bekannt. Ein Mitgliedschaftsrecht im Zusammenhang mit einer Kapitalgesellschaft ist schwer vorstellbar.

112 **Genossenschaften und SCE.** Der Erwerb von Mitgliedschaftsrechten kann bei Erwerbs- und Wirtschaftsgenossenschaften sowie bei SCE zu einem schädlichen Erwerb führen.[1]

113 **Ausländische Körperschaften.** Denkbar ist auch der Erwerb von Mitgliedschaftsrechten an ausländischen Körperschaften, die nicht über ein haftendes Kapital verfügen, nach dem Rechtstypenvergleich aber als Körperschaft anzusehen sind, zB an einer US LLC. Eine US LLC vergibt bspw Mitgliedschaftsrechte („membership interest"), welche alternativ für Zwecke des § 8c I S 1 heranzuziehen sind.

114 **Vereine.** Nicht eindeutig geklärt ist die Frage, ob der Erwerb von Mitgliedschaftsrechten an Vereinen einen schädlichen Erwerb auslösen kann. Diejenigen, die den Anwendungsbereich des § 8c als nicht eröffnet ansehen, begründen dies mit der fehlenden Übertragbarkeit von Mitgliedschaften in einem Verein nach § 38 S 1 BGB. Zum anderen weisen sie daraufhin, dass die Mitgliedschaft in einem Verein kein Vermögensrecht umfasse und somit die Grundidee des § 8c, dh eine Änderung der wirtschaftlichen Identität durch Änderung der Anteilseigner, leer laufe.[2] Die Anwendung des § 8c I S 1 ist auch für den Fall fraglich, in dem der Verein an einer Verlustgesellschaft beteiligt ist.[3] Denn es kommt laut Gesetzeswortlaut auf die Wirkung iSe gesellschafterähnlichen Einflusses an.[4] Das BMF hat in der endgültigen Version seines Schreibens v 4.7.2008[5] den Ein- und Austritt von Vereinsmitgliedern von der Liste der vergleichbaren Sachverhalte gestrichen. Die Streichung wird einerseits, mE zutreffend, dahingehend interpretiert, dass kein schädlicher Erwerb vorliegt.[6] Andererseits wird die Streichung aber auch so gedeutet, dass diese Vorgänge unter den Grundfall des Erwerbs von Mitgliedschaftsrechten subsumiert werden.[7] Unklar ist auf jeden Fall, wie bei einem Ein- und Austritt von Vereinsmitgliedern die Berechnung der Quoten erfolgen soll.[8]

115 *Einstweilen frei.*

---

1 *Suchanek*, GmbHR 2008, 292, 293.
2 *Lang*, DStZ 2008, 549, 552; *Suchanek* in H/H/R § 8c Rn 27.
3 *Suchanek* in H/H/R § 8c Rn 27; aA *van Lishaut*, FR 2008, 789, 793.
4 *Van Lishaut*, FR 2008, 789, 793.
5 BMF v 4.7.2008, BStBl I 2008, 736.
6 *Dörr*, NWB 2008, 3100, 3103.
7 *Lang*, DStZ 2008, 549, 552.
8 *Dötsch* in D/J/P/W § 8c Rn 67.

IV. Grundregel

d) Beteiligungsrechte. Definition. Unklar bleibt, welche Vorgänge unter einen schädlichen Erwerb von Beteiligungsrechten fallen sollen, da der Begriff Beteiligungsrecht gesellschaftsrechtlich nicht definiert ist. Diskutiert wird in diesem Zusammenhang, ob Bezugsrechte, Gewinnbezugsrechte, Stimmrechte, sonstige Mitwirkungsrechte usw insoweit das maßgebliche Kriterium sind.[1] In Abgrenzung zum gezeichneten Kapital scheint es jedoch zutreffend, dass mit Beteiligungsrechten auf gesellschaftsrechtliche oder ggf schuldrechtliche Anwartschaften abzustellen ist, welche auf eine vermögensrechtliche Mitberechtigung gerichtet sind.[2] In allen genannten Fällen bleibt jedoch unklar, wie die Berechnung der Quoten erfolgen kann, insbesondere im Zusammenhang mit vor- oder nachgeschalteten Erwerben von Anteilen am gezeichneten Kapital. **116**

Genussrechte. Abzulehnen ist die Auffassung, wonach aufgrund des Kriteriums der Beteiligung auch rein schuldrechtliche Instrumente mit einer Beteiligung am Gewinn und Liquidationserlös unter § 8c zu fassen sind.[3] **117**

Keine Maßgeblichkeit für Kapitalgesellschaften. Aufgrund der Unklarheit des Begriffs wird in der Literatur zutreffend die Auffassung vertreten, dass sich der Begriff „Beteiligungsrechte" nur auf Körperschaften, die keine Kapitalgesellschaften sind, beziehen könne.[4] **118**

Einstweilen frei. **119**

e) Stimmrechte. Definition. § 8c I S 1 stellt den Erwerb von Stimmrechten, dh die kooperationsrechtlichen Willenserklärungen der Gesellschafter in der Gesellschafterbzw Hauptversammlung, als eigenständige Alternative neben den Erwerb von Anteilen am gezeichneten Kapital, Mitgliedschaftsrechten oder Beteiligungsrechten. Stimmrechte können nur solche Rechte sein, die aus Gesellschaftsrechten abgeleitet werden. **120**

Abgrenzung von Geschäftsführung und Stimmrechtsvereinbarungen. Eine Übertragung von Stimmrechten erfolgt jedoch insbesondere nicht im Falle des Wechsels der Geschäftsführung sowie bei Abschluss von Stimmrechtsvereinbarungen, Stimmrechtsbindungen und Stimmrechtsverzichten (zu diesen als mögliche vergleichbare Sachverhalte vgl Rn 182).[5] **121**

Bestimmung der Stimmrechte. Die konkrete Ausgestaltung der Stimmrechte ergibt sich aus dem Gesetz (§ 12 AktG, § 47 IV GmbHG) oder der Satzung. **122**

Bedeutung. Nach deutschem Recht ist eine isolierte Übertragung von Stimmrechten nicht möglich, insoweit hat diese Alternative iRd § 8c I 1 und 2 keine Bedeutung.[6] Nach ausländischem Recht ist eine isolierte Übertragung jedoch denkbar so dass diese Variante des § 8c I S 1 und 2 insoweit Bedeutung hat. **123**

---

1 *Frotscher* in Frotscher/Maas § 8c Rn 21f; *Dötsch* in D/J/P/W § 8c Rn 34; *Neyer*, BB 2007, 1415, 1418.
2 *Roser* in Gosch § 8c Rn 33; BFH II R 37/01, BStBl II 2005, 303; BFH VIII R 32/04, BStBl II 2007, 296; BFH IX R 36/01, BStBl II 2006, 12.
3 *Frotscher* in Frotscher/Maas § 8c Rn 22; *B Lang* in EY § 8c Rn 22.
4 *Roser* in Gosch § 8c Rn 32f mwN.
5 *Frotscher* in Frotscher/Maas § 8c Rn 26; *Viskorf/Michel*, DB 2007, 2561, 2563; *Rätke* in Mössner/Seeger § 8c Rn 62; *Honert/Obser*, BB 2009, 1161, 1162; *Dötsch* in D/J/P/W § 8c Rn 39.
6 *Frotscher* in Frotscher/Maas § 8c Rn 26; *Roser*, DStR 2008, 77, 78; BGH II ZR 91/65, NJW 1968, 396; BGH II ZR 96/86, DB 1987, 424; *Zöllner* in Baumbach/Hueck § 47 GmbHG Rn 40; *Schmidt* in Scholz § 47 GmbHG Rn 20; *Hüffner* in Ulmer/Habersack/Winter § 47 GmbHG Rn 53.

124 **KGaA.** Die Übertragung des Komplementäranteils an einer KGaA löst keine Übertragung von Stimmrechten aus, da nach § 285 I S 1 AktG kein Stimmrecht in der Hauptversammlung der KGaA vermittelt wird.[1]

125 **Stimmrechtslose Vorzugsaktien.** Das vorübergehende Wiederaufleben von Stimmrechten bei an sich stimmrechtslosen Vorzugsaktien durch Ausfall der Dividende ist kein Erwerb von Stimmrechten.[2]

126 **Quotenberechnung.** Für die Quotenberechnung ist das Verhältnis der übertragenen Stimmrechte zu den gesamten Stimmrechten entscheidend.[3] Bei mittelbaren Erwerben kommt es auch hinsichtlich der Stimmrechte auf die durchgerechnete Quote an (vgl auch vorstehend Rn 95).[4]

127 *Einstweilen frei.*

128 **3. Erwerber. a) Grundsatz. Erwerberbezogene Betrachtungsweise.** Im Gegensatz zu § 8 IV, der auf Übertragungsvorgänge ohne Rücksicht auf den Erwerber abstellte, sieht § 8c eine erwerberbezogene Betrachtungsweise vor. Dh die Versagung des Verlustabzugs nach § 8c knüpft im Gegensatz zu § 8 IV aF nicht an die Höhe der veräußerten Anteile bzw Rechte aus Sicht der Verlustgesellschaft an, sondern an die Höhe der erworbenen Anteile bzw Rechte aus Sicht des Erwerbers iSd § 8c I. Dies kann daher dazu führen, dass zwar 100% der Anteile an einer Verlustgesellschaft übertragen werden, aufgrund der erwerberbezogenen Sichtweise aber § 8c nicht ausgelöst wird.

129 **Erwerberkreis.** Das BMF führt bei der Bestimmung eines möglichen schädlichen Erwerbs den Sammelbegriff des sog „Erwerberkreises" ein. Dieser besteht aus dem Erwerber, ihm nahestehenden Personen und Erwerbern mit gleichgerichteten Interessen.[5] Der Begriff hat keine gesetzliche Grundlage und begründet damit keine Ausnahme für die Übertragung von Anteilen innerhalb eines Konzerns (vgl Rn 155 ff).

130 *Einstweilen frei.*

131 **b) Einzelner Erwerber.** Der Grundfall des schädlichen Beteiligungserwerbs nach dem Gesetzeswortlaut ist der Erwerb durch einen einzelnen Erwerber.

132 **Geeignete Erwerber.** Gem BMF „kann jede natürliche Person, juristische Person oder Mitunternehmerschaft" ein geeigneter Erwerber sein.[6] Voraussetzung ist, dass der Erwerber Inhaber der Anteile/Rechte iSd § 8c sein kann und dem Erwerber diese gem § 39 AO auch tatsächlich zuzurechnen sind.

133 **Vermögensverwaltende Personengesellschaften.** Bei einem Erwerb durch Personengesellschaften ist zwischen gewerblich tätigen und vermögensverwaltenden Personengesellschaften zu unterscheiden. Im ersten Fall ist Erwerber die Personengesellschaft selbst, bei vermögensverwaltenden Personengesellschaften da-

---

1 Kollruss/Weißert/Ilin, DStR 2009, 88, 89.
2 Roser in Gosch § 8c Rn 49; IDW Stellungnahme zum Entwurf des BMF-Schreibens, FN 2008, 141.
3 Dötsch in D/J/P/W § 8c Rn 67.
4 BMF v 4.7.2008, BStBl I 2008, 736, Rn 12.
5 BMF v 4.7.2008, BStBl I 2008, 736, Rn 3; dazu auch Dötsch/Pung, DB 2008, 1703, 1707.
6 BMF v 4.7.2008, BStBl I 2008, 736, Rn 24.

gegen erfolgt eine anteilige Zurechnung bei den Gesellschaftern nach § 39 AO. Es gelten also die Gesellschafter als Erwerber.[1]

Gewerbliche Personengesellschaften. Bei einem Erwerb durch eine gewerbliche Personengesellschaft ist – wie in Rn 133 dargestellt – die gewerbliche Personengesellschaft als solche Erwerber und nicht die dahinterstehenden Gesellschafter. Überträgt die gewerbliche Personengesellschaft die Anteile an der Verlustgesellschaft aus dem Gesamthandsvermögen in das Sonderbetriebsvermögen eines Gesellschafters, liegt ebenfalls ein schädlicher Erwerb vor. Ein schädlicher mittelbarer Erwerb liegt vor, wenn die Gesellschafter der gewerblichen Personengesellschaft wechseln.[2] 134

Zwischenschaltung und Anwachsung einer Personengesellschaft. Dass die Zwischenschaltung einer gewerblichen Personengesellschaft einen Erwerb iSd § 8c I S 1 und 2 darstellt, ist nicht überraschend; denn bereits zu § 8 IV aF wurde höchstrichterlich entschieden, dass die Übertragung auf eine beteiligungsidentische Personengesellschaft einen schädlichen Vorgang darstellt.[3] Dementsprechend führt auch das Ausscheiden einer gewerblichen Personengesellschaft zu einer schädlichen Übertragung iSv § 8c. Ausgenommen hiervon ist die Übertragung von Anteilen, die unter Berücksichtigung der Konzernklausel zu beurteilen sind (vgl Rn 248 ff). Zur fehlenden Schädlichkeit bei der Anwachsung einer Personengesellschaft und mittelbaren Übertragung der Anteile vgl Rn 158. 135

Wechsel. Fraglich ist, ob der Wechsel einer vermögensverwaltenden in eine gewerbliche Personengesellschaft und umgekehrt ohne Erwerbsvorgang zu einem schädlichen Beteiligungserwerb führen könnte. Analog zum Formwechsel ist ein unschädlicher Vorgang anzunehmen (zum Formwechsel vgl Rn 88).[4] 136

Organschaften. Erwirbt eine Organgesellschaft eine Beteiligung an einer Verlustkörperschaft, so ist die Organgesellschaft die Erwerberin der Beteiligung und nicht der Organkreis. Durch die Begründung einer Organschaft wird die Selbstständigkeit der einbezogenen Gesellschaften nicht berührt.[5] 137

Einstweilen frei. 138-139

c) Nahestehende Personen des Erwerbers. Definition. Schädlich können auch Beteiligungserwerbe durch dem Erwerber nahestehende Personen sein. Der Begriff „nahestehende Person" wird im § 8c nicht definiert. Diskutiert wird in diesem Zusammenhang einerseits eine Bezugnahme auf § 1 II AStG, andererseits auf § 8 III bzw H 36 KStH. Die Finanzverwaltung legt im BMF-Schreiben v 4.7.2008[6] die Definition nach H 36 KStH 2006 zugrunde, wonach zur Begründung des Nahestehens jede rechtliche oder tatsächliche Beziehung ausreichen soll. Die Befürworter einer Bezugnahme auf § 1 II AStG begründen dies zum einen mit der Gesetzgebungshistorie, insbesondere im Zusammen- 140

---

1 BMF v 4.7.2008, BStBl I 2008, 736, Rn 24.
2 *Dötsch* in D/J/P/W § 8c Rn 30.
3 BFH IR 81/02, BStBl II 2004, 614.
4 *Van Lishaut*, FR 2008, 789, 798; *B Lang* in EY § 8c Rn 48.4.
5 *Dötsch* in D/J/P/W § 8c Rn 65; *Roser* in Gosch § 8c Rn 71.
6 BMF v 4.7.2008, BStBl I 2008, 736, Rn 25.

hang mit der Einfügung des § 8c I S 3.[1] Es wird auf Abgrenzungsschwierigkeiten zu Erwerbern mit gleichgerichteten Interessen hingewiesen, die sich bei einer Bezugnahme auf H 36 KStH ergäben: § 8c I S 3 sei bei einer Auslegung des Begriffs nach H 36 KStH redundant, da gleichgerichtete Interessen ohne eine irgendwie geartete Beziehung tatsächlicher Art denklogisch ausgeschlossen seien.[2] Darüber hinaus müsse berücksichtigt werden, dass § 8 III einen anderen Zweck verfolge,[3] nämlich die Zurechnung von vGA an einen Gesellschafter, auch wenn der Begünstigte eine dem Gesellschafter nahestehende Person ist. Nach § 8c dagegen seien die Beteiligungserwerbe nahestehender Personen zusammengefasst, um zu entscheiden, ob ein Beteiligungserwerb in schädlicher Höhe erfolgt ist. Die Stimmen in der Literatur, die hingegen eine Bezugnahme auf § 8 III bzw H 36 KStH befürworten, begründen dies vornehmlich damit, dass der Gesetzgeber immer dann, wenn er eine Auslegung entsprechend § 1 II AStG fordert, eine ausdrückliche Bezugnahme auf § 1 II AStG vorgenommen hat (zB § 8a II und III, § 8b V S 5).[4] Nach der hier vertretenen Auffassung ist eine Auslegung iSv § 1 II AStG sinnvoll.

141 **Gemeinsame Beteiligung an einer vermögensverwaltenden Personengesellschaft.** Vor dem Hintergrund der in Rn 140 beschriebenen Grundsätze begründet allein die gemeinsame Beteiligung an einer vermögensverwaltenden Personengesellschaft noch nicht das Nahestehen.[5] Gleiches gilt für die Beteiligung an der Verlustgesellschaft.

142 **§ 15 AO.** § 15 AO hilft nach der hier vertretenen Auffassung nicht weiter, da Angehörige nicht zwingend gleichgerichtete Interessen verfolgen,[6]

143 **Zeitpunkt und Veranlassung des Nahestehens.** Die das Nahestehen begründende Tatsache muss bereits vor bzw unabhängig von dem Anteilserwerb bestanden haben, kann also nicht allein durch den oder nach dem Anteilserwerb begründet werden.[7]

144 *Einstweilen frei.*

145 **d) Gruppe von Erwerbern mit gleichgerichteten Interessen (§ 8c I S 3). Zielsetzung.** § 8c I S 3 regelt, dass eine Gruppe von Erwerbern (vgl bereits Rn 128 ff) mit gleichgerichteten Interessen als ein Erwerber anzusehen ist, und wurde auf Anregung des Bundesrates in das Gesetz eingefügt.[8] Ziel der Regelung sollte die Verhinderung sog Quartettlösungen sein, bei denen vier einander nicht nahestehende Personen zu gleichen Teilen einen Verlustmantel erwerben und nutzbar machen.[9] § 8c I S 3 ist somit quasi als Missbrauchsvermeidungsvorschrift innerhalb des § 8c anzusehen.[10]

1　BRDrs 220-07, 21.
2　*Zerwas/Fröhlich*, DStR 2007, 1933, 1934; *Meiisel/Bokeloh*, BB 2008, 808, 812.
3　*Frotscher* in Frotscher/Maas § 8c Rn 47 ff.
4　*Rätke* in Mössner/Seeger § 8c Rn 167f; *Brandis* in Blümich § 8c Rn 51; *Brendt* in Erle/Sauter § 8c Rn 15; idS *Suchanek* in H/H/R § 8c Rn 26, er befürwortet jedoch eine Einschränkung des Nahestehens auf familiäre und gesellschaftsrechtliche Verbundenheit.
5　*Klemt*, DB 2008, 2101 f.
6　*Roser* in Gosch § 8c Rn 73; *Frotscher* in Frotscher/Maas §8c Rn 52; *Suchanek* in H/H/R § 8c Rn 26; aA *Dötsch* in D/J/P/W § 8c Rn 64.
7　BMF v 4.7.2008, BStBl I 2008, 736, Rn 25.
8　BRDrs 220-07, 21.
9　BTDrs 16/5377, 18.
10　*Suchanek* in H/H/R § 8c Rn 39; *van Lishaut*, FR 2008, 789, 799.

IV. Grundregel

Definition der gleichgerichteten Interessen. Die Finanzverwaltung nimmt zur Auslegung des Begriffs „gleichgerichtete Interessen" durch eine kasuistische Aufzählung von schädlichen Kriterien und Indizien Stellung, ohne jedoch einen verlässlichen Maßstab zu definieren:[1]

- Abstimmung der Erwerber, aber nicht notwendig in Form eines Vertrags;
- Verfolgung eines gemeinsamen Zwecks iSv § 705 BGB (wobei dies nicht Voraussetzung sei);
- Zusammenwirken der Erwerber zur einheitlichen Willensbildung, ohne dass die gleichgerichteten Interessen sich auf den Erhalt der Verlustvorträge richten;
- eine gemeinsame Beherrschung gem H 36 KStH „Beherrschender Gesellschafter – gleichgerichtetes Interesse" iSe tatsächlichen Zusammenwirkens der Gesellschafter, zB hinsichtlich der Bemessung ihrer Tantieme.

146

Verhältnis zu nahestehenden Personen iSd § 8c I S 2. Diskutiert wird in der Literatur das Verhältnis zwischen nahestehenden Personen iSd § 8c I S 2 und Erwerbern mit gleichgerichteten Interessen iSd § 8c I S 3.[2] Nach der oben dargestellten Auffassung (vgl Rn 146) bedingt ein Nahestehen iSd § 8c stets gleichgerichtete Interessen, jedoch müssen Erwerber mit gleichgerichteten Interessen nicht notwendig nahestehende Personen sein; andernfalls wäre § 8c I S 3 überflüssig (vgl auch Rn 140).

147

Interesse iSd § 8c I S 3. Offen ist, worauf sich das gleichgerichtete Interesse iSd § 8c I S 3 beziehen muss, zB auf den Erwerb der Anteile, die Nutzung der Verluste usw. Nach Auffassung der Finanzverwaltung muss sich das gleichgerichtete Interesse nicht auf den Erhalt der Verlustvorträge richten.[3] *Möhlenbrock* hält dies für folgerichtig, weil es sich bei § 8c um eine reine Verlustabzugsbeschränkung handele.[4] Dabei wird allerdings verkannt, dass § 8c I S 3 eine Missbrauchsvermeidungsvorschrift innerhalb des § 8c ist (vgl Rn 145).[5] Sinnvoll ist nur eine enge Auslegung des Begriffs. Das Interesse kann zwar über den Erhalt des Verlustvortrages hinausgehen, es muss aber erwerbsbezogen sein, und es muss eine Abstimmung zwischen den Erwerbern stattgefunden haben. Dies kann sich zB in Stimmrechtsvereinbarungen oder -bindungen manifestieren.[6] Dh das gleichgerichtete Interesse muss über das normale Gesellschafterinteresse der Gesellschafter einer Verlustgesellschaft iSe bewussten und gewollten Koordination hinausgehen. Übliche Gesellschafterinteressen, zB an einer Gewinnerzielung oder einer Wertsteigerung der Beteiligung, sind hingegen nicht ausreichend.[7]

148

Zeitpunkt des Bestehens gleichgerichteter Interessen. Die gleichgerichteten Interessen müssen bereits vor dem Erwerb bestanden haben oder durch den Erwerb begründet worden sein. Eine Begründung erst nach dem Beteiligungserwerb

149

---

1 BMF v 4.7.2008, BStBl I 2008, 736, Rn 27. Hierzu auch *Dötsch/Pung*, DB 2008, 1703, 1708 mwN.
2 *Brendt* in Erle/Sauter § 8c Rn 16; *Frotscher* in Frotscher/Maas § 8c Rn 49; *Zerwas/Fröhlich*, DStR 2007, 1933, 1934.
3 BMF v 4.7.2008, BStBl I 2008, 736, Rn 26 und 27.
4 *Rödder/Möhlenbrock*, Ubg 2008, 595, 601.
5 Ebenso *van Lishaut*, FR 2008, 789, 799.
6 *Suchanek*, GmbHR 2008, 294.
7 Vgl in diesem Zusammenhang auch BMF v 14.5.2004, BStBl I 2004, 3, Tz 0.1. zu „Interessenidentität".

reicht nicht.[1] Zudem sollte eine zeitraumbezogene Überprüfung der gleichgerichteten Interessen vorgenommen werden, um zufällige Interessensübereinstimmungen auszuschließen.[2] Dh die vor dem Erwerb bestehenden oder durch den Erwerb begründeten gleichgerichteten Interessen müssen von einer gewissen Dauer sein.

150   **Personengesellschaft.** Fraglich ist, ob bei Erwerb durch verschiedene Gesellschafter iRe GbR stets ein gleichgerichtetes Interesse iSd § 8c I S 3 begründet wird.[3] Nach der hier vertretenen Auffassung ist dies nicht der Fall. Stattdessen kommt es darauf an, ob im Einzelfall die GbR zum Zweck des Erwerbs der Beteiligung begründet wurde oder ob ein abgestimmtes und koordiniertes Vorgehen erfolgt (vgl Rn 148).

151   **Nahe Angehörige.** Die Tatsache, dass die Gesellschafter nahe Angehörige sind, reicht nach H 36 KStH ohne das Hinzutreten weiterer Faktoren ausdrücklich nicht aus, um gleichgerichtete Interessen anzunehmen.[4]

152   **Weitere Einzelfälle.** Auf Basis des BMF-Schreibens[5] lassen sich keine eindeutigen Merkmale für eine Auslegung des Begriffs „gleichgerichtete Interessen" ableiten. In der Literatur wird kritisch diskutiert, ob in den nachfolgenden Fällen eine einheitliche Willensbildung iSd BMF-Schreibens[6] vorliegt:

- Verschmelzung einer Gewinngesellschaft auf eine Verlustgesellschaft: gemeinsame Zustimmung von Kleingesellschaftern der Gewinngesellschaft zum Verschmelzungsbeschluss;[7]
- Beschlüsse des Aufsichtsrats oder Beirats;[8]
- Vereinbarungen von Erwerbern im Zusammenhang mit Sanierungsfällen[9].

UE ist in den obigen Fällen ein gleichgerichtetes Interesse keinesfalls zwingend. In jedem Fall ist jedoch eine Einzelbetrachtung erforderlich.

153-154   *Einstweilen frei.*

155   **e) Konzerninterne Erwerbe. Anwendung des § 8c I S 1. Keine Ausnahme für Konzernsachverhalte.** Nach Auffassung des BMF und der hM in der Literatur ist der unmittelbare Erwerb von Anteilen nach § 8c I S 1 und 2 auch dann schädlich, wenn er mittelbar zu keiner Änderung der Beteiligungsquote führt.[10] Dh auch Übertragungen im Konzern sind grundsätzlich geeignet, einen Erwerb iSd § 8c auszulösen. Dies gilt zumindest für in den Jahren 2008 und 2009 erfolgte Erwerbe.

---

1   *Honert/Imschweiler*, EStB 2009, 32, 34 f.
2   *Roser* in Gosch § 8c Rn 75.
3   Dafür *Honert/Imschweiler*, EStB 2009, 32, 36; *Dötsch* in D/J/P/W § 8c Rn 93; *Frotscher* in Frotscher/Maas § 8c Rn 87b; aA *Klemt*, DB 2008, 2100, 2102.
4   Zu Gestaltungshinweisen zur Vermeidung von gleichgerichteten Interessen bei Vertretung minderjähriger Kinder *Thonemann*, DB 2008, 2156, 2159.
5   BMF v 4.7.2008, BStBl I 2008, 736.
6   BMF v 4.7.2008, BStBl I 2008, 736, Rn 27.
7   *Van Lishaut*, FR 2008, 789, 799; *Roser* in Gosch § 8c Rn 74.
8   *Dötsch/Pung*, DB 2008, 1703, 1708; *Roser* in Gosch § 8c Rn 74.
9   *Dötsch/Pung*, DB 2008, 1703, 1708; *Roser* in Gosch § 8c Rn 74.
10 BMF v 4.7.2008, BStBl I 2008, 736, Rn 11; stellvertretend *Breuninger/Schade*, Ubg 2008, 261, 266.

IV. Grundregel

Beispiel

Die A-GmbH ist zu 100% an der B-GmbH und an der C-GmbH beteiligt. Die C-GmbH hält 100% der Anteile an der Verlust-GmbH. Die C-GmbH veräußert ihre Anteile an der Verlust-GmbH an die B-GmbH.

Mittelbar bleibt die A-GmbH vor und nach der Veräußerung zu 100% an der Verlust-GmbH beteiligt. Grundsätzlich (ohne Berücksichtigung der Konzernklausel, vgl Rn 248 ff) ist der Anwendungsbereich von § 8c eröffnet.

Gegen eine Anwendung auf konzerninterne Erwerbe wird vorgebracht, dass nahestehende Personen bei Erwerben von einem fremden Dritten im Verhältnis zueinander als ein Erwerber anzusehen seien und es daher inkonsequent sei, sie bei Erwerben untereinander als fremde Dritte zu behandeln.[1] Dagegen spricht, dass nach dem Gesetzeswortlaut nur eine Gruppe von Erwerbern mit gleichgerichteten Interessen als ein Erwerber gilt, Erwerbe nahestehender Personen ansonsten jedoch gleichberechtigt neben den Erwerben einzelner Erwerber stehen und nur bei den Rechtsfolgen zusammengerechnet werden. Geht man davon aus, dass wie vorstehend vertreten (vgl Rn 147), nahestehende Personen immer auch gleichgerichtete Interessen verfolgen, könnte man uU zu dem Ergebnis gelangen, dass konzerninterne Erwerbe nicht schädlich sind. Allerdings handelt es sich bei der Formulierung in § 8c I S 3 um eine Fiktion („gilt"), die sich auf Erwerbe von im Verhältnis zu diesem Erwerberkreis Externen bezieht und die Anwendung des § 8c über die S 1 und 2 hinaus erweitert. Daher kann daraus nicht im Umkehrschluss die Möglichkeit eines unschädlichen Erwerbs innerhalb einer Gruppe von Personen mit gleichgerichteten Interessen ausgenommen werden. Für Übertragungen nach dem 31.12.2009 kann jedoch die mit § 8c I S 5 neu eingeführte Konzernklausel in vielen Fällen einem schädlichen Erwerb entgegenstehen (vgl Rn 248 ff).

Mittelbare konzerninterne Erwerbe. Vereinzelt wird auch vertreten, dass § 8c zumindest nicht für mittelbare konzerninterne Erwerbe gelte, da sowohl nach der Gesetzesbegründung[2] als auch nach Rn 11 des BMF-Schreibens ausdrücklich nur der unmittelbare Erwerb, der mittelbar zu keiner Änderung der Beteiligungsquote führt, schädlich sein soll.[3] Dem Wortlaut des Gesetzes ist eine solche Differenzierung allerdings nicht zu entnehmen, so dass auch hier von einer Anwendung des § 8c I S 1 und 2 auszugehen ist.

156

Beispiel

Die A-GmbH ist zu 100% an der B-GmbH und der C-GmbH beteiligt. Die B-GmbH hält 100% an der D-GmbH, die wiederum 100% der Anteile an der Verlust-GmbH hält. Die B-GmbH veräußert ihre Anteile an der D-GmbH an ihre Schwestergesellschaft, die C-GmbH.

Zur mittelbaren Beteiligung über atypisch stille Gesellschaften vgl Rn 189.

---

1 Honert/Imschweiler, EStB 2009, 32, 35. Gegen eine Anwendung bei konzerninternen Erwerben auch Ballwieser/Frase, BB 2009, 1502 ff.
2 BTDrs 16/4841, 76.
3 Meiisel/Bokeloh, BB 2008, 808, 812; Schick/Franz, DB 2008, 1987, 1990.

157 **Mittelbare Übertragungen nach dem UmwStG.** Anders als für die Vorgängerregelung § 8 IV aF[1] sieht die Finanzverwaltung für § 8c (in der Fassung vor Einführung der Konzernklausel) keine Erleichterung für mittelbare Übertragungen vor, die auf Umstrukturierungen nach dem UmwStG innerhalb verbundener Unternehmen nach § 271 II HGB erfolgen. Daraus wird von Vertretern der Finanzverwaltung geschlossen, dass für § 8c sowohl Verlängerungen als auch Verkürzungen der Beteiligungskette oberhalb der Verlustgesellschaft schädlich sind.[2] Im Falle einer Verkürzung der Beteiligungskette (zB mittels Upstream Merger oder Downstream Merger) ergibt sich dies allerdings nicht zweifelsfrei aus dem Gesetz. Tatbestandsvoraussetzung des § 8c ist ein schädlicher Erwerb. Gegen das Vorliegen eines solchen Erwerbs spricht bei einer Verkürzung der Beteiligungskette, dass alle nach dem „Erwerb" Beteiligten auch vor dem „Erwerb" in gleichem Umfang an der Verlustgesellschaft mittelbar beteiligt waren, ein Erwerb also nicht stattgefunden hat.[3] Da nach dem Wortlaut des Gesetzes sowohl unmittelbare als auch mittelbare Erwerbe schädlich sein können, liegt bei einer reinen Änderung der mittelbaren Beteiligungsverhältnisse ohne Hinzutreten eines weiteren Gesellschafters gerade kein schädlicher Erwerb vor.

158 **Mittelbare Übertragung via Anwachsung.** Die Überlegungen zur Verkürzung der Beteiligungskette lassen sich auf die Anwachsung einer Personengesellschaft auf ihren vermögensmäßig zu 100% beteiligten Gesellschafter übertragen.[4] Auf die körperschaftsteuerliche Transparenz der Personengesellschaft lässt sich die Nichtanwendung des § 8c bei Anwachsungen nicht stützen, da bereits zu § 8 IV aF höchstrichterlich entschieden wurde, dass die Übertragung auf eine beteiligungsidentische Personengesellschaft einen schädlichen Vorgang darstellt (vgl Rn 135). Soweit im Vermögen der anwachsenden Personengesellschaft mittelbar Anteile an einer Verlustgesellschaft gehalten werden, fehlt es aber gleichermaßen an einem unmittelbaren und mittelbaren Erwerb (soweit hingegen Anteile an der Verlustgesellschaft unmittelbar im Vermögen enthalten sind, könnte ein unmittelbarer Erwerb iSd § 8c I S 1 und 2 aufgrund der Anwachsung gegeben sein).

159 **Unmittelbare und mittelbare Übertragungen des nämlichen Anteils.** Auch innerhalb von Konzernen kann (ohne Berücksichtigung der Konzernklausel) die mittelbare und unmittelbare Übertragung des nämlichen Anteils zum mehrfachen Untergang von Verlusten nach § 8c I S 1 führen (zu weiteren Einzelheiten vgl Rn 222 f).

160-161 *Einstweilen frei.*

162 **4. Fünfjahreszeitraum.** Für die Frage, ob nach § 8c I S 1 oder 2 ein schädlicher Beteiligungserwerb stattgefunden hat, ist ein Fünfjahreszeitraum zugrunde zu legen.

163 **Fristbeginn.** Der Fristbeginn ist nicht ausdrücklich gesetzlich geregelt. Nach Auffassung der Verwaltung beginnt die Frist jedoch mit dem ersten unmittelbaren oder mittelbaren Anteilserwerb an der Verlustgesellschaft durch den Erwerberkreis;

---

1 BMF v 16.4.1999, BStBl I 1999, 455, Rn 28.
2 *Dötsch/Pung*, DB 2008, 1703, 1706 f.
3 *Sistermann/Brinkmann*, BB 2008, 1932; *Breuninger/Schade*, Ubg 2008, 267; *Schumacher/Hageböke*, DB 2008, 493, 494; *Roser* in Gosch § 8c Rn 56 „Verkürzung der Beteiligungskette".
4 *Dieterlen/Winkler*, GmbHR 2007, 815 ff.

IV. Grundregel

hierbei sollen Erwerbe auch dann zu berücksichtigen sein, wenn zum Zeitpunkt des Erwerbs noch gar keine Verluste vorhanden waren.[1] Im Extremfall können schädliche Erwerbe iSd § 8c I S 1 oder 2 ausgelöst werden, ohne dass die betreffende Gesellschaft bei Übertragung der wesentlichen Anteile über Verluste verfügt hat, weshalb sich Teile der Literatur[2] gegen den Fristbeginn in diesen Fällen aussprechen.

Beispiel

Im VZ 01 werden 3% der Anteile an der V-GmbH übertragen. Im VZ 02-03 generiert die V-GmbH erstmals einen Verlust. Im VZ 04 werden 24% der Anteile übertragen.

Nach Auffassung der Finanzverwaltung gehen im VZ 04 27% der Verluste der VZ 02-03 unter.

Je nach Sachverhalt kann diese Regelung für die Verlustgesellschaft aber auch von Vorteil sein.

Beispiel

Im VZ 01 werden 2% der Anteile an der V-GmbH übertragen. Im VZ 02-05 generiert die V-GmbH Gewinne. Im VZ 04 werden 24% der Anteile übertragen. Im VZ 06-07 erleidet die V-GmbH Verluste. Im VZ 08 werden 20% der Anteile übertragen.

Im VZ 04 wird die Grenze von 25% überschritten (in Ermangelung von Verlusten läuft die Rechtsfolge der Vorschrift aber ins Leere) und eine neue Frist iSv § 8c I S 1 beginnt zu laufen (vgl Rn 164). Im VZ 08 ist für die neue Fünfjahresfrist die Grenze von 25% noch nicht überschritten, so dass die Verluste der VZ 06-07 nicht tangiert werden.

Angesichts des Gesetzeswortlauts und der ansonsten auftretenden Schwierigkeiten, den Beginn der Fünfjahresfrist zu bestimmen, ist die Verwaltungsauffassung als zutreffend hinzunehmen. In der Zukunft ist deshalb besonderes Augenmerk darauf zu legen, zu welchem Zeitpunkt die jeweiligen Fünfjahreszeiträume nach § 8c I S 1 und 2 zu laufen beginnen. Im Laufe der Geltungsdauer des § 8c dürfte diese Prüfung zunehmend schwieriger werden.

Fristermittlung. Die Frist des Fünfjahreszeitraumes ist tagesgenau zu ermitteln.[3] Die Berechnung der Fristen erfolgt gem § 108 I AO iVm § 187 ff BGB.[4]

Beginn einer neuen Frist. Wird die 25%-Grenze überschritten, beginnt mit dem nächsten Beteiligungserwerb ein neuer Fünfjahreszeitraum für Zwecke des § 8c I S 1, unabhängig davon, ob zu diesem Zeitpunkt Verluste vorliegen oder nicht.[5] Für Zwecke des § 8c I S 2 ist hingegen ein eigener Fünfjahreszeitraum zugrunde zu legen, der weiter läuft.[6]

---

1 BMF v 4.7.2008, BStBl I 2008, 736, Rn 17.
2 *Frotscher* in Frotscher/Maas § 8c Rn 72c; *Meiisel/Bokeloh*, BB 2008, 808, 813; *Roser* in Gosch § 8c Rn 83.
3 *Dötsch* in D/J/P/W § 8c Rn 9.
4 *Roser* in Gosch § 8c Rn 86.
5 BMF v 4.7.2008, BStBl I 2008, 736, Rn 18; *Dötsch* in D/J/P/W § 8c Rn 71; *Frotscher* in Frotscher/Maas § 8c Rn 74a.
6 BMF v 4.7.2008, BStBl I 2008, 736, Rn 18, 20; *Dötsch* in D/J/P/W § 8c Rn 72.

Beispiel[1]
1.1.09: Erwerb von 15%
1.1.10: Erwerb von weiteren 15%
1.1.12: Erwerb von weiteren 20%
1.1.16: Erwerb von weiteren 22%

Im Jahr 2010 gehen 30% der Verluste unter. Der Erwerb im Jahr 2012 löst einen neuen Fünfjahreszeitraum aus. Der Erwerb der weiteren 22% im Jahr 2016 führt zu einem Verlustuntergang iHv 42%. Da der Erwerb im Jahr 2010 bei retrograder Ermittlung nicht mehr im Fünfjahreszeitraum liegt, wird dieser nicht berücksichtigt. Ein Verlustuntergang iHv 100% kann somit vermieden werden.

Beispiel[2]
1.1.2009: Erwerb von 15%
1.1.2010: Erwerb von weiteren 10%
1.1.2012: Erwerb von weiteren 26%

Im Jahr 2010 gehen keine Verluste unter, da nicht mehr als 25% erworben wurden. Der Erwerb von weiteren 26% im Jahr 2010 führt zu einem vollständigen Verlustuntergang, da innerhalb von 5 Jahren 51% der Anteile erworben wurden.

166 **Fristbeginn bei Umwandlungen auf Anteilseignerebene.** Nach Verwaltungsauffassung ist bei der Umwandlung des Anteilseigners einer Verlustgesellschaft für den Erwerbszeitpunkt der Beteiligung an der Verlustgesellschaft durch den übernehmenden Rechtsträger und damit für den Fristbeginn der Übergang des wirtschaftlichen Eigentums maßgebend.[3] Ein steuerlicher Rückbezug nach § 2 UmwStG scheidet danach aus. Diese Auffassung ist durch den Wortlaut des § 2 UmwStG gerechtfertigt, da dieser das Einkommen und das Vermögen der übertragenden Körperschaft sowie des übernehmenden Rechtsträgers regelt, nicht jedoch die steuerlichen Konsequenzen für die Gesellschafter.

167 **Fristbeginn bei Umwandlungen auf die Verlustgesellschaft.** Das unter Rn 166 Gesagte gilt ebenfalls bei Umwandlungen auf eine Verlustgesellschaft unter Ausgabe neuer Anteile. Das wirtschaftliche Eigentum der neuen Anteile geht mit Eintragung der Kapitalerhöhung in das Handelsregister über. Dieser Zeitpunkt gilt als Fristbeginn für Zwecke des § 8c.[4]

168 *Einstweilen frei.*

169 **5. Vergleichbare Sachverhalte. a) Allgemeines. Ergänzende Generalklausel.** Nach § 8c I S 1 und 2 kann ein schädlicher Beteiligungserwerb nicht nur durch die Übertragung von mehr als 25% des gezeichneten Kapitals, der Mitgliedschaftsrechte, Beteiligungsrechte oder der Stimmrechte an einer Körperschaft verwirklicht werden, sondern auch durch einen sog „vergleichbaren Sachverhalt".

---

1 In Anlehnung an *Roser* in Gosch § 8c Rn 83.
2 In Anlehnung an *Roser* in Gosch § 8c Rn 83.
3 BMF v 4.7.2008, BStBl I 2008, 736, 15.
4 *Schießl* in W/M § 13 UmwStG Rn 2.

Wertungsmaßstab. Maßstab für den Vergleich hat einer der vorstehend explizit genannten Sachverhalte zu sein; dh der Erwerber muss durch einen vergleichbaren Sachverhalt eine ähnliche Position erlangen wie bei einem Erwerb der Anteile am gezeichneten Kapital, der Stimmrechte usw.[1]

170

Kapitalerhöhung. Die Regelung über vergleichbare Sachverhalte in § 8c I S 1 und 2 nimmt nicht ausdrücklich auf die in § 8c I S 4 genannte Kapitalerhöhung Bezug.[2] In § 8c I S 4 wurde zur Klarstellung eine explizite Regelung eingefügt.

171

Schuldrechtliche Verträge. Da es sich bei dem Grundsachverhalt des Erwerbs von Anteilen um gesellschaftsrechtliche Vorgänge handelt, wird eine Einbeziehung rein schuldrechtlicher Verträge in der Literatur grundsätzlich abgelehnt.[3] Eine Ausnahme wird für solche Vereinbarungen gemacht, die einen Einfluss bedingen, der es dem Gesellschafter faktisch unmöglich macht, seinen eigenen Willen über die Beteiligung geltend zu machen (ohne dass dies schon bei einer rein wirtschaftlichen Abhängigkeit der Fall ist).[4] In diesem Zusammenhang sei auf die Rechtsprechung des BFH zu Optionsrechten im Hinblick auf den Optionsinhaber als Anwärter auf eine Beteiligung verwiesen.[5]

172

Beispielhafte Aufzählung im BMF-Schreiben. Das BMF-Schreiben v 4.7.2008 enthält eine Liste von exemplarischen, nicht abschließenden Sachverhalten, die nach Auffassung der Finanzverwaltung vergleichbare Sachverhalte sein können (hierzu im Einzelnen Rn 176 ff).[6]

173

Kombination von Sachverhalten. Gem dem BMF-Schreiben v 4.7.2008 kann auch eine Kombination verschiedener Sachverhalte zu einem schädlichen Beteiligungserwerb führen.[7] Was unter einer Kombination verschiedener Sachverhalte zu verstehen ist, bleibt unklar. Hierunter könnten zB eine Kombination vergleichbarer Sachverhalte fallen oder eine Kombination aus vergleichbarem Sachverhalt und einem Grundtatbestand gem § 8c I S 1 oder 2.[8] Eine Erläuterung seitens der Finanzverwaltung wäre wünschenswert.

174

Einstweilen frei.

175

b) Vergleichbare Sachverhalte im Einzelnen. Genussrechte. Der Erwerb eigenkapitalähnlicher Genussrechte nach § 8 III S 2 soll als vergleichbarer Sachverhalt gelten.[9] Für die Berechnung der Quoten soll nach Auffassung von *Dötsch* die Beteiligung am Gewinn und am Liquidationserlös relevant sein.[10] Diese Auffassung müsste im Umkehrschluss dazu führen, dass sich durch die Ausgabe von Genussrechten

176

---

1 *Rödder/Möhlenbrock*, Ubg 2008, 595, 599.
2 *Roser* in Gosch § 8c Rn 43.
3 *Dötsch* in D/J/P/W § 8c Rn 38; *Rätke* in Mössner/Seeger § 8c Rn 195.
4 *Roser* in Gosch § 8c Rn 48f.
5 BFH I R 101/06, BStBl 2008 II, 719; BFH VIII R 14/06, BStBl 2008 II, 475.
6 BMF v 4.7.2008, BStBl I 2008, 736, Rn 7.
7 BMF v 4.7.2008, BStBl I 2008, 736, Rn 7.
8 *Breuninger/Schaden*, Ubg 2008, 261, 265; *Rätke* in Mössner/Seeger §8c Rn 192.
9 Zustimmend *Sistermann/Brinkmann*, BB 2008, 1928, 1930; aA *Suchanek*, GmbHR 2008, 292, 294, da es sich um einen schuldrechtlichen Vorgang handele, der keine Gesellschafterstellung vermittle.
10 *Dötsch* in D/J/P/W § 8c Rn 67.

die Beteiligung am gezeichneten Kapital verwässern ließe. Genussrechte hätten im Ergebnis eine ähnliche Stellung wie stimmrechtslose Vorzugsaktien. Dies wäre mE kein sinnvolles Ergebnis.

177 **Gesellschafterdarlehen.** Ein Gesellschafterdarlehen iSe schuldrechtlichen Vertrags sollte zu keinem vergleichbaren Sachverhalt führen, denn ein Gesellschafterdarlehen als solches vermittelt keine Stellung, die der eines Anteilseigners gleichen würde. Dennoch nimmt das BMF-Schreiben v 4.7.2008 Bezug auf ein BFH-Urteil v 22.10.2003[1]. In diesem urteilte der I. Senat, dass neben einem gewöhnlichen Anteilsverkauf ein Gesellschafterdarlehen zu einer schädlichen Anteilsübertragung iSv § 8 IV aF beigetragen hat. Angesichts der detaillierten Aufzählung der schädlichen Vorgänge (Anteil am Kapital, Stimmrechte usw) wird es im Hinblick auf § 8c allerdings schwer fallen, ein Gesellschafterdarlehen als vergleichbaren Sachverhalt einzustufen. Insofern bleibt abzuwarten, welchen Sinn und Zweck dieser Verweis hat.

178 **Wandelschuldverschreibungen.** Die Emission von Wandelschuldverschreibungen als solche stellt keinen vergleichbaren Sachverhalt dar. Erst die Ausübung der Wandelschuldverschreibung gilt als vergleichbarer Sachverhalt.

179 **Bezugsrechte.** Gegenüber der Entwurfsfassung wurde der Erwerb von Bezugsrechten gestrichen. ME gilt der Erwerb eines Bezugsrechts nicht als schädliche Übertragung. Erst die Ausübung fällt in den Anwendungsbereich von § 8c.[2]

180 **Gewährung von Optionen zum Erwerb von Anteilen.** Hier gelten die Ausführungen in Rn 179 analog.[3]

181 **Verpfändung von Anteilen.** Die Einräumung eines Pfandrechts als solches gilt nicht als Übertragung mangels Übergang des wirtschaftlichen Eigentums an den Anteilen. Da das wirtschaftliche Eigentum jedoch mit der Verwertung des Pfandrechts übergeht, liegt in diesem Moment eine Übertragung iSv § 8c vor.[4]

182 **Stimmrechtsvereinbarungen, Stimmrechtsbindungen, Stimmrechtsverzichte.** Der Abschluss von Stimmrechtsvereinbarungen, Stimmrechtsbindungen und Stimmrechtsverzichten kann nach Auffassung der Finanzverwaltung einen dem Erwerb von Stimmrechten vergleichbaren Sachverhalt darstellen. Hintergrund ist die Befürchtung, dass den Begünstigten damit eine ähnliche Stellung verschafft werden könne wie bei einem Erwerb von Stimmrechten iHv über 25% bzw 50%.[5] Die hM in der Literatur sieht hingegen zutreffend alleine den Stimmrechtsverzicht als möglichen vergleichbaren Sachverhalt iSd § 8c I S 1 an bzw zieht Stimmrechtsvereinbarungen und Stimmrechtsbindungen nur als Indiz für gleichgerichtete Interessen heran.[6] Denn sie verschaffen niemandem zusätzliche Stimmrechte, sondern beinhalten

---

1 BFH I R 18/02, BStBl II 2004, 468, Rn 7.
2 *Dötsch* in D/J/P/W § 8c Rn 38.
3 *Suchanek* in H/H/R § 8c Rn 30.
4 *Suchanek* in H/H/R § 8c Rn 30.
5 *Meiisel/Bokeloh*, BB 2008, 808, 810.
6 *Suchanek*, GmbHR 2008, 294; *Sistermann/Brinkmann*, BB 2008, 1930; *Hannes/von Freeden*, Ubg 2008, 624, 630; aA *Roser* in Gosch § 8c Rn 40, mit der Begründung, dass das Zuwachsen der Rechte bei den Mitgesellschaftern lediglich ein Reflex der Aufgabe eigener Rechte sei.

IV. Grundregel

lediglich schuldrechtliche Verpflichtungen, die bei Nichtbeachtung keinerlei Einfluss auf die Wirksamkeit etwaiger Beschlüsse haben, sondern allenfalls einen Schadensersatzanspruch begründen.[1] Die Frage, ob Stimmrechtsbindungen bzw -vereinbarungen einen vergleichbaren Sachverhalt darstellen, ist insbesondere vor dem Hintergrund des § 13b ErbStG brisant, der für Erbschaftsteuerzwecke einen Poolvertrag erforderlich macht.[2]

Umwandlung auf Verlustgesellschaft. Laut BMF-Schreiben kann die Umwandlung auf eine Verlustgesellschaft als vergleichbarer Sachverhalt angesehen werden, wenn durch die Umwandlung ein Beteiligungserwerb durch einen Erwerberkreis stattfindet.[3] Ein solcher Erwerb ist nur denkbar im Zusammenhang mit einer Kapitalerhöhung bei der Verlustgesellschaft, die nach § 8c I S 4 einer Übertragung des gezeichneten Kapitals gleichgesetzt wird, soweit sie zu einer Änderung der Beteiligungsquoten führt (hierzu Rn 197). Die Einstufung als vergleichbarer Sachverhalt ist folglich überflüssig (zur Frage der steuerlichen Rückwirkung vgl Rn 166 f).

183

Umwandlung des Gesellschafters. Der Formwechsel des Gesellschafters stellt keine Übertragung iSv § 8c dar.[4] Die Verschmelzung der MG ist unter Berücksichtigung der Konzernklausel grundsätzlich als Übertragung iSv § 8c zu werten (zur Konzernklausel vgl Rn 248 ff; zur Frage der steuerlichen Rückwirkung vgl Rn 166).[5]

184

Anteilsverzicht bei Umwandlungen. Verzichtet der Gesellschafter iRe Verschmelzung gem § 54 I S 3 oder § 68 I S 3 UmwG auf die Gewährung von Anteilen, so ist in diesem Verzicht keine Übertragung iSv § 8c, auch nicht eine solche von Bezugsrechten, zu sehen.[6]

185

Einbringungsvorgänge. Die Einbringung eines Betriebs, Teilbetriebs oder Mitunternehmeranteils soll nach Verwaltungsauffassung als vergleichbarer Sachverhalt anzusehen sein, wenn dadurch ein Beteiligungserwerb am übernehmenden Rechtsträger durch einen Erwerberkreis erfolgt. ME ist hier bereits der Grundsachverhalt des § 8c I S 1 u 2 (Tausch) bzw der S 4 verwirklicht. Der Einstufung als vergleichbarer Sachverhalt bedarf es insoweit nicht.

186

Erwerb eigener Anteile. Nach zutreffender Verwaltungsauffassung soll ein Erwerb eigener Anteile als vergleichbarer Sachverhalt eingestuft werden können, sofern dieser mit einer Änderung der Beteiligungsquoten einhergeht.[7] Richtig ist, dass die eigenen Anteile wegen der fehlenden Stimm- und Dividendenberechtigung gem § 71b AktG nicht zu einem Erwerb iSd § 8c I S 1 und 2 führen können; dh für Zwecke der Quotenberechnung ist beim Erwerb eigener Anteile von einer gedachten Einziehung der Anteile auszugehen. Die nach BilMoG einheitliche Vorgabe für die Bilanzierung

187

---

1 *Elicker/Zillmer*, BB 2009, 2621.
2 Zu dieser Thematik *Elicker/Zillmer*, BB 2009, 2620 ff; *Hannes/von Freeden*, Ubg 2008, 624 ff. In diesem Zusammenhang der Hinweis von *van Lishaut*, FR 2008, 789, 792, dass Rn 7 „können" laute und Poolverträge daher nicht automatisch schädlich seien, sondern eine Einzelfallbetrachtung anzustellen sei.
3 BMF v 4.7.2008, BStBl I 2008, 736, Rn 7.
4 BMF v 4.7.2008, BStBl I 2008, 736, Rn 11.
5 BMF v 4.7.2008, BStBl I 2008, 736, Rn 11.
6 *Roser* in Gosch § 8c Rn 56.
7 BMF v 4.7.2008, BStBl I 2008, 736, Rn 7.

von eigenen Anteilen (§ 272 Ia HGB) unterstützt die Annahme einer gedachten Einziehung der Anteile. Gem BilMoG v 26.5.2009[1] sind eigene Anteile in der Bilanz zum Nennbetrag offen vom Posten „Gezeichnetes Kapital" abzusetzen (Nettoausweis). Da die verbleibenden Gesellschafter so gestellt werden, als hätten sie Anteile erworben, liegt nach hier vertretener Auffassung ein vergleichbarer Sachverhalt vor.

188 **Kapitalherabsetzung.** Auch eine Kapitalherabsetzung soll nach Ansicht der Verwaltung ähnlich wie der Erwerb eigener Anteile als vergleichbarer Sachverhalt eingestuft werden, sofern hieraus eine Änderung der Beteiligungsquoten resultiert. Daran wird kritisiert, dass Vorgänge, die als reiner Reflex eines gesellschaftsrechtlichen Vorgangs zu einer Veränderung der Beteiligungsquote führen, nicht einer Übertragung bzw einem Erwerb von Beteiligungsrechten gleichgestellt werden dürften.[2] Außerdem wurde in § 8c I S 4 die Notwendigkeit der Regelung der Kapitalerhöhung gesehen, da offenbar eine Erfassung als vergleichbarer Sachverhalt nicht möglich war. Das Gesetz sieht aber nur hinsichtlich der in § 8c I S 1 erwähnten Transaktionen und nicht nach § 8c I S 4 eine Vergleichbarkeit vor.[3] Daraus im Umkehrschluss die Kapitalherabsetzung nicht als vergleichbaren Sachverhalt anzuerkennen, ist nach der hier vertretenen Auffassung nicht zutreffend. Für die Einstufung als vergleichbarer Sachverhalt kommt es darauf an, ob ein dem Erwerb von Kapitalanteilen usw vergleichbarer Vorgang vorliegt. Aus Sicht der verbleibenden Gesellschafter ist genau dies bei einer Änderung der Beteiligungsquoten der Fall.

189 **Atypisch stille Beteiligungen.** Die Einräumung oder Übertragung von atypisch stillen Beteiligungen wird in der endgültigen Fassung des BMF-Schreibens nicht mehr als vergleichbarer Sachverhalt erwähnt. Die atypisch stille Beteiligung an einer Verlustgesellschaft stellt nach der überwiegend in der Literatur vertretenen Meinung keinen vergleichbaren Sachverhalt dar, da nicht die atypisch stille Gesellschaft an der Verlustgesellschaft beteiligt ist, sondern umgekehrt für steuerliche Zwecke die Verlustgesellschaft als Mitunternehmerin der atypisch stillen Gesellschaft gilt.[4] Auch soweit der atypisch still beteiligte Gesellschafter an der Verlustgesellschaft beteiligt ist und die Anteile folglich ins Sonderbetriebsvermögen der atypisch stillen Gesellschaft überführt werden, sollte in Ermangelung eines Erwerbs § 8c I nicht anwendbar sein (vgl Rn 77). Ein vergleichbarer Sachverhalt könnte aber vorliegen, wenn der Geschäftsbetrieb einer Gesellschaft, mit dem die stille Gesellschaft geschlossen wird, an einer weiteren nachgeschalteten Verlustkörperschaft beteiligt ist.[5] In diesem Fall könnte die Finanzverwaltung in Anlehnung an Rn 24 des BMF-Schreibens[6] argumentieren, dass die Verlustgesellschaft auf die aufgrund der atypisch stillen Beteiligung entstehende Mitunternehmerschaft übertragen worden ist. Jedoch bleibt

---

1 BGBl I 2009, 1102.
2 *Sistermann/Brinkmann*, BB 2008, 1928, 1930.
3 *Roser* in Gosch § 8c Rn 57.
4 *Suchanek* in H/H/R § 8c Rn 30; *derselbe*, GmbHR 2008, 292, 295; *Roser* in Gosch § 8c Rn 56; *Dötsch* in D/J/P/W § 8c Rn 38.
5 *Suchanek*, GmbHR 2008, 292, 295; *derselbe* in H/H/R § 8c Rn 30; *Rödder/Möhlenbrock*, Ubg 2008, 595, 599.
6 BMF v 4.7.2008, BStBl I 2008, 763.

das Geschäftsvermögen inklusive der Beteiligung an der Verlustgesellschaft auch in diesem Fall Alleinvermögen des Geschäftsinhabers, da die stille Gesellschaft als solche über kein Gesamthandsvermögen verfügt. Es handelt sich um eine reine Innengesellschaft.[1] Vor diesem Hintergrund ist fraglich, ob in einem solchen Fall § 8c tatsächlich anzuwenden ist.

Fusion von Anstalten des öffentlichen Rechts. Fusionen von Anstalten des öffentlichen Rechts können nach dem BMF-Schreiben schädlich sein, wenn durch die Fusion ein Träger Beteiligungsrechte an der aufnehmenden Anstalt erwirbt, und diese über nicht genutzte Verluste verfügt. Die Auffassung geht schon deswegen fehl, da für die Einbeziehung von Nicht-Körperschaften in den Anwendungsbereich des § 8c eine Rechtsgrundlage fehlt (vgl Rn 14). 190

Ein- und Austritt von Vereinsmitgliedern. Hierzu vgl Rn 114. 191

Übertragung oder Verstärkung des Komplementäranteils an einer KGaA. Der Entwurf des BMF-Schreibens zu § 8c v 20.2.2008 sah die Übertragung oder Verstärkung des Komplementäranteils an einer KGaA als vergleichbaren Sachverhalt an. Dieser Passus wurde in der endgültigen Fassung des Schreibens gestrichen. Damit ist die Übertragung/Verstärkung eines solchen Anteils zutreffend nicht als schädlicher Übertragungsvorgang oder vergleichbarer Sachverhalt anzusehen.[2] Der Komplementär der KGaA erhält keinen Zugriff auf vor seinem Beitritt bestehende körperschaftsteuerliche Verluste, da sich der körperschaftsteuerliche Verlustabzug bei der KGaA ausschließlich im Bereich der Kommanditaktionäre abspielt. Es handelt sich auch nicht um einen Vorgang, der mit der Übertragung von Stimmrechten vergleichbar wäre. *Möhlenbrock* sieht jedoch den Wechsel des Komplementärs einer KGaA nach wie vor als schädlich für die Verluste der der KGaA nachgeordneten Beteiligungen bei Überschreiten der jeweiligen Grenzen an. Eine Antwort auf die Frage, wie die jeweiligen Grenzen ermittelt werden sollen, bleibt *Möhlenbrock* jedoch schuldig.[3] 192

Einstweilen frei. 193-195

6. Kapitalerhöhung (§ 8c I S 4). Notwendigkeit der Regelung. Anteile, die iRe Kapitalerhöhung neu entstehen, werden nicht iSv § 8c I S 1 im eigentlichen Sinne erworben. Daher hat der Gesetzgeber für Zwecke der Klarstellung eine explizite Regelung zur Erfassung dieses „Anteilserwerbs" in das Gesetz mit aufgenommen. 196

Gleichstellung mit Erwerb iSd § 8c I S 1. Nach § 8c I S 4 steht eine Kapitalerhöhung der Übertragung des gezeichneten Kapitals gleich, soweit sie zu einer Veränderung der Beteiligungsquoten am Kapital der Körperschaft führt. 197

Disparitätische Kapitalerhöhung und Eintritt von Neugesellschaftern. § 8c I S 4 ist insbesondere dann erfüllt, wenn nicht alle Altgesellschafter im gleichen Umfang an der Kapitalerhöhung teilnehmen bzw Neugesellschafter hinzutreten.[4] 198

---

1 *Schmidt* in MüKo HGB § 230 HGB Rn 7, 9, und 80.
2 *Kollruss/Weißert/Ilin*, DStR 2009, 88 ff.
3 *Rödder/Möhlenbrock*, Ubg 2008, 595, 600.
4 *Dötsch* in D/J/P/W § 8c Rn 98.

199 **Kapitalerhöhungen im Zusammenhang mit Umwandlungen.** Unter § 8c I S 4 fallen auch Kapitalerhöhungen im Zusammenhang mit Umwandlungsvorgängen. Nach Auffassung des BMF ist eine Kapitalerhöhung schädlich, wenn dadurch die Beteiligung eines neu hinzutretenden Erwerberkreises über 25% beträgt oder sich eine bestehende Beteiligung um 25% (gemeint sind wohl 25 Prozentpunkte) erhöht.[1]

200 **Erhöhung von Mitgliedschafts-, Beteiligungs- oder Stimmrechten.** Nach Auffassung der Verwaltung soll § 8c I S 4 entgegen dem Wortlaut des Gesetzes auch auf die Erhöhung von Mitgliedschafts-, Beteiligungs- oder Stimmrechten anwendbar sein.[2] Dies kann zB bei der Ausgabe von Anteilen mit Mehrfachstimmrechten der Fall sein.[3] Dies ist mE zutreffend, sofern die Übertragung derartiger Mitgliedschafts-, Beteiligungs- oder Stimmrechte iRd Grundtatbestands des § 8c I S 1 und 2 möglich ist (vgl Rn 111 ff).

201 **Kapitalerhöhung bei dem Anteilseigner.** Eine Kapitalerhöhung kann bei einer Kapitalgesellschaft als Anteilseigner einer Verlustgesellschaft auch zu einem mittelbaren schädlichen Erwerb führen.[4] Nach der hier vertretenen Auffassung ist diese Regelung vom Gesetzeswortlaut gedeckt. Für die Berechnung der Quoten ist das Kapital nach Kapitalerhöhung heranzuziehen. *Lang* kritisiert in diesem Zusammenhang, dass nach der Formulierung in Rn 9 des BMF-Schreibens[5] disquotale Kapitalerhöhungen innerhalb eines Erwerberkreises nicht hinreichend erfasst werden, da nur auf die Veränderung bestehender Beteiligungen (gedacht: eines Erwerbers), nicht auf die Veränderung bestehender Beteiligungen eines Erwerberkreises Bezug genommen wird.[6]

202 **Einbringung von Anteilen in Personengesellschaft gegen Ausgabe neuer Anteile.** Die Übertragung von Anteilen in eine Personengesellschaft gegen Ausgabe neuer Anteile wird nicht von § 8 I S 4 erfasst. Dem ausdrücklichen Wortlaut nach erfasst die Vorschrift nur eine Kapitalerhöhung, welche „zu einer Veränderung der Beteiligungsquoten am Kapital der Körperschaft führt".

203 *Einstweilen frei.*

204 **7. Zeitpunkt des Erwerbs. Wirtschaftliches Eigentum.** Nach der zutreffenden Verwaltungsauffassung bestimmt sich der Zeitpunkt des schädlichen Erwerbs (im Einklang mit der Bestimmung des Erwerbs einer Eigentumsposition vgl Rn 75) in erster Linie nach dem Übergang des wirtschaftlichen Eigentums.[7]

205 **Aufschiebende und auflösende Bedingungen.** Im Falle einer aufschiebenden Bedingung ist die Wirksamkeit eines Rechtsgeschäfts von dem Eintritt eines zukünftigen ungewissen Ereignisses abhängig, während im Falle einer auflösenden Bedingung das Fortbestehen eines Rechtsgeschäfts von einem zukünftigen un-

---

1 BMF v 4.7.2008, BStBl I 2008, 736, Rn 9.
2 BMF v 4.7.2008, BStBl I 2008, 736, Rn 9.
3 *Roser* in Gosch § 8c Rn 57.
4 BMF v 4.7.2008, BStBl I 2008, 736, Rn 10.
5 BMF v 4.7.2008, BStBl I 2008, 736.
6 *Lang*, DStZ 2008, 549, 552 mit Beispiel. Zur Berechnung der Quote bei Zusammenwirken von Anteilsübertragungen und Kapitalerhöhungen *Dötsch* in D/J/P/W § 8c I Rn 100 ff mwN.
7 BMF v 4.7.2008, BStBl I 2008, 736, Rn 13.

gewissen Ereignis abhängig ist. Eine vom Zivilrecht abweichende Zuordnung des wirtschaftlichen Eigentums setzt voraus, dass „der Erwerber aufgrund eines (zivilrechtlichen) Rechtsgeschäfts eine rechtlich geschützte, auf den Erwerb des Rechts gerichtete Position erworben hat, die ihm gegen seinen Willen nicht mehr entzogen werden kann".[1] Sofern die aufschiebende oder auflösende Bedingung nicht vom Erwerber selbst beeinflusst werden kann, sollte das wirtschaftliche Eigentum nicht vor Eintritt der Bedingung übergehen.[2]

Optionsgeschäfte. Nach ständiger Rechtsprechung geht das wirtschaftliche Eigentum an einem Wirtschaftsgut – so auch an Kapitalgesellschaftsanteilen – auf den Käufer über, „wenn der Käufer:

- aufgrund eines (bürgerlich-rechtlichen) Rechtsgeschäfts eine rechtlich geschützte, auf den Erwerb des Rechts gerichtete Position erworben hat, die ihm gegen seinen Willen nicht mehr entzogen werden kann, und
- die mit dem Anteil verbundenen wesentlichen Rechte sowie
- das Risiko einer Wertminderung und die Chance einer Wertsteigerung auf ihn übergangen sind".[3]

Bei der Beurteilung kommt es auf die tatsächlichen Verhältnisse an. Eine Erfüllung jedes der vorgenannten Kriterien ist nicht erforderlich. Vor diesem Hintergrund führen Optionsgeschäfte in der Regel nicht zu einem Übergang des wirtschaftlichen Eigentums vor der tatsächlichen Optionsausübung, da der Optionsinhaber regelmäßig nicht das Risiko der Wertminderung trägt.[4] Anders sieht es in Fällen einer sog Doppeloption aus, bei denen die eine Partei eine Kaufoption und die Gegenpartei eine gleichlaufende Verkaufsoption innehat. Hier ist mit hoher Wahrscheinlichkeit mit einer tatsächlichen Ausübung des Optionsrechts einer der beiden Parteien zu rechnen.[5]

Kapitalerhöhung. Bei Kapitalerhöhungen kommt es nach zutreffender Auffassung auf den Zeitpunkt der Handelsregistereintragung an, da zu diesem Zeitpunkt die Kapitalerhöhung wirksam wird und die Mitgliedschaftsrechte entstehen.[6]

Umwandlungen. Auch bei Umwandlungen soll der Übergang des wirtschaftlichen Eigentums maßgeblich sein.[7] Ein steuerlicher Rückbezug des Erwerbs nach § 2 UmwStG kommt danach nicht in Frage. Allerdings ist mit *Dötsch/Pung* eine differenziertere Betrachtung von Umwandlungsvorgängen angezeigt:[8] Wenn die Beteiligung an einer Verlustgesellschaft Bestandteil des übergehenden Vermögens iRe Umwandlung ist,

---

1 BFH IV R 3/07, BStBl II 2010, 182.
2 BFH IV R 3/07, BStBl II 2010, 182.
3 BFH VIII R 32/04, BStBl II 2007, 296; BFH VIII R 68/05, BStBl II 2007, 937.
4 BFH VIII R 68/05, BStBl II 2007, 937.
5 BFH VIII R 32/04, BStBl II 2007, 296.
6 BMF v 4.7.2008, BStBl I 2008, 736, Rn 14.
7 BMF v 4.7.2008, BStBl I 2008, 736, Rn 15.
8 *Dötsch/Pung*, DB 2008, 1703, 1705 f; ebenso *Roser* in Gosch § 8c Rn 76; *Sistermann/Brinkmann*, DStR 2008, 897, 899; *Schick/Einiko*, DB 2008, 1987, 1991.

erfolge deren Übertragung gem §§ 2, 20 V, VI UmwStG stets mit Rückwirkung zum steuerlichen Übertragungsstichtag. Diese Überlegung könne auch zu Lasten des Steuerpflichtigen wirken.[1] Fraglich ist, ob Rn 02.03 des Erlasses zum UmwStG[2] etwas an dieser Betrachtung ändert. Dort wird die Rückwirkungsfiktion ausdrücklich auf die Ermittlung des Einkommens und des Vermögens des übernehmenden und des übertragenden Rechtsträgers beschränkt. Kritisiert wird, dass bei Umwandlungen mit Ausgabe neuer Anteile neben dem Übergang des wirtschaftlichen Eigentums auch die Handelsregistereintragung der Kapitalerhöhungen bedeutsam ist. Der Vorschlag, hier insgesamt auf die Wirksamkeit durch Eintragung abzustellen[3], ist aber nicht durchgängig praktizierbar, da zB die Übertragung von Anteilen mittels eines Einbringungsvorgangs zu ihrer Wirksamkeit nicht immer einer Eintragung bedarf. Hier liegt es nahe, vorrangig auf den Übergang des wirtschaftlichen Eigentums durch den Umwandlungsvorgang abzustellen.[4]

209-210 *Einstweilen frei.*

211 **8. Rechtsfolgen des Beteiligungserwerbs. a) Quotaler Untergang (§ 8c I S 1). Grundsatz.** Solange die Erwerbe innerhalb der Frist von fünf Jahren 25% nicht überschreiten, kommt es nicht zu einem Untergang von Verlusten. Zu einem quotalen Untergang der Verluste kommt es, sobald die Grenze von 25% überschritten wird.

212 **Neuer Fünfjahreszeitraum.** Nach Überschreiten der 25% durch die Anteilserwerbe beginnt ein neuer Fünfjahreszeitraum (vgl bereits Rn 165). Allerdings soll nach Ansicht der Verwaltung ein Zeitraum von einem Jahr zwischen dem letzten Erwerb, der zum Überschreiten der Grenze iHv 25% führt, und dem nächsten Anteilserwerb liegen (dazu Rn 213 und 214). Das bedeutet, dass nach Anlauf des neuen Fünfjahreszeitraums bei Übertragung weiterer Anteile zumindest § 8c I S 1 grundsätzlich erst bei erneutem Überschreiten der Grenze von 25% ausgelöst wird (allerdings ist daneben die weiter laufende Frist gem § 8c I S 2 zu beachten, vgl Rn 165).

Beispiel

1.1.2009: Erwerb von 26%

1.1.2011: Erwerb von weiteren 14%

Der Erwerb von 26% im Jahr 2009 löst die Rechtsfolgen von § 8c I S 1 aus. Aufgrund des Überschreitens von 25% beginnt ein neuer Fünfjahreszeitraum. Der Erwerb von weiteren 14% im Jahr 2011 löst daher nicht die Rechtsfolgen des § 8c I S 1 aus, da die Grenze von 25% noch nicht (erneut) überschritten ist. Jedoch gelten beide Erwerbe als Zählerwerbe iSd § 8c I S 2. Werden bis zum 1.1.2014 weitere Anteile iHv über 10% erworben, liegt ein Fall von § 8c I S 2 vor.

---

1 Ähnlich *Schumacher/Hageböke*, DB 2008, 494 f, allerdings mit der Einschränkung, § 2 UmwStG regele lediglich die Ermittlung des Einkommens der übertragenden und der übernehmenden Gesellschaft, nicht die Frage des Übergangs von Anteilen.
2 BMF v 11.11.2012, BStBl I 2011, 1314.
3 *Sistermann/Brinkmann*, BB 2008, 1928, 1932.
4 *Schick/Franz*, DB 2008, 1987, 1991; *B Lang* in EY § 8c Rn 53.4.

Gestaltungen. Somit bietet sich die Möglichkeit an, bei Anteilsübertragungen von bis zu 50% durch gesplittete Übertragungen den Umfang der untergehenden Verluste zu reduzieren, indem zB im ersten Schritt 26% und in einem weiteren Schritt 20% der Anteile übertragen werden. Damit gehen nur Verluste iHv 26% unter. Diese Gestaltung wird bereits in der Gesetzesbegründung angesprochen. Die Finanzverwaltung will einen so gesplitteten Anteilserwerb nur dann anerkennen, wenn ihm kein Gesamtplan zugrunde liegt (dazu Rn 214).

213

Gesamtplan. Das Vorliegen eines Gesamtplans wird bei oben genannten Gestaltungen widerlegbar vermutet, wenn die Anteilserwerbe innerhalb eines Jahres erfolgen.[1] Generell spricht gegen die Anwendung der Gesamtplanrechtsprechung bzw § 42 AO, dass die steuerlichen Konsequenzen eines gestreckten Beteiligungserwerbs auf einer bewussten Differenzierung des Gesetzgebers beruhen, die in der Gesetzesbegründung Niederschlag gefunden hat.[2] Nach teilweisen Äußerungen in der Literatur könnte die Gesamtplanrechtsprechung auch dann greifen, wenn mit dem ersten Erwerb die schädliche Schwelle von 25% noch gar nicht überschritten wird, um eine zeitliche Verschiebung des Verlustuntergangs zu erreichen.[3] Nach der hier vertretenen Auffassung ist dieser Gedanke abwegig, da in einem solchen Fall die Tatbestandsvoraussetzungen des § 8c noch nicht erfüllt wurden. Rn 19 des BMF-Schreibens v 4.7.2008[4] betrifft die Frage, in welcher Höhe ein schädlicher Erwerb vorliegt, nicht zu welchem Zeitpunkt die Verluste untergehen. Fraglich ist zudem, welche Verluste bei Vorliegen eines Gesamtplans untergehen sollen und zu welchem Zeitpunkt. Die Finanzverwaltung bleibt eine Antwort auf diese Frage schuldig. In Frage kommen drei Möglichkeiten (bei obigem Beispiel vgl Rn 213): Erstens könnten 46% der Verluste untergehen, die zum Zeitpunkt des letzten Erwerbs vorhanden sind. Damit würde sich der Untergang der Verluste, der durch Übertragung der ersten 26% ausgelöst wird, zeitlich nach hinten verschieben. Zweitens könnten 46% der Verluste in dem Zeitpunkt untergehen, in dem die 26%-Übertragung erfolgt. Drittens könnten im ersten Schritt 26%, im zweiten Schritt 20% der jeweils noch vorhandenen Verlustvorträge anteilig untergehen. Vor dem Hintergrund, dass mit Hilfe der Gesamtplanrechtsprechung verhindert werden soll, dass anstelle der 46% nur 26% der Verluste untergehen, sollte Variante 3 zur Anwendung kommen.

214

Einstweilen frei.

215

b) Vollständiger Untergang (§ 8c I S 2). Grundsatz. Zu einem vollständigen Untergang der Verluste kommt es, wenn innerhalb von fünf Jahren mehr als 50% der Beteiligung erworben werden.

216

Berücksichtigung von Erwerben gem § 8c I S 1. IRd Prüfung des § 8c I S 2 werden auch Erwerbe einbezogen, die bereits zu einer quotalen Kürzung der Verluste nach § 8c I S 1 geführt haben. Dh nach Überschreiten der Grenze von 25% gem § 8c I S 1 läuft der Fünfjahreszeitraum gem § 8c I S 2 weiter.

217

---

1   BMF v 4.7.2008, BStBl I 2008, 736, Rn 19.
2   *Roser* in Gosch § 8c Rn 84 f.
3   *Neyer*, BB 2009, 415, 416; *Pohl*, GmbHR 2009, 132, 134.
4   BMF v 4.7.2008, BStBl I 2008, 736.

Beispiel
1.1.2009: Erwerb von 26%
1.1.2011: Erwerb von weiteren 14%
1.1.2013: Erwerb von weiteren 11%
Der Erwerb von 26% im Jahr 2009 löst die Rechtsfolgen von § 8c I S 1 aus. Aufgrund des Überschreitens von 25% beginnt ein neuer Fünfjahreszeitraum. Der Erwerb von weiteren 14% im Jahr 2011 löst nicht die Rechtsfolgen des § 8c I S 1 aus, da die Grenze von 25% noch nicht überschritten ist. Jedoch gelten beide Erwerbe als Zählerwerbe iSd § 8c I S 2. Der Erwerb von weiteren 11% in 2013 führt zu einem vollständigen Untergang der Verluste gem § 8c I S 2, da innerhalb von 5 Jahren mehr als 50% der Anteile erworben wurden.

218 **Neuer Fünfjahreszeitraum.** Nach Überschreiten der 50%-Grenze beginnt ein neuer Fünfjahreszeitraum nach § 8c I S 2. Für die Anwendung der S 1 und 2 sind folglich getrennte Fünfjahreszeiträume zu überwachen.

219 **Zeitpunkt zur Bestimmung der Verluste.** Nach Einführung des § 8c wurde in der Literatur die Frage diskutiert, ob bei Überschreiten der 50%-Grenze die Verluste untergehen, die zu diesem Zeitpunkt oder die beim erstmaligen Überschreiten der 25%-Grenze vorhanden sind.[1] Ausgelöst wurde die Diskussion durch die Tatsache, dass ausweislich des § 8c I S 2 nach Überschreiten der 50%-Grenze die „bis zum schädlichen Beteiligungserwerb" nicht genutzten Verluste untergehen sollen, der „schädliche Beteiligungserwerb" aber nur im Hinblick auf § 8c I S 1 definiert ist. Im Hinblick auf den Gesamtkontext ist dennoch davon auszugehen, dass die zum Zeitpunkt des Überschreitens der 50%-Grenze vorhandenen Verluste betroffen sind. So zeigen es auch das Beispiel in der Gesetzesbegründung bzw das BMF-Schreiben.[2]

220 **Maßgeblichkeit eines Erwerbs gem § 8c I S 2 für Erwerbe gem § 8c I S 1.** Unbeantwortet bleibt in Gesetz, Gesetzesbegründung und BMF-Schreiben die Frage, ob Sachverhalte, die den § 8c I S 2 ausgelöst haben, nochmals für § 8c I S 1 mitgerechnet werden.[3] Nach der hier vertretenen Auffassung müssen nach einem Sachverhalt, der den § 8c I S 2 ausgelöst hat, sowohl für Zwecke des § 8c I S 1 als auch für Zwecke des S 2 neue Fünfjahreszeiträume beginnen, denn der vollständige Verlustuntergang schließt gedanklich einen quotalen Verlustuntergang mit ein.[4]

221 *Einstweilen frei.*

222 **c) Mehrfache Übertragung nämlicher Anteile. Unmittelbare Übertragung.** Aufgrund des Erwerberbezugs kann die mehrfache Übertragung des nämlichen Anteils an verschiedene Erwerber jeweils einen schädlichen Erwerb auslösen, wenn die Grenzen des § 8c I S 1 oder 2 überschritten werden. Jedoch erfolgt keine Addition der übertragenen Anteile für Zwecke der 25%- bzw 50%-Grenze.[5]

---

1 Zerwas/Fröhlich, DStR 2007, 1933, 1938; Benz/Rosenberg in Blumenberg/Benz, UntStRef 2008, S 192.
2 BTDrs 16/4841, 76; BMF v 4.7.2008, BStBl I 2008, 736, Rn 30.
3 Sistermann/Brinkmann, BB 2008, 1933; dafür offenbar Lang, DStZ 2008, 549, 556; dieselbe in EY § 8c Rn 66.
4 Im Ergebnis ebenso Zerwas/Fröhlich in Lüdicke/Kempf/Brink, Verluste im Steuerrecht, 2010, S 219.
5 BMF v 4.7.2008, BStBl I 2008, 736, Rn 22.

IV. Grundregel

Beispiel

Die A-GmbH erwirbt 24% des Anteils an der V1-GmbH und 26% des Anteils an der V2-GmbH im VZ 01. Im Jahr 02 werden die Beteiligungen von der B-GmbH erworben, deren Anteile zu 100% von der A-GmbH gehalten werden.

Im VZ 01 gehen 26% der Verluste der V2-GmbH unter; die Verluste der V1-GmbH gehen mangels Überschreiten der 25%-Grenze nicht unter. Im VZ 02 gehen ohne Berücksichtigung der Konzernklausel aufgrund der Übertragung der Anteile der V2-GmbH erneut 26% der zu dem Zeitpunkt bestehenden Verluste unter. Die Verluste der V1-GmbH gehen jedoch nicht unter, da die Übertragung des nämlichen Anteils in VZ 01 und 02 für Zwecke des § 8c I S 1 nicht addiert wird.

Dh werden die nämlichen Anteile in schädlicher Höhe im Zeitablauf durch unterschiedliche Personen erworben, wird ein zwischenzeitlich nicht verbrauchter Verlust nochmals gekürzt. Dies führt dazu, dass zB bei dreimaliger Übertragung von 26% der Anteile innerhalb eines kurzen Zeitraumes ca 60% der Verlustvorträge untergehen, obwohl die verbleibenden 74% in der Hand des Alt-Gesellschafters geblieben sind.[1]

Mittelbare und unmittelbare Übertragung. Die unter Rn 222 dargestellten Grundsätze gelten auch, wenn der nämliche Anteil unmittelbar und mittelbar übertragen wird.[2]

223

Beispiel

Die A-GmbH erwirbt 100% der Anteile an der C-GmbH im VZ 01, die 24% der Anteile an der V1-GmbH und 26% der Anteile an der V2-GmbH hält. Im Jahr 02 werden die Beteiligungen der V1-GmbH und der V2-GmbH von der B-GmbH erworben, deren Anteile zu 100% von der A-GmbH gehalten werden.

Wie im Beispiel der Rn 222; die Tatsache, dass der nämliche Anteil zunächst mittelbar und dann unmittelbar übertragen wird, ändert nichts an der Beurteilung.

Einstweilen frei.

224

d) Unterjähriger Beteiligungserwerb. Laufende Verluste. Nach § 8c I S 1 und 2 unterliegen einem schädlichen Beteiligungserwerb nicht nur die Verlustvorträge, sondern auch die bis zum schädlichen Beteiligungserwerb angefallenen laufenden Verluste. Nach dem Wortlaut des Gesetzes stehen laufende Verluste lediglich nicht für einen Verlustabzug, wohl aber für einen Verlustausgleich zur Verfügung. Nach dem BMF-Schreiben ist darüber hinaus aber auch ein unterjähriger Verlustausgleich nicht zulässig.[3] Dh hiernach ist ein bis zum Beteiligungserwerb entstandener Verlust mit einem danach entstanden Gewinn (bei zeitgenauer Aufteilung) nicht ausgleichbar. Diese nicht haltbare Einschränkung läuft jedoch aufgrund des seitens der Finanzverwaltung eingeräumten Wahlrechts zur zeitanteiligen Ermittlung eines unterjährigen Verlusts ins Leere (vgl Rn 227).

225

---

1 Altrichter-Herzberg, GmbHR 2008, 857, 858.
2 BMF v 4.7.2008, BStBl I 2008, 736, Rn 22, Beispiel 3.
3 BMF v 4.7.2008, BStBl I 2008, 736, Rn 30.

226 **Laufende Gewinne.** Das BMF-Schreiben lässt keinen Ausgleich von laufenden Gewinnen im Übertragungsjahr mit Verlustvorträgen zu.[1] Dieses Verbot steht im Gegensatz zur Gesetzesbegründung, nach der in früherer Zeit erwirtschaftete Verluste unberücksichtigt bleiben, soweit sie auf die Zeit des neuen Anteilseigners entfallen (denn sowohl die Verlustvorträge als auch die bis zur Übertragung angefallenen Gewinne sind dem Veräußerer zuzurechnen).[2] Diese Auffassung ist zwar insofern verständlich, als das Verbot im Einklang mit der Gesetzessystematik steht, nach der der Verlustabzug gem § 10d iVm § 2 IV EStG immer zum Ende eines VZ erfolgt und somit zum Zeitpunkt der Übertragung tatsächlich nicht abgezogene bzw ausgeglichene Verluste vorliegen.[3] Hingegen haben sich das FG Münster und das FG Hessen kürzlich für eine Verrechnung von laufenden Gewinnen im Übertragungsjahr mit Verlustvorträgen ausgesprochen.[4] Beide FG argumentieren auf Basis von Sinn und Zweck des Gesetzes sowie der Gesetzesbegründung. Diesen stünde es entgegen, wenn die Verlustvorträge nicht mit Gewinnen, die noch auf die Zeit des alten Anteilseigners entfallen, verrechnet werden dürften. Denn die wirtschaftliche Identität einer Gesellschaft solle sich gerade erst mit dem wirtschaftlichen Engagement eines neuen Anteilseigners ändern. Die Auffassung der FG wurde mit Urteil v 30.11.2011 durch den BFH bestätigt[5]

227 **Aufteilung eines unterjährigen Verlusts.** Der Gesetzeswortlaut stellt bei der Bestimmung der Rechtsfolgen der Abzugsbeschränkung ausdrücklich auf einen bis zum Zeitpunkt des schädlichen Beteiligungserwerbs erzielten Verlust ab. Dies spricht zunächst für eine zeitgenaue Abgrenzung des unterjährigen Ergebnisses nach der Dauer der Beteiligung des unterjährig ausgeschiedenen Gesellschafters.[6] Gegen die zeitliche Aufteilung des Verlustes wird eingewandt, dass das positive bzw negative steuerliche Einkommen erst mit Ablauf des VZ entstehe und das Gesetz eine unterjährige Einkommensermittlung nicht vorsehe.[7] Hinsichtlich der Verrechnung von anteiligen Gewinnen und Verlusten im Übertragungsjahr, die vor bzw nach dem schädlichen Erwerb entstanden sind, akzeptiert die Finanzverwaltung beide Ansätze und räumt faktisch ein gesetzlich nicht bestehendes Wahlrecht ein, indem sie als Grundregel eine Aufteilung pro rata temporis vorschreibt, aber eine andere wirtschaftlich begründete Aufteilung, zB bei Vorlage eines Zwischenabschlusses, erlaubt.[8] Wann von einer „wirtschaftlich begründeten" Aufteilung auszugehen ist, wird im Schreiben nicht konkretisiert. ME sollte die Vorlage eines Zwischenabschlusses als wirtschaftliche Begründung ausreichen. Bei konsequenter Anwendung dieser Verwaltungsauffassung

---

1   BMF v 4.7.2008, BStBl I 2008, 736, Rn 31.
2   BTDrs 16/4841, 76.
3   *Van Lishaut*, FR 2008, 789, 799; *Frotscher* in Frotscher/Maas § 8c Rn 78d; aA *Roser* in Gosch § 8c Rn 97; *Suchanek* in H/H/R § 8c Rn 32; *Behrens*, BB 2009, 1169, 1170; *Schick/Einiko*, DB 2008, 1987, 1993; FG Hessen 4 V 1489/10, DStRE 2011, 289; FG Münster 9 K 1842/10 K, EFG 2011, 909.
4   FG Münster 9 K 1842/10 K, EFG 2011, 909; FG Hessen 4 V 1489/10, DStRE 2011, 289. Hierzu *Neyer*, DStR 2011, 654.
5   BFH I R 14/11, BFH/NV 2012, 659.
6   *Brandis* in Blümich § 8c Rn 56; *Frotscher* in Frotscher/Maas § 8c Rn 79.
7   *Neumann*, GmbH-StB 2007, 249, 251.
8   BMF v 4.7.2008, BStBl I 2008, 736, Rn 32. Es ist unklar, welche Anforderungen (zB Prüfung) an den Zwischenabschluss gestellt werden. Weiterhin bleibt abzuwarten, inwieweit diese Möglichkeit nach BFH I R 14/11, BFH/NV 2012, 659 aufrechterhalten bleibt.

eröffnen sich dem Steuerpflichtigen Planungsmöglichkeiten, den Untergang eines unterjährigen Verlusts zu minimieren, wenn dieser nicht linear im Zeitablauf entsteht bzw bei Betrachtung der Gesamtperiode ein Gewinn entsteht.

Beispiel

Die Anteile an der A-GmbH werden am 30.6. veräußert. Das Ergebnis der A-GmbH beträgt

a) -1.000 v 1.1. – 30.6. und -3.000 v 1.7. – 31.12.

b) 1.000 v 1.1. – 30.6. und -1.500 v 1.7. – 31.12.

c) -1.000 v 1.1. – 30.6. und 5.000 v 1.7. – 31.12. (außerordentlicher Ertrag).

In der Variante a) führt die zeitgenaue Abgrenzung des Ergebnisses zu einem vorteilhafteren Ergebnis, da nur -1.000 unterjährig untergehen. In der Variante b) führt die zeitgenaue Abgrenzung des Ergebnisses ebenfalls zu einem vorteilhafteren Ergebnis, da kein Verlust untergeht. In der Variante c) ist die zeitanteilige Aufteilung des Jahresergebnisses vorteilhaft, da kein aufzuteilender unterjähriger Verlust entsteht.

Zumindest die für den Steuerpflichtigen unter b) vorteilhafte Aufteilung des Jahresergebnisses stößt in der Literatur teilweise auf Ablehnung, da bezogen auf das gesamte Jahr ein Verlust entsteht (inwieweit dies auch für die Lösung der Alternative a) gilt bleibt unklar; allerdings wird die Lösung der Alternative c) vor dem Hintergrund des Verbots der Übermaßbesteuerung geteilt).[1] Hiernach soll offenbar stattdessen grundsätzlich der auf die Zeit bis zum Beteiligungserwerb entfallende Verlust, höchstens jedoch der bis zur Stichtagsbilanz entstehende Verlust untergehen.

Einstweilen frei.

e) Verlustrücktrag. Laufende Verluste. Das BMF-Schreiben versagt den Verlustrücktrag im Wege des Verlustabzugs für den anteiligen laufenden Verlust.[2] Im Hinblick auf die Gesetzesbegründung und die jüngste BFH Rechtsprechung (vgl Rn 226) müssten eigentlich die bis zum schädlichen Erwerb angefallenen laufenden Verluste für einen Verlustrücktrag zur Verfügung stehen, da sowohl die Verlustentstehung als auch die Verlustnutzung in den Herrschaftsbereich des Veräußerers fielen.[3] Allerdings entstehen nach der Gesetzestechnik die laufenden Verluste erst nach dem schädlichen Beteiligungserwerb, so dass insoweit die Beschränkung des Verlustrücktrags zutreffend sein könnte.[4] Die kürzlich ergangenen Urteile des FG Münster und des FG Hessen, bestätigt durch den BFH, die im Zusammenhang mit der Verrechnung von laufenden Gewinnen im Übertragungsjahr mit Verlustvorträgen ergangen sind, sprechen jedoch für einen Verlustrücktrag von bis zum schädlichen Erwerb angefallenen laufenden Verlusten (vgl Rn 226).[5]

---

[1] *Roser* in Gosch § 8c Rn 97; aA *Neyer*, BB 2007, 1415, 1419.
[2] BMF v 4.7.2008, BStBl I 2008, 736, Rn 30.
[3] *Frotscher* in Frotscher/Maas § 8c Rn 78c; *Neyer*, BB 2009 415, 418; aA *van Lishaut*, FR 2008, 789, 799.
[4] *B Lang* in EY § 8c Rn 70; *van Lishaut*, FR 2008, 789, 799.
[5] FG Münster 9 K 1842/10 K, EFG 2011, 909; FG Hessen 4 V 1489/10, DStRE 2011, 289. Hierzu *Neyer*, DStR 2011, 654.

230 **Verlustrücktrag im Vorjahr.** Ein zum 31.12. entstandener Verlust des Vorjahres, der auf das (davor liegende) Vorjahr zurückgetragen wurde, sollte nicht dem § 8c I S 1 und 2 unterliegen. Denn infolge des Verlustrücktrags ins Vorjahr ist dieser im Verlustvortrag zum 31.12. nicht mehr enthalten.[1]

Beispiel

Die V-GmbH erzielt im Jahr 01 einen Gewinn iHv 100 und im Jahr 02 einen Verlust iHv 50, der in das Jahr 01 zurückgetragen wurde. Zum 30.6. des Jahres 03 werden 100% der Anteile an der V-GmbH übertragen.

Der Verlustrücktrag aus dem Jahr 02 in das Jahr 01 ist nicht eingeschränkt; es geht lediglich ein etwaiger laufender anteiliger Verlust des Jahres 03 unter.

231 **Verluste nach der Übertragung.** Verluste, die erst nach Übertragung anfallen, stehen für einen Verlustrücktrag zur Verfügung,[2] da die Verluste im Herrschaftsbereich des neuen Anteilseigners entstanden sind. Diese Auffassung dürfte jedoch der Intention der Gesetzesbegründung widersprechen (Verlustentstehung und -nutzung in unterschiedlichen Herrschaftsbereichen).

232 *Einstweilen frei.*

233 **f) Organschaften. Erwerb der Anteile an der Organgesellschaft.** Bei unterjährigem Erwerb der Anteile an der Organgesellschaft sind die vorstehend beschriebenen Konsequenzen des Untergangs von Verlusten auf Ebene der Organgesellschaft zu ziehen; dh die anteiligen laufenden Verluste (hierzu Rn 234) und etwaigen vororganschaftlichen Verlustvorträge stehen ihr selbst bzw dem Organträger nicht zur Verrechnung zur Verfügung. Scheidet die Gesellschaft durch den Erwerb aus dem bisherigen Organkreis aus, so hat dies keinen Einfluss auf die Höhe der Verlustvorträge des bisherigen Organträgers (soweit kein schädliches Ereignis vorliegt, das die Durchführung des Ergebnisabführungsvertrages innerhalb der Fünfjahresfrist in Frage stellt, vgl § 14 Rn 303).

234 **Unterjähriger Erwerb der Anteile an der Organgesellschaft.** Bei einem unterjährigen unmittelbaren Erwerb der Anteile an der Organgesellschaft ist zunächst die Bildung eines Rumpf-WJ oder ein Verkauf der Anteile zum Ende eines abweichenden WJ der Organgesellschaft notwendig, um die Durchführung eines Ergebnisabführungsvertrages und die Zurechnung eines Verlusts an den Organträger zu ermöglichen (vgl § 14 Rn 188 ff).

235 **Erwerb der Anteile am Organträger.** Bei einem unterjährigen schädlichen Erwerb der Anteile am Organträger ist zu beachten, dass dieser idR auch zu einem schädlichen mittelbaren Erwerb der Anteile an der Organgesellschaft führt. Insoweit ist § 8c sowohl auf Ebene des Organträgers als auch der Organgesellschaft anzuwenden.

236 **Unterjähriger Erwerb der Anteile am Organträger.** Bei einem unterjährigen schädlichen Erwerb der Anteile am Organträger sind nach dem BMF-Schreiben die Verlustabzugsbeschränkungen auch auf anteilige noch nicht zugerechnete Verluste

---

1 *Dötsch/Pung*, DB 2008, 1703, 1709. Unklar insoweit BMF v 4.7.2008, BStBl I 2008, 736, Rn 30.
2 *Neyer*, BB 2009, 415, 416; ebenso *Rödder/Möhlenbrock*, Ubg 2008, 595, 605.

der Organgesellschaft auszudehnen.[1] Dieses unterstellt, dass aufgrund des Erwerbs der Anteile am Organträger automatisch auch ein schädlicher Erwerb der Anteile der Organschaft vorliegt. Dies ist in der Allgemeinheit nicht richtig; vielmehr sind auf Ebene der Organgesellschaft die Tatbestandsvorausetzungen des § 8c eigenständig zu prüfen, so dass die Verluste der Organgesellschaft entfallen können, jedoch nicht müssen (vgl weiterführend § 14 Rn 785). Soweit jedoch in Folge des Erwerbs der Anteile an dem Organträger gleichfalls ein schädlicher (mittelbarer Erwerb) der Anteile an der Organgesellschaft vorliegt, sind die von der Verwaltung angeordneten Rechtsfolgen verständlich.

Denn die Zurechnung des Einkommens der Organgesellschaften an den Organträger erfolgt erst am Ende des WJ, so dass die auf Ebene der Organgesellschaft ermittelten negativen Einkünfte erst gar nicht in das dem Organträger zuzurechnende Einkommen eingehen.[2] Allerdings können anteilige positive Einkünfte der Organgesellschaft mit Verlusten des Organträgers verrechnet werden. Denn der mittelbare schädliche Erwerb der Anteile an der Organgesellschaft wirkt sich aufgrund des positiven Ergebnisses nicht aus.[3] Auf Ebene des Organträgers ist das Einkommen der Organgesellschaft bei Berechnung des nach Rn 227 aufzuteilenden Gesamtverlustes zu berücksichtigen.[4]

Verkauf der Anteile nach dem Mitternachtserlass. Wechselt die Beteiligung an der Organgesellschaft nach dem Mitternachtserlass (R 59 II 2 KStR) mit Ablauf des WJ, wird das Einkommen der Organgesellschaft noch dem Organträger zugerechnet, so dass keine Verluste bei der Organgesellschaft entstehen, die der Abzugsbeschränkung nach § 8c unterliegen könnten.[5] Denn die Zurechnung des Einkommens der Organgesellschaft erfolgt noch im alten Jahr, während der schädliche Erwerb gedanklich am ersten Tag des Folgejahres um 0:00 Uhr, mithin also nach der Verrechnung des Organeinkommens erfolgt.[6] Werden Anteile am Organträger nach den Grundsätzen des Mitternachtserlasses erworben, gilt Gleiches bezogen auf die Einkommensverrechnung des Organkreises (dh die anteiligen Gewinne und Verluste der Organgesellschaft können noch mit dem Einkommen des Organträgers verrechnet werden; ein eventuell verbleibender Verlust der Organträgers geht dann jedoch unter).

Einstweilen frei.

g) Beteiligung an Personengesellschaften. Anwendung des § 8c auf Ebene der Körperschaft als Anteilseigner. Zum Umfang des Verlustuntergangs bei Beteiligung einer Körperschaft, deren Anteile erworben werden, an einer nachgeschalteten Personengesellschaft, die Verluste generiert, schweigen das Gesetz, die

---

1 BMF v 4.7.2008, BStBl I 2008, 736, Rn 33.
2 *Suchanek*, GmbHR 2008, 296; *Frotscher*, DK 2008, 548, 553 f.
3 *Dötsch* in D/J/P/W § 8c Rn 91.
4 BMF v 4.7.2008, BStBl I 2008, 736, Rn 33. Im Ergebnis ebenso *B Lang* in EY § 8c Rn 53.0.3; offen *Rödder/Möhlenbrock*, Ubg 2008, 595, 605; aA *Dötsch* in D/J/P/W § 8c Rn 91; zu weiteren Details *Frotscher*, DK 2008, 548 ff.
5 *Dötsch* in D/J/P/W § 8c Rn 92; *Frotscher*, DK 2008, 548, 554.
6 *Frotscher*, DK 2008, 548, 554; ebenso *Suchanek* in H/H/R § 8c Rn 32.

Gesetzesbegründung und das BMF-Schreiben. Auf die unmittelbare Veräußerung der Beteiligung an einer Personengesellschaft findet § 8c zwar keine Anwendung. Findet unterjährig ein schädlicher Erwerb an einer Körperschaft statt, die ihrerseits an einer Personengesellschaft beteiligt ist, ist hinsichtlich der laufenden Verluste § 8c aber auf Ebene der Körperschaft zu beachten (nicht jedoch aufgrund des „indirekten Erwerbs" der Beteiligung an der Personengesellschaft). Eine Anwendung des § 8c auf von der Personengesellschaft generierte Verlustvorträge erfolgt nach allgemeinen Grundsätzen, da die Verluste bereits der Körperschaft als Anteilseigner zugerechnet wurden (zu den gewerbesteuerlichen Auswirkungen vgl Rn 36).

240 **Zeitpunkt.** Die Körperschaft bezieht ihren anteiligen Gewinn oder Verlust aus der Personengesellschaft erst mit Ablauf des WJ der Personengesellschaft. Fällt das Ende des WJ auf einen Zeitpunkt nach dem schädlichen Beteiligungserwerb, können sowohl im Übertragungszeitraum angefallene Gewinne als auch Verluste der Personengesellschaft iHd Beteiligung der Körperschaft vollumfänglich mit dem Einkommen der Körperschaft verrechnet werden.[1]

241 *Einstweilen frei.*

242 **9. Gestaltungsmöglichkeiten. Forderungsverzicht mit Besserungsschein.** Um Verluste einer Körperschaft vor dem Untergang zu bewahren, wird als Instrument seit längerem der Forderungsverzicht mit Besserungsschein empfohlen.[2] Die Finanzverwaltung vertritt dazu im BMF-Schreiben zu § 8 IV aF die Auffassung, dass der Aufwand aus der Wiedereinbuchung der Verbindlichkeit der Verlustabzugsbeschränkung unterliegt, wenn zwischen dem Verzicht und dem Wiederaufleben der Forderung ein die Verlustabzugsbeschränkung auslösendes Ereignis liegt.[3] Das BMF-Schreiben entbehrt nach der hM in der Literatur einer gesetzlichen Grundlage.[4] Bisher hat sich die Finanzverwaltung noch nicht zu der Frage geäußert, ob sie die Grundsätze auch hinsichtlich des § 8c anwenden will. Dagegen spricht, dass der Rückbezug des Wiederauflebens der Verbindlichkeit auf den Zeitpunkt des Verzichts der Sicherung des Anspruches auf Verzinsung dient und lediglich schuldrechtliche, keine dingliche Wirkung besitzt.[5] Darüber hinaus wird die Gefahr diskutiert, dass der Besserungseintritt beim Erwerber des Besserungsscheins (Anteilserwerber) ab 2009 wie eine Rückzahlung einer unter dem Nennwert erworbenen Kapitalforderung zu Einkünften iSd § 20 II S 1 Nr 7 und S 2 EStG idFd UntStRefG 2008 führt.[6] Dagegen spricht, dass zivilrechtlich während der Krise EK besteht, also gerade keine Kapitalforderung erworben wurde. Allerdings bestehe eine latente Forderung, die unter der aufschiebenden Bedingung der Besserung stehe.[7]

---

1 *Gröger*, BB 2010, 2926, 2931.
2 *Dötsch* in D/J/P/W § 8c Rn 105; *Pohl*, DStR 2008, 1531.
3 BMF v 2.12.2003, BStBl I 2003, 648.
4 *Pohl*, DStR 2008, 1531.
5 *Frotscher* in Frotscher/Maas § 8c Rn 83; *Pohl*, DB 2008, 1531, 1532.
6 *Neumann/Stimpel*, GmbHR 2007, 1194, 1201; aA *Pohl*, DB 2008, 1531, 1533.
7 *Neumann*, GmbHR 2008, 473, 474.

V. Konzernklausel

Unverzinsliche und gewinnabhängige Darlehen. Unverzinsliche Darlehen mit einer Laufzeit von mehr als zwölf Monaten sind für steuerliche Zwecke mit einem Zinssatz von 5,5% abzuzinsen (§ 6 I Nr 3 EStG). Im Jahr der Darlehensaufnahme führt diese Vorschrift in Abhängigkeit von der Laufzeit zum Bilanzstichtag zu einem Ertrag. Dieser Ertrag steht (unter Berücksichtigung der Mindestbesteuerung) für eine Verlustverrechnung zur Verfügung. Es ist darauf hinzuweisen, dass die Abzinsung der Verbindlichkeit zum Bilanzstichtag erfolgt. Eine unterjährige Abzinsung ist nicht möglich. Für Verpflichtungen, die nur zu erfüllen sind, soweit zukünftige Einnahmen oder Gewinne anfallen (gewinnabhängige Darlehen), sind Verbindlichkeiten oder Rückstellungen erst anzusetzen, wenn Einnahmen und Gewinne angefallen sind (§ 5 IIa EStG). Sind die vorgenannten Voraussetzungen nicht gegeben, ist die handelsrechtliche Verbindlichkeit oder Rückstellung für steuerliche Zwecke nicht anzuerkennen und somit ertragswirksam auszubuchen. Dieser Ertrag stünde (unter Berücksichtigung der Mindestbesteuerung) für eine Verlustverrechnung zur Verfügung.[1]   243

Gewinnrealisierung vor Anteilsübertragung. Als weitere Planungsmöglichkeiten kommen Gewinnrealisierungen vor Anteilsübertragung unter Beachtung der Mindestbesteuerung in Frage: die Verschmelzung einer profitablen Gesellschaft auf die Verlustgesellschaft, ggf ergänzt um einen vorherigen Erwerb der Anteile durch die MG, um Anteilsverschiebungen bei der Verschmelzung zu verhindern; die rückwirkende Verschmelzung einer Gesellschaft mit hohem laufenden Gewinn auf die Verlustgesellschaft, um deren laufenden Verlust des Jahres vor Anteilsübertragung zu nutzen, oder die Aufdeckung stiller Reserven im Wege des Verkaufs oder der Umwandlung.   244

Begründung eines Joint Ventures. Bei Begründung eines Joint Ventures empfiehlt sich die Ausgliederung des einzubringenden Geschäftsbetriebs auf eine Personengesellschaft, an der sich der Joint Venture Partner als Mitunternehmer beteiligt, damit zumindest die körperschaftsteuerlichen Verluste weiter genutzt werden können.   245

Einstweilen frei.   246-247

V. Konzernklausel (§ 8c I S 5). 1. Allgemeines. Ausnahme bei ausschließlichen Konzernsachverhalten. Nach dem Wortlaut des mit Wirkung zum 1.1.2010 eingeführten § 8c I S 5 liegt ein schädlicher Beteiligungserwerb dann nicht vor, wenn an dem übertragenden und an dem übernehmenden Rechtsträger dieselbe Person zu jeweils 100% mittelbar oder unmittelbar beteiligt ist. Ausweislich der Gesetzesbegründung soll durch diese Klausel erreicht werden, dass abweichend von der allgemeinen Regel Verlustvorträge (wohl auch laufende Verluste) bei konzerninternen Umstrukturierungen erhalten bleiben.[2]   248

Keine Anwendung bei hinzutretenden Gesellschaftern. Gem der Gesetzesbegründung soll die Regelung in den Fällen, in denen neue Gesellschafter hinzutreten oder fremde Dritte an dem übertragenden oder übernehmenden Rechtsträger betei-   249

---
1   In diesem Zusammenhang sei auf das Urteil des FG Berlin-Brandenburg 12 K 8271/05 B, DStRE 2009, 1380 und die sich anschließende Anmerkung verwiesen.
2   BTDrs 17/15, 19.

ligt sind, nicht greifen. Die Konzernklausel soll damit auf Fälle beschränkt werden, in denen eine Verschiebung von Verlusten auf Dritte ausgeschlossen ist.[1]

250 Einstweilen frei.

251 **2. Begünstigte Vorgänge. Vorgänge nach § 8c I S 1-4.** Da § 8c I S 5 ausweislich der Gesetzesbegründung Verlustvorträge bei konzerninternen Umstrukturierungen nicht untergehen lässt, sollten alle Vorgänge begünstigt sein, die nach § 8c I S 1-4 einen schädlichen Beteiligungserwerb auslösen können.[2] Für Kapitalerhöhungen nach § 8c I S 4 wird die Anwendbarkeit der Konzernklausel mit der Begründung in Frage gestellt, dass es bei strenger Auslegung keinen „übertragenden Rechtsträger" gebe. Diese Frage stellt sich auch, wenn man einen Stimmrechtsverzicht für schädlich hält, da es auch hier keinen übertragenden Rechtsträger gibt (vgl vorstehend Rn 182). Nach der hier vertretenen Auffassung fallen diese Vorgänge ebenfalls unter die Konzernklausel, da sämtliche schädlichen Erwerbe begünstigt sein sollten.

252 **Erweiterter Schutz bei Umwandlung des Anteilseigners.** § 8c I S 5 geht weiter als die Erleichterung im Anwendungserlass zu § 8 IV aF[3], nach der erfolgsneutrale Umstrukturierungen mittelbarer in mittelbare Beteiligungen nach Maßgabe der §§ 11-20 UmwStG innerhalb verbundener Unternehmen nach § 271 II HGB unschädlich sein sollten. Die Konzernklausel gilt sowohl für unmittelbare als auch für mittelbare Übertragungen und für Anteilsverkäufe ebenso wie für Übertragungen von Anteilen iRv Umstrukturierungen aller Art.[4]

253 **Keine Umwandlungen der Verlustgesellschaft.** Konzerninterne Umwandlungen der Verlustgesellschaft selbst (Verschmelzungen, Spaltungen) führen hingegen nach den entsprechenden Vorschriften des UmwStG wie §§ 4 II, 12 III UmwStG nach wie vor zu einem Untergang von Verlusten.[5]

254 Einstweilen frei.

255 **3. Übertragende und übernehmende Rechtsträger. Übertragender und Übernehmender bei Erwerben.** Durch die Verwendung der Begriffe „übernehmender" und „übertragender" Rechtsträger wird der Bezug zu den schädlichen Beteiligungserwerben iSv § 8c I S 1 und 2 hergestellt.[6] In diesen Fällen ist der Erwerber der übernehmende Rechtsträger und der Veräußerer der übertragende Rechtsträger. Zur Frage des übertragenden und übernehmenden Rechtsträgers nach dem UmwStG vgl Rn 256.

256 **Übertragender und Übernehmender bei Umwandlungen.** IRd Vorschriften des UmwStG wird ausdrücklich auf die übernehmenden und übertragenden Rechtsträger Bezug genommen (§§ 3 ff, 11 ff und 22 UmwStG). Das Verständnis der Begriffe gem den Vorschriften des UmwStG sollte jedoch in den Fällen des § 8c I S 5 normenspezifisch ausgelegt werden. IRd § 8c ist darauf abzustellen, wer die übertragenen Anteile erhält („übernehmender Rechtsträger") und von wem („übertragender Rechts-

---

1 BTDrs 17/15, 19.
2 *Franz*, BB 2010, 991; *Neyer*, GmbHR 2010, 1132; *Dörr*, NWB 2010, 184, 186; *Schulte*, GmbHR 2010, 1132.
3 BMF v 16.4.1999, BStBl I 1999, 455, Rn 28.
4 *Dötsch* in D/J/P/W § 8c Rn 59b; *Franz*, BB 2010, 991.
5 *Scheunemann/Dennisen/Behrens*, BB 2010, 23, 26.
6 *Franz*, BB 2010, 991, 992.

träger").¹ Im Falle der Upstream und Downstream Merger stimmen die Begriffe des übertragenden Rechtsträgers und des übernehmenden Rechtsträgers iSv § 8c mit den umwandlungssteuerrechtlichen Begriffen überein: Die übertragende Rechtsträgerin der Anteile beim Upstream Merger ist die verschmolzene TG, die die Anteile in ihrem Betriebsvermögen hält, und die übernehmende Rechtsträgerin ist die aufnehmende MG.² Beim Downstream Merger ist übertragende Rechtsträgerin die verschmolzene MG und übernehmende Rechtsträgerin ist die aufnehmende TG.³ Der Begriff der einbringenden Körperschaft gem §§ 20, 24 UmwStG sollte deckungsgleich mit dem Begriff der übertragenden Körperschaft sein.

Rechtsträger. Der Begriff Rechtsträger ist nicht weiter gesetzlich definiert. Er sollte aber nicht auf Rechtsträger iSd UmwG/UmwStG beschränkt sein. Umfasst sein sollten daher alle Arten von Gesellschaften, die geeignet sind, Träger von Rechten und Pflichten zu sein (damit insbesondere auch Personengesellschaften). Als weitere Voraussetzung des § 8c I S 5 muss eine Person an dem Rechtsträger „beteiligt" sein, dh es kommen nur solche Gesellschaften in Betracht an denen eine „Beteiligung" möglich ist. Somit können Vereine, Stiftungen und Körperschaften öffentlichen Rechts keine Rechtsträger iSv § 8c I S 5 sein.⁴ 257

In- und ausländische Rechtsträger. Das Gesetz enthält keine weiteren Anforderungen dahingehend, dass der übertragende und übernehmende Rechtsträger im Inland ansässig oder unbeschränkt bzw beschränkt steuerpflichtig sein muss. Daher kommen sowohl in- als auch ausländische Rechtsträger iRd § 8c I S 2 in Frage.⁵ 258

Natürliche Personen. Nach dem Wortlaut des Gesetzes kommen natürliche Personen als übertragende oder übernehmende Rechtsträger nicht in Frage, da an ihnen keine Beteiligung bestehen kann.⁶ 259

Körperschaften ohne Mitgliedschaftsrechte. Ebenfalls nicht als übertragende oder übernehmende Rechtsträger kommen Körperschaften ohne Mitgliedschaftsrechte (zB Vereine und Stiftungen) in Frage.⁷ 260

Einstweilen frei. 261-262

4. Gemeinsamer Gesellschafter. Natürliche und juristische Personen. Als Person, die gem § 8c I S 5 am übertragenden und übernehmenden Rechtsträger zu 100% beteiligt sein muss, kommen grundsätzlich alle Personen, also natürliche und juristische Personen in Betracht.⁸ Denn es kommt ausschließlich darauf an, dass die Person an dem übertragenden und dem übernehmenden Rechtsträger beteiligt sein kann. 263

---

1   *Franz*, BB 2010, 991, 992.
2   *Franz*, BB 2010, 991, 992; *Dötsch* in D/J/P/W § 8c Rn 59l mwN.
3   *Bien/Wagner*, BB 2010, 923, 925; *Suchanek* in H/H/R § 8c Rn 48.
4   *Neyer*, GmbHR 2010, 1132, 1133; *Dötsch* in D/J/P/W § 8c Rn 59d.
5   *Bien/Wagner*, BB 2010, 923, 924; *Neyer*, GmbHR 2010, 1132, 1133; *Dötsch* in D/J/P/W § 8c Rn 59d.
6   *Bien/Wagner*, BB 2010, 923, 924; *Neyer*, GmbHR 2010, 1132, 1133; *Dötsch* in D/J/P/W § 8c Rn 59d;
    B *Lang* in EY § 8c Rn 115.
7   B *Lang* in EY § 8c Rn 115; *Dötsch* in D/J/P/W § 8c Rn 59d.
8   *Frey/Mückl*, GmbHR 2010, 71, 72; *Dötsch* in D/J/P/W § 8c Rn 59d.

264 **Organkreis.** Die Gesellschaften eines Organkreises bilden in ihrer Gesamtheit nicht „dieselbe Person", denn ihre organschaftliche Verbindung ändert nichts an ihrem Status als selbstständige Rechtssubjekte.[1]

265 **Nahestehende Personen und Gruppe mit gleichgerichteten Interessen.** Der Gesetzeswortlaut fordert, dass „dieselbe Person" iSv § 8c I S 5 an dem übernehmenden und übertragenden Rechtsträger beteiligt sein muss. Eine Erweiterung des Begriffs „dieselbe Person" auf nahestehende Personen oder Gruppen mit gleichgerichteten Interessen ist nicht vorgesehen.[2] Soweit nahestehende Personen oder eine Gruppe mit gleichgerichteten Interessen als Erwerber iSv § 8c I S 1 und 2 und somit als übernehmender Rechtsträger iSv § 8c I S 5 gelten, muss dieselbe Person an diesem übernehmenden Rechtsträger, also an sämtlichen Mitgliedern des Erwerberkreises, beteiligt sein. Dies gilt ebenfalls, wenn der übernehmende Rechtsträger von mehreren übertragenden Rechtsträgern erwirbt.[3]

266 **Personengesellschaften.** Fraglich ist, ob auch Personengesellschaften gemeinsamer Gesellschafter sein können. Hier sollten die gleichen Grundsätze wie bei der Bestimmung der erwerbenden Person iSd § 8c I S 1 und 2 gelten. Dh eine vermögensverwaltende Personengesellschaft kann wegen § 39 II AO nicht als gemeinsame Gesellschafterin in Frage kommen (vgl Rn 133 ff), wohl aber eine gewerbliche Personengesellschaft.[4]

267 **Konzern.** Nach der Gesetzesbegründung kommt die Konzernklausel zur Anwendung, wenn an der Konzernspitze zu 100% eine einzelne Person oder Gesellschaft steht.[5] Dieses erfordert nicht zwingend, dass die einzelnen Personen oder Gesellschaften auch alle Anteile an der übertragenden und übernehmenden Gesellschaft halten. Der Gesetzeswortlaut verlangt dagegen, dass an dem übertragenden und übernehmenden Rechtsträger tatsächlich dieselbe Person oder Gesellschaft zu 100% beteiligt sein muss. Hier sollte der Wortlaut des Gesetzes Vorrang vor der Gesetzesbegründung haben, so dass das Bestehen eines (Teil-)Konzerns allein für die Anwendung des § 8c I S 5 nicht ausreicht.[6]

268 *Einstweilen frei.*

269 **5. Maßgebliche Beteiligung von 100%. Keine Minderheitsgesellschafter.** Sowohl der Gesetzeswortlaut als auch die Gesetzesbegründung verlangen eine Beteiligung von 100%. Jede Art von Minderheitsbeteiligung ist schädlich.[7]

270 **Börsennotierte Konzernobergesellschaften.** Der Wortlaut der Konzernklausel erscheint insofern als zu eng gefasst, als Umstrukturierungen unter Beteiligung einer börsennotierten Konzernobergesellschaft vom Wortlaut der Vorschrift nicht erfasst

---

1 *Dötsch* in D/J/P/W § 8c Rn 59d.
2 *Franz*, BB 2010, 991, 998; *Dötsch* in D/J/P/W § 8c Rn 59e; kritisch: *Dörr*, NWB 2010, 184, 187; *Neyer*, GmbHR 2010, 1132, 1134.
3 *Dötsch* in D/J/P/W § 8c Rn 59e.
4 *Franz*, BB 2010, 991, 997 vertritt hingegen die Auffassung, dass für Zwecke der Konzernklausel auf die zivilrechtliche Betrachtungsweise abzustellen sei.
5 BTDrs 17/15, 19.
6 *Franz*, BB 2010, 991, 996.
7 *B Lang* in EY § 8c Rn 122 ff; *Dötsch* in D/J/P/W § 8c Rn 59c; *Neyer*, GmbHR 2010, 1132, 1134. Für den Fall, dass die Übernehmerin eigene Anteile hält *Wagner*, PiStB 2010, 45, 46.

V. Konzernklausel

sind,[1] selbst wenn der Veräußerer eine 100%-TG ist und die Umstrukturierung damit innerhalb des Konzerns stattfindet.

Beispiel

Die K-AG (börsennotiert) erwirbt von ihrer 100%-TG, der T-GmbH, 70% der Anteile an der V-GmbH, die eine 100%-TG der T-GmbH ist.

Nach der Gesetzesbegründung sollen solche Umstrukturierungen von der Konzernklausel erfasst werden.[2] Allerdings hat dieses Anliegen keinen Eingang in den Gesetzeswortlaut gefunden, so dass § 8c I S 5 nicht anwendbar ist. Eine gesetzliche Regelung, dass auch Transaktionen unter Beteiligung der Obergesellschaft unter die Konzernklausel fallen, ist wünschenswert.

Personenidentische Gesellschaften. Nicht durch § 8c I S 5 begünstigt (aufgrund der fehlenden Erfüllung der Beteiligung von 100%) sind auch Übertragungen auf Gesellschaften mit personenidentischer Beteiligung, obwohl es hier nicht zu einer Verschiebung von Verlusten kommt.[3]

Beispiel

Die A-GmbH ist zu 50% an der T1-GmbH und zu 50% an der T2-GmbH beteiligt. Die B-GmbH hält jeweils die restlichen 50% an der T1- und der T2-GmbH. Die T1-GmbH verkauft 100% ihrer Anteile an der V-GmbH an die T2-GmbH. Die Anteile an der A-GmbH und der B-GmbH werden von unterschiedlichen Gesellschaftern gehalten.

Obwohl an der T1-GmbH und der T2-GmbH personenidentische Beteiligungen vorliegen, greift die Konzernklausel nicht.

Beteiligung am Kapital. Für die Bestimmung der Beteiligung iSd § 8c I S 5 ist der Anteil am jeweiligen Kapital auschlaggebend. Nicht bedeutsam sind dagegen Stimmrechte oder „vergleichbare Sachverhalte" iSv § 8c I S 1.[4]

Wirtschaftliches Eigentum. Auch iRd § 8c I S 5 ist im Zweifel das wirtschaftliche Eigentum bei der Bestimmung der Quote von 100% relevant (vgl insoweit analog Rn 75).[5]

Mindesthaltefrist. Eine Mindesthaltefrist für die 100%-Beteiligung ist nicht vorgesehen.[6] Das Gesetz sieht ebenfalls keine Nachhaltefristen vor. Bei wortgetreuer Auslegung des Gesetzes sollte es daher sogar ausreichen, wenn die 100%-Beteiligung in der logischen Sekunde des schädlichen Beteiligungserwerbs besteht. Ein Aufgriff durch die Finanzverwaltung vor dem Hintergrund des § 42 AO ist hierbei nicht auszuschließen.[7]

---

1 *B Lang* in EY § 8c Rn 120.1; *Sistermann/Brinkmann*, DStR 2009, 2633, 2634.
2 BTDrs 17/15, 19.
3 *Dötsch* in D/J/P/W § 8c Rn 59k; kritisch *Franz*, BB 2010, 991, 999.
4 *Bien/Wagner*, BB 2010, 923, 925; *Suchanek* in H/H/R §8c Rn 47; *Frotscher* in Frotscher/Maas §8c Rn 113.
5 *Dötsch* in D/J/P/W § 8c Rn 59c; *Franz*, BB 2010, 991, 996.
6 *Neyer*, GmbHR 2010, 1132, 1134.
7 Ausführlich hierzu *Franz*, BB 2010, 991, 996 f.

275 **Addition von mittelbaren und unmittelbaren Beteiligungen.** Nach dem Wortlaut des Gesetzes muss dieselbe Person an beiden Rechtsträgern zu jeweils 100% mittelbar oder unmittelbar beteiligt sein. Der Begriff „oder" sollte auf eine alternative Erfüllung der 100%-Quote hindeuten und eine Addition von mittelbaren und unmittelbaren Beteiligungen für diese Zwecke nicht ausschließen; jede andere Auslegung wäre unsinnig.

276 **Beteiligungsquote bei mittelbaren Beteiligungen.** Mittelbare Beteiligungen können über Kapitalgesellschaften oder Personengesellschaften als vermittelnde Beteiligte hergestellt werden. Die mittelbare Beteiligung wird dem Gesellschafter anteilig zugerechnet.[1] Bei Personengesellschaften als vermittelnde Person sollte auf die vermögensmäßige Beteiligung abgestellt werden, so dass ein konzernexterner Komplementär mit 0%-Beteiligung am Vermögen der Personengesellschaft unschädlich ist.[2]

277 **Beteiligungsquote an der Verlustgesellschaft.** Nicht erforderlich ist, dass eine 100%-Beteiligung an der Verlustgesellschaft übertragen wird.[3] Hier wird eine Beteiligung in jeder Höhe vom Anwendungsbereich des § 8c I S 5 erfasst. Bei einer mittelbaren Übertragung braucht auch die Beteiligungskette zwischen übertragener Gesellschaft und Verlustgesellschaft nicht 100% zu betragen. Lediglich an dem übertragenden und dem übernehmenden Rechtsträger muss dieselbe Person mittelbar und/oder unmittelbar zu jeweils 100% beteiligt sein.[4]

278 **Begründung eines Joint Ventures.** Bei Begründungen von Joint Ventures durch Einbringung von Verlustgesellschaften sollte uU die Reihenfolge der Umstrukturierungsschritte genau geplant werden, um einen unnötigen Untergang von Verlusten zu vermeiden. Es empfiehlt sich zunächst die Verlustgesellschaft auf das Vehikel des Joint Ventures zu übertragen und erst dann den Joint Venture Partner an diesem Vehikel zu beteiligen. Bei einer Beteiligung des Joint Venture Partners von 50% oder weniger lassen sich die Verluste auf diese Weise anteilig oder sogar ganz fortführen. (Hinsichtlich der Mindesthaltefrist des übertragenden Rechtsträgers an dem Joint Venture Vehikel vgl Rn 274).

279-280 *Einstweilen frei.*

281 **6. Rechtsfolgen. Keine Anwendung der § 8c I S 1-4.** § 8c I S 5 regelt auf der Rechtsfolgenseite, dass kein schädlicher Beteiligungserwerb vorliegt. Damit setzt die Vorschrift zunächst die in den § 8c I S 1 und 2 geregelten Erwerbe außer Kraft, welche zu einem Untergang der Verluste führen. Vorgänge iSd § 8c I S 3 sollten ebenso erfasst sein, da dieser den Anwendungsbereich des § 8c I S 1 und 2 erweitert. Schließlich sollte auch ein Vorgang iSd § 8c I S 4 auf Rechtsfolgenseite von der Regelung begünstigt sein, da dieser lediglich eine Gleichstellung von Kapitalerhöhung und Übertragung vorsieht.[5]

---

1 *Franz*, BB 2010, 991, 995.
2 *Bien/Wagner*, BB 2009, 2627, 2628.
3 *Franz*, BB 2010, 991, 992.
4 *Dötsch* in D/J/P/W § 8c Rn 59e; *Frotscher* in Frotscher/Maas § 8c Rn 104.
5 *Franz*, BB 2010, 991, 992; *Frotscher* in Frotscher/Maas § 8c Rn 124.

Definition des schädlichen Beteiligungserwerbs. Den Wortlaut der Konzernklausel 282 kann man so verstehen, dass sie nur „schädliche Beteiligungserwerbe" im engeren Sinn anspricht, also nur solche konzerninternen Erwerbe berücksichtigt, die zum Überschreiten der 25%- bzw 50%-Grenze führen. Danach würde der konzerninterne Erwerb einer 15%-Beteiligung iRe Umstrukturierung gefolgt von einem nicht unter die Konzernklausel fallenden Erwerb von weiteren 15% (zB im Falle des Erwerbs der bisher außenstehenden Minderheitsanteile) den Untergang von 30% der Verluste bedingen. Würden stattdessen zuerst 15% der außenstehenden Anteile erworben und danach weitere 15% iRe konzerninternen Transaktion, wäre der zweite Teilschritt nach dieser Lesart begünstigt. Dieses Ergebnis ist widersinnig. Man sollte den Wortlaut daher so verstehen, dass er jeden Vorgang, der zum Überschreiten der kritischen Schwellen beiträgt, erfasst.[1] Dafür spricht auch, dass iRd § 8c I S 1 und 2 Erwerbe über den Fünfjahreszeitraum zusammengerechnet werden. Der Gesetzeswortlaut bedarf dennoch dringend einer Korrektur in Anlehnung an die Formulierung in § 8c Ia („Beteiligungserwerb ist unbeachtlich") oder einer Klarstellung durch die Finanzverwaltung.

Einstweilen frei. 283

VI. Erhalt von Verlusten iHd stillen Reserven (§ 8c I S 6-9). 1. Allgemeines. 284

Zweck. Zweck des § 8c I S 6-9 ist es, bei einem schädlichen Beteiligungserwerb Verluste in dem Umfang nicht untergehen zu lassen, wie der Verlustgesellschaft stille Reserven vorhanden sind. Dahinter steht der Gedanke, dass der Erwerber in Form der stillen Reserven latente Steuerlasten übernimmt und ihm insoweit auch die Nutzung der Verlustvorträge zugestanden werden soll.

Regelungsgehalt. Die Neuregelung nach dem Wachstumsbeschleunigungsgesetz 285 lässt trotz eines schädlichen Beteiligungserwerbs die Nutzung noch nicht genutzter Verluste zu (vgl Rn 313), soweit diese die im Inland steuerpflichtigen stillen Reserven des Betriebsvermögens einer Körperschaft nicht übersteigen (zur Bestimmung der stillen Reserven vgl Rn 291 ff).

Anteilige und gesamte stille Reserven (§ 8c I S 6). Bei einem schädlichen Erwerb 286 iSd § 8c I S 1 sind nach ausdrücklicher Anordnung in § 8c I S 6 die anteiligen stillen Reserven des Betriebsvermögens den anteiligen ungenutzten Verlusten, bei einem schädlichen Erwerb iSd § 8c I S 2 die gesamten stillen Reserven den gesamten ungenutzten Verlusten gegenüber zu stellen.

Steuerpflicht im Inland und Betriebsvermögen. Nach dem Gesetzeswortlaut des 287 § 8c I S 6 sind nur stille Reserven zu berücksichtigen, die im Inland steuerpflichtig sind und zum Betriebsvermögen der Körperschaft gehören. Damit sind stille Reserven in einem ausländischen Betriebsvermögen, für die Deutschland das Besteuerungsrecht hat, aufgrund der Steuerpflicht im Inland iRd § 8c I S 6 einzubeziehen (zB stille Reserven in einer Betriebsstätte in Hongkong, aber auch einer passiven Betriebsstätte in einem Land, dessen DBA mit Deutschland einen Aktivitätsvorbehalt für Betriebsstätteneinkünfte enthält).[2]

---

1 *Bien/Wagner*, BB 2010, 923, 928; *Neyer*, GmbHR 2010, 1132, 1136 f mwN.
2 *Dötsch* in D/J/P/W § 8c Rn 76c; *Wittkowski/Hielscher*, DB 2010, 11, 16.

288 **Zinsvortrag.** Eine vergleichbare Regelung wurde in § 8a I S 3 für Zwecke des Zinsvortrags eingeführt (hierzu im Einzelnen § 8a Rn 530 ff, 573). Dabei genießt die Zuordnung stiller Reserven zu Verlustvorträgen nach der ausdrücklichen gesetzlichen Anordnung Priorität vor der Zuordnung zu Zinsvorträgen.[1]

289 **Zeitpunkt.** Der Vergleich der beiden Vergleichsgrößen „nicht abziehbarer nicht genutzter Verlust" und „im Inland steuerpflichtige stille Reserven des Betriebsvermögens der Körperschaft" hat unseres Erachtens auf den Zeitpunkt des schädlichen Erwerbs zu erfolgen.[2]

290 *Einstweilen frei.*

291 **2. Bestimmung stiller Reserven (§ 8c I S 7 und 8). a) Bestimmung als Unterschiedsbetrag. Definition stiller Reserven.** § 8c I S 7 definiert die stillen Reserven als Unterschiedsbetrag zwischen dem

- anteiligen oder bei einem schädlichen Beteiligungserwerb iSd § 8c I S 2 dem gesamten in der steuerlichen Gewinnermittlung ausgewiesenen EK (hierzu Rn 292)

- und dem auf dieses EK jeweils entfallenden gemeinen Wert der Anteile an der Körperschaft,

- soweit diese (gemeint sind wohl die stillen Reserven)[3] im Inland steuerpflichtig sind.

Beispiel

Die M1-GmbH überträgt 80% ihrer 100%-Beteiligung an der V-GmbH an die M2-GmbH. Der Kaufpreis der Anteile beträgt 400. Die V-GmbH verfügt zum Übertragungsstichtag über körperschaftsteuerliche Verlustvorträge iHv 1000. Das EK laut Steuerberechnung der V-GmbH beträgt 100.

Es liegt grundsätzlich ein Anwendungsfall des § 8c I S 2 vor. Jedoch finden teilweise die Ausnahmeregelungen des § 8c I S 6-9 Anwendung. Der Kaufpreis für 100% der Anteile entspricht 400/80% * 100%= 500. Die stillen Reserven iSv § 8c I S 7 betragen somit 400 = 500 (gemeiner Wert der Anteile) ./. 100 (EK laut Steuerberechnung). IHv 400 bleibt der körperschaftsteuerliche Verlustvortrag erhalten. IHv 600 = 1000 (Höhe der körperschaftsteuerlichen Verlustvorträge) ./. 400 (stille Reserven iSv § 8c I S 7) geht der körperschaftsteuerliche Verlustvortrag unter.

In Fällen, in denen das steuerbilanzielle EK negativ ist, ist § 8c I S 8 einschlägig, vgl Rn 296.

292 **Relevantes EK.** Relevantes EK ist das steuerliche EK; auf das handelsrechtliche EK kommt es nicht an.[4] Da nach § 8c I S 6 auf die stillen Reserven zum Zeitpunkt des schädlichen Beteiligungserwerbs abgestellt wird, ist das relevante EK ebenfalls zu diesem Zeitpunkt zu berechnen. Grundsätzlich ist mithin eine Zwischenbilanz für steuerliche Zwecke aufzustellen.[5] Vor dem Hintergrund, dass der Zeitpunkt eines

---

1 Dörr, NWB 2010, 184, 199.
2 Dötsch in D/J/P/W § 8c Rn 76d.
3 Dötsch in D/J/P/W § 8c Rn 76n; *Frotscher* in Frotscher/Maas § 8c Rn 139.
4 Dötsch in D/J/P/W § 8c Rn 76f; *B Lang* in EY § 8c Rn 130.2; Suchanek/Jansen, GmbHR 2010, 174, 177.
5 *B Lang* in EY § 8c Rn 130.2.

schädlichen Erwerbs häufig, insbesondere in Fällen des sukzessiven Erwerbs von Anteilen, erst im Nachhinein bekannt sein dürfte, wäre ein Wahlrecht sinnvoll, welches der Körperschaft erlaubt, basierend auf der Jahresbilanz den steuerlichen Gewinn oder Verlust des laufenden Jahres anteilig vom Kapital zu- bzw abzurechnen.[1]

Gemeiner Wert der Anteile. Der gemeine Wert der Anteile sollte sich in der Regel gem § 11 I BewG aus dem Kaufpreis ableiten lassen. Wo dies nicht möglich ist, insbesondere bei mittelbaren Erwerben, wird eine Unternehmensbewertung erforderlich sein. Sollte dies nicht möglich sein, ist eine andere steuerlich anerkannte Methode zur Kaufpreisermittlung zugrunde zu legen. Gem § 8c I S 7 gilt der (fiktive) Kaufpreis der Anteile als Grundlage zur Ermittlung der stillen Reserven.[2] Eine Ermittlung der tatsächlichen stillen Reserven erfolgt nicht. Dies kann in bestimmten Fällen zu einer verzerrten Abbildung der stillen Reserven führen (zB bei an der Börse gehandelten Anteilen, die spekulativen Einflüssen unterliegen).[3]

293

Steuerpflicht im Inland. Nach § 8c I S 7 müssen die stillen Reserven des Betriebsvermögens der Körperschaft in Deutschland der Steuerpflicht unterliegen. In Ermangelung einer weiteren Erläuterung sollte nach allgemeinen Grundsätzen eine Steuerbefreiung zur Nichtberücksichtigung der stillen Reserven führen. Damit erfolgt zB keine Berücksichtigung stiller Reserven, soweit sie auf Beteiligungen an Kapitalgesellschaften entfallen, deren Veräußerungsgewinn nach § 8b II steuerbefreit ist. Ungeklärt ist in diesem Zusammenhang die Behandlung sperrfristbehafteter Anteile nach § 8b IV aF, die erst nach Ablauf der siebenjährigen Sperrfrist steuerfrei veräußert werden können. Nach der hier vertretenen Auffassung sollten diese stille Reserven iRd § 8c I S 7 berücksichtigt werden können. Ein weiteres Beispiel für eine fehlende Steuerpflicht iSd § 8c I S 7 ist die Steuerbefreiung nach DBA, zB bei ausländischem Betriebsstättenvermögen.

294

Aufteilung stiller Reserven. Eine ggf erforderliche Aufteilung eines Kaufpreises auf im Inland steuerpflichtige und steuerfreie stille Reserven ist im Wege einer Unternehmensbewertung zu vollziehen.

295

Ermittlung der stillen Reserven bei negativem EK (§ 8c I S 8). Vor Einführung des § 8c I S 8 kam es in Fällen eines negativen steuerbilanziellen EK zu rein rechnerisch ermittelten stillen Reserven. Wurden zB 100% der Anteile an einer Kapitalgesellschaft mit einem stark negativen steuerbilanziellen EK für 1 EUR erstanden, ergaben sich durch die von § 8c I S 7 vorgesehene Ermittlungsweise (Kaufpreis abzüglich steuerbilanzielles EK) stille Reserven iHd negativen steuerbilanziellen EK.[4] Aus diesem Grund wurde mit dem JStG 2010 § 8c I S 8 eingefügt. Ist das EK der Verlustkörperschaft negativ, so ist gem § 8c I S 8 nicht der gemeine Wert der Anteile an der Körperschaft, sondern der gemeine Wert des Betriebsvermögens als Vergleichsgröße zu verwenden.[5] Mit der Neuregelung soll verhindert werden, dass es wieder zu

296

---

1 Dötsch in D/J/P/W § 8c Rn 76f; *B Lang* in EY § 8c Rn 130.2; *Wagner*, DB 2010, 2751.
2 *Dörr*, NWB 2010, 184, 195; *Dötsch* in D/J/P/W § 8c Rn 76h.
3 *Dötsch* in D/J/P/W § 8c Rn 76i.
4 *Wagner*, DB 2010, 2751, 2753.
5 *Wagner*, DB 2010, 2751, 2753.

einem Handel mit Verlustmänteln (dh von Gesellschaften, die nur noch über Verlustvorträge, nicht jedoch über einen Geschäftsbetrieb verfügen) kommt. Nach der Auffassung von *Dötsch* ist in solchen Fällen eine Unternehmensbewertung notwendig.[1]

297-298 *Einstweilen frei.*

299 **b) Mehrstufige Strukturen. Beschränkung der stillen Reserven?** Bei einem mehrstufigen Beteiligungserwerb erwirbt der Erwerber unmittelbar Anteile an der Obergesellschaft und mittelbar Anteile an den Untergesellschaften. Sofern sowohl bei der Obergesellschaft als auch bei den Untergesellschaften nicht genutzte Verluste bestehen, können mehrere schädliche Beteiligungserwerbe iSv § 8c I S 1 oder 2 vorliegen. Der Wortlaut des Gesetzes enthält für die Ermittlung und Aufteilung der stillen Reserven bei mehrstufigen Beteiligungsstrukturen keine Regelung. Laut Gesetzesbegründung soll bei mehrstufigen Strukturen die Summe der stillen Reserven der untergeordneten Unternehmen die im Kaufpreis der erworbenen Obergesellschaft enthaltenen stillen Reserven nicht überschreiten.[2] Der Sinn dieser Beschränkung bleibt unklar;[3] offenbar war der Gesetzgeber bemüht, eine Verdoppelung der stillen Reserven auf mehreren Ebenen in Konzernfällen zu verhindern. Dh es soll mit der Beschränkung sichergestellt werden, dass nur solche stillen Reserven in den Untergesellschaften genutzt werden können, die auch tatsächlich im Kaufpreis abgegolten wurden. Die Wirkung lässt sich an folgendem Beispiel verdeutlichen:

Beispiel

M1-GmbH hält 100% der Anteile an der V-GmbH. Die V-GmbH hält 100% der Anteile an der T1-GmbH und 100% der Anteile an der T2-GmbH.

Die M1-GmbH veräußert 80% ihrer Anteile an der V-GmbH an die M2-GmbH für einen Kaufpreis von 400. Der gemeine Wert der Anteile an der V-GmbH beträgt 500, wobei jeweils 200 auf die Beteiligung an der T1-GmbH und der T2-GmbH entfallen sowie 100 auf das übrige Betriebsvermögen.

Da das steuerbilanzielle EK der V-GmbH 350 beträgt und der hochgerechnete Kaufpreis für die Anteile an der V-GmbH 500 = 400 * 100% / 40%, ergeben sich insgesamt stille Reserven iHv 150. Die stillen Reserven entfallen unter Berücksichtigung der Buchwerte der Beteiligungen in der Steuerbilanz der V-GmbH (Buchwert T1-GmbH = 200, Buchwert T2-GmbH = 150) zu 0 auf die T1-GmbH und zu 50 auf die T2-GmbH. Somit sind stille Reserven iHv 100 = 150 – 50 im Inland steuerpflichtig. In dieser Höhe ginge der steuerliche Verlustvortrag der V-GmbH nicht unter.

Die T1-GmbH und die T2-GmbH haben ebenfalls steuerliche Verlustvorträge, die von der schädlichen Anteilsübertragung betroffen sind. Die stillen Reserven auf Ebene der T1-GmbH und der T2-GmbH betragen bei einem steuerbilanziellen EK iHv 50 und einem gemeinem Wert der Anteile iHv 200 insgesamt jeweils 150.

---

1 Dötsch in D/J/P/W § 8c Rn 76i/1.
2 BTDrs 17/15, 19.
3 Rödder/von Freeden, Ubg 2010, 551, 552 ff.

Laut Gesetzesbegründung darf die Summe der für die T1-GmbH und T2-GmbH ermittelten stillen Reserven die im Kaufpreis der V-GmbH enthaltenen stillen Reserven nicht übersteigen. Diese Aussage lässt eine Reihe von Fragen offen, wie nachfolgend zu zeigen ist (vgl Rn 300 ff).

Keine Beschränkung auf steuerpflichtige stille Reserven. Erstens stellt sich die Frage, ob sich die Begrenzung auf die im Inland steuerpflichtigen Reserven (im Beispiel oben iHv 100) oder auf die steuerpflichtigen und steuerfreien stillen Reserven (im Beispiel oben iHv 150) der Obergesellschaft beziehen soll.[1] Eine Beschränkung auf die im Inland steuerpflichtigen stillen Reserven der Obergesellschaft ist unsinnig. Denn auf Ebene der Untergesellschaften könnten stille Reserven dann nur soweit genutzt werden, wie sich stille Reserven auf Ebene der Obergesellschaft nicht auf Beteiligungen an Untergesellschaften beziehen. Die fehlende Steuerpflicht etwaiger stiller Reserven im Beteiligungsansatz sollte aber für die Verluste nachgeordneter Gesellschaften unerheblich sein.[2] Daher sind auch die steuerfreien stillen Reserven der Obergesellschaft in den Anteilen zu berücksichtigen. Das bedeutet, dass für die Rettung der steuerlichen Verlustvorträge der T1-GmbH und der T2-GmbH insgesamt noch 50 stille Reserven zur Verfügung stehen, da die übrigen 100 von der V-GmbH „verbraucht" werden. Wie eine Aufteilung der stillen Reserven zwischen der T1-GmbH und der T2-GmbH vorzunehmen wäre, ist fraglich.

Willkürliche Ergebnisse. Aber auch eine Einbeziehung der steuerfreien stillen Reserven der Obergesellschaft würde die Problematik nur entschärfen, nicht lösen, wie folgende Überlegung zeigt: Die Höhe der stillen Reserven in der Obergesellschaft hängt wesentlich davon ab, wie sich die Wertansätze an den Beteiligungen der Untergesellschaften entwickelt haben. Hält die Obergesellschaft die Beteiligungen seit deren Gründung, dürften die stillen Reserven in der Obergesellschaft der Summe der stillen Reserven in den Untergesellschaften entsprechen (und letztere könnten ihre Verluste auch unter Beachtung der Gesetzesbegründung nutzen). Hat sie die Beteiligungen dagegen selber erst kurz vor dem Verkauf ihrer Anteile erworben, sind in der Obergesellschaft nur geringe stille Reserven zu erwarten (und den Untergesellschaften wäre die Nutzung ihrer Verluste unter Beachtung der Gesetzesbegründung versagt). Wie in obigem Beispiel entspricht hier der Buchwert der Beteiligung im Falle der T1-GmbH dem gemeinen Wert (stille Reserven = 0) und im Falle der T2-GmbH nahezu dem gemeinen Wert (stille Reserven = 50). Der Kaufpreis für die Beteiligung ist aber in beiden Szenarien derselbe (da die in den TG ruhenden stillen Reserven in beiden Fällen über den Kaufpreis abgegolten werden). Systematisch richtig wäre daher, wenn auch für beide Szenarien in entsprechender Höhe die Nutzung der Verlustvorträge der Untergesellschaft möglich wäre. Nach der Gesetzesbegründung müsste man in letzterem Falle dazu raten, die TG separat zu erwerben, um deren Verluste weiterhin nutzen zu können.

Kritik. Die Überlegung zeigt, dass die in der Gesetzesbegründung vorgesehene Beschränkung zu Zufallsergebnissen führt und daher unsinnig ist, auch wenn man die steuerfreien stillen Reserven der Obergesellschaft einbezieht. Es ist durchaus denkbar

---
1 *Sistermann/Brinkmann*, DStR 2009, 2633, 2637.
2 *Sistermann/Brinkmann*, DStR 2009, 2633, 2637.

("lucky buy"), dass nicht alle stillen Reserven tatsächlich bezahlt werden, was in der Gesetzesbegründung nicht berücksichtigt wird, die Existenz der stillen Reserven aber dennoch nicht in Frage stellt. Das vom Gesetzgeber verfolgte Ziel, nur solche Reserven der Untergesellschaft zu berücksichtigen, die auch im Kaufpreis abgegolten worden, könnte zudem auch dadurch erreicht werden, dass bei einer Kaufpreisaufteilung auf die einzelnen Gesellschaften die Summe der Kaufpreise der Einzelgesellschaften (nach Korrektur um Beteiligungen an Tochterkapitalgesellschaften) den Kaufpreis für die Obergesellschaft nicht überschreiten darf.[1] Dadurch würde sichergestellt, dass nur tatsächlich bezahlte stille Reserven zu einer Erhaltung der entsprechenden Verluste führen. Eine Klarstellung durch Gesetzgebung oder Verwaltungsanweisung wäre insoweit dringend erforderlich.

303 *Einstweilen frei.*

304 **c) Organschaften. Auseinanderfallen von Verlusten und stillen Reserven.** Das vorstehend für mehrstufige Strukturen geschilderte Problem der Begrenzung der stillen Reserven verschärft sich für den Erwerb von Organkreisen dahingehend, dass sich die Verlustvorträge typischerweise auf Ebene des Organträgers befinden, die stillen Reserven aber auf Ebene der Organgesellschaften.[2] Damit ist die Neuregelung für Organkreise faktisch unbrauchbar. Sinnvoll wäre es, im Organkreis die stillen Reserven der Organgesellschaften beim Organträger zu berücksichtigen.[3] Zurzeit kann in einem solchen Fall nur die Verschmelzung der Organgesellschaft auf den Organträger helfen.

305 **Vororganschaftliche oder laufende Verluste der Organgesellschaft.** Allenfalls soweit die Organgesellschaft über eigene vororganschaftliche Verluste verfügt oder laufende Verluste der Organgesellschaft untergehen drohen, könnte wahlweise ein insoweit nicht benötigter Anteil der stillen Reserven beim Organträger berücksichtigt werden.

306 *Einstweilen frei.*

307 **d) Beteiligungen an Personengesellschaften. Stille Reserven für körperschaftsteuerliche Zwecke.** Bei Beteiligungen an Personengesellschaften sind einige Sonderfragen zu beachten. Da für körperschaftsteuerliche Zwecke das Ergebnis der Personengesellschaft auf Ebene der beteiligten Kapitalgesellschaft versteuert wird, müssen ihr auch die stillen Reserven der Personengesellschaft einschließlich Beteiligung an der Sonderbilanz und Ergänzungsbilanz für Zwecke des § 8c I S 6 ff zugerechnet werden.[4] Insoweit sind die Rechtsfolgen vorteilhafter als in Fällen der Organschaft (vgl Rn 304).

308 **Stille Reserven für gewerbesteuerliche Zwecke.** Für Gewerbesteuerzwecke sind dagegen die stillen Reserven nicht dem Gesellschafter, sondern der Personengesellschaft selbst zuzurechnen.[5] Dies ergibt sich daraus, dass die Personengesellschaft selbst Gewerbesteuersubjekt ist.

---

1 *Wagner,* DB 2010, 2751, 2755.
2 *Frotscher* in Frotscher/Maas § 8c Rn 140; *Sistermann/Brinkmann,* DStR 2009, 2633, 2636.
3 *Bien/Wagner,* BB 2009, 2626, 2631; *Sistermann/Brinkmann,* DStR 2009, 2633, 2636; *Scheunemann/ Dennisen/Behrens,* BB 2010, 23, 28; *Dörr,* NWB 2010, 184, 197; *Eisgruber/Schaden,* Ubg 2010, 73, 84; aA *Dötsch* in D/J/P/W § 8c Rn 76m.
4 *Dötsch* in D/J/P/W § 8c Rn 76l/1; *Scheunemann/Dennisen/Behrens,* BB 2010, 23, 29; *Dörr,* NWB 2010, 184, 197; *Wagner,* GmbHR 2010, 2751, 2756f.
5 *Dötsch* in D/J/P/W § 8c Rn 76m/1; *Wagner,* GmbHR 2010, 2751, 2757; *Frey/Mückl,* GmbHR 2010, 71, 77.

VI. Erhalt von Verlusten iHd stillen Reserven

Verrechenbare Verluste. Möchte man wie die Finanzverwaltung § 8c entgegen der hier vertretenen Auffassung (vgl Rn 19) auch auf verrechenbare Verluste nach § 15a EStG anwenden, stellt sich die Frage, ob in diesen Fällen die stillen Reserven in den Wirtschaftsgütern der Personengesellschaft des Gesamthands- oder Ergänzungsbilanzvermögens auf Ebene der Personengesellschaft bestehende verrechenbare Verluste schützen. Dies sollte bei Anwendung des § 8c auf derartige Verluste möglich sein (denn wenn man entgegen § 15a EStG mit der Verwaltungsauffassung verrechenbare Verluste bereits dem Gesellschafter für Zwecke des § 8c zurechnet, muss diese Transparenz auch iRd § 8c I S 6 ff gelten). Weiterhin stellt sich die Frage, ob die stillen Reserven der Wirtschaftsgüter der Personengesellschaft primär für die eigenen Verluste der Kapitalgesellschaft, die verrechenbaren Verluste nach § 15a EStG oder anteilig zur Verfügung stehen oder dem Steuerpflichtigen ein Wahlrecht eingeräumt wird. Nach der hier vertretenen Auffassung spricht mehr für eine primäre Verrechnung der stillen Reserven mit den verrechenbaren Verlusten.

Einstweilen frei.

3. Nichtberücksichtigung rückwirkender Transaktionen (§ 8c I S 9). Bei der Ermittlung der stillen Reserven ist gem § 8c I S 9 nur das Betriebsvermögen zu berücksichtigen, das der Körperschaft ohne steuerliche Rückwirkung, insbesondere ohne Anwendung des § 2 I UmwStG zuzurechnen ist. Mit dieser Regelung, die auf Betreiben des Finanzausschusses aufgenommen wurde, soll verhindert werden, dass durch rückwirkende Umwandlungen stille Reserven berücksichtigungsfähig werden, die zum Zeitpunkt des schädlichen Erwerbs noch nicht vorhanden waren. In den Anwendungsfällen des § 8c I S 7 sollte diese Einschränkung keine Anwendung finden, wenn die rückwirkende Umwandlung nach dem schädlichen Beteiligungserwerb stattgefunden hat und eine 100% TG auf die Verlustgesellschaft verschmolzen wird. § 8c I S 7 gibt vor, dass zur Ermittlung der stillen Reserven der Kaufpreis der Anteile zu Grunde zu legen ist. Zum Zeitpunkt des Erwerbs konnte die rückwirkende Umwandlung noch nicht im Kaufpreis und somit bei der Ermittlung der stillen Reserven berücksichtigt werden.[1]

Beispiel

Im März des Jahres 02 erwirbt die A-GmbH 100% der Anteile an der V-GmbH für einen Kaufpreis von 1000. Das steuerliche EK der V-GmbH beträgt zum Erwerbszeitpunkt 600. Die stillen Reserven iSv § 8c I 7 betragen demnach 400. Im August 02 beschließt die A-GmbH ihre 100%ige TG, die B-GmbH, rückwirkend zum 31.12.01 auf die V-GmbH zu verschmelzen. Unter Berücksichtigung der rückwirkenden Verschmelzung betrüge das steuerliche EK der V-GmbH 800. Entsprechend betrügen die stillen Reserven unter Berücksichtigung des gleichbleibenden Kaufpreises von 1000 nur noch 200. Dieses Ergebnis wäre auch ohne § 8c I S 9 nicht zielführend.

Einstweilen frei.

---

1 Dötsch in D/J/P/W § 8c Rn 760.

313 **4. Rechtsfolgen. Abzug von Verlusten.** Nach dem ausdrücklichen Gesetzeswortlaut ist es zulässig, dass iHd nutzbaren stillen Reserven Verluste trotz eines schädlichen Erwerbs „abgezogen" werden. Die Formulierung ist insofern unglücklich, als der Ausgleich von Verlusten zumindest nicht ausdrücklich in § 8c I S 6 genannt wird, so dass man die Auffassung vertreten könnte, die laufenden Verluste werden durch die Klausel nicht geschützt. Allerdings wird in § 8c I S 6 auch auf einen „nicht genutzten" Verlust abgestellt und die Definition der „nicht genutzten Verluste" in § 8c I S 1 und 2 erstreckt sich auch auf die laufenden Verluste im Erwerbszeitraum (vgl Rn 16 ff, 225 ff). Daher ist nach zutreffender Auffassung auch der Ausgleich laufender Verluste bei ausreichenden stillen Reserven zulässig.[1]

314 **Erfasste Erwerbe gem § 8c I S 1-4.** § 8c I S 6 bezieht sich dem ausdrücklichen Gesetzeswortlaut nach auf Erwerbe iSd § 8c I S 1 und 2. Daneben sollten aber auch der Erwerb durch eine Gruppe mit gleichgerichteten Interessen, welcher gem § 8c I S 3 als ein Erwerb iSd § 8c I S 1 und 2 gilt, sowie die gleichgestellte Kapitalerhöhung gem § 8c I S 4 erfasst sein.

315 **Fünfjahresfrist nach § 8c I S 1 und 2.** Der Beteiligungserwerb gilt weiterhin als schädlich. Daher beginnt auch eine neue Fünfjahresfrist nach § 8c I S 1 und 2.[2]

316 **Rangfolge der Zurechnung stiller Reserven bei Verlusten gem §§ 2a, 15 IV, 15b EStG.** Analog zu dem in Rn 309 diskutierten Problem stellt sich die Frage, in welcher Reihenfolge stille Reserven den verschiedenen Verlusten zuzurechnen sind bzw welche Verluste untergehen, wenn man davon ausgeht, dass § 8c auch Verluste gem §§ 2a, 15 Abs 4, 15 b EStG usw erfasst (vgl Rn 18). Diese Frage ist völlig offen, und die Spannweite der Vorschläge reicht von einer Verlustquellenanalyse bis zu einem Wahlrecht für die Steuerpflichtigen.[3] Nach einer anderen Auffassung sollte es gar keine Rangordnung der Verteilung von stillen Reserven auf die verschiedenen Verlustkategorien geben, da die stillen Reserven parallel für alle Kategorien von Verlusten nutzbar sein sollen.[4] Diese Lösung erscheint nicht plausibel, denn in dem Umfang, wie Verluste nach §§ 2a, 15 IV oder 15b EStG vorliegen, kann kein Verlust nach § 10d EStG entstehen. Daher wäre dem Grunde nach eine Allokation der stillen Reserven auf die Verlustkategorien sinnvoll. Um die Rechtsanwendung nicht weiter zu erschweren, erscheint ein Wahlrecht für die Steuerpflichtigen angemessen.

317 **Rangfolge der Zurechnung stiller Reserven bei Verlustvorträgen und laufenden Verlusten.** Ebenso stellt sich das Problem der Reihenfolge der Zuordnung von stillen Reserven zu laufenden Verlusten bzw Verlustvorträgen. Dieses ist insofern von Bedeutung, als laufende Verluste bei einem unterjährigen Erwerb nach den von der Verwaltung eingeräumten Ermittlungsgrundsätzen uU teilweise erhalten bleiben (vgl Rn 225 ff) und zudem für laufende Verluste keine Begrenzungen des Ausgleichs in Form einer Mindestbesteuerung bestehen. Hier sollten vorgenannte Grundsätze entsprechend gelten, so dass der Steuerpflichtige ein Wahlrecht hinsichtlich der Zuordnung haben sollte.

---

1 *Dötsch* in D/J/P/W § 8c Rn 76b; *Scheipers/Linn*, Ubg 2010, 8, 13.
2 IdS *Frotscher* in Frotscher/Maas § 8c Rn 130.
3 *Frey/Mückl*, GmbHR 2010, 71, 77.
4 *Suchanek* in H/H/R § 8c Rn 53.

Rangfolge der Zurechnung stiller Reserven bei Zinsvorträgen und Verlusten. 318
Für das Verhältnis zwischen Verlustvorträgen und Zinsvorträgen ist die Priorität der Verlustvorträge in § 8a I S 3 gesetzlich geregelt. Hiernach sind die stillen Reserven vorrangig den nicht genutzten Verlusten zuzuordnen und erst nachrangig einem Zinsvortrag.

Einstweilen frei. 319-320

VII. Ausnahme bei qualifizierten Sanierungen (§ 8c Ia). 1. Allgemeines.

Ausgangslage. Es hat sich gezeigt, dass der § 8c insbesondere in der Krise zu einem Investitionshemmnis wurde, dessen negative Folgen durch den sog Sanierungserlass[1] nur unzureichend begrenzt werden konnten. Denn 321

1. der Sanierungserlass begünstigt nur Erträge aus Forderungsverzichten,
2. Steuern werden nach Ausschöpfung der Verlustvorträge nur im Billigkeitsweg erlassen oder gestundet, so dass keine Rechtssicherheit besteht, und
3. Verlustvorträge gehen trotzdem unter, so dass nachfolgende Gewinne besteuert werden.[2]

Zweck. Vor dem Hintergrund der bestehenden Problemlage wurde § 8c Ia zur Bewältigung der globalen Finanz- und Wirtschaftskrise eingeführt und sollte das freiwillige Engagement des Neugesellschafters belohnen.[3] 322

Entwicklung und Status. § 8c Ia war zunächst auf Anteilserwerbe in den Jahren 2008 und 2009 beschränkt, wurde aber durch das Wachstumsbeschleunigungsgesetz auf unbestimmte Zeit ausgedehnt. Mit Datum des 24.2.2010 hat die Europäische Kommission ein förmliches Prüfverfahren gegen die Sanierungsklausel wegen des Verdachts der verbotenen staatlichen Beihilfe eingeleitet.[4] Mit Datum des 30.4.2010 hat schließlich das BMF die Anwendung der Sanierungsklausel bis zu einem abschließenden Beschluss der Kommission ausgesetzt.[5] Danach wird seit dem 30.4.2010 die Sanierungsklausel nicht mehr angewendet, auch wenn zuvor eine verbindliche Auskunft erteilt worden ist. Bereits abgeschlossene Veranlagungen einschließlich der entsprechenden Verlustfeststellungen bleiben bis auf weiteres bestehen. Am 26.1.2011 hat die Europäische Kommission entschieden, dass es sich bei der Sanierungsklausel tatsächlich um eine unzulässige Beihilfe handelt. Bereits gewährte Beihilfen müssen daher von den Empfängern zurückgefordert werden, dh die Empfänger müssen den aus der Verlustnutzung erlangten Steuervorteil zurückzahlen.[6] Am 9.3.2011 hat das BMF bekannt gegeben, dass die Bundesregierung gegen die Entscheidung der Europäischen Kommission Klage erheben wird. Mit einiger Wahrscheinlichkeit wird die Klage der Bundesregierung keinen Erfolg haben. Mit dem Entwurf des BeitRLUmsG plant die Bundesregierung die Suspendierung der Sanierungsklausel ab VZ 323

---

1 BMF v 27.3.2003, BStBl I 2003, 240.
2 BRDrs 168/1/09, 31-35.
3 BRDrs 16/13429, 50.
4 Schreiben der Europäischen Kommission v 24.2.2010, Abl EU C/90/8 v 8.4.2010.
5 BMF v 30.4.2010, BStBl I 2010, 488.
6 *Cloer/Vogel*, IWB 2010, 439 ff.

2011 (vgl Rn 3). Vor diesem Hintergrund wird nachfolgend der Inhalt der Sanierungsklausel nur noch in groben Zügen dargestellt.

324 *Einstweilen frei.*

325 **2. Erwerb zum Zweck der Sanierung (§ 8c Ia S 1 und 2). Definition der Sanierung** (§ 8c Ia S 2). Durch die Sanierungsklausel begünstigt werden sollten Erwerbe zum Zwecke der Sanierung der Körperschaft (§ 8c Ia S 1). § 8c Ia S 2 definiert die Sanierung als

- eine Maßnahme (vgl Rn 326),
- die darauf gerichtet ist (vgl Rn 327),
- die Zahlungsunfähigkeit oder Überschuldung zu verhindern oder zu beseitigen (vgl Rn 328)
- und zugleich die wesentlichen Betriebsstrukturen zu erhalten (vgl Rn 335 ff).

326 **Maßnahme.** Maßnahmen iSv § 8c Ia S 2 sind solche, die für eine Sanierung der Verlustgesellschaft geeignet sind. Als eine solche Maßnahme gelten zB Darlehensverzichte oder -gewährungen, Einlagen sowie Umstrukturierungsmaßnahmen zur Kostenreduzierung.[1]

327 **Darauf gerichtet.** Die gewählte Maßnahme muss darauf „gerichtet" sein, die Sanierung der Verlustgesellschaft zu bewirken. Hierbei reicht jedoch der subjektive Wille allein nicht aus. Anhand von Kriterien, die ebenfalls explizit in § 8c Ia S 2 und 3 aufgeführt werden, wird diese Voraussetzung objektiviert: Verhinderung oder Beseitigung der Zahlungsunfähigkeit oder Überschuldung sowie zugleich Erhalt der wesentlichen Betriebsstrukturen.

328 **Zeitpunkt der Zahlungsunfähigkeit oder Überschuldung.** Ausweislich der Gesetzesbegründung[2] erfolgt der Erwerb zum Zwecke der Sanierung, wenn er zum Zeitpunkt der drohenden oder eingetretenen Zahlungsunfähigkeit bzw Überschuldung der Körperschaft stattfindet. Dieser Zeitpunkt soll dem Eintritt der „Krise" nach den Grundsätzen des Eigenkapitalersatzrechts vor MoMiG v 23.10.2008[3] entsprechen.[4]

329 **Sanierungsfähigkeit.** Zusätzlich müsse die Körperschaft im Zeitpunkt des Beteiligungserwerbs objektiv sanierungsfähig sein.

330 **Objektive Eignung von Maßnahmen.** Weiterhin müssen die für die Sanierung vorgesehenen Maßnahmen objektiv geeignet sein, die Körperschaft in absehbarer Zeit nachhaltig aus der Krise zu führen.

331 **Dokumentation, Sanierungsplan.** Zur Dokumentation der Erfüllung der vorgenannten Voraussetzungen wird die Ausarbeitung eines Sanierungsplans vorgeschlagen.[5] Ein tatsächlicher Erfolg soll nicht Voraussetzung für die Anwendung der

---

1 Für eine ausführliche Diskussion: *Dötsch* in D/J/P/W § 8c Rn 109 mwN.
2 BTDrs 16/13429, 50.
3 BGBl I 2008, 2026.
4 BTDrs 16/13429, 50. Für eine ausführliche Diskussion: *Dötsch* in D/J/P/W § 8c Rn 113.
5 BTDrs 16/13429, 51.

VII. Ausnahme bei qualifizierten Sanierungen

Sanierungsklausel sein, jedoch trifft die Beweislast für das Vorliegen der Voraussetzungen den Steuerpflichtigen.[1]

Verhältnis zum BMF-Schreiben v 27.3.2003. Fraglich ist, in welchem Verhältnis die Regelungen zur Sanierung gem § 8c Ia S 2 und gem BMF-Schreiben v 27.3.2003[2] („Sanierungserlass") stehen. ME sind die beiden Regelungen parallel anzuwenden, da sie in ihren Rechtsfolgen abweichen.[3] ZB gelten die Regelungen gem § 8c Ia sowohl für Zwecke der KSt als auch für Zwecke der GewSt. Bei einem Sanierungsgewinn iRd BMF-Schreibens v 27.3.2003[4] obliegt die Beurteilung für Zwecke der GewSt den Gemeinden. Des Weiteren ist zB für die Anwendung des § 8c Ia S 2 ein Schuldenerlass nicht erforderlich (vgl auch Rn 326).

Einstweilen frei. 333-334

3. Erhalt der wesentlichen Betriebsstrukturen (§ 8c Ia S 3). Alternativen. 335
Hinsichtlich der Erhaltung der wesentlichen Betriebsstrukturen sieht § 8c Ia S 3 drei Alternativen vor, von denen eine zu erfüllen ist:

- Betriebsvereinbarung (vgl Rn 336),
- Entwicklung von Lohnsummen (vgl Rn 337),
- Zuführung wesentlichen Betriebsvermögens (vgl Rn 338).

Betriebsvereinbarung. Die Körperschaft kann eine Betriebsvereinbarung, die eine Arbeitsplatzregelung umfassen muss, abschließen und befolgen. Ein Abbau von Arbeitsplätzen wird damit vom Gesetzgeber in Kauf genommen. Eine Betriebsvereinbarung setzt voraus, dass die Gesellschaft über einen Betriebsrat verfügt; dh diese Alternative bleibt Körperschaften ohne Betriebsrat verschlossen. Die möglichen Einzelheiten solcher Betriebsvereinbarungen waren Gegenstand intensiver Diskussionen in der Literatur.[5]

Entwicklung der Lohnsummen. Im Durchschnitt der ersten fünf Jahre nach dem Beteiligungserwerb soll die Lohnsumme nicht weniger als 80% der Ausgangslohnsumme betragen. Mit der Regelung wird eine Reduzierung der Lohnsumme um im Durchschnitt 20% innerhalb von fünf Jahren gebilligt, Schwankungen der Beschäftigtenzahl innerhalb der fünf Jahre sind damit zulässig. Zur Vermeidung von neuen Definitionen wird auf die Lohnsummenklausel nach § 13a I S 3 und 4 sowie IV des ErbStG verwiesen.[6] Damit einher geht allerdings die Unsicherheit, ob die Lohnsummenklausel bei einer Ausgangslohnsumme von 0 EUR bzw bei Betrieben mit weniger als 10 bzw nach Änderung der Lohnsummenklausel im ErbStG durch das Wachstumsbeschleunigungsgesetz 20 Beschäftigten anwendbar ist.[7]

---

1 BTDrs 16/13429, 51.
2 BMF v 27.3.2003, BStBl I 2003, 240.
3 Ebenso *Dötsch* in D/J/P/W § 8c Rn 115; *Fey/Neyer*, DB 2009, 1368, 1370; *Ortmann-Babel/Balik/Gageur*, DStR 2009, 2173, 2178.
4 BMF v 27.3.2003, BStBl I 2003, 240.
5 *Fey/Neyer*, DB 2009, 1368 ff; *Dötsch* in D/J/P/W § 8c Rn 119; *Mückl/Remplik*, FR 2009, 689 ff; *Dörr*, NWB 27/2009, 2050 ff; *Sistermann/Brinkmann*, DStR 2009, 1453 ff.
6 BTDrs 16/13429, 51.
7 Zur Diskussion stellvertretend *Mückl/Remplik*, FR 2009, 689 ff; *Dötsch* in D/J/P/W § 8c Rn 120f; *Suchanek/Herbst*, Ubg 2009, 525 ff; *B Lang*, DStZ 2009, 751 ff.

338   **Zuführung wesentlichen Betriebsvermögens.** Mehr Planungssicherheit ermöglicht dem Investor die dritte Alternative, die eine Erhaltung der wesentlichen Betriebsstrukturen mittels Zuführung wesentlichen Betriebsvermögens zulässt. Eine Zuführung wesentlichen Betriebsvermögens soll nach § 8c Ia S 3 dann vorliegen, wenn der Körperschaft innerhalb von zwölf Monaten nach dem Beteiligungserwerb neues Betriebsvermögen zugeführt wird, das mindestens 25% des in der Steuerbilanz zum Schluss des dem schädlichen Erwerb vorangehenden WJ ausgewiesenen Betriebsvermögens entspricht. Auch der Erlass werthaltiger Verbindlichkeiten soll als Zuführung neuen Betriebsvermögens gelten (§ 8c Ia S 3 Nr 3 S 4). Um zu verhindern, dass das zugeführte Betriebsvermögen an Neu- oder Altgesellschafter ausgekehrt wird, führen Leistungen der Körperschaft innerhalb von drei Jahren nach der Betriebsvermögenszuführung zu einer Reduzierung des Werts des zugeführten Betriebsvermögens mit der Konsequenz, dass die Voraussetzungen der Sanierungsklausel möglicherweise als nicht erfüllt gelten (§ 8c Ia S 3 Nr 3 S 5 und 6). Zu weiteren Einzelheiten wird auf die Literatur verwiesen.[1] Auf die Ironie, dass ein- und dieselbe Betriebsvermögenszuführung zu einem Untergang der Verluste nach § 8 IV aF führen kann, während sie gleichzeitig Tatbestandsvoraussetzung für deren Nutzung nach § 8c Ia sein soll, wurde bereits mehrfach hingewiesen.[2]

339   *Einstweilen frei.*

340   **4. Ausschlussgründe (§ 8c Ia S 4).** Die Sanierungsklausel ist gem § 8c I S 4 nicht anwendbar, wenn die Gesellschaft im Zeitpunkt des schädlichen Erwerbs ihren Geschäftsbetrieb im Wesentlichen eingestellt hat bzw im Zeitraum von fünf Jahren nach dem schädlichen Erwerb ein Branchenwechsel erfolgt.[3]

341   *Einstweilen frei.*

342   **5. Rechtsfolge. Nichtanwendung des § 8c I.** Bei Vorliegen der Voraussetzungen der Sanierungsklausel gem § 8c Ia sieht der Gesetzeswortlaut vor, dass der Beteiligungserwerb für Zwecke des § 8c unbeachtlich ist. Dies gilt unabhängig von der Höhe der erworbenen Beteiligung, dh ob § 8c I S 1 oder 2 einschlägig ist. Ebenso sollten der Erwerb einer Gruppe mit gleichgerichteten Interessen gem § 8c I S 3 und die gleichgestellte Kapitalerhöhung gem § 8c I S 4 erfasst sein. Als Folge bleiben steuerliche Verlustvorträge und laufende Verluste erhalten.

343   **Umfassende Wirkung auf andere „Verluste".** Aufgrund der weiteren Anordnung, dass der Beteiligungserwerb „unbeachtlich" ist, werden jegliche daneben vorgesehenen Einschränkungen von anderen „Verlusten" und Zinsvorträgen oder Ähnlichem außer Kraft gesetzt. Auch diese Beträge bleiben vollständig erhalten.

344   *Einstweilen frei.*

---

1 *Fey/Neyer*, DB 2009, 1368 ff; *Dötsch* in D/J/P/W § 8c Rn 122ff; *Mückl/Remplik*, FR 2009, 689 ff; *Dörr*, NWB 27/2009, 2050 ff; *Sistermann/Brinkmann*, DStR 2009, 1453 ff.
2 *Dötsch* in D/J/P/W § 8c Rn 116, 122; *Altrichter-Herzberg*, GmbHR 2009, 466, 469; *Ortmann-Babel/Bolik/Gage*ur, DStR 2009, 2173, 2178; *Neyer*, BB 2009, 2284, 2289.
3 *Dötsch* in D/J/P/W § 8c Rn 129; *Frotscher* in Frotscher/Maas § 8c Rn 235 ff; *Suchanek* in H/H/R § 8c Rn 83 ff; *Roser*, FR 2009, 937, 943 f; *Ziegenhagen/Thewes*, BB 2009, 2116, 2119 f.

VIII. Ausnahmen bei Erwerb durch den Finanzmarktstabilisierungsfonds (§ 14 III FMStFG).

§ 14 III S 1 FMStFG sieht vor, dass die §§ 8c und 10a GewStG auf Erwerbe von Stabilisierungselementen durch den deutschen Stabilisierungsfonds sowie auf die Rückübertragung durch den Fonds nicht anwendbar sind. Die durch das Bürgerentlastungsgesetz Krankenversicherung eingefügten Ergänzungen in § 14 III S 2 FMStBG sollen sicherstellen, dass aus Gründen der Gleichbehandlung die Ausnahmeregelungen auf alle Stützungsmaßnahmen im Zusammenhang mit der Finanzmarktstabilisierung erweitert werden, sofern die Voraussetzungen erfüllt werden, die auch an den Finanzmarktstabilisierungsfonds gestellt werden.[1]

Enteignung. Zusätzlich regelt § 14 III S 3 FMStFG eine Ausnahme von den Verlustabzugsbeschränkungen nach §§ 8c und 10a GewStG für den Fall der Enteignung.

Weitere dem Verlustvortrag entsprechende Vorträge. In allen Fällen wurde aber offenbar übersehen, neben den Verlustvorträgen nach § 8c und § 10a GewStG auch den Zinsvortrag in den Katalog der Ausnahmen aufzunehmen.[2]

Abspaltungen. Darüber hinaus wurde in § 14 IIIa FMStFG auch eine Ausnahme für Abspaltungen geschaffen, da diese „im Rahmen der Landesbankenkonsolidierung notwendige Vorbereitungsmaßnahmen für eine Inanspruchnahme von Finanzmarktstabilisierungsmaßnahmen iSd §§ 6 bis 8 FMStFG darstellen"[3]. Im Gegensatz zu § 14 III FMStBG umfasst diese Ausnahme auch den Zinsvortrag.

Einstweilen frei.

---

1 BTDrs 16/13429, 54.
2 Zu Änderungen des § 14 III FMStFG und Anfügung des § 14 IIIa FMStFG *Dötsch* in D/J/P/W § 8c Rn 158-165.
3 BTDrs 16/13429, 54.

§ 9 Abziehbare Aufwendungen

(1)¹Abziehbare Aufwendungen sind auch:

1. bei Kommanditgesellschaften auf Aktien und bei vergleichbaren Kapitalgesellschaften der Teil des Gewinns, der an persönlich haftende Gesellschafter auf ihre nicht auf das Grundkapital gemachten Einlagen oder als Vergütung (Tantieme) für die Geschäftsführung verteilt wird;
2. vorbehaltlich des § 8 Absatz 3 Zuwendungen (Spenden und Mitgliedsbeiträge) zur Förderung steuerbegünstigter Zwecke im Sinne der §§ 52 bis 54 der Abgabenordnung bis zur Höhe von insgesamt

   a) 20 Prozent des Einkommens oder

   b) 4 Promille der Summe der gesamten Umsätze und der im Kalenderjahr aufgewendeten Löhne und Gehälter.

   ²Voraussetzung für den Abzug ist, dass die Zuwendungen

   a) an eine juristische Person des öffentlichen Rechts oder an eine öffentliche Dienststelle, die in einem Mitgliedsstaat der Europäischen Union oder in einem Staat belegen ist, auf den das Abkommen über den Europäischen Wirtschaftsraum (EWR-Abkommen) Anwendung findet, oder

   b) an eine nach § 5 Absatz 1 Nummer 9 steuerbefreite Körperschaft, Personenvereinigung oder Vermögensmasse oder

   c) an eine Körperschaft, Personenvereinigung oder Vermögensmasse, die in einem Mitgliedsstaat der Europäischen Union oder in einem Staat belegen ist, auf den das Abkommen über den Europäischen Wirtschaftsraum (EWR-Abkommen) Anwendung findet, und die nach § 5 Absatz 1 Nummer 9 in Verbindung mit § 5 Absatz 2 Nummer 2 zweiter Halbsatz steuerbefreit wäre, wenn sie inländische Einkünfte erzielen würde,

   geleistet werden (Zuwendungsempfänger). ³Für nicht im Inland ansässige Zuwendungsempfänger nach Satz 2 ist weitere Voraussetzung, dass durch diese Staaten Amtshilfe und Unterstützung bei der Beitreibung geleistet werden. ⁴Amtshilfe ist der Auskunftsaustausch im Sinne oder entsprechend der Richtlinie 77/799/EWG des Rates vom 19. Dezember 1977 über die gegenseitige Amtshilfe zwischen den zuständigen Behörden der Mitgliedstaaten im Bereich der direkten Steuern und der Mehrwertsteuer (ABl. L 336 vom 27.12.1977, S. 15), die zuletzt durch die Richtlinie 2006/98/EG (ABl. L 363 vom 20.12.2006, S. 129) geändert worden ist, einschließlich der in diesem Zusammenhang anzuwendenden Durchführungsbestimmungen in den für den jeweiligen Veranlagungszeitraum geltenden Fassungen oder eines entsprechenden Nachfolgerechtsaktes. ⁵Beitreibung ist die gegenseitige Unterstützung bei der Beitreibung von Forderungen im Sinne oder entsprechend der Betreibungsrichtlinie einschließlich der in diesem Zusammenhang anzuwendenden Durchführungsbestimmungen in den für den jeweiligen Veranlagungszeitraum geltenden Fassungen oder eines entsprechenden Nachfolgerechtsaktes. ⁶Werden die steuerbegünstigten Zwecke des Zuwendungsempfängers im Sinne von Satz 2 Buchstabe a nur im Ausland verwirklicht, ist für die Abziehbarkeit der Zuwendungen Voraussetzung, dass natürliche Personen, die ihren Wohnsitz oder ihren gewöhnlichen Aufenthalt im Geltungsbereich dieses Gesetzes haben, gefördert werden oder dass die Tätigkeit dieses Zuwendungsempfängers neben der Verwirklichung der steuerbegünstigten Zwecke auch zum Ansehen der Bundesrepublik Deutschland beitragen kann. ⁷Abziehbar sind auch Mitgliedsbeiträge an Körperschaften, die Kunst und Kultur gemäß § 52 Absatz 2 Nummer 5 der Abgabenordnung fördern, soweit es sich nicht um Mitgliedsbeiträge nach Satz 8 Nummer 2 handelt, auch wenn den Mitgliedern Vergünstigungen gewährt werden. ⁸Nicht

abziehbar sind Mitgliedsbeiträge an Körperschaften, die
1. den Sport (§ 52 Abs. 2 Nr. 21 der Abgabenordnung),
2. kulturelle Betätigungen, die in erster Linie der Freizeitgestaltung dienen,
3. die Heimatpflege und Heimatkunde (§ 52 Abs. 2 Nr. 22 der Abgabenordnung) oder
4. Zwecke im Sinne des § 52 Abs. 2 Nr. 23 der Abgabenordnung

fördern.

[9]Abziehbare Zuwendungen, die die Höchstbeträge nach Satz 1 überschreiten, sind im Rahmen der Höchstbeträge in den folgenden Veranlagungszeiträumen abzuziehen. [10]§ 10d Abs. 4 des Einkommensteuergesetzes gilt entsprechend.

(2)[1]Als Einkommen im Sinne dieser Vorschrift gilt das Einkommen vor Abzug der in Absatz 1 Nr. 2 bezeichneten Zuwendungen und vor dem Verlustabzug nach § 10d des Einkommensteuergesetzes. [2]Als Zuwendung im Sinne dieser Vorschrift gilt auch die Zuwendung von Wirtschaftsgütern mit Ausnahme von Nutzungen und Leistungen. [3]Der Wert der Zuwendung ist nach § 6 Absatz 1 Nummer 4 Satz 1 und 4 des Einkommensteuergesetzes zu ermitteln. [4]Aufwendungen zu Gunsten einer Körperschaft, die zum Empfang steuerlich abziehbarer Zuwendungen berechtigt ist, sind nur abziehbar, wenn ein Anspruch auf die Erstattung der Aufwendungen durch Vertrag oder Satzung eingeräumt und auf die Erstattung verzichtet worden ist. [5]Der Anspruch darf nicht unter der Bedingung des Verzichts eingeräumt worden sein.

(3)[1]Der Steuerpflichtige darf auf die Richtigkeit der Bestätigung über Spenden und Mitgliedsbeiträge vertrauen, es sei denn, dass er die Bestätigung durch unlautere Mittel oder falsche Angaben erwirkt hat oder dass ihm die Unrichtigkeit der Bestätigung bekannt oder infolge grober Fahrlässigkeit nicht bekannt war. [2]Wer vorsätzlich oder grob fahrlässig eine unrichtige Bestätigung ausstellt oder wer veranlasst, dass Zuwendungen nicht zu den in der Bestätigung angegebenen steuerbegünstigten Zwecken verwendet werden (Veranlasserhaftung), haftet für die entgangene Steuer; diese ist mit 30 Prozent des zugewendeten Betrags anzusetzen. [3]In den Fällen der Veranlasserhaftung ist vorrangig der Zuwendungsempfänger in Anspruch zu nehmen; die natürlichen Personen, die in diesen Fällen für den Zuwendungsempfänger handeln, haften nur in Anspruch zu nehmen, wenn die entgangene Steuer nicht nach § 47 der Abgabenordnung erloschen ist und Vollstreckungsmaßnahmen gegen den Zuwendungsempfänger nicht erfolgreich sind; § 10b Absatz 4 Satz 5 des Einkommensteuergesetzes gilt entsprechend.

KStR 47; KStH 47; § 50 EStDV; EStR 10b.1, 10b.3

Übersicht

	Rn
I. Regelungsgehalt	1 – 2
II. Rechtsentwicklung	3 – 5
III. Normzweck und Anwendungsbereich	6 – 29
1. Bedeutung der Norm	6 – 10
2. Persönlicher Anwendungsbereich	11 – 14
3. Sachlicher Anwendungsbereich	15 – 17
4. Verhältnis zu anderen Vorschriften	18 – 29
IV. Gewinnanteile des persönlich haftenden	

Gesellschafters einer KGaA (§ 9 I Nr 1)	30 – 72
1. Grundlagen	30 – 32
2. Steuerrechtliche Grundlagen	33 – 36
3. Besteuerung des persönlich haftenden Gesellschafters	37 – 46
4. Abziehbarer Gewinn gem § 9 I Nr 1	47 – 57
5. Vergütungen für die Geschäftsleitung	58 – 67
6. Verfahrensrecht	68 – 72
V. Abzug von Zuwendungen (§ 9 I Nr 2, II)	73 – 146
1. Definition und Abgrenzung	73 – 90
a) Spenden	73 – 77
b) Mitgliedsbeiträge	78 – 81
c) Abgrenzung zu anderen Ausgaben	82 – 84
d) Einkommensverwendung	85 – 88
e) Zeitpunkt der Zuwendungsberücksichtigung	89 – 90
2. Zuwendungsbegünstigte Zwecke	91 – 96
3. Zuwendungsempfänger	97 – 108
a) Situation nach dem JStG 2009	97 – 98
b) Situation nach dem Gesetz zur Umsetzung steuerlicher EU-Vorgaben sowie zur Änderung steuerlicher Vorschriften	99 – 108
4. Höchstbeträge	109 – 117
5. Zuwendungsvortrag	118 – 124
6. Sach- und Aufwandszuwendungen	125 – 135
7. Zuwendungsbestätigung	136 – 144
8. Verfahrensrecht	145 – 146
VI. Vertrauensschutz und Haftung (§ 9 III)	147 – 178
1. Überblick	147 – 148
2. Vertrauensschutz (§ 9 III S 1)	149 – 156
3. Ausstellerhaftung (§ 9 III S 2 Hs 1 Alt 1)	157 – 164
4. Veranlasserhaftung (§ 9 III S 2 Hs 1 Alt 2)	166 – 172
5. Steuerfestsetzung	173 – 178

1 **I. Regelungsgehalt.** § 9 erfasst den Abzug von bestimmten Aufwendungen, die zusätzlich zu den nach dem EStG in Verbindung mit § 8 I abziehbaren Aufwendungen abgezogen werden können. § 9 behandelt zwei völlig unterschiedliche Aufwendungsarten: Während § 9 I Nr 1 den Abzug bestimmter Aufwendungen an den persönlich haftenden Gesellschafter einer KGaA regelt, beschäftigt sich § 9 I Nr 2 mit dem Abzug von Spenden und Mitgliedsbeiträgen (Oberbegriff: Zuwendungen). Es werden die berechtigten Zuwendungsempfänger und Zuwendungszwecke, Höchstbeträge

für den Abzug der Aufwendungen, ihr Vortrag in folgende VZ sowie ein Verbot des Abzugs von Mitgliedsbeiträgen an bestimmte Körperschaften geregelt. § 9 II und III gelten nur für Zuwendungen. In § 9 II finden sich neben der speziellen Definition des Einkommens iSv § 9 Regelungen zu Sach- und Aufwandsspenden. Schließlich widmet sich § 9 III dem Vertrauensschutz für den Zuwendenden sowie der Haftung des Ausstellers einer Zuwendungsbestätigung und der sog Veranlasserhaftung.

Einstweilen frei. 2

II. Rechtsentwicklung. Gewinnanteile des persönlich haftenden Gesellschafters einer KGaA. Eine entsprechende Regelung war bereits in § 15 Nr 8 idFd KStG 1925 v 10.8.1925[1] und ist bis heute nahezu unverändert im Wortlaut enthalten. Lediglich die Worte „für die Geschäftsleitung" wurden in der entsprechenden Vorschrift § 11 Nr 3 idFd KStG 1934 v 16.10.1934[2] ergänzt, und das SEStEG v 7.12.2006[3] erweiterte den Anwendungsbereich des § 9 I Nr 1 auf Gesellschaften ausländischen Rechts, die mit der KGaA vergleichbar sind.[4] 3

Abzug von Zuwendungen. Nach unterschiedlichen Regelungen in Vorgängergesetzen wurde der Grundstein der heutigen Vorschrift durch die KStÄndG 1950 v 29.4 1950[5] und 1951 v 27.6.1951[6] gelegt. Nach diversen Änderungen, darunter der Abschaffung des Abzugs von Zuwendungen an politische Parteien und unabhängige Wählervereinigungen durch das Gesetz v 28.1.1994[7], wurde das Spendenrecht zum 1.1.2000 durch die Verordnung zur Änderung der EStDV v 10.12.1999[8] sowie das Gesetz zur weiteren Förderung von Stiftungen v 14.7.2000[9] grundlegend reformiert. Eine weitreichende Änderung der Vorschrift brachte das Gesetz zur weiteren Stärkung des bürgerschaftlichen Engagements v 10.10.2007[10] mit Wirkung ab dem 1.1.2007. Die wichtigsten steuerlichen Änderungen waren die Anhebung und Vereinheitlichung der Abzugshöchstbeträge, die Einführung eines zeitlich unbegrenzten Zuwendungsvortrags unter Abschaffung des zeitlich begrenzten Vortrags für Großspenden, die Vereinheitlichung der förderungswürdigen Zwecke im Gemeinnützigkeits- und Zuwendungsrecht und die Senkung des Haftungssatzes in § 9 III. Durch das JStG 2009 v 19.12.2008[11] wurde Satz 3 des § 9 III eingefügt, der die Reihenfolge der Inanspruchnahme bei der Veranlasserhaftung sowie eine besondere Verjährung regelt. Mit dem Gesetz zur Fortführung der Gesetzeslage 2006 bei der Entfernungspauschale v 20.4.2009[12] wurde eine redaktionelle Änderung beim Verweis auf § 6 EStG vorgenommen. Schließlich wurde mit dem Gesetz zur Umsetzung steuerrechtlicher 4

---

1 RGBl I 1925, 208.
2 RGBl I 1934, 1031.
3 BGBl I 2006, 2782.
4 Eine Übersicht über nach Ansicht der Finanzverwaltung vergleichbare ausländische Rechtsformen findet sich im Anhang zum BMF-Schreiben v 24.12.1999 (Betriebsstätten-Verwaltungsgrundsätze), BStBl I 1999, 1076.
5 BGBl I 1950, 95.
6 BGBl I 1951, 411.
7 BGBl I 1994, 142.
8 BGBl I 1999, 2413.
9 BGBl I 2000, 1034.
10 BGBl I 2007, 2332.
11 BGBl I 2008, 2794.
12 BGBl I 2009, 774.

EU-Vorgaben sowie zur Änderung steuerlicher Vorschriften v 8.4.2010[1] die Möglichkeit des Abzugs von Zuwendungen auf Zuwendungsempfänger, die in einem Mitgliedstaat der EU oder des EWR ansässig sind, erweitert. Das Gesetz zur Umsetzung der Betreibungsrichtlinie sowie zur Änderung steuerlicher Vorschriften v 7.12.2011[2] BGBl I 2011, 2592 enthält lediglich eine redaktionelle Änderung.

5   *Einstweilen frei.*

6   **III. Normzweck und Anwendungsbereich. 1. Bedeutung der Norm. Gewinnanteile des persönlich haftenden Gesellschafters einer KGaA.** Die KGaA nimmt als gesellschaftsrechtliche Mischform auch steuerlich eine Zwitterstellung ein. Während die Gesellschaft selbst als Kapitalgesellschaft und die Kommanditaktionäre wie Gesellschafter einer Kapitalgesellschaft besteuert werden, sind bestimmte Gewinnanteile und Vergütungen an den persönlich haftenden Gesellschafter gem § 15 I S 1 Nr 3 EStG von diesem als Einkünfte aus Gewerbebetrieb zu versteuern. Um eine Doppelbesteuerung dieser Beträge beim Gesellschafter einerseits und der KGaA andererseits zu beseitigen, lässt § 9 I Nr 1 den Abzug dieser Beträge bei der Ermittlung des Einkommens der KGaA zu.

7   **Abzug von Zuwendungen.** Da der Abzug von Spenden und Mitgliedsbeiträgen im § 10b EStG als Sonderausgaben geregelt ist, kommt diese Vorschrift nicht über den Verweis in § 8 I und R 32 I KStR bei der Einkommensermittlung iRd KStG zur Anwendung. Um einen entsprechenden Abzug von Zuwendungen auch im Bereich der KSt zu ermöglichen, ist daher die gesonderte Einkommensermittlungsvorschrift des § 9 I Nr 2 notwendig. Hierdurch wird die Förderung bestimmter sozialer, kultureller oder gesellschaftspolitischer Zwecke auch bei Körperschaftsteuersubjekten gewährleistet. Gleichzeitig wird der Betriebsausgabenabzug für solche Zuwendungen durch die Höchstbeträge beschränkt.

8   **Haftung.** Analog zu § 10b IV S 1-5 EStG enthält § 9 III eine Vertrauensschutzregelung für den Zuwendenden hinsichtlich der Zuwendungsbestätigung und Haftungsregelungen für Fälle von unrichtiger Ausstellung von Zuwendungsbestätigungen oder zweckwidriger Verwendung der zugewendeten Mittel.

9   **Außerbilanzielle Ermittlung.** Nach zutreffender Auffassung stellt § 9 I Nr 1 eine Gewinnermittlungsvorschrift dar, die außerbilanziell auf zweiter Stufe greift.[3] In Bezug auf § 9 I Nr 2 ist davon auszugehen, dass diese als Einkommensermittlungsvorschrift greift.[4]

10 *Einstweilen frei.*

11 **2. Persönlicher Anwendungsbereich. KGaA (§ 9 I Nr 1).** § 9 I Nr 1 ist nur auf KGaA sowie auf vergleichbare ausländische Rechtsformen, soweit sie im Inland körperschaftsteuerpflichtig sind, anzuwenden (zu vergleichbaren ausländischen Rechtsformen vgl Rn 3).

---

1   BGBl I 2010, 386.
2   BGBl I 2011, 2532.
3   *Wassermeyer*, Ubg 2011, 47, 48.
4   *Krämer* in D/J/P/W § 9 Rn 91 f mit Hinweis auf R 47 II KStR.

III. Normzweck und Anwendungsbereich

Zuwendender iSd § 9 I Nr 2 und II. § 9 I Nr 2 und II sowie die Vertrauensschutzregelung in III gelten grundsätzlich für alle unbeschränkt und beschränkt körperschaftsteuerpflichtigen Personen als Zuwendende, soweit sie im Inland veranlagt werden. 12

Haftende Personen iSd § 9 III. Die Ausstellerhaftung in § 9 III gilt für juristische Personen, die Zuwendungsbestätigungen ausstellen. Die Veranlasserhaftung in § 9 III gilt ebenfalls für diese Personengruppe, zusätzlich aber auch für die für sie handelnden natürlichen Personen. Die Anwendung der Haftungsregelungen ist nicht von einer Steuerpflicht im Inland abhängig. 13

Einstweilen frei. 14

3. Sachlicher Anwendungsbereich. Gewinnanteile und Vergütungen der KGaA (§ 9 I Nr 1). § 9 I Nr 1 betrifft nur die Abzugsfähigkeit der dort genannten Gewinnanteile und Vergütungen bei der Ermittlung des körperschaftsteuerlichen Einkommens der KGaA oder vergleichbaren ausländischen Gesellschaften. 15

Ausgaben für steuerbegünstigte Zwecke (§ 9 I Nr 2, II und III). § 9 I Nr 2, II und III regeln abschließend die Voraussetzungen für die Abzugsfähigkeit von Zuwendungen und die Vertrauensschutz- und Haftungsregelungen in diesem Zusammenhang. Handelt es sich nicht um Zuwendungen, sondern um vGA oder originäre Betriebsausgaben (zB iRd Sponsorings), ist § 9 nicht einschlägig. 16

Einstweilen frei. 17

4. Verhältnis zu anderen Vorschriften. § 8 III. § 9 I Nr 2 bestimmt, dass § 8 III dieser Vorschrift vorgeht. Liegt also eine Zuwendung vor, die der Gesellschafter veranlasst hat, ist diese nach den Grundsätzen der vGA zu behandeln und nicht abzugsfähig. Nach dem Wortlaut gilt dieser Vorbehalt für § 9 I Nr 1 nicht. Die Anwendung des § 8 III auf § 9 I Nr 1 ist allerdings umstritten (vgl Rn 63). 18

§ 4 V S 1 Nr 1 EStG. § 9 ist gegenüber der steuerlichen Regelung für Geschenke in § 4 V S 1 Nr 1 EStG lex specialis. Aus diesem Grund dürfte bei einer freiwilligen, unentgeltlichen Leistung an einen steuerbegünstigten Zuwendungsempfänger für dessen steuerbegünstigten Bereich stets § 9 einschlägig sein, so dass für die Anwendung des § 4 V S 1 Nr 1 EStG kein Raum ist. 19

§ 10b EStG. § 9 I S 1 Nr 2 S 1-10 entspricht inhaltlich § 10b I EStG. Allerdings geht der Umfang des Abzugs von Zuwendungen im § 10b EStG über den § 9 hinaus. Im Anwendungsbereich des EStG sind gesonderte Höchstbeträge für Spenden in den Vermögensstock einer Stiftung (§ 10b Ia EStG) und an politische Parteien (§ 10b II EStG) vorgesehen. § 9 II S 1 enthält eine spezielle Einkommensdefinition, die nur für § 9 I Nr 2 als Bemessungsgrundlage für den Höchstbetrag von 20 % des Einkommens gilt. Diese Definition ist in § 10b EStG nicht enthalten, da diese Vorschrift den Höchstbetrag mit 20 % der Einkünfte angibt und der Begriff der Einkünfte in § 2 I-III EStG definiert ist. Die Regelungen zur Abzugsfähigkeit von Sach- und Aufwandsspenden in § 9 II entsprechen § 10b III EStG. Zur Bewertung von Sachspenden verweist § 9 II S 3 auf § 6 I 20

	Nr 4 S 1 und 4 EStG, während § 10b III S 2-4 EStG zusätzlich Höchstbeträge für die Bewertung regelt. Beide Vorschriften führen aber zu identischen Bewertungsgrundsätzen. § 9 III entspricht vollinhaltlich § 10b IV EStG.
21	**§ 10d IV EStG.** Durch den Verweis auf § 10d IV EStG in § 9 I S 4 wird geregelt, dass der Zuwendungsvortrag gesondert festgestellt wird.
22	**§ 15 I S 1 Nr 3 EStG.** In § 15 I S 1 Nr 3 EStG ist geregelt, dass die in § 9 I Nr 1 genannten Gewinnanteile und Vergütungen beim persönlich haftenden Gesellschafter der KGaA Einkünfte aus Gewerbebetrieb darstellen. Darüber hinaus nennt § 15 I S 1 Nr 3 EStG explizit Vergütungen für die Hingabe von Darlehen und für die Überlassung von Wirtschaftsgütern. Diese Vergütungen werden nicht durch § 9 I Nr 1 erfasst. Sie sind nach hA bereits nach § 4 IV EStG iVm § 8 I bei der KGaA als Betriebsausgaben abzugsfähig.[1]
23	**§ 50 EStDV.** Gem R 47 KStR ist § 50 EStDV, der Einzelheiten zur Zuwendungsbestätigung regelt, anzuwenden. Der Verweis in R 47 KStR auf §§ 48 und 49 EStDV ist überholt, weil diese Vorschriften mit dem Gesetz zur weiteren Stärkung des bürgerschaftlichen Engagements aufgehoben wurden.
24	**§ 8 Nr 4 und § 9 Nr 2b GewStG.** Die nach § 9 I Nr 1 abgezogenen Gewinnanteile des persönlich haftenden Gesellschafters der KGaA werden korrespondierend[2] gem § 8 Nr 4 GewStG wieder dem Gewerbeertrag hinzugerechnet und so bei der KGaA der GewSt unterworfen. Ist der persönlich haftende Gesellschafter der KGaA mit diesen Einkünften gewerbesteuerpflichtig, so wird eine Doppelbelastung mit GewSt bei ihm durch die Kürzung der entsprechenden Beträge gem § 9 Nr 2b GewStG vermieden.
25	**§ 8 Nr 9 und § 9 Nr 5 GewStG.** Die Vorschriften entsprechen im Ergebnis § 9 zum Abzug von Zuwendungen und zu den Haftungsregelungen, hinsichtlich letzterer mit wenigen Abweichungen.
26	**§§ 51-54 AO.** § 9 I Nr 2 nimmt Bezug auf die steuerbegünstigten Zwecke, die in §§ 52-54 AO abschließend aufgezählt werden. Die Unterscheidung in gemeinnützige (§ 52 AO), mildtätige (§ 53 AO) und kirchliche (§ 54 AO) Zwecke hat keine Bedeutung für den Spendenabzug mehr. Auf § 51 AO wird nicht ausdrücklich Bezug genommen, inhaltlich verweist aber § 9 I Nr 2 S 6 auf den in § 51 II AO verankerten strukturellen Inlandsbezug.
27-29	*Einstweilen frei.*
30	**IV. Gewinnanteile des persönlich haftenden Gesellschafters einer KGaA (§ 9 I Nr 1). 1. Grundlagen. Rechtliche Grundlagen.** Die KGaA ist eine Kapitalgesellschaft, die in den §§ 278-290 AktG geregelt ist. § 278 AktG definiert: „Die Kommanditgesellschaft auf Aktien ist eine Gesellschaft mit eigener Rechtspersönlichkeit, bei der mindestens ein Gesellschafter den Gesellschaftsgläubigern unbeschränkt haftet (persönlich haftender Gesellschafter) und die übrigen an dem in Aktien

---

[1] *Riotte/Dümichen/Engel* in Schütz/Bürgers/Riotte, Die Kommanditgesellschaft auf Aktien, 2004, § 9 Rn 33.
[2] BFH I R 32/86, BStBl II 1991, 253; BFH X R 6/05, BStBl II 2008, 363.

IV. Gewinnanteile des persönlich haftenden Gesellschafters einer KGaA

zerlegten Grundkapital beteiligt sind, ohne persönlich für die Verbindlichkeiten der Gesellschaft zu haften (Kommanditaktionäre)." Dabei sind im Hinblick auf den oder die persönlich haftenden Gesellschafter die Vorschriften des HGB über KGen anzuwenden, im Übrigen sind die Vorschriften des AktG einschlägig. Diese dualistische Struktur macht den hybriden Charakter dieser Gesellschaftsform aus. Es war lange umstritten, ob eine Kapitalgesellschaft persönlich haftende Gesellschafterin einer KGaA sein kann. Dies wurde schließlich vom BGH mit Beschluss v 24.2.1997 bestätigt.[1]

Handelsrechtliche Gewinnermittlung. In der handelsrechtlichen Gewinn- und Verlustrechnung der KGaA werden die auf den persönlich haftenden Gesellschafter entfallenden Gewinnanteile als Aufwendungen und die Verlustanteile als Erträge grundsätzlich ausgewiesen. Es werden in der Literatur jedoch zwei Methoden der handelsrechtlichen Gewinnermittlung diskutiert:[2] der sog dualistische (zweistufige) Ansatz und der monistische (einstufige) Ansatz. Beim dualistischen Ansatz wird zunächst der Ergebnisanteil des persönlich haftenden Gesellschafters nach den für KGen geltenden Bilanzierungsrundsätzen ermittelt. Auf der zweiten Stufe ist aus diesem internen Jahresabschluss sodann der aktienrechtliche Jahresabschluss zu erstellen.[3] Die Vertreter des monistischen Ansatzes hingegen sind der Meinung, dass lediglich ein einziger Jahresabschluss nach den für Kapitalgesellschaften geltenden Grundsätzen aufzustellen sei, in dem das Ergebnis der KGaA insgesamt, unabhängig von seiner Zuordnung zu den Gesellschaftergruppen, ermittelt wird. Erst für Zwecke der Ergebnisverteilung wird zwischen diesen unterschieden.[4]

31

Einstweilen frei.

32

2. Steuerrechtliche Grundlagen. Kapitalistische Sphäre. Die KGaA selbst ist als juristische Person ausdrücklich Körperschaftsteuersubjekt gem § 1 Nr 1. Ihre Kommanditaktionäre werden ausnahmslos wie die Aktionäre einer AG behandelt. Es gilt insoweit uneingeschränkt das Trennungsprinzip bei der Besteuerung. Bei den Kommanditaktionären tritt eine Besteuerung erst im Zeitpunkt einer oGA oder vGA (§§ 20, 43, 3 Nr 40 EStG, § 8b, §§ 8, 9 GewStG) bzw bei einer Veräußerung der Anteile (§§ 20, 43, 17, 3 Nr 40 EStG, § 8b) ein.

33

Mitunternehmerische Sphäre. Dagegen erzielt der persönlich haftende Gesellschafter der KGaA gewerbliche Einkünfte gem § 15 I S 1 Nr 3 EStG. Seine Besteuerung folgt damit konzeptionell der Systematik des Transparenzprinzips, das bei der Besteuerung von Mitunternehmerschaften gilt. Auf die im Zusammenhang mit dem persönlich haftenden Gesellschafter einer KG diskutierten Fragen, ob dies auch dann gilt, wenn er keine Einlage geleistet hat, im Innenverhältnis wie ein Angestellter behandelt wird und von der Haftung freigestellt ist, kommt es iRv § 15 I S 1 Nr 3 EStG nicht an.[5]

34

---

1 BGH II ZB 11/96, NJW 1997, 1923.
2 *Riotte/Hansen* in Schütz/Bürgers/Riotte, Die Kommanditgesellschaft auf Aktien, 2004, § 6 Rn 41 ff mwN.
3 *Leib* in Mössner/Seeger § 9 Rn 29 f mwN.
4 *Krämer* in D/J/P/W § 9 Rn 15 mwN.
5 BFH X R 14/88, BStBl II 1989, 881.

35 **Verhinderung der Doppelbesteuerung.** Da es sich bei den zugewiesenen Gewinnen um Einkommensverwendung handelt, die gem § 8 III eigentlich das Einkommen der KGaA nicht mindern darf,[1] würde ohne die Abzugsnorm des § 9 I Nr 1 eine Doppelbesteuerung auf der Ebene der KGaA einerseits und auf der Ebene des persönlich haftenden Gesellschafters andererseits bestehen.

36 *Einstweilen frei.*

37 **3. Besteuerung des persönlich haftenden Gesellschafters. „Wurzeltheorie".** Die Einkommensbesteuerung des persönlich haftenden Gesellschafters wird allgemein so beschrieben, dass die Einkünfte „an der Wurzel" von der KGaA „abgespalten" und den Einkünften aus Gewerbebetrieb gem § 15 I S 1 Nr 3 EStG zugewiesen werden (sog „Wurzeltheorie").[2] Die Wurzeltheorie steht allerdings nach zutreffender Ansicht im Widerspruch zum Wortlaut des § 9 I Nr 1, der darauf hindeutet, dass die KGaA zunächst als selbständiges Körperschaftsteuersubjekt ihr steuerliches Einkommen ermittelt und erst in einer zweiten Stufe der Anteil des persönlich haftenden Gesellschafters an diesem Einkommen als „zusätzliche" Betriebsausgabe abgezogen wird.[3]

38 **Besteuerung „wie ein Mitunternehmer".** Vermutlich aufgrund der geringen Zahl von KGaA[4] existieren bisher nur wenig finanzgerichtliche Rechtsprechung und kaum Verlautbarungen der Finanzverwaltung zu dieser Gesellschaftsform. In vielen Fragen im Zusammenhang mit der Besteuerung der KGaA, insbesondere im Hinblick auf die Verknüpfung mit ihrem persönlich haftenden Gesellschafter als Folge ihrer hybriden gesellschaftsrechtlichen Struktur, bestehen Unklarheiten und Abgrenzungsschwierigkeiten. Eine gewisse Leitlinie hat der BFH mit seinem Grundsatzurteil v 21.6.1989 („Herstatt-Urteil")[5] gelegt, in dem er bestätigt hat, dass der persönlich haftende Gesellschafter „wie ein" Mitunternehmer – nicht aber „als" Mitunternehmer, da er nicht als solcher im Gesetz bezeichnet wird – besteuert wird,[6] und nähere Ausführungen dazu macht, wie dies umzusetzen ist, ohne dabei allerdings auf alle Zweifelsfragen einzugehen. In einem späteren Urteil bestätigt der BFH seine Auffassung, die die Unterschiede zwischen der Besteuerung des persönlich haftenden Gesellschafters der KGaA und der Besteuerung der Mitunternehmer einer Personengesellschaft – hier in Bezug auf Gesellschafterdarlehen – herausstellt.[7]

39 **Steuerrechtliche Gewinnermittlung.** Der BFH hat die Frage, welche Methode bei der Ermittlung der Einkünfte des persönlich haftenden Gesellschafters Anwendung findet, ausdrücklich offengelassen.[8] Er hat lediglich festgestellt, dass der steuerliche Gewinnanteil des persönlich haftenden Gesellschafters jedenfalls auf der Grundlage der Handelsbilanz unter Beachtung des § 5 EStG nach Betriebsvermögensvergleich

---

1 *Fischer*, DStR 1997, 1519 ff.
2 BFH X R 14/88, BStBl II 1989, 881.
3 *Wassermeyer*, Ubg 2011, 47, 48.
4 Im elektronischen Handelsregister waren im Februar 2012 267 KGaA eingetragen.
5 BFH X R 14/88, BStBl II 1989, 881.
6 BFH I R 11/80, BStBl II 1984, 381; BFH I R 235/81, BStBl II 1986, 72.
7 BFH X R 6/05, BStBl II 2008, 363.
8 BFH X R 14/88, BStBl II 1989, 881.

IV. Gewinnanteile des persönlich haftenden Gesellschafters einer KGaA

(unabhängig davon, ob der persönlich haftende Gesellschafter eine Kapitalgesellschaft oder natürliche Person ist) zu ermitteln ist. Das WJ entspricht dabei dem der KGaA.

Sondervergütungen. Bei der Ermittlung der Einkünfte im Wege des Betriebsvermögensvergleichs sind beim persönlich haftenden Gesellschafter gem § 15 I S 1 Nr 3 EStG auch die dort genannten Sondervergütungen, Sonderbetriebseinnahmen und -ausgaben sowie das mit ihnen zusammenhängende Sonderbetriebsvermögen einzubeziehen. Die Vorschrift betrifft jedoch ausschließlich die Zuordnung dieser Einkünfte zu den gewerblichen Einkünften des Gesellschafters. Daraus ist nach zutreffender Ansicht nicht zu schließen, dass sämtliche Sonderbetriebseinnahmen unter § 9 I Nr 1 zu subsumieren sind (vgl Rn 61). Auch Aufwendungen des persönlich haftenden Gesellschafters im Zusammenhang mit seiner Beteiligung sind nicht bei der KGaA, sondern iRs gewerblichen Einkünfte als Betriebsausgaben zu berücksichtigen.[1]

40

Kommanditaktien des Komplementärs. Ist der persönlich haftende Gesellschafter gleichzeitig auch am Grundkapital beteiligt, wird er insoweit wie ein Kommanditaktionär behandelt. Die Kommanditaktien stellen bei ihm steuerlich kein Sondervermögen dar und Ausschüttungen auf die Kommanditaktien unterfallen nicht § 9 I Nr 1.[2]

41

Ergänzungsbilanzen. Nach überwiegender Auffassung in der Literatur soll die Behandlung des persönlich haftenden Gesellschafters „wie ein Mitunternehmer" zur Folge haben, dass nicht nur Sonder-, sondern auch Ergänzungsbilanzen aufzustellen sind, in denen die erworbenen anteiligen stillen Reserven in den Wirtschaftsgütern der KGaA bei der Gewinnermittlung des persönlich haftenden Gesellschafters steuerwirksam abgeschrieben werden können.[3] Allerdings müsste es dann konsequenterweise ggf auch negative Ergänzungsbilanzen für die Gesamtheit der Kommanditaktionäre geben.[4] Die Bildung von Ergänzungsbilanzen hat das FG München abgelehnt, da der persönlich haftende Gesellschafter nicht gesamthänderisch, sondern lediglich schuldrechtlich am Betriebsvermögen der KGaA beteiligt sei.[5] Diese Auffassung ist bereits aus dem Grund abzulehnen, weil auch im Fall der GmbH & atypisch Still keine gesamthänderische Bindung vorliegt, ohne dass dieses die Bildung von Ergänzungsbilanzen ausschließt, dieses Kriterium also insoweit ohne Bedeutung ist.[6] Ohne die Frage der Ergänzungsbilanz zu behandeln, hat auch der BFH jüngst die Stellung des persönlich haftenden Gesellschafters der KGaA in die Nähe eines atypisch stillen Gesellschafters gerückt, indem er eine steuerneutrale „formwechselnde Umwandlung" in die atypisch stille Gesellschaft für denk-

42

---

1 BFH I R 32/86, BStBl II 1991, 253.
2 BFH X R 14/88, BStBl II 1989, 881.
3 *Kusterer*, DStR 2004, 77, 78; *Bock*, GmbHR 2004, 554, 556; *Glanegger*, DStR 2004, 1686, 1687; *Hageböke/Koetz*, DStR 2006, 293, 297; *Drüen* in H/H/R § 9 Rn 27; aA *Leib* in Mössner/Seeger § 9 Rn 71.
4 *Kessler* in FS für Klaus Korn, Gestaltung und Abwehr im Steuerrecht, 2005, S 307.
5 FG München 5 K 2681/97, EFG 2003, 1691, (rkr).
6 *Kusterer*, DStR 2004, 77, 78; *Glanegger*, DStR 2004, 1686, 1687.

bar hält.¹ Die Bildung einer Ergänzungsbilanz, deren Wirtschaftsgüter laufend abgeschrieben werden können, kommt daher insbesondere im Falle eines Erwerbs einer Vermögenseinlage iSd § 281 II AktG in Betracht.²

43 **Veräußerung des Gesellschaftsanteils.** Die Veräußerung des gesamten Gesellschaftsanteils des persönlich haftenden Gesellschafters stellt gem § 16 I Nr 3 EStG eine Betriebsveräußerung dar, für welche grundsätzlich die Begünstigungen gem § 16 IV und § 34 EStG einschlägig sein können.³ Die Veräußerung der Beteiligung am Kommanditkapital unterfällt hingegen nach den allgemeinen Grundsätzen für Anteile an Kapitalgesellschaften § 20 II Nr 1 oder § 17 EStG, auch wenn der Kommanditaktionär gleichzeitig persönlich haftender Gesellschafter ist.⁴ Die Veräußerung von Kommanditaktien unterliegt dementsprechend – anders als die Veräußerung des Anteils eines persönlich haftenden Gesellschafters in Form einer Kapitalgesellschaft – nicht der GewSt.⁵

44-46 *Einstweilen frei.*

47 **4. Abziehbarer Gewinn gem § 9 I Nr 1. Begriff des Gewinnanteils.** Gem § 9 I Nr 1 ist abziehbar „der Teil des Gewinns, der an persönlich haftende Gesellschafter auf ihre nicht auf das Grundkapital gemachten Einlagen (…) verteilt wird". Der persönlich haftende Gesellschafter kann eine Kapitaleinlage leisten, muss dies aber nicht. Hat er keine Kapitaleinlage geleistet, geht § 9 I Nr 1 Hs 1 ins Leere. In welcher Höhe der persönlich haftende Gesellschafter im Hinblick auf seine Einlage am Gewinn beteiligt wird, bestimmt jeweils die Satzung. Hier wird auch geregelt, ob und in welcher Höhe er an einem Verlust teilnimmt. Obwohl § 9 I Nr 1 nur von „Gewinnanteil" spricht, ist nach dem Sinn und Zweck der Vorschrift auch ein Verlustanteil des persönlich haftenden Gesellschafters bei der Ermittlung des zu versteuernden Einkommens der KGaA auszusondern, also hinzuzurechnen.⁶

48 **Haftungsvergütung.** Ferner fällt auch die Haftungsvergütung unter den Begriff des Gewinnanteils iSd § 9 I Nr 1, auch wenn keine Kapitalbeteiligung besteht, denn die Übernahme der Haftung wird als Gesellschafterbeitrag iSd Vorschrift verstanden.⁷

49 **Intransparente steuerliche Gewinnermittlung.** Ebenfalls nicht abschließend geklärt ist, ob die Ermittlung des nach § 9 I Nr 1 abzuziehenden Gewinnanteils nach der intransparenten (kapitalistischen) oder der transparenten (mitunternehmerischen) Besteuerungskonzeption erfolgen soll.⁸ Bei dem intransparenten Konzept wird lediglich der handelsrechtliche Gewinnanteil des persönlich haftenden Gesellschafters

---

1 BFH VI B 94/09, BFH/NV 2010, 1272; Anmerkung *Hageböke*, DB 2010, 1610.
2 *Krämer* in D/J/P/W § 9 Rn 38 ff, der im Fall des Erwerbs eigener Anteile die Auffassung jedoch einschränken will. Inwieweit dieses nach der Neuregelung zur Behandlung eigener Anteile iRd BilMoG noch zutreffend ist, mag dahinstehen.
3 Dies ergibt sich aus dem Wortlaut der §§ 16 IV und 34 II Nr 1 EStG, die sich jeweils auch auf § 16 I Nr 3 EStG beziehen.
4 *Woitschell* in EY § 9 Rn 26.
5 *Krämer* in D/J/P/W § 9 Rn 76 f.
6 *Krämer* in D/J/P/W § 9 Rn 21.
7 *Leib* in Mössner/Seeger § 9 Rn 40.
8 ZB Wassermeyer in FS für Michael Struck, 2011, S 259.

abgezogen.¹ Sämtliche – positiven wie negativen – Abweichungen des steuerlichen Einkommens vom handelsrechtlichen Gewinn wirken sich ausschließlich und vollumfänglich auf der Ebene der KGaA aus. Diese Konzeption wird mit der gesellschaftsrechtlichen Stellung der KGaA als Kapitalgesellschaft begründet und damit, dass die KGaA gem § 1 I Nr 1 uneingeschränkt wie eine Kapitalgesellschaft besteuert wird bzw der BFH den persönlich haftenden Gesellschafter nur wie einen Mitunternehmer behandelt, ohne eine vollwertige Mitunternehmerschaft anzunehmen.² Außerdem wird als Indiz herangezogen, dass von der Finanzgerichtsbarkeit eine einheitliche und gesonderte Feststellung der Einkünfte abgelehnt wird (vgl Rn 68).

Transparente steuerliche Gewinnermittlung. Überwiegend wird jedoch in der Literatur die Auffassung vertreten, dass die Ermittlung des Gewinnanteils nach dem transparenten Konzept erfolgen soll.³ Dabei wird dem persönlich haftenden Gesellschafter vergleichbar der Besteuerung eines atypisch stillen Gesellschafters ein Anteil am steuerlichen Einkommen der KGaA nach steuerbilanziellen Korrekturen, Hinzurechnung von nicht abziehbaren Betriebsausgaben und Abzug von steuerfreien Einnahmen zugerechnet. Diese hA wird mittlerweile auch durch das Urteil des BFH vom 19.5.2010 nachhaltig gestützt, in welcher er eine nach innerstaatlichem Recht zunächst greifende „Zurechnung" des Einkommens akzeptiert, diese jedoch im konkreten Fall nur durch das einschlägige DBA Frankreich ausgehebelt sieht.⁴

50

Anwendung von § 8b. Die Anwendung des intransparenten Besteuerungskonzepts würde dazu führen, dass die KGaA die Steuerbefreiung des § 8b für den vollen Betrag der Ausschüttung oder des Veräußerungsgewinns in Anspruch nehmen dürfte und darüber hinaus noch den handelsrechtlichen Gewinnanteil des persönlich haftenden Gesellschafters abziehen könne. Letzterer wäre dann ohne die Möglichkeit einer Steuerbefreiung beim Gesellschafter zu versteuern, was dazu führen könne, dass der persönlich haftende Gesellschafter seinen handelsrechtlichen Gewinnanteil zu versteuern hätte, während die KGaA durch steuerfreie Einkünfte einen steuerlichen Verlust ausweisen würde. Eine andere Interpretation lässt die Steuerbefreiung auf der Ebene der KGaA nur in der Höhe zu, in der die Beträge auf den kapitalistischen Teil der KGaA entfallen, ohne jedoch korrespondierend eine Steuerbefreiung der Beteiligungserträge auf Ebene des persönlich haftenden Gesellschafter anzuwenden.⁵ Beides kann im Ergebnis nicht überzeugen und berücksichtigt nicht die beschriebene neuere Rechtsprechung (vgl Rn 50). Aber auch iRd transparenten Konzeption stellen sich bei der Anwendung des § 8b Fragen. So kann danach unterschieden werden, an welcher Stelle der steuerlichen Gewinnermittlung § 9 I Nr 1 angewendet wird. Wird vor Anwendung des § 8b der Gewinnanteil des persönlich haftenden Gesellschafters

51

---

1   *Mahlow*, DB 2003, 1540, 1541; *Ebling* in FS für Wolfgang Jakob, Brennpunkte des Steuerrechts, 2001, S 67.
2   *Mahlow*, DB 2003, 1540, 1541.
3   *Kessler* in FS für Klaus Korn, Gestaltung und Abwehr im Steuerrecht, 2005, S 307; *Krämer* in D/J/P/P § 9 Rn 19 f; *Rödder/Hageböke/Stangl*, DB 2009, 1561, 1564; *Kusterer*, DStR 2008, 484, 487 f; *Rohrer/Orth*, BB 2007, 1594, 1597.
4   BFH I R 62/09, DStR 2010, 1086. Auch BFH X R 6/05, BStBl II 2008, 363, geht von einer „Zuordnungsnorm" des § 9 I Nr 1 aus. AA offenbar FG München 5 K 2681/97, EFG 2003, 1691, (rkr).
5   *Riotte/Dümichen/Engel* in Schütz/Bürgers/Riotte, Die Kommanditgesellschaft auf Aktien, 2004, § 9 Rn 21.

"an der Wurzel" abgespalten, kann auf Ebene der KGaA § 8b nur anteilig in Beziehung auf den kapitalistischen Teil angewendet werden. Beim persönlich haftenden Gesellschafter findet auf die in seinem Gewinnanteil enthaltenen Ausschüttungen oder Veräußerungsgewinne entweder § 8b oder § 3 Nr 40 EStG direkt Anwendung (vgl § 8b Rn 641). Alternativ wird § 8b bzw § 3 Nr 40 EStG bereits bei der Ermittlung des Einkommens der KGaA auf die anteilig auf den persönlich haftenden Gesellschafter entfallenden Beträge angewendet. Nur der danach noch verbleibende Gewinnanteil ist nach § 9 I Nr 1 abzuziehen, was insbesondere hinsichtlich der GewSt aufgrund der unterschiedlich hohen Hinzurechnung gem § 8 Nr 4 GewStG zu unterschiedlichen Ergebnissen führen kann, soweit nicht das gewerbesteuerliche Schachtelprivileg greift.[1] Überzeugender scheint hier die erste Auffassung, wonach ein vorrangiger Abzug nach § 9 I Nr 1 greift.

52 **Andere Vorschriften der Einkommensermittlung.** Die gleichen Unterscheidungen sind aufgrund der transparenten Besteuerung hinsichtlich sämtlicher anderer Vorschriften zur Anpassung des handelsrechtlichen Ergebnisses hin zum steuerlichen Einkommen zu machen.

53 **DBA.** Aus den unterschiedlichen Besteuerungskonzeptionen ergeben sich auch unterschiedliche Auffassungen hinsichtlich der Behandlung ausländischer, nach DBA steuerfreier Einkünfte der KGaA. Ausländische Betriebsstätteneinkünfte sind bei Zugrundelegung des transparenten Konzepts nach zutreffender hA anteilig der KGaA und dem persönlich haftenden Gesellschafter zuzurechnen, so dass beide jeweils anteilig die Steuerbefreiung in Anspruch nehmen können, wenn auch der persönlich haftende Gesellschafter im Inland ansässig und somit abkommensberechtigt ist.[2] Bei Anwendung der intransparenten Sichtweise würde die KGaA die Steuerbefreiung für den gesamten Betriebsstättengewinn erhalten, unabhängig davon, wo der persönlich haftende Gesellschafter ansässig ist.[3] Erhält die KGaA ausländische Schachteldividenden, war fraglich, ob eine Steuerbefreiung nach DBA auch auf den Anteil, der auf den persönlich haftenden Gesellschafter entfällt, in Anspruch genommen werden kann.[4] Für im Inland ansässige natürliche Personen als persönlich haftende Gesellschafter ist es insbesondere bedeutsam, ob eine vollständige Steuerbefreiung nach DBA statt der teilweisen Befreiung nach § 3 Nr 40 EStG in Betracht kommt. Der BFH hat die Frage für das DBA Frankreich in der Form beantwortet, dass die KGaA als Kapitalgesellschaft ein Steuersubjekt und damit eine Person im abkommensrechtlichen Sinne ist, die vollumfänglich losgelöst von ihrer Gesellschafterstruktur die Vergünstigungen des Abkommens nutzen kann (trotz der gegenteiligen innerstaatlichen Zurechnung der Einkünfte).[5] Insoweit weichen die abkommensrechtliche und die innerstaatliche Behandlung des Gewinnanteils des Komplementärs voneinander ab. Es ist allerdings damit zu rechnen, dass der Gesetz-

---

1 Hierzu *Kessler* in FS für Klaus Korn, Gestaltung und Abwehr im Steuerrecht, 2005, S 307; *Rohrer/Orth*, BB 2007, 1594, 1598.
2 *Krämer* in D/J/P/W § 9 Rn 67 mwN.
3 *Kramer*, IStR 2010, 57 ff.
4 *Krämer* in D/J/P/W § 9 Rn 68 mwN.
5 BFH I R 62/09, DStR 2010, 1086. Ebenso Hessisches FG 12 K 3439/01, IStR 2009, 658.

geber auf dieses Urteil reagieren wird. § 50d XI EStG-E gem Änderungsantrag der Fraktionen der CDU/CSU und FDP v 8.2.2012 zum Entwurf eines Gesetzes zur Änderung des Gemeindefinanzreformgesetzes soll bewirken, dass im Ergebnis die DBA-Freistellung hinsichtlich des Komplementärs nur gewährt wird, wenn dieser ebenfalls abkommensberechtigt ist.

Ausländische persönlich haftende Gesellschafter. Das Besteuerungskonzept hat auch Bedeutung im Fall von in ausländischen Staaten ansässigen persönlich haftenden Gesellschaftern. Durch die Anwendung des Transparenzprinzips sind die anteiligen Dividendenerträge des persönlich haftenden Gesellschafters im Inland als gewerbliche Einkünfte iSd § 49 I Nr 2a EStG zu versteuern. Bei Anwendung des Intransparenzprinzips ergäbe sich hingegen eine Besteuerung nur, wenn der persönlich haftende Gesellschafter über eine feste Geschäftseinrichtung im Inland verfügte.[1]

54

Einstweilen frei.

55-57

5. Vergütungen für die Geschäftsleitung. Begriff. Abziehbar nach § 9 I Nr 1 ist auch „der Teil des Gewinns, der an persönlich haftende Gesellschafter (…) als Vergütung (Tantieme) für die Geschäftsleitung verteilt wird." Der Wortlaut macht deutlich, dass auf die gesellschaftsrechtliche Qualifikation des persönlich haftenden Gesellschafters als Geschäftsführungs- und Vertretungsorgan der KGaA abgestellt wird. Es kommt dennoch nicht darauf an, ob die Vergütungen aufgrund der Satzung oder aufgrund eines gesonderten schuldrechtlichen Tätigkeitsvertrags gezahlt werden.[2] Nach Ansicht des BFH sind unter die Vorschrift alle Vergütungen zu subsumieren, die der persönlich haftende Gesellschafter für eine gegenwärtige oder frühere Geschäftsführungstätigkeit erhält. Diese Definition ist dabei aus Sicht der KGaA auszulegen.[3]

58

Fallbeispiele. Unstreitig fallen hierunter die im Gesetz ausdrücklich genannten gewinn- (und umsatz-) abhängigen Gehaltsbestandteile (Tantiemen). Daneben werden nach wohl hA auch Festgehälter, Gratifikationen (zB Jubiläumszuwendungen), Ruhegehälter und Rückstellungen für Pensionen erfasst.[4] Dies ist jedoch umstritten.[5] Zu erfassen sollen auch Vergütungen sein, die der persönlich haftende Gesellschafter von einem Dritten erhält, die der KGaA zustehen, auf deren Abführung die KGaA aber verzichtet.[6]

59

Auslagen- und Aufwendungsersatz. Entstehen dem persönlich haftenden Gesellschafter (zB wenn dieser keine natürliche Person ist) Aufwendungen für einen Fremdgeschäftsführer, so sind diese nur auf Ebene des persönlich haftenden Gesell-

60

---

1   *Kramer*, IStR 2010, 57, 59.
2   *Hofmeister* in Blümich § 9 Rn 22; aA *Fischer*, DStR 1997, 1519, 1520.
3   BFH I R 32/86, BStBl II 1991, 253.
4   BFH I R 186/64, BStBl II 1965, 418; BFH I R 11/80, BStBl II 1984, 381; BFH I R 32/86, BStBl II 1991, 253; BFH I R 102/06, BFH/NV 2010, 462; ebenso *Riotte/Dümichen/Engel* in Schütz/Bürgers/Riotte, Die Kommanditgesellschaft auf Aktien, 2004, § 9 Rn 30, Fn 35 mwN.
5   Für eine Einbeziehung nur gewinnabhängiger Vergütungen ua *Theisen*, DB 1989, 2191, 2192 f; *Fischer*, DStR 1997, 1519, 1520; *Schaumburg/Schulte* in Die KGaA, 2000, Rn 108; *Busch/Thieme*, FR 2008, 1137, 1139.
6   *Jünger*, DB 1988, 1669, 1969, 1971.

schafters als Betriebsausgaben abziehbar.[1] Allerdings sind Zahlungen für reinen Auslagen- oder Aufwendungsersatz (zB Reisekostenerstattungen) bei der KGaA als Betriebsausgaben nach § 4 IV EStG abziehbar.[2]

61 **Tätigkeiten im Dienste der Gesellschaft, Hingabe von Darlehen und Überlassung von Wirtschaftsgütern.** Der Wortlaut des § 15 I S 1 Nr 3 EStG geht über den des § 9 I Nr 1 hinaus. Er erfasst neben den in § 9 genannten Anteilen am Gewinn des persönlich haftenden Gesellschafters auch andere Vergütungen der KGaA an ihn, nämlich für Tätigkeiten im Dienste der Gesellschaft (außerhalb der Geschäftsführungstätigkeit), für die Hingabe von Darlehen und für die Überlassung von Wirtschaftsgütern. Diese Vergütungen werden nach hA als schuldrechtlich begründete Aufwendungen aufgrund des Trennungsprinzips bei der KGaA bereits gem § 4 IV EStG iVm § 8 I als Betriebsausgaben abgezogen.[3] Die Mindermeinung, nach der die Anwendung des § 9 I Nr 1 im Wege der teleologischen Extension auf alle von § 15 I S 1 Nr 3 EStG erfassten Vergütungen auszudehnen sei, wird, soweit erkennbar, heute nicht mehr vertreten.[4] Die Vertreter der Ansicht, dass unter § 9 I Nr 1 nur gewinnabhängige Vergütungen zu subsumieren seien, bejahen folgerichtig einen Betriebsausgabenabzug nach § 4 IV EStG für die nicht gewinnabhängigen Vergütungsbestandteile.[5] Eine Auswirkung der unterschiedlichen Sichtweisen ergibt sich vor allem bei der GewSt. Diejenigen Aufwendungen, die gem § 9 I Nr 1 abgezogen werden, unterliegen nämlich wegen der Hinzurechnung gem § 8 Nr 4 GewStG der GewSt, während die als Betriebsausgaben nach § 4 IV EStG abgezogenen Beträge nicht oder nur teilweise iRd § 8 Nr 1 GewStG bei der Ermittlung des Gewerbeertrags der KGaA hinzugerechnet werden.

62 **Zinsschranke.** Folgt man der Auffassung der Finanzverwaltung zur Anwendung der Zinsschranke bei der KGaA, ergibt sich eine weitere Auswirkung der Abgrenzung zwischen § 9 I Nr 1 und § 4 IV EStG: laut Rn 44 des BMF-Schreibens zur Zinsschranke[6] ist § 9 I Nr 1 bei der Ermittlung des steuerlichen EBITDA der KGaA nicht anzuwenden. Nach dieser Vorschrift abgezogene Aufwendungen mindern also den EBITDA der KGaA nicht, nach § 4 IV EStG abgezogene Betriebsausgaben hingegen schon. Eine umgekehrte Wirkung tritt beim persönlich haftenden Gesellschafter ein, bei dem entsprechend die nach § 9 I Nr 1 bei der KGaA berücksichtigten Gewinnanteile für Zwecke seiner eigenen EBITDA-Berechnung unberücksichtigt bleiben, nicht aber mit den Betriebsausgaben gem § 4 IV EStG korrespondierende Betriebseinnahmen. Die Auffassung der Finanzverwaltung ist zu befürworten, da sich dadurch ein Gleichlauf zwischen der KSt und der GewSt ergibt.[7] Vergütungen, die ein persönlich haftender Gesellschafter für die Hingabe eines Darlehens an die KGaA

---

1 BFH I R 32/86, BStBl II 1991, 253.
2 BFH I R 32/86, BStBl II 1991, 253.
3 So auch BFH X R 6/05, BStBl II 2008, 363.
4 *Krämer* in D/J/P/W § 9 Rn 44 f mwN.
5 *Busch/Thieme,* FR 2008, 1137, 1138 f mwN.
6 BMF v 4.7.2008, BStBl I 2008, 718.
7 Die Auffassung der Finanzverwaltung ist umstritten, vgl zustimmend ua *Kollruss/Weißert/Ilin,* DStR 2009, 88, 91 f; ablehnend *Rödder/Hageböke/Stangl,* DB 2009, 1561, 1562 f.

IV. Gewinnanteile des persönlich haftenden Gesellschafters einer KGaA

erhält, sind jedoch Zinsen iSd Zinsschranke und somit auf Ebene der KGaA zu berücksichtigen, da sie nach hA auf dieser Ebene als Betriebsausgaben abzuziehen sind und nicht unter § 9 I Nr 1 fallen (vgl Rn 61).

VGA beim alleinigen Komplementär. Da sich der in § 9 enthaltene Vorbehalt in Bezug auf § 8 III nach dem Wortlaut nur auf § 9 I Nr 2 bezieht, ist umstritten, ob es vGA auch in Bezug auf den persönlich haftenden Gesellschafter einer KGaA geben kann, wenn dieser unangemessen hohe Vergütungen erhält. Die eine Auffassung bezieht sich auf den Wortlaut und auf die Behandlung des persönlich haftenden Gesellschafters nach dem Transparenzprinzip und lehnt die Anwendung von § 8 III ab (vgl § 8 Rn 311).[1] Danach sind alle unangemessenen Vergütungen als Gewinnanteile gem § 9 I Nr 1 zu sehen und direkt nach dieser Vorschrift abzugsfähig. Nach aA sind die unangemessenen Teile der ansonsten als Betriebsausgaben gem § 4 IV EStG abzuziehenden Vergütungen in einer ersten Stufe nach § 8 III hinzuzurechnen, dann aber nach § 9 I Nr 1 abziehbar.[2] Beide Ansichten führen im Fall von überhöhten Vergütungen körperschaft- bzw einkommensteuerlich zum selben Ergebnis. Im Fall von verhinderten Vermögensmehrungen, also zB unentgeltlichen oder verbilligten Nutzungsüberlassungen der KGaA an den persönlich haftenden Gesellschafter, kann es jedoch nur bei Bejahen von vGA zu einer Einkommenskorrektur auf Ebene der KGaA kommen.[3] Aus diesem Grund ist es zu befürworten, eine Hinzurechnung nach § 8 III zuzulassen, um in der ersten Stufe eine Gleichbehandlung mit anderen Kapitalgesellschaften zu gewährleisten. Da der Korrekturbetrag durch die Gesellschafterstellung des persönlich haftenden Gesellschafters begründet wird – bei einer verhinderten Vermögensmehrung durch einen fremden Dritten läge keine vGA vor -, ist es auch folgerichtig, ihn als Teil seines Gewinnanteils gem § 9 I Nr 1 in der zweiten Stufe abzuziehen. Zu einer Versteuerung auch dieses Einkommensteils beim persönlich haftenden Gesellschafter müsste es folgerichtig gem § 15 I S 1 Nr 3 EStG kommen, da es sich um Gewinnanteile iSd Vorschrift handelt.[4] Diese Besteuerung wäre aber nur sichergestellt, wenn eine einheitliche und gesonderte Feststellung der Einkünfte des persönlich haftenden Gesellschafters vorgenommen werden würde (vgl aber Rn 68 f).

63

VGA beim am Kommanditkapital beteiligten Komplementär. Ist der persönlich haftende Gesellschafter gleichzeitig auch Kommanditaktionär, sind nach hA überhöhte Geschäftsführungsvergütungen stets der Rechtsstellung als persönlich haftendem Gesellschafter zuzurechnen, da Kommanditaktionäre von der Geschäftsführung ausgeschlossen sind.[5] Im Hinblick auf andere überhöhte Vergütungen ist

64

---

1   Schaumburg/Schulte in Die KGaA, 2000, Rn 109. Zumindest im Hinblick auf unangemessene Geschäftsführungsvergütungen vgl FG Köln 6 K 6170/03, EFG 2006, 1923, im Ergebnis bestätigt durch BFH I R 102/06, BFH/NV 2010, 462.
2   *Fischer*, DStR 1997, 1519; *Riotte/Dümichen/Engel* in Schütz/Bürgers/Riotte, Die Kommanditgesellschaft auf Aktien, 2004, § 9 Rn 41 ff.
3   *Mahlow*, DB 2003, 1540.
4   Die Fiktion einer Entnahme wurde durch *Krämer* in D/J/P/W § 9 Rn 49 unter Hinweis auf *Wassermeyer*, GmbHR 1999, 18, 23, aufgegeben.
5   *Krämer* in D/J/P/W § 9 Rn 62 mwN.

jedoch nach zutreffender Auffassung eine Aufteilung vorzunehmen.[1] Dies folgt konsequent dem Prinzip, dass der persönlich haftende Gesellschafter im Hinblick auf seine Kommanditaktien kein Sonderbetriebsvermögen hat, sondern wie andere Kommanditaktionäre auch Einkünfte gem § 20 EStG bezieht. Eine auf diese Rechtsstellung bezogene vGA darf das Einkommen der KGaA nicht mindern, und zwar auch nicht nach § 9 I Nr 1, da insoweit das Trennungsprinzip gilt. Für die Aufteilung wird zum einen vorgeschlagen, den Gewinnverteilungsschlüssel heranzuziehen.[2] Andere Autoren wollen Vergütungen, für die die Zustimmung des Aufsichtsrats vorliegt, der Sphäre des persönlich haftenden Gesellschafters zuordnen, andere Vergütungen der Sphäre des Kommanditaktionärs.[3] Letztlich wird es auf eine Einzelfallbetrachtung hinauslaufen.[4]

65-67 *Einstweilen frei.*

68 **6. Verfahrensrecht. Einheitliche und gesonderte Feststellung.** Auch die Frage, ob die auf den persönlich haftenden Gesellschafter entfallenden Einkünfte der KGaA gem § 180 AO einheitlich und gesondert festzustellen sind, ist umstritten. Die überwiegende Meinung in der Literatur scheint dies zu befürworten.[5] Der BFH lässt die Frage in seinem Grundsatzurteil vom 21.6.1989 ausdrücklich offen.[6] Allerdings wurde seitdem eine einheitliche und gesonderte Feststellung von der Finanzgerichtsbarkeit abgelehnt.[7] Die Finanzverwaltung hat sich bisher nicht offiziell dazu geäußert, scheint aber die ablehnende Haltung zu teilen.[8]

69 **Fehlende Bindungswirkung.** Diese Auffassung hat zur Folge, dass der KSt-Bescheid der KGaA, der die nach § 9 I Nr 1 abgezogenen Aufwendungen beinhaltet, keine verfahrensrechtliche Bindung für die Einkommensermittlung des persönlich haftenden Gesellschafters hat. Es kann daher zu Doppelbelastungen, aber auch zu Besteuerungslücken kommen. Auch die Finanzverwaltung sollte ein Interesse daran haben, solche Situationen zu vermeiden.

70 **Mehrere persönlich haftende Gesellschafter.** Für den Fall, dass mehrere persönlich haftende Gesellschafter einer KGaA vorhanden sind, ist jedoch nach hA eine einheitliche und gesonderte Gewinnfeststellung im Hinblick auf die Einkünfte dieser Gesellschafter vorzunehmen.[9]

71-72 *Einstweilen frei.*

---

1 AA *Krämer* in D/J/P/W § 9 Rn 63.
2 *Wassermeyer*, GmbHR 1999, 18, 22; *Schaumburg/Schulte* in Die KGaA, 2000, Rn 112; *Riotte/Dümichen/Engel* in Schütz/Bürgers/Riotte, Die Kommanditgesellschaft auf Aktien, 2004, § 9 Rn 51 ff.
3 *Janssen*, NWB Fach 18, 3811, 3816.
4 *Leib* in Mössner/Seeger § 9 Rn 56 f.
5 Überblick über die Diskussion bei *Falter* in FS für Sebastian Spiegelberger, Vertragsgestaltung im Zivil- und Steuerrecht, 2009, S 113 mwN.
6 BFH X R 14/88, BStBl II 1989, 881.
7 FG Hamburg V 231/99, EFG 2003, 711, (rkr); FG München K 5340/01, EFG 2003, 670, (rkr).
8 *Krämer* in D/J/P/W § 9 Rn 30.
9 ZB *Frotscher* in Frotscher/Maas § 9 Rn 12; *Krämer* in D/J/P/W § 9 Rn 31; aA FG Hamburg V 231/99, EFG 2003, 711, (rkr).

V. Abzug von Zuwendungen (§ 9 I Nr 2, II). 1. Definition und Abgrenzung. a) Spenden. Begriff. Der in der Vorschrift verwendete Begriff Zuwendungen umfasst Spenden und Mitgliedsbeiträge. Diese rein sprachliche Klarstellung erfolgte durch das Gesetz zur weiteren Stärkung des bürgerschaftlichen Engagements, nachdem zuvor von „Zuwendungen" und „Ausgaben" die Rede gewesen war. Spenden sind freiwillige, unentgeltliche Ausgaben zur Förderung von steuerbegünstigten Zwecken,[1] durch die der Spender endgültig wirtschaftlich belastet wird.[2] Der Begriff Spenden umfasst sowohl Geld- als auch Sachspenden. Zum Begriff der Mitgliedsbeiträge Rn 78.

73

Freiwilligkeit. Freiwilligkeit liegt vor, wenn keine rechtliche[3] oder faktische Verpflichtung[4] zum Spenden besteht. Es kommt nicht darauf an, aus welchem Grund der Spender die Zwecke des Zuwendungsempfängers fördern will (etwa aufgrund einer moralischen oder sittlichen Verpflichtung). Eine rechtliche, die Freiwilligkeit ausschließende Verpflichtung ist bei Zahlungen an eine gemeinnützige Einrichtung zur Erfüllung einer Auflage nach § 153a I Nr 2 StPO[5] oder zur Erfüllung eines Vermächtnisses[6] gegeben. Nach Ansicht der Finanzverwaltung besteht bei Spenden im Zusammenhang mit der Aufnahme in einen Sportverein (sog Beitrittsspenden) die widerlegbare Vermutung, dass eine faktische, die Freiwilligkeit ausschließende Verpflichtung vorliegt, wenn mehr als 75 von Hundert der neu eingetretenen Mitglieder neben der Aufnahmegebühr eine gleich oder ähnlich hohe Sonderzahlung leisten (AEAO zu § 52 Nr 1.3.1.7).[7] Fraglich ist ferner die Freiwilligkeit der Rückzahlung von Arbeitslohn eines Arbeitnehmers an den Arbeitgeber, wenn der Arbeitgeber starken Druck auf die Arbeitnehmer zur Rückzahlung von Lohnbestandteilen ausübt.[8]

74

Unentgeltlichkeit. Die Zuwendung ist unentgeltlich, wenn sie ohne Gegenleistung des Empfängers bzw ohne unmittelbaren, wirtschaftlichen Zusammenhang zwischen Leistung und Gegenleistung erbracht wird.[9] Sie muss ohne die Erwartung eines besonderen Vorteils gegeben werden, so dass die Spendenmotivation im Vordergrund steht.[10] Die steuerliche Entlastung der Spende ist nur gerechtfertigt, wenn sie weder privat- noch gruppennützig, sondern ausschließlich fremdnützig, dh zur Förderung des Gemeinwohls verwendet wird.[11] Dabei kommt es für die Frage der Entgeltlichkeit nicht auf die Frage der Freiwilligkeit an.[12] Diese beiden Merkmale sind unabhängig

75

---

[1] BFH I R 65/86, BStBl II 1991, 258.
[2] BFH X R 154/88, BStBl II 1990, 570; BFH X R 191/87, BStBl II 1991, 690.
[3] BFH I R 126/85, BStBl II 1988, 220; BFH I R 65/86, BStBl II 1991, 258; BFH X R 40/86, BStBl II 1991, 234; BFH I R 102/10, DStR 2012, 281.
[4] BFH I R 19/96, BStBl II 1997, 794.
[5] BFH X R 40/86, BStBl II 1991, 234.
[6] BFH X R 107/91, BStBl II 1993, 874.
[7] Hessisches FG 2 K 5239/96, EFG 1999, 769; aA FG Hamburg II 657/99, EFG 2002, 545; FG Düsseldorf, 11 K 6161/97 E, EFG 1999, 115 sowie *Schauhoff* in Schauhoff, Handbuch der Gemeinnützigkeit, 3. Aufl, § 7 Rn 39.
[8] OFD Berlin v 20.5.2003, DStR 2003, 1299.
[9] BFH I R 126/85, BStBl II 1988, 220.
[10] BFH XI R 6/03, BStBl II 2007, 8.
[11] BFH XI R 6/03, BStBl II 2007, 8.
[12] BFH XI R 6/03, BStBl II 2007, 8.

voneinander zu prüfen. So wird bei den sog Beitrittsspenden durch den BFH neben der Freiwilligkeit auch die Unentgeltlichkeit negiert.[1] Schädlich ist jeder – auch nicht wirtschaftliche – Vorteil, der dem Zuwendenden oder einem Dritten, also bspw einem Arbeitnehmer der zuwendenden Körperschaft aufgrund der Zuwendung entsteht. Eine Aufteilung der Zuwendung in Gegenleistung und Spende, zB beim Verkauf von Eintrittskarten für ein Benefiz-Konzert oder von Losen für eine Wohlfahrts-Tombola durch eine gemeinnützige Körperschaft ist nicht zulässig.[2] Eine Aufteilung in einen entgeltlichen und einen unentgeltlichen Teil im Falle einer unangemessen niedrigen Gegenleistung (Teilentgeltlichkeit) kommt nicht in Betracht.[3] Die Zuwendung ist stets insgesamt als entgeltlich anzusehen, wenn eine Gegenleistung vorliegt. In der Literatur wird gefordert, dass eine Gegenleistung jedoch nicht schädlich sein soll, wenn sie ganz geringfügig ist.[4]

76   **Endgültige wirtschaftliche Belastung.** Die endgültige wirtschaftliche Belastung setzt insbesondere im Zusammenhang mit sog Aufwandsspenden eine tatsächliche Vermögenseinbuße beim Spender voraus.[5] Demgemäß liegt auch keine Spende vor, wenn diese dem Spender am Ende wieder zufließt.[6] Ebenfalls fehlt es an wirtschaftlicher Belastung, wenn der Kandidat einer Quizshow sich zuvor vertraglich damit einverstanden erklärt, dass der von ihm erspielte Gewinn in seinem Namen an eine von ihm benannte gemeinnützige Einrichtung gestiftet wird. Es fehlt an der Verfügungsmacht über die Mittel.[7]

77   *Einstweilen frei.*

78   **b) Mitgliedsbeiträge. Begriff.** Von den Spenden unterscheiden sich die Mitgliedsbeiträge dadurch, dass sie aufgrund satzungsmäßiger Vorschriften von Mitgliedern einer steuerbegünstigten Körperschaft, meist regelmäßig entrichtet werden (§ 8 V). Zwar besteht eine Verpflichtung zur Beitragszahlung, diese ist aber unschädlich, wenn sie freiwillig eingegangen wurde, wie dies bei einem Vereinseintritt regelmäßig der Fall ist.[8] Umlagen und Aufnahmegebühren werden wie Mitgliedsbeiträge behandelt.[9]

79   **Nicht abziehbare Mitgliedsbeiträge.** Gemäß § 9 I Nr 2 S 8 sind Mitgliedsbeiträge an Körperschaften, die den Sport (Nr 1), kulturelle Betätigungen, die in erster Linie der Freizeitgestaltung dienen (Nr 2), die Heimatpflege und Heimatkunde (Nr 3) oder Zwecke iSd § 52 II Nr 23 AO fördern (Nr 4), nicht abziehbar. Verfolgt die empfangende Körperschaft laut ihrer Satzung oder tatsächlich mindestens einen dieser Zwecke, auch wenn daneben noch andere (unschädliche) Zwecke verfolgt werden,[10] entfällt ein Abzug

---

1   BFH XI R 6/03, BStBl II 2007, 8; aA *Tiedtke/Szczesny*, FR 2007, 765.
2   OFD Koblenz v 15.4.2005, StEK EStG § 10/404.
3   BFH IX R 24/85, BStBl II 1987, 850; BFH XI R 6/03, BStBl II 2007, 8.
4   *Krämer* in D/J/P/W § 9 Rn 132 f; hier auch Hinweis auf die Ausnahme für UNICEF-Grußkarten und -Kalender iRe Billigkeitsregelung (OFD Berlin v 6.1.2004); *Schulte* in Erle/Sauter § 9 Rn 58 mwN.
5   BFH XI R 23/06, BFH/NV 2007, 2251.
6   BFH X R 191/87, BStBl II 1991, 690.
7   BMF v 27.4.2006, BStBl I 2006, 342; FG Köln 9 K 4243/06, EFG 2007, 758, (rkr); FG Hamburg 3 K 250/06, EFG 2008, 842, (rkr).
8   BFH I R 126/85, BStBl II 1988, 220; BFH I R 63/91, BStBl II 1992, 748; *Krämer* in D/J/P/W § 9 Rn 144.
9   BTDrs 16/5200, 16.
10 FG Münster 9 K 4907/02 S, EFG 2007, 1434, (rkr); R 10b.1 I S 1 EStÄR 2008.

der Mitgliedsbeiträge. Im Gegensatz dazu sind Spenden an diese Körperschaften jedoch unter den allgemeinen Voraussetzungen abziehbar. Während die anderen in § 9 I Nr 2 S 8 aufgeführten Zwecke durch den Verweis auf § 52 II Nr 21-23 AO eindeutig bestimmt werden, besteht hinsichtlich der in Nr 2 aufgeführten kulturellen Zwecke, die in erster Linie der Freizeitgestaltung dienen, Abgrenzungsbedarf (vgl Rn 80).

Abziehbarkeit von Mitgliedsbeiträgen an Körperschaften, die Kunst und Kultur fördern (§ 9 I Nr 2 S 7). Durch das Gesetz zur Umsetzung steuerlicher EU-Vorgaben sowie zur Änderung steuerlicher Vorschriften wurde in § 9 I Nr 2 S 7 für Mitgliedsbeiträge, die nach dem 31.12.2006 geleistet wurden, aufgenommen, dass Mitgliedsbeiträge an Körperschaften, die Kunst und Kultur gem § 52 II Nr 5 AO fördern, abziehbar sind. Es darf sich dabei jedoch nicht um kulturelle Betätigungen handeln, die in erster Linie der Freizeitgestaltung dienen. Die Abgrenzung kann in der Praxis zu Problemen führen. In der Gesetzesbegründung zur Einführung der gleichlautenden Vorschrift in § 10b EStG[1] wird darauf abgestellt, dass aktiv ausgeführte eigene kulturelle Betätigungen der Mitglieder (zB im Laientheater, Laienchor, Laienorchester) in erster Linie der Freizeitgestaltung dienen. Liegt eine begünstigte Förderung von Kunst und Kultur vor, ist es gem § 9 I Nr 2 S 7 ausdrücklich nicht schädlich, wenn den Mitgliedern Vergünstigungen wie etwa verbilligte Eintrittskarten oder Veranstaltungen nur für Mitglieder gewährt werden. 80

Einstweilen frei. 81

c) Abgrenzung zu anderen Ausgaben. Abgrenzung zu unbeschränkt abziehbaren Betriebsausgaben. Aufwendungen in Geld oder Geldeswert zugunsten einer steuerbegünstigten Körperschaft, die nicht unentgeltlich geleistet werden, führen zu unbeschränkt abziehbaren Betriebsausgaben iSd § 4 IV EStG bzw bei Körperschaften mit Überschusseinkünften zu Werbungskosten. Entscheidend ist dabei nach Auffassung ständiger Rechtsprechung des BFH die überwiegende Motivation des Leistenden.[2] Die Abgrenzung ist im sog Sponsoring-Erlass[3] von der Finanzverwaltung erläutert worden. Danach sind Aufwendungen als Betriebsausgaben abziehbar – und nicht nur iRd Höchstbeträge als Spende –, wenn ihnen ein wirtschaftlicher Vorteil für den Zuwendenden gegenübersteht und Leistung und Gegenleistung nicht in krassem Missverhältnis zueinander stehen (dann Versagung des Abzugs gem § 4 V S 1 Nr 7 EStG iHd nicht angemessenen Teils und nicht etwa Abzug als Zuwendung gem § 9 I Nr 2). Die wirtschaftliche Motivation muss nach außen hin erkennbar sein. Letztlich ist die Frage, ob ein wirtschaftlicher Vorteil für den Zuwendenden vorliegt, anhand von Indizien zu entscheiden.[4] Hier scheint die Rechtsprechung strengere Maßstäbe anzulegen als die Finanzverwaltung. Während die Finanzverwaltung im Sponsoring-Erlass lediglich allgemein wirtschaftliche Vorteile für den Sponsor in Form von öffentlichkeitswirksamer Werbung verlangt und den Betriebsausgabenabzug auch zulässt, wenn die Geld- oder Sachleistungen des Sponsors und die erstrebten Werbeziele nicht 82

---
1   BTDrs 16/5200, 16.
2   BFH I R 126/85, BStBl II 1988, 220; BFH I R 65/86, BStBl II 1991, 258.
3   BMF v 18.2.1998, BStBl I 1998, 212; hierzu zB *Kasper*, DStZ 2005, 397, 398 f mwN.
4   *Thiel*, DB 1998, 842, 843 f.

gleichwertig sind, verlangt die Rechtsprechung eine angemessene Gegenleistung.[1] Es empfiehlt sich, die Gegenleistung ausreichend zu dokumentieren, denn eine nicht als Betriebsausgabe anerkannte Zuwendung ist nur iRd Höchstbeträge und bei Vorlage einer Zuwendungsbestätigung abzugsfähig. Eine Aufteilung ein und derselben Leistung in einen Teilbetrag unbeschränkt abzugsfähige Betriebsausgabe und einen Teilbetrag beschränkt abzugsfähige Zuwendung ist nicht möglich.

83   **Abgrenzung zu Geschenken.** Auch Geschenke isD § 4 V S 1 Nr 1 EStG sind freiwillige unentgeltliche Zuwendungen,[2] die auch einer juristischen Person zugewandt werden können. Sie sind aber nicht auf die Förderung steuerbegünstigter Zwecke gerichtet. Laut BFH ist § 9 gegenüber der steuerlichen Regelung für Geschenke lex specialis.[3] Aus diesem Grund dürfte bei einer freiwilligen, unentgeltlichen Leistung an einen steuerbegünstigten Zuwendungsempfänger für dessen steuerbegünstigten Bereich stets § 9 einschlägig sein, so dass für die Anwendung des § 4 V S 1 Nr 1 EStG kein Raum ist.[4]

84   *Einstweilen frei.*

85   **d) Einkommensverwendung. Vorbehalt der vGA.** § 9 I Nr 2 regelt ausdrücklich, dass Zuwendungen auch bei Vorliegen aller sonstigen Voraussetzungen nicht abgezogen werden dürfen, soweit es sich bei ihnen um vGA iSd § 8 III handelt. Eine solche liegt vor, wenn die Zuwendung an den Gesellschafter der zuwendenden Körperschaft, eine ihm nahestehende Person oder für den Gesellschafter erbracht wird – wodurch diesem eigene Aufwendungen erspart werden – und durch das Gesellschaftsverhältnis veranlasst ist.[5] Dies kann bspw der Fall sein, wenn eine Kapitalgesellschaft Zuwendungen an eine Kirchengemeinde leistet, die dem Mehrheitsgesellschafter nahe steht.[6] Es ist auf die Umstände des konkreten Einzelfalls abzustellen. Der BFH teilt ausdrücklich nicht[7] die Auffassung einiger Autoren, nach der ausschließlich auf die Spendenmotivation abgestellt werden soll und eine Zuwendung dann keine vGA sein kann, wenn sie aus Sicht des Zuwendenden eine Spende ist.[8] Die gleichen Grundsätze sollen auch auf Zuwendungen an eine dem Mehrheitsgesellschafter nahestehende Stiftung anzuwenden sein.[9]

86   **Spenden eines wirtschaftlichen Geschäftsbetriebes.** Spenden eines wirtschaftlichen Geschäftsbetriebes an seine Trägerkörperschaft sind nicht abziehbar, da es sich um Einkommensverwendung handelt. Dies begründet sich darin, dass der wirtschaftliche Geschäftsbetrieb keine eigene Rechtspersönlichkeit hat, so dass es zwischen ihm und dem Körperschaftsteuersubjekt keine Rechtsbeziehungen geben

---

1   BFH I R 4/84, BStBl II 1990, 237; Hessisches FG 4 K 1309/97, EFG 1999, 496; FG Münster 9 K 3865/04 K F, EFG 2007, 1470, (rkr).
2   BMF v 8.5.1995, DStR 1995, 884.
3   BFH I R 126/85, BStBl II 1988, 220.
4   *Thiel*, DB 1998, 842, 844.
5   *Woitschell* in EY § 9 Rn 35.
6   BFH I R 83/06, BFH/NV 2008, 988; kritisch *Drüen* in H/H/R § 9 Rn 38.
7   BFH I R 83/06, BFH/NV 2008, 988.
8   *Janssen*, DStZ 2001, 160, 162; *Schulte* in Erle/Sauter § 9 Rn 61; *Woitschell* in EY § 9 Rn 35.
9   BFH I B 19/08, BFH/NV 2008, 1704; kritisch *Schulte* in Erle/Sauter § 9 Rn 61; *Kirnberger*, EStB 2004, 510, 513; *Wagner*, DStR 2011, 1594.

kann.[1] Etwas anderes gilt gem H 47 KStH, wenn der wirtschaftliche Geschäftsbetrieb die Zuwendungen an einen anderen begünstigten Empfänger leistet, auch wenn er gleichartige Zwecke verfolgt. Zuwendungen einer teilweise steuerbefreiten Körperschaft dürfen dabei nicht aus dem steuerbefreiten Bereich stammen.[2]

Spenden eines BgA. Zuwendungen eines Eigenbetriebs an seine Trägergemeinde können abzugsfähig sein, es ist aber wegen der engen Bindung das Vorliegen einer vGA zu prüfen (H 47 KStH). Zu der Frage, unter welchen Voraussetzungen Zuwendungen eines BgA an seine Trägerschaft vGA darstellen, hat sich umfangreiche Rechtsprechung entwickelt, insbesondere zu Zuwendungen von Sparkassen an ihre (Gewähr-)Träger. Dabei wird auf den sog Fremdspendenrahmen abgestellt, dh auf den Vergleich mit den durchschnittlichen Zuwendungen, die innerhalb der letzten drei bis fünf Jahre an fremde Dritte geleistet wurden (H 47 KStH mwN). Diese pauschale Vorgehensweise stößt in der Literatur überwiegend auf Kritik.[3] 87

Einstweilen frei. 88

e) Zeitpunkt der Zuwendungsberücksichtigung. Der Zeitpunkt der Berücksichtigung einer Zuwendung richtet sich nach dem Abflussprinzip iSd § 11 II EStG.[4] Dies gilt auch, wenn – etwa bei Mitgliedsbeiträgen – iRd Bilanzierung eine Abgrenzung vorgenommen wird. 89

Einstweilen frei. 90

2. Zuwendungsbegünstigte Zwecke. Allgemeines. Mit Wirkung ab dem VZ 2007 wurden die zuwendungsbegünstigten Zwecke vereinheitlicht (Gesetz zur weiteren Stärkung des bürgerschaftlichen Engagements). In der bis zum 31.12.2006 gültigen Fassung des § 9 I Nr 2 waren nur Ausgaben zur Förderung mildtätiger, kirchlicher religiöser, wissenschaftlicher und der als besonders förderungswürdig anerkannten Zwecke innerhalb bestimmter Höchstgrenzen (vgl Rn 109) abziehbar. Welche gemeinnützigen Zwecke als besonders förderungswürdig galten, war in einer Anlage 1 zu dem mittlerweile aufgehobenen § 48 EStDV 2000 aufgezählt. Für einige in § 52 AO enthaltenen gemeinnützigen Zwecke war ein Zuwendungsabzug damit nicht zulässig. Diese Unterscheidung wurde aufgegeben, so dass nunmehr Zuwendungen für alle in den §§ 52-54 AO abschließend aufgeführten steuerbegünstigten Zwecke – unter den sonstigen Voraussetzungen des § 9 – einheitlich abzugsfähig sind. 91

Steuerbegünstigte Zwecke im Einzelnen. § 52 I AO legt fest, dass eine Körperschaft gemeinnützige Zwecke verfolgt, wenn ihre Tätigkeit darauf gerichtet ist, die Allgemeinheit auf materiellem, geistigem oder sittlichem Gebiet selbstlos zu fördern. § 52 II AO enthält eine abschließende Auflistung der fünfundzwanzig als Förderung der Allgemeinheit dienenden anerkannten Zwecke. In § 53 AO ist definiert, dass eine Körperschaft mildtätige Zwecke verfolgt, wenn ihre Tätigkeit darauf gerichtet ist, Personen selbstlos zu unterstützen, die infolge ihres körperlichen, geistigen 92

§ 9

---
1   BFH I R 78/99, BStBl II 2001, 449; KStR 47 VII; aA *Olgemüller* in Streck § 9 Rn 17.
2   BFH I R 117/88, BStBl II 1991, 645; H 47 KStH.
3   So etwa *Hüttemann*, Gemeinnützigkeit und Spendenrecht, 2008, § 8 Rn 66 f mwN; *Janssen*, DStZ 2001, 160, 162.
4   BFH X R 75/94, BStBl II 1997, 239.

oder seelischen Zustandes auf die Hilfe anderer angewiesen sind oder deren Bezüge gewisse Grenzen nicht überschreiten. § 54 AO enthält die Definition der anerkannten kirchlichen Zwecke. Eine Körperschaft verfolgt danach kirchliche Zwecke, wenn ihre Tätigkeit darauf gerichtet ist, eine Religionsgemeinschaft, die Körperschaft des öffentlichen Rechts ist, selbstlos zu fördern. Aufgrund der Vereinheitlichung des Zuwendungsabzugs für sämtliche in §§ 52-54 AO aufgeführten Zwecke ist es nicht länger schädlich, wenn eine Körperschaft mehrere steuerbegünstigte Zwecke nebeneinander verfolgt.[1] Verwenden die Zuwendungsempfänger die Mittel für Zwecke, die zwar unter die §§ 52-54 AO fallen, aber in ihrer Satzung nicht aufgeführt sind, ist der Abzug zu versagen. In besonderen Katastrophenfällen hat die Finanzverwaltung aber in der Vergangenheit Ausnahmen zugelassen.[2]

93 **Öffnungsklausel.** Für die Einbeziehung möglicher sich zukünftig ergebender Satzungszwecke wurde in § 52 II S 2 und 3 AO eine Öffnungsklausel hinzugefügt, nach der weitere, bisher nicht in § 52 II S 1 AO aufgeführte Zwecke durch die Landesfinanzbehörden für gemeinnützig erklärt werden können.[3] Die Vorgehensweise wird in einer Verfügung der OFD Koblenz[4] erläutert. Daraus geht insbesondere hervor, dass durch die Öffnungsklausel lediglich die Möglichkeit eröffnet werden soll, auf sich ändernde gesellschaftliche Verhältnisse zu reagieren. Es geht nicht darum, den Finanzbehörden die Möglichkeit einzuräumen, solche Zwecke als gemeinnützig anzuerkennen, die der Gesetzgeber bei der Erstellung des Katalogs in § 52 II AO bewusst nicht aufgenommen hat. Über die Anerkennung eines neuen Zwecks als gemeinnützig wird nach einer entsprechenden Vereinbarung der obersten Finanzbehörden des Bundes und der Länder bundesweit einvernehmlich entschieden.[5]

94 **Verwirklichung der Zwecke im Ausland.** Während einige der in den §§ 52-54 AO aufgeführten Zwecke einen Auslandsbezug inhaltlich ausschließen (zB § 52 II S 1 Nr 24 AO: Förderung des demokratischen Staatswesens im Geltungsbereich der AO) und andere ohne Auslandsbezug gar nicht durchführbar wären (zB § 52 II S 1 Nr 15 AO: Entwicklungszusammenarbeit) oder deren Auslandsbezug durch ständige Verwaltungspraxis anerkannt ist, wie bei der Katastrophenhilfe iSd § 53 AO im Ausland,[6] ist für die Mehrzahl der aufgeführten Zwecke keine eindeutige territoriale Zuordnung aus dem Gesetz erkennbar. Es war fraglich, ob sich aus der Generalklausel des § 52 I AO, der die Förderung der Allgemeinheit fordert, eine Beschränkung auf die inländische Bevölkerung ergibt. Zunächst verlangte die Finanzverwaltung nur, dass sich die Förderung zumindest nicht zum Nachteil Deutschlands auswirken solle, stellte aber (weiterhin geltende) erhöhte Anforderungen an die Dokumentation der Mittelverwendung.[7] Sodann wurde die Auffassung jedoch dahingehend verschärft, dass unter „Allgemeinheit" Bewohner Deutschlands zu

---

[1] So noch Anlage 1 zu § 48 EStDV 2000.
[2] ZB BMF v 14.1.2005, BStBl I 2005, 52; BMF v 6.9.2005, BStBl I 2005, 860; BMF v 19.9.2005, BStBl I 2005, 871; BMF v 4.2.2010, BStBl I 2010, 179.
[3] Hierzu *Hüttemann*, DB 2007, 2053 ff.
[4] OFD Koblenz v 11.1.2010, DB 2010, 756.
[5] OFD Koblenz v 11.1.2010, DB 2010, 756.
[6] ZB BMF v 14.1.2005, BStBl I 2005, 52 (Seebebenkatastrophe in Asien); BMF v 19.9.2005, BStBl I 2005, 871 (Hurrikan Katrina in den USA); BMF v 4.2.2010, BStBl I 2010, 179 (Erdbeben in Haiti).
[7] Ua OFD München v. 23.11.2001, DStR 2002, 806.

verstehen seien und daher Zwecke im Ausland nur anerkannt würden, wenn sie positive Rückwirkungen auf das Ansehen Deutschland und seiner Bevölkerung haben.[1] Dieser Ansicht widersprach der BFH.[2] Mit Wirkung ab 1.1.2009 wurde durch das JStG 2009 in einem neuen § 51 II AO die Auffassung der Finanzverwaltung durch die Einführung eines sog strukturellen Inlandsbezugs gesetzlich verankert. Begünstigt sind demnach im Ausland verwirklichte Zwecke nur, wenn sie im Inland ansässige natürliche Personen fördern oder zum Ansehen der Bundesrepublik Deutschland im Ausland beitragen (AEAO Nr 7 § 51 II AO). Diese Änderung ist eine Reaktion auf das Stauffer-Urteil des EuGH[3], wonach ein struktureller Inlandsbezug als zulässig erschien. Das Kriterium des sog „Ansehensbeitrags" ist auslegungsbedürftig und dürfte in der Zukunft zu Rechtsstreitigkeiten führen. Die Vorschrift wird in der Literatur weitgehend kritisiert und ihre Vereinbarkeit mit Unionsrecht angezweifelt.[4] Die Kritik dürfte sich noch verschärfen, nachdem durch das Gesetz zur Umsetzung steuerrechtlicher EU-Vorgaben sowie zur Änderung steuerlicher Vorschriften das Erfordernis des Inlandsbezugs auch auf ausländische Spendenempfänger, die in einem Mitgliedstaat der EU oder des EWR ansässig sind, ausgedehnt wurde. Dies ergibt sich für ausländische juristische Personen des öffentlichen Rechts sowie ausländische öffentliche Dienststellen unmittelbar aus § 9 I Nr 2 S 6 und für ausländische Körperschaften, Personenvereinigungen und Vermögensmassen aus dem Verweis auf § 5 I Nr 9, der wiederum auf § 51 AO verweist. Dabei ist der strukturelle Inlandsbezug gem § 34 VIIIa S 6 bei Zuwendungen an juristische Personen des öffentlichen Rechts und öffentliche Dienststellen auf Zuwendungen anzuwenden, die nach dem 31.12.2009 geleistet werden. Bei Zuwendungen an privat-rechtliche Zuwendungsempfänger ist der strukturelle Inlandsbezug bereits für Zuwendungen ab dem VZ 2009 erforderlich.

Einstweilen frei. **95-96**

3. Zuwendungsempfänger. Empfängergruppen. a) Situation nach dem JStG 2009. Bis **97**
zur Geltung des Gesetzes zur Umsetzung steuerlicher EU-Vorgaben sowie zur Änderung steuerlicher Vorschriften wurde in § 9 I Nr 2 der Abzug von Zuwendungen nur zugelassen, wenn der Empfänger entweder eine inländische juristische Person des öffentlichen Rechts, eine inländische öffentliche Dienststelle oder eine nach § 5 I Nr 9 steuerbefreite Körperschaft, Personenvereinigung oder Vermögensmasse war. § 5 wiederum eröffnete die Möglichkeit zur Steuerbefreiung nur inländischen Körperschaften. Durch das JStG 2009 wurde § 5 II Nr 2 dahingehend geändert, dass die Befreiung nach § 5 I Nr 9 auch für beschränkt steuerpflichtige Körperschaften, Personenvereinigungen und Vermögensmassen zugelassen wird, die in einem Mitgliedstaat der EU oder des EWR-Abkommens gegründet wurden und ihren Sitz und ihre Geschäftsleitung in einem dieser Staaten haben, wenn mit ihrem Staat ein Amtshilfeabkommen besteht. Dadurch sollte das Urteil des EuGH v 14.9.2006 (*Stauffer*)[5] umgesetzt werden.[6] Aus diesem Grund ist die Gesetzesänderung gem § 34 Va idFd JStG 2009 auf auch VZ vor 2009 anzuwenden.

---

1 BMF v 20.9.2005, BStBl I 2005, 902.
2 BFH I R 94/02, BFH/NV 2007, 805.
3 EuGH Rs C 386/01, *Stauffer*, Slg 2006, I-8203; vgl auch BTDrs 16/10189, 79 f.
4 ZB *Geserich*, DStR 2009, 1173, 1176 mwN; *Drüen* in H/H/R § 9 Rn 42.
5 EuGH Rs C 386/01, *Stauffer*, Slg 2006, I-8203.
6 BTDrs 16/10189, 69.

98   *Einstweilen frei.*

99   **b) Situation nach dem Gesetz zur Umsetzung steuerlicher EU-Vorgaben sowie zur Änderung steuerlicher Vorschriften.** Die Änderung durch das JStG 2009 erweiterte den Kreis der Zuwendungsempfänger lediglich auf beschränkt steuerpflichtige Körperschaften des privaten Rechts. Ausländische juristische Personen des öffentlichen Rechts sowie Kapitalgesellschaften, Personenvereinigungen oder Vermögensmassen, die im Inland weder unbeschränkt noch beschränkt steuerpflichtig sind, wurden hiervon nicht erfasst. Dies stand im Widerspruch zum sog Persche-Urteil des EuGH[1] v 27.1.2009. In diesem Urteil hat der EuGH entschieden, dass eine solche Einschränkung gegen die Kapitalverkehrsfreiheit verstößt. Spenden müssten demnach steuermindernd berücksichtigt werden, wenn der Spender nachweist, dass die übrigen Voraussetzungen des inländischen Gemeinnützigkeits- und Spendenrechts erfüllt sind. Aufgrund dieser Rechtsprechung wurden die Regelungen zu den Zuwendungsempfängern in § 9 mit dem Gesetz zur Umsetzung steuerlicher EU-Vorgaben sowie zur Änderung steuerlicher Vorschriften grundlegend angepasst. Die Empfänger von zum Abzug berechtigenden Zuwendungen sind in § 9 I Nr 2 S 2 abschließend aufgezählt. Hierbei handelt es sich nunmehr um

- juristische Personen des öffentlichen Rechts oder öffentliche Dienststellen, die in einem Mitgliedstaat der EU oder in einem Staat belegen sind, auf den das EWR-Abkommen Anwendung findet,
- nach § 5 I Nr 9 steuerbefreite Körperschaften, Personenvereinigungen und Vermögensmassen,
- Körperschaften, Personenvereinigungen oder Vermögensmassen, die in einem Mitgliedsstaat der EU oder in einem Staat belegen sind, auf den das EWR-Abkommen Anwendung findet, und die nach § 5 I Nr 9 iVm § 5 II Nr 2 Hs 2 steuerbefreit wären, wenn sie inländische Einkünfte erzielen würden.

100 **Juristische Personen des öffentlichen Rechts oder öffentliche Dienststellen.** § 9 I Nr 2 S 2 lit a erfasst inländische juristische Personen des öffentlichen Rechts und inländische öffentliche Dienststellen ebenso wie solche, die in einem Mitgliedstaat der EU oder des EWR belegen sind. Juristische Personen öffentlichen Rechts sind zB Gebietskörperschaften, Kirchen in der Rechtsform einer Körperschaft des öffentlichen Rechts, rechtsfähige Stiftungen oder Anstalten des öffentlichen Rechts; öffentliche Dienststellen sind zB staatliche Universitäten oder Museen. Diese Empfängergruppe kann wegen ihrer Rechtsnatur nur Spenden erhalten, nicht jedoch Mitgliedsbeiträge. Jedenfalls für Inlandsfälle hat die Finanzverwaltung geregelt, dass die Spende sowohl an den hoheitlichen Bereich erfolgen kann als auch an einen steuerbefreiten oder steuerpflichtigen BgA dieser Empfänger.[2] Erforderlich ist nur, dass sie für einen steuerbegünstigten Zweck verwendet wird.

---

1   EuGH Rs C 318/07, *Persche*, Slg 2009, I-359.
2   Ua OFD Frankfurt v 19.4.2005, DStZ 2005, 495.

V. Abzug von Zuwendungen

Körperschaften, Personenvereinigungen und Vermögensmassen. Von § 9 I Nr 2 S 2 lit b erfasst werden alle inländischen gem § 5 I Nr 9 als steuerbefreit anerkannten Körperschaften, Personenvereinigungen und Vermögensmassen privaten Rechts sowie entsprechende ausländische Rechtsformen mit Sitz und Geschäftsleitung in einem Mitgliedsstaat der EU oder des EWR, die beschränkt steuerpflichtig sind und die in § 5 I Nr 9 enthaltenen Voraussetzungen für die Steuerfreiheit erfüllen. In § 9 I Nr 2 S 2 lit c wird der Anwendungsbereich schließlich unter bestimmten Voraussetzungen auf in einem Mitgliedsstaat der EU oder des EWR ansässige Körperschaften, Personenvereinigungen oder Vermögensmassen ausgeweitet, die analog § 5 I Nr 9 steuerbefreit wären, wenn sie inländische Einkünfte erzielen würden.

101

Leistung von Amtshilfe und Unterstützung bei der Beitreibung. Gem § 9 I Nr 2 S 3 ist für nicht im Inland ansässige Zuwendungsempfänger zusätzliche Voraussetzung, dass durch den jeweiligen Ansässigkeitsstaat Amtshilfe und Unterstützung bei der Beitreibung geleistet werden. Amtshilfe bezieht sich dabei auf die Erteilung von Auskünften, um der deutschen Finanzverwaltung zu ermöglichen, das Vorliegen der Voraussetzungen für den Zuwendungsabzug zu überprüfen. Beitreibungsmaßnahmen im Ansässigkeitsstaat des Zuwendungsempfängers sind laut Gesetzesbegründung zum Gesetz über die Umsetzung von EU-Vorgaben sowie zur Änderung steuerlicher Vorschriften wegen der möglichen Haftungsinanspruchnahme notwendig.[1] In § 9 I Nr 2 S 4 und 5 werden diese beiden Begriffe mittels Hinweis auf die entsprechenden EG-RL und die Durchführungsbestimmungen dazu definiert.[2] Alle EWR-Staaten außerhalb der EU (Norwegen, Island und Liechtenstein) leisten Amtshilfe.[3] Unterstützung bei der Beitreibung wird allerdings im EWR außerhalb der EU derzeit nur durch Norwegen und Lichtenstein geleistet. Zuwendungen an Empfänger in Island oder Liechtenstein sind daher derzeit nicht abzugsfähig.

102

Anwendung auf Drittstaaten. Zuwendungen an Empfänger außerhalb der EU und des EWR berechtigen weiterhin nicht zum Abzug. In der Literatur[4] wird zu Recht diskutiert, ob die Kapitalverkehrsfreiheit nicht auch auf Spenden an Einrichtungen in Drittstaaten anzuwenden ist, jedenfalls wenn mit ihnen Amtshilfeabkommen oder DBA mit einer sog großen Auskunftsklausel iSd Art 26 OECD-MA bestehen.[5] Entsprechend äußert sich auch der EuGH im Persche-Urteil.[6] Die Finanzverwaltung schließt die Anwendung auf Drittstaaten jedoch derzeit aus.[7]

103

Anerkennung als steuerbegünstigte Körperschaft. Die Voraussetzungen für die Steuerbefreiung nach § 5 I Nr 9 müssen im VZ der Zuwendung gegeben sein. Das Betriebsfinanzamt der Empfänger-Körperschaft erteilt idR zunächst eine vorläu-

104

---

1 BTDrs 17/506, 32.
2 Dazu auch BMF v 25.1.2006, BStBl I 2006, 26 und BMF v 19.1.2004, BStBl I 2004, 66.
3 Abkommen v 18.3.1971 (Island), BGBl I 1973, 504; Abkommen v 4.10.1991 (Norwegen), BGBl I 1993, 655; Art 26 f DBA Lichtenstein.
4 *Freiherr von Proff*, IStR 2009, 371, 376; *Thömmes*, IWB 2009, 1227, 1231; *Drüen* in H/H/R § 9 Rn 7.
5 So zB Art 26 DBA USA; in Art 27 DBA USA ist außerdem eine gegenseitige Anerkennung steuerbefreiter gemeinnütziger Organisationen verankert, die ebenfalls einen Abzug von Zuwendungen an solche US-amerikanischen Einrichtungen zulässig werden lassen müsste.
6 EuGH Rs C 318/07, *Persche*, Slg 2009, I-359.
7 BMF v 6.4.2010, DStR 2010, 807.

fige Bescheinigung über die Steuerbefreiung und dann einen Freistellungsbescheid, in dem auch Aussagen über die Berechtigung zum Ausstellen von Zuwendungsbestätigungen getroffen werden. An die darin geäußerte Rechtsauffassung ist das Veranlagungsfinanzamt des Zuwendenden gebunden.[1] Eine nachträgliche Satzungsänderung berechtigt nicht rückwirkend zum Abzug von Zuwendungen an diesen Empfänger.[2] Anders ist es jedoch, wenn die Voraussetzungen für die Steuerbefreiung im Zeitpunkt der Zuwendung vorgelegen haben, aber – zB wegen verspäteter Antragstellung – nachträglich ein Freistellungsbescheid erlassen wird.[3] In Bezug auf den Nachweis der Voraussetzungen für ausländische Zuwendungsempfänger sind praktische Schwierigkeiten zu erwarten. Ein Betriebsfinanzamt gibt es bei den ausländischen Empfänger-Körperschaften, die keine inländischen Einkünfte erzielen, nicht. Die Nachweispflichten des inländischen Spenders hat das BMF zwar mittlerweile geregelt.[4] Sie erscheinen jedoch insbesondere für Kleinspender nicht verhältnismäßig.[5] In der Literatur wird verschiedentlich empfohlen, eine Zentrale zur Anerkennung ausländischer oder sogar auch der inländischen Zuwendungsempfänger einzurichten.[6]

105 **Durchlaufspenden.** Bis einschließlich 1999 war es bei Zuwendungen an bestimmte steuerbefreite Körperschaften verpflichtend, diese über eine inländische juristische Person öffentlichen Rechts oder eine inländische öffentliche Dienststelle zu leiten. Die Verpflichtung wurde mit Wirkung ab dem 1.1.2000 abgeschafft. Dieses sog Durchlaufspendenverfahren ist aber auf freiwilliger Basis weiterhin zulässig.[7] Der Begriff der Durchlaufspenden wird gelegentlich aber auch verwendet, wenn gemeinnützige Körperschaften die Mittel im zulässigen Rahmen des § 58 Nr 1 AO an andere – auch ausländische – gemeinnützige Organisationen weiterleiten.[8]

106-108 *Einstweilen frei.*

109 **4. Höchstbeträge. Zeitliche Anwendung.** Durch das Gesetz zur weiteren Stärkung des bürgerschaftlichen Engagements wurden die Höchstbeträge für den Zuwendungsabzug vereinheitlicht und angehoben. Die Neuregelung ist auf alle ab dem 1.1.2007 geleisteten Zuwendungen anzuwenden. Für im VZ 2007 geleistete Zuwendungen besteht ein Wahlrecht, auf Antrag § 9 I Nr 2 in der bis zum 31.12.2006 geltenden Fassung anzuwenden (§ 34 VIIIa). Dies kann in Einzelfällen vorteilhaft sein, vor allem um den nach dem bis einschließlich VZ 2006 geltenden Recht verfügbaren zusätzlichen Abzugsbetrag iHv 20.450 EUR für Zuwendungen an bestimmte Stiftungen geltend zu machen. Wird das Wahlrecht ausgeübt, ist das frühere Recht in vollem Umfang anzuwenden.[9] Da der VZ der KSt das Kalenderjahr ist, sind Zuwendungen, die in einem abweichenden

---

1 BFH VI R 167/77, BStBl II 1981, 52.
2 *Hüttemann*, Gemeinnützigkeits- und Spendenrecht, 2008, § 8 Rn 20.
3 *Krämer* in D/J/P/W § 9 Rn 193 ff, hier auch zur Stiftung in Gründung.
4 BMF v 16.5.2011, DB 2011, 1249.
5 *Drüen* in H/H/R § 9 Rn 42.
6 *Hüttemann*, IStR 2010, 118, 124; *Geserich*, DStR 2009, 1173; *Thömmes*, IWB 2009, 1227, 1234.
7 R 10b.1 II EStR.
8 *Hüttemann*, Gemeinnützigkeits- und Spendenrecht, 2008, § 8 Rn 19.
9 OFD Koblenz v 16.2.2009, Rn 2, KSK § 9 KStG Karte 3.

V. Abzug von Zuwendungen

WJ 2006/2007 sowie ggf (bei Ausübung des Wahlrechts) 2007/2008 geleistet wurden, unterschiedlich zu behandeln, abhängig vom Kalenderjahr, in dem sie geleistet wurden, da § 34 VIIIa in diesem Fall auf die Zuwendungen des Kalenderjahres als VZ abstellt.[1]

Alternative Höchstbeträge. § 9 I Nr 2 S 1 sieht zwei alternative Höchstbeträge für den Zuwendungsabzug vor:

- Einkommensbezogener Höchstbetrag,
- Umsatz- bzw lohn- und gehaltsbezogener Höchstbetrag.

Dh in Bezug auf den jeweils höheren der genannten Höchstbeträge kommt ein Zuwendungsabzug von Amts wegen in Betracht.

Einkommensbezogener Höchstbetrag. Als erste Alternative werden 20 % des Einkommens herangezogen. Maßgebend ist das Einkommen des VZ (R 47 IV KStR), bei abweichendem WJ also das Einkommen des WJ, das im jeweiligen VZ endet, da dieses Einkommen gem § 7 IV S 2 der Besteuerung zugrunde gelegt wird. Vergleichbares gilt im Falle von Rumpf-WJ und Liquidationszeiträumen.[2] § 9 II S 1 enthält eine eigene Einkommensdefinition. Zugrundezulegen ist danach die Summe der Einkünfte, nämlich das zu versteuernde Einkommen vor Verlustabzug sowie nach Hinzurechnung aller Zuwendungen iSd § 9 I Nr 2, die das Jahresergebnis gemindert haben.

Umsatz- bzw lohn- und gehaltsbezogener Höchstbetrag. Der zweite in § 9 I Nr 2 S 1 genannte alternative Höchstbetrag erlaubt den Abzug von Zuwendungen bis zur Höhe von 4 Promille der Gesamtsumme aus den Umsätzen und den aufgewendeten Löhnen und Gehältern.[3] Beide Beträge sind nach Auffassung der Finanzverwaltung jeweils für das Kalenderjahr zu ermitteln (R 47 IV KStR), obwohl das Gesetz dies nur für die Lohn- und Gehaltsaufwendungen ausdrücklich regelt. Für abweichende WJ fehlt eine eindeutige Aussage dazu, welches Kalenderjahr zugrunde zu legen ist. Nach hA handelt es sich um das Kalenderjahr, in dem das abweichende WJ endet, da dies der für den Zuwendungsabzug maßgebliche VZ ist.[4] Im Falle eines sich über mehrere Kalenderjahre erstreckenden Liquidationszeitraums dürften alle davon berührten Kalenderjahre in der Summe zu betrachten sein.[5] Zu den Umsätzen iSd § 9 I Nr 2 S 1 zählen steuerpflichtige und steuerfreie Umsätze iSd UStG sowie nicht steuerbare Umsätze.[6] Zu den Umsätzen gehören auch Entgelte für Kreditgewährungen und den Einzug von Schecks und Wechseln sowie Rediskontbeträge.[7] Der Begriff der Löhne und Gehälter richtet sich nicht nach dem (Einkommen-)Steuerrecht, sondern nach dem Gesetzeswortlaut danach, welche Aufwendungen das Einkommen des Steuerpflichtigen gemindert haben.[8] Einzubeziehen sind also auch Zuführungen zu (Personal-)Rückstellungen.

110

111

112

---

1   *Krämer* in D/J/P/W § 9 Rn 321 ff.
2   *Krämer* in D/J/P/W § 9 Rn 319; aA *Leib* in Mössner/Seeger § 9 Rn 201.
3   Laut Gesetzesbegründung wird hierdurch auch in wirtschaftlich schlechteren Jahren ein möglichst gleichmäßiges Aufkommen an Zuwendungen ermöglicht, BTDrs 16/5200, 16 und 18.
4   *Krämer* in D/J/P/W § 9 Rn 320; *Frotscher* in Frotscher/Maas § 9 Rn 61; *Hofmeister* in Blümich § 9 Rn 106.
5   *Krämer* in D/J/P/W § 9 Rn 320.
6   BFH I R 69/68, BStBl II 1970, 349.
7   BFH I R 151/93, BStBl II 1997, 327.
8   *Leib* in Mössner/Seeger § 9 Rn 149.

113   **Abzug iRd Höchstbeträge.** IRd Höchstbeträge sind die Zuwendungen abzugsfähig, die im jeweiligen VZ geleistet wurden. Bei einem abweichenden WJ sind das die Zuwendungen des WJ, der in dem VZ endet (R 47 III KStR). Die beiden Höchstbeträge des § 9 I Nr 2 S 1 stehen gleichberechtigt nebeneinander, sind aber nicht kumulativ anzuwenden („oder"). Der Steuerpflichtige hat nach Ansicht des BFH insofern ein Wahlrecht,[1] das er bis zur Unanfechtbarkeit der Steuerfestsetzung auch abweichend ausüben kann. Da jedoch von Amts wegen zwingend der höchstmögliche Abzug vorgenommen werden muss, läuft dieses Wahlrecht faktisch ins Leere (vgl Rn 119). Der Abzug erfolgt bei der Ermittlung des Gesamtbetrags der Einkünfte, der dadurch negativ werden kann. Daher kann, anders als im Anwendungsbereich des EStG, der Zuwendungsabzug zu einem Verlustvortrag führen oder einen solchen erhöhen (R 47 II KStR).

114   **Beteiligungen an Personengesellschaften.** Zuwendungen einer Personengesellschaft werden gem § 180 I Nr 2a AO gesondert festgestellt, und ihre Abzugsfähigkeit wird erst auf Ebene einer an ihr beteiligten Körperschaft zusammen mit deren eigenen Zuwendungen iRd § 9 geprüft.[2] Dabei werden die anteiligen Umsätze sowie Löhne und Gehälter der Personengesellschaft bei der Prüfung des Höchstbetrags auf Ebene des Gesellschafters berücksichtigt (R 10b.3 I EStR). Das anteilige, nicht durch die Zuwendungen geminderte Einkommen der Personengesellschaft ist durch die steuerliche Gewinnzurechnung bereits im Einkommen der Körperschaft enthalten, so dass für Zwecke der Höchstbetragsprüfung keine gesonderte Ermittlung notwendig ist.

115   **Organschaft.** Im Falle der ertragsteuerlichen Organschaft erfolgt die Ermittlung der Höchstbeträge sowie der Abzug der Zuwendungen jeweils getrennt bei der Einkommensermittlung auf Ebene der Organgesellschaft einerseits und des Organträgers andererseits (R 47 V KStR).[3] Auf Ebene des Organträgers bleibt daher das zugerechnete Einkommen der Organgesellschaft außer Ansatz. Ist eine Körperschaft an einer Personengesellschaft beteiligt, die ihrerseits Organträgerin ist, bleibt folgerichtig zudem auch das anteilige Einkommen der Organgesellschaft bei der Ermittlung des Höchstbetrags auf Ebene des Mitunternehmers außer Ansatz.[4] Die dabei anzuwendende, in § 15 verankerte Bruttomethode führt zu Ungleichbehandlungen von Gesellschaften innerhalb einer Organschaft im Vergleich zu derselben Situation ohne Vorliegen einer Organschaft, was jedoch auch zur steuerlichen Optimierung des Zuwendungsabzugs genutzt werden kann.[5] Denn der Abzug von Beträgen gem § 8b I und II erst auf der Ebene des Organträgers, auch wenn sie bei der Organgesellschaft angefallen sind, verschiebt das Einkommen iSd § 9 II S 1 vom Organträger zur Organgesellschaft. Andererseits ergibt sich ein umgekehrter Effekt im Fall von Gewinnminderungen iSd § 8b III. Auch die Anwendung des § 4h EStG (Zinsschranke) auf der Ebene des Organträgers für den gesamten Organkreis kann zu Einkommens-

---

1   BFH I R 69/68, BStBl II 1970, 349; aA *Hofmeister* in Blümich § 9 Rn 106.
2   BFH X R 149/88, BStBl II 1991, 70.
3   AA FG Münster 4 K 1884/94 E, EFG 1997, 704.
4   BFH XI R 95/97, BStBl II 2003, 9.
5   Hierzu ausführlich mit Beispielen *Sievert/Stolze*, StuB 2006, 616 ff.

verschiebungen führen. Die Mitglieder einer umsatzsteuerlichen Organschaft werden bei der Ermittlung der gesamten Umsätze iSd § 9 I Nr 2 getrennt betrachtet. Die nicht steuerbaren Innenumsätze innerhalb des Organkreises werden bei der Berechnung berücksichtigt.[1]

Einstweilen frei. 116-117

5. Zuwendungsvortrag. Allgemeines. Gem § 9 I Nr 2 S 9 sind abziehbare Zuwendungen, die die Höchstbeträge nach § 9 I Nr 2 S 1 überschreiten, iRd Höchstbeträge in den folgenden VZ abzuziehen. Dh der nach früherem Recht auf sog Großspenden und außerdem zeitlich begrenzte Zuwendungsvortrag wurde mit Gesetz zur weiteren Stärkung des bürgerschaftlichen Engagements durch einen zeitlich unbegrenzten Vortrag aller Zuwendungen, die in einem VZ aufgrund der Höchstbetragsregelung nicht abgezogen werden können, ersetzt. 118

Von Amts wegen. Der Vortrag ist zwingend und nicht antragsgebunden. Dies ergibt sich aus dem Verweis in § 9 I Nr 2 S 10 auf § 10d IV EStG. Gem BFH v 4.5.2004[2] zur alten Großspendenregelung ist zunächst der höchstmögliche Zuwendungsabzug vorzunehmen und der übersteigende Betrag vorzutragen. Dies ergibt sich auch aus dem Wortlaut der Vorschrift („…die die Höchstbeträge nach Satz 1 überschreiten…"). Hierdurch läuft das Wahlrecht zwischen beiden Höchstbeträgen faktisch ins Leere.[3] Es ist daher nicht möglich, durch Wahl des zu einem niedrigeren Abzug führenden Höchstbetrags Abzugspotenzial in folgende VZ zu übertragen. Der Zuwendungsvortrag ist gem § 9 I Nr 2 S 10 iVm § 10d IV EStG gesondert festzustellen. 119

Abzug in Folgejahren. In Folgejahren können die vorgetragenen Zuwendungen abgezogen werden, soweit sie zusammen mit den Zuwendungen des jeweiligen VZ die Höchstbeträge nicht überschreiten. Der Vortrag ist zeitlich uneingeschränkt möglich. Eine Reihenfolge des Abzugs besteht insoweit nicht. 120

Übertragbarkeit und Untergang des Anrechnungsvortrags. Der Zuwendungsvortrag ist nur bei Gesamtrechtsnachfolge übertragbar, etwa bei Verschmelzung, Auf- oder Abspaltung sowie Vermögensübertragung. Dies ergibt sich mangels ausdrücklicher Regelung aus §§ 12 III und 15 I iVm 4 II S 1 UmwStG.[4] Regelungen über eine Beschränkung bei Anteilseignerwechsel wie beim Verlust- oder Zinsvortrag existieren für den Zuwendungsvortrag nicht, so dass ein solcher Vorgang unschädlich ist. 121

Verbleibender Großspendenvortrag. Ein noch verbleibender Großspendenvortrag nach altem Recht ist getrennt festzustellen und der Abzug in Folgejahren (bis spätestens VZ 2012) nach den bisher geltenden (niedrigeren) Höchstbeträgen zu prüfen. IHd so abziehbaren Großspendenvortrags werden die Höchstbeträge für den Abzug von Zuwendungen des laufenden VZ verbraucht.[5] Ein nach Ablauf des Vortragszeitraums noch nicht verbrauchter Großspendenvortrag geht unter.[6] 122

---

1 AA *Gerlach*, DB 1986, 2357 ff.
2 BFH XI R 34/03, BStBl II 2004, 736.
3 Ebenso *Hofmeister* in Blümich § 9 Rn 106 sowie im Ergebnis *Frotscher* in Frotscher/Maas § 9 Rn 79.
4 *Krämer* in D/J/P/W § 9 Rn 228.
5 BMF v 18.12.2008, BStBl I 2009, 16.
6 OFD Koblenz v 16.2.2009, Rn 10, KSK § 9 KStG Karte 3.

123-124 *Einstweilen frei.*

125 **6. Sach- und Aufwandszuwendungen. Sachzuwendungen (§ 9 II S 2 und 3).** Auch die Zuwendung von neuen oder gebrauchten Wirtschaftsgütern ist gem § 9 II S 2 abzugsfähig. Dabei kann es sich sowohl um materielle als auch um immaterielle Vermögensgegenstände handeln. Voraussetzung ist lediglich, dass sie einen Marktwert haben.[1] Zuwendungsfähig sind also bspw auch Forderungen oder Beteiligungen an Kapital- oder Personengesellschaften. Beim sog Share Sponsoring soll es sich allerdings nicht um Sach- sondern um Geldzuwendungen handeln.[2] Die Unterscheidung hat für die Form der Zuwendungsbestätigung Bedeutung. Für Sachzuwendungen ist ein besonderes amtliches Muster vorgesehen.[3] Es sind genaue Angaben über Art und Bewertung des zugewendeten Gegenstands zu machen.

126 **Zeitpunkt der Sachspende.** Die Sachspende wird durch Übertragung des wirtschaftlichen Eigentums bewirkt.[4]

127 **Bewertung (§ 9 II S 3).** Bei der Zuwendung mehrerer Gegenstände müssen diese einzeln aufgeführt und bewertet werden. Die Bewertung richtet sich gem § 9 II S 3 nach § 6 I Nr 4 S 1 und 4 EStG. Demnach sind Sachzuwendungen als Entnahme grundsätzlich stets mit dem Teilwert zu bewerten. Wird das Wirtschaftsgut jedoch unmittelbar nach seiner Entnahme einer der in § 5 I Nr 9 aufgeführten Einrichtungen zur Verwendung für steuerbegünstigte Zwecke unentgeltlich überlassen, so kann die Entnahme mit dem Buchwert angesetzt werden (Buchwertprivileg). Durch den Verweis auf § 5 I Nr 9 wird das Buchwertprivileg auf Zuwendungen an im Inland unbeschränkt oder beschränkt steuerpflichtige Körperschaften begrenzt. Diese Beschränkung wurde auch nicht durch das Gesetz zur Umsetzung steuerrechtlicher EU-Vorgaben sowie zur Änderung steuerlicher Vorschriften beseitigt, in dem ansonsten weitgehend die Vorgaben des Persche-Urteils des EuGH[5] in Bezug auf nicht im Inland steuerpflichtige Zuwendungsempfänger umgesetzt wurden. Insoweit dürfte weiterhin eine Unionsrechtswidrigkeit vorliegen. Durch die Bezugnahme auf die Regelung des EStG wird der Begriff der Entnahme auch im Bereich des KStG angewendet, obwohl dieser Begriff systematisch hier nicht einschlägig ist, weil eine Körperschaft nach der Rechtsprechung des BFH keine außerbetriebliche Sphäre haben kann.[6] Bei der Bewertung mit dem Teilwert sind aufgedeckte stille Reserven zu versteuern, die Zuwendung ist iHd Teilwerts abzugsfähig. Überschreitet der Teilwert zusammen mit anderen Zuwendungen des VZ oder des Zuwendungsvortrags die Höchstbeträge nach § 9 I, kann es vorteilhaft sein, den Buchwert zu wählen, der idR niedriger als der Teilwert ist. Es ist fraglich, ob die in § 6 I Nr 4 S 4 EStG geforderte Verwendung für steuerbegünstigte Zwecke auch gegeben ist, wenn der Zuwendungsempfänger die zugewendete Sache unmittelbar nach Empfang veräußert und den Erlös für steuerbegünstigte Zwecke verwendet. Nach hM ist das Buchwertprivileg auch bei dieser

---

1   BFH X R 17/85, BStBl II 1989, 79.
2   *Ball/Diekmann,* DStR 2002, 1602, 1604.
3   BMF v 13.12.2007, BStBl I 2008, 4.
4   BFH X R 149/88, BStBl II 1991, 70.
5   EuGH Rs C 318/07, *Persche,* Slg 2009, I-359.
6   BFH I R 106/99, BStBl II 2003, 487.

mittelbaren Verwendung anwendbar.¹ Diese Auffassung scheint mittlerweile auch die Finanzverwaltung zu teilen.² Sachspenden für eine Tombola sind abziehbar, wenn die Tombola einen Zweckbetrieb der veranstaltenden Einrichtung iSd § 68 Nr 6 AO darstellt. Für Körperschaften, die kein Betriebsvermögen haben (zB Vereine), gilt nach dem Wortlaut der Vorschrift stets der Teilwertansatz gem § 6 I Nr 4 S 1 EStG, obwohl sich diese Bewertungsvorschrift gerade nur auf Wirtschaftsgüter des Betriebsvermögens bezieht.³

USt. Die auf die Sachzuwendung gem § 3 Ib UStG anfallende USt, deren Höhe unabhängig vom für ertragsteuerliche Zwecke angesetzten Wert nach den Selbst- bzw den Wiederbeschaffungskosten bemessen wird, ist gem § 10 Nr 2 nicht abziehbar, ist aber bei der Bewertung der Sachzuwendung zu berücksichtigen, also iRd Höchstbeträge abziehbar (R 10b.1 I EStR). 128

Nachweis. Die Finanzverwaltung fordert Nachweise über die Bewertung einer Sachspende, § 50 IV S 2 EStDV. Bei neuen Wirtschaftsgütern ist dies einfach anhand der Eingangsrechnung möglich. Bei gebrauchten Wirtschaftsgütern sind Verkaufspreise vergleichbarer – gebrauchter – Wirtschaftsgüter heranzuziehen. Ist dies nicht möglich, ist der Wert unter Berücksichtigung des Neupreises, des Zeitraums zwischen Anschaffung und Weggabe und des tatsächlichen Erhaltungszustands zu schätzen.⁴ 129

Beispiele. Auch die Spende einer Forderung ist eine Sachspende.⁵ Stellt ein Leasingnehmer den geleasten Gegenstand einer steuerbegünstigten Körperschaft zur Verfügung, kann das eine Spende des Gegenstandes oder der Leasingraten (wenn der Leasingnehmer nicht wirtschaftlicher Eigentümer ist) sein.⁶ 130

Nutzungen und Leistungen. Gem § 9 II S 2 sind Nutzungen und Leistungen nicht als Zuwendung abzugsfähig. § 100 BGB definiert Nutzungen als die Früchte einer Sache oder eines Rechts sowie die Vorteile, welche der Gebrauch der Sache oder des Rechts gewährt. Hierunter fallen die unentgeltliche Überlassung von Wirtschaftsgütern zu deren Nutzung einschließlich der Hingabe von zinslosen Darlehen. Der Begriff der Leistungen umfasst gem § 241 BGB alles, was Gegenstand eines Schuldverhältnisses sein kann. Die Leistung kann auch in einem Unterlassen bestehen. Hierunter fallen insbesondere unentgeltliche Dienst- und Arbeitsleistungen. In den Fällen der Nutzungen und Leistungen ist keine Wertabgabe aus dem geldwerten Vermögen des Zuwendenden gegeben.⁷ Etwas anderes gilt, wenn für die Nutzung oder Leistung von vornherein ein Entgelt vereinbart war und nachträglich auf die Begleichung der Rechnung verzichtet wird. In diesem Fall handelt es sich um eine abgekürzte Geldspende.⁸ Auch der Verzicht auf Lohnzahlungen eines Angestellten einer 131

---

1 *Hüttemann*, DB 2008, 1590, 1595; *Seer*, GmbHR 2008, 785, 789 f mwN in Fn 42; unklar *Krämer* in D/J/P/W § 9 Rn 273, 286; aA FG Düsseldorf 13 K 2126/93 E, EFG 1997, 473.
2 OFD Koblenz v 16.2.2009, Rn 13.1, KSK § 9 KStG Karte 3.
3 *Krämer* in D/J/P/W § 9 Rn 275.
4 BFH X R 17/85, BStBl II 1989, 879.
5 BFH VI R 147/75, BStBl II 1979, 297.
6 BFH X R 149/88, BStBl II 1991, 70.
7 OFD Frankfurt v 21.2.2002, DB 2002, 818.
8 *Krämer* in D/J/P/W § 9 Rn 293.

steuerbegünstigten Körperschaft oder einer für einen Verein arbeitenden Aushilfe kann eine abzugsfähige Spende sein. Voraussetzungen sind, dass der Verzicht zeitnah erfolgt[1] und dass die Lohnzahlung nicht unter dem Vorbehalt des Verzichts erfolgt.[2]

132 **Verzicht auf die Erstattung von Aufwendungen (§ 9 II S 4 und 5).** Werden zu Gunsten eines begünstigten Zuwendungsempfängers Aufwendungen getätigt, ist der Verzicht auf die Erstattung dieser Aufwendungen unter strengen, in § 9 II S 4 und 5 geregelten Voraussetzungen eine abziehbare Zuwendung. Häufigstes Praxisbeispiel dürften Reisekosten von Vereinsmitgliedern im Zusammenhang mit Tätigkeiten für den Verein sein. Der Erstattungsanspruch muss in der Satzung oder vertraglich und nicht unter der Bedingung des Verzichts eingeräumt worden sein. Die Finanzverwaltung[3] verlangt außerdem, dass der Verzicht zeitnah (nachträglich) ausgesprochen wird und dass die Erstattung der Aufwendungen ernsthaft gewollt war, was sich unter anderem dadurch ausdrückt, dass der Zuwendungsempfänger wirtschaftlich in der Lage sein muss, den geschuldeten Aufwendungsersatz zu leisten.[4] Diese Anforderung wird vom BFH so ausgelegt, dass die Werthaltigkeit jedes einzelnen Aufwendungserstattungsanspruchs zum Zeitpunkt der Zusage und des Verzichts jeweils alternativ betrachtet werden müsse.[5] Die praktische Durchführung dieser Prüfung erscheint schwierig.[6] Bei dem Verzicht auf die Erstattung von Aufwendungen handelt es sich nicht um Sach-, sondern um Geldzuwendungen.[7] Es ist daher das amtliche Muster der Zuwendungsbestätigung für Geldzuwendungen zu verwenden, allerdings mit der zusätzlichen Angabe, dass es sich um den Verzicht auf Erstattung von Aufwendungen handelt.

133-135 *Einstweilen frei.*

136 **7. Zuwendungsbestätigung. Grundsätzliches.** Nach ständiger Rechtsprechung[8] ist die Zuwendungsbestätigung (bis 1999: Spendenbestätigung) unverzichtbare sachliche Voraussetzung für den Abzug der Zuwendung. Rechtsgrundlage ist § 50 EStDV, der gem R 47 I KStR Anwendung findet. Hiermit wird bezweckt, dass der („gutgläubige", Rn 152) Zuwendende und dessen Finanzamt die Abzugsvoraussetzungen nicht noch einmal zu prüfen brauchen.[9] Die Zuwendungsbestätigung ist jedoch kein bindendes Beweismittel für die tatsächliche Verwendung der Zuwendung für die steuerbegünstigten Zwecke.[10]

137 **Form.** Die Zuwendungsbestätigung hat dem amtlich vorgeschriebenen Vordruck zu entsprechen. Dieser wurde mit Wirkung vom 1.1.2007 an die ab diesem Zeitpunkt geltende Rechtslage angepasst.[11] Die Musterbescheinigungen werden

---

1 OFD Frankfurt v 30.3.1995, FR 1995, 554.
2 Hessisches FG 4 K 6322/97, EFG 1999, 459.
3 BMF v 7.6.1999, BStBl I 1999, 591; OFD Frankfurt v 21.2.2002, DB 2002, 818.
4 AA bei zweiseitigen Rechtsgeschäften FG München 6 K 838/04, EFG 2006, 1050.
5 BFH XI R 23/06, BFH/NV 2007, 2251; weitere Ausführungen hierzu FG München 6 K 3583/07, EFG 2009, 1823 (rkr).
6 *Krämer* in D/J/P/W § 9 Rn 303.
7 AA *Hüttemann*, Gemeinnützigkeits- und Spendenrecht, 2008, § 8 Rn 33.
8 BFH XI R13/02, BStBl II 2003, 554 mwN.
9 BFH XI R 6/03, BStBl II 2007, 8.
10 BFH X R17/85, BStBl II 1989, 879; aA FG München 15 K 1701/04, EFG 2007, 1873.
11 BMF v 13.12.2007, BStBl I 2008, 4.

V. Abzug von Zuwendungen

jeweils unterschieden nach Geldzuwendungen bzw Mitgliedsbeiträge und Sachzuwendungen sowie nach dem Empfänger (juristische Personen des öffentlichen Rechts und öffentliche Dienststellen, privatrechtliche Körperschaften, Personenvereinigungen oder Vermögensmassen, Stiftungen des öffentlichen Rechts, Stiftungen des privaten Rechts). Für juristische Personen als Zuwendende ergeben sich somit acht unterschiedliche Muster. Es bestehen keine Bedenken, wenn bis zum 31.12.2008 noch die nach bisherigem Muster erstellten Zuwendungsbestätigungen mit redaktionellen Anpassungen des Zuwendungsempfängers weiter verwendet wurden.[1] Detaillierte Anweisungen zur Verwendung der verbindlichen Vordruckmuster enthält das BMF-Schreiben v 17.6.2011.[2] Werden mehrere Gegenstände zugewendet, sind sie einzeln zu bewerten,[3] können jedoch in einer sog Sammelbestätigung zusammengefasst bestätigt werden.[4]

Im Inland nicht steuerpflichtige Zuwendungsempfänger. Durch die Erweiterung der Zuwendungsempfänger auf im Inland nicht steuerpflichtige juristische Personen und Körperschaften gem Gesetz zur Umsetzung steuerrechtlicher EU-Vorgaben sowie zur Änderung steuerlicher Vorschriften wird eine Überarbeitung der Verwaltungsanweisungen zum Zuwendungsnachweis notwendig werden, schon allein weil die derzeitige Version die Angabe der Vorläufigkeitsbescheinigung des Betriebsfinanzamts bzw des letzten Freistellungs- bzw KSt-Bescheids vorsieht. Solche Bescheide erhält aber eine nicht im Inland steuerpflichtige Empfängerkörperschaft gar nicht. Das BMF hat daher die Modalitäten der Nachweiserbringung für die Berechtigung zum Spendenabzug in einem Schreiben geregelt.[5]

138

Aufbewahrung. Nach § 50 IV EStDV hat die Empfängerkörperschaft die Vereinnahmung der Zuwendung ordnungsgemäß aufzuzeichnen und ein Doppel der Zuwendungsbestätigung aufzubewahren. Diese Verpflichtung gilt nicht für öffentlich-rechtliche Körperschaften. Die Aufbewahrung ist auch in elektronischer Form zulässig.[6] Mangels ausdrücklicher Angabe in der EStDV ist davon auszugehen, dass die Aufbewahrungsfrist sechs Jahre beträgt („abgesandte Handels- oder Geschäftsbriefe" gem § 147 I Nr 3 iVm III AO).[7] Verstöße gegen die Aufbewahrungspflicht führen zum Verlust der Gemeinnützigkeit und können eine Haftung nach § 9 III auslösen.[8]

139

Elektronische Zuwendungsbestätigung. Durch das Steuerbürokratieabbaugesetz v 20.12.2008[9] wurde in § 50 Ia EStDV für VZ ab dem 1.1.2009 die Möglichkeit eröffnet, die Zuwendungsbestätigung mit Zustimmung des Zuwendenden der Finanzbehörde durch Datenfernübertragung nach Maßgabe der StDÜV zu übermitteln. Es wird sich zeigen, ob diese Möglichkeit in der Praxis eine Verwaltungsvereinfachung darstellt

140

---

1 BMF v 31.3.2008, BStBl I 2008, 565.
2 BStBl I 2011, 623.
3 BFH X R 17/85, BStBl II 1989, 879.
4 BMF v 17.6.2011, BStBl I 2011, 623, Rn 6.
5 BMF v 16.5.2011, BStBl I 2011, 559.
6 BMF v 17.6.2011, BStBl I 2011, 623, Rn 14.
7 *Krämer* in D/J/P/W § 9 Rn 270.
8 BRDrs 418/99.
9 BGBl I 2008, 2850.

oder vielmehr mit neuen bürokratischen Hemmnissen verbunden ist (zB Erteilung einer Vollmacht durch den Zuwendenden, Mitteilungspflicht der Identifikationsnummer iSd § 139b AO des Zuwendenden, Fragen des Datenschutzes).

141 **Nachträgliche Erteilung oder Vorlage einer Zuwendungsbestätigung.** Gem § 175 II S 2 AO gilt seit dem 29.10.2004 die nachträgliche Erteilung oder Vorlage einer Bescheinigung oder Bestätigung nicht als rückwirkendes Ereignis. Gleiches soll bei der Berichtigung einer Zuwendungsbestätigung gelten.[1] Eine bestandskräftige Steuerfestsetzung ist also in diesen Fällen nicht nachträglich änderbar.

142 **Vereinfachter Zuwendungsnachweis.** In folgenden Fällen genügt als Nachweis ein Bareinzahlungsbeleg oder die Buchungsbestätigung eines Kreditinstituts (gem § 50 II, IIa EStDV unter den dort genannten Voraussetzungen): 1. Zuwendungen zur Hilfe bei Katastrophenfällen (zB bei Hochwasser, Erdbeben, Kriegen, Terroranschlägen) innerhalb eines jeweils festgelegten Zeitraums auf ein dafür eingerichtetes Sonderkonto ohne betragsmäßige Begrenzung und 2. in allen anderen Fällen Zuwendungen, die 200 EUR (bis 31.12.2006: 100 EUR) nicht übersteigen.

143-144 *Einstweilen frei.*

145 **8. Verfahrensrecht.** Der Zuwendungsabzug erfolgt von Amts wegen iRd Körperschaftsteuerveranlagung. Er wird nicht gesondert festgestellt. Einwendungen im Zusammenhang mit dem Zuwendungsabzug sind daher iRe Einspruchs gegen die Körperschaftsteuerveranlagung zu erheben, wenn kein Zuwendungsvortrag vorliegt. Eine gesonderte Feststellung erfolgt nämlich lediglich für einen Zuwendungsvortrag (§ 9 I Nr 2 S 10 iVm § 10d IV EStG). Die Feststellung ist Grundlagenbescheid für den Steuerbescheid im Abzugsjahr und für die Feststellung als verbleibender Zuwendungsabzug auf den Schluss des Folgejahrs.[2] Als solcher kann der Bescheid über die gesonderte Feststellung des Zuwendungsvortrags durch Einspruch angefochten werden.

146 *Einstweilen frei.*

147 **VI. Vertrauensschutz und Haftung (§ 9 III). 1. Überblick.** § 9 III regelt einerseits den Vertrauensschutz des gutgläubigen Zuwendenden in die Zuwendungsbestätigung sowie andererseits die damit korrespondierende Haftung des Ausstellers der Zuwendungsbestätigung (Ausstellerhaftung) sowie des Veranlassers einer zweckwidrigen Verwendung der Mittel (Veranlasserhaftung). Die Inanspruchnahme beider Varianten der Haftung setzt voraus, dass beim Zuwendenden Vertrauensschutz besteht. Die Beweislast, dass kein Vertrauensschutz besteht, liegt bei dem im Haftungsverfahren in Anspruch Genommenen.[3] Ferner enthält die Vorschrift eine besondere Verjährungsregelung und einen festen Haftungssatz. Die Haftungsregelungen gelten auch für ausländische Zuwendungsempfänger, auch wenn sie im Inland nicht steuerpflichtig sind. § 9 III, der für dem KStG unterliegende Zuwendende Anwendung findet, entspricht vollinhaltlich § 10b IV EStG für dem EStG unterliegende Zu-

---

1 Krämer in D/J/P/W § 9 Rn 234.
2 Frotscher in Frotscher/Maas § 9 Rn 69.
3 OFD Frankfurt v 15.3.2005, Rn 2, StED 2005, 345.

wendende. Erfolgt die Zuwendung aus einem Gewerbebetrieb, was bei Kapitalgesellschaften regelmäßig der Fall ist, greift zusätzlich die Haftungsregelung des § 9 Nr 5 S 7-11 GewStG.

Einstweilen frei. 148

2. Vertrauensschutz (§ 9 III S 1). Grundsatz. Nach § 9 III S 1 darf der Zuwendende 149 auf die Richtigkeit der Zuwendungsbestätigung vertrauen, es sei denn, dass er die Bestätigung durch falsche Angaben oder unlautere Mittel erwirkt hat oder dass ihm die Unrichtigkeit der Bestätigung bekannt oder infolge grober Fahrlässigkeit nicht bekannt war.

Umfang. Das geschützte Vertrauen bezieht sich auf den gesamten Inhalt der Zu- 150 wendungsbestätigung, vor allem auf die Angaben über die Gemeinnützigkeit der empfangenden Körperschaft sowie über die Verwendung der Mittel, denn beides ist vom Zuwendungsempfänger idR nur schwer überprüfbar.

Ausschluss. Der Vertrauensschutz greift nicht bei Zuwendungsbestätigungen, 151 die den Anforderungen (vgl Rn 137) von vorneherein nicht entsprechen bzw wenn der ausgewiesene Sachverhalt ohnehin nicht zum Zuwendungsabzug berechtigen würde.[1] Der Vertrauensschutz bleibt andererseits auch bei einem rückwirkenden Verlust der Gemeinnützigkeit der empfangenden Körperschaft erhalten, es sei denn, die Körperschaft widerruft ihre Zuwendungsbestätigung, bevor der Zuwendende die Steuererklärung einschließlich der Zuwendungsbestätigung beim Finanzamt eingereicht hat.[2] Ausgeschlossen ist der Vertrauensschutz, wenn der Zuwendende falsche Angaben, zB zur Wertermittlung einer Sachspende, gemacht hat oder die Zuwendungsbestätigung durch unlautere Mittel erwirkt hat. Dies sind gem § 130 II Nr 2 AO arglistige Täuschung, Drohung oder Bestechung.

Gutgläubigkeit. Ferner ist nach dem Gesetzeswortlaut des § 9 III S 1 Vorausset- 152 zung des Vertrauensschutzes, dass der Zuwendende zum Zeitpunkt der Abgabe der Steuererklärung gutgläubig ist.[3] Ist ihm zB bekannt, dass eine Gegenleistung gegeben war, dass der Wert einer Sachspende falsch angegeben wurde (auch wenn er ihn selbst irrtümlich falsch angegeben hat) oder dass die Zuwendung nicht zu den angegebenen Zwecken verwendet wurde, ist er nicht gutgläubig und ein Abzug der Aufwendungen kommt nicht in Betracht.

Grobe Fahrlässigkeit. Von einer Gutgläubigkeit ist auch nicht auszugehen, wenn 153 ihm die Unrichtigkeit aufgrund grober Fahrlässigkeit nicht bekannt ist. Grob fahrlässig handelt, wer die nach seinen persönlichen Kenntnissen und Fähigkeiten gebotene und zuzumutende Sorgfalt in ungewöhnlichem Maße und in nicht entschuldbarer Weise verletzt.[4] Die Kenntnisse und das Handeln des gesetzlichen Vertreters

---
1 BFH I R 20/05, BStBl II 2007, 450.
2 Finanzministerium Mecklenburg-Vorpommern v 17.11.2006, StEK EStG § 10b Nr 416.
3 Hierbei ist aber die Verpflichtung zur Berichtigung von Steuererklärungen gem § 153 AO zu beachten, wenn dem Zuwendenden innerhalb der Festsetzungsfrist die Unrichtigkeit der Zuwendungsbestätigung bekannt wird.
4 BFH XI R 6/03, BStBl II 2007, 8.

sowie der möglicherweise für diesen handelnden Bevollmächtigten oder Hilfspersonen des zuwendenden Körperschaftsteuersubjekts sind diesem zuzurechnen (analog AEAO Nr 5 zu § 173).

154 **Zuwendungen an nicht im Inland steuerpflichtige Empfänger.** Bei Zuwendungen an nicht im Inland steuerpflichtige Zuwendungsempfänger ist derzeit nur ein stark eingeschränkter Vertrauensschutz möglich, da sie keine Zuwendungsbestätigungen ausstellen können, die sich auf eine Vorläufigkeitsbescheinigung oder einen Freistellungsbescheid eines Betriebsfinanzamts beziehen (vgl Rn 138). Sie können also keine Zuwendungsbestätigungen nach amtlichem Muster ausstellen, die einen umfassenden Vertrauensschutz der zuwendenden Körperschaft auslösen würden. Der Vertrauensschutz ist somit auf die korrekte tatsächliche Verwendung der Zuwendung zu dem angegebenen Zweck beschränkt.[1] Schon aus diesem Grund ist dringend Handlungsbedarf der Finanzverwaltung im Hinblick auf Regelungen im Zusammenhang mit ausländischen Zuwendungsempfängern gegeben (vgl Rn 138).

155-156 *Einstweilen frei.*

157 **3. Ausstellerhaftung (§ 9 III S 2 Hs 1 Alt 1). Grundsatz.** Wer vorsätzlich oder grob fahrlässig eine unrichtige Zuwendungsbestätigung ausstellt, haftet für den Steuerausfall (§ 9 III S 2 Hs 1 Alt 1).

158 **Unrichtigkeit.** Unrichtigkeit bedeutet, dass der Inhalt der Zuwendungsbestätigung nicht der objektiven Sach- und Rechtslage entspricht, insbesondere in Bezug auf die Höhe des zugewendeten Betrags, seinen Charakter als Spende, den beabsichtigten Verwendungszweck und den steuerbegünstigten Status der empfangenden Körperschaft.[2] Widerruft die ausstellende Empfängerkörperschaft die unrichtige Bestätigung, bevor sie beim Zuwendenden steuerlich berücksichtigt wird, entfällt die Ausstellerhaftung.[3]

159 **Beispiele.** Danach liegt eine unrichtige Bescheinigung bspw vor,[4] wenn der Wert der Zuwendung zu hoch angegeben ist, eine Barspende statt einer Sachspende bescheinigt wird, der begünstigte Zweck unrichtig angegeben wird oder bei Aufwandsspenden die Abrechnung unrichtig ist.

160 **Rückwirkende Aberkennung der Gemeinnützigkeit.** Die rückwirkende Aberkennung der Gemeinnützigkeit löst allerdings keine Ausstellerhaftung aus, wenn die Körperschaft die Mittel zu den angegebenen begünstigten Zwecken verwendet hat.[5]

161 **Verschulden.** Die Ausstellerhaftung setzt Verschulden voraus. Dabei ist der Verschuldensbegriff analog dem Verschuldensbegriff in § 173 I Nr 2 AO auszulegen, so dass die Rechtsprechung zu dieser Vorschrift herangezogen werden kann (dh Vorsatz oder grobe Fahrlässigkeit sind erforderlich).[6]

---

1 *Hüttemann*, IStR 2010, 118, 122.
2 BFH XI R 65/98, BStBl II 2000, 65.
3 *Woitschell* in EY § 9 Rn 150.
4 *Krämer* in D/J/P/W § 9 Rn 375.
5 BFH XI R 58/01, BStBl II 2004, 352.
6 FG München 16 K 3638/94, EFG 1997, 322; Revision als unbegründet zurückgewiesen, BFH XI R 123/96, BStBl II 2003, 128.

Betroffene Personen. Die Ausstellerhaftung betrifft ausschließlich die ausstellende Körperschaft (oder im Durchlaufspendenverfahren die ausstellende öffentliche Dienststelle), der das vorsätzliche oder grob fahrlässige Verhalten der für sie handelnden Person zuzurechnen ist.[1] Eine Haftung einer natürlichen Person kommt nur in Betracht, wenn sie die Zuwendungsbestätigung außerhalb des ihr zugewiesenen Wirkungskreises ausgestellt hat.[2] Dies ist zB der Fall, wenn die angegebene Körperschaft überhaupt nicht existiert oder die Person ohne Wissen und Auftrag einer Körperschaft für diese handelt. Die Ausübung des Auswahlermessens bei der Haftungsinanspruchnahme richtet sich in diesen Fällen nach § 5 AO.[3] Eine besondere Haftungsreihenfolge ist – im Gegensatz zur Veranlasserhaftung (vgl Rn 169) – bei der Ausstellerhaftung nicht vorgeschrieben. 162

Einstweilen frei. 163-164

4. Veranlasserhaftung (§ 9 III S 2 Hs 1 Alt 2). Grundsatz. Ein Fall der Veranlasserhaftung ist gegeben, wenn die Zuwendung nicht zu dem in der Zuwendungsbestätigung angegebenen steuerbegünstigten Zweck – also regelmäßig einem satzungsmäßigen Zweck – verwendet wird, also zB wenn sie für einen wirtschaftlichen Geschäftsbetrieb, für unangemessen hohe Verwaltungsaufwendungen oder für einen nicht steuerbegünstigten Zweck verwendet wird.[4] Bei Zuwendungen bis zum 31.12.2006 kam es darauf an, dass die Mittel genau zu dem in der Bestätigung angegeben Zweck (und nicht etwa einem anderen in der Satzung auch enthaltenen Zweck) verwendet wurden, da es steuerbegünstigte Zwecke gab, die nicht zum Zuwendungsabzug berechtigten und da es unterschiedliche Abzugshöchstbeträge gab. Seit 2007 dürfte die Verwendung für irgendeinen der in der Satzung angegebenen Zwecke ausreichend sein, weil kein Steuerausfall zu befürchten ist.[5] 165

Außersatzungsmäßige, steuerbegünstigte Zwecke. Fraglich ist, ob die Haftung ausgelöst wird, wenn die Körperschaft die Mittel für einen Zweck verwendet, der zwar nicht in der Satzung enthalten, aber nach §§ 52-54 AO steuerbegünstigt ist. Nach dem Wortlaut des Gesetzes („...wer veranlasst, dass Zuwendungen nicht zu den in der Bestätigung angegebenen steuerbegünstigten Zwecken verwendet werden...") dürfte keine Haftung eintreten, wenn diese anderen steuerbegünstigten Zwecke in der Bestätigung angegeben wurden, da im Gesetz kein Bezug auf die Satzung genommen wird. Dies würde aber zu weit führen und der weitreichenden Bedeutung der Satzung im Gemeinnützigkeitsrecht zuwiderlaufen. Daher sollte in solchen Fällen eine Haftungsinanspruchnahme geboten 166

---

1 BFH XI R 123/96, BStBl II 2003, 128.
2 H 10b.1 EStH „Spendenhaftung"; aA offenbar *Heger* in Gosch § 9 Rn 57.
3 *Woitschell* in EY § 9 Rn 154.
4 Einschränkend *Hüttemann*, Gemeinnützigkeits- und Spendenrecht, 2008, § 8 Rn 129 mwN.
5 Ebenso *Hüttemann*, Gemeinnützigkeits- und Spendenrecht, 2008, § 8 Rn 130; aA Hessisches FG 4 K 2594/94, EFG 1998, 757 ua.

sein.¹ Im Umkehrschluss dürften auch Fehlverwendungen in Fällen, in denen keine Zuwendungsbestätigungen ausgestellt werden, der Haftung unterliegen, obwohl sie vom Gesetzeswortlaut nicht erfasst werden.²

167 **Rückwirkende Aberkennung der Gemeinnützigkeit.** Die rückwirkende Aberkennung der Gemeinnützigkeit löst keine Veranlasserhaftung aus, wenn die Körperschaft die Mittel unter den vorgenannten Voraussetzungen zu den angegebenen begünstigten Zwecken verwendet hat (H 47 KStH).

168 **Gefährdungshaftung, Verschulden.** Ein Verschulden ist bei der Veranlasserhaftung, anders als bei der Ausstellerhaftung, nach dem Gesetzeswortlaut nicht erforderlich. Es handelt sich um eine Gefährdungshaftung.³

169 **Betroffene Personen.** Bei der Veranlasserhaftung haften die empfangende Körperschaft und die handelnde natürliche Person, die veranlassen, dass eine Zuwendung fehlerhaft verwendet wird gesamtschuldnerisch. Mit dem JStG 2009 wurde mit Wirkung ab dem VZ 2009 das Ermessen, in welcher Reihenfolge diese Haftungsschuldner in Anspruch genommen werden dürfen, reduziert. Zunächst haftet die empfangende Körperschaft. Die natürliche Person ist erst in Anspruch zu nehmen, wenn die Inanspruchnahme der Körperschaft erfolglos ist, der Haftungsanspruch also weder durch Zahlung, Aufrechnung, Erlass oder Verjährung erloschen ist (§ 47 AO) und Vollstreckungsmaßnahmen erfolglos blieben. Seit der Gesetzesänderung durch das Gesetz zur Umsetzung steuerlicher EU-Vorgaben sowie zur Änderung steuerlicher Vorschriften betrifft die Haftung auch ausländische Zuwendungsempfänger und die für sie handelnden Personen. Aus diesem Grund wurden die Vorbehalte bezüglich Amtshilfe und Unterstützung bei der Beitreibung in das Gesetz aufgenommen (vgl Rn 4).

170-172 *Einstweilen frei.*

173 **5. Steuerfestsetzung. Festsetzungsfrist und Verjährung.** Mit dem JStG 2009 wurde durch den Verweis auf § 10b IV S 5 EStG der Ablauf der Festsetzungsfrist für die Ansprüche aus der Aussteller- und der Veranlasserhaftung abweichend von der allgemeinen Vorschrift in § 191 III AO geregelt. Die regelmäßige Verjährungsfrist von vier Jahren nach Ablauf des VZ, in dem die Zuwendung fehlerhaft bestätigt oder verwendet wurde, war oft zu kurz, da die empfangenden Körperschaften idR nur alle drei Jahre Steuererklärungen zur Überprüfung ihrer Gemeinnützigkeit einreichen.⁴ Durch die Neuregelung läuft nunmehr die Festsetzungsfrist für Haftungsansprüche nicht ab, solange die Festsetzungsfrist für die KSt der empfangenden Körperschaft für den entsprechenden Zeitraum nicht abgelaufen ist. Dies gilt erstmals für das Ausstellen von unrichtigen Zuwendungsbestätigungen oder für Fehlverwendungen im VZ 2009. Ferner wird in § 10b IV S 5 Hs 2 EStG klargestellt, dass § 191 V AO nicht anzuwenden ist, was aber schon zuvor der Fall sein musste, da diese Vorschrift mangels

---

1 Hüttemann, Gemeinnützigkeit und Spendenrecht, 2008, § 8 Rn 130 (allerdings einschränkend in Fällen von „rein formalen Verstößen", ohne diese näher zu definieren).
2 AA *Krämer* in D/J/P/W § 9 Rn 385.
3 Hessisches FG v 14.1.1998, EFG 1998, 757.
4 AEAO Nr 7 zu § 59 AO.

Zusammenhangs mit der Steuerschuld des Zuwendenden auf die Spendenhaftung ohnehin nicht anwendbar ist. Auch im Bereich der Verjährungsregelung ist in Folge des Gesetzes zur Umsetzung steuerlicher EU-Vorgaben sowie zur Änderung steuerlicher Vorschriften Nachbesserung erforderlich. Die durch dieses Gesetz in den Kreis der möglichen Haftungsschuldner aufgenommenen nicht im Inland steuerpflichtigen Körperschaften werden im Inland gar nicht veranlagt. Folgerichtig kann die Festsetzungsfrist von Ansprüchen gegen diese Haftungsschuldner nie ablaufen. Dies kann aber nicht beabsichtigt sein, denn es würde ausländische Zuwendungsempfänger benachteiligen.

Zuständiges Finanzamt. Zuständig für das Haftungsverfahren ist gem §§ 24, 191 AO das Finanzamt, in dessen Bezirk der Anlass für die Amtshandlung hervortritt.[1] Dies ist idR das für die Empfängerkörperschaft zuständige Finanzamt.[2] Bei nicht im Inland steuerpflichtigen ausländischen Zuwendungsempfängern gibt es kein solches Betriebsfinanzamt. Es ist ungeklärt, wie die Zuständigkeit in diesen Fällen geregelt werden soll. Das Wohnsitzfinanzamt des Zuwendenden kann jedenfalls wegen des Vertrauensschutzes nicht zuständig sein.[3] Die Aussteller- oder Veranlasserhaftung ist unabhängig von der gemeinnützigkeitsrechtlichen Behandlung der Empfängerkörperschaft zu prüfen.[4]

174

Umfang der Haftung (§ 9 III S 2 Hs 2). Die Haftung wird mit 30 % des zugewendeten Betrags angesetzt (bis VZ 2006 40 %), unabhängig davon, ob und in welcher Höhe sich die Zuwendung beim Zuwendenden steuerlich ausgewirkt hat.[5] Dieser Prozentsatz ist identisch im Regelungsbereich des EStG und des KStG. Während in Bezug auf einkommensteuerpflichtige Zuwendende damit ein durchschnittlicher Steuersatz reflektiert wird, ist der Prozentsatz in Bezug auf körperschaftsteuerpflichtige Zuwendende überhöht, insbesondere seit der KSt-Satz nur noch 15 % beträgt, zumal bei Zuwendungen aus dem Gewerbebetrieb noch die Haftung gem § 9 Nr 5 GewStG iHv 15 % hinzukommt.[6] SolZ wird auf den Haftungsbetrag nicht erhoben, da kein Tatbestand des SolZG vorliegt. Im Falle der Ausstellerhaftung ist die Bemessungsgrundlage für den Haftungsbetrag die Zuwendung, für die unrichtige Zuwendungsbestätigungen ausgestellt wurden; im Falle der Veranlasserhaftung bestimmt sich die Haftung nach den fehlerhaft verwendeten Zuwendungen.

175

Ermessensentscheidung. Der Erlass eines Haftungsbescheids ist eine Ermessensentscheidung, wobei sich das Ermessen in Fällen, in denen der Zuwendende wegen des Vertrauensschutzes nicht in Anspruch genommen werden kann, wegen des Legalitätsprinzips auf Null reduziert.[7] Fraglich ist, ob eine Haftungsinanspruchnahme ermessensfehlerhaft ist, wenn nachgewiesen werden kann, dass es zu keinem Steuer-

176

---

1 AEAO Nr 1 zu § 24 AO.
2 Finanzministerium Mecklenburg-Vorpommern v 17.11.2006, StEK EStG § 10b Nr 416.
3 *Hüttemann*, IStR 2010, 118, 122 f.
4 BFH XI R 58/01, BStBl II 2004, 352.
5 FG München 16 K 3638/94, EFG 1997, 322; Revision als unbegründet zurückgewiesen, BFH XI R 123/96, BStBl II 2003, 128.
6 Ein Gesetzesentwurf, der eine Senkung auf 20 % vorsah, wurde am 3.7.2009 abgelehnt.
7 Hessisches FG 4 K 2594/94, EFG 1998, 757.

ausfall gekommen ist (etwa, weil der Zuwendende den Abzug nicht begehrt hat). Da der Sinn und Zweck der Haftungsregelung die Kompensation von Steuerausfällen ist, dürfte eine Haftung in diesen Fällen nicht zur Anwendung kommen.[1] Das Finanzamt ist jedoch nicht verpflichtet, das Bestehen eines Steuerausfalls von Amts wegen zu prüfen.

177-178 *Einstweilen frei.*

---

1 ZB *Olgemüller* in Streck § 9 Rn 26; im Ergebnis auch Finanzministerium Mecklenburg-Vorpommern v 17.11.2006, Rn 2.7, StEK EStG § 10b Nr 416; aA zB *Hüttemann* in „Gemeinnützigkeit und Spendenrecht" 2008, § 8 Rn 134; *Oppermann/Peter*, DStZ 1998, 429, 429; *Drüen* in H/H/R § 9 Rn 59.

§ 10 Nichtabziehbare Aufwendungen

Nichtabziehbar sind auch:

1. die Aufwendungen für die Erfüllung von Zwecken des Steuerpflichtigen, die durch Stiftungsgeschäft, Satzung oder sonstige Verfassung vorgeschrieben sind.[2] § 9 Abs. 1 Nr. 2 bleibt unberührt,

2. die Steuern vom Einkommen und sonstige Personensteuern sowie die Umsatzsteuer für Umsätze, die Entnahmen oder verdeckte Gewinnausschüttungen sind, und die Vorsteuerbeträge auf Aufwendungen, für die das Abzugsverbot des § 4 Abs. 5 S. 1 Nr. 1 bis 4 und 7 oder Abs. 7 des Einkommensteuergesetzes gilt, das gilt auch für die auf diese Steuern entfallenden Nebenleistungen,

3. in einem Strafverfahren festgesetzte Geldstrafen, sonstige Rechtsfolgen vermögensrechtlicher Art, bei denen der Strafcharakter überwiegt, und Leistungen zur Erfüllung von Auflagen oder Weisungen, soweit die Auflagen oder Weisungen nicht lediglich der Wiedergutmachung des durch die Tat verursachten Schadens dienen,

4. die Hälfte der Vergütungen jeder Art, die an Mitglieder des Aufsichtsrats, Verwaltungsrats, Grubenvorstands oder andere mit der Überwachung der Geschäftsführung beauftragte Personen gewährt werden.

KStR 48, 49, 50; KStH 48, 49, 50

Übersicht

	Rn
I. Regelungsgehalt der Norm	1 – 4
II. Rechtsentwicklung	5 – 15
III. Normzweck und Anwendungsbereich	16 – 28
1. Bedeutung der Norm	16 – 17
2. Anwendungsbereich	18 – 21
3. Verhältnis zu anderen Vorschriften	22 – 28
IV. Aufwendungen für satzungsmäßige Zwecke (§ 10 Nr 1)	29 – 45
1. Anwendungsfälle	29 – 30
2. Allgemeines	31 – 32
3. Aufwendungen	33 – 36
4. Satzungsmäßige Zwecke	37 – 39
5. Vorrang des Betriebsausgabenabzugs	40 – 42
6. Vorrang des Spendenabzugs	43 – 45
V. Nichtabziehbare Steuern und darauf entfallende Nebenleistungen (§ 10 Nr 2)	46 – 75
1. Allgemeines	46 – 47
2. Steuern vom Einkommen	48 – 50
3. Ausländische Steuern	51 – 52
4. USt und Vorsteuer	53 – 59
5. Sonstige nicht abziehbare Steuern	60 – 61

        6. Nebenleistungen .... 62 – 65
        7. Erstattungen .... 66 – 75
   VI. Geldstrafen und sonstige Rechtsfolgen
        vermögensrechtlicher Art (§ 10 Nr 3) .... 76 – 88
        1. Allgemeines .... 76 – 78
        2. Strafmaßnahmen .... 79 – 83
        3. Kosten des Strafverfahrens .... 84 – 85
        4. Zahlung für Dritte .... 86 – 88
  VII. Aufsichtsratsvergütungen (§ 10 Nr 4) .... 89 – 108
        1. Allgemeines .... 89 – 93
        2. Empfänger der Vergütungen, Überwachungsfunktion .... 94 – 99
        3. Art und Umfang der Vergütungen .... 100 – 104
        4. Sonstiges .... 105 – 108
 VIII. Durchführung des Abzugsverbotes .... 109 – 110

1 **I. Regelungsgehalt der Norm. § 10 untersagt die Abziehbarkeit bestimmter Aufwendungen.** Die Vorschrift enthält somit steuerliche Abzugsverbote. Durch sie werden die einkommensteuerlichen Abzugsverbote für nichtabziehbare Betriebsausgaben ergänzt, da diese gem § 8 I auch für Körperschafsteuersubjekte anzuwenden sind.

2 **Überblick.** § 10 schränkt die Abziehbarkeit folgender vier Arten von Aufwendungen ein:

- § 10 Nr 1 betrifft Aufwendungen für satzungsmäßige Zwecke.
- § 10 Nr 2 versagt den Abzug der Steuern vom Einkommen und sonstiger Personensteuern, der USt auf Entnahmen und vGA sowie der Vorsteuer auf gewisse nicht abziehbare Aufwendungen sowie mit den vorgenannten Steuern zusammenhängende Nebenleistungen.
- § 10 Nr 3 verbietet die steuerliche Abzugsfähigkeit von Strafmaßnahmen.
- § 10 Nr 4 schränkt die Abzugsfähigkeit von Aufsichtsratsvergütungen ein.

3 **Systematische Stellung.** Nicht gänzlich geklärt ist, ob es sich bei § 10 um eine Einkommens- oder Gewinnermittlungsnorm handelt.[1] Die von § 10 erfassten Aufwendungen mindern jeweils den Gewinn, gleichwohl sollen sie nach der Regelung des § 10 iVm § 8 I S 1 nicht das Einkommen mindern. Dies spiegelt sich auch bei der Durchführung des Abzugsverbotes wieder (vgl Rn 109). Daher handelt es sich nach hM um eine Einkommensermittlungsnorm.[2]

4 *Einstweilen frei.*

---

1 *Graffe* in D/J/P/W § 10 Rn 3.
2 *Frotscher* in Frotscher/Maas § 10 Rn 1; *Hofmeister* in Blümich § 10 Rn 1, 6; *Heger* in Gosch § 10 Rn 1.

II. Rechtsentwicklung

II. Rechtsentwicklung. Seit der Einführung des reichseinheitlichen KStG v 30.3.1920[1] beinhaltet das Körperschaftsteuerrecht bereits eine Regelung zur Nichtabziehbarkeit bestimmter Ausgaben. In der Folgezeit wurde diese Norm mehrfach ergänzt, geändert und klargestellt.

Ursprüngliche Regelung. In der ursprünglichen Fassung des KStG v 1920 sind Aufwendungen zur Erfüllung von satzungsmäßigen Zwecken sowie die KSt in § 8 als nichtabzugsfähige Ausgaben erwähnt. Die wesentlichen Änderungen sind nachfolgend aufgeführt.

Aufnahme der Aufsichtsratsvergütungen. Durch das KStG v 10.8.1925[2] sowie v 16.10.1934[3] wurde der Abzug von Aufsichtsratsvergütungen für alle Körperschaftsteuersubjekte vollständig verboten. Geregelt waren die nichtabzugsfähigen Ausgaben nunmehr in § 12.

Vermögensteuer. Durch das KStG v 16.10.1934 wurde gleichfalls das Abzugsverbot für die Vermögensteuer und die Steuern vom Einkommen präzisiert. Mit Gesetz v 22.12.1967[4] wurde der Begriff „Vermögensteuer" durch den Begriff „sonstige Personensteuern" ersetzt.

USt auf den Eigenverbrauch. Durch Gesetz v 22.12.1967[5] wurde auch die USt auf den Eigenverbrauch als nichtabziehbar qualifiziert.

KStG 1977. Im KStG 1977 v 31.8.1976[6] wurden die nichtabziehbaren Aufwendungen in § 10 geregelt. Es wurden folgende Änderungen vorgenommen:

- Änderung des Begriffes „nichtabzugsfähige Ausgaben" in „nichtabziehbare Aufwendungen". Hierbei handelt es sich jedoch um eine reine sprachliche Anpassung ohne materiellen Hintergrund, da beide Begriffe identisch sind.[7]

- Durch Einfügung des Wortes „auch" im ersten Satz von § 10 wird eindeutig zum Ausdruck gebracht, dass § 10 nicht abschließend das Gebiet der nichtabziehbaren Aufwendungen regelt, sondern andere steuerliche Vorschriften ergänzt.

- Gegenüber der Vorgängervorschrift wird klargestellt, dass eine nach § 9 Nr 3 (jetzt § 9 I Nr 2) abzugsfähige Spende nicht deshalb als nichtabziehbar zu qualifizieren ist, weil ein Körperschaftsteuersubjekt mit der Spende gleichzeitig ihre satzungsmäßigen Zwecke erfüllt.

- Aufsichtsratsvergütungen sind nunmehr nur zur Hälfte nicht mehr abzugsfähig.

Geldstrafen. Durch das Gesetz v 25.7.1984[8] wurde § 10 um eine neue Nr 3 ergänzt. Die bisherige Nr 3 (Aufsichtsratsvergütungen) wurde zur Nr 4. Es wurde ein Abzugsverbot für Geldstrafen, Nebenstrafen vermögensrechtlicher Art und Leistungen zur

---

1 RGBl 1920, 393.
2 RGBl I 1925, 208.
3 RGBl I 1934, 1031.
4 BGBl I 1967, 1334.
5 BGBl I 1967, 1334.
6 BGBl I 1976, 1933.
7 *Graffe* in D/J/P/W § 10 Rn 4.
8 BGBl I 1984, 1006.

12 Erfüllung von in einem Strafverfahren erteilten Auflagen und Weisungen eingeführt. Dies war eine Reaktion auf eine Änderung der höchstrichterlichen Rechtsprechung.[1] Die Nichtabziehbarkeit von Geldbußen, Ordnungs- und Verwarnungsgelder wurde in § 4 V Nr 8 und § 9 V EStG geregelt, die nach § 8 I auch für die KSt anzuwenden sind.

12 **StReFG 1990.** Das StRefG 1990 v 25.7.1988[2] erweiterte das Abzugsverbot für Steuern um die auf die nichtabziehbaren Steuern entfallenden Nebenleistungen. Zunächst ausgenommen waren die Zinsen auf Steuerforderungen iSd §§ 233a, 234 und 237 AO.

13 **StEntlG 1999/2000/2002.** Durch das StEntlG 1999/2000/2002 v 24.3.1999[3] wurde § 10 Nr 2 neu gefasst. Zum einem wurde die nach Auffassung des Gesetzgebers[4] unsystematische Ausnahmebestimmung der Abziehbarkeit für Steuerzinsen iSd §§ 233a, 234 und 237 AO ab dem VZ 1999 aufgehoben. Zum anderen wurde § 10 Nr 2 aufgrund der umsatzsteuerlichen Änderungen – Anpassung an EuGH-Rechtsprechung – bei der Eigenverbrauchsbesteuerung neu gefasst. Das Abzugsverbot für die USt bezieht sich nun auf Umsätze, die Entnahmen oder vGA sind und auf Vorsteuerbeträge für Aufwendungen, für die das Abzugsverbot des § 4 V S 1 Nr 1 bis 4 und Nr 7 oder VII EStG greift.

14-15 *Einstweilen frei.*

16 **III. Normzweck und Anwendungsbereich. 1. Bedeutung der Norm.** Zweck des § 10 ist es, bestimmte Betriebsausgaben iSd § 4 IV EStG, die aus fiskal-, rechtspolitischen oder systematischen Gründen nicht oder nicht vollständig abziehbar sein sollen, steuerlich bei der Ermittlung des Einkommens wieder hinzuzurechnen.

17 *Einstweilen frei.*

18 **2. Anwendungsbereich. Persönlich.** Der persönliche Anwendungsbereich von § 10 erstreckt sich grundsätzlich auf alle unbeschränkt und beschränkt körperschaftsteuerpflichtigen Körperschaften, Personenvereinigungen und Vermögensmassen. Allerdings ist § 10 Nr 1 (Aufwendungen für satzungsmäßige Zwecke) regelmäßig nur bei Stiftungen und anderen Zweckvermögen von praktischer Bedeutung.

19 **Sachlich.** § 10 ergänzt die einkommensteuerlichen Vorschriften. Bei § 10 Nr 1 und Nr 4 handelt es sich um spezifische Regelungen für Körperschaften. Bei § 10 Nr 2 und Nr 3 handelt es sich um inhaltsgleiche Vorschriften zum EStG (vgl § 12 Nr 3 und Nr 4 EStG).

20 **Zeitlich.** Die Vorschrift des § 10 in ihrer jetzigen Form gilt ab dem VZ 1977. Die letzten Änderungen erfolgten durch das StEntlG 1999/2000/2002 und gelten seit dem VZ 1999 (vgl Rn 13).

21 *Einstweilen frei.*

---

1 Dazu BFH GrS 2/82, BStBl II 1984, 160 und BFH GrS 3/82, BStBl II 1984, 166.
2 BGBl I 1988, 1093.
3 BGBl I 1999, 402.
4 BTDrs 14/265, 175.

IV. Aufwendungen für satzungsmäßige Zwecke

3. Verhältnis zu anderen Vorschriften. § 8 I. § 10 ergänzt die allgemeine Einkommensermittlungsnorm des § 8 I, nach der das Einkommen nach den Vorschriften des EStG und dem KStG zu ermitteln ist. 22

Über § 8 I anwendbare Vorschriften. Über die Verweisung des § 8 I sind folgende Vorschriften, die auch die Nichtabziehbarkeit von Aufwendungen oder Betriebsausgaben regeln, auch bei Körperschaften anzuwenden: 23

- § 3c; §§ 4 V-VII, 4c, 4d, 4e, 10b, 50 I EstG.

Auch ist § 160 AO unmittelbar für Körperschaftsteuersubjekte anwendbar.

§ 8 III. § 8 III und § 10 schließen sich weder gegenseitig aus, noch gibt es eine Anwendungsreihenfolge. Es kann eine nichtabziehbare Aufwendung und gleichzeitig eine vGA vorliegen. Jedoch kommt es nicht zu einer Kumulation der Rechtsfolgen. Es ergibt sich lediglich eine Überlagerung, bei der das weiterreichende Abzugsverbot anzuwenden ist.[1] Dies spielt insbesondere bei § 10 Nr 1 eine Rolle (vgl Rn 29). 24

§ 9. Sowohl § 9 als auch § 10 grenzen abziehbare Aufwendungen von nichtabziehbaren Aufwendungen nach dem Wortlaut ihrer Überschrift voneinander ab. Die beiden Vorschriften ergänzen sich insoweit. Nach § 10 Nr 1 S 2 gilt das Abzugsverbot nicht für Zuwendungen an Dritte zur Förderung steuerbegünstigter Zwecke, die sowohl unter § 9 I Nr 2 als auch unter § 10 Nr 1 S 1 zu subsumieren sind. Insofern besteht ein Vorrang von § 9 I Nr 2. 25

§ 12 EstG. Die Abzugsverbote der § 10 Nr 2 und 3 entsprechen den einkommensteuerlichen Regelungen der § 12 Nr 3 und 4 EStG. Darüber hinaus ist § 12 EStG nicht für Körperschaften anwendbar.[2] 26

Einstweilen frei. 27-28

IV. Aufwendungen für satzungsmäßige Zwecke (§ 10 Nr 1). 1. Anwendungsfälle. Die Vorschrift gilt grundsätzlich für alle Körperschaftsteuersubjekte. Bei Kapitalgesellschaften ist § 10 Nr 1 grundsätzlich nicht anwendbar, weil ihr Zweck regelmäßig auf die Erzielung von Gewinnen gerichtet ist und daher Aufwendungen iSd § 10 Nr 1 regelmäßig nicht vorkommen. Die zur Erzielung von Gewinnen notwendigen Aufwendungen, stellen Betriebsausgaben dar.[3] Einkommensverwendungen von Kapitalgesellschaften zu Gunsten ihrer Gesellschafter stellen oGA oder vGA iSd § 8 III dar und sind steuerlich nicht abziehbar. § 8 III ist gegenüber § 10 Nr 1 vorrangig und verdrängt ihn für Kapitalgesellschaften. Dies gilt ebenso für Zuwendungen eines Vereines an dessen Mitglieder, die durch Mitgliedschaft veranlasst sind.[4] Praktische Relevanz hat die Regelung deshalb nur für Stiftungen und andere Zweckvermögen. Nur wenn Zuwendungen aufgrund der Satzung an Personen geleistet werden, die weder Gesellschafter sind, noch ihnen nahe stehen, kann auch bei Kapitalgesell- 29

---

1 *Hofmeister* in Blümich § 10 Rn 11; *Graffe* in D/J/P/W § 10 Rn 8.
2 BFH GrS 2/82, BStBl II 1984, 160; so auch *Schulte* in Erle/Sauter § 10 Rn 13; aA *Graffe* in D/J/P/W § 10 Rn 7.
3 *Frotscher* in Frotscher/Maas § 10 Rn 7.
4 *Heger* in Gosch § 10 Rn 9.

schaften das Abzugsverbot des § 10 Nr 1 anzuwenden sein.[1] Als Ausnahme kommt zB auch eine gemeinnützige GmbH mit steuerpflichtigem wirtschaftlichen Geschäftsbetrieb in Frage.[2]

30 *Einstweilen frei.*

31 **2. Allgemeines.** Nach § 10 Nr 1 sind Aufwendungen für die Erfüllung von Stiftungs- oder anderen Satzungszwecken nicht abziehbar. Die Nichtabziehbarkeit von Aufwendungen iSd § 10 Nr 1 entspringt dem Grundgedanken, dass Aufwendungen zur Erfüllung von Satzungszwecken nicht der Einkunftserzielung dienen, sondern Einkommensverwendung darstellen. Das Abzugsverbot ist unabhängig von der steuerlichen Behandlung auf der Seite des Empfängers.[3]

32 *Einstweilen frei.*

33 **3. Aufwendungen.** Aufwendungen iSd § 10 Nr 1 sind Abflüsse aus dem Vermögen oder Einkommen der Körperschaft. Aufwendungen für satzungsfremde Zwecke sind grundsätzlich steuerlich abziehbar. Ein Verzicht auf Einnahmen stellt grundsätzlich keine Aufwendung iSd Vorschrift dar. Führen die entgangenen Einnahmen aufgrund einer Fiktion zu steuerpflichtigen Einkünften, ist das Abzugsverbot relevant.

34 **Einzelfälle.**
- Keine Einkommenserhöhung durch zinsloses bzw zinsfreies Darlehen, das eine Stiftung dem Destinatär gewährt.[4]
- Abzugsverbot gilt auch für den Satzungszweck nur mittelbar dienenden Aufwendungen.[5]
- Abzugsverbot ist nicht anzuwenden, wenn die Erfüllung der satzungsmäßigen Aufgaben gleichzeitig eine gewerbliche Tätigkeit darstellt.[6]
- Einräumung eines Nießbrauchsrechts eines Destinatärs an Grundstück löst nicht das Abzugsverbot aus.[7]

35 **Rückerstattungen.** Rückzahlungen von Aufwendungen iSd § 10 Nr 1 sind keine steuerpflichtigen Betriebseinnahmen.[8]

36 *Einstweilen frei.*

37 **4. Satzungsmäßige Zwecke.** Das Abzugsverbot greift für Aufwendungen mit denen die Körperschaft Zwecke erfüllt, die ihr durch Stiftungsgeschäft, Satzung oder sonstige Verfassung vorgeschrieben sind. Satzungsmäßige Zwecke sind alle Aufgaben, die der

---

1 RFH I A 73/32, RStBl 1933, 970; aA *Graffe* in D/J/P/W § 10 Rn 9, der auch in diesem Fall einen Vorrang von § 8 III vor Nr 1 sieht.
2 *Graffe* in D/J/P/W § 10 Rn 9.
3 *Heger* in Gosch § 10 Rn 21.
4 BFH I 5/59 U, BStBl III 1960, 37; bei Destinatären im niedrigbesteuerten Ausland könnte eine Korrektur nach § 1 AStG in Betracht kommen, wenn der Destinatär auf die Stiftung einen beherrschenden Einfluss iSd § 1 II Nr 1 AStG ausübt; vgl *Schnitger*, Die Stiftung als steuerliches Gestaltungsmittel zur Sicherung des Fortbestandes eines Unternehmens?, 2006, S 43.
5 RFH I A 288/33, RStBl 1934, 713.
6 BFH I R 280/81, BStBl II 1988, 75.
7 BFH I 5/59 U, BStBl III 1960, 37 und dazu ausführlich *Graffe* in D/J/P/W § 10 Rn 17.
8 RFH I 19/38, RStBl 1938, 494; *Graffe* in D/J/P/W § 10 Rn 12.

IV. Aufwendungen für satzungsmäßige Zwecke

Körperschaft durch das sie konstituierende Geschäft (Satzung, Stiftungsgeschäft) auferlegt worden sind.[1] Ist die Körperschaft durch Testament konstituiert worden, richtet sich der satzungsmäßige Zweck nach dem Inhalt des Testamentes.[2] Besteht nur eine Aufgabe, die die Körperschaft zu erfüllen hat, so ist dies zwingend der satzungsmäßige Zweck.[3] Bestehen mehrere Aufgaben, so sind grundsätzlich alle Aufgaben satzungsmäßige Zwecke. Maßgebend ist, dass alle Aufgaben gleichwertig zu erfüllen sind oder gleichartig sind.[4] Die Zwecke können wirtschaftlich oder ideell sein.[5]

Einzelfälle.

- Zahlung einer laufenden Rente zugunsten einer natürlichen Person.[6]
- Aufwendungen von Stiftungen zugunsten der Destinatäre.[7]
- Aufwendungen von steuerbegünstigten, gemeinnützigen Körperschaften.[8]
- Aufwendungen für eine Schule, die ein wirtschaftlicher Geschäftsbetrieb einer Stiftung trägt.[9]
- Verlust aus dem Betrieb eines Krankenhauses wegen satzungsmäßiger teil- bzw unentgeltlicher Behandlung von Patienten.[10]
- Verluste eines Vereins aus satzungsmäßiger Vermietung an Mitglieder unter den Selbstkosten mindern nicht das Einkommen.[11]

Einstweilen frei.

5. Vorrang des Betriebsausgabenabzugs. Von § 10 nicht betroffen ist die Ermittlung der Einkünfte nach den allgemeinen Regelungen, dh Betriebsausgaben oder Werbungskosten bleiben weiterhin abzugsfähig. Sofern eine Aufwendung sowohl eine Betriebsausgabe als auch eine Aufwendung für satzungsmäßige Zwecke darstellt, gebührt dem Betriebsausgabenabzug der Vorrang.[12] Ob es sich bei den jeweiligen Aufwendungen um Betriebsausgaben handelt, ist nach den allgemeinen Grundsätzen zu überprüfen. Danach muss eine Aufwendung im tatsächlichen oder wirtschaftlichen Zusammenhang mit einer konkreten Gewinnerzielungsabsicht angefallen sein.[13]

Einzelfälle.

- Notwendige Verwaltungskosten einer Stiftung.[14]
- Zahlungen von Arbeitslohn einer Unternehmerstiftung an Arbeitnehmer.[15]

---

1 *Frotscher* in Frotscher/Maas § 10 Rn 10a.
2 *Frotscher* in Frotscher/Maas § 10 Rn 10a.
3 RFH I A 14/37, RFHE 41, 10.
4 BFH I R 27/92, BStBl II 1993, 637.
5 *Hofmeister* in Blümich § 10 Rn 30.
6 BFH I R 27/92, BStBl II 1993, 637.
7 *Frotscher* in Frotscher/Maas § 10 Rn 10b.
8 *Frotscher* in Frotscher/Maas § 10 Rn 10b.
9 BFH I R 198/74, BStBl II 1977, 493.
10 RFH I R 6/38, RStBl I 1938, 1134.
11 BFH I R 225/72, BStBl II 1974, 549.
12 BFH I R 58/97, BStBl II 1998, 357; BFH I 205/59, BStBl III 1960, 335; BFH I R 280/81, BStBl II 1988, 75.
13 Dazu *Heinicke* in Schmidt § 4 EStG Rn 480.
14 RFH I 154/40, RStBl 1940, 789.
15 BFH I 205/59 U, BStBl III 1969, 335.

- Unterhaltszahlungen an unentgeltlich in einem wirtschaftlichen Geschäftsbetrieb arbeitende Mitglieder eines Vereins.[1]
- Ausgaben eines Traberzuchtvereins zur Erfüllung von Auflagen hinsichtlich der staatlichen Genehmigung zum Betrieb eines Totalisatorunternehmens.[2]

42 *Einstweilen frei.*

43 **6. Vorrang des Spendenabzugs.** Nach § 10 Nr 1 S 2 bleiben Spenden und Mitgliedsbeiträge, die nach § 9 I Nr 2 abzugsfähig sind, abziehbar, auch wenn sie als Aufwendungen iSd § 10 Nr 1 S 1 anzusehen sind. Es wird klargestellt, dass eine Spende abziehbar bleiben soll, auch wenn mit ihr gleichzeitig satzungsmäßige Zwecke verfolgt werden. Es wird dadurch eine Benachteiligung von Körperschaften verhindert, deren Satzungszweck die Förderung von nach § 9 I Nr 2 steuerbegünstigten Zwecken ist.[3]

44-45 *Einstweilen frei.*

46 **V. Nichtabziehbare Steuern und darauf entfallende Nebenleistungen (§ 10 Nr 2).**
1. Allgemeines. § 10 Nr 2 ist die zu § 12 Nr 3 EStG analoge Regelung. Sie ist mit ihr bis auf die Erweiterung um das Abzugsverbot für die USt auf vGA deckungsgleich. Grundgedanke des Abzugsverbots ist die Zuordnung von Steuerzahlungen, die an die Person des Steuerpflichtigen anknüpfen, zur Einkommensverwendung.[4] Gleichwohl stellen die Steuern Betriebsausgaben iSd § 4 IV EStG dar. Mithin kommt dem einkommensteuerlichen Abzugsverbot nach § 12 Nr 3 EStG nur eine deklaratorische Bedeutung zu, während § 10 Nr 2 eine Sonderbestimmung darstellt, die rechtsbegründend die allgemeinen Regeln zur Einkommensermittlung nach § 8 durchbricht.[5]

47 *Einstweilen frei.*

48 **2. Steuern vom Einkommen.** Folgende Steuern vom Einkommen sind iSd § 10 Nr 2 nicht abziehbar:
- die KSt, auch die besondere nach § 5 I Nr 5,
- einbehaltene KESt für der Körperschaft zuzurechnenden Kapitalerträge,
- der SolZ,
- die Abzugsteuer bei beschränkt Steuerpflichtigen iSd § 50a EStG.

49 **GewSt.** Die GewSt ist weder eine Steuer vom Einkommen noch eine Personensteuer, sondern eine Realsteuer iSd § 3 II AO und unterliegt somit nicht § 10 Nr 2. GewSt, die bis einschließlich für den Erhebungszeitraum 2007 erhoben wird, ist abziehbar. Durch Einfügung des § 4 V b EStG durch das UntStRefG 2008[6] ist die GewSt, die für Erhebungszeiträume 2008 ff erhoben wird, jedoch nicht mehr als Betriebsausgabe abziehbar.

---

1 BFH I R 58/97, BStBl II 1988, 75; aber Kürzung der Unterhaltszahlungen soweit Überschreitung des Markwertes der Arbeitsleistung oder Mitglieder im ideellen Bereich des Vereins tätig sind.
2 BFH I R 76/01, BStBl II 2005, 305; aA BMF v 24.3.2005, BStBl I 2005, 608.
3 BTDrs 7/1470, 344; BFH I 121/62 U, BStBl III 1964, 57.
4 *Hofmeister* in Blümich § 10 Rn 40.
5 BFH IV R 6/08, BFH/NV 2011, 430; BFH I R 39/09, BFH/NV 2010, 470; BFH I B 97/11, DStR 2012, 554.
6 BGBl I 2007, 1912; zur Anwendungsregelung von § 4 V b EStG vgl § 52 XII S 7 EStG.

V. Nichtabziehbare Steuern und darauf entfallende Nebenleistungen

Einstweilen frei. 50

3. Ausländische Steuern. Ausländische Steuern, die den inländischen Steuern 51
nach § 10 Nr 1 entsprechen, insbesondere ausländische Quellensteuern, unterliegen
auch dem Abzugsverbot nach § 10 Nr 2.[1] Nach § 26 iVm § 34c EStG ist an Stelle der
Anrechnung der ausländischen Steuern wahlweise auch deren Abzug bei der Ermittlung der Einkünfte möglich. Insofern läuft das Abzugsverbot nach § 10 Nr 2 ins Leere
und ist somit wirkungslos.[2] Der wahlweise Abzug der ausländischen Steuern ist keine
Ausnahme vom Abzugsverbot des § 10 Nr 2. Es handelt sich vielmehr materiell um
eine Milderung der Doppelbesteuerung ausländischer Einkommensteile.[3]

Einstweilen frei. 52

4. USt und Vorsteuer. Zu den nach § 10 Nr 2 nichtabziehbaren Steuern gehören auch 53
die USt für Umsätze, die Entnahmen oder vGA sind, sowie Vorsteuerbeträge auf Aufwendungen, die dem Abzugsverbot nach § 4 V S 1 Nr 1-4 und 7 oder VII EStG unterliegen.
Die Regelung wurde durch das StEntlG 1999/2000/2002 angepasst (vgl Rn 13).[4]

Entnahmen. Entnahmen iSd Vorschrift sind Entnahmen iSd § 4 I EStG iVm § 8 I und 54
nicht die iSd UStG[5]. Diese Regelung hat geringe praktische Bedeutung, da regelmäßig
für Vermögensbewegungen zwischen einer Kapitalgesellschaft und ihrem Anteilseigner
auch die Vorraussetzungen einer vGA vorliegen werden und diese vorrangig ist.[6]

VGA. Umsatzsteuerlich sind vGA entweder als Lieferung unter § 3 Ib UStG oder 55
als sonstige Leistung unter § 3 IXa UStG zu subsumieren. Zu beachten ist im Zusammenhang mit der Wertermittlung, dass die umsatzsteuerliche Bemessungsgrundlage und der ertragsteuerliche Wert einer vGA regelmäßig nicht übereinstimmen.[7]

Lieferung. Soweit die vGA aus einer Lieferung resultiert, bemisst sich die vGA nach 56
dem gemeinen Wert. Da in diesem gemeinen Wert die USt regelmäßig bereits enthalten
ist und sie damit schon über § 8 III außerbilanziell hinzugerechnet wird, ist diese nach R
37 KStR nicht zusätzlich bei der Ermittlung des Einkommens hinzuzurechnen.

Sonstige Leistung. Für die Bemessung der vGA einer sonstigen Leistung ist von der 57
ansonsten zwischen fremden Dritten erzielbaren Vergütung auszugehen. Auch insoweit
muss die durch diese Vorgänge ausgelöste USt, die sich bereits im Wert der nach § 8 III
anzusetzenden vGA niedergeschlagen hat, nicht nach § 10 Nr 2 hinzugerechnet werden.[8]

Vorsteuer. Vorsteuern, die dem Abzugsverbot nach § 4 V Nr 1-4, 7 oder VII 58
EStG unterliegen, sind umsatzsteuerlich nicht abziehbar. Damit diese nichtabziehbaren Vorsteuern auch keine ertragsteuerliche Bemessungsgrundlage mindern, sind
sie nach § 10 Nr 2 nicht abziehbar. Es handelt sich im Einzelnen um folgende Aufwendungen:

---

1 BFH I R 80/87, BStBl II 1990, 920; BFH I R 70/88, BStBl II 1990, 1086.
2 *Schulte* in Erle/Sauter § 10 Rn 40; *Hofmeister* in Blümich § 10 Rn 55.
3 *Graffe* in D/J/P/W § 10 Rn 34.
4 Ausführlich zur historischen Entwicklung *Graffe* in D/J/P/W § 10 Rn 25.
5 *Hofmeister* in Blümich § 10 Rn 50; *Graffe* in D/J/P/W § 10 Rn 26.
6 *Schulte* in Erle/Sauter § 10 Rn 36.
7 *Graffe* in D/J/P/W § 10 Rn 29.
8 *Graffe* in D/J/P/W § 10 Rn 30.

- Geschenke (§ 4 V Nr 1 EStG);
- Bewirtungen (§ 4 V Nr 2 EStG);
- Gästehäuser (§ 4 V Nr 3 EStG);
- Jagd, Fischerei sowie Segel- und Motorjachten (§ 4 V Nr 4 EStG);
- Unangemessene Aufwendungen für die Lebensführung (§ 4 V Nr 7 EStG);
- Aufwendungen, die nicht gesondert aufgezeichnet wurden (§ 4 VII EStG).

59 *Einstweilen frei.*

60 **5. Sonstige nicht abziehbare Steuern.** Die nachfolgenden Steuern sind ebenfalls nicht abziehbar:

- Vermögensteuer (ab 1997 wegen Verfassungswidrigkeit nicht mehr erhoben);
- Erbschaft- und die Erbersatzsteuer;[1]
- Ausländische Vermögens- und Erbschaftsteuern.

61 *Einstweilen frei.*

62 **6. Nebenleistungen.** Die Nichtabziehbarkeit der Nebenleistungen auf Steuern iSd § 10 Nr 2 und deren historische Entwicklung ist in der Literatur in der Vergangenheit viel diskutiert worden.[2] Gem § 3 IV AO gibt es folgende steuerliche Nebenleistungen, die sofern sie auf Steuern iSd § 10 Nr 2 entfallen, nicht abziehbar sind:

- Verzögerungsgelder (§ 146 IIb AO);
- Verspätungszuschläge (§ 152 AO);
- Zuschläge nach § 162 IV AO;
- Sämtliche Zinsen (§ 233 – § 237 AO);
- Säumniszuschläge (§ 240 AO);
- Zwangsgelder (§ 329 AO);
- Kosten (§§ 89, 178, 178a und 337-345 AO).

Aufgrund des Wortlautes der § 10 Nr 2 bleiben Nebenleistungen auf Steuern, die bei der Körperschaft abziehbar sind, ebenfalls abziehbar. Dies sind zB Verspätungs- oder Säumniszuschläge, die iRd Abgabe und Abführung von Beträgen bei einer Kapitalertragsteuer- oder Lohnsteueranmeldung anfallen.

63 **Steuerberatungskosten.** Schon nach dem eindeutigen Wortlaut der § 10 Nr 2 unterliegen Kosten der Steuer- und Rechtsberatung, die sich auf Steuern iSd § 10 Nr 2 beziehen, eindeutig nicht dem Abzugsverbot, da weder eine Steuer noch eine steuerliche Nebenleistung vorliegt.

64 **Verbindliche Auskunft.** Durch die Einfügung des Verweises auf § 89 und § 178a AO in § 3 IV AO mit dem JStG 2007[3], stellen Gebühren für verbindliche Auskünfte und APAs, die nichtabziehbare Steuern iSd § 10 Nr 2 betreffen, nach dem eindeutigen

---

1 BFH I R 78/94, BStBl II 1995, 207.
2 Dazu ausführlich *Graffe* in D/J/P/W § 10 Rn 35.
3 BGBl I 2007, 2878.

Wortlaut steuerlich nicht abziehbare Nebenleistungen dar.[1] In der Literatur wird dieser eindeutige Wortlaut zwar nicht bestritten, aber hinsichtlich der systematischen Einordnung der Gebühren als nicht abziehbare steuerliche Nebenleistung kritisiert.[2] Nach Auffassung des BFH ist die sog Auskunftsgebühr verfassungsgemäß.[3]

Einstweilen frei. 65

7. Erstattungen. Aus dem Abzugsverbot nach § 10 Nr 2 folgt im Umkehrschluss, dass nichtabziehbare Steuern (zB die KSt), die ertragswirksam den steuerlichen Gewinn erhöht haben, sei es durch Auflösung von Rückstellungen oder Erstattungen, bei der Ermittlung des zu versteuernden Einkommens außerbilanziell zu kürzen sind.[4] Grundlage der Erstattung ist dasselbe öffentlich-rechtliche Steuerschuldverhältnis, das der Zahlung zugrunde lag. Die Erstattung ist der actus contrarius der Zahlung.[5] Eine Erstattung idS liegt somit nur bei Erstattung seitens der Steuerbehörde vor.[6] 66

Zinsen. Bisherige Behandlung. Originäre Erstattungszinsen, die die Körperschaft vom Finanzamt erhält, stellten nach bisheriger Rechtsprechung Zinsen aus sonstigen Kapitalforderungen nach § 20 I Nr 7 EStG dar und erhöhten das zu versteuernde Einkommen.[7] 67

Neue Rechtsprechung des BFH. Nach einem neuen BFH-Urteil v 15.6.2010 des VIII. Senats sind Erstattungszinsen zur ESt nicht mehr steuerpflichtig.[8] Hiernach gibt der BFH zwar den Grundsatz nicht auf, dass Erstattungszinsen iSd § 233a AO zu Einnahmen nach § 20 I Nr 7 EStG führen. Er kommt vielmehr zum Schluss, dass § 12 Nr 3 EStG die dort bestimmten Steuern als nicht abziehbar definiert, so dass die Erstattung dieser Steuern ebenso nicht zu steuerpflichtigen Einkünften führt. Gleiches gilt gem BFH für Erstattungszinsen, die als steuerliche Nebenleistung iSv § 3 IV AO das Schicksal der Hauptforderung teilen und somit unter Beachtung des § 12 Nr 3 EStG innewohnenden Prinzips auch dem nichtsteuerbaren Bereich zugewiesen werden sollen. 68

Anwendung auf die KSt. Einerseits kann argumentiert werden, dass § 10 Nr 2 eine dem § 12 Nr 3 EStG entsprechende Norm ist (vgl Rn 26 und 46). Wenn der VIII. Senat für die ESt aus der Zuweisung der Steuer zum nichtsteuerbaren Bereich auch den Zufluss der Erstattungszinsen in den nichtsteuerbaren Bereich herleitet, könnte dieser Grundgedanke auch auf § 10 Nr 2 übertragen werden können. Die KSt als Hauptforderung erhöht nicht das Einkommen (vgl Rn 66), so dass in Anwendung des Grundgedankens des BFH-Urteils auch Erstattungszinsen zur KSt als Nebenleistung iRd § 10 Nr 2 außerbilanziell zu kürzen wären.[9] 69

---

1 OFD Münster v 10.4.2008, DB 2008, 958; *Lahme/Reiser*, BB 2007, 413.
2 *Schulte* in Erle/Sauter § 10 Rn 46; *Blömer*, DStR 2008, 1868 f.
3 BFH I R 61/10, BStBl II 2011, 536; BFH I B 136/10, BFH/NV 2011, 1042.
4 RFH I 19/38, RStBl 1938, 494.
5 BFH I R 26/91, BStBl II 1992, 686.
6 *Heger* in Gosch § 10 Rn 29.
7 BFH VIII R 104/70, BStBl II 1975, 568; R 48 II S 2 KStR.
8 BFH VIII R 33/07, BFH/NV 2010, 1917.
9 So schon *Pauka*, NWB Fach 4, 2463; *Geberth/Ramer*, DB 2010, Heft 41 M20; *Löbe*, NWB 2010, 4109 ff; aA *Graffe* in D/J/P/W § 10 Rn 42.

Eine Übertragbarkeit der Rechtsprechung könnte auch aus einem Urteil des I. Senates folgen, nachdem das Abzugsverbot für Nachzahlungszinsen und die bisherige Besteuerung von Erstattungszinsen bei der KSt aus Gründen der Rechtsformneutralität geboten seien.[1] Hieraus könnte man folgern, dass der I. Senat die gleichlautende Regelung des § 10 Nr 2 auch gleichlaufend zu § 12 Nr 3 EStG und damit im Ergebnis rechtsformneutral anwenden will. Anderseits muss gesehen werden, dass der VIII. Senat in seinem Urteil Steuern sowie gezahlte und erstattete Zinsen einkommensteuerlich dem nichtsteuerbaren Bereich zuordnet. Eine Kapitalgesellschaft – anders als eine natürliche Person oder ein Verein – verfügt nach der Rechtsprechung des BFH[2] über keinen nicht steuerbaren, außerbetrieblichen Bereich. Alle Vermögensmehrungen führen somit zu gewerblichen Einkünften nach § 8 II auch wenn keine Einkünfte iSv § 2 EStG vorliegen.[3] Ausgehend davon würden die Erstattungszinsen zur KSt zumindest bei einer Kapitalgesellschaft steuerpflichtig bleiben. Diese Auffassung vertritt auch die Finanzverwaltung.[4] Dafür spricht auch das vorgenannte BFH Urteil des I. Senats, wonach ohne die ausdrückliche Anordnung der Nichtabzugsfähigkeit von Nachzahlungszinsen in § 10 Nr 2 diese als Betriebsausgaben abzugsfähig wären.[5] Mangels einer entsprechenden Freistellungsnorm im KStG wären somit -bei Kapitalgesellschaften- Erstattungszinsen zur KSt steuerpflichtig. IdS entschied der I. Senat jüngst, dass die Rechtsprechung zur ESt nicht auf die Einkommensermittlung von Kapitalgesellschaften übertragbar ist, da sie über keine außerbetriebliche Sphäre verfügen.[6]

70 **Änderung des Gesetzgebers mit JStG 2010.** Der Gesetzgeber reagierte kurzfristig auf dieses Urteil und fügte iRd JStG 2010 v 8.12.2010[7] S 3 in § 20 I Nr 7 EStG ein, nach dem Erstattungszinsen iSd § 233a AO Erträge iSd S 1 des § 20 I Nr 7 EStG sind.[8] Diese Änderung soll rückwirkend für alle noch nicht bestandskräftigen Fälle gelten.[9] Es gibt Bedenken ob die Gesetzesänderung überhaupt greift, da der BFH die Steuerpflicht von Erstattungszinsen iSv § 233a AO nach § 20 I Nr 7 EStG nicht in Frage gestellt hat sondern die fehlende Steuerbarkeit nur auf § 12 Nr 3 EStG stützt.[10] Folgt man den Ausführungen, würden Erstattungszinsen auf nichtabziehbare Steuern auch nach der Gesetzesänderung nicht zu steuerpflichtigen Einnahmen beim Steuerpflichtigen für Zwecke der ESt führen, da sie als steuerliche Nebenleistungen das Schicksal der Hauptforderung teilen. Da die Rechtsprechung des VIII. Senates zur ESt nicht auf Kapitalgesellschaften übertragbar ist, kann sich aus der Gesetzänderung keine Kon-

---

1 BFH I R 39/09 Rn 12 und 15, BFH/NV 2010, 470.
2 BFH I R 54/95, GmbHR 1997, 317; BFH I R 32/06, BStBl II 2007, 961; vgl auch § 8 Rn 184 ff.
3 Ausführlich dazu Lang in D/J/P/W § 8 Rn 30 ff; aA Frotscher in Frotscher/Maas § 8 Rn 25.
4 OFD Münster v 3.12.2010, NWB 2011, 347.
5 BFH I R 39/09 Rn 11, BFH/NV 2010, 470.
6 BFH I B 97/11, DStR 2012, 554.
7 BGBl I 2010, 1768.
8 BRDrs 679/10; BTDrs 17/3449.
9 § 52a VIII S 2 EStG idFd JStG 2010; nach FG Münster 5 K 3626/03 E, DStR 2011, 303 ist die Regelung verfassungsgemäß; dagegen jedoch Revision anhängig BFH VIII R 1/11; kritisch zur Verfassungsmäßigkeit Löbe, NWB 2010, 4109 ff; Zweifel auch seitens BFH VIII B 190/11, DStR 2012, 347.
10 Löbe, NWB 2010, 4109 ff.

sequenz für diese ergeben. Es könnten jedoch zB Vereine davon betroffen sein, da bei ihnen auch andere Einkünfte als Einkünfte aus Gewerbebetrieb vorliegen können. Relevante Bescheide sollten deshalb offen gehalten werden.

Kritik an Vollverzinsung nach § 233a AO. Die Besteuerung von Erstattungszinsen wurde bis zur Änderung, dass Nachzahlungszinsen ab dem VZ 1999 (vgl Rn 13) nicht mehr abzugsfähig sind, nicht kritisiert. Nach geltendem Recht ergibt sich dadurch aber eine asymmetrische Behandlung von Nachzahlungs- und Erstattungszinsen. Dies wird in der Literatur heftig kritisiert.[1] Der BFH hält die Regelung diesbezüglich für verfassungskonform,[2] ebenso die Höhe.[3] Auch ist eine rechtsformneutrale Ausgestaltung der Vollverzinsung nach § 233a AO nicht verpflichtend.[4] Gleichwohl gibt es zur Verfassungsmäßigkeit des § 233a AO und der unterschiedlichen Behandlung von Soll- und Habenzins noch weitere anhängige Verfahren.[5] Es wäre wünschenswert, wenn der Gesetzgeber den Komplex der Besteuerung von steuerlichen Nachzahlungs- und Erstattungszinsen in Bezug auf Rechtsformneutralität, Symmetrie und adäquater Höhe grundsätzlich neu regeln würde.

71

Einzelfälle. Nach R 48 II S 3 KStR sind allerdings zurückgezahlte Nachzahlungszinsen erfolgsneutral zu behandeln. Gleichfalls sind Erstattungszinsen auf Antrag nach § 163 AO nicht steuerpflichtig, soweit diesen nicht abziehbare Nachzahlungszinsen gegenüberstehen, die auf ein- und demselben Ereignis beruhen.[6] Wird eine vor Einführung des Abzugsverbotes für Nachzahlungszinsen zur KSt am 1.1.1999 (vgl Rn 13) steuerwirksam gebildete Rückstellung für selbige nach diesem Zeitpunkt aufgelöst, ist die daraus resultierende Gewinnerhöhung steuerlich nicht zu neutralisieren.[7]

72

Schadensersatzleistungen. Schadensersatz eines Steuerberaters für die zu hohe Festsetzung von nicht abziehbaren Steuern sind nach neuerer BFH-Rechtsprechung[8] beim Empfänger nicht außerbilanziell zu kürzen. Anders als bei Erstattungen seitens der Finanzbehörde liegt bei Schadensersatz von Dritten für nicht abziehbare Steuern nicht dasselbe rechtliche Verhältnis der Zahlung zugrunde (vgl Rn 66). Dieser Schadensersatz gründet vielmehr auf einem zivilrechtlichen Vertrag und nicht auf dem öffentlich-rechtlichen Steuerschuldverhältnis.[9] Dieser Umstand ist bei der Berechnung von Schadensersatzleistungen zu berücksichtigen.[10] Anders entschied der BFH[11] noch zu Schadensersatz bei einer nichtgewährten steuerfreien Investitions-

73

---

1 Schulte in Erle/Sauter § 10 Rn 44; Frotscher in Frotscher/Maas § 10 Rn 28b.
2 BFH I R 39/09, BFH/NV 2010, 470; nunmehr auch eindeutig BFH I B 97/11, DStR 2012, 554.
3 BFH I R 80/10, BFH/NV 2011, 1654 mit Verweis auf BVerfG 1 BvR 2539/07, BFH/NV 2009, 2115.
4 BFH I B 97/11, DStR 2012, 554 mit Verweis auf BVerfG 2 BvL 2/99, BVerfGE 116, 164.
5 BFH VIII R 36/10; BFH VIII R 1/11.
6 BMF v 5.10.2000, BStBl I 2000, 1508; allerdings aufgehoben durch BMF v 29.3.2007, BStBl I 2007, 369 mit Wirkung für Tatbestände nach dem 31.12.2004. Die Aufhebung bedeutet aber nicht unbedingt eine Aufgabe der bisherigen Rechtsauffassung der Verwaltung.
7 BFH I R 43/08, BFH/NV 2010, 525.
8 BFH I R 26/91, BStBl II 1992, 686.
9 BFH I R 26/91, BStBl II 1992, 686.
10 Hofmeister in Blümich § 10 Rn 63.
11 BFH I R 73/76, BStBl II 1979, 120.

zulage.¹ Dieses Urteil dürfte inzwischen durch die neuere BFH-Rechtsprechung überholt sein², da steuerfreie Investitionszulagen sich wie nichtabziehbare Steuern nicht auf das Einkommen auswirken.

74-75 *Einstweilen frei.*

76 **VI. Geldstrafen und sonstige Rechtsfolgen vermögensrechtlicher Art (§ 10 Nr 3).**
1. Allgemeines. Das Abzugsverbot des § 10 Nr 3 betrifft nur Aufwendungen infolge eines öffentlich-rechtlichen Strafverfahrens. Nicht erfasst werden Vertragsstrafen oder sonstige privatrechtliche Strafen.³ Die Regelung ergänzt § 4 V Nr 8 EStG, der ein Abzugsverbot für Geldbußen, Ordnungs- und Verwarnungsgelder vorsieht. § 10 Nr 3 gilt jedoch anders als § 4 V Nr 8 EStG, der nach seinem Wortlaut auf Geldbußen beschränkt ist, die durch inländische Gerichte, Behörden und Organe der EU festgesetzt werden, auch für ausländische Geldstrafen.⁴ Hierbei ist jedoch erforderlich, dass die ausländischen Strafmaßnahmen im Wesentlichen der deutschen Rechtsordnung entsprechen.⁵ Andernfalls ist ein Abzug möglich.

77 **Hauptanwendungsbereich.** Nach deutschem Strafrecht können Geldstrafen, anders als Geldbußen etc, nicht gegen juristische Personen verhängt werden.⁶ § 10 Nr 3 hat deswegen nur einen kleinen Anwendungsbereich, der auf ausländische Geldstrafen, die mit der deutschen Rechtsordnung im Einklang stehen⁷, sowie Rechtsnachteile nach § 75 StGB beschränkt ist.

78 *Einstweilen frei.*

79 **2. Strafmaßnahmen.** Dazu ausführlich H 12.3 EStH 2008.

80 **Geldstrafen.** Nach Art 5 EGStGB sind Geldstrafen alle so bezeichneten Rechtsnachteile, die von einem Gericht im Geltungsbereich des Gesetzes nach den Strafvorschriften des Bundes- oder Landesrechts verhängt werden.

81 **Sonstige Rechtsfolgen vermögensrechtlicher Art.** Nach R 49 S 3 KStR können gegen juristische Personen sonstige Rechtsfolgen vermögensrechtlicher Art, bei denen der Strafcharakter überwiegt, verhängt werden (§ 75 StGB). Insbesondere ist dies die Einziehung von Gegenständen nach § 74 StGB.

82 **Leistungen zur Erfüllung von Auflagen und Weisungen.** Leistungen zur Erfüllung von in einem Strafverfahren erteilten Auflagen oder Weisungen fallen ebenfalls unter das Abzugsverbot. Hierzu gehören Auflagen bei Strafaussetzung zur Bewährung oder bei Verwarnungen mit Strafvorbehalt und Auflagen und Weisungen bei Einstellung des Verfahrens. Das Abzugsverbot tritt nicht ein, soweit die Auflagen oder Weisungen lediglich der Wiedergutmachung des durch die Tat verursachten Schadens dienen.⁸

---

1 Dazu mwN ausführlich *Frotscher* in Frotscher/Maas § 10 Rn 31; *Schulte* in Erle/Sauter § 10 Rn 49 f.
2 *Hofmeister* in Blümich § 10 Rn 63; *Graffe* in D/J/P/W § 10 Rn 44; *Heger* in Gosch § 10 Rn 29; aA *Hollatz* in H/H/R § 10 Rn 98.
3 *Hofmeister* in Blümich § 10 Rn 72.
4 *Heger* in Gosch § 10 Rn 35.
5 BFH VIII R 89/86, BStBl II 1992, 85; R 12.3 EStR.
6 *Schulte* in Erle/Sauter § 10 Rn 57.
7 *Graffe* in D/J/P/W § 10 Rn 59.
8 *Graffe* in D/J/P/W § 10 Rn 61.

Einstweilen frei. 83

3. Kosten des Strafverfahrens. Unabhängig vom Ausgang des Strafverfahrens sind Anwalts-, Gerichts-, Gutachter- und sonstige Beratungskosten aufgrund des eindeutigen Wortlautes des § 10 Nr 3, der sie nicht erwähnt, steuerlich abziehbar (R 49 S 5 KStR). Finanzgerichtliche Rechtsprechung[1] zur Nichtabziehbarkeit von Strafverteidigungskosten natürlicher Personen zu § 12 Nr 4 EStG sind uE auf § 10 Nr 3 nicht übertragbar, da eine Kapitalgesellschaft über keine außerbetriebliche Sphäre verfügt (vgl § 8 Rn 184). 84

Einstweilen frei. 85

4. Zahlung für Dritte. Wird die Geldstrafe, die gegen einen Arbeitnehmer der Körperschaft festgesetzt wurde, von der Körperschaft übernommen, liegt kein Fall des § 10 Nr 3 vor. Es handelt sich um abzugsfähigen Arbeitslohn, der beim Arbeitnehmer eine Einnahme darstellt.[2] Ist der Arbeitnehmer auch Anteilseigner der Körperschaft, stellt sich die Frage einer vGA. Diese ist zu verneinen, sofern er die Straftat in Ausübung seiner Tätigkeit für die Körperschaft begangen hat und eine Vorausabsprache zur Übernahme vereinbart wurde.[3] 86

Einstweilen frei. 87-88

VII. Aufsichtsratsvergütungen (§ 10 Nr 4). 1. Allgemeines. Gem § 10 Nr 4 kann nur die Hälfte der Vergütungen zur Überwachung der Geschäftsführung steuerlich abgezogen werden. Es handelt sich um Betriebsausgaben. Somit wären sie ohne diese Regelung in voller Höhe abzugsfähig. 89

Betroffene Unternehmen. Das Abzugsverbot gilt für alle Körperschaftsteuerpflichtigen, nicht nur für Kapitalgesellschaften, auf die die Vorschrift eigentlich zugeschnitten ist. § 10 Nr 4 gilt somit nach seinem Wortlaut für alle Körperschaften, die Vergütungen an Personen zahlen, die mit der Überwachung der Geschäftsführung beauftragt sind. Diese sind neben den Kapitalgesellschaften, Genossenschaften, Vereinen, Stiftungen und BgA. Zahlungen für die Tätigkeit im Aufsichtsgremium einer GmbH & Co KG fallen hingegen grundsätzlich nicht unter das Abzugsverbot. Ist das Gremium jedoch bei der Komplementär-GmbH bestellt, das ausschließlich oder zugleich die Tätigkeit der GmbH überwacht, ist § 10 Nr 4 einschlägig.[4] 90

Wirtschaftliche Doppelbesteuerung. Soweit ihr Abzug körperschaftsteuerlich nicht zulässig ist, kommt es zu einer wirtschaftlichen Doppelbesteuerung, da die Aufsichtsratsvergütungen idR bei ihren Empfängern nach § 18 I Nr 3 oder § 49 I Nr 3 EStG in voller Höhe als Einkünfte aus selbständiger Arbeit steuerpflichtig sind. 91

Kritik an Einschränkung der Abzugsfähigkeit. Die Beschränkung des Abzugs wird im Schrifttum ua wegen der vorgenannten Doppelbesteuerung stark kritisiert.[5] Die historische Entwicklung vom vollen Abzugsverbot zum hälftigen Abzugsverbot 92

---

1 ZB FG Rheinland-Pfalz 4 K 2699/06, EFG 2010, 1491.
2 *Heinicke* in Schmidt § 4 EStG Rn 520 „Strafe/Geldbuße"; *Velten* in EY § 10 Rn 95.
3 *Velten* in EY § 10 Rn 96; *Schulte* in Erle/Sauter § 10 Rn 62.
4 Dazu ausführlich *Schulte* in Erle/Sauter § 10 Rn 69; *Frotscher* in Frotscher/Maas § 10 Rn 58.
5 *Hofmeister* in Blümich § 10 Rn 80; *Olgemöller* in Streck § 10 Rn 30; *Velten* in EY § 10 Rn 102.

wurde aus steuersystematischen Gründen bei Umstellung auf das Anrechnungssystem 1977 ebenfalls heftig kritisiert.[1] Dieser Kritikansatz ist mit der Abschaffung des Anrechnungsverfahrens durch das StSenkG jedoch nicht mehr gültig. Gleichwohl wird darüber hinaus bemängelt, dass Kosten für Aufsichtsorgane auch bei solchen Körperschaften nicht abziehbar sind, die gesetzlich verpflichtet sind, ein entsprechendes Kontrollorgan vorzuhalten.[2] Gesetzlich verpflichtet sind zB die AG, KGaA (§ 95 f AktG) und Genossenschaften (§§ 36 ff GenG). Weiterhin liegt eine qualifizierte Überwachung auch im Interesse der Allgemeinheit. Der derzeitige Hauptkritikpunkt wird mit der Verschärfung des Aufsichtsrechtes durch das KonTraG und des Corporate Governance Codes begründet. Durch die Professionalisierung und Zunahme der Bedeutung von qualifizierten Aufsichtsräten erscheint das Abzugsverbot zumindest aktienrechtlich überholt.[3] Verfassungsrechtlich ist es allerdings nicht bedenklich.[4]

93 *Einstweilen frei.*

94 **2. Empfänger der Vergütungen, Überwachungsfunktion.** Der Empfänger muss mit der Überwachung der Geschäftsführung beauftragt sein. Infrage kommen damit idR die Mitglieder des Aufsichtsgremiums mit anderen Worten des Aufsichtsrats, Verwaltungsrats, Grubenvorstandes oder Beirats. Auf den Namen des Gremiums kommt es nicht an.[5] Besteht ein Beirat, übt aber keine Überwachungsfunktion aus, liegen abziehbare Betriebsausgaben vor.[6]

95 **Überwachungsfunktion.** Es unterliegen nur die Vergütungen dem hälftigen Abzugsverbot, die für die Überwachung der Geschäftsführung gewährt werden. Dabei ist die Überwachungstätigkeit von der Geschäftsführung und Beratung abzugrenzen.[7] Der Begriff der Überwachung ist aber weit auszulegen (R 50 III KStR).[8] Die beauftragte Person darf nicht ausschließlich beratende Funktion haben, sondern sie muss aufgrund der Überwachungsfunktion auch gesellschaftsrechtlich verantwortlich und ggf schadenersatzpflichtig sein (§§ 116, 93 AktG).[9] Es ist aber ausreichend, wenn die Überwachungsfunktion der wesentliche Bestandteil der Tätigkeit ist.[10] Eine Überwachung liegt insbesondere dann vor, wenn das Überwachungsgremium rechtlich die Möglichkeit hat auf Entscheidungen der Geschäftsführung Einfluss zu nehmen dh ihnen zustimmen muss oder sie ablehnen kann.[11] Eine solche überwachende Tätigkeit liegt aber nicht vor, wenn die wesentlichen Aufgaben der Geschäftsführung selbst wahrgenommen werden.[12] Bei Aufsichtsratsgremien, die gesetzlich vorgeschriebenen

---

1 Dazu ausführlich *Velten* in EY § 10 Rn 101 ff.
2 *Graffe* in D/J/P/W § 10 Rn 65.
3 *Schulte* in Erle/Sauter § 10 Rn 67.
4 BVerfG 1 BvR 338/68, BVerfGE 34, 103.
5 BFH I R 8/77, BStBl II 1981, 623.
6 RFH I A 92/35, RStBl 1935, 1435.
7 *Schulte* in Erle/Sauter § 10 Rn 71.
8 *Heger* in Gosch § 10 Rn 44.
9 *Graffe* in D/J/P/W § 10 Rn 72.
10 RFH I A 410/30, RStBl 1931, 555.
11 *Frotscher* in Frotscher/Maas § 10 Rn 60.
12 BFH IV R 1/03, BStBl II 2004, 112.

VII. Aufsichtsratsvergütungen

(§ 95 AktG oder § 36 GenG), gesetzlich vorgesehenen (§ 52 GmbH) oder vertraglich den vorgenannten Vorschriften nachgebildet sind, ist eine Überwachungsfunktion als wesentliche Aufgabe anzunehmen.[1] Das Abzugsverbot greift auch, wenn gar keine entsprechende Tätigkeit ausgeübt wird.[2]

Einzelfälle. Nach der Rechtsprechung unterliegen zB Vergütungen für folgende Tätigkeiten dem hälftigen Abzugsverbot: 96

- Allgemeine Beratung durch einen Rechtsanwalt, der Aufsichtsratsmitglied ist;[3]
- Finanzierungsberatung einer AG durch eines ihrer Aufsichtsratsmitglieder;[4]
- Einschaltung eines Aufsichtsratsmitglieds in die Wahrnehmung von Aufgaben der Geschäftsführung[5].

Nicht dem hälftigen Abzugsverbot unterliegen zB folgende Sachverhalte:

- Wahrnehmung reiner Repräsentationsaufgaben;[6]
- Vergütungen an ehemalige Aufsichtsratsmitglieder für eine beratende Tätigkeit;[7]
- Tätigkeiten die klar von Überwachung trennbar sind und auf einer besonderen Vereinbarung beruhen;[8]
- Zinsen für rückständige Aufsichtsratsvergütung;[9]
- Spezielle Rechtsberatung (zB Prozessführung) durch Rechtsanwalt der Aufsichtsratsmitglied ist, sofern ein gesonderter Vertrag vorliegt;[10]
- Zahlungen an Sachverständige, die den Aufsichtsrat unterstützen[11].

Aufteilungsverbot. Übt das Aufsichtsratsmitglied neben der Überwachungstätigkeit noch eine andere, nicht unter die Abzugsbeschränkung fallende Tätigkeit aus, ist eine Aufteilung der Vergütung nicht zulässig bzw greift das hälftige Abzugsverbot vollständig. Gehört diese andere Tätigkeit jedoch nicht zur Überwachungsfunktion, lässt sie sich von ihr eindeutig abgrenzen und beruht sie auf einer besonderen Vereinbarung und gesonderten Entgelt, ist die hierfür geleistete besondere Vergütung voll abziehbar. Diese klare Trennung ist in den unter Rn 96 angeführten BFH-Urteilen jeweils ein maßgeblicher Entscheidungsgrund zur Abzugsfähigkeit gewesen. 97

Arbeitnehmer-Vertreter. Lohnzahlungen, die ein Arbeitnehmervertreter aufgrund seines Arbeitsvertrages neben den Aufsichtsratsvergütungen erhält, unterliegen wegen der klaren Abgrenzbarkeit nicht dem Abzugsverbot. Anders soll es zu beurteilen sein, wenn der Arbeitnehmer wegen seiner Aufsichtsratstätigkeit ohne angemessene Min- 98

---

1 *Schulte* in Erle/Sauter § 10 Rn 71; *Graffe* in D/J/P/W § 10 Rn 71.
2 *Velten* in EY § 10 Rn 109.
3 RFH I 244/38, RStBl 1938, 1124.
4 BFH I 265/62, BStBl III 1966, 688.
5 BFH I R 249/71, BStBl II 1973, 872.
6 BFH VIII R 159/73, BStBl II 1978, 352.
7 BFH I 85/65, BStBl II 1969, 147.
8 BFH I R 162/69, BStBl II 1971, 310.
9 *Velten* in EY § 10 Rn 119.
10 RFH I 244/38, RStBl 1938, 1124.
11 BFH I R 46/74, BStBl II 1976, 155.

derung des Lohns von seiner Arbeitspflicht ganz oder teilweise freigestellt ist. Der Lohn soll iHd unterlassenen Lohnminderung eine verdeckte Aufsichtsratsvergütung sein und insoweit hälftig nicht abziehbar.[1]

99 *Einstweilen frei.*

100 **3. Art und Umfang der Vergütungen.** Unter das Abzugsverbot fallen nach dem klaren Wortlaut Vergütungen jeder Art. Damit ist der Begriff der Vergütungen weit auszulegen. Nach R 50 I KStR sind dies alle Leistungen, die als Entgelt für die Aufsichtsratstätigkeit gewährt werden. Die Vergütungen umfassen bspw:

- Einmalige oder laufende Vergütungen;
- Tage-, Sitzungs- und Reisegelder und sonstige pauschale Entschädigungen;
- Tantiemen, Boni, Optionsrechte und andere Gewinnbeteiligungen;
- Sachleistungen;
- Alle geldwerten Vorteile zB freie Wohnung, freie Kost und Unterbringung, unentgeltliche Pkw-Überlassung, verbilligte Lieferung von Wirtschaftsgütern und Erbringung von Dienstleistungen;
- Zahlung von Beiträgen zur Altersversorgung und Pensionszahlungen;
- Übernahme von D&O Versicherungsbeiträgen;
- Übernahme der Aufsichtsratsteuer gem § 50a EStG bei beschränkt steuerpflichtigem Aufsichtsrat.

101 **Kostenersatz.** Nicht unter das Abzugsverbot fällt die Erstattung der bei der Ausübung der Aufsichtsratstätigkeit tatsächlich angefallenen Kosten wie zB Fahrt und Übernachtungskosten und Mehraufwendungen für Verpflegung. In dieser Höhe liegen abzugsfähige Betriebsausgaben vor.[2] Die Kosten sind nachzuweisen. Alternativ können auch die Pauschbeträge des Reisekostenrechtes gem R 9.4 ff LStR 2008 angesetzt werden.

102 **Unterstützungsleistungen.** Keine Aufsichtsratsvergütung liegt vor, wenn den Mitgliedern in einem Unternehmen Räumlichkeiten, technische Hilfsmittel und Personal zur Ausübung ihrer Kontroll-Tätigkeit unentgeltlich zur Verfügung gestellt werden.[3] Dies gilt jedoch nicht, wenn sie ständig und außerhalb des Unternehmens zur Verfügung gestellt werden.[4]

103 **Rückerstattung der Vergütung.** Da Aufsichtsratsvergütungen Betriebsausgaben sind, stellen Rückerstattungen auch Betriebseinnahmen dar. Gleichwohl ist die Hälfte der Rückerstattungen nach hM steuerfrei zu vereinnahmen, da sie zur Hälfte steuerlich nicht abziehbar waren.[5]

104 *Einstweilen frei.*

---

1 *Hofmeister* in Blümich § 10 Rn 94.
2 BFH I 185/63, BStBl III 1966, 206.
3 *Graffe* in D/J/P/W § 10 Rn 79.
4 *Velten* in EY § 10 Rn 128.
5 *Graffe* in D/J/P/W § 10 Rn 83; *Velten* in EY § 10 Rn 132.

4. Sonstiges. Beschränkt Steuerpflichtige Aufsichtsräte. Vergütungen an ein be- 105
schränkt steuerpflichtiges Aufsichtsratsmitglied unterliegen dem Steuerabzug nach
§ 50a EStG. Der Steuersatz beträgt 30 %. Trägt die überwachte Körperschaft die Steuer,
beträgt der Steuersatz 42,85 % der ausgezahlten Vergütung. Die übernommene Steuer
ist dann Teil der Aufsichtsratsvergütung und ebenfalls nur zur Hälfte abziehbar (vgl
Rn 100).

USt. Aufsichtsratsmitglieder sind Unternehmer iSd § 2 UStG. Unterliegt die Auf- 106
sichtsratsvergütung bei der USt der Regelbesteuerung und nimmt die Körperschaft
den Vorsteuerabzug nach § 15 UStG in Anspruch, ist bei der Ermittlung des Einkommens der Körperschaft die Hälfte des Nettobetrags der Aufsichtsratsvergütung – ohne
USt hinzuzurechnen. Ist die Körperschaft nicht oder nur verhältnismäßig zum Vorsteuerabzug berechtigt, so ist außerdem die Hälfte der gesamten oder der den Vorsteuerabzug übersteigenden USt dem Einkommen hinzuzurechnen. In den übrigen
Fällen ist stets die Hälfte des Gesamtbetrags der Aufsichtsratsvergütung einschließlich USt hinzuzurechnen (R 50 II KStR).

Einstweilen frei. 107-108

VIII. Durchführung des Abzugsverbotes. Bei buchführungspflichtigen Körper- 109
schaften sind Aufwendungen iSd § 10, soweit sie den steuerlichen Gewinn gemindert
haben, bei der Ermittlung des Einkommens außerhalb der Bilanz hinzuzurechnen.
Dies gilt auch, wenn die Aufwendungen noch nicht abgeflossen sind sondern für
sie aufwandswirksam eine Rückstellung gebildet wurde. Bei nicht buchführungspflichtigen Körperschaften gilt das Abflussprinzip.

Einstweilen frei. 110

§ 10

§ 11 Auflösung und Abwicklung (Liquidation)

(1) ¹Wird ein unbeschränkt Steuerpflichtiger im Sinne des § 1 Abs. 1 Nr. 1 bis 3 nach der Auflösung abgewickelt, so ist der im Zeitraum der Abwicklung erzielte Gewinn der Besteuerung zugrunde zu legen. ²Der Besteuerungszeitraum soll drei Jahre nicht übersteigen.

(2) Zur Ermittlung des Gewinns im Sinne des Absatzes 1 ist das Abwicklungs-Endvermögen dem Abwicklungs-Anfangsvermögen gegenüberzustellen.

(3) Abwicklungs-Endvermögen ist das zur Verteilung kommende Vermögen, vermindert um die steuerfreien Vermögensmehrungen, die dem Steuerpflichtigen in dem Abwicklungszeitraum zugeflossen sind.

(4) ¹Abwicklungs-Anfangsvermögen ist das Betriebsvermögen, das am Schluss des der Auflösung vorangegangenen Wirtschaftsjahrs der Veranlagung zur Körperschaftsteuer zugrunde gelegt worden ist. ²Ist für den vorangegangenen Veranlagungszeitraum eine Veranlagung nicht durchgeführt worden, so ist das Betriebsvermögen anzusetzen, das im Fall einer Veranlagung nach den steuerrechtlichen Vorschriften über die Gewinnermittlung auszuweisen gewesen wäre. ³Das Abwicklungs-Anfangsvermögen ist um den Gewinn eines vorangegangenen Wirtschaftsjahrs zu kürzen, der im Abwicklungszeitraum ausgeschüttet worden ist.

(5) War am Schluss des vorangegangenen Veranlagungszeitraums Betriebsvermögen nicht vorhanden, so gilt als Abwicklungs-Anfangsvermögen die Summe der später geleisteten Einlagen.

(6) Auf die Gewinnermittlung sind im Übrigen die sonst geltenden Vorschriften anzuwenden.

(7) Unterbleibt eine Abwicklung, weil über das Vermögen des unbeschränkt Steuerpflichtigen im Sinne des § 1 Abs. 1 Nr. 1 bis 3 das Insolvenzverfahren eröffnet worden ist, sind die Absätze 1 bis 6 sinngemäß anzuwenden.

KStR 51; KStH 51

Übersicht

	Rn
I. Regelungsgehalt	1 – 2
II. Rechtsentwicklung	3 – 4
III. Anwendungsbereich (§ 11 I S 1)	5 – 77
1. Bedeutung der Norm	5 – 8
2. Subjektiver Anwendungsbereich	9 – 20
a) Allgemeines	9 – 11
b) Kapitalgesellschaften	12 – 16
c) Genossenschaften, VVaG, PVaG	17 – 20
3. Objektiver Anwendungsbereich	21 – 47
a) Tatbestandsvoraussetzungen	21 – 22
b) Auflösung	23 – 33
c) Abwicklung	34 – 47
4. Zeitlicher Anwendungsbereich	48 – 49
5. Verhältnis zu anderen Vorschriften	50 – 77

a) KStG	50 – 61
b) EStG	62 – 69
c) Sonstige Vorschriften	70 – 77
IV. Abwicklungszeitraum (§ 11 I S 1)	78 – 88
1. Beginn des Abwicklungszeitraums	78 – 82
a) Grundsatz	78 – 79
b) Unterjährige Auflösung	80 – 82
2. Ende des Abwicklungszeitraums	83 – 88
a) Beendigung der Abwicklung	83 – 86
b) Keine Beendigung der Abwicklung	87 – 88
V. Besteuerungszeitraum (§ 11 I S 2) und Veranlagungswirkung	89 – 103
1. Beginn des Besteuerungszeitraumes	89 – 91
2. Dauer des Besteuerungszeitraumes	92 – 101
3. Veranlagungswirkung	102 – 103
VI. Ermittlung des Abwicklungsgewinns (§ 11 II, VI)	104 – 131
1. Gewinnermittlung durch Vermögensvergleich	104 – 105
2. Verhältnis zur handelsrechtlichen Bilanzierung	106 – 107
3. Geltung allgemeiner Gewinnermittlungsvorschriften (§ 11 VI)	108 – 113
4. Verlustabzug	114 – 120
5. Schema der Gewinnermittlung	121 – 122
6. Besonderheiten bei der Gewinnermittlung in Folgebesteuerungszeiträumen	123 – 127
7. Besteuerung, anwendbares Recht	128 – 131
VII. Abwicklungs-Endvermögen (§ 11 III)	132 – 155
1. Allgemeines	132 – 133
2. Zur Verteilung kommendes Vermögen	134 – 142
3. Bewertung	143 – 148
4. Steuerfreie Vermögensmehrungen	149 – 155
VIII. Abwicklungs-Anfangsvermögen (§ 11 IV, V)	156 – 179
1. Begriff des Abwicklungs-Anfangsvermögens	156 – 172
a) Betriebsvermögen bei Veranlagung (§ 11 IV S 1)	156 – 160
b) Betriebsvermögen bei fehlender Veranlagung (§ 11 IV S 2)	161 – 165
c) Fehlendes Betriebsvermögen (§ 11 V)	166 – 172
2. Kürzung um Ausschüttungen für Vorjahre (§ 11 IV S 3)	173 – 179

  IX. Liquidation und ertragsteuerliche Organschaft .... 180 – 193
    1. Liquidation der Organgesellschaft .... 180 – 188
      a) Auswirkung auf den Gewinnabführungsvertrag .... 180 – 183
      b) Einkommenszurechnung .... 184 – 188
    2. Liquidation des Organträgers .... 189 – 193
  X. Insolvenzverfahren (§ 11 VII) .... 194 – 201

1   **I. Regelungsgehalt.** § 11 regelt die Schlussbesteuerung der von der Vorschrift erfassten Steuerpflichtigen vor ihrer Beendigung. Dabei ist Gewinnermittlungszeitraum nach § 11 I S 1 abweichend von § 7 IV nicht das WJ, sondern grundsätzlich der gesamte Zeitraum der Abwicklung. IRd Abwicklung ist somit an Stelle eines bestimmten Jahresergebnisses im Regelfall der gesamte im Abwicklungszeitraum erzielte Gewinn zu besteuern.[1]

  § 11 II-VI schreiben eine besondere Methode zur Ermittlung des im Abwicklungszeitraum erzielten Gewinns vor. Zur Gewinnermittlung ist nach § 11 II dem zur Verteilung an die Gesellschafter kommenden, um während des Abwicklungszeitraumes zugeflossene steuerfreie Vermögensmehrungen korrigierte Vermögen (Abwicklungs-Endvermögen) das Betriebsvermögen zu Beginn der Abwicklung (Abwicklungs-Anfangsvermögen), korrigiert um während des Abwicklungszeitraumes ausgeschüttete Gewinne vorangegangener WJ, gegenüberzustellen. § 11 III-V beinhalten Regelungen zur Ermittlung des Abwicklungs-Endvermögens und des Abwicklungs-Anfangsvermögens. Nach § 11 VI sind zusätzlich zu den besonderen Bestimmungen des § 11 die sonst geltenden Gewinnermittlungsvorschriften anzuwenden.

  § 11 VII sieht für den Fall einer aufgrund Eröffnung des Insolvenzverfahrens über das Vermögen des Steuerpflichtigen unterbleibenden Abwicklung die sinngemäße Anwendung der § 11 I-VI vor.

2   *Einstweilen frei.*

3   **II. Rechtsentwicklung.** Eine besondere Art der Gewinnermittlung zur Erfassung von sog Liquidations- und Fusionsgewinnen bei Auflösung, Verschmelzung und Umwandlung von Erwerbsgesellschaften sah bereits § 13 idFd KStG 1920 v 30.3.1920[2] vor.[3] Nachfolgevorschriften waren § 14 idFd KStG 1922 v 8.4.1922[4], § 18 idFd KStG 1925 v 10.8.1925[5] und § 14 f idFd KStG 1934 v 16.10.1934[6], ohne dass diese grundlegende Änderungen beinhalteten.

  Aus der Vorgängervorschrift des § 14 KStG 1934 wurde § 11 idFd KStG 1977 v 31.8.1976[7], wobei der Kreis der § 11 unterfallenden Steuerpflichtigen über Kapitalgesellschaften hinaus auf Erwerbs- und Wirtschaftsgenossenschaften sowie

---

1 BFH VIII R 60/05, BStBl II 2008, 303, 305.
2 RGBl I 1920, 393.
3 *Micker* in H/H/R § 11 Rn 2.
4 RGBl I 1922, 472.
5 RGBl I 1925, 208.
6 RGBl I 1934, 1031.
7 BGBl I 1976, 2597.

III. Anwendungsbereich

VVaG erweitert wurde, um alle dem damaligen Vollanrechnungsverfahren unterliegenden Steuerpflichtigen einer einheitlichen Liquidationsbesteuerung zu unterwerfen.[1] Außerdem wurde in § 11 VII erstmals die entsprechende Anwendung der Liquidationsbesteuerung für den Fall angeordnet, dass die Abwicklung aufgrund Konkurses unterbleibt. Der Begriff des Konkurses in § 11 VII wurde mit dem EGInsOÄndG v 19.12.1998[2] durch die Bezeichnung „Insolvenzverfahren" ersetzt. IRd Übergangs vom Anrechnungsverfahren auf das Halbeinkünfteverfahren durch das StSenkG v 23.12.2000[3] erfolgte keine Änderung von § 11.

Durch das SEStEG v 7.12.2006[4] wurde im Zuge der Änderung von § 1 in § 11 I und VII die Nennung von Kapitalgesellschaften, Erwerbs- und Wirtschaftsgenossenschaften sowie VVaG durch den Begriff der unbeschränkt Steuerpflichtigen nach § 1 I Nr 1-3 ersetzt. Erfasst werden damit seitdem neben den inländischen Kapitalgesellschaften, Genossenschaften und VVaG auch die SE, die SCE sowie ausländische mit der Kapitalgesellschaft, der Genossenschaft oder dem VVaG vergleichbare Rechtsformen, sofern sie aufgrund inländischer Geschäftsleitung nach § 1 I Nr 1-3 unbeschränkt steuerpflichtig sind.[5]

Einstweilen frei. 4

III. Anwendungsbereich (§ 11 I S 1). 1. Bedeutung der Norm. Spezielle Einkommensermittlungsvorschrift. § 11 ist eine spezielle Einkommensermittlungsvorschrift für den Abwicklungszeitraum.[6] 5

Erfassung des Totalgewinns. Durch die Erfassung sowohl der während der Abwicklung originär entstehenden Gewinne als auch des Gewinns durch die Aufdeckung stiller Reserven wird der Totalgewinn des Steuerpflichtigen ermittelt und besteuert. Zweck der Bestimmung ist damit, sämtliche in der Zeit der unbeschränkten Steuerpflicht erwirtschafteten, aber nicht verwirklichten Gewinne vor Beendigung der subjektiven Steuerpflicht im letztmöglichen Erfassungszeitraum der Besteuerung zuzuführen.[7] 6

Verwaltungsvereinfachung. § 11 schreibt eine Vermögensermittlung eigener Art vor, durch die der gesamte Gewinn des Abwicklungszeitraumes einheitlich erfasst und im Idealfall in einer einzigen Veranlagung der Besteuerung unterworfen wird, dh die Vorschrift dient der vereinfachten Gewinnermittlung bzw Verwaltungsvereinfachung.[8] 7

Einstweilen frei. 8

2. Subjektiver Anwendungsbereich. a) Allgemeines. Körperschaften iSd § 1 I Nr 1-3. Gem § 11 I S 1 unterliegen nur unbeschränkt Steuerpflichtige nach § 1 I Nr 1-3 der Liquidationsbesteuerung nach § 11. 9

---

1 *Micker* in H/H/R § 11 Rn 2.
2 BGBl I 1998, 3836.
3 BGBl I 2000, 1433.
4 BGBl I 2006, 2782.
5 *Frotscher* in Frotscher/Maas § 11 Rn 7.
6 *Lambrecht* in Gosch § 11 Rn 1.
7 *Graffe* in D/J/P/W § 11 Rn 3.
8 BFH VIII R 25/05, BFH/NV 2007, 1562, 1564.

10 **Andere Körperschaftsteuerpflichtige.** Keine Anwendung findet § 11 auf die in § 1 I Nr 4-6 genannten unbeschränkt Steuerpflichtigen und auf beschränkt Steuerpflichtige nach § 2.[1] Aufgrund des eindeutigen Wortlautes der Vorschrift kommt eine analoge Anwendung auf diese Steuerpflichtigen nicht in Betracht.[2] Auf die in § 1 I Nr 4-6 genannten unbeschränkt Steuerpflichtigen und beschränkt Steuerpflichtige nach § 2 finden daher auch in der Liquidation die allgemeinen Gewinnermittlungsvorschriften mit jährlicher Veranlagung Anwendung.

11 *Einstweilen frei.*

12 **b) Kapitalgesellschaften.** Von § 11 I S 1 erfasste Kapitalgesellschaften iSv § 1 I 1 Nr 1 sind zunächst die dort beispielhaft genannten SE, AG, KGaA und GmbH. Kapitalgesellschaft ist auch die UG (haftungsbeschränkt) nach § 5a GmbHG, bei der es sich um eine Form der GmbH handelt.

13 **Vorgesellschaften.** Vorgesellschaften, deren Eintragung in das Handelsregister unterbleibt, unterliegen nach zutreffender Auffassung von Anfang an nicht § 1 I (zum Meinungsstand hier § 1 Rn 239). Unabhängig davon, dass die Liquidation und Abwicklung der Vorgesellschaft gesellschaftsrechtlich im Wesentlichen nach den für die Kapitalgesellschaft geltenden Vorschriften zu erfolgen hat[3], findet damit § 11 auf diese Gesellschaften keine Anwendung, da die Vorschrift die unbeschränkte Körperschaftsteuerpflicht nach § 1 I Nr 1 -3 voraussetzt.[4]

14 **Ausländische Kapitalgesellschaften.** Neben Kapitalgesellschaften deutscher Rechtsform werden seit der Änderung von § 11 I durch das SEStEG auch Kapitalgesellschaften ausländischer Rechtsform erfasst, wenn diese aufgrund des Sitzes ihrer Geschäftsleitung im Inland der unbeschränkten Körperschaftsteuerpflicht nach § 1 I Nr 1 unterliegen.[5] Ob eine Gesellschaft ausländischer Rechtsform als Kapitalgesellschaft anzusehen ist, richtet sich nach den für § 1 I Nr 1 geltenden Kriterien des Rechtstypenvergleichs (hierzu § 1 Rn 216 ff).

15-16 *Einstweilen frei.*

17 **c) Genossenschaften, VVaG, PVaG.** § 11 findet nach I S 1 iVm § 1 I Nr 2 auch auf Genossenschaften einschließlich der SCE sowie iVm § 1 I Nr 3 auf VVaG und PVaG Anwendung.

18 **Vorgenossenschaften.** Vorgenossenschaften, also nicht in das Genossenschaftsregister eingetragene und damit nicht rechtsfähige Genossenschaften, unterfallen § 1 I Nr 2 und unterliegen daher anders als Vorkapitalgesellschaften auch § 11.[6]

19 **Ausländische Rechtsformen.** Wie bei den Kapitalgesellschaften sind auch ausländische Rechtsformen von § 11 erfasst, wenn sie im Inland unbeschränkt steuer-

---

1 *Lambrecht* in Gosch § 11 Rn 21; *Micker* in H/H/R § 11 Rn 16.
2 *Micker* in H/H/R § 11 Rn 16; *Hofmeister* in Blümich § 11 Rn 11; *Holland* in EY § 11 Rn 18.
3 BGH II ZR 308/06, NJW 2008, 2441, 2442.
4 Im Ergebnis ebenso *Micker* in H/H/R § 11 Rn 16.
5 *Micker* in H/H/R § 11 Rn 16; *Frotscher* in Frotscher/Maas § 11 Rn 7.
6 *Micker* in H/H/R § 11 Rn 16.

III. Anwendungsbereich

pflichtig und nach den Kriterien des Rechtstypenvergleichs mit den entsprechenden inländischen Rechtsformen der § 1 I Nr 2-3 vergleichbar sind (grundsätzlich zum Rechtstypenvergleich vgl § 1 Rn 216 ff).[1]

Einstweilen frei. 20

3. Objektiver Anwendungsbereich. a) Tatbestandsvoraussetzungen. In objektiver Hinsicht setzt die Anwendbarkeit von § 11 voraus, dass nach der Auflösung eine Abwicklung des Steuerpflichtigen erfolgt. Erforderlich sind damit kumulativ die 21

- Auflösung (vgl Rn 23)
- und die sich daran anschließende Abwicklung (vgl Rn 34).[2]

Einstweilen frei. 22

b) Auflösung. Rechtsformspezifische Vorschriften. § 11 enthält keine Definition des Begriffs der Auflösung. Die Voraussetzungen der Auflösung richten sich vielmehr nach den auf die Rechtsform des Steuerpflichtigen jeweils anwendbaren Vorschriften. 23

Inländische Kapitalgesellschaften, Genossenschaften, VVaG. Für die in § 1 I Nr 1-3 genannten inländischen Rechtsformen sind dies 24

- für die GmbH die §§ 60-62 GmbHG,
- für die AG die §§ 262, 396 AktG, § 38 I KWG,
- für die KGaA die §§ 289, 396 AktG, § 161 II iVm § 131 HGB,
- für die Genossenschaft die §§ 78-81a, 101 GenG,
- für den VVaG § 42 VAG.

SE und SCE. Bei der SE findet über Art 9 SE-Verordnung § 262 AktG Anwendung; daneben kann die Auflösung einer SE auf § 52 SEAG beruhen. Auf die Auflösung der SCE findet gem Art 72 SCE-Verordnung nationales Recht Anwendung, mithin bei SCE mit Sitz in Deutschland §§ 78-81a, 101 GenG. 25

Ausländische Kapitalgesellschaft. Die Auflösung von § 11 unterfallenden ausländischen Rechtsformen unterliegt dem auf die jeweilige Rechtsform anwendbaren nationalen Recht (Gesellschaftsstatut). 26

Liquidationsbeschluss. Häufigster Fall der Auflösung ist der Auflösungsbeschluss (Liquidationsbeschluss). Soweit im Beschluss ein bestimmter Auflösungszeitpunkt festgelegt wird, ist dieser maßgeblich.[3] Anderenfalls tritt die Auflösung mit wirksamer Beschlussfassung ein; die erforderliche Handelsregistereintragung der Auflösung (zB nach § 263 AktG, § 65 GmbHG) ist lediglich deklaratorisch.[4] 27

---

1 *Lambrecht* in Gosch § 11 Rn 20; *Micker* in H/H/R § 11 Rn 16.
2 *Lambrecht* in Gosch § 11 Rn 24.
3 Zu Auslegungsschwierigkeiten BFH I R 202/79, BStBl II 1974, 342.
4 BGH II ZR 70/97, NJW 1999, 1481, 1483.

28 **Auflösung kraft Gesetz.** § 11 setzt keinen Liquidationsbeschluss voraus, die Vorschrift findet auch bei Auflösung kraft Gesetzes Anwendung.[1] Erforderlich ist lediglich, dass eine Auflösung, gleich aus welchem Grund, erfolgt.[2]

29 **Weitere Auflösungsgrunde.** Weitere Auflösungsgründe sind:

- der Ablauf einer etwaigen Befristung des Steuerpflichtigen in Satzung/Gesellschaftsvertrag/Statut (§ 262 I Nr 1 AktG, § 289 I AktG iVm § 131 I Nr 3 HGB, § 60 I Nr 1 GmbHG, § 79 GenG, § 42 Nr 1 VAG),
- die Eröffnung des Insolvenzverfahrens (§ 262 I Nr 3 AktG, § 289 I AktG iVm § 131 I Nr 3 HGB, § 60 I Nr 4 GmbHG, § 81a Nr 1 GenG, § 42 Nr 3 VAG),
- oder deren Ablehnung mangels Masse (§§ 262 I Nr 4, 289 II Nr 1 AktG, § 60 I Nr 5 GmbHG, § 81a Nr 2 GenG, § 42 Nr 4 VAG),
- gerichtliche oder behördliche Verfügung (§ 396 I AktG, § 289 I AktG iVm § 131 I Nr 4 HGB, §§ 60 I Nr 3, 61, 62 GmbHG, § 81 GenG),
- Verfügung des Registergerichts (§§ 262 I Nr 5, 289 II Nr 2 AktG, § 60 I Nr 6 GmbHG, § 80 I GenG, § 52 SEAG),
- Löschung wegen Vermögenslosigkeit (§§ 262 I Nr 6, 289 II Nr 3 AktG, § 60 I Nr 7 GmbHG).

Je nach Rechtsform kann auch der Gesellschaftsvertrag weitere Auflösungsgründe festlegen (wie zB § 60 II GmbHG).

30 **Stille Liquidation.** Keine Liquidation iSd § 11 ist demgegenüber die sog stille Liquidation, bei der ohne förmliche Auflösung eine tatsächliche Abwicklung des Geschäftsbetriebes des Steuerpflichtigen erfolgt. Im Fall einer stillen Liquidation findet § 11 mangels Auflösung keine Anwendung.[3] Allerdings kann ggf aus der tatsächlich durchgeführten Abwicklung im Einzelfall ein den Anwendungsbereich von § 11 eröffnender Auflösungsbeschluss abgeleitet werden, soweit dieser keiner Formvorschrift unterliegt.[4] Der Auflösungsbeschluss muss das Wort „Auflösung" nicht unbedingt enthalten, sondern ist ggf auszulegen.[5] So kann ein Beschluss über die Einstellung des Unternehmens oder der Beschluss, eine GmbH „still zu liquidieren", als Auflösungsbeschluss auszulegen sein.[6]

31 **Verlegung des Verwaltungssitzes.** Wird bei Beibehaltung des inländischen Satzungssitzes der Verwaltungssitz einer GmbH, AG oder eines VVaG in das EU-Ausland oder einen anderen Staat, in dem die Gründungstheorie gilt, verlegt, führt dies nunmehr entgegen der früher hA nach Art 4 I S 2 EGBG iVm § 4a GmbHG, § 5 AktG

---

1 RFH I 44/40, RStBl 1940, 715.
2 Frotscher in Frotscher/Maas § 11 Rn 15.
3 BFH I R 62/89, BStBl II 1990, 992, 993; Lambrecht in Gosch § 11 Rn 24; Micker in H/H/R § 11 Rn 18; Frotscher in Frotscher/Maas § 11 Rn 15.
4 FG Baden-Württemberg 3 K 46/94, EFG 1997, 1173; anders bei formbedürftigen Auflösungsbeschlüssen, zB bei der AG nach § 262 I Nr 2 iVm § 130 AktG.
5 BGH II ZR 70/97, NJW 1999, 1481, 1483.
6 BGH II ZR 70/97, NJW 1999, 1481, 1483.

III. Anwendungsbereich

idFd MoMiG v 23.10.2008[1] nach ganz hA nicht mehr zur Auflösung[2]; § 11 findet in diesen Fällen bereits mangels Auflösung keine Anwendung. Zur Anwendbarkeit über § 12 III s Rn 55. Gleiches gilt für SE und SCE, die Satzungs- und Verwaltungssitz in das EU-Ausland verlegen (Art 8 I SE-VO, Art 7 I SCE-Verordnung); ein Auseinanderfallen von Satzungs- und Verwaltungssitz führt demgegenüber bei SE und SCE zur Auflösung (§ 52 SEAG, § 10 I SCEAG). Nach der Rechtsprechung gilt iÜ in Deutschland bis zu einer generellen gesetzlichen Neuregelung weiterhin die Sitztheorie[3], soweit diese nicht aus EU-rechtlichen Gründen Einschränkung findet. Wendet ein Zuzugsstaat außerhalb der EU daher die Sitztheorie an, kommt es – mangels eines Rückverweises auf deutsches Recht – bei Verlegung des Verwaltungssitzes einer AG, GmbH oder eines VVaG zu einem Statutenwechsel und damit zur Auflösung (s § 1 Rn 213). Bei der Genossenschaft ist die Rechtsfolge einer Verlegung des Verwaltungssitzes in das Ausland nicht eindeutig geregelt, so dass auf Basis der weiterhin geltenden Sitztheorie im Zweifel bei der Genossenschaft von einer Auflösung durch Verwaltungssitzverlegung in das Ausland auszugehen ist.[4] Für die Besteuerung nach § 11 ist die zivilrechtliche Folge einer durch Verwaltungssitzverlegung eintretenden Auflösung jedoch nur bedingt von Bedeutung, solange es nicht zur Abwicklung des Steuerpflichtigen kommt (Rn 35).[5] Eine Anwendung von § 11 kommt in diesen Fällen regelmäßig nur über § 12 III in Betracht, soweit dessen Voraussetzungen vorliegen.[6]

Einstweilen frei. 32-33

c) Abwicklung. Folgen der Auflösung. Die Auflösung führt im Regelfall nicht zur Beendigung der rechtlichen Existenz des Steuerpflichtigen. Die Auflösung hat vielmehr zur Folge, dass sich der auf erwerbswirtschaftliche Betätigung gerichtete Zweck des Steuerpflichtigen in einen Abwicklungszweck ändert.[7] Entsprechend der auf die jeweilige Rechtsform anwendbaren Abwicklungsvorschriften haben der Liquidator/Abwickler oder die Liquidatoren/Abwickler die laufenden Geschäfte der Gesellschaft zu beenden, das Gesellschaftsvermögen zu veräußern, Forderungen zu realisieren und Verbindlichkeiten zu erfüllen (§ 70 GmbHG, § 268 I AktG, § 88 GenG). Das danach verbleibende Vermögen des Steuerpflichtigen ist unter Beachtung gläubigerschützender Vorschriften, insbesondere des Sperrjahres (§ 272 I AktG, § 73 I GmbHG, § 90 I GenG), an die Gesellschafter, Aktionäre oder Mitglieder zu verteilen. 34

Abwicklung als Voraussetzung des § 11. Diese tatsächliche Umsetzung der Liquidation ist als Abwicklung iSv § 11 I S 1 Voraussetzung der Anwendbarkeit von § 11. Ohne Abwicklung richtet sich die Gewinnbesteuerung für den lediglich aufgelösten Steuerpflichtigen vielmehr nach den allgemeinen Bestimmungen.[8] 35

---
1 BGBl I 2008, 2026.
2 AA *Lenz* in Erle/Sauter § 11 Rn 20, der bei Verlegung des Verwaltungssitzes grundsätzlich von einer Auflösung ausgeht.
3 BGH II ZR 158/06, BGHZ 178, 192.
4 AA wohl *Micker* in H/H/R § 11 Rn 19.
5 *Lenz* in Erle/Sauter § 11 Rn 20.
6 *Micker* in H/H/R § 11 Rn 19.
7 *Lambrecht* in Gosch § 11 Rn 26; *Micker* in H/H/R § 11 Rn 18; *Frotscher* in Frotscher/Maas § 11 Rn 14.
8 *Lambrecht* in Gosch § 11 Rn 24.

36 **Unterbleibende Abwicklung.** Das Unterbleiben einer Abwicklung (und damit die Unanwendbarkeit von § 11) kann auf rechtlichen oder tatsächlichen Gründen beruhen. Im Regelfall unterbleibt eine Abwicklung bei Löschung wegen Vermögenslosigkeit (§ 394 I FamFG, §§ 264 II AktG, 66 V GmbHG). Wenn der Steuerpflichtige vermögenslos ist, ist die Gesellschaft mit der Löschung im Handelsregister vollbeendet.[1] Hiervon zu trennen ist die Fiktion des steuerlichen Fortbestehens einer juristischen Person trotz Verlust ihrer Rechtsfähigkeit im verfahrensrechtlichen Sinn, solange sie noch steuerrechtliche Pflichten zu erfüllen hat oder Verfahrensbeteiligte ist (s § 1 Rn 254).[2]

37 **Keine Abwicklung bei Verschmelzungen und Aufspaltungen.** Aus rechtlichen Gründen führen Verschmelzungen und Aufspaltungen nach dem UmwG zwar zur Auflösung der übertragenden Rechtsträger, eine Abwicklung erfolgt jedoch nicht (§§ 2, 123 I UmwG). § 11 findet in Umwandlungsfällen daher bereits tatbestandlich keine Anwendung, soweit keine Abwicklung erfolgt.[3] Auch iÜ haben die Vorschriften des UmwStG in ihrem Anwendungsbereich als speziellere Regelungen gegenüber § 11 Vorrang (s Rn 70). Aufgrund der fehlenden Abwicklung findet § 11 jedoch auch dann keine unmittelbare Anwendung, wenn die Voraussetzungen der Vorschriften des UmwStG nicht in vollem Umfang vorliegen. Daher ist es bei fehlender Abwicklung für die Nichtanwendbarkeit von § 11 ohne Bedeutung, ob bspw die Voraussetzungen für einen steuerneutralen Umwandlungsvorgang vorliegen. Ggf erfolgt in diesen Fällen die ertragsteuerliche Behandlung nach allgemeinen Grundsätzen.[4] Die Finanzverwaltung schien bezüglich § 15 UmwStG aF ggf Liquidationsgrundsätze für anwendbar zu halten[5]. ZT wird auch in der Literatur die Anwendbarkeit von Liquidationsgrundsätzen auf nicht dem UmwStG unterfallende Umwandlungsvorgänge bejaht.[6]

38 **Durchführung des Insolvenzverfahrens anstatt Abwicklung.** Nach Eröffnung des Insolvenzverfahrens, die gesetzlich ebenfalls zur Auflösung führt, tritt an die Stelle der Abwicklung die Durchführung des Insolvenzverfahrens (§§ 264 I AktG, 66 I GmbHG, §§ 46 I VAG). Für den Sonderfall der Insolvenzeröffnung ordnet § 11 VII allerdings die entsprechende Anwendung des § 11 I-VI an (vgl Rn 194).

39 **Scheinliquidation.** Keine Anwendung findet § 11 auch in Fällen der Scheinliquidation, in denen sich der Steuerpflichtige trotz formeller Auflösung weiter am allgemeinen Erwerbsleben beteiligt und Geschäfte abschließt, die zur Durchführung der Liquidation nicht erforderlich sind. In diesen Fällen erfolgt die Besteuerung ebenfalls nicht nach § 11, sondern nach allgemeinen Grundsätzen.[7]

---

1 BFH VIII R 60/05, BStBl II 2008, 303, 305.
2 BFH III R 19/75, BStBl II 1977, 783; BFH VII R 146/81, BStBl II 1986, 589.
3 *Lenz* in Erle/Sauter § 11 Rn 23.
4 ZB die Behandlung einer Abspaltung als Sachausschüttung bei fehlender Teilbetriebseigenschaft, s BFH I R 96/08, BStBl II 2011, 467.
5 BMF v 25.3.1998, BStBl I 1998, 280, Tz 15.11 (UmwStE aF).
6 *Schnitger* in Grotherr, Handbuch der internationalen Steuerplanung, S 497 ff im Hinblick auf Hinzurechnungsbesteuerung nach AStG bei ausländischen Umwandlungen. Unklar *Lambrecht* in Gosch § 11 Rn 12, wonach die speziellen Bestimmungen des UmwStG § 11 vorgehen, hierin aber sichergestellt ist, dass die aufnehmende Gesellschaft iRe Umwandlung übertragene stille Reserven zu einem späteren Zeitpunkt bei sich der KSt unterwirft.
7 RFH I A 143/28, RStBl 1928, 366; *Lambrecht* in Gosch § 11 Rn 30; *Frotscher* in Frotscher/Maas § 11 Rn 18.

III. Anwendungsbereich

Hilfsgeschäfte. Von der Scheinliquidation zu unterscheiden sind zulässige Hilfsgeschäfte der Abwicklung. IRd Abwicklung sind Liquidatoren/Abwickler berechtigt, auch neue Geschäfte einzugehen, sofern diese zur Erreichung des Abwicklungszwecks erforderlich sind (§ 268 I S 2 AktG, § 70 S 2 GmbHG, § 88 S 2 GenG). Entsprechende Hilfsgeschäfte sind Bestandteil der Abwicklung und stehen der Anwendung von § 11 nicht entgegen.[1] Für das Vorliegen einer Scheinliquidation in Abgrenzung zur Vornahme zulässiger Hilfsgeschäfte ist die Finanzverwaltung darlegungs- und beweispflichtig.

Fortsetzung der erwerbswirtschaftlichen Tätigkeit (abgebrochene Liquidation). Nimmt der Steuerpflichtige nach erfolgter Auflösung und begonnener Abwicklung seine erwerbswirtschaftliche Tätigkeit erneut auf (Fortsetzung der erwerbswirtschaftlichen Tätigkeit oder abgebrochene Liquidation), finden wieder die allgemeinen Besteuerungsgrundsätze Anwendung.[2] Die Wiederaufnahme der werbenden Tätigkeit setzt die zivilrechtliche Zulässigkeit der Fortsetzung des Steuerpflichtigen als werbende Gesellschaft voraus, bei Kapitalgesellschaften insbesondere, dass mit der Verteilung des Vermögens an die Anteilseigner noch nicht begonnen wurde.[3] Wurden bis zur Fortsetzung bereits Abwicklungsmaßnahmen durchgeführt, bleibt es für den Zeitraum zwischen Liquidation und Fortsetzung bei der Anwendbarkeit von § 11.[4]

Sachauskehrung. Abwicklung iSv § 11 ist auch die Übertragung des Betriebsvermögens des Steuerpflichtigen oder von Teilen hiervon auf den oder die Anteilseigner im Wege der Sachauskehrung.[5] Die Sachauskehrung ist so zu behandeln, als habe der Steuerpflichtige die Vermögensgegenstände veräußert und anschließend den Erlös ausgekehrt.[6] Die Bewertung der übertragenen Wirtschaftsgüter hat mit dem gemeinen Wert im Übertragungszeitpunkt zu erfolgen, um die Aufdeckung der stillen Reserven und die Schlussbesteuerung sicherzustellen.[7]

Nachtragsabwicklung/Nachtragsliquidation. Abwicklung iSv § 11 ist auch die Nachtragsabwicklung/Nachtragsliquidation.[8] Diese wird erforderlich, wenn sich nach Löschung einer Gesellschaft herausstellt, dass die Gesellschaft noch über Vermögenswerte verfügt (§§ 273 IV, 290 III AktG, § 66 V GmbHG). Erfolgt die Nachtragsabwicklung/Nachtragsliquidation im Anschluss an eine vermeintlich bereits abgeschlossene Abwicklung, sind Abwicklung und Nachtragsabwicklung/Nachtragsliquidation als einheitlicher Abwicklungsvorgang iSv § 11 anzusehen, da eine Gesellschaft nur einmal abgewickelt werden kann.[9]

40

41

42

43

---

1 *Micker* in H/H/R § 11 Rn 18.
2 RFH I A 818/28, RStBl 1929, 512, 513; *Frotscher* in Frotscher/Maas § 11 Rn 18; *Lambrecht* in Gosch § 11 Rn 30.
3 § 274 AktG; für die GmbH streitig, s *Haas* in Baumbach/Hueck § 60 GmbHG Rn 91 mwN, auch zu den darüber hinaus erforderlichen zivilrechtlichen Voraussetzungen für die Fortsetzung.
4 *Micker* in H/H/R § 11 Rn 18; *Frotscher* in Frotscher/Maas § 11 Rn 16.
5 BFH IV R 75/87, BStBl II 1991, 624, 624f; *Lambrecht* in Gosch § 11 Rn 29; *Frotscher* in Frotscher/Maas § 11 Rn 19.
6 BFH VIII R 7/03, BStBl II 2009, 772.
7 BFH I 246/62, BStBl II 1966, 152; *Frotscher* in Frotscher/Maas § 11 Rn 19.
8 *Frotscher* in Frotscher/Maas § 11 Rn 36; *Küster*, DStR 2006, 209.
9 *Micker* in H/H/R § 11 Rn 21; *Frotscher* in Frotscher/Maas § 11 Rn 36.

44-47	*Einstweilen frei.*
48	**4. Zeitlicher Anwendungsbereich.** § 11 findet über den gesamten Liquidationszeitraum Anwendung. Besonderheiten ergeben sich daher bei maßgeblichen steuerlichen Änderungen während dieses Zeitraumes. Dies galt insbesondere für den Übergang vom Anrechnungs- auf das Halbeinkünfteverfahren. Die Auswirkungen dieses Übergangs auf die Liquidationsbesteuerung regelt § 34 XIV. Vor dem 1.1.2001 endende Besteuerungszeiträume unterfallen danach uneingeschränkt dem Anrechnungsverfahren; nach dem 31.12.2000 beginnende Besteuerungszeiträume dem Halbeinkünfteverfahren. Auf vor dem 1.1.2001 begonnene, aber bis zu diesem Zeitpunkt nicht beendete Besteuerungszeiträume (systemübergreifende Liquidation) findet grundsätzlich das Halbeinkünfteverfahren Anwendung, und zwar auch auf den vor dem Systemwechsel liegenden Teil des Besteuerungszeitraumes.[1] § 34 XIV regelt abweichend von diesem Grundsatz einen speziellen Fall der Zwischenveranlagung im Übergangszeitraum. Auf Antrag des Steuerpflichtigen, der bis zum 30.6.2002 zu stellen war, wird der Besteuerungszeitraum zerlegt. Der zum Ablauf des 31.12.2000 laufende Besteuerungszeitraum endet danach zu diesem Zeitpunkt; auf den Beendigungszeitpunkt ist ein Zwischenabschluss zu erstellen, der der Besteuerung nach dem Anrechnungsverfahren zugrunde gelegt wird. Ab dem 1.1.2001 beginnt in diesen Fällen ein weiterer, dem Halbeinkünfteverfahren unterliegender neuer Besteuerungszeitraum (sa § 34 Rn 266 f).[2]
49	*Einstweilen frei.*
50	**5. Verhältnis zu anderen Vorschriften. a) KStG. § 7.** Maßgeblich für die Ermittlung des der Besteuerung zugrunde zu legenden Abwicklungsgewinns ist nach § 11 I S 1 der Zeitraum der Abwicklung. § 11 begründet somit eine Ausnahme von dem Grundsatz des § 7, dass die KSt eine Jahressteuer ist (§ 7 III S 1) und Gewinnermittlungszeitraum und VZ dem folgen (§§ 7 III S 2, IV S 1 und 2, 31 iVm 25 I EStG).
51	**§ 8.** § 11 geht den allgemeinen Gewinnermittlungsvorschriften des § 8 als Spezialnorm vor.[3] Zur fehlenden Anwendung der vGA iRd Abwicklungsgewinns vgl ansonsten Rn 111.
52	**§ 8c.** Da der Verlustabzug nach § 10d EStG auch iRd Liquidationsbesteuerung gem § 11 Anwendung findet (vgl Rn 114 ff), ist auch § 8c in diesem Zusammenhang zu beachten.
53	**§§ 9, 10.** Die Grundsätze der Liquidationsbesteuerung nach § 11 stehen der Anwendung von §§ 9, 10 nicht entgegen (s Rn 112).
54	**§ 12 II.** Zwischen § 11 und § 12 II ergibt sich aufgrund der Anwendbarkeit von § 11 auf unbeschränkt Steuerpflichtige und der Anwendbarkeit von § 12 II auf beschränkt Steuerpflichtige keine Normenkonkurrenz.

---

1 BMF v 26.8.2003, BStBl I 2003, 434, Rn 4 f; sa BMF v 4.4.2008, BStBl I 2008, 542, zum Sonderfall eines am 31.12.2000 endenden Besteuerungszeitraums.
2 Zu Einzelheiten des Systemwechsels s BMF v 26.8.2003, BStBl I 2003, 434; *Dötsch/Pung*, DB 2003, 1922; BFH I R 67/05, BStBl II 2008, 312; Nichtanwendungserlass BMF v 4.4.2008, BStBl I 2008, 542.
3 *Lambrecht* in Gosch § 11 Rn 10.

III. Anwendungsbereich

§ 12 III. Bedeutung hat § 11 auch für Körperschaften, Vermögensmassen oder Personenvereinigungen, die ihre Geschäftsleitung oder ihren Sitz verlegen und hierdurch aus der unbeschränkten Steuerpflicht in einem EU- oder EWR-Staat ausscheiden oder aufgrund eines DBA als außerhalb der EU und des EWR ansässig gelten. § 12 III fingiert in diesen Fällen für steuerliche Zwecke die Auflösung und ordnet die entsprechende Anwendung von § 11 an. An die Stelle des zur Verteilung kommenden Vermögens iSv § 11 III tritt dabei der gemeine Wert des vorhandenen Vermögens. **55**

§ 13. § 13 regelt Beginn und Erlöschen einer Befreiung von der KSt und damit Beginn und Ende der Steuerverstrickung und setzt dabei die Fortsetzung der Tätigkeit der betreffenden Körperschaft voraus. § 11 betrifft demgegenüber den Fall der Beendigung der Tätigkeit; insoweit schließen sich §§ 11 und 13 gegenseitig aus.[1] **56**

§ 14. Zu den Auswirkungen der Liquidation auf die Organschaft vgl Rn 180 ff. **57**

§ 28 II. § 28 II ergänzt § 11, indem er den Sonderausweis nach § 28 I 3 im Liquidationsfall regelt.[2] **58**

§ 40 IV aF. Der durch das UntStFG v 20.12.2001[3] eingeführte § 40 IV aF enthält die zunächst bei Einführung des Halbeinkünfteverfahrens vergessene erforderliche Regelung zur Erhöhung oder Minderung der KSt bei einer liquidationsbedingten Vermögensverteilung. **59**

Einstweilen frei. **60-61**

b) EStG. § 6b EStG. IRd Abwicklungsgewinns sind Gewinne nicht durch eine Rücklage gem § 6b EStG übertragbar (vgl Rn 110). **62**

§ 10d EStG. Zur Anwendung des § 10d EStG iRd § 11 vgl Rn 114 ff. **63**

§§ 14, 14a EStG. § 11 geht als Spezialnorm § 14 S 2 EStG iVm § 16 IV EStG vor[4]; die Anwendbarkeit erübrigt sich ohnehin aufgrund der Unanwendbarkeit von § 16 IV EStG nF auf juristische Personen (Rn 65). Auf Basis der Rechtsprechung zu § 16 IV EStG aF[5] wird grundsätzlich eine Anwendbarkeit von § 14a EStG auch iRv § 11 bejaht[6]; die Frage ist aufgrund des abgelaufenen zeitlichen Anwendungsbereiches von § 14a EStG (VZ 2001 bzw VZ 2006) nunmehr gegenstandslos. **64**

§ 16 EStG. Bejaht wurde vom BFH die Anwendbarkeit von § 16 IV EStG aF auch iRv § 11.[7] § 16 EStG nF ist nach seinem Wortlaut demgegenüber nur auf natürliche Personen anwendbar,[8] so dass eine Anwendung auch iRd § 11 nicht mehr in Betracht kommt. **65**

---

1 *Micker* in H/H/R § 11 Rn 9.
2 *Lambrecht* in Gosch § 11 Rn 10.
3 BGBl I 2001, 3858.
4 *Micker* in H/H/R § 11 Rn 9.
5 BFH I R 33/90, BStBl II 1992, 437.
6 *Micker* in H/H/R § 11 Rn 10.
7 *Lambrecht* in Gosch § 11 Rn 11; *Micker* in H/H/R § 11 Rn 10.
8 Vgl statt aller *Wacker* in Schmidt § 16 EStG Rn 579; aA soweit ersichtlich nur *Holland* in EY § 11 Rn 7, 57.

66 **§ 20 EStG.** Eine Normenkonkurrenz zwischen § 20 EStG und § 11 besteht nicht, da § 20 EStG im Gegensatz zu § 11 nicht die Ebene der Kapitalgesellschaft, sondern die Besteuerung auf Ebene der Anteilseigner betrifft. Wird an diese das Abwicklungs-Endvermögen verteilt oder werden Abschlagszahlungen auf dieses geleistet, sind die entsprechenden Einkünfte auf Anteilseigner zu qualifizieren. In Betracht kommen steuerpflichtige Bezüge nach § 20 I Nr 2 S 1 EStG oder nicht steuerbare Ausschüttungen aus dem Nennkapital und aus dem steuerlichen Einlagekonto (§ 20 I Nr 2 S 1 Hs 2 EStG iVm § 20 I Nr 1 S 3 EStG, § 27).[1] Nach § 20 I Nr 1 S 1 EStG iVm § 28 II 2 steuerpflichtig sind auch Auszahlungen von in Nennkapital umgewandelten Gewinnrücklagen.

67 **§ 34 EStG.** § 34 EStG findet auf Körperschaften keine Anwendung und spielt daher auch iRd Liquidationsbesteuerung nach § 11 keine Rolle.[2]

68-69 *Einstweilen frei.*

70 **c) Sonstige Vorschriften. §§ 3-15 UmwStG.** In ihrem Anwendungsbereich haben die Vorschriften des UmwStG als speziellere Regelungen gegenüber § 11 Vorrang.[3] Zu denkbaren Fällen einer entsprechenden Anwendung von Liquidationsbesteuerungsgrundsätzen auf Umwandlungen außerhalb des unmittelbaren Anwendungsbereiches des UmwStG s Rn 37.

71 **§ 2 II GewStG.** Nach § 2 II S 1 gilt die Tätigkeit der § 11 unterfallenden Steuerpflichtigen stets und in vollem Umfang als Gewerbebetrieb iSd GewStG. Entsprechend unterliegt der Abwicklungsgewinn iSd § 11 in vollem Umfang der GewSt.[4]

72 **§ 9 Nr 2a GewStG.** Wie § 20 EStG (Rn 66) betrifft § 11 nicht die Ebene der Kapitalgesellschaft, sondern die Besteuerung auf Ebene der Anteilseigner; eine Normenkonkurrenz zwischen § 9 Nr 2a GewStG und § 11 besteht daher nicht. Unter der Geltung des körperschaftsteuerlichen Anrechnungsverfahrens hat der BFH die Anwendbarkeit von § 9 Nr 2a GewStG auf die Auskehrung von Liquidationserlösen, soweit für die Auskehrung nicht EK 04 als verwendet gilt, bejaht.[5] Auch unter Geltung des Halbeinkünfteverfahrens unterfallen Liquidationserlöse, die als steuerpflichtige Bezüge nach § 20 I Nr 2 EStG qualifizieren, § 9 Nr 2a GewStG.[6]

73 **§ 16 I GewStDV.** Der im Zeitraum der Abwicklung entstehende Gewerbeertrag ist gem § 16 I GewStDV auf die Jahre der Abwicklung zu verteilen. Die Bedeutung der Regelung ist streitig. Nach der Rechtsprechung und Teilen der Literatur entspricht auch iRd Liquidation gem § 7 GewStG der gewerbesteuerliche Besteuerungszeitraum dem körperschaftsteuerlichen Besteuerungszeitraum, umfasst also den gesamten Liquidationszeitraum, soweit dieser 3 Jahre nicht überschreitet (s Rn 92 ff).[7] Wird nach Ablauf des Dreijahreszeitraums des § 11 I S 2 bei noch nicht abgeschlossener Liquidation

---

1 *Lambrecht* in Gosch § 11 Rn 11.
2 *Lambrecht* in Gosch § 11 Rn 11; *Micker* in H/H/R § 11 Rn 10.
3 *Micker* in H/H/R § 11 Rn 11; *Lambrecht* in Gosch § 11 Rn 12; *Holland* in EY § 11 Rn 11.
4 Ständige Rechtsprechung BFH X R 6/95, BStBl II 1998, 25; BFH I R 33/90, BStBl II 1992, 437, sa § 4 I GewStDV.
5 BFH X R 6/95, BStBl II 1998, 25, anders die Rechtsprechung für die Zeit vor Geltung des KStG 1977, s hierzu BFH I R 116/84, BStBl II 1991, 372.
6 *Lenz* in Erle/Sauter § 11 Rn 70; *Holland* in EY § 11 Rn 71.
7 BFH I R 44/06, BStBl II 2008, 319; *Micker* in H/H/R § 11 Rn 12; *Holland* in EY § 11 Rn 70.

IV. Abwicklungszeitraum

eine Körperschaftsteuerveranlagung durchgeführt, ist nach Auffassung des BFH daran anschließend auch eine Festsetzung des Gewerbesteuermessbetrages durchzuführen.[1] Die Finanzverwaltung und andere Teile der Literatur lehnen demgegenüber eine entsprechende Anwendung von § 11 I 2 auf die GewSt ab und halten an einem jährlichen Besteuerungszeitraum für Gewerbesteuerzwecke fest.[2] Der Auffassung der Rechtsprechung ist zuzustimmen, da die von § 11 angestrebte Verwaltungsvereinfachung (Rn 7) ins Leere ginge, wenn die Regelung des § 11 I S 2 nicht auch auf die GewSt durchschlagen würde.[3] Richtigerweise erschöpft sich die Bedeutung von § 16 I GewStDV iRd Liquidationsbesteuerung daher auf die Zerlegung des Gewerbesteuermessbetrages.[4]

§ 10 AStG. Auf die Ermittlung von Zwischeneinkünften nach § 10 AStG kann § 11 tatbestandlich keine Anwendung finden, da die Eigenschaft als ausländische Gesellschaft iSv § 10 AStG Sitz und Geschäftsleitung im Ausland voraussetzt (§ 7 I AStG). Gem § 11 I 1 findet § 11 jedoch nur auf unbeschränkt Steuerpflichtige iSv § 1 I 1 Nr 1 bis 3 Anwendung.[5] In Betracht kommt allenfalls eine entsprechende Anwendung von § 11 über § 12 III. In bestimmten Konstellationen der Hinzurechnungsbesteuerung wird in der Literatur eine entsprechende Anwendbarkeit von Liquidationsgrundsätzen bejaht.[6]

74

GG. Zu den verfassungsrechtlichen Vorgaben der fehlenden Anwendung der Mindestbesteuerung iRd § 11 vgl Rn 118.

75

Einstweilen frei.

76-77

IV. Abwicklungszeitraum (§ 11 I S 1). 1. Beginn des Abwicklungszeitraums. a) Grundsatz. Der Abwicklungszeitraum entspricht grundsätzlich dem handelsrechtlichen Liquidationszeitraum.[7] Beginn des Abwicklungszeitraums ist daher regelmäßig der Zeitpunkt, zu dem die Auflösung wirksam wird (R 51 I S 1 KStR).[8] Auf diesen Zeitpunkt ist auch handelsrechtlich die Liquidationseröffnungsbilanz aufzustellen (§ 270 I AktG, § 71 I GmbHG, § 89 S 2 GenG, § 47 III VAG iVm § 270 I AktG).

78

Einstweilen frei.

79

b) Unterjährige Auflösung. Verpflichtende Bildung eines Rumpf-WJ. Treten die Wirkungen der Auflösung nicht zum Ende eines WJ des Steuerpflichtigen ein, ergibt sich für die Zeit vom Ende des letzten WJ bis zur Auflösung ein Rumpf-WJ, das am letzten Tag vor der Auflösung endet und nicht Bestandteil des Abwicklungszeitraumes ist.[9] Nach der Rechtsprechung ergibt sich aus der Bindungswirkung des Handelsrechts für das Steuerrecht auch für steuerliche Zwecke die Verpflichtung zur Aufstellung einer Liquidationseröffnungsbilanz und damit zur Bildung eines Rumpf-WJ für steuerliche Zwecke.[10]

80

---

1 BFH I R 44/06, BStBl II 2008, 319.
2 Nichtanwendungserlass BMF v 4.4.2008, BStBl I 2008, 542; *Frotscher* in Frotscher/Maas § 11 Rn 37; *Hofmeister* in Blümich § 11 Rn 12.
3 *Micker* in H/H/R § 11 Rn 12.
4 *Holland* in EY § 11 Rn 70; *Micker* in H/H/R § 11 Rn 12.
5 *Wassermeyer/Schönfeld* in F/W/B § 10 Rn 313.
6 *Schnitger* in Grotherr, Handbuch der internationalen Steuerplanung, S 497 ff, im Hinblick auf die Hinzurechnungsbesteuerung nach AStG bei ausländischen Umwandlungen.
7 *Frotscher* in Frotscher/Maas § 11 Rn 25; *Holland* in EY § 11 Rn 32; *Hofmeister* in Blümich § 11 Rn 36.
8 BFH I R 233/71, BStBl II 1974, 692; BFH I R 15/98, BFH/NV 1999, 829.
9 BFH I 233/71, BStBl II 1974, 692; BFH I R 15/98, BFH/NV 1999, 829.
10 BFH I R 233/71, BStBl II 1974, 692.

81 **Optionale Bildung eines Rumpf-WJ.** Demgegenüber beginnt nach Auffassung der Finanzverwaltung der steuerlich maßgebliche Abwicklungszeitraum bereits mit Beginn des WJ, in das die Auflösung fällt (R 51 I S 2 KStR). Es besteht daneben die optionale Möglichkeit zur Bildung eines Rumpf-WJ für die Zeit zwischen Ende des letzten WJ und tatsächlichem Auflösungszeitpunkt (R 51 I S 3, 4 KStR). Wird vom Steuerpflichtigen von der Möglichkeit zur Bildung eines Rumpf-WJ Gebrauch gemacht, gehört dieses nicht zum Abwicklungszeitraum (R 51 I S 5 KStR). In der Praxis besteht demnach ein Wahlrecht, den Zeitraum zwischen Ende des letzten WJ und Auflösungszeitpunkt in die Liquidationsbesteuerung einzubeziehen. Eine gesetzliche Grundlage für dieses Wahlrecht besteht nicht;[1] in der Literatur wird die Verwaltungspraxis aber aus Vereinfachungs- und Billigkeitsgründen dennoch für sinnvoll gehalten.[2]

82 *Einstweilen frei.*

83 **2. Ende des Abwicklungszeitraums. a) Beendigung der Abwicklung. Schlussverteilung des Liquidationsüberschusses.** Der Abwicklungszeitraum iSv § 11 I S 1 endet mit dem Schluss der Abwicklung.[3] Der Schluss der Abwicklung setzt voraus, dass sämtliche Abwicklungsmaßnahmen vorgenommen wurden,[4] im Regelfall also, dass die Schlussverteilung des Liquidationsüberschusses erfolgt ist.[5] Erfolgt die Schlussverteilung vor Ablauf des Sperrjahres (§ 272 I AktG, § 73 I GmbHG, § 90 I GenG), endet die Abwicklung erst mit dessen Ablauf (R 51 II S 3 KStR).[6]

84 **Bedeutung der Registerlöschung.** Die Registerlöschung des Steuerpflichtigen nach Abschluss der Abwicklung ist demgegenüber lediglich deklaratorisch und für das Ende des Abwicklungszeitraums iSv § 11 ohne Bedeutung (R 51 II S 4 KStR).

85 **Nachtragsabwicklung oder Nachtragsliquidation.** Erfolgt im Anschluss an die Abwicklung eine Nachtragsabwicklung oder Nachtragsliquidation (vgl Rn 43), umfasst der Abwicklungszeitraum auch diese.[7]

86 *Einstweilen frei.*

87 **b) Keine Beendigung der Abwicklung.** UU wird trotz erfolgter Auflösung und begonnener Abwicklung des Steuerpflichtigen die Abwicklung nicht abgeschlossen. Zum einen kommt in Betracht, dass die Fortsetzung des Steuerpflichtigen beschlossen wird (vgl Rn 41). Zum anderen kann auch während der Liquidation die Löschung der Gesellschaft wegen Vermögenslosigkeit erfolgen (vgl Rn 36), wodurch die Abwicklung beendet wird. In diesen Fällen endet der Abwicklungszeitraum iSv § 11 mit dem Fortsetzungszeitpunkt[8] bzw der Löschung der Gesellschaft.

88 *Einstweilen frei.*

---

1 *Lambrecht* in Gosch § 11 Rn 33; *Micker* in H/H/R § 11 Rn 25; *Graffe* in D/J/P/W § 11 Rn 20; *Frotscher* in Frotscher/Maas § 11 Rn 28; *Holland* in EY § 11 Rn 34; *Hofmeister* in Blümich § 11 Rn 37.
2 *Micker* in H/H/R § 11 Rn 25; *Holland* in EY § 11 Rn 34; *Hofmeister* in Blümich § 11 Rn 38; unter Zweckmäßigkeitsgesichtspunkten wohl auch zustimmend BFH VIII R 25/05, BFH/NV 2007, 1562, 1564.
3 *Hofmeister* in Blümich § 11 Rn 36.
4 *Hofmeister* in Blümich § 11 Rn 36.
5 *Holland* in EY § 11 Rn 36; *Graffe* in D/J/P/W § 11 Rn 15.
6 *Hofmeister* in Blümich § 11 Rn 38; *Graffe* in D/J/P/W § 11 Rn 15.
7 *Micker* in H/H/R § 11 Rn 21; *Frotscher* in Frotscher/Maas § 11 Rn 36.
8 *Micker* in H/H/R § 11 Rn 18; *Frotscher* in Frotscher/Maas § 11 Rn 16.

V. Besteuerungszeitraum (§ 11 I S 2) und Veranlagungswirkung. 1. Beginn des Besteuerungszeitraumes. Auflösungszeitpunkt. Grundsätzlich beginnt der Besteuerungszeitraum nach § 11 I S 2 mit dem Auflösungszeitpunkt, da dieser mit dem Beginn des Abwicklungszeitraumes identisch ist.

89

Einbeziehung des Rumpf-WJ. Macht der Steuerpflichtige bei Auflösung während eines laufenden Geschäftsjahres vom Wahlrecht Gebrauch, zum Zeitpunkt der Auflösung laufende Geschäftsjahr in den Abwicklungszeitraum einzubeziehen und für steuerliche Zwecke nach der Verwaltungsauffassung kein Rumpf-WJ zwischen dem Schluss des letzten WJ und dem Auflösungszeitpunkt zu bilden (hierzu Rn 80), ist streitig, ob der Dreijahreszeitraum des § 11 I S 2 ab dem tatsächlichen Auflösungszeitpunkt oder dem Beginn des in den Abwicklungszeitraum einbezogenen Geschäftsjahres zu berechnen ist. Nach Auffassung der Finanzverwaltung[1] und eines Teils der Literatur[2] beginnt in diesem Fall der Dreijahreszeitraum mit Beginn des WJ, in dessen Verlauf die Auflösung erfolgt. Nach der Gegenauffassung beginnt demgegenüber auch bei Einbeziehung des gesamten zum Zeitpunkt der Auflösung laufenden Geschäftsjahres in den Abwicklungszeitraum die Dreijahresfrist mit dem Zeitpunkt der tatsächlichen Auflösung.[3] Zutreffend ist letztgenannte Auffassung. Bereits das von der Finanzverwaltung eingeräumte Wahlrecht findet im Gesetz keine Stütze. Selbst wenn man eine entsprechende Einbeziehung des gesamten WJ in den Abwicklungszeitraum aus Vereinfachungs- oder Billigkeitsgründen zulässt, kann dies nicht den nach dem Gesetzeswortlaut mit dem Auflösungszeitpunkt beginnenden Besteuerungszeitraum ändern.[4]

90

Einstweilen frei.

91

2. Dauer des Besteuerungszeitraumes. Erster Dreijahreszeitraum. Nach § 11 I S 2 soll der Besteuerungszeitraum drei Jahre nicht übersteigen. Bei diesem Zeitraum handelt es sich um drei Zeitjahre (36 Monate).[5] Wird die Abwicklung innerhalb dieses Zeitraumes abgeschlossen, sind Abwicklungszeitraum und Besteuerungszeitraum identisch.

92

Keine Veranlagung vor Abschluss der Abwicklung. Wird die Abwicklung innerhalb des Dreijahreszeitraumes nicht abgeschlossen, ist eine Veranlagung vor dessen Ablauf nicht zulässig.[6] Vorauszahlungen auf die zu erwartende KSt können jedoch gem § 31 iVm § 37 EStG festgesetzt werden.[7]

93

Steuererklärungen. Steuererklärungen sind für den Abwicklungszeitraum entsprechend dem Besteuerungszeitraum abzugeben. Wird die Abwicklung innerhalb des Zeitraumes gem § 11 I S 2 abgeschlossen, umfasst die einzige für den Abwick-

94

---

1 R 51 I S 2 KStR.
2 *Hofmeister* in Blümich § 11 Rn 39.
3 *Micker* in H/H/R § 11 Rn 34; *Frotscher* in Frotscher/Maas § 11 Rn 28; *Holland* in EY § 11 Rn 39; wohl auch *Graffe* in D/J/P/W § 11 Rn 16.
4 *Micker* in H/H/R § 11 Rn 34.
5 RFH RStBl 1937, 967; *Lambrecht* in Gosch § 11 Rn 41; *Hofmeister* in Blümich § 11 Rn 39.
6 RFH RStBl 1937, 967; RFH RStBl 1940, 715; *Graffe* in D/J/P/W § 11 Rn 17; *Lambrecht* in Gosch § 11 Rn 42; *Hofmeister* in Blümich § 11 Rn 39.
7 *Graffe* in D/J/P/W § 11 Rn 21a; *Hofmeister* in Blümich § 11 Rn 82.

lungszeitraum abzugebende Erklärung somit den gesamten Besteuerungszeitraum. Erfolgt eine Zwischenbesteuerung (Rn 97, 102), sind demgemäß Erklärungen jeweils für den von der Finanzverwaltung festgesetzten Zeitraum einzureichen.

95 **Verlängerung des Besteuerungszeitraums.** Überschreitet der Abwicklungszeitraum drei Jahre, kann die Finanzverwaltung den Besteuerungszeitraum verlängern.[1] Bei der Entscheidung über eine Verlängerung handelt es sich um eine Ermessensentscheidung, bei der den Umständen des Einzelfalls Rechnung zu tragen ist.[2] Ermessensgesichtspunkte sind hierbei die Vermeidung von Steuerausfällen und Steuerpausen, der entstehende Verwaltungsaufwand, die voraussichtliche Dauer der Überschreitung des Dreijahreszeitraums, eine Verzögerung der Abwicklung aufgrund nicht vom Steuerpflichtigen zu vertretender Gründe oder das Interesse des Steuerpflichtigen (zB an einem Verlustrücktrag).[3] Aufgrund der Ausgestaltung von § 11 I S 2 als Sollvorschrift ist die Finanzverwaltung jedoch nicht gehindert, bei Fehlen weiterer Anhaltspunkte ohne weiteres nach Ablauf der Dreijahresfrist eine Veranlagung durchzuführen.[4]

96 **Verfahrensrechtliche Durchführung der Verlängerung.** Eine Verlängerung der drei Jahre ist vom Steuerpflichtigen zu beantragen und zu begründen.[5] Die Festsetzung des Besteuerungszeitraumes erfolgt durch selbständig anfechtbaren Verwaltungsakt.[6]

97 **Zwischenveranlagung.** Ist die Abwicklung innerhalb des Besteuerungszeitraumes nicht abgeschlossen, erfolgt eine (erste) Veranlagung, auch „Zwischenveranlagung" genannt[7], dessen Charakter streitig ist, s Rn 102.

98 **Keine Verkürzung des Besteuerungszeitraums.** Der dreijährige Besteuerungszeitraum ist, sofern die Abwicklung nicht vorher abgeschlossen wird, ein Mindestzeitraum, der durch die Finanzverwaltung nicht verkürzt werden kann, s Rn 93.

99 **Folgebesteuerungszeiträume.** Schließen sich an den ersten Besteuerungszeitraum (Dreijahreszeitraum oder entsprechend verlängerter erster Besteuerungszeitraum) ein oder mehrere weitere Besteuerungszeiträume an, ist deren Dauer streitig. Die Frage wurde bislang vom BFH offengelassen.[8] Nach Auffassung der Finanzverwaltung[9] und eines Teils der Literatur[10] sind die sich anschließenden Besteuerungs-

---

1 *Graffe* in D/J/P/W § 11 Rn 17; *Hofmeister* in Blümich § 11 Rn 39.
2 BFH I R 44/06, BStBl 2008, 319; FG Berlin/Brandenburg 2 K 2272/98, EFG 2002, 432; *Hofmeister* in Blümich § 11 Rn 39; *Graffe* in D/J/P/W § 11 Rn 17.
3 BFH I R 44/06, BStBl 2008, 319; FG Berlin/Brandenburg 2 K 2272/98, EFG 2002, 432; *Hofmeister* in Blümich § 11 Rn 39; ähnlich *Graffe* in D/J/P/W § 11 Rn 17; die Einbeziehung von Belangen des Steuerpflichtigen teilweise ablehnend demgegenüber *Frotscher* in Frotscher/Maas § 11 Rn 33. Zu den sich ergebenden Besonderheiten bei der Nachtragsliquidation s *Küster*, DStR 2006, 209.
4 BFH I R 44/06, BStBl 2008, 319; BFH I R 67/05, BStBl II 2008, 312, 313; FG Berlin/Brandenburg 2 K 2272/98, EFG 2002, 432; *Hofmeister* in Blümich § 11 Rn 39.
5 *Micker* in H/H/R § 11 Rn 35.
6 BFH I R 67/05, BStBl II 2008, 312, 313; FG Berlin/Brandenburg 2 K 2272/98, EFG 2002, 432; FG Baden-Württemberg 3 K 46/94, EFG 1997, 1173; *Micker* in H/H/R § 11 Rn 35.
7 BFH I R 44/06, BStBl II 2008, 319, 320.
8 BFH I R 67/05, BStBl II 2008, 312, 313.
9 R 51 I S 6 KStR.
10 *Graffe* in D/J/P/W § 11 Rn 18; *Frotscher* in Frotscher/Maas § 11 Rn 38, der aber auch eine Ermessensentscheidung über einen längeren Zeitraum für zulässig hält.

zeiträume grundsätzlich auf ein Jahr begrenzt. Nach der Gegenauffassung ist im Anschluss an den ersten Besteuerungszeitraum demgegenüber eine weitere Ermessensentscheidung erforderlich, ob der weitere Besteuerungszeitraum wiederum drei Jahre beträgt oder kürzer zu bemessen ist.[1] Letzter Auffassung ist beizupflichten, da eine entsprechende Entscheidung im Einzelfall dem von § 11 I S 2 verfolgten Zweck einer möglichst effizienten Erfassung des gesamten Liquidationsgewinns entspricht und aus der Vorschrift keine Anhaltspunkte für eine Verkürzung späterer Besteuerungszeiträume gegenüber dem ersten Besteuerungszeitraum zu entnehmen sind.

Einstweilen frei. 100-101

3. Veranlagungswirkung. Der Charakter von Folgebesteuerungszeiträumen und der für den jeweiligen Besteuerungszeitraum vorzunehmenden Veranlagungen ist umstritten. Die Frage der Veranlagungswirkung hat insbesondere Auswirkungen auf die Verlustverrechnungsmöglichkeiten nach § 10d EStG (vgl Rn 115 ff), wurde jedoch bislang vom BFH offengelassen.[2] Nach Auffassung der Finanzverwaltung[3] und eines Teils der Literatur[4] erfolgt die Veranlagung für den jeweiligen Besteuerungszeitraum abschließend; die für den jeweiligen Besteuerungszeitraum festgesetzte KSt ist demnach von früheren oder späteren Veranlagungen unabhängig. Nach der Gegenauffassung[5] handelt es sich bei den Veranlagungen für Besteuerungszeiträume innerhalb des Abwicklungszeitraumes um bloße Zwischenveranlagungen, die nach Abschluss der Abwicklung durch eine Schlussveranlagung für den gesamten Liquidationszeitraum zu ersetzen sind. Diese Auffassung ist angesichts des eindeutigen Wortlautes von § 11 I S 1 zutreffend, denn danach ist uneingeschränkter Grundsatz der Liquidationsbesteuerung, der Besteuerung den insgesamt im Abwicklungszeitraum erzielten Abwicklungsgewinn zugrunde zu legen. § 11 I S 2 ist demgegenüber eher eine Verfahrensregel zur Vereinfachung und Erleichterung der Festsetzung und Erhebung,[6] deren Regelungszweck durch Zwischenveranlagungen im Einklang mit dem Grundsatz der Liquidationsbesteuerung nach § 11 I S 1 Genüge getan werden kann. 102

Einstweilen frei. 103

VI. Ermittlung des Abwicklungsgewinns (§ 11 II, VI). 1. Gewinnermittlung durch Vermögensvergleich. Nach der Grundregel des § 11 II erfolgt die Ermittlung des im Zeitraum der Abwicklung erzielten Gewinns durch Gegenüberstellung des 104

- Abwicklungs-Endvermögens (vgl Rn 132 ff)
- und des Abwicklungs-Anfangsvermögens (vgl Rn 156 ff).

---

1 FG Berlin-Brandenburg 2 K 2272/98, EFG 2002, 432; *Micker* in H/H/R § 11 Rn 37; *Hofmeister* in Blümich § 11 Rn 40; *Holland* in EY § 11 Rn 40, der grundsätzlich einen weiteren Dreijahreszeitraum annimmt.
2 BFH I R 44/06, BStBl II 2008, 319, 321.
3 R 51 IV KStR.
4 *Frotscher* in Frotscher/Maas § 11 Rn 38; *Graffe* in D/J/P/W § 11 Rn 19; *Hofmeister* in Blümich § 11 Rn 40.
5 FG Berlin/Brandenburg 2 K 2272/98, EFG 2002, 432; *Micker* in H/H/R § 11 Rn 37; *Holland* in EY § 11 Rn 41; *Lambrecht* in Gosch § 11 Rn 42; *Pezzer*, FR 2008, 270; *Küster*, DStR 2006, 209; *Lohmann/Bascopé*, GmbHR 2006, 1313.
6 *Lambrecht* in Gosch § 11 Rn 42.

Die Gewinnermittlung erfolgt somit grundsätzlich wie beim laufenden Ergebnis durch Vermögensvergleich. Es ergeben sich jedoch gegenüber der allgemeinen Gewinnermittlung durch Vergleich des Betriebsvermögens zum Ende des vorangegangenen WJ und des laufenden WJ iSv § 4 I S 1 EStG Unterschiede durch die speziell auf die Liquidationsbesteuerung zugeschnittenen Vergleichsgrößen des Abwicklungs-Endvermögens und des Abwicklungs-Anfangsvermögens.[1]

105 *Einstweilen frei.*

106 **2. Verhältnis zur handelsrechtlichen Bilanzierung.** Die durch den Vergleich des Abwicklungs-Endvermögens und des Abwicklungs-Anfangsvermögens bezweckte Erfassung sowohl des im Abwicklungszeitraums originär erzielten Gewinns als auch sämtlicher stiller Reserven des Steuerpflichtigen (vgl Rn 6) führt dazu, dass iRd Liquidationsgewinnermittlung eine Bindung an Handelsbilanzen nicht besteht, soweit diese der Gewinnermittlung dienen,[2] daher findet auch der Grundsatz der Maßgeblichkeit der Handelsbilanz für die Steuerbilanz nach § 5 I EStG keine Anwendung.[3]

107 *Einstweilen frei.*

108 **3. Geltung allgemeiner Gewinnermittlungsvorschriften (§ 11 VI).** Nach § 11 VI sind auf die Ermittlung des im Zeitraum der Abwicklung erzielten Gewinns die allgemeinen Gewinnermittlungsvorschriften anzuwenden, soweit nicht § 11 I-V als speziellere Vorschriften vorgehen. Ob die allgemeinen Gewinnermittlungsvorschriften mit den vorrangigen Regelungen des § 11 und den Besonderheiten der Liquidationsbesteuerung vereinbar sind, ist eine Frage des Einzelfalls (hierzu im Einzelnen unter Rn 109 ff).[4] Ist diese zu bejahen, finden die Gewinnermittlungsvorschriften der §§ 4 ff EStG grundsätzlich Anwendung.

109 **Keine Anwendung der §§ 6, 7 EStG.** Keine Anwendung iRd § 11 finden §§ 6, 7 EStG, da an die Stelle des Betriebsvermögens iSd Vorschriften für die Ermittlung des im Abwicklungszeitraum erzielten Gewinns das nach eigenständigen Regelungen des § 11 III zu ermittelnde Abwicklungs-Endvermögen tritt.[5]

110 **Keine Anwendung des § 6b EStG.** § 6b EStG findet auf den Abwicklungsgewinn keine Anwendung, da nach der Abwicklung eine Reinvestition nicht möglich ist.[6]

111 **Keine Anwendung des § 8 III S 2.** Entgegen einer Auffassung in der Literatur[7] findet § 8 III S 2 über § 11 VI keine Anwendung. Nach § 11 III wird das gesamte zur Verteilung an die Anteilseigner kommende Vermögen bereits im Abwicklungs-Endvermögen erfasst. Zum zur Verteilung kommenden Vermögen gehören auch ver-

---

1 *Micker* in H/H/R § 11 Rn 40.
2 BFH I R 120/67, BStBl II 1969, 742, 744; *Lambrecht* in Gosch § 11 Rn 46; *Micker* in H/H/R § 11 Rn 40.
3 BFH I 246/62 U, BStBl III 1966, 152; *Micker* in H/H/R § 11 Rn 40; *Holland* in EY § 11 Rn 43.
4 BFH I R 33/90, BStBl II 1992, 437, 438; RFH I A 257/36, RStBl 1938, 44, 45; *Lambrecht* in Gosch § 11 Rn 46.
5 *Holland* in EY § 11 Rn 56; *Frotscher* in Frotscher/Maas § 11 Rn 66.
6 *Graffe* in D/J/P/W § 11 Rn 38; *Holland* in EY § 11 Rn 60.
7 *Micker* in H/H/R § 11 Rn 52.

deckte Zuwendungen während des Abwicklungszeitraumes (vgl Rn 136), so dass für eine gesonderte Korrektur des Abwicklungsgewinns um vGA entsprechende Zuwendungen kein Bedürfnis besteht.

Anwendbarkeit der §§ 9, 10. Die Vorschriften über abziehbare Aufwendungen nach § 9 (einschließlich Spenden) und nichtabziehbare Aufwendungen nach § 10 finden auch iRd Liquidationsbesteuerung nach § 11 Anwendung.[1]

112

Einstweilen frei.

113

4. Verlustabzug. Verlustvortrag in den Abwicklungszeitraum. Der Verlustabzug nach § 10d EStG findet grundsätzlich auch auf die Liquidationsbesteuerung Anwendung.[2] Daher wird der im letzten VZ vor der Auflösung festgestellte verbleibende Verlustvortrag in den Abwicklungszeitraum zunächst vorgetragen.[3]

114

Verlustrücktrag aus dem Abwicklungszeitraum. Ein im Abwicklungszeitraum erzielter Verlust ist in den Grenzen des § 10d I EStG auf den vorhergehenden VZ rücktragsfähig.[4] Überschreitet der Abwicklungszeitraum den Besteuerungszeitraum nach § 11 I S 2 nicht, wird das gesamte Abwicklungsergebnis einheitlich veranlagt und steht für einen Verlustrücktrag in den letzten vor der Auflösung endenden VZ zur Verfügung. Erfolgen innerhalb des Abwicklungszeitraums mehrere Veranlagungen, ist demgegenüber zu unterscheiden. Nach der hier vertretenen Auffassung handelt es sich um bloße Zwischenveranlagungen, die nach Abschluss der Abwicklung durch eine Schlussveranlagung für den gesamten Liquidationszeitraum zu ersetzen sind (vgl Rn 102). Demnach wird ein etwaiger Abwicklungsverlust einheitlich für den gesamten Abwicklungszeitraum festgestellt; dieser ist in den Grenzen des § 10d I EStG auf den letzten vor der Auflösung liegenden VZ rücktragsfähig. Folgt man demgegenüber der Auffassung der Finanzverwaltung, dass die einzelnen Veranlagungen innerhalb des Abwicklungszeitraums abschließend sind (vgl Rn 102), erfolgt ein Verlustvortrag lediglich aus dem ersten Besteuerungszeitraum der Abwicklung in den letzten VZ vor der Auflösung; spätere Abwicklungsverluste können demgegenüber lediglich in den jeweils vorangegangenen Liquidationsbesteuerungszeitraum zurückgetragen werden.[5]

115

Verlustvor- und -rücktrag innerhalb des Abwicklungszeitraumes. Innerhalb des Abwicklungszeitraums stellt sich die Frage eines Verlustrück- oder -vortrags nicht, wenn der Abwicklungszeitraum den Besteuerungszeitraum nach § 11 I S 2 nicht überschreitet; in diesem Fall wird das gesamte Abwicklungsergebnis einheitlich veranlagt. Bei mehreren Veranlagungen innerhalb des Abwicklungszeitraumes ist wie beim Verlustrücktrag aus dem Abwicklungszeitraum zu differenzieren. Nach der hier vertretenen Auffassung, nach der es sich um bloße Zwischenveranlagungen handelt,

116

---

1   *Graffe* in D/J/P/W § 11 Rn 36; *Lambrecht* in Gosch § 11 Rn 75; *Holland* in EY § 11 Rn 56; sa BFH I R 149/77, BStBl II 1982, 177.
2   *Hofmeister* in Blümich § 11 Rn 83; *Micker* in H/H/R § 11 Rn 28; *Frotscher* in Frotscher/Maas § 11 Rn 44; *Graffe* in D/J/P/W § 11 Rn 36.1; *Holland* in EY § 11 Rn 58, 59.1; *Lambrecht* in Gosch § 11 Rn 77.
3   *Micker* in H/H/R § 11 Rn 28; *Graffe* in D/J/P/W § 11 Rn 22.
4   *Graffe* in D/J/P/W § 11 Rn 22; *Micker* in H/H/R § 11 Rn 28; *Hofmeister* in Blümich § 11 Rn 83; *Holland* in EY § 11 Rn 58.
5   *Frotscher* in Frotscher/Maas § 11 Rn 44; *Neu*, EFG 2002, 434.

die nach Abschluss der Abwicklung durch eine Schlussveranlagung für den gesamten Liquidationszeitraum zu ersetzen sind (vgl Rn 102), ist das Abwicklungsergebnis einheitlich für den gesamten Abwicklungszeitraum zu veranlagen; ein Verlustvor- oder -rücktrag innerhalb des Abwicklungszeitraumes erübrigt sich. Nach der Gegenauffassung der Finanzverwaltung (vgl Rn 102), nach der einzelne Veranlagungen innerhalb des Abwicklungszeitraums abschließend sind, erfolgen auch innerhalb des Abwicklungszeitraumes Verlustvortrag wie Verlustrücktrag nach Maßgabe des § 10d EStG aus jeweils einem Besteuerungszeitraum der Abwicklung in den nachfolgenden bzw vorherigen Besteuerungszeitraum.

117 **Verlustabzugsbeschränkung (Mindestbesteuerung).** Fraglich ist die Anwendbarkeit der Verlustabzugsbeschränkung nach § 10d II EStG (Mindestbesteuerung) iRd § 11. Ist die Vorschrift auf die Liquidationsbesteuerung uneingeschränkt anwendbar, kann ein über 1 Mio EUR hinausgehender Abwicklungsgewinn nur zu 60 % mit bestehenden Verlustvorträgen verrechnet werden. Überschreitet der Abwicklungszeitraum den Besteuerungszeitraum nach § 11 I S 2 nicht, ist ein Abwicklungsgewinn von bis zu 1 Mio EUR in voller Höhe und darüber hinaus zu 60 % mit bestehenden Verlustvorträgen zu verrechnen; ein danach verbleibender Abwicklungsgewinn wäre der Besteuerung zu unterwerfen. Gleiches gilt im Rahmen mehrerer Veranlagungen, wenn man nach der hier vertretenen Auffassung Zwischenveranlagungen annimmt (da die veranlagungszeitraumbezogene Vorschrift des § 10d II EStG auch in diesem Fall den gesamten Abwicklungszeitraum umfasst). Soweit man jeden Besteuerungszeitraum hingegen als selbständigen VZ ansieht, ist auf deren Basis § 10d II EStG in jeder Veranlagung während des Abwicklungszeitraumes erneut anzuwenden, so dass in jeder Einzelveranlagung ein Abwicklungsgewinn bis zu 1 Mio EUR in voller Höhe und darüber hinaus zu 60 % mit vorhandenen Verlustvorträgen zu verrechnen ist.

118 **Verfassungsrechtliche Grenzen der Mindestbesteuerung.** Die Anwendung der Mindestbesteuerung iRd § 11 ist problematisch, da es nach Abschluss der Abwicklung zum endgültigen Untergang nicht genutzter Verlustvorträge kommt.[1] Nach der Begründung zum Regierungsentwurf[2] zur Verlustabzugsbeschränkung nach § 10d II EStG ist Zweck der Regelung lediglich, im Hinblick auf das erhebliche Verlustvortragspotenzial der Steuerpflichtigen die Nutzung des Verlustvortrages zur Verstetigung des Steueraufkommens zu strecken. Ein endgültiger Untergang der Verluste durch die Mindestbesteuerung ist nach der Gesetzesbegründung ausdrücklich nicht beabsichtigt. Entfallen Verlustvorträge aufgrund der Regelung in § 10d II EStG ersatzlos und ist dieser Wegfall für eine effektive Steuerbelastung des Abwicklungsgewinns ursächlich, die bei Verrechnung nicht eingetreten wäre, steht dem der Grundsatz der Besteuerung nach der wirtschaftlichen Leistungsfähigkeit entgegen bzw wird dies in der Literatur teilweise als verfassungswidrig angesehen.[3] Auch der BFH hält ein Überschreiten der Grenze zum verfassungsrechtlichen Gebot der Gewährleistung eines

---

1 *Micker* in H/H/R § 11 Rn 28.
2 BTDrs 15/1518, 13.
3 *Geist*, GmbHR 2008, 969, 974; zu § 10a GewStG so auch FG Berlin-Brandenburg 6 K 6216/06, EFG 2010, 1576 und FG Hessen 8 V 938/10, EFG 2010, 1811.

Kernbereichs des Verlustausgleichs für möglich, wenn eine Verlustverrechnungsmöglichkeit aufgrund eines rechtlichen oder tatsächlichen Grundes endgültigen ausgeschlossen wird; für einen entsprechenden Ausschluss aus rechtlichen Gründen hält der BFH die Verfassungsmäßigkeit für ernstlich zweifelhaft.[1] Als Lösungsmöglichkeit für die Definitivwirkung der Mindestbesteuerung iRd Liquidationsbesteuerung werden in der Literatur eine Verrechnung des Abwicklungsgewinns mit dem Verlustvortrag ohne Beschränkung des § 10d II EStG aufgrund von Billigkeitsmaßnahmen,[2] eine gesetzgeberische Klarstellung der Nichtanwendbarkeit von § 10d II EStG in der Liquidation[3] oder eine teleologische Reduktion von § 10d II EStG[4] vorgeschlagen. Tatsächlich wird die Praxis bis zu einer Feststellung der Verfassungswidrigkeit der Anwendung von § 10d II EStG auf die Liquidationsbesteuerung oder eine gesetzgeberische Klarstellung auf eine Billigkeitslösung nach § 163 AO[5] angewiesen sein. Veranlagungen, in deren Rahmen die Finanzverwaltung die Verrechnung des Abwicklungsgewinns mit dem Verlustvortrag ohne Beschränkung des § 10d II EStG versagt, sollten wegen der aktuellen Rechtsentwicklung offengehalten werden.[6]

Einstweilen frei.

5. Schema der Gewinnermittlung. Der Abwicklungsgewinn nach § 11 II ermittelt sich danach nach folgendem Schema[7]:

Gemeiner Wert des Abwicklungs-Endvermögens

./. steuerfreie Vermögensmehrungen

= Abwicklungs-Endvermögen

./. Abwicklungs-Anfangsvermögen

./. Ausschüttung von Gewinnen früherer WJ während der Abwicklung

= vorläufiger Abwicklungsgewinn

./. abziehbare Aufwendungen nach § 9 I Nr 1

+ geleistete Spenden

./. nach § 9 I Nr 2 abziehbare Spenden

+ Nicht abziehbare Betriebsausgaben

+ Buchwert im Abwicklungs-Anfangsvermögen enthaltener eigener Anteile

./. Verlustabzug nach § 10d EStG

= steuerpflichtiger Abwicklungsgewinn.

Einstweilen frei.

---

1 BFH I B 49/10, BStBl II 2011, 826, zu § 8c.
2 *Micker* in H/H/R § 11 Rn 28; *Lenz* in Erle/Sauter § 11 Rn 42.
3 *Holland* in EY § 11 Rn 59.1.
4 *Geist*, GmbHR 2008, 969, 974; ähnlich *Lindauer*, BB 2004, 2720, 2722.
5 FG Niedersachsen 6 K 63/11.
6 Zu AdV s BMF v 19.10.2011, BStBl I 2011, 974.
7 *Graffe* in D/J/P/W § 11 Rn 37; *Micker* in H/H/R § 11 Rn 41; *Holland* in EY § 11 Rn 61; *Frotscher* in Frotscher/Maas § 11 Rn 53; *Hofmeister* in Blümich § 11 Rn 47.

123 **6. Besonderheiten bei der Gewinnermittlung in Folgebesteuerungszeiträumen.** Wird die Abwicklung nicht innerhalb der Dreijahresfrist des § 11 I S 2 oder eines entsprechend verlängerten Besteuerungszeitraumes abgeschlossen und schließen sich an den ersten Besteuerungszeitraum weitere Folgebesteuerungszeiträume an, ist fraglich, wie angesichts des noch nicht ermittelten Abwicklungs-Endvermögens das der jeweiligen Veranlagung zugrunde zu legende Ergebnis der einzelnen Besteuerungszeiträume zu ermitteln ist.

124 **Auffassung der Finanzverwaltung.** Nach Auffassung der Finanzverwaltung ist die Gewinnermittlung nach § 11 II in Fällen mehrfacher Veranlagung im Abwicklungszeitraum nur bei der Veranlagung für den letzten Besteuerungszeitraum anzuwenden. Für vorangehende Besteuerungszeiträume während der Abwicklung soll demgegenüber die Gewinnermittlung nach allgemeinen Grundsätzen auf Basis von auf den Schluss des jeweiligen Besteuerungszeitraums zu erstellenden Steuerbilanzen erfolgen; im letzten Besteuerungszeitraum soll das „Abwicklungs-Anfangsvermögen" aus der Bilanz zum Schluss des vorangegangenen Besteuerungszeitraums abzuleiten sein (R 51 III S 2 KStR).

125 **Auffassung der Literatur.** Die Literatur folgt der von der Finanzverwaltung vertretenen Auffassung teilweise.[1] Nach der Gegenauffassung[2] sind demgegenüber steuerbilanzielle Wertansätze nach allgemeinen Grundsätzen iRv § 11 nicht maßgeblich. Vielmehr ist vorangegangenen VZ ein auf das Ende des jeweiligen Besteuerungszeitraumes zu ermittelndes und mit dem gemeinen Wert anzusetzendes vorläufiges Abwicklungs-Endvermögen zugrunde zu legen. Für nachfolgende Besteuerungszeiträume tritt dieses vorläufige Abwicklungs-Endvermögen des jeweils vorangegangenen Besteuerungszeitraumes an die Stelle des Abwicklungs-Anfangsvermögens. Folgt man der Qualifikation als abschließende Veranlagung, ist letzter Auffassung grundsätzlich zuzustimmen, da eine Gewinnermittlung nach allgemeinen Grundsätzen iRv § 11 gerade nicht erfolgt und keine gesetzliche Grundlage findet. Allerdings weisen *Lohmann/Bascopé* zutreffend darauf hin, dass der pauschale Ansatz des gemeinen Wertes bei der Ermittlung des vorläufigen Abwicklungs-Endvermögens zur Aufdeckung sämtlicher stiller Reserven im Vermögen des Steuerpflichtigen bereits am Ende des ersten Besteuerungszeitraumes führt, und zwar unabhängig davon, ob diese vom Steuerpflichtigen bereits realisiert wurden.[3] IRd Veranlagung kann jedoch nur der Abwicklungsgewinn erfasst werden, der im entsprechenden Besteuerungszeitraum erzielt wird. Später realisierte stille Reserven sind demgegenüber in entsprechenden späteren Besteuerungszeiträumen oder iRd abschließenden Veranlagung der Besteuerung zu unterwerfen. Entsprechend ist eine Modifikation bei der Ermittlung des vorläufigen Abwicklungs-Endvermögens in der Weise vorzunehmen, dass das zum Ende des jeweiligen (Zwischen-)Besteuerungszeitraumes beim Steuerpflichtigen noch vorhandene und unrealisierte Betriebsvermögen mit

---

1 *Frotscher* in Frotscher/Maas § 11 Rn 42.
2 FG Berlin-Brandenburg 2 K 2272/98, EFG 2002, 432 unter Hinweis auf BFH I 246/62 U, BStBl III 1966, 152, 153; *Graffe* in D/J/P/W § 11 Rn 18 f; *Lambrecht* in Gosch § 11 Rn 42; *Lenz* in Erle/Sauter § 11 Rn 47; grundsätzlich auch *Hofmeister* in Blümich § 11 Rn 77 und *Lohmann/Bascopé*, GmbHR 2006, 1313, 1315.
3 *Lohmann/Bascopé*, GmbHR 2006, 1313, 1315.

den fortgeschriebenen Buchwerten angesetzt wird.[1] Bei der entsprechenden erforderlichen Bereinigung des vorläufigen Abwicklungsvermögens um nicht realisierte stille Reserven wird damit das Ergebnis der einzelnen Besteuerungszeiträume im Wesentlichen dem Ergebnis gem Auffassung der Finanzverwaltung entsprechen.

Auswirkung der Ergebnisermittlung auf die Besteuerung. Die Frage der Ermittlung eines Abwicklungszwischenergebnisses ist maßgeblich mit der Frage nach dem Charakter von Folgebesteuerungszeiträumen und der für den jeweiligen Besteuerungszeitraum vorzunehmenden Veranlagungen verknüpft (vgl Rn 102). Für die ua von der Finanzverwaltung vertretene Auffassung einer abschließenden Veranlagung für jeden Besteuerungszeitraum hat die Bestimmung des Abwicklungs-Endvermögens für den jeweiligen VZ maßgebliche materielle Bedeutung, da die Steuerfestsetzung für jeden Besteuerungszeitraum definitiv ist. Nach der hier vertretenen Auffassung, nach der es sich bei den Veranlagungen für Besteuerungszeiträume innerhalb des Abwicklungszeitraumes um bloße Zwischenveranlagungen handelt (vgl Rn 102), ist die Frage der Ergebnisermittlung demgegenüber vorrangig verfahrensrechtlicher Art bzw hat sie für den Steuerpflichtigen im Hinblick auf zwischenzeitliche vorläufige Steuerfestsetzungen vor dem Hintergrund der Liquiditätsbelastung Bedeutung. Die abschließende Ermittlung des gesamten Abwicklungsgewinns erfolgt gem § 11 II mit Ablauf des letzten Besteuerungszeitraums, so dass die Höhe des Abwicklungs-Endergebnisses von der Methode der Ergebnisermittlung in den einzelnen Besteuerungszeiträumen unabhängig ist.[2]

126

Einstweilen frei

127

7. Besteuerung, anwendbares Recht. Steuersatz. Auf den Abwicklungsgewinn findet der allgemeine KSt-Satz des § 23 Anwendung.[3] Anzuwenden ist der im Zeitpunkt des Ablaufs des Abwicklungszeitraumes geltende Steuersatz.[4] Soweit nicht nur ein Besteuerungszeitraum für die Liquidation, sondern Folgebesteuerungszeiträume während der Abwicklung zur Anwendung kommen, hat der Streit, ob die verschiedenen Veranlagungen lediglich vorläufig oder endgültig sind (vgl Rn 102), keine Bedeutung; es findet auf jede Veranlagung der am Ende des betroffenen Abwicklungszeitraumes geltende Steuersatz Anwendung. Die Finanzverwaltung ist nach der Rechtsprechung nicht verpflichtet, bei derartigen Veranlagungen Änderungen zu beachten, die erst nach Ablauf des Besteuerungszeitraumes in Kraft treten (selbst wenn man von einer Vorläufigkeit der Veranlagung ausgeht).[5]

128

---

1 *Lohmann/Bascopé*, GmbHR 2006, 1313, 1315; ebenso *Hofmeister* in Blümich § 11 Rn 77, der in diesem Zusammenhang die Erfassung des vorläufigen Abwicklungs-Endvermögens iRe „Zwischenstatus" vornimmt.
2 *Lohmann/Bascopé*, GmbHR 2006, 1313, 1315, weisen allerdings zutreffend darauf hin, dass die Frage der auf die einzelnen Besteuerungszeiträume anwendbaren Gewinnermittlungsgrundsätze grundsätzlich vom Charakter der betreffenden Veranlagung unabhängig sind.
3 *Hofmeister* in Blümich § 11 Rn 80.
4 BFH I R 44/06, BStBl II 2008, 319, 321; *Lambrecht* in Gosch § 11 Rn 78; *Hofmeister* in Blümich § 11 Rn 80.
5 BFH I R 44/06, BStBl II 2008, 319, 321.

129 **Freibetrag.** Freibetragsregelungen finden auch in der Liquidation und damit iRd § 11 Anwendung. Allerdings werden Freibeträge nach §§ 24, 25 wegen der Begrenzung der Anwendbarkeit von § 11 auf unbeschränkt Steuerpflichtige iSd § 1 Abs 1 Nr 1-3 nur in beschränktem Umfang eine Rolle spielen. Bei Anwendbarkeit ist zu beachten, dass die Nutzung von Freibeträgen jeweils auf den VZ beschränkt ist. Da der VZ iRd § 11 dem Abwicklungszeitraum entspricht (Rn 130), kann der Freibetrag iRd Liquidation nur einmal in Anspruch genommen werden. Dies gilt nach der hier vertretenen Auffassung (Rn 102) auch dann, wenn es iRd Liquidation zu Folgebesteuerungszeiträumen kommt. Auf Basis der von der Finanzverwaltung vertretenen Gegenauffassung (Rn 102) ist demgegenüber sowohl für den ersten als auch für jeden Folgebesteuerungszeitraum jeweils ein gesonderter Freibetrag zu gewähren.

130 **Entstehung und Festsetzung der Steuer.** Die auf den Abwicklungsgewinn entfallende Steuer entsteht nach allgemeinen Grundsätzen, gem § 30 Nr 3 somit mit Ablauf des VZ. Dieser entspricht dem Besteuerungszeitraum,[1] im Fall der Festsetzung von Vorauszahlungen (Rn 93) entsteht die Steuer gem § 30 Nr 2 mit Beginn des Kalendervierteljahres, in dem die Vorauszahlungen zu entrichten sind. Ein vom Besteuerungszeitraum abweichender Festsetzungszeitraum existiert nicht, da § 7 III 2 iRv § 11 keine Anwendung findet (Rn 109).[2]

131 *Einstweilen frei.*

132 **VII. Abwicklungs-Endvermögen (§ 11 III). 1. Allgemeines.** Abwicklungs-Endvermögen ist das

- zur Verteilung an die Anteilseigner kommende Vermögen (vgl Rn 134 ff),
- vermindert um dem Steuerpflichtigen im Abwicklungszeitraum zugeflossene steuerfreie Vermögensmehrungen (vgl Rn 149).

133 *Einstweilen frei.*

134 **2. Zur Verteilung kommendes Vermögen. Begriff des zur Verteilung kommenden Vermögens.** Das zur Verteilung kommende Vermögen umfasst alle Vermögenswerte, die nach Befriedigung aller Gläubiger zur Auszahlung an die Anteilseigner als Liquidationsüberschuss zur Verfügung stehen.[3]

135 **Offene Abschlagszahlungen.** Ebenfalls zum zur Verteilung kommenden Vermögen gehören vor der abschließenden Verteilung des Liquidationsüberschusses im Abwicklungszeitraum den Anteilseignern als Abschlagszahlungen auf den zu erwartenden Liquidationsüberschuss zugewendete Werte.[4]

136 **Verdeckte Zuwendungen.** Auch verdeckte Zuwendungen, die wirtschaftlich den vGA iSv § 8 III S 2 entsprechen, sind iRd Liquidationsbesteuerung als vorzeitige Vermögensverteilung iSv § 11 III im Abwicklungs-Endvermögen zu berücksichtigen.[5]

---

1 Lenz in Erle/Sauter § 11 Rn 27.
2 AA Micker in H/H/R § 11 Rn 28, der als Festsetzungszeitraum gem § 7 III 2 das Kalenderjahr annimmt, in dem der Abwicklungszeitraum endet.
3 Graffe in D/J/P/W § 11 Rn 25.
4 Graffe in D/J/P/W § 11 Rn 25; Lambrecht in Gosch § 11 Rn 51.
5 Graffe in D/J/P/W § 11 Rn 29; Micker in H/H/R § 11 Rn 44.

VII. Abwicklungs-Endvermögen

Entsprechend der für vGA geltenden Grundsätze sind somit auch Zuwendungen an nahestehende Personen zu berücksichtigen.[1] Nach der Gegenansicht sind derartige verdeckte Zuwendungen an Anteilseigner oder nahestehende Personen nach § 11 VI iVm § 8 III S 2 dem Abwicklungsgewinn hinzuzurechnen.[2] Diese Auffassung verkennt jedoch, dass § 11 III das gesamte zur Verteilung an die Anteilseigner kommende Vermögen erfasst, unabhängig davon, in welcher Form die Verteilung erfolgt.

Gewinnausschüttungen für vor dem Abwicklungszeitraum endende WJ. Vom zur Verteilung kommenden Vermögen iSv § 11 III zu unterscheiden sind Gewinnausschüttungen, die während des Abwicklungszeitraumes für vor dem Abwicklungszeitraum endende WJ vorgenommen werden. Bei diesen Ausschüttungen handelt es sich nicht um Liquidationsraten;[3] derartige Ausschüttungen sind nicht iRd Abwicklungs-Endvermögens zu berücksichtigen, sondern gem § 11 IV S 3 vom Anfangsvermögen abzusetzen (vgl Rn 173).

Firmenwert und andere immaterielle Vermögenswerte. Der Erlös aus der Veräußerung eines Firmenwertes oder anderer immaterieller Wirtschaftsgüter im Abwicklungszeitraum gehört zum Abwicklungs-Endvermögen unabhängig davon, ob es sich um ein entgeltlich erworbenes (derivatives) oder originäres/selbstgeschaffenes Wirtschaftsgut handelt.[4] Wird ein derivativer oder originärer Firmenwert demgegenüber weder veräußert noch iRd Schlussverteilung an die Anteilseigner ausgekehrt, geht er mit dem Ende der Abwicklung unter. Er ist damit im Abwicklungs-Endvermögen nicht anzusetzen;[5] entsprechendes gilt für andere immaterielle Vermögenswerte des Steuerpflichtigen.[6]

Eigene Anteile. Eigene Anteile des Steuerpflichtigen gehen mit Beendigung der Abwicklung unter (zur Qualifikation der eigenen Anteile nach dem BilMoG v 26.5.2009[7] vgl § 8b Rn 274 f). Sie stellen daher keinen zur Verteilung stehenden Wert dar und sind im Abwicklungs-Endvermögen mit 0 EUR anzusetzen.[8] Ein etwaiger hieraus entstehender Abwicklungsverlust iHd Wertansatzes der eigenen Anteile im Abwicklungs-Anfangsvermögen wäre jedoch ein reiner Buchverlust, der als gesellschaftsrechtlich begründeter Vorgang den Abwicklungsgewinn nicht mindern darf.[9] Nach zutreffender Auffassung ist daher der Abwicklungsgewinn durch nachträgliche Zurechnung des Buchwertes der eigenen Anteile zu korrigieren.[10] Nach der Gegen-

137

138

139

---

1 RFH I 266/37, RStBl 1938 630, 631.
2 *Micker* in H/H/R § 11 Rn 52, anders dagegen *derselbe* in Rn 44.
3 BFH I R 233/71, BStBl II 1974, 692; BFH I R 15/98, BFH/NV 1999, 829.
4 *Graffe* in D/J/P/W § 11 Rn 26; *Lambrecht* in Gosch § 11 Rn 52.
5 *Lambrecht* in Gosch § 11 Rn 52. Differenzierend nach derivativem und originärem Firmenwert demgegenüber offenbar *Graffe* in D/J/P/W § 11 Rn 26; bei Berücksichtigung eines iRd Abwicklung nicht verwertbaren derivativen Firmenwertes dürfte allerdings auch ein Ansatz mit 0 EUR als gemeinem Wert zum selben Ergebnis führen, so *Micker* in H/H/R § 11 Rn 45.
6 *Micker* in H/H/R § 11 Rn 45.
7 BGBl I 2009, 1102.
8 RFH I A 242/30, RStBl 1930, 760; *Micker* in H/H/R § 11 Rn 45.
9 RFH I 120/38, RStBl 1939, 923; *Lambrecht* in Gosch § 11 Rn 67; *Holland* in EY § 11 Rn 53. Im Ergebnis ebenso *Frotscher* in Frotscher/Maas § 11 Rn 58, der die Nichtberücksichtigung der Vermögensminderung allerdings nach § 8 III 3 vornehmen will.
10 *Lenz* in Erle/Sauter § 11 Rn 50; *Hofmeister* in Blümich § 11 Rn 53; *Holland* in EY § 11 Rn 53.

auffassung ist demgegenüber die Korrektur in der Form vorzunehmen, dass eigene Anteile auch im Abwicklungs-Anfangsvermögen mit 0 EUR angesetzt werden;[1] in der Bewertungssystematik des § 11 findet dies jedoch keine Grundlage.[2] Materielle Unterschiede ergeben sich aus den beiden Auffassungen nicht.[3]

140 **Rangrücktrittsverbindlichkeiten.** Nach den jeweiligen Liquidationsvorschriften haben die Liquidatoren/Abwickler im Abwicklungszeitraum die Gläubiger des Steuerpflichtigen zu befriedigen (s zB § 268 I AktG, § 70 GmbHG, § 88 GenG iVm § 268 AktG), so dass grundsätzlich im Abwicklungs-Endvermögen Verbindlichkeiten nicht mehr vorhanden sind. Reicht das Vermögen des Steuerpflichtigen zur Erfüllung aller Verbindlichkeiten nicht aus, ist im Regelfall durch die Liquidatoren/Abwickler die Eröffnung des Insolvenzverfahrens wegen Überschuldung zu beantragen (§ 15a InsO). Besonderheiten können sich ergeben, wenn der Steuerpflichtige mit einem Gläubiger einen Rangrücktritt vereinbart hat, nach dem die Verbindlichkeit nur bei ausreichendem Vermögen des Steuerpflichtigen zu erfüllen ist. Derartige Rangrücktrittsvereinbarungen erfolgen häufig zwischen Steuerpflichtigem und Anteilseigner zur Vermeidung einer Überschuldung und der daraus folgenden Insolvenzantragspflicht. Solche Verbindlichkeiten sind bei fehlendem Vermögen des Steuerpflichtigen nicht zu tilgen und bestehen bei Beendigung der Abwicklung fort. Zivilrechtlich ist streitig, ob fortbestehende Verbindlichkeiten mit Beendigung einer Gesellschaft[4] erlöschen[5] oder lediglich nicht mehr durchsetzbar sind.[6] Unabhängig von dieser zivilrechtlichen Streitfrage sind nicht erfüllte Rangrücktrittsverbindlichkeiten in der Liquidationsschlussbilanz zu passivieren und mindern das Abwicklungs-Endvermögen.[7] Selbst wenn mit Erlöschen des Steuerpflichtigen ein Erlöschen der Verbindlichkeit anzunehmen wäre, käme es in der logischen Sekunde des Erlöschens nicht zu einer Erhöhung des Abwicklungsgewinns durch Wegfall der Verbindlichkeit. Denn die Beendigung der Abwicklung und damit der Liquidationsbesteuerungszeitraum gehen dem zivilrechtlichen Erlöschen des Steuerpflichtigen notwendig voraus; entsprechend steht zum Zeitpunkt des Erlöschens das Abwicklungs-Endvermögen bereits fest. Durch das Erlöschen der Verbindlichkeit wegen Wegfalls des Steuerpflichtigen kann daher beim Steuerpflichtigen keine steuerlich relevante Erhöhung des Abwicklungs-Endvermögens mehr entstehen. Zum selben Ergebnis kommen *Seppelt*[8] und *Wälzholz*[9] auf Basis der Überlegung, dass das Körperschaft-

---

1 *Holland* in EY § 11 Rn 53; *Graffe* in D/J/P/W § 11 Rn 31.
2 *Micker* in H/H/R § 11 Rn 45.
3 Für ein entsprechendes Wahlrecht des Steuerpflichtigen bezüglich der technischen Vorgehensweise daher *Lambrecht* in Gosch § 11 Rn 67.
4 Nach der hA vom Doppeltatbestand ist Voraussetzung für die Vollbeendigung einer Gesellschaft ihre Vermögenslosigkeit und die Löschung im Handelsregister, vgl *Bitter* in Scholz § 74 GmbHG Rn 12 ff mwN.
5 KG 22 U 2238/97, NJW-RR 1999, 1206, 1207, OLG Saarbrücken 1 U 796/96, NJW-RR 1998, 1605.
6 *Passarge* in Passarge/Torwegge, Die GmbH in der Liquidation, 2008, Rn 521; *Nerlich* in Michalski § 74 GmbHG Rn 42.
7 *Seppelt*, BB 2010, 1395, 1399.
8 *Seppelt*, BB 2010, 1395, 1399.
9 *Wälzholz*, GmbH-StB 2011, 117, 122, mit der Empfehlung, vorab eine verbindliche Auskunft einzuholen.

VII. Abwicklungs-Endvermögen

steuersubjekt zum Zeitpunkt des zivilrechtlichen Wegfalls der Verbindlichkeit bereits erloschen ist. Anders zu beurteilen sein kann demgegenüber der Verzicht eines Anteilseigners auf eine Forderung iRd Abwicklung (vgl Rn 149).

Einstweilen frei. 141-142

3. Bewertung. Bewertung zum gemeinen Wert. Das Abwicklungs-Endvermögen ist nicht nach den Grundsätzen der §§ 5, 6 EStG zu bewerten, sondern mit dem gemeinen Wert (§ 9 BewG) anzusetzen.[1] Nur so ist sichergestellt, dass entsprechend der Zielsetzung von § 11 sämtliche vorhandenen Vermögenswerte einschließlich stiller Reserven erfasst und der Besteuerung zugeführt werden.[2] 143

Teilwert. Der Teilwert (§ 10 BewG) spielt iRd Bewertung des Abwicklungs-Endvermögens keine Rolle, da er von einer Unternehmensfortführung ausgeht (§ 10 S 3 BewG).[3] 144

Veräußertes Vermögen. Soweit das Vermögen des Steuerpflichtigen iRd Abwicklung entgeltlich veräußert wird, erübrigt sich eine gesonderte Bewertung, da der Verwertungserlös in das Abwicklungs-Endvermögen eingeht. 145

Fälle der Bewertung zum gemeinen Wert. Die Bewertung des Abwicklungs-Endvermögens zum gemeinen Wert (Einzelveräußerungspreis) hat Bedeutung bei Auszahlung von Sachwerten als 146

- offene Auskehrungen an die Anteilseigner iRd abschließenden Verteilung des Liquidationsüberschusses
- Abschlagszahlung auf den zu erwartenden Liquidationsüberschuss
- verdeckte Zuwendungen an die Anteilseigner oder nahestehende Personen.

Die Bewertung zum gemeinen Wert erfolgt auch, wenn die Anteilseigner oder nahestehende Personen Sachwerte entgeltlich vom Steuerpflichtigen zu einem niedrigeren Entgelt erwerben.[4]

Bewertungszeitpunkt. Maßgeblich bei der Bewertung zum gemeinen Wert ist der Zeitpunkt der Übertragung der Sachwerte auf den Anteilseigner bzw die nahestehende Person.[5] 147

Einstweilen frei. 148

4. Steuerfreie Vermögensmehrungen. Steuerfreie Zuflüsse. Zu den vom Abwicklungs-Endvermögen abzusetzenden, dem Steuerpflichtigen während des Abwicklungszeitraumes zugeflossenen steuerfreien Vermögensmehrungen gehören alle aufgrund allgemeiner Bestimmungen steuerfreie Zuflüsse.[6] Hierzu zählen insbesondere steuerfreie Einkünfte nach §§ 3, 3a EStG, § 8b sowie steuerfreie auslän- 149

---

1 RFH I 266/37, RStBl 1938, 630, 631; *Graffe* in D/J/P/W § 11 Rn 25; *Lambrecht* in Gosch § 11 Rn 50.
2 BFH I 246/62 U, BStBl III 1966, 152, 153; BFH I R 120/67, BStBl II 1969, 742, 744; *Graffe* in D/J/P/W § 11 Rn 25; *Lambrecht* in Gosch § 11 Rn 50.
3 *Graffe* in D/J/P/W § 11 Rn 25.
4 BFH I 246/62 U, BStBl III 1966, 152; *Graffe* in D/J/P/W § 11 Rn 25.
5 BFH I R 246/62 U, BStBl III 1966, 152.
6 RFH I Aa 845/28, RStBl 1929, 280; *Lambrecht* in Gosch § 11 Rn 53.

dische Einkünfte nach den Bestimmungen der DBA.¹ Auch Vermögensmehrungen durch den Ansatz von im Abwicklungs-Endvermögen noch vorhandenen Anteilen an Kapitalgesellschaften mit dem gemeinen Wert sind gem § 8b II vom Abwicklungs-Endvermögen abzusetzen.²

150 **Fiktive nichtabzugsfähige Betriebsausgaben gem § 8b III S 1 und V.** Die Absetzung von steuerfreien Einkünften nach § 8b vom Abwicklungs-Endvermögen lässt § 8b III S 1, V unberührt, dh fiktive nichtabziehbare Betriebsausgaben iSd Vorschriften sind im Abwicklungs-Endvermögen zu berücksichtigen.³

151 **Nichtberücksichtigung von Verlusten gem § 8b III S 3 und 4.** Steuerlich nicht zu berücksichtigende Verluste sind auch iRd § 11 unbeachtlich, daher sind Minderungen des Abwicklungs-Endvermögens durch Verluste iSv § 8b III S 3 und 4 nicht zu berücksichtigen.⁴

152 **Einlagen.** Nach verbreiteter Auffassung sind auch Einlagen oder andere durch das Gesellschaftsverhältnis begründete Vermögensmehrungen des Steuerpflichtigen (zB gesellschaftsrechtlich begründete Nachschusspflichten) vom Abwicklungs-Endvermögen abzusetzende steuerfreie Vermögensmehrungen.⁵ Systematisch ist diese Einordnung zweifelhaft, da es sich bei gesellschaftsrechtlich begründeten Vermögensmehrungen nicht um steuerfreie Vermögensmehrungen iSv § 11 III, sondern um nach § 11 VI iVm § 4 I S 1 EStG nicht zum Gewinn gehörende Vermögensmehrungen handeln dürfte, um die der Abwicklungsgewinn iSv § 11 II zu korrigieren wäre.⁶ Zudem führt diese Auslegung zu nicht berechtigten Abwicklungsverlusten (vgl Rn 170).

153 **Forderungsverzicht.** Werden Einlagen oder andere durch das Gesellschaftsverhältnis begründete Vermögensmehrungen dennoch zu den steuerfreien Vermögensmehrungen iSv § 11 III gerechnet, können diese auch einen etwaigen gesellschaftsrechtlich begründeten Forderungsverzicht des Anteilseigners im Abwicklungszeitraum nach den allgemeinen für Einlagen geltenden Grundsätzen umfassen. Der Verzicht kann zu einer Einlage und damit zu einer vom Abwicklungs-Endvermögen abzuziehenden steuerfreien Vermögensmehrung führen. Allerdings ist auch im Anwendungsbereich des § 11 nur der werthaltige Teil der Forderung einlagefähig; iHd nicht werthaltigen Teils kommt es demgegenüber zur das Abwicklungs-Endvermögen erhöhenden Auflösung der Verbindlichkeit.⁷ Diese Behandlung wird mit den Grundsätzen für die Bewertung von Einlagen, die mit dem Teilwert zu bewerten sind, begründet.⁸ Im Bereich des § 11 finden zwar weder die allgemeinen Bewertungsgrundsätze der §§ 5, 6 EStG noch der die Unternehmensfortführung voraussetzende Begriff des Teilwertes nach § 10 BewG Anwendung (vgl Rn 143).⁹ Dies ändert jedoch nichts

---

1 *Graffe* in D/J/P/W § 11 Rn 27; *Lambrecht* in Gosch § 11 Rn 53.
2 *Frotscher* in Frotscher/Maas § 11 Rn 58.
3 *Frotscher* in Frotscher/Maas § 11 Rn 58.
4 *Frotscher* in Frotscher/Maas § 11 Rn 58.
5 *Lambrecht* in Gosch § 11 Rn 53; *Micker* in H/H/R § 11 Rn 47; *Frotscher* in Frotscher/Maas § 11 Rn 59.
6 So wohl auch, allerdings in Zusammenhang mit der Betriebsvermögensfiktion des § 11 V, *Micker* in H/H/R § 11 Rn 54; *Holland* in EY § 11 Rn 48.
7 *Graffe* in D/J/P/W § 11 Rn 28; *Holland* in EY § 11 Rn 54; *Frotscher* in Frotscher/Maas § 11 Rn 59.
8 § 6 I Nr 5 EStG; vgl BFH I B 143/00, BStBl II 2002, 436.
9 Im Zusammenhang mit Forderungsverzichten auch *Seppelt*, BB 2010, 1395, 1399.

an den vom Großen Senat[1] aufgestellten allgemeinen Grundsätzen zu Gesellschaftereinlagen, nach denen eine Einlage die Zuführung eines bewertbaren Vermögenswertes voraussetzt. Die Frage der Einlagefähigkeit eines Vermögensgegenstandes aber ist nicht davon abhängig, ob die Zuführung vor oder während der Abwicklung erfolgt. Auch iRd Bewertung der Gesellschafterforderung zum gemeinen Wert führt der Forderungsverzicht des Gesellschafters daher nur iHd werthaltigen Teils zur Einlage; iHd nicht werthaltigen Teils erhöht sich demgegenüber das für die Ermittlung des Abwicklungsgewinns maßgebliche Abwicklungs-Endvermögen.[2]

Einstweilen frei. **154-155**

VIII. Abwicklungs-Anfangsvermögen (§ 11 IV, V). 1. Begriff des Abwicklungs-Anfangsvermögens. a) Betriebsvermögen bei Veranlagung (§ 11 IV S 1). Definition. Im Regelfall erfolgt in der Auflösung vorangehenden WJ des Steuerpflichtigen eine Veranlagung zur KSt. Für diesen Fall definiert § 11 IV S 1 das für die Liquidationsbesteuerung maßgebliche Abwicklungs-Anfangsvermögen als das am Schluss des der Auflösung vorangegangenen WJ (vgl Rn 157) der Veranlagung zur KSt zugrunde gelegte Betriebsvermögen (vgl Rn 158). **156**

Maßgebliches WJ. Die Bestimmung des maßgeblichen vorangegangenen WJ hängt davon ab, ob die Auflösung zu Beginn eines WJ erfolgt oder während des laufenden Jahres, im letzteren Fall darüber hinaus davon, in welcher Form der Steuerpflichtige von dem ihm von der Finanzverwaltung zugebilligten Wahlrecht zur Bildung eines Rumpf-WJ (vgl Rn 80)[3] ausübt: **157**

- Bei mit dem Kalenderjahr übereinstimmendem WJ und Auflösung zu Beginn eines Kalenderjahres ist das Vorjahr maßgeblich.
- Bei unterjähriger Auflösung ist (sofern zwischen Ablauf des vorangegangenen WJ und Zeitpunkt der Auflösung ein Rumpf-WJ gebildet wird) dieses Rumpf-WJ das WJ iSv § 11 IV S 1.
- Wird dagegen bei unterjähriger Auflösung auf die Bildung eines Rumpf-WJ verzichtet, ist wiederum das Ende des vorangegangenen Kalenderjahres maßgeblich.[4]

Betriebsvermögen. Betriebsvermögen iSv § 11 VI S 1 ist das zum Schluss des maßgeblichen WJ iRd Steuerbilanz ermittelte und der Veranlagung tatsächlich zugrunde gelegte Betriebsvermögen. Maßgeblich sind demnach die nach den anwendbaren steuerlichen Bewertungsvorschriften der §§ 6 ff EStG in der Steuerbilanz angesetzten Buchwerte.[5] Durch den Ansatz dieser der vorangegangenen Veranlagung zugrunde gelegten Buchwerte bei der Ermittlung des Abwicklungs-Anfangsvermögens im Gegensatz zum Ansatz der gemeinen Werte bei Ermittlung des Abwicklungs-Endvermögens werden die im Betriebsvermögen enthaltenen stillen Reserven bei Ermittlung des Abwicklungsgewinns entsprechend der Zielsetzung des § 11 erfasst und der Besteuerung unterworfen. **158**

---

1 BFH GrS 1/94, BStBl II 1998, 307.
2 *Graffe* in D/J/P/W § 11 Rn 28; *Holland* in EY § 11 Rn 54.
3 R 51 I S 3 KStR.
4 *Graffe* in D/J/P/W § 11 Rn 33; *Holland* in EY § 11 Rn 44.
5 RFH I Aa 845/28, RStBl 1929, 280; *Frotscher* in Frotscher/Maas § 11 Rn 60; *Graffe* in D/J/P/W § 11 Rn 30; *Lambrecht* in Gosch § 11 Rn 60; *Micker* in H/H/R § 11 Rn 50.

159 **Bilanzierungsfehler.** Streitig ist die Behandlung von etwaigen Bilanzierungsfehlern in der am Schluss des der Auflösung vorangegangenen WJ der Veranlagung zur KSt zugrunde gelegten Bilanz. Nach einer Auffassung sind Fehler der Bilanz nach allgemeinen Bilanzierungsgrundsätzen zu berichtigen und ggf iRd Abwicklungsbesteuerung ein Fehlerausgleich vorzunehmen, um eine zutreffende Erfassung des im Zeitraum der Abwicklung erzielten Gewinns sicherzustellen.[1] Nach der Gegenauffassung ist demgegenüber stets vorrangig der Bilanzzusammenhang zu beachten. Danach ist stets die in der Auflösung vorangegangenen WJ der Veranlagung zur KSt zugrunde gelegte Bilanz maßgeblich; eine Berichtigung von Bilanzierungsfehlern iRd Ermittlung des Abwicklungs-Anfangsvermögens kommt danach nicht in Betracht.[2] Richtigerweise werden fehlerhafte Bilanzansätze grundsätzlich an der Fehlerquelle richtigzustellen sein, also in der Bilanz, die im der Auflösung vorangegangenen WJ der Veranlagung zur KSt zugrunde gelegt wurde. Ist deren Berichtigung nach § 4 II S 1 EStG oder Änderung nach § 4 II S 2 EStG nicht mehr möglich, kommt auch eine Berichtigung von Wertansätzen des Abwicklungs-Anfangsvermögens nicht mehr in Betracht, da nach § 11 IV S 1 das für die Liquidationsbesteuerung maßgebliche Abwicklungs-Anfangsvermögen dem Schluss des der Auflösung vorangegangenen WJ der Veranlagung zur KSt zugrunde gelegten Betriebsvermögen entspricht.[3]

160 *Einstweilen frei.*

161 **b) Betriebsvermögen bei fehlender Veranlagung (§ 11 IV S 2). Grundsatz.** Für den Fall, dass in der Auflösung vorangehenden WJ des Steuerpflichtigen eine Veranlagung zur KSt nicht erfolgt ist, muss an Stelle des Betriebsvermögens nach § 11 IV S 1 als Abwicklungs-Anfangsvermögen gem § 11 IV S 2 dasjenige Betriebsvermögen angesetzt werden, das iRe Veranlagung dieser zugrunde zu legen gewesen wäre.

162 **Anwendungsfälle.** Denkbare Anwendungsfälle der Vorschrift sind Geringfügigkeitsfälle nach § 156 AO (vgl R 79 I KStR)[4] oder eine für das maßgebliche WJ bereits eingetretene Festsetzungsverjährung.[5]

163 **Verlust.** Eine bloße Verlustsituation des Steuerpflichtigen ist demgegenüber grundsätzlich kein Anwendungsfall des § 11 VI S 2, da auch in diesem Fall wegen der Verlustvortrags- und -rücktragsmöglichkeiten grundsätzlich eine Veranlagung zu erfolgen hat.[6]

164 **Ermittlung, Schätzung.** Der in den Fällen des § 11 VI S 2 vorzunehmende Betriebsvermögensansatz ist aus der letzten einer Veranlagung zugrunde gelegten Steuerbilanz fortzuentwickeln. In Fällen, in denen bislang keine Veranlagung erfolgt ist, ist er erforderlichenfalls zu schätzen.[7]

165 *Einstweilen frei.*

---

1 *Lambrecht* in Gosch § 11 Rn 61; grundsätzlich ebenso, allerdings differenzierend *Micker* in H/H/R § 11 Rn 50.
2 *Graffe* in D/J/P/W § 11 Rn 30; *Frotscher* in Frotscher/Maas § 11 Rn 60.
3 *Micker* in H/H/R § 11 Rn 50.
4 *Graffe* in D/J/P/W § 11 Rn 32; *Holland* in EY § 11 Rn 45; *Hofmeister* in Blümich § 11 Rn 61.
5 *Micker* in H/H/R § 11 Rn 51; *Frotscher* in Frotscher/Maas § 11 Rn 61.
6 *Micker* in H/H/R § 11 Rn 51; *Graffe* in D/J/P/W § 11 Rn 32.
7 *Hofmeister* in Blümich § 11 Rn 61.

c) **Fehlendes Betriebsvermögen (§ 11 V). Fiktion des maßgeblichen Abwicklungs-Anfangsvermögen.** Ist am Schluss des dem Abwicklungszeitraum vorangegangenen VZ Betriebsvermögen des Steuerpflichtigen nicht vorhanden, fingiert § 11 V als maßgebliches Abwicklungs-Anfangsvermögen die Summe der später geleisteten Einlagen. 166

Neugründung. Hauptanwendungsfall des § 11 V sind neugegründete Kapitalgesellschaften, die bereits im ersten WJ wieder aufgelöst werden und für die Zeit zwischen Gründung und Auflösungszeitpunkt kein Rumpf-WJ bilden (vgl Rn 80). 167

Zweck. Zweck des § 11 V soll die Sicherstellung sein, dass bei einer zu Beginn des Liquidationsbesteuerungszeitraums vermögenslosen Gesellschaft durch Gesellschaftereinlagen eintretende Vermögensmehrungen nicht in den Abwicklungsgewinn einbezogen werden.[1] Die Vorschrift hat allerdings keinen eigenständigen Regelungsgehalt, da bereits nach dem über § 11 VI anwendbaren § 4 I S 1 EStG Einlagen nicht zu steuerlichen Gewinn gehören können. Dh auch ohne die Fiktion des § 11 V wäre ein Abwicklungs-Anfangsvermögen von 0 EUR anzusetzen, da über § 11 VI iVm § 4 I S 1 das Abwicklungs-Endvermögen um die Einlagen zu kürzen wäre.[2] 168

Einlagen. Einlagen iSv § 11 V sind sämtliche durch das Gesellschaftsverhältnis begründete Leistungen der Anteilseigner an den Steuerpflichtigen. Unerheblich ist, ob es sich hierbei um Einlagen auf das gezeichnete Kapital, Aufgeld, gesellschaftsrechtlich begründete Nachschusspflichten oder verdeckte Einlagen handelt.[3] Gleichgültig ist, ob es sich um Geld- oder Sacheinlagen handelt.[4] 169

Einlagen keine steuerfreie Vermögensmehrungen iSv § 11 III. Zählt man einer verbreiteten Auffassung folgend Einlagen zu den steuerfreien Vermögensmehrungen iSv § 11 III (vgl Rn 149), ergibt sich im Anwendungsbereich von § 11 V ein Widerspruch zu § 11 III. Da nach dieser Auffassung im Abwicklungszeitraum geleistete Einlagen vom Abwicklungs-Endvermögen nach § 11 III zu kürzen sind, entstünde ein fiktiver Abwicklungsverlust. Daher ist das Abwicklungs-Endvermögen nicht nach § 11 III um Einlagen zu mindern, sondern der Abwicklungsgewinn nach § 11 VI iVm § 4 I S 1 EStG um Einlagen zu korrigieren. 170

Einstweilen frei. 171-172

2. Kürzung um Ausschüttungen für Vorjahre (§ 11 IV S 3). Grundsatz. Werden während des Abwicklungszeitraums Gewinnausschüttungen für vor der Auflösung endende Wirtschaftsjahre vorgenommen, sind diese vom Abwicklungs-Anfangsvermögen abzusetzen. Derartige Gewinnausschüttungen sind rechtlich nach Ablauf des Sperrjahres (§ 272 I AktG, § 73 I GmbHG, § 90 I GenG) zulässig, werden jedoch nicht als Verteilung des Liquidationsüberschusses angesehen[5] und gehören daher nicht zum zur Verteilung kommenden Vermögen iSv § 11 III. 173

---

1 *Frotscher* in Frotscher/Maas § 11 Rn 65; *Graffe* in D/J/P/W § 11 Rn 35.
2 *Micker* in H/H/R § 11 Rn 54; *Holland* in EY § 11 Rn 48.
3 *Frotscher* in Frotscher/Maas § 11 Rn 65; *Graffe* in D/J/P/W § 11 Rn 35; *Lambrecht* in Gosch § 11 Rn 71.
4 *Frotscher* in Frotscher/Maas § 11 Rn 65; *Lambrecht* in Gosch § 11 Rn 71.
5 BFH I R 233/71, BStBl II 1974, 692; BFH I R 15/98, BFH/NV 1999, 829.

174	**Zweck.** § 11 IV S 3 soll durch den Abzug dieser Ausschüttungen vom Abwicklungs-Anfangsvermögen sicherstellen, dass die von der Vorschrift erfassten ausschüttungsbedingten Vermögensminderungen nicht den Abwicklungsgewinn mindern.[1]
175	**Vereinfachungsvorschrift.** Teilweise wird angenommen, dass auch ohne entsprechende Vorschrift eine Abwicklungsgewinnminderung über die Anwendung von § 11 VI iVm § 8 III S 1 zu korrigieren wäre;[2] Insoweit wird § 11 IV S 3 als Vereinfachungsvorschrift angesehen, die über die Korrektur des Abwicklungs-Anfangsvermögens eine nachfolgende Hinzurechnung entbehrlich macht.[3]
176	**Vorrangegangene WJ.** Vorangegangene WJ iSv § 11 IV S 3 sind alle WJ, die vor dem Auflösungszeitpunkt enden. Grundsätzlich gehört hierzu bei unterjähriger Auflösung auch das Rumpf-WJ in der Zeit zwischen Ende des letzten WJ und Auflösungszeitpunkt.[4] Hat der Steuerpflichtige dagegen iRd ihm von der Verwaltung eingeräumten Wahlrechts (R 51 I S 3 KStR, s Rn 80) auf die Bildung eines Rumpf-WJ verzichtet, wird das Ergebnis in der Zeit zwischen Ende des letzten WJ und Auflösungszeitpunkt steuerlich in den Abwicklungszeitraum einbezogen. In diesem Fall ist auf die Ausschüttung des Ergebnisses für diesen Zeitraum § 11 IV S 3 nicht anzuwenden; die Ausschüttung ist vielmehr steuerlich abweichend vom Handelsrecht eine Liquidationsausschüttung und der Ausschüttungsbetrag im Abwicklungs-Endvermögen nach § 11 III zu erfassen.[5]
177	**Unzulässige Gewinnausschüttungen vor Ablauf des Sperrjahres.** Auch vor Ablauf des Sperrjahres vorgenommene und damit gesellschaftsrechtlich unzulässige Gewinnausschüttungen für WJ vor der Auflösung unterfallen § 11 IV S 3.[6] Demgegenüber sind verdeckte Vermögenszuwendungen an Anteilseigner keine Ausschüttungen iSv § 11 IV S 3, sondern im Abwicklungs-Endvermögen nach § 11 III zu erfassende Liquidationsausschüttungen (vgl Rn 136).
178-179	*Einstweilen frei.*
180	**IX. Liquidation und ertragsteuerliche Organschaft. 1. Liquidation der Organgesellschaft. a) Auswirkung auf den Gewinnabführungsvertrag. Zivilrechtliche Auffassung.** Nach der inzwischen ganz herrschenden und mE zutreffenden Auffassung in der gesellschaftsrechtlichen Literatur endet ein Beherrschungs- und Gewinnabführungsvertrag bei Liquidation der Organgesellschaft kraft Gesetzes, ohne dass es einer Kündigung oder Aufhebung bedarf.[7] Begründet wird die automatische Beendigung des Vertrages damit, dass sich mit dem Eintritt in die Liquidation der Zweck der Gesellschaft ändert und der geänderte Zweck mit dem

---

1 *Micker* in H/H/R § 11 Rn 52.
2 *Frotscher* in Frotscher/Maas § 11 Rn 63; *Micker* in H/H/R § 11 Rn 52.
3 *Micker* in H/H/R § 11 Rn 52.
4 BFH I R 233/71, BStBl II 1974, 692; *Frotscher* in Frotscher/Maas § 11 Rn 62; *Graffe* in D/J/P/W § 11 Rn 33.
5 *Micker* in H/H/R § 11 Rn 52.
6 BFH I R 9/72, BStBl II 1974, 14; *Micker* in H/H/R § 11 Rn 52; *Lenz* in Erle/Sauter § 11 Rn 56.
7 *Hüffer*, § 297 AktG, Rn 22; *Lutter* in Lutter/Hommelhoff Anh zu § 13 GmbHG Rn 84; *Servatius* in Michalski, GmbHG, Systematische Darstellung 4, Rn 242; *Paschos* in Hensseler/Strohn, § 298 AktG Rn 13; *Krieger* in Münchener Handbuch des Gesellschaftsrechts AG § 70 Rn 172; *Altmeppen* in MüKo AktG § 297 AktG Rn 122; *Veil* in Spindler/Stilz § 297 AktG Rn 40; *Langenbucher* in Schmidt/Lutter § 297 AktG Rn 31.

Wesen eines Beherrschungs- und Gewinnabführungsvertrages nicht vereinbar ist. Zum Sonderfall der Auflösung einer Gesellschaft durch Insolvenz hat der BGH[1] zur damaligen Konkursordnung ebenfalls die Beendigung des Vertrages kraft Gesetzes angenommen. Auf Basis der herrschenden zivilrechtlichen Auffassung würden mit dem Auflösungszeitpunkt der Gewinnabführungsvertrag und damit auch die ertragsteuerliche Organschaft enden. Der sich aus der Schlussbilanz der werbenden Gesellschaft ergebende Gewinn wäre noch an den Organträger abzuführen bzw der diesbezügliche Verlust vom Organträger auszugleichen.

Steuerrechtliche Auffassung. Die ältere gesellschaftsrechtliche Literatur nahm demgegenüber überwiegend an, dass ein Beherrschungs- und Gewinnabführungsvertrag bei Liquidation der Organgesellschaft grundsätzlich fortbesteht. Da die Liquidation nicht zur Beendigung der juristischen Existenz der Gesellschaft führt, bestehen nach dieser Auffassung Verträge der Gesellschaft einschließlich Unternehmensverträge iRd Liquidation zunächst fort.[2] Die Liquidation der Organgesellschaft gibt lediglich ein Recht zur außerordentlichen Kündigung des Vertrages aus wichtigem Grund. Dieser älteren zivilrechtlichen Auffassung haben sich der BFH in einer Entscheidung aus dem Jahr 1967[3] sowie die Finanzverwaltung[4] angeschlossen. Die steuerrechtliche Literatur folgt dem überwiegend.[5] Erfolgt eine Kündigung des Vertrages nicht, bleibt der Vertrag in Kraft und auch die ertragsteuerliche Organschaft besteht grundsätzlich fort.[6]

181

Einstweilen frei. 182

Einstweilen frei. 183

b) Einkommenszurechnung. Steuerliche Erfassung bei der Organgesellschaft. 184
Der BFH[7], die Finanzverwaltung[8] und die überwiegende steuerrechtliche Literatur[9] gehen allerdings davon aus, dass der Abwicklungsgewinn und -verlust nicht der Gewinnabführung bzw dem Verlustausgleich unter dem Gewinnabführungsvertrag unterliegen. Entsprechend ist nach dieser Auffassung auch der Abwicklungsgewinn bzw Abwicklungsverlust nicht in die Organschaft einzubeziehen, sondern auf Ebene der Organgesellschaft zu versteuern.[10] Damit aber fällt das in der Abwicklung erzielte Ergebnis der Organgesellschaft unabhängig von der zivilrechtlichen Frage einer Beendigung des Gewinnabführungsvertrages durch die Auflösung nicht mehr in die Organschaft.

---

1 BGH II ZR 170/87, NJW 1988, 1326.
2 *Koppensteiner* in Kölner Kommentar AktG § 297 AktG Rn 26; *Karsten Schmidt*, ZGR 1983, 513, 528 ff; *Meister*, WM 1976, 1182, 1186; *Acher*, Vertragskonzern und Insolvenz, 1987, S 122.
3 BFH I 262/63, BStBl II 1968, 105, 106.
4 R 60 VI KStR.
5 *Dötsch* in D/J/P/W § 14 Rn 252; *Neumann* in Gosch § 14 Rn 299; zu Recht kritisch gegenüber dieser unreflektierten Übernahme *Bahns/Graw*, DB 2008, 1645, 1650.
6 BFH I 262/63, BStBl II 1968, 105, 106; *Dötsch* in D/J/P/W § 14 Rn 252; *Neumann* in Gosch § 14 Rn 299.
7 BFH I 262/63, BStBl II 1968, 105, 106.
8 R 60 VI KStR.
9 *Dötsch* in D/J/P/W § 14 Rn 252; *Neumann* in Gosch § 14 Rn 299; *Frotscher* in Frotscher/Maas § 14 Rn 462; aA *Bahns/Graw*, DB 2008, 1645, 1650.
10 BFH I 262/63, BStBl II 1968, 105, 106; *Dötsch* in D/J/P/W § 14 Rn 252; *Neumann* in Gosch § 14 Rn 299.

185	**Bildung eines Rumpf-WJ.** Über die Entscheidung zur Bildung eines Rumpf-WJ besteht aber in der Praxis auch das Wahlrecht, das Ergebnis der Organgesellschaft zwischen Ende des letzten WJ und Auflösungszeitpunkt in die Organschaft oder die Liquidationsbesteuerung einzubeziehen.[1] Hat die Organgesellschaft iRd von der Finanzverwaltung eingeräumten Wahlrechts (R 51 I S 3 KStR, s Rn 80) auf die Bildung eines Rumpf-WJ verzichtet, ist ihr Ergebnis zwischen dem Schluss des vorangegangenen WJ bis zum Auflösungszeitpunkt nicht in die Organschaft einzubeziehen.[2] Bildet die Organgesellschaft demgegenüber ein entsprechendes Rumpf-WJ, ist das Ergebnis dieses Rumpf-WJ iRd Organschaft noch dem Organträger zuzurechnen (sa § 14 Rn 425).[3]
186	**Abführung eines handelsrechtlichen Gewinns.** Verzichtet eine Organgesellschaft auf die Bildung eines Rumpf-WJ, so ist die tatsächliche Abführung des Gewinns des handelsrechtlich zu bildenden Rumpfgeschäftsjahres durch die Organgesellschaft iRd Liquidationsbesteuerung als vorzeitige Vermögensverteilung iSv § 11 III im Abwicklungs-Endvermögen zu berücksichtigen. Da der Gewinnabführungsvertrag zivilrechtlich bis zum Auflösungszeitpunkt fortbesteht, ist er für die Zeit zwischen dem Schluss des vorangegangenen WJ bis zum Auflösungszeitpunkt zivilrechtlich durchzuführen. Unterbleibt die Durchführung für den Zeitraum zwischen dem Schluss des vorangegangenen WJ bis zum Auflösungszeitpunkt, hat dies mE bei steuerlichem Verzicht auf die Bildung eines Rumpf-WJ auch dann keine Auswirkung auf die Anerkennung der Organschaft, wenn der Vertrag zum Schluss des vorangegangenen WJ noch keine fünf Jahre bestanden hat. Ein Verstoß gegen die ertragsteuerliche Pflicht zur Durchführung des Vertrages nach § 14 I Nr 3 S 1 kann nur dann schädlich für die Anerkennung der Organschaft sein, wenn sich der Verstoß auf den Zeitraum der Organschaft bezieht. Allerdings ist die Frage durch die Rechtsprechung bislang nicht entschieden.
187-188	*Einstweilen frei.*
189	**2. Liquidation des Organträgers. Auswirkungen auf den Gewinnabführungsvertrag.** Die Mehrzahl der Vertreter der hA der gesellschaftsrechtlichen Literatur (vgl Rn 180) differenziert bei der Beurteilung der Auswirkungen einer Liquidation auf Beherrschungs- oder Gewinnabführungsverträge nicht danach, welche der Vertragsparteien aufgelöst wird. Auf Basis dieser mE zutreffenden Auffassung enden demnach auch bei Auflösung des Organträgers ein bestehender Gewinnabführungsvertrag kraft Gesetzes und damit die ertragsteuerliche Organschaft. Die ältere zivilrechtliche Literatur, der BFH, die Finanzverwaltung und die überwiegende steuerrechtliche Literatur nehmen demgegenüber ein Fortbestehen des Vertrages an, sofern nicht eine Kündigung erfolgt (vgl Rn 181).
190	**Eigenschaft als Organträger.** Umstritten sind die sich ergebenden ertragsteuerlichen Folgen aus der Liquidation des Organträgers. Nach der wohl hA verliert der Organträger m seiner Auflösung die Eigenschaft als gewerbliches

---

1 Micker in H/H/R § 11 Rn 61.
2 Dötsch in D/J/P/W § 14 Rn 252.
3 Frotscher in Frotscher/Maas § 11 Rn 69; Micker in H/H/R § 11 Rn 61.

Unternehmen iSv § 14 I S 1 und damit die Eignung als Organträger.[1] Lediglich vereinzelt wird demgegenüber die Gegenauffassung vertreten, wonach die Auflösung die Eigenschaft des Organträgers als gewerbliches Unternehmen iSv § 14 unberührt lässt.[2] Nach der hier vertretenen Auffassung endet bei Auflösung des Organträgers ein bestehender Gewinnabführungsvertrag kraft Gesetzes, womit auch die Organschaft ihr Ende findet und es auf die Eignung einer Liquidationsgesellschaft als Organträger nicht mehr ankommt. Zum Meinungsstand sa § 14 Rn 593 ff.

Rückwirkung auf den Beginn des WJ. Anders als bei der Auflösung der Organgesellschaft wirkt die Beendigung nach § 14 I Nr 3 S 3 in jedem Fall auf den Beginn des im Zeitpunkt der Auflösung laufenden WJ der Organgesellschaft zurück. 191

Einstweilen frei. 192-193

X. Insolvenzverfahren (§ 11 VII). Zivilrecht. Die Eröffnung des Insolvenzverfahrens über das Vermögen einer § 11 unterfallenden Körperschaft führt regelmäßig zur Auflösung der Körperschaft (für Körperschaften deutscher Rechtsform §§ 262 I Nr 3 AktG, 60 I Nr 4 GmbHG, 101 GenG, 42 Nr 3 VAG, 113 II Nr 3 iVm 42 Nr 3 VAG). Eine Abwicklung erfolgt jedoch nicht (§§ 264 I AktG, 66 I GmbHG); an die Stelle der Abwicklung tritt das Insolvenzverfahren unter Berücksichtigung der für die jeweilige Rechtsform geltenden Sondervorschriften. 194

Sinngemäße Anwendung der § 11 I-VI. § 11 VII ordnet für diesen Fall die sinngemäße Anwendung von § 11 I-VI an. 195

Erfordernis der Abwicklung. Auch für die entsprechende Anwendung von § 11 I-VI nach § 11 VII reicht dabei die durch die Insolvenzeröffnung eintretende Auflösung allein nicht aus, hinzutreten muss die Abwicklung des Unternehmens (vgl Rn 34 ff) durch den Insolvenzverwalter.[3] Führt der Insolvenzverwalter das Unternehmen zunächst fort, beginnt der Abwicklungszeitraum und damit die Anwendung von § 11 erst mit der späteren tatsächlichen Abwicklung.[4] 196

Unternehmensstilllegung. Umgekehrt findet § 11 VII bei einer Unternehmensstilllegung nach § 22 I Nr 2 InsO durch den vorläufigen Insolvenzverwalter vor Eröffnung des Insolvenzverfahrens keine Anwendung, da § 11 VII die Verfahrenseröffnung voraussetzt.[5] 197

Beendigung des Insolvenzverfahrens als Ende des Abwicklungszeitraums. Der Abwicklungszeitraum endet im Regelfall m Beendigung des Insolvenzverfahrens, da regelmäßig nach der Vermögensverteilung an die Gläubiger keine Fortführung des Unternehmens erfolgt und auch weitere Abwicklungsmaßnahmen nicht erforderlich sind. Für steuerliche Zwecke sind das Insolvenzverfahren und damit die 198

---

1 *Micker* in H/H/R § 11 Rn 61; *Frotscher* in Frotscher/Maas § 11 Rn 69.
2 *Neumann* in Gosch § 14 Rn 299.
3 *Hofmeister* in Blümich § 11 Rn 90; *Lambrecht* in Gosch § 11 Rn 83.
4 RFH I 44/40, RStBl 1940, 715, 716; *Hofmeister* in Blümich § 11 Rn 80; *Lambrecht* in Gosch § 11 Rn 83.
5 *Hofmeister* in Blümich § 11 Rn 90.

Abwicklung in diesen Fällen bereits dann beendet, wenn dem förmlichen Abschluss des Insolvenzverfahrens lediglich entgegensteht, dass die Höhe der festzusetzenden Steuern nicht feststeht.[1]

199 **Abwicklungsmaßnahmen nach Abschluss des Insolvenzverfahrens.** Sind nach Abschluss des Insolvenzverfahrens ausnahmsweise weitere Abwicklungsmaßnahmen erforderlich, findet § 11 im Anschluss an das Insolvenzverfahren über § 11 I weiter Anwendung.

200 **Einstellung oder Aufhebung des Insolvenzverfahrens.** Wird nach Einstellung des Insolvenzverfahrens (§§ 112, 113 InsO) die Fortsetzung des Steuerpflichtigen beschlossen (§ 274 II Nr 1 AktG, § 60 I Nr 4 GmbHG, § 117 I GenG, § 49 II VAG), endet die Liquidationsbesteuerung und es finden wieder die allgemeinen Besteuerungsgrundsätze Anwendung.[2] Dies gilt auch im Fall eines bestätigten Insolvenzplanes nach §§ 217 ff InsO. Nach rechtskräftiger Bestätigung des Insolvenzplans erfolgt die Aufhebung des Insolvenzverfahrens (§ 258 I InsO); danach kann die Fortsetzung des Steuerpflichtigen beschlossen werden (§ 274 II Nr 1 AktG, § 60 I Nr 4 GmbHG, § 117 I GenG, § 49 II VAG), was die Anwendbarkeit der allgemeinen Besteuerungsgrundsätze zur Folge hat.[3]

201 *Einstweilen frei.*

---

1 RFH I 44/40, RStBl 1940, 715, 716; *Lambrecht* in Gosch § 11 Rn 83; *Holland* in EY § 11 Rn 76.
2 *Hofmeister* in Blümich § 11 Rn 92; *Holland* in EY § 11 Rn 77.
3 *Lenz* in Erle/Sauter § 11 Rn 67; *Holland* in EY § 11 Rn 77.

§ 12 Verlust oder Beschränkung des Besteuerungsrechts der Bundesrepublik Deutschland

(1) ¹Wird bei der Körperschaft, Personenvereinigung oder Vermögensmasse das Besteuerungsrecht der Bundesrepublik Deutschland hinsichtlich des Gewinns aus der Veräußerung oder der Nutzung eines Wirtschaftsguts ausgeschlossen oder beschränkt, gilt dies als Veräußerung oder Überlassung des Wirtschaftsguts zum gemeinen Wert; § 4 Absatz 1 Satz 5, § 4g und § 15 Abs. 1a des Einkommensteuergesetzes gelten entsprechend. ²Ein Ausschluss oder eine Beschränkung des Besteuerungsrechts hinsichtlich des Gewinns aus der Veräußerung eines Wirtschaftsguts liegt insbesondere vor, wenn ein bisher einer inländischen Betriebsstätte einer Körperschaft, Personenvereinigung oder Vermögensmasse zuzuordnendes Wirtschaftsgut einer ausländischen Betriebsstätte dieser Körperschaft, Personenvereinigung oder Vermögensmasse zuzuordnen ist.

(2) ¹Wird das Vermögen einer beschränkt steuerpflichtigen Körperschaft, Personenvereinigung oder Vermögensmasse als Ganzes auf eine andere Körperschaft desselben ausländischen Staates durch einen Vorgang übertragen, der einer Verschmelzung im Sinne des § 2 des Umwandlungsgesetzes vom 28. Oktober 1994 (BGBl. I S. 3210, 1995 I S. 428), das zuletzt durch Artikel 10 des Gesetzes vom 9. Dezember 2004 (BGBl. I S. 3214) geändert worden ist, in der jeweils geltenden Fassung vergleichbar ist, sind die übergehenden Wirtschaftsgüter abweichend von Absatz 1 mit dem Buchwert anzusetzen, soweit

1. sichergestellt ist, dass sie später bei der übernehmenden Körperschaft der Besteuerung mit Körperschaftsteuer unterliegen,
2. das Recht der Bundesrepublik Deutschland hinsichtlich der Besteuerung der übertragenen Wirtschaftsgüter bei der übernehmenden Körperschaft nicht beschränkt wird,
3. eine Gegenleistung nicht gewährt wird oder in Gesellschaftsrechten besteht und
4. wenn der übernehmende und der übertragende Rechtsträger nicht die Voraussetzungen des § 1 Abs. 2 Satz 1 und 2 des Umwandlungssteuergesetzes vom 7. Dezember 2006 (BGBl. I S. 2782, 2791) in der jeweils geltenden Fassung erfüllen.

²Wird das Vermögen einer Körperschaft durch einen Vorgang im Sinne des Satzes 1 auf eine andere Körperschaft übertragen, gilt § 13 des Umwandlungssteuergesetzes für die Besteuerung der Anteilseigner der übertragenden Körperschaft entsprechend.

(3) ¹Verlegt eine Körperschaft, Vermögensmasse oder Personenvereinigung ihre Geschäftsleitung oder ihren Sitz und scheidet sie dadurch aus der unbeschränkten Steuerpflicht in einem Mitgliedstaat der Europäischen Union oder einem Staat aus, auf den das Abkommen über den Europäischen Wirtschaftsraum Anwendung findet, gilt sie als aufgelöst, und § 11 ist entsprechend anzuwenden. ²Gleiches gilt, wenn die Körperschaft, Vermögensmasse oder Personenvereinigung auf Grund eines Abkommens zur Vermeidung der Doppelbesteuerung infolge der Verlegung ihres Sitzes oder ihrer Geschäftsleitung als außerhalb des Hoheitsgebietes der in Satz 1 genannten Staaten ansässig anzusehen ist. ³An die Stelle des zur Verteilung kommenden Vermögens tritt der gemeine Wert des vorhandenen Vermögens.

Übersicht

	Rn
I. Regelungsgehalt der Norm	1 – 2
II. Rechtsentwicklung	3 – 4
III. Zeitlicher Anwendungsbereich	5 – 7
IV. Allgemeine Entstrickungsvorschrift (§ 12 I)	8 – 183

1. Normzweck	8 – 22
a) Steuerentstrickung als Rechtsgrundsatz	8 – 11
b) § 12 I im System des Körperschaftsteuerrechts	12 – 18
c) Kritik	19 – 20
d) Rechtfertigung	21 – 22
2. Persönlicher Anwendungsbereich	23 – 26
3. Sachlicher Anwendungsbereich	27 – 34
4. Verhältnis zu anderen Vorschriften	35 – 77
a) EStG	35 – 46
b) KStG	47 – 53
c) AStG	54 – 59
d) UmwStG	60 – 61
e) GewStG	62 – 63
f) InvStG	64 – 65
g) Verfassungsrecht	66 – 67
e) EU-Recht	68 – 73
h) Diskriminierungsverbote in den DBA	74 – 77
5. Ausschluss oder Beschränkung des Besteuerungsrechts	78 – 113
a) Allgemeines	78 – 90
b) Bestehen eines Besteuerungsrechts aus der Veräußerung	91 – 99
c) Bezugspunkt des Besteuerungsrechts	100 – 103
d) Ausschluss des Besteuerungsrechts	104 – 110
e) Beschränkung des Besteuerungsrechts	111 – 113
6. Fallgruppen	114 – 154
a) Grenzüberschreitende Überführung eines Wirtschaftsguts	114 – 125
b) Wegzug	126 – 138
c) Weitere Fallgruppen	139 – 145
d) Nutzungsentstrickung	146 – 154
7. Rechtsfolgen	155 – 181
a) Entstrickung von Wirtschaftsgütern und Nutzungen	155 – 165
b) Ausgleichsposten gem § 4g EStG	166 – 181
8. Verstrickung	182 – 183
V. Verschmelzungen in Drittstaaten (§ 12 II)	184 – 240
1. Allgemeines	184 – 188
2. Ebene der Körperschaft (§ 12 II S 1)	189 – 216
a) Persönlicher Anwendungsbereich	189 – 194

b) Sachlicher Anwendungsbereich	195 – 204
c) Verhältnis zu anderen Vorschriften	205 – 208
d) Rechtsfolgen	209 – 216
3. Steuerneutraler Anteilsaustausch auf Ebene des Anteilseigners (§ 12 II S 2)	217 – 240
a) Funktion	217 – 218
b) Persönlicher Anwendungsbereich	219 – 221
c) Sachlicher Anwendungsbereich	222 – 231
d) Verhältnis zu anderen Vorschriften	232 – 236
e) Rechtsfolgen	237 – 240
VI. Verlegung von Sitz oder Geschäftsleitung in einen Nicht-EU- bzw EWR-Staat (§ 12 III)	241 – 302
1. Allgemeines	241 – 244
2. Persönlicher Anwendungsbereich	245 – 251
3. Sachlicher Anwendungsbereich	252 – 270
a) § 12 III S 1	252 – 255
b) Gesellschaftsrechtliche Grundlagen	256 – 265
c) § 12 III S 2	266 – 270
4. Verhältnis zu anderen Vorschriften	271 – 279
5. Rechtsfolgen	280 – 302
a) Auf Ebene der Körperschaft	280 – 293
b) Auf Ebene des Anteilseigners	294 – 302

I. Regelungsgehalt der Norm.

§ 12 umfasst drei Absätze mit einem voneinander unabhängigen und zu unterscheidenden Regelungsgehalt. Mit Inkrafttreten von § 12 I idFd des SEStEG v 7.12.2006[1] hat der deutsche Gesetzgeber versucht, eine allgemeine körperschaftsteuerrechtliche Entstrickungsvorschrift zu schaffen. Wird das Besteuerungsrecht Deutschlands hinsichtlich des Gewinns aus der Veräußerung oder der Nutzung eines Wirtschaftsguts ausgeschlossen oder beschränkt, so sollen die in dem Wirtschaftsgut enthaltenen stillen Reserven aufgedeckt werden bzw die Überlassung des Wirtschaftsguts ist mit dem gemeinen Wert anzusetzen.

§ 12 II ermöglicht für Vorgänge in Drittstaaten, die im Wesentlichen einer Verschmelzung iSd § 2 UmwG gleichen, Steuerneutralität bzw Steueraufschub hinsichtlich in Deutschland steuerverstrickter Wirtschaftsgüter für die beteiligten Körperschaften und Anteilseigner. § 12 II kann daher als eine in sachlicher und persönlicher Hinsicht punktuelle Erweiterung des Anwendungsbereichs des UmwStG angesehen werden.

---

[1] BGBl I 2006, 2782.

Nach § 12 III sind die Rechtsfolgen der Liquidationsbesteuerung (§ 11) vorgesehen, wenn der Ort der Geschäftsleitung oder der Sitz eines Körperschaftsteuersubjekts aus einem Mitgliedstaat der EU oder eines EWR-Staates in einen Drittstaat verlegt wird und dadurch die unbeschränkte Steuerpflicht in einem dieser Staaten entfällt. Die Vorschrift stellt damit einen von § 12 I unabhängigen Entstrickungstatbestand dar, dessen Voraussetzungen auch dann erfüllt sein können, wenn eine Beschränkung des Besteuerungsrechts iSd Absatzes 1 nicht vorliegt.

2 *Einstweilen frei.*

3 **II. Rechtsentwicklung.** In § 18 idFd KStG 1920 v 30.3.1920[1] wurde erstmals eine „Auswanderungssteuer" bei Verlegung der Geschäftsleitung ins Ausland kodifiziert und in § 15 idFd KStG 1922 v 2.5.1922[2] unverändert fortgeführt. § 19 idFd KStG 1925 v 10.8.1925[3] übernahm die Altregelung, erweiterte den bis dahin bestehenden sachlichen Anwendungsbereich und ließ die Verlegung des Sitzes oder der Geschäftsleitung ausreichen. Ergänzend wurde die Aufdeckung der stillen Reserven bei der Verlegung einer Betriebsstätte ins Ausland festgeschrieben. Die Regelung des § 19 idFd KStG 1925 wurde in § 16 idFd KStG 1934 v 16.10.1934[4] erweitert und eine Aufdeckung der stillen Reserven wurde auch für den Fall des Wegzugs vorgesehen, bei dem Vermögen im Inland verblieb. Seit 1969 hat der BFH für manche Fallgestaltungen den Entnahmetatbestand final ausgelegt (sog finale Entnahmetheorie).[5] Daran anlehnend sollte im Entwurf des KStG 1977 die bis dahin geltende Vorschrift zunächst gänzlich entfallen, da iRd „Großen Steuerreform" eine allgemeine Entstrickungsvorschrift vorgesehen war. Nachdem die allgemeine Entstrickungsvorschrift nicht Gesetz geworden ist, wurde die Vorgängerregelung in § 12 idFd KStG 1977 v 31.8.1976[6] unter Ausweitung des persönlichen Anwendungsbereichs normiert. Durch das StÄndG 1992 v 25.2.1992[7] wurde die Fusions-RL[8] teilweise umgesetzt, was zu einer Ausnahme für Vermögensübertragungen iSd § 20 VIII idFd UmwStG 1977 führte. Das Gesetz zur Änderung des Umwandlungssteuerrechts v 28.10.1994[9] brachte eine redaktionelle Anpassung von § 12 sowie einen Vorbehalt für Regelungen des UmwStG. Die Finanzverwaltung hat sich mit den Grundsätzen über die Prüfung der Aufteilung der Einkünfte bei Betriebsstätten international tätiger Unternehmen (sog Betriebsstätten-Verwaltungsgrundsätze) 1999 ua der Entstrickungsbesteuerung angenommen.[10] Durch das UntStFG v 20.12.2001[11] wurden erstmals steuerneutrale Verschmelzungen in Drittstaaten ermöglicht, wenn das Besteuerungsrecht Deutsch-

---

1 RGBl I 1920, 393.
2 RGBl I 1922, 472.
3 RGBl I 1925, 208.
4 RGBl I 1934, 1031.
5 BFH I 266/65, BStBl II 1970, 175.
6 BGBl I 1976, 2597.
7 BGBl I 1992, 297.
8 Fusions-RL, 90/434/EWG, ABl Nr L 225 v 20.8.1990, 1 ff, geändert durch RL 2005/19/EG, ABl Nr L 58 v 17.2.2005, 19 ff.
9 BGBl I 1994, 3267.
10 BStBl I 1999, 1076 geändert durch BMF v 20.11.2000; BStBl I 2000, 1509; BMF v 25.8.2009 BStBl I 2009, 888 und BMF v 18.11.2011, DStR 2011, 2355.
11 BGBl I 2001, 3858.

lands an den übergehenden Wirtschaftsgütern nicht verloren geht. Durch das SEStEG wurde § 12 vollkommen neu gefasst. In § 4 I S 3 EStG und § 12 I wurden im Einkommen- und Körperschaftsteuerrecht allgemeine Entstrickungstatbestände geschaffen, mit denen der steuerliche Zugriff auf alle nicht realisierten betrieblichen Wertsteigerungen gewährleistet werden soll. Nach Inkrafttreten des SEStEG hat sich der BFH zu zwei „Altfällen" von der finalen Entnahme- bzw Betriebsaufgabetheorie distanziert, aber zur gegenwärtigen Rechtslage nicht ausdrücklich geäußert.[1] Durch das JStG 2008 v 20.12.2007[2] wurden die Verweise in § 12 I Hs 2 um den Verweis auf § 4g EStG ergänzt. Am 25.8.2009 hat die Finanzverwaltung die Betriebsstätten-Verwaltungsgrundsätze an die Rechtslage des SEStEG angepasst.[3] Als Reaktion auf die Aufgabe der finalen Entnahmetheorie durch die Rechtsprechung fügte der Gesetzgeber mit dem JStG 2010 v 8.12.2010[4] in § 12 I einen Satz 2 ein, der den Zuordnungswechsel eines Wirtschaftsguts zwischen einer inländischen und ausländischen Betriebsstätte zum Regelbeispiel erklärt. Der Gesetzgeber sah sich zu diesem Schritt gezwungen, da Zweifel aufgekommen waren, ob die Einführung des § 4 I S 3 EStG bzw § 12 I S 1 iRd SEStEG die frühere Rechtsprechung zur finalen Entnahmetheorie abgesichert hat.[5] Am 18.11.2011 hat die Finanzverwaltung zu den Änderungen des JStG 2010 betreffend § 4 I S 3 EStG und § 12 Stellung genommen.[6]

Einstweilen frei. 4

III. Zeitlicher Anwendungsbereich. Nach § 34 VIII S 2 sind § 12 I und III erstmals 5
für nach dem 31.12.2005 endende WJ anzuwenden; das gilt ebenso für den erst durch das JStG 2010 eingeführten § 12 I S 2 sowie nach § 34 VIII S 5 auch für den durch das JStG 2008 eingeführten Verweis auf § 4g EStG. § 12 II ist nach § 34 VIII S 3 erstmals auf Vorgänge anzuwenden, die nach dem 12.12.2006 zur Eintragung in ein öffentliches Register angemeldet wurden.

Rückwirkende Fortgeltung der finalen Entnahmetheorie. Nach § 34 VIII S 3 soll 6
§ 12 I idFd JStG 2010 in zwei Fällen auch für WJ gelten, die vor dem 1.1.2006 endeten: § 12 I soll Anwendung finden, sofern ein bisher einer inländischen Betriebsstätte zuzuordnendes Wirtschaftsgut nunmehr einer ausländischen Betriebsstätte derselben Körperschaft zuzuordnen ist, deren Einkünfte durch ein DBA freigestellt sind oder wenn das Wirtschaftsgut bei einer beschränkt steuerpflichtigen Körperschaft nicht mehr einer inländischen Betriebsstätte zuzuordnen ist. Der Gesetzgeber möchte mit dieser Anordnung die Grundsätze der finalen Entnahmetheorie nicht nur zukünftig, dh nach Inkrafttreten des SEStEG, sondern nach Aufgabe der Rechtsprechung zur finalen Entnahmetheorie auch rückwirkend für Altfälle angewandt wissen, so dass eine zeitlich lückenlose Fortgeltung erreicht wird. Die Merkpostenregelung in Tz 2.6 der Betriebsstätten-Verwaltungsgrundsätze dürfte ebenfalls rückwirkend anwend-

---
1 BFH I R 77/06, BStBl II 2009, 464 sowie ablehnend BMF v 20.5.2009, BStBl I 2009, 671; BFH I R 99/08, BFH/NV 2010, 346.
2 BGBl I 2007, 3150.
3 BMF v 25.8.2009, BStBl I 2009, 888.
4 BGBl I 2010, 1768.
5 BRDrs 318/1/10, 10; *Gosch*, BFH/PR 2008, 499.
6 BMF v 18.11.2011, BStBl I 2011, 1278.

bar bleiben.[1] Nach der Gesetzesbegründung soll keine verfassungsrechtlich problematische echte Rückwirkung vorliegen, da eine langjährige Rechtsprechung und Verwaltungsansicht lediglich abgesichert werde und daher kein schützenswertes Vertrauen der Steuerpflichtigen entstehen konnte.[2] Nach den durch die Rechtsprechung des BFH und des BVerfG vorgegebenen Maßstäben[3] ist die Regelung indes verfassungsrechtlich nicht unproblematisch. Zur Anwendbarkeit der finalen Entnahmetheorie bei Körperschaftsteuersubjekten existiert keine höchstrichterliche Rechtsprechung, so dass nicht lediglich von einer Kodifizierung derselben gesprochen werden kann.[4] Vertrauensausschließend kann jedoch auch die Normierung einer langjährigen Verwaltungs- bzw Rechtspraxis sein.[5] Da Körperschaften vom Anwendungsbereich der Betriebsstätten-Verwaltungsgrundsätze erfasst sind, könnte insoweit von der vertrauensausschließenden Kodifizierung einer allgemeinen Verwaltungspraxis gesprochen werden. Hingegen unterscheiden sich auch die Rechtsfolgen von § 12 I (gemeiner Wert) von den Rechtsfolgen unter Anwendung der finalen Entnahmetheorie (Teilwert).[6] Da insbesondere beim Umlaufvermögen diese Wertmaßstäbe zu unterschiedlichen Ergebnissen führen können, ist die in § 34 VIII S 3 aufgenommene Rückwirkung verfassungsrechtlich bedenklich.

7 *Einstweilen frei.*

8 **IV. Allgemeine Entstrickungsvorschrift (§ 12 I). 1. Normzweck. a) Steuerentstrickung als Rechtsgrundsatz.** Die Finanzverwaltung ist seit jeher davon ausgegangen, dass ein allgemeiner ertragsteuerrechtlicher Grundsatz bestehe, dass bislang nicht realisierte betriebliche Wertsteigerungen im letztmöglichen Zeitpunkt des steuerlichen Zugriffs erfasst werden müssen (Steuerentstrickung).[7] Der BFH hat – trotz der finalen Auslegung des Entnahmetatbestands – stets betont, dass es einen solchen allgemeinen Entstrickungsgrundsatz nicht gibt und dass eine unzulässige steuerbegründende Rechtsanalogie zu Lasten des Steuerpflichtigen die Folge wäre, würde man aus den bestehenden Tatbeständen einen solchen Grundsatz herleiten.[8] Die Gesetzesbegründung, die betreffend der Kodifizierung einer allgemeinen Entstrickungsvorschrift allein von einer Klarstellung gegenüber der vorherigen Rechtslage spricht, ist insoweit unzutreffend.[9]

9 **Finale Entnahmetheorie.** Der BFH hat den Entnahmetatbestand bzw den Betriebsaufgabetatbestand final ausgelegt, sofern die Wortlautgrenze bei der Auslegung im Einzelfall nicht überschritten wurde. Dies führte in den folgenden Fallgruppen mit grenzüberschreitendem Bezug zu einer Gewinnrealisierung:[10]

---

1 BTDrs 17/3549, 26.
2 BRDrs 318/1/10, 10 f.
3 BFH I B 145/05, BStBl II 2006, 546; BVerfG 1 BvL 4/87 – 7/87, BStBl II 1990, 483.
4 *Musil*, FR 2011, 545, 550.
5 BFH I B 145/05, BStBl II 2006, 546; BFH IV R 260/84, BStBl II 1986, 518.
6 *Benecke* in D/J/P/W Vor § 12 Rn 15.
7 Stellungnahme des Bundesfinanzministers im Urteil des BFH I 266/65, BStBl II 1970, 175.
8 BFH I R 205/66, BStBl II 1972, 455.
9 BTDrs 16/2710, 28.
10 Zu weiteren Fallgruppen *Benecke* in D/J/P/W § 12 Rn 78 ff mwN.

IV. Allgemeine Entstrickungsvorschrift

- Verlegung des Gewerbebetriebs aus dem Inland ins Ausland;[1]
- Überführung eines Wirtschaftsguts in eine im Ausland belegene Betriebsstätte, deren Einkünfte durch ein DBA freigestellt werden (im Folgenden Freistellungsbetriebsstätte).[2]

Hingegen verneinte der BFH eine Gewinnrealisierung auf der Grundlage der finalen Entnahmetheorie bei Abschluss eines DBA, das die Besteuerung der Gewinne aus einer Betriebsstätte dem ausländischen Staat zuweist, da keine Entnahmehandlung vorliege.[3]

Aufgabe der finalen Entnahmetheorie. Der BFH hat im Urteil v 17.7.2008 die finale Entnahmetheorie für die Überführung eines Wirtschaftsguts in eine Freistellungsbetriebsstätte ausdrücklich aufgegeben[4] und mit Urteil v 28.10.2009 im Hinblick auf die Verlegung des Betriebs eines selbständigen Erfinders ins Ausland (finale Betriebsaufgabe) bestätigt.[5] Mit diesen Entscheidungen hat der BFH zudem seine Rechtsprechung zur Betriebsstättengewinnabgrenzung so verändert, dass im Inland gebildete stille Reserven nach Überführung bzw Wegzug noch besteuert werden können. Für die Fallgruppe der Überführung von Wirtschaftsgütern in eine Freistellungsbetriebsstätte kommt der BFH zu dem Schluss, dass bei einem späteren Außenumsatz die im Inland gebildeten stillen Reserven im Inland besteuert werden können.[6] Im Hinblick auf die Verlegung eines Gewerbebetriebs ins Ausland nimmt der BFH in seiner Entscheidung v 28.10.2009 an, dass zu einem späteren Veräußerungszeitpunkt nachträgliche inländische Einkünfte gegeben sind.[7] Der BFH hält für eine Besteuerung der im Inland gebildeten stillen Reserven die Zugehörigkeit des Wirtschaftsguts zu einer inländischen Betriebsstätte zum Umsatzzeitpunkt also nicht mehr für erforderlich. Vor dem Hintergrund dieses nunmehr veränderten Verständnisses hinsichtlich der Aufteilung der Einkünfte iRv Art 7 II OECD-MA und der nachträglichen inländischen Einkünfte iSd § 34c EStG hätte es einer Aufgabe der finalen Entnahmetheorie für diese Fälle im Grunde gar nicht bedurft.[8]

10

Einstweilen frei.

11

b) § 12 I im System des Körperschaftsteuerrechts. Im System des Körperschaftsteuerrechts kommt § 12 I mehrfache Bedeutung zu. Verortet im Kapitel der „Allgemeinen Vorschriften" im Teil des „Einkommens" der Körperschaft ergänzt § 12 I die grundsätzliche Verweisung in Bezug auf das Einkommen und die Einkommensermittlung nach den Regeln des EStG in § 8 I S 1. IRd Gewinnermittlungsvorschriften stellt § 12 I einen Entstrickungstatbestand dar, also einen Tatbestand, der aus steuersystematischen Erwägungen den buchmäßigen Ausweis eines Gewinns erfordert (Entstrickung), ohne dass tatsächlich ein Gewinn realisiert wurde.

12

1   BFH I R 55/66, BStBl II 1971, 630.
2   BFH I 266/65, BStBl II 1970, 175.
3   BFH VIII R 3/74, BStBl II 1976, 246.
4   BFH I R 77/06, BStBl II 2009, 464.
5   BFH I R 99/08, BFH/NV 2010, 346.
6   BFH I R 77/06, BStBl II 2009, 464.
7   BFH I R 99/08, BFH/NV 2010, 346.
8   *Benecke* in D/J/P/W Vor § 12 Rn 1.

13 **Gewinnermittlungsvorschrift – Gewinnabgrenzung.** § 12 I ist eine Gewinnermittlungsvorschrift, die ua auch auf die Gewinnabgrenzung zwischen Stammhaus und Betriebsstätte iRe internationalen Einheitsunternehmens punktuell Einfluss nimmt.[1] § 12 I stellt keine positive umfassende Gewinnabgrenzungsregelung dar, schließt jedoch die indirekte Methode der Gewinnabgrenzung im Rahmen ihres Anwendungsbereichs aus. Da § 12 I allein das Schicksal eines einzelnen Wirtschaftsguts betrachtet, kann iRd Gewinnabgrenzung für den innerbetrieblichen Lieferungsverkehr und die Nutzungsüberlassung allein die direkte Methode anwendbar sein.[2] Soll der Gewinn zwischen Stammhaus und Betriebsstätte weiterhin grundsätzlich nach der indirekten Methode abgegrenzt werden, ist (sofern § 12 I berührt ist) nur noch die gemischte Methode anwendbar.

14 **Gewinnabgrenzung – Abgrenzung und Aufteilung inländischer von ausländischen Einkünften.** Zudem stellt sich die Frage, inwieweit § 12 I auch unmittelbar die Aufteilung von Einkünften zwischen inländischen und ausländischen Betriebsteilen regelt. Zunächst ist festzustellen, dass § 12 I S 1 an das Besteuerungsrecht hinsichtlich des Gewinns aus der Veräußerung anknüpft und damit das Bestehen einer (andernorts geregelten) Gewinnabgrenzung voraussetzt. Dass zB in Wirtschaftsgütern enthaltene stille Reserven nach einem Zuordnungswechsel zu einer im Ausland belegenen Freistellungsbetriebsstätte nur noch in dieser besteuert werden können, wird durch § 12 I S 1 nicht entschieden, sondern in dieser Vorschrift vorausgesetzt. Insofern stellt sich die Folgefrage, ob § 12 I S 2 eine umfassende Vorschrift über die Gewinnabgrenzung ist, die das Besteuerungsrecht an den im Inland gebildeten stille Reserven eines Wirtschaftsguts nach Überführung in eine im Ausland belegenen Betriebsstätte nur noch dem ausländischen Staat zuweist. Ergebnisorientiert wird man erwarten können, dass die Finanzverwaltung zum Erhalt des Anwendungsbereichs des § 12 I S 1 und der Gewährleistung einer sofortigen Besteuerung dieses Regelbeispiel so interpretieren wird: Da der Zuordnungswechsel ein Ausschluss oder eine Beschränkung darstellt (§ 12 I S 2), sei damit auch die Gewinnabgrenzung derart geregelt, dass Deutschland zB im Inland gebildete stille Reserven eines in einer Freistellungsbetriebsstätte belegenen Wirtschaftsguts nicht besteuern kann. Dem Regelbeispiel eine derart umfassende Bedeutung zuerkennen zu wollen, dürfte jedoch den Regelungsgehalt und Wortlaut der Vorschrift überspannen. Die Vorschrift nennt zunächst nur ein Beispiel, bei dem § 12 I S 1 erfüllt sein soll. Damit deutet § 12 I S 2 in seiner Normeigenschaft als Regelbeispiel geradezu darauf hin, keine allgemeine Regel zu sein. IÜ erscheint fraglich, ob sich aus § 12 I S 2 iVm § 12 I S 1 eine „Selbstbeschränkung" des Staates über die Betriebsstättengewinnabgrenzung im umgekehrten Fall zugunsten des Steuerpflichtigen ergibt: Angenommen ein Wirtschaftsgut mit erheblichen im Inland gebildeten stillen Reserven wurde noch vor Inkrafttreten des SEStEG in eine Anrechnungsbetriebsstätte überführt. Dann wird § 12 I S 2 iVm § 12 I S 1 als „allgemeine Gewinnabgrenzungsregelung" unter Beachtung der genannten Rechtsprechung des BFH (vgl Rn 10) kaum verhindern, dass die im Inland gebildeten stillen Reserven

---

[1] *Hidien* in K/S/M § 49 EStG Rn D 372.
[2] *Kessens*, Die Besteuerung der grenzüberschreitenden Überführung von Wirtschaftsgütern, Diss 2009, S 39.

IV. Allgemeine Entstrickungsvorschrift

bei einer Veräußerung nicht als inländische Einkünfte anzusehen sind. Es ist zu konstatieren, dass eine vollständige positiv-gesetzliche Gewinnabgrenzungsregelung fehlt, der es in Anbetracht der Tatbestandsmerkmale von § 12 I S 1 jedoch bedurft hätte. Da § 12 I S 2 kein derart weitreichender Regelungsgehalt beigemessen werden dürfte, stellt sich die Frage nach der Einheitlichkeit der Auslegung von § 12 I S 1 (vgl Rn 86 ff), wenn man zugesteht, dass der Gesetzgeber mit § 12 I S 2 zumindest hinsichtlich des Zuordnungswechsels eines Wirtschaftsguts von einer inländischen zu einer ausländischen Betriebsstätte eine Beschränkung oder einen Ausschluss des Besteuerungsrechts iSd § 12 I S 1 wirksam geregelt hat (vgl Rn 114 ff).

Auffangtatbestand. Unter den Entstrickungstatbeständen hat § 12 I den weitesten Anwendungsbereich und fungiert daher als Auffangtatbestand oder als allgemeiner Entstrickungstatbestand. Allerdings beabsichtigte der Gesetzgeber mit der Einführung von § 12 I, insbesondere die grenzüberschreitende Überführung und Überlassung von Wirtschaftsgütern iRe internationalen Einheitsunternehmens sowie die mögliche Entstrickung von Wirtschaftsgütern infolge eines Wegzugs von Körperschaften ins EU-/EWR-Ausland der Besteuerung zu unterwerfen.

Erforderlichkeit einer eigenständigen Regelung. Die Einführung von § 12 I als eigenständige allgemeine körperschaftsteuerrechtliche Entstrickungsvorschrift war erforderlich, da § 4 I S 3 EStG einen Bezug zur Entnahme herstellt („Einer Entnahme zu betriebsfremden Zwecken steht ... gleich") und auf Körperschaften der Entnahmetatbestand mangels Anerkennung einer außerbetrieblichen Sphäre über § 8 I S 1 nicht anwendbar ist (vgl dazu auch § 8 Rn 169).[1]

Einstweilen frei.

c) Kritik. § 12 I hat abgesehen von der unionsrechtlichen Bedenklichkeit (vgl dazu Rn 68 ff) in der Literatur aufgrund der Sofortbesteuerung bei der Überführung von Wirtschaftsgütern breite Kritik erfahren. So wird vor allem eingewandt, dass dem überführenden Steuersubjekt mangels Realisierung des Wirtschaftsguts am Markt Liquiditätsnachteile durch die Zahlung der Steuer entstünden.[2] Insbesondere würde die Sofortbesteuerung jedoch dann Probleme aufwerfen, wenn sich aus der Verwertung der Unternehmensleistung insgesamt ein Verlust ergebe oder ein Wirtschaftsgut nach der Überführung in eine ausländische Betriebsstätte untergehe. Denn durch die Sofortbesteuerung würde dem inländischen Stammhaus ein Gewinn zugeordnet, der im späteren Außenumsatz gar nicht erzielt werde.[3] Zumindest für diese Fälle des Verlusts und Untergangs müsse die Änderung der Steuerfestsetzung möglich sein.

Einstweilen frei.

d) Rechtfertigung. Die Zielrichtung des § 12 I kann jedoch grundsätzlich gerechtfertigt werden. Stille Reserven, die im Überführungszeitpunkt bestehen, hat das inländische Stammhaus erwirtschaftet, so dass sie diesem auch bei einem Außen-

---

1 *Hruschka*, StuB 2006, 584.
2 *Stadler/Elser*, BB-Special 8 (zu BB 2006, Heft 44), 18, 22; *Lambrecht* in Gosch § 12 Rn 8.
3 *Wassermeyer*, DB 2006, 1176; *derselbe*, DB 2006, 2420.

umsatz zugerechnet werden müssen.¹ Im Hinblick auf den Gewinn iHd vorhandenen stillen Reserven aus der Veräußerung des Wirtschaftsguts handelt es sich unter Verursachungs- und Wertschöpfungsgesichtspunkten um einen Gewinn des Stammhauses.² Somit besteht das Problem der Entstrickungsbesteuerung primär in der zeitlich vorgelagerten Besteuerung der stillen Reserven. Trotz der damit verbundenen unionsrechtlichen Probleme (vgl Rn 68 ff) muss konzediert werden, dass die Sofortbesteuerung nachgelagerte Schwierigkeiten bei der Aufteilung der Wertschöpfung verhindert, die bei einer zeitlich aufgeschobenen Besteuerung entstehen würden.³ Denn wenn ein Wirtschaftsgut des Anlagevermögens, wie eine Maschine, mit erheblich stillen Reserven in eine ausländische Betriebsstätte überführt wird, in der es bis zur Verschrottung verbleibt, stellt sich das Problem der Aufteilung des mit der Maschine und anderen Faktoren erwirtschafteten Ertrags iRd Gewinnabgrenzung. Dieses Problem wird in der Praxis nur unter erheblichen Schwierigkeiten oder über das unbefriedigende Mittel der Schätzung zu lösen sein,⁴ da die in einem Wirtschaftsgut enthaltenen stillen Reserven ohne Bedeutung für die tatsächliche Wertschöpfung und daher ein denkbar schlechter Maßstab für die Aufteilung von Ertrag sind.

22 *Einstweilen frei.*

23 **2. Persönlicher Anwendungsbereich. Beschränkt und unbeschränkt steuerpflichtige Körperschaften, Personenvereinigungen und Vermögensmassen.** Der persönliche Anwendungsbereich von § 12 I erfasst alle beschränkt und unbeschränkt steuerpflichtigen Körperschaften, Personenvereinigungen und Vermögensmassen (dh im Unterschied zu § 11 auch die sonstigen juristischen Personen des öffentlichen Rechts, die nichtrechtsfähigen Vereine und sonstigen Steuerpflichtigen iSd § 1 I Nr 5 sowie die BgA von juristischen Personen des öffentlichen Rechts gem § 1 I Nr 6).

24 **Gewerbliche Personengesellschaft.** Ist eine Körperschaft an einer gewerblichen Personengesellschaft als Mitunternehmer beteiligt, so wird nicht § 12 I, sondern § 4 I S 3 EStG als allgemeine Entstrickungsvorschrift auf der Ebene der Personengesellschaft – dort jedoch gesellschafterbezogen – angewandt. Die Behandlung der Personengesellschaft als partielles Steuersubjekt⁵ iSe Gewinnermittlungssubjekts erfordert die Anwendung von § 4 I S 3 EStG auf der Ebene der Personengesellschaft; die für die Rechtsfolgen maßgeblichen Besteuerungsmerkmale, wie zB die Abkommensberechtigung oder die Eröffnung des persönlichen Anwendungsbereichs von § 4g EStG, machen die Berücksichtigung von gesellschafterbezogenen Besteuerungsmerkmalen erforderlich.

25 **Vermögensverwaltende Personengesellschaft.** Im Falle einer vermögensverwaltenden Personengesellschaft bleibt es bei der Anwendung des § 12 I auf Ebene der Körperschaft als Anteilseigner, da die von der Personengesellschaft gehaltenen Wirtschaftsgüter anteilig dem beteiligten Körperschaftsteuersubjekt zuzurechnen sind.⁶

---

1 BFH VIII R 152/86, BStBl II 1991, 94; BFH I R 77/06, BStBl II 2009, 464; *Wassermeyer*, IStR 2004, 733, 735.
2 *Wassermeyer*, DB 2006, 1176.
3 Diese Problematik ansprechend *Schönfeld*, IStR 2010, 133, 136 f; *Wassermeyer*, DB 2006, 1176, 1179.
4 *Wassermeyer*, DB 2006, 1176, 1179.
5 BFH GrS 1/93, BStBl II 1995, 617 mwN.
6 BFH VIII R 72/98, BStBl II 1999, 820 mwN.

IV. Allgemeine Entstrickungsvorschrift

Einstweilen frei. 26

3. Sachlicher Anwendungsbereich. Anwendungsfälle. Ausweislich der Gesetzes- 27
begründung soll § 12 I als systematisch zusammengefasster Zentraltatbestand die
Aufdeckung und Besteuerung der in der BRD entstandenen stillen Reserven in allen
Fällen sichern, in denen

- ein Rechtsträgerwechsel (durch Einzel- oder Gesamtrechtsnachfolge) stattfindet,
- Vermögen die betriebliche Sphäre verlässt,
- die Steuerpflicht endet oder
- Wirtschaftsgüter dem deutschen Besteuerungszugriff entzogen werden.[1]

Tatbestandsmerkmale. Die Voraussetzungen des allgemeinen Entstrickungstat- 28
bestands sind erfüllt, wenn

- ein Besteuerungsrecht der BRD hinsichtlich des Gewinns aus der Veräußerung (vgl Rn 91 ff) oder
- Nutzung eines Wirtschaftsguts besteht (vgl Rn 146 ff) und
- ausgeschlossen (vgl Rn 104 ff) oder
- beschränkt (vgl Rn 111 ff)

wird.

Subjekt- oder objektbezogene Steuerentstrickung. Vom sachlichen Anwendungs- 29
bereich der Vorschrift werden sowohl Fälle der subjektbezogenen Steuerentstrickung
(zB Wegzug eines Körperschaftsteuersubjekts) als auch Fälle der objektbezogenen
Steuerentstrickung (zB Überführung eines Wirtschaftsguts in eine im Ausland
belegene Betriebsstätte) erfasst.[2]

Vorgänge mit Rechtsträgerwechsel. Nach der Gesetzesbegründung (vgl dazu 30
Rn 27) ist § 12 I in allen Fällen eines Rechtsträgerwechsels anwendbar.[3] Davon abweichend wird von Teilen der Literatur vertreten, die Vorschrift sei in allen Fällen
eines Rechtsträgerwechsels ausgeschlossen.[4] Die Frage, ob § 12 I bei einem Rechtsträgerwechsel eingreift, ist auf der Grundlage des Verhältnisses der besonderen
Gewinnrealisierungs- und Entstrickungsvorschriften zu § 12 I zu beantworten. § 12 I
kommt als allgemeiner Entstrickungsvorschrift eine Auffangfunktion zu (vgl Rn 15).
Diese Auffangfunktion darf jedoch nicht so weit gehen, dass alle übrigen Gewinnrealisierungs- und Entstrickungstatbestände überflüssig werden (sog einschränkende
Spezialität). § 12 I ist diese Auffangfunktion also nur insoweit beizumessen, als dass
der Anwendungsbereich von anderen, speziellen Gewinnrealisierungs- und Entstrickungstatbeständen überhaupt nicht eröffnet ist. Da nahezu jeder Rechtsträgerwechsel von einem Gewinnrealisierungstatbestand erfasst wird (Veräußerung,
Tausch oder ein unter das UmwStG fallender Umwandlungsvorgang), kann es sich
nur um seltene Fälle handeln, in denen ein Wirtschaftsgut den Rechtsträger wechselt

---
1 BTDrs 16/2710, 26, 28, 39.
2 *Benecke* in D/J/P/W § 12 Rn 104.
3 *Dötsch/Pung*, DB 2006, 2649; *Lambrecht* in Gosch § 12 Rn 36.
4 *Blumenberg/Lechner*, BB-Special 8 (zu BB 2006, Heft 44), 25; *Frotscher* in Frotscher/Maas § 12 Rn 16 f.

und kein spezieller Gewinnrealisierungs- oder Entstrickungstatbestand eingreift (vgl dazu auch Rn 35). Dazu gehört zB der in einem Drittstaat vollzogene identitätswahrende Formwechsel einer Kapitalgesellschaft in eine Personengesellschaft (vgl Rn 141).[1] Hinsichtlich der von der Gesellschaft gehaltenen Wirtschaftsgüter findet mangels Übertragung keine Veräußerung statt, sondern es kommt nur zu einem steuerrechtlichen Zurechnungswechsel. § 12 I ist für diesen Rechtsträgerwechsel relevant, da für diesen Vorgang kein spezieller Gewinnrealisierungstatbestand oder Entstrickungstatbestand greift.[2] Die betrieblich veranlasste unentgeltliche Übertragung eines Einzelwirtschaftsguts (§ 6 IV EStG) ist ein weiterer von § 12 I erfasster Rechtsträgerwechsel (vgl Rn 38).

31 **Betriebliche und nichtbetriebliche Einkünfte.** § 12 I findet bei betrieblichen sowie bei nicht betrieblichen Einkünften Anwendung. Da unbeschränkt steuerpflichtige Körperschaftsteuersubjekte iSd § 1 I Nr 1-3 keine außerbetriebliche Sphäre haben (vgl § 8 Rn 169), kann dieser gegenüber § 4 I S 3 EStG erweiterte Anwendungsbereich nur für Körperschaftsteuersubjekte eine Rolle spielen, die auch Überschusseinkünfte erzielen, zB Körperschaften gem § 1 I Nr 4 und 5. Für die Frage, ob in diesen Fällen § 12 I tatbestandlich erfüllt ist, ist nach allgemeinen Regeln zu prüfen, ob das Besteuerungsrecht ausgeschlossenen oder beschränkt wird. Handelt es sich um Wirtschaftsgüter, hinsichtlich derer ein Besteuerungsrecht hinsichtlich des Gewinns aus der Veräußerung besteht (zB § 17 EStG und § 20 II EStG), kann § 12 I tatbestandlich eingreifen.[3] Handelt es sich um sonstige Wirtschaftsgüter und besteht kein Besteuerungsrecht hinsichtlich des Gewinns aus der Veräußerung, das ausgeschlossen oder beschränkt werden könnte, so können die Rechtsfolgen von § 12 I nicht ausgelöst werden.

32-34 *Einstweilen frei.*

35 **4. Verhältnis zu anderen Vorschriften. a) EStG. Veräußerung, Tausch gem § 6 VI S 1 EStG und tauschähnliche Vorgänge.** Gewinnrealisierungstatbestände (zB Veräußerung und Tausch gem § 6 VI S 1 EStG) schließen die Anwendbarkeit des § 12 I aus. Die Gewinnrealisierungstatbestände setzen eine Realisierung des Wirtschaftsguts am Markt im Austausch für eine Gegenleistung voraus. Dies gilt ebenfalls für Umwandlungen, die als tausch- oder liquidationsähnliche Vorgänge zu qualifizieren sind.[4]

36 **§ 4 I S 3 EStG.** § 4 I S 3 EStG und § 12 I konkurrieren nicht miteinander. Eine Anwendbarkeit von § 4 I S 3 EStG kommt über § 8 I S 1 für Körperschaftsteuersubjekte nicht in Betracht, da § 4 I S 3 EStG eine Entnahme fingiert, Körperschaftsteuersubjekte aber keine „Privatsphäre" haben (zur Anwendbarkeit bei Beteiligung an einer gewerblichen Personengesellschaft vgl Rn 24).[5] § 12 I kann hingegen auf natürliche Personen nicht angewandt werden, da diese nicht unter den persönlichen Anwendungsbereich der Vorschrift fallen.

---

1 Wissenschaftlicher Beirat EY tax, DB 2010, 1776, 1788 f; *Benecke/Schnittker*, FR 2010, 555.
2 *Benecke/Schnittker*, FR 2010, 555; aA *Schaumburg*, Internationales Steuerrecht, 2. Aufl, Rn 17.171.
3 *Benecke* in D/J/P/W § 12 Rn 20, 43.
4 Dazu im Einzelnen *Schnitger/Rometzki*, FR 2006, 845; *Benecke/Schnittker*, FR 2010, 555.
5 BFH I R 54/95, BFHE 182, 123; *Schuck*, FR 1992, 537.

IV. Allgemeine Entstrickungsvorschrift

§ 6 III EStG. Nach § 6 III S 1 Hs 1 EStG erfolgt ein Aufschub der Gewinnrealisierung, sofern ein Betrieb, ein Teilbetrieb oder ein Mitunternehmeranteil unentgeltlich übertragen wird. Der Übertragende hat bei der Ermittlung des Gewinns die Wirtschaftsgüter mit den Werten anzusetzen, die sich nach den Vorschriften über die Gewinnermittlung ergeben (Buchwerte). Der Rechtsnachfolger hat diese Werte fortzuführen (§ 6 III S 3 EStG), so dass die Realisierung der in den Wirtschaftsgütern enthaltenen stillen Reserven aufgeschoben ist, bis der Rechtsnachfolger einen Gewinnrealisierungs- bzw Entstrickungstatbestand verwirklicht. § 6 III S 1 Hs 1 und S 3 EStG sind auch auf Körperschaften anwendbar.[1] Ist § 6 III S 1 Hs 1 EStG tatbestandlich erfüllt, hat eine Entstrickung nach § 12 I zu unterbleiben. Da das Erfordernis der Steuerverhaftung im Inland (Stille-Reserven-Klausel) sowie ein Verweis auf § 4 I S 4 EStG in dieser Vorschrift fehlen, sichert diese Vorschrift auch nicht unter allen Umständen die stillen Reserven im letztmöglichen Zugriffszeitpunkt. Von einer durch § 6 III EStG begünstigten Übertragung sind jedoch nachfolgende nicht begünstigte Überführungen zu unterscheiden, die dem § 12 I unterfallen können:

37

Beispiel

Die X-Ltd & Co KG unterhält im Inland eine Betriebsstätte mit immateriellen Wirtschaftsgütern. Der Komplementär, die X-Ltd, ist im Ausland ansässig. Der einzige Kommanditist Y scheidet ohne Abfindung aus. Die Wirtschaftsgüter werden nunmehr im ausländischen Stammhaus der X-Ltd verwendet.

Die Anwachsung des Gesellschaftsanteils des Y bei der X-Ltd stellt eine nach § 6 III EStG steuerneutrale Übertragung eines Mitunternehmeranteils dar.[2] Davon zu unterscheiden ist der nach der Anwachsung vollzogene Zuordnungswechsel der immateriellen Wirtschaftsgüter von der inländischen Betriebsstätte zum ausländischen Stammhaus, für den § 12 I Anwendung findet (vgl zur Überführung durch eine beschränkt steuerpflichtige Körperschaft Rn 121).

Zu beachten ist ferner, dass bei einer unentgeltlichen Übertragung durch oder auf Körperschaften oftmals die vorrangige vGA oder verdeckte Einlage eingreifen (vgl § 8 Rn 335, 665).

§ 6 IV EStG. Die Rechtsfolgen einer betrieblich veranlassten unentgeltlichen Übertragung eines Einzelwirtschaftsguts richten sich beim Empfänger nach § 6 IV EStG und führen zum Ansatz des Wirtschaftsguts mit dem gemeinen Wert. Sie stellen in dieser Höhe Betriebseinnahmen beim Empfänger dar. Für das zuwendende Körperschaftsteuersubjekt greift § 12 I. Bei dem übertragenden Körperschaftsteuersubjekt können die stillen Reserven nicht mehr erfasst werden, so dass ein Ausschluss des Besteuerungsrechts beim zuwendenden Körperschaftsteuersubjekt vorliegt. Dies stellt einen weiteren Fall des Rechtsträgerwechsels dar, der unter § 12 I fällt (vgl Rn 30). Neu ist diese Rechtsfolge indes nicht, war sie doch seit jeher grundsätzlich im Subjektsteuerprinzip verankert.[3] Mit der unentgeltlichen Übertragung ist das Wirt-

38

---

1 BMF v 3.3.2005, BStBl I 2005, 458, Rn 1.
2 BFH VIII R 76/96, BStBl II 1999, 269; OFD Berlin v 2.7.2002 und 11.11.2002, FR 2002, 1151.
3 *Benecke/Schnittker*, FR 2010, 555, 557; *Kessens*, Die Besteuerung der grenzüberschreitenden Überführung von Wirtschaftsgütern, Diss 2009, S 15.

schaftsgut beim übertragenden Rechtsträger mit dem gemeinen Wert zu bewerten. Die Zuwendung stellt iHd gemeinen Werts des Wirtschaftsguts jedoch ebenfalls eine Betriebsausgabe dar, so dass iHd Buchwerts des zugewandten Wirtschaftsguts Aufwand entsteht. Liegt der Zuwendung eine private Veranlassung zu Grunde, sind die vGA und die verdeckte Einlage vorrangig anzuwenden (vgl § 8 Rn 350 ff, 386 ff).

39 **§ 6 V S 1 EStG.** Zwischen § 12 I und § 6 V S 1 EStG kommt eine Normenkonkurrenz grundsätzlich nicht in Betracht. § 6 V S 1 EStG setzt die Überführung eines Wirtschaftsguts in ein anderes Betriebsvermögen voraus. Damit wird in persönlicher Hinsicht zunächst ein Steuerpflichtiger vorausgesetzt, der ein anderes Betriebsvermögen hat. Kapitalgesellschaften haben gem § 8 II nur ein Betriebsvermögen. Bei Überführungen von Wirtschaftsgütern zwischen verschiedenen BgA derselben juristischen Person des öffentlichen Rechts kann ebenfalls keine Konkurrenzsituation gegeben sein, da ein BgA als TG der juristischen Person angesehen wird und eine Übertragung zwischen verschiedenen BgA nach vGA-Grundsätzen zu lösen ist.[1] Eine Konkurrenz ist indes bei Körperschaften iSd § 1 I Nr 4 und 5 gegeben, die Wirtschaftsgüter zwischen zwei wirtschaftlichen Geschäftsbetrieben transferieren. Dies gilt trotz § 64 II AO, da für jeden Geschäftsbetrieb eine gesonderte Gewinnermittlung vorzunehmen ist.[2] Bei steuerbefreiten Körperschaften (ohne steuerbefreite Kapitalgesellschaften) kommt eine Konkurrenz zu § 6 V S 1 EStG außerdem bei einer Übertragung zwischen einem wirtschaftlichen Geschäftsbetrieb und einem Zweckbetrieb in Betracht. In diesen Fällen ist § 6 V S 1 EStG vorrangig vor § 12 I anzuwenden (vgl zu divergierenden Rechtsfolgen Rn 40).

40 **§ 6 V S 2 und 3 EStG.** § 12 I konkurriert mit § 6 V S 2 und 3 EStG, die ua eine Überführung von Wirtschaftsgütern zum Buchwert aus einem Sonderbetriebsvermögen in das Betriebsvermögen einer Mitunternehmerschaft ermöglichen, wenn eine Besteuerung der stillen Reserven sichergestellt ist. Nach zutreffender Auffassung sind diese Regelungen gegenüber § 12 I vorrangig anwendbar.[3] Handelt es sich um den umgekehrten Fall der Überführung eines Wirtschaftsguts aus dem Gesamthandsvermögen der Mitunternehmerschaft, an dem die Körperschaft beteiligt ist, in das Sonderbetriebsvermögen eines Mitunternehmers, so liegt eine Konkurrenzsituation mit § 4 I S 3 EStG auf Ebene der Mitunternehmerschaft und nicht mit § 12 I vor. Diese wird ebenfalls zugunsten von § 6 V EStG entschieden. Durch die Einführung des Verweises auf § 4 I S 4 EStG in § 6 V S 1 Hs 2 EStG mit dem JStG 2010 beabsichtigt der Gesetzgeber, die Frage, ob stille Reserven sichergestellt sind, nach den gleichen Grundsätzen zu beantworten, wie die Frage, ob ein Besteuerungsrecht iSd § 12 I bzw § 4 I S 3 EStG ausgeschlossen oder beschränkt ist. Die Finanzverwaltung sieht für beide Tatbestände auch den Verlust zukünftiger stiller Reserven als steuerauslösend an (vgl hierzu auch Rn 82).[4] Hingegen ist auf der Rechtsfolgenseite die Anwendung des § 4g EStG iRd § 6 V EStG nicht vorgesehen und die Wirtschaftsgüter sind mit dem Teilwert anstatt mit dem gemeinen Wert anzusetzen.

---

1 *Niehus/Wilke* in H/H/R § 6 EStG Rn 1447c; *Ehmcke* in Blümich § 6 EStG Rn 1287; *Heger*, FR 2009, 301, 302; aA *Bott* in EY § 4 Rn 292, 305.
2 *Niehus/Wilke* in H/H/R § 6 Rn 1447c.
3 *Benecke* in D/J/P/W § 12 Rn 35 ff.
4 BMF v 8.12.2011, BStBl I 2011, 1279, Rn 7.

IV. Allgemeine Entstrickungsvorschrift

§ 16 III S 2 EStG. Die Realteilung, also die Aufgabe einer Mitunternehmerschaft durch Aufteilung des Gesellschaftsvermögens unter den Mitunternehmern, ist als besondere Form der Betriebsaufgabe in § 16 III S 2 EStG geregelt und genießt Vorrang vor § 12 I. Wie in § 6 V EStG ist in § 16 III S 2 Hs 2 EStG der Verweis auf § 4 I S 4 EStG aufgenommen worden, der zu einem Gleichlauf der Auslegung beider Regelungen führt. Zwar unterscheiden sich § 16 III S 2 EStG und § 12 I hinsichtlich der Bewertung auf der Rechtsfolgenseite nicht (dh einheitlich Ansatz des gemeinen Werts), § 4g EStG bleibt jedoch ebenfalls iRv § 16 III S 2 EStG unanwendbar.

§ 16 IIIa EStG. Mit § 16 IIIa EStG hat der Gesetzgeber auf die Aufgabe der finalen Betriebsaufgabe-Rechtsprechung durch den BFH reagiert. Der Wortlaut der Norm entspricht weitestgehend § 12 I S 1. Von § 16 IIIa EStG wird die Betriebs- bzw Teilbetriebsverlegung ins Ausland erfasst. Nach der Gesetzesbegründung hätte es dieser Normierung eigentlich nicht bedurft, da auch die Verlegung eines Betriebs bzw Teilbetriebs unter § 4 I S 3 EStG bzw § 12 I fallen soll.[1] § 16 IIIa EStG erfordert jedoch die Übertragung sämtlicher Wirtschaftsgüter eines Betriebs oder Teilbetriebs und nicht nur der wesentlichen Betriebsgrundlagen. Praktisch kann also durch das Zurücklassen untergeordneter Wirtschaftsgüter im Inland § 12 I S 1 zur Anwendung gebracht werden. § 16 IIIa EStG wurde geschaffen, um den Anwendungsbereich von § 16 IV EStG und § 34 EStG zu eröffnen. Für Körperschaftsteuersubjekte ist dieser Verweis hingegen irrelevant.[2] Vor dem Hintergrund der Aufgabe der finalen Entnahme- und Betriebsaufgabetheorie mag die Einführung der Vorschrift verständlich erscheinen; das Zusammenspiel der Vorschrift mit § 12 I S 1 und § 4 I S 3 EStG wurde jedoch offenbar übersehen und der Gesetzgeber scheint jeden sinnvollen systematischen Zusammenhang zur einheitlichen Regelung der Entstrickungsbesteuerung verloren zu haben. Hinsichtlich der übrigen Rechtsfolgen wird anstelle der Bildung eines Ausgleichspostens gem § 4g EStG auf Antrag nach § 36 V EStG eine Stundung der Steuer auf den Aufgabegewinn gewährt. Dadurch wird eine ähnliche ratierliche Besteuerung vollzogen, wie sie in § 4g EStG normiert ist. Diese über § 31 I auch für Körperschaften anwendbare Regelung unterscheidet sich von § 4g EStG indes in einigen entscheidenden Punkten.[3] So ist auf das Erfordernis der unbeschränkten Steuerpflicht verzichtet worden, eine Ausweitung des territorialen Anwendungsbereichs auf das EWR-Gebiet ist erfolgt und die scharfen Meldepflichten des § 4g EStG bestehen nicht. Hingegen fehlt auch eine Rückführungsregelung, wie sie in § 4g III EStG vorgesehen ist.

§ 17 V EStG. § 17 V EStG steht nur in sehr seltenen Fällen in einem Konkurrenzverhältnis zu § 12 I und verdrängt die allgemeine Entstrickungsvorschrift, wenn Anteile an einer Kapitalgesellschaft nicht im Betriebsvermögen des Körperschaftsteuersubjekts gehalten werden (vgl Rn 31).[4] Anders als in § 12 I Hs 2 iVm § 4 I S 5 EStG ist in § 17 V EStG der Steueraufschub mit späterer Besteuerung grundsätzlich nicht auf eine

---

1 BTDrs 16/2710, 28, 30.
2 BTDrs 17/3549, 17.
3 Im Ergebnis auch *Benecke* in D/J/P/W Vor § 12 Rn 19.
4 *Benecke* in D/J/P/W § 12 Rn 45.

SE und SCE beschränkt, sondern betrifft alle Kapitalgesellschaften. § 17 V S 2 bezieht sich jedoch nur auf die Verlegung des (Satzungs-)Sitzes und nicht auf die Verlegung des Orts der Geschäftsleitung,[1] was wiederum dazu führt, dass nur die SE oder SCE von der Begünstigung derzeit erfasst werden. § 12 I und § 17 V EStG unterscheiden sich also nicht in ihren Rechtsfolgen, solange Satzungssitzverlegungen anderer Kapitalgesellschaften unmöglich sind.

44-46 *Einstweilen frei.*

47 **b) KStG. § 8 III S 2 und 3 (verdeckte Einlage und vGA).** Zwischen der verdeckten Einlage (§ 6 VI S 2 EStG, § 8 III S 3) und § 12 I kommt es zu keiner tatbestandlichen Überschneidung. Die verdeckte Einlage verlangt eine im Gesellschaftsverhältnis begründete Veranlassung. Dasselbe gilt für die ähnliche Voraussetzungen aufweisende vGA (§ 8 III S 2). Ausweislich der Gesetzesbegründung sollen von § 12 I nur betriebliche, nicht auch durch das Gesellschaftsverhältnis veranlasste Vorgänge erfasst werden.[2]

48 **§ 11 (Liquidationsbesteuerung).** § 11 ist vorrangig vor § 12 I anzuwenden. Sofern eine Gesellschaft im Fall der Sitzverlegung aufgrund gesellschaftsrechtlicher Vorgaben aufgelöst (vgl Rn 126 und 256 ff) und tatsächlich abgewickelt wird, greift § 11 vor § 12 I.[3]

49 **§ 12 II.** § 12 II ermöglicht für Vorgänge in Drittstaaten, die im Wesentlichen einer Verschmelzung iSd § 2 UmwG gleichen, Steuerneutralität bzw Steueraufschub hinsichtlich in Deutschland steuerverstrickter Wirtschaftsgüter sowohl für die beteiligten Körperschaften als auch für die Anteilseigner (iVm § 13 UmwStG). Greift § 12 II, ist eine Entstrickung nach § 12 I ausgeschlossen.

50 **§ 12 III.** § 12 III ist gegenüber § 12 I spezieller. Wird der Ort der Geschäftsleitung oder der Sitz eines Körperschaftsteuersubjekts aus der unbeschränkten Steuerpflicht eines Mitgliedstaates der EU oder eines EWR-Staates verlegt, gilt es als aufgelöst und die Rechtsfolgen des § 11 sind anzuwenden. § 12 III greift unabhängig davon ein, ob das Besteuerungsrecht an Wirtschaftsgütern des wegziehenden Körperschaftsteuersubjekts iSd § 12 I ausgeschlossen oder beschränkt wird (vgl zur Kritik Rn 261). Bei einem Wegzug innerhalb des EU-/EWR-Gebietes bleibt es allein bei der Anwendbarkeit von § 12 I.

51 **§ 13.** § 13 ist gegenüber § 12 I *lex specialis* (sog einschränkende Spezialität).[4] Der Gesetzgeber hält hingegen § 12 I neben § 13 anwendbar, sieht in der Gewährung einer Körperschaftsteuerbefreiung jedoch die Ausübung des deutschen Besteuerungsrechts und keine Beschränkung desselben.[5] Im Ergebnis sind, soweit eine Körperschaftsteuerbefreiung beginnt (§ 5, § 16 REITG), allein die Rechtsfolgen nach § 13 III-VI maßgeblich.

---

1   *Eilers/Schmidt* in H/H/R § 17 EStG Rn 352; *Töben/Reckwardt*, FR 2007, 159, 166 f.
2   BTDrs 16/2710, 31.
3   *Holland* in EY § 12 Rn 59.
4   *Kessens*, Die Besteuerung der grenzüberschreitenden Überführung von Wirtschaftsgütern, Diss 2009, S 52 f.
5   BTDrs 16/2710, 31.

Einstweilen frei. 52-53

c) AStG. § 1 I AStG. Die Tatbestände von § 1 I AStG und § 12 I konkurrieren nicht, da § 1 AStG einen durch das Gesellschaftsverhältnis veranlassten Vorgang mit einer nahestehenden Person erfordert und § 12 I ausweislich der Gesetzesbegründung nur innerbetriebliche Vorgänge erfassen soll.[1] Zudem stellt § 1 V AStG klar, dass als Geschäftsbeziehung bestimmte schuldrechtliche Vereinbarungen zu verstehen sind. Solche schuldrechtlichen Beziehungen sind zwischen Stammhaus und Betriebsstätte nicht möglich.[2] Auch durch die Neufassung des § 1 I S 3 AStG ist die Vorschrift, soweit der Ansatz des Fremdvergleichspreises zu einer weitergehenden Berichtigung führt, nicht neben § 12 I anwendbar, da § 1 I S 3 AStG nicht von der Tatbestandsmäßigkeit des § 1 I S 1 AStG entbindet. 54

§ 1 III S 9 ff AStG. Nach § 1 II FVerlV liegt eine Funktionsverlagerung iSd § 1 III S 9 AStG vor, wenn ein Unternehmen (verlagerndes Unternehmen) einem anderen, nahe stehenden Unternehmen (übernehmendes Unternehmen) Wirtschaftsgüter und sonstige Vorteile sowie die damit verbundenen Chancen und Risiken überträgt oder zur Nutzung überlässt. § 1 AStG setzt also durch das Gesellschaftsrechtsverhältnis veranlasste Vorgänge voraus, die nach der Gesetzesbegründung den Anwendungsbereich des § 12 I gerade ausschließen.[3] Damit ist eine Überführung von Wirtschaftsgütern aus dem Stammhaus in eine Betriebsstätte allein an § 12 I nicht jedoch an § 1 III S 9 ff AStG zu messen.[4] Aus demselben Grund ist auch die Verlagerung von Funktionen vom Stammhaus in eine Betriebsstätte allein an § 12 I und nicht an § 1 III S 9 AStG zu messen. Im Gegensatz zu § 1 III S 9 AStG nimmt § 12 I auf Wirtschaftsgüter Bezug, so dass eine Besteuerung ausscheidet, soweit sich eine Funktion nicht zu einem Wirtschaftsgut verdichtet hat (vgl Rn 102). 55

§§ 7 ff AStG. Das Verhältnis von § 12 I zur Hinzurechnungsbesteuerung gem § 7 ff AStG kann auf zwei Ebenen bedeutsam werden. Einerseits ist zu fragen, ob der Wegfall der Tatbestandsvoraussetzungen des §§ 7 ff AStG (zB eine Änderung des Steuersatzes über die Schwelle des § 8 III AStG oder der Wechsel einer passiven zu einer aktiven Tätigkeit) geeignet ist, die Rechtsfolgen von § 12 I bei der Ermittlung des Hinzurechnungsbetrags auf Ebene des Gesellschafters bezogen auf die stillen Reserven in der Zwischengesellschaft auszulösen. Andererseits stellt sich die Frage, ob § 12 I über § 10 III S 1 AStG auch im Ausland auf Ebene der Zwischengesellschaft für die Ermittlung des Hinzurechnungsbetrags anzuwenden ist, wenn zB eine ausländische Zwischengesellschaft ein Wirtschaftsgut aus dem im Ausland belegenen Stammhaus in eine in einem weiteren Staat belegene Betriebsstätte überführt. Hinsichtlich der ersten Frage gilt, dass eine Veränderung der Tatbestandsvoraussetzungen bei der Hinzurechnungsbesteuerung gem §§ 7 ff AStG nicht die Rechtsfolgen der allgemeinen körperschaftsteuerrechtlichen Entstrickungsvorschrift gem § 12 I herbeiführt. Eine 56

---

1 BTDrs 16/2710, 31.
2 BMF v 24.12.1999, BStBl I 1999, 1076; BMF v 29.9.2004, BStBl I 2004, 917, Tz 2.2.
3 BTDrs 16/2710, 31; *Kaminski/Strunk*, DB 2008, 2501 ff; *Schreiber* in Kroppen, Handbuch internationale Verrechnungspreise, S 42 f; *Brinkmann* in Lüdicke/Sistermann, Unternehmenssteuerrecht, 2008, § 4 Rn 292.
4 *Lenz* in Erle/Sauter § 12 Rn 28.

solche Auslegung des § 12 I würde gegen den Telos der § 7 ff AStG verstoßen, die nur für bestimmte passive Einkünfte eine Mindestbesteuerung im Ausland gewährleisten sollen.[1] In Bezug auf die zweite Frage gilt: Der Hinzurechnungsbetrag ist zwar gem § 10 III S 1 AStG nach den Vorschriften des deutschen Steuerrechts zu ermitteln, wozu grundsätzlich auch § 12 I gehört. Deutschland hat jedoch am Gewinn aus der Veräußerung der im Ausland belegenen Wirtschaftsgüter vor der Überführung keine Besteuerungsrechte, weil diese der ausländischen Gesellschaft zuzurechnen sind. Somit können durch eine Überführung auch keine Besteuerungsrechte ausgeschlossen oder beschränkt werden.[2] Wird hingegen ein Wirtschaftsgut von einer inländischen Betriebsstätte in das im Ausland belegene Stammhaus der Zwischengesellschaft überführt, greift § 12 I auf der Ebene der Zwischengesellschaft ein. Die darauf entfallende KSt/GewSt kann der inländische Gesellschafter jedoch gem § 12 I AStG anrechnen.

57 § 20 II AStG. Der Wechsel von der Anrechnungs- zur Freistellungsmethode bei einer im Ausland belegenen Betriebsstätte, also das Entfallen der Voraussetzungen des § 20 II AStG (zB bei Änderung des Steuersatzes über die Schwelle des § 8 III AStG oder der Wechsel einer passiven zu einer aktiven Tätigkeit), kann nach Teilen des Schrifttums zur Anwendung des § 12 I führen.[3] Überträgt man die Grundsätze der neueren Rechtsprechung des BFH (vgl Rn 80) auf diese Fallgruppe, so dürfte jedenfalls das Besteuerungsrecht an den bis zum Methodenwechsel entstandenen inländischen stillen Reserven (zB bei vorheriger Überführung aus dem Inland) erhalten bleiben. Soweit es sich um im Ausland entstandene stille Reserven handelt, ist der BFH-Rechtsprechung indes nicht zu entnehmen, dass diese stillen Reserven nach einem Wechsel zur Freistellungsmethode so zu behandeln seien, als greife noch die Anrechnungsmethode. Die Ablehnung einer Entstrickung aus anderen Gründen wird dadurch nicht ausgeschlossen. Der Telos von § 20 II AStG bzw des Außensteuerrechts insgesamt spricht nämlich gegen eine Entstrickungsbesteuerung (vgl Rn 142). Außerdem wird die Anwendbarkeit nicht über das Eingreifen des Regelbeispiels (§ 12 I S 2) gefordert, da durch das Entfallen der Tatbestandsvoraussetzungen des § 20 II AStG keine Änderung der Zuordnung eines Wirtschaftsguts von einer inländischen zu einer ausländische Betriebsstätte gegeben ist.

58-59 *Einstweilen frei.*

60 d) UmwStG. IRd UmwStG sind eine Reihe von Vorschriften zu beachten, die grundsätzlich eine Entstrickung zum gemeinen Wert anordnen, jedoch unter gewissen Voraussetzungen eine steuerneutrale Umwandlung ermöglichen:

- § 3 II UmwStG (Verschmelzung einer Kapitalgesellschaft auf Personengesellschaften bzw natürliche Personen);
- § 9 iVm § 3 II UmwStG (Formwechsel einer Kapital- in eine Personengesellschaft);
- §§ 11 II, 12 II und § 13 II UmwStG (Verschmelzung von Kapitalgesellschaften);

---

1   Benecke/Schnitger, IStR 2006, 765; *Wassermeyer* in F/W/B/S §§ 7-14 AStG Rn 46 ff, 60; *Wassermeyer/Schönfeld* in F/W/B/S § 10 AStG Rn 253.
2   *Schmidtmann*, IStR 2009, 295, 298.
3   *Benecke* in D/J/P/W § 12 Rn 140; aA *Schönfeld*, IStR 2010, 133, 138.

IV. Allgemeine Entstrickungsvorschrift

- § 15 I iVm § 12 II und § 13 II UmwStG (Auf- und Abspaltung von Kapitalgesellschaften);
- § 16 iVm § 3 II UmwStG (Auf- und Abspaltung von Personengesellschaften);
- § 20 II UmwStG (Einbringung von Unternehmensteilen in Kapitalgesellschaften);
- § 21 II UmwStG (Anteilstausch).

Soweit ein Vorgang vorliegt, der vom Anwendungsbereich des UmwStG erfasst wird, gehen dessen Regelungen dem § 12 I als spezialgesetzliche Normen vor.[1]

Einstweilen frei 61

e) GewStG. Bezugspunkt des Besteuerungsrecht iSd § 12 I ist nur die KSt, nicht auch die GewSt.[2] Die Verringerung des gewerbesteuerlichen Aufkommens begründet keinen Ausschluss und keine Beschränkung des Besteuerungsrechts: Das ertragsteuerliche Ergebnis bildet den Ausgangspunkt der gewerbesteuerlichen Bemessungsgrundlage. Das GewStG richtet sich also nach dem EStG bzw KStG und nicht umgekehrt. Die Anknüpfung an das gewerbesteuerliche Ergebnis würde zu einem *circulus vitiosus* führen, da sich der gewerbesteuerliche Ausgangspunkt nachträglich selbst beeinflussen würde und ist daher abzulehnen. Letztlich gilt das Prinzip, stille Reserven im letzten Zugriffszeitpunkt zu besteuern, nur im Einkommen- und Körperschaftsteuerrecht, wie auch § 7 S 2 Hs 2 GewStG zeigt, der nämlich die gewerbesteuerliche Erfassung der Aufgabe- und Veräußerungsgewinne natürlicher Personen ausschließt.[3] Dem entspricht es, dass eine § 12 I entsprechende Vorschrift im GewStG nicht vorgesehen ist. 62

Einstweilen frei. 63

f) InvStG. Eine Anwendbarkeit von § 12 I auf Ebene eines Investmentvermögens iSd InvStG kommt nicht in Betracht. Nach § 11 I InvStG ist das Investmentvermögen von der KSt befreit, so dass ein Besteuerungsrecht an Wirtschaftsgütern nicht bestehen kann. Vorgänge auf Ebene des Investmentvermögens können jedoch geeignet sein, das Besteuerungsrecht hinsichtlich des Gewinns aus der Veräußerung eines Investmentanteils auszuschließen oder zu beschränken. Überführt ein Investmentvermögen ein Wirtschaftsgut – soweit aufsichtsrechtlich zulässig – in eine im Ausland belegene Freistellungsbetriebsstätte, wird dadurch das Besteuerungsrecht hinsichtlich des Gewinns aus der Veräußerung des Investmentanteils ausgeschlossen oder beschränkt, da nach § 8 I InvStG iVm § 4 I InvStG Einkünfte, die im Falle einer Ausschüttung nach einem DBA steuerfrei wären, auch für den Fall der Veräußerung bzw Rückgabe des Investmentanteils steuerfrei gestellt sind. IÜ kommt § 12 I auf Anlegerebene hinsichtlich des Anteils am Investmentvermögen wie hinsichtlich jedes anderen Wirtschaftsguts in Betracht. 64

Einstweilen frei. 65

---

1 *Frotscher* in Frotscher/Maas § 12 Rn 18.
2 BMF v 11.11.2011, BStBl I 2011, 1314, Rn 3.18 (Umwandlungssteuer-Erlass).
3 BFH VIII R 387/83, BStBl II 1989, 187.

66 g) **Verfassungsrecht.** § 12 I ist verfassungsgemäß. Die verfassungsrechtlichen Vorgaben sind jedenfalls dann gewahrt, wenn die Norm dem Grundsatz einer Besteuerung nach Leistungsfähigkeit folgt und iÜ keine konfiskatorische Steuer darstellt.[1] § 12 I zielt auf die Besteuerung der in den Wirtschaftsgütern enthaltenen stillen Reserven und nimmt daher eine Besteuerung nach dem Grundsatz der Leistungsfähigkeit vor. Zwar fließt dem Betrieb iRe Entstrickung von Wirtschaftsgütern keine konkrete Gegenleistung zu. Erkennt man jedoch erhöhte Leistungsfähigkeit nur an, wenn diese unter Ausräumung aller Unwägbarkeiten feststeht, wie dies bei realisiertem Vermögenszuwachs der Fall ist, so würden alle bewertungsabhängigen Steuerarten, die anerkannten Entstrickungstatbestände im Einkommensteuerrecht sowie allgemein die Schätzung von Besteuerungsgrundlagen, unzulässig sein. Der rechtsstaatliche Auftrag nach einer gleichmäßigen Besteuerung (Art 3 I GG) rechtfertigt es, dass sich der Staat mit einem Wahrscheinlichkeitsurteil über die erhöhte Leistungsfähigkeit zufrieden gibt.[2] Des Weiteren verbieten Art 12 I, 14 I, II GG iVm Art 19 II GG (Wesensgehaltsgarantie) konfiskatorische Steuern. Die Steuern dürfen also weder so hoch sein, dass sie den Bürger zwingen, seinen Beruf aufzugeben, noch dürfen sie eine enteignungsgleiche Wirkung entfalten.[3] § 12 I, als Norm, die nur die Steuerentstehung dem Grunde nach regelt, weist bei einem KSt-Satz von 15 % (§ 23) unter Einbeziehung des SolZ und der GewSt keine Wirkung auf, die eine bestimmte Berufsausübung schlechthin verhindert oder die Vermögensverhältnisse des Steuerpflichtigen grundlegend beeinträchtigt. Für eine in Ausnahmefällen verbleibende unverhältnismäßige Besteuerung (zB befürchtete Insolvenz durch mangelnde Liquidität zur Steuerzahlung) besteht die Möglichkeit, dem Steuerpflichtigen die Steuer ganz oder teilweise aus Billigkeitsgründen zu erlassen (§§ 163, 227 AO) bzw zu stunden (§ 222 AO), so dass diese Einzelfälle über das Verfahrensrecht mit den verfassungsrechtlichen Vorgaben in Einklang gebracht werden können.

67 *Einstweilen frei.*

68 e) **EU-Recht. AEUV.** Durch die (Sofort-)Besteuerung der Überführung von Wirtschaftsgütern gem § 12 I greift die BRD in den Schutzbereich der Niederlassungsfreiheit gem Art 49, 54 AEUV (ex-Artikel 43, 48 EG) ein,[4] da nur der grenzüberschreitende Leistungsaustausch innerhalb eines Einheitsunternehmens eine Besteuerung nach § 12 I auszulösen geeignet ist, nicht jedoch der Leistungsaustausch eines allein im Inland belegenen Unternehmens (Verletzung der Niederlassungsfreiheit als Beschränkungsverbot).[5] Dieser Eingriff kann nicht im von § 12 vorgegebenen Umfang durch die vom EuGH anerkannten Rechtfertigungsgründe gerechtfertigt werden.[6] In der jüngst ergangenen Entscheidung des EuGH in der Rs *National*

---

1 *Tipke*, Steuerrechtsordnung, 2. Aufl, Bd I, S 478 ff.
2 *Seer* in Tipke/Lang, Steuerrecht, § 21 Rn 213.
3 BVerfG 1 BvR 301/59, 1 BvR 302/59, BVerfGE 14, 105.
4 EuGH Rs C-9/02, *Hughes de Lasteyrie du Saillant*, Slg 2004, I-2409; EuGH Rs C-470/04, *N*, Slg 2006, I-7409; EuGH Rs C-436/00, *X und Y*, Slg 2002, I-10829.
5 BFH, I R 77/06, BStBl II 2009, 464.
6 *Kessens*, Die Besteuerung der grenzüberschreitenden Überführung von Wirtschaftsgütern, Diss 2009, S 85 ff; so auch *Rödder*, IStR, 2005, 297; *Körner*, IStR, 2006, 109; *Hahn*, IStR, 2006, 797; *Benecke/Schnitger*, IStR 2006, 765; *Schnitger*, FdIB 2009, Bd 35, 183.

Grid Indus, die den Wegzug einer niederländischen BV nach Großbritannien betrifft, wird der Territorialitätsgrundsatz verbunden mit dem zeitlichen Element der Dauer der Ansässigkeit zwar grundsätzlich als geeignet angesehen, die Verletzung der Niederlassungsfreiheit in Form der wegzugsbedingten Schlussbesteuerung zu rechtfertigen.[1] Allein die Sofortbesteuerung, also die sofortige Einziehung der Steuer auf die nicht realisierten Wertzuwächse, wird als ein unverhältnismäßiges Mittel zur Durchsetzung dieses Zwecks angesehen. Hingegen hält der EuGH eine Regelung für unionsrechtskonform, die die Steuer zum Zeitpunkt des Wegzugs endgültig festsetzt und eine Stundung der Zahlung bis zur tatsächlichen Realisierung des Wirtschaftsguts vorsieht. Dabei lässt der EuGH – in Abkehr zu vorhergehenden Entscheidungen – ausdrücklich zu, dass die Stundung dieser Steuer von der Leistung einer Sicherheit (zB Bankgarantie) abhängig gemacht wird.[2] Außerdem müssen Wertminderungen, die möglicherweise nach der Überführung des Wirtschaftsguts eintreten und nicht im Aufnahmemitgliedstaat berücksichtigt werden können, nicht von der Bemessungsgrundlage der endgültig festgesetzten Steuer zum Abzug zugelassen werden.[3] Der die Wegzugssteuer festsetzende Staat ist außerdem nach seinen nationalen Regelungen zur Verzinsung der festgesetzten Steuer berechtigt.[4] Da der EuGH umfassende Nachweispflichten zur Nachverfolgung des überführten Vermögens im Zusammenhang mit dem Steueraufschub für gerechtfertigt ansieht, können die fortdauernden Nachweispflichten in schwierigen Fällen mit zahlreichen Wirtschaftsgütern belastender sein als die Sofortbesteuerung. Ein Wahlrecht des Steuerpflichtigen zwischen Sofortbesteuerung oder Stundung unter Einhaltung der Nachweispflichten sei in einer solchen Situation das mildeste Mittel.[5] Diese für den Wegzug entschiedenen Grundsätze dürften für die Überführung von Wirtschaftsgütern gleichermaßen gelten. In Anbetracht dieses EuGH-Urteils dürfte der Gesetzgeber angehalten sein, § 12 unionsrechtskonform neu zu gestalten. Bis zur Neuregelung dürfte § 12 I auf der Grundlage dieser Entscheidung gemeinschaftsrechtskonform auszulegen sein.

Offene Fragen. In der Rs *National Indus Grid* hat der EuGH die bedeutende Frage nicht beantwortet, ob bzw wann die endgültig festgesetzte Steuer zu zahlen ist, wenn das Wirtschaftsgut nicht durch Veräußerung am Markt realisiert, sondern bis zur schrottreife im Betrieb verwendet wird. Darauf musste der EuGH nach der Vorlagefrage nicht eingehen, da eine Forderung, also ein nicht abnutzbares Wirtschaftsgut ins Ausland transferiert wurde. Bei anderen abnutzbaren Wirtschaftsgütern stellt sich aber die Frage, ob nach den Vorgaben des EuGH eine Zahlung der Wegzugssteuer dadurch umgangen werden kann, dass ein Wirtschaftsgut nie veräußert und mit einem Erinnerungswert als Merkposten in der Bilanz auf ewig fortgeschrieben wird. Bei einer Einbuchung/Einlage des Wirtschaftsguts im Ausland zum gemeinen Wert dürfte dies sogar zu einer doppelten Nutzung der bis zum Wegzug vorgenommenen

69

---

1 EuGH Rs C-371/10, *National Grid Indus*, IStR 2012, 27, Rn 46.
2 EuGH Rs C-371/10, *National Grid Indus*, IStR 2012, 27, Rn 74; anders zuvor noch EuGH Rs C-470/04, *N*, Slg 2006, I-7409, Rn 37; EuGH Rs C-9/02, *Hughes de Lasteyrie du Saillant*, Slg 2004, I-2409.
3 EuGH Rs C-371/10, *National Grid Indus*, IStR 2012, 27, Tenor.
4 EuGH Rs C-371/10, *National Grid Indus*, IStR 2012, 27, Rn 73.
5 EuGH Rs C-371/10, *National Grid Indus*, IStR 2012, 27, Rn 73.

Abschreibungen führen. Wie der Begriff der Realisierung genau zu verstehen ist, wird demnach noch weiterer Konkretisierung bedürfen. Werden durch den Einsatz des abnutzbaren Wirtschaftsguts (zB Maschine) als Produktionsmittel Produkte hergestellt und veräußert, ist eine Teilrealisierung und eine damit einhergehende Teilversteuerung denkbar. Ohne eine derartige Teilrealisierung kommt auch eine Beteiligung an den im Ausland erzielten Erträgen über die Betriebsstättengewinnabgrenzung in Betracht (vgl Rn 19). Insoweit stellt sich des Weiteren die Frage, ob nicht die pauschale ratierliche Besteuerung über § 4g EStG bereits unionsrechtskonform ist. Unter Heranziehung des Anerkennungsgrundsatzes ist dies zwar zweifelhaft,[1] die Regelung stellt aber sicher, dass keine doppelte Nutzung der Abschreibung stattfindet und vollzieht auf pauschale Weise den etwaigen step-up der Abschreibungsgrundlage im Ausland durch eine Versteuerung im Inland nach. Bezogen auf die Stellung von Sicherheiten bedarf das Verhältnis der Entscheidung des EugH in der Rs *National Grid Indus* gegenüber der Rs *N* weiterer Klärung.[2] Hält der EugH das Verlangen nach Sicherheiten für überführte Wirtschaftsgüter des Betriebsvermögens für zulässig (Rs *National Grid Indus*) für Wirtschaftsgüter des Privatvermögens hingegen für unzulässig (Rs *N*), so könnten wegziehende bzw überführende vermögensverwaltende Körperschaften unter die günstiger Regelung der Rs *N* fallen.

70　**Sitzverlegung.** Vor der Entscheidung des EuGH in der Rs *National Grid Indus*[3] hat das FG Rheinland-Pfalz in einem Beschluss die Aussetzung der Vollziehung eines KSt-Bescheids angeordnet, der eine Sofortbesteuerung nach § 12 I idFd SEStEG für die Satzungs- und Verwaltungssitzverlegung einer in Deutschland ansässigen SE nach Österreich vorsah, die nach der Sitzverlegung über keine inländische Betriebsstätte mehr verfügte.[4] Auch die Forderung nach Leistung einer Sicherheit der wegziehenden SE wurde in Anlehnung an die vormals angewandten Grundsätze der Rechtsprechung des EuGH abgelehnt. In diesem Umfang dürfte die Entscheidung des FG Rheinland-Pfalz nicht aufrechtzuerhalten sein. Vor dem Hintergrund des Betriebsstätten-Erfordernisses in Art 10b Fusions-RL wird die Entscheidung insgesamt kritisiert.[5] Sitzverlegungen in Drittstaaten genießen nicht den Schutz der Grundfreiheiten des AEUV.

71　**EWR-Abkommen.** Die für den AEUV geltenden Grundsätze lassen sich auf das EWRA übertragen, da dieses im Wesentlichen dieselben Verkehrsfreiheiten enthält.[6] Die Besteuerung der Überführung von Wirtschaftsgütern sowie der Sitzverlegung können daher gegen die Niederlassungsfreiheit nach Art 31 EWRA verstoßen. Auch gegenüber Liechtenstein lässt sich § 12 I nicht mehr durch den Rechtfertigungsgrund der Wirksamkeit der steuerlichen Kontrolle rechtfertigen (sog Relativität

---

1　Kessens, Die Besteuerung der grenzüberschreitenden Überführung von Wirtschaftsgütern, Diss 2009, S 112 f.
2　EuGH Rs C-470/04, *N*, Slg 2006, I-7409, Rn 51 ff.
3　EuGH Rs C-371/10, *National Grid Indus*, IStR 2012, 27.
4　FG Rheinland-Pfalz 1 V 1217/10, IStR 2011, 308.
5　Mitschke, IStR 2011, 294, 295.
6　EuGH Rs C-471/04, *Keller Holding*, Slg 2006, I-2107, Rn 48; EuGH Rs C-452/01, *Ospelt*, Slg 2003, I 9743, Rn 29; EuGH Rs C- 286/02, *Bellio*, Slg 2004, I-3465, Rn 34.

IV. Allgemeine Entstrickungsvorschrift

der unionsrechtlichen Rechtfertigungsgründe unter den Staaten des EWRA),[1] da nunmehr auch mit Liechtenstein ein TIEA besteht.[2] Da nach Art 13 II des Abkommens dieses nur auf Besteuerungszeiträume anwendbar ist, die nach dem 1.1.2010 beginnen, kommt eine Rechtfertigung für davor liegende Besteuerungszeiträume in Betracht.

Einstweilen frei. 72-73

h) Diskriminierungsverbote in den DBA. Art 24 OECD-MA verbietet den Vertragsstaaten die steuerliche Differenzierung nach speziell genannten Merkmalen. Nach Art 24 III OECD-MA darf das Unterhalten einer Betriebsstätte im Inland nicht zur Grundlage einer unterschiedlichen steuerlichen Behandlung gemacht werden. Der Betriebsstätte soll Wettbewerbsgleichheit gegenüber im Inland ansässigen Unternehmen gewährt werden. Die Begrenzung in § 4g EStG auf unbeschränkt Steuerpflichtige diskriminiert jedoch gerade beschränkt Steuerpflichtigen, die im Inland eine Betriebsstätte betreiben und ein Wirtschaftsgut in eine weitere im EU-Ausland belegene Betriebsstätte überführen wollen.[3] Ein Verstoß gegen Art 24 III OECD-MA kann nicht gerechtfertigt werden, da die DBA-Diskriminierungsverbote als absolute Verbote einer Rechtfertigung nicht zugänglich sind.[4] Mögliche Verstöße gegen das Unionsrecht, die zu einer unionsrechtskonformen Auslegung von § 12 I führen, sind über Art 24 III OECD-MA bzw Art 24 I OECD-MA nicht auch auf in Nicht-EU-DBA-Staaten ansässige Steuerpflichtige anzuwenden, die in Deutschland eine Betriebsstätte betreiben.[5] Art 24 I bzw III OECD-MA gebieten nicht, die durch das Gemeinschaftsrecht vermittelten Vorteile auch Staatsangehörigen eines Drittstaats zu gewähren, die in Deutschland eine Betriebsstätte betreiben.[6] 74

Einstweilen frei. 75-77

5. Ausschluss oder Beschränkung des Besteuerungsrechts. a) Allgemeines. Die Auslegung von § 12 I im Widerstreit zwischen BFH und korrigierender Gesetzgebung. Intention des Gesetzgebers. Mit dem Inkrafttreten des SEStEG hat der deutsche Gesetzgeber versucht, insbesondere die Besteuerung der grenzüberschreitenden Überführung von Wirtschaftsgütern im internationalen Einheitsunternehmen auf eine gesetzliche Grundlage zu stellen. Nach dem Willen des Gesetzgebers sollte die Anwendung von § 12 I idFd SEStEG dazu führen, dass jede Überführung eines Wirtschaftsguts in eine ausländische Betriebsstätte, unabhängig von der abkommensrechtlichen Situation, die Besteuerung der in dem Wirtschaftsgut enthaltenen stillen Reserven nach sich zieht.[7] 78

---

1   EuGH Rs C-72/09, *Établissements Rimbaud SA*, IStR 2010, 842; *Kessens*, Die Besteuerung der grenzüberschreitenden Überführung von Wirtschaftsgütern, Diss 2009, S 132 ff.
2   BGBl II 2010, 950; im Einzelnen *Hecht/Lampert/Schulz*, BB 2010, 2727.
3   *Kessens*, Die Besteuerung der grenzüberschreitenden Überführung von Wirtschaftsgütern, Diss 2009, S 147 f.
4   *Rust* in Vogel/Lehner Art 24 DBA Rn 4.
5   BFH I R 63/10, BFH/NV 2011, 1428.
6   AA *Rust* in Vogel/Lehner Art 24 DBA Rn 56; *Fekar/Schnitger*, SWI 2002, 76 ff; *Hageböke/Käbisch*, IStR 2006, 849, 854; wie hier *Frenzel/Axer*, RIW 2007, 47 mwN.
7   BTDrs 16/2710, 26.

79 **Auslegung nach Maßgabe der Gesetzesbegründung des SEStEG.** In der Überführung eines Wirtschaftsguts vom inländischen Stammhaus in eine Freistellungsbetriebsstätte, ist nach der Gesetzesbegründung ein Ausschluss des Besteuerungsrechts zu sehen. Deutschland besteuert das Welteinkommen seiner unbeschränkt Steuerpflichtigen, so dass grundsätzlich von der Besteuerungsmöglichkeit der stillen Reserven von ins Ausland überführten Wirtschaftsgütern auszugehen ist. Hat Deutschland jedoch mit dem Betriebsstättenstaat ein DBA mit Freistellungsmethode abgeschlossen, so sind die der Betriebsstätte zuzuordnenden Einkünfte freizustellen (Art 7 I iVm Art 23 A OECD-MA). Aus deutscher Sicht soll durch die Freistellung von einem Ausschluss des Besteuerungsrechts hinsichtlich des Gewinns aus der Veräußerung des überführten Wirtschaftsguts auszugehen sein. Die Überführung eines Wirtschaftsguts in eine ausländische Betriebsstätte, die unter den Schutz eines DBA mit Anrechnungsmethode fällt (Anrechnungsbetriebsstätte), beschränkt nach Ansicht des Gesetzgebers das Besteuerungsrecht Deutschlands. Nach Art 7 I OECD MA iVm Art 23 B OECD MA hat Deutschland die auf die ausländischen Einkünfte gezahlte ausländische Steuer auf die deutsche ESt/KSt anzurechnen. Die Anrechnung der Steuer stellt nach der Gesetzesbegründung eine Beschränkung des Besteuerungsrechts dar. Bei der Überführung eines Wirtschaftsguts in eine Betriebsstätte, die in einem Staat belegen ist, mit dem kein DBA abgeschlossen wurde (Nicht-DBA-Betriebsstätte) liegt hiernach in der Möglichkeit der Anrechnung ausländischer Steuern gem § 34c I EStG iVm § 34d Nr 2 lit a EStG als unilaterale Maßnahme zur Beseitigung der Doppelbesteuerung ebenfalls eine Beschränkung des deutschen Besteuerungsrechts vor.

80 **Rechtsprechung des BFH.** Demgegenüber hat der BFH mit seinen Entscheidungen v 17.7.2008 und 28.10.2009 zur Rechtslage vor SEStEG der Rechtsauffassung eine Absage erteilt, dass in Wirtschaftsgütern enthaltene stille Reserven nach der Überführung in eine Freistellungsbetriebsstätte nicht mehr besteuert werden können.[1] Zudem ist zu erwarten, dass aus diesen Entscheidungen die Neujustierung der Abgrenzung von inländischen zu ausländischen Einkünften iSd §§ 34c I, 34d I Nr 2 lit a EStG folgt. Die Überführung eines Wirtschaftsguts in eine Anrechnungsbetriebsstätte oder in eine Nicht-DBA-Betriebsstätte führt danach nicht dazu, dass im Falle einer späteren Veräußerung diese stillen Reserven zu ausländischen Einkünften werden. Die im Überführungszeitpunkt im Wirtschaftsgut enthaltenen stillen Reserven können bei späterer Veräußerung so besteuert werden, als wäre das Wirtschaftsgut noch im Inland belegen. Deren Eigenschaft als inländische stille Reserven und damit auch als inländische Einkünfte im Falle einer Veräußerung gehen nicht durch die Überführung verloren. Dies soll selbst dann gelten, wenn im Inland keine Betriebsstätte mehr verbleibt, da solche Einkünfte dann als nachträgliche Einkünfte im Inland der Besteuerung unterworfen werden können. Zwar hat der BFH sich nicht ausdrücklich zur Rechtslage nach SEStEG bzw zur Auslegung des § 12 I geäußert.[2] Bei konsequenter Übertragung dieser Rechtsprechung drohte jedoch, jedenfalls

---

[1] BFH I R 77/06, BStBl II 2009, 464; BFH I R 99/08, BFH/NV 2010, 346.
[2] BFH Pressemitteilung v 8.10.2008 Nr 95/08.

IV. Allgemeine Entstrickungsvorschrift

gemessen am vom Gesetzgeber verfolgten Zweck, dass § 12 I ins Leere läuft.[1] Nach Lesart des BFH hätte nämlich im Falle der Überführung eines Wirtschaftsguts ins Ausland keine Beschränkung des Besteuerungsrechts vorgelegen, da auch nach einer Überführung die in den Wirtschaftsgütern enthaltenen stillen Reserven hätten besteuert werden können.[2]

Reaktion der Verwaltung. Die Verwaltung beabsichtigte unmittelbar im Anschluss an die Entscheidungen, diese Grundsätze nicht über den Einzelfall hinaus anzuwenden.[3] Sie ging vielmehr davon aus, dass die Urteile keine Geltung für § 12 I idFd SEStEG hätten. Die Sichtweise der Verwaltung muss insbesondere vor dem Hintergrund eines veränderten Verständnisses der Betriebsstättengewinnabgrenzung gesehen werden.[4] In Ergänzung zum Nichtanwendungserlass hat das BMF in seinem Schreiben v 25.8.2009[5] die Betriebsstätten-Verwaltungsgrundsätze v 24.12.1999[6] angepasst. Die Grundsätze des grenzüberschreitenden innerbetrieblichen Lieferungs- und Leistungsverkehrs sowie die Zuordnung von Wirtschaftsgütern zu einer Betriebsstätte wurden neu geregelt. Nach neuem Verständnis ist eine sehr viel weitreichendere Selbständigkeit der Betriebsstätte vorgesehen, als dies noch vor Einführung des SEStEG der Fall war. Zwar bleiben auch weiterhin Verträge zwischen Stammhaus und Betriebsstätte rechtlich unmöglich, so dass eine vollständige Annäherung an die Behandlung verbundener Gesellschaften ausbleibt. Die Finanzverwaltung hat sich jedoch von ihrer ursprünglichen Ansicht verabschiedet, dass aus einer „Innentransaktion" kein Gewinn eines Unternehmensteils (Betriebsstätte oder Stammhaus) entstehen könne.[7] Die Finanzverwaltung ist damit auf der Linie der OECD, den „Functionally Separate Entity Approach" in den Musterkommentar zu Art 7 II OECD-MA aufzunehmen und diese weitreichende Verselbständigung der Betriebsstätte zur Grundlage der Auslegung von Art 7 II OECD-MA zu machen.[8]

81

Ansichten des Schrifttums zur Rechtslage vor dem JStG 2010. Zahlreiche Stimmen in der Literatur folgerten aus der BFH-Rechtsprechung, dass § 12 I keinen oder nur noch einen marginalen Anwendungsbereich habe.[9] Andere Autoren sahen hingegen gewichtige Hindernisse, die neuen Grundsätze des BFH auch auf § 12 I zu übertragen, da zB eine Beschränkung des Besteuerungsrechts an zukünftigen Wertsteigerungen weiterhin gegeben sei.[10] Darüber hinaus wurde eingewandt, dass die Entstrickungsvorschriften als Vorschriften der Gewinnermittlung technisch vor einer

82

---

1 BRDrs 318/1/10, 10; *Gosch*, BFH/PR 2008, 499.
2 *Frotscher* in Frotscher § 4 EStG Rn 375a.
3 BMF v 20.5.2009, BStBl I 2009, 671.
4 *Ditz/Schneider*, DStR 2010, 81.
5 BMF v 25.8.2009, BStBl I 2009, 888.
6 BMF v 24.12.1999, BStBl I 1999, 1076.
7 *Ditz/Schneider*, DStR 2010, 81, 82.
8 Entwürfe v 7.7.2008, v 24.11.2009 unter http://www.oecd.org/dataoecd/37/8/40974117.pdf und http://www.oecd.org/dataoecd/30/52/44104593.pdf einzusehen; aA *Benecke* in D/J/P/W Vor § 12 Rn 1.
9 *Gosch*, BFH/PR 2008, 499; *Prinz*, DB 2009, 807, 810; *Schneider/Oepen*, FR 2009, 22; *Lambrecht* in Gosch § 12 Rn 38; *Körner*, IStR 2010, 208; Wissenschaftlicher Beirat EY tax, DB 2010, 1776; *Köhler*, IStR 2010, 337.
10 *Benecke* in D/J/P/W Vor § 12 Rn 3; *derselbe*, IStR 2010, 98, 102; *Mitschke*, IStR 2010, 95; *derselbe*, FR 2009, 326. So wohl auch die Finanzverwaltung vgl BMF v 8.12.2011, BStBl I 2011, 1279, Rn 7.

Gewinnabgrenzung greifen, so dass auch insoweit eine Beschränkung angenommen werden könne.[1] Nur bezogen auf einen Veräußerungsgewinn nach Gewinnabgrenzung läge allerding tatsächlich keine Beschränkung des Besteuerungsrechts vor. Da § 12 I aber als Vorschrift der Gewinnermittlung vor der Gewinnabgrenzung eingreife, sei bei einer Überführung eines Wirtschaftsguts eine Beschränkung anzunehmen. Diese gegen die BFH-Rechtsprechung vorgebrachten Argumente vermögen jedoch nicht zu überzeugen: Der Ausschluss oder die Beschränkung des Besteuerungsrechts erfordert, dass dieses Recht vor der Überführung bestanden hat. Ein Besteuerungsrecht an den zukünftigen stillen Reserven kann aber vor der Überführung mangels Existenz eben dieser nicht angenommen werden.[2] Auch dass die Gewinnabgrenzung stets vor der Gewinnermittlung vorzunehmen ist, ist zweifelhaft.[3]

83 **Reaktion des Gesetzgebers.** Um die Rechtslage nach den ergangenen Entscheidungen des BFH zu klären und dem sich abzeichnenden Leerlaufen des § 12 I zu begegnen, hat der Gesetzgeber mit dem JStG 2010 § 12 I S 2 eingeführt. Der Gesetzgeber wollte mit dem in der Vorschrift enthaltenen Regelbeispiel klarstellen, dass jedenfalls die wichtigste Fallgruppe von § 12 I (Überführung eines Wirtschaftsguts) zu einer Entstrickungsbesteuerung führt. Der Zuordnungswechsel eines Wirtschaftsguts (mit anderen Worten die Überführung von einem inländischen in einen ausländischen Betriebsteil) soll nach diesem Regelbeispiel ein Fall des § 12 I S 1 darstellen. Die Finanzverwaltung wendet nach der Stellungnahme des BMF v 18.11.2011 zu den Änderungen des JStG 2010 § 12 I S 2 entsprechend der gesetzgeberischen Intention an.[4]

84 **Verhältnis von § 12 I S 1 und 2.** Vor dem Hintergrund der Entscheidungen des BFH wurde an § 12 I S 2 bzw seinem Verhältnis zu § 12 I S 1 erhebliche Kritik geäußert.[5] So wird bemängelt, dass sich der Gesetzgeber anstatt eines Regelbeispiels in § 12 I S 2 eigentlich einer Fiktion hätte bedienen müssen, da nach der neueren Rechtsprechung die Überführung das Besteuerungsrecht gerade nicht beschränke. Nach dieser Ansicht entfaltet § 12 I S 2 daher keine Wirkungen, da das Regelbeispiel nicht von der Verpflichtung zur Erfüllung der Voraussetzungen des § 12 I S 1 entbinde.[6] Hingegen sehen die Autoren, die bereits eine Maßgeblichkeit der BFH-Rechtsprechung für § 12 I idFd SEStEG verneinen, in dem Regelbeispiel lediglich eine deklaratorische Bestätigung ihrer Auslegung von § 12 I S 1.[7]

85 **Änderung der Auslegung von § 12 I S 1 durch § 12 I S 2.** Bislang war es möglich – sofern man den in der Gesetzesbegründung niedergelegten Gesetzeszweck weitgehend ausblendete – § 12 I so auszulegen, dass die Überführung eines Wirtschaftsguts in eine im Ausland belegene Betriebsstätte keine Entstrickungsbesteuerung auslöste (vgl Rn 80). Nach Einfügung von § 12 I S 2 ist eine solche Auslegung erschwert worden.

---

1 *Benecke* in D/J/P/W Vor § 12 Rn 3.
2 *Frotscher* in Frotscher § 4 EStG Rn 375m.
3 *Ditz*, Internationale Gewinnabgrenzung bei Betriebsstätten, Diss 2003, S 51 ff.
4 BMF v 18.11.2011, BStBl I 2011, 1278.
5 *Lendewig/Jaschke*, StuB 2011, 90, 94; Wissenschaftlicher Beirat EY tax, DB 2010, 1776 ff.
6 *Lendewig/Jaschke*, StuB 2011, 90, 94.
7 *Benecke* in D/J/P/W Vor § 12 Rn 8; *Frotscher* in Frotscher § 4 EStG Rn 375g.

IV. Allgemeine Entstrickungsvorschrift

Zwar könnte man ins Feld führen, dass auch das Regelbeispiel nicht von der Tatbestandsmäßigkeit des § 12 I S 1 entbinde und daher auch § 12 I S 2 keinen oder kaum einen Anwendungsbereich habe. Formuliert der Gesetzgeber jedoch ein Regelbeispiel für einen unklaren Grundtatbestand, so entspricht es üblicher Gesetzesauslegung, eine Auslegung des Grundtatbestands zu wählen, die zumindest das Regelbeispiel erfasst.[1] Denn anders als die Gesetzesbegründung, die bei der Auslegung des Wortlauts von § 12 I S 1 nur neben anderen Auslegungskriterien zu beachten ist, ist § 12 I S 2 als ein S 1 auslegungsleitendes Regelbeispiel unmittelbar zu beachtendes Recht.

Fortsetzung der BFH-Grundsätze? Nur vor dem Hintergrund des Verstoßes gegen EU-Recht (vgl Rn 68) und den Reglungen zur Betriebsstättengewinnabgrenzung ist eine Auslegung nach Lesart des BFH noch denkbar, wonach trotz Einfügung des § 12 I S 2 die Überführung eines Wirtschaftsguts keinen Ausschluss oder Beschränkung des Besteuerungsrechts begründet (vgl auch Rn 14). Zur Verdeutlichung: Die Betriebsstättengewinnabgrenzung hat iRd Vorschriften über die Anrechnung ausländischer Steuern nach § 26 iVm §§ 34c, 34d Nr 2 lit a EStG, die beschränkte Steuerpflicht gem § 2 Nr 1 iVm § 49 I Nr 2 lit a EStG sowie den abkommensrechtlichen Regelungen über die Aufteilung von Unternehmensgewinnen (Art 7 I, II, 23 A/B OECDMA) eine gesetzliche Normierung erfahren. Daneben gibt es zudem die „Programmvorschrift" des § 50 I S 1 EStG, die die Abzugsfähigkeit von Betriebsausgaben beschränkt Steuerpflichtiger behandelt, und die als Grundlage für das Prinzip der Gewinnabgrenzung nach der wirtschaftlichen Zugehörigkeit von Ertrag und Aufwand zur Betriebsstätte dient.[2] Vor dem Hintergrund des durch diese Vorschriften geschaffenen Systems wird vertreten, dass die punktuelle Korrektur des Gesetzgebers mit § 12 I S 2 zurückstehen müsse, solange nicht die Betriebsstättengewinnabgrenzung umfassend kodifiziert werde.[3] Ob der BFH sich dieser Auffassung anschließen wird, ist nicht vorhersagbar. Es spricht jedoch unter Abwägung aller Argumente einiges dafür, dass zumindest bei der Überführung von Wirtschaftsgütern von einem inländischen in einen ausländischen Betriebsteil § 12 I anwendbar ist.[4]

86

Einheitlichkeit zukünftiger Auslegung? Da das Regelbeispiel in § 12 I S 2 nur den Zuordnungswechsel von Wirtschaftsgütern von einem inländischen Betriebsteil in einen ausländischen Betriebsteil betrifft, ist es denkbar, die Vorschrift uneinheitlich auszulegen und andere von § 12 I S 1 erfasste Fallgruppen auf Grundlage der BFH-Rechtsprechung nicht einer Entstrickungsbesteuerung zu unterwerfen. Eine solche Abweichung wird insbesondere in Fällen nahe liegen, in denen der Tatbestand von § 12 I S 1 ohnehin als zu weit erachtet wurde und auch vor dem JStG bereits eine teleologische Reduktion gefordert war. Eine sichere einheitliche Auslegung wird wahrscheinlich nur über die vollständige Kodifizierung der Betriebsstättengewinnabgrenzung hergestellt werden können.

87

Einstweilen frei.

88-90

---

1 *Musil*, FR 2011, 545, 549 f.
2 *Hidien* in K/S/M § 49 EStG Rn D 915.
3 So tendenziell *Wassermeyer*, IStR 2011, 361, 368.
4 *Hofmeister* in Blümich § 12 Rn 42.

91 **b) Bestehen eines Besteuerungsrechts aus der Veräußerung. Definition.** Der Begriff des Besteuerungsrechts hinsichtlich des Gewinns aus der Veräußerung eines Wirtschaftsguts ist vom Begriff des Besteuerungsanspruchs iSd § 37 I AO zu unterscheiden. Unter dem Besteuerungsanspruch iSd § 37 I AO ist der abstrakte Anspruch des Steuergläubigers (Staat) gegen den Steuerschuldner zu verstehen, der sich aus allen Besteuerungsgrundlagen zusammensetzt, die der Steuerpflichtige innerhalb eines VZ erfüllt hat. Das Besteuerungsrecht hinsichtlich des Gewinns aus der Veräußerung eines Wirtschaftsguts iSd § 12 I soll jedoch nur einen Teil des Besteuerungsanspruchs iSd § 37 I AO bezeichnen, nämlich den Teil, der sich aus der Besteuerung des Gewinns aus der Veräußerung eines bestimmten Wirtschaftsguts ergibt.

92 **Bestimmung eines Besteuerungsrechts aus der Veräußerung.** Für die Feststellung, ob ein Besteuerungsrecht hinsichtlich des Gewinns aus der Veräußerung besteht, ist eine Veräußerung des betreffenden Wirtschaftsguts vor der Überführung als einziger Geschäftsvorfall des VZ zu unterstellen. Wäre durch einen fiktiven Veräußerungsvorgang vor der Überführung des Wirtschaftsguts oder eines anderen Vorgangs eine Steuer festzusetzen, besteht ein Besteuerungsrecht hinsichtlich des Gewinns aus der Veräußerung dieses Wirtschaftsguts iSd § 12 I. Dabei sind alle Ebenen der Körperschaftsteuerermittlung (von der persönlichen Steuerpflicht über die sachliche Steuerpflicht bis zur Festsetzung der Steuer) zu berücksichtigen, da Beschränkungen des Besteuerungsrechts auf verschiedenen Ebenen ansetzen können:[1]

- Der Ausschluss des Besteuerungsrechts durch Verlegung von Satzungssitz und Geschäftsleitung ins Ausland hinsichtlich der in einer Anrechnungsbetriebsstätte belegenen Wirtschaftsgüter erfolgt auf Ebene der persönlichen Steuerpflicht.
- Der Ausschluss des Besteuerungsrechts durch Überführung eines Wirtschaftsguts in eine Freistellungsbetriebsstätte, erfolgt auf Ebene der sachlichen Steuerpflicht, da ein DBA mit Freistellungsmethode als Steuerbefreiung verstanden wird (Ausschluss der Steuerpflicht von Einkünften, § 2 II S 1 EStG iVm § 8 I S 1).[2]
- Eine Beschränkung des Besteuerungsrechts kann bei der Einkünfteermittlung dadurch eintreten, dass ausländische Steuern von der Summe der Einkünfte abzuziehen sind (§ 26 VI S 1 iVm § 34c II EStG).[3]
- Die Beschränkung des Besteuerungsrechts durch Überführung eines Wirtschaftsguts in eine Anrechnungsbetriebsstätte, erfolgt auf Ebene der festzusetzenden Steuer. Die Anrechnungsmethode schränkt das deutsche Veräußerungsgewinnbesteuerungsrecht auf der Ebene der festzusetzenden Steuer ein (§ 26 I).[4]

93 **Freibeträge, Verlustabzug.** Bei der Bestimmung eines Besteuerungsrechts müssen Beträge, die keinen unmittelbaren Zusammenhang zu dem Veräußerungsvorgang aufweisen, wie etwa Freibeträge gem § 25 oder ein Verlustabzug gem § 10d EStG, außer Acht bleiben.

---

1 *Becker-Pennrich*, IStR 2007, 684, 688.
2 BFH I 29/65, BStBl III 1967, 88.
3 AA *Wassermeyer*, DB 2006, 2420.
4 *Becker-Pennrich*, IStR 2007, 684, 686.

Steuerbefreiung und nichtabzugsfähige Betriebsausgaben. Soweit die von § 12 I betroffenen Wirtschaftsgüter Anteile sind, ist von einem Bestehen des Besteuerungsrechts auch in Anbetracht von § 8b II S 1, III S 1 auszugehen. Dies könnte zwar zweifelhaft sein, da der Gewinn aus der Veräußerung der Anteile bei der Ermittlung des Einkommens außer Ansatz bleibt und nur 5 % des Gewinns als nichtabzugsfähige Betriebsausgaben fingiert werden (vgl § 8b Rn 402). Die konkrete Ausgestaltung des § 8b ändert jedoch nichts an der Tatsache, dass 5 % des Gewinns aus der Veräußerung der Anteile der KSt unterliegen und daher auch ein Besteuerungsrecht hinsichtlich des Gewinns aus der Veräußerung der Anteile anzunehmen ist.

94

Zeitpunkt. Ein Zeitpunkt für das „Bestehen" eines Besteuerungsrechts ist gesetzlich nicht vorgesehen. Infolge der Konzeption des § 12 I als allgemeinen Entstrickungstatbestand ist die Prüfung des Bestehens eines Besteuerungsrechts nicht auf einen Stichtag wie das Ende eines WJ beschränkt, da auch unterjährig ein Ausschluss oder eine Beschränkung des Besteuerungsrechts erfolgen kann.

95

Körperschaftsteuerliches Besteuerungsrecht. Bezugspunkt des Besteuerungsrechts iSd § 12 I kann nur ein für körperschaftsteuerliche Zwecke maßgebliches Besteuerungsrecht sein (zur Abgrenzung des Besteuerungsrechts auf Ebene von Investmentvermögen und iRd Hinzurechnungsbesteuerung vgl Rn 56 und 64).

96

Gewerbesteuerliches Besteuerungsrecht. Unter Besteuerungsrecht iSd § 12 I ist nicht das gewerbesteuerliche Besteuerungsrecht zu verstehen. Die Verringerung des gewerbesteuerlichen Aufkommens begründet keinen Ausschluss und keine Beschränkung des Besteuerungsrechts iSd § 12 I (vgl Rn 62).

97

Beispiel[1]

Die ausschließlich in Deutschland Grundbesitz vermietende A-GmbH verlegt den Ort ihrer Geschäftsleitung in einen anderen EU-Staat, mit dem ein dem OECD-MA entsprechendes DBA abgeschlossen wurde.

Der im Beispiel genannte, grundsätzlich unter § 12 I fallende Wegzug innerhalb des EU/EWR-Gebiets (vgl Rn 126) löst dessen Rechtsfolgen nicht aus. Eine Beschränkung des deutschen Körperschaftsteuerrechts liegt nicht vor, da nach der Verlegung der Geschäftsleitung die A-GmbH aufgrund des Satzungssitzes weiterhin unbeschränkt steuerpflichtig ist und die Einkünfte aus der Veräußerung des Grundvermögens gem Art 13 I iVm Art 6 OECD-MA in Deutschland weiterhin steuerpflichtig sind. Auch wenn durch die Verlegung der Geschäftsleitung die gewerbesteuerrechtliche Betriebsleitungsbetriebsstätte ins Ausland verlegt wird, so dass in Deutschland keine Betriebsstätte verbleibt (die fremdvermieteten Grundstücke stellen nach hM keine Betriebsstätte dar;[2] gleiches gilt für den Satzungssitz[3]), begründet der Wegfall der GewSt weder einen Ausschluss noch eine Beschränkung des Besteuerungsrechts iSd § 12 I (vgl Rn 62).

1　Im Einzelnen *Mensching/Tyarks*, GmbHR 2010, 466.
2　BFH I R 80/91, BStBl II 1993, 462; BFH I R 77/88, BStBl II 1990, 166; BFH I R 84/05, BStBl II 2007, 94; BFH III R 47/03, BStBl II 2006, 78.
3　BFH I R 38/97, BStBl II 1998, 471.

98-99 *Einstweilen frei.*

100 **c) Bezugspunkt des Besteuerungsrechts. Wirtschaftsgut.** Bezugspunkt des Besteuerungsrechts ist jeweils ein konkretes Wirtschaftsgut, wobei jede Art von materiellen und immateriellen sowie erworbenen oder selbst geschaffenen Wirtschaftsgütern vom Anwendungsbereich des § 12 I erfasst wird. Tatbestandliche Relevanz haben (außer in den Fällen der Überführung von Sachgesamtheiten) nur solche Wirtschaftsgüter, die veräußerbar sind, da auch nur hinsichtlich dieser Wirtschaftsgüter ein Besteuerungsrecht hinsichtlich des Gewinns aus der Veräußerung bestehen kann. Einer § 6b-Rücklage oder einem Rechnungsabgrenzungsposten kommt daher mangels Veräußerbarkeit außerhalb der Überführung von Sachgesamtheiten keine tatbestandliche Relevanz zu.

101 **Sachgesamtheit.** Bei der Überführung von Sachgesamtheiten, zB bei der Verlegung einer Betriebsstätte oder des gesamten Unternehmens ins Ausland, ist § 12 I gleichermaßen anwendbar (auch eine Sachgesamtheit besteht aus Wirtschaftsgütern). Im Gegensatz zur Übertragung einzelner Wirtschafsgüter ist bei der Übertragung von Sachgesamtheiten auf der Rechtsfolgenseite die Besonderheit zu beachten, dass der gemeine Wert der Sachgesamtheit insgesamt angesetzt wird. Dies bedeutet, dass bei der Übertragung von Sachgesamtheiten auch ein etwaiger Firmenwert sowie passive Wirtschaftsgüter (Verbindlichkeiten und Rückstellungen) mit dem gemeinen Wert anzusetzen sind (vgl im Einzelnen Rn 160).

102 **Verlagerung geschäftswertbildender Faktoren („Geschäftschancen-Lehre").** Nach einer Auffassung unterfällt dem Tatbestand von § 12 I auch die Verlagerung von geschäftswertbildenden Faktoren (zB eine besonders qualifizierte Arbeitnehmerschaft oder eine spezielle betriebliche Organisation).[1] Danach erfasst § 12 I auch die Verlagerung von Funktionen iSd § 1 III S 9 AStG. Dem ist im Hinblick auf den Tatbestand von § 12 I, der anders als § 1 III S 9 AStG ausdrücklich nur auf ein Wirtschaftsgut Bezug nimmt, zu widersprechen. Nach § 12 I können nur solche Funktionen entstrickt werden, denen die Eigenschaft Wirtschaftsgut zu sein, zukommt (zB Geschäftsbeziehungen als immaterielles Wirtschaftsgut).[2] Dh für die Entstrickungsbesteuerung kommt nicht der weite in § 1 III S 9 AStG für verbundene Unternehmen enthaltene Ansatz zur Anwendung, sondern der vom BFH früher unter dem Gesichtspunkt der Geschäftschancenlehre entwickelte Grundsatz, wonach eine vGA nur für Geschäftschancen anwendbar ist, die infolge einer Verdichtung Wirtschaftsgutcharakter haben.[3]

103 *Einstweilen frei.*

104 **d) Ausschluss des Besteuerungsrechts. Verhältnis zur Beschränkung.** Der Ausschluss des Besteuerungsrechts ist im Vergleich zur Beschränkung die stärkste und weitreichendste Form der Beeinträchtigung des Besteuerungsrechts. Ist das Besteuerungsrecht durch Steuerbefreiung nach einem DBA ausgeschlossen, kommt eine

---

1 *Benecke* in D/J/P/W § 12 Rn 118.
2 *Holland* in EY § 12 Rn 22; vgl zu Geschäftsbeziehungen als immaterielles Wirtschaftsgut BFH I R 152/82, BFH/NV 1987, 471.
3 *Kroppen* in Kroppen § 2 FVerlV Rn 102 ff mwN.

IV. Allgemeine Entstrickungsvorschrift

weitere Beschränkung des Besteuerungsrechts nicht in Betracht. Soweit noch kein vollständiger Ausschluss des Besteuerungsrechts besteht, ist grundsätzlich eine weitere Beschränkung des Besteuerungsrechts möglich.

Ermittlung des Ausschlusses oder der Beschränkung des Besteuerungsrechts. 105
Der Ausschluss oder die Beschränkung des Besteuerungsrechts lässt sich im Wege der Fiktion prüfen: Würde sich gegenüber einer fiktiven Veräußerung nach der Überführung eines Wirtschaftsguts oder eines sonstigen Vorgangs eine Reduzierung der festzusetzenden Steuer ergeben, so liegt eine Beschränkung bzw ein Ausschluss des Besteuerungsrechts vor (vgl auch Rn 91 f). Auf der Grundlage von § 12 I idFd des SEStEG war es naheliegend, die Beschränkung anhand des konkreten Steuerbetrags zu prüfen. Mit der Einführung von § 12 I S 2 ist jedoch davon auszugehen, dass der Gesetzgeber eine pauschale bzw abstrakte Betrachtungsweise implementiert hat, da die Überführung von Wirtschaftsgütern ins Ausland (in eine Anrechnungsbetriebsstätte) eine Entstrickung auslösen soll, ohne dass es auf die Erhebung einer Steuer auf den Veräußerungsgewinn durch den ausländischen Staat ankommen soll (vgl auch Rn 112). Die abstrakte Möglichkeit einer Anrechnungsverpflichtung soll bereits ausreichend sein. Beschränkungs- bzw Ausschlusskategorien, wie die Anrechnungsverpflichtung bzw Freistellungsverpflichtung, dürften daher an die Stelle einer konkreten Prüfung des Steuerbetrags getreten sein. Diese abstrakte Betrachtungsweise dürfte auch zu berücksichtigen sein, wenn sie für den Steuerpflichtigen von Vorteil ist (vgl Rn 120).

Steuerbefreiung nach DBA. Der Ausschluss eines Besteuerungsrechts kann in 106
Form einer Steuerbefreiung greifen. Auf welcher Grundlage die Steuerbefreiung beruht, ist dabei grundsätzlich unerheblich, wobei die Steuerbefreiung nach DBA als die üblichste Form der Steuerbefreiung anzusehen ist (vgl zur Auslegung von § 12 I vgl Rn 78 ff).[1]

Körperschaftsteuerbefreiung gem § 5. Die Gewährung einer Körperschaft- 107
steuerbefreiung (§ 5) begründet keinen Ausschluss des Besteuerungsrechts iSd § 12 I S 1, da nach der Gesetzesbegründung eine Steuerbefreiung nach § 5 gerade in Ausübung des Besteuerungsrechts, also freiwillig erfolge.[2] Von Teilen des Schrifttums wurde insoweit kritisiert, dass die Befreiung nach § 5 und die Freistellung aufgrund von DBA unterschiedlich behandelt würden, obwohl es nicht ersichtlich sei, aus welchem Grund die DBA-Freistellung nicht „freiwillig" erfolge.[3] Die unterschiedliche Behandlung beider Vorschriften kann jedoch durch die vorrangige Anwendung von § 13 I als speziellere Vorschrift erklärt werden (vgl Rn 51).[4]

Ende der Steuerpflicht. Auch das Ende der Steuerpflicht kann den Ausschluss des 108
Besteuerungsrechts begründen.

---

1 *Hofmeister* in Blümich § 12 Rn 41; *Holland* in EY § 12 Rn 25.
2 BTDrs 16/2710, 31.
3 *Bilitewski*, FR 2007, 57.
4 *Kessens*, Die Besteuerung der grenzüberschreitenden Überführung von Wirtschaftsgütern, Diss 2009, S 51 f.

Beispiel

Die in Deutschland ansässige A-SE mit einer Betriebsstätte im Nicht-DBA-Drittstaat X verlegt Satzungssitz und Geschäftsleitung nach Österreich. Nach dem Wegzug (Ende der Steuerpflicht in Deutschland) kann der Gewinn aus der Veräußerung der Wirtschaftsgüter in der Anrechnungsbetriebsstätte im Drittstaat X in Deutschland nicht mehr besteuert werden. Das Ende der Steuerpflicht begründet insoweit den Ausschluss des Besteuerungsrechts (zur möglichen Unionsrechtswidrigkeit der Wegzugsbesteuerung vgl Rn 70). Selbst unter fortgesetzter Anwendung der Grundsätze der BFH-Rechtsprechung (vgl Rn 80) dürfte ein Ausschluss des Besteuerungsrechts anzunehmen sein. Es erscheint schwer vorstellbar, den Gewinn aus der Veräußerung der in der Anrechnungsbetriebsstätte befindlichen Wirtschaftsgüter als nachträgliche inländische Einkünfte anzusehen (vgl auch Rn 131).

109 **Schwierigkeiten bei der Ermittlung oder Erhebung.** Schwierigkeiten bei der Ermittlung oder Erhebung von Steuern bei grenzüberschreitenden Sachverhalten schließen das Besteuerungsrecht nicht aus.[1] Die Gefährdung des Besteuerungsrechts durch Informations- und Durchsetzungsdefizite unterscheidet sich wesentlich von einer materiell-rechtlichen Gefährdung des Besteuerungsrechts. Bei letzterer handelt es sich um eine rechtliche Verpflichtung, deren Entstehungsvoraussetzungen nachvollzogen werden können. Eine Feststellung, ob eine Gefährdung durch Informations- und Durchsetzungsdefizite vorliegt, lässt sich indessen nicht mit der gleichen Bestimmtheit treffen.

110 *Einstweilen frei.*

111 **e) Beschränkung des Besteuerungsrechts. Verpflichtung zur Steueranrechnung als Beschränkung.** Der Gesetzgeber sieht in der Verpflichtung zur Anrechnung einer ausländischen Steuer gem Art 23B OECD-MA bzw § 26 iVm § 34c EStG eine Beschränkung des Besteuerungsrechts hinsichtlich des Gewinns aus der Veräußerung eines Wirtschaftsguts (vgl Rn 79).[2] Nach Weiterentwicklung der Grundgedanken der jüngeren Entscheidungen des BFH besteht gem § 26 iVm § 34c EStG keine Anrechnungsverpflichtung hinsichtlich der im Inland gebildeten stillen Reserven, da die aus den stillen Reserven resultierenden zukünftigen Einkünfte nicht als ausländische Einkünfte iSd § 34d EStG zu qualifizieren sind (vgl Rn 80).[3] Danach ist nicht von einer Beschränkung des Besteuerungsrechts durch Überführung in eine Anrechnungsbetriebsstätte auszugehen. Durch Einfügung des Regelbeispiels in § 12 I S 2 soll jedoch jeder Zuordnungswechsel, also auch die Überführung eines Wirtschaftsguts in eine Anrechnungsbetriebsstätte, als ein Vorgang angesehen werden, der eine Beschränkung des Besteuerungsrechts herbeiführt.

112 **Beschränkung bei fehlender Anrechnungsverpflichtung.** Es stellt sich die Frage, welche Auswirkungen sich ergeben, wenn der ausländische Staat, in dem die das Wirtschaftsgut aufnehmende Betriebsstätte belegen ist, keine Steuern erhebt. In Ermangelung einer ausländischen Steuer, kann eine Anrechnungsverpflichtung nicht

---

1 *Lambrecht* in Gosch § 12 Rn 38.
2 BTDrs 16/2710, 28.
3 *Schnitger* in Lüdicke, Wo steht das Internationale Steuerrecht?, 2009, 183, 188.

IV. Allgemeine Entstrickungsvorschrift

drohen oder ausgelöst werden, so dass der inländische Besteuerungsanspruch iSd § 12 I nicht beschränkt werden kann.[1] Nach § 12 I S 2 als pauschalierend ausgestaltete Vorschrift soll jedoch jeder Zuordnungswechsel eines Wirtschaftsguts in eine im Ausland belegene Betriebsstätte die Rechtsfolgen von § 12 I S 1 auslösen, unabhängig davon, ob der ausländische Staat eine Steuer auf die Veräußerung erhebt oder nicht. Ausreichend für eine Beschränkung muss daher bereits die abstrakte Möglichkeit sein, dass eine Steuer erhoben werden könnte.

Einstweilen frei. 113

6. Fallgruppen. a) Grenzüberschreitende Überführung eines Wirtschaftsguts. 114
Regelbeispiel. Die grenzüberschreitende Überführung eines Wirtschaftsgutes ist der Grundfall, den der Gesetzgeber bei der Schaffung von § 12 I im Blick hatte und der nunmehr in § 12 I S 2 als Wechsel der Zuordnung von einer inländischen Betriebsstätte zu einer ausländischen Betriebsstätte als Regelbeispiel aufgeführt wird. Das Regelbeispiel des § 12 I S 2 ist jedoch auf den Zuordnungswechsel von einer inländischen Betriebsstätte zu einer im Ausland belegene Betriebsstätte begrenzt. § 12 I auslösende Überführungen sind jedoch auch unter im Ausland belegenen Betriebsstätten möglich (vgl Rn 119 ff).

Vermögenszuordnung. Nach welchen Grundsätzen die Vermögenszuordnung im 115 internationalen Einheitsunternehmen zu erfolgen hat, also unter welchen Voraussetzungen ein Zuordnungswechsel stattfindet, wird durch § 12 I S 2 nicht geregelt. Die Vermögenszuordnung erfolgt, wie auch nach bisherigem Recht, auf der Grundlage des Prinzips der wirtschaftlichen Zugehörigkeit, so dass grundsätzlich Wirtschaftsgüter einem Unternehmensteil zuzuordnen sind, wenn sie mit den Aufgaben des Unternehmensteils in Zusammenhang stehen und dem Unternehmensteil tatsächlich dienen.[2] Nach der Finanzverwaltung können Wirtschaftsgüter nur dem Stammhaus oder einer Betriebsstätte, nicht jedoch zwei Betriebsteilen gleichzeitig zugeordnet werden. Wenn Wirtschaftsgüter die ihnen iRd Gesamtunternehmens zugewiesene Funktion sowohl als Bestandteil des Betriebsvermögens des Stammhauses als auch einer Betriebsstätte erfüllen, hängt es entscheidend vom erkennbaren Willen der Geschäftsleitung ab, welchem Betriebsvermögen sie zuzuordnen sind,[3] wobei der buchmäßige Ausweis nur Indiz, nicht Voraussetzung der Zuordnung sein kann. Bei der Zuordnung ist jedoch die von der Verwaltung angenommene Zentralfunktion des Stammhauses zu beachten. Unter der Zentralfunktion des Stammhauses ist zu verstehen, dass die dem Gesamtunternehmen dienenden Finanzmittel und die Beteiligungen, wenn sie nicht einer in der Betriebsstätte ausgeübten Tätigkeit dienen, grundsätzlich vom Stammhaus gehalten werden.[4] Wird ein Wirtschaftgut von einem Betriebsteil nicht dauerhaft verwendet liegt nur eine Überlassung (Nutzungsentstrickung hierzu Rn 146 ff) nicht aber ein Zuordnungswechsel vor.

---

1 *Wassermeyer*, IStR 2008, 176, 177.
2 Im Einzelnen *Jacobs*, Internationale Unternehmensbesteuerung, 7. Aufl, S 684 ff; BMF v 24.12.1999, BStBl I 1999, 1076 (Betriebsstätten-Verwaltungsgrundsätze) sowie BMF v 25.8.2009, BStBl I 2009, 888.
3 BFH II R 186/80, BStBl II 1987, 550.
4 BMF v 25.8.2009, BStBl I 2009, 888, Tz 2.4.

116 **Überführung in eine Freistellungsbetriebsstätte.** Hat Deutschland mit dem Betriebsstättenstaat ein DBA mit Freistellungsmethode abgeschlossen, so ist die BRD grundsätzlich verpflichtet, die der Betriebsstätte zuzuordnenden Einkünfte freizustellen (Art 7 I iVm Art 23A OECD-MA). Auf der Grundlage der geänderten Rechtsprechung des BFH käme § 12 I nicht mehr zur Anwendung,[1] da die stillen Reserven, die in der Zeit der Zugehörigkeit zum Stammhaus entstanden sind, nach den DBA nicht freizustellen wären, und es daher an einem Ausschluss des Besteuerungsrechts iSd Vorschrift mangeln würde.[2] Durch Einfügung des Regelbeispiels in § 12 I S 2 wird jedoch jeder Zuordnungswechsel, also auch die Überführung eines Wirtschaftsguts in eine Freistellungsbetriebsstätte, als ein § 12 I auslösender Vorgang angesehen, in diesem Fall in Form des Ausschlusses des Besteuerungsrechts.

117 **Überführung in eine Anrechnungsbetriebsstätte.** Auf der Grundlage der neueren Rechtsprechung des BFH, wonach der Begriff der ausländischen Einkünfte begrenzt zu verstehen ist (vgl Rn 80), wäre eine Beschränkung des Besteuerungsrechts bei einer Überführung in eine Anrechnungsbetriebsstätte nicht gegeben. Das Regelbeispiel des § 12 I S 2 erfasst jedoch umfassend jede Überführung in eine im Ausland belegene Betriebsstätte, so dass auch in diesem Fall droht, dass die Rechtsfolgen von § 12 I ausgelöst werden.

118 **Überführung in eine Nicht-DBA-Betriebsstätte.** Nach der Gesetzesbegründung soll in der Möglichkeit der Anrechnung der ausländischen Steuer gem § 26 iVm §§ 34c I, 34d Nr 2 lit a EStG als unilaterale Maßnahme zur Beseitigung der Doppelbesteuerung eine Beschränkung des deutschen Besteuerungsrechts hinsichtlich des Gewinns aus der Veräußerung des Wirtschaftsguts liegen.[3] Der Gesetzgeber hat diese Auslegung mit Einfügung des Regelbeispiels gesetzlich festgeschrieben, so dass die Überlegungen zu einer einschränkenden Auslegung des Begriffs der ausländischen Einkünfte im Anschluss an die Rechtsprechung BFH insoweit hinfällig geworden sein dürften.

119 **Überführungen zwischen Anrechnungs- und Freistellungsbetriebsstätten.** Die Überführung eines Wirtschaftsguts von einer im Ausland belegenen Anrechnungbetriebsstätte in eine in einem anderen Staat belegene Betriebsstätte, deren Einkünfte freigestellt werden, könnte zu einer weiteren Beschränkung iSd § 12 I S 1 führen und daher dessen Rechtsfolgen auslösen. Auf der Grundlage der Gesetzesbegründung zum SEStEG ist eine Freistellung weitergehender als die Anrechnungsverpflichtung, so dass eine weitere Beschränkung vorliegt. Überträgt man hingegen die Grundsätze der neueren Rechtsprechung des BFH (vgl Rn 80) auf diese Fallgruppe, so dürfte jedenfalls das Besteuerungsrecht an den bis zur Überführung entstandenen inländischen stillen Reserven (zB bei vorheriger Überführung aus dem Inland in die Anrechnungsbetriebsstätte) erhalten bleiben. Soweit es sich um im Ausland entstandene stille Reserven handelt, ist der BFH-Rechtsprechung indes nicht zu entnehmen, dass diese

---

1 Rödder/Schumacher, DStR 2006, 1481; Wassermeyer, DB 2006, 1176.
2 Schneider/Oepen, FR 2009, 22, 28; Ditz, IStR 2009, 115; Kahle/Franke, IStR 2009, 406; Roser, DStR 2008, 2389, 2393; Prinz, DB 2009, 810.
3 BTDrs 16/2710, 28.

IV. Allgemeine Entstrickungsvorschrift

stillen Reserven nach einer Überführung in eine Freistellungsbetriebsstätte so zu behandeln seien, als greife noch die Anrechnungsmethode. Die Ablehnung einer Entstrickung aus anderen Gründen wird dadurch nicht ausgeschlossen. Würde § 12 I hier greifen, stellte sich die Frage, ob dies nicht widersprüchliche und unangemessene Rechtsfolgen nach sich zieht. Es erscheint zB kaum sinnvoll, eine Entstrickungsbesteuerung auszulösen, wenn die Anrechnungsverpflichtung bezüglich der ausländischen Steuern der Höhe nach bereits der Freistellung entspricht. Insofern ist bereits fraglich, ob noch vom Bestehen eines Besteuerungsrechts gesprochen werden kann (vgl hierzu Rn 105). Auch Überführungen im Ausland, als Teil einer Kettenüberführung aus dem Inland, haben bereits eine „Schlussbesteuerung" hinter sich, so dass in einem solchen Fall die Angemessenheit der zweiten Besteuerung des Vorgangs in Frage steht. Des Weiteren fällt dieser Vorgang nicht unter das Regelbeispiel (§ 12 I S 2), so dass eine Besteuerung auch nicht zwingend vorgeschrieben ist. Im Gegensatz zu Überführungen vom Inland ins Ausland bestehen bei Überführungen im Ausland also deutliche Zweifel, ob der Gesetzgeber eine ausreichende Grundlage für eine Entstrickungsbesteuerung geschaffen hat.

Überführung zwischen Anrechnungsbetriebsstätten. Eine sehr weitgehende Auslegung des § 12 I könnte dazu führen, dass die Überführung zwischen zwei Anrechnungsbetriebsstätten, bei denen sich im Falle der Veräußerung des Wirtschaftsguts der konkrete Anrechnungsbetrag verändert, als Beschränkung des Besteuerungsrechts angesehen wird, wenn sich der Betrag der anzurechnenden ausländischen Steuer erhöht (weil der Steuersatz in der aufnehmenden Anrechnungsbetriebsstätte höher ist). Sachgerechter ist es jedoch, auf einer abstrakteren Ebene die Beschränkung zu prüfen, dh eine Erhöhung des konkreten Anrechnungsbetrags ist unerheblich (vgl Rn 105). Eine Beschränkung sollte bei Überführung zwischen zwei Anrechnungsbetriebsstätten nicht vorliegen, da die Beschränkung des Besteuerungsrechts in Form einer Anrechnungsverpflichtung nur ausgetauscht wird.[1] IÜ ist die Besteuerungswürdigkeit dieser Fallgruppe auch nicht durch § 12 I S 2 zwingend begründet.

120

Überführung durch eine beschränkt steuerpflichtige Körperschaft. Erfolgt die Überführung durch eine beschränkt steuerpflichtige Körperschaft, indem ein Wirtschaftsgut aus einer inländischen Betriebsstätte in das im Ausland belegene Stammhaus überführt wird, so war nach früherer Literaturauffassung eine Beschränkung des Besteuerungsrechts iSd § 12 I gegeben.[2] Nunmehr hat der BFH jedoch sowohl bei der grundsätzlich einer weiten Auslegung zugänglichen Norm, wie den Einkünften aus beschränkt steuerpflichtiger selbständiger Arbeit nach § 49 I Nr 3 EStG (die eine Ausübung oder Verwertung im Inland erfordert)[3] als auch bei Betriebsstätteneinkünften gem § 49 I Nr 2 lit a EStG[4] eine nachträgliche beschränkte Steuerpflicht nach Verlegung des Wohnsitzes oder der Betriebsverlegung bejaht. Aus diesem Normverständnis

121

---

1   *Frotscher* in Frotscher/Mass § 12 Rn 35; *Lenz* in Erle/Sauter § 12 Rn 41; *Holland* in EY § 12 Rn 27.
2   *Kessens*, Die Besteuerung der grenzüberschreitenden Überführung von Wirtschaftsgütern, Diss 2009, S 60.
3   BFH I R 99/08, BFH/NV 2010, 346.
4   BFH I R 28/08, BFH/NV 2010, 432.

heraus dürfte auch insoweit nicht von einer Beschränkung des Besteuerungsrechts iSd § 12 I S 1 auszugehen sein. § 12 I S 2 erfasst hingegen auch die Überführung durch einen beschränkt Steuerpflichtigen, so dass an der fortgeltenden einschränkenden Auslegung des BFH Zweifel bestehen.[1] Zu berücksichtigen ist jedoch, dass sich die aus der Rechtsprechung folgende spätere Besteuerung von im Inland gebildeten stillen Reserven in überführten Wirtschaftsgütern in die Systematik der Besteuerung nachträglicher Einkünfte iSd § 49 I Nr 2 lit a EStG einpasst. So führt die konsequente Anwendung von § 12 I S 2 zu einer uneinheitlichen Anwendung der Grundsätze nachträglicher Einkünfte iSd § 49 I Nr 2 lit a EStG, die Anwendung der Grundsätze der Besteuerung nachträglicher Einkünfte hingegen zu einer uneinheitlichen Auslegung von § 12 I S 2. Ob die Grundsätze nachträglicher Einkünfte jedoch ausreichende Basis für eine Eingrenzung des Anwendungsbereichs des § 12 I S 2 in diesen Fällen bietet, ist zweifelhaft.

122 **Entstrickung bei Überführung in anderes Betriebsvermögen.** § 12 I ist bei der Überführung eines Wirtschaftsguts in ein anderes Betriebsvermögen nicht anwendbar (vgl Rn 39 f). § 6 V S 2 EStG gibt jedoch bei der Überführung von Wirtschaftsgütern in ein anderes Betriebsvermögen die entsprechende Anwendung von § 4 I S 4 EStG vor, der inhaltlich § 12 I S 2 entspricht. In diesem Kontext stellt sich daher die Frage der Auslegung des Regelbeispiels für Zwecke des § 6 V EStG.

Beispiel

Die im Ausland ansässige X-Ltd ist an der gewerblich tätigen und in Deutschland ansässigen XY-KG zu 100 % am Kapital der Gesellschaft beteiligt. Aus dem Gesamthandsvermögen der XY-KG wird ein Grundstück in das Vermögen der X-Ltd überführt. Die X-Ltd übt in Deutschland ansonsten keine gewerbliche Tätigkeit aus.

Der Vorgang ist grundsätzlich nach § 6 V S 3 Nr 1 EStG steuerlich begünstigt. § 6 V S 5 EStG findet in diesem Fall keine Anwendung. Es stellt sich jedoch die Frage, ob die Besteuerung der stillen Reserven sichergestellt ist. Durch die entsprechende Anwendbarkeit von § 4 I S 4 EStG könnte eine Sicherstellung der stillen Reserven verneint werden, da das Grundstück nicht mehr einer inländischen Betriebsstätte, sondern dem im Ausland belegenen Stammhaus (mangels inländischer Betriebsstätte) zuzuordnen ist. Danach würde eine Entstrickung stattfinden, obwohl das Besteuerungsrecht nicht verloren geht. Da nach § 49 I Nr 2 lit f EStG nunmehr immer Betriebsvermögen für inländische Grundstücke ausländischer Kapitalgesellschaften anzunehmen ist, hat diese Vorschrift für Zwecke des Regelbeispiels eine Betriebsstätte substituierende Funktion, so dass eine Entstrickung unterbleibt.

123-125 *Einstweilen frei.*

126 **b) Wegzug. Innerhalb des EU/EWR-Gebiets. Zivilrechtliche Zulässigkeit.** Der Wegzug einer Körperschaft durch Verlegung des Satzungssitzes kommt aufgrund gesellschaftsrechtlicher Vorgaben nur in sehr begrenztem Umfang (bei einer SE und SCE) in Betracht (vgl umfassend Rn 256). Zur mittlerweile überwiegend gesellschaftsrechtlich zulässigen Verlegung des Verwaltungssitzes vgl Rn 258.

---

1 *Hofmeister* in Blümich § 12 Rn 42.

IV. Allgemeine Entstrickungsvorschrift

Wegzug als zur Entstrickung grundsätzlich geeignete Maßnahme. Der Wegzug von Körperschaften in Form der Verlegung des Verwaltungssitzes aus dem Inland in einen EU/EWR-Staat, der zu einer Veränderung der persönlichen Steuerpflicht führt, kann die Rechtsfolgen des § 12 I auslösen.[1] Dabei ist zum einen wirtschaftsgutsbezogen der Ausschluss oder die Beschränkung des Besteuerungsrechts hinsichtlich des Gewinns aus der Veräußerung auf Ebene der wegziehenden Körperschaft festzustellen. Zum anderen ist zu untersuchen, inwieweit durch den Wegzug nur eine abkommensrechtliche Steuerbefreiung greift oder die unbeschränkte Steuerpflicht insgesamt entfällt.

Wegzug in Drittstaaten. Der Wegzug von Körperschaftsteuersubjekten vom Inland in Drittstaaten wird durch § 12 III gesondert geregelt (vgl Rn 241 ff).

Wegzug zugezogener Gesellschaften. Für zugezogene Gesellschaften mit Satzungssitz im EU-/EWR-Ausland und Verwaltungssitz im Inland, die nunmehr ihren Verwaltungssitz in ein anderes EU-/EWR-Ausland verlegen, gelten die unter Rn 127 dargestellten Grundsätze entsprechend.

Verlegung des Verwaltungssitzes. Wird der Verwaltungssitz einer Körperschaft (vgl zum Verhältnis zum Ort der Geschäftsleitung Rn 257) in einen anderen Staat verlegt, gilt die nunmehr doppelansässige Körperschaft idR aufgrund von Art 4 III OECD-MA abkommensrechtlich als in dem Staat ansässig, in dem der Ort der tatsächlichen Geschäftsleitung liegt (sog Tie-Breaker-Rule). Die Gesellschaft bleibt zwar im Inland aufgrund ihres Sitzes unbeschränkt körperschaftsteuerpflichtig, die Körperschaftsteuerpflicht wird jedoch insoweit beschränkt, wie Verteilungsnormen des DBA dem ausländischen Ansässigkeitsstaat die Besteuerungsmöglichkeit zuweisen. Das Besteuerungsrecht hinsichtlich des Gewinns aus der Veräußerung eines Wirtschaftsguts dürfte daher durch die Sitzverlegung ausgeschlossen werden, sofern nicht die Wirtschaftsgüter in einer im Inland belegenen Betriebsstätte verbleiben oder die Besteuerungsmöglichkeit nach Maßgabe des jeweils anwendbaren DBA Deutschland zugeteilt wird. Zu beachten ist außerdem ein verlegungsbedingter Zuordnungswechsel, der durch die Verlagerung der Stammhausfunktion ins Ausland eintritt (vgl hierzu auch den verschmelzungsbedingten Zuordnungswechsel Rn 199). Soweit es sich nicht um einen verlegungsbedingten Zuordnungswechsel handelt, fällt der Wegzug nicht unter § 12 I S 2 (zB hinsichtlich der Veräußerung von Luftfahrzeugen Art 13 III OECD-MA). Insoweit ist nicht sicher voraussagbar, ob die BFH-Grundsätze zur finalen Betriebsaufgabetheorie fortgelten und eine Entstrickung im Inland gebildeteter stiller Reserven unterbleibt (vgl Rn 14 und 86 ff).

Aufgabe der unbeschränkten Steuerpflicht. Werden sowohl statutarischer Sitz als auch der Ort der tatsächlichen Geschäftsleitung in einen anderen EU-/EWR-Staat verlegt, wie es bei der SE bzw SCE möglich ist, so tritt die beschränkte Steuerpflicht gem § 2 Nr 1, § 49 EStG an die Stelle der unbeschränkten Steuerpflicht. Die Rechtsfolgen von § 12 I dürften in diesem Fall hinsichtlich im Ausland befindlicher

---

1 *Holland* in EY § 12 Rn 33; *Blumenberg/Lechner*, BB-Special 8 (zu BB 2006, Heft 44), 25, 29; *Frotscher*, IStR 2006, 65, 67; *Kessler/Huck*, DK 2006, 352, 362; *Eickmann/Stein*, DStZ 2007, 723, 726.

Wirtschaftsgüter ausgelöst werden, die sich vor der Sitzverlegung in Anrechnungsbetriebsstätten befunden haben sowie möglicherweise hinsichtlich solcher Wirtschaftsgüter, an denen nach Sitzverlegung kein Besteuerungsrecht iSd § 49 EStG und unter Berücksichtigung eines anwendbaren DBA mehr besteht.[1] Bezogen auf die vor der Sitzverlegung im Ausland belegenen Wirtschaftsgüter würde es wahrscheinlich sogar unter Berücksichtigung der geänderten Rechtsprechung des BFH zu einem Ausschluss des Besteuerungsrechts kommen, da es schwer vorstellbar erscheint, auch für die Veräußerung ausländischer Wirtschaftsgüter iRd beschränkten Steuerpflicht nachträgliche inländische Einkünfte anzunehmen, wie der BFH dies in seinen Entscheidungen für die Veräußerung ehemaliger inländischer Wirtschaftsgüter eines beschränkt Steuerpflichtigen angenommen hat. Hingegen ist es offen, ob die BFH-Grundsätze zur finalen Betriebsaufgabetheorie bezogen auf die vor der Sitzverlegung im Inland belegenen Wirtschaftsgüter, deren Besteuerungsrecht ohne Zuordnungswechsel verloren geht, fortgelten werden (vgl hierzu auch Rn 130 aE und Rn 14).

132 **Unbeschränkt steuerpflichtige Anteilseigner.** Der Tatbestand des § 12 I kann nicht nur auf Ebene der wegziehenden Körperschaft, sondern auch auf der Ebene des Gesellschafters hinsichtlich der an der wegziehenden Körperschaft gehaltenen Anteile erfüllt werden. Insofern gilt § 12 I unabhängig davon, ob das Zielland der wegziehenden Körperschaft ein EU-/EWR-Staat oder ein Drittstaat ist. Ist der Anteilseigner im Inland unbeschränkt körperschaftsteuerpflichtig, so ist vor einem etwaigen Wegzug ein Besteuerungsrecht Deutschlands hinsichtlich des Gewinns aus der Veräußerung der Anteile anzunehmen. Durch Wegzug der Gesellschaft in einen Staat, mit dem kein DBA abgeschlossen wurde, wird jedenfalls auf Grundlage der Interpretation der Finanzverwaltung das Besteuerungsrecht beschränkt werden, da Deutschland gem § 26 I, VI iVm §§ 34c I, 34d I Nr 4 lit b EStG eine ausländische Steuer auf den Gewinn aus der Veräußerung anzurechnen hat. Besteht mit dem Zuzugsstaat der Körperschaft ein DBA, so ist zwischen DBA zu differenzieren, die dem Ansässigkeitsstaat der Gesellschaft das Besteuerungsrecht zusprechen (zB Tschechien, Slowakei und Zypern) und solchen, die dem Ansässigkeitsstaat des Gesellschafters das Besteuerungsrecht zusprechen. Der erste Fall führt zu einer Entstrickung, da der Zuzugsstaat der Körperschaft das Besteuerungsrecht erhält. Im anderen Fall behält Deutschland nach dem DBA mit dem Zuzugsstaat sein Besteuerungsrecht. Zu beachten ist jedoch, dass der Wegzug einer Körperschaft nicht unter vom Regelbeispiel erfasste Vorgänge fällt. Insofern ist auch in diesem Fall fraglich, ob zugunsten einer einheitlichen Auslegung im Inland gebildete stille Reserven entstrickt werden oder ob nach Maßgabe der BFH-Rechtsprechung von einem Erhalt des bisherigen Besteuerungsrechts nach den DBA auszugehen ist (vgl Rn 14 und 86 ff).

133 **Beschränkt steuerpflichtige Anteilseigner.** Ist der Anteilseigner eine beschränkt steuerpflichtige Körperschaft (§ 2 Nr 1 iVm § 49 EStG), die Anteile an einer Körperschaft hält, deren Sitz oder Geschäftsleitung bisher im Inland lag, wird das Besteuerungsrecht Deutschlands hinsichtlich des Gewinns aus der Veräußerung der Anteile bei einer Verlegung des Orts der Geschäftsleitung der inländischen Körperschaft

---
1 *Eickmann/Stein*, DStZ 2007, 723, 726.

IV. Allgemeine Entstrickungsvorschrift

ins Ausland nicht ausgeschlossen (eine Verlegung des statutarischen Sitzes kommt gesellschaftsrechtlich nur bei der SE und SCE in Betracht vgl Rn 134).[1] Dies ergibt sich in den verschiedenen Konstellationen aus den folgenden Gründen:

- wenn zwischen Ansässigkeitsstaat des Gesellschafters und Deutschland ein dem OECD-MA entsprechendes DBA besteht, war bereits vor Wegzug kein deutsches Besteuerungsrecht gegeben, so dass von einem Ausschluss nicht auszugehen ist;
- wenn zwischen Ansässigkeitsstaat des Gesellschafters und Deutschland kein DBA besteht, führt ein Wegzug der Gesellschaft zu keiner Einschränkung aufgrund der auf dem statutarischen Sitz gem § 49 I Nr 2 lit e sublit aa EStG beruhenden beschränkten Steuerpflicht.

Ausnahme: Anteile an einer SE oder SCE (§ 12 I S 1 Hs 2). Handelt es sich bei der sitzverlegenden Körperschaft um eine SE oder SCE, kann eine Verlegung des statutarischen Sitzes und des Ortes der Geschäftsleitung erfolgen. In diesem Fall gelten für die Besteuerung des Anteilseigners gem § 12 I S 1 Hs 2 iVm § 4 I S 5 EStG und § 15 Ia EStG Besonderheiten. Diese Vorschriften, die der Umsetzung von Art 10d Fusions-RL geschuldet sind, führen zu einer Unanwendbarkeit der allgemeinen körperschaftsteuerrechtlichen Entstrickungsvorschrift im Zeitpunkt der Sitzverlegung. Kommt es später zu einer Veräußerung der Anteile, wird die Gesellschaft aufgelöst oder werden die Anteile verdeckt in eine Kapitalgesellschaft eingelegt, so wird der Gewinn gem § 15 Ia EStG ungeachtet eines DBA besteuert, als hätte keine Sitzverlegung stattgefunden. Dieser kodifizierte qualifizierte Treaty-Override wird zwar kritisiert, durch die europäische Rechtsgrundlage aber für zulässig erachtet.[2] Für den Fall der beschränkten Steuerpflicht des Anteilseigners wird die Besteuerung zudem durch § 49 I Nr 2 lit e sublit bb EStG gesichert.

134

Umfang der Besteuerung gem § 4 I S 5 EStG und § 15 Ia EStG. Besteuert wird im Zeitpunkt der Veräußerung der tatsächliche Veräußerungserlös; Wertsteigerungen oder Wertverluste nach der Sitzverlegung werden mit einbezogen. Diese Regelung wird als unionsrechtswidrig kritisiert und es wird von Teilen der Literatur gefordert, die Besteuerung auf den Gewinn zu beschränken, der bis zum Zeitpunkt der Sitzverlegung in das Ausland entstanden ist.[3]

135

Einstweilen frei.

136-138

c) Weitere Fallgruppen. Entstrickung ohne Handlung des Steuerpflichtigen, Abschluss oder Änderung von DBA. Das Besteuerungsrecht iSd § 12 I kann möglicherweise auch ohne Handlungen des Steuerpflichtigen ausgeschlossen oder beschränkt werden. So könnte der Abschluss eines DBA oder die Vereinbarung der Freistellungsmethode gegenüber der vorher geltenden Anrechnungsmethode als Ausschluss des Besteuerungsrechts angesehen werden.[4] Die Entstrickung ohne Handlung eines Steuerpflichtigen wird teilweise als unbillig empfunden, teilweise wird eine

139

---

1 *Frotscher* in Frotscher/Maas § 12 Rn 114.
2 *Benecke* in D/J/P/W § 12 Rn 152; *Gosch*, IStR 2008, 413, 417.
3 *Frotscher*, IStR 2006, 65; *Stuhrmann* in Blümich § 15 EStG Rn 586.
4 *Benecke* in D/J/P/W § 12 Rn 138; *Frotscher* in Frotscher § 4 EStG Rn 383a; *Binnewies*, GmbH-StB 2008, 117, 118.

Entstrickungshandlung für erforderlich gehalten, die in diesen Fällen gerade nicht gegeben sei.[1] Insoweit ließe sich zwar die Entstrickung dadurch begründen, dass durch die Auslandsbelegenheit des Wirtschaftsguts der Steuerpflichtige die Gefährdung einer Entstrickung selbst herbeigeführt hat.[2] Dieser Fall ist indes bereits sehr weit vom primären Regelungsziel, also der Schlussbesteuerung von im Inland gebildeter stiller Reserven vor einem Transfer ins Ausland entfernt. Außerdem führt diese Fallgruppe regelmäßig zu einer Doppelbesteuerung, da ein ausländischer Staat aufgrund des Abschlusses eines DBA sicherlich keine vorgezogene Besteuerung der auf seinem Territorium belegenen Einkunftsquellen vollziehen wird (bzw die später im Zeitpunkt der Realisierung der stillen Reserven im Ausland anfallenden ausländischen Steuern können aufgrund der anwendbaren Freistellungsmethode nicht im Inland angerechnet werden; vgl § 26 Rn 8 ff). Auch könnte das Anrechnungsniveau bereits betragsmäßig der Freistellung entsprechen, so dass eine weitergehende Beschränkung fraglich ist (vgl aber Rn 105). Zudem zwingt der Anwendungsbereich des Regelbeispiels nicht, diese Fallgruppe unter § 12 I S 1 zu erfassen. Vielmehr dürfte eine teleologische Reduktion angezeigt sein.

140 **Schenkung.** Die unentgeltliche Übertragung eines Wirtschaftsguts aus betrieblichen Gründen ist an § 12 I zu messen (vgl Rn 38). Die unentgeltliche Übertragung aus „privaten" Gründen (durch das Gesellschaftsverhältnis veranlasst) wird als vGA oder verdeckte Einlage zu qualifizieren sein. Die private unentgeltliche Übertragung eines Wirtschaftsguts durch ein Körperschaftsteuersubjekt an einen Dritten ohne die Annahme einer vGA oder verdeckten Einlage ist kaum denkbar. Soweit es sich um eine Spende handelt, ist das Wirtschaftsgut gem § 9 II S 3 iVm § 6 I Nr 4 S 1 und S 4 EStG (abweichend von § 12 I) entweder mit dem Teilwert oder mit dem Buchwert anzusetzen, wenn es einem nach § 5 I Nr 9 von der KSt befreiten Körperschaftsteuersubjekt zugewandt wurde.[3]

141 **Identitätswahrender Formwechsel von ausländischen Kapital- in Personengesellschaften außerhalb des UmwStG.** Der identitätswahrende Formwechsel von Kapital- in Personengesellschaften in Drittstaaten außerhalb des UmwStG ist geeignet, die Rechtsfolgen von § 12 I auszulösen (vgl Rn 30). Zwar wird teilweise vertreten, der Vorgang sei als Veräußerung zu werten,[4] teils wird der Vorgang auch als Betriebsaufgabe angesehen.[5] Aber weder findet eine Übertragung von einem zivilrechtlichen Rechtsträger auf einen von diesem verschiedenen Rechtsträger statt, noch gibt das identische Rechtssubjekt den Betrieb auf. Der Vorgang ist danach nur an den Wertungsvorgaben des § 12 I zu messen. Für eine an einer formwechselnden Kapitalgesellschaft beteiligte Körperschaft greift § 12 I ebenfalls auf der Ebene des Anteilseigners hinsichtlich des durch den Formwechsel begründeten Wegfalls der Beteiligung.[6]

---

1   Schönfeld, IStR 2010, 133, 137; Holland in EY § 12 Rn 33; Förster, DB 2007, 72, 73.
2   Kessens, Die Besteuerung der grenzüberschreitenden Überführung von Wirtschaftsgütern, Diss 2009, S 54.
3   Seer, GmbHR 2008, 785; Woitschell in EY § 9 Rn 109 ff.
4   Schaumburg, Internationales Steuerrecht, 2. Aufl, Rn 17.171.
5   Wacker in Schmidt § 16 EStG Rn 175.
6   Benecke/Schnittker, FR 2010, 555, 563.

IV. Allgemeine Entstrickungsvorschrift

Änderung der Tätigkeit (§ 20 II AStG), Aktivitätsklauseln in DBA. Der Wechsel 142
einer passiven zu einer aktiven Tätigkeit in einer Betriebsstätte iSd § 20 II AStG
dürfte bei Auslegung des Tatbestands nach der Interpretation des Gesetzgebers zu
einer Beschränkung des Besteuerungsrechts führen (vgl auch Rn 57).[1] Mit Blick auf
den Telos von § 20 II AStG würde jedoch ein Verhalten sanktioniert, gegen das sich
das AStG gerade selbst wendet.[2] § 12 I sollte insoweit teleologisch reduziert werden.[3]
Dasselbe gilt für Aktivitätsklauseln in DBA, nach denen Deutschland anstelle der
üblicherweise vorgesehenen Freistellungsmethode die Anrechnungsmethode für
Betriebsstätteneinkünfte anwendet.[4] So wäre ebenfalls eine Entstrickung nach § 12
I denkbar, wenn durch den Wechsel von passiven zu aktiven Einkünften die Aktivitätsklausel nicht mehr greift und die Freistellungsmethode anzuwenden ist. Auf
Grund des Zwecks der Aktivitätsklauseln und des Umstands, dass das Regelbeispiel
in § 12 I S 2 eine Besteuerung in diesen Fällen nicht verpflichtend vorschreibt, sollte
§ 12 I S 1 teleologisch reduziert werden.

Änderung des Steuersatzes. Befinden sich Wirtschaftsgüter in einer Anrech- 143
nungsbetriebsstätte so stellt sich die Frage, ob die Erhöhung des die Betriebsstätte
betreffenden ausländischen Steuersatzes einen Ausschluss bzw eine Beschränkung
des Besteuerungsrechts zu begründen vermag.

Beispiel

Die A-GmbH unterhält in einem Nicht-DBA-Staat eine Betriebsstätte. In der Betriebsstätte befindet sich Anlagevermögen mit erheblichen stillen Reserven. Der ausländische Steuersatz wird von 10 % auf 15 % angehoben.

Nach enger Auslegung des § 12 I müsste der Beispielsfall den Tatbestand der
Beschränkung erfüllen, da die anzurechnenden ausländischen Steuern vor der
Steuersatzerhöhung im Falle einer Veräußerung des Anlagevermögens geringer
wären als nach der Steuersatzerhöhung. Hingegen dürfte bei einer abstrakten
Betrachtungsweise keine (weitere) Beschränkung vorliegen, wenn vor der Steuersatzerhöhung eine Anrechnungsverpflichtung bestand und auch nach der
Erhöhung nur eine Anrechnungsverpflichtung besteht (vgl Rn 105). Vor dem
Hintergrund, dass § 12 I eine Schlussbesteuerung im letztmöglichen Zugriffszeitpunkt erreichen will, und eine stufenweise Erhöhung des ausländischen Steuersatzes ständig neue Entstrickungen herbeiführen würde, erscheint eine solche
Auslegung nicht als sachgerecht.[5] IÜ erfasst § 12 I S 2 auch diese Fallgruppe nicht,
so dass § 12 I S 1 im Wege teleologischer Reduktion hier einengend ausgelegt
werden sollte.

Einstweilen frei. 144-145

---

1 *Lechner* in Blumenberg/Schäfer, S 76; *Benecke* in D/J/P/W § 12 Rn 140.
2 *Holland* in EY § 12 Rn 32.
3 *Schönfeld*, IStR 2010, 133, 138.
4 OFD Münster v 25.9.1998, IStR 1999, 81; *Wassermeyer*, IStR 2000, 65.
5 *Schönfeld*, IStR 2010, 133, 138.

146 **d) Nutzungsentstrickung.** Wird ein Wirtschaftsgut nicht auf Dauer, sondern
- nur vorübergehend einer im Ausland belegenen Betriebsstätte überlassen
- oder im Inland belassen und von einer ausländischen Betriebsstätte mitgenutzt,

so findet kein Zuordnungswechsel des Wirtschaftsguts statt, mit der Folge, dass das Besteuerungsrecht hinsichtlich des Gewinns aus der Veräußerung weder ausgeschlossen noch beschränkt wird.[1] Nach der Vorstellung des Gesetzgebers soll § 12 I diese Fälle der Nutzungsentstrickung erfassen.

147 **Überlassung an eine andere Person.** Die Nutzungsentstrickung nach § 12 I greift nur bei Nutzungsüberlassungen innerhalb desselben Rechtsträgers. Für Nutzungsüberlassungen zwischen verbundenen Unternehmen sind § 1 AStG bzw die Vorschriften über die vGA (§ 8 III S 2) vorrangig anwendbar.[2]

148 **Überlassung eines Wirtschaftsguts.** Nach der Intention des Gesetzgebers soll die nur vorübergehende Überlassung eines einem inländischen Betriebsteil zugeordneten Wirtschaftsguts an einen im Ausland belegenen Betriebsteil die Rechtsfolgen von § 12 I in Form der Nutzungsentstrickung auslösen.[3] Die Abgrenzung zwischen vorübergehender Nutzungsüberlassung und dauerhafter Überführung ist schwierig, da der Überführungsvorgang als solcher die Dauerhaftigkeit der Handlung nicht zu erkennen gibt. Zutreffend wird dem Steuerpflichtigen faktisch ein Wahlrecht zukommen, durch die entsprechende Dokumentation und Behandlung in der Steuerbilanz eine Überlassung eines Wirtschaftsgutes zu vollziehen.[4]

149 **Ausschluss und Beschränkung des Besteuerungsrechts aus der Nutzung.** Umstritten ist, ob die Nutzungsentstrickung überhaupt einen Anwendungsbereich hat. So ist nach einer Literaturansicht Bezugspunkt für das von der Nutzungsentstrickung betroffene Besteuerungsrecht das Entgelt aus der Nutzung, was zu einem Leerlaufen der Vorschrift führen würde.[5] Abkommensrechtlich hat nämlich das Besteuerungsrecht an einem Nutzungsentgelt der Staat, in dem der das Wirtschaftsgut Überlassende ansässig ist.[6] Dies gilt auch für Zwecke des § 34c EStG, so dass es nach dieser Lesart von § 12 I S 1 nie zu einem Ausschluss oder einer Beschränkung kommen kann. Nach aA ist hingegen Bezugspunkt des Besteuerungsrechts der Gewinn aus einem Außenumsatz, für dessen Generierung das zur Nutzung überlassene Wirtschaftsgut verwendet wird.[7] Diese Ansicht nimmt bei Überlassungen an ausländische Betriebsstätten regelmäßig eine Beschränkung bzw einen Ausschluss nach Maßgabe des folgenden Beispiels an:

---

1 *Holland* in EY § 12 Rn 29.
2 *Holland* in EY § 12 Rn 29.
3 BTDrs 16/2710, 28.
4 *Lenz* in Erle/Sauter § 12 Rn 46; *Wassermeyer*, IStR 2008, 176, 178; tendenziell auch *Benecke* in D/J/P/W Vor § 12 Rn 6; *Holland* in EY § 12 Rn 29.
5 *Kolbe* in H/H/R Jahresbd 2006-2008 § 12 Rn J 06-12; *Körner*, IStR 2009, 741, 750.
6 *Wassermeyer*, IStR 2008, 176, 179.
7 *Benecke* in D/J/P/W § 12 Rn 122; *Wied* in Blümich § 4 EStG Rn 488; *Frotscher* in Frotscher § 4 Rn 395.

IV. Allgemeine Entstrickungsvorschrift

Beispiel

Das im Inland belegene Stammhaus überlässt der im Ausland befindlichen Freistellungsbetriebsstätte eine Maschine, die zur Produktion von Waren verwendet wird. Da die Waren bei einer Veräußerung im Inland keiner Besteuerung unterliegen, wird das Besteuerungsrecht hinsichtlich des Gewinns aus der Nutzung der Maschine ausgeschlossen.

Diese Ansicht nimmt für sich in Anspruch, die Regelungen zur Gewinnabgrenzung nach dem Authorised OECD Approach[1] zur Selbständigkeitsfiktion einer Betriebsstätte umzusetzen.[2] Dagegen wird jedoch eingewandt, dass die von der OECD entwickelten Prinzipien zur Besteuerung von Betriebsstätten als selbständige Einheiten keine Rechtsgrundlage darstellen, § 12 I S 1 hingegen eine Rechtsgrundlage für das Eingreifen einer Entstrickungsbesteuerung („Besteuerungsrecht") erfordert, so dass von einem Zirkelschluss des Gesetzgebers auszugehen sei.[3] Es ist festzuhalten, dass der Wortlaut dieser Alternative sprachlich missglückt ist und die Vorschrift auch nach letzterer Ansicht leerlaufen dürfte, es sei denn, man sieht auch in dieser Alternative von § 12 I S 1 eine Vorschrift über die Gewinnabgrenzung. Die Prämisse dieser Ansicht, dass im Ausland produzierte Waren stets nur dort besteuert werden können, ist zweifelhaft. Dem Stammhaus könnte nach den Grundsätzen der Betriebsstättengewinnabgrenzung ein Anteil am aus der Veräußerung der Waren erzielten Gewinn zugeordnet werden, wenn das Stammhaus die Kosten für das überlassene Wirtschaftsgut getragen hat. Von einem Ausschluss oder einer Beschränkung des Besteuerungsrechts ist daher auch bei dieser Alternative des § 12 I S 1 nur dann auszugehen, wenn mit dieser Vorschrift auch die Gewinne zwischen Stammhaus und Betriebsstätte derart abgegrenzt werden, dass der Gewinn aus der Veräußerung von im Ausland produzierten Waren unter keinen Umständen einer inländischen Besteuerung unterliegt. Der Wortlaut von § 12 I S 1 deutet jedoch daraufhin die Vorschrift über die Gewinnabgrenzung vorauszusetzen und nicht selbst eine solche Vorschrift zu sein (vgl hierzu auch Rn 14). Die steuerliche Erfassung der Nutzungsüberlassung in § 12 I S 1 würde also wie bei der Überführung eines Wirtschaftsguts nur den Zeitpunkt, nicht aber das „Ob" der Besteuerung beeinflussen (vgl Rn 21). Nur unter Heranziehung des gesetzgeberischen Willens und der Annahme, § 12 I S 1 sei eine Vorschrift über die Betriebsstättengewinnabgrenzung, ist eine Auslegung vertretbar, die eine (vorgezogene) Nutzungsentstrickung erlaubt.

Dienstleistungen. § 12 I erfasst nur die Nutzung von Wirtschaftsgütern, aber nicht auch Dienstleistungen.[4] Unter Dienstleistungen sind nach den Betriebsstätten-Verwaltungsgrundsätzen grundsätzlich alle wirtschaftlichen Verrichtungen zu verstehen, die nicht in der Erzeugung von Sachgütern, sondern in persönlichen Leistungen bestehen. Als Dienstleistungen sind danach insbesondere der gesamte Bereich des

---

1 Entwürfe v 7.7.2008, v 24.11.2009 unter http://www.oecd.org/dataoecd/37/8/40974117.pdf und http://www.oecd.org/dataoecd/30/52/44104593.pdf einzusehen.
2 *Benecke* in D/J/P/W § 12 Rn 122; *Lenz* in Erle/Sauter § 12 Rn 47; *Frotscher* in Frotscher/Maas § 12 Rn 43.
3 *Lenz* in Erle/Sauter § 12 Rn 31; *Benecke/Schnitger*, IStR, 2006, 766.
4 *Ditz/Schneider*, DStR 2010, 81, 83; *Wied* in Blümich § 49 EStG Rn 87 ff.

Transportwesens, der Nachrichtenverkehr, die Baubetreuung, Instandhaltung und Übernahme von bestimmten Arbeiten zu qualifizieren.[1] Sofern eine auf persönlicher Leistung beruhende Tätigkeit von einem inländischen Betriebsteil für einen ausländischen Betriebsteil erbracht wird, richtet sich die steuerliche Beurteilung nicht nach § 12 I, sondern nach den allgemeinen Grundsätzen der Betriebsstättengewinnabgrenzung.[2]

151 **Kapital.** § 12 I soll auch auf die Überlassung von Kapital anwendbar sein; die Regeln über das Dotationskapital sind jedoch zu berücksichtigen.[3] Die Kapitalüberlassung führt danach nur dann zu einem Gewinn iHe angemessenen Vergütung, wenn das überlassene Kapital ein angemessenes Dotationskapital übersteigt.[4] Diese Auslegung berücksichtigt die gesetzgeberische Intention, eine Angleichung an die Besteuerung der Übertragungen auf sowie die Überlassungen von Wirtschaftsgütern an TG zu erreichen.[5] Es stellt sich jedoch die grundsätzliche Frage, ob die Nutzungsentstrickung in § 12 I überhaupt eine ausreichende gesetzliche Grundlage hat (vgl Rn 149).

152-154 *Einstweilen frei.*

155 **7. Rechtsfolgen. a) Entstrickung von Wirtschaftsgütern und Nutzungen. Veräußerungsfiktion.** Ist der Tatbestand des § 12 I erfüllt, so gilt das Wirtschaftsgut im Wege der Fiktion als mit dem gemeinen Wert veräußert.

156 **Innerbilanzielle Korrekturvorschrift.** Das Wirtschaftsgut ist in der Steuerbilanz mit dem gemeinen Wert anzusetzen und verbleibt auch ansonsten in der Steuerbilanz des Einheitsunternehmens (anders nur bei der unentgeltlichen, betrieblich veranlassten Zuwendung eines Wirtschaftsguts an ein anderes Steuersubjekt vgl Rn 38). Die Ergebniskorrektur erfolgt nicht außerhalb der Bilanz durch Hinzurechnung eines Differenzbetrags zum Bilanzergebnis, sondern innerhalb der Steuerbilanz (innerbilanzielle Korrekturvorschrift).[6] Die Bilanz eines Einheitsunternehmens setzt sich aus der Steuerbilanz des Stammhauses und den Betriebsstättenbilanzen bzw den Aufzeichnungen, die für die Betriebsstätten geführt werden, zusammen.[7] Ein Wirtschaftsgut ist nach einem Zuordnungswechsel zwischen Stammhaus und Betriebsstätte der Betriebsstättenbilanz bzw den Aufzeichnungen, die für die Betriebsstätte geführt werden, zuzuschreiben.

157 **Weitere Rechtsfolgen der Veräußerungsfiktion.** Die Veräußerungsfiktion greift umfassend. Dh infolge der Veräußerungsfiktion kommt es nachfolgend auch zu höheren Abschreibungen (und ggf zu einem niedrigeren im Inland anzurechnenden Gewinn bzw zu Anrechnungsüberhängen).[8] Soweit eine Veräußerung besondere Rechtsfolgen auslöst, wie zB die Steuerbefreiung nach § 8b II für die Veräußerung

---

1 BMF v 24.12.1999, BStBl I 1999, Tz 3.1.1.
2 *Ditz/Schneider*, DStR 2010, 81, 83; BMF v 24.12.1999, BStBl I 1999, Tz 3.
3 *Frotscher* in Frotscher/Maas § 12 Rn 44 ff.
4 *Frotscher* in Frotscher/Maas § 12 Rn 44 ff; BMF v 25.8.2009, BStBl I 2009, 888, Tz 2.5.
5 BTDrs 16/2710, 27.
6 *Benecke* in D/J/P/W § 12 Rn 154; *Hofmeister* in Blümich § 12 Rn 49; *Wassermeyer*, IStR 2008, 176, 177; *Holland* in EY § 12 Rn 38.
7 BMF v 24.12.1999, BStBl I 1999, Tz 1.1.4.2.
8 *Frotscher* in Frotscher/Maas § 12 Rn 49.

von Anteilen an Kapitalgesellschaften, so gelten diese Regelungen auch für den Entstrickungsgewinn iSd § 12 I.[1] Gleiches gilt zB auch bei der Entstrickung von nach § 22 UmwStG verhafteten Anteilen, welche zu einem Einbringungsgewinn I bzw II führen können oder in Bezug auf § 6 V S 4 EStG.[2]

Gemeiner Wert. Anzusetzen ist der gemeine Wert. Nach § 9 II BewG wird der gemeine Wert durch den Preis bestimmt, der im gewöhnlichen Geschäftsverkehr nach der Beschaffenheit des Wirtschaftsguts bei einer Veräußerung zu erzielen wäre. Dabei sind alle Umstände, die den Preis beeinflussen, zu berücksichtigen; ungewöhnliche und persönliche Umstände bleiben jedoch unberücksichtigt (§ 9 II S 3 BewG). Der gemeine Wert ist ausgehend vom BewG ein rein objektiver Wert, den eine Sache nach dem Grad ihrer Beschaffenheit für jeden Besitzer hat. Fällt durch den Überführungsvorgang USt an, wird diese ebenfalls vom gemeinen Wert erfasst.[3]

Kritik und Alternative des Fremdvergleichs. Der Ansatz des gemeinen Werts hat im Schrifttum Kritik erfahren. Vertreten wird, dass der Ansatz des Fremdvergleichspreises (anstatt des gemeinen Werts) Wertungsdifferenzen zwischen dem System der Besteuerung stiller Reserven und den Grundsätzen der Betriebsstättengewinnabgrenzung vermeiden würde.[4] Unter dem Fremdvergleichspreis ist der Betrag zu verstehen, der unter voneinander unabhängigen Personen unter den Verhältnissen des freien Marktes vereinbart worden wäre. Den verschiedenen Funktionen, die Betriebsstätten erfüllen können, soll dieser Wertansatz eher gerecht werden: Überführt das inländische Stammhaus Wirtschaftsgüter in eine ausländische Betriebsstätte und übernimmt diese Betriebsstätte die Funktion eines Vertriebshändlers, so würde beim Ansatz des Fremdvergleichspreises die Gewinnmarge, die auf den Vertrieb entfällt, unberücksichtigt bleiben. Beim Ansatz des gemeinen Werts würde der Verkehrswert herangezogen werden, der diesen Vertriebsgewinn bereits enthält.[5] Nach der Ansicht der Finanzverwaltung soll der gemeine Wert jedoch dem Fremdvergleichspreis weitestgehend entsprechen.[6] Dies könnte als Hinweis zu verstehen sein, dass die gängigen Methoden (zB Preisvergleichs-, Wiederverkaufspreis- oder Kostenaufschlagsmethode bzw transaktionsorientierte Gewinnmethoden) zur Bestimmung des Fremdvergleichspreises weiter verwandt werden können und auch dem gemeinen Wert entsprechen werden.[7] Sollte jedoch im Einzelfall der iRv § 12 I anzusetzende gemeine Wert dem Preis entsprechen, den die (Vertriebs-)Betriebsstätte auch im Außenverhältnis abruft, so hat für die Vertriebstätigkeit der Betriebsstätte ein Ausgleich stattzufinden. In so einem Einzelfall müsste der Betriebsstätte ihre Vertriebstätigkeit nach der Cost-Plus-Method vergütet werden.

---

1 *Hofmeister* in Blümich § 12 Rn 23; *Benecke* in D/J/P/W § 12 Rn 167.
2 AA *Benecke* in D/J/P/W § 12 Rn 156; *Lenz* in Erle/Sauter § 12 Rn 54.
3 *Holland* in EY § 12 Rn 36.
4 *Stadler/Elser* in Blumenberg/Schäfer, S 54 f; *dieselben*, BB-Special 8 (zu BB 2006, Heft 44), 18, 22.
5 *Stadler/Elser* in Blumenberg/Schäfer, 43, 54.
6 BMF v 25.8.2009, BStBl I 2009, 888, Tz 2.2.
7 *Ditz/Schneider*, DStR 2010, 81, 84.

160 **Sachgesamtheiten.** Werden Sachgesamtheiten, Teilbetriebe oder ganze Betriebsstätten überführt, so ist die Sachgesamtheit insgesamt mit dem gemeinen Wert zu bewerten.[1] In diesen Fällen kommt es auch zu einem Ansatz eines Firmenwerts, wenn der gemeine Wert der einzelnen überführten Wirtschaftsgüter hinter dem Wert der überführten Sachgesamtheit zurückbleibt.[2] Dies ist problematisch, da ein Firmenwert keinen Einzelveräußerungspreis hat, die Rechtsfolge des § 12 I S 1 (gemeiner Wert iSd § 9 II BewG) einen solchen jedoch voraussetzt.[3] Anders als bei einer einzelnen verlagerten Funktion oder Geschäftschance, die sich noch nicht zu einem Wirtschaftsgut verdichtet haben (vgl Rn 102), kommt den zusammengefassten nicht messbaren Faktoren (wie dem Ruf des Unternehmens, der Absatzorganisation, dem Kundenstamm usw) bei Sachgesamtheiten jedoch sowohl die Eigenschaft Wirtschaftsgut zu sein als auch ein Wert im Falle der Veräußerung zu.[4] Der Firmenwert ist iHd Differenz der Summe der gemeinen Werte der einzelnen Wirtschaftsgüter zum gemeinen Wert der Sachgesamtheit anzusetzen.[5] In diesem Rahmen kommen auch sämtliche passiven Wirtschaftsgüter (Verbindlichkeiten, Rückstellungen usw) mit dem gemeinen Wert zum Ansatz, was zu einem steuerlichen Verlust führen kann. Dies gilt auch für Pensionsrückstellungen, da ein Verweis auf § 6a EStG abweichend zum ersten Entwurf des SEStEG nicht Gesetz geworden ist.[6] Bei der Überführung einzelner Wirtschaftsgüter kommt es hingegen nicht zur Entstrickung eines Geschäfts- oder Firmenwerts.

161 **Nutzungsüberlassung.** Die Nutzungsüberlassung ist nach dem Wortlaut von § 12 I ebenfalls mit dem gemeinen Wert anzusetzen. Unter dem gemeinen Wert von Nutzungen ist die auf Grundlage einer Nutzungsvereinbarung erzielbare Vergütung zu verstehen.[7] Die Nutzungsentstrickung ist regelmäßig mit einem Betrag über den Selbstkosten auszuweisen, da die erzielbare Vergütung grundsätzlichen einen Gewinnaufschlag enthält (Cost-Plus-Method).[8]

162 **Zeitpunkt der Besteuerung bei Entstrickung.** Die Bewertung der Wirtschaftsgüter mit dem gemeinen Wert erfolgt in dem VZ, in dem das Besteuerungsrecht hinsichtlich des Gewinns aus der Veräußerung des Wirtschaftsguts beschränkt wird. Dies wird regelmäßig der Zeitpunkt der tatsächlichen Handlung des Steuerpflichtigen sein, kann jedoch in Ausnahmefällen (zB Inkrafttreten eines DBA) auch ein rechtlich bestimmter Zeitpunkt sein. Wenn man entgegen der hier vertretenen Auffassung eine teleologische Reduktion des Anwendungsbereichs von § 12 I S 1 für die Fälle des Ausschlusses oder der Beschränkung des Besteuerungsrechts ohne Handlung des Steuerpflichtigen (vgl Rn 139) bzw bei Änderung des Steuersatzes verneint (vgl Rn 143), stellt sich die Frage des Zeitpunkts der Entstrickung. Denn Auslöser für eine

---

1 BTDrs 16/2710, 30.
2 Zweifelnd *Frotscher* in Frotscher/Maas § 12 Rn 103; *Rödder/Schumacher*, DStR 2006, 1481, 1485; *Holland* in EY § 12 Rn 36.
3 *Kahle/Franke*, IStR 2009, 406, 410; *Rödder/Schumacher*, DStR 2006, 1481, 1485.
4 BFH I R 54/77, BStBl II 1982, 189.
5 Ansatz mit dem Teilwert *Dötsch/Pung*, DB 2006, 2648; wie hier *Jäschke*, FR 2010, 10, 18.
6 BRDrs 542/06, 8.
7 *Benecke* in D/J/P/W § 12 Rn 122 mwN.
8 AA *Holland* in EY § 12 Rn 40.

IV. Allgemeine Entstrickungsvorschrift

Entstrickung ist hier das Handeln des inländischen Gesetzgebers (bei Abschluss eines DBA infolge der notwendigen Transformation völkerrechtlicher Verträge in innerstaatliches Recht) bzw des ausländischen Gesetzgebers (bei Änderung des ausländischen Steuersatzes).

Die Entstrickung kann nach dem Wortlaut erst zu dem Zeitpunkt stattfinden, in dem das Besteuerungsrecht ausgeschlossen oder beschränkt ist. Dh tritt ein DBA mit dem 1.1. eines Jahres in Kraft, so findet die Entstrickung auch erst in diesem VZ statt, da die Steuerbefreiung für den vorangegangenen VZ noch nicht gilt und folglich auch kein Ausschluss stattgefunden haben kann. Folgt man dem Einwand, dass der Entstrickungsgewinn zu diesem Zeitpunkt bereits unter die nach dem neuen DBA anwendbare Steuerbefreiung fällt,[1] würde § 12 I S 1 in der Variante des Ausschlusses des Besteuerungsrechts nahezu keinen Anwendungsbereich haben (mit Ausnahme der betrieblich veranlassten, unentgeltlichen Übertragung eines Einzelwirtschaftsguts vgl Rn 38). Denn die Besteuerungsfolgen des § 12 I S 1 würden mit dem Ausschluss des Besteuerungsrechts zu einem Zeitpunkt greifen, in dem bereits ein DBA vor der Besteuerung schützt. Trotz der wenig überzeugenden Gesetzestechnik findet die Vorverlagerung der Entstrickung in den vorhergehenden VZ noch weniger Rückhalt im Wortlaut von § 12 I S 1.

Zeitpunkt der Besteuerung bei Nutzungsentstrickungen. Für die Bewertung der Nutzung mit dem gemeinen Wert kommen hingegen grundsätzlich drei Zeitpunkte in Betracht. Bei Beginn der Nutzungsüberlassung könnte die für die gesamte Dauer der Nutzungsüberlassung anfallende Vergütung anzusetzen sein.[2] Möglich wäre auch, dass der gemeine Wert der Nutzungsüberlassung erst bei Realisierung in einem Außenumsatz anzusetzen ist.[3] Geht man davon aus, dass die Nutzungsentstrickung mit § 12 I S 1 eine ausreichende gesetzliche Grundlage gefunden hat (vgl Rn 149), dürfte allein eine zeitraumbezogene Aufteilung und keine Zusammenballung der gesamten Nutzungsvergütung zu Beginn oder am Ende der Überlassung sachgerecht sein.

Beispiel

In den VZ 01-03 überlässt das inländische Stammhaus einer im Ausland belegenen Betriebsstätte eine Maschine für jeweils 3 Monate im Jahr. Die AfA der Maschine beträgt 12.000 EUR im Jahr und es entstehen zusätzliche Betriebskosten von ebenfalls 12.000 EUR.

Für die Nutzungsüberlassung ist beim Stammhaus der gemeine Wert anzusetzen, der sich aus den zeitanteiligen Kosten für 3 Monate zuzüglich eines Gewinnaufschlags (3.000 EUR + 3.000 EUR + Gewinnaufschlag zB 5% = 6.300 EUR) ergibt und in jedem VZ 01-03 jeweils anzusetzen ist.

Einstweilen frei.

---

1 *Wassermeyer*, IStR 2008, 176, 180.
2 *Lenz* in Erle/Sauter § 12 Rn 55.
3 *Benecke* in D/J/P/W § 12 Rn 169.

166 **b) Ausgleichsposten gem § 4g EStG. Allgemeines.** Ist der Tatbestand der allgemeinen körperschaftsteuerrechtlichen Entstrickungsvorschrift erfüllt, so kommt auf Antrag die Bildung eines Ausgleichspostens iSd § 4g EStG iHd Veräußerungsgewinns in Betracht. Durch die Bildung eines Ausgleichspostens wird eine Verteilung des Entstrickungsgewinns auf mehrere VZ und damit eine Abmilderung der Besteuerung erreicht. Die Regelung des § 4g EStG ist eine unvollständige Umsetzung der bislang in den Betriebsstätten-Verwaltungsgrundsätzen[1] geregelten Billigkeitsregelung, die steuerlichen Folgen der Überführung von Wirtschaftsgütern abzumildern.

167 **Unbeschränkte Steuerpflicht.** § 4g EStG gilt nur für unbeschränkt nicht jedoch für beschränkt steuerpflichtige Körperschaftsteuersubjekte. Dh § 4g EStG ist nur bei der Überführung eines Wirtschaftsguts vom im Inland belegenen Stammhaus in eine im Ausland belegene Betriebsstätte anwendbar, nicht hingegen bei der Überführung von der inländischen Betriebsstätte in das im Ausland belegene Stammhaus. Die fehlende Anwendbarkeit für beschränkt Steuerpflichtige stellt einen nicht hinnehmbaren Verstoß gegen die Grundfreiheiten des AEUV dar.[2]

168 **Gewerbliche Personengesellschaft.** Wird ein Wirtschaftsgut durch eine gewerblich tätige oder gewerblich geprägte Personengesellschaft überführt, an der eine Körperschaft beteiligt ist, so ist § 4g EStG auf Ebene der an der Personengesellschaft beteiligten Mitunternehmer anzuwenden.[3] Jeder einzelne Mitunternehmer kann, sofern er den persönlichen Anwendungsbereich von § 4g EStG erfüllt, einen Ausgleichsposten bilden und in einer Ergänzungsbilanz ausweisen. Wird ein Wirtschaftsgut in eine im Ausland errichtete Personengesellschaft überführt, soll § 4g EStG nicht eingreifen.[4] Dieser Auslegung ist jedoch nur insoweit zu folgen, als das überführte Wirtschaftsgut dem Gesamthandsvermögen der ausländischen Personengesellschaft zugeordnet wird.[5]

169 **Wirtschaftsgüter des Anlagevermögens.** Vom sachlichen Anwendungsbereich werden nur Wirtschaftsgüter des Anlagevermögens erfasst. Auch insoweit wird die vormals geltende Billigkeitsregelung der Betriebsstätten-Verwaltungsgrundsätze eingeschränkt, die auch Umlaufvermögen erfasste.[6]

170 **Nutzungsentstrickung.** § 4g EStG erfasst nicht fiktive Gewinne aus der Nutzung eines Wirtschaftsguts.[7]

171 **Anwendung des § 4g EStG bei Überführung von Wirtschaftsgütern.** Die Möglichkeit einen Ausgleichsposten zu bilden, ist bei der Überführung eines Wirtschaftsguts gegeben, da § 4g EStG ausdrücklich den Zuordnungswechsel zu einer im Ausland belegenen Betriebsstätte als Sachvoraussetzung angibt.[8]

---

1 BMF v 24.12.1999, BStBl I 1999, 1076.
2 *Holland* in EY § 12 KStG Rn 10; aA BRDrs 542/2/06, 1.
3 *Prinz*, GmbHR 2007, 966, 971; *Kolbe* in H/H/R § 4g EStG Rn 15; *Bodden* in Korn § 4g EStG Rn 28.
4 BTDrs 16/3369, 11.
5 *Frotscher* in Frotscher/Maas § 12 KStG Rn 58; *Kolbe* in H/H/R § 4g EStG Rn 15, 19; *Bodden* in Korn § 4g EStG Rn 30; aA *Deussen* in Bordewin/Brandt § 4g EStG Rn 22, 56; *Plewka/Staats* in Lademann § 4g EStG Rn 18.
6 *Bodden* in Korn § 4g EStG Rn 34; *Heinicke* in Schmidt § 4g EStG Rn 4.
7 *Kolbe* in H/H/R § 4g EStG Rn 17; *Kessler/Winterhalter/Huck*, DStR 2007, 133, 134; *Bodden* in Korn § 4g EStG Rn 37.
8 *Bodden* in Korn § 4g EStG Rn 36.

IV. Allgemeine Entstrickungsvorschrift

Anwendung des § 4g EStG bei Wegzug. Bei einer Verlegung des Orts der Geschäftsleitung, durch die ein Zuordnungswechsel eintritt, ist § 4g EStG anwendbar, da die Körperschaft unbeschränkt steuerpflichtig bleibt.[1] Sofern jedoch die Körperschaft durch die Sitzverlegung ihre unbeschränkte Körperschaftsteuerpflicht verliert, entfallen auch die persönlichen Voraussetzungen von § 4g I EStG. 172

EU-/EWR-Staaten. Räumlich wird nur der Zuordnungswechsel eines Wirtschaftsguts in eine Betriebsstätte von § 4g EStG begünstigt, die in einem anderen Staat der EU belegen ist. Die EWR-Staaten sind ausdrücklich nicht mit einbezogen worden. Dies stellt einen Verstoß gegen die Niederlassungsfreiheit nach Art 31 EWRA dar. 173

Antragspflicht. Die Möglichkeit Ausgleichsposten zu bilden, hängt gem § 4g EStG von der Stellung eines unwiderruflichen Antrags ab, der nur für sämtliche Wirtschaftsgüter für ein WJ einheitlich ausgeübt werden kann.[2] Eine besondere Form oder Frist ist für den Antrag nicht vorgesehen. Es ist davon auszugehen, dass der Antrag auch konkludent gestellt werden kann, zB durch den Ausweis des Ausgleichspostens in der Steuerbilanz oder durch eine Anmerkung zur Handelsbilanz iSd § 60 II S 1 EStDV.[3] Nach dem Wortlaut der Vorschrift ist das Wahlrecht nicht nur für Wirtschaftsgüter, die in eine einzige Betriebsstätte überführt werden, sondern für alle Wirtschaftsgüter, die innerhalb eines WJ in sämtliche im EU-Ausland belegene Betriebsstätten überführt werden, einheitlich auszuüben.[4] 174

Bildung und Auflösung des Ausgleichspostens. Sind die Voraussetzungen erfüllt, kann die Körperschaft iHd Differenz zwischen Buchwert und gemeinem Wert einen Ausgleichsposten ansetzen, der im WJ seiner Bildung und in den vier folgenden Jahren zu jeweils einem Fünftel aufzulösen ist. Auch Rumpf-WJ sind als WJ einzubeziehen.[5] 175

Ausgleichsposten je Wirtschaftsgut. Für jedes überführte Wirtschaftsgut ist ein eigener Ausgleichsposten zu bilden,[6] da der Steuerpflichtige auch für jedes Wirtschaftsgut nachweisen muss, ob die Voraussetzungen der vorzeitigen Auflösung iSd § 4g II EStG vorliegen (§ 4g V S 1 EStG). 176

Vorzeitige Auflösung des Ausgleichspostens. Abweichend von der Normalauflösung der Ausgleichsposten kommt eine sofortige Auflösung in Betracht, wenn 177

- das Wirtschaftsgut aus dem Betriebsvermögen der Körperschaft ausscheidet (§ 4g II S 2 Nr 1 EStG),
- das Wirtschaftsgut aus der Besteuerungshoheit eines Mitgliedstaats der EU ausscheidet (§ 4g II S 2 Nr 2 EStG) oder
- die in dem Wirtschaftsgut enthaltenen stillen Reserven nach ausländischem Steuerrecht aufgedeckt wurden oder nach deutschem Steuerrecht hätten aufgedeckt werden müssen (§ 4g II S 2 Nr 3 EStG).

---

1 *Förster*, DB 2007, 72; *Heinicke* in Schmidt § 4g EStG Rn 4.
2 *Bodden* in Korn § 4g EStG Rn 42; *Frotscher* in Frotscher/Maas § 12 Rn 63.
3 *Kolbe* in H/H/R § 4g EStG Rn 20.
4 *Frotscher* in Frotscher/Maas § 12 Rn 64; unklar BTDrs 16/3369, 5.
5 *Heinicke* in Schmidt § 4g EStG Rn 10; *Bodden* in Korn § 4g EStG Rn 52.
6 *Frotscher* in Frotscher/Maas § 12 Rn 65.

178	Darüber hinaus ist bei einem Verstoß gegen Mitwirkungs- und Anzeigepflichten die Auflösung des Ausgleichspostens vorgesehen, § 4g V S 2 EStG.
	Rückführung von Wirtschaftsgütern. § 4g III EStG regelt die Rückführung von Wirtschaftsgütern, für die ein Ausgleichsposten gebildet wurde. Ziel der Vorschrift ist es, die im Inland aufgedeckten und bereits anteilig versteuerten stillen Reserven nicht doppelt zu versteuern und andererseits für im Ausland eingetretene Wertveränderungen im Inland eine steuerneutrale Aufstockung zu verhindern.[1]
179-181	*Einstweilen frei.*
182	**8. Verstrickung.** Korrespondierend zur Entstrickung wurde in §§ 4 I S 8 Hs 2, 6 I Nr 5a EStG ein Verstrickungstatbestand geschaffen. Wird ein Besteuerungsrecht hinsichtlich des Gewinns aus der Veräußerung eines Wirtschaftsguts begründet, welches vorher nicht bestand, so ist das Wirtschaftsgut mit dem gemeinen Wert anzusetzen. Im Gegensatz zur Verstrickung von Wirtschaftsgütern wurde eine Nutzungsverstrickung nicht kodifiziert.
183	*Einstweilen frei.*
184	**V. Verschmelzungen in Drittstaaten (§ 12 II). 1. Allgemeines. Realisierung stiller Reserven aufgrund eines Umwandlungsvorgangs.** Die von § 12 II begünstigte Verschmelzung ist ein Vorgang, bei dem es zu einem Rechtsträgerwechsel hinsichtlich der übergehenden Wirtschaftsgüter kommt, was grundsätzlich zu einer Realisierung der in den übergehenden Wirtschaftsgütern enthaltenen stillen Reserven führt.[2]
185	**Buchwertfortführung nach dem UmwStG.** Das UmwStG ermöglicht einen Besteuerungsaufschub hinsichtlich dieser stillen Reserven durch Buchwertfortführung, da betriebswirtschaftlich erwünschte Umstrukturierungen von Unternehmen nicht durch die Aufdeckung und Besteuerung von stillen Reserven erschwert oder unmöglich gemacht werden sollen. Der Steuersubjektswechsel, bezogen auf die stillen Reserven, wird begünstigt, da der Steuerpflichtige dasselbe wirtschaftliche Engagement an den betroffenen Wirtschaftsgütern in lediglich anderer Form fortführt. Vom persönlichen Anwendungsbereich des UmwStG sind jedoch nur Rechtsträger erfasst, die nach den Rechtsvorschriften eines Mitgliedstaats der EU oder eines Staates, auf den das Abkommen über den EWR Anwendung findet (Island, Norwegen, Liechtenstein), gegründet wurden.
186	**Begünstigung von Drittstaatsumwandlungen.** § 12 II S 1 erweitert diese Begünstigung auf Verschmelzungen zwischen beschränkt steuerpflichtigen Körperschaften, die in demselben Drittstaat ansässig sind. Für die Besteuerung der Anteilseigner bei Verschmelzungen in Drittstaaten ist über § 12 II S 2 § 13 UmwStG entsprechend anwendbar, wenn die Anteile im Betriebsvermögen gehalten werden oder Anteile iSd § 17 EStG vorliegen.[3] Werden die Anteile im Privatvermögen gehalten (§ 20 EStG) ist § 20 IVa S 1 und 2 EStG anzuwenden. Sowohl für im Betriebsvermögen als auch für im Privatvermögen gehaltene Anteile wird somit der Austausch von im Inland steuerverstrickten Anteilen an der übertragenden Körperschaft mit Anteilen an der überneh-

---

1 Im Einzelnen *Kessler/Winterhalter/Huck*, DStR 2007, 133; *Heinicke* in Schmidt § 4g EStG Rn 13 ff.
2 BFH IX R 71/07, BStBl II 2009, 13; *Schnitger/Rometzki*, FR 2006, 845 ff.
3 BMF v 11.11.2011, BStBl I 2011, 1314, Rn 13.01 (Umwandlungssteuer-Erlass).

V. Verschmelzungen in Drittstaaten

menden Körperschaft steuerneutral gestellt, sofern das Besteuerungsrecht hinsichtlich des Gewinns aus der Veräußerung der Anteile nicht beschränkt wird (zu den Unterschieden zwischen privat und betrieblich gehaltenen Anteilen vgl Rn 219). Damit führt § 12 II keine steuerrechtliche Gleichstellung von Umwandlungsvorgängen in Drittstaaten mit solchen innerhalb des EU/EWR-Raumes herbei, sondern legt für steuerbegünstigte Unternehmensumstrukturierungen einen sehr beschränkten persönlichen und sachlichen Anwendungsbereich fest.

Kritik. Im Hinblick auf den sachlichen Anwendungsbereich des § 12 II wird die Beschränkung allein auf Verschmelzungen kritisiert.[1] Da der Gesetzgeber jedoch nicht verpflichtet ist, Regelungen für Verschmelzungen in Drittstaaten einzuführen, ist dies nur ein rechtspolitischer (jedoch berechtigter) Hinweis. 187

Einstweilen frei. 188

2. Ebene der Körperschaft (§ 12 II S 1). a) Persönlicher Anwendungsbereich. Beschränkte Steuerpflicht des übertragenden Rechtsträgers. Der persönliche Anwendungsbereich des § 12 II erstreckt sich nur auf im Inland beschränkt steuerpflichtige Körperschaften, Personenvereinigungen oder Vermögensmassen (zum Begriff vgl § 2 Rn 47 ff). 189

Beschränkte oder unbeschränkte Steuerpflicht des übernehmenden Rechtsträgers. § 12 II S 1 sieht ausweislich seines Wortlauts nur vor, dass der übertragende Rechtsträger beschränkt steuerpflichtig sein muss. Der übernehmende Rechtsträger kann demgegenüber auch unbeschränkt steuerpflichtig sein.[2] Da es sich jedoch bei dem übernehmenden Rechtsträger um einen Rechtsträger handeln muss, dessen Gesellschaftsstatut mit dem des übertragenden Rechtsträgers übereinstimmen muss („desselben ausländischen Staates"), kommen insoweit nur Fälle in Betracht, in denen eine Drittstaatsgesellschaft den Ort der Geschäftsleitung ins Inland verlegt hat. Aufgrund der in Deutschland kollisionsrechtlich noch vorherrschenden Sitztheorie ist ein Zuzug von Drittstaatsgesellschaften nur in wenigen Fällen gesellschaftsrechtlich möglich, wie zB hinsichtlich der USA, da im Verhältnis zur USA das Freundschafts- und Handelsabkommen die Anwendung der Gründungstheorie vorschreibt.[3] 190

Rechtsformen. Das Gesetz benutzt in § 12 II die Formulierung „Körperschaften, Personenvereinigungen oder Vermögensmassen". Dies korrespondiert mit dem persönlichen Anwendungsbereich von § 2 Nr 1, welcher ebenfalls nicht auf bestimmte Rechtsformen beschränkt ist (vgl § 2 Rn 54 ff). Personengesellschaften und natürliche Personen sind nicht vom persönlichen Anwendungsbereich erfasst. 191

Sitz und Ort der Geschäftsleitung in Drittstaaten (§ 12 II S 1 Nr 4). Zudem dürfen weder der übertragende noch der übernehmende Rechtsträger inländische oder nach dem Recht eines EU- bzw EWR-Staats gegründete Gesellschaften sein, die über einen Sitz und/oder einen Ort der Geschäftsleitung innerhalb des EU-/EWR-Gebiets verfügen (§ 12 II S 1 Nr 4 iVm § 1 II S 1 und 2 UmwStG). 192

---

1 *Lambrecht* in Gosch § 12 Rn 54.
2 *Benecke* in D/J/P/W § 12 Rn 171.
3 BGBl II 1956, 763.

193 **Körperschaft desselben ausländischen Drittstaates.** § 12 II S 1 fordert ausweislich des Gesetzeswortlauts, dass übertragender und übernehmender Rechtsträger aus demselben Staat stammen müssen, also nach dem gleichen ausländischen Recht errichtet sein müssen.[1] Soweit der statutarische Sitz des übertragenden und übernehmenden Rechtsträgers in verschiedenen Drittstaaten liegt, ist § 12 II ausgeschlossen. Liegt hingegen nur der Ort der Geschäftsleitung in unterschiedlichen Drittstaaten, sollte § 12 II S 1 weiterhin anwendbar sein.[2]

194 *Einstweilen frei.*

195 **b) Sachlicher Anwendungsbereich. Einer Verschmelzung vergleichbar.** In sachlicher Hinsicht werden nur Vorgänge erfasst, die einer Verschmelzung iSd § 2 UmwG gesellschaftsrechtlich vergleichbar sind. Dh der im Ausland vollzogene Vorgang muss zunächst seinem Wesen nach einer Verschmelzung nach deutschem Umwandlungsrecht sowohl in Voraussetzungen als auch Rechtsfolgen entsprechen.[3] Eine Verschmelzung setzt voraus, dass die übertragende Körperschaft ihr gesamtes Aktiv- und Passivvermögen im Wege der Gesamtrechtsnachfolge auf eine bestehende oder iRd Verschmelzung neu gegründete Gesellschaft ohne Liquidationsverfahren überträgt, wobei die Anteilseigner des erlöschenden Rechtsträgers Anteilsrechte an dem übernehmenden Rechtsträger erhalten.[4] Das Erfordernis der Anteilsgewährung entfällt in analoger Anwendung des § 54 I S 3 UmwG, wenn alle Anteilseigner des übertragenden Rechtsträgers auf die Anteilsgewährung verzichten.[5]

196 **Gesamtrechtsnachfolge.** Sofern der ausländische Staat einen Regelungsmechanismus bereitstellt, der nur ein der Gesamtrechtsnachfolge vergleichbares wirtschaftliches Ergebnis erzielt, aber zivilrechtlich Einzelrechtsnachfolge bleibt, entfällt eine Begünstigung des Vorgangs.[6] Die Gesamtrechtsnachfolge ist Wesensmerkmal der Verschmelzung und in § 12 II durch „Die Übertragung des Vermögens ... als Ganzes" ausdrücklich benannt. Darüber hinaus muss der Vorgang rechtsgeschäftlicher Art und zivilrechtlich wirksam sein.

197 **Barzuzahlungen.** IÜ ist die Regelung zur baren Zuzahlung zu beachten (§ 54 IV UmwG). IRe Verschmelzung darf keine bare Zuzahlung als Spitzenausgleich gezahlt werden, die 10% des Nennbetrags der gewährten Anteile übersteigt.[7] Bei einer unter dieser Schwelle liegenden Zuzahlung ist der Vorgang zwar insoweit steuerbar (vgl Rn 200), bleibt aber grundsätzlich begünstigt.

198 **Sicherstellung der Besteuerung mit KSt (§ 12 II S 1 Nr 1).** Nach § 12 II S 1 Nr 1 muss weiterhin sichergestellt sein, dass die übergehenden Wirtschaftsgüter nach der Verschmelzung bei der übernehmenden Körperschaft der Besteuerung mit KSt unterliegen. Damit wird zum einen der eingangs beschriebene persönliche An-

---

1 *Hofmeister* in Blümich § 12 Rn 75; *Dötsch/Pung* DB 2006, 2648; *Rödder/Schumacher*, DStR 2006, 1481; *Lambrecht* in Gosch § 12 Rn 53.
2 *Benecke* in D/J/P/W § 12 Rn 171.
3 *Benecke/Schnitger*, IStR 2007, 22, 25.
4 BTDrs 16/2710, 35; *Hörtnagel* in Schmitt/Hörtnagl/Stratz § 1 UmwStG Rn 31 ff.
5 Zur umstrittenen Vorschrift *Stratz* in Schmitt/Hörtnagl/Stratz § 54 UmwG Rn 12 ff.
6 BTDrs 16/2710, 35; *Lambrecht* in Gosch § 12 Rn 55.
7 AA *Benecke* in D/J/P/W § 12 Rn 175.

wendungsbereich unterstrichen, in dessen Rahmen Personengesellschaften und natürliche Personen als übernehmende Rechtsträger ausscheiden. Zum anderen darf der übernehmende Rechtsträger nicht von der KSt befreit sein. Nach der Konzeption des Gesetzgebers war die Nr 1 neben der Nr 2 als zusätzliche Voraussetzung erforderlich, da bei einer Steuerbefreiung kein Ausschluss des Besteuerungsrechts vorliegt (vgl Rn 107). Soweit nach ausländischem Recht eine Gesellschaft selbst nicht der KSt unterliegt, sondern stattdessen das Einkommen iRd Regelungen über die Gruppenbesteuerung einer anderen Körperschaft zugerechnet wird, reicht dies für die Erfüllung des § 12 II S 1 Nr 1 gleichfalls aus.[1] Nach dem Umwandlungsteuer-Erlass der Finanzverwaltung wird eine solche Vorgehensweise für Verschmelzungen iSd § 11 UmwStG jedoch nur im Billigkeitswege erlaubt, wenn sich alle an der Verschmelzung Beteiligten (übertragender Rechtsträger, übernehmender Rechtsträger und Anteilseigner des übertragenden und übernehmenden Rechtsträgers) in einem übereinstimmenden Antrag damit einverstanden erklären, dass auf die aus der Verschmelzung resultierenden Mehrabführungen § 14 III S 1 anzuwenden ist.[2] Ob die Finanzverwaltung für § 12 II S 1 Nr 1 gleiche Grundsätze anwenden wird, kann in Anbetracht der umstrittenen und bislang nur beabsichtigten Praxis nicht sicher gesagt werden. Dieses Tatbestandsmerkmal jedoch nur als im Billigkeitswege erfüllt anzusehen, wenn ein solcher Antrag gestellt wird, findet keinen Rückhalt im Gesetzeswortlaut, weder bei § 11 UmwStG noch in § 12 II S 1 Nr 1.

Kein Ausschluss oder Beschränkung des Besteuerungsrechts (§ 12 II S 1 Nr 2). 199
Nach § 12 II S 1 Nr 2 darf das Recht der BRD hinsichtlich der Besteuerung der übertragenen Wirtschaftsgüter bei der übernehmenden Körperschaft nicht ausgeschlossen oder beschränkt werden. Die Formulierung entspricht zwar nicht vollständig der allgemeinen Entstrickungsvorschrift des § 12 I, ist aber mit dieser im Gleichlauf zu lesen und zu interpretieren. Daher ist in zwei Schritten zunächst das Bestehen eines Besteuerungsrechts am Gewinn aus der Veräußerung eines Wirtschaftsguts festzustellen (vgl Rn 91) und anschließend zu prüfen, ob dieses Besteuerungsrecht durch die Verschmelzung ausgeschlossen oder beschränkt wird (vgl Rn 105 und 111). Bei Wirtschaftsgütern, die vor der Verschmelzung einer inländischen Betriebsstätte zugeordnet waren, wird das Besteuerungsrecht grundsätzlich nicht ausgeschlossen oder beschränkt, wenn diese Zuordnung auch nach der Verschmelzung noch anhält. Dabei ist nach Ansicht der Finanzverwaltung grundsätzlich davon auszugehen, dass der Verschmelzungsvorgang selbst keine Änderung der Zuordnung bewirkt.[3]

Beispiel

Die X-Ltd mit Sitz im Drittstaat A wird auf die ebenfalls dort ansässige Y-Ltd verschmolzen. Die X-Ltd verfügt über eine Betriebsstätte in Deutschland. Zur Betriebsstätte gehören insbesondere Maschinen und ein Fuhrpark. Die Nutzung des Betriebsstättenvermögens wird nach der Verschmelzung unverändert fortgeführt.

---

1   Zu § 11 UmwStG vgl *Schmitt* in Schmitt/Hörtnagl/Stratz § 11 UmwStG Rn 96; *Rödder* in Rödder/Herlinghaus/van Lishaut § 11 UmwStG Rn 106.
2   BMF v 11.11.2011, BStBl I 2011, 1314, Rn 11.08 (Umwandlungssteuer-Erlass).
3   BMF v 11.11.2011, BStBl I 2011, 1314, Rn 3.20 (Umwandlungssteuer-Erlass).

Das Besteuerungsrecht an den Wirtschaftsgütern (§ 2 Nr 1 iVm § 49 I Nr 2 lit a EStG, bleibt unverändert, so dass kein Ausschluss und keine Beschränkung des Besteuerungsrechts vorliegt.

Von dem verschmelzungsbedingten Zuordnungswechsel ist die Überführung von Wirtschaftsgütern nach der Verschmelzung zu unterscheiden. Wird ein Wirtschaftsgut vor der Verschmelzung in einer inländischen Betriebsstätte verwendet und dieser zugeordnet, nach der Verschmelzung jedoch in dem im Drittland belegenen Stammhaus des aufnehmenden Rechtsträgers verwendet und diesem zugeordnet, liegt kein Ausschluss oder Beschränkung iSd § 12 II Nr 1 durch die Verschmelzung vor, sondern eine nach der Verschmelzung erfolgende Überführung, die über § 12 I eine Besteuerung der stillen Reserven auslöst.

Beispiel
Die X-Ltd mit Sitz im Drittstaat A wird auf die ebenfalls dort ansässige Y-Ltd verschmolzen. Die X-Ltd verfügt über eine Betriebsstätte in Deutschland. Zur Betriebsstätte gehören insbesondere Maschinen. Die Maschinen werden zum Verschmelzungsstichtag in das Stammhaus des übernehmenden Rechtsträgers verbracht und dort verwendet.

Das Besteuerungsrecht an den Wirtschaftsgütern (§ 2 Nr 1 iVm § 49 I Nr 2 lit a EStG) wird ausgeschlossen bzw beschränkt; dies jedoch nicht durch den Verschmelzungsvorgang, sondern durch die gelegentlich der Verschmelzung durchgeführte Überführung (Zuordnungswechsel).

Von einem Zuordnungswechsel durch die Verschmelzung kann nur gesprochen werden, wenn die Verschmelzung einen Funktionswechsel zwischen Stammhaus- und Betriebsstättenfunktion mit sich bringt, durch den es auch zu einem Zuordnungswechsel von Wirtschaftsgütern kommt. Ein Zuordnungswechsel durch die Verschmelzung in Drittstaaten (§ 12 II Nr 2) ist, anders als bei der Hinausverschmelzung von Deutschland in einen EU-/EWR-Staat, die an § 11 UmwStG zu messen ist, kaum möglich. Bei einer Hinausverschmelzung, bei der zunächst in Deutschland das Stammhaus belegen ist, nach der Verschmelzung jedoch nur noch eine Betriebsstätte verbleibt, kann zumindest nach Verwaltungsansicht der Wechsel des Stammhauses ins Ausland zu einem Zuordnungswechsel durch die Verschmelzung führen. Dies gilt für Wirtschaftsgüter, die keinen funktionalen Zusammenhang zu einer bestimmten Betriebsstätte haben, sondern dem Stammhaus nur aufgrund seiner Zentralfunktion zugeordnet sind.[1] Ein verschmelzungsbedingter Zuordnungswechsel kommt insoweit zB hinsichtlich von Patenten und ähnlichen Rechten in Betracht, wenn das Patentrecht vor der Verschmelzung mangels funktionaler Zuordnung zu einer bestimmten Betriebsstätte dem Stammhaus zuzuordnen ist. Bei Verschmelzungen in Drittstaaten iSd § 12 II kann hingegen der übertragende Rechtsträger wegen des Erfordernisses der beschränkten Steuerpflicht im Inland (vgl Rn 189) nur über eine inländische Betriebsstätte verfügen, so dass ein Wechsel des Stammhauses ins Ausland schwer

---

1   BMF v 24.12.1999, BStBl I 1999, 1076, Tz 2.4.

denkbar ist; das Stammhaus liegt bereits im Ausland. Ein Zuordnungswechsel durch die Verschmelzung kommt daher iSd § 12 II Nr 2 wohl kaum in Betracht, sondern nur durch der Verschmelzung nachfolgende Überführungen, die an § 12 I zu messen sind.

Gegenleistung (§ 12 II S 1 Nr 3). Nach § 12 II S 1 Nr 3 darf eine Gegenleistung nicht gewährt werden oder nur in Gesellschaftsrechten bestehen. Unter einer Gegenleistung, die nicht in Gesellschaftsrechten besteht, wird insbesondere eine bare Zuzahlung oder die Übertragung anderer Vermögenswerte verstanden.[1] Das völlige Ausbleiben einer Gegenleistung kommt zB bei Aufwärtsverschmelzungen von TG auf MG in Betracht. Soweit eine Gegenleistung gewährt wird, kommt es zu einer steuerlichen Aufdeckung der stillen Reserven. Dabei hat eine verhältnismäßige Aufteilung der baren Zuzahlung zu den stillen Reserven zu erfolgen. Unklar ist insoweit, ob die bare Zuzahlung an den Anteilseigner des übertragenden Rechtsträgers einen Ausgleich für stille Reserven des ganzen Rechtsträgers darstellt. Dann wären bei der verhältnismäßigen Aufteilung auch die im Drittstaat bestehenden stillen Reserven mit einzubeziehen.

200

Beweispflicht. Nach den allgemeinen Vorschriften (90 II AO) ist der Steuerpflichtige verpflichtet, die Umstände vorzubringen und die Informationen zusammenzutragen, die den Tatbestand der steuerneutralen Drittstaatsverschmelzung stützen.

201

Einstweilen frei.

202-204

c) Verhältnis zu anderen Vorschriften. § 11 UmwStG. Einen mit den §§ 11 ff UmwStG überschneidenden Anwendungsbereich gibt es aufgrund von § 12 II Nr 4 nicht, da der Anwendungsbereich von § 12 II nur eröffnet ist, wenn es sich nicht um EU-/EWR-Rechtsträger mit Sitz oder Geschäftsleitung im EU-/EWR-Gebiet handelt.[2]

205

§ 4g EStG. § 4g EStG ist bei einer Besteuerung infolge eines verschmelzungsbedingten Ausschlusses oder einer verschmelzungsbedingten Beschränkung des Besteuerungsrechts nicht anwendbar. Wie dargelegt, ist ein verschmelzungsbedingter Ausschluss bzw eine Beschränkung iRd § 12 II jedoch kaum denkbar (vgl Rn 199). Auf nach der Verschmelzung erfolgende Überführungen ist § 4g EStG wiederum anwendbar, da die Überführung nach der Verschmelzung an § 12 I zu messen ist.

206

Einstweilen frei.

207-208

d) Rechtsfolgen. Betroffene Ebenen. Liegt eine in einem Drittstaat vollzogene Verschmelzung iSd § 12 II S 1 vor, so sind die Rechtsfolgen auf der Ebene der

209

- übertragenden Körperschaft (vgl Rn 210 ff)
- der übernehmenden Körperschaft (vgl Rn 213 ff) und
- des Anteilseigners der übertragenden Körperschaft (vgl Rn 217 ff)

zu unterscheiden.

---

1 BMF v 11.11.2011, BStBl I 2011, 1314, Rn 3.21 (Umwandlungssteuer-Erlass).
2 *Benecke* in D/J/P/W § 12 Rn 69.

210 **Buchwertansatz bei der übertragenden Körperschaft.** Die einer deutschen Betriebsstätte zugeordneten Wirtschaftsgüter sind weiterhin mit dem Buchwert anzusetzen, mit der Folge, dass durch den Umwandlungsvorgang eine Gewinnrealisierung unterbleibt. Liegen die Voraussetzungen des § 12 II S 1 vor, so ist der Ansatz mit dem Buchwert zwingend; es besteht kein Wahlrecht zum Ansatz eines Zwischenwerts oder des gemeinen Werts.[1]

211 **Verlustvortrag der übertragenden Körperschaft.** § 12 II regelt das Schicksal des Verlustvortrags nicht. Ein Untergang des Verlustvortrags kann sich nicht über § 12 II UmwStG iVm § 4 II UmwStG ergeben, da ein diesbezüglicher Verweis fehlt. Aus der Subjektbezogenheit eines Verlustvortrags folgt jedoch der vollständige Wegfall desselben durch die Verschmelzung auf einen anderen Rechtsträger.[2] Da die Buchwertfortführung unter den Voraussetzungen des § 12 II zwingend ist, kann ein für die Betriebsstätte bestehender Verlustvortrag iSd § 10d EStG bei der übertragenden Körperschaft durch Buchwertaufstockung nicht genutzt werden. Eine solche Situation könnte jedoch Anlass für eine Billigkeitsmaßnahme der Finanzverwaltung sein, da es sich bei § 12 II um eine den Steuerpflichtigen begünstigende Vorschrift handeln soll. Die Vorschrift kann den Steuerpflichtigen bei Vorliegen von Verlustvorträgen uU sogar schlechter stellen, da dem Steuerpflichtigen eine Aufstockung der Bilanzansätze der Wirtschaftsgüter und damit zukünftiges Abschreibungspotential verloren geht. Ansonsten lässt sich die Nutzung des Verlustvortrags nur über eine bare Zuzahlung steuern. Genauso wie ein Verlustvortrag geht ein Zinsvortrag nach § 8a durch den Verschmelzungsvorgang verloren.

212 **Aufdeckung stiller Reserven bei der übertragenden Körperschaft infolge einer baren Zuzahlung als Spitzenausgleich.** Soweit jedoch eine Barzahlung als Spitzenausgleich gewährt worden ist, die die Begünstigung nicht insgesamt entfallen lässt (vgl Rn 197), sind die gesamten übergehenden Wirtschaftsgüter anteilig um den gezahlten Betrag aufzustocken;[3] insoweit entsteht auch zu versteuernder Gewinn.

213 **Buchwertfortführung bei der übernehmenden Körperschaft.** Die übernehmende Körperschaft hat die Buchwerte der im Inland belegenen Wirtschaftsgüter fortzuführen; ggf erhöht um die anteilige Aufstockung durch den Spitzenausgleich. Die Fortführung der Buchwerte hat unabhängig vom Ansatz des Wertes nach ausländischem Recht zu erfolgen.

214 **Kein Eintritt in die Rechtsstellung der übernehmenden Körperschaft.** Die übernehmende Körperschaft tritt nicht in die Rechtsstellung der übertragenden Körperschaft hinsichtlich der übergehenden Wirtschaftsgüter ein, da ein Verweis auf § 12 III UmwStG fehlt.[4] Die Nutzungsdauer der Wirtschaftsgüter ist daher im Zeitpunkt des Vermögensübergangs neu zu schätzen.

215-216 *Einstweilen frei.*

---

1 *Frotscher* in Frotscher/Maas § 12 Rn 145.
2 *Frotscher* in Frotscher/Maas § 12 Rn 147.
3 *Lenz* in Erle/Sauter § 12 Rn 78; *Holland* in EY § 12 Rn 53.
4 *Benecke* in D/J/P/W § 12 Rn 177; aA *Frotscher* in Frotscher/Maas § 12 Rn 146; *Lenz* in Erle/Sauter § 12 Rn 75.

3. Steuerneutraler Anteilsaustausch auf Ebene des Anteilseigners (§ 12 II S 2).

a) Funktion. Der durch die Verschmelzung begründete Tausch der Anteile an dem übertragenden Rechtsträger gegen Anteile am übernehmenden Rechtsträger stellt einen Realisationstatbestand dar, der grundsätzlich die Aufdeckung und Besteuerung der in den Anteilen ruhenden stillen Reserven zur Folge hat. Die Anteile am übertragenden Rechtsträger sind im Zuge dieses Tauschvorgangs mit dem gemeinen Wert der erhaltenen Anteile am übernehmenden Rechtsträger anzusetzen (§ 6 VI EStG). Durch den Verweis in § 12 II S 2 auf § 13 UmwStG wird hingegen die Möglichkeit eröffnet, die Verschmelzung in Drittstaaten auch auf Anteilseignerebene steuerneutral durchzuführen.

Einstweilen frei.

b) Persönlicher Anwendungsbereich. Abgrenzung zwischen privat und betrieblich gehaltenen Anteilen. § 12 II S 2 iVm § 13 UmwStG gilt nur für Anteilseigner, die die Anteile im Betriebsvermögen halten oder für Anteile iSd § 17 EStG. Für Anteile, die im Privatvermögen (§ 20 EStG) und unter der 1%-Schwelle gehalten werden, gilt § 20 IVa EStG.[1]

Rechtsformen, Steuerpflicht. § 12 II S 2 iVm § 13 UmwStG kann unabhängig von der Rechtsform des Anteilseigners greifen, gleichgültig ob der Anteil im Betriebsvermögen einer natürlichen Person gehalten wird oder im Betriebsvermögen einer Körperschaft.[2] § 12 II S 2 iVm § 13 UmwStG greift auch unabhängig davon ein, ob der Anteilseigner mit seinen Anteilen im Inland unbeschränkt oder beschränkt steuerpflichtig ist.

Beispiel

Die in Deutschland ansässige natürliche Person X ist an der Y-AG in der Schweiz zu 100 % beteiligt. Die Y-AG wird auf die schweizer Z-AG verschmolzen. Der Anwendungsbereich von § 12 II S 2 iVm § 13 UmwStG ist eröffnet.

Fälle, in denen der Anteilseigner beschränkt steuerpflichtig ist, sind zB bei Zuordnung von Anteilen an einer Tochterkapitalgesellschaft zu einer inländischen Betriebsstätte gegeben:

Beispiel

Die in Luxemburg ansässige X-Sàrl verfügt über eine Produktionsbetriebsstätte in Deutschland. Die deutsche Betriebsstätte verfügt über Anteile an einer Vertriebstochterkapitalgesellschaft in der Schweiz. Die Anteile sind der Betriebsstätte funktional zuzuordnen, da die Beteiligung dem Absatz der hergestellten Produkte dient. Die Vertriebsgesellschaft in der Schweiz wird auf eine andere Kapitalgesellschaft in der Schweiz verschmolzen.

Der persönliche Anwendungsbereich von § 12 II S 2 iVm § 13 UmwStG ist zugunsten der in Deutschland beschränkt steuerpflichtigen in Luxemburg ansässigen X-Sàrl eröffnet.

---

1 BMF v 11.11.2011, BStBl I 2011, 1314, Rn 13.01 (Umwandlungssteuer-Erlass).
2 Lenz in Erle/Sauter § 12 Rn 82.

221 *Einstweilen frei.*

222 **c) Sachlicher Anwendungsbereich. Voraussetzungen der Buchwertfortführung.** Die Fortführung der Buchwerte der Anteile am übertragenden Rechtsträger erfordert nach § 12 II S 2, dass

- eine Übertragung des Vermögens durch einen Vorgang iSd § 12 II S 1 auf eine andere Körperschaft (vgl Rn 223) vorliegt,
- die Anteile an der übertragenden Körperschaft betrieblich gehalten werden (vgl Rn 219) und
- die Voraussetzungen des § 13 UmwStG (vgl Rn 224 ff) erfüllt sind.

223 **Übertragung des Vermögens durch einen Vorgang iSd § 12 II S 1.** Zwar verweist § 12 II S 2 auf einen Vorgang iSd § 12 II S 1; dies bedeutet jedoch nicht, dass alle Voraussetzungen für die Anwendung des § 12 II S 1 erfüllt sein müssen. So ist ausschließlich erforderlich, dass der Verschmelzungsvorgang in rechtlicher Hinsicht einer Verschmelzung nach inländischem Recht entspricht (vgl Rn 195 f). Insbesondere sind jedoch nicht ebenso die in § 12 II S 1 zusätzlich vorgesehen Anforderungen an die übertragende und übernehmende Körperschaft in persönlicher Hinsicht („desselben ausländischen Staates") zu erfüllen[1]; damit sind auch grenzüberschreitende Verschmelzungen vom Anwendungsbereich des § 12 II S 2 erfasst. Für diese Ansicht spricht außerdem die Tatsache, dass der verwandte § 20 IVa EStG ebenfalls eine solche Einschränkung nicht vornimmt.

224 **Recht auf Besteuerung der Anteile an der übernehmenden Körperschaft (§ 13 II Nr 1 UmwStG).** Nach § 13 II Nr 1 UmwStG können die Anteile auf Antrag mit dem Buchwert angesetzt werden, wenn das Recht der BRD hinsichtlich der Besteuerung des Gewinns aus der Veräußerung der Anteile an der übernehmenden Körperschaft weder ausgeschlossen noch beschränkt wird. Der Ausschluss oder die Beschränkung des Besteuerungsrechts kommt nur in Betracht, wenn eine Steuerpflicht hinsichtlich etwaiger Gewinne aus der Veräußerung der Anteile vor der Verschmelzung bestanden hat.

225 **DBA-Fall.** Handelt es sich bei dem Anteilseigner um eine im Inland ansässige Person und liegt das alleinige Besteuerungsrecht gem Art 13 V OECD-MA beim Ansässigkeitsstaat des Anteilseigners, so wird das Besteuerungsrecht an den Anteilen durch eine Verschmelzung auf eine im selben Staat ansässige Gesellschaft weder ausgeschlossen noch beschränkt, da sowohl vor als auch nach der Verschmelzung Deutschland eine Veräußerung besteuern kann. Begrenzt das DBA hingegen das Besteuerungsrecht des Ansässigkeitsstaates des Anteilseigners zugunsten des Ansässigkeitsstaats der übertragenden und übernehmenden Gesellschaft, so kommt es ebenfalls zu keiner Beschränkung des Besteuerungsrechts, da schon vor der Verschmelzung kein Besteuerungsrecht bestand, das hätte beschränkt werden können. Zu einer Beschränkung kann es nur im Falle der grenzüberschreitenden Verschmelzung oder im Falle eines verschmelzungsbedingten Zuordnungswechsels kommen (vgl Rn 227 f).

---

1 BTDrs 16/3369, 8; *Benecke* in D/J/P/W § 12 Rn 181; *Lenz* in Erle/Sauter § 12 Rn 82; aA *Frotscher* in Frotscher/Maas § 12 Rn 148 ff.

V. Verschmelzungen in Drittstaaten

Nicht-DBA-Fall. Erfolgt die Verschmelzung in einem Nicht-DBA-Staat, so ist nach der Verschmelzung uU eine im Ausland abgeführte Steuer anzurechnen. Darin liegt aber keine Beschränkung des Besteuerungsrechts, soweit sich die Situation gegenüber dem Besteuerungsrecht an den Anteilen der übertragenden Gesellschaft nicht verändert hat bzw eine Anrechnungsverpflichtung auch bereits vor der Verschmelzung bestanden hat.

226

Verschmelzungsbedingter Zuordnungswechsel. Eine Beschränkung des Besteuerungsrechts kommt in Betracht, wenn durch die Verschmelzung ein Zuordnungswechsel eintritt und die Anteile nach der Verschmelzung nicht mehr einer inländischen Betriebsstätte (funktional) zuzuordnen sind, sondern dem im Ausland belegenen Stammhaus.

227

Beispiel

Die in Luxemburg ansässige X-Sàrl verfügt über eine Produktionsbetriebsstätte in Deutschland. Zur deutschen Betriebsstätte gehören Anteile an einer Vertriebstochterkapitalgesellschaft in der Schweiz. Die Anteile sind der Betriebsstätte funktional zuzuordnen. Die Vertriebsgesellschaft in der Schweiz wird auf eine andere Kapitalgesellschaft in der Schweiz verschmolzen, die nicht nur Vertriebsfunktionen ausführt und an der mehrheitlich ein fremder Dritter beteiligt ist.

Durch die Verschmelzung ändert sich der funktionale Zusammenhang der erhaltenen Anteile am übernehmenden Rechtsträger gegenüber den Anteilen am übertragenden Rechtsträger, so dass die Beteiligung nunmehr dem in Luxemburg belegenen Stammhaus zuzuordnen ist. Durch die Verschmelzung ist das Besteuerungsrecht hinsichtlich des Gewinns aus der Veräußerung der Anteile ausgeschlossen worden, da nunmehr allein Luxemburg die Veräußerung der Anteile besteuern dürfte.

Änderung des anwendbaren DBA. Da § 12 II S 2 iVm § 13 UmwStG abweichend von § 12 I S 1 auch grenzüberschreitende Verschmelzungen in Drittstaat erfasst (vgl Rn 223), kommt auch ein Ausschluss des Besteuerungsrechts in Betracht, wenn die übertragende Gesellschaft in einem Staat ansässig ist, mit dem ein DBA vereinbart ist, das das Besteuerungsrecht dem Ansässigkeitsstaat des Anteilseigners zuteilt, und auf eine Gesellschaft verschmolzen wird, die in einem Staat ansässig ist, dessen DBA das Besteuerungsrecht dem Gesellschaftsstaat zuordnet. Dieser Fall ähnelt der Fallgruppe des Wegzugs eines Körperschaftsteuersubjekts, bei der die Entstrickung aufgrund der neueren BFH-Rechtsprechung als nicht vollständig geklärt anzusehen ist (vgl Rn 130 ff).

228

Senkung der Beteiligungsquote. Eine Beschränkung des Besteuerungsrechts liegt hingegen nicht vor, wenn im Gegensatz zur Beteiligung an der übertragenden Gesellschaft die Beteiligung an der übernehmenden Gesellschaft unter die Beteiligungsquote von 1 % iSd § 17 EStG fällt. Da die erhaltenen Anteile nach § 13 II S 2 UmwStG am übernehmenden Rechtsträger an die Stelle der erlöschenden Anteile am übertragenden Rechtsträger treten, bleibt eine Steuerverhaftung und damit das Besteuerungsrecht bestehen (vgl Rn 238).

229

230-231 *Einstweilen frei.*

232 **d) Verhältnis zu anderen Vorschriften. § 8b II.** § 12 II S 2 iVm § 13 UmwStG fingiert die Veräußerung der Anteile, wenn die Voraussetzungen einer steuerneutralen Verschmelzung nicht gegeben sind. Ist Anteilseigner ein Körperschaftsteuersubjekt so ist § 8b II auf diese fingierte Veräußerung anwendbar.

233 **§ 6b EStG.** Hat der übertragende Rechtsträger eine Rücklage gem § 6b EStG passiviert, ist diese nicht notwendigerweise aufzulösen, wenn im Zuge der Verschmelzung in einem Drittstaat die gesamte inländische Betriebsstätte aufgelöst und ins Ausland verlegt wird. Die Betriebsverlegung ist der Betriebsaufgabe nicht gleichzusetzen. Sofern der Rücklagenzeitraum noch nicht abgelaufen ist und die Rücklage weiterhin in einer Buchführung erfasst bleibt (§ 6b IV S 1 Nr 5), kann die Rücklage fortgeführt werden. Die Nutzung der Rücklage nach § 6b EStG für die iRd fingierten Veräußerungsvorgangs nach § 12 II S 2 iVm § 13 UmwStG erhaltenen Anteile an der aufnehmenden Gesellschaft ist kaum denkbar. Die Voraussetzungen der Steuerneutralität der Verschmelzung in Drittstaaten auf Anteilseignerebene entsprechen weitestgehend den Voraussetzungen gem § 6b IV S 1 Nr 3 und 4 EStG.

234 **§ 20 IVa EStG.** § 12 II und § 20 IVa EStG haben keinen überschneidenden Anwendungsbereich (vgl Rn 219). § 20 IVa EStG greift für im Privatvermögen gehaltene Anteile und § 12 II iVm § 13 UmwStG für betrieblich gehaltene Anteile oder Anteile iSd § 17 EStG.

235-236 *Einstweilen frei.*

237 **e) Rechtsfolgen. Ansatz des gemeinen Werts gem § 13 I.** Nach § 13 I UmwStG sind im Falle des nicht begünstigten Austausches die Anteile an der übernehmenden Gesellschaft mit dem gemeinen Wert der Anteile an der übertragenden Gesellschaft anzusetzen. Die in den Anteilen an der übertragenden Gesellschaft enthaltenen stillen Reserven werden in diesem Fall realisiert und der Gewinn versteuert.

238 **Buchwertansatz gem § 13 II.** Soweit die Voraussetzungen des § 13 II UmwStG erfüllt sind, können die neu erhaltenen Anteile an der übernehmenden Gesellschaft mit dem Buchwert (bzw im Fall des § 17 EStG mit den Anschaffungskosten, vgl § 13 II S 3 UmwStG) der erlöschenden Anteile an der übertragenden Gesellschaft angesetzt werden. IÜ treten die Anteile an der übernehmenden Körperschaft im Falle des Buchwertansatzes steuerlich an die Stelle der Anteile an der übertragenden Körperschaft (§ 13 II S 2 UmwStG). Soweit die Anteile an der übertragenden Gesellschaft in einer Weise steuerverhaftet waren (zB nach § 17 EStG), gilt dies auch für die Anteile an der übernehmenden Körperschaft, auch wenn die Voraussetzungen der Steuerverhaftung nicht mehr erfüllt werden.[1] Den Steuerpflichtigen begünstigende Umstände, wie zB der Weiterlauf der Siebenjahresfrist iSd § 22 UmwStG, werden gem § 13 II S 2 UmwStG gleichermaßen zugerechnet.[2]

239-240 *Einstweilen frei.*

---

[1] BTDrs 16/2710, 41; *Schmitt* in Schmitt/Hörtnagl/Stratz § 13 UmwStG Rn 48.
[2] *Schmitt* in Schmitt/Hörtnagl/Stratz § 13 UmwStG Rn 48.

VI. Verlegung von Sitz oder Geschäftsleitung in einen Nicht-EU- bzw EWR-Staat (§ 12 III). 1. Allgemeines. Regelungsinhalt.

§ 12 III regelt in Anlehnung an § 12 I aF die Fälle

- des Ausscheidens aus der unbeschränkten Steuerpflicht in einem Mitgliedstaat der EU oder einem Staat des EWR-Abkommens (§ 12 III S 1) und
- die Verschiebung der abkommensrechtlichen Ansässigkeit aufgrund einer Art 4 III OECD-MA vergleichbaren Regelung (sog Tie-Breaker-Rule) aus einem EU/EWR-Staat in einen Drittstaat (§ 12 III S 2).

Auslösendes Merkmal ist dabei jeweils die Verlegung des Sitzes oder der Geschäftsleitung von inländischen oder ausländischen Körperschaften eines EU-/EWR-Staates in einen Drittstaat. Verzieht die Körperschaft, aber bleibt sie in irgendeinem EU-/EWR-Staat ansässig, greift § 12 III nicht.

Rechtsfolge. Verlegt eine Körperschaft ihre Geschäftsleitung oder ihren Sitz und erfüllt dadurch die Voraussetzungen in § 12 III, gilt sie als aufgelöst und § 11 ist entsprechend anzuwenden. § 12 III fingiert die Auflösung der Gesellschaft unabhängig davon, ob diese Folgen zivilrechtlich auch tatsächlich eintreten (vgl zur zivilrechtlichen Rechtslage Rn 256 ff).

Zielsetzung. § 12 I aF hatte zum Ziel, im Falle des Ausscheidens aus der deutschen Besteuerungshoheit die stillen Reserven zu besteuern. Auch § 12 III soll ausweislich der Gesetzesbegründung eine Aufdeckung und Besteuerung stiller Reserven im letztmöglichen Zugriffszeitpunkt vorsehen.[1] Im Vergleich zum tatbestandlichen Umfang der Vorschrift vor Einführung des SEStEG ist § 12 III auch in Ergänzung zu den Regelungen des UmwStG als Beitrag zur „Europäisierung" des Steuerrechts zu sehen, erlaubt sie doch nunmehr den Wegzug innerhalb des EU-/EWR-Gebiets.[2] Inwieweit eine Berechtigung des § 12 III neben dem § 12 I sowie dem im Falle des Wegzugs immer noch denkbaren § 11 angebracht ist (vgl Rn 262), muss bezweifelt werden.

Einstweilen frei.

2. Persönlicher Anwendungsbereich. Körperschaften, Personenvereinigungen und Vermögensmassen. § 12 III gilt für alle Körperschaften, Personenvereinigungen und Vermögensmassen. Die Vorschrift ist damit weiter als § 12 I aF, welche nur Körperschaften und Vermögensmassen betraf. Ob auch ausländische Gesellschaften unter diese Begriffstrias fallen, ist nach dem sog Typenvergleich zu bestimmen.[3] Der Anwendungsbereich wird jedoch faktisch nicht ausgeschöpft, da es zB nicht denkbar ist, dass ein BgA einer juristischen Person des öffentlichen Rechts seinen Sitz oder Geschäftsleitung verlegt.[4]

Unbeschränkte Steuerpflicht innerhalb der EU des EWR. § 12 III findet auf Körperschaften, Personenvereinigungen und Vermögensmassen Anwendung, die im Inland oder in einem EU-/EWR-Staat unbeschränkt steuerpflichtig sind. § 12 III

---

1 BTDrs 16/2710, 31.
2 *Benecke* in D/J/P/W § 12 Rn 185.
3 BMF v 19.3.2004, BStBl I 2004, 411; BFH I R 34/08, BStBl II 2009, 263.
4 *Lenz* in Erle/Sauter § 12 Rn 89, 4.

greift daher nicht, wenn die Körperschaft vor dem Wegzug nicht innerhalb des EU-/EWR-Gebiets, sondern nur in einem Drittstaat unbeschränkt steuerpflichtig ist. Für die Frage, ob ein Körperschaftsteuersubjekt außerhalb Deutschlands im EU-/EWR-Gebiet unbeschränkt steuerpflichtig ist, ist das Recht des betreffenden EU-/EWR-Staats heranzuziehen.

247 **Beschränkte Steuerpflicht ausländischer Körperschaften.** Auf Ebene der Körperschaft kann § 12 III nur Rechtsfolgen auslösen, wenn im Inland zumindest eine beschränkte Steuerpflicht besteht. Ohne beschränkte Steuerpflicht im Inland existiert auf Ebene der Körperschaft kein inländisches Vermögen, welches einer Liquidationsbesteuerung unterworfen werden könnte. Für im Inland ansässige Anteilseigner kann § 12 III allerdings auch dann Rechtsfolgen auslösen, wenn die wegziehende Körperschaft im Inland weder unbeschränkt noch beschränkt steuerpflichtig ist.[1]

248 **Verzogene Gesellschaften eines EU-/EWR-Staates.** Der persönliche Anwendungsbereich des § 12 III erfasst auch solche Körperschaften, die nach dem Recht eines EU-/EWR-Staates errichtet und identitätswahrend in einen Drittstaat verzogen sind (vgl aus deutscher Perspektive hierzu auch Rn 260), soweit diese in einem EU/EWR-Staat (regelmäßig im Errichtungsstaat) infolge des Satzungssitzes weiterhin der unbeschränkten Steuerpflicht unterliegen.[2]

249 **Zugezogene Drittstaatsgesellschaften.** Auch rechtlich wirksam zugezogene Gesellschaften, die ihren statutarischen Sitz in einem Drittstaat haben, jedoch in einem EU-/EWR-Staat (der der Gründungstheorie folgt) aufgrund des Ortes der Geschäftsleitung unbeschränkt steuerpflichtig sind, unterfallen dem Anwendungsbereich des § 12 III. § 12 III erfordert insbesondere nicht, dass die betroffene Körperschaft nach dem Recht eines EU-/EWR-Staates errichtet wurde.

250-251 *Einstweilen frei.*

252 **3. Sachlicher Anwendungsbereich. a) § 12 III S 1. Tatbestandsvoraussetzungen.** Die Rechtsfolge von § 12 III S 1 wird ausgelöst, wenn

- der statutarische Sitz (§ 11 AO vgl Rn 256) oder
- der Ort der Geschäftsleitung (§ 10 AO vgl Rn 258)
- in einen Drittstaat verlegt wird (vgl Rn 263) und
- dadurch das Körperschaftsteuersubjekt aus der unbeschränkten Steuerpflicht in einem EU-/EWR-Staat ausscheidet (vgl Rn 269).

253 **EU-/EWR-Staat.** Der Gesetzeswortlaut von § 12 III S 1 knüpft an die unbeschränkte Steuerpflicht in einem EU-/EWR-Staat an. Dieser dynamische Verweis führt dazu, dass je nach Bei- bzw Austritt in die EU bzw des EWR weitere Staaten hinzukommen bzw Staaten entfallen können. Der theoretisch mögliche Fall des Austritts eines Staates aus der EU bzw des EWR sollte jedoch nicht § 12 III S 1 auslösen, da das Ausscheiden eines Staates aus einem völkerrechtlichen Vertrag nicht unter den

---

1 Benecke in D/J/P/W § 12 Rn 186.
2 Eickmann/Mörwald, DStZ 2009, 422, 424 mwN.

VI. Verlegung von Sitz oder Geschäftsleitung in einen Nicht-EU- bzw EWR-Staat

Begriff der Verlegung des Sitzes oder der Geschäftsleitung gefasst werden kann. § 12 III S 1 stellt nicht auf eine inländische unbeschränkte Steuerpflicht ab; dennoch wird auch diese unzweifelhaft erfasst, da Deutschland Mitglied der EU ist.

Drittstaat. Drittstaat ist im Umkehrschluss jeder Staat, der nicht Mitglied der EU oder des EWR-Abkommens ist. Diskriminierungsverbote oder Meistbegünstigungsklauseln in völkerrechtlichen Verträgen der BRD mit Drittstaaten führen nicht dazu, dass diese Staaten aus deutscher Perspektive als Mitglied der EU bzw des EWR-Abkommens anzusehen sind (vgl Rn 74). 254

Einstweilen frei. 255

b) Gesellschaftsrechtliche Grundlagen. Verlegung des statutarischen Sitzes. Die Verlegung des Satzungssitzes ist ein rechtlicher Vorgang. Bei Kapitalgesellschaften sind hierfür ein die Satzung ändernder Gesellschafterbeschluss und die Eintragung in das Handelsregister erforderlich. 256

Gesellschaftsrechtliche Zulässigkeit der grenzüberschreitenden Satzungssitzverlegung. Eine rechtsformwahrende Verlegung des Satzungssitzes einer nach deutschem Recht gegründeten Kapitalgesellschaft in das Ausland ist nicht möglich. Nach ständiger Rechtsprechung kann die Verlegung des Satzungssitzes einer in Deutschland gegründeten Kapitalgesellschaft ins Ausland nicht in das deutsche Handelsregister eingetragen werden.[1] Der deutsche Gesetzgeber hat die Notwendigkeit eines inländischen Satzungssitzes in § 4a GmbHG und § 5 AktG durch die Einfügung der Wörter „im Inland" kodifiziert. Die Cartesio-Entscheidung des EuGH hat an dieser Rechtslage nichts geändert, da es nicht gegen die Niederlassungsfreiheit verstößt, die Existenz einer Gesellschaft vom Fortbestand eines inländischen Satzungssitzes abhängig zu machen.[2] Damit kann die Verlegung des statutarischen Sitzes nur für ausländische nach dem Recht eines anderen EU-/EWR-Staates gegründete Körperschaften iRd § 12 III Bedeutung haben, soweit die Rechtsordnung des Gründungsstaates und des aufnehmenden Staates einen Wechsel des statutarischen Sitzes erlauben. Etwas anderes gilt nur für die SE und SCE, die nach Art 7, 8 SE-Verordnung bzw Art 6, 7 SCE-Verordnung[3] ihren Satzungssitz (zusammen mit dem Verwaltungssitz) innerhalb der EU bzw des EWR verlegen können, ohne dass es zur Auflösung der Gesellschaft kommt. Für die noch im europäischen Rechtsetzungsverfahren befindliche „Europäische Privatgesellschaft" bzw SPE ist eine Satzungssitzverlegung ebenfalls vorgesehen (Art 7 I, Art 35 I SPE-Verordnung-Entwurf[4]). 257

Geschäftsleitung. Die Verlegung der Geschäftsleitung ist ein tatsächlicher Vorgang. Unter der Geschäftsleitung wird der Mittelpunkt der geschäftlichen Oberleitung verstanden, an dem der für die Geschäftsleitung maßgebliche 258

---

1 *Frotscher* in Frotscher/Maas § 12 Rn 168; Bayerisches OLG 3 Z BR 175/03, DB 2004, 699; OLG Brandenburg 6 Wx 4/04, DB 2005, 604; vgl zur Beurteilung des Gesellschafterbeschlusses *Kindler*, AG 2007, 721.
2 EugH Rs C-210/06, *Cartesio*, Slg 2008, I-9641.
3 Verordnung (EG) Nr 2157/2001, ABl Nr L 294, S 1; Verordnung (EG) Nr 1435/2003, ABl Nr L 207, S 1.
4 Vorschlag für eine Verordnung des Rates über das Statut der Europäischen Privatgesellschaft vom 25.6.2008, KOM(2008) 396.

Wille gebildet wird.[1] Darunter ist nur die sog laufende Geschäftsführung zu verstehen. Zu ihr gehören die tatsächlichen und rechtsgeschäftlichen Handlungen, die der gewöhnliche Betrieb der Gesellschaft mit sich bringt, und solche organisatorischen Maßnahmen, die zur gewöhnlichen Verwaltung der Gesellschaft gehören („Tagesgeschäfte").[2] Zu ihr gehören zB nicht die Festlegung der Grundsätze der Unternehmenspolitik. Im Wesentlichen ist der Begriff der Geschäftsleitung identisch mit dem gesellschaftsrechtlichen Begriff des Verwaltungssitzes.[3]

259 **Rechtliche Zulässigkeit der Verlegung des Verwaltungssitzes in EU-/EWR-Staaten.** Die Anerkennung der grenzüberschreitende Verlegung des Verwaltungssitzes innerhalb der EU-/des EWR ist nach ganz hM grundsätzlich möglich.[4] Nach der in Deutschland noch geltenden Sitztheorie wäre zwar das Recht des Staates anzuwenden, in den die Gesellschaft ihren Verwaltungssitz verlegt hat.[5] Da nach der Rechtsprechung des EuGH[6] jedoch alle EU-/EWR-Staaten verpflichtet sind, auf eine zuziehende Gesellschaft das Recht des Heimatstaates der Gesellschaft anzuwenden und das deutsche Recht diese Rückverweisung in Art 4 I S 2 EGBGB annimmt, bleibt es bei der Anwendbarkeit deutschen Gesellschaftsrechts.[7] Das deutsche Gesellschaftsrecht sieht nach der Streichung von § 4a II GmbHG aF und § 5 II AktG aF iRd MoMiG v 23.10.2008[8] zudem nicht mehr vor, dass der Verwaltungssitz im Inland belegen sein muss. Dies ermöglicht nunmehr die Verwaltungssitzverlegung innerhalb der EU-/EWR-Staaten. Für Zwecke des § 12 III hat jedoch diese Möglichkeit keine Bedeutung (vgl Rn 263).

260 **Rechtliche Zulässigkeit der Verlegung des Verwaltungssitzes in Drittstaaten.** Die rechtsformwahrende Verlegung des Verwaltungssitzes einer im Inland gegründeten Kapitalgesellschaft in einen Drittstaat, der seinerseits der Sitztheorie folgt, bleibt weiterhin ausgeschlossen, da mit §§ 4a GmbHG, 5 AktG idFd MoMiG keine kollisionsrechtliche, sondern nur eine sachrechtliche Regelung geschaffen wurde.[9] Für die Verlegung in Drittstaaten, die der Gründungstheorie folgen, ist aufgrund der Rückverweisung in Art 4 I S 2 EGBGB eine Verwaltungssitzverlegung möglich. Dies gilt ebenfalls für Staaten, mit denen völkervertraglich die Anwendung der Gründungstheorie vereinbart worden ist, wie zB den USA.[10] Eine Verlegung des Verwaltungssitzes in sämtliche Drittstaaten wird erst möglich, wenn der Referentenentwurf eines Gesetzes zum Internationalen Privatrecht der Gesellschaften, Vereine und juristischen Personen umgesetzt wird, der mit Art 10

---

1 Zu Einzelfällen vgl *Pahlke* in Pahlke/König § 10 AO Rn 10; *Dißars*, DStZ 2011, 21.
2 BFH I K 1/93, BStBl II 1995, 175.
3 *Lenz* in Erle/Sauter § 12 Rn 90.
4 *Kindler* in MüKo BGB, Bd 11, IntGesR Rn 525 ff; *derselbe*, IPRax 2009, 189, 199; *Leitzen*, NZG 2009, 728.
5 BGH II ZR 158/06, NJW 2009, 289; *Eickmann/Mörwald*, DStZ 2009, 422.
6 EuGH Rs C-212/97, *Centros*, Slg 1999, I-1459 ff; EuGH Rs C-208/00, *Überseering*, Slg 2002, I-9919 ff; EuGH Rs C-167/01, *Inspire Art*, Slg 2003, I-10155 ff.
7 OLG Hamm 15 W 390/00, DB 2001, 1084; *Zimmer* in Lutter/Schmidt § 45 AktG Rn 27.
8 BGBl I 2008, 2026.
9 *Kindler*, IPRax 2009, 189; *Hirte*, NZG 2008, 761; *Weng*, EWS 2008, 264; aA *Bayer/Schmidt*, ZHR 2009, 735, 748 mwN.
10 *Schnittker/Benecke*, FR 2010, 565; *Behme*, BB 2010, 1679.

VI. Verlegung von Sitz oder Geschäftsleitung in einen Nicht-EU- bzw EWR-Staat

I EGBGB-Referentenentwurf eine allgemeine Anknüpfung des Gesellschaftsstatuts an das Gründungsrecht vorsieht. Der Entwurf, der in der 16. Legislaturperiode nicht mehr verabschiedet wurde, soll in der 17. Legislaturperiode wieder in Angriff genommen werden.[1]

Vorübergehende Verlegung des Ortes der Geschäftsleitung. Auch die nur vorübergehende Verlegung des Ortes der Geschäftsleitung wird von § 12 III S 1 erfasst.[2] Es mangelt an einer dem § 6 III AStG vergleichbaren Vorschrift. 261

Steuerverhaftung im Inland. Die Rechtsfolgen des § 12 III S 1 sind dem Wortlaut nach nicht an ein § 12 I entsprechendes Erfordernis geknüpft, dass das inländische Besteuerungsrecht infolge der Verlegung des Sitzes oder der Geschäftsleitung ausgeschlossen oder beschränkt werden muss. Dies ist problematisch: Verlegt eine unbeschränkt steuerpflichtige Körperschaft zB ihren Sitz und ihre Geschäftsleitung unter Verbleib einer inländischen Betriebsstätte, der sämtliche Wirtschaftsgüter zugeordnet werden, in ein Drittland, so besteht kein Bedürfnis für eine Besteuerung der stillen Reserven. Die im Inland verbliebene Betriebsstätte begründet mit ihren Einkünften eine beschränkte Steuerpflicht gem § 2 Nr 1 bzw § 1 IV EStG iVm § 49 I Nr 2 lit a EStG des nach dem Wegzug verbleibenden Rechtsträgers. Die in den der Betriebsstätte zugeordneten Wirtschaftsgütern enthaltenen stillen Reserven würden im Falle ihrer Realisierung oder Entstrickung weiterhin der deutschen Besteuerung unterliegen. Vertreten wird daher, § 12 III teleologisch zu reduzieren und nur anzuwenden, wenn auch hinsichtlich des im Inland belegenen Vermögens ein Ausschluss oder eine Beschränkung des deutschen Besteuerungsrechts iSd § 12 I vorliegt.[3] Diese sinnvolle teleologische Reduktion würde jedoch dem ausdrücklichen Willen des Gesetzgebers widersprechen, da die Vorschrift in Kenntnis ihres Umfangs mit Erlass des SEStEG beibehalten wurde.[4] Es bleibt dem Gesetzgeber vorbehalten, § 12 III zugunsten eines systematischen und stimmigen Entstrickungskonzepts anzupassen. 262

Nicht von § 12 III erfasste Fallgruppen. Dem ausdrücklichen Wortlaut nach erfasst § 12 III nur die Verlegung des Satzungssitzes oder des Orts der Geschäftsleitung in einen Drittstaat. Damit unterfällt der Vorschrift nicht: 263

- die Sitzverlegung zwischen zwei Drittstaaten,
- der Zuzug aus einem Drittstaat in einen EU-/EWR-Staat und
- die Sitzverlegung innerhalb des EU-/EWR-Gebiets; diese ist allein am Tatbestand von § 12 I zu messen (vgl Rn 126 ff).

Einstweilen frei. 264-265

---

1 *Kussmaul/Richter/Ruiner*, DB 2008, 451; *Leible* in Michalski GmbHG, Bd I, Systematische Darstellung 2, Rn 16 ff.
2 *Benecke* in D/J/P/W § 12 Rn 188.
3 *Frotscher* in Frotscher/Maas § 12 Rn 17; *Haase*, IStR 2004, 232, 233 mwN; aA zu § 12 I aF *Thiel*, GmbHR 1994, 277, 278 f.
4 BTDrs 16/2710, 31.

266 c) § 12 III S 2. Tatbestandsvoraussetzungen. § 12 III S 2 erweitert den Anwendungsbereich von § 12 III S 1. Die Rechtsfolgen der Liquidationsbesteuerung werden ebenfalls ausgelöst, wenn zwar kein Ausscheiden aus der unbeschränkten Steuerpflicht vorliegt, aber die Körperschaft

- infolge der Verlegung des statutarischen Sitzes oder des Orts der Geschäftsleitung (vgl Rn 256 ff),
- nach einem DBA als außerhalb der EU-/EWR-Staaten ansässig anzusehen ist (vgl Rn 267 ff).

267 **Abkommensrechtliche Ansässigkeit im Drittstaat.** Die Rechtsfolgen von § 12 III werden nur ausgelöst, wenn aufgrund eines DBA die Ansässigkeit des Körperschaftsteuersubjekts außerhalb des EU-/EWR-Gebiets liegt. § 12 III S 2 stellt also auf den Ansässigkeitsbegriff der DBA ab. Nach Art 4 I OECD-MA ist eine nicht natürliche Person dort ansässig, wo sie aufgrund des Orts der Geschäftsleitung oder eines ähnlichen Merkmals, wie zB des Satzungssitzes unbeschränkt steuerpflichtig ist.[1] Verlegt ein Körperschaftsteuersubjekt den Ort der Geschäftsleitung in einen Drittstaat, so ist das Körperschaftsteuersubjekt nach Art 4 I OECD-MA in beiden Staaten ansässig (sog doppelt ansässige Gesellschaft). Art 4 III OECD-MA sieht in diesem Fall vor, dass nur der Staat als Ansässigkeitsstaat anzusehen ist, in dem der Ort der tatsächlichen Geschäftsleitung liegt (sog Tie-Breaker-Rule). Die unbeschränkte Steuerpflicht besteht dann zwar aufgrund des Satzungssitzes im EU-EWR-Gebiet fort, wird aber auf die inländischen Einkünfte beschränkt und ist dem Umfang nach der beschränkten Steuerpflicht vergleichbar.[2] Die Verlegung des Orts der tatsächlichen Geschäftsleitung in einen über ein DBA verbundenen Drittstaat, erfüllt also regelmäßig § 12 III S 2. Die Verlegung des Orts der tatsächlichen Geschäftsleitung in einen Drittstaat ohne DBA löst die Rechtsfolgen der Liquidationsbesteuerung nicht aus.[3]

268 **Ansässigkeit nach (irgendeinem) DBA.** Nach dem Wortlaut des § 12 III S 2 ist es ausreichend, wenn auf Grund „eines" DBA die Ansässigkeit in einem Drittstaat liegt. Diese Bestimmung ist insbesondere in Dreiecksfällen problematisch, wenn man den Wortlaut so versteht, dass die Ansässigkeit in einem Drittstaat aufgrund „irgendeines" Abkommens ausreichen sollte. Zutreffender erscheint eine Auslegung, wonach es auf sämtliche DBA mit dem Drittstaat und den EU-/EWR-Staaten ankommt.

Beispiel

Die A-Ltd hat ihren statutarischen Sitz und den Ort der tatsächlichen Geschäftsleitung im EU-Staat 1. In Deutschland ist die A-Ltd beschränkt körperschaftsteuerpflichtig. Die A-Ltd verlegt – nach dem Gesellschaftsstatut von EU-Staat 1 zulässigerweise – ihren Satzungssitz in einen Drittstaat. Zwischen allen Staaten bestehen DBA, die dem OECD-MA entsprechen.

---

1 Musterkommentar OECD-MA Art 4 Rn 110.
2 *Frotscher* in Frotscher/Maas § 12 Rn 171.
3 *Eickmann/Mörwald*, DStZ 2009, 422, 425.

VI. Verlegung von Sitz oder Geschäftsleitung in einen Nicht-EU- bzw EWR-Staat

Zwar ist die A-Ltd bezogen auf das DBA zwischen Deutschland und dem Drittstaat nur noch im Drittstaat ansässig, nach dem DBA zwischen dem EU-Staat 1 und dem Drittstaat ist die A-Ltd jedoch weiterhin im EU-/EWR-Gebiet ansässig. Für Zwecke des § 12 III S 2 sollte jedoch entscheidend sein, dass nach sämtlichen DBA zwischen EU-/EWR-Staaten und dem Drittstaat die Ansässigkeit im Drittstaat liegt, da nur dann die Gesellschaft (insgesamt) als außerhalb des Hoheitsgebiets der EU-/EWR-Staaten ansässig anzusehen ist. Dies kommt grundsätzlich nur durch Verlegung des Orts der tatsächlichen Geschäftsleitung in Betracht.

Kausalität zwischen Wegzug und Änderung der Ansässigkeit. Schließlich muss infolge der Verlegung des Satzungssitzes oder der Verlegung des Orts der Geschäftsleitung in einen Drittstaat die unbeschränkte Steuerpflicht in einem EU-/EWR-Staat entfallen, dh es bedarf einer unmittelbaren Kausalität zwischen Wegzug und Änderung der DBA-Ansässigkeit. Es reicht daher zB nicht aus, wenn die unbeschränkte Steuerpflicht dadurch endet, dass ein DBA in Bezug auf die Regelung der Ansässigkeit abgeändert wird.[1] Eine Entstrickungsbesteuerung nach § 12 I bleibt in diesem Fall gesondert zu prüfen (vgl Rn 139). 269

Einstweilen frei. 270

4. Verhältnis zu anderen Vorschriften. § 1. Das Ausscheiden aus der unbeschränkten Steuerpflicht ist eine Voraussetzung, um die Rechtsfolgen von § 12 III auszulösen. § 1 bestimmt, welche Körperschaftsteuersubjekte unter welchen Voraussetzungen in Deutschland unbeschränkt steuerpflichtig sind (vgl auch Rn 245 ff). 271

§ 7 III S 3. Nach § 7 III S 3 tritt an die Stelle des Kalenderjahrs der Zeitraum der jeweiligen Steuerpflicht, wenn die unbeschränkte oder beschränkte Steuerpflicht nicht während eines ganzen Kalenderjahrs besteht. Die Einkünfte im Jahr des Wegzugs, die bis zum § 12 III auslösenden Ereignis erzielt werden, gehen mit in die Berechnung des Verlegungsgewinns ein. Für die anschließend erzielten Einkünfte ist eine weitere Veranlagung vorzunehmen. Problematisch ist, ob Verluste, die während des Zeitraums der beschränkten Steuerpflicht entstehen mit dem Verlegungsgewinn verrechnet werden können, da zwar verschiedene Veranlagungen, aber nicht wie von § 10d EStG gefordert, verschiedene VZ vorliegen (hierzu auch § 7 Rn 41).[2] 272

§ 11. § 11 ist gegenüber § 12 III vorrangig anwendbar. § 11 erfordert jedoch stets neben der Auflösung auch die tatsächliche Abwicklung (Liquidation) der Gesellschaft.[3] Die Unterscheidung des Anwendungsbereichs beider Vorschriften ist von geringer praktischer Bedeutung, da § 12 III hinsichtlich der Rechtsfolgen auf § 11 verweist. 273

§ 12 I. § 12 III betrifft nur den Wegzug in einen Drittstaat, dh die Sitzverlegung oder die Verlegung des Orts der tatsächlichen Geschäftsleitung innerhalb des EU-/EWR-Gebiets ist allein am Tatbestand von § 12 I zu messen (vgl Rn 126 ff). 274

---

1 Frotscher in Frotscher/Maas § 12 Rn 171.
2 Rengers in Blümich § 7 Rn 20; FG Köln 5 K 211/87, juris.
3 Holland in EY § 12 Rn 59.

275   **Art 4 OECD-MA.** Der abkommensrechtliche Begriff der Ansässigkeit, der für § 12 III S 2 entscheidende Bedeutung hat, wird in Art 4 OECD-MA geregelt. Insbesondere das Eingreifen der Tie-Breaker-Rule (Art 4 III OECD-MA) nach Verlegung des Orts der tatsächlichen Geschäftsleitung in einen Drittstaat löst die Rechtsfolgen des § 12 III aus (vgl Rn 267 ff).

276   **Art 24 OECD-MA.** § 12 III verstößt nicht gegen Art 24 I OECD-MA, da der Tatbestand keine unterschiedlichen Rechtsfolgen im Hinblick auf das Merkmal der Staatsangehörigkeit vorsieht. Für nicht natürliche Personen bedeutet das Verbot der Staatsangehörigkeitsdiskriminierung, dass sie im Hinblick auf das Recht ihrer Errichtung gegenüber Körperschaftsteuersubjekten nach inländischem Gesellschaftsstatut nicht benachteiligt werden dürfen.[1] Da jedoch sowohl inländische als auch EU-/EWR-Gesellschaften bei einem Wegzug in Drittstaaten der Liquidationsbesteuerung unterworfen werden, ist eine Diskriminierung von Drittstaatsgesellschaften nicht zu befürchten. Gleiches gilt für das Betriebsstättendiskriminierungsverbot gem Art 24 III OECD-MA. Danach ist es verboten, Unternehmen eines Vertragsstaats hinsichtlich ihrer im anderen Vertragsstaat unterhaltenen Betriebsstätten ungünstiger zu besteuern als Unternehmen des anderen Vertragsstaats. § 12 III sieht jedoch in vergleichbaren Fallgestaltungen keine unterschiedlichen Rechtsfolgen vor, wirkt also unabhängig davon, ob nur eine inländische Betriebsstätte besteht oder die Gesellschaft im Inland ansässig ist. Die territoriale Differenzierung in § 12 III zwischen der Ansässigkeit im EU-/EWR-Gebiet und Drittstaatsgebiet ist kein von Art 24 OECD-MA geschütztes Differenzierungskriterium. Teilweise wird jedoch vertreten, dass auch die Ansässigkeit ein geschütztes Differenzierungskriterium sei.[2] Der Zweck von Art 24 III OECD-MA, der Betriebsstätte Wettbewerbsgleichheit gegenüber im Inland ansässigen Unternehmen zu gewähren, wird indes nicht dadurch verwirklicht, dass verschiedene Verhaltensweisen, wie der Wegzug in einen Drittstaat gegenüber dem Wegzug innerhalb des EU-/EWR-Gebiets, gleich behandelt werden.

277   **AEUV.** Der Wegzug in einen Drittstaat wird grundsätzlich nicht von der Niederlassungsfreiheit erfasst,[3] da sich der räumliche Geltungsbereich grundsätzlich nur auf das Territorium der Mitgliedstaaten erstreckt (Art 355 AEUV). Darüber hinaus können nach der Rechtsprechung des EuGH die Grundfreiheiten zwar grundsätzlich auch außerhalb des von Art 355 AEUV erfassten Gebietes anwendbar sein, wenn ein hinreichender Bezug zum Gemeinschaftsgebiet besteht.[4] Angesichts der Erfordernisse des sachlichen Anwendungsbereichs der Niederlassungsfreiheit, der eine starke Einbindung in die Wirtschaft eines Mitgliedstaates fordert, kommt dieser Möglichkeit der Ausweitung des räumlichen Anwendungsbereichs der Niederlassungsfreiheit in Wegzugsfällen jedoch nur theoretische Bedeutung zu.[5] Die grundsätzlich ebenfalls in Betracht kommende Kapitalverkehrsfreiheit wird durch die in Fällen des Weg-

---

1   Musterkommentar OECD-MA Art 24 Rn 54.
2   *Holland* in EY § 12 Rn 74 unter Hinweis auf BFH I R 6/99, BStBl II 2004, 1043.
3   *Benecke* in D/J/P/W § 12 Rn 74.
4   So für die Arbeitnehmerfreizügigkeit EuGH Rs C-214/94, *Boukhalfa*, Slg 1996, I-2253, Rn 15 mwN.
5   *Kessens*, Die Besteuerung der grenzüberschreitenden Überführung von Wirtschaftsgütern, Diss 2009, S 78 f.

zugs anwendbare Niederlassungsfreiheit verdrängt.[1] Zwar kann der Wegzug uU als eine in Sachkapital bestehende Direktinvestition in den sachlichen Schutzbereich der Kapitalverkehrsfreiheit fallen. Der EuGH grenzt die Kapitalverkehrsfreiheit und die Niederlassungsfreiheit jedoch normorientiert gegeneinander ab und fragt danach, ob die in Frage stehende Rechtsnorm, dh § 12 III, einen bestimmenden Einfluss in Bezug auf die Gesellschaft bzw das Investment voraussetzt.[2] Setzt die Norm eine beherrschende Stellung voraus, ist diese nur an der Niederlassungsfreiheit zu messen. Da die Verlegung von Geschäftsleitung oder Satzungssitz für das betreffende Körperschaftsteuersubjekt von grundlegender Bedeutung ist, setzt die Entscheidung über den Wegzug eine beherrschende Stellung voraus, so dass diese Vorschrift nur an der Niederlassungsfreiheit zu messen ist.

Einstweilen frei. 278-279

5. Rechtsfolgen. a) Auf Ebene der Körperschaft. Anwendung des § 11. § 12 III 280 ordnet die entsprechende Anwendung des § 11 auf Ebene der Körperschaft, Personenvereinigung und Vermögensmasse an. Anstatt des Liquidationsgewinns ist in entsprechender Anwendung der Verlegungsgewinn zu ermitteln. Sowohl im Falle des § 12 III S 1 als auch S 2 ist dabei der Verlegungsgewinn vollständig für das gesamte Vermögen der Körperschaft zu ermitteln, selbst wenn Teile des Vermögens im Inland steuerverhaftet bleiben (vgl Rn 262).

Gewinnermittlungszeitraum. § 11 knüpft an einen Abwicklungszeitraum an, 281 der sich über mehrere Jahre erstrecken kann. Die Besteuerung des Verlegungsgewinns erfolgt hingegen punktuell zum Zeitpunkt der Beendigung der unbeschränkten Steuerpflicht. In entsprechender Anwendung von § 11 II ist der für die Schlussbesteuerung maßgebliche Gewinnermittlungszeitraum daher das WJ bzw Rumpf-WJ, in das die Sitzverlegung fällt. Auf den Zeitpunkt der Sitzverlegung hat die Körperschaft eine Schlussbilanz aufzustellen.[3] Im (Rumpf)WJ der Sitzverlegung fallen der Verlegungsgewinn und laufender Gewinn zusammen an.

Verlegungsgewinn. Bei der Ermittlung des Verlegungsgewinns ist das Verlegungs- 282 endvermögen dem Verlegungsanfangsvermögen iRe Bestandsvergleichs gegenüberzustellen:

	Verlegungsendvermögen (vgl Rn 284)
-	Verlegungsanfangsvermögen (vgl Rn 283)
=	**Verlegungsgewinn vor Korrekturen**
-	Steuerfreie Vermögensmehrungen (zB § 8b oder nach DBA freigestellte Einkünfte)
+	Nichtabziehbare Aufwendungen gem § 10 und vGA im Schluss-WJ
=	**Verlegungsgewinn gem § 12 III.**

---

1 Benecke in D/J/P/W § 12 Rn 74.
2 EuGH Rs C-492/04, *Lasertec*, Slg 2007, I 3775, Rn 22; EuGH Rs C-157/05, *Holböck*, Slg 2007, I 4051; EuGH Rs C-284/06, *Burda*, Slg 2008, I-4571.
3 Holland in EY § 12 Rn 75 mwN.

283 **Verlegungsanfangsvermögen.** Das Verlegungsanfangsvermögen ist gem § 12 III iVm § 11 IV S 1 und S 3 das Betriebsvermögen, das am Schluss des der Verlegung vorangegangenen WJ der Veranlagung zur KSt zugrunde gelegt worden ist, abzüglich späterer Gewinnausschüttungen. § 11 IV S 2 gilt entsprechend, sofern keine Veranlagung im vorangehenden WJ durchgeführt worden ist (hierzu § 11 Rn 161).

284 **Verlegungsendvermögen.** Das Verlegungsendvermögen wird gem § 12 III iVm § 11 III ermittelt. An die Stelle des zur Verteilung gelangenden Vermögens tritt das bei der Verlegung vorhandene Vermögen. Erfasst wird auch im Ausland belegenes Vermögen, soweit dies abkommensrechtlich berücksichtigt werden kann.

285 **Steuerfreie Vermögensmehrungen.** Das Verlegungsendvermögen ist um steuerfreie Vermögensmehrungen zu kürzen (zB steuerfreie Einkünfte gem § 8b sowie nach den DBA).

286 **Immaterielle Wirtschaftsgüter, Firmenwert.** Im Verlegungsendvermögen ist auch der originäre Firmenwert auszuweisen. ZT wird vertreten, dass durch die entsprechende Anwendung von § 11 ein originäres immaterielles Wirtschaftsgut wie der Firmenwert nicht angesetzt werden dürfe, da dieser bei einer Liquidation auch nicht zu berücksichtigen sei.[1] Allerdings unterscheiden sich Sitzverlegung und Liquidation in dem Punkt der Fortführung des Betriebs, so dass die entsprechende Anwendung von § 11 iRd § 12 III auch den Ansatz des Firmenwerts erfordert.[2] Dem steht auch nicht die Rechtsprechung des BFH zu § 13 entgegen.[3] Danach kommt der Ansatz des Firmenwerts iRv § 13 nicht in Betracht, weil § 13 nur eine Bewertungs- nicht aber auch Bilanzierungsvorschrift ist. Eine solch einschränkende Auslegung kann auf § 12 nicht übertragen werden.[4]

287 **Ausgleichsposten gem § 4g EStG.** Auch ein vor dem Wegzug gebildeter Ausgleichsposten gem § 4g EStG ist aufzulösen und in den Verlegungsgewinn miteinzubeziehen. Zwar ist der Wechsel von der unbeschränkten Steuerpflicht zur beschränkten Steuerpflicht nicht ausdrücklich als Ereignis normiert, das die Auflösung herbeiführt (vgl § 4 II EStG). Der Charakter der Besteuerung des Verlegungsgewinns als Schlussbesteuerung des wegziehenden Rechtsträgers erfordert jedoch die Auflösung des Ausgleichspostens.[5]

288 **Bewertung mit dem gemeinen Wert (§ 12 III S 3).** Die Wirtschaftsgüter des Verlegungsendvermögens sind nach der eigenen Bewertungsvorschrift des § 12 III S 3 mit den gemeinen Werten anzusetzen (weiterführend zum gemeinen Wert Rn 158 f). Die Ansätze des Verlegungsendvermögens sind nicht an die handelsbilanziellen Ansätze gebunden (keine Maßgeblichkeit der Handelsbilanz).

289 **Einkommensermittlungsvorschriften.** IÜ sind gem § 12 III iVm § 11 VI auch die allgemeinen Grundsätze der Einkommensermittlung iRd Ermittlung des Verlegungsgewinns anzuwenden. Die Vorschriften über nichtabziehbare Betriebsausgaben oder die vGA finden zB Anwendung (vgl auch § 11 Rn 108 ff).

---

1 *Jünger* in Lademann § 12 Rn 15 mwN.
2 *Holland* in EY § 12 Rn 79. Zu § 12 I aF auch OFD Frankfurt v 21.8.1985, juris.
3 BFH I R 69/98, BStBl II 2001, 71.
4 *Lenz* in Erle/Sauter § 12 Rn 113 mwN.
5 *Lenz* in Erle/Sauter § 12 Rn 109.

VI. Verlegung von Sitz oder Geschäftsleitung in einen Nicht-EU- bzw EWR-Staat

Überschusseinkünfte. Für Körperschaftsteuersubjekte, die nicht zur Buchführung verpflichtet sind, weicht die Ermittlung des Verlegungsgewinns in zwei Punkten von der „üblichen" Ermittlung ab. Der Vergleich zwischen Verlegungsendvermögen und Verlegungsanfangsvermögen bezieht sich nur auf Wirtschaftsgüter des Betriebsvermögens, so dass stille Reserven in den „privat gehaltenen" Wirtschaftsgütern nicht realisiert werden. Da § 12 III nicht die Auflösung der Differenzierung zwischen Überschuss- und Gewinneinkünften bezweckt, sind diese Wirtschaftsgüter auch nicht bei der Ermittlung des Verlegungsgewinns zu berücksichtigen.[1] Zum anderen wird das Zuflussprinzip nach § 11 EStG nicht durch § 12 III iVm § 11 verdrängt. Dies hat zB Bedeutung bei Kapitaleinkünften iRd beschränkten Körperschaftsteuerpflicht iSd § 2 Nr 2 iVm § 49 I Nr 5 EStG. Sind die Kapitaleinkünfte vor dem Wegzug wirtschaftlich verursacht, fließen sie aber erst nach dem Wegzug dem Steuerpflichtigen zu, so sind die Kapitaleinkünfte nicht iRd Ermittlung des Verlegungsgewinns zu berücksichtigen, sondern gem § 7 III S 3 in dem zweiten von der Ermittlung des Verlegungsgewinns getrennten Steuerbemessungs- und Einkünfteermittlungszeitraum dieses VZ zu erfassen. Eine Doppelerfassung sowohl iRd Ermittlung des Verlegungsgewinns als auch in dem sich anschließenden Steuerbemessungs- und Einkünfteermittlungszeitraum ist nicht möglich.[2]

Einstweilen frei.

b) Auf Ebene des Anteilseigners. Allgemeine Grundsätze. In der Gesetzesbegründung wird angeführt, dass für den Anteilseigner einer in einen Drittstaat ziehenden Körperschaft die allgemeinen Regeln gelten sollen.[3] Mit anderen Worten ist davon auszugehen, dass § 12 III keine gesonderten Rechtsfolgen für den Anteilseigner vorsieht. Welche Vorschrift der Gesetzgeber im Einzelnen jedoch mit den „allgemeinen Regeln" meint, ist in Anbetracht der möglichen Tatbestände unklar. Zu differenzieren ist zum einen danach, ob die Anteile im Betriebsvermögen oder im Privatvermögen (§ 17 EStG bzw § 20 EStG) gehalten werden. Zum anderen ist bedeutsam, ob der Wegzug der Körperschaft identitätswahrend in den Drittstaat erfolgt oder das Gesellschaftsrecht die Auflösung der wegziehenden Gesellschaft vorschreibt.

Besteuerung von Anteilen im Betriebsvermögen bei identitätswahrender Sitzverlegung. Hält der Anteilseigner die Anteile im Betriebsvermögen, gelten für ihn die allgemeinen Entstrickungsvorschriften, also für natürliche Personen §§ 4 I S 3, 6 I Nr 4 S 1 Hs 2 EStG und für Körperschaften § 12 I. Es ist also zu fragen, ob durch den Wegzug das Besteuerungsrecht hinsichtlich des Gewinns aus der Veräußerung der Anteile ausgeschlossen oder beschränkt wird. Das Besteuerungsrecht bleibt zumindest für unbeschränkt Steuerpflichtige grundsätzlich bestehen (Art 13 V OECD-MA), so dass die Sitzverlegung in einen Drittstaat regelmäßig zu keiner Besteuerung auf Anteilseignerebene führt (vgl dazu sowie zu beschränkt steuerpflichtigen Anteilseignern auch Rn 132 f).

---
1 *Lenz* in Erle/Sauter § 12 Rn 107.
2 *Holland* in EY § 12 Rn 76.
3 BTDrs 16/2710, 31.

296 **Besteuerung von Anteilen im Betriebsvermögen bei Auflösung und Löschung der Gesellschaft im Handelsregister.** Verlegt eine Kapitalgesellschaft Sitz oder Geschäftsleitung in einen Drittstaat, der wie Deutschland seinerseits der Sitztheorie folgt, so führt die Sitzverlegung zur Auflösung der Gesellschaft. Zu einer unmittelbaren Anwendbarkeit von § 11 kommt es nicht, da es regelmäßig an der erforderlichen Abwicklung fehlen wird. Bis zur Löschung der Gesellschaft im Handelsregister bleiben auch die Anteile an der Gesellschaft bestehen, so dass auch mangels Wegfalls der Anteile nicht auch automatisch von einem Ausschluss des Besteuerungsrechts an den Anteilen gesprochen werden kann. Bis eine Löschung im Handelsregister auch die Anteile an der Gesellschaft entfallen lässt, dürfte keine Entstrickung der in den Anteilen ruhenden stillen Reserven erfolgen. Nach Löschung der Gesellschaft im Handelsregister bedeutet dies auf der Grundlage von § 4 I S 3 EStG bzw bei einem Körperschaftsteuersubjekt als Anteilseigner (§ 12 I) jedoch den Ausschluss des Besteuerungsrechts hinsichtlich des Gewinns aus der Veräußerung der Anteile.

297 **Besteuerung von Anteilen iSd § 17 EStG bei identitätswahrender Sitzverlegung.** Für im Privatvermögen gehaltene Anteile oberhalb der Schwelle von 1 % iSd § 17 EStG kommen im Fall des identitätswahrenden Wegzugs zwei mögliche Besteuerungstatbestände in Betracht. Zum einen regelt § 17 IV EStG die Besteuerung des Anteilseigners im Fall der Auflösung einer Kapitalgesellschaft zum anderen regelt § 17 V EStG ausdrücklich die Besteuerung von Anteilen bei Wegzug einer Kapitalgesellschaft. § 12 III fingiert die Auflösung der Körperschaft bei einem Wegzug, so dass § 17 IV EStG eingreifen könnte. Da durch diese Anordnung beide Tatbestände angesprochen sind, stellt sich die Frage der Abgrenzung untereinander. Anders als § 12 II sieht § 12 III keine besondere Rechtsfolge für die Anteilseigner vor, so dass die Auflösungsfiktion mit einhergehender Liquidationsbesteuerung im Falle des identitätswahrenden Wegzugs nur die Gesellschaftsebene betrifft. Bei identitätswahrendem Wegzug ist mangels tatsächlicher Auflösung und Abwicklung die Besteuerung des Anteilseigners nur an § 17 V EStG und nicht an § 17 IV EStG zu messen.[1] Dies bedeutet grundsätzlich, dass aufgrund von Art 13 V OECD-MA das Besteuerungsrecht hinsichtlich des Gewinns aus der Veräußerung der Anteile erhalten bleibt und daher eine Entstrickung nicht stattfindet.

298 **Besteuerung von Anteilen iSd § 17 EStG bei Auflösung und Löschung der Gesellschaft im Handelsregister.** Der Wegzug unter Auflösung der Gesellschaft führt hingegen zur Anwendbarkeit von § 17 IV EStG. Anders als 17 V EStG stellt § 17 IV EStG nicht auf die Beschränkung des Besteuerungsrechts ab, sondern knüpft die Besteuerung an die Auflösung und die Zuteilung bzw Zurückzahlung des Vermögens der Kapitalgesellschaft. Praktisch wird trotz Auflösung der Gesellschaft durch den Wegzug häufig keine Auskehrung des Gesellschaftsvermögens stattfinden, so dass eine Besteuerung in diesen Fällen unterbleibt.[2] Unter der Voraussetzung, dass der Anteilseigner mehr als 10 Jahre in der BRD unbeschränkt steuerpflichtig war,

---

1 Im Ergebnis auch *Eickmann/Mörwald*, DStZ 2009, 422, 428; *Holland* EY § 12 Rn 61; aA *Benecke* in D/J/P/W § 12 Rn 195.
2 *Benecke* in D/J/P/W § 12 Rn 195.

kommt jedoch auch eine Besteuerung gem § 6 I S 2 Nr 4 AStG in Betracht. Die sehr weit gefasste Vorschrift, deren Anwendbarkeit in diesem Kontext überraschen mag,[1] knüpft wie § 17 V an den Ausschluss und die Beschränkung des Besteuerungsrechts an, so dass wie bei Anteilen im Betriebsvermögen (vgl Rn 295) bei Auflösung und Löschung der Gesellschaft aus dem Handelsregister die Anteile wegfallen und das Besteuerungsrecht durch diesen Wegfall ausgeschlossen wird. Die Regelungen sind indes untereinander nicht abgestimmt, so dass die Entstrickungsbesteuerung der Anteilseigner bei Wegzug einer Kapitalgesellschaft im Einzelfall zu einer unstimmigen Ungleichbehandlung von vergleichbaren Sachverhalten führen kann:

Beispiel

Die in Deutschland ansässige A-GmbH verlegt ihre Geschäftsleitung in den Drittstaat X, der der Sitztheorie folgt. Anteilseigner an der A-GmbH sind die B-AG und der seit 5 Jahren in Deutschland wohnende C (natürliche Person) mit jeweils 50%. Die A-GmbH wird aufgrund des Wegzugs aus dem Handelsregister gelöscht. Die wirtschaftliche Tätigkeit wird indes fortgeführt.

Die Beteiligung entfällt mit der Löschung im Handelsregister. Die B-AG hat die in ihrer Beteiligung enthaltenen stillen Reserven gem §§ 12 I, 8b II mit 5% zu besteuern. Eine Besteuerung des C entfällt, da § 17 IV mangels Auskehrung des Vermögens nicht eingreift und die zehnjährige unbeschränkte Steuerpflicht iSd § 6 AStG noch nicht erreicht ist.

Anteile im Privatvermögen unterhalb der 1%-Schwelle. Für Anteile im Privatvermögen, die nicht unter § 17 I EStG fallen, führt die Sitzverlegung keine Rechtsfolgen herbei. Beim nicht-identitätswahrenden Wegzug erfordert § 20 I Nr 2 EStG wiederum eine Auskehrung des Vermögens der aufgelösten Gesellschaft, was regelmäßig nicht der Fall sein wird.[2] Im Fall der identitätswahrenden Sitzverlegung tritt keine Besteuerung ein, da § 20 EStG anders als § 17 V S 1 EStG nicht auf die Verlegung von Sitz oder Geschäftsleitung zur Anknüpfung einer Besteuerung Bezug nimmt.

Einstweilen frei.

---

1 Vgl zu ähnlicher Konstellation *Benecke/Schnittker*, FR 2010, 555, 563.
2 *Stuhrmann* in Blümich § 20 EStG Rn 185.

§ 13 Beginn und Erlöschen einer Steuerbefreiung

(1) Wird eine steuerpflichtige Körperschaft, Personenvereinigung oder Vermögensmasse von der Körperschaftsteuer befreit, so hat sie auf den Zeitpunkt, in dem die Steuerpflicht endet, eine Schlussbilanz aufzustellen.

(2) Wird eine von der Körperschaftsteuer befreite Körperschaft, Personenvereinigung oder Vermögensmasse steuerpflichtig und ermittelt sie ihren Gewinn durch Betriebsvermögensvergleich, so hat sie auf den Zeitpunkt, in dem die Steuerpflicht beginnt, eine Anfangsbilanz aufzustellen.

(3)[1] [1]In der Schlussbilanz im Sinne des Absatzes 1 und in der Anfangsbilanz im Sinne des Absatzes 2 sind die Wirtschaftsgüter vorbehaltlich des Absatzes 4 mit den Teilwerten anzusetzen. *[2]Wohnungsunternehmen und Organe der staatlichen Wohnungspolitik (Wohnungsunternehmen) im Sinne des § 5 Abs. 1 Nr. 10 und 11 des Körperschaftsteuergesetzes 1984 in der Fassung der Bekanntmachung vom 10. Februar 1984 (BGBl. I S. 217) dürfen den Verlust aus der Vermietung und Verpachtung der Gebäude oder Gebäudeteile, die in der Anfangsbilanz mit dem Teilwert (Ausgangswert) angesetzt worden sind (Abschreibungsverlust), mit anderen Einkünften aus Gewerbebetrieb oder mit Einkünften aus anderen Einkunftsarten nur ausgleichen oder nach § 10d des Einkommensteuergesetzes nur abziehen, soweit er den Unterschiedsbetrag zwischen den Absetzungen für Abnutzung nach dem Ausgangswert und nach den bis zum Zeitpunkt des Beginns der Steuerpflicht entstandenen Anschaffungs- oder Herstellungskosten der Gebäude oder Gebäudeteile übersteigt. [3]Nicht zum Abschreibungsverlust rechnen Absetzungen für Abnutzung, soweit sie sich nach Anschaffungs- oder Herstellungskosten bemessen, die nach dem Zeitpunkt des Beginns der Steuerpflicht entstanden sind. [4]Der Abschreibungsverlust, der nicht nach Satz 2 ausgeglichen oder abgezogen werden darf, vermindert sich um das Doppelte der im Wirtschaftsjahr anfallenden aktivierungspflichtigen Aufwendungen (begünstigtes Investitionsvolumen) für die zum Anlagevermögen des Wohnungsunternehmens gehörenden abnutzbaren unbeweglichen Wirtschaftsgüter. [5]Übersteigt das begünstigte Investitionsvolumen im Wirtschaftsjahr den Abschreibungsverlust, der nicht nach Satz 2 ausgeglichen oder abgezogen werden darf, erhöht es bis zu einem Betrag in Höhe des nicht nach Satz 2 ausgeglichenen oder abgezogenen Abschreibungsverlustes des vorangegangenen Wirtschaftsjahrs das begünstigte Investitionsvolumen dieses Wirtschaftsjahrs; ein darüber hinausgehendes begünstigtes Investitionsvolumen erhöht das begünstigte Investitionsvolumen der folgenden Wirtschaftsjahre (Vortragsvolumen). [6]Ein nach Satz 4 verbleibender Abschreibungsverlust, der nicht ausgeglichen oder abgezogen werden darf, mindert den Gewinn aus der Vermietung und Verpachtung von Gebäuden und Gebäudeteilen (Mietgewinn) im laufenden Wirtschaftsjahr oder in späteren Wirtschaftsjahren. [7]Die Minderung in einem späteren Wirtschaftsjahr ist nur zulässig, soweit der Abschreibungsverlust in einem vorangegangenen Wirtschaftsjahr nicht berücksichtigt werden konnte (verbleibender Abschreibungsverlust). [8]Der am Schluss des Wirtschaftsjahrs verbleibende Abschreibungsverlust und das Vortragsvolumen sind gesondert festzustellen; § 10d Abs. 4 des Einkommensteuergesetzes gilt sinngemäß. [9]Die Sätze 2 bis 8 gelten entsprechend für

1. Organträger, soweit dem Organträger der Abschreibungsverlust oder der Mietgewinn des Wohnungsunternehmens zuzurechnen ist,

2. natürliche Personen und Körperschaften, Personenvereinigungen oder Vermögensmassen, die an dem Wohnungsunternehmen still beteiligt sind, wenn sie als Unternehmer (Mitunternehmer) anzusehen sind,

---

1 § 13 III S 2-11 wurde durch das JStG 2010 v 8.12.2010 (BGBl I 2010, 1768) aufgehoben. Zur weiteren Anwendung s § 34 VIIIb.

3. natürliche Personen und Körperschaften, Personenvereinigungen oder Vermögensmassen, die dem Wohnungsunternehmen nahe stehen, soweit ihnen Gebäude oder Gebäudeteile des Wohnungsunternehmens, die in der Anfangsbilanz mit dem Ausgangswert angesetzt worden sind, unentgeltlich übertragen werden,

4. natürliche Personen und Körperschaften, Personenvereinigungen oder Vermögensmassen, soweit sie bei Vermögensübertragungen nach dem Umwandlungssteuergesetz Gebäude oder Gebäudeteile des Wohnungsunternehmens, die in der Anfangsbilanz mit dem Ausgangswert angesetzt worden sind, mit einem unter dem Teilwert liegenden Wert ansetzen.

[10]Soweit Gebäude oder Gebäudeteile des Wohnungsunternehmens oder eines Rechtsträgers nach Satz 9, die in der Anfangsbilanz des Wohnungsunternehmens mit dem Ausgangswert angesetzt worden sind, entgeltlich und in den Fällen des Satzes 9 Nr. 4 mit einem anderen als dem Buchwert an andere Wohnungsunternehmen oder Rechtsträger nach Satz 9 übertragen werden, gilt als Veräußerungsgewinn der Unterschiedsbetrag zwischen dem Veräußerungspreis nach Abzug der Veräußerungskosten und dem Wert, der sich für das Gebäude oder den Gebäudeteil im Zeitpunkt der Veräußerung aus dem Ansatz mit den Anschaffungs- oder Herstellungskosten, vermindert um die Absetzungen für Abnutzung nach § 7 des Einkommensteuergesetzes, ergibt. [11]Die Sätze 2 bis 10 gelten nicht für Wohnungsunternehmen, die nach § 5 Abs. 1 Nr. 10 steuerbefreit sind.

(4) [1]Beginnt die Steuerbefreiung auf Grund des § 5 Abs. 1 Nr. 9, sind die Wirtschaftsgüter, die der Förderung steuerbegünstigter Zwecke im Sinne des § 9 Abs. 1 Nr. 2 dienen, in der Schlussbilanz mit den Buchwerten anzusetzen. [2]Erlischt die Steuerbefreiung, so ist in der Anfangsbilanz für die in Satz 1 bezeichneten Wirtschaftsgüter der Wert anzusetzen, der sich bei ununterbrochener Steuerpflicht nach den Vorschriften über die steuerliche Gewinnermittlung ergeben würde.

(5) Beginnt oder erlischt die Steuerbefreiung nur teilweise, so gelten die Absätze 1 bis 4 für den entsprechenden Teil des Betriebsvermögens.

(6) [1]Gehören Anteile an einer Kapitalgesellschaft nicht zu dem Betriebsvermögen der Körperschaft, Personenvereinigung oder Vermögensmasse, die von der Körperschaftsteuer befreit wird, so ist § 17 des Einkommensteuergesetzes auch ohne Veräußerung anzuwenden, wenn die übrigen Voraussetzungen dieser Vorschrift in dem Zeitpunkt erfüllt sind, in dem die Steuerpflicht endet. [2]Als Veräußerungspreis gilt der gemeine Wert der Anteile. [3]Im Falle des Beginns der Steuerpflicht gilt der gemeine Wert der Anteile als Anschaffungskosten der Anteile. [4]Die Sätze 1 und 2 gelten nicht in den Fällen des Absatzes 4 Satz 1.

KStR 52, 53, 54, 55; KStH 52, 54, 55

Übersicht

	Rn
I. Regelungsgehalt der Norm	1 – 2
II. Normzweck	3 – 4
III. Rechtsentwicklung	5 – 6
IV. Zeitlicher Anwendungsbereich	7 – 12
V. Verhältnis zu anderen Vorschriften	13 – 27
1. KStG	13 – 18
2. EStG	19 – 23
3. GewStG	24 – 25
4. REITG	26 – 27

VI. Beginn einer Steuerbefreiung (§ 13 I)	28 – 44
1. Persönlicher Anwendungsbereich	28 – 31
2. Sachlicher Anwendungsbereich	32 – 37
3. Gewinnermittlung	38 – 44
VII. Erlöschen einer Steuerbefreiung (§ 13 II)	45 – 56
1. Anwendungsbereich	45 – 50
2. Anfangsbilanz	51 – 56
VIII. Bewertung mit dem Teilwert (§ 13 III)	57 – 112
1. Teilwertansatz	57 – 61
2. Teilwertansatz in der Schlussbilanz	62 – 66
3. Teilwertansatz in der Anfangsbilanz	67 – 70
4. Sonderregelung für ehemals gemeinnützige Wohnungsunternehmen (§ 13 III S 2-10)	71 – 112
a) Regelungsinhalt	71 – 75
b) Persönlicher Anwendungsbereich	76 – 80
c) Einschränkung der Verlustberücksichtigung	81 – 94
d) Ausweitung der Verlustverrechnung auf wirtschaftlich mit dem Wohnungsunternehmen verbundene Unternehmen	95 – 101
e) Entgeltliche Übertragung von zum Teilwert bewerteten Gebäuden	102 – 110
f) Reduzierung des betroffenen Personenkreises	111 – 112
IX. Sonderregelungen für bestimmte Körperschaften (§ 13 IV)	113 – 133
1. Regelungsgehalt	113 – 117
2. Anwendungsbereich	118 – 120
3. Beginn der Steuerbefreiung	121 – 127
4. Erlöschen der Steuerbefreiung	128 – 133
X. Beginn und Erlöschen einer teilweisen Steuerbefreiung (§ 13 V)	134 – 146
1. Regelungsgehalt	134 – 136
2. Anwendungsfälle	137 – 142
3. Bilanzierung	143 – 146
XI. Wesentliche Beteiligung an einer Kapitalgesellschaft außerhalb des Betriebsvermögens (§ 13 VI)	147 – 161
1. Regelungsinhalt	147 – 152
2. Beginn einer Steuerbefreiung	153 – 156
3. Erlöschen einer Steuerbefreiung	157 – 159
4. Besonderheiten bei bestimmten gemeinnützigen Körperschaften	160 – 161

I. Regelungsgehalt der Norm. § 13 ist eine spezielle Einkommensermittlungsvorschrift für den Wechsel zwischen Steuerpflicht und Steuerfreiheit auf der einen und dem Wechsel zwischen Steuerfreiheit und Steuerpflicht auf der anderen Seite. Wird eine bislang unbeschränkt steuerpflichtige Körperschaft, Personenvereinigung oder Vermögensmasse vollumfänglich oder teilweise von der KSt befreit, bestimmt § 13 I die Aufstellung einer Schlussbilanz auf das Ende der Körperschaftsteuerpflicht. § 13 II gestaltet den Übergang einer bislang von der KSt befreiten Körperschaft, Personenvereinigung oder Vermögensmasse zur vollen oder teilweisen unbeschränkten Körperschaftsteuerpflicht mit der Verpflichtung zur Aufstellung einer Anfangsbilanz. Als grundsätzlichen Bewertungsmaßstab für die Aufstellung der Bilanzen iSv § 13 I und II findet sich in § 13 III S 1 der Teilwert. Daran schließen sich in § 13 III S 2-10 Sonderregelungen der Verlustverrechnung für ehemals steuerbefreite Wohnungsunternehmen und bestimmte mit ihnen verbundene Personen an (vgl Rn 8). § 13 IV legt abweichend vom allgemeinen Bewertungsmaßstab des Teilwertes für bestimmte gemeinnützige Körperschaften den Ansatz des Buchwertes in der Schlussbilanz fest. Für die Fälle einer teilweisen Steuerbefreiung von der KSt gelten nach § 13 V die vorgenannten Regelungen ausschließlich für den steuerbefreiten Teil des Betriebsvermögens. Die Vorschrift regelt schließlich noch in § 13 VI die Behandlung einer Beteiligung an einer Kapitalgesellschaft außerhalb des Betriebsvermögens zum Zeitpunkt des Eintritts bzw der Beendigung einer Steuerbefreiung.

Einstweilen frei.

II. Normzweck. Zweck des § 13 ist die systematische Steuerentstrickung bzw Steuerverstrickung. So verfolgt der Gesetzgeber mit § 13 I iVm III S 1 das Ziel, die während der Zeit der Körperschaftsteuerpflicht entstandenen und somit steuerverstrickten stillen Reserven des Betriebsvermögens aufzudecken und der KSt zu unterwerfen, bevor die Körperschaftsteuerpflicht wegen Steuerbefreiung endet.[1] Hingegen soll mit § 13 II iVm III S 1 erreicht werden, dass die während einer Steuerbefreiung gebildeten stillen Reserven auch zukünftig, zB bei ihrer Realisierung während bestehender Körperschaftsteuerpflicht, nicht der KSt unterliegen.[2] Im Ergebnis soll sichergestellt werden, dass sich die Besteuerungssituation von stillen Reserven (entweder steuerbefreit oder steuerpflichtig) nicht durch den Wechsel von der Steuerpflicht zur Steuerfreiheit bzw vice versa im Nachhinein verändert und ins Gegenteil umkehrt.

Einstweilen frei.

III. Rechtsentwicklung. § 13 wurde im Zusammenhang mit der KSt-Reform 1977 in das KStG 1977 v 31.8.1976[3] eingefügt. Zuvor existierten (bis auf § 32 KStDV 1968) entsprechende Vorschriften nicht.

IRd KultStiftFG v 13.12.1990[4] wurde das sog Buchwertprivileg des § 13 IV zunächst auf Körperschaften, Personenvereinigungen und Vermögensmassen, die mildtätige und besonders förderungswürdige kulturelle Zwecke anstreben mit Wirkung ab dem

---
1 BFH I R 69/98, BStBl II 2001, 71; BTDrs 7/1470, 345; R 54 I KStR.
2 BFH I R 56/94, BStBl II 1996, 28; R 54 II KStR.
3 BGBl I 1976, 2597; BStBl I 1976, 445.
4 BGBl I 1990, 2775; BStBl I 1991, 51.

VZ 1991, ausgeweitet und durch das StandOG v 13.9.1993[1] wurden schließlich mit Wirkung ab dem VZ 1994 alle Körperschaften, Personenvereinigungen und Vermögensmassen, die gem § 5 I Nr 9 steuerbefreit sind und steuerbegünstigte Zwecke iSd § 9 I Nr 2 vorliegen, mit einbezogen.

Überdies wurden durch das StandOG in § 13 III die S 2-10 zur eingeschränkten Verlustrechnung sowie zur steuerwirksamen Aufdeckung stiller Reserven in Veräußerungsfällen bei ehemals steuerbefreiten Wohnungsunternehmen und diesen gleichgestellten Rechtsträgern mit Wirkung für alle nach dem 27.5.1993 endenden WJ neu eingeführt.

Das Gesetz zur Änderung des Umwandlungssteuerrechts v 28.10.1994[2] erweiterte § 13 III um S 11, wonach § 13 III S 2-10 nicht für Wohnungsunternehmen gilt, die nach § 5 I Nr 10 steuerbefreit sind.

Durch das StEntlG 1999/2002/2002 v 24.3.1999[3] ergab sich lediglich eine redaktionelle Folgeänderung in § 13 III S 8.

Aufgrund des JStG 2010 v 8.12.2010[4] erfolgte die Aufhebung von § 13 III S 2-11.

6 *Einstweilen frei.*

7 **IV. Zeitlicher Anwendungsbereich. Grundsatz.** Zeitlich gilt § 13 grundsätzlich ab der Einführung des KStG, dh ab dem VZ 1977.

8 **Wohnungsunternehmen (§ 13 III S 2-10).** § 54 VIIIb idFd StandOG definiert die zeitliche Anwendung des § 13 III S 2-9 auf der einen Seite und des § 13 III S 10 auf der anderen Seite unterschiedlich. § 13 III S 2-9 ist grundsätzlich erstmals für WJ anzuwenden, die nach dem 27.5.1993 enden. Für Wohnungsunternehmen gem § 13 III S 2 und für Organträger von Wohnungsunternehmen beginnt die Anwendung der Regelungen des § 13 III S 2-9 erstmals für WJ, die nach dem 27.5.1993, spätestens am 1.5.1994, beginnen. Bei kalenderjahrgleichen WJ bedeutet dies eine Anwendung ab dem VZ 1994; gleiches gilt bei einem vom Kalenderjahr abweichenden WJ, das nach dem 27.5.1993 beginnt; lediglich bei einem vom Kalenderjahr abweichenden, spätestens am 27.5.1993 beginnenden WJ erfolgt die erstmalige Anwendung der S 2-8 für den VZ 1995. Wohnungsunternehmen iSd § 13 III S 2 und deren Organträger sollten durch die grundsätzlich spätere erstmalige Anwendung begünstigt werden.[5] Mit dem JStG 2010 wurde § 13 III S 2-11 mit Wirkung zum 1.1.2011 ersatzlos gestrichen.

9 **Übertragungen nach § 13 III S 10.** § 13 III S 10 ist hingegen unabhängig vom persönlich Betroffenen erstmals für die entgeltlichen Übertragungen von Gebäuden anzuwenden, die beim Übergang zur Steuerpflicht in der Anfangsbilanz mit dem Teil-

---

1 BGBl I 1993, 1569; BStBl I 1993, 774.
2 BGBl I 1994, 3267; BStBl I 1994, 839.
3 BGBl I 1999, 402; BStBl I 1999, 304.
4 BGBl I 2010, 1768.
5 Die Zeitversetzung der erstmaligen Anwendung konnte allerdings auch nachteilig sein, wenn im Jahr 1993, in dem für diese Gesellschaften noch keine Anwendung von § 13 III S 2-8 vorgesehen war, Investitionen größeren Umfangs getätigt wurden, für die zunächst kein begünstigtes Investitionsvolumen beansprucht werden konnte, vgl *Jost* in D/J/P/W § 13 Rn 148. Dieser Bumerang-Effekt wurde durch eine später eingeführte Möglichkeit beseitigt, auf das ein Jahr spätere In-Kraft-Treten zu verzichten.

wert angesetzt wurden, wenn die Übertragung nach dem 27.5.1993 erfolgt ist.[1] Letztmalig ist die Vorschrift aufgrund der ersatzlosen Aufhebung durch das JStG 2010 bis zum 31.12.2010 anzuwenden.

Übertragungen auf steuerfreie Wohnungsunternehmen (§ 13 III S 11). § 13 III S 11 ist erstmals für WJ anzuwenden, die nach dem 27.5.1993 enden oder für Übertragungen, die nach dem 27.5.1993 erfolgen.[2] Letztmalig ist die Vorschrift aufgrund der ersatzlosen Aufhebung durch das JStG 2010 bis zum 31.12.2010 anzuwenden. 10

Buchwertfortführung gem § 13 IV. Die in § 13 IV geregelte Ausnahme der Buchwertfortführung hat zunächst mit Wirkung ab VZ 1991[3] auf mildtätige und als besonders förderungswürdige anerkannte kulturelle Zwecke[4] sowie schließlich mit Wirkung ab VZ 1994[5] auf alle iRd Befreiung des § 5 I Nr 9 nach § 9 I Nr 2 spendenbegünstigten Zwecke[6] Anwendung gefunden. 11

Einstweilen frei. 12

V. Verhältnis zu anderen Vorschriften. 1. KStG. § 5. § 13 sieht selbst keine Steuerbefreiungen vor, allerdings greift § 13 die aus § 5 resultierenden Steuerbefreiungen auf und regelt die Rechtsfolgen bei Beginn und Erlöschen dieser.[7] 13

§ 8. Nach § 8 I S 1 bestimmt sich die Einkommensermittlung nach den Vorschriften des KStG, so dass auch § 13 insoweit zur Anwendung kommt.[8] Die Vorschrift hat damit über die Festlegung der zu bewertenden Wirtschaftsgüter in Anfangs- bzw Schlussbilanz Auswirkungen auf das zu versteuernde Einkommen aufgrund des anzuwendenden Betriebsvermögensvergleichs. 14

§ 11. Genauso wie die Schlussbesteuerungsvorschrift des § 11 nimmt auch § 13 eine Schlussbesteuerung vor, um die während der Dauer der Steuerpflicht gebildeten stillen Reserven mit Wegfall der Steuerpflicht der Besteuerung zu unterwerfen. 15

§ 12. Der Wechsel von der Körperschaftsteuerpflicht zur Körperschaftsteuerbefreiung ist genauso wie das Ausscheiden aus der unbeschränkten Körperschaftsteuerpflicht gem § 12 ein Ersatzrealisationstatbestand. Beiden Vorschriften liegt genauso wie § 11 der Rechtsgedanke zugrunde, dass die während der inländischen Steuerpflicht gebildeten stillen Reserven spätestens dann besteuert werden, wenn ihre Entstrickung im Inland erfolgt. 16

§ 14 III. Aufgrund der in § 13 III S 1 vorgesehenen besonderen Bewertung zum Teilwert kann es bei nach Eintritt in die Steuerpflicht als Organgesellschaften eingebundenen ehemaligen Wohnungsunternehmen zu Mehr- oder Minderabführungen kommen. § 14 III S 4 bestimmt, dass derartige Mehr- oder Minderabführungen aufgrund des Teilwertansatzes nach § 13 III S 1 der vororganschaftlichen Zeit zuzurechnen sind (weiterführend § 14 Rn 1190). 17

---

1 BTDrs 12/5016, 82, 102.
2 Gesetz zur Änderung des UmwStG v 28.10.1994, BStBl I 1994, 839.
3 KultStiftFG v 13.12.1990, BGBl 1990, 2775; BStBl I 1991, 51.
4 BTDrs 11/7584, 10 und 11/8346, 21.
5 StandOG v 13.9.1993, BGBl I 1993, 1569; BStBl I 1993, 774.
6 BTDrs 12/4158, 39 und 12/5016, 95.
7 *Heger* in Gosch § 13 Rn 10; *Bott* in EY § 13 Rn 10.
8 *Bott* in EY § 13 Rn 11.

18	*Einstweilen frei.*
19	**2. EStG. § 3 Nr 70 S 1 lit b EStG.** Gem § 3 Nr 70 S 1 lit b EStG sind die Hälfte der Betriebsvermögensmehrungen, die auf Grund der Eintragung eines Steuerpflichtigen in das Handelsregister als REIT-AG durch die Anwendung des § 13 I und III S 1 auf Grund und Boden und Gebäude entstehen, wenn diese Wirtschaftsgüter vor dem 1.1.2005 angeschafft oder hergestellt wurden, und die Schlussbilanz iSd § 13 I und III auf einen Zeitpunkt vor dem 1.1.2010 aufzustellen ist, steuerfrei. Es handelt sich hierbei um eine beschränkte Steuerbefreiung sog Aufstockungsgewinne.[1]
20	**§ 5 EStG.** Über § 8 I kommt auch das EStG zur Anwendung. Insbesondere für die nach § 13 I aufzustellende Schlussbilanz sind die steuerlichen Gewinnermittlungsvorschriften gem § 5 EStG zu beachten (R 54 I S 3 KStR).[2]
21	**§ 6 EStG.** § 13 III S 1 stellt eine steuerrechtliche Bewertungsnorm dar, die als lex specialis der allgemeinen bilanzsteuerrechtlichen Vorschrift des § 6 EStG vorgeht.[3]
22	**§ 16 EStG.** § 16 EStG findet grundsätzlich über § 8 I auch dann Anwendung, wenn durch eine Veräußerung, Aufgabe oder Verpachtung eines Betriebs bzw Teilbetriebs der Umfang der Körperschaftsteuerbefreiung tangiert wird.[4] Die Überführung eines Betriebs oder Teilbetriebs in den steuerbefreiten Bereich der Körperschaft ist jedoch ein unter § 13 V fallender teilweiser Beginn der Steuerbefreiung. Unter den Voraussetzungen des § 13 IV S 1 ist die Überführung der betreffenden Wirtschaftsgüter zum Buchwert möglich, wenn sie nicht in engem zeitlichen Zusammenhang mit der Überführung veräußert werden.[5]
23	*Einstweilen frei.*
24	**3. GewStG. § 7 GewStG.** Gem § 7 GewStG kommt § 13 auch bei der Ermittlung des Gewerbeertrags zur Anwendung.[6] Der sog Entstrickungsgewinn unterliegt der GewSt.[7] Falls jedoch mit dem Beginn bzw dem Erlöschen der Körperschaftsteuerbefreiung nicht zugleich auch die Gewerbesteuerbefreiung beginnt bzw erlischt, kann es systematisch nicht zu einer Anwendung des § 13 im Rahmen der Ermittlung des Gewerbeertrags kommen.[8]
25	*Einstweilen frei.*
26	**4. REITG.** § 13 betrifft grundsätzlich auch die REIT-AG, vgl §§ 17 II, 18 VI REITG sowie § 3 Nr 70 S 1 lit 2 EStG.[9] Allerdings bestimmt § 18 VI REITG, dass beim Verlust der Steuerbefreiung einer REIT-AG iRv § 13 II die Wirtschaftsgüter in der Anfangsbilanz mit dem Wert anzusetzen sind, der sich ausgehend von der Anfangsbilanz der

---

1 *Hofmeister* in Blümich § 13. Weiterführend *Bron*, BB-Special 7 (zu BB 2007, Heft 21), 2, 25 ff; *Dettmeier/Gemmel/Kaiser*, BB 2007, 1191, 1196 f.
2 *Mauel* in H/H/R § 13 Rn 6; *Bott* in EY § 13 Rn 12.
3 *Hofmeister* in Blümich § 13 Rn 13; *Bott* in EY § 13 Rn 12.
4 *Mauel* in H/H/R § 13 Rn 6; BFH I R 31/10, Datev Lexinform DokNr 0928018.
5 BMF v 1.2.2002, BStBl I 2002, 221.
6 *Hofmeister* in Blümich § 13 Rn 14.
7 *Mauel* in H/H/R § 13 Rn 8.
8 *Hofmeister* in Blümich § 13 Rn 14.
9 *Hofmeister* in Blümich § 13 Rn 15.

VI. Beginn einer Steuerbefreiung

inländischen REIT-AG bei ununterbrochener Steuerpflicht nach den Vorschriften über die steuerliche Gewinnermittlung ergeben würde. Dh es kommt zu Ansatz der sog fortgeführten Buchwerte und nicht zum Teilwertansatz.[1]

Einstweilen frei. 27

VI. Beginn einer Steuerbefreiung (§ 13 I). 1. Persönlicher Anwendungsbereich. Erfasste Körperschaften. Persönlich gilt § 13 I für alle Körperschaften, Personenvereinigungen und Vermögensmassen, die von der KSt persönlich befreit werden, so auch für die REIT-AG[2] sowie für den Sonderfonds Finanzmarktstabilisierung[3]. 28

Unbeschränkte und beschränkte Steuerpflicht. Die Regelung des § 13 ist nach ihrem Wortlaut nicht auf unbeschränkt Körperschaftsteuerpflichtige beschränkt. Gleichwohl dürfte die praktische Bedeutung für beschränkt Körperschaftsteuerpflichtige gering sein.[4] 29

Bestehendes Körperschaftsteuersubjekt. Die Anwendung des § 13 I setzt den Wechsel in der Steuerpflicht bei einem weiterhin existierenden Körperschaftsteuersubjekt voraus. Mithin ist § 13 I nicht anwendbar, wenn die steuerpflichtige Körperschaft, Personenvereinigung oder Vermögensmasse iRd Gesamtrechtsnachfolge auf ein steuerbefreites Körperschaftsteuersubjekt übergeht (zB iRe Umwandlung).[5] 30

Einstweilen frei. 31

2. Sachlicher Anwendungsbereich. Persönliche Steuerbefreiung. Die Anwendung der Vorschrift setzt voraus, dass eine Körperschaft, Personenvereinigung oder Vermögensmasse von der KSt befreit wird. Es handelt sich um eine Befreiung der Körperschaft selbst, mithin um die persönliche Befreiung der Körperschaft von der KSt, unerheblich nach welchem Gesetz.[6] Auch steht der Anwendung entgegen, wenn eine steuerpflichtige Körperschaft, Personenvereinigung oder Vermögensmasse bei unveränderter sachlicher Steuerpflicht, bspw bei Wegfall einer Einkunftsquelle oder bei Inanspruchnahme von Freibeträgen (§§ 24, 25) faktisch von der KSt freigestellt wird.[7] 32

Partielle Steuerbefreiung. Nicht erforderlich ist hingegen, dass sämtliche Einkünfte der Körperschaft steuerbefreit sein müssen. In den Fällen einer partiellen Steuerbefreiung nach § 5 I, liegt für den steuerbefreiten Teil wiederum eine persönliche Steuerbefreiung vor. In vorgenannten Fällen kommen die Grundsätze des § 13 I nur 33

---

1 *Hofmeister* in Blümich § 13 Rn 15; *Bron*, BB-Special 7 (zu BB 2007, Heft 21), 2, 20.
2 §§ 17 II, 18 VI REITG v 28.5.2007, BGBl I 2007, 914.
3 § 14 FMStFG v 17.10.2008, BGBl I 2008, 1982.
4 Nach § 5 II Nr 2 gelten keine Steuerbefreiung nach § 5 I noch nach anderen Gesetzen für beschränkt Steuerpflichtige. Lediglich in den seltenen Ausnahmefällen, in denen bspw beschränkt Steuerpflichtige abweichend von § 5 II Nr 2 eine Körperschaftsteuerbefreiung nach einem DBA beanspruchen können, käme es zu einer Anwendung für beschränkt Steuerpflichtige. Gleicher Ansicht *Bott* in EY § 13 Rn 19; *Hofmeister* in Blümich § 13 Rn 8 f.
5 In einem solchen Fall sind die Vorschriften des UmwStG als lex specialis anwendbar.
6 Die persönliche Körperschaftsteuerbefreiung kann sich aus § 5 I oder aber aus einem anderen Gesetz (zB aus dem REITG) ergeben.
7 So auch *Bott* in EY § 13 Rn 25.

für den Teil des Betriebsvermögens zur Anwendung, für den eine Steuerbefreiung neu eintritt. Dementsprechend sind auch solche Fälle erfasst, in denen eine bereits existierende partielle Steuerbefreiung ausgeweitet wird. Allerdings unterliegen die vorgenannten Sachverhalte nicht § 13 I, sondern § 13 V (vgl Rn 134 dazu).

34 **Ursache für die Steuerbefreiung.** Die Ursachen für den Beginn einer Steuerbefreiung iSd § 5 I können auf einer Gesetzesänderung beruhen oder aber dadurch entstehen, dass sich der Geschäftszweck bzw. die Tätigkeit der Körperschaft ändert. Neben der Körperschaftsteuerbefreiung des § 5 I kann sich die Befreiung auch aus einem anderen Gesetz ergeben. § 13 I setzt voraus, dass eine bislang steuerpflichtige Körperschaft, Personenvereinigung oder Vermögensmasse in vollem Umfang von der KSt befreit wird (R 52 I KStR).

Bspw kann eine Kapitalgesellschaft, die bislang steuerpflichtig war, künftig durch Veränderung ihrer Satzung und tatsächlichen Geschäftsführung in den Genuss einer vollen Steuerbefreiung gelangen, wenn sie aufgrund der Förderung gemeinnütziger, mildtätiger oder kirchlicher Zwecke die Steuerbefreiung gem § 5 I Nr 9 erfüllt.

Auch der Wegfall einer bislang steuerschädlichen Mittelverwendung oder überhöhten Kassenleistung bei Pensions- und Unterstützungskassen iSd § 5 I Nr 3, die somit den Begriff der sozialen Einrichtung erfüllen und mit einer zulässigen Dotierung vollumfänglich von der KSt freigestellt werden, bewirkt die notwendige vollständige Steuerbefreiung.[1]

35 **Betriebsveräußerung, -aufgabe, -verpachtung.** Kein Anwendungsfall des § 13 I ist gegeben, wenn eine bisher voll steuerpflichtige Körperschaft, Personenvereinigung oder Vermögensmasse ihren Gewerbebetrieb veräußert und anschließend mit dem Veräußerungserlös einer steuerbegünstigten Tätigkeit nachgeht und zudem die übrigen Voraussetzungen für eine Steuerbefreiung erfüllt. Entsprechend sind auch Betriebsaufgabe oder Betriebsverpachtung mit Aufgabeerklärung und nachfolgender Steuerbefreiung nicht von der Regelung des § 13 I betroffen.

36 **Gesamtrechtsnachfolge.** Weiterhin ist kein Fall des § 13 I gegeben, wenn das Vermögen einer steuerpflichtigen Körperschaft, Personenvereinigung oder Vermögensmasse im Wege der Gesamtrechtsnachfolge auf eine steuerbefreite Körperschaft übergeht, da der Wechsel von der Steuerpflicht zur Steuerfreiheit nicht bei demselben Steuersubjekt vollzogen wird.

37 *Einstweilen frei.*

38 **3. Gewinnermittlung. Schlussbilanz.** Für eine bisher in vollem Umfang körperschaftsteuerpflichtige Körperschaft, Personenvereinigung bzw Vermögensmasse, die nunmehr in vollem Umfang von der KSt befreit wird, ist nach § 13 I auf den Zeitpunkt des Erlöschens der Steuerpflicht eine Schlussbesteuerung auf Basis einer verpflichtenden Schlussbilanz durchzuführen. Die Schlussbilanz ist eine Steuerbilanz, die ausschließlich der Steuerentstrickung dient.

---

1 Für weitere Beispiele vgl H 52 KStH.

VI. Beginn einer Steuerbefreiung

Gewinnermittlungsvorschriften. Bei ihrer Aufstellung sind demnach die steuerlichen Gewinnermittlungsvorschriften zu beachten. Bei Körperschaften, die gem § 8 II ausschließlich Einkünfte aus Gewerbebetrieb erzielen, sind alle ihnen am Ende des Bilanzstichtags gehörenden Wirtschaftsgüter in der Bilanz auszuweisen. 39

Aktivierungs- bzw Passivierungsverbot. Soweit ein steuerliches Aktivierungs- bzw Passivierungsverbot existiert, ist dieses zu beachten. So hat der BFH[1] bspw den Ansatz selbst geschaffener immaterieller Wirtschaftsgüter in der Schlussbilanz versagt, da § 13 I keine Aussage zum Bilanzansatz dem Grunde nach trifft. Insoweit gelten die allgemeinen Gewinnermittlungsvorschriften, die einen Ansatz selbst geschaffener immaterieller Wirtschaftsgüter verbieten. Eine Auslegung des Gesetzes dahingehend, dass alle bestehenden stillen Reserven zum Zeitpunkt des Wechsels der Steuerpflicht erfasst werden, nahm der BFH nicht vor.[2] 40

Gewinneinkünfte. Nach Sinn und Zweck der Vorschrift kommt die Anwendung des § 13 I nur für Einkunftsarten iSd § 2 I Nr 1-3 EStG (Einkünfte aus Land- und Forstwirtschaft, Gewerbebetrieb oder selbständiger Arbeit, als sog Gewinneinkünfte) in Betracht. Lediglich bei betrieblichen Einkünften sind steuerlich die Vermögenssubstanz und eventuell vorhandene stille Reserven abzugrenzen.[3] Unerheblich ist dabei, ob die Gewinne während der Zeit der Körperschaftsteuerpflicht durch Vermögensvergleich zu ermitteln waren. 41

Gewinnermittlung durch Einnahmenüberschussrechnung. Hat die Körperschaft, Personenvereinigung oder Vermögensmasse ihren Gewinn während des Bestehens der Steuerpflicht durch Einnahmenüberschussrechnung nach § 4 III EStG ermittelt, muss sie im Zeitpunkt des Wechsels der Körperschaftsteuerpflicht zur Bilanzierung übergehen (R 55 I S 4 KStR). Dadurch wird die bilanzielle Erfassung der betrieblichen Wirtschaftsgüter sichergestellt. Zur Ermittlung des Übergangsgewinns sind die Korrekturen nach R 17 I EStR vorzunehmen. Der Übergangsgewinn ist zusammen mit dem nach § 4 III EStG ermittelten Gewinn als laufender Gewinn zu besteuern. 42

Zeitpunkt zur Aufstellung der Schlussbilanz. Die für die Steuerentstrickung notwendige Schlussbilanz ist auf den Zeitpunkt aufzustellen, in dem die Steuerpflicht endet. Der Bilanzstichtag geht folglich unmittelbar der beginnenden Steuerbefreiung voraus und ist damit von der jeweiligen Befreiungsvorschrift abhängig. Je nach Befreiungstatbestand und Lauf des WJ kann der Stichtag der Schlussbilanz in den Lauf oder auf den Schluss eines VZ fallen. Bei den sachlichen Steuerbefreiungen[4] setzt die Inanspruchnahme der Steuerbefreiung idR das Vorliegen der notwendigen Voraussetzungen während des gesamten VZ voraus, so dass die Schlussbilanz in diesen Fällen auf den Schluss des VZ aufzustellen ist, in dem die tatbestandlichen Voraussetzungen der Steuerbefreiung erstmalig erfüllt sind und der dem VZ der Inanspruchnahme der Befreiung vorangeht. 43

---

1   BFH I R 69/98, BStBl II 2001, 71.
2   *Hofmeister* in Blümich § 13 Rn 9 mwN; aA *Hommel*, BB 2000, 2516; *Bott* in EY § 13 Rn 49.4.
3   R 52 II KStR; zur Begründung vgl die explizite Erwähnung BTDrs 7/1470, 346.
4   Nach genauer Definition des BFH handelt es sich hierbei um persönliche Steuerbefreiungen mit sachlicher Anknüpfung, BFH I R 84/01, BFH/NV 2003, 277.

44 *Einstweilen frei.*

45 **VII. Erlöschen einer Steuerbefreiung (§ 13 II). 1. Anwendungsbereich.** Nach § 13 II werden bisher steuerbefreite Körperschaften, Personenvereinigungen und Vermögensmassen erfasst, die nunmehr körperschaftsteuerpflichtig werden.[1] Als Steuerbefreiung kommen dabei sowohl eine persönliche Steuerbefreiung nach § 5 I als auch eine Steuerbefreiung nach einem anderen Gesetz in Frage. Erheblich ist nur, dass nach § 13 II ausschließlich die Fälle geregelt werden, bei denen eine Körperschaft, Personenvereinigung oder Vermögensmasse von der vollen Steuerbefreiung zur vollen Steuerpflicht übergehen.

46 **Ursache für Erlöschen der Steuerbefreiung.** Das Erlöschen einer Steuerbefreiung kann dabei durch eine Änderung des Geschäftszwecks oder der tatsächlichen Tätigkeit sowie durch eine gesetzliche Änderung hervorgerufen werden. Das Erlöschen einer partiellen Steuerbefreiung, die Begründung einer partiellen Steuerpflicht sowie die Erweiterung einer bereits bestehenden partiellen Steuerpflicht werden von § 13 V erfasst.

47 **Beispiele.** Beispiele für den Übergang einer bisher in vollem Umfang befreiten Körperschaft, Personenvereinigung oder Vermögensmasse zur vollständigen Steuerpflicht sind ua:

- Eine bislang iSd § 5 I Nr 3 steuerbefreite Pensions- oder Unterstützungskasse verwendet ihre Mittel steuerschädlich.

- Eine nach § 5 I Nr 9 steuerbefreite Kapitalgesellschaft, die gemeinnützigen, mildtätigen oder kirchlichen Zwecken nachging, verstößt in der tatsächlichen Geschäftsführung gegen die satzungsmäßig festgelegten Ziele.

48 **Dauer.** § 13 II findet auch dann Anwendung, wenn die auf die Steuerbefreiung folgende Steuerpflicht nur von kurzer Dauer ist. Der Anwendung des § 13 II sowie ggf einer anschließenden Schlussbesteuerung nach § 13 I steht nicht entgegen, dass der Eintritt in die Steuerpflicht nur vorübergehend erfolgt und die steuerlichen Auswirkungen marginal sind.[2]

49 **Fälschlicherweise angenommene und Aberkennung einer Steuerbefreiung.** § 13 II findet keine Anwendung, wenn einer Körperschaft, Personenvereinigung oder Vermögensmasse, die bisher vom Finanzamt als steuerbefreit anerkannt wurde, nachträglich die Steuerfreiheit versagt wird und die Ursache für die Aberkennung der Steuerfreiheit darin besteht, dass die Voraussetzungen für eine Steuerbefreiung tatsächlich zu keinem Zeitpunkt vorlagen.[3] Nach Ansicht des BFH scheide der Ansatz mit dem Teilwert aus, da nach dem Sinn und Zweck der Vorschrift nur die während der Steuerfreiheit angesammelten stillen Reserven auch künftig steuerfrei belassen werden sollten. Wurde irrtümlicherweise zunächst eine Steuerbefreiung angenommen, obwohl die Voraussetzungen dafür nicht vorlagen, scheidet eine Steuerfreistellung der während dieser Zeit angesammelten stillen Reserven aus.

---

1 Grundsätzlich gilt dies auch für Körperschaften, Personenvereinigungen oder Vermögensmassen, die beschränkt körperschaftsteuerpflichtig werden. Die praktische Relevanz dürfte jedoch gering sein.
2 Erlass des Finanzministeriums Baden-Württemberg v 26.6.1978, BB 1978, 1400; OFD Hannover v 1.8.2000, S 2765 2-StO 214/S 2765-1-StH 231, Datev Lexinform DokNr 0556957.
3 BFH I R 56/94, BStBl II 1996, 28.

Einstweilen frei. 50

2. Anfangsbilanz. Funktion. Ermittelt die Körperschaft, Personenvereinigung 51
oder Vermögensmasse ihren Gewinn nach Erlöschen der Steuerbefreiung durch
Betriebsvermögensvergleich, hat sie auf den Zeitpunkt, in dem die Steuerbefreiung
endet, eine Anfangsbilanz aufzustellen.[1] Mit der Anfangsbilanz werden die in der
steuerbefreiten Zeit entstandenen stillen Reserven abgegrenzt und mit dem Teilwertansatz vermeidet die Anfangsbilanz eine Besteuerung dieses Wertzuwachses in der
nachfolgenden steuerpflichtigen Zeit.

Gewinneinkünfte. Um zur Aufstellung der Anfangsbilanz verpflichtet zu sein, 52
muss die Körperschaft, Personenvereinigung oder Vermögensmasse nach Erlöschen
der Steuerbefreiung Gewinneinkünfte (vgl Rn 41) erzielen und diese müssen durch
Vermögensvergleich ermittelt werden. § 13 II setzt hingegen nicht voraus, dass die
Körperschaft usw bereits vor dem Erlöschen der Steuerbefreiung Gewinneinkünfte
erzielte und diese durch Vermögensvergleich ermittelte.

Steuerbilanz. Die aufzustellende Anfangsbilanz ist eine Steuerbilanz, die aus- 53
schließlich steuerlichen Zwecken dient. Daher sind bei ihrer Aufstellung ausschließlich steuerliche Vorschriften, insbesondere § 5 EStG iVm § 8 I anzuwenden. Selbst
geschaffene immaterielle Wirtschaftsgüter sind aufgrund des steuerlichen Aktivierungsverbots nicht anzusetzen.[2]

Gewinnermittlung durch Einnahmenüberschussrechnung. Werden die Gewinne 54
nach Erlöschen der Körperschaftsteuerbefreiung zulässigerweise durch Gegenüberstellen der Betriebseinnahmen und der Betriebsausgaben nach § 4 III EStG ermittelt,
ist § 13 II nicht anwendbar,[3] da der Wortlaut des § 13 II die Gewinnermittlung durch
Betriebsvermögensvergleich explizit als notwendige Voraussetzung erwähnt. Um
negative Konsequenzen der Nichtanwendbarkeit des § 13 II zu vermeiden, empfiehlt
sich bei fehlender Bilanzierungspflicht bei Beginn der Körperschaftsteuerpflicht den
Übergang zum Vermögensvergleich in Betracht zu ziehen.

Zeitpunkt zur Aufstellung der Anfangsbilanz. Die Anfangsbilanz nach § 13 II ist 55
auf den Zeitpunkt aufzustellen, in dem die Körperschaftsteuerpflicht beginnt. Bilanzstichtag ist folglich der Tag nach dem Erlöschen der Körperschaftsteuerbefreiung.

Einstweilen frei. 56

VIII. Bewertung mit dem Teilwert (§ 13 III). 1. Teilwertansatz (§ 13 III S 1). Re- 57
gelungsgehalt. Die Wirtschaftsgüter sind in der Schlussbilanz iSd § 13 I und in der
Anfangsbilanz iSd § 13 II gem § 13 III S 1 mit dem Teilwert anzusetzen. Ausnahmsweise sind die Buchwerte nach § 13 IV fortzuführen, wenn bestimmte gemeinnützige
Einrichtungen iSd § 5 I Nr 9 vorliegen (dazu Rn 113).

---

1 BFH I R 69/98, BStBl II 2001, 71.
2 *Hofmeister* in Blümich § 13 Rn 27; aA *Hommel*, BB 2000, 2516; zweifelnd *Weber-Grellet*, FR 2000, 1285.
3 R 53 II S 2 KStR; gleicher Ansicht *Jost* in D/J/P/W § 13 Rn 34; *Mauel* in H/H/R § 13 Rn 23; *Bott* EY § 13
 Rn 44; *Heger* in Gosch § 13 Rn 27; aA *Kläschen* in Kläschen § 13 Rn 27-30; *Frotscher* in *Frotscher/Maas*
 § 13 Rn 26, der eine Vermeidung der Besteuerung stiller Reserven zumindest für das Anlagevermögen
 über die Erstellung eines Anlagenverzeichnisses für möglich erachtet.

58 **Funktion.** Der Ansatz mit dem Teilwert dient der Abgrenzung der bis zum Wechsel der Steuerpflicht bzw der danach entstandenen stillen Reserven und mithin einer adäquaten Zuordnung von stillen Reserven aber auch stillen Lasten zu dem Besteuerungsregime Steuerfreiheit oder Steuerpflicht.

59 **Durchbrechung Maßgeblichkeit.** § 13 III S 1 stellt eine steuerrechtliche Bewertungsnorm dar, die als lex specialis den allgemeinen bilanzsteuerrechtlichen Vorschriften wie § 6 EStG sowie den Wertansätzen der handelsrechtlichen Rechnungslegung vorgeht. Der Grundsatz der Maßgeblichkeit der Handelsbilanz nach § 5 I EStG wird demzufolge durchbrochen. In der Konsequenz ist nach § 13 III der Teilwert auch dann bei der Bewertung anzusetzen, wenn er über der steuer- und handelsrechtlichen Bewertungsobergrenze der Anschaffungs- oder Herstellungskosten liegt.[1]

60 **Teilwertbegriff.** Teilwert ist nach § 6 I Nr 1 S 3 EStG der Wert, den ein Erwerber des ganzen Betriebs iRd Gesamtkaufpreises für das einzelne Wirtschaftsgut ansetzen würde, wobei davon auszugehen ist, dass dieser den Betrieb fortführt. Der Teilwertansatz gilt sowohl für die Wirtschaftsgüter des Anlagevermögens als auch für die Wirtschaftsgüter des Umlaufvermögens sowie für Verbindlichkeiten. Liegt der Teilwert unter dem Buchwert, ist der niedrigere Teilwert auch dann anzusetzen, wenn die Wertminderung des Wirtschaftsgutes voraussichtlich nicht dauernd ist.[2] Der Teilwert ist auch dann anzusetzen, wenn er über den Anschaffungs- bzw Herstellungskosten liegt.

61 *Einstweilen frei.*

62 **2. Teilwertansatz in der Schlussbilanz. Aufdeckung der stillen Reserven.** Der Teilwertansatz in der Schlussbilanz (§ 13 I) führt zu einer steuerwirksamen Aufdeckung der während der Steuerpflicht angesammelten stillen Reserven, bevor die Körperschaft, Personenvereinigung oder Vermögensmasse aus der Steuerpflicht ausscheidet (R 55 I S 1 KStR). Einhergehend mit der Steuerbefreiung ist die Körperschaft, Personenvereinigung oder Vermögensmasse mit der Aufstellung der Schlussbilanz zu Teilwerten verpflichtet, den in steuerpflichtiger Zeit geschaffenen Wertzuwachs zwingend der Besteuerung zu Grunde zu legen. Nicht selten ergibt sich hieraus ein erheblicher Schluss- oder Entstrickungsgewinn mit entsprechender Steuerbelastung, da auch solche stille Reserven zu versteuern sind, die bisweilen über steuerlich begünstigende Vorschriften (wie zB steuerliche Sonder-AfA oder erhöhte Abschreibungen sowie die Bildung steuerfreier Rücklagen nach § 6b EStG, R 34 IV, R 35 IV EStR) von einer Besteuerung verschont wurden.

63 **Besteuerung des Schluss- bzw Entstrickungsgewinns.** Der Schluss- oder Entstrickungsgewinn erhöht den laufenden Gewinn des letzten Jahres der Steuerpflicht. Er unterliegt als Teil des zu versteuernden Einkommens der tariflichen KSt nach § 23. Der Schluss- oder Entstrickungsgewinn wird damit nach dem aktuellen Regelsteuersatz des § 23 I unterworfen, obwohl die stillen Reserven mitunter schon in weiter zurückliegenden Besteuerungszeiträumen, in denen höhere Steuersätze gegolten haben, entstanden sind.

---

1 Die Anwendung des § 6 I Nr 5 EStG war im Regierungsentwurf (BTDrs 7/1470, 346) noch vorgesehen.
2 *Hofmeister* in Blümich § 13 Rn 37.

GewSt. Auch unterliegt der Schluss- und Entstrickungsgewinn mangels Kürzungsvorschrift der GewSt.[1]

Billigkeitsmaßnahmen. Der Gesetzgeber hat die sich aufgrund der kodifizierten Schlussbesteuerung ergebende erhöhte Besteuerung billigend in Kauf genommen, weshalb ausschließlich Billigkeitsmaßnahmen aufgrund persönlicher Billigkeitsgründe, nicht aber aufgrund sachlicher Billigkeitsgründe in Betracht kommen.[2]

Einstweilen frei

3. Teilwertansatz in der Anfangsbilanz. Steuerverstrickung.
Nach § 13 III S 1 sind die Wirtschaftsgüter der nach § 13 II zu erstellenden Anfangsbilanz grundsätzlich mit dem Teilwert anzusetzen, damit die stillen Reserven, die in steuerfreier Zeit gebildet wurden, nicht in steuerpflichtiger Zeit zB bei der Veräußerung von Wirtschaftsgütern besteuert werden müssen (R 54 II S 1 KStR). Die Aufdeckung der innerhalb der Steuerbefreiung gebildeten stillen Reserven erfolgt in der Anfangsbilanz gewinnneutral, weshalb damit die endgültige Steuerbefreiung erfolgt.

AfA. Der Teilwertansatz hat zudem zur Konsequenz, dass die AfA nicht von den historischen Anschaffungs- oder Herstellungskosten, sondern von den aktuellen, mithin Teilwerten, vorgenommen wird. Daher entsprechen die Teilwerte der Anfangsbilanz als neue Bewertungsobergrenze iSd § 6 EStG der Größe der Anschaffungs- bzw Herstellungskosten.

Gewinnermittlung nach Einnahmenüberschussrechnung. Ermittelt eine Körperschaft, Personenvereinigung oder Vermögensmasse zulässigerweise ihren Gewinn nach § 4 III EStG hat sie keine Anfangsbilanz für den Zeitpunkt ihres Eintritts der Steuerpflicht aufzustellen. In der Konsequenz unterbleibt eine rechtzeitige Aufdeckung der stillen Reserven aus der Zeit der früheren Steuerfreiheit. Dadurch muss sie insbesondere bei späterer Veräußerung der Wirtschaftsgüter oder aber im Liquidationsfall die im Zeitraum der früheren Steuerfreiheit entstandenen stillen Reserven versteuern.[3] Gleichsam würde dadurch die AfA noch von den historischen Anschaffungs- oder Herstellungskosten der abnutzbaren Wirtschaftsgüter vorgenommen werden mit der Folge, dass die AfA regelmäßig geringer ausfällt als bei einem Teilwertansatz. Im Regelfall dürfte es damit für die Körperschaft, Personenvereinigung oder Vermögensmasse günstiger sein, im Zeitpunkt des Eintritts in die Steuerpflicht zum Betriebsvermögensvergleich überzugehen.[4] Nicht selten wird der Wechsel von der Körperschaftsteuerbefreiung zur Körperschaftsteuerpflicht sowohl von der betroffenen Körperschaft, Personenvereinigung oder Vermögensmasse als auch von der zuständigen Finanzbehörde erst zeitlich verzögert festgestellt. Wenn nun die Körperschaft mangels Kenntnis über den Wegfall der Steuerbefreiung die frühere Gewinnermittlung durch Einnahmenüberschussrechnung beibehalten hat, so kann hieraus nicht der Schluss gezogen

---
1 BFH I R 56/94, BStBl II 1996, 28; *Jost* in D/J/P/W § 13 Rn 4.
2 Koordinierter Ländererlass v 6.10.1980, DB 1980, 2163.
3 Teilweise wird die Auffassung vertreten, die Wirtschaftsgüter könnten in einem Anlageverzeichnis mit ihren Teilwerten angesetzt werden oder § 13 II sei entsprechend anwendbar. Vgl zu dem Meinungsstreit *Heger* in Gosch § 13 Rn 27.
4 *Schmidt/Fritz*, DB 2002, 2509, 2010.

werden, sie habe sich gegen den (freiwilligen) Übergang zur Gewinnermittlung durch Vermögensvergleich entschieden. Vielmehr ist in derartigen Fällen § 13 II auch dann anzuwenden, wenn die Körperschaft, Personenvereinigung oder Vermögensmasse unverzüglich nach Kenntnis ihrer Körperschaftsteuerpflicht zur Gewinnermittlung durch Vermögensvergleich übergeht und die Anfangsbilanz aufstellt.[1] Begrenzt wird das Wahlrecht zum freiwilligen Übergang zur Gewinnermittlung durch Vermögensvergleich allerdings durch die dann erstmalig notwendige Prüfung, ob die betreffenden Wirtschaftsgüter dem Betriebsvermögen angehören.[2]

70 *Einstweilen frei.*

71 **4. Sonderregelung für ehemals gemeinnützige Wohnungsunternehmen. a) Allgemeines. Regelungsinhalt.** Mit den Regelungen in § 13 III S 2-11 schränkt der Gesetzgeber die steuerlichen Folgen ein, die sich aus dem Teilwertansatz iSd § 13 III S 1 von Gebäuden und Gebäudeteilen in der Anfangsbilanz nach § 13 II der ehemals gemeinnützigen Wohnungsunternehmen für die Folgezeit ergeben. Diese Einschränkungen wurden mit Wirkung zum 1.1.2011 durch das JStG 2010 ersatzlos aufgehoben. Die bisherige Regelung hinderte die betroffenen Unternehmen daran, wirtschaftlich sinnvolle Veräußerungen an andere ehemals gemeinnützige Wohnungsunternehmen vorzunehmen. Zudem hatte sich in der Praxis gezeigt, dass die komplexe Verlustverrechnungsbeschränkung gem § 13 III S 2-11 aufgrund des vielfach hohen Investitionsvortragsvolumens nur selten steuerliche Relevanz erhielt. Aus Gründen der Vereinfachung des Steuerrechts musste an dieser Regelung folglich nicht mehr festgehalten werden.

72 **Hintergrund.** Wohnungsunternehmen und Organe der staatlichen Wohnungspolitik (Wohnungsunternehmen) waren unter den in § 5 I Nr 10 und 11 idFd KStG 1984[3] genannten Voraussetzungen ganz oder teilweise von der KSt befreit. Aufgrund des StRefG 1990 v 25.7.1988[4] wurden sie ab dem VZ 1990 bzw 1991 körperschaftsteuerpflichtig und mussten regelmäßig eine Anfangsbilanz nach § 13 II aufstellen, in der die Wirtschaftsgüter mit dem Teilwert anzusetzen waren (§ 13 III S 1). Der Eintritt in die Steuerpflicht und der gleichsam vorgenommenen Teilwertansatz ließ einerseits die steuerneutrale Aufdeckung erheblicher stiller Reserven in den Gebäuden und Gebäudeteilen zu und führte andererseits durch den Ansatz des Teilwertes als neue AfA-Bemessungsgrundlage zu einer mitunter erheblichen Erhöhung des AfA-Volumens. Konsequenz dessen waren in der Folgezeit höhere Verluste aus der Vermietung des Grundbesitzes. Nach dem Wegfall der sich aus dem Wohnungsgemeinnützigkeitsrecht ergebenden Bindungen wurden einerseits die gewerblichen Aktivitäten der Wohnungsunternehmen ausgeweitet, anderseits erfolgte eine konzernweite Nutzung der steuerlichen Vorteile der bisweilen unzulässigen Ergebnisabführung[5] iRd steuerlichen Organschaft.

---

1 *Hofmeister* in Blümich § 13 Rn 32.
2 So zumindest *Jost* in D/J/P/W § 13 Rn 35.
3 BGBl I 1984, 217.
4 BGBl I 1988, 193.
5 BVerwG 8 C 52/82, BStBl II 1985, 440.

Sinn und Zweck. Sinn und Zweck der § 13 III S 2-9 ist es, zu verhindern, dass 73
die Verluste aus der Wohnungsvermietung ehemals gemeinnütziger Wohnungsunternehmen, soweit sie auf Abschreibungen von den Teilwerten der Anfangsbilanz beruhen, von konzernrechtlich verbundenen Unternehmen berücksichtigt werden.[1]
S 10 verhindert konsequenterweise die Umgehung der § 13 III S 2-9 über eine Nachversteuerungspflicht in bestimmten Veräußerungsfällen. Nach § 13 III S 11 gelten die S 2-10 nicht für Wohnungsunternehmen, die gem § 5 I Nr 10 ganz oder teilweise steuerbefreit sind.

Verfassungsrecht. Hinsichtlich der Regelungen des § 13 III S 2-10 besteht zum Teil 74
der Vorwurf, dass diese Regelungen verfassungswidrig seien.[2]

Einstweilen frei. 75

b) Persönlicher Anwendungsbereich. Wohnungsunternehmen (§ 13 III S 2). § 13 76
III S 2-8 betrifft Unternehmen, die als Wohnungsunternehmen oder als Organ der staatlichen Wohnungspolitik von der KSt gem § 5 I Nr 10 und 11 idFd KStG 1994 befreit waren und spätestens ab den VZ 1990 bzw 1991 steuerpflichtig geworden sind.

Kapitalgesellschaften und Genossenschaften. Als Rechtsform sind hiervon Kapitalgesellschaften und Genossenschaften betroffen. Bei den Kapitalgesellschaften ist die Regelung zwingend, da sie nach dem Wegfall der Steuerbefreiung des § 5 I Nr 10 und 11 idFd KStG 1994 in vollem Umfang steuerpflichtig geworden sind. 77
Bei den Genossenschaften ist zu unterscheiden, ob sie in vollem Umfang unter die Steuerbefreiung nach § 5 I Nr 10 oder partiell unter diese Steuerbefreiung fallen oder aber wegen Überschreitens der 10%-Grenze nach § 5 I Nr 10 S 2 in vollem Umfang steuerpflichtig sind. Nur im letzteren Fall sind Vermietungsgenossenschaften von der Regelung des § 13 III S 2-8 betroffen.[3]

Vermietungsvereine. Für Vermietungsvereine dürfte die grundsätzlich anwendbare Regelung nur in Ausnahmefällen praktisch zur Anwendung gelangen, da sie aus der Tätigkeit als Wohnungsunternehmen regelmäßig Einkünfte aus Vermietung und Verpachtung und keine Gewinneinkünfte erzielen. 78

Rechtsträger iSd § 13 III S 9. Durch § 13 III S 9 wird der persönliche Anwendungsbereich über den Kreis der (nicht mehr steuerbefreiten) Wohnungsunternehmen erheblich ausgedehnt (weitere Einzelheiten unter Rn 95 ff).[4] 79

Einstweilen frei. 80

c) Einschränkungen der Verlustberücksichtigung. Regelungsinhalt. Nach § 13 81
III S 2-8 wird die steuerliche Berücksichtigung eines Verlustes eingeschränkt, wenn dieser als Mehrabschreibung seine Ursache ausschließlich im Teilwertansatz des Grundbesitzes in der Anfangsbilanz des Wohnungsunternehmens hat. Der Gesetz-

---
1 BTDrs 12/5016, 94; BMF v 20.12.1994, BStBl I 1994, 917.
2 Ausführlich *Jost* in D/J/P/W § 13 Rn 78.
3 Für die in vollem Umfang steuerfreien Vermietungsgenossenschaften hat die Regelung bereits mangels Steuerpflicht keine Bewandtnis. Für die partiell steuerpflichtigen Vermietungsgenossenschaften nimmt § 13 III S 11 diese Wohnungsunternehmen von der Anwendung des § 13 III S 2-8 aus.
4 BTDrs 12/5016, 94.

geber verwendet für diesen Teilwertansatz iRd § 13 III den Begriff „Ausgangswert". Soweit ein solcher Verlust nicht durch Investitionen des laufenden oder des folgenden WJs verringert oder mit Mietgewinnen verrechnet werden kann, ist der entsprechende Verlustanteil nach den Bestimmungen von § 13 III S 2-8 im laufenden VZ nicht durch verbleibende positive gewerbliche Einkünfte oder positive Ergebnisse aus anderen Einkunftsarten ausgleichsfähig, in vorangegangenen oder nachfolgenden VZ nicht nach § 10d EStG abziehbar und in folgenden VZ lediglich mit einem Mietgewinn verrechenbar.

82 **Getrennte Gewinnermittlung.** Die Ermittlung des nach § 13 III S 2-8 nicht ausgleichsfähigen und nicht nach § 10d EStG abzugsfähigen, sondern lediglich verrechenbaren Verlustes bedingt eine Aufteilung des gesamten steuerpflichtigen Betriebsergebnisses des Wohnungsunternehmens in die folgenden drei Teilbereiche:[1]

1. Vermietung und Verpachtung der Gebäude und Gebäudeteile, die mit dem Teilwert angesetzt worden sind;
2. Vermietung und Verpachtung der Gebäude und Gebäudeteile, die mit den Anschaffungs- oder Herstellungskosten angesetzt worden sind;
3. Andere Einkünfte aus Gewerbebetrieb und ggf Einkünfte aus anderen Einkunftsarten.

83 **Beschränkte Verlustverrechnung.** Eine Beschränkung der Verlustverrechnung mit anderen Einkünften aus Gewerbebetrieb oder mit Einkünften aus anderen Einkunftsarten erfolgt nur für den Fall, dass aus der Vermietungs- und Verpachtungstätigkeit unter 1. ein Verlust erzielt wird. Demzufolge unterbleibt eine Beschränkung der Verlustnutzung, soweit diese Tätigkeit einen Überschuss erzielt. Auch unterbleiben steuerliche Auswirkungen, wenn keine anderen Einkünfte aus Gewerbebetrieb oder Einkünfte aus anderen Einkunftsarten vorliegen. Uneingeschränkt ausgleichs- und abzugsfähig ist der Verlust dagegen mit Mietgewinnen aus Vermietung und Verpachtung anderer Gebäude und Gebäudeteile (§ 13 III S 6).

84 **Abschreibungsverlust.** Der Begriff des Abschreibungsverlustes wird in § 13 III S 2 als Verlust aus der Vermietung und Verpachtung der Gebäude und Gebäudeteile definiert, die in der Anfangsbilanz mit dem Teilwert (Ausgangswert) angesetzt worden sind. Nach dem Sinn und Zweck der Vorschrift will der Gesetzgeber lediglich diesen Verlustanteil von einer uneingeschränkten Verlustnutzung ausnehmen, der infolge des Übergangs zur Körperschaftsteuerpflicht durch den erhöhten Teilwertansatz in der Anfangsbilanz und das hieraus resultierende erhöhte AfA-Potential begründet ist. Damit ist der Abschreibungsverlust des Wohnungsunternehmens in einen nichtausgleichsfähigen sowie nichtabziehbaren Abschreibungsverlust auf der einen Seite und einen ausgleichsfähigen sowie nach § 10 d EStG abziehbaren Abschreibungsverlust auf der anderen Seite aufzuteilen.

---

1 BMF v 20.12.1994, BStBl I 1994, 917, Tz 1.

VIII. Bewertung mit dem Teilwert

Nichtausgleichsfähiger bzw nichtabziehbarer Teil. Der nichtausgleichsfähige und nichtabziehbare Abschreibungsverlust ergibt sich im Umkehrschluss aus der Positivdefinition des § 13 III S 2. Er umfasst den Unterschiedsbetrag, um den die AfA nach dem Teilwert in der Anfangsbilanz (zum Stichtag der Steuerpflicht) die AfA nach den historischen Anschaffungs- bzw Herstellungskosten (bis zum Zeitpunkt des Beginns der Steuerpflicht) übersteigt. Die Gegenüberstellung der unterschiedlichen AfA-Beträge weist in der Differenz den Betrag aus, der aufgrund des Übergangs zur Steuerpflicht als Mehr-AfA aufgrund des Teilwertansatzes geltend gemacht werden konnte. Übersteigt der Differenzbetrag den gesamten Abschreibungsverlust, wird die Verlustbeschränkung auf den tatsächlich entstandenen Abschreibungsverlust gedeckelt.[1] Dieser nichtausgleichsfähige bzw nichtabzugsfähige Teil des Abschreibungsverlustes ist vorbehaltlich der Investitionsklausel ausschließlich mit einem Mietgewinn verrechenbar.

85

Ausgleichsfähiger bzw abzugsfähiger Teil (§ 13 III S 2 und 3). Zur Ermittlung des ausgleichs- bzw abzugsfähigen Teils des gesamten Abschreibungsverlustes ist der Teilbetrag zu ermitteln, um den der gesamte Abschreibungsverlust den Unterschiedsbetrag (Rn 85) übersteigt. Damit setzt sich der ausgleichs- und abzugsfähige Teil aus den AfA nach den Anschaffungs- bzw Herstellungskosten bis zum Zeitpunkt des Beginns der Steuerpflicht, den AfA auf nach dem Beginn der Steuerpflicht entstandenen (nachträglichen) Anschaffungskosten und den sonstigen Erfolgsfaktoren dieses Tätigkeitsbereiches zusammen. Dass die Absetzungen für Abnutzung hinsichtlich nachträglicher Anschaffungs- bzw Herstellungskosten der in der Anfangsbilanz zu Teilwerten bilanzierten Gebäude und Gebäudeteile Bestandteil des ausgleichsfähigen bzw abzugsfähigen Teils des Abschreibungsverlustes werden (§ 13 III S 3), ist systemgerecht, da die nachträglichen Anschaffungs- bzw Herstellungskosten während der Zeit der Steuerpflicht entstanden sind.

86

Investitionsklausel (§ 13 III S 4). Mit der in § 13 III S 4 kodifizierten Investitionsklausel sieht der Gesetzgeber für Wohnungsunternehmungen eine Möglichkeit vor, die Folgen des § 13 III erheblich abzumildern und eine eingeschränkte Verlustverrechnung durch Vornahme von Investitionen zu vermeiden. Nach § 13 III S 4 kann der nach § 13 III S 2 ermittelte nichtausgleichsfähige und nichtabzugsfähige Abschreibungsverlust durch Investitionen, die im gleichen WJ vorgenommen worden sind, in einen ausgleichsfähigen bzw abziehbaren Abschreibungsverlust umgewandelt werden.

87

Begünstigte Investitionen. Begünstigte Investitionen sind aktivierungspflichtige Aufwendungen für die zum Anlagevermögen des Wohnungsunternehmens gehörenden abnutzbaren unbeweglichen Wirtschaftsgüter, insbesondere für zum Anlagevermögen gehörende Gebäude. Nicht begünstigt sind hingegen Investitionen, die auf den Grund und Boden entfallen. Begünstigte Investitionen sind dabei nicht nur aktivierungspflichtige Aufwendungen an den Gebäuden, die beim Übergang

88

---

1 Der tatsächlich entstandene Abschreibungsverlust stellt den tatsächlich erlittenen Verlust aus der Vermietung und Verpachtung der Gebäude und Gebäudeteile dar, die in der Anfangsbilanz mit dem Teilwert angesetzt worden sind.

zur Steuerpflicht in der Anfangsbilanz mit dem Teilwert angesetzt wurden, sondern auch aktivierungspflichtige Aufwendungen an den Gebäuden der anderen (beiden) steuerpflichtigen[1] Betriebsbereiche.[2] Keine begünstigten Investitionen stellen nach Auffassung des hessischen FG Erwerbe weiterer Mietgebäude dar, da in diesen Fällen keine Anschaffungskosten für bereits zum Anlagevermögen gehörende abnutzbare unbewegliche Wirtschaftsgüter vorlägen, sondern hier zusätzliches Anlagevermögen, das mit den Anschaffungskosten erstmalig zu aktivieren sei, erworben werde.[3] Dieser Auffassung ist nicht zu folgen, da auch neu angeschaffte, unbewegliche Wirtschaftsgüter nach dem Wortlaut des Gesetzes bereits zum Anlagevermögen gehörten müssten, wenn die Aufwendungen entstehen. Eine Einschränkung auf nachträgliche Herstellungskosten ist dem Gesetz nicht zu entnehmen. Der Verweis in § 13 III S 4 auf das Anlagevermögen dient ausschließlich der Abgrenzung zum Umlaufvermögen. Vom Sinn und Zweck der Vorschrift wollte der Gesetzgeber Investitionen iHd Abschreibungen begünstigen; eine Beschränkung auf „Altgebäude" lässt sich daher nicht begründen.[4]

89 **Begünstigtes Investitionsvolumen.** Die im WJ angefallenen aktivierungspflichtigen Aufwendungen für die zum Anlagevermögen des Wohnungsunternehmens gehörenden abnutzbaren unbeweglichen Wirtschaftsgüter mindern in doppelter Höhe den Abschreibungsverlust, der nach § 13 III S 2 dem Ausgleichs- bzw Abzugsverbot unterliegt. Der verdoppelte Betrag ist das sog „begünstigte Investitionsvolumen".[5] Für die Ermittlung des begünstigten Investitionsvolumens, insbesondere für die Frage der Aktivierungspflicht von Aufwendungen sowie die Abgrenzung von Anlage- und Umlaufvermögen, sind die allgemeinen steuerlichen Vorschriften beachtlich.[6] Im Ergebnis wird der zunächst nach § 13 III S 2 als nichtausgleichsfähig und nichtabzugsfähig ermittelte Teil des Abschreibungsverlustes iHd begünstigten Investitionsvolumen in einen uneingeschränkt ausgleichsfähigen sowie nach § 10d EStG abziehbaren Verlust umqualifiziert. Bei entsprechender Investitionshöhe können die restriktiven Wirkungen des § 13 III S 2 kompensiert werden. Die daraus resultierende Steuerentlastung erleichtert bzw ermöglicht gar die Finanzierung der Investition.[7]

90 **Vor- und Rücktrag des begünstigten Investitionsvolumens (§ 13 III S 5).** Übersteigt das begünstigte Investitionsvolumen den nichtausgleichsfähigen und nichtabziehbaren Abschreibungsverlust des laufenden WJ, lässt § 13 III S 5 zunächst einen Rücktrag zu. Demnach erhöht der nicht verbrauchte Betrag das begünstigte Investitionsvolumen des vorangegangenen WJ bis zur Höhe des nur eingeschränkt verrechenbaren Teils des Abschreibungsverlustes des vorangegangenen WJ. Für die bereits durchgeführte Veranlagung stellt ein solcher Investitionsüberhang mit Wirkung

---

1 BMF v 20.12.1994, BStBl I 1994, 917, Tz 4.
2 § 13 III S 4 stellt auf das gesamte Anlagevermögen des Wohnungsunternehmens ab; vgl auch BTDrs 12/5016, 94.
3 FG Hessen 4 K 4326/99, EFG 2003, 123 (rkr).
4 Ebenso *Fuchs/Lieber/Ludwig*, DStZ 2003, 765, 768; *Frotscher* in Frotscher/Maas § 13 Rn 40; aA *Jost* in D/J/P/W § 13 Rn 105.
5 Ebenso *Hofmeister* in Blümich § 13 Rn 48; *Mauel* in H/H/R § 13 Rn 50 und *Bott* in EY § 13 Rn 95.
6 BMF v 20.12.1994, BStBl I 1994, 917, Tz 3.
7 Vgl dazu das Berechnungsbeispiel bei *Jost* in D/J/P/W § 13 Rn 108.

auf das vorangegangene WJ ein rückwirkendes Ereignis nach § 175 I Nr 2 AO dar, weshalb die Veranlagung entsprechend zu korrigieren ist. Ein nach dem Rücktrag noch verbleibender, übersteigender Betrag des begünstigten Investitionsvolumens des laufenden WJ erhöht das begünstigte Investitionsvolumen der folgenden WJ und wird als Vortragsvolumen nach § 13 III S 8 iVm § 10d IV EStG gesondert festgestellt.

Verrechnung mit Mietgewinnen (§ 13 III S 6). Verbleibt nach der Anwendung der Investitionsklausel ein nicht ausgleichsfähiger und nichtabzugsfähiger Abschreibungsverlust, kann dieser nach § 13 III S 6 lediglich mit Mietgewinnen im laufenden WJ oder mit Mietgewinnen in späteren WJ steuerlich saldiert werden. 91

Mietgewinn. Unter Mietgewinn iSd § 13 III S 6 versteht man den Gewinn aus der Vermietung und Verpachtung von Gebäuden und Gebäudeteilen. Im laufenden WJ können wegen der Dreiteilung des Betriebsergebnisses bei Vorliegen eines Abschreibungsverlustes, Mietgewinne lediglich aus dem Bereich der Vermietung und Verpachtung von Gebäuden bzw Gebäudeteilen resultieren, die nicht mit dem Teilwert in der Anfangsbilanz angesetzt worden sind. In künftigen WJ kann eine Saldierung auch mit Mietgewinnen aus der Vermietung der in der Anfangsbilanz zum Teilwert angesetzten Gebäude und Gebäudeteile erfolgen.[1] 92

Verbleibender Abschreibungsverlust. Übersteigt der Mietgewinn des laufenden WJ den nichtausgleichsfähigen und nichtziehbaren Abschreibungsverlust nach § 13 III S 2–5, wird dieser nach § 13 III S 6 vollumfänglich steuerlich berücksichtigt. Übersteigt jedoch der nichtausgleichsfähige und nichtabziehbare Abschreibungsverlust nach § 13 III S 2–5 den Mietgewinn des laufenden WJ, wird der nicht verrechenbare Teil des Abschreibungsverlustes als am Schluss des WJ verbleibender Abschreibungsverlust für eine Verrechnung mit Mietgewinnen künftiger WJ gesondert nach § 13 III S 6–8 iVm § 10d IV EStG festgestellt. Nach § 13 III S 7 lässt der Gesetzgeber lediglich einen in vorangegangenen WJ nicht berücksichtigungsfähigen verbleibenden Abschreibungsverlust zum Vortrag zu. Ein fälschlicherweise nicht berücksichtigter verbleibender Abschreibungsverlust kann nicht vorgetragen werden.[2] Folglich ist eine Verrechnung mit laufenden Mietgewinnen zwingend vorzunehmen und nicht in das Ermessen des Wohnungsunternehmens gestellt. Es besteht mithin kein Wahlrecht, in welchem WJ der verbleibende Abschreibungsverlust mit dem Mietgewinn zu verrechnen ist. Die bislang gesondert festgestellten Verlustvorträge entfallen zum 31.12.2010 ersatzlos. 93

Einstweilen frei. 94

d) Ausweitung der Verlustverrechnung auf wirtschaftlich mit dem Wohnungsunternehmen verbundene Unternehmen. Regelungsgehalt. Durch § 13 III S 9 wird der persönliche Anwendungsbereich des § 13 III S 2 über den Kreis der (nicht mehr steuerbefreiten) Wohnungsunternehmen erheblich ausgedehnt. Als weitere Rechtsträger werden nunmehr mit einbezogen: 95

---

1 Im Gesetzgebungsverfahren war zunächst noch die Minderung des Mietgewinns ausschließlich für zukünftige WJ, nicht dagegen für den Mietgewinn des laufenden WJ vorgesehen, BTDrs 12/5016, 94.
2 *Frotscher* in Frotscher/Maas § 13 Rn 41.

- Organträger iSd §§ 14, 18, soweit diesem ein Abschreibungsverlust oder Mietgewinn eines Wohnungsunternehmens zuzurechnen ist,
- atypisch stille Gesellschafter des Wohnungsunternehmens,
- dem Wohnungsunternehmen nahestehende Personen, soweit ihnen Gebäude mit Teilwertansatz in der Anfangsbilanz unentgeltlich übertragen werden,
- Übernehmer iSd UmwStG, auf die durch Vermögensübertragung nach dem UmwStG Gebäude mit Teilwertansatz in der Anfangsbilanz übergegangen sind, bei einem unter dem Teilwert liegenden Wertansatz.

Bemerkenswert an dieser Regelung ist, dass sie mit natürlichen Personen und Personengesellschaften auch Rechtsträger einbezieht, auf die die Vorschriften des KStG grundsätzlich keine Anwendung finden.[1]

96 **Missbrauchsbekämpfung.** § 13 III S 9 dient der Missbrauchsbekämpfung, indem Verluste aus der Wohnungsvermietung ehemals gemeinnütziger Wohnungsunternehmen, soweit sie auf Abschreibungen von hohen Teilwerten beruhen, nicht von anderen Unternehmen berücksichtigt werden dürfen, mit denen sie lediglich konzernrechtlich verbunden sind (weitere Einzelheiten unter Rn 95 ff).[2] Dadurch soll verhindert werden, dass diese Personen das durch den Teilwertansatz höhere AfA-Volumen uneingeschränkt nutzen und das Verlustausgleichs- und Verlustabzugsverbot umgangen wird.

97 **Organschaftliche verbundene Unternehmen (§ 13 III S 9 Nr 1).** Ist das Wohnungsunternehmen eine Organgesellschaft, soll durch die entsprechende Anwendung der Verlustbeschränkungsregelungen verhindert werden, dass allein aus der Organschaft eine erweiterte Ausgleichsmöglichkeit des Abschreibungsverlusts besteht, da die Organschaftsregelungen grundsätzlich die Auswirkungen des Abschreibungsverlustes auf Ebene des Organträgers entstehen lassen. Daher ist gem § 13 III S 9 Nr 1 auf Ebene des Organträgers der Abschreibungsverlust einer Organgesellschaft nur mit Mietgewinnen dieser Organgesellschaft ausgleichbar.[3] In der Konsequenz wird auf Ebene des Organträgers das gleiche Ergebnis hergestellt, als ob keine Organschaft bestünde. Das gleiche gilt für die Ermittlung von Abschreibungsverlust, begünstigtem Investitionsvolumen, Vortragsvolumen, Mietgewinn und verbleibendem Abschreibungsverlust.[4] Eine Verrechnung oder Berücksichtigung von Beträgen des Organträgers oder anderer Organgesellschaften kommt nicht in Betracht. Korrespondierend dazu erfolgen die gesonderten Feststellungen zwar auf Ebene des Organträgers allerdings lediglich für Besteuerungsgrundlagen der Organgesellschaft.[5] Zum daneben bei Wohnungsunternehmen als Organgesellschaften bestehenden Problem der Mehrabführung § 14 Rn 1190.

---

1 Kritisch zu der gesetzlichen Umsetzung *Jost* in D/J/P/W § 13 Rn 127.
2 BTDrs 12/5016, 94.
3 *Mauel* in H/H/R § 13 Rn 65; *Hofmeister* in Blümich § 13 Rn 51.
4 *Frotscher* in Frotscher/Maas § 13 Rn 34d.
5 *Frotscher* in Frotscher/Maas § 13 Rn 43.

Atypische stille Beteiligungen (§ 13 III S 9 Nr 2). Soweit sich ein Steuerpflichtiger an einem Wohnungsunternehmen in Form einer atypisch stillen Gesellschaft beteiligt, gelten gem § 13 III S 9 Nr 2 die Vorschriften des § 13 III S 2-8 entsprechend. Hinsichtlich der auf den atypisch stillen Gesellschafter entfallenden Besteuerungsgrundlagen erfolgt eine Berücksichtigung nicht beim Wohnungsunternehmen, sondern bei dem Mitunternehmer selber. Daher sind die einschränkenden Faktoren des Abschreibungsverlusts, begünstigten Investitionsvolumens, Vortragsvolumens, Mietgewinns und des verbleibenden Abschreibungsverlusts auf die Ebene des Mitunternehmers zu beziehen. Die Beschränkung durch § 13 III S 9 Nr 2 stellt sicher, dass durch die Begründung einer atypisch stillen Beteiligung an einem Wohnungsunternehmen keine Verlustverrechnungsmöglichkeiten eröffnet werden, die über die für das Wohnungsunternehmen nach § 13 III S 2-8 lediglich eingeschränkt geltende Verlustverrechnung hinausgehen. Die korrespondierende eingeschränkte Verlustverrechnung hinsichtlich der Person des atypisch still Beteiligten erfolgt verfahrensrechtlich mit der gesonderten Feststellung. Bei dem atypisch still Beteiligten (Mitunternehmer) dürfen die aus der stillen Gesellschaft resultierenden Faktoren nicht mit individuellen Faktoren des Mitunternehmers vermischt werden, da ansonsten zusätzliche Verrechnungsmöglichkeiten eröffnet würden. So darf etwa ein Abschreibungsverlust der stillen Beteiligung nicht durch Investitionen außerhalb der stillen Beteiligung nutzbar gemacht werden.[1]

Unentgeltliche Übertragungen (§ 13 III S 9 Nr 3). Die Einschränkung der Verlustverrechnungsmöglichkeiten gilt nach § 13 III S 9 Nr 3 auch, wenn das Wohnungsunternehmen Gebäude oder Gebäudeteile, die beim Übergang zur Steuerpflicht mit dem Teilwert angesetzt worden sind, unentgeltlich auf nahe stehende Personen überträgt. Betroffen davon sind auch Übertragungen iRd Erbfolge und der vorweggenommenen Erbfolge. Hinsichtlich des Begriffs der nahe stehenden Person ist auf die für vGA geltenden Kriterien abzustellen (vgl § 8 Rn 466 ff).[2]

Umwandlungsfälle (§ 13 III S 9 Nr 4). Nach § 13 III S 9 Nr 4 werden Umgehungsmöglichkeiten iRv Umwandlungen nach dem UmwStG geschlossen. Danach greifen die Beschränkungen des § 13 III S 2-8 analog für Übertragungen natürlicher Personen bzw Körperschaften, Personenvereinigungen und Vermögensmassen, soweit bei Vermögensübertragungen nach dem UmwStG Gebäude und Gebäudeteile des Wohnungsunternehmens, die in der Anfangsbilanz mit dem Teilwert angesetzt worden sind, mit einem unter dem Teilwert liegenden Wert angesetzt werden. Die Regelung kommt zur Anwendung, wenn der Ansatz bei der Umwandlung zu Buchwerten oder Zwischenwerten erfolgt oder der Teilwert seit Eintritt der Steuerpflicht wiederum gestiegen ist. Werden dagegen Teilwerte bei der Umwandlung angesetzt, ist eine gesonderte Regelung nicht erforderlich, da dann die Differenz zwischen Buch- und Teilwert steuerlich erfasst wird.[3] Beim Buchwertansatz iRd Umwandlung kommen die Regelungen der § 13

---
1 *Frotscher* in Frotscher/Maas § 13 Rn 34d.
2 *Mauel* in H/H/R § 13 Rn 67; *Heger* in Gosch § 13 Rn 46.
3 *Frotscher* in Frotscher/Maas § 13 Rn 43.

III S 2-8 vollumfänglich zur Anwendung. Bei einem Ansatz von Zwischenwerten wird die Übertragung als teilweise unentgeltlich angesehen. Das Übertragungsgeschäft ist dann im Verhältnis des Zwischenwertes zum Teilwert in einen unentgeltlichen und einen entgeltlichen Teil aufzuteilen.[1] Die Beschränkungen des § 13 III S 2-8 gelten lediglich für den unentgeltlichen Teil. Der entgeltliche Teil kann jedoch die Rechtsfolgen des § 13 III S 10 auslösen.[2]

101 *Einstweilen frei.*

102 **e) Entgeltliche Übertragung von zum Teilwert bewerteten Gebäuden. Schlussbesteuerung.** § 13 III S 10 regelt eine Art Schlussbesteuerung[3] für die entgeltliche Veräußerung von Gebäuden, wenn das Wohnungsunternehmen oder der Rechtsträger nach § 13 III S 9 bei Eintritt in die Steuerpflicht den Teilwert angesetzt hatte. Auch diese Regelung dient der Missbrauchsabwehr, da ohne eine solche Regelung über konzerninterne entgeltliche Übertragungen die Einschränkungen hinsichtlich der Geltendmachung des Abschreibungsverlusts umgangen werden könnten.

103 **Wertansatz.** Für die Anwendung der Schlussbesteuerung ist erforderlich, dass das Wohnungsunternehmen oder der Rechtsträger gem § 13 III S 9 entgeltlich bzw in den Fällen des § 13 III S 9 Nr 4 mit einem anderen als dem Buchwert übertragen werden.

104 **Erwerbender.** Eine Versteuerung von in der Anfangsbilanz steuerneutral aufgedeckten stillen Reserven als Veräußerungsgewinn erfordert zudem, dass eine Übertragung an ein anderes ehemals steuerbefreites Wohnungsunternehmen oder einen Rechtsträger gem § 13 III S 9 erfolgt. Bei der Veräußerung an andere Erwerber, die keine ehemals nach § 5 I Nr 10 und 11 idF v 10.2.1984[4] steuerbefreiten Wohnungsunternehmen oder Rechtsträger gem § 13 III S 9 sind, kommt § 13 III S 10 nicht zur Anwendung (so dass die stillen Reserven aus steuerbefreiter Zeit auch dann steuerfrei bleiben, wenn sie erst in steuerpflichtiger Zeit tatsächlich realisiert werden).

105 **Unentgeltliche Übertragungen.** Auch für unentgeltliche Übertragungen an den ehemals steuerbefreiten Wohnungsunternehmen bzw einen Rechtsträger nach § 13 III S 9 entsteht kein steuerpflichtiger Veräußerungsgewinn nach § 13 III S 10, da das empfangende Wohnungsunternehmen (bzw der Rechtsträger nach § 13 III S 9) in die Rechtsstellung des Übertragenden eintritt (§ 13 III S 9 Nr 3) und mithin eine weitere Korrektur seitens des Gesetzgebers nicht erforderlich ist.

106 **Umwandlungen.** Bei veräußerungsgleichen Umwandlungsfällen des UmwStG iSd § 13 III S 9 Nr 4 werden nur Fälle erfasst, bei denen keine Buchwertfortführung erfolgt, da auch bei Buchwertfortführung – wie bei unentgeltlicher Übertragung die Übernehmerin voll in die Rechtsstellung der Überträgerin eintritt.[5]

---

1 *Hofmeister* in Blümich § 13 Rn 54.
2 *Mauel* in H/H/R § 13 Rn 68; *Bott* in EY § 13 Rn 124.
3 *Frotscher* in Frotscher/Maas § 13 Rn 44.
4 BGBl I 1984, 217; BStBl I 1984, 158.
5 §§ 4 II S 1, 12 III S 1, 22 I, 24 IV UmwStG sowie §§ 15 I S 1, 16 S 1, 14 S 1 UmwStG.

Offene und verdeckte Einlage. Die offene Einlage wird grundsätzlich als tauschähnlicher Vorgang behandelt (vgl § 8 Rn 634) der zur Gewinnrealisierung führt. Verdeckte Einlagen werden steuerlich ohnehin als entgeltliche Vorgänge gewertet, weshalb auch sie den Anwendungsbereich des § 13 III S 10 eröffnen.[1]

Veräußerungsgewinn. Der Veräußerungsgewinn bestimmt sich in den Fällen des § 13 III S 10 nach der Differenz zwischen erzieltem Veräußerungspreis nach Abzug der Veräußerungskosten und dem Wert des Gebäudes im Zeitpunkt der Veräußerung, der sich nicht aus dem Teilwertansatz der Anfangsbilanz zum Zeitpunkt des Übergangs in die Steuerpflicht, sondern aus den ursprünglichen Anschaffungs- und Herstellungskosten ableitet. Nach dem Grundgedanken von § 13 II und III S 1 wird nach dem Eintritt in die Steuerpflicht die Steuerfreiheit in steuerpflichtiger Zeit realisierter stiller Reserven sichergestellt, wenn sie in der Phase der Steuerfreiheit entstanden sind. Entgegen des vorgenannten Grundsatzes wird in den Veräußerungsfällen des § 13 III S 10 eine Besteuerung der stillen Reserven aus der Zeit der Steuerbefreiung ausgelöst. Aufgrund des Ansatzes der fortgeführten Anschaffungs- bzw Herstellungskosten wird der Sache nach die Steuerfreiheit aus dem Gewinn aus dem Teilwertansatz rückgängig gemacht.

Aufschub/Vermeidung eines steuerpflichtigen Veräußerungsgewinns. Die Besteuerung des Veräußerungsgewinns gem § 13 III S 10 kann bei entsprechender Reinvestition vermieden werden, wenn § 6b EStG Anwendung findet.[2] Dabei rechnet zur nach § 6b IV Nr 2 EStG notwendigen Vorbesitzzeit von sechs Jahren auch die Zugehörigkeit des Gebäudes zum Anlagevermögen des Wohnungsunternehmens während der früheren Steuerbefreiung.[3] Zur gänzlichen Vermeidung eines steuerpflichtigen Veräußerungsgewinns werden Gestaltungen diskutiert, bei denen die Gebäude bzw Gebäudeteile an einen fremden Dritten veräußert werden, der der Anwendung des § 13 III S 10 entgegensteht. Ein direkter Rückerwerb oder ein Erwerb der Gebäude bzw Gebäudeteile über ein konzernverbundenes Unternehmen müsste aufgrund von § 42 AO wirtschaftlich begründet sein, zB bei gleichzeitiger Beauftragung des Zwischenerwerbers mit Renovierung oder Umbau der Gebäude.[4]

Einstweilen frei.

f) Reduzierung des betroffenen Personenkreises (§ 13 III S 11). Nach § 13 III S 11 gelten die Regelungen des § 13 III S 2-10 nicht für Wohnungsunternehmen, die nach § 5 I Nr 10 steuerbefreit sind. Dies sind die zwar steuerbefreiten Vermietungsgenossenschaften, und ggf auch Vermietungsvereine, deren Einnahmen aus nicht unter § 5 I Nr 10 S 1 fallenden Tätigkeiten nicht mehr als 10 % der Gesamteinnahmen ausmachen. Die eingeschränkte steuerliche Nutzung von Abschreibungsverlusten (§ 13 III S 2-10) hat danach für diese Körperschaften, Personenvereinigungen und Vermögensmassen nur insoweit Bedeutung, wie sie steuerpflichtig sind, dh mit max 10 % der Einnahmen. Die steuerbefreiten Körperschaften, Personenvereinigungen

---
1   Jost in D/J/P/W § 13 Rn 134a.
2   BTDrs 12/5016, 82, 94 sowie BMF v 20.12.1994, BStBl I 1994, 917, Tz 8.
3   BMF v 20.12.1994, BStBl I 1994, 917, Tz 8.
4   Jost in D/J/P/W § 13 Rn 137.

und Vermögensmassen müssen zur Nutzung des Abschreibungsverlusts im steuerpflichtigen Bereich investieren, um begünstigtes Investitionsvolumen zu schaffen. Dadurch erhöht sich konsequenterweise die steuerpflichtige Tätigkeit und es besteht die Gefahr, dass die 10 %-Grenze überschritten wird und letztendlich die Steuerfreiheit verloren geht. Zur Vermeidung hat der Gesetzgeber in § 13 III S 11 bestimmt, dass für diese steuerbefreiten Körperschaften, Personenvereinigungen und Vermögensmassen die Restriktionen hinsichtlich der Nutzung des Abschreibungsverlusts (§ 13 III S 2-10) nicht gelten.[1]

112 *Einstweilen frei.*

113 **IX. Sonderregelungen für bestimmte Körperschaften (§ 13 IV). 1. Regelungsgehalt. Buchwertansatz.** § 13 IV stellt eine Ausnahmeregelung für Körperschaften, Personenvereinigungen und Vermögensmassen dar, die nach § 5 I Nr 9 von der KSt befreit sind. Diese förderungswürdigen Einrichtungen haben bei der iRd Beginns der Steuerbefreiung zu erstellenden Schlussbilanz die Wirtschaftsgüter nicht mit dem Teilwert, sondern zwingend mit dem Buchwert anzusetzen.

114 **Funktion.** Mittels § 13 IV wird die Aufdeckung stiller Reserven und gleichsam eine Schlussbesteuerung vermieden. Der Gesetzgeber hat durch diese Regelung explizit darauf verzichtet, um die Förderungswürdigkeit zu betonen.[2] Daher gilt die Regelung auch nur soweit, wie die Wirtschaftsgüter der Förderung steuerbegünstigter Zwecke dienen.

115 **Abgrenzung zu § 13 V.** Für Wirtschaftsgüter, die bei der steuerbefreiten Körperschaft, Personenvereinigung oder Vermögensmasse einen wirtschaftlichen Geschäftsbetrieb darstellen, kommt § 13 V zur Anwendung.

116 **Entsprechende Regelung in § 6 I Nr 4 EStG.** Das Vorgehen des Gesetzgebers ist gerechtfertigt, zumal die Regelung mit § 6 I Nr 4 EStG korrespondiert. Danach kann ein steuerpflichtiger Unternehmer, der seinem Betrieb ein Wirtschaftsgut entnimmt, um es iRe unentgeltlichen Zuwendung einer steuerlich förderungswürdigen Einrichtung zu übertragen, die Entnahme aus seinem Betrieb ebenfalls mit dem Buchwert statt mit dem Teilwert ansetzen.

117 *Einstweilen frei.*

118 **2. Anwendungsbereich. Unbeschränkt Steuerpflichtige.** Die Regelung gilt für Körperschaften, Personenvereinigungen und Vermögensmassen, die einen der in § 9 I Nr 2 genannten steuerbegünstigten Zweck dienen (vgl § 9 Rn 91 ff). Steuerbegünstigte Zwecke iSd § 9 I Nr 2 sind die steuerbegünstigten Zwecke nach §§ 52- 54 AO.[3]

---

[1] Zu den daraus resultierenden Wettbewerbsverzerrungen vgl *Frotscher* in Frotscher/Maas § 13 Rn 45.
[2] Ansonsten würde der Sinn der künftigen Steuerbefreiung beeinträchtigt, so auch *Hofmeister* in Blümich § 13 Rn 61.
[3] Vor der Neufassung des § 9 I Nr 2 durch das Gesetz zur weiteren Stärkung des bürgerlichen Engagements v 10.10.2007, BGBl I 2007, 2332 bzw BStBl I 2007, 815 waren nur die mildtätigen, kirchlichen, religiösen und wissenschaftlichen Zwecke sowie die als besonders förderungswürdig anerkannten gemeinnützigen Zwecke begünstigt.

IX. Sonderregelungen für bestimmte Körperschaften

Beschränkt Steuerpflichtige. Auch beschränkt steuerpflichtige Körperschaften, Personenvereinigungen und Vermögensmassen können die Steuerbefreiung des § 5 I Nr 9 in Anspruch nehmen, wenn die Körperschaft ihren Sitz und ihre Geschäftsleitung in einem EU- oder EWR-Staat hat und mit diesem Staat ein Amtshilfeabkommen geschlossen wurde. § 13 IV findet auch für diese beschränkt steuerpflichtigen Körperschaften, Personenvereinigungen und Vermögensmassen Anwendung, wobei sich die Auswirkungen auf das im Inland belegene Vermögen beschränkten. 119

Einstweilen frei. 120

3. Beginn der Steuerbefreiung. Buchwertfortführung. Für den Beginn der Steuerbefreiung regelt § 13 IV für besonders förderungswürdige Einrichtungen, dass diese beim Übergang von der Steuerpflicht zur Steuerbefreiung die Wirtschaftsgüter in der Schlussbilanz abweichend von § 13 III nicht mit dem Teilwert, sondern mit dem Buchwert anzusetzen haben. Als Buchwert stellt sich dabei der Wert dar, mit dem die Wirtschaftsgüter nach den allgemeinen steuerlichen Vorschriften anzusetzen sind. Damit wird verhindert, dass die während der Zeit der Körperschaftsteuerpflicht gebildeten stillen Reserven der Wirtschaftsgüter des Betriebsvermögens in der Schlussbilanz gewinn- und damit steuerwirksam aufgelöst werden. Dies ist vor dem Hintergrund zu sehen, dass die Wirtschaftsgüter im Anschluss für steuerbegünstigte Zwecke verwendet werden und IV sicherstellt, dass die Steuerbefreiung der steuerbegünstigten Zwecke nicht durch eine Besteuerung der bislang gebildeten stillen Reserven konterkariert wird.[1] 121

Pflicht zur Erstellung einer Schlussbilanz. Die Ausnahmeregelung entbindet die Körperschaft, Personenvereinigung oder Vermögensmasse bei Beginn der Steuerbefreiung nicht von der Verpflichtung zur Erstellung einer Schlussbilanz, falls sie Gewinneinkünfte erzielt. Nur so kann die Abgrenzung zwischen laufenden steuerpflichtigen von laufenden steuerfreien Gewinnen gelingen. 122

Einnahmenüberschussrechnung. Des Weiteren ist zu beachten, dass bei Körperschaften, Personenvereinigungen und Vermögensmassen, die ihren Gewinn bislang durch Einnahmenüberschussrechnung gem § 4 III EStG ermittelt haben, iRd Aufstellung einer Schlussbilanz ein Übergangsgewinn entstehen kann, der als letzter laufender Gewinn der steuerpflichtigen Zeit vollumfänglich der KSt unterliegt. Nach IV wird die Aufdeckung stiller Reserven iRd Übergangsgewinns nicht verhindert. 123

Stichtag für Wirksamkeit der Steuerbefreiung gem § 5 I Nr 9. Die Steuerbefreiung nach § 5 I Nr 9 setzt iVm § 60 II AO voraus, dass die satzungsmäßigen und tatsächlichen Voraussetzungen für die Inanspruchnahme der Steuerbefreiung sämtlich für den gesamten VZ erfüllt werden. Folglich kann eine Befreiung immer nur zum Beginn eines Kalenderjahres wirksam werden (vgl § 5 Rn 215). Bei Körperschaften, Personenvereinigungen und Vermögensmassen mit kalendergleichem WJ und einer Gewinnermittlung durch Vermögensvergleich erübrigt sich damit die Erstellung einer gesonderten Schlussbilanz[2], da die reguläre Bilanz zum Ende des WJ genau auf den Stichtag erstellt wird, auf den die Schlussbilanz nach § 13 I zu erstellen ist. Außerdem 124

---

1 *Hofmeister* in Blümich § 13 Rn 61.
2 *Frotscher* in Frotscher/Maas § 13 Rn 50.

erhält diese reguläre Bilanz auf den letzten Tag der Steuerpflicht als Bewertungsmaßstab die Buchwerte, die nach IV auch für die Schlussbilanz relevant sind. Bei kalenderabweichendem WJ wird hingegen die Bildung eines Rumpf-WJ erforderlich.[1]

125 **Gemischt genutzte Wirtschaftsgüter.** Problematisch ist die steuerliche Beurteilung von Wirtschaftsgütern, die nur teilweise steuerbegünstigten Zwecken iSd § 9 I Nr 2 dienen (sog gemischt genutzte Wirtschaftsgüter). Nach dem Sinn und Zweck des IV erscheint es sachgerecht, entsprechend dem Anteil der Nutzung des Wirtschaftsgutes für steuerbegünstigte Zwecke den Buchwert anzusetzen. Soweit das Wirtschaftsgut zukünftig für andere Zwecke genutzt wird, gebietet sich jedoch der Teilwertansatz.[2]

126 **Vermögensverwaltend genutzte Wirtschaftsgüter.** Vermögensverwaltend genutzte Wirtschaftsgüter dienen steuerbegünstigten Zwecken lediglich mittelbar, indem die Früchte der Vermögensverwaltung bei der Verfolgung steuerbegünstigter Zwecke Verwendung finden. In der Literatur ist strittig, mit welchem Wert vermögensverwaltend genutzte Wirtschaftsgüter in der anlässlich des Eintritts der Steuerbefreiung zu erstellenden Schlussbilanz anzusetzen sind. Die hM[3] spricht sich für einen Buchwertansatz aus, wobei zT eine Zuordnung des Steuerpflichtigen iRd Eintritts für erforderlich gehalten wird, nach der deutlich wird, für welche Zwecke die Erträge der Vermögensverwaltung verwendet werden sollen.[4]

127 *Einstweilen frei.*

128 **4. Erlöschen der Steuerbefreiung. Fortgeführter Buchwert.** Erlischt die Steuerbefreiung nach § 5 I Nr 9, muss die Körperschaft, Personenvereinigung oder Vermögensmasse nach § 13 II auf den Beginn der Steuerpflicht eine Anfangsbilanz zu erstellen, in der grundsätzlich nach § 13 III S 1 die Bewertung mit dem Teilwert zu erfolgen hat. In Abweichung zu diesem Grundsatz regelt § 13 IV S 2 den Bewertungsmaßstab für Sachverhalte, in denen eine von der KSt befreite Körperschaft, Personenvereinigung oder Vermögensmasse ihre Steuerbefreiung wieder verliert. Die Wirtschaftsgüter, die anlässlich der zum Eintritt in die Steuerfreiheit zu erstellenden Schlussbilanz mit dem Buchwert anzusetzen waren (§ 13 IV S 1), sind in der Anfangsbilanz mit dem Wert anzusetzen, der sich bei ununterbrochener Körperschaftsteuerpflicht nach den steuerlichen Gewinnermittlungsvorschriften ergeben würde (fortgeführter Buchwert). Bei Steuerpflichtigen, die ihren Gewinn auch während der Zeit der Steuerfreiheit durch Vermögensvergleich ermitteln, erfolgt die Bewertung mit dem Buchwert.

129 **Einnahmenüberschussrechnung.** Soweit Steuerpflichtige ihren Gewinn während der Phase der Steuerfreiheit über eine Einnahmenüberschussrechnung ermittelt haben, erfolgt die Bewertung zu Anschaffungs- bzw Herstellungskosten abzüglich der Absetzungen für Abnutzung (fortgeführte Anschaffungs- bzw Herstellungskosten).

---

1 *Frotscher* in Frotscher/Maas § 13 Rn 51.
2 *Hofmeister* in Blümich § 13 Rn 63.
3 BMF v 1.2.2002, BStBl I 2002, 221; H 55 KStH; *Heger* in Gosch § 13 Rn 56; *Hofmeister* in Blümich § 13 Rn 64; aA ausführlich *Jost* in D/J/P/W § 13 Rn 159.
4 So etwa *Hofmeister* in Blümich § 13 Rn 64, der den Buchwertansatz in der Schlussbilanz als konkludente Absichtsbekundung ansieht.

X. Beginn und Erlöschen einer teilweisen Körperschaftsteuerbefreiung

Verhinderung ungerechtfertigter Steuervorteile. Durch die Verknüpfung der Bewertung in der Anfangsbilanz mit der Bewertung in der Schlussbilanz will der Gesetzgeber verhindern, dass sich die Steuerpflichtigen durch unterschiedliche Bewertungsmethoden ungerechtfertigte Steuervorteile verschaffen.[1]

130

Wirtschaftsgüter, die während der Zeit der Steuerbefreiung angeschafft oder hergestellt wurden. § 13 IV S 2 gilt nach hM[2] nur für Wirtschaftsgüter, die vor der Zeit der Steuerbefreiung angeschafft worden sind; Wirtschaftsgüter, die während der Zeit der Steuerbefreiung angeschafft oder hergestellt worden sind, werden von der Regelung nicht erfasst. Dies ist gesetzessystematisch sachgerecht, da eine Wertverknüpfung in Schluss- und Anfangsbilanz nicht möglich ist, weil die während der Zeit der Steuerfreiheit angeschafften bzw hergestellten Wirtschaftsgüter naturgemäß nicht in der Schlussbilanz enthalten sein können. Demzufolge müssen diese Wirtschaftsgüter mit dem Teilwert bewertet werden.

131

Steuerliche Konsequenzen des fortgeführten Buchwertansatzes. Die Bewertung mit dem fortgeführten Buchwert statt mit dem Teilwert führt dazu, dass hinsichtlich der Wirtschaftsgüter, die der Förderung steuerbegünstigter Zwecke iSd § 9 I Nr 2 dienten, eine gewinn- und somit steuerneutrale Aufdeckung stiller Reserven beim Wechsel von der Körperschaftsteuerbefreiung zur Körperschaftsteuerpflicht unterbleibt. Die stillen Reserven sind damit innerhalb der steuerpflichtigen Phase voll steuerpflichtig, unabhängig davon, ob die stillen Reserven während der Zeit der Steuerbefreiung oder in der Zeit der Steuerpflicht entstanden waren. Über § 13 IV S 2 werden die stillen Reserven, deren gewinn- und steuerwirksame Realisierung vor Beginn der Körperschaftsteuerpflicht durch die Bewertung mit dem Buchwert (§ 13 IV S 1) verhindert wurde, später noch aufgedeckt und mithin besteuert. Zugleich ermöglicht § 13 IV S 2 die Besteuerung stiller Reserven, die sich erst während der Zeit der Steuerbefreiung gebildet haben.[3] Diese nachteiligen Folgen des fortgeführten Buchwertansatzes können über zeitgerechte Veräußerungsvorgängen und der entsprechenden Aufdeckung der stillen Reserven vermieden werden.[4]

132

Einstweilen frei.

133

X. Beginn und Erlöschen einer teilweisen Körperschaftsteuerbefreiung (§ 13 V).
1. Regelungsgehalt. Anwendung der § 13 I-IV. § 13 V erweitert den sachlichen Anwendungsbereich der § 13 I–IV. Danach müssen bei Beginn bzw bei Erlöschen einer teilweisen Körperschaftsteuerbefreiung § 13 I–IV für den Teil des Betriebsvermögens Anwendung finden, der dem steuerfreien Teil zuzuordnen ist bzw war.

134

Bedeutung. Praktische Bedeutung erlangt die Vorschrift für Pensions- und Unterstützungskassen, bei denen Überschreitungen des zulässigen Kassenvermögens den Umfang der Steuerpflicht beeinflussen, und für Körperschaften, Personenvereinigungen und Vermögensmassen, die nur hinsichtlich ihrer wirtschaftlichen Ge-

135

---

1 BTDrs 7/1470, 346.
2 *Mauel* in H/H/R § 13 Rn 90; *Jost* in D/J/P/W § 13 Rn 169; *Hofmeister* in Blümich § 13 Rn 66; R 55 II S 3 KStR; aA *Olgemöller* in Streck § 13 Rn 9.
3 *Bott* in EY § 13 Rn 167.
4 *Hofmeister* in Blümich § 13 Rn 68.

schäftsbetriebe körperschaftsteuerpflichtig sind (zB wirtschaftliche Geschäftsbetriebe von Berufsverbänden, politischen Parteien und gemeinnützigen, mildtätigen und kirchlichen Körperschaften).

136 *Einstweilen frei.*

137 **2. Anwendungsfälle. Wechsel von der vollen zur partiellen Körperschaftsteuerpflicht.** Eine Körperschaftsteuerbefreiung beginnt teilweise, wenn ein Wechsel von der vollen Körperschaftsteuerpflicht zur partiellen Körperschaftsteuerpflicht eintritt (zB ein bislang voll steuerpflichtiger Verein, der nur noch mit seinen wirtschaftlichen Geschäftsbetrieben steuerpflichtig ist).

138 **Reduktion des Umfangs der Steuerbefreiung.** Eine weitere Möglichkeit für den teilweisen Beginn einer Steuerbefreiung besteht darin, dass sich der Umfang der partiellen Körperschaftsteuerpflicht verringert (zB Reduktion des unzulässigen Kassenvermögens bei Pensions- und Unterstützungskassen, dh Reduktion der Überdotierung).

139 **Wechsel von der partiellen zur vollen Körperschaftsteuerpflicht.** Letztendlich stellt auch der Wechsel von der partiellen Körperschaftsteuerbefreiung zur gänzlichen Steuerfreiheit den teilweisen Beginn der Körperschaftsteuerbefreiung dar. Für das Erlöschen einer Körperschaftsteuerbefreiung ergeben sich die denkbaren Möglichkeiten vice versa.

140 **Freibeträge und Besteuerungsgrenzen.** Kein Anwendungsfall des § 13 V ist gegeben, wenn es bei fortdauernder Steuerpflicht materiell deshalb zu keiner Besteuerung kommt, weil die Freibeträge in den §§ 24, 25 in Anspruch genommen werden oder die Besteuerungsgrenze des § 64 III AO iHv 35.000 EUR nicht überschritten wird. Genauso verändert das Überschreiten der Besteuerungsfreigrenze weder den Charakter des wirtschaftlichen Geschäftsbetriebs noch die Steuerverhaftung des dem wirtschaftlichen Geschäftsbetrieb dienenden Betriebsvermögens. Im Ergebnis stellt das Über- bzw Unterschreiten der Besteuerungsgrenze iSd § 64 III AO keinen Wechsel in der persönlichen Steuerpflicht der Körperschaft, Personenvereinigung oder Vermögensmasse dar, weshalb die Anwendung des § 13 V insoweit ausscheidet.

141 **Betriebsveräußerung und Betriebsaufgabe.** Veräußert eine gem § 5 I Nr 9 partiell mit einem wirtschaftlichen Geschäftsbetrieb steuerpflichtige Körperschaft ihre steuerpflichtige Tätigkeit, indem sie den wirtschaftlichen Geschäftsbetrieb veräußert, findet § 13 V iVm IV keine Anwendung. Es liegt eine Betriebsveräußerung iSd § 16 EStG vor, die zur Aufdeckung der stillen Reserven führt. § 16 EStG ist somit vorrangig zu beachten.[1] Bei Betriebsaufgaben ist hingegen die Finanzverwaltung mittlerweile der Ansicht, dass § 13 IV eingreift, sofern die Wirtschaftsgüter nicht unmittelbar nach der Überführung in den ideellen Bereich veräußert werden.[2] Bei partieller Steuerpflicht gilt § 13 IV naturgemäß für den entsprechenden Teil des Betriebsvermögens.

142 *Einstweilen frei.*

---

1 Heger in Gosch § 13 Rn 66.
2 BMF v 25.2.2002, BStBl I 2002, 221.

3. Bilanzierung. Steuerliche Behandlung in der Schlussbilanz. Bei Beginn einer teilweisen Steuerbefreiung sind in der zu erstellenden Schlussbilanz nur die Wirtschaftsgüter des Betriebsvermögens auszuweisen und entsprechend § 13 III und IV zu bewerten, die dem nunmehr steuerbefreiten Bereich dienen oder ihm steuerlich zuzuordnen ist. 143

Steuerliche Behandlung in der Anfangsbilanz. Analog sind bei Erlöschen einer teilweisen Körperschaftsteuerbefreiung nur die Wirtschaftsgüter in der Anfangsbilanz auszuweisen und nach § 13 III und IV zu bewerten, die dem nun der KSt unterliegenden Bereich dienen oder ihm steuerlich zuzuordnen sind. 144

Überdotierte Pensions-, Sterbe-, Kranken- und Unterstützungskassen. Problematisch ist die Zuordnung zu steuerpflichtiger bzw steuerbefreiter Sphäre für überdotierte Pensions-, Sterbe-, Kranken- und Unterstützungskassen, die nach § 6 partiell steuerpflichtig sind. Die Problematik dieser Fälle beruht darin, dass das gesamte Vermögen dieser Kassen vollen Umfangs einem einheitlichen Zweck dient. Soweit eine bestehende partielle Steuerbefreiung völlig entfällt oder sich ihr Umfang verringert, führt dies zu einer teilweisen Steuerentstrickung. Umstritten ist jedoch die Darstellung der partiellen Steuerentstrickung in der Schlussbilanz. Die wohl hM[1] spricht sich zutreffend für einen vollständigen Ansatz der Wirtschaftsgüter zum Teilwert aus, um dann in einem zweiten Schritt den Anteil der stillen Reserven die gewinnwirksam bzw gewinnneutral sind, entsprechend der Überdotierung der Kasse zu bestimmen. Nach aA[2] sind die Wirtschaftsgüter in der Anfangs- bzw Schlussbilanz nur anteilig zum Teilwert anzusetzen, entsprechend dem Anteil, der sich durch die Gegenüberstellung des steuerbefreiten zum steuerpflichtigen Bereich ergibt. 145

Einstweilen frei. 146

XI. Wesentliche Beteiligung an einer Kapitalgesellschaft außerhalb des Betriebsvermögens (§ 13 VI). 1. Regelungsinhalt. Aufdeckung von Wertsteigerungen oder Wertminderungen bei wesentlichen Beteiligungen. § 13 VI betrifft die Aufdeckung und Besteuerung nicht realisierter Wertsteigerungen (stiller Reserven) oder Wertminderungen (stiller Lasten) von wesentlichen Beteiligungen an einer Kapitalgesellschaft iSd § 17 EStG, die nicht zum Betriebsvermögen der Körperschaft, Personenvereinigung oder Vermögensmasse gehören. Ist die Beteiligung Betriebsvermögen, gelten für sie § 13 I-IV und nicht § 13 VI. Körperschaften, die gem § 8 II ausschließlich Einkünfte aus Gewerbebetrieb erzielen und deren gesamtes Vermögen qua definitione Betriebsvermögen darstellt, fallen nicht in den Anwendungsbereich von § 13 VI. 147

Betriebsvermögen. Soweit die Beteiligung Betriebsvermögen der Körperschaft, Personenvereinigung oder Vermögensmasse darstellt, gelten für sie die Regelungen des § 13 I-IV. 148

---

1 *Frotscher* in Frotscher/Maas § 13 Rn 74; *Heger* in Gosch § 13 Rn 64; *Olgemöller* in Streck § 13 Rn 11; *Bott* in EY § 13 Rn 183-185; *Mauel* in H/H/R § 13 Rn 96.
2 *Jost* in D/J/P/W § 13 Rn 208; *Hofmeister* in Blümich § 13 Rn 73.

149 **Wechsel von der vollständigen Körperschaftsteuerpflicht zu vollständigen Körperschaftsteuerfreiheit.** Strittig ist innerhalb der Literatur, ob für die Anwendung von § 13 VI ein Wechsel von der vollständigen Körperschaftsteuerpflicht zu vollständigen Körperschaftsteuerfreiheit und umgekehrt notwendig ist.[1] Konsequenz wäre, dass in den Fällen des § 13 V eine Anwendung von § 13 VI ausscheidet.

150 **Sinn und Zweck.** Sinn und Zweck der Vorschrift des § 13 VI ist die Aufdeckung sowie Besteuerung der stillen Reserven bzw Lasten von außerhalb des Betriebsvermögens gehaltenen wesentlichen Beteiligungen in Fällen der Steuerentstrickung durch den Beginn einer Steuerfreiheit.[2] Umgekehrt ist es Zweck des § 13 IV in dem Falle, dass ein Wechsel von der Körperschaftsteuerbefreiung zur Körperschaftsteuerpflicht erfolgt, die bis zur Steuerverstrickung entstandenen stillen Reserven bzw Lasten der wesentlichen Beteiligung gewinn- und steuerneutral aufzudecken, um eine Besteuerung bei Realisierung dieser stillen Reserven in Zeiten der Körperschaftsteuerpflicht zu verhindern.

151 **Bedeutung.** Aufgrund der Einführung des § 8b II hat § 13 VI ab dem VZ 2002 weitgehend an Bedeutung verloren. Lediglich hinsichtlich 5 % des Veräußerungsgewinns, der nach § 8b III S 1 in nicht abziehbare Betriebsausgaben umqualifiziert wird, sowie aufgrund des § 8b VII und VIII, erlangt § 13 VI materielle Bedeutung.

152 *Einstweilen frei.*

153 **2. Beginn einer Steuerbefreiung. Fiktive Veräußerung nach § 17 EStG.** Der Eintritt der Steuerfreiheit wird als fiktive Veräußerung der Anteile nach § 17 EStG behandelt. § 13 VI S 1 schreibt die Anwendung des § 17 EStG vor, wenn die übrigen Voraussetzungen erfüllt sind. Eine entsprechende Vorschrift für Veräußerungsgewinne des § 23 EStG bzw § 20 II EStG fehlt bisweilen.

154 **Veräußerungsgewinn.** Hinsichtlich dieser fiktiven Veräußerung bestimmt § 13 VI S 2 als Veräußerungspreis den gemeinen Wert der Anteile.[3] Veräußerungsgewinn ist damit der Betrag, um den der gemeine Wert nach Abzug der Veräußerungskosten die Anschaffungskosten übersteigt. Gegebenenfalls kann der Freibetrag des § 17 III EStG beansprucht werden.

155 **Veräußerungsverlust.** Bei negativen Werten ergibt sich mitunter auch ein fiktiver Veräußerungsverlust, der jedoch aufgrund von § 8b III keine materielle Wirkung mehr entfaltet.

156 *Einstweilen frei.*

157 **3. Erlöschen einer Steuerbefreiung. Fiktive Anschaffung.** Korrespondierend zu § 13 VI S 1, 2 regelt § 13 VI S 3 für das Erlöschen einer Steuerbefreiung, dass die wesentliche Beteiligung fiktiv im Zeitpunkt des Beginns der Steuerpflicht als zum gemeinen Wert angeschafft gilt.

---

1 Für einen vollständigen Wechsel: *Jost* in D/J/P/W § 13 Rn 246; *Hofmeister* in Blümich § 13 Rn 80; *Schauhoff*, DStR 1996, 366, 370; aA *Bott* in EY § 13 Rn 221, 223.
2 BTDrs 7/1470, 346.
3 Die dahinterstehende Fiktion einer Veräußerung zum gemeinen Wert entspricht der Fiktion in § 6 AStG bei der Wegzugsbesteuerung.

Auswirkungen und Bedeutung. Damit werden in steuerpflichtiger Zeit nur solche positiven oder negativen Wertveränderungen der wesentlichen Beteiligungen berücksichtigt, die während der Zeit der Steuerpflicht der beteiligten Körperschaft, Personenvereinigung oder Vermögensmasse entstehen. Materielle Relevanz erlangen aufgrund des § 8b jedoch nur 5 % der positiven Wertveränderung (vgl § 8b Rn 402). 158

Einstweilen frei. 159

4. Besonderheiten bei bestimmten gemeinnützigen Körperschaften. Körperschaften, Personenvereinigungen und Vermögensmassen, deren Steuerbefreiung sich auf § 5 I Nr 9 gründet und die die Voraussetzungen des § 13 IV erfüllen, werden gem § 13 VI S 1 und 2 von der Anwendung des § 13 IV ausgenommen. Analog zu § 13 IV verzichtet der Gesetzgeber bei diesen förderungswürdigen Einrichtungen auf eine Schlussbesteuerung der stillen Reserven. Beim Erlöschen der Steuerbefreiung kommt jedoch § 13 VI S 3 zur Anwendung, so dass die wesentliche Beteiligung zwingend mit dem gemeinen Wert anzusetzen ist. 160

Einstweilen frei. 161

Zweites Kapitel: Sondervorschriften für die Organschaft

§ 14 Aktiengesellschaft oder Kommanditgesellschaft auf Aktien als Organgesellschaft

(1) ¹Verpflichtet sich eine Europäische Gesellschaft, Aktiengesellschaft oder Kommanditgesellschaft auf Aktien mit Geschäftsleitung und Sitz im Inland (Organgesellschaft) durch einen Gewinnabführungsvertrag im Sinne des § 291 Abs. 1 des Aktiengesetzes, ihren ganzen Gewinn an ein einziges anderes gewerbliches Unternehmen abzuführen, so ist das Einkommen der Organgesellschaft, soweit sich aus § 16 nichts anderes ergibt, dem Träger des Unternehmens (Organträger) zuzurechnen, wenn die folgenden Voraussetzungen erfüllt sind:

1. ¹Der Organträger muss an der Organgesellschaft vom Beginn ihres Wirtschaftsjahrs an ununterbrochen in einem solchen Maße beteiligt sein, dass ihm die Mehrheit der Stimmrechte aus den Anteilen an der Organgesellschaft zusteht (finanzielle Eingliederung). ²Mittelbare Beteiligungen sind zu berücksichtigen, wenn die Beteiligung an jeder vermittelnden Gesellschaft die Mehrheit der Stimmrechte gewährt.

2. ¹Der Organträger muss eine unbeschränkt steuerpflichtige natürliche Person oder eine nicht steuerbefreite Körperschaft, Personenvereinigung oder Vermögensmasse im Sinne des § 1 mit Geschäftsleitung im Inland sein. ²Organträger kann auch eine Personengesellschaft im Sinne des § 15 Abs. 1 Nr. 2 des Einkommensteuergesetzes mit Geschäftsleitung im Inland sein, wenn sie eine Tätigkeit im Sinne des § 15 Abs. 1 Nr. 1 des Einkommensteuergesetzes ausübt. ³Die Voraussetzung der Nummer 1 muss im Verhältnis zur Personengesellschaft selbst erfüllt sein.

3. ¹Der Gewinnabführungsvertrag muss auf mindestens fünf Jahre abgeschlossen und während seiner gesamten Geltungsdauer durchgeführt werden. Eine vorzeitige Beendigung des Vertrags durch Kündigung ist unschädlich, wenn ein wichtiger Grund die Kündigung rechtfertigt. ²Die Kündigung oder Aufhebung des Gewinnabführungsvertrags auf einen Zeitpunkt während des Wirtschaftsjahrs der Organgesellschaft wirkt auf den Beginn dieses Wirtschaftsjahrs zurück.

4. Die Organgesellschaft darf Beträge aus dem Jahresüberschuss nur insoweit in die Gewinnrücklagen (§ 272 Abs. 3 des Handelsgesetzbuchs) mit Ausnahme der gesetzlichen Rücklagen einstellen, als dies bei vernünftiger kaufmännischer Beurteilung wirtschaftlich begründet ist.

5. Ein negatives Einkommen des Organträgers bleibt bei der inländischen Besteuerung unberücksichtigt, soweit es in einem ausländischen Staat im Rahmen einer der deutschen Besteuerung des Organträgers entsprechenden Besteuerung berücksichtigt wird.

²Das Einkommen der Organgesellschaft ist dem Organträger erstmals für das Kalenderjahr zuzurechnen, in dem das Wirtschaftsjahr der Organgesellschaft endet, in dem der Gewinnabführungsvertrag wirksam wird.

(2) (weggefallen)

(3) ¹Mehrabführungen, die ihre Ursache in vororganschaftlicher Zeit haben, gelten als Gewinnausschüttungen der Organgesellschaft an den Organträger. ²Minderabführungen, die ihre Ursache in vororganschaftlicher Zeit haben, sind als Einlage durch den Organträger in die Organgesellschaft zu behandeln. ³Mehrabführungen nach Satz 1 und Minderabführungen nach Satz 2 gelten in dem Zeitpunkt als erfolgt, in dem das Wirtschaftsjahr der Organgesellschaft endet. ⁴Der Teilwertansatz nach § 13 Abs. 3 Satz 1 ist der vororganschaftlichen Zeit zuzurechnen.

(4) ¹Für Minder- und Mehrabführungen, die ihre Ursache in organschaftlicher Zeit haben, ist in der Steuerbilanz des Organträgers ein besonderer aktiver oder passiver Ausgleichspo-

sten in Höhe des Betrags zu bilden, der dem Verhältnis der Beteiligung des Organträgers am Nennkapital der Organgesellschaft entspricht. ²Im Zeitpunkt der Veräußerung der Organbeteiligung sind die besonderen Ausgleichsposten aufzulösen. ³Dadurch erhöht oder verringert sich das Einkommen des Organträgers. ⁴§ 3 Nr. 40, § 3c Abs. 2 des Einkommensteuergesetzes und § 8b dieses Gesetzes sind anzuwenden. ⁵Der Veräußerung gleichgestellt sind insbesondere die Umwandlung der Organgesellschaft auf eine Personengesellschaft oder eine natürliche Person, die verdeckte Einlage der Beteiligung an der Organgesellschaft und die Auflösung der Organgesellschaft. <u>⁶Minder- oder Mehrabführungen im Sinne des Satzes 1 liegen insbesondere vor, wenn der an den Organträger abgeführte Gewinn von dem Steuerbilanzgewinn der Organgesellschaft abweicht und diese Abweichung in organschaftlicher Zeit verursacht ist.</u>

KStR 57, 58, 59, 60, 61, 62, 63; KStH 56, 57, 58, 60, 61, 63

Übersicht

	Rn
I. Überblick	1 – 2
II. Rechtsentwicklung	3 – 12
1. Vor gesetzlicher Regelung der Organschaft	3 – 4
2. Gesetzliche Grundlagen der Organschaft und ihre Entwicklung	5 – 6
3. Reformüberlegungen	7 – 12
III. Normzweck und Bedeutung	13 – 48
1. Normzweck	13 – 15
2. Bedeutung der Organschaft	16 – 26
a) Geltendes Steuerrecht	16 – 23
b) Körperschaftsteuerliches Anrechnungsverfahren	24 – 26
3. Verhältnis zu anderen Vorschriften	27 – 48
a) KStG	27 – 41
b) GewStG	42 – 48
IV. Persönliche Voraussetzungen der Organschaft	49 – 147
1. Organgesellschaft	49 – 78
a) Begünstigte Rechtsformen	49 – 60
b) Sitz und Geschäftsleitung im Inland	61 – 70
c) Sonstige Anforderungen	71 – 78
2. Organträger	79 – 147
a) Allgemeines	79 – 87
b) Körperschaften	88 – 102
c) Natürliche Personen	103 – 113
d) Personengesellschaften als Organträger	114 – 138
e) Mehrmütterorganschaft	139 – 147

V. Sachliche Voraussetzungen der Organschaft .... 148 – 610
 1. Finanzielle Eingliederung .... 148 – 229
    a) Grundsatz .... 148 – 149
    b) Beteiligung und Beteiligungshöhe .... 150 – 163
    c) Finanzielle Eingliederung bei
       Personengesellschaften als Organträger .... 164 – 168
    d) Stimmrechtsmehrheit .... 169 – 185
    e) Zeitliche Voraussetzungen .... 186 – 202
    f) Finanzielle Eingliederung bei Übertragung der
       Organbeteiligung im Wege der Umwandlung
       des Organträgers .... 203 – 213
    g) Übertragung der Organbeteiligung im Wege der
       Einbringung mit Einzelrechtsnachfolge .... 214 – 220
    h) Entstehung einer Organgesellschaft durch
       Formwechsel .... 221 – 222
    i) Entstehung von Anteilen an einer Organgesellschaft
       durch Einbringung iSd § 20 UmwStG .... 223 – 229
 2. Wirtschaftliche und organisatorische Eingliederung
    (bis VZ 2000) .... 230 – 237
 3. Abschluss eines Gewinnabführungsvertrags .... 238 – 313
    a) Allgemeines .... 238 – 252
    b) Gewinnabführungsvertrag iSd § 291 I AktG .... 253 – 263
    c) Zivilrechtliche Wirksamkeit als Grundvoraussetzung .... 264 – 267
    d) Formale Anforderungen bei Abschluss des Vertrags ...... 268 – 279
    e) Inhaltliche Anforderungen an den
       Gewinnabführungsvertrag .... 280 – 298
    f) Fünfjährige Mindestvertragsdauer .... 299 – 313
 4. Durchführung des Gewinnabführungsvertrags .... 314 – 497
    a) Allgemeines .... 314 – 315
    b) Grundsätzliches zur Gewinnabführung .... 316 – 330
    c) Jahresüberschuss als Ausgangsgröße
       der Gewinnabführung .... 331 – 349
    d) Minderung der Gewinnabführung wegen
       vorvertraglicher Verluste .... 350 – 367
    e) Minderung der Gewinnabführung durch
       Dotierung der gesetzlichen Rücklage .... 368 – 370
    f) Minderung der Gewinnabführung wegen
       abführungsgesperrter Beträge iSd § 268 VIII HGB .... 371 – 386
    g) Erhöhung der Gewinnabführung um Entnahmen aus
       in vertraglicher Zeit gebildeten Gewinnrücklagen .... 387 – 390

h) Abführungsverbot für Kapitalrücklagen und in vorvertraglicher Zeit gebildete Gewinnrücklagen	391 – 405
i) Sonstige gesetzlich vorgeschriebene Rücklagenbildung	406 – 409
j) Mindestabführung (§ 14 I S 1 Nr 4)	410 – 420
k) Auflösung der Organgesellschaft und Abwicklungsgewinne	421 – 431
l) Gewinnabführung in Umwandlungsfällen	432 – 441
m) Verlustübernahme bei nicht eingegliederten Gesellschaften (§ 302 AktG)	442 – 462
n) Verlustübernahme bei eingegliederten Gesellschaften (§ 324 III AktG)	463 – 464
o) Tatsächliche Durchführung des Gewinnabführungsvertrags	465 – 487
p) Durchführung während der gesamten Geltungsdauer des Vertrags	488 – 497
5. Änderung eines Gewinnabführungsvertrags	498 – 507
6. Der Gewinnabführungsvertrag in Umwandlungsfällen	508 – 540
a) Umwandlung des Organträgers	508 – 518
b) Einbringung der Organbeteiligung im Wege der Einzelrechtsnachfolge	519 – 521
c) Umwandlung der Organgesellschaft	522 – 533
d) Umwandlung auf und Einbringung in die Organgesellschaft	534 – 540
7. Beendigung des Gewinnabführungsvertrags	541 – 610
a) Beendigungsgründe	541 – 542
b) Einvernehmliche Aufhebung durch die Vertragsparteien (§ 296 AktG)	543 – 555
c) Ordentliche Kündigung durch eine Vertragspartei	556 – 568
d) Außerordentliche Kündigung durch eine Vertragspartei (§ 297 AktG)	569 – 585
e) Eintritt eines außenstehenden Aktionärs (§ 307 AktG)	586 – 589
f) Umwandlung der Vertragsparteien	590 – 592
g) Auflösung der Vertragsparteien	593 – 601
h) Sonstige Beendigungsgründe	602 – 610
VI. Rechtsfolgen der Organschaft	611 – 690
1. Einkommenszurechnung	611 – 651
a) Grundkonzeption	611 – 618
b) Wesen und Folgen der Einkommenszurechnung	619 – 627

c) Zeitpunkt der Einkommenszurechnung .... 628 – 640
d) Besonderheiten bei Organträger-
Personengesellschaften .... 641 – 651
2. Sicherstellung der Besteuerung des von der Organ-
gesellschaft zugerechneten Einkommens im Inland .... 652 – 673
a) Gewollte Binnenorientierung
der Einkommenszurechnung .... 652 – 659
b) Steuerpflicht des zugerechneten Einkommens
nach nationalem Recht .... 660 – 665
c) Beschränkung der Besteuerung des zugerechneten
Einkommens nach Art 5 VII, 7 I OECD-MA .... 666 – 673
3. Verfahrensrechtliche Fragen .... 674 – 684
4. Haftung der Organgesellschaft .... 685 – 690
VII. Ermittlung des Einkommens der Organgesellschaft .... 691 – 820
1. Allgemeines .... 691 – 693
2. Bildung und Auflösung von Rücklagen .... 694 – 696
3. Steuerbilanzielle Korrekturen .... 697 – 702
4. VGA .... 703 – 729
a) VGA an den Organträger .... 703 – 712
b) VGA als vorweggenommene Gewinnabführung .... 713 – 720
c) Berücksichtigung von vGA bei der Einkommens-
ermittlung im Organkreis .... 721 – 727
d) VGA an Minderheitsgesellschafter .... 728 – 729
5. Einlagen in die Organgesellschaft .... 730 – 761
a) Vorab: Handelsrechtliche Einlagen
und Ertragszuschuss .... 730 – 736
b) Allgemeines zu steuerlichen Einlagen .... 737 – 739
c) Offene Einlagen .... 740 – 747
d) Verdeckte Einlagen .... 748 – 761
6. Einzelfragen der Einkommensermittlung .... 762 – 790
a) Steuerfreie Vermögensmehrungen .... 762 – 773
b) Zinsschranke .... 774 – 775
c) Ausgleichszahlungen .... 776 – 779
d) Spendenabzug .... 780 – 782
e) Negatives zuzurechnendes Einkommen und § 8c I .... 783 – 788
f) Kein Verlustabzug .... 789 – 790
7. Übertragungsgewinn bei Umwandlung der
Organgesellschaft .... 791 – 793

8. Einschränkung von Bewertungswahlrechten für das übergehende Vermögen bei Umwandlung auf/Einbringung in eine Organgesellschaft .... 794 – 820

   a) Umwandlung auf eine Organgesellschaft .... 794 – 800

   b) Versagung des Bewertungswahlrechts .... 801 – 807

   c) Einverständnis mit den Verwaltungsgrundsätzen zu umwandlungsbedingten Mehrabführungen .... 808 – 811

   d) § 20 UmwStG unterliegende Einbringungs- und Umwandlungsvorgänge .... 812 – 820

VIII. Ermittlung des Einkommens des Organträgers .... 821 – 974

   1. Allgemeines .... 821 – 824

   2. Auswirkungen der Organschaft auf die Steuerbilanz des Organträgers .... 825 – 886

      a) Rückstellung für Verluste der Organgesellschaft .... 825 – 827

      b) Teilwertab- und -zuschreibung auf die Organbeteiligung .... 828 – 836

      c) Einlagen in die Organgesellschaft .... 837 – 843

      d) Mehrabführungen iSd § 14 III .... 844 – 849

      e) Organbeteiligung im Sonderbetriebsvermögen des Organträgers bei einer Mitunternehmerschaft .... 850 – 856

      f) Organschaftliche Ausgleichsposten iSd § 14 IV .... 857 – 867

      g) Forderungen gegen die Organgesellschaft .... 868 – 874

      h) Von der Organgesellschaft erhaltene vGA .... 875 – 880

      i) Von einer nahestehenden Person erhaltene vGA wegen Vorteilsgewährung an Organgesellschaft .... 881 – 886

   3. Einzelfragen der Ermittlung des eigenen Einkommens des Organträgers .... 887 – 936

      a) Vom Organträger geleistete Ausgleichszahlungen .... 887 – 888

      b) Gewinnausschüttungen der Organgesellschaft .... 889 – 893

      c) Gewinne und Verluste aus der Veräußerung der Organbeteiligung und gleichgestellten Tatbeständen ...... 894 – 896

      d) Neutralisierung von Gewinnabführung und Verlustübernahme .... 897 – 900

      e) Zinsschranke .... 901 – 902

      f) Spendenabzug .... 903 – 908

      g) Einkommenskorrekturen aufgrund der Bruttomethode (§ 15 S 1 Nr 2) .... 909 – 920

      h) DBA-befreite Schachteldividenden der Organgesellschaft .... 921 – 927

i) § 8c bei schädlichem Beteiligungserwerb
am Organträger... 928 – 936

4. Keine Doppelberücksichtigung von negativem
Einkommen des Organträgers (§ 14 I S 1 Nr 5)................... 937 – 974

a) Allgemeines... 937 – 939

b) Regelungsziele.. 940 – 944

c) Persönlicher Anwendungsbereich........................... 945 – 951

d) Sachlicher Anwendungsbereich .... 952 – 963

e) Rechtsfolge .... 964 – 967

f) Vereinbarkeit mit höherrangigem Recht................. 968 – 974

IX. Mehr- und Minderabführungen mit Verursachung in
organschaftlicher Zeit (§ 14 IV).. 975 –1179

1. Überblick... 975 – 983

2. Rechtslage vor § 14 IV .... 984 – 999

a) Verwaltungsauffassung... 984 – 986

b) Rechtsprechung... 987 – 989

c) Erstmalige gesetzliche Regelung............................ 990 – 999

3. Sinn und Zweck der Ausgleichsposten............................ 1000 –1014

a) Aktive Ausgleichsposten.. 1000 –1005

b) Passive Ausgleichsposten....................................... 1006 –1010

c) Sinn und Zweck der Ausgleichsposten unter
§ 14 IV .... 1011 –1014

4. Tatbestand der in organschaftlicher Zeit
verursachten Mehr- und Minderabführungen................. 1015 –1048

a) Gesetzliche Definition .... 1015 –1016

b) Abweichungen zwischen Gewinnabführung und
Steuerbilanzgewinn als Regelbeispiel..................... 1017 –1028

c) Kollision mit verdeckter Einlage und vGA .... 1029 –1032

d) Weitere Fälle von Mehr- und Minderabführungen
iSd § 14 IV?... 1033 –1039

e) Saldierung von Mehr- und Minderabführungen ... 1040 –1041

f) Mehr- und Minderabführungen bei negativen
Ergebnissen der Organgesellschaft......................... 1042 –1046

g) Verursachung in organschaftlicher Zeit .... 1047 –1048

5. Anwendungsfälle für das Regelbeispiel des
§ 14 IV S 6 .... 1049 –1067

a) Abweichung zwischen Gewinnabführung und
Steuerbilanzgewinn bei Gleichklang von Handels-
und Steuerbilanz... 1049 –1055

b) Abweichung zwischen Gewinnabführung und
Steuerbilanzgewinn infolge einer Abweichung
von Handels- und Steuerbilanz .... 1056 –1062

c) Abweichung von Handels- und Steuerbilanz
ohne Abweichung zwischen Gewinnabführung
und Steuerbilanzgewinn .... 1063 –1067

6. Mehr- und Minderabführungen im Zusammenhang
mit der Umstellung auf das BilMoG .... 1068 –1088

a) Allgemeines .... 1068 –1069

b) Auflösung von Rückstellungen iSd
§ 249 I S 3, II HGB aF .... 1070 –1074

c) Auflösung überdotierter Rückstellungen .... 1075 –1076

d) Auflösung von Sonderposten mit Rücklageanteil;
Zuschreibung durch Abschreibungen iSd
§§ 254, 279 II HGB aF geminderter Wertansätze .... 1077 –1079

e) Auflösung aktiver Rechnungsabgrenzungsposten
für Zölle, Verbrauchsteuern und Umsatzsteuer .... 1080 –1081

f) Erstmalige Bildung latenter Steuern .... 1082 –1088

7. Technik und Einkommenswirkung der Bildung und
Fortentwicklung von Ausgleichsposten .... 1089 –1113

a) Bildung der Ausgleichsposten innerhalb der
Steuerbilanz .... 1089 –1091

b) Rechtsnatur der Ausgleichsposten .... 1092 –1098

c) Ursachenbezogene Bildung von Ausgleichsposten ...... 1099 –1100

d) Beschränkung auf den Prozentsatz der Beteiligung ..... 1101 –1106

e) Ausgleichsposten bei Personengesellschaften
als Organträger .... 1107 –1108

f) Bilanzberichtigung .... 1109 –1110

g) Einkommensneutralität der Bildung und Fort-
entwicklung von Ausgleichsposten .... 1111 –1113

8. Einkommenswirksame Auflösung von
Ausgleichsposten .... 1114 –1136

a) Veräußerung der Organbeteiligung (§ 14 IV S 2) .... 1114 –1121

b) Der Veräußerung der Organbeteiligung
gleichgestellte Tatbestände (§ 14 IV S 5) .... 1122 –1125

c) Beendigung des Gewinnabführungsvertrags .... 1126 –1129

d) Besteuerung der Auflösung von Ausgleichsposten ...... 1130 –1136

9. Ausgleichsposten bei Umwandlung des
Organträgers .... 1137 –1147

a) Verschmelzung oder Aufspaltung des
Organträgers .... 1137 –1141

b) Abspaltung oder Ausgliederung aus dem
Vermögen des Organträgers .... 1142 –1143

c) Formwechsel des Organträgers .... 1144 –1145

d) Anwachsung einer Organträger-Personengesellschaft .... 1146 –1147

10. Ausgleichsposten bei Einbringung der
Organbeteiligung .... 1148 –1152

  a) Gesamtrechtsnachfolge .... 1148 –1149

  b) Einzelrechtsnachfolge .... 1150 –1152

11. Ausgleichsposten bei Umwandlung der
Organgesellschaft .... 1153 –1173

  a) Umwandlung in eine Personengesellschaft .... 1153 –1155

  b) Abspaltung auf eine Personengesellschaft .... 1156 –1157

  c) Verschmelzung auf eine Körperschaft .... 1158 –1163

  d) Aufspaltung auf Körperschaften .... 1164 –1165

  e) Abspaltung auf eine Körperschaft .... 1166 –1171

  f) Ausgliederung .... 1172 –1173

12. Ausgleichsposten bei Klammerorganschaft .... 1174 –1179

X. Mehr- und Minderabführungen mit Verursachung in
vororganschaftlicher Zeit (§ 14 III) .... 1180 –1253

1. Regelungsinhalt .... 1180 –1189

  a) Überblick .... 1180 –1181

  b) Ergänzende Vorschriften .... 1182 –1185

  c) Abgrenzung zu anderen Vorschriften .... 1186 –1189

2. Rechtslage vor § 14 III .... 1190 –1201

  a) Verwaltungsauffassung .... 1190 –1193

  b) Rechtsprechung .... 1194 –1195

  c) Übergangsregelung für VZ bis 2003 .... 1196 –1197

  d) Gesetzliche Regelung in § 14 III .... 1198 –1201

3. Sinn und Zweck der Regelung .... 1202 –1204

4. Tatbestand des § 14 III .... 1205 –1223

  a) Mehr- und Minderabführungen .... 1205 –1211

  b) Ursache in vororganschaftlicher Zeit .... 1212 –1213

  c) Saldierung und Zusammenfassung .... 1214 –1220

  d) Keine Begrenzung auf handelsrechtliche
  Gewinnabführung .... 1221 –1223

5. Anwendungsfälle .... 1224 –1230

6. Rechtsfolgen von Mehrabführungen iSd § 14 III .... 1231 –1246

  a) Organgesellschaft .... 1231 –1237

  b) Organträger .... 1238 –1246

7. Rechtsfolgen von Minderabführungen iSd § 14 III 1247–1253
XI. Abgrenzungs- und Zweifelsfragen im Spannungsfeld
von § 14 III und IV 1254–1331
   1. Organschaftliche versus vororganschaftliche Zeit 1254–1266
      a) Bestimmung der maßgeblichen Zeiträume 1254–1261
      b) Ursache(n) 1262–1266
   2. Außerorganschaftliche Verursachung 1267–1272
   3. Organschaftliche und vororganschaftliche Verursachung bei mehrstufigen Organschaften 1273–1279
   4. Mehr- und Minderabführungen im Nachgang zur Übertragung der Organbeteiligung durch Umwandlung des Organträgers oder Einbringung durch den Organträger 1280–1286
   5. Mehr- und Minderabführungen im Zusammenhang mit Umwandlungen auf und Einbringungen in die Organgesellschaft 1287–1319
      a) Voraussetzungen und Anlässe 1287–1294
      b) Zeitliches Auseinanderfallen des Vermögensübergangs in Handels- und Steuerbilanz 1295–1299
      c) Abweichungen zwischen Handels- und Steuerbilanz des übertragenden Rechtsträgers 1300–1309
      d) Übernahme des Vermögens handelsrechtlich zu Zeitwerten und steuerlich zu Buchwerten 1310–1314
      e) Abweichung in Handels- und Steuerbilanz für Beteiligung an übertragendem Rechtsträger 1315–1316
      f) Mehrabführungen und § 22 I S 6 Nr 3 UmwStG 1317–1319
   6. Mehr- und Minderabführungen im Zusammenhang mit Ausgliederungen und Einbringungen durch die Organgesellschaft 1320–1322
   7. Mehr- und Minderabführungen im Zusammenhang mit dem Formwechsel einer TG der Organgesellschaft 1323–1331
XII. Verunglückte Organschaft 1332–1357
   1. Gründe 1332–1333
   2. Veranlagung nach den allgemeinen Grundsätzen als Rechtsfolge 1334–1352
      a) Allgemeines 1334–1335
      b) Gewinnabführungen 1336–1343
      c) Verlustübernahmen 1344–1346
      d) Klammerorganschaft 1347–1350
      e) Entfallen der Haftung (§ 73 AO) 1351–1352
   3. Mittelbare Folgen 1353–1357

1   **I. Überblick.** Die körperschaftsteuerliche Organschaft ist in den §§ 14-19 geregelt. Die zentrale Vorschrift ist dabei § 14, der vor allem die grundlegenden Tatbestandsvorrausetzungen und die Rechtsfolge der Organschaft – die Einkommenszurechnung – regelt (vgl zu den übrigen §§ Rn 31 ff).

§ 14 I regelt in eher unsystematischer Art und Weise die Tatbestandsvoraussetzungen und Rechtsfolgen der körperschaftsteuerlichen Organschaft.

- S 1 (Einleitung): Der Einleitungssatz legt neben der allgemeinen sachlichen Voraussetzung, der Verpflichtung auf der Grundlage eines Gewinnabführungsvertrags iSd § 291 I AktG zur Abführung des ganzen Gewinns an ein einziges anderes Unternehmen, die allgemeinen persönlichen Voraussetzungen für eine Organschaft fest. Bei der Organgesellschaft muss es sich um eine AG, SE oder KGaA mit Sitz und Geschäftsleitung im Inland handeln (vgl zu sonstigen Kapitalgesellschaften Rn 33); der Organträger muss ein gewerbliches Unternehmen sein. Als Rechtsfolge der Organschaft bestimmt der Einleitungssatz die Zurechnung des Einkommens der Organgesellschaft zum Organträger, soweit dieses nicht nach § 16 (vgl Rn 32) durch die Organgesellschaft zu versteuern ist.

- S 1 Nr 1 enthält als zweite, neben den Gewinnabführungsvertrag tretende, sachliche Organschaftsvoraussetzung die finanzielle Eingliederung der Organgesellschaft in den Organträger während des gesamten WJ. Mittelbare Beteiligungen sind nach Maßgabe des S 1 Nr 1 S 2 zu berücksichtigen.

- S 1 Nr 2 enthält weitere an den Organträger (in persönlicher Hinsicht) zu stellende Anforderungen. Nach S 1 kommen als Organträger unbeschränkt einkommensteuerpflichtige natürliche Personen und unbeschränkt körperschaftsteuerpflichtige Körperschaften, Personenvereinigungen oder Vermögensmassen mit Geschäftsleitung im Inland in Betracht (zu beschränkt steuerpflichtigen Organträgern vgl Rn 34). S 2 erweitert den Kreis potenzieller Organträger um Personengesellschaften iSd § 15 I S 1 Nr 2 EStG, vorausgesetzt, sie verfügen über eine Geschäftsleitung im Inland und üben eine Tätigkeit iSd § 15 I S 1 Nr 1 EStG aus; ferner fordert S 3, dass die finanzielle Eingliederung der Organgesellschaft dann im Verhältnis zur Personengesellschaft selbst gegeben ist.

- S 1 Nr 3 präzisiert die Anforderungen an den Gewinnabführungsvertrag. Dieser ist auf mindestens fünf Jahre abzuschließen und während seiner gesamten Geltungsdauer durchzuführen (S 1); eine vorzeitige Beendigung durch Kündigung ist jedoch bei Vorliegen eines wichtigen Grundes unschädlich (S 2). S 3 regelt, dass eine unterjährige Beendigung des Vertrags stets auf den Beginn des WJ der Organgesellschaft zurückwirkt.

- S 1 Nr 4 begrenzt aus steuerlicher Sicht die Rücklagenbildung durch die Organgesellschaft und bestimmt damit die steuerliche Untergrenze für die Gewinnabführung.

- S 1 Nr 5 enthält als einzige Nr des S 1 keine Tatbestandsvoraussetzung, sondern eine Regelung zur Einkommensermittlung des Organträgers. Demnach bleibt negatives Einkommen des Organträgers unberücksichtigt, soweit es im Ausland iRe Besteuerung Berücksichtigung findet, die der deutschen Besteuerung des Organträgers entspricht.

- S 2 regelt den Zeitpunkt, von dem an die Einkommenszurechnung als Rechtsfolge der Organschaft erfolgt.

§ 14 II ist unbesetzt; in VZ 2002 bis 2007 bzw 2008 enthielt dieser Absatz ein Organschaftsverbot für Lebens- und Krankenversicherungen als Organgesellschaft.

§ 14 III entzieht solche Erhöhungen und Minderungen der handelsrechtlichen Gewinnabführung der grundsätzlichen Rechtsfolge der Einkommenszurechnung, die in vororganschaftlicher Zeit verursacht sind. Mehrabführungen gelten als Gewinnausschüttungen an den Organträger (S 1), Minderabführungen als Einlagen durch den Organträger (S 2); beides jeweils in dem Zeitpunkt, in dem das WJ der Organgesellschaft endet (S 3). S 4 bestimmt für ehemals gemeinnützige Wohnungsbauunternehmen, dass der Teilwertansatz nach § 13 III S 1 stets der vororganschaftlichen Zeit zuzurechnen ist.

§ 14 IV ordnet im Falle von Mehr- und Minderabführungen, die in organschaftlicher Zeit verursacht sind, die Bildung besonderer Ausgleichsposten beim Organträger an (S 1). Derartige Mehr- bzw Minderabführungen liegen insbesondere vor, wenn der abgeführte Gewinn den Steuerbilanzgewinn der Organgesellschaft über- bzw unterschreitet (S 6). Diese sind im Zeitpunkt der Veräußerung der Organbeteiligung (S 2) oder eines dieser gleichgestellten Tatbestands (S 5) einkommenswirksam (S 3) aufzulösen; §§ 3 Nr 40, 3c II EStG bzw § 8b finden Anwendung (S 4).

Einstweilen frei. 2

II. Rechtsentwicklung. 1. Vor gesetzlicher Regelung der Organschaft. Vor der erstmaligen gesetzlichen Regelung der körperschaftsteuerlichen Organschaft gründeten ihre Voraussetzungen und Rechtsfolgen auf über mehr als 40 Jahre entwickeltem Richterrecht.[1] Dieses hatte die Rechtsfolge der Besteuerung von Einkommen der Organgesellschaft durch den Organträger im Kern aus zwei Umständen gezogen; dem Bestehen einer Gewinnabführungsverpflichtung und dem Abhängigkeitsverhältnis juristisch selbständiger, wirtschaftlich jedoch unselbständiger juristischer Personen gegenüber einem anderen Steuerpflichtigen.[2] Hinsichtlich der genauen Rechtsfolgen der Organschaft und ihrer Rechtfertigung hatte die Rechtsprechung jedoch im Laufe der Zeit einem Wandel unterlegen: Nach der „Angestelltentheorie" (PreußOVG und zunächst auch RFH), in der die Tätigkeit der weisungsgebundenen Organgesellschaft als solche des Organträgers betrachtet wurde, galt das Einkommen der Organgesellschaft als von dem Organträger selbst erzielt. Im Gegensatz dazu ging die „Zurechnungstheorie" (spätere RFH-Rechtsprechung) von der durch die Organschaft grundsätzlich unangetasteten subjektiven Steuerpflicht der Organgesellschaft aus; deren Einkommen war eigenständig nach dem KStG zu ermitteln und erst dann dem Organträger zuzurechnen, welcher wiederum zur Vermeidung einer steuerlichen Doppelbelastung die erhaltene Gewinnabführung in Abzug bringen konnte. Die vom BFH zunächst verfolgte „Bilanzierungstheorie" orientierte sich hinsichtlich der Besteuerung wiederum allein an den handelsrechtlichen Konsequenzen der Gewinnabführungs- und Verlustübernahmeverpflichtung. IHd Gewinnabführung lag beim Organträger eine steuerpflichtige Betriebseinnahme, bei der Organgesellschaft 3

---

1 Zu dessen Entwicklung BFH I 249/61 S, BStBl III 1965, 329; ferner *Kolbe* in H/H/R § 14 Rn 2.
2 *Müller* in Müller/Stöcker, Die Organschaft, 2011, Rn 2.

eine Betriebsausgabe vor, die ihr iÜ von ihr selbst zu versteuerndes Einkommen minderte. Später ging der BFH wieder zur Zurechnungstheorie über.[1] Unbeeinflusst ist die körperschaftsteuerliche Organschaft stets von der zumindest im Ansatz bei der GewSt und der USt umgesetzten „Einheits-/Filialtheorie" geblieben, bei der Organträger und Organgesellschaft eine steuerrechtliche Einheit bilden.[2] Erst nachdem der BFH zunächst eine gesetzliche Regelung der Organschaft nur angemahnt,[3] sich später aber ohne eine solche der uneingeschränkten Aufrechterhaltung der bisherigen Rechtsprechung verweigert hatte,[4] reagierte der Gesetzgeber durch Einführung des § 7a aF mit dem Gesetz zur Änderung des Körperschaftsteuergesetzes und anderer Gesetze v 15.8.1969[5]. Hierdurch fand die körperschaftsteuerliche Organschaft eine erstmalige gesetzliche Regelung.

4 *Einstweilen frei.*

5 **2. Gesetzliche Grundlagen der Organschaft und ihre Entwicklung.** Mit dem Gesetz zur Änderung des Körperschaftsteuergesetzes und anderer Gesetze v 15.8.1969[6] wurde die körperschaftsteuerliche Organschaft erstmals gesetzlich – in § 7a – geregelt.

Ohne wesentliche Änderungen wurde der Regelungsinhalt des § 7a in die mit dem KStG 1977 v 31.8.1976[7] geschaffenen §§ 14 ff übernommen (mit Wirkung ab VZ 1977).

Durch das StÄndG 1992 v 25.2.1992[8] wurde § 14 in mehrfacher Hinsicht geändert. Mit der Ergänzung des § 14 Nr 2 (wirtschaftliche und organisatorische Eingliederung) um einen S 3 wurde klargestellt, dass eine während des gesamten WJ vorliegende organisatorische Eingliederung nur dann auf einen Beherrschungsvertrag gestützt werden kann, wenn dieser bereits zu Beginn des WJ abgeschlossen war. In Folge einer Neufassung des § 14 Nr 4 (heute § 14 I S 1 Nr 3) war fortan nicht mehr die Eintragung des Gewinnabführungsvertrags bis zum Ende des ersten Organschaftsjahres erforderlich; der Abschluss bis zu diesem Zeitpunkt und die Eintragung bis zum Ende des anschließenden WJ waren ausreichend. Schließlich wurde § 14 Nr 5 (heute § 14 I S 1 Nr 4) hinsichtlich des Begriffs der „freien Rücklagen" an die handels- und aktienrechtliche Terminologie angepasst.

Wesentliche Erleichterungen hinsichtlich der Organschaftsvoraussetzungen brachte das StSenkG v 23.10.2000[9] mit Wirkung ab dem VZ 2001. Die wirtschaftliche und organisatorische Eingliederung wurden als Voraussetzungen gestrichen; bei der finanziellen Eingliederung wurde das Verbot der Zusammenrechnung von unmittelbaren und mittelbaren Beteiligungen aufgehoben.

---

1   BFH I 249/61 S, BStBl III 1965, 329.
2   Hierzu ausführlich und mit Rechtsprechungshinweisen *Jurkat*, Die Organschaft im Körperschaftsteuerrecht, 1975, S 3 ff; *Kolbe* in H/H/R § 14 Rn 2.
3   BFH I 249/61 S, BStBl III 1965, 329.
4   BFH I 280/63, BStBl III 1967, 118. Der BFH teilte die bis dahin vorherrschende Meinung, eine Organschaft sei auch mit einem Personenunternehmen als Organträger möglich, nicht mehr und hielt hierfür eine gesetzliche Grundlage für zwingend erforderlich.
5   BGBl I 1969, 1182; BStBl I 1969, 471.
6   BGBl I 1969, 1182; BStBl I 1969, 471.
7   BGBl I 1976, 2597; BStBl I 1976, 44.
8   BGBl I 1992, 297; BStBl I 1992, 146.
9   BGBl I 2000, 3267; BStBl I 2000, 1428.

II. Rechtsentwicklung

Mit dem UntStFG v 20.12.2001[1] wurde § 14 neu gefasst; zugleich wurde mit Wirkung ab dem Erhebungszeitraum 2002 die gewerbesteuerliche Organschaft (§ 2 II S 2 GewStG) hinsichtlich der Tatbestandsvoraussetzungen an jene der körperschaftsteuerlichen Organschaft angekoppelt (dh vor allem Wegfall der wirtschaftlichen und organisatorischen Eingliederung; Gewinnabführungsvertrag als neues Erfordernis auch bei der gewerbesteuerlichen Organschaft). Die Neufassung des § 14 brachte materielle Änderungen in zwei Bereichen: Zum einen wurden mit Wirkung ab dem VZ 2001 im Einleitungssatz des § 14 die Qualifikation des gewerblichen Unternehmens des Organträgers als „inländisches" und in § 14 Nr 2 das Erfordernis eines inländischen Sitzes des Organträgers aufgegeben; eine Geschäftsleitung im Inland reicht seitdem aus. Im Zusammenhang damit wurde mit Einführung von § 14 Nr 5 die Berücksichtigung negativen Einkommens des Organträgers im Inland ausgeschlossen, soweit es in einem ausländischen Staat iRe der deutschen Besteuerung des Organträgers entsprechenden Besteuerung berücksichtigt wird. Zum anderen wurde die Mehrmütterorganschaft erstmals gesetzlich geregelt: Mit Wirkung für alle offenen VZ wurde § 14 dahingehend geändert, dass die Gewinnabführungsverpflichtung gegenüber einem einzigen anderen gewerblichen Unternehmen bestehen muss. Weiter wurden in einem neu eingeführten § 14 II die Voraussetzungen für eine Mehrmütterorganschaft gesetzlich geregelt, allerdings mit unterschiedlichen Regelungen für die einzelnen VZ. Für VZ vor 2001 galt § 14 II idF § 34 IX Nr 1, für die VZ 2001 und 2002 § 14 II in der neugefassten Form und mit Wirkung vom VZ 2003 § 14 II idF § 34 IX Nr 2.

Mit dem StVBG v 19.12.2001[2] wurden mit der Ergänzung des § 14 um einen § 14 III Lebens- und Krankenversicherungsunternehmen mit Wirkung ab dem VZ 2002 aus dem Kreis potenzieller Organgesellschaften ausgeschlossen.

IRd Fünften Gesetzes zur Änderung des Steuerbeamten-Ausbildungsgesetzes und zur Änderung von Steuergesetzen v 23.7.2002[3] wurde für VZ vor 2001 das durch das UntStFG (dort § 34 VI Nr 1) eingefügte Wort „einziges" wieder gestrichen (§ 34 IX Nr 1).

Mit dem StVergAbG v 16.5.2003[4] wurde § 14 I zu § 14 I S 1. Mit dem neu angefügten S 2 und der Neufassung des § 14 I S 1 Nr 3 wurden die zeitlichen Anforderungen an die Begründung einer Organschaft für nach dem 20.11.2002 abgeschlossene Gewinnabführungsverträge (§ 34 IX Nr 3) in der Weise wieder verschärft, dass der Gewinnabführungsvertrag bis zum Ende des ersten Organschaftsjahres nicht mehr nur abgeschlossen, sondern auch wirksam geworden sein muss. Die weiteren Änderungen des § 14 standen im Zeichen der Abschaffung der Mehrmütterorganschaft mit Wirkung vom VZ 2003. So wurden § 14 II gestrichen und – zur Vermeidung von Ausweichgestaltungen – die Anforderungen an eine Personengesellschaft als Organträger (§ 14 I S 1 Nr 2 S 2 u 3) geändert. Demnach setzt die Organträgereignung einer Personengesellschaft voraus, dass diese eine originäre gewerbliche Tätigkeit iSd § 15 I S 1 Nr 1 EStG ausübt; ferner wurde zur Voraussetzung, dass die finanzielle Eingliederung im Verhältnis zur Personengesellschaft selbst gegeben sein muss.

---

1   BGBl I 2001, 3858; BStBl I 2002, 35.
2   BGBl I 2001, 3922; BStBl I 2002, 32.
3   BGBl I 2002, 2715; BStBl I 2002, 714.
4   BGBl I 2003, 660; BStBl I 2003, 321.

Mit dem im EURLUmsG v 9.12.2004[1] eingeführten § 14 III wurde der zuvor vom BFH verworfenen[2] Verwaltungsauffassung zu vororganschaftlichen Mehr- und Minderabführungen eine gesetzliche Grundlage verschafft. In vororganschaftlicher Zeit verursache Mehr- bzw Minderabführungen gelten als Gewinnausschüttung an bzw Einlage durch den Organträger (S 1 und 2), jeweils mit Wirkung zum Ende des WJ der Organgesellschaft (S 3). Der Teilwertansatz nach § 13 III S 1 stellt stets eine vororganschaftliche Ursache dar (S 4). Die Vorschrift ist erstmals für Mehrabführungen von Organgesellschaften anzuwenden, deren WJ nach dem 31.12.2003 endet (§ 34 IX Nr 4); für Minderabführungen – ggf versehentlich (vgl Rn 1199) – erst ab dem VZ 2005 (§ 34 I).

Durch das SEStEG v 7.12.2006[3] wurde die Europäische Aktiengesellschaft in den Kanon der in § 14 I S 1 angesprochenen Organgesellschaften aufgenommen.

Mit dem im JStG 2008 v 20.12.2007[4] eingeführten § 14 IV erhielt die knapp 50jährige Verwaltungspraxis zur Bildung besonderer steuerlicher Ausgleichsposten im Falle in organschaftlicher Zeit verursachter Mehr- und Minderabführungen und zu deren einkommenswirksamen Auflösung bei Veräußerung der Organbeteiligung erstmals eine gesetzliche Grundlage. Zuvor hatte der BFH die ergebniserhöhende Auflösung eines passiven Ausgleichspostens mangels Rechtsgrundlage abgelehnt.[5] Die gesetzliche Regelung erfolgte mit Wirkung für alle offenen VZ (§ 34 IX Nr 5).

Im JStG 2009 v 19.12.2008[6] wurde durch Streichung des § 14 II das darin enthaltene Organschaftsverbot für Lebens- und Krankenversicherungsunternehmen als Organgesellschaften mit Wirkung ab dem VZ 2009, auf Antrag bereits ab dem VZ 2008 (§ 34 IX S 1 Nr 6), wieder aufgehoben.

6 *Einstweilen frei.*

7 **3. Reformüberlegungen. Überlegungen im nationalen Rahmen.** In ihrem Koalitionsvertrag für die 17. Legislaturperiode hatten die Regierungsfraktionen CDU, CSU und FDP als mittelfristiges Ziel iRd Unternehmensbesteuerung die Modernisierung und Erhöhung der internationalen Wettbewerbsfähigkeit des deutschen Unternehmenssteuerrechts formuliert. Einen der Ansatzpunkte für die Prüfung sollte hierbei neben der Neustrukturierung der Regelungen zur Verlustverrechnung die Einführung eines modernen Gruppenbesteuerungssystems anstelle der bisherigen Organschaft bilden.[7] Dies nahm das IFSt zum Anlass, im Juni 2011 einen Reformvorschlag für die Einführung einer modernen Gruppenbesteuerung vorzulegen.[8] Kernelement dieses Vorschlags ist die Abschaffung des Gewinnabführungsvertrags als Voraussetzung für eine Gruppenbesteuerung. Unter Anhebung der Grenze

---

1   BGBl I 2004, 3310; BStBl I 2004, 1158.
2   BFH I R 51/01, BStBl II 2005, 49.
3   BGBl I 2006, 2782, ber BGBl I 2007, 68; BStBl I 2007, 4.
4   BGBl I 2007, 3150; BStBl I 2008, 218.
5   BFH I R 5/05, BStBl II 2007, 796.
6   BGBl I 2008, 2794; BStBl I 2009, 74.
7   Koalitionsvertrag zwischen CDU, CSU und FDP für die 17. Legislaturperiode, Wachstum, Bildung, Zusammenhalt v 26.10.2009, http://www.cdu.de/doc/pdfc/091026-koalitionsvertrag-cducsu-fdp.pdf, S 13 f.
8   *IFSt-Arbeitsgruppe,* Einführung einer modernen Gruppenbesteuerung – Ein Reformvorschlag, IFSt-Schrift Nr 471 (2011).

II. Rechtsentwicklung

für eine (un)mittelbare finanzielle Eingliederung auf 75 % der Stimmrechte soll eine unverändert der Ergebniszurechnung (keine Vollkonsolidierung, keine wahlweise Verlustübertragung) folgende Gruppenbesteuerung auf gemeinsamen und für fünf Jahre bindenden Antrag von Gruppenträger und Gruppengesellschaft erreicht werden können. Die Ergebniszurechnung stützt sich dabei auf die wirtschaftliche Einheit des Konzerns; ein Transfer von Gewinnen bzw die Tragung zugerechneter Verluste durch den Gruppenträger ist keine Voraussetzung. Im November 2011 legte das BMF den Abschlussbericht der von ihm eingesetzten Facharbeitsgruppe „Verlustverrechnung und Gruppenbesteuerung" vor.[1] Diese hatte drei Modelle zur Gruppenbesteuerung einer Prüfung hinsichtlich der Belastungen für die Haushalte von Bund, Ländern und Kommunen unterzogen. Neben dem IFSt-Modell waren dies zum einen das sog „Einkommenszurechnungsmodell", welches sich nur in Einzelfragen der Ausgestaltung (zB Nachversteuerung letztendlich nicht getragener Verluste) von dem IFSt-Modell unterscheidet, und zum anderen das „Gruppenbeitragsmodell". In letzterem sollen verbundene Unternehmen ab einer Beteiligungsquote von mindestens 95 % am Nennkapital und an den Stimmrechten der Gruppengesellschaft eine Gruppe bilden können. Neben der qualifizierten Beteiligungsquote wird ein Gruppenantrag vorausgesetzt. Zwischen Gruppenträgern und Gruppengesellschaften sowie zwischen verschiedenen Gruppengesellschaften innerhalb einer Gruppe können Gruppenbeiträge geleistet werden, die beim Leistenden steuerwirksamen Aufwand und beim Empfänger steuerpflichtigen Ertrag darstellen. Unter Berücksichtigung der Vorgabe der Aufkommensneutralität schlägt die Facharbeitsgruppe vor, die Regelungen zur Organschaft ggf mit Modifikationen (zB Rückführung der formalen Voraussetzungen für die steuerliche Anerkennung von Gewinnabführungsverträgen, Eintragungserfordernis erst bis zum Ende des auf den Abschluss folgenden WJ, Ersetzung des Konzepts der organschaftlichen Ausgleichsposten durch eine Einlagenlösung, keine Anwendung der Bruttomethode bei Körperschaften als Organträger, gesonderte Feststellung des dem Organträger zuzurechnenden Einkommens der Organgesellschaft) beizubehalten. Sollte die geforderte Aufkommensneutralität iRe Gesamtabwägung in den Hintergrund treten, empfiehlt die Arbeitsgruppe eine Umsetzung des Gruppenbeitrags-Modells.

Deutsch-französische Konvergenz. Die infolge des in Rn 7 beschriebenen Berichts der Facharbeitsgruppe zunächst gedämpften Erwartungen hinsichtlich einer umfassenden Reform der Organschaft haben mit dem Anfang Februar 2012 veröffentlichten Grünbuch der Deutsch-Französischen Zusammenarbeit im Bereich der Unternehmensbesteuerung[2] erneuten Auftrieb erlangt. Dieses bildet den ersten Schritt der Umsetzung der im August 2011 zwischen der Bundeskanzlerin und

8

---

1 BMF v 10.11.2011, Verlustverrechnung und Gruppenbesteuerung, http://www.bundesfinanzministerium.de/nn_306/DE/Wirtschaft__und__Verwaltung/Steuern/Veroeffentlichungen__zu__Steuerarten/Koerperschaftssteuer__Umwandlungssteuerrecht/001__a,templateId=raw,property=publicationFile.pdf
2 Grünbuch der Deutsch-Französischen Zusammenarbeit – Konvergenzpunkte bei der Unternehmensbesteuerung, Februar 2012, http://www.bundesfinanzministerium.de/nn_3380/DE/Wirtschaft__und__Verwaltung/Steuern/20120206-anl,templateId=raw,property=publicationFile.pdf, S 17-21.

dem französischen Staatspräsidenten getroffenen Vereinbarung über die Konvergenz der Körperschaftsteuerbemessungsgrundlagen und Körperschaftsteuersätze in Deutschland und Frankreich, indem es Unterschiede in der Unternehmensbesteuerung in Frankreich und Deutschland herausarbeitet und Felder für eine mögliche Angleichung aufzeigt. Wesentliche Unterschiede in den Voraussetzungen für eine Gruppenbesteuerung liegen demnach zum einen in dem allein in Deutschland bekannten Erfordernis eines Gewinnabführungsvertrags und zum anderen in der Mindestbeteiligungsquote für in die Gruppenbesteuerung einzubeziehende Gesellschaften, die in Deutschland bei >50 % und in Frankreich bei 95 % liegt. Als Konvergenzmaßnahmen zieht Deutschland die Aufgabe des Gewinnabführungsvertrags als Organschaftsvoraussetzung in Erwägung, allerdings flankiert entweder von einer Deckelung der Verlustverrechnung auf den Beteiligungsbuchwert an der Organgesellschaft oder einem Erfordernis tatsächlicher Zahlungen (Gruppenbeiträge) als Voraussetzung für die Ergebnisverrechnung. Desweiteren komme eine Anhebung der Mindestbeteiligungsquote auf 75-95 % in Betracht. Keine Konvergenzmöglichkeiten werden vorerst hingegen bei den Wirkungen der Gruppenbesteuerung gesehen: Während in der deutschen Organschaft das Einkommen der Organgesellschaft nach allgemeinen Grundsätzen selbständig ermittelt und dem Organträger lediglich zur Besteuerung zugerechnet wird, erfolgt in der französischen „intégration fiscale" eine Vollkonsolidierung mit Neutralisierung gruppeninterner Transaktionen. Mitte Februar 2012 beschlossen die Finanzpolitiker der Regierungsfraktionen ein Zwölf-Punkte-Programm zur weiteren Modernisierung und Vereinfachung des Unternehmenssteuerrechts. Demnach soll unter Aufgabe des Gewinnabführungsvertrags als Organschaftsvoraussetzung und Anhebung der Mindestbeteiligungsquote mit Wirkung ab dem VZ 2016 ein neues Gruppenbesteuerungssystem eingeführt werden. Neben Modellen, die wie die Organschaft dem Gruppenträger das Einkommen der Gruppengesellschaft zurechnen (unter anderem das IFSt-Modell) wird auch ein an skandinavische Systeme anknüpfendes Gruppenbeitragsmodell in Erwägung gezogen.

9-12 *Einstweilen frei.*

13 III. Normzweck und Bedeutung. 1. Normzweck. Einkommenszurechnung. Zweck und Rechtsfolge der körperschaftsteuerlichen Organschaft liegen in der Zurechnung des positiven oder negativen Einkommens einer Kapitalgesellschaft (Organgesellschaft) zu einem anderen Steuerpflichtigen (Organträger).

14 **Rechtfertigung, Verschiebung der Leistungsfähigkeit.** Die mit der Einkommenszurechnung einhergehende Durchbrechung des bis auf punktuelle Ausnahmen (Erbschaft, Umwandlung und andere Vorgänge mit Gesamtrechtsnachfolge) im deutschen Steuerrecht herrschenden Steuersubjektprinzips, nach dem jeder Steuerpflichtige selbst einer Besteuerung entsprechend seiner Leistungsfähigkeit unterliegt, rechtfertigt sich zunächst aus einem Abhängigkeitsverhältnis der Organgesellschaft zum Organträger. Nach der seit dem VZ 2001 durch das StSenkG geänderten Rechtslage reicht für die Annahme eines solchen Abhängigkeitsverhältnisses aus, dass der Organträger (un)mittelbar über die Mehrheit der Stimmrechte in der Organgesellschaft und da-

III. Normzweck und Bedeutung

mit über die Möglichkeit der Beherrschung verfügt (finanzielle Eingliederung der Organgesellschaft); zuvor verlangten zunächst die Rechtsprechung und später auch das Gesetz daneben auch eine wirtschaftliche Integration der Organgesellschaft in den Organträger (wirtschaftliche Eingliederung) sowie die tatsächliche Durchsetzung des Willens des Organträgers bei der Organgesellschaft (organisatorische Eingliederung). Anders als bei der umsatzsteuerlichen Organschaft bis heute und bei der gewerbesteuerlichen Organschaft bis zum Erhebungszeitraum 2001, setzte die körperschaftsteuerliche Organschaft schon immer voraus, dass Gewinne der Organgesellschaft an den Organträger abgeführt und Verluste der Organgesellschaft vom Organträger übernommen werden und dass diese Transfers nicht nur fallweise und nach Belieben, sondern regelmäßig und aufgrund einer einem gesellschaftsrechtlichen Organisationsvertrag (vgl Rn 256) entspringenden Verpflichtung erfolgen und diese Praxis auf eine bestimmte Dauer angelegt ist. Der dies sicherstellende Gewinnabführungsvertrag (§ 291 I AktG) führt zu Verschiebungen von Leistungsfähigkeit zwischen Organgesellschaft und Organträger, die es gerechtfertigt erscheinen lassen, den Gewinnabführungsvertrag nicht dem Bereich der Einkommensverwendung aufgrund gesellschaftsrechtlicher Veranlassung zuzuordnen, sondern unter dem Aspekt der Belastungsgleichheit die Vermögensverschiebungen auch als steuerlich relevant zu behandeln.[1]

Einstweilen frei. 15

2. Bedeutung der Organschaft. a) Geltendes Steuerrecht. Verlustverrechnung. 16
Ein von der Organgesellschaft erzielter Verlust führt bei dieser nicht zu einem Verlustvortrag, der allenfalls künftig und nur in den Grenzen der Mindestbesteuerung (§ 10d II S 1 EStG) genutzt werden und dessen Fortbestand durch künftige Umwandlungen (§§ 4 II S 2, 12 III Hs 2 UmwStG) oder Anteilsveräußerungen (§ 8c I; § 34 VI S 3 iVm § 8 IV aF) potenziell gefährdet sein könnte, sondern kann durch den Organträger sofort mit eigenem oder mit von anderen Organgesellschaften zugerechnetem Einkommen verrechnet werden. Umgekehrt erlaubt die Organschaft die Verrechnung eines von dem Organträger erzielten negativen Einkommens mit positivem Einkommen der Organgesellschaft. Ohne die Organschaft wäre das Verrechnungspotential mit im Wege von Dividenden an den Organträger transferierten Gewinnen wegen der unter der seit dem VZ 2001 geltenden Halb-/Teileinkünfteverfahren bestehenden Steuerbefreiungen nach § 8b I, V bzw § 3 Nr 40 S 1 lit d EStG deutlich reduziert. Die Vorteile der sofortigen Nutzung laufender Verluste können daher auch vom Organträger realisiert werden. Überdies kann dieser auch einen vor der körperschaftsteuerlichen Organschaft aufgebauten Verlustvortrag so einer steuerlichen Nutzung zuführen.

Phasengleiche Vereinnahmung. Erzielt die Organgesellschaft Gewinne, können 17
diese bei Transfer zum Organträger über den Gewinnabführungsvertrag – anders als bei Transfer im Wege von Dividenden – vom Organträger phasengleich vereinnahmt werden.

---

[1] Neumann in Gosch § 14 Rn 2, 6; *Raupach/Pohl*, NZG 2005, 489, 492; *Müller-Gatermann* in FS für Wolfgang Ritter: Steuerrecht, Steuer- und Rechtspolitik, Wirtschaftsrecht und Unternehmensverfassung, Umweltrecht, 1997, S 457, 464.

18   **Vermeidung der Doppelbesteuerung.** Weiterhin erlaubt die Organschaft den Transfer von Gewinnen zum Organträger im Wege der Gewinnabführung und Einkommenszurechnung, ohne die für Dividenden geltenden Besteuerungsfolgen (§ 3 Nr 40 S 1 lit d EStG, § 8 I, V) und Liquiditätsnachteile (Einbehalt von KESt) auszulösen. Bei natürlichen Personen und Personengesellschaften als Organträger, soweit an diesen natürliche Personen beteiligt sind, wird die systembestimmende Doppelbelastung mit KSt und ESt ausnahmsweise ausgeschaltet; die Gewinne der Organgesellschaft unterliegen der persönlichen ESt der (Mit)unternehmer.[1] Bei Körperschaften als Organträger entfällt die 5%ige Besteuerung der Gewinne der TG, welche bei Durchleitung durch mehrere Konzernebenen zu einem Kaskadeneffekt führen kann; allein im Wege der Organschaft ist eine steuerfreie Durchreichung von Gewinnen innerhalb des körperschaftsteuerlichen Konzerns möglich. Vor Erstreckung des § 8b V auch auf Inlandsdividenden unterlagen in unmittelbarem wirtschaftlichen Zusammen mit der Organbeteiligung stehende Aufwendungen des Organträgers für die Organbeteiligung (zB Zinsen für Erwerbsdarlehen) – anders als im Nichtorganschaftsfall – auch nicht dem Abzugsverbot iSd § 3c I EStG. Diese Vorteile bestehen auch im Fall von vGA (vgl Rn 27).

19   **Organgesellschaft als eigenständiges Körperschaftsteuersubjekt.** IRd körperschaftsteuerlichen Organschaft bleibt die Organgesellschaft eigenständiges Körperschaftsteuersubjekt. Nur punktuell und durch besondere Anordnung werden Organträger und Organgesellschaft dennoch zuweilen als Gesamtheit betrachtet, woraus sich Vorteile für die Besteuerung ergeben können (vgl Rn 28 und 29).

20-23   *Einstweilen frei.*

24   **b) Körperschaftsteuerliches Anrechnungsverfahren. Verlustverrechnung.** Im Geltungsbereich des von 1977-2000 geltenden körperschaftsteuerlichen Anrechnungsverfahrens war die Bedeutung der Organschaft im Bereich der KSt weitgehend auf die Verrechnung von Verlusten der Organgesellschaft mit Gewinnen des Organträgers begrenzt. Wegen der Steuerpflicht von Dividenden auf Ebene des Anteilseigners und der Vollanrechnung der von der ausschüttenden Gesellschaft entrichteten KSt auf die persönliche ESt oder KSt konnte eine Verrechnung von Verlusten des Gesellschafters mit Gewinnen der TG auch durch Gewinntransfers im Wege von Ausschüttungen erreicht werden.

25   **Vorteil gegenüber Dividendenausschüttung.** Vorteilhaft war die Organschaft gegenüber der Dividendenausschüttung in dieser Konstellation nur hinsichtlich des auf den ausgeschütteten Gewinnen der TG ruhenden SolZ. Dieser unterlag selbst keiner Anrechnung; eine Minderung des SolZ trat nicht ein, soweit die ESt oder KSt des Gesellschafters durch die Körperschaftsteueranrechnung negativ wurde.

26   *Einstweilen frei.*

27   **3. Verhältnis zu anderen Vorschriften. a) KStG. VGA.** Der Vorteil einer Vermeidung der Mehrfachbesteuerung auf Gesellschafts- und Gesellschafterebene besteht auch im Fall von vGA iSd § 8 III S 2, inkl solcher nach § 8a aF, welche wie vorweggenommene Gewinnabführungen behandelt werden (vgl Rn 703 ff).

---

1   *Müller* in Müller/Stöcker, Die Organschaft, 2011, Rn 9.

III. Normzweck und Bedeutung

Zinsschranke (§ 8a). IRd Zinsschranke (§ 4h EStG, § 8a) werden Organgesellschaft und Organträger gem § 15 S 1 Nr 3 S 1 als ein Betrieb behandelt, so dass Zinsen aus Darlehensbeziehungen innerhalb des Organkreises nicht der Abzugsbeschränkung durch die Zinsschranke unterliegen (vgl § 8a Rn 20, § 15 Rn 171-241). 28

Mantelkauf (§ 8a aF). IRd § 34 VI S 3 und des § 8 IV aF werden die Vermögen von Organträger und Organgesellschaft für Fragen der Zuführung überwiegend neuen Betriebsvermögens zusammengefasst.[1] 29

§ 8b II S 3 und III S 3. Aufgrund der Verlustübernahme bedarf es keiner verlustbedingten Teilwertabschreibung auf die Organgesellschaft, welche einem vollen (§ 8b III S 3) oder teilweisen Abzugsverbot (§ 3c II EStG) unterläge und – bei Körperschaften als Organträgern – bei späterer Wertaufholung eine 5%ige Besteuerung auslösen könnte (§ 8b II S 3 iVm III S 1). Vgl Rn 828 ff. 30

Einkommensermittlung (§ 15). § 15 regelt, wie das dem Organträger zuzurechnende Einkommen der Organgesellschaft in Abweichung von den allgemeinen Vorschriften zu ermitteln ist. 31

Ausgleichszahlungen (§ 16). § 16 regelt, dass die Organgesellschaft abweichend vom Grundsatz der Einkommenszurechnung zum Organträger Einkommen iHv 20/17 der von ihr oder dem Organträger geleisteten Ausgleichszahlungen an außenstehende Gesellschafter (vgl Rn 285) selbst zu versteuern hat (weiterführend Rn 776 ff). 32

Andere Kapitalgesellschaften als Organgesellschaft (§ 17). § 17 erklärt §§ 14 bis 16 für entsprechend anwendbar, wenn eine andere Kapitalgesellschaft als die in § 14 I S 1 angesprochene AG, KGaA oder SE, die Sitz und Geschäftsleitung im Inland hat, sich wirksam zur Abführung ihres ganzen Gewinns an ein anderes Unternehmen iSd § 14 verpflichtet hat. Voraussetzung ist jedoch, dass die Gewinnabführungen den Höchstbetrag iSd § 301 AktG nicht übersteigen und eine Verlustübernahme entsprechend den Vorschriften des § 302 AktG vereinbart ist. 33

Ausländische Organträger (§ 18). § 18 erweitert den Kreis potenzieller Organträger auf ausländische gewerbliche Unternehmen, die im Inland eine eingetragene Zweigniederlassung unterhalten. Voraussetzung ist, dass der Gewinnabführungsvertrag unter der Firma der Zweigniederlassung abgeschlossen ist und die für die finanzielle Eingliederung erforderliche Beteiligung zum Betriebsvermögen der Zweigniederlassung gehört. 34

Steuerabzug beim Organträger (§ 19). § 19 enthält Bestimmungen zur Berücksichtigung von auf der Ebene der Organgesellschaft vorgenommenem Steuerabzug auf Ebene des Organträgers und ergänzt § 14 in Bezug auf die anwendbaren Tarifvorschriften. 35

Einlagekonto (§ 27). Besonderheiten bei der Ermittlung des Einlagekontos iSd § 27 einer Organgesellschaft ergeben sich aus § 27 VI für den Fall organschaftlicher Mehr- und Minderabführungen. Solche Mehr- oder Minderabführungen verändern das Einlagekonto unmittelbar (vgl § 27 Rn 138 ff). 36

---

[1] BMF v 16.4.1999, BStBl I 1999, 455, Rn 9.

37-41	*Einstweilen frei.*
42	**b) GewStG. Organgesellschaft als Betriebsstätte des Organträgers (§ 2 II S 2 GewStG).** IRd gewerbesteuerlichen Organschaft gilt gem § 2 II S 2 GewStG die Organgesellschaft lediglich als unselbständige Betriebsstätte des Organträgers. Dennoch liegt kein einheitliches Unternehmen vor. Für jedes der sachlich selbständigen Unternehmen im Organkreis ist der Gewerbeertrag unter Berücksichtigung der Hinzurechnungen und Kürzungen nach §§ 8, 9 GewStG gesondert zu ermitteln. Leistungsbeziehungen zwischen Mitgliedern des Organkreises sind dabei grundsätzlich zu berücksichtigen; soweit durch Hinzurechnungen nach § 8 GewStG jedoch eine Doppelbelastung im Organkreis einträte, unterbleiben diese. Der nach diesen Grundsätzen ermittelte Gewerbeertrag (vor Berücksichtigung des Gewinnabführungsvertrags und einschließlich etwaigen eigenen Einkommens der Organgesellschaft) wird dem von dem Organträger selbst erzielten Gewerbeertrag hinzugerechnet (R 7.1 V GewStR).
43	**Hinzurechnung gem § 8 Nr 1 GewStG.** Nach dem daraus resultierenden Grundsatz, nach dem es zu einer Doppelerfassung von Gewerbeertrag im Organkreis nicht kommen soll, unterbleiben vor allem Hinzurechnungen iSd § 8 Nr 1 GewStG für zwischen Organgesellschaft und Organträger geleistete Zins-, Miet-, Pacht- und Lizenzzahlungen idR vollständig (R 7.1 V GewStR).
44	**Kürzung gem § 9 Nr 2a GewStG.** IRd gewerbesteuerlichen Organschaft entfallen bei Transfer von Gewinnen der TG zum Organträger über den Gewinnabführungsvertrag und die Zurechnung des Gewerbeertrags die im Fall von Dividendenzahlungen zu berücksichtigende Haltefrist (§ 9 Nr 2a S 1 GewStG) und das Abzugsverbot für in unmittelbarem Zusammenhang mit der Beteiligung stehende Aufwendungen des Organträgers (§ 9 Nr 2a S 3 GewStG).
45	**Teilwertabschreibung, Veräußerungsverlust.** Losgelöst von den Abzugsverboten des § 3c II EStG bzw § 8b III S 3 dürfen zur Vermeidung einer Doppelerfassung von Verlusten im Organkreis Teilwertabschreibungen auf und Veräußerungsverluste aus der Organbeteiligung den Gewerbeertrag iHd bei Zusammenrechnung der Gewerbeerträge im Organkreis bereits berücksichtigten Verluste der Organgesellschaft nicht mindern (R 7.1 V S 7 ff GewStR).[1] Entsprechendes gilt für die verlustbedingte Teilwertabschreibung eines der Organgesellschaft gewährten Darlehens.[2]
46-48	*Einstweilen frei.*
49	**IV. Persönliche Voraussetzungen der Organschaft. 1. Organgesellschaft. a) Begünstigte Rechtsformen. Kapitalgesellschaften iSd § 1 I Nr 1.** Als Organgesellschaft kommen Körperschaften in der Rechtsform der Europäischen Gesellschaft – dh der SE[3], der AG und der KGaA in Betracht (§ 14 I S 1). § 17 eröffnet darüber

---

1 BFH I R 56/82, BStBl II 1986, 73.
2 BFH IV R 57/06, BStBl II 2010, 646.
3 Der Begriff „Europäische Gesellschaft" ist hier nicht typisierend, sondern als deutsche Ausgestaltung der durch Art 9, 10 SE-Verordnung (Verordnung (EG) Nr 2157/2001 des Rates v 8.10.2001, Abl EG Nr L 294, 1 ff) dem AktG unterworfenen Societas Europaea (SE) zu verstehen. Europäische Genossenschaften (SCE) sind damit nicht erfasst.

IV. Persönliche Voraussetzungen der Organschaft

hinaus anderen Kapitalgesellschaften unter bestimmten Voraussetzungen ebenfalls die Möglichkeit, als Organgesellschaft zu fungieren. Dies sind neben der GmbH von der Rechtsform her grundsätzlich auch nach ausländischem Recht gegründete Kapitalgesellschaften (vgl aber Rn 61 ff und Rn 242 ff). In Summe entspricht der Kreis potentieller Organgesellschaften damit den Kapitalgesellschaften iSd § 1 I Nr 1.

Übrige Körperschaftsteuersubjekte. Von der Funktion als Organgesellschaft ausgeschlossen sind die übrigen in § 1 I genannten Körperschaftsteuersubjekte, wie zB Genossenschaften einschließlich der SCE, VVaG usw. 50

Einzelunternehmen und Personengesellschaften. Gleiches gilt für Einzelunternehmen und Personengesellschaften, und zwar auch für die Kapitalgesellschaft & Co Personengesellschaft[1]. 51

Vorgründungsgesellschaft. Bei der Frage, ab welchem Stadium ihres Gründungsprozesses die begünstigten Rechtsformen die Eignung zur Organgesellschaft besitzen, ist zwischen der Vorgründungs- und der Vorgesellschaft zu differenzieren. Bei der sich auf die Zeit vor dem notariellen Abschluss des Gesellschaftsvertrags beziehenden Vorgründungsgesellschaft handelt es sich um eine GbR bzw – bei bereits erfolgter Aufnahme eines Handelsgewerbes – um eine OHG. Sie ist weder mit der Vorgesellschaft noch mit der später entstehenden Kapitalgesellschaft identisch; Rechte und Verbindlichkeiten gehen deshalb nicht automatisch mit dem Abschluss des Gesellschaftsvertrags auf die Vorgesellschaft und später mit der Eintragung der Kapitalgesellschaft auf diese über.[2] Eine Körperschaftsteuerpflicht besteht nicht (H 2 EStH). Die Vorgründungsgesellschaft kann daher nicht als Organgesellschaft fungieren. 52

Vorgesellschaft. Die in der Zeit zwischen notarieller Feststellung der Satzung bzw Abschluss des Gesellschaftsvertrags und Eintragung der Gesellschaft bestehende Vorgesellschaft ist dahingegen mit der eingetragenen Kapitalgesellschaft identisch und begründet – vorbehaltlich ihrer späteren Eintragung ins Handelsregister – bereits die Körperschaftsteuerpflicht.[3] Vorbehaltlich der späteren Eintragung kann die Vorgesellschaft damit nach zutreffender hM[4] bereits als Organgesellschaft fungieren. Das von der Mindermeinung[5] vorgebrachte Argument, erst mit ihrer rechtlichen Entstehung im Wege der Eintragung erlange die Kapitalgesellschaft die Eignung als Organgesellschaft, überzeugt nicht.[6] Gleiches gilt für das Vorbringen, der Gewinn- 53

---

1 Zur gesellschafts- und steuerrechtlichen Einordnung der GmbH & Co KG BFH GrS 4/82, BStBl II 1984, 751; zur fehlenden Eignung als Organgesellschaft BFH IV R 73/93, BStBl II 1995, 589; BFH IV R 119/71, BStBl II 1973, 562.
2 BGH II ZR 276/83, BGHZ 1991, 148 mwN.
3 BFH I R 17/92, BStBl II 1993, 352 mwN.
4 Ebenso *Kolbe* in H/H/R § 14 Rn 50; *Danelsing* in Blümich § 14 Rn 41; *Neumann* in Gosch § 14 Rn 48; *Dötsch/Witt* in D/J/P/W § 14 Rn 56; *Walter* in EY § 14 Rn 67 ff; *Müller* in Müller/Stöcker, Die Organschaft, 2011, Rn 47; *Müller* in Mössner/Seeger § 14 Rn 24.
5 *Frotscher* in Frotscher/Maas § 14 Rn 194; *Erle/Heurung* in Erle/Sauter § 14 Rn 25.
6 Zur umsatzsteuerlichen Organschaft bereits BFH V R 90/74, BStBl II 1978, 486; zur gewerbesteuerlichen Organschaft bereits FG Hamburg II 118/83, EFG 1986, 414. Zu der vergleichbaren Frage der körperschaftsteuerlichen Organschaft bei steuerlich rückwirkendem Formwechsel einer Personen- in eine Kapitalgesellschaft BFH I R 55/02, BStBl II 2004, 534.

abführungsvertrag könne erst nach Eintragung der Gesellschaft selbst ins Handelsregister eingetragen werden, denn nach § 14 I S 2 reicht die Eintragung des Gewinnabführungsvertrags in das Handelsregister bis zum Ende des WJ aus.

54 **Umwandlung, Formwechsel.** Entsteht eine Kapitalgesellschaft im Wege einer Umwandlung (Verschmelzung, Auf- oder Abspaltung, Ausgliederung – jeweils zur Neugründung) oder eines Formwechsels aus einer Personengesellschaft, ist ihre Existenz bzw ihre Qualifikation als Kapitalgesellschaft für steuerliche Zwecke nicht erst ab dem zivilrechtlichen Wirksamwerden des Vorgangs, sondern bereits mit Ablauf des steuerlichen Übertragungsstichtags anzuerkennen (vgl zur finanziellen Eingliederung Rn 221). Umgekehrt verliert eine im Wege einer Umwandlung untergehende bzw eine in eine Personengesellschaft umgewandelte Kapitalgesellschaft ihre Existenz bzw Qualifikation als Kapitalgesellschaft bereits mit Ablauf des steuerlichen Übertragungsstichtags und nicht erst bei zivilrechtlichem Wirksamwerden des Vorgangs.

55 **KGaA.** Wenngleich die KGaA in § 14 I S 1 ausdrücklich genannt ist, wird eine Einbeziehung ihres Gesamtergebnisses in die Organschaft wegen der steuerlich hybriden Struktur dieser einheitlichen Rechtsform nicht in Betracht kommen. Steuerlich wird zwischen dem aktienrechtlich organisierten und handels- wie steuerrechtlich den Vorschriften für Kapitalgesellschaften unterliegenden Bereich der Kommanditaktionäre einerseits und dem handels- und steuerrechtlich den Grundsätzen für Personengesellschaften unterliegenden Bereich des persönlich haftenden Komplementärs andererseits unterschieden. Da Personengesellschaften nicht Organgesellschaft sein können, § 14 I S 1 die KGaA andererseits aber ausdrücklich als geeignete Organgesellschaft benennt, müssen sich die Rechtsfolgen der Organschaft auf den Bereich der Kommanditisten (den aktienrechtlichen bzw kapitalistischen Bereich) beschränken.[1] Zur Frage, ob das Gebot der Abführung des ganzen Gewinns der Eignung einer KGaA als Organgesellschaft entgegensteht, vgl Rn 338.

56 **Kapitalgesellschaft & Still.** Die Kapitalgesellschaft & Still (§ 230 HGB) ist selbst nicht Kapitalgesellschaft. Als Organgesellschaft kommt daher nicht sie selbst, sondern nur der Inhaber des Handelsgeschäfts und damit die Kapitalgesellschaft in Frage (vgl zur Frage, ob eine atypisch stille Beteiligung an einer Kapitalgesellschaft deren Eignung als Organgesellschaft im Wege steht Rn 342).

57-60 *Einstweilen frei.*

61 **b) Sitz und Geschäftsleitung im Inland. Doppelter Inlandsbezug.** Nach § 14 I S 1 muss die Organgesellschaft ihren Sitz und ihren Ort der Geschäftsleitung im Inland haben (sog doppelter Inlandsbezug, zur Kritik Rn 64 ff). Die unbeschränkte Körperschaftsteuerpflicht nach § 1 I Nr 1 allein reicht damit für die Eignung als Organgesellschaft nicht aus. Eine § 18 entsprechende Ausweitung existiert nicht; auch im Falle einer eingetragenen Zweigniederlassung im Inland können ausländische Kapitalgesellschaften daher nicht – bezogen auf diese Zweigniederlassung – Organgesellschaft sein.[2]

---

1   Frotscher in Frotscher/Maas § 14 Rn 180 f; Dötsch/Witt in D/J/P/W § 14 Rn 52.
2   Anders für die gewerbesteuerliche Organschaft und Erhebungszeiträume bis 2001: RFH I 327/38, RStBl 1939, 854; BFH I R 81/76, BStBl II 1979, 447; BFH I R 196/79, BStBl II 1983, 77.

IV. Persönliche Voraussetzungen der Organschaft

Sitz. Ihren Sitz hat eine Körperschaft an dem Ort, der durch Gesetz, Gesellschaftsvertrag, Satzung, Stiftungsgeschäft oder dergleichen bestimmt ist (§ 11 AO). Nach § 5 AktG muss die Satzung einer AG oder KGaA den Sitz der Gesellschaft bestimmen. Für die SE bestimmt Art 7 SE-Verordnung, dass sie ihren Sitz in der Gemeinschaft[1] haben muss; iÜ sind die Rechtsvorschriften des Sitzstaats, hier das AktG, anzuwenden (Art 9 Ic) iii) SE-Verordnung). Im Fall der GmbH muss der Gesellschaftsvertrag den Sitz der Gesellschaft enthalten (§ 3 I Nr 1 GmbHG).

62

Ort der Geschäftsleitung. Der Ort der Geschäftsleitung ist der Mittelpunkt der geschäftlichen Oberleitung (§ 10 AO). Nach der Rechtsprechung ist dies der Ort, wo der für die Geschäftsführung maßgebende Wille gebildet wird[2], folglich der Ort, an dem alle für die Geschäftsführung nötigen Maßnahmen von einiger Wichtigkeit angeordnet werden.[3] Maßgebend sind die tatsächlichen Umstände des Einzelfalls.[4] Der Ort der Geschäftsleitung befindet sich bei einer Körperschaft regelmäßig an dem Ort, an dem die zur Vertretung befugten Personen die ihnen obliegende Geschäftsführertätigkeit entfalten und wo die sog Tagesgeschäfte vorgenommen werden.[5]

63

Kritik am doppelten Inlandsbezug. Allgemein. Tragfähige Argumente für den doppelten Inlandsbezug lassen sich kaum mehr finden (vgl weiterführend Rn 65 ff). Soweit er mit der Nachprüfbarkeit der Organschaftsvoraussetzungen im Inland begründet wird[6], ist zu berücksichtigen, dass sich diese seit dem VZ 2001 im Wesentlichen in den Tatbestandsmerkmalen finanzielle Eingliederung sowie Abschluss und Durchführung des Gewinnabführungsvertrags erschöpfen. Tatsächliche Feststellungen etwa zur Tätigkeit der Organgesellschaft (vgl Rn 71) oder wie vormals zur wirtschaftlichen (vgl Rn 232 f) oder organisatorischen (vgl Rn 234 f) Eingliederung sind nicht mehr zu treffen.

64

Kapitalgesellschaften mit Sitz im Inland und Ort der Geschäftsleitung im Ausland. Mit dem MoMiG v 23.10.2008[7] hat Deutschland die bis dahin geltende und vom EuGH[8] für den Wegzugsfall letztlich erneut für mit Art 49 und 54 AEUV vereinbar erklärte „Sitztheorie"[9] aufgegeben. Seit der Novellierung des § 5 AktG können AG und KGaA ihren Verwaltungssitz ins Ausland (wobei eine territoriale Beschränkung auf den EU/EWR-Raum nicht besteht) verlegen, ohne dass dies grundsätzlich zu einer Auflösung der Gesellschaft führt (im Einzelnen unter § 1 Rn 213). Gleiches gilt für die GmbH (§ 4a GmbHG), nicht jedoch für die SE, bei der unverändert Satzungs- und Verwaltungssitz im selben Mitgliedstaat des EU/EWR-Raums

65

---

1   Dies ist das Territorium des EWR, da die Geltung der SE-Verordnung auf den EWR-Raum ausgeweitet wurde; vgl Beschluss des gemeinsamen EWR-Ausschusses Nr 93/2002 v 25.7.2002 zur Änderung des Anhangs XXII (Gesellschaftsrecht) des EWR-Abkommens, ABl EG Nr L 266, 69.
2   RFH III 40/38, RStBl 1938, 949; BFH I R 22/90, BStBl 1991, 554.
3   RFH III A 98/35, RStBl 1935, 1366; BFH I 121/64, BStBl II 1968, 695; BFH II 29/65, BStBl II 1970, 759.
4   RFH I A 462/30, RFHE 29, 78; BFH I K 1/93, BStBl II 1995, 175.
5   BFH IV R 58/95, BStBl II 1998, 86; BFH I R 22/90, BStBl 1991, 554; BFH I K 1/93, BStBl II 1995, 175; BFH I R 76/95, BFH/NV 1998, 434.
6   *Müller* in Müller/Stöcker, Die Organschaft, 2011, Rn 48.
7   BGBl I 2008, 2026.
8   EuGH Rs C-210/06, *Cartesio*, Slg 2008, I-9641.
9   *Habersack* in MüKo AktG, Einleitung Rn 92 ff.

belegen sein müssen (Art 7 SE-Verordnung). Die handelsrechtliche Buchführungspflicht nach §§ 1, 2 HGB, die Möglichkeit des Abschlusses eines Gewinnabführungsvertrags nach § 291 I AktG, die Möglichkeiten zur Überprüfung der Organschaftsvoraussetzungen sowie auch die unbeschränkte Steuerpflicht werden durch die nun zulässige Verlegung des Verwaltungssitzes ins Ausland nicht berührt. Eine mit der Verlegung des Verwaltungssitzes verbundene Führung und Aufbewahrung der Bücher im Ausland wird einer Gesellschaft mit doppeltem Inlandsbezug ebenso gewährt (§ 146 IIa AO), ohne dass dies deren Eignung als Organgesellschaft entgegenstünde. Eine Kapitalgesellschaft mit Sitz im Inland und Verwaltungssitz im Ausland ist in jeder Hinsicht mit einer Kapitalgesellschaft mit Sitz und Geschäftsleitung im Inland vergleichbar, welche eine Betriebsstätte im Ausland unterhält und für welche die Eignung als Organgesellschaft nicht in Frage steht. Die Fortgeltung des doppelten Inlandsbezugs lässt sich in dieser Konstellation schwerlich rechtfertigen. Da es hierbei allein um die Verrechnung von Inlandsgewinnen und -verlusten geht, scheidet die ausgewogene Aufteilung der Besteuerungsrechte zwischen den Mitgliedstaaten als mögliche Rechtfertigung aus.[1]

Kapitalgesellschaften mit Sitz im Ausland und Ort der Geschäftsleitung im Inland. Auch für Kapitalgesellschaften mit Sitz im Ausland und Ort der Geschäftsleitung im Inland lässt sich das Festhalten am doppelten Inlandsbezug zumindest nicht mehr pauschal mit Zweifeln an der gesellschaftsrechtlichen Einordnung derartiger doppelansässiger Gesellschaften rechtfertigen. Für durch Verlegung ihres Verwaltungssitzes ins Inland „zugezogene" Kapitalgesellschaften ist die Rechtslage im EU/EWR-Raum geklärt: Macht eine Gesellschaft, die nach dem Recht des Mitgliedstaats gegründet worden ist, in dessen Hoheitsgebiet sie ihren satzungsmäßigen Sitz hat, in einem anderen Mitgliedstaat von ihrer Niederlassungsfreiheit Gebrauch, ist dieser andere Mitgliedstaat nach den Art 49 und 54 AEUV verpflichtet, die Rechtsfähigkeit anzuerkennen, die diese Gesellschaft nach dem Recht ihres Gründungsstaats besitzt; dh bleibt die Rechtsfähigkeit im Gründungsstaat von der Verlegung des Verwaltungssitzes unberührt (sog Gründungstheorie), muss auch der Aufnahmestaat die Gesellschaft anerkennen.[2] Dies wäre zB bei einer niederländischen BV oder einer britischen Ltd der Fall. Dementsprechend hatte die Europäische Kommission gegen die Bundesrepublik ein Vertragsverletzungsverfahren[3] wegen Verstoßes gegen Art 49 AEUV und Art 36 EWR-Vertrag eingeleitet. Als Reaktion darauf sieht die Verwaltung im Erlasswege nun in unionsrechtskonformer Auslegung des § 14 I S 1 für nach dem Recht eines EU/EWR-Staats gegründete Kapitalgesellschaften den doppelten Inlandsbezug als entfallen an; ausreichend für die Eignung als Organgesellschaft ist für diese Gesellschaften nun ein inländischer Ort der Geschäftsleitung.[4] Da § 14 I S 1 selbst jedoch (noch) nicht geändert wurde, hat die Kommission angekündigt, das Ver-

---

1 EuGH Rs C-418/07, *Société Papillon*, Slg 2008, I-8947, Rn 34-40.
2 EuGH Rs C-212/97, *Centros*, Slg 1999, I-1459; EuGH Rs C-208/00, *Überseering*, Slg 2002, I-9919; EuGH Rs C-167/01, *Inspire Art*, Slg 2003, I-10155.
3 Az der Kommission: 2008/4909.
4 BMF v 28.3.2011, BStBl I 2011, 300.

tragsverletzungsverfahren durch Klageerhebung beim EuGH weiterzuverfolgen.[1] Für Gesellschaften aus Drittstaaten wird der doppelte Inlandsbezug hingegen aufrechterhalten. In DBA-Fällen könnte hierin jedoch ein Verstoß gegen Art 24 I OECD-MA liegen.[2] Im Kontext des doppelten Inlandsbezugs für den Organträger hatte der BFH in dem Fall einer nach dem Recht des US-Bundesstaates Delaware gegründeten Gesellschaft mit Geschäftsleitung im Inland diese Frage ausdrücklich offengelassen und die Unzulässigkeit des Erfordernisses eines inländischen Sitzes des Organträgers aus Art 24 IV DBA-USA 1989 (Art 24 V OECD-MA) abgeleitet.[3]

Kapitalgesellschaften mit Sitz und Ort der Geschäftsleitung im Ausland. Auch beschränkt steuerpflichtige Kapitalgesellschaften, die eine Betriebsstätte im Inland unterhalten, können bereits wegen des doppelten Inlandsbezugs nicht als Organgesellschaft fungieren. Dies gilt in Ermangelung einer § 18 entsprechenden Ausweitung für die Organgesellschaft auch im Falle des Bestehens einer eingetragenen Zweigniederlassung im Inland. Wenngleich für eine Einbeziehung der inländischen Betriebsstättenergebnisse in eine Organschaftsbesteuerung noch weitere Hürden – vor allem der Abschluss eines Gewinnabführungsvertrags mit Abführung des ganzen Gewinns – zu nehmen wären, ist zweifelhaft, ob der generelle Ausschluss dieser Fälle von der Organschaft mit dem Unionsrecht vereinbar ist.[4] Gegenstand eines EuGH-Verfahrens war diese Frage noch nicht; vielmehr sahen vom EuGH bislang untersuchte Gruppenbesteuerungssysteme die Möglichkeit der Einbeziehung solcher Betriebsstättenergebnisse idR schon nach geltendem nationalen Recht vor.[5] Da es hierbei allein um die Verrechnung von Inlandsgewinnen und -verlusten geht, scheidet zumindest die ausgewogene Aufteilung der Besteuerungsrechte zwischen den Mitgliedstaaten als mögliche Rechtfertigung aus.[6]

67

Einstweilen frei.

68-70

c) Sonstige Anforderungen. Tätigkeit. Anders als für den Organträger fordert § 14 für die Organgesellschaft keine gewerbliche Tätigkeit. Als Kapitalgesellschaft erzielt sie losgelöst davon schon aufgrund ihrer Rechtsform ausschließlich gewerbliche Einkünfte (§ 8 II) bzw bereits auch ohne ausdrückliche gesetzliche Anordnung. Dies hielt die Rechtsprechung schon unter Geltung des mit Wirkung ab dem VZ 2001 abgeschafften Erfordernisses der wirtschaftlichen Eingliederung (vgl Rn 232 f) für ausreichend.[7]

71

---

1 Europäische Kommission v 22.3.2012, IP/12/283.
2 *Hageböke* in Strunk/Kaminski/Köhler, AStG-DBA, Art 24 OECD-MA Rn 40; *Wassermeyer* in D/W Art 24 OECD-MA Rn 17.
3 BFH I R 6/99, BStBl II 2004, 1043.
4 *Kußmaul/Niehren* in FS für Christiana Djanani, Deutsches und internationales Steuerrecht: Gegenwart und Zukunft, 2008, 177, 186 ff; *IFSt-Arbeitsgruppe*, Einführung einer modernen Gruppenbesteuerung – Ein Reformvorschlag, IFSt-Schrift Nr 471 (2011), S 36.
5 So zB das britische Recht, EuGH Rs C-446/03, *Marks & Spencer*, Slg 2005, I-10837, Rn 3; das französische Recht, vgl EuGH Rs C-418/07, *Société Papillon*, Slg 2008, I-8947, Rn 13, 19; das niederländische Recht, vgl EuGH Rs C-337/08, *X-Holding*, Slg 2010, I-1215, Rn 4.
6 EuGH Rs C-418/07, *Société Papillon*, Slg 2008, I-8947, Rn 34-40; *IFSt-Arbeitsgruppe*, Einführung einer modernen Gruppenbesteuerung – Ein Reformvorschlag, IFSt-Schrift Nr 471 (2011), S 36.
7 BFH I R 90/67, BStBl II 1970, 348; BFH I R 3/69, BStBl II 1972, 289 für die gewerbesteuerliche Organschaft.

72 **Branchenspezifische Ausnahmen.** Branchenspezifische Ausnahmen vom Zugang zur Organschaft gibt es nicht mehr. Mit Wirkung ab dem VZ 2002 schloss § 14 III idF StVBG zwar Kranken- und Lebensversicherungen als Organgesellschaften aus. Mit Abschaffung der organisatorischen Eingliederung als Organschaftsvoraussetzung ab dem VZ 2001 war zugleich ein bis dahin bestehendes aufsichtsrechtliches Hindernis für diese Gesellschaften entfallen, eine Organschaft zu begründen.[1] Aus dem Zusammenspiel diverser Steuerbefreiungen, vor allem auch des neu geschaffenen § 8b, einerseits, und der steuerlichen Abzugsfähigkeit auf dem handelsrechtlichen Jahresergebnis basierender Beitragsrückerstattungen nach § 21 andererseits, ergab sich für diese Gesellschaften strukturell die Möglichkeit, rein steuerliche Verluste entstehen zu lassen; deren Verrechnung mit Gewinnen zB von Sachversicherern wollte der Gesetzgeber verhindern.[2] Durch das JStG 2009 wurde dieses Organschaftsverbot (mittlerweile § 14 II) mit Wirkung ab dem VZ 2009[3] jedoch wieder abgeschafft; die Verrechnung derartiger struktureller steuerlicher Verluste wird seitdem durch eine Änderung des § 21 vermieden (hierzu § 21 Rn 68).[4]

73 **Dauerhafte Erzielung von Verlusten.** Die dauerhafte Erzielung von Verlusten steht der Eignung als Organgesellschaft nicht entgegen.[5] Trägt die Organgesellschaft die Verluste im Interesse ihres Gesellschafters, ist grundsätzlich eine vGA der Organgesellschaft an den Organträger anzunehmen (zu der für den Bereich der öffentlichen Hand gem § 34 VI S 4ff und X S 4ff idF JStG 2009 rückwirkend eingeführten Ausnahme in den §§ 8 VII-IX, 15 S 1 Nr 4 und 5 idF JStG 2009 vgl jedoch § 8 Rn 822 ff und § 15 Rn 100 ff).[6]

74 **Persönliche Steuerbefreiungen.** Anders als für den Organträger (§ 14 I S 1 Nr 2 S 1) schließt das Gesetz nach § 5 persönlich steuerbefreite Kapitalgesellschaften vom Kreis potenzieller Organgesellschaften nicht ausdrücklich aus. Damit sollte eine steuerbefreite Kapitalgesellschaft grundsätzlich auch Organgesellschaft sein können.[7] Die Rechtsprechung – allerdings zur gewerbesteuerlichen Organschaft und zur Rechtslage vor Kodifizierung der körperschaftsteuerlichen Organschaft – hat diese Frage bisher offen gelassen.[8] Die praktische Bedeutung dieser Frage dürfte aber gering sein, da mit einer Organschaft bestimmte Steuerbefreiungen, wie etwa jene für gemeinnützige Körperschaften (§ 5 I Nr 9), entfallen dürften.[9]

75 **Sachliche Steuerbefreiungen.** Sachliche Steuerbefreiungen (zB § 8b I, Steuerbefreiungen aufgrund eines DBA, steuerfreie Investitionszulagen, besondere Tarifvorschriften usw) beeinflussen die Eignung als Organgesellschaft nicht. Grundsätzlich bleibt ihre Anwendung nach Maßgabe des § 15 I S 1 Nr 2 und S 2 und § 19 beim Organträger erhalten.

---

1 Dötsch/Witt in D/J/P/W § 14 Rn 60.
2 BTDrs 14/7471, 10.
3 § 34 IX S 1 Nr 6 idF JStG 2009. Auf gemeinsamen Antrag von Organträger und Organgesellschaft bereits mit Wirkung für den VZ 2008, sofern in diesem dann auch bereits § 21 idF JStG 2009 angewendet wird.
4 Hierzu ausführlich Dötsch/Witt in D/J/P/W § 14 Rn 60 ff.
5 Dötsch/Witt in D/J/P/W § 14 Rn 58.
6 BFH I R 32/06, BStBl II 2007, 961, ergangen zum sog kommunalen Querverbund. Hierzu BMF v 7.12.2007, BStBl I 2007, 905.
7 Frotscher in Frotscher/Maas § 14 Rn 184; Erle/Heurung in Erle/Sauter § 14 Rn 32; Walter in EY § 14 Rn 102.
8 BFH I R 5/73, BStBl II 1975, 179.
9 Neumann in Gosch § 14 Rn 62; Frotscher in Frotscher/Maas § 14 Rn 184; Walter in EY § 14 Rn 97 ff.

IV. Persönliche Voraussetzungen der Organschaft

Einstweilen frei. 76-78

2. Organträger. a) Allgemeines. In- und ausländisches gewerbliches Unternehmen iSd § 14 I S 1. Als Organträger kommt nach § 14 I S 1 jedes gewerbliche Unternehmen in Betracht. Seit der Neufassung des § 14 I S 1 mit Wirkung ab dem VZ 2001 durch das UntStFG im Zuge der Abschaffung des sog „doppelten Inlandsbezugs" (vgl Rn 95) stellt die Vorschrift nicht mehr auf ein inländisches gewerbliches Unternehmen ab. Damit kann seitdem auch ein ausländisches gewerbliches Unternehmen unabhängig von der Rechtsform Organträger und Empfänger der Gewinnabführung sein.[1] Daher stellt sich zB auch die Frage, ob ein Einzelunternehmer auch dann Organträger sein kann, wenn er allein im Ausland ein gewerbliches Unternehmen unterhält (vgl hierzu Rn 110). 79

Steuerpflicht und Anforderungen an die gewerbliche Tätigkeit. Hinsichtlich der Steuerpflicht und der Anforderungen an die gewerbliche Tätigkeit stellt das Gesetz in § 14 I S 1 Nr 2 je nach Rechtsform des Organträgers unterschiedliche Anforderungen (vgl zu Körperschaften Rn 88 ff, zu natürlichen Personen Rn 103 ff und zu Personengesellschaften Rn 114 ff). 80

Ausländisches Unternehmen mit Zweigniederlassung iSd § 18. Nach § 18 kann ein ausländisches gewerbliches Unternehmen Organträger sein, wenn es im Inland eine eingetragene Zweigniederlassung unterhält (vgl hierzu § 18 Rn 31 ff). Obwohl § 18 unverändert auf den Begriff „ausländisches gewerbliches Unternehmen" abstellt, ist das Differenzierungsmerkmal zwischen der unmittelbaren Anwendung von § 14 und der Anwendung von § 18 seit dem VZ 2001 damit, ob der das gewerbliche Unternehmen unterhaltende Rechtsträger inländisch (unbeschränkt steuerpflichtig) oder ausländisch (beschränkt steuerpflichtig) ist. 81

Ausländische Unternehmen mit Sitz und Geschäftsleitung im Ausland. Die BFH-Entscheidung vom 9.2.2011[2] zur gewerbesteuerlichen Organschaft wirft die Frage auf, ob auch ausländischen Unternehmen mit Sitz und Geschäftsleitung im Ausland, die im Inland keine Zweigniederlassung unterhalten, als Organträger in einer körperschaftsteuerlichen Organschaft fungieren können (hierzu weiter Rn 97). 82

Einstweilen frei. 83-87

b) Körperschaften. Erfasste Rechtsträger. Als Organträger geeignet sind alle nicht steuerbefreiten Körperschaften, Personenvereinigungen und Vermögensmassen iSd § 1 mit Geschäftsleitung im Inland (§ 14 I S 1 Nr 2). Hierdurch kommen (nachfolgend vereinfachend als Körperschaften zusammengefasst) insbesondere in Betracht: 88

- Kapitalgesellschaften (wie zB die AG, KGaA, SE oder GmbH),
- Genossenschaften (inkl der SCE),
- VVaG und PVaG,
- Vereine,
- Anstalten,

---

1 *Müller* in Müller/Stöcker, Die Organschaft, 2011, Rn 72; *Müller* in Mössner/Seeger § 14 Rn 81.
2 BFH I R 54, 55/10, BStBl II 2012, 106.

- Stiftungen und andere privatrechtliche Zweckverbindungen sowie
- BgA von juristischen Personen des öffentlichen Rechts.

89 **Vorgründungsgesellschaft.** Bei der Frage, ab welchem Stadium ihres Gründungsprozesses Kapitalgesellschaften die Eignung als Organträger besitzen, ist zwischen der Vorgründungs- und der Vorgesellschaft zu differenzieren. Bei der sich auf die Zeit vor dem notariellen Abschluss des Gesellschaftsvertrags beziehenden Vorgründungsgesellschaft handelt es sich um eine GbR bzw – bei bereits erfolgter Aufnahme eines Handelsgewerbes – um eine OHG.[1] Da für den Organträger nicht die Rechtsform der Kapitalgesellschaft gefordert wird, kann die Vorgründungsgesellschaft, anders als im Fall der Organgesellschaft, grundsätzlich – gewerbliche Tätigkeit nach Maßgabe der für Personengesellschaften geltenden Anforderungen (vgl Rn 122 ff) vorausgesetzt – bereits als Organträger fungieren. Sie ist aber weder mit der Vorgesellschaft noch mit der später entstehenden Kapitalgesellschaft identisch und Rechte und Verbindlichkeiten gehen nicht automatisch mit dem Abschluss des Gesellschaftsvertrags auf die Vorgesellschaft und später mit der Eintragung auf die Kapitalgesellschaft über.[2] Daher wird eine Fortführung der mit einer Vorgründungsgesellschaft begründeten Organschaft regelmäßig an dem Erfordernis des Abschlusses eines neuen Gewinnabführungsvertrags mit der Vorgesellschaft bzw der eingetragenen Kapitalgesellschaft sowie auch an der fehlenden durchgängigen finanziellen Eingliederung scheitern.[3] Die Anerkennung einer mit der Vorgründungsgesellschaft begründeten Organschaft dürfte zudem idR an der fünfjährigen Mindestlaufzeit und der Durchführung über diesen Zeitraum (vgl Rn 299 ff) scheitern.

90 **Vorgesellschaft.** Die in der Zeit zwischen notarieller Feststellung der Satzung bzw Abschluss des Gesellschaftsvertrags und Eintragung der Gesellschaft bestehende Vorgesellschaft ist hingegen mit der eingetragenen Kapitalgesellschaft identisch.[4] Vorbehaltlich einer gewerblichen Tätigkeit kann die Vorgesellschaft damit bereits als Organträger fungieren.[5] Eine mit der Vorgesellschaft begründete Organschaft kann durch die eingetragene Kapitalgesellschaft nahtlos fortgesetzt werden.

91 **KGaA.** Bei der Prüfung der Organträgereignung einer KGaA ist diese einheitlich als Körperschaft zu betrachten.[6] Es kommt allein darauf an, ob die KGaA selbst die für Körperschaften als Organträger gesetzten Anforderungen (§ 14 I S 1 Nr 2 S 1 iVm § 14 I S 1) erfüllt. Die in § 14 I S 1 Nr 2 S 2 und 3 enthaltenen Anforderungen für Personengesellschaften als Organträger sind bereits nach dem Wortlaut der Vorschriften[7] nicht einschlägig; ebenso kommt eine analoge Anwendung nicht in Betracht. Trotz ihrer hybriden Struktur ist die KGaA steuerlich eine Kapitalgesellschaft

---

1 BGH II ZR 276/83, BGHZ 1991, 148 mwN.
2 BGH II ZR 276/83, BGHZ 1991, 148 mwN.
3 *Neumann* in Gosch § 14 Rn 95, 184; *Frotscher* in Frotscher/Maas § 14 Rn 81.
4 BFH I R 17/92, BStBl II 1993, 352 mwN.
5 *Neumann* in Gosch § 14 Rn 95, 185; *Frotscher* in Frotscher/Maas § 14 Rn 81.
6 So wohl auch *Neumann* in Gosch § 14 Rn 95; *Walter* in EY § 14 Rn 136.
7 § 14 I S 1 Nr 2 S 3 bezieht sich auf Personengesellschaften iSd § 15 I S 1 Nr 2 EStG. Der Komplementär einer KGaA erzielt dagegen Einkünfte iSd § 15 I S 1 Nr 3 EStG. Vgl auch *Neumann* in Gosch § 14 Rn 76; *Sterner* in H/H/R § 14 Rn 161.

IV. Persönliche Voraussetzungen der Organschaft

iSd § 1 I Nr 1. Zwar bestehen zahlreiche Unklarheiten bezüglich der steuerlichen Abgrenzung zwischen KGaA und Komplementär und des Grads der Transparenz der Besteuerung (vgl weiterführend § 9 Rn 49 ff). Nach der ständigen Rechtsprechung des BFH[1] besteht zwischen der KGaA und deren persönlich haftenden Gesellschaftern jedoch keine Mitunternehmerschaft. Ein anderes Ergebnis kann trotz der augenfälligen äußerlichen Parallele zu § 15 I S 1 Nr 2 EStG auch nicht der Regelung des § 15 I S 1 Nr 3 EStG entnommen werden; der Gesetzgeber trägt der Mischform der KGaA aus Kapital- und Personengesellschaft dadurch Rechnung, dass er den Komplementär zwar nicht als, sondern nur „wie einen Mitunternehmer" behandelt und die Gewinne insoweit der ESt unterwirft (vgl § 9 Rn 38).

Komplementär der KGaA. Zwischen dem Komplementär als Organträger und der KGaA als Organgesellschaft kann – bezogen auf den aktienrechtlichen Bereich der KGaA (vgl Rn 55) – ein Organschaftsverhältnis begründet werden. Hierfür muss dem Komplementär die Mehrheit der Stimmrechte aus den Kommanditaktien zustehen (finanzielle Eingliederung), ein Gewinnabführungsvertrag abgeschlossen werden und der Komplementär die seiner Rechtsform entsprechenden Anforderungen an einen Organträger erfüllen (dh der Komplementär muss nicht per se die erhöhten Anforderungen an eine Personengesellschaft als Organträger erfüllen).

92

Gewerbliches Unternehmen. Nach § 14 I S 1 muss der Organträger ein gewerbliches Unternehmen sein. Bei Kapitalgesellschaften, Genossenschaften sowie Versicherungs- und Pensionsfondssicherungsvereinen ist dieses Erfordernis stets erfüllt, da sie kraft ihrer Rechtsform einen Gewerbetrieb unterhalten (§ 2 II S 1 GewStG), bei sonstigen juristischen Personen des privaten Rechts und bei nicht rechtsfähigen Vereinen, soweit sie einen wirtschaftlichen Geschäftsbetrieb unterhalten (§ 2 III GewStG). Bei den übrigen von § 1 erfassten Rechtsträgern bedarf es eines Gewerbebetriebs iSd § 2 I S 2 GewStG iVm § 15 II EStG. Auch BgA von juristischen Personen des öffentlichen Rechts können nur nach dieser Maßgabe Organträger sein. Fehlt es an der Teilnahme am allgemeinen wirtschaftlichen Verkehr (R 2.1 VI GewStR) oder an der Gewinnerzielungsabsicht[2], scheiden sie als Organträger aus.

93

Neben der steuerlichen Voraussetzung des gewerblichen Unternehmens muss die Körperschaft jedoch auch die Eignung besitzen, als „Unternehmen" anderer Vertragsteil in einem Unternehmensvertrag iSd § 291 I AktG zu sein. Vgl hierzu Rn 258.

Ort der Geschäftsleitung. § 14 I S 1 Nr 2 S 1 fordert ferner, dass sich der Ort der Geschäftsleitung iSd § 10 AO (vgl Rn 63) des Organträgers im Inland befindet. Mit diesem Erfordernis wird nicht nur die unbeschränkte Steuerpflicht des Organträgers nach § 1, sondern zugleich auch seine DBA-rechtliche Ansässigkeit im Inland und damit die Besteuerung des Organeinkommens im Inland sichergestellt.

94

---

1 Vgl BFH I R 235/81, BStBl II 1986, 72; BFH I R 11/80, BStBl II 1984, 381; BFH X R 14/88, BStBl II 1989, 881; BFH X R 6/05, BStBl II 2008, 363.
2 Zu dauerdefizitären BgA BMF v 26.8.2003, BStBl I 2003, 437, Rn 5; FG Düsseldorf 6 K 2990/07 K, EFG 2010, 1732, rkr nach Verwerfung der Revision I R 74/10 aus verfahrensrechtlichen Gründen. Ausführlich zu BgA als Organträger *Dötsch/Witt* in D/J/P/W § 14 Rn 83.

95 **Sitz; Kein doppelter Inlandsbezug.** Mit dem UntStFG wurde der Sitz iSd § 11 AO (vgl Rn 62) im Inland als zusätzliches Erfordernis und damit der sog doppelte Inlandsbezug mit Wirkung ab dem VZ 2001 abgeschafft. Seitdem können auch ausländische Rechtsträger, die ihre Geschäftsleitung ins Inland verlegt haben oder von vornherein im Inland hatten, als Organträger fungieren. Als Beweggründe für diese Gesetzesänderung führte der Gesetzgeber zum einen die zunehmende internationale Verflechtung deutscher Unternehmen an, zum anderen die vor allem vor dem Hintergrund des Unionsrechts wachsenden Zweifel, ob derartigen ausländischen Rechtsträgern vor allem auf der Grundlage der sog Sitztheorie die Rechtsfähigkeit und damit auch die Fähigkeit zum Abschluss eines Gewinnabführungsvertrags per se abgesprochen werden kann. Sofern zivilrechtliche Hindernisse nicht bestünden (hierzu Rn 66), sollte auch das Steuerrecht der Begründung einer Organschaft nicht entgegenstehen.[1] Für durch Verlegung ihres Verwaltungssitzes ins Inland „zugezogene" Gesellschaften des EU/EWR-Raums ist die Frage der Rechtsfähigkeit im Inland durch die Rechtsprechung des EuGH[2] geklärt, mit welcher die Sitztheorie im Zuzugsfall für mit der Niederlassungsfreiheit unvereinbar erklärt wurde (vgl auch Rn 66). Für Zeiträume vor 2001 hat der BFH im Falle einer nach dem Recht des US-Bundesstaats Delaware gegründeten Kapitalgesellschaft mit Geschäftsleitung im Inland in der Versagung der Organträgereigenschaft aufgrund des fehlenden Sitzes im Inland einen Verstoß gegen das Diskriminierungsverbot nach Art 24 IV DBA-USA erkannt.[3]

96 **Körperschaften mit Sitz im Inland und Ort der Geschäftsleitung im Ausland.** In der umgekehrten Konstellation, in der eine Körperschaft ihren Sitz im Inland, ihre Geschäftsleitung dagegen im Ausland hat, wird die Eignung als Organträger bis heute verwehrt. Dies gilt auch dann, wenn sie eine Betriebsstätte im Inland unterhält, welcher die Beteiligung an der Organgesellschaft auch DBA-rechtlich zuzuordnen und für deren Einkommen eine Besteuerung im Inland damit sichergestellt wäre. Es vermag nicht zu überzeugen, dass beschränkt Steuerpflichtige mit eingetragener Zweigniederlassung im Inland nach § 18 als Organträger fungieren können, wegen ihres Sitzes im Inland unbeschränkt steuerpflichtige Körperschaften in vergleichbarer Konstellation dahingegen nicht (vgl auch § 18 Rn 45).[4] Dies stößt nicht nur auf unionsrechtliche Bedenken.[5] Spätestens seit dem MoMiG, mit dem AG, KGaA und GmbH grundsätzlich (vgl § 1 Rn 213) das Recht eingeräumt wurde, ihren Verwaltungssitz unter Wahrung ihrer Rechtspersönlichkeit im Ausland zu unterhalten bzw dorthin zu verlegen (§ 5 AktG, § 4a GmbHG), kann diese Diskrepanz nicht mehr allgemein durch zivilrechtliche Unsicherheiten über die Rechts- und Vertragsfähigkeit derartiger Körperschaften gerechtfertigt werden.

---

1 BTDrs 14/6882, 37.
2 EuGH Rs C-212/97, *Centros*, Slg 1999, I-1459; EuGH Rs C-208/00, Überseering, Slg 2002, I-9919; EuGH Rs C-167/01, *Inspire Art*, Slg 2003, I-10155.
3 BFH I R 6/99, BStBl II 2004, 1043. Vgl dazu auch BMF v 8.12.2004, BStBl I 2004, 1181.
4 *Dötsch/Witt* in D/J/P/W § 14 Rn 77, die davon ausgehen, dass der Gesetzgeber schlicht vergessen habe, § 18 an den geänderten § 14 anzupassen; *Frotscher* in Frotscher/Maas § 14 Rn 102, der § 18 entsprechend anwenden will.
5 *Meilicke*, DB 2002, 911 f; *Frotscher*, DK 2003, 98, 102 f; *Micker*, DB 2003, 2734, 2736.

IV. Persönliche Voraussetzungen der Organschaft

Körperschaften mit Sitz und Ort der Geschäftsleitung im Ausland. § 18 gesteht ausländischen gewerblichen Unternehmen die Eignung als Organträger zu, sofern ein Gewinnabführungsvertrag unter der Firma einer inländischen Zweigniederlassung abgeschlossen wurde und die für die finanzielle Eingliederung erforderliche Beteiligung zum Betriebsvermögen der Niederlassung gehört. Das Einkommen der Organgesellschaft ist dann den beschränkt steuerpflichtigen Einkünften aus der Zweigniederlassung zuzurechnen. Der Gesetzgeber beschränkt die Wirkungen der Organschaft unter Einbeziehung ausländischer gewerblicher Unternehmen damit auf Fälle, in denen die Besteuerung des Einkommens der Organgesellschaft im Inland sichergestellt ist. Dies ist auch unionsrechtlich grundsätzlich nicht zu beanstanden.[1]

97

In seiner Entscheidung v 9.11.2011[2] sah sich der BFH infolge eines Art 24 V OECD-MA entsprechenden DBA-rechtlichen Diskriminierungsverbots daran gehindert, einer Kapitalgesellschaft mit Sitz und Geschäftsleitung im Inland deren Einbindung in eine gewerbesteuerliche Organschaft zu einem in Großbritannien ansässigen gewerblichen Unternehmen (Körperschaft ohne Sitz oder Geschäftsleitung im Inland), das im Inland auch nicht über eine Betriebsstätte verfügte, als Organträger zu versagen; die entgegenstehenden Regelungen des KStG und des GewStG, nach denen Organträger Geschäftsleitung und (seinerzeit auch noch) Sitz im Inland haben müssen, seien mit dem Diskriminierungsverbot des Art XXIV und V DBA-GB 1964/1970 nicht vereinbar. Die persönliche Gewerbesteuerpflicht der Organgesellschaft sei demnach für die Dauer der Organschaft dem Organträger – hier der in Großbritannien ansässigen Körperschaft – zuzurechnen; ein Gewerbesteuermessbetrag könne allein gegenüber diesem festgesetzt werden. Ohne Bedeutung für die Anwendung des Diskriminierungsverbots sei, ob der steuerliche Zugriff auf den Organträger gelinge. Der BFH folgte damit nicht der Auffassung in der Literatur,[3] der Verwaltung[4] und seit 2008 auch in Nr 77 des Musterkommentars zu Art 24 V OECD-MA[5], nach der Vorschriften einer Gruppenbesteuerung und Konzernkonsolidierung wegen der damit auf den verschiedenen Unternehmensebenen verbundenen und in den jeweiligen Vertragsstaaten ineinandergreifenden steuerlichen Vor- und Nachteile und der drohenden Keinmalbesteuerung der Einkünfte dem Schutzbereich des Art 24 V OECD-MA infolge eines teleologisch reduzierten Verständnisses von vornherein entzogen wären. Auch wenn es dadurch im Ergebnis für die betreffenden Einkünfte zu einer „Keinmalbesteuerung" in beiden Vertragsstaaten kommen könne, rechtfertige das vor dem Hintergrund des absolut wirkenden, und damit in Abweichung von unionsrechtlichen Diskriminierungsverboten einer Rechtfertigung nicht zugänglichen, abkommensrechtlichen Diskriminierungsverbots des Art 24 V OECD-MA nicht die steuerliche Andersbehandlung des ausländerbeherrschten

---

1 EuGH Rs C-231/05, *Oy AA*, Slg 2007, I-6373.
2 BFH I R 54, 55/10, BStBl II 2012, 106.
3 *Rust* in Vogel/Lehner Art 24 OECD-MA Rn 166 mwN.
4 BMF v 8.12.2004, BStBl I 2004, 1181, zu 2.
5 Die OECD-Musterkommentierung aus dem Jahre 2008 hielt der BFH für den Sreitfall aufgrund des davor liegenden Streitjahres unter Verweis aus seine diesebezügliche Rechtsprechung (BFH I B 191/09, BStBl II 2011, 156) für bedeutungslos.

gegenüber dem inländerbeherrschten Inlandsunternehmen in Abhängigkeit von einem ansässigkeitsbegründenden Merkmal iSd Art 4 I OECD-MA. Wenngleich die Entscheidung die gewerbesteuerliche Organschaft vor Einführung des Erfordernisses eines Gewinnabführungsvertrags durch das UntStFG betraf, ist sie nicht auf diesen Geltungsbereich beschränkt. Da der Abschluss eines Gewinnabführungsvertrags durch eine inländische abhängige Gesellschaft mit einem ausländischen herrschenden Unternehmen möglich ist (vgl Rn 258),[1] hat sie auch Bedeutung für die körperschaftsteuerliche Organschaft (sowie für die gewerbesteuerliche Organschaft in Erhebungszeiträumen nach 2001). Wenig überraschend hat die Entscheidung daher zum einen eine intensive Befassung in der Literatur hervorgerufen[2] und zum anderen die Finanzverwaltung zu einem Nichtanwendungserlass bewogen.[3]

Damit kann auf der Grundlage der Entscheidung vom 9.2.2011 die Anerkennung einer mit einer ausländischen Körperschaft mit Sitz und Geschäftsleitung im Ausland begründeten körperschaftsteuerlichen Organschaft nicht unter Verweis auf § 14 I S 1 Nr 2 S 1 versagt werden, wenn ein DBA

- anwendbar ist,
- ein Art 24 V OECD-MA entsprechendes Diskriminierungsverbot aufweist (nicht gegeben zB in DBA-Niederlande, DBA-Australien) und
- selbst keinen Vorbehalt hinsichtlich der Anwendung des Diskriminierungsverbots auf eine Gruppenbesteuerung (so zB DBA-USA[4]) enthält.

Für nach 2008 abgeschlossene Abkommen lässt sich jedoch möglicherweise eine Bindung der Vertragsstaaten an Nr 77 der Musterkommentierung auch ohne explizite Vereinbarung ableiten.[5] Daher bestehen Zweifel, ob die Entscheidung zB für das im Jahr 2010 in Kraft getretene DBA-Großbritannien noch Bedeutung hat.

Die Anerkennung einer solchen grenzüberschreitenden Organschaft muss mE aber nicht zwingend mit einem Verlust des inländischen Besteuerungsrechts für das Organeinkommen verbunden sein. In seiner Entscheidung vom 9.2.2011 sah sich der BFH hingegen durch die abkommensrechtliche Verteilung der Besteuerungsrechte in Art 7 I iVm Art 5 VII OECD-MA an einer Besteuerung des Organträgers im Inland gehindert. Vgl zur Sicherung der Besteuerung des Organeinkommens im Inland umfassend Rn 652-670, zur Beschränkung der Besteuerung des zugerechneten Organeinkommens durch Art 7 I iVm Art 5 VII OECD-MA im Besonderen Rn 666-670.

98-102 *Einstweilen frei.*

---

1 Ebenso BFH I R 30/08, DStR 2012, 509, zu II. 4. b) bb) aaa).
2 Rödder/Schönfeld, DStR 2011, 886; Mössner, IStR 2011, 349; Mitschke, IStR 2011, 537; Stöber, BB 2011, 1943; Frotscher, IStR 2011, 697; Behrens, Ubg 2011, 665; Gosch, BFH/PR 2011, 266; Buciek, FR 2011, 588; Dötsch, DK 2011, 267; Tetzlaff/Pockelwald, StuB 2011, 414; Kotyrba, BB 2011, 1382; Lendewig, NWB 2011, 2539; Lüdicke, International Tax Law Reports 2011, 839; Lüdicke, IStR 2011, 740; Schnitger/Berliner, IStR 2011, 753.
3 BMF v 27.12.2011, BStBl I 2012, 119.
4 Nr 21 des Protokolls vom 29.8.1989 zum DBA-USA 1989/2006. Davon sollen aus deutscher Sicht speziell die Regelungen zur Organschaft erfasst sein; vgl Wolff in D/W DBA-USA Art 24 Rn 71; Wunderlich in Endres/Jacob/Gohr/Klein, Doppelbesteuerungsabkommen Deutschland-USA, 2009, Art 24 Rn 54.
5 Andeutungsweise BFH I R 54, 55/10, BStBl II 2012, 106, zu II. 3. b).

IV. Persönliche Voraussetzungen der Organschaft

c) Natürliche Person. Grundsatz. Eine natürliche Person kann Organträger sein, vorausgesetzt, sie unterliegt der unbeschränkten Steuerpflicht im Inland (§ 14 I S 1 Nr 2 S 1). Die hiergegen vor erstmaliger gesetzlicher Regelung der Organschaft von der Rechtsprechung erhobenen Bedenken,[1] die sich vor allem aus dem Verständnis der Organschaft als Durchbrechung der mehrfachen Körperschaftsteuerbelastung im seinerzeitigen klassischen Körperschaftsteuersystem erklärten, hat der Gesetzgeber nicht geteilt.[2]

103

Unbeschränkte Einkommensteuerpflicht. Unbeschränkte Steuerpflicht besteht nach § 1 I EStG, wenn die natürliche Person ihren Wohnsitz (§ 8 AO) oder ihren gewöhnlichen Aufenthalt (§ 9 AO) im Inland hat. Sie unterliegt dann mit ihrem Welteinkommen der Besteuerung (§ 2 I S 1 EStG). Gleiches gilt nach § 1 II EStG für eine natürliche Person, die weder ihren Wohnsitz noch ihren gewöhnlichen Aufenthalt im Inland hat, wenn sie

104

- die deutsche Staatsangehörigkeit besitzt, in einem Dienstverhältnis zu einer inländischen juristischen Person des öffentlichen Rechts steht, Arbeitslohn aus einer inländischen öffentlichen Kasse bezieht und im Staat ihres Wohnsitzes oder gewöhnlichen Aufenthalts nur in einem der beschränkten Steuerpflicht ähnlichen Umfang besteuert wird oder

- als Angehörige zum Haushalt einer solchen Person gehört, entweder die deutsche Staatsangehörigkeit besitzt oder keine Einkünfte bzw ausschließlich im Inland steuerpflichtige Einkünfte erzielt und

- im Staat ihres Wohnsitzes oder gewöhnlichen Aufenthalts nur in einem der beschränkten Steuerpflicht ähnlichen Umfang besteuert wird.

ME ist fraglich, ob die unbeschränkte Steuerpflicht iSd 1 III EStG den Anforderungen des § 14 I S 1 Nr 2 S 1 genügt.[3] Denn diese ermöglicht einer natürlichen Person ohne Wohnsitz oder gewöhnlichen Aufenthalt im Inland nur auf Antrag die Behandlung als unbeschränkt Steuerpflichtiger und dies auch nur beschränkt auf ihre inländischen Einkünfte iSd § 49 EStG.

Beschränkte Einkommensteuerpflicht. Die beschränkte Steuerpflicht nach § 1 IV EStG oder die erweiterte beschränkte Steuerpflicht nach § 2 AStG reichen hingegen nicht aus, damit natürliche Personen als Organträger § 14 unterfallen. Organträger können diese beschränkt steuerpflichtigen natürlichen Personen nur unter den Voraussetzungen des § 18 sein. Allerdings stellt sich infolge der jüngeren BFH-Rechtsprechung (hierzu Rn 97) wie bei ausländischen Körperschaften die Frage, ob ein Art 24 V OECD-MA entsprechendes Diskriminierungsverbot in einem anzuwendenden DBA die Anerkennung einer Organschaft zu einer natürlichen Person ohne Wohnsitz oder gewöhnlichen Aufenthalt im Inland bei Erfüllen der übrigen Voraussetzungen erzwingt. Zu einer Nichtbesteuerung des Organeinkommens im Inland müsste eine solche Ausweitung des Kreises potenzieller Organträger auch bei Anwendbarkeit eines DBA nicht führen (vgl Rn 666 ff), vorausgesetzt § 49 I Nr 2 EStG würde um einen entsprechenden Besteuerungstatbestand ergänzt (vgl Rn 660).

105

---

1 BFH I 280/63, BStBl III 1967, 118.
2 *Sterner* in H/H/R § 14 Rn 151.
3 Bejahend *Danelsing* in Blümich § 14 Rn 49; *Sterner* in H/H/R § 14 Rn 151.

106 **Gewerbliches Unternehmen.** Aus § 14 I S 1 ergibt sich ferner, dass die natürliche Person Träger eines gewerblichen Unternehmens sein muss, zu dessen Betriebsvermögen die Beteiligung an der Organgesellschaft gehört.[1] Als Regelungszweck dieser Voraussetzung wird gemeinhin die Sicherstellung der Gewerbesteuerpflicht für den Gewerbeertrag der Organgesellschaft betrachtet; die Abführung des Gewinns an den Organträger soll nicht zu einer Umqualifizierung der kraft Rechtsform stets gewerbesteuerpflichtigen Einkünfte der Organgesellschaft in nichtgewerbliche Einkünfte führen können.[2] Ein gewerbliches Unternehmen liegt nach hM vor, wenn die Voraussetzungen für einen Gewerbebetrieb iSd § 2 GewStG erfüllt sind.[3] Natürliche Personen kommen damit als Organträger zweifelsfrei in Betracht soweit sie als Einzelunternehmer originär gewerbliche Einkünfte iSd § 15 I S 1 Nr 1 iVm § 15 II EStG erzielen. Strittig ist, inwieweit auch andere Tatbestände der Erzielung gewerblicher Einkünfte die geforderte Gewerblichkeit vermitteln können (hierzu Rn 107 ff).[4] Nach hier vertretener Auffassung ist die in § 14 I S 1 geforderte Gewerblichkeit eine eigenständige Voraussetzung, die losgelöst von daneben existierenden speziellen Anforderungen an die Gewerblichkeit zu beurteilen ist; eine Einengung dieses Tatbestandsmerkmals auf eine originär gewerbliche Tätigkeit iSd § 15 I S 1 Nr 1 iVm § 15 II EStG ist mE unzulässig. Aus dem bis zum VZ 2000 bestehenden Erfordernis der wirtschaftlichen Eingliederung (vgl Rn 232 f) in dem Verständnis, dass das Unternehmen der Kapitalgesellschaft „nach Art einer bloßen Geschäftsabteilung" in das herrschende Unternehmen eingefügt ist, hatte die ständige Rechtsprechung zwar geschlossen, dass die wirtschaftliche Eingliederung eine eigene gewerbliche Tätigkeit des herrschenden Unternehmens voraussetzt, die durch den Betrieb der Kapitalgesellschaft gefördert wird und die iRd Gesamtunternehmens (Organkreises) nicht von untergeordneter Bedeutung ist.[5] Nach Abschaffung der wirtschaftlichen Eingliederung als Organschaftsvoraussetzung durch das StSenkG kann diese aber zur Bestimmung des gewerblichen Unternehmens iSd § 14 I S 1 nicht mehr herangezogen werden.[6] Vor allem aber würde die mit Wirkung ab dem VZ 2003 ausdrücklich und nur für Personengesellschaften als Organträger zusätzlich ins Gesetz (§ 14 I S 1 Nr 2 S 2) aufgenommene Forderung nach einer originär gewerblichen Tätigkeit iSd § 15 I S 1 Nr 1 EStG ins Leere laufen, wenn diese bereits durch das in § 14 I S 1 enthaltene Erfordernis eines gewerblichen Unternehmens abgedeckt wäre.

---

1 BFH I 95/65, BStBl II 1968, 315.
2 *Müller* in Mössner/Seeger § 14 Rn 80; *Walter* in EY § 14 Rn 185.
3 BFH I R 152/84, BStBl 1989 II 668; BFH I R 110/88, BStBl II 1990, 24, dort unter 3. a); BMF v 26.8.2003, BStBl I 2003, 437, Rn 2; *Danelsing* in Blümich § 14 Rn 68.
4 Bejahend *Walter* in EY § 14 Rn 192; *Neumann* in Gosch § 14 Rn 105; aA *Frotscher* in Frotscher/Maas § 14 Rn 110; *Erle/Heurung* in Erle/Sauter § 14 Rn 53.
5 ZB BFH I R 120/70, BStBl II 1973, 740 mwN.
6 Vgl zur oftmaligen Vermischung der Erfordernisse „gewerbliches Unternehmen" und „wirtschaftliche Eingliederung" *Walter* in EY § 14 Rn 187 ff.

IV. Persönliche Voraussetzungen der Organschaft

Besitzunternehmen. Unterhält die natürliche Person ein Besitzunternehmen iRe Betriebsaufspaltung, ist die Voraussetzung des gewerblichen Unternehmens iSd § 14 I S 1 nach der hier vertretenen Auslegung der erforderlichen Gewerblichkeit (vgl Rn 106) erfüllt.[1]   107

Mitunternehmerstellung. Auf Basis der hier vertretenen Auffassung (vgl Rn 106) könnte die natürliche Person bereits aufgrund einer Mitunternehmerstellung iSd § 15 I S 1 Nr 2 EStG die für die Eignung als Organträger erforderliche Gewerblichkeit haben, selbst dann, wenn es sich bei der Mitunternehmerschaft lediglich um eine gewerblich geprägte Personengesellschaft iSd § 15 III Nr 2 EStG handelt. Abzugrenzen hiervon ist die Tatsache, dass eine gewerblich geprägte Personengesellschaft ab dem VZ 2003 selbst nicht mehr als Organträger geeignet ist.[2] Allerdings wäre die gewerbesteuerliche Behandlung offen, da die natürliche Person bei Gewerblichkeit allein aufgrund einer mitunternehmerischen Beteiligung nicht selbst einen Gewerbebetrieb unterhielte bzw nicht selbst Gewerbesteuerschuldner wäre.   108

Komplementär einer KGaA. Ebenso (vgl Rn 106) könnte die Erzielung von Einkünften iSd § 15 I S 1 Nr 3 EStG aus der Komplementärstellung bei einer KGaA ausreichend sein, um das allein geforderte gewerbliche Unternehmen der natürlichen Person zu begründen.[3]   109

Sicherstellung der Besteuerung im Inland. Seit Neufassung des § 14 I S 1 durch das UntStFG mit Wirkung ab dem VZ 2001 muss die natürliche Person nicht mehr zwingend ein inländisches gewerbliches Unternehmen unterhalten (vgl bereits Rn 79). Vor diesem Hintergrund erstaunt, dass nach dem Wortlaut des § 14 I S 1 Nr 2 S 1 eine Steuerbefreiung der natürlichen Person – anders als etwa bei Körperschaften – ihrer Eignung als Organträger nicht entgegensteht und § 14 auch sonst an keiner Stelle die tatsächliche Besteuerung des Organeinkommens durch die natürliche Person im Inland abzusichern versucht. Dies wirft zum einen die Frage auf, ob eine unbeschränkt steuerpflichtige natürliche Person auch dann Organträger sein kann, wenn ein gewerbliches Unternehmen bzw eine Betriebsstätte nur im Ausland unterhalten wird, die Beteiligung an der Organgesellschaft dieser Betriebsstätte zuzuordnen ist und die Gewinnabführung an diese Betriebsstätte erfolgt.[4] Zum anderen ist zu fragen, ob auf diese Weise das Einkommen der Organgesellschaft bei Anwendbarkeit eines DBA mit Freistellung ausländischer Betriebsstättengewinne der Besteuerung im Inland   110

---

1 BFH I R 152/84, BStBl II 1989, 668; *Neumann* in Gosch § 14 Rn 106; *Walter* in EY § 14 Rn 153 ff. Im Ergebnis ebenso BMF v 10.11.2005, BStBl I 2005, 1038, Rn 15, wenngleich dort mit der Begründung, die Betriebsaufspaltung führe zu einer originär gewerblichen Tätigkeit des Besitzunternehmens iSd § 15 I S 1 Nr 1 EStG. AA *Frotscher* in Frotscher/Maas § 14 Rn 164 unter Berufung auf vorgenannte Entscheidung, in der BFH die Organträgereignung allerdings nur deshalb versagt hat, weil er die – heute nicht mehr erforderliche – wirtschaftliche Eingliederung einer Betriebskapitalgesellschaft in ein Besitzunternehmen nicht für möglich hielt.
2 *Neumann* in Gosch § 14 Rn 106; aA *Frotscher* in Frotscher/Maas § 14 Rn 111.
3 Gosch in FS für Arndt Raupach: Steuer- und Gesellschaftsrecht zwischen Unternehmerfreiheit und Gemeinwohl, 2006, S 461, 469 f. AA *Frotscher* in Frotscher/Maas § 14 Rn 78 und 113; *Neumann* in Gosch § 14 Rn 106; so wohl auch *Dötsch/Witt* in D/J/P/W § 14 Rn 82.
4 Dies bejahend *Orth*, IStR 2002, Beilage 9, 3. Dies mit einer mE unzutreffenden Auslegung des Wortlauts von § 14 I S 1 Nr 2 verneinend *Frotscher* in Frotscher/Maas § 14 Rn 118.

insgesamt entzogen sein könnte.[1] In der Literatur wird letztgenannte Konsequenz angezweifelt, weil entweder die DBA-rechtliche Frage ungeklärt sei, ob der aufgrund eines Gewinnabführungsvertrags an die ausländische Betriebsstätte abgeführte Gewinn zu dem der Freistellungsmethode unterliegenden Betriebsstättengewinn gehöre,[2] oder weil das Organeinkommen bei Gewinnabführung an ein gewerbliches Unternehmen nicht diesem Unternehmen, sondern seinem Träger als Person zuzurechnen sei[3]. Nach hier vertretener Auffassung kann das Besteuerungsrecht Deutschlands für das Organeinkommen nicht nach einem DBA und den Grundsätzen zur funktionalen Zuordnung von Wirtschaftsgütern (der Organbeteiligung) und daraus resultierenden Einkünften zu einer Betriebsstätte des Organträgers im Ausland ausgeschlossen sein, weil es sich bei dem zugerechneten Einkommen nicht um Unternehmensgewinne iSd Art 7 OECD-MA handelt (vgl Rn 670). Da § 14 I S 1 Nr 1 S 1 die unbeschränkte Steuerpflicht des Organträgers fordert (vgl auch Rn 662), steht einer Besteuerung des Organeinkommens im Inland mE nichts entgegen. Vor diesem Hintergrund bedarf es zur Sicherstellung der Besteuerung des Organeinkommens im Inland tatsächlich nicht eines gewerblichen Unternehmens der natürlichen Person im Inland.

111-113 *Einstweilen frei.*

114 d) **Personengesellschaften als Organträger. Grundsatz.** Nach § 14 I S 1 Nr 2 S 2 können Personengesellschaften iSd § 15 I S 1 Nr 2 EStG als Organträger fungieren, wenn sie ihre Geschäftsleitung im Inland haben und eine gewerbliche Tätigkeit iSd § 15 I S 1 Nr 1 EStG ausüben.

115 **Erfasste Personengesellschaften.** Personengesellschaften iSd § 15 I S 1 Nr 2 EStG sind die OHG, die KG und andere Gesellschaften, bei denen der Gesellschafter als Mitunternehmer des Betriebs anzusehen ist. Hierzu gehören die GbR, die Patenreederei und auch reine Innengesellschaften[4], bei denen der Gesellschafter als Mitunternehmer anzusehen ist.

116 **Mitunternehmerschaft.** Das Bestehen einer Mitunternehmerschaft setzt demnach voraus, dass die Mitunternehmer Mitunternehmerinitiative entfalten und Mitunternehmerrisiko tragen.[5] Es muss sich um eine gewerbliche Mitunternehmerschaft handeln; Mitunternehmerschaften, bei denen die Mitunternehmer Einkünfte aus Land- und Forstwirtschaft (§ 13 VII EStG) oder aus selbständiger Arbeit (§ 18 IV S 2 EStG) erzielen, sind nicht erfasst.

117 **KGaA.** Nicht erfasst ist ferner die personalistische Sphäre der KGaA, deren Komplementär Einkünfte aus Gewerbebetrieb iSd § 15 I S 1 Nr 3 EStG erzielt; der Komplementär wird zwar wie ein Mitunternehmer behandelt, bei der KGaA handelt es sich jedoch nicht um eine Mitunternehmerschaft (vgl bereits Rn 91).[6]

---

1 *Walter* in EY § 14 Rn 196 ff.
2 *Sterner* in H/H/R § 14 Rn 151.
3 *Dötsch/Witt* in D/J/P/W § 14 Rn 73.
4 BFH I R 25/79, BStBl II 1982, 186.
5 BFH GrS 3/92, BStBl II 1993, 616 zu C. III. 6. a); *Wacker* in Schmidt § 15 EStG Rn 261.
6 *Neumann* in Gosch § 14 Rn 76.

IV. Persönliche Voraussetzungen der Organschaft

Geschäftsleitung im Inland. Wie für Körperschaften (vgl Rn 95) wurde mit dem UntStFG auch für Personengesellschaften als Organträger mit Wirkung ab dem VZ 2001 der Sitz iSd § 11 AO im Inland als zusätzliches Erfordernis und damit der sog doppelte Inlandsbezug mit Wirkung ab dem VZ 2001 abgeschafft. Die Geschäftsleitung im Inland ist ausreichend, aber auch erforderlich. Die Auswirkungen der Abschaffung des doppelten Inlandsbezugs halten sich für Personengesellschaften in der Rechtsform der OHG und der KG jedoch in Grenzen, da deren Sitz nach hM zwingend am Ort der Geschäftsleitung ist.[1]

118

Sicherstellung der Besteuerung im Inland. Allgemein. Seit dem VZ 2003 stellt § 14 keine expliziten Anforderungen mehr an die Steuerpflicht der an der Personengesellschaft beteiligten Gesellschafter. Vor der Neufassung durch das StVergAbG besaß eine Personengesellschaft nach § 14 I Nr 2 S 2-4 aF nur dann die Eignung zum Organträger, wenn alle Gesellschafter mit dem auf sie entfallenden Teil des zuzurechnenden Einkommens im Inland der ESt oder KSt unterlagen. Soweit mindestens einer der Gesellschafter im Inland lediglich beschränkt steuerpflichtig war, musste die Voraussetzung der finanziellen Eingliederung iSd § 14 I (S 1) Nr 1 zudem im Verhältnis zur Personengesellschaft selbst erfüllt sein. Teile der Literatur sehen in den Änderungen durch das StVergAbG keine Änderung der materiellen Rechtslage; denn durch das zugleich eingeführte Erfordernis der Ausübung einer Tätigkeit iSd § 15 I S 1 Nr 1 EStG (vgl Rn 122), die zugleich erfolgte Ausweitung des Erfordernisses der finanziellen Eingliederung in die Personengesellschaft selbst auf alle Fälle der Organschaft mit einer Personengesellschaft als Organträger (§ 14 I S 1 Nr 2 S 3) und das Erfordernis einer Geschäftsleitung im Inland sei sichergestellt, dass das dem Gesellschafter zugerechnete Einkommen stets der unbeschränkten oder zumindest beschränkten Steuerpflicht im Inland unterliegt. Einer ausdrücklichen Anordnung, dass das Einkommen der inländischen Steuerpflicht unterliegt, habe es daher nicht mehr bedurft.[2] Dennoch sind Zweifel an der Unberührtheit der materiellen Rechtslage mE angebracht. Denn § 14 I S 1 Nr 2 S 2 aF forderte nicht allein die unbeschränkte oder beschränkte Steuerpflicht der Gesellschafter der Personengesellschaft, sondern setzte weiterhin voraus, dass diese mit dem auf sie entfallenden Teil des zuzurechnenden Einkommens im Inland steuerpflichtig sind.

119

Unbeschränkt steuerpflichtige, steuerbefreite Gesellschafter. So stellt sich die Frage, ob seit der Streichung des § 14 I S 1 Nr 2 S 2 aF auch solche Personengesellschaften die Eignung eines Organträgers besitzen, an denen eine unbeschränkt steuerpflichtige, jedoch persönlich von der KSt befreite Körperschaft (zB nach § 5 I Nr 2) ohne wirtschaftlichen Geschäftsbetrieb beteiligt ist mit der Folge, dass der auf diese Körperschaft entfallende Anteil am zugerechneten Einkommen der Organgesellschaft nicht der Besteuerung (im Inland) unterliegt.[3] Der Wortlaut des § 14 I S 1 Nr 2 S 2 schließt dies nicht aus. Auch bestünde keinerlei Veranlassung, einer

120

---
1 *Dötsch/Witt* in D/J/P/W § 14 Rn 87; *Koths* in Herzig, Organschaft, 2003, S 63, 70; *Müller* in Mössner/Seeger § 14 Rn 70.
2 *Frotscher* in Frotscher/Maas § 14 Rn 123, 136; *Müller* in Müller/Stöcker, Die Organschaft, 2011, Rn 327; *Neumann* in Gosch § 14 Rn 87.
3 *Dötsch/Witt* in D/J/P/W § 14 Rn 102a.

solchen Personengesellschaft die gewerbesteuerliche Organschaft zu versagen, da sich die persönliche Körperschaftsteuerbefreiung auf die Steuerpflicht des Gewerbeertrags (bei der Personengesellschaft) nicht auswirkt; die gewerbesteuerliche Organschaft setzt jedoch wiederum die körperschaftsteuerliche Organschaft voraus (§ 2 II S 2 GewStG).

121 **Ausländische natürliche Personen und Körperschaften.** Sind natürliche Personen ohne Wohnsitz oder gewöhnlichen Aufenthalt im Inland bzw Körperschaften ohne Sitz oder Ort der Geschäftsleitung im Inland an einer Organträger-Personengesellschaft beteiligt, ist durch die Anforderungen nach § 14 I S 1 Nr 2 S 2 (die Tätigkeit der Personengesellschaft iSd § 15 I S 1 Nr 1 EStG und die Geschäftsleitung im Inland) eine beschränkte Steuerpflicht der Gesellschafter nach § 1 IV EStG bzw § 2 Nr 1 jeweils iVm § 49 I Nr 2 lit a EStG hinsichtlich ihrer Einkünfte aus der Personengesellschaft zwar sichergestellt. Fraglich ist mE allerdings, ob eine beschränkte Steuerpflicht auch hinsichtlich des der Personengesellschaft zugerechneten Einkommens einer Organgesellschaft gesetzgeberisch hinreichend abgesichert ist (vgl ausführlich Rn 661). Unter der Rechtslage bis zum VZ 2002 (vgl Rn 119) wäre aus dieser „offenen Flanke" kein Risiko für den Fiskus (Nichtbesteuerung von Gewinnen der Organgesellschaft) bzw den Steuerpflichtigen (Nichtberücksichtigung von Verlusten der Organgesellschaft) erwachsen, da eine fehlende Steuerpflicht für das zugerechnete Einkommen unmittelbar die Versagung der Organschaft zur Folge gehabt hätte. Seit dem VZ 2003 besteht ein solcher „Sicherungsmechanismus" jedoch nicht mehr. Bestünde trotz der hier geäußerten Zweifel hingegen auch unter der seit dem VZ 2003 geltenden Rechtslage eine beschränkte Steuerpflicht für das zugerechnete Organeinkommen, könnte dieses in DBA-Fällen mE entgegen einer in der Literatur vertretenen Auffassung[1] nicht mit dem Argument einer fehlenden funktionalen Zuordnung der Organbeteiligung zur DBA-rechtlichen inländischen Betriebsstätte der Mitunternehmer dem deutschen Besteuerungszugriff entzogen sein bzw werden (vgl ausführlich Rn 670).

122 **Ausübung einer gewerblichen Tätigkeit iSd § 15 I S 1 Nr 1 EStG. Allgemein.** § 14 I S 1 fordert seit jeher, dass Organträger – auch solche in der Rechtsform der Personengesellschaft – ein gewerbliches Unternehmen unterhalten. Die Ausübung einer gewerblichen Tätigkeit iSd § 15 I S 1 Nr 1 EStG als zusätzliche Anforderung für die Organträgereignung einer Personengesellschaft wurde erst durch das StVergAbG mit Wirkung ab dem VZ 2003 eingeführt. Hintergrund für die Neuregelung war die Abschaffung der Mehrmütterorganschaft mit Wirkung ab dem VZ 2003. Die iR dieser als Organträger fungierende Willensbildungs-GbR sollte nicht durch eine andere nicht gewerblich tätige Personengesellschaft ersetzt werden können.[2] Teilweise wird dies als kein ausreichender Rechtfertigungsgrund für die Ungleichbehandlung im Vergleich zu Kapitalgesellschaften gesehen und das Erfordernis einer originär gewerblichen Tätigkeit nur für Personengesellschaften als Verstoß gegen Art 3 GG gewertet.[3]

---

1   *Ehlermann/Petersen*, IStR 2011, 747.
2   BTDrs 15/119, 43.
3   *Frotscher* in Frotscher/Maas § 14 Rn 132 f.

IV. Persönliche Voraussetzungen der Organschaft

Die Finanzverwaltung hat sich in dem BMF-Schreiben v 10.11.2005[1] zu Zweifelsfragen bzgl dieser Anforderung (vgl Rn 123 ff) geäußert. Hierbei hat sie sich zT von der Literaturmeinung entfernt, da sie – getragen von der Furcht vor Ausweichgestaltungen zur Mehrmütterorganschaft – die für die Organträger-Eignung erforderliche Gewerblichkeit als eine solche besonderer Art begreift, ohne dass dies durch den Gesetzeswortlaut gedeckt wäre.[2]

Gewerblich geprägte Personengesellschaft. In den VZ 2001 und 2002 konnte jede Personengesellschaft iSd 15 I S 1 Nr 2 EStG, die ein gewerbliches Unternehmen iSd § 15 III EStG unterhielt, und damit auch eine lediglich gewerblich geprägte Personengesellschaft Organträger sein. Mit der Abschaffung der Organschaftsvoraussetzung der wirtschaftlichen Eingliederung der Organgesellschaft in das Unternehmen des Organträgers (vgl Rn 232 f) durch das StSenkG war zugleich auch das Erfordernis einer gewerblichen Tätigkeit des Organträgers entfallen.[3] Mit dem seit dem VZ 2003 bestehenden Erfordernis der gewerblichen Tätigkeit iSd § 15 I S 1 Nr 1 EStG scheidet unstrittig die lediglich gewerblich geprägte Personengesellschaft gem § 15 III Nr 2 EStG als Organträger aus, da diese bereits definitorisch die Nichtausübung einer solchen Tätigkeit voraussetzt.[4]   123

Umfang der gewerblichen Tätigkeit. Eine nur geringfügige eigene gewerbliche Tätigkeit der Personengesellschaft reicht nach Verwaltungsauffassung für die Eignung als Organträger nicht aus.[5] Diese Einschränkung wird weder durch den Wortlaut des § 14 I S 1 Nr 2 S 2 noch durch denjenigen des § 15 III Nr 1 EStG und die diesbezügliche Rechtsprechung[6] gestützt, nach welcher selbst eine geringfügige gewerbliche Tätigkeit für den Eintritt der Abfärbewirkung ausreicht. Zu Recht lehnt die herrschende Literaturmeinung diese Einschränkung daher ab.[7] Dem stehen auch neuere Entscheidungen des BFH nicht entgegen, nach denen bei einem äußerst geringfügigen Anteil der originär gewerblichen Tätigkeit die umqualifizierende Wirkung des § 15 III Nr 1 EStG nicht eingreife. Von einem derart äußerst geringfügigen Anteil ging der XI. Senat[8] bei einem Anteil von 1,25 %, der IV. Senat[9] in einem AdV-Verfahren bei einem Anteil von 2,81 % aus. Diese Entscheidungen entgegen dem Gesetzeswortlaut   124

---

1 BMF v 10.11.2005, BStBl I 2005, 1038.
2 *Dötsch/Witt* in D/J/P/W § 14 Rn 73.
3 BMF v 26.8.2003, BStBl I 2003, 437, Rn 3.
4 BMF v 10.11.2005, BStBl I 2005, 1038, Rn 5.
5 BMF v 10.11.2005, BStBl I 2005, 1038, Rn 17.
6 BFH I R 133/93, BStBl II 1995, 171; BFH IV R 67/96, BStBl II 1998, 254; BFH I R 11/97, BStBl II 1998, 603.
7 *Förster*, DB 2003, 899, 903; *Rödder/Schumacher*, DStR 2003, 805, 809; *Dötsch/Pung*, DB 2003, 1970, 1971; *Füger*, BB 2003, 1755, 1758; *Blumers/Goerg*, BB 2003, 2203, 2204 f; *IDW*, FN-IDW 2005, 330, 331; *Rautenstrauch/Adrian*, DB 2005, 1018, 1020; *Gosch* in FS für Arndt Raupach: Steuer- und Gesellschaftsrecht zwischen Unternehmerfreiheit und Gemeinwohl, 2006, S 461, 465 f; *Dötsch/Witt* in D/J/P/W § 14 Rn 92a; *Müller* in Mössner/Seeger § 14 Rn 77; *Erle/Heurung* in Erle/Sauter § 14 Rn 61; *Walter* in EY § 14 Rn 235 und *Fatouros*, DStZ 2003, 179 f, die bereits die Infektionstheorie und die damit aufgetretenen Anwendungsprobleme nicht für unmittelbar anwendbar halten; *Danelsing* in Blümich § 14 Rn 65; aA *Neumann* in Gosch § 14 Rn 80; *Frotscher* in Frotscher/Maas § 14 Rn 129.
8 BFH XI R 12/98, BStBl II 2000, 229 sowie kritisch dazu *Gosch*, StBp 2000, 57 ff; bestätigt in BFH IV R 91/99, BStBl II 2002, 221.
9 BFH IV B 212/03, BFH/NV 2004, 954.

stützen sich auf Verhältnismäßigkeitserwägungen.¹ Während derartige Erwägungen bei belastender Wirkung des § 15 III Nr 1 EStG zum Schutze des Steuerpflichtigen vor dem staatlichen Eingriff vertretbar und angebracht sind, können diese nicht heranzogen werden, um dem Steuerpflichtigen eine nach dem Gesetzeswortlaut bestehende Begünstigung – wie die Eignung als Organträger – zu verwehren.²

125 **Teilnahme am allgemeinen wirtschaftlichen Verkehr.** Hinsichtlich der für die gewerbliche Tätigkeit erforderlichen Teilnahme am allgemeinen wirtschaftlichen Verkehr ist es unschädlich, wenn die Personengesellschaft gewerbliche Leistungen nur gegenüber einem Auftraggeber erbringt. Bei dem oder den Auftraggebern kann es sich um konzernzugehörige Gesellschaften handeln (zB Buchführungsleistungen, EDV-Leistungen); Voraussetzung ist, dass die Leistungen gegen gesondertes Entgelt erbracht und wie gegenüber fremden Dritten abgerechnet werden.³

126 **Gewerblichkeit aufgrund Beteiligung an einer gewerblich tätigen Personengesellschaft.** Nach Verwaltungsauffassung ist eine vermögensverwaltende Personengesellschaft nicht allein deshalb gewerblich iSd § 14 I S 1 Nr 2 S 2, weil sie mitunternehmerisch an einer gewerblich tätigen Personengesellschaft beteiligt ist und aufgrund dieser Beteiligung gewerbliche Einkünfte bezieht.⁴ Mit Urteil v 8.12.1994⁵ hatte der IV. Senat aus mehreren systematischen Erwägungen zu § 15 EStG entschieden, dass die Beteiligung einer landwirtschaftlichen Personengesellschaft (Obergesellschaft) an einer gewerblich tätigen anderen Personengesellschaft (Untergesellschaft) zur Folge habe, dass die gesamten Einkünfte der Obergesellschaft zu Einkünften aus Gewerbebetrieb werden. Diese Infektionswirkung iSd § 15 III Nr 1 EStG der Beteiligung an einer gewerblich tätigen Personengesellschaft hatte der VIII. Senat für den Fall einer vermögensverwaltenden Obergesellschaft bestätigt.⁶ Vor diesem Hintergrund stellte sich bei Einführung des 14 I S 1 Nr 2 S 2 in 2003 die Frage, ob der Voraussetzung der Ausübung einer Tätigkeit iSd § 15 I S 1 Nr 1 EStG bereits durch das Halten einer mitunternehmerischen Beteiligung an einer gewerblich tätigen Personengesellschaft genügt werden könne.⁷ Diese Frage dürfte spätestens infolge der späteren Rechtsprechung des BFH zu verneinen sein. Mit Urteil vom 6.10.2004⁸ lehnte der IX. Senat des BFH – mit Zustimmung des VIII. Senats – im Falle einer vermögensverwaltenden Obergesellschaft mit Ver-

---

1   BVerfG 1 BvL 2/04, BVerfGE 120, 1, Rn 131.
2   *Blumers/Goerg*, DStR 2005, 397, 399; *Rautenstrauch/Adrian*, DB 2005, 1018, 1020; *Gosch* in FS für Arndt Raupach: Steuer- und Gesellschaftsrecht zwischen Unternehmerfreiheit und Gemeinwohl, 2006, S 461, 465 f; *Danelsing* in Blümich § 14 Rn 65; aA zu Vorteilen aus der Gewerblichkeit im Allgemeinen *Neu*, DStR 1999, 2109, 2110.
3   BMF v 10.11.2005, BStBl I 2005, 1038, Rn 19.
4   BMF v 10.11.2005, BStBl I 2005, 1038, Rn 20.
5   BFH IV R 7/92, BStBl II 1996, 264.
6   BFH VIII R 68/98, BStBl II 2001, 359.
7   Bejahend *Förster*, DB 2003, 899, 903; *Neu/Lühn*, DStR 2003, 61, 63; *Blumers/Goerg*, BB 2003, 2203, 2205; *Schmidt/Hageböke*, DK 2003, 601. Ablehnend *Ley/Strahl*, DStR 2003, 2145, 2146; *Dötsch/Pung*, DB 2003, 1970, 1971; *Löwenstein/Maier/Lohrmann*, DStR-Beihefter, 4/2003, 2, 10; *Müller* in Mössner/Seeger § 14 Rn 77; *Frotscher* in Frotscher/Maas § 14 Rn 131. Offen lassend *Ley/Strahl*, DStR 2002, 2057, 2061; *Rödder/Schumacher*, DStR 2003, 805, 809.
8   BFH XI R 53/01, BStBl II 2004, BStBl II 2005, 383; vgl aber auch BMF v 18.5.2005, BStBl I 2005, 698 (Nichtanwendungserlass).

mietungseinkünften die infizierende Wirkung des § 15 III Nr 1 EStG einer von ihr gehaltenen Beteiligung an einer anderen gewerblich tätigen Unterpersonengesellschaft ab: Das Gesetz unterscheide in § 15 I S 1 EStG innerhalb der Einkünfte aus Gewerbebetrieb solche aus gewerblichem Unternehmen (Nr 1) von den Gewinnanteilen der Gesellschafter (Nr 2 und 3). Eine Ausdehnung des § 15 III Nr 1 EStG, der die Abfärbewirkung nur auf den Fall, in dem die Personengesellschaft auch eine Tätigkeit iSd I S 1 Nr 1 ausübe, und damit im Gegenschluss nicht auf Beteiligungseinkünfte iSd § 15 I S 1 Nr 2 EStG erstrecke, über seinen Wortlaut hinaus sei auch durch Sinn und Zweck der Abfärberegelung nicht zu rechtfertigen. Der IV. Senat[1] stimmte dieser Rechtsprechung für den Fall vermögensverwaltender Oberpersonengesellschaften zu, hielt aber für durch betriebliche (Gewinneinkünfte erzielende) Personengesellschaften gehaltene Beteiligungen an gewerblichen Personengesellschaften ausdrücklich an der Abfärbewirkung fest. Einigkeit besteht beim BFH somit darüber, dass aus der Beteiligung an einer gewerblich tätigen Personengesellschaft (Untergesellschaft) bei der Obergesellschaft keine Tätigkeit iSd § 15 I S 1 Nr 1 EStG abgeleitet werden kann, da andernfalls die Anwendung von § 15 III Nr 1 EStG unabhängig von der eigenen Tätigkeit der Obergesellschaft zwingend wäre. Zutreffend findet die Verwaltungsauffassung damit die Zustimmung der herrschenden Literaturmeinung.[2]

Betriebsaufspaltung. Eine Betriebsaufspaltung liegt vor, wenn ein Unternehmen (Besitzunternehmen) eine wesentliche Betriebsgrundlage an eine gewerblich tätige Personen- oder Kapitalgesellschaft (Betriebsunternehmen) zur Nutzung überlässt und eine Person oder mehrere Personen zusammen (Personengruppe) sowohl das Besitz- als auch das Betriebsunternehmen iSd Möglichkeit der Durchsetzung eines einheitlichen geschäftlichen Betätigungswillens beherrschen. Bei Vorliegen dieser Voraussetzungen ist die Vermietung oder Verpachtung keine Vermögensverwaltung mehr, das Besitzunternehmen unterhält stattdessen einen Gewerbebetrieb (H 15.7 (4) EStH 2009). Handelt es sich bei dem Besitzunternehmen um eine Personengesellschaft, stellt sich die Frage, ob dieses an sich nur vermögensverwaltend tätig werdende Unternehmen durch die Rechtsfolgen der Betriebsaufspaltung zugleich das in § 14 I S 1 Nr 2 S 2 enthaltene Erfordernis der gewerblichen Tätigkeit iSd § 15 I S 1 Nr 1 erfüllt. Die Finanzverwaltung bejaht dies; die gewerbliche Tätigkeit der Betriebsgesellschaft werde der Besitzpersonengesellschaft zugerechnet.[3] Diese Auffassung wird in der Literatur wohl überwiegend geteilt.[4] Soweit sie unter Verweis auf den Normzweck des § 14 I

127

---

1 BFH IV ER S-3/03, BStBl II 2005, 376.
2 Gosch in FS für Arndt Raupach: Steuer- und Gesellschaftsrecht zwischen Unternehmerfreiheit und Gemeinwohl, 2006, S 461, 468; *Dötsch/Witt* in D/J/P/W § 14 Rn 98; *Frotscher* in Frotscher/Maas § 14 Rn 131; *Walter* in EY § 14 Rn 235; *Müller* in Mössner/Seeger § 14 Rn 77; *Neumann* in Gosch § 14 Rn 80; nur für die Beteiligung an einer lediglich gewerblich geprägten Personengesellschaft *Sterner* in H/H/R § 14 Rn 169; aA *Hageböke/Heinz*, DK 2005, 228; *Sauter/Heurung/Klübenspies*, BB 2005, 1304, 1308 (Fn 37); *Erle/Heurung* in Erle/Sauter § 14 Rn 362.
3 BMF v 10.11.2005, BStBl I 2005, 1038, Rn 16.
4 Wie die Finanzverwaltung *Förster*, DB 2003, 899, 903; *Blumers/Goerg*, BB 2003, 2203, 2206 f; *Ley/Strahl*, DStR 2003, 2145, 2146; *Dötsch/Pung*, DB 2003, 1970, 1971; *Löwenstein/Maier/Lohrmann*, DStR-Beihefter 4/2003, 2, 8; *Erle/Heurung* in Erle/Sauter § 14 Rn 92.

S 1 Nr 2 S 2 abgelehnt wird[1], ist diese Kritik auch bei Vergleich mit der Beteiligung an einer gewerblich tätigen Personengesellschaft nicht ganz von der Hand zu weisen. Soweit jedoch vorgebracht wird, die Betriebsaufspaltung begründe keine originäre gewerbliche Tätigkeit der Besitzpersonengesellschaft,[2] steht dem mittlerweile die geänderte Rechtsprechung[3] zur Frage der sog Merkmalsübertragung von dem Betriebs- auf das Besitzpersonenunternehmen im Kontext sachlicher Gewerbesteuerbefreiungen entgegen.[4]

128 **Atypisch stille Gesellschaft.** Umstritten ist, ob eine atypisch stille Gesellschaft seit dem VZ 2003 noch Organträger sein kann. Unter anderem stellt sich die Frage, ob die Voraussetzung der Ausübung einer gewerblichen Tätigkeit iSd § 15 I S 1 Nr 1 EStG in diesem Fall erfüllt werden kann.[5] Im zivilrechtlichen Sinne gibt es eine Tätigkeit der stillen Gesellschaft nicht, da die Geschäfte im Außenverhältnis zu den Teilnehmern am Rechtsverkehr nur der tätige Gesellschafter führt. Im Innenverhältnis zu den atypisch stillen Gesellschaftern, auf welches das Einkommensteuerrecht in § 15 I S 1 Nr 2 und III EStG abstellt, führt der tätige Gesellschafter die Geschäfte jedoch für alle Gesellschafter entsprechend der für sie geltenden Gemeinschaftsordnung mit der Folge der einheitlichen Zurechnung an diese. So betrachtet wird nach der BFH-Rechtsprechung auch eine atypisch stille Gesellschaft als iS dieser Regelungen gewerblich tätig.[6] Die Organträgereignung der atypischen Gesellschaft sollte daher mE nicht bereits an der fehlenden Ausübung einer gewerblichen Tätigkeit scheitern. Vgl weiter zur Frage der finanziellen Eingliederung Rn 165.

129 **Holdingunternehmen.** Holdingunternehmen in der Rechtsform einer Personengesellschaft ist, anders als solchen in der Rechtsform einer Kapitalgesellschaft oder bis zum VZ 2002 einer gewerblich geprägten Personengesellschaft, die Eignung als Organträger verwehrt, wenn sich ihre Tätigkeit allein im Halten von Beteiligungen (Vermögensverwaltung) erschöpft. Dagegen kann nach der ständigen Rechtsprechung des BFH eine eigene gewerbliche Tätigkeit der Organträger-Gesellschaft darin bestehen, dass sie als sog geschäftsleitende Holding nach außen in Erscheinung tritt (zB durch Eintragung ins Handelsregister) und anhand äußerer Merkmale erkennbar[7] die einheitliche Leitung über mehrere Gesell-

---

1 *Neumann* in Gosch § 14 Rn 80.
2 *Walter* in EY § 14 Rn 153.2 iVm Rn 193; *Frotscher* in Frotscher/Maas § 14 Rn 164, auch unter Berufung auf BFH GrS 2/71, BStBl 1972, 63.
3 BFH X R 59/00, BStBl II 2006, 661, wonach sich in Abweichung von der bisherigen Rechtsprechung die Befreiung von der GewSt nach § 3 Nr 20 lit c GewStG bei einer Betriebsaufspaltung auch auf die Vermietungs-/Verpachtungstätigkeit des Besitzpersonenunternehmens erstreckt. Der I., IV. und VIII. Senat hatten dieser Abweichung zuvor zugestimmt.
4 Vgl bereits *Gosch* in FS für Arndt Raupach: Steuer- und Gesellschaftsrecht zwischen Unternehmerfreiheit und Gemeinwohl, 2006, S 461, 469.
5 Bejahend *Schmidt/Hageböke*, DStR 2005, 761, 764 f; ablehnend *Müller* in Mössner/Seeger § 14 Rn 77; *Sterner* in H/H/R § 14 Rn 174. Offen lassend *Walter* in EY § 14 Rn 176.
6 BFH VIII R 42/94, BStBl II 1998, 328 mwN.
7 ZB Richtlinien des herrschenden Unternehmens über die Geschäftspolitik der abhängigen Gesellschaften, schriftliche Weisungen oder Empfehlungen, gemeinsame Besprechungen oder Beratungen, deren Ergebnisse schriftlich festgehalten werden.

IV. Persönliche Voraussetzungen der Organschaft

schaften ausübt und diese damit zu einer wirtschaftlichen Einheit zusammenfasst, die neben die einzelnen Unternehmen tritt.[1] Entgegen der wohl einhelligen Literaturmeinung[2] will die Finanzverwaltung[3] die Wahrnehmung der Aufgaben einer geschäftsleitenden Holding durch eine Personengesellschaft nicht als eine durch §14 I S1 Nr2 S2 geforderte gewerbliche Tätigkeit iSd §15 I S1 Nr1 EStG anerkennen. Die Erlassformulierung legt nahe, dass die Verwaltung in der Holdingtätigkeit keine „eigene" gewerbliche Tätigkeit sieht und/oder die seinerzeit im Kontext des in der Zwischenzeit abgeschafften Erfordernisses der wirtschaftlichen Eingliederung (vgl Rn 232 f) ergangene Rechtsprechung auf diese Fragestellung nicht für übertragbar hält. Beides ist abzulehnen. Ungeachtet der Abschaffung des Erfordernisses der wirtschaftlichen Eingliederung der Organgesellschaft in ein gewerbliches Unternehmen des Organträgers ist die Rechtsprechung zur geschäftsleitenden Holding unverändert von Bedeutung. Denn Ausgangspunkt der Grundsatzentscheidung des BFH war ausdrücklich das von der Rechtsprechung bis dahin schon entwickelte Verständnis, nach welchem dieses Eingliederungserfordernis zunächst voraussetzt, dass der Organträger ungeachtet einer ggf bereits bestehenden Gewerblichkeit kraft Rechtsform oder einer gewerblichen Prägung selbst eine gewerbliche Tätigkeit entfaltet. Dh der Organträger musste eine selbständige nachhaltige Tätigkeit ausüben, die mit Gewinnabsicht unternommen wird und sich als Beteiligung am allgemeinen wirtschaftlichen Verkehr darstellt (§15 II EStG – seinerzeit noch §1 GewStDV).[4] Das Vorliegen dieser Merkmale hat der BFH für die Tätigkeit der geschäftsleitenden Holding geprüft und bejaht. Diese Tätigkeit begründet damit ein gewerbliches Unternehmen iSd §15 I S1 Nr1 iVm §15 II EStG.

Die Möglichkeit zur Leitung der abhängigen Gesellschaften setzt idR die Stimmrechtsmehrheit voraus. Die Leitung kann auch mittelbar über eine zwischengeschaltete TG erfolgen.[5] Die Qualifikation als geleitetes Unternehmen setzt weder den Abschluss eines Gewinnabführungsvertrags noch die Ansässigkeit der Gesellschaft im Inland voraus;[6] auch Personengesellschaften kommen in Betracht.[7] Nach der Rechtsprechung des BFH zur geschäftsleitenden Holding im Anwendungsbereich der wirtschaftlichen Eingliederung muss sich die einheitliche Leitung auf mindestens

---

1 BFH I 252/64, BStBl II 1970, 257; BFH I R 166/71, BStBl II 1973, 420; BFH VIII B 69/02, BFH/NV 2002, 1579; BFH I R 95, 98/01, BFH/NV 2004, 808.
2 *Ley/Strahl*, DStR 2002, 2061; *Herzig/Wagner*, DStR 2003, 228; *Förster*, DB 2003, 899, 903 f; *Rödder/Schumacher*, DStR 2003, 805, 809; *Blumers/Goerg*, BB 2003, 2203, 2206; *Dötsch/Pung*, DB 2003, 1970, 1971; *Löwenstein/Maier/Lohrmann*, DStR-Beihefter, 4/2003, 2, 6; *Orth*, DB 2005, 741 und 742; *Sauter/Heurung/Klübenspies*, BB 2005, 1304, 1305 f; *Neumann* in Gosch §14 Rn 80; *Frotscher* in Frotscher/Maas §14 Rn 155 ff (wenngleich nicht ohne Kritik an der BFH-Rechtsprechung); *Gosch* in FS für Arndt Raupach: Steuer- und Gesellschaftsrecht zwischen Unternehmerfreiheit und Gemeinwohl, 2006, S 461, 466 f; *Walter* in EY §14 Rn 235.
3 BMF v 10.11.2005, BStBl I 2005, 1038, Rn 18.
4 BFH I 252/64, BStBl II 1970, 257, 260.
5 *Neumann* in Gosch §14 Rn 114 iVm Rn 80.
6 So schon Abschn 50 II Nr 2 KStR 1995; auch *Neumann* in Gosch §14 Rn 114 iVm Rn 80.
7 *Frotscher* in Frotscher/Maas §14 Rn 150; *Walter* in EY §14 Rn 210. Zumindest im Anwendungsbereich der wirtschaftlichen Eingliederung auch *Dötsch/Witt* in D/J/P/W §14 Rn 96.

zwei abhängige Gesellschaften erstrecken.[1] Nach Teilen der Literatur sei diese Anforderung Ausprägung des Merkmals „wirtschaftliche Eingliederung" (vgl Rn 232f) gewesen und damit mit dieser entfallen.[2] Ob dieses auch im heutigen Kontext des § 14 I S 1 Nr 2 S 2 so noch gefordert werden kann, wird in der Literatur diskutiert.[3] Derartigen Überlegungen dürften aber durch die überwiegende gesellschaftsrechtliche Auffassung Grenzen gesetzt sein, nach der einer Holding mit nur einer Beteiligung und keiner eigenen unternehmerischen Tätigkeit die Eignung abgesprochen wird, als anderer Vertragsteil eines Unternehmensvertrags iSd § 291 I AktG zu fungieren (vgl Rn 258).

130 **Zeitliche Anforderungen an die gewerbliche Tätigkeit.** Mit Ausnahme einer Übergangsregelung für das Jahr 2003[4] fordert die Finanzverwaltung das Vorliegen der gewerblichen Tätigkeit bereits zu Beginn des WJ.[5] Dies lässt sich dem Wortlaut des § 14 I S 1 Nr 2 S 2 nicht zwingend entnehmen. Vielmehr spricht ein Vergleich mit der insofern eindeutigen Regelung zur finanziellen Eingliederung in § 14 I S 1 Nr 1 S 1 dafür, dass auch die erst unterjährige Aufnahme einer gewerblichen Tätigkeit den Anforderungen des § 14 I S Nr 2 S 2 genügt.[6]

131 **Rückwirkende Verschmelzung eines gewerblichen Unternehmens.** Fraglich ist, ob eine Personengesellschaft das Attribut der Ausübung einer Tätigkeit iSd § 15 I S 1 Nr 1 EStG rückwirkend – zB auf den Beginn ihres WJ – durch eine steuerlich rückwirkende Verschmelzung eines gewerblichen Unternehmens auf diese erlangen kann. ME ist dies zu bejahen, wenngleich zu erwarten ist, dass die Finanzverwaltung dies analog zu der früheren Argumentation mit Blick auf die (fehlende) Rückbeziehungsfähigkeit der wirtschaftlichen und organisatorischen Eingliederung[7] mit dem Argument ablehnt, bei § 14 I S 1 Nr 2 S 2 handele es sich stattdessen um eine tatsächliche Voraussetzung, die einer Rückbeziehung nicht zugänglich sei.[8]

132 **Rückwirkender Formwechsel in eine Kapitalgesellschaft.** Fällt die Eignung der Personengesellschaft mit Blick auf die Ausübung einer Tätigkeit iSd § 15 I S 1 Nr 1 EStG im Laufe ihres WJ weg, kann zur Sicherstellung der Organschaft ein rückwirkender Formwechsel in eine Kapitalgesellschaft erwogen werden.[9]

133-138 *Einstweilen frei.*

---

1 BFH I R 122/66, BStBl II 1970, 554.
2 *Neumann* in Gosch § 14 Rn 113 iVm Rn 80; *Gosch* in FS für Arndt Raupach: Steuer- und Gesellschaftsrecht zwischen Unternehmerfreiheit und Gemeinwohl, 2006, S 461, 467.
3 Verneinend *Neumann* in Gosch § 14 Rn 113 iVm Rn 80.
4 Für bereits im VZ 2002 bestehende Organschaften und für in 2003 neu begründete, auf einem bis zum 16.5.2003 abgeschlossenen Gewinnabführungsvertrag beruhende Organschaften reicht das Vorliegen einer gewerblichen Tätigkeit am 31.12.2003 aus. Vgl BMF v 10.11.2005, BStBl I 2005, 1038, Rn 22 und 23.
5 BMF v 10.11.2005, BStBl I 2005, 1038, Rn 21.
6 *Löwenstein/Maier/Lohrmann*, DStR-Beihefter, 4/2003, 2, 6; *Gosch* in FS für Arndt Raupach: Steuer- und Gesellschaftsrecht zwischen Unternehmerfreiheit und Gemeinwohl, 2006, S 461, 464; *Frotscher*, Ubg 2009, 426; *Dötsch/Witt* in D/J/P/W § 14 Rn 99; *Walter* in EY § 14 Rn 235; *Frotscher* in Frotscher/Maas § 14 Rn 135. AA *Füger*, BB 2003, 1755, 1758; *Haase*, DB 2004, 1580, 1583; *Blumers/Goerg*, DStR 2005, 397, 402; *Neumann* in Gosch § 14 Rn 114 iVm Rn 79; *Müller* in Mössner/Seeger § 14 Rn 77.
7 BMF v 25.3.1998, BStBl I 1998, 268, Tz Org.05.
8 *Dötsch/Witt* in D/J/P/W § 14 Rn 99.
9 *Meyer*, GmbH-StB 2005, 237, 240; *Walter* in EY § 14 Rn 235.

IV. Persönliche Voraussetzungen der Organschaft

e) Mehrmütterorganschaft. Einziges gewerbliches Unternehmen. Nach § 14 I S 1 kann Organträger nur ein „einziges" gewerbliches Unternehmen sein. Dieser erst mit dem UntStFG in die Vorschrift aufgenommene Zusatz steht im Zusammenhang mit der erstmaligen gesetzlichen Regelung der sog Mehrmütterorganschaft.

139

Voraussetzungen. Die Mehrmütterorganschaft beschrieb den Zusammenschluss mehrerer gewerblicher Unternehmen zu einer GbR, deren Zweck die einheitliche Willensbildung gegenüber einer Kapitalgesellschaft war. Bei dieser GbR handelte es sich um eine reine Innengesellschaft ohne eigenen Geschäftsbetrieb. Unter den Voraussetzungen, dass

140

- jeder der Gesellschafter der GbR ein gewerbliches Unternehmen unterhält,
- die Organgesellschaft jedes dieser Unternehmen iSe wirtschaftlichen Eingliederung fördert und ergänzt,
- jeder der Gesellschafter der GbR an der Organgesellschaft während ihres gesamten WJ beteiligt ist,
- die finanzielle Eingliederung gegenüber der Gesamtheit der GbR-Gesellschafter gegeben ist,
- durch die GbR eine tatsächliche Durchsetzung des koordinierten Willens ihrer Gesellschafter in der Geschäftsführung der Organgesellschaft gewährleistet ist,
- der Gewinnabführungsvertrag zwischen der Kapitalgesellschaft und der GbR abgeschlossen wird,

wurde nach ursprünglich hM und Rechtsprechung dennoch eine Organschaft zwischen einer Kapitalgesellschaft und der GbR als Organträger anerkannt.[1]

Einkommenszurechnung. Auf der Gewinnabführung an die GbR baute ein Mitunternehmerschaftsverhältnis auf mit der Folge der Zurechnung des im Wesentlichen nur aus dem zugerechneten Einkommen der Organgesellschaft bestehenden Ergebnisses der GbR zu deren Gesellschaftern. Körperschaftsteuerlich wurde das Einkommen der Organgesellschaft damit den Mutterunternehmen zugerechnet; gewerbesteuerlich war die GbR dagegen selbst Steuersubjekt (Abschn 17 VI GewStR 1984, Abschn 14 VI GewStR 1998).[2]

141

Aufgabe durch Rechtsprechung. Diese bis dahin von der Rechtsprechung anerkannten Grundsätze gab der BFH mit zwei Entscheidungen v 9.6.1999 auf.[3] Bei einer Mehrmütterorganschaft seien – unter Anerkennung der sog Lehre von der mehrfachen Abhängigkeit – die Beteiligungen der lediglich zur einheitlichen Willensbildung in einer GbR zusammengeschlossenen Gesellschaften an der nachgeschalteten Organgesellschaft unmittelbar den MG zuzurechnen. Die Organschaft bestehe damit zu den MG und nicht zu der GbR. Die den jeweiligen MG anteilig zuzurechnenden Gewerbeerträge und Gewerbekapitalien seien in entsprechender An-

142

---

1   BFH I 22/55 U, BStBl III 1958, 174; BFH I R 65/85, BFH/NV 1988, 190; BFH I R 128/90, BStBl II 1994, 124; Abschn 52 VI KStR 1995.
2   *Frotscher* in Frotscher/Maas § 14 Rn 986.
3   BFH I R 43/97, BStBl II 2000, 695; BFH I R 37/98, BFH/NV 2000, 347.

wendung von § 180 I Nr 2 lit a AO 1977 einheitlich und gesondert festzustellen. Folge war, dass bei einer TG entstandene gewerbliche Verluste, die bisher bei der Organträger-GbR „gefangen" waren, nunmehr den MG zugerechnet und dort für Zwecke der GewSt mit anderen Einkünften verrechnet werden konnten.

143 **Gesetzliche Regelung.** Die unter Rn 142 genannte Rechtsprechung wurde von der Finanzverwaltung nicht angewendet[1] und durch den Gesetzgeber iRd UntStFG und einer erstmaligen gesetzlichen Kodifizierung der Mehrmütterorganschaft überschrieben. In dem mit Wirkung für den VZ 2001 eingeführten § 14 II idF UntStFG wurden die bisherigen Voraussetzungen für die Mehrmütterorganschaft zusammengefasst und eine Einkommenszurechnung an die GbR ausdrücklich geregelt. Weiter wurde § 14 I S 1 dahingehend ergänzt, dass die Verpflichtung zur Abführung des ganzen Gewinns gegenüber einem „einzigen" gewerblichen Unternehmen bestehen muss. Unter Berücksichtigung dieser Änderungen wurde auch § 14 in der für den VZ 2000 und davor liegende VZ geltenden Fassung durch das UntStFG – verfassungsrechtlich zulässig[2] – rückwirkend geändert (§ 34 VI Nr 1 idF UntStFG).[3]

144 **Gesetzliche Abschaffung.** Während das UntStFG grundsätzlich eine Fortgeltung der Mehrmütterorganschaft in modifizierter Form über den VZ 2002 hinaus vorsah (§ 34 VI Nr 2 idF UntStFG), wurde die Mehrmütterorganschaft durch die im StVergAbG enthaltene Streichung des § 14 II mit Wirkung ab dem VZ 2003 abgeschafft.[4]

145-147 *Einstweilen frei.*

148 **V. Sachliche Voraussetzungen der Organschaft. 1. Finanzielle Eingliederung. a) Grundsatz.** Nach § 14 I S 1 Nr 1 S 1 erfordert die finanzielle Eingliederung, dass der Organträger an der Organgesellschaft

- in einem solchen Maße beteiligt ist (vgl Rn 150 ff),
- dass ihm die Mehrheit der Stimmrechte zusteht (vgl Rn 169 ff) und
- dass diese Beteiligung vom Beginn des WJ der Organgesellschaft an ununterbrochen besteht (vgl Rn 186 ff).

149 *Einstweilen frei.*

150 **b) Beteiligung und Beteiligungshöhe. Unmittelbare Beteiligung.** Unmittelbar beteiligt ist, wem das wirtschaftliche Eigentum an den Anteilen zusteht. Vermittelt diese unmittelbare Beteiligung die ausreichende Stimmrechtsmehrheit, ist die finanzielle Eingliederung gegeben. Beteiligter muss der Organträger selbst sein. Eine Beteiligung des Gesellschafters des Organträgers an der potentiellen Organgesellschaft reicht nicht aus.[5]

---

1 BMF v 4.12.2000, BStBl I 2000, 1571; BMF v 26.8.2003, BStBl I 2003, 437, Rn 19.
2 Zu den im UntStFG parallel vorgenommenen Änderungen des GewStG (§§ 2 II S 3, 36 II GewStG idF UntStFG) BVerfG 1 BvR 1138/06, BFH/NV 2009, 110; BVerfG 1 BvR 1416/06, BFH/NV 2009, 1768.
3 Zur Rechtslage bis VZ 2002 auch BMF v 26.8.2003, BStBl I 2003, 437, Rn 15 ff.
4 Zu Übergangsfragen BMF v 10.11.2005, BStBl I 2005, 1038; *Dötsch/Witt* in D/J/P/W § 14 Rn 116.
5 Zur umsatzsteuerlichen Organschaft BFH XI R 25/94, BStBl II 1997, 441.

V. Sachliche Voraussetzungen der Organschaft

Personengesellschaften als Organträger. Seit dem VZ 2003 gilt dies auch für eine Personengesellschaft als Organträger. Der im Zuge der Abschaffung der Mehrmütterorganschaft (vgl Rn 139 ff) mit dem StVergAbG geänderte § 14 I S 1 Nr 2 S 3 fordert, dass die Voraussetzung der finanziellen Eingliederung in diesem Fall zur Personengesellschaft selbst erfüllt ist (vgl hierzu Rn 164). Zuvor reichte es bei Personengesellschaften mit ausschließlich unbeschränkt einkommen- oder körperschaftsteuerpflichtigen Gesellschaftern aus, wenn deren Gesellschafter an der Organgesellschaft beteiligt waren und deren Beteiligungen zusammen die Voraussetzung der finanziellen Eingliederung erfüllten (§ 14 I S 1 Nr 3 S 2-4 aF).[1] Soweit die finanzielle Eingliederung auf diesen Anteilen beruhte, wurden diese notwendiges Sonderbetriebsvermögen bei der Organträger-Personengesellschaft.[2]

151

Natürliche Person. Bei finanzieller Eingliederung in eine natürliche Person wird die Beteiligung, auf der die finanzielle Eingliederung beruht, zu notwendigem Betriebsvermögen des von der natürlichen Person betriebenen Gewerbebetriebs.[3]

152

Anteile im Sonderbetriebsvermögen. Um eine unmittelbare Beteiligung an einer Kapitalgesellschaft handelt es sich auch, wenn der Anteilseigner zugleich Gesellschafter einer Personengesellschaft ist und die Kapitalbeteiligung bei dieser Sonderbetriebsvermögen darstellt. Eine Organschaft mit der Personengesellschaft als Organträgerin ist ua durch § 14 I S 1 Nr 2 S 3 ausgeschlossen (vgl Rn 164); einer Organschaft mit dem unmittelbar Beteiligten als Organträger steht die Sonderbetriebsvermögenseigenschaft der Beteiligung an der Organgesellschaft jedoch nicht entgegen. Zur Frage der Auswirkungen einer Organschaft auf die Sonderbetriebsvermögenseigenschaft der Organbeteiligung vgl Rn 850 ff.

153

Gegenseitige Beteiligungen. Gegenseitige Beteiligungen von Organträger und Organgesellschaft stehen der finanziellen Eingliederung der Organgesellschaft nicht entgegen, sofern der Organträger mit der Mehrheit der Stimmrechte seinen Willen bei der Organgesellschaft durchsetzen kann.[4]

154

Mittelbare Beteiligung. Die finanzielle Eingliederung nach § 14 I S 1 Nr 1 S 1 fordert keine unmittelbare Beteiligung des Organträgers an der Organgesellschaft. Mittelbare Beteiligungen sind gem § 14 I S 1 Nr 1 S 2 zu berücksichtigen, wenn die Beteiligung an jeder vermittelnden Gesellschaft die Mehrheit der Stimmrechte gewährt.

155

Anforderungen an die vermittelnde, zwischengeschaltete Gesellschaft. Die Berücksichtigung einer mittelbaren Beteiligung setzt nicht voraus, dass die die Beteiligung vermittelnde, zwischengeschaltete Gesellschaft selbst als Organgesellschaft fungieren könnte (H 57 KStH). Bei dieser kann es sich damit auch um eine Personengesellschaft[5] oder um eine ausländische Gesellschaft[6] handeln. Ebenso muss die

156

---

1 Hierzu ausführlich *Frotscher* in Frotscher/Maas § 14 (Lfg 8/2005) Rn 115 ff; Abschn 52 II-IV KStR 1995.
2 BFH IV R 46/02, BStBl II 2004, 216.
3 BFH I 95/65, BStBl II 1968, 315; *Dötsch/Witt* in D/J/P/W § 14 Rn 149.
4 *Dötsch/Witt* in D/J/P/W § 14 Rn 99.
5 BFH I R 143/75, BStBl II 1978, 74.
6 Zur einhelligen Literaturmeinung *Walter* in EY § 14 Rn 293 mwN. Handelt es sich bei der vermittelnden Gesellschaft um eine solche eines EU/EWR-Staats, ist die Anerkennung einer Klammerorganschaft unionsrechtlich geboten; vgl EUGH C-418/07, *Société Papillon*, Slg 2008, I-8947. In übrigen Fällen kann ein Art 24 V OECD-MA entsprechendes DBA-rechtliches Diskriminierungsverbot die Anerkennung erzwingen.

vermittelnde Gesellschaft nicht selbst die Eignung besitzen, als Organträger fungieren zu können, solange die Durchsetzung des Willens des Organträgers gewährleistet ist. So kann es sich bei der vermittelnden Gesellschaft auch um eine lediglich gewerblich geprägte oder gewerblich infizierte Personengesellschaft handeln.[1]

157 **Klammerorganschaft.** Bei nur mittelbarer Beteiligung des Organträgers an der Organgesellschaft handelt es sich um eine sog „Klammerorganschaft", bei welcher der Abschluss des Gewinnabführungsvertrags mit und die Zurechnung des Einkommens von einer Enkelgesellschaft um eine TG des Organträgers „herum" erfolgt. Diese ist von der sog „Organschaftskette" abzugrenzen, bei welcher entlang einer Kette unmittelbarer Beteiligungen Organschaften bestehen und die in der Mitte befindlichen Kapitalgesellschaften sowohl die Funktion einer Organgesellschaft wie auch die eines Organträgers (sog „Zwischenorganträger") übernehmen. Wird eine Klammerorganschaft begründet, stellt sich die Frage, ob die zwischengeschaltete Gesellschaft durch Zustimmung zum Abschluss eines Gewinnabführungsvertrags zwischen ihrem Gesellschafter (Organträger) und ihrer TG (Organgesellschaft) und dem damit einhergehenden Verzicht auf ihren Gewinnanspruch eine vGA iSd § 8 III S 2 an ihren Gesellschafter bewirkt. Nach zutreffender hM ist dies zu verneinen, insbesondere da eine durch § 14 I S 1 Nr 1 S 2 ausdrücklich zugelassene Form der Organschaft nicht durch die Anwendung des § 8 III S 2 pönalisiert werden darf; § 14 I S Nr 1 S 2 ist lex specialis zu § 8 III S 2.[2] Diese Auffassung soll auch von der Finanzverwaltung geteilt werden.[3]

158 **Berücksichtigung der mittelbaren Beteiligung.** Bis zum VZ 2000 konnte eine finanzielle Eingliederung im Wege einer lediglich mittelbaren Beteiligung des Organträgers an der Organgesellschaft nur dann bejaht werden, wenn jede der Beteiligungen, auf denen die mittelbare Beteiligung beruht, dem Organträger die Mehrheit der Stimmrechte gewährte (§ 14 I S 1 Nr 1 S 2 idF vor StSenkG). Da sich das Erfordernis der Stimmrechtsmehrheit über die gesamte Beteiligungskette bis hin zur letztendlichen Beteiligung an der Organgesellschaft erstreckte, konnte es tatsächlich nur durch *eine* mittelbare Beteiligung erfüllt werden; die Addition mehrerer nebeneinander bestehender mittelbarer Beteiligungen des Organträgers für Zwecke der finanziellen Eingliederung war ausgeschlossen. Seit dem VZ 2001 sind mittelbare Beteiligungen bereits dann zu berücksichtigen, wenn die Beteiligung an jeder vermittelnden Gesellschaft die Mehrheit der Stimmrechte gewährt (§ 14 I S 1 Nr 1 S 2). Nach hier vertretener Auffassung erfordert die finanzielle Eingliederung aufgrund mittelbarer Beteiligung die Stimmrechtsmehrheit nicht nur auf der ersten, sondern auf jeder Stufe der Beteiligungskette mit Ausnahme der letzten Stufe zur Organgesell-

---

1 *Scheidle/Koch*, DB 2005, 2656, 2657; *Neumann* in Gosch § 14 Rn 149; *Dötsch* in D/J/P/W § 14 Rn 130.
2 *Brezing*, ZGR 1978, 77, 92 ff; *Prinz* in Herzig, Organschaft, 2003, S 545, 550 (Fn 19); *Kollruss*, GmbHR 2004, 1141, 1144 f; *Wassermeyer*, DK 2005, 424, 428; *Scheidle/Koch*, DB 2005, 2656, 2657 f; *Dötsch* in D/J/P/W § 14 Rn 131; *Orth* in Oestreicher, Konzernbesteuerung, 2005, 129, 184; *Frotscher* in Frotscher/ Maas § 14 Rn 235; *Walter* in EY § 14 Rn 581; *Schulte/Behnes*, BB Special 9 (zu BB 2007, Heft 44), 10, 16.
3 *Dötsch* in D/J/P/W § 14 Rn 131; *Walter* in EY § 14 Rn 581, der auf einen Beschluss der KSt-Referatsleiter des Bundes und der Länder vom 7./9.2.2006, TOP I/12, verweist.

schaft.[1] Weder die Beschränkung dieses Erfordernisses auf die erste Beteiligungsstufe[2] noch seine Ausweitung auch auf die auf der letzten Stufe gehaltene Beteiligung an der Organgesellschaft ließen sich mit dem Gesetzeswortlaut in Einklang bringen.

Höhe der mittelbaren Beteiligung. Strittig ist, wie die Stimmrechte im Falle einer mittelbaren Beteiligung zu berechnen sind. Nach der von einer Mindermeinung und ggf auch von der Finanzverwaltung befürworteten sog „Durchrechnungsmethode" ergäbe sich die Höhe der Stimmrechte an der potenziellen Organgesellschaft durch Multiplikation der Stimmrechtsanteile entlang der Beteiligungskette.[3] Bei der „Anrechnungsmethode" werden entlang der Beteiligungskette die Stimmrechtsanteile einer vermittelnden Gesellschaft an einer nachgelagerten Gesellschaft (einer weiteren vermittelnden Gesellschaft oder der potenziellen Organgesellschaft) in voller Höhe berücksichtigt, wenn die Beteiligung an der vermittelnden Gesellschaft die Mehrheit der Stimmrechte an dieser gewährt. Mit der hM[4] ist der Anrechnungsmethode der Vorzug zu geben.

Beispiel

Der Organträger hält 80 % der Anteile an der Gesellschaft T, welche wiederum 51 % der Anteile an der Gesellschaft E hält.

Im Beispielsfall ist bei Verteilung der Stimmrechte entsprechend der Beteiligung gewährleistet, dass der Organträger, wie bei der finanziellen Eingliederung gefordert, in den im regelmäßigen Geschäftsverkehr der E auftauchenden Fragen seinen Willen durchsetzen kann. Der Organträger kann mittelbar 51 % der Stimmrechte an der E ausüben. Indem nach der Durchrechnungsmethode (80 % x 51 % = 40,8 %) in diesem Fall die finanzielle Eingliederung zu versagen wäre, wird deutlich, dass sie nicht im Einklang mit dem auf Stimmrechte und nicht auf Kapitalbeteiligungen abstellenden Konzept der finanziellen Eingliederung steht.

Zusammenrechnung von unmittelbaren und mittelbaren Beteiligungen. Nachdem seit dem VZ 2001 mittelbare Beteiligungen gem § 14 I S 1 Nr 1 S 2 bereits dann zu berücksichtigen sind, wenn die Beteiligung an jeder vermittelnden Gesellschaft die Mehrheit der Stimmrechte gewährt, können nicht nur mehrere mittelbare Beteiligungen (hierzu bereits Rn 155 und 158 f), sondern auch unmittelbare und mittelbare Beteiligungen für die Frage der finanziellen Eingliederung zusammengerechnet werden; das vor dem bestehende sog Additionsverbot wurde aufgegeben.[5] Auch iR dieser Zusammenrechnung stellt sich wieder die Frage, ob die Höhe der mittelbaren Beteiligungen nach der Durchrechnungs- oder der Anrechnungsmethode zu ermitteln ist (vgl bereits Rn 159). ME ist hier auch hier die Anrechnungsmethode an-

---

1 Ebenso *Dötsch/Witt* in D/J/P/W § 14 Rn 132.
2 *Neu*, EStB-Sonderheft zum StSenkG, 34.
3 *Neumann* in Gosch § 14 Rn 114; *Müller* in Müller/Stöcker, Die Organschaft, 2011, Rn 94. So ggf auch die Finanzverwaltung in R 57 KStR, Beispiel Nr 3.
4 *Prinz*, FR 2000, 1255, 1257 f; *Herlinghaus*, FR 2000, 1105, 1111; *Heurung/Klübenspies*, BB 2003, 2483, 2486; *Orth*, DK 2005, 79, 81 f; *Förster* in Herzig, Organschaft, 2003, S 83, 91 f; *Frotscher* in Frotscher/Maas § 14 Rn 237 ff; *Walter* in EY § 14 Rn 295.1; *Dötsch/Witt* in D/J/P/W § 14 Rn 127; *Erle/Heurung* in Erle/Sauter § 14 Rn 117; *Olbing* in Streck § 14 Rn 51.
5 BMF v 26.8.2003, BStBl I 2003, 437, Rn 13.

zuwenden.[1] Insbesondere muss mE bei der Zusammenrechnung von unmittelbaren und mittelbaren Beteiligungen für die Ermittlung der mittelbaren Beteiligung die gleiche Methode zur Anwendung kommen wie bei der Prüfung, ob bereits aufgrund einer allein mittelbaren Beteiligung die finanzielle Eingliederung gegeben ist.[2]

Beispiel
Der Organträger hält 41 % der Anteile an der Gesellschaft E sowie 90 % der Anteile an der Gesellschaft T, welche wiederum 10 % der Anteile an der Gesellschaft E hält.

Im Beispielsfall ist bei Verteilung der Stimmrechte entsprechend der Beteiligung gewährleistet, dass der Organträger, wie bei der finanziellen Eingliederung gefordert, in den im regelmäßigen Geschäftsverkehr der E auftauchenden Fragen seinen Willen durchsetzen kann. Der Organträger kann insgesamt 51 % der Stimmrechte in der E ausüben, 41 % über sein unmittelbares Stimmrecht und 10 % dadurch, dass er über seine beherrschende Stellung bei der T über deren Stimmrechtsausübung bei der E bestimmen kann (Anrechnungsmethode). Indem nach der Durchrechnungsmethode (41 % + 90 % x 10 % = 50 %) in diesem Fall die finanzielle Eingliederung zu versagen wäre, wird deutlich, dass sie nicht im Einklang mit dem auf Stimmrechte und nicht auf Kapitalbeteiligungen abstellenden Konzept der finanziellen Eingliederung steht.

161-163 Einstweilen frei.

164 **c) Finanzielle Eingliederung bei Personengesellschaft als Organträger. Allgemein.** Seit dem VZ 2003 setzt § 14 I S 1 Nr 2 S 3 für eine Organschaft mit einer Personengesellschaft als Organträger voraus, dass die Voraussetzung der finanziellen Eingliederung der Organgesellschaft im Verhältnis zur Personengesellschaft selbst erfüllt ist (vgl Rn 151). Zuvor wurde dies nur von Personengesellschaften gefordert, an denen auch beschränkt steuerpflichtige Gesellschafter beteiligt waren (§ 14 I S 1 Nr 3 S 2 idF vor StVergAbG). Die die Mehrheit der Stimmrechte vermittelnden Anteile müssen damit im Gesamthandsvermögen der Personengesellschaft gehalten werden; auf etwaige im Sonderbetriebsvermögen der Gesellschafter bei der Personengesellschaft gehaltene Anteile kann die finanzielle Eingliederung nicht gestützt werden (R 58 I S 1 und 4 KStR).[3] Wirtschaftliches Eigentum der Personengesellschaft an den Anteilen reicht jedoch aus (vgl auch Rn 172).[4]

165 **Atypisch stille Gesellschaft.** Strittig ist, ob § 14 I S 1 Nr 2 S 3 die Zugehörigkeit der Organbeteiligung zum zivilrechtlichen Gesamthandsvermögen in der Weise fordert, dass (schon) damit einer atypisch stillen Gesellschaft seit dem VZ 2003[5] die Eignung als Organträger verwehrt wäre (zur ebenso erforderlichen Ausübung einer gewerb-

---

[1] So auch *Dötsch/Witt* in D/J/P/W § 14 Rn 132. AA *Müller* in Müller/Stöcker, Die Organschaft, 2011, Rn 94; BMF v 26.8.2003, BStBl I 2003, 437, Rn 13.
[2] AA offenbar *Herlinghaus*, FR 2000, 1105, 1111 f, der im Kontext der ersten Frage die Durchrechnungs- und im Kontext der zweiten Frage die Anrechnungsmethode anwendet.
[3] BMF v 10.11.2005, BStBl I 2005, 1038, Rn 13. Zu Übergangsregelungen für Altfälle dort Rn 22 f sowie BFH I B 8/11, BFH/NV 2012, 879.
[4] BFH IV R 152/80, BStBl II 1983, 690.
[5] Zur Rechtslage vor dem VZ 2003 *Dötsch/Witt* in D/J/P/W § 14 Rn 106.

lichen Tätigkeit vgl Rn 128). Bei letzterer handelt es sich zivilrechtlich nur um eine Innengesellschaft, die nicht über Vermögen mit gesamthänderischer Bindung iSd §§ 717-719 BGB verfügt.

Befürworter einer Organträgereignung[1] verweisen darauf, dass § 14 I S 1 Nr 2 S 3 dem Wortlaut nach nur die finanzielle Eingliederung der Organgesellschaft „im Verhältnis zur Personengesellschaft selbst", nicht aber deren Zugehörigkeit zum (zivilrechtlichen) Gesamthandsvermögen der Personengesellschaft fordere.[2] § 14 I S 1 Nr 2 S 2 bestimme vielmehr den Begriff der als Organträger geeigneten Personengesellschaft nicht zivilrechtlich, sondern steuerlich eigenständig mit der Bezugnahme auf Personengesellschaften iSd § 15 I S 1 Nr 2 EStG (zu denen die atypisch stille Gesellschaft zweifellos und ungeachtet des Fehlens eines zivilrechtlichen Gesamthandsvermögens gehört).[3] Da es demnach ein „uneingeschränktes Gesamthandserfordernis" nicht gebe, müsse die steuerliche Zugehörigkeit zu einem Betriebsvermögen genügen.[4] Ein solches sei der atypisch stillen Gesellschaft als Objekt der Gewinnerzielung, Gewinnermittlung und Einkünftequalifikation[5] zuzurechnen; deren steuerlicher Gewinn werde anhand einer Steuerbilanz der Gesellschaft ermittelt[6]. Das Vermögen des Inhabers des Handelsgewerbes werde damit steuerlich wie Gesamthandsvermögen[7] der atypisch stillen Gesellschaft betrachtet.[8] Mit dieser steuerlichen Zurechnung der mehrheitsvermittelnden Beteiligung korrespondiere die steuerliche Zurechnung der Ausübung der Stimmrechte für diese. Die Ausübung der Stimmrechte erfolge wie alle anderen Handlungen des Inhabers des Handelsgewerbes für Rechnung der stillen Gesellschaft und werde dieser daher steuerlich zugerechnet, ohne dass dem die fehlende zivilrechtliche Befugnis der Ausübung durch einen anderen als den zivilrechtlichen Anteilseigner entgegenstünde.[9]

---

1 *Koths* in Herzig, Organschaft, 2003, § 63, 66 f; *Schmidt/Hage*böke, DStR 2005, 761; *Suchanek*, DStR 2006, 836; *Hageböke/Heinz*, DB 2006, 473; *Gosch* in FS für Arndt Raupach: Steuer- und Gesellschaftsrecht zwischen Unternehmerfreiheit und Gemeinwohl, 2006, S 461, 473 ff; *Walter* in EY § 14 Rn 326.1 (unter Aufgabe seiner ursprünglich gegenteiligen Meinung); *Erle/Heurung* in Erle/Sauter § 14 Rn 77 ff (unter Aufgabe ihrer ursprünglich gegenteiligen Meinung). AA *Sterner* in H/H/R § 14 Rn 174; *Frotscher* in Frotscher/Maas § 14 Rn 171; *Neumann* in Gosch § 14 Rn 80. Offen lassend, aber auf eine ablehnende Haltung der Finanzverwaltung hinweisend *Dötsch/Witt* in D/J/P/W § 14 Rn 106.
2 *Schmidt/Hage*böke, DStR 2005, 761, 762; *Suchanek*, DStR 2006, 836.
3 *Gosch* in FS für Arndt Raupach: Steuer- und Gesellschaftsrecht zwischen Unternehmerfreiheit und Gemeinwohl, 2006, S 461, 474.
4 *Schmidt/Hage*böke, DStR 2005, 761, 762, 764; *Gosch* in FS für Arndt Raupach: Steuer- und Gesellschaftsrecht zwischen Unternehmerfreiheit und Gemeinwohl, 2006, S 461, 474.
5 BFH VIII R 42/94, BStBl II 1998, 328 (unter Aufgabe der gegenteiligen Rechtsprechung in BFH VIII R 364/83, BStBl II 1986, 311); BFH IV R 75/96, BStBl II 1998, 13.
6 BFH IV B 42/02, BFH/NV 2002, 1447.
7 Nicht Sonderbetriebsvermögen. Vgl *Suchanek*, DStR 2006, 836 f unter Verweis auf BFH VIII R 276/81, BStBl II 1984, 820.
8 *Schmidt/Hage*böke, DStR 2005, 761, 764; *Hageböke/Heinz*, DB 2006, 473, 474; *Suchanek*, DStR 2006, 836 f; *Gosch* in FS für Arndt Raupach: Steuer- und Gesellschaftsrecht zwischen Unternehmerfreiheit und Gemeinwohl, 2006, S 461, 474 f; dies grundsätzlich auch anerkennend *Neumann* in Gosch § 14 Rn 80.
9 *Schmidt/Hage*böke, DStR 2005, 761, 765; *Hageböke/Heinz*, DB 2006, 473, 474 f unter Verweis auf BFH VIII R 34/01, BStBl II 2005, 857 und BFH VIII R 11/06, BStBl II 2006, 253; *Gosch* in FS für Arndt Raupach: Steuer- und Gesellschaftsrecht zwischen Unternehmerfreiheit und Gemeinwohl, 2006, S 461, 475.

Dieser Auffassung ist mE zuzustimmen. Soweit hiergegen vorgebracht wird, für eine steuerliche Zurechnung der Beteiligung an der Organgesellschaft zu einem Betriebsvermögen der atypisch stillen Gesellschaft fehle es an einer Rechtsgrundlage,[1] sollte dem die genannte Rechtsprechung entgegenstehen.[2] Soweit diese Zurechnung zwar anerkannt und grundsätzlich für ausreichend gehalten, die Organträgereignung aber dennoch mit dem Argument abgelehnt wird, bei durchaus möglicher Beschränkung des Geschäftszwecks der atypischen Beteiligung auf die Beteiligung an der Organgesellschaft ließen sich andernfalls die Rechtsfolgen der mit Wirkung ab dem VZ 2003 abgeschafften Mehrmütterorganschaft durch andere Formen von Innengesellschaften ohne eigenes zivilrechtliches Vermögen weiter erzielen,[3] ist mE fraglich, ob allein die Gesetzesbegründung[4] dieser Argumentation eine ausreichende Basis gibt.

166-168 *Einstweilen frei.*

169 **d) Stimmrechtsmehrheit. Mehrheit der Stimmrechte.** Die finanzielle Eingliederung setzt eine die Mehrheit der Stimmrechte vermittelnde Beteiligung des Organträgers voraus, die diesem auch steuerlich zuzurechnen sein muss (R 57 I S 1 KStR). Während die kapitalmäßige Beteiligung des Organträgers zur Gewährung einer Beteiligung überhaupt unabdingbar ist, muss diese nicht mehrheitlich bestehen, solange dem Organträger die Mehrheit der Stimmrechte zusteht. Zu einem solchen Auseinanderfallen der Mehrheitsverhältnisse bezüglich Kapital und Stimmrechten kann es zB bei Ausgabe stimmrechtsloser Aktien oder von Aktien mit Mehrheitsstimmrecht kommen. Mit dem Abstellen auf die Stimmrechte soll gewährleistet sein, dass der Organträger in den im regelmäßigen Geschäftsverkehr auftauchenden Fragen seinen Willen durchsetzen kann.[5]

170 **Eigene Anteile.** Vor dem Hintergrund der unter Rn 169 beschriebenen Grundsätze bleiben Stimmrechte, die auf von der Organgesellschaft gehaltene eigene Anteile oder auf von einem anderen für Rechnung der Organgesellschaft gehaltene Anteile entfallen, bei der Ermittlung der Mehrheitsverhältnisse analog zu § 16 III AktG außer Ansatz.

171 **Beteiligung.** Die finanzielle Eingliederung setzt eine Beteiligung des Organträgers voraus; eine finanzielle, nur auf einer Verschuldung beruhende Abhängigkeit reicht nicht aus.[6] Für die Frage des Vorliegens einer (mehrheitsvermittelnden) Beteiligung des Organträgers kommt es darauf an, ob ihm die Anteile an der Organgesellschaft einschließlich der daraus resultierenden Stimmrechte steuerlich zuzurechnen sind (R 57 I S 1 KStR).

---

1 *Frotscher* in Frotscher/Maas § 14 Rn 171.
2 *Sterner* in H/H/R § 14 Rn 174.
3 *Neumann* in Gosch § 14 Rn 80.
4 BRDrs 866/02, 67. Die Änderungen in § 14 I S 1 Nr 2 stehen demnach im Zusammenhang mit der Abschaffung der Mehrmütterorganschaft und verhindern Gestaltungen, durch die über eine andere nicht gewerblich tätige Personengesellschaft das steuerliche Ergebnis einer Mehrmütterorganschaft erreicht werden könnte.
5 BFH I R 95/65, BStBl 1968, 315; *Frotscher* in Frotscher/Maas § 14 Rn 208.
6 *Müller* in Müller/Stöcker, Die Organschaft, 2011, Rn 76.

V. Sachliche Voraussetzungen der Organschaft

Wirtschaftliches Eigentum. Abweichend vom Grundsatz der Zurechnung zum zivilrechtlichen Eigentümer, rechnet § 39 II Nr 1 S 1 AO ein Wirtschaftsgut einem anderen zu, wenn dieser die tatsächliche Herrschaft über das Wirtschaftsgut in der Weise ausübt, dass er den Eigentümer im Regelfall für die gewöhnliche Nutzungsdauer von der Einwirkung auf das Wirtschaftsgut wirtschaftlich ausschließen kann (wirtschaftlicher Eigentümer). Ausdrückliche Zuordnungsregeln enthält § 39 II Nr 1 S 2 AO für das Treuhandverhältnis und die Sicherungsübereignung. 172

Stimmrechte aufgrund der Beteiligung – Minderheitsgesellschafter, Stimmrechtsbindung, Stimmrechtsvollmacht. Zudem muss die Stimmrechtsmehrheit grundsätzlich aus der Beteiligung des Organträgers herrühren („... dass ihm die Mehrheit der Stimmrechte aus den Anteilen ... zusteht ..."). So sind Stimmrechte von Minderheitsgesellschaftern dem potenziellen Organträger nicht zuzurechnen, es sei denn, der Minderheitsgesellschafter gewährt dem Organträger eine zu beachtende mittelbare Beteiligung an der Organgesellschaft (vgl Rn 155 ff) oder hat sich durch eine Stimmrechtsbindung zu einem gleichgerichteten Stimmverhalten verpflichtet.[1] Eine Stimmrechtsvollmacht führt nicht zur Zurechnung der Anteile zum Bevollmächtigten;[2] die Stimmrechtsvollmacht für fremde Anteile reicht nach hM nicht aus.[3] 173

Treuhänder und Sicherungseigentümer. Nach der auch im Bereich der Organschaft zu beachtenden Zuordnungsregel des § 39 II Nr 1 S 2 AO[4] scheidet eine finanzielle Eingliederung in den Treuhänder bzw den Sicherungseigentümer aus. Die finanzielle Eingliederung in den Treu- bzw Sicherungsgeber ist dennoch möglich, sofern dieser in der Ausübung seiner Stimmrechte nicht beschränkt ist. 174

Verpfändung. Die unter Rn 174 beschriebenen Grundsätze gelten entsprechend für die Verpfändung und den Eigenbesitz der Anteile; nur dem Verpfänder bzw dem Eigenbesitzer können die Stimmrechte aufgrund des wirtschaftlichen Eigentums an den Anteilen zustehen;[5] ist er in ihrer Ausübung nicht eingeschränkt, kann eine finanzielle Eingliederung gegeben sein.[6] Gleiches gilt im Fall der Pfändung der Anteile im Wege der Zwangsvollstreckung.[7] 175

Pensionsgeschäfte. Bei Pensionsgeschäften kommt, je nachdem, welchem Beteiligten nach den allgemeinen Grundsätzen das wirtschaftliche Eigentum an den Anteilen zukommt, eine Eingliederung zum Pensionsgeber oder zum Pensionsnehmer in Betracht, jeweils vorausgesetzt der wirtschaftliche Eigentümer kann uneingeschränkt 176

---

1 BFH V R 50/00, BStBl II 2002, 167.
2 BFH IV R 125/92, BStBl II 1996, 5, 6; *Neumann* in Gosch § 14 Rn 129.
3 *Kolbe* in H/H/R § 14 Rn 103; *Neumann* in Gosch § 14 Rn 129; *Müller* in Müller/Stöcker, Die Organschaft, 2011, Rn 78; *Müller* in Mössner/Seeger § 14 Rn 103 (vgl dort auch Auseinandersetzung mit den aus BFH I R 123/74, BStBl II 1976, 510 entstandenen Zweifeln).
4 Zum Treuhandverhältnis BFH I R 39/06, BFH/NV 2008, 614 (NV).
5 Stehen diese zB tatsächlich dem Pfandgläubiger zu, erwachsen sie ihm nur aus einer Vereinbarung, nicht aber aus den Anteilen; vgl *Frotscher* in Frotscher/Maas § 14 Rn 222.
6 *Dötsch* in D/J/P/W § 14 Rn 121; *Neumann* in Gosch § 14 Rn 129, 133; *Frotscher* in Frotscher/Maas § 14 Rn 223.
7 *Kolbe* in H/H/R § 14 Rn 103; *Müller* in Müller/Stöcker, Die Organschaft, 2011, Rn 85. AA *Frotscher* in Frotscher/Maas § 14 Rn 224.

die Stimmrechte ausüben. Fallen wirtschaftliches Eigentum und Ausübungsrecht für die Stimmrechte auseinander, ist eine finanzielle Eingliederung zu keinem der Beteiligten möglich.[1]

177 **Wertpapierleihe.** Sind die Anteile Gegenstand einer Wertpapierleihe (dh eines Sachdarlehens iSd § 607 BGB; hierzu § 8b Rn 797 ff), gehen rechtliches und wirtschaftliches Eigentum – und damit auch die Stimmrechte – auf den Entleiher über, so dass eine finanzielle Eingliederung in diesem Fall nur zum Entleiher vorliegen kann.[2]

178 **Nießbrauch.** Bei Bestellung eines Nießbrauchs an den Anteilen bleibt der Nießbrauchbesteller idR wirtschaftlicher Eigentümer.[3] Eine Organschaft zu dem Nießbrauchbesteller dürfte jedoch an der Unvereinbarkeit des Nießbrauchs mit der Verpflichtung zur Abführung des ganzen Gewinns an den Organträger scheitern. Liegt das wirtschaftliche Eigentum an den Anteilen ausnahmsweise beim Nießbrauchberechtigten, hängt die Möglichkeit der finanziellen Eingliederung in diesen von der zivilrechtlich umstrittenen Frage[4] ab, ob der Nießbraucher stimmberechtigt sein kann.[5]

179 **Einfache Stimmrechtsmehrheit.** Die Möglichkeit, seinen Willen durch Mehrheitsbeschlüsse durchsetzen zu können, hat der Organträger bei einem Anteil der Stimmrechte von mehr als 50 % (einfache Mehrheit gem § 133 I AktG, § 47 I GmbHG). Etwas anderes gilt nur, wenn Satzung oder Gesellschaftsvertrag grundsätzlich eine höhere qualifizierte Mehrheit für Beschlüsse in der Organgesellschaft vorsehen, welche dann auch für die finanzielle Eingliederung maßgeblich ist.[6] Durch Gesetz (zB für Satzungsänderungen in § 179 II AktG) oder auch Satzung aufgestellte Erfordernisse einer qualifizierten Mehrheit für einzelne außergewöhnliche Beschlüsse sind unbeachtlich.[7] Schreibt die Satzung die qualifizierte Mehrheit jedoch auch für einen Teil der eher gewöhnlichen Beschlüsse vor, ist im Einzelfall nach dem Gesamtbild der Verhältnisse abzuwägen.[8] Eine qualifizierte Stimmrechtsmehrheit, die nur unter Zuhilfenahme eines Minderheitsgesellschafters erreicht werden kann, reicht nicht aus.

180 **Stimmrechtsmehrheit bei KGaA.** So wie eine KGaA Organgesellschaft nur beschränkt auf ihren aktienrechtlichen Teil sein kann (vgl Rn 55), bezieht sich auch das Erfordernis der finanziellen Eingliederung nur auf diesen Bereich. Der Organträger einer KGaA muss damit am Kommanditaktienkapital in einer solchen Weise beteiligt sein, dass ihm die Mehrheit der Stimmrechte im aktienrechtlichen Teil zusteht.[9]

181-185 *Einstweilen frei.*

---

1 *Frotscher* in Frotscher/Maas § 14 Rn 227.
2 *Neumann* in Gosch § 14 Rn 129; *Frotscher* in Frotscher/Maas § 14 Rn 228.
3 BFH VIII R 153/81, BStBl II 1983, 627; BFH VIII R 207/85, BStBl II 1992, 605.
4 *Bassenge* in Palandt § 1068 BGB Rn 3 lit a; *Pohlmann* in Müko BGB § 1068 BGB Rn 69 ff; *Hueck/Fastrich* in Baumbach/Hueck § 15 GmbHG Rn 53.
5 *Müller* in Müller/Stöcker, Die Organschaft, 2011, Rn 83; *Frotscher* in Frotscher/Maas § 14 Rn 225 f.
6 BFH V R 50/00, BStBl II 2002, 167.
7 Gleiches gilt für auf einzelne Geschäfte beschränkte Stimmrechtsverbote. Vgl *Neumann* in Gosch § 14 Rn 13; *Frotscher* in Frotscher/Maas § 14 Rn 210.
8 *Frotscher* in Frotscher/Maas § 14 Rn 210.
9 *Frotscher* in Frotscher/Maas § 14 Rn 213.

e) Zeitliche Voraussetzungen. Grundsatz. Die finanzielle Eingliederung in den Organträger muss von Beginn des WJ der Organgesellschaft an ununterbrochen bestehen (14 I S 1 Nr 1 S 1). **186**

Betrachtung je WJ. Das Vorliegen der finanziellen Eingliederung ist pro WJ zu beurteilen. Ein über die Dauer des gesamten jeweiligen WJ hinausgehendes zeitliches Erfordernis – etwa analog zur Mindestlaufzeit des Gewinnabführungsvertrags gem § 14 I S 1 Nr 3 S 1 – existiert nicht.[1] Vgl auch Rn 493. **187**

Ununterbrochenes Bestehen. Ununterbrochenes Bestehen der finanziellen Eingliederung bedeutet, dass die finanzielle Eingliederung von Beginn des WJ an unterbrechungsfrei bis zum Ende des WJ, bei welchem es sich auch um ein Rumpf-WJ handeln kann, gegeben ist (R 59 I S 2 und 3 KStR). **188**

Veräußerung der Organbeteiligung. Werden im Laufe des WJ der Organgesellschaft Anteile an dieser in einem solchen Umfang veräußert oder in anderer Weise übertragen, dass eine finanzielle Eingliederung der Organgesellschaft in den Organträger danach nicht mehr vorliegt, sind die Voraussetzungen des § 14 I S 1 Nr 1 S 1 nicht erfüllt, so dass für dieses WJ der Organgesellschaft die Organschaft ungeachtet der bis zum Veräußerungszeitpunkt oder ggf darüber hinaus bestehenden Gewinnabführungsverpflichtung (vgl zur Beendigung des Gewinnabführungsvertrags Rn 541 ff) nicht mehr anzuerkennen ist. In Einzelfällen kann diese Besteuerungsfolge gestalterisch genutzt werden, etwa um während der Organschaft nach § 15 S 1 Nr 1 bzw § 10a S 3 GewStG „eingefrorene" Verlustvorträge der Organgesellschaft noch zu nutzen und einem infolge der Anteilsübertragung ggf drohenden Untergang (§ 8c I, § 34 VI S 3 iVm § 8 IV aF) (teilweise) zu entziehen. Im Regelfall wird der Organträger jedoch ein Interesse am Fortbestand der Organschaft bis zum Veräußerungszeitpunkt haben. **189**

Bildung eines Rumpf-WJ auf den Veräußerungszeitpunkt. Ist eine Veräußerung zum Ende des regulären WJ der Organgesellschaft nicht gewünscht oder möglich, lässt sich ein Fortbestand der Organschaft bis zum Veräußerungszeitpunkt nur durch Umstellung des WJ mit Bildung eines auf den Veräußerungszeitpunkt endenden Rumpf-WJ erreichen. Hierbei sind zunächst die vom BFH aufgestellten Voraussetzungen für eine zivilrechtlich wirksame Umstellung des WJ zu berücksichtigen: Die Satzungsänderung ist vor Ablauf des angestrebten Rumpf-WJ zu beurkunden und in das Handelsregister einzutragen. Eine Rückwirkung kann eine erst nach diesem Zeitpunkt erfolgende Eintragung ins Handelsregister[2] und noch weniger ein erst nach diesem Zeitpunkt erfolgender Beschluss über die Satzungsänderung[3] nicht entfalten. Darüber hinaus bedarf die Umstellung des WJ auf einen vom Kalenderjahr abweichenden Zeitraum gem § 7 IV S 3 der Zustimmung des für die Organgesellschaft zuständigen Finanzamts, welche jedoch, wenn die Umstellung im Zusammenhang mit der Beendigung einer Organschaft erfolgt, zu erteilen ist (R 59 III S 1 KStR). **190**

---

1 Dötsch/Witt in D/J/P/W § 14 Rn 150; aA *Frotscher* in Frotscher/Maas § 14 Rn 277; *Müller* in Müller/Stöcker, Die Organschaft, 2011, Rn 824.
2 BFH I B 31/96, BFH/NV 1997, 378.
3 BFH I R 105/86, BFH/NV 1990, 326.

191 **Mitternachtsgeschäfte.** Veräußert der Organträger die Organbeteiligung an ein anderes gewerbliches Unternehmen „zum Ende" des WJ der Organgesellschaft, bedeutet dies, dass der Organträger das Eigentum an den Anteilen an der Organgesellschaft bis zum letzten Tag, 24:00 Uhr, des WJ der Organgesellschaft behält und das andere Unternehmen dieses Eigentum am ersten Tag, 0:00 Uhr, des anschließenden WJ der Organgesellschaft erwirbt. Folglich ist die Voraussetzung der finanziellen Eingliederung der Organgesellschaft beim bisherigen Organträger bis zum Ende des WJ der Organgesellschaft und beim Erwerber der Anteile von Beginn des anschließenden WJ der Organgesellschaft an erfüllt (R 59 II S 1 und 2 KStR). ME müssen die dem Wortlaut nach auf den Fall allein auf unmittelbaren Beteiligungen beruhender finanzieller Eingliederung zugeschnittenen Grundsätze („Mitternachtsgeschäfte") in den KStR in solchen Fällen entsprechende Anwendung finden, in denen die finanzielle Eingliederung in den bisherigen Organträger und/oder den potenziellen neuen Organträger ausschließlich oder auch unter Berücksichtigung mittelbarer Beteiligungen an der Organgesellschaft gegeben ist. Veräußerungsgegenstand können somit neben den oder an Stelle von unmittelbaren Anteilen an der Organgesellschaft auch Anteile an einer die mittelbare Beteiligung an der Organgesellschaft vermittelnden Gesellschaft sein, wobei auch in diesen Fällen stets das WJ der Organgesellschaft maßgeblich bleibt.

Beispiel

Die Gesellschaft M hält 100 % der Anteile an der Gesellschaft T, welche wiederum 80 % der Anteile an der Gesellschaft E hält. Zwischen M und E besteht Organschaft. Das WJ aller Gesellschaften entspricht dem Kalenderjahr. M möchte die Beteiligung an T zum 30.9. veräußern. M veranlasst T, das WJ der E auf den 30.9. umzustellen.

Auch in diesem Fall ist mE die Zustimmung zur Umstellung des WJ der E nach R 59 III S 1 KStR zu erteilen, da eine Fortsetzung der Organschaft zwischen M und E nach der Veräußerung der Anteile an T nicht mehr möglich ist und die Umstellung daher im Zusammenhang mit der Beendigung einer Organschaft steht. In entsprechender Anwendung von R 59 II S 1 und 2 KStR ist die Organschaft zwischen M und E bis zum 30.9. anzuerkennen.

Ebenso muss Veräußerer nicht zwingend der bisherige, Erwerber nicht zwingend der potenzielle neue Organträger selbst sein.

Beispiel

Wie zuvor, nur dass nun T die Beteiligung an E zum 30.9. veräußern möchte. T stellt das WJ der E auf den 30.9. um. Erwerber ist die Gesellschaft X, deren Gesellschafter Y so schnell wie möglich eine Organschaft mit der bisherigen Organgesellschaft begründen möchte.

Auch in diesem Fall ist mE die Zustimmung zur Umstellung des WJ der E nach R 59 III S 1 KStR zu erteilen, da eine Fortsetzung der Organschaft zwischen M und E nicht mehr möglich ist und die Umstellung daher im Zusammenhang mit der Beendigung einer Organschaft steht. In entsprechender Anwendung von R 59 II S 1

V. Sachliche Voraussetzungen der Organschaft

und 2 KStR ist die Organschaft zwischen M und E bis zum 30.9. anzuerkennen. Ebenso kann in entsprechender Anwendung von R 59 II S 1 und 2 KStR ab dem 1.10. eine Organschaft zwischen Y und E begründet werden. Ferner müssen die Grundsätze für Mitternachtsgeschäfte für den bisherigen Organträger unabhängig davon Anwendung finden, ob es sich bei dem Erwerber um ein gewerbliches Unternehmen (und damit um einen potenziellen Organträger) handelt oder nicht.

Bestimmung des Veräußerungszeitpunkts. Der Vereinbarung des Veräußerungszeitpunkts kommt damit besondere Bedeutung zu. Ist ein Fortbestand der finanziellen Eingliederung in den bisherigen Organträger bis zum Veräußerungszeitpunkt und zugleich eine unmittelbar anschließende finanzielle Eingliederung in den Erwerber oder einen potenziellen Organträger auf Erwerberseite gewünscht, lässt sich dieses Ergebnis außer mit der Formulierung „zum Ende des Wirtschaftsjahres der Organgesellschaft" auch mit der wohl eindeutigsten Formulierung „zum [letzter Tag des Wirtschaftsjahres], 24:00 Uhr / [Erster Tag des anschließenden Wirtschaftsjahres], 0:00 Uhr", aber auch mit der Formulierung „mit Ablauf des [letzter Tag des Wirtschaftsjahres/Bilanzstichtags]"[1] erreichen. Dagegen könnte mit der Formulierung „nach Ablauf des [letzter Tag des Wirtschaftsjahres/Bilanzstichtags]" die finanzielle Eingliederung in den Erwerber ab Beginn des anschließenden WJ scheitern[2]. Umgekehrt dürfte bei einer Formulierung „zum [letzter Tag des Wirtschaftsjahres], 23:59 Uhr" die finanzielle Eingliederung in den bisherigen Organträger während des gesamten WJ der Organgesellschaft gefährdet sein, selbst wenn sich die Rechtsprechung in anderem Zusammenhang bei dieser Formulierung schon großzügig gezeigt hat.[3]

Kein rückwirkender Veräußerungszeitpunkt. Für jedwede Vereinbarung über den Veräußerungszeitpunkt ist erforderlich, dass sie – wie auch der gesamte Vertrag über die Anteilsübertragung – vor dem gewünschten Veräußerungszeitpunkt wirksam wird. Steuerlich finden rückwirkende Verträge keine Anerkennung; auch zivilrechtlich verhilft die Festlegung eines in der Vergangenheit liegenden Veräußerungszeitpunkts nicht zu einer rückwirkenden Anteilsübertragung, sondern dient idR der Bestimmung des Kaufpreises der Gewinnbezugsrechte.[4]

Zeitliche Erfassung eines Veräußerungsgewinns bei „Mitternachtsgeschäften". Die Übertragung der für die finanzielle Eingliederung geltenden Grundsätze über „Mitternachtsgeschäfte" auf die Frage des Zeitpunkts der Gewinnrealisierung durch den Veräußerer und der Anschaffung durch den Erwerber würde Probleme bereiten, da es die „logische Sekunde", in der für Zwecke der finanziellen Eingliederung die Anteilsübertragung erfolgt, zwischen den Bilanzen zweier aufeinanderfolgender WJ aufgrund des zwingenden Bilanzzusammenhangs zwischen Schluss- und Anfangsbilanz nicht gibt. Stimmen die WJ von Veräußerer und/oder Erwerber mit dem der Organgesellschaft überein, ist die Frage, welchem zweier aufeinander folgender

---

1 BFH II R 33/97, BStBl II 2000, 2.
2 BFH II R 33/97, BStBl II 2000, 2.
3 Im Kontext der gewerbesteuerlichen erweiterten Grundstückskürzung BFH I R 89/03, BStBl II 2004, 108.
4 Dötsch/Witt in D/J/P/W § 14 Rn 153.

WJ eine im Schnittpunkt dieser Jahre erfolgende Anteilsübertragung bilanziell zuzuordnen ist, unter Würdigung aller Umstände des Einzelfalls, insbesondere des Veräußerungsvertrags, zu entscheiden.[1] Den wirtschaftlichen Gehalt der Beteiligung wird idR eine solche Bilanzierung wiedergeben, bei welcher der Abgang der Anteile und der Zugang des Veräußerungserlöses beim Veräußerer noch und der Zugang beim Erwerber schon in dem WJ ausgewiesen wird, zu dessen Ende die Veräußerung der Organbeteiligung erfolgt.[2]

195 **Erwerb einer Beteiligung zur Begründung einer Organschaft.** Werden Anteile an einer Kapitalgesellschaft im Laufe ihres WJ zur Begründung einer Organschaft erworben, kann die Voraussetzung der finanziellen Eingliederung in einen neuen Organträger frühestens im folgenden WJ erfüllt sein. Soll schon vor diesem Zeitpunkt eine Organschaft begründet werden, lässt sich dies nur durch eine wirksame Umstellung des WJ bereits in der Sphäre des Veräußernden (vgl Rn 190) erreichen. Weicht dieses neue WJ vom Kalenderjahr ab, ist die Zustimmung des für die Organgesellschaft zuständigen Finanzamts gem § 7 IV S 3 einzuholen, welche jedoch zu erteilen ist, da die Umstellung im Zusammenhang mit der Begründung einer Organschaft erfolgt (R 59 III S 1 KStR). Soll das WJ danach zwecks Anpassung an den Abschlussstichtag des Organkreises noch einmal umgestellt werden, ist auch hierfür eine nach § 7 IV S 3 erforderliche Zustimmung des Finanzamts zu erteilen; dies auch dann, wenn dadurch das WJ im selben VZ ein zweites Mal umgestellt wird (R 59 III S 2 und 3 KStR).

196 **Begründung einer neuen Organschaft iRe Mitternachtsgeschäfts.** Werden die Anteile an einer Kapitalgesellschaft iRe „Mitternachtsgeschäfts" bezogen auf den Beginn ihres WJ erworben (vgl Rn 191 f), fällt der Erwerbszeitpunkt mit dem Beginn des WJ der Organgesellschaft zusammen, so dass – Stimmrechtsmehrheit vorausgesetzt – die finanzielle Eingliederung als Voraussetzung für eine Organschaft bereits ab dem Erwerbszeitpunkt gegeben ist. Wird eine Organschaft tatsächlich begründet, so ist auch in diesem Fall eine nach § 7 IV S 3 erforderliche Zustimmung zu erteilen, wenn das WJ der Organgesellschaft nachfolgend noch einmal umgestellt werden soll, um es an den Abschlussstichtag des Organkreises anzupassen (R 59 III S 2 und 3 KStR).

197 **Unterjähriger Wechsel von mittelbarer in unmittelbare finanzielle Eingliederung.** Keine Unterbrechung der finanziellen Eingliederung liegt vor, wenn sich eine mittelbare finanzielle Eingliederung im Laufe des WJ der Organgesellschaft ohne zeitliche Lücke in eine unmittelbare finanzielle Eingliederung wandelt. Sofern zu jedem Zeitpunkt im WJ der Organgesellschaft die Voraussetzungen für eine finanzielle Eingliederung iSd § 14 I S 1 Nr 1 vorliegen, ist die finanzielle Eingliederung ununterbrochen gegeben.[3] Zu einer Wandlung in eine unmittelbare finanzielle Eingliederung kommt es, wenn eine Tochter- oder Enkelgesellschaft des Organträgers ihre Anteile an der Organgesellschaft auf den

---

1 BFH IV R 47/73, BStBl II 1974, 707
2 Frotscher in Frotscher/Maas § 14 Rn 280.
3 Abschn 49 S 8 KStR 1995. Unklar ist allerdings, warum dieser Satz nicht auch in R 57 KStR 2004 aufgenommen wurde. Für den Fall der Einbringung in die MG jedoch bestätigt durch BMF v 11.11.2011, BStBl I 2011, 1314, Rn Org.17.

V. Sachliche Voraussetzungen der Organschaft

Organträger überträgt, zB im Wege einer Veräußerung, einer Sachausschüttung, einer Abspaltung iSd § 123 II UmwG oder der Verschmelzung[1] dieser TG auf den Organträger. Bestand schon bisher eine Organschaft, setzt deren ununterbrochene Fortsetzung über die fortbestehende finanzielle Eingliederung hinaus allerdings voraus, dass der der bisherigen Organschaft zu Grunde liegende Gewinnabführungsvertrag durch den bisher mittelbar und nun unmittelbar beteiligten Organträger fortgesetzt werden kann. Bestand der Gewinnabführungsvertrag bisher schon zwischen der Organgesellschaft und dem mittelbar Beteiligten (Klammerorganschaft), ist dies der Fall.

Beispiel

Die Gesellschaft M hält 100 % der Anteile an der Gesellschaft T, welche wiederum 80 % der Anteile an der Gesellschaft E hält. Zwischen M und E besteht Organschaft. Im Laufe des WJ von E veräußert T die Beteiligung an E an M.

Die Organschaft zwischen M und E kann von der Veräußerung unberührt fortgesetzt werden, weil E während ihres gesamten WJ ununterbrochen in M finanziell eingegliedert ist, zunächst mittelbar, dann unmittelbar, und der zwischen M und E bestehende Gewinnabführungsvertrag fortgeführt werden kann.

Bestand die Organschaft bisher mit dem unmittelbar Beteiligten als Organträger, ist zu differenzieren:

Beispiel

Die Gesellschaft M hält 100 % der Anteile an der Gesellschaft T, welche wiederum 80 % der Anteile an der Gesellschaft E hält. Es besteht Organschaft zwischen T und E. Im Laufe des WJ von E überträgt T die Beteiligung an E an M im Wege der Veräußerung (Fall 1), alternativ im Wege der Abspaltung nach § 123 II UmwG (Fall 2).

Im Beispielsfall 1 kann die unterjährige Ersetzung des zwischen T und E bestehenden Gewinnabführungsvertrags durch einen neuen zwischen M und E abzuschließenden Gewinnabführungsvertrag einen Fortbestand der Organschaft nicht bewirken, da E dem Erfordernis der Abführung ihres ganzen Gewinns an ein einziges gewerbliches Unternehmen (§ 14 I S 1) in dem betreffenden WJ nicht mehr nachkommen könnte (vgl Rn 324). Ohne Bildung eines Rumpf-WJ könnte in dem WJ der Übertragung eine Organschaft weder zu T bestehen noch zu M begründet werden. Eine Fortsetzung des Gewinnabführungsvertrags und damit der bisherigen Organschaft ist dagegen möglich, wenn M im Wege der Gesamtrechtsnachfolge in die Vertragsposition von T eintritt, wie dies bei Umwandlungsvorgängen mit Gesamtrechtsnachfolge, wie zB der Verschmelzung oder, wie im Beispielsfall 2 der Abspaltung bei entsprechender Regelung im Spaltungsplan, der Fall ist.

Unterjähriger Wechsel von unmittelbarer in mittelbare finanzielle Eingliederung. Entsprechendes gilt bei unterjährigem Wandel einer unmittelbaren in eine mittelbare finanzielle Eingliederung, zB durch Veräußerung der Organbeteiligung an oder Einbringung in eine andere TG des Organträgers. Sind zu jedem Zeitpunkt im WJ der Organgesellschaft die Voraussetzungen für eine finanzielle Eingliederung iSd § 14 I S 1 Nr 1 erfüllt, ist die

---

1 Abschn 49 Beispiel 3 KStR 1995.

finanzielle Eingliederung ununterbrochen gegeben. Ein zwischen dem bislang unmittelbar und nun mittelbar Beteiligten und der Organgesellschaft bestehender Gewinnabführungsvertrag bleibt von dem Wechsel der finanziellen Eingliederung unberührt; die bisherige Organschaft kann – nunmehr als Klammerorganschaft – fortgesetzt werden.[1]

Beispiel

Die Gesellschaft M hält 80% der Anteile an den Gesellschaften T1 und T2. Zwischen M und T1 besteht Organschaft. Im Laufe des WJ von T1 veräußert M ihre Beteiligung an T1 an T2.

Die Organschaft zwischen M und T1 kann von der Veräußerung unberührt fortgesetzt werden, weil T1 während ihres gesamten WJ ununterbrochen in M finanziell eingegliedert ist, zunächst unmittelbar, dann mittelbar, und der zwischen M und E bestehende Gewinnabführungsvertrag fortgeführt werden kann.

Die Begründung einer Organschaft für das betreffende WJ mit dem nunmehr unmittelbar Beteiligten (ohne die Bildung eines Rumpf-WJ der Organgesellschaft) scheidet grundsätzlich aus.

Beispiel

Die Gesellschaft M hält 80% der Anteile an den Gesellschaften T1 und T2. Im Laufe des WJ von T1 veräußert M ihre Beteiligung an T1 an T2. Zwischen T1 und T2 soll eine Organschaft begründet werden. Zuvor hat eine Organschaft zwischen M und T1 bestanden (Fall 1) bzw nicht bestanden (Fall 2).

Die Begründung einer Organschaft mit T2 für das WJ von T1, in dem die Gesellschaft übertragen wird, scheidet aus. Zum einen erwirbt T2 erst unterjährig eine Beteiligung an T1, so dass eine finanzielle Eingliederung nicht während des gesamten WJ der Organgesellschaft gegeben sein kann (Beispielsfall 1 und 2). Besteht in dem betreffenden WJ ein Gewinnabführungsvertrag zwischen M und T1 (Beispielsfall 1), kommt hinzu, dass die T1 in dem betreffenden WJ nicht ihren ganzen Gewinn allein an den neuen Vertragspartner, dh T2, abführen und damit die Voraussetzung des § 14 I S 1 erfüllen könnte (vgl Rn 324).

Kommt es zu dem unterjährigen Wechsel von der unmittelbaren in die mittelbare finanzielle Eingliederung allerdings durch einen dem UmwStG unterliegenden Vorgang (Einbringung der Organbeteiligung im Wege der Sacheinlage (§§ 20, 24 UmwStG) oder des Anteilstauschs (§ 21 UmwStG)) mit Gesamtrechtsnachfolge (Ausgliederung nach § 123 III UmwG) oder Einzelrechtsnachfolge, ist zu untersuchen, inwieweit dem nunmehr unmittelbar Beteiligten die bisherige finanzielle Eingliederung des vormals unmittelbar und nunmehr mittelbar Beteiligten zuzurechnen ist (vgl Rn 203-207 und Rn 214-217). Besteht in dem betreffenden WJ ein Gewinnabführungsvertrag mit dem bislang unmittelbar und nunmehr mittelbar Beteiligten, kann der nunmehr unmittelbar Beteiligte im Falle einer Ausgliederung nach § 123 III UmwG und bei entsprechender Regelung im Spaltungsplan überdies in die Vertragsposition des bisher unmittelbar und nunmehr mittelbar Beteiligten eintreten und den Vertrag fortführen (vgl Rn 508-512).

---

1 Zur Einbringung BMF v 11.11.2011, BStBl I 2011, 1314, Rn Org.16.

V. Sachliche Voraussetzungen der Organschaft

Einstweilen frei. **199-202**

f) Finanzielle Eingliederung bei Übertragung der Organbeteiligung im Zuge **203**
der Umwandlung des Organträgers. Grundsatz. Geht eine Organbeteiligung als Teil des übertragenen Vermögens des bisherigen Organträgers im Wege der Verschmelzung, Aufspaltung, Abspaltung oder Ausgliederung auf einen anderen Rechtsträger über, ist eine im Verhältnis zwischen der Organgesellschaft und dem übertragenden Rechtsträger bestehende finanzielle Eingliederung isd § 14 I S 1 Nr 1 infolge des in § 12 III S 1 UmwStG angeordneten Eintritts des übernehmenden Rechtsträgers in die steuerliche Rechtsstellung dem übernehmenden Rechtsträger zuzurechnen.[1]

Verwaltungsauffassung und Rechtsprechung vor dem SEStEG. Die Finanzverwaltung teilte die unter Rn 203 dargestellte Auffassung in mehrfacher Hinsicht nur eingeschränkt. Von Anfang an wurde zwischen der Fortsetzung und der Neubegründung einer Organschaft durch den übernehmenden Rechtsträger unterschieden. Ging es um die Fortsetzung einer bisher zwischen dem übertragenden Rechtsträger und der Organgesellschaft bestehenden Organschaft durch den übernehmenden Rechtsträger, wurde eine Zurechnung der finanziellen Eingliederung bejaht.[2] Sollte hingegen zu dem übernehmenden Rechtsträger durch Abschluss eines Gewinnabführungsvertrags erstmals eine Organschaft begründet werden, sollten die Voraussetzungen des § 14 I S 1 Nr 1 im Ergebnis erst ab dem der Wirksamkeit der Umwandlung folgenden WJ der Organgesellschaft erfüllt sein können.[3] Eine solche Differenzierung war schon deshalb nicht zu rechtfertigen, da es sich bei der finanziellen Eingliederung um eine eigenständige Organschaftsvoraussetzung neben jener des Gewinnabführungsvertrags in § 14 I S 1 Nr 3 handelt, deren Erfüllung nicht in Abhängigkeit davon unterschiedlich beurteilt werden kann, auf welche Weise (Eintritt in bestehenden oder Abschluss eines neuen Vertrags) letztere Voraussetzung erfüllt wird.[4] Nachdem infolge des Wegfalls der wirtschaftlichen (vgl Rn 232 f) und der organisatorischen (vgl Rn 234 f) Eingliederung als Organschaftsvoraussetzungen ab dem VZ 2001 die „rückwirkende" erstmalige Begründung einer Organschaft zum übernehmenden Rechtsträger nicht mehr schon mit der These[5] abgelehnt werden konnte, diese Voraussetzungen seien tatsächlicher Art und daher nicht rückbeziehungsfähig, wurde seit 2003 diese Argumentation auf die finanzielle Eingliederung übertragen: Das Tatbestandsmerkmal der finanziellen Eingliederung sei tatsächlicher und nicht rechtlicher Art und daher nicht rückbeziehungsfähig.[6] **204**

---

1 Zur Einbringung iSd 20 UmwStG aF im Wege der Einzelrechtsnachfolge BFH I R 89/09, BStBl II 2011, 528; BFH I R 111/09, BFH/NV 2011, 67; zur Verschmelzung: FG Berlin-Brandenburg, 12 K 8015/05 B (rkr durch Rücknahme der Revision BFH I R 57/08), EFG 2008, 1664, wobei hier die Zurechnung der finanziellen Eingliederung schon mit der zivilrechtlichen Gesamtrechtsnachfolge nach dem UmwG begründet wurde.
2 BMF v 25.3.1998, BStBl I 1998, 268, Tz Org.02 und Org.03, Org.08.
3 BMF v 25.3.1998, BStBl I 1998, 268, Tz Org.05, ggf iVm Org.08.
4 Im Ergebnis auch BFH I R 111/09, BFH/NV 2011, 67.
5 BMF v 25.3.1998, BStBl I 1998, 268, Tz Org.05.
6 BMF v 26.8.2003, BStBl I 2003, 437, Rn 12; BMF v 24.5.2004, DStR 2004, 1000; OFD Frankfurt am Main v 21.11.2005, DStR 2006, 41.

Der BFH hat in den in Rn 203 genannten Entscheidungen ausdrücklich offengelassen, ob er dieser These oder der diese ablehnenden herrschenden Literaturauffassung folgt, da eine finanzielle Eingliederung in den übertragenden Rechtsträger dem übernehmenden Rechtsträger schon aufgrund der steuerlichen Rechtsnachfolge nach §§ 4 II S 3 bzw 12 III S 1 UmwStG aF (ggf iVm § 22 I, 24 IV Hs 1 UmwStG aF) zuzurechnen sei: Die Ausgliederung einer Mehrheitsbeteiligung mit nachfolgender erstmaliger Begründung einer Organschaft sei möglich, wenn seit dem Beginn des WJ eine finanzielle Eingliederung zunächst zum übertragenden Rechtsträger und anschließend zum übernehmenden Rechtsträger bestehe und dieses Erfordernis bis zum Ende des WJ aufrechterhalten bleibe. Seien die Voraussetzungen für eine finanzielle Eingliederung bei der übertragenden Körperschaft erfüllt, setze sich dies für die übernehmende Körperschaft fort. Das betreffe auch und gerade die im Streitfall in Rede stehende Anteilseinbringung, ohne dass es auf die Frage danach, ob die einzelnen Organschaftsvoraussetzungen – hier diejenige der finanziellen Eingliederung – bei isolierter Betrachtung einer Rückwirkung zugänglich sind, noch ankäme. Insbesondere bedürfe es keiner Begründung eines Organschaftsverhältnisses zur übertragenden Gesellschaft. Die Rechtsnachfolge der übernehmenden Körperschaft in die Position der übertragenden Körperschaft sei vielmehr eine umfassende (sog Fußstapfentheorie).[1]

205 **Verwaltungsauffassung nach dem SEStEG.** Im Geltungsbereich des SEStEG erkennt die Finanzverwaltung unter Verweis auf die in Rn 203 beschriebene BFH-Rechtsprechung grundsätzlich an, dass im Falle der Übertragung der Organbeteiligung im Wege der Verschmelzung, Aufspaltung, Abspaltung oder Ausgliederung des Vermögens des Organträgers eine im Verhältnis zwischen der Organgesellschaft und dem übertragenden Rechtsträger bestehende finanzielle Eingliederung dem übernehmenden Rechtsträger infolge des in § 12 III S 1 UmwStG angeordneten Eintritts in die steuerliche Rechtsstellung zuzurechnen ist; eine materielle Differenzierung zwischen der Fortsetzung einer bestehenden Organschaft durch und der erstmaligen Begründung einer Organschaft mit dem übernehmenden Rechtsträger erfolgt zutreffend nicht mehr.[2] Wenngleich im Erlass nicht ausdrücklich genannt, wird entsprechendes wohl grundsätzlich für sämtliche Umwandlungsvorgänge hinsichtlich des Organträgers gelten müssen, für welche das UmwStG eine steuerliche Rechtsnachfolge für den übernehmenden Rechtsträger anordnet, mithin auch für die

- Umwandlung einer Organträger-Körperschaft auf eine Personengesellschaft (§ 4 II S 1 UmwStG),

- Ausgliederung (§ 123 III UmwG) aus dem Vermögen eines Organträgers im Wege der Sacheinlage in eine Kapitalgesellschaft iSd § 20 UmwStG bzw des Anteilstauschs iSd § 21 UmwStG, sofern die Ausgliederung zu einem Wert unterhalb des gemeinen Werts erfolgt (§ 23 I iVm § 12 III S 1 UmwStG),

- Verschmelzung einer Organträger-Personengesellschaft auf eine Personengesellschaft sowie Ausgliederung (§ 123 III UmwG) aus dem Vermögen eines Organträgers auf eine Personengesellschaft, jeweils unter der Voraussetzung, dass der Vorgang zu einem Wert unterhalb des gemeinen Werts erfolgt (§ 24 IV Hs 1 iVm § 23 I iVm § 12 III S 1 UmwStG).

---

1 BFH I R 111/09, BFH/NV 2011, 67.
2 BMF v 11.11.2011, BStBl I 2011, 1314, Rn Org.02, Org.03, Org.06, Org.07, Org.08.

V. Sachliche Voraussetzungen der Organschaft

Die finanzielle Eingliederung in den übernehmenden Rechtsträger soll ungeachtet der Zurechnung einer im Verhältnis zum übertragenden Rechtsträger bestehenden finanziellen Eingliederung allerdings nur dann vom Beginn des WJ der Organgesellschaft an vorliegen können, wenn dem übernehmenden Rechtsträger zB nach §§ 2, 20 V und VI oder § 24 IV UmwStG auch die Beteiligung an der Organgesellschaft rückwirkend zum Beginn des WJ der Organgesellschaft zuzurechnen ist. Von den Umwandlungsvorgängen ausgenommen wird damit ein unter § 21 UmwStG (Anteilstausch) zu subsumierender Fall der Ausgliederung der Organbeteiligung in eine Kapitalgesellschaft, da § 21 UmwStG eine Rückbeziehungsmöglichkeit nicht vorsieht. Nicht ausgenommen ist dagegen die Übertragung der Organbeteiligung iRd Ausgliederung eines Teilbetriebs auf eine Kapitalgesellschaft, zu dessen funktional wesentlichen Betriebsgrundlagen die Organbeteiligung gehört, sofern von der in diesem Fall bestehenden Möglichkeit der steuerlichen Rückbeziehung in § 20 VI UmwStG Gebrauch gemacht wird.

Kritik an der Verwaltungsauffassung. ME ist zweifelhaft, ob sich das über die steuerliche Rechtsnachfolge hinausgehende Erfordernis der Rückbeziehung des Umwandlungsvorgangs mit der BFH-Rechtsprechung in Einklang bringen lässt. Der BFH hat nicht entschieden, dass die zivilrechtlich bis zur Wirksamkeit der Umwandlung in die Übertragerin finanziell eingegliederte Organgesellschaft steuerlich bereits im Rückwirkungszeitraum als in die Übernehmerin eingegliedert gilt (vgl Rn 204). Der BFH geht von der finanziellen Eingliederung zunächst in den übertragenden und dann in den übernehmenden Rechtsträger aus, wobei die erste finanzielle Eingliederung durch den übernehmenden Rechtsträger aufgrund der steuerlichen Rechtsnachfolge (§§ 4 II S 1, 12 III S 1 UmwStG) lediglich fortgesetzt wird. Diese Fortsetzung der finanziellen Eingliederung setzt damit die Möglichkeit eines steuerlichen Rückbezugs des Vermögensvorgangs nicht voraus. Darüber hinaus gewährt die steuerliche Rechtsnachfolge auch bei dem durch die Finanzverwaltung ausgeschlossenen Fall des Anteilstauschs iSd § 21 UmwStG eine Besitzzeitanrechnung für Gegenstände des übertragenen Vermögens unabhängig davon, ob das Vermögen mit steuerlicher Rückwirkung auf den übernehmenden Rechtsträger hätte übertragen werden können (§ 23 I iVm § 21 I S 2 UmwStG). Schließlich vermag das Ergebnis der Verwaltung auch vor dem Hintergrund nicht zu überzeugen, dass Kapital- und Personengesellschaften als Organträger gleichermaßen in Frage kommen. Erwirbt eine Personengesellschaft die potenzielle Organbeteiligung im Wege der Ausgliederung, wird ihr innerhalb des Konzepts der Verwaltung eine im Verhältnis zum übertragenden Rechtsträger gegebene finanzielle Eingliederung bei entsprechender Rückbeziehung (§ 24 IV Hs 2 UmwStG) rückwirkend mit der Folge zugerechnet, dass eine Organschaft zur Personengesellschaft schon im Erwerbsjahr möglich ist. Erwirbt stattdessen eine Kapitalgesellschaft in gleicher Weise diese potenzielle Organbeteiligung, soll ihr diese Zurechnung mangels Rückbeziehungsmöglichkeit versagt werden, es sei denn, die Ausgliederung umfasst einen ganzen Teilbetrieb für welchen die potenzielle Organbeteiligung – aus organschaftsrechtlicher Sicht eher zufällig – eine funktional wesentliche Betriebsgrundlage darstellt.[1]

---

[1] BMF v 11.11.2011, BStBl I 2011, 1314, Rn Org.08 versus Rn Org.14.

207 **Keine Bedeutung des steuerlichen Übertragungsstichtags.** Vor dem Hintergrund des unter Rn 206 Gesagten ist damit im Fall einer rückwirkenden Umwandlung des Organträgers ebenso wenig erforderlich, dass der steuerliche Übertragungsstichtag so bemessen ist, dass dem übernehmenden Rechtsträger die Organbeteiligung bereits zu Beginn des WJ der Organgesellschaft zuzurechnen ist. Bei einer – bezogen auf das WJ der Organgesellschaft – unterjährigen Umwandlung des Organträgers ist eine Fortsetzung der finanziellen Eingliederung ebenso möglich.[1]

208 **Formwechsel des Organträgers.** Der Formwechsel des Organträgers im Laufe des WJ der Organgesellschaft lässt eine seit Beginn des WJ der Organgesellschaft bestehende finanzielle Eingliederung mE völlig unberührt. Da der Formwechsel identitätswahrend erfolgt, stellt sich die Frage der Zurechnung einer im Verhältnis zu einem übertragenden Rechtsträger gegebenen finanziellen Eingliederung der Organbeteiligung zu einem übernehmenden Rechtsträger nicht. Die in § 9 S 1 bzw § 25 S 1 UmwStG angeordnete entsprechende Anwendung der Vorschriften für eine Vermögensübertragung ändert hieran nichts. Ebenso ist unerheblich, ob von der Möglichkeit der Rückbeziehung des Formwechsels für steuerliche Zwecke (§ 9 S 3 UmwStG bzw § 25 S 2 iVm § 9 S 3 UmwStG) in der Weise Gebrauch gemacht wird, dass dem Organträger steuerlich schon im neuen Rechtskleid die Beteiligung an der Organgesellschaft zu Beginn ihres WJ zuzurechnen ist.[2]

209 **Anwachsung der Organträger-Personengesellschaft.** Wächst das Vermögen einer Personengesellschaft infolge des Ausscheidens des vorletzten Gesellschafters auf den letzten verbliebenen Gesellschafter nach § 738 I S 1 BGB an, wird dieser Gesamtrechtsnachfolger der Personengesellschaft; neben einer im Gesamthandsvermögen der Personengesellschaft befindlichen Beteiligung an einer Tochterkapitalgesellschaft geht auch ein von der Personengesellschaft mit dieser abgeschlossener Gewinnabführungsvertrag auf den letzten Gesellschafter über.[3] Bestand bereits seit Beginn des WJ der Organgesellschaft eine mittelbare finanzielle Eingliederung der TG in den übernehmenden Gesellschafter der Personengesellschaft, wandelt sich diese im Laufe des WJ der Organgesellschaft lediglich in eine unmittelbare; die TG ist damit ununterbrochen in den übernehmenden Gesellschafter finanziell eingegliedert (vgl Rn 197). Bestand zuvor eine Organschaft mit der Personengesellschaft als Organträger, kann diese nahtlos durch den übernehmenden Gesellschafter als Organträger fortgesetzt werden[4] bzw es kann bereits für das betreffende WJ mit dem übernehmenden Gesellschafter als Organträger auch erstmals eine Organschaft begründet werden.[5] War vor der Anwachsung keine mittelbare finanzielle Eingliederung in den übernehmenden Rechtsträger seit Beginn des WJ der Organgesellschaft gegeben, ist strittig, ob die Rechtsnachfolge des übernehmenden Gesellschafters steuerlich so weit reicht, dass dieser hinsichtlich einer finanziellen Ein-

---

1 AA BMF v 11.11.2011, BStBl I 2011, 1314, Rn Org.02, Org.03, Org.06, Org.07, Org.08.
2 AA BMF v 11.11.2011, BStBl I 2011, 1314, Rn Org.10 unter Verweis auf Rn Org.02 und Org.03.
3 *Neumann* in Gosch § 14 Rn 291; *Frotscher* in Frotscher/Maas § 14 Rn 688; *Walter* in EY § 14 Rn 364; *Erle/Heurung* in Erle/Sauter § 14 Rn 774; *Orth*, DStR 2005, 1629, 1631; *Haase*, IStR 2006, 855, 858. AA *Blumenberg* in Herzig, Organschaft, 2003, S 250, 259; *Herlinghaus*, FR 2004, 974, 978.
4 *Orth*, DStR 2005, 1629, 1631; *Haase*, IStR 2006, 855, 857 f.
5 Wohl ebenso BMF v 11.11.2011, BStBl I 2011, 1314, Rn Org.18.

gliederung iSd § 14 I S 1 Nr 1 der Tochterkapitalgesellschaft in die Personengesellschaft in die Rechtsstellung der Personengesellschaft eintritt (also eine bis zur Anwachsung im Verhältnis zur Personengesellschaft gegebene finanzielle Eingliederung dem übernehmenden Gesellschafter zuzurechnen ist).[1] Mittlerweile bejaht die Finanzverwaltung eine solche Zurechnung der finanziellen Eingliederung in Fällen, in denen die Anwachsung Folge einer übertragenden Umwandlung (zB Verschmelzung der beiden letzten Gesellschafter der Personengesellschaft) mit steuerlicher Rückwirkung (vermutlich auf den Beginn des WJ der Organgesellschaft) ist. Ist die Anwachsung dagegen Folge einer Übertragung, für die die steuerliche Rückwirkung nach dem UmwStG nicht gilt (zB Veräußerung der Mitunternehmerbeteiligung an den letzten Gesellschafter), sei die Beteiligung an der Organgesellschaft dem verbleibenden Gesellschafter erst mit Übergang des wirtschaftlichen Eigentums zuzurechnen; zu einer Zurechnung der zuvor im Verhältnis zur Personengesellschaft gegebenen finanziellen Eingliederung soll es in diesem Fall wohl nicht kommen.[2] Dieses ist fragwürdig, denn in beiden Varianten kommt dieselbe steuerliche Rechtsnachfolge (aus der Anwachsung) zum Tragen; differenziert wird allein nach der Rückbeziehungsfähigkeit des Vorgangs. Nach der hier vertretenen Auffassung kommt es für die steuerliche Zurechnung einer im Verhältnis zum übertragenden Rechtsträger gegebenen finanziellen Eingliederung zum übernehmenden Rechtsträger auf die steuerliche Rückbeziehung des Übertragungsvorgangs nicht an (vgl Rn 206).

Einstweilen frei. 210-213

g) Übertragung der Organbeteiligung im Wege der Einbringung mit Einzelrechtsnachfolge. Fortsetzung einer Organschaft mit dem Einbringenden. Wird die Beteiligung an einer Kapitalgesellschaft im Laufe ihres WJ durch Einbringung im Wege der Einzelrechtsnachfolge auf einen anderen Rechtsträger übertragen, bleibt eine seit Beginn des WJ der Kapitalgesellschaft im Verhältnis zum Einbringenden bestehende finanzielle Eingliederung davon unberührt, sofern nach der Einbringung die Voraussetzungen des § 14 I S 1 Nr 1 S 2 erfüllt sind (vgl Rn 198). Eine zum Einbringenden bestehende Organschaft kann fortgesetzt[3] oder auch für dieses WJ der eingebrachten Kapitalgesellschaft erstmals begründet werden. 214

Begründung einer Organschaft mit dem übernehmenden Rechtsträger. Grundsatz. Im Verhältnis zum übernehmenden Rechtsträger stellt sich die Frage der finanziellen Eingliederung allein mit Blick auf die Begründung einer Organschaft zu diesem. Die Fortsetzung einer zum Einbringenden bestehenden Organschaft durch den übernehmenden Rechtsträger scheidet aus, da letzterer – anders als im Fall der Ausgliederung iSd § 123 III UmwG mit Gesamtrechtsnachfolge – nicht in einen zwischen der Kapitalgesellschaft und dem Einbringenden geschlossenen Gewinnabführungsvertrag eintreten kann. Hinsichtlich der Zurechnung einer zum Einbringenden bestehenden finanziellen Eingliederung zum übernehmenden Rechtsträger ist nach der Rechtsform des übernehmenden Rechtsträgers zu unterscheiden. 215

---

1 Wohl bejahend: *Neumann* in Gosch § 14 Rn 90; aA *Frotscher* in Frotscher/Maas § 14 Rn 688; *Dötsch*, Ubg 2011, 20, 25 f.
2 BMF v 11.11.2011, BStBl I 2011, 1314, Rn Org.18.
3 BMF v 11.11.2011, BStBl I 2011, 1314, Rn Org.16.

216 **Einbringung in eine Kapitalgesellschaft.** Für die Rechtslage vor SEStEG ist durch die Rechtsprechung entschieden, dass dem übernehmenden Rechtsträger infolge des in § 12 III S 1 UmwStG aF iVm § 22 I und § 4 II S 3 UmwStG aF angeordneten Eintritts in die steuerliche Rechtsstellung des Einbringenden eine im Verhältnis zum Einbringenden seit Beginn des WJ der Kapitalgesellschaft gegebene finanzielle Eingliederung zuzurechnen ist. Die Einbringung einer Mehrheitsbeteiligung mit nachfolgender erstmaliger Begründung einer Organschaft mit dem übernehmenden Rechtsträger ist damit möglich, wenn seit dem Beginn des WJ eine finanzielle Eingliederung zunächst zum übertragenden Rechtsträger und anschließend zum übernehmenden Rechtsträger besteht und dieses Erfordernis bis zum Ende des WJ aufrechterhalten bleibt (vgl ausführlich Rn 203 f).[1]

Im Geltungsbereich des SEStEG erkennt die Finanzverwaltung die Zurechnung einer im Verhältnis zum übertragenden Rechtsträger gegebenen finanziellen Eingliederung zum übernehmenden Rechtsträger zwar grundsätzlich an; eine ununterbrochene finanzielle Eingliederung seit Beginn des WJ der Organgesellschaft soll aber nur dann vorliegen, wenn dem übernehmenden Rechtsträger auch die Beteiligung an der Organgesellschaft steuerlich rückwirkend zum Beginn des WJ der Organgesellschaft zuzurechnen ist. Demnach soll bei Einbringung einer die Mehrheit der Stimmrechte gewährenden Beteiligung an einer Tochterkapitalgesellschaft in eine Kapitalgesellschaft eine Organschaft zum übernehmenden Rechtsträger mangels Rückbeziehungsmöglichkeit eines Anteilstauschs (§ 21 UmwStG) erst ab dem Beginn des auf die Einbringung folgenden WJ der eingebrachten Kapitalgesellschaft möglich sein.[2] Erfolgt die Übertragung der Tochterkapitalgesellschaft iRd Einbringung eines Teilbetriebs, zu deren funktional wesentlichen Betriebsgrundlagen die Beteiligung an der Tochterkapitalgesellschaft gehört (Einbringung iSd § 20 UmwStG), soll dagegen wegen der in § 20 V und VI UmwStG gegebenen Rückbeziehungsmöglichkeit eine gegenüber dem übertragenden Rechtsträger bestehende finanzielle Eingliederung ab dem steuerlichen Übertragungsstichtag dem übernehmenden Rechtsträger zuzurechnen sein.[3] Vgl zur Kritik an der Differenzierung nach der Rückbeziehungsfähigkeit des Vorgangs bereits Rn 205 ff. Ausschlaggebend ist nach hier vertretener Auffassung allein die steuerliche Rechtsnachfolge, welche bei Einbringungen iSd § 20 UmwStG wie auch beim Anteilstausch iSd § 21 UmwStG nach § 23 I iVm § 12 III S 1 UmwStG gegeben ist, sofern die Einbringung zu einem Wert unterhalb des gemeinen Werts erfolgt.

217 **Einbringung in eine Personengesellschaft.** Bei Einbringung einer die Mehrheit der Stimmrechte gewährenden Beteiligung an einer Tochterkapitalgesellschaft in eine Personengesellschaft im Wege der Einzelrechtsnachfolge wird die Finanzverwaltung nach den unter Rn 205 und 216 dargestellten Grundsätzen die Zurechnung einer seit Beginn des WJ der eingebrachten Tochterkapitalgesellschaft im Verhältnis zum übertragenden Rechtsträger bestehenden finanziellen Eingliederung zum über-

---

1 BFH I R 89/09, BStBl II 2011, 528; BFH I R 111/09, BFH/NV 2011, 67.
2 BMF v 11.11.2011, BStBl I 2011, 1314, Rn Org.15.
3 BMF v 11.11.2011, BStBl I 2011, 1314, Rn Org.14.

nehmenden Rechtsträger regelmäßig verweigern: Wird das eingebrachte Vermögen in der Bilanz der Personengesellschaft einschließlich Ergänzungsbilanzen mit einem Wert unterhalb des gemeinen Werts angesetzt, tritt die Personengesellschaft zwar steuerlich in die Rechtsstellung des Einbringenden ein (§ 12 III S 1 UmwStG iVm § 23 I UmwStG iVm § 24 IV Hs 1 UmwStG); die Möglichkeit der Rückbeziehung der Einbringung ist jedoch der Einbringung mit Gesamtrechtsnachfolge (hier der Ausgliederung iSd § 123 III UmwG) vorbehalten (§ 24 IV Hs 2 UmwStG). Auf die Rückbeziehungsfähigkeit kommt es nach hier vertretener Auffassung jedoch nicht an (vgl bereits Rn 205 ff).

Einstweilen frei. 218-220

h) Entstehung einer Organgesellschaft durch Formwechsel. Eine durch Formwechsel aus einer Personengesellschaft gemäß §§ 190 ff, 214 ff UmwG zivilrechtlich im Laufe ihres WJ entstehende Kapitalgesellschaft kann rückwirkend vom Beginn dieses WJ (der vormaligen Personengesellschaft) an Organgesellschaft sein, wenn sie zu diesem Zeitpunkt aufgrund der steuerlichen Rückbeziehung des Formwechsels nach § 25 S 1 iVm § 20 VI S 3 UmwStG steuerlich bereits als Kapitalgesellschaft gilt und die Voraussetzung der finanziellen Eingliederung nach § 14 I S 1 Nr 1 tatsächlich (noch bezogen auf die Beteiligung an der Personengesellschaft) bereits zu Beginn dieses WJ erfüllt war.[1] 221

Einstweilen frei. 222

i) Entstehung von Anteilen an einer Organgesellschaft durch Einbringung iSd § 20 UmwStG. Einbringung zur Neugründung. Wird aus dem Vermögen eines Rechtsträgers iRe Einbringung nach § 20 UmwStG – sei es im Wege der Ausgliederung iSd § 123 III UmwG oder im Wege der Einzelrechtsnachfolge – mit steuerlicher Rückwirkung ein Teilbetrieb in eine Kapitalgesellschaft zur Neugründung eingebracht, ist eine finanzielle Eingliederung iSd § 14 I S 1 Nr 1 in den Einbringenden ab dem steuerlichen Übertragungsstichtag gegeben. Eine Organschaft zum Einbringenden kann erstmals für das unmittelbar nach dem steuerlichen Übertragungsstichtag beginnende WJ der Kapitalgesellschaft begründet werden.[2] 223

Beispiel

Die Gesellschaft M bringt im Juni 02 einen Teilbetrieb zur Neugründung der Gesellschaft T ein. Die Gesellschaft T entsteht mit Eintragung der Kapitalerhöhung im Handelsregister im August 02. Steuerlich wird als Übertragungsstichtag der 31.12.01 gewählt.

Der Umstand, dass T am 31.12.01 zivilrechtlich noch nicht bestanden hat, steht der Rückbeziehung der Einbringung auf diesen Zeitpunkt nicht entgegen.[3] Steuerlich entsteht T mit Ablauf des 31.12.01; im selben Zeitpunkt werden die

---

1 BFH I R 55/02, BStBl II 2004, 534. AA bis dahin BMF v 25.3.1998, BStBl I 1998, 268, Tz Org.05, Org.18 ggf iVm BMF v 26.8.2003, BStBl I 2003, 437, Rn 12. Rechtsgrundsätze der BFH für diesen Fall angenommen durch BMF v 24.5.2004, BStBl I 2004, 549; bestätigt für Rechtsnachlage nach SEStEG durch BMF v 11.11.2011, BStBl I 2011, 1314, Rn Org.25.
2 BFH I R 89/09, BStBl II 2011, 528.
3 BMF v 11.11.2011, BStBl I 2011, 1314, Rn 20.15 iVm Rn 02.11.

von *T ausgegebenen Anteile M zugerechnet (§ 20 V S 1 UmwStG). Ab dem 1.1.02 ist T damit in M finanziell eingegliedert, so dass durch den Abschluss eines noch im WJ 02 wirksam werdenden Gewinnabführungsvertrags auch das im Rückwirkungszeitraum von T steuerlich erzielte Ergebnis der Organschaftsbesteuerung unterworfen werden kann.*

Die Finanzverwaltung hatte dies entgegen der hM[1] stets mit dem Argument abgelehnt, die Organschaftsvoraussetzung der finanziellen Eingliederung sei als tatsächliche (und nicht rechtliche) Tatbestandsvoraussetzung nicht rückbeziehungsfähig.[2] Diese Frage hielt der BFH jedoch für bedeutungslos. Das übergehende Vermögen sei bereits vor der Umwandlung tatsächlich in den einbringenden Rechtsträger eingegliedert gewesen (Teilbetrieb als „stärkste Form der Eingliederung"[3]); über den in § 12 III S 1 iVm 23 I UmwStG bei einem Ansatz des übernommenen Vermögens unterhalb des gemeinen Werts angeordneten Eintritt in die steuerliche Rechtsstellung des Einbringenden bezüglich des übergegangenen Vermögens setze sich diese Eingliederung für die neu entstehende Kapitalgesellschaft fort.[4] Diesen Rechtsgrundsätzen schließt sich die Finanzverwaltung mittlerweile grundsätzlich an: Eine Organschaft zwischen dem übertragenden und dem übernehmenden Rechtsträger könne grundsätzlich bereits ab dem steuerlichen Übertragungsstichtag begründet werden; weitere Voraussetzung hierfür sei – unter Verweis auf Rn 20.14 des Umwandlungssteuererlasses[5] und die BFH-Rechtsprechung[6] – jedoch, dass das eingebrachte Vermögen dem übertragenden Rechtsträger zum Einbringungszeitpunkt auch steuerlich zuzurechnen war.[7] Zweck und Bedeutung letzterer Einschränkung bleiben im Dunkeln: Die in Bezug genommene Rn 20.14 schränkt mit dem neuen Erfordernis, dass die Betriebs- bzw Teilbetriebsvoraussetzungen bereits am steuerlichen Übertragungsstichtag vorgelegen haben müssen, nicht die steuerliche Zurechnung eingebrachten Vermögens zum Einbringenden zum Einbringungszeitpunkt, sondern vielmehr die Wahl des steuerlichen Einbringungszeitpunkts ein. Zur rückwirkenden Einbringung dem Einbringenden steuerlich nicht zuzurechnenden Vermögens kann es damit nicht kommen. Auch aus dem Verweis auf die BFH-Rechtsprechung ergibt sich mE keine Einschränkung, da diese sich zu der Frage der Zurechnung des eingebrachten Vermögens zum Einbringenden nicht äußert.

224 **Einbringung zur Aufnahme.** Zutreffend beschränkt die Finanzverwaltung die in Rn 223 dargestellten Grundsätze nicht auf Einbringungsvorgänge zur Neugründung.[8] Sie finden entsprechende Anwendung auf Einbringungen iSd § 20 UmwStG zur Aufnahme durch eine im Rückwirkungszeitraum durch den Einbringenden gegründete[9]

---

1 Vgl Nachweis in BFH I R 89/09, BStBl II 2011, 528, zu II. 2. b).
2 BMF v 25.3.1998, BStBl I 1998, 268, Tz Org.05 iVm BMF v 26.8.2003, BStBl I 2003, 437, Rn 12; BMF v 24.5.2004, DStR 2004, 1000.
3 Ua *Frotscher* in Frotscher/Maas § 14 (Lfg 11/2009) Rn 89a.
4 BFH I R 89/09, BStBl II 2011, 528.
5 BMF v 11.11.2011, BStBl I 2011, 1314.
6 BFH I R 89/09, BStBl II 2011, 528.
7 BMF v 11.11.2011, BStBl I 2011, 1314, Rn Org.13.
8 BMF v 11.11.2011, BStBl I 2011, 1314, Rn Org.13. Anders noch der Entwurf des Erlasses für Zwecke der Verbandsanhörung vom 2.5.2011, Rn Org.11.
9 So im Ergebnis auch FG Köln 13 K 416/10, EFG 2010, 2029, rkr nach Rücknahme der Revision I R 84/10.

oder – zB im Wege des Kaufs – erworbene Kapitalgesellschaft. Dies allerdings unter der Voraussetzung, dass allein die im Zuge der Einbringung gewährten und dem Einbringenden auf den steuerlichen Einbringungszeitpunkt zuzurechnenden Anteile bereits eine finanzielle Eingliederung der aufnehmenden Kapitalgesellschaft in den Einbringenden iSd § 14 I S 1 Nr 1 gewährleisten.

Anteilstausch iSd § 21 UmwG. Für einen Anteilstausch iSd § 21 UmwStG zur Neugründung einer Kapitalgesellschaft haben die in Rn 223 f gemachten Ausführungen keine Bedeutung. Zwar würde auch hier gelten, dass das übergehende Vermögen (die eingebrachten Anteile) bereits vor der Umwandlung tatsächlich in den einbringenden Rechtsträger eingegliedert gewesen ist und sich diese Eingliederung für die neu entstehende Kapitalgesellschaft über die steuerliche Rechtsnachfolge iSd § 12 III S 1 iVm 23 I UmwStG fortsetzt. Da für den Anteilstausch eine steuerliche Rückbeziehungsmöglichkeit entsprechend § 20 V und VI UmwStG jedoch nicht vorgesehen ist,[1] existieren vor dem Zeitpunkt der Übertragung des wirtschaftlichen Eigentums an den eingebrachten Anteile auch steuerlich keine Anteile am übernehmenden Rechtsträger, deren Eignung zur Begründung einer finanziellen Eingliederung schon vor diesem Zeitpunkt zu beurteilen wäre, und auch kein Einkommen des übernehmenden Rechtsträgers, für welches sich die Frage einer Einbeziehung in eine Organschaftsbesteuerung stellen könnte. Eine finanzielle Eingliederung der neu entstehenden Kapitalgesellschaft in den Einbringenden kann damit frühestens ab dem Zeitpunkt des Übergangs des wirtschaftlichen Eigentums an den eingebrachten Anteilen bestehen. Eine Organschaft kann erstmals für das darauf folgende WJ des übernehmenden Rechtsträgers begründet werden. Entsprechendes gilt für den Anteilstausch zur Aufnahme durch eine vom Einbringenden gegründete oder erworbene Kapitalgesellschaft; erst ab dem Übergang des wirtschaftlichen Eigentums der eingebrachten Anteile können die im Zuge der Einbringung durch den übernehmenden Rechtsträger ausgegebenen Anteile für die Frage seiner finanziellen Eingliederung in den Einbringenden berücksichtigt werden.

Einstweilen frei. 226-229

2. Wirtschaftliche und organisatorische Eingliederung (bis VZ 2000). Grundsatz. Bis zum VZ 2000 forderte das Gesetz neben der finanziellen Eingliederung, dass die Organgesellschaft vom Beginn ihres WJ an nach dem Gesamtbild der tatsächlichen Verhältnisse 230

- wirtschaftlich (vgl Rn 232 f) und
- organisatorisch (vgl Rn 234 f)

in das Unternehmen des Organträgers eingegliedert ist (§ 14 I Nr 2 S 1 aF). § 14 I Nr 2 wurde durch das StSenkG mit Wirkung ab dem VZ 2001 abgeschafft.

---

[1] BMF v 11.11.2011, BStBl I 2011, 1314, Rn 21.17. Zur Diskussion, ob ein im Wege der Ausgliederung nach § 123 III UmwG erfolgender Anteilstausch sich wegen der in diesem Fall erforderlichen Übertragungsbilanz nach § 17 II UmwG auf eine Rückbeziehung nach § 2 UmwStG berufen könnte, vgl *Stengel*, DB 2008, 2329.

231 **GewStG.** Die wirtschaftliche und die organisatorische Eingliederung waren gleichermaßen Voraussetzung für die gewerbesteuerliche Organschaft (§ 2 II S 2 GewStG aF). Hier entfielen diese Organschaftsvoraussetzungen erst mit der Anpassung der gewerbesteuerlichen an die körperschaftsteuerlichen Organschaftsvoraussetzungen im Zuge des UntStFG und mit Wirkung ab dem Erhebungszeitraum 2002.

232 **Wirtschaftliche Eingliederung. Grundsatz.** Unter der wirtschaftlichen Eingliederung der Organgesellschaft in den Organträger iSd § 14 Nr 2 S 1 aF ist nach der Rechtsprechung eine wirtschaftliche Zweckabhängigkeit eines beherrschten Unternehmens von dem beherrschenden Unternehmen zu verstehen.[1] Hierbei muss das herrschende Unternehmen eigene gewerbliche Zwecke verfolgen, die iRd Organkreises nicht von untergeordneter Bedeutung sind[2] und denen sich das beherrschte Unternehmen iSe Zweckabhängigkeit unterordnen kann. Das beherrschte Unternehmen seinerseits muss den gewerblichen Zwecken des herrschenden Unternehmens dienen, dh iSe eigenen wirtschaftlichen Unselbständigkeit die gewerblichen Zwecke des herrschenden Unternehmens fördern oder ergänzen und dabei nach Art einer unselbständigen Geschäftsabteilung des herrschenden Unternehmens auftreten.[3] Beide Unternehmen müssen somit nach einer einheitlichen Gesamtkonzeption geführt werden, ohne allerdings dabei dem gleichen Geschäftszweig angehören zu müssen.[4] Ob diese Voraussetzungen erfüllt sind, ist nach dem Gesamtbild der tatsächlichen Verhältnisse zu beurteilen.[5] An der geforderten wirtschaftlichen Zweckabhängigkeit fehlt es zB, wenn das herrschende Unternehmen nur Gewerbebetrieb kraft Rechtsform ist oder wenn es nur eine Tätigkeit iSd § 15 II EStG ausübt, die ausschließlich den Zwecken des beherrschten Unternehmens dient,[6] oder wenn das herrschende Unternehmen infolge seiner Liquidation keiner Tätigkeit mehr nachgeht, der sich das beherrschte Unternehmen iSe Zweckabhängigkeit unterordnen kann[7].[8]

233 **Holdingtätigkeit.** Eine reine Holdingtätigkeit reicht als durch das beherrschte Unternehmen verfolgter gewerblicher Zweck nicht aus. Eine für die wirtschaftliche Eingliederung erforderliche eigene gewerbliche Tätigkeit des herrschenden Unternehmens kann dagegen darin bestehen, dass es (als sog geschäftsleitende Holding) die einheitliche Leitung im Konzern über mehrere abhängige Unternehmen in einer Form ausübt, die bei näherer Prüfung durch die dazu befugten Personen (zB Abschlussprüfer, Betriebsprüfer) durch äußere Merkmale (zB Aufstellung und Zuleitung von Richtlinien über die Geschäftspolitik der abhängigen Unternehmen, Erteilung schriftlicher Weisungen) erkenn-

---

1 ZB BFH I R 110/88, BStBl II 1990, 24; BFH I R 132/97, BStBl II 1998, 687; BFH I R 13/00, BFH/NV 2001, 1047; Abschn 50 I S 2 KStR 1995.
2 ZB BFH I B 7/98, BFH/NV 1999, 373.
3 BFH I R 21/74, BStBl II 1976, 389; BFH I R 110/88, BStBl II 1990, 24.
4 BFH I R 21/74, BStBl II 1976, 389.
5 BFH I R 120/70, BStBl II 1973, 740.
6 BFH I R 152/84, BStBl II 1989, 668; BFH I R 110/88, BStBl II 1990, 24.
7 BFH I R 62/89, BStBl II 1990, 992.
8 Abschn 50 I S 6 KStR 1995.

bar ist.[1] Die einheitliche Leitung muss mindestens gegenüber zwei beherrschten Unternehmen erfolgen.[2] Bei letzteren kann es sich auch um Gesellschaften, mit denen kein Gewinnabführungsvertrag abgeschlossen ist, sowie um ausländische Gesellschaften handeln.[3]

Organisatorische Eingliederung. Grundsatz. Mit der organisatorischen Eingliederung der Organgesellschaft in den Organträger sollte sichergestellt werden, dass die durch die finanzielle Eingliederung ermöglichte Beherrschung der Organgesellschaft auch tatsächlich erfolgte. Sie war gegeben, wenn der Wille des Organträgers in der Organgesellschaft tatsächlich durchsetzbar war und auch tatsächlich durchgesetzt wurde.[4] 234

Beherrschungsvertrag, eingegliederte Gesellschaft, Personalunion der Geschäftsführung. Nach § 14 Nr 2 S 2 aF lag eine organisatorische Eingliederung stets vor, wenn die Organgesellschaft durch einen Beherrschungsvertrag iSd § 291 I AktG die Leitung ihres Unternehmens dem Unternehmen des Organträgers unterstellt hatte oder wenn sie eine nach §§ 319-327 AktG eingegliederte Gesellschaft war. Lagen beide Voraussetzungen nicht vor, kam es darauf an, ob der Organträger auf andere Weise in der Lage war, seinen Willen in der Organschaft durchzusetzen. Als sicheres Zeichen für eine organisatorische Eingliederung galt zB die Personalunion der Geschäftsführung von Organträger und Organgesellschaft.[5] Der organisatorischen Eingliederung stand nicht entgegen, wenn die Bildung des maßgeblichen Geschäftswillens nicht bei dem unmittelbar beherrschenden Unternehmen (Organträger), sondern bei dessen (ausländischer) MG erfolgt.[6] 235

Einstweilen frei. 236-237

3. Abschluss eines Gewinnabführungsvertrags. a) Allgemeines. Neben der finanziellen Eingliederung setzt die Anerkennung der körperschaftsteuerlichen Organschaft gem § 14 I S 1 weiter voraus, dass die Organgesellschaft sich durch einen Gewinnabführungsvertrag iSd § 291 I AktG verpflichtet, ihren ganzen Gewinn an ein einziges anderes Unternehmen abzuführen. Der 238

- Gewinnabführungsvertrag (hierzu Rn 253 ff)
- muss zivilrechtlich wirksam (hierzu Rn 264 f)
- auf mindestens fünf Jahre abgeschlossen werden (vgl Rn 299 ff).

Zum Erfordernis seiner Durchführung während der gesamten Geltungsdauer vgl eingehend Rn 314 ff.

GewStG. Infolge des UntStFG setzt seit dem Erhebungszeitraum 2002 auch die gewerbesteuerliche Organschaft den Abschluss und die Durchführung eines Gewinnabführungsvertrags voraus (§ 2 II S 2 GewStG). 239

---

1 BFH I 252/64, BStBl II 1970, 257; BFH I R 166/71, BStBl II 1973, 420; Abschn 52 II Nr 2 S 1 KStR 1995.
2 BFH I R 122/66, BStBl II 1970, 554.
3 Abschn 52 II Nr 2 S 3 KStR 1995.
4 *Frotscher* in Frotscher/Maas § 14 (Lfg 8/2003) Rn 150.
5 BFH V 66/57 U, BStBl III 1959, 256.
6 BFH I R 83/01, BFH/NV 2003, 345.

240 **Kritik am Gewinnabführungsvertrag als Organschaftsvoraussetzung.** Der Gewinnabführungsvertrag als Voraussetzung für die Organschaft ist vielfältiger Kritik ausgesetzt:[1] Er schafft betriebswirtschaftliche Fehlanreize im Konzern, unterliegt gesellschaftsrechtlich hohen formalen Anforderungen und führt zu Ausgleichs- und Abfindungspflichten gegenüber Minderheitsgesellschaftern. Bei § 17 unterliegenden Kapitalgesellschaften stellt bereits sein Abschluss eine nicht selten nur schwierig zu nehmende Hürde dar (vgl § 17 Rn 75 ff). Die korrekte tatsächliche Durchführung des Vertrags als Voraussetzung für die Anerkennung jeder Organschaft stellt ein Minenfeld mit immensen steuerlichen Risiken für Konzerne dar. Das zunehmende Auseinanderlaufen von handelsrechtlicher Gewinnabführung und steuerlicher Ergebniszurechnung stellt nicht nur die dogmatische Berechtigung der Gewinnabführung als Voraussetzung für die steuerliche Ergebniszurechnung in Frage; es führt auch zu einer immer weniger beherrschbaren Komplexität der steuerlichen Abwicklung der Organschaft, insbesondere in Form der organschaftlichen und vororganschaftlichen Mehr-/Minderabführungen, deren Bedeutung durch das BilMoG v 25.5.2009[2] noch um ein Vielfaches gestiegen ist. Nicht zuletzt sichert der Gewinnabführungsvertrag einen weitgehenden Ausschluss ausländischer Tochterkapitalgesellschaften aus der Organschaft ab, was erheblichen unionsrechtlichen Bedenken begegnet (vgl Rn 242 ff).[3] Vor diesem Hintergrund wird zu Recht überwiegend der Verzicht auf den Gewinnabführungsvertrag als Organschaftsvoraussetzung gefordert.[4] Auch sämtliche den derzeitigen Reformüberlegungen zur Organschaft zu Grunde liegenden Modelle sehen einen Verzicht auf diese Organschaftsvoraussetzung vor (vgl Rn 7 f).

241 **Internationaler Vergleich.** Mit dem Gewinnabführungsvertrag iSd § 291 I AktG als Organschaftsvoraussetzung steht Deutschland im internationalen Vergleich allein. Österreich hat die Voraussetzung der gesellschaftsrechtlichen Ergebnisübernahme mit Wirkung ab 2005 aufgegeben. Auch in Slowenien, welches als letztes EU-Mitglied neben Deutschland den Gewinnabführungsvertrag als Voraussetzung für die steuerliche Ergebniskonsolidierung innerhalb einer Gruppe kannte,[5] hat dieser, wenngleich wegen der vollständigen Abschaffung dieser steuerlichen Ergebniskonsolidierung, seit 2007 keine steuerliche Bedeutung mehr.[6] Portugal kennt den Gewinnabführungsvertrag, hat ihn aber niemals zur Voraussetzung seine Gruppenbesteuerung gemacht.[7]

242 **Ausschluss ausländischer TG als Organgesellschaft.** Der Abschluss eines „grenzüberschreitenden" Gewinnabführungsvertrags mit einer ausländischen TG wird idR aus gesellschaftsrechtlichen Gründen nicht möglich sein, da nach kollisionsrecht-

---

1 Ausführlich *IFSt-Arbeitsgruppe*, Einführung einer modernen Gruppenbesteuerung – Ein Reformvorschlag, IFSt-Schrift Nr 471 (2011), S 22 ff.
2 BGBl I 2009, 1102; BStBl I 2009, 650 (Auszug).
3 *IFSt-Arbeitsgruppe*, Einführung einer modernen Gruppenbesteuerung – Ein Reformvorschlag, IFSt-Schrift Nr 471 (2011), S 22 ff.
4 *IFSt-Arbeitsgruppe*, Einführung einer modernen Gruppenbesteuerung – Ein Reformvorschlag, IFSt-Schrift Nr 471 (2011), S 38 f, 40.
5 BTDrs 16/4281, 3.
6 *Kessler/Philipp*, Ubg 2010, 867 (Fn 1).
7 *BDI/PwC*, Verlustberücksichtigung über Grenzen hinweg, 2011, S 88 f.

lichen Grundsätzen ein solcher Vertrag nach dem Gesellschaftsstatut der Untergesellschaft zu beurteilen wäre und die ausländischen Gesellschaftsrechte den Abschluss von Ergebnisabführungsverträgen idR verbieten.[1] Etwas anderes mag in den in Rn 241 genannten Fällen gelten; um einen Gewinnabführungsvertrag iSd § 291 I AktG wird es sich dabei aber dennoch nicht handeln. Neben dem doppelten (§ 14 I S 1) oder auch nur einfachen Inlandsbezug[2] ist es damit das Erfordernis des Gewinnabführungsvertrags, mit welchem für ausländische Tochterkapitalgesellschaften die Begründung einer Organschaft ausgeschlossen und dem inländischen Anteilseigner die im Falle der Organschaft bestehenden Möglichkeiten

- der Ergebniskonsolidierung, dh insbesondere der Verrechnung von Verlusten der TG mit eigenen Gewinnen (hierzu Rn 243 f) und
- des Transfers von Gewinnen der TG ohne die nochmalige Besteuerung nach § 8b I, V (bzw § 3 Nr 40 lit d EStG) (hierzu Rn 245)

verwehrt wird.

Unionsrechtliches Gebot der Berücksichtigung von Verlusten ausländischer TG. Die Berücksichtigung von Verlusten ausländischer TG sieht das deutsche Steuerrecht nicht vor. Soweit sich diese unmittelbar im Inland in einer Wertminderung der Beteiligung (Teilwertabschreibung, Veräußerungsverlust) niederschlagen, steht ihrer Berücksichtigung seit dem VZ 2002[3] § 8b III S 3 bzw § 3c II EStG entgegen; dies allerdings in gleicher Weise wie für Inlandsbeteiligungen auch und damit in unionsrechtlich nicht zu beanstandender Weise.[4] Nach der bisherigen EuGH-Rechtsprechung zu Gruppenbesteuerungssystemen ist die Berücksichtigung laufender Verluste ausländischer TG bzw Gruppengesellschaften nur unter bestimmten Bedingungen geboten. Berücksichtigt ein Mitgliedstaat bei der Besteuerung einer inländischen MG die Verluste inländischer TG steuermindernd, stellt die Versagung der entsprechenden Berücksichtigung von Verlusten im übrigen EU/EWR-Gebiet ansässiger TG zwar eine Beschränkung der Niederlassungsfreiheit (Art 49, 54 AEUV) dar. Grundsätzlich ist diese Beschränkung jedoch aus zwingenden Gründen des Allgemeininteresses (Wahrung einer ausgewogenen Aufteilung der Besteuerungsbefugnis, Ausschluss doppelter Verlustberücksichtigung und Begegnung der Steuerflucht) gerechtfertigt und zur Erreichung dieser Ziele auch geeignet.[5] Ebenso ist es unionsrechtlich nicht zu beanstanden, wenn die steuermindernde Wirkung aus dem Ausgleich eines Verlusts einer anderen Gruppengesellschaft auf Fälle begrenzt ist, in denen die andere Gruppengesellschaft im selben Mitgliedstaat ansässig ist.[6] Eine Berücksichtigung der Verluste einer auslandsansässigen TG bei der MG ist jedoch

243

---

1   *Scheunemann*, Grenzüberschreitende konsolidierte Konzernbesteuerung, 2005, 121 ff; *Scheunemann*, IStR 2005, 303, 310; *Balmes/Brück/Ribbrock*, BB 2005, 966, 968 f.
2   BMF v 28.3.2011, BStBl 2011, 300.
3   EuGH Rs C-377/07, *STEKO Industriemontage GmbH*, Slg 2009, I-299. Bei abweichendem WJ ab dem WJ 2002/2003.
4   BFH I R 79/09, BFH/NV 2011, 521.
5   Zum britischen Group Relief EuGH Rs C-446/03, *Marks & Spencer*, Slg 2005, I-10837. Im Ergebnis ebenso zur niederländischen Fiscale Eenheid EuGH Rs C-337/08, *X-Holding*, Slg 2010, I-1215.
6   Zum finnischen Konzernbeitragssystem EuGH Rs C-231/05, *Oy AA*, Slg 2007, I-6373.

dann geboten, wenn im Ansässigkeitsstaat der TG sämtliche Möglichkeiten zur Verlustverrechnung ausgeschöpft worden sind und dort auch in Zukunft keine Verlustverrechnung möglich ist (finale Verluste).[1]

244 **Unionsrechtliche Beurteilung der deutschen Organschaft.** Soweit die Berücksichtigung laufender Verluste von Tochterkapitalgesellschaften mit Sitz und Geschäftsleitung im Ausland wegen Ausschlusses dieser Tochterkapitalgesellschaften von den Rechtsfolgen des § 14 ff ausscheidet, ist dies nach der EUGH-Rechtsprechung aus unionsrechtlicher Sicht nicht zu beanstanden. Fraglich ist allein, ob dieser Ausschluss auch dazu führen darf, dass im og Sinne finale Verluste solcher ausländischer Tochterkapitalgesellschaften von jeglicher Berücksichtigung im Inland ausgeschlossen sind. Der Umstand, dass nach der Entscheidung in der Rs *Marks & Spencer* die Berücksichtigung finaler Verluste von TG mit Sitz und Geschäftsleitung im Ausland in EU/EWR-Fällen nicht mehr durch Verweis auf den fehlenden doppelten (§ 14 I S 1) oder auch nur einfachen Inlandsbezug[2] versagt werden kann,[3] hat eine Diskussion zu der Frage ausgelöst, ob der Gewinnabführungsvertrag als Organschaftsvoraussetzung eine verdeckte Beschränkung der Niederlassungsfreiheit darstellt und in unionsrechtlicher Hinsicht noch haltbar ist.[4] Während ein formales Abstellen auf einen bestehenden Gewinnabführungsvertrag iSd § 291 I AktG unionsrechtlich sicher nicht haltbar sein dürfte, ist strittig, ob und welche Anforderungen über die tatsächliche Tragung von Verlusten durch die inländische MG hinaus aufgestellt werden dürfen. Teile der Literatur halten es angesichts der in dem Erfordernis des Gewinnabführungsvertrags bzw der Verlustübernahme nach § 302 AktG zum Ausdruck kommenden Maßstäbe wegen anderenfalls fehlender Vergleichbarkeit für erforderlich, dass die inländische Mutter in einer § 302 AktG im Ergebnis nahekommenden Weise für die Verluste der ausländischen Tochter einstehen muss.[5] Dies ist auch die Sichtweise der bisherigen Rechtsprechung, die eine ausdrückliche und im Vorhinein für mindestens fünf Jahre eingegangene rechtliche Verpflichtung zur Verlustübernahme für unerlässlich hält.[6] Höchstrichterlich ist diese Frage bisher nicht entschieden; fest steht allein, dass eine Berücksichtigung finaler Verluste von

---

1 EuGH Rs C-446/03, *Marks & Spencer*, Slg 2005, I-10837. Zu entsprechenden Grundsätzen bei der Berücksichtigung ausländischer, „DBA-befreiter" Betriebsstättenverluste EuGH Rs C-414/06, *Lidl Belgium*, Slg 2008, I-3601.
2 BMF v 28.3.2011, BStBl 2011, 300.
3 So auch Niedersächsisches FG 6 K 406/08, DB 2010, 1216, rkr nach Zurückweisung der Revision in BFH I R 16/10, BFH/NV 2011, 524; FG Rheinland-Pfalz 1 K 2406/07 (rkr), EFG 2010, 1632; *Kolbe* in H/H/R § 14 Rn 12; *Balmes/Brück/Ribbrock*, BB 2005, 966, 969; *Herzig/Wagner*, DStR 2006, 1, 9; *Altrichter-Herzberg/Nuernberger*, GmbHR 2006, 466; *Witt*, FR 2009, 1045, 1047.
4 *Scheunemann*, IStR 2005, 303, 310; *Balmes/Brück/Ribbrock*, BB 2005, 966, 968; *Herzig/Wagner*, DB 2005, 2374, 2379; *Herzig/Wagner*, DStR 2006, 1, 9.
5 *Thiel*, DB 2004, 2603, 2605; *Raupach/Pohl*, NZG 2005, 489, 293; *Englisch*, IStR 2006, 22, 23; *Mitschke*, DStR 2010, 1368; aA *Homburg*, IStR 2010, 246, 248 f; *von Brocke*, DStR 2010, 964; *Witt*, Ubg 2010, 737, 740; *Graw*, DB 2010, 2469, 2471; kritisch auch *Glahe*, IStR 2012, 128, 132 f.
6 Niedersächsisches FG 6 K 406/08, DB 2010, 1216, rkr nach Zurückweisung der Revision in BFH I R 16/10, BFH/NV 2011, 524; FG Rheinland-Pfalz 1 K 2406/07 (rkr), EFG 2010, 1632, zu II. 2. d) bb). Grundsätzlich in diese Richtung deutend wohl auch BFH I R 79/09, BFH/NV 2011, 521, wonach zu bezweifeln sei, dass das Erfordernis, zur Begründung eines wirksamen Organschaftsverhältnisses einen Ergebnisabführungsvertrag abschließen zu müssen, als solches (und unbeschadet seiner Ausgestaltung im Einzelnen) gegen Unionsrecht verstößt.

Auslandstochtergesellschaften, wenn überhaupt, nur im Jahr des Eintritts der Finalität in Betracht käme.[1] Für eine inländische zu einem grenzüberschreitenden Unternehmensverbund gehörende Kapitalgesellschaft hat der BFH entschieden, dass der Vergleich mit einer Organgesellschaft scheitern müsse, wenn Gesellschaft und Gesellschafter (ohne Geschäftsleitung im Inland) im relevanten Zeitraum nicht zumindest den Willen bekundet haben, eine Organschaft bilden zu wollen, und nicht zumindest versucht haben, die für die steuerliche Anerkennung der Organschaft im Inlandsfall erforderlichen Voraussetzungen (Gewinnabführungsvertrag) zu schaffen.[2] Steht das ausländische Gesellschaftsrecht dem entgegen, wird – neben der Bekundung einer Organschaftsabsicht gegenüber dem Finanzamt – wohl zumindest verlangt werden, dass die Muttergesellschaft beständig Verluste der Tochter durch Eigenkapitalzufuhr ausgleicht und die Tochtergesellschaft ihre Gewinne ununterbrochen an die Mutter abführt.[3]

Steuerfreier Gewinntransfer. Jenseits der Ergebnisverrechnung versetzt der Abschluss eines Gewinnabführungsvertrags und die Begründung einer Organschaft den Organträger in die Lage, Gewinne der Organgesellschaft ohne die Besteuerungsfolgen des § 8b I, V an sich transferieren zu lassen und zu vereinnahmen. Für Gewinne einer ausländischen TG besteht diese Möglichkeit nicht. Eine Rechtfertigung hierfür ist nicht ersichtlich.[4] Die vom EuGH für den Ausschluss einer laufenden Verlustverrechnung angeführten Rechtfertigungsgründe (Wahrung einer ausgewogenen Aufteilung der Besteuerungsbefugnis[5], Ausschluss doppelter Verlustberücksichtigung und Begegnung der Steuerflucht; vgl Rn 243) kommen hier jedenfalls nicht in Betracht; denn es geht nicht um eine (grenzüberschreitende) Ergebniskonsolidierung.[6] Vielmehr befindet sich der inländische Anteilseigner diesbezüglich in einer Situation, die mit jener zB in der Rs *Bosal Holding*[7] vergleichbar ist; die Beteiligung an einer ausländischen Gesellschaft wird ohne ersichtlichen Rechtfertigungsgrund ungünstiger behandelt als diejenige an einer inländischen. Zumindest dann, wenn sich die ausländische TG und das inländische Mutterunternehmen über eine schuldrechtliche Vereinbarung, welche die Kernelemente des § 14 I (Gewinnabführung, Verlustübernahme, Mindestlaufzeit) enthält, aneinander gebunden haben, dürfte die Anwendung von § 8b V schwerlich zu rechtfertigen sein.[8]

245

---

1 BFH I R 16/10, BFH/NV 2011, 524 unter Verweis auf BFH I R 107/09, BFH/NV 2010, 1744.
2 BFH I R 30/08, BFH/NV 2012, 656, zu II. 4. bb); dazu *Gosch*, BFH/PR 2012, 164.
3 *Gosch*, BFH/PR 2012, 164.
4 *Herzig/Wagner*, DStR 2005, 1, 9; *Scheunemann*, IStR 2005, 303, 310 Fn 72; *Meilicke* in FS für Norbert Herzig: Unternehmensbesteuerung, 2010, S 231, 236; *Kosalla*, Ubg 2011, 874, 882 f; *Glahe*, IStR 2012, 128, 132.
5 AA wohl *Hey*, GmbHR 2006, 113, 119, welche in der Nichtanwendung des § 8b V und dem daraus resultierenden Abzug tatsächlicher Beteiligungsaufwendungen der inländischen Mutter eine Verschiebung der Aufteilung der Besteuerungsbefugnisse zwischen den Mitgliedstaaten sieht.
6 Ebenso *Schönfeld*, IStR 2012, 368, 370 f; aA ggf der BFH, nach dem aus EuGH Rs C-337/08, *X-Holding*, Slg 2010, I-1215, wenngleich die Entscheidung mit der Verlustverrechnung nur einen einzelnen Aspekt der laufenden Ergebniskonsolidierung betreffe, auch abzuleiten sei, dass andere Aspekte der laufenden Ergebniskonsolidierung ebenfalls von der Rechtfertigung umfasst sind; vgl BFH I R 30/08, BFH/NV 2012, 656, zu II. 4. b) aa).
7 EuGH Rs C-168/01, *Bosal Holding*, Slg 2003, I-9709.
8 *Schönfeld*, IStR 2012, 368, 370 f.

246-252	*Einstweilen frei.*
253	**b) Gewinnabführungsvertrag iSd § 291 I AktG. Anerkannte Unternehmensverträge.** Gewinnabführungsverträge iSd § 291 I AktG sind Verträge,

- in denen sich AG, KGaA oder SE verpflichten, ihren ganzen Gewinn an ein anderes Unternehmen abzuführen (§ 291 I S 1 AktG),
- durch die AG, KGaA oder SE es übernehmen, ihr Unternehmen für Rechnung eines anderen Unternehmens zu führen (§ 291 I S 2 AktG).

Eine Organschaft lässt sich nach § 14 I S 1 allein mithilfe dieser beiden Vertragstypen begründen (wegen des Abschlusses von Gewinnabführungsverträgen durch andere Kapitalgesellschaften als Organgesellschaft vgl § 17 Rn 35 ff).

254	**Andere Unternehmensverträge.** Andere Unternehmensverträge, wie Verträge über Gewinngemeinschaften (§ 292 I Nr 1 AktG), Teilgewinnabführungsverträge (§ 292 I Nr 2 AktG), Betriebspacht- oder Betriebsüberlassungsverträge (§ 292 I Nr 3 AktG) und sonstige Verträge sind nicht geeignet, eine Organschaft zu begründen.
255	**Abführung des Jahresüberschusses und Verlustübernahme.** Zentrale Regelungsinhalte des Gewinnabführungsvertrags sind die Verpflichtung gegenüber dem anderen Vertragsteil zur Abführung des ganzen Jahresüberschusses unter Beachtung bestimmter Höchstgrenzen (§§ 291 I, 301 AktG) sowie andererseits die Verpflichtung des anderen Vertragsteils zur Übernahme jeglichen andernfalls entstehenden Jahresfehlbetrags (§ 302 I AktG).
256	**Gesellschaftsrechtlicher Organisationsvertrag.** Bei einem Unternehmensvertrag iSd § 291 I AktG handelt es sich nicht um einen rein schuldrechtlichen Vertrag, sondern um einen gesellschaftsrechtlichen Organisationsvertrag. Ein Unternehmensvertrag ändert satzungsgleich den rechtlichen Status der beherrschten Gesellschaft, indem er insbesondere den Gesellschaftszweck am Konzerninteresse ausrichtet und in das Gewinnbezugsrecht der Gesellschafter eingreift.[1]
257	**Auslegung nach objektiven Gesichtspunkten.** Aufgrund des Charakters des Gewinnabführungsvertrags sind die Möglichkeiten der Auslegung eines Gewinnabführungsvertrags begrenzt. Er enthält korporationsrechtliche Bestimmungen, welche nach objektiven Gesichtspunkten einheitlich aus sich heraus auszulegen sind. Wortlaut, Sinn und Zweck der Regelung kommen dabei ebenso maßgebende Bedeutung zu wie dem systematischen Bezug der Klausel zu anderen Satzungsvorschriften. Umstände, für die sich keine ausreichenden Anhaltspunkte in der Satzung bzw den zum Handelsregister eingereichten Unterlagen finden, wie zB die Entstehungsgeschichte des Vertrags, nicht umgesetzte Vorentwürfe oder die Vorstellungen und Äußerungen der am Vertragsschluss beteiligten Personen, können auch für steuerliche Zwecke iRd objektivierten Auslegung idR nicht berücksichtigt werden.[2]

---

1 BFH I R 94/06, BFH/NV 2008, 1270 unter Verweis auf BGH II ZR 170/87, BGHZ 103, 1. Erneut bestätigt durch BFH I B 71/10, BFH/NV 2011, 849.
2 BFH I R 94/06, BFH/NV 2008, 1270 (unter Verweis auf BGH II ZR 155/92, BGHZ 123, 347, 350; BGH II ZR 58/91, BGHZ 116, 359; BGH II ZR 243/81, BB 1983, 996; BGH II ZR 304/88, GmbHR 1990, 75); BFH IV B 73/08, BFH/NV 2009, 1840; BFH I B 71/10, BFH/NV 2011, 849.

V. Sachliche Voraussetzungen der Organschaft

Unternehmen als anderer Vertragsteil. Bei dem anderen Vertragsteil muss es sich nach § 291 I AktG um ein Unternehmen handeln. 258

Rechtsform und Sitz des herrschenden Unternehmens sind damit irrelevant.[1] Damit kommen als Vertragspartner neben AG, KGaA oder SE auch andere Kapitalgesellschaften (vor allem die GmbH), Personengesellschaften und natürliche Personen (Einzelunternehmer) in Betracht.[2] Ebenso steht unter dieser Voraussetzung dem Abschluss eines Gewinnabführungsvertrags mit einem ausländischen Unternehmen nichts entgegen.[3] Letzteres ergibt sich auch unmittelbar aus § 305 II AktG; auch § 18 geht selbstverständlich von dieser Möglichkeit aus. Nichtsdestotrotz sind in den weiteren Bestimmungen zum Gewinnabführungsvertrag (§§ 293-307 AktG) zT Differenzierungen danach zu berücksichtigen, ob es sich bei dem anderen Vertragsteil um eine dem deutschen AktG unterliegende AG, KGaA oder SE handelt, oder nicht.

Nach überwiegender Auffassung im gesellschaftsrechtlichen Schrifttum muss es sich bei dem anderen Vertragsteil um ein Unternehmen iSd § 15 ff AktG handeln.[4] Demnach muss der andere Vertragsteil, sofern es sich nicht um eine Körperschaft des öffentlichen Rechts handelt,[5] ein Unternehmen betreiben, dh anders als der reine Privataktionär außerhalb der Gesellschaft wirtschaftliche Interessen verfolgen, die stark genug sind, um die ernsthafte Besorgnis zu begründen, der Gesellschafter könne um ihretwillen seinen Einfluss zum Nachteil der Gesellschaft ausüben.[6] Ein mit einem diese Voraussetzungen nicht erfüllenden Vertragsteil abgeschlossener Vertrag sei nichtig;[7] im Fall einer dennoch erfolgten Eintragung und Durchführung des Vertrags wird teilweise die Anwendung der Grundsätze über die fehlerhafte Gesellschaft für zutreffend gehalten.[8] Eine wachsende Gegenauffassung hält das Vorliegen eines die Konzerngefahr begründenden Interessenkonflikts hingegen nicht für erforderlich; mithin soll jeder Aktionär als herrschendes Unternehmen in Frage kommen, der allein den Zustimmungsbeschluss nach § 293 I AktG durchsetzen kann.[9] Die die Unternehmenseigenschaft iSd § 15 AktG begründende anderweitige wirtschaftliche Interessenbindung kann in einer eigenen Tätigkeit des anderen Vertragsteils, die

---

1 *Emmerich* in Emmerich/Habersack § 291 AktG Rn 9; *Altmeppen* in MüKo AktG § 291 AktG Rn 21, 24; *Hüffer*, § 291 AktG, Rn 8; *Koppensteiner* in Kölner Kommentar AktG § 291 AktG Rn 10; *Krieger* in Münchener Handbuch des Gesellschaftsrechts AG § 70 Rn 9.
2 BGH II ZR 123/76, NJW 1978, 104, zu II.2.
3 OLG Düsseldorf 26 W 14/06, NJW-RR 2007, 330; ebenso BFH I R 30/08, DStR 2012, 509, zu II. 4. b) bb) aaa).
4 *Koppensteiner* in Kölner Kommentar AktG § 291 AktG Rn 8 ff; *Hüffer*, § 291 AktG, Rn 8; *Altmeppen* in MüKo AktG § 291 AktG Rn 3 mwN; *Emmerich* in Emmerich/Habersack § 291 AktG Rn 9 f; *Krieger* in Münchener Handbuch des Gesellschaftsrechts AG § 70 Rn 9; *Veil* in Spindler/Stilz § 291 AktG Rn 6.
5 BGH II ZB 3/96, NJW 1997, 1855.
6 BGH II ZR 123/76, NJW 1978, 104; BGH II ZR 212/99, NJW 2001, 2973, zu 1.
7 *Koppensteiner* in Kölner Kommentar AktG § 291 AktG Rn 14, § 294 AktG Rn 36; *Veil* in Spindler/Stilz § 291 Rn 7; *Altmeppen* in MüKo AktG § 291 AktG Rn 11 ff mwN.
8 *Altmeppen* in MüKo AktG § 291 AktG Rn 14 mwN; *Emmerich* in Emmerich/Habersack § 291 AktG Rn 9.
9 *K Schmidt* in FS für Marcus Lutter: Deutsches und europäisches Gesellschafts-, Konzern- und Kapitalmarktrecht, 2000, S 1167, 1179 ff; *K Schmidt* in FS für Hans-Georg Koppensteiner: Beiträge zum Unternehmensrecht, 2001, S 191, 206 f; *Rubner*, DK 2003, 735, 739 f; *Krieger* in Münchener Handbuch des Gesellschaftsrechts AG § 70 Rn 9; *Hüffer*, § 291 AktG, Rn 8.

nicht reine Vermögensverwaltung ist, oder aber auch in einer anderweitigen maßgeblichen Beteiligung liegen. Maßgeblich ist eine Beteiligung, wenn die Möglichkeit zu einer bestimmenden Einflussnahme verlässlich gegeben ist; ausgeübt werden muss diese nicht. Fehlt es an einer Mehrheitsbeteiligung, müssen andere rechtliche oder tatsächliche Umstände eine Einflussnahme ermöglichen, die beständig, umfassend und gesellschaftsrechtlich vermittelt ist. Handelt es sich nur um eine mittelbare maßgebliche Beteiligung des anderen Vertragsteils, soll diese ihm nach hM zumindest dann eine Unternehmenseigenschaft vermitteln können, wenn er diese selbst verwaltet.[1] Strittig ist, ob eine anderweitige unternehmerische Interessenbindung auch für Rechtsträger in der Rechtsform einer Kapital- oder Personenhandelsgesellschaft erforderlich ist; dies wird von der überwiegenden Meinung bejaht.[2] Folgt man dieser Auffassung, wäre einer Holdinggesellschaft, die mithin selbst keine unternehmerische Tätigkeit ausübt, die Eignung als anderer Vertragsteil abzusprechen, wenn sie neben der Beteiligung an dem Unternehmen, mit dem der Unternehmensvertrag geschlossen werden soll, keine anderweitige maßgebliche Beteiligung hält.[3] Die Organschaft setzt einen zivilrechtlich wirksamen Vertrag voraus. Nach § 14 I S 1 muss der Organträger ein gewerbliches Unternehmen sein. Erfüllt eine natürliche Person die Voraussetzung des § 14 I S 1 (vgl Rn 106-109), wird sie idR auch nach den obigen Grundsätzen als Unternehmen iSd § 15 AktG qualifizieren. Desgleichen gilt für eine Personengesellschaft, für welche § 14 I S 1 Nr 2 S 1 seit dem VZ 2003 eine gewerbliche Tätigkeit iSd § 15 I S 1 Nr 1 EStG (vgl Rn 122 ff) fordert. Abweichungen könnten sich nach den beschriebenen gesellschaftsrechtlichen, jeweils überwiegenden Auffassungen vor allem bei Kapitalgesellschaften ergeben, die steuerlich bereits kraft Rechtsform Gewerbebetrieb und mithin auch gewerbliches Unternehmen iSd § 14 I S 1 sind (vgl Rn 93), wenn sie nicht selbst unternehmerisch tätig sind (Holding) und neben der Beteiligung an der potenziellen Organgesellschaft keine weitere Beteiligung halten, auf die sie einen bestimmenden Einfluss ausüben können.[4] Ob die fehlende Unternehmenseigenschaft einer derartigen Holding unbeachtlich sein und die Holding deshalb als anderer Vertragsteil einen Gewinnabführungsvertrag mit ihrer einzigen TG abschließen könnte, weil bzw wenn sie einer aufgrund mehrerer maßgeblicher Beteiligungen Unternehmenseigenschaft besitzenden Spitzenholding nachgeschaltet ist,[5] erscheint angesichts der obigen Ausführungen fraglich.

259 **Kein Beteiligungserfordernis.** Der Abschluss eines Gewinnabführungsvertrags setzt nicht voraus, dass der andere Vertragsteil an der AG, KGaA oder SE beteiligt ist (vgl zum Erfordernis eines angemessenen Ausgleichs der außenstehenden Ak-

---

1 Zur anderweitigen wirtschaftlichen Interessenbindung, zur Rechtsprechung und zum Meinungsstand ausführlich *Vetter* in K Schmidt/Lutter § 15 AktG Rn 41-48 mwN.
2 OLG Hamm 27 U 1/00, AG 2001, 146, 148; zum Meinungsstand *Vetter* in K Schmidt/Lutter § 15 AktG Rn 53.
3 *Vetter* in K Schmidt/Lutter § 15 AktG Rn 62.
4 Grundsätzlich ebenso *Frotscher* in Frotscher/Maas § 14 Rn 291, wobei davon abweichend – wenn eine solche zweite Beteiligung vorliegt – mE die Unternehmenseigenschaft nach den obigen Ausführungen nicht die Qualifikation als geschäftsleitende Holding (iSe tatsächlichen Ausübung der Leitungsmacht) voraussetzt.
5 So *Frotscher* in Frotscher/Maas § 14 Rn 292.

V. Sachliche Voraussetzungen der Organschaft

tionäre Rn 285 ff; zum Erfordernis der Abfindung Rn 292 f). In der Praxis wird jedoch ein willentlich mit einem nicht (mittelbar) Beteiligten abgeschlossener Gewinnabführungsvertrag kaum anzutreffen sein, da eine Organschaft mangels finanzieller Eingliederung nicht begründet werden kann. Vielmehr wird (idR ungewollt) ein solches Vertragsverhältnis dann bestehen, wenn die Beteiligung, mit der ein Gewinnabführungsvertrag abgeschlossen wurde, veräußert und der von dieser Veräußerung grundsätzlich unberührte Gewinnabführungsvertrag nicht beendet wird.[1] Von größerer praktischer Bedeutung ist der Abschluss eines Gewinnabführungsvertrags mit einem nur mittelbar beteiligten Vertragsteil, mit dem – vorbehaltlich der Erfüllung weiterer Organschaftsvoraussetzungen – eine sog „Klammerorganschaft" (vgl Rn 157) begründet werden kann.

Einstweilen frei. 260-263

c) Zivilrechtliche Wirksamkeit als Grundvoraussetzung. Die Organschaft setzt nach § 14 I S 2 einen zivilrechtlich wirksamen Gewinnabführungsvertrag voraus. Sind die aktienrechtlichen Erfordernisse erfüllt, ist der Gewinnabführungsvertrag ohne weitere Voraussetzungen (abgesehen von steuerlichen Zusatzanforderungen, vgl Rn 299 ff) für Zwecke der Organschaft anzuerkennen.[2] Ein zivilrechtlich nichtiger, aber nach den Grundsätzen über die fehlerhafte Gesellschaft dennoch als wirksam behandelter Gewinnabführungsvertrag (vgl Rn 271) reicht für die steuerliche Anerkennung nicht aus.[3] 264

Anforderungen an einen Gewinnabführungsvertrag. In Bezug auf einen zivilrechtlich wirksamen Vertrag lassen sich folgende Anforderungen unterscheiden: 265

- formale Anforderungen (vgl Rn 268 ff)
- inhaltliche Anforderungen (vgl Rn 280 ff)

Einstweilen frei. 266-267

d) Formale Anforderungen bei Abschluss des Vertrags. Schriftform. Der durch eine AG, KGaA oder SE abgeschlossene Gewinnabführungsvertrag bedarf zu seiner Wirksamkeit stets der Schriftform (§ 293 III AktG) und damit auch der notariellen Beurkundung (§ 126 BGB), der Zustimmung der Hauptversammlung der Gesellschaft (§ 293 I AktG) und – im Falle einer KGaA – zusätzlich der persönlich haftenden Gesellschafter (§ 285 I S 1 AktG)[4] sowie der Eintragung in das Handelsregister des Sitzes der Gesellschaft (§ 294 II AktG). 268

Zustimmungsbeschluss der Hauptversammlung. Der notariell zu beurkundende (§ 130 I AktG) Zustimmungsbeschluss durch die Hauptversammlung des abhängigen Unternehmens muss, soweit die Satzung für diesen Fall nicht eine größere Kapitalmehrheit und/oder weitere Erfordernisse vorsieht, mit einer Mehrheit von drei 269

---

1   Zu den Folgen *Suchanek,* INF 2004, 302.
2   *Neumann* in Gosch § 14 Rn 207.
3   BFH I R 7/97, BStBl II 1998, 33; BFH IV R 38/07, BFH/NV 2009, 2035; *Dötsch* in D/J/P/W § 14 Rn 168; *Neumann* in Gosch § 14 Rn 208; *Frotscher* in Frotscher/Maas § 14 Rn 323; BMF v 31.10.1989, BStBl I 1989, 430; aA *Walter* in EY § 14 Rn 530; *Stahl/Fuhrmann,* NZG 2003, 250, 253.
4   *Emmerich* in Emmerich/Habersack § 293 AktG Rn 5; *Altmeppen* in MüKo AktG § 293 AktG Rn 32.

Viertel des bei der Beschlussfassung vertretenen Grundkapitals gefasst werden (§ 293 I S 1 und 2 AktG). Zu den mit der Vorbereitung dieses Zustimmungsbeschlusses verbundenen Pflichten (Bericht des Vorstands, Prüfung des Vertrags, Vorbereitung und Durchführung der Hauptversammlung) vgl §§ 293a-293g AktG.

270 **Eintragung.** Der Vorstand – bzw bei der KGaA der persönlich haftende Gesellschafter – hat den Vertrag zur Eintragung beim Handelsregister der Gesellschaft anzumelden (§ 294 I S 1 AktG). Der Gewinnabführungsvertrag wird mit Eintragung in das Handelsregister der Gesellschaft wirksam (§ 294 II AktG). Nach hM ist die Eintragung des Gewinnabführungsvertrags in das Handelsregister des anderen Vertragsteils für die Wirksamkeit des Vertrags ohne Bedeutung.[1]

271 **Keine Heilung der Nichtigkeit durch Eintragung.** Zur Nichtigkeit führende Mängel im Vertrag werden durch die Eintragung im Handelsregister nicht geheilt. Soweit der durchgeführte Unternehmensvertrag trotz seines Mangels (Nichtigkeit) nach den für die fehlerhafte Gesellschaft geltenden Grundsätzen[2] als voll wirksam zu behandeln ist, verbleibt es bis zur Amtslöschung (§ 395 FamFG) bei Anwendung der für ihn geltenden Vorschriften.[3] Eine steuerliche Anerkennung des Vertrags scheidet jedoch aus (vgl Rn 264).

272 **Zustimmung der Hauptversammlung des anderen Vertragsteils in der Rechtsform einer AG, KGaA oder SE.** Handelt es sich bei dem anderen Vertragsteil (Obergesellschaft) um eine AG, KGaA oder SE, bedarf es für die Wirksamkeit des Gewinnabführungsvertrags zusätzlich auch der Zustimmung der Hauptversammlung dieser Gesellschaft (§ 293 II AktG); zu den erforderlichen Mehrheiten vgl Rn 269. Der Zustimmungsbeschluss ist notariell zu beurkunden (§ 130 I AktG) und der Anmeldung des Gewinnabführungsvertrags beim Handelsregister der verpflichteten Gesellschaft beizufügen (§ 294 I S 2 AktG). Beim Handelsregister der Obergesellschaft ist weder der Beschluss noch der gebilligte Vertrag zur Eintragung anzumelden. Die nach § 130 V AktG erforderliche Einreichung des Beschlusses beim Handelsregister der Obergesellschaft, welcher auch der Gewinnabführungsvertrag beizufügen ist, ist für die Wirksamkeit des Gewinnabführungsvertrags (§ 294 II AktG) ohne Bedeutung (vgl Rn 270).

273 **Zustimmung der Gesellschafterversammlung des anderen Vertragsteils in der Rechtsform einer GmbH oder Personengesellschaft.** Auch wenn § 293 II AktG nur AG, KGaA und SE unmittelbar anspricht, findet die Vorschrift vor allem wegen der weitreichenden Bedeutung der Verlustübernahmeverpflichtung auch dann Anwendung, wenn es sich bei dem anderen Vertragsteil um eine GmbH handelt. Der Zustimmungsbeschluss der herrschenden Gesellschaft bedarf mindestens ¾ der bei der Beschlussfassung abgegebenen

---

[1] AG Erfurt, AG 1997, 275; AG Duisburg, AG 1994, 568; *Emmerich* in Emmerich/Habersack § 294 AktG Rn 5; *Altmeppen* in MüKo AktG § 294 AktG Rn 12 f; *Koppensteiner* in Kölner Kommentar AktG § 294 AktG Rn 5. AA LG Bonn 3 HT 1/92, GmbHR 1993, 443.
[2] Für Beherrschungs-/Gewinnabführungsverträge mit GmbH als Untergesellschaft vgl BGH II ZR 170/87, NJW 1988, 1326; BGH II ZR 287/90, NJW 1992, 505; BGH II ZR 119/00, NJW 2002, 822. Nach hM sollen diese Grundsätze auf Verträge mit Aktiengesellschaften anzuwenden sein, vgl *Altmeppen* in MüKo AktG § 291 AktG Rn 202; *Hüffer*, § 294 AktG, Rn 21 und § 291 AktG Rn 21; *Krieger* in Münchener Handbuch des Gesellschaftsrechts AG § 70 Rn 19 mwN.
[3] *Hüffer*, § 294 AktG, Rn 21, § 291 AktG, Rn 20 f, 23.

Stimmen; eine notarielle Beurkundung des Beschlusses ist nicht erforderlich.[1] Für Fälle, in denen der andere Vertragsteil eine Personengesellschaft ist, wurde die entsprechende Anwendung des § 293 II AktG durch die Rechtsprechung ebenfalls bejaht.[2]

Zustimmung durch die Gesellschafter eines ausländischen Unternehmens als anderer Vertragsteil. Ist der andere Vertragsteil ein ausländisches Unternehmen, findet nach hM § 293 II AktG keine Anwendung, da dieser nur die Aktionäre inländischer AG, KGaA oder SE schützen soll. Hat der andere Vertragsteil eine mit der AG oder KGaA vergleichbare Rechtsform, hängt die entsprechende Anwendung des § 293 II AktG davon ab, ob der Vorstand (das „board") dieser Gesellschaft nach dem für diese maßgeblichen ausländischen Recht allein dazu befugt ist, den Vertrag abzuschließen, oder hierfür nach dem ausländischen Recht ebenfalls der Zustimmung einer Hauptversammlung bedürfte.[3] 274

Eingegliederte AG. Ist eine AG in eine andere AG (Hauptgesellschaft) eingegliedert iSd §§ 319 ff AktG, bedarf ein zwischen der eingegliederten Gesellschaft und der Hauptgesellschaft abgeschlossener Gewinnabführungsvertrag zu seiner Wirksamkeit lediglich des Abschlusses in Schriftform (§ 324 II S 2 AktG). Da §§ 293 und 294 AktG keine Anwendung finden (§ 324 II S 1 AktG), ist die Zustimmung der Hauptversammlungen der beiden Gesellschaften sowie die Eintragung des Gewinnabführungsvertrags in das Handelsregister der Untergesellschaft nicht erforderlich. 275

Einstweilen frei. 276-279

e) Inhaltliche Anforderungen an den Gewinnabführungsvertrag. Sicherung der Gesellschaft und der Gläubiger. Das AktG enthält Vorschriften zur Sicherung der Gesellschaft (§§ 300-302 AktG) und ihrer Gläubiger (§ 303 AktG) bei Bestehen von Unternehmensverträgen. Im Vordergrund steht der Schutz der Gesellschaft, wobei der Schutz der Gesellschaft jedoch nicht nur ihr selbst, sondern mittelbar auch ihren Gläubigern und ihren Aktionären zugutekommt.[4] 280

Dotierung der gesetzlichen Rücklage (§ 300 AktG). Da bei Bestehen eines Gewinnabführungsvertrags mangels Entstehens eines Jahresüberschusses ohne eine besondere Vorschrift keine Beträge nach § 150 II AktG in die gesetzliche Rücklage der AG, KGaA oder SE eingestellt werden müssten, ersetzt § 300 Nr 1 AktG bei Bestehen eines Gewinnabführungsvertrags § 150 II AktG durch eine eigenständige Regelung über die Dotierung der gesetzlichen Rücklage (vgl hierzu Rn 368). § 300 AktG ist zwingendes Recht, so dass hiervon weder durch die Satzung noch durch den Unternehmensvertrag zum Nachteil der abhängigen Gesellschaft abgewichen werden darf (§ 134 BGB; § 23 V AktG) und dem entgegenstehende Satzungsbestimmungen oder Abreden im Gewinnabführungsvertrag nichtig sind.[5] 281

---

1 BGH II ZB 7/88, BGHZ 105, 324; BGH II ZB 15/91, NJW 1992, 1452; *Hüffer*, § 293 AktG, Rn 17; *Emmerich* in Emmerich/Habersack § 293 AktG Rn 46. AA *Altmeppen* in MüKo AktG § 293 AktG Rn 102 ff.
2 OLG Hamburg 11 U 286/04, NZG 2005, 96; LG Mannheim 24 T 4/93, AG 1995, 142, 143.
3 *Altmeppen* in MüKo AktG § 293 AktG Rn 119; *Koppensteiner* in Kölner Kommentar AktG § 293 AktG Rn 43 f; *Hüffer*, § 293 AktG, Rn 18; *Bärwaldt/Schabacker*, AG 1998, 182, 187 f; aA *Barz*, BB 1966, 1168.
4 *Altmeppen* in MüKo AktG Vorbemerkungen zu §§ 300-303 AktG Rn 1.
5 *Emmerich* in Emmerich/Habersack § 300 AktG Rn 4; *Altmeppen* in MüKo AktG § 300 AktG Rn 3.

282 **Höchstbetrag der Gewinnabführung.** Um zu verhindern, dass aufgrund der Vertragsabreden der Parteien die Substanz der abhängigen Gesellschaft an das herrschende Unternehmen ausgekehrt wird, was entgegen dem Zweck der §§ 300-302 AktG zu einer Schmälerung ihres bilanzmäßigen Anfangsvermögen führen würde, bestimmt § 301 AktG eine – ausdrücklich unabhängig von den vertraglichen Vereinbarungen zu berücksichtigende – Obergrenze für die Gewinnabführung (vgl hierzu Rn 318).[1] Wegen der somit für dem AktG unterliegende Gesellschaften unmittelbaren Geltung des § 301 AktG ist der Verzicht auf eine Anpassung des Gewinnabführungsvertrags an Änderungen dieser Vorschrift[2] für steuerliche Zwecke nicht erforderlich.

283 **Verpflichtung zur Verlustübernahme.** Nach § 302 I AktG ist bei Bestehen eines Beherrschungs- oder Gewinnabführungsvertrags mit einer AG oder KGaA (oder einer SE) der andere Vertragsteil, das herrschende Unternehmen, zum Ausgleich jedes während der Vertragsdauer sonst entstehenden Jahresfehlbetrags verpflichtet. Allerdings setzt dies voraus, dass dieser Jahresfehlbetrag nicht dadurch ausgeglichen wird, dass den anderen Gewinnrücklagen des § 272 III S 2 HGB Beträge entnommen werden, die während der Vertragsdauer in sie eingestellt wurden. Dadurch wird im Ergebnis während der Laufzeit der genannten Verträge eine mittelbare Haftung des herrschenden Unternehmens für die Verbindlichkeiten der abhängigen Gesellschaft begründet, an deren Stelle nach Beendigung des Vertrags zum Schutze der Gläubiger die Pflicht zur Sicherheitsleistung aufgrund des § 303 AktG tritt.[3] Auch die Regelung des § 302 AktG ist aufgrund ihres Schutzzwecks in allen ihren Teilen zwingend und kann nicht durch vertragliche Vereinbarung abgeändert werden.[4] Für dem AktG unterliegende Gesellschaften gilt sie damit – auch für steuerliche Zwecke – unmittelbar. Hiermit genießen AG, KGaA und SE einen erheblichen Vorteil gegenüber dem § 17 unterliegenden anderen Kapitalgesellschaften, für welche § 17 S 2 Nr 2 ausdrücklich die Vereinbarung im Gewinnabführungsvertrag der Verlustübernahme entsprechend den Vorschriften des § 302 AktG fordert, und bei denen fehlerhafte oder Änderungen des § 302 AktG[5] nicht berücksichtigende Vertragsformulierungen den Bestand der gesamten Organschaft gefährden können (vgl hierzu § 17 Rn 76).

284 **Sicherung der außenstehenden Aktionäre.** Mit dem Abschluss eines Gewinnabführungsvertrags iSd § 291 I AktG wird in das Gewinnbezugsrecht der Aktionäre eingegriffen. §§ 304-307 AktG legen dar, wie sich der Gesetzgeber einen angemessenen Schutz der außenstehenden Aktionäre im Vertragskonzern vorstellt. Danach haben die außenstehenden Aktionäre die Wahl, ob

- sie gegen angemessenen Ausgleich für ihre Nachteile in der Gesellschaft verbleiben (§ 304 AktG; hierzu Rn 285 ff)
- oder gegen angemessene Abfindung aus ihr ausscheiden wollen (§ 305 AktG, hierzu Rn 292).

---

1 *Emmerich* in Emmerich/Habersack § 301 AktG Rn 1.
2 ZB die Einfügung einer Abführungssperre durch das BilMoG (vgl Rn 370 ff).
3 *Emmerich* in Emmerich/Habersack § 302 AktG Rn 1.
4 *Altmeppen* in MüKo AktG § 302 AktG Rn 1; *Koppensteiner* in Kölner Kommentar AktG § 302 AktG Rn 15; *Hüffer*, § 302 AktG, Rn 1; *Veil* in Spindler/Stilz § 302 AktG Rn 3.
5 ZB die Einfügung des § 302 IV AktG durch das Gesetz zur Anpassung von Verjährungsvorschriften an das Gesetz zur Modernisierung des Schuldrechts v 9.12.2004 (BGBl I 2004, 3214).

Der Schutz der Angemessenheit von Ausgleich und Abfindung ist einem besonderen Verfahren der freiwilligen Gerichtsbarkeit, dem sog Spruchverfahren (ehemals § 306 AktG, seit 2003 im SpruchG), unterworfen.[1]

Ausgleichszahlungen (§ 304 AktG). Zwingende Vereinbarung. Der Gewinnabführungsvertrag einer AG, KGaA oder SE muss einen angemessenen Ausgleich für die außenstehenden Aktionäre durch eine auf die Anteile am Grundkapital bezogene wiederkehrende Geldleistung (Ausgleichszahlung) vorsehen (§ 304 I S 1 AktG). Zu anderen Kapitalgesellschaften vgl § 16 Rn 21. Von der Bestimmung eines angemessenen Ausgleichs kann nur abgesehen werden, wenn die Gesellschaft im Zeitpunkt der Beschlussfassung ihrer Hauptversammlung über den Vertrag keinen außenstehenden Aktionär hat; andernfalls ist der Vertrag nichtig (§ 304 I S 3, III S 1 AktG). Enthält ein Gewinnabführungsvertrag eine nach § 304 AktG erforderliche Vereinbarung über den angemessenen Ausgleich außenstehender Aktionäre nicht, ist er infolge der zivilrechtlichen Nichtigkeit für steuerliche Zwecke nicht anzuerkennen.[2]

285

Vertragsbeendigung zur Sicherung außenstehender Aktionäre. Hat die Gesellschaft zum Zeitpunkt der Beschlussfassung ihrer Hauptversammlung über einen Gewinnabführungsvertrag keinen außenstehenden Aktionär, endet der Vertrag spätestens zum Ende des Geschäftsjahrs, in dem ein außenstehender Aktionär beteiligt ist (§ 307 AktG); vgl Rn 586 f.

286

Außenstehender Aktionär. Der Begriff des außenstehenden Aktionärs wird im AktG nicht definiert. Auch unter Rückgriff auf die Begründung im Regierungsentwurf zum AktG 1965[3] fasst die Rechtsprechung hierunter nicht alle Aktionäre der Gesellschaft, die selbst nicht anderer Vertragsteil sind. Als außenstehende Aktionäre kommen während der Dauer des Vertrags nach Sinn und Schutzzweck des Gesetzes alle Aktionäre der abhängigen Gesellschaft mit Ausnahme des anderen Vertragsteils und derjenigen Aktionäre in Betracht, die aufgrund rechtlich fundierter wirtschaftlicher Verknüpfung mit dem anderen Vertragsteil von der Gewinnabführung unmittelbar oder mittelbar in ähnlicher Weise profitieren wie dieser.[4] Nach überwiegender Meinung sind dem anderen Vertragsteil damit diejenigen Aktionäre gleichzustellen und als nicht außenstehend zu behandeln, die

287

---

1 *Emmerich* in Emmerich/Habersack § 304 AktG Rn 1.
2 BFH I R 1/08, BStBl II 2010, 407.
3 BTDrs IV/171, wiedergegeben in Kropff, AktG, 1965, 385 (zu § 295 AktG bzw § 284 RegE): „Zur Vermeidung einer kasuistischen Regelung verzichtet der Entwurf darauf, im einzelnen festzulegen, wer außenstehender Aktionär ist. Der Kreis dieser Aktionäre ergibt sich aus dem Wesen der Sache. Grundsätzlich sind alle Aktionäre der Gesellschaft mit Ausnahme des anderen Vertragsteils außenstehende Aktionäre. Dem anderen Vertragsteil müssen aber diejenigen Aktionäre gleichgestellt werden, deren Vermögen wirtschaftlich mit dem Vermögen des anderen Vertragsteils eine Einheit bildet oder deren Erträge dem anderen Vertragsteil oder denen die Erträge des anderen Vertragsteils zufließen. Nicht außenstehende Aktionäre sind daher auch Aktionäre, die mit dem anderen Vertragsteil unmittelbar oder mittelbar durch den Besitz aller Anteile oder durch einen Gewinnabführungs- oder Beherrschungsvertrag verbunden sind. Das gleiche gilt, wenn die Gesellschaft ihre vertraglichen Leistungen statt an den anderen Vertragsteil an einen Dritten zu erbringen hat, für den Dritten und die mit ihm in der erwähnten Weise verbundenen Aktionäre."
4 BGH II ZR 27/05, NZG 2006, 623, 624.

an dem anderen Vertragsteil zu 100% beteiligt sind oder an denen dieser seinerseits zu 100% beteiligt ist, sowie darüber hinaus solche Aktionäre, die mit dem anderen Vertragsteil unmittelbar oder mittelbar durch einen Beherrschungs- oder Gewinnabführungsvertrag verbunden sind.[1] Gleiches soll für in den anderen Vertragsteil iSd §§ 319 ff AktG eingegliederte Aktionäre gelten, weil die Eingliederung zu einer wirtschaftlichen und weithin auch rechtlichen Einheit der verbundenen Unternehmen führt.[2]

288 **Klammerorganschaft.** Schließt eine MG (M) mit ihrer Enkelgesellschaft (E) einen Gewinnabführungsvertrag ab (Klammerorganschaft, vgl Rn 157), zählt die TG (T) nur dann zu den außenstehenden Aktionären der E mit Ausgleichsanspruch gegenüber der M, wenn sie weder zu 100% von der M gehalten wird noch mit der M durch einen Gewinnabführungsvertrag verbunden noch in sie eingegliedert (§§ 319 ff AktG) ist.[3] Außenstehenden Aktionären der T erwächst nach hM kein Ausgleichsanspruch nach § 304 AktG gegenüber der M, da diese bereits nach §§ 311 und 317 AktG gegen für sie nachteilige Einwirkungen der M geschützt sind.[4]

289 **Fester Ausgleich.** Als Grundform für den angemessenen Ausgleich sieht § 304 I S 1 AktG den sog „festen Ausgleich" als eine auf die Anteile am Grundkapital bezogene wiederkehrende Geldleistung vor. Als Ausgleichszahlung ist hierbei mindestens die jährliche Zahlung des Betrags zuzusichern, der nach der bisherigen Ertragslage der Gesellschaft und ihren künftigen Ertragsaussichten unter Berücksichtigung angemessener Abschreibungen und Wertberichtigungen, jedoch ohne Bildung anderer Gewinnrücklagen, voraussichtlich als durchschnittlicher Gewinnanteil auf die einzelne Aktie verteilt werden könnte (§ 304 II S 1 AktG).

290 **Variabler Ausgleich.** Handelt es sich beim anderen Vertragsteil um eine AG, KGaA oder SE, kann alternativ der sog „variable Ausgleich" gewählt werden, bei dem als Ausgleichszahlung die Zahlung des Betrags zugesichert wird, der unter Herstellung eines angemessenen Umrechnungsverhältnisses auf Aktien der anderen Gesellschaft (des anderen Vertragsteils) jeweils als Gewinnanteil entfällt; die Angemessenheit der Umrechnung bestimmt sich nach dem Verhältnis, in dem bei einer Verschmelzung auf eine Aktie der Gesellschaft Aktien der anderen Gesellschaft zu gewähren wären (§ 304 II S 2 und 3 AktG).

---

1   *Emmerich* in Emmerich/Habersack § 304 AktG Rn 18; *Paulsen* in MüKo AktG § 304 AktG Rn 27; *Hüffer*, § 304 AktG, Rn 3; *Koppensteiner* in Kölner Kommentar AktG § 295 AktG Rn 40 ff; aA (alle Aktionäre außer dem anderen Vertragsteil = außenstehende Aktionäre) *Pentz*, AG 1996, 97, 99 ff; *Stephan* in K Schmidt/Lutter § 304 AktG Rn 69 ff. Durch den BFH für den Fall eines teils unmittelbar und teils mittelbar über eine 100%ige TG an der AG beteiligten anderen Vertragsteil so anerkannt in BFH I R 1/08, BStBl II 2010, 407, zu II.1. b) bb) (1).
2   *Emmerich* in Emmerich/Habersack § 304 AktG Rn 18 mwN.
3   *Emmerich* in Emmerich/Habersack § 304 AktG Rn 19, 61 mwN; *Hüffer*, § 304 AktG, Rn 18; *Paulsen* in MüKo AktG § 304 Rn 59. AA *Krieger* in FS für Karsten Schmidt, 2009, S 999, 1015 ff; *Stephan* in K Schmidt/Lutter § 304 AktG Rn 28.
4   *Emmerich* in Emmerich/Habersack § 304 AktG Rn 60 mwN; *Paulsen* in MüKo AktG § 304 AktG Rn 27; *Pentz*, NZG 2000, 1103, 1107; AA *Bayer* in FS für Kurt Ballerstedt: Beiträge zum Zivil- und Wirtschaftsrecht, 1975, S 157, 169 ff.

V. Sachliche Voraussetzungen der Organschaft

Ausgleichszahlung und Abführung des ganzen Gewinns. Der im Regelfall vorgesehene feste Ausgleich ist für die außenstehenden Aktionäre oftmals unbefriedigend, da der Ausgleich sich zwar an den Ergebnisprognosen der Gesellschaft ausrichtet, sie aber durch den Gewinnabführungsvertrag von der Teilhabe an in der Prognose nicht vorausgesehenen positiven Gewinnentwicklungen abgekoppelt werden. Andererseits setzen § 291 I AktG und § 14 I S 1 eine Verpflichtung zur Abführung des ganzen Gewinns an den anderen Vertragsteil voraus. In diesem Spannungsfeld stellt sich die Frage, inwieweit der Ausgleich variable, an den tatsächlichen Ergebnissen der Gesellschaft ausgerichtete Bestandteile aufweisen darf, ohne gegen das Erfordernis der Abführung des ganzen Gewinns zu verstoßen. Fließt dem außenstehenden Gesellschafter infolge einer ausschließlich an den tatsächlich während der Vertragslaufzeit erzielten Ergebnissen der Gesellschaft ausgerichteten Ausgleichszahlung Gewinn der Organgesellschaft in dem Verhältnis zu, in dem der Gewinn ohne Gewinnabführungsvertrag zu verteilen gewesen wäre, ist der Gewinnabführungsvertrag mangels Verpflichtung zur Abführung des ganzen Gewinns an den anderen Vertragsteil für steuerliche Zwecke nicht anzuerkennen.[1] Während die Finanzverwaltung dieser Beurteilung für den Fall der Bemessung der Ausgleichszahlung allein in einem Prozentsatz des Gewinns der Organgesellschaft folgt, hält sie eine Kombination von fester und variabler Komponente dergestalt für möglich, dass eine feste Ausgleichszahlung garantiert wird, die Zahlung sich jedoch um einen in einem Prozentsatz der tatsächlich erzielten Gewinne der Organgesellschaft bemessenen Zuschlag erhöht.[2] Dem ist der BFH zumindest für den Fall nicht gefolgt, in dem neben einem bestimmten Festbetrag ein zusätzlicher Ausgleich in jener Höhe vereinbart wird, um die der hypothetische Gewinnanspruch des Außenstehenden ohne die Gewinnabführung den Festbetrag übersteigen würde. Da der Außenstehende auf diese Weise so gestellt wird, als bestünde kein Gewinnabführungsvertrag, und nur mindestens den Festbetrag erhalten soll, könne von einer tatsächlichen Durchführung des Gewinnabführungsvertrags iSd der Abführung des ganzen Gewinns nicht gesprochen werden.[3] Die Finanzverwaltung wendet diese Rechtsprechung nicht an.[4]

291

Abfindung (§ 305 AktG). Neben der Verpflichtung zum angemessenen Ausgleich nach § 304 AktG muss der Gewinnabführungsvertrag eine Verpflichtung des anderen Vertragsteils enthalten, auf Verlangen eines außenstehenden Aktionärs (vgl hierzu Rn 287 f) dessen Aktien gegen eine im Vertrag bestimmte angemessene Abfindung zu erwerben (§ 305 I AktG). Handelt es sich bei dem anderen Vertragsteil um eine AG, KGaA oder SE mit Sitz innerhalb der EU oder des EWR, muss die Abfindung in Form der Gewährung eigener Aktien dieser Gesellschaft vorgesehen werden, wenn sie weder abhängig ist noch in Mehrheitsbesitz steht (§ 305 II Nr 1 AktG), andernfalls ist eine Gewährung eigener Aktien der herrschenden oder mit Mehrheit beteiligten Gesellschaft oder alternativ eine Barfindung vorzusehen (§ 305 II Nr 2 AktG). In allen anderen Fällen muss der Vertrag eine Barabfindung enthalten (§ 305 II Nr 3 AktG).

292

---

1 BFH I R 123/74, BStBl II 1976, 510.
2 BMF v 13.9.1991, DStR 1991, 684.
3 BFH I R 1/08, BStBl II 2010, 407.
4 BMF v 20.4.2010, BStBl I 2010, 372.

293 **Keine Nichtigkeit bei Fehlen einer Abfindungsvereinbarung.** Anders als im Fall des vollständigen Fehlens einer Vereinbarung über einen angemessen Ausgleich iSd § 304 AktG führt das Fehlen einer Vereinbarung über die Abfindung nicht zur Nichtigkeit des Gewinnabführungsvertrags, sondern lediglich zu einer Bestimmung der vertraglich zu gewährenden Abfindung durch das in § 2 SpruchG bestimmte Gericht. Das Fehlen einer nach § 305 I AktG erforderlichen Abfindungsvereinbarung steht damit – anders das Fehlen einer Ausgleichsvereinbarung iSd § 304 AktG (vgl Rn 285) – der steuerlichen Anerkennung des Gewinnabführungsvertrags nicht entgegen.

294-298 *Einstweilen frei.*

299 **f) Fünfjährige Mindestvertragsdauer. Grundsatz.** Während das AktG keine Anforderungen hinsichtlich der Laufzeit des Gewinnabführungsvertrags kennt, setzt die Anerkennung des Gewinnabführungsvertrags für Zwecke der Organschaft voraus, dass der Vertrag auf mindestens fünf Jahre abgeschlossen ist (§ 14 I S 1 Nr 3 S 1).

300 **Zielsetzung.** Mit der geforderten vertraglichen Bindung über mindestens fünf Jahre soll eine missbräuchliche Nutzung von Gewinnabführungsverträgen mit dem Ziel einer willkürlichen Wahl der Besteuerung von Jahr zu Jahr verhindert werden.[1] Vor diesem Hintergrund ist die Mindestvertragsdauer nur bei Abschluss oder Änderung (vgl Rn 502) des Vertrags relevant. Wird ein während der Mindestlaufzeit durchgeführter Vertrag später verlängert, muss die Laufzeitverlängerung nicht fünf Jahre betragen.

301 **Zeitjahre.** Die fünfjährige Mindestvertragsdauer des Gewinnabführungsvertrags bemisst sich nach Zeitjahren und nicht nach WJ (R 60 II S 1 KStR).[2]

302 **Vertragspraxis.** Die Mindestvertragsdauer ist die Zeit, innerhalb derer die ordentliche Kündigung nach dem Vertrag ausgeschlossen ist. In der Praxis wird diese Mindestvertragsdauer auf unterschiedliche, mE aber gleichwertige, Weisen geregelt. So werden Gewinnabführungsverträge auf unbestimmte Zeit abgeschlossen und mit einem frühestmöglichen Termin für eine ordentliche Kündigung versehen, der mindestens fünf Jahre nach dem Vertragsbeginn liegt. Alternativ werden Gewinnabführungsverträge auf eine mindestens fünfjährige Laufzeit abgeschlossen und von vornherein um eine Regelung ergänzt, nach der sich der Vertrag, sofern nicht innerhalb einer vereinbarten Kündigungsfrist gekündigt wurde, automatisch um jeweils ein Jahr verlängert.[3] Einer nochmaligen Anmeldung zum Handelsregister bedürfen diese schon im ursprünglich eingereichten Vertrag festgelegten Vertragsverlängerungen nicht.[4]

303 **Folgen fehlerhafter Vertragsdauer.** Da ein Gewinnabführungsvertrag nach objektiven Gesichtspunkten einheitlich aus sich heraus auszulegen ist (vgl Rn 257), muss sich die Mindestvertragsdauer eindeutig und ausschließlich aus dem Ver-

---

1 *Neumann* in Gosch § 14 Rn 212; *Dötsch* in D/J/P/W § 14 Rn 216.
2 BFH I R 3/10, BFH/NV 2011, 928. AA noch FG Düsseldorf 6 K 4601/07 K G, EFG 2010, 903 (rkr), jedoch durch BFH-Entscheidung überholt.
3 *Dötsch* in D/J/P/W § 14 Rn 216.
4 *Dötsch* in D/J/P/W § 14 Rn 218.

trag ergeben. Auch bei erkennbar versehentlichen Fehlern, zB hinsichtlich der Benennung eines frühestmöglichen Kündigungszeitpunktes überhaupt oder seiner Berechnung, versagt die Rechtsprechung die steuerliche Anerkennung des Vertrags. Insbesondere wird der ggf auch im Vertrag bekundete Wille, eine körperschaftsteuerliche Organschaft zu begründen, nicht zur Auslegung einer unzureichenden oder Umdeutung einer fehlerhaften Vereinbarung über die Mindestvertragsdauer herangezogen.[1] Wurde in einem Gewinnabführungsvertrag eine Kündigung „frühestens nach Ablauf von fünf Jahren" oder eine Laufzeit „von fünf Jahren" vereinbart, kann diesem Vertrag jedoch trotz der nicht eindeutigen Festlegung auf Zeitjahre (vgl Rn 301) mE nicht die Anerkennung versagt werden. Eine solche Formulierung ist nicht weniger präzise als der Wortlaut des § 14 I S 1 Nr 3 S 1 selbst; die Auslegung des Begriffs „Jahr" als „WJ" liegt keinesfalls näher als die als „Zeitjahr".[2] Nur wenn eine der Parteien den Vertrag tatsächlich auf einen fünf WJ nach Beginn des Gewinnabführungsvertrags liegenden Zeitpunkt kündigt, könnte dies dafür sprechen, dass eine mit Blick auf § 14 I S 1 Nr 3 S 1 unzureichende Mindestvertragsdauer vereinbart wurde.[3]

Beginn des Fünfjahreszeitraums. Der von § 14 I S 1 Nr 3 S 1 geforderte Fünfjahreszeitraum beginnt mit dem Beginn des WJ, für das die Rechtsfolge der Organschaft, die Zurechnung des Einkommens zum Organträger, erstmals eintritt (R 60 II S 2 KStR).[4] Für nach dem 20.11.2002 abgeschlossene Gewinnabführungsverträge ist dies nach § 14 I S 2 das WJ, in dem der Gewinnabführungsvertrag durch Eintragung ins Handelsregister wirksam wird (§ 34 IX Nr 3 S 1; für davor abgeschlossene Gewinnabführungsverträge vgl Rn 306). 304

Fünfjahreszeitraum bei nicht rechtzeitiger Eintragung. Wird der Vertrag mangels rechtzeitiger Eintragung ins Handelsregister nicht mehr in dem WJ wirksam, für das er nach dem Vertrag erstmals gelten soll, ist er steuerlich nicht anzuerkennen, wenn die Restmindestlaufzeit – gemessen ab Beginn des WJ des Wirksamwerdens – nicht mehr mindestens fünf Zeitjahre beträgt (vgl zur dann erforderlichen Verlängerung des Mindestlaufzeit Rn 501).[5] Eine auch durch die Finanzverwaltung anerkannte Möglichkeit zur Vermeidung dieses Problems liegt in einer vertraglichen Vereinbarung, nach der die Laufzeit des Gewinnabführungsvertrags erst in dem WJ beginnt, in dem der Gewinnabführungsvertrag im Handelsregister eingetragen wird.[6] Alternativ könnte auch von vornherein eine Mindestvertragsdauer von sechs Jahren vereinbart werden. 305

---

1 BFH I R 94/06, BFH/NV 2008, 1270; BFH I R 66/07, BStBl II 2009, 972; BFH IV B 73/08, BFH/NV 2009, 1840; BFH I B 71/10, BFH/NV 2011, 849.
2 So auch BFH I R 3/10, BFH/NV 2011, 928.
3 So im Ergebnis auch Dötsch in D/J/P/W § 14 Rn 219, wenngleich dieser die Anerkennung des Vertrags von seiner tatsächlichen Durchführung über fünf Zeitjahre abhängig macht. Zwar führt die Nichtdurchführung des Vertrags (zB vergessener Ausgleich vorvertraglicher Verluste) innerhalb der ersten fünf Zeitjahre zur Aberkennung der Organschaft von Anfang an (vgl R 60 VIII S 1 Nr 1 KStR), zur Auslegung der vertraglichen Formulierung der Mindestvertragsdauer trägt dieser Umstand mE aber nichts bei.
4 BFH I R 66/07, BStBl II 2009, 972.
5 BFH I R 66/07, BStBl II 2009, 972; BMF v 10.11.2005, BStBl I 2005, 1038, Rn 4.
6 BMF v 10.11.2005, BStBl I 2005, 1038, Rn 4.

306 **Beginn der Organschaft.** Nach § 14 I S 2 erfolgt die Zurechnung des Einkommens der Organgesellschaft zum Organträger erstmals für das Kalenderjahr, in dem das WJ der Organgesellschaft endet, in dem der Gewinnabführungsvertrag wirksam wird. Wirksam wird der Gewinnabführungsvertrag mit seiner Eintragung ins Handelsregister der Organgesellschaft (§ 294 II AktG; vgl Rn 270). Mit anderen Worten setzt § 14 I S 1 damit voraus, dass der Gewinnabführungsvertrag vor Ablauf desjenigen WJ der Organgesellschaft in deren Handelsregister eingetragen wird, für das die Rechtsfolgen der Organschaft erstmals eintreten sollen. In dieser Fassung gilt die Vorschrift seit dem VZ 2002, sofern der Gewinnabführungsvertrag nach dem 20.11.2002 abgeschlossen wurde (§ 34 IX Nr 3 S 1 idF StVergAbG). Verfassungsrechtliche Bedenken gegen die durch Ausrichtung der Anwendungsregelung auf das Datum des Kabinettsbeschlusses rückwirkende Inkraftsetzung der Vorschrift wurden von der Rechtsprechung bislang nicht gesehen.[1] Zuvor reichte es aus, wenn der Gewinnabführungsvertrag bis zum Ende desjenigen WJ, für welches erstmals eine Einkommenszurechnung begehrt wurde, abgeschlossen und bis zum Ende des darauffolgenden WJ wirksam wurde (§ 14 I Nr 3 S 1 aF).

307 **Strenge Auslegung durch die Gerichte.** Der Beginn der Organschaft hängt damit im geltenden Recht weitaus mehr von einem von den Vertragsparteien nicht zu beeinflussenden Moment ab – dem Tätigwerden des Registergerichts. Dennoch handhabt die Rechtsprechung die Vorschrift angesichts des eindeutigen Gesetzeswortlauts und des im Gesetzgebungsverfahren ausdrücklich angeführten Regelungshintergrunds einer Einschränkung des rückwirkenden Organschaftbeginns streng; dies auch bei schuldhafter Verzögerung der Eintragung durch das Registergericht.[2]

308 **Rumpf-WJ und Vorratsgesellschaften.** Dem bei Anteilserwerben und Umstrukturierungen deutlich verkürzten Zeitfenster für die Begründung einer Organschaft kann durch den Einsatz von Vorratsgesellschaften und durch Umstellungen von WJ begegnet werden.[3]

309 **Auswirkungen der verspäteten Eintragung auf Folgejahre.** Erfolgt die Eintragung verspätet, kann dies über das Entfallen der Organschaft für das gewünschte erste Jahr hinaus die steuerliche Nichtanerkennung des gesamten Gewinnabführungsvertrags auch für künftige WJ zur Folge haben, wenn zu Beginn des WJ, in dem der Vertrag dann zivilrechtlich wirksam wird, die Restmindestlaufzeit nicht mehr fünf Zeitjahre beträgt (§ 14 I S 1 Nr 3 S 1; vgl weiterführend Rn 305).

310-313 *Einstweilen frei.*

314 **4. Durchführung des Gewinnabführungsvertrags. a) Allgemeines.** Nach § 14 I S 1 Nr 3 S 1 muss der Vertrag während seiner gesamten Geltungsdauer durchgeführt werden (vgl Rn 488 ff). Die wesentlichen Vertragsinhalte, auf deren Durchführung es ankommt, sind die Gewinnabführung (vgl Rn 316 ff) und die Verlustübernahme (vgl Rn 442 ff) durch den anderen Vertragsteil. Zur Durchführung gehört dabei

---

1 FG Hamburg I 178/04 (rkr), EFG 2005, 225.
2 Niedersächsisches FG 6 K 411/07 (rkr), EFG 2008, 885; Nichtzulassungsbeschwerde abgewiesen in BFH I B 20/08 (NV), BeckRS 2008, 25013620.
3 Rödder/Schumacher, DStR 2003, 805, 806.

V. Sachliche Voraussetzungen der Organschaft

- die Ermittlung der Verpflichtungen gemäß den aktienrechtlichen Bestimmungen (§ 291 I, §§ 300-303 AktG),
- die Ermittlung der Verpflichtungen gemäß den körperschaftsteuerlichen Bestimmungen (§ 14 I S 1, § 14 I S 1 Nr 4) sowie
- deren tatsächlicher Vollzug (vgl Rn 465 ff).

Einstweilen frei. 315

b) Grundsätzliches zur Gewinnabführung. Bemessung. Die für eine körperschaftsteuerliche Organschaft geforderte Gewinnabführung bewegt sich im Spannungsfeld zweier Anforderungen. Ausgangspunkt für die Gewinnabführungsverpflichtung ist der handelsbilanzielle Gewinn der Gesellschaft (vgl Rn 317). Im Weiteren bestimmt sich der Betrag der Gewinnabführungsverpflichtung durch die in § 291 I AktG iVm § 14 I S 1 (ganzer Gewinn, vgl Rn 320 ff) und § 14 I S 1 Nr 4 (Beschränkung der Bildung freier Rücklagen, vgl Rn 410 ff) vorgegebenen Untergrenzen sowie durch § 301 AktG (Höchstbetrag der Gewinnabführung) als Obergrenze (vgl Rn 318 ff). 316

Handelsrechtliche Größe. Wie sich aus § 301 AktG mit dem Jahresüberschuss vor Gewinnabführung als Ausgangsgröße ergibt, handelt es sich bei dem abzuführenden Gewinn um eine handelsrechtliche Größe. Ob in gleicher Höhe ein Steuerbilanzgewinn erzielt wurde, ist für die Frage des abzuführenden Gewinns unerheblich. Auch kommt es nicht darauf an, ob der Gewinn zu steuerpflichtigem Einkommen führt.[1] 317

Höchstbetrag der Gewinnabführung. Den Höchstbetrag der Gewinnabführung bestimmt § 301 AktG. Demnach kann eine Gesellschaft unabhängig von den im Vertrag zur Gewinnabführung vereinbarten Bestimmungen als ihren Gewinn höchstens den 318

- ohne die Gewinnabführung entstehenden Jahresüberschuss (vgl Rn 331 ff),
- vermindert um einen Verlustvortrag aus dem Vorjahr (vgl Rn 350 ff),
- vermindert um den nach § 300 AktG in die gesetzlichen Rücklagen einzustellenden Betrag (vgl Rn 368) und
- vermindert um den nach § 268 VIII HGB ausschüttungsgesperrten Betrag (vgl Rn 371 ff)

abführen (§ 301 S 1 AktG). Der Betrag erhöht sich um Entnahmen aus in vertraglicher Zeit gebildeten anderen Gewinnrücklagen (§ 301 S 2 AktG; vgl Rn 387).

Eingegliederte AG oder SE. Bei einer nach §§ 319 ff AktG eingegliederten AG oder SE finden §§ 300-303 AktG und damit auch die Höchstgrenze der Gewinnabführung nach § 301 AktG keine Anwendung (§ 324 II S 1 AktG). Hintergrund ist, dass zu schützende außenstehende Aktionäre nicht existieren können (§§ 319 I S 1, 320a AktG) und Gläubiger der Gesellschaft hinreichend über die Haftung der Hauptgesellschaft (Organträger) für alle, auch vor der Eingliederung begründete, Verbindlich- 319

---

1 BFH I B 177/10, BFH/NV 2011, 1397.

keiten der Gesellschaft (§ 322 AktG) geschützt sind. Als Gewinn kann höchstens der ohne die Gewinnabführung entstehende Bilanzgewinn abgeführt werden (§ 324 II S 3 AktG). Bilanzgewinn ist der Jahresüberschuss nach Verrechnung mit einem Gewinn oder Verlustvortrag aus dem Vorjahr, Entnahmen aus Gewinn- oder Kapitalrücklagen und Einstellungen in die Gewinnrücklagen (§ 158 I Nr 5 AktG). Damit steht auch der Abführung des Gewinns aus vorvertraglichen Rücklagen nichts im Wege. Dies gilt mangels Anwendbarkeit des § 300 AktG auch für die Auflösung der gesetzlichen Rücklage.[1] Die Abführung vorvertraglicher Rücklagen steht der Durchführung des Gewinnabführungsvertrags nicht entgegen (R 61 III S 2 KStR). Insoweit unterliegt die Gewinnabführung nicht § 14, sondern den allgemeinen steuerlichen Vorschriften (§ 8b; R 61 III S 4 KStR).

320 **Abführung des ganzen Gewinns an ein einziges anderes Unternehmen.** Die Rechtsfolgen der Organschaft setzen nach § 14 I S 1 voraus, dass die Organgesellschaft sich durch einen Gewinnabführungsvertrag iSd § 291 I AktG verpflichtet, ihren ganzen Gewinn an ein einziges anderes gewerbliches Unternehmen abzuführen.

321 **Ganzer Gewinn.** Da der maximal zulässige Betrag der Gewinnabführung durch § 301 AktG festgelegt wird, ist das Erfordernis der Abführung des ganzen Gewinns dann und nur dann erfüllt, wenn die Gewinnabführung dem in § 301 AktG bestimmten Betrag entspricht. Der ganze Gewinn einer Kapitalgesellschaft ist deren Gesamtgewinn; er wird von einer Abführungsverpflichtung nicht in vollem Umfang umfasst, wenn diese sich nur auf den Gewinn aus einer bestimmten Einrichtung oder einem bestimmten Betätigungsfeld erstreckt, unabhängig davon, ob und in welcher Weise die von der Verpflichtung abgedeckte Gewinnquelle von anderen Einkunftsquellen der Kapitalgesellschaft abgegrenzt werden kann.[2]

322 **Auswirkungen auf den Jahresüberschuss.** Vorbehaltlich der in § 301 AktG enthaltenen Korrekturgrößen und der Bildung/Auflösung freier Rücklagen muss in Folge des Erfordernisses der Abführung des ganzen Gewinns der Jahresüberschuss der Organgesellschaft Null sein.

323 **Einziges anderes gewerbliches Unternehmen.** Der ganze Gewinn ist nach § 14 I S 1 an ein einziges anderes gewerbliches Unternehmen abzuführen. Mit dieser mit dem UntStFG eingeführten Beschränkung wird Gewinnabführungsverträgen iSd § 291 I AktG mit mehreren anderen Vertragsteilen, wie sie bis dahin für Zwecke einer Mehrmütterorganschaft abgeschlossen wurden, die Anerkennung für Zwecke der Organschaft versagt (vgl Rn 139).

324 **Unterjährige Beendigung und Abschluss eines neuen Gewinnabführungsvertrags.** Wird ein Gewinnabführungsvertrag unterjährig beendet, besteht die Gewinnabführungsverpflichtung bis zum Beendigungszeitpunkt fort (vgl Rn 563, 580); das Zurückwirken der unterjährigen Beendigung auf den Beginn des WJ der Organgesellschaft (§ 14 I S 1 Nr 3 S 3) ändert hieran nichts. Einem bereits mit Wirkung für dieses WJ abgeschlossenen zweiten Gewinnabführungsvertrag bzw dessen Durchführung

---

1 Dötsch in D/J/P/W § 14 Rn 186.
2 BFH I B 177/10, BFH NV 2011, 1397.

ist mE die steuerliche Anerkennung zu versagen. Da die Organgesellschaft für dieses WJ zwei Verbindlichkeiten aus Gewinnabführung auszuweisen hat, kann sie dem Erfordernis der Abführung ihres ganzen Gewinns an ein einziges anderes Unternehmen unter dem neuen Gewinnabführungsvertrag in diesem WJ nicht gerecht werden. Hiervon auszunehmen ist der Sonderfall, in dem der andere Vertragsteil des zweiten Vertrags identisch mit demjenigen des ersten Vertrags ist.

Organgesellschaft als alleiniger Adressat. Die in § 14 I S 1 enthaltene Anforderung der Abführung des ganzen Gewinns an ein anderes gewerbliches Unternehmen richtet sich allein an die Organgesellschaft und den zwischen ihr und dem Organträger abgeschlossenen Gewinnabführungsvertrag. Abreden über die Gewinnverteilung auf Ebene des Organträgers, nach denen bestimmte Gesellschafter im Wege der Ausschüttung durch die Organträgergesellschaft den aus der Organgesellschaft stammenden Gewinn erhalten, haben demnach keinen Einfluss auf die Frage, ob die Organgesellschaft dem Vertrag entsprechend ihren ganzen Gewinn an den Organträger abgeführt hat.[1] Derartige Gestaltungen sind auch nicht missbräuchlich, da sie das mit dem Gewinnabführungsvertrag und der Organschaft verfolgte Ziel, die Zurechnung des Einkommens zum Organträger und die Versteuerung dieses Einkommens durch ihn, in keiner Weise beeinträchtigen oder in Frage zu stellen versuchen.[2]

325

Einstweilen frei.

326-330

c) Jahresüberschuss als Ausgangsgröße der Gewinnabführung. Jahresüberschuss vor Gewinnabführung. Ausgangspunkt für die Ermittlung des Betrags der Gewinnabführung ist der Jahresüberschuss (§ 275 II Nr 20, III Nr 19 HGB) vor Gewinnabführung.

331

Objektiv richtiges Ergebnis. Die Höhe der Gewinnabführungsverpflichtung bzw des Verlustübernahmeanspruchs wird nicht durch den festgestellten Jahresabschluss der Gesellschaft rechtsverbindlich festgelegt, sondern durch das zum Bilanzstichtag nach den Grundsätzen ordnungsmäßiger Buchführung auszuweisende zutreffende Ergebnis.[3] Damit ist der Gewinnabführungsvertrag nicht schon dann durchgeführt, wenn der Gewinnabführung der im Jahresabschluss vor Gewinnabführung ausgewiesene Jahresüberschuss zu Grunde gelegt wird; in einem zweiten Schritt ist die objektive Richtigkeit dieses Ergebnisses zum Zeitpunkt der Aufstellung der Handelsbilanz zu prüfen.[4]

332

Formelle Mängel, nicht ordnungsgemäße Buchführung. Formelle Mängel hinsichtlich der Ordnungsmäßigkeit der Buchführung allein stellen die Durchführung des Gewinnabführungsvertrags noch nicht in Frage, sofern trotz dieser Mängel das zutreffende Ergebnis ausgewiesen und der Gewinnabführung zu Grunde

333

---
1 *Frotscher* in Frotscher/Maas § 14 Rn 363.
2 *Frotscher* in Frotscher/Maas § 14 Rn 363; aA *Dötsch*, DK 2003, 21, 26 ff.
3 Zur Verlustübernahme nach § 302 AktG BGH II ZR 120/98, DB 1999, 2457; BGH II ZR 361/02, DB 2005, 937; zur Gewinnabführung BFH I R 156/93, DStR 1995, 1109; BFH IV R 21/07, BFH/NV 2011, 15, zu II. 2. a).
4 *Dötsch* in D/J/P/W § 14 Rn 177.

gelegt wird.¹ Die Finanzverwaltung scheint ihre frühere gegenteilige Auffassung aufgegeben zu haben.² Selbst die Nichtigkeit des Jahresabschlusses schadet für sich gesehen noch nicht.³

334 **Materieller Verstoß gegen handelsrechtliche Bilanzierungsvorschriften.** Die Gewinnabführung ist nur dann gefährdet, wenn ein materieller Verstoß gegen die handelsrechtlichen Bilanzierungsvorschriften vorliegt, der gemessen an dem Unternehmen der Gesellschaft wesentlich ist und die zutreffende Darstellung der Vermögens-, Finanz- und Ertragslage der Gesellschaft in Frage stellt.⁴ Soweit in der Literatur vertreten wird, auf die Wesentlichkeit komme es nur bei Bewertungsfehlern an, der Nichtansatz zwingend auszuweisender Bilanzpositionen sei dagegen stets schädlich⁵, kann dem nicht gefolgt werden. Zweifelsohne bestehen Unterschiede zwischen Ansatz- und Bewertungsfehlern: Bei vollständigem Fehlen wesentlicher Vermögensgegenstände oder Schulden steht der einmal entdeckte Fehler dann als solcher fest. Ungleich schwieriger ist es hingegen, eine für unzutreffend gehaltene Bewertung tatsächlich als Fehler zu qualifizieren, da hierbei den dem Kaufmann eingeräumten Beurteilungs- und Ermessensspielräumen (zB bei Rückstellungen) Rechnung zu tragen ist.⁶ Steht das Vorliegen eines Fehlers – sei es als Ansatzfehler oder als Bewertungsfehler – aber einmal fest, besteht mE kein Anlass, hinsichtlich der Konsequenzen dieses Fehlers für die Durchführung des Gewinnabführungsvertrags unterschiedliche Maßstäbe je nach der Art des Fehlers anzulegen. Zum einen würde es nicht überzeugen, bei einem geringfügigen Ansatzfehler die Durchführung des Gewinnabführungsvertrags zu verneinen, bei einem Bewertungsfehler, dessen Betrag ggf zehnmal so hoch aber in Relation zum Unternehmen immer noch unwesentlich ist, von der Abführung des objektiv richtigen Ergebnisses auszugehen. Zum anderen sind die Grenzen zwischen Bewertung und Nichtansatz fließend. Die Finanzverwaltung hat sich zu dieser Frage bisher lediglich im Zusammenhang mit der Aktivierung des Anspruchs auf Auszahlung des Körperschaftsteuerguthabens iSd § 37 V geäußert.⁷ Bei unterlassener Aktivierung des Körperschaftsteuerguthabens in der Bilanz der Organgesellschaft sei die Bilanz zwar falsch, es liege jedoch kein der weiteren Anerkennung der Organschaft entgegenstehender Verstoß gegen die ordnungsgemäße Durchführung des Gewinnabführungsvertrags vor; eine Differenzierung danach, ob der Fehler gemessen an dem Unternehmen wesentlich ist, erfolgt nicht (vgl auch § 37 Rn 106 ff). Nach der BFH-Rechtsprechung steht der tatsächlichen Durchführung des Gewinnabführungsvertrags nicht entgegen, wenn Meinungsver-

---

1 *Frotscher* in Frotscher/Maas § 14 Rn 371; *Müller* in Müller/Stöcker, Die Organschaft, 2011, Rn 247; *Dötsch* in D/J/P/W § 14 Rn 214; *Walter* in EY § 14 Rn 650; *Danelsing* in Blümich § 14 Rn 158; *Olbing* in Streck § 14 Rn 121.
2 BMF v 30.12.1971, BStBl I 1972, 3, Rn 21, dessen Aussagen nicht in die KStR 1977 oder nachfolgende KStR übernommen wurden.
3 *Dötsch* in D/J/P/W § 14 Rn 214; *Walter* in EY § 14 Rn 650.
4 *Frotscher* in Frotscher/Maas § 14 Rn 368 ff; *Sterner* in H/H/R § 14 Rn 204; *Baldamus*, Ubg 2009, 484, 487 ff; *Müller* in Müller/Stöcker, Die Organschaft, 2011, Rn 247 unter Verweis auf § 256 AktG.
5 *Dötsch* in D/J/P/W § 14 Rn 177.
6 *Frotscher* in Frotscher/Maas § 14 Rn 369.
7 OFD Hannover v 5.11.2008, DStR 2009, 325, welche eine bundeseinheitlich abgestimmte Auffassung wiedergibt.

V. Sachliche Voraussetzungen der Organschaft

schiedenheiten zwischen der Finanzverwaltung und dem Unternehmen über den Ansatz oder die Bewertung von Bilanzposten entstehen und es später zu Mehrergebnissen aufgrund einer Betriebsprüfung kommt.[1]

Objektiv richtiger Gewinn bei mehrstufigen Organschaften. Im Falle mehrstufiger Organschaften ist die Frage, ob der objektiv richtige und damit der ganze Gewinn der Gewinnabführung unterworfen wird, auf jeder Stufe eigenständig zu prüfen und zu beantworten. Dies gebietet bereits die Tatsache, dass es auf jeder Stufe um die Erfüllung eines anderen Gewinnabführungsvertrags geht. Eine „infizierende" Wirkung in der Weise, dass der auf einer Ebene wegen Ausweis und Abführung eines unzutreffenden Gewinns zu bejahende Verstoß gegen die Durchführung des Gewinnabführungsvertrags automatisch einen Verstoß gegen die Durchführung eines auf der übergeordneten Konzernebene bestehenden Gewinnabführungsvertrags bewirkt, existiert mE nicht.[2] Ein Bilanzierungsfehler auf Ebene der Organgesellschaft wird idR einen Bilanzierungsfehler (unzutreffende Forderung aus Gewinnabführung) auf Ebene des Organträgers zur Folge haben. Ob dieser Fehler zur Nichtdurchführung eines zwischen dem Organträger als Organgesellschaft mit einem anderen Unternehmen abgeschlossenen Gewinnabführungsvertrags führt, ist auf Ebene des Organträgers nach den in Rn 334 dargestellten Grundsätzen eigenständig zu beurteilen.

335

Jahresüberschuss und ganzer Gewinn. Erfolgt die Gewinnabführung auf der Basis eines handelsrechtlich zutreffenden Ergebnisses, stellt sich dennoch die Frage, ob darin Aufwendungen berücksichtigt sind, die der in § 14 I S 1 geforderten Abführung des ganzen Gewinns entgegenstehen könnten. Vgl hierzu nachfolgend Rn 337 bis Rn 343.

336

VGA. Leistungen der Gesellschaft an den Organträger, die nach § 8 III S 2 als vGA zu werten sind, stellen die Durchführung des Gewinnabführungsvertrags nicht in Frage; vielmehr handelt es sich um vorweggenommene Gewinnabführungen (R 61 IV S 1 KStR).[3] Dies gilt auch für vGA an Gesellschafter einer Organträger-Personengesellschaft (R 61 IV S 2 KStR). Strittig ist, ob diese Grundsätze auch auf vGA an dem Organträger nahestehende Personen übertragen werden können, die dem Organträger lediglich zugerechnet werden.[4] Dagegen wird vorgebracht, dass in diesem Fall und anders als bei einer vGA an den Organträger, die vGA zwar das dem Organträger zuzurechnende Einkommen, nicht aber sein handelsrechtliches Jahresergebnis erhöht und dem Organträger damit die Gewinnabführung nicht auch handelsbilanziell auf andere Weise und vorab zugeflossen ist.[5] Eine derartige Differenzierung wurde von der Rechtsprechung bislang nicht vorgenommen[6] und überzeugt mE auch nicht. Die Frage, ob der ganze Gewinn an den Organträger abgeführt wurde, betrifft den objektiv richtigen handelsrechtlichen Gewinn. Der handelsrechtliche Gewinn

337

---

1 BFH I R 156/93, DStR 2005, 1109; BFH IV R 21/07, BFH/NV 2011, 151, zu II. 2. a).
2 AA offenbar *Dötsch* in D/J/P/W § 14 Rn 177; *Dötsch*, DK 2010, 99, 100.
3 *Frotscher* in Frotscher/Maas § 14 Rn 442; *Neumann* in Gosch § 14 Rn 404.
4 Bejahend *Frotscher* in Frotscher/Maas § 14 Rn 442; *Dötsch* in D/J/P/W § 14 Rn 197a; verneinend *Neumann* in Gosch § 14 Rn 405.
5 IdS wohl *Neumann* in Gosch § 14 Rn 405.
6 BFH I R 150/82, BStBl II 1987, 455; FG Hamburg II 82/94, EFG 1998, 392.

wird nicht unrichtig, wenn er mit dem Fremdvergleichsgrundsatz nicht vereinbare Aufwandspositionen enthält bzw mit dem Fremdvergleichsgrundsatz unvereinbare Ertragspositionen nicht enthält, solange die Gesellschaft sich diesen Aufwendungen nicht entziehen bzw die Erträge nicht beanspruchen konnte. Wird dieser Gewinn abgeführt, ist dem Erfordernis der Abführung des ganzen Gewinns an den Organträger genüge getan. Dies gilt unabhängig davon, ob der Organträger selbst oder eine ihm nahestehende Person Nutznießer des von der Gesellschaft erlittenen Vermögensnachteils ist. Ein anderes Ergebnis ließe sich auch nicht mit der Wertung in Einklang bringen, dass vGA an den außenstehenden Aktionär der Anerkennung der Organschaft – und damit wohl auch der Abführung des ganzen Gewinns – nicht entgegenstehen (vgl Rn 340); in letzterem Fall könnte der Vorteil dem Organträger nicht einmal wirtschaftlich zugerechnet werden.

338 **Abzuführender Gewinn der KGaA.** Handelt es sich bei der Organgesellschaft um eine KGaA, bezieht sich das Erfordernis der Abführung des ganzen Gewinns auf den aktienrechtlich organisierten Bereich der KGaA, da sie auch nur insoweit Organgesellschaft sein kann (vgl Rn 55, 180). Eine Abführung des auf den persönlich haftenden Gesellschafter entfallenden Gewinns über den Gewinnabführungsvertrag wäre mit der Mitunternehmerstellung und dem Entnahmerecht des persönlich haftenden Gesellschafters nicht vereinbar. Der ganze Gewinn iSd §§ 291 I S 1, 301 AktG ist damit der auf das Grundkapital und die Kommanditaktionäre entfallende Gewinn.[1] Die Minderung des Jahresüberschusses durch den Gewinnanteil des persönlich haftenden Gesellschafters, der nach § 286 III AktG nicht gesondert ausgewiesen werden muss und daher idR in die sonstigen betrieblichen Aufwendungen (§ 275 II Nr 8, III Nr 7 HGB) eingeht[2], steht damit der erforderlichen Abführung des ganzen Gewinns an den Organträger nicht entgegen. Dies ergibt sich nicht zuletzt bereits aus der ausdrücklichen Nennung der KGaA als geeignete Organgesellschaft in § 14 I S 1, welche andernfalls ins Leere liefe.

339 **Ausgleichszahlungen an außenstehende Aktionäre.** Besteht nach § 304 AktG die Verpflichtung, Ausgleichszahlungen an außenstehende Aktionäre zu leisten (vgl Rn 285 ff), und hat die Organgesellschaft (und nicht der andere Vertragsteil) sich zur Leistung der Ausgleichszahlung verpflichtet, hat sie nur den um die Ausgleichszahlung verminderten Gewinn an den anderen Vertragsteil abzuführen. Reicht der Gewinn der Gesellschaft zur Leistung der Ausgleichszahlung nicht aus, muss der andere Vertragsteil die Gesellschaft so stellen, dass sie die Zahlung leisten kann. Den so von dem anderen Vertragsteil übernommenen Betrag hat die Gesellschaft als Ertrag aus Verlustübernahme auszuweisen, denn sie hat die Ausgleichszahlung als Verpflichtung zu passivieren. Der Aufwand für die Ausgleichszahlung ist als eigenständiger Gliederungsposten vor dem Jahresüberschuss zu erfassen.[3] Da der Gewinnabführungsvertrag ohne die Vereinbarung erforderlicher Ausgleichszahlungen

---

1 *Frotscher*, DK 2005, 139; *Frotscher* in Frotscher/Maas § 14 Rn 364 f; *Dötsch* in D/J/P/W § 14 Rn 178.
2 *Förschle/Hoffmann* in Beck'scher BilKomm § 272 HGB Rn 323; *Perlitt* in MüKo AktG § 286 AktG Rn 91 mwN.
3 *Förschle* in Beck'scher BilKomm § 277 HGB Rn 13; *A/D/S*, § 277 HGB, Rn 67-69.

nichtig und die Organschaft schon aus diesem Grund nicht anzuerkennen wäre (vgl Rn 285), ist der in § 291 I AktG und § 14 I S 1 angesprochene „ganze Gewinn" bereits als um diese Ausgleichszahlungen gemindert zu verstehen, wenn die Organgesellschaft die Verpflichtung übernimmt, so dass die mit der Ausgleichszahlung einhergehende Minderung des Jahresergebnisses der Abführung des „ganzen Gewinns" nicht entgegensteht.[1]

VGA an außenstehende Aktionäre. VGA iSd § 8 III S 2 an außenstehende Aktionäre sind wie Ausgleichszahlungen iSd § 16 zu behandeln (R 61 IV S 4 KStR). Implizit wird damit auch anerkannt, dass ein Verstoß gegen die Abführung des ganzen Gewinns an den Organträger, der zur Nichtanwendung der §§ 14 ff führen müsste, in diesem Fall nicht gegeben ist. 340

Partiarische Darlehen, typisch stille Beteiligungen, Genussrechte ohne Beteiligung am Liquidationserlös. Bei den genannten schuldrechtlichen Beziehungen handelt es sich um solche, die handels- und wegen ihrer steuerlichen Qualifikation als Fremdkapital auch steuerrechtlich zu Betriebsausgaben führen. Diese stehen nach hM[2] der Abführung des ganzen Gewinns nicht entgegen, selbst wenn die Höhe ihrer Vergütung vom Gewinn der Kapitalgesellschaft abhängig ist. Dem steht bei der typisch stillen Beteiligung mE nicht entgegen, dass der BGH diese Form der Innengesellschaft gem § 230 HGB – und damit auch die typische stille Beteiligung – bei einer AG als Teilgewinnabführungsvertrag iSd § 292 I Nr 2 AktG eingestuft hat (vgl hierzu auch Rn 342).[3] 341

Atypisch stille Gesellschaft. Eine Kapitalgesellschaft, an der eine atypisch stille Beteiligung besteht, kann nach hM nicht Organgesellschaft sein.[4] Soweit sich diese Auffassung darauf stützt, die Organgesellschaft könne infolge der atypisch stillen Beteiligung iRe Gewinnabführungsvertrags nach § 291 I AktG nicht ihren ganzen Gewinn abführen, überzeugt dies nicht. Der BGH hat einen von einer AG geschlossenen Vertrag über die Gründung einer stillen Gesellschaft am Unternehmen der AG zwar als Teilgewinnabführungsvertrag iSd § 292 I Nr 2 AktG angesehen; dies aber erkennbar im Kontext der gesellschaftsrechtlichen Fragen, welche Schutzvorschriften bei Begründung einer stillen Beteiligung an einer AG für die Aktionäre greifen und ob den Aktionären in diesem Fall wie bei der Ausgabe von Genussrechten ein Bezugsrecht zusteht (§ 221 IV AktG) oder – wie im Falle von Unternehmensverträgen – nicht.[5] ME schließt die Annahme eines 342

---

1 Dötsch in D/J/P/W § 14 Rn 175.
2 Dötsch in D/J/P/W § 14 Rn 197b; Neumann in Gosch § 14 Rn 317; Frotscher in Frotscher/Maas § 14 Rn 206; Walter in EY § 14 Rn 586; Schmich, GmbHR 2008, 464, 470 f.
3 AA Berninger, DB 2004, 297, 298 f.
4 FG Hamburg 2 K 312/09 (rkr), GmbHR 2011, 329, Nichtzulassungsbeschwerde aus anderem Grund zurückgewiesen in BFH I B 177/10, BFH/NV 2011, 1397; Frotscher in Frotscher/Maas § 14 Rn 202-205; Erle/Heurung in Erle/Sauter § 14 Rn 23; Müller in Mössner/Seeger § 14 Rn 23; Eversberg in Herzig, Organschaft, 2003, S 77; Schmich, GmbHR 2008, 464; Berninger, DB 2004, 297, 299 f; Dötsch in D/J/P/W § 14 Rn 197b unter Aufgabe seiner bisherigen Auffassung; wohl auch Danelsing in Blümich § 14 Rn 40; Kolbe in H/H/R § 14 Rn 50. AA Walter in EY § 14 Rn 586; Schmidt/Werner, GmbHR 2010, 29; wohl auch Neumann in Gosch § 14 Rn 317.
5 BGH II ZR 109/02, DStR 2003, 2031.

Teilgewinnabführungsvertrags bezüglich der stillen Beteiligung die Abführung des ganzen Gewinns unter einem Gewinnabführungsvertrag iSd § 291 I AktG nicht aus. Denn bei dem ganzen Gewinn handelt es sich stets um eine Residualgröße, die in diesem Fall schon um die Teilgewinnabführung gemindert ist.[1] Selbst wenn aus der Entscheidung des BGH zu folgern wäre, die Kapitalgesellschaft könne einen auf die Abführung des ganzen Gewinns gerichteten Gewinnabführungsvertrag iSd § 291 I AktG nicht mehr abschließen bzw erfüllen,[2] oder der Gewinnabführungsvertrag sei dann ebenfalls als Teilgewinnabführungsvertrag zu werten, könnte darauf basierend die Frage, ob die Kapitalgesellschaft Organgesellschaft sein kann, nicht überzeugend beantwortet werden.[3] Denn die Rechtsprechung des BGH betrifft sämtliche stillen Beteiligungen iSd § 230 HGB, also auch typische, steuerlich als Fremdkapital qualifizierte Beteiligungen, deren „Gewinnanteile" handels- und steuerrechtlich zu Betriebsausgaben führen und nach hM die Abführung des ganzen Gewinns nicht in Frage stellen.[4] Darüber hinaus hat der BGH die Qualifizierung der stillen Beteiligung als Teilgewinnabführungsvertrag im Fall einer AG vorgenommen. Ob diese auf die stille Beteiligung an einer GmbH übertragen werden könnte, ist keineswegs sicher. Daher sollte mE die Voraussetzung der Abführung des ganzen Gewinns auch bei Bestehen einer (atypisch) stillen Beteiligung erfüllt sein, da die Frage der Durchführung des Gewinnabführungsvertrags sich nur auf den handelsrechtlichen Gewinn beziehen kann.[5] Nach mE durch die bisherige Rechtsprechung nicht gedeckter[6] Auffassung *Frotschers* soll § 14 I S 1, indem er sich nicht auf die Bezugnahme auf § 291 I S 1 AktG beschränkt, sondern selbst noch einmal die Verpflichtung zur Abführung des ganzen Gewinns fordert, eine weitergehende Prüfung dahingehend zulassen, ob auch steuerlich der ganze Gewinn an den Vertragspartner abgeführt wurde.[7] Nach der neueren BFH-Rechtsprechung ist die atypisch stille Gesellschaft selbständiges Subjekt der Gewinnerzielung, Gewinnermittlung und Einkünftequalifikation; dementsprechend könne sie als solche iS von § 15 III Nr 2 EStG durch den tätigen Gesellschafter gewerblich geprägt werden. Letzterer stehe dem in dieser Vorschrift genannten, zur Geschäftsführung befugten, persönlich haftenden Gesellschafter gleich.[8] Der steuerliche Gewinn der atypisch stillen Gesellschaft sei anhand einer Steuerbilanz

---

1 *Priester* in FS für Arndt Raupach: Steuer- und Gesellschaftsrecht zwischen Unternehmerfreiheit und Gemeinwohl, 2006, S 391, 399, der von einem Vorrang der stillen Beteiligung ausgeht; *Schmich*, GmbHR 2008, 464, 466; *Frotscher* in Frotscher/Maas § 14 Rn 199; *Walter* in EY § 14 Rn 586; im Ergebnis auch *Neumann* in Gosch § 14 Rn 317; *Schmidt/Werner*, GmbHR 2010, 29, 31; *Dötsch* in D/J/P/W § 14 Rn 197b (bis Erg-Lfg 07/10); aA *Berninger*, DB 2004, 297, 299; *Kerssenbrock* in Kessler/Kröner/Köhler, Konzernsteuerrecht, 2008, § 3 C Rn 473.
2 *Berninger*, DB 2004, 297, 298 ff.
3 *Schmich*, GmbHR 2008, 464, 466 ff.
4 *Berninger*, DB 2004, 297 betrachtet allerdings auch diese als schädlich.
5 Ebenso Schmich, GmbHR 2008, 464, 467 ff; *Frotscher* in Frotscher/Maas § 14 Rn 199; im Ergebnis auch *Neumann* in Gosch § 14 Rn 317; *Dötsch* in D/J/P/W § 14 Rn 197b (bis Erg-Lfg 07/10); *Walter* in EY § 14 Rn 586.
6 Alleinige Maßgeblichkeit der handelsrechtlichen Gewinnabführung: BFH I R 51/01, BStBl II 2005, 49; BFH I R 25/00, BStBl II 2003, 923. Vgl auch *Schmich*, GmbHR 2008, 464, 470.
7 So *Frotscher* in Frotscher/Maas § 14 Rn 200ff.
8 BFH VIII R 42/94, BStBl II 1998, 328.

der Gesellschaft zu ermitteln.[1] Sofern die atypische stille Beteiligung mithin wie eine OHG oder KG zu behandeln sein sollte, wäre auch steuerlich eine Abführung des ganzen Gewinns gewährleistet, da der handelsrechtlich abgeführte Gewinn dann dem Gewinnanteil der Kapitalgesellschaft aus der für die atypische stille Beteiligung vorzunehmenden einheitlichen und gesonderten Gewinnfeststellung entspräche.[2] Einer so ggf möglichen körperschaftsteuerlichen Organschaft stünde dann mE aber nicht entgegen, dass nach der BFH-Rechtsprechung[3] die Folgen einer gewerbesteuerlichen Organschaft nicht eintreten könnten.[4] Denn der BFH hat dabei ausdrücklich offen gelassen, ob eine Gesellschaft, an der eine atypisch stille Beteiligung besteht, Organgesellschaft sein kann; lediglich die Wirkungen einer gewerbesteuerlichen Organschaft würden (bereits) nach dem Wesen der Gewerbesteuer als Objektsteuer und dem Sinn und Zweck der Hinzurechnungs- und Kürzungsvorschriften (§§ 8 Nr 8, 9 Nr 2 GewStG) durch die Mitunternehmerschaft verdrängt.[5] Dennoch ist zu berücksichtigen, dass die Rechtsprechung zur atypischen stillen Gesellschaft stets nur punktuelle Fragen betraf und Schlussfolgerungen auf andere Fragen daher nicht zwingend uneingeschränkt zulässt. Die jüngsten Hoffnungen, der BFH werde sich zu der Kernfrage der Eignung einer Gesellschaft, an der eine atypisch stille Gesellschaft besteht, als Organgesellschaft äußern, haben sich aus Verfahrensgründen zerschlagen.[6]

Genussrecht mit Beteiligung am Liquidationserlös. Strittig ist ebenfalls, ob Leistungen auf beteiligungsähnliche Genussrechte der Abführung des ganzen Gewinns entgegenstehen, weil diese für steuerliche Zwecke als Gewinnausschüttung § 8 III S 2 zu behandeln sind.[7] Dem wird mE zu Recht widersprochen.[8] 343

Einstweilen frei. 344-349

d) Minderung der Gewinnabführung wegen vorvertraglicher Verluste. Allgemeines. Nach § 301 S 1 AktG ist iRd Ermittlung des Höchstbetrags der Gewinnabführung der Jahresüberschuss in einem ersten Schritt um einen Verlustvortrag aus dem Vorjahr zu vermindern (vgl in Bezug auf eine nach §§ 319 ff AktG eingegliederte AG oder SE hingegen Rn 319). Da während der Vertragslaufzeit Jahres- 350

---

1 BFH IV B 42/02, BFH/NV 2002, 1447.
2 Ebenso grundsätzlich *Frotscher* in Frotscher/Maas § 14 Rn 202. Vgl zu dessen Gegenthese dort aber auch Rn 203.
3 BFH VIII R 54/93, BStBl II 1995, 794; BFH I R 76/93, BFH/NV 1996, 504; BFH I B 179/10, BFH/NV 2011, 1284, zu II.2.b).
4 AA *Schmich*, GmbHR 2008, 464, 469.
5 *Müller* in Müller/Stöcker, Die Organschaft, 2011, Rn 904; BFH I B 179/10, BFH/NV 2011, 1284, zu II. 3.
6 In der Nichtzulassungsbeschwerde zu FG Hamburg 2 K 312/09, GmbHR 2011, 329 hatte der Beschwerdeführer die Versagung der Eignung als Organgesellschaft aufgrund der atypisch stillen Beteiligung durch das FG selbst gar nicht in Frage gestellt; vgl BFH I B 177/10, BFH/NV 2011, 1397. Frage als weiterhin offen bestätigt in BFH I B 179/10, BFH/NV 2011, 1284, zu II. 3. AA offenbar *Dötsch* in D/J/P/W § 14 Rn 197b, der die Frage durch den BFH-Beschluss als entschieden betrachtet.
7 So *Frotscher* in Frotscher/Maas § 14 Rn 207; wohl auch *Neumann* in Gosch § 14 Rn 317.
8 *Schmich*, GmbHR 2008, 464, 471 f mit dem Argument, nach § 8 III S 2 nicht abziehbare Ausgaben seien unschädlich für die Frage der Abführung des ganzen Gewinns; ebenso wohl *Walter* in EY § 14 Rn 585, 586; *Dötsch* in D/J/P/W § 14 Rn 197b unter Aufgabe seiner bisherigen Meinung mit dem Argument, dass die Vergütungen den für die Frage der Abführung des ganzen Gewinns allein maßgeblichen Jahresüberschuss vor Gewinnabführung gemindert haben.

fehlbeträge der Organgesellschaft wegen der Verlustübernahmeverpflichtung des anderen Vertragsteils gem § 302 AktG nicht entstehen können, geht es um den Ausgleich von in vorvertraglicher Zeit entstandenen Verlusten der Organgesellschaft.

351 **Jahresüberschuss als Voraussetzung.** Die Verpflichtung zum Ausgleich vorvertraglicher Verluste setzt einen Jahresüberschuss vor Gewinnabführung voraus und ist auf diesen begrenzt. Reicht der Jahresüberschuss aus dem ersten Geschäftsjahr nach Abschluss des Gewinnabführungsvertrags zur Tilgung des Verlustvortrags nicht aus, muss die Tilgung (mit Vorrang vor der Gewinnabführung) in den folgenden Geschäftsjahren fortgesetzt werden.[1]

352 **Reduzierter Gewinnabführungsanspruch.** Mit dem Abschluss des Gewinnabführungsvertrags verpflichtet sich der andere Vertragsteil somit nicht, in vorvertraglicher Zeit entstandene Eigenkapitalminderungen auszugleichen. Vielmehr erwirbt er erst dann einen Anspruch auf Abführung von der Gesellschaft erzielter Gewinne, wenn diese Eigenkapitalminderungen ausgeglichen sind.

353 **Verlagerung eines innerhalb des Gewinnabführungsvertrags erzielten Gewinns.** Die Verrechnung des Jahresüberschusses mit einem vorvertraglichen Verlustvortrag hat zur Folge, dass ein innerhalb des Gewinnabführungsvertrags erzielter Gewinn der beherrschten Gesellschaft nicht abgeführt, sondern wirtschaftlich in vorvertragliche Zeit verlagert wird.[2]

354 **Praxisprobleme.** Wenngleich das Bestehen einer Verpflichtung zum Ausgleich vorvertraglicher Verluste ab dem ersten Vertragsjahr zu prüfen ist, kann sich die Erfüllung dieser Verpflichtung durch eine mehrjährige Verlustphase oder durch im Vergleich zu dem Verlustvortrag nur moderate positive Ergebnisse der Organgesellschaft zeitlich weit vom Vertragsbeginn entfernen bzw über einen langen Zeitraum erstrecken. Vor diesem Hintergrund sind in der Praxis Fälle anzutreffen, in denen der Verlustausgleich „vergessen" wurde.

355 **Keine Bagatellgrenze.** Führt die Organgesellschaft trotz noch vorhandener vorvertraglicher Verluste einen Gewinn ab, ist der Gewinnabführungsvertrag nicht durchgeführt; auf die Höhe bzw Wesentlichkeit des Verlustvortrags kommt es dabei nicht an.[3] Dem ist zuzustimmen, da es sich hierbei um einen unmittelbaren Verstoß gegen den Vertrag bzw § 301 AktG handelt.

356 **Nichtabführung und Verrechnung.** Es gilt zu beachten, dass allein mit der Nichtabführung von Gewinn iHd Verlustvortrags die Anforderungen des § 301 S 1 AktG noch nicht erfüllt sind; die Verrechnung des nicht abgeführten Jahresüberschusses mit dem Verlustvortrag muss auch tatsächlich erfolgen.[4]

---

1 Emmerich in Emmerich/Habersack § 301 AktG Rn 9.
2 Cahn/Simon, DK 2003, 1, 6.
3 BFH IV R 21/07, BFH/NV 2011, 151; Dötsch in D/J/P/W § 14 Rn 181; Neumann in Gosch § 14 Rn 310; aA Walter in EY § 14 Rn 680.2.
4 BFH IV R 21/07, BFH/NV 2011, 151.

V. Sachliche Voraussetzungen der Organschaft

Lösungsmöglichkeiten vor Vertragsbeginn. Vor dem Hintergrund der restriktiven Anforderungen empfiehlt es sich, das Risiko des Scheiterns einer Organschaft durch vorvertragliche Verluste gänzlich zu vermeiden. So kann im letzten Geschäftsjahr vor Vertragsbeginn eine Verrechnung des Verlustvortrags durch Leistung einer Einlage durch den anderen Vertragsteil oder aber auch durch Auflösung von Rücklagen der Gesellschaft[1] herbeigeführt werden, so dass es bei Vertragsbeginn keinen während der Vertragsdauer nach § 301 AktG auszugleichenden Verlustvortrag mehr gibt.

357

Lösungsmöglichkeiten während des Vertrags. Während der Vertragsdauer kann der andere Vertragsteil eine Verrechnung des Verlustvortrags durch einen Ertragszuschuss (vgl Rn 731) erreichen. Dieser erhöht den Jahresüberschuss vor Gewinnabführung, so dass hieraus der nach § 301 S 1 AktG gebotene Ausgleich des vorvertraglichen Verlusts erfolgen kann. Auf diese Weise kann, insbesondere wenn in den ersten Jahren im Verhältnis zum Verlustvortrag nur geringe Gewinne oder gar Verluste zu erwarten sind, die Zeit abgekürzt werden, innerhalb derer das Abführungsverbot zu beachten ist. Zweifel sind mE dagegen bei dem Vorschlag angebracht, während der Vertragslaufzeit vorvertragliche Rücklagen der Gesellschaft aufzulösen und daraus den vorvertraglichen Verlust zu tilgen.[2] Die Auskehrung vorvertraglicher Rücklagen kann nur im Wege der Ausschüttung erfolgen. Werden derartige Beträge an den anderen Vertragsteil hingegen abgeführt, ist der Gewinnabführungsvertrag nicht durchgeführt (vgl Rn 391 ff). Kapitalrücklagen und vorvertragliche Gewinnrücklagen sind damit der Sphäre des Gewinnabführungsvertrags entzogen und verbleiben in der Sphäre der Gesellschafter. Dies gilt unabhängig davon, ob es neben dem Vertragspartner noch andere Gesellschafter gibt.[3] Könnte der andere Vertragsteil durch Auflösung der vorvertraglichen Rücklagen und Verrechnung der vorvertraglichen Verluste in die Lage versetzt werden, Gewinnabführungen zu beanspruchen, die ihm ohne die Rücklagenauflösung nach § 301 S 1 AktG nicht zugestanden hätten, wäre darin mE eine Abführung der vorvertraglichen Rücklagen bzw der Kapitalrücklage mit der Folge der Nichtdurchführung des Gewinnabführungsvertrags zu sehen. Auch würde die durch § 301 S 1 AktG vorgegebene Abgrenzung zwischen Vertrags- und Gesellschaftersphäre gestört. Zwar ist einerseits zuzugestehen, dass sich durch diese „Abführung" der Kapitalrücklage die bilanzielle Substanz der Gesellschaft und damit der Vermögensanspruch auch der außenstehenden Gesellschafter (wegen des Wegfalls von Verlustvortrag) im Vergleich zur Situation vor Abschluss des Gewinnabführungsvertrags nicht ändert.[4] Andererseits hat sich mit Abschluss des Gewinnabführungsvertrags und der § 301 AktG entsprechenden Regelung der Vermögensanspruch der Gesellschafter potentiell erhöht, da der Organträger – bei Anfall von Gewinnen – durch den von ihm vorzunehmenden Ausgleich des Verlustvortrags

358

---

1 *Kreidl/Riehl*, BB 2006, 1880, 1881 f; *Roher/Goldacker/Huber*, DB 2009, 360, 362; letztlich wohl auch *Frotscher* in Frotscher/Maas § 14 Rn 402 f. Ohne ausdrückliche Terminierung dieser Maßnahme auf die vorvertragliche Zeit: *Emmerich* in Emmerich/Habersack, 5. Aufl, § 301 AktG Rn 9; *Cahn/Simon*, DK 2003, 1, 6; *Berger*, DB 2005, 903, 904 (Fn 18).
2 So zB *Dötsch* in D/J/P/W § 14 Rn 181, 184.
3 BFH I R 25/00, BStBl II 2003, 923. Im entschiedenen Fall hielt der Organträger 100 % der Anteile an der Organgesellschaft.
4 *Dötsch* in D/J/P/W § 14 Rn 184, der die Verrechnung aus diesem Grunde für zulässig hält.

einen höheren Teil der Rücklagen ausschüttungsfähig und damit auch für die übrigen Gesellschafter zugänglich macht. Diese Wirkung des Gewinnabführungsvertrags würde durch die „Abführung" der Kapitalrücklage an den Organträger konterkariert.

359 **Keine Heilungsmöglichkeiten in laufender Rechnung.** Wurde gegen die Verlustausgleichsverpflichtung verstoßen, stellt sich die Frage nach einer möglichen Heilung. Eine Nachholung des Verlustausgleichs in laufender Rechnung der Organgesellschaft scheidet mE aus, da der Gewinnabführungsvertrag in den vorangehenden Jahren, beginnend mit dem Jahr des erstmaligen Verstoßes gegen die Ausgleichspflicht, unverändert als nicht durchgeführt gelten müsste.[1]

360 **Heilung durch rückwirkende Änderung der handelsrechtlichen Jahresabschlüsse ab dem Jahr des Verstoßes.** Nach zutreffender hM kann der Fehler durch Änderung der handelsrechtlichen Jahresabschlüsse für die betreffenden Jahre der Organgesellschaft und des Organträgers in der Weise, dass dem Abführungsverbot und dem Verlustausgleichsgebot Rechnung getragen wird, rückwirkend geheilt werden.[2] Eine Mindermeinung wendet dagegen ein, bei der in § 14 I S 1 Nr 3 S 1 geforderten Durchführung des Gewinnabführungsvertrags handele es sich um eine tatsächliche Voraussetzung, deren Erfüllung unabhängig von den handelsrechtlichen Heilungsmöglichkeiten zu beurteilen sei; die Durchführung des Gewinnabführungsvertrags könne daher nachträglich nicht geändert werden.[3] Die Rechtsprechung konnte diese Frage bisher offenlassen.[4] Die Mindermeinung ließe sich jedoch nur schwerlich mit der bisherigen Rechtsprechung zur „nachträglichen" Gewinnabführung in Einklang bringen.[5]

361 **Praxisprobleme bei der Änderung von Jahresabschlüssen.** Die Änderung der Jahresabschlüsse von Organgesellschaft und Organträger ist jedoch aufwändig. So werden ggf Nachtragsprüfungen nach § 316 III AktG erforderlich.[6] Handelt es sich beim Organträger um eine börsennotierte AG, KGaA oder SE, wird eine Änderung des Abschlusses des Organträgers in den meisten Fällen aus praktischen Gründen (Einberufung einer Hauptversammlung zwecks erneuter Feststellung des Jahresabschlusses) daher ausscheiden. Dies wirft die Frage auf, ob zur Heilung des Verstoßes gegen das Abführungsverbot iSd § 301 S 1 AktG über die rückwirkende Änderung des Jahresabschlusses bzw der Jahresabschlüsse der Organgesellschaft hinaus auch Jahresabschlüsse des Organträgers zwingend rückwirkend zu ändern sind, oder ob auf Ebene des Organträgers eine Anpassung in laufender Rechnung ausreichend ist. Diese Frage kann sich freilich nur dann stellen, wenn der Verstoß nicht schon nach den allgemeinen handels- und aktienrechtlichen Vorschriften eine Pflicht zur Änderung

---

1 AA *Meining*, GmbHR 2010, 309, 311; *Walter* in EY § 14 Rn 680.2.
2 *Dötsch* in D/J/P/W § 14 Rn 181; *Erle/Heurung* in Erle/Sauter § 14 Rn 176; *Walter* in EY § 14 Rn 680.2; *Orth*, WPg-Sonderheft 2006, 45 ff; *Orth* in Oestreicher, Konzernbesteuerung, 2005, S 176; *Cahn/Simon*, DK 2003, 1, 6; *Berger*, DB 2005, 903, 904; *Kreidl/Riehl*, BB 2006, 1880, 1881; *Rohrer/Goldacker/Huber*, DB 2009, 360, 363.
3 *Frotscher* in Frotscher/Maas § 14 Rn 403; *Neumann* in Gosch § 14 Rn 310.
4 BFH IV R 21/07, BFH/NV 2011, 151; *Wendt*, BFH/PR 2011, 55.
5 BFH I R 156/93, DStR 1995, 1593.
6 Im Einzelnen *Berger*, DB 2005, 903, 904; *Erle/Heurung* in Erle/Sauter § 14 Rn 176.

der zurückliegenden Abschlüsse des Organträgers begründet. Hierbei ist zunächst zu berücksichtigen, dass eine Beseitigung des Verstoßes gegen § 301 S 1 AktG in tatsächlicher Hinsicht, dh durch Rückzahlung, wenn die ursprünglich überhöht bilanzierte Gewinnabführungsverpflichtung zwischenzeitig beglichen wurde, ohnehin nicht im Jahr der Fehlerentstehung erfolgen kann. Geht man mit der zutreffenden hM (vgl Rn 360) davon aus, dass nicht schon dieser Umstand eine Heilung des Verstoßes ausschließt, bestehen mE gute Gründe dafür, beim Organträger eine bilanzielle Anpassung an die geminderte Gewinnabführungsverpflichtung in laufender Rechnung genügen zu lassen. Denn die vertragliche Verpflichtung zur Gewinnabführung (§ 291 I S 1 AktG) trifft die Organgesellschaft. Konstitutiv für das Bestehen und die Höhe der Gewinnabführungsverpflichtung ist allein der – hinsichtlich der Ermittlung des Gewinns und der Anwendung des § 301 S 1 AktG – zutreffende Jahresabschluss der Organgesellschaft. Der Ausweis des Gewinnabführungsanspruchs beim Organträger begründet keinen Anspruch, sondern bildet diesen nur ab. Er vermag einen Verstoß gegen § 301 S 1 AktG daher weder zu begründen noch zu vermeiden bzw beseitigen.

Heilung durch rückwirkende Änderung der handelsrechtlichen Jahresabschlüsse ab dem letzten vorvertraglichen Jahr. Verfügt die Organgesellschaft über ausreichende vorvertragliche Rücklagen (vgl Rn 357), ist deren Auflösung und Verrechnung im letzten vorvertraglichen Geschäftsjahr iRe diesbezüglichen Änderung des Jahresabschlusses dieses Geschäftsjahres in jeder Hinsicht die vorzugswürdige Alternative. Zum einen wird hierbei die bisherige Durchführung der Gewinnabführung nicht geändert; vielmehr erweist sie sich durch die Eliminierung des Verlustvortrags in vorvertraglicher Zeit im Nachhinein als zutreffend.[1] Zum anderen setzt diese Alternative zwar (ebenfalls) die Änderung sämtlicher Abschlüsse der Organgesellschaft seit dem letzten vorvertraglichen Jahr voraus (Entfall des Verlustrücktrags, geminderten Rücklagen); die Änderung von Abschlüssen des Organträgers kann jedoch schon mangels bilanzieller Auswirkung bei diesem unterbleiben.[2]

362

Mehrstufige Organschaft. Bei einer mehrstufigen Organschaft führt der Verstoß gegen die Verlustausgleichsverpflichtung nach § 301 S 1 AktG auf Ebene der untersten Organgesellschaft mE nicht dazu, dass – „infiziert" durch den Verstoß auf unterster Ebene – auch die Durchführung von Gewinnabführungsverträgen auf höheren Konzernebenen automatisch in Frage steht und sämtliche Abschlüsse entlang der Organschaftskette schon aus diesem Grunde geändert werden müssten.[3] Dagegen spricht bereits, dass es auf jeder Ebene um die Durchführung eines anderen Gewinnabführungsvertrags geht. Erweist sich der Ausweis der Forderung aus Gewinnabführung eines Organträgers wegen des vergessenen Verlustausgleichs nach § 301 S 1 AktG auf Ebene seiner Organgesellschaft als überhöht, ist darin lediglich ein Bilanzierungsfehler – idR in der Form eines Bewertungsfehlers – zu sehen. Ob dieser Fehler die Durchführung eines vom Organträger als abhängiges Unternehmen

363

---

1   Dennoch hält *Frotscher* in Frotscher/Maas § 14 Rn 403 auch diese Alternative mit den bereits in Rn 360 erörterten Argumenten bezüglich der tatsächlichen Durchführung nicht für zielführend.
2   Schneider/Hinz, Ubg 2009, 738, 746; *Dötsch* in D/J/P/W § 14 Rn 181.
3   Im Ergebnis ebenso *Frotscher* in Frotscher/Maas § 14 Rn 404; aA *Dötsch* in D/J/P/W § 14 Rn 181.

(Organgesellschaft) mit einem anderen Unternehmen abgeschlossenen Gewinnabführungsvertrags in Frage stellt, ist – wie im Falle anderer Bilanzierungsfehler auch – nach den Kriterien für die Abführung des objektiv zutreffenden Gewinns (vgl Rn 332) und isoliert für diesen Gewinnabführungsvertrag zu beantworten (vgl auch Rn 335).

364-367 *Einstweilen frei.*

368 **e) Minderung der Gewinnabführung durch Dotierung der gesetzlichen Rücklage (§ 300 AktG).** IRd Ermittlung des Höchstbetrags der Gewinnabführung ist ein nach Verrechnung mit einem Verlustvortrag rechnerisch verbleibender Jahresüberschuss vor Gewinnabführung, sofern es sich bei der Gesellschaft um eine AG, KGaA oder SE handelt, nach § 300 AktG zur Dotierung der gesetzlichen Rücklage (dh des aus einbehaltenen Gewinnen gebildeten Passivpostens des § 266 III A III 1 HGB) zu verwenden (§ 301 S 1 AktG; vgl hinsichtlich einer nach §§ 319 ff AktG eingegliederte AG oder SE Rn 319). § 300 Nr 1 AktG modifiziert die grundsätzlich anwendbare Vorschrift des § 150 II AktG, um den Besonderheiten von Gewinnabführungsverträgen Rechnung zu tragen und bezweckt den Schutz der AG und ihrer Gläubiger, sowie mittelbar auch der außenstehenden Aktionäre, gegen Aushöhlung der bilanziell darstellbaren Gesellschaftssubstanz.[1] Ist ein Gewinnabführungsvertrag abgeschlossen, hat die Gesellschaft an Stelle des in § 150 II AktG bestimmten Betrags aus dem ohne die Gewinnabführung entstehenden, um einen Verlustvortrag aus dem Vorjahr geminderten Jahresüberschuss den Betrag in die gesetzliche Rücklage einzustellen, der erforderlich ist, um diese unter Hinzurechnung einer Kapitalrücklage innerhalb der ersten fünf Geschäftsjahre, die während des Bestehens des Vertrags oder nach Durchführung einer Kapitalerhöhung beginnen, gleichmäßig auf den zehnten oder den in der Satzung bestimmten höheren Teil des Grundkapitals aufzufüllen (Regelzuführung; § 300 Nr 1 Hs 1 AktG). Während die Gesellschaft nach § 150 II AktG grundsätzlich jährlich 5 % des nach Verrechnung mit einem Verlustvortrag verbleibenden Jahresüberschusses solange in die gesetzliche Rücklage einzustellen hätte, bis diese zusammen mit der Kapitalrücklage nach § 272 II Nr 1-3 HGB 10 % des Grundkapitals erreicht hat, verpflichtet der Abschluss des Gewinnabführungsvertrags also zu einer schnelleren Auffüllung der gesetzlichen Rücklage. Unter Berücksichtigung der Fünfjahresfrist und der gleichmäßigen Auffüllung beträgt die Regelzuführung 20 % der bei Abschluss des Vertrags zwischen schon gebildeter und gesetzlicher Rücklage noch bestehenden Differenz. Ist bei Abschluss des Gewinnabführungsvertrags die gesetzliche Rücklage bereits weitgehend gebildet gewesen, könnte die ab dann zu beachtende Regelzuführung nach § 300 Nr 1 Hs 1 AktG der absoluten Höhe nach hinter die ohne Existenz eines Gewinnabführungsvertrags zu beachtende Regelzuführung nach § 150 II AktG zurückfallen. Um dies zu verhindern, normiert § 300 Nr 1 Hs 2 AktG eine Mindestzuführung iHv 5 % des ohne die Gewinnabführung entstehenden, um einen Verlustvortrag aus dem Vorjahr geminderten Jahresüberschusses.[2] Kommt

---

1 BTDrs IV/171, wiedergegeben in *Kropff*, AktG, 1965, 388 (zu § 300 AktG bzw § 289 RegE); *Hüffer*, § 300 AktG, Rn 1.
2 *Hüffer*, § 300 AktG, Rn 6-9.

es wegen Nichtbeachtung oder unzutreffender Anwendung des § 300 Nr 1 AktG zu einer übermäßigen oder zu geringen Gewinnabführung, ist der Gewinnabführungsvertrag nicht durchgeführt und die Organschaft nicht anzuerkennen.

Einstweilen frei. 369-370

f) Minderung der Gewinnabführung wegen abführungsgesperrter Beträge iSd § 268 VIII HGB. Erweiterung des § 301 S 1 AktG. Durch das BilMoG wurde § 301 S 1 AktG um eine weitere Abführungsbeschränkung erweitert. Demnach darf ein nach Ausgleich eines Verlustvortrags und Zuführung in die gesetzliche Rücklage verbleibender Jahresüberschuss nicht abgeführt werden, soweit die Gesellschaft einen nach § 268 VIII HGB ausschüttungsgesperrten Betrag aufweist. Vgl für eine nach §§ 319 ff AktG eingegliederte AG oder SE Rn 319. 371

Gegenstand der Ausschüttungssperre. Die Ausschüttungssperre nach § 268 VIII HGB verallgemeinert den Rechtsgedanken des mit dem BilMoG aufgehobenen § 269 S 2 HGB und kompensiert handelsrechtlich Maßnahmen wie die Aufhebung des § 248 II HGB, die Neufassung des § 274 HGB sowie die verpflichtende Bewertung von zu Handelszwecken erworbenen Finanzinstrumenten (§ 253 I S 3 HGB) und Vermögensgegenständen iSd § 246 II S 2 HGB zum beizulegenden Zeitwert.[1] Nach § 268 VIII HGB dürfen Gewinne nur ausgeschüttet werden, wenn die nach Ausschüttung verbleibenden frei verfügbaren Rücklagen zuzüglich eines Gewinnvortrags / abzüglich eines Verlustvortrags mindestens den aktivierten Beträgen für 372

a) selbst erstellte immaterielle Vermögensgegenstände des Anlagevermögens abzüglich der darauf gebildeten passiven latenten Steuern (§ 268 VIII S 1 HGB),

b) den bilanzierten Überhang der aktiven latenten Steuern über die passiven latenten Steuern (§ 268 VIII S 2 HGB), wobei zur Vermeidung einer Doppelberücksichtigung passive latente Steuern aus a) und c) nicht noch einmal berücksichtigt werden dürfen,

c) den Betrag der Vermögensgegenstände iSd § 246 II S 2 HGB, der die Anschaffungskosten übersteigt, abzüglich der dafür gebildeten passiven latenten Steuern (§ 268 VIII S 3 HGB)

entsprechen.

Erstmalige Anwendung. § 268 VIII HGB – und damit auch die diesbezügliche Ergänzung des § 301 S 1 AktG – sind auf Jahresabschlüsse der Organgesellschaft für nach dem 31.12.2009 beginnende Geschäftsjahre anzuwenden (Art 66 III S 1 EGHGB).[2] 373

Keine Änderung der Gewinnabführungsverträge. Schon wegen der unmittelbaren Anwendbarkeit des AktG bedurften durch AG, KGaA oder SE abgeschlossene Gewinnabführungsverträge keiner Änderung (vgl Rn 282). Im Ergebnis konnte darauf aber auch bei anderen Kapitalgesellschaften verzichtet werden.[3] 374

---

1 *Hüffer*, § 301 AktG, Rn 5; BTDrs 16/10067, 64.
2 Freiwillig können die in Art 66 EGHGB genannten neuen Vorschriften insgesamt bereits schon auf nach dem 31.12.2008 beginnende Geschäftsjahre angewandt werden (Art 66 III S 6 EGHGB).
3 BMF v 14.1.2010, BStBl I 2010, 65.

375 **Beachtlichkeit.** Als Bestandteil des § 301 S 1 AktG ist die Abführungssperre mit Blick auf die Durchführung des Gewinnabführungsvertrags iSd § 14 I S 1 Nr 3 S 1 zwingend zu beachten. Umso schwerer wiegen die zahlreichen damit verbundenen Zweifelsfragen (vgl Rn 376 ff).

376 **Einbeziehung vorvertraglicher Gewinnrücklagen.** Mit der Begründung, die Abführungssperre diene dem Gläubigerschutz und für den Gläubiger komme es nicht darauf an, ob die Rücklagen in vertraglicher oder vorvertraglicher Zeit entstanden sind, sind nach handelsrechtlicher hM iRd Ermittlung des abführungsgesperrten Betrags auch Gewinnrücklagen aus vorvertraglicher Zeit in die Berechnung der frei verfügbaren Rücklagen einzubeziehen.[1] Im Regelfall, dh bei Fehlen vorvertraglicher Gewinnrücklagen, führt die Abführungssperre zu einer Bildung oder Erhöhung der in vertraglicher Zeit gebildeten Gewinnrücklagen und zu einer Minderung des Gewinnabführungsanspruchs des Organträgers. Weist die Organgesellschaft dagegen vorvertragliche Gewinnrücklagen aus, ist dies nach der oben beschriebenen handelsrechtlichen Auffassung jedoch nicht der Fall. Im Ergebnis dürfen dann insoweit Beträge an den Organträger abgeführt werden, die ansonsten nach § 301 S 1 AktG einer Abführungssperre unterliegen würden.

Beispiel

Vor Berücksichtigung der Ausschüttungssperre betrüge die Gewinnabführung der Organgesellschaft 100. Ein Betrag von 40 unterliegt der Ausschüttungssperre iSd § 268 VIII HGB. Die Organgesellschaft verfügt über vorvertragliche Gewinnrücklagen von a) Null bzw b) 60.

Im Beispielsfall a) darf die Gewinnabführung der Organgesellschaft nur 60 betragen. Im Beispielsfall b) könnte bei Heranziehung der vorvertraglichen Gewinnrücklagen zur Deckung des ausschüttungsgesperrten Betrags iSd § 268 VIII HGB der Gewinn von 100 in voller Höhe abgeführt werden.

Fraglich ist, ob auf diese Weise bei wirtschaftlicher Betrachtung vorvertragliche Gewinnrücklagen entgegen dem hierfür grundsätzlich bestehenden Verbot (vgl Rn 392) an den Organträger abgeführt werden[2] und so trotz handelsrechtlicher Bilanzierung nach dem Gesetzeswortlaut die Durchführung des Gewinnabführungsvertrags in Frage stehen könnte. Nach hier vertretener Auffassung ist dies nicht der Fall.[3] Zum einen wäre die sonst stets zu beachtende Trennung von vorvertraglicher und vertraglicher Sphäre im Kontext der Ausschüttungs- und Abführungssperren gar nicht durchzuhalten: So dürfte handelsrechtlich außer Zweifel stehen, dass, bei Eintritt einer Gesellschaft mit ausschüttungsgesperrten aber nicht durch Rücklagen ausreichend gedeckten Beträgen in eine Organschaft, nicht deren gesamter Jahresüberschuss an den Organträger abgeführt werden kann, sondern dieser auch insoweit einer Abführungssperre unterliegt, wie diese in vorvertrag-

---

1 ZB *Gelhausen/Fey/Kämpfer*, Rechnungslegung und Prüfung nach dem Bilanzrechtsmodernisierungsgesetz, 2009, Kapitel N Rn 70; *Gelhausen/Althoff*, WPg 2009, 630; *Ellrott/Huber* in Beck'scher BilKomm § 268 HGB Rn 144; *IDW*, FN-IDW 2011, 351, 351 f.
2 So *Frotscher* in Frotscher/Maas § 14 Rn 424.
3 Ebenso *Dötsch* in D/J/P/W § 14 Rn 182a.

licher Zeit entstandene „Unterdeckung" noch besteht. Da § 268 VIII HGB hinsichtlich ausschüttungs-/abführungsgesperrter Beträge nicht danach unterscheidet, ob sie aus vertraglicher oder vorvertraglicher Zeit stammen, scheint es nur folgerichtig, hinsichtlich der zur Deckung dieser Beträge heranziehbaren Rücklagen ebenfalls eine solche Trennung nicht vorzunehmen. Zum anderen kommt es zu der „Abführung vorvertraglicher Gewinnrücklagen" nicht unbedingt tatsächlich und endgültig.[1] Denn durch Heranziehung der vorvertraglichen Gewinnrücklagen für die Berechnung der Abführungssperre werden diese bilanziell nicht aufgelöst, da die Gewinnabführung unverändert aus dem Jahresüberschuss erfolgt. Wenngleich damit vorvertragliche, auch den außenstehenden Gesellschaftern zustehende Gewinnrücklagen durch Geschäftsvorfälle in der Vertragslaufzeit praktisch in eine Ausschüttungssperre hineinwachsen können, ist dieser Effekt im Idealfall jedoch nur temporär, da die spätere erfolgswirksame Auflösung der die Abführungssperre auslösenden Positionen in der Handelsbilanz die Gewinnabführungen an den Organträger mindern und die vormals gesperrten vorvertraglichen Rücklagen wieder frei werden. Davon abgesehen, bleibt es den Gesellschaftern auch vor diesem Zeitpunkt unbenommen, im Vorjahr zur Deckung abführungsgesperrter Beträge herangezogene vorvertragliche Gewinnrücklagen durch Beschluss aufzulösen und auszuschütten, sofern der im laufenden WJ ansonsten an den Organträger abzuführende Gewinn ausreicht, um die ausschüttungs-/abführungsgesperrten Beträge zu decken. Zu einem tatsächlichen und endgültigen „wirtschaftlichen" Transfer vorvertraglicher Rücklagen an den Organträger kommt es nur dann, wenn die Organgesellschaft bei Beendigung des Gewinnabführungsvertrags noch Beträge zB nach § 248 II S 1 HGB in ihrer Bilanz ausweist, die seit ihrer Entstehung durch vorvertragliche Gewinnrücklagen gedeckt werden. Eine spätere erfolgswirksame Abschreibung dieser Beträge bewirkt zwar die „Entsperrung" dieser Gewinnrücklagen, dies allerdings um den Preis einer Minderung des laufenden Jahresergebnisses, so dass – bei wirtschaftlicher Betrachtung – die bei ihrer seinerzeitigen Entstehung bereits aus dem Ergebnis gebildeten Gewinnrücklagen erneut „verdient" werden müssen.

Frei verfügbare Kapitalrücklagen. Die gleiche Problematik wie bei Existenz vorvertraglicher Gewinnrücklagen (vgl Rn 376) besteht bei Existenz (frei verfügbarer) bei der Abführungssperre ebenfalls zu berücksichtigender[2] Kapitalrücklagen (bei AG, KGaA und SE aus sonstigen Zuzahlungen der Gesellschafter gem § 272 II Nr 4 HGB; bei GmbH sämtliche Rücklagen nach § 272 II HGB), da auch die Auskehrung dieser Rücklagen allein im Wege der Ausschüttung an die Gesellschafter, nicht aber im Wege der Abführung an den Organträger, erfolgen darf (vgl Rn 395).

Latente Steuern. Handelsrechtlich sind latente Steuern auf temporäre Differenzen der Organgesellschaft nach hM beim Organträger zu bilden, da sich die künftige Steuerbe- bzw -entlastung aus temporären Differenzen während des Bestehens der

---
1 IDW, FN-IDW 2011, 351, 352; Dötsch in D/J/P/W § 14 Rn 182a.
2 ZB Gelhausen/Fey/Kämpfer, Rechnungslegung und Prüfung nach dem Bilanzrechtsmodernisierungsgesetz, 2009, Kapitel N Rn 68 f.

Organschaft ausschließlich auf seiner Ebene auswirkt.[1] Der Ansatz latenter Steuern in den Jahresabschlüssen der Organgesellschaften wird als unzulässig erachtet, es sei denn, es handelt sich um latente Steuern für künftige Steuerbe- oder -entlastungen in Perioden nach Beendigung der Organschaft, oder die steuerliche Be- oder Entlastung wird durch bestehende Steuerumlageverträge, die die Weiterbelastung von laufenden und latenten Steuern vorsehen, in voller Höhe auf die Organgesellschaft umgelegt.[2] Nach hM sind latente Steuern auch auf solche Differenzen grundsätzlich beim Organträger zu bilden, die auf nach § 5 II EStG in der Steuerbilanz nicht anzusetzende selbst erstellte immaterielle Vermögensgegenstände des Anlagevermögens entfallen oder aus der nach § 6 I Nr 2 EStG steuerrechtlich unzulässigen Zeitwertbewertung von Deckungsvermögen über die Anschaffungskosten hinaus resultieren.[3] Unklar ist, wie in diesem Fall mit der in § 268 VIII HGB iVm § 301 S 1 AktG grundsätzlich vorgesehenen Minderung der abführungsgesperrten Beträge um die dafür gebildeten passiven latenten Steuern (vgl Rn 372 lit a und c) umzugehen ist. Nach dem Gesetzeswortlaut erscheinen sowohl der Abzug als auch die Außerachtlassung der beim Organträger gebildeten latenten Steuern bei der Ermittlung des abführungsgesperrten Betrags als vertretbar; die Literaturmeinung hierzu ist uneinheitlich. Teilweise werden auch beide Methoden für zulässig erachtet. Eine herrschende Meinung existiert, soweit ersichtlich, bisher nicht.[4]

379 **Einstellung in die Gewinnrücklage iRd Abschlussaufstellung.** Wegen des verpflichtenden Charakters des § 301 S 1 AktG wird es handelsrechtlich für zulässig erachtet, den abführungsgesperrten Betrag bereits iRd Aufstellung des Abschlusses (und damit nicht erst aufgrund des Beschlusses über die Gewinnverwendung) in die Gewinnrücklagen einzustellen.[5]

380 **Auflösung und Abführung der Gewinnrücklagen bei Entfallen der Abführungssperre.** Soweit die Abführungssperre in späteren Geschäftsjahren nicht mehr besteht, kann der Organträger die Auflösung und Abführung der Gewinnrücklagen verlangen. Fraglich ist, ob § 14 I S 1 Nr 4 (vgl Rn 410 ff) verlangt, dass die abführungsgesperrten Beträge unmittelbar bei Aufhebung der Sperre, zB infolge der planmäßigen Abschreibung von nach § 248 II HGB aktivierten Entwicklungskosten, an den Organträger abgeführt werden. Während *Frotscher* eine sofortige Abführung mit der Begründung befürwortet, die genannten Abschreibungsbeträge seien – zwar nicht handelsrechtlich zwingend, aber durch § 14 I S 1 Nr 4 geboten – mit den aus

---

1   *DRSC*, DRS 18, Bundesanzeiger 2010, Beilage 133a, Rn 32; *Gelhausen/Fey/Kämpfer*, Rechnungslegung und Prüfung nach dem Bilanzrechtsmodernisierungsgesetz, 2009, Kapitel M, Rn 40; *Herzig/Liekenbrock/Vossel*, Ubg 2010, 85, 100; *Dahlke*, BB 2009, 878, 878 f; *Kozikowski/Fischer*, in Beck'scher BilKomm § 274 HGB Rn 70; *IDW*, Ubg 2011, 231, 231 f.
2   *DRSC*, DRS 18, Bundesanzeiger 2010, Beilage 133a, Rn 32, 34, 35.
3   ZB *Dahlke*, BB 2009, 878, 880; *Ellerbusch/Schlüter/Hofherr*, DStR 2009, 2443, 2445 ff; *Kröner/Bolik/Gageur*, Ubg 2010, 237, 241 f; *Zwirner*, BB 2010, 491, 494; *Neumayer/Imschweiler*, GmbHR 2011, 57, 58.
4   ZB *Ellerbusch/Schlüter/Hofherr*, DStR 2009, 2443, 2445 ff; *Herzig/Liekenbrock/Vossel*, Ubg 2010, 85, 97; *Kröner/Bolik/Gageur*, Ubg 2010, 237, 241 f; *Neumayer/Imschweiler*, GmbHR 2011, 57, 58; *Zwirner*, BB 2010, 491, 494; *Dötsch* in D/J/P/W § 14 Rn 182a; *IDW*, Ubg 2011, 231, 231 f; *Frotscher* in Frotscher/Maas § 14 Rn 389.
5   *Gelhausen/Fey/Kämpfer*, Rechnungslegung und Prüfung nach dem Bilanzrechtsmodernisierungsgesetz, 2009, Kapitel N Rn 75.

der Abführungssperre resultierenden Rücklagen zu verrechnen,[1] spricht mE gegen eine Verpflichtung zur sofortigen Abführung, dass nach hM eine zulässig gebildete Gewinnrücklage ohne Verstoß gegen § 14 I S 1 Nr 4 in späteren Geschäftsjahren beliebig beibehalten werden kann (vgl Rn 414).[2]

Sonstige Abführungssperren. Bilanzierungshilfen. Bereits vor der erstmaligen Kodifizierung einer „Abführungssperre" (§ 301 S 1 AktG idF BilMoG iVm § 268 VIII HGB idF BilMoG; vgl Rn 371 ff) waren nach hM durch die Inanspruchnahme von Bilanzierungshilfen ausgelöste Ausschüttungssperren (Aktivierung von Ingangsetzungs- und Erweiterungsaufwendungen, § 269 HGB aF; Aktivierung latenter Steuern, § 274 II S 3 HGB aF) auch iRd Gewinnabführung zu beachten.[3]   381

Einstweilen frei.   382-386

g) Erhöhung der Gewinnabführung um Entnahmen aus in vertraglicher Zeit gebildeten anderen Gewinnrücklagen (§ 301 S 2 AktG). Abführung kraft gesetzlicher Anordnung. Nach allgemeinen Grundsätzen vollzieht sich die Entnahme aus anderen Gewinnrücklagen (§ 272 III S 2 HGB) außerhalb des Jahresüberschusses (§ 158 I S 1 Nr 3 d AktG) und kann somit nur als Ausschüttung an (alle) Aktionäre iRd Ergebnisverwendung erfolgen. In der Befürchtung, dass angesichts des allgemeinen Entnahme- und Abführungsverbots entgegen dem eigentlichen Interesse der Gesellschaft und ihrer Gläubiger andere Gewinnrücklagen während der Vertragsdauer überhaupt nicht gebildet würden, hat der Gesetzgeber mit § 301 S 2 AktG eine Ausnahme geschaffen. Entnahmen während der Dauer des Vertrags in andere Gewinnrücklagen eingestellter Beträge können hiernach als Gewinn abgeführt werden und erhöhen den Höchstbetrag der Gewinnabführung nach § 301 S 1 AktG (R 60 III S 5 KStR). Hinsichtlich einer nach §§ 319 ff AktG eingegliederten AG oder SE vgl Rn 319.   387

Durchführung des Gewinnabführungsvertrags. Da nach § 14 I S 1 die Gesellschaft den ganzen Gewinn an den Organträger abführen und damit die Grenzen des § 301 AktG ausschöpfen muss, gilt der Vertrag nur dann als durchgeführt, wenn Auskehrungen in vertraglicher Zeit gebildeter anderer Gewinnrücklagen im Wege der Gewinnabführung erfolgen.   388

Einstweilen frei.   389-390

h) Abführungsverbot für Kapitalrücklagen und in vorvertraglicher Zeit gebildete Gewinnrücklagen. Grundsatz. Für nicht nach §§ 319 ff AktG eingegliederte Organgesellschaften (hinsichtlich einer nach §§ 319 ff AktG eingegliederten AG oder SE vgl Rn 319) bestimmt § 301 AktG den Höchstbetrag der Gewinnabführung. Da sich Entnahmen aus der Kapitalrücklage (§ 158 I S 1 Nr 2 AktG) und aus Gewinnrücklagen (§ 158 I S 1 Nr 3 AktG) außerhalb des dem § 301 S 1 AktG zu Grunde liegenden Jahresüberschusses vollziehen, können diese nur als Ausschüttung an (alle) Aktionäre   391

---

1 Frotscher in Frotscher/Maas § 14 Rn 425.
2 Im Ergebnis wohl auch *Neumayer/Imschweiler*, GmbHR 2011, 57, 59.
3 A/D/S, § 269 HGB, Rn 22a; *Hüttemann* in Staub, Großkommentar HGB, § 269 HGB Rn 19; *Reiner* in MüKo HGB, § 269 HGB Rn 15; *Neumann* in Gosch § 14 Rn 314; aA *Winkeljohann/Lawall* in Beck'scher BilKomm, 6. Aufl, § 269 HGB Rn 15; offen: *Frotscher* in Frotscher/Maas § 14 Rn 395.

iRd Ergebnisverwendung erfolgen. Allein für Entnahmen aus während der Vertragszeit gebildeten anderen Gewinnrücklagen sieht § 301 S 2 AktG eine Ausnahme vor und lässt die Abführung an den Organträger zu (vgl Rn 387).

392 **Vorvertragliche Gewinnrücklagen und Gewinnvortrag.** Dementsprechend gilt der Gewinnabführungsvertrag als steuerlich nicht durchgeführt, wenn vorvertragliche Gewinnrücklagen aufgelöst und an den Organträger abgeführt werden; das Gleiche gilt für die Auskehrung eines vom Jahresüberschuss iSd § 301 S 1 AktG (§ 158 I Nr 1 AktG) ebenfalls nicht erfassten vorvertraglichen Gewinnvortrags (R 60 IV S 1 und 2 KStR). Ein Verstoß gegen das Abführungsverbot für vorvertragliche Gewinnrücklagen liegt ebenfalls vor, wenn Aufwendungen einschließlich nicht abziehbarer Ausgaben über eine vorvertragliche Rücklage verrechnet werden und sich die Gewinnabführung an den Organträger auf diese Weise erhöht (R 60 IV S 3 KStR). Die Auskehrung der vorvertraglichen Gewinnrücklagen in der gebotenen Form der Ausschüttung an die Anteilseigner außerhalb des Gewinnabführungsvertrags stellt die Durchführung des Gewinnabführungsvertrags hingegen nicht in Frage (R 60 IV S 4 KStR).

393 **Vorvertraglich gebildete stille Reserven.** Das Abführungsverbot besteht nur für offene vorvertragliche Rücklagen. Die Auflösung vorvertraglich gebildeter stiller Reserven führt zu Erträgen, die in den Jahresüberschuss vor Gewinnabführung eingehen und daher als Gewinn abgeführt werden können bzw müssen.[1]

394 **Vorvertraglich gebildete Sonderposten mit Rücklageanteil.** Ebenso wenig greift das Abführungsverbot für Gewinne aus der Auflösung ggf in vorvertraglicher Zeit gebildeter Sonderposten mit Rücklageanteil (§§ 247 III, 273 HGB aF), da diese nicht zu den Rücklagen der Gesellschaft zählen.[2]

395 **Kapitalrücklage.** In gleicher Weise gilt der Gewinnabführungsvertrag als nicht durchgeführt, wenn Kapitalrücklage aufgelöst und an den Organträger abgeführt wird. Dies betrifft in vorvertraglicher Zeit, nach der BFH-Rechtsprechung aber auch in vertraglicher Zeit gebildete Kapitalrücklage iSd § 272 II Nr 4 HGB, welche ebenso bei ihrer Auflösung nicht der Gewinnabführung unterliegt.[3] Zuvor war die Finanzverwaltung im Einklang mit der mehrheitlichen gesellschafts- wie steuerrechtlichen Meinung[4] von einem Abführungsgebot ausgegangen (Abschn 55 III S 4 Nr 2, IV S 1 KStR 1995):[5] Vor dem BiRiLiG waren Zuzahlungen iSd § 272 II Nr 4 HGB stets als Ertragszuschüsse zu behandeln. Ferner hatte § 301 S 2 AktG (vgl Rn 387) vor seiner Neufassung durch das BiRiLiG auf „freie" Rücklagen Bezug genommen, so dass die Möglichkeit der Abführung solcher Zuzahlungen an den anderen Vertragsteil nach überwiegender Meinung nicht in Frage gestanden hatte.[6] Nach der Neufassung des

---

1   BGH II ZB 9/96, NJW 1997, 2242; *Hüffer*, § 301 AktG, Rn 4; *Altmeppen* in MüKo AktG § 301 AktG Rn 32 ff; *Koppensteiner* in Kölner Kommentar AktG § 301 AktG Rn 22; *Neumann* in Gosch § 14 Rn 316; *Walter* in EY § 14 Rn 665.
2   *Dötsch* in D/J/P/W § 14 Rn 184.
3   BFH I R 25/00, BStBl II 2003, 923.
4   Nachweise in BFH I R 25/00, BStBl II 2003, 923 unter II. 2. b) aa).
5   BMF v 11.10.1990, DB 1990, 2142.
6   *Hüffer*, § 301 AktG, Rn 8 mwN.

§ 301 S 2 AktG wurde ein Fortbestehen der Abführungsverpflichtung für derartige Beträge teils mit einem gesetzgeberischen Versehen bei der Neufassung des § 301 S 2 AktG, teils auch schlicht mit der systematischen Erwägung begründet, dass abgesehen von der nach § 14 I S 1 Nr 4 zulässigen Bildung von Gewinnrücklagen alle vermögensmäßigen Veränderungen während der Organschaft sich ausschließlich im Verhältnis zum Organträger auswirken müssten.[1] Unter Berufung auf den Wortlaut des § 301 AktG ist der BFH dem nicht gefolgt. Die Finanzverwaltung hat sich der in der Literatur auch heute noch umstrittenen[2] BFH-Rechtsprechung unter Gewährung von Vertrauensschutz für bis 31.12.2003 erfolgte Auflösungen der Kapitalrücklage angeschlossen (H 60 KStH).[3]

Ertragszuschüsse während der Organschaft. Für während der Vertragszeit durch den Organträger geleistete Ertragszuschüsse (vgl Rn 731) hat die BFH-Rechtsprechung (vgl Rn 395) und die geänderte Verwaltungsauffassung keine Bedeutung. Ertragszuschüsse sind nicht in die Kapitalrücklage nach § 272 II Nr 4 HGB einzustellen. Sie erhöhen den Jahresüberschuss und unterliegen damit der Gewinnabführung.[4]

396

Körperschaftsteuerminderungen und Körperschaftsteuererhöhungen unter dem Anrechnungsverfahren. Bis zum VZ 2006 konnten sich aus Ausschüttungen der Organgesellschaft Körperschaftsteuerminderungen gem § 37 und Körperschaftsteuererhöhungen gem § 38 ergeben, die sich durch entsprechenden Ertrag oder Aufwand auf den Jahresüberschuss der Organgesellschaft vor Gewinnabführung auswirkten. Unter Geltung des Körperschaftsteueranrechnungsverfahrens wurde von der hM das Ergebnis der Organgesellschaft insoweit als nicht der Gewinnabführungsverpflichtung unterliegend betrachtet. Bei Ausschüttung vorvertraglicher Rücklagen wurde die Körperschaftsteueränderung nach § 27 I aF damit Teil der Dividende an die Anteilseigner (Abschn 55 V KStR 1995).[5] Aus handelsrechtlicher Sicht war hierfür ausschlaggebend, dass bei der (vorvertraglichen) Bildung der Gewinnrücklagen die darauf entfallende Thesaurierungsbelastung zu Lasten aller Anteilseigner gegangen war. In Form des hieraus resultierenden Körperschaftsteuerminderungspotentials wurde eine „stille Reserve" gebildet. Diese unterschied sich von anderen stillen Reserven, deren Auflösung der Gewinnabführung unterliegt (vgl Rn 393), dadurch, dass sie nicht mit einem Vermögens- oder Schuldposten, sondern mit einem Eigenkapitalposten (der Gewinnrücklage) verknüpft war und nur durch Gesellschafterbeschluss (über eine Ausschüttung) realisiert werden konnte. Die Zuordnung dieser stillen Reserven wurde durch den Abschluss eines Gewinnabführungsvertrags nicht verändert. Aus steuerlicher Sicht war diesem Ergebnis leicht zu folgen, da § 28 VI idF vor

397

---

1   BFH I R 25/00, BStBl II 2003, 923 unter II. 2. b) aa) mwN.
2   Zustimmung: *Emmerich* in Emmerich/Habersack § 301 AktG Rn 17; *Hirte* in Großkommentar AktG § 301 AktG Rn 13; *Stephan* in *K Schmidt/Lutter* § 301 AktG Rn 26; *Veil* in Spindler/Stilz § 301 AktG Rn 17. Ablehnend: *Hüffer*, § 301 AktG, Rn 9; *Krieger/Kraft* in Münchener Handbuch des Gesellschaftsrechts AG § 71 Rn 21.
3   BMF v 27.11.2003, BStBl I 2003, 647.
4   So auch *Dötsch* in D/J/P/W § 14 Rn 191.
5   *A/D/S* § 174 AktG Rn 7 mwN; *Förschle* in Beck'scher BilKomm, 4. Aufl, § 275 HGB Rn 316; *Zimmermann* in FS für Adolf Moxter, Bilanzrecht und Kapitalmarkt, 1994, S 1503, 1529 f.

StSenkG bestimmte, dass sich die Minderung oder Erhöhung der KSt nach § 27 I aF unmittelbar auf die Höhe der Gewinnausschüttung auswirkt, den Betrag der höchstmöglichen Ausschüttung also erhöht bzw verringert.

398 Körperschaftsteuerminderungen und Körperschaftsteuererhöhungen unter dem Halbeinkünfteverfahren. Unter dem Halbeinkünfteverfahren (für die Zeit bis zum VZ 2006) wurde in der steuerrechtlichen Literatur weitgehend die Auffassung vertreten, die Erträge aus der ausschüttungsbedingten Realisierung von Körperschaftsteuerguthaben stünden nicht mehr den Gesellschaftern zu, sondern erhöhten den an den Organträger abgeführten Gewinn.[1] Dies wird vor allem mit dem Wegfall des § 28 VI aF im Zuge des körperschaftsteuerlichen Systemwechsels begründet. Handelsrechtlich war die Meinungslage uneinheitlich.[2] Es ist zuzugestehen, dass die früheren handelsrechtlichen Erwägungen, die zu einer Zuordnung des Körperschaftsteuerguthabens zur Gesellschaftersphäre geführt hatten, mit dem körperschaftsteuerlichen Systemwechsel und unter § 37 nach StSenkG ihre Berechtigung nicht zwingend verloren haben.

Nach der Systemumstellung im Zuge des SEStEG auf eine ausschüttungsunabhängige ratierliche Auszahlung des Körperschaftsteuerguthabens (§ 37 V) sind – wegen der vollständigen Abkopplung von der Vornahme von Gewinnausschüttungen – Aufwendungen und Erträge im Zusammenhang mit dem Auszahlungsanspruch auf Körperschaftsteuerguthaben zweifelsfrei in die Sphäre des Gewinnabführungsvertrags übergegangen.[3] Der mit dem Barwert zu bewertende Auszahlungsanspruch der Organgesellschaft war mit Ablauf des 31.12.2006 zu aktivieren. Ein durch die Aktivierung des Anspruchs erhöhtes handelsrechtliches Ergebnis der Organgesellschaft war iRd Gewinnabführungsvertrags ebenso an den Organträger abzuführen wie sich seitdem in den Folgejahren Erträge und Aufwendungen aus der jährlichen Neubewertung (unter Berücksichtigung von Aufzinsung und Auszahlungen) auf die Gewinnabführung auswirken.[4] Während die Finanzverwaltung eine „vergessene" Aktivierung des Auszahlungsanspruchs mit Blick auf die Durchführung des Gewinnabführungsvertrags als unschädlich betrachtet (vgl Rn 334), verneint sie zutreffend die Vertragsdurchführung, wenn der Auszahlungsanspruch zwar aktiviert, der daraus resultierende Gewinn aber nicht an den Organträger abgeführt wurde.[5] Auch die Aktivierung eines nicht zutreffend ermittelten Auszahlungsanspruchs sollte, sofern der daraus resultierende Ertrag vollständig abgeführt wurde, nach diesen Grundsätzen unschädlich sein. Die für den KSt-Auszahlungsanspruch iSd § 37 V dargestellten Grundsätze gelten mE in analoger Weise für den auf den 1.1.2007 entstandenen KSt-Erhöhungsbetrag iSd § 38 V ff (vgl weiterführend § 38 Rn 49 ff).

---

1 Dötsch in D/J/P/W § 14 Rn 183, 382.
2 IDW/HFA, sfH 1/2007, FN-IDW 2007, 107.
3 IDW/HFA, sfH 1/2007, FN-IDW 2007, 107.
4 BMF v 14.1.2008, BStBl I 2008, 280; IDW/HFA, sfH 1/2007, FN-IDW 2007, 107; Dötsch in D/J/P/W § 14 Rn 183a, 382.
5 OFD Hannover v 5.11.2008, DStR 2009, 325, welche eine bundeseinheitlich abgestimmte Auffassung wiedergibt.

V. Sachliche Voraussetzungen der Organschaft

Unmittelbare Verrechnung mit Gewinnrücklagen gem Art 67 EGHGB. Fraglich ist, ob in den Fällen, in denen Art 67 EGHGB im Zuge der Umstellung auf das BilMoG eine unmittelbare Verrechnung mit den Gewinnrücklagen anordnet oder zulässt (nachfolgend Rn 400 f) und diese Verrechnung den Anteilseignern Ausschüttungspotential entzieht, ein Verstoß gegen das Abführungsverbot bzw Ausschüttungsgebot für vorvertragliche Gewinnrücklagen und für Kapitalrücklagen vorliegt, der die Durchführung des Gewinnabführungsvertrags in Frage stellen würde. Für eine in Art 67 EGHGB angeordnete Verrechnung mit den Gewinnrücklagen sind zunächst ein vorhandener Gewinnvortrag und die anderen Gewinnrücklagen iSd § 266 III A. III. HGB, nachfolgend die Kapitalrücklagen aus anderen Zuzahlungen (§ 272 II Nr 4 HGB)[1] zu verwenden. Reichen die genannten Posten für die Verrechnung nicht aus, kann der verbleibende Betrag mit der verwendungsbeschränkten gesetzlichen Gewinnrücklage (§ 266 III A. III. 1. HGB) insoweit verrechnet werden, als diese zum Ausgleich eines Jahresfehlbetrags verwandt werden darf (vgl § 150 III Nr 1 AktG).[2] Ein danach noch verbleibender Betrag ist erfolgsneutral in einem gesonderten Posten der Ergebnisverwendungsrechnung iSd § 158 I AktG zu erfassen, so dass sich ggf ein Bilanzverlust ergibt oder erhöht.[3]

399

Verrechnung mit Gewinnrücklagen bei latenten Steuern. Ein Anwendungsfall der Verrechnung mit den Gewinnrücklagen gem Art 67 EGHGB liegt in der erstmaligen Bildung latenter Steuern nach § 274 HGB idF BilMoG durch die Organgesellschaft. Von dem handelsrechtlichen Grundsatz, dass latente Steuern auf temporäre Differenzen der Organgesellschaft grundsätzlich beim Organträger zu bilden sind und die Bildung durch die Organgesellschaft unzulässig ist (vgl Rn 378), dürften Fälle, in denen die Organgesellschaft selbst Steuerschuldnerin ist, nicht erfasst sein (zB ausländische Steuern für eine Auslandsbetriebsstätte der Organgesellschaft). Hierfür sind latente Steuern nach § 274 HGB im handelsrechtlichen Jahresabschluss der Organgesellschaft zu passivieren. Aufwendungen, die aus der erstmaligen Anwendung von § 274 HGB resultieren, sind nach Art 67 VI S 1 EGHGB erfolgsneutral mit den Gewinnrücklagen zu verrechnen. Für die Zulässigkeit und damit auch für die Unschädlichkeit mit Blick auf die Durchführung des Gewinnabführungsvertrags spricht mE, dass es sich bei Art 67 VI S 1 EGHGB um eine zwingende handelsrechtliche – und grundsätzlich auch bei einer Organgesellschaft anwendbare – (Übergangs-)Vorschrift handelt. Überdies ergibt sich aus dem Wortlaut des § 301 AktG zwar ein Abführungsverbot für vorvertragliche Gewinnrücklagen und für Kapitalrücklagen, aber nicht ein generelles Verbot anderweitiger Minderung dieser Rücklagen. Entsprechendes gilt, wenn Aufwendungen iSd § 274 HGB nach Art 67 VI S 2 EGHGB unmittelbar mit den Gewinnrücklagen zu verrechnen sind (vgl zu Anwendungsfällen Rn 415).

400

---

1 Bei Gesellschaften in der Rechtsform der GmbH auch die übrigen Kapitalrücklagen (§ 272 II Nr 1-3 HGB).
2 IDW RS HFA 28, FN-IDW 2009, 642, Rn 7; *Gelhausen/Fey/Kämpfer*, Rechnungslegung und Prüfung nach dem Bilanzrechtsmodernisierungsgesetz, 2009, Kapitel F Rn 38.
3 IDW RS HFA 28, FN-IDW 2009, 642, Rn 7; aA *Gelhausen/Fey/Kämpfer*, Rechnungslegung und Prüfung nach dem Bilanzrechtsmodernisierungsgesetz, 2009, Kapitel F Rn 38.

401　　**Verrechnung mit Gewinnrücklagen bei Auflösung aktiver Rechnungsabgrenzungsposten für Zölle, Verbrauchsteuern und Umsatzsteuer.** Nach Art 67 III S 1 EGHGB können aktive Rechnungsabgrenzungsposten für als Aufwand berücksichtigte Zölle und Verbrauchsteuern, soweit sie auf am Abschlussstichtag auszuweisende Vermögensgegenstände des Vorratsvermögens entfallen (§ 250 I S 2 HGB aF), sowie für als Aufwand berücksichtigte USt auf am Abschlussstichtag auszuweisende oder von den Vorräten offen abgesetzte Anzahlungen beibehalten, oder aber gem Art 67 III S 2 Hs 1 EGHGB auch erfolgsneutral mit den Gewinnrücklagen verrechnet werden. Auch hier ist fraglich, ob eine Verrechnung bei der Organgesellschaft nur mit in vertraglicher Zeit gebildeten Gewinnrücklagen erfolgen darf. Gegen eine derartige Einschränkung spricht, dass in diesem Fall ein „echtes" Wahlrecht (Beibehaltung/ erfolgsneutrale Auflösung) vorliegt, und dieses auch durch den zwar die Abführung vorvertraglicher Rücklagen, nicht aber deren jedwede Minderung verbietenden § 301 AktG nicht eingeschränkt wird.

402-405　*Einstweilen frei.*

406　　**i) Sonstige gesetzlich vorgeschriebene Rücklagenbildung. Vereinfachte Kapitalherabsetzung.** Infolge einer vereinfachten Kapitalherabsetzung nach §§ 229 ff AktG untersagt § 233 I AktG die Ausschüttung von Gewinnen, bevor die gesetzliche Rücklage und die Kapitalrücklage zusammen nicht 10 % des Grundkapitals erreicht haben. Nimmt eine durch einen Gewinnabführungsvertrag verpflichtete Gesellschaft eine derartige vereinfachte Kapitalherabsetzung zur Einstellung der Beträge in die Kapitalrücklage vor[1], ist die Ausschüttungssperre gem § 233 AktG nach überwiegender Auffassung auch iRv Gewinnabführungen zu berücksichtigen.[2] Die Nichtabführung von Gewinnen infolge dieser Abführungssperre stellt die Durchführung des Gewinnabführungsvertrags nicht in Frage; diese Rücklagenbildung ist gesetzlich geboten und unterliegt nicht den Beschränkungen des § 14 I S 1 Nr 4. Wird der Gewinn hingegen ohne Beachtung der Abführungssperre abgeführt, gilt der Vertrag als nicht durchgeführt. Entsprechendes gilt im Falle einer vereinfachten Kapitalherabsetzung bei einer GmbH (§ 58a ff GmbHG) und die dadurch ausgelöste Ausschüttungs-/Abführungssperre (§ 58d GmbHG).

407　　**Rücklage nach § 272 IV HGB.** Hält eine Gesellschaft Anteile an einem herrschenden oder mit Mehrheit beteiligten Unternehmen, ist eine Rücklage nach § 272 IV HGB in Höhe desjenigen Betrags zu bilden, der dem auf der Aktivseite der Bilanz für die Anteile an dem herrschenden oder mit Mehrheit beteiligten Unternehmen angesetzten Betrag entspricht (§ 272 IV S 1 und 2 HGB). Bis zur Erfüllung dieser Rücklageverpflichtung ist die Gewinnabführung begrenzt.[3] Zu berücksichtigen ist aber, dass die Rücklage aus vorhandenen freien Rücklagen gespeist werden darf (§ 272 IV S 3 HGB). Macht die Gesellschaft hiervon keinen Gebrauch, führt sie nicht den ganzen Gewinn an den Organträger ab; der Gewinnabführungsvertrag ist

---

1　Die alternativ in § 229 I AktG genannten Zwecke der vereinfachten Kapitalherabsetzung scheiden während des Bestehens des Gewinnabführungsvertrags aus.
2　*Suchanek/Herbst*, GmbHR 2006, 966 mwN.
3　Dötsch in D/J/P/W § 14 Rn 182d.

dann aus diesem Grund nicht durchgeführt.¹ Dies kann jedoch nicht gelten, wenn das Stehenlassen der bereits vorhanden freien Rücklagen iSd § 14 I S 1 Nr 4 bei vernünftiger kaufmännischer Beurteilung wirtschaftlich begründet (vgl Rn 410 ff) ist.²

Einstweilen frei. 408-409

j) Mindestabführung (§ 14 I S 1 Nr 4). Grundsatz der steuerlichen Einschränkung freiwilliger Bildung von Gewinnrücklagen. Während die freiwillige Bildung von Rücklagen aus dem Gewinn auch während der Geltung eines Gewinnabführungsvertrags gesellschaftsrechtlich keinen Beschränkungen unterliegt, lässt § 14 I S 1 Nr 4 eine solche Rücklagenbildung nur unter bestimmten Voraussetzungen zu und schafft damit steuerlich eine Untergrenze für die Gewinnabführung (Mindestabführung). Wird diese Mindestabführung durch eine nicht durch § 14 I S 1 Nr 4 legitimierte Rücklagenbildung unterschritten, gilt der Vertrag für steuerliche Zwecke mangels Abführung des ganzen Gewinns als nicht durchgeführt. Nach § 14 I S 1 Nr 4 darf die Gesellschaft Beträge aus dem Jahresüberschuss nur insoweit in die Gewinnrücklagen (§ 272 III HGB) mit Ausnahme der gesetzlichen Rücklagen einstellen, als dies bei kaufmännischer Beurteilung wirtschaftlich begründet ist. 410

Nicht erfasste Rücklagen. § 14 I S 1 Nr 4 beschränkt nicht die Bildung von Kapitalrücklagen (R 60 V S 1 Nr 3 S 2 KStR). Die Vorschrift schließt ferner die Bildung gesetzlicher Rücklagen von ihrem Anwendungsbereich aus. Dies betrifft zunächst die gesetzliche Rücklage nach § 300 AktG (vgl Rn 368), R 60 V S 1 Nr 2 S 1 KStR). Entgegen der Verwaltungsauffassung (R 60 V S 1 Nr 3 S 1 KStR) muss dies auch für die gesetzlich zwingende Rücklage nach § 272 IV HGB (vgl Rn 407) gelten.³ Schließlich beschränkt die Vorschrift auch nicht die Zuführung zu Sonderposten mit Rücklageanteil (§§ 247 III, 273 HGB aF) oder die Bildung von stillen Reserven (R 60 V S 1 Nr 3 S 4 KStR). 411

Satzungsmäßige Rücklagen. ME zutreffend schließt die Finanzverwaltung satzungsmäßige Rücklagen (§ 266 III A III HGB) aus dem Anwendungsbereich des § 14 I S 1 Nr 4 nicht aus (R 60 V S 1 Nr 3 S 1 KStR).⁴ Der Gesetzeswortlaut legt dies nahe; die Tatsache, dass die Zuführung in eine höhere satzungsmäßige Rücklage handelsrechtlich nicht zu beanstanden und die Handelsbilanz richtig ist, spricht nicht gegen die Anwendung des § 14 I S 1 Nr 4, da auch die zweifelsfrei unter § 14 I S 1 Nr 4 fallenden Rücklagenzuführungen idR keinen handelsrechtlichen Beschränkungen unterliegen. 412

Konkreter, objektiver Anlass für die Bildung der Rücklagen. Die unter § 14 I S 1 Nr 4 fallenden Zuführungen in die Gewinnrücklagen sind nur dann bei vernünftiger kaufmännischer Beurteilung wirtschaftlich begründet, wenn die Organgesellschaft einen konkreten, aus objektiver Sicht die Bildung der Rücklagen rechtfertigenden Anlass für die Bildung der Rücklagen dartun kann (R 60 V S 1 Nr 3 S 3 KStR).⁵ Anderenfalls könnte die Grundsatzentscheidung des Gesetzgebers, nach 413

---

1 *Frotscher* in Frotscher/Maas § 14 Rn 423.
2 *Dötsch* in D/J/P/W § 14 Rn 204.
3 *Frotscher* in Frotscher/Maas § 14 Rn 423; *Walter* in EY § 14 Rn 661; *Dötsch* in D/J/P/W § 14 Rn 204.
4 Ebenso *Dötsch* in D/J/P/W § 14 Rn 203; aA *Frotscher* in Frotscher/Maas § 14 Rn 428.
5 BFH I R 61/77, BStBl II 1981, 336.

der eine Organgesellschaft ihren ganzen Gewinn an den Organträger abzuführen hat, nach Belieben durch Rücklagenbildung unterlaufen werden. Von dem Erfordernis dieses konkreten Anlasses abgesehen darf das kaufmännische Ermessen nicht weiter eingeschränkt werden. So kann die Zulässigkeit der Bildung von Rücklagen nicht auf besonders ausgewählte betriebliche Anlässe (zB Betriebsverlegung, Werkserneuerung und Kapazitätsausweitung)[1] beschränkt werden. Ein konkreter Anlass kann auch dann vorliegen, wenn das Unternehmen besondere Risiken trägt, die es bei Auskehrung der in die Rücklage eingestellten Beträge an den Organträger ohne Gefährdung des Unternehmens möglicherweise nicht abdecken könnte; dem steht nicht schon die generelle Verlustübernahmeverpflichtung des Organträgers entgegen, da die Organgesellschaft sich durch die Rücklagenbildung auch für die Zeit nach Beendigung des Gewinnabführungsvertrags absichern dürfen soll.[2] Eine bloß gewohnheitsmäßige Rücklagenbildung kommt dagegen ebenso wenig in Betracht, wie eine über mehrere Jahre praktizierte Einstellung des ganzen Gewinns in die Gewinnrücklagen, die dem Wesen des Gewinnabführungsvertrags widersprechen würde.[3]

414 **Beibehaltung zulässig gebildeter Rücklagen.** Die Anforderungen des § 14 I S 1 Nr 4 beziehen sich allein auf die Rücklagenbildung. Eine einmal zulässig gebildete Rücklage kann daher beibehalten werden, auch wenn der konkrete Anlass ihrer Bildung später entfällt.[4]

415 **Unmittelbare Einstellung in die Gewinnrücklagen gem Art 67 EGHGB.** IRd Übergangsvorschriften zur Umstellung auf das BilMoG enthält Art 67 EGHGB diverse Anordnungen zur „unmittelbaren Einstellung" von Vermögensmehrungen in die Gewinnrücklagen.[5] Unmittelbar in die Gewinnrücklagen einzustellen sind Beträge aus der

a) Auflösung infolge der neuen Bewertungsvorschriften (§ 253 I S 2, II HGB) überdotierter Pensionsrückstellungen, soweit nicht vom Beibehaltungswahlrecht für den bis zum 31.12.2024 ohnehin wieder zuzuführenden Betrag Gebrauch gemacht wird (Art 67 I S 2 und 3 EGHGB);

b) Auflösung im Jahresabschluss für das letzte vor dem 1.1.2010 beginnende Geschäftsjahr enthaltener Aufwandsrückstellungen iSd § 249 I S 3, II HGB aF, soweit nicht von dem Beibehaltungswahlrecht für nicht erst in diesem WJ vorgenommene Zuführungen Gebrauch gemacht wird (Art 67 III EGHGB);

c) Auflösung im Jahresabschluss für das letzte vor dem 1.1.2010 beginnende Geschäftsjahr enthaltener Sonderposten mit Rücklageanteil iSd §§ 247 III, 273 HGB aF, sofern nicht von dem Beibehaltungswahlrecht Gebrauch gemacht wird (Art 67 III S 1 und S 2 Hs 1 EGHGB);

---

1 Die seinerzeit vom BFH monierten Beispielsfälle aus Rn 22c des früheren Organschaftserlasses (BMF v 30.12.1971, BStBl I 1972, 2) sind dagegen unverändert noch in R 60 V S 1 Nr 3 S 3 KStR enthalten.
2 BFH I R 61/77, BStBl II 1981, 336.
3 Dötsch in D/J/P/W § 14 Rn 206, 207.
4 Dötsch in D/J/P/W § 14 Rn 208; Frotscher in Frotscher/Maas § 14 Rn 432; Walter in EY § 14 Rn 663.
5 Vgl zu durch Art 67 EGHGB induzierten, zwingenden Minderungen der Gewinnrücklagen Rn 399 f.

V. Sachliche Voraussetzungen der Organschaft

d) Zuschreibung im Jahresabschluss für das letzte vor dem 1.1.2010 beginnende Geschäftsjahr enthaltener niedrigerer Wertansätze von Vermögensgegenständen, die aus Abschreibungen nach § 253 III S 3, IV HGB oder §§ 254, 279 HGB aF resultieren, soweit nicht von dem Beibehaltungswahlrecht gemacht wird (Art 67 IV EGHGB);

e) (Erträge) aus der erstmaligen Anwendung der §§ 274, 306 HGB (latente Steuern), Art 67 VI S 1 EGHGB.[1]

In den Fällen a) bis d) sind daraus nach §§ 274, 306 HGB resultierende Aufwendungen mit den Gewinnrücklagen zu verrechnen und vermindern mithin die Erhöhung der Gewinnrücklagen (Art 67 VI S 2 HGB).

Diese unmittelbaren Einstellungen in die Gewinnrücklagen unterliegen mE nicht den Beschränkungen des § 14 I S 1 Nr 4.[2] Ihre Vornahme ist gesetzlich zwingend. Ein Wahlrecht (Fälle a) bis d)) besteht lediglich dahingehend, ob die bilanzielle Vermögensmehrung entsteht oder nicht. Es besteht hingegen kein Wahlrecht, eine entstehende Vermögensmehrung abzuführen oder nicht. Kommt es zu der Vermögensmehrung, kann die Gesellschaft wegen der erfolgsneutralen, den Jahresüberschuss nicht berührenden „Umgliederung" in die Gewinnrücklagen über diese nicht disponieren.[3] Die Finanzverwaltung hat die fehlende Beeinträchtigung der Durchführung des Gewinnabführungsvertrags für den Fall der Auflösung von Aufwandsrückstellungen (Fall b)) bestätigt;[4] für eine abweichende Behandlung der übrigen Fälle (a), c) bis e)) wäre jedoch kein Grund ersichtlich.

Beibehaltung iRd Art 67 EGHGB entstandener Gewinnrücklagen. Bedingungen für eine Beibehaltung dieser Gewinnrücklagen auch in Folgejahren gibt es nicht. Schon für Rücklagen, deren Einstellung § 14 I S 1 Nr 4 unterlag, ist deren fortdauernde wirtschaftliche Begründetheit nicht darzulegen (vgl Rn 414); umso mehr muss dies für Gewinnrücklagen gelten, die schon bei ihrer Einstellung § 14 I S 1 Nr 4 nicht unterlagen.

416

Einstweilen frei.

417-420

k) Auflösung einer Organgesellschaft und Abwicklungsgewinne. Zweckänderung. Die Auflösung einer Gesellschaft aus den Gründen des § 262 I AktG hat die Änderung ihres Zwecks zur Folge (§ 264 I AktG). Aus einer werbenden Gesellschaft wird eine Abwicklungsgesellschaft, die durch Abwickler geleitet wird (§§ 264 f AktG), deren Aufgabe in erster Linie darin besteht, das Vermögen zu versilbern und die Schulden zu tilgen (§ 268 AktG).[5]

421

---

1   Die vorstehenden Datumsangaben gehen von der regulären Anwendung des BilMoG für nach dem 31.12.2009 beginnende WJ (Art 66 III S 1 EGHGB) aus; werden die betreffenden Vorschriften freiwillig bereits im ersten nach dem 31.12.2008 beginnenden WJ angewendet (Art 66 III S 6 f EGHGB), tritt an die Stelle des 1.1.2010 der 1.1.2009. Vgl IDW RS HFA 28, FN-IDW 2009, 642, Rn 13.
2   AA offenbar *Wehrheim/Rupp*, DStR 2008, 1977, 1979 ff.
3   Im Ergebnis ebenso *Frotscher* in Frotscher/Maas § 14 Rn 426; *Dötsch* in D/J/P/W § 14 Rn 209a; *Kröner/Bolik/Gageur*, Ubg 2010, 237, 242.
4   BMF v 14.1.2010, BStBl I 2010, 65.
5   *Emmerich* in Emmerich/Habersack § 297 AktG Rn 50.

422 **Beendigung des Gewinnabführungsvertrags.** Gesellschaftsrechtlich ist strittig, ob die Auflösung der Gesellschaft entsprechend der hM[1] einen von ihr als verpflichtetem Unternehmen abgeschlossenen Gewinnabführungsvertrag automatisch enden lässt, oder diesen lediglich für die Dauer des Auflösungsverfahrens mit Möglichkeit des Wiederauflebens im Falle der Rückgängigmachung der Auflösung in seiner Geltung suspendiert (vgl Rn 597).[2]

423 **Keine Verpflichtung zur Abführung des Abwicklungsgewinns.** In einer Entscheidung zur Rechtslage vor gesetzlicher Kodifizierung der körperschaftsteuerlichen Organschaft ging der BFH vom Fortbestand des Gewinnabführungsvertrags über die Auflösung hinaus aus. Da der Gewinnabführungsvertrag zwischen zwei einen Erwerbszweck verfolgenden Vertragsparteien geschlossen worden sei, unterliege ein in der Abwicklungsphase erzielter Gewinn infolge der mit der Auflösung eingetretenen Zweckänderung der Gesellschaft jedoch nicht mehr der Abführungsverpflichtung unter dem Gewinnabführungsvertrag.[3] Gleichermaßen bestehe keine Verpflichtung zur Gewinnabführung, wenn die Organgesellschaft ihren Betrieb ohne förmlichen Auflösungsbeschluss einstellt und ihr Vermögen veräußert.[4] In beiden Fällen hat die Organgesellschaft das Abwicklungsergebnis selbst zu versteuern. Dem schließt sich die hM an (H 61 KStH).[5]

424 **Abgrenzung von Auflösung und Geschäftstätigkeit.** Die informelle Auflösung der Organgesellschaft (Betriebseinstellung mit Veräußerung des Betriebsvermögens, Veräußerung des Betriebs) birgt in der Praxis zunächst erhebliche Abgrenzungsprobleme. Schwierigkeiten bereitet die Abgrenzung der normalen Geschäftstätigkeit von der Abwicklung und damit die Ermittlung des Auflösungszeitpunktes, auf den ein Rumpf-WJ[6] zu bilden ist.

425 **Wahlrecht zur Bildung eines Rumpf-WJ.** Ob im Fall der informellen Auflösung auch das von der Finanzverwaltung im Fall der Liquidation eingeräumte Wahlrecht (R 11 I S 3 KStR) zum Tragen kommt, wonach auf die Bildung eines Rumpf-WJ verzichtet werden kann mit der Folge der Einbeziehung des gesamten laufenden WJ in den Abwicklungszeitraum[7], könnte fraglich sein. Denn es geht um die Abgrenzung von Steuersubstrat zwischen zwei Steuerpflichtigen (Organgesellschaft und Organträger).

426 **Umstellung auf Vermögensverwaltung.** Stellt die Gesellschaft ihre bisherige gewerbliche Tätigkeit auf eine vermögensverwaltende um, ist darin keine informelle Auflösung zu sehen, da auch die vermögensverwaltende Kapitalgesellschaft nach der BFH-Rechtsprechung die Eignung zur Organgesellschaft besitzt.[8]

---

1 So auch BGH II ZR 170/87, NJW 1988, 1326 (für den Fall der Konkurseröffnung).
2 *Emmerich* in Emmerich/Habersack § 297 AktG Rn 5; *Altmeppen* in MüKo AktG § 297 AktG Rn 116 ff mwN.
3 BFH I 262/63, BStBl II 1968, 105; BFH I 206/65, BStBl II 1970, 689.
4 BFH I R 148/68, BStBl II 1971, 411.
5 *Olbing* in Streck § 14 Rn 119; *Danelsing* in Blümich § 14 Rn 136; *Kolbe* in H/H/R § 14 Rn 77; *Müller* in Müller/Stöcker, Die Organschaft, 2011, Rn 739, 767; *Frotscher* in Frotscher/Maas § 14 Rn 462; *Dötsch* in D/J/P/W § 14 Rn 252; zweifelnd *Neumann* in Gosch § 14 Rn 299.
6 BFH I R 233/71, BStBl II 1974, 692; R 51 I KStR.
7 So *Walter* in EY § 14 Rn 780.
8 FG Baden-Württemberg III 240/77, EFG 1979, 361; *Frotscher* in Frotscher/Maas § 14 Rn 462.

V. Sachliche Voraussetzungen der Organschaft

Risikovermeidung. Droht das Risiko einer ungewollten Beendigung der Organschaft durch informelle Auflösung, kann dem durch rechtzeitige Umwandlung der Organgesellschaft auf eine andere im Konzern befindliche Organgesellschaft begegnet werden. Die Einstellung des Betriebs und die Veräußerung der Wirtschaftsgüter erfolgt dann durch den übernehmenden Rechtsträger, für den der übernommene Betrieb allenfalls einen Teilbetrieb darstellt, dessen Einstellung und Veräußerung die Verfolgung eines Erwerbszwecks durch die Übernehmerin nicht berührt. 427

Einstweilen frei. 428-431

l) Gewinnabführung in Umwandlungsfällen. Übertragungsgewinn bei Umwandlung der Organgesellschaft. Wird die Organgesellschaft im Wege der Verschmelzung (§ 2 UmwG) oder Spaltung (§ 123 UmwG) umgewandelt, ist der Anmeldung der Umwandlung zur Eintragung ins Handelsregister nach § 17 II S 1 ggf iVm § 125 UmwG eine Schlussbilanz beizufügen. Da für diese Bilanz die Vorschriften über die Jahresbilanz gelten (§ 17 II S 2, ggf iVm § 125 UmwG) kann es handelsrechtlich – vorbehaltlich vorzunehmender Zuschreibungen – zu einem Übertragungsgewinn grundsätzlich[1] nicht kommen. Steuerlich kann dagegen ein Übertragungsgewinn entstehen, wenn die Organgesellschaft von dem Wahlrecht zur Buchwertfortführung iSd § 11 II UmwStG nicht Gebrauch macht oder machen kann (Ansatz gemeiner Wert oder Zwischenwert). Handelt es sich bei dem übernehmenden Rechtsträger ebenfalls um eine Organgesellschaft, versagt die Finanzverwaltung die Möglichkeit der Buchwertfortführung, soweit die übergehenden Wirtschaftsgüter nach der Umwandlung infolge der Zurechnung des Einkommens des übernehmenden Rechtsträgers zu einer natürlichen Person als Organträger oder Gesellschafter einer Organträger-Personengesellschaft der Besteuerung mit ESt (und nicht KSt) unterliegen (vgl weiterführend Rn 794 ff).[2] Es stellt sich die Frage, ob der (steuerliche) Übertragungsgewinn der Einkommenszurechnung iRd Organschaft unterliegt oder aber durch die Organgesellschaft selbst zu versteuern ist. Praktische Bedeutung hat die Frage vor allem seit dem UmwStG 2006 (SEStEG). Unter dem UmwStG 1995 konnte ein steuerlicher Übertragungsgewinn zwar ebenfalls entstehen; hierzu hatte es wegen aA der Finanzverwaltung[3] jedoch erst der höchstrichterlichen Klärung[4] bedurft. 432

„Abführungsverpflichtung" für den Übertragungsgewinn. Nach Verwaltungsauffassung ist ein steuerlicher Übertragungsgewinn im Fall der Verschmelzung oder Aufspaltung von der Organgesellschaft selbst zu versteuern, während der steuerliche 433

---

1 Nach IDW ERS HFA 42, FN-IDW 2011, 603 ff, Rn 16, soll die Aufstellung der Schlussbilanz nach § 17 II UmwG jedoch als begründeter Ausnahmefall für die zulässige Durchbrechung der Ansatz- und Bewertungsstetigkeit angesehen werden, insbesondere wenn Buchwertverknüpfung vorgesehen ist und eine Anpassung an die Ansatz- und Bewertungsmethoden des übernehmenden Rechtsträgers bereits in der Schlussbilanz erfolgen sollen.
2 BMF v 11.11.2011, BStBl I 2011, 1314, Rn 11.08, 20.19. Ebenso bereits BMF v 25.3.1998, BStBl I 1998, 268, Tz Org.19, wenngleich danach auch im Fall der Abspaltung der Übertragungsgewinn von der Organgesellschaft zu versteuern sein sollte; die Ausgliederung fand dort keine Erwähnung.
3 BMF v 25.3.1998, BStBl I 1998, 268, Rn 03.01, 11.01. Hiernach sollten ungeachtet der ausdrücklichen Bewertungswahlrechte in §§ 3 S 1, 11 I S I UmwStG wegen der Maßgeblichkeit der Handelsbilanz und damit des Anschaffungskostenprinzips allenfalls Wertaufholungsgewinne entstehen können.
4 BFH I R 97/06, BStBl II 2008, 650; BFH I R 38/04, BStBl II 2006, 568.

Übertragungsgewinn im Fall der Abspaltung oder Ausgliederung bei weiter bestehender Organgesellschaft[1] dem Organträger zuzurechnen sei.[2] Wenngleich der endgültige Umwandlungssteuererlass diese Auffassung gar nicht mehr begründet, ist anzunehmen, dass sie unverändert von der in Rn Org.25 des Erlassentwurfs vom 2.5.2011 für Zwecke der Verbandsanhörung gegebenen Begründung getragen ist. Demnach sollten die genannten Besteuerungsergebnisse eintreten, weil im Fall der Verschmelzung und Aufspaltung der steuerliche Übertragungsgewinn nicht der Gewinnabführungsverpflichtung unterliege, während im Fall der Abspaltung (und wohl auch der Ausgliederung) der steuerliche Übertragungsgewinn an den Organträger abzuführen sei.[3] Entsprechend war bereits im Umwandlungssteuererlass zum UmwStG 1995 argumentiert worden.[4] Diese Auffassung wird von Teilen der Literatur geteilt. Hierbei wird argumentiert, der Gewinnabführung unterliege nur das Ergebnis der laufenden Geschäftstätigkeit; wegen des Untergangs der Gesellschaft im Zuge der Umwandlung seien die vom BFH zur Liquidation entwickelten Grundsätze (vgl Rn 423) entsprechend anzuwenden, nach denen das Abwicklungsergebnis nicht der Gewinnabführungsverpflichtung unterliegt.[5] Der Gegenmeinung[6] ist zuzustimmen. Die mit der Auflösung einer Gesellschaft verbundene und mit dem vormals zwischen zwei Erwerbsgesellschaften geschlossenen Gewinnabführungsvertrag nach Auffassung des BFH nicht vereinbare Änderung des Zwecks der Gesellschaft von einer Erwerbsgesellschaft zu einer auf „Selbstvernichtung in gesetzlich geregelter Weise" gerichteten Abwicklungsgesellschaft ist im Fall der Umwandlung nicht gegeben.[7] Bei der Verschmelzung oder Aufspaltung erfolgt die Auflösung gerade ohne Abwicklung (§§ 2, 123 I UmwG). Da Auflösung und Beendigung der Gesellschaft zeitgleich mit Eintragung der Umwandlung ins Handelsregister (§ 20 I Nr 2 UmwG) erfolgen, gibt es auch keinen nach der Auflösung entstehenden Gewinn.[8] Der Übertragungsgewinn wird vielmehr zu dem davorliegenden, der Übertragungsbilanz iSd § 17 II UmwG zu Grunde gelegten Stichtag, der zugleich steuerlicher Übertragungsstichtag ist, realisiert und unter Vergleich des gewählten Wertansatzes mit den auf diesen

---

[1] Da es im Wesen der Abspaltung bzw Ausgliederung liegt, dass der übertragende Rechtsträger dabei nicht untergeht, ist die Bedeutung dieser Einschränkung unklar.
[2] BMF v 11.11.2011, BStBl I 2011, 1314, Rn Org.27.
[3] In einer Vorversion zu diesem Entwurf wurde in diesem Zusammenhang noch ausdrücklich auf BFH I 262/63, BStBl II 1968, 105, zur Liquidation einer Organgesellschaft verwiesen.
[4] BMF v 25.3.1998, BStBl I 1998, 268, Tz Org.19.
[5] *Dötsch* in D/J/P/W § 14 Rn 194; *Frotscher* in Frotscher/Maas § 14 Rn 599; *Frotscher*, Umwandlungssteuererlass 2011, 2012, zu Rn Org.27; *Neumann* in Gosch § 14 Rn 527 (nur unter Wiedergabe der hM); *Müller* in Müller/Stöcker, Die Organschaft, 2011, Rn 412; *Danelsing* in Blümich § 14 Rn 204; *Kessler/Weber/Aberle*, Ubg 2008, 209, 211 f.
[6] *Stuth*, DStR Beilage Nr 17/1998, 36; *Herlinghaus* in Rödder/Herlinghaus/van Lishaut, UmwStG, Anhang 3 Rn 63; *Erle/Heurung* in Erle/Sauter § 14 Rn 724; *Schumacher* in FS für Harald Schaumburg: Steuerzentrierte Rechtsberatung, 2009, S 477, 490; *Walter* in EY § 14 Rn 345; *Bahns/Graw*, DB 2008, 1645, 1651; *Honert/Geimer*, EStB 2007, 421, 426 f; *Rödder*, DStR 2011, 1053, 1058; *Vogel*, DB 2011, 1239, 1241; *Schmitt/Schloßmacher*, Umwandlungssteuererlass UmwStE 2011, 2012, zu Rn Org.27; mit der weitergehenden Argumentation, dass die Gewinnabführung keine Tatbestandsvoraussetzung für die Einkommenszurechnung (mehr) sei, *Käshammer/Schümmer*, Ubg 2011, 244, 245.
[7] *Stuth*, DStR Beil Nr 17/1998, 36; *Herlinghaus* in Rödder/Herlinghaus/van Lishaut, UmwStG, Anhang 3 Rn 63; *Erle/Heurung* in Erle/Sauter § 14 Rn 724.
[8] *Bahns/Graw*, DB 2008, 1645, 1651.

Zeitpunkt zu ermittelnden Buchwerten bestimmt. Zu diesem Zeitpunkt besteht unverändert die Gewinnabführungsverpflichtung unter dem erst mit der Eintragung der Umwandlung untergehenden Gewinnabführungsvertrag, so dass ein handelsrechtlicher Übertragungsgewinn – würde er entstehen – abzuführen wäre. Dann ist aber auch steuerlich die Einkommenszurechnung vorzunehmen. Der Umstand, dass der handelsrechtliche Übertragungsgewinn idR Null ist, führt lediglich zu einer Abweichung zwischen handels- und steuerbilanzieller Gewinnabführung, mithin zu einer Minderabführung isd § 14 IV (vgl Rn 975 ff).[1]

Übernahmeergebnis bei Umwandlung auf die Organgesellschaft. Ansatz des übernommenen Vermögens. Ist die Organgesellschaft übernehmender Rechtsträger iRd Verschmelzung oder Spaltung, hat sie den Übergang der Vermögensgegenstände und Schulden als einen laufenden Geschäftsvorfall in ihrer Buchführung zu erfassen. Die erworbenen Vermögensgegenstände und Schulden sind wahlweise nach §§ 253 I, 255 I HGB mit den tatsächlichen Anschaffungskosten oder in Ausübung des in § 24 UmwG eingeräumten Wahlrechts mit den Buchwerten aus der Schlussbilanz (§ 17 II UmwG) des übertragenden Rechtsträgers, die dann als Anschaffungskosten gelten, zu bewerten.[2] Für die Frage der Entstehung eines der Gewinnabführungs- oder Verlustübernahmeverpflichtung unterliegenden Übernahmeergebnisses ist zum einen danach zu differenzieren, ob eine Kapitalerhöhung im Zuge der Umwandlung stattfindet oder nicht. Zum anderen ist innerhalb letzterer Gruppe nach der Verschmelzungsrichtung zu unterscheiden. Die nachfolgenden Ausführungen zur Verschmelzung gelten für die Fälle der Spaltung (§ 123 UmwG) entsprechend.[3]

434

Seitwärtsverschmelzung. Erfolgt iRd Seitwärtsverschmelzung (side-stream merger) eine Kapitalerhöhung (Ausgabe neuer Anteile), stellt sich der Übergang der Vermögensgegenstände und Schulden aus Sicht des übernehmenden Rechtsträgers als Sacheinlage durch die Anteilsinhaber des übertragenden Rechtsträgers dar. Der den Ausgabebetrag der Anteile übersteigende Wert der übergegangenen Vermögensgegenstände ist in die Kapitalrücklage isd § 272 I Nr 1 HGB einzustellen.[4] Ein Übernahmegewinn, der der Abführungsverpflichtung unterliegen könnte, ergibt sich somit nicht.[5] Unterschreitet hingegen, bei Ausübung des Wahlrechts nach § 24 UmwG (Buchwertverknüpfung), der Wert des übernommenen Reinvermögens den Ausgabebetrag der Anteile, entsteht ein sofort aufwandswirksamer Verlust[6], der dann nach § 302 AktG vom anderen Vertragsteil auszugleichen wäre. Wird bei einer Seitwärtsverschmelzung (side-stream-merger) auf die Ausgabe neuer Anteile nach § 54 I S 3 bzw § 68 I S 3 UmwG verzichtet, liegt eine unentgeltliche Gesellschafterleistung vor. Da die Reinvermögensmehrung nicht aus

435

---

1 Herlinghaus in Rödder/Herlinghaus/van Lishaut, UmwStG, Anh 3 Rn 63; *Bahns/Graw*, DB 2008, 1645, 1650 f; *Schumacher* in FS für Harald Schaumburg: Steuerzentrierte Rechtsberatung, 2009, S 477, 490.
2 IDW ERS HFA 42, FN-IDW 2011, 603 ff, Rn 31, Rn 33.
3 IDW ERS HFA 43, FN-IDW 2011, 754 ff, Rn 24-25.
4 IDW ERS HFA 42, FN-IDW 2011, 603 ff, Rn 40 ff, Rn 64.
5 Ebenso BMF v 11.11.2011, BStBl I 2011, 1314, Rn Org.30 Nr 2; zuvor bereits BMF v 25.3.1998, BStBl I 1998, 268, Tz Org.23.
6 IDW ERS HFA 42, FN-IDW 2011, 603 ff, Rn 66.

der laufenden Geschäftstätigkeit des übernehmenden Rechtsträgers stammt, wird es als sachgerecht betrachtet, den Differenzbetrag als Sachzuzahlung unmittelbar in die Kapitalrücklage nach § 272 II Nr 4 HGB einzustellen.[1] Ein potenziell der Gewinnabführungsverpflichtung unterliegender Übernahmegewinn ergibt sich damit auch in dieser Variante der Seitwärtsverschmelzung nicht.[2] Davon zu unterscheiden ist der Fall, dass eine Kapitalerhöhung nicht erfolgt, weil der übernehmende Rechtsträger als Gegenleistung nicht neue, sondern bestehende eigene Anteile gewährt. Vor Geltung des BilMoG waren eigene Anteile zu bilanzieren und eine Rücklage für eigene Anteile zu bilden (§ 272 IV HGB aF). Wurden die Anteile als Gegenleistung für das übernommene Vermögen gewährt, lag mithin – wie bei der Aufwärtsumwandlung (vgl Rn 437) – ein tauschähnlicher Vorgang vor;[3] ein daraus resultierendes Übernahmeergebnis unterlag der Gewinnabführungsverpflichtung.[4] Unter Geltung des BilMoG führt der Erwerb eigener Anteile jedoch nicht mehr zu deren Aktivierung, sondern wird ähnlich einer Kapitalherabsetzung behandelt (§ 272 Ia HGB). Umgekehrt wird die Veräußerung der eigenen Anteile im Ergebnis wie eine Kapitalerhöhung behandelt (§ 272 Ib HGB). Damit scheidet unter Geltung des BilMoG auch bei Gewährung bestehender eigener Anteile als Gegenleistung die Erzielung eines Übernahmeergebnisses, welches der Gewinnabführungsverpflichtung unterliegen könnte, durch den übernehmenden Rechtsträger aus.

436 **Abwärtsverschmelzung.** Gehören dem übertragenden Rechtsträger sämtliche Anteile am übernehmenden Rechtsträger (Abwärtsverschmelzung; down-stream-merger), fallen die Anteile des übertragenden Rechtsträgers den Anteilsinhabern des übertragenden Rechtsträgers unmittelbar (Direkterwerb) zu. Aus Sicht des übernehmenden Rechtsträgers stellt der Übergang positiven Reinvermögens eine unentgeltliche Gesellschafterleistung dar. Da die Reinvermögensvermehrung nicht Folge der laufenden Geschäftstätigkeit des übernehmenden Rechtsträgers, sondern Folge einer umwandlungsrechtlichen Maßnahme der Anteilsinhaber der übertragenden Gesellschaft ist, wird es als sachgerecht erachtet, einen positiven Differenzbetrag unmittelbar in die Kapitalrücklage nach § 272 II Nr 4 HGB einzustellen und ein etwaiges negatives Reinvermögen[5] als Sachentnahme unmittelbar, ohne Berührung der Gewinn- und Verlustrechnung, mit dem EK zu verrechnen.[6] Ein potenziell der Gewinnabführungs- oder Verlustübernahmeverpflichtung unterliegendes Übernahmeergebnis ergibt sich damit nicht.

---

1 IDW ERS HFA 42, FN-IDW 2011, 603 ff, Rn 49 iVm Rn 46, Rn 70 iVm Rn 69, Rn 33; zuvor bereits *IDW*, sfH 9/2006, FN-IDW 2009, 694, 694 f.
2 AA ggf BMF v 11.11.2011, BStBl I 2011, 1314, Rn Org.30 Nr 2 wonach offenbar ein Fall jenseits Rn Org. 31 gesehen wird, in dem ein der Abführungsverpflichtung unterliegender Übernahmegewinn entstehen kann.
3 *IDW*, HFA 2/1997, WPg 1997, 235 ff, Abschn 32212.
4 BMF v 11.11.2011, BStBl I 2011, 1314, Rn Org.31; BMF v 25.3.1998, BStBl I 1998, 268, Tz Org.24.
5 Stellt allerdings bei AG, KGaA und SE eine zulässige Einlagenrückgewähr nach § 57 I AktG dar und wird bei GmbH nur dann als gesellschaftsrechtlich unbedenklich angesehen, wenn der negative Differenzbetrag mit frei verfügbaren Eigenkapitalteilen verrechnet werden kann. Vgl IDW ERS HFA 42, FN-IDW 2011, 603 ff, Rn 48, Rn 69.
6 IDW ERS HFA 42, FN-IDW 2011, 603 ff, Rn 46 ff, Rn 59.

V. Sachliche Voraussetzungen der Organschaft

Aufwärtsverschmelzung. Im Fall der Aufwärtsverschmelzung (up-stream-merger) einer (100%igen) TG auf die Organgesellschaft darf eine Kapitalerhöhung nicht vorgenommen werden § 54 I S 1 Nr 1 bzw § 68 I S 1 Nr 1 UmwG). Da im Zuge der Verschmelzung die Anteile an der TG untergehen, liegt für handelsrechtliche Zwecke aus Sicht des übernehmenden Rechtsträgers ein tauschähnlicher Vorgang vor.[1] Als Differenz zwischen dem Wert des übernommenen Vermögens und dem Wert der untergehenden Anteile am Umwandlungsstichtag kann[2] sich ein Übernahmegewinn- oder –verlust ergeben, der dann als laufender Geschäftsvorfall in der Gewinn- und Verlustrechnung auszuweisen ist.[3] Er unterliegt damit der Gewinnabführungs- bzw Verlustübernahmeverpflichtung.[4]   437

Einstweilen frei.   438-441

m) Verlustübernahme bei nicht eingegliederten Gesellschaften (§ 302 AktG).   442
Grundsatz. Hat eine AG, KGaA oder SE einen Gewinnabführungsvertrag iSd § 291 I AktG abgeschlossen, so hat der andere Vertragsteil nach § 302 I AktG jeden während der Vertragsdauer sonst entstehenden Jahresfehlbetrag auszugleichen, soweit dieser nicht dadurch ausgeglichen wird, dass den anderen Gewinnrücklagen Beträge entnommen werden, die während der Vertragsdauer in sie eingestellt worden sind. § 302 I AktG findet gleichermaßen auf Beherrschungsverträge iSd § 291 I AktG Anwendung, die aber ohne Kombination mit einem Gewinnabführungsvertrag nicht geeignet sind, eine Organschaft zu begründen.

Funktion des § 302 AktG. Die Vorschrift des § 302 AktG dient in Kombination   443
mit der Begrenzung der Gewinnabführung (§ 301 AktG) und der beschleunigten Dotierung der gesetzlichen Rücklage (§ 300 AktG) der Sicherung der Gesellschaft und ihrer Gläubiger und soll diese vor dem Verlust der bilanzmäßigen Vermögenssubstanz der Gesellschaft bewahren. Während der Dauer des Vertrags verhindert sie eine Überschuldung der Gesellschaft; den Gläubigern der Gesellschaft gegenüber führt sie zu einer mittelbaren Haftung des anderen Vertragsteils, sie können den Anspruch der Gesellschaft auf Ausgleich pfänden und sich überweisen lassen.[5]

Verzicht auf und Vergleich über Ausgleichsanspruch (§ 302 III AktG). Ergänzt wird   444
die Verpflichtung zum Ausgleich jedweden während der Vertragslaufzeit entstehenden Verlusts (§ 302 I AktG) durch besondere Anforderungen – in teilweiser Abweichung von § 93 IV AktG – an den Verzicht auf und Vergleich über den Ausgleichsanspruch (§ 302 III AktG): So kann die Gesellschaft auf den Anspruch auf Verlustausgleich erst drei Jahre nach dem Tag, an dem die Eintragung der Beendigung des Vertrags in das Handelsregister bekannt gemacht worden ist, verzichten oder sich über ihn vergleichen, es sei denn, der Ausgleichspflichtige ist zahlungsunfähig und vergleicht sich zur Abwendung des Insolvenzverfahrens mit seinen Gläubigern oder die Ersatzpflicht wird in einem

---
1 IDW ERS HFA 42, FN-IDW 2011, 603 ff, Rn 45.
2 Vermeidbar, wenn nicht vom Wahlrecht nach § 24 UmwG (Buchwertverknüpfung) Gebrauch gemacht und das übernommene Reinvermögen mit dem Buchwert der untergehenden Anteile angesetzt wird.
3 IDW ERS HFA 42, FN-IDW 2011, 603 ff, Rn 44 f, Rn 68.
4 BMF v 11.11.2011, BStBl I 2011, 1314, Rn Org. 30 Nr 1, Rn Org. 32.
5 *Altmeppen* in MüKo AktG § 302 AktG Rn 2.

Insolvenzplan geregelt. Die Wirksamkeit des Verzichts oder Vergleichs bedarf der Zustimmung außenstehender Aktionäre durch Sonderbeschluss und kann nicht eintreten, wenn eine Minderheit, deren Anteile zusammen 10% des bei der Beschlussfassung vertretenen Grundkapitals erreichen, zur Niederschrift Widerspruch erhebt.

445 **Verjährung (§ 302 IV AktG).** In Ermangelung einer gesonderten Regelung der Verjährung unterlag der Anspruch nach § 195 BGB aF einer Verjährungsfrist von 30 Jahren ab Fälligkeit. Da infolge der Abkürzung der regelmäßigen Verjährungsfrist auf drei Jahre iRd Gesetzes zur Modernisierung des Schuldrechts v 26.11.2001[1] (§ 195 BGB nF) Ausgleichsansprüche schon während der Vertragslaufzeit hätten verjähren können, während die Gesellschaft erst drei Jahre nach dem Ende der Vertragslaufzeit auf den Anspruch hätte verzichten können, wurde durch das Gesetz zur Anpassung von Verjährungsvorschriften an das Gesetz zur Modernisierung des Schuldrechts vom 9.12.2004[2] die heutige besondere Verjährungsregelung des § 302 IV AktG eingeführt: Die Ansprüche aus § 302 AktG verjähren nunmehr in 10 Jahren seit dem Tag, an dem die Eintragung der Vertragsbeendigung ins Handelsregister nach § 10 HGB bekannt gemacht worden ist. Diese Verjährungsfrist gilt für ab Inkrafttreten der Regelung am 15.12.2004 entstandene Ansprüche; ferner für zu diesem Zeitpunkt noch nicht verjährte Ansprüche unter Anrechnung[3] bis dahin schon verstrichener Zeiträume (Art 229 § 12 II S 2 EGBGB).

446 **Keine Bedeutung des § 302 II AktG.** Keine Bedeutung hat bei Bestehen eines für die Organschaft erforderlichen Gewinnabführungsvertrags die Vorschrift des § 302 II AktG, welche eine besondere Verlustausgleichspflicht bei Abschluss eines für die ertragsteuerliche Organschaft nicht relevanten Betriebspacht- oder -überlassungsvertrags (§ 292 I Nr 3 AktG) regelt.[4]

447 **Zwingende gesetzliche Anwendung bei AG, KGaA oder SE.** Die Regelung des § 302 AktG ist aufgrund ihres Schutzzwecks in allen ihren Teilen zwingend, sie kann nicht durch vertragliche Vereinbarung abgeändert werden.[5] Damit ist sie für durch AG, KGaA oder SE abgeschlossene Gewinnabführungsverträge stets vollständig (§ 302 I, III, IV AktG) und in der bei Anwendung jeweils geltenden Fassung anwendbar. Vertragsanpassungen wegen unvollständiger/abweichender Vereinbarung oder in Folge einer Änderung des § 302 AktG – etwa die Ergänzung um § 302 IV AktG (vgl Rn 445) – sind damit für Zwecke der Organschaft nicht erforderlich.

448 **Erfordernis der vertraglichen Regelung und Anpassung bei anderen Kapitalgesellschaften.** Anders ist dies bei Abschluss eines Gewinnabführungsvertrags durch andere Kapitalgesellschaften. Zwar gilt § 302 AktG nach gefestigter BGH-Rechtsprechung auch für einen durch eine GmbH abgeschlossenen Gewinnabführungsvertrag iSd § 291 I AktG.[6] Nach ebenfalls gefestigter Rechtsprechung des

---

1 BGBl I 2001, 3138.
2 BGBl I 2004, 3214.
3 Zu den Modalitäten der Anrechnung *Altmeppen* in MüKo AktG § 302 Rn 101 f.
4 BFH I B 83/10, BFH/NV 2011, 528.
5 *Altmeppen* in MüKo AktG § 302 Rn 3; *Koppensteiner* in Kölner Kommentar AktG § 302 AktG Rn 15; *Hüffer*, § 302 AktG, Rn 1; *Veil* in Spindler/Stilz § 302 AktG Rn 3.
6 BGH II ZB 7/88 , BGHZ 105, 324; BGH II ZR 170/87, BGHZ 103, 1; BGH II ZR 287/90, DB 1992, 29; BGH II ZR 120/98, DB 1999, 2457.

V. Sachliche Voraussetzungen der Organschaft

BFH befreit dieser Umstand jedoch nicht von der in § 17 S 2 Nr 2 geforderten (ausdrücklichen) vertraglichen Vereinbarung der Verlustübernahme entsprechend den Regelungen des § 302 AktG. Vgl hierzu ausführlich § 17 Rn 75 ff.

Ermittlung der Verlustübernahmeverpflichtung. Ausgangspunkt für den zu übernehmenden Verlust ist der sonst entstehende Jahresfehlbetrag iSd § 275 II Nr 20 bzw III Nr 19 HGB. Dieser fiktive Jahresfehlbetrag ist in einer Vorbilanz nach handelsrechtlichen Grundsätzen zu ermitteln. Die Grundsätze für die Ermittlung des Jahresüberschusses vor Gewinnabführung iRd § 301 AktG gelten entsprechend (vgl Rn 331-343). 449

Keine (erhöhte) Verlustübernahme durch positive Ergebnisbeiträge iSd § 268 VIII HGB. Nach mE zutreffender bislang hM ist, da § 302 I AktG keine analoge Regelung zu der in § 301 S 1 AktG iVm § 268 VIII HGB normierten Abführungssperre (vgl Rn 371 ff) enthält, bei der Ermittlung des vom Organträger zu übernehmenden Verlustes der Jahresfehlbetrag nicht um darin enthaltene positive Ergebnisbeiträge iSd § 268 VIII HGB zu erhöhen.[1] Der Gegenmeinung, die eine analoge Anwendung der Abführungssperre daraus ableitet, dass die gegen eine Ausschüttung bzw Abführung dieser Beträge im Gewinnfall gerichteten Bedenken iRd Verlustdeckungspflicht gleichermaßen Gültigkeit hätten,[2] kann nicht ohne Weiteres gefolgt werden. Zum einen greift der Schutz des § 302 I AktG dann, wenn der aktivierte Betrag später abgeschrieben oder ausgebucht wird, ohne dass dann entsprechende Beträge zur Deckung des Aufwands zur Verfügung stehen.[3] Zum anderen pflegt der Gesetzgeber auch an anderer Stelle durch Wiederholung in § 302 I AktG deutlich zu machen, wenn er eine für die Gewinnabführung geltende Beschränkung auch für die Verlustübernahme angewendet wissen will, wie zB die Bezugnahme auf die Abführung in vertraglicher Zeit gebildeter Gewinnrücklagen in § 301 S 2 AktG wie auch in § 302 I AktG zeigt. 450

Minderung der Verlustausgleichsverpflichtung durch Entnahmen aus in vertraglicher Zeit gebildeten anderen Gewinnrücklagen. Verfügt die Gesellschaft über in vertraglicher Zeit gebildete andere Gewinnrücklagen, kann der Vorstand den Fehlbetrag (vor Verlustübernahme) durch Auflösung dieser Rücklagen (§ 158 I S 1 Nr 3 d AktG) ausgleichen; insoweit reduziert sich die Verlustausgleichsverpflichtung des anderen Vertragsteils (§ 302 I AktG). Die Gesellschaft weist in diesem Fall auch nach Verlustübernahme einen Jahresfehlbetrag, nicht aber einen Bilanzverlust aus. Ein Zwang zur Verwendung dieser Rücklagen zum Ausgleich des Jahresfehlbetrags besteht jedoch nicht.[4] 451

---

1 *Gelhausen/Fey/Kämpfer*, Rechnungslegung und Prüfung nach dem Bilanzrechtsmo-dernisierungsgesetz, Kapitel N Rn 61; *Baldamus*, Ubg 2009, 484, 490; *Neumayer/Imschweiler*, GmbHR 2011, 57, 60; *Deilmann* in Hölters § 302 AktG Rn 9; *Küting/Laorsen/Eichenlaub/Toebe*, GmbHR 2011, 1, 9; *Zwirner*, DStR 2011, 783 ff; *Frotscher* in Frotscher/Maas § 14 Rn 372; *Merkt* in Baumbach/Hopt § 268 HGB Rn 9; *IDW*, FN-IDW 2011, 351, 351 f.
2 *Altmeppen* in MüKo AktG § 302 Rn 16.
3 *Gehlhausen/Fey/Kämpfer*, Rechnungslegung und Prüfung nach dem Bilanzrechtsmodernisierungsgesetz, Kapitel N Rn 61; *Deilmann* in Hölters § 302 AktG Rn 9.
4 *Altmeppen* in MüKo AktG § 302 AktG Rn 16, 17 mwN.

452 **Kein Verlustausgleich durch Verrechnung mit sonstigen in vertraglicher Zeit gebildeten Gewinnrücklagen.** Ein Ausgleich des Fehlbetrags (vor Verlustübernahme) mit sonstigen in vertraglicher Zeit aus Gewinnen gebildeten Rücklagen kommt nicht in Betracht. Wegen des Vorrangs des § 302 I AktG vor § 150 III und IV AktG dürfen nach Abschluss eines Gewinnabführungsvertrags der gesetzlichen Rücklage keine Beträge zum Ausgleich des Jahresfehlbetrags mehr entnommen werden. Gleiches gilt für satzungsmäßige Gewinnrücklagen iSd § 272 III S 2 HGB sowie für bestimmte Zwecke bestimmte Rücklagen, da nach dem Grundgedanken des § 302 I die genannten Rücklagen durchweg nach Möglichkeit der abhängigen Gesellschaft zur Stärkung ihrer Substanz verbleiben sollen.[1]

453 **Kein Verlustausgleich durch Verrechnung mit in vertraglicher Zeit gebildeter Kapitalrücklage iSd § 272 II Nr 4 HGB.** Infolge der Rechtsprechung des BFH, nach der auch in vertraglicher Zeit gebildete Kapitalrücklage iSd § 272 II Nr 4 HGB bei ihrer Auflösung nicht der Gewinnabführung unterliegt,[2] ist auch ein Ausgleich des Verlustes durch Auflösung von in vertraglicher Zeit gebildeter Kapitalrücklage unzulässig (vgl zu dieser Rechtsprechung und dem diesbezüglichen Meinungsstand Rn 395). So wie die Finanzverwaltung zuvor im Einklang mit der mehrheitlichen gesellschafts- wie steuerrechtlichen Meinung (vgl zu den Argumenten Rn 395)[3] von einem Abführungsgebot ausgegangen war,[4] hielt sie auch einen Ausgleich des sonst entstehenden Jahresfehlbetrags durch Entnahmen aus in vertraglicher Zeit gebildeter Kapitalrücklage iSd § 272 II Nr 4 HGB für möglich (Abschn 55 III S 6 KStR 1995). Die Finanzverwaltung hat sich der in der Literatur auch heute noch umstrittenen (vgl Rn 395) BFH-Rechtsprechung unter Gewährung von Vertrauensschutz für bis zum 31.12.2003 erzielte und zum Ausgleich eines sonst entstehenden Verlustes verwendete Gewinne aus der Auflösung der vertraglichen Kapitalrücklage angeschlossen.[5]

454 **In vertraglicher Zeit geleistete Ertragszuschüsse.** Für während der Vertragszeit durch den Organträger geleistete Ertragszuschüsse hat die BFH-Rechtsprechung und die geänderte Verwaltungsauffassung keine Bedeutung. Ertragszuschüsse sind nicht in die Kapitalrücklage nach § 272 II Nr 4 HGB einzustellen. Sie erhöhen den Jahresüberschuss und unterliegen damit der Gewinnabführung.[6] Folglich reduzieren sie auch eine Verlustübernahmeverpflichtung des Organträgers, anders jedoch als bei Verwendung vertraglicher Gewinnrücklagen nicht durch Ausgleich eines ohne die Verlustübernahme entstehenden Jahresfehlbetrags, sondern bereits durch Verhinderung der Entstehung eines solchen.

455 **Vorvertragliche Gewinnrück- oder Kapitalrücklagen.** Eine Verrechnung des Jahresfehlbetrags mit vorvertraglichen Gewinnrück- oder Kapitalrücklagen scheidet

---

1 BTDrs IV/171, wiedergegeben in Kropff, AktG, 1965, 391 (zu § 302 AktG bzw § 291 RegE); *Emmerich* in Emmerich/Habersack § 302 AktG Rn 35.
2 BFH I R 25/00, BStBl II 2003, 923.
3 So wie § 301 S 2 AktG hatte auch § 302 I AktG hinsichtlich der zum Ausgleich des sonst entstehenden Jahresfehlbetrags vor Änderung durch das BiRiLiG auf die „freien Rücklagen" Bezug genommen.
4 BMF v 11.10.1990, DB 1990, 2142; Abschn 55 III S 4 Nr 2, IV S 1 KStR 1995.
5 BMF v 27.11.2003, BStBl I 2003, 647; H 60 KStH.
6 *Dötsch* in D/J/P/W § 14 Rn 191.

ebenfalls aus; wegen Verstoßes gegen das Abführungsverbot für diese Rücklagen (vgl Rn 391 ff) würde der Gewinnabführungsvertrag nicht als durchgeführt gelten.

Ertrag aus Verlustübernahme. Soweit der Ausgleich mit in vertraglicher Zeit gebildeten anderen Gewinnrücklagen (vgl Rn 451) nicht gewollt oder mangels ausreichender Rücklagen nicht möglich ist, ist in der Gewinn- und Verlustrechnung der Anspruch der Gesellschaft gegenüber dem anderen Vertragsteil auf Ausgleich des Betrages in den Posten „Erträge (....) aufgrund (...) eines Gewinnabführungsvertrags" (§ 277 III S 2 HGB) einzustellen und dadurch der „sonst entstehende" Jahresfehlbetrag auszuschließen.[1] 456

Verlustübernahme in Umwandlungsfällen. Vgl hierzu Rn 432 ff. 457

Einstweilen frei. 458-462

n) Verlustübernahme bei eingegliederter AG oder SE (§ 324 III AktG). Bei iSd §§ 319 ff AktG eingegliederten AG oder SE verpflichtet § 324 III AktG die Hauptgesellschaft (Organträger) zur Übernahme eines jeden bei der eingegliederten Gesellschaft sonst entstehenden Bilanzverlustes, soweit dieser den Betrag der Kapitalrücklagen und der Gewinnrücklagen übersteigt. Da bei eingegliederten AG und SE Entnahmen auch aus vorvertraglichen Gewinnrücklagen oder aus Kapitalrücklagen der Abführungsverpflichtung unterliegen (vgl Rn 319) ist es auch bei der Ermittlung des auszugleichenden Verlustes unerheblich aus welcher Zeit die Rücklagen stammen. Darüber hinaus ist die die Verlustübernahmeverpflichtung mindernde Wirkung von Rücklagen zwingend gegeben. 463

Einstweilen frei. 464

o) Tatsächliche Durchführung des Gewinnabführungsvertrags. Grundsatz. Für die Anerkennung der körperschaftsteuerlichen Organschaft stellt § 14 I S 1 Nr 3 S 1 die Voraussetzung auf, dass der Gewinnabführungsvertrag während seiner gesamten Geltungsdauer (vgl dazu Rn 488 ff) durchgeführt, also tatsächlich vollzogen wird. Kern des Vollzugs ist die Abführung des ganzen Gewinns (§ 14 I S 1) sowie der Verlustausgleich entsprechend § 302 AktG. 465

Bilanzierung. Zur Durchführung des Vertrags sind die Gewinnabführung (vgl hierzu Rn 316-441) und die Verlustübernahme (vgl hierzu Rn 442-464) sowie die daraus resultierenden Verpflichtungen und Ansprüche zu bilanzieren. Die in einem festgestellten Jahresabschluss der Gesellschaft erfolgte Bilanzierung ist zwar nicht geeignet, die Höhe der Gewinnabführungsverpflichtung bzw des Verlustübernahmeanspruchs rechtsverbindlich festzulegen (vgl Rn 332); wohl gibt sie aber Auskunft darüber, ob das Erfordernis der Abführung des ganzen iRd Bilanzierung ermittelten Gewinns bzw der Übernahme des ganzen iRd Bilanzierung ermittelten Verlustes genüge getan wird.[2] 466

Ausweis. Ansprüche und Verpflichtungen aus Gewinnabführungsverträgen werden als Forderungen bzw Verbindlichkeiten gegenüber verbundenen Unternehmen (§ 266 467

---
1 *Altmeppen* in MüKo AktG § 302 AktG Rn 17.
2 ZB auch OFD Hannover v 5.11.2008, DStR 2009, 325.

II B. Nr 2, III C. Nr 6 HGB) ausgewiesen. Nach § 277 III S 2 HGB sind Erträge und Aufwendungen aus Verlustübernahme und aufgrund einer Gewinngemeinschaft, eines Gewinnabführungs- oder eines Teilgewinnabführungsvertrags erhaltene oder abgeführte Gewinne in der Gewinn- und Verlustrechnung jeweils gesondert unter entsprechender Bezeichnung auszuweisen; an konkret vorgegebenen Positionen im Schema der Gewinn- und Verlustrechnung (§ 275 II und III HGB) fehlt es jedoch. Auf Ebene der Organgesellschaft wird der Aufwand aus Gewinnabführung bzw der Ertrag aus Verlustübernahme idR unmittelbar vor dem Jahresergebnis (§ 275 II Nr 20, III Nr 19 HGB) ausgewiesen, so dass sich von Sonderfällen (zB Bildung bzw Auflösung von vertraglichen Gewinnrücklagen) abgesehen ein Jahresergebnis von 0 EUR ergibt.[1] In der Gewinn- und Verlustrechnung des Organträgers werden Erträge aus Gewinnabführung als eigener Posten idR unmittelbar nach den „Erträgen aus Beteiligungen" (§ 275 II Nr 9, III Nr 8 HGB), Aufwendungen aus Verlustübernahme als eigener Posten vor oder nach „Zinsen und ähnliche Aufwendungen" (§ 275 II Nr 13, III Nr 12 HGB) ausgewiesen.[2]

468 **Folgen eines fehlerhaften Ausweises beim Organträger.** Ein nicht mit der (zutreffenden) Bilanzierung auf Ebene der Organgesellschaft korrespondierender Ausweis der Forderung aus Gewinnabführung oder der Verbindlichkeit aus Verlustübernahme auf Ebene des Organträgers steht mE der Durchführung des Gewinnabführungsvertrags nicht entgegen. Zu solchen Abweichungen kann es in der Praxis kommen, wenn der Organträger – zB als börsennotierte Gesellschaft – besonderem Zeitdruck hinsichtlich der Offenlegung seines Jahresabschlusses unterliegt und diese erfolgt, bevor der Jahresabschluss der Organgesellschaft endgültig auf- und festgestellt worden ist. Bei der vom Organträger bilanzierten Forderung aus Gewinnabführung bzw Verbindlichkeit aus Verlustübernahme handelt es sich dann um eine bestmögliche Schätzung. Abweichungen zum endgültig nach dem Jahresabschluss der Organgesellschaft zu übernehmenden Ergebnis werden beim Organträger dann in laufender Rechnung im Folgejahr beseitigt. Für die Durchführung des Gewinnabführungsvertrags kommt es allein auf die Ebene der Organgesellschaft an; die Richtigkeit der Bilanzierung des Gewinnabführungsanspruchs bzw der Verlustübernahmeverpflichtung auf Ebene des Organträgers ist dafür unbeachtlich.[3] Beim Organträger liegt dann ein schlichter Bilanzierungsfehler vor, der nach den allgemeinen Grundsätzen die Richtigkeit seines Jahresabschlusses in Frage stellen kann. Für den Fall, dass der Organträger selbst wiederum Organgesellschaft ist, vgl Rn 335.

469 **Entstehung der Ansprüche.** Die Ansprüche auf Gewinnabführung[4] bzw auf Verlustübernahme[5] entstehen mit dem Stichtag der Bilanz der Organgesellschaft.

470 **Fälligkeit des Verlustübernahmeanspruchs, Verzinsung.** Für den Verlustübernahmeanspruch hat der BGH entgegen der früheren BFH-Rechtsprechung[6] entschieden, dass der Anspruch nicht erst bei Feststellung des Jahresabschlusses der

---

1 Förschle in Beck'scher BilKomm § 277 HGB Rn 23.
2 Förschle in Beck'scher BilKomm § 277 HGB Rn 19, 22.
3 Baldamus, Ubg 2009, 484, 489.
4 BFH II 246/60 U, BStBl III 1964, 334.
5 BFH II R 82/92, BStBl II 1993, 536.
6 BFH II R 82/92, BStBl II 1993, 536.

Gesellschaft, sondern bereits im Zeitpunkt seiner Entstehung und damit am Bilanzstichtag der Organgesellschaft fällig wird und ab diesem Zeitpunkt der Verzinsung nach §§ 353, 352 HGB mit einem Zinssatz von 5% unterliegt.[1] Entgegen der hieran geübten Kritik, Gewinnabführungsverträge stellten als gesellschaftsrechtliche Organisationsverträge keine die Verzinsung nach §§ 353, 352 HGB auslösenden Handelsgeschäfte iSd § 343 HGB dar,[2] trifft die Rechtsprechung des BGH auf die Zustimmung der hM in der gesellschafts- und steuerrechtlichen Literatur.[3] Nach der hM stellt ein Verstoß gegen die Verzinsungspflicht bzw ein Verzicht auf die Verzinsung den Gewinnabführungsvertrag und seine Durchführung jedoch nicht in Frage, da allenfalls gegen eine Nebenpflicht des Gewinnabführungsvertrags verstoßen wird. Die fehlende Verzinsung kann zu einer vGA bzw verdeckten Gewinnabführung führen, welche mit Blick auf die Durchführung des Vertrags jedoch unschädlich ist (vgl Rn 337).[4] Strittig ist, ob die Durchführung auch dann nicht gefährdet ist, wenn der Vertrag eine Verzinsung vorsieht, diese aber nicht vollzogen wird. Dies wird zT mit dem Argument bejaht, es könne keinen Unterschied machen, ob gegen eine gesetzliche oder eine vertragliche Verpflichtung verstoßen werde,[5] zT unter Verweis auf die Vertragsdurchführung als eigenständige steuerliche Voraussetzung für die Anerkennung des Gewinnabführungsvertrags (§ 14 I S 1 Nr 3 S 1) abgelehnt.[6]

Fälligkeit des Gewinnabführungsanspruchs, Verzinsung. Der Gewinnabführungsanspruch wird nach einer aus dem Jahr 1964 stammenden Entscheidung des BFH erst im Zeitpunkt der Feststellung des Jahresabschlusses bei der Organgesellschaft fällig.[7] Fraglich ist, ob die Rechtsprechung des BGH für den Verlustübernahmeanspruch[8] auf den Anspruch aus Gewinnabführung übertragen werden kann. Soweit der BGH seine Entscheidung darauf stützt, dass bereits am Bilanzstichtag feststeht, ob die beherrschte Gesellschaft ein positives Jahresergebnis erzielt oder einen Verlust erwirtschaftet hat, gilt dies in gleicher Weise für den Gewinnabführungsanspruch.[9] Dennoch ist zu berücksichtigen, dass der BGH seine Entscheidung für eine Entstehung und Fälligkeit des Verlustübernahmeanspruchs am Bilanzstichtag vornehmlich mit der Schutzfunktion des § 302 AktG für die Gesellschaft, ihre außenstehenden Gesellschafter und die Gesellschaftsgläubiger begründet hat. Diese würde gefährdet, wenn dem herrschenden Unternehmen die Möglichkeit eröffnet würde, auf die Entstehung des Ausgleichsanspruchs dadurch Einfluss zu nehmen, dass es die Feststellung der Bilanz hinauszögert.[10]

471

---

1 BGH II ZR 120/98, DB 1999, 2457; BGH II ZR 361/02, DB 2005, 937.
2 *Thoß*, DB 2007, 206, 208 f; *Prokopf*, DB 2007, 900, 901; *Schmidt* in MüKo HGB § 343 HGB Rn 7.
3 *Altmeppen*, DB 1999, 2453, 2454; *Altmeppen* in MüKo AktG § 302 AktG Rn 70; *Hüffer*, § 302 AktG, Rn 15; Emmerich in Emmerich/Habersack § 302 AktG Rn 40; *Hirte* in Großkommentar AktG § 302 AktG Rn 36, 62 ff; *Philippi/Neveling*, BB 2003, 1685, 1690; *Dötsch* in D/J/P/W § 14 Rn 201; *Neumann* in Gosch § 14 Rn 317; *Sterner* in H/H/R § 14 Rn 204; *Frotscher* in Frotscher/Maas § 14 Rn 448, 452.
4 BMF v 15.10.2007, BStBl I 2007, 765; *Dötsch* in D/J/P/W § 14 Rn 201; *Frotscher* in Frotscher/Maas § 14 Rn 452; *Neumann* in Gosch § 14 Rn 317; *Walter* in EY § 14 Rn 649; *Müller* in Mössner/Seeger § 14 Rn 359; *Prokopf*, DB 2007, 900, 902 f; aA *Philippi/Neveling*, BB 2003, 1685, 1691; *Philippi/Fickert*, BB 2006, 1809, 1810.
5 *Philippi/Fickert*, BB 2007, 2760, 2761.
6 *Prokopf*, DB 2007, 900, 904; *Dötsch* in D/J/P/W § 14 Rn 201.
7 BFH II 246/60 U, BStBl III 1964, 334; anders zuvor BFH II 114/56 U, BStBl III 1956, 254.
8 BGH II ZR 120/98, DB 1999, 2457; BGH II ZR 361/02, DB 2005, 937.
9 *Neumann* in Gosch § 14 Rn 317.
10 *Hüffer*, § 291 AktG, Rn 26; *Altmeppen* in MüKo AktG § 291 AktG Rn 147a.

Im Fall der Gewinnabführung besteht ein solches Schutzbedürfnis hingegen nicht. Die überwiegende Meinung geht unverändert von einer Fälligkeit des Gewinnabführungsanspruchs erst bei Feststellung des Jahresabschlusses der Organgesellschaft aus.[1]

472 **Tatsächliche Erfüllung der Verpflichtungen aus Gewinnabführung und Verlustübernahme.** Die Durchführung des Gewinnabführungsvertrags setzt die tatsächliche Begleichung der Verpflichtungen aus Gewinnabführung bzw Verlustübernahme voraus. Wenngleich die Ansprüche aus dem Gewinnabführungsvertrag primär auf eine Geldleistung gerichtet sind,[2] kann ihre Begleichung außer in der Form einer Geldzahlung auch auf andere Weise erfolgen, etwa durch Umwandlung in eine Verbindlichkeit bzw Forderung, durch Aufrechnung (§ 387 BGB) oder durch Zuführung von Vermögensgegenständen.[3]

473 **Erfüllung durch Aufrechnung von Forderungen.** So kommt für die Begleichung des Verlustübernahmeanspruchs nach der BGH-Rechtsprechung auch die Aufrechnung einer Forderung des herrschenden Unternehmens gegen einen bereits entstandenen Anspruch der abhängigen Gesellschaft auf Verlustausgleich in Betracht.[4] Voraussetzung ist die Werthaltigkeit der zur Aufrechnung gestellten Forderung gegen die abhängige Gesellschaft, da sich das herrschende Unternehmen sonst zum Nachteil der Tochter und ihrer Gläubiger volle Befriedigung für eine nicht (voll) werthaltige Forderung gegen Wegfall der Ausgleichsforderung nach § 302 AktG verschaffen könnte. Darüber hinaus darf die zur Aufrechnung gestellte Forderung – im Falle einer GmbH – keine Kapitalersatzfunktion haben.[5]

474 **Erfüllung durch Zurverfügungstellung von Geld- oder werthaltigen Sachmitteln.** Als ebenso möglich betrachtet der BGH die Zurverfügungstellung von Geld- oder werthaltigen Sachmitteln durch das herrschende Unternehmen unter Anrechnung auf einen bestehenden Anspruch auf Verlustübernahme oder zur Vorfinanzierung des Verlustausgleichs für das laufende Jahr. Allerdings muss bei der Leistung hinreichend klargestellt sein, dass und auf welchen Verlustübernahmeanspruch angerechnet werden soll.[6]

475 **Erfüllung durch Befriedigung von Drittgläubigern.** Schließlich kann das herrschende Unternehmen den Verlustübernahmeanspruch auch durch Befriedigung von Drittgläubigern mit dem Zweck der Anrechnung auf den Verlustübernahmeanspruch begleichen, sofern die Drittgläubigerforderungen im Zeitpunkt ihrer Begleichung werthaltig sind.[7]

---

1 *Hüffer*, § 291 AktG, Rn 26; *Altmeppen* in MüKo AktG § 291 AktG Rn 147a; *Stephan* in K Schmidt/Lutter § 301 AktG Rn 18; *Prokopf* DB 2007, 900, 903; *Wolf*, NZG 2007, 641, 644; *Behrens/Renner*, AG 2007, 278; *Dötsch* in D/J/P/W § 14 AktG Rn 201; *Sterner* in H/H/R § 14 Rn 204; *Walter* in EY § 14 Rn 649; unklar *Frotscher* in Frotscher/Maas § 14 Rn 448, 452; aA *Neumann* in Gosch § 14 Rn 317; *Philippi/Fickert*, BB 2008, 1809 f.
2 *Altmeppen* in MüKo AktG § 302 AktG Rn 84; *Koppensteiner* in Kölner Kommentar AktG § 302 AktG Rn 50; *Emmerich* in Emmerich/Habersack § 302 AktG Rn 40c; *Stephan* in K Schmidt/Lutter § 302 AktG Rn 45.
3 *Frotscher* in Frotscher/Maas § 14 Rn 446; *Priester*, BB 2005, 2483, 2485 f.
4 AA zuvor OLG Jena 8 U 1187/03, NZG 2005, 716.
5 BGH II ZR 238/04, NJW 2006, 2379; BMF v 25.8.2006, DK 2006, 651.
6 BGH II ZR 238/04, NJW 2006, 2379; BMF v 25.8.2006, DK 2006, 651.
7 BGH II ZR 238/04, NJW 2006, 2379; BMF v 25.8.2006, DK 2006, 651.

Werthaltigkeit von Forderungen. Entscheidend bei der Erfüllung durch Aufrechnung ist, dass die Forderung des herrschenden Unternehmens oder Dritter gegen die abhängige Gesellschaft voll werthaltig ist, dh zumindest den Betrag des Verlustübernahmeanspruchs abdeckt. Dies beurteilt sich in erster Linie danach, ob die fragliche Forderung noch durch das Vermögen der abhängigen Gesellschaft – unter Berücksichtigung stiller Reserven – gedeckt ist, dh ob die abhängige Gesellschaft noch in vollem Umfang kreditwürdig ist.[1] Die Grundsätze sind auch bei Verbuchung des Verlustausgleichsanspruchs mit gegenläufigen Forderungen des Organträgers auf einem Verrechnungskonto oder iRd Cash Pooling zu beachten. Gleiches gilt bei Umwandlung des Verlustübernahmeanspruchs in eine Darlehensforderung gegen den Organträger (Novation).[2] Bei Buchung über ein Verrechnungskonto ist der Vertrag in dem Zeitpunkt als durchgeführt zu betrachten, in dem der jeweilige Gläubiger über das Guthaben verfügen kann.[3]

476

Erfüllung durch Novation. Wird ein Anspruch aus Gewinnabführung oder Verlustübernahme in eine werthaltige Darlehensforderung umgewandelt, ist der Anspruch aus dem Gewinnabführungsvertrag erfüllt und erloschen und der Vertrag damit durchgeführt. Etwaige weitere steuerliche Würdigungen dieser Darlehensforderung, zB unter Fremdvergleichsgesichtspunkten, betreffen dann nur die Darlehensforderung als solche und lösen Rechtsfolgen nach den allgemeinen Grundsätzen aus (zB vGA bei Vereinbarung marktunüblicher Darlehenskonditionen); die Durchführung des Gewinnabführungsvertrags wird von einer solchen steuerlichen Würdigung jedoch nicht berührt.[4] Gleiches gilt bei sich später einstellender Uneinbringlichkeit dieser Darlehensforderung, es sei denn, die Uneinbringlichkeit bestand schon im Zeitpunkt der Begründung der Darlehensforderung oder war zu diesem Zeitpunkt schon absehbar.[5]

477

Unterjährige Abschlagszahlungen auf die Gewinnabführungs- bzw Verlustausgleichsverpflichtung. Unterjährige Abschlagszahlungen auf die Gewinnabführungsverpflichtung sind mit dem Gebot der Abführung des ganzen Gewinns vereinbar, wenn sie unter dem Vorbehalt eines ausreichenden Jahresgewinns stehen und eine Behandlung überschießender Zahlungen als verzinsliche Darlehensgewährung vereinbart ist.[6] Ebenso kann der Organträger der Organgesellschaft unterjährig Geld- oder werthaltige Sachmittel zur Vorfinanzierung des Verlustausgleichs für das laufende Jahr zur Verfügung stellen, sofern bei der Leistung hinreichend klargestellt ist, dass und auf welchen Verlustübernahmeanspruch angerechnet werden soll.[7]

478

---

1 *Emmerich* in Emmerich/Habersack § 302 AktG Rn 40d; *Hüffer*, § 302 AktG, Rn 15; *Priester*, BB 2005, 2483, 2485 f; Rodewald BB 2006, 1877 f; kritisch *Stephan* in K Schmidt/Lutter Rn 45 mwN; *Altmeppen* in MüKo AktG § 302 AktG Rn 89.
2 *Dötsch* in D/J/P/W § 14 Rn 210.
3 FG Düsseldorf 3 K 4024/05 F, EFG 2007, 1104.
4 *Suchanek/Herbst*, FR 2005, 665, 668; *Walter* in EY § 14 Rn 653; *Frotscher* in Frotscher/Maas § 14 Rn 453.
5 *Frotscher* in Frotscher/Maas § 14 Rn 454 f.
6 *Dötsch* in D/J/P/W § 14 Rn 210.
7 BGH II ZR 238/04, NJW 2006, 2379. S bereits Rn 474.

479 **Verzicht auf den Verlustausgleichsanspruch durch die Organgesellschaft.** Der Verzicht auf den Verlustausgleichsanspruch durch die Organgesellschaft steht der Durchführung des Gewinnabführungsvertrags entgegen. Dies ergibt sich bereits aus § 302 III AktG, wonach die Gesellschaft auf den Ausgleichsanspruch erst drei Jahre nach Eintragung der Beendigung des Vertrags in das Handelsregister verzichten oder sich über ihn vergleichen kann. Aber auch ein unter Maßgabe des § 302 III AktG zulässiger späterer Verzicht auf den Verlustübernahmeanspruch ließe sich mit der geforderten tatsächlichen Durchführung des Vertrags nicht in Einklang bringen.[1]

480 **Verzicht des Organträgers auf die Gewinnabführung.** Auch der Verzicht des Organträgers auf die Gewinnabführung steht der Durchführung des Vertrags entgegen.[2] Ein Verzicht auf die Gewinnabführung liegt hingegen nicht vor, wenn der Organträger die von der Organgesellschaft abgeführten Mittel nachfolgend im Wege der Einlage wieder zuführt („Führ-ab-Hol-zurück").[3] Dies gilt mE auch, wenn sich die Wiedereinlage der abgeführten Mittel als regelmäßige Praxis über mehrere Jahre erweist. Schließlich soll dies auch gelten, wenn bereits vorab im Wege einer Dauervereinbarung der Gesellschaft ein Einlageanspruch jeweils in Höhe und zum Zeitpunkt des Fälligwerdens ihrer Gewinnabführungsverpflichtungen eingeräumt und die Aufrechnung der beiden Ansprüche miteinander vereinbart wird.[4]

481 **Verlustausgleich nur iR angefallener Gewinnabführungen.** Wegen Unwirksamkeit nicht anzuerkennen ist mE eine Vereinbarung zwischen den Vertragspartnern, nach welcher der Organträger Verluste nur iR angefallener Gewinnabführungen übernimmt oder nach der ein bereits entstandener Verlustübernahmeanspruch der Organgesellschaft mit etwaigen künftigen Gewinnabführungsansprüchen des Organträgers zu verrechnen ist, da dies den zwingenden Vorschriften für die Verlustübernahme (§ 302 AktG bzw § 324 III AktG) nicht gerecht würde.[5] Unschädlich muss es mE aber sein, wenn ein entstandener und werthaltiger Verlustübernahmeanspruch nach den Grundsätzen des BGH (vgl Rn 473) später durch Aufrechnung mit einer entstandenen werthaltigen Gewinnabführungsverpflichtung beglichen wird.

482 **Zeitliche Anforderungen an die Erfüllung.** Eine Bestimmung des Zeitraums, innerhalb dessen die Begleichung der Verpflichtungen zu erfolgen hat, enthält das Gesetz nicht. Die teilweise in der Literatur und ggf auch in Teilen der Finanzverwaltung erhobenen Forderungen nach einer Begleichung „in angemessener Zeit"[6] bzw in einem Zeitraum von drei[7] bis zwölf[8] Monaten, entbehren daher einer Rechts-

---

1 *Frotscher* in Frotscher/Maas § 14 Rn 459; *Dötsch* in D/J/P/W § 14 Rn 212; *Olbing* in Streck § 14 Rn 121.
2 *Neumann* in Gosch § 14 Rn 317; *Müller* in Müller/Stöcker, Die Organschaft, 2011, Rn 246; *Frotscher* in Frotscher/Maas § 14 Rn 450 f.
3 *Dötsch* in D/J/P/W § 14 Rn 212; *Müller* in Müller/Stöcker, Die Organschaft, 2011, Rn 246; *Walter* in EY § 14 Rn 654.
4 *Walter* in EY § 14 Rn 654.
5 *Müller* in Müller/Stöcker, Die Organschaft, 2011, Rn 246.
6 *Neumann* in Gosch § 14 Rn 317; wohl auch *Olbing* in Streck § 14 Rn 120, 121; *Müller* in Müller/Stöcker, Die Organschaft, 2011, Rn 246.
7 *Walter* in EY § 14 Rn 649.
8 *Suchanek/Herbst*, FR 2005, 665, 666 (Fn 10).

grundlage.[1] Solange die Ansprüche nicht nur rechtlich, sondern auch wirtschaftlich noch bestehen (dh einbringlich sind), ist eine Begleichung der Ansprüche erst bei Beendigung des Gewinnabführungsvertrags ausreichend.[2]

Einstweilen frei. 483-487

p) Durchführung während der gesamten Geltungsdauer des Vertrags. Grundsatz. 488
§ 14 I S 1 Nr 3 S 1 fordert die Durchführung des Gewinnabführungsvertrags während seiner gesamten Geltungsdauer. Die gesamte Geltungsdauer determiniert das unter den Gewinnabführungsvertrag fallende Gewinn- und Verlustsubstrat. Die Durchführungsverpflichtung greift damit auch, wenn im Zeitpunkt der tatsächlichen Gewinnabführung die Organschaft mit Gewinnabführungsvertrag beendet ist, die Abführung aber einen Zeitraum betrifft, für den noch eine Verpflichtung zur Ergebnisabführung besteht (vgl auch R 61 VII KStR).[3] Entsprechendes gilt für einen noch den Zeitraum des Gewinnabführungsvertrags betreffenden Verlust der Organgesellschaft.[4]

Geltungsdauer des Vertrags. Unklar ist, was unter der in § 14 I S 1 Nr 3 S 1 genannten gesamten Geltungsdauer des Vertrags zu verstehen ist. Dem Wortlaut nach müsste es sich um den Zeitraum handeln, auf den sich die Wirkungen des Vertrags zivilrechtlich erstrecken. Dies hieße, dass bei einmaliger Nichtdurchführung des Vertrags mit Hilfe dieses Vertrags überhaupt keine Organschaft – auch nicht in vorangegangenen oder späteren Zeiträumen – erlangt werden könnte.[5] Hiervon gehen die Finanzverwaltung und die hM – durchaus begrüßenswert – jedoch offenbar nicht aus: Zum einen soll die Nichtdurchführung des Vertrags nur dann zu einer Versagung der Organschaft auch für zurückliegende Jahre führen, wenn der Vertrag noch nicht fünf aufeinander folgende Jahre durchgeführt wurde. Zum anderen soll bei einer erst späteren Nichtdurchführung durch Vereinbarung einer neuen Mindestlaufzeit von fünf Jahren und entsprechende Vertragsdurchführung mit dem nämlichen Gewinnabführungsvertrag eine Organschaft in der Zukunft wieder erreicht werden können (R 60 VIII S 1 KStR). Insoweit wird der Begriff „gesamte Geltungsdauer" offenbar mit der ebenfalls in § 14 I S 1 Nr 3 S 1 geforderten Mindestlaufzeit von fünf Jahren (dh fünf Zeitjahren; vgl Rn 301) gleichgesetzt. 489

Durchführung des Gewinnabführungsvertrags bei unterjähriger Beendigung. 490
Zur Frage der Durchführung des Gewinnabführungsvertrags während seiner gesamten Geltungsdauer im Fall der unterjährigen Beendigung des Vertrags vgl Rn 563 f.

Folgen der Nichtdurchführung des Gewinnabführungsvertrags. Wird der Gewinnabführungsvertrag in einem WJ nicht durchgeführt, treten auf jeden Fall für dieses WJ die Rechtsfolgen der Organschaft nicht ein. Die Organgesellschaft ist dann 491

---

1 So *Dötsch* in D/J/P/W § 14 Rn 210; *Frotscher* in Frotscher/Maas § 14 Rn 450.
2 *Frotscher* in Frotscher/Maas § 14 Rn 450; *Dötsch* in D/J/P/W § 14 Rn 210, entgegen seiner früheren Auffassung zB in Herzig, Organschaft, 2003, S 98, 111; *Sterner* in H/H/R § 14 Rn 203; *Neyer/Schlepper*, BB 2007, 413, 417; *Erle/Heurung* in Erle/Sauter § 14 Rn 174.
3 BFH I R 156/93, DStR 1995, 1593.
4 FG München 1 K 1214/91, EFG 1998, 1155 (rkr).
5 *Dötsch* in D/J/P/W § 14 Rn 215.

nach den allgemeinen Regeln zur KSt zu veranlagen. Zu den Besteuerungsgrundsätzen im Fall der „verunglückten Organschaft" vgl Rn 1334 ff. Ist der Vertrag zuvor nicht schon fünf aufeinander folgende Jahre durchgeführt worden, wird der Vertrag von Anfang an als steuerlich unwirksam betrachtet und die Organschaft auch für die Vorjahre aberkannt (R 60 VIII S 1 Nr 1 KStR).

492 **Rückkehr in eine anzuerkennende Organschaft.** Für die Rückkehr in eine anzuerkennende Organschaft ist ebenfalls danach zu differenzieren, ob der Vertrag in der Vergangenheit schon fünf Jahre durchgeführt worden ist oder nicht. In letzterem Fall bedarf die steuerliche (Wiederanerkennung) des Gewinnabführungsvertrags der Vereinbarung einer neuen mindestens fünfjährigen Vertragslaufzeit, es sei denn, die Restlaufzeit zu Beginn des WJ, in dem der Gewinnabführungsvertrag erstmals wieder durchgeführt wird oder werden soll, umfasst noch mindestens diesen Zeitraum (vgl zur Vereinbarung einer neuen Mindestlaufzeit Rn 498 ff, Rn 503). War der Vertrag dagegen vor dem WJ der Nichtdurchführung schon mindestens fünf Zeitjahre ununterbrochen durchgeführt worden, besteht – entgegen der Verwaltungsauffassung (R 60 VIII S 1 Nr 2 KStR) – keine Notwendigkeit für die Vereinbarung einer neuen Mindestlaufzeit. Weder der Gesetzeswortlaut noch Sinn und Zweck der in § 14 I S 1 Nr 3 S 1 normierten Mindestlaufzeit (vgl Rn 300) rechtfertigen eine solche Verschärfung. Die Organschaft ist in diesem Fall ab dem WJ wieder anzuerkennen, in dem der Vertrag tatsächlich durchgeführt wird.[1]

493 **Nichterfüllung anderer Organschaftsvoraussetzungen und Mindestlaufzeit.** Fraglich ist, ob die Folgen der Nichtdurchführung des Gewinnabführungsvertrags auch bei Nichterfüllung einer anderen Organschaftsvoraussetzung (zB finanzielle Eingliederung, gewerbliche Tätigkeit einer Organträger-Personengesellschaft, usw) entsprechend eintreten, also bei Nichterfüllung in einem WJ innerhalb der fünfjährigen Mindestlaufzeit die Rechtsfolgen der Organschaft von Anfang an zu versagen sind und eine Rückkehr in die Organschaft die Vereinbarung einer neuen vertraglichen Mindestlaufzeit voraussetzt. ME ist diese Frage entgegen der hM angesichts der eindeutigen Gesetzesformulierung, die ein wirtschaftsjahrübergreifendes zeitliches Moment (5 Jahre) nur für den Gewinnabführungsvertrag selbst und seine Durchführung fordert, zu verneinen. Solange der Gewinnabführungsvertrag selbst durchgeführt wurde und wird, muss sich bei Nichterfüllung einer anderen Organschaftsvoraussetzung die Versagung der Organschaft auf das WJ der Nichterfüllung beschränken.[2] In Folgejahren kann vorbehaltlich der Erfüllung aller Organschaftsvoraussetzungen eine Organschaft ohne Anpassung des Vertrags wieder anerkannt werden.

---

1 *Walter* in EY § 14 Rn 723; *Olbing* in Streck § 14 Rn 112; *Danelsing* in Blümich § 14 Rn 151; *Sterner* in H/H/R § 14 Rn 208; aA *Dötsch* in D/J/P/W § 14 Rn 215, nach dessen Auffassung der Vertrag immer nur für einen zusammenhängenden Zeitraum von fünf Jahren, in denen er durchgeführt wird, anerkannt werden kann, wobei diese Mindestlaufzeit zu Beginn des Fünfjahreszeitraums vereinbart sein muss.
2 Ebenso *Dötsch* in D/J/P/W § 14 Rn 231. AA *Walter* in EY § 14 Rn 719 ff (beschränkt auf Nichterfüllung innerhalb der ersten fünf Jahre); *Danelsing* in Blümich § 14 Rn 248; *Müller* in Müller/Stöcker, Die Organschaft, 2011, Rn 824; *Frotscher* in Frotscher/Maas § 14 Rn 277; *Lange*, GmbHR 2011, 806, 807 ff; wohl auch *Neumann* in Gosch § 14 Rn 532.

V. Sachliche Voraussetzungen der Organschaft

Einstweilen frei. **494-497**

5. Änderung des Gewinnabführungsvertrags (§ 295 AktG). Änderungsmöglichkeiten. Wollen die Vertragsparteien Änderungen an einem bestehenden Gewinnabführungsvertrag vornehmen, kann dies durch **498**

- eine Vertragsänderung iSd § 295 AktG (vgl Rn 499 ff) oder
- durch die Beendigung (vgl Rn 541 ff) des bestehenden und den Abschluss (vgl Rn 238 ff) eines neuen Gewinnabführungsvertrags

erfolgen.

Wesen der Vertragsänderung iSd § 295 AktG. Die Vertragsänderung iSd § 295 AktG ist jede zweiseitige Vereinbarung der Vertragsparteien, die noch während der Laufzeit eines Unternehmensvertrags wirksam werden soll. Dabei ist es ohne Bedeutung, ob der Vertrag auf einen bestimmten Zeitraum oder unbefristet abgeschlossen ist.[1] Unerheblich ist ferner, ob es sich um wesentliche oder unwesentliche, um materielle oder formelle Änderungen handelt; auch redaktionelle Änderungen zählen dazu.[2] **499**

Formerfordernisse. Die Änderung des Unternehmensvertrags unterliegt zunächst denselben Formerfordernissen wie der Abschluss eines Unternehmensvertrags: Die Vertragsänderung bedarf der Zustimmung der Hauptversammlung der verpflichteten Gesellschaft; §§ 293-294 AktG gelten sinngemäß (§ 295 I AktG). Vgl hierzu Rn 268 ff. Darüber hinaus – und anders als bei Abschluss eines (neuen) Vertrags – bedarf die Wirksamkeit der Zustimmung durch die Hauptversammlung eines Sonderbeschlusses der außenstehenden Aktionäre, soweit die Änderung zu Bestimmungen des Vertrags erfolgt, die zur Leistung eines Ausgleichs an die außenstehenden Aktionäre der Gesellschaft oder zum Erwerb ihrer Aktien verpflichten (§ 295 II S 1 AktG). Wie jeder Hauptversammlungsbeschluss bedarf auch ein Sonderbeschluss der Mehrheit der abgegebenen Stimmen der zu der Teilnahme an der Sonderbeschlussfassung Berechtigten (§§ 138 S 2, 133 I AktG). Außerdem bedarf er, vorbehaltlich einer von der Satzung vorgeschriebenen größeren Kapitalmehrheit, einer Mehrheit von mindestens drei Viertel des bei dieser Beschlussfassung von den außenstehenden Aktionären vertretenen Kapitals (§ 295 II S 2 iVm § 293 I S 2 und 3 AktG).[3] **500**

Organschaftsinduzierte Motive für eine Vertragsänderung. Unter dem Blickwinkel der Organschaft ergeben sich verschiedene Anlässe, die die Vertragsparteien zu einer Änderung des Vertragsinhalts motivieren können. Dies sind zum einen inhaltliche Mängel des Vertragswortlauts, die steuerlich die Nichtanerkennung des Gewinnabführungsvertrags zur Folge haben. Beispiele hierfür sind die fehlerhafte Formulierung der Mindestvertragsdauer (vgl Rn 303) oder – bei GmbH – die unzureichende Vereinbarung der Verlustübernahme entsprechend § 302 AktG (vgl § 17 Rn 75 f). Zum anderen ist dies die Vereinbarung einer neuen fünfjährigen Mindestvertragsdauer oder die Verlängerung der vertraglichen Mindestlaufzeit zur Sicher- **501**

---

1 BGH II ZR 139/78, NJW 1979, 2103.
2 *Altmeppen* in MüKo AktG § 295 AktG Rn 3 mwN.
3 *Altmeppen* in MüKo AktG § 295 AktG Rn 56.

stellung einer verbleibenden Restmindestlaufzeit von fünf Jahren. Eine solche Anpassung der Vertragslaufzeit kann erforderlich sein, wenn der Gewinnabführungsvertrag inhaltlich angepasst wird und so erstmals die Voraussetzungen für eine steuerliche Anerkennung erfüllt. Die Anpassung des Vertragswortlauts bleibt mit Blick auf die begehrte Anerkennung der Organschaft unbeachtlich, wenn zu Beginn des WJ, für das der den steuerlichen Anforderungen nun genügende Vertragswortlaut erstmals gelten soll und nach Maßgabe des § 14 I S 2 kann (vgl Rn 304), der Vertrag nicht noch eine Restlaufzeit von mindestens fünf Jahren aufweist.[1] Die Anpassung der Vertragslaufzeit kann ferner erforderlich sein, wenn der Gewinnabführungsvertrag eine Mindestlaufzeit von 5 Jahren vorsieht, jedoch mangels rechtzeitiger Eintragung ins Handelsregister nicht mehr im und für das erste Vertragsjahr (Jahr 1) wirksam wird (vgl Rn 305 ff). Zu Beginn des WJ (Jahr 2), in dem der Vertrag dann wirksam wird und für das er erstmals die Rechtsfolgen der Organschaft auslösen könnte (§ 14 I S 1), fehlt es an der geforderten fünfjährigen (Rest)mindestlaufzeit (vgl Rn 304). Nur durch entsprechende Anpassung der Vertragslaufzeit und Eintragung des geänderten Vertrags bis zum Ende des Jahres 2 kann die Organschaft dann zumindest noch für das Jahr 2 sichergestellt werden. Schließlich ist eine neue fünfjährige Mindestlaufzeit zu vereinbaren, wenn der Gewinnabführungsvertrag nicht durchgeführt wurde und die Organschaft für Folgejahre wieder anerkannt werden soll (vgl Rn 492).

502 **Steuerliche Wirksamkeitsvoraussetzungen.** Die steuerlichen Wirksamkeitsvoraussetzungen entsprechen denen bei (erstmaligem) Abschluss des Vertrags (vgl Rn 264-313). Die Vertragsänderung muss zivilrechtlich wirksam sein (vgl Rn 500). Sie ist unter entsprechender Anwendung von § 14 I S 2 steuerlich erstmals für das WJ zu berücksichtigen, in dessen Verlauf sie durch Eintragung ins Handelsregister zivilrechtlich wirksam wird.[2] Zu Beginn dieses WJ muss die vertragliche Restmindestlaufzeit mindestens 5 Jahre betragen (vgl Rn 501).

503 **Verlängerung der Vertragslaufzeit – Vertragsänderung oder Neuabschluss.** Zivilrechtlich ist strittig, ob die Verlängerung der Laufzeit den Abschluss eines neuen oder die Änderung eines bestehenden Gewinnabführungsvertrags darstellt. Für den von der hM[3] befürworteten Neuabschluss wird vorgebracht, die Parteien könnten identische Ergebnisse statt durch Änderung auch durch Neuabschluss erreichen. Ferner könne eine Vereinbarung, die die Zeit nach der Beendigung des (ursprünglichen) Vertrags betrifft, begrifflich schwer als dessen Änderung aufgefasst werden. Nach den Befürwortern einer Vertragsänderung kann es nicht richtig sein, das in

---

[1] BFH I R 74/05, BFH/NV 2006, 1513 (NV): Es genügt nicht, die Vereinbarung über die Verlustübernahme irgendwann während der vertraglichen Laufzeit des Gewinnabführungsvertrags iRe „Klarstellungsvereinbarung" zu schließen. Auch für eine solche Klarstellung des Vertrags gelten vielmehr die gesetzlichen Zeiterfordernisse gem § 14 I S 1 Nr 4 S 1 idF KStG 1996 sowie das Erfordernis der Eintragung in das Handelsregister. Weiter BFH I R 73/05, GmbHR 2006, 890; BFH I B 27/10, BStBl II 2010, 932.
[2] BFH, Berichtigungsbeschluss v 15.9.2010 zu BFH I B 27/10, BStBl II 2010, 935.
[3] OLG Frankfurt 20 W 414/92, DB 2004, 2463; *Koppensteiner* in Kölner Kommentar AktG § 295 AktG Rn 16; *Hüffer*, § 295 AktG, Rn 7; *Krieger* in Münchener Handbuch des Gesellschaftsrechts AG § 70 Rn 176; *Altmeppen* in MüKo AktG § 295 AktG Rn 12; *Langenbucher* in K Schmidt/Lutter § 295 AktG Rn 14; *Humbeck*, BB 1995, 1893, 1894; *Säcker*, DB 1988, 271, 272; *IDW*, WP Handbuch 2006 Bd I, Abschn T Rn 278.

§ 295 II AktG statuierte Erfordernis eines Sonderbeschlusses zu übergehen, indem man argumentiert, dass die außenstehenden Aktionäre auch einen Neuabschluss nicht verhindern könnten und deshalb eine Verlängerung ebenso nicht von ihrer Zustimmung abhängen könne.[1] Es stellt sich die Frage, ob diese zunächst rein zivilrechtliche Diskussion für innerhalb der ursprünglichen Mindestvertragslaufzeit erfolgende Verlängerungen dieser Laufzeit ein Risiko darstellen könnte. Bestehen über die steuerliche Unwirksamkeit eines Gewinnabführungsvertrags oder seine Nichtdurchführung keine Zweifel, würde es aus dem Blickwinkel der Organschaft letztlich keinen Unterschied machen, wenn die Änderung der Vertragslaufzeit als Neuabschluss zu betrachten wäre, da es bei steuerlicher Unwirksamkeit des Vertrags oder bei Nichtdurchführung innerhalb der Mindestvertragsdauer[2] für die Vergangenheit nichts zu retten gäbe. Anders ist dies, wenn die steuerliche Unwirksamkeit des Vertrags oder seine Nichtdurchführung lediglich für möglich gehalten oder befürchtet wird und die Verlängerung der Vertragslaufzeit dazu dienen soll, den möglicherweise zB in einer Betriebsprüfung eintretenden Schaden vorsorglich zeitlich zu begrenzen. Wäre die Verlängerung der Vertragslaufzeit wie ein Neuabschluss zu behandeln, müsste der bisherige Vertrag als beendet gelten. Die Beendigung des bisherigen Vertrags innerhalb der fünfjährigen Mindestvertragslaufzeit ohne wichtigen Grund würde die Durchführung des bisherigen Vertrags in Frage stellen, so dass die bis dahin nur als bedroht erachtete Organschaft erst durch die Laufzeitverlängerung tatsächlich zerstört worden wäre. ME ist mit der hM[3] in der steuerlichen Literatur von einer unterbrechungsfreien Fortführung des bisherigen Gewinnabführungsvertrags auszugehen, wenn die Vertragsparteien erkennbar den Weg der Vertragsänderung nach § 295 AktG gewählt haben. Auch der BFH[4] geht davon aus, dass es sich bei der Verschiebung des Zeitpunkts der erstmals möglichen ordentlichen Kündigung um eine Änderung des ursprünglichen Gewinnabführungsvertrags handelt, der „entsprechend § 295 i.V.m. § 293 Abs. 1, § 294 Abs. 2 AktG zu ihrer zivilrechtlichen Wirksamkeit jedenfalls der Zustimmung der Gesellschafterversammlungen" bedarf.[5]

Einstweilen frei. 504-507

6. Der Gewinnabführungsvertrag in Umwandlungsfällen. a) Umwandlung des Organträgers. Verschmelzung des Organträgers. Wird das Unternehmen des Organträgers auf einen übernehmenden Rechtsträger verschmolzen (§ 2 ff UmwG), geht das Vermögen des Organträgers gemäß § 20 I Nr 1 UmwG im Wege der Gesamtrechtsnachfolge auf den übernehmenden Rechtsträger über. Die Gesamtrechtsnachfolge erfasst dabei nach hM auch Unternehmensverträge wie den Gewinnabführungs- 508

---

1 *Schwarz*, MittRhNotK 1994, 49, 66; *Bungert*, DB 1995, 1449; *Milatz*, GmbHR 1995, 369, 370.
2 Bei einer Nichtdurchführung nach Ablauf der Mindestvertragsdauer würden die vor der Nichtdurchführung liegenden Jahre durch die Nichtdurchführung schon nicht tangiert.
3 *Neumann* in Gosch § 14 Rn 306; *Sterner* in H/H/R § 14 Rn 201 „Änderung des Vertrags"; *Erle/Heurung* in Erle/Sauter § 14 Rn 178; *Walter* in EY § 14 Rn 636; *Dötsch* in D/J/P/W § 14 Rn 218.
4 BFH I R 66/07, BStBl II 2009, 972.
5 Der BFH setzt sich in seinem Beschluss allerdings nicht mit einer möglichen abweichenden zivilrechtlichen Betrachtung auseinander. Darüber hinaus war die Frage, ob es sich um einen Neuabschluss oder eine Vertragsänderung handelt, im entschiedenen Fall nicht entscheidungserheblich.

vertrag iSd § 291 I AktG.¹ Von der Verschmelzung bleibt der Gewinnabführungsvertrag mit Ausnahme des Wechsels des herrschenden Unternehmens damit unberührt. Zur finanziellen Eingliederung der Organgesellschaft bei Umwandlung des Organträgers vgl Rn 203 ff.

509 **Organgesellschaft als übernehmender Rechtsträger.** Ist übernehmender Rechtsträger das abhängige Unternehmen (die Organgesellschaft) selbst, endet der Gewinnabführungsvertrag mit Eintragung der Verschmelzung ins Handelsregister durch Konfusion. In diesem Fall endet die Organschaft am steuerlichen Übertragungsstichtag (§ 2 I UmwStG).²

510 **Spaltung des Organträgers.** Die Grundsätze bei Verschmelzung (vgl Rn 508 f) gelten für die Spaltung des Organträgers entsprechend. Bei Aufspaltung des Organträgers (§ 123 I UmwG) geht dieser unter. Auf welchen der übernehmenden Rechtsträger der Gewinnabführungsvertrag übergeht, richtet sich nach den diesbezüglichen Festlegungen im Spaltungsvertrag-/plan (§ 131 I Nr 1 UmwG).³ Im Fall einer Abspaltung (§ 123 II UmwG) oder einer Ausgliederung (§ 123 III UmwG) bleibt der Organträger rechtlich bestehen. Ein Gewinnabführungsvertrag bleibt in diesen Fällen von der Spaltungsmaßnahme unberührt, es sei denn, der Spaltungsvertrag/-plan (§ 131 I Nr 1 UmwG) sieht einen Übergang des Gewinnabführungsvertrags auf den übernehmenden Rechtsträger vor.⁴

511 **Umwandlung des Organträgers als wichtiger Grund zur vorzeitigen Vertragsbeendigung.** Der Übergang des Vertrags auf einen anderen Vertragspartner als herrschendes Unternehmen kann unter bestimmten Umständen ein Recht zur außerordentlichen Kündigung (§ 297 I AktG) für die abhängige Gesellschaft⁵ oder auch das herrschende Unternehmen⁶ begründen. Die Finanzverwaltung erkennt die Verschmelzung oder Spaltung des Organträgers als wichtigen Grund für die vorzeitige Beendigung des Gewinnabführungsvertrags an (R 60 VI S 2 KStR).⁷

512 **Fortführung des Vertrags und Mindestvertragsdauer.** Tritt der übernehmende Rechtsträger als herrschendes Unternehmen in den Gewinnabführungsvertrag ein, ist mit Blick auf die in § 14 I S 1 Nr 3 S 1 geforderte Mindestvertragsdauer die Vertragslaufzeit gegenüber dem übertragenden Rechtsträger dem übernehmenden Rechtsträger zuzurechnen; eine neue Mindestlaufzeit muss nicht vereinbart werden.⁸

---

1 LG Bonn 11 T 1/96, GmbHR 1996, 774 f; *Emmerich* in Emmerich/Habersack § 297 AktG Rn 43; *Altmeppen* in MüKo AktG § 297 AktG Rn 125 mwN; FG Berlin-Brandenburg 12 K 8015/05 B (rkr), EFG 2008, 1664; BMF v 25.3.1998, BStBl I 1998, 268, Tz Org.01; BMF v 11.11.2011, BStBl I 2011, 1314, Rn Org.01.
2 BMF v 11.11.2011, BStBl I 2011, 1314, Rn Org.04.
3 BMF v 25.3.1998, BStBl I 1998, 268, Tz Org.07; BMF v 11.11.2011, BStBl I 2011, 1314, Rn Org.06.
4 *Emmerich* in Emmerich/Habersack § 297 AktG Rn 46; *Altmeppen* in MüKo AktG § 297 AktG Rn 126; BMF v 25.3.1998, BStBl I 1998, 268, Tz Org.15; nur implizit, indem eine Fortsetzung der Organschaft zu dem übernehmenden Rechtsträger als möglich erachtet wird, BMF v 11.11.2011, BStBl I 2011, 1314, Rn Org.07-Org.09.
5 *Altmeppen* in MüKo AktG § 297 AktG Rn 125-128 mwN.
6 *Emmerich* in Emmerich/Habersack § 297 AktG Rn 43.
7 BMF v 25.3.1998, BStBl I 1998, 268, Tz Org.11; BMF v 11.11.2011, BStBl I 2011, 1314, Rn Org.12.
8 BMF v 25.3.1998, BStBl I 1998, 268, Tz Org.10; BMF v 11.11.2011, BStBl I 2011, 1314, Rn Org.11.

V. Sachliche Voraussetzungen der Organschaft

Formwechsel des Organträgers. Der Formwechsel (§ 190 ff UmwG) des Organträgers hat wegen der Rechtsträgeridentität (§ 202 I Nr 1 UmwG) keinerlei Einfluss auf einen von ihm abgeschlossenen Gewinnabführungsvertrag.[1] Sind die rechtsformspezifischen Voraussetzungen des § 14 für den Organträger auch nach dem Formwechsel erfüllt, besteht auch die Organschaft unverändert fort. Wohl vor diesem Hintergrund betrachtet die Finanzverwaltung den Formwechsel des Organträgers nicht als wichtigen Grund zur vorzeitigen Beendigung des Gewinnabführungsvertrags (R 60 VI S 2 KStR).[2] Wenngleich dies im Grundsatz nicht zu beanstanden ist, sollte hiervon mE eine Ausnahme gemacht werden, wenn der Rechtsträger – zB bei Formwechsel in eine lediglich gewerblich geprägte Personengesellschaft – nicht die Eignung zum Organträger besitzt.[3]

513

Anwachsung des Organträgers. Wächst das Vermögen einer Organträger-Personengesellschaft infolge des Ausscheidens des vorletzten Gesellschafters auf den letzten Gesellschafter an, geht ein von der Personengesellschaft als herrschendes Unternehmen abgeschlossener Gewinnabführungsvertrag im Wege der Gesamtrechts- bzw Sonderrechtsnachfolge auf den letzten Gesellschafter über.[4] Ist dies nicht gewünscht, müsste auch die Anwachsung aus steuerlicher Sicht als wichtiger Grund für die vorzeitige Beendigung des Gewinnabführungsvertrags akzeptiert werden.[5] Zur finanziellen Eingliederung bei Anwachsung des Vermögens des Organträgers vgl Rn 209.

514

Einstweilen frei.

515-518

b) Einbringung der Organbeteiligung im Wege der Einzelrechtsnachfolge. Ist die Organbeteiligung Gegenstand einer Einbringung außerhalb des Umwandlungsgesetzes, kann wegen der damit zwingend verbundenen Einzelrechtsnachfolge ein vom Organträger abgeschlossener Gewinnabführungsvertrag nicht auf den übernehmenden Rechtsträger übergehen. Soll mit diesem ein Gewinnabführungsvertrag bestehen, ist dieser neu abzuschließen.[6] Zur Beendigung der bisherigen Organschaft zum übertragenden Rechtsträger vgl die entsprechend heranzuziehenden Grundsätze für eine Veräußerung in Rn 189 ff; zur Begründung einer Organschaft mit dem übernehmenden Rechtsträger vgl Rn 215 ff. Die Einbringung der Organbeteiligung wird von der Finanzverwaltung als wichtiger Grund für die vorzeitige Beendigung eines Gewinnabführungsvertrags anerkannt (R 60 VI S 2 KStR).

519

---

1 BMF v 25.3.1998, BStBl I 1998, 268, Tz Org.09; BMF v 11.11.2011, BStBl I 2011, 1314, Rn Org.10.
2 BMF v 11.11.2011, BStBl I 2011, 1314, Rn Org.12; anders noch BMF v 25.3.1998, BStBl I 1998, 268, Tz Org.11.
3 So hatte die Finanzverwaltung bei der seinerzeitigen Verschärfung der Anforderungen an eine Organträger-Personengesellschaft durch das StVergAbG (vgl vor allem Rn 96 ff) die Gesetzesänderung als wichtigen Grund iSd § 14 I S 1 Nr 3 S 2 iVm R 60 VI KStR betrachtet. Vgl BMF v 10.11.2005, BStBl I 2005, 1038, Rn 24.
4 *Orth* in Oestreicher, Konzernbesteuerung, 2005, 129 ff, 192; *Orth*, DStR 2005, 1629, 1631; *Neumann* in Gosch § 14 Rn 291; *Dötsch* in D/J/P/W UmwStG (SEStEG) Anhang Umwandlungen und Organschaft Rn 28; *Frotscher* in Frotscher/Maas § 14 Rn 688.
5 So auch *Neumann* in Gosch § 14 Rn 291.
6 *Blumenberg* in Herzig, Organschaft, 2003, S 259; *Herlinghaus* in Rödder/Herlinghaus/van Lishaut, UmwStG, Anhang 3 Rn 22; *Neumann* in Gosch § 14 Rn 286; *Dötsch* in D/J/P/W UmwStG (SEStEG) Anhang Umwandlungen und Organschaft Rn 25.

520-521   *Einstweilen frei.*

522   **c) Umwandlung der Organgesellschaft. Verschmelzung der Organgesellschaft.**
Wird ein abhängiges Unternehmen (die Organgesellschaft), das Vertragsteil eines Gewinnabführungsvertrags ist, auf einen dritten Rechtsträger verschmolzen, endet der Gewinnabführungsvertrag nach hM automatisch, und zwar mit Untergang des Unternehmens (übertragender Rechtsträger) durch Eintragung der Verschmelzung ins Handelsregister.[1] Zur Begründung der automatischen Beendigung des Vertrags wird vornehmlich angeführt, dass der Gewinnabführungsvertrag nicht ohne Zustimmung der Gesellschafter des übernehmenden Rechtsträgers gegen deren Willen auf diesen erstreckt werden könne. Auch könnte andernfalls eine Kollision zweier Ergebnisabführungsverträge nicht ausgeschlossen werden, wenn der aufnehmende Rechtsträger seinerseits zur Ergebnisabführung verpflichtet sei.[2] Nach einer Mindermeinung soll der Gewinnabführungsvertrag dagegen fortbestehen, wenn der übernehmende Rechtsträger nach § 291 I AktG selbst als abhängiges Unternehmen geeigneter Vertragspartner sein könne. Dann sei allerdings den Vertragsparteien ein außerordentliches Kündigungsrecht einzuräumen.[3]

523   **Verschmelzung auf den Organträger.** Wird die abhängige Gesellschaft auf das herrschende Unternehmen verschmolzen, endet der Gewinnabführungsvertrag mit Eintragung der Verschmelzung ins Handelsregister durch Konfusion.[4] Vgl für den umgekehrten Fall einer Verschmelzung des Organträgers auf die Organgesellschaft Rn 509.

524   **Aufspaltung der Organgesellschaft.** Ist das abhängige Unternehmen Gegenstand einer Aufspaltung gem § 123 I UmwG, geht es mit Eintragung der Umwandlung ins Handelsregister unter. Während die hM im Fall der Aufspaltung zur Aufnahme den Untergang des Gewinnabführungsvertrags – aus den gleichen Gründen wie bei der Verschmelzung – für zwingend hält, soll es im Fall der Aufspaltung zur Neugründung zulässig sein, den Gewinnabführungsvertrag bei entsprechender Regelung im Spaltungsplan zu übertragen, weil wirtschaftlich vor und nach der Spaltung dieselben Beteiligten betroffen sind.[5]

---

1   OLG Karlsruhe 15 W 19/94, AG 1995, 139; *Altmeppen* in MüKo AktG § 297 AktG Rn 131; *Emmerich* in Emmerich/Habersack § 297 AktG Rn 39 mwN; *Hüffer*, § 295 AktG, Rn 6; *Koppensteiner* in Kölner Kommentar AktG § 291 AktG Rn 97, 73; *Müller*, BB 2002, 157, 159; *Philippi/Neveling*, BB 2003, 1685, 1686 mwN; *Gelhausen/Heinz*, NZG 2005, 775; *Gerth*, BB 1978, 1497, 1499; BMF v 25.3.1998, BStBl I 1998, 268, Tz Org.12; BMF v 11.11.2011, BStBl I 2011, 1314, Rn Org.21; *Dötsch* in D/J/P/W UmwStG (SEStEG) Anhang Umwandlungen und Organschaft, Rn 31; *Erle/Heurung* in Erle/Sauter § 14 Rn 683; *Walter* in EY § 14 Rn 348; *Frotscher* in Frotscher/Maas § 14 Rn 931; *Hörtnagl* in Schmitt/Hörtnagl/Stratz § 131 UmwG Rn 75.
2   *Koppensteiner* in Kölner Kommentar AktG § 291 AktG Rn 97, 73; *Philippi/Neveling*, BB 2003, 1685, 1686.
3   *Neumann* in Gosch § 14 Rn 288.
4   OLG Hamm 8 U 139/02, NZG 2003, 632; *Emmerich* in Emmerich/Habersack § 297 AktG Rn 38 mwN; *Altmeppen* in MüKo AktG § 297 AktG Rn 130 mwN.
5   *Müller*, BB 2002, 157, 161; *Emmerich* in Emmerich/Habersack § 297 AktG Rn 47 mwN; *Altmeppen* in MüKo AktG § 297 AktG Rn 134 mwN; *Hörtnagl* in Schmitt/Hörtnagl/Stratz § 131 UmwG Rn 77 f; *Walter* in EY § 14 Rn 350; *Herlinghaus* in Rödder/Herlinghaus/van Lishaut, UmwStG, Anhang 3 Rn 28; aA *Erle/Heurung* in Erle/Sauter § 14 Rn 745; BMF v 25.3.1998, BStBl I 1998, 268, Tz Org.17; BMF v 11.11.2011, BStBl I 2011, 1314, Rn Org.23.

V. Sachliche Voraussetzungen der Organschaft

Abspaltung oder Ausgliederung aus dem Vermögen der Organgesellschaft. 525
Die Abspaltung (§ 123 II UmwG) oder Ausgliederung (§ 123 III UmwG) aus dem Vermögen der Organgesellschaft berührt die rechtliche Existenz der Gesellschaft und damit auch den Bestand des Gewinnabführungsvertrags nicht. Ggf kommt jedoch eine Kündigung des Vertrags aus wichtigem Grund nach § 297 I AktG in Betracht.[1] Erfolgt die Abspaltung oder Ausgliederung zur Neugründung, wird – wie bei der Aufspaltung – bei entsprechender Regelung im Spaltungsplan eine Übertragung des Gewinnabführungsvertrags für möglich gehalten, während dies bei Abspaltung oder Ausgliederung zur Aufnahme – analog zur Verschmelzung – ausgeschlossen wird.[2]

Verschmelzung und Spaltung der Organgesellschaft als wichtiger Grund 526
zur vorzeitigen Vertragsbeendigung. Die Verschmelzung und die Spaltung der Organgesellschaft werden von der Finanzverwaltung als wichtiger Grund für die vorzeitige Beendigung des Gewinnabführungsvertrags anerkannt (R 60 VI S 2 KStR).[3]

Folgen aus dem Untergang des Gewinnabführungsvertrags infolge der Ver- 527
schmelzung oder Aufspaltung der Organgesellschaft. Handelsbilanzielle Abwicklung. Geht der Gewinnabführungsvertrag im Zuge der Verschmelzung oder Aufspaltung des abhängigen Unternehmens unter, ergeben sich aus dem Auseinanderfallen von Umwandlungsstichtag und Untergang des Gewinnabführungsvertrags sowie ggf darüber hinaus aus dem Auseinanderfallen von Umwandlungsstichtag und Geschäftsjahresende der abhängigen Gesellschaft komplexe Fragen hinsichtlich der handelsbilanziellen Abwicklung des Gewinnabführungsvertrags auf Ebene des abhängigen Unternehmens. IdR ist eine Abrechnung des Gewinnabführungsvertrags letztmalig auf den letzten vor dem Verschmelzungsstichtag (§ 5 I Nr 6 UmwG) liegenden Abrechnungsstichtag vorzunehmen. Trotz Fortbestands des Vertrags bis zum Zeitpunkt des Wirksamwerdens der Verschmelzung kann – anders als im Fall der unterjährigen Beendigung des Gewinnabführungsvertrags durch Kündigung (vgl Rn 563) – eine Abrechnung für die Restperiode unterbleiben, da eine solche Abrechnung wegen des Vorrangs der umwandlungsrechtlichen Ergebniszuordnung zum übernehmenden Rechtsträger ab dem Verschmelzungsstichtag stets zu einem Ergebnis von Null kommen müsste. Etwas anderes soll nur dann gelten, wenn der Verschmelzungsstichtag bzw der Stichtag der Übertragungsbilanz nach § 17 II UmwG durch einen nachträglich geschlossenen Verschmelzungsvertrag in ein bereits abgelaufenes Geschäftsjahr gelegt wird. Da in die zum Ende dieses Geschäftsjahres einmal entstandenen Ansprüche und Verpflichtungen aus dem Gewinnabführungsvertrag nicht mehr eingegriffen werden kann, bleibt es für die zwischen Verschmelzungsstichtag und dem Geschäftsjahresende erzielten Ergebnisse bei der Abrechnungsver-

---

1 Emmerich in Emmerich/Habersack § 297 AktG Rn 47 mwN; Altmeppen in MüKo AktG § 297 AktG Rn 134 ff; Krieger in Münchener Handbuch des Gesellschaftsrechts AG § 70 Rn 206-208; Veil in Spindler/Stilz § 297 AktG Rn 46; Heidenhain, NJW 1995, 2873, 2877; Fedke, DK 2008, 533, 534.
2 Müller, BB 2002, 157, 161; Emmerich in Emmerich/Habersack § 297 AktG Rn 47 mwN; Altmeppen in MüKo AktG § 297 AktG Rn 135 mwN; Hörtnagl in Schmitt/Hörtnagl/Stratz § 131 UmwG Rn 77 f; Walter in EY § 14 Rn 349 f; Herlinghaus in Rödder/Herlinghaus/van Lishaut, UmwStG, Anh 3 Rn 29.
3 BMF v 25.3.1998, BStBl I 1998, 268, Tz Org.20; BMF v 11.11.2011, BStBl I 2011, 1314, Rn Org.26.

pflichtung unter dem Gewinnabführungsvertrag. Fällt der Verschmelzungsstichtag bzw der Stichtag der Übertragungsbilanz nach § 17 II UmwG in das laufende Geschäftsjahr der Gesellschaft, wird es für sachgerecht gehalten, in der Übertragungsbilanz für einen bis dahin aufgelaufenen Verlust einen Anspruch auf Verlustübernahme, für einen bis dahin aufgelaufenen Gewinn eine Rückstellung für Gewinnabführung auszuweisen.[1]

528 **Ende der Organschaft.** Geht der Gewinnabführungsvertrag im Zuge der Verschmelzung oder Aufspaltung der Organgesellschaft unter, endet die Organschaft zum steuerlichen Übertragungsstichtag (§ 2 I UmwStG).[2] Zur Behandlung eines am steuerlichen Übertragungsstichtag bei der Organgesellschaft idR nur in der Steuerbilanz entstehenden Übertragungsgewinns vgl Rn 432 f.

529 **Formwechsel der Organgesellschaft.** Der Formwechsel (§ 190 ff UmwG) der Organgesellschaft in eine Kapitalgesellschaft anderer Rechtsform lässt den Gewinnabführungsvertrag wegen der Rechtsträgeridentität (§ 202 I Nr 1 UmwG) und der nicht in Frage stehenden Eignung des übernehmenden Rechtsträgers als Vertragspartner (abhängiges Unternehmen) unberührt. Nach heutigem Verständnis gilt das Gleiche im Grundsatz auch bei Umwandlung der Organgesellschaft in eine Personengesellschaft, es sei denn, unter den unbeschränkt haftenden Gesellschaftern befinden sich natürliche Personen, welche nicht zum Kreis des herrschenden Unternehmens gehören und das herrschende Unternehmen ist selbst nicht an der Personengesellschaft beteiligt.[3] Mangels Eignung einer Personengesellschaft als Organgesellschaft endet die Organschaft am steuerlichen Übertragungsstichtag. Der Formwechsel in eine Personengesellschaft wird von der Finanzverwaltung als wichtiger Grund für die vorzeitige Beendigung des Gewinnabführungsvertrags anerkannt.[4]

530-533 *Einstweilen frei.*

534 **d) Umwandlung auf und Einbringung in die Organgesellschaft. Umwandlung auf die Organgesellschaft.** Ist die Organgesellschaft übernehmender Rechtsträger iRd Verschmelzung oder Spaltung eines dritten Rechtsträgers (zur Umwandlung des Organträgers auf die Organgesellschaft vgl Rn 509), bleibt ein von der Organgesellschaft abgeschlossener Gewinnabführungsvertrag von dem Vermögensübergang im Wege der Gesamtrechtsnachfolge unberührt.[5] Zu beachten ist jedoch die Beendigung des Vertrags kraft Gesetzes bei erstmaligem Hinzutreten eines außenstehenden Aktionärs (§ 307 AktG; vgl Rn 586 f). Das Organschaftsverhältnis bleibt unberührt, wenn die finanzielle Eingliederung in den Organträger auch nach der Umwandlung noch gegeben ist.[6]

---

1   *Gelhausen/Heinz*, NZG 2005, 775.
2   BMF v 25.3.1998, BStBl I 1998, 268, Tz Org.12, Org.17; keine entsprechende ausdrückliche Aussage in BMF v 11.11.2011, BStBl I 2011, 1314.
3   OLG Düsseldorf 19 W 3/00 AktE, NZG 2005, 280; *Emmerich* in Emmerich/Habersack § 297 AktG Rn 45; *Altmeppen* in MüKo AktG § 297 AktG Rn 137.
4   BMF v 25.3.1998, BStBl I 1998, 268, Tz Org.20; BMF v 11.11.2011, BStBl I 2011, 1314, Rn Org.26.
5   BayObLG 3 Z BR 211/03, AG 2004, 99; *Müller*, BB 2002, 157, 159 f; *Altmeppen* in MüKo AktG § 297 AktG Rn 133 mwN; *Emmerich* in Emmerich/Habersack § 297 AktG Rn 41 mwN.
6   BMF v 25.3.1998, BStBl I 1998, 268, Tz Org.21; BMF v 11.11.2011, BStBl I 2011, 1314, Rn Org.29.

Einbringung in die Organgesellschaft. Diese Grundsätze (vgl Rn 534) gelten entsprechend bei Einbringungen in die Organgesellschaft außerhalb des Umwandlungsgesetzes. 535

Übernahmegewinne und -verluste. Zur Entstehung von Übernahmegewinnen und -verlusten und deren Erfassung durch den Gewinnabführungsvertrag vgl Rn 434 ff. 536

Einstweilen frei. 537-540

7. Beendigung des Gewinnabführungsvertrags. a) Beendigungsgründe. Die Beendigung des Gewinnabführungsvertrags kann aktiv durch die Vertragsparteien herbeigeführt werden; sie kann aber auch bloß Folge vertraglicher Vereinbarungen, unmittelbarer gesetzlicher Anordnung oder der Anwendung allgemeiner Grundsätze sein. Im Einzelnen ist die Beendigung des Gewinnabführungsvertrags insbesondere in Folge von: 541

- Aufhebung (vgl Rn 543 ff),
- ordentlicher Kündigung (vgl Rn 556 ff),
- außerordentlicher Kündigung (vgl Rn 569 ff),
- sonstigen Gründen (vgl Rn 586 ff)

möglich.

Einstweilen frei. 542

b) Einvernehmliche Aufhebung durch die Vertragsparteien (§ 296 AktG). Einvernehmen. Die Vertragsparteien können den Gewinnabführungsvertrag aufheben (§ 296 I AktG). In Abgrenzung zu § 297 AktG (Kündigung) regelt § 296 AktG die Beendigung des Gewinnabführungsvertrags durch Vertrag.[1] Voraussetzung ist damit das Handeln beider Vertragsparteien und damit Einvernehmen. 543

Zeitpunkt der Aufhebung. Die Aufhebung kann nur zum Ende des Geschäftsjahres erfolgen (§ 296 I S 1 AktG). Ferner muss der Aufhebungszeitpunkt in der Zukunft liegen; eine rückwirkende Aufhebung des Vertrags ist zum Zwecke des Schutzes der Gesellschaft, ihrer Aktionäre und Gläubiger vor rückwirkender Beseitigung unternehmensvertraglicher Ansprüche[2] unzulässig (§ 296 I S 2 AktG). Der frühestmögliche Aufhebungstermin ist damit das Ende des bei Abschluss des Aufhebungsvertrags laufenden Geschäftsjahres. Durch Bestimmung eines von diesen Grundsätzen abweichenden Aufhebungszeitpunktes wird die Aufhebungsvereinbarung insoweit nichtig (§ 134 BGB).[3] In der Literatur ist umstritten, ob bei einer solchen Teilnichtigkeit die Vereinbarung über die Aufhebung des Vertrags für die Zukunft (das darauffolgende Geschäftsjahresende) nach § 139 BGB aufrechterhalten[4] oder nach § 140 BGB in ein 544

---

1 *Hüffer*, § 296 AktG, Rn 1.
2 BGH II ZR 119/00, NJW 2002, 822, 823.
3 *Hüffer*, § 296 AktG, Rn 3.
4 *Hüffer*, § 296 AktG, Rn 3; *Koppensteiner* in Kölner Kommentar AktG § 296 AktG Rn 16; *Baumbach/Hueck*, AktG, 13. Aufl, § 296 AktG Rn 3; *Langenbucher* in K Schmidt/Lutter § 296 AktG Rn 8; *Windbichler*, Unternehmensverträge und Zusammenschlußkontrolle, 1977, S 65.

wirksames Rechtsgeschäft umgedeutet[1] werden kann.[2] Neben dem Geschäftsjahresende nennt § 296 I S 1 AktG noch das Ende eines sonst vertraglich bestimmten Abrechnungszeitraums als möglichen Aufhebungszeitpunkt. Für Gewinnabführungsverträge, aufgrund derer eine Organschaft bestehen soll, ist diese Alternative wegen des Erfordernisses der Abführung des ganzen Gewinns (eines WJ) ohne Bedeutung.

545 **Formerfordernis.** Nach § 296 I S 3 AktG bedarf der Aufhebungsvertrag der Schriftform (§ 126 BGB); bei Verstoß hiergegen ist er nichtig (§ 125 S 1 BGB).[3]

546 **Zuständigkeit und Zustimmung.** Das AktG behandelt den Aufhebungsvertrag als eine in die Zuständigkeit des Vorstands der Gesellschaft bzw der persönlich haftenden Gesellschafter (KGaA) fallende Geschäftsführungsmaßnahme. Anders als der Unternehmensvertrag selbst bedarf der Aufhebungsvertrag zu seinem Wirksamwerden damit nicht der Zustimmung der Hauptversammlung der abhängigen Gesellschaft; ebenso wenig ist die Zustimmung der Hauptversammlung des anderen Vertragsteils gesetzlich vorgesehen.[4]

547 **Zustimmung außenstehender Aktionäre.** Enthält der Gewinnabführungsvertrag Ausgleichs- oder Abfindungsverpflichtungen (§§ 304, 305 AktG) gegenüber außenstehenden Aktionären (vgl Rn 285 ff, Rn 292 f), ist, da der Aufhebungsvertrag deren Ansprüche tangiert, die Zustimmung der außenstehenden Aktionäre durch Sonderbeschluss erforderlich (§ 296 II S 1 AktG). Für diesen gilt § 293 I S 2 und 3, § 295 II S 3 AktG sinngemäß (§ 296 II S 3 AktG).

548 **Eintragung der Beendigung.** Die nach § 298 AktG erforderliche Eintragung der Beendigung des Gewinnabführungsvertrags in das Handelsregister ist keine Wirksamkeitsvoraussetzung, sondern hat nur deklaratorischen Charakter.[5]

549 *Einstweilen frei.*

550 **Zivilrechtlich kein Begründungserfordernis; Aufhebung während der Mindestvertragslaufzeit.** Wegen des einvernehmlichen Handelns der Vertragsparteien bedarf die Aufhebung keiner Begründung. Sie können den Gewinnabführungsvertrag daher auch vor Ablauf der Mindestvertragslaufzeit beenden. Im Wege einer Kündigung kann dies hingegen nur bei Vorliegen eines eine außerordentliche Kündigung rechtfertigenden wichtigen Grundes erfolgen (vgl Rn 569 ff).

551 **Steuerliches Erfordernis eines wichtigen Grundes.** Nach § 14 I S 1 Nr 3 S 1 muss der Gewinnabführungsvertrag auf mindestens fünf Jahre abgeschlossen (vgl Rn 299 ff) und während seiner gesamten Geltungsdauer durchgeführt werden (vgl Rn 488 ff). Eine vorzeitige Beendigung durch Kündigung ist unschädlich, wenn ein wichtiger Grund die Kündigung rechtfertigt (§ 14 I S 1 Nr 3 S 2; vgl zu den wichtigen Gründen Rn 579). Das Gesetz äußert sich zu dem Erfordernis eines wichtigen Grundes für die vorzeitige Beendigung im

---

1   *Krieger* in Münchener Handbuch des Gesellschaftsrechts AG § 70 Rn 190; *Altmeppen* in MüKo AktG § 296 AktG Rn 25.
2   Offen gelassen in BGH II ZR 119/00, NJW 2002, 822, 823. Ebenso *Veil* in Spindler/Stilz § 296 AktG Rn 8; *Emmerich* in Emmerich/Habersack § 296 AktG Rn 16.
3   *Altmeppen* in MüKo AktG § 296 AktG Rn 27.
4   *Altmeppen* in MüKo AktG § 296 AktG Rn 8. Anders bei GmbH, wo die Beendigung des Vertrags einer Beschlussfassung durch die Gesellschaftsversammlung bedarf; vgl BGH II ZR 109/10, DStR 2011, 1576.
5   BTDrs IV/171, wiedergegeben in *Kropff*, AktG, 1965, S 387 (zu § 296 AktG bzw § 287 RegE); OLG Düsseldorf, 3 Wx 302/95, ZIP 1997, 2084; *Altmeppen* in MüKo AktG § 298 Rn 2; *Hüffer*, § 298 AktG, Rn 5.

Wege der Aufhebung nicht;[1] nach R 60 VI S 1 KStR sollen für die vorzeitige Aufhebung des Vertrags jedoch die gleichen Grundsätze gelten.[2] Dem ist mE zu folgen, auch wenn § 14 I S 1 Nr 3 die Aufhebung, wie ihre – wenngleich mE unsinnige (vgl Rn 552) – Nennung in § 14 I S 1 Nr 3 S 3 zeigt, durchaus als eigenständige Form der Beendigung des Gewinnabführungsvertrags in den Blick nimmt. Zum einen zielt die in § 14 I S 1 Nr 3 S 1 angeordnete Mindestvertragsdauer nicht auf den Schutz der einen Vertragspartei vor der anderen, sondern auf eine Festlegung von Organträger und Organgesellschaft auf die Organschaftsbesteuerung für eine bestimmte Zeit. Zum anderen könnte der Gesetzeswortlaut des § 14 I S 1 Nr 3 S 1 und 2 andernfalls auch so gelesen werden, dass eine vorzeitige Aufhebung des Gewinnabführungsvertrags für steuerliche Zwecke stets schädlich ist. Vor diesem Hintergrund erfordert mit Blick auf § 14 I S 1 Nr 3 S 1 für steuerliche Zwecke auch die vorzeitige Vertragsbeendigung im Wege der Aufhebung das Vorliegen eines wichtigen Grundes.

Fehlende Bedeutung des § 14 I S 1 Nr 3 S 3 für eine Aufhebung. Soweit § 14 I S 1 Nr 3 S 3 der Aufhebung des Gewinnabführungsvertrags auf einen Zeitpunkt während des WJ der Organgesellschaft eine Rückwirkung auf den Beginn des WJ beilegt, entbehrt die Vorschrift eines Regelungsgegenstandes, da die Aufhebung auf einen anderen Zeitpunkt als ein (in der Zukunft liegendes) Geschäftsjahresende unzulässig und nichtig ist (vgl Rn 544). 552

Einstweilen frei. 553-555

c) Ordentliche Kündigung durch eine Vertragspartei. Allgemeines. Die ordentliche Kündigung des Gewinnabführungsvertrags ist eine einseitige fristgebundene Vertragsauflösung, die sich nicht auf einen wichtigen Grund stützt. Sie ist weder in § 297 AktG noch anderwärts gesetzlich geregelt. § 297 II S 1 AktG setzt die Möglichkeit einer ordentlichen Kündigung jedoch voraus.[3] 556

Ordentliches Kündigungsrecht. Nach hM ist die ordentliche Kündigung eines Gewinnabführungsvertrags nur dann zulässig, wenn der Vertrag ein Kündigungsrecht vorsieht.[4] Da § 14 I S 1 Nr 3 S 1 zur steuerlichen Anerkennung des Gewinnabführungsvertrags dessen Abschluss auf mindestens fünf Jahre und Durchführung während der gesamten Vertragslaufzeit fordert, darf ein ordentliches Kündigungsrecht frühestens zum Ablauf dieser Mindestvertragsdauer bestehen. 557

Formerfordernis. Die ordentliche Kündigung bedarf nach § 297 III AktG der Schriftform (§ 126 BGB); eine Begründung ist nicht erforderlich.[5] 558

Zuständigkeit und Zustimmung. Die Kündigung fällt in die Zuständigkeit des Vorstands (§ 297 II S 1 AktG). Anders als beim Abschluss oder der Änderung eines Gewinnabführungsvertrags ist die Zustimmung der Hauptversammlung nicht notwendig.[6] 559

---

1 AA *Frotscher* in Frotscher/Maas § 14 Rn 356.
2 Ebenso *Frotscher* in Frotscher/Maas § 14 Rn 347 iVm Rn 341, Rn 356; *Olbing* in Streck § 14 Rn 121; *Walter* in EY § 14 Rn 782; *Sterner* in H/H/R § 14 Rn 212; *Lange*, GmbHR 2011, 806, 807; wohl auch *Erle/Heurung* in Erle/Sauter § 14 Rn 191 f; *Danelsing* in Blümich § 14 Rn 162.
3 *Hüffer*, § 297 AktG, Rn 10.
4 *Altmeppen* in MüKo AktG § 297 AktG Rn 68 mwN. Zu Varianten der vertraglichen Regelung eines Kündigungsrechts vgl *Altmeppen* in MüKo AktG § 297 AktG Rn 52 ff.
5 *Altmeppen* in MüKo AktG § 297 AktG Rn 86 f mwN.
6 Anders bei GmbH, wo Kündigung einer Beschlussfassung durch die Gesellschafterversammlung bedarf, bei welcher auch der herrschende Gesellschafter stimmberechtigt ist; vgl BGH II ZR 109/10, DStR 2011, 1576.

| 560 | **Zustimmung außenstehender Aktionäre.** Nur wenn der Vertrag Ausgleichsleistungen (§ 304 AktG) oder Abfindungsrechte (§ 305 AktG) für außenstehende Aktionäre (vgl Rn 285 ff; 292 f) vorsieht, bedarf die ordentliche Kündigung durch die abhängige Gesellschaft eines zustimmenden Sonderbeschlusses der außenstehenden Aktionäre, für den § 293 I S 2 und 3, § 295 II S 3 AktG sinngemäß anzuwenden sind (§ 297 II AktG). Die ordentliche Kündigung durch den anderen Vertragsteil ist dagegen nicht an einen Sonderbeschluss der außenstehenden Aktionäre gebunden.[1] |

| 561 | **Wirkung und Eintragung.** Die Kündigung bewirkt die Beendigung des Gewinnabführungsvertrags. Die Beendigung des Vertrags ist zwar beim Handelsregister anzumelden (§ 298 AktG), der Eintragung kommt aber nur deklaratorische Wirkung zu.[2] |

| 562 | **Frist und Zeitpunkt.** Nach hM[3] besteht hinsichtlich der Regelung von Frist und Zeitpunkt des ordentlichen Kündigungsrechts Vertragsfreiheit, so dass die ordentliche Kündigung bei entsprechender vertraglicher Vereinbarung auch auf einen Zeitpunkt im Laufe des Geschäftsjahres der Organgesellschaft erfolgen kann. Die gegenteilige Auffassung[4], nach der in analoger Anwendung des § 296 I AktG auch die ordentliche Kündigung nur zum Geschäftsjahresende ausgesprochen werden kann, hat sich nicht durchgesetzt. |

| 563 | **Unterjährige Kündigung und Verlustausgleichs- bzw Gewinnabführungsverpflichtung.** Endet der Unternehmensvertrag vor Ablauf eines Geschäftsjahres, ist das herrschende Unternehmen nach § 302 AktG auch zum Ausgleich der Verluste verpflichtet, die bis zu diesem Stichtag während des Rumpfgeschäftsjahres entstanden sind.[5] Dies gilt nach hM[6] entsprechend für den Fall der Gewinnabführungsverpflichtung. |

| 564 | **Steuerliche Rückwirkung der unterjährigen Kündigung (§ 14 I S 1 Nr 3 S 3).** Nach § 14 I S 1 Nr 3 S 3 wirkt die Kündigung des Gewinnabführungsvertrags auf einen Zeitpunkt während des WJ der Organgesellschaft auf den Beginn dieses WJ zurück. Die genaue Bedeutung der Vorschrift ist mE unklar. Nach der Gesetzesbegründung[7] sollte sie angesichts der zivilrechtlich noch nicht geklärten Rechtsfrage, zu welchem Zeitpunkt die Kündigung ausgesprochen werden kann, der Rechtssicherheit auf steuerlichem Gebiet dienen. Zweifellos führt diese Regelung bei unterjähriger Kündigung immer dazu, dass die Organschaft eher endet als der Gewinnabführungsvertrag.[8] Ein diesbezügliches Sicherungsbedürfnis ist mE jedoch nicht erkennbar: Für den Fall der Anerkennung |

---

1   Altmeppen in MüKo AktG § 297 AktG Rn 5.
2   Hüffer, § 298 AktG, Rn 5; Altmeppen in MüKo AktG § 298 AktG Rn 1 f.
3   BGH II ZR 238/91, NJW 1993, 1976; Altmeppen in MüKo AktG § 297 AktG Rn 79; Hüffer, § 297 AktG, Rn 16; Emmerich in Emmerich/Habersack § 297 AktG Rn 12.
4   ZB Koppensteiner in Kölner Kommentar AktG § 297 AktG Rn 5 mwN; Windbichler, Unternehmensverträge und Zusammenschlußkontrolle, 1977, S 74 f; Autenrieth, DStZ 1989, 199, 200; Autenrieth/Jannott, DStR 1995, 1473, 1475.
5   BGH II ZR 170/87, NJW 1988, 1326.
6   Altmeppen, DB 1999, 2453, 2455; Altmeppen in MüKo AktG § 302 AktG Rn 24; Hengeler/Hoffmann-Becking in FS für Wolfgang Hefermehl: Strukturen und Entwicklungen im Handels-, Gesellschafts- und Wirtschaftsrecht, 1976, S 283, 289; Koppensteiner in Kölner Kommentar AktG § 302 AktG Rn 35; Müller in FS für Reinhard Goerdeler: Bilanz und Konzernrecht, 1987, S 375, 391 ff; Jurkat, Die Organschaft im Körperschaftsteuerrecht, 1975, § 14 Rn 563; Frotscher in Frotscher/Maas § 14 Rn 357; Philippi in Festschrift, BB 2003, 1685, 1691; Gelhausen/Heinz, NZG 2005, 775, 778; Haun/Reiser, BB 2002, 2257, 2261; Walter in EY § 14 Rn 755.
7   BTDrs 12/1108, 67.
8   Danelsing in Blümich § 14 Rn 163.

V. Sachliche Voraussetzungen der Organschaft

der unterjährigen Kündigung hätte die Organschaft für dieses Jahr bereits am Erfordernis der Abführung des ganzen Gewinns scheitern müssen; bei Anerkennung einer Kündigung nur zum Geschäftsjahresende hätte ein Grund für die Versagung der Organschaft für dieses WJ schon nicht bestanden.[1] Ohne Zweifel vermag die Vorschrift das zivilrechtliche Fortbestehen der Verlustübernahme- bzw Gewinnabführungsverpflichtung bis zum Beendigungszeitpunkt (vgl Rn 563) nicht zu beseitigen. Ob § 14 I S 1 Nr 3 S 3 entnommen werden könnte, dass aus steuerlicher Sicht eine derartige Verpflichtung in der Weise nicht besteht, dass es für die Durchführung des Gewinnabführungsvertrags während seiner gesamten Geltungsdauer (§ 14 I S 1 Nr 3 S 1) auf den tatsächlichen Vollzug der Verlustübernahme-/Gewinnabführungsverpflichtung für das gedachte Rumpf-WJ nicht mehr ankäme, ist mE zweifelhaft. Daher sollte der Gewinnabführungsvertrag tatsächlich bis zum unterjährigen Beendigungszeitpunkt durchgeführt werden, um – zumindest bei Verträgen, deren Mindestlaufzeit noch nicht erfüllt ist – die Organschaft in den Vorjahren nicht zu gefährden.

Einstweilen frei. 565-568

d) Außerordentliche Kündigung durch eine Vertragspartei (§ 297 I AktG). 569
Grundsatz. Nach § 297 I AktG kann der Gewinnabführungsvertrag fristlos gekündigt werden, wenn dafür ein wichtiger Grund vorliegt.

Bestehen eines Kündigungsrechts. Entsprechend dem für Dauerrechtsverhältnisse generell geltenden Prinzip können Unternehmensverträge damit eine Kündigung aus wichtigem Grund nicht ausschließen.[2] Das Kündigungsrecht besteht unabhängig davon, ob der Gewinnabführungsvertrag befristet oder unbefristet geschlossen wurde und steht grundsätzlich beiden Vertragsteilen zu.[3] 570

Ausübung des außerordentlichen Kündigungsrechts. Die konkrete Ausübung des Kündigungsrechts steht jedoch nur dem vom wichtigen Grund betroffenen Vertragsteil zu. Die Kündigung erfolgt durch einseitige empfangsbedürftige (§ 130 BGB) Willenserklärung und hat die Beendigung des Gewinnabführungsvertrags ex nunc zur Folge.[4] 571

Form und Inhalt der Kündigung. Die außerordentliche Kündigung bedarf nach § 297 III AktG der Schriftform (§ 126 BGB). Strittig ist, ob der wichtige Grund in der Kündigung anzugeben ist.[5] Zur Vermeidung von Zweifeln an der Rechtfertigung der außerordentlichen Kündigung wie auch – bei Beendigung des Vertrags vor Ablauf der fünfjährigen Mindestlaufzeit – am Vorliegen eines nach § 14 I S 1 Nr 3 S 2 erforderlichen wichtigen Grundes (vgl Rn 579) ist dies jedoch zu empfehlen. 572

---

1 Für den Fall, dass eine unterjährig ausgesprochene Kündigung im Zusammenhang mit einer unterjährigen Veräußerung der Beteiligung gestanden hat und die Wirksamkeit der Kündigung erst zum Geschäftsjahresende anzuerkennen gewesen wäre, wäre die Versagung der Organschaft für das betreffende Jahr schon durch das Erfordernis der finanziellen Eingliederung während des gesamten WJ sichergestellt gewesen.
2 BTDrs IV/171, wiedergegeben in *Kropff*, AktG, 1965, 386 (zu § 297 AktG bzw § 286 RegE).
3 *Altmeppen* in MüKo AktG § 297 AktG Rn 15 f.
4 *Hüffer*, § 297 AktG, Rn 3.
5 Bejahend *Koppensteiner* in Kölner Kommentar AktG § 297 AktG Rn 24; *Altmeppen* in MüKo AktG § 297 AktG Rn 87 f. Verneinend *Emmerich* in Emmerich/Habersack § 297 AktG Rn 25; *Veil* in Spindler/Stilz § 297 AktG Rn 30; *Langenbucher* in K Schmidt/Lutter § 297 AktG Rn 25; *Krieger* in Münchener Handbuch des Gesellschaftsrechts AG § 70 Rn 198.

573 **Zuständigkeit und Zustimmung.** Die außerordentliche Kündigung fällt in die Zuständigkeit des Vorstands. Anders als beim Abschluss oder der Änderung eines Gewinnabführungsvertrags ist die Zustimmung der Hauptversammlung nicht notwendig.[1]

574 **Keine Zustimmung durch außenstehende Aktionäre.** Mangels Anwendbarkeit von § 297 II AktG – und damit im Gegensatz zur ordentlichen Kündigung – bedarf die außerordentliche Kündigung durch die abhängige Gesellschaft auch dann, wenn der Vertrag Ausgleichsleistungen (§ 304 AktG) oder Abfindungsrechte (§ 305 AktG) für außenstehende Aktionäre (vgl Rn 285 ff, Rn 292 f) vorsieht, keines zustimmenden Sonderbeschlusses der außenstehenden Aktionäre.

575 **Wichtiger Kündigungsgrund: Voraussichtliche Leistungsunfähigkeit.** Ein wichtiger Grund liegt nach § 297 I S 2 AktG vor, wenn der andere Vertragsteil voraussichtlich nicht in der Lage sein wird, seine aufgrund des Vertrags bestehenden Verpflichtungen zu erfüllen. Unter Heranziehung der von der Rechtsprechung entwickelten und mittlerweile in § 314 I S 2 BGB auch gesetzlich niedergelegten Grundsätze kann aus wichtigem Grund nur dann gekündigt werden, wenn ernsthafte Schwierigkeiten entstanden sind, die nicht behebbar sind oder jedenfalls nicht durch zumutbare Maßnahmen behoben werden können und die für den kündigenden Vertragsteil so schwerwiegend sind, dass ihm die Fortsetzung des Vertrags nicht zugemutet werden kann.[2] Gesellschaftsrechtlich wird ein wichtiger Grund auf der Grundlage des § 297 I S 2 AktG in der erwarteten Nichterfüllbarkeit der Verpflichtungen eines herrschenden Unternehmens gegenüber der abhängigen Gesellschaft (§ 302 AktG), gegenüber den Gläubigern (§ 303 AktG) und gegenüber den außenstehenden Aktionären (§§ 304, 305 AktG) gesehen. Die nach einer vernünftigen Prognose erwartete Leistungsstörung muss jedoch von einer unzumutbaren Dauer sein; kurzfristige Leistungsstockungen reichen nicht aus.[3] Unter diesen Voraussetzungen steht das Kündigungsrecht beiden Vertragsparteien zu.[4]

576 **Wichtiger Kündigungsgrund: Fortgesetzte schwere Vertragsverletzung.** Weitere Beispiele für einen wichtigen Grund sind die fortgesetzte schwere Vertragsverletzung des anderen Teils und insbesondere des herrschenden Unternehmens trotz Abmahnung (§ 314 II BGB) sowie die ernsthafte und endgültige Verweigerung der Erfüllung wesentlicher vertraglicher Pflichten.[5]

577 **Wichtiger Kündigungsgrund: Auflösung oder Umstrukturierung.** Ein wichtiger Grund kann ferner in der Auflösung des anderen Vertragsteils liegen, sofern sie nicht bereits die automatische Beendigung des Vertrags nach sich zieht (vgl Rn 593 ff),

---

1 *Altmeppen* in MüKo AktG § 297 AktG Rn 5. Anders bei GmbH (vgl § 17 Rn 56).
2 *Altmeppen* in MüKo AktG § 297 AktG Rn 18.
3 *Hüffer*, § 297 AktG, Rn 4; *Altmeppen* in MüKo AktG § 297 AktG Rn 21.
4 *Hüffer*, § 297 AktG, Rn 5 mwN; *Koppensteiner* in Kölner Kommentar AktG § 297 AktG Rn 18; *Krieger* in Münchener Handbuch des Gesellschaftsrechts AG § 70 Rn 195; *Emmerich* in Emmerich/Habersack § 297 AktG Rn 2; kritisch *Altmeppen* in MüKo AktG § 297 AktG Rn 35; *Langenbucher* in K Schmidt/Lutter § 297 AktG Rn 5.
5 *Hüffer*, § 297 AktG, Rn 6; *Emmerich* in Emmerich/Habersack § 297 AktG Rn 23; *Koppensteiner* in Kölner Kommentar AktG § 297 AktG Rn 18; *Veil* in Spindler/Stilz § 297 AktG Rn 13; *Langenbucher* in K Schmidt/Lutter § 297 AktG Rn 7; *Altmeppen* in MüKo AktG § 297 AktG Rn 22.

V. Sachliche Voraussetzungen der Organschaft

sowie in Verfügungen der Kartellbehörden, mit denen der mit dem Abschluss eines Unternehmensvertrags verbundene Unternehmenszusammenschluss untersagt oder seine Auflösung angeordnet wird.[1] Schließlich können im Einzelfall auch Umstrukturierungen des herrschenden Unternehmens (vgl Rn 508 ff), nicht jedoch bloße Veränderungen in seinem Gesellschafterkreis, einen wichtigen Grund zur Vertragsbeendigung darstellen.[2] Entsprechendes muss im Einzelfall für Umstrukturierungsvorgänge beim abhängigen Unternehmen gelten, sofern der Gewinnabführungsvertrag im Zuge der Umstrukturierung nicht ohnehin untergeht (vgl Rn 522 ff).

Vertraglich vereinbarte wichtige Kündigungsgründe. Die Parteien können im Vertrag weitere Tatsachen, die für sich keinen wichtigen Grund darstellen und die herbeizuführen die Parteien jederzeit in der Lage sind, als wichtigen Grund für eine außerordentliche Kündigung vereinbaren. In diesem Fall bedarf die Wirksamkeit der Kündigung in entsprechender Anwendung von § 297 II AktG eines zustimmenden Sonderbeschlusses der außenstehenden Aktionäre der abhängigen Gesellschaft, wenn deren Vorstand die Kündigung ausspricht.[3] Hiervon wird in der Praxis regelmäßig für den Fall der Veräußerung der Beteiligung an dem abhängigen Unternehmen Gebrauch gemacht. Während ein außerordentliches Kündigungsrecht des abhängigen Unternehmens im Einzelfall in Betracht kommen kann[4], stellt die Veräußerung der Beteiligung nach hM keinen wichtigen Grund zur außerordentlichen Kündigung des Vertrags durch das herrschende Unternehmen dar.[5] Dem wird durch vertragliche Vereinbarung abgeholfen.

578

Verwaltungsseitig anerkannte außerordentliche Kündigungsgründe. Die Finanzverwaltung erkennt als eine vorzeitige Beendigung des Gewinnabführungsvertrags rechtfertigende wichtige Gründe (§ 14 I S 1 Nr 3 S 2) nach R 60 VI S 2 KStR insbesondere die Veräußerung oder Einbringung der Organbeteiligung durch den Organträger, die Liquidation einer der Vertragsparteien, die Verschmelzung oder Spaltung des Organträgers[6] sowie die Verschmelzung oder Spaltung der Organgesellschaft[7] an; darüber hinaus den Formwechsel der Organgesellschaft in eine Personengesellschaft[8], nicht mehr aber einen entsprechenden Formwechsel des Organträgers[9] (vgl zum Gewinnabführungsvertrag in Umwandlungsfällen weiterführend Rn 508 ff). Mit Ausnahme der genannten umwandlungsrechtlichen Maßnahmen und der Liquidation

579

---

1 Hüffer, § 297 AktG, Rn 6; Emmerich in Emmerich/Habersack § 297 AktG Rn 23; Veil in Spindler/Stilz § 297 AktG Rn 57; Koppensteiner in Kölner Kommentar AktG § 297 AktG Rn 49; Altmeppen in MüKo AktG § 297 AktG Rn 45.
2 Emmerich in Emmerich/Habersack § 297 AktG Rn 23 f mwN.
3 BGH II ZR 238/91, NJW 1993, 1976; OLG Frankfurt am Main 23 W 13/08, AG 2008, 926; Altmeppen in MüKo AktG § 297 AktG Rn 48 f mwN; aA Koppensteiner in Kölner Kommentar AktG § 297 AktG Rn 20.
4 Altmeppen in MüKo AktG § 297 AktG Rn 30 mwN.
5 OLG Düsseldorf 3 Wx 178/94, GmbHR 1994, 805; OLG Oldenburg 1 U 75/99, NZG 2000, 1138; LG Duisburg 16 T 2/93, AG 1994, 379; LG Dortmund 10 AktE 1/87, DB 1993, 1916; LG Frankenthal AG 1989, 253, 254 f; Emmerich in Emmerich/Habersack § 297 AktG Rn 24 mwN. AA LG Bochum 12 O 67/86, GmbHR 1987, 24.
6 Ebenso BMF v 25.3.1998, BStBl I 1998, 268, Tz Org.11; BMF v 11.11.2011, BStBl I 2011, 1314, Rn Org.12.
7 Ebenso BMF v 25.3.1998, BStBl I 1998, 268; BMF v 11.11.2011, BStBl I 2011, 1314, Rn Org.26.
8 BMF v 25.3.1998, BStBl I 1998, 268, Tz Org.20; BMF v 11.11.2011, BStBl I 2011, 1314, Rn Org.26.
9 BMF v 11.11.2011, BStBl I 2011, 1314, Rn Org.12; bereits nicht mehr enthalten in R 60 VI S 2 KStR 2004; anders noch BMF v 25.3.1998, BStBl I 1998, 268, Tz Org.11.

der Organgesellschaft steht die Anerkennung eines wichtigen Grundes jedoch unter dem Vorbehalt, dass die Beendigung innerhalb der fünfjährigen Mindestlaufzeit nicht schon im Zeitpunkt des Vertragsabschlusses feststand (R 60 VI S 3-4 KStR). Vereinzelt erkennt die Finanzverwaltung auch Gesetzesänderungen als wichtigen Grund an, welche die Fortführung einer Organschaft unmöglich machen oder nur unter sehr veränderten Zeichen erlauben. Beispiele hierfür sind die Abschaffung der Mehrmütterorganschaft[1] (Rn 139 ff) oder die Verschärfung der Anforderungen an eine Organträger-Personengesellschaft[2] (Rn 122 ff) durch das StVergAbG. Da zweifelhaft ist, ob die bloße Änderung steuerlicher Rahmenbedingungen gesellschaftsrechtlich einen wichtigen Grund zur außerordentlichen Kündigung darstellt[3], wird man eine derart motivierte Vertragsbeendigung innerhalb der Mindestvertragsdauer nur im Wege der einvernehmlichen Aufhebung (vgl Rn 543 ff) erreichen können (vgl Rn 581).

580 **Unterjährige Kündigung.** Die außerordentliche Kündigung aus wichtigem Grund erfolgt idR unterjährig. Zur unterjährigen Beendigung des Gewinnabführungsvertrags und seiner Abwicklung vgl Rn 563 f.

581 **Einvernehmliche Aufhebung als Alternative.** Besteht Einigkeit zwischen den Vertragsparteien hinsichtlich des Beendigungswillens, jedoch Unsicherheit darüber, ob gesellschaftsrechtlich ein wichtiger Grund vorliegt oder ein nicht wichtiger Grund durch hinreichende vertragliche Vereinbarung zu einem wichtigen Grund gemacht wurde, kann die einvernehmliche Aufhebung des Vertrags (§ 296 AktG; vgl Rn 543 ff) eine vorzugswürdige – da gesellschaftsrechtlich begründungsfreie – Beendigungsalternative darstellen. Innerhalb der fünfjährigen Mindestlaufzeit ist das Vorliegen eines wichtigen Grundes für steuerliche Zwecke allerdings auch bei der Aufhebung zu beachten (vgl Rn 551). Soll der Vertrag vor Ablauf des regulären Geschäftsjahres der abhängigen Gesellschaft beendet werden, ist durch Umstellung des Geschäftsjahres ein auf den Beendigungszeitpunkt endendes Rumpfgeschäftsjahr zu bilden. Dieses ist allerdings mit Blick auf die finanzielle Eingliederung des abhängigen Unternehmens ohnehin erforderlich, wenn die Organschaft bis zum Beendigungszeitpunkt bestehen soll (vgl exemplarisch für den Fall der Veräußerung der Organbeteiligung Rn 189 ff).

582-585 *Einstweilen frei.*

586 **e) Eintritt eines außenstehenden Aktionärs (§ 307 AktG). Beendigung des Gewinnabführungsvertrags.** Verfügt die abhängige AG, SE oder KGaA über außenstehende Aktionäre (zu der Qualifikation als außenstehender Aktionär vgl Rn 287), muss der Gewinnabführungsvertrag einen angemessenen Ausgleich (§ 304 AktG) für diese vorsehen; anderenfalls ist er nichtig (vgl Rn 285 ff). § 307 AktG stellt die Wahrung dieses Grundsatzes für den Fall sicher, dass auf die Vereinbarung des Ausgleichs wegen Fehlens außenstehender Aktionäre bei Vertragsschluss verzichtet werden konnte: Hat die Gesellschaft im Zeitpunkt der Beschlussfassung ihrer Hauptversammlung über einen Beherrschungs- oder Gewinnabführungsvertrag keinen

---

1   BMF v 10.11.2005, BStBl I 2005, 1038, Rn 6.
2   BMF v 10.11.2005, BStBl I 2005, 1038, Rn 24.
3   *Emmerich* in Emmerich/Habersack § 293 AktG Rn 20; *Langenbucher* in K Schmidt/Lutter § 297 AktG Rn 15.

V. Sachliche Voraussetzungen der Organschaft

außenstehenden Aktionär, so endet der Vertrag spätestens zum Ende des Geschäftsjahrs, in dem ein außenstehender Aktionär beteiligt ist (§ 307 AktG). Die Beendigung tritt auch dann ein, wenn der Unternehmensvertrag Regelungen über einen angemessenen Ausgleich und eine angemessene Abfindung für außenstehende Aktionäre „auf Vorrat" enthalten sollte.[1] Die Regelung ist zwingend und kann vertraglich nicht abbedungen werden (§ 134 BGB).[2] Trotz des insoweit missverständlichen Wortlauts der Vorschrift tritt die Beendigung nach hM stets zum Ende des laufenden Geschäftsjahres ein; das Wort „spätestens" indiziert lediglich, dass der Vertrag schon vor diesem Zeitpunkt aus anderen Gründen enden kann.[3] Zum Hinzutreten eines außenstehenden Aktionärs kann es auf unterschiedliche Weise kommen. Neben der erstmaligen Beteiligung des Außenstehenden durch Erwerb von Aktien von dem herrschenden Unternehmen, der Teilnahme an einer Kapitalerhöhung oder der Beteiligung an einer Umwandlung auf oder Einbringung in das abhängige Unternehmen, kommt auch das Hineinwachsen eines bislang schon Beteiligten in die Position eines außenstehenden Aktionärs in Betracht, etwa weil ein bislang zwischen ihm und dem herrschenden Unternehmen bestehender Gewinnabführungsvertrag beendet wird.[4]

Wichtiger Grund für vorzeitige Beendigung. Wegen der gesetzlichen Anordnung der Beendigung des Gewinnabführungsvertrags muss es sich bei dem Tatbestand des § 307 AktG auch um einen wichtigen Grund für eine vorzeitige Beendigung des Gewinnabführungsvertrags iSd § 14 I S 1 Nr 3 S 2 handeln.[5] 587

Einstweilen frei. 588-589

f) **Umwandlung der Vertragsparteien.** Vgl zum Schicksal des Gewinnabführungsvertrags iR 590

- der Verschmelzung oder Spaltung des herrschenden Unternehmens Rn 508-512,
- des Formwechsels des herrschenden Unternehmens Rn 513,
- der Verschmelzung oder Spaltung des abhängigen Unternehmens Rn 522-528,
- des Formwechsels des abhängigen Unternehmens Rn 529.

Einstweilen frei. 591-592

g) **Auflösung der Vertragsparteien. Wesen der Auflösung.** Mit der Auflösung der Gesellschaft aus den Gründen des § 262 I AktG – mit Ausnahme der Eröffnung des Insolvenzverfahrens – wandelt sich ihr Zweck (§ 264 I AktG) von einer werbenden Gesellschaft in eine durch Abwickler geleitete Abwicklungsgesellschaft, deren Aufgabe in erster Linie in der Versilberung des Vermögens und der Tilgung der Schulden besteht.[6] 593

---

1 *Hüffer*, § 307 AktG, Rn 1; *Paulsen* in MüKo AktG § 307 AktG Rn 2; *Emmerich* in Emmerich/Habersack § 307 AktG Rn 2; *Krieger* in Münchener Handbuch des Gesellschaftsrechts AG § 70 Rn 199.
2 *Hüffer*, § 307 AktG, Rn 1; *Koppensteiner* in Kölner Kommentar AktG § 307 AktG Rn 1; *Paulsen* in MüKo AktG § 307 AktG Rn 2.
3 *Hüffer*, § 307 AktG, Rn 3; *Emmerich* in Emmerich/Habersack § 307 AktG Rn 8; *Paulsen* in MüKo AktG § 307 AktG Rn 10; *Krieger* in Münchener Handbuch des Gesellschaftsrechts AG § 70 Rn 199.
4 *Emmerich* in Emmerich/Habersack § 307 AktG Rn 6.
5 Ebenso *Frotscher* in Frotscher/Maas § 14 Rn 349.
6 *Emmerich* in Emmerich/Habersack § 297 AktG Rn 50.

594 **Auflösung des herrschenden Unternehmens; Insolvenz.** Handelsrechtlich ist strittig, ob allein die Auflösung zur Beendigung des Gewinnabführungsvertrags führt. Unter Geltung der Konkursordnung ging die hM im Fall eines Beherrschungs- und Gewinnabführungsvertrags wegen Unvereinbarkeit der dem herrschenden Unternehmen obliegenden Konzernleitung mit der Situation einer Gesellschaft im Abwicklungsstadium von der automatischen Beendigung des Vertrags bei Konkurseröffnung über das Vermögen des herrschenden Unternehmens aus;[1] teilweise sollte bei Vorliegen eines isolierten Gewinnabführungsvertrags etwas anderes gelten. Die Gegenmeinung ging grundsätzlich von einem Fortbestand des Unternehmensvertrags[2] mit Möglichkeit der Kündigung aus wichtigem Grund aus.[3] Im Geltungsbereich der Insolvenzordnung wird die bis dahin geltende hM von einer verbreiteten Meinung als überholt betrachtet, da die Insolvenzordnung nicht auf die Zerschlagung, sondern auf die Sanierung des Unternehmens ausgerichtet sei und bis zum Scheitern eines Sanierungsversuchs bzw zur Entscheidung über die Liquidation die Möglichkeit bestehen müsse, den Unternehmensvertrag bei Bestehen eines außerordentlichen Kündigungsrechts fortzusetzen; die Wirkungen des Vertrags seien jedoch während des Insolvenzverfahrens suspendiert.[4] Die Gegenmeinung begründet ihr Festhalten an der automatischen Beendigung des Unternehmensvertrags vor allem mit dem Argument, der Fusionstatbestand iSd § 291 AktG könne und dürfe nicht mehr praktiziert werden, wenn erkennbar werde, dass das herrschende Unternehmen seine mit dem Vertrag gegebene Garantie nicht erfüllen kann, für die wirtschaftliche Existenz der abhängigen Gesellschaft und die Befriedigung ihrer Gläubiger oder etwa noch vorhandener außenstehender Aktionäre einzustehen (§§ 302-304 AktG).[5] Die Rechtslage ist unklar. Zu berücksichtigen ist auch, dass die BGH-Rechtsprechung zu Beherrschungsverträgen ergangen ist, so dass mE einiges dafür spricht, zumindest bei isolierten Gewinnabführungsverträgen unter Geltung der Insolvenzordnung nicht bereits aufgrund der bloßen Eröffnung des Insolvenzverfahrens von einer Beendigung des Vertrags auszugehen.[6] Eine Fortführung der Organschaft müsste dann ebenfalls möglich sein, da es auf die Möglichkeit der Durchsetzung des Willens des Organträgers bei der Organgesellschaft und mithin auf eine Leitung durch den Organträger seit Abschaffung der organisatorischen Eingliederung nicht mehr ankommt und die

---

1 BGH II ZR 170/87, NJW 1988, 1326 sowie weitere Nachweise bei *Altmeppen* in MüKo AktG § 297 AktG Rn 103 (Fn 178).
2 So grundsätzlich auch BFH I 262/63, BStBl II 1968, 105.
3 Zum Meinungsstand und Nachweisen *Altmeppen* in MüKo AktG § 297 AktG Rn 103 f.
4 *Hirte* in Uhlenbruck, 12. Aufl, § 11 InsO Rn 398; *Noack*, Gesellschaftsrecht, Sonderbd 1 zu Kübler/Prütting, Kommentar zur InsO, 1999, Rn 720 ff, 723 ff; *Koppensteiner* in Kölner Kommentar AktG § 297 AktG Rn 48; *Zeidler*, NZG 1999, 692, 696 f; *Trendelenburg*, NJW 2002, 647; *Philippi/Neveling*, BB 2003, 1685, 1689 f mwN; *Müller*, ZIP 2008, 1701, 1702; *Dötsch* in D/J/P/W § 14 Rn 251.
5 *Altmeppen* in MüKo AktG § 297 AktG Rn 106 ff; *Krieger* in Münchener Handbuch des Gesellschaftsrechts AG § 70 Rn 201; *Emmerich* in Emmerich/Habersack § 297 AktG Rn 52b mwN (einschränkend für den Fall der Eigenverwaltung (§§ 270 ff InsO), während derer eine Suspendierung des Unternehmensvertrags die angemessene Lösung sei, wenn in absehbarer Zeit mit einer Sanierung der abhängigen Gesellschaft zu rechnen sei); *Hüffer*, § 297 AktG, Rn 22a (mit gleicher Einschränkung wie Emmerich); ohne weitere Begründung *Frotscher* in Frotscher/Maas § 14 Rn 337.
6 So *Neumann* in Gosch § 14 Rn 296.

finanzielle Eingliederung von der Insolvenz des Organträgers nicht berührt wird.[1] Rechtssicherheit über eine gewollte Beendigung des Gewinnabführungsvertrags wird bis zu einer Klärung der gesellschaftsrechtlichen Lage nur durch aktive Beendigung des Vertrags aus wichtigem Grund zu erlangen sein, die nach allen Auffassungen möglich sein dürfte.

Insolvenz der Organgesellschaft. Die Insolvenz allein des abhängigen Unternehmens kommt wegen der Verlustübernahmeverpflichtung nach § 302 AktG nicht in Betracht. Die Insolvenz der abhängigen Gesellschaft kann jedoch Folge der Insolvenz des herrschenden Unternehmens sein. Der Verlustausgleichsanspruch ist regelmäßig bereits dadurch entwertet, dass ihn die abhängige Gesellschaft nur noch als Insolvenzforderung geltend machen kann.[2] Wird dann gegenüber der abhängigen Gesellschaft das Insolvenzverfahren eröffnet, gelten die Ausführungen unter Rn 594 entsprechend. 595

Auflösungsbeschluss des herrschenden Unternehmens. In Bezug auf den bloßen Auflösungsbeschluss des herrschenden Unternehmens wird der Auffassung, nach der (auch) in diesem Fall der Unternehmensvertrag automatisch endet[3], mE zutreffend entgegengehalten, dass dem schon die Verlustübernahmeverpflichtung des § 302 AktG entgegensteht, derer sich die Gesellschafter nicht durch eine willkürliche Entscheidung zur Auflösung des herrschenden Unternehmens entziehen können dürfen. Der Auflösungsbeschluss rechtfertige allerdings ein außerordentliches Kündigungsrecht.[4] Teilweise wird ein solches für das herrschende Unternehmen aber abgelehnt.[5] 596

Auflösungsbeschluss der abhängigen Gesellschaft. Der Beschluss über die Auflösung der abhängigen Gesellschaft muss nach der hM aufgrund der Unvereinbarkeit von Unternehmensverträgen mit dem Zweck der Liquidationsbestimmungen zur automatischen Beendigung des Vertrags führen, während es nach der Gegenauffassung lediglich zu einem Ruhen des Vertrags kommt, da die Auflösungsentscheidung nicht unumkehrbar und eine Fortsetzung des Erwerbszwecks damit möglich ist.[6] In einer Entscheidung zur Rechtslage vor gesetzlicher Kodifizierung der körperschaftsteuerlichen Organschaft ging der BFH vom Fortbestand des Gewinnabführungsvertrags über die Auflösung hinaus mit Suspendierung der vertraglichen Pflichten aus (vgl weiter Rn 423).[7] 597

---

1 *Neumann* in Gosch § 14 Rn 297; aA *Dötsch* in D/J/P/W § 14 Rn 253, der zwar den Fortbestand der finanziellen Eingliederung bejaht, aber darüber hinaus darauf abstellt, ob der Organträger unter Berücksichtigung des Übergangs der Verwaltungs- und Verfügungsbefugnis auf den Insolvenzverwalter weiterhin auch seinen Willen in der Organgesellschaft durchsetzen kann.
2 *Altmeppen* in MüKo AktG § 297 AktG Rn 117 ff; *Zöllner* in Baumbach/Hueck, GmbHG, Schlussanhang Rn 73; *Philippi/Neveling*, BB 2003, 1685, 1689 (Fn 2 mwN).
3 *Geßler* in G/H/E/K § 297 Rn 46 f; *Hüffer*, § 297 AktG, Rn 22; *Krieger* in Münchener Handbuch des Gesellschaftsrechts AG § 70 Rn 201.
4 *Emmerich* in Emmerich/Habersack § 293 AktG Rn 51; *Koppensteiner* in Kölner Kommentar AktG § 297 AktG Rn 45 f; *Veil* in Spindler/Stilz § 297 AktG Rn 40; *Altmeppen* in MüKo AktG § 297 AktG Rn 113. Im Ergebnis auch *Neumann* in Gosch § 14 Rn 298.
5 *Altmeppen* in MüKo AktG § 297 AktG Rn 113; *Koppensteiner* in Kölner Kommentar AktG § 297 AktG Rn 45 f.
6 *Altmeppen* in MüKo AktG § 297 AktG Rn 121 f mwN.
7 BFH I 262/63, BStBl II 1968, 105.

598 **Auflösungsbeschluss als wichtiger Grund für eine außerordentliche Kündigung.** Die Finanzverwaltung erkennt die Liquidation des Organträgers wie auch der Organgesellschaft als wichtigen Grund für die vorzeitige Beendigung des Gewinnabführungsvertrags an (R 60 VI S 2 KStR).

599-601 *Einstweilen frei.*

602 **h) Sonstige Beendigungsgründe. Zeitablauf.** Das Ende des Vertrags kann bereits in diesem selbst festgelegt sein, entweder durch eine zeitliche Befristung seiner Laufzeit oder durch Vereinbarung einer auflösenden Bedingung. Der steuerlichen Anerkennung des Gewinnabführungsvertrags steht dies nicht entgegen, sofern die vereinbarte Laufzeit die steuerlich geforderte Mindestvertragsdauer (§ 14 I S 1 Nr 3 S 1) nicht unterschreitet bzw der Eintritt der auflösenden Bedingung außerhalb des Machtbereichs der Vertragsparteien liegt.[1]

603 **Entfall der Unternehmenseigenschaft.** Erfüllt der andere Vertragsteil nicht mehr die Anforderungen an ein Unternehmen iSd § 291 I AktG (vgl Rn 258), findet nach der hM der Unternehmensvertrag als solcher kraft Gesetzes sein Ende.[2]

604 **Rücktritt vom Gewinnabführungsvertrag.** Der Rücktritt von einem Gewinnabführungsvertrag ist zwar gesetzlich nicht ausgeschlossen. Da der Rücktritt auf den Zeitpunkt des Vertragsabschlusses zurückwirkt und zu einer Rückabwicklung des Schuldverhältnisses nötigen würde, sind, nachdem der Vertrag einmal in Vollzug gesetzt wurde, nach der hM gesetzliche Rücktrittsrechte in ein Recht zur außerordentlichen Kündigung umzudeuten. Vertraglich vereinbarte Rücktrittsrechte sind hingegen idR in ein ordentliches Kündigungsrecht umzudeuten, wobei strittig ist, ob dessen Ausübung dann der Zustimmung der außenstehenden Aktionäre (§ 297 II AktG) bedarf.[3] Je nach der im Einzelfall getroffenen zivilrechtlichen Einordnung des Rücktrittsrechts als außerordentliches oder ordentliches Kündigungsrecht sind die dafür geltenden steuerlichen Grundsätze (vgl Rn 569 ff bzw Rn 556 ff) zu berücksichtigen. So dürfte die Vereinbarung eines innerhalb der Fünfjahresfrist des § 14 I S 1 Nr 3 S 1 ausübbaren Rücktrittsrechts, das als ordentliches Kündigungsrecht einzustufen ist, der steuerlichen Anerkennung des Gewinnabführungsvertrags bzw die tatsächliche Ausübung eines solchen Rücktritts innerhalb der genannten Frist der Durchführung des Gewinnabführungsvertrags entgegenstehen.[4]

605 **Anfechtung eines Gewinnabführungsvertrags.** Wird ein Gewinnabführungsvertrag infolge erfolgreicher Anfechtung für nichtig erklärt, ist er für steuerliche Zwecke von Anfang an nicht anzuerkennen. Dies auch dann, wenn die Nichtigerklärung unter Anwendung der Grundsätze zur fehlerhaften Gesellschaft ex nunc wirkt (vgl Rn 264 und Rn 271).

---

1 *Neumann* in Gosch § 14 Rn 270 f.
2 *Emmerich* in Emmerich/Habersack § 297 AktG Rn 53; *Hüffer*, § 297 AktG, Rn 22; *Koppensteiner* in Kölner Kommentar AktG § 297 AktG Rn 50; *Veil* in Spindler/Stilz § 297 AktG Rn 55; *Altmeppen* in MüKo AktG § 297 AktG Rn 146.
3 *Altmeppen* in MüKo AktG § 297 AktG Rn 92, 95 ff mwN.
4 Ebenso *Neumann* in Gosch § 14 Rn 273, allerdings nur für die tatsächliche Ausübung.

VI. Rechtsfolgen der Organschaft

Eingliederung der verpflichteten Gesellschaft in das herrschende Unternehmen. 606
Wird die unter einem Gewinnabführungsvertrag verpflichtete Gesellschaft in das herrschende Unternehmen iSd § 319 ff AktG eingegliedert, lässt dies einen bestehenden Gewinnabführungsvertrag unberührt (§ 324 II S 1 AktG). Ein Beherrschungsvertrag endet dagegen zwangsläufig, weil die Eingliederung alle Elemente des Beherrschungsvertrags umfasst und in ihren Wirkungen darüber hinausgeht.[1]

Einstweilen frei. 607-610

VI. Rechtsfolgen der Organschaft. 1. Einkommenszurechnung. a) Grundkonzeption. 611
Sind die Organschaftsvoraussetzungen (§ 14 I S 1 Nr 1-4, S 2) erfüllt, ist das Einkommen der Organgesellschaft nach § 14 I S 1 dem Organträger zuzurechnen, soweit dieses nicht infolge an außenstehende Aktionäre geleisteter Ausgleichszahlungen bei ihr selbst der Besteuerung unterliegt (§ 16).

Zwingende Einkommenszurechnung. Die Einkommenszurechnung ist zwingend; 612
weder ist ein diesbezüglicher Antrag erforderlich, noch kann auf die Einkommenszurechnung verzichtet werden.[2]

Einkommen eines VZ. Der Zurechnung unterliegt das in einem VZ erzielte Einkommen der Organgesellschaft. Enden in einem VZ zwei WJ der Organgesellschaft, 613
von denen nur in einem die Organschaftsvoraussetzungen erfüllt sind (Begründung oder Beendigung der Organschaft), unterliegt auch nur das in diesem WJ erzielte Einkommen der Zurechnung nach § 14 I S 1.[3]

Einkommensermittlung bei der Organgesellschaft. Das zuzurechnende Einkommen der Organgesellschaft ist nach den allgemeinen Grundsätzen, allerdings 614
unter Berücksichtigung der besonderen Vorschriften über die Einkommensermittlung in § 15 und – im Falle geleisteter Ausgleichszahlungen – von § 16 zu ermitteln.

Einkommensermittlung beim Organträger. Auf Ebene des Organträgers erfolgt 615
eine Zusammenrechnung seines Einkommens mit dem von der Organgesellschaft zugerechneten Einkommen, wobei positive und negative Einkommen ausgeglichen werden.[4] Zur Vermeidung einer doppelten Besteuerung des Einkommens der Organgesellschaft sind die aufgrund des Gewinnabführungsvertrags an den Organträger abgeführten Beträge bzw von diesem übernommenen Verluste bei diesem außerhalb der Bilanz einkommensmindernd bzw -erhöhend zu berücksichtigen.[5]

---

1 *Emmerich* in Emmerich/Habersack § 297 AktG Rn 34; *Koppensteiner* in Kölner Kommentar AktG § 297 AktG Rn 40 f; *Veil* in Spindler/Stilz § 297 Rn 50; *Altmeppen* in MüKo AktG § 297 AktG Rn 141 mwN.
2 *Danelsing* in Blümich § 14 Rn 208.
3 *Kolbe* in H/H/R § 14 Rn 85; *Frotscher* in Frotscher/Maas § 14 Rn 656.
4 BFH I R 167/86, BStBl II 1990, 772. Zur Kritik, vor diesem Hintergrund, an der von der Finanzverwaltung in R 29 I KStR vorgenommenen Zurechnung auf der Rechenstufe zwischen Summe und Gesamtbetrag der Einkünfte *Müller* in Müller/Stöcker, Die Organschaft, 2011, Rn 468.
5 BFH I R 240/72, BStBl II 1975, 126. Zur Kritik an den verwendeten Begriffen *Wassermeyer*, DStR 2004, 214, nach dessen Auffassung es nur um eine Zurechnung des Einkommens der Organgesellschaft zum Gewinn des Organträgers außerhalb dessen Steuerbilanz auf der zweiten Stufe der Gewinnermittlung gehen kann.

§ 14

616 **Besteuerung des Einkommens beim Organträger.** Das verbleibende Gesamteinkommen unterliegt bei einer natürlichen Person als Organträger der ESt, bei einer Körperschaft als Organträger der KSt. Bei einer Personengesellschaft als Organträger richtet sich die Besteuerung des Einkommens nach dem für die jeweiligen Gesellschafter geltenden Besteuerungsregime.

617-618 *Einstweilen frei.*

619 **b) Wesen und Folgen der Einkommenszurechnung. Zurechnungstheorie.** Die gesetzlichen Regelungen der körperschaftsteuerrechtlichen Organschaft mit Gewinnabführungsvertrag gehen von der sog Zurechnungstheorie aus. Organträger und Organgesellschaft bleiben zivilrechtlich und steuerrechtlich verschiedene Rechtsträger und ermitteln selbständig ihr jeweiliges Einkommen; erst danach ist das Einkommen der Organgesellschaft nach § 14 I S 1 dem Organträger zuzurechnen.[1] Zu den vor erstmaliger gesetzlicher Kodifizierung der körperschaftsteuerlichen Organschaft von der Rechtsprechung entwickelten Organschaftstheorien vgl Rn 3.

620 **Erzielung der Einkünfte durch die Organgesellschaft.** Die Einkommenszurechnung führt nicht dazu, dass die steuerliche Rechtsstellung der Organgesellschaft insgesamt auf den Organträger übergeht; eine Zurechnung einzelner Besteuerungsgrundlagen oder der Verwirklichung von Tatbestandsmerkmalen erfolgt nicht. Dh die Einkünfte werden ausschließlich von der Organgesellschaft erzielt. Das Einkommen wird dem Organträger in einem Betrag zugerechnet.[2] Dem Wesen nach handelt es sich um Einkommen der Organgesellschaft.[3] Diese Grundsätze verdeutlichen sich zB in folgenden Besteuerungsgrundsätzen und Überlegungen:

- Einkünfte der Organgesellschaft sind bei der Ermittlung des Spendenhöchstbetrags des Organträgers nach § 9 I Nr 2 bzw 10b I EStG nicht zu berücksichtigen (vgl Rn 780 f).[4]

- Bei von der Organgesellschaft erzielten Veräußerungsgewinnen kann es sich nicht um von dem Organträger erzielte Gewinne iSd § 16 EStG handeln, für welche die Tarifermäßigung nach § 34 EStG in Anspruch genommen werden könnte;[5] entsprechendes gilt für die Anwendung weiterer steuerlicher Vergünstigungen.[6]

- Im Einkommen der Organgesellschaft enthaltene ausländische Betriebsstätteneinkünfte (bei fehlendem DBA oder DBA mit Anrechnungsmethode) unterliegen auch bei Organträgern iSd § 18 bzw beschränkt steuerpflichtigen Mitunternehmern einer Organträger-Personengesellschaft der Besteuerung im Inland. Während vom Organträger selbst aus einer Auslandsbetriebsstätte erzielte Einkünfte nicht zu

---

1 BFH VIII R 149/86, BStBl II 1992, 817; BFH XI R 95/97, BStBl II 2003, 9.
2 Deutlich wird dies auch an der durchgängen Formulierung „Sind in dem dem Organträger zugerechneten Einkommen enthalten, ..." in den Bruttomethoden iSd § 15 S 1 Nr 2 bis 5, S 2, mit der jeweils erst ein Tatbestand für die Anwendung einkünftespezifischer Vorschriften auf Einnahmen/Ausgaben der Organgesellschaft auf Ebene des Organträger geschaffen wird.
3 BFH III R 19/02, BStBl II 2004, 515; BFH XI R 95/97, BStBl II 2003, 9.
4 BFH XI R 95/97, BStBl II 2003, 9.
5 BFH VIII R 149/86, BStBl II 1992, 817; BFH III R 19/02, BStBl II 2004, 515.
6 Zu Vergünstigungen unter dem BerlinFG BFH IV R 24/73, BStBl II 1979, 18; BFH III R 86/83, BStBl II 1988, 739.

VI. Rechtsfolgen der Organschaft

inländischen Einkünften iSd § 49 I Nr 2 lit a EStG führen würden, weil eine ausländische Betriebsstätte keine Unterbetriebsstätte der inländischen Betriebsstätte darstellen kann,[1] gilt dies nicht für Einkünfte aus einer ausländischen Betriebsstätte der Organgesellschaft, weil die Einkommenszurechnung diese nicht zu von dem Organträger erzielten Einkünften macht.[2]

- Dass der Organträger nicht durch die Einkommenszurechnung als Einkünfteerzielungssubjekt an die Stelle der Organgesellschaft tritt, zeigt sich nicht zuletzt auch daran, dass steuerfreie in- oder ausländische Einkünfte der Organgesellschaft, die mithin in ihrem Einkommen nicht enthalten sind, dem Organträger schon gar nicht zugerechnet werden, so dass sie auch nicht als durch ihn erzielt gelten könnten.[3]

Abgrenzung zu Fallgestaltungen tatsächlicher Einkünftezurechnung. Die Organschaft unterscheidet sich damit in ihren Rechtsfolgen von Treuhandverhältnissen wie auch von Fällen missbräuchlicher Zwischenschaltung von Personen (zB Briefkastengesellschaften). In beiden Fällen gelten die Einkünfte als unmittelbar vom Treugeber (§ 39 II Nr 1 S 2 AO) bzw der dahinter stehenden Person (§ 42 AO) erzielt, während der Treuhänder bzw die zwischengeschaltete Person als Einkünfteerzielungs- und Besteuerungssubjekt entfallen.[4]

Keine Berücksichtigung von Besteuerungsmerkmalen des Organträgers bei der Ermittlung des Einkommens der Organgesellschaft. Ebenso wenig führt die Einkommenszurechnung dazu, dass Besteuerungsmerkmale des Organträgers bereits bei der eigenständigen Ermittlung des Einkommens der Organgesellschaft zu berücksichtigen sind. Ausnahmen von diesem Grundsatz sind daher in § 15 explizit angeordnet (§ 15 S 1 Nr 2, S 2; vgl § 15 Rn 35 ff). Allerdings kommt es in den dort behandelten Fällen – bezogen auf das für die Organgesellschaft zu ermittelnde Einkommen – nicht zu einer Berücksichtigung von Besteuerungsmerkmalen des Organträgers, sondern zu einer Nichtberücksichtigung von Besteuerungsmerkmalen der Organgesellschaft (um dann erst auf Ebene des Organträgers dessen Besteuerungsmerkmale zu berücksichtigen).

Abkommensschutz der Organgesellschaft. Die Organgesellschaft ist als eigenständiges Körperschaftsteuersubjekt selbst abkommensberechtigte Person iSd DBA und kann daraus abgeleitete Abkommensvergünstigungen (reduzierte Quellenbesteuerung; Freistellung ausländischer Quelleneinkünfte im Inland) in Anspruch nehmen. Dies belegt bereits die Regelung in § 32b Ia EStG, mit der sichergestellt wird, dass von einer Organgesellschaft bezogene und nach einem DBA steuerbefreite Einkünfte bei unbeschränkt steuerpflichtigen Personen als Organträger bzw Mitunternehmer einer Organträger-Personengesellschaft im Verhältnis ihres persönlichen Anteils am zugerechneten Einkommen dem Progressionsvorbehalt unterliegen.[5] Noch deutlicher wird dies durch § 15 S 2 iVm S 1 Nr 2 S 1, der die Nichtanwendung eines DBA-Schachtelprivilegs für

---

1 BFH I R 95/84, BStBl II 1988, 663.
2 *Lüdicke*, IStR 2011, 740, 742.
3 *Lüdicke*, IStR 2011, 740, 742.
4 *Lüdicke*, IStR 2011, 740, 743.
5 *Lüdicke*, IStR 2011, 740, 744.

Gewinnanteile der Organgesellschaft aus der Beteiligung an einer ausländischen Gesellschaft anordnet. Damit soll sichergestellt werden, dass nicht natürliche Personen oder Organträger-Personengesellschaften, soweit deren Mitunternehmer natürliche Personen sind, über die Organschaft eine DBA-rechtliche Vergünstigung erlangen, die sie für sich selbst nicht beanspruchen könnten. Fehlte es an der ausdrücklichen Ausnahme in § 15 S 2 iVm S 1 Nr 2 S 1, würde eine Besteuerung allein aufgrund der Besteuerungsmerkmale der Organgesellschaft und der Anwendung der DBA-Vorschriften auf Ebene der Organgesellschaft erfolgen.[1] Insofern weist die in § 14 I S 1 angeordnete Zurechnung von Einkommen einen deutlichen Unterschied zu der Zurechnung von Einkünften einer Personengesellschaft an ihre Mitunternehmer auf. Obwohl die Personengesellschaft wie die Organgesellschaft Einkünfteerzielungssubjekt ist, werden im Fall der Personengesellschaft die Gesellschafter zu Beziehern der Einkünfte. Daher kommen im Fall der Personengesellschaft (nur) die Gesellschafter als ansässige und damit abkommensberechtigte Person(en) in Betracht.[2] Gerechtfertigt ist dieser Unterschied dadurch, dass

- die Organgesellschaft selbst Steuersubjekt bleibt, welches auch eigenes steuerpflichtiges Einkommen (bei Ausgleichszahlungen iSd § 16) haben kann,
- zwar nicht Steuerschuldner, aber doch Haftungsschuldner auch für die durch sie verursachte Steuerschuld des Organträgers bleibt (§ 73 AO; vgl Rn 685 ff) und
- dem Organträger eben nicht Einkünfte zugerechnet werden, sondern Einkommen.[3]

624 **Zurechnung fremden Einkommens zur Besteuerung.** Die Zurechnung des Einkommens zum Organträger erfolgt nicht iRd Gewinnermittlung des Organträgers, sondern als Zurechnung fremden Einkommens zur Besteuerung.[4] Das eigene Einkommen des Organträgers und das zuzurechnende Einkommen der Organgesellschaft bilden gemeinsam das vom Organträger zu versteuernde (Gesamt-)Einkommen.

625-627 *Einstweilen frei.*

628 **c) Zeitpunkt der Einkommenszurechnung. Einstufige Organschaftsverhältnisse. Grundsatz.** Nach der Rechtsprechung und der hM ist das Einkommen der Organgesellschaft dem Organträger für denjenigen VZ zuzurechnen, in dem die Organgesellschaft dieses Einkommen erzielt hat und es ohne die Zurechnungsvorschrift des § 14 I S 1 nach Maßgabe des § 7 III und IV selbst zu versteuern hätte (H 62 KStH).[5]

---

1 BFH I R 47/08, BStBl II 2011, 131.
2 BMF v 16.4.2010, BStBl I 2010, 354, Tz 2.1.1.
3 *Schnitger/Berliner*, IStR 2011, 753, 755.
4 BFH I B 77/73, BB 1974, 1238, 1239; BFH XI R 95/97, BStBl II 2003, 9; *Frotscher* in Frotscher/Maas § 14 Rn 639 ff. AA *Wassermeyer*, DStR 2004, 214, 214 f, der eine außerbilanzielle Zurechnung zum Gewinn (statt zum Einkommen) des Organträgers für zwingend hält, da das Einkommen der Organgesellschaft sonst mangels Erfassung durch § 7 S 1 GewStG beim Organträger nicht der GewSt unterläge und darüber hinaus bei einer Personengesellschaft als Organträger eine Zurechnung zum Einkommen der Personengesellschaft nicht denkbar sei; ebenso *Kolbe* in H/H/R § 14 Rn 86.
5 BFH I R 240/72, BStBl II 1975, 126; *Frotscher* in Frotscher/Maas § 14 Rn 656; *Dötsch* in D/J/P/W § 14 Rn 305; *Kolbe* in H/H/R § 14 Rn 87. AA *Wassermeyer* in Herzig, Organschaft, 2003, S 208, 218; *Wassermeyer*, DStR 2004, 214, 214 f, der im Ergebnis eine Besteuerung des zugerechneten Einkommens erst in dem VZ für zutreffend hält, in dem auch das Ergebnis des WJ des Organträgers der Besteuerung unterliegt, in dem dieser die Gewinnabführung vereinnahmt hat; zur Begründung vgl Rn 631.

VI. Rechtsfolgen der Organschaft

Übereinstimmende WJ bzw WJ des Organträgers endet nach dem der Organgesellschaft. Stimmen die WJ von Organträger und Organgesellschaft überein oder endet das WJ des Organträgers nach dem im selben Kalenderjahr endenden WJ der Organgesellschaft, ergeben sich hieraus (vgl Rn 628) keine Besonderheiten. Der Organträger versteuert das zugerechnete Einkommen der Organgesellschaft in demselben VZ wie sein eigenes Ergebnis des WJ, in welchem die Gewinnabführung vereinnahmt wird. 629

WJ der Organgesellschaft endet nach dem des Organträgers. Zu zeitlichen Verwerfungen zwischen Vereinnahmung der Gewinnabführung und Einkommenszurechnung kommt es hingegen, wenn das WJ der Organgesellschaft innerhalb desselben Kalenderjahres, aber nach dem Ende des WJ des Organträgers endet. Dem Organträger wird dann ein Einkommen vorzeitig zugerechnet, dem erst in seinem folgenden WJ und damit folgenden VZ eine – iRd Einkommensermittlung außerbilanziell zu eliminierende (vgl Rn 615, 897) – Vereinnahmung der Gewinnabführung gegenübersteht. 630

Beispiel

Das WJ des Organträgers endet am 30.6.01, das WJ der Organgesellschaft stimmt mit dem Kalenderjahr überein.

Das von der Organgesellschaft im WJ 1.1.-31.12.01 und damit im VZ 01 erzielte Einkommen ist dem Organträger für den VZ 01 zuzurechnen. Die vom Organträger am 31.12.01 vereinnahmte Gewinnabführung schlägt sich erst in dessen Jahresergebnis für das WJ 1.7.01-30.6.02 nieder.

Schon dieser einfache Fall wirft komplizierte handelsrechtliche Fragen für den Jahresabschluss des Organträgers auf. Abgesehen von der Tatsache, dass bei Ermittlung der vom Organträger zu bildenden Steuerrückstellung das zuzurechnende Einkommen der Organgesellschaft am Bilanzstichtag des Organträgers mangels Ablaufs des WJ der Organgesellschaft noch gar nicht bekannt sein kann, ist dem Gedanken des True and Fair View Rechnung zu tragen. Die Darstellung der Vermögens- und Ertragslage des Organträgers gerät ins Ungleichgewicht, wenn seine Steuerrückstellungen eine (erwartete) Einkommenszurechnung berücksichtigen, in seinem Ergebnis der dazugehörige Gewinn aber (noch) nicht enthalten ist.

Kritik an Rechtsprechung und Verwaltungsauffassung. Die Rechtsprechung des BFH und die darauf begründete Verwaltungsauffassung werden vereinzelt abgelehnt. Eine außerbilanzielle Zurechnung zum Gewinn (statt zum Einkommen) des Organträgers sei zwingend, da das Einkommen der Organgesellschaft sonst mangels Erfassung durch § 7 S 1 GewStG beim Organträger nicht der GewSt unterläge und darüber hinaus bei einer Personengesellschaft als Organträger eine Zurechnung zum Einkommen der Personengesellschaft nicht denkbar sei. Der so um das Einkommen der Organgesellschaft erhöhte Gewinn des Organträgers gelte von diesem nach § 4a II Nr 2 EStG iVm § 7 IV S 2 als in dem VZ bezogen, in dem das WJ endet, für welches der Gewinn des Organträgers ermittelt wird.[1] Zu einem zeitlichen Aus- 631

---

1 *Wassermeyer* in Herzig, Organschaft, 2003, S 208, 217 f; *Wassermeyer*, DStR 2004, 214, 214 f.

einanderfallen (in mehrere VZ) von Einkommenszurechnung einerseits und Vereinnahmung und außerbilanzieller Kürzung des Ertrags aus der Gewinnabführung andererseits würde es nach diesem Ansatz nicht kommen können. Wenngleich dieser Ansatz zahlreiche in der Praxis bestehende Probleme (vgl Rn 632 ff) beseitigen würde, wird dieser Auffassung entgegengehalten, dass die gewerbesteuerliche Organschaft an das KStG nur hinsichtlich der in § 2 II S 2 GewStG enthaltenen Tatbestandsvoraussetzungen – und dies auch erst seit dem Erhebungszeitraum 2002 – anknüpft, die Zurechnung des Gewerbeertrags als Rechtsfolge jedoch allein aus dem Gewerbesteuerrecht und von einer körperschaftsteuerlichen Einkommenszurechnung unabhängig abgeleitet wird.[1] Eine „Verwandlung" – auf der Ebene des Organträgers – des für die Organgesellschaft zu ermittelnden und dem Organträger zuzurechnenden Einkommens in einen Gewinn lasse sich weder mit dem Normzusammenhang noch mit der Rechtsprechung zur Zurechnungstheorie (vgl Rn 619 ff) in Einklang bringen. Eine Zurechnung zum Einkommen des Organträgers scheitere zudem auch im Falle einer Personengesellschaft als Organträger nicht an der Struktur des § 2 EStG. Da dessen Anwendung bei einer Personengesellschaft auf der Stufe des § 2 II EStG ende, werde in diesem Fall das Einkommen der Organgesellschaft statt dem Einkommen dem Gewinn der Gesellschaft zugerechnet, ohne allerdings, weil es sich um die Zurechnung fremden Einkommens handelt, zu dessen unmittelbarem Bestandteil zu werden.[2]

632 **Ungelöste Fragen.** Wenngleich die vom BFH aufgestellten Grundsätze vor dem Hintergrund der mit der Zurechnungstheorie verbundenen Zurechnung fremdem Einkommens konsequent erscheinen, sind sie unzureichend, um als allgemeine Regel die zahlreichen sich in der Praxis stellenden Fragen der Einkommenszurechnung (vgl Rn 633 ff) zu lösen bzw ihre Anwendung würde zu unsachgerechten Ergebnissen führen.[3] Ob diese Grundsätze durch Einführung des § 14 I S 2 durch das StVergAbG eine gesetzliche Grundlage erhalten haben[4], ist fraglich. Die Formulierung „für das Kalenderjahr" mag zwar ein mit der Rechtsprechung und der Verwaltungsauffassung übereinstimmendes Verständnis des Gesetzgebers belegen, gegen eine damit erfolgte gesetzliche Regelung von Fragen der zeitlichen Einkommenszurechnung spricht jedoch das Fehlen jeglichen diesbezüglichen Hinweises in den Gesetzgebungsmaterialien[5] sowie die Beschränkung des Anwendungsbereichs der Regelung auf das erste Jahr der Organschaft.[6]

633 **Wechsel des Organträgers durch Umwandlungsvorgänge.** Keine eindeutige Lösung für die Zurechnung des Einkommens einer Organgesellschaft besteht, wenn während des VZ unter Fortsetzung der Organschaft der Organträger im Zuge einer Umwandlung des Organträgers in Person wechselt (Verschmelzung, Spaltung des

---

1 *Von Groll*, DStR 2004, 1193, 1196; *Kempf/Zipfel*, DStR 2005, 1301, 1303.
2 *Von Groll*, DStR 2004, 1193, 1194 ff.
3 Ausführlich *Kempf/Zipfel*, DStR 2005, 1301.
4 So *Walter/Stümper*, GmbHR 2003, 652. Wohl auch *Frotscher* in Frotscher/Maas § 14 Rn 656; *Sterner* in H/H/R § 14 Rn 87.
5 BRDrs 866/02, 67.
6 *Dötsch* in D/J/P/W § 14 Rn 306.

VI. Rechtsfolgen der Organschaft

Organträgers) oder seine Rechtsform ändert (Formwechsel). Für eine Aufteilung fehlt es mE an einer gesetzlichen Grundlage. Sinnvoll erscheint allein, von den Verhältnissen am Ende des WJ der Organgesellschaft auszugehen. Da das Ende des WJ der Organgesellschaft darüber entscheidet, in welchem VZ das Einkommen dem Organträger zuzurechnen ist (§ 14 I S 2), muss eine Einkommenszurechnung vor dem Ende des WJ der Organgesellschaft ausscheiden. Liegt dieses vor oder auf dem steuerlichen Übertragungsstichtag, ist das gesamte Einkommen dem übertragenden Rechtsträger bzw noch nicht formgewechselten Organträger, andernfalls dem übernehmenden Rechtsträger bzw dem Organträger in neuer Rechtsform zuzurechnen.[1] Dies ist mittlerweile auch Verwaltungsauffassung.[2]

Mehrstufige Organschaftsverhältnisse. Bestehen einer mehrstufigen Organschaft. 634
Die Grundsätze des H 62 KStH (vgl Rn 628) gelten auch bei mehrstufigen Organschaftsverhältnissen.

Beispiel

Es besteht eine Organschaft zwischen einer Enkelgesellschaft (E), deren WJ dem Kalenderjahr entspricht, und einer TG (T), deren WJ am 30.6. endet. Weiterhin besteht zwischen T und einer MG (M), deren WJ am 31.3. endet, eine Organschaft. Das Einkommen der E aus deren WJ 1.1.-31.12.01 wird T für den VZ 01 zu- und mit deren Einkommen aus dem WJ 1.7.00-30.6.01 zusammengerechnet. Das sich so ergebende Gesamteinkommen der T wird M ebenfalls für den VZ 01 zugerechnet und ist von dieser mithin zusammen mit ihrem eigenen Einkommen aus dem WJ 1.4.00-31.3.01 zu versteuern.

Spätere Begründung einer Organschaft zwischen T und M. Fraglich in dem unter 635
Rn 634 beschriebenen Beispiel ist die Behandlung jedoch, wenn die Organschaft zwischen E und T schon seit mehreren Jahren besteht, die Organschaft zwischen T und M aber erst mit Wirkung ab dem WJ 1.7.01-30.6.02 der T erstmalig begründet wird. Nach hier vertretener Auffassung ist das Einkommen der E für den VZ 01 noch nicht der M zuzurechnen, sondern im VZ 01 von der T zusammen mit deren eigenem Einkommen aus ihrem WJ 1.7.00-30.6.01 zu versteuern.[3] Für eine Zurechnung des Einkommens zur M spräche zwar, dass diese letztlich über T auch den von E abgeführten Gewinn erhält und ansonsten T ein Einkommen zu versteuern hat, dem kein entsprechender Gewinn – auch nicht später – gegenübersteht. Die Organschaft zwischen T und M besteht jedoch erst ab dem WJ 1.7.01-30.6.02 der T, so dass nach § 14 I S 2 erstmals das Einkommen der T für den VZ 02 der M zuzurechnen ist. Ohne eine Einkommenszurechnung von der T zur M im VZ 01 scheidet wegen der stufenweisen Einkommensermittlung bei mehrstufigen Organschaften eine Zurechnung des Einkommens der E für den VZ 01 über die T hinaus an die M jedoch aus.

§ 14

---

1 Dötsch, DK 2003, 21, 36 Beispiel 6; Dötsch in D/J/P/W § 14 Rn 309; Frotscher in Frotscher/Maas § 14 Rn 663.
2 BMF v 11.11.2011, BStBl I 2011, 1314, Rn Org.19.
3 Kempf/Zipfel, DStR 2005, 1301, 1301 f; Kolbe in H/H/R § 14 Rn 87; aA ohne weitere Begründung Dötsch, DK 2003, 21, 36 Beispiel 8; Dötsch/Witt in D/J/P/W § 14 Rn 309, Beispiel 8.

Würde die T im Jahr 01 ihr WJ auf das Kalenderjahr umstellen, käme es hingegen bereits für den VZ 01 zu einer Einkommenszurechnung von T zu M; zu entscheiden wäre in diesem Fall aber, ob die Einkommenszurechnung der E zur T dann dem noch von der T im VZ 01 selbst zu versteuernden Einkommen (aus dem WJ 1.7.00-30.6.01) oder aber dem an die M zuzurechnenden Einkommen (aus dem WJ 1.7.-31.12.01) zuzuschlagen ist. Unter Anlehnung an § 14 I S 2, dem eine Aufteilung des Einkommens einer Organgesellschaft fremd ist und der allein auf das Ende des WJ der Organgesellschaft zur Bestimmung des VZ der Einkommenszurechnung abstellt, erscheint es sachgerecht, auf das Ende des WJ der E abzustellen; dh das Einkommen des VZ 01 der E wäre in voller Höhe dem von der T für deren WJ 1.7.-31.12.01 ermittelten und der M für den VZ 01 zuzurechnenden Einkommen zuzuschlagen.[1]

636 **Beendigung der Organschaft zwischen T und M.** Ebenso ist in dem in Rn 634 beschriebenen Beispiel die Behandlung fraglich, wenn die Organschaftsverhältnisse zwischen E und T sowie zwischen T und M schon seit mehreren Jahren bestehen, der Gewinnabführungsvertrag zwischen T und M aber zum 30.6.01 – sei es wegen Veräußerung der Beteiligung an T, sei es aus anderen Gründen unter Fortbestand der Beteiligung – beendet wird. Bei Anwendung von H 62 KStH wäre das Einkommen der E für den VZ 01 zusammen mit dem eigenen Einkommen der T aus deren WJ 1.7.00-30.6.01 noch der M für den VZ 01 zuzurechnen. Für ein Verbleiben des zugerechneten Einkommens der E auf Ebene der T könnte zwar sprechen, dass die am Ende des Jahres 01 erfolgende Gewinnabführung ebenfalls bei T verbleibt,[2] mithin M bei Anwendung von H 62 KStH ein Einkommen zu versteuern hat, dem bei M zu keinem Zeitpunkt ein entsprechender Gewinn gegenüberstehen wird.[3] Für eine Zurechnung des Einkommens der T zur M spricht mE jedoch der Umstand, dass mit dieser nachlaufenden Einkommenszurechnung ohne entsprechende Gewinnabführung lediglich der seinerzeitige Effekt bei Begründung einer Organschaft zwischen T und M bei Annahme derselben Konstellation von WJ (Gewinnabführung ohne Einkommenszurechnung, vgl Rn 635) nicht der Höhe aber dem Grunde nach kompensiert wird.[4]

Stellt die T noch im VZ 01 ihr WJ auf das Kalenderjahr um, ist ihr im VZ 01 erzieltes Einkommen aufzuteilen in solches, das noch der Einkommenszurechnung zu M unterliegt (aus dem WJ 1.7.00-30.6.01) und solches, das von ihr selbst zu versteuern ist (aus dem WJ 1.7.-31.12.01). Dementsprechend stellt sich die Frage, welchem dieser Einkommensteile das von der E zugerechnete Einkommen zuzurechnen ist. ME ist in dieser Konstellation – analog zur Begründung einer Organschaft (vgl Rn 635) – für diese Zuordnung auf das Ende des WJ der E abzustellen, zu dem deren Ein-

---

1 *Kempf/Zipfel*, DStR 2005, 1301, 1302; *Kolbe* in H/H/R § 14 Rn 87.
2 Entsprechendes gilt, wenn die Beteiligung an T veräußert wurde und T mit dem Erwerber ab dem WJ 1.7.01-30.6.02 einen Gewinnabführungsvertrag abgeschlossen hätte; vgl *Kempf/Zipfel*, DStR 2005, 1301, 1303, Beispiel 4.
3 IdS wohl *Kempf/Zipfel*, DStR 2005, 1301, 1303, Beispiel 4.
4 Im Ergebnis auch *Kolbe* in H/H/R § 14 Rn 87.

VI. Rechtsfolgen der Organschaft

kommen erst entstanden ist. Fällt dieses wie hier in den Zeitraum nach Beendigung der Organschaft, sollte das zugerechnete Einkommen nicht mehr der M zuzurechnen sein, sondern auf Ebene der T verbleiben.[1]

Einstweilen frei. 637-640

d) Besonderheiten bei Organträger-Personengesellschaften. Einkommenszurechnung. Ist der Organträger eine Personengesellschaft iSd § 14 I S 1 Nr 2, gelten die vorstehenden Ausführungen grundsätzlich entsprechend. Das Einkommen der Organgesellschaft ist der Personengesellschaft als Organträger selbst zuzurechnen; eine unmittelbare Zurechnung an die Mitunternehmer erfolgt nicht.[2] Wie bei Körperschaften vollzieht sich die Einkommenszurechnung nicht iRd Gewinnermittlung für die Mitunternehmerschaft;[3] allein die zur Vermeidung einer Doppelbelastung erforderliche außerbilanzielle Eliminierung des in ihrem handels- und steuerbilanziellen Ergebnis enthaltenen Ertrags aus der Gewinnabführung (vgl Rn 897) erfolgt innerhalb der Ermittlung des Gewinns aus Gewerbebetrieb der Mitunternehmerschaft. Bei dem von der Organgesellschaft zugerechneten Einkommen handelt es sich um fremdes Einkommen (vgl Rn 624). 641

Verfahrensrechtliche Feststellung. Da eine Personengesellschaft kein Einkommen hat, mit dem dieses zusammengerechnet werden könnte, stellt das zugerechnete Einkommen eine selbständige, neben dem Gewinn aus Gewerbebetrieb der Personengesellschaft einheitlich und gesondert festzustellende Besteuerungsgrundlage dar.[4] Ausreichende Rechtsgrundlage hierfür ist § 180 I Nr 2a AO.[5] 642

Verteilung des zugerechneten Einkommens auf die Mitunternehmer. Da das von der Organgesellschaft zugerechnete Einkommen nicht Bestandteil des für die Personengesellschaft einheitlich festzustellenden Gewinns ist, kommt der für letzteren geltende allgemeine Zurechnungsmaßstab – die Verteilung nach dem gesellschaftsvertraglichen Gewinnverteilungsschlüssel – für die Zuweisung des zugerechneten Einkommens an die Gesellschafter nicht schon automatisch zur Anwendung. Dennoch spricht sich die hM zutreffend für eine Zurechnung des von der Organgesellschaft zugerechneten Einkommens an die Gesellschafter nach diesem Maßstab aus, da die Gewinnabführung, die notwendige Bedingung für die Einkommenszurechnung ist, (seit dem VZ 2003 zwingend) an die Personengesellschaft erfolgt und der abgeführte Gewinn damit nach dem allgemeinen Gewinnverteilungsschlüssel an die Gesellschafter verteilt wird.[6] 643

---

1 Im Ergebnis ebenso *Kempf/Zipfel*, DStR 2005, 1301, 1302, Beispiel 3; *Kolbe* in H/H/R § 14 Rn 87.
2 BFH XI R 95/97, BStBl II 2003, 9; BFH VIII R 149/86, BStBl II 1992, 817; *Neumann* in Gosch § 14 Rn 511; *Frotscher* in Frotscher/Maas § 14 Rn 650.
3 BFH I B 77/73, BB 1974, 1238, 1239; BFH XI R 95/97, BStBl II 2003, 9. Zur diesbezüglichen Kritik *Wassermeyers* vgl Rn 631.
4 *Neumann* in Gosch § 14 Rn 513; *Frotscher* in Frotscher/Maas § 14 Rn 650; *Danelsing* in Blümich § 14 Rn 214; *Dötsch* in D/J/P/W § 14 Rn 263; aA *Wassermeyer*, DStR 2004, 214, 215; *Kolbe* in H/H/R § 14 Rn 48, 86.
5 BFH VIII R 149/86, BStBl II 1992, 817; aA *Dötsch* in D/J/P/W § 14 Rn 268.
6 *Müller* in Müller/Stöcker, Die Organschaft, 2011, Rn 503 ff; *Kolbe* in H/H/R § 14 Rn 85; *Dötsch* in D/J/P/W § 14 Rn 269. Mit der Möglichkeit einer abweichenden vertraglichen Regelung *Olbing* in Streck § 14 Rn 161.

644 **Zeitpunkt der Einkommenszurechnung.** H 62 KStH und die Ausführungen unter Rn 628 ff gelten entsprechend. Das Einkommen der Organgesellschaft ist dem Organträger für denjenigen VZ zuzurechnen und damit in der einheitlichen und gesonderten Gewinnfeststellung der Personengesellschaft für denjenigen VZ zu erfassen, in dem die Organgesellschaft dieses Einkommen erzielt hat und es ohne die Zurechnungsvorschrift des § 14 I S 1 nach Maßgabe des § 7 III und 4 selbst zu versteuern hätte. In demselben VZ ist das anteilig zugewiesene Einkommen der Organgesellschaft durch die Mitunternehmer zu versteuern.

645 **Bedeutung des WJ der Personengesellschaft.** Anders als für den Zeitpunkt der Besteuerung des von der Personengesellschaft selbst erwirtschafteten Gewinns sind das WJ der Personengesellschaft oder – soweit die Mitunternehmer die Beteiligung an der Personengesellschaft in einem Betriebsvermögen halten – das jeweilige WJ der Mitunternehmer für den Zeitpunkt des getrennt davon festgestellten, von einer Organgesellschaft zugerechneten Einkommens ohne Bedeutung. Der nach §§ 179 ff AO einheitlich und gesondert festzustellende Gewinn aus einer Mitunternehmerschaft ist den Mitunternehmern mit Ablauf des WJ der Personengesellschaft zuzurechnen.[1] Diese Gewinnzurechnung stellt für den Mitunternehmer einen Geschäftsvorfall in seinem zu diesem Zeitpunkt laufenden WJ dar und fließt in seinen Gewinn dieses WJ ein. In welchem VZ dieser Gewinn beim Mitunternehmer zu versteuern ist, richtet sich dann nach § 4a EStG.[2]

Beispiel

An einer Personengesellschaft (WJ 1.7.00-30.6.01), die Organträgerin einer Kapitalgesellschaft (WJ 1.10.00-30.9.01) ist, sind zwei Einzelunternehmer A (WJ 1.8.00-31.7.01) und B (WJ 1.6.00-31.5.01) beteiligt.

Die einheitliche und gesonderte Feststellung für den VZ 01 enthält zum einen den von der Personengesellschaft selbst erzielten Gewinn aus deren am 30.6.01 endenden WJ, zum anderen das ihr für den VZ 01 zugewiesene Einkommen der Organgesellschaft aus deren am 30.9.01 endenden WJ. Den Gewinnanteil aus der Personengesellschaft aus deren am 30.6.01 endenden WJ haben A im VZ 01 und B, dem dieser Gewinnanteil in seinem WJ 01/02 zugewiesen wird, im VZ 02 zu versteuern. Die jeweils zugerechneten Anteile am Einkommen der Organgesellschaft aus deren am 30.9.01 endenden WJ unterliegen hingegen bei beiden Mitunternehmern der Besteuerung im VZ 01.

646 **Einkommenszurechnung bei unterjährigem Mitunternehmerwechsel. Fragestellung.** Die Veräußerung eines Mitunternehmeranteils bzw eine sonstige Änderung im Gesellschafterbestand der Personengesellschaft (während des WJ der Organgesellschaft) hat auf das bestehende Organschaftsverhältnis wegen der der Personengesellschaft als Organträger zuzubilligenden rechtlichen Eigenständigkeit keine Auswirkungen.[3] Fraglich ist jedoch, wie im Falle eines Gesellschafterwechsels das

---

1 Eine Ausnahme gilt für den während des WJ der Personengesellschaft ausscheidenden Mitunternehmer, vgl BFH X R 8/07, BStBl II 2010, 1043.
2 BFH I 231/62 U, I 232/62 U, BStBl III 1965, 54; BFH I 12/62 U, BStBl III 1965, 296.
3 R 58 S 2 und 3 KStR.

VI. Rechtsfolgen der Organschaft

der Personengesellschaft zugerechnete Organeinkommen den Gesellschaftern zuzurechnen ist. Nach der Rechtsprechung des BFH erstreckt sich die gesonderte Feststellung der Einkünfte grundsätzlich auch dann auf ein volles WJ, wenn ein Gesellschafter während dieses WJ aus der Personengesellschaft ausscheidet und die Gesellschaft danach von den verbleibenden Gesellschaftern oder von diesen zusammen mit einem oder mehreren neuen Gesellschaftern fortgeführt wird.[1]

Lösungsalternativen. Für die Zurechnung des in der einheitlichen und gesonderten Feststellung ebenfalls festzustellenden von der Organgesellschaft für den betreffenden VZ zugerechneten Einkommens kommen bei unterjährigem Gesellschafterwechsel grundsätzlich folgende Lösungsalternativen in Betracht: 647

a) die Verteilung nach dem allgemeinen Gewinnverteilungsschlüssel unter Berücksichtigung der Dauer der Gesellschafterstellung in der Personengesellschaft,

b) die Verteilung entsprechend einer abweichenden vertraglichen Vereinbarung zur Zurechnung der Gewinne aus der Organgesellschaft und

c) die Zurechnung nach dem am Ende des WJ der Organgesellschaft und damit im Zeitpunkt der Einkommenszurechnung in der Personengesellschaft geltenden Gewinnverteilungsschlüssel.

Beispiel

An einer Organträger-Personengesellschaft (WJ = Kalenderjahr) sind die Gesellschafter A und B zu 50% beteiligt. Am 1.9.01 tritt der neue Gesellschafter C mit einer Beteiligung von 60% hinzu.

Das von einer Organgesellschaft (WJ = Kalenderjahr) zugerechnete Einkommen wäre in der Alternative (a) jeweils zu 40% (8/12 x 50% + 4/12 x 20%) den Gesellschaftern A und B und zu 20% (4/12 x 60%) dem neu eintretenden Gesellschafter C zuzurechnen. In der Alternative (c) ergäben sich Anteile von jeweils 20% für A und B und von 60% für C.

Befürworter der Alternative (a)[2] halten der Alternative (c) entgegen, bei der Einkommenszurechnung handele es sich – anders als bei der Gewinnabführung – nicht um einen betrieblichen Vorgang und noch weniger um einen punktuellen Geschäftsvorfall; vielmehr spreche die Rechtsprechung zur Einkommenszurechnung bei abweichenden WJ von Organträger und Organgesellschaft (vgl Rn 628) für eine permanente und kontinuierliche Zurechnung des Einkommens über die Zeit.[3] Das FG Düsseldorf lehnt Alternative (c) für den Fall einer fehlenden besonderen vertraglichen Vereinbarung mit der Begründung ab, neu eintretenden Gesellschaftern dürften bis zum Eintrittszeitpunkt realisierte Gewinne und Verluste nicht zugerechnet werden. Dem stünden zum einen die in § 39 II Nr 2 AO und in § 2 I EStG zum Ausdruck kommende Entscheidung des Gesetzgebers, nach der die anteiligen Einkünfte aus

---

1 BFH IV R 107/92, BStBl II 1993, 666.
2 FG Düsseldorf 9 K 2067/03 F, EFG 2010, 467, Revision anhängig BFH IV R 50/09; *Neumann* in Gosch § 14 Rn 519; nach *Dötsch/Witt* in D/J/P/W § 14 Rn 310 auch die Finanzverwaltung, die Autoren selbst aber zweifelnd.
3 *Neumann* in Gosch § 14 Rn 519.

der Nutzung von Gesamthandseigentum – inkl der Organbeteiligung – dem Gesamthänder steuerlich unabhängig von einer „Ausschüttung" zuzurechnen seien, zum anderen § 101 Nr 2 BGB entgegen.[1]

648 Eigene Auffassung. Nach hier vertretener Auffassung sprechen bei fehlender vertraglicher Vereinbarung die besseren Gründe für die Zurechnung des Einkommens nach dem am Ende des WJ der Organgesellschaft in der Personengesellschaft geltenden Gewinnverteilungsschlüssel (Alternative (c)).[2] Die Grundsätze zur zeitlichen Zurechnung des Einkommens der Organgesellschaft (vgl Rn 628) sprechen mE eher gegen als für eine permanente Einkommenszurechnung über die Zeit: Denn über die Frage, in welchem Zeitpunkt das von der Organgesellschaft zugerechnete Einkommen vom Organträger zu versteuern ist, entscheidet allein das Ende des WJ der Organgesellschaft. Endet das WJ des Organträgers im selben Kalenderjahr nach dem WJ der Organgesellschaft, wird gerade nicht das bis zum Abschlussstichtag des Organträgers von der Organgesellschaft noch erzielte Einkommen dem Organträger für diesen VZ zugerechnet. Auch die Argumente des FG Düsseldorf tragen mE nicht. Zwar ist ein in der Personengesellschaft entstandener Gewinn nach der BFH-Rechtsprechung steuerlich ohne Weiteres nach Maßgabe des zu diesem Zeitpunkt gültigen Gewinnverteilungsschlüssels aufzuteilen, weil die Höhe des Jahresgewinnes oder -verlustes in erster Linie durch die einzelnen Geschäftsvorfälle bestimmt wird, „die nicht rückwirkend herbeigeführt oder ungeschehen gemacht oder in ihrem Inhalt verändert werden können".[3] Daher ist es beim Eintritt eines Gesellschafters in eine Personengesellschaft während eines WJ nicht zulässig, den bis zum Eintrittszeitpunkt entstandenen (dh durch die Geschäftsvorfälle bis zu diesem Zeitpunkt verwirklichten) Gewinn oder Verlust dem eintretenden Gesellschafter zuzurechnen.[4] Um von der Organträger-Personengesellschaft bis zum Eintrittszeitpunkt erzielte Gewinne geht es bei der Zurechnung von Einkommen aus einer Organgesellschaft jedoch nicht. Der Ertrag aus der Gewinnabführung entsteht erst mit Ablauf des WJ der Organgesellschaft; eine Einkommenszurechnung findet ebenfalls vor diesem Zeitpunkt nicht statt. Überdies würden die Grundsätze des FG Düsseldorf bereits dann nicht mehr tragen, wenn das WJ der Organgesellschaft von dem der Organträger-Personengesellschaft abweicht:

Beispiel

Die Organgesellschaft in dem unter Rn 647 beschriebenen Beispiel hat ein am 30.6.01 endendes WJ.

Für den VZ 01 ist das von der Organgesellschaft zugerechnete Einkommen in der Alternative (a) unverändert jeweils zu 40% den Gesellschaftern A und B und zu 20% dem neu eintretenden Gesellschafter C zuzurechnen. In der Alternative (c) ergeben sich hingegen Anteile von jeweils 50% für A und B und von 0% für C.

---

1 FG Düsseldorf 9 K 2067/03 F, EFG 2010, 467, Revision anhängig BFH IV R 50/09.
2 So auch *Frotscher* in Frotscher/Maas § 14 Rn 665.
3 BFH VIII R 293/82, BStBl II 1987, 558 mwN.
4 BFH VIII R 293/82, BStBl II 1987, 558 mwN.

VI. Rechtsfolgen der Organschaft

Der vom FG Düsseldorf verfolgte Grundsatz, dem eintretenden Gesellschafter dürften keine vor dem Eintrittszeitpunkt erzielten Einkünfte zugerechnet werden, ließe sich nur in der Weise realisieren, dass das in der einheitlichen und gesonderten Gewinnfeststellung für den VZ 02 festzustellende, für den VZ 02 zuzurechnende Einkommen der Organgesellschaft zu einem Anteil von 2/12 (für die Monate 07 und 08.01) noch allein den Gesellschaftern A und B zu jeweils 50 % zugerechnet wird. Hierfür dürfte es bei einem von Beginn bis Ende des WJ 02 der Organträger-Personengesellschaft unverändert geltenden Gewinnverteilungsschlüssel von 20:20:60 an jeglicher Rechtsgrundlage fehlen. Noch deutlicher wird dies, wenn der eintretende an die Stelle eines austretenden Gesellschafters tritt; letzterer könnte an der einheitlichen und gesonderten Gewinnfeststellung für den VZ 2002 überhaupt nicht mehr beteiligt werden.

Sachlich richtig ist es mE daher – vorbehaltlich einer gesonderten vertraglichen Vereinbarung, für die Zurechnung des der Personengesellschaft zugerechneten Organeinkommens an die Gesellschafter den am Ende des WJ der Organgesellschaft geltenden Gewinnverteilungsverschlüssel der Personengesellschaft heranzuziehen.

Einstweilen frei. 649-651

2. Sicherstellung der Besteuerung des von der Organgesellschaft zugerechneten Einkommens im Inland. a) Gewollte Binnenorientierung der Einkommenszurechnung. Grundsatz. Bei gesetzlicher Einführung der körperschaftsteuerlichen Organschaft schlug sich in den normierten Voraussetzungen für die Organschaft und damit für die Zurechnung des Einkommens der Organgesellschaft zu einem anderen Rechtsträger unmissverständlich die daran geknüpfte Erwartung des Gesetzgebers nieder, dass durch die Einkommenszurechnung das Einkommen der Organgesellschaft der Besteuerung im Inland nicht entzogen werden kann. Demnach knüpfte zunächst § 7a I Nr 3 aF und insoweit unverändert der später eingeführte § 14 (dort zunächst § 14 I Nr 3) die Organträgereigenschaft an folgende Voraussetzungen: Als Organträger kamen unbeschränkt steuerpflichtige natürliche Personen, nicht steuerbefreite Körperschaften mit Sitz und Geschäftsleitung im Inland sowie Personengesellschaften (Mitunternehmerschaften) mit Sitz und Geschäftsleitung im Inland in Frage. Der fehlenden Steuersubjekteigenschaft der Personengesellschaft Rechnung tragend wurde deren Eignung als Organträger darüber hinaus davon abhängig gemacht, dass alle Mitunternehmer mit dem auf sie entfallenden Teil des zuzurechnenden Einkommens im Inland der ESt oder KSt unterliegen und, sofern es sich bei den Mitunternehmern nicht ausschließlich um unbeschränkt Steuerpflichtige handelte, die sachlichen Organschaftsvoraussetzungen der finanziellen, wirtschaftlichen und organisatorischen Eingliederung unmittelbar im Verhältnis zur Personengesellschaft erfüllt sind. 652

Ausländische Organträger. Ausländische gewerbliche Unternehmen kamen von Anfang an als Organträger in Betracht, allerdings nur unter Voraussetzungen, die eine Besteuerung des Organeinkommens im Inland sicherstellen sollten. So musste das ausländische Unternehmen im Inland eine eingetragene Zweigniederlassung 653 unterhalten, zu deren Betriebsvermögen die die finanzielle Eingliederung begründende Beteiligung an der Organgesellschaft gehören musste, unter deren Firma der Gewinnabführungsvertrag abzuschließen war und im Verhältnis zu der auch die wirtschaftliche und organisatorische Eingliederung gegeben sein musste (§ 7a VI aF; später § 18).

654 Einflüsse von Gesetzgebung und Rechtsprechung. Seit dem Jahr 2001 sahen sich die bis dahin unveränderten Grundsätze folgenden Einflüssen durch Gesetzgebung und Rechtsprechung ausgesetzt:

Mit dem UntStFG wurde der doppelte Inlandsbezug für Organträger-Körperschaften aufgegeben (vgl Rn 95). Seitdem reicht eine Geschäftsleitung im Inland aus. Die Binnenorientierung der Einkommenszurechnung hat sich dadurch nicht geändert, da auch nach dieser Öffnung die Organträger-Körperschaft der unbeschränkten Körperschaftsteuerpflicht unterliegt und in DBA-Fällen die Körperschaft wegen der inländischen Geschäftsleitung idR im Inland ansässig ist.

Mit dem StVergAbG erfuhren mit Wirkung ab dem VZ 2003 die an eine Personengesellschaft als Organträger gestellten Anforderungen eine umfassende Änderung. Aufgrund des Ziels, die Mehrmütterorganschaft (vgl Rn 139 ff) abzuschaffen, muss seitdem die Personengesellschaft eine eigene gewerbliche Tätigkeit iSd § 15 I S 1 Nr 1 EStG ausüben (§ 14 I S 1 Nr 2 S 2; vgl Rn 122) und die finanzielle Eingliederung der Organbeteiligung im Verhältnis zur Personengesellschaft selbst gegeben sein (§ 14 I S 1 Nr 2 S 3; vgl Rn 151, 164). Darüber hinaus gehende Voraussetzungen enthält das Gesetz nicht; die bis dahin gestellten Anforderungen an die Steuerpflicht der Mitunternehmer im Inland im Hinblick auf ihren Anteil an dem der Personengesellschaft zugerechneten Einkommen sind im Zuge der Neufassung des § 14 I S 1 Nr 2 vollständig entfallen. Begründet wurde dies weder durch den Gesetzgeber[1] noch durch die Finanzverwaltung[2].

Mit seinem Urteil v 18.7.2005[3] hat der EuGH es für mit der Niederlassungsfreiheit vereinbar erklärt, wenn ein Mitgliedstaat es für ein Gruppenbesteuerungssystem wie das finnische Konzernbeitragssystem, bei welchem das Einkommen einer Kapitalgesellschaft durch einen abzugsfähigen Konzernbeitrag neutralisiert und durch Besteuerung des Konzernbeitrags beim Empfänger zu diesem transferiert wird, zur Voraussetzung macht, dass das transferierte Einkommen bei dem Empfänger durch denselben Mitgliedstaat besteuert werden kann. ME wurde damit auch eine Binnenorientierung der mit der Organschaft einhergehenden Einkommenszurechnung als unionsrechtlich unbedenklich legitimiert.

In seiner Entscheidung v 9.11.2011[4] sah sich der BFH infolge DBA-rechtlicher Diskriminierungsverbote daran gehindert, einer Kapitalgesellschaft mit Sitz und Geschäftsleitung im Inland deren Einbindung in eine gewerbesteuerliche Organschaft zu einem in Großbritannien ansässigen gewerblichen Unternehmen (Körperschaft

---

1 BRDrs 866/02, 67.
2 BMF v 10.11.2005, BStBl I 2005, 1038.
3 EuGH Rs C-231/05, *Oy AA*, Slg 2007, I-6373.
4 BFH I R 54, 55/10, BStBl II 2012, 106.

VI. Rechtsfolgen der Organschaft

ohne Sitz oder Geschäftsleitung im Inland) als Organträger zu versagen; die entgegenstehenden Regelungen des KStG und des GewStG, nach denen Organträger Geschäftsleitung und (seinerzeit auch noch) Sitz im Inland haben müssen, seien mit dem Diskriminierungsverbot des Art XX IV und V DBA-GB 1964/1970 (Art 24 V OECD-MA) nicht vereinbar (vgl zur Anwendung des Diskriminierungsverbots weiter Rn 97). Die persönliche Gewerbesteuerpflicht der Organgesellschaft sei demnach für die Dauer der Organschaft dem Organträger – hier der in Großbritannien ansässigen Körperschaft – zuzurechnen; ein Gewerbesteuermessbetrag könne allein gegenüber diesem festgesetzt werden. Ohne Bedeutung für die Anwendung des Diskriminierungsverbots sei, ob der steuerliche Zugriff auf den Organträger gelinge. Ergäben sich Besteuerungsdefizite, liege dies dann jedoch an dem innerstaatlichen Recht des (in diesem Fall) anderen Vertragsstaats sowie an der abkommensrechtlichen Verteilung der Besteuerungsrechte in Art 7 I iVm Art 5 VII OECD-MA, welche die Betriebsstättenfiktion in § 2 II S 2 GewStG 1999 auf ausländerbeherrschte TG nur für den in dieser Konstellation nicht einschlägigen Fall nachvollziehe, dass sich eine Betriebsstätteneigenschaft auf andere Gründe als die Beherrschungssituation (Art 5 VII OECD-MA) stützt. Wenig überraschend hat die Finanzverwaltung diese Entscheidung mit einem Nichtanwendungserlass belegt.[1]

Binnenorientierung der Einkommenszurechnung in Gefahr? Wenngleich die Entscheidung des BFH v 9.2.2011 die gewerbesteuerliche Organschaft vor Einführung des Erfordernisses eines Gewinnabführungsvertrags durch das UntStFG betraf, ist sie nicht auf diesen Geltungsbereich beschränkt. Da der Abschluss eines Gewinnabführungsvertrags durch eine inländische abhängige Gesellschaft mit einem ausländischen herrschenden Unternehmen möglich ist (vgl Rn 258), hat sie auch Bedeutung für die körperschaftsteuerliche Organschaft sowie für die gewerbesteuerliche Organschaft in Erhebungszeiträumen nach 2001. Daher hat die Entscheidung eine intensive Befassung in der Literatur hervorgerufen.[2] Unabhängig von der Frage, ob man dem BFH in der Anwendung des Diskriminierungsverbots gem Art 24 V OECD-MA folgen will, werfen die Ausführungen der Entscheidung zum Ausschluss der Besteuerung des einem nicht im Inland ansässigen Organträgers zuzurechnenden Gewerbeertrags (und damit wohl auch Einkommens) durch Art 7 I iVm Art 5 VII OECD-MA Fragen auf. Neben der Anwendbarkeit des Art 5 VII OECD-MA im Fall der Organschaft (vgl Rn 666), sind dies aber auch grundsätzliche, das Wesen der Einkommenszurechnung betreffende Fragen (vgl Rn 667 f). So wird es auf Basis dieses Urteils und der Rechtsprechung des BFH zur DBA-rechtlichen tatsächlichen Zugehörigkeit zu einer Betriebsstätte[3] für möglich gehalten, dass einer Organträger-Personengesellschaft zuzurechnende Einkommen einer Besteuerung im

655

---

1 BMF v 27.12.2011, BStBl I 2012, 119.
2 Rödder/Schönfeld, DStR 2011, 886; Mössner, IStR 2011, 349; Mitschke, IStR 2011, 537; Stöber, BB 2011, 1943; Frotscher, IStR 2011, 697; Behrens, Ubg 2011, 665; Gosch, BFH/PR 2011, 266; Buciek, FR 2011, 588; Dötsch, DK 2011, 267; Tetzlaff/Pockelwald, StuB 2011, 414; Kotyrba, BB 2011, 1382; Lendewig, NWB 2011, 2539; Lüdicke, International Tax Law Reports 2011, 839; Lüdicke, IStR 2011, 740; Schnitger/Berliner, IStR 2011, 753; Behrens, BB 2012, 485; Schönfeld, IStR 2012, 368; Burwitz, NZG, 2012, 496.
3 ZB BFH I R 15/89, BStBl II 1991, 444; BFH I R 96/89, BFH/NV 1992, 385; BFH I R 74/93, BStBl II 1995, 683; BFH I R 112/94, BStBl II 1996, 563; BFH I R 84/99, IStR 2001, 185; BFH I R 66/06, BStBl II 2008, 510.

Inland insoweit zu entziehen, wie die Mitunternehmer in einem DBA-Staat ansässig sind, wenn die Beteiligung an der Organgesellschaft der durch die Personengesellschaft vermittelten Betriebsstätte funktional nicht zuzurechnen ist (vgl Rn 670).[1] Folgt man dieser Argumentation, sind noch zwei weitere Sachverhalte in die Betrachtung mit aufzunehmen. Dies ist zum einen die Grundkonstellation des § 18, in der ein beschränkt steuerpflichtiges Unternehmen mit inländischer Zweigniederlassung unter den Voraussetzungen dieser Vorschrift mit einer inländischen TG eine Organschaft begründet. Zum anderen ist dies die im Inland und in einem ausländischen DBA-Staat ansässige natürliche Person, die (allein) im Ausland ein Unternehmen betreibt[2] und einen Gewinnabführungsvertrag mit einer inländischen Kapitalgesellschaft abgeschlossen hat.[3]

Damit stellt sich für folgende vier Konstellationen die Frage, inwieweit eine Besteuerung des Einkommens der Organgesellschaft im Inland unter Berücksichtigung des nationalen wie auch des DBA-Rechts sichergestellt ist:[4]

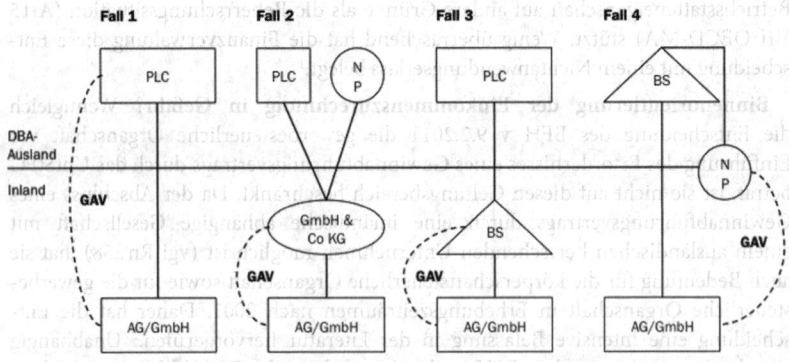

656 **Abgrenzung zur Besteuerung von Ausschüttungen.** Klarstellend ist darauf hinzuweisen, dass es bei den beschriebenen Fällen ausschließlich um die Besteuerung des zugerechneten Einkommens geht, nicht aber um durch den Organträger von der Organgesellschaft bezogene Ausschüttungen (Ausschüttung vorvertraglicher Gewinne, Ausschüttung aus der Kapitalrücklage, vororganschaftliche Mehrabführung iSd § 14 III), für welche die allgemeinen Besteuerungsgrundsätze für Dividendeneinkünfte gelten.

657-659 *Einstweilen frei.*

---

1 Ehlermann/Petersen, IStR 2011, 747.
2 Von der natürlichen Person wird neben der unbeschränkten Steuerpflicht (§ 14 I S 1 Nr 2 S 2) lediglich ein gewerbliches Unternehmen (§ 14 S 1) gefordert. Um ein inländisches muss es sich dabei nicht handeln (vgl Rn 110).
3 Lüdicke, IStR 2011, 740, 741 f.
4 Lüdicke, IStR 2011, 740, 741 f.

VI. Rechtsfolgen der Organschaft

b) Steuerpflicht des zugerechneten Einkommens im Inland nach nationalem Recht. Fall 1. Keine (beschränkte) Steuerpflicht im Inland besteht im Fall 1[1], da es an einem Anknüpfungspunkt für inländische Einkünfte iSd § 49 I EStG fehlt. Weder ist eine inländische Betriebsstätte (§ 49 I Nr 2 lit a EStG) vorhanden, noch normiert § 49 I Nr 2 EStG im Übrigen einen eigenen Tatbestand von Einkünften aus Gewerbebetrieb infolge der bloßen Zurechnung von Einkommen aus einer Organgesellschaft.[2] Die iRd gewerbesteuerlichen Organschaft erörterungsfähige Frage, ob infolge der Wertung der Organgesellschaft als Betriebsstätte des Organträgers (§ 2 II S 2 GewStG) letzterem eine inländische Betriebsstätte vermittelt wird,[3] stellt sich iRd körperschaftsteuerlichen Organschaft nicht. Neben einer Anpassung des Einkünftekatalogs des § 49 I EStG bedürfte es weiterhin der Streichung des Merkmals „Geschäftsleitung im Inland" in § 14 I S 1 Nr 2 S 1 KStG, wenn der Gesetzgeber die Organschaft über solche Körperschaften, deren Organgesellschaften sich wirksam auf ein Diskriminierungsverbot isD Art 24 V OECD-MA berufen können (vgl hierzu Rn 97), hinaus ausweiten wollte.[4]

660

Fälle 2 und 3. In den Fällen 2 und 3[5] besteht eine beschränkte Steuerpflicht für die inländischen Betriebsstätteneinkünfte (§ 1 IV EStG bzw 2 Nr 1 jeweils iVm § 49 I Nr 2 lit a EStG). Durch § 14 I S 1 Nr 2 Satz 3 bzw § 18 S 1 Nr 2 ist sichergestellt, dass die (für die finanzielle Eingliederung erforderliche) Beteiligung an der Organgesellschaft zum Betriebsvermögen der inländischen Betriebsstätte iSd § 12 AO gehört. Fraglich ist allerdings, ob die inländischen Betriebsstätteneinkünfte auch das von der Organgesellschaft zugerechnete Einkommen umfassen,[6] da das Einkommen dem Träger des Unternehmens, mithin in Fall 2 der Personengesellschaft und in Fall 3 dem ausländischen Unternehmen, als fremdes Einkommen zugerechnet wird und die Einkünfte der Organgesellschaft durch die Einkommenszurechnung nicht als von dem jeweiligen Organträger erzielt gelten (vgl Rn 619 ff, insbesondere Rn 620). Für den Fall 3 wird dies und damit das Vorliegen inländischer Einkünfte dennoch zu bejahen sein, da § 18 S 1 ausdrücklich eine Zurechnung des Einkommens der Organgesellschaft zu den beschränkt steuerpflichtigen Einkünften aus der inländischen Zweigniederlassung anordnet.[7] Für den Fall 2 bleiben nicht zuletzt aufgrund des Fehlens einer eben solchen, in § 18 offenbar vom Gesetzgeber für erforderlich gehaltenen,

661

---

1 Vgl zur Sachverhaltsbeschreibung der hier diskutierten Fälle Rn 655.
2 *Frotscher*, IStR 2011, 697, 701; *Burwitz*, NZG 2012, 496, 498.
3 *Frotscher*, IStR 2011, 697, 699 f; wohl auch BFH I R 54, 55/10, BStBl II 2012, 106, der sich lediglich aus abkommensrechtlichen Gründen an der Besteuerung des zugerechneten Gewerbeertrags gehindert sah und die Feststellung des Gewerbesteuermessbetrags für den Organkreis gegenüber dem einen eigenen Gewerbebetrieb unterhaltenden Organträger für geboten/möglich hält. AA *Lüdicke*, DStR 2011, 740 f unter Verweis auf die fehlende Rechtsgrundlage (§ 2 II S 2 GewStG iVm § 14 I S 1 Nr 2 S 1) und die Wirkung des Diskriminierungsverbots iSd Art 24 V OECD-MA allein zugunsten der TG.
4 *Schnitger/Berliner*, IStR 2011, 753, 762.
5 Vgl zur Sachverhaltsbeschreibung der hier diskutierten Fälle Rn 655.
6 Einen eigenen Besteuerungstatbestand für das zugerechnete Organeinkommen enthält § 49 I Nr 2 EStG nicht; vgl bereits Rn 660.
7 *Lüdicke*, IStR 2011, 740, 742 (Fn 29); *Schnitger/Berliner*, IStR 2011, 753, 761.

ausdrücklichen Anordnung in § 14 I S 1 Nr 2 hingegen Zweifel.[1] Diese bestehen nicht, wenn man derjenigen Literaturauffassung[2] folgt, nach der das zuzurechnende Einkommen einer Organgesellschaft auf der zweiten Stufe der Gewinnermittlung in den Gewinn des Organträgers eingeht (vgl Rn 631). Dann nämlich würde das zugerechnete Organeinkommen Bestandteil des Gewinns aus Gewerbebetrieb der Personengesellschaft und damit auch der Einkünfte der Mitunternehmer iSd § 49 I Nr 2 lit a EStG. Diese Auffassung widerspricht jedoch der bisherigen Rechtsprechung (vgl Rn 628) und wird auch von der Finanzverwaltung nicht geteilt.[3] Die früheren Schutzmechanismen, nach denen eine Organschaft mit einer Personengesellschaft als Organträger bei fehlender Steuerpflicht hinsichtlich des anteiligen Einkommens auch nur eines Mitunternehmers nicht anzuerkennen gewesen wäre, sind mit Wirkung ab dem VZ 2003 aufgegeben worden (vgl Rn 654). Entgegen der Auffassung der Finanzverwaltung, nach der unter der geltenden Rechtslage ein Organschaftsverhältnis stets zwingend die inländische Steuerpflicht des Organträgers voraussetzt,[4] könnte mE für den Fall 2 und damit für § 14 I S 1 Nr 2 S 2 gesetzgeberischer Regelungs-, zumindest aber Klarstellungsbedarf bestehen.[5]

662 Fall 4. Unzweifelhaft besteht eine inländische Steuerpflicht im Fall 4[6]; die natürliche Person unterliegt, wie in § 14 I S 1 Nr 2 S 1 für die Anerkennung als Organträger zur Voraussetzung gemacht, der unbeschränkten Einkommensteuerpflicht mit ihrem Welteinkommen (§ 1 I EStG).

663-665 *Einstweilen frei.*

666 c) Beschränkung der Besteuerung des zugerechneten Einkommens durch Art 5 VII, Art 7 OECD-MA. These von BFH und hM (Fall 1). In seiner Entscheidung v 9.11.2011[7] sah sich der BFH an einem Zugriff durch den inländischen Fiskus auf den ausländischen Organträger durch die abkommensrechtliche Verteilung der Besteuerungsrechte in Art 7 I iVm Art 5 VII OECD-MA gehindert, welche die Betriebsstättenfiktion des § 2 II S 2 GewStG auf ausländerbeherrschte TG nur für den Fall nachvollziehe, das sich eine Betriebsstättenfiktion auf andere Gründe als eine Beherrschungssituation stützt. Dem wird zu Recht entgegengehalten, dass die gewerbesteuerliche Organschaft in ihrer seinerzeitigen Ausprägung über die in Art 5 VII OECD-MA angesprochene reine Beherrschungssituation hinaus ging, in dem sie neben der finanziellen die organisatorische und vor allem auch die wirtschaftliche Eingliederung in den Organträger erforderte.[8] Ebenso stellt sich die Frage, ob nicht

---

1 Lüdicke, IStR 2011, 740, 742 (Fn 29); aA *Schnitger/Berliner*, IStR 2011, 753, 761, die davon ausgehen, der inländischen Betriebsstätte das Einkommen der Organgesellschaft nach allgemeinem Verständnis zuzurechnen ist.
2 *Wassermeyer* in Herzig, Organschaft, 2003, S 208, 217 f; *Wassermeyer*, DStR 2004, 214, 215.
3 Vgl das Einkommensermittlungsschema in R 29 I KStR sowie H 62 KStH „Veranlagungszeitraum und Zurechnung".
4 BMF v 8.12.2004, BStBl I 2004, 1181, Tz 2. b).
5 *Lüdicke*, IStR 2011, 740, 746.
6 Vgl zur Sachverhaltsbeschreibung der hier diskutierten Fälle Rn 655.
7 BFH I R 54, 55/10, BStBl II 2012, 106, zu II. 3. b).
8 *Mössner*, IStR 2011, 349, 350; *Frotscher*, IStR 2011, 697, 700; BMF v 27.12.2011, BStBl I 2012, 119; *Lüdicke*, IStR 2012, 79 f.

VI. Rechtsfolgen der Organschaft

auch unter der heutigen und für KSt und GewSt gleichermaßen geltenden Rechtslage, in der zwar nicht mehr die wirtschaftliche und organisatorische Eingliederung, wohl aber der Abschluss eines Gewinnabführungsvertrags gefordert wird, die Anforderungen und Gegebenheiten bei Organschaft über eine reine Beherrschungssituation iSd Art 5 VII OECD-MA hinaus gehen.[1]

Gegenthese. Diese Frage kann indes unbeantwortet bleiben, da entgegen dem BFH, der hM[2] und mittlerweile wohl auch der Verwaltungsauffassung[3] der Organträger angesichts der Wesensmerkmale der Einkommenszurechnung nach § 14 I S 1 hinsichtlich des ihm zugerechneten Einkommens Unternehmensgewinne iSd Art 7 OECD-MA oder andere den Verteilungsnormen der DBA unterliegende Einkünfte gar nicht erzielt und die Besteuerung des Einkommens im Inland demnach durch die DBA auch nicht ausgeschlossen wird (vgl Rn 668).[4]   667

Keine Abkommensberechtigung des Organträgers für zugerechnetes Organeinkommen. Fraglich ist, ob der Organträger für das ihm von der Organgesellschaft zugerechnete Einkommen überhaupt abkommensberechtigt ist; denn nur dann kann ein Besteuerungsrecht durch das DBA ausgeschlossen oder eingeschränkt sein. Hierbei ist zunächst zu berücksichtigen, dass die Einkommenszurechnung iSd § 14 I S 1 nichts daran ändert, dass die Einkünfte der Organgesellschaft auch in abkommensrechtlicher Hinsicht von dieser erzielt werden, so dass die Organgesellschaft Abkommensschutz für das von ihr erzielte Einkommen genießt (vgl Rn 620, 623).[5] Die Gewährung eigenen Abkommensschutzes für den Organträger hinsichtlich des ihm zugerechneten Einkommens würde bedeuten, dass im Ergebnis zwei Steuersubjekte, Organgesellschaft und Organträger, Abkommensschutz für Einkünfte bzw Einkommen der Organgesellschaft beanspruchen könnten.[6] Dann könnte zum einen infolge einer Abkommensberechtigung des Organträgers im Ausland der inländische Besteuerungsanspruch für das Organeinkommen durch ein mit dem Ansässigkeitsstaat des Organträgers abgeschlossenes DBA eingeschränkt werden. Zum anderen könnte der Organträger für ausländische Einkünfte der Organgesellschaft aus einem Drittstaat eine (weitere) Quellensteuerreduktion beanspruchen, wenn ein zwischen seinem Ansässigkeitsstaat und dem ausländischen Drittstaat abgeschlossenes DBA günstiger ist.[7] Zu einer solchen abkommensrechtlichen Steuerbefreiung im Inland bzw Mehrfachbegünstigung in einem Drittstaat kommt es hingegen nicht.[8] Die Anwendung eines DBA setzt über die Erfüllung der persönlichen Voraussetzungen (Person und Ansässigkeit), wie sich den Verteilungsnormen der Art 6 bis 22 OECD-MA entnehmen lässt, in sachlicher Hinsicht die Erzielung von Einkünften   668

---

1   *Frotscher*, IStR 2011, 697, 701; *Lüdicke*, IStR 2012, 79 f; aA *Rödder/Schönfeld*, DStR 2011, 886, 887 f.
2   *Behrens*, Ubg 2011, 665, 673; *Buciek*, FR 2011, 588; *Dötsch*, DK 2011, 267, 268; *Gosch*, BFH/PR 2011, 266, 267; *Lendewig*, NWB 2011, 2539, 2542 f; *Rödder/Schönfeld*, DStR 2011, 886, 887; *Stöber*, BB 2011, 1943, 1946.
3   BMF v 27.12.2011, BStBl I 2012, 119; vgl dazu *Lüdicke*, IStR 2012, 79, 80.
4   So *Lüdicke*, IStR 2011, 740; *Schnitger/Berliner*, IStR 2011, 753; *Behrens*, BB 2012, 485, 489.
5   *Lüdicke*, IStR 2011, 740, 743 f; *Schnitger/Berliner*, IStR 2011, 753, 755 f.
6   *Lüdicke*, IStR 2011, 740, 744.
7   *Lüdicke*, IStR 2011, 740, 745; *Schnitger/Berliner*, IStR 2011, 753, 756.
8   *Lüdicke*, IStR 2011, 740, 745 bereits unter Hinweis auf § 32b Ia EStG.

aus dem anderen Vertragsstaat voraus.[1] Da das OECD-MA weder den Einkünftebegriff definiert noch regelt, wem die erzielten Einkünfte zuzurechnen sind, sind beide Tatbestandsmerkmale gem Art 3 II OECD-MA nach dem nationalen Recht zu bestimmen.[2] Bei aller Autonomie hinsichtlich der Auslegung des Einkünftebegriffs müssen die Vertragsstaaten dabei jedoch bedenken, dass die unter Art 6-21 OECD-MA subsumierten Einkünfte zugleich die Eignung haben müssen, solche iSd Art 23 OECD-MA zu sein, der auf diese Artikel Bezug nimmt, und damit auch „bezogen" werden müssen.[3] Nach deutschem Verständnis bezieht bzw erzielt aber nicht der Organträger die Einkünfte der Organgesellschaft. Erzielt werden diese durch die Organgesellschaft selbst; dem Organträger werden sie lediglich als fremdes Einkommen zur Besteuerung zugerechnet (vgl ausführlich Rn 619 bis 624). Die Frage der Einordnung der Einkommenszurechnung unter die Verteilungsnormen, namentlich unter die Unternehmensgewinne iSd Art 7 OECD-MA, stellt sich damit tatsächlich nicht.[4]

669 **Mit der Organschaft zu einem im Ausland ansässigen Organträger verbundene Steuerrisiken.** Sofern inländische Kapitalgesellschaften im Vertrauen auf die BFH-Entscheidung oder allein angesichts der bislang im nationalen Recht nicht geregelten inländischen Steuerpflicht des Organträgers (vgl Rn 660) den Abschluss eines Gewinnabführungsvertrags mit einer in einem anderen DBA-Staat ansässigen Mutter erwägen, werden sie hierbei neben dem Erfordernis der Prüfung, ob die Rechtsprechung auf das konkrete Diskriminierungsverbot iSd Art 24 V OECD-MA in dem betreffenden DBA übertragbar ist (vgl Rn 97), auch die Entstrickungsrisiken gem § 12 I berücksichtigen müssen. Denn wenn mit dem Abschluss des Gewinnabführungsvertrags bzw der Herstellung der Organschaft zum ausländischen Organträger die Einkünfte der Organgesellschaft nicht mehr besteuert werden können, stellt sich unweigerlich auch die Frage eines Ausschlusses des inländischen Besteuerungsrechts hinsichtlich des Gewinns aus der Veräußerung oder der Nutzung von Wirtschaftsgütern der Organgesellschaft.[5] Weiterhin besteht das Risiko der Verlagerung steuerlicher Verluste ins steuerliche „Niemandsland", da ein ausländischer Organträger ohne weitere inländische Einkünfte die ihm von der Organgesellschaft zugerechneten steuerlichen Verluste nicht ohne weiteres nutzen kann. Dies war letztlich im entschiedenen Fall das Ergebnis der BFH-Entscheidung.

670 **Funktionale Zuordnung der Anteile an der Organgesellschaft (Fälle 2 bis 4).** In Weiterentwicklung der von BFH und hM vertretenen, aber nicht näher begründeten These, dass das dem Organträger zugerechnete Einkommen für diesen grundsätzlich Unternehmensgewinn iSd Art 7 OECD-MA darstellt, wird in der Literatur vertreten, dass ein Ausschluss des inländischen Besteuerungsrechts auch in solchen Fällen zu bejahen ist, in denen die Besteuerung des zugerechneten Einkommens als Unternehmensgewinn iSd Art 7 OECD-MA an der Rechtsprechung des BFH zur tatsäch-

---

1 *Lüdicke*, IStR 2011, 740, 744 f; *Schnitger/Berliner*, IStR 2011, 753, 756.
2 *Wassermeyer* in D/W, DBA, Vor Art 6-22 OECD-MA Rn 2a, 15; *Vogel* in Vogel/Lehner, DBA, Vor Art 6-22 Rn 1.
3 *Wassermeyer* in D/W, DBA, Vor Art 6-22 OECD-MA Rn 2a; *Lüdicke*, IStR 2011, 740, 745.
4 *Lüdicke*, IStR 2011, 740, 745; *Schnitger/Berliner*, IStR 2011, 753, 756.
5 AA *Ehlermann/Petersen*, IStR 2011, 747, 751.

lichen Zugehörigkeit – hier der Beteiligung an der Organgesellschaft – zu einer im Inland existierenden Betriebsstätte des Organträgers scheitert. So könne das einer Organträger-Personengesellschaft (Fall 2)[1] zuzurechnende Einkommen einer Besteuerung im Inland insoweit entzogen werden, wie die Mitunternehmer in einem DBA-Staat ansässig sind, wenn die Beteiligung an der Organgesellschaft der den Mitunternehmern durch das Unternehmen der Personengesellschaft vermittelten Betriebsstätte funktional nicht zuzurechnen ist.[2] Zunächst ist festzuhalten, dass die Richtigkeit dieser These nicht nur Gestaltungspotenzial für künftige, sondern auch ein bedeutsames Risiko für seit Jahren bestehende Strukturen darstellen würde, bei denen die funktionale Zugehörigkeit der Organbeteiligung zu der durch die Personengesellschaft vermittelten Betriebsstätte in tatsächlicher Hinsicht fraglich ist. Darüber hinaus hätte diese Schlussfolgerung gleichermaßen Bedeutung für den Fall 3 sowie auch für den Fall 4. Für letzteren allerdings in der Weise, dass eine funktionale Zugehörigkeit der Organbeteiligung zur ausländischen Betriebsstätte sichergestellt sein müsste. Nach hier vertretener Auffassung kommt es für die Besteuerung des von einer Organgesellschaft zugerechneten Einkommens im Inland auf die funktionale Zugehörigkeit der Organbeteiligung zu einer inländischen Betriebsstätte jedoch nicht an. Denn bezogen auf das zugerechnete Einkommen liegen schon keine Unternehmensgewinne iSd Art 7 OECD-MA sowie auch sonst keine den Verteilungsnormen iSd Art 6-21 OECD-MA unterliegenden vom Organträger „bezogenen" Einkünfte vor (vgl Rn 667 f). In den Fällen 3 und 4 ist der grundsätzlich gegebene (vgl Rn 661 und 662) inländische Besteuerungszugriff mithin nicht durch das DBA eingeschränkt. Gleiches gilt für den Fall 2; eine Besteuerung des zugerechneten Einkommens im Inland scheitert hier allenfalls an der mangelhaften Sicherstellung eines Besteuerungstatbestands bereits im nationalen Recht (vgl Rn 661). Könnte, entgegen der hier vertretenen Auffassung, das Besteuerungsrecht Deutschlands für das Organeinkommen mit dem Argument der fehlenden funktionalen Zuordnung der Organbeteiligung zu einer inländischen Betriebsstätte des Organträgers ausgeschlossen werden, bestünden die in Rn 669 aufgezeigten Risiken in gleichem Maße.

Einstweilen frei.   671-673

3. Verfahrensrechtliche Fragen. Steuererklärungspflicht der Organgesellschaft.   674
Da die Organgesellschaft eigenständiges Steuersubjekt bleibt, ist neben dem Organträger auch die Organgesellschaft zur Abgabe von Steuererklärungen verpflichtet.

Einkommen der Organgesellschaft. Das von der Organgesellschaft erwirtschaftete Einkommen wird zwar bei dieser ermittelt, jedoch dem Organträger zur Besteuerung zugerechnet. Soweit die Organgesellschaft nicht selbst – wie im Fall des § 16 – über weiteres, nicht an den Organträger abzuführendes Einkommen verfügt,[3] wird ihr gegenüber die KSt auf null festgesetzt.[4]   675

---

1 Vgl zur Sachverhaltsbeschreibung der hier diskutierten Fälle Rn 655.
2 *Ehlermann/Petersen*, IStR 2011, 747.
3 Bzw bei ihr nicht Körperschaftsteuerminderungen oder -erhöhungen zu berücksichtigen sind (§§ 37, 38; bis VZ 2006).
4 BFH I R 84/03, BStBl II 2004, 539.

676 **Keine gesonderte Feststellung des zuzurechnenden Einkommens.** Das dem Organträger zuzurechnende Einkommen stellt iRd Körperschaftsteuerfestsetzung der Organgesellschaft lediglich eine unselbständige Besteuerungsgrundlage dar; ein Feststellungsverfahren für das dem Organträger zuzurechnende Einkommen existiert ebenfalls nicht.[1] Dem verwaltungsintern für die Einkommenszurechnung verwendeten Vordruck „MO – Mitteilung für den Organträger" kommt keine Bescheidfunktion zu.[2]

677 **Rechtsbehelfsbefugnis bezüglich der Höhe des zugerechneten Einkommens.** Einwendungen im außergerichtlichen und gerichtlichen Rechtsbehelfsverfahren gegen die Höhe des dem Organträger zugerechneten Einkommens kann mangels Beschwer der Organgesellschaft allein der Organträger iR seiner Steuerfestsetzung bzw bei Organträger-Personengesellschaften iRd einheitlichen und gesonderten Feststellung von Besteuerungsgrundlagen[3] geltend machen (R 61 VI S 1 KStR).[4]

678 **Keine Grundlagenfunktion von Festsetzungen und Feststellungen gegenüber der Organgesellschaft.** Da das Einkommen der Organgesellschaft mangels einer gesetzgeberischen Verfahrensentscheidung als unselbständige Besteuerungsgrundlage in das einheitliche Gesamteinkommen des Organträgers eingeht und von diesem zu versteuern ist, entfaltet die Änderung des dem Organträger zuzurechnenden Einkommens der Organgesellschaft und eines dieser gegenüber ergangenen Körperschaftsteuerbescheides keine Bindungswirkung iSe Grundlagenbescheides iSd § 182 I AO. Eine Änderung des Bescheides des Organträgers infolge eines geänderten Bescheides gegenüber der Organgesellschaft kann damit nicht auf § 175 I S 1 Nr 1 AO gestützt werden. Ebenso wenig stellt die Änderung eines Körperschaftsteuerbescheides der Organgesellschaft ein für die Steuerfestsetzung des Organträgers beachtliches rückwirkendes Ereignis iSd § 175 I S 1 Nr 2 AO dar.[5] Auch ein Grundlagenbescheid für die Organgesellschaft, zB ein Gewinnfeststellungsbescheid für deren Tochterpersonengesellschaft, entfaltet verfahrensrechtlich gegenüber dem Organträger nicht die Wirkung eines Grundlagenbescheids.[6]

679 **Rechtsbehelfsbefugnis der Organgesellschaft.** Soweit nach der Einkommenszurechnung die für die Organgesellschaft festgesetzte KSt nicht Null beträgt, stehen Rechtsbehelfsbefugnisse (allein) der Organgesellschaft zu. Dies betrifft im Wesentlichen den Fall von der Organgesellschaft nach § 16 selbst zu versteuernder Ausgleichszahlungen[7] sowie – bis zum VZ 2006 – darüber hinaus den Fall von Körperschaftsteueränderungen nach §§ 37, 38 infolge von Ausschüttungen vorvertraglicher Rücklagen und von Kapitalrücklage sowie von Mehrabführungen iSd § 14 III bzw allein nach § 38 infolge von Ausgleichszahlungen und verdeckten Gewinnausschüttungen an außenstehende Anteilseigner.

---

1 FG Berlin 7 K 7106/03, EFG 2004, 766. Vgl jedoch zu den Reformüberlegungen der Bundesregierung Rn 7.
2 *Dötsch* in D/J/P/W § 14 Rn 266.
3 BFH VIII R 149/86, BStBl II 1992, 817.
4 BFH I R 84/03, BStBl II 2004, 539; BFH VIII R 183/85, BFH/NV 1990, 504; Niedersächsisches FG 6 K 303/00 rkr, EFG 2004, 1662.
5 BFH I R 84/03, BStBl II 2004, 539; BFH I B 31/06, BFH/NV 2007, 57; BFH IV R 40/07, BStBl II 2010, 720, zu II. 3; R 61 VI S 1 KStR. Vgl hierzu auch *von Groll*, DStR 2004, 1193, 1196 ff.
6 BFH IV R 74/05, BStBl II 2008, 663. Kritisch *Frotscher* in Frotscher/Maas § 14 Rn 719 f.
7 BFH I R 84/03, BStBl II 2004, 539; BFH I B 31/06, BFH/NV 2007, 57; R 61 VI S 2 KStR.

Nebeneinander bestehende Rechtsbehelfsbefugnisse. Im Fall von Mehr- und Minderabführungen iSd § 14 IV oder III ergeben sich Rechtsbehelfsbefugnisse sowohl für den Organträger als auch für die Organgesellschaft, da diese Vorschriften sich stets auf beiden Ebenen auswirken und eine verfahrensrechtliche Verknüpfung fehlt. Während die Geltendmachung von Einwendungen mit Blick auf Einkommensauswirkungen dieser Regelungen allein dem Organträger vorbehalten ist, kann auch die Organgesellschaft das Vorliegen von Mehr- und Minderabführungen dem Grunde und der Höhe nach angreifen; denn Minderabführungen iSd § 14 III und IV und Mehrabführungen iSd § 14 IV wirken sich stets sowie Mehrabführungen iSd § 14 III im Einzelfall[1] auf die Feststellung des steuerlichen Einlagekontos (bzw unter dem Anrechnungsverfahren auf das verwendbare Eigenkapitals iSd § 47 I aF) aus und können somit eine Beschwer der Organgesellschaft begründen. Insoweit liegt die Rechtsbehelfsbefugnis ebenfalls allein bei der Organgesellschaft.[2] Die aufgezeigten Rechtsbehelfsbefugnisse von Organträger und Organgesellschaft bestehen unabhängig voneinander. Gleiches gilt für den Ausgang von Rechtsbehelfsverfahren; obsiegt der Eine, hat dies keine unmittelbaren Auswirkungen auf den Anderen.

680

Feststellung des Bestehens der Organschaft. Nicht abschließend geklärt ist die Frage, auf welcher Ebene über das Bestehen der Organschaft selbst zu entscheiden ist. Zweifelsohne besteht eine Rechtsbehelfsbefugnis bei demjenigen, der in dem betreffenden VZ durch die Nichtanerkennung (Organgesellschaft im Gewinn-, Organträger im Verlustfall) bzw Anerkennung (Organgesellschaft im Verlust-, Organträger im Gewinnfall) in Form einer überhöhten Körperschaftsteuerfestsetzung oder zu geringen Verlustfeststellung unmittelbar beschwert ist.[3] ME ist aber *Frotscher* darin beizupflichten, dass infolge der tiefgreifenden Wirkungen der Organschaft beiden Parteien ein berechtigtes Interesse an der Klärung des Bestehens oder nicht Nichtbestehens der Organschaft zugebilligt werden muss.[4] In diese Richtung scheinen auch die – im betreffenden Fall allerdings nicht entscheidungserheblichen – Überlegungen des IV. Senats zu gehen, der es angesichts des Umstands, dass das Bestehen der Organschaft einen mehrere VZ umfassenden Zeitraum betrifft, als zweifelhaft ansah, ob eine Organträger-Personengesellschaft nicht auch durch die einheitliche Feststellung eines (infolge der Nichtanerkennung einer Organschaft) zu niedrigen Gewinns beschwert sein kann.[5] Eine Entscheidung über das Bestehen oder Nichtbestehen der Organschaft kann damit in beiden Besteuerungsverfahren – dh des Organträgers und der Organgesellschaft – ergehen. Da auch hinsichtlich des Bestehens der Organschaft dem Bescheid der Organgesellschaft keine Grundlagenfunktion nach § 175 I S 1 Nr 1 AO beizulegen ist und eine Änderung des Bescheides

681

---

1 Unter dem körperschaftsteuerlichen Anrechnungsverfahren wirkten sich Mehrabführungen stets auf das verwendbare Eigenkapital und die KSt, im Halbeinkünfteverfahren bis VZ 2006 ggf auf das Einlagekonto, auf die KSt oder aber auf keine durch die Organgesellschaft angreifbare Größe aus. Vor dem VZ 2004 galt dies allerdings nur bei Anwendung der Verwaltungsauffassung zu vororganschaftlichen Mehrabführungen; vgl Rn 1191 f und Rn 1196.
2 BFH I R 1/05, BStBl II 2006, 471; BFH I B 31/06, BFH/NV 2007, 57; *Müller*, DK 2009, 167, 169.
3 Auf diese Fälle beschränkend *Müller*, DK 2009, 167, 168 f, Beispiele 3-6.
4 *Frotscher* in Frotscher/Maas § 14 Rn 707 f.
5 BFH IV R 40/07, BStBl II 2010, 720, zu II. 1. b) bb) (1).

des Organträgers infolge einer das Bestehen oder Nichtbestehen der Organschaft betreffenden, im Verfahren der Organgesellschaft getroffenen Entscheidung auch nicht auf § 175 I 1 S 1 Nr 2 AO gestützt werden kann,[1] sind widersprüchliche Entscheidungen in den beiden Verfahren nicht auszuschließen. Vor diesem Hintergrund ist im Zweifel anzuraten, gegen beide Bescheide Rechtsbehelfe einzulegen und das eine Verfahren bis zur Entscheidung über das andere Verfahren ruhen zu lassen.[2] Ein derart abgestimmtes Vorgehen liegt auch im Interesse der Finanzverwaltung. Wird in einem Verfahren entschieden (zB Anerkennung der Organschaft bei der Organgesellschaft) kann eine Änderung wegen widerstreitender Festsetzung im anderen Verfahren (hier Steuerfestsetzung beim Organträger unter Berücksichtigung des Organeinkommens) innerhalb der Festsetzungsfrist des Anderen (§ 174 III AO), danach nur noch nach Maßgabe des § 174 IV AO und bei vorheriger Verfahrensbeteiligung des Anderen (§ 174 V AO) erfolgen.[3]

682-684 *Einstweilen frei.*

685 **4. Haftung der Organgesellschaft (§ 73 AO). Allgemeines.** Da die Organschaft die steuerliche Zurechnung des wirtschaftlichen Ergebnisses einer zivilrechtlich selbständigen Gesellschaft zum Organträger bewirkt und der durch die wirtschaftliche Tätigkeit der Organgesellschaft ausgelöste Steueranspruch zu einer Steuerschuld des Organträgers führt, erstreckt § 73 AO die Haftung bei Vorliegen einer Organschaft auf die Organgesellschaften, um dem Steuergläubiger den Zugriff auch auf das Vermögen zu gewähren, durch dessen Einsatz der Steueranspruch gegen den Organträger ausgelöst wurde.[4]

686 **Betroffene Steuern.** Eine Organgesellschaft haftet für solche Steuern des Organträgers, für welche die Organschaft zwischen ihnen steuerlich von Bedeutung ist; den Steuern stehen die Ansprüche auf Erstattung von Steuervergütungen gleich (§ 73 AO). Die Haftung kommt nur für diejenigen Steuern in Betracht, für die eine Organschaft wirksam begründet wurde[5] und die während der Organschaft entstanden sind. Die GewSt und die USt sind von der Haftung nur dann erfasst, wenn auch eine gewerbesteuerliche bzw umsatzsteuerliche Organschaft besteht.[6] Im Fall einer körperschaftsteuerlichen Organschaft erstreckt sich die Haftung auf die KSt und, wenn natürliche Personen Organträger sind, auch auf die ESt;[7] nicht aber auf Zinsen[8].

687 **Steuern des Organträgers.** Die Haftung erstreckt sich auf die Steuern des gesamten Organkreises, mithin auch auf solche Steuern des Organträgers, die durch dessen eigene wirtschaftliche Tätigkeit oder die anderer Organgesellschaften entstanden sind.[9]

1　BFH IV R 40/07, BStBl II 2010, 720, zu II. 3.
2　*Frotscher* in Frotscher/Maaß § 14 Rn 709.
3　FG Köln 1 K 1988/06, DStRE 2008, 214; bestätigt durch BFH IV R 40/07, BStBl II 2010, 720.
4　*Intemann* in Pahlke/Koenig § 73 AO Rn 1.
5　BFH VII R 76/03, BStBl II 2006, 3.
6　*Rüsken* in Klein § 73 AO Rn 2.
7　*Intemann* in Pahlke/Koenig § 73 AO Rn 11; *Rüsken* in Klein § 73 AO Rn 10.
8　BFH VII R 76/03, BStBl II 2006, 3.
9　*Intemann* in Pahlke/Koenig § 73 AO Rn 8, 13 mwN; kritisch *Lüdicke* in FS für Norbert Herzig: Unternehmensbesteuerung, 2010, S 259, 263 ff.

Ungewisse Reichweite. Die tatsächliche Reichweite des § 73 AO erscheint noch nicht als durch die Rechtsprechung ausgelotet. *Lüdicke* hinterfragt zu Recht die möglichen Grenzüberschreitungen, aber auch die möglichen Lücken dieser Vorschrift. So stellt sich zB die Frage, ob die Organgesellschaft tatsächlich auch für eine Steuerschuld einer natürlichen Person als Organträger haftet, die aus Einkünften in mit der Organschaft in keinerlei Zusammenhang stehenden Einkunftsarten (zB Vermietung und Verpachtung) resultiert.[1] Andererseits ist fraglich, ob die Haftung, wie mit Blick auf die Einkünfte des Organträgers geboten, auch die ESt oder KSt der Mitunternehmer einer Organträger-Personengesellschaft umfassen kann, wenn der in § 73 AO angesprochene Organträger, die Personengesellschaft, für Zwecke der ESt bzw KSt nicht selbst Steuersubjekt ist und im Kontext der Organschaft spätestens seit Abschaffung der Mehrmütterorganschaft auch nicht (mehr) als transparent behandelt wird.[2] Ebenso könnten sich Haftungslücken im Fall der mehrstufigen Organschaft ergeben.[3]   **688**

Einstweilen frei.   **689-690**

VII. Ermittlung des Einkommens der Organgesellschaft. 1. Allgemeines. Grundsatz. Nach § 14 I S 1 ist dem Organträger das Einkommen der Organgesellschaft zuzurechnen, soweit sich aus § 16 nichts anderes ergibt. Da, vorbehaltlich des Vorliegens von Ausgleichszahlungen und daraus resultierenden von der Organgesellschaft selbst zu versteuernden Einkommens, das zu versteuernde Einkommen der Organgesellschaft stets EUR 0 beträgt, bezieht sich § 14 I S 1 tatsächlich auf das von der Organgesellschaft ohne die Einkommenszurechnung selbst zu versteuernde Einkommen.[4] Vom zu versteuernden Einkommen einer nicht organschaftlich eingebundenen Kapitalgesellschaft unterscheidet sich die Ermittlung dieses zuzurechnenden Einkommens vor allem durch die Besonderheiten des § 15.   **691**

Einkommensermittlungsschema. Für die Ermittlung des Einkommens der Organgesellschaft ergibt sich damit folgendes Berechnungsschema[5]:   **692**

		Rn
	Jahresüberschuss/-fehlbetrag laut Handelsbilanz (= € 0, sofern weder Bildung noch Auflösung von Rücklagen)	694 – 695
+./.	steuerbilanzielle Korrekturen (§ 60 II EStDV)	697 – 699
=	**Gewinn/Verlust lt Steuerbilanz**	
+	vGA an Organträger und diesem nahestehende Personen	703 – 724
	vGA an außenstehende Anteilseigner	728

§ 14

---

1 *Lüdicke* in FS für Norbert Herzig: Unternehmensbesteuerung, 2010, S 259, 275 f.
2 *Lüdicke* in FS für Norbert Herzig: Unternehmensbesteuerung, 2010, S 259, 277 ff, auch unter Darstellung des Meinungsstands.
3 *Lüdicke* in FS für Norbert Herzig: Unternehmensbesteuerung, 2010, S 259, 279 ff.
4 *Dötsch* in D/J/P/W § 14 Rn 270; idS auch R 61 I S 1 KStR.
5 Basierend auf R 61 I S 1 KStR und *Dötsch* in D/J/P/W § 14 Rn 271.

./.	Einlagen	730 – 758
+	von der OG geleistete Ausgleichszahlungen (Az) (§ 4 V S 1 Nr 9)	776 – 777
+ ./.	nichtabziehbare Steuern (inkl KSt auf von OG oder OT geleistete Az) und sonstige nichtabziehbare Ausgaben (saldiert m Erstattungen)	776 – 778
./.+	nicht der KSt unterliegende Vermögensvermehrungen und -minderungen, sofern nicht § 15 S 1 Nr 2 oder S 2 anwendbar	762 – 770
+ ./.	sonstige Korrekturen (zB AStG, § 15a EStG bei Beteiligung der OG an einer PersG)	
=	**Zwischensumme I**	
+	an den OT aufgrund des Gewinnabführungsvertrags abgeführter Gewinn	
./.	vom OT zum Ausgleich eines sonst entstehenden Jahresfehlbetrags geleisteter Betrag	
=	**Zwischensumme II**	
./.	eigener Spendenabzug bei der OG	780 – 781
./.	17/17 (bis VZ 2007: 3/3) der von der OG geleisteten Ausgleichszahlungen	776 – 777
./.	3/17 (bis VZ 2007: 1/3) der von der OG oder dem OT geleisteten Ausgleichszahlungen (= KSt auf Az)	776 – 778
=	**Zwischensumme III**	
+	sofern Zwischensumme III negativ, anteilige/volle Hinzurechnung wg Anwendungsfall des § 8c I bei OG	783 ff
=	**der Einkommenszurechnung nach § 14 I S 1 unterliegendes Einkommen**	
+ ./.	**dem OT zuzurechnendes positives bzw negatives Einkommen der OG**	
+	3/17 (bis VZ 2007: 1/3) der von der OG oder dem OT geleisteten Ausgleichszahlungen (= KSt auf Az)	776 – 778
+	17/17 (bis VZ 2007: 3/3) der von der OG geleisteten Ausgleichszahlungen	776 – 777
+	vom OT zugewiesenes Einkommen iHv 17/17 (bis VZ 2007: 3/3) der durch den OT geleisteten Ausgleichszahlungen	778
=	**zu versteuerndes Einkommen der Organgesellschaft** (= 0 € oder 20/17 (bis VZ 2007: 4/3) der geleisteten Az).	

VII. Ermittlung des Einkommens der Organgesellschaft

Einstweilen frei. 693

2. Bildung und Auflösung von Rücklagen. Nicht nach § 319 ff AktG eingegliederte Organgesellschaft. Die Bildung und Auflösung von Rücklagen beeinflusst das dem Organträger zuzurechnende Einkommen nicht. Zur Wahrung dieses Grundsatzes bedarf es keiner Korrekturen iRd auf dem Jahresergebnis laut Handelsbilanz aufsetzenden Einkommensermittlung der Organgesellschaft: 694

- Die infolge der Vermögenszuführung von außen erfolgende Bildung und die mit einem Abführungsverbot belegte Auflösung von Kapitalrücklagen (vgl Rn 395) beeinflussen das handelsrechtliche Jahresergebnis schon von vornherein nicht (§ 275 IV HGB).

- Auch die mit einem Abführungsverbot belegte Auflösung in vorvertraglicher Zeit gebildeter Gewinnrücklagen (vgl Rn 392) beeinflusst das handelsrechtliche Jahresergebnis nicht (§ 275 IV HGB).

- Werden während der Geltungsdauer des Gewinnabführungsvertrags Gewinnrücklagen gebildet bzw in vertraglicher Zeit gebildete Gewinnrücklagen aufgelöst, unterliegen diese Vorgänge dem Gewinnabführungsvertrag, so dass die Gewinnführung den Jahresüberschuss vor Gewinnabführung unter- bzw überschreitet. In diesen Fällen verbleibt, da die Einstellung in bzw die Auflösung von Gewinnrücklagen in der Gewinn- und Verlustrechnung erst nach der Position „Jahresüberschuss/Jahresfehlbetrag" ausgewiesen werden darf (§ 275 IV HGB), ein Jahresüberschuss bzw ein Jahresfehlbetrag. Ausgehend von diesem Jahresüberschuss bzw -fehlbetrag wird nach Eliminierung der zu niedrigen bzw überhöhten Gewinnabführung iRd Einkommensermittlung der Organgesellschaft dem Organträger das zutreffende Einkommen der Organgesellschaft zugerechnet.

Nach §§ 319 ff AktG eingegliederte Organgesellschaft. Hinsichtlich der Bildung von Kapital- und Gewinnrücklagen ergeben sich keine Abweichungen zu der Behandlung bei nicht nach § 319 ff AktG eingegliederten Organgesellschaften (vgl Rn 694). Anders als bei letzteren unterliegt bei nach § 319 ff AktG eingegliederten Organgesellschaften hingegen auch die in vertraglicher Zeit erfolgende Auflösung von in vorvertraglicher Zeit gebildeten Gewinnrücklagen und von Kapitalrücklagen der Gewinnabführungsverpflichtung (vgl Rn 319). Für diese Vorgänge gelten die in Rn 694 beschriebenen Grundsätze bei Auflösung in vertraglicher Zeit gebildeter Gewinnrücklagen daher entsprechend. 695

Einstweilen frei. 696

3. Steuerbilanzielle Korrekturen. Abgabepflicht gem § 60 II EStDV. Als trotz Organschaft eigenständig bleibendes und der Verpflichtung zur Abgabe einer Körperschaftsteuererklärung unterliegendes Körperschaftsteuersubjekt (vgl Rn 674) treffen die Organgesellschaft ebenfalls die Pflichten nach § 60 II EStDV. Den Steuererklärungen ist eine Mehr-/Wenigerrechnung zur Handelsbilanz oder eine eigenständige Steuerbilanz beizufügen. 697

698   **Eigenständige Steuerbilanz der Organgesellschaft.** Hinsichtlich der Mehr-/ Wenigerrechnung oder Steuerbilanz ergeben sich keine Unterschiede zu solchen einer nicht organschaftlich eingebundenen Kapitalgesellschaft. Wie die Handelsbilanz ist auch die Steuerbilanz der Organgesellschaft eigenständig zu erstellen:

- Bei Ansatz und Bewertung von positiven und negativen Wirtschaftsgütern der Organgesellschaft ergeben sich idR keine Unterschiede zu nicht organschaftlich eingebundenen Kapitalgesellschaften. So findet zB das grundsätzlich auch auf gegenüber Gesellschaftern bestehende Verbindlichkeiten anzuwendende[1] Abzinsungsgebot gem § 6 I Nr 3 EStG auch auf Verbindlichkeiten der Organgesellschaft gegenüber dem Organträger Anwendung.[2]

- Die Ausübung von Ansatz- und Bewertungswahlrechten in den Steuerbilanzen des Organträgers oder anderer Mitglieder des Organkreises bindet die Organgesellschaft in keiner Weise.

699   **Abweichungen zwischen handelsrechtlicher Gewinnabführung und steuerbilanziellem Gewinn.** Je nachdem, ob die Abweichungen zwischen handelsrechtlicher Gewinnabführung und steuerbilanziellem Gewinn (vor Gewinnabführung) ihre Ursache in organschaftlicher oder vororganschaftlicher Zeit haben, führen sie gem § 14 IV zu organschaftlichen (vgl Rn 975 ff) oder gem § 14 III zu vororganschaftlichen (vgl Rn 1180 ff) Mehr- bzw Minderabführungen (vgl zur Abgrenzung Rn 1254 ff). An der mindernden oder erhöhenden Wirkung auf den Steuerbilanzgewinn der Organgesellschaft ändert diese Differenzierung und Kategorisierung nichts.

700-702   *Einstweilen frei.*

703   **4. VGA. a) VGA an den Organträger. Anwendung der allgemeinen Grundsätze.** VGA (vgl § 8 Rn 231-545) dürfen gem § 8 III S 2 das Einkommen nicht mindern. Dieser Grundsatz ist auch bei Bestehen einer körperschaftsteuerlichen Organschaft zu beachten. Da auch im Fall der körperschaftsteuerlichen Organschaft die Organgesellschaft und der Organträger zivilrechtlich und steuerrechtlich verschiedene Rechtsträger bleiben und diese demzufolge grundsätzlich körperschaftsteuerrechtlich getrennt voneinander und entsprechend den jeweils für sie gegebenen Verhältnissen zu behandeln sind, verbietet es sich, die Verminderung des Einkommens der einen Gesellschaft durch eine Erhöhung des Einkommens der anderen Gesellschaft auszugleichen.[3]

704   **Vorteilsgewährung an Gesellschafter oder nahestehende Person.** Den allgemeinen Grundsätzen gem R 36 I KStR entsprechend setzt eine Veranlassung durch das Gesellschaftsverhältnis (zum Organträger) nicht voraus, dass die Vermögensminderung oder verhinderte Vermögensmehrung zugunsten des Organträgers erfolgt; ein bei einer diesem nahestehenden Person erwachsender Vorteil reicht hierzu aus. Empfänger der vGA ist auch in diesem Fall der Gesellschafter (Organträger). Die Grundsätze für Vorteilsgewährungen an mittelbare Gesellschafter (vgl § 8 Rn 545 „Konzern-

---

1   BFH I R 4/08, BStBl II 2010, 177; BFH I R 35/09, BStBl II 2010, 478.
2   BMF v 26.5.2005, BStBl I 2005, 699, Rn 21.
3   BFH I R 99/80, BStBl II 1985, 18.

strukturen") gelten im Fall der Organschaft entsprechend;[1] ebenso die Grundsätze zu Vorteilsgewährungen zwischen Schwestergesellschaften (vgl § 8 Rn 545 „Dreiecksverhältnisse").[2] Zu den Rechtsfolgen in Organschaftsfällen vgl Rn 716 bzw Rn 881 ff.

Beherrschende Gesellschafter. Wegen der durch das Erfordernis der finanziellen Eingliederung der Organgesellschaft in den Organträger gem § 14 I S 1 Nr 1 gegebenen beherrschenden Stellung des Organträgers werden für die Frage der gesellschaftsrechtlichen Veranlassung regelmäßig auch die diesbezüglichen Grundsätze bei beherrschenden Gesellschaftern (R 36 II KStR; vgl § 8 Rn 393-421) zur Anwendung kommen.   705

Allgemeine vGA, schuldrechtliche Beziehungen. Als vGA an den Organträger kommen zunächst die allgemeinen Anwendungsbeispiele zu § 8 III S 2 in Betracht. Dies sind vor allem die Lieferung von Wirtschaftsgütern oder die Erbringung von Leistungen unterhalb des fremdüblichen Preises durch die Organgesellschaft an den Organträger oder eine diesem nahestehende Person, umgekehrt der Bezug von Wirtschaftsgütern oder Leistungen vom Organträger zu einem überhöhten Preis sowie das Fehlen einer zivilrechtlich wirksamen, klaren und eindeutigen Vereinbarung im Vorhinein.   706

Organschaftsspezifische vGA. Als typische nur im Fall einer Organschaft vorkommende vGA kommt vor allem die fehlende Verzinsung eines Verlustübernahmeanspruchs (vgl Rn 470) in Betracht. Die Begründung einer Klammerorganschaft stellt keine vGA der zwischengeschalteten Gesellschaft dar (vgl Rn 157).   707

§ 8a aF. Über unmittelbare Anwendungsfälle des § 8 III S 2 hinaus konnten sich – trotz marktüblicher Vergütung – bis zum letzten vor dem 1.1.2004 endenden WJ der Organgesellschaft[3] nach § 8a KStG idF Standortsicherungsgesetz v 13.9.1993[4] vGA der Organgesellschaft aus Darlehensschuldverhältnissen mit dem Organträger nahestehenden Personen ergeben.[5] Nachfolgend und bis zum letzten vor dem 26. Mai 2007 beginnenden WJ der Organgesellschaft konnten sich nach § 8a idF Gesetz zur Umsetzung der Protokollerklärung der Bundesregierung zur Vermittlungsempfehlung zum Steuervergünstigungsabbaugesetz v 22.12.2003[6] darüber hinaus wegen der Ausweitung des Anwendungsbereichs der Vorschrift auch vGA aus Verbindlichkeiten gegenüber dem Organträger selbst ergeben.   708

Dauerdefizitäre Tätigkeit. Tätigt eine Kapitalgesellschaft ohne angemessenes Entgelt dauerhaft verlustträchtige Geschäfte, die im Interesse ihres Gesellschafters oder einer diesem nahestehenden Person liegen, kann dies zu einer vGA führen.[7] Nach § 8 VII S 1 Nr 2, S 2 sind die Rechtsfolgen einer vGA bei einer Kapitalgesellschaft nicht bereits aus deren Ausübung einer dauerdefizitären Tätigkeit zu ziehen, die bei juristischen   709

---

1 BFH I 32/06, BStBl II 2007, 961.
2 BFH I R 150/82, BStBl II 1987, 455.
3 § 34 VIa S 3 KStG idF ProtErklG v 22.12.2003.
4 BGBl I 1993, 1569, BStBl I 1993. 774, zuletzt geändert durch das UntStFG v 20.12.2001, BGBl I 2001, 3858, BStBl I 2002, 35.
5 Darlehensbeziehungen zum Organträger selbst waren idR aufgrund des Status' des Organträgers als „Finanzholding" iSd § 8a IV aF vom Anwendungsbereich der Vorschrift ausgenommen.
6 BGBl I 2003, 2840; BStBl I 2004, 14.
7 BFH I R 92/00. BB 2002, 2055, mwN.

Personen des öffentlichen Rechts zu einem Hoheitsbetrieb gehören würde, sofern die Mehrheit der Stimmrechte an dieser Kapitalgesellschaft unmittelbar oder mittelbar auf juristische Personen des öffentlichen Rechts entfällt und nachweislich ausschließlich diese Gesellschafter die Verluste aus den Dauerverlustgesellschaften tragen. Mit dieser mit dem JStG 2009 auch mit Wirkung für davorliegende VZ eingeführten Regelung reagierte der Gesetzgeber auf vorangegangene Rechtsprechung des BFH[1], nach der das Unterhalten eines strukturell dauerdefizitären kommunalen Eigenbetriebes in der Rechtsform einer Kapitalgesellschaft ohne schuldrechtlichen Verlustausgleich und ggf ohne angemessenen Gewinnaufschlag durch die Gesellschafterin (Trägerkörperschaft) zumindest iHd laufenden Betriebsverluste regelmäßig zur Annahme einer vGA führt (hierzu im Detail § 8 Rn 823). Handelt es sich bei der Kapitalgesellschaft um eine Organgesellschaft, sind bei deren Einkommensermittlung § 8 III S 2 und VII auf Dauerverlustgeschäfte jedoch nicht anzuwenden (§ 15 S 1 Nr 4 S 1); enthält das von der Organgesellschaft zuzurechnende Einkommen derartige Verluste, ist stattdessen § 8 III S 2 und VII gem § 15 S 1 Nr 4 S 2 iRd Einkommensermittlung des Organträgers anzuwenden (hierzu weiterführend § 15 Rn 242-257). Im Ergebnis ist bei einer derartigen Organgesellschaft damit wie bei einer nicht organschaftlich verbundenen Kapitalgesellschaft § 8 III S 2 iRd Einkommensermittlung bei Vorliegen von Dauerverlustgeschäften iSd § 8 VII S 2 nicht anzuwenden.[2] Der Gegenmeinung[3], die von einer anderen Anwendung des § 8 III S 2 auf Ebene der Organgesellschaft ausgeht, weil § 15 S 1 Nr 4 S 1 die Anwendung des § 8 VII ausschließt, ist entgegenzuhalten, dass § 15 S 1 Nr 4 S 1 daneben unmittelbar auch die Anwendung des § 8 III S 2 suspendiert und darüber hinaus § 15 S 1 Nr 4 S 2 mE unmissverständlich davon ausgeht, dass in dem dem Organträger zuzurechnenden Einkommen Verluste aus Dauerverlustgeschäften iSd § 8 VII S 1 Nr 2 (noch) enthalten sind.

710-712 Einstweilen frei.

713 **b) VGA als vorweggenommene Gewinnabführung. Keine Gefährdung der Durchführung des Gewinnabführungsvertrags.** VGA an den Organträger sind im Allgemeinen vorweggenommene Gewinnabführungen und stellen die Durchführung des Gewinnabführungsvertrags nicht in Frage (R 61 IV S 1 KStR; vgl Rn 337). Dies gilt auch dann, wenn der Gewinn verdeckt an einen Gesellschafter einer Organträger-Personengesellschaft ausgeschüttet wird; ein solcher Vorgang berührt lediglich die Gewinnverteilung innerhalb der Personengesellschaft (R 61 IV S 2 bis 3 KStR). Wenngleich in den KStR nicht ausdrücklich geregelt, wird dennoch nichts anderes gelten können, wenn Gewinne verdeckt an

- eine nahestehende Person eines Gesellschafters einer Organträger-Personengesellschaft,
- eine natürliche Person als Organträger oder
- Gesellschafter einer Organträger-Körperschaft bzw denen nahestehende Personen[4]

ausgeschüttet werden.[5]

---

1 BFH I 32/06, BStBl II 2007, 961.
2 Ebenso *Dötsch* in D/J/P/W § 15 Rn 69.
3 *Frotscher* in Frotscher/Maas § 15 Rn 139.
4 FG Hamburg II 82/94, EFG 1998, 392.
5 *Dötsch* in D/J/P/W § 14 Rn 288a.

VII. Ermittlung des Einkommens der Organgesellschaft

Keine Leistung der Organgesellschaft iSd §§ 27, 37, 38. Folge der Qualifizierung als vorweggenommene Gewinnabführung ist, dass die vGA an den Organträger nicht wie eine Ausschüttung behandelt wird, demnach auf Ebene der Organgesellschaft nicht zur Verwendung von Einlagekonto iSd § 27 führt. Ferner bewirkte sie in VZ bis 2006 auch keine Körperschaftsteuerminderungen (§ 37 II) oder -erhöhungen (§ 38 II).

714

Keine Einnahme des Organträgers iSd § 20 I Nr 1 S 2 EStG. Ebenso stellt die vGA – zumindest im Ergebnis – für den Organträger keine Einnahme iSd § 20 I Nr 1 S 2 EStG dar.[1] § 8b I kommt damit nicht zur Anwendung; auch trifft die Organgesellschaft keine Verpflichtung zur Entrichtung von Kapitalertragsteuer.

715

VGA in Beteiligungsketten. Die Qualifizierung als vorweggenommene Gewinnabführung ist auf die vGA innerhalb eines Organkreises beschränkt. Bei vGA über mehrere Beteiligungsstufen hinweg bleibt es demnach bei der Behandlung als vorweggenommene Gewinnabführung nur soweit, wie auf dem Weg bis zum letztendlichen Empfänger der vGA durchgängig Organschaftsverhältnisse bestehen. Vom in der Beteiligungskette obersten Organträger wird der Vorteil dann als „normale" vGA weitergereicht.[2] Schließt sich dann im weiteren Verlauf der Beteiligungskette bis zum letztendlichen Empfänger der vGA erneut ein Organschaftsverhältnis an, wird der Vorteil innerhalb dessen wiederum als vorweggenommene Gewinnabführung weitergegeben.

716

Beispiel

Der Gesellschafter A hält 100 % der Anteile an der Kapitalgesellschaft GM. Unterhalb der GM hängen entlang einer Beteiligungskette die Kapitalgesellschaften M, T und E. Organschaft besteht zwischen E und T einerseits und M und GM andererseits. E gewährt durch das Gesellschaftsverhältnis veranlasst einen Vorteil an A.

Die Vorteilsgewährung führt im ersten Schritt zu einer verdeckten Gewinnabführung durch E an T. Infolge der fingierten Weiterleitung des Vorteils bis zu A ergeben sich eine verdeckte Gewinnausschüttung durch T an M, eine verdeckte Gewinnabführung durch M an GM und wiederum eine verdeckte Gewinnausschüttung durch GM an A.

VGA an den Organträger bei Klammerorganschaft. Strittig ist, ob Vorteilszuwendungen an den Organträger oder eine diesem nahestehende Person im Fall einer Klammerorganschaft eine unmittelbare vorweggenommene Gewinnabführung an den Organträger[3] oder aber eine vGA entlang der Beteiligungskette[4] darstellen. ME ist Ersteres zutreffend. Grundgedanke der vorweggenommenen Gewinnabführung ist, dass die Organgesellschaft dem Organträger einen Vorteil zuwendet, der bei fremdüblichem Verhalten dem Organträger im Wege einer erhöhten Gewinnabführung zugeflossen wäre. Die mit der Fiktion einer vGA entlang der Beteiligungskette verbundene Weiterausschüttung durch die zwischengeschaltete Gesellschaft

717

---

1   AA BFH I R 150/82, BStBl II 1987, 455; vgl Rn 722.
2   BFH I 32/06, BStBl II 2007, 961; FG Hamburg II 82/94, EFG 1998, 392.
3   *Neumann* in Gosch § 14 Rn 404; *Walter* in EY § 14 Rn 581.
4   *Frotscher* in Frotscher/Maas § 14 Rn 586.

an den Organträger würde voraussetzen, dass die zwischengeschaltete Gesellschaft diesen Vermögensvorteil bei fremdüblichem Verhalten der Organgesellschaft in einem ersten Schritt (im Wege einer Ausschüttung) hätte beanspruchen können. Bei der zwischen dem Organträger und der Organgesellschaft befindlichen Gesellschaft handelt es sich allerdings entweder nicht um einen außenstehenden Gesellschafter, so dass diesem schon für die „offenen" Gewinnabführungen an den Organträger kein Ausgleichsanspruch nach § 304 AktG zu gewähren war, oder um eben einen solchen außenstehenden Gesellschafter, dessen Ansprüche mit dem nach § 304 AktG vorzusehenden angemessenen Ausgleich (Ausgleichszahlung) dann jedoch abgegolten sind.

718-720 *Einstweilen frei.*

721 **c) Berücksichtigung von vGA bei der Einkommensermittlung im Organkreis. Doppelbelastung im Organkreis.** Da vGA das Einkommen nach § 8 III S 2 nicht mindern dürfen, sind diese grundsätzlich bei der Ermittlung des dem Organträger zuzurechnenden Einkommens der Organgesellschaft hinzuzurechnen. Hat jedoch die als vGA anzusetzende Vorteilszuwendung der Organgesellschaft den Bilanzgewinn des Organträgers erhöht oder dessen Bilanzverlust gemindert, droht eine Doppelbelastung im Organkreis, die mit dem Grundgedanken des § 14, der eine Ausnahme vom Grundsatz der steuerlichen Mehrfachbelastung der Gewinne der Kapitalgesellschaft – durch die KSt auf Ebene der Körperschaft und die ESt bzw KSt der Gesellschafter im Falle der Ausschüttung – darstellt, unvereinbar wäre.[1]

722 **Methoden der Beseitigung der Doppelbelastung. Finanzverwaltung vs BFH.** Die Finanzverwaltung und mit ihr die hM beseitigt diese Doppelbelastung, indem sie das eigene Einkommen des Organträgers um die vGA vermindert (R 62 II KStR). Dies entspricht der Vorstellung, dass es sich bei der vGA um eine vorweggenommene Gewinnabführung handelt. Der mit einer vGA verbundene Beteiligungsertrag iSd § 20 I Nr 1 S 2 EStG wird beim Organträger letztlich wie zusätzlicher Ertrag aus Gewinnabführung behandelt und – wie die handelsrechtliche Gewinnabführung auch – iRd Einkommensermittlung des Organträgers eliminiert. An dessen Stelle tritt das durch § 8 III S 2 erhöhte zuzurechnende Einkommen der Organgesellschaft.[2] In einer Entscheidung zum KStG 1969 beließ es der BFH bei dem Beteiligungsertrag iSd § 20 I Nr 1 S 2 EStG auf Ebene des Organträgers; zur Vermeidung der Doppelbelastung sei aus dem hinzuzurechnenden Einkommen der Organgesellschaft der als vGA in gleicher Höhe angesetzte Betrag (wieder) auszuscheiden.[3] ME ist aus systematischen Gründen der Vorgehensweise der KStR der Vorzug zu geben. Zum einen ist das Einkommen der Organgesellschaft selbständig nach den allgemeinen – § 8 III S 2 einschließenden – Grundsätzen und mE im Zweifelsfall der Einkommensermittlung des Organträgers zeitlich vorgeschaltet zu ermitteln. Zum anderen überzeugt es nicht, die vGA, wie dies auch der BFH tut, einerseits als unschädlich für die Durchführung des Gewinnabführungsvertrags zu behandeln, andererseits aber einen (echten) Betei-

---
1 BFH I R 150/82, BStBl II 1987, 455.
2 *Frotscher* in Frotscher/Maas § 14 Rn 631; *J Thiel*, DB 2006, 633.
3 BFH I R 150/82, BStBl II 1987, 455.

ligungsertrag (Gewinnausschüttung) anzunehmen. Überzeugender ist daher die Behandlung der vGA als vorweggenommene Gewinnabführung. Dies nicht zuletzt auch deshalb, weil die aufgrund der gesellschaftsrechtlichen Veranlassung entstandene Vermögensminderung bzw nicht entstandene Vermögensmehrung anderenfalls – dh bei fremdüblichem Verhalten – die handelsrechtliche Gewinnabführung und damit auch das zuzurechnende Einkommen erhöht hätte. In Teilen der Literatur wird die BFH-Rechtsprechung (Zurechnung des geminderten Einkommens) auch unter der heutigen Rechtslage für zutreffend und zugleich eine Anwendung des § 8b I (und dann wohl auch des § 3 Nr 40 EStG) auf den Beteiligungsertrag für möglich gehalten.[1] Dies überzeugt mE nicht.[2] Ausgangspunkt für die Kürzung des zuzurechnenden Einkommens der Organgesellschaft um die darin (zunächst) enthaltene vGA war für den BFH ein andernfalls eintretender Widerspruch zum Grundgedanken des § 7a aF (§ 14), der eine Ausnahme von dem Grundsatz der steuerlichen Doppel- oder Mehrfachbelastung (auf Gesellschafts- und Gesellschafterebene) der Gewinne der Kapitalgesellschaft darstellt. Infolge seiner Entscheidung für die Vermeidung der Doppelbelastung durch Zurechnung des um die vGA geminderten Einkommens der Organgesellschaft konnte der BFH ausdrücklich dahinstehen lassen, ob – in dem zu entscheidenden Fall (Körperschaft als Organträger) – die steuerliche Doppelbelastung auch über den durch § 7a aF nicht ausgeschlossenen § 9 aF (Schachtelprivileg) hätte korrigiert werden können.[3] Trotz Annahme eines Beteiligungsertrags auf Ebene des Organträgers hat der BFH damit die Anwendung einer hierfür grundsätzlich zugänglichen Steuerbefreiung mE allenfalls als Alternative zu der von ihm gewählten Form der Vermeidung der Doppelbelastung betrachtet, nicht aber als potenziell zu dieser hinzutretend. Zumindest in einem ersten Schritt ist auch der BFH von einer Erhöhung des Einkommens der Organgesellschaft nach § 8 III S 2 ausgegangen. Ohne die unterstellte Steuerpflicht des Beteiligungsertrags wäre es nicht zu der drohenden Doppelbelastung gekommen, die den BFH zur Korrektur beim zuzurechnenden Einkommen bewogen hat.

Auswirkungen der Methodenwahl. Spendenabzug. Je nach der gewählten Methode zur Vermeidung einer Doppelbelastung (Einkommenskorrektur beim Organträger oder bei der Organgesellschaft) können sich Unterschiede bei dem von Organträger und Organgesellschaft separat vorzunehmenden Spendenabzug (vgl Rn 780) ergeben. Die gewählte Methode entscheidet darüber, wessen für den jeweiligen Spendenabzug maßgeblicher Höchstbetrag iSd § 9 I Nr 2 S 1 lit a durch den als vGA gewerteten Vorgang erhöht wird. Bei der von den KStR vorgegebenen Methode erhöht sich infolge der Wertung als vGA der Spendenhöchstbetrag der Organgesellschaft, während sich jener des Organträgers infolge der außerbilanziellen Korrektur seines Einkommens vermindert. Nach der Methode des BFH bleibt es dabei, dass der als vGA zu wertende Vorgang den Spendenhöchstbetrag der Organgesellschaft vermindert und den des Organträgers erhöht hat.

723

---

1 *Wassermeyer*, DB 2006, 296, 296 f.
2 *J Thiel*, DB 2006, 633.
3 BFH I R 150/82, BStBl II 1987, 455, zu I.7.

724 **§ 8c I.** In noch bedeutenderem Maße kann sich die Methodenwahl seit dem VZ 2008 iRd Anwendung des § 8c I im Falle eines unterjährigen schädlichen Beteiligungserwerbs bzgl der Anteile an der Organgesellschaft (vgl Rn 785) auswirken.

Beispiel

Bezogen auf das WJ der Organgesellschaft (OG) kommt es unterjährig zu einem schädlichen unmittelbaren oder mittelbaren Beteiligungserwerb iSd § 8c I S 2 an der OG. Bis zum Zeitpunkt des schädlichen Beteiligungserwerbs haben OT bzw OG vor Anwendung des § 8 III S 2 ein eigenes Einkommen von 100 bzw -100 erzielt. Innerhalb dieses Zeitraums hat OG gesellschaftsrechtlich veranlasst einen Vorteil iHv von 70 an OT gewährt, der sich in dessen Bilanzgewinn niedergeschlagen hat.

Nach der von den KStR vorgegebenen Methode wäre das Einkommen von OG um 70 auf -30 zu erhöhen und das eigene Einkommen des Organträgers um denselben Betrag auf 30 zu vermindern. Von der Rechtsfolge des § 8c I S 2 wäre dann bei der OG nur noch ein negatives Einkommen von -30 betroffen, welches dem OT nicht mehr zugerechnet werden könnte; das insgesamt vom OT zvE betrüge 30. Nach der Methode des BFH könnte das letztendlich nicht nach § 8 III S 2 erhöhte zuzurechnende Einkommen der OG von -100 dem OT nach § 8c I S 2 KStG nicht mehr zugerechnet werden; das insgesamt vom OT zu zvE betrüge 100.

725-727 *Einstweilen frei.*

728 **d) VGA an Minderheitsgesellschafter.** Einen eine vGA begründenden Vorteil kann die Organgesellschaft auch einem Minderheitsgesellschafter zuwenden. Steht dieser dem Organträger nahe und beruht die Vorteilsgewährung auf dem Gesellschaftsverhältnis zum Organträger, ist von einer verdeckten Gewinnabführung an den Organträger und von einer Weiterleitung des Vorteils durch den Organträger an den Minderheitsgesellschafter – je nach dessen Position in der Beteiligungsstruktur – im Wege der vGA oder der verdeckten Einlage auszugehen. In anderen Fällen gilt die vGA als unmittelbar an den Minderheitsgesellschafter bewirkt. Eine solche vGA ist wie eine Ausgleichszahlung iSd § 16 zu behandeln (R 61 IV S 4 KStR). Zur Einkommensermittlung in diesen Fällen vgl Rn 776 f.

729 *Einstweilen frei.*

730 **5. Einlagen in die Organgesellschaft. a) Vorab: Handelsrechtliche Einlagen und Ertragszuschüsse. Grundsatz.** Einlagen in das Nennkapital (§ 272 I HGB) sowie Einlagen, die nach § 272 II Nr 1-3 HGB als Kapitalrücklage auszuweisen sind, erhöhen den Gewinn der empfangenden Gesellschaft regelmäßig nicht.

731 **Andere Zuzahlungen.** Gleiches gilt für andere Zuzahlungen des Gesellschafters, sofern diese in das Eigenkapital der Gesellschaft geleistet werden und demzufolge nach § 272 II Nr 4 HGB in der Kapitalrücklage auszuweisen sind. Unter anderen Zuzahlungen sind freiwillige Leistungen zu verstehen, die der Gesellschafter ohne Gewährung von Vorzügen seitens der Kapitalgesellschaft erbringt, wie zB Zuschüsse als Barleistungen oder – sofern diese einlagefähig und

aktivierbar sind – als Sachleistungen; ebenso der Erlass von Forderungen.[1] Hat der Gesellschafter die Einstellung seiner freiwilligen sonstigen Leistung in das Eigenkapital gewollt, ist sie in der Kapitalrücklage zu erfassen; intendiert er mit der Leistung an die Gesellschaft hingegen den Ausgleich von Verlusten oder einen Ertragszuschuss, darf diese Leistung direkt in der Gewinn- und Verlustrechnung als außerordentlicher Ertrag erfasst werden.[2] Strittig ist, wie zu verfahren ist, wenn der Zweck der Leistung an die Gesellschaft offen bleibt. Nach Auffassung des IDW scheidet in diesem Fall eine unmittelbare Einstellung in die Kapitalrücklage nach § 272 II Nr 4 HGB aus, da eine solche einer ausdrücklichen Erklärung des Gesellschafters über die Zuweisung ins Eigenkapital bedürfe.[3] Die Gegenmeinung geht hingegen im Zweifel von einer Erfassung als Kapitalrücklage aus.[4] In der Praxis ist daher eine eindeutige Zwecksetzung für die Leistung des Gesellschafters anzuraten.

Einlagen in Umwandlungsfällen. Seitwärtsverschmelzung. Ist die Organgesellschaft übernehmender Rechtsträger iRe Seitwärtsverschmelzung, -ab- oder -aufspaltung, stellt der Vermögenszugang, sofern neue Anteile ausgegeben werden, eine Sacheinlage durch die Anteilsinhaber des übertragenden Rechtsträgers dar; eine Differenz zwischen dem bei der Organgesellschaft bilanzierten Vermögen und dem Betrag der Nennkapitalerhöhung (§ 272 I HGB) ist in die Kapitalrücklage iSd § 272 II Nr 1 HGB einzustellen. Bei Ausgabe bestehender eigener Anteile als Gegenleistung ergibt sich eine bei Kapitalerhöhung ähnliche Bilanzierung (§ 272 Ib HGB).[5] Ohne jegliche Gewährung von Anteilen erweist sich der Vermögenszugang aus Sicht der Organgesellschaft als unentgeltliche Gesellschafterleistung, deren unmittelbare Einstellung in die Kapitalrücklage iSd § 272 II Nr 4 HGB als sachgerecht erachtet wird. Vgl hierzu ausführlich Rn 435. Aus der Seitwärtsverschmelzung, an- oder -aufspaltung auf die Organgesellschaft ergibt sich damit – mit oder ohne Ausgabe neuer Anteile – keine Erhöhung des (abzuführenden) Gewinns der Organgesellschaft.[6] Damit entsteht nach zutreffender hM auch kein Übernahmegewinn, für den sich iRd Einkommensermittlung der Organgesellschaft die Frage der Anwendung des § 12 II UmwStG stellen könnte.[7]

Abwärtsverschmelzung. Entsprechendes (Rn 732) gilt für die Abwärtsverschmelzung (vgl Rn 436).

---

1 *Förschle/Hoffmann* in Beck'scher BilKomm § 272 HGB Rn 195; *A/D/S*, § 272 HGB, Rn 132, 135 mwN.
2 *Förschle/Hoffmann* in Beck'scher BilKomm § 272 HGB Rn 137.
3 IDW, HFA 2/1996 Tz 2.2, WPg 1996, 907, 913 (ohne diesbezügliche Veränderung in HFA 2/1996 idF 2010).
4 *A/D/S*, § 272 HGB, Rn 137; *Förschle/Hoffmann* in Beck'scher BilKomm § 272 HGB Rn 195.
5 Vgl Rn 435 zur Rechtslage vor BilMOG.
6 AA offenbar BMF v 11.11.2011, BStBl I 2011, 1314, Rn Org.30 Nr 2, da dort offenbar eine Gewinnabführung jenseits der Rn Org.31 für möglich gehalten wird.
7 *Wisniewski* in Haritz/Menner § 12 UmwStG Rn 37; *Klingberg* in Blümich § 12 UmwStG Rn 24; *Schmitt* in Schmitt/Hörtnagl/Stratz § 12 UmwStG Rn 41 ff; *Rödder* in Rödder/Herlinghaus/van Lishaut § 12 UmwStG Rn 64; *Schießl* in W/M § 12 UmwStG Rn 21, 61 f; *Frotscher* in Frotscher/Maas § 12 UmwStG Rn 26 ff; *Perwein*, GmbHR 2008, 747, 751 ff; *Schumacher/Neitz-Hackstein*, Ubg 2011, 409, 414. AA BMF v 11.11.2011, BStBl I 2011, 1314, Rn 12.05; *Dötsch* in D/J/P/W § 12 UmwStG Rn 39, anders noch *Dötsch* in Dötsch/Patt/Pung/Möhlenbrock, 6. Aufl, § 12 UmwStG Rn 31.

734 **Aufwärtsverschmelzung.** IRe Aufwärtsverschmelzung, ab- oder -aufspaltung auf die Organgesellschaft stellen sich die Fragen nach der Erhöhung der Kapitalrücklage nicht, da es sich nicht um eine Vermögenszuführung durch die Gesellschafter handelt (vgl Rn 437). Zur Besteuerung des von einer Organgesellschaft erzielten Übernahmegewinns vgl Rn 765 und 917.

735-736 *Einstweilen frei.*

737 **b) Allgemeines zu steuerlichen Einlagen. Definition.** Einlagen im steuerlichen Sinne sind nach § 4 I S 7 EStG alle Wirtschaftsgüter (Bareinzahlungen und sonstige Wirtschaftsgüter), die der Steuerpflichtige dem Betrieb im Laufe des WJ zugeführt hat. Für die Gewinnermittlung von Kapitalgesellschaften gilt diese Definition mit der Maßgabe, dass es sich um eine durch das Gesellschaftsverhältnis veranlasste Zuwendung eines bilanzierungsfähigen Vermögensvorteils durch einen Gesellschafter oder eine ihm nahestehende Person handeln muss.[1]

738 **Grundsätze bei Einlagen in eine Organgesellschaft.** Für Einlagen in eine Organgesellschaft gelten die allgemeinen steuerlichen Grundsätze. Sie dürfen nach § 4 I S 1 iVm § 8 I S 1 das Einkommen der Organgesellschaft nicht erhöhen. Soweit sie nicht in das Nennkapital geleistet werden, sind Einlagen als Zugang zum steuerlichen Einlagekonto iSd § 27 der Organgesellschaft zu erfassen. Im Übrigen ist zwischen offenen (Rn 740 ff) und verdeckten Einlagen (Rn 748 ff) (in eine Organgesellschaft) zu differenzieren.

739 *Einstweilen frei.*

740 **c) Offene Einlagen. Definition.** In Abgrenzung zur verdeckten Einlage, bei der es sich um die Zuwendung eines bilanzierbaren Vermögensvorteils aus gesellschaftsrechtlichen Gründen ohne Entgelt in Gestalt von Gesellschaftsrechten handelt,[2] stellt die offene Einlage eine Gegenleistung für den Erwerb von Gesellschaftsrechten dar. Offene Einlagen sind damit die in das Nennkapital (§ 272 I HGB) und in die Kapitalrücklage nach § 272 II Nr 1[3]-3 HGB einzustellenden Beträge.

741 **Bewertung.** Wegen des tauschähnlichen Charakters sind offene Einlagen nicht mit dem Teilwert (§ 6 I Nr 5 EStG), sondern mit dem gemeinen Wert zu bewerten.[4]

742 **Zuzahlungen in die Kapitalrücklage.** Nach den in Rn 740 beschriebenen Grundsätzen stellt die freiwillige Zuzahlung in das Gesellschaftsvermögen, die in die Kapitalrücklage nach § 272 II Nr 4 HGB eingestellt und damit in der Handelsbilanz zwar ebenfalls „offen" ausgewiesen wird, idR eine verdeckte Einlage dar, da es sich um eine unentgeltliche Leistung des Gesellschafters handelt, die nicht im Zusammenhang mit dem Erwerb von individuellen Gesellschaftsrechten steht.[5]

---

1   BFH I R 80/96, BFH/NV 1998, 624 mwN.
2   ZB BFH VIII R 22/92, BStBl II 2001, 385; BFH I R 80/96, BFH/NV 1998, 624; BFH GrS 1/94, BStBl II 1998, 307.
3   BFH I R 35/05, BStBl II 2008, 253; BFH I 53/08, BFH/NV 2010, 375.
4   BFH I R 35/05, BStBl II 2008, 253; BFH I 53/08, BFH/NV 2010, 375.
5   BFH I R 35/05, BStBl II 2008, 253 mwN; BFH I 53/08, BFH/NV 2010, 375. Etwas anderes könnte für Sachverhalte gelten, bei denen die gesellschaftsrechtliche Veranlassung offenbar ist, wie etwa bei Nachschüssen der Gesellschafter; vgl *Frotscher* in Frotscher/Maas § 8 Rn 82.

VII. Ermittlung des Einkommens der Organgesellschaft

Keine Auswirkungen auf den handelsrechtlichen Gewinn. Offene Einlagen betreffen nicht den handelsrechtlichen Gewinn und damit auch nicht die Gewinnabführungsverpflichtung der Organgesellschaft. 743

Keine Auswirkungen auf den Steuerbilanzgewinn bzw keine Korrektur bei der Einkommensermittlung. Ebenso wenig haben sich offene Einlagen ergebniswirksam in der Steuerbilanz niedergeschlagen. Die nach § 4 I S 1 iVm § 8 I S 1 gebotene Einkommensneutralität der Einlage ist daher aufgrund der bilanziellen Behandlung offener Einlagen gesichert bzw es bedarf daher iRd Einkommensermittlung keiner weiteren Korrektur. 744

Keine Mehr- oder Minderabführung. Aufgrund der fehlenden Auswirkungen offener Einlagen auf den handelsrechtlichen und steuerbilanziellen Gewinn vor Gewinnabführung kann sich aufgrund dieser auch keine Mehr- oder Minderabführung iSd § 14 IV ergeben. 745

Einstweilen frei. 746-747

d) Verdeckte Einlagen. Definition. Eine verdeckte Einlage liegt vor, wenn ein Gesellschafter oder eine diesem nahestehende Person der Organgesellschaft außerhalb der gesellschaftsrechtlichen Einlagen (vgl Rn 740) einen einlagefähigen Vermögensvorteil zuwendet und diese Zuwendung durch das Gesellschaftsverhältnis veranlasst ist (R 40 I und II S 1 KStR).[1] 748

Gegenstand einer verdeckten Einlage. Gegenstand einer verdeckten Einlage kann nur ein aus Sicht der Organgesellschaft bilanzierungsfähiger Vermögensvorteil sein, der in der Steuerbilanz der Organgesellschaft zum Ansatz/zur Erhöhung eines Aktivpostens[2] oder zum Wegfall/zur Minderung eines Passivpostens[3] geführt hat.[4] 749

Beurteilung der Bilanzierungsfähigkeit. Die Bilanzierungsfähigkeit ist hierbei aus Sicht der empfangenden Gesellschaft zu beurteilen. So findet das in § 5 II EStG für unentgeltlich erworbene immaterielle Wirtschaftsgüter angeordnete Aktivierungsverbot keine Anwendung, wenn ein unentgeltlich erworbenes immaterielles Wirtschaftsgut in eine Kapitalgesellschaft verdeckt eingelegt wird.[5] 750

Nicht einlagefähige Nutzungsüberlassungen. Nicht einlagefähig sind nach der BFH-Rechtsprechung mangels Bilanzierungsfähigkeit eine ganz oder teilweise unentgeltliche Dienstleistung[6], die ganz oder teilweise unentgeltliche Überlassung eines Wirtschaftsguts[7] und der Zinsvorteil bei unverzinslicher oder geringverzinslicher Darlehensgewährung[8]. 751

---

1 Die diesbezügliche nochmalige Feststellung in § 8 III S 3 hat mE nur deklaratorischen Charakter.
2 ZB Erwerb eines Wirtschaftsguts zu einem den Teilwert unterschreitenden Preis oder unentgeltlich.
3 ZB Schuldübernahme durch Gesellschafter. Im Fall des Forderungsverzichts durch den Gesellschafter liegt eine verdeckte Einlage nur iHd Teilwerts der Gesellschafterforderung vor; vgl BFH GrS 1/94, BStBl II 1998, 307.
4 BFH I R 166/78, BStBl II 1984, 747; H 40 KStH „Einlagefähiger Vermögensvorteil".
5 BFH I R 150/82, BStBl II 1987, 455.
6 BFH I R 8/85, BStBl II 1989, 633.
7 ZB BFH I 131/59 S, BStBl III 1960, 513; BFH I R 203/61 S, BStBl III 1962, 338; BFH I R 51/66, BStBl II 1971, 408; BFH I R 166/78, BStBl II 1984, 747; BFH GrS 2/86, BStBl II 1988, 348.
8 BFH I R 166/78, BStBl II 1984, 747. Hieran ändert sich auch durch die seit dem VZ 1999 bestehende Abzinsungsverpflichtung für unentgeltliche Verbindlichkeiten (§ 6 I Nr 3 EStG), die auch auf Gesellschafterdarlehen (einer Organgesellschaft) anzuwenden ist (vgl Rn 698), nichts; vgl BFH I R 4/08, BStBl II 2010, 177.

752 **Bilanzierte Zuwendungen, die nicht zu den offenen Einlagen zählen.** Darüber hinaus umfasst der Begriff der verdeckten Einlage auch Leistungen des Gesellschafters, die sich in der Handelsbilanz zwar ausgewirkt haben, aber nicht zu den offenen Einlagen zählen. Dies sind der Ertragszuschuss (vgl Rn 731) sowie idR die freiwillige Zuzahlung in die Kapitalrücklage iSd § 272 II Nr 4 HGB (vgl Rn 731, 742).

753 **Nachträgliche Anschaffungskosten auf die Beteiligung.** Die verdeckte Einlage eines Wirtschaftsguts in das Betriebsvermögen einer Kapitalgesellschaft führt auf der Ebene des Gesellschafters grundsätzlich zu nachträglichen Anschaffungskosten auf die Beteiligung.[1]

754 **Keine verdeckte Einlage durch Anwendung von § 8a aF bei sog ‚upstream loans'.** Nach § 8a I idF Gesetz zur Umsetzung der Protokollerklärung der Bundesregierung zur Vermittlungsempfehlung zum Steuervergünstigungsabbaugesetz konnten Vergütungen für Fremdkapital, das eine Kapitalgesellschaft von einem wesentlich beteiligten Anteilseigner oder einer diesem nahestehenden Person erhalten hatte unter bestimmten Voraussetzungen vGA darstellen. Entgegen der zutreffenden hM[2] wandte die Finanzverwaltung § 8a auch auf der Kapitalgesellschaft von einer TG gewährte Darlehen („upstream loans") an, da auch eine TG zum Kreis der dem Gesellschafter der Kapitalgesellschaft nahestehenden Personen gehöre.[3] Soweit die an die TG gezahlten Vergütungen nach § 8a aF als gesellschaftsrechtlich veranlasst galten (zB unzureichender safe haven der Kapitalgesellschaft) sollte der Vergütungsbetrag als der Tochter im Wege der verdeckten Einlage zugewendet gelten und die Anschaffungskosten der Beteiligung an der TG sich entsprechend erhöhen.[4] Dem kann mE nicht gefolgt werden. Dass § 8a aF als Regelung für eine vGA bestimmen soll, ob und in welcher Höhe eine verdeckte Einlage vorliegt, und die eigenständige gesetzliche Regelung einer verdeckten Einlage überflüssig macht, ist zu bezweifeln. Eine originäre verdeckte Einlage im Verständnis des § 4 I EStG und der dazu ergangenen Rechtsprechung ist jedenfalls mangels Zuwendung eines Vermögensvorteils an die TG nicht ersichtlich. Bei marktüblicher Verzinsung der Darlehen wird deren Vermögensposition in keiner Weise von der Entscheidung beeinflusst, ob sie ihre Geldmittel bei einer außenstehenden Bank anlegt oder ihrer Mutter als Darlehen ausreicht. Ebenso beeinflusst diese Entscheidung nicht den Veräußerungserlös, den die Mutter bei Veräußerung der Anteile an der Tochterkapitalgesellschaft erzielen könnte; eine Aktivierung der an die TG gezahlten Zinsen auf die Beteiligung ist mE daher nicht angezeigt.

---

1 BFH VIII R 114/77, BStBl II 1980, 494; BFH VIII R 57/94, BStBl II 1998, 652; H 40 KStH „Behandlung beim Gesellschafter". Für im Betriebsvermögen gehaltene Anteile an der empfangenden Kapitalgesellschaft ergibt sich dies bereits aus § 6 VI S 2 EStG.
2 *Gosch* in Gosch, (1. Aufl); § 8a Rn 177; *Kröner* in EY § 8a Rn 120; *Frotscher* in Frotscher/Maas § 8a aF Rn 81ff; *Prinz* in H/H/R § 8a Rn 125; *Holzaepfel/Köplin* in Erle/Sauter, 2. Aufl, § 8a Rn 359 ff; *Tries/Kloster*, GmbHR 2004, 154, 157 f; *Dannecker*, DStZ 2004, 67, 70; *Meilicke*, BB 1994, 117; aA *Dötsch* in D/J/P/W § 8a aF Rn 223.
3 BMF v 15.7.2004, BStBl I 2004, 593, Tz 16.
4 BMF v 15.7.2004, BStBl I 2004, 593, Tz 17.

VII. Ermittlung des Einkommens der Organgesellschaft

Bewertung der verdeckten Einlage und Einkommensermittlung. Verdeckte Einlagen sind mit dem Teilwert zu bewerten (§ 8 I S 1 iVm § 6 I Nr 5 EStG)[1] und dürfen ebenfalls nach § 4 I S 1 iVm § 8 I S 1 das Einkommen der Organgesellschaft nicht mindern. Soweit verdeckte Einlagen den Steuerbilanzgewinn der Organgesellschaft erhöht haben,[2] sind sie außerbilanziell bei der Ermittlung des dem Organträger zuzurechnenden Einkommens in Abzug zu bringen (R 40 II S 2 KStR). 755

Korrespondenzprinzip. Die Einkommensneutralität verdeckter Einlagen steht jedoch – grundsätzlich auch bei einer Organgesellschaft – unter dem Vorbehalt des materiellen[3] Korrespondenzprinzips iSd § 8 III S 4 bis 5 (vgl § 8 Rn 712-771). 756

Einlagekonto iSd § 27. Auch die verdeckte Einlage bewirkt einen Zugang zum Einlagekonto iSd § 27. Dies gilt mangels ausdrücklicher anderweitiger Regelung auch dann, wenn die verdeckte Einlage infolge des Korrespondenzprinzips das Einkommen der Organgesellschaft ausnahmsweise erhöht, da das Korrespondenzprinzip als reine Einkommensermittlungsvorschrift die Qualifikation als Einlage nicht berührt.[4] In Umwandlungsfällen geht § 29 dem § 27 vor. 757

Verhältnis zu Minder- und Mehrabführungen iSd § 14 IV. Vgl zum Ertragszuschuss Rn 1036, zu übrigen verdeckten Einlagen Rn 1030. 758

Einstweilen frei. 759-761

6. Einzelfragen der Einkommensermittlung. a) Steuerfreie Vermögensmehrungen und -minderungen. Allgemeines. Die organschaftliche Einbindung einer Kapitalgesellschaft lässt deren auch ohne Organschaft bestehenden Ansprüche auf sachliche Steuerbefreiungen des nationalen Steuerrechts grundsätzlich unberührt. Ebenso bleibt die Organgesellschaft abkommensberechtigte Person im Kontext der DBA (vgl Rn 623). Steuerfreie Einnahmen der Organgesellschaft bleiben daher bei der Ermittlung des dem Organträger zuzurechnenden Einkommens außer Betracht; korrespondierende „steuerfreie" Vermögensminderungen mindern das Einkommen nicht. Ausnahmen von diesem Grundsatz bedürfen der ausdrücklichen gesetzlichen Regelung. Solche Ausnahmen finden sich in § 15 S 1 Nr 2 und S 2 und werden als „Bruttomethode" bezeichnet. 762

Bruttomethode für Dividenden, Gewinne und Gewinnminderungen iSd § 8b (§ 15 S 1 Nr 2). Keine Anwendung bei der Ermittlung des Einkommens auf Ebene der Organgesellschaft findet nach der sog Bruttomethode gem § 15 S 1 Nr 2 S 1 § 8b I-VI. Dies betrifft gem § 15 S 1 Nr 2 S 2 zunächst Bezüge, Gewinne oder Gewinnminderungen iSd § 8b I-III. Durch den pauschalen Verweis auf § 8b III suspendiert die Vorschrift auch den erst mit Wirkung ab dem VZ 2008 eingeführten § 8b III S 4-8, der der Organgesellschaft entstandene Gewinnmin- 763

---

1 Allerdings ohne Anwendung des lit b der Vorschrift; vgl BFH I R 32/08, BFH/NV 2009, 1207; R 40 IV S 2 KStR.
2 Mit Ausnahme einer in die Kapitalrücklage iSd § 272 II Nr 4 HGB eingestellten freiwilligen Zuzahlung wird dies stets der Fall sein.
3 Daneben ist in gleicher Weise das formelle Korrespondenzprinzip iSd § 32a II (vgl § 32a Rn 50-69) zu beachten.
4 Dötsch in D/J/P/W § 8 Rn 158.

derungen im Zusammenhang mit Darlehensforderungen gegenüber (un)mittelbaren TG oder aus der Inanspruchnahme von für ein diesen gewährtes Darlehen hingegebenen Sicherheiten unter bestimmten Umständen vom Abzug ausschließt (vgl § 8b Rn 449-527).

764 **Bruttomethode für Übernahmeergebnis aus Umwandlung auf und Formwechsel in eine Personengesellschaft (§ 15 S 1 Nr 2).** Bedeutung hat die Bruttomethode ferner, wenn die Organgesellschaft iRe Umwandlung oder eines Formwechsels ein Übernahmeergebnis erzielt. Finden auf den Vorgang §§ 3 ff UmwStG Anwendung (Umwandlungen und Formwechsel mit einer Personengesellschaft als übernehmendem Rechtsträger), ist § 4 VI UmwStG gem § 15 S 1 Nr 2 S 1 auf Ebene der Organgesellschaft auf einen Übernahmeverlust nicht anzuwenden; dieser mindert damit das dem Organträger zuzurechnende Einkommen. Umgekehrt bleibt ein von der Organgesellschaft erzielter Übernahmegewinn iSd § 4 IV, V UmwStG in voller Höhe in dem zuzurechnenden Einkommen erhalten, da die in § 4 VII UmwStG angeordnete Anwendung des § 8b bereits durch § 15 S 1 Nr 2 S 1 (vgl Rn 763) suspendiert wird (vgl auch § 15 Rn 89 sowie zur missglückten Regelung der Weiterbehandlung auf Ebene des Organträgers Rn 916).

765 **Keine Bruttomethode für Übernahmeergebnis aus Umwandlung einer Körperschaft auf eine Körperschaft.** Ein iRe §§ 11 UmwStG unterliegenden Verschmelzung oder Spaltung von der Organgesellschaft erzieltes Übernahmeergebnis (zu den Anwendungsfällen vgl 434 ff) bleibt stets bereits nach § 12 II S 1 UmwStG außer Ansatz. Da § 15 S 1 Nr 2 S 1 die Anwendung des § 12 II S 1 auf Ebene der Organgesellschaft nicht ausschließt, ist ein Übernahmegewinn damit im zuzurechnenden Einkommen nicht mehr enthalten; umgekehrt mindert ein Übernahmeverlust das zuzurechnende Einkommen nicht.[1] Bedeutung könnte die Bruttomethode in § 15 S 1 Nr 2 S 1 in diesem Kontext mE allein für die in § 12 II S 2 für den Fall der Aufwärtsverschmelzung angeordnete Anwendung des § 8b auf den Übernahmegewinn iSd § 12 II S 1 haben. Da § 15 S 1 Nr 2 S 1 die Anwendung des § 8b I-VI jedoch ausschließt, ist das um den Übernahmegewinn geminderte zuzurechnende Einkommen nicht nach § 8b III S 1 um 5 % des Übernahmegewinns zu erhöhen (vgl § 15 Rn 92).[2] Eine Nacherhebung auf Ebene des Organträgers kommt entgegen der Verwaltungsauffassung[3] ebenfalls nicht in Betracht (vgl Rn 917).

---

1 Ebenso *Klingberg* in PricewaterhouseCoopers AG, Reform des Umwandlungssteuerrechts, 2007, Rn 1321 und 1323; *Rödder/Schumacher*, DStR 2007, 369, 373; *Rödder* in Rödder/Herlinghaus/van Lishaut § 12 UmwStG Rn 91; *Rödder*, DStR 2011, 1059, 1065: *Erle/Heurung* in Erle/Sauter § 14 Rn 758; *Schmitt/Schloßmacher*, Umwandlungssteuererlass UmwStE 2011, 2012, zu Rn 12.07; *Frotscher*, Umwandlungssteuererlass 2011, 2012, zu Rn 12.07; wohl auch BMF v 11.11.2011, BStBl I 2011, 1314, Rn 12.07, wonach § 15 S 1 Nr 2 (nur) bei der Anwendung des § 12 II S 2 UmwStG zu beachten sein soll; aA *Neumann* in Gosch § 14 Rn 528.

2 Ebenso *Klingberg* in PricewaterhouseCoopers AG, Reform des Umwandlungssteuerrechts, 2007, Rn 1321 und 1323; *Rödder/Schumacher*, DStR 2007, 369, 373; *Rödder* in Rödder/Herlinghaus/van Lishaut § 12 UmwStG Rn 91; *Rödder*, DStR 2011, 1059, 1065; *Schmitt/Schloßmacher*, Umwandlungssteuererlass UmwStE 2011, 2012, zu Rn 12.07; aA *Erle/Heurung* in Erle/Sauter § 14 Rn 758; *Frotscher*, Umwandlungssteuererlass 2011, 2012, zu Rn 12.07.

3 BMF v 11.11.2011, BStBl I 2011, 1314, Rn 12.07.

VII. Ermittlung des Einkommens der Organgesellschaft

Bruttomethode bei DBA-Schachtelprivileg für Dividenden (§ 15 S 2). Nach § 15 S 2 gilt die Bruttomethode iSd § 15 S 1 Nr 2 entsprechend für Gewinnanteile aus der Beteiligung an einer ausländischen Gesellschaft, die nach den Vorschriften eines DBA (DBA-Schachtelprivileg) von der Besteuerung auszunehmen sind (vgl auch § 15 Rn 129-155). Demnach sind DBA-schachtelbefreite Dividenden nicht aus dem dem Organträger zuzurechnenden Einkommen auszusondern. Materielle Bedeutung hat § 15 S 2 für den Fall, dass es sich bei dem Organträger um eine natürliche Person oder eine Personengesellschaft mit natürlichen Personen als Gesellschaftern handelt. Könnte die DBA-Schachtelbefreiung auf Ebene der selbst abkommensberechtigten (vgl Rn 623) Organgesellschaft in Ansatz gebracht werden, kämen diese natürlichen Personen durch die so verminderte Einkommenszurechnung indirekt in den Genuss einer DBA-Freistellung, die ihnen selbst persönlich nicht zustünde. Dies auszuschließen war deshalb schon seit jeher Intention des § 15 (vgl bereits § 15 Nr 2 idF vor UntStFG). Im Zuge der Neufassung des § 15 zwecks Aufnahme der durch die Einführung des Halbeinkünfteverfahrens erforderlich gewordenen Bruttomethode für die Anwendung des § 8b (heute 15 S 1 Nr 2) iRd UntStFG mit Wirkung ab dem VZ 2002 hatte der Gesetzgeber die Regelung des § 15 Nr 2 aF nicht übernommen und die für die Anwendung des § 8b neu eingeführte Bruttomethode nicht auf DBA-Schachtelprivilegien erstreckt. § 15 S 2 wurde erst durch das StVergAbG mit Wirkung ab dem VZ 2003 in das Gesetz aufgenommen. Da eine Durchbrechung des Grundsatzes der eigenständigen Einkommensermittlung der Organgesellschaft einer ausdrücklichen gesetzlichen Regelung bedarf, war im VZ 2002 ausnahmsweise ein DBA-Schachtelprivileg bereits bei der Ermittlung des dem Organträger zuzurechnenden Einkommens zu berücksichtigen; dass eine Schachteldividende zugleich § 8b I unterlag und dessen Anwendung durch § 15 S 1 Nr 2 S 1 suspendiert wurde, änderte hieran nichts.[1] Handelt es sich bei der Organgesellschaft um eine KGaA, kann § 15 S 2 die Anwendung eines DBA-Schachtelprivilegs nur insoweit suspendieren, wie die Dividende dem kapitalistischen Bereich der KGaA zuzurechnen ist, da die KGaA auch nur insoweit Organgesellschaft sein kann (vgl Rn 55). Soweit nach der Rechtsprechung des BFH auch natürliche Personen als Komplementäre grundsätzlich in den Genuss eines in einem DBA der KGaA gewährten Schachtelprivilegs kommen können,[2] ändert § 15 S 2 daran mE nichts. Damit ändert der mit Wirkung ab dem VZ 2012 eingeführte § 50d XI EStG (vgl Rn 923) an der Ermittlung des dem Organträger zuzurechnenden Einkommens einer KGaA als Organgesellschaft nichts.

Dividenden von einer doppelansässigen AG oder GmbH. Fraglich ist, ob § 15 S 2 iVm § 15 S 1 Nr 2 S 1 die Anwendung einer DBA-Schachtelbefreiung bei der Organgesellschaft für Dividenden von einer doppelansässigen AG oder GmbH (Sitz im Inland, Geschäftsleitung und damit idR über die tie-breaker-rule des Art 4 III OECD-MA Ansässigkeit im Ausland) wirksam ausschließt.[3] Dies wäre nach dem Wortlaut des § 15 S 2 nur dann der Fall, wenn es sich bei einer solchen Gesellschaft um eine „aus-

---

1 BFH I R 47/08, BStBl II 2011, 131.
2 BFH I R 62/09, BFH/NV 2010, 1919.
3 Vgl zu den gesellschaftsrechtlichen Möglichkeiten der Verlegung des Verwaltungssitzes ins Ausland Rn 96 sowie § 1 Rn 213.

ländische Gesellschaft" handelt. Zweifel hieran sind mE angebracht. Eine Definition dieses Begriffs enthält das KStG nicht;[1] ebenso wenig das GewStG, obwohl dieses in §9 Nr 8 GewStG eine Kürzung des Gewerbeertrags um nach einem DBA befreite Gewinne aus Anteilen an einer „ausländischen Gesellschaft" vorsieht und sich die in § 15 S 2 ergebende Abgrenzungsfrage im Kontext des §9 Nr 8 GewStG damit in gleicher Weise stellt. Eine Definition des Begriffs „ausländische Gesellschaft" enthält hingegen § 7 I AStG, auf welchen im Kontext des § 9 Nr 8 GewStG nach der hM[2] zurückzugreifen ist. Nach § 7 I AStG beschreibt der Begriff „ausländische Gesellschaft" Körperschaften, Personenvereinigungen und Vermögensmassen iSd KStG, die weder Geschäftsleitung noch Sitz im Geltungsbereich dieses Gesetzes haben und die nicht gem § 3 I von der KSt-Pflicht ausgenommen sind. Von dieser Definition der ausländischen Gesellschaft wären die doppelansässige AG oder GmbH nicht erfasst. Eine Definition der „ausländischen Gesellschaft" enthält auch §50d III EStG nicht. Nach jüngst veröffentlichter Verwaltungsauffassung[3] sollen hierunter, wenig erstaunlich, auch doppelansässige Gesellschaften mit DBA-rechtlicher Ansässigkeit im Ausland fallen.

768 **MTRL.** Bezieht eine Organgesellschaft eine Dividende, für die Deutschland nach Art 4 I der MTRL[4] entweder eine Steuerbefreiung oder eine indirekte Körperschaftsteueranrechnung gewähren muss, stellt sich die Frage, ob der in § 15 S 1 Nr 2 S 1 angeordnete Ausschluss der Anwendung des § 8b I, V mit der MTRL vereinbar ist. Dagegen spricht, dass die Organgesellschaft sämtliche persönlich an eine (Mutter)gesellschaft in Art 2 MTRL gestellten Anforderungen erfüllt. Dies gilt auch hinsichtlich des Art 2 I lit c MTRL, nach dem die Gesellschaft ohne Wahlmöglichkeit der KSt unterliegen muss, ohne von ihr befreit zu sein. Denn trotz Organschaft bleibt die Organgesellschaft selbst KSt- wie auch Einkünfteerzielungssubjekt (vgl Rn 619 ff, 674 ff).[5] Der Umstand, dass das Einkommen der Organgesellschaft bei einem Anderen (dem Organträger) letztlich der Besteuerung unterworfen wird, ändert nichts daran, dass die Organgesellschaft persönlich der Körperschaftsteuerpflicht unterliegt und auch die Dividende bei der Organgesellschaft körperschaftsteuerpflichtig ist. Handelt es sich bei dem Organträger um eine Körperschaft, stellt die Finanzverwaltung im Kontext der Umwandlung auf eine Organgesellschaft nicht in Frage, dass eine Organgesellschaft (trotz der Einkommenszurechnung zu einer anderen Körperschaft) die in Art 3 Fusions-RL[6] gestellten, mit Art 2 MTRL deckungs-

---

1 Außer in § 15 S 2 verwendet das KStG diesen Begriff nur noch in § 34 VII S 6. Eine Abgrenzung des Begriffs lässt sich wegen der dort angeordneten Gleichbehandlung von in- und ausländischen Kapitalgesellschaften daraus jedoch nicht ableiten.
2 *Gosch* in Blümich § 9 GewStG Rn 342; *Odenthal* in F/W/B/S § 9 Nr 8 GewStG Rn 9; *Güroff* in Glanegger/Güroff § 9 Nr 8 Rn 4; aA *Braunagel* in Bergemann/Wingler § 9 Nr 8 GewStG Rn 356.
3 BMF v 24.1.2012, BStBl I 2012, 171, Abschn 3.
4 RL 90/435/EWG des Rates v 23.7.1990 über das gemeinsame Steuersystem der Mutter- und Tochtergesellschaften verschiedener Mitgliedstaaten (ABl EG Nr L 225, 6), zuletzt geändert durch die RL 2006/98/EG des Rates v 20.11.2006 (ABl EG Nr L 363, 129).
5 Ebenso und ausführlich *Kempf/Geisdorf*, IStR 2011, 173, 178 ff.
6 RL 2009/133/EG des Rates v 19.10.2009 über das gemeinsame Steuersystem für Fusionen, Spaltungen, die Einbringung von Unternehmensanteilen und den Austausch von Anteilen, die Gesellschaften verschiedener Mitgliedstaaten betreffen, sowie für die Verlegung des Sitzes einer Europäischen Gesellschaft oder einer Europäischen Genossenschaft von einem Mitgliedstaat in einen anderen Mitgliedstaat, ABl EG Nr L 310, 34.

gleichen Anforderungen an eine Gesellschaft erfüllt, mithin als der KSt unterliegend anzusehen ist.[1] Die Auswirkungen der Nichtanwendung des § 15 S 1 Nr 2 S 1 wegen Verstoßes gegen die MTRL wären überschaubar, wenn es sich bei dem Organträger um eine Körperschaft oder eine Personengesellschaft mit Körperschaften als Gesellschafter handelt. So würden im Wesentlichen die durch die Bruttomethode sonst eintretenden Verschiebungen beim Spendenabzug (vgl Rn 904) und bei einem ggf nach § 8c I entfallenden laufenden Verlust nicht eintreten. Weitaus bedeutsamer ist die in § 15 S 1 Nr 2 S 1 angeordnete Nichtanwendung von § 8b I, V in den Fällen, in denen das Einkommen auf Ebene des Organträgers der ESt unterliegt und die Dividende nach § 15 S 1 Nr 2 S 2 durch Anwendung des § 3 Nr 40 EStG nur teilweise freigestellt wird. Letztlich wäre nicht ersichtlich, warum die Organgesellschaft nicht auch in dieser Konstellation die bereits genannten Voraussetzungen der MTRL erfüllen soll.[2] Der Umstand, dass der Organträger der ESt unterliegt, ändert nichts daran, dass die Organgesellschaft selbst KSt- und Einkünfteerzielungssubjekt ist, mithin der KSt unterliegt, ohne von ihr befreit zu sein.[3] Im Übrigen hat Deutschland deutlich gemacht, dass es eine mögliche letztendliche Besteuerung mit ESt selbst nicht als schädlich betrachtet, als es die KGaA ohne weitere Einschränkungen in die Liste der Gesellschaften iSd Art 2 I lit a MTRL hat aufnehmen lassen. Schließlich wäre auch nur schwer vorstellbar, dass sich ein Quellen-Mitgliedstaat gegenüber der Organgesellschaft erfolgreich auf die Nichtanwendbarkeit des Art 5 MTRL berufen und Quellensteuer erheben könnte, die die Bundesrepublik dann anrechnen müsste.

Nicht von der Bruttomethode betroffene steuerfreie Vermögensmehrungen und -minderungen. Von der Bruttomethode nicht erfasste steuerfreie Vermögensmehrungen und -minderungen sind iRd Ermittlung des zuzurechnenden Einkommens zu berücksichtigen und mindern bzw erhöhen dieses. Dies betrifft zB Investitionszulagen sowie mE (vgl Rn 765) Übernahmegewinne und -verluste iSd § 12 II S 1 UmwStG. Ferner betrifft dies – mit Ausnahme von Schachteldividenden (vgl Rn 766) – nach einem DBA im Inland steuerfrei gestellte Einkünfte wie zB Gewinne und Verluste aus ausländischen Betriebsstätten oder aus im Ausland belegenem Grundbesitz. Bei derartigen Einkünften sieht der Gesetzgeber keinen Bedarf für den Ausschluss der Anwendung von DBA-Befreiungen auf Ebene der Organgesellschaft. Dies ist auch zutreffend, weil im Inland ansässige natürliche Personen als Organträger bzw als Gesellschafter einer Organträger-Personengesellschaft diese DBA-Vergünstigungen auch selbst beanspruchen könnten, mithin die „Zwischenschaltung" der Organgesellschaft ihnen keine (ungerechtfertigten) Vorteile bringen kann. Gleiches gilt im Ergebnis auch für beschränkt steuerpflichtige Organträger iSd § 18 bzw für beschränkt steuerpflichtige Gesellschafter einer Organträger-Personengesellschaft. Zwar könnten diese über die Organgesellschaft in den Genuss von durch Deutschland verhandelten Abkommensvergünstigungen kommen, die ihnen ggf auf der Grundlage eines zwischen ihrem Ansässigkeitsstaat und dem Quellenstaat geschlossenen

769

---

1 BMF v 11.11.2011, BStBl I 2011, 1314, Rn 11.08, 20.19. Vgl dazu Rn 795.
2 Ebenso *Kempf/Geisdorf*, IStR 2011, 173, 178 ff.
3 AA offenbar im Kontext der Fusions-RL BMF v 11.11.2011, BStBl I 2011, 1314, Rn 11.08, 20.19. Vgl zur Kritik daran Rn 801 ff.

DBA nur in geringerem Ausmaß oder – bei Fehlen eines solchen DBA – überhaupt nicht zukämen. Andererseits könnten derartige Einkünfte auch ohne „Zwischenschaltung" der Organgesellschaft oftmals nicht besteuert werden, wie das Beispiel ausländischer Betriebsstättengewinne zeigt. Da eine ausländische Betriebsstätte nach hM keine Unterbetriebsstätte einer inländischen Betriebsstätte sein kann, gehören Gewinne aus der ausländischen Betriebsstätte weder zu den inländischen Einkünften iSd § 49 I Nr 2 lit a EStG[1] noch zu den inländischen Unternehmensgewinnen iSd Art 7 OECD-MA.[2]

770 **In unmittelbarem wirtschaftlichen Zusammenhang mit steuerfreien Einkünften stehende Betriebsausgaben.** In unmittelbarem wirtschaftlichen Zusammenhang mit steuerfreien Einkünften stehende Betriebsausgaben der Organgesellschaft dürfen das zuzurechnende Einkommen gem § 3c I EStG nicht mindern.

771-773 *Einstweilen frei.*

774 **b) Zinsschranke.** Nach § 15 S 1 Nr 3 S 1 ist § 4h EStG iVm § 8a bei der Organgesellschaft nicht anzuwenden. Organträger und Organgesellschaften gelten gem § 15 S 1 Nr 3 S 2 als ein Betrieb iSd Zinsschranke. Sind in dem Organträger zugerechneten Einkommen der Organgesellschaften Zinsaufwendungen und Zinserträge iSd § 4h III EStG enthalten, sind diese gem § 15 S 1 Nr 3 S 3 bei Anwendung des § 4h I EStG beim Organträger einzubeziehen (vgl § 15 Rn 171-241; zu den Auswirkungen beim Organträger Rn 901).

775 *Einstweilen frei.*

776 **c) Ausgleichszahlungen. Allgemeines.** Werden nach § 304 AktG vereinbarte Ausgleichszahlungen an außenstehende Aktionäre geleistet (vgl Rn 285 ff), hat die Organgesellschaft gem § 16 S 1 ein Einkommen iHv 20/17 (bis zum VZ 2007: 4/3) der Ausgleichszahlung selbst zu versteuern. Dies gilt gem § 16 S 2 unabhängig davon, ob der Organträger, als eigentlicher Schuldner der Ausgleichszahlung, oder aber die Organgesellschaft diese geleistet hat (R 65 I S 1 KStR). Vgl weiterführend § 16.

777 **Von der Organgesellschaft geleistete Ausgleichszahlungen.** Hat die Organgesellschaft die Ausgleichszahlung geleistet, haben die handelsrechtlich Aufwand darstellende Ausgleichszahlung (17/17) und der für sie daraus resultierende Körperschaftsteueraufwand (3/17)[3] ihren Jahresüberschuss vor Gewinnabführung und damit auch die Gewinnabführung gemindert. Die Versteuerung von 20/17 der Ausgleichszahlung als eigenes Einkommen wird durch Hinzurechnung der Ausgleichszahlung gem § 4 V S 1 Nr 9 EStG und des daraus entstandenen Körperschaftsteueraufwands gem § 10 Nr 2 gewährleistet. Obwohl dieses Einkommen von der Organgesellschaft selbst zu versteuern und damit bei der Ermittlung des dem Organträger zuzurechnenden Einkommens – ggf auch unter Entstehung oder Erhöhung eines negativen zuzurechnenden Einkommens (R 65 II S 2 KStR) – wieder auszusondern ist (R 65

---

1 BFH I R 95/84, BStBl II 1988, 663 zu ausländischen Betriebsstättengewinnen; BFH I R 17/01, BStBl II 2003, 631.
2 *Wassermeyer* in Kessler/Kröner/Köhler, Konzernsteuerrecht, 2008, § 7 Rn 277; *Lüdicke*, IStR 2011, 740, 742, mwN.
3 = 20/20/(1-3/20) – 1 = 17/17/0,85 – 17/17.

VII. Ermittlung des Einkommens der Organgesellschaft

II S 1 KStR), erfolgen diese Einkommenskorrekturen im Schema der Einkommensermittlung (vgl Rn 692) nicht erst nach der Zurechnung des Einkommens an den Organträger. Denn hat die Organgesellschaft selbst die Ausgleichszahlung geleistet, gehören diese Beträge zu ihrem Einkommen und erhöhen damit ihre Bemessungsgrundlage für die Höchstbeträge der Spenden[1], welche – soweit dann nach § 9 I Nr 2 abziehbar – wiederum das dem Organträger zuzurechnende Einkommen mindern.

Vom Organträger geleistete Ausgleichszahlungen. Hat der Organträger die Ausgleichsverpflichtung gegenüber den außenstehenden Aktionären erfüllt, hat lediglich der darauf entfallende Körperschaftsteueraufwand (3/17) den Jahresüberschuss vor Gewinnabführung der Organgesellschaft und die Gewinnabführung selbst vermindert. Nur die diesbezügliche Hinzurechnung nach § 10 Nr 2 erhöht das eigene Einkommen der Organgesellschaft und damit auch ihre Bemessungsgrundlage für die Höchstbeträge der Spenden (Zwischensumme II in dem Einkommensermittlungsschema in Rn 692). Die Ausgleichszahlung selbst hat das Jahresergebnis des Organträgers gemindert; die Hinzurechnung der Ausgleichszahlung als nichtabziehbare Betriebsausgabe nach § 4 V S 1 Nr 9 EStG erhöht damit zunächst das vom Organträger selbst erzielte Einkommen und damit dessen Bemessungsgrundlage für die Höchstbeträge der Spenden.[2] Um die in § 16 geforderte Besteuerung von 20/17 der Ausgleichszahlung auf Ebene der Organgesellschaft sicherzustellen, wird das Einkommen des Organträgers anschließend um die Ausgleichszahlung (17/17) vermindert und diese der Organgesellschaft zur Versteuerung zugewiesen (sog gegenläufige Einkommenszurechnung; R 65 II S 3 Nr 1 und 2 KStR). Dies gilt auch dann, wenn der Organträger die Ausgleichszahlungen trotz eines steuerlichen Verlustes geleistet hat (R 65 II S 3 KStR). Zusammen mit dem nicht dem Organträger zugewiesenen Einkommen aus der Hinzurechnung des Körperschaftsteueraufwands aus der Ausgleichszahlung beträgt das zu versteuernde Einkommen der Organgesellschaft dann 20/17 der Ausgleichszahlung.

Einstweilen frei.

d) Spendenabzug. Separater Spendenabzug für Organgesellschaft und Organträger. Da die körperschaftsteuerrechtliche Organschaft und die ihr zu Grunde liegende Zurechnungstheorie die zivilrechtliche und steuerrechtliche Eigenständigkeit von Organträger und Organgesellschaft unberührt lassen und das von der Organgesellschaft infolgedessen selbständig ermittelte Einkommen dem Organträger nach § 14 I somit nicht iRd Gewinnermittlung, sondern als fremdes Einkommen zur Besteuerung zugerechnet wird (vgl Rn 619 ff), sind die Höchstbeträge für den Spendenabzug sowohl für den Organträger als auch für die Organgesellschaft gesondert zu ermitteln (vgl auch § 9 Rn 115). Nach Maßgabe des für sie ermittelten Höchstbetrags iSd § 9 I Nr 2 S 1 lit a darf die Organgesellschaft bei der Ermittlung ihres Einkommens Aufwendungen iSd 9 I Nr 2 S 1 abziehen; bei der Ermittlung des für den Spendenabzug des Organträgers maßgeblichen Höchstbetrags bleibt das ihm von der Organgesellschaft zugerechnete Einkommen außer Betracht (R 47 V S 1-2

---
1 *Frotscher* in Frotscher/Maas § 14 Rn 603.
2 *Frotscher* in Frotscher/Maas § 14 Rn 603.

KStR).[1] Gleiches gilt für den auf Umsätze sowie Löhne und Gehälter abstellenden Höchstbetrag iSd § 9 I Nr 2 S 1 lit b[2]. Als Summe der gesamten Umsätze gelten beim Organträger und bei der Organgesellschaft auch in den Fällen, in denen eine umsatzsteuerliche Organschaft (§ 2 II Nr 2 UStG) besteht, jeweils nur die eigenen Umsätze. Für Zwecke der Ermittlung des Spendenhöchstbetrags unterbleibt damit eine Zurechnung der Umsätze der Organgesellschaft zum Organträger; die fehlende Unternehmereigenschaft iSv § 2 UStG steht einer Berücksichtigung der Umsätze der Organgesellschaft für Zwecke ihres Spendenabzugs nicht entgegen (R 47 V S 3 bis 5 KStR).

781 *Spendenvortrag.* Nach diesen Grundsätzen sind Aufwendungen iSd § 9 I Nr 2 der Organgesellschaft, soweit die den für diese ermittelten Höchstbetrag übersteigen, iR ihrer Höchstbeträge erst in folgenden VZ gem § 9 I Nr 2 S 3 abzuziehen; die Feststellung eines sich so ergebenden Spendenvortrags erfolgt gem § 9 I Nr 2 S 4 gegenüber der Organgesellschaft. Bis zum VZ 2006[3] verfielen diese Aufwendungen – wie bei nicht organschaftlich eingebundenen Steuerpflichtigen auch –, sofern nicht die sog Großspendenregelung iSd § 9 I S 1 Nr 2 S 4-5 in der vor dem Gesetz zur weiteren Stärkung des bürgerschaftlichen Engagements vom 10.10.2007[4] geltenden Fassung in Anspruch genommen wurde. Ein grundsätzlich letztmals im VZ 2006 zu bildender und bis maximal zum VZ 2011 um Verbräuche fortzuentwickelnder[5] Großspendenvortrag ist ebenfalls gegenüber der Organgesellschaft festzustellen.

782 *Einstweilen frei.*

783 **e) Negatives zuzurechnendes Einkommen und § 8c I. Allgemeine Grundsätze des § 8c I.** Werden innerhalb von fünf Jahren mittelbar oder unmittelbar mehr als 25 % (bzw 50 %) des gezeichneten Kapitals, der Mitgliedschaftsrechte, Beteiligungsrechte oder der Stimmrechte an einer Körperschaft von einem Erwerber oder diesem nahe stehenden Personen erworben oder liegt ein vergleichbarer Sachverhalt vor (schädlicher Beteiligungserwerb), sind insoweit (bzw vollständig) die bis zum schädlichen Beteiligungserwerb nicht ausgeglichenen oder abgezogenen negativen Einkünfte (nicht genutzte Verluste) nicht mehr abziehbar (§ 8c I S 1 und 2). Ausnahmen hiervon sehen die sog Konzernklausel (§ 8c I S 5; vgl § 8c Rn 248 ff), der sog Stille-Reserven-Escape (§ 8c I S 6 ff; vgl § 8c Rn 284 ff) und die derzeit aufgrund einer negativen Beihilfeentscheidung der EU-Kommission suspendierte Sanierungsklausel (§ 8c Ia; vgl § 8c Rn 321 ff) vor. Die nach § 8c eintretende Verlustabzugsbeschränkung erfasst im Falle eines unterjährigen schädlichen Beteiligungserwerbs nicht nur bis dahin festgestellte Verlustvorträge, sondern darüber hinaus auch bis zum Zeitpunkt des schädlichen Beteiligungserwerbs erzielte laufende Verluste.[6] Der von der Verlustabzugsbeschränkung erfasste laufende

---

1 BFH XI R 95/97, BStBl II 2003, 9.
2 Bzw iSd § 10b I S 1 Nr 2 EStG, wenn Organträger eine Personengesellschaft mit natürlichen Personen als Gesellschafter oder ein Einzelunternehmer ist.
3 Nach § 34 VIIIa konnte auf Antrag des Steuerpflichtigen die bis dahin geltende Fassung des § 9 I Nr 2 jedoch auch noch letztmals im VZ 2007 Anwendung finden.
4 BGBl I 2007, 2332; BStBl I 2007, 815.
5 BMF v 18.12.2008, BStBl I 2009, 16, Abschn 1.
6 BMF v 4.7.2008, BStBl I 2008, 736, Tz 31.

Verlust soll durch zeitanteilige Aufteilung des Verlustes des gesamten betreffenden WJ zu ermitteln sein, wobei die Körperschaft eine andere, wirtschaftlich begründete Aufteilung (zB stichtagsbezogene Einkünfteabgrenzung) darlegen kann.[1] Außer für noch nicht genutzte Verluste hat § 8c I auch Bedeutung iRd Zinsschranke. Nach § 8a I S 3 gilt § 8c für den Zinsvortrag iSd § 4h I S 5 EStG entsprechend.

Bedeutung für eine Organgesellschaft. Zu einem schädlichen Beteiligungserwerb iSd § 8c I an einer Organgesellschaft kann es zunächst durch unmittelbaren Erwerb von Anteilen an der Organgesellschaft kommen. Darüber hinaus kann aber auch der Erwerb von Anteilen an einer anderen Gesellschaft (zB dem Organträger) die Anwendung des § 8c bei der Organgesellschaft auslösen, wenn damit ein dem Umfang nach schädlicher mittelbarer Erwerb der Anteile an der Organgesellschaft[2] einhergeht. Wie bei einer nicht organschaftlich eingebundenen Kapitalgesellschaft auch, kann ein schädlicher Beteiligungserwerb hinsichtlich der Organgesellschaft vorbehaltlich der Konzernklausel des § 8c I S 5 zum teilweisen oder vollständigen Wegfall eines aus vororganschaftlicher Zeit stammenden Verlustvortrags iSd § 10d IV EStG, verbliebenen Fehlbetrags iSd § 10a GewStG und Zinsvortrags iSd § 4 I S 5 EStG führen, soweit die Organgesellschaft nicht von dem Stille-Reserven-Escape nach Maßgabe des § 8c I S 6 ff und § 8a I S 3 Gebrauch macht oder machen kann. Besondere Fragestellungen ergeben sich nur bei unterjährigen Beteiligungserwerben und mithin für dem Organträger noch nicht zugerechnetes negatives Einkommen der Organgesellschaft.

784

Unterjähriger Erwerb der Anteile an der Organgesellschaft. Erfolgt ein unmittelbarer schädlicher Beteiligungserwerb an der Organgesellschaft bezogen auf deren WJ unterjährig, stellt sich zunächst die Frage, ob die Organschaft fortbesteht oder infolge der fehlenden finanziellen Eingliederung der Organgesellschaft in den Organträger rückwirkend ab Beginn des betreffenden WJ entfällt. Wie nachstehende Beispiele zeigen, ist ein Fortbestand der Organschaft auch bei schädlichen Beteiligungserwerben iSd § 8c I S 2 nicht zwingend ausgeschlossen:

785

Beispiel

Seit dem Jahr 1 besteht folgende Struktur: Kapitalgesellschaft und Organträger M hält 99 % der Anteile an der Kapitalgesellschaft T, die wiederum 99 % der Anteile an den Kapitalgesellschaften E1 und E2 hält. Zwischen T und E1 besteht Organschaft. Das WJ der E1 entspricht dem Kalenderjahr. Im Laufe des Jahres 7 veräußert T a) 99 % der Anteile an E1 an M, b) 30 % der Anteile an E1 an M, c) 99 % der Anteile an E1 an E2.

Im Fall a) liegt ein schädlicher Beteiligungserwerb iSd § 8c I S 2 vor. Mangels finanzieller Eingliederung der E1 in M während ihres gesamten WJ ist die Organschaft für das Jahr 7 nicht anzuerkennen. E1 unterliegt selbständig der KSt. Ein bis zum schädlichen Beteiligungserwerb erzielter Verlust kann nicht mit danach erzielten Gewinnen verrechnet werden.

---

1 BMF v 4.7.2008, BStBl I 2008, 736, Tz 32.
2 Der Umfang des mittelbaren Erwerbs ist im Wege der Durchrechnung der Beteiligungs- oder Stimmrechtsquoten zu ermitteln; vgl BMF v 4.7.2008, BStBl I 2008, 736, Tz 12.

Im Fall b) liegt ein schädlicher Beteiligungserwerb iSd § 8c I S 1, im Fall c) ein solcher iSd § 8c I S 2 vor. In beiden Fällen besteht die Organschaft zwischen T und E1 jedoch aufgrund der immer noch gegebenen finanziellen Eingliederung fort.

Sofern die Organschaft von dem Beteiligungserwerb nicht berührt wird, stellt sich die Frage, wie § 8c I iRd Einkommensermittlung der Organgesellschaft zu berücksichtigen ist. Da das Einkommen der Organgesellschaft selbständig und nach den allgemeinen Grundsätzen zu ermitteln ist und § 8c I keine Ausnahme für Organgesellschaften enthält, ist die teilweise bzw vollständige Nichtberücksichtigung eines bis zum Zeitpunkt des Beteiligungserwerbs erzielten negativen Einkommens nach § 8c bereits iRd Ermittlung des dem Organträgers zuzurechnenden Einkommens zu berücksichtigen.[1] Eine Minderabführung iSd § 14 IV ergibt sich daraus mangels Abweichung zwischen Gewinnabführung und Steuerbilanzgewinn der Organgesellschaft nicht.[2] Nach der Verwaltungsauffassung kommt aber § 8c wohl dann nicht zur Anwendung, wenn das bei einer Stichtagsbetrachtung bis zum schädlichen Beteiligungserwerb erzielte Einkommen zwar negativ, das in dem gesamten betreffenden WJ erzielte Einkommen der Organgesellschaft aber positiv ist.[3] Hiergegen wird sich der Steuerpflichtige nicht wehren. Soweit jedoch das Einkommen der Organgesellschaft des gesamten WJ negativ, das bei einer Stichtagsbetrachtung bis zum schädlichen Beteiligungserwerb erzielte Einkommen hingegen positiv oder zumindest weniger negativ als das zeitanteilig dem Zeitraum vor dem schädlichen Beteiligungserwerb zugeordnete negative Einkommen ist, sollte von der auch von der Finanzverwaltung eingeräumten Möglichkeit der Darlegung einer anderen wirtschaftlich begründeten Aufteilung (stichtagsbezogene Abgrenzung) Gebrauch gemacht werden.

786 **Unterjähriger Erwerb der Anteile am Organträger.** Eine Einschränkung der Zurechnung negativen Einkommens der Organgesellschaft soll sich nach Auffassung der Finanzverwaltung auch aus der Anwendung des § 8c beim Organträger ergeben. Der Verlustabzugsbeschränkung infolge eines schädlichen Beteiligungserwerbs bei einem Organträger soll demnach auch das noch nicht zugerechnete anteilige negative Organeinkommen unterliegen; dieses sei vor der Einkommenszurechnung auf Ebene der Organgesellschaft entsprechend der vorbeschriebenen Grundsätze der Ergebnisaufteilung (vgl Rn 783) zu kürzen.[4] Diese Auffassung ist abzulehnen.[5]

Beispiel 1

Der von A zu 100% gehaltene Organträger M hält 94% der Anteile an Organgesellschaft T. B erwirbt von A a) 51% bzw b) 26% der Anteile an M.

Im Fall a) liegt hinsichtlich der Anteile an M ein schädlicher Beteiligungserwerb iSd § 8c I S 2 (51%), hinsichtlich der Anteile an T ein solcher iSd § 8c I S 1 (47,9%) vor. Im Fall b) liegt hinsichtlich der Anteile an M ein schädlicher Beteiligungserwerb iSd § 8c I S 1 (26%), hinsichtlich der Anteile an T kein Anwendungsfall des § 8c I (24,4%) vor.

---

1 Ebenso *Frotscher* in Frotscher/Maas § 8c Rn 80a.
2 Ebenso *Frotscher* in Frotscher/Maas § 8c Rn 80a.
3 BMF v 4.7.2008, BStBl I 2008, 736, Tz 32.
4 BMF v 4.7.2008, BStBl I 2008, 736, Tz 33.
5 Ebenso *Frotscher* in Frotscher/Maas § 8c Rn 80a; aA Suchanek, GmbHR 2008, 296; *Frotscher*, DK 2008, 548, 554.

VII. Ermittlung des Einkommens der Organgesellschaft

Beispiel 2
A und B haben im Jahr 1 zu gleichen Teilen das Joint Venture M erworben. Im Jahr 3 hat M die TG T gegründet und mit ihr eine Organschaft begründet. Im Jahr 4 einigen sich A und B darauf, dass A die Anteils- und Stimmrechtsmehrheit an M erhalten soll. Zu diesem Zweck überträgt B 10% der Anteile an A.
Hinsichtlich der M liegt ein schädlicher Beteiligungserwerb iSd § 8c I S 2 vor, da A innerhalb von fünf Jahren mehr als 50% der Anteile an M erworben hat. Mit dem Erwerb im Jahr 4 hat A hingegen mittelbar nur 10% der Anteile an T erworben, so dass hinsichtlich der Anteile an T kein schädlicher Beteiligungserwerb iSd § 8c I vorliegt.

Die Beispiele zeigen, dass mit einem schädlichen Beteiligungserwerb hinsichtlich der Anteile an dem Organträger ein schädlicher Beteiligungserwerb an der Organgesellschaft einhergehen kann, aber keinesfalls muss. Ebenso können auf Ebene des Organträgers Verluste vollständig entfallen (§ 8c I S 2), während es bei der Organgesellschaft nur zu einem anteiligen Wegfall von Verlusten (§ 8c I S 1) kommt. Sofern hinsichtlich der Anteile an der Organgesellschaft ein schädlicher Beteiligungserwerb vorliegt, sind – bereits nach dem Gesetz – die Rechtsfolgen des § 8c I S 1 oder S 2 iRd Ermittlung des dem Organträger zuzurechnenden Einkommens zu berücksichtigen (hierzu bereits Rn 785). Die von der Finanzverwaltung vertretene Anwendung der beim Organträger greifenden Verlustabzugsbeschränkung iRd Ermittlung des zuzurechnenden Einkommens der Organgesellschaft würde zB im Beispiel 2 dazu führen, dass ein bis zum schädlichen Beteiligungserwerb am Organträger von der Organgesellschaft erzieltes negatives Einkommen vollständig unberücksichtigt bliebe, obwohl hinsichtlich der Organgesellschaft keine der Tatbestandsvoraussetzungen des § 8c I erfüllt ist. Die Verwaltungsauffassung entbehrt daher einer Rechtsgrundlage. Darüber hinaus verletzt sie mit der Berücksichtigung von Besteuerungsmerkmalen des Organträgers bei der Ermittlung des zuzurechnenden Einkommens der Organgesellschaft elementare Grundsätze der Einkommensermittlung bei Organschaft (vgl. Rn 614-624). Zur Berücksichtigung negativen und positiven zugerechneten Einkommens der Organgesellschaft iRd Anwendung des § 8c I bei dem Organträger vgl Rn 930-934.

Einstweilen frei.

f) Kein Verlustabzug. IRd Ermittlung des dem Organträger zuzurechnenden bzw auch des von der Organgesellschaft selbst zu versteuernden Einkommens ist gem § 15 S 1 Nr 1 ein Abzug von in vororganschaftlicher Zeit entstandenen Verlusten nach § 10d EStG nicht möglich.

Einstweilen frei.

7. Übertragungsgewinn bei Umwandlung der Organgesellschaft. Nach Auffassung der Finanzverwaltung soll ein bei Verschmelzung oder Aufspaltung der Organgesellschaft entstehender steuerlicher Übertragungsgewinn von der Organgesellschaft selbst zu versteuern sein; im Fall der Abspaltung oder Ausgliederung aus dem Vermögen der Organgesellschaft soll ein steuerlicher Übertragungsgewinn hingegen bei weiter bestehender Organgesellschaft dem Organträger zuzurechnen sein.[1] Auch wenn der endgültige Umwandlungssteuererlass die Besteuerung des Übertragungsgewinns auf Ebene der Organgesellschaft nicht mehr begründet, ist davon auszugehen, dass die Finanzverwaltung, wie in dem seinerzeitigen Entwurf des Erlasses für Zwecke der Verbandsanhörung vom 2.5.2011 angegeben, nach wie vor davon ausgeht, dass der Übertragungsgewinn nicht der Gewinnabführungsverpflichtung unterliegt, wenn und weil die Organgesellschaft im Zuge der Umwandlung untergeht. Vgl weiterführend und zur diesbezüglichen Kritik Rn 432-433. Ein anderer Ansatzpunkt für eine eigenständige Besteuerung auf Ebene der Organgesellschaft ist jedenfalls nicht ersichtlich.

792-793 *Einstweilen frei.*

794 **8. Bewertungswahlrechte bei Umwandlungen auf und Einbringungen in die Organgesellschaft. a) Umwandlung auf eine Organgesellschaft. Sicherstellung der Besteuerung mit KSt (§ 11 II Nr 1 UmwStG).** Bei Verschmelzung zweier Körperschaften setzt das antragsgebundene Wahlrecht zum Ansatz der übergehenden Wirtschaftsgüter zu einem Wert unterhalb des gemeinen Wertes unter anderem voraus, dass sichergestellt ist, dass die übergehenden Wirtschaftsgüter später bei der übernehmenden Körperschaft der Besteuerung mit KSt unterliegen (§ 11 II Nr 1 UmwStG).

795 **Verwaltungsauffassung.** Wird eine Körperschaft auf eine Organgesellschaft verschmolzen, betrachtet die Finanzverwaltung[2] bei Umwandlungen, bei denen der Umwandlungsbeschluss nach dem 31.12.2011 erfolgt, diese Voraussetzung nur insoweit als erfüllt, wie das dem Organträger zuzurechnende Einkommen der Besteuerung mit KSt unterliegt. Soweit das zugerechnete Einkommen der ESt unterliegt (natürliche Person als Organträger oder als Gesellschafter einer Organträger-Personengesellschaft), kann nach dieser Auffassung das Bewertungswahlrecht nach § 11 II UmwStG auf der Grundlage des Gesetzes nicht ausgeübt werden, mithin die Umwandlung insoweit nur unter Aufdeckung aller stillen Reserven erfolgen. Soweit das Bewertungswahlrecht versagt wird, sollen aus „Billigkeitsgründen" die übergehenden Wirtschaftsgüter dennoch einheitlich mit dem Buchwert angesetzt werden können, wenn sich alle an der Verschmelzung Beteiligten (übertragender Rechtsträger, übernehmender Rechtsträger und Anteilseigner des übertragenden und übernehmenden Rechtsträgers) übereinstimmend schriftlich damit einverstanden erklären, dass auf die aus der Verschmelzung resultierenden Mehrabführungen § 14 III S 1 anzuwenden ist; die Grundsätze der Rn Org.33 und Org.34 des Umwandlungssteuererlasses sollen entsprechend gelten. Ist der Organträger zwar eine Körperschaft, selbst wiederum aber eine Organgesellschaft (mehrstöckige Organschaft), sollen diese Grundsätze entsprechende Anwendung finden.

796 **Reichweite der Regelung.** Die in Rn 795 beschriebene Verwaltungsauffassung sanktioniert sämtliche Verschmelzungsrichtungen. Wenngleich die Regelung nur die Verschmelzung anspricht, ist mE davon auszugehen, dass die Finanzverwaltung

---

1 BMF v 11.11.2011, BStBl I 2011, 1314, Rn Org.27.
2 BMF v 11.11.2011, BStBl I 2011, 1314, Rn 11.08, zur Anwendung Rn S.06.

diese Grundsätze auch auf Aufspaltungen (§ 123 I UmwG) und Abspaltungen (§ 123 II UmwG) auf eine Organgesellschaft anwenden wird. Auch wenn im Wege der „Billigkeitsregelung" nach dem Wortlaut von Rn 11.08 nur ein Ansatz zu Buchwerten ermöglicht werden soll, ist mE davon auszugehen, dass unter denselben Voraussetzungen auch ein Ansatz zum Zwischenwert erreicht werden kann. Dies ergibt sich mE auch aus dem Vergleich mit Rn 20.19, die für Einbringungsfälle iSd § 20 UmwStG eine ansonsten entsprechende Regelung enthält (vgl Rn 812 ff). Die Regelung sanktioniert „nur" die Verschmelzung auf eine Organgesellschaft mit natürlichen Personen als Organträger oder Gesellschafter einer Organträger-Personengesellschaft. Eine Differenzierung danach, ob durch die Verschmelzung überhaupt eine Statusänderung eintritt, erfolgt nicht. Dh auch bei Verschmelzung zweier Organgesellschaften einer natürlichen Person oder einer Personengesellschaft mit natürlichen Personen als Organträger wird der Ansatz der Wirtschaftsgüter unterhalb des gemeinen Werts versagt.

Maßgeblicher Zeitpunkt. Rn 11.08 lässt offen, zu welchem Zeitpunkt die schädliche Voraussetzung erfüllt sein muss. Da es um die Bewertung des übergehenden Vermögens geht, liegt es nahe, dass dieser Zeitpunkt der steuerliche Übertragungsstichtag ist. Da es andererseits darum geht, ob die spätere Gewinnrealisierung aus den Wirtschaftgütern im Wege der Einkommenszurechnung der ESt unterliegt, ist nicht auszuschließen, dass die Finanzverwaltung auch die spätere Begründung einer entsprechenden Organschaft noch als schädlich betrachten wird, was die Problematik der Verwaltungsauffassung nochmals unterstreicht (zur Kritik Rn 805).

797

Ziel der Regelung. Ziel der Regelung ist offenbar, dass sich die Beteiligten im Wege einer Selbstverpflichtung der in den Rn Org.33 und Org.34 des Erlasses dargelegten Rechtsauffassungen der Finanzverwaltung unterwerfen und akzeptieren, dass auf die aus der Verschmelzung resultierenden Mehrabführungen § 14 III S 1 anzuwenden ist. Kommen die Beteiligten dem nicht nach, wird dies durch Versagung der Steuerneutralität der Umwandlung sanktioniert. Auf diese Weise soll das aus Rn Org.33 und Org.34 resultierende Streitpotenzial vermindert werden.[1] Diese Vorgehensweise spricht mE weder für die Überzeugungskraft der zu akzeptierenden Auffassungen zu den Mehr- und Minderabführungen (hierzu Rn 1319 ff und 1300 ff) noch für die Überzeugungskraft der Argumente, mit denen der Buchwertansatz versagt werden soll.

798

Einstweilen frei.

799-800

b) Versagung des Bewertungswahlrechts. Entwicklung der Verwaltungsauffassung. Mit Rn 11.08 ändert die Finanzverwaltung ihre bisherige Auffassung zu § 11 II S 1 Nr 1 UmwStG, ohne dass sich die gesetzlichen Voraussetzungen für das Bewertungswahlrecht durch das SEStEG materiell geändert hätten. Zuvor wurde der gleichlautende § 11 I S 1 Nr 1 UmwStG 1995 zutreffend in der Weise verstanden, dass der übernehmende Rechtsträger (unbeschränkt) körperschaftsteuerpflichtig sein musste. Demzufolge wurde das Bewertungswahlrecht zutreffend nur für den Fall der

801

---

1 *Aßmann* in Patt/Rupp/Aßmann, Der neue Umwandlungssteuererlass, 2011, S 208.

Verschmelzung auf eine steuerbefreite Körperschaft ausgeschlossen, der mit der Verschmelzung auf eine auch trotz Organschaft unverändert körperschaftsteuerpflichtige Organgesellschaft jedoch nicht vergleichbar ist;[1] steuerneutrale Verschmelzungen auf Organgesellschaften begegneten hingegen bis zum neuen Umwandlungssteuererlass keinen Bedenken der Finanzverwaltung. Nach dem Erlassentwurf vom 2.5.2011 für Zwecke der Verbandsanhörung sollte die Erfüllung der Voraussetzung des § 11 II S 1 Nr 1 UmwStG zunächst bereits daran scheitern, dass infolge der Einkommenszurechnung zum Organträger eine Besteuerung der übergehenden Wirtschaftsgüter mit KSt bei dem übernehmenden Rechtsträger selbst nicht sichergestellt sei. Demnach sollte das Bewertungswahlrecht für jegliche Verschmelzungen auf Organgesellschaften, dh auch solche mit Körperschaften als Organträger, versagt werden. Bereits gegen diese Auffassung war vorzubringen, dass die Organgesellschaft selbständiges KSt-Subjekt bleibt und mithin die Voraussetzungen des § 11 II S 1 Nr 1 UmwStG erfüllt. Darüber hinaus hätte sich eine pauschale umwandlungssteuerrechtliche Sanktionierung der Organschaft und der durch § 14 angeordneten Zurechnung des Einkommens der Organgesellschaft als fremdes Einkommen zur Besteuerung beim Organträger in keiner Weise auf § 11 II S 1 Nr 1 UmwStG oder eine andere Vorschrift des UmwStG stützen können. Soweit eine Besteuerung mit KSt – wenngleich erst beim Organträger – sichergestellt ist, hätte die Versagung des Bewertungswahlrechts jeglicher Rechtfertigung entbehrt. Dies nicht nur mit Blick auf § 11 II S 1 Nr 1 UmwStG, sondern – im Fall einer Hereinverschmelzung auf eine Organgesellschaft – auch mit Blick auf Art 4 Fusions-RL[2]. Zu Recht hat die Finanzverwaltung daher diesen Standpunkt aufgegeben. Rn 11.08 des endgültigen Umwandlungssteuererlasses sanktioniert nun „nur" noch Fälle, in denen eine Besteuerung mit KSt nicht sichergestellt ist.

Fehlende Rechtsgrundlage. Nichtsdestotrotz ist Rn 11.08 auch in ihrer endgültigen Fassung gesetzwidrig und abzulehnen.[3] Allenfalls auf den ersten Blick mag die Versagung des Bewertungswahlrechts in Fällen, in denen die übergehenden Wirtschaftsgüter letztlich der Besteuerung mit ESt unterliegen, vom Wortlaut des § 11 II S 1 Nr 1 UmwStG gedeckt sein. Unzweifelhaft bleibt die Organgesellschaft jedoch trotz Organschaft selbst Körperschaftsteuersubjekt und ist auch von dieser nicht befreit. Die Anforderungen des § 11 II S 1 Nr 1 UmwStG sind damit erfüllt.

Unvereinbarkeit mit der Fusions-RL. Desgleichen gilt für die bei Hereinumwandlung auf die Organgesellschaft zu beachtende Fusions-RL. Für eine Gesellschaft iSd Fusions-RL fordert Art 3 lit c Fusions-RL hinsichtlich der Steuerpflicht nur, dass jede Gesellschaft ohne Wahlmöglichkeit einer der in Anhang I Teil B der Fusions-RL aufgeführten Steuern (hier der KSt) oder einer diese Steuern ersetzenden Steuer unterliegt, ohne davon befreit zu sein. ME ist fraglich, ob Deutschland die in

---

[1] BMF v 25.3.1998, BStBl I 1998, 268, Tz 11.03.
[2] RL 2009/133/EG des Rates v 19.10.2009 über das gemeinsame Steuersystem für Fusionen, Spaltungen, die Einbringung von Unternehmensanteilen und den Austausch von Anteilen, die Gesellschaften verschiedener Mitgliedstaaten betreffen, sowie für die Verlegung des Sitzes einer Europäischen Gesellschaft oder einer Europäischen Genossenschaft von einem Mitgliedstaat in einen anderen Mitgliedstaat, ABl EG Nr L 310, 34.
[3] Ebenso *Frotscher*, Umwandlungssteuererlass 2011, 2012, zu Rn 11.08.

VII. Ermittlung des Einkommens der Organgesellschaft

Art 4 I Fusions-RL angeordnete Steuerneutralität unter Verweis auf die mögliche Besteuerung der übergehenden Wirtschaftsgüter mit ESt versagen darf. Art 4 III Fusions-RL erlaubt eine Ausnahme nur für den Fall, dass Deutschland einen gebietsfremden übertragenden Rechtsträger als transparent betrachtet. Das Vorliegen eines Missbrauchs iSd Art 15 I a Fusions-RL wird für die Begründung einer nach nationalem Recht anerkannten Organschaft mit einem Personenunternehmen als Organträger kaum behauptet werden können. Vor allem aber hat Deutschland deutlich gemacht, dass es eine mögliche Besteuerung mit ESt selbst nicht als schädlich betrachtet, als es die KGaA ohne weitere Einschränkungen in die Liste der Gesellschaften iSd Art 3 lit a Fusions-RL (Anhang I Teil A) hat aufnehmen lassen.

Fehlende Rechtfertigung. Die Sanktionierung der in der Rn 11.08 angesprochenen Fälle lässt sich auch nicht rechtfertigen. Wenn der Gesetzgeber sich durch Zulassung von Personenunternehmen als Organträger ganz bewusst[1] dafür entschieden hat, die Sicherstellung der Besteuerung mit KSt oder ESt für die Begründung einer Organschaft ausreichen zu lassen, und hieran auch seit über 40 Jahren festhält, ist nicht ersichtlich, warum etwas anderes gelten sollte, wenn die Organgesellschaft auf eine andere Kapitalgesellschaft umgewandelt wird. Wenn der Auslegung der Finanzverwaltung des Wortlauts des § 11 II S 1 Nr 1 UmwStG zu folgen wäre, läge damit vielmehr eine dem Sinn und Zweck des UmwStG und der Organschaft entsprechend zu schließende planwidrige Gesetzeslücke vor.[2] So erschließt sich nicht, warum das Bewertungswahlrecht ausgeschlossen sein sollte, wenn durch die Verschmelzung eine Statusveränderung schon gar nicht eintritt, wie dies bei Verschmelzung zweier Organgesellschaften mit einer natürlichen Person als Organträger oder Gesellschafter einer Organträger-Personengesellschaft der Fall ist. Vor allem wäre nicht nachzuvollziehen, dass einerseits eine Kapitalgesellschaft nach §§ 3 ff UmwStG zu steuerlichen Buchwerten auf oder in ein Personenunternehmen umgewandelt werden kann und hierfür die Sicherstellung der Besteuerung der übergehenden Wirtschaftsgüter mit KSt oder ESt ausreichend ist (§ 3 II S 1 Nr 1 UmwStG), andererseits bei Verschmelzung auf eine Organgesellschaft die Besteuerung der übergehenden Wirtschaftsgüter mit ESt schädlich sein soll.[3] Weitaus näher als die Annahme, dass der Gesetzgeber die Verschmelzung auf eine Organgesellschaft aus dem ansonsten umfassenden Katalog steuerneutral möglicher Umwandlungen im UmwStG vollständig ausschließen wollte, läge dann der Schluss, dass der Gesetzgeber bei Formulierung des § 11 II S 1 Nr 1 UmwStG die Möglichkeit einer Besteuerung mit ESt in Organschaftsfällen schlicht nicht bedacht hat.[4]

Mangelnde Eignung. Schließlich ist das Kriterium der Besteuerung mit ESt in dem in Rn 11.08 angesprochenen Fall auch ungeeignet, über den Zugang zum Bewertungswahlrecht zu entscheiden. Denn im Zeitpunkt der Verschmelzung ist ungewiss, ob das von einer Organgesellschaft in der Zukunft aus den überge-

804

805

§ 14

---

1 Diese Frage hatte seinerzeit mit den Anlass für die gesetzliche Regelung der Organschaft gegeben; vgl Rn 3 am Ende.
2 Frotscher, Umwandlungssteuererlass 2011, 2012, zu Rn 11.08.
3 IDW, Ubg 2011, 549, 562; Rödder, DStR 2011, 1059, 1063.
4 Frotscher, Umwandlungssteuererlass 2011, 2012, zu Rn 11.08.

henden Wirtschaftsgütern erzielte Ergebnis tatsächlich noch iRe Organschaft der ESt liegt. Ebenso gut kann es der KSt unterliegen, etwa weil der Organträger die Rechtsform gewechselt hat, die Organschaft nicht anerkannt wird, die Organschaft beendet oder eine neue Organschaft mit einer Körperschaft als Organträger begründet wurde. Umgekehrt lässt sich für eine im Umwandlungszeitpunkt nicht oder mit einer Körperschaft organschaftlich verbundene Kapitalgesellschaft nicht ausschließen, dass die spätere Realisierung der stillen Reserven aus den übernommenen Wirtschaftsgütern doch der Besteuerung mit ESt unterliegt, etwa weil eine Organschaft zu einem Personenunternehmen erst später begründet wird oder der Organträger in ein Personenunternehmen umgewandelt wird. All dies zeigt, dass § 11 II S 1 Nr 1 UmwStG sinnvoll nur auf eine abstrakte Steuerpflicht abstellen kann und für den Fall einer Organgesellschaft als übernehmendem Rechtsträger eine Besteuerung mit KSt oder ESt ausreichen muss. Dass Rn 11.08 diese sich aufdrängenden Fragen zur Feststellung der Besteuerung mit ESt nicht einmal anspricht, macht mE aber auch deutlich, dass es in Rn 11.08 weniger darum geht, die Steuerneutralität der Verschmelzung in Frage zu stellen, als vielmehr die Beteiligten zur Anerkennung der Verwaltungsgrundsätze zu umwandlungsbedingten Mehrabführungen zu nötigen.

806-807   *Einstweilen frei.*

808   **c) Einverständnis mit den Verwaltungsgrundsätzen zu umwandlungsbedingten Mehrabführungen. Inhalt der Selbstverpflichtung.** Nach Rn 11.08 sollen die Beteiligten sich damit einverstanden erklären, dass auf die aus der Verschmelzung resultierenden Mehrabführungen § 14 III S 1 anzuwenden ist; die Grundsätze der Rn Org.33 und Org.34 des Umwandlungssteuererlasses sollen entsprechend gelten. Wie schon der Umstand deutlich macht, dass Rn 11.08 ausschließlich Mehrabführungen anspricht, geht es in Rn 11.08 ausschließlich darum, dass Gewinnabführungen an natürliche Personen bzw Personengesellschaften mit natürlichen Personen als Gesellschafter durch Anwendung des § 14 III wie Ausschüttungen behandelt und damit dem Teileinkünfteverfahren unterworfen werden sollen.

Nach Rn Org.33 sollen Mehrabführungen, die sich daraus ergeben, dass die übernehmende Organgesellschaft das übergegangene Vermögen in der Steuerbilanz mit den Buchwerten und in der Handelsbilanz mit den Verkehrswerten übernimmt, § 14 III S 1 unterliegen. Diese Auffassung ist abzulehnen. Eine derartige Mehrabführung, die sich allein im Zuge einer Aufwärtsumwandlung ergeben kann (vgl Rn 1288)[1], unterliegt nach zutreffender hM § 14 IV und führt zur Bildung eines passiven Ausgleichspostens. Ein Regelungsbedürfnis besteht hier mE nicht, vielmehr setzt sich die Verwaltungsregelung an dieser Stelle über grundsätzliche und bewusste Entscheidungen des Gesetzgebers hinweg. Vgl zu Rn Org.33 ausführlich Rn 1310 f.

---

1   Eine Ausnahme bildete vor Geltung des BilMoG der Fall, in dem eine Seitwärtsverschmelzung gegen Gewährung bestehender eigener Anteile erfolgte; vgl Rn 435 und BMF v 11.11.2011, BStBl I 2011, 1314, Rn Org.31. Für diesen Fall gelten die hier gemachten Ausführungen zur Aufwärtsverschmelzung entsprechend.

VII. Ermittlung des Einkommens der Organgesellschaft

Nach Rn Org. 34 sollen, soweit bereits beim übertragenden Rechtsträger Bewertungsunterschiede zwischen Handels- und Steuerbilanz bestanden, sowohl die daraus resultierende Abweichung beim Übernahmeergebnis als auch die spätere Auflösung der Vermögensunterschiede zu Mehr- und Minderabführungen iSd § 14 III führen. Im Fall einer Seitwärts- oder Abwärtsverschmelzung können sich Mehrabführungen nur im Zuge der späteren Auflösung der Vermögensunterschiede ergeben (vgl Rn 1288)[1]; sofern § 14 III eine ausreichende Grundlage für die Erfassung auch außerorganschaftlich verursachter Mehr- und Minderabführungen bietet, wäre eine Behandlung nach § 14 III sachgerecht, soweit die Entstehung der Bewertungsunterschiede nicht beim Organträger als eigenes oder von einer Organgesellschaft zugerechnetes Einkommen der Besteuerung unterlegen haben. Bei Aufwärtsumwandlungen ergeben sich hingegen sowohl im Zuge der Umwandlung als auch bei der späteren Auflösung der Vermögensunterschiede Mehr- und Minderabführungen. Deren Einordnung ist strittig; nach hier vertretener Auffassung ist in beiden Zeitpunkten jedoch nicht § 14 III, sondern § 14 IV mit der Folge der Bildung eines Ausgleichspostens im Zuge der Umwandlung und seiner späteren einkommensneutralen Auflösung bei Auflösung der Vermögensunterschiede anzuwenden. Das in diesem Fall durchaus anzuerkennende Regelungsbedürfnis ist mE allein der fehlenden Einbeziehung des § 12 II UmwStG in die Bruttomethode des § 15 S 1 Nr 2 geschuldet (vgl Rn 765, 917). Ihm kann daher auch allein an dieser Stelle und nur im Wege einer Gesetzesänderung begegnet werden. Vgl zu Rn Org. 34 ausführlich Rn 1300 ff.

Jenseits der Sachverhalte der Rn Org. 33 und Org. 34 können sich bei Aufwärtsumwandlungen Mehrabführungen zum einen noch aus dem zeitlichen Auseinanderfallen der Erfassung des Vorgangs in Steuer- und Handelsbilanz ergeben. Diese unterliegen jedoch § 14 IV (vgl Rn 1295 ff). Zum anderen kann sich eine Mehrabführung aus einer vor der Umwandlung bestehenden Abweichung zwischen Steuer- und Handelsbilanz der Organgesellschaft bezüglich der Beteiligung an dem übertragenden Rechtsträger ergeben. Diese unterliegt nach den allgemeinen Grundsätzen § 14 IV oder teilweise bzw ganz § 14 III (vgl Rn 1315). Ob Rn 11.08 auch für diese Fälle eine Anwendung des § 14 III erzwingen oder sich auf die Sachverhalte der Rn Org. 33 und Org. 34 beschränken will, ist der Formulierung im Erlass nicht eindeutig zu entnehmen.

Form und Bindungswirkung der Selbstverpflichtung. Nach Rn 11.08 setzt die Inanspruchnahme der „Billigkeitsregelung" voraus, dass sich alle an der Umwandlung Beteiligten (übertragender und übernehmender Rechtsträger sowie jeweils deren Anteilseigner) übereinstimmend schriftlich mit der Anwendung der von der Finanzverwaltung vertretenen Grundsätze (vgl Rn 808) einverstanden erklären. Weitere Aussagen, etwa zum Adressaten dieser Erklärung oder zu Fristen, enthält der Erlass nicht. Die Zulässigkeit und die Bindungswirkung einer solchen Einverständniserklärung sind jedoch fraglich.[2] Die die Finanzverwaltung treffende Verpflichtung, die Steuer nach

809

---

1 Eine Ausnahme bildete vor Geltung des BilMoG der Fall, in dem eine Seitwärtsverschmelzung gegen Gewährung bestehender eigener Anteile erfolgte; vgl Rn 435 und BMF v 11.11.2011, BStBl I 2011, 1314, Rn Org. 31. Für diesen Fall gelten die hier gemachten Ausführungen zur Aufwärtsverschmelzung entsprechend.
2 *Schumacher/Neitz-Hackstein*, Ubg 2011, 409, 411.

Maßgabe der Gesetze gleichmäßig festzusetzen und zu erheben (§ 85 S 1 AO), schließt Vereinbarungen über einen Steueranspruch (Steuerverträge, Steuervergleiche, Steuerabsprachen) aus.[1] Die Bindungswirkung einer von der Rechtsprechung dennoch als zulässig erachteten tatsächlichen Verständigung setzt unter anderem voraus, dass auf Seiten der Finanzbehörde ein für die Entscheidung über die Steuerfestsetzung zuständiger Amtsträger beteiligt ist, vor allem aber, dass sich die Verständigung nicht auf Rechtsfragen bezieht.[2] Beide Voraussetzungen sind für die Einverständniserklärung iSd Rn 11.08 offensichtlich nicht gegeben. Ebenso wenig kann die Vereinbarung wegen ihrer Ausrichtung auf die Zukunft den Tatbestand eines Einspruchsverzichts iSd § 354 AO darstellen, weil dieser das Vorliegen eines Verwaltungsakts voraussetzt (§ 354 I S 1 AO).

810-811 *Einstweilen frei.*

812 **d) § 20 UmwStG unterliegende Einbringungs- und Umwandlungsvorgänge. Sicherstellung der Besteuerung mit KSt gem § 20 II S 2 Nr 1 UmwStG.** Bei einem als Einbringung iSd § 20 UmwStG zu behandelnden Vorgang setzt das antragsgebundene Wahlrecht zum Ansatz des übernommenen Betriebsvermögens zu einem Wert unterhalb des gemeinen Wertes in § 20 II S 2 Nr 1 UmwStG unter anderem voraus, dass sichergestellt ist, dass dieses Vermögen später bei der übernehmenden Kapitalgesellschaft der Besteuerung mit KSt unterliegt.

813 **Verwaltungsauffassung.** Analog zu § 11 II S 1 Nr 1 UmwStG betrachtet die Finanzverwaltung gemäß Rn 20.19 des Umwandlungssteuererlasses[3] die Voraussetzung für das Bewertungswahlrecht in § 20 II S 2 Nr 1 UmwStG als nicht erfüllt, soweit das dem Organträger zugerechnete Einkommen der Organgesellschaft als übernehmendem Rechtsträger nicht der KSt, sondern der ESt unterliegt. Soweit das zugerechnete Einkommen der Besteuerung mit ESt unterliegt, können aus Billigkeitsgründen die übergehenden Wirtschaftsgüter einheitlich mit dem Buch- oder Zwischenwert angesetzt werden, wenn sich alle an der Einbringung Beteiligten übereinstimmend schriftlich damit einverstanden erklären, dass auf aus der Einbringung resultierende Mehrabführungen § 14 III S 1 anzuwenden ist; die Grundsätze der Rn Org.33 und Org.34 gelten entsprechend. Diese Verwaltungsauffassung soll für Vorgänge nach dem 31.12.2011 Anwendung finden, wobei für Umwandlungsvorgänge das Datum des Umwandlungsbeschlusses, bei Einbringungsvorgängen im Wege der Einzelrechtsnachfolge das Datum des Abschlusses des Einbringungsvertrags relevant ist.[4]

814 **Erfasste Umwandlungen und Einbringungen.** Die Verwaltungsregelung betrifft neben der Sacheinlage von Betrieben, Teilbetrieben und Mitunternehmeranteilen im Wege der Einzelrechtsnachfolge auch die Ausgliederung gem § 123 III UmwG auf eine Kapitalgesellschaft, den Formwechsel einer Personengesellschaft in eine Kapitalgesellschaft sowie Übertragungen von Vermögen einer Personen- auf eine Kapitalgesellschaft im Wege der Verschmelzung, Auf- oder Abspaltung, jeweils seitwärts oder abwärts.

---

1 BFH VIII R 131/76, BStBl II 1985, 354 mwN; BFH III R 19/88, BStBl II 1991, 45.
2 BFH I R 63/07, BStBl II 2009, 121, zu II. 2 mwN.
3 BMF v 11.11.2011, BStBl I 2011, 1314.
4 BMF v 11.11.2011, BStBl I 2011, 1314, Rn S.06.

Zielsetzung. Die Zielsetzung der Rn 20.19 entspricht derjenigen der Rn 11.08 (vgl Rn 798). 815

Anwendungsbereich. Anders als im Kontext der Rn 11.08 des Umwandlungssteuererlasses ist im Kontext der Rn 20.19 kein Anwendungsfall denkbar, in dem bei dem übernehmenden Rechtsträger (Organgesellschaft) im Zuge der Umwandlung oder Einbringung ein (der Gewinnabführungsverpflichtung unterliegender) Gewinn entstehen und es damit potenziell zu einer handelsrechtlichen Mehr- oder Minderabführung kommen könnte. Anders als § 11 UmwStG ist § 20 UmwStG von vornherein auf Vorgänge mit Gewährung neuer Anteile begrenzt, womit sich die ertragswirksame Erfassung des übernommenen Vermögens (bzw eines die Nennkapitalerhöhung übersteigenden Differenzbetrags) regelmäßig verbietet. Von den in Rn 808 dargestellten Anlässen für Mehr- und Minderabführungen kommen damit nur solche in Betracht, die sich dort auch für Seitwärtsumwandlungen ergeben können. Mehrabführungen können in Fällen des § 20 UmwStG demnach nur im Nachgang zu dem Einbringungs- oder Umwandlungsvorgang eintreten, wenn bereits beim übertragenden Rechtsträger positive Abweichungen zwischen Steuer- und Handelsbilanz bestanden, diese iRd Umwandlung übernommen wurden und sich später auflösen. Dies ist der Sachverhalt der Rn Org.34 des Umwandlungssteuererlasses. Weitere Anwendungsfälle für Mehrabführungen sind nicht denkbar. Warum die an der Einbringung Beteiligten sich auch zur Anerkennung der Grundsätze der Rn Org.33 verpflichten sollen, bleibt schleierhaft. 816

Kritik. Über die Tatsache hinaus, dass Rn 20.19, soweit Rn Org.33 betroffen ist, die Anerkennung von Grundsätzen für einen Sachverhalt fordert, der gar nicht eintreten kann, gilt die an Rn 11.08 geübte Kritik (vgl Rn 801-809) entsprechend. 817

Einstweilen frei. 818-820

VIII. Ermittlung des Einkommens des Organträgers. 1. Allgemeines. Kernaspekte der Einkommensermittlung. Das Einkommen des Organträgers ist bei Körperschaften nach § 8, bei natürlichen Personen oder Pergesellschaften als Organträger nach §§ 4, 5 EStG zu ermitteln. Kernaspekte dieser Einkommensermittlung sind 821

- die Eliminierung des im handelsrechtlichen Jahresergebnis des Organträgers enthaltenen Ertrags aus Gewinnabführung bzw Aufwands aus Verlustübernahme und
- die Zurechnung des Einkommens der Organgesellschaft zum Einkommen des Organträgers (vgl zur Kritik an der Zurechnung zum Einkommen Rn 631 sowie zu Besonderheiten der Einkommenszurechnung bei Personengesellschaften als Organträger Rn 641 ff).

Ausweitung der Bruttomethode sowie Mehr- und Minderabführungen. Insbesondere die Gesetzgebung seit Beginn des Jahrtausends hat durch massive Ausweitung der Bruttomethode (§ 15) Sonderbehandlungen der Organschaft, zB bei Anwendung des § 8b I-VI (vgl Rn 763 ff, § 8b Rn 126-657, § 15 Rn 78-170) und der Zinsschranke gem § 4h EStG, § 8a (vgl Rn 774, § 8a Rn 20, § 15 Rn 171-241), und durch die gesetzliche Einführung der Mehr- und Minderabführungen mit Verursachung in organschaftlicher Zeit iSd § 14 IV (vgl Rn 975 ff) bzw vororganschaftlicher Zeit iSd § 14 III (vgl Rn 1180 ff) die Komplexität der Einkommensermittlung des Organträgers erheblich erhöht. 822

823 **Einkommensermittlungsschema.** Auf Basis, aber auch in teilweiser Abwandlung bzw Ergänzung der R 29 I KStR ergibt sich für den Organträger (hier Körperschaft) folgendes Schema der Einkommensermittlung:

		Rn
	Jahresüberschuss/-fehlbetrag laut Handelsbilanz	
+./.	steuerbilanzielle Korrekturen (§ 60 II EStDV)	825 – 884
=	**Gewinn/Verlust lt Steuerbilanz**	
./.	Kürzungen im Zusammenhang mit vGA	878
		883 – 884
+	vom OT geleistete Ausgleichszahlungen (§ 4 V S 1 Nr 9 EStG)	887
./. +	Kürzungen/Hinzurechnungen nach § 8b bzw §§ 3 Nr 40, § 3c II EStG	829
		831
		847
		894 f
		871
		883
		890 – 891
./. +	Gewinnabführung/Verlustübernahme	897 – 899
		841
		844 ff
./. +	Neutralisierung von Erträgen und Aufwendungen aus der Bildung/Fortentwicklung organschaftlicher Ausgleichsposten	861
+./.[1]	Kürzungen/Hinzurechnungen nach § 8b KStG, §§ 3 Nr 40, 3c II EStG, (§ 3c I EStG), § 4 VI UmwStG, DBA-Schachtelprivileg bezogen auf das zurechnete Organeinkommen (§ 15 S 1 Nr 2, S 2)	909 – 917 921 – 924
+./.[2]	Hinzurechnungen/Kürzungen nach § 4h EStG ggf iVm § 8a (Zinsschranke)	901
+[3]	nicht ausgleichsfähiger Verlust wegen unterjährigen schädlichen Beteiligungserwerbs an Organträger (§ 8c I)	931 – 934
	...	
=	**steuerlicher Gewinn**	
./.	Spendenabzug	903 – 906

[1] Diese Position ist in dem Einkommensermittlungsschema nach R 29 I KStR erst nach der Einkommenszurechnung von der Organgesellschaft ausgewiesen. Zur Kritik hieran Rn 904.
[2] Rechtsfolge muss mE zwar vor dem steuerlichen Gewinn eintreten. Tatbestandsvoraussetzung und Umfang der Rechtsfolge können mE aber erst auf Ebene eines vorläufigen Gesamtbetrags der Einkünfte (vor Anwendung dieser Vorschrift) geprüft werden; vgl Rn 905.
[3] Rechtsfolge mag vor dem steuerlichen Gewinn eintreten. Tatbestandsvoraussetzung und Umfang der Rechtsfolge können mE aber erst auf Ebene eines vorläufigen Gesamtbetrags der Einkünfte (vor Anwendung dieser Vorschrift) geprüft werden; vgl Rn 931 ff.

VIII. Ermittlung des Einkommens des Organträgers

+[1]	unberücksichtigt bleibendes negatives Einkommen des Organträgers (§ 14 I S 1 Nr 5)	937 – 972
+./.	Zurechnung positiven oder negativen Einkommens der Organgesellschaft (§ 14 I S 1)	
./.	gegenläufige Einkommenszurechnung iHv. 17/17 der durch den Organträger geleisteten Ausgleichszahlungen	887
=	**Gesamtbetrag der Einkünfte iSd § 10d EStG**	
./.	Verlustabzug (§ 10d EStG) unter Berücksichtigung von § 8c I KStG	
=	**zu versteuerndes Einkommen.**	

Einstweilen frei. 824

2. Auswirkungen der Organschaft auf die Steuerbilanz des Organträgers. 825
a) Rückstellung für Verluste der Organgesellschaft. Bilanzierungsverbot.
Eine Rückstellung für drohende Verluste aus Verlustübernahmen darf nach der BFH-Rechtsprechung vom Organträger nicht gebildet werden; sofern eine solche in der Handelsbilanz zulässig angesetzt wird, beseitigt die in § 14 angeordnete Zurechnung auch negativen Einkommens wegen der andernfalls drohenden Doppelentlastung des Organträgers die Maßgeblichkeit der Handelsbilanz für die Steuerbilanz.[2] Unklar bleibt wegen widersprüchlicher Aussagen in der Urteilsbegründung, ob eine solche Rückstellung tatsächlich bereits in der Steuerbilanz nicht zu erfassen oder aber die Gewinnminderung, wie der tatsächliche Aufwand aus Verlustübernahme, außerbilanziell dem Gewinn wieder hinzuzurechnen sein sollte. Seit dem VZ 1997 scheitert der Ausweis einer solchen Rückstellung jedoch bereits an § 5 IVa EStG.

Praktische Bedeutung. Praktische Bedeutung hat dieses Rückstellungsverbot für 826
Verluste aus Verlustübernahmen, wenn das WJ der Organgesellschaft nach dem des Organträgers endet und dieser in der Handelsbilanz die erwartete Verlustübernahme antizipiert.

Einstweilen frei. 827

b) Teilwertab- und -zuschreibung auf die Organbeteiligung. Teilwertabschreibung. 828
Beteiligungen an Kapital- und damit auch an Organgesellschaften sind bei voraussichtlich dauernder Wertminderung gem § 253 III S 3, IV HGB außerplanmäßig abzuschreiben. Nach § 6 I Nr 1 S 2 und Nr 2 S 2 EStG kann bei einer voraussichtlich dauernden Wertminderung der Teilwert angesetzt werden. Da bis zum VZ 2008 steuerrechtliche Wahlrechte bei der Gewinnermittlung in Einstimmung mit der Handelsbilanz auszuüben waren (§ 5 I S 2 EStG idF vor BilMoG), bestand bei voraus-

---
[1] Diese Position ist in dem Einkommensermittlungsschema nach R 29 I KStR 2004 überhaupt nicht enthalten. Eine Auffassung der Finanzverwaltung zu dieser Position ist nicht bekannt.
[2] BFH I R 101/75, BStBl II 1977, 441.

sichtlicher dauernder Wertminderung bis dahin auch in der Steuerbilanz eine Abschreibungspflicht.[1] Seit dem VZ 2009 kann hingegen auch bei dauernder Wertminderung der Beteiligung der Ansatz des niedrigeren Teilwerts unterbleiben, weil rein steuerrechtliche Wahlrechte seitdem abweichend von der Handelsbilanz ausgeübt werden können (§ 5 I EStG idF BilMoG).[2]

829 **Einschränkung der steuerlichen Abzugsfähigkeit.** Seit dem VZ 2002 (bei WJ der Organgesellschaft = Kalenderjahr; gem § 34 VII S 1 Nr 2 bzw § 52 VIIIa S 1 iVm S 1 Nr 2 EStG) ist die steuerliche Abzugsfähigkeit in der Steuerbilanz vorgenommener Teilwertabschreibungen auf (Organ-)Beteiligungen beschränkt. So sind Teilwertabschreibungen auf die Organbeteiligung bei Körperschaften als Organträger vollständig gem § 8b III S 3, bei natürlichen Personen als Organträger zu 40 % gem § 3c II S 1 und 3 EStG bzw bis zum VZ 2008 zu 50 % außerbilanziell hinzuzurechnen. Bei Organträger-Personengesellschaften finden § 8b III S 3 und § 3c II EStG je nach Zusammensetzung der Gesellschafterstruktur Anwendung.

830 **Teilwertzuschreibung.** Seit dem VZ 1999 darf sowohl in der Handelsbilanz gem § 253 V S 1 HGB[3] als auch in der Steuerbilanz gem § 6 I Nr 2 S 3 iVm Nr 1 S 4 EStG ein niedrigerer Wert für die Beteiligung nicht beibehalten werden, wenn die Gründe dafür nicht mehr bestehen. Im Fall einer Werterholung der Organbeteiligung besteht damit eine Zuschreibungspflicht.

831 **Steuerliche Behandlung von Zuschreibungsgewinnen.** Seit dem VZ 2002 (bei WJ der OG = Kalenderjahr; gem § 34 VII S 1 Nr 2 bzw § 52 VIIIa S 1 iVm IVd S 1 Nr 2 EStG) sind Gewinne aus der Zuschreibung einer (Organ-)Beteiligung nicht mehr stets in voller Höhe steuerpflichtig. Bei Körperschaften als Organträger sind Gewinne aus der Zuschreibung auf den höheren Teilwert iRd Einkommensermittlung außer Ansatz zu lassen, soweit nicht in früheren Jahren eine steuerwirksame Teilwertabschreibung erfolgt ist und diese noch nicht durch zwischenzeitliche (steuerpflichtige) Zuschreibungen wieder rückgängig gemacht wurde (§ 8b II S 3 und 4). Hierbei sind Wertaufholungen vorrangig mit steuerlich unwirksamen Teilwertabschreibungen zu kompensieren (vgl auch § 8b Rn 365).[4] Seit dem VZ 2004 gelten von einem steuerfreien Zuschreibungsgewinn jedoch 5 % als nicht abzugsfähige Betriebsausgaben (§ 8 III S 1), so dass der Körperschaft nach Rückgängigmachung einer unter dem seit dem VZ 2002 vorgenommenen Teilwertabschreibung ein steuerpflichtiges Einkommen iHv 5 % der Teilwertabschreibung verbleibt. Aus diesem Grund kann es sich seit dem VZ 2009 empfehlen, von der Möglichkeit des Verzichts auf eine steuerlich ohnehin nicht abzugsfähige Teilwertabschreibung (vgl Rn 828 f) Gebrauch zu machen. Bei natürlichen Personen als Organträger bleibt ein Zuschreibungsgewinn zu 40 % (§ 3 Nr 40 S 1 lit a S 1 und 2 EStG) bzw bis zum VZ 2008 zu 50 % außer Ansatz, soweit mit der Zuschreibung nicht eine vorangegangene in voller

---

1 *Glanegger* in Schmidt, 28. Aufl, § 6 EStG Rn 217.
2 BMF v 12.3.2010, BStBl I 2010, 239, Tz 15 und 24.
3 Im HGB vor BilMoG ergab sich dies aus § 280 II HGB aF iVm § 6 I Nr 2 S 3 iVm Nr 1 S 4 EStG.
4 BFH I R 2/09, BStBl II 2010, 760.

Höhe steuerwirksame Teilwertabschreibung rückgängig gemacht wird.[1] Im Fall einer Personengesellschaft als Organträger finden § 8b II S 3 und 4, III S 1 und § 3 Nr 40 S 1 lit a S 1 und 2 EStG je nach Zusammensetzung der Gesellschafterstruktur Anwendung.

Verluste der Organgesellschaft als Abschreibungsgrund. Der Organträger kann eine Beteiligung an der Organgesellschaft auf den niedrigeren Teilwert abschreiben, wenn die nach dem geltenden Recht hierfür erforderlichen Voraussetzungen erfüllt sind; eine Abschreibung auf den niedrigeren Teilwert ist jedoch nicht schon deshalb gerechtfertigt, weil die Organgesellschaft ständig Verluste erwirtschaftet (R 62 III KStR). So vermögen vor dem Bilanzstichtag erlittene und nach dem Bilanzstichtag zu erwartende Verluste einer Organgesellschaft mit Gewinnabführungsvertrag beim Organträger einen Buchansatz für die Beteiligung, der unter dem Substanzwert des Vermögens der Organgesellschaft liegt, unter dem Gesichtspunkt des niedrigeren Teilwerts grundsätzlich nicht zu rechtfertigen.[2] Dies entspricht lediglich der allgemeinen Teilwertvermutung für Beteiligungen an Kapitalgesellschaften, für deren Wert iRd Gesamtunternehmens nicht nur die Ertragslage und die Ertragsaussichten, sondern auch die funktionale Bedeutung des Beteiligungsunternehmens wie auch der Vermögenswert entscheidend sind,[3] und trägt dem Umstand Rechnung, dass durch die mit dem Gewinnabführungsvertrag einhergehende Verlustübernahmeverpflichtung die Substanz der Organgesellschaft konserviert wird.

832

Verfall oder Abführung stiller Reserven als Abschreibungsgrund. Reflektieren die Anschaffungskosten der Beteiligung jedoch stille Reserven der Organgesellschaft, die verfallen sind bzw künftige Ertragserwartungen, die sich nicht bewahrheiten, ist mE – eine dauerhafte Wertminderung gem § 6 I Nr 2 S 2 EStG vorausgesetzt – eine Teilwertabschreibung bis auf den Substanzwert der Organgesellschaft möglich, soweit ein gedachter Erwerber den Beteiligungsbuchwert iRd Erwerbs des Unternehmens des Organträgers nicht zu zahlen bereit wäre. Gleiches gilt, wenn im Beteiligungsbuchwert reflektierte stille Reserven der Organgesellschaft realisiert und an den Organträger abgeführt werden.[4]

833

Konsekutive Teilwertabschreibung als Abschreibungsgrund. Die in Rn 828–831 und 833 dargestellten Grundsätze finden mE entsprechend Anwendung, wenn die Organgesellschaft selbst eine Teilwertabschreibung auf eine nicht organschaftlich verbundene Beteiligung an einer Kapitalgesellschaft wegen Substanzverlusten in bzw Ertragslosigkeit dieser Gesellschaft vornimmt. Die Teilwertabschreibung mindert die Gewinnabführung und das dem Organträger zuzurechnende Einkommen; der Substanzwert der Organgesellschaft ändert sich nicht. Ob der Organträger eine Teilwertabschreibung vornehmen kann, hängt mE wieder davon ab, ob der Beteiligungsbuchwert für die Organbeteiligung über den Substanzwert hinaus stille Reserven der

834

---

1 Hinsichtlich der Reihenfolge der Berücksichtigung vorangegangener steuerwirksamer und teilweise steuerunwirksamer Teilwertabschreibungen gelten die Grundsätze von BFH I R 2/09, BStBl II 2010, 760 entsprechend. Vgl zB OFD Niedersachsen v 2.9.2010, BeckVerw 242632.
2 BFH I 170/65, BStBl II 1970, 48; BFH IV R 37/68, BStBl II 1973, 76.
3 BFH I R 104/84, BStBl II 1989, 274; BFH I R 116/86, BStBl II 1991, 342, zu II. 6. C; H 6.7 EStH „Teilwertvermutungen" Nr 5; BFH I R 20/03, BFH/NV 2005, 56.
4 Ebenso Dötsch in D/J/P/W § 14 Rn 331.

Organgesellschaft reflektiert und inwieweit diese unter Berücksichtigung der nun im Teilwert geminderten Beteiligung der Organgesellschaft an der Kapitalgesellschaft bei der Organgesellschaft noch vorhanden sind. Reflektiert der Beteiligungsbuchwert des Organträgers für die Beteiligung an der Organgesellschaft lediglich den Substanzwert der Organgesellschaft, scheidet eine konsekutive Teilwertabschreibung auf Ebene des Organträgers aus.

835-836 *Einstweilen frei.*

837 **c) Einlagen in die Organgesellschaft. Offene Einlagen.** Offene Einlagen in die Organgesellschaft (vgl Rn 740) werden regelmäßig bereits in der Handelsbilanz des Organträgers dessen Anschaffungskosten für die Beteiligung erhöht haben. Einer Korrektur für Zwecke seiner Steuerbilanz bedarf es daher nicht.

838 **Verdeckte Einlage in die Organgesellschaft. Vorteilsgewährung durch den Organträger.** Wendet der Organträger der Organgesellschaft einen Vorteil zu, der als verdeckte Einlage qualifiziert und – seit dem VZ 2008 – auch unter Berücksichtigung des Korrespondenzprinzips das Einkommen der Organgesellschaft nicht erhöht (vgl zu diesen Voraussetzungen Rn 748 ff sowie § 8 Rn 712-771), erhöhen sich entsprechend seine Anschaffungskosten für die Beteiligung.[1] Hat die Vorteilszuwendung in der Bilanz des Organträgers zu einer Vermögensminderung geführt (zB Übernahme von Aufwendungen, die die Organgesellschaft zu tragen hätte; unentgeltliche Übertragung eines einlagefähigen Wirtschaftsguts), ist der entsprechende Aufwand auf die Beteiligung zu aktivieren; handelt es sich bei Vorteilszuwendung um eine verhinderte Vermögensmehrung des Organträgers (zB Veräußerung eines Wirtschaftsguts unter Preis), ist der entsprechende Ertrag unter Erhöhung der Anschaffungskosten in der Steuerbilanz nachzuerfassen.

839 **Vorteilsgewährung in einer Klammerorganschaft.** Wendet in einer Klammerorganschaft (vgl Rn 157) der Organträger der Organgesellschaft unmittelbar einen einlagefähigen Vorteil zu, handelt es sich aus Sicht des Organträgers um eine verdeckte Einlage in seine unmittelbare, zwischengeschaltete TG. In seiner Steuerbilanz erhöhen sich die Anschaffungskosten dieser Beteiligung. Da die TG den Vorteil nicht tatsächlich erhalten hat, gilt dieser dann als von der Tochter- in die Organgesellschaft eingelegt. Ist der Organträger teils mittelbar, teils unmittelbar an der Organgesellschaft beteiligt, sind mE aus Sicht des Organträgers anteilig nach den Kapitalanteilen an der Organgesellschaft verdeckte Einlagen in die Organgesellschaft wie auch in die TG gegeben.

840 **Vorteilsgewährung durch nahestehende Personen des Organträgers.** Auch wenn der Organgesellschaft ein einlagefähiger Vorteil durch eine nahestehende Person des Gesellschafters unmittelbar zugewendet wurde, liegt nach dem Grundsatz, dass Einlagen nur von Gesellschaftern getätigt werden können, eine verdeckte Einlage durch den Organträger (= Gesellschafter) in die Organgesellschaft mit entsprechender Erhöhung seiner Anschaffungskosten für die Organbeteiligung vor. In diesem Fall gilt der Vorteil durch den Organträger an die Organgesellschaft weitergeleitet. Die Erhöhung von Anschaffungskosten setzt jedoch zunächst die Erfassung des dann an

---

[1] H 40 KStH „Behandlung beim Gesellschafter" sowie die dortigen Rechtsprechungshinweise; § 8 III S 8.

die Organgesellschaft weitergeleiteten Vorteils in der Steuerbilanz des Organträgers voraus. Handelt es sich bei dem Vorteilsgewährenden um einen (mittelbaren) Gesellschafter des Organträgers (Vorteilsgewährung durch mittelbare Gesellschafter), stellt der entsprechende Ertrag eine einkommensneutrale verdeckte Einlage in den Organträger dar, sofern für diese die Voraussetzungen des Korrespondenzprinzips iSd § 8 III S 4 ff (vgl § 8 Rn 712–771) erfüllt sind; andernfalls liegt ein steuerpflichtiger Ertrag vor.

Beispiel

Die Gesellschaft M hält 100 % der Anteile an der Kapitalgesellschaft T, welche zu 100 % an den Gesellschaften E1 und E2 beteiligt ist. Zwischen T und E1 besteht Organschaft. E1 erwirbt ein Gebäude zu einem um 50 unter dem Marktwert liegenden Kaufpreis von M.

E1 wurde aus gesellschaftsrechtlicher Veranlassung ein Vorteil iHv 50 durch M gewährt. Es liegen verdeckte Einlagen durch M in T sowie durch T in E1 vor. T hat in ihrer Steuerbilanz einen Ertrag aus der Einlage von M zu erfassen; als Gegenbuchung erhöhen sich die Anschaffungskosten von T für die Beteiligung an E1. Sofern M in ihrer Steuerbilanz ertragswirksam die Anschaffungskosten für ihre Beteiligung an T erhöht hat, vereinnahmt T die verdeckte Einlage einkommensneutral.

Handelt es sich bei dem Vorteilsgewährenden um eine in der Beteiligungsstruktur dem Organträger untergeordnete Person (Vorteilsgewährung zwischen Schwestergesellschaften), hat der Organträger den weitergeleiteten Vorteil im Wege einer vGA bzw, wenn es sich bei der vorteilsgewährenden Person um eine Organgesellschaft des Organträgers handelt, im Wege einer vorweggenommenen Gewinnabführung erhalten.

Beispiel

Wie oben. E1 erwirbt das Gebäude jedoch von E2.

E1 wurde aus gesellschaftsrechtlicher Veranlassung ein Vorteil iHv 50 durch E2 gewährt. Es liegt eine vGA durch E2 an T und eine verdeckte Einlage durch T in E1 vor. T hat in ihrer Steuerbilanz einen Beteiligungsertrag aus E2 zu erfassen; als Gegenbuchung erhöhen sich die Anschaffungskosten von T für die Beteiligung an E1. Sofern die vGA das Einkommen von E1 nicht gemindert hat, vereinnahmt T die vGA steuerfrei nach § 8b I.

Minderabführungen iSd § 14 III. Als Einlagen in die Organgesellschaft gelten gem § 14 III S 2 auch Minderabführungen, die ihre Ursache in vororganschaftlicher Zeit haben. Minderabführungen iSd § 14 III S 2 liegen vor, wenn die handelsrechtliche Gewinnabführung den Steuerbilanzgewinn der Organgesellschaft vor Gewinnabführung unterschreitet (vgl zu vororganschaftlichen Minderabführungen ausführlich Rn 1180 ff). Die steuerbilanziell höhere Gewinnabführung ist beim Organträger mithin auf die Anschaffungskosten der Beteiligung an der Organgesellschaft nach § 14 III S 3 im Zeitpunkt des Endes des WJ der Organgesellschaft zu aktivieren. Vgl zur erstmaligen Anwendung des § 14 III auf Minderabführungen Rn 1199.

841

842-843 *Einstweilen frei.*

844 **d) Mehrabführungen iSd § 14 III. Definition.** Mehrabführungen, die ihre Ursache in vororganschaftlicher Zeit haben, gelten gem § 14 III S 1 als Gewinnausschüttungen der Organgesellschaft an den Organträger. Mehrabführungen liegen vor, wenn die handelsrechtliche Gewinnabführung den Steuerbilanzgewinn der Organgesellschaft vor Gewinnabführung überschreitet (vgl zu vororganschaftlichen Mehrabführungen ausführlich Rn 1180 ff).

845 **Steuerbilanzieller Beteiligungsertrag.** Aufgrund des § 14 III S 1 ist ein Teil des handelsrechtlichen Ertrags aus Gewinnabführung in der Steuerbilanz grundsätzlich in einen Beteiligungsertrag umzuqualifizieren; der Steuerbilanzgewinn des Organträger erhöht sich dadurch nicht.

846 **Ausnahme bei Verwendung des Einlagekontos iSd § 27.** Nicht zu Beteiligungsertrag und damit zu einer Minderung des Steuerbilanzgewinns kommt es jedoch, soweit für die Ausschüttung iSd § 14 III S 1 Einlagekonto iSd § 27 der Organgesellschaft als verwendet gilt und die damit einhergehende Einlagenrückgewähr von dem Beteiligungsbuchwert abgesetzt werden muss und kann.

847 **Steuerbefreiung.** Soweit § 14 III bei dem Organträger zu einem Beteiligungsertrag führt, finden iRd Einkommensermittlung des Organträgers darauf bei Körperschaften als Organträger § 8b I, V bzw bei natürlichen Personen als Organträger § 3 Nr 40 S 1 lit d EStG Anwendung; bei Personengesellschaften sind die genannten Vorschriften je nach Gesellschafterstruktur anzuwenden.

848-849 *Einstweilen frei.*

850 **e) Organbeteiligung im Sonderbetriebsvermögen des Organträgers bei einer Mitunternehmerschaft. Vorrang der Sonderbetriebsvermögenseigenschaft.** Erfüllt die Beteiligung an einer Kapitalgesellschaft einerseits die an notwendiges Betriebsvermögen des Gesellschafters selbst zu stellenden Anforderungen, sowie andererseits aber auch die Voraussetzungen für Sonderbetriebsvermögen II des Gesellschafters bei einer Mitunternehmerschaft, hat der BFH die sich daraus ergebende Bilanzierungskonkurrenz zwischen Steuerbilanz des Gesellschafters und Steuerbilanz der Mitunternehmerschaft in ständiger Rechtsprechung zugunsten des Vorrangs der Mitunternehmerschaft gelöst, mithin der Zuordnung der Beteiligung zum Sonderbetriebsvermögen Vorrang eingeräumt.[1]

851 **Konflikt bei Anteilen an Organgesellschaft.** Handelt es sich bei der Kapitalgesellschaft um eine Organgesellschaft und geht es um die Frage der Zuordnung der Organbeteiligung zum Betriebsvermögen des Organträgers oder zu seinem Sonderbetriebsvermögen bei einer Mitunternehmerschaft, ergibt sich ein weiterer Konflikt, namentlich zwischen der Gewinnabführungsverpflichtung einerseits und der aus dem Vorrang der Mitunternehmerschaft resultierenden Erfassung der aus der Beteiligung herrührenden Gewinne aus der Organbeteiligung andererseits.

---

1 Grundlegend BFH I R 199/75, BStBl II 1979, 750, zu II. 2. b. aa; aus neuerer Zeit BFH I R 114/97, BStBl II 2000, 399; BFH III R 35/98, BStBl II 2001, 316; BFH XI R 9/01, BStBl II 2002, 737.

VIII. Ermittlung des Einkommens des Organträgers

Teilweise Suspendierung der Sonderbetriebsvermögenseigenschaft. Wie dieser Konflikt aufzulösen ist, ist von der Rechtsprechung noch nicht entschieden. In einem obiter dictum tendierte der IV. Senat des BFH dazu, diesen Konflikt zugunsten einer Suspendierung der Erfassung der aus der Organbeteiligung herrührenden Einnahmen im Sonderbetriebsvermögen der Mitunternehmerschaft für die Zeit des Bestehens der Organschaft aufzulösen; die Eigenschaft der Anteile an der (Organ)Gesellschaft als Sonderbetriebsvermögen des Organträgers bei der Mitunternehmerschaft komme, und dies war entscheidungserheblich, aber auf jeden Fall dann wieder voll zum Tragen, wenn die Organschaft beendet oder die Anteile veräußert werden.[1]

852

Konsequenzen für die Steuerbilanzen von Organträger und Mitunternehmerschaft. Folgt man dem Ansatz des IV. Senats, stellen sich zahlreiche Folgefragen für die Steuerbilanzen von Organträger und Mitunternehmerschaft. Bedeutend ist, dass der IV. Senat die im Verfahren streitige Zuordnung des Veräußerungsgewinns zur Sphäre des Sonderbetriebsvermögens bei der Mitunternehmerschaft nicht lediglich an die mit der Veräußerung verknüpfte Beendigung der Organschaft, sondern eigenständig gerechtfertigt hat: Der Veräußerungsgewinn sei kein von der Kapitalgesellschaft (Organgesellschaft) ausgeschütteter Gewinn, sondern entstehe vielmehr originär beim Gesellschafter.[2] Vor diesem Hintergrund muss sich die vom BFH erwogene Suspendierung der Erfassung der laufenden Betriebsergebnisse der Organgesellschaft im Sonderbetriebsvermögen der Mitunternehmerschaft auf die diejenigen Aspekte und Konsequenzen der Sonderbetriebsvermögenseigenschaft begrenzen, die mit der Ergebnisabführung bzw mit der Einkommenszurechnung als Folge des Gewinnabführungsvertrags unvereinbar sind.[3] So bleiben Finanzierungsaufwendungen aus dem Erwerb der Organbeteiligung Sonderbetriebsausgaben bei der Mitunternehmerschaft;[4] für Zwecke des § 4h EStG sind sie dem Betrieb der Mitunternehmerschaft zuzuordnen.[5] ME spricht vieles für, dass die Beteiligung auch während der Organschaft im Sonderbetriebsvermögen, mithin in der Steuerbilanz der Mitunternehmerschaft verbleibt.[6] Neben der Tatsache, dass der BFH die erwogene Suspendierung lediglich auf die Erfassung der Einnahmen aus der Beteiligung im Sonderbetriebsvermögen bezogen hat, spricht hierfür auch die Begründung, nach der Veräußerungsgewinne als originäre Einkünfte des Organträgers stets dem Sonderbetriebsvermögensbereich zuzuordnen sind. Um derart originäre Einkünfte des Gesellschafters muss es sich mE auch handeln, wenn

853

---

1   BFH IV R 12/03, BStBl II 2006, 361, zu I.5.
2   BFH IV R 12/03, BStBl II 2006, 361, zu I.5.
3   *Gosch* in FS für Arndt Raupach: Steuer- und Gesellschaftsrecht zwischen Unternehmerfreiheit und Gemeinwohl, 2006, S 461, 473; *Kempermann*, FR 2005, 936; *Neumann* in Gosch § 14 Rn 415a; *Breuninger*, GmbHR 2005, 1001, 1002; *Letzgus*, Ubg 2010, 699, 702.
4   *Gosch* in FS für Arndt Raupach: Steuer- und Gesellschaftsrecht zwischen Unternehmerfreiheit und Gemeinwohl, 2006, S 461, 473; *Neumann* in Gosch § 14 Rn 415a; *Breuninger*, GmbHR 2005, 1001, 1002; *Letzgus*, Ubg 2010, 699, 702.
5   *Letzgus*, Ubg 2010, 699, 702.
6   *Wendt*, BFH-PR 2005, 383, 384, scheint auch einen anderen Bilanzierungsort für möglich zu halten.

während der Organschaft Teilwertab- oder -zuschreibungen auf die Organbeteiligung erfolgen. Diese in einer anderen Steuerbilanz (der des Organträgers) auszuweisen als das Veräußerungsergebnis, wäre mE nicht überzeugend.

854 **Mehr-und Minderabführungen.** Aus dem Umstand, dass die Einnahmen aus der Organbeteiligung während der Organschaft nicht im Sonderbetriebsvermögen der Mitunternehmerschaft, sondern im Betriebsvermögen des Organträgers zu erfassen sind, erwächst die Frage, wie mit Mehr-und Minderabführungen iSd § 14 III und des § 14 IV umzugehen wäre. ME wären erstere wohl wie auch tatsächliche Ausschüttungen vorvertraglicher Gewinne der bzw Einlagen in die Organgesellschaft im Sonderbetriebsvermögen der Mitunternehmerschaft zu zeigen. Letztere und die daraus resultierenden Ausgleichsposten könnten mE hingegen kaum von der Erfassung der Einnahmen aus der Organgesellschaft im Betriebsvermögen des Organträgers abgekoppelt werden; bei Veräußerung der Beteiligung müssten sie allerdings bei der Ermittlung des im Sonderbetriebsvermögen zu erfassenden Veräußerungsergebnisses Berücksichtigung finden.

855-856 *Einstweilen frei.*

857 **f) Organschaftliche Ausgleichsposten iSd § 14 IV. Organschaftliche Minder- und Mehrabführungen.** Für Minder- bzw Mehrabführungen, die ihre Ursache in organschaftlicher Zeit haben, ist in der Steuerbilanz des Organträgers ergebniswirksam ein besonderer aktiver bzw passiver Ausgleichsposten iHd Betrags gem § 14 IV S 1 zu bilden, der dem Verhältnis der Beteiligung des Organträgers am Nennkapital der Organgesellschaft entspricht. Derartige Minder- und Mehrabführungen liegen gem § 14 IV S 6 insbesondere vor, wenn der an den Organträger abgeführte Gewinn von dem Steuerbilanzgewinn der Organgesellschaft (vor Gewinnabführung) abweicht, dh diesen unter- oder überschreitet, und diese Abweichung in organschaftlicher Zeit verursacht ist (vgl zu organschaftlichen Mehr- und Minderabführungen sowie zur Bildung von Ausgleichsposten ausführlich Rn 975 ff.)

858 **Keine Saldierung.** Mehr- und Minderabführungen sind nicht zu saldieren (vgl Rn 1040). Ausgleichsposten sind ursachenbezogen zu bilden (vgl Rn 1099).

859 **Bildung und Fortentwicklung.** Die organschaftlichen Ausgleichsposten sind in der Steuerbilanz des Organträgers während der Organschaft zu bilden und fortzuentwickeln (Auflösung durch gegenläufige Mehr- bzw Minderabführungen). Die Beendigung der Organschaft berührt den Fortbestand in diesem Zeitpunkt noch bestehender Ausgleichsposten gem R 63 III S 1 KStR nicht (vgl Rn 1126).

860 **Auflösung.** Die Auflösung der organschaftlichen Ausgleichsposten erfolgt gem § 14 IV S 2 erst im Zeitpunkt der Veräußerung der Organgesellschaft; der Veräußerung sind insbesondere die Umwandlung der Organgesellschaft auf eine Personengesellschaft oder eine natürliche Person, die verdeckte Einlage der Beteiligung an der Organgesellschaft und die Auflösung der Organgesellschaft der Veräußerung in § 14 IV S 5 gleichgestellt. Vgl zur Auflösung der organschaftlichen Ausgleichsposten aus-

VIII. Ermittlung des Einkommens des Organträgers

führlich Rn 1114-1177. Da die Ausgleichsposten weder Teil des Beteiligungsbuchwerts noch eigenständiges Wirtschaftsgut sind, scheiden Teilwertabschreibungen auf Ausgleichsposten mE aus (vgl Rn 1096).

Außerbilanzielle Einkommenskorrekturen während der Organschaft. Ohne weitere Korrekturen würde die ertragswirksame Bildung und Fortentwicklung von Ausgleichsposten in der Steuerbilanz des Organträgers zu einer doppelten Erfassung (Minderabführungen; aktive Ausgleichsposten) oder doppelten Nichterfassung (Mehrabführungen; passive Ausgleichsposten) von Einkommen führen, da die zu Grunde liegenden steuerlichen Mehr-/Mindergewinne das zuzurechnende Einkommen der Organgesellschaft erhöht bzw vermindert haben. Aus diesem Grund sind die Erträge und Aufwendungen aus der Bildung und Fortentwicklung der Ausgleichsposten iRd Ermittlung des eigenen Einkommens des Organträgers außerbilanziell zu neutralisieren (R 63 I S 3 KStR). Vgl ausführlich Rn 1111 f. 861

Bei Beendigung der Organschaft. Da die organschaftlichen Ausgleichsposten bei Beendigung des Gewinnabführungsvertrags nicht gewinnwirksam aufzulösen, sondern bis zur Veräußerung der Organbeteiligung weiterzuführen sind (vgl Rn 859), zugleich aber mangels Organschaft auch nicht fortzuentwickeln sind, ergeben sich bis zur Auflösung der Ausgleichsposten (Rn 860) keine Aufwendungen und Erträge in der Steuerbilanz, die einer außerbilanziellen Neutralisierung bedürften. 862

Einkommenswirkung der Auflösung der Ausgleichsposten. Die Auflösung der Ausgleichsposten nach § 14 IV S 2 und 5 wirkt sich auf das Einkommen gem § 14 IV S 3 aus. § 14 IV S 4 ordnet jedoch die Anwendung von §§ 3 Nr 40, 3c II EStG und § 8b an, ohne allerdings die Form der Anwendung weiter zu präzisieren. Nach hier vertretener Auffassung erhöht der Ertrag aus der Auflösung eines passiven Ausgleichspostens bzw mindert der Aufwand aus der Auflösung eines aktiven Ausgleichspostens das Veräußerungsergebnis des Organträgers hinsichtlich der Beteiligung an der Organgesellschaft; auf einen danach verbleibenden oder sich erst ergebenden Veräußerungsgewinn sind dann § 3 Nr 40 lit a EStG und § 8b II, III S 1, auf einen danach verbleibenden oder sich erst ergebenden Veräußerungsverlust § 3c II EStG bzw § 8b III S 3 anzuwenden (vgl ausführlich Rn 1094 f; auch § 8b Rn 295).[1] 863

Erstmalige Anwendung. Bei seiner erst mit dem JStG 2008 erfolgten Einführung wurde § 14 IV gem § 34 IX Nr 5 mit Wirkung auch für davorliegende VZ eingeführt. Für VZ vor 2008 widerspricht die Vorschrift jedoch der BFH-Rechtsprechung[2] insoweit, wie der Auflösung eines passiven Ausgleichspostens eine einkommenserhöhende Wirkung beigelegt wird. Vgl zu den diesbezüglichen verfassungsrechtlichen Bedenken Rn 992-997. 864

Einstweilen frei. 865-867

---

1 So auch Dötsch in D/J/P/W § 14 Rn 534; im Ergebnis auch Frotscher in Frotscher/Maas § 14 Rn 911. ME so auch zu entnehmen aus BMF v 26.8.2003, BStBl I 2003, 437, Tz 44.
2 BFH I R 5/05, BStBl II 2007, 796; BMF v 5.10.2007 (Nichtanwendungserlass), BStBl I 2007, 743.

868 **g) Forderungen gegen die Organgesellschaft. Teilwertabschreibung.** Die allgemeinen Grundsätze zur Bewertung von (Darlehens-)Forderungen gelten auch für Forderungen des Organträgers gegenüber der Organgesellschaft. Teilwertabschreibungen nach § 6 I Nr 2 S 2 können sich daher aus der Unverzinslichkeit einer Darlehensforderung[1] sowie aus einem Ausfallrisiko ergeben.

869 **Teilwertabschreibung und Verlustausgleich.** Soweit in der Literatur vertreten wird, die Forderung gegenüber einer Organgesellschaft könne aufgrund des Verlustübernahmeanspruches gegen den Organträger nicht notleidend werden, so dass eine darauf gegründete Teilwertabschreibung von vornherein ausscheidet,[2] ist dem mE nicht pauschal zu folgen. Zutreffend ist, dass die Darlehensforderung nicht wegen Verlusten der Organgesellschaft uneinbringlich werden kann. Sofern sich jedoch bei Darlehensvergabe vorhandene stille Reserven verflüchtigt haben oder realisiert und abgeführt wurden, kann sich die Rückzahlungsfähigkeit der Organgesellschaft durchaus vermindern, ohne dass die Organgesellschaft oder Gläubiger hierfür Ausgleich beim Organträger suchen könnten. Die Verlustübernahmeverpflichtung konserviert allein die bilanzielle Substanz der Organgesellschaft.

870 **Forderungsverzicht.** Zu einer Gewinnminderung im Zusammenhang mit der Forderung gegenüber der Organgesellschaft kommt es auch im Fall des Forderungsverzichts, soweit dieser mangels Werthaltigkeit der erlassenen Forderung nicht zu einer verdeckten Einlage in die Organgesellschaft führt.[3]

871 **Abzugsfähigkeit von Gewinnminderungen aus Darlehensforderungen gegenüber der Organgesellschaft.** Für Körperschaften als Organträger war die Geltendmachung der vorbeschriebenen Gewinnminderungen im Zusammenhang mit an die Organgesellschaft vergebenen Darlehen bis zum VZ 2007 nicht – insbesondere nicht durch das Abzugsverbot für Gewinnminderungen aus Anteilen iSd § 8b II in § 8b III S 3 – eingeschränkt (vgl § 8b Rn 434).[4] Seit dem VZ 2008[5] schließt § 8b III S 4-7 den Abzug dieser Gewinnminderungen aus, sofern nicht nachgewiesen wird, dass auch ein Dritter das Darlehen bei sonst gleichen Umständen und unter Betrachtung allein der Sicherungsmittel der Gesellschaft gewährt bzw noch nicht zurückgefordert hätte; soweit eine Teilwertabschreibung hiernach nicht abzugsfähig war, bleiben künftige Zuschreibungsgewinne gem § 8b III S 8 außer Ansatz (vgl weiterführend § 8b Rn 449-558). Bei natürlichen Personen als Gesellschafter (Organträger) wendet die Finanzverwaltung § 3c II EStG an, sofern die Darlehensüberlassung zu nicht fremdüblichen Konditionen und damit nicht vollentgeltlich erfolgt; spätere Zuschreibungen sind in umgekehrter Anwendung des § 3c II EStG teilweise steuerfrei.[6] Die Finanzgerichte

---

1   BFH I R 236/72, BStBl II 1975, 875. Wobei hier seit dem VZ 1999 das Erfordernis der voraussichtlich dauernden Wertminderung zu berücksichtigen ist; vgl *Glanegger* in Schmidt (28. Aufl) § 6 Rn 369.
2   *Dötsch* in D/J/P/W § 14 Rn 335; *Frotscher* in Frotscher/Maas § 14 Rn 624, der allerdings in nicht näher bezeichneten Ausnahmefällen von der Möglichkeit der Uneinbringlichkeit ausgeht.
3   BFH GrS 1/94, BStBl II 1998, 307.
4   BFH I R 52/08, BStBl II 2009, 674.
5   § 34 I KStG idF JStG 2008.
6   BMF v 8.11.2010, BStBl II 2010, 1292.

sind dem bislang nicht gefolgt.[1] Bei Organträger-Personengesellschaften kommen die beschriebenen Grundsätze je nach Zusammensetzung der Gesellschafterstruktur zur Anwendung.

„Doppelerfassung" im Organkreis. Die in Rn 871 beschriebenen Abzugsbeschränkungen können zu Doppelbelastungen im Organkreis führen. Dies betrifft zunächst Teilwertabschreibungen auf Forderungen wegen Unverzinslichkeit (Abzinsung), denen auf Ebene der Organgesellschaft (Schuldnerin) ein das dem Organträger zuzurechnende Einkommen erhöhender Abzinsungsertrag (vgl Rn 698) gegenübersteht. Allerdings ist diese Doppelerfassung nur temporär und damit ggf noch hinnehmbar, da in künftigen Jahren das von der Organgesellschaft zugerechnete Einkommen um den bei ihr entstehenden Aufzinsungsaufwand gemindert und der Ertrag des Organträgers aus der Zuschreibung (Aufzinsung) der Forderung vollständig bzw teilweise steuerbefreit ist. Anders ist dies hingegen im Fall des Forderungsverzichts. Soweit dieser mangels Werthaltigkeit der Forderung nicht als verdeckte Einlage in die Organgesellschaft zu behandeln ist, führt er bei der Organgesellschaft zu steuerpflichtigem Ertrag und in der Steuerbilanz des Organträgers zu Aufwand.[2] Wird dessen Abzugsfähigkeit durch die beschriebenen Abzugsbeschränkungen begrenzt, kommt es nach Zurechnung des erhöhten Einkommens der Organgesellschaft zu einer definitiven Doppelerfassung im Organkreis. Dennoch wird mE eine Korrektur des Einkommens (des Organträgers) in diesem Fall nicht unter Berufung auf die Grundsätze zur Vermeidung der Doppelerfassung im Organkreis im Fall von vGA (R 62 II KStR; vgl Rn 721 f) verlangt werden können, da es sich bei dem auf den Ertrag aus dem Forderungsverzicht entfallenden, dem Organträger zuzurechnenden Einkommen nicht um einen Ertrag handelt, der bei dem Organträger bereits der Steuerpflicht unterliegt. Die Vermeidung der Doppelerfassung hatte der BFH seinerzeit jedoch mit der Wahrung der Durchbrechung der mehrstufigen Besteuerung (Gesellschaft und Anteilseigner) durch § 7a KStG aF (§ 14) begründet.[3] Etwas anderes könnte im Bereich der gewerbesteuerlichen Organschaft gelten.[4]

872

Einstweilen frei.

873-874

h) Von der Organgesellschaft erhaltene vGA. Allgemeines. VGA von der Organgesellschaft gelten als vorweggenommene Gewinnabführungen (vgl Rn 713 ff); nach Auffassung der Verwaltung erhöhen sie das dem Organträger zuzurechnende Einkommen (vgl Rn 722).

875

Steuerbilanzielle Korrekturen bei Vorteilsgewährung an den Organträger. Liegt der vGA ein von der Organgesellschaft unmittelbar an den Organträger gewährter Vorteil zu Grunde, wird sich dieser meist schon im Steuerbilanzgewinn des Organträgers niedergeschlagen haben, sei es durch einen erhöhten Gewinn (Erwerb eines

876

---

1 FG Düsseldorf 2 K 4581/07 F, EFG 2010, 1775, Revision anhängig, BFH IV R 14/10; FG Berlin-Brandenburg 2 K 1424/06, EFG 2010, 1112, Revision anhängig, BFH X R 5/10; FG Niedersachsen 8 K 254/07, EFG 2010, 1111, Revision anhängig, BFH X R 7/10.
2 BFH GrS 1/94, BStBl II 1998, 307.
3 BFH I R 150/82, BStBl II 1987, 455.
4 BFH IV R 57/06, BStBl II 2010, 646, dort insbesondere zu II. 4.

Wirtschaftsguts vom Organträger über dem Marktpreis, Entrichtung überhöhter Leistungs- oder Überlassungsvergütungen an den Organträger) oder durch ersparte Aufwendungen (Übernahme von Aufwendungen, die der Organträger tragen müsste), so dass sich ertragswirksame Korrekturen in der Steuerbilanz des Organträgers erübrigen. Eine Ausnahme hiervon ist gegeben, wenn der Vorteil in der Veräußerung/Übertragung eines Wirtschaftsguts unter dem fremdüblichen Preis besteht. IHd vGA sind in der Steuerbilanz des Organträgers dann die Anschaffungskosten des betreffenden Wirtschaftsguts ertragswirksam zu erhöhen.

877 **Steuerbilanzielle Korrekturen bei Vorteilsgewährung an eine nahestehende Person des Organträgers.** Beruht die vGA darauf, dass die Organgesellschaft einer nahestehenden Person des Organträgers (mittelbarer Gesellschafter; Schwestergesellschaft) einen Vorteil gewährt, wird die vGA in der Steuerbilanz des Organträgers regelmäßig noch gewinnerhöhend zu erfassen sein.

878 **Außerbilanzielle Korrektur des Einkommens.** Hat die vGA nach den in Rn 876f beschriebenen Grundsätzen das Steuerbilanzergebnis des Organträgers erhöht, ist die vGA nach Verwaltungsauffassung zur Vermeidung einer Doppelbelastung aus dem um die vGA erhöhten zugerechneten Einkommen beim Organträger außerbilanziell aus dem eigenen Einkommen des Organträgers auszuscheiden (vgl R 62 II KStR). Vgl hierzu und zur abweichenden Auffassung der Rechtsprechung Rn 722.

879-880 *Einstweilen frei.*

881 **i) Von einer nahestehenden Person wegen Vorteilsgewährung an die Organgesellschaft erhaltene vGA. Allgemeines.** Hat eine nahestehende TG (T2) des Organträgers der Organgesellschaft unmittelbar einen Vorteil zugewendet, finden die vom BFH entwickelten Grundsätze zur vGA zwischen Schwestergesellschaften[1] entsprechende Anwendung: Erbringt T2 aufgrund des Gesellschaftsverhältnisses zum Organträger eine unentgeltliche Leistung an die Organgesellschaft, erlangt der Organträger hierdurch einen Vorteil, da er keine eigenen Mittel aufzuwenden braucht, um seinerseits diese Leistung als zusätzlichen Gesellschafterbeitrag bei der Organgesellschaft zu erbringen. In dieser Vorteilsgewährung an den Organträger ist eine durch T2 an ihn bewirkte vGA zu sehen.

882 **Steuerbilanzielle Korrekturen.** Diese von T2 erhaltene vGA ist stets noch in der Steuerbilanz des Organträgers zu erfassen. Handelt es sich um ein einlagefähiges Wirtschaftsgut (vgl Rn 749 ff), gilt dieses weiter als von dem Organträger verdeckt in die Organgesellschaft eingelegt; aus der Verwendung des erlangten Vorteils entstehen ihm nachträgliche Anschaffungskosten auf die Beteiligung an der Organgesellschaft (vgl Rn 753). Überlässt T2 der Organgesellschaft dagegen unentgeltliche oder verbilligte Nutzungen, kann der Organträger diesen Vorteil mangels Einlagefähigkeit von Nutzungen (vgl Rn 751) nicht verdeckt in die Organgesellschaft einlegen; eine Erhöhung der Anschaffungskosten muss damit unterbleiben. Da der Organträger den Vorteil bzw die vGA von T2 tatsächlich erhalten hat, folgert hieraus nicht die Negation der vGA. Vielmehr ist davon auszugehen, dass der Organträger den von T2

---

1 BFH GrS 2/86, BStBl II 1988, 348.

zugewendeten Vorteil tatsächlich erhalten, aber für Zwecke seiner Beteiligung an der Organgesellschaft verbraucht hat, so dass sich bei ihm Ertrag (vGA) und Aufwand (Vorteilsverbrauch) in der Steuerbilanz in gleicher Höhe gegenüberstehen.[1]

Ausserbilanzielle Korrekturen des Einkommens. Auf die von der vorteilsgewährenden TG (T2) erhaltene vGA ist bei einer Körperschaft als Organträger § 8b I S 1 bzw ein DBA-Schachtelprivileg und § 8b V (bis VZ 2003 § 3c I EStG bei vGA aus dem Inland) anzuwenden, seit dem VZ 2008 allerdings unter der Voraussetzung, dass die vGA das Einkommen der T2 nicht gemindert hat (Korrespondenzprinzip iSd § 8b I S 2-4; vgl § 8b Rn 184-254). Bei einer natürlichen Person als Organträger unterliegt die vGA § 3 Nr 40 S 1 lit d EStG. Bei Personengesellschaften als Organträger finden die Vorschriften entsprechend ihrer Gesellschafterstruktur Anwendung. Unklar ist, inwieweit bei der Weiterleitung eines nicht einlagefähigen Vorteils an die Organgesellschaft ein außerbilanzieller Korrekturbedarf beim Organträger hinsichtlich des Aufwands aus dem Vorteilsverbrauch entsteht. Zum einen ist fraglich, ob dieser dem Abzugsverbot des § 8b III S 3 unterliegt (vgl zur diesbezüglichen Diskussion § 8b Rn 423). Die Vorschrift bezieht sich ausdrücklich nur auf Gewinnminderungen im Zusammenhang mit den Anteilen (an der Organgesellschaft).[2] Gegen eine Subsumption des Vorteilsbrauchs unter derartige Gewinnminderungen spricht mE, dass dieser Aufwand nur deshalb gewährt wird, weil der weitergeleitete Vorteil sich mangels Einlagefähigkeit gerade nicht auf die Anteile und deren Anschaffungskosten auswirkt. Im Fall einer Organgesellschaft als Vorteilsempfänger käme es, weil der Vorteil (zB ersparter Zinsaufwand) das zuzurechnende Einkommen der vorteilsempfangenden Gesellschaft erhöht, im Übrigen zu einer Doppelbesteuerung beim Organträger. Selbst wenn man den Anwendungsbereich des § 8b III S 3 nicht auf substanzbezogene Gewinnminderungen beschränken wollte, so dürfte es sich bei dem Vorteilsverbrauch im Fall der Nutzungsüberlassung (Dauerschuldverhältnis) allenfalls um laufenden, mit Blick auf eine Organgesellschaft uneingeschränkt abzugsfähigen (vgl Rn 899) Beteiligungsaufwand handeln, und aus diesem Grund aus dem Anwendungsbereich des § 8b III S 3 auszuklammern sein. Ferner handelt es sich bei dem Vorteilsverbrauch im Falle einer unentgeltlichen Darlehensgewährung zwischen T2 und der Organgesellschaft mE nicht um eine Gewinnminderung aus Darlehensforderungen gegenüber der Organgesellschaft, die nach § 8b III S 4 ff oder § 3c II EStG vom Abzug ausgeschlossen sein könnte (vgl Rn 871), da die Grundsätze zu vGA bei Schwestergesellschaften das zwischen der T2 und der Organgesellschaft bestehende Darlehensverhältnis unberührt lassen, es also nicht durch fingierte Darlehensverhältnisse zwischen T2 und dem Organträger einerseits und dem Organträger und der Organgesellschaft andererseits ersetzen.[3]

883

---

1 BFH GrS 2/86, BStBl II 1988, 348.
2 *Gosch* in Gosch § 8b Rn 266.
3 Vgl zur Diskussion bei Ausfall eines zwischen Schwestergesellschaften gewährten Darlehens *Frotscher* in Frotscher/Maas § 8b Rn 66 f; *Dötsch/Pung*, DB 2007, 2669, 2670; *Gosch* in Gosch § 8b Rn 279h.

884 **Besonderheiten, wenn vorteilsgewährende Gesellschaft ebenfalls Organgesellschaft ist.** Handelt es sich bei der vorteilsgewährenden Gesellschaft ebenfalls um eine Organgesellschaft des Organträgers, stellt die vGA an den Organträger nach den allgemeinen Grundsätzen (vgl Rn 713 ff; 875 ff) eine vorweggenommene Gewinnabführung dar, die das von dieser Gesellschaft dem Organträger zuzurechnende Einkommen erhöht und deshalb zur Vermeidung einer Doppelbelastung im Organkreis beim Organträger außerbilanziell zu neutralisieren ist (R 62 I S 1 KStR). Eine derart zu beseitigende Doppelbelastung ist mE auch gegeben, wenn in dem Fall, in dem es sich bei dem von der T2 der Organgesellschaft gewährten Vorteil um eine Nutzung bzw Überlassung handelt, der im Steuerbilanzgewinn des Organträgers erfasste Ertrag aus dem gewährten Vorteil in Form der vGA durch einen Aufwand aus dem Vorteilsverbrauch in gleicher Höhe wirtschaftlich neutralisiert wird. Die von der T2 empfangene vGA und die Weiterleitung des Vorteils an die vorteilsempfangende Organgesellschaft sind mE getrennt voneinander zu betrachten; denn ohne eine außerbilanzielle Neutralisierung der vGA käme es durch die erhöhte Einkommenszurechnung von der T2 und die nicht um eine steuerneutrale verdeckte Einlage geminderte Einkommenszurechnung von der Organgesellschaft zu einer Doppelbelastung im Organkreis. Zu etwaigem außerbilanziellen Korrekturbedarf hinsichtlich des Aufwands aus dem Vorteilsverbrauch vgl Rn 883.

885-886 *Einstweilen frei.*

887 **3. Einzelfragen der Ermittlung des eigenen Einkommens des Organträgers. a) Vom Organträger geleistete Ausgleichszahlungen.** Nach § 304 AktG vereinbarte und vom Organträger geleistete Ausgleichszahlungen an außenstehende Aktionäre (vgl Rn 285 ff) dürfen den Gewinn des Organträgers gem § 4 V Nr 9 EStG nicht mindern. Das aus der Hinzurechnung resultierende Einkommen des Organträgers wird der Organgesellschaft im Wege der sog gegenläufigen Einkommenszurechnung zur Besteuerung zugewiesen (vgl ausführlich Rn 776 und 778).

888 *Einstweilen frei.*

889 **b) Gewinnausschüttungen der Organgesellschaft. Ausschüttungsmöglichkeiten.** Auch während der Organschaft kann der Organträger Gewinnausschüttungen von der Organgesellschaft erhalten. Hierbei kann es sich um die Ausschüttung vorvertraglicher Gewinne, um die Ausschüttung von Kapitalrücklage sowie um vororganschaftliche Mehrabführungen iSd § 14 III S 1 (vgl Rn 844 ff) handeln, nicht jedoch um vGA der Organgesellschaft, die lediglich vorweggenommene Gewinnabführungen darstellen (vgl zu letzteren Rn 713 ff; 875 ff).

890 **Besteuerung der Gewinnausschüttungen.** Soweit diese Gewinnausschüttungen nicht steuerlich wegen Verwendung von Einlagekonto iSd § 27 als Einlagenrückgewähr vom Buchwert der Organbeteiligung abzusetzen sind, stellen sie Bezüge iSd § 20 I Nr 1 EStG dar und unterliegen den allgemeinen Besteuerungsgrundsätzen. Bei Körperschaften als Organträger sind § 8b I und seit dem VZ 2004 auch § 8b V (bis

VZ 2003: § 3c I EStG[1]) sowie bei natürlichen Personen als Organträger §§ 3 Nr 40 S 1 lit d EStG anzuwenden. Bei Personengesellschaften finden diese Vorschriften entsprechend ihrer Gesellschafterstruktur Anwendung.

Bedeutung des § 8b VII-IX. Die Anwendung von § 8b I-VI, mit Blick auf Gewinnausschüttungen also des § 8b I, V, steht grundsätzlich unter dem Vorbehalt von § 8b VII und VIII, jeweils iVm IX. § 8b VII (vgl § 8b Rn 658-726), der sich auf bei Kredit- und Finanzdienstleitungsinstituten nach § 1a KWG dem Handelsbuch zuzurechnende bzw bei Finanzunternehmen isD KWG mit dem Ziel der kurzfristigen Erzielung eines Eigenhandelserfolgs erworbene Anteile bezieht (§ 8b VII S 1-2), dürfte für die Beteiligung an einer Organgesellschaft jedoch kaum praktische Bedeutung haben. Anders ist dies bei § 8b VIII (vgl § 8b Rn 727-774), der bei Lebens- und Krankenversicherungsunternehmen den Kapitalanlagen zuzurechnende Anteile betrifft. In diesen im Vergleich zu § 8b VII weiter gefassten sachlichen Anwendungsbereich (vgl § 8b Rn 737) können Anteile an einer Organgesellschaft fallen. Keine Bedeutung für die Beteiligung an einer Organgesellschaft hat die in § 8b IX enthaltene Rückausnahme von der Anwendung des § 8b VII, VIII im Falle unter die MTRL fallender Gewinnausschüttungen. 891

Einstweilen frei. 892-893

c) Gewinne oder Verluste aus der Veräußerung der Organbeteiligung und gleichgestellten Tatbeständen. Anwendung der allgemeinen Grundsätze. Auf Gewinne und Verluste aus der Veräußerung der Organbeteiligung, aus ihrer Auflösung sowie aus der Herabsetzung ihres Nennkapitals finden die allgemeinen Vorschriften des § 8b II, III S 1 (seit VZ 2004), III S 3 KStG sowie der §§ 3 Nr 40 S 1 lit a, 3c II EStG Anwendung. Zur Zulässigkeit und Abzugsfähigkeit von Teilwertabschreibungen auf die Organbeteiligung und zur Freistellung von Zuschreibungsgewinnen vgl Rn 828-834. 894

Ausgleichsposten. Bestanden Ausgleichsposten iSd § 14 IV, sind Aufwendungen und Erträge aus deren Auflösung im Fall der Veräußerung oder dieser gleichstellter Tatbestände mE iRd Ermittlung des Veräußerungsergebnisses zu berücksichtigen, welches dann insgesamt den genannten Vorschriften unterworfen wird (vgl Rn 863). Vgl weiterführend zu den Anlässen für die Auflösung von Ausgleichsposten Rn 1114-1177, zur Einbeziehung der Ausgleichsposten in das Veräußerungsergebnis Rn 1094 f. Da die Ausgleichsposten weder selbst Wirtschaftsgutcharakter besitzen noch Teil des Beteiligungsbuchswerts sind, kommen weder Teilwertabschreibungen und -zuschreibungen auf die Ausgleichsposten selbst, noch deren Berücksichtigung iRd Bewertung der Organbeteiligung in Betracht (vgl Rn 1096). 895

Einstweilen frei. 896

d) Neutralisierung von Gewinnabführung und Verlustübernahme. Vermeidung der Doppelerfassung. Mit Blick auf die in § 14 I S 1 angeordnete Zurechnung des Einkommens der Organgesellschaft bleibt – zur Vermeidung einer Doppelerfassung 897

---

1 BMF v 26.8.2003, BStBl I 2003, 437, Rn 24.

– bei der Ermittlung des Einkommens des Organträgers der von der Organgesellschaft abgeführte Gewinn außer Ansatz; ein vom Organträger an die Organgesellschaft zum Ausgleich eines sonst entstehenden Jahresfehlbetrags geleisteter Betrag darf nicht abgezogen werden (R 61 I S 2 KStR).[1] Bei Personengesellschaften als Organträger ist diese Kürzung oder Hinzurechnung beim einheitlich und gesondert festgestellten Gewinn aus Gewerbebetrieb zu berücksichtigen.[2]

898 **Mehr- und Minderabführungen.** Bei der Bemessung des Korrekturbetrags ist zu berücksichtigen, dass die in Abzug zu bringende handelsrechtliche Gewinnabführung um die Teile zu mindern ist, die steuerlich Gewinnausschüttungen der Organgesellschaft darstellen (Mehrabführung iSd § 14 III (vgl Rn 844ff), und um die Minderungen zu erhöhen ist, die steuerlich als in die Organgesellschaft eingelegt gelten (Minderabführungen iSd § 14 III; vgl Rn 841). Dementsprechend erhöht bzw vermindert sich im Fall einer handelsrechtlichen Verlustübernahme der hinzuzurechnende Korrekturbetrag um Mehr- bzw Minderabführungen iSd § 14 III.

899 **Keine Beschränkung des Abzugs von Beteiligungsaufwand.** Die Neutralisierung der Gewinnabführung iRd Einkommensermittlung macht diese nicht zu einer steuerfreien Einnahme des Organträgers, die den Abzug von Beteiligungsaufwand (wie zB Finanzierungsaufwendungen für den Erwerb der Anteile an der Organgesellschaft) nach § 3c I EStG auslösen könnte. Nach dem Übergang vom körperschaftsteuerlichen Anrechnungsverfahren zum Halbeinkünfteverfahren hatten zwar Vertreter der Finanzverwaltung[3] mit der gegenteiligen These die in Abschn 58 I KStR 1995 enthaltene Regelung in Frage gestellt, nach welcher Zinsen für Schulden, die der Organträger zum Erwerb der Organbeteiligung aufgenommen hat, bei der Ermittlung seines Einkommens abgezogen werden durften. Zudem führe die Beibehaltung dieser Regelung im Halbeinkünfteverfahren nach dieser Auffassung zu einer nicht gerechtfertigten Privilegierung gegenüber Refinanzierungsaufwendungen für nicht organschaftlich verbundene TG, für welche § 3c I EStG bis zur Höhe der nach § 8b I außer Ansatz bleibenden Gewinnausschüttungen zu berücksichtigen war. Diese These verkannte jedoch das Wesen und die Systematik der körperschaftsteuerlichen Organschaft,[4] insbesondere die mit der Einkommenszurechnung in § 14 I S 1 angeordnete Durchbrechung der mehrstufigen Besteuerung von Gesellschaft und Anteilseigner. Sie fand demnach auch keine Mehrheit in der Finanzverwaltung, so dass Beteiligungsaufwand gem R 62 I KStR[5] unverändert abzugsfähig ist.

900 *Einstweilen frei.*

901 **e) Zinsschranke.** Da für Zwecke der Zinsschranke iSd § 4h EStG iVm § 8a Organträger und Organgesellschaft als ein Betrieb gelten[6] und die Zinsschranke deshalb auf Ebene der Organgesellschaft keine Anwendung findet, sind in dem dem Organträger

---

1 BFH I R 240/72, BStBl II 1975, 126.
2 *Danelsing* in Blümich § 14 Rn 216.
3 *Thiel*, DB 2002, 1340 ff; zuvor schon, allerdings ohne Begründung, *Pauka*, NWB Fach 4, 4533, 4539 f.
4 Ausführlich *Lüdicke*, BB 2002, 1521 ff.
5 Zuvor schon BMF v 26.8.2003, BStBl I 2003, 437, Rn 24.
6 Deshalb stellt ein Organkreis für sich gesehen auch keinen Konzern iSd Zinsschranke dar; vgl BMF v 4.7.2008, BStBl I 2008, 718, Tz 45.

VIII. Ermittlung des Einkommens des Organträgers

zugerechneten Einkommen enthaltene Zinsaufwendungen und Zinserträge iSd § 4h III EStG iRd Anwendung des § 4h I EStG ggf iVm § 8a beim Organträger einzubeziehen (§ 15 S 1 Nr 3). Das maßgebliche Einkommen bzw der maßgebliche Gewinn des Organträgers umfasst auch das Einkommen der Organgesellschaft. Darin enthaltene Aufwendungen für Abschreibungen nach § 6 I S 1, § 6a IIa S 2 und § 7 EStG sind bei der Ermittlung des verrechenbaren EBITDA des Organträgers hinzuzurechnen.[1] Vgl weiterführend § 15 Rn 171-241 sowie § 8a Rn 20, 79, 143 „Organschaft", 158.

Einstweilen frei. 902

f) Spendenabzug. Allgemeines. Der Spendenabzug gem § 9 I Nr 2 und der Spendenvortrag sind für Organträger und Organgesellschaft gesondert vorzunehmen (vgl hierzu Rn 780 f).[2] Für den einkommensbezogenen Höchstbetrag des Organträgers iSd § 9 I Nr 2 S 1 lit a bedeutet dies, dass dieser nicht um das von der Organgesellschaft zugerechnete Einkommen erhöht wird.[3] Hat der Organträger keine eigenen Einkünfte, ist ein Abzug von ihm geleisteter Spenden basierend auf der nach dem Einkommen bemessenen Höchstgrenze nicht möglich, soweit es sich nicht um steuerlich abzugsfähige Festbeträge bei Zuwendungen an Stiftungen handelt.[4] 903

Höchstbetrag und Bruttomethode (§ 15 S 1 Nr 2, S 2). ME ist das Schema der Einkommensermittlung in R 29 I KStR insoweit nicht zutreffend, als die Folgen aus der Bruttomethode iSd § 15 S 1 Nr 2 und S 2 beim Organträger erst im Kontext der Zurechnung des Organeinkommens und damit außerhalb des für den Organträger maßgeblichen einkommensbezogenen Höchstbetrags für den Spendenabzug gezogen werden.[5] Die in § 15 S 1 Nr 2 und S 2 genannten Befreiungen und Abzugsverbote wirken sich unzweifelhaft auf den Spendenhöchstbetrag der Organgesellschaft (vgl Rn 780) nicht aus. Mithin erhöht zB ein Veräußerungsgewinn iSd § 8b II das Spendenabzugsvolumen der Organgesellschaft, obwohl er – im Fall einer Körperschaft als Organträger – letztlich nach § 8b II, III S 1 im Ergebnis zu 95 % steuerfrei gestellt wird. Wirkt sich die in § 15 S 1 Nr 2 S 2 angeordnete Anwendung – hier des § 8b II, III S 1 – beim Organträger nicht bereits auf das für dessen Spendenhöchstbetrag maßgebliche (eigene) Einkommen mindernd aus, hat der Veräußerungsgewinn im Organkreis Spendenabzugsvolumen geschaffen, ohne dass diesem steuerpflichtiges Einkommen gegenüberstünde. Das Ergebnis ist das Gleiche wie wenn Einkommen der Organgesellschaft doppelt – bei der Organgesellschaft und beim Organträger – zu Spendenabzugsvolumen führen würde. Nichts anderes als eine derartige doppelte Berücksichtigung von Einkommen, zunächst beim Spendenabzug der Organgesellschaft, dann beim Spendenabzug des Organträgers, war es jedoch, was den BFH 904

---

1 BMF v 4.7.2008, BStBl I 2008, 718, Tz 45.
2 Für natürliche Personen als Organträger oder als Gesellschafter einer Organträger-Personengesellschaft richtet sich der Spendenabzug nach § 10b I EStG, auf den nachfolgend wegen des Gleichlaufs mit § 9 I Nr 2 nicht mehr gesondert Bezug genommen wird.
3 BFH XI R 95/97, BStBl II 2003, 9; R 47 V KStR; H 47 KStH „Höchstbetrag für den Zuwendungsabzug in Organschaftsfällen".
4 OFD Hannover v 4.4.2003, FR 2003, 633; *Dötsch/Witt* in D/J/P/W § 14 Rn 272.
5 Daher werden diese Folgen in dem Einkommensermittlungsschema in Rn 823 vor dem Spendenabzug gezogen.

bewogen hatte, das zugerechnete Einkommen der Organgesellschaft beim Spendenabzug des Organträgers außer Ansatz zu lassen.[1] Eine doppelte Nichtberücksichtigung von Einkommen, wie sie sich nach § 29 I KStR im Falle eines von der Organgesellschaft erzielten Veräußerungsverlustes iSd § 8b III S 3 ergeben könnte, wäre ebenso wenig zu rechtfertigen. IRd Ermittlung des Einkommens des Organträgers iSd § 9 I Nr 2 S 1 lit a müssen daher zweifelsohne nicht das von der Organgesellschaft zugerechnete Einkommen selbst, wohl aber mE die nach § 15 S 1 Nr 2 S 2, S 2 erforderlichen Korrekturen bereits berücksichtigt werden.

905 **Höchstbetrag und Zinsschranke.** Vergleichbare Überlegungen wie unter Rn 904 gelten auch für die Anwendung von § 4h EStG iVm § 8a auf Zinsaufwendungen der Organgesellschaft beim Organträger (§ 15 S 1 Nr 3), die wegen erst späterer gesetzlicher Normierung in § 29 I KStR 2004 noch nicht berücksichtigt sein kann. So sind die Rechtsfolgen der Zinsschranke gem § 4h EStG iVm § 8a, die nach § 15 S 1 Nr 3 für den Organkreis als einheitlichen Betrieb zu ermitteln sind, mE beim Spendenhöchstbetrag des Organträgers zu berücksichtigen, wenngleich von diesen Rechtsfolgen betroffener Zinsaufwand ggf erst über die Einkommenszurechnung auf die Ebene des Organträgers gelangt und auch der für die Anwendung der Zinsschranke maßgebliche Gewinn (4h III EStG) bzw das maßgebliche Einkommen (§ 8a II S 2) erst nach Zurechnung des Einkommens der Organgesellschaft ermittelt werden kann.

906 **Höchstbetrag und Ausgleichszahlungen.** Ausgleichszahlungen erhöhen, obwohl sie stets von der Organgesellschaft zu versteuern sind, den Spendenhöchstbetrag des Organträgers, wenn dieser sie geleistet hat (vgl Rn 778).

907-908 *Einstweilen frei.*

909 **g) Einkommenskorrekturen aufgrund der Bruttomethode (§ 15 S 1 Nr 2). Bezüge, Gewinne und Gewinnminderungen der Organgesellschaft iSd § 8b I-III.** § 8b I-VI sind bei der Ermittlung des zuzurechnenden Einkommens der Organgesellschaft gem § 15 S 1 Nr 2 S 1 nicht anzuwenden (vgl Rn 763). Sind im dem Organträger zugerechneten Einkommen Bezüge, Gewinne oder Gewinnminderungen iSd § 8b I-III oder mit solchen Beträgen im Zusammenhang stehende Ausgaben iSd § 3c II EStG enthalten, sind nach § 15 S 1 Nr 2 S 2 bei Körperschaften als Organträger § 8b KStG, bei natürlichen Personen als Organträger §§ 3 Nr 40, 3c II EStG auf diese Bezüge, Gewinne oder Gewinnminderungen anzuwenden. Bei Personengesellschaften als Organträger kommen die genannten Vorschriften je nach der Gesellschafterstruktur zur Anwendung. Vgl weiterführend § 15 Rn 78-128.

910 **Wirkungsweise der Bruttomethode.** Die Bruttomethode verlagert lediglich die Anwendung der § 8b I-VI auf Einkünfte der Organgesellschaft von deren Ebene auf die Ebene des Organträgers. Diese Einkünfte werden dadurch aber nicht zu Bezügen, Gewinnen oder Gewinnminderungen des Organträgers selbst; die Tatbestandsvoraussetzungen der anzuwendenden Vorschriften müssen und können allein von der Organgesellschaft erfüllt oder nicht erfüllt werden.

---

1 BFH XI R 95/97, BStBl II 2003, 9, dort unter II. 1. b).

VIII. Ermittlung des Einkommens des Organträgers

Organgesellschaft unterfällt § 8b VII, VIII oder X. Deutlich wird die Rn 910 beschriebene Wirkungsweise zB durch § 15 S 1 Nr 2 S 3, nach dem die Anwendung von § 8b bzw §§ 3 Nr 40, 3c II EStG auf Ebene des Organträgers (vgl Rn 909) ausscheidet, wenn bei der Organgesellschaft § 8b VII, VIII oder X anzuwenden wäre. Damit ist es für die Anwendung der genannten Vorschriften unerheblich, ob im Falle der direkten Erzielung der Bezüge, Gewinne oder Gewinnminderungen durch den Organträger bei diesem § 8b VII, VIII oder X anzuwenden wäre. Wäre bei dem Organträger § 8b VII, VIII oder X nicht zu beachten, hebt dies einen für die Organgesellschaft durch diese Vorschriften geltenden Ausschluss der Anwendung des § 8b I-VI nicht auf. Wäre bei direkter Erzielung der betreffenden Einkünfte durch den Organträger § 8b VII, VIII oder X zu beachten, ist dies umgekehrt unschädlich, wenn diese Vorschriften einer Anwendung des § 8b I-VI bei der Organgesellschaft nicht entgegenstünden.

911

Abzugsverbot gem § 3c I EStG in den VZ 2001-2003. Bedeutsam war die Rn 910 beschriebene Wirkungsweise der Bruttomethode ferner zB in den VZ 2001-2003, als im Falle inländischer Bezüge iSd § 8b I noch nicht § 8b V, sondern das Abzugsverbot für mit steuerfreien Einnahmen in unmittelbarem wirtschaftlichen Zusammenhang stehende Ausgaben gem § 3c I EStG zu berücksichtigen war. Die Anwendung des § 8b I beim Organträger auf im von der Organgesellschaft zugerechneten Einkommen enthaltene Dividenden konnte ein Abzugsverbot iSd § 3c I allein für im zugerechneten Einkommen ebenfalls enthaltene Ausgaben der Organgesellschaft,[1] nicht aber für eigene Ausgaben des Organträgers begründen. Vor diesem Hintergrund war es für einen Organträger zB vorteilhaft, den fremdfinanzierten Erwerb einer Beteiligung, mit der eine Organschaft nicht begründet werden sollte, mittelbar über eine mit Eigenkapital iHd Kaufpreises ausgestattete Organgesellschaft vorzunehmen.

912

MTRL. Vgl Rn 768 zu der Frage, ob der Ausschluss der Anwendung des § 8b I, V in § 15 S 1 Nr 2 S 1 mit der MTRL[2] vereinbar ist.

913

Gewinnminderungen iSd § 8b III S 4-8. Die Bruttomethode iSd § 15 S 1 Nr 2 EStG verlagert auch die Anwendung des mit Wirkung ab dem VZ 2008 eingeführten § 8b III S 4-8 (hierzu § 8b Rn 449-527) auf die Ebene des Organträgers. Auch in diesem Kontext sind die Ebenen der Tatbestandsvoraussetzung und der Rechtsfolge deutlich zu trennen. Unzweifelhaft ist die Anwendung des § 3c II EStG auf die betreffenden Gewinnminderungen bzw des § 3 Nr 40 S 1 lit a EStG auf die betreffenden Zuschreibungserträge bei natürlichen Personen als Organträger davon abhängig, ob auf Ebene der Organgesellschaft die Tatbestandsvoraussetzungen des § 8b III S 4-8 erfüllt sind. Würde die natürliche Person das Darlehen selbst gewähren, wäre zwar grundsätzlich auch die Anwendung von §§ 3 Nr 40, 3c II EStG zu prüfen, jedoch anhand anderer, ggf von § 8b III S 4-8 abweichender, von der Finanzverwaltung festgelegter Tatbestandsvoraussetzungen.[3] Bei Organträger-Personengesellschaften mit natürlichen Personen als Gesellschafter gilt dies entsprechend.

914

---

1 Bis zur Neufassung des § 15 durch das StVergAbG hatte dieser die Anwendung des gesamten § 3c EStG angeordnet.
2 RL 90/435/EWG des Rates v 23.7.1990 über das gemeinsame Steuersystem der Mutter- und Tochtergesellschaften verschiedener Mitgliedstaaten (ABl EG Nr L 225, 6), zuletzt geändert durch die RL 2006/98/EG des Rates v 20.11.2006 (ABl EG Nr L 363, 129).
3 BMF v 8.11.2010, BStBl I 2010, 1292; vgl Rn 871.

915 **Übernahmeergebnis bei Umwandlungen, Formwechsel. Übernahmeverlust iSd § 4 VI UmwStG.** Die Bruttomethode des § 15 S 1 Nr 2 findet auch Anwendung, wenn die Organgesellschaft einen Übernahmeverlust iSd § 4 VI aus der Umwandlung oder dem Formwechsel einer Kapital- auf bzw in eine Personengesellschaft erzielt. Ist ein solcher Übernahmeverlust der Organgesellschaft infolge der Suspendierung dieser Vorschrift auf Ebene der Organgesellschaft gem § 15 S 1 Nr 2 S 1 (vgl Rn 764) im zugerechneten Einkommen noch enthalten, ist § 4 VI UmwStG auf Ebene des Organträgers anzuwenden. Bei Körperschaften als Organträger ist dies § 4 VI S 1, 2, 6 UmwStG, bei natürlichen Personen § 4 VI S 3-6 UmwStG. Bei Personengesellschaften finden diese Vorschriften entsprechend der Gesellschafterstruktur Anwendung.

916 **Übernahmegewinn iSd § 4 VII UmwStG.** Zweifelhaft ist mE, ob § 15 S 1 Nr 2 S 2 auch die zutreffende Besteuerung eines Übernahmegewinns iSd § 4 V, VII UmwStG sicherstellt. Nach § 4 VII S 1 UmwStG wäre auf den auf die Organgesellschaft als Mitunternehmerin der Personengesellschaft entfallenden Übernahmegewinn § 8b anzuwenden. Durch § 15 S 1 Nr 2 S 1 wird dessen Anwendung jedoch suspendiert. § 15 S 1 Nr 1 S 2 ordnet eine Anwendung von § 4 VII UmwStG – anders als von § 4 VI – unverständlicherweise nicht an. Die zweifellos sachgerechte Befreiung dieses Übernahmegewinns durch Anwendung von § 8b bzw §§ 3 Nr 40, 3c II EStG könnte § 15 S 1 Nr 2 S 2 nur bewirken, wenn man den Übernahmegewinn der dortigen Formulierung entsprechend als Gewinn iSd § 8b begriffe. Ob die bloße Anordnung der Anwendung des § 8b in § 4 VII UmwStG auf den Übernahmegewinn diesen zu einem Gewinn iSd 8b macht, ist mE jedoch zweifelhaft. Der Umwandlungssteuererlass[1] spricht diese Problematik in keiner Weise an. Auch wenn dies möglicherweise in der Form gedeutet werden kann, dass die Verwaltung hier keine Probleme sieht, ist die Einholung einer verbindlichen Auskunft in derartigen Fällen anzuraten.

917 **Übernahmegewinn iSd § 12 II UmwStG.** Noch lückenhafter ist die Bruttomethode mit Blick auf einen von der Organgesellschaft iRe Aufwärtsumwandlung auf sie erzielten Übernahmegewinn. Nach § 12 II S 1 UmwStG bleibt ein Übernahmegewinn außer Ansatz; nach § 12 II S 2 ist § 8b anzuwenden, soweit der um die Kosten des Vermögensübergangs geminderte Gewinn iSd S 1 dem Anteil der übernehmenden (Organgesellschaft) an der übertragenden Körperschaft entspricht. IRd Einkommensermittlung der Organgesellschaft ist der Übernahmegewinn nach § 12 II S 1 außer Ansatz zu lassen; diese Vorschrift bleibt nach § 15 S 1 Nr 2 S 1 auch nicht unangewendet. Die in § 12 II S 2 UmwStG angeordnete Anwendung des § 8b wird bei einer Organgesellschaft ausdrücklich und ganz pauschal durch § 15 S 1 Nr 2 S 1 außer Kraft gesetzt. Das zuzurechnende Einkommen ist damit in voller Höhe um den Übernahmegewinn gemindert (vgl ausführlich Rn 765). Ein im zugerechneten Einkommen enthaltener Übernahmegewinn iSd § 12 II S 1 UmwStG zählt nicht zu den in § 15 S 1 Nr 2 S 2 genannten Tatbestandsvoraussetzungen für die Anwendung des § 8b bzw § 3 Nr 40 EStG beim Organträger.[2] Der von der Finanzverwaltung gemachte

---

1 BMF v 11.11.2011, BStBl I 2011, 1314.
2 AA *Meining*, BB 2009, 1444, 1445.

Versuch,[1] diese Gesetzeslücke im Erlasswege zu schließen, ist mE zum Scheitern verurteilt. Dies nicht zuletzt, weil die Rechtsfrage derjenigen der „vergessenen" Bruttomethode für das DBA-Schachtelprivileg[2] (vgl Rn 766) sehr ähnlich ist.

Einstweilen frei. 918-920

h) DBA-befreite Schachteldividenden (§ 15 S 2). Regelung. Für Gewinnanteile 921
der Organgesellschaft aus der Beteiligung an einer ausländischen Gesellschaft, die nach den Vorschriften eines DBA von der Besteuerung auszunehmen sind, gilt § 15 S 1 Nr 2 gem § 15 S 2 entsprechend. Nach § 15 S 1 Nr 2 S 2 sind auf Ebene des Organträgers auf diese Gewinnanteile, sofern es sich bei diesen gleichsam um Bezüge iSd § 8b I handelt, § 8b I, V bzw § 3 Nr 40 S 1 lit d EStG anzuwenden. Ist dies nicht der Fall und geht das DBA-Schachtelprivileg weiter, muss dieses bei der Einkommensermittlung des Organträgers Berücksichtigung finden, weil § 15 S 2 § 15 S 1 Nr 2 im Ganzen und nicht nur die Suspendierung auf Ebene der Organgesellschaft (§ 15 S 1 Nr 2 S 1; vgl auch Rn 766) für entsprechend anwendbar erklärt. Unklar ist jedoch, was unter dieser „entsprechenden Anwendung" zu verstehen ist. Die bis zum VZ 2000 anzuwendende Vorgängerregelung des § 15 Nr 2 aF war deutlich. Nach deren S 1 kam das DBA-Schachtelprivileg nur zur Anwendung, wenn der Organträger zu den durch dieses begünstigten Steuerpflichtigen gehörte, mithin eine Körperschaft war. Nach S 2 der Vorschrift kam das Schachtelprivileg im Falle einer Organträger-Personengesellschaft nur insoweit zur Anwendung, als das zuzurechnende Einkommen auf einen begünstigten Gesellschafter (Körperschaft) entfiel. Unter Geltung des § 15 S 2 ist strittig, ob im Falle einer Organträger-Personengesellschaft das DBA-Schachtelprivileg insoweit zu gewähren ist, wie an dieser Körperschaften beteiligt sind. Nach einem Teil der Literatur ist dies nicht der Fall, weil § 15 S 2 – wie seinerzeit § 15 Nr 2 S 1 aF – allein auf die persönliche Entlastungsberechtigung des Organträgers abstelle und eine § 15 Nr 2 S 2 aF entsprechende erweiterte Anwendung des Schachtelprivilegs gesetzlich nicht angeordnet ist.[3] Ein anderer Teil der Literatur bejaht indes die Anwendung des Schachtelprivilegs auch im Falle von Personengesellschaften, soweit an dieser Körperschaften beteiligt sind.[4] Im Ergebnis sprechen mE die besseren Argumente für letztere Auffassung:

- Beziherin der Dividende und dafür Abkommensberechtigte ist allein die Organgesellschaft; bei der Bruttomethode kann es allein darum gehen, inwieweit das der Organgesellschaft durch das DBA gewährte Schachtelprivileg einzuschränken ist, weil die Dividende mittelbar infolge der Einkommenszurechnung letztlich von einem Steuerpflichtigen – bei einer Organträger-Personengesellschaft sind das deren Gesellschafter – zu versteuern ist, der in persönlicher Hinsicht dieses Schachtelprivileg nicht beanspruchen könnte. Weiter kann die Einschränkung des Schachtelprivilegs mE nicht gehen. Die Regelung des § 15 Nr 2 aF hat dies schon

---

1 BMF v 11.11.2011, BStBl I 2011, 1314, Rn 12.07.
2 BFH I R 47/08; BStBl II 2011, 131.
3 *Kollruss,* BB 2007, 78, 79; *Frotscher,* Ubg 2009, 426, 429; *Frotscher* in Frotscher/Maas § 15 Rn 73; *Walter* in EY § 15 Rn 57.
4 *Neumann* in Gosch § 15 Rn 32; *Heurung/Seidel,* BB 2009, 472, 474; *Erle/Heurung* in Erle/Sauter § 15 Rn 50; *Danelsing* in Blümich § 15 Rn 33.

dadurch deutlicher gemacht, indem bereits auf Ebene der Organgesellschaft und iRd Ermittlung ihres Einkommens über die Anwendung des Schachtelprivilegs zu entscheiden war.

- Die durch § 15 S 1 Nr 2 iVm S 2 erfolgende Suspendierung des Schachtelprivilegs auf Ebene der Organgesellschaft und Verschiebung der Entscheidung auf die Ebene des Organträgers ändert hieran nichts; insbesondere wird nicht in sachlicher Hinsicht eine Schachtelbegünstigung der Organgesellschaft durch eine solche des Organträgers oder des Gesellschafters einer Organträger-Personengesellschaft ersetzt. Dies wäre auch nicht möglich: Das DBA-Schachtelprivileg setzt idR eine unmittelbare Beteiligung an der ausschüttenden Gesellschaft voraus. Die Organschaft führt zu einer Zurechnung des Einkommens, nicht aber der Einkünfte der Organgesellschaft, zum Organträger (vgl Rn 619-621); dies gilt auch für der Bruttomethode unterliegende Bestandteile des Einkommens (vgl Rn 910).

- Eine Versagung des der Organgesellschaft nach dem DBA zustehenden Schachtelprivilegs lässt sich nur insoweit rechtfertigen, wie durch die Organschaft eine „Schieflage" entstünde:

Beispiel

Eine Körperschaft ist über eine Personengesellschaft (OT) an einer inländischen Kapitalgesellschaft (OG) beteiligt, welche Einkünfte erzielt, die zwar nicht nach § 8b I, jedoch nach einem DBA-Schachtelprivileg steuerbefreit sind.

Ohne Gewinnabführungsvertrag und Organschaft wäre OG das Schachtelprivileg ohne Einschränkung zu gewähren. Im Wege einer Ausschüttung an OT und anschließender Entnahme könnte der Gewinn von OG unter Anwendung von § 8b VI steuerfrei in den Verfügungsbereich der Körperschaft gelangen. Der Anwendung des § 8b VI steht weder entgegen, dass der weitergeschüttete Gewinn bei OG nicht (auch) nach § 8b I steuerfrei war, noch, dass die Körperschaft, hätte sie die ausländische Gesellschaft alternativ als unmittelbare TG der Personengesellschaft gehalten, das Schachtelprivileg nicht hätte beanspruchen können. Die durch das DBA-Schachtelprivileg gewährte Steuerbefreiung bleibt damit erhalten. Durch Abschluss eines Gewinnabführungsvertrags und Begründung einer Organschaft zwischen OT und OG ändert sich lediglich die Form der Weiterleitung des von der OG erzielten und nach dem DBA-Schachtelprivileg steuerbefreiten Gewinns; an die Stelle der steuerfreien Ausschüttung treten Gewinnabführung und Einkommenszurechnung. Warum dies nun Anlass geben könnte, von der in dem DBA vereinbarten Befreiung des Schachtelertrags abzurücken, wäre nicht ersichtlich.

922 **Zeitlicher Anwendungsbereich.** Im VZ 2002 war § 15 S 2 noch nicht zu berücksichtigen (vgl Rn 766).

923 **KGaA als Organträger.** Bedeutung hat die Auslegung der in § 15 S 2 angeordneten „entsprechenden Anwendung" des § 15 S 1 Nr 2 auch, wenn es sich bei dem Organträger um eine KGaA handelt, deren Komplementär die persönliche Entlastungsberechtigung nicht aufweist. Nach der Rechtsprechung des BFH kann einer KGaA die vollständige Freistellung einer von ihr bezogenen Dividende durch ein DBA-Schachtelprivileg

VIII. Ermittlung des Einkommens des Organträgers

nicht mit Blick auf ihre Gesellschafterstruktur verwehrt werden, wenn sich eine solche Einschränkung nicht aus dem Abkommen selbst ergibt.[1] Mit dem durch das Gesetz zur Änderung des Gemeindefinanzreformgesetzes und von steuerlichen Vorschriften v 8.5.2012[2] eingeführten § 50d XI EStG soll diese Rechtsprechung für nach dem 31.12.2011 gezahlte Dividenden (§ 52 LIXa S 9 EStG) gesetzlich überschrieben werden. Demnach soll eine Freistellung von Dividenden ungeachtet eines DBA nur insoweit gewährt werden, als die Dividenden nach deutschem Steuerrecht nicht einer anderen Person zuzurechnen sind. Soweit die Dividenden nach deutschem Steuerrecht einer anderen Person zuzurechnen sind, werden sie bei dieser Person freigestellt, wenn sie bei ihr als Zahlungsempfänger nach Maßgabe des Abkommens freigestellt würden. Wenngleich das Anliegen des Gesetzgebers grundsätzlich berechtigt erscheint, ist mE die Vereinbarkeit dieser Regelung mit der MTRL fraglich. Nachdem die Bundesrepublik selbst die KGaA (auch als MG) ohne Einschränkungen in die Liste der unter Art 2 I lit a MTRL fallenden Gesellschaften hat aufnehmen lassen und der Regelungsgegenstand der MTRL sich auf Dividendenzahlungen beschränkt, dürfte zumindest ein Rückgriff auf den Missbrauchsvorbehalt nach Art 1 II MTRL zur Verhinderung von Steuerhinterziehungen und Missbräuchen schwerfallen. Zur Auswirkung des geplanten § 50d XI bei einer KGaA als Organgesellschaft vgl Rn 766. Folgt man der in Rn 921 beschriebenen Auffassung, nach der die persönliche Entlastungsberechtigung des Organträgers über die Gewährung des Schachtelprivilegs entscheidet, käme es unter Berücksichtigung der BFH-Rechtsprechung auch dann nicht zu einer Einschränkung des Schachtelprivilegs, wenn es sich bei dem Komplementär der KGaA um eine natürliche Person handelt. Ob § 50d XI dies verhindern würde, ist fraglich, weil dieser nur die Dividendenfreistellung beim Zahlungsempfänger einschränkt und diese Tatbestandsvoraussetzung für die durch die Organgesellschaft der KGaA bezogene Dividende nicht erfüllt ist. Folgt man hingegen der in Rn 921 vertretenen Auffassung, dass es auf die persönliche Entlastungsberechtigung des die Dividende letztlich versteuernden Steuerpflichtigen ankommt, könnte sich ggf bereits hieraus eine teilweise Versagung des Schachtelprivilegs im Falle einer KGaA als Organträger ergeben, ohne dass es dafür eines § 50d XI EStG bedürfte.

Dividenden von einer doppelansässigen AG oder GmbH. Vgl Rn 767 zu der Frage, ob § 15 S 2 die Anwendung einer DBA-Schachtelbefreiung bei der Organgesellschaft für Dividenden von einer doppelansässigen AG oder GmbH wirksam ausschließt. 924

Einstweilen frei. 925-927

i) § 8c bei schädlichem Beteiligungserwerb am Organträger. Grundsätze des § 8c I. Vgl hierzu die Ausführungen in Rn 783. 928

Verluste des Organträgers. Ein Verlustvortrag iSd § 10d IV EStG, der infolge eines schädlichen Beteiligungserwerbs hinsichtlich der Anteile am Organträger teilweise oder vollständig untergeht, kann auch durch in der Vergangenheit dem Organträger zugerechnetes negatives Einkommen der Organgesellschaft entstanden sein. Ent- 929

---

1 BFH I R 62/09, BFH/NV 2010, 1919.
2 BGBl I 2012, 1030.

sprechendes gilt für einen vortragsfähigen Fehlbetrag iSd § 10a S 6 GewStG und einen Zinsvortrag iSd § 4 I S 5 EStG. In diesem Fall kann der streng gesellschaftsbezogene Stille-Reserven-Escape iSd § 8c I S 6 ff zu unsachgerechten Ergebnissen führen, weil die stillen Reserven der Organgesellschaft nicht zur Wahrung der durch sie entstandenen Verluste herangezogen werden können (vgl § 8c Rn 304).

930 **Schädlicher unterjähriger Beteiligungserwerb und laufender Gewinn des Organträgers.** Kommt es durch einen unmittelbaren oder mittelbaren Erwerb von Anteilen am Organträger bezogen auf dessen WJ unterjährig zu einem schädlichen Beteiligungserwerb am Organträger, kann entgegen der Verwaltungsauffassung[1] ein bis zu diesem Zeitpunkt in diesem WJ erzielter Gewinn mit dem bisher noch nicht genutzten Verlust verrechnet werden.[2] Nur nach einer solchen Verrechnung verbleibende Verluste (Verlustvorträge) des Organträgers gehen nach § 8c I S 1 (anteilig) bzw 2 (vollständig) unter. Da für den Zeitpunkt der Zurechnung von Organeinkommen auf das Ende des WJ der Organgesellschaft abgestellt wird (vgl Rn 628, 633),[3] sind Einkommenszurechnungen von Organgesellschaften aus WJ, die im selben VZ und bis zum Zeitpunkt des schädlichen Beteiligungserwerbs enden, mE bei der Ermittlung des von dem Organträger bis zum Zeitpunkt des schädlichen Beteiligungserwerbs erzielten Gewinns zu berücksichtigen.

931 **Schädlicher unterjähriger Beteiligungserwerb und laufende Verluste des Organträgers.** Kommt es durch einen unmittelbaren oder mittelbaren Erwerb von Anteilen am Organträger bezogen auf dessen WJ unterjährig zu einem schädlichen Beteiligungserwerb am Organträger, umfasst die Rechtsfolge des § 8c I S 1 oder 2 neben den in Rn 929 genannten Verlust- und Zinsvorträgen auch dessen bis zum Zeitpunkt des schädlichen Beteiligungserwerbs nicht ausgeglichene negative Einkünfte (Verluste), nicht aber laufenden Zinsaufwand. Ist ein Verlustvortrag iSd § 10d IV EStG nicht gegeben, ist nach zutreffender hM entgegen der Verwaltungsauffassung[4] vor Anwendung des § 8c I S 1 oder 2 ein Rücktrag des bis zum Zeitpunkt des schädlichen Beteiligungserwerbs erzielten laufenden Verlustes in den vorangegangenen VZ nach Maßgabe des § 10d I EStG zuzulassen.[5] Der von der Verlustabzugsbeschränkung erfasste laufende Verlust soll durch zeitanteilige Aufteilung des Verlusts des gesamten betreffenden WJ zu ermitteln sein, wobei die Körperschaft eine andere, wirtschaftlich begründete Aufteilung (zB stichtagsbezogene Einkünfteabgrenzung) darlegen kann.[6] Von dieser Prämisse ausgehend, stellt sich die Frage,

- inwieweit die beim Organträger greifende Verlustabzugsbeschränkung die Zurechnung negativen Einkommens von der Organgesellschaft einschränkt (Rn 932),

---

1 BMF v 4.7.2008, BStBl I 2008, 736, Tz 31.
2 BFH I R 14/11, DStR 2012, 458. Zuvor im Kontext vergleichbarer Vorschriften BFH I R 9/06, BStBl II 2008, 166 (§ 8 IV aF); BFH IV R 90/05, BFH/NV 2009, 843 (§ 10a S 10 GewStG).
3 So auch BMF v 11.11.2011, BStBl I 2011, 1314, Rn Org.19.
4 BMF v 4.7.2008, BStBl I 2008, 736, Tz 31.
5 *Brandis* in Blümich § 8c Rn 58 mwN; *Zerwas/Fröhlich* in Lüdicke/Kempf/Brink, Verluste im Steuerrecht, 2010, S 211 f; *Suchanek* in H/H/R § 8c Rn 31.
6 BMF v 4.7.2008, BStBl I 2008, 736, Tz 32.

VIII. Ermittlung des Einkommens des Organträgers

- wie positive und negative Einkommenszurechnungen von der Organgesellschaft bei der Ermittlung des unterjährigen Verlustes des Organträgers zu berücksichtigen sind (Rn 933) und

- ob Sinn und Zweck des § 8c I nicht eine Zwischenkonsolidierung des Organkreises auf den Zeitpunkt des schädlichen Beteiligungserwerbs am Organträger erfordern (Rn 934).

Zurechnung negativen Einkommens von der Organgesellschaft. Nach Auffassung der Finanzverwaltung unterliegt der Verlustabzugsbeschränkung infolge eines unterjährigen schädlichen Beteiligungserwerbs bei einem Organträger auch ein noch nicht zugerechnetes anteiliges negatives Organeinkommen; dieses soll vor der Einkommenszurechnung zum Organträger gekürzt werden.[1] Dem kann nicht gefolgt werden. Kommt es im Zuge des schädlichen Beteiligungserwerbs am Organträger zugleich zu einem schädlichen mittelbaren Beteiligungserwerb an den Anteilen an der Organgesellschaft, ergibt sich daraus eine eigenständige, die Organgesellschaft treffende Verlustabzugsbeschränkung; insoweit geht ein bis zu diesem schädlichen Beteiligungserwerb erzielter laufender Verlust unter und kann dem Organträger folglich am Ende des WJ der Organgesellschaft auch nicht mehr zugerechnet werden (vgl Rn 785). Ist indes bezüglich der Anteile an der Organgesellschaft kein schädlicher Beteiligungserwerb und mithin kein Anwendungsfall des § 8c I gegeben, ist dem Organträger ein negatives Einkommen der Organgesellschaft ungeschmälert nach § 14 I S 1 zuzurechnen. Derart beim Organträger angelangt, geht ein zugerechnetes negatives Einkommen in dem Einkommen des Organträgers auf, so dass bei diesem auf das saldierte Ergebnis abzustellen ist.[2] Für ein Ausstrahlen der Verlustabzugsbeschränkung des Organträgers auf die Ermittlung des zuzurechnenden Einkommens der Organgesellschaft fehlt es an einer Rechtsgrundlage (vgl Rn 786).[3] Bis zum Zeitpunkt des schädlichen Beteiligungserwerbs am Organträger erzieltes negatives Einkommen der Organgesellschaft könnte von der den Organträger treffenden Verlustabzugsbeschränkung und dann erst auf Ebene des Organträgers nur dann erfasst sein, wenn auf diesen Zeitpunkt eine Zwischenkonsolidierung des Organkreises vorgenommen würde (vgl Rn 934); ohne eine solche Zwischenkonsolidierung ist ein Abstellen auf die Ebene der Organgesellschaft jedoch sachfremd.[4]

932

Ermittlung des unterjährigen Verlusts des Organträgers unter Berücksichtigung der Einkommenszurechnung von Organgesellschaften. Der von der Verlustabzugsbeschränkung erfasste laufende Verlust einer Körperschaft soll durch zeitanteilige Aufteilung des Verlusts des gesamten betreffenden WJ zu ermitteln sein, wobei die Körperschaft eine andere, wirtschaftlich begründete Aufteilung (zB stichtagsbezogene Einkünfteabgrenzung) darlegen kann.[5] Mit diesem Wahlrecht eröffnet die Finanzverwaltung einen Gestaltungsspielraum, der sich im Falle eines Organ-

933

---

1 BMF v 4.7.2008, BStBl I 2008, 736, Tz 33.
2 So auch *Suchanek* in H/H/R § 8c Rn J 07-18; *Roser* in Gosch § 8c Rn 98.
3 *Zerwas/Fröhlich* in Lüdicke/Kempf/Brink, Verluste im Steuerrecht, 2010, S 221.
4 *Roser* in Gosch § 8c Rn 98.
5 BMF v 4.7.2008, BStBl I 2008, 736, Tz 32.

trägers mE dadurch erweitert, dass Einkommenszurechnungen von Organgesellschaften – vorbehaltlich der in Rn 934 beschriebenen Zwischenkonsolidierung – mit Ablauf des WJ der Organgesellschaft bei dem Organträger zu berücksichtigen sind (dazu bereits Rn 930):

> **Beispiel**
>
> In seinem dem Kalenderjahr entsprechenden WJ hat der Organträger einen eigenen Verlust von 1.000 erzielt, der gleichmäßig über die Zeit entstanden ist. Am 30.6. kommt es zu einem schädlichen Beteiligungserwerb iSd § 8c I S 2 bzgl der Anteile an dem Organträger. Die Organgesellschaft hat ein positives Einkommen von 600 erzielt. Ihr WJ endet a) in der Zeit vom 1.7.-31.12. bzw b) in der Zeit vom 1.1.-30.6.
>
> Im Fall a) führt die zeitanteilige Aufteilung des Gesamtverlustes (400) zu einem wegfallenden unterjährigen Verlust von 200 (verbleibender vortragsfähiger Verlust = 200), während bei stichtagsgenauer Abgrenzung ein unterjähriger Verlust von 500 nicht mehr genutzt werden könnte (verbleibendes positives Einkommen = 100). Im Fall b) ist hingegen die stichtagsgenaue Abgrenzung vorteilhaft. Im Zeitpunkt des schädlichen Beteiligungserwerbs läge infolge der Verrechnung des eigenen Verlustes mit dem zugerechneten Organeinkommen kein potenziell untergehender Verlust vor (verbleibender vortragsfähiger Verlust = 400), während bei zeitanteiliger Aufteilung des Gesamtverlustes des WJ des Organträgers wie im Fall a) ein unterjähriger Verlust von 200 unterginge (verbleibender vortragsfähiger Verlust = 200).

> **Beispiel**
>
> Wie oben, der Organträger erzielt jedoch gleichmäßig über das Jahr einen eigenen Verlust von 100 und von der Organgesellschaft ist ein negatives Einkommen iHv 500 zuzurechnen.
>
> Im Fall a) führt die stichtagsgenaue Abgrenzung dazu, dass lediglich ein unterjähriger Verlust von 50 nicht mehr genutzt werden könnte (verbleibender vortragsfähiger Verlust = 550), während die zeitanteilige Aufteilung des Gesamtverlustes (600) den Untergang eines unterjährigen Verlustes von 300 (verbleibender vortragsfähiger Verlust = 300) zur Folge hätte. Im Fall b) ist hingegen die zeitanteilige Aufteilung des Gesamtverlustes vorteilhaft, da nach stichtagsbezogener Abgrenzung ein Verlust von 550 untergehen würde (verbleibender vortragsfähiger Verlust = 50).

934 **Zwischenkonsolidierung des Organkreises auf den Zeitpunkt des unterjährigen schädlichen Beteiligungserwerbs?** Im Fall des unterjährigen schädlichen Beteiligungserwerbs bzgl der Anteile am Organträger führt § 8c I zu mit Blick auf den Sinn und Zweck der Vorschrift unbefriedigenden Ergebnissen. § 8c liegt der Gedanke zugrunde, dass sich die wirtschaftliche Identität einer Gesellschaft durch das wirtschaftliche Engagement eines anderen Anteilseigners ändert; die in früherer Zeit erwirtschafteten Verluste bleiben unberücksichtigt, soweit sie auf dieses neue wirtschaftliche Engagement entfallen.[1] Für den Nicht-Organschaftsfall bzw auch mit Wirkung für das eigene laufende Ergebnis hat die Rechtsprechung diesem Regelungs-

---

[1] BTDrs 16/4841, 76.

zweck bereits dadurch entgegen der Verwaltungsauffassung Geltung verschafft, dass ein bis zum schädlichen Beteiligungserwerb erzielter Gewinn mit den noch nicht genutzten Verlusten verrechnet werden kann (vgl Rn 930).[1] Besteht eine Organschaft, steht fest, dass der Organträger auch das bis zum Zeitpunkt des schädlichen Beteiligungserwerbs und damit noch unter dem wirtschaftlichen Engagement der Altanteilseigner des Organträgers von der Organgesellschaft erzielte Einkommen versteuern bzw negatives Einkommen abziehen wird. Wird ihm dieses Einkommen zwar im WJ des schädlichen Beteiligungserwerbs aber erst nach diesem Zeitpunkt zugerechnet, bleibt es bei der Stichtagsbetrachtung jedoch außer Betracht. Wie die Beispiele in Rn 933 zeigen, führt die wirtschaftsjahrbezogene Einkommenszurechnung dazu, dass zeitlich dem wirtschaftlichen Engagement der Altgesellschafter zuzurechnende Verluste der Organgesellschaft beim Organträger mit dem wirtschaftlichen Engagement der Neugesellschafter zuzuordnenden Gewinnen verrechnet werden und umgekehrt dem wirtschaftlichen Engagement der Altgesellschafter zuzurechnende Gewinne der Organgesellschaft beim Organträger nicht mit potenziell untergehenden Verlustvorträgen, zu deren Entstehung die Organgesellschaft ggf sogar maßgeblich beigetragen hat, verrechnet werden können. Diese Besonderheiten der Organschaft hat der Gesetzgeber in § 8c I S 1 und 2 offensichtlich nicht bedacht. Daher ist den auf Sinn und Zweck der Vorschrift gestützten Forderungen nach einer Zwischenkonsolidierung des Organkreises auf den Zeitpunkt des schädlichen Beteiligungserwerbs und der Ziehung der Rechtsfolgen nur für das saldierte unterjährige Ergebnis beizupflichten.[2]

Einstweilen frei. 935-936

4. Keine Doppelberücksichtigung von negativem Einkommen des Organträgers (§ 14 I S Nr 5). a) Allgemeines. Regelungsinhalt. Nach § 14 I S 1 Nr 5 bleibt ein negatives Einkommen des Organträgers bei der inländischen Besteuerung unberücksichtigt, soweit es in einem ausländischen Staat iRe der deutschen Besteuerung des Organträgers entsprechenden Besteuerung berücksichtigt wird. Die mit dem UntStFG eingeführte Vorschrift war gem § 34 IX Nr 2 erstmals für den VZ 2001 anzuwenden. 937

Regelungssystematik. Die Positionierung der Vorschrift im Gesetz ist verfehlt. Während ihre Stellung im Nummernkatalog des § 14 I S 1 nahelegt, dass es sich um eine Tatbestandsvoraussetzung für die Organschaft handelt, trifft die Vorschrift allein eine Aussage zu der steuerlichen Berücksichtigung des negativen Einkommens des Organträgers in der dort weiter beschriebenen Sachverhaltskonstellation; das Bestehen der körperschaftsteuerlichen Organschaft und die Einkommenszurechnung als Rechtsfolge werden von der Anwendung des § 14 I S 1 Nr 5 nicht berührt. Vor diesem Hintergrund wäre eine Einbettung der Vorschrift in § 15 zutreffender gewesen.[3] 938

---

1 BFH I R 14/11, DStR 2012, 458.
2 *Suchanek*, GmbHR 2008, 292, 296; *Suchanek* in H/H/R § 8c Rn 32a; *Zerwas/Fröhlich* in Lüdicke/Kempf/Brink, Verluste im Steuerrecht, 2010, S 220 ff; wohl auch *Roser* in Gosch § 8c Rn 98.
3 *Orth*, IStR Beihefter 9/2002, 10; *Dötsch/Pung*, DB 2003, 1970, 1972; *Lüdicke* in Herzig, Organschaft, 2003, S 436, 443; *Neumann* in Gosch § 14 Rn 472.

939   *Einstweilen frei.*

940   **b) Regelungsziele. Gesetzesbegründung.** Die Regelung steht im Kontext der ebenfalls im UntStFG erfolgten Neufassung des § 14 I S 1 Nr 2, mit welcher der sog doppelte Inlandsbezug des Organträgers als Tatbestandsvoraussetzung für die Organschaft nach § 14 ff aufgegeben (vgl auch Rn 95) und die Organschaft für doppelansässige Organträger geöffnet wurde.[1] Das Festhalten am Ort der Geschäftsleitung im Inland als nunmehr einzigem geographischen Anknüpfungserfordernis für den Organträger erachtete der Gesetzgeber auch vor dem Hintergrund der OECD-Grundsätze als ausreichend, aber auch als erforderlich.[2] Wohl als flankierende Maßnahme verhindert § 14 I S 1 Nr 5 nach der Gesetzesbegründung „... bei doppelt ansässigen Gesellschaften, dass Verluste im In- und Ausland doppelt oder aufgrund entsprechender nationaler Regelungen ausländischer Staaten (zB in den USA) stets zu Lasten der Bundesrepublik Deutschland berücksichtigt werden."[3]

941   **Grundfälle doppelter Verlustberücksichtigung.** Die Grundfälle (ohne Organschaft), in denen im Inland grundsätzlich zu berücksichtigende Verluste auch im Ausland Berücksichtigung finden können, lassen sich wie folgt kategorisieren:

Grundfälle der Berücksichtigung inländischer Verluste im Ausland[4]

Fall	Steuerpflichtiger	Verlustberücksichtigung im Inland iRd ...	Verlustberücksichtigung im Ausland iRd ...
1	mit Betriebsstätte im Ausland	unbeschränkten Steuerpflicht	dortigen beschränkten Steuerpflicht
2	Doppelansässigkeit	unbeschränkten Steuerpflicht	dortigen unbeschränkten Steuerpflicht
3	mit Betriebsstätte im Inland	beschränkten Steuerpflicht	dortigen unbeschränkten Steuerpflicht
4	wird vom Ausland als transparent betrachtet	(un)beschränkten Steuerpflicht	Besteuerung eines anderen
5	Einkünfte werden iRe Gruppenbesteuerung beim ausländischen Anteilseigner erfasst	(un)beschränkten Steuerpflicht	Besteuerung eines anderen

Während es in sämtlichen dieser Fälle, Identität der Gewinnermittlungsvorschriften im Ausland vorausgesetzt, zwar zu einer doppelten Berücksichtigung des Verlustes des Steuerpflichtigen kommt, lässt sich ein *double dip* im üblichen Sinne, dh eine doppelte Verwertung von Verlusten durch zeitgleiche doppelte Verrechnung

---

1   *Lüdicke* in Herzig, Organschaft, 2003, S 436, 438; *Pache* in H/H/R § 14 Rn 251.
2   BTDrs 14/6882, 37.
3   BTDrs 14/6882, 37.
4   *Brink* in Lüdicke/Kempf/Brink, Verluste im Steuerrecht, 2010, 146.

mit Gewinnen,[1] dadurch nicht erreichen. Im Fall 2 fehlt es, da es um einen weltweit entstehenden Gesamtverlust geht, bereits an einer Verrechnungsmöglichkeit des grundsätzlich in beiden Staaten zu berücksichtigen Verlustes. Der so in beiden Staaten aufgebaute Verlustvortrag wird allenfalls mit späteren in beiden Staaten steuerpflichtigen weltweit positiven Gesamteinkünften verrechnet werden können. Zwar mag in den Fällen 3, 4 und 5 der Verlust mit ausländischen der Besteuerung im Inland nicht unterliegenden Einkünften desselben (Fall 3) oder eines anderen Steuerpflichtigen (Fälle 4 und 5) verrechnet werden können. Da dies aber lediglich die Folge eines im Ausland praktizierten Welteinkommensprinzips, einer vom Ausland vorgenommenen transparenten Besteuerung oder einer vom Ausland praktizierten weltweiten Gruppenbesteuerung ist, werden Gewinne des im Inland Steuerpflichtigen regelmäßig in gleicher Weise der Besteuerung im Ausland unterworfen werden. Das für den Fall 3 Gesagte gilt in umgekehrter Richtung ebenso für Fall 1. Insofern hat der Gesetzgeber bis heute zu Recht davon abgesehen, die bloße Berücksichtigung eines inländischen Verlustes auch im Ausland zum Anlass einer Verlustverrechnungsbeschränkung zu nehmen.[2]

Doppelte Verlustnutzung in Organschaftsfällen. Bei Einbindung in einen inländischen Organkreis kann ein Verlust des Steuerpflichtigen hingegen bereits im Entstehungsjahr durch Verrechnung mit Gewinnen anderer Mitglieder des Organkreises im Inland genutzt werden. Allein in den Fällen, in denen der so im Inland genutzte Verlust zeitgleich auch im Ausland einer sofortigen Verrechnung mit anderen Einkünften desselben oder eines anderen Steuerpflichtigen zugänglich ist, kann mE von einem Vorteil durch doppelte Nutzung des Verlustes gesprochen werden. In den unter Rn 941 beschriebenen Fällen 3, 4 und 5 ist dies stets möglich, in den Fällen 1 und 2 nur bei gleichzeitiger Einbeziehung des Steuerpflichtigen auch in eine ausländische Gruppenbesteuerung.[3] Ob diese doppelte Nutzung von Verlusten verhinderungsbedürftig ist, ist damit noch nicht gesagt, denn spätere Gewinne des Steuerpflichtigen werden im In- und im Ausland ebenfalls steuerpflichtig sein. Mit der Gesetzesbegründung lässt der Gesetzgeber lediglich erkennen, dass er nur für den durch das UntStFG erst ermöglichten Fall eines doppelansässigen Organträgers (Fall 2) einen Regelungsbedarf sieht, ohne dass dieser weiter begründet würde.

942

Einseitige Verlustberücksichtigung zu Lasten der Bundesrepublik. Schwerlich zu rechtfertigen erscheint die zweite der Gesetzesbegründung zu entnehmende Stoßrichtung der Vorschrift. Schließen die Rechtsvorschriften des ausländischen Staates eine dort an sich gebotene (und vom deutschen Gesetzgeber für sanktionierungsbedürftig gehaltene) Berücksichtigung des Verlustes im Ausland unter Verweis auf die Berücksichtigung im Inland (hier: der Bundesrepublik) aus, soll eine Berücksichtigung des Verlustes im Inland ebenfalls ausscheiden. So verständlich ein in der Gesetzesbegründung offenbar mitschwingender Wunsch des Gesetzgebers nach

943

---

1 Zur Bezeichnung *Jacobs/Endres/Spengel*, Internationale Unternehmensbesteuerung, 2011, S 1308 (Fn 36).
2 *Lüdicke* in Herzig, Organschaft, 2003, S 436, 437.
3 Ausführlich hierzu *Lüdicke* in Herzig, Organschaft, 2003, S 436, 436 f.

"Waffengleichheit" zwischen den beteiligten Fisci auf den ersten Blick scheinen mag, so wenig vermag dies den offenkundigen Verstoß gegen das Leistungsfähigkeitsprinzip zu rechtfertigen, wenn ein im Inland erzielter Verlust bei der inländischen Besteuerung unberücksichtigt bleibt, weil er auch im Ausland keine Berücksichtigung findet. Fraglich ist allerdings, ob die im Ausland vermuteten „Waffen" in dieser Form überhaupt existieren. Zumindest mit Blick auf die in der Gesetzesbegründung als Beispiel angeführten Regelungen der USA[1] drängen sich Zweifel auf. Nach den 1986 in das US-Steuerrecht eingeführten Dual Consolidated Loss Rules kann ein von einer einem US-Organkreis (consolidated group) angehörigen dual resident corporation (DRC)[2] erzielter Verlust (dual consolidated loss – DCL) grundsätzlich nicht mit steuerpflichtigen Einkünften eines anderen Mitglieds des US-Organkreises verrechnet, sondern allein mit Gewinnen der DRC in anderen Jahren durch Verlustvor- oder -rücktrag ausgeglichen werden. Eine Ausnahme von diesem Verbot der sofortigen Verlustverrechnung in den USA besteht, sofern der Verlust nach dem Recht des anderen Staats nicht mit den Gewinnen anderer Steuerpflichtiger innerhalb einer Organschaft in demselben oder einem anderen Jahr verrechnet werden kann. Als Rückausnahme zu dieser Ausnahme und als Schutz vor einer prinzipiellen Zurückverweisung des Verlustes in die USA wirkt die sog mirror rule: Scheitert die Verlustverrechnung im anderen Staat nach dem dortigen Recht daran, dass die DRC auch in einem anderen Staat (USA) unbeschränkt steuerpflichtig ist, wird die DRC so behandelt, als habe eine Verrechnung im Ausland stattgefunden; für Zwecke der Besteuerung in den USA fällt sie also auf die beschränkte Verlustverrechnung mit eigenen Gewinnen anderer Jahre zurück.[3] Ungeachtet der Frage, ob eine Übertragung dieser DCL-Rules in das deutsche Recht überhaupt sinnvoll ist,[4] zeigt sich im Folgenden, dass eine solche Übertragung bei der gesetzlichen Formulierung des § 14 I S 1 Nr 5 auf jeden Fall misslungen ist.

944 *Einstweilen frei.*

945 **c) Persönlicher Anwendungsbereich. Doppelansässiger Organträger.** Während die Gesetzesbegründung unzweifelhaft auf doppelansässige Organträger abstellt, wirft der insoweit offene Gesetzeswortlaut die Frage auf, ob die Vorschrift auch auf solche Fälle anzuwenden ist, in denen die Berücksichtigung negativen Einkommens im Ausland nicht auf der Doppelansässigkeit des Organträgers beruht. Denn die Frage der Berücksichtigung negativen „Einkommens" eines Organträgers im Ausland kann sich zB auch bei Beteiligung eines ausländischen Steuerpflichtigen an einer Organträger-Personengesellschaft, bei Anwendung des § 18 sowie im Falle einer Organträger-Kapitalgesellschaft stellen, welche unter Anwendung der US-amerikanischen

---

1 *Pache* in H/H/R § 14 Rn 251 spricht von Wechselwirkungen mit dem amerikanischen Recht, die der Gesetzgeber für die Schaffung der Regelung vor Augen hatte.
2 Nach dem US-amerikanischen Steuerrecht in den USA ansässige Kapitalgesellschaft, die in einem ausländischen Staat entweder aufgrund ihres Sitzes oder dort aus anderen Gründen der unbeschränkten Steuerpflicht mit ihrem Welteinkommen unterliegt. Seit 1988 erstrecken sich die Regelungen auch auf sog separate units sowie auf hybrid entities (insbesondere nach den check-the-box-rules). Vgl *Orth*, IStR Beihefter 9/2002, 11.
3 *Schreiber/Meiisel*, IStR 2002, 581, 582 f; *Lüdicke* in Herzig, Organschaft, 2003, S 436, 439 f; *Orth*, IStR Beihefter 9/2002, 11 ff.
4 Kritisch *Frotscher* in Frotscher/Maas § 14 Rn 482 f; *Prinz/Simon*, DK 2003, 104, 108 f.

check-the-box Regeln als Betriebsstätte in die Besteuerung der US-Muttergesellschaft in den USA eingeht.[1] ME zutreffend spricht sich die Literatur weitgehend für eine einschränkende Auslegung der Vorschrift aus.[2] Neben der Gesetzesbegründung spricht dafür auch der gesetzgeberische Zusammenhang mit der Öffnung der Organträgereignung für doppelansässige Gesellschaften in § 14 I S 1 Nr 2.

Körperschaften. Im Bereich der Körperschaften wendet sich die Vorschrift wegen der Anknüpfung an einen Organträger an solche, die aufgrund ihres Orts der Geschäftsleitung im Inland der unbeschränkten Körperschaftsteuerpflicht unterliegen (§ 14 I S 1 Nr 2 S 1). 946

Personengesellschaften. Wenngleich sich § 14 I S 1 Nr 5 grundsätzlich an alle Organträger wendet, scheidet seine Anwendung auf Personengesellschaften als Organträger aus; Personengesellschaften erzielen kein Einkommen und unterliegen mangels Steuersubjekteigenschaft keiner deutschen Besteuerung.[3] 947

Natürliche Personen. Eine Anwendung des § 14 I S 1 Nr 5 auf unbeschränkt steuerpflichtige natürliche Personen ist, da auch diese doppelansässig sein können, grundsätzlich denkbar. Ob der Gesetzgeber diesen Fall vor Augen hatte, ist angesichts der nur auf Gesellschaften abstellenden Gesetzesbegründung allerdings fraglich.[4] Darüber hinaus dürften wegen des Erfordernisses der Berücksichtigung von Verlusten in einem in- und einem ausländischen Konsolidierungskreis kaum praktische Fälle denkbar sein, bei denen ein Organschaftsverhältnis mit einer natürlichen Person als Organträger von der Vorschrift erfasst werden könnte.[5] 948

Organträger iSd § 18. Trotz des Verweises auf die Geltung der §§ 14-17 (§ 18 S 2) wird die Anwendung des § 14 I S 1 Nr 5 auf Organträger iSd § 18 überwiegend verneint.[6] Folgt man der These, dass § 14 I S 1 Nr 5 sich nur an doppelansässige Organträger wendet, ergibt sich dies bereits aus der lediglich beschränkten Steuerpflicht des Organträgers iSd § 18. Findet der inländische Betriebsstättenverlust dieses Organträgers im Ausland Berücksichtigung, wird dies überdies in erster Linie auf die dort geltenden Besteuerungsregeln für Betriebsstättenverluste, nicht aber – wenn überhaupt – auf ein organschaftsähnliches Besteuerungsregime zurückzuführen sein.[7] 949

---

1   *Löwenstein/Maier*, IStR 2002, 185, 189 f.
2   *Löwenstein/Maier*, IStR 2002, 185, 188; *Endres/Thies*, RIW 2002, 275, 276; *Pache* in H/H/R § 14 Rn 261; *Prinz/Simon*, DK 2003, 104, 109 f; *Füger*, PIStB 2003, 136, 141; *Lüdicke* in Herzig, Organschaft, 2003, S 436, 444, 454. Restzweifel: *Orth*, IStR Beihefter 9/2002, 16. AA *Frotscher* in Frotscher/Maas § 14 Rn 497 f.
3   *Danelsing* in Blümich § 14 Rn 168; *Endres/Thies*, RIW 2002, 275, 278; *Lüdicke* in Herzig, Organschaft, 2003, S 436, 444, 450; *Pache* in H/H/R § 14 Rn 263; *Neumann* in Gosch § 14 Rn 475, 485; *Löwenstein/ Maier*, IStR 2002, 185, 188, 191; nur für den Fall, dass Personengesellschaft nicht selbst Mitglied einer ausländischen Gruppenbesteuerung: *Orth*, IStR Beihefter 9/2002, 14; aA *Frotscher* in Frotscher/Maas § 14 Rn 499.
4   BTDrs 14/6882, 37.
5   *Orth*, IStR Beihefter 9/2002, 16; *Pache* in H/H/R § 14 Rn 264.
6   Anwendung auf Organträger iSd § 18 verneinend: *Endres/Thies*, RIW 2002, 275, 278; *Neumann* in Gosch § 14 Rn 475, 484; *Pache* in H/H/R § 14 Rn 261; *Prinz/Simon*, DK 2003, 104, 109; nur für den Fall, dass Organträger (Stammhaus) nicht Bestandteil eines ausländischen Konsolidierungskreises ist: *Wischmann* in H/H/R Jahresbd 2002 § 14 Rn J-01; *Orth*, IStR Beihefter 9/2002, 17; grundsätzlich aA *Frotscher* in Frotscher/Maas § 14 Rn 498.
7   *Neumann* in Gosch § 14 Rn 484.

950-951 *Einstweilen frei.*

952 **d) Sachlicher Anwendungsbereich. Negatives Einkommen des Organträgers.** Unberücksichtigt bleibt, vorbehaltlich der übrigen Tatbestandsvoraussetzungen, ein negatives Einkommen des Organträgers. Der im ursprünglichen Gesetzentwurf[1] irrtümlich verwendete Begriff ‚Einkommen der Organgesellschaft' wurde im weiteren Gesetzgebungsverfahren auf Beschlussempfehlung und Bericht des Finanzausschusses hin in ‚Einkommen des Organträgers' geändert.[2]

953 **Negatives eigenes Einkommen des Organträgers.** Strittig ist, ob es sich bei diesem negativen Einkommen des Organträgers um jenes vor[3] oder nach Zurechnung des Einkommens der Organgesellschaft(en) und damit um ein negatives Einkommen des Organkreises[4] handelt. Nach hier vertretener Auffassung sprechen die besseren Gründe dafür, dass es sich bei gesetzeszweckkonformer Auslegung der Vorschrift um ein eigenes negatives Einkommen – bzw zutreffender um negative Einkünfte (aus Gewerbebetrieb) – des Organträgers vor Einkommenszurechnung handeln muss. Soweit die Befürworter des Abstellens auf ein negatives Einkommen des Organkreises sich auf die Verwendung des Begriffs Einkommen[5] und das Einkommensermittlungsschema nach R 29 I KStR berufen, ist dem entgegenzuhalten, dass der Gesetzgeber auch an anderen Stellen des Gesetzes den Begriff Einkommen verwendet, wo Einkünfte (aus Gewerbebetrieb) gemeint sind, und im Fall des § 14 I S 1 Nr 5 das Einkommen des Organträgers nicht wirklich gemeint sein kann. Andernfalls schlösse die nur bei Bestehen einer Organschaft anwendbare Vorschrift bei einer natürlichen Person als Organträger auch deren negative Einkünfte aus anderen, mit der Organschaft in keiner Weise zusammenhängenden Einkunftsarten (zB aus Vermietung und Verpachtung), von der Berücksichtigung bei der inländischen Besteuerung aus. Dies wäre schwerlich zu rechtfertigen.[6] Das hieraus folgende Ergebnis, wonach die Berücksichtigung eigener Verluste eines doppelansässigen Steuerpflichtigen nur deshalb – unter Erfüllung weiterer Voraussetzungen – ausgeschlossen wird, weil er zugleich Organträger in einer Organschaft ist, ist zwar schwerlich nachvollziehbar und wirft unzweifelhaft verfassungsrechtliche Fragen auf. Ob hieraus aber der Schluss zu ziehen ist, dass das Differenzierungsmoment und der Rechtfertigungsgrund des § 14 I S 1 Nr 5 nicht in der Organträgerstellung selbst, sondern im Tatbestand der Zurechnung fremden Einkommens und damit der nochmaligen Berücksichtigung „fremder" Ver-

---

1 BTDrs 14/6882, 9.
2 BTDrs 14/7343, 10; BTDrs 14/7344, 9.
3 *Pache* in H/H/R § 14 Rn 268; *Lüdicke* in Herzig, Organschaft, 2003, S 436, 445 f, 453; *Müller* in Müller/Stöcker, Die Organschaft, 2011, Rn 615; *Töben/Schulte/Rummel*, FR 2002, 425, 435; *Orth*, IStR Beihefter 9/2002, 13 f; *Prinz/Simon*, DK 2003, 104, 110; *Stadler/Elser*, DB Beilage 1/2002, 41, 43; *Wischmann* in H/H/R Jahresbd 2002 § 14 Rn J 01-17.
4 *Danelsing* in Blümich § 14 Rn 167; *Endres/Thies*, RIW 2002, 275, 276 f; *Kestler/Weger*, GmbHR 2003, 156, 159; *Meilicke*, DB 2002, 911, 914; *Schreiber/Meisel*, IStR 2002, 581, 582 f; *Neumann* in Gosch § 14 Rn 478; *Frotscher* in Frotscher/Maas § 14 Rn 500-503. *Frotscher* weist in diesem Zusammenhang zutreffend darauf hin, dass die Vorschrift dann aber zu weit geht, weil sie nicht eine Verrechnung von negativem mit positivem Einkommen voraussetzt.
5 In § 2 IV EStG definiert als der Gesamtbetrag der Einkünfte, vermindert um die Sonderausgaben und die außergewöhnlichen Belastungen.
6 *Lüdicke* in Herzig, Organschaft, 2003, S 436, 445 f.

luste im Ausland liegt und deshalb auf das negative Einkommen des Organkreises abzustellen ist,[1] erscheint mE mindestens ebenso fraglich. Dass der Gesetzgeber negatives Einkommen der Organgesellschaft nicht zum Gegenstand der Vorschrift machen wollte, ergibt sich unzweifelhaft aus dem in Rn 952 beschriebenen Gesetzgebungsverfahren.[2] Überdies wird das von der Organgesellschaft nach § 14 zugerechnete (negative) Einkommen regelmäßig nicht Gegenstand einer Besteuerung im Ausland sein; Berücksichtigung werden dort allenfalls die Aufwendungen und Erträge des Organträgers aus dem Gewinnabführungsvertrag, dann aber als seine eigenen und der Höhe nach idR von der Einkommenszurechnung abweichenden Einkünfte, finden können.[3] Schließlich stellt sich die Frage, warum, wenn die Rechtfertigung des § 14 I S 1 Nr 5 tatsächlich in der Berücksichtigung „fremder" Verluste läge, diese nur insoweit von der (nochmaligen) Berücksichtigung im Inland ausgeschlossen wären, wie ihnen nicht positives eigenes Einkommen des Organträgers gegenübersteht.

Verhältnis zu anderen Ausschlüssen und Beschränkungen der Verlustnutzung. 954
Da § 14 I S 1 Nr 5 auf das negative Einkommen des Organträgers bzw auf dessen negative Einkünfte aus Gewerbebetrieb abstellt, kommen andere Verlustabzugsbeschränkungen, wie etwa § 2a, 15 IV, 15a, 15b EStG, und das Verlustabzugsverbot des § 8c I vorrangig zur Anwendung. Nur auf danach verbleibende negative Einkünfte aus Gewerbebetrieb ist die Vorschrift anzuwenden. Inwieweit nur verrechenbare Verluste die Anwendung des § 14 I S 1 Nr 5 auslösen, entscheidet sich damit im Jahr der Verlustverrechnung und in Abhängigkeit davon, inwieweit der Organträger in dem betreffenden Jahr nach Verrechnung der Verluste negative Einkünfte aus Gewerbebetrieb erzielt.

Territoriale Herkunft des negativen Einkommens. Auf die territoriale Herkunft des 955
negativen Einkommens kommt es mE nicht an. Die teilweise in der Literatur aufgestellte These, § 14 I S 1 Nr 5 ziele lediglich auf die Verhinderung des Verlustimports und erfasse nur im Ausland entstandene und dort bereits zu berücksichtigende Verluste,[4] könnte zwar zu einem besser nachvollziehbaren und verfassungsrechtlich verträglicheren Regelungszweck der Vorschrift führen. Eine solche Einschränkung lässt sich jedoch weder dem Gesetzeswortlaut noch den Gesetzesmaterialien entnehmen.[5] Ebenso wenig ließe sich erklären, warum bei einem solchen Verständnis des § 14 I S 1 Nr 2 die Öffnung für doppelansässige Organträger Anlass zu seiner Einführung gegeben haben sollte, denn ein derartiger Verlustimport wurde nicht erst durch diese Öffnung ermöglicht.[6]

Verlustberücksichtigung im Ausland. Das negative Einkommen bleibt im In- 956
land unberücksichtigt, soweit es in einem ausländischen Staat „im Rahmen einer […] Besteuerung des Organträgers […] berücksichtigt wird". Da jeder ausländische

---

1   So *Neumann* in Gosch § 14 Rn 478.
2   AA wohl *Walter* in EY § 14 Rn 959.
3   *Lüdicke* in Herzig, Organschaft, 2003, S 436, 446.
4   *Töben/Schulte/Rummel*, FR 2002, 425, 437; *Prinz/Simon*, DK 2003, 104, 109; *Pache* in H/H/R § 14 Rn 266.
5   *Frotscher* in Frotscher/Maas § 14 Rn 505 f; *Lüdicke* in Herzig, Organschaft, 2003, S 436, 446 f.
6   *Lüdicke* in Herzig, Organschaft, 2003, S 436, 447, der darauf hinweist, dass es hierzu lediglich nicht DBA-befreiter und auch nach § 2a EStG in der Berücksichtigung nicht eingeschränkter Verluste sowie der Einbeziehung der inländischen Gesellschaft (Organträger oder Organgesellschaft) in einen steuerlichen Konsolidierungskreis im Ausland bedurfte.

Staat über eigene Gewinn- und Einkommensermittlungsgrundsätze verfügt, wird es nicht darauf ankommen können, dass das negative Einkommen, sondern das Ergebnis des Organträgers, welches im Inland zu negativem Einkommen führt, bei der Besteuerung im Ausland Berücksichtigung findet. Hierbei bedarf es einer sachlichen Entsprechung von im Inland und im Ausland berücksichtigtem Verlust.[1] Die Nichtberücksichtigung im Inland ist auf den so ermittelten und im Ausland berücksichtigten Betrag begrenzt („soweit") und entfällt vollständig, wenn das dem inländischen negativen Einkommen zu Grunde liegende Ergebnis nach ausländischen Steuervorschriften positiv ist.[2] Nach mE zutreffender hM[3] setzt § 14 I S 1 Nr 5 eine tatsächliche Verlustberücksichtigung im Ausland voraus. Die Rechtsfolge tritt damit nicht ein, wenn der Verlust im Ausland zwar grundsätzlich berücksichtigungsfähig ist, die tatsächliche Berücksichtigung letztlich aber – zB aufgrund einer der US-amerikanischen mirror rule (vgl Rn 943) entsprechenden Regelung – versagt wird. Die Gegenmeinung stützt sich darauf, dass bei dieser Auslegung das in der Gesetzesbegründung genannte Regelungsziel, eine ‚Verlustberücksichtigung stets zu Lasten der Bundesrepublik zu vermeiden', nicht erreicht würde.[4] Dem ist zwar grundsätzlich zuzustimmen. Diese Argumentation lässt aber außer Acht, dass sich dieser Teil der Gesetzesbegründung in keiner Weise im Gesetzeswortlaut niedergeschlagen hat, sondern von diesem, indem er ausdrücklich eine Berücksichtigung im Ausland fordert, konterkariert wird.[5] Zudem stellt sich die Frage nach der verfassungsrechtlichen Legitimation eines solchen Regelungsziels. Zweifel an dieser Legitimation würden sich nur dann deutlich reduzieren, wenn sich – wie von dieser Gegenmeinung ebenfalls vertreten – der Anwendungsbereich des § 14 I S 1 Nr 5 auf Fallkonstellationen des Verlustimports beschränken würde. Geht man jedoch davon aus, dass die Vorschrift auch die Berücksichtigung inländischer Verluste im Ausland sanktioniert, gebietet das Leistungsfähigkeitsprinzip mE eine Auslegung dahingehend, dass der Verlust zumindest einmal – wenn schon nicht im Inland, dann im Ausland – steuerliche Berücksichtigung gefunden hat.

957 **Aufbau von Verlustvorträgen als Verlustnutzung.** Nach hM soll es für die tatsächliche Verlustberücksichtigung im Ausland ausreichen, wenn der Verlust die ausländische Bemessungsgrundlage, bei Fehlen zur Verrechnung zur Verfügung stehender positiver Einkünfte ggf auch unter Aufbau eines Verlustvortrags, mindert.[6] Dem ist angesichts des lediglich eine Berücksichtigung fordernden Gesetzes-

---

1 *Frotscher* in Frotscher/Maas § 14 Rn 518; *Pache* in H/H/R § 14 Rn 271; *Prinz/Simon*, DK 2003, 104, 110 f.
2 *Frotscher* in Frotscher/Maas § 14 Rn 517; *Neumann* in Gosch § 14 Rn 493; *Lüdicke* in Herzig, Organschaft, 2003, S 436, 447 f; *Pache* in H/H/R § 14 Rn 271.
3 *Frotscher* in Frotscher/Maas § 14 Rn 524; *Neumann* in Gosch § 14 Rn 493; *Lüdicke* in Herzig, Organschaft, 2003, S 436, 447 f; *Meilicke*, DB 2002, 911, 914 f; *Kestler/Weger*, GmbHR 2003, 156, 160; *Löwenstein/Maier*, IStR 2002, 185, 192; *Schreiber/Meiisel*, IStR 2002, 581, 583; *Orth*, IStR Beihefter 9/2002, 14. AA *Pache* in H/H/R § 14 Rn 271; wohl auch *Töben/Schulte/Rummel*, FR 2002, 425, 437.
4 *Pache* in H/H/R § 14 Rn 271.
5 *Frotscher* in Frotscher/Maas § 14 Rn 480; *Lüdicke* in Herzig, Organschaft, 2003, S 436, 450; *Neumann* in Gosch § 14 Rn 494.
6 *Frotscher* in Frotscher/Maas § 14 Rn 524; *Neumann* in Gosch § 14 Rn 491; *Orth*, IStR Beihefter 9/2002, 14; *Endres/Thies*, RIW 2002, 275, 277 f; *Prinz/Simon*, DK 2003, 104, 110; aA *Lüdicke* in Herzig, Organschaft, 2003, S 436, 448 ff.

wortlauts grundsätzlich zuzustimmen. Zutreffend ist aber auch, dass sich, sofern nicht eine steuermindernde Wirkung im gleichen Jahr gefordert wird, mit dem Leistungsfähigkeitsprinzip unvereinbare Ergebnisse einstellen können. Unterbleibt auch in Folgejahren im Ausland mangels positiver Einkünfte eine Verrechnung des Verlustes, hätte der Organträger inländische Verluste erzielt, die nirgendwo Berücksichtigung gefunden hätten. Ebenso wäre es mit dem Leistungsfähigkeitsprinzip nicht vereinbar, wenn eine Nutzung des Verlustes im Ausland nur durch Verrechnung – in einem Folgejahr – mit positiven ebenfalls iRd ausländischen Besteuerung berücksichtigten Einkünften des Organträgers erfolgen könnte, die auch im Inland der Besteuerung unterliegen.[1] Sofern § 14 I S 1 Nr 5 entgegen den schwerwiegenden verfassungsrechtlichen Bedenken (vgl Rn 968 ff) überhaupt anwendbar sein sollte, ließe sich den hier beschriebenen Bedenken mit Blick auf die Leistungsfähigkeit nur in der Weise Rechnung tragen, dass das negative Einkommen des Organträgers, wenn es im Ausland lediglich zu einem Verlustvortrag führt, im Inland zunächst berücksichtigt wird, Kommt es später im Ausland tatsächlich zu einer Verrechnung mit positiven Einkünften, bei denen es sich mE auch nicht um eigene des Organträgers handeln dürfte, wäre eine rückwirkend Versagung der Berücksichtigung des negativen Einkommens im Inland nach § 175 I S Nr 2 AO in Erwägung zu ziehen.

Eine der deutschen Besteuerung entsprechende Besteuerung im Ausland. 958
Die Verlustberücksichtigung im Ausland muss iRe der deutschen Besteuerung des Organträgers entsprechenden Besteuerung erfolgen. Zu der Frage, unter welchen Voraussetzungen die geforderte Entsprechung gegeben ist, äußern sich weder das Gesetz noch die Gesetzesbegründung. Als Minimalanforderung dürfte erforderlich sein, dass im Ausland eine Form der konsolidierten Besteuerung vorliegt, die die Zusammenrechnung positiver und negativer Besteuerungsgrundlagen mehrerer Gesellschaften bzw Steuerpflichtiger erlaubt.[2] § 14 I S 1 Nr 5 sanktioniert damit nicht jegliche doppelte Verlustberücksichtigung bei einem doppelansässigen Organträger, sondern fordert dessen Einbindung in eine ausländische Gruppenbesteuerung. Vor diesem Hintergrund muss die ausländische Gruppenbesteuerung auch ursächlich für die Verlustberücksichtigung im Ausland sein; das eher zufällige Wirksamwerden einer schon anderweitig bestehenden Verlustberücksichtigungsmöglichkeit iRe Gruppenbesteuerung[3] reicht nicht aus.[4]

---

1   Hierzu die ausführliche Argumentation von *Lüdicke* in Herzig, Organschaft, 2003, S 436, 448 ff.
2   *Frotscher* in Frotscher/Maas § 14 Rn 522; *Neumann* in Gosch § 14 Rn 482; *Schreiber/Meiisel*, IStR 2002, 581, 584 f; *Pache* in H/H/R § 14 Rn 274; *Wischmann* in H/H/R Jahresbd 2002 § 14 Rn J 01-17; *Orth*, IStR Beihefter 9/2002, 15, 17; *Endres/Thies*, RIW 2002, 275, 277; *Stadler/Elser*, DB Beilage 1/2002, 41, 43; *Kestler/Weger*, GmbHR 2003, 156, 160; zweifelnd *Prinz/Simon*, DK 2003, 104, 111.
3   ZB die US-steuerliche Berücksichtigung des Verlustes aus einer deutschen Betriebsstätte, deren amerikanisches Stammhaus eine nachgeordnete Gesellschaft einer Consolidated Group ist, was beim Einsatz von US-amerikanischen Grundsätzen zur Erfassung von Foreign Source Income zur Folge hat, dass alle Einkünfte des Stammhauses bei der Besteuerung des US-Organträgers (sog Common Parent) anzusetzen sind; vgl *Schreiber/Meiisel*, IStR 2002, 581, 584 f.
4   *Schreiber/Meiisel*, IStR 2002, 581, 584 f; *Lüdicke* in Herzig, Organschaft, 2003, S 436, 452.

959   **Ausländische Verlustberücksichtigung beim Organträger.** Ist der Organträger im Ausland in eine Gruppenbesteuerung eingebunden, stellt sich die Frage, ob es für die Anwendung der Vorschrift ausreicht, dass die Verluste im Ausland bei irgendeinem Steuerpflichtigen (zB Organträger selbst ist „Organgesellschaft" für Zwecke einer ausländischen Besteuerung) Berücksichtigung gefunden haben,[1] oder ob sich die Anwendung auf diejenigen Fälle beschränkt, in denen die Verlustberücksichtigung sich iRd Besteuerung des Organträgers (Organträger fungiert auch in der ausländischen Gruppenbesteuerung als solcher) selbst vollzieht.[2] Der Gesetzeswortlaut lässt offen, ob es sich bei der der deutschen Besteuerung des Organträgers entsprechenden Besteuerung im Ausland um eine solche des Organträgers handeln muss.[3] Da bei der ersten Auslegungsalternative – der deutschen Besteuerungssystematik wesensfremd – die Besteuerung eines Steuersubjekts (des Organträgers) von derjenigen eines anderen Steuersubjekts abhängig gemacht würde, ist mE der zweiten Auslegungsalternative zur Vermeidung von Systembrüchen und unter dem Gesichtspunkt der Besteuerung nach dem Leistungsfähigkeitsprinzip der Vorrang zu geben.[4] Demnach sollte § 14 I S 1 Nr 5 insbesondere auch in den in der Praxis bedeutsamen Fällen keine Anwendung finden, in denen eine deutsche Gesellschaft nach den US-amerikanischen check-the-box rules als für Zwecke der Besteuerung der US-Mutter transparent behandelt wird.

960   **GewSt.** Nach einhelliger Auffassung in der Literatur findet die Vorschrift iRd GewSt keine Anwendung.[5] § 2 II S 2 GewStG knüpft an §§ 14-17 lediglich hinsichtlich der Voraussetzungen der Organschaft, zu denen § 14 I S 1 Nr 5 trotz der dies nahelegenden Platzierung im Gesetz nicht gehört (vgl Rn 938). Die Rechtsfolgen der gewerbesteuerlichen Organschaft ergeben sich hingegen allein aus § 2 II S 2 GewStG.

961-963   *Einstweilen frei.*

964   **e) Rechtsfolge. Ausschluss der Verlustberücksichtigung.** Anders als die Tatbestandsvoraussetzungen der Vorschrift ist ihre Rechtsfolge eindeutig. Die Anwendung des § 14 I S 1 Nr 5 führt – beschränkt auf den Verlust, der im Ausland ebenso berücksichtigt wird[6] – zu einem Ausschluss der Verlustberücksichtigung im Inland.

965   **Kein Verlustvor- und -rücktrag iSd § 10d EStG.** Die Möglichkeit von Verlustvor- und -rücktrag iSd § 10d EStG und damit eine eingeschränkte Verlustverrechnung ist – im Übrigen auch abweichend von den als Vorbild vermuteten US-amerikanischen DCL-Rules – nicht vorgesehen.[7]

---

1   So *Schreiber/Meiisel*, IStR 2002, 581, 584 f; *Neumann* in Gosch § 14 Rn 482, 493; *Orth*, IStR Beihefter 9/2002, 15.
2   *Frotscher* in Frotscher/Maas § 14 Rn 521; *Endres/Thies*, RIW 2002, 275, 277; *Meilicke*, DB 2002, 911, 915; *Pache* in H/H/R § 14 Rn 271; *Lüdicke* in Herzig, Organschaft, 2003, S 436, 450 ff.
3   AA *Pache* in H/H/R § 14 Rn 271, der aus dem Gesetzeswortlaut deutliche Hinweise auf die zweite Auslegungsalternative ableitet.
4   *Lüdicke* in Herzig, Organschaft, 2003, S 436, 450 ff; *Frotscher* in Frotscher/Maas § 14 Rn 521.
5   *Dötsch* in D/J/P/W § 14 Rn 241; *Frotscher* in Frotscher/Maas § 14 Rn 485; *Pache* in H/H/R § 14 Rn 251; *Endres/Thies*, RIW 2002, 275, 278 f; *Löwenstein/Maier*, IStR 2002, 185, 192 f; *Orth*, IStR Beihefter 9/2002, 18; *Lüdicke* in Herzig, Organschaft, 2003, S 436, 456.
6   *Frotscher* in Frotscher/Maas § 14 Rn 526; *Neumann* in Gosch § 14 Rn 498; *Pache* in H/H/R § 14 Rn 271; *Orth*, IStR Beihefter 9/2002, 14 f, 17.
7   *Frotscher* in Frotscher/Maas § 14 Rn 526.

Einstweilen frei. **966-967**

f) Vereinbarkeit mit höherrangigem Recht. Verfassungsrecht. § 14 I S 1 Nr 5 **968**
ist in hohem Maße unsystematisch. Darüber hinaus weist kaum eine Vorschrift des deutschen Steuerrechts derart viele Verstöße gegen fundamentale Prinzipien des Verfassungsrechts[1] auf, wie vor allem gegen das:

- Gebot der Normenklarheit (vgl Rn 969)
- Leistungsfähigkeitsprinzip (vgl Rn 970)
- Gleichbehandlungsgebot (vgl Rn 971).

Gebot der Normenklarheit. Nach der Rechtsprechung des BVerfG[2] müssen Eingriffsnormen im Steuerrecht so ausgestaltet sein, dass der Eingriff messbar und in einem bestimmten Umfang voraussehbar und berechenbar ist. Das aufgezeigte Spektrum durchaus vertretbarer Auffassungen zu den einzelnen Tatbestandsvoraussetzungen und die Tatsache, dass Ausgangspunkt der Auslegung eines Tatbestandsmerkmals wiederum die nicht unumstrittene Auslegung eines anderen Tatbestandmerkmals ist und jedwede Definition eines Anwendungsbereichs letztlich auf einem „Kartenhaus" von einzelnen Annahmen beruht, zeigt, dass § 14 I S 1 Nr 5 diese Anforderung nicht erfüllt und damit verfassungswidrig ist.[3] Gestützt wird dieser Befund durch den Umstand, dass § 14 I S 1 Nr 5 in dem erst drei Jahre nach seiner Einführung überarbeiteten Einkommensermittlungsschema gem R 29 I KStR abweichend von zahlreichen anderen Verlustverrechnungsbeschränkungen und -abzugsverboten keine Erwähnung findet, sowie ferner dadurch, dass auch mehr als 10 Jahre nach Einführung der Vorschrift es weder eine (veröffentlichte) Meinung der Finanzverwaltung zu den auf der Hand liegenden und die Regelung unpraktizierbar[4] machenden Auslegungsfragen noch ein Feld in den Körperschaftsteuerformularen gibt, in welches der Steuerpflichtige das Ergebnis seiner eigenen Auslegung zumindest eintragen könnte. Mitunter wird sogar vermutet, der Gesetzgeber habe diese Rechtsunsicherheit zum Zwecke der Abschreckung bewusst herbeigeführt.[5] Zu Recht wird daher auch aus diesem Grund die Forderung erhoben, die Vorschrift wieder abzuschaffen.[6] **969**

Leistungsfähigkeitsprinzip. § 14 I S 1 Nr 5 verstößt gleich in mehrfacher Hinsicht gegen das aus Art 3 I GG abgeleitete Gebot der Besteuerung nach der Leistungsfähigkeit. Während das BVerfG bei völligem Ausschluss der Berücksichtigung eines Verlustes ohne sachlichen Grund einen Verstoß gegen Art 3 I GG bejaht,[7] ist genau dies die eindeutige Rechtsfolge des § 14 I S 1 Nr 5. Insbesondere lässt sich kein sachlicher **970**

---

1 Zu dem hier nicht weiter vertieften Vorwurf des Verstoßes gegen das Rückwirkungsverbot betreffend den VZ 2001 zB *Pache* in H/H/R § 14 Rn 253 mwN.
2 BVerfG 2 BvL 4, 26, 40/56, 1, 7/57, BVerfGE 8, 274 ff (dort unter VI. 2).
3 *Frotscher* in Frotscher/Maas § 14 Rn 532; *Pache* in H/H/R § 14 Rn 253; *Lüdicke* in Herzig, Organschaft, 2003, S 436, 457 f; *Dötsch/Witt* in D/J/P/W § 14 Rn 241.
4 *Dötsch* in D/J/P/W § 14 Rn 241.
5 *Walter* in EY § 14 Rn 960; *Lüdicke* in Herzig, Organschaft, 2003, S 436, 443.
6 *Meilicke*, DB 2002, 911, 917; *Kestler/Weger*, GmbHR 2003, 156, 162; *Lüdicke* in Herzig, Organschaft, 2003, S 436, 456, 460; *Brink* in Lüdicke/Kempf/Brink, Verluste im Steuerrecht, 2010, 153.
7 BVerfG 2 BvR 1818/91, BVerfGE 99, 88 ff.

Grund für die Nichtberücksichtigung eines inländischen Verlustes erblicken, da die Regelung der Verlustberücksichtigung in anderen Rechtsordnungen schlicht nicht Aufgabe des deutschen Gesetzgebers sein kann. Auf die Spitze wäre der Grundrechtsverstoß getrieben worden, hätte die zweite gewollte Stoßrichtung der Vorschrift, namentlich Verluste nicht stets einseitig zu Lasten Deutschlands zu berücksichtigen, ihren Niederschlag in der gesetzlichen Regelung gefunden. Ein (inländischer) Verlust würde dann mit der Begründung von der inländischen Berücksichtigung ausgeschlossen, dass er auch im Ausland nicht berücksichtigt wird. Aus verfassungsrechtlicher Sicht wäre zumindest eine intertemporale Verrechnung der im Entstehungsjahr nicht berücksichtigungsfähigen Verluste entsprechend § 10d EStG – so wie etwa für Verluste iSd § 2a, § 15 IV, § 15a EStG vorgesehen – erforderlich gewesen und hätte auch eher den als Vorbild vermuteten US-amerikanischen DCL-Rules entsprochen.[1] Umso schwerer wiegt vor diesem Hintergrund der bereits bei isolierter Betrachtung unhaltbare Umstand, dass § 14 I S 1 Nr 5 die doppelte Nutzung von Verlusten verhindern will, der Gesetzgeber die doppelte Besteuerung entsprechender Gewinne aber hinnimmt.[2] Schließlich verstößt es auch gegen das Prinzip der Besteuerung nach der Leistungsfähigkeit, wenn die Berücksichtigung eines Verlustes im Ausland bei einem anderen Steuerpflichtigen zu Lasten der Berücksichtigung des Verlustes im Inland bei demjenigen geht, dessen Leistungsfähigkeit durch diesen Verlust tatsächlich beeinträchtigt ist.[3]

971 **Gleichbehandlungsgebot.** Je nach Auslegung der Vorschrift und des ihr zu Grunde liegenden gesetzgeberischen Willens können diverse Verstöße gegen das Gebot der Gleichbehandlung aufgrund des § 14 I S 1 Nr 5 vorliegen. So wird es in der Literatur für verfassungswidrig gehalten, dass Möglichkeiten der doppelten Verlustnutzung allein für Organträger eingeschränkt wurden.[4] Ein weiterer Verstoß gegen den Gleichheitsgrundsatz könnte in der nach hier vertretener Auffassung gebotenen Nichtanwendung der Vorschrift insbesondere auf Personengesellschaften als Organträger liegen.[5]

972 **Unionsrecht.** Auch mit dem Unionsrecht lässt sich § 14 I S 1 Nr 5 schwerlich in Einklang bringen. Doppelansässigkeit ist Ausfluss der Ausübung der Niederlassungsfreiheit iSd Art 49 AEUV. Sofern die Vorschrift auch die Berücksichtigung des Verlustes bei einem anderen Steuerpflichtigen (zB der MG) sanktioniert, ist ebenfalls

---

1 *Frotscher* in Frotscher/Maas § 14 Rn 530-532; *Pache* in H/H/R § 14 Rn 253; *Neumann* in Gosch § 14 Rn 494; *Löwenstein/Maier*, IStR 2002, 185, 192; *Orth*, IStR Beihefter 9/2002, 17; *Lüdicke* in Herzig, Organschaft, 2003, S 436, 453 f mit dem Hinweis darauf, dass die bloße Einfügung eines Verlustvor-/-rücktrags die Verfassungswidrigkeit der Vorschrift noch nicht beseitigen würde.
2 *Frotscher* in Frotscher/Maas § 14 Rn 510, 529; *Pache* in H/H/R § 14 Rn 253; *Lüdicke* in Herzig, Organschaft, 2003, S 436, 448; *Dötsch/Witt* in D/J/P/W § 14 Rn 241; *Prinz/Simon*, DK 2003, 104, 106; *Orth*, IStR Beihefter 9/2002, 19.
3 *Lüdicke* in Herzig, Organschaft, 2003, S 436, 458.
4 *Frotscher* in Frotscher/Maas § 14 Rn 479, 532 ff; *Löwenstein/Maier*, IStR 2002, 185, 192; *Neumann* in Gosch § 14 Rn 478; *Endres/Thies*, RIW 2002, 275, 276; *Meilicke*, DB 2002, 911, 916; aA *Orth*, IStR Beihefter 9/2002, 15; *Pache* in H/H/R § 14 Rn 202, der das Zusammentreffen zweier Konsolidierungskreise als vom Gesetzgeber gewählten Rechtfertigungsgrund betrachtet.
5 So *Frotscher* in Frotscher/Maas § 14 Rn 499, der allerdings auch aus diesem Grund die Vorschrift auf Personengesellschaften anwenden will.

diese Grundfreiheit berührt. Der EuGH hat zwar grundsätzlich die Wahrung der Aufteilung der Besteuerungsbefugnis zwischen den Mitgliedstaaten sowie die Verhinderung doppelter Verlustberücksichtigung als Rechtfertigungsgründe für eine Beschränkung der Niederlassungsfreiheit durch Nichtberücksichtigung von Verlusten anerkannt.[1] Allerdings ging es hierbei stets um die Berücksichtigung von Verlusten in einem anderem Staat (der MG bzw des Stammhauses) als dem, in dem die Verluste entstanden sind. Zum einen entspricht bei doppelansässigen Gesellschaften die Berücksichtigung von Verlusten (wie auch von Gewinnen) im Staat der Geschäftsleitung genau der von der Bundesrepublik in DBA gewählten Aufteilung von Besteuerungsbefugnissen. Zum anderen haben die in den Rs *Marks & Spencer* und *Lidl Belgium* getroffenen Entscheidungen, wonach Verluste ausländischer TG/Betriebsstätten erst bei deren Finalität im Entstehungsstaat im Mitgliedstaat der Muttergesellschaft/des Stammhauses zu berücksichtigen sind, (erneut)[2] den vom EuGH zu Grunde gelegten Primat der Verlustberücksichtigung im Entstehungsstaat belegt. Ob eine freiwillige Berücksichtigung inländischer Verluste durch das Ausland die Bundesrepublik von dieser Verpflichtung befreit, ist mehr als fraglich. Spätestens jedoch, wenn die Anwendung des § 14 I S 1 Nr 5 iSd zweiten gewollten – aber wohl nicht geregelten – Stoßrichtung der Vorschrift zu einer vollständigen Nichtberücksichtigung von Verlusten (weder im Aus- noch im Inland) führen würde, wäre der Bogen des unionsrechtlich Zulässigen endgültig überspannt.[3]

Einstweilen frei. **973-974**

IX. Mehr- und Minderabführungen mit Verursachung in organschaftlicher Zeit **975**
(§ 14 IV). 1. Überblick. Regelungsinhalt. Der erst mit dem JStG 2008 geschaffene § 14 IV wendet sich an den Organträger. In dessen Steuerbilanz ist für Minder- und Mehrabführungen, die ihre Ursache in organschaftlicher Zeit haben, ein besonderer aktiver oder passiver Ausgleichsposten iHd Betrags zu bilden, der dem Verhältnis der Beteiligung des Organträgers am Nennkapital der Organgesellschaft entspricht (§ 14 IV S 1). Derartige Minder- oder Mehrabführungen liegen insbesondere vor, wenn der an den Organträger abgeführte Gewinn von dem Steuerbilanzgewinn der Organgesellschaft abweicht und diese Abweichung in organschaftlicher Zeit verursacht ist (§ 14 IV S 6). Im Zeitpunkt der Veräußerung der Organbeteiligung sind die besonderen Ausgleichsposten aufzulösen (§ 14 IV S 2). Unter Anwendung von §§ 3 Nr 40, 3c II EStG bzw § 8b (§ 14 IV S 4) erhöht oder verringert sich durch die Auflösung der Ausgleichsposten das Einkommen des Organträgers (§ 14 IV S 3); weiterhin sind insbesondere die Umwandlung der Organgesellschaft auf eine Personengesellschaft oder eine natürliche Person, die verdeckte Einlage der Beteiligung an der Organgesellschaft und die Auflösung der Organgesellschaft der Veräußerung gleichgestellt (§ 14 IV S 5).

---

1 EuGH Rs C-446/03, *Marks & Spencer*, Slg 2005, I-10837, Tz 45-48; EuGH Rs C-414/06, *Lidl Belgium*, Slg 2008, I-3601, Tz 33-37.
2 Bereits EuGH Rs C-250/95, *Futura Participations und Singer*, Slg 1997, I-2471.
3 EuGH Rs C-446/03, *Marks & Spencer*, Slg 2005, I-10837; EuGH Rs C-414/06, *Lidl Belgium*, Slg 2008, I-3601; sowie EuGH Rs C-293/06, *Deutsche Shell*, Slg 2008, I-1129; EuGH Rs C-141/99, *AMID*, Slg 2000, I-11619.

976 **Sinn und Zweck der Regelung.** Sinn und Zweck der Ausgleichsposten liegen darin, eine doppelte bzw nochmalige Besteuerung des in organschaftlicher Zeit erzielten Einkommens der Organgesellschaft (aktive Ausgleichsposten) und eine doppelte Berücksichtigung von Verlusten bzw die Nichtbesteuerung von in der Organschaft erzielten Vermögensmehrungen der Organgesellschaft (passive Ausgleichsposten) zu verhindern (vgl weiterführend Rn 1000 ff).

977 **Ausgleichsposten statt Einlagenlösung.** Auslöser dafür, den organschaftlichen Ausgleichsposten knapp 50 Jahre nach ihrer Einführung durch die Finanzverwaltung nun doch eine gesetzliche Grundlage zu geben, war eine Entscheidung des BFH aus dem Jahr 2007, in der dieser der erfolgswirksamen Auflösung eines passiven Ausgleichspostens eine Rechtsgrundlage abgesprochen hatte (vgl Rn 988). Der Bundesrat hatte die Bundesregierung iRd Gesetzgebungsverfahrens zum JStG 2008 um Prüfung der bestehenden Möglichkeiten zur Vermeidung einer Doppelbelastung bzw einer doppelten Nichterfassung des Gewinns der Organgesellschaft innerhalb des Organkreises und Erarbeitung einer gesetzlichen Regelung gebeten.[1] Daraufhin hatte das BMF dem Finanzausschuss des Bundestages vorgeschlagen, einen Wechsel von der komplizierten bisherigen Behandlung von Mehr- und Minderabführungen durch Bildung steuerlicher Ausgleichsposten (R 63 III KStR) zu einer einfacheren „Einlagelösung" zu vollziehen.[2] Demnach sollten organschaftliche Minderabführungen als Einlagen und organschaftliche Mehrabführungen als Einlagenrückgewähr zu behandeln sein. Beides jeweils in voller Höhe; eine Beschränkung auf den Prozentsatz der Beteiligung an der Organgesellschaft sollte hierbei nicht bestehen. Diesem Vorschlag schloss sich der Finanzausschuss nicht an. Auf Empfehlung des Finanzausschusses[3] wurde stattdessen die bisherige Verwaltungsregelung (R 63 III KStR) gesetzlich festgeschrieben. Diese Entscheidung, mit welcher das Erfordernis der Differenzierung von Mehr-/Minderabführungen mit Verursachung in organschaftlicher und vororganschaftlicher Zeit gesetzlich festgeschrieben wurde, wird in der Literatur unterschiedlich beurteilt.[4]

978 **Abgrenzung zu § 14 III.** § 14 IV betrifft nur Minder- und Mehrabführungen, die ihre Ursache in organschaftlicher Zeit haben. Liegt die Ursache in vororganschaftlicher Zeit, findet § 14 III und das dort geregelte Konzept von Einlagen und Gewinnausschüttungen Anwendung (vgl Rn 1180 ff; zur Abgrenzung und zu diesbezüglichen Zweifelsfragen vgl Rn 1254-1328).

979 **Abgrenzung zu § 27 VI.** § 14 IV wendet sich allein an den Organträger. Konsequenzen für die Organgesellschaft aus in organschaftlicher Zeit verursachten Mehr- und Minderabführungen ergeben sich allein aus § 27 VI, nach welchem derartige Minderabführungen das Einlagekonto iSd § 27 zum Ende des betreffenden WJ erhöhen und derartige Mehrabführungen dieses mindern (vgl § 27 Rn 138-145). Zum Fehlen einer verfahrensrechtlichen Verknüpfung der Anwendung von § 14 IV und § 27 VI vgl Rn 680.

---

1 BTDrs 16/6739, 21.
2 *Dötsch*, Ubg 2008, 117, 122.
3 BTDrs 16/6981, 40; BTDrs 16/7036, 20.
4 Bedauernd *Dötsch*, Ubg 2008, 117, 122; mE zu Recht begrüßend *Neumann*, Ubg 2010, 673, 674. *Reiß*, DK 2008, 9, 30 f hätte eine Ausweitung des Ausgleichspostenkonzepts auch auf in vororganschaftlicher Zeit verursachte Mehr- und Minderabführungen befürwortet.

IX. Mehr- und Minderabführungen mit Verursachung in organschaftlicher Zeit

Einkommensermittlung der Organgesellschaft. Für die Einkommensermittlung der Organgesellschaft ergeben sich aus in organschaftlicher Zeit verursachten Mehr- und Minderabführungen keine besonderen Konsequenzen. Positive (Minderabführungen) und negative (Mehrabführungen) Unterschiede zwischen Steuerbilanzgewinn und handelsrechtlicher Gewinnabführung erhöhen bzw mindern das dem Organträger zuzurechnende Einkommen.

Einstweilen frei.

2. Rechtslage vor § 14 IV. a) Verwaltungsauffassung. 1961-2000. Das Konzept organschaftlicher Ausgleichsposten geht auf Überlegungen von *Thiel* aus dem Jahr 1960[1], und damit noch auf Zeiten vor erstmaliger Kodifizierung der körperschaftsteuerlichen Organschaft, zurück. Diese Überlegungen betreffen die bis dahin unbeachtete Frage, wie – bei Zugrundelegung der Zurechnungstheorie – auf Ebene des Organträgers dem Umstand Rechnung zu tragen ist, dass Beträge, die die Organgesellschaft zur Bildung freier offener oder steuerrechtlich nicht anerkannter stiller Rücklagen verwendet und damit nicht in die Gewinnabführung an den Organträger eingehen, diesem dennoch als Einkommen zugerechnet werden. Fraglich war, ob der Unterschied zwischen dem an den Organträger abgeführten Handelsbilanzgewinn und dem bei dem Organträger zu erfassenden steuerlichen Gewinn des Organs außerhalb oder innerhalb der Steuerbilanz des Organträgers zu verrechnen ist. *Thiel* sprach sich für eine Verrechnung – im Wege eines aktiven Ausgleichspostens – innerhalb der Steuerbilanz aus, da nur so die bei einer körperschaftsteuerlichen Organschaft gebotene Beseitigung der Doppelbelastung auch in dem Fall gewährleistet sei, dass der Organträger die Organbeteiligung in einem späteren Jahr veräußert, ohne dass zuvor die vom Organ gebildeten offenen und stillen Rücklagen zugunsten des Gewinns aufgelöst und an den Organträger abgeführt worden sind. Ein im Zeitpunkt der Veräußerung noch bestehender aktiver Ausgleichsposten, der sich materiellrechtlich als eine Korrektur (Erhöhung) des steuerrechtlichen Wertes der Organbeteiligung auswirken sollte, reduzierte dann das aus dem Unterschied von Buchwert der Organbeteiligung und Veräußerungserlös resultierende steuerpflichtige Veräußerungsergebnis. Als selbstverständliche Konsequenz hieraus wurde geschlossen, dass steuerliche Mindergewinne, sofern sie nicht zur Auflösung aktiver Ausgleichsposten führen, die Bildung passiver Ausgleichsposten erfordern, welche im Fall der Veräußerung der Organbeteiligung das steuerpflichtige Veräußerungsergebnis erhöhen. Gleiches sollte gelten, wenn die Organgesellschaft in vorvertraglicher Zeit gebildete Rücklagen über den Gewinnabführungsvertrag an den Organträger abführte.[2] Die Finanzverwaltung schloss sich diesen Überlegungen vollumfänglich an.[3] Später wurde diese Auffassung dahingehend eingeschränkt, dass die Bildung aktiver und passiver Ausgleichsposten nur in dem Verhältnis erfolgen sollte, wie der Organträger an der Organgesellschaft beteiligt ist.[4]

980

981-983

984

---

1 R *Thiel*, BB 1960, 735; R *Thiel*, StbJB 1961/62, S 201 ff; R *Thiel*, BB 1965, 743; R *Thiel*, BB 1966, 116.
2 R *Thiel*, StbJB 1961/62, S 201, 205.
3 FM Baden-Württemberg v 18.4.1961, BStBl II 1961, 79.
4 BMF v 30.12.1971, BStBl I 1972, 2, Rn 38 f.

Weder die erstmalige gesetzliche Regelung der körperschaftsteuerlichen Organschaft (§ 7a aF) iRd Gesetzes zur Änderung des Körperschaftsteuergesetzes und anderer Gesetze v 15.8.1969[1] noch die Überführung des § 7a aF in § 14 iRd KStG 1977 v 31.8.1976[2] wurden zum Anlass genommen, den organschaftlichen Ausgleichsposten eine gesetzliche Grundlage zu verleihen. In der nachfolgenden Zeit wurden lediglich Detailfragen im Erlasswege geregelt.[3] Nachdem sich die zwischenzeitigen Überlegungen, das Ausgleichspostenkonzept durch ein Konzept von Einlagen (bei organschaftlichen Minderabführungen) und Ausschüttungen (bei organschaftlichen Mehrabführungen) zu ersetzen,[4] nicht durchgesetzt hatten, wurde das Konzept schließlich in die KStR (Abschn 59 KStR 1995) aufgenommen.

985   2001 – 2007. Auch nach dem mit dem StSenkG vollzogenen Systemwechsel zum Halbeinkünfteverfahren wurde das Konzept der organschaftlichen Ausgleichsposten – unverändert ohne gesetzliche Grundlage – aufrecht erhalten, wenngleich es wegen der grundsätzlichen Steuerbefreiung von Gewinnen (§ 8b II idF StSenkG) bzw Nichtabzugsfähigkeit von Verlusten (§ 8b III idF StSenkG) für Körperschaften als Organträger nur noch in Ausnahmefällen eine Bedeutung hatte: Die Ausgleichsposten als Korrekturposten zum Beteiligungswert waren ungeachtet der jeweiligen für den Organträger in Betracht kommenden Steuerbefreiungen für ein Veräußerungsergebnis (§ 8b, §§ 3 Nr 40 S 1 lit a, 3c II EStG) weiterhin grundsätzlich in voller Höhe zu bilden; bei Beteiligung unterhalb von 100 % war ebenso unverändert die Beschränkung auf den Prozentsatz der Beteiligung an der Organgesellschaft zu beachten.[5] Die Auflösung eines passiven Ausgleichspostens erhöhte den zB nach § 8b II steuerfreien Veräußerungsgewinn.[6] Gewinnminderungen aus der Auflösung aktiver Ausgleichsposten sollten dagegen dem Abzugsverbot iSd § 8b III bzw § 3c II EStG unterliegen.[7] Ob die Finanzverwaltung, wie letztere Aussage nahelegen könnte, tatsächlich § 8b III bzw § 3c II EStG isoliert auf den Aufwand eines aktiven Ausgleichspostens – dh auch bei Vorliegen eines diesen Aufwand übersteigenden § 8b II bzw § 3 Nr 40 S 1 lit a EStG unterliegenden Veräußerungsgewinns – anwenden wollte, ist letztlich im Dunkeln geblieben. Dagegen spricht mE ein BMF-Schreiben aus 2007, nach welchem die – nur passive Ausgleichsposten ansprechenden – Grundsätze des BMF-Schreibens v 26.8.2003[8] auf die Auflösung passiver und aktiver Ausgleichsposten weiterhin Anwendung finden sollte (weiterführend Rn 1094 f, 1131 f).[9]

986   *Einstweilen frei.*

---

1   BGBl I 1969, 1182; BStBl I 1969, 471.
2   BGBl I 1976, 2597; BStBl I 1976, 44.
3   BMF v 10.1.1981, BStBl I 1981, 44.
4   *Dötsch* in D/J/P/W § 14 Rn 472.
5   BMF v 26.8.2003, BStBl I 2003, 437, Rn 43, 45 ff; R 63 I und II KStR 2004.
6   BMF v 26.8.2003, BStBl I 2003, 437, Rn 44; BMF v 28.4.2003, BStBl I 2003, 292, Rn 16; R 63 III S 2 KStR 2004.
7   BMF v 28.4.2003, BStBl I 2003, 292, Rn 16, 26; R 63 III S 2 KStR 2004.
8   BMF v 26.8.2003, BStBl I 2003, 437, Rn 43 ff.
9   BMF v 5.10.2007, BStBl I 2007, 743.

b) Rechtsprechung. Aktive Ausgleichsposten. Trotz der Kritik an dem Ausgleichspostenkonzept der Finanzverwaltung dauerte es 35 Jahre, bis dieses erstmals einer höchstrichterlichen Überprüfung unterzogen wurde. Hierbei ließ der BFH ausdrücklich offen, ob der Grundsatz der Einmalbesteuerung auch Gewinne – wie den Gewinn des Organträgers aus der Veräußerung der Organbeteiligung – erfasst, die außerhalb der Gewinnabführung und Einkommenszurechnung anfallen. Gehe man hiervon aus, sei die von der Finanzverwaltung geforderte Bildung eines aktiven Ausgleichspostens – begrenzt auf den Prozentsatz der Beteiligung des Organträgers an der Organgesellschaft – konsequent.[1] Entgegen der Verwaltungsauffassung und einer mittlerweile verbreiteten Literaturmeinung sah der BFH in einem Ausgleichsposten jedoch keinen Korrekturposten zum Buchwert der Beteiligung an der Organgesellschaft. Bei den Ausgleichsposten handele es sich nur um einen bilanztechnischen Erinnerungsposten außerhalb der Steuerbilanz des Organträgers, so dass der Steuerbilanzgewinn und das steuerliche Eigenkapital des Organträgers um die Minderabführung gemindert bleibt und die Bildung des Ausgleichsposten schon erfolgsneutral erfolgt.[2]

987

Passive Ausgleichsposten. Wirkliche Bedeutung erlangte dieser Meinungsunterschied hinsichtlich der Rechtsnatur der Ausgleichsposten erst, als der BFH weitere 11 Jahre später erstmals über die Bildung und Auflösung passiver Ausgleichsposten zu entscheiden hatte. Der BFH bestätigte zwar auch für den Fall der in organschaftlicher Zeit verursachten Mehrabführungen die Bildung (passiver) Ausgleichsposten, verneinte jedoch eine einkommenserhöhende Wirkung ihrer Auflösung. Weil es sich es sich bei den Ausgleichsposten um bloße Erinnerungsposten außerhalb der Steuerbilanz handele, die aus organschaftlichen Besonderheiten resultieren und außerhalb der Steuerbilanz des Organträgers festzuhalten sind, um eine spätere Doppel- oder Keinmalbesteuerung zu verhindern, sei deren Auflösung erfolgsneutral. Für eine Erhöhung des Einkommens des Organträgers infolge der Auflösung eines passiven Ausgleichspostens fehle es an der für eine Belastungswirkung erforderlichen Rechtsgrundlage bzw aus dem Wesen der Organschaft eindeutig abzuleitenden Pflicht.[3] Diese Entscheidung wurde von der Finanzverwaltung mit einem Nichtanwendungserlass[4] belegt und führte zur erstmaligen gesetzlichen Regelung des Ausgleichspostenkonzepts (vgl Rn 990 ff).

988

Einstweilen frei.

989

c) Erstmalige gesetzliche Regelung. Überblick. Mit dem JStG 2008 wurde das Konzept organschaftlicher Ausgleichsposten in § 14 IV erstmals gesetzlich geregelt. Neben den zwischen Verwaltung und Rechtsprechung unstreitigen Punkten der Bildung von Ausgleichsposten und ihrer Auflösung im Veräußerungsfall (§ 14 IV S 2) ordnet das Gesetz in § 14 IV S 1 die Bildung der Ausgleichsposten in der Steuerbilanz an und regelt § 14 IV S 3 nunmehr ausdrücklich, dass sich das Einkommen des Organträgers durch die Auflösung von Ausgleichsposten erhöht oder verringert.

990

---

1 BFH I R 41/93, BStBl II 1996, 614.
2 BFH I R 43/91, BStBl II 1996, 614; BFH I R 5/05, BStBl II 2007, 796; BFH I R 31/08, BFH/NV 2009, 790.
3 BFH I R 5/05, BStBl II 2007, 796.
4 BMF v 5.10.2007, BStBl I 2007, 743.

991 **Zeitliche Anwendung.** Entgegen der allgemeinen Anwendungsregelung für das JStG 2008 ist § 14 IV auch für Veranlagungszeiträume vor 2008 anzuwenden (§ 34 IX Nr 5).

992 **Unzulässige echte Rückwirkung für VZ bis 2006.** ME ist die Vereinbarkeit von § 34 IX Nr 5 mit Art 20 III GG mit Blick auf die Behandlung passiver Ausgleichsposten im Veräußerungsfall zu bezweifeln.[1] Ändert der Gesetzgeber die Rechtsfolge eines der Vergangenheit zugehörigen Verhaltens nachträglich belastend, bedarf dies einer besonderen Rechtfertigung vor dem Rechtsstaatsprinzip und den Grundrechten des Grundgesetzes, unter deren Schutz Sachverhalte „ins Werk gesetzt" worden sind.[2] Soweit § 34 IX Nr 5 die im Falle der Auflösung passiver Ausgleichsposten belastende Rechtsfolge (Einkommenserhöhung) des § 14 IV auch auf Vz bis 2006 und damit auf bereits abgeschlossene Tatbestände (hier Veräußerungen) erstreckt („Rückbewirkung von Rechtsfolgen"), entfaltet die Vorschrift eine „echte" Rückwirkung. Diese ist grundsätzlich verfassungsrechtlich unzulässig, weil der von einem Gesetz Betroffene bis zum Zeitpunkt der Verkündung, mindestens aber bis zum Zeitpunkt des Gesetzesbeschlusses, darauf vertrauen können muss, dass seine auf geltendes Recht gegründete Rechtsposition nicht durch eine zeitlich rückwirkende Änderung der gesetzlichen Rechtsfolgenanordnung nachteilig verändert wird.[3] In der Rechtsprechung des Bundesverfassungsgerichts sind jedoch nicht abschließend definierte Fallgruppen anerkannt, in denen das rechtsstaatliche Rückwirkungsverbot durchbrochen ist:[4]

- Kodifizierung anerkannter Rechtsanwendungspraxis (vgl Rn 993),
- unklare Rechtslage (vgl Rn 994),
- verfassungswidrige Lücke im System der Besteuerung von Organträgern,[5]
- zwingende Gründe des Allgemeinwohls.[6]

993 **Keine Kodifizierung anerkannter Rechtsanwendungspraxis.** Der Gesetzgeber rechtfertigt die Rückwirkung mit einer klarstellenden gesetzlichen Festschreibung allgemein anerkannter Grundsätze, welche durch langjährige Übung zu einer gewohnheitsrechtlichen Situation geführt hätten.[7] Während das BVerfG im Fall einer rückwirkenden gesetzlichen Regelung, die einer gefestigten finanzgerichtlichen Rechtsprechung, der einhelligen Praxis der Finanzverwaltung und damit allgemeiner Rechtsanwendungspraxis auch auf Seiten der Steuerpflichtigen entspricht, ein berechtigtes Vertrauen auf eine hiervon abweichende Rechtslage verneint,[8] kann die rückwirkende Kodifizierung der organschaftlichen Ausgleichsposten dies nicht für sich in Anspruch nehmen:

---

1 Ebenso *Suchanek/Herbst*, FR 2008, 112, 115 ff; *Kolbe*, StuB 2008, 293, 297 f; für VZ bis 2006 *Frotscher* in Frotscher/Maas § 14 Rn 796; aA *Dötsch*, Ubg 2008, 117, 125.
2 BVerfG 2 BvR 499/74 und 1042/75, BVerfGE 45, 142, 167 f; BVerfG 2 BvR 457/78, BVerfGE 63, 343, 356 f; BVerfG 2 BvL 2/83, BVerfGE 72, 200, 242; BVerfG 2 BvR 882/97, BVerfGE 97, 67, 78 f.
3 BVerfG 2 BvR 457/78, BVerfGE 63, 343, 353 f; BVerfG 2 BvL 19/82, BVerfGE 67, 1, 15; BVerfG 2 BvL 2/83, BVerfGE 72, 200, 241 f; BVerfG 2 BvR 882/97, BVerfGE 97, 67, 78 f; BVerfG 2 BvR 1387/02, BVerfGE 114, 258, 300.
4 BVerfG 2 BvL 2/83, BVerfGE 72, 200, 258 ff; BVerfG 2 BvR 882/97, BVerfGE 97, 67, 79 f; BVerfG 1 BvR 1/94, BVerfGE 101, 239, 263; BVerfG 1 BvR 1138/05, BFH/NV 2009, 110 zu II. 1. a).
5 Vgl zum Fehlen einer solchen verfassungswidrigen Lücke *Kolbe*, StuB 2008, 293, 297 f.
6 Vgl zum Fehlen solcher Gründe *Kolbe*, StuB 2008, 293, 297 f.
7 BTDrs 16/7036, 20 f.
8 BVerfG 1 BvR 1138/06, BFH/NV 2009, 110 zur erstmaligen gesetzlichen der Mehrmütterorganschaft.

IX. Mehr- und Minderabführungen mit Verursachung in organschaftlicher Zeit

- Die zweifellos langjährige Verwaltungspraxis (vgl Rn 984 f) begegnete bereits in den Reihen der Finanzverwaltung Zweifeln hinsichtlich ihrer gesetzlichen Legitimation[1] und wurde durch die Rechtsprechung niemals bestätigt.
- In seiner Entscheidung von 1996 hatte der BFH ausdrücklich offen gelassen, ob er der das Ausgleichspostenkonzept erst rechtfertigenden These folgt, wonach der Grundsatz der Einmalbesteuerung auch das Veräußerungsergebnis des Organträgers umfasst;[2] bestätigt wurde diese These erst in der Entscheidung aus 2007.[3]
- Deutlich abgelehnt wurde in der Entscheidung von 1996 indes die von der Finanzverwaltung geforderte erfolgswirksame Bildung von (aktiven) Ausgleichsposten innerhalb der Steuerbilanz des Organträgers. Insofern hatte der BFH auch eine einkommensmindernde Wirkung der Auflösung eines aktiven Ausgleichspostens niemals bestätigt.[4]
- Spätestens aber nach der vom BFH in 2007 bestätigten erstinstanzlichen Entscheidung v 10.12.2004[5], in der das FG München konkret der einkommenserhöhenden Auflösung eines passiven Ausgleichspostens jegliche Rechtsgrundlage abgesprochen hatte, konnte von allgemein anerkannten Grundsätzen keine Rede mehr sein.

Für die vom Gesetzgeber angeführte gewohnheitsrechtliche Verfestigung der Verwaltungspraxis fehlt somit jeglicher Anhaltspunkt.[6] Während die Annahme von Gewohnheitsrecht erfordert, dass sich zu einer bestimmten Rechtsfrage durch ständige Übung ein Rechtsbewusstsein der beteiligten Kreise gebildet hat und die Gerichte diese Überzeugung teilen,[7] fehlt es angesichts der uneinheitlichen Literaturmeinung zur Bildung von aktiven und passiven Ausgleichsposten[8] und einer – bis zur Entscheidung des BFH aus 2007 – fehlenden abschließenden Entscheidung zu diesem Thema an beidem.[9]

Keine unklare Rechtslage. Auch von den übrigen bisher vom BVerfG anerkannten Rechtfertigungsgründen[10] für eine Durchbrechung des Rückwirkungsverbots kommt mE keiner in Frage. So tritt das Rückwirkungsverbot dann zurück, wenn sich kein schützenswertes Vertrauen auf den Bestand des geltenden Rechts bilden konnte, etwa weil die Rechtslage unklar und verworren war.[11] Dies ist der Fall, wenn die an-

994

---

1 *Dötsch*, DB 1993, 752.
2 BFH I R 41/93, BStBl II 1996, 614.
3 BFH I R 5/05, BStBl II 2007, 796.
4 *Reiß*, DK 2008, 9, 13 f.
5 FG München 6 K 2436/02, EFG 2005, 628.
6 Ebenso *Kolbe*, StuB 2008, 293, 297.
7 ZB BFH VII E 6/97, BStBl II 1998, 121, 122f; BFH I R 5/05, BStBl II 2007, 796, 798.
8 Zum Meinungsstand vor der Entscheidung aus 2007 vgl *Kolbe* in H/H/R § 14 Rn 93.
9 BFH I R 5/05, BStBl II 2007, 796, zu II. 3.c) bb) bbb).
10 Vgl für eine zusammenfassende Aufstellung BVerfG 2 BvL 17/63, BVerfGE 18, 429, 439: (1) Wenn der Betroffene nach der rechtlichen Situation in dem Zeitpunkt, auf den der Eintritt der Rechtsfolge vom Gesetz zurückbezogen wird, mit dieser Regelung rechnen mußte, (2) wenn das geltende Recht unklar und verworren ist, (3) wenn der Bürger sich nicht auf den durch eine ungültige Norm erzeugten Rechtsschein verlassen darf, oder (4) wenn zwingende Gründe des Gemeinwohls, die dem Gebot der Rechtssicherheit übergeordnet sind, eine Rückwirkungsanordnung rechtfertigen.
11 BVerfGE 2 BvL 6/59, BVerfGE 13, 261, 272 mit Verweis auf BVerfG 1 BvL 17/57, BVerfGE 11, 64, 72.

zuwendende Regelung eine Reihe von Zweifelsfragen offenlässt, das Gesetz infolge der Zweifelsfragen kaum praktikabel ist, der Betroffene selbst nicht mit einer Handhabung in einem bestimmten Sinne rechnen kann und sich daraus eine für den Betroffenen selbst unsichere Rechtsstellung ergibt.[1] Die ursprüngliche Norm muss Anlass zu Auslegungsproblemen geben, die sich nicht aus dem Wortlaut, sondern nur aus einer Zusammenschau von Wortlaut, Entstehungsgeschichte, System und gesetzgeberischer Zielsetzung lösen lassen.[2] Eine in dieser Weise verworrene Rechtslage war hinsichtlich der organschaftlichen Ausgleichsposten nicht gegeben.[3] Die Rechtslage, dh die Norm des § 14 (bzw 7a aF), war insofern eindeutig, als sie eine Regelung zu den (passiven) Ausgleichsposten nicht enthielt. Soweit von der Rechtsprechung das Konzept aus diesem Grund nicht schon bereits verworfen wurde,[4] wurde die eventuelle Möglichkeit der Bildung und Auflösung von (passiven) Ausgleichskosten allenfalls aus einer Weiterentwicklung von Richterrecht (Einmalbesteuerung des Einkommens der Organgesellschaft), nicht aber aus (einer Auslegung) der Norm selbst abgeleitet.[5] Es bestand damit allenfalls eine übliche Meinungsdivergenz zwischen Rechtsprechung und Finanzverwaltung, die eine echte Rückwirkung nicht zu rechtfertigen vermag. Denn die Verwaltungsauffassung ist nicht Teil der gesetzlichen Rechtslage;[6] anderenfalls könnte die Verwaltung durch bloße Nichtanwendungserlasse zu unliebsamen Gerichtsentscheidungen stets eine verworrene Rechtslage herbeiführen.[7]

995 **Ab VZ 2007.** Ausgehend von der hier vertretenen Auffassung, dass es sich bei § 14 IV nicht um eine gesetzliche Klarstellung, sondern um eine erstmalige gesetzliche Regelung handelt, stellt sich die Frage, ob § 34 IX Nr 5 eine unzulässige Rückwirkung auch in solchen Fällen entfaltet, in denen

- die eine einkommenserhöhende Auflösung eines passiven Ausgleichspostens bewirkende Veräußerung der Organbeteiligung in 2007, aber vor Verkündung des JStG 2008 am 28.12.2007 erfolgt ist (vgl Rn 996)[8],
- bei einer nach Verkündung des Gesetzes erfolgenden Veräußerung passive Ausgleichsposten einkommenserhöhend aufzulösen sind, soweit diese vor Verkündung des JStG 2008 gebildet wurden (vgl Rn 997).

996 **Veräußerung der Organbeteiligung vor Verkündung des JStG 2008.** Das JStG 2008 v 20.12.2007, mit dem die Vorschriften § 14 IV und des § 34 IX Nr 5 in das KStG eingefügt wurden, wurde am 28.12.2007 verkündet. Soweit belastende Rechtsfolgen einer Norm erst nach ihrer Verkündung eintreten, tatbestandlich aber von einem bereits ins Werk gesetzten Sachverhalt ausgelöst werden („tatbestandliche Rückanknüpfung"), liegt eine „unechte" Rückwirkung vor.[9] Eine solche ist mit Rücksicht

---

1 BVerfG 2 BvL 17/57, BVerfGE 11, 64, 72.
2 BVerfG 1 BvR 1174/77, BVerfGE 50, 177, 194.
3 Ebenso *Suchanek/Herbst*, FR 2008, 112, 118; *Kolbe*, StuB 2008, 293, 297.
4 FG Düsseldorf 6 K 382/84, EFG 1990, 77; BFH I R 5/05, BStBl II 2007, 796.
5 BFH I R 41/93, BStBl II 1996, 614.
6 AA offenbar *Dötsch*, Ubg 2008, 117, 125.
7 *Suchanek/Herbst*, FR 2008, 112, 118; *Kolbe*, StuB 2008, 293, 297.
8 Für VZ 2007 verneinend *Frotscher* in Frotscher/Maas § 14 Rn 796.
9 BVerfG 2 BvR 457/78, BVerfGE 63, 343, 356; BVerfG 2 BvL 2/83, BVerfGE 72, 200, 242; BVerfG 2 BvR 882/97, BVerfGE 97, 67, 79; BVerfG 2 BvR 305, 348/93, BVerfGE 105, 17, 37 f.

auf die Anpassungsfähigkeit der Rechtsordnung nicht grundsätzlich unzulässig,[1] so dass insbesondere, vorbehaltlich des Hinzutretens besonderer Momente der Schutzwürdigkeit, die bloß allgemeine Erwartung eines unveränderten Fortbestands des geltenden Rechts keinen besonderen verfassungsrechtlichen Schutz genießt.[2] Eine unechte Rückwirkung ist mit den Grundsätzen grundrechtlichen und rechtsstaatlichen Vertrauensschutzes jedoch nur vereinbar, wenn sie zur Förderung des Gesetzeszwecks geeignet und erforderlich ist und wenn bei einer Gesamtabwägung zwischen dem Gewicht des enttäuschten Vertrauens und dem Gewicht und der Dringlichkeit der die Rechtsänderung rechtfertigenden Gründe die Grenze der Zumutbarkeit gewahrt bleibt.[3] Da die maßgebliche Rechtsfolge steuerrechtlicher Normen das Entstehen der Steuerschuld ist und die Steuerschuld bei den Ertragsteuern (ESt, KSt) erst mit Ablauf des VZ entsteht, ordnet das BVerfG in diesem Bereich Änderungen von Normen mit Wirkung für den laufenden VZ regelmäßig dem Bereich der unechten Rückwirkung zu.[4] Hieran hält das BVerfG trotz verbreiteter Kritik im Schrifttum auch für den Fall fest, dass der Steuerpflichtige seine die Steuerschuld auslösende Disposition zwar in diesem VZ, aber vor dem maßgeblichen Zeitpunkt (idR Verkündung des Gesetzes) getroffen hat. Dass in solchen Fällen keine echte Rückwirkung und der damit einhergehende Vorrang des Vertrauensschutzes gegeben ist, ändere jedoch nichts daran, dass auch im Bereich der unechten Rückwirkung die belastenden Wirkungen einer Enttäuschung schutzwürdigen Vertrauens stets einer hinreichenden Begründung nach den Maßstäben der Verhältnismäßigkeit bedürfen. Das gilt auch, wenn der Gesetzgeber das (Einkommen)steuerrecht während des laufenden VZ umgestaltet und die Rechtsänderungen auf dessen Beginn bezieht. Auch hier muss der Normadressat eine Enttäuschung seines Vertrauens in die alte Rechtslage nur hinnehmen, soweit dies aufgrund besonderer, gerade die Rückanknüpfung rechtfertigender öffentlicher Interessen unter Wahrung der Verhältnismäßigkeit gerechtfertigt ist.[5] Nach diesen Grundsätzen hat das BVerfG in zwei jüngeren Entscheidungen die unechte Rückwirkung gesetzlicher Regelungen des am 31.3.1999 verkündeten StEntlG 1999/2000/2002 v 24.3.1999[6] zur Besteuerung von Veräußerungsgewinnen insoweit für mit den verfassungsrechtlichen Grundsätzen des Vertrauensschutzes unvereinbar und nichtig erklärt, wie diese vor der Verkündung des Gesetzes entstandene und nach alter Rechtslage nicht steuerbare Wertzuwächse rückwirkend in eine Steuerpflicht mit einbeziehen; dies gilt unabhängig davon, ob Wertzuwächse bis zum Zeitpunkt der Verkündung des Gesetzes

---

1 BVerfG 2 BvR 457/78, BVerfGE 63, 343, 357; BVerfG 2 BvR 305, 348/93, BVerfGE 105, 17, 40; BVerfG 2 BvR 1387/02, BVerfGE 114, 258, 301.
2 BVerfG 1 BvR 51, 160, 285/69, 1 BvL 16, 18, 26/72, BVerfGE 38, 61, 83; BVerfG 1 BvR 35, 356, 794/82, BVerfGE 68, 193, 222; BVerfG 2 BvR 305, 348/93, BVerfGE 105, 17, 40; BVerfG 2 BvR 2029/01, BVerfGE 109, 133, 180 f; BVerfG, 2 BvR 758/07, NVwZ 2010, 634, 640.
3 BVerfG 2 BvL 14/02, 2 BvL 2/04, 2 BvL 13/05, BStBl II 2011, 76, zu C. II. 1. c) mwN; BVerfG 2 BvR 748/05, 2 BvR 753/05, 2 BvR 1738/05, BStBl II 2011, 86 zu C. II. 1. c) mwN.
4 BVerfG 2 BvL 2/83, BVerfGE 72, 200, 252 f; BVerfG 2 BvR 882/97, BVerfGE 97, 67, 80; vgl auch bereits BVerfG 2 BvL 6/59, BVerfGE 13, 261, 263 f, 272; BVerfG 2 BvL 6/59, BVerfGE 19, 187 195; BVerfG 2 BvL 3/68, BVerfGE 30, 272, 285.
5 BVerfG 2 BvL 14/02 , 2 BvL 2/04 , 2 BvL 13/05, BStBl II 2011, 76, zu C. II. 1. e), mit Nachweisen auch zur Kritik; BVerfG 2 BvR 748/05, 2 BvR 753/05, 2 BvR 1738/05, BStBl II 2011, 86 C. II. 1. e).
6 BGBl I 1999, 402; BStBl I 1999, 304.

tatsächlich steuerfrei realisiert wurden oder nur steuerfrei hätten realisiert werden können.[1] Rechtfertigungsgründe für den Zugriff auf zuvor nicht steuerbare Wertsteigerungen der Vergangenheit konnte das BVerfG nicht finden; insbesondere stellte die bloße Absicht, staatliche Mehreinkünfte zu erzielen, für sich genommen grundsätzlich noch kein den Vertrauensschutz betroffener Steuerpflichtiger überwindendes Gemeinwohlinteresse dar, weil dies andernfalls ein praktisches Leerlaufen des Vertrauensschutzes gegenüber rückwirkenden Verschärfungen des Steuerrechts zur Folge hätte.[2] Nach diesen Grundsätzen sollte auch eine durch eine in 2007 bis zum 28.12. erfolgte Veräußerung einer Organbeteiligung induzierte Auflösung eines passiven Ausgleichspostens wegen anderenfalls unzulässiger unechter Rückwirkung entgegen § 14 IV S 3 f iVm § 34 IX Nr 5 als erfolgsneutral zu behandeln sein.

997 **Spätere Auflösung bis zum 28.12.2007 gebildeter passiver Ausgleichsposten.** Nach hier vertretener Auffassung handelt es sich bei § 14 IV um eine gesetzliche Neuregelung (vgl Rn 993). Mithin wurde auch die einkommenserhöhende Wirkung passiver Ausgleichsposten durch § 14 IV erstmals geregelt; vor dem am 28.12.2007 verkündeten JStG 2008 fehlte es hierfür an einer Rechtsgrundlage.[3] Durch § 14 IV wird zwar nicht unmittelbar ein bis zur Verkündung des JStG 2008 am 28.12.2007 entstandener Wertzuwachs in der Beteiligung an der Organgesellschaft der Besteuerung unterworfen. Bis zu diesem Stichtag konnte jedoch ein bis dahin erworbener Wertzuwachs realisiert werden, ohne zugleich die Besteuerung der Auflösung eines passiven Ausgleichspostens zu bewirken. Diese Situation ist mE mit der rückwirkenden Steuerverstrickung eines zuvor steuerbefreiten Wertzuwachses vergleichbar. Vor diesem Hintergrund müssen die Grundsätze der Rechtsprechung des BVerfG (vgl Rn 996) mE entsprechende Anwendung finden. Demnach dürfte auch bei in VZ nach 2007 erfolgenden Veräußerungen § 14 IV S 3 f nur insoweit auf die Auflösung passiver Ausgleichsposten angewendet werden, wie diese nach dem 28.12.2007 gebildet wurden.

998-999 *Einstweilen frei.*

1000 **3. Sinn und Zweck der Ausgleichsposten. a) Aktive Ausgleichsposten. Allgemeines.** Vor der gesetzlichen Regelung des Ausgleichspostenkonzepts in § 14 IV wurde der Sinn und Zweck aktiver Ausgleichsposten darin gesehen, eine doppelte Besteuerung des Organeinkommens im Organkreis zu verhindern. Diese Zwecksetzung bedarf einer Konkretisierung.

1001 **Grundsätzlich selbstheilende Wirkung des Systems von Gewinnabführung und Einkommenszurechnung.** Hat die Organgesellschaft in der Handelsbilanz oder auch nur in der Steuerbilanz (zB in der Steuerbilanz nach § 5 IVa nicht ansatzfähige

---

1 BVerfG 2 BvL 14/02, 2 BvL 2/04, 2 BvL 13/05, BStBl II 2011, 76, zur Verlängerung der Spekulationsfrist von zwei auf zehn Jahre durch § 23 I S 1 Nr 1 iVm § 52 XXXIX S 1 EStG idF StEntlG 1999/2000/2002; BVerfG 2 BvR 748/05, 2 BvR 753/05, 2 BvR 1738/05, BStBl II 2011, 86 zur Absenkung der Beteiligungsquote bei der Besteuerung privater Veräußerungen von Kapitalanteilen durch § 17 I iVm § 52 I S 1 EStG idF StEntlG 1999/2000/2002.
2 BVerfG 2 BvL 14/02, 2 BvL 2/04, 2 BvL 13/05, BStBl II 2011, 76, zu C. II. 2. b) cc); BVerfG 2 BvR 748/05, 2 BvR 753/05, 2 BvR 1738/05, BStBl II 2011, 86, zu B. I. 2. b. cc).
3 BFH I R 5/05, BStBl II 2007, 796.

IX. Mehr- und Minderabführungen mit Verursachung in organschaftlicher Zeit

Drohverlustrückstellung) Rücklagen gebildet, übersteigt das dem Organträger nach § 14 I S 1 zuzurechnende Einkommen die ihm über die Gewinnabführung aus der Organgesellschaft zufließende Vermögensmehrung. Der Organträger tritt mithin, soweit seine Steuerbelastung betroffen ist, in Vorleistung für eine erst in der Zukunft im Wege der Gewinnabführung erfolgende Mehrung seines Vermögens. Löst die Organgesellschaft in einem zweiten (späteren) Schritt diese handelsbilanziellen oder auch rein steuerbilanziellen Rücklagen wieder auf, tritt bei dem Organträger durch die insoweit erhöhte Gewinnabführung eine Vermögensmehrung ein, der keine entsprechende Zurechnung von Einkommen der Organgesellschaft gegenübersteht. Das zwischenzeitig bei dem Organträger bestehende Missverhältnis zwischen von ihm versteuertem Einkommen der Organgesellschaft und aus der Organgesellschaft erzielten Vermögensmehrungen löst sich damit von selbst wieder auf. Das System von Gewinnabführung und Einkommenszurechnung heilt zwischenzeitig eintretende Störungen damit von selbst. Ein Eingriff zur Vermeidung einer doppelten Besteuerung von Einkommen der Organgesellschaft ist grundsätzlich nicht erforderlich.

Erfordernis des Eingriffs durch aktive Ausgleichsposten. Anders ist dies, wenn es zu dem zweiten Schritt, der Auflösung und Abführung der Rücklagen an den Organträger, nicht mehr kommt und das System von Gewinnabführung und Einkommenszurechnung seine selbstheilende Wirkung nicht mehr entfalten kann. Wird der Gewinnabführungsvertrag beendet, ist ein solches Versagen zwar bereits absehbar, zu einer (nochmaligen) Steuerbelastung des Organträgers kommt es durch die bloße Vertragsbeendigung jedoch noch nicht. Die Beendigung des Gewinnabführungsvertrags ist damit eine notwendige, aber nicht hinreichende Bedingung für einen Störfall in Form der Mehrfachbesteuerung des Einkommens der Organgesellschaft. Hinzutreten muss ein Steuertatbestand, in dessen Rahmen das vom Organträger bereits versteuerte Einkommen nochmals einer Besteuerung beim Organträger zu unterliegen droht. Ein solcher Steuertatbestand wurde in der Veräußerung der Organbeteiligung gesehen. Hierbei wurde typisierend unterstellt, dass der Organträger infolge des Zurückbleibens von Gewinnen der Organgesellschaft (Rücklagenbildung) in dieser einen insoweit höheren Veräußerungsgewinn erzielt und es durch dessen Besteuerung zu einer nochmaligen Besteuerung der von der Organgesellschaft zurückbehaltenen, vom Organträger aber bereits versteuerten Gewinne kommen kann. Allein diese drohende Mehrfachbesteuerung von Gewinnen der Organgesellschaft stellt den Anlass zur Bildung eines aktiven Ausgleichspostens dar. Seine einzige Aufgabe liegt darin, für den Zeitpunkt einer drohenden Mehrfachbesteuerung von Einkommen der Organgesellschaft ermittelt zu haben, in welcher Höhe diese Mehrfachbesteuerung droht. Die Bildung und Fortentwicklung von Ausgleichsposten bis zu diesem Zeitpunkt hat keinen eigenen Zweck, sondern erfolgt allein aus Aufzeichnungs- und damit Praktikabilitätsgründen. So geht zwar die Finanzverwaltung von der Bildung der Ausgleichsposten innerhalb der Steuerbilanz aus, betrachtet die Bildung und Fortentwicklung aber als einkommensneutral. Der BFH ging hingegen – mE zutreffend – von vornherein von einem nur außerhalb der Steuerbilanz zu bildenden Erinnerungsposten aus.

1002

1003 **Anteilige Entlastung des Organträgers.** Die aktiven Ausgleichsposten dienen nicht ganz allgemein der Einmalbesteuerung des dem Organträger zugerechneten Einkommens, sondern der Einmalbesteuerung dieses Einkommens im Organkreis und damit allein der Vermeidung einer doppelten Besteuerung von Organeinkommen beim Organträger. Dies ergibt sich aus der von der Finanzverwaltung für richtig befundenen und durch die Rechtsprechung bestätigten, auf die Höhe der Beteiligung begrenzten Bildung des Ausgleichspostens. Wird, und dies ist ein Kernelement des Ausgleichspostenkonzepts, typisierend unterstellt, dass sich durch in der Organgesellschaft zurückbehaltene Vermögensmehrungen (Rücklage) der Wert der und damit ein Veräußerungserlös aus der Organbeteiligung erhöht, kann dies aus Sicht des Organträgers nur in Höhe seiner Beteiligungsquote der Fall sein. Nur insoweit kann es bei ihm zu einer nochmaligen Besteuerung von ihm bereits versteuerten Einkommens kommen (vgl zu der mE unberechtigten Kritik an der nur anteiligen Bildung aktiver Ausgleichsposten Rn 1102).

1004-1005 *Einstweilen frei.*

1006 **b) Passive Ausgleichsposten. Allgemeines.** Mit Blick auf passive Ausgleichsposten hat die Finanzverwaltung das von ihr geschaffene Ausgleichspostenkonzept zu keinem Zeitpunkt systematisch begründet. Vor der gesetzlichen Regelung in § 14 IV sah der BFH den Sinn und Zweck passiver Ausgleichsposten darin, die Nichterfassung des Gewinns der Organgesellschaft innerhalb des Organkreises wie auch die doppelte Berücksichtigung eines wirtschaftlichen Verlustes innerhalb des Organkreises zu vermeiden.[1] Eine Mehrabführung liegt vor und ein passiver Ausgleichsposten ist entsprechend der Beteiligungsquote zu bilden, wenn die Gewinnabführung den Steuerbilanzgewinn der Organgesellschaft vor Gewinnabführung übersteigt. Grund hierfür kann sein, dass

- ein tatsächlicher von der Organgesellschaft erzielter Gewinn erst später der Besteuerung unterliegt (zB Bildung einer steuerfreien Rücklage nur in der Steuerbilanz; Fall 1),

- in der Steuerbilanz ein Verlust der Organgesellschaft eher zu berücksichtigen ist als in der Handelsbilanz (zB Verlustzuweisungen aus der Beteiligung an einer Personengesellschaft, soweit in der Handelsbilanz keine entsprechende außerplanmäßige Abschreibung auf den Beteiligungsbuchwert vorgenommen wird; Fall 2).

Im Fall 1 hat sich eine Vermögensverschiebung auf den Organträger ergeben, die sich in der steuerlichen Einkommenszurechnung noch nicht niedergeschlagen hat.[2] Im Fall 2 wird eine nur vorübergehende Vermögensmehrung der Organgesellschaft an den Organträger abgeführt, welcher, da sie später wieder eingebüßt wird (vgl Rn 1007), niemals Einkommen gegenüberstehen wird.

1007 **Grundsätzlich selbstheilende Wirkung des Systems von Gewinnabführung und Einkommenszurechnung.** Kehrt sich der Effekt während der Organschaft durch einen steuerbilanziellen Mehrgewinn der Organgesellschaft (Fall 1) um, wird

---

1 BFH I R 5/05, BStBl II 2007, 796, zu II. 1.
2 *Dötsch* in D/J/P/W § 14 Rn 480.

die bisher ausstehende Entstehung, Zurechnung und Besteuerung von Einkommen nachgeholt; das im Organkreis erzielte Einkommen stimmt mit den im Organkreis erzielten Vermögensmehrungen überein. Kehrt sich der Effekt durch eine handelsbilanzielle Vermögensminderung bei der Organgesellschaft (Fall 2) um, bleibt auch hiervon der Steuerbilanzgewinn der Organgesellschaft vor Gewinnabführung und ihr dem Organträger zuzurechnendes Einkommen unberührt. Der Organträger büßt in diesem Zeitpunkt die vorherige Vermögensmehrung in Form einer verminderten Gewinnabführung oder einer (erhöhten) Verlustübernahme in voller Höhe wieder ein. Auch in diesem Fall stimmt die im Organkreis erzielte Vermögensmehrung mit dem im Organkreis erzielten Einkommen überein.

Erfordernis des Eingriffs durch passive Ausgleichsposten. Veräußert der Organträger die Organbeteiligung vor dem Zeitpunkt der Umkehrwirkung, geht das Ausgleichspostenkonzept bei typisierender Betrachtung und spiegelbildlich zum aktiven Ausgleichsposten wohl davon aus, dass

1008

- im Fall 1 ein vom Organträger zu versteuernder Veräußerungsgewinn ohne die Abführung des nicht versteuerten Gewinns der Organgesellschaft höher gewesen wäre und dieser damit noch einmal zu einer Nichtbesteuerung führt;
- im Fall 2 der durch den Organträger erzielbare Veräußerungserlös wegen der in der Handelsbilanz der Organgesellschaft gelegten stillen Last gesunken ist und der bei der Besteuerung bereits berücksichtigte Verlust der Organgesellschaft sich noch ein zweites Mal steuermindernd auszuwirken droht.

Zur Verhinderung der mehrfachen Nichtbesteuerung eines Gewinns bzw der mehrfachen Berücksichtigung eines Verlusts im Organkreis kompensiert § 14 IV den so durch den Organträger nicht erzielten Veräußerungsgewinn durch eine Erhöhung des Veräußerungsergebnisses um den Ertrag aus der Auflösung des entsprechend der Beteiligungsquote gebildeten passiven Ausgleichspostens (vgl zur Kritik an der nur anteiligen Bildung passiver Ausgleichsposten Rn 1103).

Einstweilen frei. 1009-1010

c) Sinn und Zweck der Ausgleichsposten unter § 14 IV. Allgemeines. Bei Einführung des § 14 IV mit dem JStG 2008 hat der Gesetzgeber das Konzept der Ausgleichsposten so begründet: „Das Rechtsinstitut der körperschaftsteuerlichen Organschaft basiert aber darauf, dass die innerhalb des Organkreises erzielten Gewinne und Verluste insgesamt nur einmal – und zwar beim Organträger der Besteuerung zu unterwerfen sind. Diesem Grundsatz der Einmalversteuerung dienen auch die aktiven und passiven Ausgleichsposten."[1] Sinn und Zweck der Ausgleichsposten dürften damit grundsätzlich unverändert geblieben sein. Bemerkenswert ist allerdings, dass der Gesetzgeber mit Blick auf die passiven Ausgleichsposten allein die Vermeidung der doppelten Verlustberücksichtigung (Fall 2), nicht aber auch die Vermeidung einer Nichtbesteuerung von Gewinnen der Organgesellschaft (Fall 1) nennt und damit hinter der Definition des BFH (vgl Rn 1006) zurückbleibt.

1011

---

1 BTDrs 16/7036, 20.

1012 **Typisierung der Doppel- oder Nichtbesteuerung.** Das Ausgleichspostenkonzept der Finanzverwaltung basierte stets auf einem hohen Grad an Typisierung, welche oftmals nur schwer nachzuvollziehen war. So ließ schon der BFH in seiner ersten Entscheidung im Fall der handelsrechtlichen Rücklagenbildung, für welche die Gefahr einer Doppelbesteuerung durch einen potenziell erhöhten Veräußerungserlös noch am konkretesten erscheint, mit Recht dahinstehen, ob bzw inwieweit bereits zugerechnetes Einkommen denklogisch oder tatsächlich den Wert der Organbeteiligung und damit den Veräußerungserlös zu erhöhen vermag. Letztlich werde auch der Verkaufspreis für eine Organbeteiligung anhand einer Unternehmensbewertung, die besonderen, mit der steuerlichen Gewinnermittlung nicht vergleichbaren Bewertungsregeln folgt, ausgehandelt.[1] Noch weniger drängt sich der Gedanke auf, dass ein Erwerber der Organgesellschaft wegen bei dieser bestehender Abweichungen zwischen Handels- und Steuerbilanz in nämlicher Höhe mehr oder weniger für die Beteiligung zu zahlen bereit sein sollte. So macht die Nichtberücksichtigung einer Drohverlustrückstellung in der Steuerbilanz die Organgesellschaft nicht wertvoller.[2] Ebenso wenig mindert die Zuweisung eines steuerlichen Verlusts aus einer Personengesellschaft den Wert der Organbeteiligung, wenn nicht zugleich eine Veranlassung für die Abschreibung des Beteiligungsbuchwerts der Personengesellschaft besteht (dann aber läge insoweit keine Mehrabführung vor).[3] Mit der Kodifizierung des Konzepts der organschaftlichen Ausgleichsposten wurde jedoch zugleich auch dieser Typisierung eine Rechtsgrundlage gegeben, so dass sie der Auslegung und Anwendung der Vorschrift ungeachtet aller Kritik zumindest grundsätzlich – das in § 14 IV S 6 verwendete Wort „insbesondere" mag in besonderen Fällen ein Abweichen hiervon rechtfertigen – zu Grunde zu legen sein dürfte.[4]

1013-1014 *Einstweilen frei.*

1015 **4. Tatbestand der in organschaftlicher Zeit verursachten Mehr- und Minderabführungen. a) Gesetzliche Definition.** Nach der gesetzlichen Definition liegen Mehr- und Minderabführungen iSd § 14 IV S 1 insbesondere vor, <u>wenn der an den Organträger abgeführte Gewinn von dem Steuerbilanzgewinn der Organgesellschaft abweicht</u> und diese Abweichung in organschaftlicher Zeit verursacht ist (§ 14 IV S 6).

1016 *Einstweilen frei.*

1017 **b) Abweichungen zwischen Gewinnabführung und Steuerbilanzgewinn als Regelbeispiel. Abgeführter Gewinn; Steuerbilanzgewinn.** Die in der gesetzlichen Definition verwendeten Begriffe sind ungenau. So entspricht der nach § 291 I iVm § 301 AktG abzuführende Betrag (Gewinnabführung) nicht dem handelsrechtlichen Bilanzgewinn der Organgesellschaft, der um die Gewinnabführung gemindert ist und um einen Gewinnvortrag erhöht sowie um Veränderungen der Kapital- und Gewinnrücklagen erhöht oder vermindert sein kann. Auch ist der Steuerbilanz-

---

[1] BFH I R 41/93, BStBl II 1996, 614, zu II.1.
[2] Hierzu *Breier*, DK 2011, 84, 89.
[3] *Neumann* in Gosch § 14 Rn 450.
[4] *Dötsch* in D/J/P/W § 14 Rn 482; *Neumann* in Gosch § 14 Rn 450.

gewinn der Organgesellschaft um die Gewinnabführung gemindert. Ein Vergleich ist vielmehr zwischen dem abgeführten Gewinn und dem Steuerbilanzgewinn vor Gewinnabführung vorzunehmen.[1]

Steuerbilanzverlust; Verlustübernahme. Die Begriffe Steuerbilanzgewinn (vor Gewinnabführung) und Gewinnabführung umfassen auch die jeweilige Kehrseite, dh einen Steuerbilanzverlust (vor Verlustübernahme) und die Verlustübernahme.[2]   1018

Mehrabführung; Minderabführung. Eine Mehrabführung (Minderabführung) liegt demnach vor, wenn das durch die Organgesellschaft abgeführte Ergebnis ihren Steuerbilanzgewinn vor Ergebnisabführung übersteigt (unterschreitet).   1019

Beschränkung auf Differenzen im Vermögensbereich. Ungeachtet der Tatsache, dass erst durch die Einkommenszurechnung nach § 14 I S 1 entstehende Diskrepanzen zur Gewinnabführung zu der Doppelbesteuerung oder doppelten Nichtbesteuerung von Gewinnen und Verlusten im Organkreis führen, die der Gesetzgeber mit § 14 IV zu vermeiden versucht,[3] stellt § 14 IV S 6 auf den Steuerbilanzgewinn und nicht auf das zuzurechnende Einkommen der Organgesellschaft als Vergleichsparameter zur Ergebnisabführung ab. Der Anwendungsbereich des § 14 IV beschränkt sich damit auf Differenzen im Vermögensbereich der Organgesellschaft, wobei nicht ein Vergleich zwischen handels- und steuerbilanzieller Vermögensmehrung, sondern zwischen Ergebnisabführung und steuerbilanzieller Vermögensmehrung erfolgt.[4] Vgl zu Anwendungsfällen Rn 1049 ff.   1020

Irrelevanz außerbilanzieller Einkommenskorrekturen. Außerbilanzielle Korrekturen auf der zweiten Stufe der Gewinnermittlung oder im weiteren Verlauf der Einkommensermittlung sind nach dem Gesetzeswortlaut irrelevant;[5] nur teilweise wird aus der Behandlung des Ertragszuschusses (hierzu Rn 1036) in der Gesetzesbegründung geschlossen, dass Mehr- und Minderabführungen auch dann vorliegen können, wenn sich diese auf der zweiten Stufe der Gewinnermittlung, ergeben.[6] Erstere Auffassung ist zutreffend. Sofern eine Abweichung zwischen zuzurechnendem Einkommen und Ergebnisabführung erst auf der zweiten Stufe der Gewinnermittlung oder im weiteren Verlauf der Einkommensermittlung entsteht, wie dies im Falle nichtabziehbarer Ausgaben und sonstiger Hinzurechnungen zum Einkommen (zB §§ 1, 7 ff AStG) der Fall ist, ist dafür kein Ausgleichsposten zu bilden. Gleiches gilt für die Hinzurechnung bestimmter steuerlich nicht zu berücksichtigender Verluste zB gem §§ 2a, 15 IV EStG bzw die Verlustabzugsbeschränkung des § 8c.[7] Diesen Einkommensbestandteilen steht stets keine Vermögensmehrung der Organgesellschaft gegenüber, die zu welchem Zeitpunkt auch immer an den Organträger abgeführt   1021

---

1 *Frotscher* in Frotscher/Maas § 14 Rn 799; aA *Kolbe*, StuB 2008, 293, 294.
2 *Neumann*, Ubg 2010, 673, 674; *Heurung/Seidel*, DK 2009, 400, 401.
3 BTDrs 16/7036, 20.
4 *Neumann*, Ubg 2010, 673, 674 f.
5 *Erle/Heurung* in Erle/Sauter § 14 Rn 445; *Frotscher* in Frotscher/Maas § 14 Rn 812; *Neumann*, Ubg 2010, 673, 675; *Heurung/Seidel*, DK 2009, 400, 401; *J Thiel* in FS für Arndt Raupach: Steuer- und Gesellschaftsrecht zwischen Unternehmerfreiheit und Gemeinwohl, 2006, S 543, 549 (zu § 14 III); aA *Kolbe*, StuB 2008, 293, 294.
6 *Sedemund*, DB 2010, 1255.
7 *Dötsch* in D/J/P/W § 14 Rn 500; *Frotscher*, DK 2008, 548, 554.

werden könnte. Ein zusätzlicher Veräußerungsgewinn des Organträgers, der zur Vermeidung einer mehrfachen Besteuerung von Einkommen innerhalb des Organkreises durch die Bildung und Auflösung eines aktiven Ausgleichspostens steuerlich zu entlasten wäre, kann mit diesen Einkommensbestandteilen nicht verbunden sein. Die Bildung eines aktiven Ausgleichspostens in diesen Fällen würde vielmehr im Ergebnis zu einem teilweisen Abzug der nichtabziehbaren Ausgaben führen. Entsprechendes gilt umkehrt für außerbilanzielle Minderungen des Einkommens wegen steuerfreier Vermögensmehrungen (zB Investitionszulagen,[1] DBA-befreite Betriebsstättengewinne etc). Die zu Grunde liegenden Vermögensmehrungen fließen dem Organträger über den Gewinnabführungsvertrag zu.

1022 **Einzelfallbetrachtung.** In besonderen Einzelfällen können die in Rn 1020-1021 dargestellten Grundsätze jedoch zu unsachgerechten Ergebnissen führen. ME gebieten Sinn und Zweck des Ausgleichspostenkonzepts (Vermeidung einer doppelten Besteuerung oder Nichtbesteuerung von Gewinnen, Vermeidung der doppelten Berücksichtigung von Verlusten), nur solche Differenzen im Vermögensbereich zu berücksichtigen, die auch mit einer Vermögensverschiebung zwischen Organgesellschaft und Organträger einhergehen. Dies ist zB für einen Übernahmeverlust iSd § 4 VI UmwStG zu verneinen, da es sich bei diesem nicht um einen wirtschaftlichen Verlust handelt und das Risiko einer doppelten Verlustnutzung mithin nicht besteht (hierzu weiterführend Rn 1327).[2] An einer solchen Vermögensverschiebung fehlt es mE auch im Fall eines nach § 15a EStG nur verrechenbaren Verlusts (vgl Rn 1023).

1023 **Verluste iSd § 15a EStG.** Wird der an einer Personengesellschaft beteiligten Organgesellschaft als Mitunternehmerin ein steuerlicher Verlust zugewiesen, den sie in der Steuerbilanz nach der sog Spiegelbildmethode ausweist, unterschreitet der Steuerbilanzgewinn die Ergebnisabführung, soweit nicht in der Handelsbilanz der Organgesellschaft eine außerplanmäßige Abschreibung auf den Buchwert der Beteiligung an der Organgesellschaft vorgenommen wird. Dieser Unterschied zwischen Ergebnisabführung und Steuerbilanzgewinn vor Ergebnisabführung kann nur insoweit zu einer Mehrabführung führen, wie der Verlust nicht nach § 15a EStG lediglich verrechenbar ist.[3] Denn solange ein Verlust nur verrechenbar ist, spiegelt dies wieder, dass der Kommanditist für diesen nicht einstehen muss. Erst wenn der der Kommanditist zusätzliche Einlagen leistet oder seine Außenhaftung erhöht, können sich diese Verluste zu irgendeinem Zeitpunkt auch auf die Handelsbilanz der Organgesellschaft auswirken; dann sind sie steuerlich auch ausgleichsfähig. Würde wegen der steuerlich nicht ausgleichsfähigen Verluste auf Ebene des Organträgers ein passiver Ausgleichsposten gebildet, ergäbe sich zudem die unzutreffende Wirkung, dass eine spätere veräußerungsbedingte gewinnerhöhende Auflösung des Ausgleichspostens neben die vorherige außerbilanzielle Einkommenserhöhung wegen dieses nicht ausgleichsfähigen Verlustes träte. Hiermit käme es zu einer Doppelbesteuerung,

---

1 AA *Sedemund*, 2DB 2010, 1255, 1256.
2 *Neumann*, Ubg 2010, 673, 674 f, 677.
3 FG Hamburg 2 K 188/09, EFG 2012, 77, Revision anhängig I R 65/11; *Heurung/Engel/Schröder*, BB 2012, 1123, 1126 f; aA wohl *Dötsch* in D/J/P/W § 14 Rn 500; *Erle/Heurung* in Erle/Sauter § 14 Rn 446; ggf auch *Frotscher*, DK 2008, 548, 554.

IX. Mehr- und Minderabführungen mit Verursachung in organschaftlicher Zeit

welche gerade durch die Bildung steuerlicher Ausgleichsposten vermieden werden soll.[1] Die Bildung eines passiven Ausgleichspostens kommt mE erst in dem Zeitpunkt in Frage, in dem der Verlust ausgleichsfähig wird.

Einstweilen frei. 1024-1028

c) Kollision mit verdeckter Einlage und vGA. Allgemeines. Auch in Fällen, in denen es durch 1029

- verdeckte Einlagen (vgl Rn 1030) oder
- vGA (vgl Rn 1031)

zu Abweichungen zwischen Gewinnabführung und Steuerbilanzgewinn vor Gewinnabführung kommt, ist mE das in § 14 IV S 6 beschriebene Regelbeispiel nach dem Sinn und Zweck der Vorschrift teleologisch zu reduzieren.

Verdeckte Einlage. Eine verdeckte Einlage (vgl Rn 748 ff) durch den Organträger in die Organgesellschaft führt zu einer Abweichung zwischen Gewinnabführung und Steuerbilanzgewinn (zum Ausnahmefall des Ertragszuschusses vgl Rn 1036). Dies ist zB der Fall, wenn die Organgesellschaft ein Wirtschaftsgut unter Preis vom Organträger erwirbt. Die Erfassung der verdeckten Einlage in der Steuerbilanz erhöht dann den auf der ersten Stufe der Gewinnermittlung ermittelten Steuerbilanzgewinn vor Gewinnabführung; nach dem Wortlaut des § 14 IV läge eine Minderabführung vor. Dennoch kann § 14 IV hierauf keine Anwendung finden.[2] Die Bildung eines aktiven Ausgleichspostens würde zu einer ungerechtfertigten nochmaligen Entlastung eines Veräußerungsergebnisses des Organträgers hinsichtlich der Organbeteiligung führen, da die verdeckte Einlage schon nach § 6 VI S 2 EStG die Anschaffungskosten des Organträgers für diese Beteiligung erhöht. Ebenso würde die Anwendung von § 27 VI eine ungerechtfertigte nochmalige Erhöhung des bereits um die verdeckte Einlage nach § 27 I erhöhten Einlagekontos bewirken. Kommt es im Nachgang zu der verdeckten Einlage zu Mehrabführungen (Mehrabschreibungen oder Minderveräußerungsergebnis in der Steuerbilanz, Anpassung der Handelsbilanz) ist es mE sachgerecht, dafür einen passiven Ausgleichsposten zu bilden, durch dessen Auflösung ein um die unverändert erhöhten Anschaffungskosten gemindertes Veräußerungsergebnis des Organträgers korrigiert wird.[3] 1030

VGA. Auch im Zusammenhang mit einer vGA der Organgesellschaft an den Organträger kann es zu einer Abweichung zwischen Gewinnabführung und Steuerbilanzgewinn vor Gewinnabführung kommen. Bei Erwerb eines Wirtschaftsguts durch die Organgesellschaft vom Organträger zu einem überhöhten Preis läge infolge der vorzunehmenden Minderung der Anschaffungskosten für das Wirtschaftsgut auf den Teilwert in der Steuerbilanz der Organgesellschaft nach dem Wortlaut des § 14 IV eine Mehrabführung vor. Dennoch scheidet mE die Anwendung des § 14 IV S 6 wegen vorrangiger Anwendung des § 8 III S 2 aus. Letzterer stellt sicher, dass der 1031

---
1 BTDrs 16/7036, 20; BFH I R 5/05, BStBl II 2007, 796; BFH I R 31/08, BFH/NV 2009, 790 f; FG Hamburg 2 K 188/09, EFG 2012, 77, zu 2. der Begründung, Revision anhängig I R 65/11.
2 *Breier*, DK 2011, 84, 87; *Dötsch* in D/J/P/W § 14 Rn 555.
3 *Breier*, DK 2011, 84, 87; *Dötsch* in D/J/P/W § 14 Rn 555.

handelsrechtlich mehr abgeführte Gewinn vom Organträger auch versteuert wird. Da Gewinnabführung und Einkommenszurechnung somit im Einklang sind, besteht das Erfordernis des Eingriffs durch einen passiven Ausgleichsposten nicht. Zwar ist bei typisierter Betrachtung ein vom Organträger für die Organbeteiligung erzielbares Veräußerungsergebnis durch den Vorgang gemindert; zu einer doppelten Berücksichtigung im Organkreis kommt es dadurch jedoch nicht, weil der erste Verlust (auf Ebene der Organgesellschaft) nach § 8 III S 2 schon nicht zu berücksichtigen war.

1032 *Einstweilen frei.*

1033 **d) Weitere Fälle von Mehr- und Minderabführungen iSd § 14 IV? Allgemeines.** Durch die Verwendung des Wortes „insbesondere" stellt § 14 IV S 6 keine abschließende Definition in organschaftlicher Zeit verursachter Mehr- und Minderabführungen dar. Fraglich ist deshalb, welche weiteren Fälle von Mehr- und Minderabführungen jenseits des Regelbeispiels in den Anwendungsbereich des § 14 IV fallen könnten.

1034 **Keine außerhalb der organschaftlichen Zeit verursachten Mehr- und Minderabführungen.** Um außerhalb der organschaftlichen Zeit verursachte Mehr- und Minderabführungen kann es sich bei den weiteren Fällen des § 14 IV S 6 nicht handeln, da bereits § 14 IV S 1 die Anwendung des § 14 IV auf Mehr- und Minderabführungen begrenzt, die ihre Ursache in organschaftlicher Zeit haben; diese Eingrenzung wird nicht durch § 14 IV S 6 wieder aufgehoben.

1035 **Keine Einschränkung des Anwendungsbereichs des Regelbeispiels.** Für die teilweise gebotene und begründbare Nichtanwendung des § 14 IV aufgrundsätzlich von dem Regelbeispiel des § 14 IV S 6 erfasste Fälle (vgl Rn 1022 f) kann mE nicht auf das Wort „insbesondere" als gesetzliche Legitimation zurückgegriffen werden,[1] denn mit dem Wort „insbesondere" präzisiert das Gesetz eine Teilmenge von Sachverhalten, die auf jeden Fall den Tatbestand erfüllen sollen. Daher vermögen diese Fälle den durch das Wort „insbesondere" über das Regelbeispiel hinaus erweiterten Anwendungsbereich des § 14 IV S 6 mE auch nicht zu erklären. Vielmehr muss es sich bei den weiteren Fällen des § 14 IV S 6 um solche handeln, in denen keine Abweichung zwischen Gewinnabführung und Steuerbilanzgewinn vor Gewinnabführung gegeben ist.

1036 **Ertragszuschuss als weiterer Fall des § 14 IV S 6.** Fraglich ist, ob mit dem Ertragszuschuss der durch § 14 IV S 6 angedeutete Anwendungsbereich jenseits der Abweichungen von Gewinnabführung und Steuerbilanz ausgefüllt werden kann. Die Gesetzesbegründung macht keine weiteren Ausführungen zu dem Wort „insbesondere", sondern benennt lediglich zwei Beispiele für unter § 14 IV fallende Minder- bzw Mehrabführungen. Neben der bereits durch das Regelbeispiel abgedeckten Bildung und Auflösung von Rücklagen durch die Organgesellschaft ist dies der Ertragszuschuss durch den Organträger.[2] Die Frage, ob durch einen Ertragszuschuss, der nicht in die Kapitalrücklage eingestellt wird, sondern das Jahresergebnis erhöht (vgl

---

1 AA *Dötsch* in D/J/P/W § 14 zB Rn 555; *Breier*, DK 2011, 84, 88; *Neumann*, Ubg 2010, 673, 677 f.
2 BTDrs 16/7036, 20.

IX. Mehr- und Minderabführungen mit Verursachung in organschaftlicher Zeit

Rn 731) und mithin am Ende des WJ über die Gewinnabführung an den Organträger zurückfließt, eine Mehrabführung iSd § 14 IV ausgelöst wird, ist in der Literatur umstritten. Einigkeit besteht nur darüber, dass die Leistung des Ertragszuschusses (erster Schritt) als verdeckte Einlage zu einer Erhöhung der Anschaffungskosten der Beteiligung des Organträgers an der Organgesellschaft und damit auch zu einer Erhöhung des Einlagekontos der Organgesellschaft nach § 27 I führt.[1] Unterschiedliche Ansätze bestehen hinsichtlich der Behandlung des Rückflusses eines dem Ertragszuschuss entsprechenden Betrages über die Gewinnabführung sowie des Umgangs damit, dass sowohl der Beteiligungsbuchwert auf Ebene des Organträgers wie auch das Einlagekonto der Organgesellschaft nach Rückfluss des Ertragszuschusses ohne weitere Korrekturen überhöht wären:

- Eine Auffassung verneint das Vorliegen einer organschaftlichen Mehrabführung, weil es an der im Regelbeispiel des § 14 IV S 6 geforderten Abweichung zwischen Ergebnisabführung und Steuerbilanzgewinn vor Ergebnisabführung und damit an einer Vermögensverschiebung fehlt.[2] *Neumann* geht – ohne Benennung einer Rechtsgrundlage und der Folgen für das Einlagekonto der Organgesellschaft – davon aus, dass die Rückgewähr des Ertragszuschusses über die Gewinnabführung als Einlagenrückgewähr vom steuerlichen Beteiligungsansatz wieder abzusetzen sei. *Frotscher* konkretisiert, dass die Rückgewähr gedanklich als Auskehrung aus dem Einlagekonto (§ 27 I) zu werten und entgegen § 27 I S 3 auch ein unmittelbarer Zugriff auf das Einlagekonto möglich sei. Letzteres finde seine Rechtfertigung darin, dass es sich nur um eine gedankliche Konstruktion zur Darstellung eines Zugangs und einer Entnahme aus dem steuerlichen Einlagekonto handele.

- Nach einer zweiten Auffassung[3] stellt der Ertragszuschuss einen Anwendungsfall des § 14 IV S 6 – mangels Abweichung zwischen Ergebnisabführung und Steuerbilanzgewinn vor Gewinnabführung – jenseits des Regelbeispiels[4] dar. In diesem Fall bleibt der überhöhte Beteiligungsbuchwert bestehen.[5] Ein dadurch später zu niedriger Veräußerungsgewinn wird durch die Auflösung des zunächst zu bildenden passiven Ausgleichspostens kompensiert.

- Nach einer dritten[6], ggf mittlerweile nicht mehr aufrecht erhaltenen[7] Auffassung sollte die Rückführung des Ertragszuschusses als eine Mehrabführung iSd § 14 III behandelt werden.

---

1 *Dötsch* in D/J/P/W § 14 Rn 556; *Neumann*, Ubg 2010, 673, 675; *Frotscher* in Frotscher/Maas § 14 Rn 893.
2 *Neumann*, Ubg 2010, 673, 675; *Frotscher* in Frotscher/Maas § 14 Rn 893.
3 *Dötsch* in D/J/P/W § 14 Rn 556; *Sedemund*, DB 2010, 1255, 1256.
4 Nicht eindeutig bei *Dötsch*, der das bei dieser Sichtweise eintretende Ergebnis für zutreffend hält, zugleich aber zur Voraussetzung macht, dass Mehr- und Minderabführungen bei Auseinanderfallen von Gewinnabführung und Betriebsvermögensmehrung lt Steuerbilanz auch dann anzunehmen sind, wenn es nicht zu einer tatsächlichen Vermögensverschiebung von der Organgesellschaft auf den Organträger kommt.
5 Soweit *Neumann*, Ubg 2010, 673, 675 ein Nebeneinander von Einlagenrückgewähr (Minderung des Beteiligungsbuchwerts) und Bildung eines passiven Ausgleichspostens für möglich hält und wegen eines dadurch überhöhten Gewinns bei Veräußerung der Organbeteiligung die Bildung eines Ausgleichspostens ablehnt, ist dem mE nicht zu folgen.
6 *Dötsch/Pung*, DK 2008, 150, 155.
7 *Dötsch* in D/J/P/W § 14 Rn 556.

Wenngleich allein die erste Auffassung (Einlagenrückgewähr) zumindest grundsätzlich geeignet ist, zu einem zutreffenden Ergebnis mit Blick auf die Bilanzierung der Beteiligung zu führen, ist sie mE abzulehnen. Die Rückführung des Ertragszuschusses lässt sich weder nach allgemeinen Grundsätzen noch unter Rückgriff auf § 27 I in eine Einlagenrückgewähr umdeuten. Der Ertragszuschuss bzw ein diesem entsprechender Ertrag fließt dem Organträger über die Gewinnabführung zu. Eine Aufteilung des Betrags der Gewinnabführung iSd § 291 I AktG in Einkommen einerseits und Einlagen, Ausschüttungen und mE auch Einlagenrückgewähr andererseits bedarf einer Rechtsgrundlage,[1] wie sie zB heute für in vororganschaftlicher Zeit verursachte Mehrabführungen (Gewinnausschüttung) und Minderabführungen (Einlage) in § 14 III gegeben ist. Eine Gewinnabführung ist keine Ausschüttung oder sonstige Leistung der Kapitalgesellschaft[2] und damit auch keine Leistung iSd § 27 I S 3. Abgesehen davon versagt dieser Ansatz mit Blick auf die Korrektur von Beteiligungsbuchwert und Einlagekonto, wenn die Organgesellschaft über neutrales Vermögen (vorvertragliche Gewinnrücklagen) verfügt. Ein unmittelbarer Zugriff auf das Einlagekonto ist in § 27 I S 3 ausdrücklich ausgeschlossen und könnte mE auch nicht mit dem Argument herbeigeführt werden, es handele sich um eine gedankliche Konstruktion zur Darstellung eines Zugangs zu und einer Entnahme aus dem Kapitalkonto im selben WJ;[3] denn unterjährige Zugänge zum Einlagekonto können nicht im selben WJ für Leistungen der Kapitalgesellschaft verwendet werden.[4] Ferner versagt dieser Ansatz, wenn die Organgesellschaft ein den Ertragszuschuss unterschreitendes oder ein negatives Jahresergebnis erzielt, da es in diesem Fall mangels ausreichender Gewinnabführung bzw wegen der Verlustübernahme schon an jeglicher Leistung der Organgesellschaft fehlt.

Der sachgerechte unmittelbare Zugriff auf das Einlagekonto lässt sich mE nur durch Rückgriff auf § 27 VI und damit auch – der zweiten Auffassung entsprechend – durch Annahme einer in organschaftlicher Zeit verursachten Mehrabführung erreichen. Auch deckt § 14 IV S 6 diesen Sachverhalt mE mit dem durch das Wort „insbesondere" geschaffenen Anwendungsbereich jenseits des Regelbeispiels ab. Wenngleich den Gesetzesmaterialien nicht eindeutig zu entnehmen ist, ob die Einbeziehung des Ertragszuschusses den Anlass für die Einfügung des Wortes „insbesondere" gab, wird dieser Einfügung in der zweiten Auffassung zumindest ein Sinn verliehen und der vom Gesetzgeber ausdrücklich gewollten Einbeziehung des Ertragszuschusses in den § 14 IV Rechnung getragen. Als Schwäche der zweiten Auffassung ist einzuräumen, dass die bei Leistung des Ertragszuschusses erfolgte Erhöhung des Beteiligungsbuchwerts auf jeden Fall bestehen bleibt. Dennoch ist durch den nach der zweiten Auffassung zu bildenden passiven Ausgleichsposten eine zutreffende Besteuerung im Veräußerungsfall sichergestellt; der Ertrag aus dessen Auflösung kompensiert den durch die überhöhten Anschaffungskosten der Beteiligung

---

1 BFH I R 51/01, BStBl II 2005, 49.
2 BFH I R 51/01, BStBl II 2005, 49.
3 *Frotscher* in Frotscher/Maas § 14 Rn 893.
4 Ggf bereits entschieden durch BFH I R 51/09, BFH/NV 2010, 1886, zu II. 3; Hessisches FG 4 K 2353/10, LexInform Nr 5012090, Revision anhängig I R 35/11.

IX. Mehr- und Minderabführungen mit Verursachung in organschaftlicher Zeit

verminderten Veräußerungsgewinn. Voraussetzung hierfür ist aber, dass § 8b bzw § 3 Nr 40 EStG nicht isoliert auf die Auflösung des Ausgleichspostens, sondern auf ein um Aufwendungen und Erträge aus der Auflösung von Ausgleichsposten korrigiertes Veräußerungsergebnis angewendet werden (vgl Rn 1094 f). Andernfalls käme es zu einer dem Sinn und Zweck des Ausgleichspostenkonzepts widersprechenden Doppelbesteuerung, soweit durch die überhöhten Anschaffungskosten ein nach § 8b III S 3 nicht abzugsfähiger Veräußerungsverlust entsteht oder erhöht wird. Nicht zufriedenstellend ist die zweite Lösung auch, wenn der überhöhte Beteiligungsansatz vor einer Veräußerung Gegenstand einer nach § 8b III S 3 nicht abzugsfähigen Teilwertabschreibung wird; dies aber letztlich aufgrund der allgemeinen Problematik der Anwendung des § 8b III S 1 auf Zuschreibungsgewinne (vgl § 8b Rn 330). Seit dem VZ 2009 kann dies durch einen Verzicht auf die Vornahme einer Teilwertabschreibung verhindert werden (vgl Rn 831, 828).

Die dritte Auffassung, nach der die Rückführung des Ertragszuschusses eine Mehrabführung iSd § 14 III darstellen sollte, entbehrt wegen Fehlens einer Verursachung in vororganschaftlicher Zeit einer Rechtsgrundlage.[1]

Einstweilen frei.   1037-1039

e) Saldierung von Mehr- und Minderabführungen. Für die Frage, ob eine 1040 Abweichung zwischen Gewinnabführung und Steuerbilanzgewinn vor Gewinnabführung vorliegt, kann mE nicht auf einen Vergleich der gesamten Gewinnabführung mit dem gesamten Steuerbilanzgewinn abgestellt werden. Hat die Organgesellschaft in der Handelsbilanz eine steuerlich nicht ansetzbare Drohverlustrückstellung angesetzt und in selber Höhe ein selbst geschaffenes Patent aktiviert, weichen Gewinnabführung und Steuerbilanzgewinn vor Gewinnabführung nicht voneinander ab; dennoch liegen eine Minderabführung und eine Mehrabführung vor.[2] Hierfür bedarf es mE nicht eines Rückgriffs auf das Wort „insbesondere";[3] hierfür spricht bereits die Verwendung des Plurals für Mehrabführungen und Minderabführungen in § 14 IV S 1 sowie das Erfordernis, die Verursachung (in organschaftlicher Zeit) der Mehr- und Minderabführungen zu bestimmen und solche Mehr- und Minderabführungen aus dem Anwendungsbereich des § 14 IV auszusondern, die die erforderliche Verursachung nicht aufweisen (vgl Rn 1215). Letzteres wäre bezogen auf die Gesamtgewinnabführung und den gesamten Steuerbilanzgewinn nicht möglich. Von diesem Saldierungsverbot unberührt bleibt mE jedoch die Saldierung bzw Zusammenfassung von Mehr- und Minderabführungen aus unterschiedlichen Bilanzpositionen, die eine gemeinsame einheitliche Ursache (vgl Rn 1263) in organschaftlicher Zeit haben. Auf Ebene der Organgesellschaft hat die Frage der Saldierung oder Nichtsaldierung letztlich keine materielle Bedeutung, da sich die Rechtsfolgen hier auf § 27 VI beschränken. Von Bedeutung ist die Frage für die auf Ebene des Organträgers zu bildenden Ausgleichsposten (vgl Rn 1099).

Einstweilen frei.   1041

---

1 Ebenso *Frotscher* in Frotscher/Maas § 14 Rn 893.
2 *Neumann*, Ubg 2010, 673, 677.
3 So *Neumann*, Ubg 2010, 673, 677.

1042 **f) Mehr- und Minderabführungen bei negativen Ergebnissen. Grundsatz.**
Unter Berücksichtigung der Grundsätze in Rn 1040 wird das Vorliegen einer Mehrabführung mE auch nicht dadurch ausgeschlossen, dass handelsrechtlich (einheitlich) eine Verlustübernahme oder nur eine die Mehrabführung unterschreitende Gewinnabführung gegeben ist. Mehr- und/oder Minderabführungen mit der Folge der Bildung von Ausgleichsposten in entsprechender Höhe liegen immer dann vor, wenn die handelsrechtliche Ergebnisabführung von der steuerrechtlichen Vermögensmehrung abweicht. Dies gilt unabhängig davon, ob die Ergebnisabführung positiv oder negativ (Verlustübernahme) und/oder die steuerliche Vermögensmehrung positiv oder negativ sind.[1] Während im Kontext des § 14 III zumindest kritisch hinterfragt werden kann, ob die Rechtsfolge einer Gewinnausschüttung auch im Fall einer handelsrechtlichen Verlustübernahme bzw einer Einlage auch im Fall einer handelsrechtlichen Gewinnabführung fingiert werden kann, erlaubt § 14 IV, der als Rechtsfolge lediglich die Bildung von Ausgleichsposten beim Organträger anordnet, eine entsprechende Argumentation mE nicht.

1043 **Aktive Ausgleichsposten.** Wurde das handelsrechtliche Ergebnis zB um eine Drohverlustrückstellung von 300 gemindert, liegt eine Minderabführung iHv 300 mit Bildung eines Ausgleichspostens in entsprechender Höhe auch dann vor, wenn handelsrechtlich ein Verlust iHv 100 durch den Organträger zu übernehmen ist. Soweit in der Literatur vertreten wird, ein aktiver Ausgleichsposten könne in diesem Fall nur iHv 200 gebildet werden, da dem Organträger nur insoweit versteuertes Vermögen der Organgesellschaft nicht zugeflossen sei,[2] ist dem mE nicht zu folgen. ME kann es für die die Bildung eines aktiven Ausgleichspostens nicht darauf ankommen, ob ein Gewinn, der das dem Organträger zugerechnete Einkommen erhöht hat, diesem nicht zugeflossen ist oder ob dieser stattdessen (teilweise) selbst einen Vermögensabfluss in Form der Verlustübernahme erlitten hat, der das ihm zugerechnete Einkommen nicht gemindert hat. Nach der grundsätzlich hinterfragungsfähigen[3] – von § 14 IV nun wohl aber grundsätzlich angeordneten (vgl Rn 1012) – typisierenden Betrachtung, dass auch rein steuerbilanzielle Rücklagen zu einer Erhöhung des für die Organbeteiligung erzielbaren Veräußerungserlöses führen, wäre auch in diesem Fall das Veräußerungsergebnis um 300 überhöht. Denn für einen Erwerber wird es unerheblich sein, ob die Rücklagen aus dem Gewinn der Organgesellschaft oder aber aus einer Verlustübernahme durch den Organträger gebildet wurden. Wäre der Ausgleichsposten nicht iHv 300 zu bilden, könnte dieser seinen Zweck, die Vermeidung einer Doppelbesteuerung im Organkreis, nicht erfüllen.[4] Dies führt auch nicht mittelbar zu einer unzulässigen Berücksichtigung der iRd Ergebnisermittlung des Organträgers zu eliminierenden Verlustübernahme.[5] Der von der Gegenmeinung gebildete Beispielsfall atomisiert die Gewinnabführung in der Weise, dass unterstellt wird, es

---

1 Breier, DK 2011, 11, 18; Frotscher in Frotscher/Maas § 14 Rn 824 f; Heurung/Seidel, DK 2009, 400, 401 ff; aA Neumann, Ubg 2010, 673, 676 f.
2 Neumann, Ubg 2010, 673, 676 f, Beispiel 2.
3 S bereits die deutlichen Zweifel in BFH I R 41/93, BStBl II 1996, 614.
4 Ebenso Heurung/Seidel, DK 2009, 400, 402 f; Frotscher in Frotscher/Maas § 14 Rn 824 f.
5 So aber Neumann, Ubg 2010, 673, 677.

IX. Mehr- und Minderabführungen mit Verursachung in organschaftlicher Zeit

sei die fragliche Drohverlustrückstellung und nicht ein beliebiger anderer Aufwand gewesen, der das Umschlagen von einer Gewinnabführungsverpflichtung in einen Verlustübernahmeanspruch bewirkt hat. Dann aber muss dieser atomisierende Ansatz auch für die Beurteilung der Verlustübernahme auf Ebene des Organträgers beibehalten werden. Die Eliminierung der Verlustübernahme iRd Ergebnisermittlung des Organträgers ist kein Selbstzweck, sondern soll die doppelte Berücksichtigung des Verlusts der Organgesellschaft, einmal im Wege Verlustübernahme, einmal im Wege der Zurechnung negativen Einkommens verhindern.[1] Sie geht also davon aus, dass der Verlustübernahme die Zurechnung negativen Einkommens (grundsätzlich in gleicher Höhe) gegenübersteht; genau dies ist im Fall einer Minderabführung jedoch nicht der Fall. Dies zeigt darüber hinaus, dass der Ansatz der Gegenmeinung nicht durchführbar und damit auch nicht justiziabel ist, da mit Ausnahme extremer Einzelfälle nicht bestimmt werden kann, ob der einer Minderabführung zu Grunde liegende handelsrechtliche Aufwand noch zu den Aufwendungen gehört hat, die lediglich den Gewinn gemindert haben oder schon zu denjenigen Aufwendungen, die zum Überschreiten Verlustschwelle geführt oder einen Verlust weiter erhöht haben.

Passive Ausgleichsposten. Aus den gleichen Erwägungen ist der in der Literatur vertretenen Auffassung, dass passive Ausgleichsposten maximal iHd tatsächlich (Gewinnabführung) an den Organträger transferierten Vermögens gebildet werden können und die daraus resultierende teilweise oder vollständige Nichtbildung eines passiven Ausgleichspostens erst in Folgejahren und auch nur unter der Voraussetzung ausreichend hoher Gewinnabführungen nachzuholen sei,[2] mE nicht zuzustimmen.[3] Dient die Bildung des Ausgleichspostens der Vermeidung der Nichtbesteuerung eines von der Organgesellschaft erzielten Gewinns (vgl Rn 1006, Fall 1), ist es mE unbeachtlich, ob dieser Gewinn dem Organträger im Wege der Gewinnabführung zugeflossen ist und so sein Vermögen erhöht hat oder ob der Gewinn das Vermögen des Organträgers in Form einer ersparten Verlustübernahme nicht gemindert hat. Dient die Bildung der Vermeidung einer doppelten Verlustberücksichtigung im Organkreis, wie zB bei Zuweisung steuerlicher Verluste aus einer Personengesellschaft an die Organgesellschaft, denen kein entsprechender handelsrechtlicher Aufwand (außerplanmäßige Abschreibung der Beteiligung) gegenübersteht, würde die (teilweise) Nichtbildung des passiven Ausgleichspostens das mit diesem verfolgte Ziel nicht erreichen. Denn der zugewiesene Verlust hat unzweifelhaft und unabhängig vom Vorliegen einer Gewinnabführung oder Verlustübernahme in der Handelsbilanz der Organgesellschaft das dem Organträger zuzurechnende Einkommen der Organgesellschaft gemindert (vorbehaltlich des § 15a EStG; vgl hierzu Rn 1023).[4] Ein tatsächlicher Mittelabfluss lässt sich § 14 IV als Tatbestandsvoraussetzung für die Bildung von Ausgleichsposten nicht entnehmen; auch das Wort „insbesondere", welches mE nicht so gelesen werden kann, dass es das Regelbeispiel einschränkt (vgl

1044

---

1 BFH I R 240/72, BStBl II 1975, 126; BFH I R 150/82, BStBl II 1987, 455.
2 *Neumann*, Ubg 2010, 673, 676 f; *J Thiel* in FS für Arndt Raupach: Steuer- und Gesellschaftsrecht zwischen Unternehmerfreiheit und Gemeinwohl, 2006, S 543, 554.
3 *Frotscher* in Frotscher/Maas § 14 Rn 824 f.
4 Ebenso *Frotscher* in Frotscher/Maas § 14 Rn 824 f.

bereits Rn 1035), eröffnet eine dementsprechende Auslegung mE nicht.[1] Auch nach dem Verständnis des BFH[2] (vor § 14 IV) setzen organschaftliche Mehrabführungen einen Mittelabfluss nicht voraus.

1045-1046 *Einstweilen frei.*

1047 **g) Verursachung in organschaftlicher Zeit.** Ausgleichsposten sind für Mehr- und Minderabführungen nur dann zu bilden, wenn diese ihre Ursache in organschaftlicher Zeit haben (§ 14 IV S 1). Mehr- und Minderabführungen, die ihre Ursache in vororganschaftlicher Zeit haben, unterliegen dagegen den Rechtsfolgen des § 14 III (zur Abgrenzung von § 14 IV und III und diesbezüglichen Zweifelsfragen vgl Rn 1254-1328).

1048 *Einstweilen frei.*

1049 **5. Anwendungsfälle für das Regelbeispiel des § 14 IV S 6. a) Abweichung zwischen Gewinnabführung und Steuerbilanzgewinn bei Gleichklang von Handels- und Steuerbilanz. Allgemeines.** Da das Regelbeispiel des § 14 IV S 6 die Gewinnabführung und nicht den Jahresüberschuss vor Gewinnabführung mit dem Steuerbilanzgewinn vor Gewinnabführung vergleicht, können sich auch Mehr- und Minderabführungen ergeben, ohne dass eine Abweichung zwischen Handels- und Steuerbilanz besteht. Die Mehr-/Minderabführung und die Verpflichtung zur Bildung eines Ausgleichspostens resultiert dann aus einer Abweichung zwischen Gewinnabführung und handelsrechtlichem Jahresüberschuss vor Gewinnabführung, mithin vor allem aus den in § 301 AktG enthaltenen Korrekturgrößen.

1050 **Bildung und Auflösung von Gewinnrücklagen in vertraglicher Zeit.** Stellt die Organgesellschaft Teile ihres in vertraglicher Zeit erzielten Ergebnisses in gesetzliche (vgl Rn 368) oder satzungsmäßige (vgl Rn 412) Rücklagen ein oder bildet sie aus anderen Gründen nach vernünftiger kaufmännischer Beurteilung Rücklagen (§ 14 I S Nr 4; vgl Rn 410 ff), unterschreitet die Gewinnabführung das Jahresergebnis und den Steuerbilanzgewinn jeweils vor Gewinnabführung; es liegt eine Minderabführung mit Verpflichtung zur Bildung eines aktiven Ausgleichspostens vor. Werden derartige in vertraglicher Zeit gebildete Rücklagen später aufgelöst (§ 301 S 2 AktG), überschreitet die Gewinnabführung in dem betreffenden Jahr das laufende Jahresergebnis/den laufenden Steuerbilanzgewinn. Es liegt eine Mehrabführung iSd § 14 IV vor; der zuvor gebildete aktive Ausgleichsposten ist erfolgsneutral (vgl Rn 1111) aufzulösen.

1051 **Ausgleich eines vorvertraglichen Verlusts.** Entgegen R 63 II KStR und Teilen der Literatur handelt es sich hierbei mE nicht um eine Minderabführung iSd § 14 IV, sondern um eine solche iSd § 14 III (vgl Rn 1224).

1052 **Nichtabführung von Gewinn infolge von Ausschüttungssperren.** Hat die Organgesellschaft ihr Nennkapital iRe vereinfachten Kapitalherabsetzung herabgesetzt, greifen gesetzliche Ausschüttungssperren (§ 233 AktG, § 58d GmbHG; vgl Rn 406). Ebenso kann sich eine Ausschüttungssperre aus § 272 IV HGB ergeben, wenn die Organgesellschaft Anteile an einem herrschenden oder mit Mehrheit be-

---

1 AA *Neumann*, Ubg 2010, 673, 676.
2 BFH I R 51/01, BStBl II 2005, 49, zu II. 3. b).

teiligten Unternehmen hält. Wird infolge dieser Ausschüttungs- bzw Abführungssperren ein in Handels- und Steuerbilanz enthaltener Gewinn nicht abgeführt, liegt insoweit eine Minderabführung mit Bildung eines aktiven Ausgleichspostens vor. Wird der Gewinn infolge späteren Entfalls der Ausschüttungs- bzw Abführungssperre abgeführt, kommt es zu einer Mehrabführung mit Auflösung des aktiven Ausgleichspostens (vgl zur in § 301 AktG genannten Ausschüttungssperre iSd § 268 VIII HGB und zu Ausschüttungssperren infolge von Bilanzierungshilfen Rn 1063 f).

Einstweilen frei. **1053-1055**

b) Abweichung zwischen Gewinnabführung und Steuerbilanzgewinn infolge einer Abweichung von Handels- und Steuerbilanz. Ansatzverbote oder -gebote in der Steuerbilanz. Minderabführungen mit Bildung eines aktiven Ausgleichspostens können sich zB ergeben aus: **1056**

- handelsrechtlich erforderlichen oder zulässigen Rückstellungen, die in der Steuerbilanz einem Ansatzverbot unterliegen. Dies betrifft zB Drohverlustrückstellungen (§ 5 IVa EStG), ggf auch Jubiläumsrückstellungen (§ 5 IV EStG). Vor dem BilMoG betraf dies auch Rückstellungen für Aufwendungen für unterlassene Instandhaltung, die im folgenden Geschäftsjahr nach vier bis zwölf Monaten nachgeholt wird (§ 249 I S 3 HGB aF), sowie Aufwandsrückstellungen (§ 249 II HGB aF; zu Mehrabführungen im Zusammenhang mit diesen Rückstellungen bei Umstellung auf das BilMoG vgl Rn 1070-1072. Die spätere Inanspruchnahme oder Auflösung der Rückstellung führt zu einer Mehrabführung mit Auflösung des aktiven Ausgleichspostens.

- dem steuerlichen Aktivierungsgebot für Rechnungsabgrenzungsposten iSd § 5 V S 2 EStG, nachdem mit dem BilMoG die Möglichkeit der Aktivierung derartiger Rechnungsabgrenzungsposten (§ 250 I S 2 HGB aF) abgeschafft wurde (zu Mehr- und Minderabführungen im Zusammenhang mit der Umstellung auf das BilMoG vgl Rn 1080). Die Auflösung der Rechnungsabgrenzungsposten führt zu einer Mehrabführung mit Auflösung des aktiven Ausgleichspostens.

Mehrabführungen mit Bildung eines passiven Ausgleichspostens können sich zB ergeben aus:

- nur in der Steuerbilanz gebildeten Sonderposten mit Rücklageanteil, die infolge des Wegfalls der umgekehrten Maßgeblichkeit (§ 5 I S 2 EStG aF) in der Handelsbilanz nicht mehr gebildet werden dürfen (Streichung §§ 247 III, 273 HGB aF). Hierzu zählen die Reinvestitionszulage (§ 6b EStG), der Investitionsabzugsbetrag (§ 7g I EStG), die Rücklage für Ersatzbeschaffung (R 6.6 EStR), die Rücklage für Zuschüsse (R 6.5 IV) und die Kompensationsrücklage (R 6.11 EStR). Die Auflösung des Sonderpostens führt zu einer Minderabführung mit Auflösung des passiven Ausgleichspostens (zu Mehr-/Minderabführungen im Zusammenhang mit diesen Sonderposten bei Umstellung auf das BilMoG vgl Rn 1077 f).

- dem Ansatz von Aktivposten in der Handelsbilanz, die in der Steuerbilanz nicht angesetzt werden dürfen, es sei denn, der entsprechende Ansatz löst eine Abführungssperre aus (vgl Rn 1063 f).

1057 **Abweichende Bewertung in Handels- und Steuerbilanz.** Minderabführungen mit Bildung eines aktiven Ausgleichspostens können sich zB ergeben aus:

- der Nichtanerkennung (mangels voraussichtlich dauernder Wertminderung) einer in der Handelsbilanz vorgenommenen außerplanmäßigen Abschreibung auf den beizulegenden Wert (§ 6 I Nr 1 S 2, Nr 2 S 2 EStG). Gleiches gilt, wenn von dem seit dem VZ 2009 tatsächlich bestehenden Wahlrecht iSd § 6 I Nr 1 S 2, Nr 2 S 2 EStG (vgl Rn 828)[1] Gebrauch gemacht und trotz voraussichtlich dauernder Wertminderung eine in der Handelsbilanz erfolgte außerplanmäßige Abschreibung auf den beizulegenden Wert nicht in die Steuerbilanz übernommen wird.[2] Zu einer Mehrabführung mit Auflösung des aktiven Ausgleichspostens kommt es bei Wertaufholung in der Handelsbilanz, im Falle abnutzbarer Wirtschaftsgüter auch durch die im Vergleich zur Handelsbilanz nun höhere laufende Abschreibung des Wirtschaftsguts, in allen Fällen spätestens bei Veräußerung des Wirtschaftsguts.
- der steuerlich zwingenden niedrigeren Bewertung von Rückstellungen (§ 6 I Nr 3a, § 6a[3] EStG) und Verbindlichkeiten (§ 6 I Nr 3 EStG). Mehrabführungen mit Auflösung des aktiven Ausgleichspostens ergeben sich bei späterer Zuschreibung der Rückstellung/Verbindlichkeit, spätestens jedoch bei deren Inanspruchnahme/Begleichung bzw Auflösung.

1058 **Abweichende Abschreibungen in Handels- und Steuerbilanz.** Minderabführungen mit Bildung eines aktiven Ausgleichspostens ergeben sich, wenn ein Wirtschaftsgut in der Handelsbilanz schneller abgeschrieben wird als in der Steuerbilanz. Sobald die steuerlichen Abschreibungsbeträge die handelsrechtlichen übersteigen, entstehen Mehrabführungen, die zur Auflösung des aktiven Ausgleichspostens führen. Umgekehrt kommt es zu Mehrabführungen mit Bildung eines passiven Ausgleichspostens, wenn das Wirtschaftsgut steuerlich schneller abgeschrieben wird, zB im Zuge steuerlicher Sonderabschreibungen. Sobald die handelsrechtlichen Abschreibungsbeträge die steuerlichen übersteigen, kommt es zu Minderabführungen mit Auflösung des passiven Ausgleichspostens.

1059 **Beteiligung an Personengesellschaften.** Ist die Organgesellschaft an einer Personengesellschaft beteiligt, sind daraus resultierende Mehr- und Minderabführungen kaum vermeidbar. In der Handelsbilanz stellt die Beteiligung einen mit den Anschaffungskosten zu bilanzierenden einheitlichen Vermögensgegenstand dar; Änderungen des Betriebsvermögens ergeben sich nur aus dem Gewinnanspruch sowie ggf aus der Bewertung des Vermögensgegenstands.[4] Steuerlich liegt kein Wirtschaftsgut „Beteiligung der Personengesellschaft", sondern Miteigentum an den einzelnen Wirtschaftsgütern der Personengesellschaft vor. Infolge der hieraus resultierenden Ermittlung der Kapitalkonten nach der Spiegelbildmethode schlägt sich das Steuer-

---

1 BMF v 12.3.2010, BStBl I 2010, 239, Tz 15 und 24.
2 AA *Frotscher* in Frotscher/Maas § 14 Rn 812, der eine Minderabführung ablehnt, da die Steuerbilanz dann falsch sei; *Breier*, DK 2011, 84, 86, der zwar eine Minderabführung bejaht, die Bildung eines aktiven Ausgleichspostens jedoch ablehnt, wenn eine in der Steuerbilanz nachvollzogene Teilwertabschreibung dem Abzugsverbot iSd § 8b III S 4 ff unterlegen hätte.
3 Vgl zu Fragen des Übergangs auf die neuen Bewertungsgrundsätze gem BilMoG Rn 1075.
4 IDW RS HFA 18, FN-IDW 2012, 24 ff.

bilanzergebnis (lt Gesamtbilanz der Personengesellschaft) unmittelbar in der Steuerbilanz der Organgesellschaft nieder. Mehrabführungen ergeben sich demnach, wenn der Organgesellschaft ein steuerlicher Verlust der Personengesellschaft zugewiesen wird, dem in der Handelsbilanz kein Aufwand aus einer außerplanmäßigen Abschreibung der Beteiligung auf den beizulegenden Wert gegenübersteht. Zur Bildung eines passiven Ausgleichspostens (bzw Minderung eines aktiven Ausgleichspostens) kommt es jedoch nur insoweit, wie der steuerliche Verlust nicht nach § 15a EStG lediglich verrechenbar ist (vgl Rn 1023). Zu Minderabführungen kann es kommen, wenn der Organgesellschaft aus der Personengesellschaft ein Gewinn zugewiesen wird, der sich in der Handelsbilanz der Organgesellschaft gar nicht oder erst in einem späteren WJ[1] (was zu jenem Zeitpunkt wiederum zu einer Mehrabführung führen würde) oder in geringerer Höhe niederschlägt.

Trotz der Transparenz der Personengesellschaft ist für die aus der Beteiligung resultierenden Mehr- und Minderabführungen nicht auf einzelne Wirtschaftsgüter der Personengesellschaft, sondern auf die Beteiligung an der Personengesellschaft als Ganzes abzustellen. In einem Jahr kann sich damit nur entweder eine Mehr- oder eine Minderabführung der Organgesellschaft pro Beteiligung an einer Personengesellschaft ergeben. Dies folgt bereits aus dem Umstand, dass in der Handelsbilanz der Organgesellschaft als Vergleichsgröße nur die Beteiligung an der Personengesellschaft als Ganzes zur Verfügung steht. Damit gibt es pro Beteiligung an einer Personengesellschaft nur einen einheitlichen Ausgleichsposten. Werden zB zunächst Verluste zugewiesen, führen später durch zugewiesene Gewinne bedingte Minderabführungen daher nicht zur Bildung eines aktiven Ausgleichspostens, sondern lösen den zuvor gebildeten passiven Ausgleichsposten auf, ggf bis zum Umschlagen in einen aktiven Ausgleichsposten.[2]

Zu Mehr- und Minderabführungen im Zuge des Formwechsels einer von der Organgesellschaft gehaltenen Gesellschaft in eine Personengesellschaft oder aus einer Personengesellschaft und im Nachgang dazu vgl Rn 1323 ff.

Abweichungen zwischen Handels- und Steuerbilanz im Zuge von Umwandlungen und Einbringungen. 1060

- Umwandlungen auf / Einbringungen in die Organgesellschaft (vgl Rn 1287-1317);
- Ausgliederungen und Einbringungen durch die Organgesellschaft (vgl Rn 1320 f.);
- Formwechsel einer TG der Organgesellschaft (vgl Rn 1323-1328).

Einstweilen frei. 1061-1062

c) Abweichung von Handels- und Steuerbilanz ohne Abweichung zwischen Gewinnabführung und Steuerbilanzgewinn. Abführungssperre iSd § 268 VIII HGB. Ausschüttungsgesperrte Beträge iSd § 268 VIII HGB mindern die maximal zulässige Gewinnabführung (§ 301 S 1 AktG; vgl zu dieser Abführungssperre ausführlich Rn 371-380). Die Ausschüttungssperre dient der Abdeckung von Positionen der Handelsbilanz, die sämtlich in der Steuerbilanz nicht enthalten sein können. Dies sind: 1063

---

1 Vgl zur Vereinnahmung des Gewinnanteils IDW RS HFA 18, FN-IDW 2012, 24 ff, Rn 12 ff.
2 Ebenso *Dötsch* in D/J/P/W § 14 Rn 497; *Frotscher* in Frotscher/Maas § 14 Rn 870 ff.

- aktivierte selbst erstellte immaterielle Vermögensgegenstände des Anlagevermögens (steuerliches Ansatzverbot, § 5 II EStG);
- aktivierter Überhang der aktiven über die passiven latenten Steuern;
- Betrag der Vermögensgegenstände iSd § 246 II S 2 HGB, der die Anschaffungskosten übersteigt (Saldierungsverbot, § 5 Ia EStG)

Soweit ein aus der Aktivierung dieser Positionen resultierender Gewinn infolge des § 268 VIII HGB nicht abgeführt werden darf (vgl Rn 376 ff), liegt zwar eine Abweichung zwischen Gewinn laut Handelsbilanz und Steuerbilanz vor, nicht aber eine Abweichung zwischen Gewinnabführung und Steuerbilanzgewinn. Eine Mehrabführung ist insoweit nicht gegeben.[1] Spätere Abschreibungen dieser Positionen führen bei unmittelbarer Verrechnung mit den durch die Abführungssperre gebildeten Gewinnrücklagen nicht zu Minderabführungen.[2] Erfolgt hingegen keine Verrechnung mit den Gewinnrücklagen (vgl Rn 380), mindert der Abschreibungsaufwand das handelsbilanzielle Jahresergebnis und die Gewinnabführung; die Abweichung zum Steuerbilanzgewinn führt zu einer Minderabführung mit Bildung eines aktiven Ausgleichspostens, der bei später Auflösung und Abführung der Gewinnrücklage durch die dabei entstehende Mehrabführung wieder aufzulösen ist.

1064 **Sonstige Abführungsverbote.** Die in Rn 1063 dargestellten Grundsätze galten entsprechend für die bis zum BilMoG bestehenden Ausschüttungssperren iSd § 269 HGB aF (Aktivierung von Ingangsetzungs- und Erweiterungsaufwendungen) und § 274 II S 3 HGB aF (Aktivierung latenter Steuern), die nach hM auch als Abführungssperre wirkten (vgl Rn 381).[3]

1065-1067 *Einstweilen frei.*

1068 **6. Mehr- und Minderabführungen im Zusammenhang mit der Umstellung auf das BilMoG. a) Allgemeines.** IRd Übergangsvorschriften zur Umstellung auf das BilMoG enthält Art 67 EGHGB diverse Anordnungen zur „unmittelbaren Einstellung" von Vermögensmehrungen in die Gewinnrücklagen bzw zur „unmittelbaren Verrechnung" mit den Gewinnrücklagen (vgl für einen Überblick, für Anwendungszeitpunkte und für die Vereinbarkeit mit der Durchführung des Gewinnabführungsvertrags Rn 415 f und Rn 399 ff). Vor diesem Hintergrund stellt sich die Frage, inwieweit es im Zuge des Übergangs auf das BilMoG und im Nachgang dazu zu Mehr- bzw Minderabführungen kommt.

1069 *Einstweilen frei.*

1070 **b) Auflösung von Rückstellungen iSd § 249 I S 3, II HGB aF (Art 67 III 3 S 2 Hs 1 EGHGB). Umstellung auf BilMoG.** Rückstellungen für Aufwendungen für unterlassene Instandhaltung, die im folgenden Geschäftsjahr nach vier bis zwölf Monaten nachgeholt wird (§ 249 I S 3 HGB aF), und sog Aufwandsrückstellungen (§ 249 II HGB aF) sind, soweit die Rückstellungen nicht erst im letzten Geschäftsjahr vor der Umstellung auf das BilMoG gebildet wurden und von dem dann bestehenden

---

1 Ebenso *Frotscher* in Frotscher/Maas § 14 Rn 814 ff.
2 Ebenso *Frotscher* in Frotscher/Maas § 14 Rn 814 ff.
3 *Dötsch* in D/J/P/W § 14 Rn 546; *Frotscher* in Frotscher/Maas § 14 Rn 813.

IX. Mehr- und Minderabführungen mit Verursachung in organschaftlicher Zeit

Beibehaltungswahlrecht nach Art 67 III S 1 EGHGB kein Gebrauch gemacht wird, aufzulösen und unmittelbar in die Gewinnrücklagen einzustellen (Art 67 III S 2 Hs 1 EGHGB). Diese Rückstellungen durften in der Steuerbilanz regelmäßig nicht passiviert werden, so dass im Jahr ihrer Bildung ein steuerlicher Mehrgewinn zu berücksichtigen war, welcher, sofern die Organschaft auch zu diesem Zeitpunkt schon bestand, zu einer Minderabführung iSd § 14 IV mit Bildung eines aktiven Ausgleichspostens beim Organträger geführt hatte. Ohne Umstellung auf das BilMoG wäre es bei späterer Inanspruchnahme oder Auflösung der Rückstellung in letzterem Fall zu einer Mehrabführung iSd § 14 IV mit einkommensneutraler Auflösung des aktiven Ausgleichspostens beim Organträger, andernfalls zu einer Mehrabführung iSd § 14 III gekommen.

Zeitpunkt und Qualifikation der Mehrabführung. Da die handelsbilanziell gebildeten Rückstellungen bei Übergang auf das BilMoG unmittelbar in die Gewinnrücklagen einzustellen sind, wird der bei seinerzeitiger Rückstellungsbildung entstandene Vermögensunterschied zwischen Steuer- und Handelsbilanz der Organgesellschaft durch die Umstellung auf das BilMoG beseitigt. Eine Mehrabführung resultiert mE hieraus indes nicht.[1] Da sich die unmittelbare Einstellung in die Gewinnrücklagen außerhalb der GuV vollzieht, erhöht der Auflösungsertrag nicht die Gewinnabführung an den Organträger. Weil infolgedessen eine erfolgswirksame Auflösung des Vermögensunterschieds in der Steuerbilanz der Organgesellschaft zu einem unzutreffenden Steuerbilanzgewinn führen würde, ist auch der Wegfall des Vermögensunterschieds in der Steuerbilanz ergebnisneutral zu behandeln. Mangels Abweichung zwischen Gewinnabführung und Steuerbilanzgewinn vor Gewinnabführung liegt dann auch keine Mehrabführung vor. Nur auf diese Weise wird mE zutreffend dem Umstand Rechnung getragen, dass der Sachverhalt künftig – bei Auflösung der so gebildeten Gewinnrücklage – noch zu einer Mehrabführung führt.

1071

Bei späterer Auflösung der Gewinnrücklage und Abführung des Auflösungsbetrags überschreitet die Gewinnführung den nur das laufende Ergebnis des betreffenden WJ enthaltenden Steuerbilanzgewinn vor Gewinnabführung; es ergibt sich eine Mehrabführung. Diese führt, sofern bei seinerzeitiger Bildung der Rückstellung ein aktiver Ausgleichsposten nach § 14 IV zu bilden war, zu einer einkommensneutralen Auflösung dieses Ausgleichspostens. Durch die unmittelbare Einstellung der Beträge in die Gewinnrücklagen stellt sich die Situation für die Organgesellschaft zumindest im Ergebnis so dar, als wäre im Jahr der Rückstellungsbildung eine Gewinnrücklage nach § 14 I S 1 Nr 4 gebildet worden. Anlass zur Auflösung des Ausgleichspostens beim Organträger gibt die unmittelbare Einstellung des Rückstellungsbetrags in die Gewinnrücklage nicht, da sich an der Tatsache nichts geändert hat, dass sich in der Organgesellschaft noch Vermögenszuwächse befinden, die bei ihm bereits der Besteuerung unterworfen worden sind. Erfolgte die seinerzeitige Rückstellungsbildung hingegen in vororganschaftlicher Zeit, handelt es sich um eine Mehrabführung iSd § 14 III.

---

1 Ebenso *Frotscher* in Frotscher/Maas § 14 Rn 819.

1072 Praktische Probleme. Diese gebotene Handhabung ist zweifellos nicht frei von praktischen Problemen. Weniger schwierig dürfte es sein, die Höhe und die Sphäre der Entstehung (organschaftliche vs vororganschaftliche Zeit) der iRd Umstellung auf das BilMoG erfolgsneutral in der Steuerbilanz entfallenen Vermögensunterschiede nachrichtlich festzuhalten. Problematischer dürfte sein, dass die Gewinnrücklagen handelsrechtlich nicht getrennt danach ausgewiesen werden, ob sie aus der willentlichen Bildung oder aus der zwingenden unmittelbaren Einstellung iRd BilMoG-Umstellung stammen, geschweige denn innerhalb letzterer Kategorie, ob die aufgelösten Rückstellungen in vertraglicher oder vorvertraglicher Zeit gebildet wurden. Bei späterer Auflösung und Abführung von Gewinnrücklage wird daher eine Verwendungsfiktion zu Grunde gelegt werden müssen, um zu identifizieren, inwieweit die Mehrabführung § 14 III zu unterwerfen ist. Denkbar wäre es daher zB, die Auflösung der Gewinnrücklage mit dem Anteil dem vororganschaftlichen Bereich (§ 14 III) zuzuordnen, mit dem die Einstellung des Betrags in vororganschaftlicher Zeit gebildeter Rückstellungen zu dem Gesamtbetrag der Gewinnrücklagen beigetragen hat.

1073-1074 *Einstweilen frei.*

1075 c) **Auflösung überdotierter Rückstellungen (Art 67 I S 2, 3 EGHGB).** Erweisen sich Rückstellungen unter Zugrundelegung der durch das BilMoG geänderten Bewertungsgrundsätze (zB Abzinsungsgebot gem § 253 II HGB) als überdotiert, dürfen diese dennoch beibehalten werden, soweit der aufzulösende Betrag bis spätestens zum 31.12.2024 wieder zugeführt werden müsste (§ 67 I S 2 EGHGB). Wird von diesem Wahlrecht kein Gebrauch gemacht, sind die aus der Auflösung resultierenden Beträge unmittelbar in die Gewinnrücklagen einzustellen (§ 67 I S 3 EGHGB). In vielen Fällen wird für die betreffende Rückstellung wegen eines steuerlichen Ansatzverbots (zB Drohverlustrückstellungen, § 5 IVa EStG) bzw wegen eines steuerlich niedrigeren Ansatzes (zB Pensionsrückstellungen, § 6a EStG) bereits ein positiver Vermögensunterschied bestehen. Soweit die Organschaft bereits im Zeitpunkt der Bildung oder Aufstockung dieser Rückstellungen bestanden hatte, hatte dies zu Minderabführungen iSd § 14 IV mit Bildung eines aktiven Ausgleichspostens beim Organträger geführt. Wird im Zuge der Umstellung auf das BilMoG von dem Beibehaltungswahlrecht für überdotierte Rückstellungen kein Gebrauch gemacht, löst sich der Vermögensunterschied in der Steuerbilanz der Organgesellschaft mit der unmittelbaren Einstellung des Auflösungsbetrags in die Gewinnrücklagen insoweit wieder auf. Da sich die Verminderung der Rückstellungen in der Handelsbilanz ergebnisneutral und mithin ohne Auswirkung auf die Gewinnabführung erfolgt, resultiert daraus keine Mehrabführung.[1] Vgl im Übrigen die entsprechend geltenden Ausführungen in Rn 1071 f.

1076 *Einstweilen frei.*

1077 d) **Auflösung von Sonderposten mit Rücklageanteil; Zuschreibung durch Abschreibungen iSd §§ 254, 279 II HGB aF geminderter Wertansätze (Art 67 III S 2 Hs 1 bzw IV S 2 Hs 1 EGHGB). Allgemeines.** Nach §§ 247 III, 273 HGB aF gebildete Sonder-

---

[1] Ebenso *Frotscher* in Frotscher/Maas § 14 Rn 819.

IX. Mehr- und Minderabführungen mit Verursachung in organschaftlicher Zeit

posten mit Rücklageanteil sind, wenn von dem Beibehaltungswahlrecht nach Art 67 III S 1 EGHGB kein Gebrauch gemacht wird, unmittelbar in die Gewinnrücklagen einzustellen (Art 67 III S 2 Hs 1 EGHGB). In gleicher Weise sind nach Art 67 IV EGHGB die aus der Zuschreibung resultierenden Beträge unmittelbar in die Gewinnrücklagen einzustellen, wenn von dem Beibehaltungswahlrecht für niedrigere Wertansätze von Vermögensgegenständen, die auf Abschreibungen nach §§ 253 III S 3, 253 IV HGB aF oder nach §§ 254, 279 II HGB aF beruhen, kein Gebrauch gemacht wird; dies gilt nicht für die Aufholung von Abschreibungen, die im letzten vor dem 1.1.2010 beginnenden Geschäftsjahr vorgenommen worden sind. Anders als im Fall der Auflösung von Rückstellungen iSd § 249 I S 3, II HGB aF (vgl Rn 1070 ff) führt die erfolgsneutrale Einstellung in die Gewinnrücklagen in diesen Fällen nicht zur (erfolgsneutralen) Auflösung eines Vermögensunterschieds zwischen Handels- und Steuerbilanz. Da die genannten Sonderposten und die niedrigeren Wertansätze aufgrund der bis zum BilMoG geltenden umgekehrten Maßgeblichkeit (§ 5 I S 2 EStG aF) sowie der korrespondierenden handelsrechtlichen Öffnungsklauseln übereinstimmend sowohl in der Handels- als auch in der Steuerbilanz existierten, begründet die erfolgsneutrale Einstellung der genannten Beträge in die Gewinnrücklagen im Zuge der Umstellung auf das BilMoG unter Beibehaltung der steuerbilanziellen Wertansätze erst einen Vermögensunterschied zwischen Handels- und Steuerbilanz (Mindervermögen in der Steuerbilanz). Schon aus diesem Grund können sich aus diesem Sachverhalt für eine Kapitalgesellschaft, die im Zeitpunkt der Umstellung auf das BilMoG Organgesellschaft ist, mE keine in vororganschaftlicher Zeit verursachten Mehr- oder Minderabführungen iSd § 14 III ergeben.

Zeitpunkt von Mehr- und Minderabführungen iSd § 14 IV. Da die Erhöhung der Gewinnrücklagen erfolgsneutral erfolgt, ergibt sich keine Auswirkung auf den Jahresüberschuss der Organgesellschaft vor Gewinnabführung bzw auf den an den Organträger abzuführenden Gewinn. Weil die ergebniswirksame Bildung des (negativen) Vermögensunterschieds zu einem unzutreffenden Steuerbilanzgewinn führen würde, ist der Vermögensunterschied in der Steuerbilanz ebenfalls erfolgsneutral zu bilden. Eine Mehr- oder Minderabführung ergibt sich damit anlässlich der Umstellung auf das BilMoG nicht.[1] Mehr- und Minderabführungen (iSd § 14 IV) ergeben sich allein in Folgejahren. Wurde zB ein Sonderposten mit Rücklageanteil, der mit einer in der Steuerbilanz nach § 6b III EStG gebildeten Rücklage korrespondierte, im Zuge der Umstellung auf das BilMoG in die Gewinnrücklagen eingestellt, führt die spätere Auflösung der Rücklage nach § 6b EStG zu einem steuerbilanziellen Mehrgewinn im Vergleich zur Gewinnabführung. Hierbei dürfte es sich um eine Minderabführung der Organgesellschaft iSd § 14 IV handeln. Wird die Rücklage von den Anschaffungskosten eines Wirtschaftsguts abgesetzt, ergeben sich dieser Mehrgewinn und die entsprechende Minderabführung ratierlich über die steuerlichen Minderabschreibungen. Werden die Gewinnrücklagen später aufgelöst und nach § 301 S 2 AktG an den Organträger abgeführt, übersteigt der Betrag der Gewinnabführung den steuerbilanziellen Gewinn, woraus eine Mehrabführung iSd § 14 IV resultieren dürfte. Ein Ausgleichsposten ist bei dem zeitlich zuerst eintretenden Sachverhalt zu bilden und bei dem nachfolgenden aufzulösen.

1078

---

1 Ebenso *Frotscher* in Frotscher/Maas § 14 Rn 820, 822.

1079 *Einstweilen frei.*

1080 **e) Auflösung aktiver Rechnungsabgrenzungsposten für Zölle, Verbrauchsteuern und Umsatzsteuer (Art 67 III S 2 Hs 1 EGHGB).** Nach Art 67 III S 1 EGHGB können aktive Rechnungsabgrenzungsposten für als Aufwand berücksichtigte Zölle und Verbrauchsteuern, soweit sie auf am Abschlussstichtag auszuweisende Vermögensgegenstände des Vorratsvermögens entfallen (§ 250 I S 2 HGB aF), sowie für als Aufwand berücksichtigte USt auf am Abschlussstichtag auszuweisende oder von den Vorräten offen abgesetzte Anzahlungen beibehalten, oder aber gem Art 67 III S 2 Hs 1 EGHGB auch unmittelbar in die Gewinnrücklagen eingestellt werden. Da es sich um die Auflösung eines Aktivpostens handelt, ist der Gesetzeswortlaut insofern verunglückt; tatsächlich muss es um eine unmittelbare Verrechnung mit den Gewinnrücklagen gehen.[1] Wird von dem Beibehaltungswahlrecht kein Gebrauch gemacht, wirkt sich die Auflösung auf das Jahresergebnis mithin nicht aus, es sei denn, die Gewinnrücklagen, erforderlichenfalls auch unter Hinzuziehung anderer frei verfügbarer Rücklagen, reichen für eine Verrechnung nicht aus.[2] Wegen der in der Steuerbilanz fortbestehenden Aktivierungspflicht nach § 5 V S 2 EStG kommt es iRd Umstellung auf das BilMoG zu einem positiven Vermögensunterschied. Angesichts der ergebnisneutralen Auflösung der Rechnungsabgrenzungsposten in der Handelsbilanz muss dieser Vermögensunterschied mE analog zu den in Rn 1077 f beschriebenen Fällen auch in der Steuerbilanz ergebnisneutral gebildet werden, so dass sich bei der Umstellung auf das BilMoG keine Minderabführung ergibt. Soweit in der Literatur vertreten wird, es komme in diesem Fall zu einer Minderabführung iSd § 14 IV mit Bildung eines aktiven Ausgleichspostens beim Organträger,[3] kann dem nicht gefolgt werden. Zutreffend wäre dies, wenn die Auflösung der Rechnungsabgrenzungsposten sich auf die Gewinnabführung auswirkte. Dies schließt die in Art 67 III S 2 HS 1 EGHGB angeordnete Verrechnung mit den Gewinnrücklagen jedoch aus. Mithin liegt nicht ein Gewinn der Organgesellschaft vor, den der Organträger über den Gewinnabführungsvertrag noch nicht erhalten hat. Auch droht angesichts der Minderung der Gewinnrücklagen keine Gefahr eines überhöhten Veräußerungsgewinns bei Veräußerung der Organbeteiligung durch den Organträger, der durch einen aktiven Ausgleichsposten zur Vermeidung einer Mehrfachbesteuerung korrigiert werden müsste. Sind die Rechnungsabgrenzungsposten später auch in der Steuerbilanz aufzulösen, kommt es zu einer Mehrabführung iSd § 14 IV, die mE grundsätzlich zur Bildung eines passiven Ausgleichspostens führt. Sofern die Verrechnung im Zuge der Umstellung auf das BilMoG mit Gewinnrücklagen erfolgt ist, die durch Rücklagenbildung während der Organschaft entstanden sind und für die im Zeitpunkt der Rücklagenbildung ein aktiver Ausgleichsposten gebildet wurde, kommt alternativ die Auflösung dieses aktiven Ausgleichspostens ins Frage.

1081 *Einstweilen frei.*

---

1 *Kirsch*, DStR 2008, 1202, 1204; *Gelhausen/Fey/Kämpfer*, Rechnungslegung und Prüfung nach dem Bilanzrechtsmodernisierungsgesetz, 2009, Kapitel F Rn 38.
2 *Gelhausen/Fey/Kämpfer*, Rechnungslegung und Prüfung nach dem Bilanzrechtsmodernisierungsgesetz, 2009, Kapitel F Rn 38.
3 *Frotscher* in Frotscher/Maas § 14 Rn 821.

IX. Mehr- und Minderabführungen mit Verursachung in organschaftlicher Zeit

f) Erstmalige Bildung latenter Steuern (Art 67 VI). Allgemeines. Aufwendungen oder Erträge aus der erstmaligen Anwendung der §§ 274, 306 idF BilMoG sind gem Art 67 VI S 1 unmittelbar mit den Gewinnrücklagen zu verrechnen. Gleiches gilt gem Art 67 VI S 2 für nach §§ 274, 306 idF BilMoG entstehende Aufwendungen und Erträge, die daraus entstehen, dass Beträge aus der

- Auflösung von Rückstellungen § 249 I S 3, II HGB aF (vgl Rn 1070 ff),
- Auflösung überdotierter Rückstellungen (vgl Rn 1075),
- Auflösung von Sonderposten mit Rücklageanteil (vgl Rn 1077 f) oder
- Zuschreibung von durch Abschreibungen nach §§ 254, 279 II HGB aF geminderten Wertansätzen (vgl Rn 1077 f)

unmittelbar in die Gewinnrücklage eingestellt bzw Beträge aus der Auflösung aktiver Rechnungsabgrenzungsposten für Zölle, Verbrauchsteuern und Umsatzsteuer unmittelbar mit den Gewinnrücklagen verrechnet werden (vgl Rn 1080). Vgl zur Verpflichtung bzw Berechtigung zur Bildung von latenten Steuern auf Ebene einer Organgesellschaft Rn 378.

1082

Aktive latente Steuern. Erträge iSd § 67 VI S 1 und 2 EGHGB berühren den abzuführenden Gewinn wegen der unmittelbaren Einstellung in die Gewinnrücklagen nicht. Da aktive latente Steuern in der Steuerbilanz nicht gebildet werden dürfen,[1] entsteht ein negativer Vermögensunterschied in der Steuerbilanz, der mE aber ebenfalls ergebnisneutral zu bilden ist. Zu einer Mehrabführung kommt es damit bei Umstellung auf das BilMoG nicht. Aufwendungen aus der späteren Auflösung der aktiven Latenzen mindern den handelsrechtlich abzuführenden Gewinn, wegen der ertragswirksamen Auflösung des Vermögensunterschieds in der Steuerbilanz jedoch nicht den Steuerbilanzgewinn vor Gewinnabführung. Die daraus resultierende Minderabführung unterliegt § 14 IV mit der Bildung eines aktiven Ausgleichspostens beim Organträger. Dieser Minderabführung steht eine Mehrabführung iSd § 14 IV mit einkommensneutraler Auflösung des Ausgleichspostens beim Organträger gegenüber, wenn die Gewinnrücklagen iHd betreffenden Beträge aufgelöst und an den Organträger abgeführt werden.

1083

Passive latente Steuern. Aufwendungen iSd § 67 VI S 1 und 2 EGHGB berühren den abzuführenden Gewinn wegen der unmittelbaren Verrechnung mit den Gewinnrücklagen nicht. Da passive latente Steuern idR auch in der Steuerbilanz anzusetzen sind,[2] kommt es nicht zu einer Abweichung von Handels- und Steuerbilanz der Organgesellschaft. Die Bildung in der Steuerbilanz muss der handelsrechtlichen Behandlung folgend ebenfalls erfolgsneutral erfolgen. Die künftige Auflösung der passiven latenten Steuern erhöht den handelsrechtlichen wie auch den steuerlichen Gewinn gleichermaßen. Zu Mehr- oder Minderabführungen kommt es daher in diesem Zusammenhang nicht.

1084

Einstweilen frei.

1085-1088

---

1 *Weber-Grellet* in Schmidt § 15 EStG Rn 270 „Latente Steuern"; aA *Buciek* in Blümich § 5 EStG Rn 920 „Latente Steuern".
2 *Weber-Grellet* in Schmidt § 5 EStG Rn 352.

1089   7. Technik und Einkommenswirkung der Bildung und Fortentwicklung von Ausgleichsposten. a) Bildung der Ausgleichsposten innerhalb der Steuerbilanz. Vereinbarkeit mit Sinn und Zweck des Ausgleichspostenkonzepts. Organschaftliche Ausgleichsposten sind nunmehr innerhalb der Steuerbilanz zu bilden (§ 14 IV S 1). Damit hat sich der Gesetzgeber der vormaligen Verwaltungsauffassung angeschlossen und der Rechtsprechung entgegengestellt, nach der es sich bei den Ausgleichsposten um bloße bilanztechnische Erinnerungsposten außerhalb der Steuerbilanz handelt. Eine Festlegung hinsichtlich der Rechtsnatur der Ausgleichsposten (vgl Rn 1092) ist mit dieser gesetzlichen Anordnung jedoch nicht einhergegangen. Stellt der Steuerpflichtige eine Steuerbilanz nicht auf, sind die Ausgleichsposten in der steuerlichen Überleitungsrechnung (§ 60 II EStDV) auszuweisen.[1]

1090   Kritik. Der Gesetzgeber hätte mE jedoch besser daran getan, sich der Auffassung der Rechtsprechung anzuschließen. Durch die Bildung der Ausgleichsposten innerhalb der Steuerbilanz werden Mehrungen und Minderungen des Betriebsvermögens des Organträgers ausgewiesen, die tatsächlich nicht eingetreten sind. Dem wird im Kontext der Organschaft durch außerbilanzielle Korrekturen Rechnung getragen, da die Bildung und Fortentwicklung der Ausgleichsposten, wie sich auch aus einem Umkehrschluss zu § 14 IV S 2 und 3 ergibt, das Einkommen des Organträgers nicht beeinflussen darf. Es handelt sich dabei um eine Korrektur des Gewinns des Organträgers, nicht aber um eine Steuerbefreiung. Unverändert bleibt hingegen der durch aktive Ausgleichsposten erhöhte bzw durch passive Ausgleichsposten verminderte ausschüttbare Gewinn des Organträgers iSd § 27 I S 5, so dass zB im Falle aktiver Ausgleichsposten steuerliche Gewinne als ausschüttbar behandelt werden, die der Organträger nicht erzielt hat und damit nicht ausschütten könnte. Dies ist systemwidrig, da im Halbeinkünfteverfahren, welches für die Verwendungsfiktion auf die Steuerbilanz und nicht, wie im Anrechnungsverfahren auf das Einkommen abstellt, andere Bestandteile des zu versteuernden Einkommens, die sich nicht in der Steuerbilanz niedergeschlagen haben (insbesondere vGA mit außerbilanzieller Korrektur nach § 8 III S 2) den ausschüttbaren Gewinn nicht erhöhen.

1091   *Einstweilen frei.*

1092   **b) Rechtsnatur der Ausgleichsposten. Keine gesetzliche Bestimmung.** Trotz jahrzehntelanger Diskussion darüber, ob der Ausgleichsposten lediglich ein bilanztechnisches Mittel zur Sicherstellung der Einmalbesteuerung des Organeinkommens[2] oder aber ein steuerbilanzieller Korrekturposten zur Organbeteiligung ist, welcher deren Schicksal vollumfänglich teilt,[3] äußert sich § 14 IV zur Rechtsnatur der Ausgleichsposten nicht.[4] Sicher ist seit der Einführung des § 14 IV allein, dass der Ausgleichsposten innerhalb der Steuerbilanz zu bilden ist (vgl Rn 1089). Die Verwaltung hat sich zu dieser Frage vor Einführung des § 14 IV vor allem im Kontext des § 8b

---

1   *Dötsch* in D/J/P/W § 14 Rn 488.
2   So der BFH, der zudem eine Erfassung innerhalb der Steuerbilanz ablehnte; vgl BFH I R 43/91, BStBl II 1996, 614; BFH I R 5/05, BStBl II 2007, 796; BFH I R 31/08, BFH/NV 2009, 790.
3   Nachweise in BFH I R 5/05, BStBl II 2007, 796 zu II. 3. a) und b) und bei *Dötsch* in D/J/P/W § 14 Rn 485.
4   Ebenso *Breier*, DK 2011, 11, 19, 20; aA *Dötsch* in D/J/P/W § 14 Rn 485.

geäußert. Nachdem sie zunächst von einer vom Schicksal der Organbeteiligung isolierten Betrachtung der Ausgleichsposten ausging,[1] schwenkte sie kurze Zeit später zu einer Qualifizierung des Ausgleichspostens als Korrekturposten zum Beteiligungsbuchwert um,[2] woran sie bis zur Einführung des § 14 IV festhielt.[3] ME stand diese letztere Auffassung nicht in Widerspruch zu den KStR, nach denen der steuerliche Wertansatz der Beteiligung durch Mehr- und Minderabführungen unberührt bleibt (R 63 I S 2 KStR 2004; Abschn 59 I S 2 KStR 1995),[4] da damit lediglich das Erfordernis der Bildung eines Ausgleichspostens neben der Beteiligung begründet und ggf zugleich auch die von Teilen der Finanzverwaltung schon in der Vergangenheit befürwortete Einlagelösung (vgl Rn 977 und 984) abgelehnt werden sollte.

Bedeutung. Bedeutung hat die Rechtsnatur der Ausgleichsposten außer für die Frage, ob Aufwendungen und Erträge aus der Auflösung aktiver und passiver Ausgleichsposten unmittelbar das § 8b bzw §§ 3 Nr 40, 3c II EStG zu unterwerfende Veräußerungsergebnis und dementsprechend auch ein Übernahmeergebnis iSd § 4 IV UmwStG (vgl hierzu Rn 1153 f) oder § 12 II S 1 UmwStG (vgl hierzu Rn 1160 f) vermindern bzw erhöhen, noch für die Frage, ob aktive Ausgleichsposten einer Teilwertabschreibung zugänglich sind bzw passive Ausgleichsposten den Abwertungsbedarf für die Organbeteiligung vermindern können. Nach hier vertretener Auffassung lässt sich die Rechtsnatur der Ausgleichsposten nur im Kontext der jeweiligen Fragestellung und unter Einbeziehung von Sinn und Zweck des Konzepts der Ausgleichsposten beurteilen; die Beurteilung der einen Frage determiniert nicht zwingend zugleich die Beantwortung der anderen Frage.[5] 1093

§ 8b, §§ 3 Nr 40, 3c II EStG bei Auflösung von Ausgleichsposten. Fragestellung. 1094
Im Zeitpunkt der Veräußerung der Organbeteiligung sind die besonderen Ausgleichsposten aufzulösen (§ 14 IV S 2). Dadurch erhöht oder verringert sich das Einkommen des Organträgers (§ 14 IV S 3). §§ 3 Nr 40, 3c II EStG und § 8b sind anzuwenden (§ 14 IV S 4). Strittig ist, ob die Ausgleichsposten iRd § 14 IV S 4 eigenständig zu behandeln sind, oder ob sie Bestandteil des Gewinns aus der Veräußerung der Organbeteiligung werden. Von materieller Bedeutung ist diese Frage fast ausschließlich im Anwendungsbereich des § 8b, mithin bei Körperschaften als Organträger oder bei Organträger-Personengesellschaften mit Körperschaften als Gesellschafter. Nach ersterer Auffassung wäre ein Aufwand aus der Auflösung eines aktiven Ausgleichspostens stets zu 100 % (§ 8b III S 3) nicht abzugsfähig, während nach der zweiten eine Entlastung des Einkommens iHv 5 % einträte soweit der Aufwand mit einem positiven Ergebnis des Organträgers aus der Veräußerung der Organbeteiligung bis auf null verrechnet werden könnte. Umgekehrt wäre der Ertrag aus der Auflösung eines passiven Ausgleichspostens stets zu 5 % (§ 8b II, III S 1) steuerpflichtig, während er nach der zweiten Auffassung insoweit ohne weitere Einkommensauswirkung bliebe, wie er mit einem nicht abzugsfähigen Verlust des Organträgers

§ 14

---

1   BMF v 28.4.2003, BStBl I 2003, 292.
2   BMF v 26.8.2003, BStBl I 2003, 437; OFD Frankfurt am Main v 8.11.2005, DB 2005, 2608.
3   BMF v 5.10.2007, BStBl I 2007, 743.
4   So *Dötsch* in D/J/P/W § 14 Rn 485.
5   Im Ergebnis auch *Frotscher* in Frotscher/Maas § 14 Rn 911; *Breier*, DK 2011, 11, 19; aA *Dötsch* in D/J/P/W § 14 Rn 485.

aus der Veräußerung der Organbeteiligung verrechnet werden könnte. Im Anwendungsbereich der §§ 3 Nr 40, 3c II EStG ist hingegen im Regelfall ohne materielle Bedeutung, ob der Aufwand aus der Auflösung eines aktiven Ausgleichspostens eigenständig oder wie zusätzliche Anschaffungskosten § 3c II EStG, bzw der Ertrag aus der Auflösung eines passiven Ausgleichsposten eigenständig oder wie ein zusätzlicher Veräußerungserlös § 3 Nr 40 S 1 lit a EStG unterworfen wird. Von Bedeutung auch im Anwendungsbereich der §§ 3 Nr 40, 3c II EStG ist die Frage nur dann, wenn der Organträger aus der Veräußerung der Organbeteiligung einen Gewinn erzielt, der nach § 8b IV aF bzw § 3 Nr 40 S 3 EStG aF jeweils idF vor SEStEG voll steuerpflichtig wäre. Bei isolierter Anwendung von § 8b bzw §§ 3 Nr 40, 3c II EStG auf die Ausgleichsposten (erste Auffassung) wären die genannten Ausnahmen von der Steuerbefreiung ohne Bedeutung, da Ausgleichsposten nicht (zB einbringungsgeborene) Anteile sind. Nach der zweiten Auffassung würde der Ertrag aus der Auflösung eines passiven Ausgleichspostens den nach § 8b IV aF bzw § 3 Nr 40 S 3 EStG aF steuerpflichtigen Gewinn erhöhen bzw der Aufwand aus der Auflösung eines aktiven Ausgleichspostens diesen in voller Höhe mindern.

1095 **Herrschende Meinung.** Nach zutreffender hM müssen Aufwendungen und Erträge aus der Auflösung des Ausgleichspostens das eigentliche Veräußerungsergebnis des Organträgers korrigieren; auf den verbleibenden Saldo sind § 8b bzw §§ 3 Nr 40, 3c II EStG anzuwenden.[1]

§ 14 IV S 4, der lediglich die Anwendung von § 8b und §§ 3 Nr 40, 3c II EStG anordnet, lässt offen, worauf diese Vorschriften anzuwenden sind.[2] Eine zwingende Bezugnahme des § 14 IV S 4 auf § 14 IV S 3 und die darin angeordnete Erhöhung/Verminderung des Einkommens durch die Auflösung von Ausgleichsposten ist mE dem Gesetzeswortlaut nicht zu entnehmen. Vielmehr stehen S 3 und S 4 der Vorschrift nebeneinander. S 3 kommt auch eine eigenständige Bedeutung zu, indem zum einen eine Einkommenswirkung aus den Ausgleichsposten nur für den Fall ihrer Auflösung angeordnet wird, und zum anderen diese Einkommenswirkung aber entgegen der BFH-Rechtsprechung[3] stets auch eintreten soll (vgl Rn 1130). Darüber hinaus beziehen sich die genannten Befreiungsvorschriften üblicherweise nicht auf Einkommen oder Einkommenserhöhungen.

Gegen eine isolierte Anwendung der Befreiungsvorschriften auf die Ausgleichsposten und für die hM sprechen überdies

- der Sinn und Zweck des Konzepts der Ausgleichsposten, da nur so das alleinige Ziel der Bildung der Ausgleichsposten, nämlich die Verhinderung einer nochmaligen Besteuerung vom Organträger versteuerten Einkommens bzw der Nichtbesteuerung einer dem Organträger bereits entstandenen Vermögensmehrung oder der doppelten Berücksichtigung eines Verlusts im Veräußerungsfall (vgl Rn 1000 ff), konsequent erreicht werden kann.

---

1 Ebenso *Müller* in Müller/Stöcker, Die Organschaft, 2011, Rn 652; *Gosch* in Gosch § 8b Rn 270; *Neumann*, Ubg 2010, 673, 680 (aA noch in Gosch § 14 Rn 461); *Breier*, DK 2011, 11, 20; *Heurung/Seidel*, DK 2009, 400, 402; im Ergebnis ebenso *Frotscher* in Frotscher/Maas § 14 Rn 911 f; *Dötsch* in D/J/P/W § 14 Rn 490, 534.
2 Ebenso Müller in Müller/Stöcker, Die Organschaft, 2011, Rn 652; aA wohl Frotscher/Maas § 14 Rn 911 iVm 845 ff; Dötsch in D/J/P/W § 14 Rn 490.
3 BFH I R 5/05, BStBl II 2007.

IX. Mehr- und Minderabführungen mit Verursachung in organschaftlicher Zeit

- die Intention des Gesetzgebers, der sich zu dieser Frage in der Gesetzesbegründung[1] zwar nicht unmittelbar geäußert hat, jedoch mit der vorgesehenen Regelung die Behandlung von Mehr-/Minderabführungen durch Bildung steuerlicher Ausgleichsposten (R 63 III KStR 2004) klarstellend gesetzlich festschreiben wollte. Denn der Wortlaut des § 14 IV S 2-4 entspricht exakt dem der R 63 III S 2 und 3 KStR. Wie die Finanzverwaltung R 63 III KStR im Zeitpunkt der Aufnahme des § 14 IV in das Gesetzgebungsverfahren verstanden hat, lässt sich dem nur einen Monat zuvor ergangenen BMF-Schreiben vom 5.10.2007[2] entnehmen. Dort wird an Rn 43 ff des BMF-Schreibens v 26.8.2003[3] festgehalten, nach welchen Ausgleichsposten Korrekturposten zur Beteiligung sind und ihre Auflösung das Veräußerungsergebnis des Organträgers beeinflussen.

Während sich die Finanzverwaltung nach Einführung des § 14 IV noch nicht ausdrücklich zu dieser Frage geäußert hat, könnten die Ausführungen in Rn 22.24 des Umwandlungssteuererlasses[4] (vgl Rn 1315) darauf hindeuten, dass die Finanzverwaltung die Ausgleichsposten weiterhin in die Ermittlung des Veräußerungsergebnisses mit einbezieht.

Ausgleichsposten und Teilwertabschreibungen. Einer rechtlichen Einordnung der Ausgleichsposten bedarf es auch für die Fragen, ob aktive Ausgleichsposten – wie die Organbeteiligung selbst – einer Teilwertabschreibung zugänglich sind bzw ob sich eine Teilwertberichtigung insoweit erübrigt, wie ein passiver Ausgleichsposten besteht. Seitdem die Ausgleichsposten unzweifelhaft innerhalb der Steuerbilanz zu bilden sind (§ 14 IV S 1; vgl Rn 1089), kann diese Frage nicht mehr schon allein unter Verweis auf ihre außerbilanzielle Erfassung verneint werden. Durch die gesetzliche Regelung des Ausgleichspostenkonzepts iSd R 63 KStR – und die damit einhergehende Entscheidung gegen eine Einlagenlösung (vgl Rn 977) – ist geklärt, dass die Ausgleichsposten den Wert der Beteiligung selbst unberührt lassen,[5] mithin also nicht dadurch Wirtschaftsgutcharakter erlangen, dass sie im Beteiligungsbuchwert aufgingen. Auch wenn dies mE nicht schon dem Wortlaut der Vorschrift, insbesondere dem § 14 IV S 4, entnommen werden kann (vgl auch die Überlegungen zu S 4 in Rn 1095),[6] handelt es sich bei den Ausgleichsposten mE um steuerliche Bilanzierungshilfen, die einer Teilwertbetrachtung nicht zugänglich sind.[7] Den Ausgleichsposten fehlt bereits die für eine Bewertung mit dem Teilwert (§ 6 I Nr 2 EStG) zwingend erforderliche[8] Eigenschaft eines Wirtschaftsguts. Dies entzieht sie einer Bewertung mit dem Teilwert und schließt auch eine gedankliche Zusammenfassung mit dem Wirtschaftsgut Beteiligung aus. Ebenso wäre fraglich, welchen Wert ein gedachter Erwerber des Betriebs des Organträgers für die Ausgleichsposten, die er nach § 14 IV S 2 nicht mit erwerben kann, iRd Gesamtkaufpreises ansetzen

1096

---

1 BTDrs 16/7036, 20.
2 BMF v 5.10.2007, BStBl I 2007, 743.
3 BMF v 26.8.2003, BStBl I 2003, 437.
4 BMF v 11.11.2011, BStBl I 2011, 1314, Rn 22.24.
5 So bereits R 63 I S 2 KStR, Abschn 59 I S 2 KStR 1995.
6 So *Frotscher* in Frotscher/Maas § 14 Rn 845.
7 Ebenso Neumann, Ubg 2010, 673, 680; Breier, DK 2011, 11, 19 f; aA wohl *Dötsch* in D/J/P/W § 14 Rn 489, 491-492.
8 *Kulosa* in Schmidt, § 6 EStG Rn 231.

könnte. Schließlich ließe sich eine Teilwertberichtigung des aktiven Ausgleichspostens auch nicht mit dem Sinn und Zweck der Ausgleichsposten in Einklang bringen lassen, die bis zur Veräußerung keinerlei eigene Funktion haben (vgl Rn 1001). Wäre der Ausgleichsposten infolge einer Teilwertabschreibung im Veräußerungszeitpunkt nicht mehr vorhanden, beraubte man ihn der einzigen ihm zugedachten Funktion (vgl Rn 1002).

1097-1098 *Einstweilen frei.*

1099 **c) Ursachenbezogene Bildung von Ausgleichsposten.** Nach zutreffender hM sind aktive und passive Ausgleichsposten geschäftsvorfallbezogen bzw pro Ursache zu bilden, so dass Mehr- und Minderabführungen nicht saldiert werden dürfen (vgl bereits Rn 1040), sondern jeweils zu passiven und aktiven Ausgleichsposten führen.[1] Auch kommt mE eine Zusammenrechnung aller Mehr- und aller Minderabführungen nicht in Betracht, da eine Mehrabführung zur Bildung eines passiven oder zur Auflösung eines aktiven sowie eine Minderabführung zur Bildung eines aktiven oder zur Auflösung eines passiven Ausgleichspostens führen kann.[2]

1100 *Einstweilen frei.*

1101 **d) Beschränkung auf den Prozentsatz der Beteiligung. Allgemeines.** Nach § 14 IV S 1 sind Ausgleichsposten nur iHd Betrags (der Minder- oder Mehrabführung) zu bilden, der dem Verhältnis der Beteiligung des Organträgers am Nennkapital der Organgesellschaft entspricht. Dies entspricht der vor der gesetzlichen Regelung bestehenden ständigen Auffassung der Verwaltung[3] und – sofern aktive Ausgleichsposten betroffen sind – der Rechtsprechung[4].

1102 **Aktive Ausgleichsposten.** Im Falle aktiver Ausgleichsposten ist die Beschränkung auf den Beteiligungsbuchwert mE sachgerecht und die hiergegen in der Literatur erhobene Kritik nicht gerechtfertigt.

Gegen die prozentuale Bildung von Ausgleichsposten wird angeführt, sie beseitige zB im Fall der Rücklagenbildung durch die Organgesellschaft die Doppelbesteuerung im Fall der Veräußerung der Organbeteiligung nicht, weil der Minderheitsgesellschafter einen um seinen Anteil an der Rücklage erhöhten Veräußerungsgewinn zu versteuern hätte, obwohl dieser Betrag bereits beim Organträger versteuert worden sei; insgesamt werde damit eine Vermögensmehrung besteuert, die gar nicht eingetreten sei.[5] Andere Kritik bezieht sich allein auf den Organträger und moniert, dass es den Grundprinzipien der Einkommensbesteuerung widerspreche, wenn dem Organträger 100 % des Einkommens zugerechnet wird, er dieses aber endgültig nicht erhalte.[6] Diese Überlegungen lassen mE außer Betracht, dass das Ausgleichspostenkonzept auf dem Grundsatz der Einmalbesteuerung im Organkreis fußt, zu

---

1 *Frotscher* in Frotscher/Maas § 14 Rn 852; *Neumann*, Ubg 2010, 673, 677 f; *Neumann* in Gosch § 14 Rn 422; Dötsch, Ubg 2008, 117, 124 f; *Erle/Heurung* in Erle/Sauter § 14 Rn 570 f.
2 Im Ergebnis ebenso *Neumann* in Gosch § 14 Rn 460.
3 Erstmals Finanzministerium Baden-Württemberg v 18.4.1961, BStBl II 1961, 79; zuletzt R63 I S 3, II KStR. Vgl für die in der Zwischenzeit ergangenen Erlasse und RL Rn 984 f.
4 BFH I R 43/91, BStBl II 1996, 614; BFH I R 5/05, BStBl II 2007, 796; BFH I R 31/08, BFH/NV 2009, 790.
5 *Frotscher* in Frotscher/Maas § 14 Rn 855; *Dötsch* in D/J/P/W § 14 Rn 513.
6 *Reiß*, DK 2008, 9, 30.

dem der Minderheitsgesellschafter nicht gehört, und damit zu Recht nur die Doppelbesteuerung von Einkommen beim Organträger verhindern will (vgl Rn 987). Zudem berücksichtigen sie nicht, dass der Organträger das zugerechnete Einkommen lediglich für die Organgesellschaft versteuert. Ohne Organschaft hätte die Organgesellschaft ihr Einkommen selbst versteuert. Bei ihrem Mehrheitsgesellschafter (Organträger) und ihrem Minderheitsgesellschafter hätten diese Gewinne einer nochmaligen Besteuerung unterlegen, im Falle ihrer Ausschüttung als Dividende, andernfalls bei späterer Veräußerung der Beteiligung als Veräußerungsgewinn (zweistufige Besteuerung). Die Organschaft zwischen der Organgesellschaft und dem Mehrheitsgesellschafter hat zwei Folgen: Das Einkommen der Organgesellschaft wird statt bei ihr selbst beim Organträger besteuert; dafür entfällt für den Organträger die nochmalige Besteuerung der auf ihn überführten Gewinne als Dividende (Einmalbesteuerung im Organkreis).[1] Beim Minderheitsgesellschafter kann eine Besteuerung von Dividenden wegen der Vollabführungsverpflichtung der Gewinne an den Organträger nicht mehr eintreten. Danach verbleibt es zunächst bei einer nochmaligen Besteuerung thesaurierter Gewinne der Organgesellschaft bei Veräußerung der Beteiligung und entsprechend der Beteiligungsquote durch den Minderheitsgesellschafter wie auch durch den Organträger. Für letzteren wird diese aber durch die einkommensneutrale Bildung und einkommensmindernde Auflösung eines aktiven Ausgleichspostens entsprechend seiner Beteiligungsquote beseitigt, weil der Grundsatz der Einmalbesteuerung im Organkreis auch auf außerhalb der Gewinnabführung erzielte Veräußerungsgewinne ausgeweitet[2] wurde. Im Fall thesaurierter Gewinne verbleibt es damit bei der einmaligen Besteuerung des Einkommens der Organgesellschaft zuzüglich der Besteuerung eines erhöhten Veräußerungsgewinns des Minderheitsgesellschafters, für den es keine Veranlassung zu einem Abrücken von der zweistufigen Besteuerung gibt. Warum unter Berücksichtigung dieser Grundsätze die Beschränkung des aktiven Ausgleichspostens auf die Beteiligungsquote zu einer Doppelbesteuerung führen soll, bleibt unersichtlich. Wäre ein aktiver Ausgleichsposten zu 100 % zu bilden und bei Veräußerung der Organbeteiligung aufzulösen, würde die Besteuerung des Einkommens der Organgesellschaft teilweise rückgängig gemacht, ohne dass eine Nacherhebung bei der Organgesellschaft in Frage käme; der Minderheitsgesellschafter wie auch der neue Mehrheitsgesellschafter könnten dann insoweit die thesaurierten Gewinne ohne jegliche steuerliche Vorbelastung vereinnahmen.

Soweit in der Literatur kritisiert wird, bei nur anteiliger Bildung aktiver Ausgleichsposten infolge einer von der Organgesellschaft gebildeten Rücklage werde die Steuerneutralität (wohl Vermeidung der Doppelbesteuerung) nicht einmal bei noch während der Organschaft erfolgender Abführung der Rücklage erreicht,[3] beruht dieser Befund mE auf der unzutreffenden Annahme, dass der Ausgleichsposten bzw dessen einkommenswirksame Auflösung in diesem Fall für eine Vermeidung der Doppelbesteuerung überhaupt erforderlich ist (vgl Rn 1112).

---

1 BFH I B 77/73, BB 1974, 1238, 1239.
2 BFH I R 43/91, BStBl II 1996, 614.
3 *Frotscher* in Frotscher/Maas § 14 Rn 855 f.

1103 **Passive Ausgleichsposten.** Der Einwand gegen die prozentuale Beschränkung passiver Ausgleichsposten auf die Beteiligungsquote, sie führe zu weißen Einkünften, indem ein Teil der dem Organträger in Form der Gewinnabführung entstandenen Vermögensmehrung vollständig unbesteuert bleibt,[1] ist nicht unberechtigt, soweit passive Ausgleichsposten das Ziel verfolgen sollen, eine Nichtbesteuerung innerhalb der Organschaft erzielter Gewinne zu vermeiden (vgl Rn 1006 Fall 1 sowie Rn 1008). Denn indem die bisherige Nichtbesteuerung der dem Organträger zugeflossenen Mehrabführung nur iHe bei typisierender Betrachtung vom Organträger infolge der Mehrabführung nicht erzielten Veräußerungsgewinns durch eine Erhöhung des Veräußerungsergebnisses um den Ertrag aus der Auflösung des entsprechend der Beteiligungsquote gebildeten passiven Ausgleichspostens kompensiert wird, bleibt die Mehrabführung iHd Differenz vollständig unbesteuert. Diese teilweise Nichtbesteuerung von Gewinnen innerhalb des Organkreises könnte verhindert werden, wenn passive Ausgleichsposten in derartigen Fällen stets zu 100 % zu bilden wären. Die Nichtbesteuerung der Vermögensmehrung bei Erhalt würde dann vollständig im Zeitpunkt der Veräußerung und iRd Veräußerungsergebnisses nachgeholt. Angesichts des eindeutigen Wortlauts des § 14 IV S 1 und des bisher vom Gesetzgeber vorgegebenen Gesetzeszwecks, der hinsichtlich passiver Ausgleichsposten allein auf die Vermeidung einer doppelten Verlustberücksichtigung im Organkreis (vgl Rn 1011) abstellt, könnte dies allerdings nur durch eine Gesetzesänderung (für die Zukunft) erreicht werden.

Unberechtigt ist die Kritik mE, soweit passive Ausgleichsposten die doppelte Verlustberücksichtigung innerhalb des Organkreises vermeiden sollen (vgl Rn 1006, Fall 2; sowie Rn 1008). Denn ein infolge der Einkommenszurechnung beim Organträger geltend gemachter Verlust der Organgesellschaft könnte im Organkreis nur in Form eines verminderten Veräußerungsergebnisses des Organträgers noch einmal berücksichtigt werden. Eine Minderung des Veräußerungsergebnisses des Organträgers kann jedoch nur bezogen auf seine Beteiligung eintreten.

1104 **Spätere Verminderung der Beteiligungsquote.** Vgl zur Veräußerung eines Teils der Organbeteiligung Rn 1115-1118.

1105 **Spätere Erhöhung der Beteiligungsquote.** Erhöht sich die Beteiligungsquote durch Hinzuerwerb von Anteilen iRe Anschaffung zum gemeinen Wert, erübrigt sich die Aufstockung eines aktiven Ausgleichspostens.[2] Wurde zB infolge einer Rücklagenbildung bei der Organgesellschaft beim Organträger ein aktiver Ausgleichsposten gebildet, steigt zwar mit der erhöhten Beteiligungsquote der Umfang, in dem bei Veräußerung der Organbeteiligung die in der Organgesellschaft belassenen Rücklagen zu einem erhöhten Veräußerungserlös führen. Eine nochmalige Besteuerung bereits versteuerten Einkommens der Organgesellschaft wird für die hinzuerworbenen Anteile jedoch schon durch die im Vergleich zu den Altanteilen höheren Anschaffungskosten ausgeschlossen. Erhöht sich die Beteiligungsquote durch Hinzuerwerb von

---

1 *Frotscher* in Frotscher/Maas § 14 Rn 855; *Dötsch* in D/J/P/W § 14 Rn 513.
2 *Dötsch* in D/J/P/W § 14 Rn 520.

IX. Mehr- und Minderabführungen mit Verursachung in organschaftlicher Zeit

Anteilen, erübrigt sich auch die Aufstockung eines passiven Ausgleichspostens.[1] Aus den neuen Anteilen, deren Anschaffungskosten bei der im Ausgleichpostenkonzept vorzunehmenden typisierenden Betrachtung niedriger sein werden als jene der Altanteile, kann sich keine Minderung eines Veräußerungsgewinns/kein Veräußerungsverlust einstellen, der durch die Auflösung eines passiven Ausgleichspostens „korrigiert" werden müsste.

Anpassungsbedarf hinsichtlich der Ausgleichsposten besteht mE ebenfalls nicht, wenn die Anschaffungskosten nicht den gemeinen Wert widerspiegeln, weil das Veräußerungs- und Anschaffungsgeschäft nicht zum gemeinen Wert erfolgte und dies auch nicht musste (zB Einbringung in die Organgesellschaft zum Buchwert gegen Gewährung von Gesellschaftsrechten). Zwar verhindern in diesem Fall die Anschaffungskosten für die neuen Anteile nicht die Entstehung eines insgesamt höheren Veräußerungsergebnisses. Grund für dieses höhere Veräußerungsergebnis ist jedoch nicht der Umstand, dass dem Organträger versteuertes Einkommen der Organgesellschaft noch nicht zugeflossen ist, sondern die steuerneutrale Einbringung.

Einstweilen frei. 1106

e) Ausgleichsposten bei Personengesellschaften als Organträger. Die Ausgleichsposten sind in der Steuerbilanz (Gesamthandsbilanz) der Personengesellschaft zu bilden, wodurch sich der steuerliche Gewinn und damit auch die Kapitalkonten der Gesellschafter erhöhen bzw vermindern. Halten die Gesellschafter die Beteiligung an der Personengesellschaft im Betriebsvermögen, wirkt sich die Bildung der Ausgleichsposten auch auf deren Steuerbilanz aus.[2] Entsprechendes gilt für die Fortentwicklung bzw Auflösung der Ausgleichsposten. 1107

Einstweilen frei. 1108

f) Bilanzberichtigung. Die fälschliche Unterlassung der Bildung oder Fortentwicklung eines organschaftlichen Ausgleichspostens kann in der ersten offenen Steuerbilanz des Organträgers nachgeholt werden.[3] 1109

Einstweilen frei. 1110

g) Einkommensneutralität der Bildung und Fortentwicklung von Ausgleichsposten. Allgemeines. Die Ausgleichsposten iSd § 14 IV wirken sich „im laufenden Betrieb" der Organschaft auf das Einkommen des Organträgers nicht aus. Liegt eine Minder- oder Mehrabführung iSd § 14 IV vor, ist der aktive bzw passive Ausgleichsposten einkommensneutral zu bilden. Kehrt sich der Grund für die Minder- oder Mehrabführung während der Organschaft durch eine spiegelbildliche Mehr- oder Minderabführung wieder um, ist der zuvor gebildete Ausgleichsposten – wiederum einkommensneutral – aufzulösen. Dies entspricht der ständigen Auffassung von Verwaltung[4] und Rechtsprechung[5] und hat sich auch durch die gesetzliche Regelung 1111

---

1 Dötsch in D/J/P/W § 14 Rn 520.
2 Breier, DK 2011, 11, 20 f.
3 BFH I R 31/08, BFH/NV 2009, 790; Breier, DK 2011, 11, 22.
4 Erstmals FM Baden-Württemberg v 18.4.1961, BStBl II 1961, 79; zuletzt R 63 I S 3 und 4 KStR. Vgl für die in der Zwischenzeit ergangenen Erlasse und RL Rn 984 f.
5 BFH I R 43/91, BStBl II 1996, 614; BFH I R 5/05, BStBl II 2007, 796; BFH I R 31/08, BFH/NV 2009, 790.

des Konzepts der Ausgleichsposten in § 14 IV nicht geändert.[1] Dies entspricht auch dem Befund, dass die Organschaft grundsätzlich selbstheilende Wirkung bei einem vorübergehendem Missverhältnis von Einkommenszurechnung und Gewinnabführung entfaltet und mithin das Ausgleichspostenkonzept in diesen Fällen ohne Funktion bleibt (vgl Rn 1001 sowie Rn 1007).

1112 **Abgrenzung zur einkommenswirksamen Auflösung bei Veräußerung.** Die Auflösung infolge einer gegenläufigen Mehr- oder Minderabführung ist von der Auflösung von Ausgleichsposten infolge einer Veräußerung (§ 14 IV S 2) oder eines dieser gleichgestellten Tatbestands (§ 14 IV S 5) zu unterscheiden. Erstere erfolgt „automatisch" und bedarf keiner gesetzlichen Anordnung; darüber hinaus ist sie nicht einkommenswirksam. Vor diesem Hintergrund wird an dieser Stelle von einer Fortentwicklung des Ausgleichspostens gesprochen. Soweit in der Literatur vereinzelt die Auffassung vertreten wird, auch die Auflösung von Ausgleichposten infolge einer Mehr- oder Minderabführung sei als der Veräußerung gleichgestellter Tatbestand (§ 14 IV S 5) einkommenswirksam (§ 14 IV S 3),[2] ist dem nicht zu folgen. Dies widerspräche nicht nur der langjährigen Auffassung von Verwaltung und Rechtsprechung, die nach der Gesetzesbegründung gesetzlich umgesetzt werden sollte.[3] Auch wäre die Frage zu beantworten, warum § 14 IV einzelne Tatbestände für eine erfolgswirksame Auflösung nennt, wenn sich ohnehin jedwede Auflösung von Ausgleichsposten auf das Einkommen auswirken soll. Schließlich aber würden Sinn und Zweck des Ausgleichspostenkonzepts auf den Kopf gestellt: Bildet die Organgesellschaft eine Rücklage in der Handelsbilanz, führt dies zu einer Minderabführung und beim Organträger, der das dem zurückbehaltenen Gewinn entsprechende Einkommen infolge der Einkommenszurechnung zu versteuern hat, zu einem – wohl unstreitig einkommensneutral zu bildenden – aktiven Ausgleichsposten. Führt die Organgesellschaft diese Rücklage später über den Gewinnabführungsvertrag ab, überschreitet die Gewinnabführung den Jahresüberschuss und den Steuerbilanzgewinn – jeweils vor Gewinnabführung –, so dass eine Mehrabführung vorliegt und der Ausgleichsposten beim Organträger aufzulösen ist. Im dem Organträger zuzurechnenden Einkommen der Organgesellschaft ist der aus der Rücklage entnommene Betrag nicht enthalten. Führt die Organgesellschaft Beträge aus der Gewinnrücklage ab, weist sie notwendigerweise einen Jahresfehlbetrag iHd abgeführten Rücklage aus. Wird das Einkommen ausgehend von diesem Jahresfehlbetrag ermittelt, entspricht es nach Hinzurechnung der Gewinnabführung dem Ergebnis des laufenden Jahres vor Gewinnabführung. Beim Organträger steht der um die Rücklage erhöhten Gewinnabführung (Vermögensmehrung) damit keine erhöhte Einkommenszurechnung gegenüber. Die Gefahr einer nochmaligen Besteuerung des bereits bei Rücklagenbildung versteuerten Organeinkommens besteht nicht; der aktive Ausgleichsposten ist mithin einkommensneutral aufzulösen. Mit einer einkommenswirksamen Auflösung des aktiven Ausgleichspostens würde hingegen die ursprüngliche Besteuerung des Organeinkommens teilweise wieder beseitigt.

---

1   Ebenso *Dötsch* in D/J/P/W § 14 Rn 504.
2   *Frotscher* in Frotscher/Maas § 14 Rn 851.
3   BTDrs 16/7036, 20.

Einstweilen frei.

8. Einkommenswirksame Auflösung von Ausgleichsposten. a) Veräußerung der Organbeteiligung. Allgemeines. Im Zeitpunkt der Veräußerung der Organbeteiligung sind die Ausgleichsposten einkommenswirksam aufzulösen (§ 14 IV S 2, S 3). Hierin liegt die einzige Funktion der Ausgleichsposten (vgl Rn 1002, 1008; zur Abgrenzung von der regulären Auflösung durch eine Mehr- oder Minderabführung vgl Rn 1112).

Veräußerung eines Teils der Organbeteiligung. Bei der in § 14 I S 2 genannten „Veräußerung der Organbeteiligung" handelt es sich mE nur um die Veräußerung der gesamten Beteiligung. Die Veräußerung eines Teils der Organbeteiligung ist damit gesetzlich nicht geregelt. Vor allem unter Verweis auf die nur quotale Bildung der Ausgleichsposten wird eine entsprechende Anwendung des § 14 I S 2 jedoch bejaht.[1] Nach dem Sinn und Zweck der Ausgleichsposten ist dem grundsätzlich zu folgen. Denn es kann keinen Unterschied machen, ob der Organträger ein sonst zur Doppelbesteuerung von Organeinkommen führendes überhöhtes (aktiver Ausgleichsposten) bzw sonst zur Nichtbesteuerung einer vom Organträger erhaltenen Vermögensmehrung oder zur Doppelberücksichtigung eines Verlusts führendes zu geringes (passiver Ausgleichsposten) Veräußerungsergebnis auf einen Schlag oder in Teilschritten erzielt.[2]

Veräußerung eines Teils der Organbeteiligung bei Fortführung von Gewinnabführungsvertrag und Organschaft. Hinterfragt werden kann dieses Ergebnis jedoch, wenn der Gewinnabführungsvertrag und die Organschaft auch nach der Teilveräußerung fortgeführt werden, was nach der in § 14 I S 2 genannten vollständigen Veräußerung regelmäßig nicht möglich wäre.[3]

Aktive Ausgleichsposten. Wurde zB infolge einer Rücklagenbildung (Minderabführung) beim Organträger ein aktiver Ausgleichsposten entsprechend der Beteiligung gebildet, besteht auch nach einer Teilveräußerung unverändert die Möglichkeit, dass der Organträger die vormals zu 100 % von ihm versteuerte aber in der Organgesellschaft verbliebene Vermögensmehrung durch Auflösung und Abführung der Rücklage über den Gewinnabführungsvertrag tatsächlich erhält. Nur für den Fall, dass diese Angleichung des abgeführten Gewinns an das vom Organträger versteuerte Einkommen nicht mehr eintreten kann, werden die Ausgleichsposten überhaupt gebildet (vgl Rn 1001 f). Fraglich ist, ob in diesem Fall die dem Ausgleichspostenkonzept zu Grunde liegende typisierende Annahme gerechtfertigt ist, dass ein Erwerber der Anteile an der Organgesellschaft im Kaufpreis die auf diese Anteile entfallende Rücklage der Organgesellschaft mit vergüten würde. Denn der Erwerber kann nicht verhindern, dass nach dem Anteilserwerb der Organträger sich die Rücklage über den Gewinnabführungsvertrag zu 100 % zuführt. Durch den Aufwand aus der Auflösung des aktiven Ausgleichspostens

---

1 Kolbe, StuB 2008, 293, 296; *Erle/Heurung* in Erle/Sauter § 14 Rn 556; im Ergebnis auch *Dötsch* in D/J/P/W § 14 Rn 520.
2 Im Ergebnis auch *Dötsch* in D/J/P/W § 14 Rn 520.
3 AA *Dötsch* in D/J/P/W § 14 Rn 520; *Frotscher* in Frotscher/Maas § 14 Rn 899.

würde dann ein überhöhter Veräußerungsgewinn korrigiert, den der Organträger ggf gar nicht erzielt hätte. Wird die Rücklage vor endgültiger Veräußerung der Beteiligung iRd Gewinnabführungsvertrags aufgelöst und abgeführt, hätte die zwischenzeitlich erfolgte teilweise Auflösung des Ausgleichspostens im Ergebnis die teilweise Nichtbesteuerung eines tatsächlich erzielten Veräußerungsgewinns des Organträgers zur Folge, was sicherlich nicht das Ziel der Ausgleichsposten ist. Dieser Effekt ließe sich nicht dadurch kompensieren, dass die Abführung der Rücklage (Mehrabführung) mit einer steuerlichen Belastung belegt wird; denn eine in vororganschaftlicher Zeit verursachte Mehrabführung iSd § 14 III, die vom Organträger als Gewinnausschüttung zu versteuern wäre, ist zweifelsfrei nicht gegeben.

1118 **Passive Ausgleichsposten.** Auch im Falle bestehender passiver Ausgleichsposten besteht bei Teilveräußerung der Organbeteiligung und Fortsetzung des Gewinnabführungsvertrags unverändert die Möglichkeit, dass der Organträger eine Vermögenseinbuße in Form einer geminderten Gewinnabführung oder einer Verlustübernahme erleidet und es damit im Ergebnis nicht zu einer Nichtbesteuerung von Gewinn bzw einer doppelten Berücksichtigung eines Verlusts im Organkreis kommt. Tritt dieser Fall tatsächlich ein, beträgt der im Organkreis aus dem Sachverhalt insgesamt erzielte Gewinn Null bzw ein steuerlicher Verlust wäre nur einmal im Organkreis berücksichtigt. Wird zwischenzeitlich beim Organträger infolge einer Teilveräußerung der Organbeteiligung der passive Ausgleichsposten anteilig einkommenswirksam aufgelöst, wird dadurch jedoch Einkommen kreiert, wenn der Erwerber, was nicht unwahrscheinlich ist, angesichts des fortbestehenden Gewinnabführungsvertrags (mit Verlustübernahmeverpflichtung) den Kaufpreis nicht entsprechend der typisierten Betrachtung mindert. Die Besteuerung im Organkreis nicht erzielter Gewinne bzw die Nichtberücksichtigung eines im Organkreis erzielten Verlusts kann jedoch nicht die Funktion eines Ausgleichspostens sein. Dieser Effekt ließe sich nicht dadurch kompensieren, dass die bei Umkehr der Abweichung zwischen Gewinnabführung und Steuerbilanzgewinn vor Gewinnabführung eintretende Minderabführung § 14 III mit der Folge der Erhöhung der Anschaffungskosten der Beteiligung an der Organgesellschaft unterworfen wird; denn diese Minderabführung hätte ihre Ursache zweifelsfrei nicht in vororganschaftlicher Zeit.

1119 **Unterjährige Veräußerung der Organbeteiligung.** Angesichts der in § 14 IV S 2 angeordneten Auflösung der Ausgleichsposten im Zeitpunkt der Veräußerung wird in der Literatur ein Problem für den Fall gesehen, dass der Organträger während seines WJ die Organbeteiligung verkauft und in diesem WJ noch Bildungen bzw Fortentwicklungen der Ausgleichsposten in der Steuerbilanz des Organträgers zu berücksichtigen sind. Nur wenn man in den Ausgleichsposten einen Korrekturposten zur Beteiligung (Wirtschaftsgut) sehe, könne sich die einkommenswirksame Auflösung noch auf die so gebildeten bzw fortentwickelten Ausgleichsposten erstrecken. Betrachte man die Ausgleichsposten hingegen als Bilanzierungshilfe (dh nicht als Wirtschaftsgut), wäre die Bildung bzw Fortentwicklung der Ausgleichsposten erst

IX. Mehr- und Minderabführungen mit Verursachung in organschaftlicher Zeit

am Bilanzstichtag zu erfassen. Nur mit dem Stand zum Ende des vorangegangenen WJ könnten die Ausgleichsposten dann im Zeitpunkt der Veräußerung aufgelöst werden.[1] Ob in letzterem Fall die Bildung bzw Fortentwicklung der Ausgleichsposten gar nicht mehr erfolgt, bleibt unklar.

ME bestehen diese Probleme nicht. Unabhängig davon, ob den Ausgleichsposten Wirtschaftsgutcharakter zu gesprochen wird oder nicht, wird der Zeitpunkt der Erfassung der Bildung bzw Fortentwicklung von Ausgleichsposten mE allein durch § 14 IV S 1 bestimmt. Nur bei und im Zeitpunkt der Erfassung der Gewinnabführung beim Organträger können Mehr- und Minderabführungen auftreten, aufgrund derer dann in diesem Zeitpunkt Ausgleichsposten zu bilden oder fortzuentwickeln sind. Der Zeitpunkt der Erfassung der Gewinnabführung beim Organträger wird durch das Ende des WJ der Organgesellschaft bestimmt. Im Zeitpunkt der Veräußerung noch nicht erfasste Bildungen bzw Fortentwicklungen von Ausgleichsposten kann es damit nicht geben, weil diese allein aus einem im Zeitpunkt der Veräußerung noch laufenden WJ der Organgesellschaft resultieren könnten, für welches wegen unterjährigen Wegfalls der finanziellen Eingliederung die Organschaft und damit auch die Verpflichtung zur Bildung von Ausgleichsposten (§ 14 IV) ohnehin entfallen würden.

Das in der Literatur gesehene Problem kann sich damit allenfalls im Fall einer Teilveräußerung der Organbeteiligung stellen, nach der eine Fortsetzung der Organschaft noch möglich ist. Dies allerdings nur dann, wenn man gemäß der hier hinterfragten Auffassung (vgl Rn 1116 ff) eine Auflösung von Ausgleichsposten annimmt, und dies auch nur mit Blick auf die einkommensneutral erfolgende Auflösung (Fortentwicklung) von Ausgleichsposten; denn die erstmalige Bildung oder weitere Aufstockung von Ausgleichsposten kann ohnehin nur entsprechend der reduzierten Beteiligungsquote erfolgen (vgl Rn 1101). In diesem Fall wäre es mE sachgerecht, die auf die veräußerten Anteile entfallende einkommensneutrale Auflösung von Ausgleichsposten wie nachträgliche Anschaffungskosten oder Kaufpreiserhöhungen auf den Veräußerungszeitpunkt zurückzubeziehen und nur die so geminderten Ausgleichsposten der einkommenswirksamen Auflösung zu unterwerfen.

Einstweilen frei. 1120-1121

b) Der Veräußerung der Organbeteiligung gesetzlich gleichgestellte Tatbestände. Regelbeispiele. Der Veräußerung der Organbeteiligung gleichgestellt sind gem § 14 IV S 5 insbesondere 1122

- die Umwandlung der Organgesellschaft auf eine Personengesellschaft oder eine natürliche Person (vgl Rn 1153-1156),
- die verdeckte Einlage der Beteiligung an der Organgesellschaft und
- die Auflösung der Organgesellschaft.

Tatsächlich gruppieren sich die in § 14 IV S 5 genannten Regelbeispiele in zwei Fallkategorien:

---

1   Breier, DK 2011, 11, 21; Dötsch in D/J/P/W § 14 Rn 538.

- die Umwandlung auf eine Personengesellschaft und die Auflösung, bei denen die Beteiligung an der Organgesellschaft (als Kapitalgesellschaft) in voller Höhe untergeht und eine Fortsetzung von Gewinnabführungsvertrag und Organschaft ausscheidet und deshalb die Ausgleichsposten aufzulösen sind. Fragwürdig erscheint mit Blick auf die Auflösung allerdings der vom Gesetzgeber gewählte Zeitpunkt für die Auflösung des Ausgleichspostens. Zutreffend wäre ein Abstellen auf die Beendigung der Liquidation. Zwar kann die Organgesellschaft mit Beginn der Auflösung nicht mehr als Organgesellschaft fungieren (vgl Rn 421 ff sowie Rn 597), zu einem Untergang der Beteiligung kommt es jedoch erst mit Abschluss der Liquidation. Besonders gravierend sind die daraus resultierenden Probleme, wenn die Gesellschaft entgegen dem ursprünglichen Auflösungsbeschluss ihre werbende Tätigkeit wieder aufnimmt.[1]
- die verdeckte Einlage der Organbeteiligung, für welche die gleichen Beweggründe und Überlegungen gelten wie bei der Veräußerung (vgl Rn 1114-1119).

1123 **Weitere Auflösungsgründe.** Durch die Verwendung des Wortes „insbesondere" lässt § 14 IV S 5 Raum für weitere Fälle, die wie eine Veräußerung zur Auflösung von Ausgleichsposten führen sollen. Als einzige Präzisierung gibt die Gesetzesbegründung an, dass es sich um Realisierungsfälle hinsichtlich der Organbeteiligung handeln muss.[2] Zu solchen Realisierungsfällen kann es zB bei folgenden Vorgängen kommen:

- Entnahme der Organbeteiligung aus dem Betriebsvermögen eines Einzelunternehmers als Organträger oder einer Organträger-Personengesellschaft,
- Sachausschüttung der Organbeteiligung bei einer Organträger-Körperschaft,
- Entstrickung der Organbeteiligung (§ 4 I S 3 ff EStG; § 12 I),
- Wegzug des Organträgers (§ 12 III),
- Umwandlung eines Organträgers iSd § 18 im Ausland (unter Berücksichtigung von § 12 II),
- Umwandlung des Organträgers (hierzu weiterführend Rn 1137-1146),
- Einbringung der Organbeteiligung im Wege der Einzelrechtsnachfolge (hierzu weiterführend Rn 1150 f).

Keinesfalls gehört zu den weiteren Fällen des § 14 I S 5 mE die reguläre Auflösung von Ausgleichsposten (Fortentwicklung) infolge einer Mehr- oder Minderabführung (vgl Rn 1112).

1124-1125 *Einstweilen frei.*

1126 **c) Beendigung des Gewinnabführungsvertrags. Keine Auflösung der Ausgleichsposten.** Die bloße Beendigung des Gewinnabführungsvertrags bei Fortbestand der Beteiligung an der Organgesellschaft stellt noch keinen Grund für eine (erfolgswirksame) Auflösung der Ausgleichsposten dar; diese sind bis zur Ver-

---

1 *Frotscher* in Frotscher/Maas § 14 Rn 903.
2 BTDrs 16/7036, 20.

IX. Mehr- und Minderabführungen mit Verursachung in organschaftlicher Zeit

äußerung der Organbeteiligung weiterzuführen (R 63 III S 1 KStR). Die Funktion der Ausgleichsposten liegt zwar darin einzugreifen, wenn die eigentlich „selbstheilende" Wirkung bei Auseinanderfallen von Gewinnabführung und Einkommenszurechnung nicht mehr eintreten kann; zum Einsatz kommen sie aber erst, wenn dieser Umstand in der Besteuerung des Organträgers – in Form eines dadurch zu hohen oder zu niedrigen Veräußerungsergebnisses für die Organbeteiligung – zum Tragen kommt. Da das Risiko einer doppelten Berücksichtigung von Gewinnen oder Verlusten bzw der Nichtbesteuerung von Gewinnen im Organkreis auch nach Beendigung des Gewinnabführungsvertrags unverändert fortbesteht,[1] sind die Ausgleichsposten fortzuführen.

Ausschüttungen der Organgesellschaft nach Beendigung des Gewinnabführungsvertrags. Schüttet die Organgesellschaft die handelsrechtliche Rücklage, die zur Bildung eines aktiven Ausgleichspostens geführt hatte, nach Beendigung des Gewinnabführungsvertrags an den Organträger aus, ist der Fortbestand des aktiven Ausgleichspostens eigentlich nicht mehr berechtigt, weil im Zuge einer danach erfolgenden Veräußerung der Organbeteiligung ein durch die Rücklage erhöhter Veräußerungserlös nicht mehr erzielt werden kann und eine Doppelbesteuerung von Einkommen der Organgesellschaft dann nicht mehr droht. Eine Doppelbesteuerung des Organträgers tritt vielmehr dadurch ein, dass er den von ihm iRd Organschaft versteuerten Gewinn der Organgesellschaft bei Auskehrung an ihn noch einmal versteuern muss. Eine kompensierende Entlastung erfolgt erst bei Veräußerung der Organbeteiligung, bei der ein zutreffend entstehendes Veräußerungsergebnis durch einkommenswirksame Auflösung des aktiven Ausgleichspostens mindernd korrigiert wird.

1127

Beispiel

Eine Organgesellschaft verfügt über Nennkapital von 100 und eine in vertraglicher Zeit gebildete Gewinnrücklage von 150. Die Anschaffungskosten des zu 100 % beteiligten Organträgers betragen 100. Infolge der Rücklagenbildung bei der Organgesellschaft hatte der Organträger einen aktiven Ausgleichsposten von 150 zu bilden. Die Organgesellschaft verfügt über keine stillen Reserven. Nach Beendigung des Gewinnabführungsvertrags wird die Gewinnrücklage der Organgesellschaft aufgelöst und an den Organträger ausgeschüttet. Zwei Jahre später wird die Organbeteiligung für 100 veräußert.

Der Organträger hat die empfangene Gewinnausschüttung regulär unter Anwendung von § 8b I, V bzw § 3 Nr 40 S 1 lit d EStG zu versteuern. Eine Neutralisierung dieses Einkommens durch einkommenswirksame Auflösung des Ausgleichspostens ist in § 14 IV nicht vorgesehen. Eine solche erfolgt dann erst bei der späteren Veräußerung der Organbeteiligung. Dann aber wird durch die Auflösung des Ausgleichspostens ein zutreffendes Veräußerungsergebnis, hier von 0, das auch nicht mehr wegen der Gewinnrücklage erhöht sein kann, korrigiert. Darüber hinaus mindert der Aufwand aus der Auflösung des aktiven Ausgleichspostens im

---

1 Frotscher in Frotscher/Maas § 14 Rn 905 ff.

hiesigen Sachverhalt *(keine stillen Reserven in der Organgesellschaft)* nicht einen Veräußerungsgewinn, sondern führt zu einem insgesamt negativen Veräußerungsergebnis, womit sich bei Körperschaften als Organträger wegen § 8b III S 3 die Auflösung des Ausgleichspostens überhaupt nicht auswirkt und die im Zeitpunkt der Gewinnausschüttung eingetretene doppelte Besteuerung des Gewinns der Organgesellschaft endgültig nicht beseitigt wird.

§ 14 IV S 2, S 5 nennt die Ausschüttung nicht als weiteren Grund für eine Auflösung von Ausgleichsposten. Auch ist fraglich, ob diese unter Berufung auf das Wort „insbesondere" in S 5 hineingelesen werden kann, ohne mit der Vorgabe in der Gesetzesbegründung, nach der es sich um einen Realisationsvorgang hinsichtlich der Organbeteiligung handeln soll, in Konflikt zu geraten. Zwar ist *Frotscher* zuzustimmen, dass Sinn und Zweck der Ausgleichsposten es gebieten würden, eine einkommenswirksame Auflösung des Ausgleichspostens nicht nur im Fall der mittelbaren Vereinnahmung der Rücklage über einen höheren Veräußerungsgewinn, sondern auch bei unmittelbarer Vereinnahmung der Rücklage eintreten zu lassen;[1] die Rechtsgrundlage dafür erscheint jedoch als unzureichend. Die in der Literatur vertretene Auffassung, nach der eine Auflösung des aktiven Ausgleichspostens in der Weise und einkommensneutral erfolgt, dass nach Beendigung des Gewinnabführungsvertrags erfolgende Leistungen aus dem Einlagekonto iSd § 27 vorrangig den aktiven Ausgleichsposten an Stelle des Buchwerts der Beteiligung mindern, im Übrigen aber aus Ausschüttungen eine vorübergehende Doppelbesteuerung resultieren darf,[2] überzeugt nicht.[3]

1128-1129 *Einstweilen frei.*

1130 **d) Besteuerung der Auflösung von Ausgleichsposten. Einkommenserhöhung.** Durch die Auflösung der Ausgleichsposten erhöht (Auflösung passiver Ausgleichsposten) bzw verringert (Auflösung aktiver Ausgleichsposten) sich das Einkommen des Organträgers (§ 14 IV S 3). Bei S 3 handelt es sich mE um den Kern und Hauptanlass der mit § 14 IV vorgenommenen erstmaligen Regelung des Ausgleichspostenkonzepts. Die Berücksichtigung von Minder- und Mehrabführungen der Organgesellschaft beim Organträger durch aktive oder passive Ausgleichsposten hatte der BFH – wenngleich nur in Form bilanztechnischer Erinnerungsposten außerhalb der Steuerbilanz – grundsätzlich anerkannt; die wesentliche Differenz zur Verwaltungsauffassung ergab sich durch die Versagung der einkommenserhöhenden Wirkung der Auflösung eines passiven Ausgleichspostens.[4] § 14 IV S 3 verschafft – zusammen mit der in S 1 angeordneten Bildung der Ausgleichsposten innerhalb der Steuerbilanz – der gewünschten Einkommensauswirkung nun die erforderliche Rechtsgrundlage.

1131 **Anwendung von § 8b bzw §§ 3 Nr 40, 3c II EStG.** Nach § 14 IV S 4 sind § 8b bzw §§ 3 Nr 40, 3c II EStG anzuwenden.

---

1 *Frotscher* in Frotscher/Maas § 14 Rn 906.
2 *Breier*, DK 2011, 11, 20; *Dötsch* in D/J/P/W § 14 Rn 535 f.
3 Ebenso *Frotscher* in Frotscher/Maas § 14 Rn 905.
4 BFH I R 5/05, BStBl II 2007, 796.

IX. Mehr- und Minderabführungen mit Verursachung in organschaftlicher Zeit

Berücksichtigung iRd Veräußerungsergebnisses. Der Wortlaut des § 14 IV S 4 benennt nicht, worauf diese Vorschriften anzuwenden sind. Fraglich ist daher, ob die Auflösung der Ausgleichsposten iRd Ergebnisses aus der Veräußerung der Beteiligung zu berücksichtigen und nur auf den so verbleibenden Saldo die genannten Befreiungsvorschriften anzuwenden sind oder ob § 8b bzw §§ 3 Nr 40, 3c II EStG isoliert auf die Aufwendungen und Erträge aus der Auflösung von Ausgleichsposten Anwendung finden. Nach hier vertretener Auffassung ist ersteres zutreffend (vgl Rn 1094 f). Entsprechende Bedeutung hat diese Frage für die Berücksichtigung von Ausgleichsposten im Falle eines Übernahmeergebnisses iSd § 12 II S 2 UmwStG (vgl Rn 1160 ff) oder iSd § 4 IV UmwStG (vgl Rn 1153 ff).[1] 1132

Relevante Vorschriften des § 8b. Auf ein um Aufwendungen und Erträge bereinigtes Veräußerungsergebnis (vgl Rn 1132) sind im Fall eines verbleibenden Gewinns vorbehaltlich § 8b IV aF iVm § 34 VIIa (vgl Rn 1094) § 8b II S 1, III S 1 ggf iVm VI, im Fall eines verbleibenden Verlustes § 8b III S 3 ggf iVm VI anzuwenden. Da § 14 IV S 4 die Anwendung des gesamten § 8b anordnet, sind grundsätzlich auch die Ausnahmen des § 8b VII und VIII zu berücksichtigen; praktische Bedeutung dürfte § 8b VII für die Beteiligung an einer (ehemaligen) Organgesellschaft jedoch kaum haben. 1133

Relevante Vorschriften der §§ 3 Nr 40, 3c II EStG. Auf ein um Aufwendungen und Erträge bereinigtes Veräußerungsergebnis (vgl Rn 1132) sind im Fall eines verbleibenden Gewinns vorbehaltlich § 3 Nr 40 S 3 EStG aF iVm § 52 IVd S 2 EStG (vgl Rn 1094) §§ 3 Nr 40 S 1 lit a, 3c II EStG, im Fall eines verbleibenden Verlustes § 3c II EStG anzuwenden. 1134

Einstweilen frei. 1135-1136

9. Ausgleichsposten bei Umwandlung des Organträgers. a) Verschmelzung oder Aufspaltung des Organträgers. Verwaltungsauffassung. Bei Verschmelzung und Aufspaltung des Organträgers auf einen anderen Rechtsträger, der nicht die Organgesellschaft selbst (Abwärtsumwandlung auf die Organgesellschaft) ist, geht die Organbeteiligung im Wege der Gesamtrechtsnachfolge auf den übernehmenden Rechtsträger über. Gleiches gilt für den Gewinnabführungsvertrag, sofern er nicht anlässlich der Umwandlung beendet wurde (vgl Rn 508 ff). Mit der Begründung, dass es sich bei diesen Umwandlungen um einen Veräußerungs- und Anschaffungsvorgang hinsichtlich des übertragenen Vermögens und damit auch der Organbeteiligung handele, sollen beim Organträger gebildete organschaftliche Ausgleichsposten nach Auffassung der Finanzverwaltung zum steuerlichen Übertragungsstichtag grundsätzlich aufzulösen sein. Hiervon ausgenommen werden lediglich Fälle, in denen die Umwandlung steuerlich zum Buch- oder Zwischenwert erfolgt und darüber hinaus die Organschaft fortgesetzt wird; bei Umwandlung zum Buchwert unterbleibt die Auflösung der Ausgleichsposten vollständig, bei Umwandlung zum Zwischenwert anteilig.[2] 1137

---

1 Breier, DK 2011, 84, 90.
2 BMF v 11.11.2011, BStBl I 2011, 1314, Rn Org.05, Org.06.

1138 Kritik. ME ist die Verwaltungsauffassung nicht überzeugend. Unabhängig davon, ob man angesichts der Diversität der Rechtsprechung zur Qualifikation einer Verschmelzung oder Spaltung[1] der durchgängigen Wertung der Finanzverwaltung von Umwandlungen und Einbringungen als Veräußerungs- und Anschaffungsvorgang[2] folgt, ist die Frage, ob eine Veräußerung iSd § 14 IV S 2 oder ein dieser gleichgestellter Tatbestand (§ 14 IV S 5) gegeben ist, mE im Kontext des § 14 IV unter Einbeziehung von Sinn und Zweck der Vorschrift (vgl Rn 1000-1012) zu beantworten. Demnach sprechen mE gute Gründe dafür, in Fällen, in denen die Organschaft durch den übernehmenden Rechtsträger als Organträger fortgesetzt wird, stets und unabhängig vom Wertansatz für das übergehende Vermögen von der Auflösung der Ausgleichsposten abzusehen, weil sich die Differenz zwischen Gewinnabführung und Steuerbilanzgewinn der Organgesellschaft vor Gewinnabführung, die seinerzeit zur Bildung der Ausgleichsposten geführt hat, noch innerhalb der nämlichen Organschaft durch organschaftliche Mehr- bzw Minderabführungen wieder auflösen kann. Wird zB ein durch die Bildung einer handelsrechtlichen Rücklage entstandener aktiver Ausgleichsposten im Zuge der Umwandlung des Organträgers aufgelöst, zwingt dies bei Abführung der Rücklage zur Bildung eines passiven Ausgleichspostens; wegen der eindeutigen Verursachung in organschaftlicher Zeit, scheidet die Anwendung des § 14 III mE aus (vgl Rn 1281). Damit würde bei späterer tatsächlicher Veräußerung ein zutreffend nicht um die Rücklage erhöhtes Veräußerungsergebnis künstlich um die Auflösung eines passiven Ausgleichspostens erhöht. Dies ist mit dem Sinn und Zweck der Ausgleichsposten nicht vereinbar (vgl zur vergleichbaren Problematik bei Veräußerung nur eines Teils einer Organbeteiligung bereits ausführlich Rn 1115-1118).

1139 Veräußerung der Organbeteiligung trotz Rechtsnachfolge? Vom Veräußerungsfall (§ 14 IV S 2), aber auch von der in § 14 IV S 5 der Veräußerung gleichgestellten verdeckten Einlage der Organbeteiligung, unterscheidet sich die Verschmelzung/Spaltung des Organträgers deutlich durch die in §§ 4 II S 1, § 12 III UmwStG unabhängig von der Ausübung des Bewertungswahlrechts durch die Übertragerin angeordnete steuerliche Rechtsnachfolge des Übernehmers bzgl der Organbeteiligung selbst (zB Besitzzeitanrechnung, keine Anschaffung iSd §§ 6b, 7g EStG)[3] und der Organträgerstellung gegenüber dieser. Auch wird infolge dieser Rechtsnachfolge die bisherige finanzielle Eingliederung der Organgesellschaft dem übernehmenden Rechtsträger zugerechnet, so dass eine nahtlose Fortsetzung der Organschaft möglich ist (vgl Rn 203 ff). Damit stellt sich mE auch für diejenigen Fälle, in denen die Organschaft nicht fortgesetzt wird, die Frage, ob eine Auflösung der Ausgleichsposten tatsächlich auf § 14 IV S 2 oder S 5 gestützt werden kann. Zumindest aber dann, wenn die Umwandlung zum Buchwert erfolgt und die auch vom Gesetzgeber

---

1 Seitwärtsverschmelzung als tauschähnlicher Vorgang: BFH I R 22/96, BStBl II 1998, 168; BFH I R 97/02, BStBl II 2004, 686; Abspaltung (Teil-Seitwärtsverschmelzung) als Sachausschüttung: BFH I R 96/08, BFH/NV 2010, 1749; Aufwärtsverschmelzung als tauschähnlicher Vorgang: BFH III R 45/98, BStBl II 2003, 10; Aufwärtsverschmelzung als Veräußerungs- und Anschaffungsvorgang: BFH XI R 48/99, BStBl II 2002, 993.
2 BMF v 11.11.2011, BStBl I 2011, 1314, Rn 00.02.
3 BMF v 11.11.2011, BStBl I 2011, 1314, Rn 04.15, 04.14.

IX. Mehr- und Minderabführungen mit Verursachung in organschaftlicher Zeit

geforderte Realisation[1] nicht stattfindet, muss die Auflösung der Ausgleichsposten mE unterbleiben. Die Nichtfortsetzung der Organschaft kann in diesem Fall eine Auflösung der Ausgleichsposten nicht begründen, da die Beendigung des Gewinnabführungsvertrags für sich niemals die Auflösung von Ausgleichsposten zur Folge hat (vgl Rn 1126).

Einstweilen frei. **1140-1141**

b) Abspaltung oder Ausgliederung aus dem Vermögen des Organträgers. **1142** Erfolgt aus dem Vermögen des Organträgers eine Abspaltung (§ 123 II UmwG) oder Ausgliederung (§ 123 III UmwG)[2] und ist die Organbeteiligung Teil des übertragenen Vermögens, gelten die Rn 1137 ff entsprechend.[3] Zählt die Organbeteiligung zu dem iRd Abspaltung oder Ausgliederung bei dem Organträger verbleibenden Vermögen, bleiben die Ausgleichsposten von dem Umwandlungsvorgang hingegen in jedem Fall unberührt.[4]

Einstweilen frei. **1143**

c) Formwechsel des Organträgers. Der Formwechsel des Organträgers rechtfertigt mE entgegen der Verwaltungsauffassung, nach der die in Rn 1137 dargestellten Grundsätze entsprechende Anwendung finden sollen,[5] keine Auflösung der Ausgleichsposten. Ein für die Anwendung des § 14 IV S 2 oder S 5 vorauszusetzender Rechtsträgerwechsel ist in diesem Fall schon nicht gegeben; dieser kann mE auch nicht durch die Anordnungen in §§ 9 S 1, 25 S 1 für Zwecke des § 14 IV fingiert werden. Mit diesen Anordnungen behandelt das UmwStG für seine Zwecke den Formwechsel wie einen tauschähnlichen Vorgang.[6] Ob diese Wertung auf sämtliche, auch außerhalb des UmwStG liegende ertragsteuerliche Fragen durchschlägt, ist mE fraglich und wird offenbar auch von der Finanzverwaltung – zB beim Formwechsel des Anteilseigners iRd § 8c – so nicht gesehen.[7] **1144**

Einstweilen frei. **1145**

d) Anwachsung einer Organträger-Personengesellschaft. Geht die Organbeteiligung im Wege der Anwachsung (§ 738 BGB) wegen Ausscheidens des vorletzten Gesellschafters auf den verbleibenden Gesellschafter über, sind die organschaftlichen Ausgleichsposten von diesem in unveränderter Höhe fortzuführen.[8] **1146**

Einstweilen frei. **1147**

10. Ausgleichsposten bei Einbringung der Organbeteiligung. a) Gesamtrechtsnachfolge. Vgl die Ausführungen zur Ausgliederung in Rn 1142. **1148**

---

1 BTDrs 16/7036, 20.
2 Vgl zu den differierenden Auffassungen zur finanziellen Eingliederung und damit zur Möglichkeit der Fortsetzung der Organschaft bei Ausgliederung der Organbeteiligung Rn 205 f.
3 BMF v 11.11.2011, BStBl I 2011, 1314, Rn Org.07, Org.08.
4 BMF v 11.11.2011, BStBl I 2011, 1314, Rn Org.09.
5 BMF v 11.11.2011, BStBl I 2011, 1314, Rn Org.10.
6 BFH I R 38/04, BStBl II 2006, 568. AA BMF v 11.11.2011, BStBl I 2011, 1314, Rn 00.02, wonach sich aus dieser Rechtsprechung eine Wertung des Formwechsels als Veräußerungs- und Anschaffungsvorgang ergebe.
7 BMF v 4.7.2008, BStBl I 2008, 736, Rn 11.
8 BMF v 11.11.2011, BStBl I 2011, 1314, Rn Org.18.

1149   *Einstweilen frei.*

1150   **b) Einzelrechtsnachfolge. Allgemeines.** Die Einbringung der Organbeteiligung gegen Gewährung von Gesellschaftsrechten stellt eine Veräußerung der Organbeteiligung dar. Der Gewinnabführungsvertrag kann im Wege der Einzelrechtsnachfolge nicht übertragen werden. Betrachtet man die Fortsetzung der Organschaft durch den übernehmenden Rechtsträger als Organträger als notwendige Bedingung für ein Absehen von der Auflösung der Ausgleichsposten, sind diese daher zum steuerlichen Übertragungsstichtag nach § 14 IV S 2 ff stets vollumfänglich aufzulösen; so wohl auch die Auffassung der Finanzverwaltung.[1] Von der tatsächlichen Veräußerung oder verdeckten Einlage der Organbeteiligung unterscheidet sich die Einbringung der Organbeteiligung in eine Kapitalgesellschaft im Wege der Sacheinlage (§ 20 UmwStG) oder des Anteilstauschs (§ 21 UmwStG) jedoch dadurch, dass der übernehmende Rechtsträger nach § 23 I iVm § 12 III HS 1 UmwStG hinsichtlich der Beteiligung an der Organgesellschaft in die steuerliche Rechtsstellung des Einbringenden eintritt, wenn er das übernommene Vermögen mit einem Wert unterhalb des gemeinen Wertes ansetzt. Gleiches gilt nach § 24 IV iVm § 23 I UmwStG bei Einbringung der Organbeteiligung in eine Personengesellschaft. Damit stellt sich, wie auch bei Umwandlungen des Organträgers ohne Fortsetzung der Organschaft, die Frage, ob eine Auflösung der Ausgleichsposten in diesen Fällen tatsächlich auf § 14 IV S 2 oder S 5 gestützt werden kann, oder ob nicht zumindest in Fällen mit Buchwertfortführung, in denen die vom Gesetzgeber geforderte Realisation (vgl Rn 1123) also nicht eintritt, von der Auflösung der Ausgleichsposten abzusehen ist (vgl Rn 1139).

1151   **Fortführung der Organschaft zu dem bisherigen Organträger.** Ist die Organbeteiligung auch nach der Einbringung (mittelbar) finanziell in den bisherigen Organträger eingegliedert, kann die Organschaft in Form einer Klammerorganschaft fortgesetzt werden (vgl Rn 198 und 214). Vor diesem Hintergrund sind die Ausgleichsposten in diesem Fall mE nicht aufzulösen. Nach Auffassung der Finanzverwaltung unterbleibt eine Auflösung nur dann, wenn der übernehmende Rechtsträger die Organbeteiligung mit dem bisherigen Buchwert des Einbringenden ansetzt; bei Ansatz eines Zwischenwerts sollen die Ausgleichsposten anteilig, bei Ansatz des gemeinen Werts voll angesetzt werden (vgl zur diesbezüglichen Kritik bereits Rn 1137 f).[2]

1152   *Einstweilen frei.*

1153   **11. Ausgleichsposten bei Umwandlung der Organgesellschaft. a) Umwandlung auf eine Personengesellschaft oder natürliche Person. Grundsatz.** Bei Umwandlung einer Organgesellschaft auf eine Personengesellschaft oder natürliche Person sind die beim Organträger gebildeten Ausgleichsposten aufzulösen (§ 14 IV S 5 iVm S 2). Dies rechtfertigt sich aus dem Untergang der Beteiligung (an einer Kapitalgesellschaft).[3]

---

1   Wohl abzuleiten aus BMF v 11.11.2011, BStBl I 2011, 1314, Rn Org.17.
2   BMF v 11.11.2011, BStBl I 2011, 1314, Rn Org.16 iVm Org.05.
3   *Dötsch* in D/J/P/W § 14 Rn 530.

IX. Mehr- und Minderabführungen mit Verursachung in organschaftlicher Zeit

Betroffene Umwandlungsvorgänge. ME erfasst § 14 IV S 5 neben dem Formwechsel[1] auch die Verschmelzung einer Organgesellschaft auf eine Personengesellschaft oder natürliche Person sowie die Aufspaltung auf Personengesellschaften.[2] Entsprechend der für den Veräußerungsfall vertretenen Auffassung, dass Aufwendungen und Erträge aus der Auflösung von Ausgleichsposten ein § 8b bzw §§ 3 Nr 40, 3c II EStG zu unterwerfendes Veräußerungsergebnis korrigieren (vgl Rn 1094 f), müssen sich diese Aufwendungen und Erträge unmittelbar auf das Übernahmeergebnis iSd § 4 IV UmwStG vor Anwendung von § 4 VI oder VII UmwStG auswirken.[3] 1154

Einstweilen frei. 1155

b) Abspaltung auf eine Personengesellschaft oder natürliche Person. Für Abspaltungen auf Personengesellschaften oder natürliche Personen gelten die Ausführungen in Rn 1166-1169 entsprechend.[4] Soweit dabei Ausgleichsposten aufzulösen sind, wirkt sich dies mE auf das Übernahmeergebnis aus (vgl Rn 1154). 1156

Einstweilen frei. 1157

c) Verschmelzung auf eine Körperschaft. Seitwärts- und Abwärtsverschmelzung. Wird die Organgesellschaft seitwärts oder abwärts auf eine andere Körperschaft verschmolzen, gelten im Zeitpunkt der zivilrechtlichen Wirksamkeit der Verschmelzung die Anteile an der Organgesellschaft als vom Organträger zum gemeinen Wert veräußert und die an ihre Stelle tretenden Anteile an der übernehmenden Körperschaft als vom Organträger mit diesem Wert angeschafft (§ 13 I). Mit Wirksamkeit der Verschmelzung endet nach hM der Gewinnabführungsvertrag (vgl Rn 522).[5] Die Organschaft endet bereits mit Ablauf des steuerlichen Übertragungsstichtags (§ 2 I UmwStG). Vor diesem Hintergrund hat der Organträger von ihm gebildete Ausgleichsposten im Zeitpunkt des Wirksamwerdens der Verschmelzung aufzulösen (§ 14 IV S 2).[6] Entgegen der Verwaltungsauffassung[7] gilt dies mE nicht, wenn der Organträger von seinem antragsgebundenen Wahlrecht Gebrauch macht, die Anteile an der übernehmenden Körperschaft mit dem Buchwert der Anteile an der Organgesellschaft anzusetzen (§ 13 II S 1), da in diesem Fall die Anteile an der übernehmenden Körperschaft steuerlich an die Stelle der Anteile an der Organgesellschaft treten (steuerliche Rechtsnachfolge).[8] Der bloße Umstand, dass die Organschaft nicht fortgeführt werden kann, begründet eine Auflösung der Ausgleichsposten ebenso wenig wie die Beendigung des Gewinnabführungsvertrags (vgl Rn 1126; vgl zur vergleichbaren Problematik bei Umwandlung des Organträgers ohne Fortsetzung der Organschaft Rn 1139 bzw bei Einbringung der Organgesellschaft im Wege der Einzelrechtsnachfolge Rn 1150). 1158

---

1 BMF v 11.11.2011, BStBl I 2011, 1314, Rn Org.24.
2 AA bezüglich der Rechtsgrundlage offenbar BMF v 11.11.2011, BStBl I 2011, 1314, Rn Org.21, Org.23.
3 Ebenso *Breier*, DK 2011, 84, 90.
4 So auch BMF v 11.11.2011, BStBl I 2011, 1314, Rn Org.22.
5 AA für den Fall der Verschmelzung zur Neugründung *Herlinghaus*, FR 2004, 974, 979; *Erle/Heurung* in Erle/Sauter § 14 Rn 398; *Hörtnagl* in Schmitt/Hörtnagl/Stratz § 131 UmwG Rn 74.
6 BMF v 11.11.2011, BStBl I 2011, 1314, Rn Org.21.
7 BMF v 11.11.2011, BStBl I 2011, 1314, Rn Org.21.
8 Ebenso *Dötsch* in D/J/P/W § 14 Rn 531; *Breier*, DK 2011, 84, 90.

1159 **Aufwärtsverschmelzung auf den Organträger.** Die Aufwärtsverschmelzung stellt keinen Anwendungsfall des § 13 UmwStG dar.[1] Bei Verschmelzung der Organgesellschaft auf den Organträger (Aufwärtsverschmelzung) geht die Organbeteiligung unter und wird auch nicht durch eine andere Beteiligung ersetzt. Aus diesem Grund sind beim Organträger gebildete Ausgleichsposten – unabhängig vom bei der Bewertung des übergehenden Vermögens gewählten Wertansatz – zum steuerlichen Übertragungsstichtag vollständig aufzulösen.[2]

1160 **Berücksichtigung der Ausgleichsposten iRd Übernahmeergebnisses.** Entsprechend der für den Veräußerungsfall vertretenen Auffassung, dass Aufwendungen und Erträge aus der Auflösung von Ausgleichsposten ein § 8b bzw §§ 3 Nr 40, 3c II EStG zu unterwerfendes Veräußerungsergebnis korrigieren (vgl Rn 1094 f), wirken sich diese unmittelbar auf das Übernahmeergebnis iSd § 12 II S 1 UmwStG aus.[3] Auf einen hiernach verbleibenden Übernahmegewinn ist § 12 II S 2 UmwStG anzuwenden. Gerade der Fall der Aufwärtsverschmelzung zeigt mE deutlich, dass eine isolierte Behandlung der Ausgleichsposten mit dem Sinn und Zweck der Ausgleichsposten nicht vereinbar wäre.

Beispiel

Im Jahr 1 hat die Organgesellschaft zu Lasten der Gewinnabführung eine Rücklage von 100 gebildet. Der zu 100 % beteiligte Organträger hat das diesem Gewinn entsprechende Einkommen versteuert und einen aktiven Ausgleichsposten iHv 100 gebildet. Im Jahr 2 wird die Organgesellschaft auf den Organträger verschmolzen.

Bezogen auf die Rücklage ergibt sich bei Einbeziehung der Ausgleichsposten in die Ermittlung des Übernahmeergebnisses ein Übernahmeergebnis von 100 (übergehendes Vermögen) ./. 100 (aktiver Ausgleichsposten) 100 = 0. Zu einer nochmaligen Besteuerung des im Jahr 1 bereits versteuerten Gewinns kommt es dabei, wie vom Konzept der aktiven Ausgleichsposten angestrebt, nicht. Wäre hingegen der Ausgleichsposten gesondert aufzulösen, ergäbe sich ein Übernahmegewinn iHv 100, der iHv 5 (§ 12 II S 2 UmwStG) das Einkommen des Organträgers erhöhen würde. Da der Aufwand aus der Auflösung des aktiven Ausgleichspostens nach § 8b III S 3 nicht abzugsfähig wäre, würde es insgesamt bei der Einkommenserhöhung iHv 5 bleiben. Bei gesonderter Behandlung des Ausgleichspostens käme es mithin zur nochmaligen Besteuerung von Einkommen im Organkreis.

1161 **Anwendung des § 12 II S 2 UmwStG bei nicht 100%iger Beteiligung des Organträgers.**

Beispiel

Wie das Beispiel in Rn 1160, der Organträger hält jedoch nur 80 % der Anteile an der Organgesellschaft und hat dementsprechend auch nur einen Ausgleichsposten iHv 80 gebildet.

---

1 So auch BMF v 11.11.2011, BStBl I 2011, 1314, Rn 13.01.
2 *Schumacher* in FS für Harald Schaumburg: Steuerzentrierte Rechtsberatung, 2009, S 477, 482; *Dötsch* in D/J/P/W § 14 Rn 532; im Ergebnis auch BMF v 11.11.2011, BStBl I 2011, 1314, Rn Org.21.
3 AA wohl *Dötsch* in D/J/P/W Anh UmwStG Rn 71.

IX. Mehr- und Minderabführungen mit Verursachung in organschaftlicher Zeit

Bei Einbeziehung des (aktiven) Ausgleichspostens in die Ermittlung des Übernahmeergebnisses ergibt sich – bezogen auf die Rücklage – ein Übernahmegewinn iSd § 12 II S 1 von 100 (übergehendes Vermögen) ./. 80 (aktiver Ausgleichsposten) = 20, der außer Ansatz bleibt. Nach § 12 II S 2 UmwStG ist § 8b anzuwenden, soweit der Gewinn im iSd § 12 II S 1 UmwStG dem Anteil der übernehmenden Körperschaft an der übertragenden Körperschaft entspricht. Bei schlicht quotaler Anwendung des § 12 II S 2 UmwStG wäre § 8b II, III S 1 auf einen Übernahmegewinn iHv 16 anzuwenden, aus dem Sachverhalt ergäbe sich ein Einkommen iHv 0,8. Sachgerechter mit Blick auf den Sinn und Zweck der Ausgleichsposten – und mE mit dem Wortlaut und dem Sinn und Zweck des § 12 II S 2 auch noch vereinbar – ist es, § 12 II S 2 auf den Teil des Übernahmeergebnisses anzuwenden, den der Organträger (Übernehmer) durch Veräußerung seiner Beteiligung hätte erzielen können. Dieses betrüge 80 (auf die Beteiligung entfallender Anteil am übergehenden Vermögen) ./. 80 (Ausgleichsposten) = 0. Damit würde die vom Konzept der (aktiven) Ausgleichsposten beabsichtigte nur einmalige Besteuerung von Gewinnen im Organkreis sichergestellt.

Einstweilen frei. 1162-1163

d) Aufspaltung auf Körperschaften. Wird die Organgesellschaft aufgespalten, gelten die Ausführungen in Rn 1158 entsprechend.[1] ME ist aber auch bei der Aufspaltung danach zu differenzieren, ob der Gesellschafter von dem Wahlrecht zur Buchwertfortführung Gebrauch macht oder nicht (vgl Rn 1158). Ist einer der übernehmenden Rechtsträger der Organträger als Anteilseigner, gelten insoweit die Ausführungen zur Aufwärtsverschmelzung entsprechend (vgl Rn 1159 ff). 1164

Einstweilen frei. 1165

e) Abspaltung auf Körperschaft. Allgemeines. Der Bestand der Organgesellschaft wie auch der Gewinnabführungsvertrag werden von einer Abspaltung aus dem Vermögen der Organgesellschaft nicht berührt. Die Organschaft wird unverändert fortgeführt. 1166

Ansatz der erhaltenen Anteile mit dem gemeinen Wert (§ 13 I UmwStG). Bei der Abspaltung aus dem Vermögen der Organgesellschaft handelt es sich für den Organträger grundsätzlich um eine anteilige Veräußerung der Organbeteiligung (§ 13 I UmwStG iVm § 15 UmwStG) im Zeitpunkt des zivilrechtlichen Wirksamwerdens der Maßnahme. Nach Auffassung der Finanzverwaltung ist daher bei Ansatz des gemeinen Wertes gem § 13 I UmwStG § 14 IV S 2 mit der Folge einer anteiligen Auflösung der Ausgleichsposten anzuwenden.[2] Dies ist mE zutreffend. Denn die anteilige Veräußerung der Organbeteiligung durch den Organträger im Zuge der Abspaltung aus dem Vermögen der Organgesellschaft unterscheidet sich von der „normalen" Veräußerung eines Teils der Organbeteiligung (vgl Rn 1115 ff) dadurch, dass Teile des Vermögens der Organgesellschaft nach der Maßnahme nicht mehr in dieser enthalten sind. Soweit Teile des abgegebenen Vermögens Anlass für in organschaftlicher Zeit verursachte Mehr-/Minderabführungen und damit für die Bildung aktiver oder 1167

---

[1] BMF v 11.11.2011, BStBl I 2011, 1314, Rn Org.23.
[2] BMF v 11.11.2011, BStBl I 2011, 1314, Rn Org.22.

passiver Ausgleichsposten waren, besteht keine Möglichkeit mehr, dass sich Abweichungen zwischen Gewinnabführung und Einkommenszurechnung in der grundsätzlich fortgeführten Organschaft wieder regulär umkehren. Daher ist die Auflösung eines Teils der Ausgleichsposten geboten. Soweit die Finanzverwaltung jedoch eine anteilige Auflösung der Ausgleichsposten nach Maßgabe der Wertverhältnisse (§ 15 III UmwStG) anordnet,[1] ist dies abzulehnen. Allein sachgerecht ist es mE, diejenigen aktiven und passiven Ausgleichsposten zu identifizieren, die mit den iRd Abspaltung oder Ausgliederung übertragenen Wirtschaftsgütern der Organgesellschaft tatsächlich zusammenhängen, und diese dann in voller Höhe aufzulösen.

1168 **Ansatz der erhaltenen Anteile mit dem Buchwert (§ 13 II UmwStG).** Macht der Organträger gem § 13 II S 1 UmwStG von dem antragsgebundenen Wahlrecht zur Buchwertfortführung für die neuen Anteile Gebrauch, stellt nach hier vertretener Auffassung der Vorgang – analog zur Seitwärtsverschmelzung der Organgesellschaft (vgl Rn 1158) – wegen der in § 13 II S 2 UmwStG für die erhaltenen Anteile angeordneten Rechtsnachfolge hingegen keine (anteilige) Veräußerung iSd § 14 IV S 2 dar. Die Ausgleichsposten sind durch den Organträger fortzuführen. Im Ergebnis scheint die Finanzverwaltung[2] diese Auffassung zu teilen; zumindest sieht sie Fälle, in denen die Ausgleichsposten in voller Höhe bestehen bleiben können und vom Organträger fortzuführen sind.[3] Die Begründung dafür bleibt jedoch im Dunklen. So soll zwar Rn Org.05 des Erlasses, mithin die Grundsätze für den Fall der Verschmelzung des Organträgers (vgl Rn 1137), entsprechend gelten. Nach diesen Grundsätzen spielt bei Verschmelzung des Organträgers die steuerliche Rechtsnachfolge des übernehmenden Rechtsträgers (§ 4 II S 1, § 12 III UmwStG) hinsichtlich der Anteile für die Frage der Auflösung von Ausgleichsposten jedoch keine Rolle (vgl Rn 1139). Auch der Ansatz der übergehenden Wirtschaftsgüter (dh der Organbeteiligung) mit dem Buchwert soll demnach allein nicht ausreichen, um von der Auflösung der Ausgleichsposten abzusehen. Hinzukommen muss eine Fortsetzung der Organschaft durch den übernehmenden Rechtsträger. Genau an dieser fehlt es aber im Fall der Abspaltung aus dem Vermögen der Organgesellschaft. Die Organschaft wird zwar fortgeführt, dies aber durch den Organträger und nur mit Blick auf die nach der Abspaltung verbleibende Beteiligung an der Organgesellschaft. Hinsichtlich des abgespaltenen Teils des Vermögens der Organgesellschaft wird die Organschaft nicht fortgeführt. Hat oder begründet der Organträger mit dem das abgespaltene Vermögen übernehmenden Rechtsträger ein Organschaftsverhältnis, ist dies eine von der bisherigen zu trennende andere Organschaft, in die das abgespaltene Vermögen übergeht. Wenngleich die Verwaltungsauffassung für den Fall der Abspaltung aus dem Vermögen der Organgesellschaft im Ergebnis zutreffend ist, stellt sie mit der dafür gegebenen Begründung mE ihre restriktive Haltung in anderen Sachverhalten, in denen ebenfalls nur eine steuerliche Rechtsnachfolge hinsichtlich der Anteile und Buchwertfortführung gegeben ist (vgl Rn 1139 und 1150), in Frage.

---

1   BMF v 11.11.2011, BStBl I 2011, 1314, Rn Org.22.
2   BMF v 11.11.2011, BStBl I 2011, 1314, Rn Org.22 iVm Org.05.
3   BMF v 11.11.2011, BStBl I 2011, 1314, Rn Org.22, dort letzter Satz.

IX. Mehr- und Minderabführungen mit Verursachung in organschaftlicher Zeit

Zuordnung der Ausgleichsposten. Sofern es wegen Ausübung des Bewertungswahlrechts gem § 13 II S 1 UmwStG nicht zur Auflösung von Ausgleichsposten kommt (vgl Rn 1168), stellt sich die Frage, ob die Ausgleichsposten innerhalb des Betriebsvermögens des Organträgers unverändert der Beteiligung an der Organgesellschaft, oder aber insoweit den erhaltenen Anteilen an dem übernehmenden Rechtsträger zuzuordnen sind, wie sie auf Vermögen der Organgesellschaft entfallen, das im Wege der Abspaltung auf den übernehmenden Rechtsträger übergegangen ist. Unabhängig davon, ob man die Auflösung der Ausgleichsposten als Teil eines um diese korrigierten Veräußerungsergebnisses oder isoliert von einem Veräußerungsergebnis § 8b bzw §§ 3 Nr 40, 3c II EStG unterwerfen will (vgl hierzu Rn 1094 f), wäre zu beantworten, iRd späterer Veräußerung welcher der Beteiligungen (Organgesellschaft oder erhaltene Anteile am übernehmenden Rechtsträger) die auf das abgespaltete Vermögen entfallenden Ausgleichsposten nach § 14 IV S 2 aufzulösen wären. Sachgerecht und mE auch rechtlich über § 13 II S 2 UmwStG begründbar wäre es, die Ausgleichsposten insoweit den erhaltenen Anteilen zuzuordnen, da das aus diesen Anteilen erzielbare Veräußerungsergebnis bei der durch das Ausgleichspostenkonzept typisierten Betrachtung nach Übergang der die Ausgleichsposten auslösenden Wirtschaftsgüter auf den übernehmenden Rechtsträger erhöht bzw vermindert ist. Die Zuordnung zu den erhaltenen Anteilen dürfte mE nicht entsprechend § 15 III UmwStG nach dem Verhältnis der gemeinen Werte von übergegangenem und verbleibendem Vermögen erfolgen. Vielmehr wären die Ausgleichsposten insoweit den neuen Anteilen zuzuordnen, wie Sie auf Wirtschaftsgüter entfallen, die im Zuge der Abspaltung übertragen wurden (hierzu bereits Rn 1167). 1169

Einstweilen frei. 1170-1171

f) Ausgliederung. Gliedert die Organgesellschaft Teile ihres Vermögens nach § 123 III UmwG aus, berührt dies den Fortbestand der Organschaft wie auch des Gewinnabführungsvertrags nicht. Hinsichtlich der Beteiligung des Organträgers an der Organgesellschaft ergeben sich keinerlei Auswirkungen. Die beim Organträger gebildeten Ausgleichsposten bleiben durch die Ausgliederung unverändert.[1] 1172

Einstweilen frei. 1173

12. Ausgleichsposten bei Klammerorganschaft. Bildung von Ausgleichsposten. Auch für den Fall der Klammerorganschaft, in dem der Organträger nur mittelbar an der Organgesellschaft beteiligt ist, ordnet § 14 IV die Bildung der Ausgleichsposten beim Organträger an. Dies ist zutreffend, weil der Organträger auch Empfänger der Mehr- bzw Minderabführungen ist. Da der Ausgleichsposten kein Wirtschaftsgut darstellt (vgl Rn 1092-1096), ergeben sich aus dem Fehlen einer Beteiligung an der Organgesellschaft in der Steuerbilanz der Organgesellschaft für die Aktivierung oder Passivierung der Ausgleichsposten keine Probleme.[2] Die Ausgleichsposten sind iHd durchgerechneten Beteiligung an der Organgesellschaft zu bilden, da auch nur insoweit ein Veräußerungsergebnis des Organträgers (aus der Veräußerung der Organbeteiligung) zB durch in der Organgesellschaft gebildete Rücklagen erhöht 1174

---

1 BMF v 11.11.2011, BStBl I 2011, 1314, Rn Org.22.
2 *Neumann*, Ubg 2010, 673, 680; *Heurung/Seidel*, DK 2009, 400, 405.

sein könnte.[1] Ein Ausgleichsposten ist allein auf Ebene des Organträgers, nicht aber auch in der Steuerbilanz der zwischengeschalteten Gesellschaft zu bilden, da sich die Organschaft und deren Wirkungen allein zwischen Organträger und Organgesellschaft und aufgrundlage des Gewinnabführungsvertrags und nicht aufgrundlage des Gesellschaftsverhältnisses vollziehen.[2]

1175 **Auflösung der Ausgleichsposten.** In Bezug auf die Auflösung der Ausgleichsposten bei Veräußerung der Organbeteiligung (§ 14 IV S 2) oder der Veräußerung gleichstellten Tatbeständen (§ 14 IV S 5) enthält § 14 IV keinen Hinweis darauf, auf welcher Ebene im Fall einer Klammerorganschaft die relevante Veräußerung erfolgen soll. Fraglich ist daher, welche Bedeutung die Veräußerung der

- Beteiligung an der zwischengeschalteten Gesellschaft (vgl Rn 1176),
- Beteiligung an der Organgesellschaft durch die Zwischengesellschaft (vgl Rn 1177)

für die beim Organträger gebildeten Ausgleichsposten hat.

1176 **Veräußerung der Beteiligung an der zwischengeschalteten Gesellschaft.** Veräußert der Organträger die Beteiligung an der Zwischengesellschaft, veräußert er mittelbar auch die Beteiligung an der Organgesellschaft. Die mittelbare Veräußerung der Organgesellschaft ist durch den Tatbestand der Veräußerung iSd § 14 IV S 2 abgedeckt, weil § 14 IV auch die Bildung eines Ausgleichspostens über die Zwischengesellschaft hinweg anordnet. Auch wird, wenn zB wegen Rücklagenbildung bei der Organgesellschaft beim Organträger ein aktiver Ausgleichsposten zu bilden war, bei typisierender Betrachtung das vom Organträger erzielte Ergebnis aus der Veräußerung der Zwischengesellschaft um die Rücklage erhöht sein. Schließlich wäre auch nicht ersichtlich, wie sich die Ausgleichsposten nach der mittelbaren Veräußerung der Beteiligung und der damit einhergehenden Organschaft auf andere (reguläre) Weise jemals wieder auflösen könnten. Die Ausgleichsposten sind mithin einkommenswirksam aufzulösen und wirken sich auf das Veräußerungsergebnis des Organträgers aus.[3]

1177 **Veräußerung der Beteiligung an der Organgesellschaft durch die Zwischengesellschaft.** Strittig ist, ob und zu welchem Zeitpunkt infolge der Veräußerung der Organbeteiligung der Ausgleichsposten beim Organträger einkommenswirksam aufzulösen ist.

Die bloße Erzielung eines bei typisierender Betrachtung um die Rücklage erhöhten Veräußerungsgewinns durch die Zwischengesellschaft gibt mE keinerlei Anlass zur Auflösung des Ausgleichspostens in der Steuerbilanz des Organträgers. Zwar mag der

---

1 Dötsch in D/J/P/W § 14 Rn 565; *Heurung/Seidel*, DK 2009, 400, 405; *Breier*, DK 2011, 11, 23; *Erle/Heurung* in Erle/Sauter § 14 Rn 586; *Müller* in Müller/Stöcker, Die Organschaft, 2011, Rn 660; *Kolbe*, StuB 2008, 293, 295. AA *Frotscher* in Frotscher/Maas § 14 Rn 883, der allein auf die Höhe der Beteiligung an der zwischengeschalteten Gesellschaft abstellen will.
2 Ebenso *Frotscher* in Frotscher/Maas § 14 Rn 882; *Dötsch* in D/J/P/W § 14 Rn 562; *Erle/Heurung* in Erle/Sauter § 14 Rn 588 f; *Müller* in Müller/Stöcker, Die Organschaft, 2011, Rn 660; *Kolbe*, StuB 2008, 293, 295; aA *Breier*, DK 2011, 11, 23.
3 *Heurung/Seidel*, DK 2009, 400, 407; *Neumann*, Ubg 2010, 673, 682; *Dötsch* in D/J/P/W § 14 Rn 572; *Frotscher* in Frotscher/Maas § 14 Rn 883 f; *Müller* in Müller/Stöcker, Die Organschaft, 2011, Rn 660; *Erle/Heurung* in Erle/Sauter § 14 Rn 585.

IX. Mehr- und Minderabführungen mit Verursachung in organschaftlicher Zeit

Wortlaut des § 14 IV S 2 der Auflösung des Ausgleichspostens nicht entgegenstehen[1]; dann aber würde sich die Auflösung des aktiven Ausgleichspostens auch bei der hier vertretenen Auffassung, dass die Auflösung der Ausgleichsposten sich unmittelbar auf das Veräußerungsergebnis auswirkt (vgl Rn 1094 f), mangels Existenz eines Veräußerungsergebnisses des Organträgers nicht einkommensmindernd auswirken können. Die Auflösung würde § 8b III S 3 unterfallen, da für dessen Nichtanwendung[2] angesichts der Anordnung in § 14 IV S 4 eine Rechtsgrundlage fehlen würde.[3] Vor allem aber ist hier keine Doppelbesteuerung von Einkommen im Organkreis zu erkennen, die es zu beseitigen gilt. Der Organträger hat keine Vermögensmehrung erzielt, die bei ihm zu einer nochmaligen Besteuerung führen könnte. Die zwischengeschaltete Gesellschaft bedarf keiner Entlastung von einer Doppelbesteuerung bzgl des Einkommens der Organgesellschaft, da sie außerhalb des Organkreises steht; vielmehr hat sie diesen Veräußerungsgewinn infolge der regulären zweistufigen Besteuerung von Kapitalgesellschaft und Gesellschafter zu versteuern.[4]

Schüttet die zwischengeschaltete Gesellschaft den Veräußerungsgewinn an den Organträger aus, wäre eine Auflösung des aktiven Ausgleichspostens nach dem Sinn und Zweck des Ausgleichspostenkonzepts gerechtfertigt, weil in diesem Zeitpunkt eine nochmalige Besteuerung von Einkommen der Organgesellschaft durch den Organträger – statt in Form eines Veräußerungsgewinns in Form einer um die Rücklage erhöhten Dividende – erfolgt. Zudem könnte der Organträger nach dieser Ausschüttung kein durch die Rücklage erhöhtes Ergebnis aus der Veräußerung der zwischengeschalteten Gesellschaft mehr erzielen, welches durch Auflösung des aktiven Ausgleichspostens entlastet werden müsste. Dennoch bietet § 14 IV für eine so begründete Auflösung keine ausreichende Rechtsgrundlage; es käme allenfalls eine entsprechende Anwendung des § 14 IV S 2 ff in Betracht.[5] Auch soweit vertreten wird, eine Auflösung des Ausgleichspostens erfolge, wenn und soweit die zwischengeschaltete Gesellschaft eine entsprechende Ausschüttung vornimmt, die sie gegen das Einlagekonto verrechnet,[6] ist mE unter anderem die Rechtsgrundlage fraglich.

Nichts anderes gilt, wenn auch zwischen dem Organträger und der zwischengeschalteten Gesellschaft eine Organschaft besteht und der von der zwischengeschalteten Gesellschaft erzielte Veräußerungsgewinn statt im Wege der Ausschüttung im Wege der Gewinnabführung an den Organträger transferiert wird. Soweit für diesen Fall anders als für den Fall der Ausschüttung des Veräußerungsgewinns eine Auflösung der Ausgleichsposten beim Organträger vertreten wird,[7] ist dem nicht zuzustimmen. Denn die Zurechnung des Einkommens der zwischengeschalteten Gesellschaft zum Organträger macht den von ersterer erzielten Veräußerungsgewinn nicht zu einem vom Organträger erzielten Veräußerungsgewinn

---

1 So *Heurung/Seidel*, DK 2009, 400, 405 f; *Neumann*, Ubg 2010, 673, 681.
2 So *Heurung/Seidel*, DK 2009, 400, 406.
3 Wohl auch *Neumann*, Ubg 2010, 673, 680 f.
4 Ebenso *Frotscher* in Frotscher/Maas § 14 Rn 884; *Erle/Heurung* in Erle/Sauter § 14 Rn 584.
5 Ebenso *Neumann*, Ubg 2010, 673, 681; mit anderer Begründung ablehnend Frotscher/Maas § 14 Rn 884.
6 So *Erle/Heurung* in Erle/Sauter § 14 Rn 584.
7 *Breier*, DK 2011, 11, 23; *Frotscher* in Frotscher/Maas § 14 Rn 886.

(vgl Rn 620); auch § 15 S 1 Nr 2 führt nicht dazu, dass der Veräußerungsgewinn auf Ebene des Organträgers steuerlich erfasst wird (vgl Rn 910), lediglich die (teilweise) Befreiung des Gewinns erfolgt erst auf dieser Ebene.[1] Das Einkommen der Zwischengesellschaft wird dem Organträger als fremdes Einkommen zugewiesen; letztere wird auch nicht zum Bestandteil desjenigen Organkreises, um den es bei dem Ausgleichspostenkonzept geht. Dieser besteht allein aus dem Organträger und der jeweiligen Organgesellschaft, da es um Abweichungen zwischen Gewinnabführung und Einkommenszurechnung zwischen diesen beiden geht.[2] Mit der Besteuerung des Einkommens der Organgesellschaft hat die zwischengeschaltete Gesellschaft bei Bestehen einer Klammerorganschaft nichts zu tun; dass sie ggf selbst Organgesellschaft ist, ändert daran nichts.

Damit kann mE der Ausgleichsposten mit einer hinreichenden Rechtsgrundlage erst bei Veräußerung der Beteiligung an der Zwischengesellschaft aufgelöst werden, wenngleich bei vorheriger Ausschüttung oder Abführung des Gewinns durch die zwischengeschaltete Gesellschaft der aus der Veräußerung dieser Gesellschaft erzielte Gewinn dann nicht mehr um die Rücklage erhöht sein kann.[3]

1178-1179 *Einstweilen frei.*

1180 **X. Mehr- und Minderabführungen mit Verursachung in vororganschaftlicher Zeit (§ 14 III). 1. Regelungsinhalt. a) Überblick.** § 14 III wendet sich an den Organträger und die Organgesellschaft. Unter Durchbrechung des Grundsatzes, dass die Gewinnabführung eine Einkommenszurechnung auslöst, gelten, sofern sie ihre Ursache in vororganschaftlicher Zeit haben, Mehrabführungen als Gewinnausschüttungen an den Organträger (§ 14 III S 1). In vororganschaftlicher Zeit verursachte Minderabführungen sind als Einlagen des Organträgers in die Organgesellschaft zu behandeln (§ 14 III S 2). Beide Vorgänge gelten als in dem Zeitpunkt erfolgt, in dem das WJ der Organgesellschaft endet (§ 14 III S 3). § 14 III S 4 legt für ehemals gemeinnützige Wohnungsbauunternehmen fest, dass der Teilwertansatz nach § 13 III S 1 der vororganschaftlichen Zeit zuzurechnen ist.

1181 *Einstweilen frei.*

1182 **b) Ergänzende Vorschriften. § 37 II S 2.** Nach § 37 II S 2, ebenfalls eingeführt durch das EURLUmsG, gilt § 37 II S 1 für Mehrabführungen iSd § 14 III entsprechend. Im Ergebnis minderte sich bis zum VZ 2006 (§ 37 IV S 1) unter Berücksichtigung des KSt-Moratoriums (§ 37 IIa) ein KSt-Guthaben nur im VZ 2006 um jeweils 1/6 der Mehrabführungen iSd § 14 III, allerdings begrenzt auf den Betrag iSd § 37 IIa Nr 2.

1183 **§ 44 VII EStG.** § 44 VII EStG, ebenfalls eingeführt durch das EURLUmsG, legt vor allem den Zeitpunkt der Entstehung und der Fälligkeit der Kapitalertragsteuer im Fall von Mehrabführungen iSd § 14 III fest. Demnach entsteht die Kapitalertragsteuer in dem Zeitpunkt der Feststellung der Handelsbilanz der Organgesellschaft, spätestens jedoch acht Monate nach Ablauf des WJ der Organgesellschaft. Die entstandene Ka-

---

[1] AA *Frotscher* in Frotscher/Maas § 14 Rn 886.
[2] BFH I R 43/91, BStBl II 1996, 614.
[3] Im Ergebnis auch *Neumann*, Ubg 2010, 673, 681; *Dötsch* in D/J/P/W § 14 Rn 568.

X. Mehr- und Minderabführungen mit Verursachung in vororganschaftlicher Zeit

pitalertragsteuer ist an dem auf den Entstehungszeitpunkt nachfolgenden Werktag an das Finanzamt abzuführen, das für die Besteuerung der Organgesellschaft nach dem Einkommen zuständig ist. Im Übrigen ist § 44 I-IV EStG entsprechend anzuwenden.

Einstweilen frei. **1184-1185**

c) Abgrenzung zu anderen Vorschriften. § 14 IV. Während § 14 IV nur Minder- **1186** und Mehrabführungen betrifft, die ihre Ursache in organschaftlicher Zeit haben, ist § 14 III auf Minder- und Mehrabführungen anzuwenden, deren Ursache in vororganschaftlicher Zeit liegt (vgl zur Abgrenzung des Anwendungsbereichs beider Vorschriften Rn 1254 ff).

§ 27 VI. § 27 VI hat keine Bedeutung für Mehr- und Minderabführungen iSd § 14 **1187** III. Vor Einführung des § 14 III durch das EURLUmsG bestimmte § 27 VI S 1 aF, dass Minderabführungen (Mehrabführungen) das Einlagekonto einer Organgesellschaft erhöhen (mindern), wenn sie ihre Ursache in organschaftlicher Zeit haben. Eine Minderabführung lag nach § 27 VI S 2 aF insbesondere vor, wenn Beträge aus dem Jahresüberschuss in die Rücklagen eingestellt werden; die Auflösung dieser Rücklagen führte zu einer Mehrabführung (§ 27 VI S 3 aF). Nach § 27 VI S 4 aF galt S 1 der Vorschrift für andere Minder- und Mehrabführungen entsprechend. Letzterer S 4 der Vorschrift wurde im Zusammenhang mit der Einführung des § 14 III durch das EURLUmsG – vermutlich versehentlich – mangels besonderer Anwendungsregelung erst mit Wirkung ab dem VZ 2005 (§ 34 I idF EURLUmsG) geändert. Nach § 27 VI S 4 idF EURLUmsG gilt § 27 VI S 1 für andere Minderabführungen und Mehrabführungen, die ihre Ursache in organschaftlicher Zeit haben, entsprechend. Ziel der Gesetzesänderung war, ausdrücklich klarzustellen, „dass diese Vorschrift nur für Mehr- und Minderabführungen gilt, die ihre Ursache in organschaftlicher Zeit haben."[1]

Einstweilen frei. **1188-1189**

2. Rechtslage vor § 14 III. a) Verwaltungsauffassung. 1961-1994. Bei Einführung **1190** des Konzepts der organschaftlichen Ausgleichsposten durch die Finanzverwaltung wurde zunächst nicht danach differenziert, ob Mehr- und Minderabführungen ihre Ursache in vertraglicher oder in vorvertraglicher Zeit hatten.[2] Weder die erstmalige gesetzliche Regelung der körperschaftsteuerlichen Organschaft (§ 7a aF) iRd Gesetzes zur Änderung des Körperschaftsteuergesetzes und anderer Gesetze v 15.8.1969[3] noch die Überführung des § 7a aF in § 14 im iRd KStG 1977 v 31.8.1976[4] wurden zum Anlass genommen, dem Konzept der organschaftlichen Ausgleichsposten eine gesetzliche Grundlage zu verleihen. Nach Abschn 59 III KStR 1977 sollte die Bildung von Ausgleichsposten dann für Mehr- und Minderabführungen aufgrund von Geschäftsvorfällen vor der Geltungsdauer des Gewinnabführungsvertrags unterbleiben. Ergaben sich in vertraglicher Zeit Mehrabführungen der Organgesellschaft, die in vorvertraglicher Zeit verursacht waren, führten diese beim Organträger mangels Bildung eines passiven Ausgleichspostens zu einer Vermögensmehrung; da die Mehrabführungen

---
1 BTDrs 15/3677, 23.
2 FM Baden-Württemberg v 18.4.1961, BStBl II 1961, 79, Abschn 3.
3 BGBl I 1969, 1182; BStBl I 1969, 471.
4 BGBl I 1976, 2597; BStBl I 1976, 44.

einem von der Organgesellschaft in vorvertraglicher Zeit versteuerten Mehrgewinn entsprechen, kam nach Auffassung der Finanzverwaltung beim Organträger eine (zweite) Versteuerung im Zeitpunkt der Vereinnahmung der Mehrabführung nicht in Betracht, so dass der Organträger insoweit eine steuerfreie Vermögensmehrung erzielte, die in seiner Gliederungsrechnung im EK 02 zu erfassen war.[1]

1191 **1995 – 2003. Abschn 59 IV S 3 ff KStR 1995.** Mit Abschn 59 IV S 3-5 KStR 1995 wurde die vormalige Auffassung aufgegeben.[2] Unverändert sollte die Bildung besonderer Ausgleichsposten von Mehr- und Minderabführungen unterbleiben, soweit der Unterschied zwischen dem abgeführten Gewinn und dem Steuerbilanzgewinn der Organgesellschaft eine Folgewirkung von Geschäftsvorfällen aus der vorvertraglichen Zeit war (Abschn 59 IV S 1 KStR 1995). Eine Mehrabführung sollte nun aber steuerrechtlich als Gewinnausschüttung mit Herstellung der Ausschüttungsbelastung und Verrechnung mit dem verwendbaren Eigenkapital für das bzw in dem WJ der Mehrabführung (Abschn 59 IV S 3 und 4 KStR 1995), eine Minderabführung steuerrechtlich als Einlage des Organträgers in die Organgesellschaft (Abschn 59 IV S 4 KStR 1995) zu behandeln sein. Weitere Details zur Anwendung dieser Grundsätze wurden in dem BMF-Schreiben v 28.10.2007[3] geregelt. Hintergrund für die Änderung der Verwaltungsauffassung dürften vor allem die ehemals gemeinnützigen Wohnungsbauunternehmen gewesen sein. Bei dem durch den Wegfall ihrer Steuerbefreiung (§ 5 I Nr 10 S 1 in der bis VZ 1989 geltenden Fassung) erzwungenen Eintritt in die Körperschaftsteuerpflicht zum VZ 1990 war ihr Vermögen in der steuerlichen Anfangsbilanz mit dem Teilwert anzusetzen (§ 13 III S 1). Damit wurde grundsätzlich verhindert, dass die in der steuerfreien Zeit gebildeten stillen Reserven später (vor allem bei Veräußerung der Wirtschaftsgüter) der Besteuerung unterworfen werden. Durch die Erfassung der durch den Teilwertansatz entstehenden Erhöhung des Betriebsvermögens in der Gliederungsrechnung des verwendbaren Eigenkapitals als Zugang zum EK 02[4] wurde die insoweit steuerfreie Realisierung stiller Reserven jedoch an eine Thesaurierung dieser Gewinne geknüpft; im Falle der Ausschüttung der so steuerfrei erzielten Gewinne sollte es hingegen zu einer Nachversteuerung in Form der Körperschaftsteuererhöhung (§ 27 I vor StSenkG) kommen. Dieser Nachversteuerung versuchten sich die betroffenen Unternehmen durch Abschluss eines Gewinnabführungsvertrags zu entziehen, über welchen die steuerfrei realisierten Gewinne ohne Herstellung der Ausschüttungsbelastung an einen Gesellschafter ausgekehrt werden sollten. Dies zu verhindern, dürfte keine unwesentliche Rolle bei der Änderung der Verwaltungsauffassung gespielt haben.[5] Die geänderte Verwaltungsauffassung ist in der Literatur zT auf heftige Kritik gestoßen, zT hat sie aber auch Zustimmung gefunden.[6]

---

1 BMF v 10.01.1981, BStBl I 1981, 44, Abschn C.
2 BMF v 24.6.1996, BStBl I 1996, 695.
3 BMF v 28.10.1997, BStBl I 1997, 939.
4 *Jost* in D/J/P/W § 13 Rn 68 mwN.
5 So auch Niedersächsisches FG 6 K 338/07, EFG 2012, 261, zu I. 2. b).
6 Nachweise bei *Flutgraf/Fuchs/Stifter*, DB 2004, 2012, 2013 (Fn 10) und in BFH I R 51/01, BStBl II 2005, 49, zu II. 2. a).

X. Mehr- und Minderabführungen mit Verursachung in vororganschaftlicher Zeit

Umwandlungssteuererlass (UmwStG 1995). Mit Tz Org.26 des BMF-Schreibens v 25.3.1998[1] weitete die Finanzverwaltung den Anwendungsbereich ihres Konzepts der in vorvertraglicher Zeit verursachten Mehr- und Minderabführungen aus. Demnach sollte Abschn 59 IV S 3 ff KStR 1995, der selbst von Mehr- und Minderabführungen nur im Falle einer Abweichung von Gewinnabführung und Steuerbilanzgewinn der Organgesellschaft ausging (Abschn 59 IV S 1 KStR 1995), entsprechende Anwendung in einem Fall finden, in dem lediglich das zuzurechnende Einkommen, nicht aber der Steuerbilanzgewinn von der Gewinnabführung abweicht. Dies betraf das von einer Organgesellschaft als übernehmendem Rechtsträger bei der Umwandlung einer Körperschaft erzielte Übernahmeergebnis, welches der Gewinnabführung bzw Verlustübernahme unterliegt, nach § 12 II S 1 UmwStG 1995 jedoch bei der Gewinnermittlung der Organgesellschaft vollständig außer Ansatz blieb.

1192

Einstweilen frei.

1193

b) Rechtsprechung. In seiner ersten Entscheidung zur Behandlung in vorvertraglicher Zeit verursachter Mehrabführungen als Gewinnausschüttung aus dem Jahr 2001[2], in der es um die Abführung eines steuerfreien Verschmelzungsgewinns ging (vgl Rn 1192), konnte der BFH noch offen lassen, ob er der Auffassung in Abschn 59 IV S 3 KStR 1995 grundsätzlich folgt. Sollte eine Ausschüttung anzunehmen sein, könne diese frühestens in dem Zeitpunkt erfolgt sein und die Herstellung der Ausschüttungsbelastung auslösen, in dem und nicht zu dem die Gewinnabführung auf dem Verrechnungskonto mit dem Organträger gebucht wird, mithin entgegen Abschn 59 IV S 4 KStR 1995 nicht bereits in dem WJ, für welches die Mehrabführung eintritt.

1194

In drei Entscheidungen v 18.12.2002[3] hat der BFH die Behandlung einer in vororganschaftlicher Zeit verursachten Mehrabführung als Gewinnausschüttung dann schließlich mangels Rechtsgrundlage abgelehnt. Wesentliche Elemente seiner Begründung sind:[4]

- Die von § 14 I S 1 KStG vorausgesetzte Gewinnabführung gem § 291 I AktG wird allein nach dem Zivilrecht bestimmt und kann nicht danach differenziert werden, ob Teilbeträge steuerlich ihre Veranlassung in vororganschaftlicher Zeit haben.

- Die „ganzen" abzuführenden Gewinne sind der organschaftlichen Zeit zuzuordnen; die sich allein aus den Besonderheiten der steuerlichen Gewinnermittlung ergebenden Ergebnisabweichungen dürfen nicht mit der für die Gewinnabführung maßgeblichen wirtschaftlichen Veranlassung verwechselt werden.

- Die handelsrechtliche Gewinnabführung erstreckt sich auf den bilanziell im jeweiligen Jahr erzielten Jahresüberschuss vor Gewinnabführung (zzgl der Auflösung in vertraglicher Zeit gebildeter Rücklagen). Unberücksichtigt bleiben mithin die Auflösung von Kapitalrücklage und von vorvertraglichen Gewinnrücklagen,

---

1 BMF v 25.3.1998, BStBl I 1995, 268.
2 BFH I R 103/99, BFH/NV 2001, 1455.
3 BFH I R 51/01, BStBl II 2005, 49; BFH I R 50/01, LexInform Nr 0819174; BFH I R 68/01, HFR 2003, 991.
4 ZB BFH I R 51/01, BStBl II 2005, 49, zu II. 2. b). Diese Begründung ablehnend zB *Dötsch* in D/J/P/W § 14 Rn 419; *Frotscher* in Frotscher/Maas § 14 Rn 742 ff.

nicht aber die Auflösung stiller Reserven, und dies unabhängig vom Zeitpunkt ihrer Entstehung. Weder dem Gesetz noch Gesetzesmaterialien lasse sich eine Intention des Gesetzgebers entnehmen, einen von §§ 291 I, 301 AktG abweichenden, originär steuerrechtlichen Umfang der Gewinnabführung regeln gewollt zu haben.

1195 *Einstweilen frei.*

1196 **c) Übergangsregelung für VZ bis 2003.** Erst nachdem eine gesetzliche Regelung der Thematik absehbar war, hat sich die Finanzverwaltung in zwei BMF-Schreiben zum Umgang mit der BFH-Rechtsprechung in vor dem 1.1.2004 endenden WJ geäußert.[1] Demnach sollte die Rechtsprechung in allen offenen Fällen Anwendung finden. Auf gemeinsamen, unwiderruflichen Antrag von Organträger und Organgesellschaft, der pro Organschaftsverhältnis gesondert zu stellen, innerhalb diesem aber für alle noch offenen VZ einheitlich auszuüben war, konnte jedoch weiterhin nach den bisherigen Verwaltungsregelungen (vgl Rn 1191 f) verfahren werden. Zur Sicherstellung korrespondierender Korrekturen wurde zur Voraussetzung gemacht, dass für alle VZ, auf die sich der Antrag beziehen soll, die Veranlagungen für Organträger und Organgesellschaft noch offen sind.

1197 *Einstweilen frei.*

1198 **d) Gesetzliche Regelung in § 14 III. Allgemeines.** Mit Einführung des § 14 III iRd EURLUmsG wurde das Konzept in vororganschaftlicher Zeit verursachter Mehr- und Minderabführungen erstmals gesetzlich geregelt.

1199 **Anwendungsregelung.** § 14 III ist gem § 34 IX Nr 4 erstmals für Mehrabführungen von Organgesellschaften anzuwenden, deren WJ nach dem 31.12.2003 endet. Mangels besonderer Anwendungsregelung für in vororganschaftlicher Zeit verursachte Minderabführungen ist § 14 III – ggf unwillentlich[2] – insoweit erst ab dem VZ 2005 anzuwenden (§ 34 I idF EURLUmsG). Die Finanzverwaltung wendet § 34 IX Nr 4 jedoch einheitlich auf Mehr- und Minderabführungen an.[3]

1200 **Unechte Rückwirkung für den VZ 2004.** Das EURLUmsG wurde am 22.12.2004 verkündet. Indem § 34 IX Nr 4 die Anwendung des § 14 III für alle nach dem 31.12.2003 endenden WJ anordnet, entfaltet die Neuregelung eine unechte Rückwirkung (vgl zur unechten Rückwirkung Rn 996) für den VZ 2004. Mit Blick auf deren Zulässigkeit werden Bedenken erhoben: Für Steuerpflichtige mit vom Kalenderjahr abweichendem WJ werden verfassungsrechtliche Bedenken erhoben, weil der Gesetzgeber bei diesen in einen bereits abgeschlossenen Sachverhalt (WJ) eingreift. Der Steuerpflichtige habe sich darauf verlassen, dass die für das WJ geltenden steuerlichen Regelungen nicht mehr rückwirkend verändert würden und in diesem Vertrauen uU Gewinne ausgeschüttet, die im Nachhinein infolge der Neuregelung nicht mehr vorhanden gewesen seien.[4] In einem anhängigen Revisionsverfahren wird der BFH zu entscheiden haben,

---

1 BMF v 22.10.2004, BStBl I 2005, 65; teilweise modifiziert durch BMF v 28.6.2005, BStBl I 2005, 813.
2 Nach der Gesetzesbegründung handelt es sich bei § 34 IX Nr 4 um die „zeitliche Anwendungsregelung zu der Neuregelung der Behandlung von organschaftlichen Mehr- und Minderabführungen, die ihre Ursache in vororganschaftlicher Zeit haben." Vgl BTDrs 15/3677, 37.
3 BMF v 22.10.2004, BStBl I 2005, 65, Abschn I.
4 *Frotscher* in Frotscher/Maas § 14 Rn 738.

ob die Anwendung des § 14 III bereits ab dem VZ 2004 eine unzulässige Rückwirkung darstellt, indem in bestehende Gewinnabführungsverträge eingegriffen worden sei, die auch nicht mehr mit Wirkung schon für 2004 hätten beendet werden können.[1]

Einstweilen frei.

3. Sinn und Zweck der Regelung. Gesetzgeberische Intention. Mit der Regelung des § 14 III möchte der Gesetzgeber die mit der körperschaftsteuerlichen Organschaft bewirkte Zurechnung von Ergebnissen der Organgesellschaft an den Organträger auf solche Ergebnisse beschränken, die auch steuerlich in organschaftlicher Zeit entstanden sind. Steuerlich relevante Sachverhalte, die vor der steuerlichen Wirksamkeit der Organschaft verwirklicht worden sind und die über die handelsrechtliche Gewinnabführung in die organschaftliche Zeit hineinwirken, indem sie zu Mehr- und Minderabführungen führen, sollen dagegen nach den allgemeinen Bestimmungen behandelt werden.[2]

Abgrenzung zu Mehr- und Minderabführungen nach § 14 IV. Während es bei Mehrabführungen iSd § 14 IV um den Transfer in der Organschaft (vorübergehend) erzielter aber noch unversteuerter Gewinne an den Organträger geht, betreffen Mehrabführungen iSd § 14 III vor der Organschaft von der Organgesellschaft versteuerte Gewinne (zB steuerlich dem Grunde oder der Höhe nach nicht zu berücksichtigende Rückstellungen, geringere Abschreibungen, steuerbilanzielle Rücklagenbildung), die in organschaftlicher Zeit an den Organträger überführt werden; diese Überführung soll als Gewinnausschüttung behandelt werden.[3] Während es bei Minderabführungen iSd § 14 IV um von dem Organträger bereits zu versteuernde, ihm aber noch nicht zugeflossene Gewinne geht, betreffen Minderabführungen iSd § 14 III von der Organgesellschaft vor der Organschaft nicht versteuerte Gewinne, welche die Organgesellschaft bei fortbestehender Selbständigkeit wieder einbüßen würde. Hiervor bewahrt sie der Gewinnabführungsvertrag; dies will der Gesetzgeber als Einlage behandeln.

Einstweilen frei.

4. Tatbestand des § 14 III. a) Mehr- und Minderabführungen. Fehlende gesetzliche Definition. Die Tatbestände Mehr- und Minderabführung werden gesetzlich nicht definiert. Auch auf den bei Einführung des § 14 III allein existierenden § 27 VI kann für Zwecke der Definition von Mehr- und Minderabführungen nicht zurückgegriffen werden (vgl Rn 1187). Die Definition in § 14 IV S 6 kann mE schon deshalb nicht als Legaldefinition herangezogen werden, da § 14 IV einen anderen Kontext regelt und auch erst vier Jahre nach § 14 III eingeführt wurde. Abgesehen davon beschränkt sich § 14 IV S 6 ausdrücklich auf die Definition von Mehr- und Minderabführungen iSd § 14 IV S 1, mithin auf solche mit Verursachung in organschaftlicher Zeit.[4]

---

1 BFH (anhängig) I R 38/11, zuvor ablehnend Niedersächsisches FG 6 K 338/07, EFG 2012, 261. Zur berechtigten Kritik an der FG-Entscheidung *Heurung/Engel/Schröder*, BB 2012, 1123, 1126.
2 BTDrs 15/3677, 36.
3 *Frotscher* in Frotscher/Maas § 14 Rn 746 f.
4 *Frotscher* in Frotscher/Maas § 14 Rn 748; aA *Dötsch* in D/J/P/W § 14 Rn 404.

1206 **Auslegung.** Dennoch stimmt die im Auslegungswege zu findende Definition im Ergebnis mit derjenigen des § 14 IV S 6 insofern überein, als dass eine Mehrabführung bzw Minderabführung vorliegt, wenn die Gewinnabführung den Steuerbilanzgewinn vor Gewinnabführung übersteigt bzw unterschreitet.[1] Ob sich dies schon eindeutig aus § 14 III ergibt,[2] der mE lediglich die Gewinnabführung als eine der beiden Vergleichsgrößen vorgibt, mag dahinstehen. Auf jeden Fall wird diese Definition durch die Gesetzesbegründung gestützt, nach der Mehrabführungen vorliegen, wenn die handelsrechtliche Gewinnabführung höher ist als das steuerlich dem Organträger zuzurechnende Ergebnis.[3] Zu Minderabführungen äußert sich die Gesetzesbegründung nicht. Im Umkehrschluss zu den Mehrabführungen ist anzunehmen, dass Minderabführungen vorliegen, wenn die handelsrechtliche Gewinnabführung geringer ist als das steuerlich dem Organträger zuzurechnende Ergebnis.

1207 **Kein „insbesondere".** ME ergibt sich hingegen keine Entsprechung zu § 14 IV S 6 mit Blick auf das dort verwendete Wort „insbesondere".[4] Dies bereits weil § 14 IV S 6 keine Legaldefinition der Mehr- und Minderabführungen iSd § 14 III darstellt (vgl Rn 1205); vor allem aber, weil Fälle, in denen keine Abweichung zwischen Gewinnabführung und Steuerbilanzgewinn vor Gewinnabführung vorliegt, nicht in den Anwendungsbereich des § 14 III fallen können. § 14 III regelt die steuerliche Behandlung eines Vermögenstransfers zwischen Organgesellschaft und Organträger als Gewinnausschüttung oder Einlage. Ohne eine Abweichung zwischen Gewinnabführung und Steuerbilanzgewinn vor Gewinnabführung fehlt es an einem solchen Vermögenstransfer. So begründet zB eine erst außerhalb der Bilanz entstehende Abweichung zwischen Gewinnabführung und Einkommenszurechnung keine Mehr- oder Minderabführung. Vor diesem Hintergrund war auch die von der Finanzverwaltung vertretene Behandlung der Abführung eines steuerfreien Übernahmegewinns (§ 12 II UmwStG) als in vororganschaftlicher Zeit verursachte Mehrabführung (vgl Rn 1192) schon im Kern abzulehnen. Wenngleich die Finanzverwaltung diese Auffassung wegen der laut dem BFH fehlenden Rechtsgrundlage für die Behandlung vororganschaftlich verursachter Mehrabführungen als Gewinnausschüttung später aufgegeben hatte,[5] ist diese wohl auch inhaltlich aufgegeben worden.[6]

1208-1211 *Einstweilen frei.*

1212 **b) Ursache in vororganschaftlicher Zeit.** Auch hinsichtlich des Begriffs „vororgan-schaftliche Zeit" hat der Gesetzgeber auf eine gesetzliche Definition verzichtet. Dies verwundert, da nach Auffassung des BFH eine Gewinnabführung nicht danach zerlegt werden kann, ob Teilbeträge steuerlich ihre Veranlassung in vororganschaftlicher Zeit haben (vgl Rn 1262 ff zum Begriff der „Ursache" und Rn 1254-1258 zur Abgrenzung zwischen vororganschaftlicher und organschaftlicher Zeit). In

---

1 *Frotscher* in Frotscher/Maas § 14 Rn 749.
2 So *Frotscher* in Frotscher/Maas § 14 Rn 749.
3 BTDrs 15/3677, 36.
4 AA *Dötsch* in D/J/P/W § 14 Rn 405.
5 BMF v 22.12.2004, BStBl I 2005, 65.
6 Vgl BMF v 11.11.2011, BStBl I 2011, 1314, Rn Org.30 bis Org.34, die keine entsprechende Aussage enthalten.

X. Mehr- und Minderabführungen mit Verursachung in vororganschaftlicher Zeit

den Anwendungsbereich des § 14 III sollen über den Wortlaut der Vorschrift hinaus auch außerorganschaftlich verursachte Mehr- und Minderabführungen fallen (vgl zur außerorganschaftlichen Verursachung Rn 1267-1269).

Einstweilen frei. 1213

c) Saldierung und Zusammenfassung. Fragestellung. Der Umstand, dass handelsrechtlich nur eine (einheitliche) Gewinnabführung pro WJ vorliegen kann, wirft die Frage auf, ob in einem WJ zugleich (in vororganschaftlicher Zeit verursachte) Mehr- und Minderabführungen möglich sind und, wenn ja, inwieweit dennoch Zusammenfassungen möglich sind.[1] 1214

Saldierung mit in organschaftlicher Zeit verursachten Mehr- und Minderabführungen. Eine Saldierung in vororganschaftlicher Zeit verursachter Mehr- und Minderabführungen mit in organschaftlicher Zeit verursachten Mehr- und Minderabführungen scheidet wegen der unterschiedlichen Tatbestände (vororganschaftliche vs organschaftliche Verursachung) und der unterschiedlichen Rechtsfolgen von § 14 III (Gewinnausschüttung, Einlage) und § 14 IV (Ausgleichsposten) aus.[2] Bereits an dieser Stelle ist die handelsrechtlich einheitliche Gewinnabführung für steuerliche Zwecke aufzubrechen.[3] 1215

Saldierung von in vororganschaftlicher Zeit verursachten Mehr- und Minderabführungen. Vor der gesetzlichen Regelung in § 14 III hatte die Finanzverwaltung eine solche Saldierung abgelehnt.[4] Es steht zu vermuten, dass diese Auffassung auch zu § 14 III vertreten wird. In der Sache zwingend ist ein solches Saldierungsverbot mE nicht, da es sich bei der Gewinnabführung zunächst um einen einheitlichen Vorgang handelt und ein zeitliches Auseinanderdividieren, wie etwa im Fall der Rückgewähr einer vGA, nicht möglich ist.[5] Allerdings kann schon wegen der erforderlichen Abgrenzung zwischen § 14 III und IV für steuerliche Zwecke von einer einheitlichen Gewinnabführung nicht gesprochen werden (vgl Rn 1215). Überdies wird ein Saldierungsverbot für in vororganschaftlicher Zeit verursachte Mehr- und Minderabführungen seit der gesetzlichen Regelung durch den Wortlaut des § 14 III gestützt, der nicht nur die Begriffe Mehrabführungen und Minderabführungen im Plural verwendet, sondern durchgängig auch von Gewinnausschüttungen und Einlagen spricht und demnach nicht nahelegt, dass es pro WJ nur eine Gewinnausschüttung oder eine Einlage iSd § 14 III geben kann.[6] Von diesem 1216

---

1 *Rödder*, DStR 2005, 217, 218 ff.
2 Ebenso Niedersächsisches FG 6 K 338/07 (Revision anhängig I R 38/11), EFG 2012, 261, zu I. 1. d) (2); *Dötsch* in D/J/P/W § 14 Rn 442; *Neumann* in Gosch § 14 Rn 422; *Frotscher* in Frotscher/Maas § 14 Rn 765; *Erle/Heurung* in Erle/Sauter § 14 Rn 568; *J Thiel* in FS für Arndt Raupach: Steuer- und Gesellschaftsrecht zwischen Unternehmerfreiheit und Gemeinwohl, 2006, S 543, 558; aA *Rödder*, DStR 2005, 217, 219, 221.
3 AA *Rödder*, DStR 2005, 217, 219, der bei einer Gewinnabführung iSd § 291 I AktG eine Differenzierung danach, ob Teilbeträge steuerlich gesehen ihre Veranlassung in vororganschaftlicher Zeit haben, nicht für zulässig hält.
4 BMF v 28.10.1997, BStBl I 1997, 939, Abschn III.
5 AA *Dötsch* in D/J/P/W § 14 Rn 442; *Frotscher* in Frotscher/Maas § 14 Rn 764.
6 Niedersächsisches FG 6 K 338/07 (Revision anhängig I R 38/11), EFG 2012, 261, zu I. 1. d) (2); im Ergebnis ebenso *Frotscher* in Frotscher/Maas § 14 Rn 766; *Dötsch* in D/J/P/W § 14 Rn 442; *Neumann* in Gosch § 14 Rn 422; *J Thiel* in FS für Arndt Raupach: Steuer- und Gesellschaftsrecht zwischen Unternehmerfreiheit und Gemeinwohl, 2006, S 543, 558. AA *Rödder*, DStR 2005, 217, 221, nach dem es sich bei den Begriffen „Mehrabführungen" und „Minderabführungen" um „Gattungsbegriffe" mit wirtschaftsjahrunabhängiger bzw -übergreifender Bedeutung handeln soll.

Saldierungsverbot unberührt bleibt mE jedoch die Saldierung bzw Zusammenfassung von Mehr- und Minderabführungen aus unterschiedlichen Bilanzpositionen, die eine gemeinsame einheitliche Ursache (vgl Rn 1263) in vororganschaftlicher Zeit haben.[1]

1217 **Zusammenfassung in vororganschaftlicher Zeit verursachter Mehrabführungen eines WJ.** Mehrere Mehrabführungen iSd § 14 III eines WJ können zusammengefasst werden. Dies hat auch Bedeutung für die Anmeldung und Abführung der KESt. Für eine derartige Zusammenfassung spricht, dass alle als Gewinnausschüttungen zu behandelnden Mehrabführungen zum selben Zeitpunkt, dem Ende des WJ der Organgesellschaft, als erfolgt gelten (§ 14 III S 3). Darüber hinaus legt die Regelung zu Entstehung und Fälligkeit der KESt in § 44 VII EStG diese Zusammenfassung nahe.

1218-1220 *Einstweilen frei.*

1221 **d) Keine Begrenzung auf handelsrechtliche Gewinnabführung.** Aus den in Rn 1214-1216 dargestellten Saldierungsverboten, die verdeutlichen, dass es aus Sicht des § 14 III (und IV) eine einheitliche Gewinnabführung nicht gibt, ist mE auch zu schließen, dass es für die Frage, ob eine vororganschaftlich verursachte Mehrabführung vorliegt, nicht darauf ankommen kann, ob eine Gewinnabführung in mindestens dieser Höhe vorliegt; umgekehrt ist es für eine als Einlage zu behandelnde Minderabführung nicht erforderlich, dass ein Mittelfluss vom Organträger an die Organgesellschaft tatsächlich stattgefunden hat (vgl zu dieser Frage im Kontext des § 14 IV Rn 1042).[2] § 14 III ordnet die Gewinnausschüttungen und die Einlagen als Fiktionen an.

1222-1223 *Einstweilen frei.*

1224 **5. Anwendungsfälle. Abweichungen zwischen Gewinnabführung und Steuerbilanzgewinn ohne Abweichung zwischen Handels- und Steuerbilanz. Ausgleich eines vorvertraglichen Verlusts.** Solange und soweit die Organgesellschaft noch einen Verlustvortrag aus vorvertraglicher Zeit ausweist, dürfen Gewinne der Organgesellschaft nicht an den Organträger abgeführt werden, sondern sind zu einem Ausgleich des Verlustvortrags zu verwenden (§ 301 S 1 AktG; vgl Rn 350-363). Dürfen nach dieser Maßgabe Gewinne an den Organträger nicht abgeführt werden, unterschreitet die Gewinnabführung das Jahresergebnis und den Steuerbilanzgewinn jeweils vor Gewinnabführung. Es liegt eine Minderabführung vor. Strittig ist, ob auf diese § 14 IV mit Bildung eines aktiven Ausgleichspostens[3] oder § 14 III mit Behandlung der Minderabführung als Einlage durch den Organträger[4] anzuwenden ist. ME sprechen die besseren Gründe für eine Anwendung des § 14 III. Zwar wird, wie auch im Fall der Rücklagenbildung, eine während

---

1 *Frotscher* in Frotscher/Maas § 14 Rn 766; wohl auch *Erle/Heurung* in Erle/Sauter § 14 Rn 413.
2 Niedersächsisches FG 6 K 338/07 (Revision anhängig I R 38/11), EFG 2012, 261, zu I. 1. d) (1); *Frotscher* in Frotscher/Maas § 14 Rn 767; *Breier*, DK 2011, 84, 92; *Dötsch* in D/J/P/W § 14 Rn 403; zweifelnd *Rödder*, DStR 2005, 217, 220; *Neumann* in Gosch § 14 Rn 442; *J Thiel* in FS für Arndt Raupach: Steuer- und Gesellschaftsrecht zwischen Unternehmerfreiheit und Gemeinwohl, 2006, S 543, 556 ff.
3 R63 II KStR; *Frotscher* in Frotscher/Maas § 14 Rn 866.
4 *Dötsch* in D/J/P/W § 14 Rn 181; *Frotscher* in Frotscher/Maas § 14 Rn 752; *Breier*, DK 2011, 84, 94.

der Organschaft erzielte Vermögensmehrung bei der Organgesellschaft belassen.[1] Anders als bei der Rücklagenbildung könnte diese Vermögensmehrung aber auch nicht später an den Organträger abgeführt und der Gleichklang zwischen vom Organträger versteuertem Einkommen und ihm zugegangenen Vermögensmehrungen der Organgesellschaft wieder hergestellt werden. Da sich in diesem Fall ein nach § 14 IV gebildeter aktiver Ausgleichsposten niemals auflösen könnte, besteht mE auch keine Veranlassung einen solchen für den Fall einer vorzeitigen Veräußerung der Organbeteiligung zu bilden. Mit dem Verlustausgleichsgebot des § 301 S 1 AktG werden während der Vertragslaufzeit erzielte Vermögensmehrungen der Organgesellschaft qua Gesetz dauerhaft der Sphäre des Gewinnabführungsvertrags iSd § 291 I AktG entzogen. Nur auf die (so geminderte) Gewinnabführungsverpflichtung iSd § 291 I AktG stellt § 14 I S 1 und mithin die Organschaft und die Einkommenszurechnung ab. Daher ist es mE sachgerecht, den Ausgleich des vorvertraglichen Verlustes als (steuerfreie) Einlage zu behandeln, wofür § 14 III auch die Rechtsgrundlage bietet. Die in vororganschaftlicher Zeit liegende Ursache ist in den vor Beginn des Gewinnabführungsvertrags entstandenen und nicht ausgeglichenen Verlusten zu sehen, ohne welche es zu der Minderabführung nicht kommen könnte.

Abweichungen zwischen Gewinnabführung und Steuerbilanzgewinn wegen Abweichungen zwischen Handels- und Steuerbilanz. Vor allem ergeben sich Mehr- und Minderabführungen iSd § 14 III dadurch, dass es in organschaftlicher Zeit zur Auflösung einer in vororganschaftlicher Zeit entstandenen Abweichung zwischen Steuer- und Handelsbilanz der Organgesellschaft kommt. Als Gründe für die vormalige Entstehung der Abweichungen kommen vor allem

- Ansatzverbote oder -gebote in der Steuerbilanz (vgl Rn 1056),
- die abweichende Bewertung von Vermögensgegenständen und Schulden in Handels- und Steuerbilanz (vgl Rn 1057),
- abweichende Abschreibungen in Handels- und Steuerbilanz (vgl Rn 1058 und Rn 1264) sowie
- Beteiligungen an Personengesellschaften (vgl Rn 1059)

in Betracht. Bestand die Organgesellschaft schon im Zeitpunkt der Umstellung auf das BilMoG, können aus vororganschaftlicher Zeit resultierende Abweichungen hinsichtlich bestimmter Rückstellungen im Zuge der Umstellung erfolgsneutral entfallen sein, indem die Rückstellungen in der Handelsbilanz erfolgsneutral zugunsten der Gewinnrücklagen aufgelöst wurden. Zu einer Mehrabführung iSd § 14 III kam es in diesem Zeitpunkt nicht. Die Annahme einer Mehrabführung iSd § 14 III dürfte aber gerechtfertigt sein, wenn es wegen Entnahme der entsprechenden Beträge aus den Gewinnrücklagen und Abführung an den Organträger zu einer Abweichung zwischen Gewinnabführung und Steuerbilanzgewinn der Organgesellschaft kommt. Dies betrifft im Zuge der Umstellung auf das BilMoG

1225

---

1 *Frotscher* in Frotscher/Maas § 14 Rn 866.

- aufgelöste Aufwandsrückstellungen iSd § 249 II HGB aF (vgl Rn 1070-1072),
- aufgelöste Rückstellungen für Aufwendungen für unterlassene Instandhaltung, die im vierten bis zwölften Monat des folgenden Geschäftsjahres nachgeholt wird (§ 249 I S 3 HGB aF; vgl Rn 1070-1072),
- in Höhe ihres unter Zugrundelegung der durch das BilMoG geänderten Bewertungsgrundsätze überdotierten Teils aufgelöste Rückstellungen (vgl Rn 1075).

1226 **Abweichungen zwischen Handels- und Steuerbilanz im Zusammenhang mit Umwandlungen und Einbringungen.**

- Umwandlungen auf / Einbringungen in die Organgesellschaft (vgl Rn 1287-1317)
- Formwechsel einer TG der Organgesellschaft (vgl Rn 1323-1328).

1227-1230 *Einstweilen frei.*

1231 **6. Rechtsfolgen von Mehrabführungen iSd § 14 III S 1. a) Organgesellschaft. Ausschüttung.** Bei der Organgesellschaft treten im Falle einer Mehrabführung iSd § 14 III S 1 die üblichen Rechtsfolgen einer durch sie geleisteten Ausschüttung ein.

1232 **Zeitpunkt der Ausschüttung.** Allerdings gilt die Ausschüttung iSd § 14 III S 1 abweichend von den allgemeinen Grundsätzen nicht erst bei Abfluss, sondern bereits in dem Zeitpunkt, in dem das WJ der Organgesellschaft endet, für das die Mehrabführung erfolgt (§ 14 III S 3). Dies ist der maßgebliche Zeitpunkt der Leistung für die Anwendung von §§ 27, 37 und 38.

1233 **Körperschaftsteuerminderung und -erhöhung.** Bis zum VZ 2006 konnte die Ausschüttung iSd § 14 III zu einer Körperschaftsteuererhöhung (§ 38 II S 1), anders als andere Ausschüttungen, die nicht auf einem den gesellschaftsrechtlichen Vorschriften entsprechenden Beschluss beruhen, aber auch zu einer Realisierung von Körperschaftsteuerguthaben (§ 37 II 1 iVm S 2; vgl Rn 1182) führen.

1234 **Einlagenrückgewähr.** Soweit ausschüttbarer Gewinn zur Verrechnung nicht zur Verfügung steht, gilt die Ausschüttung als aus dem Einlagekonto finanziert (Einlagenrückgewähr), dies allerdings beschränkt auf einen positiven Bestand des Einlagekontos (§ 27 I S 3 und 4); § 27 VI gilt nicht.

1235-1237 *Einstweilen frei.*

1238 **b) Organträger. Einnahme iSd § 20 I Nr 1 EStG.** Die Gewinnausschüttung iSd § 14 III S 1 hat kein ausdrückliches Pendant in § 20 I Nr 1 EStG gefunden, so dass sich nach Einführung der Vorschrift die Frage stellte, ob die in § 14 III S 1 geregelte Ausschüttungsfiktion tatsächlich bis auf die Ebene des Organträgers wirkt, oder aber – unverändert zur Rechtsprechung des BFH[1] – die in vororganschaftlicher Zeit verursachte Mehrabführung ohne Rechtsfolgen für den Organträger bleibt und mithin auch die Regelung zur Fälligkeit der Kapitalertragsteuer im Falle von Mehrabführungen iSd § 14 III (§ 44 VII EStG) mangels Steuertatbestands ins Leere läuft.[2] Auf Unverständnis stieß, dass der Gesetzgeber sich in § 14 III (erneut) einer bloßen Ausschüttungsfiktion

---

1 BFH I R 51/01, BStBl II 2005, 49; BFH I R 50/01, LexInform Nr 0819174; BFH I R 68/01, HFR 2003, 991.
2 Rödder, DStR 2005, 217, 218.

X. Mehr- und Minderabführungen mit Verursachung in vororganschaftlicher Zeit

(„gilt" als Gewinnausschüttung) bedient hatte, obwohl dieser nur ein Jahr zuvor im Gesetz zur Umsetzung der Protokollerklärung der Bundesregierung zur Vermittlungsempfehlung zum Steuervergünstigungsabbaugesetz v 22.12.2003[1] den vormaligen Wortlaut des § 8a I S 1 von „gelten als verdeckte Gewinnausschüttungen" in „sind auch verdeckte Gewinnausschüttungen" umformuliert hatte, nachdem ein FG[2] das Vorliegen eines Tatbestands iSd § 20 I Nr 1 S 2 verneint hatte. Nachdem der BFH mittlerweile für beide Formulierungen des § 8a I S 1 das Vorliegen eines Tatbestands iSd § 20 I Nr 1 S 2 bejaht hat,[3] wird man mE auch für die Ausschüttungsfiktion des § 14 III davon ausgehen müssen, dass diese ausreichend ist, um einen Tatbestand iSd § 20 I Nr 1 EStG zu begründen bzw einen Teil der Gewinnabführung in einen solchen umzuqualifizieren.[4] Nichtsdestotrotz hätte man, gerade auch vor dem Hintergrund der Rechtsprechung des BFH v 18.12.2002, erwarten dürfen, dass der Gesetzgeber zur Vermeidung von Zweifeln § 20 I Nr 1 EStG entsprechend ergänzt.[5]

Organträger als Ausschüttungsempfänger. § 14 III S 1 fingiert nicht bloß eine Gewinnausschüttung, sondern eine Gewinnausschüttung an den Organträger. Demzufolge fließt die Mehrabführung – auch bei Existenz von Minderheitsgesellschaftern – stets zu 100 % dem Organträger als Gewinnausschüttung zu (disquotale Gewinnausschüttung). Dies ist mE auch zwingend, da die Gewinnabführung lediglich umqualifiziert wird und nicht zu zusätzlichen Einnahmen führt, der Gewinnabführung stets der ganze Gewinn der Organgesellschaft unterliegt (§ 291 I AktG) und § 14 III die Gewinnabführung nicht negiert, sondern als Tatbestand voraussetzt. 1239

Klammerorganschaft. Auch wenn der Organträger nur mittelbar an der Organgesellschaft beteiligt ist, stellt die Mehrabführung iSd § 14 III mE eine Ausschüttung an den Organträger dar. Wortlaut und Sinn und Zweck der Vorschrift (vgl Rn 1239) gebieten dies. Soweit in der Literatur die Auffassung[6] vertreten wird, diese Ausschüttung lasse sich nur als Gewinnausschüttung durch die Kette rekonstruieren (dh Ausschüttung an die zwischengeschaltete Gesellschaft, die ihrerseits eine Ausschüttung an den Organträger bewirkt), ist dem mE nicht zu folgen: Die Gewinnausschüttung iSd § 14 III S 1 unterscheidet sich von der vGA, die stets nur an den Anteilseigner gewährt werden kann, dadurch, dass sie zum einen nicht durch das Gesellschaftsverhältnis, sondern durch den Gewinnabführungsvertrag veranlasst, und zum anderen ihr Empfänger bereits durch das Gesetz bestimmt ist. Handelt es sich bei der zwischengeschalteten Gesellschaft um eine Personengesellschaft, würde ferner bei dem Organträger entgegen dem Wortlaut des § 14 III keine Gewinnausschüttung, sondern allenfalls eine Entnahme ankommen können; im Fall einer ausländischen Kapitalgesellschaft als zwischengeschalteter Gesellschaft würde sich für den Organträger gar die Frage nach der Anwendung 1240

---

1 BGBl I 2003, 2840; BStBl I 2004, 14.
2 FG Düsseldorf 6 K 2821/97 (rkr), IStR 2001, 323.
3 Zur zweiten Formulierung BFH I R 29/07, BStBl II 2010, 142; zur ersten Formulierung BFH I R 13/08, BFH/NV 2009, 1613.
4 Im Ergebnis auch *Frotscher* in Frotscher/Maas § 14 Rn 772; *Neumann*, Ubg 2010, 673, 678.
5 *Rödder*, DStR 2005, 217, 218.
6 *Frotscher* in Frotscher/Maas § 14 Rn 756.

eines DBA-Schachtelprivilegs stellen. Für die Fiktion und Besteuerung eines Beteiligungsertrags auf Ebene der zwischengeschalteten Gesellschaft fehlt mE eine Rechtsgrundlage. § 14 III kann dies nicht sein, da die zwischengeschaltete Gesellschaft weder Organträger ist noch eine (Mehr)abführung erhält. Eine vGA, die grundsätzlich durch die Beteiligungskette liefe, ist nicht gegeben. Wäre dies anders, hätte die Behandlung der vororganschaftlichen Mehrabführung als Gewinnausschüttung sich auch ohne besondere Regelung in § 14 III auf eine Rechtsgrundlage, nämlich auf § 20 I S 1 Nr 1 S 2 EStG, stützen können. Vor allem ist aber auch nicht ersichtlich, auf welchen Vermögensvorteil iHd der Mehrabführung die zwischengeschaltete Gesellschaft zugunsten ihres Gesellschafters verzichtet haben könnte. Die nun „mehr" abgeführten Gewinne waren in vorvertraglicher Zeit noch nicht vorhanden; die Zwischengesellschaft hätte sich diese nicht im Wege einer Ausschüttung zuführen können. Wollte man in der fehlenden Beteiligung der zwischengeschalteten Gesellschaft an den in vertraglicher Zeit erzielten Gewinnen der Organgesellschaft (sofern diese dann nicht ohnehin durch Ausgleichszahlungen kompensiert wird) eine vGA erblicken, wäre nicht ersichtlich, warum sich diese dann nicht auf die gesamte Gewinnabführung erstrecken sollte. Eine solche vGA wird zu Recht abgelehnt (vgl bereits Rn 157) und würde die in § 14 I S 1 Nr 1 S 2 ausdrücklich eröffnete Möglichkeit der Begründung einer Organschaft allein auf der Grundlage einer mittelbaren Beteiligung zudem vollständig leerlaufen lassen. Auch im Fall der Klammerorganschaft fließt die Gewinnausschüttung iSd § 14 III mithin unmittelbar dem Organträger zu. Die Befreiung der Gewinnausschüttung für Zwecke der GewSt ist durch § 9 Nr 2a GewStG gewährleistet, da dieser eine unmittelbare Beteiligung nicht voraussetzt.[1]

1241 **Besteuerung der Ausschüttung. Kapitalertragsteuer.** Hinsichtlich des Einbehalts von Kapitalertragsteuer stellt sich die Frage des Vorliegens von Einnahmen iSd § 20 I Nr 1 EStG in gleicher Weise (vgl Rn 1238), da der Gesetzgeber auch in § 43 EStG keinen eigenen Besteuerungstatbestand geregelt, sondern sich allein auf die Regelung von Entstehung und Fälligkeit der Kapitalertragsteuer und von Verfahrensfragen (§ 44 VII EStG; vgl Rn 1183) beschränkt hat. Demnach entsteht die Kapitalertragsteuer im Zeitpunkt der Feststellung der Handelsbilanz der Organgesellschaft, spätestens jedoch acht Monate nach Ablauf des WJ der Organgesellschaft (§ 44 VII S 1 EStG), und ist an dem auf die Entstehung folgenden Werktag an das für die KSt der Organgesellschaft zuständige Finanzamt abzuführen (§ 44 VII S 2 EStG). § 44 I-VI EStG gilt entsprechend (§ 44 VII S 3 EStG).

1242 **Veranlagung. Zeitpunkt.** Die Mehrabführung iSd § 14 III S 1 und damit die fingierte Ausschüttung gilt als in dem Zeitpunkt erfolgt, in dem das WJ der Organgesellschaft endet (§ 14 III S 3).[2] Dies entspricht dem Zeitpunkt der handelsbilanziellen Vereinnahmung der Gewinnabführung durch den Organträger. Hat der Organträger ein abweichendes WJ und endet das WJ der Organgesellschaft nach dem WJ des Organträgers, unterliegen die Mehrabführungen der Organgesellschaft iSd

---
1   BFH I R 31/99, BStBl II 2001, 685.
2   AA bei seinerzeit fehlender Rechtsgrundlage BFH I R 103/99, BFH/NV 2001, 1455.

§ 14 III einen VZ später der Besteuerung beim Organträger als das in demselben WJ der Organgesellschaft generierte und dem Organträger zugerechnete Einkommen (vgl zum Zeitpunkt der Einkommenszurechnung Rn 628 ff).

§ 8b I, V und §§ 3 Nr 40 S 1 lit d, 3c II EStG. Die Ausschüttung iSd § 14 III unterliegt bei Körperschaften § 8b I, V (vorbehaltlich § 8b VII und VIII; vgl Rn 891) und bei natürlichen Personen §§ 3 Nr 40 S 1 lit d, 3c II EStG. Bei Organträger-Personengesellschaften finden die genannten Vorschriften entsprechend der Gesellschafterstruktur Anwendung. In mehrstufigen Organschaften finden die Befreiungsvorschriften wegen der Bruttomethode (§ 15 S 1 Nr 2) erst bei dem obersten Organträger Anwendung. 1243

GewSt. Die körperschaft- oder einkommensteuerlichen Befreiungen schlagen grundsätzlich auf die GewSt durch. Eine vollständige Gewerbesteuerpflicht für die Gewinnausschüttung iSd § 14 III kann sich jedoch im ersten Jahr der Organschaft in folgender Konstellation ergeben: 1244

Beispiel

Das WJ von M entspricht dem Kalenderjahr. M erwirbt im Februar eine Mehrheitsbeteiligung an T. Zwecks Begründung einer Organschaft ab dem 1.4. wird das WJ von T auf den 31.3. umgestellt. Noch im selben Jahr wird das WJ von T zwecks Anpassung an den Konzernabschlussstichtag auf den 31.12. erneut umgestellt.

Eine aus dem ersten WJ der Organschaft resultierende Mehrabführung iSd § 14 III unterläge in voller Höhe der GewSt, weil M die Beteiligung noch nicht zu Beginn des Erhebungszeitraums gehalten hatte (§ 8 Nr 5 iVm § 9 Nr 2a GewStG).

Einstweilen frei. 1245-1246

7. Rechtsfolgen von Minderabführungen iSd § 14 III S 2. Allgemeines. Minderabführungen, die ihre Ursache in vororganschaftlicher Zeit haben, sind als Einlagen durch den Organträger in die Organgesellschaft zu behandeln (§ 14 III S 2), die in dem Zeitpunkt als erfolgt gelten, in dem das WJ der Organgesellschaft endet, für das die Minderabführungen erfolgen (§ 14 III S 3). 1247

Fingierter Vermögenstransfer. Während die Fiktion des § 14 III S 1, zumindest in dem „Grundfall", in dem die Gesellschaft aufgrund des Gewinnabführungsvertrags einen Gewinn abzuführen hat, einen tatsächlichen Vermögenstransfer von der Organgesellschaft an den Organträger lediglich umqualifiziert (von Gewinnabführung in Ausschüttung), fingiert § 14 III S 2 bereits im Grundfall der Gewinnabführung für steuerliche Zwecke einen tatsächlich nicht erfolgenden Vermögenstransfer vom Organträger an die Organgesellschaft. Weil die fiktive Einlage einen vorangehenden Vermögenserwerb voraussetzt, ist in einem ersten Schritt, ohne daraus weitere Rechtsfolgen zu ziehen, eine Abführung des Differenzbetrags zwischen Steuerbilanzgewinn vor Gewinnabführung und Gewinnabführung an den Organträger anzunehmen, um die in einem zweiten Schritt daran anschließende und in § 14 III S 2 geregelte Einlage dieses Betrags in die Organgesellschaft zu erklären.[1] 1248

---

1 *J Thiel* in FS für Arndt Raupach: Steuer- und Gesellschaftsrecht zwischen Unternehmerfreiheit und Gemeinwohl, 2006, S 543, 554; *Frotscher* in Frotscher/Maas § 14 Rn 775, 777. Zur Kritik an der Verwendung des Begriffs Einlage (statt Erhöhung der Anschaffungskosten) vgl *Reiß*, DK 2008, 9 15.

Daraus ergeben sich für die Organgesellschaft und den Organträger folgende Rechtsfolgen:

1249 **Organgesellschaft.** Die Organgesellschaft hat die Einlage am Ende des WJ, für das die Minderabführung erfolgt, als Zugang zum steuerlichen Einlagekonto zu erfassen (§ 27 I S 1). Aufgrund der besonderen Zuflussfiktion des § 14 III S 3 steht der Erfassung der Einlage bereits in diesem Zeitpunkt, anders bei anderen Einlagen[1], nicht entgegen, dass die Einlage tatsächlich noch nicht geleistet ist.

1250 **Organträger.** Der Organträger hat in seiner Steuerbilanz die Einlage als zusätzliche Anschaffungskosten der Beteiligung an der Organgesellschaft zu aktivieren.

1251 **Klammerorganschaft.** Ist der Organträger nur mittelbar an der Organgesellschaft beteiligt, stellt sich die Frage, ob die Einlage des Organträgers auch in diesem Fall unmittelbar in die Organgesellschaft oder aber entlang der Beteiligungskette und damit aus Sicht des Organträgers in die zwischengeschaltete Gesellschaft erfolgt,[2] welche ihrerseits die Einlage an die Organgesellschaft weiterleitet. Die Vorstellung einer durchgeleiteten Einlage fällt schwer. So, wie die Ausschüttung iSd § 14 III S 1 mE nicht mit einer vGA vergleichbar ist und unmittelbar dem Organträger zufließen muss (vgl Rn 1240), lässt sich auch die Einlage iSd § 14 III S 2 nur schwer mit einer verdeckten Einlage gleichstellen. Der vom Organträger der zwischengeschalteten Gesellschaft zugewendete (bilanzierungsfähige) Vermögensvorteil ist nicht auszumachen; jedenfalls wird deren Beteiligung an der Organgesellschaft durch die Minderabführung nicht wertvoller. Auch fehlt es an einer gesellschaftsrechtlichen Veranlassung. Andererseits lässt sich die Annahme der in § 14 III S 2 fingierten Einlage entlang der Beteiligungskette ggf damit rechtfertigen, dass eine Rückgewähr dieser steuerlichen Einlage an den Organträger nur im Wege der Ausschüttung und damit entlang der Beteiligungskette erfolgen könnte; mit dem Gewinnabführungsvertrag, von dem die zwischengeschaltete Gesellschaft ausgeschlossen ist, stünde eine solche Einlagenrückgewähr nicht im Zusammenhang. Auch kann die Einlage nach § 14 III S 2 beim Organträger die Anschaffungskosten allenfalls der Beteiligung an der zwischengeschalteten Gesellschaft erhöhen. Vor diesem Hintergrund mag die Annahme einer durchgeleiteten Einlage trotz der genannten Bedenken zu rechtfertigen sein.

1252-1253 *Einstweilen frei.*

1254 **XI. Abgrenzungs- und Zweifelsfragen im Spannungsfeld von § 14 III und IV. 1. Organschaftliche versus vororganschaftliche Zeit. a) Bestimmung der maßgeblichen Zeiträume. Allgemeines.** § 14 IV erfasst Mehr- und Minderabführungen, die ihre Ursache in organschaftlicher Zeit, § 14 III hingegen solche Mehr- und Minderabführungen, die ihre Ursache in vororganschaftlicher Zeit haben. Das Gesetz wie auch die Gesetzesbegründung[3] grenzt die Anwendungsbereiche der beiden Vorschriften damit durch einen zeitbezogenen Maßstab voneinander ab (vgl aber zur außerorganschaftlichen Verursachung Rn 1267 ff).

---

1 BMF v 4.8.2003, BStBl I 2003, 366, Tz 26.
2 So *Frotscher* in Frotscher/Maas § 14 Rn 756.
3 BTDrs 16/7036, 20; BTDrs 15/3677, 36.

Vororganschaftliche Zeit. Vororganschaftliche Zeit ist die Zeit vor Beginn des 1255
WJ der Organgesellschaft, für das die Rechtsfolgen der Organschaft erstmals eintreten (§ 14 I S 2); auf den Zeitpunkt der zivilrechtlichen Wirksamkeit des Gewinnabführungsvertrags kommt es nicht an.[1] Weder verlängert die üblicherweise erst im Laufe des ersten WJ, für das Organschaft bestehen soll, erfolgende Eintragung des Gewinnabführungsvertrags die vororganschaftliche Zeit, noch kann der Beginn der organschaftlichen Zeit durch den Geltungszeitraum eines Gewinnabführungsvertrags bestimmt werden, wenn nicht ab Beginn dieses Zeitraums auch die Voraussetzungen für eine Organschaft vorliegen. Dies entspricht auch dem Sinn und Zweck der Vorschrift, welche zB für die vororganschaftlich verursachte Mehrabführung die Existenz zuvor von der Organgesellschaft versteuerter Gewinne voraussetzt.

Maßgebliche Organschaft. Maßgeblich ist mE die Organschaft zu einem bestimmten Organträger inklusive seines Rechtsnachfolgers. Nach hier vertretener 1256
Auffassung ist die Frage der organschaftlichen Zeit aus Sicht der Organgesellschaft zu beurteilen:[2] Den Organträger treffen jeweils nur die Rechtsfolgen; die Tatbestandsvoraussetzung, dh die Mehr- oder Minderabführung mit Verursachung entweder in organschaftlicher oder vororganschaftlicher Zeit, erfüllt allein die Organgesellschaft.

Aufeinanderfolgende Organschaften mit einem Organträger. Beruht eine 1257
Organschaft nicht durchgängig auf demselben Gewinnabführungsvertrag, ist dies für die Bestimmung der vororganschaftlichen Zeit unerheblich, weil schon der Gesetzeswortlaut, anders als Abschn 59 IV S 3 KStR 1995, nicht auf die vorvertragliche, sondern auf die vororganschaftliche Verursachung abstellt, und zudem das vom Gesetzgeber gesehene Regelungsbedürfnis, den Transfer von der Organgesellschaft vor der Organschaft selbst versteuerter Gewinne an den Organträger nach allgemeinen Grundsätzen jenseits der Organschaft zu behandeln (vgl Rn 1202 f), in diesem Fall nicht besteht. Für während der Geltung des ersten Vertrags erstmals aufgetretene Abweichungen zwischen Gewinnabführung und Steuerbilanzgewinn vor Gewinnabführung hatte der Organträger zudem organschaftliche Ausgleichsposten (§ 14 IV) zu bilden, die infolge der Beendigung des ersten Vertrags nicht aufzulösen waren (vgl Rn 1126). Kehren sich diese Abweichungen während der Geltung des zweiten Vertrags wieder um, bestünde mE keine Veranlassung, die sich dadurch ergebenden Mehr- bzw Minderabführungen nicht gemäß § 14 IV zu behandeln.[3]

Beispiel

Zwischen dem Organträger M und der Organgesellschaft T besteht Organschaft. Im Jahr 6 hat T eine in der Steuerbilanz nicht zu berücksichtigende Drohverlustrückstellung von 100 gebildet. Für die resultierende Minderabführung hat M nach

---

1   *Dötsch* in D/J/P/W § 14 Rn 408; *Frotscher* in Frotscher/Maas § 14 Rn 751.
2   AA *Breier*, DK 2011, 84, 93; einschränkend *Dötsch* in D/J/P/W § 14 Rn 432.
3   *Schumacher*, DStR 2006, 310, 311; *Dötsch* in D/J/P/W § 14 Rn 408; *Frotscher* in Frotscher/Maas § 14 Rn 751.

§ 14 IV S 1 einen aktiven Ausgleichsposten gebildet. Im Jahr 7 wurden die Drohverlustrückstellung und damit auch der aktive Ausgleichsposten auf 120 aufgestockt. Zum Ende des Jahres 8 wird der Gewinnabführungsvertrag einvernehmlich aufgehoben. Mit Wirkung ab dem Jahr 9 wird ein neuer Gewinnabführungsvertrag mit der erforderlichen Mindestvertragslaufzeit abgeschlossen. Im Jahr 9 wird die gesamte Drohverlustrückstellung in Anspruch genommen, woraus eine Mehrabführung von T iHv 120 resultiert.

Nach hier vertretener Auffassung unterliegt die Mehrabführung iHv 120 im Jahr 9 § 14 IV; auf Ebene des Organträgers ist der aktive Ausgleichsposten einkommensneutral aufzulösen. Für die Anwendung von § 14 III besteht keine Veranlassung, denn der nun mehr abgeführte Gewinn wurde bei seiner Entstehung nicht durch die Organgesellschaft, sondern ebenfalls durch den Organträger versteuert.

Nichts anderes kann mE im Fall einer Organschaftspause gelten:[1]

Beispiel

Wie oben mit dem Unterschied, dass die Organschaft im Jahr 7 verunglückt und mithin in den Jahren 7 und 8 keine Organschaft besteht.

Das Verunglücken der Organschaft im Jahr 7 stellt – wie die Beendigung des Gewinnabführungsvertrags – keinen Anlass für die Auflösung des bis zum Jahr 6 gebildeten Ausgleichspostens iHv 100 dar. Mangels Anerkennung der Organschaft im Jahr 7 hat T ihr Ergebnis und damit auch den Mehrgewinn von 20 aus der Aufstockung der Drohverlustrückstellung jedoch selbst zu versteuern; zu einer Aufstockung des Ausgleichspostens beim Organträger auf 120 kommt es nicht. Ab dem Jahr 9 ist die Organschaft wieder anzuerkennen. Die Mehrabführung im Jahr 9 iHv 120 ist mE zu einem Teil von 20 nach § 14 III als Gewinnausschüttung zu behandeln. Der verbleibende Teil von 100 stellt eine Mehrabführung iSd § 14 IV dar; beim Organträger ist der aktive Ausgleichsposten von 100 einkommensneutral aufzulösen. Für eine Behandlung der gesamten Mehrabführung iHv 120 als Gewinnausschüttung iSd § 14 III besteht mE keine Veranlassung, da es sich bei dem Teil iHv 100 nicht um den Transfer von der Organgesellschaft nach den allgemeinen Grundsätzen selbst versteuerter Gewinne, sondern um den Transfer bereits vom Organträger versteuerter Gewinne handelt, was in der Existenz des Ausgleichspostens von 100 seinen Ausdruck findet.

1258 **Organträgerwechsel.** Wird die Organbeteiligung im Wege der Einzelrechtsnachfolge (Veräußerung, verdeckte Einlage, Sacheinlage gegen Gewährung von Gesellschaftsrechten) übertragen, kann ein zwischen dem Übertragenden und der Organgesellschaft abgeschlossener Gewinnabführungsvertrag nicht auf den Erwerber übergehen und von diesem fortgesetzt werden. Eine Fortsetzung der bisherigen Organschaft mit dem neuen Gesellschafter als Organträger ist damit nicht möglich. Nach § 14 IV S 2 ff sind bei dem bisherigen Organträger be-

---

[1] Ebenso *Neumann*, Ubg 2010, 673, 678 f; *Breier*, DK 2011, 84, 93; aA *Frotscher* in Frotscher/Maas § 14 Rn 751; wohl auch *Dötsch* in D/J/P/W § 14 Rn 408, s dort aber auch Rn 545.

stehende Ausgleichsposten einkommenswirksam aufzulösen. Innerhalb einer mit dem Erwerber begründeten Organschaft, bei der es sich damit stets um eine neue Organschaft handelt, sind Mehr- und Minderabführungen, mit denen eine vor diesem Organschaftsverhältnis eingetretene Abweichung zwischen Handels- und Steuerbilanz der Organgesellschaft beseitigt wird, daher in vororganschaftlicher Zeit verursacht.[1]

Da mE die Frage der Anwendung von § 14 III und IV bei mehrstufigen Organschaftsverhältnissen auf jeder Stufe gesondert zu beurteilen ist (vgl Rn 1273 ff), ändert sich an dem Befund auch dann nichts, wenn das Einkommen der Organgesellschaft nach Begründung von Organschaften zwischen Organgesellschaft und Erwerber sowie zwischen Erwerber und bisherigem Organträger im Ergebnis unverändert dem Organträger zuzurechnen ist.[2]

Beispiel

Zwischen den Gesellschaften M als Organträger und T1 und T2 als Organgesellschaften bestehen Organschaftsverhältnisse. Im Jahr 6 bildet T1 eine in der Steuerbilanz nicht zu berücksichtigende Drohverlustrückstellung. Aufgrund der daraus resultierenden Minderabführung hat M einen aktiven Ausgleichsposten gebildet. Zum Ende des Jahres 7 veräußert M die Beteiligung an T1 an T2. Zwischen T1 und T2 wird ab dem Jahr 8 eine Organschaft begründet. Im Jahr 9 nimmt T1 die Drohverlustrückstellung in Anspruch.

Aufgrund der Veräußerung der T1 ist der bei M gebildete aktive Ausgleichsposten am Ende des Jahres 7 nach § 14 IV S 2 ff einkommenswirksam aufzulösen. Die Inanspruchnahme der Drohverlustrückstellung im Jahr 9 bewirkt zunächst eine Mehrabführung von T1 an T2. Auch wenn das Einkommen der T1 infolge der zwischen T2 und M bestehenden Organschaft letztlich bei M besteuert wird, ist die Mehrabführung im Verhältnis T1 zu T2 in vororganschaftlicher Zeit verursacht, die Mehrabführung mithin nach § 14 III S 1 als Gewinnausschüttung an T2 zu behandeln. Zu einer Mehrabführung von T2 an M kommt es infolge der Mehrabführung von T1 an T2 idR nicht (vgl Rn 1276).

Die für die Veräußerung der Organbeteiligung aufgezeigten Grundsätze gelten gleichermaßen, wenn eine Organbeteiligung im Wege der Einzelrechtsnachfolge in eine Kapitalgesellschaft eingebracht wird (vgl Rn 1283). Zum Wechsel des Organträgers durch Übertragung der Organbeteiligung im Wege der Gesamtrechtsnachfolge vgl Rn 1281 f.

Einstweilen frei. 1259-1261

b) Ursache(n). Ursache vs Geschäftsvorfall. § 14 III bzw IV stellen darauf ab, 1262 dass Mehr- und Minderabführungen ihre Ursache in vororganschaftlicher bzw organschaftlicher Zeit haben. Der Begriff „Ursache" kann dabei mE nicht mit dem

---

1 Dötsch in D/J/P/W § 14 Rn 408; Dötsch in D/J/P/W Anh UmwStG Rn 44; Frotscher in Frotscher/Maas § 14 Rn 751.
2 AA Schumacher, DStR 2006, 310, 312.

Begriff „Geschäftsvorfall" gleichgesetzt werden.[1] Letzerer stammt aus den KStR 1995, in denen die Finanzverwaltung danach differenzierte, ob Mehr- oder Minderabführungen aufgrund von Geschäftsvorfällen während der Geltung des Gewinnabführungsvertrags eintraten (Abschn 59 III KStR 1995) oder eine Folgewirkung von Geschäftsvorfällen aus der vorvertraglichen Zeit sind. Mit § 14 III und IV wurde den (vor)organschaftlichen Mehr- und Minderabführungen erstmals eine gesetzliche Grundlage geschaffen. Der Begriff „Geschäftsvorfall" hat keinen Eingang in den Gesetzeswortlaut gefunden. Gleiches gilt für die Gesetzesbegründungen;[2] der bloße Hinweis, die Neuregelung solle die Verwaltungsauffassung gesetzlich festschreiben,[3] reicht nicht aus. Im Übrigen verwendeten schon die KStR 2004 diesen Begriff nicht mehr (vgl R 63 KStR). Der Begriff „Ursache" ist für die Einordnung einer Mehr- bzw Minderabführung als organschaftlich oder vororganschaftlich auch besser geeignet.

Beispiel

Eine Kapitalgesellschaft hat im Jahr 1 ein nicht abnutzbares Wirtschaftsgut erworben und im Jahr 3 in der Handelsbilanz eine außerplanmäßige Abschreibung darauf vorgenommen, welche die Voraussetzung einer steuerlichen Teilwertabschreibung nicht erfüllt hat. Mitte des Jahres 4 veräußert die Kapitalgesellschaft das Wirtschaftsgut. Im Jahr 3 (Variante a)) bzw im Jahr 4 (Variante b)) wird die Kapitalgesellschaft Organgesellschaft.

Als „Geschäftsvorfälle" wird man hier nur den Erwerb des Wirtschaftsguts im Jahr 1 und seine Veräußerung im Jahr 4 betrachten können, kaum aber die außerplanmäßige Abschreibung im Jahr 3. Letztere bzw der dabei eingetretene Gewinn- und Vermögensunterschied ist aber wohl unstreitig die Ursache für die im Jahr 4 eintretende Mehrabführung. So wird man in Variante a) die im Jahr 3 eintretende Minderabführung nicht deshalb als vororganschaftlich betrachten, weil sie nur durch den Geschäftsvorfall „Erwerb" im Jahr 1 überhaupt möglich wurde. Ohne dass hier auf einen Geschäftsvorfall zurückgegriffen werden könnte, ist die Minderabführung im Jahr 3 zweifelsfrei organschaftlich verursacht; ebenso damit ihre Umkehr, die Mehrabführung im Jahr 4. Ebenso wird man in Variante b) die Einordnung der Mehrabführung im Jahr 4 als vororganschaftlich allein darauf stützen, dass der sich wieder auflösende Vermögensunterschied in vororganschaftlicher Zeit entstanden ist und die Kapitalgesellschaft den steuerlichen Mehrgewinn selbständig zu versteuern hatte, nicht aber auf den im Jahr 1 erfolgten Geschäftsvorfall „Erwerb des Wirtschaftsgutes".

---

1   AA offenbar zB *Frotscher* in Frotscher/Maas § 14 Rn 766; *Neumann*, Ubg 2010, 673, 678 f; *J Thiel* in FS für Arndt Raupach: Steuer- und Gesellschaftsrecht zwischen Unternehmerfreiheit und Gemeinwohl, 2006, S 543.
2   BTDrs 15/3677, 36 und 15/4050, 58 (§ 14 III); BTDrs 16/7036, 20 (§ 14 IV).
3   BTDrs 15/3677, 36 (§ 14 III).

Die Ursache, für welche zu ergründen ist, ob sie in organschaftlicher oder vororganschaftlicher Zeit liegt, ist damit allein eine Abweichung zwischen Handels- und Steuerbilanzgewinn bzw zwischen Gewinnabführung und Steuerbilanzgewinn vor Gewinnabführung.

Einheitliche Ursache. Mehr- und Minderabführungen können sich bezogen auf eine Mehrzahl von Bilanzpositionen der Organgesellschaft ergeben. Sind Mehr- und Minderabführungen zu bejahen, können sie nach hier vertretener Auffassung weder im Anwendungsbereich des § 14 III (vgl Rn 1214 ff) noch in dem des § 14 IV (vgl Rn 1040, 1099) saldiert werden. Ungeachtet dessen können Mehr- und Minderabführungen jedoch zusammenzufassen sein, weil sie eine einheitliche gemeinsame Ursache haben. Zutreffend wird daher in der Literatur vertreten, dass die Auflösung von Abweichungen zwischen Handels- und Steuerbilanz der Organgesellschaft bei Wirtschaftsgütern, die zuvor samt dieser Abweichungen im Wege der Anwachsung auf die Organgesellschaft übergegangen sind, nicht wirtschaftsgutbezogen, sondern nur insgesamt zu einer Mehr- oder Minderabführung führt.[1] Zu begründen ist dies mE aus den in Rn 1262 genannten Gründen weniger damit, dass die Anwachsung als Gesamtkomplex einen einzigen Geschäftsvorfall darstellt, als vielmehr damit, dass es im Zuge der Anwachsung nur eine einzige Abweichung zwischen handels- und steuerbilanziellem Gewinn geben kann. Diese bezieht sich auf den Gewinn oder Verlust der Organgesellschaft aus der Anwachsung. Da bei dessen handelsbilanzieller Ermittlung von den zugehenden Vermögensgegenständen und Schulden nur einheitlich die entfallende Beteiligung an der Personengesellschaft abgesetzt werden kann, lässt sich handelsrechtlich nur ein einheitlicher Gewinn aus der Anwachsung ermitteln. Nur zu diesem Gewinn kann es daher bei der Ermittlung des Steuerbilanzgewinns eine – dann ebenso einheitliche – Abweichung geben.

Teils vororganschaftliche, teils organschaftliche Ursache.

Beispiel

Eine Kapitalgesellschaft (WJ = Kalenderjahr) hat am 1.1.01 ein abnutzbares Anlagegut für 300 erworben. In den Jahren 01 bis 03 schreibt sie das Wirtschaftsgut linear über eine Nutzungsdauer von 3 Jahren in Handels- und Steuerbilanz ab. Ab dem WJ 03 ist die Kapitalgesellschaft Organgesellschaft. In einer Betriebsprüfung wird die Nutzungsdauer für steuerliche Zwecke auf 5 Jahre erhöht. Die Jahresabschlüsse der Kapitalgesellschaft werden nicht geändert. Nach der Betriebsprüfung ergeben sich damit folgende Abweichungen von Gewinn und Vermögen der Gesellschaft zwischen Steuer- und Handelsbilanz:

---

[1] Neumann, Ubg 2010, 673, 679; *Frotscher* in Frotscher/Maas § 14 Rn 766; *Dötsch* in D/J/P/W § 14 Rn 550; *J Thiel* in FS für Arndt Raupach: Steuer- und Gesellschaftsrecht zwischen Unternehmerfreiheit und Gemeinwohl, 2006, S 543, 558 f; wohl auch *Erle/Heurung* in Erle/Sauter § 14 Rn 413. Dazu auch *Rödder*, DStR 2005, 217, 218.

	31.12.01	31.12.02	31.12.03	31.12.04	31.12.05
Gewinn					
Handelsbilanz	100	100	100	0	0
Steuerbilanz (Bp)	60	60	60	60	60
Mehrgewinn lt StB (Bp)	40	40	40	-60	-60
Restbuchwerte					
Handelsbilanz	200	100	0	0	0
Steuerbilanz (Bp)	240	180	120	60	0
Mehrvermögen lt StB (Bp)	40	80	120	60	0

In vororganschaftlicher Zeit verursacht sind die Mehrgewinne der Jahre 01 und 02 und damit ein steuerbilanzielles Mehrvermögen von 80. Die Minderabführung des Jahres 03 ist in organschaftlicher Zeit verursacht und unterliegt § 14 IV mit der Bildung eines aktiven Ausgleichspostens beim Organträger. Eine vororganschaftliche Verursachung scheidet aus, weil der steuerliche Mehrgewinn nicht eine bestehende (vor Organschaft begründete) Abweichung auflöst, sondern eine weitere Abweichung zwischen Steuer- und Handelsbilanzvermögen begründet. Zu einer Auflösung von Abweichungen zwischen Steuer- und Handelsbilanz kommt es erst in den Jahren 04 und 05 mit steuerlichen Mindergewinnen (Mehrabführungen) iHv jeweils 60. Zusammen lösen sie eine Abweichung zwischen Steuer- und Handelsbilanz von 120 auf, die teilweise vororganschaftlich (iHv 80), teilweise organschaftlich (iHv 40) verursacht ist.[1]

Der in der Literatur vertretenen Auffassung, nach der bei Übertragung auf das obige Beispiel die Minderabführung im Jahr 03 wie auch in voller Höhe die Mehrabführungen in den Jahren 05 und 06 in vororganschaftlicher Zeit verursacht und damit § 14 III zu unterwerfen seien,[2] kann nicht gefolgt werden. Nach dieser gebiete es die geschäftsvorfallbezogene Betrachtung, von dem ersten bilanziellen Ansatz aus in der Zeit vor Begründung der Organschaft die in die Organschaftszeit hineinreichende bilanzielle Behandlung weiterzuverfolgen; auf diese Weise könnten sich aus demselben Vorgang zunächst vororganschaftlich verursachte Minderabführungen und später vororganschaftliche Mehrabführungen ergeben.[3] Während die geschäftsvorfallbezogene Betrachtung mE schon keine Rechtsgrundlage in § 14 III und IV findet, zeigt das obige Beispiel, dass sie – zumindest bei diesem Verständnis – auch zu unsachgerechten Ergebnissen führen würde: Hätte die Kapitalgesellschaft alternativ ihre Jahresabschlüsse für die Jahre 01 bis 05 angepasst, hätten sich ihre handelsbilanziellen vorvertraglichen Gewinnrücklagen um 80 erhöht. Diese könnten später nicht im Wege des

---

1 Ebenso *Dötsch/Pung*, DK 2008, 150, 153 f; *Frotscher* in Frotscher/Maas § 14 Rn 763.
2 *Neumann*, Ubg 2010, 673, 679.
3 *Neumann*, Ubg 2010, 673, 679.

Gewinnabführungsvertrags, sondern allein im Wege der Ausschüttung an den Organträger transferiert werden (vgl Rn 391 f). Die geänderten Ergebnisse der Jahre 03 bis 05 würden sich hingegen allein auf die Gewinnabführungen der Gesellschaft auswirken. Abweichungen zwischen Gewinnabführung und Steuerbilanzgewinn vor Gewinnabführung gäbe es dann nicht; § 14 III könnte schon aus diesem Grund nicht zur Anwendung kommen. Weiter als diejenigen Folgen steuerlich herzustellen, die sich ohne die Abweichungen – also bei Gleichklang von Handels- und Steuerbilanz – ergeben hätten, kann und will § 14 III mE nicht gehen. Mithin ist das Potenzial für als Gewinnausschüttungen zu behandelnde Mehrabführungen (§ 14 III) im obigen Beispiel auf 80 begrenzt. Darüber hinaus gehende Mehrabführungen sind organschaftlich verursacht. Fraglich ist allein, auf welche Weise der im obigen Beispiel teils vororganschaftlichen, teils organschaftlichen Verursachung der sich ab dem Jahr 04 ergebenden Mehrabführungen Rechnung getragen wird. Das Gesetz äußert sich dazu nicht. Denkbar wäre eine anteilige Behandlung; demnach wären die Mehrabführungen in den Jahren 04 und 05 jeweils zu 2/3 § 14 III und zu 1/3 § 14 IV zu unterwerfen.[1] Sachgerechter und mangels gesetzlicher Regelung auch zu Gunsten des Steuerpflichtigen vertretbar ist mE jedoch eine LiFo-Betrachtung, nach welcher die Mehrabführung von 60 im Jahr 04 zu einem Teil von 40 § 14 IV und zu einem Teil von 20 § 14 III, die Mehrabführung von 60 im Jahr 05 vollständig § 14 III zu unterwerfen wäre.[2] Dem liegt die Überlegung zu Grunde, dass die Abweichung sich von der Spitze herab wieder abbauen muss.[3]

Einstweilen frei. 1265-1266

2. Die außerorganschaftliche Verursachung. Fragestellung. Der wohl größte Streitpunkt bei der Abgrenzung der Anwendungsbereiche von § 14 IV und § 14 III ist die Frage, ob und unter welchen Voraussetzungen Mehr- und Minderabführungen auch dann § 14 III zu unterwerfen sind bzw unterworfen werden können, wenn ihre Ursache bei der Organgesellschaft zwar nicht in der Zeit vor der Organschaft, jedoch sachlich außerhalb der Organschaft gelegt ist (sog außerorganschaftliche Verursachung). Diese Frage stellt sich vor allem im Zusammenhang mit Vermögensübergängen auf die Organgesellschaft iRv Umwandlungs- und Einbringungsvorgängen. 1267

Rechtsgrundlage. Die Finanzverwaltung ging auch schon vor der Einführung von § 14 III punktuell davon aus, dass eine außerorganschaftliche Verursachung der Verursachung in vororganschaftlicher Zeit gleichzusetzen sei. So sollte auf die Abführung eines steuerfreien Übernahmegewinns über den Gewinnabführungsvertrag Abschn 59 IV S 3 ff KStR 1995 Anwendung finden (vgl Rn 1192);[4] eine (durchgängige) Dogmatik zur außerorganschaftlichen Verursachung existierte jedoch nicht. Eine Bestätigung hat diese Auffassung in der Rechtsprechung nicht gefunden.[5] Für VZ bis 2003 musste die Verwaltung diese Auffassung aufgeben, nachdem der BFH in seinen Entscheidungen vom 18.12.2002 den Grundsätzen des Abschn 59 IV S 3 1268

---
1 So *Dötsch/Pung*, DK 2008, 150, 154.
2 So wohl auch *Rödder*, DStR 2005, 217, 221.
3 Ähnlich den Überlegungen in BFH I R 2/09, BStBl II 2010, 760, zu II. 3. a).
4 BMF v 25.3.1998, BStBl I 1998, 268, Tz Org.26.
5 Abgelehnt in FG Hamburg VI 103/98, DStRE 2000, 644, 646; offengelassen in BFH I R 103/99, BFH/NV 2001, 1455.

KStR 1995 insgesamt eine Rechtsgrundlage abgesprochen hatte (vgl Rn 1194 und 1196). Vor diesem Hintergrund erstaunt, dass im Zuge der Einführung des § 14 III die von der Finanzverwaltung vertretene Gleichsetzung von außerorganschaftlichen mit vororganschaftlichen Ursachen weder im Gesetzeswortlaut noch in der Gesetzesbegründung[1] einen Niederschlag gefunden hat. Ob die Rechtsprechung § 14 III als Rechtsgrundlage für ausreichend hält, bleibt damit abzuwarten. Die hM geht jedoch davon aus, dass eine außerhalb der Organschaft liegende Ursache grundsätzlich die Rechtsfolgen des § 14 III auslösen kann.[2] Streit besteht vor allem darüber, in welchen Fällen eine solche außerorganschaftliche Verursachung gegeben ist.

1269 **Umfang der außerorganschaftlichen Veranlassung.** Nach der am weitesten gehenden Auffassung sollen grundsätzlich sämtliche Mehr- und Minderabführungen außerorganschaftlich verursacht sein und mithin § 14 III unterliegen, die mit Vermögen zusammenhängen, das der Organgesellschaft iRv Umwandlungen oder Einbringungen von außen zugeführt wird; nach dem Entstehungsort (übertragender oder übernehmender Rechtsträger) und -grund (zB auch nur zeitlich versetzte Erfassung des Vermögensübergangs in Handels- und Steuerbilanz der Organgesellschaft) soll nach dieser Auffassung nicht zu differenzieren sein.[3] Diesen Standpunkt hatte sich die Finanzverwaltung in Rn Org. 30-Org. 32 des Erlassentwurfs vom 2.5.2011 für Zwecke der Verbandsanhörung zunächst vollständig zu Eigen gemacht. Im endgültigen Umwandlungssteuererlass[4] wurde diese Auffassung zwar um den Fall der lediglich zeitlich versetzten Erfassung des Vermögens entschärft, nach dem Entstehungsort der Ursache wird jedoch weiterhin nicht differenziert. Nach der hM kann eine außerorganschaftliche und damit ggf die Rechtsfolgen des § 14 III auslösende Verursachung nur darin liegen, dass bereits beim übertragenden Rechtsträger Abweichungen zwischen Handels- und Steuerbilanz bestehen; entstehen Abweichungen zwischen Handels- und Steuerbilanz erstmals bei der Organgesellschaft selbst, ist eine außerorganschaftliche Ursache nicht zu erblicken.[5] Dem ist grundsätzlich zuzustimmen, wenngleich mE hierbei nicht immer ausreichend nach der Richtung der Vermögensübertragung unterschieden wird und der Anwendungsbereich teilweise noch enger zu fassen ist. Eine weitere Frage ist, wo der außerorganschaftliche Bereich anfängt, bereits außerhalb des Organschaftsverhältnisses des übernehmenden Rechtsträgers[6] oder erst außerhalb des Organkreises, zu dem der übernehmende Rechtsträger gehört.[7] Vgl zu Mehr- und Minderabführungen im Zusammenhang mit Umwandlungs- und Einbringungsvorgängen, die sich auf das Vermögen der Organgesellschaft auswirken, ausführlich Rn 1280-1328.

1270-1272 *Einstweilen frei.*

1 BTDrs 15/3677, 36 und 15/4050, 58.
2 *Pache* in H/H/R § 14 Rn 321 „Außerorganschaftliche Verursachung"; *Neumann* in Gosch § 14 Rn 418.; *Frotscher* in Frotscher/Maas § 14 Rn 759; wohl auch *Vogel*, DB 2011, 1239, 1245; *Schumacher* in FS für Harald Schaumburg: Steuerzentrierte Rechtsberatung, 2009, S 477, 485-489.
3 *Dötsch/Pung*, DK 2008, 150, 156; *Dötsch* in D/J/P/W Anh UmwStG Rn 51-53.
4 BMF v 11.11.2011, BStBl I 2011, 1314, Rn Org.33-Org.34.
5 *Frotscher* in Frotscher/Maas § 14 Rn 759; *Frotscher*, Umwandlungssteuererlass 2011, 2012, zu Rn Org.33 und Org.34; wohl auch *Neumann* in Gosch § 14 Rn 528; *Vogel*, DB 2011, 1239, 1245; *Heerdt*, DStR 2009, 938, 941 ff; *Schumacher* in FS für Harald Schaumburg: Steuerzentrierte Rechtsberatung, 2009, S 477, 485-489.
6 So wohl BMF v 11.11.2011, BStBl I 2011, 1314, Rn Org.33-Org.34.
7 So *Frotscher* in Frotscher/Maas § 14 Rn 759; *Dötsch* in D/J/P/W Anh UmwStG Rn 51, 53, 55.

3. Organschaftliche und vororganschaftliche Verursachung bei mehrstufigen Organschaften. Allgemeines. Bei mehrstufigen Organschaftsverhältnissen ist die Frage der Verursachung in organschaftlicher bzw vororganschaftlicher Zeit nach zutreffender hM für jede Organschaft gesondert zu prüfen.[1] Hierbei kann mE jeweils ausgehend von der untersten Organschaftsstufe:

- eine Mehr- bzw Minderabführung iSd § 14 IV eine Mehr- bzw Minderabführung iSd § 14 IV auf einer höheren Stufe auslösen (vgl Rn 1274);
- eine Mehr- bzw Minderabführung iSd § 14 IV eine Mehr- bzw Minderabführung iSd § 14 III auf einer höheren Stufe auslösen (vgl Rn 1275);
- eine Minderabführung iSd § 14 III eine Minderabführung iSd § 14 IV, eine Mehrabführung iSd § 14 III hingegen nur unter besonderen Voraussetzungen eine Mehrabführung iSd § 14 IV auf einer höheren Stufe auslösen (vgl Rn 1276).

1273

Verursachung in organschaftlicher Zeit auf allen Stufen.

1274

Beispiel

M hält 100 % der Anteile an der Kapitalgesellschaft T, welche 100 % der Anteile an der Kapitalgesellschaft E hält. Die Organschaften zwischen T und E sowie M und T wurden beide im Jahr 1 begründet. Im Jahr 2 führt die Bildung einer Drohverlustrückstellung in der Handelsbilanz von E wegen § 5 IVa S 1 EStG zu einer Minderabführung an T. Im Jahr 6 nimmt E die Rückstellung vollständig in Anspruch, woraus eine Mehrabführung an T resultiert.

Im Jahr 2 kommt es bei E zu einer Minderabführung iSd § 14 IV. Infolge der Bildung eines aktiven Ausgleichspostens in der Steuerbilanz von T übersteigt deren Steuerbilanz vor Gewinnabführung die handelsrechtliche Gewinnabführung. Es liegt eine Minderabführung von T an M vor, die in organschaftlicher Zeit (bezogen auf das Organschaftsverhältnis M und T) verursacht ist. Nach § 14 IV S 1 hat auch M in ihrer Steuerbilanz einen aktiven Ausgleichsposten zu bilden. Aus der Inanspruchnahme der Drohverlustrückstellung durch die E ergibt sich im Jahr 6 eine in organschaftlicher Zeit verursachte Mehrabführung iSd § 14 IV von E an T. Die daraus resultierende Auflösung des aktiven Ausgleichspostens in der Steuerbilanz der T begründet eine Abweichung zwischen der Gewinnabführung der T an M und dem Steuerbilanzgewinn vor Gewinnabführung der T, mithin eine Mehrabführung. Diese ist, bezogen auf das Organschaftsverhältnis M und T in organschaftlicher Zeit verursacht und unterliegt damit § 14 IV. M hat in ihrer Steuerbilanz den im Jahr 2 gebildeten aktiven Ausgleichsposten einkommensneutral aufzulösen.

Vor Einführung des § 14 IV waren Ausgleichsposten nach der Rechtsprechung des BFH entgegen der Verwaltungsauffassung (R 63 I S 3, II KStR) außerhalb der Steuerbilanz zu bilden.[2] Unter Berufung auf die BFH-Rechtsprechung hätte eine in organschaftlicher Zeit verursachte Mehr- bzw Minderabführung von E an T mangels Auswirkung in der Steuerbilanz von T mithin nicht zu einer Mehr- oder

---

1 Dötsch in D/J/P/W § 14 Rn 516; Frotscher in Frotscher/Maas § 14 Rn 755.
2 BFH I R 43/91, BStBl II 1996, 614; BFH I R 5/05, BStBl II 2007, 796; BFH I R 31/08, BFH/NV 2009, 790.

Minderabführung von T an M führen können. Grundsätzlich hat der auch für zurückliegende VZ eingeführte § 14 IV (§ 34 IX Nr 5) die Rechtsprechung zwar auch insoweit „überschrieben". Sofern dadurch vor dem 28.12.2007 in vergleichbaren Konstellationen zu Lasten von M ein passiver Ausgleichsposten zu bilden wäre, würde § 14 IV mE allerdings auch insoweit eine unzulässige Rückwirkung aufweisen (vgl zur unzulässigen Rückwirkung des § 14 IV ausführlich Rn 992-997).

Besondere Ermittlungssorgfalt ist geboten, wenn die Beteiligungsquoten entlang der Organschaftskette nicht durchgängig 100 % betragen:

Beispiel

Wie oben mit der Abweichung, dass T nur 90 % der Anteile an E hält. Die Drohverlustrückstellung beträgt 100.

Im Jahr 2 kommt es bei E zu einer Minderabführung iSd § 14 IV iHv 100. Die daraus resultierende Minderabführung iSd § 14 IV von T an M beträgt hingegen nur 90, da in der Steuerbilanz von T ein aktiver Ausgleichsposten für die Minderabführung von E nur entsprechend der Beteiligungsquote an E (90 %) zu bilden ist und der Steuerbilanzgewinn von T vor Gewinnabführung nur insoweit von der Gewinnabführung an M abweicht. Mithin erhöht sich das Einlagekonto von T nach § 27 VI auch nur um 90. M hat einen aktiven Ausgleichsposten iHv 90 zu bilden.

Ermittelt man, wie die Finanzverwaltung im Formular „KSt 1 F 27/28", die Zu- und Abgänge nach § 27 VI als Residualgröße ausgehend von dem Einkommen von T vor Einkommenszurechnung zu M, besteht bei einem Zwischenorganträger wie T mithin Korrekturbedarf, da der steuerliche Mehrgewinn von E über die Einkommenszurechnung das Einkommen von T in voller Höhe (100) erhöht hat. Eine diesbezügliche Korrekturzeile enthält das Formular nicht. Erst seit dem VZ 2011 eröffnet es mit Zeile 17m („Sonstige Korrekturen") zumindest die Möglichkeit, eine derart gebotene Korrektur – hier um -10 – vorzunehmen.

1275 **Frühere Begründung der Organschaft zwischen T und E.**

Beispiel

Wie Beispiel unter Rn 1274. Die Organschaft zwischen T und E wurde unverändert im Jahr 1, die Organschaft zwischen M und T jetzt jedoch erst im Jahr 5 begründet. Im Jahr 2 hatte die Bildung einer Drohverlustrückstellung in der Handelsbilanz von E wegen § 5 IVa S 1 EStG zu einer Minderabführung iSd § 14 IV mit Bildung eines aktiven Ausgleichspostens bei T geführt. Im Jahr 6 nimmt E die Rückstellung vollständig in Anspruch.

Bei E kommt es im Jahr 6 zu einer Mehrabführung iSd § 14 IV, die bei T die Auflösung des Ausgleichspostens in der Steuerbilanz (vgl für Auflösungszeitpunkte bis zum 28.12.2007 jedoch auch die Ausführungen in Rn 1274) zur Folge hat. Dadurch ergibt sich eine Abweichung zwischen der Gewinnabführung von T an M und dem Steuerbilanzgewinn von T vor Gewinnabführung, die in vororganschaftlicher Zeit verursacht und damit nach § 14 III als Gewinnausschüttung der T an M zu behandeln ist.[1]

---

1   Dötsch in D/J/P/W § 14 Rn 516; *Frotscher* in Frotscher/Maas § 14 Rn 755; *Breier*, DK 2011, 84, 94.

XI. Abgrenzungs- und Zweifelsfragen im Spannungsfeld von § 14 III und IV

Bei Abwandlung der Vorzeichen des Beispiels dahingehend, dass E im Jahr 2 eine Mehrabführung iSd § 14 IV mit Bildung eines passiven Ausgleichspostens bei T bewirkt hätte, wäre eine Minderabführung von E im Jahr 6 als Minderabführung iSd § 14 IV mit Auflösung des passiven Ausgleichspostens bei T zu behandeln. Der daraus bei T entstehende Mehrgewinn in der Steuerbilanz begründet eine Minderabführung an M, die in vororganschaftlicher Zeit verursacht und mithin nach § 14 III als Einlage von M in T zu behandeln ist.

Spätere Begründung der Organschaft zwischen T und E. 1276

Beispiel

Wie Beispiel unter Rn 1274. Die Organschaft zwischen T und E wurde jetzt jedoch im Jahr 5, die Organschaft zwischen M und T bereits im Jahr 1 begründet. Im Jahr 2, also vor der organschaftlichen Einbindung der E, hatte die Bildung einer Drohverlustrückstellung in ihrer Handelsbilanz wegen § 5 IVa S 1 EStG zu einem steuerlichen Mehrgewinn/-Mehrvermögen geführt. Im Jahr 6 nimmt die E die Rückstellung vollständig in Anspruch.

Bei E kommt es im Jahr 6 zu einer Mehrabführung, deren Ursache in Zeiten vor der Organschaft zwischen T und E liegt, und welche daher nach § 14 III als Gewinnausschüttung von E an T zu behandeln ist. Strittig ist, ob sich daraus eine (organschaftliche) Mehrabführung von T an M ergeben kann.[1] Mit Dötsch ist dies mE zu verneinen, da die Gewinnausschüttung iSd § 14 III im Regelfall den Steuerbilanzgewinn von T nicht erhöht und diesen damit auch nicht von der Gewinnabführung an M abweichen lässt. § 14 III qualifiziert lediglich einen in der Steuerbilanz enthaltenen Ertrag aus Gewinnabführung in einen Beteiligungsertrag um; eine Mehr- oder Minderabführung ergibt sich daraus nicht. Etwas anderes gilt zweifellos, soweit bei E für die Gewinnausschüttung iSd § 14 III Einlagekonto iSd § 27 verwendet wird, die Gewinnausschüttung mithin eine Kapitalrückzahlung darstellt und sich der Buchwert für die Beteiligung an E in der Steuerbilanz von T vermindert. Insoweit wirkt sich die Mehrabführung von E an T auf den Steuerbilanzgewinn vor Gewinnabführung von T aus. Die daraus bei T resultierende Abweichung von Gewinnabführung und Steuerbilanzgewinn vor Gewinnabführung stellt eine Mehrabführung dar, die – bezogen auf das Organschaftsverhältnis M und T – in organschaftlicher Zeit verursacht ist. Nur insoweit ist bei M nach § 14 IV S 1 ein passiver Ausgleichposten zu bilden.

Bei Abwandlung der Vorzeichen des Beispiels dahingehend, dass bei E im Jahr 2 ein steuerbilanzieller Mindergewinn zu berücksichtigen war, wäre die Minderabführung von E im Jahr 6 vororganschaftlich verursacht und mithin als Einlage von T in E zu behandeln (§ 14 III). Der Ertrag aus der Aktivierung dieser Einlage würde den Steuerbilanzgewinn von T erhöhen und damit zu einer Abweichung zwischen der Gewinnabführung an M und ihrem Steuerbilanzgewinn vor Gewinnabführung führen, die als Minderabführung iSd § 14 IV mit Bildung eines aktiven Ausgleichspostens bei M zu behandeln wäre.

---

[1] Bejahend *Frotscher* in Frotscher/Maas § 14 Rn 755. Verneinend *Dötsch* in D/J/P/W § 14 Rn 517; *Dötsch/Witt*, DK 2007, 190, 197 f; wenngleich mit mE unzutreffender Begründung auch *Breier*, DK 2011, 84, 94.

1277-1279 *Einstweilen frei.*

1280 **4. Mehr- und Minderabführungen der Organgesellschaft im Nachgang zu einer Übertragung der Organbeteiligung im Wege einer Umwandlung des Organträgers oder einer Einbringung durch den Organträger. Keine Mehr- oder Minderabführung im Zuge des Übertragungsvorgangs.** Die Übertragung der Beteiligung an der Organgesellschaft wirkt sich auf den Gewinn und das Vermögen der Organgesellschaft nicht aus und gibt daher niemals selbst Anlass zu einer Mehr- oder Minderabführung. Es besteht allein die Frage, ob und nach welchen Grundsätzen im Nachgang zur Übertragung der Organbeteiligung eintretende Mehr- und Minderabführungen § 14 IV oder § 14 III unterliegen.

1281 **Übertragung der Organbeteiligung im Wege der Verschmelzung, Auf- oder Abspaltung.** Gehen die Organbeteiligung und der Gewinnabführungsvertrag zB iRe Verschmelzung oder Spaltung des Organträgers auf einen übernehmenden Rechtsträger über, wird die Organschaft mit diesem als Organträger fortgesetzt, sofern dieser die an die Organträgereignung zu stellenden Voraussetzungen erfüllt.[1] Da es sich um die nämliche Organschaft handelt, kann die Zeit der Organschaft zu dem übertragenden Rechtsträger nicht vororganschaftliche Zeit sein.[2] Dies gilt mE ungeachtet des der Umwandlung zu Grunde gelegten Wertansatzes,[3] weil weder die zivilrechtliche noch die steuerliche Rechtsnachfolge (§ 4 II S 1, 12 III UmwStG) davon abhängig ist. Demnach ist für im Nachgang zur Übertragung der Organbeteiligung eintretende Mehr- und Minderabführungen zunächst danach zu unterscheiden, ob sie eine Abweichung zwischen Gewinnabführung und Steuerbilanzgewinn vor Gewinnabführung erstmals begründen oder ob sie eine vormals bestehende Abweichung wieder beseitigen. Im ersten Fall unterliegen die Mehr- und Minderabführungen wohl unstreitig § 14 IV und führen zur Bildung organschaftlicher Ausgleichsposten beim neuen Organträger. In letzterem Fall ist auf die Mehr- bzw Minderabführung mE stets § 14 IV anzuwenden, wenn die nun beseitigte Abweichung innerhalb der Organschaft (mit dem übertragenden Rechtsträger als Organträger) entstanden ist und seinerzeit zu einer Minder- oder Mehrabführung geführt hat. Liegt der Entstehungszeitpunkt der nun beseitigten Abweichung vor der Organschaft mit dem übertragenden Rechtsträger als Organträger, ist die nun eintretende Mehr- oder Minderabführung in vororganschaftlicher Zeit verursacht; § 14 III ist anzuwenden.

Beispiel

Zwischen den Gesellschaften M (Organträger) und T (Organgesellschaft) besteht seit dem Jahr 1 Organschaft. Im Jahr 2 bildet T eine in der Steuerbilanz nicht zu berücksichtigende Drohverlustrückstellung, die sie im Jahr 4 in voller Höhe in Anspruch nimmt. Mit steuerlicher Wirkung zum 31.12. des Jahres 3 wird M auf die

---

1 So auch BMF v 11.11.2011, BStBl I 2011, 1314, Rn Org.01, Org,02, Org.06 bis Org.08, Org.10.
2 *Schumacher*, DStR 2006, 310, 311 f.
3 Ohne diesbezügliche Einschränkungen auch *Schumacher*, DStR 2006, 310, 311 f; *Schumacher* in FS für Harald Schaumburg: Steuerzentrierte Rechtsberatung, 2009, S 477, 483; *Dötsch/Witt*, DK 2007, 190, 195; aA (nur bei Buchwertansatz) *Frotscher* in Frotscher/Maas § 14 Rn 753; *Dötsch/Pung*, DK 2008, 150, 153; *Dötsch* in D/J/P/W Anh UmwStG Rn 45.

XI. Abgrenzungs- und Zweifelsfragen im Spannungsfeld von § 14 III und IV

Gesellschaft M2 verschmolzen, welche die Eignung besitzt, als Organträger zu fungieren. Der Gewinnabführungsvertrag wird anlässlich der Verschmelzung nicht beendet.

Die Bildung der Drohverlustrückstellung im Jahr 2 bewirkt eine Minderabführung iSd § 14 IV mit Bildung eines aktiven Ausgleichspostens bei M. Da die Organschaft durch M2 als neuem Organträger und zivil- und steuerrechtlichem Rechtsnachfolger von M lediglich fortgesetzt wird, ist die aus der Inanspruchnahme der Drohverlustrückstellung resultierende Mehrabführung im Jahr 4 in organschaftlicher Zeit verursacht und unterliegt damit § 14 IV. Bei M2 ist der auf sie übergegangene Ausgleichsposten einkommensneutral aufzulösen.

Diese Grundsätze gelten mE ebenso, wenn die Verschmelzung zu Werten oberhalb der Buchwerte erfolgt. Dies auch dann, wenn in diesem Fall entgegen der hier vertretenen Auffassung (vgl Rn 1137 ff) die Ausgleichsposten im Zuge der Verschmelzung anteilig oder vollständig aufzulösen sind. Wenngleich die Existenz oder Nicht-Existenz eines Ausgleichspostens auf Ebene des Organträgers mE grundsätzlich Indizwirkung dafür hat, ob zB eine Mehrabführung durch die Organgesellschaft nach § 14 IV (Auflösung des Ausgleichspostens) oder § 14 III (Gewinnausschüttung) zu behandeln ist, kann durch eine – mE unzutreffende – Auflösung von Ausgleichsposten im Zuge von Umwandlungen nicht eine organschaftliche in eine vororganschaftliche Verursachung umgedeutet werden.[1] Für die Organgesellschaft hat die Behandlung der Ausgleichsposten beim Organträger keine Bindungswirkung; sie kann sich mE erfolgreich auf § 27 VI berufen und dies auch verfahrensrechtlich unabhängig von der Behandlung beim Organträger durchsetzen (vgl Rn 680). Ob bei dem Organträger dann noch eine Gewinnausschüttung zufließen kann, die bei der Organgesellschaft nicht (nach § 14 III) erfolgt ist, ist mE zu bezweifeln. Allenfalls käme, wenn die Ausgleichsposten in dem obigen Beispiel im Zuge der Umwandlung anteilig oder vollständig aufzulösen wären, die einkommensneutrale Bildung eines passiven Ausgleichspostens insoweit in Betracht, wie infolge der im Jahr 9 erfolgenden Mehrabführung ein Aktivposten, der einkommensneutral aufzulösen wäre, nicht mehr zur Verfügung steht.

Die obigen Grundsätze gelten mE in gleicher Weise, wenn anlässlich der Umwandlung des Organträgers der Gewinnabführungsvertrag beendet und im Anschluss daran ein neuer Gewinnabführungsvertrag mit dem übernehmenden Rechtsträger abgeschlossen wird.[2] Da die Organschaft ebenso hätte fortgesetzt werden können, ist dieser Fall mE mit demjenigen mehrerer aufeinanderfolgender Gewinnabführungsverträge mit einem Organträger (vgl Rn 1257) vergleichbar.

Einbringung der Organbeteiligung im Wege der Gesamtrechtsnachfolge (Ausgliederung). Die Grundsätze in Rn 1281 gelten entsprechend, wenn die Übertragung der Organbeteiligung im Wege der Ausgliederung nach § 123 III UmwG

1282

§ 14

---

1 AA *Breier*, DK 2011, 84, 95; *Dötsch* in D/J/P/W Anh UmwStG Rn 45. Die Abhängigkeit der Frage der vororganschaftlichen Verursachung vom Bestehen enes Ausgleichspostens bejahend *Frotscher* in Frotscher/Maas § 14 Rn 753.
2 *Schumacher*, DStR 2006, 310, 312.

erfolgt und der übernehmende Rechtsträger das übernommene Vermögen in seiner Steuerbilanz mit einem Wert unterhalb des gemeinen Wertes ansetzt. Während der vom übernehmenden Rechtsträger gewählte Wertansatz in der Handels- oder Steuerbilanz die zivilrechtliche Gesamtrechtsnachfolge und mithin die Möglichkeit der Übertragung und Fortführung des Gewinnabführungsvertrags nicht beeinflusst, wird eine steuerliche Rechtsnachfolge nur dann gewährt, wenn der übernehmende Rechtsträger das übernommene Vermögen in seiner Steuerbilanz mit einem Wert unterhalb des gemeinen Wertes ansetzt (§ 23 I iVm § 12 III UmwStG; § 24 IV UmwStG). Ohne diese steuerliche Rechtsnachfolge wird eine Fortsetzung der bisherigen Organschaft mit dem übernehmenden Rechtsträger als Organträger in den § 21 UmwStG unterliegenden Fällen der Ausgliederung nicht möglich sein, da eine ununterbrochene finanzielle Eingliederung dann nicht besteht (vgl zur finanziellen Eingliederung Rn 203-207).

1283 **Einbringung der Organbeteiligung im Wege der Einzelrechtsnachfolge.** Wird die Organbeteiligung im Wege der Einzelrechtsnachfolge in eine Kapitalgesellschaft eingebracht, gelten hingegen die für die Veräußerung der Organbeteiligung aufgezeigten Grundsätze (vgl Rn 1258) entsprechend. Dies auch dann, wenn der übernehmende Rechtsträger die Organbeteiligung mit einem Wert unterhalb des gemeinen Wertes ansetzt.[1] Denn der für diesen Fall angeordnete Eintritt des übernehmenden Rechtsträgers in die Rechtsstellung des Einbringenden (§ 23 I iVm § 12 III UmwStG)[2] beschränkt sich mE auf das übertragene Vermögen – hier die Organbeteiligung. So ist dem übernehmenden Rechtsträger in diesem Fall zwar eine finanzielle Eingliederung der Organgesellschaft in den Einbringenden zuzurechnen (vgl Rn 215 f);[3] eine Rechtsnachfolge auch hinsichtlich der Organträgerstellung ist damit mE aber nicht verbunden. Ein Eintritt des übernehmenden Rechtsträgers in den Gewinnabführungsvertrag ist zudem bei zivilrechtlicher Einzelrechtsnachfolge ausgeschlossen. Bei einer mit dem übernehmenden Rechtsträger begründeten Organschaft handelt es sich damit um ein von der bisherigen Organschaft zum Einbringenden zu unterscheidendes Organschaftsverhältnis. Wenngleich die Behandlung der Ausgleichsposten im Zuge dieser Einbringung in diesem Zusammenhang ohnehin allenfalls Indizwirkung hat,[4] gilt dies unabhängig davon, ob beim Einbringenden gebildete Ausgleichsposten bei Einbringung der Organbeteiligung im Wege der Einzelrechtsnachfolge tatsächlich – wie von der Finanzverwaltung vertreten – stets[5] und damit auch dann aufzulösen sind, wenn der übernehmende Rechtsträger einen Wertansatz unterhalb des gemeinen Wertes wählt (vgl Rn 1150).

1284-1286 *Einstweilen frei.*

---

1 AA *Schumacher*, DStR 2006, 310, 312.
2 Anwendung des § 23 I UmwStG verneinend *Dötsch* in D/J/P/W Anh UmwStG Rn 46.
3 AA für den Fall, dass die Einbringung unter § 21 UmwStG fällt, BMF v 11.11.2011, BStBl I 2011, 1314, Rn Org. 15.
4 AA *Dötsch* in D/J/P/W Anh UmwStG Rn 46.
5 BMF v 11.11.2011, BStBl I 2011, 1314, Rn Org. 17.

5. Mehr- und Minderabführungen im Zusammenhang mit Umwandlungen auf und Einbringungen in die Organgesellschaft. a) Voraussetzungen und Anlässe. Allgemeines.

1287

Mehr- und Minderabführungen, für welche eine Einordnung unter § 14 IV oder III vorzunehmen ist, können sich im Zusammenhang mit Umwandlungs- oder Einbringungsvorgängen, bei denen die Organgesellschaft übernehmender Rechtsträger ist, grundsätzlich aus zwei Anlässen ergeben; zum einen im Zuge des Vorgangs selbst, zum anderen im Nachgang zu bzw als Folge des Vorgangs (vgl zu letzteren Rn 1291).

Da Mehr- bzw Minderabführungen der Organgesellschaft bei Abweichungen zwischen Gewinnabführung und Steuerbilanzgewinn vor Gewinnabführung vorliegen, setzt ihre Entstehung im Zuge von Umwandlungs- und Einbringungsvorgängen voraus, dass der Vorgang

- sich auf die handelsrechtliche Gewinnabführung auswirkt (vgl Rn 1288) und
- der Steuerbilanzgewinn vor Abführung von der handelsrechtlichen Gewinnabführung abweicht (vgl Rn 1289 f).

Auswirkung von Umwandlungen und Einbringungen auf die handelsrechtliche Gewinnabführung. Keine Auswirkung auf die handelsrechtliche Gewinnabführung ergibt sich, soweit der Vermögenszugang in der Handelsbilanz der Organgesellschaft zur Aufstockung des Nennkapitals verwendet oder in die Kapitalrücklage eingestellt wird.[1] ME können sich Mehr- und Minderabführungen damit nur im Zuge von Aufwärtsumwandlungen, dh bei

1288

- Verschmelzung einer TG (Kapital- oder Personengesellschaft),
- Aufspaltung iSd § 123 I UmwG einer TG oder
- Abspaltung iSd § 123 II UmwG aus dem Vermögen einer TG

auf die Organgesellschaft ergeben (vgl Rn 437).[2]

Bei Seitwärtsumwandlungen auf die Organgesellschaft in Form der

- Verschmelzung einer Schwestergesellschaft (Kapital- oder Personengesellschaft),
- Aufspaltung iSd § 123 I UmwG einer Schwestergesellschaft,
- Abspaltung iSd § 123 II UmwG aus dem Vermögen einer Schwestergesellschaft,

entsteht hingegen kein Übernahmegewinn (vgl Rn 435),[3] welcher der Gewinnabführungsverpflichtung unterliegen könnte; auch dann nicht, wenn auf die Ausgabe neuer Anteile verzichtet wird.[4] Entsprechendes gilt für Abwärtsumwandlungen, dh bei

- Verschmelzung der MG (Kapital- oder Personengesellschaft) oder
- Ausgliederung iSd § 123 III UmwG aus dem Vermögen der MG

---

1   So grundsätzlich auch BMF v 11.11.2011, BStBl I 2011, 1314, Rn Org.30.
2   BMF v 11.11.2011, BStBl I 2011, 1314, Rn Org.30 Nr 1.
3   Eine Ausnahme stellte vor Geltung des BilMoG die Gewährung eigener Anteile durch die Übernehmerin dar; vgl Rn 435 und BMF v 11.11.2011, BStBl I 2011, 1314, Rn Org.31.
4   AA ggf BMF v 11.11.2011, BStBl I 2011, 1314, Rn Org.30 Nr 2, wonach offenbar ein Fall jenseits Rn Org.31 gesehen wird, in dem ein der Abführungsverpflichtung unterliegender Übernahmegewinn entstehen kann.

auf die Organgesellschaft (vgl Rn 436) sowie für Einbringungen mit Einzelrechtsnachfolge gegen Gewährung von Gesellschaftsrechten in Form der Sacheinlage (§ 20 UmwStG) oder des Anteilstauschs (§ 21 UmwStG).

1289 **Entstehung von Abweichungen zwischen Handels- und Steuerbilanz im Zuge eines Umwandlungs- oder Einbringungsvorgangs.** Weiterhin setzt die Entstehung von Mehr- und Minderabführungen im Zuge von Umwandlungs- und Einbringungsvorgängen eine Abweichung zwischen Gewinnabführung und Steuerbilanzgewinn der Organgesellschaft vor Gewinnabführung voraus. Abweichungen zwischen Handels- und Steuerbilanz der Organgesellschaft können sich im Zuge der genannten Vorgänge daraus ergeben, dass

- der Umwandlungs- oder Einbringungsvorgang sich wegen der steuerlichen Rückwirkung des Vorgangs in der Steuerbilanz der Organgesellschaft früher als in deren Handelsbilanz niederschlägt (hierzu weiter Rn 1295);
- die Organgesellschaft schon beim übertragenden Rechtsträger bestehende Abweichungen bzgl der Wertansätze von Wirtschaftsgütern in Handels- und Steuerbilanz übernimmt (hierzu weiter Rn 1300);
- die Organgesellschaft das übernommene Vermögen in ihrer Handelsbilanz mit den Verkehrswerten ansetzt, in ihrer Steuerbilanz aber die steuerlichen Buchwerte des übertragenden Rechtsträgers fortführt (hierzu weiter Rn 1311);
- bei der Organgesellschaft vor der Umwandlung eine Abweichung zwischen Handels- und Steuerbilanz hinsichtlich des Wertansatzes für die Beteiligung am übernehmenden Rechtsträger bestand (hierzu weiter Rn 1315).

1290 **Irrelevanz erst iRd Einkommensermittlung entstehender Abweichungen.** Wie jenseits von Umwandlungs- und Einbringungsvorgängen auch (vgl Rn 1021 und Rn 1207), werden Mehr- bzw Minderabführungen nicht durch Abweichungen zwischen Gewinnabführung und zuzurechnendem Einkommen der Organgesellschaft ausgelöst, die erst außerhalb der Steuerbilanz der Organgesellschaft iRd Einkommensermittlung auftreten. Fällt der Übernahmegewinn in Handels- und Steuerbilanz der Organgesellschaft im selben WJ und in selber Höhe an, liegt keine Mehr- oder Minderabführung vor. Die Tatsache, dass das Übernahmeergebnis nach § 12 II S 1 UmwStG außer Ansatz bleibt, ändert hieran nichts.[1] Die im Umwandlungssteuererlass zum UmwStG 1995 vertretene Auffassung, nach der die sich im Falle eines Übernahmeergebnisses einstellende Abweichung zwischen Gewinnabführung und zuzurechnendem Einkommen der Organgesellschaft eine in vororganschaftlicher Zeit verursachte Mehr- oder Minderabführung begründen soll (vgl auch Rn 1192 und 1194),[2] hält die Finanzverwaltung unter Geltung des § 14 III offenbar – völlig zutreffend – nicht mehr aufrecht.

1291 **Mehr- und Minderabführungen im Nachgang zu Umwandlungs- oder Einbringungsvorgängen.** Mehr- und Minderabführungen im Nachgang zu einem Umwandlungs- oder Einbringungsvorgang können sich bei allen Umwandlungsvorgängen, dh unabhängig von der Richtung der Vermögensübertragung (seit-

---

[1] Ebenso *Dötsch/Witt*, DK 2007, 190, 198.
[2] BMF v 25.3.1998, BStBl I 1998, 268, Tz Org.26.

wärts, abwärts, aufwärts), und bei Einbringungsvorgängen ergeben. Voraussetzung ist eine im Nachgang zum Umwandlungs- oder Einbringungsvorgang eintretende Abweichung zwischen Gewinnabführung und Steuerbilanzgewinn der Organgesellschaft vor Gewinnabführung. Eine solche kann sich ergeben aus der Auflösung im laufenden Geschäftsbetrieb von Abweichungen zwischen Handels- und Steuerbilanz der Organgesellschaft, welche

- bereits beim übertragenden Rechtsträger bestanden hatten; zB die Inanspruchnahme einer bereits durch den übertragenden Rechtsträger gebildeten Drohverlustrückstellung (hierzu weiter Rn 1300);
- dadurch entstanden waren, dass die Organgesellschaft das übergegangene Vermögen steuerlich zu Buchwerten, in der Handelsbilanz aber zu Verkehrswerten angesetzt hatte; zB durch steuerliche Minderabschreibungen (hierzu weiter Rn 1311).

Selbstverpflichtung zur Anerkennung der Verwaltungsgrundsätze zu umwandlungs- und einbringungsbedingten Mehrabführungen. Nach Rn 11.08 und 20.19 des Umwandlungssteuererlasses[1] betrachtet die Finanzverwaltung die Voraussetzung des § 11 II S 1 Nr 1 bzw § 20 II S 2 Nr 1 UmwStG im Fall der Umwandlung auf bzw Einbringung in eine Organgesellschaft als nicht erfüllt, soweit natürliche Personen als Organträger oder Gesellschafter einer Organträger-Personengesellschaft fungieren. IRe Billigkeitslösung soll eine steuerneutrale Umwandlung bzw Einbringung dennoch möglich sein, wenn sich alle an dem Vorgang Beteiligten übereinstimmend schriftlich damit einverstanden erklären, dass auf die aus der Umwandlung oder Einbringung resultierenden Mehrabführungen § 14 III S 1 anzuwenden ist; Rn Org.33 (vgl Rn 1310 f) und Org.34 (vgl Rn 1300-1306) des Umwandlungssteuererlasses sollen entsprechend gelten. Vgl hierzu ausführlich Rn 794-809.

1292

Einstweilen frei.

1293-1294

b) Zeitliches Auseinanderfallen des Vermögensübergangs in Handels- und Steuerbilanz. Grundsatz. Ist die Organgesellschaft übernehmender Rechtsträger in einem Umwandlungs- oder Einbringungsvorgang, ist der Vermögensübergang in ihrer Steuerbilanz mit Ablauf des steuerlichen Übertragungsstichtags (§ 2 I bzw § 20 V, VI UmwStG) erfolgt und auszuweisen, während der Vorgang in der Handelsbilanz der Organgesellschaft grundsätzlich erst bei Wirksamkeit des Vorgangs (Eintragung ins Handelsregister) ausgewiesen wird. Ein Ausweis vor diesem Zeitpunkt kommt jedoch in Betracht, wenn zwischen Abschluss eines Umwandlungsvertrags nebst Zustimmungsbeschlüssen und Wirksamwerden des Vorgangs ein Jahresabschluss für die Organgesellschaft aufzustellen ist und zu diesem Zeitpunkt das wirtschaftliche Eigentum bereits übergegangen ist.[2] Endet zwischen dem steuerlichen Übertragungsstichtag und dem Zeitpunkt der handelsrechtlichen Erfassung ein WJ der Organgesellschaft, entsteht eine Abweichung zwischen Handels- und Steuerbilanz, die sich bei Erfassung des Vorgangs in der Handelsbilanz, dh idR im folgenden WJ, wieder auflöst.

1295

---

1 BMF v 11.11.2011, BStBl I 2011, 1314.
2 Vgl hierzu und zu den weiteren Voraussetzungen IDW ERS HFA 42, FN-IDW 2011, 603 ff, Rn 25-30; IDW, HFA 2/1997, Wpg 1997, 235 ff, Abschn 2.

1296 **Aufwärtsumwandlungen.** Handelt es sich in dem in Rn 1295 beschriebenen Szenario bei dem übertragenden Rechtsträger um eine TG, entsteht das Übernahmeergebnis der Organgesellschaft in der Handelsbilanz erst ein WJ später als in der Steuerbilanz. In diesem Fall entsteht während und in der Organschaft eine Abweichung zwischen Gewinnabführung und Steuerbilanzgewinn vor Gewinnabführung, mithin

- eine Minderabführung im Fall eines Übernahmegewinns bzw
- eine Mehrabführung im Fall eines Übernahmeverlustes,

die sich während der Organschaft – idR schon im folgenden WJ – jeweils wieder umkehrt. In beiden Zeitpunkten liegen damit Minder- bzw Mehrabführungen der Organgesellschaft iSd § 14 IV vor.[1] Im Zeitpunkt der steuerlichen Vereinnahmung des Übernahmeergebnisses durch die Organgesellschaft ist beim Organträger ein organschaftlicher Ausgleichsposten einkommensneutral zu bilden, der bei handelsrechtlicher Vereinnahmung und Abführung des Übernahmeergebnisses durch die Organgesellschaft beim Organträger einkommensneutral wieder aufzulösen ist. Nach vereinzelter Literaturmeinung sollen in beiden Zeitpunkten Mehr- bzw Minderabführungen iSd § 14 III vorliegen, im Falle eines Übernahmegewinns mithin zunächst eine als Einlage zu behandelnde Minderabführung und im Folgejahr eine als Gewinnausschüttung zu behandelnde Mehrabführung. Letztere sei deshalb gerechtfertigt, weil es sich dabei inhaltlich um die Ausschüttung eines steuerfreien Übernahmegewinns handele.[2] Dem ist mE nicht zu folgen.[3] Die Steuerfreiheit eines Übernahmegewinns bewirkt keine Mehrabführung (vgl Rn 1290). Ursache für die Mehrabführung im zweiten Zeitpunkt ist die Minderabführung im ersten Zeitpunkt. Die Minderabführung im ersten Zeitpunkt betrifft einen Vorgang innerhalb des Vermögens der Organgesellschaft; eine in vororganschaftlicher Zeit oder auch nur außerhalb der Organschaft liegende Verursachung ist hier nicht zu erblicken. Entgegen dem Verbandsentwurf[4] v 2.5.2011 hat sich die Finanzverwaltung im endgültigen Umwandlungssteuererlass[5] dieser Literaturmeinung zutreffend nicht angeschlossen.

1297 **Seitwärts- und Abwärtsumwandlungen; Einbringungen.** Zwar kann auch bei Seitwärts- und Abwärtsumwandlungen sowie bei § 20 UmwStG unterliegenden Einbringungen der Vermögenszugang in unterschiedlichen WJ in der Steuer- und der Handelsbilanz der Organgesellschaft zu erfassen sein. Da in diesen Fällen jedoch in Steuer- und Handelsbilanz kein Übernahmeergebnis entsteht, welches der Abführungsverpflichtung unterliegen könnte (vgl Rn 1288), scheiden durch eine zeitlich versetzte Erfassung des Vermögenszugangs bedingte Minder- und Mehrabführungen aus.

1298-1299 *Einstweilen frei.*

---

1 Ebenso *Heerdt*, DStR 2009, 938, 944.
2 *Dötsch* in D/J/P/W Anh UmwStG Rn 51; anders noch *Dötsch/Witt*, DK 2007, 190, 198.
3 Ebenso *Frotscher*, Umwandlungssteuererlass 2011, 2012, zu Rn Org. 33.
4 Entwurf des Umwandlungssteuererlasses 2011 für Zwecke der Verbandsanhörung v 2.5.2011, Rn Org. 30 Nr 2.
5 BMF v 11.11.2011, BStBl I 2011, 1314, in dem die betreffende Rn nicht mehr enthalten ist.

c) **Abweichungen zwischen Handels- und Steuerbilanz des übertragenden** 1300
Rechtsträgers. Sachverhalt. Eine Gesellschaft (Körperschaft oder Personengesellschaft) hat im Jahr 1 eine Drohverlustrückstellung gebildet, die nach § 5 IVa EStG nicht in die Steuerbilanz zu übernehmen war. Im Jahr 2 ist die Gesellschaft übertragender Rechtsträger einer Umwandlung auf bzw Einbringung in die Organgesellschaft. Im Jahr 4 wird die Drohverlustrückstellung in Anspruch genommen.

Seitwärts- und Abwärtsumwandlungen; Einbringungen. Grundsatz. Im Zuge 1301
von Seitwärts- und Abwärtsumwandlungen wie auch von Einbringungen kommt es in der Handelsbilanz nicht zu einem Übernahmeergebnis, welches der Gewinnabführungsverpflichtung unterliegen könnte (vgl Rn 1288). Gleiches gilt für die Steuerbilanz der Organgesellschaft. Ist übertragender Rechtsträger eine Körperschaft, ändert daran auch die abzulehnende (vgl Rn 732 f) Auffassung der Finanzverwaltung nichts, nach der ein Übernahmeergebnis iSd § 12 II S 1 UmwStG auch bei Seitwärts- und Abwärtsumwandlungen von Körperschaften zu ermitteln sei.[1] Wird eine Personengesellschaft seitwärts oder abwärts auf eine Organgesellschaft verschmolzen, stellt dies idR ohnehin eine Einbringung iSd § 20 UmwStG und damit eine Einlage des Betriebsvermögens der Personengesellschaft durch die Mitunternehmer bzw im Fall der Ausgliederung durch die Mitunternehmerschaft[2] in die Organgesellschaft dar. Auch soweit die Wertansätze in der Steuerbilanz des übertragenden Rechtsträgers die Wertansätze in dessen Handelsbilanz übersteigen, vollzieht sich der Vermögenszugang in der Steuerbilanz damit erfolgsneutral. Bei späterer Inanspruchnahme der Drohverlustrückstellung durch die Organgesellschaft ist die so im Zuge der Umwandlung entstandene positive Vermögensabweichung in der Steuerbilanz jedoch aufzulösen. Es kommt dann zu einer Mehrabführung, deren Ursache mE grundsätzlich außerorganschaftlich ist. Denn die einzig ersichtliche Ursache für die Mehrabführung ist die seinerzeitige Abweichung zwischen handels- und steuerrechtlichem Gewinn beim übertragenden Rechtsträger. Da nach hier vertretener Auffassung die unter § 14 III oder IV einzuordnende Ursache nicht ein Geschäftsvorfall, sondern die Entstehung eines Vermögensunterschieds zwischen Steuer- und Handelsbilanz ist (vgl Rn 1262), ist die Mehrabführung nicht schon deshalb innerorganschaftlich verursacht, weil die Verschmelzung, die in dieser Konstellation selbst nicht zu einer Mehr- oder Minderabführung führt, sich innerhalb der organschaftlichen Zeit ereignet. Sofern § 14 III außerorganschaftliche Ursachen erfasst (vgl Rn 1268), ist die Vorschrift in diesem Fall in Einklang mit der Verwaltungsauffassung[3] grundsätzlich anzuwenden.[4] Eine außerorganschaftliche Veranlassung ist mE jedoch zu verneinen, soweit der im Zuge der seinerzeitigen Entstehung der Abweichung zwischen Handels-

---

1 BMF v 11.11.2011, BStBl I 2011, 1314, Rn 12.05.
2 BMF v 11.11.2011, BStBl I 2011, 1314, Rn 20.03.
3 BMF v 11.11.2011, BStBl I 2011, 1314, Rn Org.34.
4 *Schumacher* in FS für Harald Schaumburg: Steuerzentrierte Rechtsberatung, 2009, S 477, 486 f; *Frotscher* in Frotscher/Maas § 14 Rn 759 f; *Frotscher*, Umwandlungssteuererlass 2011, 2012, zu Rn Org.34; *Dötsch* in D/J/P/W UmwStG Anh Umwandlungen und Organschaft Rn 52, 55; *Vogel*, DB 2011, 1239, 1245; *Aßmann* in Patt/Rupp/Aßmann, Der neue Umwandlungssteuererlass, 2011, S 208 f.

und Steuerbilanz entstandene Mehr- oder Mindergewinn beim Organträger in seiner Funktion als Organträger (vgl Rn 1302) oder als eigenes Einkommen (vgl Rn 1303) der Besteuerung unterlegen hat.

1302 **Ausnahme: Übertragender Rechtsträger gehört zum Organkreis.** Eine außerorganschaftliche Veranlassung ist zu verneinen, wenn es sich bei dem übertragenden Rechtsträger um eine Organgesellschaft desselben Organkreises handelt und die nun von der übernehmenden Organgesellschaft aufzulösende Abweichung zwischen Handels- und Steuerbilanz bei ihrer Entstehung zu einer Mehr- oder Minderabführung iSd § 14 IV des übertragenden Rechtsträgers an den gemeinsamen Organträger geführt hatte.[1] Eine auf Sinn und Zweck der Vorschrift (vgl Rn 1202 f) gegründete Ausweitung des Anwendungsbereichs des § 14 III über seinen Wortlaut hinaus auf eine außerorganschaftliche Verursachung muss mE dort enden, wo dieser Sinn und Zweck, dh die Sicherstellung der mehrstufigen Besteuerung von der Organgesellschaft selbst versteuerter Gewinne bei Transfer an den Gesellschafter, nicht gefährdet ist. Dies ist der Fall, wenn und soweit das seinerzeit aus dem Ansatzverbot für die Drohverlustrückstellung resultierende Einkommen nicht durch den übertragenden Rechtsträger selbst, sondern durch den gemeinsamen Organträger versteuert worden ist und das seinerzeit entstandene Missverhältnis aus Gewinnabführung und Einkommenszurechnung durch den übernehmenden Rechtsträger (bei Inanspruchnahme der Drohverlustrückstellung) in Form einer Mehrabführung wieder beseitigt wird. Dem steht nicht entgegen, dass nach Verwaltungsauffassung ein von dem gemeinsamen Organträger für die seinerzeitige Minderabführung iSd § 14 IV des übertragenden Rechtsträgers gebildeter Ausgleichsposten bei dessen Umwandlung in jedem Fall aufzulösen ist,[2] und infolgedessen die hier für den Fall der Auflösung der Drohverlustrückstellung vertretene Mehrabführung iSd § 14 IV nicht zur Auflösung eines vorhandenen aktiven, sondern zur Bildung passiven Ausgleichspostens führt. Vielmehr bestärken die obigen Ausführungen die an dieser Verwaltungsauffassung zu übende Kritik (vgl hierzu Rn 1158).

1303 **Ausnahme: Entstehung der Abweichung wurde als eigenes Einkommen des Organträgers versteuert.** Eine außerorganschaftliche Veranlassung ist mE ebenfalls auszuschließen, wenn es sich bei dem übertragenden/einbringenden Rechtsträger um den Organträger selbst handelt; Gleiches gilt für eine Personengesellschaft als übertragender Rechtsträger, soweit der Organträger an dieser beteiligt ist.[3] Soweit die im Zuge der Ausgliederung oder Einbringung zB eines Teilbetriebs des Organträgers auf die Organgesellschaft übergehenden Abweichungen zwischen Handelsbilanz und

---

1 Schumacher in FS für Harald Schaumburg: Steuerzentrierte Rechtsberatung, 2009, S 477, 487 f; Frotscher in Frotscher/Maas § 14 Rn 760; Vogel, DB 2011, 1239, 1245; wohl auch Dötsch in D/J/P/W UmwStG Anh Umwandlungen und Organschaft Rn 55; aA BMF v 11.11.2011, BStBl I 2011, 1314, Rn Org.34, wo eine derartige Differenzierung nicht erfolgt.
2 BMF v 11.11.2011, BStBl I 2011, 1314, Rn Org.21.
3 In jeweils diskutierten Einzelfällen die Anwendung von § 14 III bejahend Neumann, Ubg 2010, 673, 679; Dötsch/Pung, DK 2010, 223, 224 und Dötsch in D/J/P/W § 14 Rn 549, unklar allerdings das Verhältnis zu Dötsch in D/J/P/W § 14 Rn 553; die Anwendung des § 14 IV bejahend Lohmann/Heerdt, DB 2008, 1937, 1940 f; die Anwendung des § 14 III ablehnend Frotscher in Frotscher/Maas § 14 Rn 761.

XI. Abgrenzungs- und Zweifelsfragen im Spannungsfeld von § 14 III und IV

Steuerbilanz bei dem Organträger erfolgswirksam entstanden sind,[1] hat – zB im Fall der Drohverlustrückstellung – der daraus resultierende Mehrgewinn beim Organträger (bzw bei einer Organträger-Personengesellschaft bei deren Gesellschaftern) selbst der Besteuerung unterlegen. Es ist kein Grund ersichtlich, warum der Organträger diesen Gewinn bei Auflösung der Drohverlustrückstellung (Mehrabführung) noch einmal als Gewinnausschüttung versteuern sollte. Zwar wird im Zuge der Ausgliederung oder Einbringung eine weitere Besteuerungsebene geschaffen; dies aber (bezogen auf das übergehende Vermögen) eben erst im Zuge des Vorgangs. § 14 III verfolgt jedoch lediglich das Ziel, dass für Gewinne, die vor oder ggf auch außerhalb der Organschaft versteuert wurden und deren Transfer zum Gesellschafter auf dessen Ebene erneut eine Besteuerung ausgelöst hätte, nicht durch einen Gewinnabführungsvertrag und die Organschaft dieser mehrstufigen Besteuerung entzogen werden. An einer derart zu wahrenden mehrstufigen Besteuerung der vor/außerhalb der Organschaft erzielten Gewinne im Verhältnis Organgesellschaft/Organträger fehlt es aber, wenn der Organträger eigenes Vermögen auf die Organgesellschaft überträgt. Die Mehrabführung bei Inanspruchnahme oder Auflösung der Drohverlustrückstellung durch die übernehmende Organgesellschaft muss mithin § 14 IV unterliegen (dh zur Bildung eines passiven Ausgleichspostens führen und eine Minderung des Einlagekontos der Organgesellschaft nach § 27 VI bewirken). Dem könnte grundsätzlich entgegengehalten werden, dass es auch bei Anwendung des § 14 III nicht zu einer nochmaligen Besteuerung des Gewinns beim Organträger (bzw den Gesellschaftern einer Organträger-Personengesellschaft) kommen muss. Denn die Mehrabführung gem § 14 III führt idealtypisch zu einer nicht steuerbaren Einlagenrückgewähr (§ 20 I Nr 1 S 3 EStG) an den Organträger. Im Falle der Buchwertfortführung erhöht das steuerliche Mehrvermögen des Organträgers die zum steuerlichen Übertragungsstichtag zu berücksichtigende Einlage in die Organgesellschaft und damit zum einen die steuerlichen Anschaffungskosten des Gesellschafters für die erhaltenen Anteile und zum anderen den Zugang zum Einlagekonto iSd § 27 der Kapitalgesellschaft. Dieser Bestand des Einlagekontos steht zur Verwendung für Ausschüttungen – und mithin auch für Mehrabführungen iSd § 14 III – zur Verfügung. Dieses idealtypische Ergebnis muss in der Praxis jedoch nicht eintreten: Bei Ausgliederungen und Einbringungen zur Aufnahme kann bei der Organgesellschaft bereits neutrales Vermögen oder auch negatives Einlagekonto vorhanden sein. Davon abgesehen würde eine nicht steuerbare Einlagenrückgewähr in allen Fällen voraussetzen, dass die Einbringung bzw der insgesamt auf dem eingebrachten Vermögen ruhende Wertunterschied tatsächlich als einheitliche Ursache für die späteren Mehr- und Minderabführungen (vgl Rn 1263) betrachtet und aus diesem Vermögen resultierende Mehr- und Minderabführungen mithin saldiert werden (vgl Rn 1216). Denn nur iHd Gesamtwertunterschieds entsteht im Zuge der Einbringung Einlagekonto. Dennoch könnte es auch unter dieser Prämisse noch zu einer Besteuerung kommen, weil sich die Saldierung auf die Mehr- und Minderabführungen der einzelnen WJ beschränken müsste. Schließlich konnte es vor Einführung des § 27 II S 3 durch das SEStEG und

---

1 Also nicht erfolgsneutral im Zuge einer Umwandlung/Einbringung auf diesen übergegangen sind.

damit in VZ vor 2006 vorkommen, dass der Zugang zum Einlagekonto aus der Einbringung mangels Feststellung des Einlagekontos auf den Übertragungsstichtag für Ausschüttungen im ersten Jahr nach dem Formwechsel noch nicht zur Verfügung stand.[1] Ohne Zweifel würde die Anwendung des § 14 III in der Totalbetrachtung nur zu einer frühzeitigeren Besteuerung als bei Bildung von Ausgleichsposten nach § 14 IV führen. Diese ist jedoch nicht hinzunehmen, da die Annahme einer vor- bzw. außerorganschaftlichen Verursachung in diesem Fall nicht nur vor dem Hintergrund des Wortlauts des § 14 III (vgl Rn 1268), sondern darüber hinaus auch noch seines Regelungszwecks (vgl Rn 1202 f) fragwürdig ist. Die vorstehenden Ausführungen gelten entsprechend, soweit im Betriebsvermögen einer Mitunternehmerschaft, soweit der Organträger als Mitunternehmer hieran beteiligt ist, erfolgswirksam entstandene Abweichungen zwischen Handels- und Gesamtsteuerbilanz aufgrund der transparenten Besteuerung der Mitunternehmerschaft beim Organträger der Besteuerung unterlegen haben.

1304 **Formwechsel einer Personengesellschaft in eine Kapitalgesellschaft, die Organgesellschaft wird.** Im Zuge des Formwechsels einer Personengesellschaft in eine Kapitalgesellschaft, die nach der Umwandlung Organgesellschaft wird, kommt es handelsrechtlich schon wegen des identitätswahrenden Charakters des Formwechsels nicht zu einem Übernahmegewinn. Steuerlich ist der Formwechsel nach § 25 UmwStG wie eine Einbringung des Betriebsvermögens der Personengesellschaft nach § 20 UmwStG durch die Mitunternehmer[2] in die Organgesellschaft zu behandeln. Die Ausführungen in Rn 1301 und 1303 gelten daher entsprechend.[3]

1305 **Aufwärtsumwandlung einer Körperschaft.** Bei der Aufwärtsumwandlung einer Körperschaft auf die Organgesellschaft kommt es in dem in Rn 1300 beschriebenen Sachverhalt, wenn die Organgesellschaft von ihrem Wahlrecht nach § 24 UmwG Gebrauch macht,[4] bereits im Zuge der Umwandlung zu einer Minderabführung, weil der steuerbilanzielle den handelsbilanziellen Übernahmegewinn der Organgesellschaft wegen des um die Drohverlustrückstellung höheren Steuerbilanzvermögens des übertragenden Rechtsträgers übersteigt.[5] Bei späterer Inanspruchnahme der Drohverlustrückstellung durch die Organgesellschaft führt die Auflösung der positiven Vermögensabweichung in der Steuerbilanz zu einer Mehrabführung. Nach Auffassung der Finanzverwaltung und Teilen der Literatur ist sowohl auf die im Zuge der Umwandlung erfolgende Minderabführung wie auch auf die später erfolgende Mehrabführung § 14 III anzuwenden.[6] ME ist hingegen sowohl die Minderabführung

1   Zu dieser Problematik *Dötsch* in D/J/P/W § 27 Rn 117.
2   BMF v 11.11.2011, BStBl I 2011, 1314, Rn 20.03.
3   § 14 III bejahend *Neumann*, Ubg 2010, 673, 679; *Dötsch/Pung*, DK 2010, 223, 224 und *Dötsch* in D/J/P/W § 14 Rn 549, unklar allerdings das Verhältnis zu *Dötsch* in D/J/P/W § 14 Rn 553; die Anwendung des § 14 IV bejahend *Lohmann/Heerdt*, DB 2008, 1937, 1940 f; die Anwendung des § 14 III ablehnend *Frotscher* in Frotscher/Maas § 14 Rn 761.
4   Nach § 24 UmwG kann der übernehmende Rechtsträger als Anschaffungskosten iSd § 253 I HGB auch die in der Schlußbilanz des übertragenden Rechtsträgers angesetzten Werte ansetzen.
5   AA offenbar *Heerdt*, DStR 2009, 938, 941 f.
6   BMF v 11.11.2011, BStBl I 2011, 1314, Rn Org.34. Ebenso *Vogel*, DB 2011, 1239, 1245; *Frotscher* in Frotscher/Maas § 14 Rn 957; *Frotscher*, Umwandlungssteuererlass 2011, 2012, zu Rn Org.34; *Aßmann* in Patt/Rupp/Aßmann, Der neue Umwandlungssteuererlass, 2011, S 208 f.

wie auch die Mehrabführung in organschaftlicher Zeit bzw innerorganschaftlich verursacht; in beiden Zeitpunkten ist § 14 IV anzuwenden.[1] Für die im Zuge der Umwandlung eintretende Minderabführung ist beim Organträger ein aktiver Ausgleichsposten zu bilden, der sich bei Inanspruchnahme der Drohverlustrückstellung einkommensneutral wieder auflöst. Die Minderabführung im Zuge der Umwandlung ist nicht außerorganschaftlich verursacht, denn die Ursache ist ein Realisationsvorgang im Vermögen der Organgesellschaft (Wirtschaftgüter gegen Anteile), der zu einer Abweichung zwischen Handels- und Steuerbilanz der Organgesellschaft führt.[2] Die bei Inanspruchnahme der Rückstellung eintretende Mehrabführung ist nur noch Reflex der vorangegangenen, im Zuge der Umwandlung entstandenen und mE organschaftlich verursachten Minderabführung. Die Gegenauffassung müsste mE vielmehr erklären, wie ein und derselbe außerorganschaftliche Umstand, hier die positive Vermögensabweichung in der Steuerbilanz des übertragenden Rechtsträgers, Ursache gleich für zwei hintereinander mit wechselndem Vorzeichen auftretende Abweichungen zwischen Gewinnabführung und Steuerbilanzgewinn vor Gewinnabführung sein kann. Selbst wenn man auf die im Zuge der Umwandlung entstehende Minderabführung § 14 III wegen außerorganschaftlicher Verursachung anwenden will, ist diese Ursache dann mE „verbraucht". Zur nochmaligen Anwendung des § 14 III bei Inanspruchnahme der Drohverlustrückstellung kann diese nämliche Ursache dann nicht noch einmal herangezogen werden.

Dötsch sieht die Anwendung des § 14 III dadurch gerechtfertigt, dass ohne eine Umwandlung die Inanspruchnahme der Drohverlustrückstellung zu einer Mehrabführung iSd § 14 III einer Tochterkapitalgesellschaft an die Organgesellschaft geführt hätte, wenn zwischen Bildung und Inanspruchnahme der Drohverlustrückstellung eine Organschaft zwischen der Tochterkapitalgesellschaft und der Organgesellschaft (dann als Organträger) begründet worden wäre; die steuerliche Behandlung könne keine andere sein, wenn die TG alternativ ihr Betriebsvermögen durch einen Umwandlungsvorgang auf die Organgesellschaft überträgt.[3] Wenngleich letzterer Überlegung grundsätzlich zuzustimmen ist, werden daraus mE jedoch nicht die zutreffenden Schlüsse gezogen. Wird in diesem Beispiel die nun organschaftlich verbundene TG auf die Organgesellschaft verschmolzen, gehen die handelsbilanziellen wie auch die iHd Drohverlustrückstellung zusätzlichen rein steuerbilanziellen Rücklagen der TG auf die Organgesellschaft über. Das UmwStG besteuert dies nicht als Dividende, sondern als Teil des Übernahmeergebnisses nach § 12 II UmwStG. Nach § 12 II S 2 UmwStG wäre auf das Übernahmeergebnis § 8b anzuwenden; soweit sich durch das steuerliche Mehrvermögen der TG ein Übernahmegewinn erhöht, wäre bei einer nicht selbst organschaftlich eingebundenen Körperschaft als übernehmendem Rechtsträger eine 5%ige Besteuerung des Betrags die Folge. Mit § 12 II S 2 ist der Transfer steuerlicher Gewinnrücklagen der TG abschließend erfasst, einer

---

1 Ebenso *Schumacher* in FS für Harald Schaumburg: Steuerzentrierte Rechtsberatung, 2009, S 477, 484 f; *Schmitt/Schloßmacher*, Umwandlungssteuererlass UmwStE 2011, 2012, zu Rn Org.34.
2 Vgl auch FG Hamburg VI 103/98, DStRE 2000, 644, 646, zu 1. b) cc).
3 *Dötsch* in D/J/P/W UmwStG Anh Umwandlungen und Organschaft Rn 53.

nochmaligen Erfassung als Mehrabführung iSd § 14 III bedarf es mithin nicht.[1] Dass es zu dieser Besteuerung im Fall einer Organgesellschaft als übernehmendem Rechtsträger nicht kommt und der Übernahmegewinn über den Gewinnabführungsvertrag sogar natürlichen Personen (als Organträger oder Gesellschafter einer Organträger-Personengesellschaft) vollständig steuerfrei zufließen kann, liegt allein daran, dass im Zuge des SEStEG die Bruttomethode iSd § 15 S 1 Nr 2 nicht auf § 12 II UmwStG ausgeweitet wurde (vgl Rn 765). Würde eine solche – aus systematischen Gründen auch kaum zu beanstandende – Korrektur des § 15 S 1 Nr 2 vorgenommen, würde die hier vertretene Bildung eines aktiven Ausgleichspostens neben der rechtlichen Rechtfertigung auch eine inhaltliche erlangen. Der Organträger hätte dann iHd Drohverlustrückstellung einen Übernahmegewinn bereits im Zeitpunkt der Umwandlung zu versteuern, der ihm erst später – bei Inanspruchnahme der Drohverlustrückstellung – im Wege einer Mehrabführung zufließt. Dies ist ein klassischer Fall des § 14 IV. Unzulässig ist es mE, auf eine solche Korrektur des § 15 S 1 Nr 2 zu verzichten und stattdessen – mE ohne hinreichende Begründung und in unsystematischer Weise – § 14 III heranzuziehen, um den drohenden Steuerausfall so zu verhindern. Die Finanzverwaltung geht hierüber aber noch hinaus, indem sie nicht nur bei Inanspruchnahme der Drohverlustrückstellung eine Gewinnausschüttung iSd § 14 III annimmt,[2] sondern zugleich – im Erlasswege und contra legem – die Bruttomethode des § 15 S 1 Nr 2 auf § 12 II UmwStG ausweitet.[3] Wäre letzterem zu folgen, hätte der Organträger einen ihm einmal im Wege der Gewinnabführung (als Mehrabführung im Zeitpunkt der Inanspruchnahme der Drohverlustrückstellung) zufließenden Gewinn zweimal zu versteuern; bei einer natürlichen Person als Organträger oder Gesellschafter einer Organträger-Personengesellschaft unterlägen mithin 120 % des Gewinns der Besteuerung.

1306 **Aufwärtsumwandlung oder Anwachsung einer Personengesellschaft.** Geht im Zuge einer Aufwärtsumwandlung oder einer Anwachsung Vermögen einer der Organgesellschaft nachgeschalteten Personengesellschaft zum Buchwert auf diese über, kann sich daraus steuerlich kein Übernahmegewinn ergeben, da die Organgesellschaft in ihrer Steuerbilanz die „Beteiligung" an der Personengesellschaft regelmäßig nach der Spiegelbildmethode anzusetzen hatte. Das abgebildete Miteigentum an den Wirtschaftsgütern der Personengesellschaft wird lediglich durch die Wirtschaftsgüter selbst ersetzt. Insofern kann mE auch kein beim übertragenden Rechtsträger bestehender Wertunterschied hinsichtlich des übergehenden Vermögens „von außen" auf die Organgesellschaft übergehen; Rn Org.34 des Umwandlungssteuererlasses[4] kann mithin schon aus diesem Grund keine Anwendung finden. Setzt die Organgesellschaft in ihrer Handelsbilanz das übergehende Vermögen unter Verteilung des bisherigen handelsrechtlichen Buchwerts der Beteiligung an der Personengesellschaft auf dieses an, ergibt sich auch handelsrechtlich aus dem Vorgang keine Gewinnauswirkung. Die bisher schon bezogen auf die Beteiligung an der Personengesellschaft bestehende Abweichung zwischen Steuer- und Handelsbilanz der Organgesellschaft bleibt dann unverändert bestehen. Diese Ab-

---

1 *Schumacher* in FS für Harald Schaumburg: Steuerzentrierte Rechtsberatung, 2009, S 477, 485.
2 BMF v 11.11.2011, BStBl I 2011, 1314, Rn Org.34.
3 BMF v 11.11.2011, BStBl I 2011, 1314, Rn 12.07.
4 BMF v 11.11.2011, BStBl I 2011, 1314.

XI. Abgrenzungs- und Zweifelsfragen im Spannungsfeld von § 14 III und IV

weichung war in der Vergangenheit einheitlich (dh bezogen auf den Gewinnanteil und nicht die einzelnen Wirtschaftsgüter der Personengesellschaft) entstanden (vgl Rn 1059) und ist nach hM auch einheitlich fortzuführen (Anwachsung als einheitliche Ursache[1]; vgl Rn 1263). Damit hat die Inanspruchnahme oder Auflösung der seinerzeit durch die Personengesellschaft gebildeten Drohverlustrückstellung durch die Organgesellschaft für sich gesehen keine Auswirkung. Es kommt darauf an, ob sich die Gesamtabweichung dadurch und im Zusammenspiel mit Wertunterschieden hinsichtlich anderer Positionen des übergegangenen Vermögens insgesamt erhöht oder vermindert. Eine weitere Erhöhung der Abweichung muss zu einer Mehr- oder Minderabführung iSd § 14 IV, mit Bildung (Erhöhung) eines Ausgleichspostens beim Organträger führen. Reduziert sich die Gesamtabweichung, kommt es zu einer Mehr- oder Minderabführung iSd § 14 IV, soweit eine während der Organschaft aufgebaute Abweichung, die sich auf die Besteuerung des Organträgers ausgewirkt und bei ihm zur Bildung eines Ausgleichspostens geführt hat, abbaut, bzw zu einer Mehr- oder Minderabführung iSd § 14 III, soweit sich eine vor Eintritt in die Organschaft entstandene Abweichung vermindert.[2] Vgl zu der Frage der Reihenfolge Rn 1264. Nichts anderes kann mE gelten, wenn die Organgesellschaft handelsrechtlich ein Übernahmeergebnis erzielt, weil die Organgesellschaft die übergehenden Vermögensgegenstände und Schulden mit den Handelsbilanzwerten der Personengesellschaft (§ 24 UmwG) oder dem auf diese verteilten Zeitwert oder Zwischenwert für die Personengesellschaftsbeteiligung ansetzt. Baut sich die Gesamtabweichung dadurch ab, ist je nach deren zeitlicher Entstehung § 14 IV oder III anzuwenden; die Grundsätze in Rn 1315 gelten entsprechend.[3] Erhöht sich diese weiter, kann mE nur § 14 IV zur Anwendung kommen (vgl die Ausführungen in Rn 1310).[4]

Einstweilen frei. **1307-1309**

d) Übernahme des Vermögens handelsrechtlich zu Zeitwerten und steuerlich zu Buchwerten. Aufwärtsumwandlung. **1310** Setzt die Organgesellschaft bei einer Aufwärtsumwandlung das Vermögen in der Handelsbilanz mit den Zeitwerten,[5] steuerlich jedoch mit den Buchwerten an, übersteigt das der Gewinnabführungsverpflichtung unterliegende (vgl Rn 1288) handelsbilanzielle Übernahmeergebnis idR jenes in der Steuerbilanz der Organgesellschaft. Im Zuge der Umwandlung kommt es mithin zu einer Mehrabführung. Im Nachgang zu der Umwandlung kommt es iRd laufenden Abschreibung der Wirtschaftsgüter, spätestens aber bei deren Veräußerung durch die Organgesellschaft, zu Minderabführungen, da die handelsrechtliche Abschreibungsbasis bzw die handelsrechtlichen Anschaffungskosten die entsprechenden steuerlichen Werte übersteigen. Nach Vollabschreibung bzw Veräußerung der Wirtschaftsgüter stimmen Handels- und Steuerbilanz der Organgesellschaft wieder

---

1 Nichts anderes kann mE für den Fall der Aufwärtsumwandlung gelten.
2 Ebenso für den Fall der Anwachsung *Neumann*, Ubg 2010, 673, 679 f; *Dötsch* in D/J/P/W § 14 Rn 550 aa); für den Fall der Aufwärtsverschmelzung *Dötsch* in D/J/P/W § 14 Rn 551.
3 Ebenso *Dötsch* in D/J/P/W § 14 Rn 550 aa), 551.
4 Zustimmend für den Fall der Aufwärtsverschmelzung *Dötsch* in D/J/P/W § 14 Rn 550 a), 551; aA wohl BMF v 11.11.2011, BStBl I 2011, 1314, Rn Org.33; für den Fall der Anwachsung *Dötsch* in D/J/P/W § 14 Rn 550 cc).
5 In der Summe darf jedoch maximal der Zeitwert der untergehenden Anteile angesetzt werden, vgl IDW ERS HFA 42, FN-IDW 2011, 603 ff, Rn 45, Rn 55 f; *IDW*, HFA 2/1997, 235 ff, Abschn 32212.

überein. Nach der Verwaltungsauffassung ist auf die im Zuge der Umwandlung entstehende Mehrabführung § 14 III anzuwenden.[1] Dem ist nach zutreffender hM nicht zu folgen; vielmehr ist auf die im Zuge der Umwandlung eintretende Mehrabführung § 14 IV mit der Folge der Bildung eines passiven Ausgleichspostens anzuwenden, der sich mit den ebenfalls § 14 IV zu unterwerfenden Minderabführungen im Nachgang zur Umwandlung einkommensneutral wieder auflöst.[2] Eine außerorganschaftliche Verursachung der im Zuge der Umwandlung eintretenden Abweichung zwischen Gewinnabführung und Steuerbilanzgewinn der Organgesellschaft ist mE nicht erkennbar. Deutlich wird dies auch daran, dass der übertragende Rechtsträger diesen Gewinn (in seiner Übertragungsbilanz) wegen § 17 II S 2 UmwG gar nicht hätte erzielen können. Bei der Aufwärtsumwandlung handelt es sich um einen Realisationsakt innerhalb des Vermögens der Organgesellschaft. Ob die Organgesellschaft hieraus einen Gewinn erzielt oder durch Ansatz der Wirtschaftsgüter mit dem Buchwert der untergehenden Anteile vermeidet, liegt allein in ihrer Entscheidung.[3] Durch Ansatz der übernommenen Wirtschaftsgüter mit dem Zeitwert der untergehenden Anteile an der verschmolzenen TG realisiert die Organgesellschaft bislang in den untergehenden Anteilen ruhende stille Reserven, wie sie dies auch bei einer tatsächlichen Veräußerung der Anteile getan hätte. Die Auflösung von stillen Reserven der Organgesellschaft unterliegt der Gewinnabführung und Einkommenszurechnung unstreitig auch insoweit, wie die stillen Reserven in vororganschaftlicher Zeit entstanden sind (vgl Rn 393). Von der Veräußerung der Anteile an der untergehenden TG unterscheidet sich der hier in Frage stehende Sachverhalt allein durch ein zeitliches Auseinanderfallen der Realisation in Handels- und Steuerbilanz. Dementsprechend stehen – jeweils im Vergleich zur Steuerbilanz – dem im Zuge der Umwandlung entstehenden handelsrechtlichen Mehrgewinn nachfolgend handelsrechtliche Mindergewinne in Form höherer Abschreibungen oder Minderveräußerungsgewinne gegenüber. Die im Zuge der Umwandlung und in organschaftlicher Zeit entstehende Abweichung zwischen Gewinnabführung und Steuerbilanz ist daher geeignet, sich in der organschaftlichen Zeit wieder aufzulösen. Für den Fall, dass die Beteiligung an der Organgesellschaft vor der abschließenden Auflösung dieser Abweichung veräußert wird, stellt der gebildete passive Ausgleichsposten eine Nachversteuerung des im Zuge der Umwandlung zunächst unversteuert an den Organträger transferierten Gewinns insoweit sicher, wie es bis dahin nicht schon im Zuge

---

1   BMF v 11.11.2011, BStBl I 2011, 1314, Rn Org.33; ebenso *Dötsch* in D/J/P/W Anh Umwandlungen und Organschaft UmwStG Rn 53, allerdings mit der Einschränkung, dass die Mehrabführung § 14 IV unterliegen soll, wenn der übertragende Rechtsträger eine zum selben Organkreis gehörende andere Organgesellschaft ist. Diese Einschränkung ist mE zutreffend im Erlass nicht enthalten, da der hier in Frage stehende handelsrechtliche Gewinn auch bei einer Organgesellschaft als übertragendem Rechtsträger und damit beim gemeinsamen Organträger nur bei Verschmelzung zum gemeinen Wert der Besteuerung hätte unterliegen können. Dann käme es bei der übernehmenden Organgesellschaft jedoch auch nicht mehr zu einer Mehrabführung.
2   *Neumann* in Gosch § 14 Rn 528; *Schumacher* in FS für Harald Schaumburg: Steuerzentrierte Rechtsberatung, 2009, S 477, 486; Heerdt, DStR 2009, 938, 943; *Vogel*, DB 2011, 1239, 1244 f; *Frotscher* in Frotscher/Maas § 14 Rn 956; *Frotscher*, Umwandlungssteuererlass 2011, 2012, zu Rn Org.33; *Schmitt/Schloßmacher*, Umwandlungssteuererlass UmwStE 2011, 2012, zu Rn Org.33.
3   IDW ERS HFA 42, FN-IDW 2011, 603 ff, Rn 45.

der Einkommenszurechnung zu einer Nachbelastung des Organträgers (steuerliche Mehrgewinne) gekommen ist. Im Vergleich zur hier vertretenen Auffassung führt die Verwaltungsauffassung lediglich zu einem Vorziehen (im Wege der Ausschüttung iSd § 14 III) der sonst ggf erst bei Veräußerung der Organbeteiligung (durch Auflösung des passiven Ausgleichspostens) eintretenden Besteuerung. Dieses Anliegen wird vom Sinn und Zweck des § 14 III (vgl Rn 1202 f) jedoch nicht erfasst.

Eine außerorganschaftliche Verursachung dieser Mehrabführung ist nicht ersichtlich. Sie lässt sich auch nicht aus der Überlegung heraus konstruieren, dass die mit dem SEStEG einhergegangene Aufgabe der Maßgeblichkeit in Umwandlungsfällen in großem Umfang der Organgesellschaft die Möglichkeit eröffne, Gewinne zu realisieren und an den Organträger zu transferieren, zu deren Besteuerung es, wenn überhaupt, aber erst nach vielen Jahren komme, was insbesondere bei natürlichen Personen als Organträger bzw Gesellschafter einer Organträger-Personengesellschaft zu ungerechtfertigten Steuervorteilen führe.[1] Die zeitliche Differenz zwischen Realisierung und Besteuerung der Gewinne tritt auch ohne Organschaft ein. Der Effekt, dass derartige Gewinne ohne sofortige Besteuerung in den Verfügungsbereich von natürlichen Personen transferiert werden können, ist auf zwei grundsätzliche und bewusste Entscheidungen des Gesetzgebers zurückzuführen. Zum einen hat sich der Gesetzgeber im JStG 2008 bewusst gegen die von der Finanzverwaltung bevorzugte „Einlagenlösung" und für die Ausgleichspostenlösung entschieden (vgl Rn 977). Während nach der Einlagenlösung auch organschaftliche Mehrabführungen als Ausschüttung zu behandeln und zu besteuern gewesen wären, hat der Gesetzgeber mit der Entscheidung für die Ausgleichsposten bewusst (weiter) in Kauf hingenommen, dass dem Organträger Gewinne zunächst unversteuert zufließen können (klassischer Fall des passiven Ausgleichspostens, vgl Rn 1006 ff). Dass der so vom Gesetzgeber gebilligte Stundungseffekt im Anwendungsbereich des Teileinkünfteverfahrens größer ist als im körperschaftsteuerlichen Anrechnungsverfahren, liegt auf der Hand. Dass er möglich ist, ist zum anderen der grundsätzlichen, bewussten[2] und seit über 40 Jahren aufrechterhaltenen Entscheidung des Gesetzgebers geschuldet, Personenunternehmen als Organträger zuzulassen. An die vorbeschriebenen zwei Grundsatzentscheidungen ist auch die Finanzverwaltung gebunden; eine Gesetzeslücke, die im Erlasswege ausgefüllt werden könnte oder müsste, besteht hier nicht.

Die obigen Grundsätze gelten gleichermaßen, wenn es sich bei der auf die Organgesellschaft verschmolzenen TG der Organgesellschaft um eine Personengesellschaft handelt, die Organgesellschaft die übernommenen Wirtschaftsgüter in der Steuerbilanz mit den steuerlichen Buchwerten (aus Gesamthands-, Ergänzungs- und Sonderbilanz) und in der Handelsbilanz mit dem Zeitwert der untergehenden Beteiligung ansetzt.[3]

---
1 Dötsch in D/J/P/W § 14 Rn 476.
2 Diese Frage hatte seinerzeit überhaupt den Anlass für die gesetzliche Regelung der Organschaft gegeben; vgl Rn 3 am Ende.
3 Ebenso Dötsch/Pung, DK 2010, 223, 224.

1311 **Seitwärts- und Abwärtsumwandlungen; Einbringungen.** Bei einer Seitwärts- bzw Abwärtsumwandlung oder einer Einbringung kommt es auch dann nicht zu einem Übernahmegewinn, welcher der Gewinnabführungsverpflichtung unterliegen könnte (vgl Rn 1288), wenn die Organgesellschaft das übernommene Vermögen mit den Zeitwerten ansetzt. Damit scheidet eine Mehrabführung im Zuge des Umwandlungs- oder Einbringungsvorgangs, auf welche nach Auffassung der Finanzverwaltung § 14 III Anwendung fände,[1] aus. Wie im Fall der Aufwärtsumwandlung auch, ergeben sich aus dem höheren handelsbilanziellen Wertansatz für das Vermögen jedoch im Nachgang zu dem Umwandlungs- oder Einbringungsvorgang Minderabführungen der Organgesellschaft. Wird das betreffende Wirtschaftsgut nach der Umwandlung veräußert, ergibt sich dann eine Minderabführung iHd steuerbilanziell zusätzlichen Veräußerungsgewinns. Ohne eine solche Veräußerung ergibt sich diese Minderabführung bei abnutzbaren Wirtschaftsgütern ratenweise über die jeweils steuerlich geringere Abschreibung des Wirtschaftsguts. Sofern § 14 III auch in Fällen außerorganschaftlicher Verursachung zur Anwendung kommen sollte (vgl Rn 1268), sprechen mE die besseren Gründe dafür, diese Minderabführungen § 14 III zu unterwerfen. Zunächst entspricht dies mE eher dem wirtschaftlichen Gehalt der hier betroffenen Umwandlungs- und Einbringungsvorgänge, bei denen der Organgesellschaft durch ihren Gesellschafter – und damit von außen – Vermögen zugeführt wird. Auch kann die Organgesellschaft – anders als bei der Aufwärtsumwandlung – nicht selbst über den Wertansatz des übernommenen Vermögens in der Handelsbilanz entscheiden. Findet eine Kapitalerhöhung statt, ergibt sich der Wertansatz aus dem Kapitalerhöhungsbeschluss, andernfalls wird der Ansatz des Zeitwerts des übergehenden Vermögens für zwingend gehalten.[2] Darüber hinaus würde bei Anwendung des § 14 IV ein aktiver Ausgleichsposten gebildet, der sich im „laufenden Betrieb" der Organschaft nicht regulär wieder auflösen könnte. Bei Anwendung des § 14 III wird hingegen im Zuge der Minderabführungen die steuerliche Einlage an die handelsrechtliche Einlage angepasst. Materielle Konsequenzen einer alternativen Anwendung des § 14 IV ergäben sich nicht, vorausgesetzt, der Aufwand aus der Auflösung eines aktiven Ausgleichspostens im Fall der Veräußerung der Organgesellschaft wird nicht isoliert § 8b III unterworfen (vgl Rn 1094).

1312-1314 *Einstweilen frei.*

1315 **e) Abweichung in Handels- und Steuerbilanz fürBeteiligung an übertragendem Rechtsträger.** Im Fall der Aufwärtsumwandlung kann sich eine Abweichung zwischen steuerlichem und handelsrechtlichem Übernahmeergebnis schließlich auch durch eine vor der Umwandlung bestehende Abweichung in Handels- und Steuerbilanz der Organgesellschaft hinsichtlich der Beteiligung am übertragenden Rechtsträger ergeben. Eine handelsrechtliche Mehrabführung tritt zB ein, wenn zuvor eine handelsrechtlich vorgenommene Teilwertabschreibung auf den Beteiligungsbuchwert für Zwecke der Steuerbilanz nicht anzuerkennen war oder aber – seit dem VZ 2009 möglich – dort willentlich nicht nachvollzogen wurde (vgl Rn 828); desgleichen,

---

1 BMF v 11.11.2011, BStBl I 2011, 1314, Rn Org.33.
2 IDW ERS HFA 42, FN-IDW 2011, 603 ff, Rn 42, Rn 46-49.

wenn die Organgesellschaft zuvor eine verdeckte Einlage in die TG als zusätzliche steuerliche Anschaffungskosten zu aktivieren hatte. Eine Minderabführung kann zB daraus resultieren, dass zuvor von der TG erhaltene Gewinnausschüttungen nur steuerlich als Einlagenrückgewähr zu qualifizieren und mit dem Beteiligungsbuchwert zu verrechnen waren. Der Umwandlungssteuererlass[1] spricht diesen Fall zu Recht nicht an, denn er ist nach den allgemeinen Grundsätzen zu § 14 III und IV zu behandeln. Soweit der Vermögensunterschied hinsichtlich der Beteiligung während der Organschaft entstanden ist, hatten Mehr- bzw Minderabführungen iSd § 14 IV mit der Bildung eines Ausgleichspostens beim Organträger vorgelegen. Insoweit unterliegt die im Zuge der Umwandlung eintretende Minder- bzw Mehrabführung § 14 IV und führt zur einkommensneutralen Auflösung des Ausgleichspostens beim Organträger. Soweit sich ein vor der Organschaft gebildeter Ausgleichsposten im Zuge der Umwandlung auflöst, liegt eine Mehr- oder Minderabführung iSd § 14 III vor.

Einstweilen frei. 1316

f) Mehrabführungen und § 22 I S 6 Nr 3 UmwStG. Hat ein Umwandlungs- 1317 oder Einbringungsvorgang der Besteuerung nach § 20 UmwStG unterlegen und ist er steuerlich zu einem Wert unterhalb des gemeinen Werts erfolgt, ist die Missbrauchsvorschrift des § 22 I UmwStG zu beachten. Dem schädlichen Grundfall der Veräußerung einer Kapitalgesellschaft (übernehmender Rechtsträger), die Organgesellschaft ist oder wird, innerhalb von sieben Jahren nach dem steuerlichen Einbringungsstichtag (§ 22 I S 1 UmwStG) ist unter anderem nach § 22 I S 6 Nr 3 UmwStG gleichgestellt, wenn die Organgesellschaft Beträge aus dem steuerlichen Einlagekonto iSd § 27 des KStG ausschüttet oder zurückzahlt. Nach Auffassung der Finanzverwaltung[2] führt eine Einlagenrückgewähr iSd § 27 nur insoweit zu einer rückwirkenden Besteuerung des Einbringungsgewinns, wie der ausgekehrte Betrag den Beteiligungsbuchwert bzw die Anschaffungskosten des Einbringenden übersteigt. Dem ist zuzustimmen. Ferner bestimmt der Erlass, dass Ausschüttungen oder Rückzahlungen aus dem Einlagekonto iSd § 22 I S 6 Nr 3 UmwStG auch im Fall von Mehrabführungen iSd § 14 III oder des § 14 IV vorliegen, wobei in letzterem Fall auf den Beteiligungsbuchwert nach Korrektur um aktive und passive Ausgleichsposten abzustellen ist. ME sind Mehrabführungen iSd § 14 IV, die nach § 27 VI stets zu einer Minderung des Einlagekontos führen, schon vom Wortlaut des § 22 I S 6 Nr 3 UmwStG nicht erfasst.[3] Die handelsrechtliche Gewinnabführung und damit auch eine Mehrabführung ist keine Ausschüttung oder sonstige Leistung der Kapitalgesellschaft[4] und aus diesem Grund

---
1 BMF v 11.11.2011, BStBl I 2011, 1314.
2 BMF v 11.11.2011, BStBl I 2011, 1314, Rn 22.24.
3 Ebenso *Hans*, BB 2008, 26 ff; *Stangl* in Rödder/Herlinghaus/van Lishaut § 22 UmwStG Rn 113; *Schmitt* in Schmitt/Hörtnagl/Stratz § 22 UmwStG Rn 96; *Schumacher* in FS für Harald Schaumburg: Steuerzentrierte Rechtsberatung, 2009, S 477, 486; *Erle/Heurung* in Erle/Sauter § 14 Rn 760; wohl auch *Heß/Schnitger* in PricewaterhouseCoopers AG, Reform des Umwandlungssteuerrechts, 2007, Rn 1680; *Kessler*, Ubg 2011, 34, 37; aA wohl Frotscher, Umwandlungssteuererlass 2011, 2012, zu Rn 22.24, der § 22 I S 6 Nr 3 UmwStG lediglich im Wege einer teleologischen Reduktion nicht anwenden will.
4 BFH I R 51/01, BStBl II 2005, 49.

auch keine Leistung iSd § 27 I S 3. Die daher erforderliche Sonderregelung in § 27 VI verdeutlicht aber wiederum, dass es sich bei Mehrabführungen iSd § 14 IV auch nicht um eine Rückzahlung von Beträgen iSd § 27 handelt. § 27 VI sieht im Fall der Mehrabführung eine Minderung des Einlagekontos vor, die – anders als im Fall der Einlagenrückgewähr nach § 27 I S 3 – einen (ausreichenden) positiven Bestand des Einlagekontos überhaupt nicht voraussetzt (§ 27 I S 4). Dass der Gesetzgeber in diesem Fall ein Negativwerden des Einlagekontos hinnimmt, lässt sich nur dadurch rechtfertigen, dass durch eine Minderabführung iSd § 14 IV entweder zuvor eine entsprechende Erhöhung des Einlagekontos stattgefunden hat oder im Nachgang zur Mehrabführung das negative Einlagekonto durch eine Minderabführung insoweit wieder aufgefüllt wird. § 27 VI bildet damit ein in sich geschlossenes System. Dies und der Umstand, dass die Minderung des Einlagekontos nach § 27 VI für den übernehmenden Rechtsträger und noch weniger für den übertragenden Rechtsträger planbar ist, zeigt, dass eine Einbeziehung der Mehrabführungen iSd § 14 IV auch dem Telos des § 22 I UmwStG als Missbrauchsvorschrift nicht gerecht wird. Mehrabführungen iSd § 14 III, welche nach § 14 III S 1 als Ausschüttungen gelten und wohl unstreitig eine Einlagenrückgewähr nach § 27 I S 3 bewirken können, dürften hingegen insoweit von § 22 I S 6 Nr 3 erfasst sein;[1] zT wird aber auch für diese in teleologischer Reduktion des § 22 I S 6 Nr 3 UmwStG eine Nichtanwendung der Vorschrift gefordert.[2]

1318-1319 *Einstweilen frei.*

1320 **6. Mehr- und Minderabführungen im Zusammenhang mit Ausgliederungen und Einbringungen durch die Organgesellschaft. Auswirkung auf Gewinnabführung und Steuerbilanzgewinn.** Bringt die Organgesellschaft mehrheitsvermittelnde Anteile an einer Kapitalgesellschaft (§ 21 UmwStG) oder sonstiges Betriebsvermögen (§ 20 UmwStG) im Wege der Ausgliederung (§ 123 III UmwG) oder im Wege der Einzelrechtsnachfolge gegen Gewährung neuer Anteile in eine Kapitalgesellschaft ein, vollzieht sich innerhalb des Vermögens der Organgesellschaft ein Tausch des hingegebenen Vermögens gegen Erhalt der neuen Anteile an der empfangenden Kapitalgesellschaft. In der Handelsbilanz der Organgesellschaft sind die Anschaffungskosten der zugegangenen Anteile nach den allgemeinen Tauschgrundsätzen zu ermitteln und entsprechen demgemäß entweder dem Buchwert, dem Zeitwert oder dem erfolgsneutralen Zwischenwert des übertragenen Vermögens. Übersteigt der Wertansatz der erhaltenen Anteile den Saldo der Buchwerte des übertragenen Vermögens, führt der Tausch zu einem handelsrechtlichen Gewinn, der die Gewinnabführung der Organgesellschaft erhöht.[3] In der Steuerbilanz der Organgesellschaft werden die Anschaffungskosten der Organgesellschaft für die neu erhaltenen Anteile und

---

[1] Ebenso *Heß/Schnitger* in PricewaterhouseCoopers AG, Reform des Umwandlungssteuerrechts, 2007, Rn 1680; *Schumacher* in FS für Harald Schaumburg: Steuerzentrierte Rechtsberatung, 2009, S 477, 486; *Frotscher*, Umwandlungssteuererlass 2011, 2012, zu Rn 22.24; zweifelnd *Stangl* in Rödder/Herlinghaus/van Lishaut § 22 UmwStG Rn 113.
[2] *Frotscher*, Umwandlungssteuererlass 2011, 2012, zu Rn 22.24.
[3] IDW ERS HFA 43, FN-IDW 2011, 754 ff, Rn 21.

damit der Veräußerungspreis für das übertragene Vermögen durch den von der empfangenden Kapitalgesellschaft in deren Steuerbilanz gewählten (§ 20 II UmwStG) Wertansatz für das übernommene Vermögen bestimmt (§ 20 III S 1 UmwStG). Wird ein Wertansatz oberhalb der steuerlichen Buchwerte der Organgesellschaft gewählt, erhöht der so entstehende Veräußerungsgewinn den Steuerbilanzgewinn der Organgesellschaft.

Mehr-/Minderabführungen iSd § 14 IV. Weichen die in Handels- und Steuerbilanz erzielten Einbringungsgewinne der Organgesellschaft voneinander ab, kommt es zu einer Mehr- oder einer Minderabführung, auf die mE § 14 IV mit der Folge der Bildung eines passiven oder aktiven Ausgleichspostens beim Organträger anzuwenden ist.[1] Die Mehr- oder Minderabführung hat ihre Ursache in organschaftlicher Zeit und ist durch einen Realisationsvorgang innerhalb des Vermögens der Organgesellschaft verursacht; eine außerorganschaftliche Verursachung ist mE nicht zu erblicken.[2] Zudem ist die im Zuge des Einbringungsvorgangs entstandene Abweichung zwischen Gewinnabführung und Steuerbilanzgewinn vor Gewinnabführung geeignet, sich während der Organschaft wieder aufzulösen, spätestens im Fall der Veräußerung der erhaltenen Anteile durch die Organgesellschaft. Auf diese Weise später auftretende Minder- bzw. Mehrabführungen unterliegen ebenfalls § 14 IV mit der Folge der einkommensneutralen Auflösung des zuvor gebildeten Ausgleichspostens. Während die Finanzverwaltung die hier vertretene Auffassung in Rn Org. 32 des Erlassentwurfs vom 2.5.2011 für Zwecke der Verbandsanhörung für den Fall eines nur in der Handelsbilanz entstehenden Einbringungsgewinns noch ausdrücklich bestätigt hatte, äußert sich der endgültige Umwandlungssteuererlass[3] zu dieser Frage nicht mehr. Ungewiss ist, ob hieraus tatsächlich auf eine Änderung der Verwaltungsauffassung zu schließen ist, oder ob lediglich Brüche im Vergleich zur Verwaltungsauffassung zu anderen Realisationsvorgängen innerhalb des Vermögens der Organgesellschaft[4] (Aufwärtsumwandlungen auf die Organgesellschaft, vgl Rn 1305 und 1310) nicht so offen zu Tage treten sollen.

1321

Einstweilen frei.

1322

7. Mehr- und Minderabführungen im Zusammenhang mit dem Formwechsel einer TG der Organgesellschaft. Formwechsel einer nachgelagerten Kapitalgesellschaft in eine Personengesellschaft. Wird eine der Organgesellschaft nachgelagerte Kapitalgesellschaft in eine Personengesellschaft im Wege des Formwechsels umgewandelt, kann dies keine Auswirkung auf die handelsrechtliche Gewinnabführung haben, weil wegen der identitätswahrenden Wirkung des Formwechsels der handelsbilanzielle Beteiligungsbuchwert an der TG unverändert bleibt. In der Steuerbilanz ergibt sich hingegen ein Übernahmeergebnis als Differenz zwischen Miteigentum

1323

---
1 Ebenso für den Fall eines nur in der Handelsbilanz eintretenden Einbringungsgewinns *Dötsch* in D/J/P/W Anh Umwandlungen und Organschaft UmwStG Rn 56; *Breier*, DK 2011, 11, 16.
2 Ebenso *Frotscher* in Frotscher/Maas § 14 Rn 958; *Dötsch* in D/J/P/W UmwStG Anh Umwandlungen und Organschaft Rn 56; *Schumacher* in FS für Harald Schaumburg: Steuerzentrierte Rechtsberatung, 2009, S 477, 491.
3 BMF v 11.11.2011, BStBl I 2011, 1314.
4 BMF v 11.11.2011, BStBl I 2011, Rn Org.33 und Org.34.

an den Wirtschaftsgütern der Personengesellschaft (Spiegelbildmethode) und den entfallenden Anteilen an der Tochterkapitalgesellschaft. Seit dem SEStEG sind zweierlei Rechtsfolgen für die Besteuerung der Organgesellschaft zu berücksichtigen:[1]

- fiktive Ausschüttung der offenen Rücklagen (vgl Rn 1324),
- (verbleibendes) Übernahmeergebnis (vgl Rn 1325-1327).

Wenngleich sich der Formwechsel in der Steuerbilanz der Organgesellschaft nur in einem einheitlichen Übernahmeergebnis niederschlägt, ist dessen Aufteilung für steuerliche Zwecke bei der Untersuchung der Frage, inwieweit sich aus dem Formwechsel Mehr- und Minderabführungen der Organgesellschaft ergeben, mE nachzuvollziehen.

1324 **Fiktive Ausschüttung der offenen Rücklagen.** Der Organgesellschaft wird der auf sie entfallende Teil des steuerbilanziellen Eigenkapitals der formwechselnden Tochterkapitalgesellschaft vermindert um den Bestand des Einlagekontos iSd § 27 nach Anwendung des § 29 I UmwStG als Einnahmen iSd § 20 I Nr 1 EStG am steuerlichen Übertragungsstichtag (§ 9 S 2 und 3 UmwStG) zugerechnet (§ 7 S 1 UmwStG). Die fingierte Ausschüttung führt nicht zu einer zusätzlichen Einnahme der Organgesellschaft; vielmehr unterstellt das Gesetz, dass in dem einheitlichen steuerbilanziellen Übernahmeergebnis eine solche Einnahme enthalten ist (§ 4 IV S 2 UmwStG). Der Umstand, dass dies auch dann gilt, wenn das bilanzielle Übernahmeergebnis negativ ist, und dass diese Einnahme nur in bestimmten Fällen mit einem Übernahmeverlust verrechnet werden kann, rechtfertigt mE, diese Einnahme trotz fehlender separater Erfassung als eigenständige Abweichung zwischen Handelsbilanz und Steuerbilanz einer Würdigung nach § 14 IV (oder III) zu unterziehen. Insoweit übersteigt mithin der Steuerbilanzgewinn der Organgesellschaft in ihrem betreffenden WJ die handelsrechtliche Gewinnabführung. Es liegt eine Minderabführung vor, auf die mE § 14 IV mit der Folge der Bildung eines aktiven Ausgleichspostens anzuwenden ist, da sie in organschaftlicher Zeit und durch einen Vorgang im Vermögen der Organgesellschaft (fingierte Einnahme) verursacht ist. Die spätere Entnahme dieser Rücklagen aus der Personengesellschaft stellt für die Organgesellschaft keinen Steuertatbestand dar. Infolge der Erfassung der Entnahme als Ertrag in der Handelsbilanz ist der im Zuge des Formwechsels gebildete Vermögensunterschied in der Steuerbilanz der Organgesellschaft ergebnismindernd aufzulösen, es ergibt sich dann eine Mehrabführung iSd § 14 IV mit der Folge der einkommensneutralen Auflösung des zuvor gebildeten aktiven Ausgleichspostens beim Organträger. Hierdurch wird die zunächst nur fingierte Ausschüttung aus der Tochterkapitalgesellschaft der Organgesellschaft im Ergebnis im Organkreis wie eine tatsächliche Ausschüttung der Tochterkapitalgesellschaft besteuert. Dies verdeutlicht, dass die im Zuge des Formwechsels eintretende Minderabführung nicht deshalb außerorganschaftlich sein und § 14 III unterliegen kann, weil alle Bilanzierungsvorgänge in der Tochterkapitalgesellschaft für die

---

1 Wohl auch *Frotscher* in Frotscher/Maas § 14 Rn 762; aA offenbar *Dötsch/Pung*, DK 2010, 223, 225.

Organgesellschaft vororganschaftlich seien.¹ § 7 UmwStG zieht keine Rechtsfolge aus Bilanzierungsvorgängen bei der Tochterkapitalgesellschaft, sondern fingiert den Transfer von letzterer erzielter Gewinne zu der Organgesellschaft. Soweit die Anwendung des § 14 III auf die bei Entnahme der Rücklagen entstehende Mehrabführung für erforderlich gehalten wird, um die ergänzende Ausschüttungsbelastung sicherzustellen,² verkennt dies mE, dass diese bereits durch § 7 UmwStG im Zeitpunkt des Formwechsels hergestellt wurde. Ebenso wenig überzeugt es, wenn die Mehrabführung zwar grundsätzlich als außerorganschaftlich verursacht (§ 14 III) betrachtet, zur Vermeidung einer Doppelbesteuerung in Kombination mit § 7 UmwStG diese dann aber in Analogie zu § 27 VI behandelt werden soll.³

Übernahmeergebnis. Soweit das UmwStG die Ermittlung eines Übernahmeergebnisses (§ 4 IV iVm § 5 III UmwStG) für die Organgesellschaft anordnet, fingiert es einen Realisationsvorgang hinsichtlich der Anteile der Organgesellschaft an der Tochterkapitalgesellschaft. Gegenleistung ist das Miteigentum an den auf die Personengesellschaft übergegangenen Wirtschaftsgütern (§ 4 IV S 1 UmwStG) mit den durch § 4 I S 1 UmwStG bestimmten Werten, gemindert um Kosten für den Vermögensübergang (§ 4 IV S 1 UmwStG) und die nach § 7 UmwStG fiktiv als ausgeschüttet geltenden (vgl Rn 1324) Rücklagen der Personengesellschaft (§ 4 V S 2 UmwStG). Auch wenn das Übernahmeergebnis der Organgesellschaft wegen § 5 III UmwStG iRd einheitlichen und gesonderten Gewinnfeststellung der übernehmen Personengesellschaft ermittelt und zugewiesen werden soll,⁴ ändert dies nichts daran, dass es sich um einen (steuerlich fingierten) Realisationsvorgang innerhalb des Vermögens der Organgesellschaft handelt.⁵ Die dem Grunde⁶ und der Höhe⁷ nach personenbezogene Ermittlung des Übernahmeergebnisses wie auch die Behandlung iRd GewSt (§ 18 II UmwStG) belegen hinlänglich, dass es sich nicht um ein Ergebnis der Personengesellschaft handelt. Sofern infolge dieses bilanziellen Übernahmeergebnisses das Vorliegen einer Mehr- oder Minderabführung zu bejahen ist, müsste diese daher mE § 14 IV unterliegen.⁸ Für die Frage, ob ein für Zwecke des § 14 IV oder III relevanter Sachverhalt überhaupt vorliegt, ist mE zwischen einem Übernahmegewinn und einem Übernahmeverlust zu unterscheiden. Bedeutsam ist in diesem Zusammenhang zunächst, dass der Wert der von der Organgesellschaft gehaltenen Beteiligung von dem Formwechsel nicht beeinflusst wird. Dies gilt nicht nur für

1325

---
1 So aber *Frotscher* in Frotscher/Maas § 14 Rn 762.
2 *Dötsch/Pung*, DK 2010, 223, 225.
3 So *Frotscher* in Frotscher/Maas § 14 Rn 762.
4 BMF v 11.11.2011, BStBl I 2011, 1314, Rn 04.22; *van Lishaut* in Rödder/Herlinghaus/van Lishaut § 4 UmwStG Rn 139; aA *Klingberg* in Blümich § 4 UmwStG Rn 41 unter Hinweis auf den Fiktionscharakter des § 5 III UmwStG.
5 AA offenbar *Dötsch/Pung*, DK 2010, 223, 225.
6 BMF v 11.11.2011, BStBl I 2011, 1314, Rn 04.18.
7 BMF v 11.11.2011, BStBl I 2011, 1314, Rn 04.19.
8 Ebenso von einer unter § 14 IV fallenden Ursache ausgehend *Neumann*, Ubg 2010, 673, 677; *Breier*, DK 2011, 84, 88; aA (Anwendung des § 14 III) *Dötsch/Pung*, DK 2010, 223, 225, welche die Ursache (allein) in dem Betriebsvermögen der entstehenden Personengesellschaft und deshalb im außerorganschaftlichen Bereich sehen und deshalb § 14 III anwenden wollen; *Dötsch* in D/J/P/W § 14 Rn 552, 554; wohl auch *Frotscher* in Frotscher/Maas § 14 Rn 762.

den wegen der identitätswahrenden Wirkung des Formwechsels gleichbleibenden Ausweis in der Handelsbilanz, sondern auch für den Verkehrswert der Beteiligung. Weiter ist zu berücksichtigen, dass Übernahmegewinn und Übernahmeverlust einen unterschiedlichen wirtschaftlichen Gehalt aufweisen und ein Übernahmeverlust mithin nicht lediglich ein Übernahmegewinn mit umgekehrtem Vorzeichen ist.

1326 **Übernahmegewinn.** Erzielt die Organgesellschaft nach Aussonderung der fiktiven Ausschüttung iSd § 7 UmwStG einen Übernahmegewinn, ist dies darauf zurückzuführen, dass die Anschaffungskosten für die Beteiligung an der Tochterkapitalgesellschaft die Summe aus Nennkapital und steuerlichem Einlagekonto unterschreiten. Tendenziell muss es sich bei dem seinerzeitigen Erwerb um einen ‚Lucky Buy' gehandelt haben. Steuerlich führt der Formwechsel zu einer vorgezogenen Aufdeckung dieser stillen Reserve in der Beteiligung an der Tochter(kapital)gesellschaft und wird nach § 4 VII UmwStG auch dementsprechend besteuert (vgl allerdings zu diesbezüglichen Mängeln in der Bruttomethode nach § 15 S 1 Nr 2 Rn 764). Es handelt sich mithin um einen Gewinn, der grundsätzlich auch handelsrechtlich realisiert und Gegenstand einer Gewinnabführung werden könnte. Der Übernahmegewinn erhöht das dem Organträger zuzurechnende und von diesem zu versteuernde Einkommen. Das so entstehende Missverhältnis zwischen vom Organträger versteuertem Einkommen und von der Organgesellschaft erhaltenen Vermögensmehrungen gleicht sich wieder aus, wenn die Organgesellschaft Entnahmen tätigt oder die in der Beteiligung handelsrechtlich noch ruhenden stillen Reserven im Zuge der Veräußerung der Tochterpersonengesellschaft realisiert und den Beteiligungsertrag bzw Veräußerungsgewinn an den Organträger abführt. Daher führt der Übernahmegewinn in dem WJ des steuerlichen Übertragungsstichtags zu einer Minderabführung iSd § 14 IV mit Bildung eines aktiven Ausgleichspostens, der infolge der mit einer Entnahme oder der Veräußerung der Beteiligung durch die Organgesellschaft später eintretenden Mehrabführung einkommensneutral wieder aufzulösen ist.[1]

1327 **Übernahmeverlust.** Für den Fall eines der Organgesellschaft unter Berücksichtigung der og Bestandteile entstehenden Übernahmeverlustes ist mE *Neumann* zuzustimmen, der eine Mehrabführung mangels Vermögensverschiebung zwischen Organgesellschaft und Organträger verneint.[2] An einer solchen Vermögensverschiebung fehlt es nicht nur mangels jeglicher Auswirkung des Formwechsels in der Handelsbilanz und damit auf die Gewinnabführung; der Formwechsel mindert auch den Verkehrswert der Beteiligung an der TG nicht. Der steuerliche Übernahmeverlust ist mithin kein wirtschaftlicher Verlust, sondern allein ein technisches Mittel zur Abstockung von Anschaffungskosten für Besteuerungszwecke. Dementsprechend ist der infolge der Abstockung bei späterer Veräußerung der Tochterpersonengesellschaft steuerlich zusätzlich entstehende Veräußerungsgewinn auch kein wirtschaftlicher Gewinn. In der Handelsbilanz entsteht er nicht und er kann mithin auch nicht an den Organträger abgeführt werden. Damit ist keiner der Anlässe für die Bildung eines passiven Ausgleichspostens iSd § 14 IV S 1 (vgl

---

1 Anwendungsfall des § 14 IV bejahend auch *Breier*, DK 2011, 84, 88; aA *Dötsch/Pung*, DK 2010, 223, 225 (Mehrabführung iSd § 14 III).
2 *Neumann*, Ubg 2010, 673, 677; im Ergebnis wohl auch *Breier*, DK 2011, 84, 88.

Rn 1006) im Zeitpunkt des Formwechsels gegeben. Es droht weder die Gefahr der Nichtbesteuerung eines im Organkreis erzielten Gewinns, denn insoweit kann die Organgesellschaft zu keinem Zeitpunkt einen Gewinn erzielen, der sich auf die Gewinnabführung auswirken könnte. Ebenso wenig droht die Gefahr einer doppelten Verlustberücksichtigung im Organkreis. Vielmehr wird der Übernahmeverlust überhaupt nicht berücksichtigt. Zu einer Minderung des von dem Organträger aus der Organbeteiligung erzielbaren Veräußerungsergebnisses führt er nicht; das dem Organträger zuzurechnende Einkommen mindert er ebenfalls nicht. Für eine Körperschaft als Organträger ergibt sich dies aus § 4 VI S 1 UmwStG iVm § 15 S 1 Nr 2. Im Falle natürlicher Personen ist der Übernahmeverlust nach § 4 VI S 4 UmwStG bis zur Höhe einer fiktiven Ausschüttung iSd § 7 verrechenbar und damit allenfalls geeignet, die aufgrund § 7 eintretende Minderabführung iSd § 14 IV (vgl Rn 1324) bis auf null zu reduzieren. Darüber hinaus wäre auch nicht erkennbar, warum durch einen passiven Ausgleichsposten im Fall der Veräußerung der Organbeteiligung das vom Organträger erzielte Veräußerungsergebnis erhöht werden sollte, wenn der Wert der Beteiligung an der Tochterpersonengesellschaft und damit auch der Wert der Beteiligung an der Organgesellschaft durch den rein steuerlichen Übernahmeverlust nicht gemindert werden. Ungeachtet der schon fehlenden außerorganschaftlichen Verursachung bestünde auch nach dem Sinn und Zweck der Vorschrift kein Anlass für die Anwendung des § 14 III (vgl Rn 1202 f).[1] Denn in diesem Fall gibt es keinen (der vororganschaftlichen Zeit zuzuordnenden) Gewinn der Organgesellschaft, für den die Gefahr bestünde, dass dieser ohne eine Ausschüttungsbelastung im Wege des Gewinnabführungsvertrags an den Organträger transferiert wird. Soweit das Bedürfnis für die Anwendung des § 14 III darin gesehen wird, dass die Gewinne der TG außerhalb der Organschaft besteuert wurden,[2] ist zu beachten, dass die Besteuerung des Transfers dieser Gewinne als Ausschüttung bereits durch § 7 UmwStG (vgl Rn 1324) sichergestellt ist und diese Gewinne nach § 4 V S 2 aus dem hier erörterten Übernahmeergebnis auszusondern sind.

Formwechsel einer nachgelagerten Personengesellschaft in eine Kapitalgesellschaft. Wird eine der Organgesellschaft nachgelagerte Personengesellschaft in eine Kapitalgesellschaft im Wege des Formwechsels umgewandelt, ergeben sich hieraus in der Handelsbilanz der Organgesellschaft keine Konsequenzen; die Beteiligung ist grundsätzlich mit dem unveränderten Buchwert fortzuführen.[3] Steuerlich stellt dieser Formwechsel eine Einbringung iSd § 20 UmwStG des Vermögens der Personengesellschaft durch die Mitunternehmer (hier: durch die Organgesellschaft) in die aus dem Formwechsel hervorgehende Kapitalgesellschaft dar (§ 25 UmwStG). Daher gelten die Ausführungen in Rn 1320 f entsprechend, allerdings mit der Maßgabe, dass ein Einbringungsgewinn allein in der Steuerbilanz entstehen kann. Begründet die Organgesellschaft mit der formgewechselten TG eine Organschaft, gelten für im Nachgang zum Formwechsel eintretende Mehr- und Minderabführungen der TG die Ausführungen in Rn 1304 entsprechend.

1328

---

1 AA *Dötsch/Pung*, DK 2010, 223, 225, welche die Ursache (allein) in dem Betriebsvermögen der entstehenden Personengesellschaft und deshalb im außerorganschaftlichen Bereich sehen und aus diesem Grund § 14 III anwenden wollen; *Dötsch* in D/J/P/W § 14 Rn 552, 554.
2 *Dötsch/Pung*, DK 2010, 223, 225.
3 IDW ERS HFA 41, FN-IDW 2011, 374 ff, Rn 34.

1329-1331 *Einstweilen frei.*
1332 **XII. Verunglückte Organschaft. 1. Gründe.** So vielfältig wie die Voraussetzungen für die körperschaftsteuerliche Organschaft sind die Gründe für deren Scheitern. Ob die Organschaft insgesamt, dh seit ihrem Bestehen, oder aber nur für ab dem betreffenden WJ verunglückt ist, muss im Einzelfall bestimmt werden. Liegt der Fehler in der Durchführung des Gewinnabführungsvertrags, scheitert die Organschaft von Anfang an, wenn im Zeitpunkt des Fehlers der Vertrag noch nicht fünf Jahre lang durchgeführt worden war (vgl Rn 488 ff). Zu den wesentlichen Gründen für eine verunglückte Organschaft zählen:

Nichterfüllung der persönlichen Voraussetzungen durch die Organgesellschaft:
- Verlagerung des Orts der Geschäftsleitung ins Ausland (vgl Rn 61 ff).

Nichterfüllung der persönlichen Voraussetzungen durch den Organträger:
- fehlende eigene gewerbliche Tätigkeit iSd § 15 I S1 Nr 1 EStG bei einer Organträger-Personengesellschaft (vgl Rn 122 ff)
- Verlagerung des Orts der Geschäftsleitung einer Organträger-Körperschaft (vgl Rn 94, aber auch Rn 97) oder einer Organträger-Personengesellschaft (vgl Rn 118).

Nichterfüllung der Anforderungen an die finanzielle Eingliederung:
- Die finanzielle Eingliederung hat nie bestanden.[1]
- Die finanzielle Eingliederung entfällt unterjährig bzw ohne gleichzeitige Beendigung des Gewinnabführungsvertrags (vgl Rn 186 ff).

Mängel im Gewinnabführungsvertrag:
- Nichtbeachtung der Formvorschriften für das zivilrechtliche Zustandekommen des Gewinnabführungsvertrags (vgl Rn 268 ff),
- Nichtigkeit des Gewinnabführungsvertrags wegen fehlender Vereinbarung eines angemessenen Ausgleichs für außenstehende Aktionäre (vgl Rn 285 ff),
- fehlerhafte Formulierung der fünfjährigen Mindestlaufzeit (vgl Rn 299 ff),
- verspätete Eintragung des Gewinnabführungsvertrags mit der Folge einer nicht mehr ausreichenden Restlaufzeit des Vertrags (vgl Rn 305 ff),
- Gewinnabführungsvertrag gewährleistet nicht die Abführung des zutreffenden Gewinns (vgl Rn 316 ff),
- bei Kapitalgesellschaften iSd § 17: fehlerhafte Vereinbarung der Verlustübernahme iSd § 302 AktG (vgl § 17 Rn 76 f).

Mängel in der Durchführung des Gewinnabführungsvertrags:
- vergessener Ausgleich vorvertraglicher Verluste (vgl Rn 350 ff),
- Abführung vorvertraglicher Gewinnrücklagen oder von Kapitalrücklage (vgl Rn 391 ff),
- Gewinnabführung umfasst nicht den ganzen Gewinn (vgl Rn 320 ff),

---
1 ZB BFH I R 39/06 (NV), BFH/NV 2008, 614 zum Fehlen einer finanziellen Eingliederung infolge der unwirksamen Vereinbarung eines Treuhandverhältnisses.

XII. Verunglückte Organschaft

- unzulässige Rücklagenbildung unter Verstoß gegen § 14 I S 1 Nr 4 (vgl Rn 410 ff),
- Gewinnabführung umfasst nicht den objektiv richtigen Gewinn (vgl Rn 331 ff).

Mängel bei der Beendigung des Gewinnabführungsvertrags
- Beendigung des Vertrags ohne wichtigen Grund vor Ablauf der fünfjährigen Mindestdauer (vgl Rn 488 ff; 541 ff),
- unterjährige Beendigung des Vertrags ohne Bildung eines Rumpf-WJ (vgl Rn 563 f; 580),
- übersehene Beendigung des Vertrags bei Hinzutreten eines außenstehenden Aktionärs (vgl Rn 586 f) oder bei Wegfall der Unternehmenseigenschaft (vgl Rn 603).

Einstweilen frei. 1333

2. Veranlagung nach den allgemeinen Grundsätzen als Rechtsfolge. a) Allgemeines. Bestehen die Voraussetzungen für eine Organschaft nicht, sind Organgesellschaft und Organträger nach den allgemeinen Grundsätzen zu veranlagen (R 60 VIII S 2 KStR). 1334

Einstweilen frei. 1335

b) Gewinnabführungen. VGA. Fehlt es an einer Organschaftsvoraussetzung, greift die Rechtsfolge des § 14 I S 1 nicht ein. Die dennoch vorgenommene Gewinnabführung ist eine Form der Gewinnverteilung iSd § 8 III, die den Gewinn und das Einkommen der Organgesellschaft nicht mindern darf. § 14 bildet eine Ausnahme vom Grundsatz des § 8 III S 1, die dann nicht eingreift, wenn die Voraussetzungen der Vorschrift nicht erfüllt sind. Die Gewinnabführung aufgrund einer „verunglückten Organschaft" ist damit steuerrechtlich als vGA iSd § 8 III S 2 zu behandeln, weil sie eine Vermögensminderung der Organgesellschaft auslöst, die sich in der Form der Nichtanwendung des § 14 I S 1 auf die Höhe des Einkommens auswirkt und in keinem Zusammenhang mit einer offenen Ausschüttung steht. Darauf, ob der Organgesellschaft ggf ein Rückforderungsanspruch gegen den Organträger wegen überhöhter Abführung zusteht, kommt es nicht an, da die Rückforderung einer vGA steuerrechtlich als Einlage[1] zu behandeln ist (vgl auch § 8 Rn 512 ff).[2] 1336

Zufluss, Abfluss. ME gilt die vGA nicht bereits im Zeitpunkt der Einbuchung der Gewinnabführungsverpflichtung, dh am Ende des WJ der Organgesellschaft, als erfolgt,[3] so dass mit der Aberkennung der Organschaft auch die damit verbundene phasengleiche Gewinnvereinnahmung idR entfällt. Die Gewinnabführungsverpflichtung wird idR erst iRd dem Ende des WJ zeitlich nachgelagerten Abschlussarbeiten ermittelt und gegen ein Verrechnungskonto mit dem Vertragspartner gebucht. Da der Vertragspartner vor diesem Zeitpunkt nicht über den Gewinn verfügen kann, ist dieser ihm nicht früher zu- und demzufolge bei der Organgesellschaft auch nicht eher abgeflossen.[4] 1337

---

1   BFH I R 176/83, BStBl II 1987, 733.
2   BFH I R 110/88, BStBl II 1990, 24; BFH I B 38/90, BFH/NV 1991, 121; BFH I R 39/06, BFH/NV 2008, 614; BFH I R 1/08, BStBl II 2010, 407. Bereits zu § 7a aF: BFH I R 152/84, BStBl II 1989, 668.
3   So *Frotscher* in Frotscher/Maas § 14 Rn 368.
4   BFH I R 103/99, BFH/NV 2001, 1455.

1338 **Körperschaftsteuererhöhung.** In den VZ 2001-2006 konnte sich für die Organgesellschaft aus dieser vGA eine Körperschaftsteuererhöhung gem § 38 II ergeben. Eine Realisierung von Körperschaftsteuerguthaben gem § 37 II war in den VZ 2002-2006 hingegen in Ermangelung eines den gesellschaftsrechtlichen Vorschriften entsprechenden Gewinnverteilungsbeschlusses nicht möglich.[1]

1339 **(Teilweise) Freistellung beim Organträger.** Beim Organträger ist die vGA nach § 8b I, V bzw § 3 Nr 40 lit d EStG (teilweise) steuerbefreit.

1340 **KESt.** Die Grundsätze zur Erhebung von KESt bei vGA (vgl § 8 Rn 484) gelten entsprechend.

1341-1343 *Einstweilen frei.*

1344 c) **Verlustübernahmen. Verdeckte Einlagen.** Im Fall einer „verunglückten" Organschaft sind die vollzogenen Verlustübernahmen bei dem Organträger erfolgsneutral als nachträgliche Anschaffungskosten auf die Beteiligung an der TG zu erfassen. Sie mindern nicht das nach § 8 I S 1 iVm § 4 I EStG für die Besteuerung maßgebliche Einkommen des Organträgers.[2]

1345 **Veräußerte Organbeteiligung.** Ist im Zeitpunkt der Verlustübernahme die Beteiligung an der Organgesellschaft bereits veräußert, so führt die Verlustübernahme zu Aufwendungen, die in einem wirtschaftlichen Veranlassungszusammenhang zu der veräußerten Beteiligung stehen und den schon vorher erzielten Veräußerungsgewinn nachträglich mindern.[3]

1346 *Einstweilen frei.*

1347 d) **Klammerorganschaft. Allgemein.** Ist der Organträger M nur mittelbar über die Kapitalgesellschaft T an der Organgesellschaft E beteiligt, sind die vorgenannten Grundsätze bei Scheitern der Organschaft zwischen M und E entsprechend anzuwenden. Gewinnabführungen der E an die M stellen vGA an die T und, je nachdem, ob zwischen T und M Organschaft besteht oder nicht, vorweggenommene Gewinnabführungen oder vGA der T an M dar. Verlustübernahmen durch M gelten als verdeckte Einlage durch M in T sowie weiterhin als verdeckte Einlage durch T in E.[4]

1348 **Korrespondenzprinzip.** Handelt es sich bei dem Organträger M oder dem Gesellschafter einer Organträger-Personengesellschaft M um eine Körperschaft, ist die als vGA zu behandelnde Gewinnabführung nur insoweit nach § 8b I, V bzw einem DBA-Schachtelprivileg steuerbefreit, wie die vGA das Einkommen der T nicht gemindert hat (§ 8b I S 2 und 3). Insbesondere in den Fällen, in denen T eine ausländische Kapitalgesellschaft und ein Nachvollziehen der Fiktion einer durchgeleiteten vGA im Ausland damit schon aus rechtlichen Gründen unwahrscheinlich ist, könnte vor diesem Hintergrund das Scheitern einer Klammerorganschaft zu einer Besteuerung der von der Organgesellschaft abgeführten Gewinne auf mehreren Stufen führen. Die Anwendung des Korrespondenzprinzips, sofern dieses Fälle der verhinderten

---

1 *Danelsing* in Blümich § 14 Rn 243; im Ergebnis auch *Frotscher* in Frotscher/Maas § 14 Rn 367.
2 BFH I R 96/88, BStBl II 1990, 797; BFH I R 61/07, BStBl II 2009, 972.
3 BFH I R 96/88, BStBl II 1990, 797.
4 *Frotscher* in Frotscher/Maas § 14 Rn 369.

Vermögensmehrung überhaupt erfasst (vgl § 8b Rn 218), erschiene im Fall der verunglückten Klammerorganschaft jedoch als fragwürdig. Denn nach deutscher Vorstellung wäre auch bei Erfassung der durchgeleiteten vGA das Einkommen von T wegen Anwendung des § 8b I nicht zu erhöhen. § 8b I S 2 stünde dem nicht entgegen, da die vGA der Organgesellschaft an T das Einkommen der Organgesellschaft erhöht; bei der aus deutscher Sicht vorzunehmenden 5%igen Besteuerung (§ 8b V) handelt es sich nicht um eine Besteuerung des Beteiligungsertrags.[1] Zu einer Einkommensminderung führt die Nichterfassung der durchgeleiteten vGA bei T mithin nicht. Dies gilt mE auch dann, wenn bei der Organgesellschaft für die vGA Einlagekonto iSd § 27 zur Verwendung kommen sollte und dies nach deutscher Vorstellung zu einer Minderung des Beteiligungsansatzes bei T und mithin in Zukunft zu einem steuerlich höheren Veräußerungsergebnis für die Beteiligung an der Organgesellschaft führen müsste; denn es ist nicht damit zu rechnen, dass der ausländische Staat diese Behandlung (Minderung der Anschaffungskosten) nachvollziehen wird. Ähnliche Fragen stellen sich für die Einkommensneutralität der als verdeckte Einlage zu behandelnden Verlustübernahme auf Ebene der Organgesellschaft. Diese ist mE unabhängig davon gegeben, ob die verdeckte Einlage in T und die verdeckte Weitereinlage in E iRd ausländischen Besteuerung nachvollzogen werden. Würde dort – den deutschen Grundsätzen entsprechend – ein Ertrag aus der Einlage durch M ausgewiesen, wäre dieser auch unter Berücksichtigung des § 8 III S 4 ff steuerfrei, weil die Einlage das Einkommen von M nicht gemindert hat. Damit wäre bei „zutreffender Behandlung" das Einkommen von T nicht höher, als wenn der Vorgang bei ihr überhaupt nicht nachvollzogen wird. Demnach kann die Steuerbefreiung der Einlage bei E nicht daran scheitern, dass diese das Einkommen der T gemindert hat. Die Besonderheit im Vergleich zu anderen Fällen der mittelbaren verdeckten Einlage (vgl § 8 Rn 719) liegt im Fall der verunglückten Organschaft darin, dass der die Zuwendung tatsächlich Erbringende (Organträger) im Inland der Besteuerung unterliegt, die Zuwendung erst durch das Scheitern der Organschaft rückwirkend in eine verdeckte Einlage umqualifiziert wird und zu diesem Zeitpunkt die Veranlagung des die Zuwendung tatsächlich Erbringenden regelmäßig noch nicht bestandskräftig ist.

Einstweilen frei. 1349-1350

e) Entfallen der Haftung (§ 73 AO). Da die Haftung der Organgesellschaft nach § 73 AO sich auf die Steuern begrenzt, für die wirksam ein Organschaftsverhältnis besteht (vgl Rn 686), entfällt, soweit die Organschaft verunglückt ist, auch die Haftung der Organgesellschaft für Steuern des Organträgers. 1351

Einstweilen frei. 1352

3. Mittelbare Folgen. Zinsschranke. Verunglückt eine Organschaft, sind demzufolge für den betreffenden Zeitraum Organträger und Organgesellschaft nicht als ein Betrieb iSd Zinsschranke gem § 15 S 1 Nr 3 S 1 zu behandeln. Vgl zu den damit wegfallenden Grundsätzen der Zinsschranke bei Organschaft Rn 774 und 901. 1353

---

1 BFH I R 53/06, BStBl II 2007, 585.

1354   Mantelkauf (§ 8 IV aF, § 34 VI S 3). IRd § 34 VI S 3 und des § 8 IV aF werden die Vermögen von Organträger und Organgesellschaft für Fragen der Zuführung überwiegend neuen Betriebsvermögens zusammengefasst (vgl Rn 29). Verunglückt die Organschaft, können dadurch auch bislang unschädliche Betriebsvermögenszuführungen in den Organträger oder die Organgesellschaft sich im Nachhinein als schädlich erweisen.

1355-1357 *Einstweilen frei.*

§ 15 Ermittlung des Einkommens bei Organschaft

¹Bei der Ermittlung des Einkommens bei Organschaft gilt abweichend von den allgemeinen Vorschriften Folgendes:
1. Ein Verlustabzug im Sinne des § 10d des Einkommensteuergesetzes ist bei der Organgesellschaft nicht zulässig.
2. ¹§ 8b Abs. 1 bis 6 dieses Gesetzes sowie § 4 Abs. 6 des Umwandlungssteuergesetzes sind bei der Organgesellschaft nicht anzuwenden. ²Sind in dem dem Organträger zugerechneten Einkommen Bezüge, Gewinne oder Gewinnminderungen im Sinne des § 8b Abs. 1 bis 3 dieses Gesetzes oder mit solchen Beträgen zusammenhängende Ausgaben im Sinne des § 3c Abs. 2 des Einkommensteuergesetzes oder ein Übernahmeverlust im Sinne des § 4 Abs. 6 des Umwandlungssteuergesetzes enthalten, sind § 8b dieses Gesetzes, § 4 Abs. 6 des Umwandlungssteuergesetzes sowie § 3 Nr. 40 und § 3c Abs. 2 des Einkommensteuergesetzes bei der Ermittlung des Einkommens des Organträgers anzuwenden. ³Satz 2 gilt nicht, soweit bei der Organgesellschaft § 8b Abs. 7, 8 oder 10 anzuwenden ist.
3. ¹§ 4h des Einkommensteuergesetzes ist bei der Organgesellschaft nicht anzuwenden. ²Organträger und Organgesellschaften gelten als ein Betrieb im Sinne des § 4h des Einkommensteuergesetzes. ³Sind in dem dem Organträger zugerechneten Einkommen der Organgesellschaften Zinsaufwendungen und Zinserträge im Sinne des § 4h Abs. 3 des Einkommensteuergesetzes enthalten, sind diese bei der Anwendung des § 4h Abs. 1 des Einkommensteuergesetzes beim Organträger einzubeziehen.
4. ¹§ 8 Abs. 3 Satz 2 und Abs. 7 ist bei der Organgesellschaft auf Dauerverlustgeschäfte im Sinne des § 8 Abs. 7 Satz 2 nicht anzuwenden. ²Sind in dem dem Organträger zugerechneten Einkommen Verluste aus Dauerverlustgeschäften im Sinne des § 8 Abs. 7 Satz 2 enthalten, ist § 8 Abs. 3 Satz 2 und Abs. 7 bei der Ermittlung des Einkommens des Organträgers anzuwenden.
5. ¹§ 8 Abs. 9 ist bei der Organgesellschaft nicht anzuwenden. ²Sind in dem dem Organträger zugerechneten Einkommen Einkommen einer Kapitalgesellschaft enthalten, auf die § 8 Abs. 7 Satz 1 Nr. 2 anzuwenden ist, ist § 8 Abs. 9 bei der Ermittlung des Einkommens des Organträgers anzuwenden.

²Nummer 2 gilt entsprechend für Gewinnanteile aus der Beteiligung an einer ausländischen Gesellschaft, die nach den Vorschriften eines Abkommens zur Vermeidung der Doppelbesteuerung von der Besteuerung auszunehmen sind.

KStR 64; KStH 64

Übersicht

	Rn
I. Regelungsgehalt der Norm	1 – 2
II. Rechtsentwicklung	3 – 6
III. Normzweck und Anwendungsbereich	7 – 27
1. Bedeutung der Norm	7 – 16
2. Persönlicher Anwendungsbereich	17 – 21
3. Sachlicher Anwendungsbereich	22 – 23
4. Zeitlicher Anwendungsbereich	24 – 27
IV. Verhältnis zu anderen Vorschriften	28 – 42

V. Einschränkung des Verlustabzugs (§ 15 S 1 Nr 1)	43 – 77
1. Allgemeines und persönlicher Anwendungsbereich	43 – 47
2. Erfasste Verluste	48 – 57
3. Verlustzeiträume	58 – 67
4. Rechtsfolge	68 – 72
5. Verhältnis zum Handelsrecht	73 – 77
VI. Bruttomethode (§ 15 S 1 Nr 2 und S 2)	78 – 170
1. Allgemeines	78 – 82
2. Keine Steuerbefreiung bei der Organgesellschaft (§ 15 S 1 Nr 2 S 1)	83 – 102
a) Persönlicher und sachlicher Anwendungsbereich	83 – 97
b) Zeitlicher Anwendungsbereich	98 – 99
c) Rechtsfolge	100 – 102
3. Steuerbefreiung beim Organträger (§ 15 S 1 Nr 2 S 2)	103 – 118
4. Ausnahmen von der Bruttomethode (§ 15 S 1 Nr 2 S 3)	119 – 128
5. Internationales Schachtelprivileg (§ 15 S 2)	129 – 155
a) Allgemeines	129 – 138
b) Sachlicher Anwendungsbereich	139 – 147
c) Zeitlicher Anwendungsbereich	148 – 149
d) Rechtsfolge	150 – 155
6. Sonderfälle	156 – 164
a) Nachgeschaltete Personengesellschaften	156 – 158
b) Mehrstufige Organschaften	159 – 160
c) Korrespondenzprinzip	161 – 164
7. GewSt	165 – 170
VII. Zinsschranke (§ 15 S 1 Nr 3)	171 – 241
1. Allgemeines	171 – 182
a) Regelungen der Zinsschranke	171 – 175
b) Sinn und Bedeutung	176 – 180
c) Zeitlicher Anwendungsbereich	181 – 182
2. Ausschluss des § 4h EStG bei der Organgesellschaft (§ 15 S 1 Nr 3 S 1)	183 – 193
a) Laufende Zinsaufwendungen der Organgesellschaft	183 – 186
b) Vororganschaftlicher Zins- und EBITDA Vortrag	187 – 193
3. Organbetrieb (§ 15 S 1 Nr 3 S 2)	194 – 229
a) Allgemeines	194 – 199
b) Innerorganschaftliche Vorgänge	200 – 202
c) Zins- und EBITDA Vortrag	203 – 205

d) Ausländische Organträger .... 206 – 207
e) Ausnahme nach § 4h II lit a EStG (Freigrenze) .... 208 – 213
f) Ausnahme nach § 4h II lit b EStG
   (Konzernloser Betrieb) .... 214 – 221
g) Ausnahme nach § 4h II lit c EStG (Konzernfälle) .... 222 – 229
4. Einbeziehung von Zinsaufwand und -ertrag .... 230 – 239
   a) Allgemeines .... 230 – 236
   b) Ausgleichszahlung .... 237 – 239
5. GewSt .... 240 – 241
VIII. Dauerverlustgeschäfte bei einer Organgesellschaft
(§ 15 S 1 Nr 4) .... 242 – 257
   1. Allgemeines .... 242 – 244
   2. Ausschluss des § 8 III S 2 und VII bei der
      Organgesellschaft .... 245 – 249
   3. Rechtsfolgen .... 250 – 251
   4. Anwendung des § 8 III S 2 und VII beim Organträger .... 252 – 254
   5. Zeitlicher Anwendungsbereich .... 255 – 257
IX. Steuerlichen Querverbund (§ 15 S 1 Nr 5) .... 258 – 277
   1. Allgemeines .... 258 – 264
   2. Ausschluss des § 8 IX bei der Organgesellschaft .... 265 – 271
   3. Anwendung des § 8 IX beim Organträger .... 272 – 277

I. Regelungsgehalt der Norm. Bei § 15 handelt es sich um eine Regelung der Einkommensermittlung bei Organschaft. Ursprünglich regelte § 15 lediglich abweichende Tatbestände bei der Einkommensermittlung bei der Organgesellschaft. Seit dem UntStFG v 20.12.2001[1] enthält die Regelung auch Sondertatbestände für den Organträger. Insofern sprechen die Überschrift und der Einleitungssatz nunmehr von der Einkommensermittlung bei Organschaft. Aus dem Einleitungssatz ergibt sich, dass die Einkommensermittlung bei Organschaft grundsätzlich nach den allgemeinen Vorschriften erfolgt. Dabei wird das Einkommen der Organgesellschaft und des Organträgers gesondert ermittelt und die Gewinnabführung aus dem Ergebnisabführungsvertrag negiert. Ergänzend enthält § 15 als lex specialis für bestimmte Tatbestände abweichende Regelungen zur Einkommensermittlung bezüglich der Nutzung von vororganschaftlichen Verlusten der Organgesellschaft (Nr 1), von Dividenden und Gewinnen aus Veräußerung von Kapitalgesellschaftsanteilen (Nr 2), der Abziehbarkeit von Zinsaufwendungen (Nr 3), in Fällen von Dauerverlustgesellschaften iSd § 8 VII (Nr 4) und beim kommunalen Querverbund (Nr 5). Zudem sieht § 15 S 2 eine Sondervorschrift zur Anwendung der DBA bei Gewinnanteilen aus Beteiligungen an ausländischen Gesellschaften vor.

1

---
1   BGBl I 2001, 3858.

2   *Einstweilen frei.*

3   **II. Rechtsentwicklung.** § 15 wurde mit dem Körperschaftsteuerreformgesetz v 31.8.1976[1] eingefügt und ist die Nachfolgevorschrift von § 7a II aF, die iRd gesetzlichen Kodifizierung der körperschaftsteuerlichen Organschaft mit dem StÄndG v 15.8.1969[2] eingeführt wurde. Bereits § 7a II aF enthielt Einschränkungen zur Nutzung von Verlusten der Organgesellschaft nach § 10d EStG sowie des Schachtelprivilegs des § 9 I aF. Nach § 15 aF war § 10d EStG bei der Ermittlung des Einkommens der Organgesellschaft nicht anzuwenden (§ 15 Nr 1 aF). Ferner war das Schachtelprivileg nach einem DBA ausgeschlossen, wenn der Organträger nicht zu den begünstigten Steuerpflichtigen gehörte (§ 15 Nr 2 aF). Die Vorschrift ist seitdem mehrfach geändert und ergänzt worden. Mit dem StMBG v 21.12.1993[3] wurde geregelt, dass der damalige § 8b I und II nur anzuwenden war, wenn der Organträger zu den begünstigten Personen gehörte (§ 15 Nr 3 aF). Durch das StBereinG 1999 v 22.12.1999[4] wurden § 15 Nr 2 und 3 aF klarstellend um die Regelung des § 8 IV erweitert, wonach einer inländischen Betriebsstätte einer ausländischen Körperschaft die gleichen Vorteile wie einer inländischen Körperschaft zustanden.

Umfangreiche Änderungen erfolgten mit dem UntStFG, mit dem die Vorschrift ua an das Halbeinkünfteverfahren angepasst worden ist. Angepasst wurde dabei auch die Überschrift, nach der klargestellt wurde, dass die Vorschrift auch Modifikationen bei der Einkommensermittlung des Organträgers enthält und sich nicht lediglich auf die Organgesellschaft beschränkt. In § 15 Nr 1 erfolgte eine entsprechende Ergänzung, dass die Versagung des Verlustabzugs nach § 10d EStG lediglich bei der Einkommensermittlung der Organgesellschaft gilt. § 15 Nr 2 und 3 aF wurden gestrichen und durch die sog Bruttomethode im § 15 Nr 2 nF ersetzt. Nach § 15 Nr 2 S 1 wurde § 8b I-VI bei der Organgesellschaft für nicht anwendbar erklärt; vielmehr erfolgte die Einkommensermittlung bei der Organgesellschaft und damit die Zurechnung des Einkommens beim Organträger brutto, dh ohne Berücksichtigung der entsprechenden Freistellungen und Einschränkungen beim Abzug der Gewinnminderungen und Ausgaben. Soweit beim Organträger im zugerechneten Einkommen entsprechende Bezüge, Gewinne, Gewinnminderungen oder Ausgaben enthalten waren, erfolgte nach § 15 Nr 2 S 2 eine Anwendung von § 8b sowie § 3 Nr 40 EStG und § 3c EStG beim Organträger. Ursprüngliche „Lücken" bei der Umsetzung des Halbeinkünfteverfahrens wurden teilweise durch das StVergAbG v 16.5.2003[5] geschlossen. Der Einleitungssatz wurde an die zuvor veränderte Überschrift angepasst und damit klargestellt, dass die Vorschrift auch das Einkommen der Organträger modifiziert. In § 15 Nr 2 wurde die Bruttomethode um den damaligen § 4 VII UmwStG aF ergänzt. In einem neuen S 2 wurde diese Methodik um die Schachtelbeteiligungen nach den DBA erweitert.

1 BGBl I 1976, 2597.
2 BGBl I 1969, 1182.
3 BGBl I 1993, 2310.
4 BGBl I 1999, 2601.
5 BGBl I 2003, 660.

IRd ProtErklG v 22.12.2003[1] wurde der Verweis auf § 3c II EStG sprachlich an die Vorschrift des § 8b V angepasst. Durch das SEStEG v 7.12.2006[2] wurde die Regelung des § 15 S 1 Nr 2 erneuert und inhaltlich an die Änderungen des UmwStG durch Regelung der Bruttomethode für Übernahmeverluste nach § 4 VI UmwStG an Stelle des ursprünglichen § 4 VII UmwStG angepasst.

Die nächste Änderung erfolgte durch das UntStRefG 2008 v 14.8.2007.[3] In § 15 Nr 3 nF wurde eine Sonderregelung für die Zinsschranke in Organschaftsfällen neu mit aufgenommen. Nach § 15 Nr 3 S 1 nF findet die Regelung des § 4h EStG bei der Organgesellschaft keine Anwendung, sondern Organträger und Organgesellschaft gelten nach § 15 Nr 3 S 2 nF für Zwecke der Zinsschranke als ein Betrieb. Ähnlich der Bruttomethode bestimmt sodann § 15 Nr 3 S 3 nF, dass Zinserträge und -aufwendungen, die in dem dem Organträger zugerechneten Einkommen der Organgesellschaft enthalten sind, auf Ebene des Organträgers zu berücksichtigen sind.

Durch das JStG 2009 v 19.12.2008[4] erfolgte zuletzt eine Ergänzung des § 15 Nr 2 durch einen neuen S 3. Danach gilt § 15 Nr 2 S 2 nicht, soweit bei der Organgesellschaft § 8b VII, VIII und X anzuwenden sind. Für den § 15 Nr 2 S 1 erfolgte keine Modifikation, da dieser lediglich die Anwendung von § 8b I-VI bei der Organgesellschaft ausschließt. Ferner wurde § 15 um eine Nr 4 und Nr 5 erweitert. Die Regelungen stehen im Zusammenhang mit den Neuregelungen zum sog kommunalen Querverbund und Dauerverlustgeschäften in § 8. § 15 Nr 4 S 1 bestimmt bezüglich Dauerverlustgesellschaften, dass die Regelungen zur vGA gem § 8 III S 2 und VII bei der Organgesellschaft nicht anzuwenden sind. Nach § 15 Nr 4 S 2 sind diese Regeln jedoch bei der Einkommensermittlung des Organträgers zu berücksichtigen, soweit in dem zugerechneten Einkommen der Organgesellschaft derartige Verluste enthalten sind. § 15 Nr 5 enthält eine entsprechende Regelung zur Spartenbildung beim steuerlichen Querverbund bei Organschaftsfällen.

Einstweilen frei. 4-6

III. Normzweck und Anwendungsbereich. 1. Bedeutung der Norm. Sonderregelung für die Einkommensermittlung. § 15 enthält verschiedene Sonderregelungen für die Einkommensermittlung bei Organschaft. Sowohl die Regelungstechnik als auch Sinn und Bedeutung der einzelnen Regelungen sind unterschiedlich. 7

Ausschluss der Zuweisung nicht getragener Verluste. Nach § 15 S 1 Nr 1 bleiben vororganschaftliche Verluste der Organgesellschaft während des Bestehens der Organschaft „eingefroren", dh sie können nicht nach § 10d EStG abgezogen werden. Mit Begründung der Organschaft erfolgt eine Verlagerung der Besteuerung der Einkünfte der Organgesellschaft auf den Organträger. Systematisch ist damit ein Abzug zuvor verursachter Verluste der Organgesellschaft nicht gerechtfertigt. Es sollen nur solche Einkommensbestandteile der Organgesellschaft beim Organträger berück- 8

---
1 BGBl I 2003, 2840.
2 BGBl I 2006, 2782.
3 BGBl I 2007, 1912.
4 BGBl I 2008, 2794.

sichtigt werden, die während der Organschaft verursacht wurden bzw von dem Organträger in Folge der mit dem Ergebnisabführungsvertrag verbundenen Verlustübernahme auch wirtschaftlich getragen wurden.[1]

9 **Verhinderung der Ausweitung des persönlichen Anwendungsbereichs des § 8b.** Die sog Bruttomethode des § 15 S 1 Nr 2 bewirkt, dass die Steuerbefreiung für Veräußerungsgewinne und Dividenden nach § 8b sowie entsprechender Gewinne bei Umwandlungen nicht bei der Organgesellschaft berücksichtigt werden. Das Einkommen wird bei der Organgesellschaft zunächst „brutto" ermittelt. Stattdessen erfolgt eine Berücksichtigung beim Organträger, soweit dieser die Voraussetzungen für eine Steuerbegünstigung erfüllt. Die Regelung bezweckt damit, diese Steuerbegünstigungen zu versagen, wenn sie dem Organträger nicht zustehen. Andernfalls könnte der Organträger durch Zwischenschaltung einer Kapitalgesellschaft und Begründung einer Organschaft das Teileinkünfteverfahren „umgehen" bzw den Anwendungsbereich des § 8b missbräuchlich erweitern. Gleiches gilt nach § 15 S 2 hinsichtlich der Begünstigung von Dividenden nach DBA bei Bestehen einer Schachtelbeteiligung. Die Finanzverwaltung vertrat ursprünglich die Auffassung, dass die DBA Begünstigung für Schachtelbeteiligungen von der Regelung des § 8b I verdrängt werde, so dass derartige Begünstigungen von der Regelung des § 15 Nr 2 mit umfasst seien. Dem ist der BFH nicht gefolgt; beide Begünstigungen seien nebeneinander anwendbar.[2] Durch § 15 S 2 erfolgte eine gesetzliche Kodifizierung dahingehend, dass die Regelung für nationale Dividendenbegünstigungen entsprechend für Schachtelbegünstigungen gilt.

10 **Keine Anwendung der Zinsschranke innerhalb eines Organbetriebs.** Die Bruttomethode wird durch § 15 S 1 Nr 3 auch auf die Zinsschranke erweitert. Diese findet bei der Organgesellschaft nach § 15 S 1 Nr 3 S 1 keine Anwendung. Vielmehr werden durch § 15 S 1 Nr 3 S 2 Organgesellschaft und Organträger als ein einheitlicher (Organ-) Betrieb für Zwecke des § 4h EStG bestimmt, auf den die Regelungen der Zinsschranke Anwendung finden. Hierdurch wird sichergestellt, dass innerhalb eines einheitlichen Organbetriebs Finanzierungen zwischen Organträger und Organgesellschaft nicht mehr dem Anwendungsbereich der Zinsschranke unterliegen. Das verrechenbare EBITDA und der Nettozinsaufwand von Organgesellschaft und Organträger werden „konsolidiert", wodurch ggf die abziehbaren Zinsaufwendungen steigen. Die Vorschrift hat zudem positive wie negative Bedeutung für die Ausnahmevorschriften des § 4h II EStG: Die Freigrenze kann für den Organbetrieb nur einmal in Anspruch genommen werden (vgl § 8a Rn 79) und der Organbetrieb als solcher gilt nicht als Konzern (vgl § 8a Rn 309), obwohl der Organkreis aus verschiedenen Rechtsträgern besteht.

11 **Einheitliche Spartentrennung innerhalb des Organkreises.** § 15 S 1 Nr 4 und Nr 5 regeln die Anwendung der Sondervorschriften über die Besteuerung von Aktivitäten der öffentlichen Hand in der Rechtsform von Kapitalgesellschaften bei Organschaft. Danach sind entsprechend dem Gedanken der Bruttomethode § 8 III S 2, VII und IX nicht bei der Organgesellschaft anzuwenden. Eine Anwendung erfolgt erst auf Ebe-

---

1 *Herlinghaus* in H/H/R § 15 Rn 6 und 35.
2 BFH I R 47/08, BStBl II 2011, 131.

IV. Verhältnis zu anderen Vorschriften

ne des Organträgers. Bezweckt wird damit, dass eine Spartentrennung ausschließlich beim Organträger und damit einheitlich für alle Gesellschaften des Organkreises erfolgt.

Einstweilen frei. 12-16

2. Persönlicher Anwendungsbereich. § 15 setzt das Bestehen eines wirksam begründeten Organschaftsverhältnisses voraus.[1] Dies kann entweder aufgrund von § 14 unmittelbar, in entsprechender Anwendung gem § 17 oder sinngemäßer Anwendung gem § 18 bestehen. 17

Organgesellschaft. Ursprünglich enthielt § 15 lediglich abweichende Regelungen der Einkommensermittlung bei der Organgesellschaft. 18

Organträger. Seit dem UntStFG enthält die Vorschrift auch Sondertatbestände für die Einkommensermittlung beim Organträger (vgl Rn 3 ff). Insofern sprechen die Überschrift und der Einleitungssatz nunmehr von der Einkommensermittlung bei Organschaft. 19

Einstweilen frei. 20-21

3. Sachlicher Anwendungsbereich. Die Vorschrift enthält besondere Vorschriften zur Einkommensermittlung bei Organschaft und betrifft dabei sowohl die Organgesellschaft als auch den Organträger. 22

Einstweilen frei. 23

4. Zeitlicher Anwendungsbereich. Der zeitliche Anwendungsbereich ist für jeden Tatbestand der Vorschrift gesondert geregelt und wird nachfolgend beschrieben (vgl Rn 43 ff). 24

Einstweilen frei. 25-27

IV. Verhältnis zu anderen Vorschriften. § 7 II. § 7 II definiert das zu versteuernde Einkommen einer Körperschaft. Die Einkommensermittlung wird durch § 15 beeinflusst, indem die Vorschrift zum einen eine Sondervorschrift für die Ermittlung des Einkommens der Organgesellschaft darstellt und zum anderen das von der Organgesellschaft zugerechnete Einkommen beim Organträger iRd Bruttomethode modifiziert. 28

§ 8. § 8 bestimmt, dass für die Ermittlung des zu versteuernden Einkommens die allgemeinen Vorschriften gelten. Diese finden auch in Organschaftsfällen Anwendung. Allerdings regelt § 15 sowohl für die Organgesellschaft als auch den Organträger abweichende Sondervorschriften, die den allgemeinen Vorschriften vorgehen. Ausdrücklich sind § 8 II S 2, VII und IX bei der Organgesellschaft nicht anzuwenden. 29

§ 8b. § 8b I-VI findet bei der Einkommensermittlung der Organgesellschaft keine Anwendung. Vielmehr gelten die Regelungen beim Organträger, wenn im zugerechneten Einkommen der Organgesellschaft entsprechende Bezüge, Gewinne oder Gewinnminderungen sowie damit zusammenhängende Ausgaben nach § 3c II EStG enthalten sind. Dies jedoch nur, sofern der Organträger die persönlichen Voraussetzungen dieser 30

---

1 *Danelsing* in Blümich § 15 Rn 5.

Regelungen erfüllt. Andernfalls kommt es beim Organträger zur Anwendung des § 3 Nr 40 EStG. Eine Anwendung der Regelungen beim Organträger scheidet zudem aus, wenn bei der Organgesellschaft § 8b VII, VIII oder X anzuwenden ist. Da § 8b IX eine Sonderregelung zur Anwendung von § 8b VII und VIII (bei der Organgesellschaft) darstellt, enthält § 15 keinen gesonderten Verweis auf diese Bestimmung.

31 **§ 4h EStG und § 8a.** Der Anwendungsbereich der Zinsschranke wird durch § 15 S 1 Nr 3 als lex specialis modifiziert. Die Vorschriften über die Zinsschranke finden danach bei der Organgesellschaft keine Anwendung. Stattdessen wird in § 15 S 1 Nr 3 S 2 der Vorschrift ein Organbetrieb fingiert, auf den die Zinsschranke Anwendung findet. Dabei werden die maßgeblichen Bezugsgrößen für die Anwendung der Zinsschranke, das verrechenbare EBITDA sowie der Nettozinsaufwand von Organgesellschaft und Organträger konsolidiert. Die Ausnahmevorschriften des § 4 II EStG finden zudem ebenfalls nur auf den Organbetrieb Anwendung. Über die Anwendung des § 8a entscheidet ausschließlich die Rechtsform des Organträgers. Die Begründung einer Organschaft kann über § 15 S 1 Nr 3 damit zum Ausschluss des § 8a bzw zur Anwendung des § 4h EStG führen.

32 **§ 9 I Nr 2.** Die Ermittlung des Höchstbetrages des Spendenabzugs bei der Organgesellschaft wird durch § 15 beeinflusst, weil bei der weiterhin isolierten Ermittlung des Einkommens der Organgesellschaft bestimmte Vorschriften der Einkommensermittlung (zB § 8b I-VI oder §§ 3c II, 4h EStG) bei der Organgesellschaft keine Anwendung finden, sondern erst bei der Ermittlung des Einkommens des Organträgers anzuwenden sind.

33 **§ 14.** Es wird die Auffassung vertreten, dass die Einführung der Zinsschranke einen wichtigen Grund zur vorzeitigen Kündigung des Ergebnisabführungsvertrags und damit zur Beendigung der Organschaft darstellt.[1] Bei entsprechender Beendigung würde § 15 nicht mehr anwendbar sein.

34 **§ 10d EStG.** Der Verlustabzug nach § 10d ist bei der Organgesellschaft während des Bestehens einer Organschaft nach § 15 S 1 Nr 1 als lex specialis nicht zulässig.

35 **§ 4 UmwStG.** Zum Verhältnis zu § 4 UmwStG vgl Rn 90.

36 **§ 7 UmwStG.** Zum Verhältnis zu § 7 UmwStG vgl Rn 91.

37 **§ 12 UmwStG.** Zum Verhältnis zu § 12 UmwStG vgl Rn 92.

38 **GewStG.** Die Anwendung des § 15 bei der Ermittlung des Gewerbeertrags ist umstritten. Aufgrund der Tatsache, dass § 15 keine originäre Gewinnermittlungsvorschrift sondern eine Sondervorschrift bei der Gewinnermittlung bei Organschaft ist, wird in der Literatur teilweise die Auffassung vertreten, § 15 gelte nicht bei der Ermittlung des Gewerbeertrags.[2] Nach zutreffender Ansicht werden aber über § 7 GewStG nicht lediglich die allgemeinen, sondern auch die besonderen Gewinnermittlungsvorschriften und darüber auch § 15 erfasst.[3] Lediglich § 15 S 1 Nr 1 findet aufgrund der spezialgesetzlichen Vorschrift des § 10a GewStG keine Anwendung (vgl Rn 46).

---

1 *Walter* in EY § 15 Rn 62.
2 *Heurung/Oblau/Röker*, GmbHR 2002, 620; *Krebühl*, DStR 2002, 1241; *Prinz*, FR 2002, 66.
3 BMF v 26.8.2003, BStBl I 2003, 437, Rn 28; *Herlinghaus* in H/H/R § 15 Rn 23; *Frotscher* in Frotscher/Maas § 15 Rn 93; *Rödder/Schumacher*, DStR 2003, 805.

§ 2 II InvStG. Nach § 2 II InvStG ist auf ausgeschüttete oder ausschüttungsgleiche 39
Erträge insoweit § 8b anzuwenden, als diese Kapitalerträge nach § 43 I S 1 Nr 1 EStG
enthalten. Auf diese Erträge findet die Bruttomethode nach § 15 S 1 Nr 2 aufgrund des
Verweises auf § 8b ebenso Anwendung.

Einstweilen frei. 40-42

V. Einschränkung des Verlustabzugs (§ 15 S 1 Nr 1). 1. Allgemeines und persönlicher Anwendungsbereich. 43

§ 15 S 1 Nr 1 schränkt die Nutzung von Verlusten, die nicht während der Organschaft entstanden sind, bei der Einkommensermittlung der Organgesellschaft ein. Bestehende Verlustvorträge werden „eingefroren", dh sie mindern nicht das Einkommen der Organgesellschaft vor Zurechnung an den Organträger. Die Zurechnung des Einkommens der Organgesellschaft zum Organträger soll lediglich die Ergebnisse umfassen, die die Organgesellschaft während des Organschaftszeitraums erzielt hat (weiterführend unter Rn 68 ff).

Ausschließliche Anwendung bei der Organgesellschaft. § 15 S 1 Nr 1 ist ent- 44
sprechend auf die Einkommensermittlung der Organgesellschaft beschränkt; sie gilt
nicht für Verluste des Organträgers. Eigene und ihm zugerechnete Verluste kann der
Organträger deshalb unter Maßgabe der allgemeinen Vorschriften uneingeschränkt
ausgleichen, rück- oder vortragen.

Organschaftsketten. Im Fall einer Organschaftskette gilt die Vorschrift auch für 45
den Organträger, wenn er zugleich Organgesellschaft ist.

Beispiel

M ist an T und T ist an E jeweils mehrheitlich beteiligt. Zwischen M und T sowie zwischen T und E bestehen Organschaften (Organschaftskette). M, T und E verfügen über Verlustvorträge. Die Verlustvorträge der E sind nach § 15 Nr 1 eingefroren. Gleiches gilt für die Verlustvorträge der T. Diese ist zwar Organträger der E, sie ist aber zugleich Organgesellschaft der M. Im Ergebnis können damit nur die Verlustvorträge der M genutzt werden.

GewSt. Keine Anwendung findet die Vorschrift bei der GewSt. Dies ergibt sich 46
aus der spezialgesetzlichen Vorschrift des § 10a S 3 GewStG, die eine entsprechende
Regelung für die gewerbesteuerlichen Fehlbeträge enthält.

Einstweilen frei. 47

2. Erfasste Verluste. § 15 S 1 Nr 1 schränkt den Verlustabzug iSd § 10d EStG ein. 48
Erfasst werden danach zumindest solche Verluste, die nach § 10d IV EStG bei der
Organgesellschaft zum Ende des letzten VZ festgestellt wurden.

Andere Verluste. Ob von § 15 S 1 Nr 1 auch andere Verluste erfasst sind, ist 49
nach dem Wortlaut offen, da dieser nicht generell die Übertragung von Verlusten
als unzulässig erklärt, sondern auf den Abzug nach § 10d EStG verweist. Gleichwohl soll nach hM[1] die Vorschrift auch alle anderen Verluste, die beschränkt oder

---

1   *Erle/Heurung* in Erle/Sauter § 15 Rn 15; *Dötsch* in D/J/P/W § 15 Rn 6; *Frotscher* in Frotscher/Maas § 15 Rn 11.

nur eingeschränkt berücksichtigt werden können, erfassen; mithin auch Verluste der Organgesellschaft nach §§ 2a, 15 IV, 15a, 15b, 22 Nr 3 und 23 EStG sofern die Organgesellschaft die von den Vorschriften erfassten Einkünfte erzielt.

50 **Verluste iSd § 15a EStG.** Zweifel sind mE zumindest hinsichtlich der Einbeziehung der Verluste nach § 15a EStG angebracht. Zwar würde es dem Telos der Vorschrift entsprechen, eine Einkommensminderung der Organgesellschaft durch diese (Alt-) Verluste nicht zuzulassen; die Berücksichtigung dieser Verluste erfolgt aber nicht auf Ebene der Organgesellschaft, sondern iRd einheitlichen und gesonderten Gewinnermittlung auf Ebene der Tochterpersonengesellschaft. Die Organgesellschaft erhält insoweit nach § 15a II EStG lediglich einen geringeren Gewinnanteil zugewiesen, ohne dass bei ihrer eigenen Einkommensermittlung ein Abzug iSd § 10d EStG erfolgt. Zutreffend weist *Kempf*[1] in diesem Zusammenhang auch auf die verfahrensrechtlichen Schwierigkeiten – insbesondere bei mehrstöckigen Personengesellschaften – sowie die sich aus der Auffassung der hM ergebenden verfassungsrechtlichen Bedenken bei der Veräußerung der Beteiligung an der Tochterpersonengesellschaft während des Bestehens der Organschaft hin. Von daher spricht einiges dafür, Verluste nach § 15a EStG nicht dem § 15 S 1 Nr 1 zu unterwerfen.

51 **Zweifel an der Behandlung von Schedulenverlusten.** Systematische Fragestellungen treten aber auch bei den „Schedulenverlusten" nach §§ 2a, 15 IV oder 15b EStG auf. § 15 S 1 Nr 1 betrifft den Verlustabzug iSd § 10d EStG. Die Abzugsfähigkeit dieser Verluste richtet sich aber teilweise nach eigenen Regeln. So erfolgt lediglich bei § 15 IV ein Verlustabzug nach Maßgabe des § 10d EStG. Bei §§ 2a und 15b EStG erfolgt die Berücksichtigung von Verlusten nach gesonderten Voraussetzungen. Der Verweis im § 15 S 1 Nr 1 auf § 10d EStG müsste deshalb „weit" ausgelegt und iSv jeglichem Verlustabzug in anderen Perioden verstanden werden. Zudem treten Unstimmigkeiten auf, da anders als bei einem negativen Einkommen nach § 14 nicht geklärt ist, ob auch die Verluste der Organgesellschaft während der Organschaftszeit dem Organträger zugerechnet und dort mit positiven Einkünften der gleichen „Schedule" verrechnet werden können oder mangels einer gesetzlich geregelten Bruttomethode gesondert auf Ebene der Organgesellschaft ermittelt werden müssen.[2] Folgt man im letzteren Fall der hM, müssten die gesondert festzustellenden Schedulenverluste bei der Organgesellschaft getrennt für die organschaftliche und die vororganschaftliche Zeit ermittelt und festgestellt werden, weil sie unterschiedlichen Verlustverrechnungen unterliegen würden. Dies ist jedoch gesetzlich nicht vorgesehen.

52 **Negative Einkünfte einer Zwischengesellschaft gem § 10 III S 5 AStG.** Einkünfte einer ausländischen Gesellschaft (Zwischengesellschaft) unterliegen bei ihrem inländischen Gesellschafter der (Hinzurechnungs-)Besteuerung, sofern die Voraussetzungen der §§ 7 ff AStG erfüllt sind. Eine Hinzurechnung unterbleibt jedoch nach § 10 I S 4 AStG, sofern der Hinzurechnungsbetrag negativ ist. Dh, in diesem Fall erzielt der inländische Gesellschafter keine negativen Einkünfte iRd Hinzurechnungsbesteuerung; vielmehr werden die negativen Beträge bei der Zwischengesell-

---
1 *Kempf* in Lüdicke/Kempf/Brink, Verluste im Steuerrecht, 2010, S 154.
2 *Kempf* in Lüdicke/Kempf/Brink, Verluste im Steuerrecht, 2010, S 155.

schaft „eingesperrt".[1] Die Verluste der Zwischengesellschaft können jedoch gem § 10 III S 5 AStG in entsprechender Anwendung des § 10d EStG bei der Ermittlung der dem Hinzurechnungsbetrag zugrundeliegenden Einkünften abgezogen werden. Der Abzug dieser Verluste erfolgt damit ausschließlich auf Ebene der Zwischengesellschaft und bevor der Verlust in die Einkommensermittlung beim inländischen Gesellschafter einfließt.[2] Damit scheidet mE eine Anwendung des § 15 S 1 Nr 1 bei der Organgesellschaft für diese Verluste der Zwischengesellschaft aus, sofern die Organgesellschaft Gesellschafter der Zwischengesellschaft ist. Denn § 10d EStG greift erst bei der Ermittlung des Einkommens der Organgesellschaft und setzt damit das Bestehen von (negativen) Einkünften der Organgesellschaft voraus.

Negative Erträge aus Investmentvermögen gem § 3 IV InvStG. Negative Erträge aus Investmentvermögen – soweit nicht verrechenbar – werden nach § 3 IV InvStG auf Ebene des Investmentvermögens festgestellt und vorgetragen.[3] Sie reduzieren in den Folgejahren die Erträge aus Investmentvermögen und damit die späteren Einkünfte beim Investor. Obwohl das InvStG zum Ziel hat, das Investmentvermögen einer transparenten Besteuerung bei den Investoren zu unterwerfen, können diese etwaige Verluste des Investmentvermögens bis zur Verrechnung mit positiven Erträgen beim Investmentvermögen nicht nutzen – es liegen insoweit keine negativen Einkünfte vor. Damit scheidet mE auch ein Verlustabzug nach § 10d EStG aus. § 10d EStG greift erst bei der Ermittlung des Einkommens und setzt damit das Bestehen von Einkünften voraus. Entsprechend ist der Verlustvortrag gem § 3 IV InvStG nicht nach § 15 S 1 Nr 1 eingeschränkt.

53

Verluste einer anderen Quelle bzw eines anderen Rechtsträgers. Unerheblich ist, aus welchen Quellen bzw von welchem Rechtsträger die Verluste stammen. Die früher bestehende Möglichkeit erhebliche Verlustübertragung iRv Verschmelzungen auf die Organgesellschaft oder der Spaltungen zur Aufnahme bei der Organgesellschaft, ist durch die Änderung des § 12 III S 2 UmwStG (Untergang der Verluste des übertragenden Rechtsträgers) iRd SEStEG weggefallen.[4] Allenfalls für gewerbesteuerliche Zwecke kann sich bei der Anwachsung einer Personengesellschaft auf die Organgesellschaft noch die Problematik der Übertragung von vorgetragenen Fehlbeträgen eines anderen Steuersubjekts stellen. ME sollte § 10a S 3 GewStG in diesen Fällen eine Nutzung dieser Fehlbeträge während des Bestehens der Organschaft ausschließen, da diese Fehlbeträge nicht während der Organschaft durch den Organkreis erwirtschaftet wurden.

54

Zins- und EBITDA-Vortrag nach § 4h EStG. Fraglich ist, ob die Vorschrift auch für den Zins- und EBITDA-Vortrag nach § 4h EStG gilt. Zumindest die Finanzverwaltung[5] wendet § 15 S 1 Nr 1 entsprechend auf den Zinsvortrag an, dh dieser soll während der Organschaftszeit nicht für einen Abzug zur Verfügung stehen. Diese Ansicht wird teilweise auch auf den EBITDA-Vortrag übertragen.[6] Aus § 15 S 1 Nr 1

55

---

1 *Intemann* in Haase § 15 AStG Rn 40.
2 *Schnitger* in Lüdicke/Kempf/Brink, Verluste im Steuerrecht, 2010, S 166.
3 *Schnitger* in Lüdicke/Kempf/Brink, Verluste im Steuerrecht, 2010, S 176.
4 Zur Rechtslage vor SEStEG *Dötsch* in D/J/P/W § 15 Rn 7; *Frotscher* in Frotscher/Maas § 15 Rn 20 f.
5 BMF v 4.7.2008, BStBl I 2008, 718, Tz 48.
6 *Dötsch* in D/J/P/W § 15 Rn 47a.

kann dies jedoch nicht hergeleitet werden (zur Begründung § 8a Rn 551). Allerdings ergeben sich mE entsprechende Einschränkungen aus der Bruttomethode nach § 15 S 1 Nr 3 (vgl Rn 188).

56-57 *Einstweilen frei.*

58 **3. Verlustzeiträume. Verbot des Verlustabzugs.** Unzulässig ist der Abzug der Verluste nach § 10d EStG und damit
- der Verlustvortrag von vororganschaftlichen Verlusten (vgl Rn 59) sowie
- der Verlustrücktrag von nachorganschaftlichen Verlusten (vgl Rn 61)

in die Organschaft.

59 **Vororganschaftliche Verluste.** Vororganschaftliche Verluste sind alle Verluste, die zum Schluss des letzten VZ vor Beginn der Organschaft festgestellt wurden.[1]

60 **Unterjährige Verluste, Rumpf-WJ.** Fraglich ist, ob auch unterjährige Verluste der Organgesellschaft von § 15 S 1 Nr 1 erfasst werden. Diese können bei Begründung der Organschaft entstehen, wenn für diese Zwecke das WJ der Organgesellschaft umgestellt wird. *Kempf*[2] führt das Beispiel an, dass der Organträger zum 31.3. seine Beteiligung von 45 % auf 65 % aufstockt und daran anschließend bei der Organgesellschaft zur Begründung einer Organschaft ab dem 1.5. zwei Rumpf-WJ gebildet werden – zunächst auf den 30.4. und sodann auf den 31.12. Zwar sind Verluste in dem ersten Rumpf-WJ nicht von § 14 erfasst, bei der Einkommensermittlung der Organgesellschaft für Zwecke der Zurechnung beim Organträger erfolgt jedoch eine Verlustverrechnung zwischen den Rumpf-WJ, ohne dass es zu einem Abzug nach § 10d EStG kommt.

61 **Nachorganschaftliche Verluste.** Nachorganschaftliche Verluste sind Verluste, die im ersten WJ nach Beendigung der Organschaft bei der Organgesellschaft angefallen sind.

62 **Organschaftliche Verluste.** Organschaftliche Verluste, dh Verluste die während der Organschaft entstanden sind, werden von § 15 S 1 Nr 1 nicht erfasst.

63 **Maßgeblicher Zeitpunkt.** Maßgeblich bei der Bestimmung eines vor- oder nachorganschaftlichen Verlustes ist allein der Zeitpunkt der Verlustentstehung, nicht der Zeitpunkt, zu dem die Verluste abzugsfähig geworden sind.

Beispiel

Die Organgesellschaft erzielt vor Begründung der Organschaft Verluste aus Termingeschäften nach § 15 IV EStG, die vom Ausgleich ausgeschlossen sind. Tritt während der Organschaft die Abzugsfähigkeit ein, soll nach hM das Übertragungsverbot des § 15 S 1 Nr 1 eingreifen.

64 **Ausländische EU-Betriebsstättenverluste.** Es ist fraglich, ob Verluste einer EU-Betriebsstätte, die in der Betriebsstätte der Organgesellschaft vor der Begründung der Organschaft entstanden sind, abzugsfähig sind. Der BFH hat diesbezüglich entgegen

---

1 Neumann in Gosch § 15 Rn 5.
2 Kempf in Lüdicke/Kempf/Brink, Verluste im Steuerrecht, 2010, S 155.

V. Einschränkung des Verlustabzugs

der Ansicht der Finanzverwaltung entschieden, dass diese Verluste für steuerliche Zwecke erst bei Finalität einkommensmindernd im Inland abgezogen werden dürfen.[1] ME kann für diese Verluste nichts anderes gelten als für Verluste aus Geschäften, die bereits vor Beginn der Organschaft angelegt waren, deren steuerliche Wirkung aber bspw aufgrund von § 5 IVa EStG erst während der Organschaft das Einkommen mindern. Für steuerliche Zwecke entstehen diese Verluste erst während der organschaftlichen Zeit.

Aufschub des Gewinnabführungsvertrags als Gestaltungsmittel. Eine mögliche Gestaltung zur Nutzung der Verlustvorträge der Organgesellschaft ist, die Organschaft erst bei vollständigem Verbrauch der Verlustvorträge zu begründen. Eine derart geregelte aufschiebende Bedingung im Ergebnisabführungsvertrag ist in der Praxis aber von den Handelsregistergerichten teilweise beanstandet worden, was zu einer Streichung von Abschn 55 II KStR 1990 führte.[2] Unabhängig von der rechtlichen Zulässigkeit einer solchen aufschiebenden Bedingung ist sie zudem mit der praktischen Schwierigkeit verbunden, dass das Einkommen der Organgesellschaft durch (spätere) Betriebsprüfungen beeinflusst wird. Hierdurch wird auch der Zeitpunkt des Verbrauchs der Verlustvorträge verschoben und damit die genaue Bestimmung des Eintritts der Bedingung erheblich erschwert.

Einstweilen frei. 66-67

4. Rechtsfolge. Vororganschaftliche Verluste während der Organschaft. Verlustvorträge der Organgesellschaft aus vororganschaftlicher Zeit werden während der Dauer der Organschaft aufgrund des § 15 S 1 Nr 1 „eingefroren". Sie reduzieren nicht nach Maßgabe des § 10d EStG das Einkommen der Organgesellschaft vor Zurechnung an den Organträger, bleiben jedoch weiterhin bestehen und können auch grundsätzlich nach § 8c untergehen (vgl § 8c Rn 233 ff).

Verluste nach Beendigung der Organschaft. Auch Verluste der Organgesellschaft nach Beendigung der Organschaft können nicht in die organschaftliche Zeit zurückgetragen werden.[3] Dies folgt aus der gesetzlichen Formulierung, dass ein – und damit jeglicher – Verlustabzug nach § 10d EStG ausgeschlossen ist, mithin auch der aus § 10d I EStG folgende Verlustrücktrag.

Während der Organschaft entstandene Verluste. Verluste, die während der Organschaft entstehen, werden nicht von § 15 S 1 Nr 1 erfasst, sondern sind iRd Einkommenszurechnung ausschließlich beim Organträger nutzbar. Die Verluste werden damit weder in die vororganschaftliche Zeit der Organgesellschaft zurückgetragen, noch in die nachorganschaftliche Zeit vorgetragen. Eine Ausnahme kann allerdings für „Schedulenverluste" bestehen, sofern sie auf Ebene der Organgesellschaft festgestellt werden (vgl Rn 51). Nach ganz hM scheidet zudem eine Verlustverrechnung mit dem eigenen Einkommen der Organgesellschaft nach § 16 aus (vgl § 16 Rn 46).

---

1 BFH I R 16/10, BFH/NV 2011, 524; BFH I R 107/09, BFH/NV 2010, 1744.
2 *Dötsch* in D/J/P/W § 15 Rn 315.
3 *Herlinghaus* in H/H/R § 15 Rn 37; *Dötsch/Krämer* in D/J/P/W § 15 Rn 5.

71 **Bedeutung für latente Steuern.** § 15 S 1 Nr 1 hat Bedeutung für die Aktivierung latenter Steuern[1] für Verlustvorträge der Organgesellschaft. Da die Organschaft auf mindestens fünf Jahre abgeschlossen werden muss, besteht ein erhebliches Risiko, dass vor Begründung der Organschaft auf die Verlustvorträge gebildete latente Steuern aufgelöst werden müssen, da der Prognosezeitraum für die Nutzung der Verlustvorträge regelmäßig auch fünf Jahre beträgt.

72 *Einstweilen frei.*

73 **5. Verhältnis zum Handelsrecht. Abführungsverbot eines vororganschaftlichen Verlustvotrags.** Vororganschaftliche Verluste können handelsrechtlich nach § 301 AktG den Höchstbetrag der Gewinnabführung vermindern. Nach dieser Vorschrift darf der abzuführende Gewinn höchstens den ohne Gewinnabführung entstehenden Jahresüberschuss, vermindert um einen Verlustvortrag aus dem Vorjahr, um den Betrag, der nach § 300 AktG in die gesetzlichen Rücklagen einzustellen ist, und den nach § 268 VIII HGB ausschüttungsgesperrten Betrag umfassen. Gewinne der Organgesellschaft dürfen deshalb erst nach vollständiger Verrechnung vororganschaftlicher Verluste abgeführt werden. Verstöße hiergegen, dh Abführung eines höheren Gewinnes, begründen eine Nichtdurchführung des Ergebnisabführungsvertrags und führen damit zu einer steuerlichen Nicht-Anerkennung der Organschaft[2] (vgl § 14 Rn 350 ff). Die teilweise in der Literatur[3] vertretene Ansicht, bei geringfügigen Verstößen aus Billigkeit die Organschaft weiterhin anzuerkennen, wäre zwar eine für die Praxis hilfreiche Erleichterung, es fehlt hierfür jedoch an einer gesetzlichen Grundlage.[4]

74 **Minderabführung.** Für steuerliche Zwecke ist das gesamte Einkommen dem Organträger zuzurechnen. Es kommt deshalb beim Bestehen von vororganschaftlichen Verlusten zu Minderabführungen, da ein Teil des Gewinnes der Organgesellschaft aufgrund gesetzlich zwingender Vorschriften zur Verlustverrechnung nicht abgeführt wird, während für steuerliche Zwecke der gesamte Gewinn dem Organträger zugerechnet wird. Ein Verstoß gegen die Gewinnabführungsverpflichtung nach § 14 liegt insoweit nicht vor.[5] Fraglich ist, ob es sich um eine organschaftliche oder vororganschaftliche Minderabführung handelt. Da es sich bei den auszugleichenden Verlusten aufgrund der Verlustübernahmeverpflichtung während der Organschaft zwingend um Verluste aus vororganschaftlicher Zeit handeln muss, sprechen mE die besseren Gründe dafür, entgegen der Ansicht der Finanzverwaltung,[6] von einer Ursache der Minderabführung in vororganschaftlicher Zeit auszugehen.[7] Folglich wäre § 14 III S 2 anzuwenden, dh die Verlustverrechnung ist als Einlage bei der Organgesellschaft zu behandeln und insoweit ist der Buchwert der Beteiligung und nicht ein (anteiliger) aktiver Ausgleichsposten beim Organträger zu erfassen. Wegen der bestehenden Unsicherheiten kann der Organträger

---

1 *Melcher/Murer*, DB 2011, 2329.
2 BFH IV R 21/07, BFH/NV 2011, 151.
3 *Walter* in EY § 14 Rn 680.2.
4 BFH IV R 21/07, BFH/NV 2011, 151.
5 *Dötsch* in D/J/P/W § 15 Rn 13.
6 R 63 II KStR.
7 *Dötsch* in D/J/P/W § 15 Rn 14.

aber alternativ vor Begründung der Organschaft einen Ertragszuschuss als Einlage in die (zukünftige) Organgesellschaft leisten und so den Verlust ausgleichen. Hierbei handelt es sich auch nach Ansicht der Finanzverwaltung um einen Einlage (R 64 S 2 KStR und H 64 KStR).

Einstweilen frei. 75-77

VI. Bruttomethode (§ 15 S 1 Nr 2 und S 2). 1. Allgemeines. Verlagerung der Anwendung bestimmter Steuerbefreiungsvorschriften und Abzugsverbote. § 15 S 1 Nr 2 regelt die sog Bruttomethode.[1] Hiernach sind zunächst § 8b I-VI sowie § 4 VI UmwStG bei der Organgesellschaft nicht anzuwenden. Entsprechende Bezüge, Gewinne, Gewinnminderungen oder Verluste erhöhen bzw mindern das Einkommen der Organgesellschaft, das dem Organträger zugerechnet wird. Sodann bewirkt die Vorschrift, dass die Steuerbefreiungen sowie geltende Abzugsverbote unter bestimmten Voraussetzungen beim Organträger in Bezug auf das ihm iRd Organschaft zugerechnete Einkommen berücksichtigt werden. Die Bruttomethode bewirkt somit eine Verlagerung der Anwendung bestimmter Steuerbefreiungsvorschriften und im Ergebnis bestimmter Abzugsverbote von der Organgesellschaft auf den Organträger. Die Einkünfte der Organgesellschaft werden dem Organträger somit quasi „brutto", dh ohne Berücksichtigung von Steuerbefreiungen und Abzugsverboten, zugerechnet. 78

Hintergrund. Hintergrund der Regelung ist, dass die nur für Körperschaften geltenden Vorschriften (insbesondere Steuerbefreiungen nach § 8b I, II) beim Organträger dann nicht zur Anwendung kommen sollen, wenn dieser ohne die Organschaft nicht in den Genuss der Vorschriften kommen würde.[2] Da die Organgesellschaft stets eine Körperschaft sein muss, ist dies insbesondere dann der Fall, wenn der Organträger eine natürliche Person oder eine Personengesellschaft ist. Denn bei einer natürlichen Person oder Personengesellschaft mit natürlichen Personen als Mitunternehmer wären Dividenden und Veräußerungsgewinne iSd § 8b I, II nur partiell steuerbefreit, so dass die Bruttomethode die Ausnutzung von steuerlichen Vorteilen durch Begründung einer Organschaft vermeiden und eine sachgerechte Besteuerung sichern soll. 79

Verfahrensrecht. Verfahrensrechtlich abgesichert ist die Bruttomethode durch die Verpflichtung der Organgesellschaft, im Rahmen ihrer KSt-Erklärung in Anlage ORG die notwendigen Angaben zur Durchführung der Korrekturen beim Organträger zu machen. Eine neben dieser aus §§ 149 f AO folgenden Verpflichtung ist gesetzlich nicht kodifiziert.[3] 80

Einstweilen frei. 81-82

2. Keine Steuerbefreiung bei der Organgesellschaft (§ 15 S 1 Nr 2 S 1). a) Persönlicher und sachlicher Anwendungsbereich. Anwendung bei der Organgesellschaft. § 15 S 1 Nr 2 S 1 betrifft ausschließlich die Einkommensermittlung der Organgesellschaft. 83

---
1 BMF v 26.8.2003, BStBl I 2003, 437, Rn 22.
2 *Frotscher* in Frotscher/Maas § 15 Rn 26; *Dötsch* in D/J/P/W § 15 Rn 18; *Herlinghaus* in H/H/R § 15 Rn 7.
3 *Herlinghaus* in H/H/R § 15 Rn 55.

84 **Verweis auf § 8b I–VI.** Erfasst werden von § 15 S 1 Nr 2 S 1 über den Verweis auf § 8b I und V Bezüge der Organgesellschaft nach § 20 I Nr 1, 2, 9 und 10 lit a EStG sowie damit zusammenhängende Bezüge (hierzu im Einzelnen § 8b Rn 137 ff). Der Verweis auf § 8b II und III erfasst Veräußerungsgewinne der Organgesellschaft an bestimmten Körperschaften (hierzu im Einzelnen § 8b Rn 300 ff) sowie damit zusammenhängende Aufwendungen und Gewinnminderungen aus Anteilen (hierzu im Einzelnen § 8b Rn 386 ff) und Darlehensforderungen sowie Sicherheiten (hierzu im Einzelnen § 8b Rn 449 ff). Zur Anwendung des Korrespondenzprinzips vgl Rn 161.

85 **Über Mitunternehmerschaft erzielte Bezüge gem § 20 I Nr 1, 2, 9 und 10 lit a EStG.** Über § 8b VI werden entsprechende Bezüge, Gewinne und Gewinnminderungen von § 15 S 1 Nr 2 S 1 erfasst, die die Organgesellschaft über eine Mitunternehmerschaft erzielt (zum Regelungsgehalt des § 8b VI, vgl § 8b Rn 636 ff).[1]

86 **§ 8b VII–VIII.** § 15 S 1 Nr 2 S 1 erfasst nicht die § 8b VII–VIII bei der Organgesellschaft; dh, diese Vorschriften sind bei der Einkommensermittlung der Organgesellschaft weiterhin anzuwenden. Es könnte sich zwar die Frage stellen, ob durch den Ausschluss der § 8b I–VI nicht auch die § 8b VII-VIII letztlich ins Leere laufen. Dennoch wird man aber von einer abstrakten Anwendbarkeit der § 8b VII-VIII ausgehen müssen. Dies ergibt sich aus einer Einbeziehung der parallelen Regelung des § 8b X; wäre diese Vorschrift nicht weiterhin abstrakt anzuwenden, wäre eine Organgesellschaft immer schädlicher Entleiher iSd § 8b X (hierzu Rn 88 sowie § 8b Rn 910).

87 **§ 8b IX.** § 8b IX ist auf Ebene der Organgesellschaft nicht von § 15 S 1 Nr 2 S 1 erfasst. Wenn § 8b IX damit die Anwendbarkeit der § 8b VII und VIII auf Ebene der Organgesellschaft ausschließt, hat dies zunächst zur Folge, dass § 8b I und II grundsätzlich zur Anwendung kommen. Hier greift jedoch wiederum der in § 15 S 1 Nr 2 S 1 geregelte Ausschluss der § 8b I und II ein. Dh, auch in diesem Fall ist die Bruttomethode für Bezüge iSd § 8b IX anzuwenden bzw die Anwendung des § 15 S 1 Nr 2 S 1 wird nicht durch § 8b IX ausgeschlossen.

88 **§ 8b X.** Auch § 8b X wird nicht durch § 15 S 1 Nr 2 S 1 außer Kraft gesetzt und bleibt damit bei der Organgesellschaft anwendbar. IRd Überprüfung der Tatbestandsvoraussetzungen des § 8b X hat auch die in § 15 S 1 Nr 2 S 1 verankerte Bruttomethode bei der Bestimmung schädlicher Entleiher keine Bedeutung, da nur auf Kapitalgesellschaften abgestellt wird, bei denen § 8b VII oder VIII nicht greift. Bei der Bestimmung eines schädlichen Verleihers iSd § 8b X würde jedoch die Bruttomethode gem § 15 S 1 Nr 2 S 1 dazu führen, dass Organgesellschaften grundsätzlich als schädlicher Verleiher qualifiziert werden, was für eine teleologische Reduktion spricht (vgl § 8b Rn 910).

89 **Abzugsverbote gem § 3c EStG sowie § 8b III S 1 und V.** Die in § 15 S 1 Nr 2 S 1 geregelte Nichtanwendbarkeit des § 8 I–VI hat zur Folge, dass § 3c EStG als Regelung, welche die Nichtabzugsfähigkeit von Betriebsausgaben im Zusammenhang mit steuerfreien Einnahmen betrifft, und § 8b III S 1 sowie V bei der Organgesellschaft

---

1 *Erle/Heurung* in Erle/Sauter § 15 Rn 38.

VI. Bruttomethode

nicht anwendbar sind.[1] § 8b III S 1 und V sind bereits dem ausdrücklichen Wortlaut des § 15 S 1 Nr 2 S 1 nach nicht anwendbar, dh, es hat keine Hinzurechnung der 5% fiktiven Betriebsausgaben zu erfolgen. Damit entfaltet zwar der in § 8b V S 2 geregelte Ausschluss des § 3c I ebenfalls keine Wirkung bei einer Organgesellschaft.[2] § 3c I ist aber bei der Organgesellschaft dennoch nicht anzuwenden, weil keine steuerfreien Einnahmen vorliegen. Mit anderen Worten ist § 3c I EStG insoweit nicht anzuwenden (dh die Betriebsausgaben sind auf Ebene der Organgesellschaft abzugsfähig), als diese auf Einkünfte entfallen, für die § 15 S 1 Nr 2 S 1 die Steuerbefreiung bei der Organgesellschaft ausschließt. Sämtliche Betriebsausgaben, die im wirtschaftlichen Zusammenhang mit den in § 8b genannten Einnahmen stehen, sind daher auf Ebene der Organgesellschaft als abzugsfähig zu behandeln.[3]

§ 4 VI, VII UmwStG. § 4 VI UmwStG regelt, dass der Übernahmeverlust aus der Umwandlung einer Körperschaft in eine Personengesellschaft bzw dem dort auch geregelten Vermögensübergang außer Ansatz bleibt, soweit er auf eine Körperschaft entfällt. Die Nichtanwendbakeit des § 4 VI UmwStG nach § 15 S 1 Nr 2 S 1 führt damit zu einer Abzugsfähigkeit des Übernahmeverlustes bei der Organgesellschaft. Hinsichtlich der Behandlung eines entsprechenden Übernahmegewinns gibt es keine ausdrückliche Regelung in § 15 S 1 Nr 2 S 1. Dh, die Nichtanwendbarkeit des § 4 VII UmwStG ist in § 15 S 1 Nr 2 S 1 nicht explizit angeordnet. Nach zutreffender Auffassung ist jedoch davon auszugehen, dass § 4 VII UmwStG die Anwendung des § 8b vorsieht, welche jedoch von § 15 S 1 Nr 2 S 1 überlagert wird; dh, die Nichtanwendung des § 8b I-VI schlägt auch auf die Anwendung dieser Vorschriften für den Übernahmegewinn des § 4 VII UmwStG durch.[4]

90

§ 7 UmwStG. Aus ähnlichen wie unter Rn 90 dargestellten Überlegungen ist § 8b I-VI auch auf Bezüge iSd § 7 UmwStG nicht anwendbar. Nach dieser Vorschrift sind Einnahmen aus Kapitalvermögen iSd § 20 I Nr 1 EStG dem Anteilseigner fiktiv zuzurechnen, welche potentiell der Steuerbefreiung des § 8b I (bzw des § 3 Nr 40 lit d EStG) unterliegen. IRd Fiktion von Bezügen iSd § 20 I Nr 1 EStG ist dann jedoch auch § 15 S 1 Nr 2 S 1 zu beachten, so dass § 8b I-VI bei der Organgesellschaft nicht anzuwenden ist.

91

§ 12 II UmwStG (up-stream-merger). Gem § 12 II S 1 UmwStG bleibt ein aus einer Verschmelzung resultierender Übernahmegewinn bei der übernehmenden Körperschaft außer Ansatz. § 12 II S 2 UmwStG schreibt jedoch die Anwendbarkeit des § 8b vor, soweit der Übernahmegewinn dem Anteil der übernehmenden Körperschaft an der übertragenden Körperschaft entspricht. § 12 II S 2 UmwStG korrigiert damit die Steuerbefreiung des § 12 II S 1 UmwStG dahingehend, dass wegen § 8b 5% des Übernahmegewinns als nicht abziehbare Betriebsausgaben gelten. Der Übernahmegewinn ist indes bereits nach § 12 II S 1 von der Steuer befreit; der Verweis des S 2 auf § 8b lässt den eigentlichen Umfang der Steuerbefreiung unberührt.[5] Ist eine Organgesellschaft übernehmender Rechtsträger, wird die Anwendung des § 8b

92

---

1 *Herlinghaus* in H/H/R § 15 Rn 44.
2 AA wohl *Frotscher* in Frotscher/Maas § 15 Rn 38.
3 Zutreffend *Frotscher* in Frotscher/Maas § 15 Rn 38.
4 *Dötsch* in D/J/P/W § 15 Rn 38; *Frotscher* in Frotscher/Maas § 15 Rn 62.
5 *Dötsch* in D/J/P/W § 15 Rn 40; *Frotscher* in Frotscher/Maas § 15 Rn 67.

durch Verweis auf § 12 II S 2 UmwStG jedoch in Folge des § 15 S 1 Nr 2 S 1 auf Ebene der Organgesellschaft eingeschränkt. Aus § 15 S 1 Nr 2 S 1, welcher nur die Nichtanwendbarkeit von § 8b I-VI vorschreibt, ergibt sich indes keine Einschränkung des § 12 II S 1 UmwStG. Der Übernahmegewinn bzw -verlust ist somit nicht in dem dem Organträger zugerechneten Einkommen enthalten.[1] Es kommt auch nicht nach § 15 S 1 Nr 2 S 2 zu einer korrespondierenden Anwendung des § 8b auf Ebene des Organträgers. Dies ergibt sich zum einen daraus, dass der Übernahmegewinn nach § 12 II UmwStG bereits nicht im Einkommen der Organgesellschaft enthalten ist. Zudem knüpft § 15 S 1 Nr 2 S 2 lediglich an abschließend aufgezählte Bezüge bzw Gewinne an. Der Übernahmegewinn nach § 12 II UmwStG wird hiervon jedoch nicht erfasst.[2] Die oben genannten Erwägungen gelten unabhängig von der Rechtsform des Organträgers, so dass es bei einer Verschmelzung auf eine Organgesellschaft stets zu einer vollständigen Steuerbefreiung kommt. Für eine angemessene Differenzierung (und damit auch Anwendbarkeit der Bruttomethode) fehlt ein entsprechender Verweis in § 15 S 1 Nr 2 auf § 12 II S 2 UmwStG.[3] Die Finanzverwaltung vertritt demgegenüber die Ansicht, dass bei der Anwendung des § 12 II S 2 UmwStG bei einer Aufwärtsverschmelzung auf eine Organgesellschaft § 15 S 1 Nr 2 zu beachten sei.[4]

93 **§ 12 II UmwStG (side-stream-merger).** Im Fall eines „side-stream-merger" bleibt ein Übernahmegewinn bzw -verlust bereits aufgrund des § 12 II S 1 UmwStG außer Ansatz, der Verweis des S 2 auf § 8b II bzw III kommt somit nicht zur Anwendung. Demzufolge ist auch die Bruttomethode nicht anwendbar, da § 15 S 1 Nr 2 S 1 nicht auf § 12 II S 1 UmwStG, sondern lediglich auf § 8b I-VI verweist. Der Übernahmegewinn bzw -verlust ist somit nicht im dem Organträger zugerechneten Einkommen enthalten. Fraglich ist jedoch der Anwendungsbereich, da nach überwiegender Auffassung die Vorschrift nur für eine (partielle) Aufwärtsverschmelzung Anwendung findet.[5]

94 **Spendenhöchstbetrag.** Die Nichtanwendbarkeit der § 8b I-VI führt idR zu einem Einkommen der Organgesellschaft, welches ohne Berücksichtigung der Besonderheiten der Organschaft und somit § 15 I Nr 2 S 1 niedriger wäre. Positive oder negative Effekte kann dies insbesondere für den Spendenabzug der Organgesellschaft haben, weil die Ermittlung des Spendenhöchstbetrags nach § 9 I Nr 2 für den Organträger und die Organgesellschaft getrennt zu erfolgen hat und das Einkommen nach Anwendung des § 15 die maßgebende Größe für die Ermittlung des Spendenhöchstbetrags ist (R 47 V KStR).[6] Hat die Organgesellschaft Bezüge iSd § 20 Abs 1 Nr 1 EStG, führt die Bruttomethode nach § 15 zu einem höheren Spendenhöchstbetrag. Hat die Organgesellschaft hingegen überwiegend damit zusammenhängende Aufwendungen, reduziert sich der Spendenhöchstbetrag.

---

1 *Wisniewski* in Haritz/Menner § 12 UmwStG Rn 60; *Rödder* in Rödder/Herlinghaus/van Lishaut § 12 UmwStG Rn 91; aA *Frotscher* in Frotscher/Maas § 15 Rn 69.
2 *Rödder* in Rödder/Herlinghaus/van Lishaut § 12 UmwStG Rn 91; aA *Dötsch* in Dötsch/Patt/Pung/Möhlenbrock § 12 UmwStG Rn 33a.
3 Hierzu ausführlich *Herlinghaus* in H/H/R § 15 Rn 50.
4 BMF v 11.11.2011, BStBl I 2011, 1314, Rn 12.07.
5 *Wiesniewski* in Haritz/Menner § 12 UmwStG Rn 32; *Schießl* in W/M § 12 UmwStG Rn 267.14; aA *Dötsch* in Dötsch/Patt/Pung/Möhlenbrock § 12 UmwStG Rn 32.
6 *Herlinghaus* in H/H/R § 15 Rn 44; *Dötsch* in D/J/P/W § 15 Rn 21.

VI. Bruttomethode

Einstweilen frei. 95-97

b) Zeitlicher Anwendungsbereich. Die Bruttomethode nach § 15 S 1 Nr 2 ist regelmäßig ab dem VZ 2001 anwendbar. Hinsichtlich der Regelung zu § 4 VII UmwStG ist die Bruttomethode ab VZ 2003 anwendbar. 98

Einstweilen frei. 99

c) Rechtsfolge. Nichtanwendung der § 8b I-VI sowie § 4 VI UmwStG. Rechtsfolge des § 15 S 1 Nr 2 S 1 ist, dass bei der Einkommensermittlung der Organgesellschaft eine außerbilanzielle Korrektur nach § 8 I-VI sowie § 4 VI und VII UmwStG unterbleibt und das ermittelte Einkommen dem Organträger ohne Korrektur (dh „brutto") zugerechnet wird. 100

Nichtanwendung des § 3c EStG. Auch wenn durch das Gesetz nicht ausdrücklich geregelt, folgt aus der Bruttomethode, dass Aufwendungen im Zusammenhang mit den Bezügen iSd § 8b I bzw den Gewinnen nach § 8b II keinem Abzugsverbot nach § 3c EStG unterliegen. Derartige Aufwendungen sind bei der Einkommensermittlung der Organgesellschaft unabhängig von der Rechtsform des Organträgers abzugsfähig.[1] 101

Einstweilen frei. 102

3. Steuerbefreiung beim Organträger (§ 15 S 1 Nr 2 S 2). Vorschrift der Einkommensermittlung beim Organträger. § 15 S 1 Nr 2 S 2 und 3 regeln die Ermittlung des Einkommens beim Organträger, was die Erweiterung des persönlichen Anwendungsbereichs der Vorschrift rechtfertigt (hierzu Rn 3 und 19). 103

Anwendungsvoraussetzung. Voraussetzung für die Anwendung des § 15 S 1 Nr 2 S 2 ist, dass 104

- in dem ihm zugerechneten Einkommen der Organgesellschaft (vgl Rn 105 f)
- Bezüge, Gewinne oder Gewinnminderungen nach § 8b I-III oder
- damit zusammenhängende Ausgaben nach § 3c II EStG oder
- ein Übernahmeverlust nach § 4 VI UmwStG enthalten sind.

Zugerechnetes Einkommen. Dem Organträger muss ein auf Ebene der Organgesellschaft nach § 15 S 1 Nr 2 S 1 der Vorschrift ermitteltes Einkommen zugerechnet werden. Dies ist nicht weiter verwunderlich, da § 14 I S 2 ebenso auf eine Zurechnung des Einkommens abstellt; es beweist jedoch auch, dass als „Zurechnung" iSd § 15 S 1 Nr 2 S 2 keine anderen Vorschriften über die Zurechnung von Einkommen (zB §§ 7 ff AStG) gemeint sind. Auch ein eigenes Einkommen des Organträgers wird mangels Zurechnung nicht von § 15 S 1 Nr 2 S 2 erfasst. 105

Bezüge, Gewinne oder Gewinnminderungen nach § 8 I-III. Das Einkommen muss weiterhin Bezüge, Gewinne oder Gewinnminderungen iSd § 8 I-III enthalten; erfasst sind alle unter die Vorschriften fallenden Einkommensbestandteile (also zB auch Gewinnminderungen iSd § 8b III S 4). Inwieweit die betroffenen Bestandteile des Einkommens hierunter fallen, ist auf Ebene der Organgesellschaft zu prüfen. 106

---

1 *Herlinghaus* in H/H/R § 15 Rn 44.

107 **Keine Anwendung des § 15 S 1 Nr 2 S 2 bei Kürzung.** Soweit hingegen das Einkommen bereits aufgrund einer anderen Vorschrift (zB § 12 II S 1 UmwStG; vgl Rn 92) gekürzt wurde, bedarf es keiner Anwendung des § 15 S 1 Nr 2 S 2 mehr.

108 **Rechtsfolgenabhängige Anwendung beim Organträger.** Wenn ein so ermitteltes Einkommen zugerechnet wird, bestimmt § 15 S 1 Nr 2 S 2, dass § 8b, § 4 VI UmwStG sowie § 3 Nr 40 und § 3c II EStG bei der Ermittlung des Einkommens des Organträgers anzuwenden sind. Die Anwendung dieser Vorschriften bezieht sich dabei (ausschließlich) auf die zugerechneten Einkommensbestandteile. Welche der Vorschriften anzuwenden ist, richtet sich dabei nach der Rechtsform des Organträgers. Allerdings ist die gesetzliche Formulierung insofern missverständlich, als nicht ausreichend zum Ausdruck kommt, dass die genannten Vorschriften nicht auf das originäre Einkommen, sondern auf das dem Organträger zugerechnete Einkommen der Organgesellschaft entsprechend anzuwenden sind.[1]

109 **Eigenständige Prüfung der Voraussetzungen beim Organträger.** Die Verlagerung der Anwendung der in § 15 S 1 Nr 2 S 2 genannten Vorschriften von der Organgesellschaft auf den Organträger führt dazu, dass auf Ebene des Organträgers eine eigenständige Prüfung der Voraussetzungen für die in § 15 S 1 Nr 2 S 2 genannten § 8b I-VI zu erfolgen hat.

110 **Körperschaft als Organträger.** § 8b sowie § 4 VI UmwStG finden auf das dem Organträger von der Organgesellschaft zugerechnete Einkommen Anwendung, wenn der Organträger eine Körperschaft ist. § 8b gilt beim Organträger auch für die in § 4 VII bzw § 7 UmwStG genannten Einkünfte (vgl Rn 90 und 91). Für die mit den Bezügen nach § 8b I der Organträger im Zusammenhang stehenden Ausgaben gilt § 8b V, dh, die Abzugsfähigkeit der Ausgaben ist nicht nach § 3c I EStG ausgeschlossen und 5 % der Bezüge gelten als nichtabzugsfähige Betriebsausgaben. Zudem ist § 8b III zu beachten, so dass Gewinnminderungen iSd Vorschrift das Einkommen auf Ebene des Organträgers erhöhen.

111 **Natürliche Person als Organträger.** Sofern der Organträger eine natürliche Person ist, ist das Teileinkünfteverfahren anzuwenden. Für die Einnahmen sowie einen Übernahmegewinn nach § 4 VII UmwStG gilt § 3 Nr 40 EStG, während § 3c II EStG hinsichtlich der Aufwendungen zu berücksichtigen ist.

112 **Personengesellschaft als Organträger.** Wenn eine Körperschaft Gesellschafter einer Organträger-Personengesellschaft ist, gilt Rn 110 entsprechend. Bei einer natürlichen Person als Gesellschafter einer Organträger-Personengesellschaft gilt Rn 111 entsprechend. Die Korrektur erfolgt nach Ansicht der Finanzverwaltung nicht iRd einheitlich gesonderten Gewinnfeststellung, sondern erst bei den Gesellschaftern.[2]

113 **Aufwendungen des Organträgers im Zusammenhang mit der Organbeteiligung.** § 15 S 1 Nr 2 S 2 gilt nicht für Bezüge, Gewinne oder Gewinnminderungen des Organträgers im Zusammenhang mit der Beteiligung an der Organgesellschaft.

---

1 Dötsch in D/J/P/W § 15 Rn 26; Frotscher in Frotscher/Maas § 15 Rn 50 f.
2 Frotscher, Ubg 2009, 426; Dötsch in D/J/P/W § 15 Rn 27.

VI. Bruttomethode

Diesbezüglich erfolgt die Einkommensermittlung beim Organträger nach den allgemeinen Vorschriften. Eine Ausnahme besteht allerdings, wenn der Organträger zugleich Organgesellschaft ist (Organschaftskette).

Zeitlicher Anwendungsbereich. Zum zeitlichen Anwendungsbereich so Rn 98. **114**

Einstweilen frei. **115-118**

4. Ausnahmen von der Bruttomethode (§ 15 S 1 Nr 2 S 3). Konstitutive oder deklaratorische Vorschrift. Der durch das JStG 2009 eingeführte § 15 S 1 Nr 2 S 3 enthält Ausnahmen von der Bruttomethode, wonach § 15 S 1 Nr 2 S 2 nicht anwendbar ist, soweit bei der Organgesellschaft § 8b VII, VIII oder X anzuwenden ist. Laut der Gesetzesbegründung handelt es sich bei § 15 S 1 Nr 2 S 3 lediglich um eine klarstellende Regelung, welche keine Änderung der bereits vor Einführung des S 3 bestehenden Rechtslage bewirkt.[1] Da § 15 S 1 Nr 2 S 2 jedoch auf den gesamten § 8b verweist, und nicht nur auf die I-VI, wird die lediglich redaktionelle Wirkung der Vorschrift in Teilen der Literatur zutreffend bezweifelt.[2] Der Verweis auf den gesamten § 8b suggeriert, dass auf Ebene des Organträgers eigenständig zu prüfen ist, ob die Dividenden und Veräußerungsgewinne steuerbefreit sind oder – zB weil der Organträger § 8b VII oder VIII unterfällt – steuerpflichtig sind (vgl dazu Rn 86). **119**

Anwendbarkeit von § 8b VII, VIII bei der Organgesellschaft. Soweit § 8b VII, VIII bei der Organgesellschaft anzuwenden sind, stellt § 15 S 1 Nr 2 S 3 laut der Gesetzesbegründung klar, dass § 15 S 1 Nr 2 S 2 nicht anwendbar ist und somit keine Verlagerung der Anwendung der § 8b sowie § 4 VI UmwStG auf die Ebene des Organträgers erfolgt. Es verbleibt damit für die unter § 8b VII oder VIII fallende Organgesellschaft dabei, dass die Dividenden und Veräußerungsgewinne bei der Organgesellschaft nicht nach § 8b I, II steuerbefreit sind bzw § 15 S 1 Nr 2 S 2 nicht zur Steuerbefreiung auf Ebene des Organträger führt. Im Ergebnis sind die Dividenden und Veräußerungsgewinne damit zu 100 % bei der Organgesellschaft bzw nach Zurechnung beim Organträger steuerpflichtig. **120**

Keine Bedeutung der Anwendbarkeit der § 8b VII, VIII beim Organträger. Unbeachtlich ist, ob der Organträger unter § 8b VII oder VIII fällt oder ob er eine Körperschaft ist, bei der § 8b I, II zur Anwendung kommen. Denn § 15 S 1 Nr 2 S 3 stellt nur auf die Organgesellschaft ab. **121**

Keine Anwendbarkeit des § 8b VII, VIII beim Organträger. Handelt es sich bei der Organgesellschaft hingegen um eine Körperschaft, bei der § 8b VII, VIII nicht greift und somit § 8b I, II (ohne Organschaft) anzuwenden wäre, ist unklar, ob die Dividenden und Veräußerungsgewinne steuerbefreit sind, wenn der Organträger unter § 8b VII oder VIII fällt. Es lässt sich vertreten, dass auf Ebene des Organträgers keine erneute Prüfung der Steuerfreiheit von Dividenden und Veräußerungsgewinnen zu erfolgen hat, wenn in dem zugerechneten Einkommen steuerfreie Dividenden oder Veräußerungsgewinne der Organgesellschaft vorhanden sind. Denn wenn § 15 S 1 Nr 2 **122**

---

1 BTDrs 16/11108, 28; zum vor der Einführung des § 15 S 1 Nr 2 S 3 bestehenden Streit der Anwendbarkeit der Steuerbefreiungen *Herlinghaus* in H/H/R § 15 Rn 61 mwN.
2 *Dötsch* in D/J/P/W § 15 Rn 30b; *Frotscher* in Frotscher/Maas § 15 Rn 78.

S 3 klarstellt, dass nicht begünstigte Einnahmen nicht durch die Organschaft auf Ebene des Organträgers zu begünstigten steuerfreien Einnahmen werden, könnte dies auch umgekehrt gelten (dh begünstigte Einnahmen sollen nicht durch Begründung einer Organschaft zu nicht begünstigten Einnahmen werden). Da § 15 S 1 Nr 2 S 1 lediglich die Anwendbarkeit der § 8b I-VI bei der Organgesellschaft ausschließt, könnte ferner argumentiert werden, dass auch lediglich insoweit eine Verlagerung der Prüfung der Vorschriften auf den Organträger zu erfolgen hat. § 8b VII bzw VIII wären demzufolge nicht nochmals auf Ebene des Organträgers in Bezug auf das ihm zugerechnete Einkommen anzuwenden, so dass es bei der Anwendbarkeit der § 8b I, II beim Organträger auf die zugerechneten Dividenden und Veräußerungsgewinne bleibt und eine Umqualifizierung in steuerpflichtige Dividenden aufgrund der Eigenschaft des Organträgers als Kredit-, Dienstleistungs- oder Finanzunternehmen unterbleibt. Diese Betrachtungsweise kann jedoch nicht überzeugen, da sie nur schwerlich mit dem Wortlaut des § 15 S 1 Nr 2 S 2 vereinbar ist. Dieser verweist hinsichtlich seiner Rechtsfolge auf die Anwendbarkeit des gesamten § 8b und nicht nur auf § 8b I-VI.[1]

123 **Konkrete Anwendbarkeit des § 8b VII beim Organträger.** An der Anwendbarkeit des § 8b I, II beim Organträger könnte bezogen auf die ihm iRd Organschaft zugerechneten Bezüge, Gewinne oder Gewinnminderungen der Organgesellschaft gezweifelt werden, wenn es sich beim Organträger um ein Unternehmen iSd § 8b VII handelt. Richtigerweise erfordert die Anwendung des § 8b VII jedoch auch, dass die anteilsbezogenen Voraussetzungen vom Organträger zu erfüllen sind.[2] Dh, beim Organträger müssen die Anteile dem Handelsbuch zuzurechnen sein bzw die Anteile müssen vom Organträger mit dem Ziel der kurzfristigen Erzielung eines Eigenhandelserfolges erworben sein. Da die Bezüge, Gewinne oder Gewinnminderungen jedoch auf Anteile der Organgesellschaft und nicht des Organträgers zurückzuführen sind, wird es an dieser Voraussetzung beim Organträger scheitern. Selbst wenn stattdessen beim Organträger entgegen dem Gesetzeswortlaut auf die Anteile an der Organgesellschaft abzustellen wäre, dürften diese Voraussetzungen nicht erfüllt sein. Da der Ergebnisabführungsvertrag auf mindestens fünf Jahre abgeschlossen werden muss, dürfte die Beteiligung an der Organgesellschaft nicht zum Umlaufvermögen beim Organträger gehören. Mit anderen Worten kann beim Organträger in Bezug auf das ihm zugerechnete Einkommen nicht § 8b VII greifen, so dass es bei der Anwendbarkeit des § 8b I, II beim Organträger verbleibt. Auf die Anwendbarkeit des § 8 IX kommt es somit nicht an.

124 **Konkrete Anwendbarkeit des § 8b VIII beim Organträger.** Bei Lebens- oder Krankenversicherungsunternehmen als Organträger ist entsprechend der vorherigen Ausführungen ebenso der § 8b I, II auf das dem Organträger von der Organgesellschaft zugerechnete Einkommen anwendbar, wenn der Organträger ein Lebens- und Krankenversicherungsunternehmen ist. Denn die Anteile der Organgesellschaft, aus welchen sie Einnahmen iSd § 8b I, II bezieht, sind nicht den Kapitalanlagen des Organträgers zuzurechnen. Vielmehr handelt es sich um Anteile der Organgesell-

---

[1] Frotscher in Frotscher/Maas § 15 Rn 78.
[2] Dötsch in D/J/P/W § 15 Rn 30d.

schaft und die anteilsbezogenen Voraussetzungen können über die Organschaftsregeln nicht dem Organträger zugerechnet werden. Auf die Anwendbarkeit des § 8 IX kommt es somit ebenfalls nicht an.

Anwendbarkeit des § 8b X bei der Organgesellschaft. Zum Regelungsgehalt des § 15 S 1 Nr 2 S 3 in Bezug auf § 8b X vgl § 8b Rn 915. 125

Zeitlicher Anwendungsbereich. Für § 15 S 1 Nr 2 S 3 enthält das Gesetz keine gesonderte Regelung über das Inkrafttreten. Nach Ansicht des Finanzausschusses[1] handelt es sich lediglich um eine Klarstellung, mit der Folge, dass die Vorschrift auch auf frühere VZ Anwendung fände. Dies ist mit der vorliegend vertretenen Auffassung nicht vereinbar, so dass nach § 34 I eine erstmalige Anwendung ab dem VZ 2009 erfolgt.[2] 126

Einstweilen frei. 127-128

5. Internationales Schachtelprivileg (§ 15 S 2). a) Allgemeines. Nach § 15 S 2 gilt § 15 S 1 Nr 2 entsprechend für Gewinnanteile aus der Beteiligung an ausländischen Gesellschaften, die nach einem DBA steuerbefreit sind. Mit anderen Worten ist in diesen Fällen die Bruttomethode ebenfalls anwendbar. 129

Abkommensberechtigung einer Organgesellschaft. Die Regelung ist notwendig, da die Organgesellschaft selbst abkommensberechtigt ist. Dies folgt zum einen aus § 15 S 2 selbst, der von einer Abkommensberechtigung der Organgesellschaft ausgeht. Zum anderen erfüllt die Organgesellschaft trotz Zurechnung ihres Einkommens zum Organträger die Voraussetzungen für eine Abkommensberechtigung; sie ist weiterhin zumindest aufgrund ihres Ortes der Geschäftsleitung steuerpflichtig und ermittelt ihr Einkommen. Auch die Rechtsprechung geht von einer Abkommensberechtigung der Organgesellschaft aus.[3] 130

Konstitutive Wirkung. Die Vorschrift wurde nachträglich durch das StVergAbG eingefügt und sollte nach Ansicht der Finanzverwaltung lediglich klarstellende Wirkung haben. Danach verdränge § 8b das internationale Schachtelprivileg mit der Folge, dass die Bruttomethode des § 15 S 1 Nr 2 greife. Der BFH ist dieser Auffassung entgegengetreten und hat die konstitutive Wirkung der Regelung betont.[4] Die Freistellung nach dem internationalen Schachtelprivileg und § 8b stehen vielmehr nebeneinander.[5] Vor diesem Hintergrund bestand für Dividenden aus der Beteiligung an ausländischen Gesellschaften deshalb die Möglichkeit, über die Zwischenschaltung einer Organgesellschaft Dividenden steuerfrei an eine natürliche Person zu „schleusen". Diese Möglichkeit wurde erst durch den § 15 S 2 geschlossen. 131

Treaty-Override. § 15 S 1 Nr 2 stellt in Folge des Verweises auf § 15 S 1 Nr 2 bzw der Anordnung der Nichtanwendung der Steuerbefreiung nach den DBA für Erträge aus Schachtelbeteiligungen einen wirksamen Treaty-Override dar. 132

---

1 BTDrs 16/11108, 28.
2 *Frotscher* in Frotscher/Maas § 15 Rn 79.
3 BFH I R 47/08 BStBl II 2011, 131.
4 BFH I R 47/08 BStBl II 2011, 131.
5 BFH I R 47/08 BStBl II 2011, 131; BFH I R 71/09 BStBl II 2011, 129.

133 **Primäres Unionsrecht.** Der in § 15 S 1 Nr 2 angeordnete Ausschluss der Befreiung nach den DBA ist ein Verstoß gegen die Niederlassungsfreiheit des AEUV, wenn der Organträger eine Zweigniederlassung oder eine Personengesellschaft eines ausländischen Unternehmens ist. Dies lässt sich der Entscheidung des EuGH in der Rs *Saint-Gobain* entnehmen.[1] Denn soweit der Organträger eine inländische Kapitalgesellschaft ist, wäre das Schachtelprivileg nach dem DBA anwendbar gewesen.

134 **MTRL.** Zudem bestehen zutreffende Bedenken gegen eine Vereinbarkeit der Bruttomethode mit der MTRL. Nach Art 4 I MTRL hat Deutschland die von einer begünstigten EU TG ausgeschütteten Dividenden nach Maßgabe des aktuellen Systems des § 8b I von der KSt freizustellen. Diese Vorgabe wird jedoch nicht hinreichend umgesetzt, wenn der Organträger keine Körperschaft ist, mit der Folge, dass bei Anwendung der Bruttomethode lediglich eine teilweise Freistellung nach § 3 Nr 40 EStG erfolgt.[2]

135-138 *Einstweilen frei.*

139 **b) Sachlicher Anwendungsbereich. Tatbestandsvoraussetzungen.** § 15 S 2 schreibt die Anwendung der Bruttomethode

- für Gewinnanteile der Organgesellschaft (vgl Rn 140)
- aus der Beteiligung (vgl Rn 141)
- an ausländischen Gesellschaften vor (vgl Rn 142),
- wenn diese nach einem DBA von der inländischen Besteuerung auszunehmen sind (vgl Rn 144).

140 **Gewinnanteile.** Sprachlich knüpft § 15 S 2 nicht an die in § 8b I genannten Bezüge, sondern an Gewinnanteile der Organgesellschaft an. Der Begriff des Gewinnanteils könnte – entsprechend der Intention des Gesetzgebers das Schachtelprivileg einzuschränken – dahingehend verstanden werden, dass er sämtliche Bezüge umfasst, die vom jeweiligen DBA-Schachtelprivileg erfasst werden. Eine derartige Interpretation steht aber im Konflikt mit der Gesetzessystematik. Der Begriff des Gewinnanteils wird ebenfalls in § 20 I Nr 1 S 1 EStG verwendet und umfasst lediglich einen Teil der in § 8b I genannten Bezüge. Mangels einer speziellen Definition im DBA-Recht sowie der systematischen Nähe des § 15 S 2 zu Bezügen nach § 20 I Nr 1 S 1 EStG sprechen gute Argumente für eine einheitliche Auslegung dieses Begriffs in § 20 EStG und § 15. Diese Auslegung hätte aber zur Konsequenz, dass bspw einer vGA das Schachtelprivileg nach einem DBA eröffnet würde, ohne dass die Bruttomethode des § 15 greifen könnte, weil eine vGA keinen Gewinnanteil, sondern einen sonstigen Bezug nach § 20 I Nr 1 S 2 EStG darstellt. Nicht erfasst werden zudem Liquidationserlöse nach § 20 I Nr 2 EStG. Auch auf Gewinne aus einer Beteiligungsveräußerung an einer ausländischen Gesellschaft findet die Vorschrift keine Anwendung.

---

1 EuGH Rs C-307/97, *Saint-Gobain*, Slg 1999, I-6161.
2 *Kempf/Gelsdorf*, IStR 2011, 173.

VI. Bruttomethode

Beteiligung. Nach § 15 S 2 muss der Gewinnanteil aus einer Beteiligung stammen. Der Begriff der Beteiligung findet sich weder in der Vorschrift selbst noch in § 20 I Nr 1 EStG oder Art 10 DBA OECD-MA. Allerdings zählt § 20 I Nr 1 EStG Anteile an verschiedenen Rechtsträgern auf, bspw Aktien und Anteile an GmbHs, mithin Beteiligungen am Kapital eines Rechtsträgers. Da § 15 S 2 ausschließlich Erträge aus Beteiligungen an ausländischen Rechtsträgern erfasst, sind sämtliche kapitalmäßigen Beteiligungen an Rechtsträgern erfasst, die nach dem Typenvergleich einer deutschen Kapitalgesellschaft vergleichbar sind. Hiervon unabhängig ist die Frage zu beurteilen, ob aus dieser Beteiligung auch Erträge erzielt werden, die von dem Schachtelprivileg eines DBA erfasst werden. So kann eine Beteiligung zwar Dividenden nach DBA-Verständnis vermitteln, diese müssen aber nicht zwingend schachtelbegünstigte Beteiligungserträge darstellen.[1]

141

Ausländische Gesellschaften. Die Beteiligung muss zudem an einer ausländischen Gesellschaft bestehen. Nach dem Sinn und Zweck des § 15 S 2 müssten damit Beteiligungen an Kapitalgesellschaften erfasst sein, die nach dem DBA in dem anderen Vertragsstaat ansässig sind, weil das Schachtelprivileg auf Erträge aus diesen Beteiligungen gewährt wird. Erfasst würden bei dieser Interpretation auch doppeltansässige Gesellschaften, die lediglich nach der Tie-breaker-Regelung des DBA im Ausland ansässig sind. Allerdings steht diese Auslegung im Konflikt zu § 9 Nr 8 GewStG, nach der unter weiteren Voraussetzungen Gewinne aus Anteilen an einer ausländischen Gesellschaft gekürzt werden. Nach überwiegender Auffassung ist der Begriff der ausländischen Gesellschaft aber entsprechend der Legaldefinition in § 7 I AStG auszulegen,[2] mithin als Gesellschaft, die weder Geschäftsleitung noch Sitz im Inland hat.

142

Ausländische Betriebsstätteneinkünfte. Einkünfte der Organgesellschaft aus ausländischen Betriebsstätten werden vom Wortlaut des § 15 S 2 hingegen nicht erfasst. Die Freistellung von Betriebsstättengewinnen wird nach deutscher Abkommenspraxis unabhängig von der Reform gewährt, so dass eine Einbeziehung in die Bruttomethode nicht notwendig ist. Dies gilt auch, wenn im Betriebsstätteneinkommen Dividendenerträge enthalten sind.[3] Auch wenn der inländische Organträger eine inländische Zweigniederlassung eines ausländischen Unternehmen ist, sollte nichts anderes gelten, obwohl das ausländische Unternehmen nicht selbst unter dem jeweiligen DBA zwischen dem deutschen Betriebsstaat und Deutschland geschützt ist.

143

Steuerbefreiung nach DBA. Die Gewinnanteile müssen, um von § 15 S 2 erfasst zu sein, nach einem DBA von der deutschen Besteuerung auszunehmen sein. Dies ist idR dann der Fall, wenn ein abkommensrechtliches Schachtelprivileg einschlägig ist. Sieht das DBA nur eine Anrechnung vor, so ist § 15 S 2 und somit auch die Bruttomethode nicht anwendbar.

144

---

1 BFH I R 62/06, BStBl II 2008, 793.
2 *Güroff* in Glanegger/Güroff § 9 Nr 8 GewStG Rn 4; *Schnitter* in Frotscher/Maas § 9 GewStG Rn 235; *Gosch* in Blümich § 9 GewStG Rn 342.
3 *Herlinghaus* in H/H/R § 15 Rn 92.

145-147 *Einstweilen frei.*

148 **c) Zeitlicher Anwendungsbereich.** § 15 S 2 gilt nach § 34 I aF erstmals ab dem VZ 2003.

149 *Einstweilen frei.*

150 **d) Rechtsfolge. Entsprechende Anwendung des § 15 I Nr 2.** § 15 I S 2 verweist auf § 15 S 1 Nr 2 und ordnet somit die entsprechende Anwendbarkeit der Bruttomethode an. Die Dividenden aus der Beteiligung an der ausländischen Gesellschaft sind daher bei der Organgesellschaft steuerpflichtig. Auf Ebene des Organträgers ist zu prüfen, ob die im abgeführten Einkommen enthaltenen und somit ihm zugerechneten Dividenden nach einem DBA steuerbefreit sind.

151 **Körperschaft als Organträger.** Bei körperschaftlich organisierten Organträgern, bei denen das abkommensrechtliche Schachtelprivileg Anwendung findet, sind die Dividenden steuerbefreit. Durch die entsprechende Anwendung der Bruttomethode wird die DBA-Begünstigung auf den Organträger iRe gesetzlichen Fiktion verlagert. Diese Verlagerung erfolgt mE iRe Rechtsgrundverweises. Damit ist aber erforderlich, dass der Organträger selbst abkommensberechtigt ist. Eine ausländische Kapitalgesellschaft, deren inländische Zweigniederlassung Organträger ist, scheidet damit als begünstigte Körperschaft aus. Zudem muss der Organträger die geeignete Rechtsform aufweisen. Hinsichtlich der erforderlichen Mindestbeteiligung wird dem Organträger jedoch die Beteiligung der Organgesellschaft zugerechnet.

152 **Personengesellschaften und natürliche Personen als Organträger.** Da das DBA-Schachtelprivileg lediglich dann gewährt wird, wenn die Anteile unmittelbar durch eine Kapitalgesellschaft gehalten werden, scheidet eine Begünstigung aus, wenn der Organträger eine natürliche Person ist. Gleiches gilt bei einer Personengesellschaft als Organträger an der nur natürliche Personen beteiligt sind. Umstritten ist hingegen die Rechtsfolge des § 15 S 2 soweit Organträger eine Personengesellschaft ist, deren Einkommen Kapitalgesellschaften zugerechnet wird. Der Wortlaut der Vorschrift ist diesbezüglich nicht hinreichend klar, als er lediglich eine entsprechende Anwendung des § 15 S 1 Nr 2 anordnet. Liest man das Schachtelprivileg in § 15 S 1 Nr 2 S 2 hinein, wäre dieses bei der Ermittlung des Einkommens nicht anzuwenden, wenn der Organträger nicht Abkommensbegünstigt ist. Subjekt der Einkommensermittlung und Organträger ist die Personengesellschaft und nicht die dahinterstehenden Kapitalgesellschaften. Der Personengesellschaft stünde das Schachtelprivileg jedoch nicht zu.[1] An dieser Auslegung bestehen jedoch erhebliche Bedenken (vgl § 14 Rn 921), weshalb in der Literatur auch die gegenteilige Auffassung vertreten wird.[2] Im Wesentlichen geht es darum, dass § 15 S 2 das der Organgesellschaft nach dem Abkommen zustehende Schachtelprivileg als Treaty-Override nicht gewährt. Die hierfür notwendige Rechtfertigung besteht jedoch nicht, wenn die Organschaft nicht zu

---

[1] Frotscher in Frotscher/Maas § 15 Rn 73; Walter in EY § 15 Rn 57.
[2] Neumann in Gosch § 15 Rn 32; Heurung/Seidel, BB 2009, 472; Danelsing in Blümich § 15 Rn 33.

VI. Bruttomethode

einem rechtlich nicht gewolltem Ergebnis führt. Hierfür ist jedoch nicht auf die Organträger-Personengesellschaft, sondern auf den dahinterstehenden Gesellschafter abzustellen, da bei ihm über seinen Gewinnanteil die Dividenden letzlich der Besteuerung unterliegen. Handelt es sich bei ihm aber um eine Kapitalgesellschaft, erfüllt er die persönlichen Vorraussetzungen für das Schachtelprivileg. Diese Auslegung würde auch der Vorgängerregelung des § 15 Nr 2 aF entsprechen. Die Rechtfertigung für eine andere Auslegung könnte dann allenfalls darin bestehen, dass die Personengesellschaft zur Bündelung der Beteiligten missbraucht werden könnte.

KGaA. Nach der Rechtsprechung[1] ist eine KGaA als Kapitalgesellschaft unmittelbar abkommensberechtigt und das Schachtelprivileg ist auch dann zu gewähren, wenn der persönlich haftende Gesellschafter nicht die Begünstigung in Anspruch nehmen dürfte. Damit ist die Bruttomethode nach § 15 S 2 auch dann zu beachten und das Schachtelprivileg zu gewähren, wenn der Organträger die Rechtsform einer KGaA hat. Gleiches müsste auch für eine GmbH & Still gelten. Kommt es hingegen bei transparenten Gesellschaften als Organträger auf die dahinterstehenden Gesellschafter an (so Rn 152), wäre es konsequent, auch bei diesen Organträgern weiter zu differenzieren. Als Reaktion auf die Rechtsprechung zur Abkommensberechtigung der KGaA ist zudem geplant, einen neuen § 50d XI EStG einzuführen. Danach soll eine Freistellung nur insoweit gewährt werden, als die Dividenden nach deutschem Steuerrecht nicht einer anderen Person zuzurechnen sind oder bei der Person, der die Dividende zugerechnet wird, nach dem DBA freigestellt würde, wenn sie selbst Zahlungsempfänger wäre. 153

Einstweilen frei. 154-155

6. Sonderfälle. a) Nachgeschaltete Personengesellschaften. Die Finanzverwaltung wendet zutreffend die Bruttomethode auch dann an, wenn eine Personengesellschaft der Organgesellschaft nachgeschaltet ist. Dies ergibt sich auch aus dem Verweis auf § 8b VI in § 15 S 1 Nr 2 S 1. Es kommt dann zu einer Anwendung der Bruttomethode auf zwei Ebenen, dh sowohl auf Ebene der Personengesellschaft als auch auf Ebene der Organgesellschaft.[2] 156

Beispiel

Die gewerbliche X-KG erzielt Dividendeneinkünfte von 100 aus ihrer Beteiligung an der Y-AG. Vermögensmäßig alleinige Gesellschafterin der X-KG ist die B-GmbH, die eine Organgesellschaft der A-GmbH ist. Bei der Gewinnermittlung der X-KG werden die Dividendenerträge vollständig berücksichtigt (Bruttomethode) und der B-GmbH als Gewinnanteil zugewiesen. Eine Kürzung des Gewinnanteils nach § 8b VI erfolgt wegen § 15 S 1 Nr 2 auch nicht bei der B-GmbH, so dass das zugerechnete Einkommen weiterhin 100 beträgt (Bruttomethode). Erst auf Ebene der A-GmbH werden die Beteiligungserträge freigestellt.

---

1 BFH I R 62/09, BFH/NV 2010, 1919.
2 Dötsch in D/J/P/W § 15 Rn 27; Frotscher, Ubg 2009, 426.

157 **Nettomethode in Fällen des § 15a EStG.** Eine Ausnahme hiervon besteht in Fällen des § 15a EStG. Hier wird bereits auf Ebene der Personengesellschaft die Nettomethode angewendet. In das Einkommen der Organgesellschaft gehen deshalb bereits um steuerfreie Beträge geminderte Einkommensbestandteile ein, so dass für eine Anwendung des § 15 S 1 Nr 2 kein Raum mehr ist.[1]

158 *Einstweilen frei.*

159 **b) Mehrstufige Organschaften.** Bei mehrstufigen Organschaften werden die von der Organgesellschaft bezogenen Dividenden und Veräußerungsgewinne zunächst ihrem Organträger und von diesem, welcher zugleich Organgesellschaft ist, wiederum dem in der Beteiligungskette nächst höheren Organträger brutto, und somit ohne Berücksichtigung von Steuerbefreiungen, zugerechnet. Diese Zurechnung erfolgt bis zum obersten Organträger, bei dem dann die entsprechend der Qualifikation des Organträgers maßgeblichen Steuerbefreiungsvorschriften (§ 8b I, II bzw § 3 Nr 40 EStG) anzuwenden sind.[2] Mit anderen Worten sind die Steuerbefreiungen (und Abzugsverbote) bei solchen Organträgern nicht anzuwenden, die zugleich als Organgesellschaft zu qualifizieren sind. Diese Handhabung ergibt sich aus dem Zweck der Bruttomethode, die in § 15 S 1 Nr 2 S 1 genannten Steuerbefreiungen nur zu gewähren, wenn sie dem Steuerpflichtigen, dem sie zugerechnet werden, ebenfalls zu gewähren wären. Zwar ist der Wortlaut des § 15 S 1 Nr 2 S 2 diesbezüglich nicht eindeutig, da er eine Anwendung der Vorschriften bei Organträgern vorsieht; dies ist aber zunächst der unmittelbare Organträger. Allerdings ist bei diesem Organträger die Anwendung der jeweiligen Steuerbefreiung aufgrund des § 15 S 1 Nr 2 S 1 erneut ausgeschlossen. Die Meldungen an den jeweiligen Organträger haben die entsprechenden Einkünfte zu berücksichtigen.[3]

160 *Einstweilen frei.*

161 **c) Korrespondenzprinzip. § 8b I S 2.** IRd Bruttomethode ist auch das materielle Korrespondenzprinzip des § 8b I S 2 zu beachten. Danach gilt die Steuerbefreiung des § 8b I für eine vGA nur, wenn diese das Einkommen der ausschüttenden Gesellschaft nicht gemindert hat. Dies gilt auch für Ausschüttungen einer ausländischen Gesellschaft (weiterführend § 8b Rn 201). Aufgrund § 15 S 1 Nr 2 S 1 wird diese Regelung bei der Organgesellschaft jedoch nicht angewendet, so dass das Einkommen brutto an den Organträger zugerechnet wird. Beim Organträger ist sodann nach § 15 S 1 Nr 2 S 2 entweder § 8b oder § 3 Nr 40 EStG anzuwenden. Dies beinhaltet auch die Regelung zum materiellen Korrespondenzprinzip, dh beim Organträger ist zu prüfen, ob die vGA bei der ausschüttenden Gesellschaft das Einkommen gemindert hat.[4] Das formelle Korrespondenzprinzip des § 32a I sollte in diesen Fällen zudem eine Änderung beim Organträger ermöglichen, da dieser eine nahestehende Person des Organträgers ist.

---

1 Dötsch in D/J/P/W § 15 Rn 27.
2 Frotscher in Frotscher/Maas § 15 Rn 53.
3 Dötsch in D/J/P/W § 15 Rn 29.
4 Frotscher in Frotscher/Maas § 15 Rn 56 f; Dötsch in D/J/P/W § 15 Rn 30.

VI. Bruttomethode

§ 8b I S 3. Die Bruttomethode umfasst mE auch das Korrespondenzprinzip für Steuerbefreiungen aufgrund eines DBA Schachtelprivilegs. Dies folgt aus der in § 15 S 2 geregelten entsprechenden Anwendung von § 15 S 1 Nr 2 S 2, der wiederum auf § 8b verweiset. **162**

§ 8 III S 4. Erhält hingegen die Organgesellschaft eine verdeckte Einlage, die von § 8 III S 4 erfasst wird, greift die Bruttomethode nicht. Eine entsprechende Erhöhung des Einkommens aufgrund der Abziehbarkeit der Einlage beim leistenden Gesellschafter erfolgt mithin bei der Einkommensermittlung der Organgesellschaft und nicht beim Organträger.[1] **163**

Einstweilen frei. **164**

7. GewSt. Keine Anwendung der Bruttomethode bei den Kürzungs- und Hinzurechnungstatbeständen. Umstritten ist, welche gewerbesteuerlichen Auswirkungen sich aus der Anwendung der Bruttomethode ergeben. Dabei ist insbesondere zu berücksichtigen, dass für die gewerbesteuerlichen Kürzungs- und Hinzurechnungstatbestände in §§ 8, 9 GewStG die Bruttomethode mangels gesetzlicher Regelung nicht gilt.[2] Gewerbesteuerliche Hinzurechnungen und Kürzungen erfolgen damit auf Ebene der Organgesellschaft. **165**

Anwendung des § 15 S 1 Nr 2 S 1 bei der Ermittlung des Gewerbeertrags der Organgesellschaft. Nach der hier vertretenen Auffassung stellen § 15 S 1 Nr 2 S 1 und 2 Gewinnermittlungsvorschriften dar, so dass § 15 S 1 Nr 2 S 1 bei der Ermittlung des Gewerbeertrags der Organgesellschaft zu berücksichtigen ist.[3] § 8b I-VI sind danach bei der Ermittlung des Gewerbeertrags der Organgesellschaft nicht anzuwenden. Allerdings greifen die Kürzungsvorschriften des § 9 Nr 2a bzw 7 GewStG, sofern die Voraussetzungen der Vorschriften erfüllt sind. Eine Zurechnung des Gewerbeertrags (als Bruttobetrag) erfolgt deshalb idR nur bei Veräußerungsgewinnen sowie Streubesitzdividenden. Bei Schachteldividenden erfolgt hingegen nicht nur lediglich eine 95%ige Kürzung über § 9 GewStG, sondern mangels Anwendbarkeit des § 8b V eine vollständige Kürzung. **166**

Anwendbarkeit von § 15 S 1 Nr 2 S 2 bei der Ermittlung des Gewerbeertrags des Organträgers. Fraglich ist, ob nach § 15 S 1 Nr 2 S 2 auf Ebene des Organträgers eine Korrektur des Gewerbeertrags durch Anwendung der Bruttomethode erfolgt. Dafür spricht, dass bei einer gewerbesteuerlichen Organschaft die Organgesellschaft gem § 2 II S 2 GewStG lediglich als Betriebsstätte des Einheitsunternehmens des Organträgers gilt. Da bei einem Einheitsunternehmen eine 5%ige Besteuerung der Schachteldividende erfolgt, wäre es sachgerecht, diese auch im Organschaftsfall anzuwenden.[4] Dem wird entgegengehalten, dass für eine entsprechende Korrektur nach dem Gesetzeswortlaut des § 15 keine Berechtigung besteht.[5] Denn im zugerechneten **167**

---

1 *Dötsch* in D/J/P/W § 15 Rn 30.
2 *Frotscher* in Frotscher/Maas § 15 Rn 93.
3 BMF v 26.8.2003, BStBl I 2003, 437; aA *Sarrazin* in Lenski/Steinberg § 2 GewStG Rn 2653.
4 *Rödder/Schumacher*, DStR 2003, 810; *Rödder* in Herzig, Organschaft, 2003, S 145; *Dötsch/Pung*, DB 2003, 1970, 1978.
5 *Pieper* in Lippross § 7 GewStG Rn 46; *Gosch* in Blümich § 9 GewStG Rn 187a; *Kollruss*, DStR 2006, 2291.

Gewerbeertrag ist ein entsprechender Bezug aus einer Schachteldividende nicht mehr enthalten. Die Schachteldividende wäre danach zu 100 % aus dem Gewerbeertrag gekürzt. Ein Veräußerungsgewinn (ebenso wie eine Streubesitzdividende) sollte bei der Ermittlung des Gewerbeertrags losgelöst davon nach § 8b II und III beim Organträger, zu korrigieren sein. Denn nur aufgrund der Zurechnung des Gewerbeertrags sollte es zu keiner Änderung des Charakters des Gewinns bzw der Bezüge kommen, so dass § 15 S 1 Nr 2 S 2 bei der Ermittlung des Gewerbeertrags anwendbar sein sollte.

168 **Nachgeschaltete Personengesellschaften.** Eine bis dato nicht beachtete Fragestellung ist, inwieweit § 15 S 1 Nr 2 S 2 auch dazu führt, dass bei einer der Organgesellschaft nachgeschalteten Personengesellschaft die § 8b I-VI zur Anwendung kommen. Denn aufgrund von § 15 S 1 Nr 2 S 1 könnte die Anwendung dieser Vorschriften auch bei der Ermittlung des Gewerbeertrags einer nachgeschalteten Personengesellschaft in Frage stehen. Für von § 9 Nr 2a bzw 7 GewStG erfasste Dividenden ist dies weniger bedeutsam, da diese bei der Ermittlung des Gewerbeertrags bereits vollständig gekürzt werden (vgl analog Rn 167). Veräußerungsgewinne (und Veräußerungsverluste) werden hingegen nicht von §§ 8, 9 GewStG erfasst.

> **Beispiel**
> *Die Organgesellschaft hält 100% der Anteile an der T-KG, welche Veräußerungsgewinne iSd § 8b II erzielt. In Folge des § 15 S 1 Nr 2 S 1 könnte die Steuerbefreiung gem § 8b II, III S 1 bei der Ermittlung des Gewerbeertrags der T-KG in Frage stehen. Gleichzeitig kann § 15 S 1 Nr 2 S 2 keine Steuerbefreiung für die T-KG vermitteln. Denn die T-KG ist ein eigenständiges Gewerbesteuersubjekt, für das diese Vorschrift keine unmittelbare Bedeutung hat.*

Dennoch sollte im oben genannten Beispiel § 8b I-VI aufgrund des § 7 S 4 Hs 2 GewStG anwendbar sein. Dh, § 7 S 4 Hs 2 GewStG verdrängt insoweit § 15 S 1 Nr 2 S 1 bei der Ermittlung des Gewerbeertrags einer nachgeschalteten Personengesellschaft. Fraglich ist jedoch, ob die Steuerbefreiung iRd § 7 S 4 Hs 2 GewStG nicht auch dann bei der Ermittlung des Gewerbeertrags einer nachgeschalteten Personengesellschaft anzuwenden ist, wenn der Organträger keine von § 8b I, II begünstigte Person ist. Denn § 7 S 4 Hs 2 GewStG enthält keine § 15 S 1 Nr 2 vergleichbare Bruttomethode. Allenfalls § 2 II S 2 GewStG könnte als Basis herangezogen werden, um auf den Organträger iRd Anwendung des § 7 S 4 Hs 2 GewStG abzustellen.

169-170 *Einstweilen frei.*

171 **VII. Zinsschranke (§ 15 S 1 Nr 3). 1. Allgemeines. a) Regelungen der Zinsschranke.** Nach § 4h EStG (Zinsschranke) ist die steuerliche Zulässigkeit eines Zinsabzugs eines Betriebs begrenzt. Zinsaufwendungen sind iHd Zinserträge abziehbar; darüber hinausgehende Zinsaufwendungen (Nettozinsaufwand) sind iHd verrechenbaren EBITDA abzugsfähig (§ 4h I S 1 EStG). Das verrechenbare EBITDA knüpft an den steuerlichen Gewinn an, wird jedoch für Zwecke der Zinsschranke modifiziert und auf 30 % begrenzt (§ 4h I S 2 EStG). Ein darüber hinaus vorhandenes verrechenbares EBITDA, dh ein solches, das über den Nettozinsaufwand eines WJ

VII. Zinsschranke

hinausgeht, kann für einen Zeitraum von fünf WJ vorgetragen werden (EBITDA-Vortrag nach §4h I S3 EStG). Nicht abziehbare Zinsaufwendungen eines WJ sind iHd EBITDA-Vortrags abzugsfähig (§4h I S4 EStG) bzw werden darüber hinausgehende Zinsaufwendungen unbegrenzt vorgetragen und erhöhen den Zinsaufwand in den folgenden WJ (§4h I S5 und 6 EStG). Die Zinsschranke gilt nach §8a I mit Modifikationen auch für Körperschaften.

Ausnahmen. Von der Zinsschranke gibt es drei Ausnahmen: 172

- Die Zinsschranke ist nicht anzuwenden, wenn der Nettozinsaufwand weniger als 3 Mio EUR beträgt (§4h II lit a EStG).
- Die Zinsschranke ist ferner nicht einschlägig, wenn der maßgebliche Betrieb nicht oder nur anteilsmäßig zu einem Konzern gehört (§4h II lit b EStG). Bei Körperschaften gilt dies jedoch nur, wenn keine schädliche Gesellschafterfremdfinanzierung nach Maßgabe des §8a II vorliegt. Davon umfasst sind Finanzierungen solcher Gesellschafter, die zu mehr als einem Viertel an der Körperschaft beteiligt sind sowie ihm nahestehende Personen bzw Dritte, die ein Rückgriffsrecht gegen den Gesellschafter oder die nahestehende Person haben; die Finanzierung durch diese Personen ist schädlich, wenn die Zinsaufwendungen darauf 10% des Nettozinsaufwands der Körperschaft beträgt).
- Gehört der Betrieb zu einem Konzern, ist die Zinsschranke nicht anzuwenden, wenn der Betrieb nicht übermäßig mit Fremdkapital finanziert wird (§4h II lit c EStG). Dies wird durch einen Eigenkapitalvergleich bestimmt, wobei die Eigenkapitalquote des Betriebs mit der des Konzerns verglichen wird. Ist die Eigenkapitalquote des Betriebs gleich hoch oder höher als die des Konzerns, liegt keine übermäßige Fremdfinanzierung vor. Abweichungen um bis zu 2% sind unschädlich. Bei Körperschaften ist die Ausnahme erneut davon abhängig, dass keine schädliche Gesellschafterfremdfinanzierung vorliegt (§8a III). Bei Konzernfällen reicht es zudem bereits aus, wenn der maßgebliche Gesellschafter an irgendeiner Konzerngesellschaft beteiligt ist. Auch ist nicht erforderlich, dass die Fremdfinanzierung unmittelbar an den Betrieb erfolgt; vielmehr reicht eine schädliche Finanzierung eines zum Konzern gehörenden Rechtsträgers aus. Voraussetzung ist jedoch, dass die Zinsaufwendungen aus der Gesellschafterfremdfinanzierung im Konzernabschluss ausgewiesen werden bzw bei Finanzierung durch einen Dritten ein Rückgriff gegen einen nicht zum Konzern gehörenden Rechtsträger gegeben ist.

Untergang des EBITDA- und Zinsvortrags. Ein nicht verbrauchter EBITDA- 173 Vortrag sowie ein Zinsvortrag gehen bei Aufgabe oder Übertragung des Betriebs unter. Sofern der Betrieb eine Mitunternehmerschaft ist, gehen die Vorträge anteilig bei Ausscheiden eines Mitunternehmers unter (§4h V EStG). Bei Körperschaften gilt zudem nach §8a I S3 die Vorschrift des §8c hinsichtlich des Zinsvortrags entsprechend (weitere Einzelheiten unter §8a Rn 571 und 673).

Einstweilen frei. 174-175

176 **b) Sinn und Bedeutung. Bruttomethode bei Anwendung der Zinsschranke.** § 15 S 1 Nr 3 ist durch das UntStRefG 2008 v 14.8.2007[1] aufgenommen worden und enthält eine besondere Bestimmung zur Anwendung der Zinsschranke des § 4h EStG sowie § 8a in Organschaftsfällen. Hiernach findet die Zinsschranke gem § 15 S 1 Nr 3 S 1 bei der Organgesellschaft keine Anwendung (vgl Rn 183). Vielmehr bilden Organträger und Organgesellschaft gem § 15 S 1 Nr 3 S 2 einen einheitlichen Betrieb für die Anwendung des § 4h EStG (vgl Rn 194 ff) und Zinsaufwendungen und Zinserträge der Organgesellschaft sind gem § 15 S 1 Nr 3 S 3 bei der Anwendung der Zinsschranke beim Organträger einzubeziehen (vgl Rn 230 ff). Damit wird auch für Zwecke der Zinsschranke die Anwendung der Bruttomethode iRd Organschaft nach § 15 S 1 Nr 3 angeordnet.[2]

177 **Fiktion des einheitlichen Betriebs.** Anders als bei § 15 S 1 Nr 2 dient die in § 15 S 1 Nr 3 angeordnete Bruttomethode nicht dazu, die Gewährung ungerechtfertigter Steuerbegünstigungen zu verhindern, wenn das Einkommen der Organgesellschaft einem Organträger in einer nicht begünstigten Rechtsform zugerechnet wird. Vielmehr wird durch § 15 S 1 Nr 3 für Zwecke der Zinsschranke die Annahme eines einheitlichen Organbetriebs bestimmt, ähnlich wie auch bei § 2 II S 2 GewStG. Dies hat zur Folge, dass

- Innenfinanzierungen zwischen Organträger und Organgesellschaft nicht der Zinsschranke unterliegen. Abweichend von der im Körperschaftsteuerrecht geltenden Zurechnungstheorie wird für Zinsschrankenzwecke durch § 15 S 1 Nr 3 S 2 eine dem Gewerbesteuerrecht ähnliche Einheitstheorie kodifiziert, durch die ähnlich dem Abschn 41 I S 5 und 6 GewStR 1998 Zinsen aus Finanzierungen zwischen Organträger und Organgesellschaft eliminiert werden (vgl Rn 200),[3]
- die Freigrenze des § 4h II lit a EStG nur einmal auf den Organbetrieb Anwendung findet (vgl Rn 208) und
- bei der Anwendung der Ausnahmen des § 4h EStG auf den Organbetrieb abzustellen ist (vgl Rn 230 ff).[4]

178 **Keine Fiktion des Organbetriebs als eigenständiger Rechtsträger.** § 15 S 1 Nr 3 geht jedoch nicht so weit, dass der Organbetrieb ein eigenständiger Rechtsträger ist. Aus § 15 S 1 Nr 3 S 3 geht vielmehr hervor, dass der Rechtsträger des Organbetriebs der Organträger ist.[5] Damit hängt auch die Bestimmung der Anwendbarkeit des § 8a von der Rechtsform bzw den Gesellschaftern des Organträgers ab. Gleiches gilt hinsichtlich des Untergehens des während der Organschaft gebildeten Zins- und EBITDA Vortrags.

179-180 *Einstweilen frei.*

---

1 BGBl I 2007, 1912.
2 *Neumann* in Gosch § 15 Rn 36.
3 *Walter* in EY § 15 Rn 60.
4 *Dötsch* in D/J/P/W § 15 Rn 59.
5 *Herlinghaus* in H/H/R § 15 Rn 66.

VII. Zinsschranke

c) Zeitliche Anwendung. § 15 S 1 Nr 3 S 1 gilt nach § 34 X S 3 erstmals für WJ, die 181
nach dem 25.5.2007 beginnen und nicht vor dem 1.1.2008 enden. In den Fällen, in
den das WJ dem KJ entspricht, gilt die Regelung damit ab dem WJ 2008. Gleiches gilt,
wenn lediglich in 2007 ein Rumpf-WJ existiert, das vor dem 1.1.2008 endet. Sofern
ein vom Kalenderjahr abweichendes WJ existiert, gilt die Regelung bereits vor 2008
und zwar für WJ, die ab dem 26.5.2007 beginnen.

Einstweilen frei. 182

2. Ausschluss des § 4h EStG bei der Organgesellschaft (§ 15 S 1 Nr 3 S 1). a) 183
Laufende Zinsaufwendungen der Organgesellschaft. Nach § 15 S 1 Nr 3 S 1 ist § 4h
EStG bei der Organgesellschaft nicht anzuwenden. Dies führt dazu, dass bei der eigenständigen Gewinnermittlung der Organgesellschaft sämtliche Zinsaufwendungen
abziehbar sind,[1] soweit nicht eine andere Vorschrift einen Zinsabzug ausschließt (zur
Anwendung der gewerbesteuerlichen Hinzurechnung vgl § 8a Rn 156). Ob und ggf
in welcher Höhe die Zinsaufwendungen der Organgesellschaft nach § 4h EStG nur
beschränkt abzugsfähig sind, entscheidet sich auf Ebene des Organträgers nach § 15
S 1 Nr 3 S 3.

Persönlicher Anwendungsbereich. Adressat des § 15 S 1 Nr 3 S 1 ist ausschließ- 184
lich die Organgesellschaft. Die Auswirkungen der Bruttomethode iRd Zinsschranke
beim Organträger sind in § 15 S 1 Nr 3 S 2 und 3 geregelt (vgl Rn 194 ff). Ist der
Organträger zugleich Organgesellschaft (Organschaftskette), gilt § 15 S 1 Nr 3 S 1
auch für den Organträger und der Organbetrieb erstreckt sich auf beide Organschaftskreise.[2]

Mitteilung von Zinsaufwendungen und -erträgen sowie der Abschreibungen 185
an den Organträger. Um eine zutreffende Ermittlung der abzugsfähigen Zinsaufwendungen zu ermöglichen, hat die Organgesellschaft dem Organträger nicht
lediglich das unter Berücksichtigung des § 15 S 1 Nr 3 S 1 ermittelte Organeinkommen
mitzuteilen. Erforderlich ist zudem eine gesonderte Mitteilung über die Zinsaufwendungen und -erträge sowie die Abschreibungen.[3] Ein diesen Anforderungen
genügendes Verfahren ist derzeit gesetzlich nicht geregelt.

Einstweilen frei. 186

b) Vororganschaftlicher Zins- und EBITDA-Vortrag der Organgesellschaft. 187
Kein vororganschaftlicher Zinsvortrag iSd § 15 S 1 Nr 1. Nach § 15 S 1 Nr 1 ist ein
Verlustabzug nach § 10d EStG bei der Einkommensermittlung der Organgesellschaft ausgeschlossen. Die Finanzverwaltung wendet die Vorschrift entsprechend auf
einen Zinsvortrag an, der bei der Organgesellschaft vor der Organschaft entstanden
ist („vororganschaftlicher Zinsvortrag").[4] Allerdings handelt es sich beim Zinsvortrag nicht um einen Verlust iSd § 15 S 1 Nr 1, so dass die Verwaltungsauffassung abzulehnen ist (vgl Rn 55 sowie im Detail § 8a Rn 551).

---

1 *Herlinghaus* in H/H/R § 15 Rn 63.
2 *Erle/Heurung* in Erle/Sauter § 15 Rn 59.
3 *Herzig/Liekenbrock*, DB 2009, 1949; *Dötsch* in D/J/P/W § 15 Rn 55.
4 BMF v 4.7.2008, BStBl I 2008, 718, Tz 48.

188 **Keine Nutzung des Zinsvortrags wegen § 15 S 1 Nr 3 S 1.** Jedoch ergibt sich ein Ausschluss des § 4h EStG bei der Organgesellschaft nach § 15 S 1 Nr 3 S 1. Dadurch wird bei der Gewinnermittlung auch eine Anwendung des § 4h I S 6 EStG ausgeschlossen, wonach ein Zinsvortrag eines Betriebs den laufenden Zinsaufwand des folgenden Jahres erhöht. Im Ergebnis wird dadurch der vororganschaftliche Zinsvortrag der Organgesellschaft während der Organschaft „eingefroren".[1] Der Zinsvortrag der Organgesellschaft kann nach Beendigung der Organschaft bei dieser wieder genutzt werden. In der Literatur wird aber auch vertreten, dass der vororganschaftliche Zinsvortrag der Organgesellschaft sowie des Organträgers bei Begründung einer Organschaft beim Organbetrieb zu addieren sei.[2] Bei Auflösung der Organschaft müsste nach dieser Ansicht der Zinsvortrag jedoch wieder auf den (ehemaligen) Organträger und die (ehemalige) Organgesellschaft „verursachergerecht" aufgeteilt werden, wofür es an Regelungen fehlt.

189 **Nutzung eines vororganschaftlichen EBITDA-Vortrags.** Gleiches gilt grundsätzlich auch für die Nutzung eines EBITDA-Vortrags.[3] Dh, auch dieser wird nach § 15 S 1 Nr 1 nicht eingefroren. Sofern allerdings vertreten wird, dass der vororganschaftliche EBITDA-Vortrag der Organgesellschaft nicht iRd Organschaft genutzt werden kann, ist zu beachten, dass der Vortrag auf einen Zeitraum von fünf WJ gem § 4h I S 3 EStG begrenzt ist. Da auch die Organschaft idR eine Mindestlaufzeit von fünf Jahren hat, würde *de facto* der vororganschaftliche EBITDA-Vortrag einer Organgesellschaft durch Begründung einer Organschaft untergehen. Allerdings ist zu beachten, dass Organgesellschaft und Organträger gem § 15 S 1 Nr 2 S 2 als ein Betrieb gelten, was für eine Nutzung des vororganschaftlichen EBITDA-Vortrags der Organgesellschaft bei der Organträgerin spricht; andernfalls scheint jedoch vertretbar, dass der Fristlauf des § 4h I S 3 EStG während der Dauer des Organschaftsverhältnisses ebenfalls eingefroren (dh unterbrochen) wird (vgl § 8a Rn 664).

190 **Untergang des Zinsvortrags der Organgesellschaft bei Anteilseignerwechsel.** Fraglich ist, ob durch den Ausschluss der Anwendung des § 4h EStG gem § 15 S 1 Nr 2 S 2 auch ein teilweiser Untergang eines Zinsvortrags der Organgesellschaft bei teilweisem Anteilseignerwechsel an der Organgesellschaft während der Organschaft gem § 8a I S 3 iVm § 8c ausgeschlossen ist. Die gleichen Probleme stellen sich auch bei einem mittelbaren Anteilseignerwechsel, bspw auf Ebene des Organträgers oder eines seiner Gesellschafter. In der Literatur wird die Auffassung vertreten, dass der Verweis in § 8a I S 3 durch den Ausschluss des § 4h EStG in § 15 S 1 Nr 3 S 1 außer Kraft gesetzt werde.[4] Dieses Ergebnis ist jedoch zugegebenermaßen mit dem Sinn, den Zinsvortrag der Organgesellschaft auch während der Organschaft zu gewähren und lediglich einzufrieren, nur schwer vereinbar.[5] Bei einem unmittelbaren, mehrheitlichen An-

---

1 Ebenso *Dötsch* in D/J/P/W § 15 Rn 47a; *Neumann* in Gosch § 15 Rn 39; aA *Köhler/Hahne*, DStR 2008, 1512; *Erle/Heurung* in Erle/Sauter § 15 Rn 69.
2 *Hierstätter*, DB 2009, 79, 83.
3 *Dötsch* in D/J/P/W § 15 Rn 47a.
4 *Hierstetter*, DB 2008, 79.
5 *Dötsch* in D/J/P/W § 15 Rn 62.

VII. Zinsschranke

teilseignerwechsel an der Organgesellschaft stellt sich diese Frage mE jedoch nicht, da hierdurch mangels finanzieller Eingliederung die Organschaft beendet wird und dadurch auch der Ausschluss des § 4h EStG endet.

Untergang des EBITDA-Vortrags bei Personengesellschaft als Organträger. § 8c ist auf den EBITDA-Vortrag nicht anzuwenden. Dieser geht jedoch anteilig unter, wenn ein Mitunternehmer aus einer Gesellschaft ausscheidet. Damit kann lediglich während des Bestehens einer Organschaft der EBITDA-Vortrag bei einer Personengesellschaft als Organträger, nicht jedoch bei einer Organgesellschaft untergehen.[1] **191**

Einstweilen frei. **192-193**

3. Organbetrieb (§ 15 S 1 Nr 3 S 2). a) Allgemeines. Nach § 15 S 1 Nr 3 S 2 gelten Organträger und Organgesellschaft iSd § 4h EStG als ein Betrieb. Die Vorschrift begründet damit ausschließlich für Zwecke der Zinsschranke die Fiktion eines Organbetriebs. Beide Rechtsträger bleiben aber ansonsten eigenständig sowohl für zivilrechtliche als auch steuerrechtliche Zwecke. Es erfolgt weiterhin eine getrennte Gewinnermittlung sowie ggf Bescheidung. **194**

Mehrstufige und mittelbare Organschaften. Bei mehrstufigen Organschaftsketten, dh wenn sowohl zwischen M und T als auch zwischen T und E jeweils ein Organschaftsverhältnis besteht, umfasst der fiktive Organbetrieb beide Organschaftsverhältnisse und damit alle Gesellschaften (dh M, T und E).[2] Anders verhält es sich bei einer mittelbaren Organschaft, also einer Organschaft direkt zwischen M und E. Der Organbetrieb umfasst in diesem Fall lediglich das Organschaftsverhältnis und damit M und E. T bildet hingegen einen eigenständigen Betrieb mit den sich daraus ergebenden Folgen (zB einem eigenständigen Freibetrag).[3] **195**

Rechtsträger des fiktiven Organbetriebs. Aus einer Gesamtschau mit § 15 S 1 Nr 3 S 3 folgt zudem, wer Rechtsträger des fiktiven Organbetriebs ist. Dies ist der Organträger, da bei diesem die Zinsaufwendungen und Zinserträge, die im zugerechneten Einkommen enthalten sind, bei der Anwendung der Zinsschranke mit einzubeziehen sind.[4] Der vororganschaftliche Betrieb des Organträgers und der organschaftliche Organbetrieb sind identisch. Gleiches gilt nach Beendigung der Organschaft, dh der ehemalige Organträger führt den Organbetrieb nach Beendigung als seinen eigenen Betrieb fort. **196**

Anwendung des § 4h EStG und § 8a je nach der Rechtsform des Organträgers. Entsprechend bestimmt sich die für den Organbetrieb anzuwendende Rechtsnorm nach der Rechtsform des Organträgers. Ist der Organträger eine natürliche Person, findet ausschließlich § 4h EStG Anwendung. Ist der Organträger eine Körperschaft, ist zusätzlich § 8a zu berücksichtigen. Bei einem Organträger in der Rechtsform einer Personengesellschaft als Mitunternehmerschaft kommt es auf die Rechtsform der Mitunternehmer an. Sind ausschließlich natürliche Personen Mitunternehmer, findet auf den Organbetrieb lediglich § 4h EStG Anwendung, ansonsten auch § 8a.[5] **197**

---

1 *Erle/Heurung* in Erle/Sauter § 15 Rn 81.
2 *Erle/Heurung* in Erle/Sauter § 15 Rn 59.
3 *Erle/Heurung* in Erle/Sauter § 15 Rn 86.
4 *Herlinghaus* in H/H/R § 15 Rn 66.
5 *Dötsch* in D/J/P/W § 15 Rn 57.

198-199 *Einstweilen frei.*

200 **b) Innerorganschaftliche Vorgänge. Saldierung von Zinsaufwendungen und Zinserträgen.** Als Konsequenz daraus, dass Organgesellschaft und Organträger gem § 15 S 1 Nr 3 S 2 einen fiktiven gemeinsamen Organbetrieb für Zwecke der Zinsschranke unterhalten, scheiden innerorganschaftliche Vorgänge für Zwecke der Zinsschranke aus. Dies betrifft zunächst innerhalb der Organschaft anfallende Zinsaufwendungen und Zinserträge. Soweit jedoch der Inhaber der Forderung oder Verbindlichkeit nicht Teil der Organschaft ist, sind Zinsaufwendungen und Zinserträge zu berücksichtigen.[1]

201 **Saldierung von Forderungen und Verbindlichkeiten.** Zudem führt *Neumann* aus, dass alle den Zinsaufwendungen und Zinserträgen zugrunde liegenden Verbindlichkeiten und Forderungen bei der Anwendung des § 4h I EStG ebenfalls zu eliminieren seien.[2] Zwar bleiben beide Rechtsträger eigenständig erhalten und ermitteln ihren Gewinn weiterhin gesondert (dh eine Konsolidierung erfolgt insoweit nicht); es ist aber zweifelhaft, ob es der Fiktion des Organbetriebs entspricht, wenn innerorganschaftliche Vorgänge lediglich durch Saldierung der entsprechenden Zinserträge und Aufwendungen bei der Ermittlung des Nettozinsaufwandes ausscheiden.[3] Andernfalls würde sich bei unverzinslichen Darlehen zwischen den Organträgern und Organgesellschaften aufgrund der Ab- und Aufzinsung nach § 6 I Nr 3 EStG eine Anwendung des § 4h I EStG auf den Organbetrieb ergeben. Damit würde allerdings für Zwecke des § 4h EStG der Zinsaufwand abweichend von der gewerbesteuerlichen Ertragsermittlung erfolgen.

202 *Einstweilen frei.*

203 **c) Zins- und EBITDA-Vortrag. Feststellung und Nutzung während der Organschaft.** Ein während der Organschaft begründeter Zins- oder EBITDA-Vortrag wird auf Ebene des Organträgers festgestellt.[4] Da der vororganschaftliche Betrieb des Organträgers und der Organbetrieb identisch sind, können vororganschaftlich gebildete Zins- und EBITDA-Vorträge des Organträgers während der Organschaft weiterhin genutzt werden.[5]

204 **Beendigung bzw Ausscheiden aus der Organschaft.** Bei Beendigung der Organschaft gehen Zins- und EBITDA-Vortrag nicht nach § 4h V EStG unter. Sofern *Neumann*[6] die Fiktion des Organbetriebs in § 15 S 1 Nr 3 S 2 dahingehend erweitert, dass die Beendigung der Organschaft zu einer Auflösung des fingierten Betriebs führe und § 4h V EStG entsprechend anzuwenden sei, übersieht er § 15 S 1 Nr 3 S 3, wonach beim Organträger Zinsaufwendungen und Zinserträge zu berücksichtigen sind. Der Organträger wird nämlich durch die Beendigung der Organschaft nicht aufgelöst, so dass Zins- oder EBITDA-Vortrag erhalten bleiben sollten.[7] Auch der Auffassung

---

1 Dötsch in D/J/P/W § 15 Rn 50.
2 Neumann in Gosch § 15 Rn 36; ebenso wohl Herlinghaus in H/H/R § 15 Rn 67.
3 Dötsch in D/J/P/W § 15 Rn 50; Walter in EY § 15 Rn 64.
4 Herlinghaus in H/H/R § 15 Rn 69.
5 Dötsch in D/J/P/W § 15 Rn 61.
6 Neumann in Gosch § 15 Rn 38.
7 Herlinghaus in H/H/R § 15 Rn 69; Dötsch in D/J/P/W § 15 Rn 61.

der Finanzverwaltung,[1] wonach das Ausscheiden einer Organgesellschaft aus dem Organkreis zu einem anteiligen Verlust des Zinsvortrages führen soll, ist daher nicht zu folgen.[2] Der Erhalt des Zins- und EBITDA-Vortrags beim Organträger ist auch gerechtfertigt, da dieser in Folge des Gewinabführungsvertrags das wirtschaftliche Ergebnis der Organgesellschaft vollständig getragen hat.

Einstweilen frei.   205

d) Ausländischer Organträger. Nach § 18 kann auch ein ausländischer Rechtsträger mit seiner eingetragen Zweigniederlassung Organträger sein. Die Zweigniederlassung begründet für steuerliche Zwecke eine inländische Betriebsstätte (§ 12 Nr 2 AO), mit der der Organträger beschränkt steuerpflichtig ist (§ 49 I Nr 2 lit a EStG). Zu diesen beschränkt steuerpflichtigen Betriebsstätteneinkünften gehört nach der gesetzlich konstitutiven Zuordnung das Einkommen der Organgesellschaft. Rechtsträger des Organbetriebs wäre danach die inländische Betriebsstätte des ausländischen Organträgers. Eine Betriebsstätte ist jedoch nach Ansicht der Finanzverwaltung kein Betrieb iSd § 4h EStG,[3] so dass zweifelhaft ist, ob der Betrieb der Organgesellschaft und die inländische Betriebsstätte des ausländischen Rechtsträgers gemeinsam einen eigenständigen, vom Betrieb des ausländischen Stammhauses separaten Organbetrieb begründen können. Sofern die inländische Zweigniederlassung jedoch wegen einer wirtschaftlichen, finanziellen und organisatorisch eigenständigen Betätigung einen eigenständigen Betrieb begründet, dürfte auch der Organbetrieb vom sonstigen Betrieb des ausländischen Rechtsträgers separiert sein.   206

Einstweilen frei.   207

e) Ausnahme nach § 4h II lit a EStG (Freigrenze). Einfache Freigrenze für Organbetrieb. Da Organträger und Organgesellschaft einen gemeinsamen fiktiven Organbetrieb bilden, ist die betriebsbezogene Freigrenze nach § 4h II lit a EStG bis 3 Mio EUR nur einmal zu gewähren.[4]   208

Mehrstufige und mittelbare Organschaften. Bei mehrstufigen Organschaftsketten, dh wenn sowohl zwischen M und T als auch zwischen T und E jeweils ein Organschaftsverhältnis besteht, umfasst der fiktive Organbetrieb beide Organschaftsverhältnisse und damit alle Gesellschaften (dh M, T und E). Die Freigrenze wird nur einmal für die alle Gesellschaften umfassenden Organbetrieb gewährt.[5] Anders verhält es sich bei einer mittelbaren Organschaft, also einer Organschaft direkt zwischen M und E. Der Organbetrieb umfasst in diesem Fall lediglich das Organschaftsverhältnis und damit M und E. T bildet hingegen einen eigenständigen Betrieb. Die Freigrenze kann damit zweimal in Anspruch genommen werden.[6]   209

---

1 BMF v 4.7.2008, BStBl I 2008, 718, Tz 47.
2 *Herzig/Liekenbrock*, DB 2007, 2387; *Walter* in EY § 15 Rn 65.
3 BMF v 4.7.2008, BStBl I 2008, 718, Tz 9.
4 BMF v 4.7.2008, BStBl I 2008, 718, Tz 57; *Neumann* in Gosch § 15 Rn 36; *Herlinghaus* in H/H/R § 15 Rn 67; *Walter* in EY § 15 Rn 62.
5 *Erle/Heurung* in Erle/Sauter § 15 Rn 85.
6 *Erle/Heurung* in Erle/Sauter § 15 Rn 86.

210 **Kein Verbrauch der Freigrenze für innerorganschaftliche Darlehen.** Zinserträge und Zinsaufwendungen aus innerorganschaftlichen Finanzierungen werden für Zwecke der Zinsschranke saldiert. Sie reduzieren damit nicht die Freigrenze.[1]

211 **Gestaltungen.** Aus steuerplanerischer Sicht kann es deshalb uU sinnvoller sein, eine Organschaft zu beenden oder ggf anstelle einer Organschaftskette lediglich eine mittelbare Organschaft zu begründen, um dadurch zweimal die Freigrenze in Anspruch nehmen zu können. Allerdings wird hierdurch auch die steuerliche Konsolidierung beendet, so dass ggf eine Umwandlung der Organgesellschaft in eine Mitunternehmerschaft als Alternative in Betracht kommt. In diesem Fall wäre die Freigrenze sowohl beim ehemaligen Organträger als auch bei der Mitunternehmerschaft zu gewähren und es würde zumindest für einkommen- bzw körperschaftsteuerliche Zwecke bei einer steuerlichen Konsolidierung bleiben (nicht jedoch für gewerbesteuerliche Zwecke). UU kann durch die Umwandlung auch eine unschädliche Beendigung der Organschaft vor Ablauf der fünfjährigen Mindestdauer erreicht werden (hierzu § 14 Rn 529).

212-213 *Einstweilen frei.*

214 **f) Ausnahme nach § 4h II lit b EStG (Konzernloser Betrieb). Keine Konsolidierung iSd § 4h II lit b EStG in Folge der Organschaft.** Nach § 4h II lit b EStG findet die Zinsschranke keine Anwendung, wenn der Betrieb nicht oder nur anteilsmäßig zu einem Konzern gehört. Aus der Fiktion des Organbetriebs folgt für diese Ausnahme, dass die Organschaft nicht per se einen Konzern begründet;[2] dh der einheitliche Organbetrieb wird nicht in Folge des § 15 S 1 Nr 3 S 2 mit einem anderen Betrieb iSd § 4h EStG konsolidiert. Stattdessen muss der Organkreis Teil eines Konzerns sein (hierzu Rn 216). Die Begründung einer Organschaft kann deshalb dazu führen, dass der Organbetrieb (mithin Organträger und Organgesellschaft) aus dem Anwendungsbereich der Zinsschranke ausscheidet.

215 **Verstoß gegen AEUV in grenzüberschreitenden Konstellationen.** Da die Organschaft nach dem Wortlaut des § 14 lediglich auf Kapitalgesellschaften mit Sitz und Geschäftsleitung im Inland als Organgesellschaften beschränkt ist, kann dieser Vorteil nicht ohne weiteres auf konzernbegründende Beteiligungen an ausländischen Kapitalgesellschaften ausgedehnt werden. In diesen Fällen bleibt es bei der Ausnahme des Eigenkapitalquoten-Vergleichs. Hierdurch werden die unionsrechtlichen Bedenken am deutschen Organschaftssystem verschärft.[3] Auch die von der Finanzverwaltung[4] zugelassene Erweiterung der Organschaft mit Gesellschaften mit Sitz im Ausland und Geschäftsleitung im Inland, entschärft diese Ungleichbehandlung nur teilweise.

216 **Konsolidierung des Organkreises.** Organkreis und Konzern sind jedoch nicht immer identisch.[5] Dh, trotz Organschaft kann eine Anwendung des § 4h II lit b EStG ausgeschlossen sein. Dies kann insbesondere der Fall sein, wenn

---

1 *Erle/Heurung* in Erle/Sauter § 15 Rn 84.
2 BMF v 4.7.2008, BStBl I 2008, 718, Tz 65; *Neumann* in Gosch § 15 Rn 36; *Herlinghaus* in H/H/R § 15 Rn 67.
3 *Walter* in EY § 15 Rn 61; *Neumann* in Gosch § 15 Rn 36.
4 BMF v. 28.3.2011, BStBl I 2011, 300.
5 *Dötsch* in D/J/P/W § 15 Rn 49.

VII. Zinsschranke

- Organträger oder Organgesellschaft mehrheitlich, bei der Konsolidierung einzubeziehende Beteiligungen an Tochterkapitalgesellschaften halten, die nicht zum Organkreis gehören;
- Organträger oder Organgesellschaft mehrheitlich an bei der Konsolidierung einzubeziehenden Mitunternehmerschaften beteiligt sind;[1]
- der Organträger mehrheitlich von einer anderen Gesellschaft gehalten wird und die Organschaft damit bei der Konsolidierung einbezogen wird;[2]
- der Organträger nach § 18 eine inländische Zweigniederlassung einer ausländischen Gesellschaft ist; in diesem Fall kommt ein Konzern mit der ausländischen Betriebsstätte des Organträgers in Betracht.[3]

Nettozinsaufwand iRd Prüfung einer schädlichen Gesellschafterfremdfinanzierung. Die Fiktion des Organbetriebs führt zudem bei der Prüfung des Bestehens einer schädlichen Gesellschafterfinanzierung gem § 8a II dazu, dass hinsichtlich der 10%igen Schädlichkeitsschwelle auf den Nettozinsaufwand des Organbetriebs abzustellen ist.[4] Der Begriff der Körperschaft iSd § 8a II ist deshalb zu modifizieren und als Organbetrieb zu begreifen.[5]

Definition des Minderheitsgesellschafters. Hinsichtlich der Frage, ob ein wesentlich beteiligter Minderheitsgesellschafter besteht, sprechen systematische Erwägungen für eine rechtsträgerbezogene Betrachtung, dh Organträger und Organgesellschaft sind getrennt voneinander zu betrachten und eine Beteiligung von mehr 25 % an dem Organträger oder an der Organgesellschaft können schädlich sein.[6] Ob dies vor dem Hintergrund der Fiktion des Organbetriebs zutreffend ist, wird in der Literatur allerdings bezweifelt. Danach kann eine schädliche Gesellschafterfremdfinanzierung nur bei einer wesentlichen Beteiligung am Organträger vorliegen. Ein an der Organgesellschaft beteiligter, außenstehender Gesellschafter könne hingegen sowohl den Organträger als auch die Organgesellschaft finanzieren.[7]

Bestimmung der 10%-Grenze für Zahlungen des Organbetriebs. § 8a II stellt hinsichtlich der maßgeblichen 10%-Grenze auf die Nettozinsaufwendungen der Körperschaft ab. Unter Berücksichtigung von § 15 S 1 Nr 3 S 2 und 3 handelt es sich dabei aber nicht um den isolierten Nettozinsaufwand des Organträgers, sondern um den des Organbetriebs, der auf Ebene des Organträgers ermittelt wird. Die Zinserträge und -aufwendungen werden auch für diese Prüfung beim Organträger einbezogen.[8] Bei der Berechnung der anderen Vergleichsgrößen erfolgt ein Vergleich pro wesentlichem Gesellschafter, nicht aber für sämtliche wesentlichen Gesellschafter. Sofern am Organträger zwei wesentliche Gesellschafter beteiligt sind, erfolgt mithin

---

1 *Neumann* in Gosch § 15 Rn 36.
2 *Herlinghaus* in H/H/R § 15 Rn 67.
3 *Walter* in EY § 15 Rn 63.
4 *Dötsch/Krämer* in D/J/P/W § 15 Rn 59; *Herlinghaus* in H/H/R § 15 Rn 66.
5 *Herzig/Liekenbrock*, DB 2007, 2387; *Neumann* in Gosch § 15 Rn 37.
6 *Dötsch* in D/J/P/W § 15 Rn 60.
7 *Walter* in EY § 15 Rn 60; *Erle/Heurung* in Erle/Sauter § 15 Rn 98.
8 *Herzig/Liekenbrock*, DB 2007, 2387; *Erle/Heurung* in Erle/Sauter § 15 Rn 100.

die Ermittlung der Vergleichsgröße getrennt für jeden Gesellschafter.[1] Das Gleiche gilt, wenn sowohl am Organträger als auch an der Organgesellschaft ein wesentlicher Gesellschafter beteiligt ist. Pro wesentlichem Gesellschafter sind jedoch sämtliche Vergütungen für Fremdkapital, dh sowohl Vergütungen des Organträgers als auch der Organgesellschaft, zusammenzurechnen.[2]

220-221 *Einstweilen frei.*

222 **g) Ausnahme nach § 4h II lit c EStG (Konzernfälle). Erstellung Teilkonzernabschluss.** Für den Organkreis kommt auch eine Ausnahme von der Zinsschranke nach § 4h II lit c EStG in Betracht. Für diese Fälle ist ein Vergleich der Eigenkapitalquoten durchzuführen. Für diese steuerlichen Zwecke ist ein Teilkonzernabschluss für den Organkreis herzustellen (der nicht laut Handelsregister vorgesehen ist und auch nicht per se offenlegungspflichtig ist),[3] um eine Vergleichsgröße für den Konzernabschluss ermitteln zu können. Maßgeblicher Rechnungslegungsstandard ist derjenige, welcher für den Konzernabschluss anzuwenden ist.[4]

223 **Prüferische Durchsicht.** Entsprechend der Regelung des § 4h II lit c S 12 EStG ist der Teilkonzernabschluss einer prüferischen Durchsicht zu unterziehen. Auf Verlangen der Finanzbehörden ist er durch einen Abschlussprüfer zu prüfen, der die Voraussetzungen des § 319 HGB erfüllt.[5]

224 **Kürzung der Beteiligung.** Wie die genaue Ermittlung der Eigenkapitalquote des Teilkonzernabschlusses des Organkreises erfolgt, ist aus dem Gesetz nicht zu entnehmen. Fraglich ist insbesondere, ob der Beteiligungsansatz des Organträgers an der Organgesellschaft entsprechend § 4h II lit c S 5 EStG zu kürzen ist[6] oder lediglich nach Konsolidierungsgrundsätzen die maßgeblichen Größen EK und Bilanzsumme zu modifizieren sind.[7] Nach der hier vertretenen Auffassung kommt es aufgrund der vorrangig gem § 15 S 1 Nr 3 S 2 wirkenden Fiktion eines Organbetriebs (der bereits als Ausgangslage des EK eine Saldierung unterstellt) nicht zu einer Kürzung gem § 4h II lit c S 5 EStG. Beteiligungen des Organträgers oder der Organgesellschaft an Gesellschaften außerhalb des Organkreises unterliegen der Kürzung.[8]

225 **Konsolidierung von Forderungen und Verbindlichkeiten.** Bei der Ermittlung der Eigenkapitalquote des Organbetriebs werden gegenseitige Forderungen und Verbindlichkeiten im Organkreis (weg-)konsolidiert.

226 **Eigenkapitalquote bei neuer Organschaft.** Der Eigenkapitalquoten-Vergleich erfolgt auf Basis der zum Schluss des vorangegangenen WJ ermittelten Bezugsgrößen. Ebenso wie bei der Neugründung einer Gesellschaft ist deshalb fraglich, ob ein Eigenkapitalquoten-Vergleich bei Abschluss einer neuen Organschaft für das erste WJ des Organbetriebs

---

1 *Erle/Heurung* in Erle/Sauter § 15 Rn 99.
2 *Herzig/Liekenbrock*, DB 2007, 2387.
3 *Neumann* in Gosch § 15 Rn 36; *Dötsch* in D/J/P/W § 15 Rn 52; *Herlinghaus* in H/H/R § 15 Rn 67.
4 *Dötsch* in D/J/P/W § 15 Rn 52; *Herlinghaus* in H/H/R § 15 Rn 67.
5 *Erle/Heurung* in Erle/Sauter § 15 Rn 110.
6 *Neumann* in Gosch § 15 Rn 36.
7 *Herzig/Liekenbrock*, DB 2007, 2387; offenbar auch *Herlinghaus* in H/H/R § 15 Rn 67.
8 *Erle/Heurung* in Erle/Sauter § 15 Rn 108; *Herzig/Liekenbrock*, DB 2007, 2387.

VII. Zinsschranke

möglich ist. ME ist es in diesen Fällen zulässig, bereits auf den Schluss des letzten WJ vor Begründung der Organschaft einen Teilkonzernabschluss für den Organbetrieb zu erstellen, da andernfalls die Ausnahmeregelung für ein WJ ins Leere laufen würde. Dies entspricht im Ergebnis auch der Auffassung der Finanzverwaltung, die in Neugründungsfällen auf das EK in der Eröffnungsbilanz abstellt,[1] da die „Eröffnungsbilanz" des Organbetriebs aus den Schlussbilanzen der Einzelgesellschaften vor Begründung der Organschaft abgeleitet werden kann. Sofern die Organschaft mit einer neuen, vom Organträger gegründeten Organgesellschaft begründet wird, entspricht die Eröffnungsbilanz des Teilkonzernabschlusses dem letzten Einzelabschluss des Organträgers.

Gesellschafterfremdfinanzierung. Hinsichtlich der ggf zu beachtenden Regelung des § 8a III vgl Rn 218.   227

Einstweilen frei.   228-229

4. Einbeziehung von Zinsaufwand und -ertrag (§ 15 S 1 Nr 3 S 3). a) Allgemeines. Nach § 15 S 1 Nr 3 S 3 sind im zugerechneten Einkommen enthaltene Zinsaufwendungen und Zinserträge bei Anwendung der Zinsschranke beim Organträger einzubeziehen.   230

Persönlicher Anwendungsbereich. § 15 S 1 Nr 3 S 3 bezieht sich auf die Ermittlung des Nettozinsaufwands des Organbetriebs, die beim Organträger erfolgt.   231

Klarstellende Bedeutung. § 15 S 1 Nr 3 S 3 hat vor dem Hintergrund des § 15 S 1 Nr 3 S 2, wonach Organträger und Organgesellschaft einen gemeinsamen Organbetrieb fiktiv begründen, keine eigene Bedeutung, sondern ist lediglich klarstellender Natur.[2]   232

Berücksichtigung weiterer Korrekturen zur Ermittlung des EBITDA der Organgesellschaft. Beim Organbetrieb werden deshalb neben Zinsaufwendungen und -erträgen auch der maßgebliche Gewinn der Organgesellschaft und sonstige Korrekturen – wie bspw AfA – zur Ermittlung des steuerlichen EBITDA berücksichtigt.[3]   233

Mitwirkung der Organgesellschaft bei der Informationsbeschaffung. Ein gesondertes Verfahren zur Ermittlung der für die Bestimmung des EBITDA des Organbetriebs notwendigen Informationen der Organgesellschaft beim Organträger bestimmt das Gesetz nicht. Die Organgesellschaft trifft lediglich im Rahmen ihrer Deklarationspflichten nach §§ 149 f AO die Obliegenheit, die in den Vordrucken angeforderten Informationen anzugeben.   234

Einstweilen frei.   235-236

b) Ausgleichszahlungen. Versteuerung nach § 16. Eine Besonderheit besteht für an außenstehende Gesellschafter der Organgesellschaft geleistete Ausgleichszahlungen. Nach § 16 hat die Organgesellschaft 20/17 dieser Ausgleichszahlungen als eigenes Einkommen zu versteuern. Das dem Organträger zuzurechnende Einkommen der Organgesellschaft wird insoweit gemindert (weiterführend § 16 Rn 60).   237

---
1 BMF v 4.7.2008, BStBl I 2008, 718, Tz 70.
2 *Herlinghaus* in H/H/R § 15 Rn 66.
3 *Frotscher* in Frotscher/Maas § 15 Rn 112.

238   **Keine Aufteilung des Einkommens bei der Ermittlung des EBITDA.** Sollte durch die Aufteilung des zu versteuernden Einkommens auf Organträger und Organgesellschaft gem § 16 das verrechenbare EBITDA des Organbetriebs gemindert werden, würde dies zu einer nicht gerechtfertigten Einschränkung des Zinsabzugs führen.[1] Denn ein Zinsaufwand verbleibt im Organbetrieb und wird nicht ebenso aufgeteilt. Daher ist es zutreffend, bei der Ermittlung des verrechenbaren EBITDA nicht lediglich auf den maßgeblichen Gewinn des Organträgers abzustellen, sondern auch ein ggf eigenes Einkommen der Organgesellschaft zu berücksichtigen.[2] Dies folgt auch aus dem Gedanken des Organbetriebs, der sowohl Organträger als Organgesellschaft umfasst, sowie einem Vergleich mit der Ermittlung des Gewerbeertrags iRe Organschaft. Dieser umfasst ebenfalls die Ausgleichszahlung nach § 16, da es sich bei dieser Norm nicht um eine Gewinnermittlungsvorschrift handelt.

239   *Einstweilen frei.*

240   **5. GewSt.** Die Bruttomethode des § 15 I S 1 Nr 3 ist nicht auf die GewSt abgestimmt. Denn obwohl nach § 2 S 2 GewStG die Organgesellschaft als Betriebsstätte des Organträgers gilt, erfolgt eine getrennte Ermittlung des Gewerbeertrags bei der Organgesellschaft und beim Organträger. Dies hat zur Konsequenz, dass die Zinsaufwendungen aufgrund der Nichtanwendung der Zinsschranke bei der Organgesellschaft unter Berücksichtigung der Hinzurechnungsvorschrift des § 8 Nr 1 lit a GewStG abzugsfähig sind. Nach der Systematik tritt diese Folge unabhängig davon ein, ob der Zinsaufwand nach Anwendung der Bruttomethode auf Ebene des Organbetriebs beim Organträger abzugsfähig ist. Daraus ergeben sich weitere Fragestellungen, insbesondere dann, wenn der Organträger den im Organbetrieb nicht abziehbaren Zinsaufwand in die folgenden Erhebungszeiträume überträgt und über seine Einkommensermittlung auch – nochmals – für gewerbesteuerliche Zwecke nutzt. Für eine Korrektur dieses Ergebnisses fehlt eine gesetzliche Grundlage. Aber selbst wenn aus § 15 S 1 Nr 3 S 2 eine Verteilung des nicht abzugsfähigen Teils der Zinsaufwendungen auf die Gewerbeertragsermittlung der Organgesellschaft und des Organträgers geschlossen werden würde,[3] fehlt es an einer Aufteilungsmethode.[4]

241   *Einstweilen frei.*

242   **VIII. Dauerverlustgeschäfte bei einer Organgesellschaft (§ 15 S 1 Nr 4). 1. Allgemeines.** § 15 S 1 Nr 4 ist iRd JStG 2009 eingeführt worden und bestimmt, dass die Bruttomethode auch hinsichtlich der Regelung für Dauerverlustgeschäfte der öffentlichen Hand zur Anwendung kommt. Die Vorschrift, welche die bisherige Verwaltungspraxis widerspiegelt, war notwendig geworden, nachdem die Rechtsprechung[5] für Eigengesellschaften entschieden hatte, dass strukturelle Dauerverlustgeschäfte zu einer vGA führen (vgl § 8 Rn 822).

---

[1] *Herlinghaus* in H/H/R § 15 Rn 74; *Herzig/Liekenbrock*, DB 2007, 2387.
[2] *Dötsch* in D/J/P/W § 15 Rn 48; *Erle/Heurung* in Erle/Sauter § 15 Rn 66; *Schmidt-Fehrenbacher*, Ubg 2008, 473.
[3] *Franke/Gageur*, BB 2008, 1704, 1709; *Schuck/Faller*, DB 2010, 2186, 2187.
[4] *Schuck/Faller*, DB 2010, 2186, 2188f mit Beispielsberechnungen zu den Auswirkungen der unterschiedlichen Allokationsmethoden.
[5] BFH I R 32/06, BStBl II 2007, 961.

VIII. Dauerverlustgeschäfte bei einer Organgesellschaft

Ergänzung des § 8 VII. § 15 S 1 Nr 4 ergänzt § 8 VII, wonach bei strukturellen Dauerverlustgeschäften einer Eigengesellschaft eine Anwendung der Regeln der vGA unter bestimmten Voraussetzungen ausscheidet. Die Vorschrift bestimmt, dass die Regelungen zur vGA gem § 8 III S 2 und VII bei der Organgesellschaft nicht anzuwenden sind. Nach § 15 S 1 Nr 4 S 2 sind diese Regeln jedoch bei der Einkommensermittlung des Organträgers zu berücksichtigen, soweit in dem zugerechneten Einkommen der Organgesellschaft derartige Verluste enthalten sind. Die Vorschrift modifiziert damit sowohl die Einkommensermittlung bei der Organgesellschaft als auch beim Organträger. **243**

Einstweilen frei. **244**

2. Ausschluss des § 8 III S 2 und VII bei der Organgesellschaft. Dauerverlustgeschäfte. Voraussetzung für die Anwendung des § 15 S 1 Nr 4 ist zunächst das Vorliegen von Dauerverlustgeschäften. Ein Dauerverlustgeschäft wird dabei gesetzlich definiert als eine wirtschaftliche Betätigung, die aus verkehrs-, umwelt-, sozial-, kultur-, bildungs- oder gesundheitspolitischen Gründen ohne kostendeckendes Entgelt unterhalten wird oder das Geschäft Ausfluss einer Tätigkeit ist, die bei juristischen Personen des öffentlichen Rechts zu einem Hoheitsbetrieb gehört (im Einzelnen vgl § 8 Rn 860 ff). Erzielt die Organgesellschaft dauerhaft Verluste aus anderen Betätigungen, ist die Vorschrift insoweit nicht anzuwenden. **245**

Erfüllung der Voraussetzungen in § 8 VII Nr 2 S 2. Fraglich ist, ob darüber hinaus zur Anwendung des § 15 S 1 Nr 4 auch die Voraussetzungen des § 8 VII Nr 2 S 2 bei der Organgesellschaft vorliegen müssen.[1] ME ist dies zu bejahen, da andernfalls die Nichtanwendung dieser Vorschrift als Rechtsfolge keinen Sinn hätte. Die Mehrheit der Stimmrechte an der Organgesellschaft muss mithin mittelbar auf juristische Personen des öffentlichen Rechts entfallen (hierzu § 8 Rn 842 ff) und ausschließlich diese Gesellschafter müssen die Verluste aus den Dauerverlustgeschäften tragen (hierzu § 8 Rn 848). **246**

Keine Erfüllung des § 8 VII S 1 Nr 1. Die Voraussetzungen in § 8 VII S 1 Nr 1 können hingegen keine Bedeutung haben, um den Anwendungsbereich des § 15 S 1 Nr 4 zu erfüllen, weil der Adressat dieser Vorschrift ein BgA ist und dieser nicht Organgesellschaft sein kann. **247**

Erfüllung des § 8 III S 2. Konsequenterweise muss aber grundsätzlich der Tatbestand einer vGA gem § 8 III S 2 erfüllt sein, um den Anwendungsbereich des § 15 S 1 Nr 4 zu eröffnen, wobei das Gesetz durch Einführung des § 8 VII S 2 unterstellt, dass bei Dauerverlustgeschäften eine vGA gegeben ist. **248**

Einstweilen frei. **249**

3. Rechtsfolgen. Die Rechtsfolgen des § 15 S 1 Nr 4 S 1 sind nicht eindeutig. Die Nichtanwendung des § 8 III S 2 kann so gedeutet werden, dass lediglich keine Einkommenserhöhung bei der Ermittlung des Einkommens der Organgesellschaft greift, sich jedoch an der Qualifikation der vGA nichts ändert. In diesem Fall müsste das Ein- **250**

---

1 Verneinend *Neumann* in Gosch § 15 Rn 41.

kommen des Organträgers um die vGA gekürzt werden.[1] Durch die Anordnung der Nichtanwendung des § 8 VII soll mE jedoch auch zum Ausdruck gebracht werden, dass die Dauerverluste nicht mehr als vGA zu qualifizieren und insoweit wie „gewöhnliche" Betriebsausgaben zu behandeln sind, die das Einkommen der Organgesellschaft reduzieren.[2] Dh, das Einkommen der Organgesellschaft ist zunächst ohne spartenweise Ermittlung unter Verrechnung der in den verschiedenen Tätigkeitsbereichen erzielten Gewinne und Verluste dem Organträger zuzurechnen. Hierfür spricht auch die Regelung des § 15 S 1 Nr 4 S 2, die voraussetzt, dass in dem Einkommen der Organgesellschaft Verluste aus Dauerverlustgeschäften enthalten sind.

251 *Einstweilen frei.*

252 **4. Anwendung des § 8 III S 2 und VII beim Organträger. Kapitalgesellschaft.** Nach § 15 S 1 Nr 4 S 2 sind § 8 III S 2 und VII auf Ebene des Organträgers anzuwenden, wenn in dem zugerechneten Einkommen der Organgesellschaft Verluste aus Dauerverlustgeschäften enthalten sind. Folglich unterbleibt auch beim Organträger eine außerbilanzielle Einkommenserhöhung für die oben genannten Verluste. Allerdings muss nach dem Wortlaut dafür (auch) der Organträger die Voraussetzungen des § 8 VII erfüllen. Der Organträger muss deshalb entweder

- eine Kapitalgesellschaft, bei der die Mehrheit der Stimmrechte unmittelbar oder mittelbar auf juristische Personen des öffentlichen Rechts entfallen und nur diese Personen die Dauerverluste tragen (vgl Rn 246)
- oder ein BgA (vgl § 8 Rn 840)

sein.

253 **Personengesellschaft.** Ist der Organträger hingegen eine Personengesellschaft, an der die juristische Person des öffentlichen Rechts beteiligt ist, scheidet eine Anwendung des § 8 III S 2 und VII aus, da es sich um körperschaftsteuerliche Einkommensermittlungsvorschriften handelt, die nicht bei der Gewinnermittlung der Personengesellschaft anwendbar sind. *Krämer*[3] folgend kann über eine analoge Anwendung der Grundsätze des § 8 VII auf Personengesellschaften entsprechend dem BMF v 12.11.2009 nachgedacht werden,[4] zumal das Gesetz keinen einengenden Hinweis des Adressatenkreises enthält.[5]

254 *Einstweilen frei.*

255 **5. Zeitlicher Anwendungsbereich. Rückwirkende Anwendung.** Nach § 34 X S 4 ist § 15 S 1 Nr 4 auch auf VZ vor 2009 anzuwenden, da nach der Gesetzesbegründung lediglich die bisherige Verwaltungspraxis gesetzlich kodifiziert worden sei. Hierbei wird allerdings verkannt, dass die Verwaltungsauffassung von der Rechtsprechung abweicht[6] und damit eine echte Rückwirkung verankert wird.[7]

---

1 Frotscher in Frotscher/Maas § 15 Rn 140 ff.
2 Krämer in D/J/P/W § 15 Rn 69.
3 Krämer in D/J/P/W § 15 Rn 69.
4 BMF v 12.11.2009, BStBl I 2009, 1303, Rn 59 ff.
5 Herlinghaus in H/H/R § 15 Rn 88; Neumann in Gosch § 15 Rn 41.
6 BFH I R 32/06, BStBl II 2007, 961.
7 Frotscher in Frotscher/Maas § 8 Rn 262.

IX. Steuerlicher Querverbund

Aufgeschobene Anwendung (§ 34 VI S 5 und 6). Allerdings kann nach § 34 VI S 5 die erstmalige Anwendung auf VZ nach 2011 verschoben werden, wenn die beteiligten Gesellschaften vor dem 18.6.2008 das Einkommen nach anderen Grundsätzen ermittelt haben. Es besteht zudem die Möglichkeit, die Verhältnisse an die geänderte Rechtslage anzupassen. Entfällt nach dem 18.6.2011 erstmals die Mehrheit der Stimmrechte nicht mehr unmittelbar oder mittelbar auf die öffentliche Hand oder tragen nach diesem Tag erstmals auch andere Gesellschafter diese Verluste, ist die Neuregelung auch schon auf Zeiträume vor dem VZ 2012 anzuwenden. 256

Einstweilen frei. 257

IX. Steuerlicher Querverbund (§ 15 S 1 Nr 5). 1. Allgemeines. Bruttomethode bei der Spartenbildung. § 15 S 1 Nr 5 ist zusammen mit § 15 S 1 Nr 4 iRd JStG 2009 eingeführt worden und bestimmt, dass beim kommunalen Querverbund die nach § 8 IX angeordnete Spartenbildung entsprechend der Bruttomethode nicht auf Ebene der Organgesellschaft, sondern beim Organträger erfolgt. 258

Spartenbildung. Nach § 8 IX ist bei Kapitalgesellschaften, die durch die öffentliche Hand beherrscht werden und Dauerverlustgeschäfte ausüben, das Einkommen gesondert nach Sparten zu ermitteln. Diese ergeben sich aus den in § 8 IX Nr 1-3 bestimmten Tätigkeiten. Nur innerhalb einer Sparte können Gewinne und Verluste sowohl innerhalb eines VZ ausgeglichen als auch über mehrere VZ abgezogen werden. Verlustvorträge einer Sparte werden entsprechend gesondert für die einzelne Sparte ermittelt und festgestellt (weiterführend § 8 Rn 945 ff). 259

Spartenrechnung im Organkreis. § 8 IX soll auch dann wirken, wenn die einzelnen Tätigkeiten, für die gesonderte Sparten zu bilden sind, nicht in einer einzigen Kapitalgesellschaft, sondern auf mehrere Kapitalgesellschaften verteilt werden und diese über eine Organschaft konsolidiert werden. Die Regelung des § 15 S 1 Nr 5 S 1 führt in diesen Fällen dazu, dass eine nach Sparten getrennte Gewinnermittlung nicht bereits auf Ebene der Organgesellschaft erfolgt. Stattdessen ist auf Ebene des Organträgers innerhalb der jeweiligen Sparte eine Gewinn- und Verlustverrechnung unter den Voraussetzungen des § 15 S 1 Nr 5 S 2 möglich. 260

Ergänzung des § 15 S 1 Nr 4. § 15 S 1 Nr 5 ergänzt § 15 S 1 Nr 4, wonach bei strukturellen Dauerverlustgeschäften einer Eigengesellschaft eine Anwendung der Regeln der vGA unter bestimmten Voraussetzungen ausscheidet (vgl Rn 242 ff). Im Ergebnis können dem Organträger damit weiterhin Verluste der Organgesellschaft zugerechnet werden, wobei auf Ebene des Organträgers uU eine Aufteilung nach Sparten erfolgt. 261

Zeitlicher Anwendungsbereich. Nach § 34 X S 5 ist § 15 S 1 Nr 5 erstmals für den VZ 2009 anzuwenden. Der zeitliche Anwendungsbereich ist aber nicht mit der Regelung des § 34 X S 4 abgestimmt. *Neumann* weist in diesem Zusammenhang darauf hin, dass zur Vermeidung unbilliger Ergebnisse die Grundsätze zur vGA entgegen § 34 X S 4 bis einschließlich VZ 2008 anzuwenden seien, wenn die dauerhaft defizitäre Organgesellschaft nur eine von mehreren Eigengesellschaften innerhalb eines Organkreises ist.[1] 262

---

1 *Neumann* in Gosch § 15 Rn 45.

263-264 *Einstweilen frei.*

265 **2. Ausschluss des § 8 IX bei der Organgesellschaft. Dauerverlustgeschäft.** Nach § 15 S 1 Nr 5 S 1 ist § 8 IX bei der Organgesellschaft nicht anzuwenden. Persönlich ist die Vorschrift damit ebenfalls auf Kapitalgesellschaften beschränkt, die ein Dauerverlustgeschäft iSd § 8 VII S 2 betreibt (zum Begriff vgl Rn 245 sowie § 8 Rn 941). Erzielt die Organgesellschaft dauerhaft Verluste aus ausschließlich anderen Betätigungen, ist die Vorschrift nicht anzuwenden.

266 **Erfüllung der Voraussetzungen in § 8 VII S 1 Nr 2 S 2.** Zudem erfordert § 8 IX S 1 die Anwendung des § 8 VII Nr 1. Damit muss die Mehrheit der Stimmrechte an der Organgesellschaft mittelbar auf juristische Personen des öffentlichen Rechts entfallen und ausschließlich diese Gesellschafter müssen die Verluste aus den Dauerverlustgeschäften tragen.

267 **Keine Erfüllung des § 8 VII S 1 Nr 1.** § 8 IX S 1 erfordert hingegen, mangels ausdrücklicher Nennung, nicht die Erfüllung des § 8 VII S 1 Nr 1. Damit ist diese Vorschrift bereits deswegen nicht iRd § 15 S 1 Nr 5 S 1 anzuwenden (zur fehlenden Eignung als Organgesellschaft vgl zudem Rn 247).

268 **Rechtsfolge.** Folge des § 15 S 1 Nr 5 S 1 ist, dass bei der Organgesellschaft eine spartenweise getrennte Ermittlung des Gesamtbetrags der Einkünfte nicht vorzunehmen ist. Vielmehr erfolgt eine (einheitliche) Ermittlung des Einkommens der Organgesellschaft. § 15 S 1 Nr 4 ist hierbei zu beachten. Erfüllt die Organgesellschaft eine der Voraussetzungen des § 15 S 1 Nr 4 nicht, ist ihr – ggf um ein durch eine vGA erhöhtes – Einkommen dem Organträger zuzurechnen.

269 **Mitwirkung der Organgesellschaft.** Allerdings erfolgt eine Spartenbildung nach § 15 S 1 Nr 5 S 2 beim Organträger, so dass auf dieser Ebene das Einkommen zu trennen ist (vgl Rn 272 ff). Das Einkommen der Organgesellschaft ist deshalb spätestens bei der Gewinnermittlung des Organträgers nach Sparten zu trennen, was nur durch Mitwirkung der Organgesellschaft erfolgen kann. Mangels eines gesonderten Verfahrens hat deshalb die Organgesellschaft in der Steuererklärung alle notwendigen Angaben zu machen, damit eine Spartenbildung bei der Organträgerin möglich ist. De facto wird es deshalb bei einer nach Sparten gesonderten Ermittlung des Einkommens bei der Organgesellschaft bleiben, damit der Organträger den Anforderungen der Vorschrift genügen kann.[1]

270-271 *Einstweilen frei.*

272 **3. Anwendung des § 8 IX beim Organträger. Zugerechnetes Einkommen der Organgesellschaft unterfällt § 15 S 1 Nr 5 S 2.** Nach § 15 S 1 Nr 5 S 2 erfolgt eine Anwendung des § 8 IX beim Organträger, wenn in dem zugerechneten Einkommen der Organgesellschaft Dauerverluste enthalten sind, auf die § 8 VII S 1 Nr 2 anzuwenden ist. Die von § 8 IX zwingend vorzunehmende Spartenrechnung erfolgt danach entsprechend der Bruttomethode auf Ebene des Organträgers. Nicht erforderlich ist, dass die Organträgerin selbst Einkommen erzielt, welches § 8 VII S 1 Nr 2 unterfällt.

---

[1] Krämer in D/J/P/W § 15 Rn 74; *Heurung/Seidel*, BB 2009, 1786.

BgA oder eine Personengesellschaft als Organträger. IRd § 15 S 1 Nr 5 S 2 ergeben sich vielfältige Fragestellungen. Zunächst ist fraglich, ob auch der Organträger die persönlichen Voraussetzungen des § 8 IX erfüllen muss. Dies ist insbesondere von Bedeutung, wenn der Organträger eine BgA oder eine Personengesellschaft ist. Hinsichtlich der Personengesellschaft kann auf die obigen Ausführungen bei Nr 4 verwiesen werden (vgl Rn 253). Bei einem BgA ist zu berücksichtigen, dass § 15 S 1 Nr 5 eine Anwendung von § 8 VIII sowie § 4 VI nicht regelt. Die Finanzverwaltung wendet in diesen Fällen die Grundsätze des § 8 IX auch auf das Einkommen des BgA an.[1] Über § 15 wird damit der Anwendungsbereich des § 8 IX unzulässig erweitert.[2]

273

Einbezug von Dauerverlusten außerhalb des § 8 VII S 1 Nr 2 beim Organträger. Fraglich ist, wie das Einkommen der Organgesellschaft beim Organträger zu behandeln ist, wenn in dem zugerechneten Einkommen Dauerverluste enthalten sind, die jedoch nicht die Voraussetzungen des § 8 VII S 1 Nr 2 erfüllen. Dies könnte insbesondere der Fall sein, wenn die Verluste der Organgesellschaft nicht ausschließlich von einer juristischen Person des öffentlichen Rechts getragen werden. § 15 S 1 Nr 5 S 2 ist in diesem Fall nicht einschlägig. Erfüllt aber der Organträger die Voraussetzungen des § 8 IX (dh, erfüllt der Organträger selbst die Voraussetzungen des § 8 VII S 1 Nr 2), sind die zugerechneten Einkommen nach dem Telos der angeordneten Bruttomethode in die (originäre) Spartenrechnung des Organträgers nach § 8 IX mit einzubeziehen. Denn über § 15 soll erreicht werden, dass sämtliche zugerechneten Einkommen in die nach § 8 IX angeordnete Spartenrechnung des Organträgers eingehen, unabhängig davon, ob die Tätigkeiten von dem Organträger selbst oder der Organgesellschaft ausgeübt werden.[3]

274

Organträger erfüllt die Voraussetzungen des § 8 VII Nr 2 S 2 nicht. Fraglich ist jedoch der Fall, wenn der Organträger nicht die Voraussetzungen des § 8 VII S 1 Nr 2 S 2 erfüllt. Nach der Regelungstechnik der Bruttomethode ist der Verweis des § 15 S 1 Nr 5 S 2 als Rechtsgrundverweis zu verstehen; dh, der Organträger hat selber die Voraussetzungen des § 8 IX zu erfüllen. Dies kann jedoch zu unabgestimmten Ergebnissen führen, so dass es ausreichend sein müsste, wenn lediglich ein Rechtsträger im Organkreis, also entweder die Organgesellschaft oder der Organträger die Voraussetzungen erfüllt.[4]

275

Einstweilen frei.

276-277

---

1 BMF v 12.11.2009, BStBl I 2009, 1303, Rn 92 ff.
2 Krämer in D/J/P/W § 15 Rn 75; *Heurung/Seidel*, BB 2009, 1786.
3 Krämer in D/J/P/W § 15 Rn 74; *Heurung/Seidel* BB 2009, 1786.
4 Krämer in D/J/P/W § 15 Rn 74; *Heurung/Seidel* BB 2009, 1786.

§ 16 Ausgleichszahlungen

¹Die Organgesellschaft hat ihr Einkommen in Höhe von 20/17 der geleisteten Ausgleichszahlung selbst zu versteuern. ²Ist die Verpflichtung zum Ausgleich vom Organträger erfüllt worden, so hat die Organgesellschaft 20/17 der geleisteten Ausgleichszahlungen anstelle des Organträgers zu versteuern.

KStR 65

Übersicht

	Rn
I. Regelungsgehalt	1 – 2
II. Rechtsentwicklung	3 – 4
III. Normzweck und Anwendungsbereich	5 – 11
1. Sinn und Bedeutung	5 – 7
2. Sachlicher und persönlicher Anwendungsbereich	8 – 9
3. Zeitlicher Anwendungsbereich	10 – 11
IV. Verhältnis zu anderen Vorschriften	12 – 15
1. § 14	12 – 13
2. § 304 AktG	14 – 15
V. Tatbestand	16 – 39
1. Organschaft und Organgesellschaft	16 – 18
2. Ausgleichszahlung	19 – 37
a) Begriff	19 – 23
b) Bemessung der Ausgleichszahlung	24 – 29
c) Außenstehender Anteilseigner	30 – 37
3. „Geleistete" Ausgleichszahlung	38 – 39
VI. Rechtsfolgen	40 – 66
1. Organgesellschaft	40 – 59
a) Einkommenszurechnung	40 – 41
b) Einkommensermittlung	42 – 45
c) Verlustvorträge der Organgesellschaft	46 – 47
d) Nichtabzugsfähige Betriebsausgaben (§ 4 V Nr 9 EStG)	48 – 49
e) Beispielsfall	50 – 51
f) Zeitpunkt der Einkommenszurechnung	52 – 53
g) Leistungen aus dem steuerlichen Einlagekonto	54 – 55
h) GewSt	56 – 57
i) Verfahrensrecht	58 – 59
2. Organträger	60 – 61
3. Außenstehender Anteilseigner	62 – 63

III. Normzweck und Anwendungsbereich

4. KESt	64 – 66
VII. Unangemessene Ausgleichszahlungen	67 – 71

I. Regelungsgehalt. § 16 rechnet der Organgesellschaft ein eigenes Einkommen zu und bestimmt dieses anhand der Ausgleichszahlung für außenstehende Aktionäre nach § 304 AktG. Dabei wird fingiert, dass die Ausgleichszahlung aus dem versteuerten Einkommen geleistet wird; das Einkommen wird dementsprechend um die Steuerlast erhöht (derzeit beträgt der Multiplikator 100/85). Zudem mindert die Ausgleichszahlung iRd Einkommensermittlung nicht das zu versteuernde Einkommen (§ 4 V S 1 Nr 9 EStG). Der anzuwendende Steuersatz sowie die Besteuerungsfolgen beim Empfänger der Ausgleichszahlungen ergeben sich aus den allgemeinen Steuervorschriften.

Einstweilen frei.

II. Rechtsentwicklung. § 16 wurde mit dem Körperschaftsteuerreformgesetz v 31.8.1976[1] eingefügt und ist die Nachfolgevorschrift von § 7a III aF, die iRd gesetzlichen Kodifizierung der körperschaftsteuerlichen Organschaft mit dem StÄndG v 15.8.1969[2] eingeführt wurde. Der Gesetzgeber hat sich dabei an dem Gutachten des BFH v 27.11.1956[3] hinsichtlich der steuerlichen Behandlung einer Dividendengarantie orientiert. Mit dem StSenkG v 23.10.2000[4] ist die Vorschrift an das Halbeinkünfteverfahren angepasst worden. Mit dem UntStFG v 20.12.2001[5] ist schließlich klargestellt worden, dass es für die steuerliche Behandlung unerheblich ist, ob die Ausgleichszahlung von der Organgesellschaft oder vom Organträger geleistet wird. Die letzte Änderung erfolgte durch das UntStRefG 2008 v 14.8.2007[6], mit dem die Vorschrift an den heutigen KSt-Satz von 15 % angepasst wurde.

Einstweilen frei.

III. Normzweck und Anwendungsbereich. 1. Sinn und Bedeutung. Schutz außenstehender Aktionäre. Die Begründung eines Gewinnabführungsvertrags, nach dem der gesamte Gewinn der Gesellschaft an den Organträger abzuführen ist, erfordert den Schutz der außenstehenden Aktionäre, die durch den Gewinnabführungsvertrag ihren mitgliedschaftlichen Anspruch auf Gewinnbeteiligung verlieren. Deshalb muss der Organträger den außenstehenden Aktionären nach § 305 AktG ein Abfindungsangebot unterbreiten und – sofern das Abfindungsangebot nicht angenommen wird – nach § 304 AktG den Verlust der Gewinnbeteiligung entschädigen bzw angemessen ausgleichen (Ausgleichszahlung). Das Fehlen einer Ausgleichszahlung führt nach § 304 III AktG zur Nichtigkeit des Gewinnabführungsvertrags und damit zum Scheitern der Organschaft. Die Ausgleichszahlung kann sowohl durch den Organträger als auch durch die Organgesellschaft erfüllt werden. Sie stellt

---

1 BGBl I 1976, 2597.
2 BGBl I 1969, 1182.
3 BFH I D 1/56 S, BStBl III 1957, 139.
4 BGBl I 2000, 1433.
5 BGBl I 2001, 3858.
6 BGBl I 2007, 1912.

handelsrechtlich für das leistende Unternehmen betrieblich veranlassten Aufwand dar. Für steuerliche Zwecke erfolgt jedoch eine Umqualifizierung der Ausgleichszahlung in eine Gewinnverwendung.

6 **Herstellung einer Gesamtsteuerbelastung.** Sinn des § 16 ist dementsprechend sicherzustellen, dass Ausgleichszahlungen einer zutreffenden Gesamtsteuerbelastung mit KSt und ggf einer Besteuerung nach dem Teileinkünfteverfahren beim Gesellschafter unterliegen.[1] Da dies nicht gewährleistet ist, wenn der Organträger keine Kapitalgesellschaft ist, muss insoweit eine Besteuerung der Ausgleichszahlung bei der Organgesellschaft erfolgen. Die Vorschrift begründet hierfür Sonderregelungen im Bereich der Organschaft. Abweichend von § 14 I S 1 wird der Organgesellschaft ein eigenes zu versteuerndes Einkommen zugerechnet und eine teilweise Gewinnabführung an außenstehende Anteilseigner zugelassen.

7 *Einstweilen frei.*

8 **2. Sachlicher und persönlicher Anwendungsbereich.** Die Vorschrift ist im Rahmen wirksam begründeter Organschaftsverhältnisse einschlägig, sofern an der Organgesellschaft außenstehende Aktionäre beteiligt sind. Sie regelt ausschließlich die Besteuerung der Organgesellschaft und ordnet dieser ein eigenes Einkommen zu.

9 *Einstweilen frei.*

10 **3. Zeitlicher Anwendungsbereich.** Die Vorschrift ist nach § 34 Xa erstmals für den VZ 2008 anzuwenden.

11 *Einstweilen frei.*

12 **IV. Verhältnis zu anderen Vorschriften. 1. § 14.** Jegliche Vereinbarung einer Ausgleichszahlung steht im Konflikt zu der Verpflichtung der Organgesellschaft nach § 14 I S 1, ihren ganzen Gewinn an den Organträger abzuführen. Die Rechtsprechung[2] löst diesen Konflikt dahingehend, dass die Vereinbarung einer gesellschaftsrechtlich gebotenen Ausgleichszahlung der Organschaft grundsätzlich nicht entgegensteht, da diese in § 16 steuerlich ausdrücklich vorgesehen ist – die Vorschrift durchbricht insoweit § 14 hinsichtlich des Gebots der Gewinnabführung und ordnet entgegen § 14 der Organgesellschaft ein eigenes Einkommen zu.

13 *Einstweilen frei.*

14 **2. § 304 AktG.** § 16 knüpft an eine gem § 14 bestehende Organschaft an, die ua einen wirksamen Gewinnabführungsvertrag und damit in Fällen des Vorhandenseins eines außenstehenden Aktionärs eine Ausgleichszahlung nach § 304 AktG erfordert. Ihr Fehlen führt zur Nichtigkeit des Gewinnabführungsvertrags nach § 304 III S 1 AktG und damit zum Scheitern der steuerlichen Organschaft. § 16 knüpft begrifflich an die Ausgleichszahlung iSd § 304 AktG an. Auch richten sich die Voraussetzungen, „ob" eine Ausgleichszahlung zu leisten ist, nach dem Gesellschaftsrecht. Eine Anknüpfung ausschließlich an die zivilrechtliche Vorschrift des § 304 I AktG ist allerdings hinsichtlich der Höhe der Ausgleichszahlung nicht zielführend, da die Vorschrift lediglich

---

1 Dötsch in D/J/P/W § 16 Rn 20.
2 BFH I R 1/08, BStBl II 2010, 407.

den (Mindest-)Schutz der außenstehenden Anteilseigner regelt. Lediglich eine zu niedrige Ausgleichszahlung kann danach im Spruchverfahren überprüft und durch die Zivilgerichtsbarkeit im Spruchverfahren angepasst werden.[1] Gesellschaftsrechtlich nicht verboten sind aber zu hohe Ausgleichszahlungen oder freiwillige Zahlungen. Auch eine Kombination eines festen Sockelbetrages, verbunden mit einem am Gewinn des Organs bemessenen variablen Betrag, ist gesellschaftsrechtlich zulässig.[2] Derartige Vereinbarungen stehen aber im Konflikt mit dem steuerlichen Gebot der Abführung des ganzen Gewinns der Organgesellschaft an den Organträger.

Einstweilen frei. 15

V. Tatbestand. 1. Organschaft und Organgesellschaft. Wirksame Organschaft. 16
Von der Rechtsfolge stellt die Vorschrift auf die Organgesellschaft ab. Sie setzt damit das Bestehen einer nach § 14 wirksamen Organschaft voraus. Eine Anwendung des § 16 auf „fehlerhafte" Organschaften scheidet aus, da das Gesetz „fehlerhafte" Organschaften nicht regelt und auch eine analoge Anwendung mangels Regelungslücke ausscheidet.

Rechtsform. Als Rechtsform der Organgesellschaft kommen sämtliche in § 14 17 genannte und von § 17 umfasste Gesellschaften in Betracht (vgl im Einzelnen § 17 Rn 9-15). Auch wenn die Ausgleichszahlung nach § 304 AktG nicht sämtliche Gesellschaftsformen wie zB die GmbH erfasst, erfolgt eine entsprechende Anwendung der Rechtsfolgen des § 16 bei Vereinbarung eines Gewinnabführungsvertrags bei diesen Gesellschaftsformen aufgrund des § 17. Auch die Formulierung in § 4 V S 1 Nr 9 EStG („außenstehende Anteilseigner und nicht Aktionäre") weist darauf hin, dass Zahlungen an außenstehende Anteilseigner anderer Gesellschaftsformen von § 16 erfasst werden.[3]

Einstweilen frei. 18

2. Ausgleichszahlung. a) Begriff. Ausgleichszahlung nach § 304 AktG. Die Aus- 19
gleichszahlung ist steuerlich nicht definiert, vielmehr beruht der Begriff auf gesellschaftsrechtlicher Grundlage.[4] Es kann deshalb an die Ausgleichszahlung nach § 304 AktG angeknüpft werden. Danach muss ein Gewinnabführungsvertrag einen angemessenen Ausgleich für außenstehende Aktionäre durch eine auf Anteile am Grundkapital bezogene wiederkehrende Geldleistung vorsehen. Grund dafür ist, der außenstehende Gesellschafter durch Abschluss des Gewinnabführungsvertrages einen Eingriff in den mitgliedschaftlichen Gewinnanspruch erleidet, der durch die Ausgleichszahlung entschädigt wird. Umfasst werden damit dem Grunde nach sämtliche wiederkehrende Zahlungen, die außenstehenden Aktionären im Gewinnabführungsvertrag zugesichert werden.

Erfordernis der Ausgleichszahlung bei einer AG, SE sowie KGaA. Bei Vorliegen 20
der Voraussetzungen des § 304 AktG ist die Vereinbarung einer Ausgleichszahlung im Falle einer AG, KGaA und SE erforderlich. Andernfalls führt die Nichtigkeit des Gewinnabführungsvertrags nach § 304 III S 1 AktG zur fehlenden steuerlichen Anerkennung der Organschaft.[5]

---
1 *Stephan* in Schmidt/Lutter § 304 AktG Rn 114.
2 *Paulsen* in MüKo AktG § 304 AktG Rn 45.
3 *Danelsing* in Blümich § 16 Rn 12.
4 BFH I D 1/56 S, BStBl III 1956, 139.
5 BFH I R 7/97, BStBl II 1998, 33.

21 **Erfordernis der Ausgleichszahlung bei einer GmbH.** Ob § 304 AktG analog auch auf GmbHs anzuwenden ist, ist handelsrechtlich umstritten.[1] Die im Schrifttum vertretene Ansicht, bei einer GmbH sei aufgrund der ungeklärten gesellschaftsrechtlichen Vorgaben eine steuerliche Organschaft auch bei einem möglichen Verstoß gegen § 304 AktG wirksam,[2] ist umstritten. ME besteht aber für die Annahme einer Nichtigkeit beim Abschluss eines Gewinnabführungsvertrags ohne Ausgleichszahlung kein Bedürfnis, wenn ohne die Mitwirkung eines schutzwürdigen Anteilseigners ein Gewinnabführungsvertrag nicht geschlossen werden kann oder der außenstehende Anteilseigner ausdrücklich verzichtet. Hat der Anteilseigner eine Möglichkeit, den Gewinnabführungsvertrag zu verhindern, verzichtet aber gleichwohl auf eine Ausgleichszahlung, kann dies nicht zur Nichtigkeit des Vertrages führen. IÜ wäre es vor dem Hintergrund der bestehenden rechtlichen Unsicherheiten unbillig, ohne Übergangsfristen bestehende Organschaften (rückwirkend) zu annulieren, wenn erstmals druch die Rechtsprechung diese Frage entschieden wird.

22 **Sonstige Ausgleichszahlungen.** Der steuerliche Begriff der Ausgleichszahlung geht über § 304 AktG hinaus.[3] Auch sonstige Zahlungen, die nicht im Gewinnabführungsvertrag geregelt aber wirtschaftlich als Ausgleich für den Verlust des Gewinnbeteiligungsanspruchs geleistet werden, wie zB ein Nießbrauch, werden von § 16 erfasst.[4] Auch sollen sämtliche vGA an außenstehende Anteilseigner als Ausgleichszahlungen gelten (R 61 IV S 4 KStR). Dies ist jedoch mit der Systematik der Organschaft, grundsätzlich das Einkommen der Organgesellschaft beim Organträger zu versteuern, nur schwer vereinbar.

23 *Einstweilen frei.*

24 **b) Bemessung der Ausgleichszahlung. Grundsatz.** Zweck der Ausgleichszahlung ist es, dem außenstehenden Anteilseigner einen Ersatz für die infolge des Gewinnabführungsvertrages ausfallende Dividende zu gewähren. Dieser kann nach § 304 II AktG als fester oder variabler Betrag bestimmt werden.

25 **Feste Ausgleichszahlung.** Die Ausgleichszahlung kann zum einen als feste, wiederkehrende Geldleistung gem § 304 II S 1 AktG erfolgen. Dabei sind die bisherige Ertragslage und die künftigen Ertragsaussichten der Organgesellschaft zu berücksichtigen, wobei letzteren ein höheres Gewicht beizumessen sind.[5] Daraus ist der zu erwartende durchschnittliche Gewinnanteil der Beteiligung unter Berücksichtigung der Abschreibungen, Wertberichtigungen und der Steuerbelastung, nicht aber der freien Rücklagen zu ermitteln. Auf Steuervorteile, die der Organträger aus dem Gewinnabführungsvertrag erzielt, kommt es hingegen nicht an.[6]

26 **Variable Ausgleichszahlung.** Handelsrechtlich ist auch ein variabler Ausgleich möglich, wobei § 304 II S 1 AktG die Höhe des Ausgleichs von der Dividende des herrschenden Unternehmens abhängig macht. Entsprechend hat die Rechtsprechung ent-

---

1   LG Dortmund AktE 4/97, GmbHR 1998, 941; aA *Emmerich* in Scholz Anhang Konzernrecht Rn 168.
2   *Dötsch* in D/J/P/W § 16 Rn 9.
3   *Danelsing* in Blümich § 16 Rn 4.
4   BFH I R 225/71, BStBl II 1973, 791.
5   *Hüffer*, § 304 AktG, Rn 8.
6   BGH II ZR 392/03, BGHZ 166, 195.

V. Tatbestand

schieden, dass eine Zahlung, die sich ausschließlich an der Ertragslage der Organgesellschaft orientiert, die steuerliche Anerkennung einer Organschaft mangels Abführung des gesamten Gewinns der Organgesellschaft unter dem Gewinnabführungsvertrag in Frage stellt.[1] Nach Auffassung der Finanzverwaltung kann die Ausgleichszahlung neben einem festen Ausgleich aber auch weiterhin eine vom Erfolg der Organgesellschaft abhängige Komponente enthalten.[2] Sie weicht damit von der Rechtsprechung ab, die in der Kopplung der Ausgleichszahlung an das Ergebnis der Organgesellschaft die tatsächliche Durchführung der Gewinnabführungsverpflichtung in Frage gestellt sieht.[3]

Defizitäre Organgesellschaft. Bei einer dauerhaft defizitären Organgesellschaft kann die Ausgleichsregelung auch einen „Null-Ausgleich" vorsehen.[4] Dieser steht einem fehlenden Ausgleich nicht gleich bzw gefährdet die Organschaft nicht. Nicht möglich ist hingegen ein negativer Ausgleich, da ein Anteilseigner auch ohne Gewinnabführungsvertrag grundsätzlich nicht zu einem Nachschuss verpflichtet ist und § 304 AktG lediglich Zahlungen an den Gesellschafter vorsieht. Es bleibt jedoch die Möglichkeit, unabhängig von der Gewinnabführung eine Einlageverpflichtung zu vereinbaren.[5]

Überhöhte Ausgleichszahlungen. Nach der Rechtsprechung darf die Ausgleichszahlung aus wirtschaftlicher Sicht die Wirkung der Gewinnabführung nicht wieder aufheben.[6] Schädlich können daher im Einzelfall deutlich überhöhte Ausgleichszahlungen sein.[7] Aufgrund der mit der Festsetzung einer Ausgleichszahlung verbundenen Bewertungsschwierigkeiten kann ein Verstoß gegen § 14 aber allenfalls bei einer wesentlichen Überschreitung vorliegen.

Einstweilen frei.

c) Außenstehender Anteilseigner. Grundsatz. § 304 AktG gebietet lediglich eine Ausgleichszahlung für außenstehende Aktionäre bzw Anteilseigner. Nicht nach § 304 AktG verboten ist die Vereinbarung einer Ausgleichszahlung an einen Gesellschafter, der nicht „außenstehend" ist. Wird einem nicht außenstehenden Gesellschafter aber eine Ausgleichszahlung gewährt, steht dies grundsätzlich einer steuerlichen Organschaft entgegen.[8]

Unmittelbarer Gesellschafter. Der Begriff des außenstehenden Anteilseigners ist gesellschaftsrechtlich nicht abschließend geklärt. Es muss sich um einen Anteilseigner, mithin um einen unmittelbaren Gesellschafter der Organgesellschaft handeln. Mittelbare Gesellschafter der Organgesellschaft scheiden als Empfänger von Ausgleichszahlungen aus.[9]

1　BFH I R 123/74, BStBl II 1976, 510.
2　BMF v 13.9.1991, DB 1991, 2110 und BMF v 20.4.2010, BStBl I 2010, 372.
3　BFH I R 1/08, BStBl II 2010, 407.
4　BGH II ZR 392/03, BGHZ 166, 195.
5　*Frotscher* in Frotscher/Maas § 16 Rn 35.
6　BFH I R 1/08, BStBl II 2010, 407.
7　*Hubertus/Lüdemann*, DStR 2009, 2139.
8　*Kraus*, BB 1988, 528.
9　*Pache* in H/H/R § 16 Rn 34.

32 **Außenstehend.** Ferner muss der Anteilseigner „außenstehend" sein. Dies kann begrifflich nur ein Anteilseigner sein, der nicht Vertragspartei des Gewinnabführungsvertrages ist.[1] Der Schutzbereich des § 304 AktG ist jedoch mE noch enger. Auch solche Gesellschafter, die nicht Vertragspartei sind, haben keinen Anspruch auf eine Ausgleichszahlung, wenn sie aufgrund anderer Umstände nicht schutzwürdig sind bzw mittelbar von dem Gewinnabführungsvertrag profitieren.[2] Dies gilt bspw für:

- Gesellschafter, der zugleich sämtliche Anteile am Organträger hält.[3]
- Mittel- oder unmittelbar 100 %ige TG des Organträgers; mE ist in diesen Fällen die zusätzliche Vereinbarung eines Gewinnabführungsvertrags der TG mit dem Organträger entbehrlich, da andernfalls ein Konflikt zu den Regelungen zur mittelbaren Organschaft entstehen würde.
- Schwestergesellschaft des Organträgers, wenn sämtliche Anteile beider Gesellschaften mittel- oder unmittelbar von einem gemeinsamen Gesellschafter gehalten werden, zu dem jeweils Gewinnabführungsverträge bestehen.

Zu weitgehend ist jedoch die Interpretation, dass alle Gesellschaften innerhalb eines Konzerns (zB IFRS Konzern) als außenstehende Aktionäre ausscheiden,[4] da ansonsten der notwendige Schutz von Minderheitsgesellschaftern umgangen würde.

33 **Umfang der Stimmrechte.** Für die Bestimmung des außenstehenden Anteilseignerns ist zudem der Umfang der Stimmrechte des Anteilseigners an der Organgesellschaft unerheblich. Es kann insbesondere in den Fällen der mittelbaren Organschaft notwendig sein, einen unmittelbaren Mehrheitsgesellschafter der Organgesellschaft in den Schutzbereich des § 304 AktG einzubeziehen, wenn dieser nicht zu 100 % vom Organträger gehalten wird.

Beispiel

An der Organgesellschaft ist der Organträger zu 20 % unmittelbar beteiligt. Weiterer Gesellschafter der Organgesellschaft ist der Mehrheitsgesellschafter A GmbH mit 80 %. Gesellschafter der A GmbH ist der Organträger zu 90 % und ein Dritter zu 10 %.

Zwar hat die A GmbH grundsätzlich die Möglichkeit, den Abschluss eines Gewinnabführungsvertrags zu verhindern. Eine Schutzwürdigkeit besteht gleichwohl, weil der Organträger die A GmbH zur Zustimmung zum Abschluss des Gewinnabführungsvertrags verpflichten kann.

34 **Fehlerhafte Rechtsanwendung.** Im Hinblick auf die gesellschaftsrechtlich noch ungeklärte Frage, wann ein Gesellschafter außenstehend ist, kann es passieren, dass einem Gesellschafter aufgrund einer fehlerhaften Rechtsanwendung eine gesetzlich gebotene Ausgleichszahlung nicht gewährt wird bzw eine Ausgleichszahlung geleistet wird, obwohl dies nicht erforderlich ist. Grundsätzlich ist die Organschaft in diesen Fällen nicht anzuerkennen, da entweder der Gewinnabführungsvertrag nach § 304

---

1 *Erle/Heurung* in Erle/Sauter § 16 Rn 20.
2 *Dötsch* in D/J/P/W § 16 Rn 2.
3 BFH I R 1/08, BStBl II 2010, 407.
4 *Frotscher* in Frotscher/Maas § 16 Rn 13.

VI. Rechtsfolgen

III AktG nichtig ist oder aber gegen die Gewinnabführungsverpflichtung nach § 14 verstoßen wird. In Betracht kommen allenfalls steuerliche Billigkeitsmaßnahmen zur Vermeidung von Härtefällen.[1]

Zeitpunkte. Der Gewinnabführungsvertrag kann von der Bestimmung einer Ausgleichszahlung nur dann absehen, wenn die Organgesellschaft im Zeitpunkt der Beschlussfassung über den Abschluss des Gewinnabführungsvertrags keinen außenstehenden Aktionär hat.[2] Kommt zu einem späteren Zeitpunkt jedoch ein außenstehender Aktionär hinzu, endet nach § 307 AktG der Gewinnabführungsvertrag spätestens zum Ende des Geschäftsjahres, in dem ein außenstehender Aktionär beteiligt ist. 35

Erwerb der Anteile von außenstehenden Aktionären. Davon unabhängig ist die Frage, ob ein Gesellschafter einen Anspruch auf eine vereinbarte Ausgleichszahlung hat. Dies ist nur dann der Fall, wenn zum Zeitpunkt der Entstehung ein außenstehender Aktionär vorhanden ist. Die Frage ist relevant, wenn bspw der Organträger alle Anteile an einem außenstehenden Aktionär erwirbt und dieser damit nicht mehr außenstehend ist oder umgekehrt der Organträger Anteile an einen neuen Gesellschafter veräußert und dieser dadurch außenstehend wird. Die Frage ist umstritten. Sofern keine andere vertragliche Regelung besteht ist mE auf den Zeitpunkt der Feststellung des Gewinnverwendungsbeschlusses der Organgesellschaft abzustellen. Zwar ist der Anspruch dem Grunde nach bereits vorher angelegt. Der Zahlungsanspruch wird jedoch erst zu diesem Zeitpunkt konkretisiert und auch fällig. Diese Auffassung wird auch dem Wesen der Ausgleichszahlung, die eine Gewinnbeteiligung ersetzt, gerecht.[3] Allerdings befindet sich in der steuerlichen Literatur vermehrt die Auffassung, dass auf das Ende des Geschäftsjahres der Organgesellschaft abzustellen sei.[4] Wird nach Entstehung des (konkretisierten) Ausgleichsanspruchs der Gesellschaftsanteil übertragen, wird in der Regel der Ausgleichsanspruch mit veräußert und beim Kaufpreis mit eingepreist. Bei einer Veräußerung an den Organträger soll dann die Ausgleichszahlung mit abgegolten sein.[5] 36

Einstweilen frei. 37

3. „Geleistete" Ausgleichszahlung. Die Ausgleichszahlung muss geleistet sein; dies setzt einen Abfluss beim Zahlungsverpflichteten voraus.[6] Die bilanzielle Erfassung als Verbindlichkeit bzw Rückstellung genügt hierfür nicht – auf die Fälligkeit der Ausgleichszahlung kommt es nicht an. Eine Leistung ist jedoch durch Umwandlung der Ausgleichszahlungsverpflichtung in eine Darlehensverbindlichkeit möglich. 38

Einstweilen frei. 39

VI. Rechtsfolgen. 1. Organgesellschaft. a) Einkommenszurechnung. § 16 rechnet der Organgesellschaft ein eigenes Organeinkommen zu und zwar unabhängig davon, ob die Ausgleichszahlung durch die Organgesellschaft selbst oder durch den Organ- 40

---

1 Walter in EY § 16 Rn 8.
2 Stephan in Schmidt/Lutter § 304 AktG Rn 73.
3 Stephan in Schmidt/Lutter § 304 AktG Rn 34 f.
4 Neumann in Gosch § 16 Rn 7; FG München 7 K 4752/06, EFG 2008, 1582.
5 FG München 7 K 4752/06, EFG 2008, 1582.
6 Pache in H/H/R § 16 Rn 37.

träger (§ 16 S 2) geleistet wird. Das Einkommen hat die Organgesellschaft abweichend von § 14 I S 1 für körperschaftsteuerliche Zwecke selbst zu versteuern. Anzuwenden ist der allgemeine Steuersatz nach § 23 I.

41   *Einstweilen frei.*

42   **b) Einkommensermittlung. Ausgleichszahlung als Bezugsgröße.** § 16 bestimmt einen gesonderten Teil des Einkommens der Organgesellschaft, welcher der Organgesellschaft zugerechnet wird. Dieser Teil knüpft ausschließlich an die Ausgleichszahlung und nicht an das tatsächliche Einkommen der Organgesellschaft an. Da fingiert wird, dass die Ausgleichszahlung, die der außenstehende Anteilseigner erhält, aus dem versteuerten Einkommen der Organgesellschaft stammt, ergibt sich das zu versteuernde Einkommen aus der Ausgleichszahlung zuzüglich der darauf entfallenden Körperschaftsteuerbelastung. Unter Berücksichtigung des KSt-Satzes von 15 % beträgt das eigene Einkommen der Organgesellschaft derzeit 20/17 der Ausgleichszahlung. Wird bspw eine Ausgleichszahlung iHv 85 geleistet, beträgt das Einkommen der Organgesellschaft 100 (= 85 x 20/17).

43   **Verluste.** Unabhängig für die Bemessungsgrundlage des Einkommensanteils ist, ob die Organgesellschaft vor Gewinnabführung ein positives oder negatives Ergebnis ausweist; dh selbst wenn die Organgesellschaft vor Verlustausgleich selbst einen Verlust erwirtschaftet hat, hat sie ein entsprechendes Einkommen zu versteuern. Der negative Einkommensanteil der Organgesellschaft, der dem Organträger zugerechnet wird, erhöht sich entsprechend.

44   **Steuerfreie Vermögensmehrungen.** Ebenso ist bei der Ermittlung des Einkommens der Organgesellschaft unbeachtlich, ob die Organgesellschaft steuerfreie Vermögensmehrungen erzielt hat. Dh die steuerfreien Vermögensmehrungen sind alleine beim Organträger zu erfassen.[1]

45   *Einstweilen frei.*

46   **c) Verlustvorträge der Organgesellschaft.** Aufgrund der Regelung des § 15 S 1 Nr 1 scheidet eine Verrechnung mit eigenen Verlustvorträgen der Organgesellschaft aus. Das Einkommen der Organgesellschaft wird zunächst eigenständig nach allgemeinen Grundsätzen sowie unter Berücksichtigung des § 15 ermittelt. Verlustvorträge der Organgesellschaft finden dabei keine Berücksichtigung.[2] Nach hM wird das so ermittelte Einkommen sodann aufgeteilt und entsprechend der §§ 14 und 16 zugerechnet. Die Versagung der Verrechnung mit Verlustvorträgen der Organgesellschaft ist aber am Prinzip der Leistungsfähigkeit zu messen. Insofern bestehen keine Bedenken, dass das nach § 14 dem Organträger zugerechnete Einkommen ausschließlich mit Verlustvorträgen des Organträgers verrechnet werden kann. Hinsichtlich des der Organgesellschaft zugerechneten Einkommens ist aber eine Verrechnung mit Verlusten des Organträgers nicht möglich. Es wäre daher eher mit dem Leistungsfähigkeitsgebot vereinbar, wenn insoweit eine Verrechnung mit eigenen Verlustvorträgen der Organgesellschaft zulässig wäre. Dies könnte auch damit gerechtfertigt werden,

---

1   Walter in EY § 16 Rn 28.
2   Walter in EY § 16 Rn 33; Dötsch in D/J/P/W § 15 Rn 3.

VI. Rechtsfolgen

dass § 16 nicht nur als reine Zurechnungsnorm sondern auch als eigenständige Einkommensermittlungsvorschrift angesehen werden könnte, da sie der Organgesellschaft unabhängig vom nach allgemeinen Grundsätzen und § 15 ermittelten Einkommen ein eigenes Einkommen bestimmt. Auf dieses Einkommen wäre § 15 S 1 Nr 1 aber nicht anwendbar. Dieses Ergebnis wäre auch mit dem Zweck des § 16 vereinbar, beim außenstehenden Gesellschafter eine zutreffende Gesamtsteuerbelastung herzustellen.

Einstweilen frei.

d) Nichtabzugsfähige Betriebsausgaben (§ 4 V Nr 9 EStG). Die Ausgleichszahlung ist betrieblich veranlasster Aufwand und mindert damit sowohl das handelsrechtliche Ergebnis vor Gewinnabführung bzw Verlustausgleich als auch das steuerbilanzielle Ergebnis. Allerdings bestimmt § 4 I Nr 9 EStG die Ausgleichszahlung als nicht abzugsfähig, dh es erfolgt eine außerbilanzielle Erhöhung des steuerlichen Einkommens der Organgesellschaft um die nichtabzugsfähigen Betriebsausgaben.

Einstweilen frei.

e) Beispielsfall.

Organgesellschaft leistet die Ausgleichszahlung:

handelsrechtliches Ergebnis der Organgesellschaft	100.000
Ausgleichszahlung	8.500
KSt	1.500
SolZ	83
Zwischenergebnis	110.083
davon Zurechnung Organgesellschaft	10.000
davon Zurechnung Organträger	100.083

Einstweilen frei.

f) Zeitpunkt der Einkommenszurechnung. Die Einkommenszurechnung erfolgt mE erst in dem VZ, in dem die Ausgleichszahlung geleistet wurde. Entgegen FG Münster[1] steht einer Rückwirkung in das Jahr, für das die Ausgleichszahlung geleistet wurde, im Widerspruch zum Wortlaut der Vorschrift. Die vom FG aufgeführten systematischen Gründe sind mE nicht zwingend, da § 16 gerade nicht an den Gewinn eines WJ anknüpft.

Einstweilen frei.

g) Leistungen aus dem steuerlichen Einlagekonto. Die Zahlung der Ausgleichszahlung stellt eine Leistung iSd § 27 I S 3 dar. Fehlt es an einem ausschüttbaren Gewinn und ist ausreichend steuerliches EK vorhanden, führt die Verwendungsfiktion dazu, dass die Ausgleichszahlung als aus dem steuerlichen Einlagekonto finanziert gilt. Dies ist insbesondere dann der Fall, wenn die Organgesellschaft vororganschaftliche Verluste hat.

---

[1] FG Münster 9 K 4007/06 K, EFG 2008, 324.

55 *Einstweilen frei.*

56 **h) GewSt.** Für gewerbesteuerliche Zwecke erfolgt die Besteuerung beim Organträger, da die Organgesellschaft nach § 2 S 2 GewStG als Betriebsstätte des Organträgers gilt und damit anders als für körperschaftsteuerliche Zwecke nicht eigenständiges Steuersubjekt bleibt.[1]

57 *Einstweilen frei.*

58 **i) Verfahrensrecht.** Die Festsetzung der KSt für die Organgesellschaft auf Basis der Ausgleichszahlung erfolgt durch Bescheid gegenüber der Organgesellschaft. Sie und nicht der Organträger ist bei fehlerhaftem Bescheid beschwert und einspruchsbefugt.

59 *Einstweilen frei.*

60 **2. Organträger.** Zur Vermeidung einer Übermaßbesteuerung ist das Einkommen des Organträgers einschließlich des nach § 14 zugerechneten Einkommens der Organgesellschaft um das eigene Einkommen der Organgesellschaft nach § 16 zu kürzen.[2] Ist das Einkommen des Organträgers vor Kürzung negativ, erhöht sich hierdurch der Verlust.

61 *Einstweilen frei.*

62 **3. Außenstehender Anteilseigner.** Soweit die Ausgleichszahlung nicht aus dem steuerlichen Einlagekonto geleistet wird, führt sie beim außenstehenden Anteilseigner zu Einkünften bzw Bezügen iSd § 20 I Nr 1 EStG (zur Anwendung des § 8b I vgl § 8b Rn 140).

63 *Einstweilen frei.*

64 **4. KESt. Nationale Vorschriften.** Ausgleichszahlungen, die nicht aus dem steuerlichen Einlagekonto geleistet werden, unterliegen grundsätzlich der KESt. Maßgeblich für die Abführungspflicht ist der Zeitpunkt der Zahlung. Mangels gesondertem Beschluss über die Ausgleichszahlung kommt die Sonderregelung des § 44 II S 1 EStG nicht zur Anwendung. Die KESt ist vom Schuldner der Kapitalerträge einzubehalten, anzumelden und abzuführen (§ 44 I S 3 EStG). Schuldner der Kapitalerträge ist derjenige, der zivilrechtlich zur Zahlung der Kapitalerträge verpflichtet ist. Allerdings ist zivilrechtlich nicht abschließend geklärt, wer zur Ausgleichszahlung iRe Gewinnabführungsvertrags verpflichtet ist. Der Anspruch auf Ausgleichszahlung ergibt sich grundsätzlich aus dem zwischen Organträger und Organgesellschaft geschlossenen Vertrag, der insofern einen echten Vertrag zugunsten Dritter (§ 328 BGB) darstellt. Nach hM ist Schuldner der Ausgleichszahlungen der Organträger.[3] Dies ergibt sich aus dem Sicherungszweck, der erfordert, dass sich Ausgleichsansprüche gegen den richten, an den die Erträge abgeführt werden. Aufgrund einer gesonderten Vereinbarung oder gesonderten Regelung im Gewinnabführungsvertrag kann jedoch die Organgesellschaft der Schuld beitreten und die Zahlung übernehmen. In diesem Fall ist die auszahlende Gesellschaft als Schuldner der Kapitalerträge anzusehen.

---

1 Dötsch in D/J/P/W § 16 Rn 24.
2 Neumann in Gosch § 16 Rn 26.
3 Neumann in Gosch § 16 Rn 1.

MTRL und DBA. Aufgrund der nationalen Umsetzung der MTRL, die an § 20 I Nr 1 EStG anknüpft, kommt jedoch eine Abstandnahme von der KESt nach § 43b EStG in Betracht. Auch qualifiziert die Ausgleichszahlung als Dividende iSd Art 10 III DBA-MA, mit der Folge, dass sich aus DBA weitere Beschränkungen ergeben können.

Einstweilen frei.

VII. Unangemessene Ausgleichszahlungen. Grundsatz. Diskutiert wird, ob unangemessen hohe oder niedrige Ausgleichszahlungen (soweit sie einer Organschaft nicht entgegenstehen) zu vGA oder verdeckten Einlagen führen.[1] Hierbei ist zunächst festzuhalten, dass eine Einkommenskorrektur auf Ebene der Organgesellschaft sowohl mangels Vermögensminderung als auch mangels fremdüblichen Verhaltens ausscheidet. Schuldner der Ausgleichszahlung ist zunächst der Organträger. Selbst wenn die Organgesellschaft die Schuld des Organträgers übernimmt, ist es für sie unerheblich, ob sie einen unangemessenen Teil nicht als Gewinn an den Organträger sondern als Ausgleichszahlung an den außenstehenden Gesellschafter abführt oder umgekehrt.

Gewinnverschiebungen. Zutreffend können aber unangemessene Ausgleichszahlungen zu Gewinnverschiebungen zwischen Organträger und außenstehenden Anteilseigner führen, wenn zwischen beiden ein Beteiligungsverhältnis besteht.

Beispiel

An der Organgesellschaft ist der Organträger zu 90% und die A GmbH zu 10% beteiligt. Gesellschafter der A GmbH sind zu jeweils 50% die B GmbH sowie der Organträger. Die A GmbH erhält eine unangemessen hohe Ausgleichszahlung.

Wird dieser Konflikt aber alleine über die Regeln der vGA bzw verdeckten Einlage zwischen Organträger und außenstehenden Anteilseigner gelöst, verbleibt es aufgrund der Erhöhung der Besteuerungsgrundlage um 3/17 der Ausgleichszahlung bei der Organgesellschaft bei einer unzutreffenden Gesamtsteuerbelastung. Dies widerspricht jedoch dem Sinn des § 16. Eine Einkommenskorrektur kann deshalb nur dann zu einem zutreffenden Ergebnis führen, wenn zugleich eine Korrektur der Besteuerung der Ausgleichszahlung erfolgt. Dies schließt jedoch § 16 aus, der hinsichtlich der Bemessungsgrundlage an die zivilrechtliche Ausgleichszahlung anknüpft. Zivilrechtlich sind jedoch auch unangemessene Ausgleichszahlungen zulässig. Es stellt sich deshalb die Frage, ob das Besteuerungssystem des § 16 einer Einkommenskorrektur unangemessener Ausgleichszahlungen entgegensteht.

Besonders deutlich wird das Problem anhand des Beispiels einer mittelbaren Organschaft bei jeweils 100%iger Beteiligung:

Beispiel

An der Organgesellschaft ist ausschließlich M beteiligt. Sämtliche Anteile an M hält der Organträger.

---

[1] *Dötsch* in D/J/P/W § 16 Rn 38; *Neumann* in Gosch § 16 Rn 19.

M bekommt keine Ausgleichszahlung, da sie nicht außenstehender Gesellschafter ist. Es liegt aber auf der Hand, dass kein fremder Dritter auf jeglichen Ausgleich für den Verzicht auf eine Gewinnbeteiligung an der Organgesellschaft verzichtet hätte. Der „Verzicht" erfolgt ausschließlich vor dem Hintergrund, dass M zu 100 % mit dem Organträger verbunden ist. Gleichwohl zwingen die steuerlichen Regelungen dazu, keine Ausgleichszahlung zu vereinbaren, da andernfalls wegen des Verstoßes gegen die Gewinnabführung an den Organträger keine Organschaft begründet werden kann. Für diesen Fall der mittelbaren Organschaft wird die fehlende Ausgleichszahlung aufgrund der steuerlichen Anerkennung einer mittelbaren Beteiligung iRd § 14 I Nr 1 S 2 nicht als geeignet gesehen, eine vGA auszulösen.[1] Dann muss jedoch Gleiches gelten, wenn es zu einer Gewinnverschiebung mit einem außenstehenden Gesellschafter innerhalb einer Gruppe kommt. Mit anderen Worten schließen die organschaftlichen Regelungen damit mE stets eine Einkommenskorrektur aus.

70-71 *Einstweilen frei.*

---

[1] *Dötsch* in D/J/P/W § 14 Rn 131.

§ 17 Andere Kapitalgesellschaften als Organgesellschaft

¹Die §§ 14 bis 16 gelten entsprechend, wenn eine andere als die in § 14 Abs. 1 Satz 1 bezeichnete Kapitalgesellschaft mit Geschäftsleitung und Sitz im Inland sich wirksam verpflichtet, ihren ganzen Gewinn an ein anderes Unternehmen im Sinne des § 14 abzuführen. ²Weitere Voraussetzung ist, dass
1. eine Gewinnabführung den in § 301 des Aktiengesetzes genannten Betrag nicht überschreitet und
2. eine Verlustübernahme entsprechend den Vorschriften des § 302 des Aktiengesetzes vereinbart wird.

R 66 KStR; H 66 KStH

Übersicht

	Rn
I. Regelungsgehalt	1 – 2
II. Rechtsentwicklung	3 – 4
III. Normzweck und Anwendungsbereich	5 – 34
1. Bedeutung der Norm	5 – 7
2. Persönliche Voraussetzungen	8 – 23
a) Erfasste Rechtsformen	9 – 17
b) Doppelter Inlandsbezug	18 – 23
3. Zeitliche Voraussetzungen	24 – 25
4. Verhältnis zu anderen Vorschriften	26 – 34
IV. Gewinnabführungsvertrag	35 – 59
1. Abschluss	35 – 49
2. Steuerliche Anforderungen	50 – 55
3. Beendigung eines Gewinnabführungsvertrags	56 – 59
V. Zusatzvoraussetzungen (§ 17 S 2)	60 – 92
1. Allgemeines	60 – 62
2. Höchstbetrag der Gewinnabführung (§ 301 AktG)	63 – 74
3. Verlustübernahme (§ 302 AktG)	75 – 92
VI. Rechtsfolge	93 – 94
VII. Grenzüberschreitende Organschaft	95 – 107

I. Regelungsgehalt. § 17 erweitert den Kreis möglicher Organgesellschaften insbesondere um die GmbH und andere Kapitalgesellschaften. Diese können nach § 14 keine Untergesellschaften in einer Organschaft sein. § 14 beschränkt die Organgesellschaften auf die AG, die KGaA und die SE. 1

Einstweilen frei. 2

3	**II. Rechtsentwicklung.** § 17 geht auf § 7a V idFd KStG 1969 zurück. Zur Anpassung an den sog Supermarkt-Beschluss des BGH[1] wurde die Vorschrift durch das StÄndG 1992 v 25.02.1992[2] inhaltlich geändert. Redaktionelle Anpassungen erfolgten durch das StVBG v 19.12.2001.[3] Durch das JStG 2010 v 8.12.2010[4] geplante Änderungen des § 17 S 2 Nr 2[5] wurden nicht umgesetzt.
4	*Einstweilen frei.*
5	**III. Normzweck und Anwendungsbereich. 1. Bedeutung der Norm. Auffang- und Ergänzungsvorschrift.** Gem § 14 können allein die SE, AG oder KGaA Organgesellschaften sein. § 17 erweitert den Kreis der möglichen Organgesellschaften auf andere Kapitalgesellschaften und insbesondere auf die GmbH.
6	**Gleichbehandlung.** Die zusätzlichen Voraussetzungen des § 17 sind den Bestimmungen des aktienrechtlichen Gewinnabführungsvertrags nachgebildet. Dadurch soll eine gleichmäßige Behandlung mit den in § 14 genannten Gesellschaften sichergestellt werden.[6]
7	*Einstweilen frei.*
8	**2. Persönliche Voraussetzungen. Erweiterung des § 14.** § 14 gilt nur für Organgesellschaften in der Rechtsform einer SE, AG oder KGaA. § 17 erweitert die körperschaftsteuerliche Organschaft auf andere Kapitalgesellschaften.
9	**a) Erfasste Rechtsformen. GmbH als andere Kapitalgesellschaft.** Kapitalgesellschaften sind Körperschaften iSv § 1 I Nr 1. § 17 erfasst alle „anderen" Kapitalgesellschaften (als die in § 14 I S 1 genannt sind), somit insbesondere die GmbH.
10	**UG.** Die UG wurde im Zuge der Reform des GmbH-Rechts durch das am 1.11.2008 in Kraft getretene MoMiG v 23.10.2008[7] als existenzgründerfreundliche Variante der herkömmlichen GmbH eingeführt. Die UG (haftungsbeschränkt) gem § 5a GmbHG ist keine eigenständige Gesellschaftsform.[8] Sie ist eine GmbH (§ 5a V GmbHG), die noch nicht das Mindestkapital iHv 25.000 EUR erreicht hat. Sie kann als GmbH Organgesellschaft sein.
11	**Vorgesellschaft.** Eine Vor-GmbH ist die durch den (notariell beurkundeten, § 2 I S 1 GmbHG) Gesellschaftsvertrag errichtete Gesellschaft. Abgesehen von der fehlenden Rechtsfähigkeit weist sie weitgehend die Merkmale der künftigen GmbH auf. Sie geht mit der Handelsregistereintragung in die GmbH über.[9] Die Vorgesellschaft kann daher Organgesellschaft sein.[10] Zeitlich ist jedoch zu beachten, dass zur Wirksamkeit der Organschaft die Eintragung des Gewinnabführungsvertrags in das Handelsregister der Untergesellschaft notwendig ist.

---

1 BGH II ZB 7/88, BGHZ 105, 324.
2 BGBl I 1992, 297.
3 BGBl I 2001, 3922.
4 BGBl I 2010, 1768.
5 BRDrs 318/10 (Beschluss) v 29.7.2010.
6 *Danelsing* in Blümich § 17 Rn 2.
7 BGBl I 2008, 2026.
8 BTDrs 16/6140 und 16/9737.
9 *Hueck/Fastrich* in Baumbach/Hueck § 2 GmbHG Rn 4.
10 BFH V R 90/74, BStBl II 1978, 486; *Danelsing* in Blümich § 17 Rn 5; *Müller* in Mössner/Seeger § 17 Rn 10.

III. Normzweck und Anwendungsbereich

Vorgründungsgesellschaft. Die Vorgründungsgesellschaft ist eine BGB–Gesellschaft mit dem Zweck der Errichtung einer GmbH, die durch einen formfreien Vertrag zwischen den Gesellschaftern entsteht.[1] Eine Vorgründungsgesellschaft kann keine Organgesellschaft gem § 17 sein.[2]

Andere Körperschaften iSv § 1 I Nr 2-6. Andere Körperschaften iSv § 1 I Nr 2-6 (Erwerbs- und Wirtschaftsgenossenschaften, VVaG und PVaG, BgA von juristischen Personen des öffentlichen Rechts und wirtschaftliche Vereine sowie nichtrechtsfähige Vereine, Anstalten, Stiftungen und andere Zweckvermögen des privaten Rechts) sind keine Kapitalgesellschaften. Sie können keine Organgesellschaften sein.[3]

Stille Gesellschaft. Die stille Gesellschaft ist eine reine Innengesellschaft. Sie ist als Organgesellschaft damit nicht geeignet (§ 14 Rn 56).[4] Dagegen kann eine Kapitalgesellschaft, an der eine stille Beteiligung besteht, Organgesellschaft sein.[5] Dies gilt auch, wenn eine atypisch stille Gesellschaft den gesamten Geschäftsbetrieb des Geschäftsinhabers umfasst. Zwar wird die Tochterkapitalgesellschaft in diesen Fällen zur „leeren Hülle".[6] Die §§ 14, 17 verlangen jedoch nicht, dass die Organgesellschaft eine originäre gewerbliche Tätigkeit ausübt.[7] Fraglich ist aber, ob eine Kapitalgesellschaft, an der eine stille Beteiligung besteht, ihren ganzen Gewinn mittels Gewinnabführungsvertrags abführen kann. Die Literatur will bei einer typisch stillen Beteiligung insoweit keine Schwierigkeiten sehen. Denn beim Gewinnanteil des Stillen handelt es sich um Betriebsausgaben der Organgesellschaft.[8] Ähnliches gilt auch bei einer atypisch stillen Gesellschaft. Steuerrechtlich stellt eine atypisch stille Gesellschaft zwar eine mitunternehmerische Beteiligung dar. Sie ist Subjekt der Gewinnerzielung, Gewinnermittlung und Einkünftequalifikation.[9] Insoweit wird steuerlich der Gewinn zwischen den Beteiligten aufgrund der stillen Beteiligungsabrede einheitlich und gesondert festgestellt und verteilt. Folglich kann steuerlich zwar nicht mehr der ganze Gewinn iRe Gewinnabführungsvertrags abgeführt werden.[10] Allerdings ist bei der Prüfung der Vollabführung auf den Jahresüberschuss bzw Gewinn laut Handelsbilanz und nicht auf den Steuerbilanzgewinn abzustellen.[11] Handelsrechtlich ist die für eine stille Beteiligung gem §§ 230 ff HGB typische gewinnabhängige Vergütung als ein „auf Grund eines Teilgewinnabführungsvertrags abgeführter Gewinn" iSv § 277 III 2 HGB in der Gewinn- und Verlustrechnung auszuweisen.[12] Damit verringert sie in der Handelsbilanz den Jahresüberschuss als Bezugsgröße für den Gewinnabführungsvertrag. Somit wird auch bei einer atypisch stillen Beteiligung der gesamte handels-

---

1 *Hueck/Fastrich* in Baumbach/Hueck § 2 GmbHG Rn 32.
2 Analog zur umsatzsteuerlichen Organschaft BFH I R 174/86, BStBl II 1990, 91.
3 *Dötsch* in D/J/P/W § 14 Rn 55.
4 *Frotscher* in Frotscher/Maas § 14 Rn 197; *Dötsch* in D/J/P/W § 14 Rn 53 f; *Pache* in H/H/R § 17 Rn 16.
5 *Frotscher* in Frotscher/Maas § 14 Rn 198; *Dötsch* in D/J/P/W § 14 Rn 53 f; *Pache* in H/H/R § 17 Rn 16.
6 *Dötsch* in D/J/P/W § 14 Rn 54.
7 *Dötsch* in D/J/P/W § 14 Rn 54.
8 *Pache* in H/H/R § 17 Rn 16; *Dötsch* in D/J/P/W § 14 Rn 197b.
9 *Frotscher* in Frotscher/Maas § 14 Rn 202; BFH VIII R 42/94, BStBl II 1998, 328.
10 *Frotscher* in Frotscher/Maas § 14 Rn 203 ff; *Pache* in H/H/R § 17 Rn 16; tendenziell auch BFH I B 177/10, GmbHR 2011, 836.
11 *Dötsch* in D/J/P/W § 14 Rn 197b.
12 *Förschle* in Beck'scher BilKomm § 277 HGB Rn 23.

rechtliche Gewinn der Organgesellschaft über den Gewinnabführungsvertrag an den Organträger abgeführt.[1] Der BGH wertet die stille Beteiligung (zumindest) an einer AG jedoch als Teilgewinnabführungsvertrag.[2] Inwieweit diese gesellschaftsrechtliche Rechtsprechung Einfluss auf die steuerlich wirksame Durchführung eines daneben bestehenden Gewinnabführungsvertrags iSv § 14 haben kann, wurde vom BFH in seinem Beschluss v 31.3.2011 offen gelassen.[3]

15 **Ausländische Kapitalgesellschaften.** Nach ausländischem Recht gegründete Kapitalgesellschaften können Kapitalgesellschaft iSv § 17 sein, sofern sie nach ihrem Gründungsstatut einer der in § 1 I Nr 1 genannten Kapitalgesellschaft entsprechen (Typenvergleich).[4] Denn durch die Einfügung des Wortes „insbesondere" und die Neufassung des § 1 I Nr 1 iRd SEStEG[5] wurde klargestellt, dass die Aufzählung der Kapitalgesellschaften in § 1 I Nr 1 nicht abschließend ist und auch ausländische Kapitalgesellschaften erfasst (vgl § 1 Rn 89).[6]

16-17 *Einstweilen frei.*

18 **b) Doppelter Inlandsbezug. Erfordernis.** Anders als für die unbeschränkte Körperschaftsteuerpflicht in § 1 I verlangt § 17 dem ausdrücklichen Wortlaut nach, dass sowohl der Ort der Geschäftsleitung als auch der Sitz der Organgesellschaft im Inland iSv § 1 III liegt (sog doppelter Inlandsbezug).

19 **Aufgabe des doppelten Inlandsbezugs durch BMF.** Der gem § 17 erforderliche doppelte Inlandsbezug ist unionsrechtlich bedenklich[7] und losgelöst von der Frage einer grenzüberschreitenden Verlustnutzung in Anwendung der Grundsätze der Rs *Marks & Spencer* nicht zu halten (vgl auch Rn 95 ff). Als Reaktion auf das Vertragsverletzungsverfahren Nr 2008/4909 der Europäischen Kommission hat das BMF den doppelten Inlandsbezug aufgegeben. Es erkennt nunmehr auch eine im EU oder EWR-Ausland gegründete Kapitalgesellschaft als Organgesellschaft an, wenn sie nur ihre Geschäftsleitung in Deutschland hat. Sie kann ihr auf im Inland steuerpflichtigen (positiven und negativen) Einkünften beruhendes Einkommen innerhalb einer steuerlichen Organschaft einem Organträger iSd § 14 I S 1 Nr 2 oder § 18 zurechnen, sofern auch die übrigen Voraussetzungen der Organschaft vorliegen.[8] Das BMF weitet die Organschaft nicht auf Fälle einer (deutschen) Tochterkapitalgesellschaft mit Sitz im Inland und Geschäftsleitung im Ausland aus, obwohl es dafür keinen sachlichen Differenzierungsgrund gibt. Den Fall einer ausländischen Kapitalgesellschaft, die ihren ausländischen Satzungssitz grenzüberschreitend ins Inland verlegt, wird es hingegen praktisch kaum geben.[9] Das BMF beschränkt die Organschaft mit einer EU- oder EWR-Tochter auf das inländische Ergebnis der Organgesellschaft. Im Anschluss an die Rs *Marks & Spencer*

---

1 *Dötsch* in D/J/P/W § 14 Rn 197b.
2 BGH II ZR 123/05, DStR 2006, 1292.
3 BFH I B 177/10, GmbHR 2011, 836.
4 *Wilke* in Mössner/Seeger § 1 Rn 29.
5 BGBl I 2006, 2782.
6 BTDrs 16/2710, 30.
7 Zu § 14 *Dötsch* in D/J/P/W § 14 Rn 57 mwN; vgl auch *Meilicke*, DB 2009, 653 zum Vertragsverletzungsverfahren gegen Deutschland wegen § 14.
8 BMF v 28.3.2011, BStBl I 2011, 300.
9 *Dötsch* in D/J/P/W § 17 Rn 8 mwN.

III. Normzweck und Anwendungsbereich

ist die Ausgrenzung ausländischer Verluste bedenklich (vgl Rn 95 ff, zur Verrechnung ausländischer Gewinne mit inländischen Verlusten vgl Rn 104). Zu praktischen Problemen beim Abschluss eines Gewinnabführungsvertrags durch eine ausländische Kapitalgesellschaft (als eine der „übrigen Voraussetzungen") vgl Rn 98.

Ort der Geschäftsleitung. Gem § 10 AO ist die Geschäftsleitung der Mittelpunkt der geschäftlichen Oberleitung (weitere Einzelheiten unter § 1 Rn 51 ff). 20

(Statutarischer) Sitz. Nach § 11 AO hat eine Kapitalgesellschaft den Sitz an dem Ort, der durch ihre Satzung bestimmt ist (weitere Einzelheiten unter § 1 Rn 62 ff). 21

Einstweilen frei. 22-23

3. Zeitliche Voraussetzungen. Der Organträger muss an der Organgesellschaft mit der Mehrheit der Stimmrechte vom Beginn des WJ der Organgesellschaft an, für das die Organschaft bestehen soll, ununterbrochen beteiligt sein (§§ 14 I S 1 Nr 1, 17 S 1). Gem § 14 I S 2 iVm § 17 S 1 muss der Gewinnabführungsvertrag im ersten Jahr, in dem die Organschaft gelten soll, wirksam sein (vgl § 14 Rn 306). 24

Einstweilen frei. 25

4. Verhältnis zu anderen Vorschriften. KStG. § 14. § 14 beschränkt die Organschaft auf die SE, AG und die KGaA als Organgesellschaften. § 17 erweitert die Organschaft auf andere Kapitalgesellschaften (vgl Rn 5). Zugleich verweist § 17 S 1 als Rechtsfolge auf § 14 (vgl insbesondere Rn 93). 26

§ 15. § 17 S 1 ordnet die entsprechende Anwendung des § 15 an. § 15 enthält Sonderregelungen zur Ermittlung des Einkommens der Organgesellschaft und setzt damit eine Organgesellschaft voraus. 27

§ 16. Ähnliches gilt für § 16, der nach § 17 S 1 ebenfalls analog auf Organschaften mit einer anderen Kapitalgesellschaft als Organtochter anzuwenden ist. § 16 regelt die Besteuerung von Einkommensteilen der Organgesellschaft im Falle von Ausgleichszahlungen trotz Vorliegens einer Organschaft. Die Vorschrift setzt eine wirksame Organschaft und eine Organgesellschaft voraus. 28

§ 18. Während § 17 den Kreis möglicher Organgesellschaften des § 14 ausweitet, regelt § 18 eine Ausweitung des Organträgers auf ausländische Gesellschaften. Nach § 18 S 2 gilt die Vorschrift des § 17 sinngemäß. Der Verweisung dürfte keine eigenständige Bedeutung zukommen. Denn § 18 setzt die Existenz einer Organgesellschaft iSv § 14 oder § 17 voraus. 29

§ 19. Gem § 19 können Tarifvergünstigungen der Organgesellschaft auf der Ebene des Organträgers wahrgenommen werden. § 17 ordnet zwar nicht die Anwendung des § 19 an. Da § 19 aber lediglich das Bestehen einer Organschaft voraussetzt, gilt § 19 auch in den Fällen des § 17.[1] 30

§ 2 II S 2 GewStG. § 2 II S 2 GewStG regelt die Rechtsfolgen einer gewerbesteuerlichen Organschaft und setzt das Bestehen einer körperschaftlichen Organschaft auch iSv § 17 voraus. 31

---
1 Pache in H/H/R § 17 Rn 6.

32	**AEUV.** Zu den aufgrund des AEUV resultierenden Vorgaben für eine grenzüberschreitende Verlustnutzung vgl Rn 95 ff.
33-34	*Einstweilen frei.*
35	**IV. Gewinnabführungsvertrag. 1. Abschluss. Erfordernis eines wirksamen Gewinnabführungsvertrags.** Zur Anwendung des § 17 muss sich die Organgesellschaft wirksam verpflichten, ihren gesamten Gewinn an ein anderes Unternehmen abzuführen. Erforderlich ist somit der Abschluss eines Gewinnabführungsvertrags iSv § 291 AktG.
36	**Vertragskonzernrecht bei der GmbH.** Im GmbH-Recht fehlen zusammenhängende Regelungen zum Recht der Unternehmensverträge. Es gelten §§ 291 ff AktG analog, sofern die Situation bei der GmbH mit der bei einer AG vergleichbar ist und der Analogie keine vorrangigen GmbH-rechtlichen Wertungen entgegenstehen.[1]
37	**Vertretung.** Der Abschluss eines Gewinnabführungsvertrags ist ein Akt der Vertretung der Gesellschaft nach außen (§§ 35, 37 GmbHG). Er ist daher von den Vertretungsorganen der beteiligten Gesellschaften zu vereinbaren.
38	**Form des Gewinnabführungsvertrags.** Der Gewinnabführungsvertrag bedarf der Schriftform.[2] Er ist nur dann notariell zu beurkunden, wenn er ein Umtausch- oder Abfindungsangebot für die Anteile außenstehender Gesellschafter enthält (§ 15 IV GmbHG).[3]
39	**Gesellschafterbeschluss der abhängigen Gesellschaft.** Der Gewinnabführungsvertrag bedarf zu seiner materiellen Wirksamkeit der Zustimmung durch die Gesellschafterversammlung der Untergesellschaft. Er greift in das Gewinnbezugsrecht der Gesellschafter ein. Er ändert satzungsgleich den rechtlichen Status der Untergesellschaft[4] und ihren Zweck (§ 33 BGB)[5]. Wenn auch nicht unumstritten,[6] bedarf der Zustimmungsbeschluss der abhängigen Gesellschaft mit Rücksicht auf die darin liegende Zweckänderung gem § 33 I S 2 BGB idR[7] der Zustimmung aller Gesellschafter.[8] Zum Schutz von Minderheitsgesellschaftern reicht eine Dreiviertelmehrheit regelmäßig nicht aus.[9] Die Zustimmung aller Gesellschafter ist aber dann nicht notwendig, wenn der Gesellschaftsvertrag ausdrücklich für einen konkreten Fall einen Zustimmungsbeschluss mit qualifizierter Mehrheit genügen lässt. Um dem Schutzinteresse außenstehender Gesellschafter gerecht zu werden, sind in diesem Fall Abfindungs- und Aus-

---

1 *Hoffmann-Becking*, WiB 1994, 57, 59; *P Ulmer* in Hachenburg § 77 GmbHG Anhang Rn 185.
2 BGH II ZB 7/88, BGHZ 105, 324.
3 *Emmerich* in Scholz Anhang § 13 GmbHG Rn 141, 200; *Danelsing* in Blümich § 17 Rn 9.
4 BGH II ZB 7/88, BGHZ 105, 324.
5 *Emmerich* in Scholz Anhang § 13 GmbHG Rn 201.
6 *Müller* in Mössner/Seeger § 17 Rn 18; *Danelsing* in Blümich § 17 Rn 11; *Ulrich*, GmbHR 2004, 1000 je mwN.
7 *Emmerich* in Scholz Anhang § 13 GmbHG Rn 202.
8 *Emmerich* in Scholz Anhang § 13 GmbHG Rn 201.
9 AA unter bestimmten Voraussetzungen *Lutter/Hommelhoff* in Lutter/Hommelhoff Anhang § 13 GmbHG Rn 52 f; *Richter/Stängel*, DB 1993, 1861; *Koerfer/Selzner*, GmbHR 1997, 285. Dreiviertelmehrheit der abgegebenen Stimmen sowie nachträgliche Zustimmung der nicht mitwirkenden oder überstimmten Gesellschafter ist nach *K Schmidt*, GmbHR 1979, 124 und *Ulmer*, BB 1989, 13 ausreichend.

IV. Gewinnabführungsvertrag

gleichsansprüche für die Minderheitsgesellschafter entsprechend den §§ 304 und 305 AktG unverzichtbar (wenn man sich für eine analoge Anwendung des § 304 AktG ausspricht), es sei denn der Gesellschafter hat auf seinen Ausgleichsanspruch verzichtet (vgl § 16 Rn 21).

Stimmenthaltungen und nachträgliche Zustimmung. Stimmenthaltungen stehen dem Beschluss der abhängigen Gesellschaft nicht entgegen. Ist der (einstimmige) Beschluss der Gesellschafterversammlung nicht unter der Mitwirkung sämtlicher Gesellschafter zu Stande gekommen, so wird es als ausreichend angesehen, wenn die übrigen Gesellschafter noch nachträglich über die Billigung des Gewinnabführungsvertrags zustimmen (§ 33 I Satz 2 Hs 2 BGB, § 53 II GmbHG). Diese Zustimmung ist dem Registergericht in der Form des § 12 HGB zur Eintragung nachzuweisen.[1]

Stimmrecht des herrschenden Gesellschafters. Das Stimmrecht des herrschenden Gesellschafters ist nach § 47 IV S 2 GmbHG nicht ausgeschlossen. Entsprechend der aktienrechtlichen Regelung gilt dies auch dann, wenn nach dem Gesellschaftsvertrag nur eine qualifizierte Mehrheit notwendig ist.[2]

Form des Zustimmungsbeschlusses. Der Zustimmungsbeschluss der abhängigen Gesellschaft unterliegt nach § 53 II GmbHG der Beurkundungspflicht.[3]

Gesellschafterbeschluss einer herrschenden AG oder KGaA. Nach § 293 II, I S 2-4 AktG muss dem Abschluss eines Gewinnabführungsvertrags die Hauptversammlung der herrschenden AG oder KGaA mit qualifizierter Mehrheit zustimmen, es sei denn die Satzung verlangt eine höhere Kapitalmehrheit.

Gesellschafterbeschluss einer herrschenden GmbH. Für den Unternehmensvertrag mit einer herrschenden GmbH gilt § 293 II AktG analog.[4]

Gesellschafterbeschluss einer Personengesellschaft. Ist Organträger eine Personengesellschaft, so bedarf der Zustimmungsbeschluss der Einstimmigkeit gem § 116 II HGB, da es sich beim Abschluss des Gewinnabführungsvertrags um eine über den gewöhnlichen Geschäftsbetrieb hinausgehende Maßnahme handelt. Die Verlustausgleichspflicht nach § 302 AktG geht über den Rahmen des bisherigen Geschäftsbetriebs hinaus und hat durch die mit ihr verbundenen Risiken Ausnahmecharakter.[5] Der Gesellschaftsvertrag kann jedoch andere Mehrheitsverhältnisse vorsehen. Denn § 116 HGB ist gem § 109 HGB dispositives Recht.[6]

Form. Der Zustimmungsbeschluss der herrschenden Gesellschaft bedarf nur dann der notariellen Beurkundung, wenn es sich bei ihr um eine AG (bzw KGaA) handelt (§§ 293 II, 130 I AktG). In anderen Fällen genügt einfache Schriftform.[7]

---

1 *Emmerich* in Scholz Anhang § 13 GmbHG Rn 144.
2 Strittig Nachweise bei *Emmerich* in Scholz Anhang § 13 GmbHG Rn 147 Fn 2.
3 BGH II ZB 7/88, BGHZ 105, 324, 338.
4 BGH II ZB 7/88, BGHZ 105, 324, 333 ff; BGH II ZB 15/91, DStR 1992, 917.
5 *Danelsing* in Blümich § 17 Rn 13.
6 *Jickeli* in MüKo HGB § 116 HGB Rn 60.
7 *Emmerich* in Scholz Anhang § 13 GmbHG Rn 149. Auch bei einer GmbH muss er nicht beurkundet werden; vgl BGH II ZB 7/88, BGHZ 105, 324, 337.

47 **Eintragung im Handelsregister.** Gem § 54 HGB bzw § 294 AktG ist der Gewinnabführungsvertrag in das Handelsregister der abhängigen Gesellschaft einzutragen. Nach § 54 I S 2 GmbHG sind der Anmeldung zum Handelsregister der Zustimmungsbeschluss und der Unternehmensvertrag als Anlagen beizufügen.[1] Entsprechend § 294 AktG sind im Interesse der Unterrichtung der Öffentlichkeit

- der Konzernstatus der abhängigen Gesellschaft,
- Bestehen und Art des Unternehmensvertrages,
- der Zustimmungsbeschluss,
- der Name des anderen Vertragsteils,
- das Datum des Zustimmungsbeschlusses und des Vertragsschlusses

einzutragen.[2] Die Eintragung hat konstitutive Wirkung.[3] Eine Eintragung in das Handelsregister der Obergesellschaft ist nach hM nicht notwendig.[4]

48 **Fehlerhafte Verträge.** Ein Gewinnabführungsvertrag wird als fehlerhaft bezeichnet, wenn er an Mängeln leidet, die seine Wirksamkeit in Frage stellen. Entweder sind bei seinem Abschluss nicht alle Wirksamkeitsvoraussetzungen beachtet worden oder er weist inhaltliche Mängel auf. Es können Mängel des Vertrages oder Mängel der Zustimmungsbeschlüsse vorliegen, welche die Nichtigkeit oder die Anfechtbarkeit des Beschlusses zur Folge haben können. Gesellschaftsrechtlich werden Unternehmensverträge, die trotz ihres Mangels vollzogen wurden, nach den Grundsätzen über die fehlerhafte Gesellschaft als wirksam behandelt.[5] Diese Grundsätze werden im Steuerrecht nicht angewendet. Die Voraussetzungen einer Organschaft sind bei einem fehlerhaften Gewinnabführungsvertrag nicht gegeben.[6] Die Finanzverwaltung hatte für sog Altverträge, die nicht den Wirksamkeitsvoraussetzungen des Supermarktbeschlusses des BGH[7] entsprachen, Übergangsfristen für deren Anpassung zugelassen. Diese Übergangsfristen endeten am 31.12.1992.[8]

49 *Einstweilen frei.*

50 **2. Steuerliche Anforderungen. Entsprechende Anwendung des § 14.** Rechtsfolge des § 17 ist die entsprechende Geltung der §§ 14 ff. Dabei handelt es sich sowohl um einen Rechtsgrund- als auch einen Rechtsfolgenverweis,[9] sofern keine spezielle Regelung in § 17 enthalten ist. Die entsprechende Geltung des § 14 verlangt die finanzielle Eingliederung der Organgesellschaft (§ 14 Rn 148 ff). Die Anforderungen an den Organträger sind in § 14 I S 1 bzw § 14 I S 1 Nr 2 geregelt. Ausländische Unternehmer können über § 18 Organträger sein. Über § 17 hinausgehende Anforderungen an den

---

1 BGH II ZB 7/88, BGHZ 105, 324, 342 f.
2 BGH II ZB 7/88, BGHZ 105, 324, 337, 345 f.
3 BGH II ZB 7/88, BGHZ 105, 324, 341; BGH II ZR 287/90, BGHZ 116, 37, 39.
4 *Ulmer* in Hachenburg § 53 GmbHG Rn 148; *Vetter*, AG 1994, 110, 113 f; aA *Emmerich* in Scholz Anhang § 13 Rn 153.
5 BGH II ZR 170/87, BGHZ 103, 1.
6 *Pache* in H/H/R § 17 Rn 22; *Danelsing* in Blümich § 17 Rn 19.
7 BGH II ZB 7/88, BGHZ 105, 324.
8 BMF v 31.10.1989, BStBl I 1989, 430; BMF v 29.6.1993, FR 1993, 553.
9 *Pache* in H/H/R § 17 Rn 25.

IV. Gewinnabführungsvertrag

Gewinnabführungsvertrag ergeben sich aus § 14 I S 1 Nr 3 (vgl Rn 51 ff). Die Möglichkeit zur Bildung von Gewinnrücklagen (§ 272 III HGB) wird über § 14 I 1 Nr 4 beschränkt (vgl Rn 54 für die UG). Als Rechtsfolge der Organschaft wird gem § 14 S 1 das Einkommen der Organgesellschaft dem Organträger zugerechnet.

Mindestlaufzeit des Gewinnabführungsvertrags. Der Gewinnabführungsvertrag isd § 17 muss die Voraussetzungen des § 14 I S 1 Nr 3 erfüllen. Dh er muss auf mindestens fünf Jahre abgeschlossen sein (vgl § 14 Rn 299 ff). 51

Tatsächliche Durchführung. Weiterhin muss der Gewinnabführungsvertrag während der fünfjährigen Mindestlaufzeit tatsächlich durchgeführt werden (vgl § 14 Rn 314 ff). 52

Wirksamer Gewinnabführungsvertrag. Gem § 14 I S 2 muss der Unternehmensvertrag spätestens am Ende des WJ der Organgesellschaft wirksam sein, für das er erstmals gelten soll (vgl § 14 Rn 306). 53

Rücklagenbildung bei der UG. Gem § 5a III GmbHG hat eine UG ein Viertel ihres Jahresüberschusses in eine gesetzliche Rücklage einzustellen. Sobald sie das Stammkapital auf den Mindestbetrag iSv § 5 GmbHG erhöht hat, entfällt diese Rücklagenverpflichtung gem § 5a V GmbHG. Bei § 5a III GmbHG handelt es sich um eine gesetzliche Rücklageverpflichtung. Sie kann somit keinen Einfluss auf die tatsächliche Durchführung des Gewinnabführungsvertrags haben. Die Einhaltung der Rücklagenverpflichtung ist daher nicht steuerschädlich.[1] 54

Einstweilen frei. 55

3. Beendigung eines Gewinnabführungsvertrags. Grundsatz. Beendigungsgründe für einen Gewinnabführungsvertrag sind der Zeitablauf bei einem befristeten Unternehmensvertrag, Rücktritt und Anfechtung, die Insolvenz einer der Vertragsparteien (strittig),[2] die Eingliederung einer abhängigen Gesellschaft in ein drittes Unternehmen, die Nichtigkeit oder die erfolgreiche Anfechtung des Zustimmungsbeschlusses einer der Vertragsparteien nach §§ 241, 243 AktG analog, sowie ggf die Umwandlung oder die Verschmelzung einer der Parteien mit der anderen oder mit einem dritten Unternehmen.[3] Bei Verschmelzungen wird idR eine bestehende Organschaft beendet, da ihre Voraussetzungen wegfallen. Bei der Verschmelzung einer Organgesellschaft endet der Gewinnabführungsvertrag zivilrechtlich.[4] Dagegen kann bei einer Verschmelzung des Organträgers der Gewinnabführungsvertrag im Wege der Gesamtrechtsnachfolge auf den aufnehmenden Rechtsträger übergehen.[5] Nach hM kann ein Gewinnabführungsvertrag im GmbH-Recht analog §§ 296 und 297 AktG auch aufgehoben[6] und gekündigt[7] werden.[8] Für das GmbH-Recht ist kein Grund erkennbar, höhere Anforderungen im Vergleich 56

---

1 *Pache* in H/H/R § 17 Rn 16.
2 So BGH II ZR 170/87, NZW 1988, 1326. Zur Diskussion *Fichtelmann*, GmbHR 2005, 1346.
3 *Emmerich* in Scholz Anhang § 13 GmbHG Rn 189.
4 *Emmerich* in Emmerich/Habersack § 297 AktG Rn 39.
5 *Emmerich* in Emmerich/Habersack § 297 AktG Rn 43.
6 *Servatius* in Michalski, Systematische Darstellung 4, Rn 310, 187 ff.
7 *Emmerich* in Scholz Anhang § 13 GmbHG Rn 190 ff.
8 Zur Diskussion *Emmerich* in Scholz Anhang § 13 GmbHG Rn 190 ff; *Emmerich/Habersack*, Konzernrecht, 9. Aufl, S 494; *Altmeppen* in MüKo AktG § 296 AktG Rn 15 ff je mwN.

zum Aktienrecht aufzustellen.[1] Für die ordentliche Kündigung und die Aufhebung eines Gewinnabführungsvertrags verlangt der BGH einen Aufhebungsbeschluss.[2] Denn wie beim Abschluss des Gewinnabführungsvertrags ist mit seiner Beendigung ein Eingriff in die Organisationsstruktur der Gesellschaft verbunden. Offen ist, ob der Zustimmungsbeschluss beurkundungsbedürftig ist, ob seine Handelsregistereintragung notwendig ist und ob die Eintragung ex tunc oder ex nunc wirkt.

57 **Zusammengefasste Unternehmensverträge.** Der Gewinnabführungsvertrag wird häufig mit einem Beherrschungsvertrag in einer Urkunde zusammengefasst. Strittig ist, ob hier ein Vertragsbestandteil (zB die Beherrschungsabrede) ohne den anderen Teil (die Gewinnabführung) gekündigt werden kann.[3] Denkbar kann dies nur sein, wenn in einer Urkunde tatsächlich zwei Verträge zusammengefasst werden, von denen dann ein Vertrag gekündigt wird.[4] Andernfalls liegt ein Verstoß gegen das einseitige Teilkündigungsverbot des BGH vor,[5] das nach hA auch auf zusammengefasste Unternehmensverträge Anwendung findet.[6]

58-59 *Einstweilen frei.*

60 **V. Zusatzvoraussetzungen (§ 17 S 2). 1. Allgemeines. Steuerliche und zivilrechtliche Bedeutung.** § 17 S 2 nennt in Nr 1 und 2 Zusatzvoraussetzungen für die steuerliche Anerkennung einer Organschaft, welche über § 14 hinausgehen. Sie haben keinen Einfluss auf die zivilrechtliche Wirksamkeit des Gewinnabführungsvertrags, es sei denn sie werden auch konzernrechtlich vorausgesetzt.

61 **Rechtsfolgen bei Nichterfüllung.** Ist § 17 S 2 Nr 1 oder 2 nicht erfüllt, ist die körperschaftsteuerliche Organschaft nicht anzuerkennen.[7] Die vorgenommenen Gewinnabführungen bzw Verlustübernahmen sind dann steuerlich nach den Regeln über die verunglückte Organschaft als Ausschüttungen bzw verdeckte Einlagen zu behandeln.[8]

62 *Einstweilen frei.*

63 **2. Höchstbetrag der Gewinnabführung (§ 301 AktG). Rechtliche Grundlagen.** Obwohl grundsätzlich Vertragsfreiheit besteht (§ 311 I BGB),[9] beschränkt § 301 AktG die Gewinnabführung auf einen Höchstbetrag.[10]

64 **Mindestbetrag.** § 301 AktG legt steuerrechtlich zugleich den Mindestbetrag der Gewinnabführung fest.[11] Für die Beurteilung dieses Mindestbetrags sind dabei nach vernünftiger kaufmännischer Beurteilung wirtschaftlich begründete Einstellungen in

---

1 *Pache* in H/H/R § 17 Rn 23.
2 BGH II ZR 109/10, NJW-RR 2011, 1117.
3 So *Walter*, GmbHR 2003, 449, 451.
4 In der Praxis liegt regelmäßig jedoch ein „Beherrschungs- und Gewinnabführungsvertrag" vor.
5 BGH IX ZR 200/91, NJW 1993, 1320; BGH XI ZR 74/05, NJW 2006, 430.
6 *Altmeppen* in MüKo AktG § 297 AktG Rn 73; *Emmerich* in Emmerich/Habersack § 297 AktG Rn 13.
7 BFH I R 42/99, BFH/NV 2000, 1250 zu § 17 S 2 Nr 2.
8 *Dötsch* in D/J/P/W § 17 Rn 17.
9 *Emmerich* in Emmerich/Habersack § 301 AktG Rn 1, 7.
10 BFH I R 51/01, BFH/NV 2003, 572. Dadurch soll die Substanz der abhängigen Gesellschaft zum Schutz etwaiger außenstehender Gesellschafter erhalten bleiben.
11 *Pache* in H/H/R § 17 Rn 27.

V. Zusatzvoraussetzungen

die Gewinnrücklagen gem § 14 I S 1 Nr 4 zu berücksichtigen (vgl § 14 Rn 410 ff).[1] Wird der Mindestbetrag unterschritten, ist der Gewinnabführungsvertrag nicht tatsächlich durchgeführt (vgl Rn 52).

Steuerliche Anforderungen. Für steuerliche Zwecke ist in § 17 S 2 Nr 1 ausdrücklich angeordnet, dass die Gewinnabführung den in § 301 AktG genannten Betrag nicht überschreiten darf. Zu Recht wird angemerkt, dass es der Regelung nicht bedurfte, da § 301 AktG auch für die GmbH gilt (vgl Rn 36). Denn im Falle der Abführung eines Gewinns über den Höchstbetrag iSd § 301 AktG würde die Organschaft bereits daran scheitern, dass der Gewinnabführungsvertrag nicht hinreichend durchgeführt wurde.[2]

65

Keine Regelung im Gewinnabführungsvertrag erforderlich. Da § 301 AktG ohnehin auf den GmbH-Konzern analog anzuwenden ist (Rn 36), muss die Vorschrift nicht ausdrücklich in den Gewinnabführungsvertrag aufgenommen werden.[3] Bei der Durchführung der Gewinnabführung ist in jedem Fall der Höchstbetrag nach § 301 AktG zwingend zu beachten, auch wenn davon abweichende vertragliche Vereinbarungen bestehen.

66

Definition des Höchstbetrags. Der Höchstbetrag nach § 301 AKtG ist der

67

- Jahresüberschuss (Positionen des § 275 II Nr 20 und III Nr 19 HGB vor Berücksichtigung der Gewinnabführung; weiterführend § 14 Rn 282, 318 ff)[4]
- gekürzt um einen Verlustvortrag aus dem Vorjahr (welcher mit Rücksicht auf § 302 AktG nur aus vorvertraglicher Zeit stammen darf; weiterführend § 14 Rn 350 ff)[5]
- und gekürzt um die in die gesetzliche Rücklage gem § 300 AktG einzustellenden Beträge.

Gesetzliche Rücklage. Eine gesetzliche Rücklage iSv § 300 AktG kennt das GmbH-Recht nicht. Daher kann § 300 AktG auf die GmbH nicht analog angewendet werden.[6] Bildet eine GmbH als Organgesellschaft eine Rücklage, so wie sie § 300 AktG für die AG vorschreibt, sind allgemeine Grundsätze anzuwenden. Gem § 14 I S 1 Nr 4 kann der Gewinnabführungsvertrag steuerlich nur anerkannt werden, wenn die Rücklage bei vernünftiger kaufmännischer Beurteilung wirtschaftlich begründet ist.[7]

68

Ausschüttungssperre gem § 268 VIII HGB. § 268 VIII HGB enthält eine Ausschüttungssperre für Erträge aus der Aktivierung selbst geschaffener immaterieller Vermögensgegenstände des Aktivvermögens, aktiver latenter Steuern, soweit sie passive latente Steuern übersteigen, und (unter weiteren Voraussetzungen) von Vermögensgegenständen iSv § 246 II 2 HGB. Gem § 301 AktG ist bei der Ermittlung des maximal abführbaren Betrags der nach § 268 VIII HGB ausschüttungs-

69

---

1 *Müller* in Mössner/Seeger § 17 Rn 30/1.
2 *Pache* in H/H/R § 17 Rn 27.
3 BMF v 14.1.2010, BStBl I 2010, 65.
4 *Danelsing* in Blümich § 17 Rn 14.
5 *Emmerich* in Emmerich/Habersack § 301 AktG Rn 9.
6 *Emmerich* in Emmerich/Habersack § 300 AktG Rn 5.
7 *Dötsch* in D/J/P/W § 17 Rn 21 mwN; aA *Müller* in Mössner/Seeger § 17 Rn 30/1.

gesperrte Betrag in Abzug zu bringen. Das BMF geht davon aus, dass die steuerliche Anerkennung einer Organschaft durch die Änderungen des BilMoG v 25.5.2009[1] in §§ 301 AktG, 268 VIII HGB grundsätzlich unberührt bleibt. Bei der Durchführung der Gewinnabführung sind diese Neuregelungen zum Höchstbetrag der Gewinnabführung nach § 301 AktG ungeachtet ggf abweichender vertraglicher Vereinbarungen zwingend zu beachten.[2] Die Abführungssperre sollte allerdings nicht greifen, soweit die iSv § 268 VIII HGB gesperrten Beträge auf der Ebene der Organgesellschaft durch frei verfügbare Gewinnrücklagen gedeckt werden können, auch wenn diese aus vorvertraglicher Zeit stammen. Denn die Ermittlung des nach § 301 AktG abzuführenden Gewinns ist zunächst eine handels- bzw gesellschaftsrechtliche Frage. Nach überwiegender Ansicht im Handels- und Gesellschaftsrecht dient die Sperre des §§ 268 VIII HGB, 301 AktG dem Gläubigerschutz. Daher sind vorvertragliche Gewinnrücklagen (§ 272 II Nr 4 HGB) bei der Ermittlung des gesperrten Betrags zu berücksichtigen.[3]

70 **Andere Gewinnrücklagen.** Andere Gewinnrücklagen iSv § 272 III HGB bilden gem § 275 IV HGB keinen Teil des Jahresüberschusses. Erträge aus der Entnahme dieser Gewinnrücklagen sind gleichwohl iRd Gewinnabführungsvertrags gem § 301 S 2 AktG abzuführen, sofern sie während des Bestehens des Unternehmensvertrages gebildet wurden. Vorvertragliche Gewinnrücklagen dürfen nicht gem § 301 AktG abgeführt werden. Sie können iRd Gewinnverwendung an alle Gesellschafter ausgeschüttet werden.[4]

71 **Kapitalrücklagen gem § 272 II HGB.** Eine Abführung von Kapitalrücklagen ist nicht möglich.[5] Sie sind nicht Teil des Jahresüberschusses iSv § 301 S 1 AktG. Dies gilt sowohl für vorvertraglich gebildete als auch für solche Kapitalrücklagen, die während der Zeit des Gewinnabführungsvertrags gebildet wurden (§ 301 S 2 AktG argumentum e contrario).[6] Sie können jedoch außerhalb des Gewinnabführungsvertrags durch Gesellschafterbeschluss steuerunschädlich aufgelöst und an die Gesellschafter ausgekehrt werden.[7]

72 **Wesentlichkeit.** Die Organgesellschaft muss ihren gesamten Gewinn an den Organträger abführen, vgl § 14 Rn 320.

73-74 *Einstweilen frei.*

75 **3. Verlustübernahme (§ 302 AktG). Inhalt.** § 17 S 2 Nr 2 bestimmt, dass im Gewinnabführungsvertrag eine Verlustübernahme durch den Organträger entsprechend den Vorschriften des § 302 AktG zu vereinbaren ist.

---

1   BGBl I 2009, 1102.
2   BMF v 14.1.2010, BStBl I 2010, 65.
3   *Gelhausen/Fey/Kämpfer*, BilMoG, N Rn 68 ff; *Gelhausen/Althoff*, WPg 2009, 631; *Ellrott/Krämer* in Beck'scher BilKomm § 268 Rn 144; *Küting/Lorson/Eichenlaub/Toebe*, GmbHR 2010, 9; *Stephan* in Schmidt/Lutter § 301 AktG Rn 18.
4   *Emmerich* in Emmerich/Habersack § 301 AktG Rn 15.
5   *Frotscher* in Frotscher/Maas § 17 Rn 16; *Pache* in H/H/R § 17 Rn 27.
6   Zu Kapitalrücklagen, die während der Organschaft gebildet wurden BFH I R 25/00, DB 2002, 408.
7   *Pache* in H/H/R § 17 Rn 27; *Servatius* in Michalski, Systematische Darstellung 4, Rn 262.

V. Zusatzvoraussetzungen

Erfordernis der vertraglichen Vereinbarung. Zwar ist § 302 AktG nach hM analog auf einen GmbH-Konzern anzuwenden.[1] Trotzdem verlangen Rechtsprechung[2] und Finanzverwaltung[3] dem Gesetzeswortlaut des § 13 S 2 Nr 2 folgend eine ausdrückliche Vereinbarung des § 302 AktG im Gewinnabführungsvertrag. Dabei reicht entweder ein Verweis im Vertragstext auf § 302 AktG oder der Vertragstext wird entsprechend dem Inhalt dieser Vorschrift gestaltet (R 66 III S 3 KStR). Zu empfehlen ist der Verweis auf den gesamten § 302 AktG in der jeweils gültigen Fassung. Dadurch wird vermieden, dass der Gewinnabführungsvertrag an Änderungen des § 302 AktG anzupassen ist. Dem folgen nun auch BFH[4] und BMF,[5] so dass die gegenteilige Ansicht der OFD Rheinland überholt ist.[6] Nach letzterer genügte eine Verlustübernahmevereinbarung, in welcher einleitend auf § 302 AktG Bezug genommen und dann § 302 I AktG wiedergegeben wird, nicht den Anforderungen des § 17 S 2 Nr 2. Nach BMF reicht eine generelle Verweisung auf die Vorschriften des § 302 AktG nur dann nicht, wenn der Vertrag eine umfassende Bezugnahme relativiert. Von einer erkennbar einschränkenden Vereinbarung kann nur ausgegangen werden, wenn der Wortlaut des Unternehmensvertrags eine Einschränkung eindeutig vorsieht oder über den Wortlaut hinaus konkrete weitere Anhaltspunkte vorliegen. Davon wird nicht auszugehen sein, wenn im Unternehmensvertrag auf die Vorschrift (im Singular) des § 302 AktG verwiesen wird, statt auf die Vorschriften (im Plural), auch wenn das BMF die Formulierung lediglich im Plural verwendet.

76

Form. Das Gesetz enthält keinen Hinweis, in welcher Form die Verlustübernahmeverpflichtung zu vereinbaren ist. Es verlangt aber eine Vereinbarung. Daher reicht eine einseitige Verlustübernahme bspw durch Gesellschafterbeschluss nicht aus. Die Vereinbarung ist iRd Gewinnabführungsvertrags zu treffen. Daher unterliegt sie auch den Formalien des Gewinnabführungsvertrags (dazu vgl Rn 35 ff).[7] Dabei können die Regelungen des § 302 AktG wie folgt im Gewinnabführungsvertrag vereinbart werden (vgl Rn 76):

77

- wörtliche Wiederholung des Gesetzestexts,
- sinngemäße Vereinbarung des Inhalts,
- Verweis auf § 302 AktG (in der jeweils geltenden Fassung).

---

1 BGH II ZR 170/87, BGHZ 103, 1; BGH II ZR 287/90, BGHZ 116, 37; *Emmerich* in Scholz Anhang § 13 GmbHG Rn 205.
2 BFH I R 43/99, BFH/NV 2000, 1250 verweist auf den eindeutigen Gesetzeswortlaut („vereinbart"), den Zweck der Vorschrift (Gleichstellung mit der aktienrechtlichen Organschaft) und die Entwicklung des § 14 (keine Streichung von § 17 S 2 Nr 3 aF trotz Anpassung des Gesetzes an BGH II ZB 7/88, BGHZ 105, 324). Bestätigt durch BFH I R 68/09, DStR 2010, 858 und BFH I B 27/10, BStBl II 2010, 932 und BStBl II 2010, 935; aA FG Köln K 4779/04, EFG 2009, 1969. Die gegen BFH I R 68/09 eingereichte Verfassungsbeschwerde ist durch Beschluss v 31.8.2010 erledigt.
3 R 66 III KStR; H 66 (Vereinbarung der Verlustübernahme) KStH.
4 BFH I B 27/10, BStBl II 2010, 932 und BStBl II 2010, 935.
5 BMF v 19.10.2010, BStBl I 2010, 836.
6 OFD Rheinland v 3.12.2010, DB 2011, 1023.
7 *Pache* in H/H/R § 17 Rn 28.

78　**Verlustübernahme gem § 302 I AktG.** Gem 302 I AktG hat der Organträger der Organgesellschaft jeden während der Vertragsdauer entstehenden Jahresfehlbetrag auszugleichen, soweit dieser nicht durch Entnahmen aus der Gewinnrücklage ausgeglichen werden kann, die während der Vertragsdauer in sie eingestellt wurden. Der Jahresfehlbetrag entspricht § 275 II Nr 20 bzw III Nr 19 HGB. Er ist fiktiv zu berechnen, da die Verlustausgleichspflicht nach § 277 II 2 HGB in die Gewinn- und Verlustrechnung einzubeziehen ist.[1] Der Jahresfehlbetrag muss während der Vertragslaufzeit entstanden sein. Soweit ein Verlust aus vororganschaftlicher Zeit übernommen wird (auch nur im geringem Umfang), steht dies einer ordnungsgemäßen Durchführung des Gewinnabführungsvertrags entgegen.[2] Dabei sind Verluste des ersten Geschäftsjahres, in dem der Gewinnabführungsvertrag besteht, vollständig (und nicht pro rata temporis) auszugleichen.[3] Endet der Gewinnabführungsvertrag während eines Geschäftsjahres, sind alle bis zu diesem Zeitpunkt angefallenen Geschäftsvorgänge maßgeblich[4] und der Organträger hat alle bis zu diesem Stichtag entstandenen Verluste auf der Grundlage einer Zwischenbilanz[5] auszugleichen.[6]

79　**Betriebsverpachtung gem § 302 II AktG.** Durch § 302 II AktG wird die Pflicht zur Verlustübernahme unter engen Voraussetzungen auf Betriebspacht- und Betriebsüberlassungsverträge iSv § 292 I Nr 3 AktG erstreckt. Die Vorschrift hat nichts mit einem Gewinnabführungsvertrag zu tun. Außerhalb von Betriebsverpachtungen und -überlassungen sollte daher ein Verweis des Gewinnabführungsvertrags auf § 302 II AktG überflüssig sein.[7]

80　**Verzicht auf Verlustausgleich gem § 302 III S 1 AktG.** § 302 III S 1 AktG sieht vor, dass die Organgesellschaft drei Jahre nach Eintragung der Beendigung des Gewinnabführungsvertrags auf ihren Anspruch auf Verlustausgleich verzichten oder sich über ihn vergleichen kann. Verzichtet sie vor Ablauf der Dreijahresfrist, ist der Vertrag nicht durchgeführt und die Voraussetzungen für die Anwendung der §§ 14–19 entfallen rückwirkend,[8] auch wenn der Unternehmensvertrag bereits fünf Jahre bestanden hat.[9] Der Verzicht iSd § 302 III S 1 AktG ist dabei weit auszulegen. Jedes Verhalten der abhängigen Gesellschaft fällt unter den Begriff des Verzichts, das zu einem Verlust des Anspruchs führen kann, wie zB

- Erlassvertrag iSv § 397 BGB,
- Verzicht auf Klageerhebung gem § 306 ZPO,
- Mitwirkung bei Übernahme der Verlustausgleichspflicht durch Dritten gem §§ 414, 415 BGB,
- Weisung des herrschenden Unternehmens §§ 302 III S 1, 308 I AktG iVm § 134 BGB.[10]

1　*Servatius* in Michalski, Systematische Darstellung 4, Rn 163.
2　BFH IV R 21/07, BFH/NV 2011, 151.
3　*Pache* in H/H/R § 17 Rn 29.
4　*Servatius* in Michalski, Systematische Darstellung 4, Rn 164.
5　*Pache* in H/H/R § 17 Rn 29.
6　BGH II ZR 170/87, NJW 1988, 1326.
7　*Pache* in H/H/R § 17 Rn 29. Zur aktienrechtlichen Bedeutungslosigkeit der Vorschrift vgl *Emmerich* in Emmerich/Habersack § 302 AktG Rn 46.
8　*Schmidt*, GmbHR 1971, 9; *Hübl*, DStZ 1972, 145.
9　*Müller* in Mössner/Seeger § 17 Rn 37.
10　*Emmerich* in Emmerich/Habersack § 302 AktG Rn 50.

V. Zusatzvoraussetzungen

Verzicht bei Zahlungsunfähigkeit gem § 302 III S 2. Die Sperrfrist des § 302 III S 1 AktG gilt nicht, wenn der Organträger zahlungsunfähig ist und sich zur Abwendung des Insolvenzverfahrens mit seinen Gläubigern vergleicht (Abwendungsvergleich) oder wenn die Ersatzpflicht in einem Insolvenzplan geregelt wird.[1] § 302 III S 2 AktG gilt analog im GmbH-Recht.[2]

81

Verzicht bei außenstehenden Gesellschaftern gem § 302 III S 3. Gem § 302 III S 3 AktG muss die Mehrheit der außenstehenden Gesellschafter dem Verzicht bzw Vergleich durch Sonderbeschluss gem § 47 GmbHG zustimmen. Das weitergehende Erfordernis, dass keine (qualifizierte) Minderheit Widerspruch erheben darf, ist eine aktienrechtliche Besonderheit (vgl § 245 Nr 1 AktG), die nicht auf die GmbH übertragen werden kann.[3]

82

Verjährungsregelung gem § 302 IV. Die dem § 302 AktG entsprechende Vereinbarung im Gewinnabführungsvertrag muss sich auf § 302 AktG in seiner Gesamtheit erstrecken (Ausnahme vgl Rn 79). Seit Einfügung der Verjährungsregelung des § 302 IV AktG durch das Gesetz zur Anpassung von Verjährungsvorschriften an das Gesetz zur Modernisierung des Schuldrechts mit Wirkung vom 15.12.2004 muss der Gewinnabführungsvertrag auch eine dem § 302 AktG entsprechende Verjährungsvereinbarung enthalten.[4] Das Fehlen einer entsprechenden Vereinbarung ist nach BMF nur bei Altverträgen unschädlich, also bei Verträgen, die vor dem 1.1.2006 geschlossen wurden.[5] Inhaltlich verjähren Verlustausgleichsansprüche abweichend von §§ 195, 199 BGB in zehn Jahren seit dem Tag, an dem die Eintragung der Vertragsbeendigung nach § 10 HGB als bekannt gemacht gilt.

83

Ausgleich bei Minderheitsgesellschaftern gem § 304 AktG. Zur Frage der analogen Anwendbarkeit des § 304 AktG auf die GmbH vgl § 16 Rn 21.

84

§ 397 AktG. Nach § 397 AktG endet ein Gewinnabführungsvertrag spätestens zum Ende des Geschäftsjahres, in dem ein außenstehender Gesellschafter eintritt.[6] Diese im Aktienrecht zwingende Regelung sollte bei der GmbH entsprechend angewendet werden,[7] wenn der Gewinnabführungsvertrag keine Abfindungs- und Ausgleichsansprüche für Minderheitsgesellschafter in entsprechender Anwendung der §§ 304 und 305 AktG vorsieht (vgl Rn 39).[8] Dies entspricht dem Zweck des § 307 AktG, beitretende außenstehende Gesellschafter zu schützen.[9] Das Schutzbedürfnis des GmbH-Gesellschafters im GmbH-Konzern entspricht grundsätzlich dem des Aktionärs.[10]

85

---

1 *Emmerich* in Emmerich/Habersack § 302 AktG Rn 51.
2 *Servatius* in Michalski, Systematische Darstellung 4, Rn 172.
3 *Servatius* in Michalski, Systematische Darstellung, 4 Rn 172.
4 BFH I B 27/10, BStBl II 2010, 932; *Erle/Heurung* in Erle/Sauter § 17 Rn 37.
5 BMF v 16.12.2005, BStBl I 2006, 12.
6 *Paulsen* in MüKo AktG § 307 AktG Rn 10.
7 *Servatius* in Michalski, Systematische Darstellung 4, Rn 237 mwN; *Philippi/Neveling*, BB 2003, 1686 mwN jeweils auch zur Gegenansicht.
8 Keine Anwendung des § 307 AktG: *Frotscher* in Frotscher/Maas § 14 Rn 337, 350; *Dötsch* in D/J/P/W § 14 Rn 221, 224 sofern die Beendigung nicht im Gewinnabführungsvertrag geregelt ist.
9 *Priester* in Herzig, Organschaft, 2003, S 56.
10 AA *Priester* in Herzig, Organschaft, 2003, S 56 f.

86 **Anpassung alter Gewinnabführungsverträge.** Bei Änderungen des § 302 AktG hat die Finanzverwaltung mehrfach Übergangsregelungen zur Anpassung des Gewinnabführungsvertrags geschaffen.[1] Daraus kann geschlossen werden, dass der Gewinnabführungsvertrag an Gesetzesänderungen in § 302 AktG grundsätzlich anzupassen ist. Ohne anderslautende Vereinbarung kann der Gewinnabführungsvertrag nur auf die Fassung des § 302 AktG verweisen, die zum Zeitpunkt des Vertrages bestand.[2] Etwas anderes gilt nur, wenn der Gewinnabführungsvertrag ausdrücklich oder durch entsprechende (objektivierte)[3] Vertragsauslegung auf die jeweils geltende Fassung des § 302 AktG verweist.[4] Bei verunglückten Gewinnabführungsvertrags, wenn also auf § 302 AktG nur unzureichend verwiesen wird, ist eine rückwirkende Heilung des Vertrages durch einfachen Beschluss oder zivilrechtliche Klarstellungsvereinbarung[5] nicht möglich. Der Gewinnabführungsvertrag muss unter Beachtung aller Formalien geändert werden.[6] Die Änderung kann steuerlich nicht ex tunc wirken. Eine Rückwirkung über § 14 I S 2 hinaus lässt das Steuerrecht hier nicht zu.[7]

87 **Jahresfehlbetrag.** Der „sonst" entstehende Jahresfehlbetrag iSv § 302 I AktG entspricht den Positionen § 275 II Nr 20, III Nr 19 HGB. Dabei richtet sich die Höhe der Ausgleichspflicht allein nach dem ordnungsgemäß aufgestellten Jahresabschluss der abhängigen Gesellschaft.

88 **Falscher Jahresabschluss aufgrund von Verstoß gegen gesetzliche Bestimmungen.** Durch eine Verfälschung des Jahresabschlusses unter Verstoß gegen zwingende gesetzliche Bestimmungen oder gegen die Grundsätze ordnungsgemäßer Buchführung kann der Anspruch der abhängigen Gesellschaft auf Verlustausgleich gegen das herrschende Unternehmen nicht künstlich verringert werden.[8] Maßgebend ist in diesem Fall der Betrag, der sich als Verlust bei ordnungsgemäßer Aufstellung des Jahresabschlusses ergibt.[9]

89 **Gewinnrücklagen.** Die Verlustausgleichspflicht des herrschenden Unternehmens entfällt nach § 302 I nur, soweit der Jahresfehlbetrag dadurch ausgeglichen wird, dass den anderen Gewinnrücklagen Beträge entnommen werden, die während der Vertragsdauer in sie eingestellt wurden. Ebenso wie in § 301 S 2 AktG sind hier allein Rücklagen iSv § 272 III S 2 HGB (und des § 158 I S 1 Nr 4 lit d AktG) zu verstehen. Vorvertragliche andere Gewinnrücklagen dürfen hierfür nicht verwendet werden.[10]

90-92 *Einstweilen frei.*

---

1 BMF v 3.6.1987, MittRhNotK 1987, 267; BMF v 16.12.2005, BStBl I 2006, 12.
2 *Schothöfer*, GmbHR 2005, 982.
3 BFH I R 94/06, BFH/NV 2008, 1270.
4 *Pache* in H/H/R § 17 Rn 29.
5 FG Köln 13 V 1620/04, EFG 2004, 1792.
6 BFH I R 74/05, BFH/NV 2006, 1513; BFH I R 66/07, BStBl II 2009, 972.
7 *Pache* in H/H/R § 17 Rn 29.
8 *Emmerich* in Emmerich/Habersack § 302 AktG Rn 29 f.
9 BGH II ZR 120/98, BGHZ 142, 382, 385 f.
10 *Emmerich* in Emmerich/Habersack § 302 AktG Rn 32.

VI. Rechtsfolge. § 17 S 1 bestimmt die entsprechende Geltung der §§ 14–16. Daraus folgt, dass für eine GmbH als Organgesellschaft alle in den §§ 14–16 genannten Rechtsfolgen entsprechend gelten,[1] also insbesondere: **93**

- Einkommenszurechnung gem § 14 I S 2,
- Behandlung von Mehr- und Minderabführungen gem § 14 III, IV,
- Sonderregelungen zur Ermittlung des Einkommens der Organgesellschaft gem § 15,
- Besteuerung der Organgesellschaft bei Ausgleichszahlungen an außenstehende Gesellschafter nach § 16. Zur Anwendung von §§ 18, 19 vgl Rn 29 f.

Einstweilen frei. **94**

VII. Grenzüberschreitende Organschaft. Rechtsprechung des EuGH zur Verlustnutzung. Aufgrund des Urteils in der Rs *Marks & Spencer*[2] ist es grundsätzlich auch im deutschen Steuerrecht möglich, Verluste einer Kapitalgesellschaft, die weder Sitz noch Ort der Geschäftsleitung im Inland hat, steuerlich iRe Organschaft bei einer inländischen Obergesellschaft geltend zu machen.[3] Der EuGH hatte in diesem Verfahren entschieden, dass die Niederlassungsfreiheit der MG das Recht gewährt, die Verluste einer im EU-Ausland ansässigen TG mit eigenen steuerlichen Ergebnissen zu verrechnen. Zwar ist die territoriale Beschränkung der Verlustverrechnung durch die Mitgliedstaaten grundsätzlich gerechtfertigt und daher mit dem AEUV vereinbar. Sie entspricht zwingenden Gründen des Allgemeininteresses (Wahrung der Aufteilung der Besteuerungsbefugnis zwischen den Mitgliedstaaten, Gefahr der doppelten Verlustberücksichtigung, Steuerfluchtgefahr).[4] Unter Verhältnismäßigkeitsgesichtspunkten muss der Ansässigkeitsstaat der MG eine grenzüberschreitende Verlustnutzung jedoch dann zulassen, wenn **95**

- eine gebietsfremde TG die Möglichkeiten zur Berücksichtigung von Verlusten in dem Mitgliedstaat ihres Sitzes für den betreffenden sowie für frühere Steuerzeiträume ausgeschöpft hat (vgl Rn 96), und
- keine Möglichkeit besteht, die Verluste dieser TG in diesem Staat in künftigen Steuerzeiträumen zu berücksichtigen (vgl Rn 97).[5]

Diese Grundsätze des EuGH in der Rs *Marks & Spencer* zu endgültigen, finalen bzw definitiven Verlusten sind nicht durch die Entscheidung in der Rs *X-Holding*[6] überholt.[7] In *X-Holding* verweist der EuGH mehrfach auf *Marks & Spencer*, ohne sich von dieser Entscheidung zu distanzieren. Zudem hat der EuGH in *X-Holding*

---

1 *Dötsch* in D/J/P/W § 17 Rn 15.
2 EuGH Rs C-446/03, *Marks & Spencer*, Slg 2005, I-10837 ff.
3 FG Niedersachsen 6 K 406/08, EFG 2010, 815; FG Rheinland-Pfalz 1 K 2406/07, EFG 2010, 1632.
4 *Graw*, DB 2010, 2469, 2470: „Rechtfertigungstrias".
5 EuGH Rs C-446/03, *Marks & Spencer*, Slg 2005, I-10837, Rn 55.
6 EuGH Rs C-337/08, *X-Holding*, Slg 2010, I-1237.
7 AA *Mitschke*, DStR 2010, 1368.

als „einfache" Kammer in *Marks & Spencer* dagegen als Große Kammer entschieden. Letztlich entscheidend ist aber, dass *X-Holding* sich lediglich mit laufenden Verlusten beschäftigt, während es bei *Marks & Spencer* um finale Verluste[1] ging.[2]

96 **Ausschöpfung der Möglichkeiten zur Verlustnutzung.** Territoriale Beschränkungen zur Verlustverrechnung über die Grenze müssen gerechtfertigt sein. Eine Rechtfertigung (vgl Rn 95 zu den Rechtfertigungsgründen) ist nach der Rechtsprechung des EuGH dann nicht mehr verhältnismäßig, wenn eine Nutzung der Verluste im Ursprungsland endgültig ausgeschlossen ist (vgl Rn 95). Dafür verlangt die wohl hM, dass Verluste tatsächlich nicht mehr genutzt werden können, sofern sie rechtlich nach ausländischem Recht noch nutzbar sind.[3] Allein die fehlende rechtliche Nutzungsmöglichkeit reicht nicht für eine grenzüberschreitende Verlustnutzung. Sind also Verluste im Ausland aufgrund der dort herrschenden rechtlichen Rahmenbedingungen (bspw durch Zeitablauf[4] oder andere Verlustabzugsbeschränkungen oder -verbote[5]) schon nicht mehr nutzbar, können sie auch im Inland nicht verwertet werden. Im Anschluss an die Rs *Krankenheim Ruhesitz am Wannsee-Seniorenheimstatt*[6] ist es nicht dem Ansässigkeitsstaat der MG zu überantworten, steuerlich nachteilige Vorschriften des Ansässigkeitsstaates einer TG auszugleichen. Auch wenn die jüngste Rechtsprechung sich überwiegend mit Verlusten ausländischer Betriebstätten befasst hat, kann sie zur Orientierung für die Prüfung der Finalität auch bei Kapitalgesellschaften herangezogen werden. Denn die Verhältnismäßigkeitsprüfung des EuGH für die grenzüberschreitende Verlustnutzung ist bei Betriebsstätten (Rs *Lidl Belgium*) und Kapitalgesellschaften (Rs *Marks & Spencer*) nahezu identisch. So wird man also verlangen müssen, dass alle tatsächlichen Handlungen unternommen werden, um die Verluste im Ursprungsland zu nutzen. Dazu zählen der Verlustrücktrag und die Übertragung von Verlusten auf Dritte sowohl in der Vergangenheit als auch im laufenden Jahr. Bei der Übertragung von Verlusten auf Dritte ist auch an Umwandlungen[7] (Verschmelzungen) oder die Veräußerung von Wirtschaftsgütern an profitable Gesellschaften zu denken. Unterlässt die Verlustgesellschaft Möglichkeiten zur Verlustnutzung, die nach dem Recht ihres Staates möglich sind, wird eine Nutzung der Verluste über die Grenze zu versagen sein.

97 **Keine Möglichkeit der zukünftigen Nutzung.** Zudem verlangt der EuGH, dass eine künftige Verlustnutzung im Ursprungsland ausgeschlossen sein muss. Ähnlich wie in Rn 96 ist auch hier auf tatsächliche Hinderungsgründe abzustellen. Daher wird ein bloßer Zeitablauf nicht ausreichen.[8] Als solche tatsächlichen Hinderungsgründe

---

1 In der Rs *Lidl Belgium* ging es ebenfalls um finale Verluste bei einer Betriebsstätte. Vgl EuGH Rs C-414/06, *Lidl Belgium*, Slg 2008, I-3061 ff.
2 *Graw*, DB 2010, 2469, 2470; *Schwenke*, Ubg 2010, 325, 326; *Englisch*, IStR 2010, 215, 217; *Homburg*, IStR 2010, 246, 247; *Mayr*, IStR 2010, 633, 634.
3 BFH I R 107/09, DB 2010, 6; BFH I R 100/09, BStBl II 2010, 1065; *Schwenke*, DB 2010, 325, 327 f; *Graw*, DB 2010, 2469, 2470.
4 BFH I R 100/09, BStBl II 2010, 1065.
5 BFH I R 107/09, DB 2010, 6.
6 EuGH Rs C-157/07, *Krankenheim Ruhesitz am Wannsee-Seniorenheimstatt*, Slg 2008, I-8061 ff.
7 *Schwenke*, Ubg 2010, 325, 328 unter Hinweis auf die Rs *Lidl Belgium*.
8 BFH I R 100/09, BStBl II 2010, 1065.

VII. Grenzüberschreitende Organschaft

sind die Beendigung der Geschäftstätigkeit,[1] die Liquidation[2] oder die Umwandlung[3] der ausländischen Kapitalgesellschaft anerkannt, wenn sie zu einem Verlust steuerlicher Verluste führen. Da der BFH die grenzüberschreitende Verlustnutzung als ultima ratio sieht,[4] werden im Anschluss an die in Rn 96 genannten Grundzüge in der Rs *Krankenheim Ruhesitz am Wannsee-Seniorenheimstatt* steuerliche Nachteile im Ursprungland der Verluste (bspw eine Mindestbesteuerung) wohl hinzunehmen sein.

Grenzüberschreitende Unternehmensverträge. Die wohl hM verlangt für die Verlustnutzung im Inland keine zusätzlichen vertraglichen oder schuldrechtlichen Vereinbarungen zwischen ausländischer TG und inländischer MG.[5] Nach geltendem Recht ist es in der Tat so gut wie ausgeschlossen, dass eine ausländische TG (also eine abhängige Gesellschaft, die ihren statutarischen Sitz nicht in Deutschland hat), einen Gewinnabführungsvertrag mit einer Obergesellschaft in Deutschland schließt.[6] Kollisionsrechtlich sind Unternehmensverträge als Ausprägung des Konzernverhältnisses ausschließlich nach dem Gesellschaftsstatut der abhängigen Gesellschaft zu beurteilen.[7] Die Zulässigkeit und die Reichweite eines Gewinnabführungsvertrags mit einer im Ausland ansässigen TG bestimmen sich daher nach ausländischem Recht. Die überwiegende Zahl der EU-Mitgliedsstaaten kennt jedoch keinen Gewinnabführungsvertrag oder vergleichbare organisationsrechtliche Verträge.[8] Zudem ist nach innerstaatlichem Konzernrecht der Abschluss eines Gewinnabführungsvertrags mit einer im Ausland ansässigen Kapitalgesellschaft ausgeschlossen. Denn § 291 I AktG setzt eine beherrschte Gesellschaft mit Satzungssitz im Inland voraus.[9] Daher wird das Erfordernis des Gewinnabführungsvertrags vielfach als versteckte Diskriminierung eingestuft, die gegen die Niederlassungsfreiheit der Art 49, 54 AEUV verstoßen kann.[10]

Verpflichtung. Man wird aber zukünftig grundsätzlich eine andere Verpflichtung der Obergesellschaft zur Übernahme von Verlusten ihrer TG fordern müssen.[11] Dagegen wird eingewendet, dass die mit einer Ausgleichsverpflichtung erreichte wirtschaftliche Verlustübernahme nichts mit der steuerlichen Verlustzurechnung zu tun habe und dass eine Verlustübernahme ohne entsprechende Vorteilsgewährung ein

---

1 BFH I R 16/10, BFH/NV 2011, 524; BFH I R 100/09, BStBl II 2010, 1065; BFH I R 107/09, BFH/NV 2010, 1744.
2 BFH I R 16/10, BFH/NV 2011, 524; BFH I R 100/09, BStBl II 2010, 1065; BFH I R 107/09, BFH/NV 2010, 1744.
3 *Schwenke*, Ubg 2010, 325, 328 unter Hinweis auf die Rs *Lidl Belgium*.
4 BFH I R 107/09, DB 2010, 6.
5 *Scheunemann*, IStR 2006, 145; *Balmes/Brück/Ribbrock*, BB 2006, 186; *Sedemund/Sterner*, DStZ 2006, 29; *Herzig/Wagner*, DStR 2006, 1, 9; *Hey*, GmbHR 2006, 113, 118; *Homburg*, IStR 2010, 246; *Graw*, DB 2010, 2469, 2472; *von Brocke*, IStR 2010, 964, 965.
6 Zu einer nach ausländischem Recht gegründeten abhängigen Gesellschaft mit Sitz im Inland *Emmerich/Habersack*, Konzernrecht, 9. Aufl, § 11 Rn 30.
7 *Emmerich/Habersack*, Konzernrecht, 9. Aufl, § 11 Rn 31 f; *Simon*, ZGR 2007, 71, 89 mwN.
8 *Simon*, ZGR 2007, 71, 90.
9 *Emmerich* in Emmerich/Habersack § 291 AktG Rn 7.
10 FG Niedersachsen 6 K 406/08, EFG 2010, 815, 818; *Rödder/Schönfeld*, DStR 2011, 886, 887 jeweils mwN zur wohl hM.
11 FG Niedersachsen 6 K 406/08, EFG 2010, 815; FG Rheinland Pfalz 1 K 2406/07, EFG 2010, 1632; *Frotscher* in Frotscher/Maas § 14 Rn 53 f.

diskriminierendes sowie gekünsteltes Formerfordernis sei, das zu Rechtsunsicherheit führe.[1] Nur mit einer Verlustübernahmeverpflichtung kann aber der Auslandsfall vergleichbar zum reinen Inlandsfall sein. Die Vergleichbarkeit ist notwendig, um sich unionsrechtlich auf das Diskriminierungsverbot iRd Niederlassungsfreiheit gem Art 49, 54 AEUV berufen zu können. Denn eine Gleichbehandlung grenzüberschreitender und inländischer Fälle ist nur unter vergleichbaren Bedingungen zu fordern. Dabei ist nicht so sehr auf den Gewinnabführungsvertrag abzustellen, der in der Tat eine versteckte Diskriminierung sein kann. Vielmehr verlangt § 17 S 2 Nr 2 bei rein nationalen Sachverhalten ausdrücklich die Vereinbarung einer Verlustübernahme entsprechend § 302 AktG, obwohl die Vorschrift ohnehin analog auf den GmbH-Konzern anzuwenden ist (vgl Rn 75 ff).[2] In Betracht kommen:

- Bürgschaften,
- Schuldbeitritt,
- Garantien,
- Patronatserklärung,
- Liquiditätszusagen,
- Organschaftserklärungen oder
- ähnliche rechtsgeschäftliche Verpflichtungen.[3]

Lediglich für die Vergangenheit bleibt die Frage offen, ob der *effet utile* verbieten kann, an einen Steuerpflichten Anforderungen zu stellen, die dieser mangels Kenntnis nicht erfüllen konnte.[4] Hiernach könnte bis zu einer Neuregelung zumindest für die Vergangenheit eine wirtschaftliche Belastung der MG auch ohne vertragliche Übernahmeverpflichtungen ausreichen, um finale Verluste der ausländischen Tochter zu berücksichtigen.[5]

100 **Mindestlaufzeit.** Ähnlich wie für einen Gewinnabführungsvertrag wird man auch hier fordern müssen, dass die Verpflichtung für einen Zeitraum von mindestens fünf Jahren besteht und auch tatsächlich durchgeführt wird, wenn bspw der Garantiefall eintritt.

101 **Nur Schutz vor Diskriminierung.** Wie bereits dargestellt, kann eine Berücksichtigung von Verlusten über die Grenze nur erfolgen, wenn sie rechtlich noch bestehen. Dabei kommt es nicht nur auf ausländische Rechtsvorschriften an. Vielmehr ist auch anhand innerstaatlicher deutscher Normen zu prüfen, ob die Verluste bestünden, handelte es sich um körperschaftsteuerliche Verlustvorträge nach deutschem Recht. Denn der Verlustausgleich richtet sich „uneingeschränkt nach den

---

1 Homburg, IStR 2010, 246, 248 ff; gegen eine Verpflichtung auch *Graw*, DB 2010, 2469, 2472; *von Broke*, IStR 2010, 964, 966 f.
2 BFH I R 74/05, BFH/NV 2006, 1513 mwN.
3 *Emmerich* in Emmerich/Habersack § 302 AktG Rn 7ff.
4 Hierzu zB EuGH Rs C-397/98 und Rs C-410/98, *Metallgesellschaft/Höchst*, Slg 2001, I-1727 ff.
5 So *Brocke/Auer*, IWB 20/2010, 756; *Homburg*, IStR 2011, 111 f; *Heurung/Engel/Thiedemann*, FR 2011, 218 f; *Graw*, DB 2010, 2472; *Scheunemann*, IStR 2006, 145, 147.

VII. Grenzüberschreitende Organschaft

dafür einschlägigen innerstaatlichen Regelungen".[1] Dies bedeutet zunächst, dass die Verluste und deren Höhe nach Maßgabe des deutschen Steuerrechts zu ermitteln sind.[2] Weiterhin ist aber auch zu prüfen, ob diese nach innerstaatlichem Recht noch existieren oder bspw nach § 8c oder § 12 III 3 UmwStG untergegangen sind. Denn die unionsrechtliche Niederlassungsfreiheit nach Art 49, 54 AEUV schützt nur vor einer Diskriminierung, also vor einer Ungleichbehandlung.[3]

Zeitpunkt der Verlustberücksichtigung. Fraglich ist, ob ausländische Verluste phasengleich oder phasenschoben im Inland zu berücksichtigen sind. Bei einer phasengleichen Berücksichtigung wird an die jeweiligen Verlustentstehungsjahre auf der Ebene der TG angeknüpft.[4] Sobald die Verluste final sind, erfolgt eine Berichtigung der betreffenden Veranlagungen der MG nach § 175 I 1 Nr 2 AO.[5] Dafür sprechen der Grundsatz der Leistungsfähigkeit und die Gleichbehandlung mit gleichgelagerten Inlandssachverhalten.[6] Bei der phasenverschobenen Verlustberücksichtigung werden die Verluste erst im Finalitätsjahr bei der inländischen MG berücksichtigt, wenn also feststeht, dass es sich um finale Verluste handelt.[7] Für die phasenverschobene Berücksichtigung spricht, dass die Finalität der Verluste Tatbestandsmerkmal ist. Es erscheint daher konsequent, die Verluste erst dann zu berücksichtigen, wenn der Tatbestand erfüllt ist. Zudem wird durch eine Berücksichtigung im Finalitätsjahr die praktische Handhabung erleichtert.[8] Gegen diese phasenverschobene Berücksichtigung spricht aber, dass sie die inländische MG im grenzüberschreitenden Fall schlechter stellt als in einem reinen Inlandsfall. Diese Diskriminierung ist jedoch bei finalen Verlusten gerade nicht verhältnismäßig. Zudem sprechen auch wirtschaftliche Gesichtspunkte für eine phasengleiche Berücksichtigung. Die Verluste der ausländischen TG sind auch aus der Sicht der inländischen MG wirtschaftlich bereits in den betreffenden Verlustjahren entstanden.[9]

GewSt. Die vorgenannten Grundsätze zur grenzüberschreitenden Verlustnutzung sind auch auf die GewSt anzuwenden. Gem § 2 II 2 GewStG knüpft die gewerbesteuerliche Organschaft an die körperschaftlichen Voraussetzungen einer Organschaft an. Zwar beschränkt § 2 I 1 GewStG den Steuergegenstand auf Gewerbebetriebe, soweit sie im Inland betrieben werden. Dadurch wird der Gewerbeertrag eines inländischen Unternehmens auf einen territorialen Betriebsgewinn beschränkt. Zudem wird grundsätzlich auch keine Verrechnung der Gewinne eines Betriebes mit Verlusten anderer Gewerbebetriebe desselben Inhabers durchgeführt. Daher scheint auch die Auffassung, eine Berücksichtigung von Verlusten ausländischer Gewerbebetriebe

---

1 BFH I R 107/09, BFH/NV 2010, 1744, Rn 21.
2 BFH I R 84/04, BStBl II 2009, 630.
3 FG Hamburg 6 K 147/08, EFG 2010, 265.
4 *Graw*, DB 2010, 2469, 2472.
5 FG Düsseldorf 6 K 147/08, EFG 2010, 325, 327.
6 BFH I R 107/09, BFH/NV 2010, 1744 (für eine phasengleiche Berücksichtigung offenbar hingegen BFH I R 84/04, BStBl II 2009, 630); *Schwenke*, Ubg 2010, 325, 327.
7 *Graw*, DB 2010, 2469, 2472.
8 BFH I R 107/09, BFH/NV 2010, 1744, 1611, Rn 21.
9 *Graw*, DB 2010, 2469, 2473 mwN in Fn 41.

bzw Betriebsstätten ist nicht geboten,[1] trotz der gegenteiligen Rechtsprechung des BFH[2] vertretbar. Etwas anderes muss aber gelten, wenn gewerbesteuerlich eine Verrechnung von Gewinnen und Verlusten verschiedener inländischer Betriebsstätten eines Gewerbebetriebs wie bei der Organschaft möglich ist. Dies gebietet die unionsrechtliche Niederlassungsfreiheit iSv Art 49, 54 AEUV. Bei Kapitalgesellschaften wird ein einheitlicher, alle Betriebsstätten umfassender Gewerbebetrieb unterstellt. Die Organgesellschaft gilt gem § 2 II 2 GewStG als Betriebsstätte des Organträgers. Ein Ausschluss der Verlustverrechnung ausländischer Betriebsteile kann hier nicht kohärent begründet werden.[3]

104 **Kein grenzüberschreitender Gewinntransfer.** Die grenzüberschreitende Organschaft aufgrund des AEUV ist auf eine Nutzung von Verlusten ausländischer Tochterkapitalgesellschaften zu beschränken. Eine Ausweitung auf die Verpflichtung zur Anerkennung eines grenzüberschreinden Gewinntransfers wird man aus unionsrechtlicher Sicht auf der Grundlage der Rechtsprechung des EuGH nicht fordern können (zu den abkommensrechtlichen Erfordernissen vgl jedoch § 18 Rn 19). Zwar werden die Entscheidungen in den Rs *Centros*[4] und *Überseering*[5] für die Ausweitung der Organschaft bemüht.[6] Steuerrechtlich ist es aber nach der Entscheidung in der Rs *Oy AA* insbesondere nicht möglich, Gewinne einer TG in einem Mitgliedstaat mit inländischen Verlusten einer MG oder Obergesellschaft zu verrechnen. Ansonsten könnten nach Ansicht des EuGH Unternehmensgruppen den Mitgliedstaat, in dem ihre Gewinne besteuert werden, nach Belieben auswählen.[7]

105-107 *Einstweilen frei.*

---

1 Schön, IStR 2004, 289, 294.
2 BFH I R 107/09, DStR 2010, 1611.
3 Schön, IStR 2004, 289, 294.
4 EuGH Rs C 212/97, Centros, Slg 1999, I-1459.
5 EuGH Rs C 208/00, Überseering, Slg 2002, I-9919.
6 Meilicke, DB 2009, 653.
7 EuGH Rs C 231/05, Oy AA, Slg 2007, I-6373, insbesondere Rn 60, 64.

§ 18 Ausländische Organträger

¹Verpflichtet sich eine Organgesellschaft, ihren ganzen Gewinn an ein ausländisches gewerbliches Unternehmen, das im Inland eine im Handelsregister eingetragene Zweigniederlassung unterhält, abzuführen, so ist das Einkommen der Organgesellschaft den beschränkt steuerpflichtigen Einkünften aus der inländischen Zweigniederlassung zuzurechnen, wenn
1. der Gewinnabführungsvertrag unter der Firma der Zweigniederlassung abgeschlossen ist und
2. die für die finanzielle Eingliederung erforderliche Beteiligung zum Betriebsvermögen der Zweigniederlassung gehört.

²Im Übrigen gelten die Vorschriften der §§ 14 bis 17 sinngemäß.

Übersicht

	Rn
I. Regelungsgehalt	1 – 2
II. Rechtsentwicklung	3 – 4
III. Normzweck und Anwendungsbereich	5 – 22
1. Bedeutung der Norm	5 – 8
2. Persönliche Voraussetzungen	9 – 10
3. Sachliche Voraussetzungen	11 – 12
4. Zeitlicher Anwendungsbereich	13 – 14
5. Verhältnis zu anderen Vorschriften	15 – 22
IV. Verpflichtung einer Organgesellschaft zur Gewinnabführung	23 – 30
V. Ausländisches gewerbliches Unternehmen	31 – 53
1. Anforderungen an den Organträger	31 – 32
2. Unternehmen	33 – 36
3. Gewerbliches Unternehmen	37 – 41
4. Ausländisches Unternehmen	42 – 46
5. Eingetragene Zweigniederlassung	47 – 53
VI. Finanzielle Eingliederung	54 – 61
VII. Rechtsfolge	62 – 68

I. Regelungsgehalt. Gem § 14 I S 1 Nr 2 S 1 muss der Organträger unbeschränkt steuerpflichtig sein. § 18 erweitert den Kreis der Organträger um die inländische Zweigniederlassung eines ausländischen Organträgers.

Einstweilen frei.

II. Rechtsentwicklung. Die körperschaftsteuerliche Organschaft mit einem ausländischen Organträger wurde erstmals in § 7a VI idFd KStG 1969 geregelt.[1] Der Wortlaut dieser Vorschrift wurde durch das Körperschaftsteuerreformgesetz v 31.8.1976 in

---
[1] BGBl I 1969, 1182.

§ 18 übernommen.[1] Durch Streichung der Nr 3 wurde die Vorschrift geändert durch das UntStFG v 20.12.2001.[2] Mit Rückwirkung ab dem VZ 2001 ist daher für § 18 eine wirtschaftliche und organisatorische Eingliederung nicht mehr notwendig.

4 *Einstweilen frei.*

5 **III. Normzweck und Anwendungsbereich. 1. Bedeutung der Norm. Ausweitung der Organschaft.** Das körperschaftsteuerliche Organschaftprinzip geht grundsätzlich davon aus, dass eine Zurechnung des Organeinkommens bei einem anderen Rechtsträger nur möglich ist, wenn die Besteuerung des Organeinkommens im Inland gesichert ist.[3] § 14 begrenzt daher den Kreis möglicher Organträger auf unbeschränkt Steuerpflichtige (nur soweit Steuerausländer an einer Personengesellschaft beteiligt sind, können auch beschränkt Steuerpflichtige von § 14 betroffen sein). § 18 erweitert den Kreis der Organträger auf ausländische Organträger, die mit einer inländischen Zweigniederlassung beschränkt steuerpflichtig sind.

6 **Wirtschaftliche Bedeutung.** Durch die steigende Globalisierung der Volkswirtschaften, die internationale Harmonisierung von Rechnungslegungsstandards und die Zusammenfassung multinational tätiger Unternehmen steigt das Bedürfnis, die Ergebnisse einzelner Unternehmensgruppen auch steuerlich über die Grenze zu konsolidieren. Dem will § 18 Rechnung tragen, indem die Organschaft auf ausländische Rechtsträger ausgeweitet wird. Allerdings beschränkt die Vorschrift die steuerliche Organschaft auf die inländische Zweigniederlassung eines Ausländers. Sie wird daher den Praxisbedürfnissen nicht gerecht.[4]

7 **Besteuerungszugriff.** § 18 beschränkt Organschaften mit ausländischen Rechtsträgern auf ihre inländische Zweigniederlassung. Dadurch soll sichergestellt werden, dass das Einkommen der Organgesellschaft nicht dem inländischen Besteuerungsrecht entzogen wird (vgl Rn 5).[5]

8 *Einstweilen frei.*

9 **2. Persönliche Voraussetzungen.** § 18 erfasst ausländische Unternehmen mit einer inländischen Zweigniederlassung als Organträger (vgl Rn 31 ff).

10 *Einstweilen frei.*

11 **3. Sachliche Voraussetzungen.** Sachliche Voraussetzung ist ein Gewinnabführungsvertrag, der unter der Firma der Zweigniederlassung abgeschlossen wurde (vgl Rn 23).

12 *Einstweilen frei.*

13 **4. Zeitlicher Anwendungsbereich.** § 18 idFd UntStFG ist gem § 34 IV S 1 erstmals für den VZ 2001 anzuwenden. Weicht das WJ vom Kalenderjahr ab und beginnt das erste im VZ 2001 endende WJ vor dem 1.1.2001, ist § 18 idFd UntStFG erstmals im VZ 2002 anzuwenden (§ 34 II).

---

1 BGBl I 1976, 2597.
2 BGBl I 2001, 3858.
3 Neumann in Gosch § 18 Rn 1.
4 Pache in H/H/R § 18 Rn 3.
5 Neumann in Gosch § 18 Rn 1.

Einstweilen frei. **14**

5. Verhältnis zu anderen Vorschriften. § 14. § 18 ist eine Sondervorschrift. § 14 **15** beschränkt Organschaften grundsätzlich auf unbeschränkt steuerpflichtige Organträger (zur Erweiterung auf beschränkt Steuerpflichtige bei Personengesellschaften vgl Rn 5). § 18 erweitert die Organschaft auf Unternehmen mit Sitz und Geschäftsleitung im Ausland.[1] Nach § 18 S 2 sind §§ 14 ff entsprechend anwendbar. Damit knüpft die Vorschrift insbesondere an die Tatbestandsmerkmale der Organschaft in § 14 an, sofern § 18 keine Besonderheiten regelt.[2]

GewstG. Seit dem Erhebungszeitraum 2002 gelten gem § 2 II 2 GewStG für die **16** körperschaft- und die gewerbesteuerliche Organschaft die gleichen Voraussetzungen. Gewerbesteuerlich richtet sich die Frage, wann ein Unternehmen mit Sitz und Geschäftsleitung im Ausland gewerbesteuerlicher Organträger sein kann, gem § 2 II 2 GewStG nach § 18.

UmwStG. Bei Umwandlungen in der Form von Verschmelzungen wird idR **17** eine bestehende Organschaft beendet, da ihre Voraussetzungen wegfallen. Bei der Verschmelzung einer Organgesellschaft endet der Gewinnabführungsvertrag zivilrechtlich.[3] Bei einer Verschmelzung eines inländischen Organträgers auf eine ausländische Gesellschaft kann der Gewinnabführungsvertrag zwar im Wege der Gesamtrechtsnachfolge auf den neuen Rechtsträger übergehen,[4] sofern das Recht des aufnehmenden Rechtsträgers eine Gesamtrechtsnachfolge kennt. Allerdings wird der Gewinnabführungsvertrag aus tatsächlichen Gründen nicht automatisch mit der inländischen Zweigniederlassung des ausländischen Rechtsträgers iSv § 18 S 1 Nr 1 bestehen. Die Voraussetzungen des § 18 müssen erst durch Erfüllung seiner Tatbestandsmerkmale geschaffen werden, so dass ein Organschaftsverhältnis regelmäßig nicht nahtlos aufrechterhalten werden kann.[5]

Art 7 OECD-MA. Soweit zwischen dem ausländischen Stammhausstaat und **18** dem deutschen Betriebsstättenstaat ein dem OECD-MA entsprechendes DBA besteht, ergibt sich das Recht zur Besteuerung der von der Organgesellschaft bezogenen inländischen Einkünfte aus Art 7 OECD-MA. Gleiches sollte iÜ auch für von der Organgesellschaft aus einem ausländischen Staat bezogener Betriebsstätteneinkünfte gelten, falls sich auf Ebene der Organgesellschaft nicht bereits aufgrund des DBA mit dem Betriebsstättenstaat eine Verpflichtung zur Steuerbefreiung ergibt. Insbesondere sollten auch Art 7 oder Art 21 OECD-MA des DBA mit dem ausländischen Stammhausstaat einer deutschen Besteuerung nicht entgegenstehen; denn die Zurechnung des Einkommens der Organgesellschaft gem § 18 zu der inländischen Betriebsstätte als Organträger sollte eine Besteuerung nach Art 21 II OECD-MA erlauben.

---

1 *Erle/Heurung* in Erle/Sauter § 18 Rn 3.
2 *Pache* in H/H/R § 18 Rn 5.
3 *Emmerich* in Emmerich/Habersack § 297 AktG Rn 39.
4 *Emmerich* in Emmerich/Habersack § 297 AktG Rn 43.
5 *Neumann* in Gosch § 18 Rn 1.

19   **Art 24 OECD-MA.** Art 24 OECD-MA enthält ein abkommensrechtliches Diskriminierungsverbot. Gem Art 24 V OECD-MA dürfen inländische Kapitalgesellschaften, deren Anteile von DBA-Ausländern gehalten werden, nicht schlechter gestellt werden, als wenn ihre Anteile von Inländern gehalten würden. Durch Anwendung des DBA-Diskriminierungsverbots hat der BFH eine gewerbesteuerliche Organschaft einer inländischen Kapitalgesellschaft mit einem ausländischen (britischen) Unternehmen anerkannt, auch wenn letzteres kein inländisches Unternehmen iSd § 2 II 2 GewStG 1999 ist.[1] Andernfalls würde die deutsche Kapitalgesellschaft wegen der Ansässigkeit ihrer Gesellschafterin im DBA-Ausland abweichend von einem inländischen Unternehmen mit einem inländischen Gesellschafter behandelt. Diese Grundsätze des BFH zur Gleichbehandlung müssen auch auf die körperschaftsteuerliche Organschaft durchschlagen.[2] Eine inländische Organgesellschaft verpflichtet sich, ihren Gewinn an ein ausländisches gewerbliches Unternehmen in einem DBA-Staat mit Diskriminierungsklausel abzuführen. Eine körperschaftsteuerliche Organschaft ist dann nach den Grundsätzen des BFH auch anzuerkennen, wenn keine im Inland eingetragene Zweigniederlassung besteht. Andernfalls würde die inländische Organgesellschaft schlechter als bei einer rein innerstaatlichen Organschaft gestellt. Denn bei dieser bedarf es keiner im Handelsregister eingetragenen Zweigniederlassung des Organträgers. Dh das in § 18 enthaltene Erfordernis einer inländischen Zweigniederlassung verstößt gegen Art 24 V OECD-MA. Auch wenn dadurch die Keinmalbesteuerung in beiden Vertragsstaaten droht, rechtfertigt das vor dem Hintergrund des absolut wirkenden abkommensrechtlichen Verbots von Diskriminierungen in Art 24 V OECD-MA nicht die steuerliche Andersbehandlung der auslandbeherrschten gegenüber der inländerbeherrschten Organgesellschaft.[3] Ob der BFH jedoch tatsächlich bei einem ausländischen Organträger in Folge der Einkommenszurechnung an diesen den deutschen Besteuerungsanspruch als ausgeschlossen sehen wird, mag bezweifelt werden. Denn nach den Verteilungsnormen ist zweifelsfrei ein Besteuerungsanspruch für die Einkünfte der Organgesellschaft gegeben.

20   **AEUV.** Im Anschluss an die unionsrechtliche Rechtsprechung des EuGH (vgl § 17 Rn 95 ff) wird man die in Rn 19 dargestellten Grundsätze nicht vollständig auf EU/EWR-Fälle übertragen können. Eine Einkommenszurechnung einer Organgesellschaft an ein ausländisches Unternehmen, mit der Folge des Entzugs inländischen Besteuerungssubstrats, ist wohl in keinem Fall unionsrechtlich geboten. Eine tatbestandliche Diskriminierung iSv Art 49, 54 AEUV ist zur Wahrung der Aufteilung der Besteuerungsbefugnisse zwischen den Mitgliedsstaaten zumindest dann gerechtfertigt, wenn im Inland keine Anknüpfungspunkte für eine Besteuerung verbleiben. Ansonsten bestünde die Gefahr der Steuerflucht. Gebietsansässige Gesellschaften in sog Hochsteuerländern könnten versuchen, Organschaften mit EU/EWR-Gesellschaften zu vereinbaren,[4] die aufgrund ihres Steuerrechts die Einkünfte aus dem

---

1   BFH I R 54/10, 55/10, DB 2011, 6.
2   *Rödder/Schönfeld*, DStR 2011, 886, 888.
3   BFH I R 54/10, 55/10, DB 2011, 6, Rn 21; aA BMF v 8.12.2004, BStBl I 2004, 1181.
4   EuGH Rs C-446/03, *Marks & Spencer*, Slg 2005, I-10837 ff. Vgl zu den Rechtfertigungsgründen bspw auch *Graw*, DB 2010, 2469, 2470.

IV. Verpflichtung einer Organgesellschaft zur Gewinnabführung

Hochsteuerland entweder gar nicht oder lediglich niedrig besteuern. Eine Nicht- oder Niedrigbesteuerung gebietet bei der Abwägung iRd Verhältnismäßigkeit aber nicht, von zwingenden Interessen der Allgemeinheit (Aufteilung des Besteuerungsrechts, Vermeidung der Steuerflucht) abzuweichen. Etwas anderes gilt jedoch für den Ausgleich von Gewinnen und Verlusten inländischer Schwestergesellschaften iRe Organschaft, auch wenn die gemeinsame EU-MG im Inland keine Zweigniederlassung unterhält. Zwar bedarf es hierfür zivilrechtlich eines Gewinnabführungsvertrags zwischen den deutschen Kapitalgesellschaften und dem ausländischen Unternehmen. Die vorgenannten unionsrechtlichen Rechtfertigungsgründe stehen hier jedoch keiner Verrechnung inländischer Gewinne und Verluste entgegen. Das in § 18 enthaltene Erfordernis einer inländischen Zweigniederlassung bei Unternehmen eines EU-Staates ist daher vor dem Hintergrund der Niederlassungsfreiheit des AEUV zu eng.[1]

Einstweilen frei. 21-22

IV. Verpflichtung einer Organgesellschaft zur Gewinnabführung. Organgesellschaft. § 18 bezieht sich auf Organgesellschaften, ohne dass die Vorschrift Regelungen zur bzw Anforderungen an die Organgesellschaft selbst enthält. Es gelten daher über § 18 S 2 die allgemeinen Bestimmungen zu den erfassten Kapitalgesellschaften mit Sitz und Ort der Geschäftsleitung im Inland gem §§ 14–17 (vgl § 14 Rn 49 ff und § 17 Rn 29). 23

Gewinnabführungsvertrag. Die Organgesellschaft muss sich verpflichten, ihren gesamten Gewinn abzuführen. Auf die Voraussetzungen und den materiellen Inhalt des Gewinnabführungsvertrags sowie seine tatsächliche Durchführung finden gem § 18 S 2 die §§ 14–17 Anwendung (vgl § 14 Rn 238 ff und § 17 Rn 35 ff). Vertragspartner des Gewinnabführungsvertrags ist der ausländische Rechtsträger (Rn 25). Zur Durchführung des Gewinnabführungsvertrags muss daher die Organgesellschaft ihren Gewinn an den ausländischen Vertragspartner abführen. Ansprüche auf Verlustausgleich sind ebenfalls gegen ihn zu richten.[2] 24

Vertragspartner. Zivilrechtlicher Partner der Organgesellschaft ist mangels Rechtsfähigkeit der Zweigniederlassung der ausländische Rechtsträger.[3] 25

Abschluss unter der Firma der Zweigniederlassung. Die Vorschrift des § 18 S 1 Nr 1 fordert, dass der Gewinnabführungsvertrag unter der Firma der Zweigniederlassung abgeschlossen wird.[4] Gem § 17 HGB ist Firma der Name, unter dem der Kaufmann seine Geschäfte betreibt und klagen bzw verklagt werden kann. Nach hM ist daher in der Urkunde die Firma der inländischen Zweigniederlassung des ausländischen Organträgers zu benennen. 26

---

1 Ebenso *Erle/Heurung* in Erle/Sauter § 18 Rn 37-39. Ein ähnliches Problem bestand bei EuGH Rs C-264/96, *ICI*, Slg 1998, I-4695 ff. Zu einem EU-Verstoß aufgrund diskriminierender Anforderungen bei der steuerlichen Konsolidierung inländischer Gesellschaften auch EuGH Rs C-418/07, *Papillon*, Slg 2008, I-8947 ff.
2 *Neumann* in Gosch § 18 Rn 41; aA *Pache* in H/H/R § 18 Rn 20.
3 *Witt/Dötsch* in D/J/P/W § 18 Rn 13.
4 *Frotscher* in Frotscher/Maas § 18 Rn 14.

27	**Bilanzierung der Ergebnisübernahme.** Die tatsächliche Ergebnisübernahme durch den ausländischen Organträger muss grundsätzlich durch eine entsprechende Bilanzierung nach deutschem Steuerrecht in der Handels- oder der Steuerbilanz der inländischen Zweigniederlassung erfolgen.[1] Soweit jedoch eine Bildung in der Bilanz der Zweigniederlassung unzutreffend unterbleibt, steht dies der Durchführung des Gewinnabführungsvertrags nicht entgegen.
28	**Auflösung und Löschung.** Wird die Zweigniederlassung aufgelöst oder im Handelsregister auch ohne Auflösung gelöscht, endet die Organschaft zum Ende des WJ, das dem WJ vorangeht, in dem die Tatbestandsvoraussetzung weggefallen ist.[2] Sofern Auflösung oder Löschung innerhalb der Fünfjahresfrist des § 14 I 1 Nr 3 erfolgt, ist die Organschaft ex nunc beendet.[3] Nach aA entfällt die Organschaft grundsätzlich rückwirkend (ex tunc), es sei denn der Gewinnabführungsvertrag wurde außerordentlich iSv § 14 I 1 Nr 3 S 2 gekündigt.[4] Dem kann nicht gefolgt werden. Die Fünfjahresfrist ist im Gesetz in § 14 I 1 Nr 3 nur für den Abschluss und die Durchführung des Gewinnabführungsvertrags vorgesehen. Eine analoge Anwendung auf Bestehen und Eintragung der inländischen Zweigniederlassung eines ausländischen Rechtsträgers entbehrt jeglicher Rechtsgrundlage.[5] Es sind vielmehr allgemeine Organschaftsgrundsätze anzuwenden. Die Organschaft ist ab dem WJ nicht mehr anzuerkennen, ab dem eine ihrer Voraussetzungen nicht mehr vorliegt, sofern der Gewinnabführungsvertrag weiterhin bis zum Ablauf der Fünfjahresfrist mit dem ausländischen Rechtsträger durchgeführt wird. Auf die Frage eines außerordentlichen Kündigungsrecht iSv § 14 I 1 Nr 3 S 2 kommt es daher nicht an.
29-30	*Einstweilen frei.*
31	**V. Ausländisches gewerbliches Unternehmen. 1. Anforderungen an den Organträger.** Der Organträger muss ein

- ausländisches (vgl Rn 42 ff)
- gewerbliches (vgl Rn 37 ff)
- Unternehmen sein (vgl Rn 33 ff),
- das im Inland eine Zweigniederlassung unterhält (vgl Rn 47 ff).

32	*Einstweilen frei.*
33	**2. Unternehmen. Definition.** Die deutsche Rechtsordnung kennt keinen einheitlichen Unternehmensbegriff. Sinnvoll erscheint, diesen wie im Aktienkonzernrecht auszulegen.[6] Denn nur ein Unternehmen idS kann Vertragspartner eines Unternehmensvertrages sein. Im Aktienrecht wird der Begriff des Unternehmens ua in § 15 AktG bewusst unspezifisch in der Absicht verwendet, unabhängig von der Rechtsform des Trägers alle unternehmerisch und wirtschaftlich tätigen Personen und Per-

---

1 *Witt/Dötsch* in D/J/P/W § 18 Rn 14.
2 *Neumann* in Gosch § 18 Rn 27 f; *Erle/Heurung* in Erle/Sauter § 18 Rn 18.
3 *Neumann* in Gosch § 18 Rn 29.
4 *Pache* in H/R/R § 18 Rn 18; *Erle/Heurung* in Erle/Sauter § 18 Rn 19.
5 *Neumann* in Gosch § 18 Rn 29.
6 *Pache* in H/H/R § 18 Rn 12.

sonenvereinigungen zu erfassen.[1] Unternehmen iSd aktienrechtlichen Konzernrechts kann daher jede in- oder ausländische juristische oder natürliche Person, Personenhandelsgesellschaft, Stiftung oder Verein sein, nach hM auch der Staat oder eine Gemeinde.[2]

Mehrmütterorganschaft. Ab dem VZ 2003 hat der Gesetzgeber durch Streichung des § 14 II aF mit dem StVergAbG v 16.5.2003[3] die Mehrmütterorganschaft abgeschafft. Dies gilt auch iRd § 18.[4]   34

Rechtsformen. Als Unternehmen ist daher rechtsformunabhängig jeder Rechtsträger einzuordnen, der eigenständig unternehmerisch tätig wird.[5] Unternehmen können daher natürliche Personen, Personengesellschaften und Kapitalgesellschaften sein.   35

Einstweilen frei.   36

3. Gewerbliches Unternehmen. Begriffsdefinition entsprechend § 14 I S 1. Zur Wahrung der einheitlichen Auslegung und Anwendung der organschaftlichen Vorschriften ist der Begriff „gewerbliches Unternehmen" in § 18 S 1 nach den gleichen Kriterien wie in § 14 I S 1 auszulegen (hierzu § 14 Rn 93, 106, 122 ff). Dies gebietet auch die Verweisung in § 18 S 2.   37

Gewerblichkeit kraft Rechtsform und aufgrund der Tätigkeit. Die Gewerblichkeit des ausländischen Organträgers kann auf der Grundlage der Fiktion des § 2 II S 1 GewStG bestehen. Sofern eine ausländische Kapitalgesellschaft iRe Typenvergleichs einer deutschen Kapitalgesellschaft entspricht, ist sie somit kraft ihrer Rechtsform gewerblich tätig.[6] In anderen Fällen muss der Organträger eine gewerbliche Tätigkeit wie in § 14 iSv § 15 I Nr 1 EStG ausüben.   38

Gewerblichkeit einer Personengesellschaft. Gem § 18 S 2 muss die Gewerblichkeit entsprechend § 14 gegeben sein. Sofern ausländischen Personengesellschaften selbst gewerblich iSv § 15 I Nr 1 EStG tätig sind, können sie gem §§ 18 S 2, 14 I S 1 Nr 2 S 2 auch Organträger iSv § 18 sein.[7]   39

Anknüpfungsmerkmal für die Gewerblichkeit. Umstritten ist, ob die Gewerblichkeit in der inländischen Zweigniederlassung oder nur bei der ausländischen Gesellschaft vorliegen muss. Der Wortlaut des § 18 spricht dafür, dass es auf die Gewerblichkeit des ausländischen Rechtsträgers ankommt.[8] Dies kann aber zu Rechtsunsicherheiten führen.[9] Denn zum einen ist nicht klar, ob die Gewerblichkeit anhand von in- oder ausländischen Kriterien zu prüfen ist. Zum anderen kann die Prüfung bei einem ausländischen Rechtsträger zu praktischen Schwierigkeiten und   40

---

1 *Casper* in Ulmer/Habersack/Winter Anhang § 77 GmbHG Rn 19.
2 *Servatius* in Michalski, Systematische Darstellung 4, Rn 9 mwN.
3 BGBl I 2003, 660.
4 *Neumann* in Gosch § 18 Rn 10; *Pache* in H/H/R § 18 Rn 13.
5 *Pache* in H/H/R § 18 Rn 12.
6 *Witt/Dötsch* in D/J/P/W § 18 Rn 9; *Pache* in H/H/R § 18 Rn 15; aA *Frotscher* in Frotscher/Maas § 18 Rn 10.
7 *Witt/Dötsch* in D/J/P/W § 18 Rn 9.
8 *Pache* in H/H/R § 18 Rn 15.
9 *Neumann* in Gosch § 18 Rn 14.

auf der Ebene des ausländischen Rechtsträgers auch zu unionsrechtlichen Bedenken führen. Eine inländische Betriebsstätte kann die Gewerblichkeit an ihr nicht originär gewerblich tätiges Stammhaus für die Zwecke der Organschaft vermitteln. Bei grenzüberschreitenden Sachverhalten kann nicht erschwerend gefordert werden, dass der ausländische Organträger selbst gewerblich tätig sein muss.[1] Es kommt somit darauf an, dass die inländische Zweigniederlassung iSv §§ 15, 49 EStG gewerblich ist.[2] Dafür spricht auch der Normzweck. Der Gewerblichkeitstatbestand soll bei einer Einkommenszurechnung von der Organgesellschaft auf den Organträger die Gewerbebesteuerung für inländisches Einkommen sicherstellen. Dafür reicht die Gewerblichkeit der inländischen Betriebsstätte aus.[3]

41 *Einstweilen frei.*

42 **4. Ausländisches Unternehmen. Definition.** Das Gesetz enthält keine Definition, wann ein Unternehmen als ausländisch einzustufen ist. Dafür ist zu unterscheiden, welches Steuersubjekt die Zweigniederlassung unterhält.

43 **Natürliche Person.** Im Umkehrschluss zu § 14 I S 1 Nr 2 ist eine natürliche Person ausländisch, wenn sie nicht unbeschränkt steuerpflichtig ist. Natürliche Personen können also dann ein ausländisches Unternehmen unterhalten, wenn sie weder einen Wohnsitz noch ihren gewöhnlichen Aufenthalt im Inland haben.[4]

44 **Personengesellschaft.** Ebenfalls im Umkehrschluss zu § 14 I S 1 Nr 2 kann eine Personengesellschaft als ausländisch eingestuft werden, wenn sich ihre Geschäftsleitung nicht im Inland befindet.[5] Keine Rolle für § 18 spielt dagegen der Sitz der Personengesellschaft.[6] Denn eine Personengesellschaft ist im deutschen Steuerrecht kein Einkommensteuersubjekt.[7] Ebenfalls ohne Bedeutung ist die beschränkte oder unbeschränkte Steuerpflicht der Mitunternehmer. § 18 sieht als Rechtsfolge zwar eine Zurechnung des Einkommens der Organgesellschaft zu den beschränkt steuerpflichtigen Einkünften des Organträgers vor. Dabei kann es sich aber nur um eine Mindestvoraussetzung handeln. Es soll lediglich sichergestellt werden, dass bei der Zurechnung das Organeinkommen nicht der deutschen Besteuerung entzogen wird. Diese Gefahr besteht bei unbeschränkter Steuerpflicht nicht.[8] Eine andere Auslegung würde zudem dazu führen, dass eine ausländische Personengesellschaft mit unbeschränkt steuerpflichtigen Gesellschaftern weder nach § 18 noch nach § 14 Organträger sein könnte, obwohl ein stärkerer Inlandsbezug als bei beschränkt steuerpflichtigen Gesellschaftern besteht.

45 **Kapitalgesellschaft.** Unstreitig fällt eine Kapitalgesellschaft mit Sitz und Geschäftsleitung im Ausland unter § 18. Eine Kapitalgesellschaft mit Geschäftsleitung im Inland, die ihren Sitz im Ausland hat, kann Organträger nach § 14 sein, so dass § 18 nicht zur

---

1 *Erle/Heurung* in Erle/Sauter § 18 Rn 13.
2 *Neumann* in Gosch § 18 Rn 14; *Erle/Heurung* in Erle/Sauter § 18 Rn 13.
3 *Erle/Heurung* in Erle/Sauter § 18 Rn 14.
4 *Danelsing* in Blümich § 18 Rn 10.
5 *Pache* in H/H/R § 18 Rn 14; *Witt/Dötsch* in D/J/P/W § 18 Rn 5.
6 AA wohl *Walter* in EY § 18 Rn 8.
7 Wie hier *Pache* in H/H/R § 18 Rn 14; *Witt/Dötsch* in D/J/P/W § 18 Rn 5.
8 *Witt/Dötsch* in D/J/P/W § 18 Rn 6; *Walter* in EY § 18 Rn 8; aA *Pache* in H/H/R § 18 Rn 14 und 19; *Danelsing* in Blümich § 18 Rn 11.

Anwendung kommt. Eine Kapitalgesellschaft, die umgekehrt ihren Sitz im Inland und ihren Ort der Geschäftsleitung im Ausland hat, kann keine Organträgerin iSv § 14 sein. Sie fällt nach zutreffender Ansicht[1] unter § 18, da es iRd Vorschrift keine Rolle spielen sollte, ob die Kapitalgesellschaft beschränkt oder unbeschränkt steuerpflichtig ist. Denn es kann nicht sein, dass der Wortlaut des § 18 eine Zurechnung nur zu beschränkt steuerpflichtigen Einkünften zulässt. Ansonsten ergäbe sich eine Lücke in den Möglichkeiten zur Bildung einer Organschaft, ohne dass es dafür eine Berechtigung gibt. Diese wäre nur darauf zurückzuführen, dass es der Gesetzgeber des UntStFG versäumt hat, die Vorschriften des § 18 an die geänderten Regelungen in § 14 I S 1 Nr 2 anzupassen.[2]

Einstweilen frei. 46

5. Eingetragene Zweigniederlassung. Begriff der Zweigniederlassung. Der Begriff der Zweigniederlassung stammt aus dem Handelsrecht und ist im Zusammenhang mit dem handelsrechtlichen Begriff des Stammhauses oder der Hauptniederlassung zu sehen. Die Hauptniederlassung des Einzelkaufmanns ist der räumliche Mittelpunkt des Unternehmens, der sich danach richtet, von wo die Geschäfte dauerhaft geleitet werden (Ort der Geschäftsleitung).[3] Eine Zweigniederlassung ist eine rechtlich unselbständige, wirtschaftlich und organisatorisch mit einer gewissen Selbständigkeit ausgestattete Einrichtung iSv §§ 13 ff HGB. Einer inländischen Zweigniederlassung bedarf es im Anschluss an den BFH zum GewStG 1999[4] nicht, wenn das ausländische Unternehmen in einem DBA-Staat mit Diskriminierungsklausel ansässig ist (vgl Rn 19). 47

Zeitpunkt der Existenz. Die Zweigniederlassung muss vom Beginn des WJ der Organgesellschaft existieren, für das die Organschaft gelten soll. Die Begründung der Zweigniederlassung im Verlaufe dieses WJ reicht nicht.[5] 48

Eintragung im Handelsregister. Für die steuerliche Anerkennung der Organschaft ist die Eintragung im Handelsregister nach §§ 13, 13d HGB zwingend. Strittig ist mangels ausdrücklicher gesetzlicher Regelung in § 18 der Zeitpunkt der Eintragung. Dieser kann durch das ausländische Unternehmen nach der Anmeldung zur Eintragung nicht beeinflusst werden. Daher wird man nicht verlangen können, die Eintragung müsse während des gesamten WJ, für das die Organschaft anerkannt werden soll, bestehen.[6] Dies gebietet eine einheitliche Auslegung des Rechts. Denn für die Wirksamkeit des Gewinnabführungsvertrags nach § 14 I S 2 kommt es ebenfalls auf die Eintragung im Handelsregister an. Über § 18 S 2 wird man diese Regelung entsprechend anwenden können. Die Zweigniederlassung muss daher bis zum Ende des WJ, für das die Organschaft gelten soll, zum Handelsregister angemeldet und im Handelsregister eingetragen sein.[7] 49

---

1 Witt/Dötsch in D/J/P/W § 18 Rn 7; Frotscher in Frotscher/Maas § 18 Rn 23; Neumann in Gosch § 18 Rn 6; aA Pache in H/H/R § 18 Rn 14.
2 Witt/Dötsch in D/J/P/W § 18 Rn 6 und 7.
3 Krafka in MüKo HGB § 13 HGB Rn 6.
4 BFH I R 54/10, 55/10, DB 2011, 6.
5 Neumann in Gosch § 18 Rn 24.
6 Zu dieser Ansicht Witt/Dötsch in D/J/P/W § 18 Rn 12.
7 Frotscher in Frotscher/Maas § 18 Rn 8; Walter in EY § 18 Rn 14.

50 **Auflösung der Zweigniederlassung.** Die Auflösung der Zweigniederlassung führt zum Wegfall eines Tatbestandsmerkmals der Organschaft. Sie endet zum Ende des vorangegangenen WJ (vgl Rn 28).

51 **Löschung der Eintragung.** Gleiches gilt für die Löschung der Eintragung ohne Auflösung (vgl Rn 28).

52 **Betriebsstätte.** Eine Zweigniederlassung iSv §§ 13 ff HGB ist zugleich immer eine Betriebsstätte nach § 12 S 2 Nr 2 AO.[1] Eine Betriebsstätte ist umgekehrt aber nicht automatisch eine Zweigniederlassung iSv § 18. Für eine Organschaft gem § 18 ist eine Zweigniederlassung erforderlich. Nur eine Betriebsstätte reicht nicht.[2]

53 *Einstweilen frei.*

54 **VI. Finanzielle Eingliederung. „Gehören" zum Betriebsvermögen.** Gem § 18 S 1 Nr 2 muss die für die finanzielle Eingliederung erforderliche Beteiligung an der Organgesellschaft zum Betriebsvermögen der inländischen Zweigniederlassung „gehören". Es kann jedoch nicht die inländische Zweigniederlassung, sondern nur der ausländische Rechtsträger selbst zivilrechtlicher Eigentümer der Beteiligung sein. Das Tatbestandsmerkmal des „Gehörens" ist daher in dem Sinne auszulegen, dass die Beteiligung der Organgesellschaft der Zweigniederlassung steuerlich zugerechnet werden muss.[3] Dies erfolgt idR durch Ausweis der Beteiligung in der Steuerbilanz.[4]

55 **Sonderbetriebsvermögen.** Bei einem ausländischen Rechtsträger in der Form einer Personengesellschaft muss die Organgesellschaft zivilrechtlich zum Gesamthandsvermögen gehören. Die Zurechnung der Beteiligung an der Organgesellschaft zum notwendigen oder gewillkürten Sonderbetriebsvermögen reicht für § 18 nicht.[5] Dies folgt aus §§ 18 S 2, 14 I S 1 Nr 2 S 3.[6]

56 **Zurechnung zum Betriebsvermögen.** Generell wird bei der Zurechnung zum Betriebsvermögen auf allgemeine Grundsätze zum notwendigen und gewillkürtem Betriebsvermögen verwiesen.[7] Daher rechnet die Beteiligung zur Zweigniederlassung, wenn sie dieser dient (notwendiges Betriebsvermögen) oder (bei gewillkürtem Betriebsvermögen) wenn sie objektiv geeignet und bestimmt ist, die Zweigniederlassung zu fördern.[8]

57 **Betriebsstättengrundsätze.** Es ist zu beachten, dass die Zweigniederlassung nach §§ 13 ff HGB steuerlich eine Betriebsstätte iSv § 12 S 2 Nr 2 AO ist.[9] Nach ständiger Rechtsprechung und Verwaltungsmeinung zum Abkommensrecht ist die tatsächliche Zugehörigkeit eines Wirtschaftsguts zur Betriebsstätte nur gegeben, wenn das Wirtschaftsgut in einem funktionalen Zusammenhang mit der Tätigkeit der Betriebsstätte

---

1 Pache in H/H/R § 18 Rn 16.
2 Neumann in Gosch § 18 Rn 20.
3 Walter in EY § 18 Rn 20; Neumann in Gosch § 18 Rn 32 f.
4 Walter in EY § 18 Rn 20.
5 AA Walter in EY § 18 Rn 21.
6 Neumann in Gosch § 18 Rn 34.
7 Pache in H/H/R § 18 Rn 21; Witt/Dötsch in D/J/P/W § 18 Rn 16.
8 Heinicke in Schmidt § 4 EStG Rn 104 f.
9 Witt/Dötsch in D/J/P/W § 18 Rn 10.

VII. Rechtsfolge

steht.[1] Die Zuordnung zum Betriebsvermögen der Betriebsstätte durch den Steuerpflichtigen kann zwar ein Indiz für den funktionalen Zusammenhang sein. Weiterhin wird aber abkommensrechtlich vorausgesetzt, dass das Wirtschaftsgut von der Betriebsstätte tatsächlich genutzt wird und zu ihrem Betriebsergebnis beiträgt. Daraus ergibt sich auch, dass eine bestehende funktionale Zuordnung einer Beteiligung nicht allein durch eine anderweitige Zuweisung der Beteiligung durch den Steuerpflichtigen geändert werden kann.[2] Gerade bei der Zuordnung von Beteiligungen als neutralen Wirtschaftsgütern bestehen in der Praxis große Schwierigkeiten, da das BMF hierzu hohe Anforderungen stellt. Die Beteiligung muss hiernach eine „tatsächlich funktionale Bedeutung" oder „sonstige positive Effekte" für die Betriebsstätte haben (wie zB bei Vertriebsgesellschaften einer Produktionsbetriebsstätte). Eine Geschäftsleitungsfunktion soll hingegen nicht ausreichen, wenn der wesentliche funktionale Zusammenhang zwischen den Aktivitäten der Kaptialgesellschaft und anderen Unternehmensteilen des ausländischen Unternehmens (also nicht mit der inländischen Betriebsstätte) besteht. Eine einheitliche Auslegung und Anwendung der Rechtsordnung könnte für die Übertragung dieser Rechtsgrundsätze auf § 18 sprechen. Allerdings hat der BFH bereits bei der Bestimmung des Umfangs der Betriebsstätteneinkünfte festgestellt, dass die zum Abkommensrecht ergangene Rechtsprechung nicht unmittelbar auf das innerstaatliche Recht übertragen werden kann.[3] Dies spricht dafür, die Betriebsstättengrundsätze nicht iRd Bestimmung der finanziellen Eingliederung gem § 18 S 1 Nr 2 anzuwenden.

Zeitliche Voraussetzungen. Zeitlich muss die finanzielle Eingliederung vom Beginn des ersten WJ an gelten, für das die Organschaft bestehen soll (§§ 18 S 2, 14 I S 1 Nr 1). 58

Mehrheit der Stimmrechte. Wie bei § 14 muss dem Organträger die Mehrheit der Stimmrechte an der Organgesellschaft zustehen. Dabei reichen mittelbare Beteiligungen aus. Möglich ist auch eine Zusammenrechnung von mittelbaren und/oder unmittelbaren Beteiligungen. Allerdings muss die Beteiligung zum Betriebsvermögen der Zweigniederlassung gehören, auch wenn das Stimmrecht durch den Organträger ausgeübt wird.[4] Anteile an der Organgesellschaft, die der Organträger nicht im Betriebsvermögen der Zweigniederlassung hält, reichen daher nicht aus. Auch können die Beteiligungen mehrerer Zweigniederlassungen nicht zusammengerechnet werden.[5] Die Regelungen des § 14 I S 1 Nr 2 für Personengesellschaften gelten bei § 18 nicht.[6] 59

Einstweilen frei. 60-61

VII. Rechtsfolge. Anwendung der §§ 14–17. Gem § 18 S 2 gelten die §§ 14–17 sinngemäß. Damit sind für den inländischen Organkreis des ausländischen Rechtsträgers alle Regelungen zu beachten, die auch bei einem inländischen Organträger anzuwenden sind. 62

---

1   BFH I R 112/94, BStBl II 1996, 563; BFH I R 63/06, BStBl II 2009, 414 sowie BMF v 24.12.1999, BStBl I 1999, 1076 unter Berücksichtigung der Änderungen durch BMF v 20.11.2000, BStBl I 2000, 1509 und BMF v 29.9.2004, BStBl I 2004, 917, Tz 2.4.
2   BMF v 16.4.2010, BStBl I 2010, 354, 358.
3   BFH I R 7/99, BStBl II 2000, 605.
4   *Pache* in H/H/R § 18 Rn 21.
5   *Pache* in H/H/R § 18 Rn 21; *Witt/Dötsch* in D/J/P/W § 18 Rn 15 f; *Walter* in EY § 18 Rn 20.
6   *Witt/Dötsch* in D/J/P/W § 18 Rn 17.

63 **Ermittlung des Einkommens der Organgesellschaft.** Das Einkommen der Organgesellschaft wird nach allgemeinen Regeln (vgl § 15 Rn 1) unter Anwendung des Welteinkommensprinzips ermittelt.[1]

64 **Ermittlung des Einkommens des Organträgers.** Die Ermittlung des Einkommens des Organträgers beschränkt sich für § 18 zunächst auf die beschränkt steuerpflichtigen Einkünfte der Zweigniederlassung bzw Betriebsstätte des ausländischen Rechtsträgers iSv § 1 IV EStG bzw § 2 I iVm § 49 I Nr 2a EStG.[2] In den Fällen, in denen auch ein unbeschränkt steuerpflichtiger Organträger unter § 18 fällt (vgl Rn 45), ist diese Beschränkung jedoch nicht zwingend. § 14 I 1 Nr 5 kann nicht iRd § 18 gelten. Die Vorschrift soll verhindern, dass ein doppelt ansässiger Organträger seine eigenen ausländischen Verluste im In- und im Ausland geltend macht. IdR wird dies nur möglich sein, wenn der Ausländer im Inland unbeschränkt steuerpflichtig ist (zu Einzelheiten vgl § 14 Rn 937 ff). Bei § 18 kommt es aber in erster Linie auf die inländischen Einkünfte der Betriebsstätte des Organträgers an. Es kann daher nicht zu einer doppelten Verwertung von Verlusten kommen.[3]

65 **Zurechnung des Organeinkommens und Steuerpflicht des Organträgers.** Gem § 18 erfolgt die Zurechnung des Organeinkommens zu den beschränkt steuerpflichtigen Einkünften des Organträgers, also zu den Einkünften seiner inländischen Zweigniederlassung.[4] Bei Ausgleichszahlungen an außenstehende Gesellschaften ist § 16 zu beachten (§ 18 S 2). Tarifermäßigungen der Organgesellschaft können iRd § 19 durch den Organträger in Anspruch genommen werden (§ 19 IV).[5] In den Fällen, in denen eine unbeschränkt steuerpflichtige Obergesellschaft unter § 18 fällt (vgl Rn 45), ist das Einkommen der Organgesellschaft der Zweigniederlassung zuzurechnen und unterliegt der unbeschränkten Steuerpflicht des Organträgers bzw – im Falle von Personengesellschaften – seiner Gesellschafter.[6]

66 **Anwendung des § 14 I S 2.** Die Rückwirkung des § 14 I 2, nach der die Organschaft für das WJ gilt, in dem Gewinnabführungsvertrag im Handelsregister eingetragen wird, ist auch im Bereich des § 18 ab dem VZ 2003 uneingeschränkt anwendbar. Die erweiterte Rückwirkung gem § 14 I S 1 Nr 4 in der Fassung des StÄndG v 25.2.1992[7] ist nur bis zum VZ 2002 maßgeblich.[8]

67-68 *Einstweilen frei.*

---

1 Neumann in Gosch § 18 Rn 46; Pache in H/H/R § 18 Rn 24.
2 Neumann in Gosch § 18 Rn 47.
3 Pache in H/H/R § 18 Rn 28; Neumann in Gosch § 18 Rn 47.
4 Neumann in Gosch § 18 Rn 48; Pache in H/H/R § 18 Rn 26.
5 Pache in H/H/R § 18 Rn 25.
6 Neumann in Gosch § 18 Rn 49; aA Pache in H/H/R § 18 Rn 26.
7 BGBl I 1992, 297.
8 Pache in H/H/R § 18 Rn 28.

§ 19 Steuerabzug bei dem Organträger

(1) Sind bei der Organgesellschaft die Voraussetzungen für die Anwendung besonderer Tarifvorschriften erfüllt, die einen Abzug von der Körperschaftsteuer vorsehen, und unterliegt der Organträger der Körperschaftsteuer, so sind diese Tarifvorschriften beim Organträger so anzuwenden, als wären die Voraussetzungen für ihre Anwendung bei ihm selbst erfüllt.

(2) Unterliegt der Organträger der Einkommensteuer, so gilt Absatz 1 entsprechend, soweit für die Einkommensteuer gleichartige Tarifvorschriften wie für die Körperschaftsteuer bestehen.

(3) ¹Ist der Organträger eine Personengesellschaft, so gelten die Absätze 1 und 2 für die Gesellschafter der Personengesellschaft entsprechend. ²Bei jedem Gesellschafter ist der Teilbetrag abzuziehen, der dem auf den Gesellschafter entfallenden Bruchteil des dem Organträger zuzurechnenden Einkommens der Organgesellschaft entspricht.

(4) Ist der Organträger ein ausländisches Unternehmen im Sinne des § 18, so gelten die Absätze 1 bis 3 entsprechend, soweit die besonderen Tarifvorschriften bei beschränkt Steuerpflichtigen anwendbar sind.

(5) Sind in dem Einkommen der Organgesellschaft Betriebseinnahmen enthalten, die einem Steuerabzug unterlegen haben, so ist die einbehaltene Körperschaftsteuer oder die Einkommensteuer des Organträgers oder, wenn der Organträger eine Personengesellschaft ist, anteilig auf die Körperschaftsteuer oder die Einkommensteuer der Gesellschafter anzurechnen.

KStR 67

Übersicht

	Rn
I. Regelungsgehalt	1 – 2
II. Rechtsentwicklung	3 – 4
III. Normzweck und Anwendungsbereich	5 – 40
1. Bedeutung der Norm	5 – 8
2. Persönliche Voraussetzungen	9 – 12
3. Sachlicher Anwendungsbereich	13 – 28
a) Besondere Tarifvorschriften (§ 19 I-IV)	13 – 24
b) Steuerabzugsbeträge	25 – 26
c) Verfahrensrecht	27 – 28
4. Zeitlicher Anwendungsbereich	29 – 30
5. Verhältnis zu anderen Vorschriften	31 – 40
IV. Körperschaftsteuerpflichtiger Organträger (§ 19 I)	41 – 45
V. Einkommensteuerpflichtiger Organträger (§ 19 II)	46 – 55
VI. Personengesellschaften (§ 19 III)	56 – 60
VII. Ausländisches Unternehmen als Organträger (§ 19 IV)	61 – 63
VIII. Steuerabzugsbeträge (§ 19 V)	64 – 73

1	**I. Regelungsgehalt.** Steuerermäßigungen, die sich wegen des Gewinnabführungsvertrags bei der Organgesellschaft nicht auswirken, werden durch § 19 an den Organträger weitergeleitet, um sie dort zur Wirkung zu bringen. § 19 I-IV befassen sich mit der Anwendung besonderer Tarifvorschriften, im Einzelnen mit der Weitergabe an einen Organträger: • welcher der KSt unterliegt (§ 19 I), • welcher der ESt unterliegt (§ 19 II), • in der Form einer Personengesellschaft an deren Gesellschafter (§ 19 III), • in der Form eines ausländischen Unternehmens iRd beschränkten Steuerpflicht (§ 19 IV). Zudem regelt § 19 V die Anwendung der Vorschriften über den Steuerabzug beim Organträger.
2	*Einstweilen frei.*
3	**II. Rechtsentwicklung.** § 19 in der heutigen Form wurde 1976 eingeführt.[1] Zuvor enthielt das KStG keine vergleichbaren Regelungen zur Anwendung besonderer Tarifvorschriften und Anrechnung von Steuerabzugsbeträgen für Organschaften. Die Verwaltungspraxis war uneinheitlich.[2]
4	*Einstweilen frei.*
5	**III. Normzweck und Anwendungsbereich. 1. Bedeutung der Norm. Weiterreichung von Steuervergünstigungen.** Zweck des § 19 ist es zunächst, solche Vergünstigungen zur Steuerermäßigung der Organgesellschaft an den Organträger weiterzureichen, welche sich aufgrund des Gewinnabführungsvertrags bei der Organgesellschaft nicht auswirken können. Denn nur beim Organträger können sie bei der Veranlagung zur KSt oder ESt zum Tragen kommen.
6	**Keine Weitergabe an nicht begünstigte Organträger.** Es sollen an den Organträger jedoch nur solche Steuerermäßigungen weitergereicht werden, die dessen eigener Rechtsform und Steuerpflicht entsprechen. Der Organträger kann sich durch die Zwischenschaltung einer Organgesellschaft nicht eine Steuervergünstigung verschaffen, die ihm bei originärer Einkünfteerzielung nicht zustände.[3]
7	**Doppelgleisigkeit.** Zugleich muss der Tatbestand in der Person der Organgesellschaft erfüllt sein. Sie muss dem Grunde nach berechtigt sein, die Vergünstigung in Anspruch zu nehmen (vgl Rn 9). Daher wird auch von einer sog „Doppelgleisigkeit" des § 19 gesprochen.[4]
8	*Einstweilen frei.*
9	**2. Persönliche Voraussetzungen. Organgesellschaft.** Die tatbestandlichen Voraussetzungen für die Anwendung einer Steuersatzermäßigung müssen gem R 67 I S 2 KStR auf der Ebene der Organgesellschaft vorliegen. Denn das Einkommen

---

1 BGBl I 1976, 2597.
2 BTDrs 7/1470, 349; *Voß* in H/H/R § 19 Rn 2.
3 *Voß* in H/H/R § 19 Rn 3; *Frotscher* in Frotscher/Maas § 19 Rn 8.
4 *Frotscher* in Frotscher/Maas § 19 Rn 7; *Witt/Dötsch* in D/J/P/W § 19 Rn 10.

III. Normzweck und Anwendungsbereich

der Organgesellschaft wird bei dieser als eigenständiges Steuersubjekt ermittelt. Es wird lediglich für die Zwecke der Besteuerung dem Organträger zugerechnet. Seinem Wesen nach bleibt es Organeinkommen.[1] Nur ausnahmsweise ordnet § 32b Ia EStG die Berücksichtigung nach DBA steuerfreier Einkünfte iRd Progressionsvorbehalts bei natürlichen Personen als Organträger an. Daher ist gem R 67 II KStR die tarifliche Steuervergünstigung des § 34 EStG bei Veräußerungsgewinnen iSd § 16 EStG durch die Organgesellschaft nicht anwendbar, auch wenn der Organträger eine natürliche Person oder eine Personengesellschaft mit natürlichen Personen ist. Denn diese Vergünstigung gibt es im Körperschaftsteuerrecht nicht (vgl Rn 50).[2] Ähnliches gilt für §§ 32c, 34a und 35 EStG. Die Anwendung dieser Steuersatzermäßigungen kann sich aber unmittelbar als Konsequenz der Zurechnung des steuerpflichtigen Einkommens zum Organträger über § 14 I S 1 ergeben (vgl Rn 51 zu § 35 EStG).[3]

Organträger. Eine Person soll sich nicht durch die Einschaltung einer Organgesellschaft besondere Tarifvorschriften oder Steuerabzüge verschaffen. Daher ist bei der Prüfung des § 19 auch auf die Verhältnisse des Organträgers abzustellen. Die besondere Tarifvorschrift oder der Steuerabzug sind nur anwendbar, wenn die Steuervergünstigung einem Steuerpflichtigen in der Rechtsform des Organträgers dem Grunde nach zusteht. Allerdings bedient sich der Gesetzgeber hier einer (fiktiven) Tatbestandszurechnung zum Organträger. Die Tatbestandsvoraussetzungen müssen auf der Ebene der Organgesellschaft vorliegen. Die Rechtsfolgen treten beim Organträger ein.[4]

Organketten. Bei Organketten kommt es nicht darauf an, ob ein zwischengeschalteter Organträger die Voraussetzungen für die Steuerermäßigung oder die Steueranrechnung erfüllt. Geprüft wird allein, ob die Voraussetzungen beim obersten Organträger der Kette erfüllt sind. Steueranrechnungen und -ermäßigungen können nur auf der Ebene der Person geltend gemacht werden, bei der die Steuer festgesetzt wird (vgl Rn 53).[5]

Einstweilen frei.

3. Sachlicher Anwendungsbereich. a) Besondere Tarifvorschriften (§ 19 I–IV). Ermäßigung bei der Steuerfestsetzung. Besondere Tarifvorschriften führen zu einer Ermäßigung der festzusetzenden Steuer. Sie wirken sich also bereits bei der Steuerfestsetzung und nicht erst iRd Abrechnung aus. Die Steuerschuld entsteht in der durch die besondere Tarifvorschrift bestimmten geringeren Höhe. Es erfolgt keine Minderung einer entstandenen und festgesetzten Steuerschuld.

Anrechnung ausländischer Steuern. Aufgrund des Abbaus von tariflichen Steuervergünstigungen bei der KSt hat § 19 an Bedeutung verloren. Die praktische Bedeutung von § 19 ist heute auf die Anrechnung ausländischer Steuern gem § 26, § 34c EStG (R 67 I S 1 KStR) für von der Organgesellschaft bezogene steuerpflichtige

---

1 BFH VIII R 149/86, BStBl II 1992, 817.
2 Hessisches FG VIII 58/81, EFG 1986, 578.
3 *Voß* in H/H/R § 19 Rn 13.
4 *Voß* in H/H/R § 19 Rn 25; *Witt/Dötsch* in D/J/P/W § 19 Rn 13.
5 *Frotscher* in Frotscher/Maas § 19 Rn 12; *Voß* in H/H/R § 19 Rn 26.

ausländische Einkünfte sowie auf die Anrechnung ausländischer Steuern nach § 12 AStG beschränkt.¹ Die Anrechnung der ausländischen Steuer iRd Steuerfestsetzung vollzieht sich dann auf der Ebene des Organträgers.²

15 **Vorliegen ausländischer Einkünfte und ausländischer Steuern bei der Organgesellschaft.** Bei der Anrechnung ausländischer Steuern gem § 26 ist nach den Verhältnissen der Organgesellschaft zu prüfen, ob ausländische Einkünfte iSd § 34d EStG bezogen werden und ob diese Einkünfte einer Steuer unterliegen, die der deutschen KSt entspricht (R 67 I S 2 KStR).³

16 **Höchstbetragsrechnung und positives Ergebnis des Organträgers.** Beim Organträger ist die Höchstbetragsberechnung für die Anrechnung nach seinen Verhältnissen vorzunehmen (R 67 I S 4 KStR). Es kann daher zu einer Steuerminderung auch dann beim Organträger kommen, wenn die Organgesellschaft zwar selbst einen Verlust erleidet, der Organkreis aber insgesamt ein positives Einkommen erzielt. Wenn dagegen bei dem Organträger wegen eines negativen Einkommens keine Steuer anfällt, kann es zu keiner Steuerermäßigung kommen, auch wenn die Organgesellschaft ein positives Ergebnis erzielt.

17 **Höchstbetragsrechnung nach den Verhältnissen des Organträgers.** Der Höchstbetrag richtet sich gem R 67 I S 4 KStR nach den steuerlichen Verhältnissen im Organkreis. Im Organkreis kann daher ein Höchstbetrag nur einmal ausgenutzt werden (bei Spenden vgl Rn 21).⁴ Allerdings lassen sich hieraus noch keine Schlüsse über die bei der Ermittlung des Höchstbetrages zu berücksichtigten Betriebsausgaben ziehen. So sind bei der Ermittlung des Höchstbetrags nur Betriebsausgaben nach § 34c I S 4 EStG abzuziehen, die auf Ebene der Organgesellschaft anfallen. Bei Betriebsausgaben des Organträgers fehlt es an dem nach § 34c I S 4 EStG erforderlichen Zusammenhang (vgl § 26 Rn 200 ff).

18 **Per-country-limitation.** Die „per-country-limitation" ist auf der Ebene des Organträgers für den gesamten Organkreis vorzunehmen. Damit werden alle ausländischen Einkünfte eines Staates des Organkreises auf der Ebene des Organträgers zusammengefasst, um iRd anwendbaren Höchstbetrages die anrechenbaren ausländischen Steuern aus einem Staat zu bestimmen.⁵

19 **Antrag auf Steuerabzug.** Das Wahlrecht in § 34c II EStG, ob die ausländische Steuer bei der Ermittlung der Einkünfte abgezogen statt angerechnet wird, steht faktisch der Organgesellschaft zu. Der Abzug der ausländischen Steuer ist als Rechenschritt zur Ermittlung des eigenen Einkommens der Organgesellschaft bei ihr vorzunehmen. Dabei kann das Wahlrecht auch im gesamten Organkreis für die Einkünfte aus mehreren ausländischen Staaten zwar unterschiedlich, für die Einkünfte aus einem Staat aber nur einheitlich ausgeübt werden.⁶ Will der Organträger Friktionen bei der

---

1 Zur früheren Bedeutung vgl *Witt/Dötsch* in D/J/P/W § 19 Rn 9.
2 *Witt/Dötsch* in D/J/P/W § 19 Rn 17; *Frotscher* in Frotscher/Maas § 19 Rn 13 f.
3 *Witt/Dötsch* in D/J/P/W § 19 Rn 16.
4 *Witt/Dötsch* in D/J/P/W § 19 Rn 13.
5 *Frotscher* in Frotscher/Maas § 19 Rn 15.
6 *Witt/Dötsch* in D/J/P/W § 19 Rn 17; *Frotscher* in Frotscher/Maas § 19 Rn 14.

III. Normzweck und Anwendungsbereich

Ausübung des Wahlrechts im Organkreis vermeiden, muss er durch organisatorische Maßnahmen sicherstellen, dass sich die Organgesellschaft mit ihm abstimmt. Dies gilt auch in den Fällen des § 12 AStG beim Antrag auf Anrechnung der nach § 10 I AStG abziehbaren Steuern verbunden mit einer Aufstockung.[1]

Steuersatzermäßigungen. § 19 enthält keine Regelung für Steuersatzermäßigungen bzw erfasst diese nicht (zu den einzelnen noch geltenden Steuersatzermäßigungen vgl § 23 Rn 29 ff). Steuersätze beziehen sich unmittelbar auf das Einkommen. Sie sind bei dem Steuersubjekt anzuwenden, dem das Einkommen zuzurechnen und bei dem es zu versteuern ist. Das ist im Regelfall der Organträger (vgl Rn 33). 20

Spendenabzug. Der Spendenabzug ist keine tarifliche Ermäßigung iSd § 19.[2] Durch die Organgesellschaft geleistete Spenden werden bei der Ermittlung ihres Einkommens abgezogen. Dem Organträger wird nur das entsprechend gekürzte Einkommen zugewiesen. Für die Ermittlung der Höchstbeträge sind daher nur die Verhältnisse der Organgesellschaft maßgeblich. Auf der Ebene des Organträgers erfolgt eine eigene Höchstbetragsberechnung für selbst geleistete Spenden.[3] 21

Steuerfreie Einkünfte. Ausländische steuerfreie Einkünfte unterliegen iRd KSt keinem Progressionsvorbehalt oä und unterfallen damit lediglich § 15 und nicht § 19.[4] 22

Einstweilen frei. 23-24

b) Steuerabzugsbeträge. § 19 V erfasst Steuerabzugsbeträge, welche auf das Einkommen der Organgesellschaft erhoben werden. Als solche kommen in Frage: 25

- KESt gem § 43 ff EStG iVm § 20 EStG,
- Steuerabzug auf sonstige Einkünfte gem § 50a EStG,
- Bauabzugssteuer gem § 48 EStG.

Nicht von § 19 V erfasst werden hingegen ausländische Steuern.

Einstweilen frei. 26

c) Verfahrensrecht. § 19 wird verfahrensrechtlich gegenüber dem Organträger oder im Falle einer Personengesellschaft gegenüber den Gesellschaftern angewendet. Bei einer Personengesellschaft ist die Aufteilung der Ermäßigungen der Organgesellschaft gem § 19 III S 2 zur Vermeidung abweichender Entscheidungen Gegenstand einer gesonderten und einheitlichen Feststellung nach § 180 I Nr 2a, V Nr 2 AO.[5] 27

Einstweilen frei. 28

4. Zeitlicher Anwendungsbereich. Seit ihrer Einführung durch das Körperschaftsteuerreformgesetz v 31.8.1976[6] gilt § 19 bis heute unverändert. 29

Einstweilen frei. 30

---

1 Witt/Dötsch in D/J/P/W § 19 Rn 17; Frotscher in Frotscher/Maas § 19 Rn 13 f.
2 Witt/Dötsch in D/J/P/W § 19 Rn 5.
3 Frotscher in Frotscher/Maas § 19 Rn 46.
4 Zur Diskussion vgl Frotscher in Frotscher/Maas § 19 Rn 40 f.
5 Voß in H/H/R § 19 Rn 17.
6 BGBl I 1976, 2597; BStBl I 1976, 445.

31	**5. Verhältnis zu anderen Vorschriften. § 14.** § 19 knüpft an die Vorschriften über die Zurechnung von Einkommen bei Organgesellschaften gem § 14 an und ergänzt diese.
32	**§ 15.** § 19 steht in keinem unmittelbaren Zusammenhang mit § 15, betrifft letztere Vorschrift doch die Ermittlung des Einkommens der Organgesellschaft. Allerdings lassen sich aus systematischer Sicht Gemeinsamkeiten ausmachen. Denn auch § 15 versucht, ungerechtfertigte Steuerbegünstigungen durch die Einschaltung einer Organgesellschaft mittels der sog „Bruttomethode" bei der Ermittlung des Einkommens zu verhindern und ordnet die Anwendung bestimmter Vorschriften der Einkommensermittlung beim Organträger an (vgl § 15 Rn 28 ff).
33	**§ 16.** Auch wenn die Organgesellschaft gem § 16 im Falle von Ausgleichszahlungen selbst einen Teil des Einkommens zu versteuern hat, sind die Steuersatzermäßigungen beim Organträger anzuwenden.[1] Dies folgt aus dem Ziel der §§ 14 ff, das steuerliche Gesamtergebnis der Organgesellschaft mit allen Vergünstigungen dem Organträger zu berücksichtigen. Die einzige Ausnahme von diesem Grundsatz ist in der steuerlichen Erfassung der Ausgleichszahlungen in § 16 zu sehen.
34	**§ 26 iVm § 34c EStG.** Die Steueranrechnung gem § 26 iVm § 34c EStG ist der Hauptanwendungsfall der Steuerermäßigung iSv § 19 I-IV.
35	**§ 32b Ia EStG.** Um die Umgehung des Progressionsvorbehalts für nach DBA steuerfreie ausländische Einkünfte zu vermeiden, fingiert § 32b Ia EStG bei einer unbeschränkt steuerpflichtigen natürlichen Person als Organträger den unmittelbaren Bezug dieser Einkunfte.[2] Damit stellt § 32b Ia EStG quasi in systematischer Hinsicht das Pendant zum Erhalt der Vergünstigung nach § 19 II dar.
36	**§ 10 I S 2 AStG.** Nicht von § 19 erfasst werden Steuern iSv § 10 I 2 AStG. Steuersystematisch handelt es sich bei § 10 AStG um eine Ermittlungs- und Zurechnungsvorschrift für die von einer ausländischen Gesellschaft als Subjekt der Einkünfteerzielung erzielten und nach § 7 AStG steuerpflichtigen Zwischeneinkünfte.[3] Zur Ermittlung des Hinzurechnungsbetrags präzisiert § 10 I 2 AStG den Zeitpunkt des Steuerabzugs.[4] Da es sich somit bei § 10 I 2 AStG um eine Vorschrift der Einkünfteermittlung handelt, ist § 19 nicht anwendbar.
37	**§ 12 AStG.** § 19 erfasst die Steueranrechnung des § 12 I AStG.[5] Dies folgt schon aus der rechtstechnischen Verweisung des § 12 II AStG auf §§ 34c I EStG, 26, auf die § 19 anwendbar ist (Rn 34).
38	**§ 4 II InvStG.** § 19 findet ebenfalls Anwendung bei der Steueranrechnung gem § 4 II InvStG. Nicht von § 19 erfasst ist dagegen der Steuerabzug nach § 4 II InvStG.
39-40	*Einstweilen frei.*

---

1 Witt/Dötsch in D/J/P/W § 19 Rn 7.
2 Lüdicke, IStR 2011, 740, 744.
3 Luckey in Strunk/Kaminski/Köhler § 10 AStG Rn 2.
4 Luckey in Strunk/Kaminski/Köhler § 10 AStG Rn 28.
5 Witt/Dötsch in D/J/P/W § 19 Rn 9; Voß in H/H/R § 19 Rn 21.

IV. Körperschaftsteuerpflichtiger Organträger (§ 19 I). Körperschaftsteuerpflicht. Der Organträger muss zur Anwendung des § 19 I körperschaftsteuerpflichtig sein. IdR dürften sich hier keine Schwierigkeiten ergeben. Die Organgesellschaft ist immer körperschaftsteuerpflichtig. 41

Unbeschränkt steuerpflichtige Körperschaften als Organträger. Wegen § 19 IV gilt § 19 I nur für unbeschränkt steuerpflichtige Körperschaften als Organträger (dh mit Sitz und/oder Geschäftsleitung im Inland). 42

Dividenden. Gem § 15 S 1 Nr 2, S 2 sind Steuerbefreiungen für Dividenden nach § 8b I oder dem DBA-Schachtelprivileg nicht auf der Ebene der Organgesellschaft, sondern nur auf der Ebene des Organträgers anzuwenden. Sofern der Organträger eine Körperschaft ist, sind ihm zugerechnete Dividenden gem § 8b I und ggf zusätzlich nach einem DBA steuerfrei. Eine ihm über § 19 zugerechnete ausländische Quellensteuer der Organgesellschaft kann gem §§ 34c VI 1 EStG, 26 VI bzw wegen der Höchstbetragsrechnung nach § 26 I iVm § 34c I nicht angerechnet werden.[1] Ausländische Quellensteuern auf ausländische Dividenden, die eine Organgesellschaft bezieht, können letztendlich iRd Höchstbetragsberechnung des § 34c I EStG nur angerechnet werden, wenn der Organträger eine natürliche Person (§ 19 II) oder eine Personengesellschaft (§ 19 III) mit natürlichen Personen ist. 43

Rechtsfolgen. Soweit die Tatbestandsvoraussetzungen des § 19 I erfüllt sind, sind die Tarifvergünstigungen bei dem Organträger so zur Anwendung zu bringen, als wenn er diese selbst erfüllt hätte.[2] Es kommt damit iRd Rechtsfolgen zu einer fiktiven Zurechnung der durch die Organgesellschaft erfüllten Tatbestandsvoraussetzungen zum Organträger (vgl Rn 10). 44

Einstweilen frei. 45

V. Einkommensteuerpflichtiger Organträger (§ 19 II). Einkommensteuerpflicht. Der Organträger muss zur Anwendung des § 19 II einkommensteuerpflichtig, dh eine natürliche Person sein, die ein Einzelunternehmen betreibt. 46

Unbeschränkt einkommensteuerpflichtige Organträger. Wegen § 19 IV gilt § 19 II nur für unbeschränkt steuerpflichtige natürliche Personen. 47

Gleichartige besondere Tarifvorschriften für ausländische Steuern. Ist der Organträger eine einkommensteuerpflichtige natürliche Person, gilt § 19 II nur, wenn die ESt eine gleiche oder gleichartige besondere Tarifvorschrift kennt. Bei der Anrechnung ausländischer Steuern gibt es in § 34c EStG und § 12 AStG im Einkommensteuerrecht vergleichbare Tarifermäßigungen. 48

Rechtsfolgen. Soweit die Tatbestandsvoraussetzungen des § 19 II erfüllt sind, kommen die Tarifvergünstigungen bei der natürlichen Person als Organträger zur Anwendung. Dabei kann es keine Rolle spielen, welche Einkünfte iSv § 2 EStG die natürliche Person erzielt und für welche Einkünfte die ESt letztlich erhoben wird. Denn die tarifliche ESt bemisst sich gem § 32a I EStG nach dem zu versteuernden 49

---

1 Witt/Dötsch in D/J/P/W § 19 Rn 14.
2 Neumann in Gosch § 19 Rn 10.

Einkommen iSv § 2 V EStG. Nur zur Ermittlung des Gesamtbetrages der Einkünfte gem § 2 III EStG wird nach den verschiedenen Einkünften iSv § 2 I EStG differenziert. Keine Anwendung findet § 19 II allerdings bei der Abgeltungssteuer.

50 **Tarifvorschriften für einkommensteuerpflichtige Einkünfte.** Nach § 19 soll verhindert werden, dass Steuerbetragsermäßigungen, für welche die Organgesellschaft die Voraussetzungen erfüllt, durch die Einkommenszurechnung beim Organträger verloren gehen. Umgekehrt sollen dem Organträger keine ungerechtfertigten Tarifvorteile gewährt werden, die er selbst nicht erfüllt.[1] Daher gewährt § 19 II dem einkommensteuerpflichtigen Organträger nur solche Tarifermäßigungen, die sowohl im Einkommen- als auch im Körperschaftsteuerrecht („gleichartig") bestehen. Dazu zählen die Anrechnung ausländischer Steuern (§ 34c I EStG, § 26 I);[2] zur umgekehrten Einbeziehung ausländischer nach DBA steuerfreier Einkünfte gem § 32b Ia EStG vgl Rn 35. Gleiches gilt für die Anrechnung nach § 12 AStG. Sie steht regelmäßig Körperschaften und natürlichen Personen zu.[3] Dagegen kann das internationale Schachtelprivileg nach den DBA regelmäßig nur von Körperschaften in Anspruch genommen werden.[4] Auch die indirekte Anrechnung von Steuern nach § 26 II-V aF galt nur bei Körperschaftsteuersubjekten.[5] Umgekehrt gelten Vergünstigungen bei Gewinnen aus der Betriebsveräußerung oder –aufgabe gem §§ 16 IV, 34 EStG nur im Einkommensteuerrecht. Eine Organgesellschaft, die diese Gewinne erzielt, kann dem einkommensteuerpflichtigen Organträger zwar die Einkünfte, nicht aber den Freibetrag nach § 16 IV EStG oder die Tarifvergünstigung iSv § 34 EStG vermitteln (R 67 II KStR, vgl auch Rn 9).[6]

51 **§ 35 EStG.** § 35 EStG hat mit einer typisierenden Anrechnung der GewSt bei natürlichen Personen die Gewerbesteuerentlastung nach § 32c EStG aF abgelöst. Obwohl die Steuersatzermäßigung des § 32c EStG aF nur für die ESt natürlicher Personen galt, war sie bei einkommensteuerpflichtigen Organträgern auch auf Gewinne der Organgesellschaft anwendbar.[7] Hieran hat die Einführung des § 35 EStG nichts geändert. Die Steuerermäßigung des § 35 EStG errechnet sich aus der beim Organträger eingetretenen Gewerbesteuerbelastung. Hierin enthalten ist auch die GewSt auf das Organeinkommen.[8] Daher liegt bei § 35 EStG kein Fall des § 19 vor. Die Anwendung des § 35 EStG auf der Ebene des Organträgers ist vielmehr eine Folge der Einkommenszurechnung gem § 14 I 1.[9]

52 **Beteiligung der Organgesellschaft an einer Personengesellschaft.** Nach den Entscheidungen des FG Düsseldorf wird der Ermäßigungsbetrag gem § 35 EStG (aF) auch für Gewinne einer Personengesellschaft, an der die Organgesellschaft beteiligt ist, an

---

1 *Voß* in H/H/R § 19 Rn 32.
2 *Frotscher* in Frotscher/Maas § 19 Rn 18; *Neumann* in Gosch § 19 Rn 15.
3 *Frotscher* in Frotscher/Maas § 19 Rn 18; aA *Neumann* in Gosch § 19 Rn 15; *Walter* in EY § 19 Rn 9.
4 *Frotscher* in Frotscher/Maas § 19 Rn 18.
5 *Walter* in EY § 19 Rn 9.
6 BFH III R 19/02, BStBl II 2004, 515; BFH VIII R 149/86, BStBl II 1992, 817; *Frotscher* in Frotscher/Maas § 19 Rn 21; *Neumann* in Gosch § 19 Rn 15; *Voß* in H/H/R § 19 Rn 11.
7 BFH IV B 49/97, BStBl II 1998, 608.
8 *Frotscher* in Frotscher/Maas § 19 Rn 24; *Voß* in H/H/R § 19 Rn 13.
9 *Voß* in H/H/R § 19 Rn 13.

den (einkommensteuerpflichtigen) Organträger durchgeleitet.¹ Es soll zumindest eine im Vergleich zur mehrstöckigen Personengesellschaft planwidrige Regelungslücke durch eine Analogie geschlossen werden. Nach aA entfaltet § 35 EStG eine Abschirmwirkung, wenn eine Organgesellschaft Mitunternehmer (und der Organträger der Organgesellschaft ebenfalls eine Mitunternehmerschaft) ist.² Denn die einkommensteuerliche Tarifvorschrift des § 35 EStG findet im Körperschaftsteuerrecht kein Pendant und sei daher nicht gleichartig iSv § 19 I, II. IdS auch der BFH, der zudem keine für einen Analogieschluss erforderliche Gesetzeslücke sieht.³

Organschaftsketten. Bei einer Organschaftskette muss der (oberste) Organträger die Voraussetzungen der besonderen Tarifvorschrift erfüllen. Es kommt nicht darauf an, ob eine zwischengeschaltete Organgesellschaft die Voraussetzungen für die Steuerermäßigung oder die Anrechnung erfüllt (Rn 11).⁴ 53

Einstweilen frei. 54-55

VI. Personengesellschaften (§ 19 III). Anwendung der besonderen Tarifvorschriften bei den Gesellschaftern. Ist der Organträger eine Personengesellschaft, gelten die Ausführungen zu § 19 I und II für die Gesellschafter der Personengesellschaft entsprechend. Denn diesen werden die Einkünfte einheitlich und gesondert zugerechnet. Auf der Ebene der Gesellschafter ist zu prüfen, ob die besondere Tarifvorschrift anwendbar ist. 56

Beteiligung von Kapitalgesellschaften und natürlichen Personen als Gesellschafter. Sind an einer Personengesellschaft sowohl Kapitalgesellschaften als auch natürliche Personen beteiligt, ist für die Anwendung der einzelnen Tarifvorschriften auf die einzelnen Gesellschafter abzustellen.⁵ Vorschriften, die nur für Kapitalgesellschaften gelten (bspw § 8b oder das DBA-Schachtelprivileg, vgl Rn 43), können gem § 19 I auch nur an Kapitalgesellschaften weitergeleitet werden. Umgekehrt kann bspw § 35 EStG nur bei natürlichen Personen gelten (vgl Rn 51 f). Ist an der Organträgerpersonengesellschaft eine andere Personengesellschaft beteiligt, kommt es auf die Einkommen- und Körperschaftsteuerpflicht ihrer Gesellschafter an.⁶ 57

Beschränkt steuerpflichtige Gesellschafter. Soweit beschränkt Steuerpflichtige an der Organträgerpersonengesellschaft beteiligt sind, gilt § 19 III gem § 19 IV entsprechend. Ihnen kommen die Steuerermäßigungen zugute, wenn die besonderen Tarifvorschriften auf beschränkt Steuerpflichtige anwendbar sind.⁷ 58

Verteilungsschlüssel der tariflichen Steuerermäßigung. Die tarifliche Steuerermäßigung steht jedem Gesellschafter in dem Verhältnis zu, in dem das Einkommen der Organgesellschaft zu verteilen ist. Dabei ist der Gewinnverteilungsschlüssel nach dem Gesellschaftsvertrag maßgeblich (zur verfahrensrechtlichen Feststellung vgl Rn 27). 59

---

1 FG Düsseldorf 16 K 1267/07 F, EFG 2009, 756; FG Düsseldorf 16 K 1567/09 F, EFG 2010, 798.
2 *Kollruss*, DStR 2001, 378; *Frotscher*, Ubg 2009, 426, 433; *Frotscher* in Frotscher/Mass § 19 Rn 26; FG Hamburg 6 K 65/09, EFG 2010, 145; vgl auch bei *Voß* in H/H/R § 19 Rn 13.
3 BFH IV R 3/10, BStBl II 2012, 14; BFH IV R 08/09, BFH/NV 2012, 108.
4 *Frotscher* in Frotscher/Maass § 19 Rn 22; *Neumann* in Gosch § 19 Rn 12.
5 *Frotscher* in Frotscher/Maas § 19 Rn 28.
6 *Voß* in H/H/R § 19 Rn 42.
7 *Neumann* in Gosch § 19 Rn 17; *Witt/Dötsch* in D/J/P/W § 19 Rn 20; *Walter* in EY § 19 Rn 9.

60 *Einstweilen frei.*
61 **VII. Ausländisches Unternehmen als Organträger (§ 19 IV). Beschränkte Steuerpflicht.** Auf einen beschränkt steuerpflichtigen ausländischen Organträger iSv § 18 (was sowohl natürliche Personen als auch Körperschaften sein können, vgl § 18 Rn 35) sind die besonderen Tarifvorschriften nur anwendbar, wenn diese in ihrem Geltungsbereich nicht auf die unbeschränkte Steuerpflicht beschränkt sind. So sind bspw § 26 und § 34c EStG nur bei unbeschränkter Steuerpflicht anwendbar.[1] Eine Anrechnung kann sich aber nach § 50 III EStG ergeben.[2] Denn bei einem ausländischen Organträger iSv § 18 muss eine Zweigniederlassung im Inland bestehen. Lediglich soweit im Quellenstaat eine Besteuerung aufgrund einer unbeschränkten Steuerpflicht erfolgt, erlaubt § 50 III EStG keine Anrechnung von ausländischen Steuern. Aus systematischen Gründen kann hier iRd § 19 allerdings nur auf eine Besteuerung der Organgesellschaft abgestellt werden, da diese das Einkommen erzielt.
62 **Unbeschränkte Steuerpflicht.** Kapitalgesellschaften, die ihren Sitz im Inland und den Ort der Geschäftsleitung im Ausland haben, fallen zwar unter § 18 (vgl § 18 Rn 45). Sie sind aber unbeschränkt steuerpflichtig, so dass § 19 I unmittelbar Anwendung findet.
63 *Einstweilen frei.*
64 **VIII. Steuerabzugsbeträge (§ 19 V). Abzug auf Ebene des Organträgers.** Sofern Betriebseinnahmen der Organgesellschaft dem Steuerabzug unterlegen haben, ist die einbehaltene Steuer (insbesondere Kapitalertrag- und Zinsabschlagsteuer)[3] von der ESt oder KSt des Organträgers abzuziehen.
65 **Ausländische Steuern.** Ausländische Quellensteuern auf Dividenden fallen unter § 19 I-IV. § 19 V ist nicht auf sie anwendbar.[4]
66 **Negative Einkünfte.** Die anrechenbare KSt kommt dem Organträger auch zugute, wenn er kein positives Einkommen hat. Dies gilt unabhängig von seiner beschränkten oder unbeschränkten Steuerpflicht.[5]
67 **Ausgleichszahlungen.** Die Anrechnung der Steuer erfolgt auch dann auf der Ebene des Organträgers, wenn die Organgesellschaft ein eigenes Einkommen (bei Ausgleichszahlungen gem § 16) zu versteuern hat.[6]
68 **Personengesellschaften.** Bei einer Personengesellschaft erfolgt der Abzug auf der Ebene ihrer Gesellschafter. Die Aufteilung der Steuerabzugsbeträge erfolgt in sinngemäßer Anwendung des § 19 III in dem Verhältnis, in dem das Einkommen der Organgesellschaft zwischen den Gesellschaftern zu verteilen ist.[7]

---

1 *Neumann* in Gosch § 19 Rn 22; *Frotscher* in Frotscher/Maas § 19 Rn 30.
2 *Frotscher* in Frotscher/Maas § 19 Rn 30.
3 *Witt/Dötsch* in D/J/P/W § 19 Rn 23; *Frotscher* in Frotscher/Maas § 19 Rn 31.
4 *Witt/Dötsch* in D/J/P/W § 19 Rn 23; *Neumann* in Gosch § 19 Rn 24.
5 *Neumann* in Gosch § 19 Rn 25; *Voß* in H/H/R § 19 Rn 62.
6 *Voß* in H/H/R § 19 Rn 62; *Neumann* in Gosch § 19 Rn 25.
7 *Witt/Dötsch* in D/J/P/W § 19 Rn 23; *Frotscher* in Frotscher/Maas § 19 Rn 38.

VIII. Steuerabzugsbeträge

Bescheinigungen iSd § 44a V EStG. Nach § 44a V EStG besteht durch Vorlage einer sog Dauerüberzahlerbescheinigung die Möglichkeit, bei den dort genannten Kapitalerträgen keine KESt einzubehalten.[1] Voraussetzung dafür ist, dass die Kapitalerträge Betriebseinnahmen des Gläubigers sind und die (anrechenbare) KESt aufgrund seiner Geschäftstätigkeit dauerhaft höher ist als seine Steuerschuld. In Organschaftsverhältnissen werden sowohl die Einkünfte gem § 14 I 1 als auch die Steueranrechnungsberechtigung gem § 19 V auf den Organträger übertragen. Somit ist für die Voraussetzungen des § 44a V EStG auf den gesamten Organkreis abzustellen.[2] Einer Organgesellschaft vor Beginn einer Organschaft ausgestellte Bescheinigungen können daher widerrufen werden.[3]

69

Konzernumlagen. Häufig ersetzt der Organträger der Organgesellschaft die anrechenbare Steuer durch die Zahlung einer Konzernumlage. Dadurch kann bei beiden Unternehmen ein Ausweis des betriebswirtschaftlich zutreffenden Ergebnisses erreicht werden.[4] Denn die anrechenbare Steuer mindert als (gem § 10 Nr 2 nicht abziehbare) Betriebsausgabe das Ergebnis und damit die Gewinnabführung der Organgesellschaft. Dagegen wird das Ergebnis des Organträgers durch den Ertrag aus der Anrechnung entsprechend erhöht. Unabhängig von einer Konzernumlage bleibt das zu versteuernde Einkommen beim Organträger letztlich gleich. Unterschiede können sich bei der Ermittlung der abziehbaren Spenden ergeben. Denn für die Höchstbeträge iSv § 9 I Nr 2 S 1 kommt es auf das jeweilige Einkommen von Organträger und Organgesellschaft an (Rn 21).[5]

70

Steuerabgeltung. Soweit Steuerabzugsbeträge die Steuer abgelten, ist die Steuer auch für das zugerechnete Einkommen bei dem Organträger abgegolten.[6]

71

Einstweilen frei.

72-73

---

1 *Hamacher/Dahm* in Korn § 44a EStG Rn 32; *Knaupp* in Kirchhof § 44a EStG Rn 6; *Intemann* in H/H/R § 44a EStG Rn 16.
2 *Ramackers* in L/B/P § 44a EStG Rn 86a; *Knaupp* in Kirchhof § 44a EStG Rn 8; *Intemann* in H/H/R § 44a EStG Rn 17.
3 *Witt/Dötsch* in D/J/P/W § 19 Rn 23; *Neumann* in Gosch § 19 Rn 25.
4 *Witt/Dötsch* in D/J/P/W § 19 Rn 25.
5 *Witt/Dötsch* in D/J/P/W § 19 Rn 25.
6 Zur Frage, ob eine Steuerabgeltung iRd § 19 vorkommen kann vgl *Frotscher* in Frotscher/Maas § 19 Rn 33 f.

Drittes Kapitel: Sondervorschriften für Versicherungsunternehmen, Pensionsfonds und Bausparkassen

§ 20 Schwankungsrückstellungen, Schadenrückstellungen

(1) ¹Für die Bildung der Rückstellungen zum Ausgleich des schwankenden Jahresbedarfs sind insbesondere folgende Voraussetzungen erforderlich:
1. Es muss nach den Erfahrungen in dem betreffenden Versicherungszweig mit erheblichen Schwankungen des Jahresbedarfs zu rechnen sein.
2. ¹Die Schwankungen des Jahresbedarfs dürfen nicht durch die Prämien ausgeglichen werden. ²Sie müssen aus den am Bilanzstichtag bestehenden Versicherungsverträgen herrühren und dürfen nicht durch Rückversicherungen gedeckt sein.

(2) ¹Bei Rückstellungen für noch nicht abgewickelte Versicherungsfälle (§ 341g des Handelsgesetzbuchs) sind die Erfahrungen im Sinne des § 6 Abs. 1 Nr. 3a Buchstabe a des Einkommensteuergesetzes für jeden Versicherungszweig zu berücksichtigen, für den nach aufsichtsrechtlichen Vorschriften eine gesonderte Gewinn- und Verlustrechnung aufzustellen ist. ²Die Summe der einzelbewerteten Schäden des Versicherungszweiges ist um den Betrag zu mindern (Minderungsbetrag), der wahrscheinlich insgesamt nicht zur Befriedigung der Ansprüche für die Schäden benötigt wird. ³Für Zwecke der Sätze 1 und 2 haben die Niederlassungen der Versicherungsunternehmen im Sinne des § 341 Absatz 2 Satz 2 des Handelsgesetzbuchs die auf Grund § 55a des Versicherungsaufsichtsgesetzes erlassene Verordnung über die Berichterstattung von Versicherungsunternehmen gegenüber der Bundesanstalt für Finanzdienstleistungsaufsicht entsprechend anzuwenden.

KStH 68

Übersicht

	Rn
I. Regelungsgehalt	1 – 2
II. Rechtsentwicklung	3 – 5
III. Normzweck und Anwendungsbereich	6 – 44
1. Bedeutung der Norm	6 – 11
2. Anwendungsbereich	12 – 25
a) Zeitlicher Anwendungsbereich	12 – 14
b) Persönlicher Anwendungsbereich	15 – 23
c) Sachlicher Anwendungsbereich	24 – 25
3. Verhältnis zu anderen Vorschriften	26 – 44
a) Handelsrecht	26 – 32
b) Einkommensteuerrecht	33 – 36
c) GewSt	37 – 38
d) Verfassungsrecht	39 – 40
e) Unionsrecht	41 – 44
IV. Schwankungsrückstellung (§ 20 I)	45 – 76
1. Allgemeines	45 – 48
2. Voraussetzungen	49 – 58

a) Übersicht	49 – 50
b) Erhebliche Schwankungen im Jahresbedarf (§ 20 I Nr 1)	51 – 54
c) Kein Ausgleich durch Beiträge (§ 20 I Nr 2 S 1)	55 – 56
d) Verpflichtung im Außenverhältnis zum Bilanzstichtag (§ 20 Nr 2 S 2)	57 – 58
3. Bewertung	59 – 64
4. Versteuerte Schwankungsrückstellung	65 – 66
5. Abzinsung	67 – 69
6. Keine vGA im Falle der Mindestzuführung bei VVaG	70 – 71
7. Betriebsstätten	72 – 76
V. Rückstellung für noch nicht abgewickelte Versicherungsfälle (§ 20 II)	77 – 142
1. Begriff gem § 341g I HGB	77 – 78
2. Teilrückstellungen	79 – 90
a) Übersicht	79 – 80
b) Teilrückstellung für bekannte Versicherungsfälle	81 – 82
c) Teilrückstellung für Spätschäden	83 – 84
d) Teilrückstellung für Rentenversicherungsfälle	85 – 86
e) Teilrückstellung für Schadenregulierungsaufwendungen	87 – 88
f) Forderungen aus Regressen, Provenues und Teilungsabkommen	89 – 90
3. Grundsatz der Einzelbewertung	91 – 92
4. Bewertung in der Steuerbilanz	93 – 123
a) Bewertungsgrundsätze	93 – 96
b) Betroffene Unternehmen und Bemessungsgrundlage	97 – 103
c) Beobachtungszeitraum	104 – 108
d) Negative Abwicklungsvolumen in der Ablaufverprobung	109 – 110
e) Mittleres arithmetisches Abwicklungsergebnis	111 – 112
f) Abwicklungsverluste	113 – 116
g) Sicherheitszuschlag	117 – 119
h) Aktuarielle Berechnungsverfahren	120 – 123
5. Schadenregulierungsaufwendungen	124 – 128
6. Preisverhältnisse	129 – 131
7. Abzinsung	132 – 138
8. Betriebsstätten	139 – 140
9. Verhältnis der Schaden- zur Schwankungsrückstellung	141 – 142

I. Regelungsgehalt.
§ 20 ist eine Sondervorschrift zur Einkommensermittlung bei Versicherungsunternehmen. Über den Maßgeblichkeitsgrundsatz finden die handelsrechtlichen Regelungen der §§ 341 ff HGB zu versicherungstechnischen Rückstellungen grundsätzlich für den steuerlichen Ansatz und die Bewertung der Rückstellungen Anwendung. § 20 begrenzt dies jedoch in Bezug auf einzelne versicherungstechnische Rückstellungen für steuerliche Zwecke. § 20 I normiert die Voraussetzungen für die Bildung der Schwankungsrückstellung. § 20 II regelt die steuerliche Bewertung der Rückstellung für noch nicht abgewickelte Versicherungsfälle (sog Schadenrückstellung) unter Berücksichtigung der Ergebnisse der Schadenabwicklung in der Vergangenheit.

Einstweilen frei.

II. Rechtsentwicklung. Schwankungsrückstellung.
§ 20 I zur Bildung von Schwankungsrückstellungen geht inhaltlich auf die Rechtsprechung des RFH zurück.[1] In der KStDV seit 1935 enthaltene entsprechende Regelungen[2] wurden iRd Körperschaftsteuerreformgesetzes v 31.8.1976[3] zunächst in § 20 II übernommen. Seit mit dem Versicherungsbilanzrichtlinie-Gesetz v 24.6.1994[4] in §§ 341e-341h HGB die Vorschriften zu versicherungstechnischen Rückstellungen in das HGB aufgenommen wurden, haben diese Regelungen über den Grundsatz der Maßgeblichkeit der Handelsbilanz für die Steuerbilanz Geltung. Somit konnte § 20 I, der bis dahin allgemeine Regelungen zu versicherungstechnischen Rückstellungen enthalten hat, ersatzlos aufgehoben werden. Dadurch rückten die Regelungen zur Schwankungsrückstellung durch das Versicherungsbilanzrichtlinie-Gesetz in den Absatz 1 der Vorschrift.

Schadenrückstellung. Durch das StEntlG 1999/2000/2002 v 24.3.1999[5] wurden mit § 20 II erstmals Voraussetzungen für die steuerliche Anerkennung von Rückstellungen für noch nicht abgewickelte Versicherungsfälle normiert. Er ergänzt die mit demselben Gesetz eingeführte, allgemein für Rückstellungen geltende Vorschrift des § 6 I Nr 3a lit a EStG, nach der zurückgehend auf die Rechtsprechung des BFH[6] für die Bewertung von Rückstellungen auf die Erfahrungen der Vergangenheit zurückzugreifen ist.

Einstweilen frei.

III. Normzweck und Anwendungsbereich. 1. Bedeutung der Norm. Prägender Teil der Bilanzsumme.
Die in § 20 geregelten Schwankungs- und Schadenrückstellungen gehören zu den sog versicherungstechnischen Rückstellungen. Sie tragen den Besonderheiten und Risiken des Versicherungsgeschäfts, das die Ungewissheit der Zukunft zum Gegenstand hat, Rechnung. Für Versicherungsunternehmen haben diese speziellen Rückstellungen wesentliche Bedeutung. Denn ihnen entstehen idR Verpflichtungen und keine Forderungen, da sie nach der Vereinnahmung der Ver-

---

1 RFH III A 189/29, RStBl 1930, 396; RFH I 339/36, RStBl 1938, 1046; RFH I 389/39, RStBl 1940, 835.
2 Erstmals in § 27 II Erste KStDV v 6.2.1935, RStBl 1935, 217 und mit der Neufassung der KStDV v 26.3.1969, BGBl I 1969, 270 in § 24 II KStDV 1968 übernommen.
3 BGBl I 1976, 2597.
4 BGBl I 1994, 1377.
5 BGBl I 1999, 402; BStBl I 1999, 304.
6 BFH X R 60/89, BStBl II 1993, 437.

III. Normzweck und Anwendungsbereich

sicherungsprämien ihre Leistung in Form des Versicherungsschutzes zu erbringen haben. Die versicherungstechnischen Rückstellungen prägen maßgebend – häufig mit einem Anteil von über 80 % an der Bilanzsumme[1]- die Passivseite der Bilanzen. Die Bildung und Bewertung dieser Rückstellungen hat daher wesentliche Bedeutung für das handelsrechtliche Ergebnis, das Grundlage der steuerlichen Gewinnermittlung ist.

Leistungsstufen. Durch die Bildung von versicherungstechnischen Rückstellungen soll die Leistungsfähigkeit der Versicherungsunternehmen sichergestellt werden. Dabei lassen sich die Leistungen von Versicherungsunternehmen im Wesentlichen in zwei Stufen darstellen.[2] Leistungsstufe 1 erfasst als Dauerleistung des Versicherungsunternehmens die Gewährung von Versicherungsschutz gegen Entgelt. Es handelt sich dabei um die Zusage der dauernden Erfüllbarkeit von Verpflichtungen aus den Versicherungsverträgen und somit der Aufrechterhaltung einer permanenten Zahlungsfähigkeit.[3] In Leistungsstufe 2 gewährt das Versicherungsunternehmen im Schadensfall konkreten Versicherungsschutz durch Regulierung entstandener Schäden; es erfüllt damit die in der 1. Leistungsstufe ausgesprochene Zusage, Versicherungsschutz im Einzelfall zu gewähren.

Risikoausgleich. Die Berechnung von Versicherungsprämien orientiert sich daran, dass die Einnahmen über einen längeren Zeitraum die Kosten und den Gewinn des Versicherungsunternehmens für diese Zeit decken. Dabei wird ein Risikoausgleich im Versichertenkollektiv aus dem gesamten Versicherungsbestand berücksichtigt.

Schwankungsrückstellung. Ergänzend ist bei Versicherungszweigen mit wesentlichen zufallsbedingten Schwankungen im Schadenverlauf künftiger Jahre, die durch einen Risikoausgleich im Kollektiv nicht vermeidbar sind, ein zusätzlicher Risikoausgleich in der Zeit notwendig.[4] Diesem Ausgleich dient die Bildung von Schwankungsrückstellungen, da den relativ feststehenden Beitragseinnahmen in den einzelnen Bilanzjahren unterschiedlich hohe Schadenaufwendungen gegenüberstehen. Der Risikoausgleich in der Zeit erfolgt im Grundsatz durch Zuführungen zur Schwankungsrückstellung in Jahren mit geringer Schadenbelastung (sog „Unterschaden") und Entnahmen in Jahren mit hoher Schadenbelastung (sog „Überschaden").[5] Dies hat die Glättung von Erfolgsauswirkungen, die aus zufallsbedingten schwankenden Schadenbelastungen resultieren, zur Folge. Da Schwankungsrückstellungen die dauernde Erfüllbarkeit der Verpflichtungen aus den Versicherungsverträgen sicherstellen, sind sie der 1. Leistungsstufe zuzuordnen.[6]

Schadenrückstellung. Nach dem Handelsrecht hat ein Versicherungsunternehmen Rückstellungen für noch nicht abgewickelte Versicherungsfälle für Verpflichtungen aus Versicherungsfällen zu bilanzieren, die bis zum Bilanzstichtag entstanden aber noch nicht abgewickelt sind. § 20 II beschränkt die Schadenrückstellungen in der Steuerbilanz.

---

1 *Nguyen*, Rechnungslegung von Versicherungsunternehmen, 2008, S 331.
2 Dazu grundlegend *Boetius* in H/H/R Vor §§ 20 Rn 20.
3 *Hommel/Löw* in MüKo HGB § 341h HGB Rn 2.
4 *Warnecke* in Beck'scher VersBilKomm § 341h HGB Rn 4; *Nguyen*, Rechnungslegung von Versicherungsunternehmen, 2008, S 365.
5 *Frotscher* in Frotscher/Maas § 20 Rn 4; *Schlenker* in Blümich § 20 Rn 28 f.
6 *Boetius* in H/H/R § 20 Rn 4.

Sie werden nur soweit anerkannt, wie sie voraussichtlich in der Zukunft für den Ausgleich der entstandenen und von dem Versicherungsunternehmen auszugleichenden Schäden, bemessen an den Erfahrungen aus der Vergangenheit, tatsächlich benötigt werden. Erreicht wird dadurch, dass eine handelsrechtliche Ergebnissteuerung durch die Bewertung der Schadenrückstellung nur reduzierte Auswirkungen auf das zu versteuernde Einkommen des Geschäftsjahres hat. Die Bildung der Schadenrückstellung ist zur Erfüllung der jeweiligen Verpflichtung gegenüber dem einzelnen Versicherungsnehmer, dem der entstandene Schaden zu ersetzen ist, erforderlich. Die Schadenrückstellung ist deshalb grundsätzlich der 2. Leistungsstufe zuzuordnen.

11 *Einstweilen frei.*

12 **2. Anwendungsbereich. a) Zeitlicher Anwendungsbereich. Schwankungsrückstellung.** Die in § 20 I normierten steuerlichen Regelungen zur Schwankungsrückstellung – die sich bis zum Ende des VZ 1994[1] in § 20 II befanden – sind seit dem VZ 1977[2] unverändert anzuwenden.

13 **Schadenrückstellung.** Die mit dem StEntlG 1999/2000/2002 in § 20 II zur Rückstellung für noch nicht abgewickelte Versicherungsfälle eingeführte Regelung ist gem der Anwendungsvorschrift des § 54 VIIIc idFd StEntlG 1999/2000/2002 rückwirkend auch für VZ vor 1999 anzuwenden. Nach der Gesetzesbegründung[3] soll es sich lediglich um eine klarstellende Regelung handeln. Dies ist jedoch nicht abschließend geklärt und wird aus verfassungsrechtlichen Gründen zu Recht angezweifelt.[4] § 20 II sollte daher erst ab dem VZ 1999 Anwendung finden (vgl Rn 39). Zur Möglichkeit einer Rücklagenbildung nach § 52 XVI S 10 EStG idFd StEntlG 1999/2000/2002 im Erstjahr der Anwendung des § 6 I Nr 3a lit a EStG vgl Rn 34.

14 *Einstweilen frei.*

15 **b) Persönlicher Anwendungsbereich. Begriff des Versicherungsunternehmens.** In § 1 I VAG und § 341 I S 1 HGB finden sich Definitionen des Versicherungsunternehmens, die jedoch nicht deckungsgleich sind. Eine eigenständige Regelung des Begriffs „Versicherungsunternehmen" findet sich im KStG nicht. Zurückgehend auf die Rechtsprechung des RFH ist Voraussetzung für die Anerkennung als Versicherungsgesellschaft, dass die Versicherten einen Rechtsanspruch auf die Versicherungssummen durch bindenden Vertrag gegenüber dem Versicherungsunternehmen erlangen. Ferner muss das Unternehmen die Versicherungsgeschäfte geschäftsmäßig, dh unter Zugrundelegung einer auf dem Gesetz der großen Zahl beruhenden Kalkulation gegen Zahlung von Prämien, die nach versicherungsmathematischen Grundsätzen berechnet sind, betreiben.[5] Es spricht zwar eine Vermutung dafür, dass ein Versicherungsunternehmen auch im handels- und steuerrechtlichen Sinne vorliegt, wenn es nach dem Aufsichtsrecht (§ 1 I VAG) anerkannt ist; eine Prüfung im Einzelfall ersetzt dies jedoch nicht.[6]

---

1 § 54 VIIIc, eingefügt durch das VersRiLiG v 24.6.1994.
2 § 54 I idFd KStG 1977.
3 BTDrs 14/23, 191.
4 *Roser* in Gosch § 20 Rn 47, 52.
5 RFH I D 1/25, RFHE 16, 31; RFH I A 67/26, RStBl 1926, 317 (nur Leitsatz) und RFHE 19, 247.
6 *Seitz* in Beck'scher VersBilKomm § 341 HGB Rn 24.

III. Normzweck und Anwendungsbereich

Niederlassungen im Inland. Die Frage, ob der Regelungsgehalt der Vorschrift sich auch auf inländische Niederlassungen von EU/EWR-Versicherern erstreckt, war bisher nicht eindeutig geklärt.[1] Nach § 20 II ist bei der steuerlichen Bewertung der Schadenrückstellung anhand der Erfahrungen der Vergangenheit getrennt auf Versicherungszweige abzustellen, für die gesonderte Gewinn- und Verlustrechnungen nach aufsichtsrechtlichen Vorschriften aufgestellt werden. Diese aufsichtsrechtlichen Vorgaben der BerVersV[2] beruhen auf § 55a VAG. Sie galten jedoch nicht für inländische Niederlassungen von Versicherungsunternehmen mit Sitz in der EU bzw dem EWR, da diese nach § 110a VAG nicht der inländischen Aufsicht unterliegen. Durch das JStG 2010 v 8.12.2010[3] wurden § 20 II und § 341 II HGB geändert. Ausweislich der Gesetzesbegründung sollte damit klargestellt werden, dass auch inländische Niederlassungen von EU-/EWR-Versicherungsunternehmen nach aufsichtsrechtlichen Vorschriften gesonderte Gewinn- und Verlustrechnungen aufzustellen haben und damit in den Anwendungsbereich des § 20 II fallen.[4] Fraglich ist, ob das Ergebnis dieser Gesetzesänderung unionsrechtlichen Vorgaben entspricht (vgl Rn 41).

16

Selbstversicherung. (Ansammlungs-) Rückstellungen für sog Selbstversicherungen dienen Unternehmen dazu, bestimmten betriebstypischen Risiken selbst Rechnung zu tragen, statt eine Fremdversicherung abzuschließen.[5] Handelsrechtlich wurde eine Bildung dieser Rückstellungen als Aufwandsrückstellungen gem § 249 II HGB aF zT für zulässig erachtet.[6] Für steuerliche Zwecke wurden hingegen – zurückgehend auf ein RFH-Gutachten v 24.3.1925 und darauf aufbauende Rechtsprechung – Rücklagen/Rückstellungen für die Selbstversicherung nicht als abzugsfähig anerkannt.[7] Denn bei der Selbstversicherung handelt es sich um innerbetriebliche, jederzeit reversible Buchungsvorgänge, ohne dass ihnen ein Vertragsverhältnis mit Bindungswirkung gegenüber Dritten zugrunde liegt.[8] Aufgrund dieser Unverbindlichkeit wurden sie als Rücklagen zum Ausgleich künftiger Verluste und damit als EK angesehen.[9] Mit Abschaffung der Möglichkeit zur Bildung von Aufwandsrückstellungen nach § 249 II HGB aF durch das BilMoG v 26.5.2009[10] ist nunmehr auch handelsrechtlich eine Bildung von Rückstellungen für eine Selbstversicherung nicht mehr zulässig. Handels- und Steuerrecht fallen diesbezüglich nicht mehr auseinander.

17

---

1 *Schick* in Erle/Sauter § 20 Rn 8.
2 BGBl I 2006, 622, zuletzt geändert am 27.4.2010 durch die Erste Verordnung zur Änderung der Versicherungsberichterstattungs-Verordnung, BGBl I 2010, 490.
3 BGBl I 2010, 1768.
4 BTDrs 17/2249, 70 und 94.
5 *Kämpfer* in FS für Adolf Moxter, Bilanzrecht und Kapitalmarkt, 1994, S 272.
6 Dafür *Borstell*, Aufwandsrückstellungen nach neuem Bilanzrecht, 1988, S 235 ff; *Herzig*, BFuP 1987, 361, 366; *Scheffler* in Bericht über die Fachtagung 1988 des IDW, 175, 181; zT einschränkend *A/D/S*, § 249 HGB, Rn 236 ff; dagegen *Herzig/Köster* in Handbuch des Jahresabschlusses, III/5 Rn 445.
7 RFH I D 1/25, RFHE 16, 31; RFH I A 67/26, RStBl 1926, 317 (nur Leitsatz) und RFHE 19, 247; RFH VI A 642/30, RStBl 1932, 290; *Boetius*, Handbuch der versicherungstechnischen Rückstellungen, 1996, Rn 232; *Hauswirth* in EY § 20 Rn 25.
8 RFH I A 67/26, RStBl 1926, 317 (nur Leitsatz) und RFHE 19, 247.
9 *Boetius* in H/H/R § 20 Rn 8.
10 BGBl I 2009, 1102.

18 **Captives.** Durch die Gründung eigener Versicherungsgesellschaften (sog Captives) können Konzerne ihre Risiken selbst absichern. Weil zur Vermeidung der steuerlich unbeachtlichen Selbstversicherung eine Auslagerung der Risikotragung notwendig ist, versichern dabei rechtlich selbständige Konzernunternehmen die Risiken anderer konzernzugehöriger Gesellschaften als Erst- oder Rückversicherungs-Captive (Versicherung bei einem Dritten außerhalb des Konzerns, der sich ganz oder teilweise bei einer Konzerngesellschaft rückversichert). Inzwischen werden Captives auch von der deutschen Aufsichtsbehörde nicht mehr als aufsichtsfreie Unternehmen, sondern als Versicherungsunternehmen angesehen.[1] Voraussetzung ist, dass es sich um juristisch selbständige Unternehmen handelt, die Risiken anderer Unternehmen gegen Entgelt nach versicherungstechnischen Grundsätzen decken (vgl Rn 15). Ebenso bezieht die Finanzverwaltung Unternehmen, die Risiken des Konzerns versichern, in den Begriff des Versicherungsunternehmens mit ein.[2] Da Captives ua Möglichkeiten bieten, Vorteile aus der Bildung versicherungstechnischer Rückstellungen zu erzielen und/ oder eine Reduzierung der Steuerlast durch Errichtung der Captive in einem Niedrigsteuerland zu erreichen, wird in der Praxis von der Finanzverwaltung die steuerliche Anerkennung einer Captive als Versicherungsunternehmen[3] einer detaillierteren Prüfung unterzogen.

19 **Schwankungsrückstellung.** Die Bildung einer Schwankungsrückstellung nach § 20 I kommt nur für das Versicherungsgeschäft in der Schaden- und Unfallversicherung einschließlich der Rückversicherung in Betracht. Im Lebens- und Krankenversicherungsgeschäft sowie bei Pensionsfonds ist nicht von entsprechenden Schwankungen auszugehen; ein Risikoausgleich erfolgt dort weitgehend durch die Deckungs- und Alterungsrückstellungen.[4]

20 **Schadenrückstellung.** § 20 II ist grundsätzlich auf alle Versicherungsunternehmen anwendbar.[5] Die Vorschrift differiert jedoch wesentlich in ihren steuerlichen Auswirkungen abhängig von den Besonderheiten der unterschiedlichen Versicherungszweige (vgl dazu Rn 98 ff).

21-23 *Einstweilen frei.*

24 **c) Sachlicher Anwendungsbereich.** § 20 I idFd KStG 1977 regelte noch die steuerliche Anerkennung (aller) versicherungstechnischen Rückstellungen und machte sie von ihrer Erforderlichkeit für die Leistungen aus den am Bilanzstichtag laufenden Versicherungsverträgen abhängig. Durch die Streichung dieser Regelung iRd Versicherungsbilanzrichtlinie-Gesetzes (vgl Rn 3) beschränkt sich § 20 inzwischen auf steuerliche Sonderregelungen zur Schwankungs- und Schadenrückstellung.

25 *Einstweilen frei.*

---

1 VerBAV 1980, 162.
2 BMF v 2.12.1994, BStBl I 1995, Sondernr 1, 3, Tz 8.1.3.6; ersetzt durch BMF v 14.5.2004, BStBl I 2004, 3, Tz 8.1.3.6.
3 *Boetius* in H/H/R § 20 Rn 8; *Roser* in Gosch Vor §§ 20-21b Rn 3 ff.
4 *Nguyen*, Rechnungslegung von Versicherungsunternehmen, 2008, S 366.
5 *Roser* in Gosch § 20 Rn 62.

III. Normzweck und Anwendungsbereich

3. Verhältnis zu anderen Vorschriften. a) Handelsrecht. Nach der mit dem Versicherungsbilanzrichtlinie-Gesetz eingeführten, allgemeinen Regelung des § 341e I S 1 HGB, einer besonderen Ausprägung des handelsrechtlich geltenden Vorsichtsprinzips,[1] haben Versicherungsunternehmen die versicherungstechnischen Rückstellungen so zu bemessen, dass sie die Verpflichtungen aus den Versicherungsverträgen jederzeit erfüllen können. Mit dieser Regelung wurde Art 56 der EG-Versicherungsbilanz-RL 91/674/EWG v 19.12.1991[2] umgesetzt. Über die Maßgeblichkeit der Handels- für die Steuerbilanz entfalten die Vorschriften des HGB und der RechVersV[3] eine Bindungswirkung für den Ansatz und die Bewertung versicherungstechnischer Rückstellungen in der Steuerbilanz, soweit das Steuerrecht in den allgemeinen Gewinnermittlungsvorschriften oder den speziellen Vorschriften §§ 20-21a keine abweichenden Regelungen trifft.[4] Ferner sind gem § 341e I S 2 HGB aufsichtsrechtliche Vorschriften, die im Interesse der Versicherten erlassen wurden, bei der Rückstellungsbildung zu berücksichtigen. Eine Abzinsung von versicherungstechnischen Rückstellungen ist handelsrechtlich nach § 341e I S 3 HGB generell ausgeschlossen. 26

Schwankungsrückstellung (§ 341h I HGB). Die Schwankungsrückstellung wird in § 341h I HGB und ergänzend in § 29 RechVersV sowie den dazu in der Anlage enthaltenen Vorschriften geregelt. Sie ist als Rückstellung für ungewisse Verbindlichkeiten iSv § 249 I S 1 HGB zu passivieren.[5] Denn aus den Vertragsabschlüssen entstehen gegenüber der Versichertengemeinschaft (noch ungewisse) Außenverpflichtungen, die durch künftige Beiträge voraussichtlich nicht gedeckt werden können. Die für eine Bildung der Schwankungsrückstellung zusätzlich notwendige hinreichende Wahrscheinlichkeit der Inanspruchnahme liegt vor, wenn die Voraussetzungen des § 341h I HGB erfüllt sind. Dieser entspricht inhaltlich der Regelung in § 20 I; eine übereinstimmende Bilanzierung in Handels- und Steuerbilanz ist die Folge.[6] 27

Schadenrückstellung (§ 341g HGB). § 341g I S 1 HGB normiert die handelsrechtlichen Voraussetzungen zur Bildung von Schadenrückstellungen. Sie stellt eine Rückstellung für ungewisse Verbindlichkeiten iSd § 249 I S 1 HGB dar.[7] Die wirtschaftliche Verursachung des Schadens liegt im Eintreten des Versicherungsfalls, also in dem den Schaden auslösenden Ereignis. Da die Schadenrückstellungen nach dem handelsrechtlichen Vorsichtsprinzip zu bilden sind, fallen sie tendenziell höher aus als zum Ausgleich des entstandenen Schadens später tatsächlich aufgewendet werden muss. § 20 II regelt demgegenüber Einschränkungen bei der Bemessung der Schadenrückstellung für die Steuerbilanz. Danach führen Erkenntnisse in Bezug auf Überreservierungen, die aus der Vergangenheit gewonnen werden, zu einer anteiligen Auflösung der Schadenrückstellung des Geschäftsjahres. 28

---

1 Bögle in IDW, Rechnungslegung und Prüfung der Versicherungsunternehmen, 5. Aufl, Kapitel I Rn 45.
2 ABl EG L 374/7 v 31.12.1991.
3 BGBl I 1994, 3378 zuletzt geändert durch Art 1 der Verordnung v 18.12.2009, BGBl I 2009, 3934.
4 Roser in Gosch § 20 Rn 1; Groß in D/J/P/W Vor §§ 20-21a Rn 2.
5 Nies, WPg 1973, 337, 347.
6 Hauswirth in EY § 20 Rn 36.
7 Roser in Gosch § 20 Rn 38.

29 **Rückstellungen für Großrisiken (§ 341h II HGB).** Der Schwankungsrückstellung ähnliche Rückstellungen nach § 341h II HGB, sog Rückstellungen für Großrisiken, werden gesondert ausgewiesen. Es muss sich dabei um Risiken von Objekten mit einem außergewöhnlichen Schadenpotenzial handeln, das einen versicherungstechnischen Ausgleich von Beiträgen und Schäden innerhalb eines Geschäftsjahres verhindert.[1] § 30 RechVersV regelt dazu die Bildung und Auflösung der Rückstellungen bezüglich Produkthaftpflichtversicherungen bei Pharmarisiken, Sach- und Haftpflichtversicherungen aus Atomanlagen sowie Terrorrisiken. Diese Aufzählung der Ausformungen von Großrisiken in § 30 RechVersV ist nicht abschließend. Großrisikorückstellungen können ua auch für Risiken im Zusammenhang mit Ölförderanlagen, Satelliten, Verkehrstunneln oder im Bereich Umwelthaftpflicht gebildet werden.[2] Rückstellungen für Großrisiken sind nach § 30 III S 1 RechVersV nur zulässig, wenn für diese Risiken keine Schwankungsrückstellung gebildet wurde. Liegen hingegen die Voraussetzungen des § 341h II HGB nicht mehr vor, sind die Beträge in die Schwankungsrückstellung zu überführen (§ 30 III S 2 RechVersV).

30-32 *Einstweilen frei.*

33 **b) Einkommensteuerrecht. Drohverlustrückstellung (§ 5 IVa EStG).** Die Aufgaben der handelsrechtlichen Rückstellung für drohende Verluste aus dem Versicherungsgeschäft grenzen sich deutlich von denen der Schwankungsrückstellung ab. Im Gegensatz zur Schwankungsrückstellung sichert die Drohverlustrückstellung keine zufallsbedingte ungleichmäßige Verteilung der Schadenaufwendungen über mehrere Jahre ab. Die Drohverlustrückstellung dient dazu, Risiken aus schwebenden Geschäften des Bilanzjahres abzusichern, denen erkennbar nur unzureichende Beiträge gegenüberstehen.[3] In der Steuerbilanz darf eine (versicherungstechnische) Rückstellung für drohende Verluste jedoch aufgrund von § 5 IVa EStG nicht gebildet werden.

34 **Rücklage gem § 52 XVI EStG.** Für die erstmalige Anwendung des (gesamten) § 6 I Nr 3a EStG wurde in § 52 XVI S 10 iVm S 7 und 8 EStG idFd StEntlG 1999/2000/2002 eine Verteilung des Mehrgewinns auf einen Zeitraum von 10 Jahren durch Bildung entsprechender Rücklagen zugelassen. Dementsprechend konnten Versicherungsunternehmen für erstmalige Mehrgewinne aus der Abzinsung von Schadenrückstellungen nach § 6 I Nr 3a lit e EStG Rücklagen bilden. Details dieser Rücklagenbildung hat die Finanzverwaltung im BMF-Schreiben v 16.8.2000[4] geregelt. In Bezug auf den Mehrgewinn aus der realitätsnäheren Bewertung der Schadenrückstellungen verweigerte die Finanzverwaltung[5] hingegen den Versicherungsunternehmen im Erstjahr der Anwendung des § 6 I Nr 3a lit a EStG iVm § 20 II die Möglichkeit der Rück-

---

1 *Boetius*, Handbuch der versicherungstechnischen Rückstellungen, 1996, Rn 716.
2 *Warnecke* in Beck'scher VersBilKomm § 341h HGB Rn 38; *Roser* in Gosch § 20 Rn 21.
3 *Nguyen*, Rechnungslegung von Versicherungsunternehmen, 2008, S 366; *Warnecke* in Beck'scher VersBilKomm § 341h HGB Rn 7.
4 BMF v 16.8.2000, BStBl I 2000, 1218.
5 Die Verteilung des Mehrgewinns aus dem Minderungsbetrag nach § 20 II wurde durch die Finanzverwaltung im BMF-Schreiben v 5.5.2000, BStBl I 2000, 487 unter „II. Gesetzliche Klarstellung" ausgeschlossen.

III. Normzweck und Anwendungsbereich

lagenbildung nach § 52 XVI S 10 iVm S 7 und 8 EStG idFd StEntlG 1999/2000/2002 und damit die Verteilung des steuerlichen Gewinns über mehrere Jahre. Dies findet im Gesetz keine Grundlage,[1] da § 20 II auf § 6 I Nr 3a lit a EStG verweist. Denn § 20 II ist mangels abschließender Regelungen keine eigenständige Vorschrift.[2]

Einstweilen frei. **35-36**

c) GewSt. Für Zwecke der GewSt wurden Schwankungsrückstellungen als Dauerschulden behandelt. Denn sie beziehen sich nicht auf konkrete Schadenfälle, gehören damit nicht zum laufenden Geschäftsverkehr und werden über eine Laufzeit von über einem Jahr gebildet.[3] Im Gegensatz dazu war die Schadenrückstellung nach Rechtsprechung des BFH[4] keine Dauerschuld iSd § 8 Nr 1 GewStG aF, da es sich bei der Rückstellung um keine dauerhafte Verstärkung des Betriebskapitals handelt. Eine Auswirkung hat diese unterschiedliche Beurteilung nicht,[5] da für diese Schulden keine Entgelte bezahlt werden und damit auch keine gewerbesteuerliche Hinzurechnung erfolgt. **37**

Einstweilen frei. **38**

d) Verfassungsrecht. Die Anwendung des § 6 I Nr 3a lit a EStG in § 20 II auf Rückstellungen für noch nicht abgewickelte Versicherungsfälle mit Rückwirkung gem § 54 VIIIc idFd StEntlG 1999/2000/2002 auf VZ vor 1999 ist als verfassungsrechtlich unzulässige echte Rückwirkung zu bewerten.[6] Es bestand für VZ vor 1999 eine eindeutige handelsrechtliche Bewertung der Schadenrückstellungen nach dem Grundsatz der Einzelbewertung, die über den Maßgeblichkeitsgrundsatz nach § 5 I S 1 EStG ebenfalls in der Steuerbilanz galt. Eine bloße Klarstellung, um die es sich nach dem Verständnis des Gesetzgebers handeln soll, kann in der in § 20 II normierten, davon deutlich abweichenden steuerlichen Bewertung mittels einer pauschalen Bewertung aufgrund von Erfahrungen aus der Vergangenheit nicht gesehen werden.[7] **39**

Einstweilen frei. **40**

e) Unionsrecht. Niederlassungen. Durch das JStG 2010 wurden § 20 II und § 341 II HGB geändert (vgl Rn 16) mit dem Ziel klarzustellen, dass auch inländische Niederlassungen von EU-/EWR-Versicherungsunternehmen nach aufsichtsrechtlichen Vorschriften gesonderte Gewinn- und Verlustrechnungen aufzustellen haben und damit in den Anwendungsbereich des § 20 II fallen.[8] Fraglich ist, ob das Ergebnis dieser Gesetzesänderung unionsrechtlichen Vorgaben entspricht. Bedenken bestehen vor allem bezüglich einer Einschränkung der Niederlassungsfreiheit von EU/EWR-Niederlassungen in Deutschland mit Versicherungsprodukten, die maßgebend durch das Aufsichts- und Bilanzrecht des Sitzstaates des Versicherers geprägt sind. **41**

---

1 Im Ergebnis ebenso *Roser* in Gosch § 20 Rn 52.
2 *Hauswirth* in EY § 20 Rn 76.21; *Burwitz* in H/H/R Reformkommentierung § 20 Rn R2.
3 BFH I 278/63, BStBl II 1968, 715.
4 BFH I 278/63, BStBl II 1968, 715.
5 *Schick* in Erle/Sauter § 20 Rn 68.
6 *Burwitz* in H/H/R Reformkommentierung § 20 Rn R2.
7 So auch *Roser* in Gosch § 20 Rn 52.
8 BTDrs 17/2249, 70 und 94.

Die Einführung zusätzlicher Rechnungslegungspflichten in Deutschland könnte Versicherer aus anderen Mitgliedstaaten davon abhalten, ihre Produkte in Deutschland unverändert anzubieten und zu einer faktischen Marktzugangsbeschränkung führen, wenn ihre Produkte (insbesondere die angewandten versicherungsmathematischen Grundsätze) an das deutsche Recht angepasst werden müssten, um grundsätzliche Rechtsunsicherheiten zu vermeiden.

42 **EG-Versicherungsbilanz-RL.** Die Regelungen in § 20 entsprechen nicht vollständig der EG-Versicherungsbilanz-RL 91/674/EWG. Art 56 der RL bestimmt für versicherungstechnische Rückstellungen, dass gewährleistet sein muss, „dass das Versicherungsunternehmen alle seine aus Versicherungsverträgen resultierenden Verpflichtungen im Rahmen dessen, was bei vernünftiger Betrachtungsweise vorhersehbar ist, erfüllen kann." Die rückblickende Betrachtungsweise der sog realitätsnäheren Bewertung der Schadenrückstellungen, die mit § 20 II eingeführt wurde, berücksichtigt hingegen keine zukünftig zu erwartenden Entwicklungen und Tendenzen, sondern stellt auf Vergangenheitswerte für die Bewertung der aktuellen Schadenrückstellung ab. Der Ansatz unterscheidet sich damit in wesentlichen Elementen von der zukunftsorientierten Vorgabe der RL. Die Methoden dürften idR zu erheblich voneinander abweichenden Bewertungen führen. Auch Art 60 I lit c der RL, der regelt, dass in die Schadenrückstellung „die Schadenregulierungsaufwendungen gleich welchen Ursprungs" einzubeziehen sind, wurde bisher nicht vollständig entsprochen. Der BFH erkent in ständiger Rechtsprechung Schadenbearbeitungskosten nicht als rückstellungsfähig an. Der mit dem Versicherungsbilanzrichtlinie-Gesetz v 24.6.1994 eingefügte § 341g I S 2 HGB[1] sieht zwar mit unzweideutigem Wortlaut die Rückstellung der „gesamten Schadenregulierungsaufwendungen", also auch der Schadenbearbeitungskosten, vor. Jedoch führte die begleitende Begründung zum Gesetzentwurf der Bundesregierung[2] aus, dass dadurch das geltende Recht nicht geändert werde und die auf den Schadenfall bezogenen Verwaltungskosten nicht in den Wertansatz einzubeziehen seien (vgl auch Rn 126). Eine klare Umsetzung einer EG-RL sieht anders aus.

43-44 *Einstweilen frei.*

45 **IV. Schwankungsrückstellung (§ 20 I). 1. Allgemeines. Begriff.** Die Schwankungsrückstellung ist eine Rückstellung für ungewisse Verbindlichkeiten iSv § 249 I S 1 HGB. Sie dient der Absicherung von Risiken aus zukünftig zu erwartenden Schadenfällen bestehender Versicherungsverträge unter Nutzung von in der Vergangenheit gewonnenen Erfahrungswerten aus der Abwicklung in den betreffenden Versicherungszweigen.[3] Nicht erfasst werden nach § 20 I Nr 2 durch Prämien ausgeglichene oder durch Rückversicherung gedeckte Risiken.

46 **Maßgeblichkeit.** Die für die Bildung von Schwankungsrückstellungen maßgeblichen Vorschriften § 341h I HGB und § 20 I sind nahezu inhaltsgleich. In der Steuerbilanz kommt es daher gegenüber der Handelsbilanz in der Regel zu keiner

---

1 BGBl I 1994, 1377.
2 BTDrs 12/5587, 28.
3 *Ellenbürger* in IDW, Rechnungslegung und Prüfung der Versicherungsunternehmen, 5. Aufl, Kapitel B IV Rn 321; *Roser* in Gosch § 20 Rn 4.

IV. Schwankungsrückstellung

abweichenden Bewertung. Die Finanzverwaltung hat mit BMF-Schreiben v 2.1.1979 zur körperschaftsteuerlichen Behandlung der Schwankungsrückstellung der Versicherungsunternehmen[1] – das aufgrund seiner Nennung in der Positivliste des Schreibens betreffend die Eindämmung der Normenflut weiterhin gilt – die nach der Anordnung des BAV v 21.9.1978[2] gebildeten Schwankungsrückstellungen für steuerliche Zwecke ausdrücklich anerkannt. Dieses BAV-Schreiben wurde durch ein Schreiben des BAV v 31.10.1991,[3] in dem Änderungen und Ergänzungen zur Bereinigung von Verständnis- und Auslegungsschwierigkeiten eingefügt wurden, ersetzt. Es entfaltet Wirkung für Geschäftsjahre, die nach dem 31.12.1990 beginnen. Aufgrund des mit dem Versicherungsbilanzrichtlinie-Gesetz eingefügten § 330 III S 4 HGB wurden für nach dem 31.12.1994 beginnende Geschäftsjahre diese Rechtsgrundsätze in der Anlage zu § 29 RechVersV inhaltlich im Wesentlichen übernommen.[4] Durch die Maßgeblichkeit der Handelsbilanz für die Steuerbilanz gelten die Regelungen auch für die Steuerbilanz (vgl Rn 26). Die Regelungen des BMF-Schreibens gelten weiterhin, insbesondere im Bereich der Versicherungsunternehmen von geringerer wirtschaftlicher Bedeutung (Nr 4 des BMF-Schreibens) oder bei Versicherungszweigen mit geringen Beitragseinnahmen (Nr 5 des BMF-Schreibens).[5]

Spartentrennung. Nach dem Prinzip der Spartentrennung sind Schwankungsrückstellungen für jeden Versicherungszweig separat zu bilden. Begründet ist dies dadurch, dass die Schadenverläufe in den einzelnen Versicherungszweigen differieren und von den jeweiligen Versichertengruppen getragen werden sollen. Ein Versicherungszweig iSd § 20 I liegt vor, wenn nach der BerVersV zwingend eine gesonderte Gewinn- und Verlustrechnung aufzustellen und bei der Aufsichtsbehörde einzureichen ist. Ferner ist in den Fällen der Feuer-Industrie-Versicherung einschließlich der Feuer-Betriebsunterbrechungsversicherung, der Landwirtschaftlichen Feuerversicherung, der Kautionsversicherung, der Delkrederversicherung und der Vertrauensschadenversicherung sowie in den Versicherungszweigen, -arten und -unterarten iSd BerVersV, für die freiwillig gesonderte Gewinn- und Verlustrechnungen aufgestellt werden, ein Versicherungszweig iSd § 20 I gegeben. Nicht als Versicherungszweig gilt hingegen das in Rückdeckung genommene Versicherungsgeschäft (Anlage zu § 29 RechVersV Abschnitt II Nr 1). Eine Schwankungsrückstellung ist für einen Versicherungszweig zu bilden, wenn die verdienten Beiträge durchschnittlich mindestens 125.000 EUR in den letzten drei Geschäftsjahren einschließlich des Bilanzjahres übersteigen (Anlage zu § 29 RechVersV Abschnitt I Nr 1).

Einstweilen frei.

2. Voraussetzungen. a) Übersicht. Nach § 341h I HGB und dem nahezu inhaltsgleichen § 20 I sind Schwankungsrückstellungen zum Ausgleich der Schwankungen im Schadenverlauf künftiger Jahre zu bilden, wenn nach den Erfahrungen in dem betreffenden Versicherungszweig (vgl Rn 47)

---
1 BMF v 2.1.1979, BStBl I 1979, 58, Weitergeltung über Nr 1048 der Positivliste des Schreibens betreffend Eindämmung der Normenflut v 4.4.2011, BStBl I 2011, 356.
2 BAV-Rundschreiben R 4/78 v 21.9.1978, VerBAV 1978, 262, BStBl I 1979, 61.
3 BAV-Rundschreiben R 7/91 v 31.10.1991, VerBAV 1991, 420.
4 *Warnecke* in Beck'scher VersBilKomm § 341h HGB Rn 3.
5 *Groß* in D/J/P/W § 20 Rn 11 ff.

- mit erheblichen Schwankungen der jährlichen Aufwendungen für Versicherungsfälle/des Jahresbedarfs zu rechnen ist (vgl § 20 I Nr 1 Rn 51),
- die Schwankungen nicht jeweils durch Beiträge ausgeglichen werden (vgl § 20 I Nr 2 S 1 Rn 55),
- die Schwankungen aus den am Bilanzstichtag bestehenden Versicherungsverträgen herrühren und nicht durch Rückversicherungen gedeckt sind (vgl § 20 I Nr 2 S 2 Rn 57).

Die Voraussetzungen sind kumulativ zu erfüllen. Dies wird in § 341h I HGB durch die Verbindung mittels „und" am Ende des Absatzes 1 Nr 2 sowie in § 341 I HGB und § 20 I durch die Formulierung „insbesondere" ausgedrückt.[1] Mangels spezieller steuerlicher Vorschriften sind ergänzend die Regelungen in § 29 RechVersV sowie die dazu in der Anlage enthaltenen Vorschriften zu beachten.

50 *Einstweilen frei.*

51 **b) Erhebliche Schwankungen im Jahresbedarf (§ 20 I Nr 1).** Es muss nach den Erfahrungen in dem betreffenden Versicherungszweig mit erheblichen Schwankungen des Jahresbedarfs zu rechnen sein. Mangels einer speziellen steuerlichen Regelung ist auf die bereits handelsrechtlich zu beachtenden Vorgaben der Anlage zu § 29 RechVersV in Abschnitt I Nr 1 abzustellen. Erhebliche Schwankungen im Schadenverlauf liegen danach vor, wenn die Standardabweichung der Schadenquoten des Beobachtungszeitraums von der durchschnittlichen Schadenquote mindestens 5 % beträgt und die Summe aus Schaden- und Kostenquote mindestens einmal im Beobachtungszeitraum 100 % der verdienten Beiträge eines Geschäftsjahres überschritten hat.

52 **Beobachtungszeitraum.** Der Beobachtungszeitraum umfasst idR die fünfzehn, in der Hagel-, Kredit- und Kautions- sowie der Vertrauensschadenversicherung die dreißig dem Bilanzjahr vorausgehenden Jahre (Anlage zu § 29 RechVersV Abschnitt II Nr 3 I). Bei Versicherungszweigen, deren Geschäft noch nicht während des gesamten Beobachtungszeitraums betrieben wurde, gelten sämtliche Geschäftsjahre, mindestens jedoch zehn Jahre vor dem Bilanzjahr, als Beobachtungszeitraum. Für die Jahre, für die auf keine Erfahrungswerte zurückgegriffen werden kann, zB nach einer Neuaufnahme eines Versicherungszweiges, nicht aber bei einer Einführung einer freiwilligen Gewinn- und Verlustrechnung, sind die Schadenquoten der Aufsichtsbehörde heranzuziehen (Anlage zu § 29 RechVersV Abschnitt III). Zumindest für steuerliche Zwecke sollte eine Abweichung von dem vorgegebenen Beobachtungszeitraum ermöglicht werden, wenn die Vergangenheitswerte im Vergleich zum Berichtsjahr unter offensichtlich deutlich abweichenden Bedingungen (wie zB technischer Entwicklungen, veränderte Umweltbedingungen) zustande gekommen sind. Dabei käme eine deutliche Verkürzung des Beobachtungszeitraums in Frage, evtl unter Berücksichtigung von in der Zukunft zu erwartenden Weiterentwicklungen.[2]

---

[1] *Boetius*, Handbuch der versicherungstechnischen Rückstellungen, 1996, Rn 1091; *Groß* in D/J/P/W § 20 Rn 9.

[2] *Roser* in Gosch § 20 Rn 18 spricht sich für eine sachgerechte Modifizierung des Vergangenheitsbezugs und ggf eine zukunftsorientierte Szenariobetrachtung aus.

IV. Schwankungsrückstellung

Schaden-/ Kostenquote. Der Ermittlung des erforderlichen Rückstellungsbetrages dienen die Schaden- und Kostenquote. Dabei setzt die Schadenquote die Aufwendungen für Versicherungsfälle einschließlich ua der Schadenregulierungsaufwendungen und der Aufwendungen für Beitragsrückerstattungen zu den verdienten Beiträgen eines Geschäfts- oder Bilanzjahres ins Verhältnis. Die Kostenquote bestimmt sich im Wesentlichen aus dem Verhältnis der Aufwendungen für den Versicherungsbetrieb zu den verdienten Beiträgen jeweils ohne Abzug des Rückversicherungsanteils. Im Einzelnen vgl Anlage zu § 29 RechVersV Abschnitt II Nr 4-6.

Einstweilen frei.

c) Kein Ausgleich durch Beiträge (§ 20 I Nr 2 S 1). Erfolgt ein Ausgleich der Schwankungen des Jahresbedarfs bereits durch Beiträge (inkl Umlagen und Nachschüsse) kann mangels ungewisser Verbindlichkeit keine Rückstellung passiviert werden.[1] Sofern in der Versicherungsprämie bereits ein ausreichender Sicherheitszuschlag enthalten ist, kann zwar der tatsächliche Schadenbedarf erheblichen Schwankungen unterliegen. Da es dabei jedoch insgesamt zu keinem versicherungstechnischen Verlust kommen kann, ist in diesem Fall – bereits zurückgehend auf Rechtsprechung des RFH – kein Raum für die Bildung einer Schwankungsrückstellung.[2] In diesem Zusammenhang schrieb der RFH: „Die Schwankungsrückstellung darf kein Topf sein, aus dem das Unternehmen auch bei Eintritt einer Pechsträhne nach Belieben schöpfen kann, um ohne Rückgriff auf seine sonstige Finanzkraft alle mehr oder minder entfernten Wahrscheinlichkeiten und Unglücksfälle zu decken. Die Vorschrift über die Schwankungsrückstellung ist (…) keine Steuervergünstigung für Versicherungsunternehmen."

Einstweilen frei.

d) Verpflichtung im Außenverhältnis zum Bilanzstichtag (§ 20 I Nr 2 S 2). Die Bildung einer Schwankungsrückstellung setzt eine Außenverpflichtung des Versicherungsunternehmens voraus. Nur aus zum Bilanzstichtag bestehenden Versicherungsverträgen können dem Versicherungsunternehmen rückstellungsfähige Verpflichtungen aus der Schwankung eines zu erwartenden Schadenbedarfs gegenüber der Versichertengemeinschaft entstehen.[3] Für durch eine Rückversicherung gedeckte Risiken darf beim Erstversicherer keine Schwankungsrückstellung gebildet werden, da das Risiko insoweit bei dem Erstversicherer entfällt. In Betracht kommt in diesen Fällen ein Ausweis einer Schwankungsrückstellung beim Rückversicherungsunternehmen.[4] Abzustellen ist auf die Rückversicherungsverhältnisse am Bilanzstichtag.

Einstweilen frei.

3. Bewertung. Ermittlung eines Näherungswertes. Da sich Schwankungsrückstellungen nicht auf konkrete Schadenfälle oder Versicherungsverträge beziehen, ist eine Einzelbewertung der Risiken nicht möglich.[5] Der Ansatz und

---

1 *Boetius* in H/H/R § 20 Rn 17.
2 RFH III 89/38, RStBl 1941, 876; *Groß* in D/J/P/W § 20 Rn 10.
3 *Boetius* in H/H/R § 20 Rn 17.
4 *Schick* in Erle/Sauter § 20 Rn 25; *Frotscher* in Frotscher/Maas § 20 Rn 9.
5 *Warnecke* in Beck'scher VersBilKomm § 341h HGB Rn 6.

die Bewertung von Schwankungsrückstellungen erfolgt daher nach versicherungsmathematisch statistischen Grundsätzen für jede Gefahrengemeinschaft (bestehend aus den Versicherungsnehmern einer Versicherungssparte) durch Ermittlung eines Näherungswertes.[1] Dabei soll die Auswertung von Daten eines abgelaufenen Beobachtungszeitraums Aussagen über die zukünftige Belastung durch zufallsbedingte Schwankungen des Schadenbedarfs ermöglichen.

60 **Höchstbetrag.** Der Höchstbetrag der Schwankungsrückstellung ermittelt sich gem der Anlage zu § 29 RechVersV Abschnitt I Nr 2. Dieser sog Sollbetrag beträgt danach idR das Viereinhalbfache der Standardabweichung der Schadenquoten des Beobachtungszeitraums von der durchschnittlichen Schadenquote multipliziert mit den verdienten Beiträgen des Bilanzjahres. Abweichend davon wird in der Hagel-, Kredit- und Kautions- sowie Vertrauensschadenversicherung das Sechsfache der Standardabweichung angesetzt. Sofern die durchschnittliche Schadenquote die Grenzschadenquote unterschreitet, reduziert sich der so ermittelte Sollbetrag um das Produkt aus der dreifachen Differenz zwischen Grenzschadenquote und durchschnittlicher Schadenquote und den verdienten Beiträgen des Bilanzjahres. Dieser Abzug ist nicht in der Hagelversicherung vorzunehmen.

61 **Mindestzuführung.** Es ist „zunächst" eine Mindestzuführung zur Schwankungsrückstellung von 3,5 % ihres jeweiligen Sollbetrags vorzunehmen, bis dieser (wieder) erreicht ist (Anlage zu § 29 RechVersV Abschnitt I Nr 3). Diese erfolgsunabhängige Zuführung (sog Zinszuführung) hat unabhängig von der Veränderung der Rückstellung aufgrund eines in den nachfolgenden Abschnitten I Nr 4 und 5 vorliegenden Über- oder Unterschadens zu erfolgen.[2]

62 **Über-/ Unterdeckung.** Durch den Vergleich der Schadenquote des Bilanzjahres mit der durchschnittlichen Schadenquote des Beobachtungszeitraums werden sog Über- oder Unterschäden ermittelt. Die Rückstellung ist entsprechend um die Differenz der Quoten multipliziert mit den verdienten Beiträgen bis zur Erreichung des Sollbetrags zu erhöhen bzw aufzulösen. Im Einzelnen vgl Anlage zu § 29 RechVersV Abschnitt I Nr 4 und 5 iVm II Nr 7 und 8.

63 **Auflösung der Schwankungsrückstellung.** Nach der allgemeinen Regelung in § 249 II S 2 HGB sind Rückstellungen insgesamt aufzulösen, wenn die Voraussetzungen für ihre Bildung nicht mehr vorliegen. Abschnitt I Nr 7 der Anlage zu § 29 RechVersV trifft dazu in seinen Absätzen 1 und 2 abweichende Regelungen, die über die Maßgeblichkeit auch für die Steuerbilanz gelten: Für Schwankungsrückstellungen eröffnet sich nach Absatz 1 die Möglichkeit, eine Auflösung auf das Bilanzjahr und die folgenden vier Jahre gleichmäßig zu verteilen. Eine Auflösung im Bilanzjahr unterbleibt jedoch gem Absatz 2, sofern das Versicherungsunternehmen – unter Einbeziehung des Jahresabschlusses des Bilanzjahres in den Beobachtungszeitraum – im Folgejahr wieder eine Schwankungsrückstellung bilden müsste.

---

1 *Ellenbürger* in IDW, Rechnungslegung und Prüfung der Versicherungsunternehmen, 5. Aufl, Kapitel B IV Rn 322 und 334; *Boetius*, Handbuch der versicherungstechnischen Rückstellungen, 1996, Rn 1101 f.
2 *Warnecke* in Beck'scher VersBilKomm § 341h Rn 22; *Ellenbürger* in IDW, Rechnungslegung und Prüfung der Versicherungsunternehmen, 5. Aufl, Kapitel B IV Rn 350.

IV. Schwankungsrückstellung

Einstweilen frei.   64

4. Versteuerte Schwankungsrückstellung. Zwar führt der enge inhaltliche Zusammenhang zwischen § 20 I und § 341h I HGB dazu, dass bei Vorliegen der handelsrechtlichen Voraussetzungen zur Bildung der Schwankungsrückstellung diese idR auch steuerlich zulässig ist. Es wird jedoch zT im Handelsrecht die Auffassung vertreten, dass eine betragsmäßig über § 341h HGB iVm § 29 RechVersV hinausgehende Schwankungsrückstellung zusätzlich nach § 341e I S 1 HGB gebildet werden kann.[1] Diese zusätzliche Schwankungsrückstellung begründet sich damit, dass § 341h I HGB nicht als lex specialis der grundsätzlichen Vorschrift des § 341e I S 1 HGB für die Bildung versicherungstechnischer Rückstellungen vorgeht.[2] Für steuerliche Zwecke wäre diese Rückstellung, die ua Risiken aus nicht erheblichen Schäden erfasst oder für nicht gem § 20 I erheblich schwankenden Jahresbedarf zurückgestellt werden soll, jedenfalls nicht anzuerkennen. Denn sie erfüllt die Anforderungen des § 20 I nicht, es handelt sich damit um eine sog „versteuerte Schwankungsrückstellung".[3]   65

Einstweilen frei.   66

5. Abzinsung. Handelsrecht. Für Schwankungsrückstellungen besteht handelsrechtlich gem § 341e I S 3 HGB keine Abzinsungspflicht.   67

Steuerrecht. Schwankungsrückstellungen sind auch ertragsteuerlich nicht abzuzinsen.[4] § 20 I selbst trifft keine Regelung zur Abzinsung. Somit verbleibt grundsätzlich die Möglichkeit einer Abzinsung nach § 6 I Nr 3a lit e iVm Nr 3 S 2 EStG, der für Rückstellungen ohne verzinsliche Anteile eine Abzinsung von 5,5 % normiert. In der Literatur wird eine Abzinsung zT mit Hinweis auf eine Verzinslichkeit bzw eine der Verzinslichkeit vergleichbare Situation iRd handelsrechtlichen Berechnungsmodalitäten der Schwankungsrückstellung verneint.[5] Darauf kommt es jedoch in der Praxis iRv Betriebsprüfungen nicht an, weil die Finanzverwaltung die handelsrechtliche Bewertung der Schwankungsrückstellung für steuerliche Zwecke anerkennt (vgl Rn 46).[6]   68

Einstweilen frei.   69

6. Keine vGA im Falle der Mindestzuführung bei VVaG. Die Mindestzuführung nach Abschnitt 1 Nr 3 der Anlage zu § 29 RechVersV stellt bei einem VVaG keine vGA dar, auch wenn dadurch ein versicherungstechnischer Verlust entsteht, der zu Lasten des finanztechnischen Ergebnisses geht.[7]   70

Einstweilen frei.   71

---

1   *Warnecke* in Beck'scher VersBilKomm § 341h Rn 27; *Boetius*, Handbuch der versicherungstechnischen Rückstellungen, 1996, Rn 1092.
2   AA *Hommel/Löw* in MüKo HGB § 341h HGB Rn 13 mit Hinweis auf die restriktive Regelung des Art 30 der EG-Versicherungsbilanz-RL.
3   *Boetius* in H/H/R § 20 Rn 13; *Schick* in Erle/Sauter § 20 Rn 41.
4   AA *Frotscher* in Frotscher/Maas § 20 Rn 17.
5   *Roser* in Gosch § 20 Rn 30; *Schlenker* in Blümich § 20 Rn 30; *Groß* in D/P/J/W Vor §§ 20–21a Rn 93.
6   So auch *Schick* in Erle/Sauter § 20 Rn 40.
7   BMF v 2.1.1979, BStBl I 1979, 58, Tz 1, Weitergeltung über Nr 1048 der Positivliste des Schreibens betreffend Eindämmung der Normenflut v 4.4.2011, BStBl I 2011, 356.

72 **7. Betriebsstätten. Harmonisierung der Rechnungslegung.** Mit der EG-Versicherungsbilanz-RL 91/674/EWG wird ua eine Harmonisierung der Rechnungslegungsvorschriften für Versicherungsunternehmen angestrebt. Mit Art 30 dieser RL wurde dabei die Grundlage für eine EU-einheitliche Regelung zur Schwankungsrückstellung geschaffen. Eine Harmonisierung ist jedoch bislang nicht erfolgt, so dass für die Zwischenzeit nach Art 62 der RL die einzelstaatlichen Bestimmungen für die Bildung einer Schwankungsrückstellung vorrangig sind. Somit sind auch derzeit noch Schwankungsrückstellungen nicht nur außerhalb der EU, sondern auch in anderen EU-Ländern zT nicht oder nur eingeschränkt zulässig.[1]

73 **Im Inland belegene Betriebsstätten.** Für im Inland belegene Betriebsstätten ausländischer Versicherungsunternehmen ist gem Tz 4.2.2 „Gewinnermittlung" I S 2 des Betriebsstättenerlasses[2] nach Auffassung der Finanzverwaltung zusätzlich zu der Gewinnermittlung nach den allgemeinen Vorschriften des Handels- und Steuerrechts auch § 20 zu beachten. Die inländische Betriebsstätte hat danach eine Schwankungsrückstellung zu bilden unabhängig davon, ob das Stammhaus im Ausland eine entsprechende Rückstellung bilden darf.

74 **Im Ausland belegene Betriebsstätten.** Handelsrechtlich wird auf den gesamten Versicherungsbestand von Stammhaus und Betriebsstätte der jeweiligen Versicherungssparte eine Schwankungsrückstellung gebildet.[3] Steuerlich gelten für im Ausland belegene Betriebsstätten deutscher Versicherungsunternehmen gem Tz 4.2.4 „Gewinnermittlung" des Betriebsstättenerlasses die Ausführungen unter Tz 4.2.2 sinngemäß und führen ebenfalls zu einer Anwendung von § 20 I. Für eine Aufteilung des Gesamtergebnisses auf Stammhaus und Betriebsstätte stehen die direkte, indirekte und die gemischte Methode zur Verfügung,[4] wobei das deutsche Steuerrecht grundsätzlich von einem Vorrang der direkten Gewinnermittlung ausgeht.[5] Davon abweichend sieht die Finanzverwaltung mit BMF-Schreiben v 2.1.1979 eine Aufteilung der Schwankungsrückstellungen und ihre Gewinn- und Verlustrechnungs-Auswirkungen nach der sog indirekten Ermittlungsmethode anhand der verdienten Beiträge für eigene Rechnung auf das Stammhaus und die Betriebsstätte vor. Dabei wird der Anteil der Schwankungsrückstellung, der bei der inländischen Besteuerung zu berücksichtigen ist, aus dem Verhältnis der verdienten Beiträge für eigene Rechnung für das der inländischen Besteuerung unterliegende Geschäft zu den verdienten Beiträgen für eigene Rechnung für das gesamte Geschäft ermittelt.[6] In der Praxis kann jedoch uU eine sachgerechte direkte Ermittlung in Betriebsprüfungen Berück-

---

1 Übersicht zu einzelnen Ländern siehe *Roser/Schrepp* in Grotherr, Handbuch der internationalen Steuerplanung, S 1323.
2 BMF v 24.12.1999, BStBl I 1999, 1076, zuletzt geändert durch BMF v 25.8.2009, BStBl I 2009, 888.
3 *Frotscher* in Frotscher/Maas § 20 Rn 13; *Roser* in Gosch § 20 Rn 35.
4 *Wassermeyer* in D/W Art 7 MA Rn 188 ff mit näheren Ausführungen zu den Gewinnabgrenzungsmethoden; zur Abgrenzung der direkten und der indirekten Gewinnermittlungsmethode ua *Schröder/Strunk* in Mössner, Steuerrecht international tätiger Unternehmen, Rn C 15 ff.
5 BFH IV R 80/82, BStBl II 1985, 405; BFH II R 213/83, BStBl II 1986, 785; BFH II R 39/89, BStBl II 1993, 63; Betriebsstättenerlass v 24.12.1999, BStBl I 1999, 1076, zuletzt geändert durch BMF v 25.8.2009, BStBl I 2009, 888, Tz 2.3 „Methoden der Gewinnaufteilung".
6 BMF v 2.1.1979, BStBl I 1979, 58, Tz 2, Weitergeltung über Nr 1048 der Positivliste des Schreibens betreffend Eindämmung der Normenflut v 4.4.2011, BStBl I 2011, 356.

sichtigung finden. Die Ermittlung des im Inland von der Besteuerung freizustellenden Betriebsstättenergebnisses richtet sich nach deutschen Besteuerungsgrundsätzen.[1] Die anteilige Zuordnung der Schwankungsrückstellung zu dem Betriebsstättenergebnis hat eine reduzierte Freistellung im Inland zur Folge.

Internationale Verwerfungen. Im Gegensatz zu der im Inland normierten Verpflichtung zur Bildung von Schwankungsrückstellungen sind entsprechende Rückstellungen im Ausland zum Teil nicht oder nur eingeschränkt zulässig.[2] Diese mangelnde internationale Harmonisierung der Bilanzierung und Bemessung der Besteuerungsgrundlagen führt dazu, dass in Fällen, in denen durch DBA die Freistellung des Betriebsstättengewinns vereinbart wurde, die Freistellung und das im Belegenheitsstaat zu besteuernde Betriebsstättenergebnis voneinander abweichen können.[3]

Einstweilen frei.

V. Rückstellung für noch nicht abgewickelte Versicherungsfälle (§ 20 II). 1. Begriff gem § 341g I HGB. Rückstellungen für noch nicht abgewickelte Versicherungsfälle (Schadenrückstellungen) sind nach § 341g I HGB zur Erfassung von dem Grunde und/oder der Höhe nach ungewissen Verpflichtungen des Versicherungsunternehmens gegenüber den Versicherungsnehmern bzw den geschädigten Dritten aus den zum Ende des Geschäftsjahres eingetretenen, aber noch nicht abgewickelten Versicherungsfällen unter Berücksichtigung der gesamten Schadenregulierungsaufwendungen zu bilden. Bei den Schadenrückstellungen handelt es sich um Rückstellungen für ungewisse Verbindlichkeiten nach § 249 I S 1 HGB. Sie werden nach vernünftiger kaufmännischer Beurteilung bewertet und in notwendiger Höhe angesetzt. Dabei müssen die Rückstellungen nach § 341e I S 1 HGB so angesetzt werden, dass die dauernde Erfüllbarkeit der Verpflichtungen aus den Versicherungsverträgen sichergestellt ist (vgl Rn 26 und 28).

Einstweilen frei.

2. Teilrückstellungen. a) Übersicht. Die Schadenrückstellungen setzen sich entsprechend der BerVersV aus folgenden Teilrückstellungen zusammen:

- Teilrückstellungen für bekannte Versicherungsfälle,
- Teilrückstellungen für Spätschäden,
- Teilrückstellungen für Rentenversicherungsfälle,
- Teilrückstellungen für Schadenregulierungsaufwendungen.

Einstweilen frei.

b) Teilrückstellung für bekannte Versicherungsfälle. Die Teilrückstellung für bekannte Versicherungsfälle umfasst die Versicherungsfälle, die bis zum Bilanzstichtag eingetreten und dem Versicherungsunternehmen gemeldet sind, deren Regulierung aber

---

1 Art 23A iVm Art 7 OECD-MA; Betriebsstättenerlass v 24.12.1999, BStBl I 1999, 1076, zuletzt geändert durch BMF v 25.8.2009, BStBl I 2009, 888, Tz 2 „Aufteilung des Betriebsvermögens und der Einkünfte".
2 Übersicht zu einzelnen Ländern in *Roser/Schrepp* in Grotherr, Handbuch der internationalen Steuerplanung, S 1323; *Roser* in Gosch § 20 Rn 35.
3 *Roser/Schrepp* in Grotherr, Handbuch der internationalen Steuerplanung, S 1340f; *Wassermeyer/Piltz/Malinski* in D/W MA Art 7 MK 15.

noch nicht abgeschlossen ist. Sie stellt den Grundfall der Schadenrückstellung nach § 341g I S 1 HGB dar. Die Rückstellung für bekannte Versicherungsfälle ist ein Sammelposten aus der Summe der nach dem Grundsatz der Einzelbewertung für jeden Schadenfall zu bildenden Rückstellungen.[1] Verpflichtungen, die durch das Versicherungsunternehmen in Form einer festgesetzten Rente zu leisten sind, werden hier nicht zurückgestellt. Sie werden in der Teilrückstellung für Rentenversicherungsfälle bilanziell erfasst.

82   *Einstweilen frei.*

83   **c) Teilrückstellung für Spätschäden.** Die Teilrückstellung für Spätschäden umfasst Versicherungsfälle, die bis zum Bilanzstichtag rechtlich oder wirtschaftlich verursacht, aber dem Versicherungsunternehmen – im Gegensatz zu der Teilrückstellung für bekannte Versicherungsfälle – noch nicht gemeldet worden sind. Es wird unterschieden zwischen bekannten und unbekannten Spätschäden.[2] Während die Teilrückstellung für bekannte Spätschäden aufgrund von zwischen Bilanzstichtag und Inventaraufstellung (Schließung des Schadenregisters) erfolgten Meldungen der Versicherungsnehmer entsprechend dem Einzelbewertungsprinzip (§ 252 I Nr 3 HGB) zu erfassen und zu bewerten ist, beruht die Teilrückstellung für unbekannte Spätschäden nach § 341g II HGB mangels Vorliegen von konkreten Schadenmeldungen auf Schätzungen anhand von Erfahrungen der Vergangenheit (Pauschalrückstellung).

84   *Einstweilen frei.*

85   **d) Teilrückstellung für Rentenversicherungsfälle.** Eine Rückstellung für Rentenversicherungsfälle (Renten-Deckungsrückstellung) gem § 341g V HGB ist zu bilden, wenn durch ein rechtskräftiges Urteil, einen Vergleich oder ein Anerkenntnis die Pflicht des Versicherungsunternehmens zur Rentenzahlung feststeht. Erfasst werden nur Rentenversicherungsfälle, die bis zum Bilanzstichtag eingetreten und gemeldet sind; bis zum Bilanzstichtag eingetretene, aber nicht gemeldete Rentenversicherungsfälle sind in der Teilrückstellung für Spätschäden zu berücksichtigen.[3] Die Rückstellung ist für jeden Einzelfall gesondert nach anerkannten versicherungsmathematischen Methoden zu berechnen. Rückstellungsbeträge, die zunächst in den Teilrückstellungen für bekannte Versicherungsfälle oder für Spätschäden enthalten waren, sind bei Feststellung der Verrentung des Versicherungsfalls in die Teilrückstellung für Rentenversicherungsfälle zu überführen.[4]

86   *Einstweilen frei.*

87   **e) Teilrückstellung für Schadenregulierungsaufwendungen.** Eine gesonderte Teilrückstellung ist für interne und externe Aufwendungen, die voraussichtlich nach dem Bilanzstichtag zur Schadenregulierung anfallen werden, nach § 341g I S 2 HGB zu bilden. Da die Regulierung eines Versicherungsfalls die Ermittlung und die Bearbeitung des Schadens umfasst, lassen sich Schadenregulierungsaufwendungen

---

1   BFH I 278/63, BStBl II 1968, 715.
2   *Hommel/Schulte* in MüKo HGB § 341g HGB Rn 14 ff; *Koch/Krause* in Beck'scher VersBilKomm § 341g HGB Rn 10 f.
3   *Nguyen*, Rechnungslegung von Versicherungsunternehmen, 2008, S 358.
4   *Koch/Krause* in Beck'scher VersBilKomm § 341g HGB Rn 25.

entsprechend in Schadenermittlungskosten und Schadenbearbeitungskosten (den Ansatz letzterer lehnt der BFH für die Steuerbilanz ab, vgl Rn 125) unterteilen. Zur steuerlichen Bewertung dieser Teilrückstellung vgl Rn 125 ff.

Einstweilen frei. 88

f) Forderungen aus Regressen, Provenues und Teilungsabkommen. Bei der Rückstellungsbildung sind nach § 26 II S 1 RechVersV Vorteile aus sog „RPT"-Forderungen, dh aus Regressen, Provenues (= Ansprüche auf ein versichertes Objekt oder auf die Erlöse daraus) und Teilungsabkommen (teilweise Schadenübernahme bei Mitversicherung durch einen anderen Versicherer), die das Versicherungsunternehmen geltend machen kann, reduzierend zu berücksichtigen.[1] 89

Einstweilen frei. 90

3. Grundsatz der Einzelbewertung. Grundsätzlich ist bei der Bildung der Rückstellungen eine Einzelbewertung nach § 252 II Nr 3 HGB vorzunehmen. Soweit dies nicht möglich ist oder der Aufwand unverhältnismäßig wäre, können Schätzungen mittels Näherungsverfahren gem § 341e III HGB zur Anwendung kommen. Für unbekannte Spätschäden ist eine Pauschalbewertung durchzuführen. Vgl dazu auch Rn 83. Bei Krankenversicherungsunternehmen wird die Rückstellung durch Anwendung eines statistischen Näherungsverfahrens ermittelt (§ 341e III HGB). 91

Einstweilen frei. 92

4. Bewertung in der Steuerbilanz. a) Bewertungsgrundsätze. Realitätsnähere Bewertung. Nach § 20 II iVm § 6 I Nr 3a lit a EStG wird die Rückstellung für noch nicht abgewickelte Versicherungsfälle steuerlich nur anerkannt, soweit sie voraussichtlich auch benötigt wird (Wahrscheinlichkeit der Inanspruchnahme). Dabei werden in der Steuerbilanz iRd sog realitätsnäheren Bewertung der Schadenrückstellungen die Erfahrungen aus der Abwicklung der Schadenrückstellungen in der Vergangenheit berücksichtigt. Als Folge wird die Summe der Rückstellungen um den Betrag gemindert, der wahrscheinlich insgesamt nicht zur Befriedigung der Ansprüche für Schäden benötigt wird. 93

Ablaufverprobung des BMF-Pauschalverfahrens. Mit Schreiben v 5.5.2000[2] hat das BMF ein pauschalierendes Berechnungsschema für die realitätsnähere Bewertung vorgelegt. Durch eine sog Ablaufverprobung wird ein pauschaler Abschlag auf die handelsrechtliche Schadenrückstellung unter Berücksichtigung von Erkenntnissen aus der Vergangenheit errechnet. Auf dieser Grundlage ermittelt sich der Rückstellungsbedarf für Zwecke der Steuerbilanz. Die Ablaufverprobung stellt auf die sogenannte Netto-Basis ab, dh auf den Teil der Schadenrückstellung, der nicht durch eine Rückversicherung gedeckt ist (sog Netto-Schadenrückstellung oder Rückstellung für eigene Rechnung). Sie erfolgt nach folgendem Berechnungsschema: 94

---

1 Ebenso *Koch/Krause* in Beck'scherVersBil Komm § 341g HGB Rn 39 ff mit dem Argument, dass es sich um eine versicherungsspezifische Ausnahme vom Saldierungsverbot des § 246 II HGB handelt; aA *Boetius*, Handbuch der versicherungstechnischen Rückstellungen, 1996, Rn 956.
2 BMF v 5.5.2000, BStBl I 2000, 487 ff.

Zunächst sind die nachfolgend beschriebenen Rechenschritte (1.) bis (3.) für jeden Versicherungszweig (hierzu Rn 101) jeweils für die Jahre des Beobachtungszeitraums (hierzu Rn 105 ff) vorzunehmen, um die prozentualen Abwicklungsergebnisse aller Jahre des Beobachtungszeitraums zu erhalten.

(1.) Ermittlung des Abwicklungsvolumens

(1.1.)   Schadenrückstellung für eigene Rechnung (feR) am Anfang des WJ

./. Rückstellung (RSt) für Schadenregulierungskosten feR am Anfang des WJ

= maßgebliche Schaden-RSt feR am Anfang des WJ

(1.2.)   Schaden-RSt feR für Versicherungsfälle der Vorjahre am Ende des WJ

./. RSt für Schadenregulierungskosten feR für Vorjahresfälle am Ende des WJ

= maßgebliche Schadenrückstellung für Vorjahresfälle feR am Ende des WJ

(1.3.)   maßgebliche Schaden-RSt feR am Anfang des WJ [1.1.]

./. maßgebliche Schaden-RSt feR für Vorjahresfälle am Ende des WJ [1.2.]

= Abwicklungsvolumen

(2.) Ermittlung der Schadenzahlungen

Zahlungen im laufenden WJ für Versicherungsfälle der Vorjahre feR

./. im lfd WJ gezahlte Schadenregulierungsaufwendungen für Vorjahresfälle feR

= Schadenzahlungen für Vorjahresfälle feR

(3.) Ermittlung des Abwicklungsergebnisses in Prozent

(3.1.)   Abwicklungsvolumen [1.3.]

./. Schadenzahlungen für Vorjahresfälle feR [2.]

= Abwicklungsergebnis absolut

(3.2.)   Abwicklungsergebnis absolut [3.1.] * 100 / Abwicklungsvolumen [1.3.]

= Abwicklungsergebnis in Prozent

Anschließend wird in den Rechenschritten (4.) und (5.) aus den prozentualen Abwicklungsergebnissen aller Jahre des Beobachtungszeitraums zunächst das mittlere arithmetische Abwicklungsergebnis in Prozent (hierzu Rn 111) und dann unter Berücksichtigung des jeweiligen Sicherheitszuschlags (hierzu Rn 117 ff) die steuerlich zulässige Schadenrückstellung je Versicherungszweig wie folgt ermittelt:

(4.) Ermittlung des mittleren arithmetischen Abwicklungsergebnisses

Addition der prozentualen Abwicklungsergebnisse aller Jahre des Beobachtungszeitraums

/ Anzahl der Jahre des Beobachtungszeitraums

= mittleres arithmetisches Abwicklungsergebnis in Prozent (entspricht der durchschnittlichen prozentualen Besserregulierung der vergangenen Jahre)

(5.) Ermittlung der steuerbilanziellen Schaden-RSt
(5.1.) 100%
./. mittleres arithmetisches Abwicklungsergebnis in Prozent [4.]
= Rückstellungsbedarf in Prozent
x Sicherheitszuschlag von mindestens 15 %
= Rückstellungsbedarf einschließlich Sicherheitszuschlag in Prozent
==

(5.2.) Schaden-RSt ohne RSt für Schadenregulierungskosten feR am Ende des WJ
x Rückstellungsbedarf in Prozent [5.1.]
= Steuerbilanzielle Schadenrückstellung ohne RSt für Schadenregulierungskosten feR am Ende des WJ nach realitätsnäherer Bewertung

Einstweilen frei. 95-96

b) Betroffene Unternehmen und Bemessungsgrundlage. Das zuvor beschriebene pauschale Berechnungsschema wird durch die Finanzverwaltung grundsätzlich auf alle Versicherungen angewendet. Versicherungszweigspezifische Modifizierungen und Einschränkungen regelt das Schreiben in Abschnitt III Tz 2-5.[1] 97

Sachversicherer. Das pauschale Berechnungsschema des BMF findet bei Schaden- und Unfallversicherungsunternehmen hinsichtlich des selbst abgeschlossenen Geschäfts für jeden Versicherungszweig, für den nach § 2 und § 4 BerVersV eine gesonderte Gewinn- und Verlustrechnung aufzustellen ist, Anwendung. Für Versicherungszweige, die wie die Transportversicherung nach Zeichnungsjahren abgerechnet werden, sind besondere Bewertungsvorschriften zu berücksichtigen (vgl § 27 I RechVersV) und das pauschale Berechnungsverfahren des BMF gem Abschnitt III Tz 3 zu modifizieren, da diese Rückstellung sowohl aus Elementen der Schadenrückstellung als auch der Beitragsüberträge besteht. Bei Rückversicherern wird die Berechnung für die in § 2 und § 6 BerVersV genannten Versicherungszweige in Bezug auf das von ihnen in Rückdeckung übernommene Geschäft vorgenommen.[2] 98

Personenversicherer. In der Krankenversicherung werden Schadenrückstellungen nur insoweit gebildet, als für die eingetretenen Versicherungsfälle die Heilbehandlung (Inanspruchnahme eines Arztes, der Apotheke, des Krankenhauses oder ähnliches) vor dem Abschlussstichtag liegt oder ein Tagegeld für Tage vor dem Abschlussstichtag gewährt wird (§ 26 I S 2 RechVersV). Eine Ablaufverprobung wird von der Finanzverwaltung bei der Bewertung dieser Schadenrückstellungen von Krankenversicherungsunternehmen als entbehrlich angesehen, sofern das nach § 341g III S 1 HGB vorgeschriebene statistische Näherungsverfahren zutreffend angewendet wird.[3] Bei Lebensversicherungsunternehmen ist eine Ablaufverprobung nach dem BMF-Berechnungsschema grundsätzlich wegen der geringen 99

---
1 BMF v 5.5.2000, BStBl I 2000, 487.
2 BMF v 5.5.2000, BStBl I 2000, 487, Abschn III Tz 3.
3 BMF v 5.5.2000, BStBl I 2000, 487, Abschn III Tz 4.

Bedeutung der Schadenrückstellung für die Bilanzen entbehrlich. Dies ist nur dann nicht der Fall, soweit bei Teilen der Schadenrückstellungen, zB im Bereich von Berufsunfähigkeitsversicherungen, nicht unerhebliche Abwicklungsgewinne vorliegen.[1]

100 **Ablaufverprobung nach Bilanz-/Schadenanfalljahren für einzelne Versicherungszweige.** Die Ablaufverprobung ist gem Abschnitt III des BMF-Schreibens nach Bilanzjahren oder alternativ nach Schadenanfalljahren für die einzelnen Versicherungszweige vorzunehmen.[2] Dabei ist nach Tz 1 bei Schaden- und Unfallversicherungsunternehmen ausschließlich auf die Versicherungssparten abzustellen, für die nach aufsichtsrechtlichen Vorgaben eine separate versicherungstechnische Gewinn- und Verlustrechnung zu erstellen ist. Abweichend davon wird in Betriebsprüfungen teilweise auch eine freiwillige, über die aufsichtsrechtlichen Vorgaben hinausgehende Aufteilung in versicherungstechnische Gewinn- und Verlustrechnungen und eine darauf basierende Ablaufverprobung akzeptiert, wenn diese Aufteilung nicht ausschließlich für Zwecke der realitätsnäheren Bewertung eingeführt wurde.

101 **Teilrückstellung für unbekannte Spätschäden und für Schadenregulierungskosten.** Nach den Regelungen des BMF-Schreibens in Abschnitt III Tz 1 darf die Teilrückstellung für unbekannte Spätschäden für Zwecke dieser Berechnung ausgesondert werden.[3] Hintergrund dafür ist die für diese Teilrückstellung davon unabhängig bestehende Notwendigkeit, die im Geschäftsbericht des BAV für 1977[4] festgehaltenen Grundsätze für die Bildung der Rückstellung für unbekannte Spätschäden dem Grunde und der Höhe nach einzuhalten. Entsprechendes gilt, ebenfalls nach Abschnitt III Tz 1 des vorgenannten BMF-Schreibens, für die Teilrückstellung für Schadenregulierungskosten unter Bezug auf ihre Berechnung nach dem BMF-Schreiben vom 2.2.1973.[5]

102-103 *Einstweilen frei.*

104 **c) Beobachtungszeitraum. Mindestzeitraum.** Eine aussagefähige Ablaufverprobung erfordert nach Abschnitt III Tz 1.1.4 des BMF-Schreibens einen Beobachtungszeitraum von mindestens 5 Jahren.[6] Dh die Berechnung ist für mindestens das WJ der zu bewertenden Rückstellung und die vier vorangegangenen Jahre vorzunehmen. Für neue Versicherungszweige lässt das BMF-Schreiben die Verwendung eines kürzeren Beobachtungszeitraums zu.

---

1 BMF v 5.5.2000, BStBl I 2000, 487, Abschn III Tz 5.
2 BMF v 5.5.2000, BStBl I 2000, 487.
3 BMF v 5.5.2000, BStBl I 2000, 487.
4 Geschäftsbericht des BAV für 1977, S 43 f.
5 BMF-Schreiben zur Neuregelung der ertragsteuerlichen Behandlung der Schadenermittlungs- und Schadenbearbeitungskosten bei Versicherungsunternehmen ab 1972 v 2.2.1973, DStZ/Eildienst 1973, 74, das mit dem BMF-Schreiben zur Eindämmung der Normenflut v 7.6.2005 aufgehoben wurde und insofern formell keine Bindungswirkung mehr für die Finanzverwaltung entfaltet. Weitergeltung haben jedoch die inhaltsgleichen koordinierten Ländererlasse, ua Finanzministerium Baden-Württemberg v 15.2.1973 und Finanzministerium Nordrhein-Westfalen v 22.2.1973, VerBAV 1973, 105; ebenso *Schick* in Erle/Sauter § 20 Rn 59.
6 BMF v 5.5.2000, BStBl I 2000, 487.

V. Rückstellung für noch nicht abgewickelte Versicherungsfälle

Maximaler Beobachtungszeitraum. Das Schreiben der Finanzverwaltung gibt keine Obergrenze oder Begründungspflicht für den Beobachtungszeitraum vor. Die Wahl des Beobachtungszeitraums sollte dem jeweiligen Versicherungsunternehmen überlassen sein, solange er nicht offensichtlich unangemessen und nicht sachgerecht ist.[1] In der Branche werden häufig Beobachtungszeiträume zwischen 5 und 15 Jahren angesetzt und von der Finanzverwaltung akzeptiert. In Einzelfällen werden auch längere Beobachtungszeiträume verwendet.

Einheitlicher Beobachtungszeitraum. Für die einzelnen Versicherungszweige eines Versicherungsunternehmens können unterschiedliche Beobachtungszeiträume angesetzt werden.[2] Sie werden bei der realitätsnahen Bewertung der Schadenrückstellungen separat betrachtet. Da auch das Schreiben der Finanzverwaltung dieser Systematik folgend nicht voraussetzt, dass ein einheitlicher Beobachtungszeitraum für alle Sparten eines Unternehmens herangezogen wird, wurde dieses Vorgehen in der Vergangenheit auch in Betriebsprüfungen akzeptiert.

Veränderung des Beobachtungszeitraums. Eine Regelung zur Umstellung eines für einen Versicherungszweig zugrunde gelegten Beobachtungszeitraums enthält das BMF-Schreiben nicht. Eine Veränderung des Beobachtungszeitraums, zB von 10 auf 15 Jahre aufgrund inzwischen zusätzlich vorliegender Datenbasis, wird idR von Betriebsprüfungen anerkannt, sofern nicht firmenspezifische Besonderheiten wie evtl eine überwiegende Veränderung des Versicherungsbestandes dagegen sprechen. In der Praxis fordert die Finanzverwaltung iRv Betriebsprüfungen idR, dass Versicherungsunternehmen die Auswahl der Beobachtungszeiträume nicht willkürlich verändern, um ein sog cherry-picking zu vermeiden. Im Einzelfall sollte eine kontinuierliche jährliche Verlängerung des Beobachtungszeitraums für einen Versicherungszweig um jeweils ein Jahr als sachgerecht angesehen werden; sie steht auch dem Wortlaut des BMF-Schreibens nicht entgegen, da dieses keinen unveränderlichen Beobachtungszeitraum vorschreibt.[3]

Einstweilen frei.

d) Negative Abwicklungsvolumen in der Ablaufverprobung. Sog negative Abwicklungsvolumen ergeben sich in der Ablaufverprobung einzelner Jahre, wenn in Einzelfällen die Nettoschadenrückstellung am Anfang des Jahres niedriger ist als die Schadenrückstellung für Vorjahresschäden am Ende des Geschäftsjahres. Ausgelöst wird dies idR durch eine Nachreservierung für aus dem Vorjahr übernommene Altschäden, die die Summe aus dem Verbrauch der Schadenrückstellung durch geleistete Zahlungen und einer ggf vorgenommenen Auflösung der Rückstellung übersteigt. In diesen Fällen ist es sachgerecht, das prozentuale Abwicklungsergebnis für das betreffende Jahr mit 0 % anzusetzen. Denn eine Nachreservierung entspricht gerade dem für steuerliche Zwecke im Gegensatz zum handelsrechtlichen Vorsichtsprinzip geforderten Verhalten, keine Überreservierung vorzunehmen. Die teilweise

---

1 AA *Groß* in D/J/P/W § 20 Rn 27, ein Beobachtungszeitraum von über 5 Jahren müsste sachlich begründet werden.
2 So auch *Schick* in Erle/Sauter § 20 Rn 50.
3 Ebenso *Schick* in Erle/Sauter § 20 Rn 50.

in Betriebsprüfungen anzutreffenden Bestrebungen der Finanzverwaltung, für das betreffende Jahr ein Abwicklungsergebnis iHd durchschnittlichen prozentualen Abwicklungsergebnisses einiger Jahre des Beobachtungszeitraums anzusetzen, ist mangels einer steuerlich zu korrigierenden Überreservierung nicht sachgerecht.

110 *Einstweilen frei.*

111 **e) Mittleres arithmetisches Abwicklungsergebnis.** Durch die Berechnungsmethodik der Finanzverwaltung, ein arithmetisches Mittel zu bilden, werden die Jahre des Beobachtungszeitraums iRe Durchschnittsberechnung gleich gewichtet. Änderungen im handelsrechtlichen Reservierungsverhalten wirken sich daher zeitlich nur sehr verzögert auf die steuerlich anzuerkennende Rückstellung für noch nicht abgewickelte Versicherungsfälle aus. Eine andere Berechnungsmethode, wie zB ein mathematischer Ansatz auf der Grundlage einer Standard-Normalverteilung, um stärkere Schwankungen im tatsächlichen Schadensverlauf durch hohe Ausreißer zu berücksichtigen,[1] wäre begrüßenswert, wird jedoch durch das BMF-Schreiben und in Betriebsprüfungen idR nicht zugelassen.

112 *Einstweilen frei.*

113 **f) Abwicklungsverluste. Abwicklungsverluste einzelner Jahre.** Prozentuale Abwicklungsverluste einzelner Jahre des Beobachtungszeitraums eines Versicherungszweiges sind in die Durchschnittsberechnung einzubeziehen, da nur so die gesamten Erfahrungswerte der Vorjahre berücksichtigt werden.[2] In Betriebsprüfungen sind Bestrebungen der Finanzverwaltung erkennbar, die prozentualen Abwicklungsergebnisse auf eine Bandbreite von 0 bis 100 % zu begrenzen. Nachteile sollen ggf über eine Erhöhung der Sicherheitszuschläge kompensiert werden. In dem BMF-Schreiben findet dieses Vorgehen keine Stütze.

114 **Keine Verrechnung zwischen Versicherungszweigen.** Eine Verrechnung von Abwicklungsgewinnen und -verlusten, die sich für einzelne Versicherungszweige im Durchschnitt ihres jeweiligen Beobachtungszeitraums ergeben, kann wegen der separaten Bewertung je Zweig nicht vorgenommen werden.

115 **Begrenzung durch Maßgeblichkeit der Handelsbilanz.** Sofern sich für eine Versicherungssparte insgesamt ein durchschnittlicher prozentualer Abwicklungsverlust ergibt, kann die Schadenrückstellung aufgrund der Maßgeblichkeit der Handels- für die Steuerbilanz insoweit nicht erhöht werden.[3]

116 *Einstweilen frei.*

117 **g) Sicherheitszuschlag.** Zur Berücksichtigung von Unsicherheiten in der Ablaufverprobung, die sich daraus ergeben können, dass sich Schadenstrukturen durch veränderte Verhältnisse nachteilig im Vergleich zur Vergangenheit verschieben, kann der tatsächliche Rückstellungsbedarf um einen Sicherheitszuschlag von 15 % – bezogen auf den zuvor errechneten prozentualen Rückstellungsbedarf – erhöht

---

1 *Roser* in Gosch § 20 Rn 60.
2 *Schick* in Erle/Sauter § 20 Rn 52.
3 *Schick* in Erle/Sauter § 20 Rn 53.

werden. Höhere Sicherheitszuschläge sind zulässig, wenn dies durch nicht in der Ablaufverprobung erfasste Besonderheiten gerechtfertigt ist. Entsprechende Regelungen zum Sicherheitszuschlag enthält das BMF-Schreiben in Abschnitt III Tz 1.2.[1]

Besonderheiten rechtfertigen höhere Sicherheitszuschläge. Da es sich bei der Ablaufverprobung um ein pauschales Berechnungsverfahren handelt, können zT tatsächliche Verhältnisse einzelner Versicherungssparten unzureichend abgebildet sein. Einige entsprechende Sondereinflüsse wie zB größere Abweichungen vom mittleren arithmetischen Abwicklungsergebnis bei den Ergebnissen der einzelnen Jahre des Beobachtungszeitraums, Veränderungen im Versicherungsbestand, in den Schadenstrukturen und der Schadenentwicklung sowie Großschäden werden im BMF-Schreiben aufgeführt.[2] Sie können durch einen höher bemessenen Sicherheitszuschlag berücksichtigt werden, wobei die Finanzverwaltung in der Praxis von den Versicherungsunternehmen eine sorgfältige Dokumentation des zugrundeliegenden Sachverhalts, der Besonderheiten und deren Nichtberücksichtigung bei der Schadenrückstellung fordert. 118

Einstweilen frei. 119

h) Aktuarielle Berechnungsverfahren. Wünschenswert wäre eine grundsätzliche Anerkennung aktuarieller Verfahren für die Berechnung der Schadenrückstellungen durch die Finanzverwaltung neben der Ablaufverprobung des BMF-Schreibens. Die gesetzliche Intention, Erkenntnisse aus der vergangenen Abwicklung von Rückstellungen zu berücksichtigen, wird durch die aktuariellen Verfahren Chain-Ladder und Bornhuetter/Ferguson ebenfalls erfüllt.[3] 120

Chain-Ladder-Verfahren. Beim Chain-Ladder-Verfahren werden aus den bereits bekannten Zahlungen pro Schadenanfalljahr sog Abwicklungsfaktoren berechnet. Basierend auf den Trends der Vorjahre soll mit Hilfe dieser Faktoren die zukünftige Schadenentwicklung der einzelnen Anfalljahre beschrieben und die Angemessenheit der gebildeten Rückstellungen überprüft werden. Eine grundsätzlich vergleichbare Ermittlung der realitätsnäheren Bewertung nach Schadenanfalljahren wird auch im BMF-Schreiben in Abschnitt III für zulässig erklärt.[4] 121

Bornhuetter/Ferguson-Verfahren. Das Bornhuetter/Ferguson-Verfahren beinhaltet neben der Berechnung von Abwicklungsfaktoren zusätzlich eine Schätzung der Schadenquote, wodurch die zukünftige Schadenentwicklung stabiler geschätzt werden soll.[5] Es weicht durch die zusätzliche Berücksichtigung einer geschätzten Schadenquote zwar deutlicher als das Chain-Ladder-Verfahren von der BMF-Berechnungsmethodik ab, enthält durch die Schätzung zukünftiger Entwicklungen jedoch Elemente, die dem in Art 56 EG-Versicherungsbilanz-RL angesprochenen Grundgedanken der prospektiven Betrachtung entsprechen dürften (vgl Rn 42). 122

---

1 BMF v 5.5.2000, BStBl I 2000, 487.
2 BMF v 5.5.2000, BStBl I 2000, 487.
3 *Roser* in Gosch § 20 Rn 59; *Bögle* in IDW, Rechnungslegung und Prüfung der Versicherungsunternehmen, 5. Aufl, Kapitel I Rn 57.
4 BMF v 5.5.2000, BStBl I 2000, 487.
5 *Rockel/Helten/Loy/Ott/Sauer*, Versicherungsbilanzen, 2. Aufl, S 216.

123 *Einstweilen frei.*

124 **5. Schadenregulierungsaufwendungen. Schadenermittlungskosten.** Schadenermittlungskosten entstehen Versicherungsunternehmen iRd Prüfung ihrer Leistungspflicht dem Grunde und der Höhe nach. Sie werden durch den einzelnen Versicherungsfall veranlasst. Im Wesentlichen setzen sie sich aus Gehalts-, Reise- und Gemeinkostenanteilen für Mitarbeiter, Aufwendungen für freie Schadenregulierer, freie Sachverständige sowie Gutachterkosten, Kosten für Behördenauskünfte und Materialunterlagen zusammen.[1] Die Rückstellung von Schadenermittlungskosten iRd Rückstellung für Schadenregulierungskosten ist steuerlich zulässig. Sie kann pauschal ermittelt werden.[2]

125 **Schadenbearbeitungskosten.** Zu den Schadenbearbeitungskosten zählen ua anteilige persönliche und sachliche Aufwendungen für die Prüfung des Versicherungsverhältnisses, die Bearbeitung von Schadenakten, den innerbetrieblichen Abrechnungsverkehr, die Abrechnung mit Rück- und Mitversicherern, die Bearbeitung von Regressen, Ausgleichsansprüchen oder Teilungsabkommen sowie die Verwaltung von Renten. Diese Aufwendungen würden einem Geschädigten nicht entstehen, wenn er nicht versichert wäre. Der steuerliche Ansatz einer Schadenrückstellung für Schadenbearbeitungskosten ist umstritten. Der BFH[3], auf diesen bezugnehmend die Finanzverwaltung[4] sowie Teile der Literatur[5] lehnen eine entsprechende Rückstellungsbildung ab, da es sich lediglich um Kosten des laufenden Geschäftsbetriebs handele und die Versicherungsunternehmen vertraglich nur zur Schadenermittlung, nicht jedoch zur Schadenbearbeitung verpflichtet seien. Nach aA müssen auch Schadenbearbeitungskosten zurückgestellt werden; Schadenermittlung und Schadenbearbeitung sind hiernach als unselbständige Teilleistungen der Schadenregulierung untrennbar mit der Hauptleistung Entschädigung verbunden und mit dieser zurückzustellen.[6] Denn die vom Versicherungsunternehmen geschuldete Leistung setze sich zusammen aus einer Geld- und einer Dienstleistungsverpflichtung. Entscheidend sei nicht, dass die Leistung selbständig einklagbar ist, sondern dass die Aufwendungen erforderlich sind, um eine Außenverpflichtung erfüllen zu können.[7] Da die Schaden-

---

1 *Boetius*, Handbuch der versicherungstechnischen Rückstellungen, 1996, Rn 1011; *Koch/Krause* in Beck'scher VersBilKomm § 341g HGB Rn 32.
2 Entsprechend den Regelungen des BMF-Schreibens zur Neuregelung der ertragsteuerlichen Behandlung der Schadenermittlungs- und Schadenbearbeitungskosten bei Versicherungsunternehmen ab 1972 v 2.2.1973, DStZ/Eildienst 1973, 74, das mit dem BMF-Schreiben zur Eindämmung der Normenflut v 7.6.2005 aufgehoben wurde und insofern formell kein Bindungswirkung mehr für die Finanzverwaltung entfaltet. Weitergeltung haben jedoch die inhaltsgleichen koordinierten Ländererlasse, ua Finanzministerium Baden-Württemberg v 15.2.1973 und Finanzministerium Nordrhein-Westfalen v 22.2.1973, VerBAV 1973, 105; ebenso *Schick* in Erle/Sauter § 20 Rn 59.
3 BFH I 114/65, BStBl II 1972, 392.
4 Vgl vorgenannte koordinierte Ländererlasse.
5 *Frotscher* in Frotscher/Maas § 20 Rn 19.
6 *Perlet*, Rückstellungen für noch nicht abgewickelte Versicherungsfälle in Handels- und Steuerbilanz, S 77 ff; *Schulte*, Fast-Close-Abschlüsse und Schadenrückstellungen nach HGB, IAS/IFRS und US-GAAP, S 79 ff.
7 *Kozikowski/Schubert* in Beck'scher BilKomm § 249 HGB Rn 27 mwN; *Ellenbürger* in IDW, Rechnungslegung und Prüfung der Versicherungsunternehmen, Kapitel B IV Rn 162-165; *Boetius*, Handbuch der versicherungstechnischen Rückstellungen, 1996, Rn 1016.

bearbeitung idR eine vertragliche Nebenverpflichtung oder zumindest eine faktische Verpflichtung[1] darstellen dürfte, der sich das Versicherungsunternehmen nicht entziehen kann, ist letztere Auffassung auch unter Berücksichtigung der Rechtsprechung des BFH zu Verbindlichkeitsrückstellungen[2] vorzuziehen. Des Weiteren sollte mangels entgegenstehender steuerlicher Vorschriften die Maßgeblichkeit der Handels- für die Steuerbilanz für eine volle steuerliche Bilanzierungspflicht sprechen.[3] Denn zurückgehend auf Art 60 I lit c der EG-Versicherungsbilanz-RL[4] sieht § 341g I S 2 HGB[5] die Rückstellung der „gesamten Schadenregulierungsaufwendungen", also auch der Schadenbearbeitungskosten, vor. Zwar führte die begleitende Begründung zum Gesetzentwurf der Bundesregierung[6] aus, dass dadurch das geltende Recht nicht geändert werde, ohne zu erwähnen, ob damit das Handelsrecht oder die einschränkende Auslegung des BFH gemeint war. Aber die klare Formulierung in § 341g I S 2 HGB („gesamte Schadenregulierungsaufwendungen") und die beschriebene Entstehungshistorie mit dem unzweideutigen Wortlaut von Art 60 I lit c der EG-Versicherungsbilanz-RL lassen einer einschränkenden Auslegung wenig Raum.[7]

Auswirkung der realitätsnäheren Bewertung der Schadenrückstellung. 126
Die von der Finanzverwaltung 1973 eingeführte pauschalierte Berechnung der steuerlich anzuerkennenden Schadenregulierungsaufwendungen führt nicht zu einem vollständigen Ansatz der Aufwendungen. Sie ermöglicht jedoch den Versicherungsunternehmen, auf einen arbeitsintensiven Einzelnachweis zu verzichten. Seit Einführung des § 20 II und der daraus idR folgenden differierenden Schadenrückstellungen für handels- bzw steuerliche Zwecke stellt die Finanzverwaltung zunehmend auf die (niedrigere) steuerliche anstatt auf die handelsrechtliche Schadenrückstellung für die Bewertung der Rückstellung für Schadenregulierungskosten ab. Das Abweichen der Finanzverwaltung von ihrer eigenen, seit Veröffentlichung des Pauschalverfahrens zur Berechnung der Rückstellung für Schadenregulierungskosten mit BMF-Schreiben und koordinierten Ländererlassen im Jahr 1973[8] angewandten Vorgehensweise überzeugt nicht.[9] Zum einen hat die Finanzverwaltung bereits vor Einführung von § 20 II insbesondere aufgrund von

---

1 Eine faktische Verpflichtung, der sich ein Kaufmann nicht entziehen kann oder will, steht einer rechtlichen Verpflichtung gleich, BGH II ZR 20/90, BB 1991, 507; vgl auch EStR 5.7 XII.
2 BFH VIII R 30/01, BStBl II 2003, 131; bestätigt durch BFH X R 14/09, DB 2011, 794; zu Nebenverpflichtungen BFH VIII R 134/80, BStBl II 1986, 788.
3 Koch/Krause in Beck'scher VersBilKomm § 341g HGB Rn 36.
4 Nach Art 60 I lit c der EG-Versicherungsbilanz-RL sind „in die Berechnung der Rückstellung die Schadenregulierungsaufwendungen, gleich welchen Ursprungs, einzubeziehen".
5 Eingefügt mit dem Versicherungsbilanzrichtlinie-Gesetz, BGBl I 1994, S 1377.
6 BTDrs 12/5587, 28.
7 Ebenso *Boetius*, Handbuch der versicherungstechnischen Rückstellungen, 1996, Rn 1015; aA *Ellenbürger* in IDW, Rechnungslegung und Prüfung der Versicherungsunternehmen, 5. Aufl, Kapitel B IV Rn 142, der vor dem Hintergrund der steuerneutralen Umsetzung der EG-RL als Hinweis auf das BMF-Schreiben v 2.2.1973 und die dort vorgesehene Außerachtlassung der Schadenbearbeitungskosten ansieht.
8 BMF v 2.2.1973, DStZ/Eildienst 1973, 74, wurde mit dem BMF-Schreiben zur Eindämmung der Normenflut vom 7.6.2005 aufgehoben. Weitergeltung haben jedoch die inhaltsgleichen koordinierten Ländererlasse, ua Finanzministerium Baden-Württemberg v 15.2.1973 und Finanzministerium Nordrhein-Westfalen v 22.2.1973, VerBAV 1973, 105.
9 *Schick* in Erle/Sauter § 20 Rn 59-61.

Feststellungen zu einzelnen Schadenakten häufig nur eine gegenüber der handelsrechtlichen Rückstellung reduzierte steuerliche Schadenrückstellung anerkannt. Dennoch hat die Finanzverwaltung für die Bewertung der Rückstellung für Schadenregulierungskosten nach dem Pauschalverfahren aus 1973 auf die handelsrechtliche Schadenrückstellung als Bemessungsgrundlage abgestellt. Ein Auseinanderfallen von handels- und steuerbilanzieller Schadenrückstellung aufgrund einer realitätsnäheren Bewertung nach § 20 II ist nicht anders zu bewerten. Zum anderen wurde das seit 1973 geltende Pauschalverfahren auch mit Einführung des BMF-Schreibens v. 5.5.2000[1] zur realitätsnäheren Bewertung, deren Normierung in § 20 II ausschließlich die bestehende Praxis gesetzlich klarstellen sollte, nicht geändert. Für die Schwankungsrückstellung wurde in dem BMF-Schreiben v 5.5.2000 geregelt, dass die Anwendung der Rechtsgrundsätze von § 20 II keine Auswirkungen auf ihre Berechnung haben werden. Ein Differenzierungsgrund für eine andere Behandlung der Rückstellung für Schadenregulierungskosten ist nicht ersichtlich. Wählen Versicherungsunternehmen die Pauschalierung der Schadenregulierungsaufwendungen, sollte dabei auf die handelsbilanzielle Schadenrückstellung abzustellen sein.

127-128 *Einstweilen frei.*

129 **6. Preisverhältnisse. Realisationsprinzip.** Die Schadenrückstellung ist handelsrechtlich nach dem Realisationsprinzip (§ 252 I Nr 4 HGB) für jeden einzelnen Versicherungsfall iHd zur Schadenregulierung voraussichtlich erforderlichen Aufwendungen zu bilden.[2] Dies entspricht der Regelung in Art 60 I lit a der EG-Versicherungsbilanz-RL.

130 **Maßgeblicher Betrachtungszeitpunkt.** Inwieweit bei der Bewertung von Rückstellungen ausschließlich die Preisverhältnisse am Bilanzstichtag oder bereits zukünftige, begründete Lohn- und Preissteigerungen zu berücksichtigen sind, war bisher umstritten. Während die höchstrichterliche Rechtsprechung auf die Preisverhältnisse am Bilanzstichtag abstellte,[3] sollten nach wohl hM in der Literatur zukünftige Lohn- und Preissteigerungen bereits bei der Rückstellungsbildung berücksichtigt werden.[4] Der iRd BilMoG grundsätzlich mit Wirkung für nach dem 31.12.2009 beginnende Geschäftsjahre[5] neu eingeführte § 341e I S 3 HGB regelt für die versicherungstechnischen Rückstellungen, dass diese nach den Wertverhältnissen am Abschlussstichtag zu bewerten sind. Zukünftige Kosten- und Preissteigerungen sollen damit – im Gegensatz zur grundsätzlichen Neuorientierung der Bewertung von Rückstellungen nach dem BilMoG durch die Neufassung des § 253 I S 2 HGB – iRd Be-

---

1 BMF v 5.5.2000, BStBl I 2000, 487.
2 *Hommel/Schulte* in MüKo HGB § 341g HGB Rn 40; *Koch/Krause* in Beck'scher VersBilKomm § 341g HGB Rn 72.
3 BFH I R 28/73, BStBl II 1975, 480; BFH IV R 39/80, BStBl II 1983, 104.
4 *Kozikowski/Schubert* in Beck'scher BilKomm § 253 HGB Rn 174; *Koch/Krause* in Beck'scher VersBilKomm § 341g HGB Rn 102 f.
5 Art 66 III S 1 EGHGB idFd BilMoG; bei Ausübung des Wahlrechts nach Art 66 III S 6 EGHGB sind hiervon abweichend die Vorschriften des BilMoG bereits für alle WJ anzuwenden, die nach dem 31.12.2008 beginnen.

V. Rückstellung für noch nicht abgewickelte Versicherungsfälle

wertung der versicherungstechnischen Rückstellungen nicht berücksichtigt werden.[1] Ausweislich der Gesetzesbegründung[2] soll es sich lediglich um eine gesetzgeberische Klarstellung handeln. Zeitgleich wurde durch die Einführung des § 6 I Nr 3a lit f EStG durch das BilMoG auch für die Steuerbilanz festgelegt, dass bei der Bewertung von Rückstellungen die Wertverhältnisse am Bilanzstichtag maßgebend und künftige Kosten- und Preissteigerungen nicht zu berücksichtigen sind. Spätestens ab dem VZ 2009 (bei Wahlrechtsausübung) bzw 2010 werden damit sowohl in der handels- als auch der steuerbilanziellen Bewertung der Schadenrückstellung Preis- und Kostensteigerungen nicht berücksichtigt.[3]

Einstweilen frei. 131

7. Abzinsung. Handelsrecht. Für die Schadenrückstellungen besteht handelsrechtlich gem § 341e I S 3 HGB keine Abzinsungspflicht. 132

Steuerrecht. Steuerrechtlich besteht jedoch ein grundsätzliches Abzinsungsgebot nach § 6 I Nr 3a lit e EStG, das auf Schadenrückstellungen anzuwenden ist. Sie sind daher mit 5,5 % abzuzinsen. Da sich die Schadenrückstellungen aus grundsätzlich einzeln zu bewertenden Rückstellungen für Schäden zusammensetzen, hätte dies eine aufwendige Berechnung und Bewertung zur Folge. Für jede Einzelrückstellung wäre die grundsätzliche steuerliche Abzinsungspflicht separat zu prüfen, dh ob die Laufzeit der jeweiligen Verpflichtung am Bilanzstichtag mehr als 12 Monate beträgt. Basierend auf der voraussichtlichen Laufzeit wäre jeweils ein Abzinsungsbetrag zu errechnen. 133

Pauschalverfahren. Aus Vereinfachungsgründen hat daher das BMF mit Schreiben v 16.8.2000[4] ein pauschales Berechnungsverfahren zugelassen. Es kann für WJ, die vor dem 1.1.2014 enden, in Anspruch genommen werden.[5] Dabei werden zunächst, ausgehend von der handelsrechtlichen Schadenrückstellung, ua verzinsliche Verpflichtungen (inkl Verpflichtungen, die erst zB aufgrund von Verzug oder Rechtshängigkeit gesetzlich verzinst werden), Rückstellungsbeträge von DBA-Betriebsstätten mit Freistellungsmethode und Minderungsbeträge nach § 20 II abgezogen. Die verbleibende Schadenrückstellung wird für die nachfolgende Pauschalbewertung in die Gruppen „Allgemeine Haftpflicht/Kraftfahrt-Haftpflicht", „Lebensversicherung" und „Sonstige" aufgeteilt. In einem weiteren Rechenschritt berücksichtigt die Finanzverwaltung durch pauschale Abschläge von 30 % für Allgemeine Haftpflicht/Kraftfahrt-Haftpflicht, 83 % für Lebensversicherung und 60 % für Sonstige, dass Verpflichtungen mit einer Laufzeit von weniger als 12 Monaten am Bilanzstichtag nicht abzuzinsen sind. Die nach dem Abzug dieser Abschläge verbleibenden Rückstellungen jeder Gruppe werden dann um weitere 40 % für verzinsliche Anteile gekürzt. Auf die so ermittelten Bemessungsgrundlagen je Gruppe wird die Abzinsung 134

---

1 *Ellenbürger* in IDW, Rechnungslegung und Prüfung der Versicherungsunternehmen, 5. Aufl, Kapitel B IV Rn 175 leitet hingegen aus § 341e I S 3 HGB kein grundsätzliches Verbot zur Berücksichtigung von Preissteigerungen bei der Bewertung von Schadenrückstellung ab.
2 BTDrs 16/10067, 97.
3 *Roser* in Gosch § 20 Rn 70.
4 BMF v 16.8.2000, BStBl I 2000, 1218.
5 Die Geltung des BMF-Schreibens v 16.8.2000 wurde mit BMF v 12.7.2005, BStBl I 2005, 819, und v 9.9.2009, BStBl I 2009, 930, verlängert.

von 5,5% unter pauschaler Annahme eines Abzinsungszeitraums von 4,8 Jahren für Allgemeine Haftpflicht/Kraftfahrt-Haftpflicht (Abzinsungsfaktor von $1/1{,}055^{4,8}$= 0,7734) und von 1,8 Jahren für Lebensversicherung und Sonstige (Abzinsungsfaktor von $1/1{,}055^{1,8}$= 0,9081) berechnet.

135 **Praxis.** Betriebsprüfungen lassen idR keine individuellen Anpassungen des zuvor beschriebenen Pauschalverfahrens der Finanzverwaltung zur Berechnung der Abzinsung von Schadenrückstellungen zu. Damit können Versicherungsunternehmen nur zwischen der äußerst arbeitsintensiven Abzinsung aller Einzelrückstellungen oder einer in allen Details unveränderten Anwendung des Pauschalverfahrens wählen. Es wäre sachgerecht, durch eine Öffnungsklausel eine Möglichkeit der Anpassung einzelner pauschaler Annahmen basierend auf den Besonderheiten des Geschäfts, zB abweichender Abzinsungszeiträume oder pauschaler Abschläge, auf Nachweis des Versicherungsunternehmens zuzulassen. Eine solche Anpassung an besondere Verhältnisse eines Versicherungsunternehmens wäre vergleichbar mit der in dem BMF-Schreiben v 5.5.2000[1] eingeräumten Möglichkeit, den Sicherheitszuschlag iRd Pauschalverfahrens der realitätsnäheren Bewertung zu erhöhen.

136-138 *Einstweilen frei.*

139 **8. Betriebsstätten.** Eine europaweite Harmonisierung der Bildung von Schadenrückstellungen ist noch nicht erfolgt.[2] Da die steuerlichen Korrekturen nach § 20 II auch für inländische Betriebstätten ausländischer Versicherungsunternehmen und bei der Ermittlung des im Inland freizustellenden Betriebsstättengewinns gelten (vgl Ausführungen in Rn 72 ff zur Schwankungsrückstellung), sind Unterschiede zwischen freigestelltem Betriebsstättengewinn und der Bemessungsgrundlage im Betriebsstättenstaat idR unvermeidbar.

140 *Einstweilen frei.*

141 **9. Verhältnis der Schaden- zur Schwankungsrückstellung.** Die Anwendung der Rechtsgrundsätze nach § 20 II führt zu keiner Änderung der für die Berechnung der Schwankungsrückstellung maßgebenden (nach handelsrechtlichen Grundsätzen ermittelten) Schadenquoten.[3]

142 *Einstweilen frei.*

---

1 BMF v 5.5.2000, BStBl I 2000, 487.
2 Übersicht bei Roser/Schrepp in Grotherr, Handbuch der internationalen Steuerplanung, S 1323.
3 BMF v 5.5.2000, BStBl I 2000, 487, Abschnitt III Tz 7.

§ 21 Beitragsrückerstattungen

(1) Beitragsrückerstattungen, die für das selbst abgeschlossene Geschäft auf Grund des Jahresergebnisses oder des versicherungstechnischen Überschusses gewährt werden, sind abziehbar

1. in der Lebens- und Krankenversicherung bis zu dem nach handelsrechtlichen Vorschriften ermittelten Jahresergebnis für das selbst abgeschlossene Geschäft, erhöht um die für Beitragsrückerstattungen aufgewendeten Beträge, soweit die Beträge das Jahresergebnis gemindert haben und die hierfür verwendeten Überschüsse dem Grunde nach steuerpflichtig und nicht steuerbefreit sind, und gekürzt um den Betrag, der sich aus der Auflösung einer Rückstellung nach Absatz 2 Satz 2 ergibt, sowie um den Nettoertrag des nach steuerlichen Vorschriften über die Gewinnermittlung anzusetzenden Betriebsvermögens am Beginn des Wirtschaftsjahrs; für Pensionsfonds gilt Entsprechendes. ²Als Nettoertrag gilt der Ertrag aus langfristiger Kapitalanlage, der anteilig auf das Betriebsvermögen entfällt, nach Abzug der entsprechenden abziehbaren und nichtabziehbaren Betriebsausgaben;
2. in der Schaden- und Unfallversicherung bis zur Höhe des Überschusses, der sich aus der Beitragseinnahme nach Abzug aller anteiligen abziehbaren und nichtabziehbaren Betriebsausgaben einschließlich der Versicherungsleistungen, Rückstellungen und Rechnungsabgrenzungsposten ergibt. ²Der Berechnung des Überschusses sind die auf das Wirtschaftsjahr entfallenden Beitragseinnahmen und Betriebsausgaben des einzelnen Versicherungszweiges aus dem selbst abgeschlossenen Geschäft für eigene Rechnung zugrunde zu legen.

(2) ¹Zuführungen zu einer Rückstellung für Beitragsrückerstattung sind insoweit abziehbar, als die ausschließliche Verwendung der Rückstellung für diesen Zweck durch die Satzung oder durch geschäftsplanmäßige Erklärung gesichert ist. ²Die Rückstellung ist vorbehaltlich des Satzes 3 aufzulösen, soweit sie höher ist als die Summe der in den folgenden Nummern 1 bis 4 bezeichneten Beträge:

[Fassung für VZ 2010 bis 2013]

1. die Zuführungen innerhalb des am Bilanzstichtag endenden Wirtschaftsjahrs und der vier vorangegangenen Wirtschaftsjahre, soweit die Summe dieser Beträge nicht höher ist als das 1,2-Fache der Summe der drei Zuführungen, die zum Schluss des im Veranlagungszeitraum 2009 endenden letzten Wirtschaftsjahrs zulässigerweise ermittelt wurden. Der Betrag nach Satz 1 darf nicht niedriger sein als der Betrag, der sich ergeben würde, wenn das vor Inkrafttreten des Artikels 2 des Gesetzes vom 8. Dezember 2010 (BGBl. I S. 1768) geltende Recht weiter anzuwenden wäre,

[Fassung bis VZ 2009 und ab VZ 2014]

1. die Zuführungen innerhalb des am Bilanzstichtag endenden Wirtschaftsjahrs und der zwei vorangegangenen Wirtschaftsjahre,

2. der Betrag, dessen Ausschüttung als Bei-tragsrückerstattung vom Versicherungsunternehmen vor dem Bilanzstichtag verbindlich festgelegt worden ist,
3. in der Krankenversicherung der Betrag, dessen Verwendung zur Ermäßigung von Beitragserhöhungen im folgenden Geschäftsjahr vom Versicherungsunternehmen vor dem Bilanzstichtag verbindlich festgelegt worden ist,

4. in der Lebensversicherung der Betrag, der für die Finanzierung der auf die abgelaufenen Versicherungsjahre entfallenden Schlussgewinnanteile erforderlich ist; für Pensionsfonds gilt Entsprechendes.

³Eine Auflösung braucht nicht zu erfolgen, soweit an die Versicherten Kleinbeträge auszuzahlen wären und die Auszahlung dieser Beträge mit einem unverhältnismäßig hohen Verwaltungsaufwand verbunden wäre.

(3) § 6 Abs. 1 Nr. 3 a des Einkommensteuergesetzes ist nicht anzuwenden.

KStH 69

Übersicht

	Rn
I. Regelungsgehalt	1 – 2
II. Rechtsentwicklung	3 – 7
1. Entstehung des § 21	3 – 4
2. Änderungen des § 21	5 – 7
III. Normzweck und Anwendungsbereich	8 – 40
1. Bedeutung der Norm	8 – 18
2. Anwendungsbereich	19 – 27
a) Zeitlicher Anwendungsbereich	19 – 20
b) Persönlicher Anwendungsbereich	21 – 22
c) Sachlicher Anwendungsbereich	23 – 27
3. Verhältnis zu anderen Vorschriften	28 – 40
a) Aufsichtsrecht	28 – 29
b) Handelsrecht	30 – 31
c) Steuerrecht	32 – 35
d) Verfassungsrecht	36 – 37
e) EU-Recht	38 – 40
IV. Abziehbarkeit von Beitragsrückerstattungen (§ 21 I)	41 – 113
1. Allgemeines	41 – 56
2. Lebens- und Krankenversicherung sowie Pensionsfonds (§ 21 I Nr 1)	57 – 100
a) Berechnungsschema	57 – 58
b) Handelsrechtlicher Jahresüberschuss	59 – 63
c) Aufwendungen für Beitragsrückerstattungen	64 – 67
d) Kürzung nicht steuerpflichtiger oder steuerfreier Überschüsse	68 – 87
e) Ertrag aus der Auflösung der Rückstellung für Beitragsrückerstattung nach § 21 II S 2	88 – 89
f) Nettoertrag des Betriebsvermögens	90 – 100

II. Rechtsentwicklung

  3. Schaden- und Unfallversicherung (§ 21 I Nr 2) .... 101 – 110
  4. Rechtsfolgen .... 111 – 113
 V. Rückstellung für Beitragsrückerstattung (§ 21 II) .... 114 – 149
  1. Allgemeines .... 114 – 117
  2. Verwendungssicherung (§ 21 II S 1) .... 118 – 122
  3. Betragsmäßige Einschränkung der Abzugsfähigkeit der
   Rückstellung für Beitragsrückerstattung (§ 21 II S 2) .... 123 – 140
   a) Grundsatz .... 123 – 124
   b) Drei Jahreszuführungen (§ 21 II S 2 Nr 1) .... 125 – 129
   c) Verbindliche Festlegung (§ 21 II S 2 Nr 2) .... 130 – 135
   d) Verbindliche Festlegung zur Beitragsermäßigung
    in der Krankenversicherung (§ 21 II S 2 Nr 3) .... 136 – 138
   e) Schlussgewinnanteile in der Lebensversicherung
    (§ 21 II S 2 Nr 4) .... 139 – 140
  4. Kleinbeträge (§ 21 II S 3) .... 141 – 144
  5. Rechtsfolgen .... 145 – 149
 VI. Abzinsung (§ 21 III) .... 150 – 154

I. Regelungsgehalt. § 21 trägt den Besonderheiten und Risiken des Versicherungsgeschäfts Rechnung. Die Vorschrift enthält steuerliche Sonderregelungen zu den handels- und aufsichtsrechtlichen Vorschriften in Bezug auf die Bildung versicherungstechnischer Rückstellungen, deren Reservierung anderen Gewerbetreibenden nicht gestattet ist. § 21 I schränkt die Abzugsfähigkeit von Aufwendungen für erfolgsabhängige Beitragsrückerstattungen in der steuerlichen Gewinnermittlung ein. § 21 II ergänzt die Regelungen für den Fall, dass die für Beitragsrückerstattungen iSv § 21 I vorgesehenen Beträge zunächst einer Rückstellung zugeführt werden. Er normiert die Voraussetzungen für die Bildung einer Rückstellung für Beitragsrückerstattung sowie für deren Auflösung für steuerliche Zwecke. § 21 III schließt die Anwendung von § 6 I Nr 3a EStG aus.

Einstweilen frei.

II. Rechtsentwicklung. 1. Entstehung des § 21. Regelungen zur Abzugsfähigkeit von Beitragsrückerstattungen sowie eine 50%ige Mindestbesteuerung für Lebensversicherungsunternehmen waren bis Ende 1954 in der KStDV enthalten. Mit dem Gesetz zur Neuordnung von Steuern v 16.12.1954[1] wurden diese Regelungen erstmals in das KStG in § 6 II bis IV übernommen. Zeitgleich wurde in § 23a eine Ermächtigung zum Erlass von Vorschriften durch Rechtsverordnung über die entsprechende Anwendung dieser Regelungen für Krankenversicherungsunternehmen eingefügt. Die Umsetzung erfolgte in § 17 KStDV 1955 v 23.12.1955[2]. Die Vorschriften des § 6 und

---
1   BGBl I 1954, 373.
2   BGBl I 1955, 853.

§ 17 KStDV wurden schließlich mit Einführung des Anrechnungsverfahrens durch das Körperschaftsteuerreformgesetz v 31.8.1976[1] zur Abzugsfähigkeit von Beitragsrückerstattungen in § 21 I[2] und zur Höhe der Rückstellung für Beitragsrückerstattung für steuerliche Zwecke in § 21 II[3] in der bis heute beibehaltenen Struktur im KStG 1977 zusammengeführt. Dabei wurde die pauschale Mindestbesteuerung von Lebens- und Krankenversicherungsunternehmen durch eine Beschränkung der Abzugsfähigkeit von erfolgsabhängigen Beitragsrückerstattungen unter Besteuerung des Nettoertrags des steuerlichen Betriebsvermögens ersetzt. Das BMF erließ zu § 21 am 7.3.1978 ein Anwendungsschreiben[4], das bis heute trotz zahlreicher nachfolgender Gesetzesänderungen keine Anpassung erfahren hat.

4   *Einstweilen frei.*

5   **2. Änderungen des § 21.** Bei Einführung der Abzinsung von Rückstellungen in § 6 I Nr 3a EStG durch das StEntlG 1999/2000/2002 v 24.3.1999[5] wurde in § 21 III die Anwendung dieser Regelung ausgeschlossen. Durch das StBereinG 1999 v 22.12.1999[6] wurde der Verweis in § 21 II S 4 auf § 20 I S 2, der regelte, dass die Rückstellung für Beitragsrückerstattung in der Steuerbilanz den handelsbilanziellen Wertansatz nicht übersteigen darf, aufgehoben. Der Verweis in § 21 II S 4 wurde im KStG 1977 eingeführt. Da § 20 I S 2 jedoch mit dem VersRiLiG v 24.6.1994[7] aufgehoben wurde, lief der Verweis bis zu seiner Aufhebung ins Leere. Der Maßgeblichkeitsgrundsatz gilt jedoch für die Rückstellung für Beitragsrückerstattung als versicherungstechnische Vorschrift iSv § 341e I HGB auch ohne die Vorschrift des § 20 I S 2.[8] Die Einführung der Pensionsfonds als fünften Durchführungsweg der betrieblichen Altersversorgung durch das AvmG v 29.6.2001[9] führte zu einer Erweiterung des Anwendungsbereiches von § 21 auf Pensionsfonds. Durch das JStG 2010[10] wurde in § 34 Xb S 3 eine zeitlich befristete Erweiterung des Höchstbetrags der Rückstellung für Beitragsrückerstattung gem § 21 II S 2 Nr 1 eingefügt. Danach können in den VZ 2010-2013 zur Ermittlung des Höchstbetrags fünf statt bisher drei Jahreszuführungen berücksichtigt oder auch die bisherigen Höchstbeträge weiter angesetzt werden, wobei jeweils die günstigere Alternative zur Anwendung kommt. Dies soll verhindern, dass Lebens- und Krankenversicherungsunternehmen in wirtschaftlich schwierigen Zeiten aus steuerlichen Gründen gezwungen werden, die Rückstellung innerhalb von drei Jahren für Beitragsrückerstattungen an die Versicherungsnehmer zu verwenden und hierdurch ihre Solvabilitätsmittel, zu denen auch die sog freie Rückstellung für Beitragsrückerstattung gehört, zu schwächen.[11]

---

1   BGBl I 1976, 2597.
2   Zuvor geregelt in § 6 II idFd KStG 1975 und § 17 I Hs 1 KStDV 1968.
3   Zuvor geregelt in § 6 III idFd KStG 1975 und § 17 I Hs 2 KStDV 1968.
4   BMF v 7.3.1978, BStBl I 1978, 160, Fortgeltung bestätigt durch BMF v 4.4.2011, BStBl I 2011, 356.
5   BGBl I 1999, 402.
6   BGBl I 1999, 2601.
7   BGBl I 1994, 1377.
8   BTDrs 7/1470, 351 zu § 19 (versicherungstechnische Rückstellungen).
9   BGBl I 2001, 1310.
10 BGBl I 2010, 1768.
11 BTDrs 17/2249, 116 ff.

Kürzung steuerfreier Gewinnanteile. Mit dem sog Korb II-G v 22.12.2003[1] wurde eine Kürzung um von ausländischen Gesellschaften erhaltene und nach DBA steuerfreie Gewinnanteile bei der Ermittlung der steuerlich abzugsfähigen Aufwendungen für Beitragsrückerstattungen in § 21 I Nr 1 normiert. Dies erfolgte in Ergänzung der zeitgleich eingeführten Neuregelung des § 8b VIII zur Beseitigung unerwünschter Wirkungen der Freistellung der dort genannten Bezüge nach DBA bei Lebens- und Krankenversicherungen, um eine doppelte steuerliche Begünstigung von Dividenden durch Steuerfreistellung nach DBA und Erhöhung der steuerlich abzugsfähigen Beitragsrückerstattungen zu vermeiden.[2] Vor demselben Hintergrund wurde durch das EURLUmsG v 9.12.2004[3] die Kürzung von nach der MTRL begünstigten Dividenden zeitgleich mit § 8b IX eingeführt. Mit dem JStG 2009 v 19.12.2008[4] wurden die bisherigen Kürzungen in § 21 I Nr 1 im Zusammenhang mit der Aufhebung des Organschaftsverbots für Lebens- und Krankenversicherungsunternehmen durch eine weiter gefasste Neuregelung ersetzt, nach der auch außerordentliche steuerfreie Erträge bei der Ermittlung der abziehbaren Beitragsrückerstattungen ausscheiden. Der Gesetzgeber wollte mit der Neufassung verhindern, dass steuerfreie oder aus sonstigen Gründen nicht oder nur teilweise besteuerte Gewinne über eine Organschaft genutzt werden können (vgl Rn 68 und 69).[5]

Einstweilen frei.

III. Normzweck und Anwendungsbereich. 1. Bedeutung der Norm. Sicherstellung der Besteuerung. Nach Abschaffung der Mindestbesteuerung (hierzu Rn 3) dient die Vorschrift bei Lebens- und Krankenversicherungsunternehmen in erster Linie der Sicherstellung der Besteuerung der Erträge aus der Bewirtschaftung des EK des Versicherers.[6] Diese dürfen nicht als Teil der Beitragsrückerstattung einkommensmindernd abgezogen werden[7] und sind daher iRd Zweckrechnung nach § 21 I Nr 1 von der Bemessungsgrundlage zu kürzen (hierzu Rn 90).

Verhinderung der Zuwendung unversteuerter Beträge an die Versicherungsnehmer. Durch § 21 I soll, unabhängig von der Rechtsform des Versicherers, ausgeschlossen werden, dass den Versicherten Beträge unversteuert zugewendet werden, die von ihnen nicht selbst durch Beiträge aufgebracht wurden.[8] Da im Wege der Beitragsrückerstattung zurückgewährte Beiträge im privaten Bereich keine steuerpflichtigen Einnahmen sind,[9] soll durch die Abzugsbeschränkung sichergestellt werden, dass nur Erträge, die unmittelbar aus dem Versicherungsgeschäft stammen und sich – typisiert – als „überhobene" Beiträge darstellen, steuerfrei an die Ver-

---

1 BGBl I 2003, 2840.
2 *Dötsch/Pung*, DB 2004, 151, 155; *Leis*, FR 2004, 53, 61 f.
3 BGBl I 2004, 3310 und 3843.
4 BGBl I 2008, 2794.
5 BTDrs 16/11108, 28.
6 *Frotscher* in Frotscher/Maas § 21 Rn 5.
7 BTDrs 7/1470, 358.
8 BTDrs 7/1470, 358; *Boetius*, Handbuch der versicherungstechnischen Rückstellungen, 1996, Rn 475; *Uhrmann*, StBp 1992, 111; BFH I R 17/97, BStBl II 1999, 739; BFH I R 64/08, BFH/NV 2010, 1860.
9 *Frotscher* in Frotscher/Maas § 21 Rn 29.

sicherungsnehmer ausgekehrt werden können.¹ Damit wird zugleich verhindert, dass über die Rückgewähr überhobener Beiträge hinaus Gewinne aus dem nichtversicherungstechnischen Geschäft, also insbesondere solche aus der Bewirtschaftung des EK, über eine Beitragsrückerstattung steuerfrei an die Versicherten übertragen werden. Die Besteuerung erfolgt dann im Wege ganz oder teilweise steuerlich nicht abzugsfähiger Beitragsrückerstattungen. Die Regelung ist vor dem Hintergrund der Besonderheiten der Beitragskalkulation und der für Lebens- und Krankenversicherungsunternehmen aufsichtsrechtlich vorgeschriebenen Beteiligung der Versicherungsnehmer an Überschüssen, die aus überhobenen Beiträgen entstehen, zu sehen (hierzu Rn 11).

10   **Gleichbehandlung von VVaG.** Darüber hinaus hat § 21 I auch die Funktion, Wettbewerbsnachteile von VVaG gegenüber Versicherungsunternehmen anderer Rechtsformen, insbesondere der Versicherungs-AG auszuschließen.² Diese dürfen die Beitragsrückerstattungen in den Grenzen des § 21 steuerlich als Betriebsausgaben ansetzen. Bei VVaG, bei denen die Versicherungsnehmer zugleich deren Mitglieder sind, haben Beitragsrückerstattungen hingegen den Charakter von vGA und dürften nach § 8 III S 2 das zu versteuernde Einkommen nicht mindern. § 21 erklärt Beitragsrückerstattungen jedoch bis zu einer bestimmten Höhe rechtsformunabhängig zu abzugsfähigen Betriebsausgaben und enthält somit eine Einschränkung des § 8 III S 2.³

11   **Wirtschaftlicher Gehalt von Beitragsrückerstattungen.** Im Bereich der Lebens- und Krankenversicherung sowie bei nach Art der Lebensversicherung betriebenen Schaden- und Unfallversicherungen werden idR langfristige Verträge abgeschlossen. IRd Kalkulation fester Jahresbeiträge erfolgt eine versicherungsmathematische Ermittlung des prognostizierten Verlaufs der Schadensrisiken anhand von Erfahrungen über den Schadenverlauf in der Vergangenheit. Dabei werden Sicherheitszuschläge für etwaige, künftige höhere Belastungen ua für den möglichen Eintritt zusätzlicher negativer Entwicklungen beim Risiko-, Zins- und Kostenverlauf eingerechnet.⁴ Sofern der tatsächliche Versicherungsverlauf günstiger ist als bei der Beitragskalkulation angenommen, führt diese Vorgehensweise zur Erwirtschaftung von Überschüssen aus sog überhobenen Versicherungsbeiträgen, an denen die Versicherungsnehmer durch Beitragsrückerstattungen zu beteiligen sind.⁵ Es werden also später tatsächlich nicht benötigte Beiträge zurückgezahlt. Wirtschaftlich handelt es sich hierbei um nachträglich gewährte Beitragsrabatte.⁶ Da die Beitragseinnahmen bei dem Versicherungsunternehmen den steuerpflichtigen Gewinn erhöht haben, sind Beitragsrückerstattungen ihrem Charakter nach Betriebsausgaben.⁷ Die Beitragsrückerstattungen werden den Versicherungsnehmern zT durch eine Direkt-

---

1   BFH I R 17/97, BStBl II 1999, 739.
2   BFH I R 17/97, BStBl II 1999, 739; BFH I R 61/05, BStBl II 2007, 589.
3   BFH I R 36/95, BStBl II 2000, 238; BFH I R 17/97, BStBl II 1999, 739; BFH I R 52/09, BStBl II 2011, 340.
4   *Boetius*, Handbuch der versicherungstechnischen Rückstellungen, 1996, Rn 472, 473; *Stuirbrink/Westenhoff/Reich* in Beck'scher VersBilKomm § 341e HGB Rn 76-79.
5   *Kollhosser* in Prölss § 81c VAG Rn 2.
6   BFH I R 17/97, BStBl II 1999, 739.
7   *Frotscher* in Frotscher/Maas § 21 Rn 8.

gutschrift gewährt und mindern insoweit die Zuführungen zur Rückstellung für Beitragsrückerstattung des laufenden Jahres. IÜ werden sie aus der Rückstellung für Beitragsrückerstattung, deren Verwendung für Zwecke der Versicherungsnehmer festgeschrieben ist, gespeist.[1]

Aufsichtsrechtliche Grundlagen für Beitragsrückerstattungen. Die Beteiligung der Versicherungsnehmer an den überhobenen Beiträgen erfolgt nach §§ 81c und § 81d VAG unter Berücksichtigung der Mindestzuführungsverordnung v 4.4.2008[2] und der ÜberschV v 8.11.1996[3]. Nach § 56a VAG bestimmt der Vorstand die Überschussbeteiligung mit Zustimmung des Aufsichtsrats. Sie erfolgt durch Zuführung zur Rückstellung für Beitragsrückerstattung, soweit sie nicht den Versicherungsnehmern direkt gutgeschrieben werden.

Verhinderung der dauerhaften Vermögensansammlung durch § 21 II. Zweck des § 21 II ist es, sicherzustellen, dass die Versicherten durch die Rückstellung für Beitragsrückerstattung zeitnah begünstigt werden. Die Rückstellung für Beitragsrückerstattung darf dem Versicherungsunternehmen nicht auf Dauer der Vermögensansammlung[4] und damit der Kapitalverstärkung mit Rücklagencharakter dienen.[5]

Ausschluss der Abzinsung durch § 21 III. § 21 III schließt die Abzinsung der Rückstellung für Beitragsrückerstattung nach § 6 I Nr 3a EStG aus, und § 21 legt bereits den steuerlich anzuerkennenden Höchstbetrag der Rückstellung für Beitragsrückerstattung fest. Einer Anwendung der allgemeinen Vorschriften des § 6 I Nr 3a EStG bedarf es insoweit nicht.[6]

Methodik. Differenzierte Regelungen für Personenversicherer in § 21 I Nr 1 und für Sachversicherer in § 21 I Nr 2 schränken für steuerliche Zwecke die Abziehbarkeit der Aufwendungen für Beitragsrückerstattungen durch außerbilanzielle Korrekturen[7] ein. Die Vorschrift stellt eine gleichmäßige Besteuerung von erfolgsabhängigen Beitragsrückerstattungen durch Versicherer unabhängig von ihrer Rechtsform sicher. § 21 II begrenzt die Rückstellung für Beitragsrückerstattung für steuerliche Zwecke betragsmäßig auf höchstens die sich aus § 21 II S 2 Nr 1-4 ergebende Summe zuzüglich ggf verbleibender Kleinbeträge nach § 21 II S 3. Soweit die Rückstellung für Beitragsrückerstattung diesen Höchstbetrag übersteigt, ist sie für steuerliche Zwecke aufzulösen.

Einstweilen frei.

2. Anwendungsbereich. a) Zeitlicher Anwendungsbereich. Der seit dem VZ 1977 (§ 54 I idFd KStG 1977) anwendbare § 21 I und II wurde für nach dem 31.12.1998 endenden WJ (§ 54 VIIId KStG idF des StEntlG 1999/2000/2002) um § 21 III ergänzt,

---

[1] Husch in Rechnungslegung und Prüfung der Versicherungsunternehmen, IDW, 4. Aufl, Stand: Mai 2008, Kapitel B I, Rn 166 ff.
[2] BGBl I 2008, 690 (für nach dem 31.12.2007 beginnende Geschäftsjahre); zuvor ZRQuotenV v 23.7.1996, BGBl I 1969, 1190.
[3] BGBl I 1996, 1687.
[4] RFH I 145/42, RStBl 1943, 680.
[5] BTDrs 7/1470, 358.
[6] BTDrs 14/443, 36.
[7] Sie führen nach hM zu nichtabziehbaren Betriebsausgaben, vgl *Groß* in D/J/P/W § 21 Rn 29.

der eine Abzinsung der Rückstellung für Beitragsrückerstattung ausschließt.[1] Ab dem VZ 2002 (§ 34 VIIIe KStG idF AVmG) wurde der Anwendungsbereich der Vorschrift auf Pensionsfonds erweitert. Mit Wirkung ab VZ 2004 (bei Ausübung des sog Blockwahlrechts bereits ab 2001) und bei abweichendem WJ ab VZ 2005 (§ 34 VII S 8 Korb II-G) wurde in § 21 I Nr 1 eine Kürzung um nach DBA steuerfreie Gewinnanteile ausländischer Gesellschaften normiert. Ebenfalls mit Wirkung ab dem VZ 2004 (§ 34 VII S 9 und 10 idFd EURLUmsG) ist die Kürzung von nach der MTRL steuerbefreiten Dividenden zu beachten. Im Zusammenhang mit der Aufhebung des sog Organschaftsverbots in § 14 II durch das JStG 2009 v 19.12.2008[2] wurden die bisherigen Kürzungen ab dem VZ 2009 durch eine erweiterte Regelung ersetzt, bei der alle steuerfreien Erträge, die das Jahresergebnis gemindert haben, in der Ermittlung nach § 21 I Nr 1 ausgeschlossen werden (§ 34 Xb S 1 KStG idF JStG 2009). Auf gemeinsamen Antrag von Organgesellschaft und Organträger können die steuerlichen Organschaftsregelungen jedoch bereits ab 2008 angewendet werden. Dann findet auch der geänderte § 21 I Nr 1 bereits ab 2008 Anwendung (§ 34 Xb S 2 idFd JStG 2009).

20 *Einstweilen frei.*

21 **b) Persönlicher Anwendungsbereich.** § 21 gilt für alle unbeschränkt und beschränkt körperschaftsteuerpflichtigen Versicherungsunternehmen iSv § 341 I HGB und § 1 I VAG aller Rechtsformen.[3] Darunter fallen auch Pensionskassen, die nicht nach § 5 I Nr 3 von der KSt befreit sind. Pensionskassen sind eigenständige Versorgungsträger iRd betrieblichen Altersversorgung. Versicherungstechnisch handelt es sich hierbei um Lebensversicherungen, so dass für Pensionskassen grundsätzlich dieselben aufsichtsrechtlichen Vorschriften gelten wie für die übrigen Lebensversicherungsunternehmen.[4] Auf Pensionsfonds iSv § 112 I VAG, die das Lebensversicherungsgeschäft in einer spezifischen Ausgestaltung betreiben, findet § 21 seit dem VZ 2002 ebenfalls Anwendung.[5] Bei Unterstützungskassen wird § 21 nicht angewandt, sie unterliegen nicht der Versicherungsaufsicht, § 1 III VAG.

22 *Einstweilen frei.*

23 **c) Sachlicher Anwendungsbereich. Art der Beitragsrückerstattung.** § 21 ist nur auf erfolgsabhängige Beitragsrückerstattungen anzuwenden, nicht hingegen auf erfolgsunabhängige Beitragsrückerstattungen.[6] Aufwendungen für Beitragsrückerstattungen können sich auf zwei Arten ergeben:

---

1 Da § 6 I Nr 3a EStG nach § 52 XVI S 8 EStG darüber hinaus für vor diesem Zeitpunkt gebildete Rückstellungen anzuwenden ist, gilt der Ausschluss der Abzinsung nach dem Sinn und Zweck des § 21 III (vgl Rn 14) ebenfalls für diese Rückstellungen.
2 BGBl I 2008, 2794.
3 *Schlenker* in Blümich § 21 Rn 8; *Schick* in Erle/Sauter § 21 Rn 5.
4 *Graßl* in Rechnungslegung und Prüfung der Versicherungsunternehmen, IDW, 4. Aufl, Stand: Mai 2008, Kapitel B II Rn 4; *Präve* in Prölss § 1 VAG Rn 47 und *Lipowsky* in Prölss § 53c VAG Rn 11b.
5 So auch *Boetius* in H/H/R Jahresg 2002 § 21 Rn J 01-3, der der Aufnahme von Pensionsfonds in § 21 lediglich klarstellende Bedeutung beimisst, da diese aufsichtsrechtlich nach § 113 I VAG weitgehend wie Lebensversicherungsunternehmen behandelt werden.
6 BFH I R 17/97, BStBl II 1999, 739; BFH I R 64/08, BFH/NV 2010, 1860; BFH I 52/09, BStBl II 2011, 340.

III. Normzweck und Anwendungsbereich

- Überschussanteile, die den einzelnen Versicherungsnehmern im jeweiligen WJ direkt zugeteilt werden (Direktgutschrift, die der Deckungsrückstellung zugeführt wird, § 341f I HGB) sowie
- Beträge, die nach Abzug der Direktgutschriften von dem für Beitragsrückerstattungen vorgesehenen Überschuss verbleiben und zunächst einer Rückstellung zugeführt werden (Zuführung zur Rückstellung für Beitragsrückerstattung).[1]

In beiden Fällen begrenzt § 21 I den Betriebsausgabenabzug. Die nach Anwendung des § 21 I abzugsfähigen Zuführungen zur Rückstellung für Beitragsrückerstattung unterliegen zudem den Beschränkungen des § 21 II.

Begrenzung des Betriebsausgabenabzugs gem § 21 I. § 21 I regelt den steuerlich zulässigen Betriebsausgabenabzug für Beitragsrückerstattungen der Versicherung, die auf dem Jahresergebnis oder dem versicherungstechnischen Überschuss des selbst abgeschlossenen Geschäftes beruhen. Damit ist § 21 I nur auf erfolgsabhängige Beitragsrückerstattungen anwendbar.[2] Keine Anwendung findet § 21 I auf Beitragsrückerstattungen, die von Versicherungsunternehmen für andere Arten der Beitragsrückerstattung geleistet werden (Beispiele unter Rn 44). 24

Begrenzung der Bildung und Auflösung der Rückstellung für Beitragsrückerstattung gem § 21 II. § 21 II normiert neben einer Verwendungssicherung in S 1 eine Pflicht zur teilweisen Auflösung der anzusetzenden Rückstellung für Beitragsrückerstattung bei Überschreiten des nach § 21 II S 2 und 3 zu ermittelnden Höchstbetrags für steuerliche Zwecke. § 21 II S 1 erfasst nur Zuführungen zu den Rückstellungen, die aus gem § 21 I als Beitragsrückerstattungen abziehbaren Beträgen stammen, da die Abzugsbeschränkung des § 21 I ansonsten ins Leere liefe.[3] § 21 II ist daher ebenfalls nur auf Rückstellungen für Beitragsrückerstattung anwendbar, die erfolgsabhängige Beitragsrückerstattungen betreffen.[4] Erfolgsunabhängige Beitragsrückerstattungen, dh Beitragsrückerstattungen die unabhängig vom handelsrechtlichen Jahresergebnis gewährt werden, können ohne die Beschränkungen des § 21 II zurückgestellt werden, da der Versicherungsnehmer aus Vertrag inkl Versicherungsbedingungen oder Gesetz einen Rechtsanspruch erworben hat und es sich im Kern um bilanzierungspflichtige Verbindlichkeiten handelt.[5] 25

Einschränkung des Abzinsungsgebots gem § 21 III. § 21 III ist ebenso wie § 21 I und II nur auf erfolgsabhängige Beitragsrückerstattungen anwendbar. Dies war lange Zeit umstritten (vgl Rn 151). 26

Einstweilen frei. 27

3. Verhältnis zu anderen Vorschriften. a) Aufsichtsrecht. Die öffentlich-rechtlichen Pflichten der Lebens- und Krankenversicherungsunternehmen zur angemessenen Zuführung von Überschüssen zur Rückstellung für Beitragsrückerstattung sind in § 56a 28

---

1 *Husch* in Rechnungslegung und Prüfung der Versicherungsunternehmen, IDW, 4. Aufl, Stand: Mai 2008, Kapitel B I, Rn 166 ff.
2 *Groß* in D/J/P/W § 21 Rn 38; BFH I R 17/97, BStBl II 1999, 739 mwN.
3 BFH I R 17/97, BStBl II 1999, 739.
4 BFH I R 17/97, BStBl II 1999, 739; BFH I R 64/08, BFH/NV 2010, 1860.
5 BMF v 7.3.1978, BStBl I 1978, 160, Tz 1, Fortgeltung bestätigt durch BMF v 4.4.2011, BStBl I 2011, 356; *Boetius* in H/H/R § 21 Rn 7 mwN.

VAG sowie der auf der Grundlage von §§ 81c III und 81d III VAG erlassenen Mindestzuführungsverordnung für Lebensversicherer und der ÜberschV für Krankenversicherer normiert. Diese Regelungen gelten gem § 341e I Nr 2 HGB auch für die Handelsbilanz.

29 Einstweilen frei.

30 **b) Handelsrecht.** Handelsrechtliche Grundlage der Rückstellung für Beitragsrückerstattung ist § 341e II Nr 2 HGB, der Art 29 EG-Versicherungsbilanz-RL v 19.12.1991[1] in nationales Recht umsetzt. Danach ist eine Rückstellung für Beitragsrückerstattung für erfolgsabhängige und erfolgsunabhängige Beitragsrückerstattungen zu bilden, soweit die ausschließliche Verwendung der Rückstellung zu diesem Zweck durch Gesetz, Satzung, geschäftsplanmäßige Erklärung oder vertragliche Vereinbarung gesichert ist. Erfolgsabhängige Beitragsrückerstattungen sind nach § 28 II RechVersV vom Gesamtergebnis, versicherungstechnischen Gewinn des Versicherungsgeschäfts, Ergebnis eines Versicherungszweiges oder einer Versicherungsart abhängig. Eine Beitragsrückerstattung ist erfolgsunabhängig gem § 28 III RechVersV, wenn sie vom Schadenverlauf oder Gewinn eines oder mehrerer Versicherungsverträge abhängig, vertraglich vereinbart oder gesetzlich geregelt ist. Zu den Auswirkungen des mit dem BilMoG v 25.5.2009[2] eingeführten § 341e I 3 HGB vgl Rn 152.

31 Einstweilen frei.

32 **c) Steuerrecht. Maßgeblichkeit.** Das handelsrechtliche Passivierungsgebot ist aufgrund des Maßgeblichkeitsgrundsatzes nach § 5 I 1 EStG grundsätzlich auch steuerrechtlich zu beachten. Abweichend vom Handelsrecht ist im Steuerrecht gem § 21 II S 1 eine vertragliche Vereinbarung für eine Verwendungssicherung nicht ausreichend, auch wird die Rückstellung für Beitragsrückerstattung für steuerliche Zwecke der Höhe nach durch § 21 II begrenzt. § 21 II stellt insoweit eine Durchbrechung der Maßgeblichkeit der Handelsbilanz für die Steuerbilanz dar.[3] Ferner regelt das Steuerrecht die Voraussetzungen der Erfolgsabhängigkeit unabhängig von § 28 II, III RechVersV.

33 **§ 8b VIII S 4.** Lebens- und Krankenversicherer sowie Pensionsfonds haben gem § 8b VIII S 4 bei der Einkommensermittlung die zu den Kapitalanlagen gehörenden Anteile iSv § 8b II mit den nach handelsrechtlichen Vorschriften ausgewiesenen Werten anzusetzen, die bei der Ermittlung der nach § 21 abziehbaren Beträge zu Grunde gelegt wurden (hierzu auch weiterführend § 8b Rn 764 ff). Bei sich ergebenden Abweichungen zwischen handels- und steuerbilanziellem Buchwert sollen hierdurch im Ergebnis die handelsrechtlichen Werte zugrunde gelegt werden. Die ebenfalls durch das sog Korb II-G eingeführte Vorschrift ergänzt die Regelungen des § 21 I Nr 1. Die Einkommenskorrekturen gem § 8b VIII S 4 sind iRd Zweckrechnung nach § 21 I Nr 1 zu berücksichtigen (vgl Rn 93). Umgekehrt wirken sich nach § 21 I Nr 1 nicht abziehbare Beitragsrückerstattungen iRd § 8b VIII S 4 nicht aus, da hiermit lediglich die Herstellung einer Wertekorrespondenz zu den handelsrechtlichen Aufwendungen für Beitragsrückerstattung bezweckt wird.[4]

---

1 ABl EG 1991 L 374, 7.
2 BGBl I 2009, 1102.
3 *Frotscher* in Frotscher/Maas § 21 Rn 2a u 42.
4 *Gosch* in Gosch § 8b Rn 614.

§ 34c EStG. Mit Wirkung ab dem VZ 2003 (§ 52 I EStG idFd StVergAbG v 16.5.2003[1]) wurde durch die Einführung von § 34c I S 4 EStG normiert, dass bei der Ermittlung ausländischer Einkünfte eines inländischen Betriebs alle Betriebsausgaben und Betriebsvermögensminderungen, die in wirtschaftlichem Zusammenhang mit diesen Einkünften stehen, abzuziehen sind, wodurch iRd Höchstbetragsberechnung im Inland Quellensteuern nur noch in geringerem Umfang angerechnet werden können (weiterführend auch zum Hintergrund § 26 Rn 200 ff). In Betriebsprüfungen von Lebens- und Krankenversicherungen vertritt die Finanzverwaltung angesichts der Neuregelung inzwischen die Auffassung, dass Aufwendungen für Beitragsrückerstattung iRd Höchstbetragsberechnung nach § 34c I S 4 EStG die anrechenbaren Quellensteuern von aus dem Ausland stammenden, nach § 8b VIII S 1 grundsätzlich steuerpflichtigen Dividendenerträgen, reduzieren. Die Frage, ob dabei die handelsrechtlichen Aufwendungen für Beitragsrückerstattung oder nur die nach § 21 I steuerlich abzugsfähigen Aufwendungen zu berücksichtigen wären, wurde bislang offenbar nicht problematisiert. Letzteres wäre wohl systematisch geboten, denn andernfalls würden die nicht abzugsfähigen Beitragsrückerstattungen das steuerliche Einkommen erhöhen und zusätzlich den Anrechnungsbetrag ausländischer Quellensteuern reduzieren. Ob die Aufwendungen für Beitragsrückerstattung für das inländische Versicherungsgeschäft wirtschaftlich den aus dem Ausland erhaltenen Einnahmen zuzuordnen sind, wird aufgrund der Bedeutung für die Versicherungswirtschaft einer gerichtlichen Klärung bedürfen. 34

Einstweilen frei. 35

d) Verfassungsrecht. Wenn die Anwendung des § 21 I zu einer Versagung des Betriebsausgabenabzugs für die Aufwendungen für Beitragsrückerstattung führt, obwohl das Versicherungsunternehmen der Rückstellung für Beitragsrückerstattung lediglich die aufsichtsrechtlich vorgeschriebenen Mindestbeträge zugeführt hat, könnten sich hiergegen verfassungsrechtliche Bedenken unter dem Aspekt einer Überbesteuerung ergeben (hierzu Rn 48). 36

Einstweilen frei. 37

e) EU-Recht. § 21 I Nr 1 ordnete vor der Neufassung durch das JStG 2009 eine Kürzung der Bemessungsgrundlage für die abziehbaren Beitragsrückerstattungen lediglich für aus ausländischen Gesellschaften erhaltene und nach einem DBA oder gem § 8b IX nach der MTRL steuerbefreite Ausschüttungen an (vgl Rn 6). ZT wurde daher ein Verstoß gegen die Niederlassungsfreiheit (Art 49 AEUV) oder die Kapitalverkehrsfreiheit (Art 63 AEUV) in Betracht gezogen.[2] Da die Neuregelung durch das JStG 2009 steuerfreie Dividenden nicht mehr ausdrücklich nennt, sondern alle steuerlich nicht zu berücksichtigenden Überschüsse erfasst, sollten jedenfalls ab dem VZ 2009 keine unionsrechtlichen Bedenken mehr bestehen.[3] 38

Einstweilen frei. 39-40

---

1   BGBl I 2003, 660.
2   Roser in Gosch § 21 Rn 15.
3   Frotscher in Frotscher/Maas § 21 Rn 22.

41 IV. Abziehbarkeit von Beitragsrückerstattungen (§ 21 I). 1. Allgemeines. Bezugsbasis. § 21 I soll eine steuerfreie Auskehrung von Gewinnen des Versicherers an die Versicherungsnehmer ausschließen (vgl Rn 9). Bei der Beschränkung des Betriebsausgabenabzugs für die Beitragsrückerstattungen von Lebens- und Krankenversicherern wird daher in § 21 I Nr 1 auf den Betrag des nach den handelsrechtlichen Vorschriften ermittelten Jahresergebnisses bzw für Sachversicherer gem § 21 I Nr 2 auf den versicherungstechnischen Überschuss, unter Berücksichtigung weiterer Hinzurechnungen und Kürzungen, abgestellt. Dies beruht auf der Annahme, dass eine Rückzahlung überhobener Versicherungsbeiträge durch Beitragsrückerstattungen nur dann vorliegen kann, wenn die Beitragseinnahmen des Versicherungsunternehmens die Summe aus Versicherungsleistungen und Verwaltungskosten in einem Geschäftsjahr übersteigen.[1]

42 **Selbst abgeschlossenes Geschäft.** Die steuerliche Abzugsfähigkeit soll nur für Beitragsrückerstattungen gewährt werden, die aus dem Ergebnis des selbst abgeschlossenen Geschäfts resultieren. Voraussetzung dafür sind unmittelbare versicherungsvertragliche Rechtsbeziehungen zwischen Versicherungsunternehmen und Versicherungsnehmern.[2] Das Ergebnis des in Rückdeckung gegebenen Geschäfts (passive Rückversicherung) wird dem des selbst abgeschlossenen Geschäfts zugerechnet,[3] so dass Erträge hieraus mit zu berücksichtigen sind. Nicht zum selbst abgeschlossenen Geschäft zählen hingegen das in Rückdeckung übernommene Versicherungsgeschäft (aktive Rückversicherung), Vermittlungstätigkeiten oder sonstige Dienstleistungen.[4] Auch abgeführte Gewinne von Organgesellschaften gehören nicht zum selbst abgeschlossenen Geschäft, sofern ein Lebens- oder Krankenversicherungsunternehmen aufgrund des Spartentrennungsgebots überhaupt Organträger sein kann.[5]

43 **Erfolgsabhängige Beitragsrückerstattungen.** Den Abzugsbeschränkungen des § 21 I unterliegen nur solche Beitragsrückerstattungen, die in der Lebens- oder Krankenversicherung aufgrund des Jahresergebnisses bzw im Sachversicherungsgeschäft aufgrund des versicherungstechnischen Überschusses vor Beitragsrückerstattungen gewährt werden.[6] Sie werden deshalb als erfolgsabhängige Beitragsrückerstattungen bezeichnet. Erfolgsabhängige Beitragsrückerstattungen finden sich hauptsächlich in der Lebens- und Krankenversicherung und erfolgen nach der Definition des BFH „aufgrund des Jahresergebnisses" iSv § 21 I, wenn und soweit sie wegen der Höhe des nach handelsrechtlichen Vorschriften ermittelten Jahresergebnisses gewährt werden.[7] Die Definitionen der erfolgsabhängigen und erfolgsunabhängigen Beitragsrückerstattungen in § 28 II und III RechVersV finden iRd § 21 I keine Anwendung.

---

1 BFH I R 61/05, BStBl II 2007, 589.
2 *Geib* in Rechnungslegung und Prüfung der Versicherungsunternehmen, IDW, 4. Aufl, Stand: Mai 2008, Kapitel B IV, Rn 466; *Schlenker* in Blümich § 21 Rn 5; *Schick* in Erle/Sauter § 21 Rn 19.
3 BFH I R 157/74, BStBl II 1977, 439.
4 *Groß* in D/J/P/W § 21 Rn 20; *Schick* in Erle/Sauter, § 21 Rn 19.
5 Hierzu *Weigel* in Prölss Vor § 15 VAG Rn 116; *Präve* in Prölss § 5 VAG Rn 58.
6 BFH I R 17/97, BStBl II 1999, 739 betreffend Beitragsrückerstattungen im Lebensversicherungsgeschäft und BFH I R 45/90, BStBl II 1992, 429 zu Beitragsrückerstattungen eines VVaG im Sachversicherungsgeschäft.
7 Zuletzt BFH I R 64/08, BFH/NV 2010, 1860.

IV. Abziehbarkeit von Beitragsrückerstattungen

Erfolgsunabhängige Beitragsrückerstattungen. Auf Beitragsrückerstattungen, die unabhängig vom handelsrechtlichen Jahresergebnis oder versicherungstechnischen Überschuss aufgrund einer rechtlichen Verpflichtung gewährt werden, sog erfolgsunabhängige Beitragsrückerstattungen, ist § 21 I nicht anzuwenden.[1] Sie sind ausschließlich nach den Vorschriften des Handels- und Aufsichtsrechts zu beurteilen,[2] dh ihr Abzug wird für steuerliche Zwecke nicht durch § 21 I beschränkt. Erfolgsunabhängige Beitragsrückerstattungen werden auf der Grundlage geschäftsplanmäßiger Erklärung (als öffentlich-rechtliche Verpflichtung), satzungsmäßiger, gesetzlicher oder vertraglicher Verpflichtung gewährt.[3] Beispiele sind Mindestbeitragsrückerstattungen aufgrund geschäftsplanmäßiger Erklärung[4] sowie vertraglich vereinbarte Beitragsrückerstattungen in Form einer Prämie für schadenarmes Verhalten des Versicherungsnehmers oder aufgrund von Schadenfreiheit gewährte Beitragsrückerstattungen.[5] Erfolgsunabhängige Beitragsrückerstattungen sieht zB auch § 12a III VAG für den nicht der Alterungsrückstellung zuzuführenden Überzins in der Krankenversicherung vor. Erfolgsunabhängige Beitragsrückerstattungen finden sich idR nur in der Schaden- und Unfallversicherung sowie im Krankenversicherungsgeschäft. In der Lebensversicherung handelt es sich hingegen regelmäßig um erfolgsabhängige Beitragsrückerstattungen, da die gesetzliche bzw vertragliche Überschussbeteiligung der Versicherungsnehmer[6] davon abhängig ist, dass das Versicherungsunternehmen einen (Roh-)Überschuss erzielt.[7] Zum Problem der sowohl aufgrund einer rechtlichen Verpflichtung gewährten als auch vom Jahresüberschuss abhängigen (doppelt kausalen) Beitragsrückerstattungen siehe nachfolgende Rn 45 ff. Eine erfolgsunabhängige Rückstellung für Beitragsrückerstattung gibt es in der Lebensversicherung aber zB dann, wenn in dem aktiven Rückversicherungsgeschäft eine Beteiligung an der Beitragsrückerstattung des Erstversicherers vorgesehen ist.

44

Abgrenzung bei negativem Jahresergebnis. Anlaufverluste. Beitragsrückerstattungen können nur entweder erfolgsabhängig oder erfolgsunabhängig sein, dh es gibt keine Beitragsrückerstattungen „der dritten Art".[8] Abgrenzungsschwierigkeiten können sich dann ergeben, wenn ein Lebens- oder Krankenversicherungsunternehmen zwar ein positives Jahresergebnis vor Abzug der Aufwendungen für Beitragsrückerstattung ausweist, dieses die Beitragsrückerstattungen jedoch nicht deckt oder aufgrund seiner geringen Höhe zu steuerlich nicht oder nicht in voller

45

§ 21

---

1 BFH I R 64/08, BFH/NV 2010, 1860 mwN.
2 *Boetius*, Handbuch der versicherungstechnischen Rückstellungen, 1996, Rn 506.
3 *Roser* in Gosch § 21 Rn 3.
4 Steuerrechtlich reicht für eine gewinn- und einkommensmindernde Berücksichtigung von Beitragsrückerstattungen eine öffentlich-rechtliche Verpflichtung durch eine geschäftsplanmäßige Erklärung aus. Nicht erforderlich ist, dass zugleich eine zivilrechtliche Verpflichtung des Versicherers gegenüber den Versicherungsnehmern entstanden ist; vgl BFH I R 17/97, BStBl II 1999, 739.
5 BFH I R 36/95, BStBl II 2000, 238.
6 § 153 VVG, eingefügt durch das Gesetz zur Reform des Versicherungsvertragsrechts v 23.11.2007, BGBl I 2007, 2631, gewährt den Versicherungsnehmern erstmals einen gesetzlichen Anspruch auf Überschussbeteiligung. Zuvor bestand ein Anspruch nur auf eine vertragliche Überschussbeteiligung lediglich kraft vertraglicher Vereinbarung, zB in § 17 ALB 94, hierzu ausführlich *Reiff* in Prölss/Martin § 153 VVG Rn 1 ff.
7 *Stuirbrink/Westenhoff/Reich* in Beck'scher VersBilKomm § 341e HGB Rn 88.
8 BFH I R 64/08, BFH/NV 2010, 1860.

Höhe abzugsfähigen Beitragsrückerstattungen führt. Zu dieser Situation kann es insbesondere bei neu gegründeten Unternehmen kommen, die in den ersten Jahren idR Anlaufverluste erwirtschaften. In seinem noch zur alten Rechtslage vor der Deregulierung des Versicherungsmarktes im Jahre 1994 ergangenen Urteil v 9.6.1999[1] kommt der BFH zu dem Ergebnis, dass Beitragsrückerstattungen, die bei einem neu gegründeten Lebensversicherungsunternehmen trotz des infolge von Anlaufverlusten negativen Jahresergebnisses aufgrund einer geschäftsplanmäßigen Erklärung der Rückstellung für Beitragsrückerstattung zuzuführen waren, nicht aufgrund des Jahresergebnisses iSd § 21 I gewährt werden, sondern unabhängig hiervon aufgrund einer öffentlich-rechtlichen Verpflichtung. Die seinerzeit vom Aufsichtsamt in geschäftsplanmäßigen Erklärungen geforderte Mindestbeitragsrückerstattung orientierte sich an der durchschnittlichen Rückgewährquote aller Lebensversicherungsunternehmen und stand daher in keinem Bezug zum Jahresergebnis. Ein solcher Bezug fehlt auch bei freiwillig abgegebenen geschäftsplanmäßigen Erklärungen, wonach den Versicherten Überschussanteile aus den Zins-, Risiko- und Verwaltungskostenüberschüssen gewährt werden, wenn sich deren Bemessung an Parametern orientiert, die nicht vom Jahresergebnis abhängen, wie zB dem Risiko- und Verwaltungskostenanteil der Beiträge oder dem Deckungskapital.[2] Der BFH qualifiziert solche Beitragsrückerstattungen als erfolgsunabhängig, dh sie unterliegen nicht den Beschränkungen des § 21, auch wenn sie über die aufsichtsrechtliche Mindestzuführung hinausgehen. Der entschiedene Sachverhalt betraf jedoch noch die Zeit vor der Deregulierung des Versicherungsmarktes im Jahre 1994. Seit der Deregulierung und dem Wegfall der aufsichtsrechtlichen Genehmigungspflicht der Tarife[3] ergibt sich die aufsichtsrechtlich geforderte Mindestbeitragsrückerstattung nicht mehr aus geschäftsplanmäßigen Erklärungen gegenüber der Aufsichtsbehörde, sondern wird ab 1996 für die Krankenversicherung in der ÜberschussV[4] und für die Lebensversicherung in der ZRQuotenV[5] bzw für Geschäftsjahre ab 2008 in der Mindestzuführungsverordnung[6] geregelt. Diese sehen nunmehr eine am Ergebnis orientierte Mindestzuführung zur Rückstellung für Beitragsrückerstattung vor.

46 **Erfolgsabhängigkeit maßgeblich bei doppelter Kausalität.** Der BFH sieht in der Anknüpfung der Beitragsrückerstattungen an die Höhe des Jahresüberschusses das vorrangige Kriterium für die Erfolgsabhängigkeit von Beitragsrückerstattungen. In seinem Beschluss v 7.3.2007[7] kommt er zu dem Ergebnis, dass auch in den Fällen, in denen eine vom Jahresergebnis abhängige Beitragsrückerstattung zugleich (doppelt kausal) auf einer geschäftsplanmäßigen Erklärung und damit einer öffentlich-rechtlichen (Außen-)Verpflichtung beruht, eine Erfolgsabhängigigkeit iSv § 21 I gegeben

---

1 BFH I R 17/97, BStBl II 1999,739.
2 BFH I R 64/08, BFH/NV 2010, 1860.
3 Änderungen durch das Dritte Durchführungsgesetz/EWG zum VAG v 21.7.1994, BGBl I 1994, 1630.
4 ÜberschV iVm §§ 12c I und 81d III VAG, zuletzt geändert durch Verordnung v 12.10.2005, BGBl I 2005, 3016.
5 ZRQuotenV iVm § 81c III VAG. Für den Neubestand (ab dem 29.7.1994 geschlossene Verträge) wird eine Mindestzuführung iHv 90 % des Kapitalanlageergebnisses festgelegt, vgl § 1 II iVm § 3 ZRQuotenV.
6 Mindestzuführungsverordnung iVm § 81c III VAG.
7 BFH I R 61/05, BStBl II 2007, 589.

ist. Dabei spielt es nach Auffassung des BFH keine entscheidende Rolle, dass sich das Versicherungsunternehmen der geschäftsplanmäßigen Erklärung nicht entziehen kann bzw aufgrund gesetzlicher Bestimmungen zur Bildung einer Rückstellung für Beitragsrückerstattung in einer bestimmten Mindesthöhe verpflichtet ist.[1] Der BFH hat in seiner zu einem Krankenversicherer ergangenen Entscheidung v 7.3.2007 offen gelassen, ob dies auch nach den gesetzlichen Regelungen über die Mindestzuführung zur Rückstellung für erfolgsabhängige Beitragsrückerstattung in § 4 ÜberschussV gilt. Dieser sieht eine Mindestzuführung iHv 80 % des Überschusses vor, der sich aus der Summe von Risikoergebnis, Kapitalanlageergebnis, Kostenergebnis und sonstigen Ergebnissen berechnet. Zu einer Zuführung zur Rückstellung für Beitragsrückerstattung kann es hier also nur bei einem insgesamt positiven Ergebnis kommen, so dass diese nach dem Regelungsverständnis des BFH auch nach der Neuregelung an das Jahresergebnis geknüpft ist, was für eine weitere Anwendung des § 21 I auf die Beitragsrückerstattungen spreche. Der BFH erwägt in einem obiter dictum zudem, auch die Mindestbeitragsrückerstattung iHv 90 % des Kapitalanlageergebnisses im Lebensversicherungsgeschäft als erfolgsabhängig iSv § 21 I zu qualifizieren[2] (hierzu Rn 48).

Finanzierung der Beitragsrückerstattungen durch echte Beitragsüberschüsse. 47
Ob es sich bei den Beitragsrückerstattungen um echte Beitragsüberschüsse handelt oder nur fiktiv überhobene Beiträge ausgekehrt werden, spielt nach Auffassung des BFH ebenfalls keine Rolle. Der Gesetzeszweck, der ua darin besteht, über die Erstattung von überhobenen Beiträgen hinaus eine Ausschüttung steuerfreier Gewinne an die Versicherten zu verhindern, liefere insoweit kein Abgrenzungskriterium.[3] Einen Vorrang der Außenverpflichtung in Gestalt der geschäftsplanmäßigen Erklärung gegenüber einer wirtschaftlichen Betrachtung lehnt der BFH entgegen einer seinerzeit verbreiteten Auffassung in der Literatur[4] ab. Ein solcher Vorrang lasse sich weder dem Gesetz entnehmen noch im Wege der teleologischen Reduktion begründen.[5] Nach der bisherigen Rechtsansicht des BFH ist davon auszugehen, dass dies auch für Außenverpflichtungen aufgrund gesetzlicher Bestimmungen (§§ 81c III und 81d III VAG iVm den vorgenannten Verordnungen) oder vertraglicher Verpflichtungen[6] gilt.

Abzugsbeschränkung trotz Verpflichtung zur Rückstellungsbildung. Eine Anwendung des § 21 I auf die Mindestbeitragsrückerstattung nach den vorgenannten Verordnungen würde dazu führen, dass in den Jahren ab 1996 die aufsichtsrechtlich geforderten Mindestbeitragsrückerstattungen steuerlich nicht mehr vollständig abzugsfähig wären, wenn das handelsrechtliche Jahresergebnis unter dem Nettoertrag des steuerlichen Betriebsvermögens bleibt. Ein Abzugsverbot für Beitragsrückerstattungen, zu denen das Versicherungsunternehmen aufsichtsrechtlich ver- 48

---

1 BFH I R 61/05, BStBl II 2007, 589; bestätigt durch BFH I R 64/08, BFH/NV 2010, 1860.
2 BFH I R 61/05, BStBl II 2007, 589, 591.
3 BFH I R 64/08, BFH/NV 2010, 1860.
4 *Roser* in Gosch, 1. Aufl, § 21 Rn 4 f; *Müllereisert*, DB 2000, 2028; *Schick* in Erle/Sauter, 2. Aufl, § 21 Rn 20.
5 BFH I R 61/05, BStBl II 2007, 589.
6 Anders wohl *Roser* in Gosch § 21 Rn 6.

pflichtet ist, könnte indes zu einer verfassungswidrigen Überbesteuerung führen. Der BFH hat entsprechende Erwägungen bereits in seinem zu erfolgsabhängigen Beitragsrückerstattungen in der Schaden- und Unfallversicherung ergangenen Urteil v 21.10.1999[1] angestellt. Er konnte diese Frage jedoch offen lassen, da das Versicherungsunternehmen die streitigen Beitragsrückerstattungen freiwillig über die tarif- und aufsichtsrechtlich geforderten Beträge hinaus gewährt hatte. Der Vorrang, den der BFH in seinem Beschluss v 7.3.2007 der Ergebnisabhängigkeit im Falle einer sog doppelten Kausalität einräumt, würde bei Mindestbeitragsrückerstattungen iHd ggf nichtabzugsfähigen Teils zu einer Besteuerung des Versicherungsunternehmens führen, obwohl es hierzu aufgrund gesetzlicher Bestimmungen verpflichtet ist. In wirtschaftlicher Hinsicht kann die formalistische Sichtweise des BFH daher nicht vollständig überzeugen. Der Anwendungsbereich des § 21 I sollte uE daher auf Beitragsrückerstattungen beschränkt werden, die das Versicherungsunternehmen den Versicherungsnehmern über den aufsichtsrechtlich geforderten Mindestbetrag hinaus freiwillig gewährt. Denn nur „insoweit" wird die Beitragsrückerstattung wegen der Höhe des Jahresergebnisses gewährt.[2] In der Lebensversicherung ergibt sich die gesetzliche Mindestbeitragsrückerstattung für Geschäftsjahre ab 2008 aus der MindestzuführungsV[3]. Diese sieht neben der Beteiligung am Kapitalanlageergebnis (90 %) nunmehr auch eine Beteiligung am Risikoergebnis (75 %) sowie am übrigen Ergebnis (50 %) vor,[4] dies allerdings nur, sofern die jeweiligen Ergebnisquellen positiv sind. Zu einer (Mindest-)Zuführung zur Rückstellung für Beitragsrückerstattung aus dem Kapitalanlageergebnis kann es daher auch dann kommen, wenn das versicherungstechnische Ergebnis iÜ negativ ist. In einem solchen Fall sind die Aufwendungen für die Mindestbeitragsrückerstattung uE nicht als erfolgsabhängig iSv § 21 I zu qualifizieren, denn es besteht insoweit kein Bezug zum (Gesamt-)Jahresergebnis.[5]

49 **Überschuss je Versicherungszweig.** In der Schaden- und Unfallversicherung ist die steuerliche Abzugsfähigkeit der Aufwendungen für erfolgsabhängige Beitragsrückerstattungen nach § 21 I für jeden Versicherungszweig gesondert zu ermitteln.[6] Die versicherungszweigspezifische Ermittlung ergibt sich aus dem Prinzip der Spartentrennung, mit dem eine Quersubventionierung vermieden werden soll. Die verschiedenen Sparten ergeben sich aus der BerVersV v 29.3.2006,[7] für die jeweils eine gesonderte Sparten-GuV aufzustellen ist. Beispiele hierfür sind neben der Unfallversicherung ua die allgemeine sowie die Kraftfahrzeug-Haftpflichtversicherung, Feuer- und Gebäudeversicherung, Rechtsschutzversicherung und die Transportversicherung. Zum Begriff des versicherungstechnischen Überschusses vgl Rn 104.

---

1   BFH I 36/95, BStBl II 2000, 238.
2   Der BFH definiert Beitragsrückerstattungen in ständiger Rechtsprechung als erfolgsabhängig, wenn und „soweit" sie wegen der Höhe des Jahresergebnisses gewährt werden, BFH I R 64/08, BFH/NV 2010, 1860.
3   Mindestzuführungsverordnung iVm § 81c III VAG.
4   § 4 III-V Mindestzuführungsverordnung iVm § 81c III VAG; so auch bereits § 1 I ZRQuotenV.
5   So auch *Schick* in Erle/Sauter § 21 Rn 25; aA *Roser* in Gosch § 21 Rn 5.
6   *Schlenker* in Blümich § 21 Rn 19; *Roser* in Gosch § 21 Rn 16.
7   BGBl I 2006, 622, zuletzt geändert durch Verordnung v 27.4.2010, BGBl I 2010, 490.

IV. Abziehbarkeit von Beitragsrückerstattungen

Rechtsformunabhängigkeit. § 21 I normiert für Versicherer rechtsformunabhängig die Abzugsfähigkeit erfolgsabhängiger Beitragsrückerstattungen.[1] Dazu schränkt § 21 I die grundsätzliche Besteuerung von vGA gem § 8 III S 2 ein (hierzu Rn 10), um eine wettbewerbsverzerrende Benachteiligung von VVaG gegenüber Versicherern anderer Rechtsformen zu verhindern. 50

Einstweilen frei. 51-56

2. Lebens- und Krankenversicherung sowie Pensionsfonds (§ 21 I Nr 1). a) Berechnungsschema. Bei Lebens- und Krankenversicherungsunternehmen sowie Pensionsfonds sind erfolgsabhängige Beitragsrückerstattungen bis zu dem bereinigten handelsrechtlichen Jahresergebnis für das selbst abgeschlossene Geschäft steuerlich abziehbar.[2] Das Berechnungsschema stellt sich nach § 21 I Nr 1 idFd JStG 2009 wie folgt dar: 57

Jahresüberschuss nach handelsrechtlichen Vorschriften für das selbst abgeschlossene Geschäft (vgl Rn 59 ff)

+ Handelsrechtlicher Aufwand für Beitragsrückerstattungen (Direktgutschriften und Zuführungen zur Rückstellung für Beitragsrückerstattung vgl Rn 23), soweit dieser das Jahresergebnis gemindert hat (vgl Rn 64 ff)

abzüglich der für Beitragsrückerstattungen verwendeten Überschüsse, die dem Grunde nach nicht steuerpflichtig oder steuerbefreit sind (vgl Rn 68 ff)

– Ertrag aus der Auflösung der Rückstellung für Beitragsrückerstattung nach § 21 II (vgl Rn 88)

– Nettoertrag des nach den steuerlichen Vorschriften über die Gewinnermittlung anzusetzenden Betriebsvermögens am Beginn des WJ, dh des Ertrags des steuerlichen EK (vgl Rn 90 ff)

= Höchstbetrag des abzugsfähigen Aufwands für Beitragsrückerstattungen gem § 21 I Nr 1

Einstweilen frei. 58

b) Handelsrechtlicher Jahresüberschuss. Ausgangsgröße für die Berechnung des Höchstbetrags der nach § 21 I Nr 1 abzugsfähigen Beitragsrückerstattungen ist der handelsrechtliche[3] Jahresüberschuss für das selbst abgeschlossene Geschäft. Dieser entspricht dem Jahresüberschuss nach § 275 HGB, wenn sich die Tätigkeit auf das selbstabgeschlossene Geschäft (zum Begriff Rn 42) beschränkt. Werden von dem Versicherungsunternehmen noch weitere Versicherungszweige betrieben oder andere Tätigkeiten ausgeübt, ergibt sich der maßgebende Jahresüberschuss aus der nach § 2 RechVersV gesondert zu erstellenden Gewinn- und Verlustrechnung auf der Grundlage der Formblätter 3 und 4.[4] 59

---

1   BFH I R 17/97, BStBl II 1999, 739; *Frotscher* in Frotscher/Maas § 21 Rn 8a; vgl auch BFH I R 45/90, BStBl II 1992, 429; ebenso bereits zur Vorgängervorschrift § 22 I KStDV BFH I 197/60 U, BStBl III 1962, 483 im Sachversicherungsgeschäft.
2   *Frotscher* in Frotscher/Maas § 21 Rn 14.
3   Zuletzt BFH I R 64/08, BFH/NV 2010, 1860; BMF v 7.3.1978, BStBl I 1978, 160, Tz 2.1, Fortgeltung bestätigt durch BMF v 4.4.2011, BStBl I 2011, 356.
4   *Frotscher* in Frotscher/Maas § 21 Rn 14; *Roser* in Gosch § 21 Rn 10.

60 **Willkürliche Beeinflussung.** Welche Auswirkungen eine willkürliche Beeinflussung des handelsrechtlichen Jahresüberschusses unter Verletzung der Grundsätze ordnungsmäßiger handelsrechtlicher Buchführung zur Erzielung ungerechtfertigter steuerlicher Vorteile hätte, hatte der BFH bisher nicht zu entscheiden.[1] Da der Maßgeblichkeitsgrundsatz nach § 5 I 1 EStG nur insoweit gilt, wie die Grundsätze ordnungsmäßiger Buchführung beachtet wurden, sollte bei einem Verstoß hiergegen uE für steuerliche Zwecke eine Korrektur des handelsrechtlichen Jahresergebnisses zu erfolgen haben.

61 **Jahresergebnis bei Organgesellschaften.** Bei Lebens- und Krankenversicherungsunternehmen als Organgesellschaften ist der Jahresüberschuss infolge der Gewinnabführungsverpflichtung idR Null. Um hier zu einem sachgerechten Ergebnis zu gelangen, ist auf das Jahresergebnis vor Gewinnabführung bzw Verlustübernahme abzustellen.[2]

62 **Außerordentliche Erträge.** Der Jahresüberschuss kann uU auch außerordentliche Erträge, wie zB Verschmelzungs- und Einbringungsgewinne enthalten, die in dem für die Beitragsrückerstattung maßgeblichen Kapitalanlageergebnis nicht enthalten sind. Eine Bereinigung des handelsrechtlichen Ergebnisses ist in § 21 I Nr 1 jedoch nur für die dort genannten Beträge vorgesehen, so dass auch außerordentliche Erträge zu berücksichtigen sind und aufgrund des höheren Jahresüberschusses nach dem Berechnungsschema des § 21 I Nr 1 zu höheren abzugsfähigen Beitragsrückerstattungen führen können.[3]

63 *Einstweilen frei.*

64 **c) Aufwendungen für Beitragsrückerstattungen.** Der handelsrechtliche Jahresüberschuss ist um die Aufwendungen für erfolgsabhängige Beitragsrückerstattungen laut Gewinn- und Verlustrechnung für das selbstabgeschlossene Geschäft des jeweiligen Versicherungszweigs zu erhöhen, soweit ihn diese gemindert haben und die hierfür verwendeten Überschüsse dem Grunde nach steuerpflichtig und nicht steuerbefreit sind.

65 **Veräußerungsgewinne.** Entgegen der teilweise in der Finanzverwaltung vertretenen Auffassung können nicht nur die Erträge aus der laufenden Kapitalanlagetätigkeit, sondern auch Gewinne aus der Veräußerung von Kapitalanlagen im Zusammenhang mit einer Bestandsübertragung Gegenstand einer steuerlich abzugsfähigen Zuführung zur Rückstellung für Beitragsrückerstattung sein.[4] Solche Erträge führen damit nicht per se zu nicht abzugsfähigen Beitragsrückerstattungen, sondern bleiben innerhalb der Grenzen des § 21 I auch steuerlich abzugsfähig.[5]

---

1 Die Frage wurde in BFH I 145/57 U, BStBl III 1959, 138 aufgeworfen, aber nicht geklärt, da ein entsprechender Sachverhalt nicht vorlag.
2 *Schick* in Erle/Sauter § 21 Rn 31 sowie *Roser* in Gosch § 21 Rn 23d.
3 *Frotscher* in Frotscher/Maas § 21 Rn 15; *Schick* in Erle/Sauter § 21 Rn 32 ff. zu Veräußerungewinnen iRv Bestandsübertragungen sowie *Roser* in Gosch § 21 Rn 23c für Verschmelzungs- und Einbringungsgewinne.
4 FG Düsseldorf 6 K 3060/08 K,F, EFG 2011, 1298, dazu *von Rönn*, BB 2011, 1260.
5 So auch *Schick* in Erle/Sauter § 21 Rn 34.

IV. Abziehbarkeit von Beitragsrückerstattungen

Minderung des Jahresergebnisses. Der handelsrechtliche Jahresüberschuss ist nach dem Gesetzeswortlaut nur um die Aufwendungen für erfolgsabhängige Beitragsrückerstattungen zu erhöhen, soweit diese den Jahresüberschuss gemindert haben. Maßgebend hierfür sind die in der Gewinn- und Verlustrechnung des jeweiligen WJ ausgewiesenen Aufwendungen für Beitragsrückerstattung.[1] Diese bestehen aus den Direktgutschriften und den Zuführungen zur Rückstellung für Beitragsrückerstattung (hierzu auch Rn 23).[2] Die Verwendung der Rückstellung für Beitragsrückerstattungen erfolgt hingegen erfolgsneutral und ist daher nicht zu berücksichtigen.[3]

66

Einstweilen frei.

67

d) Kürzung nicht steuerpflichtiger oder steuerfreier Überschüsse. Hintergrund. Die bereits in der vorhergehenden Fassung des § 21 I Nr 1 vorgeschriebene Kürzung um die nach einem DBA oder § 8b IX steuerfreien Gewinnanteile wurde durch das JStG 2009 allgemein auf nicht besteuerte Überschüsse ausgedehnt.[4] Auslöser hierfür war die Aufhebung des Verbots der Organschaft mit Lebens- und Krankenversicherern als Organgesellschaften. Dabei sollte sichergestellt werden, dass strukturell bedingte Verluste nicht für andere Gesellschaften nutzbar gemacht werden können.[5] Gehen zB steuerfreie Dividenden in die Zuführung zur Rückstellung für Beitragsrückerstattung ein, könnten diese bei einem unbeschränkten Abzug der Aufwendungen für Beitragsrückerstattung das steuerliche Ergebnis einmal über den Betriebsausgabenabzug der Aufwendungen aus der Rückstellungszuführung und einmal über die außerbilanzielle Kürzung der steuerfreien Dividenden mindern. Daher sah bereits die vor der Änderung durch das JStG 2009 geltende Fassung eine Kürzung um die nach einem DBA oder § 8b IX steuerfreien Gewinnanteile vor. Andere, von dieser Regelung nicht erfasste steuerfreie Einkünfte, wie zB nach einem DBA steuerbefreite Betriebsstättengewinne und Erträge aus ausländischen Personengesellschaften, konnten sich hingegen doppelt auswirken.[6] In der Gesetzesbegründung werden als weitere Möglichkeiten die durch das BilMoG vorgesehenen Änderungen und nur teilweise besteuerte Gewinne bei der Übertragung von Grundstücken auf REITs erwähnt.[7] Mit der Abschaffung des bisherigen Organschaftsverbots in § 14 II wurde bei Lebens- und Krankenversicherungsunternehmen daher zugleich die Möglichkeit der Erzielung des oben beschriebenen doppelten steuerlichen Vorteils über die Zuführung zur Rückstellung für Beitragsrückerstattung bezogen auf alle steuerlich nicht erfassten Beträge ausgeschlossen. Rein temporäre Differenzen sollen von der Neuregelung jedoch nicht erfasst werden.[8]

68

---

1 *Frotscher* in Frotscher/Maas § 21 Rn 16; BMF v 7.3.1978, BStBl I 1978, 160, Tz 2.2, Fortgeltung bestätigt durch BMF v 4.4.2011, BStBl I 2011, 356.
2 *Boetius* in H/H/R § 21 Rn 15; § 1 II ZRQuotenV sowie ab 2008 § 4 VI Mindestzuführungsverordnung.
3 *Frotscher* in Frotscher/Maas § 21 Rn 16.
4 *Frotscher* in Frotscher/Maas § 21 Rn 19.
5 BTDrs 16/11108, 28 zu Nr 9 – neu – (§ 21 I Nr 1 S 1).
6 *Roser* in Gosch § 21 Rn 23e.
7 BTDrs 16/11108, 28 zu Nr 9 – neu – (§ 21 I Nr 1 S 1).
8 BTDrs 16/11108, 28 zu Nr 9 – neu – (§ 21 I Nr 1 S 1).

69 **Dem Grunde nach nicht steuerpflichtige Erträge.** Bei der Ermittlung der steuerlich abziehbaren Beitragsrückerstattungen sollen nach dem Gesetzeswortlaut des § 21 I Nr 1 Erträge ausgeschieden werden, die dem Grunde nach bereits nicht steuerpflichtig (oder um einen Begriff aus dem Umsatzsteuerrecht zu verwenden, nicht „steuerbar") sind. Beispiele hierfür sind

- Gewinnwirksam vereinnahmte Ertragszuschüsse, die steuerlich als Gesellschaftereinlagen behandelt werden[1] (Voraussetzung ist jedoch, dass der Zuschuss für einen im Lebens- oder Krankenversicherungsgeschäft bestimmten Zweck erbracht wurde; wird der Zuschuss für die Aufnahme der Geschäfte in einer bisher nicht betriebenen Versicherungssparte geleistet, darf er das maßgebliche Geschäftsergebnis des Lebens- oder Krankenversicherungsunternehmens nicht beeinflussen)[2],
- Organisationsfonds-Zuschüsse (§ 5 IV VAG).[3]

70 **Temporäre Differenzen.** Von den dem Grunde nach nicht steuerpflichtigen Einnahmen sind die temporären Differenzen abzugrenzen. Diese entstehen bei einer unterschiedlichen zeitlichen Erfassung der Erträge in Handels- und Steuerbilanz, sollen nach dem Willen des Gesetzgebers jedoch nicht nach § 21 I Nr 1 vom handelsrechtlichen Jahresergebnis zu kürzen sein.[4] Beispiele sind:

- Rücklagen gem § 6b EStG oder R 6.6 EStR,
- Ausgleichsposten gem § 4g EStG,
- Unterschiede bei Pensionsrückstellungen gem § 6a EStG,
- Jubiläumsrückstellungen gem § 5 IV EStG oder Drohverlustrückstellungen gem § 5 IVa EStG,
- handelsrechtliche Wertaufstockungen, welche steuerbilanziell nicht nachvollzogen werden,
- zeitversetzte Bilanzierung von phasengleich vereinnahmten Dividenden[5] sowie von Vergütungen für Genussrechte und stille Beteiligungen,[6]
- ausschüttungsgleiche Erträge aus Investmentfonds gem § 2 I S 2 InvStG.

71 **Steuerbefreite Erträge nach DBA und nach § 8b IX.** Vor der Neufassung des § 21 I Nr 1 S 1 war eine Kürzung des handelsrechtlichen Jahresüberschusses um die nach einem DBA oder nach § 8b IX steuerfreien Gewinnanteile ausdrücklich normiert. Seit dem JStG 2009 ist die Formulierung weiter und es sind alle Erträge zu kürzen, die zwar dem Grunde nach steuerpflichtig sind, für die jedoch eine gesetzliche Steuerbefreiung besteht. Nach der Vorstellung des Gesetzgebers ist durch die neue Formulierung die Steuerbefreiung nach einem DBA oder nach § 8b IX „bereits abgedeckt", so dass eine explizite Nennung dieser Fälle nicht mehr notwendig sei.[7]

---

1 BFH I R 157/74, BStBl II 1977, 439 betreffend Zuschüsse bei einem Krankenversicherer.
2 BFH I R 157/74, BStBl II 1977, 439.
3 *Roser* in Gosch § 21 Rn 25c.
4 BTDrs 16/11108, 28 zu Nr 9 – neu – (§ 21 I Nr 1 S 1).
5 BFH GrS 2/1999, BStBl II 2000, 632.
6 BFH I R 11/02, BStBl II 2003, 400.
7 BTDrs 16/11108, 28 zu Nr 9 – neu – (§ 21 I Nr 1 S 1).

IV. Abziehbarkeit von Beitragsrückerstattungen

Steuerbefreite Einkünfte aus ausländischen Personengesellschaften und Investmentvermögen. Durch die Änderung werden nunmehr auch Einkünfte aus ausländischen Personengesellschaften erfasst, deren Einkünfte gem Art 23 iVm Art 7 OECD-MA steuerbefreit sind.[1] Ebenso sind von Investmentvermögen bezogene steuerfreie Ausschüttungen und ausschüttungsgleiche Erträge aufgrund von nach einem DBA steuerfreien Einkünften gem § 4 I InvStG von § 21 I Nr 1 S 1 erfasst, was bis zum JStG 2009 fraglich war.[2] Hierzu zählen neben Dividenden, sofern sie das sog Schachtelprivileg erfüllen, insbesondere die nach einem DBA steuerfreien Einkünfte aus Vermietung und Verpachtung, die von der Altregelung nicht erfasst waren.[3]

Weitere steuerbefreite Erträge. Aufgrund der Ausweitung der Neuformulierung fallen jedoch nunmehr eine Reihe weiterer Steuerbefreiungen unter das Gebot der Kürzung des handelsrechtlichen Jahresüberschusses gem § 21 I Nr 1 S 1 wie

- steuerbefreite Veräußerungsgewinne oder Wertaufholungen in Fällen des § 8b VIII 2,
- nur teilweise besteuerte Gewinne aus der Übertragung von Grundstücken auf REITs gem § 17 III S 1 REITG iVm § 3 Nr 70 lit a EStG,[4]
- Verschmelzungs- und Spaltungsgewinne gem § 12 II und 15 I UmwStG,[5]
- steuerfreie Investitionszulagen gem § 13 InvZulG.[6]

Steuerbefreiung aus Billigkeit. Unklar ist, inwieweit aus sachlicher Billigkeit gem §§ 163, 227 AO gewährte (teilweise als wirtschaftliche) Steuerbefreiungen wie etwa Sanierungsgewinne analog dem § 3 Nr 66 EStG für Zwecke des § 21 I Nr 1 bewertet werden.[7] Da § 21 I Nr 1 auf die nach dem Gesetz entstehenden Einkünfte abstellt, im Falle der Billigkeit jedoch nur von der Steuererhebung abgesehen wird, sollte eine Kürzung des handelsrechtlichen Jahresüberschusses in diesen Fällen ausscheiden.

Ausschüttungen aus dem Einlagekonto und Zurechnung von Gewinnen aus Personengesellschaften. Ob Ausschüttungen aus dem steuerlichen Einlagekonto oder die Zurechnung von Gewinnen aus der Beteiligung an Personengesellschaften unter die Kürzung iRd § 21 I Nr 1 fallen, ist nicht gesichert.[8] Spätestens im Zeitpunkt der Veräußerung der Beteiligung kehren sich Unterschiede in der Bilanzierung wieder um, so dass es sich hierbei grundsätzlich um temporäre Differenzen handelt, die idR allerdings über einen längeren Zeitraum bestehen. Es bleibt abzuwarten, ob und wie die Finanzverwaltung sich hierzu im Einzelnen äußern wird.

Anrechnungsmethode. Aufgrund des eindeutigen Wortlauts des § 21 I Nr 1 kommt eine Korrektur des Jahresergebnisses um Einkünfte, für welche Deutschland die Doppelbesteuerung im Wege der Anrechnungsmethode vermeidet, nicht in Betracht.

---

1 Zur fehlenden Erfassung unter der Altregelung *Roser* in Gosch § 21 Rn 23e sowie *Schick* in Erle/Sauter, 2. Aufl, § 21 Rn 35.
2 *Roser* in Gosch § 21 Rn 23 unter Hinweis auf *Schick* in Erle/Sauter, 2. Aufl, § 21 Rn 36.
3 *Schick* in Erle/Sauter, 2. Aufl, § 21 Rn 36.
4 *Roser* in Gosch § 21 Rn 25d.
5 *Roser* in Gosch § 21 Rn 25d.
6 *Roser* in Gosch § 21 Rn 25d.
7 *Roser* in Gosch § 21 Rn 25e.
8 *Hoffmann/Kunz*, Versicherungswirtschaft 2009, 1915.

77 **Steuererstattungen und Steuerguthaben.** Schwierig gestaltet sich hingegen die Beurteilung bei Steuererstattungen und Körperschaftsteuerguthaben nach § 37. Auch wenn Steuererstattungen im Umkehrschluss zu § 10 Nr 2 (vgl § 10 Rn 46) außerbilanziell zu kürzen sind (so dass von einer fehlenden Steuerbarkeit oder hilfsweise Steuerfreiheit ausgegangen werden kann) und Erträge aus der Aktivierung und Bewertung von Körperschaftsteuerguthaben nach § 37 VII nicht zu den Einkünften des EStG gehören, sollten sie dennoch zu keiner Korrektur führen; schließlich waren vorgelagerte Steuerzahlungen ebenso nicht steuerlich abzugsfähig, so dass eher eine Qualifikation als temporäre Differenz in Frage kommt.[1] Gleiches sollte im Übrigen für Erträge aus latenten Steuern gelten.[2] Erträge aus Steuern sind jedoch bei der Ermittlung des Nettoertrags des Betriebsvermögens zu berücksichtigen (vgl Rn 98).

78 **Saldobetrachtung.** Zweifelhaft ist, ob dann, wenn zwar einerseits steuerbefreite Erträge vorhanden sind, zugleich jedoch auch steuerlich nicht abzugsfähige Aufwendungen (zB gem § 4 V EStG) vorliegen, diese zuvor mit den zu kürzenden steuerbefreiten Beträgen verrechnet werden können.[3] Dies wäre konsequent, da die entsprechenden Aufwendungen die Zuführungen zur Rückstellung für Beitragsrückerstattung gemindert haben und somit umgekehrt zu einer doppelten Benachteiligung führen.

79 **Bezugsbasis für die Berichtigung der hinzuzurechnenden Aufwendungen.** Der mit dem JStG 2009 neu gefasste Gesetzeswortlaut ordnet eine Korrektur des Jahresüberschusses um die Beitragsrückerstattungen an, „soweit die Beträge das Jahresergebnis gemindert haben und die hierfür verwendeten Überschüsse dem Grunde nach steuerpflichtig und nicht steuerbefreit sind". Unklar ist hierbei, ob nur die tatsächlich zur Finanzierung der Beitragsrückerstattungen verwendeten Beträge (dh im Falle der Mindestbeitragsrückerstattung 90 % in der Lebensversicherung und 80 % in der Krankenversicherung) vom handelsrechtlichen Jahresergebnis abzuziehen sind oder die nicht besteuerten Überschüsse in voller Höhe zu kürzen sind. Eine wortgetreue Anwendung der Neuregelung deutet auf erste Auslegung hin, was eine höhere abzugsfähige Beitragsrückerstattung zur Folge hätte (so könnten im Falle der Mindestbeitragsrückerstattung bei Lebensversicherungen 10 % und bei Krankenversicherungen 20 % der steuerfreien Erträge als abzugsfähige Beitragsrückerstattung erhalten bleiben).[4] Da die steuerfreien Gewinnanteile nach dem Wortlaut der zuvor geltenden Regelung[5] in voller Höhe zu kürzen waren und der Gesetzgeber mit der Neufassung eine inhaltliche Änderung nicht bezweckte,[6] könnten die steuerlich nicht erfassten Erträge trotz der sprachlichen Ungenauigkeit jedoch auch weiterhin in voller Höhe abzuziehen sein. Die Finanzverwaltung hat ihre Auffassung hierzu bislang noch nicht in einem Anwendungsschreiben geäußert.

---

1 Zutreffend *Roser* in Gosch § 21 Rn 25 c.
2 AA offenbar *Roser* in Gosch § 21 Rn 25 c.
3 Bejahend *Roser* in Gosch § 21 Rn 25g.
4 Ebenso *Roser* in Gosch § 21 Rn 15; so wohl auch *Frotscher* in Frotscher/Maas § 21 Rn 17 und *Schlenker* in Blümich § 21 Rn. 18a.
5 § 21 I Nr 1 idFd EURLUmsG.
6 BTDrs 16/11108, 28 zu Nr 9 – neu – (§ 21 I Nr 1 S 1).

IV. Abziehbarkeit von Beitragsrückerstattungen

Einstweilen frei. **80-87**

e) Ertrag aus der Auflösung der Rückstellung für Beitragsrückerstattung nach § 21 II S 2. Sofern in dem Jahr, für das die sog Zweckrechnung vorgenommen wird, die Rückstellung für Beitragsrückerstattung für steuerliche Zwecke gem § 21 II S 2 aufgelöst werden muss (hierzu Rn 145), ist der handelsrechtliche Jahresüberschuss um den Ertrag aus der Begrenzung der Rückstellung für Beitragsrückerstattung zu verringern. Diese Korrektur ist eine Abweichung von der Regel, dass § 21 I Nr 1 an handelsbilanzielle Größen anknüpft.[1] Hierdurch soll erreicht werden, dass der Berechnung der abziehbaren Beitragsrückerstattung das in dem jeweiligen WJ tatsächlich erzielte Jahresergebnis aus dem Lebens- und Krankenversicherungsgeschäft zugrunde gelegt wird.[2] **88**

Einstweilen frei. **89**

f) Nettoertrag des Betriebsvermögens. Zweck. Des Weiteren ist der handelsrechtliche Jahresüberschuss gem § 21 I Nr 1 um den Nettoertrag des nach den steuerlichen Vorschriften über die Gewinnermittlung anzusetzenden Betriebsvermögens am Beginn des WJ zu kürzen. Hierdurch soll sichergestellt werden, dass in der Beitragsrückerstattung nur überhobene Beiträge und der Ertrag aus deren Anlage, nicht jedoch der Ertrag aus der Bewirtschaftung des EK des Versicherungsunternehmens, enthalten ist. Unter der Voraussetzung, dass keine Auflösung der Rückstellung für Beitragsrückerstattung nach § 21 II S 2 vorgenommen wurde, führt die Berechnung somit im Grundsatz dazu, dass die Beitragsrückerstattungen insgesamt abzugsfähig sind, wenn der Jahresüberschuss den Nettoertrag des Betriebsvermögens übersteigt. Im umgekehrten Fall sind Beitragsrückerstattungen iHd Differenzbetrages, um den der Jahresüberschuss geringer ist als der Nettoertrag des Betriebsvermögens, nicht abzugsfähig. **90**

Nettoertrag gem § 21 I S 2. Als Nettoertrag gilt nach § 21 I S 2 der Ertrag aus langfristiger Kapitalanlage nach Abzug der entsprechenden abziehbaren und nichtabziehbaren Betriebsausgaben, der anteilig auf das Betriebsvermögen entfällt. Folgende Beträge sind für die Berechnung des maßgebenden Nettoertrags des Betriebsvermögens zu ermitteln: **91**

- steuerliches Betriebsvermögen zu Beginn des WJ (vgl Rn 92 ff),
- Bezugsgröße der langfristigen Kapitalanlage (vgl Rn 96),
- Nettoertrag aus der langfristigen Kapitalanlage und Bestimmung des auf das Betriebsvermögen entfallenden Anteils (vgl Rn 97),
- auf den Nettoertrag des Betriebsvermögens entfallender Anteil der abziehbaren und nichtabziehbaren Betriebsausgaben (vgl Rn 98).

Das BMF-Schreiben aus 1978 enthält ua ein ausführliches (explizit als nicht verbindlich bezeichnetes) Berechnungsbeispiel zur Ermittlung des Nettoertrags.[3]

---

1 *Schick* in Erle/Sauter § 21 Rn 38.
2 *Frotscher* in Frotscher/Maas § 21 Rn 24.
3 BMF v 7.3.1978, BStBl I 1978, 160, Tz 2.3, Fortgeltung bestätigt durch BMF v 4.4.2011, BStBl I 2011, 356; *Haehnel* in Mössner/Seeger § 21 Rn 7; nähere Erläuterungen zur Berechnung auch bei *Nies*, Versicherungswirtschaft 1977, 113, 120 ff.

92 **Steuerliches Betriebsvermögen.** Das zugrunde zu legende Betriebsvermögen entspricht dem steuerlichen EK. Dazu gehören das eingezahlte Grundkapital, Kapital- und Gewinnrücklagen einschließlich eines eventuellen Organisationsfonds, Bilanzgewinn und Vermögensunterschiede aus den Abweichungen zwischen Handels- und Steuerbilanz.[1] Sonderposten mit Rücklageanteil nach § 6b EStG und Rücklagen nach R 6.6 EStR oder § 52 XVI EStG sind hingegen nicht zu berücksichtigen.[2] Das Betriebsvermögen kann nur insoweit einbezogen werden, wie es auf den Versicherungszweig entfällt, für den auch die Beitragsrückerstattung vorgenommen wird.[3]

93 **Korrektur nach § 8b VIII S 4.** Weiterhin stellt sich die Frage, ob § 8b VIII S 4 innerhalb der Zweckrechnung als Korrekturvorschrift zu berücksichtigen ist. Dafür spricht, dass § 8b VIII S 4 auf § 21 I Bezug nimmt.[4] Auch wenn die Finanzverwaltung bisher nicht eindeutig hierzu Stellung genommen hat, spricht gegen eine Anwendung, dass sie § 8b VIII S 4 als Vorschrift der Einkommensermittlung (und nicht der Bilanzierung) ansieht.[5] In der Literatur wird eine Anwendung des § 8b VIII 4 iRd Ermittlung des steuerlichen Betriebsvermögens sowie der langfristigen Kapitalanlagen jedoch überwiegend befürwortet.[6] Dabei sind alle Korrekturbeträge der Vorjahre sowie bei der Ermittlung der langfristigen Kapitalanlagen zusätzlich die des laufenden Jahres einzubeziehen, da hier der Mittelwert der Kapitalanlagen zum Beginn und zum Ende des Jahres angesetzt wird (hierzu Rn 96).

94 **Steuerliche Ausgleichsposten.** Steuerliche Ausgleichsposten aus organschaftlichen Mehr- und Minderabführungen nach § 14 IV sind unabhängig von der Frage, ob man diese als Korrekturposten zum Beteiligungsansatz ansieht (hierzu § 14 Rn 1092), bei der Ermittlung des steuerlichen Betriebsvermögens zu berücksichtigen.[7]

95 **Anpassung des Betriebsvermögens nach Betriebsprüfung.** Vor dem Abschluss steuerlicher Betriebsprüfungen nimmt die Finanzverwaltung regelmäßig eine erneute Zweckrechnung unter Berücksichtigung der neu gewonnenen Erkenntnisse über die Steuerbilanzwerte vor. Diese nachträgliche Veränderung des steuerlichen Betriebsvermögens aufgrund von Korrekturen der Steuerbilanz wird von Teilen der Literatur kritisch gesehen.[8] Denn Betriebsprüfungen führen idR zu einem höheren steuerlichen Betriebsvermögen, was wiederum dazu führen kann, dass ein Teil der Beitragsrückerstattungen nachträglich nicht mehr abzugsfähig wird. Ein Abstellen der Zweckrechnung ausschließlich auf den Zeitpunkt der Handelsbilanzaufstellung würde die Planungssicherheit der Unternehmen indes wesentlich erhöhen.

---

1   *Boetius* in H/H/R § 21 Rn 17.
2   *Schick* in Erle/Sauter § 21 Rn 40.
3   *Boetius* in H/H/R § 21 Rn 17.
4   So auch *Hoffmann/Kunz*, Versicherungswirtschaft 2009, 1915, 1917, die § 8b VIII S 4 als Bilanzierungssondernorm ansehen und eine Wertangleichung innerhalb der Steuerbilanz vertreten.
5   OFD Frankfurt v 6.10.2004, DStR 2004, 2195; *Dötsch/Pung* in D/J/P/W § 8b Rn 286.
6   ZB *Schick* in Erle/Sauter § 21 Rn 41; *Roser* in Gosch § 21 Rn 26; *Hoffmann/Kunz*, Versicherungswirtschaft 2009, 1915, 1916 f.
7   *Roser* in Gosch § 21 Rn 26.
8   *Roser* in Gosch § 21 Rn 26; *Hoffmann/Kunz*, Versicherungswirtschaft 2009, 1915, 1917.

IV. Abziehbarkeit von Beitragsrückerstattungen

Langfristige Kapitalanlage. Welche Kapitalanlagen als langfristig anzusehen sind, ist gesetzlich nicht genau bestimmt. In Anlehnung an die höchstrichterliche Rechtsprechung[1] wird eine Langfristigkeit ab einer Laufzeit von mehr als vier Jahren angenommen.[2] Nach Auffassung der Finanzverwaltung[3] können für Zwecke des § 21 I aus Vereinfachungsgründen sämtliche Vermögenswerte angesetzt werden, die in der Bilanz unter der Position „C. Kapitalanlagen" gem Formblatt 1 iVm § 2 RechVersV ausgewiesen werden, jedoch mit Ausnahme der unter Position C. IV. ausgewiesenen Depotforderungen aus dem aktiven Rückversicherungsgeschäft und nach Anpassung an die steuerliche Gewinnermittlung. Mangels näherer gesetzlicher Definition des maßgeblichen Zeitpunktes der Bestimmung der langfristigen Kapitalanlagen wird idR der Mittelwert der Kapitalanlagen zum Ende und zum Anfang des WJ zugrunde gelegt.[4]

Nettoertrag. Der Nettoertrag kann aus dem Bruttoertrag der langfristigen Kapitalanlagen abzüglich der direkt zuzuordnenden Aufwendungen für die Kapitalanlagen aus der Gewinn- und Verlustrechnung und der indirekt zuzuordnenden Aufwendungen für die Verwaltung der Kapitalanlagen ermittelt werden. Der so ermittelte Nettobetrag wird zur Bestimmung des auf das Betriebsvermögen entfallenden Anteils zu dem Mittelwert der Kapitalanlagen ins Verhältnis gesetzt.[5]

Abziehbare und nichtabziehbare Betriebsausgaben. Mangels derzeit erhobener Substanzsteuern, die dem Ertrag aus dem steuerlichen Betriebsvermögen direkt zuzurechnen wären, sind unter die anteilig zu erfassenden abziehbaren und nichtabziehbaren Betriebsausgaben idR nur Ertragsteuern zu fassen.[6] Die Ertragsteuern können verursachungsgerecht im Verhältnis des Nettoertrags aus dem steuerlichen Betriebsvermögen einerseits und der Überschüsse aus dem übrigen Geschäft andererseits, jeweils vor Abzug von Steuern, zugeordnet werden.[7] Als Schlüsselgröße für die Aufteilung wird in der Praxis der Jahresüberschuss vor Steuern herangezogen. Auch die in der Gewinn- und Verlustrechnung ggf ausgewiesenen latenten Steuern sind entsprechend zu verteilen.

Einstweilen frei.

3. Schaden- und Unfallversicherung (§ 21 I Nr 2). Zweck. Die Vorschrift beschränkt in der Schaden- und Unfallversicherung die steuerliche Abzugsfähigkeit von erfolgsabhängigen Beitragsrückerstattungen, die aufgrund eines versicherungstechnischen Überschusses in dem jeweiligen Versicherungszweig gewährt werden.

---

1 RFH I 4/40, RStBl I 1940, 939; BFH III R 7/69, BStBl II 1971, 642.
2 Schick in Erle/Sauter § 21 Rn 38; Frotscher in Frotscher/Maas § 21 Rn 13 und Roser in Gosch § 21 Rn 26; aA Boetius in H/H/R § 21 Rn 18.
3 Boetius in H/H/R § 21 Rn 18; BMF v 7.3.78, BStBl I 1978, 160, Tz 2.3.2. Fortgeltung bestätigt durch BMF v 4.4.2011, BStBl I 2011, 356.
4 BMF v 7.3.1978, BStBl I 1978, 160, Tz 2.3.3, Fortgeltung bestätigt durch BMF v 4.4.2011, BStBl I 2011, 356.
5 BMF v 7.3.1978, BStBl I 1978, 160, Tz 2.3.5 und Tz 2.3.6, Fortgeltung bestätigt durch BMF v 4.4.2011, BStBl I 2011, 356.
6 Schick in Erle/Sauter § 21 Rn 45.
7 BMF v 7.3.1978, BStBl I 1978, 160, Tz 2.3.7, Fortgeltung bestätigt durch BMF v 4.4.2011, BStBl I 2011, 356.

102 **Versicherungstechnischer Überschuss.** Die Ermittlung des nach § 21 I Nr 2 abziehbaren Aufwands für Beitragsrückerstattungen geht anders als § 21 I Nr 1 nicht vom handelsrechtlichen Jahresüberschuss (vgl Rn 59), sondern von dem versicherungstechnischen Überschuss aus.[1] Dabei sind nur Beitragseinnahmen, die auf das WJ des einzelnen Versicherungszweigs aus dem selbst abgeschlossenen Geschäft für eigene Rechnung entfallen, zu berücksichtigen, gekürzt um die anteiligen abziehbaren und nichtabziehbaren Betriebsausgaben.

103 **Ermittlung der abziehbaren Beitragsrückerstattungen.** Die Beitragsrückerstattung ist nach § 21 I Nr 2 S 2 für jeden Versicherungszweig gesondert zu ermitteln.[2] Da somit keine Verrechnung von positiven und negativen Ergebnissen verschiedener Versicherungszweige erfolgt, kommt es anders als in der Lebens- und Krankenversicherung nicht darauf an, ob das Versicherungsunternehmen insgesamt einen Überschuss erwirtschaftet hat.[3]

104 **Begriff des versicherungstechnischen Überschusses.** Der BFH vertritt eine weite Auslegung des Begriffs „versicherungstechnischer Überschuss".[4] Hiernach ergibt sich der versicherungstechnische Überschuss iSd § 21 I Nr 2 nach den Vorschriften des Tarif- oder Versicherungsaufsichtsrechts oder nach betriebswirtschaftlichen Grundsätzen im einzelnen Schaden- oder Unfallversicherungszweig des Versicherungsunternehmens. Da dieser Überschuss höher sein kann als der Überschuss, der sich nach der Berechnung gem § 21 I Nr 2 ergibt, enthält § 21 I Nr 2 ein Abzugsverbot für alle aufgrund eines versicherungstechnischen Überschusses gewährten Beitragsrückerstattungen, die den nach § 21 I Nr 2 ermittelten Überschuss übersteigen. Eine enge Auslegung des Begriffs[5] unter Beschränkung auf den sich aufgrund der Berechnung gem § 21 I Nr 2 ergebenden Überschuss widerspricht nach Auffassung des BFH dem Zweck des § 21 I, die Voraussetzungen der Abzugsfähigkeit von Beitragsrückerstattungen rechtsformunabhängig zu regeln (vgl Rn 50). Denn eine enge Begriffsauslegung könnte dazu führen, dass es sich nicht um Beitragsrückerstattungen „aufgrund eines versicherungstechnischen Überschusses" handelt und § 8 III S 2 daher zulasten von VVaG anwendbar bliebe.

105 **Beitragseinnahmen.** Beitragseinnahmen sind nur Entgelte, die Versicherungsunternehmen von den Versicherungsnehmern aufgrund der Versicherungsverträge für das Versprechen der vereinbarten Leistung im Versicherungsfall erhalten.[6] Auch sonstige Nebenleistungen wie zB Gebühren für die Ausfertigung des Versicherungsscheins und Ratenzuschläge zählen dazu.[7] Beitragsüberträge sind ebenfalls zu berücksichtigen, da auf die Beiträge des entsprechenden WJ abzustellen ist.[8]

---

1   Schick in Erle/Sauter § 21 Rn 46.
2   BFH I 197/60-U, BStBl III 1962, 483.
3   Schick in Erle/Sauter § 21 Rn 46; Groß in D/J/P/W § 21 Rn 33; Hauswirth in EY § 21 Rn 35; Schlenker in Blümich § 21 Rn 20.
4   BFH I R 36/95, BStBl II 2000, 238.
5   So zB Frotscher in Frotscher/Maas § 21 Rn 29 ff.
6   Roser in Gosch § 21 Rn 16.
7   BFH I R 36/95, BStBl II 2000, 238.
8   Roser in Gosch § 21 Rn 16; Schick in Erle/Sauter § 21 Rn 47.

IV. Abziehbarkeit von Beitragsrückerstattungen

Zinserträge aus der Anlage vorausgezahlter Beiträge. Zu den Beitragseinnahmen gehören nach der Rechtsprechung des BFH hingegen nicht die Zinserträge aus der Anlage vorausgezahlter Beiträge.[1] Sie gehören zwar zum versicherungstechnischen Überschuss, stammen jedoch nicht unmittelbar aus den gezahlten Beiträgen. Erträge aus dem nichtversicherungstechnischen Geschäft dürfen nicht zur Beitragsrückerstattung verwendet werden,[2] und führen somit nach der weiten Auslegung des BFH (vgl Rn 104) sowohl bei VVaG als auch bei Versicherungsunternehmen anderer Rechtsformen zu nichtabzugsfähigen Beitragsrückerstattungen.[3] Eine Ausnahme besteht im Hinblick auf die Verzinsung des Deckungskapitals in (Haftpflicht- und Unfall-)Sparten, bei denen Renten-Deckungsrückstellungen für zu leistende Rentenzahlungen zu bilden sind.[4] 106

Selbst abgeschlossenes Geschäft. Beitragsteile, die von dem Versicherungsunternehmen an Rückversicherer weitergeleitet werden, scheiden aus der Bemessungsgrundlage aus, da § 21 I Nr 2 nur das selbst abgeschlossene Geschäft für eigene Rechnung erfasst.[5] 107

Kürzung anteiliger Betriebsausgaben. Zu den anteilig abziehbaren Betriebsausgaben gehören auch auf das WJ entfallende Versicherungsleistungen, Zuführungen zu Rückstellungen und Rechnungsabgrenzungsposten.[6] Zur Berechnung iÜ können in der Schaden- und Unfallversicherung die Regelungen des BMF-Schreibens zu Lebens- und Krankenversicherungsunternehmen entsprechend angewendet werden.[7] 108

Einstweilen frei. 109-110

4. Rechtsfolgen. Außerbilanzielle Korrektur. Übersteigen die Aufwendungen für Beitragsrückerstattungen die nach § 21 I zulässigen Höchstbeträge, sind sie insoweit gem § 21 I nicht abziehbar. Dh § 21 I enthält lediglich eine betragsmäßige Begrenzung der Beitragsrückerstattungen und qualifiziert deren Charakter als Betriebsausgabe nicht um. Die übersteigenden Beitragsrückerstattungen sind nach hM als nichtabziehbare Betriebsausgaben außerbilanziell hinzuzurechnen.[8] Die Bewertung der Rückstellung für Beitragsrückerstattung in der Steuerbilanz entspricht damit weiterhin derjenigen in der Handelsbilanz, so dass eine spätere Verwendung erfolgsneutral ist (zur Auflösung der Rückstellung für Beitragsrückerstattung in der Steuerbilanz nach § 21 II vgl jedoch Rn 145 ff).[9] 111

Kein Vortrag. Die nichtabzugsfähigen Beitragsrückerstattungen können nicht auf Folgejahre vorgetragen werden, was insbesondere bei Anlaufverlusten in Gründungsjahren problematisch sein kann.[10] Dies räumt zwar auch der BFH ein, hält diese Bedenken angesichts des Gesetzeszwecks (vgl hierzu Rn 8 ff) jedoch für unbeacht- 112

---

1 BFH I R 36/95, BStBl II 2000, 238.
2 *Groß* in D/J/P/W § 21 Rn 32; *Frotscher* in Frotscher/Maas § 21 Rn 29 ff.
3 *Frotscher* in Frotscher/Maas § 21 Rn 29 und 31 zu den Auswirkungen der unterschiedlichen Auslegungen.
4 *Boetius* in H/H/R § 21 Rn 28.
5 *Groß* in D/J/P/W § 21 Rn 33; *Hauswirth* in EY § 21 Rn 21.
6 *Hauswirth* in EY § 21 Rn 37; *Frotscher* in Frotscher/Maas § 21 Rn 29.
7 BMF v 7.3.78, BStBl I 1978, 160, Tz 3, Fortgeltung bestätigt durch BMF v 4.4.2011, BStBl I 2011, 356.
8 ZB *Schick* in Erle/Sauter § 21 Rn 50.
9 *Schick* in Erle/Sauter § 21 Rn 50.
10 *Hauswirth* in EY § 21 Rn 3; *Roser* in Gosch § 21 Rn 5.

lich.¹ Der Gesetzgeber hat bislang einen Vortrag dieser Beträge vergleichbar zu den Spenden (vgl § 9 Rn 118 ff) oder der Zinsschranke (vgl § 8a Rn 530 ff) nicht vorgesehen, so dass der hiermit verbundene Nachteil in späteren Jahren nicht umkehrbar ist.

113 *Einstweilen frei.*

114 **V. Rückstellung für Beitragsrückerstattung (§ 21 II). 1. Allgemeines. Regelungsgehalt.** § 21 II normiert neben einer Verwendungssicherung (vgl Rn 118 ff) eine Pflicht zur teilweisen Auflösung der anzusetzenden Rückstellung für Beitragsrückerstattung bei Überschreiten des nach § 21 II S 2 und 3 zu ermittelnden Höchstbetrags für steuerliche Zwecke (vgl Rn 123 ff).

115 **Erfolgsabhängige Beitragsrückerstattungen.** Wie § 21 I ist § 21 II nur auf erfolgsabhängige Beitragsrückerstattungen anwendbar (vgl Rn 25).

116 **Bildung einer Rückstellung für Beitragsrückerstattung iRe Bilanzberichtigung bzw -änderung.** Eine Zuführung zur Rückstellung für Beitragsrückerstattung ist auch im Wege einer Bilanzänderung nach § 4 II S 2 EStG möglich. In der Praxis ist dies gelegentlich im Anschluss an eine Betriebsprüfung zu beobachten. Regelmäßig kommt es iRv Betriebsprüfungen zur Feststellung Gewinn erhöhender Sachverhalte. Um die daraus resultierende Steuerbelastung zu vermeiden, kann der entsprechende Ertrag in der Handelsbilanz des betreffenden WJ im Wege einer Bilanzberichtigung bzw -änderung erfasst und zugleich der Rückstellung für Beitragsrückerstattung zugeführt werden. Die Vermeidung einer steuerlichen Mehrbelastung ist als gewichtiger Grund für eine Änderung der Handelsbilanz anerkannt.² Zusätzlich sind die gesellschafts- und aufsichtsrechtlichen Anforderungen zu beachten. Steuerrechtlich ist eine solche Dotierung der Rückstellung für Beitragsrückerstattung zur Kompensation der aus der Bilanzberichtigung resultierenden Mehrgewinne nach § 4 II S 2 EStG zulässig. Das Jahresergebnis ändert sich hierdurch also nicht, so dass sich auch keine Veränderungen bei der Abzugsfähigkeit der Zuführungen zur Rückstellung für Beitragsrückerstattung nach § 21 I ergeben.³ Da sich damit aus diesem Sachverhalt allein keine abweichende Steuerfestsetzung ergibt, entstehen insoweit auch keine Nachzahlungszinsen, und zwar auch nicht unter dem Aspekt unterschiedlicher Zinsläufe nach § 233a IIa AO.⁴

117 *Einstweilen frei.*

118 **2. Verwendungssicherung (§ 21 II S 1). Satzung oder geschäftsplanmäßige Erklärung.** Die steuerliche Abzugsfähigkeit von Zuführungen zur Rückstellung für Beitragsrückerstattung setzt nach § 21 II S 1 voraus, dass die ausschließliche Verwendung der Rückstellung für Zwecke der Beitragsrückerstattung durch die Satzung oder geschäftsplanmäßige Erklärung gesichert ist. Eine geschäftsplanmäßige Erklärung ist eine verbindliche schriftliche Zusage mit öffentlich-recht-

---

1 BFH I R 61/05, BStBl II 2007, 589.
2 *Ellrott/Schubert* in Beck'scher BilKomm § 253 HGB Rn 817 mwN.
3 *Roser* in Gosch § 21 Rn 36 mit Beispielen; BFH I R 52/09, BStBl II 2011, 340.
4 BFH I R 52/09, BStBl II 2011, 340.

licher Wirkung gegenüber der Aufsichtsbehörde.[1] Zwar ist die Verpflichtung zur Abgabe geschäftsplanmäßiger Erklärungen seit dem 1.7.1994 entfallen, ihre freiwillige Abgabe bleibt jedoch weiterhin zulässig. Sie führen zu einer Selbstbindung des Versicherungsunternehmens und gelten grundsätzlich fort, solange das Versicherungsunternehmen sie der Aufsichtsbehörde gegenüber nicht zurückzieht.[2]

Vertragliche Verwendungssicherung. In der Literatur ist umstritten, ob die nach § 341e II Nr 2 HGB zulässige vertragliche Verwendungssicherung auch ohne ihre ausdrückliche Nennung von § 21 II S 1 mit umfasst wird.[3] Da bei einer vertraglichen Regelung idR ein Rechtsanspruch des Versicherungsnehmers entstehen dürfte, läge der Schluss nahe, dass es sich um erfolgsunabhängige Beitragsrückerstattungen handelt, die nicht in den Regelungsbereich des § 21 II fallen und daher insgesamt uneingeschränkt steuerlich abzugsfähig sind.[4] Soweit jedoch die Gewährung von Beitragsrückerstattungen vertraglich für Fälle des Vorliegens eines (positiven) Jahresergebnisses zugesichert wird, handelt es sich nach der Rechtsprechung ebenfalls um erfolgsabhängige Beitragsrückerstattungen, auf die § 21 II S 1 Anwendung findet (doppelte Kausalität, vgl hierzu Rn 46).[5]   119

Verwendung zur Abwendung eines drohenden Notstandes. Eine Verwendung von Beträgen der Rückstellung für Beitragsrückerstattung im Interesse der Versicherten zur Abwendung eines Notstandes mit Zustimmung der Aufsichtsbehörde (entsprechend dem bis zum 31.12.2007 gültigen § 56a S 5 VAG) stellt die von § 21 II S 1 geforderte Verwendungssicherung bereits nach der Rechtsprechung des RFH sowie Verwaltungsauffassung nicht infrage.[6] Beträge, die auf Grundlage der ab dem 1.1.2008 geltenden Erweiterung des § 56a VAG zur Abwendung eines drohenden Notstandes nach § 56a III S 2 VAG entnommen werden dürfen, unterliegen ebenso wie die in den Fällen des Verlustausgleichs und der Erhöhung der Deckungsrückstellung nach § 56a III S 3 VAG herangezogenen Beträge der Rückstellung für Beitragsrückerstattung einer Verwendungssicherung iSv § 21 II S 1.[7] Denn auch diese Entnahmen aus der Rückstellung für Beitragsrückerstattung erfolgen im Interesse der Versicherten und ausschließlich mit Zustimmung der Aufsichtsbehörde. Damit erfüllen sie den Regelungszweck von § 21 II S 1, sicherzustellen, dass die Versicherten durch die Rückstellung für Beitragsrückerstattung begünstigt werden.   120

---

1 BFH I R 17/97, BStBl II 1999, 739; BGH IVa ZR 55/87, BGHZ 105, 140.
2 *Boetius* in Handbuch der versicherungstechnischen Rückstellungen, 1996, Rn 508.
3 Bejahend *Frotscher* in Frotscher/Maas § 21 Rn 33; aA hingegen *Schlenker* in Blümich § 21 Rn 10; auch *Schick* in Erle/Sauter § 21 Rn 53 und *Hauswirth* in EY § 21 Rn 9 vertreten die Auffassung, eine vertragliche Verwendungssicherung genüge nicht.
4 So sieht *Müllereisert*, DB 2000, 2038, bei einer erfolgsabhängigen Beitragsrückerstattung die Zweckbindung durch Satzung oder geschäftsplanmäßige Erklärung als die Regel an und bei erfolgsunabhängigen Beitragsrückerstattungen eine Zweckbindung durch Gesetz oder vertragliche Vereinbarung.
5 BFH I R 61/05, BStBl II 2007, 589.
6 RFH I 388/37, RStBl 1939, 892; BMF v 7.3.1978, BStBl I 1987, 160, Tz 4.1, Fortgeltung bestätigt durch BMF v 4.4.2011, BStBl I 2011, 356.
7 OFD Hannover v 20.6.2008, KStK § 21 KStG Karte 1; ebenso *Groß* in D/J/P/W § 21 Rn 39.

121	**Einzelfälle zulässiger Verwendung.** Als für Zwecke der Beitragsrückerstattung verwendet gelten ua auch Barrückerstattungen, Limitierungen der Beitragsanpassungen sowie eine Erhöhung der Versicherungsleistungen.[1]
122	*Einstweilen frei.*
123	**3. Betragsmäßige Einschränkung der Abzugsfähigkeit der Rückstellung für Beitragsrückerstattung (§ 21 II S 2). a) Grundsatz. Begrenzung der Rückstellungsbildung.** Die Rückstellung für Beitragsrückerstattung ist steuerrechtlich höchstens bis zu der sich aus § 21 II S 2 Nr 1-4 ergebenden Summe sowie ggf verbleibender Kleinbeträge nach § 21 II S 3 anzuerkennen. Soweit die Rückstellung für Beitragsrückerstattung diesen Höchstbetrag übersteigt, ist sie in der Steuerbilanz aufzulösen (vgl Rn 145). § 21 II S 2 Nr 1 und 2 finden Anwendung auf alle Versicherungsunternehmen und damit auch auf Pensionsfonds, die das Lebensversicherungsgeschäft in einer spezifischen Ausgestaltung betreiben,[2] Nr 3 betrifft ausschließlich Krankenversicherungsunternehmen sowie Nr 4 nur Lebensversicherungsunternehmen und Pensionsfonds.
124	*Einstweilen frei.*
125	**b) Drei Jahreszuführungen (§ 21 II S 2 Nr 1). Zuführungen.** Nach § 21 II Nr 1 werden für den einzelnen Versicherungszweig nur die Zuführungen des am Bilanzstichtag endenden WJ und der zwei vorangegangenen WJ steuerlich anerkannt. Durch das JStG 2010 v 8.12.2010[3] wurde in § 34 Xb S 3 eine zeitlich befristete Erweiterung für die VZ 2010-2013 von zwei auf vier vorangegangene WJ eingeführt, wobei die Summe der dann insgesamt fünf Zuführungen maximal das 1,2-Fache des steuerlichen Höchstbetrags im VZ 2009 betragen darf. Soweit der sich dabei ergebende Betrag allerdings niedriger sein sollte als der sich nach der bisherigen Regelung ergebende Betrag aus insgesamt drei Zuführungen, soll dieser anzusetzen sein. Nach der Gesetzesbegründung sollen hiermit in Zeiten niedriger Zinsen und hoher Unsicherheiten die Solvabilitätsmittel der Lebens- und Krankenversicherer, zu denen auch die sog freie Rückstellung für Beitragsrückerstattung zählt, gestärkt werden.[4] Der erweiterte 5-jährige Verwendungszeitraum wirkt entsprechend dem Gesetzeszweck tendenziell begünstigend für Lebens- und Krankenversicherer, die in den WJ 2010-2013 im Verhältnis zu den Vorjahren geringere Dotierungen der Rückstellung für Beitragsrückerstattung vornehmen. Entnahmen von Rückstellungsbeträgen für Beitragsrückerstattungen werden damit nicht bzw nur in geringem Umfang notwendig sein, um Mehrsteuern (vgl Rn 145 f) zu vermeiden. Dies soll anhand eines Beispiels gezeigt werden, wobei aufgrund der verschiedenen Variablen stets eine konkrete Berechnung anhand der relevanten Beträge im Einzelfall vorzunehmen sein wird.

---

1 RFH I 145/42, RStBl 1943, 680.
2 *Boetius* in H/H/R Jahresbd 2002 § 21 Rn J 01-3.
3 BGBl I 2010, 1768.
4 BTDrs 17/2249, S 116 ff.

V. Rückstellung für Beitragsrückerstattung

Zuführung zu RfB	Stand Ende VZ 2009	Neuregelung 5-Jahreszeitraum	Anwendung Altregelung
2006	5	–	5	–
2007	10	10	10	–
2008	30	30	30	30
2009	40	40	40	40
2010	16	–	16	16
	101	80	101	86
maximal aber das 1,2-Fache der Summe		⟶	96	
Günsterprüfung:			96	

Zuführung zu RfB	Stand Ende VZ 2009	Neuregelung 5-Jahreszeitraum	Anwendung Altregelung
2006	5	–	5	–
2007	10	10	10	–
2008	30	30	30	30
2009	40	40	40	40
2010	30	–	30	30
	115	80	115	100
maximal aber das 1,2-Fache der Summe		⟶	96	
Günsterprüfung:				100

Zeitnahe Verwendung. Der Gesetzgeber bezweckt mit der Begrenzung auf drei bzw fünf Jahreszuführungen eine zeitnahe Verwendung der Rückstellung für Beitragsrückerstattung zugunsten der Versicherungsnehmer. Somit muss ein Versicherungsunternehmen grundsätzlich im dritten, bzw in den Jahren 2010-2013 im fünften auf die Zuführung folgenden Jahr über diesen Betrag verfügen, um eine anteilige Auflösung der Rückstellung für Beitragsrückerstattung und die damit einhergehende steuerliche Mehrbelastung zu vermeiden (hierzu Rn 145 f).[1]

126

---

[1] Dieser Rechtsgedanke bestand bereits vor Einführung des § 21 II in RFH I 145/42, RStBl 1943, 680.

127	**Zuführung als Folge der Kleinbetragsregelung.** Als Zuführung kann entsprechend der Auffassung der Finanzverwaltung[1] ferner eine Rückstellung nach Inanspruchnahme der Kleinbetragsregelung im ersten Jahr ihrer Nichtberücksichtigung erfasst werden (hierzu Rn 143).
128-129	*Einstweilen frei.*
130	**c) Verbindliche Festlegung (§ 21 II S 2 Nr 2). Sinn und Zweck.** Zusätzlich sind die in der Rückstellung für Beitragsrückerstattung enthaltenen, vor dem Bilanzstichtag dem Grunde und der Höhe nach verbindlich festgelegten Beitragsrückerstattungen steuerrechtlich anzuerkennen. Durch die verbindliche Festlegung wird der Betrag Teil der gebundenen Rückstellung für Beitragsrückerstattung.
131	**Erforderliche Angaben.** Für eine verbindliche Festlegung müssen detailliertere Angaben als bei der noch relativ allgemein gehaltenen Verwendungssicherung nach § 21 II S 1 vorliegen. Erforderlich ist, dass die Höhe der Beitragsrückerstattung (wobei die Festlegung einer Relation oder Berechnungsmethode ausreicht), der Zeitpunkt der Auskehrung und der Kreis der anspruchsberechtigten Versicherungsnehmer, an die die Beitragsrückerstattung erfolgen soll, feststehen oder bestimmbar sind.[2]
132	**Formelle Anforderungen.** Gesetzlich nicht geregelt ist, welche formellen Voraussetzungen für eine verbindliche Festlegung im Einzelnen zu erfüllen sind. Insoweit ist daher insbesondere die aufsichtsrechtliche Praxis zu beachten. Nach Auffassung der Finanzverwaltung ist eine verbindliche Festlegung bspw anzunehmen, wenn sie durch geschäftsplanmäßige Erklärung oder in der Weise erfolgt, dass die zuständigen Organe einen Beschluss fassen und diesen zB im Geschäftsbericht oder im Bundesanzeiger bekanntgeben.[3]
133	**Adressat.** Nicht abschließend geklärt ist auch die Frage, gegenüber wem die Ausschüttung als Beitragsrückerstattung verbindlich festzulegen ist. Nicht ausreichend für eine verbindliche Festlegung ist eine bloße interne Beschlussfassung, die jederzeit wieder zurückgenommen werden könnte.[4] Dritte sollten die Möglichkeit haben, von der beschlossenen Ausschüttung Kenntnis zu erhalten. Das ist zB bei Hausmitteilungen innerhalb des Versicherungsunternehmens der Fall, da diese der Information der Versicherungsnehmer dienen sollen, sowie insbesondere bei Veröffentlichung im Geschäftsbericht.[5]
134	**Zeitpunkt.** Ungeklärt ist auch, ob die Erklärung vor oder nach dem Bilanzstichtag vorliegen muss. Die wohl überwiegende Literatur geht zwar davon aus, dass für eine verbindliche Festlegung einer Beitragsrückerstattung die Außenbindung vor dem Bilanzstichtag entstanden sein muss.[6] Da die Finanzverwaltung[7] jedoch eine Veröffentlichung im Geschäftsbericht, die erst nach dem Bilanzstichtag erfolgen kann, als ausreichend ansieht, hält sie offenbar das Vorliegen einer Außenbindung vor dem

---

1 BMF v 7.3.1978, BStBl I 1978, 160, Tz 5.2, Fortgeltung bestätigt durch BMF v 4.4.2011, BStBl I 2011, 356.
2 *Boetius* in H/H/R § 21 Rn 41; *Frotscher* in Frotscher/Maas § 21 Rn 36; *Schick* in Erle/Sauter § 21 Rn 56.
3 BMF v 7.3.1978, BStBl I 1978, 160, Tz 4.2, Fortgeltung bestätigt durch BMF v 4.4.2011, BStBl I 2011, 356.
4 *Boetius* in H/H/R § 21 Rn 41; *Schick* in Erle/Sauter § 21 Rn 56.
5 Ebenso *Boetius* in H/H/R § 21 Rn 41.
6 ZB *Roser* in Gosch § 21 Rn 32; jedoch zweifelnd *Hauswirth* in EY § 21 Rn 48, ob die Bekanntgabe vor dem Bilanzstichtag erfolgen muss.
7 BMF v 7.3.1978, BStBl I 1987, 160, Tz 4.2, Fortgeltung bestätigt durch BMF v 4.4.2011, BStBl I 2011, 356.

Bilanzstichtag nicht für erforderlich. In der Praxis wird diesem Problem aus Vorsichtsgründen von einem Teil der Versicherungsunternehmen durch eine Veröffentlichung der Verwendungsfestlegung im Internet begegnet. Eine rückwirkende Änderung der Festlegung widerspräche dem Zweck der Regelung und ist daher nicht möglich.[1]

Einstweilen frei. 135

d) Verbindliche Festlegung zur Beitragsermäßigung in der Krankenversicherung (§ 21 II S 2 Nr 3). Beitragsentwicklung in der Krankenversicherung. 136
Krankenversicherungsbeiträge sind trotz altersbedingt steigender Kosten und zunehmender Lebenserwartung in der deutschen privaten Krankenversicherung idR gleichbleibend. Versicherungstechnisch wird dies durch einen in den Beitrag eingerechneten Sparanteil erreicht, der die mit steigendem Alter wachsenden Krankheitsaufwendungen vorfinanziert. Sie werden in der Alterungsrückstellung verzinslich angesammelt.[2] Diese Notwendigkeit des Ansparvorgangs ergibt sich aus dem gleichzeitigen Verzicht zur ordentlichen Kündigung durch das Krankenversicherungsunternehmen. Nicht abschließend einberechnet sind im Gegensatz dazu altersunabhängige Kostensteigerungen, ua aufgrund neuer Behandlungsmethoden, eines veränderten Leistungsniveaus oder Gebührenveränderungen bei der Beitragskalkulation.[3] Sie können zu Anpassungen der Beiträge oder ggf auch zu vertraglichen Anpassungen führen.

Ermäßigung von Beitragserhöhungen. In der Krankenversicherung erhöhen 137
die vor dem Bilanzstichtag verbindlich festgelegten Beträge zur Ermäßigung von Beitragserhöhungen im Folgejahr die steuerlich abzugsfähige Rückstellung für Beitragsrückerstattung. Hintergrund ist, dass in der Krankenversicherung von ständig steigenden Beiträgen durch Kostensteigerungen ausgegangen wird.[4] Sich daraus ergebende kalkulatorische Beitragserhöhungen können durch Krankenversicherungsunternehmen mittels aus der Rückstellung für Beitragsrückerstattung finanzierter Ermäßigungen reduziert werden (zur verbindlichen Festlegung vgl Rn 130 ff). Über den Rückstellungsbetrag hinaus ist dabei eine Konkretisierung des begünstigten Kreises der Versicherungsnehmer nicht erforderlich.[5]

Einstweilen frei. 138

e) Schlussgewinnanteile in der Lebensversicherung (§ 21 II S 2 Nr 4). Bei Lebens- 139
versicherungsunternehmen und Pensionsfonds ist eine über die Vertragslaufzeit erfolgende Ansammlung der Mittel für die Auskehrung von Schlussgewinnanteilen (in § 28 VI-VIII RechVersV als Schlussüberschussanteile bezeichnet) in der Summe der abzugsfähigen Rückstellung für Beitragsrückerstattung zu berücksichtigen. Der Versicherungsnehmer hat einen Rechtsanspruch auf diesen einzelvertraglich festgelegten, versicherungsmathematisch berechenbaren Schlussüberschussanteil.[6]

---

1 *Schick* in Erle/Sauter § 21 Rn 58.
2 *Boetius*, Handbuch der versicherungstechnischen Rückstellungen, 1996, Rn 406.
3 *Boetius*, Handbuch der versicherungstechnischen Rückstellungen, 1996, Rn 412.
4 *Stuirbrink/Westernhoff/Reich* in Beck'scher VersBilKomm § 341e HGB Rn 78.
5 *Boetius*, Handbuch der versicherungstechnischen Rückstellungen, 1996, Rn 514.
6 *Haehnel* in Mössner/Seeger § 21 Rn 31.

Während der Laufzeit des Lebensversicherungsvertrages besteht der Anspruch (nur) für die bereits zurückgelegten Versicherungsjahre. Eine verbindliche Festlegung wie in Nr 2 und 3 ist nicht vorzunehmen, da der gesamte versicherungsmathematisch ermittelte Schlussgewinnanteil „erforderlich" iSd Nr 4 ist.[1]

140 Einstweilen frei.

141 **4. Kleinbeträge (§ 21 II S 3). Vereinfachungsregelung.** Soweit die Auszahlung von Kleinbeträgen mit unverhältnismäßig hohem Verwaltungsaufwand verbunden ist, kann hiervon abgesehen werden. Für diese Beträge ist eine Auflösung der Rückstellung für Beitragsrückerstattung gem § 21 II S 3 aus Vereinfachungsgründen ebenfalls nicht erforderlich. Von der Ermächtigung zum Erlass einer Verordnung in § 33 I Nr 2 lit a wurde bisher kein Gebrauch gemacht.

142 **Definition von Kleinbeträgen.** Nach Ansicht der Finanzverwaltung sind Kleinbeträge anzunehmen, wenn die Beitragsrückerstattung im Durchschnitt pro Versicherungsvertrag bzw Versicherten weniger als 20 DM (10,23 EUR) oder weniger als 1 % der Bruttojahresbeiträge des Versicherungszweigs beträgt.[2] Bei der Bestimmung des Verwaltungsaufwandes ist der Auszahlungsvorgang aber auch der Aufwand zur Ermittlung der auf die einzelnen Verträge entfallenden Beitragsrückerstattungen zu berücksichtigen.[3]

143 **Berücksichtigung als Zuführung.** In dem WJ, in dem die Kleinbetragsregelung nicht mehr wirksam wird, soll eine unter die Kleinbetragsregelung fallende Rückstellung für Beitragsrückerstattung bei der Prüfung, ob eine Auflösung der Rückstellung vorzunehmen ist, als Zuführung iSv § 21 II S 2 Nr 1 erneut zu berücksichtigen sein.[4] Eine Berücksichtigung als (zusätzliche) Zuführung erhöht den zulässigen Höchstbetrag der Rückstellung für Beitragsrückerstattung. In der Praxis kann dabei der Fall auftreten, dass in dem Folgejahr, in dem die Kleinbetragsregelung an sich nicht mehr in Anspruch genommen werden könnte, eine Verringerung des potentiellen Auflösungsbetrags in der Weise erfolgt, dass dieser nunmehr doch wieder unter die Kleinbetragsregelung fallen würde. UE sollte die Kleinbetragsregelung in diesem Fall erneut in Anspruch genommen werden können.

144 Einstweilen frei.

145 **5. Rechtsfolgen. Steuerliche Auflösung der Rückstellung.** Überschreitet die Rückstellung für Beitragsrückerstattung die in § 21 II 2 genannten Höchstbeträge, ist der übersteigende Betrag in der Steuerbilanz Gewinn erhöhend aufzulösen.[5] § 21 II normiert insoweit eine Durchbrechung der Maßgeblichkeit der Handelsbilanz für die Steuerbilanz.[6]

---

1 Boetius, Handbuch der versicherungstechnischen Rückstellungen, 1996, Rn 515.
2 BMF v 7.3.1978, BStBl I 1978, 160, Tz 5.2, Fortgeltung bestätigt durch BMF v 4.4.2011, BStBl I 2011, 356.
3 So auch Haehnel in Mössner/Seeger § 21 Rn 32; Boetius, Handbuch der versicherungstechnischen Rückstellungen, 1996, Rn 516.
4 BMF v 7.3.1978, BStBl I 1978, 160, Tz 5, Fortgeltung bestätigt durch BMF v 4.4.2011, BStBl I 2011, 356.
5 Bögle in Rechnungslegung und Prüfung der Versicherungsunternehmen, IDW, 4. Aufl, Stand: Mai 2008, Rn 117; Schick in Erle/Sauter § 21 Rn 65.
6 Frotscher in Frotscher/Maas § 21 Rn 42.

VI. Abzinsung

Steuerliche Wirkung. Im Zeitpunkt der Verwendung des in der Handelsbilanz verbliebenen Rückstellungsanteils, der der Auflösung in der Steuerbilanz entspricht, entsteht ein steuerlicher Mindergewinn. Diese Ausschüttung der Beitragsrückerstattungen soll nach wohl hM eine nicht abzugsfähige Betriebsausgabe darstellen.[1] Sie führt damit zu keiner Veränderung des zu versteuernden Einkommens im Geschäftsjahr der Ausschüttung, dh die Besteuerung des Auflösungsbetrags wäre definitiv. § 21 II erhielte hierdurch indes den Charakter einer „Strafvorschrift", der dem Wortlaut der Regelung nicht zu entnehmen ist. § 21 II sieht als Rechtsfolge zwar eine anteilige Auflösung der Rückstellung für Beitragsrückerstattung in der Steuerbilanz vor, enthält jedoch keine Aussage zur weiteren steuerlichen Behandlung der hierdurch entstehenden Differenz. Auch der vom BFH betonte Zusammenhang mit den Regelungen des § 21 I[2] zwingt nicht zur Übernahme der in § 21 I angeordneten Rechtsfolge. Nach allgemeinen Grundsätzen sollte der bei Auflösung dieser Differenz entstehende Mindergewinn daher steuerlich zu berücksichtigen sein. Die Versteuerung des Auflösungsbetrags wäre damit lediglich temporärer Natur.[3]

146

Keine Berücksichtigung des steuerbilanziellen Aufwands in der Zweckrechnung. Der steuerbilanzielle Aufwand aufgrund der Ausschüttung aus der bereits versteuerten Rückstellung für Beitragsrückerstattung ist anders als ein Ertrag aus der Auflösung der Rückstellung für Beitragsrückerstattung nach § 21 II nicht iRd Zweckrechnung gem § 21 I zu berücksichtigen, da es insoweit an einer entsprechenden Regelung fehlt.[4]

147

Einstweilen frei.

148-149

VI. Abzinsung (§ 21 III). Ausschluss der Abzinsung. § 21 III schließt eine Abzinsung der Rückstellung für Beitragsrückerstattung nach § 6 I Nr 3a EStG aus. Dies gilt unstreitig für die in § 21 II geregelte erfolgsabhängige Rückstellung für Beitragsrückerstattung. Nach der Gesetzesbegründung normiert die Vorschrift bereits eine steuerliche Bewertung abweichend vom Handelsrecht, die durch eine Abzinsung nicht unterschritten werden soll.[5]

150

Abzinsung erfolgsunabhängiger Rückstellung für Beitragsrückerstattung. Ob der in § 21 III normierte Abzinsungsausschluss auch für die erfolgsunabhängige Rückstellung für Beitragsrückerstattung gilt, war lange Zeit umstritten.[6] Durch Urteil v 25.11.2009 hat der BFH nunmehr entschieden, dass erfolgsunabhängige Rückstellungen für Beitragsrückerstattung nicht durch § 21 III vom Abzinsungsgebot des § 6 I Nr 3a lit e EStG ausgeschlossen werden.[7] Dies ergebe sich aus dem systematischen

151

---

1 ZB *Hauswirth* in EY § 21 Rn 46; *Frotscher* in Frotscher/Maas § 21 Rn 41; *Bögle* in Rechnungslegung und Prüfung der Versicherungsunternehmen, IDW, 4. Aufl, Stand: Mai 2008, Rn 118, jeweils ohne Begründung.
2 BFH I R 61/05, BStBl II 2007, 589; BFH I R 64/08, BFH/NV 2010, 1860.
3 Ähnlich *Hoffmann/Kunz*, Versicherungswirtschaft 2009, 1838, 1841.
4 *Bögle* in Rechnungslegung und Prüfung der Versicherungsunternehmen, IDW, 4. Aufl, Stand: Mai 2008, Rn 118.
5 BTDrs 14/443, 36.
6 Für eine Anwendung des § 21 III sprachen sich zB *Schick* in Erle/Sauter § 21 Rn 66 ff und *Hauswirth* in EY § 21 Rn 56 aus; aA dagegen zB *Groß* in D/P/J/W § 21 Rn 48.
7 BFH I R 9/09, BStBl II 2010, 304.

152 **BilMoG.** Die durch das BilMoG neu eingeführte Abzinsungsregelung des § 253 II HGB nF findet gem § 341e I S 3 HGB nF für versicherungstechnische Rückstellungen keine Anwendung. Abweichend von der Auffassung *Rosers*[1] dürfte die Neuregelung in § 253 II HGB daher nicht zu einem Ersetzen des allgemeinen steuerlichen Abzinsungsgebots nach § 6 I Nr 3a lit e EStG führen. Ein Auseinanderfallen der handels- und steuerbilanziellen Wertansätze wird daher bei erfolgsunabhängigen Rückstellungen für Beitragsrückerstattung idR die Folge sein.

Zusammenhang mit den Regelungen in § 21 I und II. Erfolgsunabhängige Rückstellungen für Beitragsrückerstattung sind daher nach der allgemeinen Regelung des § 6 I Nr 3a lit e EStG abzuzinsen.

153 **Abzinsung aufgrund von Abwicklungsverzögerung.** Die von der Finanzverwaltung in ihrem BMF-Schreiben zu Beitragsrückerstattungen aus dem Jahre 1978[2] vertretene Auffassung, die für eine Verwendung der Rückstellung für Beitragsrückerstattung verbindlich festgelegten Beträge seien (nur dann) abzuzinsen, wenn die Durchführung der Beitragsrückerstattung einen Zeitraum von mehr als zwei Jahren erfordert, ist nach Einfügung des § 21 III durch das StEntlG 1999/2000/2002 überholt.[3]

154 *Einstweilen frei.*

---

1 *Roser* in Gosch § 21 Rn 42.
2 BMF v 7.3.1978, BStBl I 1978, 160, Tz 4.2, Fortgeltung bestätigt durch BMF v 4.4.2011, BStBl I 2011, 356.
3 *Schick* in Erle/Sauter § 21 Rn 59; *Roser* in Gosch § 21 Rn 44.

§ 21a Deckungsrückstellungen

(1)[1] § 6 Abs. 1 Nr 3a Buchstabe e des Einkommensteuergesetzes ist von Versicherungsunternehmen und Pensionsfonds mit der Maßgabe anzuwenden, dass Deckungsrückstellungen im Sinne des § 341f des Handelsgesetzbuchs mit dem sich für die zugrunde liegenden Verträge aus der Bestimmung in Verbindung mit § 25 der Verordnung über die Rechnungslegung von Versicherungsunternehmen oder in Verbindung mit der auf Grund des § 116 des Versicherungsaufsichtsgesetzes zu erlassenden Rechtsverordnung ergebenden Höchstzinssatz oder einem niedrigeren zulässigerweise verwendeten Zinssatz abgezinst werden können. [2]Für die von Schaden- und Unfallversicherungsunternehmen gebildeten Renten-Deckungsrückstellungen kann der Höchstzinssatz, der sich aus § 2 der Deckungsrückstellungsverordnung ergibt, oder ein niedrigerer zulässigerweise verwendeter Zinssatz zugrunde gelegt werden.

(2) Soweit die in Absatz 1 genannten versicherungsrechtlichen Bestimmungen auf Versicherungsunternehmen mit Sitz in einem anderen Mitgliedstaat der Europäischen Gemeinschaft oder in einem anderen Vertragsstaat des EWR-Abkommens keine Anwendung finden, können diese entsprechend verfahren.

Übersicht

	Rn
I. Regelungsgehalt	1 – 2
II. Rechtsentwicklung	3 – 4
III. Normzweck und Anwendungsbereich	5 – 32
1. Bedeutung der Norm	5 – 10
2. Persönlicher Anwendungsbereich	11 – 19
3. Sachlicher Anwendungsbereich	20 – 23
4. Zeitlicher Anwendungsbereich	24 – 25
5. Verhältnis zu anderen Vorschriften	26 – 32
IV. Versicherungsunternehmen und Pensionsfonds (§ 21a I S 1)	33 – 47
V. EU- und EWR-Versicherungsunternehmen (§ 21a II)	48 – 52
1. Inländische Niederlassung mit deutscher Verwaltungsaufsicht	48 – 49
2. Inländische Niederlassung ohne deutsche Verwaltungsaufsicht	50 – 52

I. Regelungsgehalt der Norm. § 21a I modifiziert die Anwendbarkeit des steuerlichen Abzinsungsgebots gem § 6 I Nr 3a lit e EStG im Hinblick auf die Deckungsrückstellung iSv §§ 341f HGB, 25 RechVersV.[1] § 21a II erweitert den Anwendungsbereich des § 21a auf Versicherungsunternehmen, die nicht dem deutschen Versicherungsaufsichtsrecht unterliegen, aber ihren Sitz in einem anderen Mitgliedstaat der EU bzw einem anderen Vertragsstaat des EWR haben und in diesem Sitzstaat der

---

1   *Groß* in D/J/P/W § 21a Rn 1; *Frotscher* in Frotscher/Maas § 21a Rn 1; *Schick* in Erle/Sauter § 21a Rn 14.

Aufsicht durch die zuständigen Behörden unterliegen. Sofern diese Versicherungsunternehmen das Versicherungsgeschäft über eine Niederlassung in Deutschland betreiben und nicht der deutschen Aufsicht unterliegen, gelten die Regelungen des § 341f HGB zur Bildung von Deckungsrückstellungen in der Handelsbilanz nicht. § 21a II ermöglicht den Unternehmen in diesen Fällen entsprechend § 21a I zu verfahren.

2   *Einstweilen frei.*

3   **II. Rechtsentwicklung.** Die Regelung des § 21a wurde iRd StEntlG 1999/2000/2002 v 24.3.1999[1] in das KStG eingefügt. Bis dahin behandelte der § 21a die Zuteilungsrücklage bei Bausparkassen, die nunmehr in § 21b geregelt ist. Hintergrund der Aufnahme der Regelung war die Normierung des steuerlichen Abzinsungsgebotes von Rückstellungen gem § 6 I Nr 3a lit e EStG mit Wirkung ab dem ersten nach dem 31.12.1998 endenden WJ (vgl § 52 XVI S 2 EStG). Hierdurch entstand die Notwendigkeit, die Verzinslichkeit der Deckungsrückstellung gesetzlich zu regeln. Mit der Einführung von Pensionsfonds in Deutschland und der damit verbundenen Erweiterung der Durchführungswege der betrieblichen Altersvorsorge durch das Altersvermögensgesetz[2] wurden die §§ 20 ff auf die Pensionsfonds ausgeweitet. Die Änderung des § 21a erfolgte dabei mit Wirkung ab dem VZ 2002.

4   *Einstweilen frei.*

5   **III. Normzweck und Anwendungsbereich. 1. Bedeutung der Norm. Allgemeines Abzinsungsgebot.** Seit der Einführung des § 6 I Nr 3a lit e EStG durch das StEntlG 1999/2000/2002 besteht eine Verpflichtung, Rückstellungen in der Steuerbilanz mit einem Zinssatz von 5,5 % abzuzinsen, sofern die den Rückstellungen in der Steuerbilanz zu Grunde liegenden Verpflichtungen am Bilanzstichtag eine Laufzeit von mehr als 12 Monaten haben und die Verpflichtung unverzinslich ist.

6   **Anwendung des handelsrechtlichen Zinssatzes für Deckungsrückstellungen.** Da die Deckungsrückstellung eine Rückstellung zur Bedeckung der ungewissen Verpflichtungen aus der Lebensversicherung oder dem nach Art der Lebensversicherung betriebenen Kranken-, Schaden- oder Unfallversicherungsgeschäft darstellt, gilt das steuerliche Abzinsungsgebot grundsätzlich auch für die Deckungsrückstellung. § 21a regelt jedoch, dass hierbei nicht der steuerliche Zinssatz von 5,5 %, sondern der sich jeweils handelsrechtlich ergebende Zinssatz zugrunde gelegt werden kann. Die Vorschrift ermöglicht damit, dass den handels- und der steuerbilanzielle Ansatz gleichlaufen.[3]

7   **Verhinderung von Diskriminierungen.** § 21a I galt bis zur Verabschiedung des JStG 2010[4] ausschließlich für die der deutschen Versicherungsaufsicht unterliegenden Versicherungsunternehmen und Pensionsfonds (im Einzelnen Rn 8 ff). Ohne eine weitere ausdrückliche gesetzliche Regelung würde für diese Versicherungsunternehmen

---

1   BGBl I 1999, 402.
2   BGBl I 2001, 1310.
3   BTDrs 14/443, 36.
4   BGBl I 2010, 1768 ff.

III. Normzweck und Anwendungsbereich

das Abzinsungsgebot des § 6 I Nr 3a lit e EStG zum Tragen kommen, mit der Folge der Abzinsung der Deckungsrückstellung auf Basis des steuerlichen Zinssatzes von 5,5 %. Um eine unzulässige Diskriminierung der EU- bzw EWR-Versicherer gegenüber den der deutschen Versicherungsaufsicht unterliegenden Versicherungsunternehmen zu verhindern und damit einem Verstoß gegen die Niederlassungsfreiheit gem Art 49 AEUV entgegenzuwirken, hat der Gesetzgeber § 21a II in das Gesetz aufgenommen.[1]

Erweiterung durch JStG 2010. Durch das JStG 2010 wurde der Anwendungsbereich der speziellen Bilanzierungsvorschriften für Versicherungsunternehmen in §§ 341 ff HGB ausdrücklich, wenn auch nur ausschnittsweise, auf Niederlassungen von EU-Versicherungsunternehmen ausgedehnt. § 341 II S 2 HGB nF sieht vor, dass Niederlassungen von Versicherungsunternehmen mit Sitz in einem EU- oder EWR-Mitgliedsstaat, die keiner Erlaubnis zum Betrieb des Direktversicherungsgeschäfts durch die deutsche Versicherungsaufsichtsbehörde bedürfen, die Vorschriften über den Ansatz und die Bewertung von Vermögensgegenständen und Schulden anzuwenden haben. Hierunter fallen auch die Regelungen zur Bildung von Deckungsrückstellungen gem § 341f HGB. Die Änderung zum Anwendungsbereich der handelsrechtlichen Vorschriften soll ausweislich der Gesetzesbegründung sicherstellen, dass auch Niederlassungen von EU/EWR-Versicherern unter die geltenden inländischen Rechnungslegungsvorschriften fallen, einschließlich der steuerlichen Gewinnermittlung.[2] Die Erweiterung des Anwendungsbereichs des § 341f HGB auch auf Versicherungsunternehmen mit Sitz in einem EU- oder EWR-Mitgliedsstaat führt dazu, dass diese Unternehmen nunmehr unmittelbar in den Anwendungsbereich des § 21a I fallen. Die Regelung des § 21a II, aus der sich für die vorgenannten Versicherer ein Wahlrecht zur Anwendung der Regelungen des § 21a ergibt, läuft somit ins Leere. Aus dem Wahlrecht wird somit faktisch eine verpflichtende Anwendung des § 21a I.

Kritik. Die Regelung des § 21a erscheint hinsichtlich ihrer Notwendigkeit im Hinblick auf die Gesetzessystematik fragwürdig.[3] Die steuerliche Abzinsung nach § 6 I Nr 3a lit e EStG setzt voraus, dass die zu bewertende Rückstellung „unverzinslich" ist. Dabei reicht bereits eine niedrige Verzinsung aus, um aus der Anwendung der Vorschrift herauszufallen, sofern kein Gestaltungsmissbrauch des § 42 AO vorliegt (dh bei Vorliegen eines Zinssatzes, der einer „Unverzinslichkeit" nahe kommt). Die Verzinslichkeit der Deckungsrückstellung ist jedoch zweifelsohne gegeben, so dass bereits daraus abgeleitet werden kann, dass die Regelung des § 6 I Nr 3a lit e EStG keine Anwendung findet. Überdies ist die Regelung des § 21a II mit dem JStG 2010 überholt, da nunmehr auch Versicherungsunternehmen aus einem anderen EU- bzw EWR-Mitgliedsstaat unter den Anwendungsbereich des § 21a I fallen.

Einstweilen frei.

2. Persönlicher Anwendungsbereich. Beschränkt und unbeschränkt steuerpflichtige Versicherungsunternehmen und Pensionsfonds. § 21a I gilt für alle beschränkt und unbeschränkt steuerpflichtigen Versicherungsunternehmen und

---

1 *Schlenker* in Blümich § 21a Rn 16.
2 BTDrs 17/2249, 94 zu Art 18 des Änderungsgesetzes.
3 *Roser* in Gosch § 21a Rn 17.

Pensionsfonds, die den besonderen Bilanzierungsvorschriften für Versicherungsunternehmen unterliegen und in ihren Handelsbilanzen eine Deckungsrückstellung nach § 341f HGB zu bilden haben.

12 **Pensionsfonds.** Pensionsfonds sind rechtsfähige Versorgungseinrichtungen, die nach den Regelungen der §§ 112 ff VAG gegen Beitragszahlungen eine kapitalgedeckte betriebliche Altersversorgung für Arbeitgeber zu Gunsten von Arbeitnehmern erbringen.

13 **Pflicht zur Bildung von Deckungsrückstellungen bis zum JStG 2010.** Die Pflicht zur Bildung von Deckungsrückstellungen nach § 341f HGB obliegt gem § 341 II HGB bis zum Inkrafttreten des JStG 2010 zum 9.12.2010 sowohl Versicherungsunternehmen mit Sitz im Inland gem § 1 VAG als auch ausländischen Versicherungsunternehmen mit einer inländischen Niederlassung, die gem § 110d I VAG für den Betrieb des Versicherungsgeschäftes der Erlaubnis durch die BaFin bedürfen.

14 **Pflicht zur Bildung von Deckungsrückstellungen nach dem JStG 2010.** Durch das JStG 2010 wurde der Anwendungsbereich der speziellen Bilanzierungsvorschriften für Versicherungsunternehmen in §§ 341 ff HGB ausdrücklich, wenn auch nur ausschnittsweise, auf Niederlassungen von EU-Versicherungsunternehmen ausgedehnt. § 341 II S 2 HGB nF sieht vor, dass Niederlassungen von Versicherungsunternehmen mit Sitz in einem EU- oder EWR-Mitgliedsstaat, die keiner Erlaubnis zum Betrieb des Direktversicherungsgeschäfts durch die deutsche Versicherungsaufsichtsbehörde bedürfen, die Vorschriften über den Ansatz und die Bewertung von Vermögensgegenständen und Schulden anzuwenden haben. Hierunter fallen auch die Regelungen zur Bildung von Deckungsrückstellungen gem § 341f HGB.

15 **Aufsicht.** Welche ausländischen Versicherer der Aufsicht durch die BaFin unterliegen, ergibt sich aus den §§ 105, 106 und 110ff VAG. Demnach gilt § 21a I sowohl für inländische Niederlassungen von Versicherungsunternehmen mit Sitz außerhalb der EU oder des EWR als auch für inländische Niederlassungen von Versicherungsunternehmen mit Sitz in der EU oder dem EWR, die gem § 110d I VAG nicht den RL des Rates der EG auf dem Gebiet des Versicherungswesens unterliegen. Dies sind nach dem Dritten Durchführungsgesetz/EWG zum VAG v 21.7.1994[1] nur noch VVaG mit geringem Prämienaufkommen (Art 3 der 1. RL Schaden und Art 3 der RL Leben) und Sterbekassen mit beschränkten Leistungen (Art 3 Nr 5 der RL Leben).[2]

16 **Versicherungsunternehmen mit Sitz in einem anderen EU oder EWR-Staat.** § 21a II gilt hingegen nur für Versicherungsunternehmen mit Sitz in einem anderen Mitgliedstaat der EU oder Vertragsstaat des EWR, die gem § 110a VAG hinsichtlich ihrer Tätigkeit im Direktversicherungsgeschäft im Inland nicht der Aufsicht durch die BaFin unterliegen. Die Erweiterung des Anwendungsbereichs des § 341f HGB durch das JStG 2010 auch auf Versicherungsunternehmen mit Sitz in einem EU- oder EWR-Mitgliedsstaat führt dazu, dass diese Unternehmen nunmehr unmittelbar in

---

1 BGBl I 1994, 1630.
2 *Fahr* in Fahr/Kaulbach/Bähr § 110d VAG Rn 1.

III. Normzweck und Anwendungsbereich

den Anwendungsbereich des § 21a I fallen. Die Regelung des § 21a II, aus der sich für die vorgenannten Versicherer ein Wahlrecht zur Anwendung der Regelungen des § 21a I ergibt, läuft somit ins Leere. Aus dem Wahlrecht wird somit faktisch eine verpflichtende Anwendung des § 21a I.

Versicherungsunternehmen eines anderen EU oder EWR-Staat mit „EU-Pass". Seit der Einführung des sog „EU-Passes" im Jahr 1994 dürfen Versicherungsunternehmen, die in ihrem Herkunftsland zum Betrieb des Versicherungsgeschäfts zugelassen sind und den Versicherungs-RL[1] unterliegen, ihr Versicherungsgeschäft gem § 110a VAG auch in anderen EU- und EWR Mitglieds- bzw Vertragsstaaten im Dienstleistungsverkehr oder durch eine Niederlassung betreiben.[2] § 21a I gilt daher nicht für diese EU- und EWR-Versicherungsunternehmen, da diese nicht der deutschen Versicherungsaufsicht unterliegen. § 21 II erfasst jedoch diese Unternehmen.

Inländische Niederlassungen von Versicherungsunternehmen mit Sitz außerhalb der Mitgliedstaaten der EU bzw EWR. § 21a II gilt nicht für inländische Niederlassungen von Versicherungsunternehmen mit Sitz außerhalb der Mitgliedstaaten der EU bzw des EWR. Soweit vorgenannte Niederlassungen im Inland der Erlaubnis zum Geschäftsbetrieb bedürfen, sind die Regelungen der §§ 341 ff HGB anwendbar, so dass § 21a I über die Maßgeblichkeit der Handels- für die Steuerbilanz unmittelbar zur Anwendung kommt.[3]

Einstweilen frei.

3. Sachlicher Anwendungsbereich. Deckungsrückstellungen. Der Begriff der Deckungsrückstellung bezeichnet den in der Handelsbilanz eines Versicherers oder Pensionsfonds angesetzten Wert der Verpflichtungen aus einem Lebensversicherungsvertrag sowie der Verpflichtung aus einem in der nach Art der Lebensversicherung betriebenen Kranken-, Schaden- oder Unfallversicherungsvertrag. Im Detail handelt es sich um folgende Deckungsrückstellungen:

- Deckungsrückstellung in der Lebensversicherung,
- Alterungsrückstellung in der Krankenversicherung,
- Rentendeckungsrückstellung in der Schaden- und Unfallversicherung.[4]

Pflichten des Versicherungsunternehmens bzw Pensionsfonds. Die Verpflichtung des Versicherungsunternehmens bzw Pensionsfonds besteht in der Übernahme einer Zahlungsverpflichtung gegenüber dem Versicherungsnehmer bei Eintritt vertraglich definierter Bedingungen.[5] Als Gegenleistung hat der Versicherungsnehmer bereits in Erfüllung seiner vertraglichen Pflichten Beiträge gezahlt.

Voraussetzung für die Bildung. Voraussetzung für die Bildung einer Deckungsrückstellung nach § 341f HGB ist, dass die aus dem Versicherungsvertrag erwachsende Verpflichtung nicht bereits fällig geworden oder der Versicherungsfall eingetreten ist.

---

1 3. RL Schaden und 3. RL Leben.
2 *Fahr* in Fahr/Kaulbach/Bähr § 110a VAG Rn 1-4; *Kollhosser* in Prölss § 110a VAG Rn 1-8.
3 *Schick* in Erle/Sauter § 21a Rn 3.
4 *Roser* in Gosch § 21a Rn 4.
5 *Rockel/Helten/Loy/Ott*, Versicherungsbilanzen, 2005, Rn 3.3.1.

23 *Einstweilen frei.*

24 **4. Zeitlicher Anwendungsbereich.** Die Regelung ist in der derzeitigen Fassung mit der Geltung für Pensionsfonds seit dem VZ 2002 anwendbar. Im Wesentlichen gilt die Regelung bereits ab dem ersten nach dem 31.12.1998 endenden WJ.[1]

25 *Einstweilen frei.*

26 **5. Verhältnis zu anderen Vorschriften. § 341f HGB.** § 341f HGB regelt die handelsrechtliche Abbildung der aus dem Lebensversicherungsgeschäft bzw aus dem nach Art der Lebensversicherung betriebenen Versicherungsgeschäft. Durch die Maßgeblichkeit der Handels- für die Steuerbilanz gilt § 341f HGB auch für die Bewertung der Deckungsrückstellung in der Steuerbilanz. § 21a regelt die steuerliche Behandlung der Deckungsrückstellung im Hinblick auf das steuerliche Abzinsungsgebot.

27 **§ 25 RechVersV.** § 25 RechVersV ergänzt die Regelungen des § 341f HGB im Hinblick auf die handelsrechtliche Bewertung der Deckungsrückstellung und definiert iVm § 2 DeckRV den bei der Berechnung der Deckungsrückstellung zugrundeliegenden Zinssatz. Dieser wirkt sich über die steuerliche Maßgeblichkeit auch auf die Steuerbilanz aus. Je nach Zeitpunkt des Vertragsabschlusses ergibt sich für die Deckungsrückstellung in der Lebensversicherung sowie bei Rentendeckungsrückstellung in der Schaden-/Unfallversicherung ein Zinssatz von 2,25 % (ab 1.1.2012 von 1,75 %) bis 4 % (§ 2 DeckRV).[2] § 21a stellt hierbei klar, dass die Anwendung des handelsrechtlichen Zinssatzes anstelle des in § 6 I Nr 3a lit e EStG genannten Zinssatzes von 5,5 % steuerlich zulässig ist (§ 54 VIIIf idFd KStG 1999 v 22.4.1999[3]).

28 **§ 4 KalV.** Die Regelung des § 4 KalV begrenzt den bei der Ermittlung der Alterungsrückstellung in der Krankenversicherung als Teil der Deckungsrückstellung anzuwendenden Zinssatz auf 3,5 %. Dieser wirkt sich über die steuerliche Maßgeblichkeit auch auf die Steuerbilanz aus. § 21a stellt hierbei klar, dass die Anwendung des handelsrechtlichen Zinssatzes anstelle des in § 6 I Nr 3a lit e EStG genannten Zinssatzes von 5,5 % steuerlich zulässig ist.

29 **§ 1 I PFDeckRV.** Die Regelung des § 1 PFDeckRV begrenzt den bei der Ermittlung der Deckungsrückstellung von Pensionsfonds anzuwendenden Zinssatz auf 2,25 % (ab 1.1.2012 1,75 %). Dieser wirkt sich über die steuerliche Maßgeblichkeit auch auf die Steuerbilanz aus. § 21a stellt hierbei klar, dass die Anwendung des handelsrechtlichen Zinssatzes anstelle des in § 6 I Nr 3a lit e EStG genannten Zinssatzes von 5,5 % steuerlich zulässig ist.

30 **§ 5 I S 1 EStG.** § 21a führt nicht zur Durchbrechung des Maßgeblichkeitsgrundsatzes nach § 5 I S 1 EStG. Vielmehr sorgt die Vorschrift für einen Gleichlauf von handelsrechtlicher und steuerlicher Bilanzierung.[4]

---

1 BGBl I 1999, 817.
2 *Schick* in Erle/Sauter § 21a Rn 6.
3 *Schick* in Erle/Sauter § 21a Rn 6.
4 *Frotscher* in Frotscher/Maas § 21a Rn 1; *Schick* in Erle/Sauter § 21a Rn 6.

Bewertung nach § 6 I Nr 3a lit e EStG. § 21a I ist keine eigenständige steuerliche Bilanzierungs- oder Bewertungsvorschrift.[1] Sie stellt eine gesetzliche Klarstellung zur Anwendung der Bewertungsvorschrift des § 6 I Nr 3a lit e EStG für Deckungsrückstellungen dar. Aufgrund der versicherungsmathematischen Ermittlung der Deckungsrückstellung und der Berücksichtigung der Wahrscheinlichkeit der Inanspruchnahme bei der Bewertung erfolgt keine realitätsnähere Bewertung der Deckungsrückstellung.[2]

31

Einstweilen frei.

32

IV. Versicherungsunternehmen und Pensionsfonds (§ 21a I S 1). Deckungsrückstellung gem § 341f HGB. Qualität. Die Deckungsrückstellung nach § 341f HGB zählt zu den versicherungstechnischen Rückstellungen. Sie wird in der Lebensversicherung sowie in der nach Art der Lebensversicherung betriebenen Kranken-, Schaden- und Unfallversicherung beim Versicherungsunternehmen oder Pensionsfonds gebildet.

33

Leistungsverpflichtung bei Lebensversicherungen. In der Lebensversicherung spiegeln Deckungsrückstellungen die vertraglich vereinbarten Leistungsverpflichtungen des Versicherungsunternehmens bzw des Pensionsfonds wieder, die den Bezugsberechtigten im Schadensfall gewährt werden (zB bei Tod der versicherten Person oder bei Erleben eines bestimmten im Versicherungsvertrag fixierten Zeitpunktes).[3]

34

Schaden bei Kranken-, Schaden- und Unfallversicherungen. Bei der nach Art der Lebensversicherung betriebenen Krankenversicherung bzw der Schaden- und Unfallversicherung ergibt sich gem § 341f III HGB die Verpflichtung des Versicherungsunternehmens aus dem Eintritt des versicherten Schadens. Bei der nach Art der Lebensversicherung betriebenen Krankenversicherung ergibt sich die Deckungsrückstellung als Alterungsrückstellung. Hierbei soll das Risiko der mit dem Alter zunehmenden Erkrankungen abgedeckt werden.[4] Diese darf jedoch nur unter der Voraussetzung gebildet werden, wenn das durch das Alter erhöhte Risiko nicht durch eine Erhöhung der Beiträge oder Minderung der Leistung abgedeckt wird. Dabei sind innerhalb des gleichen Geschlechts und des gleichen Tarifs positive und negative Rückstellungsfälle zu saldieren.[5] Ein sich dabei ergebender positiver Betrag wird bei der Alterungsrückstellung nicht berücksichtigt. Bei Unfall- oder Haftpflichtschäden kann sich der versicherte Schaden bspw aus der Verpflichtung zur Zahlung einer Rente an das Unfallopfer ergeben.[6] Die Bildung einer Deckungsrückstellung in der Unfallversicherung setzt voraus, dass die Prämie der Alters- und Generationsabhängigkeit des Versichertenrisikos Rechnung trägt.[7]

35

---

1 *Roser* in Gosch § 21a Rn 13.
2 *Schick* in Erle/Sauter § 21a Rn 14.
3 *Stuirbrink/Johannleweling/Faigle/Reich* in Beck'scher VersBilKomm § 341f HGB Rn 8.
4 *Frotscher* in Frotscher/Maas § 21a Rn 8.
5 BFH I 114/65, BStBl II 1972, 392; BFH III R 76/66, BStBl II 1972, 823; *Schlenker* in Blümich § 21a Rn 9.
6 *Stuirbrink/Johannleweling/Faigle/Reich* in Beck'scher VersBilKomm § 341f HGB Rn 67.
7 BFH I 25/65, BStBl II 1969, 26.

36 **Ermittlung nach der prospektiven Methode.** Grundsätzlich ermittelt sich die Deckungsrückstellung nach dem versicherungsmathematischen Barwert der künftigen Verpflichtungen des Versicherungsunternehmens (einschließlich bereits zugeteilter, nicht verzinslicher Überschussanteile) und den künftigen Beiträgen des Versicherungsnehmers sowie dem Barwert der noch nicht amortisierten Abschlusskosten (sog prospektive Methode).[1]

37 **Abschlusskosten.** Zu den Abschlusskosten gehören gezahlte Provisionen und anfallende Kosten für ärztliche Untersuchungen, nicht jedoch versicherungsinterne Kosten sowie Kosten der Antragsbearbeitung und Vertragsausfertigung.[2] Für die Abschlusskosten kann auch ein auf Grund der Kosten des gesamten Versicherungsbestandes ermittelter Pauschbetrag angesetzt werden.[3] Die nicht amortisierten Abschlusskosten mindern die Deckungsrückstellung um ihren Barwert. Es erfolgt eine Verteilung der Abschlusskosten über die vom Versicherungsnehmer während der Laufzeit des Vertrags zu zahlenden Beiträge. Hierdurch kommt es zu einer Berücksichtigung von Abschlusskosten in der Bilanz. Dieser Effekt stellt keine unzulässige Aktivierung von Abschlusskosten dar. Es handelt sich dem Charakter nach vielmehr um eine Forderung gegenüber dem Versicherungsnehmer, die bei der Ermittlung des Rückkaufswerts berücksichtigt wird. Die Verteilung der Abschlusskosten kann nach dem Zillmerverfahren gem § 25 I RechVers erfolgen. Hierdurch wird die Bildung der Deckungsrückstellung verzögert. Gegen Ende der Laufzeit erfolgt eine Angleichung der Deckungsrückstellung nach dem Zillmerverfahren mit einer nicht nach diesem Verfahren berechneten Deckungsrückstellung.[4]

38 **Verwaltungskostensteigerungen.** Die Kostensteigerungen, die bei der Berechnung der Prämie nicht berücksichtigt wurden und die nicht im Wege einer Tarifanpassung abgedeckt werden können, sind im Wege einer Verbindlichkeiten-Rückstellung in der Bilanz zu erfassen.[5] Für die Annahme einer Drohverlustrückstellung iSv § 5 IVa EStG ist kein Raum, da es sich um einen Kostenüberhang über die vertragliche Hauptverpflichtung handelt.[6]

39 **Ermittlung nach der retrospektiven Methode.** In Sonderfällen ist die prospektive Methode nicht anwendbar (zB bei fondsgebundenen Lebensversicherungen).[7] Dies hat zur Folge, dass der Gesetzgeber mit § 341f I S 2 HGB eine Regelung zur vergangenheitsorientierten Ermittlung der Deckungsrückstellung (sog retrospektive Methode) in das Gesetz aufgenommen hat. Hierbei ergibt sich die Deckungsrückstellung nach dem Saldo der versicherungsmathematischen Barwerte der Einnahmen und Ausgaben der vergangenen Geschäftsjahre.[8]

---

1 *Stuirbrink/Johannleweling/Faigle/Reich* in Beck'scher VersBilKomm § 341f HGB Rn 1-3.
2 BFH I D 1/58 S, BStBl III 1960, 191.
3 *Schlenker* in Blümich § 21a Rn 8.
4 *Schick* in Erle/Sauter § 21a Rn 11; *Frotscher* in Frotscher/Maas § 21a Rn 5 f.
5 Zu Verwaltungskosten bei der Rückstellungsbewertung vgl FG Hamburg II 362/81, EFG 1984, 571 (rkr) und Besprechung von *Hartung*, BB 1985, 32 f.
6 *Roser* in Gosch § 21a Rn 8.
7 *Roser* in Gosch § 21a Rn 9.
8 *Schlenker* in Blümich § 21a Rn 8; *Frotscher* in Frotscher/Maas § 21a Rn 4.

Überschussanteile. Bereits gutgeschriebene Überschussanteile, die nicht verzinslich angesammelt werden, sind Teil der Versicherungsleistung. Verzinslich angesammelte Überschussanteile gehören zu den Verbindlichkeiten aus dem selbstangeschlossenen Geschäft.[1]

Verzinslichkeit gem § 25 RechVersV und § 4 KalV. Da sich die Ermittlung der Deckungsrückstellung sowohl nach der prospektiven als auch nach der retrospektiven Methode auf Basis versicherungsmathematischer Berechnungsgrundlagen ergibt, spielt der zugrunde zu legende Zinsfaktor bei der Bewertung in der Handelsbilanz eine entscheidende Rolle. Die Verzinslichkeit der Deckungsrückstellung ergibt sich in der Lebensversicherung aus § 25 RechVersV iVm § 65 I Nr 3 VAG und § 2 DeckRV. Der Höchstzinssatz in der Krankenversicherung wird durch § 4 KalV normiert. Da Lebens- und Krankenversicherungen idR über einen sehr langen Zeitraum laufen, werden die sich aus dem Geschäft ergebenden Verpflichtungen aus dem Versicherungsverhältnis abgezinst. Für die Lebensversicherung beträgt der höchstzulässige Rechnungszinssatz 2,25 %[2] (§ 2 DeckRV) bis 4 % (je nach Zeitpunkt des Vertragsabschlusses) und bei der Krankenversicherung 3,5 % (§ 4 KalV).[3] Damit wird der Zinsfuß bei der Ermittlung des versicherungsmathematischen Barwerts der Deckungsrückstellung gedeckelt. Sofern die Versicherungsunternehmen iRd Prämienkalkulation andere Zinssätze als die Höchstzinssätze zugrunde legen, fällt der Barwert der vertraglichen Verpflichtung im Vergleich zum Barwert der Deckungsrückstellung unterschiedlich aus. In der Praxis wird die Deckungsrückstellung idR mit dem Zins berechnet, der für die Prämienkalkulation verwendet wurde. Dieser entspricht dabei regelmäßig dem Höchstzinssatz.

Verzinslichkeit gem § 116 VAG iVm § 1 I PFDeckRV. Für Pensionsfonds hat der Gesetzgeber auf Basis seiner Legitimation gem § 116 VAG einen maßgeblichen Höchstzinssatz in § 1 I PFDeckRV festlegt. Soweit der Pensionsfonds iRe beitrags- oder leistungsbezogenen Pensionsplans eine versicherungsförmige Garantie übernimmt, sind Deckungsrückstellungen unter Beachtung von § 2 I PFDeckRV zu bilden. Der Rechnungszinssatz ist unter Berücksichtigung der Mischung der die Verpflichtung deckenden Vermögenswerte und ihrer möglichen Wertschwankungen vorsichtig anzusetzen (§ 2 I PFDeckRV). Er beträgt höchstens 2,25 % (ab 1.1.2012 1,75 %) bei Verträgen, die auf Euro lauten. Bei Verträgen, die auf andere Währungen lauten, setzt die BaFin den Höchstzinssatz unter Berücksichtigung der Festlegungen der DeckRV in der jeweils geltenden Fassung nach pflichtgemäßem Ermessen fest.

Schaden- und Unfallversicherungsunternehmen (§ 21a I S 2). Bei der Ermittlung der Deckungsrückstellung bei Schaden- und Unfallversicherungsunternehmen kann nach § 21a I S 2 der sich nach § 2 DeckRV ergebende Höchstzinssatz von derzeit 2,25 % (ab 1.1.2012 1,75 %) oder ein niedrigerer zulässigerweise verwendeter Zinssatz zu Grunde gelegt werden.

---

1 *Schick* in Erle/Sauter § 21a Rn 10.
2 Ab 1.1.2012 beträgt der für die Lebensversicherung höchstzulässige Rechnungszinssatz gem § 2 I DeckRV 1,75 %.
3 Vgl auch die Übersicht bei *Schick* in Erle/Sauter § 21a Rn 6.

Beispiele
1. Versicherungsverträge mit einer Einmalprämie und einer Laufzeit bis zu 8 Jahren sind gem § 3 I DeckRV mit 85 % der aktuellen Umlaufrendite festverzinslicher Wertpapiere inländischer Emittenten mit einer der Versicherungsdauer entsprechenden Restlaufzeit anzusetzen
2. Rentenversicherungen ohne Rückkaufwert sind gem § 3 II DeckRV mit 85 % der aktuellen Umlaufrendite von Wertpapieren mit einer Umlaufzeit von einem bis acht Jahren anzusetzen.[1]

44 **Niedrigerer zulässiger Zinssatz.** Die handelsrechtlichen Vorschriften definieren hinsichtlich des im versicherungsmathematischen Verfahren zu verwendenden Zinssatzes lediglich Höchstgrenzen, die das Versicherungsunternehmen bei der Bewertung der Deckungsrückstellung zu berücksichtigen hat.[2] Regelungen für einen Mindestzins bei der Ermittlung der Deckungsrückstellung hat der Gesetzgeber hingegen nicht definiert. Die vertragliche Verpflichtung aus dem Versicherungsvertrag wird jedoch in der Praxis mitunter mittels Zinssätzen bewertet, die unter den zulässigen Höchstzinssätzen liegen.

45 **Bewertungswahlrecht.** Hieraus ergibt sich vor allem steuerlich die Frage, ob das Versicherungsunternehmen damit ein Bewertungswahlrecht hat, den Zinsfaktor mit dem Höchstwert oder einem beliebig niedrigeren Wert anzusetzen. Der Verband der Lebensversicherungsunternehmen hat sich mit dieser Frage an das BMF gewandt.[3] Mit Antwortschreiben vom 7.10.1994[4] hat das BMF klargestellt, dass es steuerlich nicht beanstandet wird, wenn sich die Ermittlung des Zinssatzes bei der Kalkulation der Deckungsrückstellung in der Steuerbilanz des Versicherungsunternehmens an dem für die Prämienkalkulation maßgebenden Zinssatz orientiert, so dass ein Bewertungswahlrecht besteht.

46 **Rechtsfolge.** § 21a regelt, dass entgegen den allgemeinen Regelungen zur Abzinsung von Rückstellungen in der Steuerbilanz nicht der steuerliche Zinssatz von 5,5 %, sondern der sich jeweils handelsrechtlich ergebende Zinssatz zugrunde zu legen ist.

47 *Einstweilen frei.*

48 **V. EU- und EWR-Versicherungsunternehmen (§ 21a II). 1. Inländische Niederlassung mit deutscher Verwaltungsaufsicht.** Die handelsrechtlichen Regelungen zur Bildung der Deckungsrückstellung gem § 341f HGB galten früher nur dann, wenn die inländische Niederlassung des ausländischen Versicherungsunternehmens iRd beschränkten Steuerpflicht zum Betreiben des Direktversicherungsgeschäftes der deutschen Versicherungsaufsicht unterliegt.[5] In diesem Fall greift § 21a I. Durch das JStG 2010 wurde der Anwendungsbereich der speziellen Bilanzierungsvorschriften

---

1 Roser in Gosch § 21a Rn 15; Hauswirth in EY § 21a Rn 8.
2 Hauswirth in EY § 21a Rn 9.
3 Verbandsrundschreiben Nr 21/94.
4 BMF v 7.10.1994, Az: IV B 7 – S 2775 – 16/94 (nv).
5 Groß in D/J/P/W § 21a Rn 7; Böhlhoff/Kreeb in Kölner Kommentar zum Rechnungslegungsrecht, 2010, § 341 HGB Rn 3.

V. EU- und EWR-Versicherungsunternehmen

für Versicherungsunternehmen in §§ 341 ff HGB ausdrücklich, wenn auch nur ausschnittweise, auf Niederlassungen von EU-Versicherungsunternehmen ausgedehnt. § 341 II S 2 HGB nF sieht vor, dass Niederlassungen von Versicherungsunternehmen mit Sitz in einem EU- oder EWR-Mitgliedsstaat, die keiner Erlaubnis zum Betrieb des Direktversicherungsgeschäfts durch die deutsche Versicherungsaufsichtsbehörde bedürfen, die Vorschriften über den Ansatz und die Bewertung von Vermögensgegenständen und Schulden anzuwenden haben. Hierunter fallen auch die Regelungen zur Bildung von Deckungsrückstellungen gem § 341f HGB.

Einstweilen frei. 49

2. Inländische Niederlassung ohne deutsche Verwaltungsaufsicht. Anwendung des HGB. Unter den Voraussetzungen des § 110a VAG kann ein Versicherer mit Sitz in einem EU-Mitgliedsstaat oder einem Vertragsstaat des EWR das Direktversicherungsgeschäft auch ohne Erlaubnis durch die deutsche Versicherungsaufsicht in Deutschland ausüben. 50

Die Erweiterung des Anwendungsbereichs des § 341f HGB auch auf Versicherungsunternehmen mit Sitz in einem EU- oder EWR-Mitgliedsstaat führt dazu, dass diese Unternehmen nunmehr unmittelbar in den Anwendungsbereich des § 21a I fallen.

Rechtsfolge. § 21a II räumt den betroffenen Versicherungsunternehmen das Wahlrecht ein, die Regelungen des § 21a I entsprechend anzuwenden. Die Erweiterung des Anwendungsbereichs des § 341f HGB auch auf Versicherungsunternehmen mit Sitz in einem EU- oder EWR-Mitgliedsstaat führt dazu, dass diese Unternehmen nunmehr unmittelbar in den Anwendungsbereich des § 21a I fallen. Die Regelung des § 21a II, aus der sich für die vorgenannten Versicherer ein Wahlrecht zur Anwendung der Regelungen des § 21a I ergibt, läuft somit ins Leere. Aus dem Wahlrecht wird somit faktisch eine verpflichtende Anwendung des § 21a I. 51

Einstweilen frei. 52

§ 21b Zuteilungsrücklage bei Bausparkassen

¹Bausparkassen im Sinne des § 1 Abs. 1 des Gesetzes über Bausparkassen können Mehrerträge im Sinne des § 6 Abs. 1 Satz 2 des Gesetzes über Bausparkassen in eine den steuerlichen Gewinn mindernde Zuteilungsrücklage einstellen. ²Diese Rücklage darf 3 Prozent der Bauspareinlagen nicht übersteigen. ³Soweit die Voraussetzungen für die Auflösung des Sonderpostens im Sinne des § 6 Abs. 1 Satz 2 des Gesetzes über Bausparkassen nach der Rechtsverordnung erfüllt sind, die auf Grund der Ermächtigungsvorschrift des § 10 Satz 1 Nr. 9 des Gesetzes über Bausparkassen erlassen wird, ist die Rücklage gewinnerhöhend aufzulösen.

Übersicht

	Rn
I. Regelungsgehalt der Norm	1 – 2
II. Rechtsentwicklung	3 – 4
III. Normzweck und Anwendungsbereich	5 – 14
1. Bedeutung der Norm	5 – 7
2. Anwendungsbereich	8 – 11
3. Verhältnis zu anderen Vorschriften	12 – 14
IV. Bildung der Zuteilungsrücklage (§ 21b S 1)	15 – 24
V. Ansatz der Zuteilungsrücklage der Höhe nach (§ 21b S 2)	25 – 30
VI. Auflösung der Zuteilungsrücklage (§ 21b S 3)	31 – 35

1   **I. Regelungsgehalt der Norm.** Aufgrund des § 21b S 1 bestand für Bausparkassen die Möglichkeit, Mehrerträge aus der Zwischenanlage von Zuteilungsmitteln in eine steuerfreie Rücklage einzustellen. § 21b S 2 enthielt Regelungen zur maximalen Höhe der Rücklage. In § 21b S 3 finden sich Regelungen, wann die Rücklage spätestens aufzulösen ist.

2   *Einstweilen frei.*

3   **II. Rechtsentwicklung.** Die Vorschrift wurde als § 21a durch das Gesetz über Änderungen von Bausparkassen v 13.12.1990[1] eingefügt. Mit dem StEntlG 1999/2000/2002 v 24.3.1999[2] wurde sie in den § 21b umgegliedert, jedoch gleichzeitig gem § 54 VIIIg aF ihre letztmalige Anwendung bzw ihr Auslaufen angeordnet (vgl Rn 10 und § 34 Rn 203). § 54 VIIIg aF wurde in § 34 VIIIg durch das StSenkG v 23.10.2000[3] und anschließend durch das UntStFG v 20.12.2001[4] in den § 34 VIII umgegliedert. IRd letzten Umgliederung sind die Übergangsvorschriften zur erstmaligen und letztmaligen Anwendung der § 21b S 1 und 2 entfallen. Dass gleichzeitig nicht § 21b entfallen ist, mag als gesetzgeberisches Versehen gewertet werden.[5]

4   *Einstweilen frei.*

---

1 BGBl I 1990, 2770.
2 BGBl I 1999, 402.
3 BGBl I 2000, 1428.
4 BGBl I 2001, 3858.
5 *Schlenker* in Blümich § 21b Rn 3.

III. Normzweck und Anwendungsbereich.

III. Normzweck und Anwendungsbereich. 1. Bedeutung der Norm. Hintergrund. Im Grundsatz müssen nach § 6 I S 1 BausparkG idFd Bekanntmachung v 15.2.1991[1] Bauspareinlagen und Tilgungsleistungen auf Bauspardarlehen für das Bauspargeschäft, zur Rückzahlung fremder (der Zuteilungsmasse zugeführter) Gelder sowie zur Zwischenfinanzierung von Bausparverträgen gem § 4 I Nr 1 BausparkG verwendet werden. Falls Zuteilungsmittel in Ermangelung der Erfüllung der Zuteilungsvorrausetzungen vorübergehend nicht zugeteilt werden können, werden diese ertragsbringend angelegt. Hierbei entsteht regelmäßig ein Mehrertrag (hierzu Rn 17). Dieser Mehrertrag muss gem § 6 I S 2 BausparkG zwar einem Sonderposten mit der Bezeichnung „Fonds zur bauspartechnischen Absicherung" zugeführt werden. Dennoch unterliegt dieser Mehrertrag ohne weitere Bestimmungen grundsätzlich der KSt, da die Zuführung zu einem Sonderposten das Einkommen gem § 8 III S 1 nicht reduziert. 5

Zielsetzung. § 21b hatte eine Sicherung und Stärkung des deutschen Bausparkassensystems zum Ziel. Dies sollte durch die Steuerfreistellung der sog Mehrerträge aus der Zwischenanlage von Zuteilungsmitteln erreicht werden. Die Bausparkassen werden damit so gestellt, als hätten sie die Gelder nicht am Geldmarkt angelegt, sondern als Bauspardarlehen ausgereicht.[2] 6

Einstweilen frei. 7

2. Anwendungsbereich. Persönlicher Anwendungsbereich. Der persönliche Anwendungsbereich des § 21b bezieht sich auf Bausparkassen iSd § 1 I BausparkG. Hiernach sind Bausparkassen Kreditinstitute, deren Geschäftsbetrieb darauf gerichtet ist, Bauspareinlagen entgegenzunehmen und aus den angesammelten Beträgen den Bausparern für wohnungswirtschaftliche Maßnahmen Gelddarlehen (Bauspardarlehen) zu gewähren. Bausparkassen dürfen gem § 2 nur in der Rechtsform einer AG geführt werden, nur die in § 4 aufgeführten Bauspargeschäfte tätigen und unterliegen der Aufsicht des BaFin. 8

Sachlicher Anwendungsbereich. § 21b erfasst bestimmte Mehrerträge auf Bauspareinlagen und Tilgungsleistungen auf Bauspardarlehen, welche in Ermangelung der Erfüllung der Zuteilungsvorrausetzungen entstehen und einer sog Zuteilungsrücklage zugeführt werden (weiterführend Rn 17). 9

Zeitlicher Anwendungsbereich. Die Bildung einer Zuteilungsrücklage war gem § 54 VIIIa aF erstmals möglich, wenn Mehrerträge nach dem 31.12.1990 anfielen. Eine letztmalige Bildung einer Zuteilungsrücklage nach § 21b S 1 und 2 war gem § 54 VIIIg aF für WJ möglich, die vor dem 1.1.1999 endeten. Eine solche letztmalig vor dem 1.1.1999 gebildete Rücklage war gem § 34 XI S 2 in den nächsten fünf WJ mit mindestens je 1/5 aufzulösen. § 21b S 3 war gem § 34 XI S 1 letztmalig auf das WJ anzuwenden, das nach dem 31.12.2002 endete. 10

Einstweilen frei. 11

---

1 BGBl I 1991, 454.
2 *Schick* in Erle/Sauter § 21b Rn 12.

12 **3. Verhältnis zu anderen Vorschriften. §§ 7, 8.** Grundsätzlich gelten auch für Bausparkassen die allgemeinen Vorschriften über die Einkommensermittlung. § 21b stellt jedoch eine besondere Gewinnermittlungsvorschrift für Bausparkassen dar.[1]

13 **BewG.** Eine nach § 21b gebildete Zuteilungsrücklage war nicht bei der Einheitsbewertung des Betriebsvermögens als Schuldposten abzugsfähig.[2]

14 *Einstweilen frei.*

15 **IV. Bildung der Zuteilungsrücklage (§ 21b S 1). Begriff der Zuteilungsrücklage.** Während § 6 I S 2 BausparkG von der Bildung eines Sonderpostens mit der Bezeichnung „Fonds zur bauspartechnischen Absicherung" spricht (der den Rechtscharakter eines Sonderposten für allgemeine Bankrisiken gem § 340g HGB hat[3]), wird für steuerliche Zwecke der verkürzte Begriff der „Zuteilungsrücklage" verwendet.

16 **Schwankungsreserve.** Die Zuteilungsmittel, welche in Ermangelung der Erfüllung der Zuteilungsvorraussetzungen vorübergehend nicht zugeteilt werden können, werden nach der Sprachregelung der Bausparkassen als sog „Schwankungsreserve" bezeichnet.

17 **Mehrertrag.** Bei der Zwischenanlage von vorübergehend nicht zugeteilten Zuteilungsmitteln kommt bei den tatsächlich erzielten Erträgen regelmäßig ein höherer marktüblicher Zinssatz zur Anwendung (sog „außerkollektiver Zinssatz") als bei den fiktiven Zinserträgen für Bauspardarlehen (hier gilt der sog „kollektive Zinssatz"). Dementsprechend entsteht bei der Zwischenanlage ein Mehrertrag, der sich wie folgt berechnet:[4]

Mehrertrag = Schwankungsreserve x (außerkollektiver Zinssatz – kollektiver Zinssatz).

18 **Auflösung.** Die in diesem Fonds enthaltenen Mittel sind gebunden bzw die Bausparkasse kann diesen Sonderposten gem § 6 I S 3 BausparkG nur auflösen, wenn er 3 % der Bauspareinlagen übersteigt.

19 **Handelsbilanzielle Ansatzpflicht.** Nach dem klaren Gesetzeswortlaut des § 6 I S 2 BausparkG besteht grundsätzlich eine Pflicht zur Bildung des Sonderpostens „Fonds zur bauspartechnischen Absicherung".[5] Lediglich für bestimmte Altverträge bestand handelsrechtlich ein Ansatzwahlrecht (vgl Rn 20).

20 **Handelsbilanzielles Ansatzwahlrecht für Altverträge.** In § 19 IV BausparkG ist als Ausnahme ein (teilweises) Wahlrecht zum handelsbilanziellen Ansatz der entstehenden Mehrerträge im Sonderposten „Fonds zur bauspartechnischen Absicherung" vorgesehen:

- Mehrerträge müssen nicht dem Sonderposten zugeführt werden, wenn die nicht zugeteilten Zuteilungsmittel aus Bausparverträgen stammen, die vor dem 1.1.1991 abgeschlossen wurden;

---

1 Schick in Erle/Sauter § 21b Rn 3.
2 Finanzministerium Nordrhein-Westfalen v 19.10.1993, DStR 1993, 1784.
3 Roser in Gosch § 21b Rn 7; Boochs in Lademann § 21b Rb 2.
4 Haehnel in Mössner/Seeger § 21b Rn 3.
5 Vgl auch Fn 11 zu Formblatt 1 der RechKredV; Scharpf/Schaber, Handbuch Bankbilanz, 4. Aufl, S 851; IDW, Bilanzierung des Fonds zur bauspartechnischen Absicherung, WPg 1995, 374 f.

- Mehrerträge müssen nur zu 60 % dem Sonderposten zugeführt werden, wenn die nicht zugeteilten Zuteilungsmittel aus Bausparverträgen stammen, die vor dem 1.1.2001 abgeschlossen wurden.

Umfang der steuerfreien Zuteilungsrücklage. Grundsätzlich kann der handelsrechtlich in § 6 I S 2 BausparkG definierte Mehrertrag (vgl Rn 17) steuerneutral der Zuteilungsrücklage zugeführt werden. Dennoch ist die steuerfreie Zuteilungsrücklage nicht identisch mit dem Sonderposten „Fonds zur bauspartechnischen Absicherung" (vgl Rn 23). 21

Steuerbilanzielles Ansatzwahlrecht. Nach dem reinen Gesetzeswortlaut sieht § 21b S 1 ein Ansatzwahlrecht für die Bildung einer Zuteilungsrücklage vor. Nach zutreffender Auffassung ergibt sich jedoch aufgrund der Maßgeblichkeit gem § 5 I S 1 EStG iVm § 6 I S 2 BausparkG (hierzu Rn 19) eine steuerbilanzielle Ansatzpflicht.[1] Bezogen auf die Altverträge besteht, soweit § 19 IV BausparkG ein Ansatzwahlrecht für den Sonderposten „Fonds zur bauspartechnischen Absicherung" vorsieht, aufgrund des früher geltenden Grundsatzes der umgekehrten Maßgeblichkeit gem § 5 I S 2 EStG ebenso ein Gleichklang zwischen Handels- und Steuerbilanz.[2] 22

Andere bausparrechtliche Rücklagen, Fortsetzreserve. Falls eine Bausparkasse auch Bausparmittel handelsrechtlich dem „Fonds zur bauspartechnischen Absicherung" zuweist, die eigentlich anderen bausparrechtlichen Rücklagen zuzuweisen wären (zB die Fortsetzreserve), sind für Zwecke der Steuerfreistellung gem § 21b die auf diese Mittel entfallenden Mehrerträge zu korrigieren.[3] 23

Einstweilen frei. 24

V. Ansatz der Zuteilungsrücklage der Höhe nach (§ 21b S 2). Höchstgrenze. Die Zuteilungsrücklage gem § 21b ist auch steuerlich nicht unbegrenzt zulässig. Gem § 21b S 2 darf die Rücklage 3 % der Bauspareinlagen nicht übersteigen. Maßgeblicher Zeitpunkt sind dabei die Bauspareinlagen am Schluss des WJ.[4] 25

Durchbrechung der Maßgeblichkeit. Aufgrund der in § 21b S 2 enthaltenen Höchstgrenze kommt es zu einer Durchbrechung der Maßgeblichkeit gem § 5 I S 1 EStG. 26

Bauspareinlage. Der Begriff der Bauspareinlage wird in § 21 S 2 nicht definiert, ist jedoch offensichtlich den Sprachregelungen der Baukassenvorschriften entlehnt und damit iSd § 1 I BausparkG auszulegen. 27

Geringere Zuteilungsrücklage. Nach dem Gesetzeswortlaut handelt es sich bei § 21b S 2 um eine Limitierung der Bildung einer Rücklage iSe Höchstgrenze. Danach soll nach Literaturauffassung auch steuerlich eine geringere Rücklage zulässig sein.[5] In Folge der Maßgeblichkeit (vgl Rn 22) ist jedoch nicht von einem Wertansatz unter der Höchstgrenze regelmäßig auszugehen, soweit handelsrechtlich ein Sonderposten zu bilden ist. 28

---

[1] *Haehnel* in Mössner/Seeger § 21b Rn 4; *Hauswirth* in EY § 21b Rn 11; aA offenbar *Boochs* in Lademann § 21b Rn 3.
[2] BMF v 24.7.1991, BB 1991, 1751; *Roser* in Gosch § 21b Rn 5.
[3] BMF v 10.7.2002, IV A 2 – S 2776 – 4/02.
[4] *Schick* in Erle/Sauter § 21b Rn 21.
[5] *Boochs* in Lademann § 21b Rn 13.

29 **Steuerpflicht des den Höchstbetrag überschießenden Betrags.** Soweit Mehrerträge in Folge des Höchstbetrags gem § 21b S 2 nicht in die Zuteilungsrücklage eingestellt werden können, sind diese steuerpflichtig.[1]

30 *Einstweilen frei.*

31 **VI. Auflösung der Zuteilungsrücklage (§ 21b S 3). Auflösungspflicht nach § 10 S 1 Nr 9 BausparkG.** § 21b S 3 stellt darauf ab, ob die Auflösung des Sonderpostens „Fonds zur bauspartechnischen Absicherung" nach der Ermächtigungsvorschrift nach § 10 S 1 Nr 9 BausparkG zu erfolgen hat.

32 **§ 9 BausparkV.** Von der Ermächtigungsvorschrift des § 10 S 1 Nr 9 BausparkG hat der Gesetzgeber durch Einfügung des § 9 BausparkV v 19.12.1990[2] Gebrauch gemacht. Nach § 9 BausparkV besteht ein:

- Auflösungszwang gem § 9 I BausparkV, falls die Zielbewertungszahl für den Regelsparer zu einem Sparer-Kassen-Leistungsverhältnis von 1,0 führt (obere Einsatz-Bewertungszahl);
- Auflösungswahlrecht gem § 9 II BausparkV, falls die Zielbewertungszahl für den Regelsparer zu einem Sparer-Kassen-Leistungsverhältnis von 0,8 führt (untere Einsatz-Bewertungszahl);
- Auflösungswahlrecht gem § 9 III BausparkV mit Zustimmung der BaFin auch vor Erreichen der unteren Einsatz-Bewertungszahl, soweit dies zur Abwehr dringender Gefahr für die Aufrechterhaltung der dauerhaften Zuteilungsfähigkeit geboten ist.

§ 9 IV BausparkV regelt die Berechnung der Auflösung.

33 **Steuerliche Auflösungspflicht.** Ist § 9 I BausparkV erfüllt, muss auch die Zuteilungsrücklage steuerlich gewinnerhöhend aufgelöst werden. Gleiches gilt, wenn die in § 9 II und III BausparkV angeführten Wahlrechte tatbestandsmäßig erfüllt sind, die Bausparkasse diese jedoch handelsrechtlich nicht ausübt; denn § 21b S 3 sieht bereits bei einer nur abstrakten Erfüllung der Tatbestandsvoraussetzungen des § 9 BausparkV eine Pflicht zur steuerlichen Auflösung vor.[3]

34 **Auflösungswahlrecht gem § 6 I S 3 BausparkG.** In § 6 I S 3 BausparkG ist ein Wahlrecht zur Auflösung des handelsbilanziellen Sonderpostens enthalten, wenn dieser am Ende des WJ 3 % der Bauspareinlagen übersteigt. Infolge der in § 21 S 2 enthaltenen Höchstgrenze für die steuerfreie Zuteilungsrücklage hat die Ausübung dieses handelsrechtlichen Wahlrechts keine steuerliche Bedeutung.[4]

35 *Einstweilen frei.*

---

1 *Schick* in Erle/Sauter § 21b Rn 22.
2 BGBl I 1990, 2947.
3 *Hauswirth* in EY § 21b Rn 16.
4 *Schlenker* in Blümich § 21b Rn 8 und 9; *Schick* in Erle/Sauter § 21b Rn 24.

Viertes Kapitel: Sondervorschriften für Genossenschaften

§ 22 Genossenschaftliche Rückvergütung

(1) ¹Rückvergütungen der Erwerbs- und Wirtschaftsgenossenschaften an ihre Mitglieder sind nur insoweit als Betriebsausgaben abziehbar, als die dafür verwendeten Beträge im Mitgliedergeschäft erwirtschaftet worden sind. ²Zur Feststellung dieser Beträge ist der Überschuss

1. bei Absatz- und Produktionsgenossenschaften im Verhältnis des Wareneinkaufs bei Mitgliedern zum gesamten Wareneinkauf,
2. bei den übrigen Erwerbs- und Wirtschaftsgenossenschaften im Verhältnis des Mitgliederumsatzes zum Gesamtumsatz

aufzuteilen. ³Der hiernach sich ergebende Gewinn aus dem Mitgliedergeschäft bildet die obere Grenze für den Abzug. ⁴Überschuss im Sinne des Satzes 2 ist das um den Gewinn aus Nebengeschäften geminderte Einkommen vor Abzug der genossenschaftlichen Rückvergütungen und des Verlustabzugs.

(2) ¹Voraussetzung für den Abzug nach Absatz 1 ist, dass die genossenschaftliche Rückvergütung unter Bemessung nach der Höhe des Umsatzes zwischen den Mitgliedern und der Genossenschaft bezahlt ist und dass sie

1. auf einen durch die Satzung der Genossenschaft eingeräumten Anspruch des Mitglieds beruht oder
2. durch Beschluss der Verwaltungsorgane der Genossenschaft festgelegt und der Beschluss den Mitgliedern bekannt gegeben worden ist oder
3. in der Generalversammlung beschlossen worden ist, die den Gewinn verteilt.

²Nachzahlungen der Genossenschaft für Lieferungen oder Leistungen und Rückzahlungen von Unkostenbeiträgen sind wie genossenschaftliche Rückvergütungen zu behandeln.

KStR 20, 70; KStH 70

Übersicht

	Rn
I. Regelungsgehalt	1 – 2
II. Rechtsentwicklung	3 – 10
III. Normzweck und Anwendungsbereich	11 – 51
1. Bedeutung der Norm	11 – 14
2. Persönlicher Anwendungsbereich	15 – 26
3. Sachlicher Anwendungsbereich	27 – 28
4. Verhältnis zu anderen Vorschriften	29 – 51
IV. Rückvergütungen	52 – 78
1. Begriff	52 – 59
2. Abgrenzung zur (verdeckten) Gewinnausschüttung	60 – 70
3. Abgrenzung zu Preisnachlässen	71 – 74
4. Abgrenzung zu Nachzahlungen und Rückzahlungen	75 – 78
V. Voraussetzungen für den Abzug als Betriebsausgabe	79 – 139

1. Erwirtschaftung im Mitgliedergeschäft .... 79 – 99
　　　　　a) Allgemeines .... 79 – 82
　　　　　b) Mitgliedschaftsverhältnis .... 83 – 88
　　　　　c) Überblick über die Geschäftsarten .... 89 – 94
　　　　　d) Begriff und Umfang des Mitgliedergeschäfts .... 95 – 99
　　　2. Ermittlung des maximalen Abzugsvolumens .... 100 – 119
　　　　　a) Schema .... 100 – 101
　　　　　b) Ermittlung des Überschusses iSd § 22 I S 4 .... 102 – 111
　　　　　c) Aufteilung des Überschusses § 22 I S 2 .... 112 – 116
　　　　　d) Obergrenze für den Abzug nach § 22 I S 3 .... 117 – 119
　　　3. Sonstige Voraussetzungen gem § 22 II .... 120 – 139
　　　　　a) Bezahlung (§ 22 II S 1 Hs 1) .... 121 – 127
　　　　　b) Bemessung der Rückvergütung nach der Höhe
　　　　　　　des Umsatzes (§ 22 II S 1 Hs 1) .... 128 – 131
　　　　　c) Anspruch aufgrund Satzungsbestimmung oder
　　　　　　　Beschlussfassung (§ 22 II Hs 2) .... 132 – 139
　VI. Bilanzielle Abbildung und steuerliche Rechtsfolgen .... 140 – 158
　　　1. Genossenschaft .... 140 – 147
　　　　　a) Handelsbilanzielle Abbildung .... 140 – 143
　　　　　b) Steuerliche Behandlung .... 144 – 147
　　　2. Mitglied .... 148 – 158
　　　　　a) Genossenschaftsanteile im Betriebsvermögen .... 148 – 151
　　　　　b) Genossenschaftsanteile im Privatvermögen .... 152 – 156
　　　　　c) Ausländische Mitglieder .... 157 – 158

I. Regelungsgehalt. § 22 ist eine in zwei Absätze gegliederte Gewinnermittlungsvorschrift im vierten Kapitel des zweiten Teils des KStG. § 22 I bestimmt, das Rückvergütungen nur insoweit als Betriebsausgaben abziehbar sind, als die dafür von der Erwerbs- oder Wirtschaftsgenossenschaft verwendeten Beträge im Mitgliedergeschäft erwirtschaftet worden sind. Zur Ermittlung der Höhe des abziehbaren Betrages ist nach § 22 I S 4 zunächst das Einkommen der Genossenschaft vor Verlustabzug und vor Abzug der Rückvergütungen zu ermitteln und anschließend um den Gewinn oder Verlust aus Nebengeschäften zu mindern bzw zu erhöhen. Der sich daraus ergebende Überschuss ist schließlich nach § 22 I S 2 – vereinfacht gesprochen – im Verhältnis der Umsätze mit den Mitgliedern zu den Umsätzen mit Nicht-Mitgliedern aufzuteilen. Der auf die Mitgliederumsätze entfallende Überschuss bildet sodann nach § 22 I S 3 den Höchstbetrag für den Abzug der Rückvergütung als Betriebsausgabe. § 22 II stellt schließlich zusätzliche formale Voraussetzungen für die Abzugsfähigkeit der Rückvergütung als Betriebsausgabe auf.

II. Rechtsentwicklung

Einstweilen frei.

II. Rechtsentwicklung. KStG 1920. § 4 idFd KStG 1920 v 30.3.1920[1] beinhaltete eine Spezialvorschrift für Genossenschaften, wonach die Steuerpflicht der Erwerbs- und Wirtschaftsgenossenschaften auf Einkünfte aus Grundbesitz, Kapitalvermögen und Gewerbebetrieb beschränkt war (§ 4 S 1 idFd KStG 1920). Ein Gewerbebetrieb iSd Regelung lag jedoch bei Genossenschaften, deren Geschäftsbetrieb sich auf den Kreis der Mitglieder beschränkte, nicht vor (§ 4 S 2 idFd KStG 1920). Damit waren Erwerbs- und Wirtschaftsgenossenschaften, deren Geschäftsbetrieb sich auf den Kreis der Mitglieder beschränkte, mangels Gewerbebetriebs nicht körperschaftsteuerpflichtig. Ihre Gewinne aus den Geschäften mit Mitgliedern wurden damit nicht besteuert, es sei denn, sie erzielten neben Einkünften aus Gewerbebetrieb noch Einkünfte aus Grundbesitz oder Kapitalvermögen. Damit wurde bei den vorgenannten Erwerbs- und Wirtschaftsgenossenschaften die Frage der steuerlichen Abzugsfähigkeit genossenschaftlicher Rückvergütungen nicht relevant.

KStG 1925. Nach § 2 Nr 1 iVm § 4 I KStG 1925 v 10.8.1925[2] wurden Genossenschaften als Erwerbsgesellschaften grundsätzlich mit ihrem gesamten Einkommen als unbeschränkt Steuerpflichtige behandelt. Nach § 4 II lit b idFd KStG 1925 gehörten jedoch die einem Revisionsverband angeschlossenen Erwerbs- und Wirtschaftsgenossenschaften, deren Geschäftsbetrieb sich auf den Kreis der Mitglieder beschränkte, nicht zu den Erwerbsgesellschaften. Bei letzteren wurde der Gewinn aus Gewerbebetrieb nicht besteuert, sondern nur Einkünfte aus Land- und Forstwirtschaft, Kapitalvermögen und Vermietung und Verpachtung.[3] Im Gegensatz zum KStG 1920 kamen Erwerbs- und Wirtschaftsgenossenschaften, deren Geschäftsbetrieb sich auf den Kreis der Mitglieder beschränkte, nur dann in den Genuss einer partiellen Steuerbefreiung, wenn sie auch einem Revisionsverband angeschlossen waren. Auch unter dem KStG 1925 stellte sich damit für die vorgenannten Erwerbs- und Wirtschaftsgenossenschaft nicht die Frage, ob gewährte genossenschaftliche Rückvergütungen steuerlich abzugsfähig waren.

KStG 1934. Nach § 1 Nr 2 KStG 1934 v 16.10.1934[4] waren Erwerb- und Wirtschaftsgenossenschaften unbeschränkt steuerpflichtig. Indes ermächtigte § 23 idFd KStG 1934 den Reichminister der Finanzen für bestimmte Gruppen von Erwerb- und Wirtschaftsgenossenschaften eine Befreiung von der KSt oder die Anwendung eines ermäßigten Steuersatzes vorzuschreiben oder die Ermittlung ihres Einkommens besonders zu regeln.[5] Im Zeitraum 1934-1938 wurde grundsätzlich noch das frühere Recht aufrechterhalten.[6] Sodann erließ der Reichminister der Finanzen eine steuerbegünstigende Verordnung auf Basis der in § 23 idFd KStG 1934 normierten Ermächtigungsgrundlage sowie sonstige Verwaltungsvorschriften, wie zB die Verordnung über die KSt der Erwerbs- und Wirtschaftsgenossenschaften v 8.12.1939.[7]

---

1 RGBl I 1920, 393.
2 RGBl I 1925, 208.
3 *Lohmar* in H/H/R § 22 Rn 3.
4 RGBl I 1934, 1031.
5 RStBl 1935, 81 ff (vgl auch A. 3. der Gesetzesbegründung).
6 *Lohmar* in H/H/R § 22 Rn 3.
7 RGBl I 1939, 2391. Zur historischen Entwicklung vgl auch BFH I 38/53 U, BStBl III 1954, 36.

Nach § 5 I dieser Verordnung durften die den Mitgliedern gewährten Warenrückvergütungen bei der Ermittlung des steuerpflichtigen Gewinns abgezogen werden, jedoch nur in dem Verhältnis, in dem die Umsätze mit Mitgliedern zum Gesamtumsatz standen.[1]

6 **KStDV 1949.** Die bestehende Verordnung über die KSt der Erwerbs- und Wirtschaftsgenossenschaften wurde aufgehoben und durch die §§ 33-36 KStDV v 4.7.1949[2] ersetzt. Die Voraussetzungen für die steuerliche Begünstigung der Warenrückvergütungen enthielt nunmehr § 36 KStDV. Mangels wirksamer Ermächtigungsgrundlage erklärte der BFH die in § 36 KStDV 1949 enthaltene Einschränkung des Begriffs der Betriebsausgabe (die Warenrückvergütungen müssen „bezahlt" sein) für unwirksam.[3]

7 **Gesetz zur Neuordnung von Steuern, KStDV 1955, KStDV 1958 und KStDV 1968.** Die in § 23 enthaltene Ermächtigung wurde mit Wirkung v 1.1.1955 durch das Gesetz zur Neuordnung von Steuern v 16.12.1954[4] neu gefasst. Sie diente als Ermächtigungsgrundlage für § 35 KStDV 1955 v 23.12.1955[5]. Mit der KStDV 1958 v 5.8.1959[6] und der KStDV 1968 v 26.3.1969[7] erfuhr § 35 KStDV erneute Änderungen.

8 **KStG 1977.** Mit der Neufassung des KStG iRd Körperschaftsteuerreformgesetz v 31.8.1976[8] wurden die Regelungen des § 23 KStG aF iVm § 35 KStDV aF in einer redaktionell überarbeiteten Fassung in § 22 übernommen. Der Terminus „Warenrückvergütung" wurde durch den Begriff „genossenschaftliche Rückvergütung" ersetzt. Ferner wurde geregelt, auf welcher rechtlichen Grundlage (Satzung, Beschluss der Verwaltungsorgane, Beschluss der Generalversammlung) die Auszahlung von Rückvergütungen an die Mitglieder erfolgen muss.

9 **SubvAbG.** § 22 III, durch den ein Abzug von genossenschaftlichen Rückvergütungen bei Kreditgenossenschaften und Zentralkassen ausgeschlossen war, wurde mit Wirkung ab dem VZ 1981 durch das SubvAbG v 26.6.1981[9] gestrichen. Diese Änderung erfolgte im Zusammenhang mit der Aufhebung steuerlicher Privilegierungen für Kreditinstitute.[10] Danach ist § 22 nicht mehr geändert worden.

10 *Einstweilen frei.*

11 **III. Normzweck und Anwendungsbereich. 1. Bedeutung der Norm. Normzweck.** Eine Genossenschaft kann Überschüsse, die aus Geschäften mit ihren Mitgliedern resultieren, dem Grunde nach im Wege einer normalen Gewinnausschüttung (Dividende) oder in Form einer genossenschaftlichen Rückvergütung an ihre Mitglieder auskehren. OGA oder vGA einer Genossenschaft wirken sich nicht auf ihr

---

1 RMF v 11.12.1939, RStBl 1939, 1198. Zu weiteren Verwaltungsanweisungen *Lohmar* in H/H/R § 22 Rn 3.
2 WiGBl 1949, 183.
3 BFH I 38/53 U, BStBl III 1954, 36.
4 BGBl I 1954, 373.
5 BGBl I 1955, 853.
6 BGBl I 1959, 625.
7 BGBl I 1969, 270.
8 BGBl I 1976, 2597.
9 BGBl I 1981, 537 (Art 11 Nr 2).
10 *Dötsch*, DB 1981, 1796.

zu versteuerndes Einkommen aus (§ 8 III). Demgegenüber sind genossenschaftliche Rückvergütungen unter den in § 22 genannten Voraussetzungen als Betriebsausgaben abziehbar und werden damit auf Ebene der Genossenschaft von der Bemessungsgrundlage der KSt ausgenommen.

Mitgliederförderung. Die Rückvergütung ist ein genossenschaftsspezifisches Rechtsinstitut, das eine Ausprägung der Mitgliederförderung darstellt. Insofern steht die Rückvergütung im Einklang mit der grundsätzlichen genossenschaftlichen Orientierung, die Mitglieder durch einen nicht auf Gewinnzielung ausgerichteten Geschäftsbetrieb zu fördern.[1] Ergibt sich ein im genossenschaftlichen Mitgliedergeschäft entstandener Überschuss, so bedeutet dies, dass die Genossenschaft mehr Leistungsentgelte verlangt hat, als dies nach dem Kostendeckungsprinzip notwendig gewesen wäre. Denn eine Genossenschaft soll nicht das primäre Ziel verfolgen, als Körperschaft selbst Überschüsse zu erzielen. Vielmehr besteht ihr Auftrag nach § 1 GenG in der Förderung des Erwerbs oder der Wirtschaft ihrer Mitglieder durch einen gemeinschaftlichen Geschäftsbetrieb, während bei Kapitalgesellschaften eigene erwerbswirtschaftliche Zwecke mit dem Ziel der Gewinnmaximierung für das Unternehmen selbst im Vordergrund stehen.

12

Identitätsprinzip, doppelter Leistungsgrund. Bei Genossenschaften besteht die Besonderheit, dass der Empfänger einer Rückvergütung regelmäßig sowohl Kunde als auch Mitglied ist (Identitätsprinzip). Bei genauer Betrachtung haben genossenschaftliche Rückvergütungen daher einen doppelten Leistungsgrund.[2] Für Zwecke der steuerlichen Qualifikation genossenschaftlicher Rückvergütungen ist es im Hinblick auf die erforderliche Abgrenzung zur vGA notwendig, den gesellschaftsrechtlichen Leistungsgrund (Bestimmung des Empfängerkreises der Rückvergütung, vgl Rn 67) von dem schuldrechtlichen Leistungsgrund (Bestimmung der Höhe der Rückvergütungen, vgl Rn 68) zu unterscheiden.

13

Einstweilen frei.

14

2. Persönlicher Anwendungsbereich. Begriff der Erwerbs- und Wirtschaftsgenossenschaften. Der Begriff der von § 22 betroffenen Erwerbs- und Wirtschaftsgenossenschaften ist im KStG gesetzlich nicht definiert. Nach überwiegender Auffassung decke sich der persönliche Anwendungsbereich des § 22 grundsätzlich mit dem des § 1 II Nr 2.[3] Auf dieser Grundlage wären beschränkt steuerpflichtige ausländische Genossenschaften von § 22 nicht erfasst (vgl dazu aber Rn 19). Zur Auslegung des Begriffs der Erwerbs- und Wirtschaftsgenossenschaften ist (wie auch bei der Interpretation des § 1 II Nr 2) vornehmlich auf die gesellschaftsrechtlichen Regelungen zurückzugreifen. So bestimmt § 1 I GenG: „Gesellschaften von nicht geschlossener Mitgliederzahl, deren Zweck darauf gerichtet ist, den Erwerb oder die Wirtschaft ihrer Mitglieder oder deren soziale oder kulturelle Belange durch gemeinschaftlichen

15

---

1 BFH I R 192/73, BStBl II 1976, 351; BGH Ib ZR 50/62, NJW 1964, 352, 355.
2 *Kirchhof*, Die Eigenständigkeit der Genossenschaft als Steuersubjekt, 1980, S 17; *Schulte* in Erle/Sauter § 22 Rn 7 mwN.
3 *Roser* in Gosch § 22 Rn 2; *Schlenker* in Blümich § 22 Rn 7; *Hauswirth* in EY § 22 Rn 15; *Stark* in Mössner/Seeger § 22 Rn 6; *Schulte* in Erle/Sauter § 22 Rn 9.

Geschäftsbetrieb zu fördern (Genossenschaften), erwerben die Rechte einer eingetragenen Genossenschaft nach Maßgabe dieses Gesetzes." Eine Genossenschaft kann gleichzeitig eine Erwerbs- und Wirtschaftsgenossenschaft sein.

16 **Erwerbsgenossenschaften.** Eine Förderung des „Erwerbs" liegt immer dann vor, wenn die Genossenschaft die gewerbliche, freiberufliche oder sonstige Erwerbstätigkeit der Mitglieder unterstützt,[1] sei es durch eine Erhöhung der Einnahmen oder durch eine Verringerung der Ausgaben ihrer Mitglieder.

17 **Wirtschaftsgenossenschaften.** Unter Förderung der „Wirtschaft" ist die Unterstützung der Mitglieder in ihrem privaten, nichtberuflichen Lebensbereich zu verstehen.[2] Da im privaten Bereich die Erzielung von Einnahmen regelmäßig nicht im Vordergrund steht, fördert eine Genossenschaft ihre Mitglieder im privaten Lebensbereich regelmäßig durch eine Senkung der Ausgaben der Mitglieder (zB Einkauf von Strom). Nach der Rechtsprechung des BFH sind Mitgliedergeschäfte iSd § 22 I S 1 nur solche Geschäfte, bei denen die Mitglieder der Genossenschaft als Unternehmer gegenübertreten.[3] Diese unzutreffende Ansicht hat zur Folge, dass Genossenschaften, deren Mitglieder keine „Unternehmer" iSd vorgenannten Rechtsprechung sind (zB Arbeitnehmerproduktionsgenossenschaften), geleistete Rückvergütungen mangels vorhandener Mitgliedergeschäfte nicht als Betriebsausgaben abziehen können. Es bleibt zu hoffen, dass der BFH alsbald Gelegenheit dazu bekommt, diese unzutreffende Sichtweise aufzugeben (dazu im Einzelnen Rn 97).

18 **Wirtschaftsgenossenschaften in der Form von Idealgenossenschaften.** Der im Zuge der Genossenschaftsreform 2006 textlich geänderte § 1 I GenG erweitert die Förderung des Erwerbs oder der Wirtschaft der Mitglieder entsprechend Art 1 III SCE-Verordnung auf soziale und kulturelle Belange. Damit sind sog Idealgenossenschaften angesprochen (zB Schul-, Sport-, Medien- sowie Theater- und Museumsgenossenschaften).[4] Diese waren auch schon vor der Gesetzesänderung von § 1 GenG erfasst,[5] da sie – wie andere Wirtschaftsgenossenschaften auch – die „Wirtschaft" ihrer Mitglieder (privater Lebensbereich iwS) fördern. Auf dieser Grundlage werden zumindest alle inländischen (Europäischen) Genossenschaften iSd § 1 I GenG von § 22 erfasst.

19 **Ausländische Genossenschaften.** Darüber hinaus ist der persönliche Anwendungsbereich des § 22 aus unionsrechtlichen Gründen (Niederlassungs- und Kapitalverkehrsfreiheit) auch auf nach ausländischem Recht gegründete (Europäische) Genossenschaften zu erstecken, die mit Erwerbs- und Wirtschaftsgenossenschaften iSd GenG vergleichbar sind (Rechtstypenvergleich) und im Inland ihre Geschäftsleitung oder ihren Sitz haben (§ 1 I Nr 2). Das Gleiche gilt für nach ausländischem Recht gegründete Genossenschaften, die nach § 2 Nr 1 nur beschränkt körperschaftsteuerpflichtig sind.

---

1 *Beuthien* in Beuthien § 1 GenG Rn 12; *Helios* in Beck'sches Handbuch der Genossenschaft § 1 Rn 8.
2 *Fandrich* in Pöhlmann/Fandrich/Bloehs § 1 GenG Rn 10; *Beuthien* in Beuthien § 1 GenG Rn 12.
3 BFH I R 37/06, BFH/NV 2007, 1599 (zu Arbeitnehmerproduktionsgenossenschaften); ebenso *Herlinghaus*, DStZ 2003, 865; aA FG Brandenburg 2 K 1112/98 K, EFG 2001, 1395; *Roser* in Gosch § 22 Rn 19.
4 BTDrs 16/1025, 80.
5 Zum Meinungsstand vor Änderung des § 1 GenG *Helios* in Beck'sches Handbuch der Genossenschaft § 1 Rn 15.

III. Normzweck und Anwendungsbereich

Steuerbefreite Genossenschaften. Nach Auffassung der Verwaltung und des BFH fallen auch steuerbefreite Erwerbs- und Wirtschaftsgenossenschaften unter § 22.[1] Dieser Ansicht ist zuzustimmen, da der Wortlaut der Norm insoweit keine Einschränkung gebietet. Zwar wird § 22, der die Abzugsfähigkeit von Rückvergütungen regelt, auf Ebene einer steuerbefreiten Genossenschaft meist nicht relevant werden.[2] Die Anwendung des § 22 kann bei nach § 5 I Nr 10 und 14 von der KSt befreiten Genossenschaften lediglich dann bedeutsam sein, soweit diese mit nicht begünstigten Tätigkeiten der partiellen Steuerpflicht unterliegen.[3] Folgt man der Ansicht, genossenschaftliche Rückvergütungen, welche die Voraussetzungen des § 22 nicht erfüllen, seien in jedem Fall als vGA iSd § 8 III 2 anzusehen (R 70 XIII KStR 2004), kann die Frage, ob auch steuerbefreite Genossenschaften unter § 22 KStG fallen, Auswirkungen auf die Besteuerung der Rückvergütungen auf Ebene der Mitglieder sowie auf die Verpflichtung der Genossenschaft zur Einbehaltung und Abführung von KESt haben, da oGA und vGA im Gegensatz zu Rückvergütungen iSd § 22 der KESt unterliegen. — 20

Sonstige „Genossenschaften". Keine Erwerbs- und Wirtschaftsgenossenschaften sind die in § 3 II genannten Genossenschaften sowie öffentlich-rechtliche Genossenschaften; für diese kommt § 22 nicht zur Anwendung.[4] — 21

Keine analoge Anwendung des § 22 auf Kapitalgesellschaften. Mangels planwidriger Regelungslücke findet § 22 keine analoge Anwendung auf sonstige Körperschaften.[5] — 22

Bestehen einer Erwerbs- und Wirtschaftsgenossenschaft. Von dem Bestehen einer Erwerbs- und Wirtschaftsgenossenschaft ist von der Eintragung bis zur Löschung im Genossenschaftsregister auszugehen (R 70 I KStR 2004). — 23

Vor-Genossenschaft. Darüber hinaus ist § 22 auch auf eine körperschaftsteuerpflichtige Vor-Genossenschaft anzuwenden, da anerkannt ist, dass eine Genossenschaft nach Errichtung der Satzung (§ 5 GenG) grundsätzlich bereits nach dem Genossenschaftsrecht zu beurteilen ist.[6] — 24

Einstweilen frei. — 25-26

3. Sachlicher Anwendungsbereich. § 22 regelt ausschließlich die steuerliche Behandlung von Rückvergütungen (zu weiteren Einzelheiten des Begriffs vgl Rn 52 ff). — 27

Einstweilen frei. — 28

4. Verhältnis zu anderen Vorschriften. § 1 I Nr 2. Nach § 1 I Nr 2 sind Genossenschaften einschließlich der SCE mit Geschäftsleitung oder Sitz im Inland unbeschränkt körperschaftsteuerpflichtig. Insoweit deckt sich der persönliche Anwendungsbereich des § 22 mit dem des § 1 I Nr 2. Der persönliche Anwendungsbereich des § 22 geht aber — 29

---

1   OFD Hannover v 7.5.1991, DStR 1991, 1528 zu steuerbefreiten Vermietungsgenossenschaften; BFH I R 147/74, BStBl II 1977, 46; *Lohmar* in H/H/R § 22 Rn 4; aA *Frotscher* in Frotscher/Maas § 22 Rn 4.
2   *Schulte* in Erle/Sauter § 22 Rn 10.
3   *Stark* in Mössner/Seeger § 22 Rn 6; *Schlenker* in Blümich § 22 Rn 8.
4   *Stark* in Mössner/Seeger § 22 Rn 6.
5   BFH I R 78/92, BStBl II 1994, 479.
6   BGH II ZR 116/55, BGHZ 20, 281.

noch über den § 1 I Nr 2 hinaus, da § 22 aus unionsrechtlichen Gründen auch auf nur beschränkt steuerpflichtige ausländische Erwerbs- und Wirtschaftsgenossenschaften anzuwenden ist, also auf solche, die ihre Geschäftsleitung und ihren Sitz im Ausland haben, im Inland jedoch eine Betriebsstätte unterhalten.

30 **§ 3 II.** Die in § 3 II aufgelisteten Genossenschaften sind keine Erwerbs- und Wirtschaftsgenossenschaften iSd § 1 GenG, weshalb § 22 auf sie keine Anwendung findet.

31 **§ 5 I Nr 10 und 14.** Die in § 5 Nr 10 genannten Erwerbs- und Wirtschaftsgenossenschaften, die unter anderem im Bereich des Wohnungsbaus agieren (Wohnungsgenossenschaften) sowie die in § 5 Nr 14 genannten Erwerbs- und Wirtschaftsgenossenschaften, die in der Land- und Forstwirtschaft tätig sind, sind unter den dort jeweils genannten Voraussetzungen von der KSt befreit, wenn die Einnahmen aus den nicht privilegierten Tätigkeiten 10 % der gesamten Einnahmen nicht übersteigen. Alle in § 5 Nr 10 und 14 genannten Erwerbs- und Wirtschaftsgenossenschaften fallen auch unter § 22, wenngleich § 22 regelmäßig nicht relevant wird, wenn die partielle Steuerbefreiung nach § 5 I Nr 10 greift (vgl dazu Rn 20).

32 **§ 8 III.** Wenn sämtliche Voraussetzungen des § 22 erfüllt sind, verdrängt § 22 als lex specialis § 8 III.[1] Ist dies nicht der Fall, kann die genossenschaftliche Rückvergütung als eine unter § 8 III S 1 fallende Einkommensverteilung bzw als eine vGA nach § 8 III S 2 zu qualifizieren sein. Eine vGA liegt jedoch nur vor, sofern die Abweichung von der Norm ihre Ursache im Mitgliedschaftsverhältnis hat. Letzteres ist nach hier vertretener Ansicht nicht der Fall, wenn die Genossenschaft das Kostendeckungsprinzip (vgl Rn 56) befolgt.

33 **§ 8a iVm § 4h EStG.** Genossenschaftliche Rückvergütungen iSd § 22 sind Betriebsausgaben (§ 4 IV EStG) und mindern das maßgebliche Einkommen der Genossenschaft iSd § 8a I S 1. Auf Ebene des Mitglieds erhöhen genossenschaftliche Rückvergütungen, die nicht als vGA zu qualifizieren und damit nicht als steuerfreie Bezüge iSd § 8b I S 1 anzusehen sind, den maßgeblichen Gewinn iSd 4h I S 2 EStG bzw das maßgebliche Einkommen iSd §§ 8a I S 1, 8b.

Zur fehlenden Anwendbarkeit des § 8b auf die Rückvergütung vgl Rn 150.

34 **§ 25.** Während sich § 22 als Gewinnermittlungsvorschrift auf den steuerlichen Gewinn und damit auf das Einkommen (§ 7 I) auswirkt, ist die Freibetragsregelung des § 25 bei der Ermittlung des zu versteuernden Einkommens (§ 7 II) von Bedeutung.

35 **§ 38.** Genossenschaftliche Rückvergütungen, welche die Voraussetzungen des § 22 erfüllen, sind Betriebsausgaben der Genossenschaft und daher keine „Leistungen" iSd § 38. Zahlt eine Genossenschaft Geschäftsguthaben zurück, was mit der Rückzahlung von Nennkapital bei Kapitalgesellschaften vergleichbar ist, gilt dies nur insoweit als Leistung iSd § 38, als die Rückzahlung der Geschäftsguthaben die Einzahlungen zum Geschäftsguthaben neuer Mitglieder (bezogen auf einen Jahreszeitraum) übersteigt;

---

1 BFH I R 78/92, BStBl II 1994, 479; aA BFH I R 262/83, BStBl II 1988, 593 wonach trotz der Sonderregelung für genossenschaftliche Rückvergütungen in § 35 KStDV aF (heute § 22) bei der Prüfung des Vorliegens vGA durch Zahlungen der Genossenschaft an ihre Mitglieder auf eine Angemessenheitsprüfung nicht verzichtet werden könne.

III. Normzweck und Anwendungsbereich

die Rückzahlungen und Einzahlungen sind jeweils zum Schluss des WJ zu saldieren.[1] Nach § 34 XVI konnten bestimmte Erwerbs- und Wirtschaftsgenossenschaften aus der Immobilienbranche die Anwendung des § 38 in der am 27.12.2007 geltenden Fassung bis zum 30.9.2008 unwiderruflich beantragen und somit die Feststellung des Endbetrags iSd § 38 I zum 31.12.2006 verhindern.

§ 4 IV EStG. Den gesellschaftsrechtlichen Anforderungen genügende genossenschaftliche Rückvergütungen sind nach hier vertretener Auffassung Betriebsausgaben iSd § 4 IV EStG, da sie sich der Höhe nach allein nach dem Umfang der schuldrechtlichen Beziehungen zwischen dem Mitglied und der Genossenschaft bestimmen (vgl zum doppelten Leistungsgrund genossenschaftlicher Rückvergütungen auch Rn 13, 68 ff). § 22, der davon spricht, dass genossenschaftliche Rückvergütungen „als Betriebsausgaben abziehbar" sind, bestätigt dies im Ergebnis. Die Vorschrift fingiert also keine Betriebsausgaben, sondern hat nach hier vertretener Ansicht vielmehr nur klarstellende Bedeutung.

36

§ 11 EStG. Die in § 11 EStG geregelten Grundsätze zum Zu- und Abfluss haben grundsätzlich auch iRd § 22 II Bedeutung (vgl Rn 121).

37

§ 44 EStG. Zur fehlenden Verpflichtung zur Einbehaltung von KESt auf Rückvergütungen gem § 44 EStG vgl Rn 145.

38

§ 49 EStG. Zur fehlenden inländischen Steuerpflicht ausländischer Mitglieder bei fehlender inländischer Betriebsstätten mit ihren inländischen Rückvergütungen vgl Rn 157.

39

§ 2 II S 1 GewStG. Nach § 2 II S 1 GewStG gilt die Tätigkeit von Genossenschaften, einschließlich SCE, stets und in vollem Umfang als Gewerbebetrieb. Insoweit deckt sich der persönliche Anwendungsbereich mit § 22.

40

§ 7 I S 1 GewStG. Genossenschaftliche Rückvergütungen iSd § 22 mindern den Gewinn aus Gewerbebetrieb der Genossenschaft und erhöhen den Gewinn aus Gewerbebetrieb des Mitglieds.

41

§ 8 GewStG. Das GewStG enthält keinen eigenständigen Hinzurechnungstatbestand für genossenschaftliche Rückvergütungen auf Ebene der Genossenschaft. Insbesondere stellen genossenschaftliche Rückvergütungen keine Vergütungen iSd § 8 Nr 1 GewStG dar.

42

§ 9 Nr 2a und 7 GewStG. Zur fehlenden Anwendbarkeit der § 9 Nr 2a und 7 GewStG auf die Rückvergütung vgl Rn 148.

43

§ 7 AStG. Beteiligen sich unbeschränkt Steuerpflichtige an einer nach deutschem oder ausländischem Recht gegründeten Erwerbs- oder Wirtschaftsgenossenschaft oder SCE, die weder Geschäftsleitung noch Sitz im Inland hat, kommen die §§ 7 ff AStG grundsätzlich zur Anwendung, da diese Genossenschaften Körperschaften iSd KStG sind.

44

§ 8 I AStG. Genossenschaftliche Rückvergütungen iSd § 22 fallen nicht unter § 8 I Nr 8 AStG, weil sie zumindest aus deutscher genossenschaftsrechtlicher Sicht (anders als Dividenden oder Ausschüttungen auf eigenkapitalähnliche Genussrechte) keine

45

---

[1] OFD Hannover v 18.2.2005, DStR 2005, 787.

Gewinnausschüttungen darstellen und die Genossenschaft keine Kapitalgesellschaft ist. Bezieht eine ausländische Gesellschaft iSd § 7 I AStG jedoch genossenschaftliche Rückvergütungen iSd § 22 von einer nachgeordneten Genossenschaft, setzt dies zwingend eine schuldrechtliche Leistungsbeziehung und damit einhergehende Umsätze zwischen dem Mitglied und der nachgeschalteten Genossenschaft (§ 14 AStG) voraus. Sind die Tätigkeiten der ausländischen Gesellschaft, die diesen schuldrechtlichen Leistungsbeziehungen zugrunde liegen, Tätigkeiten iSd Aktivitätskatalogs des § 8 I AStG, so steht die genossenschaftliche Rückvergütung in einem funktionalen Zusammenhang mit diesen aktiven Tätigkeiten. Damit ist die genossenschaftliche Rückvergütung in diesem Fall auf Ebene der ausländischen Gesellschaft ebenfalls den Einkünften aus einer aktiven Tätigkeit zuzurechnen. Da § 8 I Nr 9 AStG im Gegensatz zu § 8 I Nr 8 AStG nicht von der Veräußerung des Anteils an einer anderen Kapitalgesellschaft, sondern an einer „anderen Gesellschaft" spricht, ist die Veräußerung eines Anteils an einer nachgeschalteten ausländischen Genossenschaft wie auch deren Auflösung oder Kapitalherabsetzung unter den in § 8 I Nr 9 genannten weiteren Voraussetzungen als eine aktive Tätigkeit einzustufen, da eine Genossenschaft zwar keine Kapitalgesellschaft, aber nach § 1 GenG eine Gesellschaft ist. IÜ stehen Einkünfte aus der Veräußerung eines Anteils an einer ausländischen Genossenschaft sowie solche aus deren Auflösung oder Kapitalherabsetzung in funktionalem Zusammenhang mit den Tätigkeiten, die den schuldrechtlichen Leistungsbeziehungen zwischen der ausländischen Gesellschaft und der nachgeschalteten Genossenschaft zugrunde liegen.

46   **§§ 8 III, 10 III AStG.** Zu den Vorschriften des deutschen Steuerrechts iSd § 10 III S 1 AStG gehört auch § 22, der indes nach hier vertretener Auffassung nur klarstellende Bedeutung hat. Denn genossenschaftliche Rückvergütungen sind betriebsbedingte Vermögensminderungen, also handelsrechtlich Aufwand und steuerlich Betriebsausgaben (§ 4 IV EStG) der Genossenschaft und weder offene Ausschüttungen noch vGA, weil sich ihre Höhe nach dem Umfang der schuldrechtlichen Leistungsbeziehungen zwischen dem Mitglied und der Genossenschaft bestimmt. § 22 ist daher ebenso wenig wie § 4 IV EStG eine steuerliche Vergünstigung iSd § 10 III S 4 AStG. Selbst wenn man genossenschaftliche Rückvergütungen als vGA qualifizierte und § 22 damit als konstitutiv iSe lex specialis zu § 8 III S 2 ansähe, stellte § 22 keine qualifizierte Vergünstigung iSd § 10 III 4 AStG dar. Denn weder Wortlaut, Systematik noch der Sinn- und Zweck des § 22 knüpfen an die unbeschränkte Körperschaftsteuerpflicht der Erwerbs- bzw Wirtschaftsgenossenschaft und das Bestehen eines inländischen Betriebs oder einer inländischen Betriebsstätte an. Genossenschaftliche Rückvergütungen einer ausländischen Genossenschaft mindern folglich die dem Hinzurechnungsbetrag zugrunde liegenden Einkünfte. Dies wirkt sich entsprechend bei der dem § 10 III AStG vorgelagerten Prüfung der Niedrigbesteuerung nach § 8 III AStG aus. Vorstehendes gilt jedenfalls dann, wenn das für die ausländische (Europäische) Genossenschaft maßgebende Gesellschaftsrecht das Rechtsinstitut der genossenschaftlichen Rückvergütungen kennt. Alternativ kann die Satzung der ausländischen Genossenschaft einen Anspruch der Mitglieder auf die Gewährung genossenschaftlicher Rückvergütungen enthalten oder zumindest aus den Handlungen der Organe der ausländischen Genossenschaft hervorgehen, dass es sich bei der Auskehrung von Beträgen um die Verteilung von Überschüssen aus dem Mitgliedergeschäft und nicht um eine gewöhnliche Gewinnausschüttung handelt.

OECD-MA. Genossenschaftliche Rückvergütungen sind aus „sonstigen Gesellschaftsanteilen stammende Einkünfte" iSd Art 10 III OECD-MA. Sie sind damit als Dividenden iSd OECD-MA zu qualifizieren, wenn sie nach dem Recht des Staates, in dem die ausschüttende Genossenschaft ansässig ist, den Einkünften aus Aktien steuerlich gleichgestellt sind.[1] In diesem Fall folgt das Besteuerungsrecht des Ansässigkeitsstaats des Mitglieds aus Art 10 I OECD-MA und das der Höhe nach begrenzte Besteuerungsrecht des Quellenstaates aus Art 10 II S 1 OECD-MA.[2] Sind genossenschaftliche Rückvergütungen hingegen nach dem Recht des Staates, in dem die ausländische Genossenschaft ansässig ist, nicht den Einkünften aus Aktien steuerlich gleichgestellt (wie zB in Deutschland), kommen entweder Art 7, 13 oder 21 OECD-MA zum Tragen.[3]

47

Verfassungsrecht. In seinem Urteil v 10.12.1975[4] bestätigte der BFH die Verfassungsmäßigkeit des § 23 Nr 2 KStG 1954 iVm § 35 KStDV 1968. Trotz damaliger im Schrifttum geäußerter Bedenken hinsichtlich der Behandlung von Erwerbs- und Wirtschaftsgenossenschaften im Ertragsteuerrecht, kam der BFH zu dem Ergebnis, dass der Gesetzgeber nicht willkürlich vorgegangen sei. Es sei zu berücksichtigen, dass die Genossenschaften wirtschaftlich gesehen eine Hilfsfunktion für die gewerbliche Betätigung ihrer Mitglieder ausübten und sich ihrer Struktur und ihrem Wesen nach wesentlich von Kapitalgesellschaften unterschieden. Einen Verstoß gegen den Gleichheitsgrundsatz, gegen den Grundsatz der Freiheit der Berufswahl und gegen das Sozialstaatsprinzip vermochte der erkennende Senat in der in § 23 Nr 2 KStG getroffenen Regelung daher nicht zu erblicken. Da die früheren Regelungen des § 23 KStG 1954 iVm § 35 KStDV 1968 in einer nur redaktionell überarbeiteten Fassung in § 22 übernommen wurden, kann auf Basis des vorgenannten Urteils von der Verfassungsmäßigkeit des heutigen § 22 ausgegangen werden.[5]

48

Art 107 AEUV. Nach Art 107 I AEUV sind staatliche oder aus staatlichen Mitteln gewährte Beihilfen gleich welcher Art, die durch die Begünstigung bestimmter Unternehmen oder Produktionszweige den Wettbewerb verfälschen oder zu verfälschen drohen, mit dem Binnenmarkt unvereinbar, soweit sie den Handel zwischen Mitgliedstaaten beeinträchtigen. Die Gewährung der steuerlichen Abzugsfähigkeit genossenschaftlicher Rückvergütungen als Betriebsausgabe ist keine unzulässige Beihilfe iSv Art 107 AEUV, da sie keine Begünstigung „bestimmter Unternehmen oder Produktionszweige" darstellt. Denn dazu müssten entsprechend dem Prinzip der Selektivität gewisse Unternehmen gegenüber anderen, die sich in einer vergleichbaren tatsächlichen und rechtlichen Situation befinden, begünstigt werden.[6] Zwar sind Genossenschaften den Kapitalgesellschaften in vielerlei Hinsicht ähnlich. Die tatsächliche und rechtliche

49

---

1 So zB in Österreich, vgl *Lang/Stefaner* in D/W Art 10 DBA Österreich Rn 67.
2 *Tischbirek* in Vogel/Lehner Art 10 DBA Rn 208.
3 *Debatin* in D/W Art 10 OECD-MA Rn 119.
4 BFH I R 192/73 BStBl II 1976, 351.
5 *Stark* in Mössner/Seeger § 22 Rn 5.
6 EuGH Rs C-487/06, *British Agregates/Kommission*, Slg 2008, I-10505.

Situation von Genossenschaften ist aufgrund besonderer Merkmale (Vorrang der Person gegenüber Kapital nach dem Förderprinzip, Geschäftsführung nicht zum Nutzen von externen Investoren, Funktionsweise, begrenzter Zugang zu Kapitalmärkten) aber nicht mit derjenigen von Kapitalgesellschaften vergleichbar. Die Gewährung des Betriebsausgabenabzugs für genossenschaftliche Rückvergütungen gleicht lediglich die Nachteile der genossenschaftsspezifischen Besonderheiten gegenüber anderen Kapitalgesellschaften aus, um den Grund- und Leitprinzipien des deutschen Steuersystems Rechnung zu tragen. Eine zusätzliche Begünstigung von Genossenschaften erfolgt dadurch nicht.[1]

50-51 *Einstweilen frei.*

52 **IV. Rückvergütungen. 1. Begriff. Keine gesetzliche Definition, sondern Gewohnheitsrecht.** Der Begriff der genossenschaftlichen Rückvergütung ist gesetzlich nicht definiert; im GenG war und ist er bis heute nicht einmal erwähnt.[2] Der Gesetzgeber hat damit die Konkretisierung dieses unbestimmten Rechtsbegriffs der Rechtsprechung und Literatur überlassen. Die genossenschaftliche Rückvergütung ist die der Genossenschaft eigentümliche und nur bei dieser anzutreffende Form der Überschussverteilung.[3] Der Begriff der Rückvergütung ist aus der Lehre und Praxis des Genossenschaftswesens entsprechend den besonderen Bedürfnissen der genossenschaftlichen Rechtsform entwickelt und gewohnheitsrechtlich[4] anerkannt worden.[5]

53 **Allgemeines Verständnis.** Genossenschaftliche Rückvergütungen lassen sich als zurückgewährte und vom Umsatz abhängige Entgelte bezeichnen, welche die Mitglieder aufgrund ihrer doppelten Eigenschaft als Kunden und Mitglieder zuvor an die Genossenschaft geleistet haben.

54 **Beispiele.** Als Beispiel sind Einkaufsgenossenschaften zu nennen. Diese kaufen Waren in größeren Mengen und damit zu günstigen Preisen ein und verkaufen sie anschließend an ihre Mitglieder zu einem vorsichtig kalkulierten Preis weiter. Stellt sich am Ende des Geschäftsjahres heraus, dass die Einkaufsgenossenschaft aus den Geschäften mit den Mitgliedern einen Überschuss erzielt hat, kann sie diesen Überschuss ihren Mitgliedern als genossenschaftliche Rückvergütung zuwenden, wodurch sie den Erwerb oder die Wirtschaft ihrer Mitglieder fördert. Weitere Formen von Genossenschaften sind:

- Absatzgenossenschaften,
- Produktionsgenossenschaften,
- Dienstleistungsgenossenschaften,
- Kreditgenossenschaften (Genossenschaftsbanken).

---

1 Die Argumentation entspricht der des EuGH zur Fragestellung, ob und ggf unter welchen Voraussetzungen es sich bei Steuerbefreiungen italienischer Produktions- und Arbeitsgenossenschaften um eine mit dem europäischen Binnenmarkt unvereinbare staatliche Beihilfe iSd Art 87 I EG (nunmehr Art 107 I AEUV) handelt, EuGH Rs C-78/08-C-80/08, EuZW 2011, 878.
2 Art 66 SCE-Verordnung (Verordnung EG Nr 1435/2003, ABl EU 2003 Nr L 207/21) lässt die Regelung von Rückvergütungen in der Satzung einer SCE zwar zu, gibt aber keinen weiteren Aufschluss über Art und Umfang des Begriffs selbst.
3 Paulick, FR 1963, 227.
4 BFH III 22/60, HFR 1965, 450.
5 BFH III 293/59 U, BStBl III 1964, 614.

IV. Rückvergütungen

Aufgabe Förderung der Mitglieder als Anspruchsgrundlage. Die genossenschaftliche Rückvergütung folgt aus der der Genossenschaft gesetzlich obliegenden Aufgabe, den Erwerb oder die Wirtschaft ihrer Mitglieder durch gemeinschaftlichen Geschäftsbetrieb zu fördern (§ 1 GenG). Auf diese Förderung haben die Mitglieder der Genossenschaft einen Rechtsanspruch, zu dessen vorzüglichen Erscheinungsformen der Anspruch auf Gewährung von Rückvergütungen gehört.[1]   55

Kostendeckungsprinzip. Genossenschaften kommt aufgrund des gesetzlich verankerten Förderprinzips primär die Funktion eines Hilfsbetriebs für die Betriebe (betrieblicher Bereich) und Wirtschaften (privater Bereich) ihrer Mitglieder zu.[2] Ihr Geschäftsbetrieb soll nicht primär auf die Erzielung von Gewinnen, sondern auf die Verschaffung von Ersparnissen für die Mitglieder, die in einem Leistungsaustausch mit der Genossenschaft stehen, ausgerichtet werden.[3] Die Gewinnerzielung soll für Genossenschaften nur insofern von Bedeutung sein, als Gewinne für die Durchführung des Geschäftsbetriebs erforderlich sind (Kostendeckungsprinzip[4]). Im Gegensatz zu Kapitalgesellschaften steht der iRd wirtschaftlichen Tätigkeit der Genossenschaft erzielte Überschuss damit grundsätzlich den Mitgliedern der Genossenschaft zu, weil die Genossenschaft ihre Leistungen den jeweiligen Mitgliedern zum günstigsten Preis anbieten soll.[5]   56

Zurückgewährte Entgelte. Ihrer gesetzlich obliegenden Förderaufgabe kann die Genossenschaft entweder dadurch Rechnung tragen, dass sie ihren Mitgliedern im Fördergeschäftsverkehr von vornherein günstige Konditionen bietet oder zur Vermeidung von Verlusten auf Basis einer vorsichtigen kaufmännischen Kalkulation zunächst höhere Preise nimmt und am Jahresschluss einen Teil der zu hoch kalkulierten Preise an die Mitglieder zurückvergütet.[6] Folglich handelt es sich bei den genossenschaftlichen Rückvergütungen rechtlich und wirtschaftlich um die Rückgewähr eines Teils der mit Zustimmung der Mitglieder zunächst zu hoch kalkulierten Preise im Mitgliedergeschäft, also nicht um die Verteilung von Gewinn iSd § 19 GenG,[7] sondern um zurückgewährte Entgelte an die Mitglieder in ihrer doppelten Eigenschaft als Kunden und Träger des genossenschaftlichen Unternehmens.[8] Die Mitglieder erhalten damit im Wege der genossenschaftlichen Rückvergütung nur das zurückgezahlt, was sie unter Zugrundelegung einer Ex-post-Kalkulation im Vorhinein zu viel bezahlt haben.[9]   57 §22

---

1   BGH I b ZR 50/62, NJW 1964, 352.
2   BFH I 275/62, BStBl III 1966, 321; *Lohmar* in H/H/R § 22 Rn 11.
3   BFH I D 2/52 S BStBl III 1954, 38; BFH I 275/62, BStBl III 1966, 321.
4   BFH I R 208/85, BStBl II 1990, 88.
5   *Strieder* in Beck'sches Handbuch der Genossenschaft § 7 Rn 21.
6   RFH III A 36/29, RStBl 1930, 294 (zu Konsumgenossenschaften). Im Vergleich zu Rückvergütungen wird die Verteilung der aus Mitgliedergeschäften resultierenden Überschüsse der Genossenschaft im Wege der Verzinsung der Geschäftsguthaben (§§ 21, 21a GenG) oder der Auszahlung einer Geschäftsguthabendividende (§ 19 I GenG) dem Förderzweck der Genossenschaft weniger gerecht, vgl *Beuthin*, DStR 2007, 1847.
7   *Krämer* in D/J/P/W § 22 Rn 12; *Frotscher* in Frotscher/Maas § 22 Rn 1; *Lohmar* in H/H/R § 22 Rn 11; *Stark* in Mössner/Seeger § 22 Rn 11; *Boochs* in Lademann § 22 Rn 7; *Roser* in Gosch § 22 Rn 7.
8   BFH I D 2/52 S, BStBl III 1954, 38.
9   *Herzig*, BB 1990, 603 mwN.

58-59	*Einstweilen frei.*
60	**2. Abgrenzung zur (verdeckten) Gewinnausschüttung. Keine Gewinnverwendung iSd § 19 GenG.** Nach herrschender Auffassung werden genossenschaftliche Rückvergütungen zivilrechtlich nicht als Gewinnverwendung iSd § 19 GenG angesehen.[1]
61	**Verdeckte Gewinnausschüttung.** Nach Ansicht des BFH sind genossenschaftliche Rückvergütungen auch ertragsteuerlich auf der ersten Stufe der Gewinnermittlung (Steuerbilanzergebnis) mangels außerbetrieblicher Sphäre einer Genossenschaft Betriebsausgaben.[2] Sind genossenschaftliche Rückvergütungen jedoch durch das Mitgliedschaftsverhältnis (2. Stufe der Gewinnermittlung) veranlasst und können sie zu einem Kapitalertrag des Mitglieds führen, so seien sie aber dem Grunde nach als vGA gem § 8 III S 2 anzusehen.[3] Dh trotz § 22 kann auf eine Angemessenheitsprüfung der Zahlungen der Genossenschaft aufgrund von Rückvergütungen an ihre Mitglieder vor dem Hintergrund des Rechtsinstituts der vGA nicht verzichtet werden.[4]
62	**Rückvergütung, die keine vGA darstellt.** Soweit eine genossenschaftliche Rückvergütung mangels Erfüllung der tatbestandlichen Voraussetzungen nicht als eine vGA iSd § 8 III S 2 anzusehen ist, hat § 22 nur klarstellende Bedeutung.
63	**Rückvergütung iSd § 22, die eine vGA darstellt.** Soweit eine (genossenschaftliche) Rückvergütung dem Grunde nach als eine vGA zu beurteilen ist, ist sie grundsätzlich auf der 2. Stufe der Gewinnermittlung dem Gewinn der Genossenschaft außerhalb der Steuerbilanz hinzuzurechnen. Liegen gleichzeitig die Tatbestandsvoraussetzungen des § 22 vor, geht die Vorschrift („als Betriebsausgaben abziehbar") dem § 8 III S 2 (außerbilanzielle Hinzurechnung) nach Ansicht des BFH vor.[5]
64	**Bestimmung des Bestehens einer vGA.** § 8 III S 2 findet auch auf Genossenschaften Anwendung. Bei der Prüfung, ob genossenschaftliche Rückvergütungen eine vGA begründen, ist unter anderem zu beurteilen, ob die durch die Rückvergütung eintretende Vermögensminderung durch das Mitgliedschaftsverhältnis veranlasst ist. Dabei ist auf das Handeln eines ordentlichen und gewissenhaften Vorstands der Genossenschaft abzustellen (§ 34 I S 1 GenG). Dieser muss dem Zweck der Genossenschaft entsprechend handeln, also den Erwerb (unternehmerischer Bereich) oder die Wirtschaft (privater Bereich) der Mitglieder fördern (§ 1 GenG). Vor diesem Hintergrund hat der BFH eine vGA zutreffend verneint, wenn eine Wirtschaftsgenossenschaft zur Förderung des Kleingarten- und Heimstättenbaus durch die Mitglieder die Höhe der von allen Mitgliedern zu erhebenden Leistungsentgelte nach dem Kostendeckungsprinzip (vgl dazu Rn 56) ermittelt.[6] Vorstehendes stellt eine Besonderheit bei Genossenschaften dar, die bei Kapitalgesellschaften nicht anzutreffen ist. Denn bei letzteren sind Vermögensminderungen bzw verhinderte

---

1 *Krämer* in D/J/P/W § 22 Rn 12; *Strieder* in Beck'sches Handbuch der Genossenschaft § 7 Rn 23; *Pöhlmann* in Pöhlmann/Fandrich/Bloehs § 19 GenG Rn 16; so bereits schon BFH III 293/59 U, BStBl III 1964, 614.
2 BFH I R 37/06, BFH/NV 2007, 1599.
3 *Herlinghaus*, DStZ 2003, 865 mwN aus der Rechtsprechung.
4 BFH I R 262/83, BStBl II 1988, 593.
5 BFH I R 37/06, BFH/NV 2007, 1599; BFH I R 78/92, BStBl II 1994, 479.
6 BFH I R 208/85, BStBl II 1990, 88 (Nutzungsüberlassung eines Kleingartengrundstücks an Genossenschaftsmitglieder und andere Interessenten).

IV. Rückvergütungen

Vermögensmehrungen gesellschaftsrechtlich veranlasst, wenn die Geschäftsleiter die schuldrechtlichen Beziehungen zu den Gesellschaftern derart ausgestalten, dass lediglich die Kosten der Kapitalgesellschaft gedeckt werden. Dies liegt darin begründet, dass eine Kapitalgesellschaft auf Gewinnmaximierung angelegt ist, während die Genossenschaft nach § 1 GenG ihre Mitglieder fördern soll.

Arbeitnehmerproduktionsgenossenschaften. Abweichend davon vertritt der BFH in seiner Entscheidung v 24.7.2007 zu „Rückvergütungen" einer Arbeitnehmerproduktionsgenossenschaft die Ansicht, dass die streitgegenständlichen Zahlungen an die Arbeitnehmer und Mitglieder der Genossenschaft durch das Mitgliedschaftsverhältnis veranlasst seien, wenn nur die Mitglieder, nicht aber die nicht mitgliedschaftlich verbundenen Arbeitnehmer der Genossenschaft Zahlungen aufgrund einer Rückvergütung beanspruchen können. Die darin liegende Mitveranlassung durch das Genossenschaftsverhältnis reiche für die Annahme eines „schädlichen" Veranlassungszusammenhangs und damit einer vGA iSd § 8 III S 2 aus.[1] Nach dieser Entscheidung könnte der BFH künftig alle genossenschaftlichen Rückvergütungen als vGA qualifizieren, wenn die Genossenschaft neben Mitgliedergeschäften auch Geschäfte mit Nichtmitgliedern abschließt und die Leistungsentgelte bei Nichtmitgliedergeschäften für die Genossenschaft aufgrund fehlender Rückvergütungen ungünstiger sind (selbst wenn der ordentlich und gewissenhaft handelnde Vorstand der Genossenschaft die Leistungsentgelte im Mitgliedergeschäft nach dem Kostendeckungsprinzip ermittelt).

65

Kritik an der Rechtsprechung zu Arbeitnehmergenossenschaften. Die vorgenannte Sichtweise des BFH ist abzulehnen. Sie widerspricht der bisher gängigen Definition der vGA des BFH bezüglich des Kriteriums der gesellschaftsrechtlich veranlassten Vermögensminderung, läuft auf eine von § 1 GenG gerade nicht bezweckte Gleichbehandlung von Mitgliedern und Nichtmitgliedern hinaus und zwingt die Genossenschaften zu einer in der Praxis aufwendigen und damit nicht praktikablen Angemessenheitskontrolle. Genossenschaftliche Rückvergütungen, die das Kostendeckungsprinzip im Bereich der Mitgliedergeschäfte berücksichtigen, sind keine vGA iSd § 8 III S 2 und folglich als Betriebsausgabe abzugsfähig.

66

§ 22

Mitglieder als Empfänger der Rückvergütungen. Die Mitgliedschaft entscheidet über den Kreis der Empfänger der Zuwendung und wird für die Annahme einer Rückvergütung vorausgesetzt.[2] Deshalb sind Rückvergütungen an Nichtmitglieder schon begrifflich keine genossenschaftlichen Rückvergütungen, sondern gewöhnliche abzugsfähige Betriebsausgaben.

67

Bestimmung der Höhe der Rückvergütung aufgrund schuldrechtlicher Beziehungen. Die Höhe der Rückvergütung bestimmt sich nicht nach der gesellschaftsrechtlichen Gewinnbeteiligung, und zwar weder nach dem Geschäftsanteil (§ 7 Nr 1 GenG) noch nach dem Geschäftsguthaben (§ 337 I HGB), sondern ausschließlich nach dem Umfang der schuldrechtlichen Beziehungen in Gestalt der Mitglieder-

68

---

1 BFH I R 37/06, BFH/NV 2007, 1599.
2 *Schulte* in Erle/Sauter §22 Rn 6.

geschäfte zwischen der Genossenschaft und ihren Mitgliedern. Genossenschaftliche Rückvergütungen müssen daher grundsätzlich als durch den genossenschaftlichen Betrieb veranlasst (§ 4 IV EStG) angesehen werden.[1]

69-70 *Einstweilen frei.*

71 **3. Abgrenzung zu Preisnachlässen. Beschluss nach Ablauf des WJ.** Der Unterschied zwischen dem Preisnachlass (Rabatte, Boni) und der genossenschaftlichen Rückvergütung besteht unter anderem darin, dass der Preisnachlass bereits vor oder bei Abschluss des Rechtsgeschäfts vereinbart wird, während die genossenschaftliche Rückvergütung regelmäßig erst nach Ablauf des WJ beschlossen wird (R 70 II S 3 KStR 2004).

72 **Interesse der Mitglieder.** Ferner werden Preisnachlässe stets im Interesse des den Preisnachlass gewährenden Unternehmens (Anreize zur Abnahme bestimmter Mengen oder zur Verfestigung von Kundenbeziehungen) gewährt, während genossenschaftliche Rückvergütungen vor dem Hintergrund des genossenschaftlichen Fördergedankens allein im Interesse der Mitglieder gewährt werden.[2]

73 **Steuerliche Behandlung von Preisnachlässen.** Preisnachlässe sind gleichgültig, ob sie Mitgliedern oder Nichtmitgliedern gewährt werden abzugsfähige Betriebsausgaben (R 70 II S 2 KStR 2004). Der Grund ist darin zu sehen, dass Preisnachlässe aufgrund einer konkreten Leistungs- bzw Kundenbeziehung gewährt werden.

74 *Einstweilen frei.*

75 **4. Abgrenzung zu Nachzahlungen und Rückzahlungen. Gleichstellung mit Rückvergütungen.** Nachzahlungen und Rückzahlungen von Unkostenbeiträgen sind gem § 22 II S 2 wie genossenschaftliche Rückvergütungen zu behandeln. Auch für diese gelten somit die materiellen und formellen Anforderungen des § 22.

76 **Nachzahlungen.** Nachzahlungen liegen vor, wenn die Mitglieder Waren an die Genossenschaft liefern oder Leistungen an die Genossenschaft erbringen und der hierfür zwischen der Genossenschaft und dem Mitglied zunächst vereinbarte und dann von der Genossenschaft gezahlte Preis später zugunsten der Mitglieder erhöht wird. Der Betriebsausgabenabzug für Nachzahlungen ist aber nur dann den erhöhten Anforderungen des § 22 unterworfen, wenn die Nachzahlung der Verteilung des Überschusses iSd § 22 II S 4 dient.[3] Diese Nachzahlungen werden den Rückvergütungen gleichgestellt, da es keinen Unterschied machen kann, ob zunächst ein hoher Preis vereinbart wird und Rückvergütungen gewährt werden, oder ob zunächst ein niedriger Preis vereinbart wird und dieser nachträglich erhöht werden kann. Soweit durch die Nachzahlung indes ein angemessener Kaufpreis bzw ein angemessenes Leistungsentgelt erbracht werden soll, sind diese Nachzahlungen auch soweit sie an Mitglieder geleistet werden in vollem Umfang abzugsfähige Betriebsausgaben. Auf die Erfüllung der zusätzlichen Voraussetzungen des § 22 kommt es dann nicht an, da solche Nachzahlungen auch bei anderen Körperschaften idR als Betriebsausgaben abzugsfähig sind.

---

[1] Herzig, BB 1990, 603; Schulte in Erle/Sauter § 22 Rn 7; Lohmar in H/H/R § 22 Rn 10.
[2] BFH I R 192/73, BStBl II 1976, 351.
[3] BFH I 187/62 U, BStBl 1964, 463 (Milchgeldnachzahlungen); BFH I R 78/92, BStBl II 1994, 479.

Rückzahlung von Unkostenbeiträgen. Von einer Rückzahlung von Unkostenbeiträgen spricht man dann, wenn eine Genossenschaft ihren Mitgliedern etwas (zB eine Maschine) entgeltlich zur Nutzung überlassen und hierfür unterjährig (Un-)Kostenbeiträge erhalten hat, die sich bei der Jahresendabrechnung unter dem Gesichtspunkt des genossenschaftlichen Kostendeckungsprinzips als zu hoch erweisen und daher iRd Überschussverteilung an die Mitglieder zT zurückgewährt werden. Sie sind insbesondere bei Nutzungsgenossenschaften anzutreffen.[1] 77

Einstweilen frei. 78

V. Voraussetzungen für den Abzug als Betriebsausgabe. 1. Erwirtschaftung im Mitgliedergeschäft. a) Allgemeines. Voraussetzungen. Rückvergütungen sind nach § 22 I S 1 nur insoweit als Betriebsausgaben abziehbar, als die dafür verwendeten Beträge 79

- mit den Mitgliedern (vgl Rn 83 ff)
- im Mitgliedergeschäft (vgl Rn 95 ff sowie zu den Geschäftsarten Rn 89 ff)

erwirtschaftet worden sind.

Zielsetzung. Diese Voraussetzung soll sicherstellen, dass die von einer Genossenschaft erzielten Überschüsse aus Geschäften, die nicht der Förderung des Erwerbs oder der Wirtschaft ihrer Mitglieder dienen, als erwerbswirtschaftliche Unternehmensgewinne der Besteuerung auf Ebene der Genossenschaft unterworfen werden. 80

Auszahlung von Überschüssen aus Nichtmitgliedergeschäften. Zahlt eine Genossenschaft Überschüsse aus Nichtmitgliedergeschäften an ihre Mitglieder aus, ist dies regelmäßig als eine vGA iSd § 8 III S 2 zu beurteilen. 81

Einstweilen frei. 82

b) Mitgliedschaftsverhältnis. Begriff der Mitgliedschaft und des Mitglieds. Ein Mitgliedergeschäft setzt das Bestehen eines Mitgliedschaftsverhältnisses voraus. Wer Mitglied einer Genossenschaft ist, bestimmt sich nach dem GenG bzw nach dem maßgeblichen ausländischen Gesellschaftsrecht. 83

Rechtsträger als Mitglieder. Mitglied einer inländischen Genossenschaft kann jeder Rechtsträger werden, also ua natürliche Personen, Personenhandelsgesellschaften (OHG, KG), GbR, juristische Personen des privaten (zB AG, GmbH, eingetragene Genossenschaft, eV) oder öffentlichen Rechts (zB Gemeinden, Landkreise). 84

Erwerb der Mitgliedschaft durch Beitritt. Den Regelfall des Erwerbs der Mitgliedschaft bildet der Beitritt (vgl §§ 15, 15a GenG), wonach die Mitgliedschaft durch eine schriftliche, unbedingte Beitrittserklärung und die Zulassung des Beitritts durch die Genossenschaft erworben wird (zu den Sonderregelungen für sog investierende Mitglieder vgl § 8 II GenG). Für die Frage, ob ein Mitgliedergeschäft vorliegt, genügt es nach Auffassung der Finanzverwaltung aber bereits, wenn der Genossenschaft zur Zeit des Geschäftsabschlusses die Beitrittserklärung vorliegt (R 20 VI Nr 1 lit a KStR 2004). Außer durch Beitritt wird die Mitgliedschaft in einer Genossenschaft auch 85

---

[1] FG Hamburg II 332/54, EFG 1955, 110 (zur Behandlung der Rückzahlung von Unkostenbeiträgen einer Kreditgenossenschaft).

durch Erbfall (§ 77 GenG), Verschmelzung (§ 20 I Nr 3 S 1 UmwG), Auf- oder Abspaltung (§§ 131 I Nr 3 S 1, 135 UmwG) oder Formwechsel (§ 202 I Nr 2 S 1 UmwG) erworben.

86 **Unterjähriger Beitritt.** Tritt ein Mitglied im Laufe eines Geschäftsjahres einer Genossenschaft bei, lässt die Finanzverwaltung aus Vereinfachungsgründen den Abzug von Rückvergütungen auch für die Umsätze zu, die von Beginn des Geschäftsjahres an bis zum Beitritt getätigt worden sind (R 70 XI KStR 2004); insoweit werden Mitgliederumsätze fingiert.

87 **Ende der Mitgliedschaft.** Das Ende der Mitgliedschaft (zB infolge der Kündigung eines Mitglieds) bestimmt sich nach den §§ 65 ff GenG.

88 *Einstweilen frei.*

89 **c) Überblick über die Geschäftsarten**

Bei Genossenschaften können vier Arten von Geschäften vorkommen (vgl § 5 Rn 366 ff; R 20 VI KStR 2004):
- Zweckgeschäfte (vgl Rn 90),
- Gegengeschäfte (vgl Rn 91),
- Hilfsgeschäfte (vgl Rn 92),
- Nebengeschäfte (vgl Rn 93).

90 **Zweckgeschäfte.** Zweckgeschäfte sind alle Geschäfte, die der Erfüllung des satzungsmäßigen Gegenstandes der Genossenschaft dienen und die Förderung des Erwerbs oder der Wirtschaft der Mitglieder bezwecken (§ 1 GenG, R 20 VI Nr 1 KStR 2004). Sie sind mit Mitgliedern und Nichtmitgliedern gleichermaßen denkbar.[1] Für die Berechnung der höchstmöglichen Rückvergütung ist die Unterscheidung der verschiedenen Geschäftsarten wichtig, da nur Zweckgeschäfte mit Mitgliedern Mitgliedergeschäfte iSd § 22 darstellen.

91 **Gegengeschäfte.** Gegengeschäfte sind solche, die zur Durchführung der Zweckgeschäfte erforderlich sind[2] und werden von der Genossenschaft idR mit Nichtmitgliedern getätigt. Jedes Zweckgeschäft setzt ein Gegengeschäft voraus. So muss eine Einkaufsgenossenschaft zunächst Ware einkaufen (Gegengeschäft), um sie dem Gegenstand der Genossenschaft entsprechend an ihre Mitglieder oder Dritte veräußern zu können (Zweckgeschäft).

92 **Hilfsgeschäfte.** Hilfsgeschäfte sind Geschäfte, die zur Abwicklung der Zweckgeschäfte und Gegengeschäfte erforderlich sind[3] und die der Geschäftsbetrieb der Genossenschaft mit sich bringt (R 20 VI Nr 3 KStR 2004 mit mehreren Beispielen). Dazu gehört auch die Veräußerung von nicht mehr benötigtem Anlagevermögen, weil diese in einem ursächlichen Zusammenhang mit den Zweckgeschäften der Genossenschaft steht bzw veräußertes Anlagevermögen regelmäßig der Durch-

---

1 BFH I R 125/68, BStBl II 1970, 532.
2 BFH I R 262/83, BStBl II 1988, 592; vgl zu Bespielen auch R 20 VI Nr 2 KStR 2004.
3 BFH I R 262/83, BStBl II 1988, 592.

führung der Zweckgeschäfte gedient hat.[1] Der BFH sieht indes als Hilfsgeschäft nur ein solches Rechtsgeschäft an, dessen Erlös für zukünftige Zweckgeschäfte der Genossenschaft notwendig ist.[2] Diese Auffassung ist zu eng; denn es kann nur auf den ursächlichen Zusammenhang mit den Zweckgeschäften ankommen, nicht aber auf den Verwendungszweck des erzielten Erlöses. Da die mit dem Anlagevermögen in Zusammenhang stehenden Aufwendungen (zB in Form von Abschreibungen) den rückvergütungsfähigen Überschuss aus den Mitgliedergeschäften mindern, muss konsequenter Weise auch der Ertrag aus der Veräußerung dieser Anlagegüter den rückvergütungsfähigen Überschuss erhöhen.

Nebengeschäfte. Nebengeschäfte iSd § 22 I S 4 sind alle Geschäfte, die weder Zweck-, Gegen- noch Hilfsgeschäfte sind.

Einstweilen frei.

d) Begriff und Umfang des Mitgliedergeschäfts. Allgemeines. Der gesetzlich nicht definierte[3] Begriff des Mitgliedergeschäfts umfasst nach der Rechtsprechung des BFH nur die

- Zweckgeschäfte mit Mitgliedern (hierzu Rn 90),
- Gegengeschäfte (hierzu Rn 91),
- Hilfsgeschäfte[4] und damit solche Geschäfte, die sich aus dem Förderzweck gem § 1 GenG ergeben (hierzu Rn 92).

Zu den Mitgliedergeschäften gehören nicht die Nebengeschäfte (hierzu Rn 93), selbst wenn sie mit Mitgliedern abgeschlossen werden.[5]

Geschäfte mit Mitgliedern, die keine selbständigen Unternehmer sind. Nach der Entscheidung des BFH v 24.4.2007 zu Nachzahlungen einer Arbeitnehmerproduktionsgenossenschaft[6] umfasse der Begriff des Mitgliedergeschäfts nur solche Geschäfte, bei denen die Mitglieder der Genossenschaft als selbständige Unternehmer gegenübertreten. § 22 begünstigte nur Rückvergütungen, die auf einem unternehmerischen Leistungsverhältnis zwischen der Genossenschaft und ihren Mitgliedern beruhten. Entgelte einer Genossenschaft für eine nichtselbständige Tätigkeit ihrer Mitglieder seien von der Vorschrift nicht erfasst. Die gegen dieses Urteil eingelegte Verfassungsbeschwerde wurde nicht zur Entscheidung angenommen.[7]

Kritik an der Auslegung des Begriffs „Mitgliedergeschäft" durch den BFH. Dieser einschränkenden Auslegung des Begriffs „Mitgliedergeschäft" durch den BFH kann nicht zugestimmt werden, da sie auf Argumenten fußt, die nicht über-

---

1 *Lohmar* in H/H/R § 22 Rn 17.
2 BFH I R 192/73, BStBl II 1976, 351 (zur Veräußerung eines Lagergrundstücks vor Verschmelzung einer Genossenschaft).
3 BFH I R 37/06, BFH/NV 2007, 1599.
4 BFH I R 262/83, BStBl II 1988, 592.
5 *Krämer* in D/J/P/W § 22 Rn 33.
6 BFH I R 37/06, BFH/NV 2007, 1599 (zu Rückvergütungen einer Arbeitnehmerproduktionsgenossenschaft); ebenso *Herlinghaus*, DStZ 2003, 865; *Schlenker* in Blümich § 22 Rn 7; OFD Rostock v 29.5.1997, StEK KStG 1977.
7 BVerfG 1 BvR 2000/07, StEd 2008, 533.

zeugen.[1] § 22 umfasst nach seinem Wortlaut nicht nur Rückvergütungen von Erwerbsgenossenschaften an ihre Mitglieder, sondern auch solche von Wirtschaftsgenossenschaften. Letztere (zB Verbrauchergenossenschaften) sind im Gegensatz zu Erwerbsgenossenschaften bereits begrifflich auf die Förderung der privaten Haushaltsführung der Mitglieder ausgerichtet.[2] Wenn § 22 I S 2 bei der Ermittlung der höchstmöglichen Rückvergütungsbeiträge auf die Verhältnisse beim „Wareneinkauf" (Nr 1) und beim „Mitgliederumsatz" (Nr 2) Bezug nimmt, so richtet der klare Wortlaut des § 22 I S 2 sein Augenmerk allein auf die Genossenschaft, aber nicht – wie der BFH verkennt – auf die Mitglieder. Wareneinkäufe bei Mitgliedern und Mitgliederumsätze sind auch zwischen der Genossenschaft und ihren Mitgliedern in deren privaten Bereich anzutreffen (zB bei Konsumgenossenschaften). Dem Wortlaut und der Historie des § 22 kann nicht entnommen werden, dass ein Mitgliedergeschäft nur mit einem Mitglied möglich ist, dass der Genossenschaft gegenüber als selbständiger Unternehmer auftritt. Mitgliederumsatz bezeichnet nicht den Umsatz, den die Mitglieder in ihrer betrieblichen Eigenschaft mit der Genossenschaft tätigen, sondern die Summe der Umsätze, die die Genossenschaft iRv Zweckgeschäften mit ihren Mitgliedern generiert. Nach hier vertretener Ansicht kann folglich ein Mitgliedergeschäft auch dann vorliegen, wenn ein Mitglied in seinem privaten (nichtbetrieblichen) Bereich ein Zweckgeschäft mit seiner Genossenschaft abschließt (vgl auch Rn 155).

98 **Genossenschaft mit umfangreichem Nichtmitgliedergeschäft.** Nach Ansicht des BFH gehe der Charakter einer Genossenschaft und damit die Abzugsfähigkeit einer Rückvergütung verloren, wenn die Zahl der in den Geschäftsbetrieb einbezogenen Nichtmitglieder oder der Umfang der Zweckgeschäfte mit Nichtmitgliedern außer Verhältnis zur Zahl der Mitglieder oder dem Umfang der Zweckgeschäfte mit Mitgliedern steht.[3] Die Finanzverwaltung[4] und die hL[5] folgen dieser Auffassung des BFH zutreffend nicht, da eine Genossenschaft ihren Charakter als solche nicht verliert, solange sie in das Genossenschaftsregister eingetragen ist.

99 *Einstweilen frei.*

100 **2. Ermittlung des maximalen Abzugsvolumens. a) Schema.** § 22 I S 2-4 bestimmen das Verfahren, wie die im Mitgliedergeschäft erwirtschafteten Beträge zu ermitteln sind:

1. Zunächst ist der Überschuss iSd § 22 I S 4 als Bemessungsgrundlage zu ermitteln (vgl Rn 102).

---

1   Ebenso FG Brandenburg 2 K 1112/98 K, EFG 2001, 1395; *Schulte* in Erle/Sauter § 22 Rn 26; *Roser* in Gosch § 22 Rn 19; *Olbing* in Streck § 22 Rn 6; vgl auch der ehemalige Abschn 66 v S 1 KStR 1995, jedoch ohne vergleichbare Aussage in den KStR 2004.
2   *Fandrich* in Pöhlmann/Fandrich/Bloehs § 1 GenG Rn 10; *Helios* in Beck'sches Handbuch der Genossenschaft § 1 Rn 8.
3   BFH I R 135/68, BStBl II 1970, 532. Im Streitfall sah es der BFH jedoch als unschädlich an, dass 10 % der Umsätze mit Nichtmitgliedern getätigt wurden.
4   OFD Frankfurt am Main v 18.7.1984, StEK KStG 1977, § 22 Nr 3.
5   *Krämer* in D/J/P/W § 22 Rn 35; *Roser* in Gosch § 22 Rn 16; *Frotscher* in Frotscher/Maas § 22 Rn 4; *Stark* in Mössner/Seeger § 22 Rn 8.

V. Voraussetzungen für den Abzug als Betriebsausgabe

2. Ergibt sich ein positiver Überschuss, ist dieser anschließend nach Maßgabe der in § 22 I S 2 geregelten Verhältnisrechnungen auf das Mitgliedergeschäft und das Nichtmitgliedergeschäft aufzuteilen (vgl Rn 112).
3. Weiterhin ist gem § 22 I S 3 zu prüfen, ob die genossenschaftliche Rückvergütung höher ist, als der nach § 22 I S 2 ermittelte Gewinn aus dem Mitgliedergeschäft (Höchstbetrag vgl Rn 117).
4. Soweit die genossenschaftliche Rückvergütung diesen Höchstbetrag überschreitet, ist sie als vGA zu beurteilen.

Einstweilen frei. 101

b) Ermittlung des Überschusses iSd § 22 I S 4. Einkommen iSd § 8 I. Die Bemessungsgrundlage bei der Ermittlung der im Mitgliedergeschäft erwirtschafteten Beträge bildet der Überschuss iSd § 22 I S 4, also das um den Gewinn aus Nebengeschäften geminderte Einkommen vor Abzug der genossenschaftlichen Rückvergütungen und des Verlustabzugs gem § 10d EStG. Einkommen ist hierbei das eigene Einkommen der Genossenschaft iSd § 8 I. 102

Steuerfreie und nicht steuerbare Vermögensmehrungen sowie steuerlich nicht abzugsfähige Vermögensminderungen. Der Überschuss umfasst nicht steuerfreie sowie nicht steuerbare Vermögensmehrungen (zB Investitionszulagen) und die steuerlich nicht abzugsfähigen Vermögensminderungen (zB nach § 4 v EStG nicht abziehbare Betriebsausgaben). 103

Realisierte stille Reserven. Das Einkommen und damit auch der Überschuss umfasst auch realisierte stille Reserven (zB aus § 13).[1] 104

Organschaft. Positives oder negatives Einkommen, das der Genossenschaft von Organgesellschaften nach §§ 14, 17 zugerechnet wird, darf aus systematischen Gründen nicht in den Überschuss iSd § 22 I S 4 einfließen.[2] 105

Gewinne aus Nebengeschäften. Der Gewinn aus Nebengeschäften ist nach § 22 I S 4 bei der Ermittlung des Überschusses von dem eigenen Einkommen der Genossenschaft abzuziehen. Das ist sachgerecht, da die Nebengeschäfte nicht der Erfüllung des satzungsmäßigen Zwecks der Genossenschaft dienen, sondern auf eine erwerbswirtschaftliche Betätigung ausgerichtet sind, bei der allein die Gewinnerzielung im Vordergrund steht.[3] Kann der Gewinn aus Nebengeschäften buchmäßig nachgewiesen werden, ist dieser Betrag bei der Ermittlung des Überschusses abzuziehen (R 70 VII S 1 KStR 2004). Kann der Gewinn aus den Nebengeschäften nicht buchmäßig nachgewiesen werden, ist er gem § 162 AO zu schätzen, wobei die Finanzverwaltung den um die anteiligen Gemeinkosten geminderten Rohgewinn ansetzt (ausführlich hierzu R 70 VII S 2-6 KStR 2004). 106

---

1 OFD Hannover v 1.8.2000, StEK KStG 1977, § 13 KStG Nr 10.
2 Krämer in D/J/P/W § 22 Rn 40; vgl auch H 70 „Beispiel" KStH 2008. Korrespondierend sollten daher auch die durch § 15 eintretenden Folgen nicht berücksichtigt werden.
3 BFH I 226/55 U, BStBl III 1956, 367.

107 **Verluste aus Nebengeschäften.** Verluste aus einzelnen Nebengeschäften sind bei der Ermittlung des Gewinns aus Nebengeschäften abzuziehen (R 70 VII S 7 KStR 2004). Ergibt sich aus den Nebengeschäften insgesamt ein Verlust, ist dieser bei der Ermittlung des Überschusses iSd § 22 I S 4 hinzuzurechnen.[1]

108 **Bagatellregelung.** Nach der gesetzlich nicht vorgesehenen Bagatellregelung in R 70 XII KStR 2004 braucht der Gewinn aus Nebengeschäften nicht abgezogen werden, wenn der zugrunde liegende Umsatz weder 2 % des Gesamtumsatzes noch 5.200 EUR übersteigt.

109 **Gewinn aus Hilfsgeschäften.** Nach dem eindeutigen Wortlaut des § 22 I S 4 ist der Gewinn aus Hilfsgeschäften bei der Ermittlung des Überschusses nicht abzuziehen,[2] da die Hilfsgeschäfte im ursächlichen Zusammenhang mit den Zweckgeschäften der Genossenschaft stehen. Ohne auf diese Frage näher einzugehen, scheint der BFH dieser Auffassung unter Hinweis auf die Kommentarliteratur zu § 19 GenG nicht zu folgen.[3]

110 **Schema.** Der Überschuss wird nach folgendem Schema ermittelt:

Einkommen (§ 8 I KStG)
+ ./. zuzurechnendes Einkommen von Organgesellschaften
./. + Gewinn/Verlust aus Nebengeschäften (>2 % des Gesamtumsatzes/ 5.200 EUR pro Jahr)
+ gewinnmindernd berücksichtigte genossenschaftliche Rückvergütungen
+ Verlustabzug (§ 10d EStG)
= Überschuss iSd § 22 I S 4 (Bemessungsgrundlage)

111 *Einstweilen frei.*

112 **c) Aufteilung des Überschusses § 22 I S 2. Unterschiedliche Verhältnisrechnung.** Die nach § 22 I S 2 vorzunehmende Verhältnisrechnung zur Ermittlung des Gewinns aus dem Mitgliedergeschäft aus dem Überschuss iSd § 22 I S 4 ist bei Absatz- und Produktionsgenossenschaften einerseits und den übrigen Erwerbs- und Wirtschaftgenossenschaften andererseits in unterschiedlicher Weise vorzunehmen.

113 **Absatz- und Produktionsgenossenschaften.** Absatz- und Produktionsgenossenschaften unterstützen ihre Mitglieder bei dem Verkauf oder der Verarbeitung ihrer Waren. Während Absatzgenossenschaften von ihren Mitgliedern Waren zur Weiterveräußerung am Markt erwerben, erwerben Produktionsgenossenschaften von Ihren Mitgliedern Waren zur Verarbeitung und anschließenden Weiteräußerung am Markt. Da bei diesen zwei Genossenschaftsarten der Wareneinkauf das Zweckgeschäft darstellt, ist es konsequent, wenn der rückvergütungsfähige Überschuss iSd § 22 I S 4 im Verhältnis des Wareneinkaufs bei Mitgliedern zum gesamten Wareneinkauf aufgeteilt wird (§ 22 I S 2 Nr 1, vgl auch H 70 KStH 2008 „Beispiel zu Absatz- und Produktionsgenossenschaften"). Zum gesamten Wareneinkauf gehören die Einkäufe bei Mit-

---

1 *Stark* in Mössner/Seeger § 22 Rn 69 mwN; aA *Olbing* in Streck § 22 Rn 7.
2 Ebenso *Krämer* in D/J/P/W § 22 Rn 39; *Roser* in Gosch § 22 Rn 24; *Schlenker* in Blümich § 22 Rn 18, 19, 22; *Lohmar* in H/H/R § 22 Rn 17; aA *Schulte* in Erle/Sauter § 22 Rn 43 f.
3 BFH I R 84/95, BStBl II 1997, 38; ebenso *Schulte* in Erle/Sauter § 22 Rn 44.

V. Voraussetzungen für den Abzug als Betriebsausgabe

gliedern (Mitgliederzweckgeschäfte) und Nichtmitgliedern (Nichtmitgliederzweckgeschäfte), nicht jedoch die Einkäufe iRv Hilfs-, Gegen- oder Nebengeschäften (R 70 VIII KStR 2004).[1] Wird Mitgliedern, die der Genossenschaft im Laufe des Geschäftsjahres beigetreten sind, eine genossenschaftliche Rückvergütung auch auf die Umsätze (Einkäufe) gewährt, die mit ihnen vom Beginn des Geschäftsjahres an bis zum Eintritt getätigt worden sind, so sieht die Finanzverwaltung auch diese Umsätze (Einkäufe) aus Gründen der Vereinfachung als Mitgliederumsätze (-einkäufe) an (R 70 XI KStR 2004).

Übrige Erwerbs- und Wirtschaftsgenossenschaften. Bei den übrigen Genossen-schaften ist der sich aus § 22 I S 4 ergebende Überschuss gem § 22 I S 2 Nr 2 im Verhältnis des Mitgliederumsatzes zum Gesamtumsatz der Genossenschaft aufzuteilen. Gesamtumsatz idS ist die Summe der Umsätze aus den Zweckgeschäften mit den Mitgliedern und Nichtmitgliedern; Umsätze aus Neben- und Hilfsgeschäften bleiben außer Ansatz (R 70 IX KStR 2004).

Bezugs- und Absatzgenossenschaften. Bei Bezugs- und Absatzgenossenschaften ist der Überschuss im Verhältnis der Summe aus dem Umsatz mit Mitgliedern im Bezugsgeschäft und dem Wareneinkauf bei Mitgliedern im Absatzgeschäft zur Summe aus dem Gesamtumsatz im Bezugsgeschäft und dem gesamten Wareneinkauf im Absatzgeschäft aufzuteilen (R 70 X KStR 2004). Bezugs- und Absatzgenossenschaften kommen ua in der Land- und Forstwirtschaft vor. Solche Genossenschaften stellen eine Mischung aus einer Einkaufs- und Absatzgenossenschaft dar.

Einstweilen frei.

d) Obergrenze für den Abzug nach § 22 I S 3. Begrenzung der abzugsfähigen Betriebsausgaben. Nur der anteilig im Mitgliedergeschäft erwirtschaftete Überschuss kann nach der Konzeption des § 22 für die genossenschaftliche Rückvergütung verwendet werden. § 22 I S 3 regelt dazu, dass der Gewinn aus dem Mitgliedergeschäft, der sich nach der Verhältnisrechnung des § 22 I S 2 ergibt, die obere Grenze für den Abzug der genossenschaftlichen Rückvergütung als Betriebsausgabe bildet.

Gewinn aus Mitgliedergeschäft höher als Handelsbilanzgewinn. Der Überschuss bzw Gewinn aus dem Mitgliedergeschäft kann höher sein als der Handelsbilanzgewinn, zB infolge der Verlustübernahme im Falle einer Organschaft.

Einstweilen frei.

3. Sonstige Voraussetzungen gem § 22 II. Bedeutung. § 22 II S 1 stellt zusätzliche formelle Voraussetzungen für den Abzug genossenschaftlicher Rückvergütungen als Betriebsausgaben auf, wie:

- die Bezahlung der Rückvergütung (vgl Rn 121),
- die Bemessung der Rückvergütung nach der Höhe des Umsatzes zwischen den Mitgliedern (vgl Rn 128),
- das Beruhen des Anspruchs auf Satzungsbestimmung (vgl Rn 132),
- die Festlegung und Bekanntgabe der Beschlussfassung (vgl Rn 132).

---

[1] Krämer in D/J/P/W § 22 Rn 47 f. Bei Anwendung von R 70 XII S 1 KStR 2004 gehört indes auch der Wareneinkauf iRv Nebengeschäften zum „gesamten Wareneinkauf", da dieser nach R 70 XII S 3 KStR 2004 als Zweckgeschäft mit Nichtmitgliedern gilt.

Liegen diese Voraussetzungen nicht vor, kann eine genossenschaftliche Rückvergütung als eine steuerlich nicht abzugsfähige vGA zu beurteilen sein, was davon abhängt, ob die Voraussetzungen hierfür im jeweiligen Einzelfall vorliegen.

121 **a) Bezahlung (§ 22 II S 1 Hs 1). Ab- und Zufluss gem § 11 EStG.** Nach § 22 II S 1 muss eine genossenschaftliche Rückvergütung „bezahlt" sein. Dieses Kriterium ist erfüllt, wenn der Betrag der Rückvergütung aus dem Vermögen der Genossenschaft abgeflossen und dem Vermögen der Mitglieder zugeflossen ist (H 70 KStH 2008 „Abfluss der Rückvergütung").[1] Hierzu können die zu § 11 EStG entwickelten Grundsätze herangezogen werden.[2]

122 **Barauszahlung und Gutschrift.** Bezahlung ist stets bei der Barauszahlung an die Mitglieder gegeben. Bezahlt ist eine Rückvergütung auch im Falle einer Gutschrift, wenn das Mitglied über den gutgeschriebenen Betrag jederzeit nach eigenem Ermessen frei verfügen kann; bei Gutschriften auf nicht voll eingezahlte Geschäftsanteile nur dann, wenn das Mitglied dadurch von einer sonst bestehenden Verpflichtung zur Einzahlung auf seine Geschäftsanteile befreit wird (H 70 KStH 2008 „Gutschriften").[3]

123 **Aufrechnung.** Auch im Falle einer wirksamen Aufrechnung ist die Rückvergütung als „bezahlt" anzusehen (R 70 IV S 6 KStR 2004),[4] da die gegenseitigen Forderungen gem § 389 BGB erlöschen.

124 **Verzicht auf Rückvergütung.** Verzichtet ein Mitglied auf die ihm zustehende Rückvergütung (§ 397 BGB), so ist diese nach Ansicht des BFH nicht „bezahlt" iSd § 22 II S 1; das Gleiche gilt nach Ansicht des BFH auf Grundlage einer wirtschaftlichen Sichtweise, wenn die Rückvergütung der Genossenschaft in dem Beschluss über die Rückvergütung oder in einem engen Zusammenhang mit diesem von ihren Mitgliedern als verlorener Baukostenzuschuss wieder belassen wird.[5]

125 **Wandlung eines Rückvergütungsanspruchs in ein Darlehen.** Rückvergütungen können auch als „bezahlt" iSd § 22 II S 1 zu qualifizieren sein, wenn der bereits zivilrechtlich entstandene Anspruch auf die Rückvergütung in ein Darlehen des Mitglieds an die Genossenschaft umgewandelt wird.[6] Nach Auffassung des BFH setzt ein anzuerkennendes Darlehensverhältnis aber voraus, dass für jede für ein WJ ausgeschüttete Rückvergütung ein besonderer Darlehensvertrag abgeschlossen wird und das Mitglied die freie Entscheidungsmöglichkeit haben muss, ob es den Darlehensvertrag abschließen will (vgl auch H 70 KStH 2008 „Darlehen").[7]

126 **Zahlungsfrist.** Dem Begriff „bezahlt" wird auch eine zeitliche Komponente entnommen. Die Rückvergütung muss nach Auffassung der Finanzverwaltung grundsätzlich bis zum Ablauf von zwölf Monaten nach dem Ende des WJ gezahlt oder gutgeschrieben sein (R 70 IV S 2 KStR 2004). Diese Fristvorgabe ergibt sich aus dem

---

1   BFH I 275/62, BStBl III 1966, 321.
2   *Schulte* in Erle/Sauter § 22 Rn 50.
3   BFH I R 147/74, BStBl II 1977, 46.
4   BFH I 275/62, BStBl III 1966, 321.
5   BFH I 275/62, BStBl III 1966, 321.
6   BFH I 275/62, BStBl III 1966, 321.
7   BFH I 260/64, BStBl II 1968, 458.

BFH-Urteil vom 25.08.1953,[1] dass auf R 79 IV S 3 KStR 1950 abstellt. Danach war für die Rückvergütungen eine Zahlung bis zum Ablauf von neun Monaten nach dem Ende des WJ vorgegeben.[2] Diese starre Frist hatte der BFH in einem späteren Urteil allerdings nicht bestätigt, sondern stattdessen den Grundsatz aufgestellt, dass der Beschluss über eine Rückvergütung nicht ernsthaft gewollt sei, wenn er nicht „in einer angemessenen, nicht zu langen Frist auch verwirklicht wird".[3] IdR sollte eine Frist von zwölf Monaten als angemessen zu beurteilen sein. Liegen jedoch wirtschaftliche Gründe für eine spätere Bezahlung vor, ist eine Verlängerung der Frist möglich, da sich die Jahresfrist nicht aus § 22 II S 1 ableiten lässt.[4] Die Auffassung der Finanzverwaltung, nach der das Finanzamt die Frist von zwölf Monaten nach Anhörung des Prüfungsverbandes verlängern kann (R 70 IV S 3 KStR 2004), die Fristverlängerung also offenbar in das Ermessen des Finanzamts stellt, entbehrt einer Rechtsgrundlage.

Einstweilen frei. 127

b) Bemessung der Rückvergütung nach der Höhe des Umsatzes (§ 22 II S 1 Hs 1). 128
Gesetzliche Anforderungen. § 22 II S 1 verlangt für den Abzug der Rückvergütungen als Betriebsausgabe ferner, dass diese nach der Höhe des Umsatzes zwischen den Mitgliedern und der Genossenschaft bemessen werden.

Bemessung der Rückvergütungen nach anderen Kriterien. Daher sollten Rückvergütungen zB nicht nach Maßgabe der Höhe der Geschäftsguthaben oder nach sonstigen persönlichen Merkmalen, wie der Dauer der Mitgliedschaft, bemessen werden.[5] Geschieht dies dennoch, stellen Rückvergütungen eine vGA dar, da sie dann ausschließlich in der Mitgliedschaft begründet sind.[6] 129

Gleichbehandlungsgrundsatz. Nach Auffassung der Finanzverwaltung ergäbe sich aus § 22 II S 2 ferner ein striktes Gleichbehandlungsgebot, wonach die Rückvergütung allen Mitgliedern in gleichen Prozentsätzen des Umsatzes zu gewähren und eine Staffelung nach Waren- oder Umsatzgruppen grundsätzlich unzulässig sei (R 70 v KStR 2004). Hiervon seien nur Ausnahmen bei Konsumgenossenschaften mit Tabakwarenumsätzen[7] sowie bei organisatorisch verselbständigten Geschäftssparten zulässig. Aus dem Wortlaut des § 22 ergibt sich indes kein Verbot sachlich begründeter Differenzierungen, solange der Umsatz das für die Bemessung der Rückvergütung maßgebliche Kriterium bleibt.[8] 130

Einstweilen frei. 131

---

1 BFH I-38/53 U, BStBl III 1954, 36.
2 *Roser* in Gosch § 22 Rn 31.
3 BFH I 88/ 53 U, BStBl III 1954, 101.
4 Ebenso *Roser* in Gosch § 22 Rn 32.
5 *Krämer* in D/J/P/W § 22 Rn 51.
6 *Schulte* in Erle/Sauter § 22 Rn 54; *Krämer* in D/J/P/W § 22 Rn 51.
7 Nach § 26 TabakStG dürfen auf Tabakwaren weder Rabatte noch Rückvergütungen gewährt werden; zu dieser Regelung vgl auch BFH I 47/65, BStBl II 1969, 245.
8 *Schlenker* in Blümich § 22 Rn 24; *Schulte* in Erle/Sauter § 22 Rn 55 mit Hinweis auf BFH I R 192/73, BStBl II 1976, 351: „Maßgeblich für die Höhe der Warenrückvergütung ist die Inanspruchnahme der genossenschaftlichen Einrichtungen durch die Mitglieder im Laufe des Geschäftsjahres. Ihre Höhe richtet sich daher nach dem Gesamtergebnis der Genossenschaft sowie nach den Gesamtbezügen des einzelnen Genossen".

132 **c) Anspruch aufgrund Satzungsbestimmung oder Beschlussfassung (§ 22 II S 1 Hs 2). Anforderungen.** Nach § 22 II S 1 Hs 2 ist Voraussetzung für den Abzug der genossenschaftlichen Rückvergütung als Betriebsausgabe ferner, dass sie:

- auf einem in der Satzung der Genossenschaft eingeräumten Anspruch des Mitglieds beruht (§ 22 II S 1 Hs 2 Nr 1) oder
- durch Beschluss der Verwaltungsorgane der Genossenschaft festgelegt und der Beschluss den Mitgliedern bekannt gegeben worden ist (§ 22 II S 1 Hs 2 Nr 2) oder
- in der Generalversammlung beschlossen worden ist, die den Gewinn verteilt (§ 22 II S 1 Hs 2 Nr 3).

133 **Zivilrechtlicher Anspruch der Mitglieder auf Rückvergütung.** Damit macht § 22 II S 1 Hs 2 den Abzug der genossenschaftlichen Rückvergütung als Betriebsausgabe grundsätzlich von dem zivilrechtlichen Bestehen einer Verpflichtung der Genossenschaft zur Zahlung der genossenschaftlichen Rückvergütung bzw von der Entstehung eines Anspruchs des Mitglieds gegen die Genossenschaft auf Zahlung der genossenschaftlichen Rückvergütung abhängig.

134 **Zuständigkeit für die Festsetzung genossenschaftlicher Rückvergütungen.** Der Anspruch des Mitglieds auf die genossenschaftliche Rückvergütung besteht nicht schon kraft Mitgliedschaft. Sowohl die Festsetzung als auch die Auskehrung einer genossenschaftlichen Rückvergütung fallen als Geschäftsführungsmaßnahmen gem § 27 I S 1 GenG in die Zuständigkeit des Vorstands der Genossenschaft, sofern die Satzung nicht etwas anderes bestimmt.[1] Alternativ kann zB die Generalversammlung (§ 43 GenG) oder Vorstand und Aufsichtsrat gemeinsam in der Satzung als zuständig oder den Anspruch des Mitglieds auf Zahlung einer genossenschaftlichen Rückvergütung bereits ausdrücklich bestimmt werden (vgl Rn 136). Vorbehaltlich einer anderslautenden Satzungsregelung ist damit die Generalversammlung für die Festsetzung der genossenschaftlichen Rückvergütungen nicht zuständig. Etwas anderes ergibt sich auch nicht aus § 48 I S 2 GenG („Verwendung des Jahresüberschusses"), da die genossenschaftliche Rückvergütung keine Gewinnverteilung iSd § 19 I GenG darstellt, sondern dieser vorgelagert ist.

135 **Zivilrechtliche Entstehung der Verpflichtung zur Zahlung der Rückvergütung.** Die Verpflichtung der Genossenschaft zur Zahlung einer Rückvergütung an die Mitglieder entsteht rechtlich erst mit der Bekanntmachung des zuerkennenden Beschlusses des zuständigen Genossenschaftsorgans, kann aber auch von vornherein dem Grunde nach in der Satzung festgelegt werden.[2] Vorbehaltlich einer anderslautenden Zuständigkeitsregelung in der Satzung entsteht damit der Anspruch des Mitglieds gegen die Genossenschaft bzw die damit korrespondierende Verbindlichkeit der Genossenschaft gegenüber ihren Mitgliedern erst mit der Bekanntgabe eines wirksamen Beschlusses des Vorstands über die Festsetzung der Rückvergütung. Erst dann kann der Anspruch des Mitglieds gepfändet, abgetreten oder verpfändet werden.[3] Wird in dem Beschluss nichts zur Fälligkeit gesagt, gilt § 271 I BGB.

---

1 *Beuthien* in Beuthien § 19 GenG Rn 16; *Pöhlmann* in Pöhlmann/Fandrich/Bloes § 19 GenG Rn 16.
2 *Beuthien* in Beuthien § 19 GenG Rn 16.
3 *Pöhlmann* in Pöhlmann/Fandrich/Bloes § 19 GenG Rn 16.

V. Voraussetzungen für den Abzug als Betriebsausgabe

Satzungsmäßig bestimmte Rückvergütung (§ 22 I S 1 Hs 2 Nr 1). Bestimmt die Satzung, dass der Überschuss aus dem Mitgliedergeschäft oder ein bestimmter bzw bestimmbarer Teil hiervon an die Mitglieder auszukehren ist, kann der sonst hierfür zuständige Vorstand nicht in rechtlich wirksamer Weise etwas anderes bestimmen. In diesem Fall entsteht der Anspruch des Mitglieds gegen die Genossenschaft auf die Rückvergütung dem Grunde und der Höhe nach bereits mit Ablauf des Geschäftsjahres, für das der Überschuss aus dem Mitgliedergeschäft zu berechnen ist. Für § 22 I S 1 Hs 2 Nr 1 ist es nicht erforderlich, dass sich die Höhe des Rückvergütungsanspruchs im Einzelnen betragsmäßig bereits aus der Satzung ergibt; es ist vielmehr ausreichend, dass die Satzung einen bestimmbaren Anspruch einräumt, was auch dann der Fall ist, wenn den für die Ermittlung der Höhe der Rückvergütungen zuständigen Organen der Genossenschaft ein gewisser Beurteilungs- und Ermessensspielraum (zB Berücksichtigung der Liquiditätslage der Genossenschaft) eingeräumt wird.

136

Festlegung durch Beschluss der Verwaltungsorgane und Bekanntgabe (§ 22 I S 1 Hs 2 Nr 2). Verwaltungsorgan iSd § 22 I S 1 Hs 2 Nr 2 ist der Vorstand, der vorbehaltlich einer anderslautenden Satzungsbestimmung für die Festlegung und Durchführung der Rückvergütung zuständig ist. Daneben ist auch der Aufsichtsrat ein Verwaltungsorgan iSd Norm. Legt die Satzung fest, dass Vorstand und Aufsichtsrat über die Ausschüttung einer Rückvergütung beschließen, ist ein wirksamer Beschluss beider Gremien erforderlich. Der Beschluss kann den Mitgliedern in jeder geeigneten Weise bekanntgegeben werden (zB per Brief, Aushang, Tageszeitung, E-Mail, Internet-Seite), wobei diesbezüglich die Bestimmungen in der Satzung zur Form der Bekanntmachungen gem § 6 Nr 5 GenG einzuhalten sind.

137

Beschluss in der den Gewinn verteilenden Generalversammlung (§ 22 II S 1 Hs 2 Nr 3). Nach § 22 II S 1 Hs 2 Nr 3 kann die Rückvergütung auch in der Generalversammlung beschlossen werden, die den Gewinn verteilt (vgl § 48 I S 2 GenG). Vorbehaltlich einer anderslautenden Satzungsregelung ist nach wohl überwiegender, jedoch nach wie vor umstrittener Auffassung, nicht die Generalversammlung, sondern der Vorstand für die Festsetzung der genossenschaftlichen Rückvergütung zuständig. Etwas anderes ergibt sich auch nicht aus § 48 I S 2 GenG („Verwendung des Jahresüberschusses"), da die genossenschaftliche Rückvergütung keine Gewinnverteilung iSd § 19 I GenG darstellt, sondern vorgelagert bestimmt wird.[1] Daher kommt § 22 II S 1 Hs 2 Nr 3 dem Grunde nach nur dann zum Zuge, wenn die Satzung die Generalversammlung diesbezüglich für zuständig erklärt. Bei Genossenschaften mit mehr als 1500 Mitgliedern kann die Generalversammlung gem § 43a GenG aus Vertretern bestehen (Vertreterversammlung); in diesem Fall ist ein Beschluss der Vertreterversammlung ausreichend.[2] Nach Ansicht der Finanzverwaltung sei die Rückvergütung spätestens im Zeitpunkt der Feststellung des Jahresabschlusses durch die Generalversammlung dem Grunde nach zu beschließen (R 70 IV S 1 KStR 2004).

138

---

1   *Beuthien* in Beuthien § 19 GenG Rn 16; *Pöhlmann* in Pöhlmann/Fandrich/Bloes § 19 GenG Rn 16; BFH III 293/59 U, BStBl III 1964, 614; BFH III 22/60, HFR 1965, 450; aA noch BFH III 242/56 U, BStBl III 1957, 339.
2   Ebenso *Schulte* in Erle/Sauter § 22 Rn 60.

139 *Einstweilen frei.*

140 **VI. Bilanzielle Abbildung und steuerliche Rechtsfolgen. 1. Genossenschaft. a) Handelsbilanzielle Abbildung. Aufwand.** Genossenschaftliche Rückvergütungen stellen handelsrechtlich Aufwendungen dar, da sie durch den Betrieb der Genossenschaft und nicht gesellschaftsrechtlich veranlasst sind. Dies folgt daraus, dass sich ihre Höhe allein nach dem Umfang der Mitgliederumsätze und damit auf Grundlage der rein schuldrechtlichen Beziehungen zwischen der Genossenschaft und ihren Mitgliedern richtet. Sie mindern den Jahresüberschuss der Genossenschaft und damit auch den Gewinn iSd § 19 I GenG.

141 **Rückstellung für rechtlich bereits entstandene Verbindlichkeiten.** Die Genossenschaft muss in ihrer Handelsbilanz des Geschäftsjahres, für das die genossenschaftlichen Rückvergütungen gewährt werden, eine Rückstellung für ungewisse Verbindlichkeiten nach § 249 I S 1 Fall 1 HGB passivieren, wenn der Anspruch der Mitglieder auf die genossenschaftliche Rückvergütung zumindest dem Grunde nach bis zum Abschlussstichtag rechtlich entstanden ist.[1]

142 **Rückstellung für rechtlich noch nicht entstandene Verbindlichkeiten.** Nach der zutreffenden Rechtsprechung des BFH ist eine Rückstellung für ungewisse Verbindlichkeiten auch dann zu passivieren, wenn die Verbindlichkeit am Abschlussstichtag zwar bürgerlich-rechtlich noch nicht entstanden ist, aber eine hinreichende Wahrscheinlichkeit des künftigen bürgerlich-rechtlichen Entstehens der Verbindlichkeit zumindest dem Grunde nach besteht, die Verbindlichkeit vor dem Bilanzstichtag wirtschaftlich verursacht ist und der Schuldner ernsthaft mit seiner Inanspruchnahme rechnen muss.[2] Da sich die Höhe der genossenschaftlichen Rückvergütung nach dem Umfang der Mitgliederumsätze der Genossenschaft mit den Mitgliedern bestimmt (vgl Rn 128 ff), ist sie regelmäßig bereits in dem Geschäftsjahr, für das sie gewährt wird, auch wirtschaftlich verursacht. Daher ist auch für am Abschlussstichtag bürgerlich-rechtlich noch nicht entstandene Rückvergütungsansprüche der Mitglieder in der Handelsbilanz der Genossenschaft regelmäßig eine Rückstellung nach § 249 I S 1 Fall 1 HGB zu passivieren.[3] Nach Auffassung der Finanzverwaltung setzt dies voraus, dass die genossenschaftlichen Rückvergütungen spätestens bei Feststellung des Jahresabschlusses durch die Generalversammlung dem Grunde nach beschlossen werden (R 70 IV S 1 KStR 2004).

143 *Einstweilen frei.*

144 **b) Steuerliche Behandlung. Steuerbilanz.** Gem § 5 I S 1 EStG sind die für genossenschaftliche Rückvergütungen zulässiger Weise passivierten Rückstellungen auch in der Steuerbilanz anzusetzen, da sie nach den handelsrechtlichen Grundsätzen ordnungsmäßiger Buchführung auszuweisen sind. Es besteht ertragsteuerlich weder nach dem Gesetz noch nach der Rechtsprechung des BFH ein Wahlrecht, die Rückstellung anzusetzen, und zwar weder dem Grunde noch der Höhe nach. Die Ab-

---

[1] Roser in Gosch § 22 Rn 32.
[2] BFH I R 45/97, BStBl II 2003, 121.
[3] Im Ergebnis ebenso BFH I 152/59 U, BStBl III 1960, 523.

schaffung des Prinzips der umgekehrten Maßgeblichkeit (§ 5 I S 2 EStG aF) hat keinen Einfluss auf die Ansatzpflicht der Rückstellungen für genossenschaftlichen Rückvergütungen in der Steuerbilanz der Genossenschaft.[1]

Rechtsfolge. Genossenschaftliche Rückvergütungen, die keine vGA darstellen, sind ertragsteuerlich abzugsfähige Betriebsausgaben (§ 4 IV EStG) und mindern den steuerlichen Gewinn der Genossenschaft. Sie reduzieren damit die körperschaftsteuerliche und gewerbesteuerliche Bemessungsgrundlage. Da vorgenannte genossenschaftliche Rückvergütungen bei den Mitgliedern nicht zu den Kapitalerträgen iSd § 20 EStG gehören,[2] ist die Genossenschaft bei der Auszahlung der Rückvergütung nicht nach § 44 EStG verpflichtet, KESt abzuziehen und abzuführen. 145

Nachträgliche Rückvergütungen nach einer Außenprüfung. Wird der Gewinn einer Genossenschaft aufgrund einer Außenprüfung nachträglich erhöht, so kann die nachträgliche Ausschüttung des Mehrgewinns im Jahr der Entstehung des Mehrgewinns als steuerlich abzugsfähige genossenschaftliche Rückvergütung behandelt werden, soweit sich der ausgeschüttete Mehrgewinn in den Grenzen des § 22 hält (R 70 VI S 1 KStR 2004).[3] Allerdings setzt dies nach Ansicht der Finanzverwaltung unter anderem voraus, dass der Mehrgewinn in einer nach den Vorschriften des GenG geänderten Bilanz ausgewiesen wird, ein entsprechender Gewinnverteilungsbeschluss der Generalversammlung vorliegt und die nachträglich gewährten genossenschaftlichen Rückvergütungen grundsätzlich innerhalb von drei Monaten nach dem Zeitpunkt des Ausschüttungsbeschlusses bezahlt werden (vgl im Einzelnen R 70 VI S 1-6 KStR 2004). 146

Einstweilen frei. 147

2. Mitglied. a) Genossenschaftsanteile im Betriebsvermögen. Gehören die Genossenschaftsanteile zum Betriebsvermögen[4] eines in Deutschland steuerpflichtigen Mitglieds, zählt die genossenschaftliche Rückvergütung bei dem Mitglied zu den Einkünften aus Land- und Forstwirtschaft (§ 13 EStG), selbständiger Arbeit (§ 18 EStG) oder Gewerbebetrieb (§ 15 EStG). Genossenschaftliche Rückvergütungen, die als Betriebsausgaben den steuerlichen Gewinn auf Ebene der Genossenschaft gemindert haben, stellen Betriebseinnahmen der Mitglieder iRd vorgenannten Einkunftsarten dar, jedoch keine solchen iSd § 20 I Nr 1 EStG, da sich ihre Höhe nach dem Umfang der schuldrechtlichen Beziehungen zwischen Genossenschaft und Mitglied bestimmt.[5] Sie unterliegen daher bei gewerblichen Einkünften des Mitglieds der GewSt, es sei denn, der Genossenschaftsanteil ist nach nationalen Grundsätzen einer ausländischen Betriebsstätte (§ 12 AO) des Mitglieds zuzuordnen. § 9 Nr 2a GewStG findet auf genossenschaftliche Rückvergütungen iSd § 22 keine Anwendung, da es sich bei diesen nicht um „Gewinne aus Anteilen" iSd § 20 I Nr 1 EStG handelt. Das Gleiche 148

---

1 So aber *Strieder* in Beck'sches Handbuch der Genossenschaft § 7 Rn 20.
2 *Schulte* in Erle/Sauter § 22 Rn 67.
3 BFH I 38/53 U, BStBl III 1954, 36.
4 BFH IV R 14/07, BStBl II 2010, 227 (Genossenschaftsanteil an Elektrizitätswerk als gewillkürtes Betriebsvermögen eines land- und forstwirtschaftlichen Betriebs).
5 *Weber-Grellet* in Schmidt § 20 EStG Rn 54 f.

gilt für Auskehrungen ausländischer Genossenschaften, die mit genossenschaftlichen Rückvergütungen inländischer Genossenschaften vergleichbar sind, was im Einzelfall nach Maßgabe des Gesellschaftsrechts zu beurteilen ist, das am Verwaltungssitz der ausländischen Genossenschaft gilt. Im Gegensatz dazu stellen oGA und vGA sowie sonstige Bezüge inländischer Genossenschaften „Gewinne aus Anteilen" an Genossenschaften iSd § 9 Nr 2a GewStG dar und sind damit bei Erreichen der erforderlichen Beteiligungsquote (15% der Summe der Geschäftsguthaben) bei der Ermittlung des Gewerbeertrags zu kürzen bzw. nicht nach § 8 Nr 5 GewStG dem Gewinn aus Gewerbebetrieb hinzuzurechnen. Das Gleiche gilt in richtlinienkonformer Auslegung des § 9 Nr 7 S 1 Hs 2 GewStG für vorgenannte Bezüge von ausländischen Genossenschaften, die unter die MTRL fallen, soweit das inländische Mitglied zu Beginn des Erhebungszeitraums zu mindestens 10% am Nennkapital (Summe der ausländischen Geschäftsguthaben bzw Nominalkapital) der ausländischen Genossenschaft beteiligt ist.

149 **Zeitpunkt der Aktivierung des Anspruchs auf die Rückvergütung.** Voraussetzung für die Aktivierung des Anspruchs auf die genossenschaftliche Rückvergütung als Forderung in der Bilanz des Mitglieds ist, dass die Forderung zivilrechtlich am Abschlussstichtag entstanden ist (zum Zeitpunkt der Entstehung des Anspruchs vgl Rn 65 ff) oder dass wenigstens die für seine Entstehung wesentlichen wirtschaftlichen Ursachen im abgelaufenen Geschäftsjahr gesetzt worden sind und der Kaufmann mit der künftigen zivilrechtlichen Entstehung des Anspruchs fest rechnen kann.[1] Danach kommt es im Einzelfall darauf an, ob die Satzung der Genossenschaft dem Grunde nach einen Anspruch auf die Rückvergütung einräumt oder ob sie keine Bestimmung hierzu enthält und die Genossenschaft daher im Wesentlichen frei darüber entscheiden kann, ob und inwieweit sie den Überschuss aus dem Mitgliedergeschäft als Rückvergütung auskehrt.[2]

150 **Körperschaften.** Ist das Mitglied eine Körperschaft, bleibt die genossenschaftliche Rückvergütung auf Ebene dieser Körperschaft nicht nach § 8b I außer Ansatz,[3] weil die genossenschaftliche Rückvergütung nicht zu den in § 8b I S 1 genannten Bezügen zählt. § 8b I S 1 kommt vorbehaltlich einer Anwendung des § 8b I S 2 auf Ebene der Körperschaft nur zur Anwendung, soweit die „genossenschaftliche Rückvergütung" eine vGA darstellt.

151 *Einstweilen frei.*

152 **b) Genossenschaftsanteile im Privatvermögen. Einordnung in die Überschusseinkunftsarten der § 1 I Nr 4-7 EStG.** Hält das Mitglied die Genossenschaftsanteile im Privatvermögen, unterliegen die genossenschaftlichen Rückvergütungen auf Ebene des Mitglieds nur dann der ESt, wenn sie den Einkünften aus nichtselbständiger Arbeit, Kapitalvermögen, Vermietung und Verpachtung oder den sonstigen Einkünften zugeordnet werden können. Dies bedarf einer Untersuchung im jeweiligen Einzelfall.

---

1   BFH IV R 112/81, BStBl II 1984, 554.
2   *Stark* in Mössner/Seeger § 22 Rn 88.
3   *Schulte* in Erle/Sauter § 22 Rn 69.

Keine Besteuerung. Regelmäßig unterliegen genossenschaftliche Rückvergütungen nicht der ESt bei dem Mitglied, das die Geschäftsanteile im Privatvermögen hält. Insbesondere stellen genossenschaftliche Rückvergütungen iSd § 22 keine Einkünfte aus Kapitalvermögen gem § 20 I S 1 Nr 1 EStG dar, weil sie nicht als Gewinnanteile oder sonstige Bezüge zu qualifizieren sind.[1] 153

VGA. Gewährt die Genossenschaft indes Rückvergütungen nicht aufgrund der schuldrechtlichen Beziehungen mit dem Mitglied (Kundenbeziehung), sondern auf gesellschaftsrechtlicher Grundlage, liegen vGA vor. Diese unterliegen bei dem Mitglied der Besteuerung als Einkünfte aus Kapitalvermögen nach § 20 I S 1 Nr 1 S 2 EStG. 154

Auswirkungen der Rechtsprechung des BFH zu Arbeitnehmerproduktionsgenossenschaften. Die abzulehnende Sichtweise des BFH zu genossenschaftlichen Rückvergütungen von Arbeitnehmerproduktionsgenossenschaften bei Fehlen eines „unternehmerischen Leistungsverhältnisses" (vgl Rn 97) sollte zumindest nach der hier vertretenen Auffassung nicht so zu verstehen sein, dass das Mitglied und die Genossenschaft jeweils unternehmerisch tätig sein müssen; vielmehr sollte es genügen, wenn sich das Mitglied und die Genossenschaft als Anbieter und Kunde gegenübertreten. Es kann jedoch nicht ausgeschlossen werden, dass der BFH jedwede genossenschaftliche Rückvergütung an Mitglieder, die ihre Genossenschaftsanteile im Privatvermögen halten, als vGA ansieht, mit der Folge, dass die vom Mitglied empfangene genossenschaftliche Rückvergütung zu einkommensteuerpflichtigen Einkünften nach § 20 I S 1 Nr 1 S 2 EStG führt. 155

Einstweilen frei. 156

c) Ausländische Mitglieder. Im Ausland ansässige Mitglieder, deren Genossenschaftsanteile nach nationalen Grundsätzen nicht einer inländischen Betriebsstätte zugeordnet werden können, sind mit ihren von einer in Deutschland unbeschränkt steuerpflichtigen Genossenschaft empfangenen genossenschaftlichen Rückvergütungen iSd § 22 in Deutschland nicht beschränkt steuerpflichtig, da die genossenschaftliche Rückvergütung nicht zu den inländischen Einkünften nach § 49 I EStG gehört. Wird die genossenschaftliche Rückvergütung nach dem Steuerrecht des Ansässigkeitsstaates des ausländischen Mitglieds nicht besteuert (zB aufgrund einer nationalen Freistellung oder einer Freistellung nach einem DBA mit Deutschland), wird sie weder in Deutschland noch im Ausland besteuert. 157

Einstweilen frei. 158

---

[1] Schulte in Erle/Sauter § 22 Rn 67.

Dritter Teil: Tarif; Besteuerung bei ausländischen Einkunftsteilen

§ 23 Steuersatz

(1) Die Körperschaftsteuer beträgt 15 Prozent des zu versteuernden Einkommens.

(2) Wird die Einkommensteuer auf Grund der Ermächtigung des § 51 Abs. 3 des Einkommensteuergesetzes herabgesetzt oder erhöht, so ermäßigt oder erhöht sich die Körperschaftsteuer entsprechend.

KStR 71

Übersicht

	Rn
I. Regelungsgehalt der Norm	1 – 2
II. Rechtsentwicklung	3 – 10
1. Gespaltener KSt-Satz	3 – 4
2. Vollanrechnungsverfahren	5 – 6
3. Definitivsteuersatz	7 – 8
4. Zusammenfassung	9 – 10
III. Normzweck und Anwendungsbereich	11 – 35
1. Bedeutung der Norm	11 – 16
2. Anwendungsbereich	17 – 20
3. Verhältnis zu anderen Vorschriften	21 – 28
4. Besondere Steuersätze	29 – 35
IV. Steuersatz (§ 23 I)	36 – 40
V. Änderung des Körperschaftsteuertarifs aus wirtschaftspolitischen Gründen (§ 23 II)	41 – 48

1   **I. Regelungsgehalt der Norm.** § 23 I bestimmt den KSt-Regelsteuersatz. § 23 II enthält eine Ermächtigung zur Herabsetzung oder Erhöhung des KSt-Satzes aus konjunkturpolitischen Gründen.

2   *Einstweilen frei.*

3   **II. Rechtsentwicklung. 1. Gespaltener KSt-Satz.** Die Vorschrift über den KSt-Satz unterlag vielfachen und teilweise auch umfassenden Änderungen. Mit dem Gesetz zur Änderung steuerlicher Vorschriften und zur Sicherung der Haushaltsführung v 24.6.1953[1] wurde ein gespaltener Steuersatz eingeführt. Auf diese Weise sollte die wirtschaftliche Doppelbelastung iRv Ausschüttungen vermieden werden.[2] Der allgemeine KSt-Satz lag weiterhin bei 60 % und für berücksichtigungsfähige Ausschüttungen von Kapitalgesellschaften ermäßigte er sich auf 30 %. Für spezielle Kreditinstitute kam ebenfalls ein KSt-Satz von 30 % zur Anwendung.

---

1   BGBl I 1953, 413; BStBl I 1953, 192.
2   *Burwitz* in H/H/R § 23 Rn 3; *Schlenker* in Blümich § 23 Rn 13.

II. Rechtsentwicklung

Durch das Gesetz zur Neuordnung von Steuern v 16.12.1954[1] wurde der allgemeine KSt-Satz auf 45 % herabgesetzt. Der KSt-Satz für berücksichtigungsfähige Ausschüttungen von Kapitalgesellschaften wurde unverändert bei 30 % belassen, welcher jedoch unter Erhebung einer besonderen Steuer (Nachsteuer) iHv 15 % auf die Ausschüttung von Schachteldividenden ausgeweitet wurde. Der KSt-Satz für spezielle Kreditinstitute wurde ebenfalls entsprechend angepasst und auf 22,5 % reduziert.

Mit dem Gesetz zur Änderung steuerlicher Vorschriften auf dem Gebiet der Steuern vom Einkommen und Ertrag und des Verfahrensrechts v 18.7.1958[2] wurde der allgemeine KSt-Satz auf 51 % angehoben. Der KSt-Satz für berücksichtigungsfähige Ausschüttungen wurde weiter auf 15 % reduziert. Für personenbezogene Kapitalgesellschaften kam nunmehr ein eigener Tarif zur Förderung ihrer Selbstfinanzierung[3] zur Anwendung. Kapitalgesellschaften waren personenbezogen, wenn die Anteile mindestens zu 76 % des Nennkapitals natürlichen Personen gehörten bzw bei AG und KG auf Aktien die Aktien auf Namen lauteten. Der allgemeine KSt-Satz für spezielle Kreditinstitute wurde auf 27,5 % angehoben und der KSt-Satz für ihre berücksichtigungsfähigen Ausschüttungen wurde mit 15 % angesetzt.

Durch das StÄndG 1961 v 13.7.1961[4] erhielten personenbezogene Kapitalgesellschaften ein Tarifwahlrecht.[5]

Mit dem 2. StÄndG v 21.12.1967[6] wurde der allgemeine KSt-Satz für spezielle Kreditinstitute weiter auf 36,5 % erhöht. Der KSt-Satz für ihre berücksichtigungsfähigen Ausschüttungen betrug unverändert 15 %. Überdies wurden eigene KSt-Sätze für besondere Sparkassen und Kreditgenossenschaften fixiert.

Durch das HStruktG v 18.12.1975[7] wurde der allgemeine KSt-Satz für begünstigte Kreditinstitute auf 45 % erhöht. Die KSt-Sätze für besondere Sparkassen und Kreditgenossenschaften wurden ebenfalls heraufgesetzt.

Einstweilen frei.

2. Vollanrechnungsverfahren. Mit dem Körperschaftsteuerreformgesetz v 31.8.1976[8] wurde das Vollanrechnungsverfahren mit Wirkung ab dem VZ 1977 festgeschrieben. Danach ordnete § 23 I idFd Körperschaftsteuerreformgesetzes einen Regelsteuersatz von 56 % an. Der ermäßigte Steuersatz lag bei 50 %. Zudem gab es herabgesetzte Steuersätze für unter staatlicher Aufsicht stehende Sparkassen von 44 % sowie für bestimmte Kreditinstitute, Staatsbanken, Kreditgenossenschaften, Zentralkassen usw von 46 %. Nach § 27 I idFd Körperschaftsteuerreformgesetzes minderte oder erhöhte sich KSt iRe Ausschüttung um den Unterschiedsbetrag zwischen der Tarifbelastung von 56 % und der Ausschüttungsbelastung von 36 %.

---

1 BGBl I 1954, 373; BStBl I 1954, 575.
2 BGBl I 1958, 473; BStBl I 1958, 412.
3 *Burwitz* in H/H/R § 23 Rn 3; *Schlenker* in Blümich § 23 Rn 13.
4 BGBl I 1961, 981; BStBl I 1961, 444.
5 *Burwitz* in H/H/R § 23 Rn 3; *Schlenker* in Blümich § 23 Rn 13.
6 BGBl I 1967, 1254; BStBl I 1967, 484.
7 BGBl I 1975, 3091; BStBl I 1976, 23.
8 BGBl I 1976, 2597; BStBl I 1976, 445.

Durch das Gesetz zur Änderung und Vereinfachung des EStG und anderer Gesetze v 18.8.1980[1] entfiel im Hinblick auf den ermäßigten Steuersatz für beschränkt Steuerpflichtige nach § 23 III aF das Erfordernis des Anfalls der Einkünfte in einem inländischen Betrieb.

Mit dem SubvAbG v 26.6.1981[2] wurden die unter Staatsaufsicht stehenden und in der Rechtsform der Stiftung geführten Sparkassen dem ermäßigten Steuersatz von 50 % zugänglich gemacht. Überdies wurden die ermäßigten Steuersätze für unter staatlicher Aufsicht stehende Sparkassen von 44 % sowie für bestimmte Kreditinstitute, Staatsbanken, Kreditgenossenschaften, Zentralkassen usw von 46 % gestrichen.

Durch das StRefG 1990 v 25.7.1988[3] wurde der Regelsteuersatz ab VZ 1990 auf 50 % reduziert, wobei die Ausschüttungsbelastung bei 36 % verblieb. Damit war der Regelsteuersatz der KSt geringer als der Spitzensteuersatz der ESt.[4] Der ermäßigte Steuersatz wurde auf 46 % herabgesetzt. Zudem wurde der Steuersatz des ZDF für Entgelte aus Werbesendungen von 8 % auf 7,4 % vermindert.

Mit dem StandOG v 13.9.1993[5] erfolgte die Herabsetzung des Regelsteuersatzes auf nunmehr 45 % und der Ausschüttungsbelastung auf 30 %. Der ermäßigte Steuersatz wurde weiter auf 42 % und der Steuersatz des ZDF für Entgelte aus Werbesendungen auf 6,7 % verringert.

Durch das StEntlG 1999/2000/2002 v 24.3.1999[6] wurde der Regelsteuersatz ab dem VZ 1999 auf 40 % herabgesetzt, wobei die Ausschüttungsbelastung bei 30 % belassen wurde. Der ermäßigte Steuersatz wurde gänzlich abgeschafft. Der neu gefasste § 23 II sah allerdings einen KSt-Satz von 45 % für Gewinnausschüttungen vor, die anrechnungsberechtigte Körperschaften von dem Anrechnungsverfahren unterliegenden TG erhielten, wenn für diese Ausschüttungen Einkommensteile verwendet wurden, die bisher einer KSt von 45 % unterlegen haben (EK 45).[7] So sollte insbesondere bei Konzernen vermieden werden, dass Gewinne zum Zwecke der Steuerreduzierung auf 40 % im Konzern ausgeschüttet werden.[8] Der Steuersatz des ZDF für Entgelte aus Werbesendungen wurde auf 6,4 % vermindert.

Mit dem StBereinG 1999 v 22.12.1999[9] wurde § 23 II aF ein S 5 angefügt, demzufolge der KSt-Satz von 45 % auch auf den Anteil am Übernahmegewinn iSd UmwStG anzuwenden war, soweit dieser auf das EK 45 entfiel. Auf diese Weise sollte die Überführung des 45 % auf 40 % durch Umwandlung einer Kapitalgesellschaft in eine Personengesellschaft, soweit an der Personengesellschaft wiederum Kapitalgesellschaften als Gesellschafter beteiligt waren, vermieden werden.[10]

---

1 BGBl I 1980, 1537; BStBl I 1980, 581.
2 BGBl I 1981, 537; BStBl I 1981, 523.
3 BGBl I 1988, 1093; BStBl I 1988, 224.
4 *Wiesmann* in Erle/Sauter § 23 Rn 7; *Schlenker* in Blümich § 23 Rn 16.
5 BGBl I 1993, 1569; BStBl I 1993, 774.
6 BGBl I 1999, 402; BStBl I 1999, 304.
7 BTDrs 14/23, 192 f.
8 BTDrs 14/23, 193.
9 BGBl I 1999, 2601; BStBl I 2000, 13.
10 BTDrs 14/2070, 24.

II. Rechtsentwicklung

Einstweilen frei.

3. Definitivsteuersatz. Durch das StSenkG v 23.10.2000[1] wurde das Vollanrechnungsverfahren aufgegeben und das Halbeinkünfteverfahren mit Wirkung ab dem VZ 2001 eingeführt. Es gab nur noch einen einheitlichen KSt-Satz von 25 % (sog Definitivsteuersatz), dh die verschiedenen Steuersätze für ausgeschüttete und thesaurierte Gewinne wurden abgeschafft. Ferner betrug die KSt beim ZDF für das Geschäft der Veranstaltung von Werbesendungen nunmehr 4 % der Entgelte aus Werbesendungen.

Mit dem SFG v 20.12.2001[2] wurde § 23 III idFd StSenkG, demgemäß die KSt beim ZDF für das Geschäft der Veranstaltung von Werbesendungen 4 % der Entgelte aus Werbesendungen betrug, (rückwirkend) mit Wirkung ab dem VZ 2001 zugunsten einer ähnlich beschaffenen Neuregelung für alle inländischen öffentlich-rechtlichen Rundfunkanstalten in § 8 I idFd SFG aufgehoben, um die Ungleichbehandlung unter den öffentlich-rechtlichen Rundfunkanstalten abzustellen.[3]

Durch das Flutopfersolidaritätsgesetz v 19.9.2002[4] wurde der KSt-Satz zeitlich begrenzt auf den VZ 2003 von 25 % auf 26,5 % angehoben.

Mit dem UntStRefG 2008 v 14.8.2007[5] wurde der KSt-Satz mit Wirkung ab dem VZ 2008 von 25 % auf 15 % herabgesetzt. Auf diese Weise sollte die nominale Belastung der Unternehmensgewinne verringert und die Attraktivität des Standortes Deutschland für Direktinvestitionen gesteigert werden.[6]

Einstweilen frei.

4. Zusammenfassung. Zusammenfassend stellt sich die Entwicklung der KSt-Sätze (seit dem Anrechnungsverfahren) wie folgt dar:

VZ	Regelsteuersatz	Ermäßigter Steuersatz	Ausschüttungssteuersatz
1977-1989	56 %	50 %	36 %
1990-1993	50 %	46 %	36 %
1994-1998	45 %	42 %	30 %
1999-2000	40 %	./.	30 %
2001-2002	25 %	./.	./.
2003	26,5 %	./.	./.
2004-2007	25 %	./.	./.
ab 2008	15 %	./.	./.

Einstweilen frei.

---

1 BGBl I 2000, 1433; BStBl I 2000, 1428.
2 BGBl I 2001, 3955; BStBl I 2002, 60.
3 BTDrs 14/7646, 32.
4 BGBl I 2002, 3651; BStBl I 2002, 865.
5 BGBl I 2007, 1912; BStBl I 2007, 770.
6 BTDrs 16/4841, 31.

III. Normzweck und Anwendungsbereich.

11 **1. Bedeutung der Norm. Wirtschafts- und Konjunkturpolitik.** Die Ausgestaltung des Körperschaftsteuertarifs hat zunächst als wirtschafts- und konjunkturpolitisches Instrument Bedeutung.[1]

12 **Verteilungspolitik.** Auch wenn bei Körperschaften eine wirtschaftliche Doppelbesteuerung in Folge der Besteuerung der Gesellschafts- und Gesellschafterebene grundsätzlich greift, hat der KSt-Satz keine grundlegende Bedeutung als Mittel zur Verteilungspolitik.

13 **Standortpolitik.** Aufgrund der im internationalen Kontext gebräuchlichen Rechtsform der Kapitalgesellschaft hat im Zuge der fortschreitenden Globalisierung der KSt-Satz zunehmend standortpolitische Bedeutung gewonnen. So sollten die Abschaffung des Anrechnungsverfahrens und die Einführung des reduzierten KSt-Satzes insbesondere auch der Stärkung der internationalen Wettbewerbsfähigkeit Deutschlands dienen.[2]

14 **Steuerliche Begünstigung der Thesaurierung von Gewinnen.** In Folge des einheitlichen Steuersatzes gem § 23 ist es steuerlich günstiger, Gewinne zu thesaurieren, da hierdurch die Besteuerung der Ausschüttungen bei den Anteilseignern (im Falle von Anteilen im Betriebsvermögen nach dem Halbeinkünfteverfahren bzw ab VZ 2009 nach dem Teileinkünfteverfahren gem § 3 Nr 40 EStG bzw im Falle von Anteilen im Privatvermögen nach der Abgeltungssteuer) zeitlich hinausgezögert wird. Somit ist der einheitliche KSt-Satz nicht verwendungsneutral, sondern begünstigt die Thesaurierung von Gewinnen.[3] Die Schaffung eines Anreizes zur Thesaurierung von Gewinnen war ausweislich der Gesetzesbegründung ausdrücklich zur Stärkung der Innenfinanzierung und Schaffung neuer Arbeitsplätze intendiert.[4] Inwieweit sich unter Berücksichtigung aller Umstände jedoch ein sog „Lock-in-Effekt" einstellt bzw vor dem Hintergrund einer effizienten Kapitalallokation und einer effizienten Shareholder-Value-Politik überhaupt gerechtfertigt ist, wird zunehmend bezweifelt.[5]

15 **Trennung von Gesellschafts- und Gesellschafterebene.** In Folge der Thesaurierungsbegünstigung (vgl Rn 14) stellt sich im besonderen Maße das Problem der steuerlichen Abgrenzung von Gesellschafts- und Gesellschafterebene. Denn es besteht ein allgemeiner Anreiz zur Verschiebung von Gewinnen auf Gesellschaftsebene. Die umfangreiche Rechtsprechung zum Institut der vGA zeugt von dieser Problemstellung (vgl § 8 Rn 545).

16 *Einstweilen frei.*

17 **2. Anwendungsbereich. Zeitlicher Anwendungsbereich.** Der derzeitige KSt-Satz iHv 15 % gilt grundsätzlich ab dem VZ 2008 (soweit WJ = Kalenderjahr). Weicht das Kalenderjahr vom WJ ab, so unterliegt bereits das Ergebnis des abweichenden WJ 2007/2008 wegen § 7 VI S 2 dem KStz-Satz von 15 %.[6] Ansonsten vgl Rn 3 ff.

---

1 *Hey* in H/H/R Einf KSt Rn 22.
2 BTDrs 14/2683, 95.
3 *Dötsch* in D/J/P/W § 23 Rn 4; *Schlenker* in Blümich § 23 Rn 45.
4 BTDrs 16/4841, 29 f und 32 f.
5 *Wiesmann* in Erle/Sauter § 23 Rn 26 f; *Kudert/Kaiser*, Discussion Paper No 260, S 9; *Frotscher* in Frotscher/Maas Vor § 1 Rn 100; *Hundsdoerfer*, StuW 2001, 113 ff; *Hey* in H/H/R Einf KSt Rn 40.
6 *Kußmaul/Hilmer*, GmbHR 2007, 1021, 1022; *Schiffers*, DStZ 2007, 567.

III. Normzweck und Anwendungsbereich

Persönlicher Anwendungsbereich. § 23 gilt für alle gem § 1 unbeschränkt und gem § 2 beschränkt steuerpflichtigen Körperschaften. Besondere KSt-Sätze für einzelne Körperschaftsteuersubjekte sind gesetzlich nicht mehr vorgesehen. 18

Sachlicher Anwendungsbereich. § 23 I sieht einen einheitlichen KSt-Satz vor, der grundsätzlich für alle Einkünfte anzuwenden ist und sowohl im Fall der Thesaurierung als auch der Ausschüttung von Gewinnen gilt. Es kommen allerdings einige besondere Steuersätze als spezialgesetzliche Normen vorrangig zur Anwendung (vgl Rn 29 ff). 19

Einstweilen frei. 20

3. Verhältnis zu anderen Vorschriften. § 7 II. Das nach § 7 II zu ermittelnde Einkommen ist die Basis für die Berechnung der KSt gem § 23 I. 21

§ 8 X. Der in § 8 X S 2 enthaltene Verweis auf § 32d II S 1 Nr 1 S 1 und Nr 3 S 1 und S 3 bis 6 EStG (Ausnahmen vom gesonderten Steuertarif nach § 32d I EStG) führt nicht dazu, dass der Steuersatz iHv 15 % nach § 23 nicht mehr anwendbar ist. Vgl auch § 8 Rn 1002. 22

§§ 24, 25. Die nach §§ 24, 25 zur Anwendung kommenden Freibeträge reduzieren das Einkommen und damit die Berechnungsbasis für die KSt gem § 23. 23

§§ 37, 38. Bis zum 31.12.2006 konnte sich die KSt im Falle von Ausschüttungen gem § 37 II vermindern (so dass es im Extremfall zu einer Erstattung kam) oder gem § 38 II erhöhen (vgl § 37 Rn 19 und § 38 Rn 33). Nunmehr kommt es zu einer ratierlichen Auszahlung des Körperschaftsteuerguthabens bzw Fälligkeitsstellung des Körperschaftsteuererhöhungsbetrags (vgl § 37 Rn 67 und § 38 Rn 66 ff). 24

§ 34a EStG. Um eine Gleichbehandlung von Personen- und Kapitalgesellschaft zu erreichen bzw die Möglichkeit einer Thesaurierung von Gewinnen zu einem geringeren Steuersatz wie bei Kapitalgesellschaften aufgrund des § 23 zu eröffnen, sieht § 34a eine Thesaurierungsbegünstigung für nicht entnommene Gewinne vor. 25

Organschaft. Da das Einkommen einer Organgesellschaft gem § 14 I der Organträgerin zugerechnet wird, hat der Steuersatz für erstgenannte keine Bedeutung. 26

Unionsrecht. Ein Verstoß gegen die Grundfreiheiten des AEUV ist mittlerweile aufgrund des KSt-Satzes nicht mehr gegeben, da dieser einheitlich für unbeschränkt und beschränkt steuerpflichtige Körperschaften (mit ihren inländischen Betriebsstätten) gilt.[1] 27

Einstweilen frei. 28

4. Besondere Steuersätze. § 5 I Nr 5 S 4. Nach § 5 I Nr 5 S 4 kommt ein Steuersatz von 50 % für durch den Berufsverband geleistete Spenden an politische Parteien vorrangig vor § 23 zur Anwendung (hierzu § 5 Rn 254). 29

R 71 KStR. § 34b I Nr 2 EStG. R 71 KStR lässt in Härtefällen einen um 50 % ermäßigten KSt-Satz zur Anwendung kommen, soweit diese auf sog Kalamitätsnutzungen iSd § 34b I Nr 2 EStG (dh Holznutzung infolge höherer Gewalt) entfallen und die volle Besteuerung zu Härten führt. 30

---

1 Zur alten Rechtslage EuGH Rs C-253/03, *CLT-UFA*, Slg 2006, I-1831.

31   **§ 26 VI S 1 iVm § 34c V EStG.** Gem § 26 VI S 1 iVm § 34c V EStG ist eine antragsgebundene Pauschalierung der KSt für ausländische Einkünfte aus volkswirtschaftlichen Gründen möglich, welche den allgemeinen KSt-Satz gem § 23 verdrängt.

32   **§ 43a EStG.** Die in § 43a EStG genannten KESt-Steuersätze ersetzen aufgrund der abgeltenden Wirkung des Steuerabzugs gem § 32 I für beschränkt steuerpflichtige Körperschaften den KSt-Satz gem § 23 I. Um dennoch den geringeren KSt-Satz gem § 23 I iHv 15 % zu berücksichtigen, besteht gem § 44a IX EStG die Möglichkeit der Erstattung von 2/5 der einbehaltenen und abgeführten KESt, wenn der Gläubiger der Erträge eine Körperschaft ist; zudem kommt eine Reduzierung nach der MTRL (§ 43b EStG) sowie den DBA (§ 50d I EStG) in Betracht.

33   **WakrabegStV.** Soweit Einkünfte aus dem Betrieb von Wasserkraftwerken bezogen werden, mit deren Bau vor dem 1.1.1991 begonnen wurde, kommt gem § 4 I WakrabegStV v 26.10.1944[1] der um 50 % reduzierte KSt-Satz vorrangig zur Anwendung.

34   **SolzG.** Die nach Anwendung des KSt-Satz festgesetzte KSt ist gem § 3 I Nr 1 SolzG sowie die KSt-Vorauszahlungen gem § 3 I Nr 2 SolzG Bemessungsgrundlage für den SolZ.

35   *Einstweilen frei.*

36   **IV. Steuersatz (§ 23 I). Höhe.** Der KSt-Satz beträgt der Höhe nach einheitlich 15 %.

37   **Keine Steuerprogression.** Eine Steuerprogression wie bei der ESt gem § 32a EStG ist für Zwecke der KSt nicht vorgesehen. Dementsprechend hat auch der nach den DBA regelmäßig vorgesehene Progressionsvorbehalt im Falle einer Verpflichtung zur Steuerfreistellung ausländischer Einkünfte anders als bei § 32a I Nr 3 EStG keine Bedeutung für die KSt.

38   **GewSt.** In Folge des reduzierten KSt-Satzes von 15 % hat die GewSt (auch unter Beachtung ihrer mittlerweile fehlenden Abzugsfähigkeit für Zwecke des KSt) eine zunehmende Bedeutung für die Unternehmensteuern.[2]

39   **Ertragshoheit.** Die Ertragshoheit der KSt steht als Gemeinschaftssteuer gem Art 106 III GG dem Bund und den Ländern zu.

40   *Einstweilen frei.*

41   **V. Änderung des Körperschaftsteuertarifs aus wirtschaftspolitischen Gründen (§ 23 II). Verhältnis zu § 51 III S 1 EStG.** Während § 51 III S 1 EStG eine Reduzierung der ESt bei Störung des gesamtwirtschaftlichen Gleichgewichts vorsieht, regelt § 23 II dies korrespondierend für die KSt.

42   **Voraussetzungen für die Körperschaftsteuerreduzierung.** Zur Reduzierung des KSt-Satzes gem § 23 II iVm § 51 III S 1 Nr 1 EStG bedarf es

---

1   RGBl I 1944, 278. Zuletzt geändert durch Art 61 Bundesrecht-BereinigungsG v 8.12.2010 (BGBl I 2010, 1864).
2   *Herzig*, DB 2007, 1541.

V. Änderung des Körperschaftsteuertarifs aus wirtschaftspolitischen Gründen

- einer Störung des gesamtwirtschaftlichen Gleichgewichts, die eingetreten ist oder sich abzeichnet,
- die eine nachhaltige Verringerung der Umsätze oder Beschäftigung zur Folge hat oder erwarten lässt,
- insbesondere bei einem erheblichen Rückgang der Nachfrage nach Investitionsleistungen und Bauleistungen oder Verbrauchsgütern.

Voraussetzungen für die Körperschaftsteuererhöhung. Zur Erhöhung des KSt-Satzes gem § 23 II iVm § 51 III S 1 Nr 2 EStG bedarf es 43

- einer Störung des gesamtwirtschaftlichen Gleichgewichts, die eingetreten ist oder sich abzeichnet,
- die erhebliche Preissteigerungen mit sich gebracht hat oder erwarten lässt,
- insbesondere, wenn die Nachfrage nach Investitionsleistungen und Bauleistungen oder Verbrauchsgütern das Angebot übersteigt.

Zeitraum. Die Körperschaftsteuersenkung bzw -erhöhung darf nach § 23 II iVm § 51 III S 1 Nr 1 und 2 EStG nicht ein Jahr übersteigen. Längere Senkungen und Erhöhungen sind nicht durch § 23 II erfasst bzw bedürfen der gesetzgeberischen Umsetzung. 44

Maximale Steuersatzsenkung. Eine Körperschaftsteuersenkung kann gem § 23 II iVm § 51 III S 1 Nr 1 EStG maximal um 10 % erfolgen. 45

Maximale Steuersatzerhöhung. Eine Körperschaftsteuererhöhung kann gem § 23 II iVm § 51 III S 1 Nr 2 EStG maximal um 10 % erfolgen. 46

Ermächtigung der Bundesregierung und Zustimmung des Bundestages. § 23 II ermächtigt die Bundesregierung grundsätzlich zur Änderung des KSt-Satzes; allerdings bedarf es der Zustimmung des Bundestags. 47

Einstweilen frei. 48

§ 24 Freibetrag für bestimmte Körperschaften

¹Vom Einkommen der steuerpflichtigen Körperschaften, Personenvereinigungen oder Vermögensmassen ist ein Freibetrag von 5000 Euro, höchstens jedoch in Höhe des Einkommens, abzuziehen. ²Satz 1 gilt nicht
1. für Körperschaften und Personenvereinigungen, deren Leistungen bei den Empfängern zu den Einnahmen im Sinne des § 20 Abs. 1 Nr. 1 oder 2 des Einkommensteuergesetzes gehören,
2. für Vereine im Sinne des § 25.

KStR 72; KStH 72

Übersicht

	Rn
I. Regelungsgehalt	1 – 2
II. Rechtsentwicklung	3 – 4
III. Normzweck und Anwendungsbereich	5 – 26
1. Bedeutung der Norm	5 – 8
2. Persönlicher Anwendungsbereich	9 – 12
3. Sachlicher Anwendungsbereich	13 – 14
4. Zeitlicher Anwendungsbereich	15 – 16
5. Verhältnis zu anderen Vorschriften	17 – 26
IV. Freibetragsabzug für bestimmte Körperschaften (§ 24 S 1)	27 – 41
1. Negativabgrenzung	27 – 28
2. Dem Freibetragsabzug unterliegende Körperschaften	29 – 32
3. Freibetrag	33 – 41
V. Ausnahme von der Freibetragsregelung (§ 24 S 2)	42 – 50
1. Überblick	42 – 43
2. Körperschaften, deren Leistungen zu Einnahmen iSd § 20 I Nr 1 und 2 EStG gehören (§ 24 S 2 Nr 1)	44 – 48
3. Vereine iSd § 25 (§ 24 S 2 Nr 2)	49 – 50
VI. Verfahren	51 – 52

1   **I. Regelungsgehalt.** § 24 S 1 enthält einen Freibetrag iHv 5.000 EUR, der vom Einkommen steuerpflichtiger Körperschaften, Personenvereinigungen und Vermögensmassen abzuziehen ist. In § 24 S 2 wird dieser Freibetrag jedoch für Körperschaften und Personenvereinigungen, deren Leistungen bei den Empfängern zu den Einnahmen iSd § 20 I Nr 1 oder 2 EStG gehören, sowie für Vereine iSd § 25 als nicht anwendbar erklärt.

2   *Einstweilen frei.*

II. Rechtsentwicklung. Mit dem Körperschaftsteuerreformgesetz v 31.8.1976[1] wurde das KStG um die Freibetragsregelung des § 24 ergänzt. Seinerzeit war vom Einkommen der unbeschränkt steuerpflichtigen Körperschaften, Personenvereinigungen und Vermögensmassen ein Freibetrag von 5.000 DM, höchstens jedoch iHd Einkommens, abzuziehen. Überstieg das Einkommen 10.000 DM, wurde der Freibetrag um die Hälfte des übersteigenden Betrags gekürzt. Die Aufnahme der Vorschrift beruhte auf der damaligen Verwaltungspraxis (vgl A 64 I KStR 1969).[2]

Durch das Vereinsförderungsgesetz v 18.12.1989[3] wurde der Freibetrag mit Wirkung ab dem VZ 1990 von 5.000 DM auf 7.500 DM heraufgesetzt, wobei es bei der Begrenzung iHd Einkommens verblieb. Zudem wurde der stufenweise Abbau des Freibetrags bei Einkommen über 10.000 DM abgeschafft.

Mit dem StEuglG v 19.12.2000[4] erfolgte die Umrechnung des Freibetrags von 7.500 DM in 3.835 EUR.

Durch das Dritte Mittelstandsentlastungegsetz v 17.3.2009[5] wurde der Freibetrag mit Wirkung ab dem VZ 2009 weiter auf 5.000 EUR erhöht. Mit der Anhebung des Freibetrags soll der Vereinfachungseffekt vergrößert und der Bürokratieaufwand verringert werden.[6] Darüber hinaus wurde von der unbeschränkten Steuerpflicht als Voraussetzung für die Gewährung des Freibetrags abgesehen.

Einstweilen frei.

III. Normzweck und Anwendungsbereich. 1. Bedeutung der Norm. Vermeidung von Härten. § 24 bezweckt zunächst die Vermeidung von Härten, denn ohne die Freibetragsregelung würden kleinere Körperschaften, welche keine Gewinnausschüttungen durchführen können,[7] dem einkommensunabhängigen KSt-Satz unterliegen.[8]

Vereinfachung. Ausweislich der Gesetzesbegründung zum Dritten Mittelstandsentlastungsgesetz soll die Freibetragsregelung des § 24 zur Vereinfachung beitragen und somit den Bürokratieaufwand sowohl für die Körperschaften als auch für die Finanzverwaltung verringern,[9] zumal das zu erwartende Steueraufkommen den Verwaltungseinsatz kaum rechtfertigen würde.[10]

Systematische Stellung. Der Freibetrag ist vom Einkommen abzuziehen, um zum zu versteuernden Einkommen zu gelangen (§ 8 I iVm § 7 II, vgl auch R 29 I KStR). Der Freibetragsabzug betrifft mithin die letze Stufe der Ermittlung des

---

1 BGBl I 1976, 2597; BStBl I 1976, 445.
2 *Wilke* in Mössner/Seeger § 24 Rn 1; *Burwitz* in H/H/R § 24 Rn 2; *Olgemöller* in Streck § 24 Rn 1.
3 BGBl I 1989, 2212; BStBl I 1989, 499.
4 BGBl I 2000, 1790; BStBl I 2001, 3.
5 BGBl I 2009, 550; BStBl I 2009, 470.
6 BTDrs 16/10490, 18.
7 *Dötsch* in D/J/P/W § 24 Rn 2; *Frotscher* in Frotscher/Maas § 24 Rn 1.
8 *Roser* in Gosch § 24 Rn 1 und 4; *Wilke* in Mössner/Seeger § 24 Rn 6; *Velten* in EY § 24 Rn 1.
9 BTDrs 16/10490, 18.
10 *Dötsch* in D/J/P/W § 24 Rn 2; *Roser* in Gosch § 24 Rn 1; *Velten* in EY § 24 Rn 1.

zu versteuernden Einkommens.¹ Dh etwaige Erhöhungen oder Verminderungen des Einkommens gem R 29 I KStR (inkl des Verlustabzugs gem § 10d EStG) sind zunächst vorzunehmen und der Freibetrag nur von dem verbleibenden positiven Einkommen abzuziehen.²

8 *Einstweilen frei.*

9 **2. Persönlicher Anwendungsbereich. Körperschaften, Personenvereinigungen und Vermögensmassen.** Der persönliche Anwendungsbereich des § 24 erfasst grundsätzlich steuerpflichtige Körperschaften, Personenvereinigungen oder Vermögensmassen (zu Ausnahmen vgl Rn 11).

10 **Unbeschränkte und beschränkte Steuerpflicht.** Seit dem VZ 2009 (vgl Rn 3) gilt § 24 nicht mehr nur für unbeschränkt steuerpflichtige Körperschaften, Personenvereinigungen oder Vermögensmassen, sondern auch für beschränkt und partiell steuerpflichtige Körperschaften, Personenvereinigungen oder Vermögensmassen (vgl auch R 72 I S 2 KStR).³ Zu den Einzelheiten vgl Rn 30.

11 **Ausnahmen.** Vom persönlichen Anwendungsbereich ausgenommen werden hingegen nach § 24 S 2:
- Körperschaften und Personenvereinigungen, deren Leistungen bei den Empfängern zu den Einnahmen iSd § 20 I Nr 1 oder 2 EStG gehören (§ 24 S 2 Nr 1),
- Vereine iSd § 25.

Zu den Einzelheiten vgl Rn 42 ff.

12 *Einstweilen frei.*

13 **3. Sachlicher Anwendungsbereich.** Der sachliche Anwendungsbereich der Freibetragsregelung des § 24 bezieht sich ausschließlich auf das positive Einkommen. Dh soweit Verluste erzielt werden, ist die Vorschrift nicht anwendbar.⁴

14 *Einstweilen frei.*

15 **4. Zeitlicher Anwendungsbereich.** Zeitlich ist die Freibetragsregelung des § 24 ab dem VZ 1977 anzuwenden. Ab dem VZ 2009 beträgt der Freibetrag 5.000 EUR. Vgl auch Rn 3.

16 *Einstweilen frei.*

17 **5. Verhältnis zu anderen Vorschriften. § 5.** Die Freibetragsregelung des § 24 gilt unabhängig von der persönlichen Steuerbefreiung gem § 5 I bei Vorliegen einer partiellen Steuerpflicht.⁵

18 **§ 25.** Die speziellere Freibetragsregelung des § 25 geht dem § 24 vor.⁶

---

1 *Frotscher* in Frotscher/Maas § 24 Rn 3.
2 *Frotscher* in Frotscher/Maas § 24 Rn 3; *Dötsch* in D/J/P/W § 24 Rn 13; *Wiesmann* in Erle/Sauter § 24 Rn 20.
3 *Wiesmann* in Erle/Sauter § 24 Rn 6; *Roser* in Gosch § 24 Rn 3.
4 *Schlenker* in Blümich § 24 Rn 3; *Frotscher* in Frotscher/Maas § 24 Rn 3.
5 *Burwitz* in H/H/R § 24 Rn 5.
6 *Wilke* in Mössner/Seeger § 24 Rn 7; *Burwitz* in H/H/R § 24 Rn 6.

III. Normzweck und Anwendungsbereich

§ 64 AO. Nach § 64 III AO unterliegen die wirtschaftlichen Geschäftsbetriebe (§ 14 AO) einer gemeinnützigen Körperschaft, die keine Zweckbetriebe (§ 65 AO) sind, nicht der KSt oder GewSt, sofern die Einnahmen einschließlich der USt insgesamt nicht 35.000 EUR übersteigen. Insoweit bedarf es keiner Anwendung des § 25.

§ 156 II AO. Gem § 156 II AO kann die Festsetzung von Steuern und steuerlichen Nebenleistungen unterbleiben, wenn zB feststeht, dass die Kosten der Einziehung einschließlich der Festsetzung außer Verhältnis zu dem Betrag stehen. Diese Voraussetzung kann nach Ansicht der Finanzverwaltung im Einzelfall bei kleineren Körperschaften erfüllt sein, die einen Freibetrag nach § 24 oder § 25 nicht beanspruchen können, insbesondere bei kleineren Erwerbs- und Wirtschaftsgenossenschaften (R 79 I S 2 KStR). Hier soll ein Missverhältnis nach Verwaltungsauffassung insbesondere vorliegen, wenn das Einkommen im Einzelfall „offensichtlich" 500 EUR nicht übersteigt (R 79 I S 3 KStR). In diesen Fällen soll von einer Veranlagung zur KSt und von den gesonderten Feststellungen nach §§ 27, 28, 37 und 38 abgesehen werden können (R 79 I S 4 KStR).

Sonstige Vergünstigungen. Sonstige Vergünstigungen bzw Freibeträge, wie zB in §§ 14, 14a, 17 III, 18 III EStG enthalten, stehen der Freibetragsregelung des § 24 nicht entgegen, dh sie kommen nebeneinander zur Anwendung.[1] Der Sparer-Pauschbetrag nach § 20 IX EStG iRv Einkünften aus Kapitalvermögen und der Freibetrag nach § 24 kommen ebenfalls nebeneinander zur Anwendung.[2]

§§ 7 ff AStG. Nach § 10 III S 1 Hs 1 AStG sind die dem Hinzurechnungsbetrag zugrunde liegenden Einkünfte in entsprechender Anwendung der Vorschriften des deutschen Steuerrechts zu ermitteln. Damit sind grundsätzlich die Vorschriften zur Einkünfteermittlung nach dem EStG bzw der EStDV sowie dem KStG bzw der KStDV betroffen.[3] Steuerliche Vergünstigungen, die an die unbeschränkte Steuerpflicht bzw an einen inländischen Betrieb oder eine inländische Betriebsstätte anknüpfen, sind zwar gem § 10 III S 4 AStG nicht anwendbar. Hierunter fällt nicht § 24, da dieser mittlerweile auch grundsätzlich auf beschränkt Steuerpflichtige anwendbar ist (vgl Rn 10). Dennoch ist § 24 nicht bei der Ermittlung des Hinzurechnungsbetrags gem § 10 III S 1 Hs 1 AStG anwendbar, da dieser eine Vorschrift zur Ermittlung des Einkommens ist. Dies ist iÜ auch systematisch richtig, da § 9 AStG eine eigene Freigrenze vorsieht, welche iSe Bagatellgrenze die steuerliche Nichterfassung von Zwischeneinkünften regelt.

GewSt. Der Gewerbeertrag ist gem § 7 GewStG der nach den Vorschriften des EStG oder des KStG zu ermittelnde Gewinn aus dem Gewerbebetrieb, der bei der Ermittlung des Einkommens für den dem Erhebungszeitraum (§ 14 GewStG) entsprechenden VZ zu berücksichtigen ist, vermehrt und vermindert um die in §§ 8 und 9 GewStG bezeichneten Beträge. Der als Ausgangspunkt für die Ermittlung des Gewerbeertrags zugrunde zu legende Gewinn iSd § 7 GewStG wird dabei nicht um die Freibeträge der §§ 24 und 25 gemindert (vgl R 7.1 IV S 2 GewStR).

---
1 *Burwitz* in H/H/R § 24 Rn 8.
2 *Velten* in EY § 24 Rn 14; *Wilke* in Mössner/Seeger § 24 Rn 16; *Wiesmann* in Erle/Sauter § 24 Rn 20.
3 *Luckey* in Strunk/Kaminski/Köhler § 10 AStG Rn 69.

24   **Unionsrecht.** Bis zum VZ 2009 war die Freibetragsregelung des § 24 auf unbeschränkt steuerpflichtige Körperschaften beschränkt, so dass ein Verstoß gegen die Niederlassungsfreiheit nach Art 43 EG bzw Art 49 AEUV im Raum stand.[1] Mit der Aufhebung der Beschränkung auf unbeschränkt körperschaftsteuerpflichtige Körperschaften ab dem VZ 2009 konnte dieser Konflikt beseitigt werden. Darüber hinaus kann die Unvereinbarkeit mit den Grundfreiheiten aber auch darin begründet sein, dass bei dem abgeltenden Steuerabzug (zB bei Dividendeneinkünften) ein Freibetrag nicht iRd Veranlagungsverfahren berücksichtigt werden kann (analog zur Bruttobesteuerung § 32 Rn 39).

25-26   *Einstweilen frei.*

27   **IV. Freibetragsabzug für bestimmte Körperschaften (§ 24 S 1). 1. Negativabgrenzung.** Der Freibetragsabzug nach § 24 S 1 gilt aufgrund der Negativabgrenzung des § 24 S 2 nur für solche unbeschränkt oder beschränkt (partiell) steuerpflichtigen Körperschaften, Personenvereinigungen oder Vermögensmassen (vgl insoweit bereits Rn 10 und 17), deren Leistungen bei den Empfängern nicht zu den Einnahmen iSd § 20 I Nr 1 oder 2 EStG gehören bzw die nicht als Vereine iSd § 25 zu qualifizieren sind.[2]

28   *Einstweilen frei.*

29   **2. Dem Freibetragsabzug unterliegende Körperschaften. Rechtsformen.** Den Freibetrag können demgemäß zB folgende Körperschaften, Personenvereinigungen oder Vermögensmassen in Anspruch nehmen:

- VVaG iSd § 1 I Nr 3 (H 72 Nr 1 KStH);
- sonstige juristische Personen des privaten Rechts iSd § 1 I Nr 4;[3]
- nichtrechtsfähige Vereine, Anstalten, Stiftungen und andere Zweckvermögen des privaten Rechts iSd § 1 I Nr 5;[4]
- juristische Personen des öffentlichen Rechts mit ihren BgA iSd § 1 I Nr 6 iVm § 4 (H 72 Nr 1 KStH).

30   **Teilweise Steuerpflicht.** Steuerbefreite Pensions- oder Unterstützungskassen, die die Rechtsform eines Vereins oder einer Stiftung haben und wegen Überdotierung teilweise zu besteuern sind (§ 5 I Nr 3 iVm § 6, H 72 Nr 3 S 1 KStH), unterfallen dem § 24, sofern die Pensionskasse als wirtschaftlicher Verein keine mitgliedschaftlichen Rechte gewährt, die einer kapitalmäßigen Beteiligung gleichstehen (H 72 Nr 3 S 2 KStH). Gleiches gilt für steuerbefreite Berufsverbände iSv § 5 I Nr 5 mit ihrem wirtschaftlichen Geschäftsbetrieb, welche regelmäßig im Rechtskleid des rechtsfähigen oder nicht rechtsfähigen Vereins, also nicht als Kapitalgesellschaften, geführt werden (vgl auch R 72 I S 3 iVm R 16 VII KStR).[5] Ebenso profitieren gemeinnützige Körperschaften iSd § 5 I Nr 9 mit steuerpflichtigen wirtschaftlichen Geschäfts-

---

1   Roser in Gosch § 24 Rn 11; *Burwitz* in H/H/R § 24 Rn 11; *Frotscher* in Frotscher/Maas § 24 Rn 2.
2   *Schlenker* in Blümich § 24 Rn 13; *Wilke* in Mössner/Seeger § 24 Rn 11.
3   *Burwitz* in H/H/R § 24 Rn 11; *Wiesmann* in Erle/Sauter § 24 Rn 5; *Velten* in EY § 24 Rn 4.
4   *Burwitz* in H/H/R § 24 Rn 11; *Wiesmann* in Erle/Sauter § 24 Rn 5; *Velten* in EY § 24 Rn 4.
5   *Dötsch* in D/J/P/W § 24 Rn 7; *Burwitz* in H/H/R § 24 Rn 11.

IV. Freibetragsabzug für bestimmte Körperschaften

betrieben nur dann vom § 24, wenn sie nicht die Rechtsform einer Kapitalgesellschaft, einer Erwerbs- und Wirtschaftsgenossenschaft oder eines wirtschaftlichen Vereins haben, der Mitgliedschaftsrechte gewährt, die einer kapitalmäßigen Beteiligung gleichstehen (H 72 Nr 2 KStH).

Organträger. Bei einem Organträger ist § 24 anwendbar, sofern dieser eine zum Freibetragsabzug berechtigte Körperschaft darstellt.[1]

Einstweilen frei.

3. Freibetrag. Der Freibetrag beträgt ab dem VZ 2009 5.000 EUR (zur Entwicklung des Freibetrags vgl Rn 3). In seiner Eigenschaft als echter Freibetrag kann dieser abgesehen von der Ausnahme des § 24 S 2 von jeder steuerpflichtigen Körperschaft, Personenvereinigung oder Vermögensmasse unabhängig von der Höhe des Einkommens in Anspruch genommen werden.[2]

Einkommen. Der Freibetrag ist vom Einkommen (§ 8 I) abzuziehen, um zum zu versteuernden Einkommen zu gelangen (§ 7 II, vgl auch R 29 I KStR). Zur systematischen Stellung vgl auch Rn 7.

Begrenzung iHd Einkommens. Allerdings ist der Freibetrag höchstens iHd des Einkommens abzuziehen, so dass kein negatives Einkommen in Folge des § 24 entstehen kann.

Anwendung des Freibetrags. Der Freibetrag steht dem jeweiligen Körperschaftsteuersubjekt nur einmal je VZ zu, da dieser das Einkommen und nicht den steuerpflichtigen Gewinn mindert. Das gilt auch für Rumpf-WJ.[3] Der Freibetrag kommt auch dann in voller Höhe bzw ohne anteilige Kürzung zur Anwendung, wenn die Steuerpflicht nicht während des gesamten VZ bestanden hat (zB bei Gründung innerhalb des VZ).[4]

BgA. Eine juristische Person des öffentlichen Rechts mit mehreren BgA unterfällt mit jedem Betrieb selbständig der KSt. Dabei ist auch das Einkommen für jeden Betrieb gesondert zu ermitteln, so dass auch der Freibetrag jedem Betrieb zusteht.[5] Wird jedoch ein BgA gem § 4 VI mit einem oder mehreren anderen BgA zusammengefasst, kommt der Freibetrag nur einmal zur Anwendung.[6]

Wirtschaftliche Geschäftsbetriebe steuerbefreiter Körperschaften. Steuerbefreite Körperschaften iSd § 5 mit mehreren steuerpflichtigen wirtschaftlichen Geschäftsbetrieben können den Freibetrag nur einmal ohne Aufteilung vom steuerpflichtigen Einkommen der wirtschaftlichen Geschäftsbetriebe abziehen, da diese nach § 64 II AO wie ein wirtschaftlicher Geschäftsbetrieb behandelt werden.[7]

---

1 *Burwitz* in H/H/R § 24 Rn 13.
2 *Frotscher* in Frotscher/Maas § 24 Rn 3.
3 *Frotscher* in Frotscher/Maas § 24 Rn 4.
4 *Lang* in EY § 7 Rn 11; *Frotscher* in Frotscher/Maas § 24 Rn 4.
5 *Dötsch* in D/J/P/W § 24 Rn 16; *Frotscher* in Frotscher/Maas § 24 Rn 5; *Wiesmann* in Erle/Sauter § 24 Rn 19; aA wohl *Schlenker* in Blümich § 24 Rn 13.
6 *Frotscher* in Frotscher/Maas § 24 Rn 5; *Dötsch* in D/J/P/W § 24 Rn 16.
7 *Burwitz* in H/H/R § 24 Rn 11; *Dötsch* in D/J/P/W § 24 Rn 14.

39 **Kapitalverwaltungsvereine.** In der Literatur wird die Gründung sog Kapitalverwaltungsvereine vorgeschlagen, um den Werbungskosten-Pauschbetrag gem § 9a Nr 2 EStG aF und den Sparerfreibetrag gem § 20 IV S 1 EStG aF (heute Sparer-Pauschbetrag gem § 20 IX EStG) zu nutzen und die Erträge iRd Auflösung steuerfrei an die Mitglieder auszuschütten.[1] Hierbei sind jedoch die Vorgaben der §§ 39 und 42 AO zu berücksichtigen.

40-41 *Einstweilen frei.*

42 **V. Ausnahme von der Freibetragsregelung (§ 24 S 2). 1. Überblick.** Nach § 24 S 2 gilt § 24 S 1 nicht

- für Körperschaften und Personenvereinigungen, deren Leistungen bei den Empfängern zu den Einnahmen iSd § 20 I Nr 1 oder 2 EStG gehören (§ 24 S 2 Nr 1),
- für Vereine iSd § 25 (§ 24 S 2 Nr 2).

43 *Einstweilen frei.*

44 **2. Körperschaften, deren Leistungen zu Einnahmen iSd § 20 I Nr 1 und 2 EStG gehören (§ 24 S 2 Nr 1).** Zunächst werden von der Freibetragsregelung des § 24 S 1 solche Körperschaften und Personenvereinigungen ausgeschieden, deren Leistungen bei den Empfängern zu den Einnahmen iSd § 20 I Nr 1 oder 2 EStG gehören (§ 24 S 2 Nr 1). Obwohl der Wortlaut der Norm etwas undeutlich bleibt, ist dabei unerheblich, ob die Körperschaft tatsächlich Ausschüttungen bewirkt, wie diese Ausschüttungen beim Empfänger steuerlich behandelt werden oder ob diese satzungsmäßig ausgeschlossen sind.[2] Mithin kommt es für den Ausschluss des Freibetragsabzugs allein auf die abstrakte Möglichkeit einer Ausschüttung an. Damit beeinflusst die Rechtsform die Gewährung des Freibetrags maßgeblich.[3]

45 **Zweifel an der Notwendigkeit der Ausnahme des § 24 S 2 Nr 1.** § 24 war ursprünglich eine Vorschrift des Anrechnungsverfahrens. So wurden von der Freibetragsregelung solche Körperschaften ausgenommen, deren Leistungen beim Empfänger in das Anrechnungsverfahren einbezogen wurden. Sonst wäre iRd Ausschüttung durch Herstellung der Ausschüttungsbelastung der Freibetrag sowie die Verwaltungsvereinfachung entfallen.[4] Mit Einführung des Halbeinkünfteverfahrens ist die Begründung für die Ausnahme in § 24 S 2 Nr 1 entfallen. Damit bedarf es der Anpassung des Gesetzes an die aktuelle Rechtslage.[5]

46 **Vom Freibetragsabzug ausgeschlossene Körperschaften im Einzelnen.** Vom Freibetrag sind gem § 24 S 2 Nr 1 im einzelnen zB folgende Körperschaften aufgrund ihrer abstrakten Möglichkeit zur Ausschüttung (vgl Rn 44) ausgeschlossen:

- Kapitalgesellschaften iSv § 1 I Nr 1;

---

1 Zeitler, DStZ 1993, 354, 358; *Olgemöller* in Streck § 24 Rn 12; *Roser* in Gosch § 24 Rn 16.
2 BFH I R 33/86, BStBl II 1990, 470.
3 *Dötsch* in D/J/P/W § 24 Rn 9; *Burwitz* in H/H/R § 24 Rn 12; *Wiesmann* in Erle/Sauter § 24 Rn 14.
4 *Velten* in EY § 24 Rn 8; *Roser* in Gosch § 24 Rn 7; *Wiesmann* in Erle/Sauter § 24 Rn 11; *Burwitz* in H/H/R § 24 Rn 12.
5 *Roser* in Gosch § 24 Rn 7; *Velten* in EY § 24 Rn 8; *Burwitz* in H/H/R § 24 Rn 12 zweifelt insoweit an der Verfassungsmäßigkeit der Vorschrift; aA wohl *Schlenker* in Blümich § 24 Rn 9.

- Genossenschaften einschließlich der SCE iSd § 1 Nr 2;[1]
- Komplementär-GmbH einer GmbH & Co KG, unabhängig davon, dass deren Anteile im Betriebsvermögen gehalten werden und iRd Gewinnausschüttung Einkünfte aus Gewerbebetrieb nach § 20 VIII EStG und nicht nach § 20 I EStG vorliegen;[2]
- Organgesellschaften iSd §§ 14-18 im Rechtskleid der Kapitalgesellschaft, dh der Freibetragsabzug ist sowohl bei der Ermittlung des dem Organträger zuzurechnenden Einkommens als auch iRv Ausgleichszahlungen nach § 16 bei dem von der Organgesellschaft zu versteuernden Einkommen ausgeschlossen;[3]
- Vor-GmbH;[4]
- Realgemeinden iSd § 3 II und Vereine, soweit sie Mitgliedschaftsrechte gewähren, die einer kapitalmäßigen Beteiligung gleichstehen (vgl auch H 36 KStH);[5]
- gemeinnützige Körperschaften iSd § 5 I Nr 9 mit steuerpflichtigen wirtschaftlichen Geschäftsbetrieben, wenn sie die Rechtsform einer Kapitalgesellschaft haben (H 72 KStH);
- steuerbefreite Pensions- oder Unterstützungskassen gem § 5 I Nr 3, die die Rechtsform einer Kapitalgesellschaft haben und wegen Überdotierung nach § 6 teilweise zu besteuern sind (H 72 KStH);
- Vermietungsgenossenschaften oder Siedlungsunternehmen mit teilweiser Steuerpflicht iSv § 5 I Nr 10 und 12, unabhängig davon, dass diese Unternehmen auch in der Rechtsform eines Vereins betrieben werden können, da es sich um einen wirtschaftlichen Verein handelt, der seinen Mitgliedern beteiligungsähnliche Rechte gewährt (H 72 KStH).

Einstweilen frei. 47-48

3. Vereine iSd § 25 (§ 24 S 2 Nr 2). Ferner sind gem § 24 S 2 Nr 2 Vereine iSd § 25, die Land- und Forstwirtschaft betreiben, vom Freibetrag nach § 24 S 1 ausgeschlossen. Für sie gilt die besondere Freibetragsregelung des § 25. 49

Einstweilen frei. 50

VI. Verfahren. Körperschaften, Personenvereinigungen und Vermögensmassen, deren Einkommen den Freibetrag iHv 5.000 EUR nicht übersteigt, sind nicht zu veranlagen und haben Anspruch auf Erteilung einer NV-Bescheinigung (R 72 II KStR). IRd Kapitalertragsteuerabzugs kann eine Erstattung von KESt durch eine NV-Bescheinigung bewirkt werden.[6] 51

Einstweilen frei. 52

---

1 *Velten* in EY § 24 Rn 7; *Burwitz* in H/H/R § 24 Rn 12; *Wilke* in Mössner/Seeger § 24 Rn 13.
2 BFH I R 163/81, BStBl II 1985, 634; FG Düsseldorf V 457/77, EFG 1979, 571 (rkr); FG Münster VI 4941/78 K, EFG 1980, 146 (rkr); FG Bremen I 33/86, EFG 1981, 466.
3 *Dötsch* in D/J/P/W § 24 Rn 15; *Burwitz* in H/H/R § 24 Rn 11.
4 *Wilke* in Mössner/Seeger § 24 Rn 13.
5 *Schlenker* in Blümich § 24 Rn 11; *Wiesmann* in Erle/Sauter § 24 Rn 10; *Velten* in EY § 24 Rn 7.
6 BMF v 22.12.2009, BStBl I 2010, 94, Rn 285.

§ 25 Freibetrag für Erwerbs- und Wirtschaftsgenossenschaften sowie Vereine, die Land- und Forstwirtschaft betreiben

(1) ¹Vom Einkommen der steuerpflichtigen Genossenschaften sowie der steuerpflichtigen Vereine, deren Tätigkeit sich auf den Betrieb der Land- und Forstwirtschaft beschränkt, ist ein Freibetrag in Höhe von 15 000 Euro, höchstens jedoch in Höhe des Einkommens, im Veranlagungszeitraum der Gründung und in den folgenden neun Veranlagungszeiträumen abzuziehen. ²Voraussetzung ist, dass

1. die Mitglieder der Genossenschaft oder dem Verein Flächen zur Nutzung oder für die Bewirtschaftung der Flächen erforderliche Gebäude überlassen und

2. a) bei Genossenschaften das Verhältnis der Summe der Werte der Geschäftsanteile des einzelnen Mitglieds zu der Summe der Werte aller Geschäftsanteile,

   b) bei Vereinen das Verhältnis des Werts des Anteils an dem Vereinsvermögen, der im Falle der Auflösung des Vereins an das einzelne Mitglied fallen würde, zu dem Wert des Vereinsvermögens

   nicht wesentlich von dem Verhältnis abweicht, in dem der Wert der von dem einzelnen Mitglied zur Nutzung überlassenen Flächen und Gebäude zu dem Wert der insgesamt zur Nutzung überlassenen Flächen und Gebäude steht.

(2) Absatz 1 Satz 1 gilt auch für steuerpflichtige Genossenschaften sowie für steuerpflichtige Vereine, die eine gemeinschaftliche Tierhaltung im Sinne des § 51a des Bewertungsgesetzes betreiben.

KStR 73; KStH 73

Übersicht

	Rn
I. Regelungsgehalt der Norm	1 – 2
II. Rechtsentwicklung	3 – 4
III. Verfassungsrechtliche Bedenken	5 – 6
IV. Anwendungsbereich	7 – 27
1. Normzweck	7 – 9
2. Persönlicher Anwendungsbereich	10 – 14
3. Zeitlicher Anwendungsbereich	15 – 16
4. Sachlicher Anwendungsbereich	17 – 19
5. Verhältnis zu anderen Vorschriften	20 – 27
V. Voraussetzungen für die Gewährung des Freibetrags	28 – 48
1. Allgemeines	28 – 29
2. Nutzungsüberlassung (§ 25 I S 2)	30 – 39
3. Gemeinschaftliche Tierhaltung (§ 25 II)	40 – 41
4. Rechtsfolge (§ 25 I S 1)	42 – 48

III. Verfassungsrechtliche Bedenken

I. Regelungsgehalt der Norm. Die Norm enthält eine Sonderregelung für Genossenschaften sowie Vereine zur Ermittlung des zu versteuernden Einkommens. § 25 I S 1 ordnet für steuerpflichtige Genossenschaften sowie steuerpflichtige Vereine, deren Tätigkeit sich auf Land- und Forstwirtschaft beschränkt,[1] sowohl im VZ der Gründung als auch in den folgenden neun VZ den Abzug eines Freibetrags an. Der Freibetrag ist vom Einkommen abzuziehen. Nach § 25 I S 2 ist der Freibetrag davon abhängig, dass die Mitglieder entsprechend ihrer Beteiligung Flächen bzw Gebäude der Genossenschaft oder dem Verein zur Nutzung bereitstellen. § 25 II gewährt den Freibetrag auch dann, wenn eine gemeinschaftliche Tierhaltung iSd § 51a BewG vorliegt.

Einstweilen frei.

II. Rechtsentwicklung. Ursprünglich wurde § 19d idFd KStG 1975 durch das Zweite StÄndG 1973 v 18.7.1974[2] in das KStG aufgenommen und durch das Körperschaftsteuerreformgesetz 1976 v 7.9.1976[3] inhaltsgleich als § 25 fortgeführt. Das StEuglG v 19.12.2000[4] hat den Freibetrag im Zusammenhang mit der Euroumstellung auf 15.339 EUR festgesetzt. Das HBeglG 2004 v 29.12.2003[5] hat eine Kürzung auf 13.498 EUR mit Wirkung ab dem VZ 2004 gebracht. Im Hinblick auf das Gesetz zur Einführung der Europäischen Genossenschaft und zur Änderung des Genossenschaftsrechts v 14.8.2006[6] wurde iRd Dritten Mittelstandsentlastungsgesetz v 17.3.2009[7] die Bezeichnung „Erwerbs- und Wirtschaftsgenossenschaften" in „Genossenschaften" geändert. Eine Anpassung der Überschrift von § 25 ist nicht erfolgt. Unter unionsrechtlichen Aspekten ist darüber hinaus die Voraussetzung der unbeschränkten Steuerpflicht der Genossenschaften oder Vereine nicht mehr erforderlich und wurde mit der Streichung des Merkmals „unbeschränkt" mit dem Dritten Mittelstandsentlastungsgesetz ausdrücklich aufgegeben.[8] Ab dem VZ 2009 hat sich der Freibetrag infolge des Dritten Mittelstandsentlastungsgesetzes auf 15.000 EUR erhöht.

Einstweilen frei.

III. Verfassungsrechtliche Bedenken. Die für die VZ 2004-2008 geltende Absenkung des Freibetrags durch das HBeglG 2004 auf 13.498 EUR hat aus verfassungsrechtlichen Gesichtspunkten erhebliche Bedenken aufgeworfen.[9] Grund dafür ist die iRd Gesetzesberatungen erfolgte Vorgehensweise des Vermittlungsausschusses, der das sog Koch/Steinbrück-Papier erst in diesem Stadium in das Gesetzgebungsverfahren einbrachte, welches letztendlich die Herabsetzung des Freibetrags enthielt. Hiergegen spricht aus verfassungsrechtlicher Sicht, dass dem Vermittlungsausschuss ein derartiges Einbringungsrecht nicht zusteht und deswegen der aus Art 20 III GG und Art 76 I GG folgende Parlamentsvorbehalt einem formell verfassungsgemäß er-

---

1 Zum Begriff der Land- und Forstwirtschaft vgl *Kulosa* in Schmidt § 13 EStG Rn 3 ff.
2 BGBl I 1974, 1489.
3 BGBl I 1976, 2597.
4 BGBl I 2000, 1790.
5 BGBl I 2003, 3076.
6 BGBl I 2006, 1911.
7 BGBl I 2009, 550.
8 *Wiesmann* in Erle/Sauter § 25 Rn 3.
9 *Wendt*, FR 2004, 2011; aA BMF v 12.3.2004, BStBl I 2004, 362.

lassenen Gesetz entgegenstehen könnte. Obwohl das BVerfG bisher zwei gegen das HBeglG v 29.12.2003 eingereichte Verfassungsbeschwerden wegen der fehlenden unmittelbaren Betroffenheit mit einem Nichtannahmebeschluss belegte,[1] hat jüngst der BFH erneut ein gegen die formelle Verfassungsmäßigkeit gerichtetes Normenkontrollverfahren nach Art 100 I GG vor dem BVerfG anhängig gemacht.[2] Insofern steht die Entscheidung des BVerfG noch aus.[3] Auch die der BFH-Vorlagefrage zugrunde liegende Ausgangssituation beruht auf der Tatsache, dass erst der Vermittlungsausschuss die auf dem Koch/Steinbrück-Papier beruhenden Änderungen in das Vermittlungsverfahren (Gesetzgebungsverfahren) einführte.[4] Zwar wurde das Papier im Haushalts- und Finanzausschuss vorgestellt, jedoch nicht in der Beschlussempfehlung des Haushaltsausschusses erwähnt.[5] Zuvor hatte das BVerfG bereits in einem Beschluss[6], der die Änderung des § 45a PBefG durch das HBeglG 2004 zum Gegenstand hatte, einen formellen Verfassungsverstoß erkannt. Ab dem VZ 2009 und der Anhebung der Freibetragsgrenze auf 15.000 EUR durch das Dritte Mittelstandsentlastungsgesetz kommt den vorstehenden Ausführungen allerdings keine Bedeutung mehr zu.

6 *Einstweilen frei.*

7 **IV. Anwendungsbereich. 1. Normzweck. Förderung der Land- und Forstwirtschaft.** Der die Vorschrift bestimmende Subventionsgedanke beruht auf agrarpolitischen Motiven. Gemeinschaftlich betriebene Land- und Forstwirtschaft soll gefördert werden. Über die Freibetragsregelung sind die Genossenschaften oder Vereine in den ersten zehn VZ in der Lage, eine breite Eigenkapitalbasis zu schaffen. Mit der Regelung wird das dadurch ermöglicht, dass im VZ der Gründung und in den folgenden neun VZ der Freibetrag vom Einkommen abzuziehen ist.

8 **Bedeutung.** Betrachtet man die gesamten von der Regelung erfassten zehn VZ, beläuft sich der Freibetrag auf insgesamt 150.000 EUR und stellt damit eine merkliche Entlastung für kleinere Genossenschaften und Vereine dar, die Land- und Forstwirtschaft in Kooperation betreiben.

9 *Einstweilen frei.*

10 **2. Persönlicher Anwendungsbereich. Unbeschränkte und beschränkte Steuerpflicht.** § 25 unterscheidet nach dem Wortlaut mittlerweile nicht mehr zwischen unbeschränkter und beschränkter Steuerpflicht, dh der Anwendungsbereich der Norm ist sowohl für unbeschränkt als auch beschränkt steuerpflichtige Kooperationen eröffnet, die gemeinsam Land- und Forstwirtschaft betreiben. Die Erweiterung auf beschränkt Steuerpflichtige ist wohl unter dem Aspekt, unionsinterne Diskriminierungen zu beseitigen, zu sehen.[7] Auf diese Weise hat der Gesetzgeber

---

1 BVerfG 2 BvR 412/04, 2 BvR 2491/04, BVerfGK 12, 383 ff.
2 Vorlagebeschluss BFH VII R 44/09, BFH/NV 2011, 1051 ff.
3 BVerfG 2 BvL 4/11.
4 Zu § 25 I S 1 vgl BTDrs 15/2261, 7.
5 Vgl BTDrs 15/1750.
6 BVerfG 2 BvR 758/07 Rn 4 ff, BVerfGE 125, 104 ff.
7 Der Gesetzesbegründung sind allerdings keine Anhaltspunkte für die Ausdehnung von § 25 auf die beschränkte Steuerpflicht zu entnehmen, vgl BTDrs 16/10490, 18.

IV. Anwendungsbereich

den Zugang zu § 25 auch für alle im Ausland ansässigen beschränkt steuerpflichtigen Genossenschaften (vor allem relevant für die SCE) und Vereine geöffnet, welche die Tatbestandsvoraussetzungen von § 25 erfüllen. Die vormalige Schlechterstellung von ausländischen Genossenschaften oder Vereinen, die Land- und Forstwirtschaft im Inland gemeinsam betreiben, ist damit beseitigt.

Genossenschaften. § 25 erfasst sämtliche unbeschränkt steuerpflichtigen Genossenschaften (bis zum VZ 2008 war das Anwendungsfeld auf Erwerbs- oder Wirtschaftsgenossenschaften eingeschränkt), auch solche, die nach § 3 II S 1 einen Gewerbebetrieb unterhalten oder verpachten, der über den Rahmen eines Nebenbetriebs hinausgeht (vgl zum Begriff der Genossenschaft § 1 Rn 115 ff; § 22 Rn 15 ff). **11**

Vereine. § 25 gilt für unbeschränkt steuerpflichtige rechtsfähige und nichtrechtsfähige Vereine (zum Begriff vgl § 1 Rn 148 ff – rechtsfähiger Verein; § 1 Rn 172 – nichtrechtsfähiger Verein). **12**

Ausländische Genossenschaften. Zudem werden von § 25 alle ausländischen steuerpflichtigen Genossenschaften oder Vereine eingeschlossen, die nach dem von der Finanzverwaltung und Rechtsprechung praktizierten Typenvergleich (hierzu § 1 Rn 216 ff) entweder zu einer im Inland ansässigen Genossenschaft oder SCE vergleichbar sind oder die Merkmale eines im Inland ansässigen Vereins aufweisen.[1] **13**

Einstweilen frei. **14**

3. Zeitlicher Anwendungsbereich. In zeitlicher Hinsicht ist die Regelung in der derzeitigen Fassung seit dem VZ 2009 anzuwenden (vgl Rn 3). In den VZ 2002, 2003 war der auf EUR umgestellte Freibetrag iHv 15.339 EUR maßgeblich. Die Absenkung auf 13.498 EUR gilt ab VZ 2004. Zuvor war vom VZ 1974-VZ 2001 gleichbleibend ein Freibetrag von 30 000 DM zu berücksichtigen. **15**

Einstweilen frei. **16**

4. Sachlicher Anwendungsbereich. Einkünfte aus Land- und Forstwirtschaft. § 25 regelt die Voraussetzungen zum Abzug eines Freibetrags vom Einkommen von derzeit 15.000 EUR für steuerpflichtige Genossenschaften und steuerpflichtige Vereine, die ausschließlich Land- und Forstwirtschaft betreiben. Insoweit fordert der Wortlaut der Vorschrift, dass für die Gewährung des Freibetrags die Tätigkeit auf den Betrieb von Land- und Forstwirtschaft „beschränkt" sein muss. Andere, daneben ausgeführte Tätigkeiten schließen den Freibetrag regelmäßig aus. **17**

Geringfügige anderweitige Tätigkeiten. Nimmt man den hinter der Vorschrift stehenden Subventionsgedanken zur Förderung von körperschaftsteuerlichen Zusammenschlüssen in der Landwirtschaft[2] ernst, sind geringfügige, aus anderweitigen Tätigkeiten stammende Einkünfte aus Verhältnismäßigkeitsgesichtspunkten aber unbeachtlich und mithin nicht in der Lage, den Zugang zu dem Freibetrag zu verwehren.[3] Die Unschädlichkeitsgrenze wird dabei im Schrifttum zwischen 5 % und **18**

---
[1] Burwitz in H/H/R § 25 Rn 12.
[2] Velten in EY § 25 Rn 1.
[3] Olgemöller/Binnewies in Streck § 25 Rn 3; bestätigend Dötsch in D/J/P/W § 25 Rn 3.

10% bestimmt.¹ In Abgrenzung zur wesentlichen Abweichung iSd § 25 I S 2 aE (im Detail Rn 21) legt der Wortlaut „beschränkt" nahe, 10%ige Abweichungen als zu weitgehend zu bewerten. Bei Abweichungen von mehr als 5% ist eine Einzelfallbetrachtung vorzunehmen.

19 *Einstweilen frei.*

20 **5. Verhältnis zu anderen Vorschriften. § 3 II.** § 25 bezieht sich auf steuerpflichtige Genossenschaften sowie steuerpflichtige Vereine. Soweit Genossenschaften unter § 3 II fallen, kommt ein Freibetrag nach § 25 nicht in Betracht.

21 **§ 5 I Nr 14.** § 25 kommt trotz Tatbestandserfüllung grundsätzlich nicht zur Anwendung, wenn eine Befreiung von der KSt nach § 5 I Nr 14 vorliegt.² § 25 ist insoweit subsidiär. Der Freibetrag aus § 25 kann aber neben § 5 I Nr 14 zur Anwendung kommen, wenn eine partielle Steuerpflicht vorliegt. Dafür ist Voraussetzung, dass die steuerpflichtige Genossenschaft oder der steuerpflichtige Verein nicht von § 5 I Nr 14 S 1 lit a-d erfasste Tätigkeiten ausführt, aber die aus der Tätigkeit resultierenden Einnahmen die von § 5 I Nr 14 S 2 bestimmte Grenze von 10% nicht erreichen. Wird die Grenze überschritten, ist ein vollständiger Ausschluss der Steuerbefreiung vorgesehen.³ § 25 ist dann uneingeschränkt anwendbar.

22 **§ 22.** Die begünstigende Rechtsfolge von § 22 (genossenschaftliche Rückvergütung) ist neben § 25 anwendbar. Genossenschaften können durch den steuerwirksamen Betriebsausgabenabzug ihre Einkommensgrenze so bestimmen, dass ihr Einkommen gerade die Grenze von 15.000 EUR erreicht.⁴

23 **§ 24.** Generell gewährt § 24 steuerpflichtigen Körperschaften, Personenvereinigungen und Vermögensmassen einen Freibetrag iHv 5.000 EUR. Nach § 24 S 2 Nr 2 ist der Freibetrag für Vereine nicht vorgesehen, womit eine Geltendmachung von beiden Freibeträgen insoweit ausgeschlossen wird. Für steuerpflichtige Genossenschaften iSd § 25 ergibt sich der Ausschluss des Freibetrags aus § 24 S 2 Nr 1, da deren Leistungen bei den Empfängern zu den Einnahmen iSd § 20 I Nr 1 oder Nr 2 EStG gehören (vgl § 24 Rn 44).

24 **§ 3 Nr 14 GewStG.** Genossenschaften und Vereine, die nach § 25 I den besonderen Freibetrag in Anspruch nehmen können, sind unter denselben Voraussetzungen, aber ohne zeitliche Grenze, von der GewSt befreit. Bei gemeinschaftlicher Tierhaltung (§ 25 II) befreit für die GewSt die Regelung in § 3 Nr 12 GewStG.

25 **§ 156 AO.** Aus Verfahrenssicht sieht § 156 II AO von der Steuerfestsetzung ab, wenn die Kosten der Einziehung einschließlich der Festsetzung außer Verhältnis zu dem festgesetzten Betrag stehen. Demgegenüber setzt § 25 eine Veranlagung zur KSt voraus, weshalb sich beide Vorschriften gegenseitig ausschließen.⁵

26-27 *Einstweilen frei.*

---

1 *Roser* in Gosch § 25 Rn 4.
2 *Wiesmann* in Erle/Sauter § 25 Rn 4.
3 *Burwitz* in H/H/R § 25 Rn 6.
4 *Roser* in Gosch § 25 Rn 12.
5 *Velten* in EY § 25 Rn 4.

V. Voraussetzungen für die Gewährung des Freibetrags. 1. Allgemeines.

Neben den in § 25 I S 1 enthaltenen Anforderungen in persönlicher (vgl Rn 10 ff) und sachlicher Hinsicht (vgl Rn 17 ff) sind die verschiedenen Tatbestandsvoraussetzungen, die zum Abzug des Freibetrags führen, zu unterscheiden:

- Einerseits ist erforderlich, dass eine gemeinschaftliche Nutzungsüberlassung von Flächen und/oder Gebäuden stattfindet (§ 25 I S 2 Nr 1, vgl Rn 29)
- und andererseits der vorgeschriebene Wertvergleich eingehalten wird (§ 25 I S 2 Nr 2, vgl Rn 33 ff);
- des Weiteren können auch Genossenschaften bzw Vereine den Freibetrag in Anspruch nehmen, die gem § 25 II eine gemeinschaftliche Tierhaltung iSd § 51a BewG betreiben (vgl Rn 40).

Einstweilen frei. 29

2. Nutzungsüberlassung (§ 25 I S 2). Vermietung. Die Mitglieder müssen der Genossenschaft oder dem Verein Flächen zur Nutzung oder für die Bewirtschaftung der Flächen erforderliche Gebäude gem § 25 I S 2 Nr 1 überlassen, dh mietweise Überlassung. 30

Entgeltliche oder unentgeltliche Überlassung. Die Überlassung gem § 25 I S 2 Nr 1 kann entgeltlich oder unentgeltlich erfolgen. 31

Keine Pflicht zur Ausführung der Bewirtschaftung auf den Flächen. § 25 I S 2 Nr 1 ist nicht zu entnehmen, dass die Genossenschaft oder der Verein verpflichtet ist, die Bewirtschaftung auf den seitens der Mitglieder bereitgestellten Flächen auszuführen. Der Freibetrag bleibt auch dann bestehen, wenn zusätzlich angepachtete Flächen oder Gebäude genutzt werden.[1] 32

Verhältnis Beteiligung und Überlassung. Nach § 25 I S 2 Nr 2 darf das Beteiligungsverhältnis des einzelnen Mitglieds nicht wesentlich von dem Verhältnis abweichen, in dem die zur Verfügung gestellten Flächen und/oder Gebäude zu dem Wert der insgesamt zur Nutzung bereit gestellten Flächen und/oder Gebäude stehen. 33

Bewertung. Eine Bestimmung dahingehend, welche Werte für die Bewertung der Wirtschaftsgüter anzusetzen sind, nimmt § 25 nicht vor. In Betracht kommen der Einheitswert, gemeine Wert oder der Teilwert. Dabei ist es regelmäßig unerheblich, welcher Wert als Ausgangsgröße gewählt wird. Aufgrund der Verhältnismäßigkeitsprüfung ist vielmehr entscheidend, dass für sämtliche in die Betrachtung einbezogenen Wirtschaftsgüter die gleiche Wertkategorie, dh einheitlich Einheitswerte, gemeine Werte oder Teilwerte angesetzt werden.[2] 34

Wesentliche Abweichung Genossenschaft. Die Gewährung des Freibetrags unterbleibt, wenn das Verhältnis der Beteiligung an der Genossenschaft zu dem gesamten Wert der Geschäftsanteile wesentlich von dem Verhältnis abweicht, welches den Wert der vom jeweiligen Mitglied bereitgestellten Flächen und/oder Gebäuden zu dem Wert der insgesamt zur Verfügung gestellten Flächen und/oder Gebäuden abbildet. 35

---

1 Dötsch in D/J/P/W § 25 Rn 3.
2 So auch *Frotscher* in Frotscher/Maas § 25 Rn 3.

36　**Wesentliche Abweichung Verein.** Für Vereine wird das Wertverhältnis unter Zugrundlegung des Werts des Anteils am Vereinsvermögen, welches dem jeweiligen Mitglied im Zeitpunkt der Auflösung zusteht, berechnet.

37　**Definition der wesentlichen Abweichung.** Ebenso wie im Hinblick auf die fehlenden Angaben zu den anzusetzenden Werteinheiten enthält § 25 I S 2 keine Angaben darüber, was unter einer wesentlichen Abweichung zu verstehen ist. Insoweit werden unterschiedliche prozentuale Grenzen vorgeschlagen. ZT wird vertreten, dass sich die Wesentlichkeitsgrenze an § 17 I EStG aF orientieren soll, der für den wesentlich Beteiligten Gesellschafter eine Beteiligung iHv 25 % forderte. Demnach sind alle zwischen 0 % und 25 % liegenden Abweichungen des Wertverhältnisses als unbeachtlich anzusehen.[1] Andere wollen die Wesentlichkeit an der iRv §§ 9 I, 12 EStG anerkannten Grenze von 10 % orientiert sehen.[2] Ein weiterer Ansatzpunkt wird darin gesehen, eine wesentliche Abweichung immer dann anzunehmen, sofern die über das Werteverhältnis hinausgehende Beteiligung aufgrund der Abweichung als eine kapitalmäßige Beteiligung anzusehen ist.[3] Übereinstimmend wird zumindest bis zu einer Abweichung von 10 % das Wesentlichkeitskriterium als nicht erfüllt angesehen. Unter strikter Beachtung des Wortlauts „nicht wesentlich" von § 25 I S 2 aE ist es sachgerecht und folgerichtig, eine bis zu 10%ige Abweichung als unschädlich zu bewerten. Hierfür spricht auch die Tatsache, dass dem direkten Steuerrecht sowohl auf nationaler als auch unionsrechtlicher Ebene keine anderen Konstellationen zu entnehmen sind, welche bei Wesentlichkeitsfragen die Grenze bei weniger als 10 % festsetzen. Warum das Gesetz hier eine strengere Wertung vornehmen sollte, lässt sich nicht ersehen. Bei einer bis zu 25%igen Abweichung lassen sich uE gerechte Ergebnisse in Form von Einzelfallbetrachtungen gewährleisten. Darüber hinausgehende Abweichungen sind stets als wesentlich zu behandeln.

38-39　*Einstweilen frei.*

40　**3. Gemeinschaftliche Tierhaltung (§ 25 II).** § 25 II eröffnet den Freibetrag auch für steuerpflichtige Genossenschaften und steuerpflichtige Vereine, die eine gemeinschaftliche Tierhaltung iSd § 51a BewG ausüben. Anders als im Anwendungsbereich von § 25 I erfordert § 51a I S 1 BewG, dass die Mitglieder selbst Land- und Forstwirtschaft betreiben. Dagegen ist aufgrund der eindeutigen Verweisung auf § 25 I S 1 für die gemeinschaftliche Tierhaltung nicht maßgeblich, dass Flächen und/oder Gebäude bereitgestellt werden bzw das von § 25 I S 2 aE vorgegebene Werteverhältnis beachtet wird.[4]

41　*Einstweilen frei.*

42　**4. Rechtsfolge (§ 25 I S 1). Abzug bei der Ermittlung des zu versteuernden Einkommens.** § 25 I S 1 enthält zudem die Rechtsfolge der Vorschrift. Hiernach ist der Freibetrag von dem nach § 8 I zu bestimmenden Einkommen abzuziehen; der Differenzbetrag stellt das zu versteuernde Einkommen gem § 7 II dar. Der Abzug des

---

1　*Söffing*, FR 1974, 286; so auch *Roser* in Gosch § 25 Rn 8; *Velten* in EY § 25 Rn 11.
2　*Burwitz* in H/H/R § 25 Rn 14.
3　*Dötsch* in D/J/P/W § 25 Rn 5; *Wiesmann* in Erle/Sauter § 25 Rn 9.
4　*Schlenker* in Blümich § 25 Rn 12.

V. Voraussetzungen für die Gewährung des Freibetrags

Freibetrags betrifft die letzte Stufe der Ermittlung des zu versteuernden Einkommens. Etwaige Erhöhungen und Verminderungen des Einkommens, inkl des Verlustabzugs gem § 10d EStG sind vorzunehmen, bevor der Freibetrag von dem verbleibenden positiven Einkommen abgezogen wird (R 29 I KStR und § 24 Rn 7).

Kein Wahlrecht. § 25 I S 1 ist nicht als Wahlrecht ausgestaltet; dh der Abzug ist von Amts wegen zu vollziehen.   43

Positives Einkommen. In sachlicher Hinsicht kann der Freibetrag nur dann zum Tragen kommen, wenn überhaupt ein positives Einkommen erzielt wird. Ab einem Einkommen von mindestens 15.000 EUR kann der Freibetrag vollständig in Anspruch genommen werden.   44

Kein negatives Einkommen in Folge des Abzugs. Ein negatives Einkommen kann durch die Berücksichtigung des Freibetrags nicht entstehen.[1]   45

Nichtveranlagung. Übersteigt das Einkommen in einem begünstigten VZ den Freibetrag von 15.000 EUR nicht, unterbleibt die Veranlagung. Auf Antrag ist eine Nichtveranlagungsbescheinigung zu erteilen (vgl R 73 KStR 2004).   46

Einstweilen frei.   47-48

---

1   *Burwitz* in H/H/R § 25 Rn 11.

§ 26 Besteuerung ausländischer Einkunftsteile

(1) Bei unbeschränkt Steuerpflichtigen, die mit ausländischen Einkünften in dem Staat, aus dem die Einkünfte stammen, zu einer der deutschen Körperschaftsteuer entsprechenden Steuer herangezogen werden, ist die festgesetzte und gezahlte und um einen entstandenen Ermäßigungsanspruch gekürzte ausländische Steuer auf die deutsche Körperschaftsteuer anzurechnen, die auf die Einkünfte aus diesem Staat entfällt.

(2) bis (5) (weggefallen)

(6) [1]Vorbehaltlich der Sätze 2 und 3 sind § 34c Abs. 1 Satz 2 bis 5 und Abs. 2 bis 7 des Einkommensteuergesetzes und § 50 Abs. 6 des Einkommensteuergesetzes entsprechend anzuwenden; in den Fällen des § 8b Abs. 1 Satz 2 und 3 sind vorbehaltlich der Sätze 2 und 3 § 34c Abs. 1 bis 3 und 6 Satz 6 des Einkommensteuergesetzes sowie § 50 Abs. 6 des Einkommensteuergesetzes entsprechend anzuwenden. [2]Bei der Anwendung des § 34c Abs. 1 Satz 2 des Einkommensteuergesetzes ist der Berechnung der auf die ausländischen Einkünfte entfallenden inländischen Körperschaftsteuer die Körperschaftsteuer zugrunde zu legen, die sich ohne Anwendung der §§ 37 und 38 ergibt. [3]Bei der entsprechenden Anwendung des § 34c Abs. 2 des Einkommensteuergesetzes ist die ausländische Steuer abzuziehen, soweit sie auf ausländische Einkünfte entfällt, die bei der Ermittlung der Einkünfte nicht außer Ansatz bleiben. [4]Soweit die in Artikel 6 der Richtlinie 2003/49/EG des Rates vom 3. Juni 2003 über eine gemeinsame Steuerregelung für Zahlungen von Zinsen und Lizenzgebühren zwischen verbundenen Unternehmen verschiedener Mitgliedstaaten (ABl. EU Nr. L 157 S. 49), zuletzt geändert durch die Richtlinie 2004/76/EG des Rates vom 29. April 2004 zur Änderung der Richtlinie 2003/49/EG (ABl. EU Nr. L 157 S. 106, Nr. L 195 S. 33), festgelegten Sätze der Quellensteuer für Zinsen und Lizenzgebühren, die aus Griechenland, Lettland, Litauen, Polen, Portugal, Slowakei, Spanien oder der Tschechischen Republik stammen, niedriger sind als die in den Abkommen zur Vermeidung der Doppelbesteuerung mit diesen Staaten dafür festgelegten Sätzen, ist auf Grund des § 34c Abs. 6 in Verbindung mit § 34c Abs. 1 des Einkommensteuergesetzes die Quellensteuer höchstens zu den nach den Richtlinien festgelegten Sätzen anzurechnen. [5]§ 34c Abs. 6 Satz 3 des Einkommensteuergesetzes ist bei den aus einem Mitgliedstaat der Europäischen Union stammenden Einkünften auch auf Einkünfte anzuwenden, die nach den Richtlinien nicht besteuert werden können. [6]Eine Zahlung, die von einem Unternehmen der in Satz 3 genannten Staaten oder von einer in diesen Staaten gelegenen Betriebsstätte eines Unternehmens eines Mitgliedstaates der Europäischen Union als Schuldner erfolgt, gilt als aus dem betreffenden Mitgliedstaat der Europäischen Union stammend, wenn die Einkünfte nach Artikel 6 der Richtlinie in dem Mitgliedstaat der Europäischen Union besteuert werden können. [7]Soweit ein Abkommen zur Vermeidung der Doppelbesteuerung mit einem dieser Staaten bei Zinsen oder Lizenzgebühren die Anrechnung einer als gezahlt geltenden Steuer vorsieht, ist die Anrechnung bei den unter die Richtlinie fallenden Zinsen und Lizenzgebühren letztmals für den Veranlagungszeitraum zu gewähren, in dem dieser Staat nach Artikel 6 der Richtlinie hierauf noch Quellensteuern erheben kann. [8]Werden die aus den in Satz 3 genannten Staaten stammenden Zinsen oder Lizenzgebühren an eine in der Bundesrepublik Deutschland gelegene Betriebsstätte eines Unternehmens eines anderen Mitgliedstaates der Europäischen Union gezahlt, sind bei Anwendung des § 50 Abs. 6 des Einkommensteuergesetzes die Zinsen und Lizenzgebühren als ausländische Einkünfte anzusehen. [9]Eine Steueranrechnung erfolgt höchstens zu den in Artikel 6 der Richtlinie genannten Sätzen. [10]Die Sätze 1 bis 8 sind im Fall der Besteuerung nach Artikel 15 Abs. 2 Satz 2 des Abkommens zwischen der Europäischen Gemeinschaft und der Schweizerischen Eidgenossenschaft über Regelungen, die den in der Richtlinie 2003/48/

EG des Rates im Bereich der Besteuerung von Zinserträgen festgelegten Regelungen gleichwertig sind (ABl. EU 2004 Nr. L 385 S. 30), entsprechend anzuwenden.

R 74 KStR; Abschn 76 KStR 1995; R 34c EStR

Übersicht

	Rn
I. Regelungsgehalt der Norm	1 – 2
II. Rechtsentwicklung	3 – 4
III. Normzweck und Anwendungsbereich	5 – 61
1. Bedeutung der Norm	5 – 20
2. Verhältnis zu anderen Vorschriften	21 – 61
a) Allgemeines	21 – 22
b) DBA	23 – 25
c) KStG	26 – 30
d) EStG	31 – 37
e) AStG	38 – 43
f) UmwStG	44 – 46
g) InvStG	47 – 48
h) Verfassungsrecht	49 – 50
i) Unionsrecht	51 – 61
IV. Anrechnung ausländischer Steuern (§ 26 I)	62 – 275
1. Persönlicher Anwendungsbereich	62 – 77
2. Sachlicher Anwendungsbereich	78 – 171
a) Anwendbarkeit unter den DBA	78 – 85
b) Ausländische Einkünfte	86 – 100
c) Identität der Einkünfte (Steuerobjektidentität)	101 – 118
d) Steuern des Herkunftsstaates	119 – 128
e) Vergleichbarkeit mit der deutschen KSt	129 – 138
f) Definitive ausländische Steuerbelastung	139 – 148
g) Kürzung des Ermäßigungsanspruchs	149 – 166
h) Besteuerungszeitraum	167 – 171
3. Anrechnungshöchstbetrag	172 – 251
a) Allgemeines	172 – 178
b) Ausländische Einkünfte	179 – 199
c) Im wirtschaftlichen Zusammenhang stehende Betriebsausgaben (§ 34c I S 4 EStG)	200 – 228
d) Summe der Einkünfte	229 – 239
e) Deutsche KSt	240 – 244

f) Höchstbetragsermittlung pro Staat
(per-country-limitation) .... 245 – 251
4. Rechtsfolgen .... 252 – 262
5. Anrechnung bei Zins- und Lizenzeinkünften
aus EU-Staaten .... 263 – 275
V. Abzug der Steuer auf Antrag (§ 26 VI S 1 iVm
§ 34c II EStG) .... 276 – 305
1. Allgemeines .... 276 – 278
2. Voraussetzungen .... 279 – 296
3. Rechtsfolgen .... 297 – 305
VI. Abzug der Steuer bei Nichterfüllung der Anrechnungs-
voraussetzungen (§ 26 VI S 1 iVm § 34c III EStG) .... 306 – 333
1. Allgemeines .... 306 – 308
2. Voraussetzungen .... 309 – 318
3. Einzelne Fälle des Steuerabzugs von Amts wegen .... 319 – 326
4. Rechtsfolgen .... 327 – 333
VII. Erlass und Pauschalierung (§ 26 VI S 1 iVm § 34c V EStG) ..... 334 – 343
VIII. Beschränkt Steuerpflichtige (§ 50 III EStG) .... 344 – 356
IX. Verfahrensrecht .... 357 – 363

1 **I. Regelungsgehalt der Norm.** § 26 enthält Vorschriften zur Vermeidung (bzw Minderung) der Doppelbesteuerung beim Bezug ausländischer Einkünfte. Zunächst regelt § 26 I die Anrechnung ausländischer Steuern. Ergänzend hierzu enthält § 26 VI eine Vielzahl von Verweisen auf § 34c I EStG, um die Einzelheiten bei der technischen Ausgestaltung der Anrechnung ausländischer Steuern zu regeln. Weiterhin gelten nach § 26 VI S 1 über den Verweis auf § 34c II-V EStG zum einen die Regelungen über den Abzug und Erlass ausländischer Steuern entsprechend. Im Falle eines bestehenden DBA richtet sich zum anderen aufgrund des § 26 VI S 1 die Anwendung der Anrechnungsmethode entsprechend der Vorgaben des § 34c VI EStG. Im Falle der Erhöhung oder Minderung der KSt gem §§ 37, 38 enthält § 26 VI S 2 eine Regelung zur Korrektur der KSt. In § 26 VI S 4-9 finden sich Sonderregelungen für ausländische Steuern, die auf Zins- und Lizenzzahlungen erhoben werden und der Zins- und Lizenzgebühren-RL unterfallen. § 26 VI S 10 berücksichtigt, dass der territoriale Anwendungsbereich dieser RL mittlerweile auf die Schweiz erweitert wurde. Schließlich ist die Erweiterung des Anwendungsbereichs des § 26 insbesondere durch § 50 III EStG zu beachten (zum insofern falschen Verweis auf § 50 VI EStG vgl Rn 346). Aufgrund der diversen Verweise bzw Verweisketten stellt § 26 eine überaus komplexe Regelung dar.

2 *Einstweilen frei.*

II. Rechtsentwicklung

II. Rechtsentwicklung. Die Anrechnung ausländischer Steuer wurde erstmalig ab dem VZ 1957 gesetzlich in § 34c EStG und § 19a mit dem Gesetz zur Änderung des Einkommensteuergesetzes und des Körperschaftsteuergesetzes v 5.10.1956[1] geregelt. Durch das Gesetz zur Wahrung der steuerlichen Gleichmäßigkeit bei Auslandsbeziehungen und zur Verbesserung der steuerlichen Wettbewerbslage bei Auslandsinvestitionen v 8.9.1972[2] wurde die Vorschrift um die indirekte Anrechnung erweitert und mit dem Körperschaftsteuerreformgesetz v 31.8.1976[3] in den heutigen § 26 übernommen.

Ab dem VZ 1984 wurde durch das StEntlG 1984 v 22.12.1983[4] die Beteiligungsgrenze für die indirekte Körperschaftsteueranrechnung von 25 % auf 10 % reduziert. Mit dem Steuerreformgesetz 1990 v 25.7.1988[5] wurde mit § 26 VIII aF eine Vorschrift eingefügt, welche die Berücksichtigung ausschüttungsbedingter Gewinnminderungen einschränkte. § 26 IIa aF, eingeführt durch das StÄndG 1992 v 25.2.1992[6], regelte die indirekte Steueranrechnung zur Umsetzung der MTRL. Beschränkt steuerpflichtigen Körperschaften wurde mit dem § 26 VII aF, eingefügt durch das StandOG v 13.9.1993[7], die Möglichkeit zur Steueranrechnung eingeräumt. Der bisherige § 26 VII aF wurde zusammen mit § 26 VIII in den damaligen § 8b überführt. IRd StBereinG 1999 v 19.12.1999[8] wurde § 26 VI S 4 eingefügt, der eine missbräuchliche Inanspruchnahme des § 34c III EStG verhindern sollte.

Mit Aufgabe des Anrechnungsverfahrens bzw der Freistellung der Dividendeneinkünfte ausländischer TG gem § 8b I war ab dem VZ 2001 auch eine Änderung der Vorschriften über der Anrechnung ausländischer Steuern (insbesondere in Bezug auf die indirekte Steueranrechnung) verbunden, so dass § 26 II-V und VII mit dem StSenkG v 23.10.2000 ersatzlos aufgehoben wurden.[9] Die Änderungen des StVergAbG v 16.5.2003[10], durch welche in § 34c I S 3 und 4 EStG sowie § 26 VI S 3 Regelungen zur Ermittlung des Anrechnungshöchstbetrags eingefügt wurden, hat für die Steueranrechnung nach § 26 ebenso Bedeutung. Durch das EG-Amtshilfe-Anpassungsgesetz v 2.12.2004[11] wurde § 26 VI um die S 3-8 (nun mehr S 4-9) ergänzt, um die nach der Zins- und Lizenzgebühren-RL bestehenden Berechtigungen zur Reduktion von Quellensteuern auf bestimmte Zins- und Lizenzzahlungen innerhalb der EU auch bei der Steueranrechnung zu berücksichtigen. Die Erweiterung des Anwendungsbereichs dieser Regelung in § 26 VI S 9 (nun S 10) auf die Schweiz erfolgte durch das StÄndG v 19.7.2006.[12]

---

1 BStBl I 1956, 433.
2 BStBl I 1972, 450.
3 BStBl I 1976, 445.
4 BStBl I 1984, 14.
5 BStBl I 1988, 224.
6 BGBl I 1992, 297.
7 BGBl I 1993, 774.
8 BGBl I 1999, 2601.
9 BGBl I 2000, 1433.
10 BGBl I 2003, 661.
11 BStBl I 2004, 1148.
12 BStBl I 2006, 432.

Mit dem JStG 2007 v 13.12.2006[1] wurde in § 26 I klargestellt, dass für die Ermittlung des Anrechnungsbetrags ein entstandener Ermäßigungsanspruch von der ausländischen Steuer zu kürzen ist. Gleichzeitig wurde mit § 26 VI S 3 klargestellt, dass eine ausländische Steuer nur von der Bemessungsgrundlage abzuziehen ist, soweit die entsprechenden ausländischen Einkünfte nicht außer Ansatz bleiben. Daneben wurde mit § 26 VI S 1 Hs 2 die Steueranrechnung geregelt, soweit im Falle der Anwendung des Korrespondenzprinzips gem § 8b I S 2 ff Dividendeneinkünfte nicht steuerbefreit sind. Der zeitgleich eingeführte § 34c VI S 5 EStG sieht ebenfalls im Falle der Einschränkung einer abkommensrechtlichen Befreiung aufgrund des § 50d IX EStG eine Anrechnung ausländischer Steuern vor.

4 *Einstweilen frei.*

5 **III. Normzweck und Anwendungsbereich. 1. Bedeutung der Norm. Unilaterale Vermeidung der Doppelbesteuerung.** Auch wenn aus der Überschrift nicht ausdrücklich ablesbar („Besteuerung ausländischer Einkünfte"), enthält § 26 I, VI iVm § 34c EStG die unilateralen Vorschriften zur Vermeidung der Doppelbesteuerung insbesondere im Wege der Anrechnung ausländischer Steuern (zum Abzug und Erlass vgl Rn 17 f). Dh die Regelung ist zunächst für den Fall, dass mit einem ausländischen Staat kein DBA besteht, die Basis, um eine etwaige bestehende Doppelbesteuerung zu verhindern bzw zu mildern. Aber auch für den Fall, dass ein DBA die Vermeidung der Doppelbesteuerung im Wege der Anrechnungsmethode anordnet, hat sie Bedeutung (vgl Rn 13 und 21).

6 **Notwendigkeit.** Die Notwendigkeit zur Vermeidung der Doppelbesteuerung ergibt sich zunächst aus der (völkerrechtlich zulässigen)[2] Besteuerung des Welteinkommens von unbeschränkt Steuerpflichtigen. Denn die ausländischen Einkünfte werden im Ausland aufgrund der territorialen Anknüpfung der Einkunftsquelle regelmäßig ebenso iRd beschränkten Steuerpflicht besteuert. Soweit ein Staat hingegen eine rein territoriale Besteuerung vollzieht, wird dem Entstehen einer Doppelbesteuerung bereits vorgebeugt. Dies erklärt auch, warum iRd beschränkten Steuerpflicht eine Steueranrechnung regelmäßig nicht vorgesehen wird (vgl jedoch ausnahmsweise zur Steueranrechnung bei Betriebsstätten Rn 344 ff). Denn die Verpflichtung zur Steueranrechnung ergibt sich in diesen Fällen primär für einen ausländischen Staat, der in Anwendung des Welteinkommensprinzips auf die in einem anderen Hoheitsgebiet belegenen Einkunftsquellen zugreift.

7 **Territoriale Besteuerung iRd GewSt.** IRd GewStG erfolgt zumindest für Betriebsstätteneinkünfte aufgrund des § 2 II iVm § 9 Nr 3 GewStG eine auf das deutsche Territorium beschränkte Besteuerung. Dies mag erklären, warum für diese Steuer trotz der abkommensrechtlich eigentlich bestehenden Verpflichtung keine Steueranrechnung gewährt wird (vgl Rn 302). Diese Beschränkung ist dennoch nicht konsequent, da andere ausländische Einkunftsquellen wie zB Zins- und Lizenzeinkünfte sowie Dividenden (soweit nicht § 9 Nr 7 GewStG eine Kürzung anordnet) weiterhin in den inländischen Gewerbeertrag eingehen. Hier besteht angesichts der gestiegenen Bedeutung der GewSt dringender Handlungsbedarf.[3]

---

1 BStBl I 2007, 28.
2 *Prokisch* in K/S/M § 34c Rn A 4.
3 *Haas*, IStR 2011, 353, 358; *Schnitger*, IStR 2011, 653, 655 f.

III. Normzweck und Anwendungsbereich

Freistellungs- versus Anrechnungsmethode. Die Vermeidung der Doppelbesteuerung kann entweder durch Freistellung der Einkünfte (Freistellungsmethode) oder durch Anrechnung der ausländischen Steuern (Anrechnungsmethode) vollzogen werden. Während die Steueranrechnung in § 26 I iVm § 34c I EStG geregelt ist, findet sich die Freistellung von Einkünften nicht im KStG. Sie ist stattdessen in den deutschen DBA für bestimmte Einkunftsarten geregelt. Beide Methoden haben Vor- und Nachteile. So kann die Freistellungsmethode (etwa bei Qualifikationskonflikten) zur fiskalisch unerwünschten Nichtbesteuerung von Einkünften führen. Zudem kann bei der Freistellungsmethode die Nichtberücksichtigung (negativer) ausländischer Betriebsstätteneinkünfte zu unionsrechtlichen Verwerfungen führen (vgl § 8 Rn 95). Dennoch gewährleistet die Freistellungsmethode bzw die damit verbundenen Kapitalimportneutralität (vgl Rn 10) einen gewichtigen Beitrag zum Erhalt der Wettbewerbsfähigkeit deutscher Unternehmen auf ausländischen Märkten und stellt ein vergleichsweise einfaches System zur Vermeidung der Doppelbesteuerung dar.[1] Bei der Anrechnungsmethode kann es in Folge des Anrechnungshöchstbetrags sowie der Höhe der inländischen KSt hingegen zu einer Begrenzung der anrechenbaren Steuern kommen (vgl Rn 172 und 252). Dieses Problem wird durch das dualistische Besteuerungssystem Deutschlands bei gewerblichen Einkünften noch verstärkt; denn auf die GewSt ist eine Anrechnung ausländischer Steuern nicht vorgesehen (vgl oben Rn 7 sowie Rn 258). Schließlich mangelt es an der Möglichkeit eines Vor- und Rücktrags von Anrechnungsüberhängen innerhalb des § 26 iVm § 34c EStG (vgl Rn 175 und 256). Diese bestehenden Mängel halten den Gesetzgeber jedoch nicht davon ab, zunehmend in DBA oder innerstaatlich iRe „Treaty-Override" von der Freistellungs- auf die Anrechnungsmethode zu wechseln (vgl Rn 16). Vor diesem Hintergrund sollte der Gesetzgeber sich dringend dem bestehenden Reformbedarf des § 26 iVm § 34c EStG stellen, um seine Vorschriften zur Anrechnung ausländischer Steuern auf einen modernen Stand zu bringen, wie er in anderen Staaten bereits seit geraumer Zeit besteht.[2]

Wirtschaftliche versus juristische Doppelbesteuerung. Man unterscheidet zwischen den Begriffen der wirtschaftlichen und der juristischen Doppelbesteuerung. Letztere zielt allein darauf ab, dass ein und dasselbe Steuersubjekt in Bezug auf dieselben Einkünfte nicht mehrfach belastet wird, während erstere die Doppelbesteuerung der Einkünfte bei mehreren Steuersubjekten vermeidet oder mindern will. § 26 regelt nach der Aufgabe des Anrechnungssystems nunmehr ausschließlich die Vermeidung der juristischen Doppelbesteuerung. Vorher enthielten § 26 II-V und VII die Möglichkeit der indirekten Steueranrechnung über mehrere Stufen, was der Vermeidung der wirtschaftlichen Doppelbesteuerung diente.[3]

Kapitalimportneutralität. Die Freistellungsmethode bewirkt, dass die Einkünfte aus einem ausländischen Staat nur mit den dort anfallenden Steuern belastet werden. Dies gewährleistet die Wettbewerbsneutralität zwischen deutschen und ausländischen Investoren und führt damit zur Gleichbehandlung des im ausländischen Staat eingesetzten Kapitals („Kapitalimportneutralität").

---
1 *Lüdicke*, Überlegungen zur deutschen DBA-Politik, 2008, S 63 f.
2 *Schnitger*, IStR 2011, 653, 656.
3 *Siegers* in D/J/P/W § 26 Rn 5.

11 **Kapitalexportneutralität.** Die Anrechnungsmethode bewirkt hingegen, dass die Steuerbelastung auf den inländischen KSt-Satz „hochgeschleust" wird. Dies gewährleistet die Wettbewerbsneutralität deutscher Investoren untereinander und führt damit zur Gleichbehandlung des aus Deutschland heraus eingesetzten Kapitals („Kapitalexportneutralität").

12 **Tarifvorschrift.** Da durch die Anrechnung die Höhe der deutschen KSt beeinflusst wird, ist § 26 grundsätzlich Teil der Tarifvorschriften (zur formalrechtlichen Bedeutung Rn 357). In Folge der Verweisung in § 26 VI hat die Vorschrift aber auch Auswirkungen auf die Einkommensermittlung (vgl Rn 17).

13 **Deutsche Abkommenspraxis.** In der deutschen Abkommenspraxis finden sich im sog Methodenartikel (Art 23 OECD-MA) sowohl die Freistellungs- als auch die Anrechnungsmethode wieder. Dem Methodenartikel vorgeschaltet sind jedoch die sog Verteilungsnormen (Art 6-21 OECD-MA), die teilweise dem Quellenstaat der Einkünfte das alleinige Besteuerungsrecht zuweisen bzw das Besteuerungsrecht des anderen Staates ausschließen und damit im Ergebnis eine Verpflichtung zur Steuerfreistellung für den Ansässigkeitsstaat begründen. Im Gegensatz hierzu ist die Freistellungsmethode im Methodenartikel häufig mit Aktivitäts- (vgl Rn 14) und sog Rückfallklauseln (vgl Rn 15) ausgestattet, die bei Nichterfüllung bestimmter Voraussetzungen zum Wegfall der Freistellungs- und Anwendung der Anrechnungsmethode führen. Vergleichbare Regelungen sind in den Verteilungsnormen grundsätzlich nicht zu finden.

14 **Aktivitätsvorbehalte.** In deutschen Abkommen finden sich häufig sog Aktivitätsvorbehalte, welche die Steuerfreistellung von Betriebsstätteneinkünften bzw die Anwendung des abkommensrechtlichen Schachtelprivilegs von der Existenz bestimmter aktiver Tätigkeiten im Ausland abhängig machen. Hierbei wird teilweise im DBA eine eigenständige Definition von aktiven Einkünften gewählt (vgl zB Protokoll 6 lit b DBA China). Überwiegend wird jedoch in den Aktivitätsvorbehalten auf die Erfüllung des Aktivitätskatalogs in § 8 I AStG abgestellt. Dabei findet sich entweder ein statischer Verweis auf die zum Zeitpunkt des Vertragsabschlusses geltende Fassung des § 8 I AStG (zB in Art 24 I Nr 1b DBA-Schweiz) oder es wird ohne weitere Begrenzung dynamisch auf die jeweils geltende Fassung des § 8 I AStG verwiesen (zB in Art 23 II lit c DBA Russland).

15 **Rückfallklauseln.** In den deutschen DBA finden sich weiterhin verschiedene sog Rückfallklauseln, nach denen ein dem anderen Staat gewährtes Besteuerungsrecht an Deutschland zurückfällt oder Deutschland eine Freistellung nach dem Methodenartikel nicht gewähren muss. Diese Rückfallklauseln finden sich in der Form von

- „Subject-to-tax"-Klauseln (die Freistellung wird nur gewährt, soweit die Einkünfte im Quellenstaat einer Besteuerung unterliegen); zB in Art 23 II S 2 DBA USA aF sowie Protokoll 16 lit d DBA Italien;[1]

---

1 BFH I R 96/06, BStBl II 2008, 953 in Aufhebung von BFH I R 158/90, BStBl II 1992, 660.

III. Normzweck und Anwendungsbereich

- „Switch-over"-Klauseln (Wechsel von der Freistellung zur Anrechnung, wenn Einkünfte zB nicht oder nur geringer besteuert werden und dies auf einem Qualifikationskonflikt beruht); zB Art 23 IV lit b DBA USA.[1]

„Treaty-Override". Auch im nationalen Recht finden sich in zunehmend Vorschriften, die sich über die Regelungen der DBA hinwegsetzen („Treaty-Override")[2] und die Freistellungsmethode für unanwendbar erklären, wie:

- § 50d VIII EStG (keine Steuerfreistellung bei unbeschränkt Steuerpflichtigen mit Einkünften aus nichtselbständiger Arbeit);
- § 50d IX EStG (keine Steuerfreistellung bei Qualifikationskonflikten sowie Nichtbesteuerung im Quellenstaat);
- § 20 II AStG (Wechsel zur Anrechnungsmethode bei niedrigbesteuerten, passiven ausländischen Betriebsstätteneinkünften).

In diesen Fällen wird die Doppelbesteuerung durch die Anrechnung ausländischer Steuer vermieden. In der Vergangenheit wurde ein Treaty-Override für zulässig erachtet, sofern der Gesetzgeber den Vorrang des späteren innerstaatlichen Rechts bei Erlass des Gesetzes klar zum Ausdruck bringt.[3] Seit der Görgülü-Entscheidung[4] bestehen jedoch verfassungsrechtliche Zweifel, inwieweit der deutsche Staat unilateral die völkerrechtlich vereinbarte Steuerbegünstigung wieder aufheben kann.[5]

Steuerabzug. Der über § 26 VI S 1 iVm § 34c II und III EStG alternativ zur Steueranrechnung mögliche Abzug ausländischer Steuer (hierzu Rn 276 ff und 306 ff) hat ergänzende Funktion. Hierdurch wird insbesondere verhindert, dass eine aufgrund der engen Voraussetzungen des § 26 I iVm § 34c I EStG nicht anrechenbare ausländische Steuer gänzlich unberücksichtigt bleibt. Eine Methode zur vollständigen Vermeidung einer Doppelbesteuerung stellt die Vorschrift jedoch nicht dar. Systematisch wird mit dem Steuerabzug auch der Bereich der Tarifvorschriften verlassen, da sich dieser eben nicht auf die festzusetzende KSt, sondern nur auf die Einkommenshöhe auswirkt (vgl Rn 361).

Erlass und Pauschalierung. Der in § 26 VI S 1 iVm § 34c V EStG geregelte Erlass und die Pauschalierung deutscher USt (hierzu Rn 334 ff) auf ausländische Einkünfte hat als Maßnahme der Wirtschaftsförderung lenkungswirtschaftliche Funktion. Damit stellt der Erlass auch nur bedingt eine Methode zur Vermeidung der Doppelbesteuerung dar. In der Praxis spielt die Erlassmöglichkeit nur eine untergeordnete Rolle.

Einstweilen frei.

---

1 Hierzu BFH I R 81/09, BFH/NV 2010, 1550.
2 Zur Zulässigkeit eines Treaty-Override BFH I R 120/93, BStBl II 1995, 129 ff.
3 *Weigell* in FS für Sebastian Spiegelberger, Vertragsgestaltung im Zivil- und Steuerrecht, 2009, S 575; *Pahlke* in Pahlke/Koenig § 2 AO Rn 20; *Seer*, IStR 1997, 481; BFH I R 79/96, BStBl II 1998, 713.
4 BVerfG 2 BvR 1481/04, BVerfGE 11, 307.
5 *Vogel*, IStR 2005, 29; *Weigell*, IStR 2009, 636; *Gosch*, IStR 2008, 413; *Gebhardt/Quilitzsch*, IStR 2011, 169. Zu § 20 II AStG FG Baden-Württemberg 11 V 2885/09 (rkr und nv) sowie zu § 50d IX EStG BFH I R 46/10, DB 2011, 2413.

21 **2. Verhältnis zu anderen Vorschriften. a) Allgemeines.** § 26 ist dadurch gekennzeichnet, dass der Regelungsgehalt eine Reihe von Verweisen auf andere Vorschriften wie insbesondere den § 34c EStG enthält. Auch wenn die Methodik des Verweises grundsätzlich ein geeignetes Mittel zur Vermeidung von Wiederholungen und zur Gewährleistung effizienter Regelungen ist, muss die hierdurch einhergehende Komplexität für den Rechtsanwender zumindest im Falle des § 26 als nicht mehr hinnehmbar gewertet werden. So finden sich eine Reihe von Sondervorschriften, wie zB bei der Steueranrechnung für Kapitaleinkünfte iSd § 32d I und III-VI EStG (vgl Rn 174, 195 und 268), deren Verweise ins Leere gehen. Umgliederungen in anderen Vorschriften, wie zB bei der Anrechnung ausländischer Steuern bei Betriebsstätten, werden iRd § 26 iVm § 34c EStG nicht nachvollzogen, so dass sich die Frage der weiterhin bestehenden Möglichkeit der Steueranrechnung für diese Fälle stellt (vgl Rn 346). Es drängt sich daher der Eindruck auf, dass auch der Gesetzgeber den Regelungsgehalt der Norm nicht mehr durchdringt. Neben der an vielen Stellen gebotenen inhaltlichen Erweiterung der Anrechnungsmethode (zB bei der Erweiterung der Definition ausländischer Einkünfte oder der Einführung der Möglichkeit des Rück- und Vortrags eines Anrechnungsüberhangs) wäre daher auch dringend eine technische Neuausrichtung und Bereinigung der in § 26 iVm § 34c EStG enthaltenen Verweise geboten.

22 *Einstweilen frei.*

23 **b) DBA. Anwendbarkeit der Anrechnungs- und Abzugsmethode.** Falls eine gem § 2 AO vorrangige Regelung des DBA das Besteuerungsrecht Deutschlands ausschließt, ist auch die Anwendung der Anrechnungs- und Abzugsmethode gem § 26 VI S 1 iVm § 34 VI S 1 und 2 EStG ausgeschlossen. Sieht das DBA hingegen eine Anrechnung ausländischer Steuern vor, eröffnet § 26 VI S 1 iVm § 34 VI S 2 EStG den Anwendungsbereich der nach innerstaatlichem Recht vorgesehenen Anrechnungs- und Abzugsmethode.

24 **Durchführung der Anrechnungsmethode.** Weiterhin lassen sich in den DBA zwei Varianten unterscheiden: Entweder das DBA verweist für die Anrechnung explizit auf das deutsche Recht (zB Art 24 I lit b DBA Dänemark) oder ein solcher Verweis ist nicht enthalten (zB 20 I lit c DBA Frankreich).[1] In beiden Fällen ergänzen jedoch nach hM die unilateralen Regelungen des § 26 iVm § 34c I EStG das DBA-Recht nur in Bezug auf die Frage, „wie" die Anrechnung durchgeführt werden muss (zu den Auswirkungen von DBA bei der Anwendung der Anrechnungsmethode vgl jedoch Rn 125, 136, 145, 159, 173, 248); „ob" eine Anrechnung vorzunehmen ist, wird durch die DBA vorgegeben.[2]

25 *Einstweilen frei.*

26 **c) KStG. Einkünfteermittlung (§ 8).** § 8 I hat iRd § 26 I, VI iVm § 34c I S 2 EStG Bedeutung, da die ausländischen Einkünfte nach deutschen Einkünfteermittlungsvorschriften zu ermitteln sind.[3]

---

[1] Übersicht bei *Vogel* in Vogel/Lehner Art 23 DBA Rn 171.
[2] ZB *Dötsch/Pung* in D/J/P/W § 8b Rn 48; *Siegers* in D/J/P/W § 26 Rn 28; *Frotscher* in Frotscher/Maas § 26 Rn 109; *Lieber* in H/H/R § 26 Rn 5.
[3] ZB BFH I R 42/93, BStBl II 1994, 799.

III. Normzweck und Anwendungsbereich

Gewinnanteil des Komplementärs eine KGaA (§ 9 I Nr 1). Zur Behandlung des Gewinnanteils des Komplementärs einer KGaA gem § 9 I Nr 1 bei der Ermittlung des Anrechnungshöchstbetrags vgl Rn 189. **27**

Nichtabziehbare Aufwendungen (§ 10 Nr 2). Bei der Steueranrechnung ergeben sich in Bezug auf § 10 Nr 2 keine Besonderheiten. Im Falle des Steuerabzugs gem § 26 VI S 1 iVm § 34c II und III EStG sind ausländische Steuern bei der Ermittlung der Einkünfte jedoch als Betriebsausgabe abziehbar. Die Vorschrift stellt damit eine Ausnahme von § 10 Nr 2 dar, welche grundsätzlich die Nichtabzugsfähigkeit von Steuern auf das Einkommen anordnet.[1] **28**

Freibeträge (§§ 24, 25). Die in §§ 24 und 25 enthaltenen Freibeträge sind bei der Ermittlung des Anrechnungshöchstbetrags nicht mindernd zu berücksichtigen, da diese erst bei der Ermittlung des Einkommens ansetzen (vgl § 24 Rn 7 und § 25 Rn 42), während § 26 I, VI iVm § 34c I S 2 EStG nur auf die ausländischen Einkünfte bzw die Summe der Einkünfte Bezug nimmt.[2] **29**

Einstweilen frei. **30**

d) EStG. Verlustausgleichsbeschränkungen (§§ 2a, 15, 15 IV, 15b EStG). Die in §§ 2a, 15 EStG geregelten Verlustausgleichsbeschränkungen gelten nach überwiegender Auffassung ebenfalls bei der Bestimmung der ausländischen Einkünfte iRd Ermittlung des Anrechnungshöchstbetrags (H 34c II EStH, zu den Auswirkungen Rn 184).[3] Gleiches sollte iÜ für die Verlustausgleichsbeschränkungen gem §§ 15 IV sowie 15b EStG gelten. **31**

Tonnagebesteuerung (§ 5a V S 2 EStG). § 5a V S 2 EStG (sog „Tonnagebesteuerung") enthält einen Anwendungsausschluss des § 34c EStG. § 26 ist hingegen nicht gesondert in § 5a V S 2 EStG erwähnt. Dies mag sich daraus erklären, dass die Vorgängernorm zu § 5a EStG im § 34c IV EStG aF enthalten war, der vom Verweis in § 26 VI S 1 umfasst war. Offenbar liegt insoweit ein Redaktionsversehen vor, so dass vielfach der Anwendungsausschluss des § 26 aufgrund des § 5a V S 2 EStG bejaht wird.[4] Allerdings muss gesehen werden, dass in zweifelhaften Fällen ein gesonderter Verweis auf § 26 nachträglich aufgenommen wurde wie zB in § 12 III S 1 AStG (vgl Rn 40), was für eine Anrechnung ausländischer Steuern bei einer Körperschaft auch im Falle einer Anwendung des § 5a EStG spricht. **32**

VGA oder verdeckte Einlage (§ 8 III S 2 und 3). Soweit gesellschaftsrechtlich veranlasste Geschäftsbeziehungen ausländische Einkünfte betreffen und gem § 8 III S 2 und 3 korrigiert werden, sind ebenfalls die ausländischen Einkünfte und die Summe der Einkünfte zu korrigieren, da beide Normen bei der Ermittlung der Einkünfte ansetzen. **33**

Einkünfte aus Kapitalvermögen (§ 32d V EStG). Für ausländische Einkünfte aus Kapitalvermögen enthält § 32d V EStG eine Sondervorschrift, welche die Steueranrechnung auf Kapitalerträge des gleichen Staates beschränkt.[5] Unbeschränkt steuer- **34**

---

1 *Buciek* in Blümich § 26 Rn 107.
2 Analog BFH I R 68/03, BStBl II 2006, 380.
3 OFD Frankfurt v 24.8.1998, RIW 1999, 313; *Wagner* in Blümich § 34c EStG Rn 43.
4 BMF v 24.3.2000, BStBl I 2000, 453; *Siegers* in D/J/P/W § 26 Rn 181.
5 Hierzu *Hechtner*, BB 2009, 76 ff; *Baumgärtel/Lange* in H/H/R § 32d EStG Rn 71.

pflichtige Körperschaften, die nicht § 8 II unterfallen, können zwar Einkünfte aus Kapitalvermögen beziehen (für alle anderen Körperschaften stellt sich die Frage der Anwendungskonkurrenz bereits nicht). Auch regelt § 31 I S 1, dass die einkommensteuerlichen Vorschriften zur Durchführung des Besteuerungsverfahrens (und damit auch die des Festsetzungsverfahrens; vgl § 31 Rn 15 ff) ebenso bei der Besteuerung von Körperschaften gelten, soweit das KStG nichts anderes bestimmt. Allerdings sieht § 26 eigene Regelungen zur Steueranrechnung für Körperschaften vor, die in § 26 I keine Ausnahme für Kapitaleinkünfte enthält und in § 26 VI S 1 auch nicht auf § 34c I S 1 Hs 2 EStG verweist (vgl Rn 174 und 195), so dass sich insofern keine Einschränkung durch § 32d V EStG ergibt.

35 **§ 50 III EStG.** Ergänzt wird § 26 durch § 50 III EStG, welcher als Sondervorschrift ausnahmsweise die Anrechnung ausländischer Steuern für beschränkt Steuerpflichtige regelt (hierzu Rn 344 ff).

36-37 *Einstweilen frei.*

38 **e) AStG. Korrektur von Einkünften (§ 1 AStG).** Soweit Einkünfte aus Geschäftsbeziehungen zum Ausland mit einer nahestehenden Person korrigiert werden, hat dieses Einfluss auf die ausländischen Einkünfte sowie die Summe der Einkünfte. Denn auch die Anwendung dieser Norm ist bei der Ermittlung des Anrechnungshöchstbetrags gem § 26 I, VI iVm § 34c I S 2 nicht ausgeschlossen.

39 **Anrechnung ausländischer Steuern (§ 12 I, II AStG).** § 12 I S 1, II AStG sieht die antragsgebundene Möglichkeit der Anrechnung der von der ausländischen Gesellschaft auf die hinzuzurechnenden Einkünfte zu zahlende ausländischen Steuer in entsprechender Anwendung des § 26 I und VI sowie § 34c I EStG vor. Da die ausländische Steuer eigentlich gem § 10 I S 1 AStG bei der Ermittlung des Hinzurechnungsbetrags zum Abzug zu bringen ist, erhöht diese bei einem entsprechenden Anrechnungsantrag gem § 12 I S 2 AStG den Hinzurechnungsbetrag. § 12 I AStG geht dabei systematisch über § 26 hinaus, denn es geht hier letztlich um die Vermeidung der wirtschaftlichen Doppelbesteuerung der Einkünfte. Dies entspricht dem Konzept der Hinzurechnungsbesteuerung, nach dem die Einkünfte einer ausländischen Zwischengesellschaft quasi wie eigene Einkünfte des inländischen Steuerpflichtigen behandelt werden. Konsequenterweise sind somit nicht nur die im Ansässigkeitsstaat der Zwischengesellschaft von dieser zu zahlenden Steuern, sondern auch die ggf in einem Drittstaat (Quellenstaat) auf die Einkünfte der Zwischengesellschaft erhobenen Steuern anzurechnen.[1]

40 **§ 12 III AStG.** Nach § 12 III AStG ist weiterhin auf nach § 3 Nr 41 EStG steuerfreie Gewinnausschüttung die von der ausschüttenden Gesellschaft zu zahlende Quellensteuer in entsprechender Anwendung des § 34c I und II EStG anzurechnen, soweit die ausgeschütteten Erträge im Jahr des Zuflusses gleichfalls als Hinzurechnungsbetrag der Besteuerung beim Anteilseigner unterliegen. Diese Anrechnung ist gem § 21 XVII AStG ab VZ 2001 in entsprechender Anwendung des § 26 I und VI S 1 auch für

---

1 *Burkert* in Strunk/Kaminski/Köhler § 12 AStG Rn 9.

Körperschaften möglich.[1] Auch diese Anrechnung ist angesichts der konzeptionellen Ausgestaltung folgerichtig, denn anderenfalls ergäbe sich durch die Zwischenschaltung der ausländischen Gesellschaft eine Schlechterstellung des inländischen Steuerpflichtigen, obwohl mittels der Hinzurechnungsbesteuerung die Einkünfte der Zwischengesellschaft bereits erfasst werden.

§ 20 II AStG. Soweit nach § 20 II AStG ein Übergang von der Freistellungs- zur Anrechnungsmethode folgt, richtet sich die Steueranrechnung nicht nach § 12 AStG.[2] In diesen Fällen erfolgt die Anrechnung richtigerweise nach § 26 iVm § 34c VI EStG und nicht unmittelbar nach § 26 iVm § 34c EStG[3]. Denn die in § 20 II AStG angeordnete Anrechnung würde sonst ins Leere laufen, da nach § 34c VI S 1 EStG die Anrechnung gem § 34c I EStG grundsätzlich nicht anzuwenden ist, wenn die Einkünfte aus einem Staat stammen, mit dem ein DBA besteht.

Einstweilen frei.

f) UmwStG. Ausländische Betriebsstätten (§§ 3 III, 11 III, 20 VIII UmwStG).
§§ 3 III, 11 III, 20 VIII UmwStG regeln den in Art 10 FRL enthaltenen Sonderfall, dass anlässlich einer grenzüberschreitenden Verschmelzung, Spaltung oder Einbringung einer deutschen Gesellschaft Wirtschaftsgüter einer in einem anderen Mitgliedstaat belegenen Betriebsstätte (deren Einkünfte nach einem DBA nicht steuerbefreit sind) auf eine ausländische Gesellschaft übergehen (und damit aus der unbeschränkten Steuerpflicht ausscheiden). Zwar ist Deutschland aufgrund des Verlusts des Besteuerungsrechts nach Art 10 II FRL zur Besteuerung etwaiger stiller Reserven berechtigt, muss jedoch die auf einen im Fall einer fiktiven Veräußerung entstehenden Gewinn anfallende ausländische Steuer anrechnen. §§ 3 III, 11 III, 20 VIII UmwStG setzen lediglich diese Vorgabe um; dh die Vorschriften können nicht als grundlegende Anerkenntnis des Gesetzgebers gewertet werden, dass eine Anrechnung ausländischer Steuern auch beim Auseinanderfallen von in- und ausländischen Steuern möglich sein muss.

Einbringung ausländischer hybrider Gesellschaften (§ 20 VIII UmwStG). Aufgrund von § 20 VIII UmwStG ist die Anrechnung ausländischer Steuern gem § 26 VI sowie § 34c EStG bzw § 50 III EStG auch dann möglich, wenn eine gebietsfremde einbringende oder erworbene Gesellschaft in Deutschland als steuerlich transparent beurteilt wird (obwohl diese im Ausland als steuerlich intransparent beurteilt wird). Hier wird erneut eine fiktive Anrechnung der ausländischen Steuer in Anwendung des Art 10a FRL angeordnet, die auf den ausländischen (Teil-)Betrieb im ausländischen Staat zu zahlen gewesen wäre, wenn dort die Einbringung unter Aufdeckung stiller Reserven erfolgt wäre. Relevant ist § 20 VIII UmwStG nur dann, wenn die inländische Besteuerung nicht durch ein entsprechendes DBA ausgeschlossen wird (vgl Rn 13).

Einstweilen frei.

---

1   *Vogt* in Blümich § 12 AStG Rn 3 und 20 mwN; überholt *Siegers* in D/J/P/W § 26 Rn 42.
2   *Prokopf* in Strunk/Kaminski/Köhler § 20 AStG Rn 167.
3   So jedoch *Kraft* in Kraft § 20 AStG Rn 31, 65; *Rupp* in Haase § 20 AStG Rn 108 ff; *Prokopf* in Strunk/Kaminski/Köhler § 20 AStG Rn 167.

47 g) **InvStG.** § 4 II InvStG enthält Regelungen, welche die Anrechnung ausländischer Steuern auf ausgeschüttete und ausschüttungsgleiche Erträge eines inländischen Anlegers aus einem Investmentvermögen vorsieht. Sie erfasst grundsätzlich sowohl die ausländischen Steuern, welche auf vom Investmentvermögen vereinnahmten Erträgen auf der Eingangsseite lasten als auch die auf Zahlungen vom (ausländischen) Investmentvermögen auf der Ausgangsseite erhoben werden.[1] Die Vorschrift erweitert den Anwendungsbereich von § 26 I, VI iVm § 34c EStG und modifiziert zB den Anrechnungshöchstbetrag (hierzu zB Rn 247). § 4 IV InvStG regelt schließlich vergleichbar zu § 26 I, VI iVm § 34c II den Abzug ausländischer Steuern, jedoch bei der Ermittlung der Erträge des Investmentvermögens (vgl Rn 293). Für Zwecke der Bestimmung der Höhe der anrechenbaren Steuern ist hierbei auf das DBA zwischen dem deutschen Ansässigkeitsstaat und dem ausländischen Quellenstaat abzustellen.[2]

48 *Einstweilen frei.*

49 h) **Verfassungsrecht. Art 3 GG.** Die Vermeidung der Doppelbesteuerung gem § 26 trägt zum Erhalt der von Art 3 GG erforderlichen leistungsgerechten Besteuerung bei.[3] Einen allgemeinen Rechtsgrundsatz, wonach eine Doppelbesteuerung ausgeschlossen ist, gibt es jedoch nicht.[4] Insoweit scheint auch der teilweise gesehene Verstoß der „per-country-limitation" gegen Art 3 GG nicht zweifelsfrei.[5] Auch die Begrenzung der Anrechnung ausländischer Steuern auf die anfallende inländische KSt ist mit Art 3 GG vereinbar.[6]

50 *Einstweilen frei.*

51 i) **Unionsrecht. Doppelbesteuerung.** Aufgrund der Grundfreiheiten des AEUV besteht nach mittlerweile gefestigter Rechtsprechung des EuGH mangels Harmonisierung der direkten Steuern kein Anspruch auf Vermeidung der juristischen Doppelbesteuerung.[7] Dh den Mitgliedstaaten obliegt autonom die Entscheidung, ob und welche Regelungen zur Vermeidung der Doppelbesteuerung greifen sollen (soweit die partiellen Entlastungen des Sekundärrechts[8] nicht anwendbar sind).

52 **Konformität der Anrechnungsmethode.** Trotz teilweise gegenläufiger Literaturstimmen[9] ist die in § 26 I, VI iVm § 34c I EStG und § 50 III EStG gewählte Methode zur Vermeidung der Doppelbesteuerung im Wege der Anrechnung ausländischer Steuern grundsätzlich unionsrechtskonform. Sie hat das Ziel, die Gesamtsteuerbelastung einer Auslandsinvestition der einer Inlandsinvestition an-

---

1 *Stock/Oberhofer* in Berger/Steck/Lübbehüsen § 4 InvStG Rn 39 f.
2 BMF v 18.8.2009, BStBl I 2009, 931, Rn 77 d.
3 *Prokisch* in K/S/M § 34c EStG Rn A 68.
4 BFH VI R 210/72, BStBl II 1975, 497; FG Münster 4 K 855/06 E, EFG 2010, 199.
5 So etwa *Lieber* in H/H/R § 26 Rn 4.
6 BFH I S 10/03, BFH/NV 2004, 525.
7 EuGH Rs C-513/04, *Kerckhaert Morres*, Slg 2006, I-10967, Rn 18 ff; EuGH Rs C-67/08, *Block*, Slg 2009, I-883, Rn 28 ff; EuGH Rs C-96/08, *CIBA*, Slg 2010, I-2911, Rn 26 ff.
8 MTRL, ABl EG 1990 Nr L 225, 6; Zins- und Lizenzgebühren-RL, ABl 2003 Nr 157, 106.
9 *Lehner*, StuW 1998, 159, 171 ff; *Vogel*, IBFD Bull 2002, 4, 9; *Terra/Wattel*, European Tax Law, 159 ff; weitere Nachweise bei *Schnitger*, Die Grenzen der Einwirkung der Grundfreiheiten des EG-Vertrages auf das Ertragsteuerrecht, Diss 2006, S 252 ff.

zugleichen und dient somit der Durchsetzung der Kapitalverkehrsfreiheit. Dass innerhalb der EU-Mitgliedsstaaten unterschiedliche Steuersätze zur Anwendung kommen, ist hierbei zum einen zu akzeptieren[1] und rechtfertigt damit auch die Begrenzung der Anrechnung ausländischer Steuern in Form einer Höchstbetragsberechnung. Zum anderen ist das „Heraufschleusen" ausländischer Einkünfte auf das inländische Steuerniveau angesichts der Rechtsprechung des EuGH anzuerkennen.[2] Ebenso wie der EuGH den Mitgliedstaaten eine Wahlfreiheit einräumt, die wirtschaftliche Doppelbesteuerung im Wege der Freistellung- oder Anrechnungsmethode zu vermeiden,[3] ist die Anwendung der Anrechnungsmethode zur Vermeidung der juristischen Doppelbesteuerung zulässig. Allerdings können verschiedene Aspekte der Anrechnungs-/Abzugsnormen unionsrechtlich bedenklich sein (vgl Rn 54 ff).

Steuerabzug im Quellenstaat. Die Steuererhebung im Wege des Steuerabzugs anstatt der Besteuerung im Veranlagungswege hat der EuGH zumindest dann als nicht unionsrechtswidrig angesehen, wenn die unionsrechtlichen Regelungen über die Vollstreckungsamtshilfe nicht anwendbar sind.[4] Unabhängig davon kommt eine Unionsrechtswidrigkeit des Quellensteuerabzugs dann in Betracht, wenn iRd Quellenbesteuerung nicht dieselben Leistungsmaßstäbe angesetzt werden, wie bei der Besteuerung ansässiger Körperschaften. Dies ist zB der Fall, wenn der Quellenstaat für den Steuerabzug nicht die mit den Einkünften zusammenhängenden Betriebsausgaben berücksichtigt.[5] Dieses Problem kann sich allerdings nur dann ergeben, wenn hinsichtlich der betroffenen Einkünfte die in das jeweilige nationale Recht umgesetzten MTRL und Zins- und Lizenzgebühren-RL nicht greifen. Dies kann zB der Fall sein, wenn bestimmte Rechtsformen nicht von der MTRL erfasst sind, wie Investment- oder Pensionsfonds in der Form der SICAV[6], die Beteiligungsgrenzen nicht erreicht werden[7] oder Übergangsvorschriften hinsichtlich der Anwendbarkeit für einzelne Mitgliedstaaten bestehen. Sofern im ausländischen Staat auf Zahlungen an dort ansässige Gesellschaften vergleichbarer Rechtsform keine Quellensteuern erhoben werden, ist dann auch die Erhebung einer Quellensteuer auf Zahlungen an einen ausländischen Anteilseigner unionsrechtswidrig.[8] Bei unvollständiger Vermeidung der Doppelbesteuerung in Deutschland als Ansässigkeitsstaat sollte daher eine Reduzierung der ausländischen Quellensteuern aufgrund der Diskriminierungsverbote des AEUV geprüft werden (zur Frage, inwieweit bei Nichtdurchsetzung dieses Anspruchs dennoch eine Anrechnung in Deutschland möglich ist, vgl Rn 156).

53

---

1   EuGH, Rs C-336/96, *Gilly*, Slg 1998, I-2793, Rn 40 ff.
2   EuGH Rs C-319/02, *Manninen*, Slg 2004, I-7477, Rn 53 ff. Weiterführend *Cordewener/Schnitger*, StuW 2006, 50, 58 ff. AA *Schönfeld*, StuW 2006, 79, 82 f mit Hinweis auf EuGH Rs C-439/97, *Sandoz*, Slg 1999, I-7041, Rn 19.
3   EuGH, Rs C-446/04, *FII Group Litigation*, Slg 2006, I-11753, Rn 72; EuGH Rs C-436/08 und C-437/08, *Haribo und Salinen*, IStR 2011, 299, Rn 86.
4   EuGH Rs C-290/04, *FKP Scorpio Konzertproduktionen GmbH*, Slg 2006, I-9461, Rn 28 ff.
5   EuGH Rs C-234/01, *Gerritse*, Slg 2003, I-5933, Rn 25 ff.
6   So in EuGH Rs C-303/07, *Aberdeen*, Slg 2009, I-5145.
7   So in EuGH Rs C-379/05, *Amurta*, Slg 2007, I-9569.
8   EuGH Rs C-303/07, *Aberdeen*, Slg 2009, I-5145, Rn 37 ff; EuGH Rs C-379/05, *Amurta*, Slg 2007, I-9569, Rn 29 ff.

54 **Verlust eines Anrechnungsüberhanges.** Die Voraussetzungen für die Anrechnung sind eng gefasst und führen teilweise zu unbefriedigenden Ergebnissen. Insbesondere, wenn Einkünfte durch Verluste gemindert werden oder insgesamt negativ sind, kann die ausländische Steuer nicht (vollständig) angerechnet werden. Ein verbleibender Anrechnungsüberhang geht unter bzw kann nicht in ein anderes WJ vor- oder zurückgetragen werden (vgl auch Rn 172). Zumindest für den Fall des Bestehens von Verlusten kann dies im Vergleich zu einem reinen Inlandssachverhalt zu einer Beschränkung von Auslandsinvestitionen führen, welche lange Zeit vor dem Hintergrund der bestehenden Rechtsprechung des EuGH[1] als Verstoß gegen die Grundfreiheiten des AEUV gesehen wurde, an der die Möglichkeit eines Steuerabzugs nach § 26 VI iVm § 34c II EStG nichts ändert.[2] Nunmehr hat der EuGH in seiner jüngeren Entscheidung in der Rs *Haribo und Salinen* in Abkehr hiervon entschieden, dass ein solcher Vortrag eines Anrechnungsüberhangs unionsrechtlich nicht geboten ist.[3] Begründet wurde dies insbesondere damit, dass es grundsätzlich kein unionsrechtliches Gebot zur Vermeidung einer juristischen Doppelbesteuerung gibt (vgl Rn 51). Dies führ zu dem überraschenden bzw zweifelhaften Ergebnis, dass ein Anrechnungsvortrag unionsrechtlich nur bei der indirekten Steueranrechnung (dh iRd Vermeidung der wirtschaftlichen Doppelbesteuerung),[4] nicht jedoch bei der direkten Steueranrechnung (dh iRd Vermeidung der juristischen Doppelbesteuerung) nach Ansicht des EuGH geboten sein soll.

55 **Kritik an der per-country-limitation.** Die per-country-limitation führt dazu, dass Investitionen in einem ausländischen Staat besser sein können als zwei Investitionen in unterschiedlichen ausländischen Staaten. Dies wird in der Literatur als mit den Grundsätzen des Binnenmarktes nicht konform angesehen, da der Steuerpflichtige bezüglich der Wahl, in welchem Land er seine Investition tätigt, eingeschränkt wird.[5] Allerdings hat der EuGH in seiner Rechtsprechung einer horizontalen Vergleichsbetrachtung (dh dem Meistbegünstigungsgrundsatz[6]) zumindest iRd Grundfreiheiten eine klare Absage erteilt.[7]

56 **Berücksichtigung unmittelbarer Aufwendungen bei der Ermittlung des Anrechnungshöchstbetrags.** Die Minderung des Anrechnungshöchstbetrags um unmittelbar im Zusammenhang stehende Aufwendungen oder andere mit der Einkunftsquelle im Zusammenhang stehende Aufwendungen (zB Sparerfreibetrag) ver-

---

1   EuGH Rs C-141/99, *AMID*, Slg 2000, I-11619, Rn 24 ff; EuGH Rs C-138/07, *Cobelfret*, Slg 2009, I-731, Rn 39 ff; EuGH Rs C-439/07 und 499/07, *KBC Bank und Beleggen, Riscokapitaal, Beheer*, Slg 2009, I-4409, Rn 39 ff.
2   *Schnitger*, IWB, Fach 11 Gruppe 2, 469, 473; *Cordewener/Schnitger*, StuW 2006, 50, 74 ff; *Avery Jones*, ET 2001, 251.
3   EuGH Rs C-436/08 und C-437/08, *Haribo und Salinen*, IStR 2011, 299, Rn 154 ff.
4   EuGH Rs C-138/07, *Cobelfret*, Slg 2009, I-731, Rn 39 ff; EuGH Rs C-439/07 und 499/07, *KBC Bank und Beleggen, Riscokapitaal, Beheer*, Slg 2009, I-4409, Rn 39 ff.
5   *Schön* in GS für Brigitte Knobbe-Keuk, 1997, S 743, 774; *Schaumburg*, StuW 2000, 369, 375.
6   Hierzu zB *M Lang* in FS für Albert J Rädler, Steuerrecht und Europäische Integration, 1999, S 429, 432 ff; *Wassermeyer* in Lehner, Steuerrecht im Europäischen Binnenmarkt, DStJG 19, 1996, 151, 162 ff.
7   EuGH Rs C-376/03, *D*, Slg 2005, I-5821, Rn 61 f; EuGH Rs C-298/05, *Columbus Container Services*, Slg 2007, I-10451, Rn 40 ff.

stößt nicht gegen die Grundfreiheiten des AEUV.[1] Denn hiermit wird nur unterstellt, dass der ausländische Staat die Besteuerung ebenfalls nach dem Nettoprinzip vollzieht, was gleichheitsrechtlich nicht zu beanstanden ist.

Berücksichtigung mittelbarer Aufwendungen. IRd § 34c I S 4 EStG soll der Anrechnungshöchstbetrag durch den Abzug von nur in wirtschaftlichem Zusammenhang stehenden Aufwendungen gemindert werden (vgl Rn 200 f). Unionsrechtlich kann jedoch bei den nur mittelbaren Aufwendungen allenfalls eine anteilige Berücksichtigung bei der Ermittlung des Anrechnungshöchstbetrags geboten sein.[2] Soweit hingegen im Quellenstaat unionsrechtlich keine Verpflichtung zur Berücksichtigung derartiger Aufwendungen besteht[3] bzw innerstaatlich diese nicht erfolgt, sollten diese Aufwendungen nicht den Anrechnungshöchstbetrag mindern.[4]

57

Berücksichtigung von Aufwendungen der persönlichen Lebensführung. Das sich iRd § 34c I S 2 EStG stellende Problem der Kürzung des Anrechnungshöchstbetrags aufgrund von Aufwendungen der persönlichen Lebensverhältnisse[5] ist für Zwecke der KSt ohne Bedeutung, da für Körperschaften eine persönliche Sphäre grundsätzlich zu verneinen ist bzw Freibeträge oder ähnliche Abzüge zur Berücksichtigung dieser grundsätzlich nicht in Frage kommen.[6]

58

Betriebsstätten. Zwar wird bereits unilateral für inländische Betriebsstätten eines Steuerausländers die Anrechnung ausländischer Steuern eines Drittstaates gewährt (vgl Rn 344 ff). Aufgrund der Diskriminierungsverbote des AEUV sind für Betriebsstätten eines beschränkt Steuerpflichtigen jedoch auch andere DBA-Vergünstigungen wie das Schachtelprivileg für Dividenden von TG innerhalb des Unionsgebiet und in Drittstaaten zu gewähren, soweit ein solches aufgrund eines bestehenden DBA auch einer inländischen Tochterkapitalgesellschaft zugestanden hätte.[7] Besondere Bedeutung hat die Gewährung dieser Vergünstigung, falls die ausländische Körperschaft § 8b VII oder VIII unterfällt und damit nicht von § 8b I profitiert. Soweit die Befreiung nach dem DBA geltend gemacht wird, kommt eine Anrechnung der Steuern aus Drittstaaten iRd beschränkten Steuerpflicht der Betriebsstätteneinkünfte gem § 26 iVm § 34c VI S 1 EStG nicht in Frage. Weiterhin begründet die fehlende Möglichkeit der Anrechnung ausländischer Steuern für andere inländische Einkünfte (die gleichzeitig ausländische Einkünfte sind) als Betriebsstätteneinkünfte von beschränkt Steuerpflichtigen ein Verstoß gegen die Diskriminierungsverbote des AEUV.

59

---

1 Ausdrücklich zum Sparerfreibetrag FG Köln 7 K 8572/98, EFG 2002, 1393 ff; sowie EFTA-Gerichtshof E-7/07, Rs *Seabrokers*, IStR 2009, 315.
2 EFTA-Gerichtshof E-7/07, Rs *Seabrokers*, IStR 2009, 315, Rn 55; *Cordewener/Schnitger*, StuW 2006, 50, 73.
3 EuGH Rs C-345/04, *Centro Equestre*, Slg 2007, I-1425 ff, Rn 22 ff; EuGH Rs C-290/04, *FKP Scorpio Konzertproduktionen GmbH*, Slg 2006, I-9461, Rn 41 ff.
4 *Cordewener/Schnitger*, StuW 2006, 50, 73; *Lüdicke/Wunderlich*, IStR 2009, 321, 322.
5 Hierzu BFH I R 71/10, BStBl II 2011, 500 sowie *Schnitger*, FR 2003, 148; *Cordewener/Schnitger*, StuW 2006, 50, 69 f; *Lüdicke/Braunagel* in Lüdicke/Kempf/Brink, Verluste im Steuerrecht, 2010, S 130.
6 *Wattel*, EC Tax Rev 2004, 194, 197; *Cordewener*, DStR 2004, 1634, 1637; *Schnitger*, Die Grenzen der Einwirkung der Grundfreiheiten des EG-Vertrages auf das Ertragsteuerrecht, Diss 2006, S 202 mwN sowie EuGH Rs C-385/00, *de Groot*, Slg 2002, I-11819.
7 EuGH Rs C-307/97, *Compagnie de Saint-Gobain*, Slg 1999, I-6161 ff, Rn 37 ff, 59.

60-61 *Einstweilen frei.*

62 **IV. Anrechnung ausländischer Steuern (§ 26 I). 1. Persönlicher Anwendungsbereich. Unbeschränkte Steuerpflicht.** Voraussetzung für eine Anrechnung nach § 26 I ist dem Wortlaut nach die unbeschränkte Steuerpflicht einer Körperschaft (zu den im Einzelnen erfassten Körperschaften vgl § 1 Rn 46 ff, 82 ff).

63 **Beschränkte Steuerpflicht.** Für alle anderen beschränkt steuerpflichtigen Körperschaften impliziert das Gesetz grundsätzlich, dass eine Anrechnung ausländischer Quellensteuern (eines Drittstaates) im ausländischen Ansässigkeitsstaat erfolgt – sieht man von den in § 50 III EStG geregelten Fällen ab (hierzu unter Rn 334 ff).

64 **Doppelansässigkeit.** Eine Doppelansässigkeit (dh eine unbeschränkte Steuerpflicht in zwei oder mehr Staaten) ist für die Anrechnung ausländischer Quellensteuern (eines Drittstaates) bei fehlendem DBA iRd § 26 VI iVm § 34c I EStG unschädlich.[1] Soweit ein DBA besteht, ist jedoch zusätzlich nach der „tie-breaker-rule" regelmäßig die Ansässigkeit im Inland erforderlich, damit die Anwendung der Anrechnungsmethode nicht ausgeschlossen ist (hierzu Rn 66).

65 **Wechsel der Steuerpflicht.** Wird die unbeschränkte Steuerpflicht im Laufe eines Jahres begründet oder aufgegeben, ist der VZ aufzuteilen (vgl § 7 Rn 40). Für alle in der Zeit der unbeschränkten Steuerpflicht bezogenen Einkünfte kommt es zur Anrechnung ausländischer Steuern. Für die iRd beschränkten Steuerpflicht bezogenen Einkünfte verbleibt nur eine Anrechnung iRd § 50 III EStG. Die Abgrenzung ist anhand des Zeitpunkts des Bezugs der Einkünfte und nicht des Zeitpunkts der Zahlung oder der Festsetzung der ausländischen Steuern zu vollziehen.[2]

66 **DBA.** Im DBA-Fall kann eine Anrechnung ausländischer Steuern gem § 26 VI S 1 iVm § 34c VI S 2 EStG nur dann erfolgen, wenn die Anrechnungsmethode zur Vermeidung der Doppelbesteuerung vorgesehen ist oder die Freistellungsverpflichtung nach innerstaatlichem Recht aufgehoben wird (hierzu unter Rn 80 ff). Eine Anwendung der Anrechnungsmethode greift nur dann ein, wenn die Person, die die Anrechnung begehrt, unter dem DBA als im Inland ansässig gilt. Mangels Verweis des § 26 VI S 1 iVm § 34c VI S 2 EStG auf § 34c I S 1 EStG ist die unbeschränkte Steuerpflicht dem reinen Wortlaut nach hingegen keine unmittelbare Voraussetzung für die Steueranrechnung.[3] Die Ansässigkeit nach den DBA ist jedoch in aller Regel nur gegeben, wenn die Person im Inland unbeschränkt steuerpflichtig ist, so dass hier ein Gleichlauf der persönlichen Voraussetzungen im DBA-Fall regelmäßig gegeben ist. Für den Fall der Doppelansässigkeit ist häufig geregelt, dass ein Staat für Zwecke des DBA als der Ansässigkeitsstaat gilt (sog „tie-breaker-rule"). Dh eine unbeschränkte Steuerpflicht führt insoweit nicht automatisch zur Anrechnungsberechtigung nach dem DBA, sondern es muss bei Doppelansässigkeit auch die Ansässigkeit nach der „tie-breaker-rule" im Inland gegeben sein. Für den Fall eines Ansässigkeitswechsels ergibt sich wieder für die innerhalb der Zeit der Ansässigkeit erzielten Einkünfte die Möglichkeit zur Anrechnung von Steuern.

---

1 *Siegers* in D/J/P/W § 26 Rn 68.
2 *Roser* in Gosch § 26 Rn 30; *Siegers* in D/J/P/W § 26 Rn 94.
3 *Siegers* in D/J/P/W § 26 Rn 207.

IV. Anrechnung ausländischer Steuern

Mitunternehmerschaften. Soweit eine Mitunternehmerschaft ausländische Einkünfte bezieht, erfolgt die Steueranrechnung gem § 26 VI iVm § 34c EStG bei deren Mitunternehmern, da diese gem § 15 I Nr 2 EStG die Einkünfte erzielen. **67**

KGaA. Im Fall der KGaA ist diese zunächst zur Steueranrechnung gem § 26 iVm § 34c EStG berechtigt, da sie die ausländischen Einkünfte als Körperschaftsteuersubjekt grundsätzlich erzielt. Der auf die persönliche Sphäre entfallende Teil der ausländischen Einkünfte unterfällt jedoch mangels Erfüllung der sachlichen Tatbestandsvoraussetzungen bei der KGaA nicht der Steueranrechnung, da dieser gem § 9 I Nr 1 abziehbaren Aufwand auslöst (vgl Rn 189). Auf Ebene des persönlich haftenden Gesellschafters sollte jedoch eine Steueranrechnung für diesen Teil der ausländischen Einkünfte nach der hier vertretenen Auffassung in Frage kommen. Denn aufgrund der in § 15 I Nr 3 EStG angeordneten Besteuerung der Gewinnanteile beim persönlich haftenden Gesellschafter sollte eine Zurechnung des § 9 Nr 1 unterfallenden Teils der Einkünfte der KGaA erfolgen (vgl Rn 114).[1] Insbesondere bedarf es nicht einer § 19 vergleichbaren Vorschrift, um die Steueranrechnung beim persönlich haftenden Gesellschafter sicherzustellen, da § 15 I Nr 3 EStG nur eine Zurechnung der „Einkünfte" und nicht wie § 14 I S 2 im Falle der Organschaft des „Einkommens" vorsieht. **68**

Identität des Steuerschuldners (Steuersubjektidentität). Weitere Voraussetzung für die Steueranrechnung ist, dass der inländische Steuerschuldner mit seinen Einkünften selbst im Ausland besteuert wird (eine Haftungsschuld oder Abführung/ Einbehalt der Steuer reicht hingegen nicht aus).[2] Dies ergibt sich bereits aus der Zielrichtung der Anrechnungsvorschrift, die juristische (und nicht die wirtschaftliche) Doppelbesteuerung zu vermeiden (vgl Rn 9). In bestimmten Fällen hat der BFH auch im Falle einer abweichenden formellen Steuerschuld auf Dividendenausschüttungen und vGA eine „wirtschaftliche Steuerlast" für die Anrechnung als ausreichend angesehen.[3] Im Normalfall stellt das Erfordernis der Steuerobjektivität kein Problem dar. Es sind aber verschiedene Sonderfälle denkbar, in denen die Anrechnung aufgrund fehlender Identität des Steuerpflichtigen infrage gestellt werden kann (vgl hierzu Rn 70 ff). **69**

Qualifikationskonflikte. Qualifikationskonflikte entstehen aufgrund der unabhängigen Beurteilung ausländischer Gesellschaften nach deutschem und ausländischem Steuerrecht (zur Qualifikation ausländischer Gesellschaften nach dem Rechtstypenvergleich § 1 Rn 200 ff) und können das für die Anrechnung ausländischer Steuern bestehende Erfordernis der Steuersubjektidentität in Frage stellen. Dies ist etwa dann der Fall, wenn Einkünfte durch Gesellschaften erzielt werden, die aus Sicht des einen Staates als steuerlich transparent und aus Sicht des anderen Staates als steuerlich intransparent behandelt werden. Derartige Qualifikationskonflikte können selbst dann entstehen, wenn mit dem ausländischen Staat ein DBA geschlossen wurde, da für inländische Steuerzwecke eine autonome Qualifikation ausländischer **70**

---
1 Zur Qualifikation des § 9 I Nr 1 als „Zuordnungsnorm" BFH X R 6/05, BStBl II 2008, 363.
2 *Geurts* in EY § 26 Rn 36.
3 BFH X R 35/88, BStBl II 1992, 187.

Gesellschaften erfolgt, also keine Qualifikationsverkettung besteht.[1] Grundsätzlich ist die Anrechnung ausländischer Steuern mangels Subjektidentität hier gefährdet und nach teilweiser Literaturauffassung nur im Billigkeitswege zu gewähren.[2] Andere Literaturstimmen wollen eine Anrechnung trotz fehlender Subjektidentität zulassen, wenn eine ausländische Gesellschaft nach deutschem Steuerrecht als Personengesellschaft und im Ausland als Körperschaft qualifiziert, beim umgekehrten Qualifikationskonflikt diese jedoch ausschließen. Als Begründung wird angeführt, dass die Anrechnung nach den Wertungen des deutschen Steuerrechts zu erfolgen hat und die Unterscheidung zwischen direkter und indirekter Anrechnung erhalten bleiben muss.[3] Teilweise wird in der Literatur jedoch auch eine weite Auslegung gefordert, wonach über die fehlende Steuersubjektidentität hinwegzusehen sei.[4] Die Finanzverwaltung hat jüngst in Anwendung der vom OECD-Partnership-Report entwickelten Grundsätze[5] eine engere Auslegung gewählt, wonach nur teilweise über das Erfordernis einer Steuersubjektidentität hinweggesehen wird. Diese Grundsätze gewährleisten aufgrund der internen Bindungswirkung für die Verwaltung eine teilweise Verhinderung der Doppelbesteuerung:

Beispiel 1

Der ausländische Staat A sieht in der B-Ltd (Anteilseigner ist die in Deutschland ansässige natürliche Person P) eine transparente Personengesellschaft. Nach deutschen Rechtsgrundsätzen qualifiziert die B-Ltd als Kapitalgesellschaft. Staat A erhebt daher Steuern auf die erzielten Einkünfte der B-Ltd für P. Auf die Ausschüttungen von Gewinnen wird im Staat A jedoch keine Steuern erhoben.

Aus deutscher Sicht sind nur die Dividendenausschüttungen der B-Ltd als steuerliche Einkünfte im Inland zu erfassen. Da auf die Ausschüttungen der B-Ltd keine Quellensteuern erhoben werden, kommt eine Steueranrechnung nicht in Betracht.[6]

Beispiel 2

Staat A behandelt die E-LP, an der die inländische Körperschaft I-GmbH beteiligt ist, als intransparent. Dh Staat A erhebt auf die von der E-LP erzielten Einkünfte KSt und auf Gewinnausschüttungen Quellensteuern. Nach deutschem Recht ist die E-LP als transparent zu beurteilen und die Einkünfte sind bei der I-GmbH für Zwecke der KSt zu erfassen.

Es wird seitens der Verwaltung trotz des Erfordernisses einer Steuersubjektidentität eine Anrechnung der vom Staat A auf die Einkünfte der E-LP erhobenen KSt bei der I-GmbH als zulässig angesehen (soweit die Einkünfte nicht bereits nach einem DBA

---

1 BFH I R 34/08, BStBl II 2009, 263; aA noch FG Baden-Württemberg 4 K 59/06, EFG 2008, 1098.
2 *Roser* in Gosch § 26 Rn 30.
3 *Geurts* in EY § 26 Rn 38, 39 und 41.
4 *Siegers* in D/J/P/W § 26 Rn 118; so wohl auch *Wassermeyer/Lüdicke* in F/W/B/S § 34c EStG Rn 180.
5 Nach Rn 32.3 des OECD-MK ist der Ansässigkeitsstaat verpflichtet, auch dann die Doppelbesteuerung zu vermeiden, wenn der Quellenstaat aufgrund Unterschieden im nationalen Recht andere Verteilungsnormen anwendet.
6 BMF v 16.4.2010, BStBl I 2010, 354, Tz 4.1.4.2.

IV. Anrechnung ausländischer Steuern

steuerbefreit sind); dies lässt sich mit der Rechtsprechung des BFH zur Anrechnung des „wirtschaftlich Belasteten" in Einklang bringen.[1] Eine Anrechnung der erhobenen Quellensteuern scheidet jedoch aus, da nach deutschem Verständnis nur Entnahmen vorliegen die nicht steuerbar sind.[2]

Organschaft. Organträger und Organgesellschaft sind trotz Vorliegen einer Organschaft selbständige Steuersubjekte, die ihre Einkünfte separat ermitteln; das Einkommen der Organgesellschaft wird dem Organträger lediglich zugerechnet. Hieraus ergibt sich, dass die Voraussetzungen für eine Anrechnung bzw einen Abzug iSd § 26 iVm § 34c EStG ebenfalls gesondert bei beiden Steuersubjekten für ihre jeweils erzielten Einkünfte zu prüfen sind. Erfüllt die Organgesellschaft die Voraussetzungen für eine Steueranrechnung in sachlicher Hinsicht (hierzu Rn 78 ff), sind diese beim Organträger jedoch nicht nochmals zu überprüfen. Soweit eine Organgesellschaft mit ihren ausländischen Einkünften besteuert wird, besteht eigentlich das Problem der fehlenden Subjektidentität, da die Entlastungswirkung der Steueranrechnung nur bei der Organträgerin greifen kann, der das Einkommen aber nur gem § 14 I S 2 zugerechnet wird. Um dennoch eine Anrechnung der ausländischen Steuern zu gewährleisten, sieht § 19 I eine Anwendung der besonderen Tarifvorschriften beim Organträger vor (vgl § 19 Rn 9 ff, 14).

71

Basisgesellschaften. Falls eine ausländische Gesellschaft in entsprechender Anwendung des § 42 AO als Basisgesellschaft qualifiziert, werden dem inländischen Steuerpflichtigen Einkünfte nach deutschem Recht (regelmäßig abweichend zum ausländischen Recht) direkt zugerechnet. Der VIII. Senat des BFH hat in einer frühen Entscheidung in diesem Fall die Anrechnung mangels Subjektidentität versagt.[3] Auch die verwaltungsnahen Literaturstimmen, welche eine Anrechnung bei Qualifikationskonflikten großzügig lösen, sehen bei Basisgesellschaften mangels Subjektidentität keine Möglichkeit für eine Steueranrechnung, da im Missbrauchsfall eine strengere Anwendung des Rechts geboten sei.[4] Tatsächlich stellt sich jedoch die Frage, ob im Missbrauchsfall eine Versagung der Steueranrechnung als Sanktion gerechtfertigt ist. Denn hierdurch kann es zum einen bei ausreichend hohen ausländischen Steuern zu einer ggf hohen Doppelbesteuerung kommen und § 26 VI hat zum anderen die Verhinderung einer eben solchen Doppelbesteuerung zum Ziel. Da die Verwaltung dennoch keine zu den Qualifikationskonflikten vergleichbaren Verwaltungsbestimmungen aufgestellt hat, bleibt grundsätzlich nur die Möglichkeit einer Anrechnung aus Billigkeit (zur Möglichkeit eines Abzugs gem § 34c III EStG vgl jedoch Rn 322). Allerdings sollte sich der Ermessensspielraum zur Versorgung der Steueranrechnung aus Billigkeitsgründen einengen, da § 42 I S 2 AO auf Rechtsfolgenseite anordnet, dass der Steueranspruch wie bei einem wirtschaftlich angemessenem Vorgang entsteht (und ohne Zwischenschaltung der Basisgesellschaft wäre die Objektidentität nicht fraglich gewesen).

72

---

1 BFH X R 35/88, BStBl II 1992, 187.
2 BMF v 16.4.2010, BStBl I 2010, 354, Tz 4.1.4.1; ebenso bereits BMF v 28.5.1998, BStBl I 1998, 557.
3 BFH VIII R 155/71, BStBl II 1977, 265; offenlassend hingegen BFH I R 39/02, BStBl II 2003, 869.
4 *Siegers* in D/J/P/W § 26 Rn 122.

73 **Treuhandverhältnisse, Nießbrauch, Sicherungsübereignungen.** Im Falle von Treuhandverhältnissen, Nießbrauch und Sicherungsübereignungen kann es ebenfalls zu Qualifikationskonflikten kommen, soweit der Quellenstaat die Einkünftezurechnung nicht entsprechend § 39 AO vollzieht. Hier droht mangels anderslautender Verwaltungsauffassung ebenfalls eine Nichtanrechnung mangels Subjektidentität, so dass einer Doppelbesteuerung im Wege der Anrechnung aus Billigkeitsgründen Abhilfe geschaffen werden muss.[1] Soweit hingegen eine ausländische Steuer „auf Rechnung" eines unbeschränkt Steuerpflichtigen erhoben wird, ist eine Anrechnung dieser möglich.[2]

74 **Investmentvermögen.** Zur Anrechnung ausländischer Steuern beim unbeschränkt steuerpflichtigen Investor vgl Rn 47.

75-77 *Einstweilen frei.*

78 **2. Sachlicher Anwendungsbereich. a) Anwendbarkeit unter den DBA. Funktion der DBA.** Zur Vermeidung der Doppelbesteuerung hat Deutschland eine Reihe von DBA abgeschlossen. Durch sie wird das Besteuerungsrecht zwischen Quellen- und Ansässigkeitsstaat verteilt.

79 **Umsetzung.** DBA bedürfen für ihre unmittelbare Anwendbarkeit gem Art 59 II GG zumindest nach deutschem Recht der Transformation in innerstaatliches Recht und werden insbesondere nicht als Völkergewohnheitsrecht über Art 25 GG automatisch Bestandteil der inländischen Rechtsordnung.[3]

80 **Vorrangwirkung. Herkunftsstaaten.** DBA gehen als lex specialis den übrigen Steuergesetzen grundsätzlich vor (zum Treaty-Override vgl jedoch Rn 16).[4] Dieser Grundsatz findet ebenfalls in § 26 VI S 1 iVm § 34c VI S 1 EStG seinen Niederschlag, wonach im Fall eines bestehenden DBA die Anrechnung von Steuern gem § 34c I EStG nicht möglich ist. Falls ein DBA das Besteuerungsrecht Deutschlands hingegen nicht ausschließt, ist jedoch die Anrechnungsmethode gem § 26 VI S 1 iVm § 34 VI S 2 EStG anwendbar, wenn das DBA sich auch auf die Ertragssteuern des ausländischen Staates bezieht; soweit das DBA nicht für solche ausländischen Ertragssteuern gilt, wird die Steueranrechnung in § 26 VI S 1 iVm § 34c VI S 4 EStG angeordnet (vgl Rn 83).

81 **Switch-over-Klausel (§ 50d IX EStG).** Die Steuerfreistellung nach den DBA greift nicht bzw die Steueranrechnung gem § 26 VI S 1 iVm § 34c VI S 5 EStG wird angeordnet, soweit die in § 50d IX EStG vorgesehene unilaterale Switch-over-Klausel (Wechsel der DBA-rechtlichen Freistellungs- zur Anrechnungsmethode, vgl Rn 16) einschlägig ist. In diesem Fall richtet sich die Anrechnung nach den nationalen Vorschriften, dh nach den § 34c I EStG, als wenn kein DBA bestanden hätte (dh, dass sich zB auch die Definition der ausländischen Einkünfte nach § 34d EStG und nicht nach den DBA richtet). Zum Steuerabzug bei Anwendung des § 50d IX EStG vgl Rn 290 und 324.

---

1 BFH I R 66/92, BStBl II 1994, 727 unter 1. h) in Abgrenzung zu BFH X R 35/88, BStBl II 1992, 187; *Siegers* in D/J/P/W § 26 Rn 122; aA offenbar *Geurts* in EY § 26 Rn 42 und *Lieber* in H/H/R § 26 Rn 17 wobei das dort zitierte BFH Urteil kein Fall des Qualifikationskonfliktes ist.
2 BFH I R 9/90, BStBl II 1992, 607.
3 BFH I R 120/93, BStBl II 1995, 129 ff; *Vogel* in Vogel/Lehner Einleitung Rn 53.
4 BFH I R 120/93, BStBl II 1995, 129; *Siegers* in D/J/P/W § 26 Rn 24.

Korrespondenzprinzip. § 26 VI S 1 Hs 2 sieht vor, dass eine Anrechnung ausländischer Steuern nach § 34c I EStG bzw ein Abzug nach § 34c II oder III EStG möglich ist, wenn aus deutscher Sicht als vGA zu qualifizierende Einkünfte § 8b I S 2-4 unterfallen und damit nicht steuerfrei sind (sog Korrespondenzprinzip vgl § 8b Rn 184 ff). Die Regelung ist notwendig, da die Vermeidung der Doppelbesteuerung im Wege der Freistellungsmethode in diesen Fällen nicht mehr greift. Die pauschale Festsetzung oder der pauschale Erlass iSd § 34c V EStG wird hingegen in § 26 VI S 1 Hs 2 nicht genannt, da dieser bereits im Grundsatz bei Bestehen eines DBA nicht eingeschränkt ist (vgl Rn 335). 82

Keine Entlastung nach den DBA (§ 34c VI S 4 EStG). Schließlich sieht § 26 VI S 1 iVm § 34c VI S 4 EStG noch eine Steueranrechnung bzw einen Steuerabzug (vgl Rn 288) nach § 34c I-II EStG für die Fälle vor, wenn ein DBA eine Steuerart (zB die Bundesstaatensteuern der USA[1]) nicht erfasst. Dies ist insofern berechtigt, als dass sich insoweit keine Entlastung nach den DBA ergibt bzw diese die Doppelbesteuerung nicht vermeiden. Bis zum VZ 2006 wurde zudem in § 26 VI S 1 iVm § 34c VI S 4 EStG aF die Steueranrechnung und der Steuerabzug nach § 34c I-II EStG angeordnet, wenn eine Doppelbesteuerung nach den Vorschriften der DBA nicht beseitigt wurde, zB weil entweder 83

- der Steuerpflichtige (bei Qualifikationskonflikten),
- Teile des Besteuerungsgebiets,
- oder bestimmte Einkünfte

vom Anwendungsbereich des jeweiligen DBA ausgeschlossen waren.[2] Mit dieser früheren Regelung sollte offenbar eine Lösung der Doppelbesteuerung für die alten DBA Österreich und Italien geschaffen werden,[3] welche jedoch nach Revision der Abkommen entfallen konnte.[4]

Einstweilen frei. 84-85

b) Ausländische Einkünfte. Definition. Eine Anrechnung von ausländischen Steuern ist nur möglich, soweit diese auf ausländische Einkünfte entfällt. Die Definition der ausländischen Einkünfte ist in § 26 I selbst nicht enthalten, sondern bestimmt sich gem § 26 VI iVm § 34c I S 2-5 EStG nach § 34d EStG.[5] 86

Funktion. Durch die Begrenzung der Anrechnung auf die unter § 34d EStG fallenden Einkünften soll nicht jede ausländische Steuer angerechnet werden. Stattdessen sollen nur die ausländischen Steuern auf Einkünfte erfasst werden, für die der deutsche Gesetzgeber eine ausländische Steueranknüpfung anerkennt. Es wird dabei unterstellt, dass das Ausland einen dem § 34d EStG vergleichbaren Katalog als beschränkt steuerpflichtige Einkünfte vorsieht. 87

Enumerative Aufzählung. Die Aufzählung der ausländischen Einkünfte in § 34d EStG ist abschließend.[6] 88

---
1 *Prokisch* in K/S/M § 34c EStG Rn C 13.
2 *Kuhn* in H/H/R § 34c EStG Rn 219.
3 BTDrs 8/3648, 22.
4 BTDrs 16/2712, 54 f; *Handzik* in L/B/P § 34c EStG Rn 147.
5 *Roser* in Gosch § 26 Rn 48; *Lieber* in H/H/R § 26 Rn 19.
6 *Wagner* in Blümich § 34d EStG Rn 2.

89   **Doppelbesteuerung.** Im Vergleich der §§ 34d und 49 I EStG fällt auf, dass der Gesetzgeber zum einen den Anwendungsbereich zur Bestimmung inländischer Einkünfte zunehmend ausweitet. Zum anderen ist der in § 34d EStG enthaltene Katalog ausländischer Einkünfte sehr eng gefasst, was dazu führen kann, dass keine Anrechnung, sondern lediglich ein Abzug ausländischer Steuern gem § 34c III EStG möglich ist (dazu unter Rn 322). Konsequent wäre hingegen, wenn der deutsche Gesetzgeber über eine Erweiterung des Katalogs der ausländischen Einkünfte in § 34d EStG eine Erweiterung der territorialen Besteuerung ausländischer Staaten anerkennt.[1]

90   **Ausländische Steuerquellen.** Damit ausländische Einkünfte iSd § 34d EStG vorliegen, müssen diese aus den in dieser Norm genannten ausländischen Steuerquellen stammen.[2] Fehlt es an einer solchen ausländischen Steuerquelle, liegen keine ausländischen Einkünfte vor, auch wenn das Steuersubjekt selbst einen Bezug zum Ausland vorweist (zB Sitz einer Gesellschaft im Ausland).[3]

91   **Ausland.** Ausland ist im Umkehrschluss das Hoheitsgebiet, welches nicht das deutsche Hoheitsgebiet (hierzu § 1 Rn 75 ff) und nicht hoheitsfrei (wie zB die Antarktis) ist[4] – inkl der Luftsäule über dem Staatsgebiet des jeweiligen Staates (dh keine Geltung des Rechts des Flaggenstaates).[5] Aufgrund dieser Definition sind im Umkehrschluss auch ausländische Wirtschaftszonen oder andere Gebiete, die nicht zum ausländischen Staatsgebiet im staatsrechtlichen Sinne gehören, Ausland iSd § 34d EStG.[6]

92   **Isolierende Betrachtungsweise.** Die Rechtsprechung[7] und mit ihr ein großer Teil der Literatur[8] will iRd § 34d EStG ein Gebot zur Abgrenzung der verschiedenen Einkunftsquellen auf der Basis der sog isolierenden Betrachtungsweise (analog zu § 49 II EStG) ausmachen. Hiernach soll allein das objektive Erscheinungsbild der im Ausland erzielten Einkünfte bei der Überprüfung des Bestehens ausländischer Einkünfte relevant sein und nicht etwaige im Inland verwirklichte Merkmale (wie zB Gewerblichkeit). Dieser Grundsatz ist bedeutsam, damit ein Steuerpflichtiger tatsächlich ausländische Einkünfte iSd § 34d EStG beziehen und eine Anrechnung ausländischer Steuern erfolgen kann. Die Gegenauffassung[9], welche allein aus dem § 34d EStG innewohnenden Subsidiaritätsprinzip eine Abgrenzung der verschiedenen ausländischen Einkünfte herleiten will, übersieht die Wirkung des § 8 II, kommt aber letztlich zu dem gleichen Ergebnis.

93   **Ausländische Einkünfte gem DBA.** Bei Vorliegen eines DBA kann es zu Modifizierungen der für eine Anrechnung berechtigenden Einkünfte kommen. Dies ergibt sich aus dem Einkünftekatalog der Verteilungsnormen im jeweiligen DBA, der

---

1 Bereits *Schaumburg*, Internationales Steuerrecht, 2. Aufl, Rn 15.32, 15.37.
2 BFH I R 145/76, BStBl II 1979, 527 unter 1.
3 BFH I R 38/97, BStBl II 1998, 471.
4 BFH VI R 185/87, BStBl II 1991, 926.
5 BFH I R 148/87, BStBl II 1989, 319 unter 4. und 5.
6 *Geurts* in EY § 26 Rn 61; aA *Wagner* in Blümich § 34d EStG Rn 6 in Bezug auf „hoheitsfreie Zonen".
7 BFH I R 178/94, BStBl II 1997, 657.
8 *Buciek* in Blümich § 26 Rn 21a; *Lieber* in H/H/R § 26 Rn 20; *Müller-Dott* in F/W/B/S § 26 Rn 41.2.
9 *Siegers* in D/J/P/W § 26 Rn 72.

vorrangig zumindest dann anzuwenden ist, wenn iRd Methodenartikels auf diese verwiesen wird (nicht jedoch, wenn im Methodenartikel nicht auf die Verteilungnormen der DBA sondern auf die innerstaatlichen Vorschriften zur Steueranrechnung Bezug genommen wird[1]); § 34d EStG tritt insoweit hinter den spezielleren Normen der DBA zurück.[2] Dh selbst wenn keine Einkünfte iSd § 34d EStG aber iSd Verteilungsnormen vorliegen (beide Begriffe müssen nicht inhaltsgleich sein), darf die Anrechnung gem § 26 VI S 1 iVm § 34c I, VI EStG nicht verwehrt werden.[3] Dies stimmt auch mit dem Wortlaut des § 34d EStG überein, der eine Geltung der Vorschrift nur für § 34c I-V EStG beansprucht, nicht jedoch für § 34 VI EStG, in dem die Anrechnung in DBA-Fällen geregelt ist.

Ermittlung. Zur Ermittlung der ausländischen Einkünfte vgl Rn 183 ff. 94

Funktionale Zuordnung. Bei der Bestimmung des Umfangs der ausländischen Einkünfte gelten die allgemeinen, nach innerstaatlichem Recht anwendbaren Zuordnungsgrundsätze (dh die für Abkommensrecht geltenden erhöhten Anforderungen der „tatsächlichen" Zurechnung sind nicht übertragbar).[4] 95

Nachträgliche ausländische Einkünfte. Bei der Bestimmung, ob nachträgliche Einkünfte ausländische Einkünfte iSd § 34d EStG sind, ist entscheidend auf den Veranlassungszusammenhang abzustellen.[5] Dh Voraussetzung für die Erfassung nachträglicher ausländischer Einkünfte ist, dass die diesen zugrundeliegenden Leistungen zB von der ausländischen Betriebsstätte während der Zeit ihres Bestehens erbracht worden sind.[6] 96

Aufgabe der finalen Entnahmetheorie. Im Anschluss an die Aufgabe der finalen Entnahmetheorie[7] hat der BFH zudem für die inländischen Einkünfte eines beschränkt Steuerpflichtigen die Möglichkeit anerkannt, dass dieser nach Verlegung einer inländischen Einkunftsquelle nachträgliche Einkünfte gem § 49 EStG erzielt.[8] Derartige nachträgliche inländische Einkünfte sollten nicht als ausländische Einkünfte iSd § 34d EStG qualifizieren. Soweit die im Ausland zugehenden Wirtschaftsgüter dort nicht mit dem beizulegenden gemeinen Wert erfasst werden, sondern die stillen Reserven (aus deutscher Sicht abkommenswidrig) der ausländischen Besteuerung unterworfen werden, scheidet eine Anrechnung der auf diese nachträglichen Einkünfte entfallenden ausländischen Steuern – unabhängig von der ohnehin gegebenen Einschränkung in § 50 III EStG – in Deutschland aus.[9] Soweit hingegen die ausländische Besteuerung nach dem Zeitpunkt der Überführung entstandene stille Reserven betrifft, kommt eine Qualifikation als „ausländische Einkünfte" 97

---

1 Zu den verschiedenen Fällen BFH I R 42/93, BStBl II 1994, 799, unter 2.
2 BFH I R 15/94, BStBl II 1997, 157; BFH I R 178/94, BStBl II 1997, 657.
3 BFH I R 57/94, BStBl II 1996, 261; *Siegers* in D/J/P/W § 26 Rn 210.
4 *Lieber* in H/H/R § 26 Rn 21; BMF v 24.12.1999, BStBl I 1999, 1076, Tz 2.2 ff; BFH I R 7/99, BStBl II 2000, 605.
5 *Lieber* in H/H/R § 26 Rn 22.
6 H 34d EStH „Ausländische Betriebsstätteneinkünfte".
7 BFH I R 77/06, BStBl II 2009, 464.
8 BFH I R 99/08, BFH/NV 2010, 346.
9 Ebenso *Roser* in Gosch § 26 Rn 51a.

und insofern eine Steueranrechnung iRd § 50 III EStG in Betracht. Zukünftige Abgrenzungsschwierigkeiten und eine mögliche Doppelbesteuerung sind hier vorprogrammiert, wenn ausländische Staaten dieser Sichtweise nicht folgen.

98-100 *Einstweilen frei.*

101 **c) Identität der Einkünfte (Steuerobjektidentität). Grundsatz, Heranziehung zur Besteuerung im Ausland.** Eine Anrechnung nach § 26 I ist dem Wortlaut nach bereits grundsätzlich nur bezogen auf die ausländischen Einkünfte möglich, welche im Ausland auch zu einer mit der deutschen KSt vergleichbaren ausländischen Steuer „herangezogen werden". Daraus leitet die Literatur das Erfordernis ab, dass Einkünfte in Deutschland und im Ausland einheitlich zur KSt herangezogen werden müssen, um eine Steueranrechnung zu ermöglichen (Steuerobjektidentität).[1] Denn nur insoweit stelle sich überhaupt das Problem einer Doppelbesteuerung.

102 **Kein absolutes, übergeordnetes Prinzip.** Dennoch kann das Erfordernis der Gleichartigkeit des Abgabegegenstandes nicht als so weitgehend verstanden werden, dass dieses ein übergeordnetes und absolut wirkendes Prinzip bei der Anrechnung ausländischer Steuern darstellt.[2] So ist zB innerhalb des § 26 VI iVm § 34c I EStG keine per-item-, sondern eine per-country-limitation vorgesehen, welche eine Zusammenfassung der ausländischen Einkünfte aus einem ausländischen Staat und damit den Ausgleich von Anrechnungsüberhängen zwischen verschiedenen ausländischen Einkunftsquellen ermöglicht. Dh es ist grundsätzlich nicht schädlich, wenn Einkünfte im In- und Ausland nach verschiedenen Einkunftsarten oder der Höhe nach unterschiedlich besteuert werden (vgl Rn 109). Ebenso stand der Einbeziehung von in einem Staat steuerfreien Einkünft das Erforderniss der Steuerobjektidentität bei der Berechnung des Anrechnungshöchstbetrags früher nicht entgegen (zu im Ausland steuerfreien Einkünften sowie der mit § 34c I S 3 EStG verbundenen Einschränkung vgl Rn 103; zu im Inland steuerfreien Einkünften vgl Rn 106). Daher soll der Grundsatz der Steuerobjektidentität lediglich gebieten, dass Einkünfte dem Grunde nach steuerlich erfasst werden[3] bzw iRe weiteren phänomenologischen Betrachtung die Anknüpfungspunkte in beiden Staaten unter wirtschaftlichen Gesichtspunkten die gleiche Quelle betreffen.[4]

103 **Im Ausland steuerfreie Einkünfte.** Soweit ausländische Einkünfte im Ausland steuerfrei sind, stellt sich bezogen auf diese das Problem der Anrechnung ausländischer Steuern – bzw die Frage der Steuerobjektidentität insoweit nicht. Die Frage nach dem Erfodernis der Steuerobjektidentität erhält jedoch wieder bei der Bestimmung des Anrechnungshöchstbetrags Relevanz, soweit neben den im ausländischen Staat steuerfreien Einkünften im selben Staat auch steuerpflichtige Einkünfte bezogen werden.

---

1 *Siegers* in D/J/P/W § 26 Rn 102; *Buciek* in Blümich § 26 Rn 58; in diese Richtung auch BFH I R 49/95, BStBl II 1997, 91 unter 2. „Identität des Besteuerungsgegenstandes".
2 *Frotscher* in Frotscher/Maas § 26 Rn 37.
3 *Geurts* in EY § 26 Rn 67.
4 *Müller-Dott* in F/W/B/S § 26 Rn 71; *Schnitger*, IStR 2003, 298, 302.

IV. Anrechnung ausländischer Steuern

Beispiel

Die A-GmbH erzielt aus dem ausländischen Quellenstaat Zinseinkünfte iHv 100, die im Ausland keiner Besteuerung unterliegen. Daneben erzielt sie aus demselben Staat Betriebsstätteneinkünfte iHv 100, die einer ausländischen KSt iHv 20% unterliegen. Insgesamt erzielt die A-GmbH Einkünfte iHv 1000, welche einer deutschen KSt iHv 150 unterliegen.

Bei Einbezug der steuerfreien ausländischen Zinseinkünfte ergibt sich ein Anrechnungshöchstbetrag iHv 150 x (200/1000) = 30, so dass die ausländische KSt der Betriebsstätte vollständig angerechnet werden kann. Werden die ausländischen steuerfreien Einkünfte nicht berücksichtigt, beträgt der Anrechnungshöchstbetrag nur 150 x (100/1000) = 15 und die ausländische Steuer auf die Betriebsstätteneinkünfte ist nicht voll anrechenbar.

Nach früherer Rechtsprechung waren auch im Ausland (unilateral oder abkommensrechtlich) steuerbefreite Einkünfte trotz des Erfordernisses der Steuerobjektidentität bei der Ermittlung des Anrechnungshöchstbetrages einzubeziehen, da dieser iRd per-country-limitation alle ausländischen Einkünfte (losgelöst von deren Steuerbelastung) erfasste.[1] Seit dem VZ 2003 stellt § 26 VI S 1 iVm § 34c I S 3 EStG (nunmehr § 34c I S 3 Hs 2 EStG) jedoch das Erfordernis auf, dass bei der Ermittlung der ausländischen Einkünfte in dessen Hoheitsgebiet nicht besteuerte Einkünfte iRd Ermittlung des Anrechnungshöchstbetrags nicht zu berücksichtigen sind; gleiches gilt gem § 26 VI S 1 iVm § 34c VI S 3 EStG, wenn (bzw soweit) die ausländischen Einkünfte aus einem DBA-Staat stammen. Begründet wird dies damit, dass insoweit keine Doppelbesteuerung drohe.[2] Dies überzeugt nicht bzw wäre allenfalls vor dem Hintergrund einer – gerade dem § 34c I S 2 EStG nicht innewohnenden – per-item-limitation gerechtfertigt, da durch die mit der Regelung verbundene Reduzierung des Anrechnungshöchstbetrags durchaus (wie im Beispiel oben gezeigt) zu einer Nichtanrechenbarkeit ausländischer KSt anderer ausländischer Steuerquellen führen kann. Eine minimale ausländische Steuer (zB iHv 1%) würde hingegen ausreichen, um den Anwendungsbereich der Vorschrift einzuschränken.[3]

Keine Besteuerung nach ausländischem Recht. Wie bereits unter Rn 103 dargestellt, sollen steuerfreie Einkünfte bei der Ermittlung des Anrechnungshöchstbetrags außer Betracht bleiben. Tatbestandlich knüpft § 26 VI S 1 iVm § 34c I S 3 Hs 2 EStG jedoch daran an, dass die Einkünfte nach dem Recht des Staates, aus dem die Einkünfte stammen (zur nicht maßgeblichen Besteuerung eines Drittstaates vgl Rn 105), „nach dessen Recht nicht besteuert werden". Fraglich ist, was hierunter im Einzelnen zu fassen ist. So sollten grundsätzlich die Fälle erfasst sein, in denen im Ausland der Steuersatz oder die Bemessungsgrundlage Null beträgt (zB auch in Folge eines Freibetrags[4] aber auch, wenn ein Vorgang im Ausland grundsätzlich kein steuerlich relevanter Vorgang ist; vgl hierzu Rn 106) unabhängig davon, inwieweit

---

1 BFH I R 57/94, BStBl II 1996, 261; sowie H 212b EStH.
2 BTDrs 866/02, 61; OFD Berlin v 22.1.2004, IStR 2004, 288.
3 Lüdicke, IStR 2003, 433, 434.
4 Siegers in D/J/P/W § 26 Rn 162.

diese steuerliche Nichterfassung eine steuerliche Förderung darstellt. Nicht erfasst sollten hingegen die Fälle sein bzw eine Besteuerung im Ausland sollte nicht in Frage gestellt werden, wenn:

- eine Besteuerung im Ausland unterblieben ist, tatsächlich jedoch hätte erfolgen müssen;[1]
- eine Besteuerung wegen eines (ggf einkunftsbezogenen) Verlustvor- oder Verlustrücktrags unterbleibt[2] oder auf einer gesellschaftsübergreifenden oder grenzüberschreitenden Verlustberücksichtigung beruht;
- eine Besteuerung im Ausland zeitlich in einem anderen VZ greift; denn wenn bereits ein zeitlich versetzter Anfall ausländischer Steuern eine unmittelbare Anrechnung gem § 26 VI S 1 iVm § 34c I S 5 EStG nicht hindert (vgl Rn 168), muss dieses erst Recht bei der Bestimmung gelten, ob Einkünfte als iSd § 26 VI S 1 iVm § 34c I S 3 Hs 2 EStG besteuert gelten.

105 **Besteuerung im Drittstaat nicht ausreichend.** Für Zwecke des § 26 VI S 1 iVm § 34c I S 3 Hs 2 EStG ist es dem Wortlaut hingegen nicht ausreichend, wenn Einkünfte nicht im ausländischen Staat, aus dem sie aus deutscher Sicht gem § 34d EStG stammen, sondern in einem Drittstaat besteuert werden. Dh ebenso wie derartige Drittstaatssteuern außerhalb der DBA nicht nach § 26 I angerechnet werden können (vgl Rn 121), reicht die Besteuerung in einem Drittstaat nicht aus, um eine Besteuerung von Einkünften iSd § 26 VI S 1 iVm § 34c I S 3 Hs 2 EStG zu begründen. Sofern der Drittstaat jedoch kraft eines DBA selbst als Herkunftsstaat der ausländischen Einkünfte qualifiziert, ist eine in diesem Staat anfallende ausländische Steuer für die aus diesem Staat stammenden ausländischen Einkünfte hingegen wiederum ausreichend, um eine erforderliche ausländische Besteuerung gem § 34c VI S 2 iVm § 34c I S 3 Hs 2 EStG herzustellen.

106 **Im Inland steuerfreie Einkünfte.** Die Berücksichtigung im Inland steuerfreier Einkünfte hat erneut iRd Ermittlung des Anrechnungshöchstbetrags Bedeutung, wenn weitere aus dem gleichen ausländischen Staat stammende steuerpflichtige Einkunftsquellen vorliegen (hingegen mangels einer Doppelbesteuerung nicht, wenn aus diesem ausländischen Staat nur steuerfreie Einkünfte stammen):

Beispiel

Die A-GmbH erzielt aus dem ausländischen Quellenstaat Zinseinkünfte iHv 100, die einer ausländischen KSt iHv 20 % unterliegen. Daneben erzielt sie aus demselben Quellenstaat Dividendeneinkünfte iHv 100, die gem § 8b I steuerbefreit sind. Insgesamt erzielt die A-GmbH steuerpflichtige Einkünfte iHv 900, welche einer deutschen KSt iHv 135 unterliegen.

Bei Einbezug der steuerfreien ausländischen Einkünfte in die ausländischen Einkünfte und die Summe der Einkünfte ergibt sich ein Anrechnungshöchstbetrag iHv 135 x (200/1000) = 27, so dass die auf den Zinseinkünften lastende ausländische

---

[1] Siegers in D/J/P/W § 26 Rn 162.
[2] *Kaminski/Strunk*, StB 2003, 253, 254.

IV. Anrechnung ausländischer Steuern

KSt vollständig angerechnet werden kann. Werden die ausländischen steuerfreien Einkünfte nicht berücksichtigt, beträgt der Anrechnungshöchstbetrag nur 135 x (100/900) = 15, so dass die ausländische Steuer iHv 5 nicht voll anrechenbar ist.

Infolge des Erfordernisses der Steuerobjektidentität soll nach vielfacher Literaturauffassung der Einbezug von Einkünften iRd Anrechnungsmethode ausscheiden, soweit diese im Inland steuerfrei sind.[1] Als Steuerbefreiung kommen hier zB in Betracht:[2]

- persönliche Steuerbefreiungen (zB gem § 5), zumindest soweit noch ein steuerpflichtiger Bereich verbleibt;
- spezielle sachliche Steuerbefreiungen wie zB gem § 8b.

Diese Auffassung stützt sich im Wesentlichen auf eine Entscheidung des X. Senat des BFH, der in § 34c I S 5 EStG (damals § 34c I S 3 EStG) nicht nur eine Vorschrift zur Bestimmung zur zeitlichen Zuordnung ausländischer Steuern (hierzu Rn 167) sieht; daneben soll die Vorschrift auch eine Herabsetzung der ausländischen Steuern (über den Anrechnungshöchstbetrag) gebieten, wenn die inländische Bemessungsgrundlage geringer ist.[3] *Roser*[4] bemerkt jedoch zutreffend, dass der BFH mehrfach auf den Unterschied von „ausländischen Einkünften" und dem (in diesem Fall teilweise steuerfreien) Einkommen hingewiesen hat und der I. Senat des BFH[5] die vorbenannte Rechtsprechung des X. Senates nach der Änderung des Geschäftsverteilungsplans beim BFH ausdrücklich abgelehnt hat. In letztgenannter Entscheidung betonte der I. Senat, dass die Kürzung lediglich iRd Höchstbetragsberechnung des § 34c I S 2 EStG entfällt. Weiterhin muss gesehen werden, dass der I. Senat des BFH vor der Einfügung des § 34c I S 3 EStG ausdrücklich bereits die Steuerfreistellung im Ausland nicht als Durchbrechung der Steuerobjektidentität beurteilt bzw den Einbezug dieser im Ausland steuerfreien Einkünfte aufgrund der per-country-limitation gefolgt hat (vgl Rn 103). Daher stellt sich die Frage, warum bei den inländischen steuerbefreiten Einkünften etwas anderes gelten soll.[6] Schließlich muss gesehen werden, dass der Gesetzgeber es als notwendig erachtet hat, zumindest den Abzug ausländischer Steuern gem § 26 VI S 1 iVm § 34c II EStG bei steuerfreien inländischen Einkünften gem § 26 VI S 3 einzuschränken (vgl Rn 280), was ebenfalls gegen die Durchbrechung der Steuerobjektidentität spricht. Von daher ist die bereits von *Wassermeyer* früh vertretene These, dass auch steuerfreie inländische Einkünfte in die Berechnung des Anrechnungshöchstbetrags einzubeziehen sind, überzeugender.[7] Allerdings bleibt es trotz der Einbeziehung steuerfreier Einkünfte iRd Anrechnungshöchstbetrags dabei, dass eine Anrechnung ausländischer Steuern nicht auf nach § 8b I steuerfreie Dividenden-

§ 26

---

1 *Geurts* in EY § 26 Rn 67; *Siegers* in D/J/P/W § 26 Rn 103.
2 *Roser* in Gosch § 26 Rn 109; *Siegers* in D/J/P/W § 26 Rn 104.
3 BFH X R 35/88, BStBl II 1992, 187.
4 *Roser* in Gosch § 26 Rn 109 mit Hinweis auf BFH I R 71/96, BStBl I 1998, 77. Ebenso *Buciek* in Blümich § 26 Rn 59.
5 BFH I R 66/92, BStBl II 1992, 123.
6 *Schnitger*, IStR 2003, 298, 300.
7 *Wassermeyer*, FR 1991, 680, 681.

einkünfte möglich ist, selbst wenn aufgrund des § 8b V eine Fiktion nichtabzugsfähiger Betriebsausgaben iHv 5 % greift (vgl § 8b Rn 626; etwas anderes gilt, wenn § 8b VII oder VIII anwendbar ist).

107 **Kein Widerspruch zur Berücksichtigung von inländischen Freibeträgen.** IÜ ist die Frage der Einbeziehung ausländischer steuerfreier Einkünfte entgegen teilweiser Literaturauffassung[1] fein von der fehlenden Besteuerung von Einkünften aufgrund von Freibeträgen zu unterscheiden. Denn diese Einkünfte sind nicht steuerfrei (so dass bereits insoweit die Steuerobjektidentität nicht gestört ist). Allerdings ordnet § 34c I S 4 EStG den Abzug von im Zusammenhang mit den Einkünften stehenden Betriebsausgaben und Betriebsvermögensminderungen an, woraus sich deren Nichtberücksichtigung im Anrechnungshöchstbetrag ergeben kann (vgl Rn 215).

108 **Steuerfreie Einkünfte gem § 4 III InvStG.** Anders als bei Direktbezug (vgl Rn 106) wird aufgrund des § 4 III InvStG die Anrechnung und der Abzug ausländischer Steuern für mittelbar über ein Investmentvermögen bezogene Dividendenerträge bzw Ausschüttungen und ausschüttungsgleiche Erträge iSd § 2 II InvStG (neben den nach DBA steuerbefreiten Erträgen) vollumfänglich ausgeschlossen.[2] Dies zeugt erneut von einem nicht koordinierten Vorgehen des Gesetzgebers.

109 **Qualifikationskonflikte.** Die Bestimmung, inwieweit Einkünfte vorliegen, vollzieht sich nach deutschen Rechtsgrundsätzen. Soweit ausländische Einkünfte im Inland in Folge eines Qualifikationskonfliktes nicht als steuerbare Vorgänge angesehen werden (wie zB im Fall von Entnahmen aus einer Personengesellschaft, die aus ausländischer Sicht als Ausschüttung einer Kapitalgesellschaft qualifizieren), scheidet eine Anrechnung aus (vgl Rn 70). Umgekehrt werden ausländische Einkünfte nicht iSd § 26 VI S 1 iVm § 34c I S 3 Hs 2 EStG besteuert, wenn diese im Ausland aufgrund eines Qualifikationskonflikts als nicht steuerbar gelten (vgl Rn 104). IÜ wird die Anrechnung jedoch nicht eingeschränkt, wenn die betroffenen Staaten einheitlich steuerpflichtige Einkünfte annehmen, ansonsten diese jedoch unterschiedlich qualifizieren (zB wenn der eine Staat Veräußerungseinkünfte annimmt, während der andere Lizenzeinkünfte unterstellt).

110 **Unterschiedliche Bemessungsgrundlagen.** Die Steuerobjektidentität ist nicht eingeschränkt, wenn die Bemessungsgrundlage der zur Anrechnung der entsprechenden Steuer berechtigenden Einkünfte im ausländischen Staat von den inländischen Einkünften abweicht (also zB höher ist).[3] Derartige Unterschiede entstehen zwangsläufig und sind hinzunehmen. Dem Grunde nach bleibt die volle ausländische Steuer (iRd Anrechnungshöchstbetrags) anrechenbar.

111 **Keine inländischen steuerfreien Einkünfte aufgrund §§ 2a, 15a EStG.** Nach zutreffender Auffassung ist die Steuerobjektidentität auch nicht dadurch beeinflusst, dass Einkünfte, die nach ausländischen Ermittlungsmaßstäben positiv und nach

---

1 Siegers in D/J/P/W § 26 Rn 104.
2 BMF v 18.8.2009, BStBl I 2009, 931, Rn 82.
3 Siegers in D/J/P/W § 26 Rn 76.

inländischen negativ sind, im Inland unter die Verlustausgleichsbeschränkungen der §§ 2a, 15a EStG fallen.[1] Damit kann die auf diese Einkünfte anfallende ausländische Steuer (soweit im Ausland etwa abweichend positive Einkünfte vorliegen) iRd bestehenden Anrechnungshöchstbetrages (zur Anwendung der §§ 2a, 15a EStG bei der Ermittlung des Anrechnungshöchstbetrags vgl Rn 184) angerechnet werden.

Fiktive Steueranrechnung. Falls in einem DBA die fiktive Anrechnung ausländischer Steuern vorgesehen ist, hat eine solche Regelung Vorrang vor § 26 VI S 1 iVm § 34c I S 3 EStG, was in § 26 VI S 1 iVm § 34c VI S 2 Hs 3 EStG klargestellt wird. Dh die Anrechnung fiktiver Steuern ist auch dann möglich, wenn im Ausland keine Steuern erhoben werden. 112

Aufteilung bei mehreren Einkunftsquellen und teilweiser Steuerobjektidentität. Als Folge der Steuerobjektidentität ist bei teilweiser Steuerobjektidentität und mehreren ausländischen Einkunftsquellen die ausländische Steuer im Wege der direkten Methode aufzuteilen und die auf die steuerfreien inländischen Einkünfte entfallenden ausländischen Steuern auszuscheiden. Dh eine Anrechnung kommt nur in Bezug auf die ausländischen Steuern in Betracht, die auf den im Inland steuerpflichtigen Teil der Einkünfte entfallen, wobei nach der hier vertretenen Auffassung die steuerfreien Einkünfte wie beschrieben zumindest in die Ermittlung des Anrechnungshöchstbetrages eingehen (vgl Rn 106 ff). 113

KGaA. Soweit die Ebene des persönlichen haftenden Gesellschafters betroffen ist, stellt sich die Frage, ob von einer Steuerobjektidentität in Bezug auf die gem § 9 I Nr 1 als Aufwendungen bei der KGaA gekürzten und beim Komplementär nach § 15 I Nr 3 EStG besteuerten Gewinnanteile auszugehen ist. Nach der hier vertretenen Auffassung sollte diese gegeben sein, da § 15 I Nr 3 EStG eine reine Zurechnungsnorm darstellt, die aber gleichermaßen an das Steuerobjekt der ausländischen Einkünfte der KGaA anknüpft (vgl Rn 68). 114

Einstweilen frei. 115-118

d) Steuern des Herkunftsstaates. Quellenprinzip. Nach dem klaren Gesetzeswortlaut („die mit ausländischen Einkünften in dem Staat, *aus dem die Einkünfte stammen*, zu einer der deutschen ESt entsprechenden Steuer herangezogen werden") kann iRd § 26 I nur die ausländische Steuer angerechnet werden, die im Herkunftsstaat der Einkünfte entsteht.[2] Damit setzt der deutsche Gesetzgeber das Prinzip der Unterscheidung zwischen in- und ausländischen Quellen fort, da nur in Bezug auf letztgenannte eine Steueranrechnung möglich sein soll. 119

Bestimmung des Herkunftsstaates im Nicht-DBA-Fall. Die Bestimmung des Herkunftsstaates der ausländischen Einkünfte im Nicht-DBA-Fall richtet sich zutreffend nach Maßgabe des § 34d EStG bzw den dort aufgestellten lokalen Anknüpfungspunkten, da das Recht Deutschlands als Anwenderstaat die Anknüpfungspunkte für die Vermeidung der Doppelbesteuerung setzt.[3] 120

---

1 Siegers in D/J/P/W § 26 Rn 107.
2 Lieber in H/H/R § 26 Rn 27; Siegers in D/J/P/W § 26 Rn 79.
3 Roser in Gosch § 26 Rn 82.

121 **Mehrere Herkunftsstaaten.** Aufgrund der weit gewählten Anknüpfungspunkte (zB Ausübung und Verwertung von selbständiger Arbeit gem § 34d Nr 3 EStG) können auch mehrere Herkunftsstaaten einer Quelle in Frage kommen. In diesem Fall sollte die Anrechnung der ausländischen Steuern aller Herkunftsstaaten möglich sein, wobei jeweils gesondert die Ermittlung des Anrechnungshöchstbetrags gem § 68a EStDV erfolgen muss.[1]

122 **Drittstaatensteuern.** Aus der vom Gesetzgeber gewählten pauschalen Unterscheidung zwischen in- und ausländischen Steuerquellen (vgl Rn 119) und der damit verbundenen Fokussierung auf den ausländischen Herkunftsstaat folgt ebenfalls, dass ausländische Steuern eines dritten ausländischen Staates („Drittstaatensteuern") mit der ganz hM nicht anrechenbar sind:[2]

Beispiel
Eine inländische Körperschaft erzielt über eine Betriebsstätte in Land A Einkünfte aus dem Quellenstaat Q. Land A qualifiziert nach deutscher Sicht als Quellenstaat mit der Folge, dass die von Q erhobenen Quellensteuern nicht anrechenbar sind.

Wassermeyer will hingegen aufgrund der isolierenden Betrachtungsweise auch derartige dritte Staaten im Wege der isolierenden Betrachtungsweise dem Anwendungsbereich des § 34d EStG unterstellen.[3] Dies vermag jedoch nicht richtig zu überzeugen, da mittels der isolierenden Betrachtungsweise doch nur das Entstehen ausländischer Einkünfte trotz inländischer Besteuerungsmerkmale gewährleistet werden soll.[4] Die Richtigkeit der hM ergibt sich auch aus dem Anwendungsbereich des § 34c III EStG für derartige Drittstaatensteuern (vgl Rn 319).

123 **Doppelansässigkeit, ausländische Betriebsstätten.** Besonders häufig kommt es zu Drittstaatensteuern, wenn eine Körperschaft über eine ausländische Betriebsstätte Einkünfte bezieht oder in zwei Staaten ansässig ist, wobei der ausländische statutarische Sitz alleine nicht ausreicht, um eine ausländische Betriebsstätte zu begründen (vgl Beispiel in Rn 122).

124 **Kritik an der Versagung einer Anrechnung von Drittstaatensteuern.** Aufgrund der Versagung einer Anrechnung von Drittstaatensteuer kann eine Doppelbesteuerung entstehen; denn die ausländische Steuer des Drittstaates kommt allenfalls gem § 26 VI S 1 iVm § 34c III EStG (hierzu Rn 321) bzw im Falle eines bestehenden DBA mit dem Herkunftsstaat der ausländischen Einkünfte gem § 26 VI S 1 iVm § 34c VI S 6 EStG (hierzu Rn 323) zum Abzug. Sinnvoller wäre es daher, das Quellenprinzip auf mehrere ausländische Staaten als Herkunftsstaaten auszuweiten, um die zusätzliche Anrechnung der Drittstaatensteuer zu ermöglichen. Hierdurch würde die unilaterale Anrechnungs-

---

1 *Frotscher* in Frotscher/Maas § 26 Rn 49.
2 *Frotscher* in Frotscher § 34c EStG Rn 132; *Kuhn* in H/H/R § 34c EStG Rn 118; *Wagner* in Blümich § 34c EStG Rn 90; *Hildesheim* in Bordewin/Brandt § 34c EStG Rn 44; *Timmermans* in Lademann § 34c EStG Rn 120.
3 *Wassermeyer* in Lüdicke, Besteuerungspraxis bei grenzüberschreitender Tätigkeit, 2003, S 207, 218; *Wassermeyer/Lüdicke* in F/W/B/S § 34c EStG Rn 146.
4 Weiterführend *Schnitger/Rometzki* in Wassermeyer/Richter/Schnittker, Personengesellschaften im Internationalen Steuerrecht, Rn 17.22.

methode der Anrechnung im DBA-Fall angenähert (hierzu Rn 125). Eine doppelte Entlastung von Quellensteuer sollte dadurch nicht drohen, denn wenn zB im ausländischen Staat, der aus deutscher Sicht Herkunftsstaat für Einkünfte ist, die Anrechnung von ausländischen Steuern eines Drittstaates erfolgt, ist die anrechenbare Steuer des ausländischen Herkunftsstaates entsprechend gemindert (vgl Rn 155).

DBA. Soweit ein DBA mit einem ausländischen Staat besteht, bestimmt sich die Herkunft der ausländischen Einkünfte nach der abkommensrechtlichen Definition in den Verteilungsnormen und § 34d EStG tritt insoweit zurück.[1] Damit ist es auch möglich, dass Einkünfte aus mehreren Herkunftsstaaten stammen (und angerechnet werden können), wenn DBA mit mehreren ausländischen Staaten bestehen, in denen diese jeweils entsprechend als Herkunftsstaat definiert werden. Zu einer „Überentlastung" kann es nicht kommen; denn falls dem Rechtsgedanken des § 50 III EStG folgend ein ausländischer Betriebsstättenstaat eine Anrechnung der Quellensteuer vornimmt, mindert sich die inländische anrechenbare Steuer entsprechend (vgl Rn 155). Wenn hingegen keine solche Anrechnung im ausländischen Betriebsstättenstaat erfolgt, kann es zwar iRd Höchstbetragsberechnung zu einer mehrfachen Verpflichtung zur Steueranrechnung kommen. Diese stellt jedoch keine „Überentlastung" dar, sondern ist nur die Reaktion auf die mehrfache Erfassung der Einkünfte im Ausland bzw die mehrfache Vermeidung der Doppelbesteuerung, die den Ansässigkeitsstaat als „Letztverantwortlichen" trifft. 125

Einstweilen frei. 126-128

e) Vergleichbarkeit mit der deutschen KSt. Definition. Die im Ausland gezahlte Steuer muss mit der deutschen KSt vergleichbar sein, um anrechenbar zu sein. Dh es muss sich um eine Steuer iSd § 3 AO handeln, die als Abgabe auf das Einkommen oder den Ertrag ausgestaltet ist und keine Abgabe oder Gebühr darstellen. 129

Verwaltungspraxis. Die Finanzverwaltung nimmt die Vergleichbarkeit an, wenn die ausländische Steuer im entsprechenden Anhang zu den EStR aufgeführt ist (Anl 6 zu R 34c EStR). In Zweifelsfällen wird eine Entscheidung des BMF herbeigeführt.[2] 130

Abgrenzung im Einzelfall. Die fehlende Nennung in der Liste ist letztlich nicht entscheidend, um die fehlende Vergleichbarkeit anzunehmen, sondern diese ist im Einzelfall zu bestimmen.[3] Dabei kann die Abgrenzung zu anderen Steuern (wie zB der USt) schwierig sein. Ausschlaggebend ist hier, zu welcher Steuerart eine größere Vergleichbarkeit gegeben ist, wobei die Bezeichnung der Steuer unerheblich ist. 131

Freiwillige Steuerzahlung. Keine ausländische Steuer ist eine sog „freiwillige Steuerzahlung", dh eine nicht einem Steuerpflichtigen einseitig öffentlich-rechtlich auferlegte Abgabe. Diese liegt nicht vor, wenn der ausländischen Steuerfestsetzung ein behördliches Steuerverfahren vorausgegangen ist, in dem auf gesetzlicher Grundlage und unter Mitwirkung des Steuerpflichtigen der Umfang einer Steuerermäßigung festgelegt wurde.[4] 132

---

1 BFH I R 57/94, BStBl II 1996, 261.
2 H 34c (I-II) EStR.
3 BFH I R 9/90, BStBl II 1992, 607, unter 1. b).
4 BFH I R 124/04, BStBl II 2011, 547.

133   **Ausgestaltung des ausländischen Steuersystems.** Für die Frage der Vergleichbarkeit ist unbeachtlich, wie die Bemessungsgrundlage im Detail ausgestaltet ist (dh auch, wenn nur bestimmte Einkünfte in einer Schedule besteuert werden), welche Höhe der Steuersatz hat und in welcher Form die Steuer erhoben wird (Veranlagung oder Steuerabzug).[1]

134   **Regionale Steuern.** Ausländische Steuern können ebenfalls regional begrenzt für ein Staatsgebiet, ein Land oder eine Provinz erhoben werden. Anhaltspunkte, dass nur ausländische Bundessteuern vergleichbar sind, enthält iRd § 34c EStG nach der Anpassung des § 68a EStDV im VZ 1977 nicht mehr.

135   **Keine ausländischen Steuern.** Keine vergleichbare ausländische Steuern sind Sozialversicherungsbeiträge[2], Steuern auf Lieferungen[3] (wie USt, Zölle, Verkehrs- und Verbrauchsabgaben), Konzessionsabgaben, steuerliche Nebenleistungen (Säumniszuschläge, Zinsen, Zwangsgelder) und Strafzuschläge.[4] Derartige Abgaben können allenfalls gem § 34c III EStG bzw nach allgemeinen Gewinnermittlungsvorschriften abgezogen werden (vgl Rn 320).

136   **DBA.** Im DBA-Fall enthält das jeweils einschlägige DBA in aller Regel eine Definition der Steuern, die vom DBA als Steuern vom Einkommen erfasst sind. Sofern eine ausländische Steuer nicht explizit im DBA genannt ist, muss geprüft werden, ob sie einer dort genannten Steuer im Wesentlichen ähnlich ist (vgl Art 2 IV OECD-MA). Hierfür gelten die oben dargestellt Grundsätze entsprechend (vgl Rn 129 ff).

137-138   *Einstweilen frei.*

139   **f) Definitive ausländische Steuerbelastung. Festsetzung.** Die anzurechnende Steuer muss im Ausland festgesetzt sein. Die Frage, ob eine Festsetzung vorliegt, ist in Anwendung des deutschen Rechtsverständnisses zu beantworten. Danach muss ein hoheitlicher Anspruch des ausländischen Staates auf Zahlung eines Steuerbetrags für Rechnung des Steuerpflichtigen geltend gemacht werden.[5]

140   **Formen der Festsetzung.** Die Steuerfestsetzung kann insbesondere durch von einer öffentlichen Behörde festgesetzten Steuerbescheid oder durch Steueranmeldung (auch von privaten Dritten[6]) erfolgen. Auch Vorauszahlungen stellen eine Steuerfestsetzung dar und führen grundsätzlich (vgl jedoch zur Anpassung als rückwirkendes Ereignis Rn 161) zu anrechenbaren Steuern.

141   **Zahlung.** Ebenfalls Voraussetzung für die Anrechnung ist die Zahlung der Steuer. Der Begriff der „Zahlung" ist entsprechend dem §§ 224 ff AO weit auszulegen. Eine Zahlung kann somit neben der Tilgung auch im Falle der Aufrechnung von Forderungen durch das Finanzamt oder auch im Wege der Abführung von Quellensteuer durch einen Dritten erfolgen.[7]

---

1   BFH I R 49/95, BStBl II 1997, 91 unter 2. sowie *Lieber* in H/H/R § 26 Rn 26.
2   *Prokisch* in K/S/M § 34c EStG Rn B 90.
3   BTDrs 8/3648, 19 ff.
4   *Frotscher* in Frotscher/Maas § 26 Rn 53; *Lieber* in H/H/R § 26 Rn 26.
5   *Siegers* in D/J/P/W § 26 Rn 82; *Frotscher* in Frotscher/Maas § 26 Rn 64.
6   BFH I R 9/90, BStBl II 1992, 607, unter 1. c).
7   *Siegers* in D/J/P/W § 26 Rn 86 und 94; *Lieber* in H/H/R § 26 Rn 31.

Erlass oder Verjährung. Keine Zahlung liegt vor, wenn eine Steuer verjährt oder erlassen wird. In diesem Fall fehlt es an einer steuerlichen Belastung des Steuerpflichtigen. 142

Nachweis der Zahlung. Zum Erhalt der Steueranrechnung wird der Steuerpflichtige gem § 68b EStDV verpflichtet, Nachweis über die festgesetzte und gezahlte Steuer in Form von Steuerbescheiden oder Quittungen über die Zahlung zu führen. Dies bedeutet jedoch nicht, dass die Steueranrechnung von der Beibringung dieser Nachweise wirklich abhängig gemacht werden kann, was insbesondere Bedeutung hat, wenn keine Steuerfestsetzung erfolgte; dann kann auch die Bescheinigung durch den zum Abzug Verpflichteten über die abgeführte Steuer ausreichen.[1] Ergebnisaufstellungen deutscher Kreditinstitute werden kraft ausdrücklicher Verwaltungsanweisung als Nachweise anerkannt.[2] 143

Zeitpunkt der Zahlung. Zur Bedeutung des Zeitpunktes der Zahlung für die Steueranrechnung vgl Rn 169. 144

DBA. Zwar verweist § 26 VI S 1 iVm § 34c VI S 1 EStG nicht auf § 34c I S 1 EStG, in welchem das Erfordernis der Zahlung enthalten ist. Allerdings ergibt sich anders als im Fall eines bestehenden Ermäßigungsanspruchs (vgl Rn 159) aus allgemeinen Grundsätzen und im Umkehrschluss aus der Formulierung des § 26 VI S 1 iVm § 34c VI S 2 Hs 2 EStG, dass auch im DBA-Fall allgemein eine Festsetzung und Zahlung von ausländischen Steuern erforderlich ist.[3] 145

Fiktive Steueranrechnung. Falls in einem DBA eine fiktive Anrechnung ausländischer Steuern vorgesehen ist, scheidet bereits denklogisch aus, dass diese Steuer tatsächlich festgesetzt und gezahlt sein muss, um eine Anrechnung zu erreichen. 146

Einstweilen frei. 147-148

g) Kürzung des Ermäßigungsanspruchs. Regelungsinhalt. Wenn ein Ermäßigungsanspruch zur Reduzierung ausländischer Steuern bestanden hat, ist dieser gem § 26 I bei der Ermittlung der anrechenbaren Steuern abzuziehen. Dh nur eine endgültige rechtmäßige ausländische Steuer ist anrechenbar. Oder anders formuliert sollen „freiwillige" Steuerzahlungen nicht anrechenbar sein. 149

Arten von Ermäßigungsansprüchen. § 26 I sieht keine weiteren Voraussetzungen vor, auf welcher Grundlage ein Ermäßigungsanspruch im Ausland bestanden haben muss. Daher kommen nach dem reinen Gesetzeswortlaut zunächst Ermäßigungsansprüche auf jeglicher rechtlichen Basis in Betracht (dh aufgrund höherrangigen Rechts oder anderer ausländischer nationaler Vorschriften; zu den DBA vgl jedoch einschränkend Rn 159 sowie zu den Grundfreiheiten des AEUV Rn 162). 150

Durchsetzbarkeit von Ermäßigungsansprüchen. Bei der Prüfung eines bestehenden Ermäßigungsanspruchs iRd § 26 I ist nicht erforderlich, dass dieser verfahrensrechtlich zum Zeitpunkt der Steueranrechnung noch durchsetzbar ist. Dies ergibt sich aufgrund der Änderungen des JStG 2007 aus dem Gesetzeswortlaut, da 151

---

1 BFH I R 9/90, BStBl II 1992, 607, unter 2.
2 OFD Frankfurt v 17.2.1997, FR 1997, 391.
3 *Siegers* in D/J/P/W § 26 Rn 218 f.

§ 26 I nunmehr ausdrücklich vorsieht, dass ein „entstandener Ermäßigungsanspruch" ausreichend ist, um eine Anrechnungsmöglichkeit einzuschränken. Vorher war die gesetzliche Formulierung weniger deutlich („keinem Ermäßigungsanspruch mehr unterliegende"); die Neufassung soll jedoch zumindest nach der Gesetzesbegründung[1] klarstellenden Charakter haben. Dies ist nicht frei von Zweifeln, da die für DBA entwickelte Rechtsprechung zur fehlenden Beachtlichkeit einer Verjährung auf dem besonderen Wortlaut des § 34c VI S 2 EStG fußt (vgl Rn 255) und insoweit nicht übertragbar ist.[2] Seit dem VZ 2007 ist jedoch klar, dass es unbeachtlich ist, ob die Nichtdurchsetzung auf dem Verschulden des Steuerschuldners beruht.

152 **Festsetzungsverjährung.** Aufgrund der Änderungen des JStG 2007 ist auch eine Fristverjährung eines Ermäßigungsanspruchs unbeachtlich (vgl Rn 151). Es reicht aus, wenn er den Ermäßigungsanspruch hätte durchsetzen können. Lediglich bei sehr kurzen ausländischen Verjährungsfristen, die eine Durchsetzung faktisch unmöglich machen, scheint eine teleologische Reduktion des Gesetzeswortlauts angebracht.

153 **Umfang der Durchsetzungsverpflichtung.** Es ist umstritten, in welchem Umfang eine Verpflichtung zur Durchsetzung eines Ermäßigungsanspruchs besteht. Soweit eine ausländische Steuer zu Unrecht erhoben wird, sollte aufgrund des derzeitigen Gesetzeswortlautes grundsätzlich von einer Verpflichtung zur Nutzung aller Möglichkeiten der Durchsetzung eines Ermäßigungsanspruchs ausgegangen werden (dh inkl von Rechtsbehelfs- und Gerichtsverfahren).[3] Die gegenteilige Auffassung[4], wonach eine solche Durchsetzung nicht notwendig ist, sollte mit der Neufassung des § 26 I ab dem VZ 2007 keine Grundlage mehr haben. Soweit in der Literatur[5] vertreten wird, dispositive Voraussetzungen seien nicht als Ermäßigungsanspruch zu werten, ist dem allerdings insoweit beizupflichten, als dass die Erfüllung bestimmter Voraussetzungen, welche zur Reduzierung der ausländischen Bemessungsgrundlage führen (wie zB der Antrag auf Bildung einer gewinnmindernden Rücklage), keinen Ermäßigungsanspruch iSd § 26 I darstellen. Soweit schließlich fraglich ist, inwieweit eine ausländische Steuer wirklich zu Recht erhoben wird (dh die ausländische Rechtslage unklar ist), sollte es uE nicht erforderlich sein, das Bestehen eines Ermäßigungsanspruchs außergerichtlich oder gerichtlich prüfen zu lassen, um die Möglichkeit einer Anrechnung zu erhalten. Denn insoweit ist ein Ermäßigungsanspruch noch nicht (wie in § 26 I gefordert) sicher entstanden. Hieraus resultierende Unsicherheiten ob der Auslegung ausländischen Rechts verstärken die Kritik an der Vorschrift (hierzu Rn 163).

154 **Ermäßigungsanspruch im Herkunftsstaat der ausländischen Einkünfte.** Aufgrund des § 26 I schränken nur solche Ermäßigungsansprüche die Steueranrechnung ein, welche in dem Herkunftsstaat entstanden sind, aus dem die ausländischen Einkünfte gem § 34d EStG stammen. Etwaige in einem Drittstaat bestehende Er-

---

[1] BTDrs 17/2712, 54.
[2] So jedoch *Siegers* in D/J/P/W § 26 Rn 96, 99. Zutreffend hingegen *Geurts* in EY § 26 Rn 95.
[3] *Roser* in Gosch § 26 Rn 99a; BTDrs 16/2712, 70 f; *Siegers* in D/J/P/W § 26 Rn 98; *Geurts* in EY § 26 Rn 95.1.
[4] *Lieber* in H/H/R § 26 Rn 32.
[5] *Müller-Dott* in F/W/B/S § 26 Rn 64.1.

IV. Anrechnung ausländischer Steuern

mäßigungsansprüche sind hingegen unbeachtlich, ebenso wie die zugrundeliegenden ausländischen Steuern solcher Drittstaaten mangels Vorliegen ausländischer Einkünfte nicht anrechenbar sind (hierzu vgl Rn 122).

Anrechnung von Drittstaatensteuern auf die ausländische Steuer des Herkunftsstaates. Aufgrund des weiten Wortlautes ist ein Ermäßigungsanspruch iSd § 26 I aber dann anzunehmen, wenn auf die ausländische Steuern des Herkunftsstaates der ausländischen Einkünfte gem § 34d EStG ausländische Steuern eines Drittstaates angerechnet werden können:[1]

155

Beispiel

Die unbeschränkt steuerpflichtige A-GmbH bezieht Einkünfte aus einer ausländischen Betriebsstätte. Die KSt im Betriebsstättenstaat beträgt eigentlich 15 %. Da die Betriebsstätteneinkünfte aus einem Quellenstaat stammen, lastet jedoch eine weitere ausländische Steuer iHv 10 % aus einem anderen Staat auf diesen Einkünften. Im Betriebsstättenstaat wird diese andere ausländische Steuer nach nationalem Recht angerechnet, so dass nur die keinem Ermäßigungsanspruch unterliegende ausländische Steuer des Betriebsstättenstaates iHv 5 % im Inland anrechenbar ist.

Dieses Ergebnis ist vor dem Hintergrund zu kritisieren, dass eine Anrechnung der ausländischen Steuern eines Drittstaates gleichzeitig ausscheidet und ist ein weiterer Beleg für die Notwendigkeit einer Ausweitung des Terminus der ausländischen Einkünfte (vgl Rn 122 f). Soweit hingegen eine Steueranrechnung der Drittstaatensteuern im ausländischen Betriebsstättenstaat nicht greift (etwa weil es dort keine dem § 50 III EStG vergleichbare Regelung gibt), sollte sich die anrechenbare ausländische Steuer der Betriebsstätte im Beispiel nicht reduzieren; denn § 34c I S 1 EStG spricht nur von „einem *entstandenen* Ermäßigungsanspruch".[2]

Ermäßigungsanspruch aufgrund Versagung der Abkommensanwendung oder Qualifikationskonflikten. Soweit in einem Herkunftsstaat der ausländischen Einkünfte gem § 34d EStG Abkommensvergünstigungen (zB in Folge nationaler Missbrauchsvorschriften oder aufgrund von Qualifikationskonflikten) versagt werden, sollte es nicht zu einer Beschränkung der Anrechnungsmöglichkeit in Folge eines entstandenen Ermäßigungsanspruchs kommen. Denn in diesem Fall ist nie ein Ermäßigungsanspruch entstanden.

156

Doppelansässigkeit. Im Falle der Doppelansässigkeit sowie bei fehlendem DBA ergibt sich weiterhin das Problem sich gegenseitig beeinflussender Erstattungsansprüche („Ping-Pong-Effekt"). Es erscheint sachgerecht, diese wechselseitigen Auswirkungen bei der Bestimmung eines Ermäßigungsanspruchs außer Betracht zu lassen.[3]

157

---

1 Ebenso *Kuhn* in H/H/R § 34c EStG, Rn 126; *Weinschütz* in Lademann § 34c EStG Rn 121. AA *Wagner* in Blümich § 34c EStG Rn 90.
2 *Schnitger/Rometzki* in Wassermeyer/Richter/Schnittker, Personengesellschaften im Internationalen Steuerrecht, Rn 17.21.
3 Zutreffend *Roser* in Gosch § 26 Rn 99a.

158 **Begünstigter des Erstattungsanspruchs.** Ein Ermäßigungsanspruch ist nur zu berücksichtigen, wenn er wirtschaftlich den Steuerpflichtigen und nicht einen Dritten entlastet, da § 26 iVm § 34c EStG eine Personenidentität erfordert.[1] Denn § 26 I sieht umgekehrt rein steuersubjektbezogen eine Entlastung des Steuerpflichtigen vor. Damit führen zB nach ausländischem Recht bestehende Entlastungsansprüche zur Vermeidung einer wirtschaftlichen Doppelbesteuerung auf Ebene des Anteilseigners (im Falle eines Körperschaftsteueranrechnungssystems) nicht zu einer Einschränkung der Anrechnungsmöglichkeit.

Beispiel

A-GmbH erzielt Einkünfte in einer Betriebstätte des Quellenstaats Q (kein DBA-Staat), welche dort mit ausländischer KSt belastet werden. Anteilseigner der A-GmbH ist die natürliche Person N. Die Möglichkeit einer Erstattung von KSt beim Anteilseigner N nach dem Steuerrecht des Staates Q führt nicht zu einer Einschränkung der anrechenbaren KSt gem § 26 I bei der A-GmbH.

159 **DBA mit dem Staat der ausländischen Einkunftsquelle.** Der Ermäßigungsanspruch gem § 26 VI S 1 iVm § 34c I S 1 EStG umfasst dem ersten Anschein nach grundsätzlich auch jegliche Ansprüche zur Reduzierung ausländischer Steuern aufgrund von DBA. Allerdings ist zu sehen, dass § 34c I S 1 EStG im Fall eines bestehenden DBA mit dem Staat der ausländischen Einkunftsquelle gem § 26 VI S 1 iVm § 34c VI S 1 EStG suspendiert wird. Stattdessen erfolgt dann die Anrechnung der ausländischen Steuer nach den § 34c I S 2-5 EStG, wie in § 26 VI S 1 iVm § 34c VI S 2 EStG geregelt ist.[2] Damit sind die unter Rn 149 ff dargestellten Grundsätze nicht anwendbar, wenn die ausländische Einkunftsquelle in einem DBA-Staat belegen ist (zur Begrenzung der Anrechnung aufgrund der Möglichkeiten der Reduktion von Steuern vgl gleichwohl Rn 255). Genau genommen sind in diesen Fällen jegliche Ermäßigungsansprüche, egal auf welcher Rechtsgrundlage diese basieren, für eine Steueranrechnung unschädlich.

160 **DBA mit einem anderen ausländischen Staat.** Der in Rn 159 beschriebene Grundsatz bedeutet jedoch nicht, dass ein DBA außer Betracht gelassen werden kann, welches zwischen dem ausländischen Quellenstaat und einem anderen ausländischen Staat besteht, der nach deutscher Sicht nicht der Quellenstaat der ausländischen Einkünfte ist (Drittstaat). In diesem Fall ist ein im ausländischen Quellenstaat aufgrund des DBA bestehender Ermäßigungsanspruch bei der Ermittlung der anrechenbaren ausländischen Steuern nach den in den Rn 149 ff Prinzipien grundsätzlich zu berücksichtigen. Die Geltendmachung eines Ermäßigungsanspruchs hat dann auch iRd § 26 VI S 1 iVm § 34c III EStG eine Bedeutung.

161 **Spätere Durchsetzung eines Steuerermäßigungsanspruchs.** Soweit ein Ermäßigungsanspruch zur Reduzierung ausländischer Steuern im DBA-Fall später durchgesetzt wird, ist die Veranlagung rückwirkend gem § 175 I Nr 2 AO zu ändern. Den Steuerpflichtigen trifft hier gem § 153 II AO eine Mitteilungspflicht.[3]

---

1 *Geurts* in Frotscher § 34c Rn 11.
2 *Siegers* in D/J/P/W § 26 Rn 223 ff; *Wagner* in Blümich § 34c EStG Rn 136; wohl auch BTDrs 16/2712, 54.
3 *Geurts* in EY § 26 Rn 97.

Ermäßigungsanspruch aufgrund des AEUV bzw EWR-Abkommens. 162
Schwierig zu beantworten ist die Frage, inwieweit ein aufgrund der Grundfreiheiten des AEUV eigentlich bestehender Anspruch auf Reduzierung ausländischer Steuern einzubeziehen ist (zB weil im Ausland eine diskriminierende Besteuerung iRd beschränkten Steuerpflicht auf Bruttobasis erfolgt vgl Rn 53). Der reine Wortlaut der Vorschrift schließt ein derartiges Ergebnis zwar nicht aus.[1] Nach zutreffender Auffassung wäre eine Einschränkung der Anrechnung ausländischer AEUV-widrig erhobener Steuern jedoch nicht verhältnismäßig, solange der deutsche Gesetzgeber selbst iRd beschränkten Steuerpflicht an diskriminierend wirkenden Vorschriften festhält.[2] Zudem wird ein Ermäßigungsanspruch aufgrund einer diskriminierenden Besteuerung im ausländischen Staat auch insoweit nicht zu einer Einschränkung der Steueranrechnung führen, als ein DBA besteht (vgl Rn 159).

Kritik. Der unter Rn 150 beschriebene weite Anwendungsbereich mag auf der 163
einen Seite verständlich sein, als der deutsche Staat sich nur verpflichtet, in Bezug auf die ausländischen Steuern die Doppelbesteuerung zu vermeiden, welche der Steuerpflichtige nicht vermeiden kann. Auf der anderen Seite ist nicht ersichtlich, warum im Falle von bestehenden DBA dieses Tatbestandsmerkmal keine Bedeutung hat bzw nur die nach dem DBA zu reduzierenden Steuern eine Steueranrechnung ausschließen (vgl Rn 159). Tatsächlich sollte hier eine Angleichung erfolgen und das Tatbestandsmerkmal „Ermäßigungsanspruch" in § 26 I eingeschränkt werden. Zudem wird eine vollständige Überprüfung jeglicher Ermäßigungsansprüche in Bezug auf ausländische Steuern nach ausländischem Recht für Steuerpflichtige, Verwaltung und die Gerichtsbarkeit in tatsächlicher Hinsicht unmöglich sein, so dass in Bezug auf die derzeitige Fassung des § 26 I insoweit ein Vollzugsdefizit zu konstatieren ist.

Beweislast. Aufgrund der Unsicherheiten hinsichtlich der Auslegung aus- 164
ländischen Rechts und der damit verbundenen Gefahr des Entstehens einer Doppelbesteuerung liegt die Beweislast hinsichtlich des Bestehens eines durchsetzbaren Ermäßigungsanspruchs nach zutreffender Auffassung bei der Finanzverwaltung.[3]

Einstweilen frei. 165-166

h) Besteuerungszeitraum. Auf den VZ entfallende ausländische Steuer. 167
Anrechenbar ist gem § 26 VI S 1 iVm § 34c I S 5 EStG nur die ausländische Steuer, die auf im VZ bezogene Einkünfte entfällt. Damit soll eine zeitliche Zuordnung (und kein zeitlicher Zusammenhang[4]) der ausländischen Steuern zu den der deutschen ESt unterliegenden Einkünften erfolgen.[5]

---

1 AA *Geurts* in EY § 26 Rn 95.1.
2 *Roser* in Gosch § 26 Rn 99a.
3 *Roser* in Gosch § 26 Rn 99a.
4 *Prokisch* in K/S/M § 34c EStG Rn B 98.
5 BFH X R 35/88, BStBl II 1992, 18.

Beispiel

Die A-GmbH erzielt Einkünfte iHv 300 aus einer ausländischen Montagebetriebsstätte, die nach deutschem Recht im Jahr 3 entstehen und besteuert werden. Der ausländische Staat besteuert die Einkünfte anteilig in den Jahren 1-3 iHv jeweils 100 und erhebt auf diese ausländische Steuer.

Die ausländischen Steuern sind aufgrund des § 26 VI S 1 iVm § 34c I S 5 EStG dem VZ 03 zuzurechnen, da in diesem die ausländischen Einkünfte nach deutschem Recht entstehen.

Dieses Erfordernis der genauen Zuordnung ergibt sich aus dem Umstand, dass der Anrechnungshöchstbetrag nur für einen VZ festgestellt wird und nicht vorgetragen werden kann (vgl hierzu und den damit entstehenden Problemen Rn 175).

168 **Kein Erfordernis der Identität des Besteuerungszeitraums.** Aufgrund von § 26 VI S 1 iVm § 34c I S 5 EStG wird jedoch nicht gefordert, dass der VZ des ausländischen Staates und der nach inländischem Recht maßgebliche VZ identisch sind.[1] Dh auch im Falle des Auseinanderfallens beider VZ ist eine Steueranrechnung möglich. Insoweit wird zumindest die Anrechnung ausländischer Steuern nicht behindert, wenn der Entstehungszeitpunkt für ausländische Einkünfte in den Rechtsordnungen unterschiedlich bestimmt wird (zB aufgrund unterschiedlicher Abschreibungsdauer).

169 **Zeitpunkt der Festsetzung und Zahlung.** Unerheblich ist, wann die Festsetzung und Zahlung der ausländischen Steuer erfolgt. Dh es bleibt im Fall einer späteren Zahlung bei der Anrechnung der ausländischen Steuer in dem VZ, in dem die ausländischen Einkünfte bezogen wurden. Bei späterer Zahlung sind entsprechend inländische Veranlagungen häufig nur vorläufig möglich. Ansonsten ist eine spätere Festsetzung oder Zahlung der ausländischen Steuer jedoch auch ein rückwirkendes Ereignis iSd § 175 I Nr 2 AO.[2]

170 **DBA.** Im DBA-Fall gelten die Rn 167 ff entsprechend.

171 *Einstweilen frei.*

172 **3. Anrechnungshöchstbetrag. a) Allgemeines. Basisformel.** Bei der Anrechnung ausländischer Steuern muss bestimmt werden, welche inländische Steuer auf die ausländischen Einkünfte entfällt. Da die deutsche KSt nicht auf einzelne Einkünfte, sondern das Einkommen erhoben wird, bedarf es einer verhältnismäßigen Zuteilung, welche im Anrechnungshöchstbetrag vollzogen wird.[3] Die Basisformel für die Bestimmung des Anrechnungshöchstbetrags ergibt sich aus § 26 VI S 1 iVm § 34c I S 2 EStG. Danach ist die ausländische Steuer höchstens bis zu folgendem Betrag anrechenbar:

$$\text{Höchstbetrag} = \frac{\text{Ausländische Einkünfte}}{\text{Summe der Einkünfte}} \times \text{deutsche KSt.}$$

---

1 BFH X R 35/88, BStBl II 1992, 18 sowie zum DBA-Schweiz BMF v 26.3.1975, BStBl I 1975, 479, Tz 3.2.2.
2 *Siegers* in D/J/P/W § 26 Rn 94.
3 BFH I R 85/84, BStBl II 1988, 78; BFH I R 57/94, BStBl II 1996, 793; BFH I R 71/96, BStBl II 1998, 170.

IV. Anrechnung ausländischer Steuern

DBA. Der in § 34c I S 2 EStG geregelte Anrechnungshöchstbetrag ist grundsätzlich auch für die DBA-Fälle beachtlich, wie sich aus dem Verweis in § 26 VI S 1 iVm § 34c VI S 2 EStG ergibt. Dies gilt nach hM auch dann, wenn die DBA vereinzelt die auf die ausländischen Einkünfte entfallende deutsche Steuer als Durchschnittssatz ermitteln.[1] Allerdings ergeben sich aufgrund der bilateralen Wirkung der DBA Modifikationen der Basisformel wie zB bei der Bestimmung der ausländischen Einkünfte (vgl Rn 93). **173**

Keine Einschränkung des Anrechnungshöchstbetrags gem § 34c I S 1 Hs 2 EStG für Kapitaleinkünfte iSd § 32d I und III-VI EStG. Nach § 34c I S 1 Hs 2 EStG gelten die Begrenzungen des Anrechnungshöchstbetrags nicht für Einkünfte aus Kapitalvermögen, die unter § 32d I und III-VI EStG fallen. Derartige Einkünfte können zwar auch unbeschränkt steuerpflichtige Körperschaften beziehen, welche nicht von § 8 II erfasst werden (zB nichtrechtsfähige Vereine oder sonstige juristische Personen des Privatrechts). Allerdings unterfallen diese (vorbehaltlich der in § 8 X S 2 ausdrücklich angeordneten Anwendung der § 32d II S 1 Nr 1 S 1 und Nr 3 S 1 und S 3-6 EStG; vgl § 8 Rn 993 ff) nicht den Tarifvorschriften des § 32d EStG (vgl § 8 Rn 1002). Damit ist § 34c I S 1 Hs 2 EStG auch bei nicht von § 8 II erfassten Körperschaften nicht anwendbar. Zudem verweist § 26 VI S 1 nicht auf § 34c I S 1 Hs 2 EStG und § 26 I selbst enthält keine § 34c I S 1 Hs 2 EStG vergleichbare Regelung; somit scheidet auch eine analoge Anwendung aus. **174**

Anrechnungsüberhänge. Der nach § 26 VI S 1 iVm § 34c I S 2 EStG ermittelte Anrechnungshöchstbetrag gilt jeweils nur für den VZ, in dem die ausländischen Einkünfte bezogen werden. Dh ein Vor- oder Rücktrag dieses Anrechnungshöchstbetrags ist gesetzlich nicht vorgesehen.[2] Zwar ergeben sich keine Probleme bei der Anrechnung ausländischer Steuern, falls die Zeitpunkte der Erzielung von Einkünften nach in- und ausländischem Recht auseinanderfallen (vgl Rn 168). Soweit jedoch die Bemessungsgrundlagen im In- und Ausland unterschiedlich sind (zB weil im Ausland Einkünfte nach der Bruttomethode besteuert werden oder im Inland Verluste bestehen), kommt es durch die fehlende Möglichkeit eines Vor- und Rücktrags zu einer endgültigen Doppelbesteuerung. Denn dann kann ein bestehender Anrechnungsüberhang nicht für eine Anrechnung ausländischer Steuern genutzt werden, die auf andere Einkünfte des gleichen Staates in einem anderen VZ erhoben werden und für die der Anrechnungshöchstbetrag noch nicht ausgeschöpft ist. Aufgrund des zunehmenden Übergangs von der Freistellung- zur Anrechnungsmethode (vgl Rn 14 ff) ist auch hier eine Erweiterung des § 26 iVm § 34c EStG dringend geboten; dies gilt auch deshalb, weil ein Vor- und Rücktrag von Anrechnungshöchstbeträgen in Steuerrechtsordnungen anderer Staaten längst gebräuchlich ist.[3] **175**

Organschaft. Auch wenn auf Ebene der Organgesellschaft die Tatbestandsvoraussetzungen für eine Steueranrechnung zu prüfen sind (vgl Rn 71), ist auf Ebene des Organträgers die anrechenbare Steuer der Höhe nach iRd Höchstbetragsberechnung zu ermitteln. Denn die Höchstbetragsberechnung ist Teil der Rechtsfolgen, die nach **176**

---
1 Siegers in D/J/P/W § 26 Rn 255.
2 BFH I R 70/88, BStBl II 1990, 1086, unter 3. a).
3 Im amerikanischen Steuerrecht zB in Sect 904 (c) IRC.

	§ 19 beim Organträger entstehen.[1] Hierbei ergeben sich eine Reihe von Fragen bei der Ermittlung der ausländischen Einkünfte und der Summe der Einkünfte sowie der Anwendung der per-country-limitation (vgl Rn 196, 237 und 249).
177-178	*Einstweilen frei.*
179	**b) Ausländische Einkünfte. Definition.** Zum Terminus der ausländischen Einkünfte vgl bereits Rn 86 ff.
180	**Steuerfreiheit nach ausländischem Recht.** Es besteht der allgemeine Grundsatz, dass nur auf solche Einkünfte eine Anrechnung ausländischer Steuern erfolgen kann, die im In- und Ausland einheitlich besteuert werden (vgl Rn 101). Eine daneben stehende Frage ist jedoch, inwieweit im Ausland steuerfreie Einkünfte als ausländische Einkünfte iRd Ermittlung des Anrechnungshöchstbetrags gem § 34c I S 2 EStG (erhöhend) zu berücksichtigen sind. Bis zum VZ 2002 kam eine Einbeziehung solcher im Ausland steuerfreier Einkünfte als ausländische Einkünfte in Frage. Ab dem VZ 2003 sieht § 26 VI S 1 iVm § 34c I S 3 EStG die Ausklammerung der im Ausland steuerfreien Einkünfte vor (vgl im Einzelnen Rn 103); ab diesem Zeitpunkt sind auch im Zusammenhang stehende Aufwendungen bei der Ermittlung des Anrechnungshöchstbetrags auszuscheiden (vgl Rn 219).
181	**Unterschiedlich hohe ausländische Steuersätze.** Unterschiedliche hohe ausländische Steuersätze sind hingegen bei der Bestimmung der einzubeziehenden ausländischen Einkünfte unbeachtlich. Dh bereits ein geringer ausländischer Steuersatz reicht aus, damit dem § 26 VI S 1 iVm § 34c I S 3 EStG der Anwendungsbereich entzogen ist.
182	**Steuerfreiheit ausländischer Einkünfte nach inländischem Recht.** Nach der hier vertretenen Auffassung, sind auch nach inländischem Steuerrecht steuerfreie ausländische Einkünfte iRd Ermittlung des Anrechnungshöchstbetrags zu berücksichtigen; ein Verstoß gegen die Gleichheit des Abgabegegenstandes bzw der Steuerobjektidentität ist in der Berücksichtigung nicht zu sehen (vgl Rn 106).
183	**Ermittlung ausländischer Einkünfte.** Die für eine Anrechnung relevanten ausländischen Einkünfte sind unter Anwendung der deutschen Einkunftsermittlungsvorschriften zu bestimmen.[2] Hierbei ist die auch iÜ für die Körperschaft anzuwendende Einkünfteermittlungsart maßgeblich. Dh sofern eine Körperschaft zB aufgrund § 8 II ausschließlich gewerbliche Einkünfte erzielt, sind nach hM auch die relevanten ausländischen Einkünfte als Gewinn im Wege des Betriebsvermögensvergleichs gem § 2 II Nr 1 EStG nach §§ 4 I und 5 EStG zu ermitteln.[3] Soweit die Gewinnermittlung nicht im Wege des Betriebsvermögensvergleichs erfolgt, sind die Einkünfte im Wege des Überschusses gem § 2 II Nr 2 EStG zu ermitteln.
184	**Verlustausgleichsbeschränkungen, Verlustabzug.** Etwaige Verlustausgleichsbeschränkungen wie zB §§ 2a, 15a EStG können sich zugunsten des Höchstbetrags auswirken (vgl Rn 31). Dh die ausländischen Einkünfte werden um die ausländischen

---

[1] *Siegers* in D/J/P/W § 26 Rn 53.
[2] BFH I R 102/00, BStBl II 2001, 710.
[3] *Geurts* in EY § 26 Rn 75; *Lieber* in H/H/R § 26 Rn 21.

IV. Anrechnung ausländischer Steuern

nichtabziehbaren Verluste erhöht und es kommt im Ergebnis zu einer Periodenverschiebung des Anrechnungsvolumens (im Jahr der Entstehung ausländischer Verluste ist es höher).[1] Soweit im Ausland eine Verrechnung der Verluste zulässig ist, können damit zunächst höhere und dann geringere ausländische Steuern angerechnet werden.

Beispiel
Die A-GmbH erzielt im Jahr 1 einen Verlust iSd § 2a EStG aus einer ausländischen Betriebsstätte eines Staates, mit dem kein DBA besteht, iHv 50. Gleichzeitig bezieht die A-GmbH Lizenzeinkünfte iHv 100. Der ausländische Staat erhebt auf die ausländischen Einkünfte iHv 50 eine KSt von 30 % = 15 (dh im Ausland kann der Betriebsstättenverlust mit den Lizenzeinkünften verrechnet werden). Im Jahr 2 bezieht die A-GmbH einen Gewinn aus der Betriebsstätte iHv 50 und Lizenzeinkünfte iHv 100. Im Ausland wird darauf eine KSt iHv 30 % x 150 % = 45 erhoben.

Im Jahr 1 betragen die ausländischen Einkünfte 100, da aufgrund des § 2a EStG die ausländischen Betriebsstätteneinkünfte mit den Lizenzeinkünften nicht ausgeglichen werden dürfen. Damit kann die volle ausländische KSt angerechnet werden, obwohl der ausländische Nominalsteuersatz 30 % beträgt. Im Jahr 2 betragen die ausländischen Einkünfte hingegen 50, da die ausländischen Betriebsstättenverluste des Vorjahres ausgeglichen werden. Von der ausländischen KSt können damit nur noch 15 angerechnet werden.

Ausländische Ertragsteuern. Ausländische Ertragsteuern sind bei der Ermittlung der ausländischen Einkünfte gem § 10 Nr 2 nicht zum Abzug zu bringen (vgl Rn 28). Dies gilt iÜ auch für die GewSt, selbst als diese noch abzugsfähig war;[2] denn diese steht mit den ausländischen Einkünften nicht im Zusammenhang, da die GewSt sich ausschließlich auf Betriebsstätten innerhalb des inländischen Hoheitsgebiets bezieht (vgl Rn 7). Dies sollte auch dann gelten, wenn der Steuerabzug gem § 26 VI S 1 iVm § 34c II EStG gewählt wird. Denn diese Vorschrift misst der auf die ausländischen Einkünfte entfallenden Steuern erst bei der Bestimmung der Rechtsfolgen Bedeutung zu, die iRd Anrechnungshöchstbetrags ermittelt werden (auch für Zwecke des Steuerabzugs vgl Rn 299); andernfalls ergäbe sich zudem das Problem der iterativen Ermittlung des Anrechnungshöchstbetrags.

185

Umrechnung von Fremdwährungen. Sofern die ausländischen Einkünfte in einer Fremdwährung erzielt werden, müssen diese bei der Ermittlung des Anrechnungshöchstbetrags umgerechnet werden. Dabei kann die Umrechnung iRd sog Zeitbezugsverfahrens als das genaueste Verfahren zum Tag des Zu-/Abflusses (bei der Ermittlung im Wege des Überschusses gem § 4 III EStG) bzw Zeitpunkt des Geschäftsvorfalls (bei der Ermittlung im Wege des Betriebsvermögensvergleichs gem §§ 4 I, 5 EStG) erfolgen. Mangels einer klaren gesetzlichen Anordnung dürfen jedoch auch andere Umrechnungsverfahren angewendet werden, soweit diese mit den Grundsätzen der ordnungs-

186

---

1 *Lieber* in H/H/R § 26 Rn 6.
2 BFH IV R 60/74, BStBl II 1978, 100; BFH IV R 236/80, BStBl II 1984, 347; BFH I R 178/94, BStBl II 1997, 657.

gemäßen Buchführung im Einklang stehen, so dass auch die Umrechnung zum Bilanzstichtag zulässig ist.[1] Die Verwaltung toleriert zudem aus Vereinfachungsgründen die Umrechnung zum Bilanzstichtag aufgrund der USt-Umrechnungskurse (R 34c I EStR).

187 **Währungskursgewinne, -verluste.** Soweit bei ausländischen Einkünften Währungskursgewinne oder -verluste anfallen, betreffen diese den Vermögensstamm, stehen jedoch nicht konkret mit Einnahmen im Zusammenhang und haben daher uE keinen Einfluss auf die Höhe der ausländischen Einkünfte.[2] Dies gilt selbst dann, wenn die Wechselkursveränderungen die unmittelbar selbst erzielten ausländischen Einkünfte und nicht die Einkunftsquelle vor der eigentlichen Zahlung betreffen, da mit Realisierung der Einkünfte die Einkünfteerzielung abgeschlossen ist (zur Anwendung der von § 34c I S 4 EStG erfassten Einkünfte vgl Rn 213).[3]

188 **Rückstellungen für Beitragsrückerstattungen, genossenschaftliche Rückvergütungen.** Rückstellungen für Beitragsrückerstattungen sind nicht durch das Halten von Geschäftsanteilen bzw das Erzielen ausländischer Beteiligungserträge veranlasst (da der Anspruch des Versicherungsnehmers sich auf den vom Versicherer erzielten Überschuss bezieht) und folglich auch nicht mindernd zu berücksichtigen (zur Bedeutung des § 26 VI S 1 iVm § 34c I S 4 EStG vgl Rn 218).[4] Gleiche Erwägungen gelten für die genossenschaftlichen Rückvergütungen gem § 22.

189 **KGaA.** Der auf den persönlich haftenden Gesellschafter einer KGaA entfallende Gewinnanteil ist bei der Ermittlung des Anrechnungshöchstbetrags für die KGaA zu kürzen. Denn § 9 I Nr 1 definiert diesen ausdrücklich als abziehbaren Aufwand.

190 **Teilwertabschreibungen.** Falls auf eine Einkunftsquelle eine Teilwertabschreibung vollzogen wird, ist der dabei entstehende Aufwand nicht bei der Ermittlung der ausländischen Einkünfte zu berücksichtigen (zur Begründung vgl analog Rn 187, zur Anwendung unter Beachtung des § 34c I S 4 EStG vgl Rn 213).[5]

191 **Sicherungsgeschäfte.** Falls bereits bei Begründung oder Erwerb einer ausländischen Einkunftsquelle ein Sicherungsgeschäft abgeschlossen wird und ein späterer Verlust aus dem Sicherungsgeschäft feststeht, hat der BFH eine Berücksichtigung dieses Verlusts bei der Ermittlung der ausländischen Einkünfte iRd Anrechnungshöchstbetrags angenommen, da dieser mit den ausländischen Einkünften als „wirtschaftliche Einheit" zu sehen sei.[6] Aufgrund dieser Rechtsprechung können auch verschiedene Rechtsgeschäfte, mit denen synthetisch eine bestimmte Einkunftsquelle dargestellt werden soll, entsprechend ihrem wirtschaftlichen Gehalt besteuert werden, selbst wenn das Sicherungsgeschäft mit einer dritten Partei geschlossen wird. Diese Rechtsprechung ist kritisch zu sehen, da sie nicht ausreichend zwischen Einkunftsquelle und Vermögensstamm unterscheidet[7] (zur Erfassung von Verlusten aus Sicherungsgeschäften unter § 34c I S 4 EStG vgl iÜ Rn 214).

---

1   BFH I R 117/87, BStBl II 1990, 57; BFH I B 118/88, BStBl II 1990, 175.
2   BFH I R 3/01, BStBl II 2002, 865.
3   *Siegers* in D/J/P/W § 26 Rn 157.
4   BFH I R 178/94, BStBl II 1997, 657.
5   BFH I R 42/93, BStBl II 1994, 799.
6   BFH I R 103/10, BFH/NV 2011, 1785.
7   *Schnitger*, RdF 2011, 216 f.

Freibetrag gem §§ 24, 25. Bei der Ermittlung der ausländischen Einkünfte werden Freibeträge gem §§ 24, 25 nicht zulasten des Höchstbetrags gekürzt (vgl auch Rn 29), obwohl diese bei der Ermittlung des Einkommens, welches Ausgangsbasis für die KSt laut Anrechnungshöchstbetrag ist, berücksichtigt werden. **192**

Spenden. Auch wenn der Spendenabzug gem § 9 I Nr 2 den Charakter einer Gewinnermittlungsvorschrift hat, nimmt die Verwaltung in R 29 I KStR den Abzug erst bei der Ermittlung des Gesamtbetrags der Einkünfte vor, so dass dieser nicht die ausländischen Einkünfte verringert.[1] Inwieweit dieses mit der Rechtsprechung[2] im Einklang steht, muss bezweifelt werden. **193**

Verlustvor- und Verlustrücktrag. Sofern die ausländischen Einkünfte nach deutschem Recht verringert werden, da ein Verlustabzug gem § 10d EStG in Form eines Verlustvor- oder Verlustrücktrags erfolgt, beeinflusst dies nicht die ausländischen Einkünfte, da der Verlustabzug gem § 10d I S 1 EStG vom „Gesamtbetrag der Einkünfte" vorzunehmen ist.[3] **194**

Kein Ausschluss der Berücksichtigung von Kapitaleinkünften iSd § 32d I und III-VI EStG gem § 26 VI S 1 iVm § 34c I S 3 Hs 1 EStG. § 26 VI S 1 verweist zwar ausdrücklich vollständig auf § 34c I S 3 EStG und damit auch auf den in dessen Hs 1 angeordneten Ausschluss der Berücksichtigung von Einkünften iSd § 34c I S 1 Hs 2 EStG (Kapitaleinkünfte, die der Abgeltungssteuer unterliegen) bei der Ermittlung des zu versteuernden Einkommens, der ausländischen Einkünfte und der Summe der Einkünfte. Da jedoch § 34c I S 1 Hs 2 EStG für Körperschaften keine Bedeutung hat (vgl Rn 174), läuft auch der Verweis in § 26 VI S 1 auf § 34c I S 3 EStG ins Leere. Gleiches gilt analog für den gem § 26 VI S 1 iVm § 34c VI S 3 Hs 1 EStG angeordneten Verweis für den DBA-Fall. **195**

Organschaft. Das Einkommen und damit auch die ausländischen Einkünfte sind auf Ebene der Organgesellschaft und des Organträgers getrennt zu ermitteln. Die Zurechnung des Einkommens an den Organträger soll nach überwiegender Auffassung dazu führen, dass die ausländischen Einkünfte der Organgesellschaft zu den ausländischen Einkünften des Organträgers zu addieren bzw mit diesen zu saldieren sind.[4] Zwar erfolgt tatsächlich nur gem § 14 I S 2 eine Einkommenszurechnung (dh die Saldogröße der Einkünfte); zutreffend würde bei anderer Auslegung jedoch die Nichtberücksichtigung der ausländischen Einkünfte zu nicht zutreffenden Ergebnissen führen bzw § 19 I tatsächlich unterlaufen werden.[5] **196**

InvStG. Soweit ein unbeschränkt Steuerpflichtiger über ein ausländisches Investmentvermögen mit deutschen Steuern belastete Einkünfte bezieht, gelten diese im Wege der Fiktion gem § 4 II S 7 InvStG als ausländische Einkünfte. Hierdurch wird **197**

---

1 *Lieber* in H/H/R § 26 Rn 22.
2 AA nämlich BFH I R 149/77, BStBl II 1982, 177.
3 *Schlenker* in Blümich § 10d EStG Rn 71.
4 *Siegers* in D/J/P/W § 26 Rn 54; *Geurts* in EY § 26 Rn 124; *Hierstetter* in Erle/Sauter § 26 Rn 68; *Frotscher* in Frotscher/Maas § 26 Rn 82.
5 Ebenso BFH I R 68/03, BStBl II 2006, 280, unter 2. a) obwohl bei der Summe der Einkünfte eine formelle Sichtweise bei der Begriffsbestimmung gewählt wurde.

die Anrechnung ausländischer Steuern beim inländischen Anleger gewährleistet, da ausländische Investmentvermögen mangels einer Steuerbefreiung gem § 11 I InvStG bzw mangels Anwendbarkeit des § 11 II InvStG (vorbehaltlich einer Erweiterung dieser Vorschriften aufgrund eines Verstoßes gegen die Grundfreiheiten des AEUV) andernfalls im Inland keine Erstattung der inländischen Steuern erhalten bzw im Ausland aufgrund der Steuerbefreiung dieser Investmentvermögen keine Entlastung denkbar ist.

198-199 *Einstweilen frei.*

200 **c) Im wirtschaftlichen Zusammenhang stehende Betriebsausgaben (§ 34c I S 4 EStG). Veranlassungsprinzip.** Bei der Ermittlung der Einkünfte bzw der Berücksichtigung von Ausgaben gilt allgemein das Veranlassungsprinzip gem § 8 I iVm § 4 IV EStG; damit konnten bis zum VZ 2002 nur solche Aufwendungen den ausländischen Einkünften zugerechnet werden, die in einem unmittelbaren wirtschaftlichen Zusammenhang standen.[1] Insbesondere für Zinsaufwendungen zur Refinanzierung von Dividenden- und Zinseinnahmen (aber auch jeder anderen ausländischen Einkunftsquelle) ergab sich dabei nur dann ein solcher unmittelbarer wirtschaftlicher Zusammenhang, wenn das entsprechende Darlehen direkt zur Finanzierung der ausländischen Einkunftsquelle aufgenommen wurde.

201 **Regelungsgehalt des § 34c I S 4 EStG.** Nach § 26 VI S 1 iVm § 34c I S 4 EStG sind seit dem VZ 2003 bei der Ermittlung bestimmter ausländischer Einkünfte auch alle nur wirtschaftlich im Zusammenhang mit den Einkünften stehenden Betriebsausgaben und Betriebsvermögensminderungen abzuziehen.

202 **Einkünfte aus dem Betriebsvermögen.** § 26 VI S 1 iVm § 34c I S 4 EStG greift nur, wenn die inländische Körperschaft Einkünfte aus Betriebsvermögen erzielt. Dh es werden solche Körperschaften erfasst, die originär gewerblich tätig sind, gewerbliche geprägte Einkünfte erzielen bzw dem § 8 II unterfallen.

203 **Einkünfte aus dem Privatvermögen.** Falls eine nicht § 8 II unterfallende Körperschaft ausländische Einkünfte in ihrem Privatvermögen erzielt, ist § 26 VI S 1 iVm § 34c I S 4 EStG nicht beachtlich. Dh insoweit bleiben die Anforderungen bestehen, wonach ein unmittelbarer wirtschaftlicher Zusammenhang der Werbungskosten zur ausländischen Einkunftsquelle notwendig ist.

204 **Betroffene Einkunftsschedulen.** Betroffen von § 26 VI S 1 iVm § 34c I S 4 EStG sind weiterhin nur solche ausländischen Einkünfte, die bei isolierender Betrachtungsweise (vgl Rn 92) aus:

- selbständiger Tätigkeit (§ 34d Nr 3 EStG),
- Veräußerung von Wirtschaftsgütern des Anlagevermögens oder von Kapitalgesellschaftsanteilen (§ 34c Nr 4 EStG),
- Kapitalvermögen (§ 34d Nr 6 EStG),
- Vermietung und Verpachtung (§ 34d Nr 7 EStG) und

---

1 BFH I R 15/99, BStBl II 2000, 577 unter 1. b) bb).

- Leistungen iSd § 49 I Nr 9 EStG (§ 34d Nr 8 lit c EStG)

stammen. Die Begründung, warum die verschiedenen aufgezählten Tatbestände der Regelung unterfallen, erschließt sich systematisch nicht. Offenbar sollten letztlich jedoch alle Einkünfte erfasst werden, die (bei isolierender Betrachtungsweise) in negativer Abgrenzung nicht aus Land- und Forstwirtschaft oder Gewerbebetrieb stammen; hier wurde an der international üblichen Gewinnabgrenzung anhand des unmittelbaren wirtschaftlichen Zusammenhangs festgehalten und Konfliktpotential aufgrund divergierender ausländischer Steuerregelungen bewusst vermieden. Warum dennoch die selbständigen Tätigkeiten im Katalog genannt werden, ist unklar, da auch diese mittlerweile (zumindest abkommensrechtlich) dem Betriebsstättenprinzip folgend zwischen den Staaten verteilt werden (zur Vereinbarkeit mit den DBA vgl auch Rn 223). Ebenso verwundert, dass Einkünfte aus nichtselbständiger Arbeit wiederum nicht im Katalog erwähnt werden, wenn auch in diesem Bereich das Problem des Abzugs von im Zusammenhang stehenden Aufwendungen praktisch weniger bedeutsam sein dürfte.

Kritik. Die Regelung des § 26 VI S 1 iVm § 34c I S 4 EStG erfährt zu Recht harsche Kritik und wirft Fragen nach der Vereinbarkeit mit Art 3 GG auf. Denn zum einen weicht sie die erforderliche Kausalität zu einem nicht klar definierten Veranlassungszusammenhang auf, was Fragen nach der hinreichenden Bestimmtheit aufwirft. Zum anderen schafft sie ein Sonderrecht für private Einkünfte.[1] Es ist jedoch nicht ersichtlich, warum es bei der Abgrenzung von Besteuerungshoheiten unterschiedliche Wertungsmaßstäbe im Bereich des Privat- und Betriebsvermögens geben soll.[2] Ferner liegt eine Unterscheidung der Zurechnung von Aufwendungen für Zwecke der Freistellungs- und Anrechnungsmethode vor, die nicht gerechtfertigt ist.[3]

Betriebsausgaben und Betriebsvermögensminderungen. Nach dem ausdrücklichen Gesetzeswortlaut sind sowohl Betriebsausgaben als auch Betriebsvermögensminderungen iRd § 26 VI S 1 iVm § 34c I S 4 EStG erfasst. Dieser weite Wortlaut ermöglicht es ebenso, das Erfordernis der Kausalität aufzuweichen, denn durch ihn werden sowohl „laufende" Aufwendungen als auch Substanzminderungen wie Teilwertabschreibungen grundsätzlich erfasst.

Umfang der erforderlichen Kausalität. Im Einzelnen ist bis dato fast vollständig ungeklärt, in welchem Umfang eine Kausalität für die Anwendung von § 26 VI S 1 iVm § 34c I S 4 EStG erforderlich ist. Bei einer weiten Auslegung ließe sich für eine Vielzahl, wenn nicht für alle Aufwendungen, eine Kausalität herleiten. Zutreffend scheint jedoch die Auffassung zu sein, dass nur solche Aufwendungen unter die Vorschrift fallen, bei denen noch ein erkennbarer Bezug zu der ausländischen Einkunftsquelle besteht.[4] Es liegt auf der Hand, dass auch bei Heranziehung dieser Definition großer Interpretationsspielraum verbleibt, den es zu schließen gilt.

205

206

207

---

1 Müller-Dott, DB 2003, 1468, 1469.
2 AA Siegers in D/J/P/W § 26 Rn 168.
3 Prokisch in K/S/M § 34c EStG Rn B 126.
4 Siegers in D/J/P/W § 26 Rn 168.

208 **Funktionsbezogene Betrachtung.** Bei der Bestimmung des Anwendungsbereichs des § 26 VI S 1 iVm § 34c I S 4 EStG ist entscheidend, dass der wirtschaftliche Zusammenhang ausgehend von der einzelnen Einkunftsquelle bzw der zur Erzielung der Einkünfte ausgeübten Funktion beurteilt werden muss. So wird sich zB ein Zusammenhang von Marketingaufwendungen in Bezug auf Lizenzeinkünfte aufgrund der Überlassung eines Markennamens leichter begründen lassen als in Bezug auf Einkünfte aus der Finanzierung. Mit anderen Worten werden sich allgemeine Aussagen zu den im Einzelnen erfassten Betriebsausgaben und Betriebsvermögensminderungen schwer treffen lassen. Die in den nachfolgenden Rn genannten Beispiele sind daher ausgehend von der Ausgestaltung des jeweiligen Einzelfalls zu betrachten.

209 **Unmittelbarer Zusammenhang mit einer anderen Einkunftsquelle.** Falls Betriebsausgaben oder Betriebsvermögensminderungen unmittelbar mit einer anderen Einkunftsquelle im Zusammenhang stehen, wird die Annahme eines Veranlassungszusammenhangs iSd § 26 VI S 1 iVm § 34c I S 4 EStG ausscheiden. Damit stehen zB Wartungsaufwendungen im Zusammenhang mit einer inländischen Maschine nicht im Zusammenhang mit einer ausländischen Einkunftsquelle.

210 **Refinanzierungskosten.** Die Aufwendungen zur Refinanzierung einer Einkunftsquelle wird man den erforderlichen Zusammenhang iSd § 26 VI S 1 iVm § 34c I S 4 EStG zugestehen müssen.[1] Denn die Rechtsprechung zur vorherigen Nichtberücksichtigung unter der Altregelung (vgl Rn 200) war Anlass für die Einfügung des § 34c I S 4 EStG.

211 **Reisekosten.** Bereits vor Einfügung des § 26 VI S 1 iVm § 34c I S 4 EStG wurde bei Reisekosten, die im Zusammenhang mit dem Halten einer Beteiligung an einer ausländischen Gesellschaft angefallen sind, ein ausreichender Zusammenhang gesehen.[2]

212 **Verwaltungskosten.** In Bezug auf Verwaltungskosten wie Personal-, Sach- und Gemeinkosten wird gemeinhin angenommen, dass diese einen Zusammenhang iSd § 26 VI S 1 iVm § 34c I S 4 EStG begründen.[3]

213 **Währungskursverluste und Teilwertabschreibungen.** Grundsätzlich kann man aus dem Verhältnis der § 34d Nr 1-8 EStG folgern, dass zwischen fructus und Vermögensstamm zu unterscheiden ist. Aufgrund des § 34c I S 4 EStG sowie der Erfassung der Betriebsvermögensminderungen (vgl Rn 206) ist jedoch zu folgern, dass steuerlich wirksame Wechselkursverluste und Teilwertabschreibungen geeignet sein können, die ausländischen Einkünfte bei der Ermittlung des Anrechnungshöchstbetrags zu reduzieren.[4] Insoweit ist also ebenfalls die frühere allgemeine Rechtsprechung zur Ermittlung der ausländischen Einkünfte (vgl Rn 187

---

1 OFD Berlin v 22.1.2004, IStR 2004, 288; BTDrs 15/119, 40.
2 BFH I R 178/94, BStBl II 1997, 657.
3 *Lieber* in H/H/R § 26 Rn 21; *Müller-Dott*, DB 2003, 1468, 1470; *Prokisch* in K/S/M § 34c EStG Rn B 129. AA *Wassermeyer/Lüdicke* in F/W/B/S § 34c EStG Rn 203 und 204.
4 IdS *Wagner* in Blümich § 34c EStG Rn 60; *Grotherr* in FS für Franz Wassermeyer, Körperschaftsteuer, Internationales Steuerrecht, Doppelbesteuerung, 2005, S 303 ff; *Prokisch* in K/S/M § 34c EStG Rn B 128.

und 190) in Folge des § 34c I S 4 EStG überholt.[1] Allerdings ist zu beachten, dass im Falle späterer Veräußerungsgewinne bei Wertaufholung nicht von einem unmittelbaren Zusammenhang der beschriebenen Betriebsvermögensminderungen auszugehen ist.

Sicherungsgeschäfte. Soweit Sicherungsgeschäfte aufgrund der Qualifikation als „wirtschaftliche Einheit" nicht bereits Teil der ausländischen Einkünfte sind (hierzu Rn 191), wird ein Einbezug etwaiger Verluste aus diesen Sicherungsgeschäften in den § 26 VI S 1 iVm § 34c I S 4 EStG in Betracht kommen. 214

Freibetrag. In Bezug auf den Sparer-Freibetrag gem § 20 IX EStG hat der BFH bereits vor Einfügung des § 26 VI S 1 iVm § 34c I S 4 EStG eine anteilige Berücksichtigung bei ausländischen Einkünften aus Kapitalvermögen gefordert.[2] Daher wird man gleiches für andere Freibeträge wie den §§ 24, 25 iRd § 26 VI S 1 iVm § 34c I S 4 EStG wohl annehmen müssen.[3] 215

Nichtabzugsfähigkeit. Soweit Betriebsausgaben oder Betriebsvermögensminderungen steuerlich nicht abzugsfähig sind (zB gem § 8b III S 3 ff), werden diese auch nicht iRd Bestimmung der ausländischen Einkünfte berücksichtigt.[4] 216

GewSt. Eine etwaige anfallende GewSt (soweit diese früher bei der Ermittlung des Einkommens noch abzugsfähig war), sollte nicht in einem wirtschaftlichen Zusammenhang mit Einkünften gem § 26 VI S 1 iVm § 34c I S 4 EStG stehen. Denn sie ist trotz Aufgabe der Besteuerung des Kapitals eine auf dem Betrieb als Ganzes lastende Realsteuer, die keine unmittelbare Beziehung zu einem einzelnen Geschäftsvorfall aufweist.[5] 217

Rückstellungen für Beitragsrückerstattungen. Auch wenn in Betriebsprüfungen vermehrt etwas anderes vertreten wird, führt die Erweiterung des Veranlassungszusammenhangs in § 26 VI S 1 iVm § 34c I S 4 EStG nicht dazu, dass Rückstellungen für Beitragsrückerstattungen bei der Ermittlung der ausländischen Einkünfte zu berücksichtigen sind. Denn auch für die Annahme eines nur wirtschaftlichen Zusammenhangs bedarf es einer irgendwie gearteten Veranlassung der entstehenden Aufwendungen; der über die Beitragsrückerstattungen abgebildete Anspruch eines Versicherungsnehmers ist jedoch nur auf den Überschuss, nicht jedoch auf einen einzelnen Betrieb des Versicherungsunternehmens gerichtet.[6] 218

Steuerfreie Einkünfte. Soweit Aufwendungen mit ausländischen steuerfreien Einkünften im Zusammenhang stehen, sind diese bei der Ermittlung des Anrechnungshöchstbetrags außer Betracht zu lassen. Dieses ergibt sich daraus, dass § 26 VI S 1 iVm § 34c I S 3 EStG auf die Einkünfte als Nettogröße abstellt.[7] Bei der Zuordnung von Werbungskosten bei Einkünften aus Privatvermögen ist diesbezüglich wiederum 219

---

1 *Müller-Dott*, DB 2003, 1468, 1470.
2 Bereits vor Einfügung des § 34c I S 4 EStG BFH I R 102/00, BStBl II 2001, 710.
3 Ebenso *Prokisch* in K/S/M § 34c EStG Rn B 129.
4 *Roser* in Gosch § 26 Rn 110.
5 BFH I R 178/94, BStBl II 1997, 657 mit Verweis auf BFH IV R 60/74, BStBl II 1978, 100.
6 Analog BFH I R 178/94, BStBl II 1997, 657.
7 *Siegers* in D/J/P/W § 26 Rn 165.

auf den allgemeinen unmittelbaren Veranlassungszusammenhang abzustellen (vgl Rn 200 f); bei der Zuordnung von Betriebsausgaben und Betriebsvermögensminderungen reicht wiederum ein wirtschaftlicher Zusammenhang aus (vgl Rn 207 ff).

220 **Berücksichtigung bis zur Höhe der Einnahmen.** Betriebsausgaben und Betriebsvermögensminderungen sind bis zur Höhe der mit den zusammenhängenden Einnahmen iRd Ermittlung des Anrechnungshöchstbetrages zu berücksichtigen.[1] Entscheidend sind dabei die Einnahmen, sowie Betriebsausgaben und Betriebsvermögensminderungen, die in dem jeweiligen VZ bezogen werden.

221 **Sondervergütungen und additive Gewinnermittlung.** Fraglich ist auch, ob die iRe additiven Gewinnermittlung zu berücksichtigenden Sondervergütungen gem § 15 I Nr 2 EStG bei der Ermittlung des Anrechnungshöchstbetrags als Aufwand iSd § 26 VI S 1 iVm § 34c I S 4 EStG qualifizieren, was zu überraschenden Ergebnissen führen würde:

Beispiel

Die X-KG erzielt ausländische Dividendeneinkünfte iHv 100, für welche die Anrechnungsmethode anzuwenden ist. Der Gesellschafter der X-KG hat diese mit einem Gesellschafterdarlehen finanziert und erzielt aus diesem Sondervergütungen iHv 100. Der Gewinn laut Gesamthandsbilanz der X-KG beträgt in Folge des Zinsaufwands des Gesellschafterdarlehens 0.

Wenn man bei der Bestimmung des Anrechnungshöchstbetrags die Sondervergütungen als Betriebsausgaben iSd § 26 VI S 1 iVm § 34c I S 4 EStG berücksichtigen würde, droht eine Nichtanrechenbarkeit der ausländischen Steuer mangels Anrechnungshöchstbetrags. Da der BFH jedoch dem Darlehen eines Gesellschafters einen eigenkapitalähnlichen Charakter zuspricht,[2] sollten die auf diese geleisteten Zinsaufwendungen kein Betriebsausgaben iSd § 26 VI S 1 iVm § 34c I S 4 EStG sein. Selbst wenn man den Betriebsausgabencharakter nicht in Frage stellen und § 26 VI S 1 iVm § 34c I S 4 EStG anwenden wollte, sollten zumindest die Sonderbetriebseinnahmen auf Ebene des Gesellschafters zu einer Erhöhung der ausländischen Einkünfte sowie des Anrechnungshöchstbetrages führen. Für diese Lösung spricht auch, dass die Steueranrechnung als tarifliche Ermäßigung beim Gesellschafter der KG auf der Rechtsfolgenseite ansetzt.

222 **Organschaft.** Sofern auf Ebene des Organträgers Betriebsausgaben zur Refinanzierung einer Einlage in eine Organgesellschaft anfallen, die unmittelbar dafür verwendet wird, um ausländische Einkünfte zu erzielen, stellt sich die Frage, ob ein wirtschaftlicher Zusammenhang mit den ausländischen Einkünften der Organgesellschaft besteht. Da die ausländischen Einkünften nicht vom Organträger erzielt werden, bleiben sie jedoch uE bei der Steueranrechnung bzw dem Steuerabzug unberücksichtigt. Hieran vermag weder § 34c I S 4 EStG, welcher keine die Organgesellschaft und den Organträger übergreifende Betrachtung begründet, noch § 14 I

---

1 *Wassermeyer/Lüdicke* in F/W/B/S § 34c EStG Rn 202.
2 BFH XI R 42/88, XI R 43/88, BStBl II 1992, 585, unter II. 2. a); BFH VIII R 35/84, BStBl II 1985, 243 mwN; ebenfalls BFH X R 6/05, BStBl II 2008, 363 unter II. 2. c) aa).

S 2, welcher keine Zurechnung der Einkünfte anordnet, etwas ändern. Stattdessen stehen die Betriebsausgaben mit dem Erwerb der Anteile an der Organgesellschaft (bzw etwaigen daraus resultierenden Einkünften wie zB vororganschaftliche Mehrabführungen) im Zusammenhang.

DBA. Auch im Falle eines bestehenden DBA ist § 26 VI S 1 iVm § 34c I S 4 EStG anwendbar; denn § 34c VI S 2 EStG verweist auf § 34c I S 4 EStG. Allerdings ist festzuhalten, dass abkommensrechtlich eine Zuordnung indirekter Aufwendungen vom BFH früher ausdrücklich abgelehnt wurde: „Es ist mit der abkommensrechtlich gebotenen Abgrenzung zwischen den Einkunftsarten unvereinbar, den Einkünften aus Zinsen einen nach einem indirekten Aufteilungsschlüssel [...] global ermittelten Aufwand zuzurechnen."[1] Dieses spricht zumindest im DBA-Fall für eine einengende Auslegung des wirtschaftlichen Zusammenhangs, wenn man § 26 VI S 1 iVm § 34c I S 4 EStG nicht als verfassungsrechtlich problematischen Treaty-Override begreifen will.[2]   223

Aufteilung. Soweit ein Zusammenhang iSd § 26 VI S 1 iVm § 34c I S 4 EStG gegeben ist, sind die Betriebsausgaben und Betriebsvermögensminderungen nach dem Verhältnis der ausländischen zu den gesamten Einkünften aufzuteilen.   224

Einstweilen frei.   225-228

d) Summe der Einkünfte. Definition. Die Summe der Einkünfte wird im KStG zwar nicht ausdrücklich definiert, ist aber nach § 8 I in entsprechender Anwendung des § 2 III EStG auszulegen. Dementsprechend ist scharf danach zu unterscheiden, inwieweit einzelne Vorschriften bei der Einkommensermittlung ansetzen.   229

Verlustvor- und Verlustrücktrag. Verlustvor- oder –rückträge sind bei der Summe der Einkünfte nicht zu berücksichtigen, da diese beim Gesamtbetrag der Einkünfte ansetzt. Hieraus können insbesondere Anrechnungsüberhänge entstehen, wenn der Verlust aus inländischen Einkunftsquellen stammt, da er dann iRd Ermittlung des Anrechnungshöchstbetrags die KSt reduziert, aber gleichzeitig die Summe der Einkünfte unverändert bleibt.[3]   230

Verlustausgleichsbeschränkungen. Verlustausgleichsbeschränkungen (zB nach §§ 2a und 15a EStG) sind ebenso wie bei der Ermittlung der ausländischen Einkünfte bei der Summe der Einkünfte zu beachten (vgl Rn 184).   231

Ausländische steuerpflichtige und steuerfreie Einkünfte. Auch die ausländischen Einkünfte sind grundsätzlich bei der Ermittlung der Summe der Einkünfte einzubeziehen. Etwas anderes sollte jedoch uE gelten, wenn ausländische Einkünfte gem § 26 VI S 1 iVm § 34c I S 3 Hs 2 EStG bzw iVm § 34c VI S 3 EStG nicht zu berücksichtigen sind, weil diese nach ausländischem Recht bzw nach dem DBA nicht besteuert werden können (hierzu Rn 103 und 180). Denn wenn diese Einkünfte nicht bereits in die Größe „ausländische Einkünfte" eingehen, sollte gleiches für die danach ansetzende Saldogröße „Summe der Einkünfte" gelten.[4]   232

---

1 BFH I R 42/93, BStBl II 1994, II 799.
2 Für einen Treaty-Override hingegen offenbar *Müller-Dott*, DB 2003, 1468, 1469.
3 *Prokisch* in K/S/M § 34c EStG Rn B 148.
4 Ebenso *Müller-Dott*, DB 2003, 1468, 1469.

233　**Im Inland steuerfreie Einkünfte.** Wenn nach der hier vertretenen Auffassung im Inland steuerfreie Einkünfte bei der Bestimmung der ausländischen Einkünfte iRd Ermittlung des Anrechnungshöchstbetrags zu berücksichtigen sind (vgl Rn 106 und 182), sollte gleiches bei der Bestimmung der Summe der Einkünfte gelten.

234　**Spenden.** Spenden gem § 9 I Nr 2 sollen nach der in R 29 I KStR niedergelegten Verwaltungsauffassung erst bei der Ermittlung des Gesamtbetrags der Einkünfte abzugsfähig sein, wonach diese nicht die Summe der Einkünfte mindern würden (vgl auch bereits analog bei den ausländischen Einkünften Rn 193).[1]

235　**Pauschal besteuerte Einkünfte, Tonnagesteuer.** In der Summe der Einkünfte enthalten sind grundsätzlich auch die nach § 5a EStG („Tonnagesteuer") pauschal besteuerten Einkünfte. Nur soweit man diese Einkünfte (auch für Körperschaften) von der Anrechnung ausschließen möchte (vgl Rn 32), sind diese auch aus Summe der Einkünfte auszuscheiden.

236　**Verschmelzung.** Aufgrund einer Verschmelzung gehen Einkünfte und laufende Verluste auf den übernehmenden Rechtsträger über und erhöhen bzw vermindern die Summe der Einkünfte für Zwecke des Anrechnungshöchstbetrags.[2] Dies gilt hingegen nicht für den (wie nach früherem Recht möglich) übernommen Verlustabzug gem § 10d EStG (vgl Rn 194).[3]

237　**Organschaft.** Teilweise wird vertreten, dass die Einkünfte der Organgesellschaft bei der Ermittlung der Summe der Einkünfte des Organträgers zu berücksichtigen seien.[4] Tatsächlich hat der BFH jedoch ausdrücklich entschieden, dass die Berechnungsgröße „Summe der Einkünfte" nicht durch das „Einkommen" ersetzt werden kann und damit das zugerechnete Einkommen der Organgesellschaft nicht in die Bestimmung des Anrechnungshöchstbetrags des Organträgers eingeht.[5] Diese formelle Sichtweise führt zu dem überraschenden Ergebnis, dass es iRd Bestimmung des Anrechnungshöchstbetrags günstig ist, wenn die Organgesellschaft in Summe positive Einkünfte erzielt, die bei der Ermittlung der Summe der Einkünfte außer Betracht bleiben; umgekehrt ist es nachteilig, wenn die Organgesellschaft in Summe negative Einkünfte erzielt.[6] Ob dieses Ergebnis sachgerecht ist, muss jedoch bezweifelt werden.

> **Beispiel**
>
> *Die A-GmbH erzielt inländische Einkünfte iHv 100 und ausländische Einkünfte iHv 50. Gleichzeitig erzielt ihre Organgesellschaft B-GmbH a) positive Einkünfte iHv 50 oder b) negative Einkünfte iHv -50.*
>
> *Die inländische KSt beträgt im Fall a) 200 x 15 % = 30 und der Anrechnungshöchstbetrag 30 x 50/150 = 10 (dh eine ausländische Steuer bis zu 10/50 = 20 % auf die ausländischen Einkünfte ist anrechenbar). Im Fall b) beträgt die inländische KSt hingegen 100 x 15 % = 15 und der Anrechnungshöchstbetrag nur 15 x 50/150 = 5 (dh eine ausländische Steuer bis zu 5/50 = 10 % auf die ausländischen Einkünfte ist anrechenbar).*

1　Kritik bei *Geurts* in EY § 26 Rn 121.
2　BFH I R 68/03, BStBl II 2006, 280, unter 2. b).
3　BFH I R 68/03, BStBl II 2006, 280, unter 2. a).
4　*Lieber* in H/H/R § 26 Rn 37; sowie die angebliche hM bei *Geurts* in EY § 26 Rn 124.
5　BFH I R 68/03, BStBl II 2006, 280, unter 2. c).
6　*Roser* in Gosch § 26 Rn 116.

Einstweilen frei. 238-239

e) Deutsche KSt. Regelsteuersatz. Die deutsche KSt ermittelte sich nach dem zu versteuernden Einkommen des jeweiligen VZ. Anzusetzen ist die KSt nach dem Regelsteuersatz (derzeit 15 % gem § 23). 240

Besondere Steuertarife. Etwaige besondere KSt-Tarife bleiben bei der Bestimmung des Anrechnungshöchstbetrags gem § 26 VI S 1 iVm § 34c I S 2 EStG unberücksichtigt. Eine Abweichung vom Regelsatz kann sich aber nur aus § 23 II im Fall der Ermäßigung von KSt aufgrund Ermächtigung im § 51 III EStG ergeben, was derzeit nicht der Fall ist.[1] 241

Steuererhöhungen oder –minderungen, Pauschalsteuersatz. Etwaige Steuererhöhungen oder -minderungen gem §§ 37, 38 bleiben gem § 26 VI S 2 bei der Ermittlung der inländischen KSt ebenso außer Ansatz wie die pauschalierte KSt nach § 26 I S 1 iVm § 34c V EStG. 242

Zu versteuerndes Einkommen. Die im Anrechnungshöchstbetrag definierte KSt wird ausgehend vom zu versteuernden Einkommen ermittelt. Damit wird die Höhe der KSt durch verschiedene Regelungen wie Verlustvor- oder -rückträge, die Freibeträge nach § 24 und § 25, sowie die abzugsfähigen Spenden beeinflusst, obwohl diese nicht die ausländischen Einkünfte oder die Summe der Einkünfte gemindert haben (vgl Rn 192, 193, 194, 230 und 234). 243

Einstweilen frei. 244

f) Höchstbetragsermittlung pro Staat (per-country-limitation). Grundsatz. Die Höchstbetragsermittlung ist gem § 34c VII Nr 1 EStG iVm § 68a EStDV für jeden Staat gesondert („per country") vorzunehmen. Das Gesetz gewährt somit nicht die Ermittlung einer Durchschnittssteuerlast über alle Länder hinweg („overall-limitation" oder Gesamtheitsmethode). 245

Wirkung. Die per-country-limitation kann bei Einkünften aus mehreren Staaten einerseits nachteilig sein, wenn sich für einen Staat mit hoher Steuerlast ein nicht nutzbarer Anrechnungsüberhang ergibt, während in einem anderen Staat mit niedrigem Steuersatz noch Anrechnungsspielraum verbleibt. Andererseits kann sich diese staatenweise Betrachtung auch zugunsten der deutschen Körperschaft auswirken, wenn in einem Staat negative Einkünfte anfallen, die bei einer „overall-limitation" oder Gesamtheitsmethode den Anrechnungsspielraum für positive Einkünfte aus den übrigen Staaten einengen. 246

InvStG. Eine Ausnahme sieht § 4 II S 3 InvStG vor. Nach dieser Norm ist eine Höchstbetragsermittlung nicht einzeln für jeden Staat, sondern für jedes Investmentvermögen gesondert durchzuführen (eingeschränkte „overall-limitation" oder Gesamtheitsmethode). Diese Regel dient der Vereinfachung, da innerhalb eines Investmentvermögens häufig in einer Vielzahl von Staaten investiert wird, so dass eine Höchstbetragsberechnung pro Staat zu aufwendig wäre. 247

DBA. Im DBA-Fall ergibt sich die per-country-limitation bereits häufig aus dem DBA selbst. 248

---

[1] *Siegers* in D/J/P/W § 26 Rn 184.

249 **Organschaft.** Fraglich ist, ob die per-country-limitation für alle ausländischen Einkünfte des Organkreises gilt. Dies ist uE aufgrund des Wortlauts des § 19 I („...als wären die Voraussetzungen bei ihm [dem Organträger] ... selbst erfüllt") sowie des Gebots der Saldierung ausländischer Einkünfte von Organgesellschaft und Organträger (vgl Rn 196) zu bejahen.

250-251 *Einstweilen frei.*

252 **4. Rechtsfolgen. Anrechnung auf inländische KSt, Anrechnungsbegrenzung.** Als Rechtsfolge ordnet § 26 I eine Anrechnung der ausländischen Steuern auf die inländische KSt an. Damit wirkt die insgesamt im VZ anfallende inländische KSt als weitere Anrechnungsbegrenzung neben dem Anrechnungshöchstbetrag. Wenn eine inländische Körperschaft neben positiven ausländischen Einkünften auch negative inländische Einkünfte bezieht, kann damit über die deutsche KSt hinaus keine ausländische Steuer angerechnet werden, was häufig eine weiterreichende Einschränkung als der Anrechnungshöchstbetrag selber darstellt:

Beispiel

Die A-GmbH erzielt ausländische Einkünfte iHv 300 (ausländische Steuer 15% x 300 = 45) und inländische Verluste iHv -100, so dass die Summe der Einkünfte 200 und die deutsche KSt 15% x 200 = 30 beträgt. Der Anrechnungshöchstbetrag beträgt zwar 30 x 300/200 = 45; es kann jedoch maximal auf die deutsche KSt iHv 30 angerechnet werden.

253 **Tariflicher KSt-Satz.** Anrechenbar ist die ausländische Steuer nur auf den tariflichen KSt-Satz gem § 23 I. Dies ergibt sich daraus, dass § 34c I S 2 EStG auf den Regelsteuersatz des § 32a EStG verweist, der das Pendant zum § 23 I darstellt. Die Erhöhungen oder -minderungen der KSt gem §§ 37, 38 gehören ebenso wie besondere Steuerermäßigungen nicht zur tariflichen KSt, auf die ausländische Steuern anrechenbar sind (vgl Rn 242).[1]

254 **Anrechnungspflicht.** Soweit die Voraussetzungen erfüllt sind, „ist" gem § 26 I eine Steueranrechnung von Amts wegen zu vollziehen. Allerdings besteht die Möglichkeit eines Steuerabzugs gem § 26 VI S 1 iVm § 34c II EStG auf Antrag, der die Steueranrechnung ausschließt (hierzu Rn 276 ff). Faktisch besteht damit ein Wahlrecht zur Anrechnung ausländischer Steuern für den Steuerpflichtigen.[2]

255 **Begrenzung der Anrechnung ausländischer Steuern nach einem DBA.** Soweit eine Steueranrechnung aufgrund eines DBA erfolgt, ist die Anrechnung gem § 26 VI S 1 iVm § 34c VI S 2 EStG „auf die nach dem Abkommen anzurechnende ausländische Steuer begrenzt". Dh etwaige nach einem DBA bestehende Möglichkeiten der Steuerreduktion sind zu nutzen, da die Steueranrechnung ansonsten in den Rechtsfolgen begrenzt ist. Die Begrenzung ersetzt somit auf Rechtsfolgenseite das in § 34c I S 1 EStG auf Tatbestandsebene bestehende Erfordernis der Kürzung um einen Ermäßigungsanspruch und ist von dieser auch fein zu unterscheiden (hierzu Rn 149 ff). § 34c VI S 2 EStG stellt abstrakt auf die in dem DBA maximal vorgesehene auslän-

---

1 BFH I R 85/84, BStBl II 1988, 78.
2 Lieber in H/H/R § 26 Rn 35.

dische Quellensteuer ab, ohne dass es darauf ankommt, ob die Durchsetzung auch verfahrensrechtlich möglich ist. Dh auch im Fall der fehlenden Möglichkeit einer Erstattung von Quellensteuern wegen Fristversäumnis, ist eine Steueranrechnung nicht möglich (zu dieser Frage iRd § 34c I S 1 EStG vgl Rn 151).[1]

Anrechnungsüberhang. In Folge der Begrenzung der Anrechnung ausländischer Steuern auf die deutsche KSt kann es ebenso wie aufgrund des Anrechnungshöchstbetrags (vgl Rn 257) zu sog Anrechnungsüberhängen kommen. Denn entsteht etwa keine positive deutsche KSt, kommt eine Anrechnung ausländischer Steuern nicht in Betracht. Derartige Anrechnungsüberhänge können entgegen anderer Rechtsordnungen auch nicht in andere VZ vor- oder zurückgetragen werden (zur Frage der Vereinbarkeit mit dem AEUV im Fall von Verlusten vgl Rn 54).[2]

256

SolZ, Kirchensteuer. Eine Anrechnung auf den SolZ sowie etwaige Kirchensteuern scheidet aus, da § 26 I nur eine Anrechnung auf die KSt vorschreibt und etwaige Ergänzungsabgaben ausklammert.[3] Allerdings ergibt sich eine mittelbare Entlastungswirkung, soweit die Ergänzungsabgaben auf die festzusetzende KSt als Bemessungsgrundlage abstellen.

257

GewSt. Obwohl die GewSt ausdrücklich in den meisten deutschen DBA als Steuer im sachlichen Anwendungsbereich erfasst wird, scheidet eine Anrechnung ausländischer Steuern mangels einer § 26 vergleichbaren Vorschrift nach üblicher Besteuerungspraxis grundsätzlich aus.[4] Diese Einschränkung der Anrechnung ausländischer Steuern wird allerdings wegen des territorial begrenzten Anwendungsbereichs der GewSt (vgl Rn 7) nur für bestimmte mit ausländischen Steuern belastete Einkünfte wie zB Dividenden, Zinsen und Lizenzen Bedeutung haben. Ohne Frage resultiert hieraus eine nicht abkommenskonforme Besteuerung. Ob allerdings, wie jüngst in der Literatur vermehrt gefordert,[5] allein aufgrund der DBA als speziellere Normen zur Vermeidung der Doppelbesteuerung eine Anrechnung ausländischer Steuern auf die GewSt möglich ist, bleibt fraglich. Andere Länder wie Österreich mögen eine solche Anrechnung allein aufgrund der DBA gewähren;[6] dies begründet sich jedoch darauf, dass es in Österreich grundsätzlich an weiteren innerstaatlichen Regelungen zur Durchführung der Steueranrechnung mangelt. Der deutsche Gesetzgeber hat sich hingegen auf der einen Seite mit § 26 iVm § 34c EStG für die Einführung eines detaillierten Regelungswerks zur Durchführung der Steueranrechnung für Zwecke der KSt entschieden. Für Zwecke der GewSt wurde auf der anderen Seite wegen des territorial begrenzten Anwendungsbereichs dieser Steuer bewusst keine solche Regelung eingeführt. Der BFH wird daher letztlich die Frage zu beantworten haben, inwieweit das Fehlen einer § 26 vergleichbaren Norm im GewStG sowie der Umstand, dass keine

258

---

1   BFH I R 98/94, BStBl II 1995, 580; BFH I R 75/08, BFH/NV 2010, 1820.
2   Ausdrücklich auch BFH I R 70/88, BStBl II 1990, 1086, unter 3. a).
3   BFH I R 85/84, BStBl II 1988, 78.
4   *Debatin* in D/W Art 23 A MA Rn 104.
5   *Heurung*, IWB 14/2009, Fach 3 Gruppe 5, 75; *Kessler/Dietrich*, IStR 2011, 108 ff; *dieselben*, IStR 2011, 953; *Eglmaier*, IStR 2011, 951; *dieselbe*, IStR 2011, 953.
6   So der Hinweis bei *Kessler/Dietrich*, IStR 2011, 108, 109 auf die frühere GewSt in Österreich in öBMF v 3.11.1992, GZ 04/0101/114-IV/4/92, AÖFV Nr 344/92.

wie zB in § 5 SolzG enthaltene Norm zur Regelung des Verhältnisses der Anrechnung ausländischer Steuern auf GewSt und KSt existiert,[1] ausreicht, um einen wirksamen Treaty Override anzunehmen (so dass die direkte Anrechnung ausländischer Steuern auf die GewSt nach den DBA entsprechend der bisherigen hM ausscheidet).

259 **Anrechnung fiktiver Steuern im DBA-Fall.** Soweit in dem jeweiligen anwendbaren DBA statt der Anrechnung der tatsächlichen angefallenen Steuer die Anrechnung einer fiktiven ausländischen Steuer vorgesehen ist, wird diese bei der Anrechnung herausgezogen. Die Anrechnung erfolgt dabei jedoch wiederum nur iRd Anrechnungshöchstbetrags, dh nur soweit wie eine Belastung mit inländischen Steuern gegeben ist (zur Bestimmung des Anrechnungshöchstbetrags vgl Rn 172 ff).

260 **Verfahrensrecht.** Zur verfahrensrechtlichen Durchführung der Steueranrechnung gem § 26 I vgl Rn 357 ff.

261-262 *Einstweilen frei.*

263 **5. Anrechnung bei Zins- und Lizenzeinkünften aus EU-Staaten. Allgemeines.** Die Einführung von § 26 VI S 4 ff ist Folge der Umsetzung der Zins- und Lizenzgebühren-RL[2], welche die Besteuerung von Zinsen und Lizenzgebühren innerhalb des Unionsraums zwischen bestimmten verbundenen Unternehmen regelt. Zudem wird auch die Erweiterung dieser RL aufgrund des Abkommens über die Besteuerung von Zinserträgen mit der Schweiz[3] in § 26 VI S 10 Rechnung getragen.

264 **Freistellung von Quellensteuern.** Nach Art 1 I Zins- und Lizenzgebühren-RL ist bei vom sachlichen und persönlichen Anwendungsbereich erfassten Zahlungen von Zinsen und Lizenzgebühren eine Befreiung von allen Steuern sowohl bei der Steuererhebung an der Quelle als auch bei der Veranlagung vorgesehen.

265 **Übergangsvorschriften.** Allerdings sieht Art 6 I Zins- und Lizenzgebühren-RL Übergangsvorschriften vor:

- Griechenland, Lettland, Polen, und Portugal mussten bis zum 1.1.2005 die Zins- und Lizenzgebühren-RL nicht anwenden; danach konnten die Staaten auf Zinsen und Lizenzgebühren maximal Quellensteuern während der ersten vier Jahre (dh vom 1.1.2005-31.12.2008) iHv 10 % und der folgenden vier Jahre (dh vom 1.1.2009-31.12.2012) iHv 5 % erheben.

- Litauen durfte Quellensteuern auf Lizenzgebühren während einer Übergangszeit von sechs Jahren (dh vom 1.1.2005-31.12.2010) iHv 10 % und auf Zinsen während der ersten vier Jahre (dh vom 1.1.2005-31.12.2008) iHv 10 % und der folgenden zwei Jahre (dh vom 1.1.2009-31.12.2010) iHv 5 % erheben.

- Spanien und die Tschechische Republik durften während einer Übergangszeit von sechs Jahren (dh vom 1.1.2005-31.12.2010) auf Lizenzgebühren Quellensteuern iHv 10 % erheben.

---

1 Hierzu Becker/Loose, IStR 2012, 57, 58.
2 RL 2003/49/EG, ABl EG 2003, Nr L 157, 49.
3 ABl EU 2004, Nr L 385, 30.

IV. Anrechnung ausländischer Steuern

- Die Slowakei war für eine Übergangszeit von vier Jahren, die allerdings bereits am 1.5.2004 begann (dh vom 1.5.2004-30.6.2008), an der Erhebung von Quellensteuern nicht gehindert.

Niedrigere Steuersätze nach der Zins- und Lizenzgebühren-RL. § 26 VI S 4 ist dann anwendbar, wenn die in der Zins- und Lizenzgebühren-RL festgelegten Steuersätze für den Quellenstaat niedriger als die nach den DBA vorgesehenen Steuersätze sind. Falls die in der Zins- und Lizenzgebühren-RL vorgesehenen Steuersätze höher sind, ist die Vorschrift hingegen nicht anwendbar und es verbleibt bei der Begrenzung der Anrechnung nach den niedrigeren Quellensteuersätzen gem den DBA.

266

Rechtsfolge des § 26 VI S 4. Als Rechtsfolge ordnet § 26 VI S 4 an, dass § 26 VI iVm § 34c EStG eine Anrechnung auf die höchstens nach der Zins- und Lizenzgebühren-RL vorgesehenen Quellensteuersätzen erfolgt. Damit ersetzt § 26 VI S 4 die Regelung in § 26 VI S 1 iVm § 34c VI S 2 EStG, welche eine Begrenzung der Steueranrechnung auf die nach den DBA maximal anrechenbaren Quellensteuern vorschreibt (vgl Rn 255). Gleichzeitig wird verhindert, dass bei verspäteter oder fehlender Richtlinienumsetzung im Ausland Deutschland höhere Steuern anrechnen und damit eine Steuerentlastung gewähren muss.

267

Kapitaleinkünfte iSd § 32d I und III-VI EStG. Über den in § 26 VI S 5 enthaltenen Verweis auf § 34c VI S 3 EStG wird auch für Einkünfte, die der Zins- und Lizenzgebühren-RL unterfallen, auf die Nichtberücksichtigung von Kapitaleinkünften iSd § 32d I und III-VI EStG gem § 34c I S 3 Hs 2 EStG Bezug genommen. Hier scheidet jedoch ebenfalls die analoge Anwendung der § 34c VI S 3 iVm I S 3 HS 2 EStG aus (vgl zur Begründung analog Rn 174 und 195).

268

Im Ausland steuerfreie Einkünfte. Aufgrund des Verweises in § 26 VI S 5 auf § 34c VI S 3 EStG kommen die Grundsätze zur fehlenden Berücksichtigung ausländischer Einkünfte, die nach dem ausländischen Recht ihres Herkunftsstaates nicht besteuert werden können, gem § 34c I S 3 HS 2 EStG ebenso bei den der Zins- und Lizenzgebühren-RL unterfallenden Einkünften analog zur Anwendung (vgl hierzu Rn 103 und 180).

269

Definition der ausländischen Einkünfte. Mittels § 26 VI S 6 wird bestimmt, wann unter die Zins- und Lizenzgebühren-RL fallende Einkünfte aus einem der in § 26 VI S 4 (der Gesetzestext verweist fälschlicherweise noch auf S 3) genannten Staaten stammen. Dies ist der Fall, wenn die entsprechenden Zahlungen von einem Unternehmen dieses Mitgliedstaates erfolgen und dort nach Art 6 I ZLRL besteuert werden können. Hiermit wird eine eigenständige Definition der ausländischen Einkünfte geschaffen, die iRd Anwendungsbereichs der Zins- und Lizenzgebühren-RL § 34d EStG bzw einem DBA vorgeht. Nach § 26 VI S 6 soll Entsprechendes für Zahlungen an eine in einem der genannten Mitgliedstaaten Betriebstätte gelten. Damit folgt der Gesetzgeber iRd Umsetzung der Zins- und Lizenzgebühren-RL offensichtlich nicht dem in § 34d EStG enthaltenen Ansatz, wonach bei einem Drittstaat man-

270

gels Vorliegen ausländischer Einkünfte keine Anrechnung ausländischer Steuern erfolgen kann (vgl Rn 122); ein anderer Ansatz wäre auch nicht mit den Vorgaben des § 6 II Zins- und Lizenzgebühren-RL vereinbar gewesen.

271 **Fiktive Steueranrechnung.** Soweit ein DBA eine fiktive Steueranrechnung vorsieht (was im Fall von Griechenland und Spanien für bestimmte Zinsen sowie bei Portugal für bestimmte Zinsen und Lizenzen der Fall ist), ist gem § 26 VI S 7 diese Steueranrechnung für unter die Zins- und Lizenzgebühren-RL fallende Zahlungen letztmals für den VZ anzuwenden, in dem noch Quellensteuern erhoben werden können. Mit anderen Worten wird die Anrechnung fiktiver Steuer laut DBA vollständig suspendiert, sobald die Zins- und Lizenzgebühren-RL für Zahlungen im Quellenstaat eine Steuerfreistellung anordnet. Nach dem ausdrücklichen Wortlaut kommt es dabei nicht darauf an, ob der ausländische Quellenstaat nach inländischem Recht eine Quellensteuer tatsächlich erhebt, also ein Steuerpflichtiger aufgrund der Zins- und Lizenzgebühren-RL von der Besteuerung an der Quelle befreit wird. Offenbar will der Gesetzgeber mit der Regelung nicht neben den Steuerbefreiungen der Zins- und Lizenzgebühren-RL weitere Begünstigungen im Quellenstaat gewähren, was zwar auf der einen Seite im Einklang mit der allgemeinen deutschen DBA-Politik steht, die auf eine Abschaffung derartiger fiktiver Steueranrechnungen gerichtet ist. Auf der anderen Seite ist dieses Vorgehen nicht zweifelsfrei, da die Einführung derartiger fiktiver Steueranrechnungsbeträge ursprünglich zur gezielten Förderung von Investitionen in den betroffenen ausländischen Staaten diente. Bei der Regelung handelt es sich um einen (weiteren) innerstaatlichen Treaty-Override, der den allgemeinen verfassungsrechtlichen Bedenken ausgesetzt ist (vgl Rn 16); der Umstand, dass dieser iRd Umsetzung der Zins- und Lizenzgebühren-RL in das deutsche Gesetz eingefügt wurde, ändert hieran nichts. Wird jedoch der sachliche oder persönliche Anwendungsbereich der RL nicht erfüllt, schränkt § 26 VI S 7 die Anrechnung fiktiver Quellensteuern nach den DBA nicht ein.

272 **Beschränkte Steuerpflicht.** § 26 VI S 8 definiert klarstellend, dass die Zins-/Lizenzeinkünfte aus einem Drittstaat als ausländische Einkünfte für den Fall gelten, dass diese iRd beschränkten Steuerpflicht über eine Betriebsstätte bezogen werden und substituiert insoweit den § 34d EStG. Hiermit wird die Anrechnung von Drittstaatensteuern nach § 50 VI EStG (tatsächlich ist § 50 III EStG gemeint, vgl Rn 346) ermöglicht. § 26 VI S 9 begrenzt dann die maximal anrechenbare Steuer auf die gem Art 6 Zins- und Lizenzgebühren-RL in der Übergangszeit zulässigen Quellensteuern. Die daneben stehende Auffassung[1], dass mittels § 26 VI S 8 die Besteuerung im Inland und damit die Anrechnung begrenzt wird, da die aus einem Drittstaat stammenden Zins- und Lizenzeinkünfte im Inland nicht steuerbar sind, überzeugt nicht; tatsächlich sollte die Vorschrift nur dann eine Bedeutung haben, wenn die aus einem Drittstaat stammenden Zins- und Lizenzeinkünfte einer inländischen Betriebsstätte funktional zuzuordnen sind und von daher eine potenzielle Doppelbesteuerung droht.

---

1 *Frotscher* in Frotscher/Maas § 26 Rn 180.

Besteuerung von Zins- und Lizenzerträgen mit der Schweiz. § 26 VI S 10 weitet den Anwendungsbereich der § 26 VI S 1-8 auf die Einkünfte aus, die unter das zwischen der EU und der Schweiz abgeschlossene Abkommen fallen,[1] entsprechend aus (vgl insoweit analog Rn 263-272). Dieses Abkommen enthält in Art 15 I die Steuerfreistellung von Dividenden sowie in Art 15 II S 1 von Zins- und Lizenzeinkünften in der Schweiz. Art 15 II S 2 räumt der Schweiz iRe Übergangsvorschrift ein Quellensteuerrecht ein, solange ein anderer Mitgliedstaat noch Zins- und Lizenzgebühren erheben kann; es gelten also die in Rn 265 für den Quellenstaat günstigsten Übergangsvorschriften analog für die Schweiz. Eine hohe Bedeutung kommt § 26 VI S 10 im Verhältnis zu Deutschland nicht zu, da bereits Art 11 und 12 DBA-Schweiz eine Steuerbefreiung im Quellenstaat vorsehen. 273

Einstweilen frei. 274-275

V. Abzug der Steuer auf Antrag (§ 26 VI S 1 iVm § 34c II EStG). 1. Allgemeines. Zweck. Ein Steuerabzug ausländischer Steuern nach § 26 VI S 1 iVm § 34c II EStG auf Antrag kann für Körperschaften sinnvoll sein, wenn bei Anwendung der Anrechnungsmethode andernfalls ein Anrechnungsüberhang entstehen würde, dh die ausländische Steuer nicht oder nicht vollständig angerechnet werden kann (vgl Rn 256 sowie 277). 276

Gründe für einen Steuerabzug. Gründe für einen Steuerabzug sind zB: 277
- Bestehen von Verlustvorträgen im Inland;
- eine (ggf unionsrechtlich nicht zulässige; vgl Rn 53) Bruttobesteuerung im ausländischen Quellenstaat;
- bei der Ermittlung der Einkünfte anwendbare Sondervorschriften (wie der § 21), die die Bemessungsgrundlage reduzieren.

Daher hat der Gesetzgeber in § 26 VI S 1 iVm § 34c II EStG ein entsprechendes Wahlrecht zum Steuerabzug vorgesehen.

Einstweilen frei. 278

2. Voraussetzungen. Übersicht. Die Voraussetzungen des § 26 VI S 1 iVm § 34c II EStG entsprechen zunächst denen, die für eine Anrechnung zu beachten sind, dh das Bestehen 279
- ausländischer Einkünfte (vgl Rn 86 ff),
- einer Steuersubjekt- (vgl Rn 69) und Steuerobjektidentität (vgl Rn 101 ff),
- der Vergleichbarkeit der ausländischen Steuer mit inländischer Steuer (vgl Rn 129 ff),
- definitiver ausländische Steuern (vgl Rn 139 ff),
- keines Ermäßigungsanspruchs für ausländische Steuer (vgl Rn 149 ff),
- der Identität des Besteuerungszeitraums (vgl Rn 167 ff).

---

1 ABl EG 2004, Nr L 385, 30.

280 **Begrenzung des Abzugs.** Ergänzend begrenzt § 26 VI S 3 das Wahlrecht auf Abzug ausländischer Steuern auf die ausländischen Einkünfte, die (im Inland) bei der Ermittlung der Einkünfte nicht außer Ansatz bleiben. Dies wurde mit dem JStG 2007[1] für gem § 34 XIc S 4 ab dem 18.12.2006 zufließenden Einkünfte „klargestellt", da der Abzug von Steuern nur eine doppelte Belastung verhindern, nicht jedoch eine doppelte Entlastung begründen soll.[2] Inwieweit dies eine Klarstellung der früheren Rechtslage begründet, muss bezweifelt werden.[3] Tatsächlich scheint sie eine Reaktion auf die vorher in der Literatur[4] angestellten zutreffenden Überlegungen zum Abzug von ausländischen Quellensteuern bei steuerfreien Dividenden zu sein, wie auch der Bezug auf die zugeflossenen Bezüge iSd § 8b I S 1 in der Übergangsregelung beweist. Trotz dieses Bezugs auf die Bezüge iSd § 8b I S 1 erfasst § 26 VI S 3 nach jeglichen Vorschriften im Inland steuerfreie Einkünfte.

Der Gleichlauf dieser Erfordernisse ergibt sich bereits aus dem Wortlaut des § 34c II EStG („Statt der Anrechnung…"). Dh ein Steuerabzug ist damit nur in Bezug auf solche ausländischen Steuern möglich, die dem Grunde nach gem § 34c I EStG anrechenbar wären (soweit hingegen keine solchen ausländischen Steuern vorliegen vgl die Möglichkeit zum Steuerabzug gem § 34c III EStG unter Rn 306 ff).

281 **Antrag.** Der Abzug nach § 34c II EStG ist antragsabhängig. Wird ein solcher Antrag nicht gestellt, verbleibt es bei der Anrechnung ausländischer Steuern, die dann uU ins Leere gehen kann. Der Antrag ist dabei je VZ auszuüben, wobei sich aufgrund der Abschnittsbesteuerung aus der Ausübung (bzw der Nichtausübung) keine Bindungswirkung für die Besteuerung der folgenden VZ ergibt.[5]

282 **Keine „Günstigerprüfung".** Falls die Körperschaft das Wahlrecht gem § 26 VI S 1 iVm § 34c II EStG ausübt, kommt es zum Steuerabzug auch dann, wenn die Steueranrechnung eigentlich günstiger wäre. Dh es erfolgt keine „Günstigerprüfung" von Amts wegen; diese ist vom Steuerpflichtigen selbst anzustellen. Zur Möglichkeit der Rücknahme eines Antrags vgl jedoch Rn 285.

283 **Ausübung des Wahlrechts je Land.** Entsprechend der per-country-limitation ist für jedes Land ein etwaiger Antrag gesondert zu stellen und gilt dann für alle aus diesem Land stammenden Einkünfte unabhängig von deren Quelle oder Feststellungsart.[6]

284 **Form und Fristen für die Ausübung des Wahlrechts.** Der Antrag auf Steuerabzug kann ohne besondere Form gestellt werden; idR erfolgt die Antragstellung iRd Steuererklärung. Soweit ein solcher Antrag nicht bei Abgabe der Steuererklärung gestellt wurde, kann dies bis zur Bestandskraft (auch iRe Betriebsprüfung oder im gerichtlichen Verfahren bis zur Tatsacheninstanz[7]) nachgeholt werden, solange Änderungsmöglichkeiten nach §§ 164, 165 AO sowie §§ 172 ff AO bestehen.

---

1 BGBl I 2006, 2878 ff.
2 BTDrs 16/2712, 71.
3 Ebenso zutreffend *Roser* in Gosch § 26 Rn 128.
4 *Menhorn*, DStR 2005, 1885, 1888; aA *Kempf/Oppermann*, DStZ 2006, 730 ff.
5 *Geurts* in EY § 26 Rn 144.
6 *Siegers* in D/J/P/W § 26 Rn 274.
7 Bereits BFH VI 48/55 U, BStBl III 1957, 227.

V. Abzug der Steuer auf Antrag

Rücknahme des Antrags. Anders als im UmwStG, bei dem das Wahlrecht zum Ansatzes eines Buchwertes (zB in §§ 3 II S 2, 11 II, 20 II S 2, 21 S 4 UmwStG) nur iRd Abgabe der Steuererklärung einmalig ausgeübt werden kann, ist ein einmal gestellter Antrag auf Abzug von Steuern gem § 26 VI S 1 iVm § 34c II EStG bis zur Bestandskraft änderbar bzw kann zurückgenommen werden.[1]

285

Keine Begrenzung des Wahlrechts durch Bilanzänderungsverbot. Die Ausübung des Wahlrechts auf Abzug von Steuern wird bei Abgabe einer Steuerbilanz nicht durch das Bilanzierungsänderungsverbot gem § 4 II S 2 EStG eingeschränkt, da der Steuerabzug keinen Einfluss auf die bilanzielle Erfassung der ausländischen Steuern hat.[2]

286

DBA. Auch für aufgrund eines DBA anzurechnende Steuern ist ein Abzug auf Antrag möglich wie sich aus § 26 VI S 1 iVm § 34c VI S 2 EStG ergibt (R 34c V EStR). Soweit hingegen die Doppelbesteuerung im Wege der Freistellung erfolgt, scheidet der Abzug nach § 26 VI S 1 iVm § 34c II EStG aus, falls nicht die § 8b I S 2-4 greifen (vgl Rn 82).

287

Keine Entlastung nach den DBA (§ 34c VI S 4 EStG). Falls ein DBA sich nicht auf die Ertragsteuern des ausländischen Staates bezieht und damit nicht die Doppelbesteuerung vermeidet, ist der Steuerabzug gem § 34c II EStG kraft ausdrücklicher Anordnung in § 26 VI S 1 iVm § 34c VI S 4 EStG wieder möglich (vgl analog Rn 83).

288

Nach den DBA fiktiv anrechenbare Steuern. Die nach einem DBA fiktiv anrechenbaren Steuern können aufgrund ausdrücklicher gesetzlicher Anordnung in § 26 VI S 1 iVm § 34c VI S 2 HS 3 EStG nicht gem § 34c II EStG abgezogen werden. Daher muss es abweichend von der oben dargestellten Grundregel, nach der ein Antrag auf Steuerabzug in Bezug auf alle aus einem Land stammenden Einkünfte gestellt werden muss (vgl Rn 283), iRe teleologischen Reduktion möglich sein, den Antrag auf die nicht der fiktiven Steueranrechnung unterliegenden Einkünfte zu begrenzen.[3] Die Finanzverwaltung will dies (nur) als Billigkeitsmaßnahme zulassen.[4]

289

Switch-over-Klausel des § 50d IX EStG. Nach § 26 VI S 1 iVm § 34c VI S 5 EStG ist der Steuerabzug gem § 26 VI S 1 iVm § 34c II EStG auch für den Fall möglich, dass ein DBA besteht, welches eigentlich die Vermeidung der Doppelbesteuerung im Wege der Freistellungsmethode anordnet, § 50d IX EStG aber den Übergang zur Anrechnungsmethode anordnet.

290

Organschaft. Da der Abzug von Steuern gem § 26 VI S 1 iVm § 34c II EStG bei der Ermittlung der Einkünfte erfolgt, ist dieser bei der Organgesellschaft zu vollziehen und grundsätzlich im Rahmen deren Steuererklärung zu stellen. § 19 ist insoweit nicht anwendbar, betrifft dieser doch nur die Anwendung tariflicher Entlastungen iRd Organschaft (vgl § 19 Rn 13 ff). Daher ist ebenso auf der Ebene jeder Organgesellschaft das Wahlrecht auf Steuerabzug eigenständig (dh nicht einheitlich innerhalb

291

---

1 *Geurts* in EY § 26 Rn 143.
2 Ebenso *Roser* in Gosch § 26 Rn 129.
3 *Siegers* in D/J/P/W § 26 Rn 277.
4 OFD Frankfurt v 21.9.1995, DB 1995, 2397.

des Organkreises) auszuüben.¹ Ein Abzug auf Ebene des Organträgers (etwa wenn Bestandskraft bei der Veranlagung der Organgesellschaft eingetreten ist), scheidet damit grundsätzlich aus.

292 **Personengesellschaft (Mitunternehmerschaft).** Soweit ausländische Einkünfte über eine gewerbliche Personengesellschaft bezogen werden, ist das Wahlrecht gem § 26 VI S 1 iVm § 34c II EStG nach ganz überwiegender Auffassung je Gesellschafter auszuüben (zur verfahrensrechtlichen Feststellung der Ausübung des Wahlrechts vgl Rn 361).² Bei unterschiedlicher Wahlrechtsausübung wird auch von „Zebra-Gesellschaften" gesprochen.³ Soweit ein Gesellschafter an mehreren Personengesellschaften beteiligt ist bzw daneben ausländische Einkünfte unmittelbar erzielt, ist für alle diese Einkünfte (zumindest soweit diese aus dem gleichen ausländischen Staat stammen) das Wahlrecht auf Steuerabzug nach zutreffender Auffassung einheitlich auszuüben.⁴ Zu beachten ist jedoch, dass der Abzug ausländischer Steuern gem § 26 VI S 1 iVm § 34c II EStG auch Auswirkungen für die GewSt hat (vgl Rn 303), welche die Personengesellschaft als Steuersubjekt selbst betrifft. Dh mit der uneinheitlichen Ausübung eines Wahlrechts auf Steuerabzug ausländischer Steuern werden andere Personengesellschafter uU bevorteilt; der Ausgleich derartiger Vorteile muss gesellschaftsvertraglich geregelt werden.

293 **InvStG.** Soweit ausländische Einkünfte über ein Investmentvermögen bezogen werden, ist zum einen beim Anleger gem § 4 II S 4 InvStG ein Abzug der ausländischen Steuern möglich, die auf Eingangs- und Ausgangsseite des Investmentvermögens erhoben werden. Ein derartiges Wahlrecht kann nach zutreffender Auffassung⁵ je Investmentvermögen (jedoch einheitlich für alle von diesem bezogenen ausländischen Einkünfte) ausgeübt werden, da § 4 II S 4 an S 3 InvStG anknüpft, der auf das einzelne Investmentvermögen und die Gesamtheitsmethode (vgl Rn 247) abstellt. Allerdings können die nach § 4 II InvStG anrechenbaren ausländischen Steuern zum anderen auch bereits bei der Ermittlung der Erträge auf Ebene des Investmentvermögens als Werbungskosten gem § 4 IV S 1 InvStG abgezogen werden; das Wahlrecht kann je Geschäftsjahr neu ausgeübt werden.⁶ Erfolgt ein solcher Abzug, scheidet eine Steueranrechnung oder ein Steuerabzug nach § 4 II InvStG beim Anleger gem § 4 IV S 2 InvStG aus. Nach wohl zutreffender Auffassung können ausländische Steuern, die auf Ausgangsseite des Investmentvermögens erhoben werden, trotz des offenen Gesetzeswortlautes, hingegen nicht gem § 4 IV S 1 InvStG bei der Ermittlung der Erträge auf Ebene des Investmentvermögens als Werbungskosten abgezogen werden, da diese Steuern für die Investoren einbehalten werden; dh das Abzugswahlrecht gem § 4 IV S 1 InvStG beschränkt sich auf ausländische Steuern, die auf den Investmentvermögen zufließenden Erträgen lasten.⁷

---

1 *Frotscher* in Frotscher/Maas § 26 Rn 130; *Roser* in Gosch § 26 Rn 132.
2 *Roser* in Gosch § 26 Rn 131; *Geurts* in EY § 26 Rn 145.
3 *Geurts* in EY § 26 Rn 145.
4 *Buciek* in Blümich § 26 Rn 106.
5 *Stock/Oberhofer* in Berger/Steck/Lübbehüsen § 4 InvStG Rn 71.
6 *Hammer* in Blümich § 4 InvStG Rn 12.
7 *Stock/Oberhofer* in Berger/Steck/Lübbehüsen § 4 InvStG Rn 126.

V. Abzug der Steuer auf Antrag

Einstweilen frei.   294-296

3. Rechtsfolgen. Abzug als Betriebsausgabe bei der Ermittlung der Einkünfte.   297
Sofern die Voraussetzungen des § 26 VI S 1 iVm § 34c II EStG erfüllt sind und ein entsprechender Antrag auf Steuerabzug gestellt wurde, werden die ausländischen Steuern bei der Ermittlung der Einkünfte wie eine Betriebsausgabe abgezogen.

Verlustausgleichsbeschränkungen. Der Abzug ist zunächst von den Einkünften vorzunehmen, auf die die Steuer entfällt. Sofern die Einkünfte negativ sind oder durch den Abzug negativ werden, erfolgt ein Abzug von den übrigen Einkünften. Hierbei sind allerdings etwaige Verlustausgleichsbeschränkungen (zB § 2a EStG) zu beachten, falls die Steuer auf derartige negative ausländische Einkünfte entfällt.[1]   298

Höchstbetragsberechnung. Eine Höchstbetragsberechnung gem § 26 VI S 1 iVm § 34c I S 2 EStG ist iRd Steuerabzugs gem § 34c II EStG nicht vorzunehmen.[2] Dies ergibt sich daraus, dass § 34c II EStG in Bezug auf die insgesamt anfallende ausländische Steuer einen Abzug bei der Einkünfteermittlung anordnet, während § 34c I S 1 EStG nur die Anrechnung auf die anteilig entfallende deutsche Steuer vorschreibt.   299

Abzug bei der Summe der Einkünfte. Der Steuerabzug gem § 26 VI S 1 iVm § 34c II EStG geht auch in die Summe der Einkünfte ein. Daher erhöht sich mathematisch bei Ausübung des Wahlrechts auf Steuerabzug nur bei ausländischen Einkünften aus einem Staat der Anrechnungshöchstbetrag gem § 26 VI S 1 iVm § 34c I S 2 EStG in Bezug auf Einkünfte aus anderen Staaten, bei denen eine Steueranrechnung erfolgt.[3]   300

Zeitpunkt des steuerlichen Abzugs. Anders als im Fall des Steuerabzugs von Amts wegen gem § 26 VI S 1 iVm § 34c III EStG (vgl Rn 329) ist der Steuerabzug auf Antrag gem § 26 VI S 1 iVm § 34c II EStG im VZ zu vollziehen, in dem die Einkünfte der inländischen Besteuerung unterliegen.[4] Dies ergibt sich daraus, dass der Abzug anstelle der Steueranrechnung gem § 26 VI S 1 iVm § 34c I EStG greift, welche nur im Zeitpunkt des Anfalls inländischer Steuer zur Anwendung kommen kann.   301

Intertemporale Nutzung. Aufgrund des Abzugs der ausländischen Steuern von den Einkünften kann eine intertemporale Nutzung der Entlastungswirkung erreicht werden. Im Falle der Nichtanrechenbarkeit von Steuern können diese über den Abzug zu einem Verlust führen, der gem § 10d EStG im Wege des Rück- oder Vortrags genutzt werden kann.[5]   302

GewSt. In Folge des Abzugs ausländischer Steuern kann anders als bei der Steueranrechnung (vgl Rn 258) eine steuerliche Entlastung auch für gewerbesteuerliche Zwecke erreicht werden.[6] Dabei sind jedoch auch die Vorschriften über die Hinzurechnung gem § 8 Nr 12 GewStG zu beachten. Danach ist eine nach § 26 VI   303

---

1   *Buciek* in Blümich § 26 Rn 107b.
2   *Roser* in Gosch § 26 Rn 128; *Hierstetter* in Erle/Sauter § 26 Rn 91; *Geurts* in EY § 26 Rn 142.
3   *Lieber* in H/H/R § 26 Rn 53.
4   *Lieber* in H/H/R § 26 Rn 53.
5   *Hierstetter* in Erle/Sauter § 26 Rn 86.
6   *Hierstetter* in Erle/Sauter § 26 Rn 87; *Geurts* in EY § 26 Rn 147; *Frotscher* in Frotscher/Maas § 26 Rn 141.

S 1 iVm § 34c II EStG abgezogene ausländische Steuer bei der Ermittlung des Gewerbeertrags insoweit wieder hinzuzurechnen, als sie auf Gewinne oder Gewinnanteile (oder auch Verluste[1]) entfällt, die nicht Teil des Gewerbeertrages sind, weil sie:

- bei der Ermittlung außer Ansatz bleiben oder
- gem § 9 vom Gewinn und der Summe der Hinzurechnungen abgezogen werden.

Mit dieser Vorschrift sollen ungerechtfertigte Minderungen der Gewerbesteuerbemessungsgrundlage verhindert werden, insbesondere falls Einkünfte in ausländischen Betriebsstätten anfallen, aber auch falls Dividenden gem § 9 Nr 7 oder 8 GewStG gekürzt werden.[2] Soweit eine ausländische Steuer dennoch abziehbar ist, kann die Entlastungswirkung allerdings schwerlich als bewusste Entscheidung des Gesetzgebers zur punktuellen Entlastung für Zwecke der GewSt angesehen werden, sondern folgt zwangsläufig aus der Technik des Steuerabzugs bei der Ermittlung der Einkünfte. Zudem wird hierdurch weiterhin keine gleichwertige Möglichkeit zur steuerlichen Entlastung geschaffen bzw die aus dem Ausschluss der Anrechnung ausländischer Steuern auf die GewSt folgende Mehrbelastung vollständig aufgehoben:

Beispiel

Die A-GmbH bezieht ausländische Einkünfte iHv 100, auf die eine ausländische Steuer iHv 20 % erhoben wird. Die ausländischer Steuer kann gem § 26 I iVm § 34c I EStG auf die deutsche KSt angerechnet werden; es verbleibt jedoch eine Belastung mit GewSt iHv ca 15 % (unterstellter Hebesatz iHv 430 %). Im Falle des Steuerabzugs gem § 26 VI S 1 iVm § 34c II EStG mindern sich die Einkünfte auf 100-20 = 80. Es verbleibt eine inländische Steuerbelastung iHv 24 (KStG und GewSt jeweils iHv 80*15 % = 12).

304-305 *Einstweilen frei.*

306 **VI. Abzug der Steuer bei Nichterfüllung der Anrechnungsvoraussetzungen (§ 26 VI S 1 iVm § 34c III EStG). 1. Allgemeines. Hintergrund.** Aufgrund der engen tatbestandlichen Voraussetzungen für die Steueranrechnung gem § 26 VI S 1 iVm § 34c I EStG, die ebenso für den Abzug auf Antrag gem § 26 VI S 1 iVm § 34c II EStG gelten, verbleiben Situationen, in denen beide Methode zur Vermeidung der Doppelbesteuerung nicht anwendbar sind. Für diese Fälle bietet das Gesetz mit § 26 VI S 1 iVm § 34c III EStG eine Auffangklausel, die zu einer Milderung der Doppelbesteuerung führen soll.

307 **DBA.** Der Steuerabzug gem § 26 VI S 1 iVm § 34c III EStG ist nach § 26 VI S 1 iVm § 34c VI S 1 EStG nicht möglich, wenn die Einkünfte nach deutscher Sichtweise aus einem ausländischen Staat stammen, mit dem ein DBA besteht. Dies resultiert aus dem Charakter der Norm als Auffangregelung zur Steueranrechnung, die in diesem Fall ebenfalls nicht anwendbar ist. Anders als beim Steuerabzug auf Antrag gem § 26 VI S 1 iVm § 34c II EStG wird jedoch der Steuerabzug von Amts wegen gem § 26 VI S 1 iVm § 34c III EStG auch dann nicht in § 34c VI S 2 EStG für anwendbar erklärt, wenn nach den Verteilungsnormen der DBA die Anrechnungsmethode angeordnet

---

1 *Hofmeister* in Blümich § 8 GewStG Rn 724.
2 *Keß* in *Lenski/Steinberg* § 8 Nr 12 GewStG Rn 2.

VI. Abzug der Steuer bei Nichterfüllung der Anrechnungsvoraussetzungen

ist. Dh ein Steuerabzug gem § 26 VI S 1 iVm § 34c III EStG ist bei Bezug von Einkünften aus einem ausländischen Staat, mit dem ein DBA besteht, nur dann möglich, wenn § 34c VI S 6 EStG erfüllt ist (vgl Rn 323).

Einstweilen frei. 308

2. Voraussetzungen. Unbeschränkte Steuerpflicht. In § 34c III EStG ist als Anwendungsvoraussetzung vorgesehen, dass die fraglichen Einkünfte, für die ein Abzug begehrt wird, von einem unbeschränkt Steuerpflichtigen bezogen werden (vgl hierzu Rn 62). Für beschränkt Steuerpflichtige greift hingegen § 26 VI iVm § 50 III EStG (vgl Rn 344 f). 309

Keine Anrechnung nach § 26 VI S 1 iVm § 34c I EStG. Anders als beim Steuerabzug nach § 26 VI S 1 iVm § 34c II EStG enthält der Steuerabzug nach § 26 VI S 1 iVm § 34c III EStG keinen Verweis auf die sachlichen Tatbestandsvoraussetzungen des § 26 VI S 1 iVm § 34c I EStG. Stattdessen enthält sie als wesentliche Voraussetzung, dass keine Anrechnung ausländischer Steuern gem § 26 VI S 1 iVm § 34c I EStG (und damit ebenso kein Steuerabzug gem § 26 VI S 1 iVm § 34c II EStG) möglich ist, weil bestimmte enumerativ aufgezählte Sachverhalte gegeben sind, die die Möglichkeit der Anrechnung ausschließen (hierzu im Einzelnen Rn 319 ff). Zwar geht der Wortlaut des § 26 VI S 1 iVm § 34c III EStG davon aus, dass die beschriebenen Mängel der Anrechnung alternativ vorliegen; der Anwendungsbereich der Vorschrift sollte aber auch eröffnet sein, wenn mehrere der genannten Mängel gleichzeitig bestehen. 310

Kein Erlass und keine Pauschalierung nach § 26 VI S 1 iVm § 34c V EStG. Ebenfalls darf es nicht gem § 26 VI S 1 iVm § 34c V EStG zu einem Erlass oder einer Pauschalierung der deutschen KSt auf die ausländischen Einkünfte kommen. Dies ergibt sich daraus, dass § 34c V EStG lex specialis gegenüber § 34c III EStG ist. 311

Steuersubjektidentität. Auch iRd § 26 VI S 1 iVm § 34c III EStG ist die Steuersubjektidentität grundsätzlich erforderlich (hierzu Rn 69), wie sich aus der Verknüpfung „… bei denen…" ergibt. 312

Steuerobjektidentität. Ebenso lässt sich dem Wortlaut des § 26 VI S 1 iVm § 34c III EStG entnehmen („…ausländische Steuer abzuziehen, soweit sie auf Einkünfte entfällt, die der ESt unterliegen"), dass die Durchführung dieses Steuerabzugs voraussetzt, dass eine Steuerobjektidentität gegeben ist (vgl hierzu Rn 101). 313

Festgesetzt, gezahlt und keinem Ermäßigungsanspruch mehr unterliegend. Weiterhin muss dem ausdrücklichen Wortlaut des § 26 VI S 1 iVm § 34c III EStG nach die ausländische Steuer ebenso festgesetzt sowie gezahlt sein und darf keinem Ermäßigungsanspruch mehr unterliegen (hierzu Rn 139 ff und 149 ff). 314

Keine Identität des Besteuerungszeitraums. Für den Steuerabzug gem § 26 VI S 1 iVm § 34c III EStG ergibt sich als weitere Voraussetzung hingegen nicht das Erfordernis der Identität des Besteuerungszeitraums (Rn 167), da dieser lediglich erfordert, dass die Einkünfte der deutschen Besteuerung „unterliegen" (ohne Spezifikation des „Wann").[1] Zum Zeitpunkt des steuerlichen Abzugs vgl Rn 329. 315

---

[1] *Geurts* in EY § 26 Rn 164; *Lieber* in H/H/R § 26 Rn 61.

316 **InvStG.** Auch soweit ausländische Einkünfte über ein Investmentvermögen bezogen werden, wird über § 4 II S 4 InvStG die Anwendbarkeit des § 34c III EStG gewährleistet.

317-318 *Einstweilen frei.*

319 **3. Einzelne Fälle des Steuerabzugs von Amts wegen. Übersicht.** § 26 VI S 1 iVm § 34c III EStG regelt abschließend die Fälle eines Steuerabzugs von Amts wegen. Dieser erfolgt hiernach, wenn:

- die ausländische Steuer nicht der deutschen KSt entspricht (vgl Rn 320),
- die Steuer nicht von dem Staat erhoben wird, aus dem die ausländischen Einkünfte stammen (vgl Rn 321),
- keine ausländischen Einkünfte vorliegen (vgl Rn 322).

320 **Ausländische Steuer entspricht nicht der deutschen KSt.** Ein Abzug ausländischer Steuern gem § 26 VI S 1 iVm § 34c III EStG nach der ersten Alternative ist aufgrund der weiten Auslegung des Erfordernisses der „entsprechenden ausländischen Steuer" (vgl Rn 129) regelmäßig nicht möglich bzw erforderlich.

321 **Drittstaatensteuern.** Die zweite Alternative des § 26 VI S 1 iVm § 34c III EStG erfasst die Fälle, in denen grundsätzlich ausländische Einkünfte vorliegen, aber ein dritter Staat eine Steuer erhebt; denn in diesem Fall sind diese Drittstaatensteuern nicht gem § 26 VI S 1 iVm § 34c I EStG anrechenbar (vgl Rn 122 f). In der Literatur wird teilweise vertreten, dass dieses immer dann der Fall sei, wenn ein ausländischer Staat über international übliche Anknüpfungspunkte ein Besteuerungsrecht ausübe.[1] Tatsächlich kann es jedoch relativ leicht zu derartigen Drittstaatensteuern kommen, wenn Einkünfte über eine ausländische Betriebsstätte bezogen werden. Der Abzug von Drittstaatensteuern sollte nach der hier vertretenen Auffassung auch dann vorzunehmen sein, wenn diese auf die (ausländische) Steuer in dem Staat, der aus deutscher Sicht den Herkunftsstaat der ausländischen Einkünfte darstellt, anrechenbar sind.[2] Die anderslautende Auffassung[3] berücksichtigt nicht, dass das iRd § 26 VI S 1 iVm § 34c III EStG anzuwendende Erfordernis eines fehlenden Ermäßigungsanspruchs nur verlangt, dass die Drittstaatensteuern in ihrem Herkunftsstaat nicht reduziert werden können (vgl analog zum Ermäßigungsanspruch auf ausländische Einkünfte Rn 154). Ebenfalls geht der Hinweis fehl, eine Anrechnung müsse ausscheiden, da ansonsten ein weiterer Steuerabzug zu einer ungerechtfertigten Begünstigung führe.[4] Tatsächlich ist der Abzug gem § 26 VI S 1 iVm § 34c III EStG das notwendige Korrektiv, um eine Doppelbesteuerung in Folge der fehlenden Anrechnung von Drittstaatensteuern (vgl Rn 122 f) bzw der Reduktion der Anrechnung von Steuern auf ausländische Steuern des Herkunftsstaates (vgl Rn 155) zumindest zu mildern.

322 **Keine ausländischen Einkünfte.** Die dritte Alternative des § 26 VI S 1 iVm § 34c III EStG hat aufgrund der engen Definition der ausländischen Einkünfte gem § 34d EStG (vgl Rn 89) einen bedeutsamen Anwendungsbereich. Sie erfasst die Fälle, in denen nach

---

1 Siegers in D/J/P/W § 26 Rn 290.
2 So auch Kuhn in H/H/R § 34c EStG Rn 126; Weinschütz in Lademann § 34c EStG Rn 121.
3 Wagner in Blümich § 34c EStG Rn 90.
4 Siegers in D/J/P/W § 26 Rn 291.

VI. Abzug der Steuer bei Nichterfüllung der Anrechnungsvoraussetzungen

deutscher Rechtslage keine ausländischen Einkünfte gem § 34d EStG vorliegen, ein ausländischer Staat aber dennoch ausländische Steuern erhebt (und damit aus deutscher Sicht eigentlich ein Ermäßigungsanspruch bestehen müsste[1]). In diesem Fall wird der Steuerabzug gem § 26 VI S 1 iVm § 34c III EStG auch dann nicht gem § 26 VI S 1 iVm § 34c VI S 1 EStG eingeschränkt, wenn ein DBA mit dem ausländischen Staat besteht, der Steuern erhebt; denn letztgenannte Vorschrift erfordert gerade, dass die Einkünfte aus einem ausländischen DBA-Staat stammen.[2] Beispiele für die dritte Fallgruppe sind:

- Liefergewinne, welche im Ausland als Einkünfte einer Montagebetriebsstätte besteuert werden;
- ausländische Steuern auf Einkünfte einer ausländischen Gesellschaft, die im Inland ihren Ort der Geschäftsleitung unterhält und tatsächlich nur inländische Einkünfte erzielt;[3]
- ausländische Steuern einer Basisgesellschaft, deren Einkünfte gem § 42 AO bei dem inländischen Gesellschafter als inländische Einkünfte erfasst werden (soweit keine Anrechnung aus Billigkeit in Frage kommt, vgl Rn 72).[4]

Steuerabzug bei bestehenden DBA (§ 26 VI S 1 iVm § 34c VI S 6 EStG). Soweit mit dem Herkunftsstaat der ausländischen Einkünfte ein DBA besteht, kommt seit dem VZ 1999 (vorher galten die allgemeinen unter Rn 320 ff beschriebenen Voraussetzungen) ein Steuerabzug gem § 26 VI S 1 iVm § 34c III EStG von Amts wegen nur noch dann in Betracht, wenn die folgenden Voraussetzungen des § 26 VI S 1 iVm § 34c VI S 6 EStG erfüllt werden:

- der DBA-Staat besteuert die Einkünfte, die nicht aus seinem Hoheitsgebiet stammen (was unter der zweiten oder dritten Fallgruppe des § 34c III EStG denkbar ist, die erste Fallgruppe wird hingegen nach zutreffender Auffassung nicht von § 26 VI S 1 iVm § 34c VI S 6 EStG erfasst[5]); die Bestimmung, inwieweit die Einkünfte aus dem Hoheitsgebiet des DBA-Staates stammen, richtet sich auch iRd § 26 VI S 1 iVm § 34c VI S 6 EStG nach der Definition der ausländischen Einkünfte in § 34d EStG;[6]
- die Besteuerung hat nicht ihre Ursache in einer Gestaltung, für die wirtschaftliche oder sonst beachtliche Gründe fehlen (hiermit hat der Gesetzgeber – gegenüber der sonstigen Anwendung des § 34c III EStG verschärfend – bei Bestehen eines DBA für Missbrauchsfälle einen Steuerabzug unterbunden[7]);
- das Abkommen gestattet nicht die Besteuerung dieser Einkünfte (hiermit soll offenbar klargestellt werden, dass die Besteuerung entsprechend der in einzelnen DBA ausländischen Staaten eingeräumten Besteuerungsbefugnisse nicht die Möglichkeit des Abzugs ausländischer Steuern eröffnet, auch wenn keine ausländischen Einkünfte gem § 34d EStG nach inländischem Recht vorliegen).

323

---

1 FG Baden-Württemberg 3 K 147/07, EFG 2009, 1399.
2 BFH I R 38/97, BStBl II 1998, 471.
3 BFH I R 15/01, BFH/NV 2002, 1411, unter 4.
4 BFH I R 39/02, BStBl II 2003, 869.
5 *Siegers* in D/J/P/W § 26 Rn 304.
6 BFH I R 75/08, BFH/NV 2010, 1820.
7 BTDrs 14/1514, 30 als Reaktion auf BFH I R 38/97, BStBl II 1998, 471.

Die Begründung für diese erhöhten Anforderungen des § 26 VI S 1 iVm § 34c VI S 6 EStG zur Erreichung eines Steuerabzugs liegt darin, dass Staaten sich aufgrund eines DBA eigentlich auf die Verteilung der Besteuerungshoheit verständigt haben. Soweit dennoch Doppelbesteuerung aufgrund unterschiedlicher Abkommensauslegung entsteht, ist etwa die Möglichkeit eines Verständigungsverfahrens zu berücksichtigen. Die weiteren Voraussetzungen des § 26 VI S 1 iVm § 34c III EStG sind zudem zu erfüllen (vgl Rn 309 ff).

324 **Switch-over-Klausel des § 50d IX.** Zudem ist nach § 26 VI S 1 iVm § 34c VI S 5 EStG der Steuerabzug gem § 26 VI S 1 iVm § 34c III EStG auch für den Fall möglich, dass § 50d IX EStG den Übergang von der Freistellungs- zur Anrechnungsmethode anordnet. Dabei sind dem eindeutigen Wortlaut nach jedoch die erhöhten Anforderungen des § 26 VI S 1 iVm § 34c VI S 6 EStG zu erfüllen (vgl Rn 323).

325-326 *Einstweilen frei.*

327 **4. Rechtsfolgen. Allgemeines.** Hinsichtlich der Qualität des Steuerabzugs gelten die Ausführungen in Rn 297 ff grundsätzlich entsprechend.

328 **Abzug von Amts wegen.** Der Steuerabzug gem § 26 VI S 1 iVm § 34c III EStG erfolgt von Amts wegen, er ist also nicht antragsabhängig. Ein Wahlrecht ist gesetzlich nicht vorgesehen, da der Steuerabzug mangels der Anrechenbarkeit ausländischer Steuern immer günstiger ist.

329 **Zeitpunkt des steuerlichen Abzugs.** Ein Steuerabzug gem § 26 VI S 1 iVm § 34c III EStG ist in dem VZ zu vollziehen, in dem die ausländische Steuer festgesetzt und gezahlt wird sowie keinem weiteren Ermäßigungsanspruch unterliegt. Dies ergibt sich aus dem klaren Wortlaut der Vorschrift. Der Unterschied zum Zeitpunkt des Steuerabzugs gem § 26 VI S 1 iVm § 34c II EStG erklärt sich aus dessen Anknüpfen an die Steueranrechnung gem § 26 VI S 1 iVm § 34c I EStG (vgl Rn 301).

330 **Per-country-limitation.** Für den Abzug gilt keine per-country-limitation; dies ergibt sich bereits aus dem Charakter des § 26 VI S 1 iVm § 34c III EStG als Auffangnorm und ist im Vergleich zu § 34c I S 1 EStG bzw zu § 26 I durch Weglassen des Zusatzes „aus diesem Staat" in Bezug auf die relevanten Einkünfte auch gesetzlich verankert. Dh bei einer Besteuerung von Einkünften durch mehrere ausländische Staaten sind alle ausländischen Steuern gem § 26 VI S 1 iVm § 34c III EStG abzugsfähig.

331 **Höchstbetragsberechnung.** IRd § 26 VI S 1 iVm § 34c III EStG ist ebenfalls die Höchstbetragsberechnung gem § 34c I S 2 EStG nicht anwendbar, da auf diese weder verwiesen wird noch ein Anhaltspunkt für eine analoge Anwendung im Wortlaut des § 26 VI S 1 iVm § 34c III EStG enthalten ist.

332-333 *Einstweilen frei.*

334 **VII. Erlass und Pauschalierung (§ 26 VI S 1 iVm § 34c V EStG). Inhalt.** § 26 VI S 1 iVm § 34c V EStG enthält eine Ermächtigung für die Finanzbehörden, die auf die ausländischen Einkünfte entfallende deutsche KSt zu erlassen oder pauschal fest-

zusetzen. Zulässig ist dies dann, wenn ein Erlass oder eine Pauschalierung aus volkswirtschaftlichen Gründen zweckmäßig oder die Anrechnung gem § 26 VI iVm § 34c I EStG besonders schwierig ist.

DBA. Im Falle eines bestehenden DBA wird die pauschale Festsetzung oder der pauschale Erlass gem § 34c V EStG in § 26 VI S 1 Hs 1 iVm § 34c VI S 1 EStG nicht eingeschränkt. Dementsprechend bedarf es nicht der Anwendung der § 26 VI S 1 Hs 1 iVm § 34c VI S 2 EStG sowie des § 26 VI S 1 Hs 2. 335

Bedeutung. In der Praxis wird von der Möglichkeit eines Erlass bzw einer Pauschalierung gem § 26 VI S 1 iVm § 34c V EStG nur selten Gebrauch gemacht. Dieses mag darin begründet sein, dass die besondere Begünstigung bestimmter Sachverhalte oder Steuerpflichtiger angesichts der Zielsetzung des Erhalts der Gleichheit der Besteuerung gem Art 3 GG sowie des Verbots der Beihilfe gem Art 107 AEUV besonderer Vorsicht bedarf. 336

Ermessen. Die Ausübung des entsprechenden Wahlrechts steht im Ermessen der Finanzverwaltung. Dieses ist im Einklang mit der Zielsetzung der Norm auszuüben, hat sich also insbesondere an außenwirtschaftlichen Bedürfnissen (zB Entwicklungshilfe oder allgemeine Unterstützung deutscher Unternehmen im Ausland), nicht aber an (konkreten) persönlichen Bedürfnissen des Steuerpflichtigen auszurichten. 337

Keine Billigkeit. § 34c V EStG unterscheidet sich systematisch und auch in den Tatbestandsvoraussetzungen von dem in §§ 163, 227 AO geregelten Erlass aus Billigkeit. Bei diesem ist insbesondere auch auf persönliche Gründe abzustellen. 338

Antrag. Der Erlass bzw die Pauschalierung ist antragsabhängig. Ein entsprechender Antrag muss für jeden VZ gesondert gestellt werden; er kann gestellt werden, solange die Steuerfestsetzung noch geändert werden kann. 339

Erlass bzw Pauschalierung aus volkswirtschaftlichen Gründen. Der Erlass bzw die Pauschalierung aus volkswirtschaftlichen Gründen steht systematisch neben der Möglichkeit zur Anrechnung ausländischer Steuern, ersetzt diese also nicht. Theoretisch denkbar wäre somit eine Anwendung sowohl der Anrechnung gem § 26 I als auch der Erlass oder die Pauschalierung gem § 26 VI S 1 iVm § 34c V EStG. Allerdings dürfte eine sich ergebende Anrechnungsmöglichkeit einen starken Einfluss auf die Ermessensentscheidung über einen (darüberhinausgehenden) Erlass oder eine (ggf auch die Anrechnung begrenzende) Pauschalierung haben. Die wesentlichen Anwendungsfälle zumindest einer Pauschalierung dürften im sog Pauschalierungserlass geregelt sein.[1] Da nach dem Erlass die ESt oder KSt pauschal mit 25 % der Einkünfte (höchstens 25 % des Einkommens) anzusetzen ist, wurde die Pauschalierung für die KSt mit Wirkung ab dem VZ 2004 aufgehoben.[2] Allerdings wird den (spärlichen) Grundsätzen des Erlasses auch bei einem Antrag auf Erlass bzw Pauschalierung durch eine Körperschaft eine gewisse Bedeutung bei der Ermessensausübung iRd Einzelfalls zukommen. 340

---

1 BMF v 10.4.1984, BStBl I 1984, 252.
2 BMF v 24.11.2003, BStBl I 2003, 747.

341 **Erlass bzw Pauschalierung aus volkswirtschaftlichen Gründen bei besonderen Schwierigkeiten.** Sofern eine Anrechnung ausländischer Steuern gem § 26 I besonders schwierig ist, ersetzt die Pauschalierung bzw der Erlass die Steueranrechnung. Systematisch knüpft die Regelung somit unmittelbar an die Anrechnung an und tritt an ihre Stelle. Praktische Relevanz dürfte diese Alternative allerdings weniger haben.

342-343 *Einstweilen frei.*

344 **VIII. Beschränkt Steuerpflichtige (§ 50 III EStG). Allgemeines.** § 50 III EStG (vormals § 50 VI EStG aF) erweitert den eigentlich auf unbeschränkt Steuerpflichtige begrenzten persönlichen Anwendungsbereich des § 34c I-III EStG (vgl Rn 62 ff) auf die Fälle, bei denen beschränkt einkommensteuerpflichtige natürliche Personen ausländische Einkünfte erzielen.

345 **Hintergrund.** § 50 III EStG dient einerseits dazu, eine Diskriminierung beschränkt Steuerpflichtiger zu vermeiden, soweit Drittstaateneinkünfte „über" eine inländische Betriebsstätte bezogen werden (hierzu Rn 59). Andererseits ist es die konsequente Umsetzung der in Rn 122 dargestellten Behandlung von Steuern eines Drittstaates: Nach Wertung des deutschen Gesetzgebers ist der Betriebsstättenstaat und nicht der Staat des unbeschränkt Steuerpflichtigen zur Anrechnung von Drittstaatensteuern verpflichtet. Daher ist es nur konsequent, dass sich in § 50 III EStG eine entsprechende Verpflichtung findet, soweit Deutschland der Betriebsstättenstaat ist, über den Drittstaateneinkünfte bezogen werden.

346 **Kein Verweis auf § 50 III EStG in § 26 VI S 1.** Problematisch ist, dass § 26 VI S 1 keinen entsprechenden Verweis auf § 50 III EStG, sondern auf den früheren § 50 VI EStG aF enthält. Damit könnte sich die bis dato in der Literatur überraschenderweise nicht diskutierte Frage stellen, ob die Vermeidung der Doppelbesteuerung in § 50 III EStG weiterhin ebenso für Körperschaften gilt. Hierbei ist jedoch zu unterstellen, dass es sich um ein gesetzgeberisches Versehen handelt, da die iRd JStG 2008 vollzogene neue Nummerierung des § 50 EStG offensichtlich nicht in § 26 VI S 1 ausreichend berücksichtigt wurde. Zudem würde sich andernfalls im besonderen Maße auch die Frage eines Verstoßes gegen die Grundfreiheiten des AEUV stellen, da inländischen Kapitalgesellschaften die Steueranrechnung gewährt wird und der deutsche Gesetzgeber aufgrund seiner langen Praxis die Notwendigkeit der Vermeidung der Doppelbesteuerung unzweifelhaft anerkannt hat.[1] Allein aufgrund einer unionsrechtlich gebotenen Auslegung ist daher über dieses gesetzgeberische Versehen hinwegzusehen.

347 **Analoge Anwendung der § 34c I-III EStG sowie des § 34d EStG.** Die Anrechnung bzw der Abzug ausländischer Steuern nach § 50 III EStG erfolgt entsprechend § 34c I-III EStG. Dh es müssen die oben dargestellten Voraussetzungen der § 34c I-III EStG erfüllt werden (vgl Rn 78 ff, 276 ff und 306 ff). Zur Anwendung der Zins- oder Lizenzgebühren-RL vgl Rn 272.

---

1 Zum Anerkennungsgrundsatz grundlegend EuGH Rs 270/83, *avoir fiscal*, Slg 1986, I-273, Rn 20.

VIII. Beschränkt Steuerpflichtige

Analoge Anwendung des § 34d EStG. Über die analoge Anwendung der § 34c I-III EStG ergibt sich grundsätzlich auch eine analoge Anwendung des § 34d EStG. Zu Einschränkungen siehe unten Rn 351 f.

Betroffene Körperschaften. § 50 III EStG hat für ausländische, beschränkt steuerpflichtige Körperschaftsteuersubjekte und gewerbliche inländische Personengesellschaften mit ausländischen Gesellschaftern Bedeutung. Keine Bedeutung hat die Vorschrift hingegen für:[1]

- doppeltansässige Körperschaften;
- juristische Personen des öffentlichen Rechts, welche mit ihren BgA gem § 1 I Nr 6 unbeschränkt steuerpflichtig sind;
- persönlich steuerbefreite Körperschaften, welche trotz der partiellen Besteuerung ihres wirtschaftlichen Geschäftsbetriebs unbeschränkt steuerpflichtig sind.

Betrieb. Zur Anrechnung oder zum Abzug nach § 50 III EStG muss in Deutschland ein Betrieb unterhalten werden. Für die gewerblichen Einkünfte bedeutet dies, dass grundsätzlich eine Betriebsstätte iSd § 12 AO gegeben sein muss.[2] Soweit ein gewerblicher Betrieb im Inland ohne Betriebsstätte unterhalten wird (zB seit VZ 2009 gem § 49 I Nr 2 lit f EStG bei Vermietung und Verpachtung von Grundvermögen durch eine ausländische Körperschaft), kann dieses Erfordernis problematisch sein. Sofern kein Betrieb gegeben ist, kann die Doppelbesteuerung nicht vermieden werden, auch wenn diese hier weniger häufig droht (zB bei iRd Einkünfte aus Vermietung und Verpachtung zu erfassenden Zinseinkünften).

Erfasste Einkünfte. Dem Erfordernis eines Betriebs im Inland folgend ist die Anrechnung bzw der Abzug ausländischer Steuern nach § 50 III EStG inhaltlich in Bezug auf die Gewinneinkünfte, dh auf:

- Einkünfte aus Land- und Forstwirtschaft,
- Einkünfte aus gewerblicher Tätigkeit (was für Körperschaften weniger bedeutsam ist),
- Einkünfte aus selbständiger Tätigkeit

beschränkt. Allerdings können im Rahmen dieser Gewinneinkünfte andere im Katalog des § 34d EStG enthaltene Einkünfte anfallen, für die eine Steueranrechnung denkbar ist (zB iRd Einkünfte einer gewerblichen Betriebsstätte zu erfassenden Zinseinkünfte); dies dürfte auch der Hauptanwendungsfall des § 50 III EStG sein, denn eine inländische Betriebsstätte wird schwerlich über eine ihr zuzurechnende ausländische Betriebsstätte Einkünfte erzielen können.

Einschränkung für im Ausland unbeschränkt steuerpflichtige Einkünfte. Eine Steueranrechnung gem § 50 III EStG ist nicht für solche Einkünfte möglich, die aus einem Quellenstaat stammen, in dem die (im Inland beschränkt steuerpflichtige)

---

1 Siegers in D/J/P/W § 26 Rn 308, 309.
2 Frotscher in Frotscher/Maas § 26 Rn 159; Siegers in D/P/J/W § 26 Rn 312. AA Geurts in EY § 26 Rn 31.

Person iRd unbeschränkten Steuerpflicht erfasst wird (dh der Quellenstaat auch Ansässigkeitsstaat ist). In diesem Fall soll es Sache des Ansässigkeitsstaates sein, die Doppelbesteuerung zu vermeiden.

353 **DBA.** Ein DBA zwischen dem deutschen Betriebsstätten und dem Ansässigkeitsstaat der beschränkt steuerpflichtigen Körperschaft hat auf die Anrechnung bzw den Abzug nach § 50 III EStG Einfluss, wenn dieses Deutschland kein Besteuerungsrecht für aus einem Drittstaat bezogene Einkünften in Ermangelung der Erfüllung des abkommensrechtlichen Betriebsstättenvorbehalts zuweist. Die Anwendung des § 50 III EStG ist dann nicht erforderlich, wenn bereits nach den anwendbaren Verteilungsnormen dem deutschen Betriebsstättenstaat kein Steuerrecht verbleibt. Ein mögliches DBA zwischen dem deutschen Betriebsstätten und dem ausländischen Quellenstaat der Einkünfte findet grundsätzlich mangels Ansässigkeit des Steuerpflichtigen in Deutschland nach allgemeinen Grundsätzen keine Anwendung, so dass sich hier die Anrechnung nach der unilateralen Vorschrift des § 50 III EStG richtet. Aus unionsrechtlichen Gründen ist § 26 VI S 1 iVm § 34c VI S 2 EStG (mit der Folge der fehlenden Anwendbarkeit der in § 34c I S 1 EStG enthaltenen Restriktionen einer Schädlichkeit eines Ermäßigungsanspruchs) jedoch auch beschränkt steuerpflichtigen Körperschaften eines AEUV-/EWR-Mitgliedsstaates zu gewähren, da andernfalls eine unionsrechtlich nicht zulässige Schlechterstellung dieser vorläge (zur Frage der Abkommensberechtigung aufgrund des AEUV vgl bereits Rn 59).

354 **Organschaft.** Ist Organträger eine Niederlassung gem § 18, ordnet § 19 IV die Anwendung der besonderen Tarifvorschriften für beschränkt Steuerpflichtige an (vgl § 19 Rn 61). Hierdurch sollte auch § 26 VI S 1 iVm § 50 III EStG für die Niederlassung als Organträger anwendbar sein.

355-356 *Einstweilen frei.*

357 **IX. Verfahrensrecht. Anrechnung als Teil des Festsetzungsverfahrens.** Die in § 26 I geregelte Anrechnung ausländischer Steuern ist Teil der tariflichen Vorschriften, die unmittelbaren Einfluss auf die Höhe der KSt hat. Anders als bei einer Anrechnung inländischer Abzugsteuern (wie etwa die KESt) ist die Anwendung des § 26 somit Teil der gem § 31 iVm § 25 EStG festzusetzenden KSt.

358 **Rechtsbehelf.** Die anzurechnende Steuer ist in Folge der in Rn 357 dargestellten Grundsätze Teil des KSt-Bescheids und nicht des hiervon verfahrensrechtlich zu trennenden Abrechnungsbescheids. Ein etwaiger Rechtsbehelf muss somit gegen den KSt-Bescheid gerichtet sein.[1]

359 **Berücksichtigung iRd einheitlichen und gesonderten Gewinnfeststellung.** Sofern ausländische Einkünfte iRe einheitlichen und gesonderten Gewinnfeststellung nach § 180 I Nr 2 lit a AO zu erfassen sind (dh insbesondere bei Mitunternehmerschaften), ist über die Ermäßigung der KSt aufgrund von § 26 VI iVm § 34c EStG in Folge der Anrechnung ausländischer Steuern ebenfalls iRd Feststellung zu entscheiden.[2] Dabei sind alle Tatsachen festzustellen, die für die Anrechnung ausländischer Steuern dem

---

1 BFH I R 232/80, BStBl II 1985, 216.
2 BFH I R 181/75, BStBl II 1980, 190; BFH X R 35/88, BStBl II 1992, 187.

Grunde und der Höhe nach relevant sind (insbesondere Entstehungsgrund, zeitliche Zuordnung und Höhe der Einkünfte), denn hierbei handelt es sich um Besteuerungsgrundlagen iSd § 180 I Nr 2 lit a AO. Sofern diese entsprechend im Feststellungsbescheid erfasst sind, entfalten sie Bindungswirkung; ein Rechtsbehelf ist gegen den Feststellungsbescheid zu führen. Sofern abweichend hiervon die für eine Steueranrechnung relevanten Tatsachen im Feststellungsbescheid nur „nachrichtlich" (ohne Bindungswirkung) oder gar nicht angesprochen sind, kann eine Feststellung im Veranlagungsverfahren nachgeholt werden.[1]

Nachträgliche Änderung. Zur Änderung der Veranlagung bei Erhöhung oder Verminderung der ausländischen Steuern vgl Rn 161 und 169. 360

Wahlrecht auf Abzug gem § 34c II EStG. Auch wenn die Entscheidung über die Ausübung des Wahlrechts auf Steuerabzug gem § 34c II EStG iRd Veranlagungsverfahrens angesprochen wird,[2] ist richtigerweise hierfür das Festsetzungsverfahren maßgeblich (R 34c IV S 3 EStR).[3] Das Wahlrecht auf Steuerabzug kann gem § 34c II EStG für jeden Feststellungsbeteiligten gem R 34c IV S 4 EStR gesondert ausgeübt werden. Sofern ein Steuerpflichtiger neben den iRd gesondert und einheitlich festzustellenden Einkünfte jedoch noch andere Einkünfte aus dem entsprechenden Land erzielt, werden diese von der Wahlrechtsausübung entsprechend erfasst; diesbezüglich ist nach R 34c IV S 5 EStR die zuerst eingereichte Feststellungs- oder Steuererklärung bindend, wobei der Antrag iRe Rechtsbehelfsverfahren oder Änderungen von Steuerbescheiden noch nachgeholt oder zurückgenommen werden kann. 361

Einstweilen frei. 362-363

---

1 *Siegers* in D/J/P/W § 26 Rn 49.
2 *Lieber* in H/H/R § 26 Rn 10.
3 *Siegers* in D/J/P/W § 26 Rn 47; *Lieber* in H/H/R § 26 Rn 10.

Vierter Teil: Nicht in das Nennkapital geleistete Einlagen und Entstehung und Veranlagung

§ 27 Nicht in das Nennkapital geleistete Einlagen

(1) ¹Die unbeschränkt steuerpflichtige Kapitalgesellschaft hat die nicht in das Nennkapital geleisteten Einlagen am Schluss jedes Wirtschaftsjahrs auf einem besonderen Konto (steuerliches Einlagekonto) auszuweisen. ²Das steuerliche Einlagekonto ist ausgehend von dem Bestand am Ende des vorangegangenen Wirtschaftsjahrs um die jeweiligen Zu- und Abgänge des Wirtschaftsjahrs fortzuschreiben. ³Leistungen der Kapitalgesellschaft mit Ausnahme der Rückzahlung von Nennkapital im Sinne des § 28 Abs. 2 Satz 2 und 3 mindern das steuerliche Einlagekonto unabhängig von ihrer handelsrechtlichen Einordnung nur, soweit sie den auf den Schluss des vorangegangenen Wirtschaftsjahrs ermittelten ausschüttbaren Gewinn übersteigen (Einlagenrückgewähr). ⁴Der Bestand des steuerlichen Einlagekontos kann durch Leistungen nicht negativ werden; Absatz 6 bleibt unberührt. ⁵Als ausschüttbarer Gewinn gilt das um das gezeichnete Kapital geminderte in der Steuerbilanz ausgewiesene Eigenkapital abzüglich des Bestands des steuerlichen Einlagekontos.

(2) ¹Der unter Berücksichtigung der Zu- und Abgänge des Wirtschaftsjahrs ermittelte Bestand des steuerlichen Einlagekontos wird gesondert festgestellt. ²Der Bescheid über die gesonderte Feststellung ist Grundlagenbescheid für den Bescheid über die gesonderte Feststellung zum folgenden Feststellungszeitpunkt. ³Bei Eintritt in die unbeschränkte Steuerpflicht ist der zum Zeitpunkt des Eintritts in die Steuerpflicht vorhandene Bestand der nicht in das Nennkapital geleisteten Einlagen gesondert festzustellen; der gesondert festgestellte Bestand gilt als Bestand des steuerlichen Einlagekontos am Ende des vorangegangenen Wirtschaftsjahrs. ⁴Kapitalgesellschaften haben auf den Schluss jedes Wirtschaftsjahrs Erklärungen zur gesonderten Feststellung von Besteuerungsgrundlagen abzugeben. ⁵Die Erklärungen sind von den in § 34 der Abgabenordnung bezeichneten Personen eigenhändig zu unterzeichnen.

(3) ¹Erbringt eine Kapitalgesellschaft für eigene Rechnung Leistungen, die nach Absatz 1 Satz 3 als Abgang auf dem steuerlichen Einlagekonto zu berücksichtigen sind, so ist sie verpflichtet, ihren Anteilseignern die folgenden Angaben nach amtlich vorgeschriebenem Muster zu bescheinigen:

1. den Namen und die Anschrift des Anteilseigners,
2. die Höhe der Leistungen, soweit das steuerliche Einlagekonto gemindert wurde,
3. den Zahlungstag.

²Die Bescheinigung braucht nicht unterschrieben zu werden, wenn sie in einem maschinellen Verfahren ausgedruckt worden ist und den Aussteller erkennen lässt.

(4) ¹Ist die in Absatz 1 bezeichnete Leistung einer Kapitalgesellschaft von der Vorlage eines Dividendenscheins abhängig und wird sie für Rechnung der Kapitalgesellschaft durch ein inländisches Kreditinstitut erbracht, so hat das Institut dem Anteilseigner eine Bescheinigung mit dem in Absatz 3 Satz 1 bezeichneten Angaben nach amtlich vorgeschriebenem Muster zu erteilen. ²Aus der Bescheinigung muss ferner hervorgehen, für welche Kapitalgesellschaft erbracht wird. ³Die Sätze 1 und 2 gelten entsprechend, wenn anstelle eines inländischen Kreditinstituts eine inländische Zweigniederlassung eines der in § 53b Abs. 1 oder 7 des Gesetzes über das Kreditwesen genannten Institute oder Unternehmen die Leistung erbringt.

(5) ¹Ist für eine Leistung der Kapitalgesellschaft die Minderung des Einlagekontos zu niedrig bescheinigt worden, bleibt die der Bescheinigung zugrunde gelegte Verwendung unverändert. ²Ist für eine Leistung bis zum Tag der Bekanntgabe der erstmaligen Feststellung

im Sinne des Absatzes 2 zum Schluss des Wirtschaftsjahrs der Leistung eine Steuerbescheinigung im Sinne des Absatzes 3 nicht erteilt worden, gilt der Betrag der Einlagenrückgewähr als mit 0 Euro bescheinigt. ³In den Fällen der Sätze 1 und 2 ist eine Berichtigung oder erstmalige Erteilung von Steuerbescheinigungen im Sinne des Absatzes 3 nicht zulässig. ⁴In anderen Fällen ist die auf den überhöht ausgewiesenen Betrag der Einlagenrückgewähr entfallende Kapitalertragsteuer durch Haftungsbescheid geltend zu machen; § 44 Abs. 5 Satz 1 zweiter Halbsatz des Einkommensteuergesetzes gilt insoweit nicht. ⁵Die Steuerbescheinigungen können berichtigt werden. ⁶Die Feststellung im Sinne des Absatzes 2 für das Wirtschaftsjahr, in dem die entsprechende Leistung erfolgt ist, ist an die der Kapitalertragsteuerhaftung nach Satz 4 zugrunde gelegte Einlagenrückgewähr anzupassen.

(6)¹ ¹Minderabführungen erhöhen und Mehrabführungen mindern das Einlagekonto einer Organgesellschaft, wenn sie ihre Ursache in organschaftlicher Zeit haben. *²Eine Minderabführung liegt insbesondere vor, wenn Beträge aus dem Jahresüberschuss in die Rücklagen eingestellt werden (§ 14 Abs. 1 Nr. 4). ³Die Auflösung der Rücklagen führt zu einer Mehrabführung.* ⁴Satz 1 gilt für andere Minderabführungen und Mehrabführungen [ab VZ 2005:, die ihre Ursache in organschaftlicher Zeit haben,] entsprechend.

(7) Die vorstehenden Absätze gelten sinngemäß für andere unbeschränkt steuerpflichtige Körperschaften und Personenvereinigungen, die Leistungen im Sinne des § 20 Abs. 1 Nr. 1, 9 oder Nr. 10 des Einkommensteuergesetzes gewähren können.

(8) ¹Eine Einlagenrückgewähr können auch Körperschaften oder Personenvereinigungen erbringen, die in einem anderen Mitgliedstaat der Europäischen Union der unbeschränkten Steuerpflicht unterliegen, wenn sie Leistungen im Sinne des § 20 Abs. 1 Nr. 1 oder 9 des Einkommensteuergesetzes gewähren können. ²Die Einlagenrückgewähr ist in entsprechender Anwendung der Absätze 1 bis 6 und der §§ 28 und 29 zu ermitteln. ³Der als Leistung im Sinne des Satzes 1 zu berücksichtigende Betrag wird auf Antrag der Körperschaft oder Personenvereinigung für den jeweiligen Veranlagungszeitraum gesondert festgestellt. ⁴Der Antrag ist nach amtlich vorgeschriebenem Vordruck bis zum Ende des Kalenderjahres zu stellen, das auf das Kalenderjahr folgt, in dem die Leistung erfolgt ist. ⁵Zuständig für die gesonderte Feststellung ist die Finanzbehörde, die im Zeitpunkt der Abgabe des Antrags nach § 20 der Abgabenordnung für die Besteuerung nach dem Einkommen örtlich zuständig ist. ⁶Bei Körperschaften oder Personenvereinigungen, für die im Zeitpunkt der Antragstellung nach § 20 der Abgabenordnung keine Finanzbehörde zuständig ist, ist abweichend von Satz 5 das Bundeszentralamt für Steuern zuständig. ⁷Im Antrag sind die für die Berechnung der Einlagenrückgewähr erforderlichen Umstände darzulegen. ⁸In die Bescheinigung nach Absatz 3 ist das Aktenzeichen der nach Satz 5 oder 6 zuständigen Behörde aufzunehmen. ⁹Soweit Leistungen nach Satz 1 nicht gesondert festgestellt worden sind, gelten sie als Gewinnausschüttung, die beim Anteilseigner zu Einnahmen im Sinne des § 20 Abs. 1 Nr. 1 oder 9 des Einkommensteuergesetzes führen.

KStH 75

Übersicht

	Rn
I. Regelungsgehalt der Norm	1 – 2
II. Rechtsentwicklung	3 – 4
III. Normzweck und Anwendungsbereich	5 – 36

---

1 § 27 VI S 2 bis 4 wurde mit Wirkung vom VZ 2008 durch das JStG 2008 v 20.12.2007 (BGBl I 2008, 3150) aufgehoben.

1. Bedeutung der Norm	5 –	6
2. Anwendungsbereich	7 –	21
a) Zeitlicher Anwendungsbereich	7 –	8
b) Persönlicher Anwendungsbereich	9 –	15
c) Sachlicher Anwendungsbereich	16 –	21
3. Verhältnis zu anderen Vorschriften	22 –	36
IV. Steuerliches Einlagekonto	37 –	54
1. Allgemeines	37 –	41
2. Erstmalige Bestandsermittlung	42 –	48
3. Fortschreibung	49 –	54
V. Einlagenrückgewähr	55 –	81
1. Verwendungsreihenfolge	55 –	62
2. Ausschüttbarer Gewinn	63 –	71
3. Direktzugriff	72 –	77
4. Zeitlicher Bezugspunkt	78 –	81
VI. Verfahrensrecht	82 –	137
1. Gesonderte Feststellung	82 –	90
2. Steuerbescheinigung	91 –	111
3. Bescheinigungsverfahren durch Kreditinstitute	112 –	121
4. Verwendungsfestschreibung und Haftung	122 –	137
VII. Organgesellschaften	138 –	145
VIII. Andere Körperschaften und Personenvereinigungen	146 –	168
1. Erwerbs- und Wirtschaftsgenossenschaften, bergbautreibende Vereinigungen	146 –	147
2. Nicht steuerbefreite Körperschaften, Personenvereinigungen und Vermögensmassen	148 –	149
3. BgA und wirtschaftliche Geschäftsbetriebe	150 –	168
a) Allgemeines	150 –	152
b) Anfangsbestand	153 –	158
c) Nennkapital bzw vergleichbare Größe	159 –	168
IX. Einlagenrückgewähr von EU-Körperschaften	169 –	200
1. Öffnung für EU-Gesellschaften	169 –	174
2. Durchführung der Einlagenrückgewähr	175 –	181
3. Nachweiskatalog	182 –	191
4. Verfahrensrecht	192 –	200

II. Rechtsentwicklung

I. Regelungsgehalt der Norm. § 27 ist der Grundtatbestand zur steuerlichen Behandlung des Einlagekontos bzw der nicht in das Nennkapital geleisteten Einlagen. In § 27 I ist die Erfassung und Rückgewähr derartiger Einlagen auf einem besonderen Konto, dem sog steuerlichen Einlagekonto, geregelt. Die dazu vorgesehene behördliche Feststellung, die auf steuerliche Erklärung durch den Steuerpflichtigen und Bescheidung durch die Finanzverwaltung beruht, ist in § 27 II festgelegt. Ergänzend sehen § 27 III und IV eine Bescheinigungspflicht des Ausschüttenden (oder eines zwischengeschalteten Kreditinstitutes) für die Leistungen aus dem steuerlichen Einlagekonto vor. Für die Rückgewähr schafft § 27 V eine Verwendungsfestschreibung, wenn die Bescheinigung des Steuerpflichtigen und dessen tatsächliche Leistung auseinanderfallen. Darüber hinaus wird eine Haftung begründet, wenn die Einlagenrückgewähr überhöht ausgewiesen wird. § 27 VI berücksichtigt organschaftliche Besonderheiten, § 27 VII und VIII sind ergänzende Vorschriften zum persönlichen Anwendungsbereich des § 27. Dieser erstreckt sich auch auf weitere, den Kapitalgesellschaften gleichgestellte Adressaten sowie vergleichbare Adressaten innerhalb der EU.

Einstweilen frei.

II. Rechtsentwicklung. In seiner ursprünglichen Fassung wurde § 27 durch das StSenkG v 23.10.2000[1] eingefügt. Aufgrund der Zielsetzung der Norm ist als ihre Vorgängervorschrift der § 30 II Nr 4 idFd KStG 1977 zu sehen. Redaktionell bedingt, wurde § 27 durch das UntStFG v 20.12.2001[2] umfassend geändert. Auswirkungen auf das Einlagekonto, die auf Verschmelzung und Spaltung von Gesellschaften zurückgehen, wurden vom § 27 VI und VII bzw § 28 in § 29 ausgelagert. Ein neuer § 27 VII zum persönlichen Anwendungsbereich wurde angefügt. Durch das EURLUmsG v 9.12.2004[3] wurde die Vorschrift des § 27 VI bezüglich der steuerlichen Behandlung von Minder- und Mehrabführungen mit Ursprung in organschaftlicher Zeit geändert.[4]

Wesentliche Änderungen erfuhr § 27 durch das SEStEG v 7.12.2006[5], welches eine Europäisierung des Einlagekontos einleitete. Wichtigste Neuerungen enthalten § 27 II, der nunmehr die Ermittlung des Einlagekontos bei Eintritt in die Steuerpflicht (dh bei Zuzug von Gesellschaften) regelt, § 27 V, der eine Neuregelung zur Verwendungsfestschreibung einfügt und § 27 VIII, der den persönlichen Anwendungsbereich auf unbeschränkt steuerpflichtige Körperschaften aus anderen Mitgliedstaaten der EU erweitert. Die Geltung des § 27 VII wurde durch Berichtigungsgesetz zum SEStEG v 24.1.2007[6] korrigiert und auf „unbeschränkt steuerpflichtige" Körperschaften begrenzt.

Das JStG 2008 v 20.12.2007[7] führte zu einer redaktionellen Ergänzung in § 27 I sowie der Verlagerung der bisherigen Sätze 2-4 des § 27 VI in den neuen § 14 IV.[8]

---

1 BGBl I 2000, 1433.
2 BGBl I 2001, 3858; BStBl I 2002, 35.
3 BGBl I 2004, 3310.
4 Dies wird teilweise als Präzisierung (Gesetzesbegründung zu § 27 VI S 4 idFd EURLUmsG; *Christowowitz/Leib* in Mössner/Seeger vor §§ 27–32 Rn 14) oder Klarstellung angesehen (*Dötsch* in D/J/P/W § 27 Rn 3).
5 BGBl I 2007, 68.
6 BGBl I 2006, 2782, ber BGBl I 2007, 68.
7 BGBl I 2007, 3150.
8 *Dötsch* in D/J/P/W § 27 Rn 5.

4   *Einstweilen frei.*

5   **III. Normzweck und Anwendungsbereich. 1. Bedeutung der Norm.** Die Ausstattung einer Kapitalgesellschaft mit EK ist ein gesellschaftsrechtlicher Vorgang. Er berührt die Gewinnermittlung der Gesellschaft nicht. Die Zuführung, aber auch die Rückführung von Einlagen soll als Vorgang auf der Vermögensebene keine Auswirkungen auf das Einkommen haben.[1] Das steuerliche Einlagekonto fungiert als Mittel zur Abgrenzung von (steuerpflichtigen) Gewinnausschüttungen und (steuerneutralen) Einlagenrückzahlungen.[2] Denn Ausschüttungen führen nicht zu Einkünften aus Kapitalvermögen, wenn Beträge aus dem steuerlichen Einlagekonto iSd § 27 als verwendet gelten (§ 20 I Nr 1 S 3 EStG). Bei einer nach § 17 EStG steuerverhafteten Kapitalbeteiligung im Privatvermögen des Anteilseigners gilt auch die Zurückzahlung von Beträgen aus dem steuerlichen Einlagekonto nach § 17 IV S 1 EStG als Veräußerung (vgl Rn 22).[3]

6   *Einstweilen frei.*

7   **2. Anwendungsbereich. a) Zeitlicher Anwendungsbereich.** Die Neufassung des § 27 durch das UntStFG beansprucht rückwirkende Geltung, so dass § 27 idFd StSenkG tatsächlich nie zur Anwendung kam (vgl Rn 3). Daher ist bei Übereinstimmung von WJ und Kalenderjahr der Stand des Einlagekontos erstmals für den VZ 2001, mithin per 31.12.2001 zu ermitteln. Für vom Kalenderjahr abweichende WJ gilt § 27 erstmals auf den Schluss des letzten im Jahr 2001 beginnenden WJ (vgl § 34 II, IIa idFd UntStFG). Die durch das SEStEG eingeführten § 27 II, V und VIII[4] idFd SEStEG sind nach § 34 I ab dem VZ 2006 anzuwenden, dh auf in 2006 endende WJ. § 27 IV ist ab dem VZ 2005 anzuwenden (vgl § 34 idFd EURLUmsG).

8   *Einstweilen frei.*

9   **b) Persönlicher Anwendungsbereich. Unbeschränkt Steuerpflichtige.** Gem § 27 I sind Adressaten der Norm alle unbeschränkt steuerpflichtigen Kapitalgesellschaften. Damit werden zunächst alle nach deutschem Gesellschaftsrecht errichtete Kapitalgesellschaften (AG, KGaA, GmbH, SE bei unbeschränkter Steuerpflicht[5]) erfasst, losgelöst davon, ob diese im In- oder Ausland ihren Ort der Geschäftsleitung haben. § 27 I und nicht § 27 VIII findet auch Anwendung auf zugezogene ausländische Kapitalgesellschaften mit Ort der Geschäftsleitung im Inland, die nach Aufbau und Stellung mit einer deutschen Kapitalgesellschaft vergleichbar sind (Typenvergleich).[6]

10 **Andere Körperschaften.** Nach § 27 VII obliegt darüber hinaus weiteren unbeschränkt steuerpflichtigen Körperschaften und Personenvereinigungen die Führung eines steuerlichen Einlagekontos. Bedingung ist, dass sie theoretisch Leistungen nach § 20 I Nr 1, 9 und 10 EStG gewähren können. Im Einzelnen sind dies:

---

1   *Stuhldreier* in Lippross § 27 Rn 2.
2   *Christochowitz/Leib* in Mössner/Seeger vor §§ 27–32 Rn 5.
3   *Lornsen-Veit* in Erle/Sauter § 27 Rn 12.
4   Zur fehlenden Maßgeblichkeit der Anwendungsregelungen des JStG 2007 *Sedemund/Fischenich*, BB 2008, 1656, 1656.
5   *Frotscher* in Frotscher/Maas § 27 Rn 14.
6   BFH I R 138/97, BStBl II 1999, 437; *Antweiler* in EY § 27 Rn 50.

III. Normzweck und Anwendungsbereich

- Sonstige Körperschaften, die Leistungen iSd § 20 I Nr 1 EStG gewähren können (insbesondere Erwerbs- und Wirtschaftsgenossenschaften sowie bergbaubetreibende Vereinigungen, die die Rechte an einer juristischen Person haben).[1]
- Körperschaften und Personenvereinigungen, die Leistungen iSd § 20 I Nr 9 oder 10 EStG gewähren können (insbesondere nicht von der Körperschaftsteuerpflicht befreite Körperschaften, Personenvereinigungen iSd § 1 I Nr 3 bis 5 (Realgemeinden, wirtschaftliche Vereine)[2], die Leistungen erbringen, welche den Gewinnausschüttungen wirtschaftlich vergleichbar sind[3]).
- Steuerbefreite Körperschaften mit ihren wirtschaftlichen Geschäftsbetrieben[4] sowie BgA von juristischen Personen des öffentlichen Rechts (hierzu Rn 150 ff).[5]
- Vermögensmassen, obwohl diese in § 27 VII nicht genannt werden; aus der Bezugnahme auf § 20 I Nr 9 EStG kann aber geschlossen werden, dass auch diese dem Anwendungsbereich des § 27 unterfallen.[6]

Körperschaften aus der EU. Nicht oder nur beschränkt steuerpflichtige Körperschaften waren ursprünglich von der Führung eines steuerlichen Einlagekontos ausgenommen.[7] Dies war unionsrechtlich nicht haltbar.[8] Gem § 27 VIII besteht für in anderen Mitgliedstaaten der EU unbeschränkt körperschaftsteuerpflichtige Gesellschaften nunmehr zwar keine Verpflichtung, aber eine Berechtigung zur Führung eines steuerlichen Einlagekontos (weiterführend Rn 169). Zu der Frage, ob auch Gesellschaften aus Drittstaaten steuerneutral Einlagen rückgewähren können vgl Rn 171.

11

Kleine Körperschaften gem § 156 II AO. Wird bei kleineren Körperschaften nach § 156 II AO auf eine Festsetzung der KSt verzichtet, unterbleibt auch die gesonderte Feststellung des steuerlichen Einlagekontos. Im Falle einer späteren Veranlagung zur KSt kann die Körperschaft einen anderen Bestand nachweisen, andernfalls wird bei der gesonderten Feststellung der Bestand mit Null angesetzt.[9]

12

Organschaften. In Organkreisen sind neben dem Organträger auch die Organgesellschaften verpflichtet, ein eigenes steuerliches Einlagekonto zu führen.[10] Sie sind mögliche Empfänger von Einlagen.

13

---

1 *Binnewies* in Streck § 27 Rn 11. Dazu dürfte auch die in § 1 I Nr 2 genannte Europäische Genossenschaft (SCE), die das Gegenstück zu den nationalen genossenschaftlichen Rechtsformen bildet, gehören.
2 Zum Idealverein vgl FG Köln 13 K 3157/05, EFG 2010, 1066 (rkr).
3 Nach *Dötsch* in D/J/P/W § 27 Rn 252 und *Antweiler* in EY § 27 Rn 346 sollen Stiftungen mangels Anteilseigner vom Anwendungsbereich nicht erfasst sein. Laut OFD Hannover v 10.12.2003, DStR 2004, 422; OFD Chemnitz v 2.3.2004, S 2836 – 1/1 – St21, sowie *Binnewies* in Streck § 27 Rn 11 gehören Stiftungen hingegen dem Grunde nach zu den Adressaten der Norm. Vgl zuletzt BFH I R 98/09, BStBl II 2011, 417, wonach Stiftungen Leistungen iSd § 20 I Nr 9 EStG gewähren können.
4 *Antweiler* in EY § 27 Rn 353; *Dötsch* in D/J/P/W § 27 Rn 122, 253.
5 *Lornsen-Veit* in Erle/Sauter § 27 Rn 20; *Semmler* in Lademann § 27 Rn 201; *Berninghaus* in H/H/R § 27 Rn 145.
6 *Werning* in Blümich § 27 Rn 12; *Franz*, GmbHR 2003, 818; differenziert *Lornsen-Veit* in Erle/Sauter § 27 Rn 19.
7 BMF 4.6.2003, BStBl I 2003, 366, Rn 3.
8 *Werning* in Blümich § 27 Rn 12; *Förster/van Lishaut*, FR 2003, 1205.
9 *Dötsch* in D/J/P/W § 27 Rn 130; *Werning* in Blümich § 27 Rn 23.
10 *Christowitz/Leib* in Mössner/Seeger § 27 Rn 12; *Antweiler* in EY § 27 Rn 51.

14-15 *Einstweilen frei.*

16 **c) Sachlicher Anwendungsbereich. Einlagen.** Von § 27 sind alle (nicht in das Nennkapital geleisteten) Einlagen erfasst, die ihre Ursache im Gesellschaftsverhältnis haben. Das steuerliche Einlagekonto wird daher insbesondere[1] durch folgende Vermögenszuführungen erhöht:

- Offene und verdeckte Einlagen,
- Agios (vgl § 272 II Nr 1 HGB),
- Zuzahlungen von Anteilseigner bei Vorzugsaktien (vgl § 272 II Nr 3 HGB),
- Nachschüsse von GmbH-Gesellschaftern (vgl § 272 II Nr 4 HGB),
- organschaftliche Minderabführungen der Organgesellschaft (§ 27 VI),
- vororganschaftliche Minderabführungen der Organgesellschaft (§ 14 III S 2),
- Eintrittsgelder bei Genossenschaften,[2]
- Abzug eines sog DDR-Verlustes (vgl § 35 Rn 9),
- Zuführungen von Genussrechtskapital, wenn mit dem Genussrecht eine Beteiligung am Gewinn und Liquidationserlös der Körperschaft verknüpft ist,[3]
- Zum Verzichtszeitpunkt werthaltige (vgl Rn 17) gesellschaftsrechtlich veranlasste Forderungsverzichte eines Anteilseigners.

Zu Rangrücktritt und nicht einlagefähigen Nutzungsvorteilen vgl § 8 Rn 545, 677, 666.

17 **Bewertung.** Die Einlagen sind grundsätzlich mit dem Teilwert anzusetzen (vgl § 8 I iVm § 6 I Nr 5, VI EStG). Ein auf dem Gesellschaftsverhältnis beruhender Verzicht eines Gesellschafters auf seine nicht mehr vollwertige Forderung gegenüber seiner Kapitalgesellschaft führt bei dieser zu einer Einlage iHd Teilwerts der Forderung.[4] Bei einer offenen Sacheinlage liegt ein tauschähnlicher Vorgang vor, der eine Bewertung mit dem gemeinen Wert erfordert.[5]

18 **Verminderung des Einlagekontos.** Umgekehrt vermindern die folgenden Vorgänge, ggf unter Beachtung der Verwendungsreihenfolge des § 27 I S 3, den Bestand des steuerlichen Einlagekontos:

- Offene und verdeckte Ausschüttungen,
- Nennkapitalerhöhungen aus Gesellschaftsmitteln,
- organschaftliche Mehrabführungen der Organgesellschaft (§ 27 VI),
- vororganschaftliche Minderabführungen der Organgesellschaft (§ 14 III S 1),
- Abgänge bei der übertragenden Gesellschaft bei Verschmelzung oder Spaltung (§ 272 II Nr 3 HGB).[6]

---

1 Auflistung bei *Antweiler* in EY § 27 Rn 58.
2 *Lornsen-Veit* in Erle/Sauter § 27 Rn 34.
3 *Dötsch* in D/J/P/W § 27 Rn 35.
4 BFH GrS 1/97, BStBl II 198, 307; *Feyerabend/Behnes/Helios*, DB 2011, 30.
5 BFH VIII R 69/95, BStBl II 2000, 230; *Werning* in Blümich § 27 Rn 22.
6 *Frotscher* in Frotscher/Maas § 27 Rn 18.

III. Normzweck und Anwendungsbereich

Abgrenzung zu schuldrechtlichen Vereinbarungen. Eigenkapitalersetzende oder zinslose Darlehen,[1] Einlagen des typisch stillen Gesellschafters und nicht beteiligungsähnliches Genussrechtskapital sind hingegen nicht in das Einlagekonto einzustellen, soweit diese dem Fremdvergleich standhalten (und damit keine verdeckten Einlagen begründen).[2]

Einstweilen frei.

3. Verhältnis zu anderen Vorschriften. § 17 EStG. Bei nach § 17 EStG steuerverhafteten Anteilen führen Leistungen aus dem steuerlichen Einlagekonto zu Einkünften aus Gewerbebetrieb, soweit die aus dem steuerlichen Einlagekonto gespeisten Ausschüttungen die Anschaffungskosten der Beteiligung übersteigen.[3] Das steuerliche Einlagekonto ist damit Bezugsgröße für die Ermittlung des Veräußerungsgewinns iSd § 17 IV EStG.

§§ 20, 43 EStG. Auch § 20 I Nr 1 S 3 EStG knüpft an § 27 an und nimmt die Rückzahlung von Einlagen von den Einkünften aus Kapitalvermögen aus, wenn Bezüge aus dem steuerlichen Einlagekonto als verwendet gelten. Entsprechendes gilt für Zuflüsse iSd § 20 I Nr 2, 9 und 10. Auch KESt fällt dann nicht an (vgl § 43 I Nr 1 EStG).

§ 8 III S 4 und 5. § 8 III S 4 und 5 idFd JStG 2007[4] betreffen Einkommenserhöhungen iRd „Korrespondenzprinzips" für verdeckte Einlagen. Der Zugang einer verdeckten Einlage auf dem steuerlichen Einlagekonto wird dadurch nicht in Frage gestellt. Diese Normen setzen lediglich bei der Einkommensermittlung an.[5]

§ 14 IV. Während § 37 VI die steuerliche Behandlung von in organschaftlicher Zeit verursachten Mehr- und Minderabführungen auf Ebene der Organgesellschaft regelt, findet sich die Parallelregelung für die steuerliche Behandlung beim Organträger in § 14 IV.

§§ 28, 29. Als Spezialvorschrift zu § 27 regelt § 28 die Auswirkungen auf das steuerliche Einlagekonto, die bei Umwandlung von Rücklagen in Nennkapital und bei Herabsetzung des Nennkapitals oder bei Liquidation zu beachten sind. Entsprechendes gilt für § 29, der die Veränderungen im Kapital bei Umwandlungsfällen nach § 1 UmwStG behandelt.[6]

§§ 36, 39. Die im Verbund zu sehenden Vorschriften der §§ 36 und 39 sind für die erstmalige Ermittlung des Bestandes des steuerlichen Einlagekontos beim Übergang vom Anrechnungs- zum Halbeinkünfteverfahren zu beachten:[7] § 36 VII hält dazu fest, dass die Endbestände des EK 04 am Schluss des WJ, für das das Anrechnungsverfahren letztmals gilt, getrennt auszuweisen und gesondert festzustellen sind. § 39 regelt im Anschluss die Überleitung zum neuen System des Halbeinkünfteverfahrens. Ein negativer Endbestand des EK 04 wird dabei nicht übertragen, da in § 39 I nur von einem positiven Endbetrag die Rede ist.

---

1 FG Köln 13 K 1570/06, EFG 2009, 969; *Dötsch* in D/J/P/W § 27 Rn 38.
2 *Antweiler* in EY § 27 Rn 59, 60.
3 *Antweiler* in EY § 27 Rn 7; *Frotscher* in Frotscher/Maas § 27 Rn 8.
4 BGBl I 2006, 2878; BStBl I 2007, 28.
5 *Dötsch/Pung*, DB 2007, 11, 14.
6 *Stuhldreier* in Lippross § 27 Rn 5.
7 *Dötsch* in D/J/P/W § 27 Rn 20.

28   **§§ 37, 38.** § 37 regelt die Ermittlung, Fortschreibung und Feststellung des sog Körperschaftsteuerguthabens. Über § 37 II S 5 bzw IIa S 5 gelten die Verfahrensvorschriften des § 27 II bzw III S 2, IV und V entsprechend. Gem § 38 I ist ein positiver Endbetrag des EK 02 auf den Schluss der folgenden WJ fortzuschreiben und festzustellen. Für diese Fortentwicklung und die Heranziehung des ausschüttbaren Gewinns als Maßstab gilt § 27 II entsprechend (§ 38 I S 2).

29   **§ 7 UmwStG.** § 7 UmwStG regelt die Besteuerung offener Rücklagen bei der Umwandlung einer Körperschaft in eine Personengesellschaft. Gem § 7 S 1 UmwStG ist das steuerliche Einlagekonto nach Anwendung des § 29 dabei zur Ermittlung der – auf Ebene des Anteilseigners – zu besteuernden Gewinnrücklagen vom EK laut Steuerbilanz abzuziehen.

30   **§ 12 UmwStG.** Auch in § 12 V UmwStG wird das steuerliche Einlagekonto als Rechengröße zur Ermittlung steuerpflichtiger Einnahmen beim Vermögensübergang in den nicht steuerpflichtigen oder steuerbefreiten Bereich der übernehmenden Körperschaft herangezogen.

31   **§ 22 UmwStG.** Des Weiteren findet das steuerliche Einlagekonto in § 22 I S 6 Nr 3 UmwStG Erwähnung: Soweit Beträge aus dem steuerlichen Einlagekonto iSd § 27 ausgeschüttet oder zurückgezahlt werden und soweit diese Ausschüttung die Buchwerte der Anteile übersteigt, ist anteilig ein schädliches Ereignis anzunehmen, das einen Einbringungsgewinn I bzw II auslöst.[1]

32   **§ 14c III FMStFG.** Nach § 14 c III FMStFG hat die Zweckgesellschaft oder Abwicklungsanstalt Einnahmen iSd § 6b I FMStFG als Zugang und Auskehrungen iSd § 6b II FMStFG als Abgang in einem besonderen Konto auszuweisen, das durch die Auskehrungen nicht negativ werden darf. Für dieses besondere Konto gilt § 27 II (jährliche Feststellung, verpflichtende jährliche Erklärungsabgabe) entsprechend.[2]

33   **Unionsrecht.** Die Nichteinbeziehung von EWR-Staaten in den Anwendungsbereich des § 27 VIII verstößt gegen Art 31 EWR-Abkommen, so dass der Anwendungsbereich insofern zu erweitern ist (vgl Rn 170). Gleiches gilt, wenn zu hohe Anforderungen an die zu erbringenden Nachweise gem § 27 VIII gestellt werden (vgl Rn 184). In der Nichteinbeziehung von Drittstaaten wird ein Verstoß gegen Art 63 AEUV gesehen (vgl Rn 171),[3] wobei zu sehen ist, dass der EuGH in seiner Rechtsprechung die Schutzwirkung der Kapitalverkehrsfreiheit im Verhältnis zu Drittstaaten sehr begrenzt zur Anwendung gebracht hat.[4]

34   **InvStG.** Substanzauskehrungen iSd InvStG gehören nicht zu den ausgeschütteten Erträgen.[5] Steuerlich darf eine Substanzausschüttung nur dann erfolgen, wenn die Investmentgesellschaft nachweist, dass beim Investmentvermögen keinerlei ausschüttbaren Erträge iSd Investmentsteuerrechts aus dem laufenden oder einem früheren

---

1 *Stangl* in Rödder/Herlinghaus/van Lishaut § 22 UmwStG Rn 112.
2 *Dötsch* in D/J/P/W § 27 Rn 27a.
3 *Häberer*, DStZ 2010, 840, 842; *Spilker/Peschke*, DStR 2011, 385, 390.
4 *Wunderlich/Blaschke*, IStR 2008, 754; *Hindelang*, IStR 2010, 443 jeweils mwN.
5 *Wenzel* in Blümich § 1 InvStG Rn 49, 53.

Geschäftsjahr vorliegen, und die Gesellschaft weitere Bedingungen beachtet hat.[1] Insofern ist hier eine zur Verwendungsreihenfolge des § 27 parallel zu sehende Ausschüttungsreihenfolge festgelegt.

Einstweilen frei. 35-36

IV. Steuerliches Einlagekonto. 1. Allgemeines. Definition. Das steuerliche Einlagekonto erfasst die nicht in das Nennkapital geleisteten Einlagen, § 27 I S 1. Es besteht weder eine formelle oder materielle Bindung an die handelsbilanziellen Werte, noch ist das Konto mit der Kapitalrücklage iSd § 272 II HGB identisch (vgl Rn 58).[2] Zu den das steuerliche Einlagekonto verändernden Vorgängen im Einzelnen vgl Rn 16, 18. 37

Rechtsnatur. Das Einlagekonto ist kein Konto im buchhalterischen Sinne, sondern wird ausschließlich für steuerliche Zwecke festgestellt. Der Bestand wird zwar auf Grundlage der Buchführung ermittelt, jedoch außerhalb der Buchführung festgehalten.[3] 38

Negativer Bestand. Ein negativer Bestand des steuerlichen Einlagekontos ist grundsätzlich ausgeschlossen und wird nur in Ausnahmefällen zugelassen (vgl § 27 I S 4). Dabei handelt es sich zum einen um Effekte aus einer Außenprüfung, die zB einen ausschüttbaren Gewinn im Nachhinein als höher festgestellt hat oder Einlagen in Gewinn umqualifiziert hat, die Verwendung des steuerlichen Einlagekontos aber unveränderbar (Festschreibung der Verwendungsreihenfolge) bescheinigt worden ist (vgl aber Rn 125).[4] Zum anderen können Mehrabführungen iRe körperschaftsteuerlichen Organschaft (§ 27 VI) zu einem negativen Bestand führen, was einer der verbliebenen Ausnahmefälle des Direktzugriffs auf das steuerliche Einlagekonto ist.[5] IÜ ist die Verwendung des steuerlichen Einlagekontos auf dessen positiven Bestand beschränkt. 39

Keine gesellschafterbezogene Betrachtungsweise. Die Zugänge auf dem Einlagekonto werden nicht gesellschafterbezogen erfasst, ebenso wie das Einlagekonto nicht gesellschafterbezogen geführt wird. Deshalb ist denkbar, dass Einlagen nur von einem bestimmten Gesellschafter stammen, ihre Rückzahlung später jedoch anteilig mehreren Gesellschaftern zuzurechnen ist. Auch ist eine günstig erscheinende Aufteilung von ausschüttbarem Gewinn und steuerlichem Einlagekonto damit verhindert. Vielmehr ist jedem Anteilseigner ein seiner Beteiligung an der Ausschüttung entsprechender Anteil sowohl am ausschüttbaren Gewinn als auch am steuerlichen Einlagekonto zuzuordnen.[6] 40

Einstweilen frei. 41

2. Erstmalige Bestandsermittlung. Übergang vom Anrechnungsverfahren. Für Gesellschaften, die während des Übergangs vom Anrechnungs- zum Halbeinkünfteverfahren existierten, ist § 39 I maßgeblich. Danach ist ein sich aus der modifizierten 42

---

1 BMF v 18.8.2009, BStBl I 2009, 931, Rn 16.
2 *Dötsch* in D/J/P/W § 27 Rn 28.
3 *Frotscher* in Frotscher/Maas § 27 Rn 12; *Antweiler* in EY § 27 Rn 47.
4 *Frotscher* in Frotscher/Maas § 27 Rn 35.
5 Zur Rechtslage vor SEStEG *Frotscher* in Frotscher/Maas § 27 Rn 33; *Dötsch* in D/J/P/W § 27 Rn 66.
6 *Frotscher* in Frotscher/Maas § 27 Rn 43 f, auch zur Möglichkeit der disproportionalen Gewinnausschüttung.

Schlussgliederung nach § 36 VII ergebender Schlussbestand des Teilbetrages EK 04 als Anfangsbestand des steuerlichen Einlagekontos iSd § 27 zu erfassen. Der Endbestand des EK 04 im Anrechnungsverfahren, mithin der Anfangsbestand des steuerlichen Einlagekontos, setzte sich aus den nicht in das Nennkapital geleisteten Einlagen zusammen. Belief sich dieser Wert auf Null oder war er negativ, war der Anfangsbestand des steuerlichen Einlagekontos bei dessen Erfassung mit Null anzusetzen.[1] Der erstmalige Ausweis des steuerlichen Einlagekontos erfolgt bei kalendergleichem WJ auf den 31.12.2001 (vgl Rn 7).

43 **Eintritt in die unbeschränkte Steuerpflicht.** Tritt die Körperschaft in die unbeschränkte Steuerpflicht ein, richtet sich die erstmalige Ermittlung des Bestandes des steuerlichen Einlagekontos nach § 27 II S 3. Davon umfasst sind die Fälle der Neugründung einer Gesellschaft, der Verschmelzung und Spaltung auf eine neu gegründete Kapitalgesellschaft, die Einbringung zur Neugründung einer Kapitalgesellschaft, der Zuzug einer ausländischen Kapitalgesellschaft sowie die grenzüberschreitende Hereinverschmelzung einer EU-/EWR-ausländischen Kapitalgesellschaft zur Neugründung.[2] Der Eintritt einer steuerbefreiten Kapitalgesellschaft in die Steuerpflicht ist hingegen kein Fall des § 27 II S 3, da diese Körperschaften bereits zuvor zur Führung eines steuerlichen Einlagekontos verpflichtet sind.[3]

44 **Feststellungszeitpunkt nach SEStEG.** Nach dem Wortlaut des § 27 II S 3 idFd SEStEG ist der vorhandene Bestand der nach § 27 I S 1 auszuweisenden sonstigen Einlagen zum Zeitpunkt des Eintritts in die unbeschränkte Steuerpflicht gesondert festzustellen.[4] Dieser Bestand gilt dann (fiktiv für Zwecke des § 27 I S 3 und II S 2) als Bestand zum Ende des Vorjahres, so dass während des Erstjahres erbrachte Einlagen bereits für in diesem Jahr erbrachte Leistungen aus dem steuerlichen Einlagekonto zur Verfügung stehen.[5] In Neugründungsfällen dürfen Ausschüttungen im ersten Jahr mangels eines ausschüttbaren Gewinns dann aus dem Einlagekonto gespeist werden.

45 **Feststellungszeitpunkt vor SEStEG.** Die Erfassung auf diesen Zeitpunkt war vor Einführung des SEStEG noch umstritten.[6] Das Gesetz enthielt ursprünglich keine Regelung für Fälle der Neugründung oder des Zuzugs. Nach Auffassung der Finanzverwaltung ist in Fällen der Bar- und Sachgründung sowie in Einbringungsfällen das in der Eröffnungsbilanz ausgewiesene EK, soweit es das Nennkapital übersteigt, als Zugang beim steuerlichen Einlagekonto in der Feststellung zum Schluss des ersten WJ zu erfassen.[7] Diese Erfassung erst zum Schluss des WJ hat einer Auffassung nach zur Folge, dass für Leistungen, die im ersten WJ erfolgen, eine Verwendung aus dem

---

1 *Werning* in Blümich § 27 Rn 18. Ein Negativbestand des EK 04 wird dann in das neutrale Vermögen übergeführt, vgl *Antweiler* in EY § 27 Rn 39.1.
2 Vgl Aufzählung bei *Dötsch* in D/J/P/W § 22 Rn 122.
3 *Dötsch* in D/J/P/W § 27 Rn 122.
4 *Binnewies* in Streck § 27 Rn 46; *Berninghaus* in H/H/R § 27 Rn 91; *Dötsch* in D/J/P/W § 27 Rn 120 ff; *Frotscher* in Frotscher/Maas § 27 Rn 53. AA allerdings *Werning* in Blümich § 27 Rn 19; *Heger* in Gosch § 27 Rn 36; BMF v 4.6.2003, BStBl I 2003, 366, Rn 6; *Christochowitz/Leib* in Mössner/Seeger § 27 Rn 139.
5 *Berninghaus* in H/H/R § 27 Rn 91; *Antweiler* in EY § 27 Rn 199; *Lornsen-Veit* in Erle/Sauter § 27 Rn 32.
6 *Dötsch* in D/J/P/W § 27 Rn 117.
7 BMF v 4.6.2003, BStBl I 2003, 366, Rn 6.

IV. Steuerliches Einlagekonto

steuerlichen Einlagekonto ausgeschlossen ist.[1] Einer anderen – zutreffenden – Auffassung nach, standen die bei Gründung geleisteten Einlagen zur Finanzierung von Leistungen dennoch im Jahr der Gründung zur Verfügung.[2] Die Frage nach dem richtigen Feststellungszeitpunkt vor SEStEG ist daher für Leistungen im ersten WJ der Körperschaft von Bedeutung.

Deutsches Steuerrecht maßgeblich. Die Feststellung hat zum Ziel, den Bestand so zu ermitteln, wie er sich ergibt, wenn die Gesellschaft von Beginn an unbeschränkt steuerpflichtig gewesen wäre. Danach ist der zum Zeitpunkt des Eintritts in die Steuerpflicht vorhandene Bestand der nicht in das Nennkapital geleisteten Einlagen – fiktiv – als Bestand des steuerlichen Einlagekontos am Ende des vorangegangenen WJ zu erfassen (zur unterjährigen Verwendung vgl Rn 52). Der Anfangsbestand der vorhandenen Einlagen ist unter Zugrundelegung des deutschen Steuerrechts zu ermitteln.[3] UU sind also Zugänge und Abgänge des steuerlichen Einlagekontos seit 1977 zu rekonstruieren.[4]

46

Einstweilen frei.

47-48

3. Fortschreibung. Zu- und Abgänge. Nach § 27 I S 2 ist das steuerliche Einlagekonto unter Einbeziehung der Zu- und Abgänge des jeweiligen WJ fortzuentwickeln. Ausgangspunkt ist der Bestand am Ende des vorhergehenden WJ. Zugänge zum steuerlichen Einlagekonto sind die nicht in das Nennkapital geleisteten Einlagen, Abgänge sind alle Auskehrungen aus dem steuerlichen Einlagekonto (vgl Rn 18).

49

Steuerlicher Ausgleichsposten nach § 20 UmwStG. Sowohl die Bildung als auch die Auflösung eines aktiven Korrekturpostens in Einbringungsfällen nach § 20 UmwStG lassen den Bestand des steuerlichen Einlagekontos unberührt. Diesem „Luftposten", der den Unterschied zwischen handelsrechtlichen und steuerlichen Wertansätzen ausgleichen soll, liegt keine tatsächliche Vermögensverlagerung zugrunde.[5]

50

Zu- und Abfluss. Der maßgebliche Zeitpunkt für die Bestimmung von Zu- und Abgängen richtet sich nach dem Prinzip von Zu- und Abfluss; Bilanzgrundsätze greifen nicht (H 75 KStH).[6] Abweichungen können sich also ergeben, wenn eine Einlageforderung in der Bilanz erfasst, die Einlage aber noch nicht geleistet wurde. Die bloße Forderung erhöht zwar den Bestand des EK, mithin den ausschüttbaren Gewinn, das Einlagekonto selbst wird jedoch nicht erhöht.[7]

51

---

1 *Semmler* in Lademann § 27 Rn 132; *Franz*, GmbHR 2003, 818; *Dötsch*, DStR 2003, 1997; *Dötsch* in D/J/P/W § 27 Rn 117.
2 *Frotscher* in Frotscher/Maas § 27 Rn 56b; *Antweiler* in EY § 27 Rn 73.
3 *Dötsch* in D/J/P/W § 27 Rn 127.
4 *Christochowitz/Leib* in Mössner/Seeger § 27 Rn 140 weisen darauf hin, dass dies im Widerspruch zu den handelsrechtlichen Aufbewahrungspflichten in Deutschland steht.
5 *Dötsch* in D/J/P/W § 27 Rn 40; *Semmler* in Lademann § 27 Rn 99.
6 BMF v 4.6.2003, BStBl I 2003, 366, Rn 26; BFH I R 72/03, BFH/NV 2004, 1423; *Christochowitz/Leib* in Mössner/Seeger § 27 Rn 67. AA *Dötsch* in D/J/P/W § 27 Rn 41, 74.
7 *Binnewies* in Streck § 27 Rn 20.

Beispiel

Der Gesellschafter beschließt kurz vor Ende des WJ 01 eine offene Einlage in die Kapitalrücklage der Körperschaft. Die Forderung ist zu aktivieren und erhöht das EK der Körperschaft noch in 01. Die Erfüllung dieser Verbindlichkeit erfolgt erst im Jahr 02. Ein Zugang zum Einlagekonto der Körperschaft kann erst per Ende dieses WJ festgestellt werden, weil es in 01 noch am Zufluss fehlte.

52 **Entnahme bei unterjährigem Zugang.** Ob über die Fälle der Neugründung oder des Eintritts in die unbeschränkte Steuerpflicht (vgl Rn 44) hinaus ein unterjähriger Zugang zum steuerlichen Einlagekonto bereits zur Finanzierung einer Rückgewähr im betreffenden WJ zur Verfügung stehen kann, ist umstritten.[1] Dafür spricht mE, es aus Gründen der Gleichbehandlung mit den Neugründungsfällen zuzulassen, dass unterjährige Zugänge dem steuerlichen Einlagekonto im selben Jahr wieder entnommen werden können. Auch ist § 27 ein Grundsatz, dass nur zum Schluss des vorangegangenen WJ festgestellte Einlagen zur Finanzierung von Leistungen aus dem steuerlichen Einlagekonto zur Verfügung stehen, nicht zu entnehmen.[2] Parallel hat der BFH zu § 37 entschieden, dass zur Finanzierung einer oGA auch unterjährige Zugänge zum Körperschaftsteuerguthaben zur Verfügung stehen.[3] Die Vergleichbarkeit dieser Vorschrift ist allerdings zweifelhaft.[4] Systematische und praktische Gründe sprechen dafür, nicht nur für den Bestand des ausschüttbaren Gewinns, sondern auch für den Bestand des steuerlichen Einlagekontos auf den Schluss des vorangegangenen WJ abzustellen.[5] Eindeutig gilt jedenfalls für die Ermittlung des ausschüttbaren Gewinns, dass kraft ausdrücklicher gesetzlicher Anordnung der Bestand des steuerlichen Einlagekontos auf den Schluss des letzten Jahres maßgeblich ist.

53-54 *Einstweilen frei.*

55 **V. Einlagenrückgewähr. 1. Verwendungsreihenfolge. Differenzrechnung.** Zur Differenzierung, wann die Leistung der Körperschaft an ihren Anteilseigner eine steuerbare Gewinnausschüttung oder aber eine steuerneutrale Einlagenrückgewähr vornimmt, statuiert § 27 I S 3 eine Verwendungsreihenfolge iRe Fiktion[6]: Danach gelten Beträge aus dem steuerlichen Einlagekonto für Leistungen der Körperschaft an den Anteilseigner nur insoweit als verwendet, als die Summe der im WJ erbrachten Leistungen den ausschüttbaren Gewinn übersteigt. Zur Bestimmung der Verwendungsreihenfolge wird also eine Differenzrechnung durchgeführt. Dazu ist zunächst die Summe der im WJ erbrachten Leistungen zu ermitteln. Von dieser Summe ist der Bestand des ausschüttbaren Gewinns abzuziehen. Als ausschüttbarer

---

[1] Bejahend *Dötsch* in D/J/P/W § 27 Rn 44; *Voßkuhl/Klemke*, DB 2010, 2696; *Lohmann/Heerdt*, DB 2010, 1937; *Antweiler* in EY Rn 135. Verneinend Hessisches FG, 4 K 2353/10 (Revision eingelegt, Az BFH: I R 35/11); BMF v 4.6.2003, BStBl I 2003, 366, Rn 10; *Stuhldreier* in Lippross § 27 Rn 13; *Binnewies* in Streck § 27 Rn 46; *Berninghaus* in H/H/R § 27 Rn 53; *Frotscher* in Frotscher/Maas § 27 Rn 24; *Werning* in Blümich § 27 Rn 35.

[2] *Dötsch* in D/J/P/W § 27 Rn 44.

[3] BFH I R 42/07, BStBl II 2008, 390.

[4] *Dötsch* in D/J/P/W § 27 Rn 44.

[5] Hessisches FG, 4 K 2353/10 (Revision eingelegt BFH I R 35/11) mit Hinweis auf die Entscheidungsgründe zu BFH I R 51/09; im Anschluss *Binnewies*, GmbHR 2010, 1101, 1103.

[6] *Frotscher* in Frotscher/Maas § 27 Rn 19.

V. Einlagenrückgewähr

Gewinn gilt das um das gezeichnete Kapital geminderte, in der Steuerbilanz ausgewiesene EK abzüglich des Bestands des steuerlichen Einlagekontos (§ 27 I S 5). Ein positives Ergebnis der Differenzrechnung mindert entsprechend das steuerliche Einlagekonto. Ist der ausschüttbare Gewinn null oder negativ, so gilt für die gesamte Leistung das vorhandene steuerliche Einlagekonto als verwendet. Negativ werden darf das steuerliche Einlagekonto durch Leistungen gem § 27 I S 4 nicht.[1] Ein negativer Differenzbetrag schließt eine Verwendung aus dem steuerlichen Einlagekonto aus, weil die steuerlichen Rücklagen ausreichen, um die Leistung zu finanzieren.

Beispiel
Für die Körperschaft wurde per 31.12.2009 ein ausschüttbarer Gewinn iHv 80.000 EUR und der Bestand des steuerlichen Einlagekontos mit 50.000 EUR festgestellt. In 2010 beschließt die Körperschaft eine oGA iHv 100.000 EUR, die auch in diesem WJ abfließt. Gem der Differenzrechnung übersteigt die Summe der im WJ erbrachten Leistungen den auf den Schluss des vorangegangenen WJ ermittelten ausschüttbaren Gewinn um 20.000 EUR. Nur in dieser Höhe mindert die Leistung das steuerliche Einlagekonto, dessen Bestand folglich auf 30.000 EUR sinkt.

Subsidiäre Verwendung des Einlagekontos. Vorrangiger Ausschüttungsbestand ist damit grundsätzlich der ausschüttbare Gewinn. Das steuerliche Einlagekonto kann nur subsidiär in Anspruch genommen werden, wenn ausschüttbarer Gewinn nicht (mehr) vorhanden ist. Übersteigt eine Ausschüttung den Bestand des steuerlichen Einlagekontos, kommt sie aus dem neutralen Vermögen. Nach der Systematik in § 20 I S 1 und 3 EStG entstehen für diesen Fall beim Gesellschafter steuerpflichtige Einnahmen. 56

Vorrangige Besteuerung des Anteilseigners. Die Verwendungsfiktion bewirkt, dass es beim Anteilseigner vorrangig zum Entstehen grundsätzlich steuerpflichtiger Gewinnausschüttungen kommt und erst hilfsweise zu einer steuerneutralen Rückzahlung aus dem Einlagekonto.[2] Diese zeitlich vorgezogene Besteuerung, gekoppelt mit dem auf Ausnahmefälle beschränkten Direktzugriff auf das steuerliche Einlagekonto (vgl Rn 72) verschafft dem Fiskus einen Zins- und Liquiditätsvorteil.[3] 57

Handelsrechtliche Einordnung nicht maßgeblich. Die Qualifizierung als Einlagenrückgewähr richtet sich allein nach steuerlichen Maßstäben.[4] Die handelsrechtliche Sichtweise ist nicht maßgeblich (§ 27 I S 3). Das Einlagekonto umfasst damit auch Zuwendungen des Gesellschafters, die handelsrechtlich nicht unmittelbar in die Kapitalrücklage einzustellen sind, sondern in der Gewinn- und Verlustrechnung auszuweisen sind. Insbesondere sind dies verdeckte Einlagen und handelsrechtliche Ertragszuschüsse (vgl Rn 16). Regelmäßig werden jedoch alle Vermögensbestandteile, die handelsrechtlich in der Kapitalrücklage bilanziert werden, auch Bestandteil des steuerlichen Einlagekontos sein.[5] 58

---

1 *Semmler* in Lademann § 27 Rn 64.
2 *Blumenberg/Lechner*, BB-Special 8 (zu BB 2006, Heft 44), 25, 32.
3 *Werra/Teiche*, DB 2006, 1455, 1458; *Winkeljohann/Fuhrmann*, DB 2006, 1862, 1865.
4 *Lornsen-Veit* in Erle/Sauter § 27 Rn 34.
5 *Frotscher* in Frotscher/Maas § 27 Rn 13; *Binnewies* in Streck § 27 Rn 12.

59 **Ausländisches Recht.** Ausländisches Handels- und Steuerrecht ist iRd § 27 ebenso nicht maßgeblich, so dass die Finanzverwaltung und der Steuerpflichtige davon entbunden sind, sich mit etwa abweichenden Regeln auseinanderzusetzen.[1] Dies gilt sowohl in den Fällen des Zuzugs von Körperschaften in die unbeschränkte Steuerpflicht als auch bei Anträgen von ausländischen Körperschaften iSd § 27 VIII (vgl dazu Rn 179).

60 **Erwerb eigener Anteile.** Unter der Geltung des Anrechnungsverfahrens führte der Erwerb eigener Anteile zum Zwecke der Einziehung zu einer vorrangigen Verrechnung mit dem EK 04, soweit der Kaufpreis den Nennwert der Anteile überstieg. Eine anschließende Veräußerung dieser Anteile hatte eine Kapitalerhöhung zur Folge.[2] Diese Grundsätze sind jüngst von der Finanzverwaltung für alle offenen Fälle, die das Halbeinkünfteverfahren betreffen, aufgehoben worden. Zur Begründung wird angeführt, dass die Grundsätze auf das Vollanrechnungsverfahren zugeschnitten und mittlerweile überholt sind.[3] Die handelsrechtliche Behandlung eigener Anteile hat sich aufgrund BilMoG v 26.5.2009[4] für nach dem 31.12.2009 beginnende WJ geändert. Unabhängig vom Zweck führt der Erwerb eigener Anteile in der Handelsbilanz zu einer Minderung des EK, soweit der Kaufpreis den Nennbetrag der Anteile übersteigt (§ 272 Ia HGB). Umgekehrt führt die Weiterveräußerung der Anteile zu einer Erhöhung des Nennkapitals (§ 272 Ib HGB). Daraus folgert die hM[5], dass die handelsrechtliche Vorgabe auch maßgeblich für die Steuerbilanz ist und der Erwerb eigener Anteile wie eine Kapitalherabsetzung und die Weiterveräußerung wie eine Kapitalerhöhung zu behandeln ist, mit entsprechendem Abgang bzw Zugang beim steuerlichen Einlagekonto. Für Steuerzwecke sieht § 27 I S 3 jedoch keinen Direktzugriff auf das steuerliche Einlagekonto vor. Damit war die eingangs beschriebene Verrechnung mit dem EK 04 (bzw steuerlichem Einlagekonto) mit Übergang vom Anrechnungsverfahren zum einen überholt[6] und die vorgenannte Aufhebung der Grundsätze durch die Finanzverwaltung nur konsequent. Das steuerliche Einlagekonto würde damit zum anderen aber durch den Erwerb eigener Anteile bzw die Einziehung nicht angesprochen, wenn man mit oben genannter Literaturauffassung hierin eine Kapitalherabsetzung sieht.[7] Zudem würde die steuerliche Behandlung auf Ebene des Anteilseigners einerseits (Veräußerungsgeschäft) und auf Ebene der Körperschaft (Kapitalherabsetzung) auseinanderfallen. Schließlich würde bezogen auf die zur Weiterveräußerung erworbenen Anteile sich die Frage nach der Anwendbarkeit bzw Umgehung der §§ 8b II, III stellen. Nach *Dötsch* ist damit in jedem Fall gesetz-

---

1 *Frotscher* in Frotscher/Maas § 27 Rn 20a.
2 BMF v 2.12.1998, BStBl I 1998, 1509.
3 BMF v 10.8.2010, BStBl I 2010, 659. Dies indiziert nach Auffassung von *Köhler*, DB 2011, 15, dass auch für die Vergangenheit an die Stelle der bislang postulierten steuerlichen Behandlung eine andere treten soll.
4 BGBl I 2009, 1102.
5 *Mayer*, Ubg 2008, 779, 785; *Förster/Schmidtmann*, BB 2009, 1342; *Breuninger/Müller*, GmbHR 2011, 10.
6 *Berninghaus* in H/H/R § 27 Rn 41; *Dötsch* in D/J/P/W § 27 Rn 69 f.
7 *Dötsch* in D/J/P/W § 27 Rn 69l; zweifelnd auch *Köhler*, DB 2011, 15, nach dem allerdings der Verkauf der Anteile zu einem Zugang zum steuerlichen Einlagekonto führt.

geberischer Handlungsbedarf gegeben.[1] Im Ergebnis erscheint es überzeugender, entgegen der hM in der geänderten handelsrechtlichen Bilanzierung keine Grundlage für eine abweichende steuerliche Qualifikation zu sehen (vgl § 8b Rn 430).

Einstweilen frei. 61-62

2. Ausschüttbarer Gewinn. Funktion. Maßgeblich für die Bestimmung, inwieweit ein steuerliches Einlagekonto iRd Verwendungsreihenfolge für Ausschüttungen verwendet wird, ist der ausschüttbare Gewinn gem § 27 I S 5; denn dieser gilt für Ausschüttungen als vorrangig verwendet (vgl Rn 56). Mit anderen Worten ergibt sich regelmäßig im Umkehrschluss die Verwendung des Einlagekontos, soweit kein ausschüttbarer Gewinn für eine Ausschüttung als verwendet gilt (und das steuerliche Einlagekonto nicht negativ wird; vgl Rn 39). 63

Definition. Nach der Definition in § 27 I S 5 handelt es sich beim ausschüttbaren Gewinn um das EK der Gesellschaft, vermindert um das gezeichnete Kapital und den Bestand des steuerlichen Einlagekontos. Für die Ermittlung des ausschüttbaren Gewinns ist also das EK in drei Bestandteile zu zerlegen: 64

- EK der Gesellschaft,
- gezeichnetes Kapital,
- steuerliches Einlagekonto.

EK der Gesellschaft. Das EK der Gesellschaft ist ihrer Steuerbilanz zu entnehmen. Das handelsrechtliche EK ist nicht maßgeblich, so dass auch Drohverlustrückstellungen und steuerliche Ausgleichsposten dem steuerlichen EK zuzurechnen sind.[2] 65

Gezeichnetes Kapital. Entsprechend der Vorgabe des § 27 I S 5 ist vom gesamten EK das gezeichnete Kapital mit dem Nennbetrag[3] auszuscheiden. Es ist nicht Bestandteil des ausschüttbaren Gewinns. 66

Steuerliches Einlagekonto. Des Weiteren ist der dem Feststellungsbescheid auf das Ende des vorhergehenden WJ zu entnehmende Bestand des steuerlichen Einlagekontos ebenfalls abzusondern, um den ausschüttbaren Gewinn zu bestimmen. 67

Fehler. Der ausschüttbare Gewinn ist in materiell richtiger Weise zu ermitteln, so dass Fehler zu korrigieren sind. Da die Steuerbilanz nicht in Bestandskraft erwächst, kann eine Korrektur (der Steuerbilanz, nicht aber der Steuerbescheide) auch nach Bestandskraft der Steuerbescheide für die vorangegangenen WJ erfolgen.[4] Dies erscheint zwar konsequent, führt jedoch dazu, dass uU die Steuerbilanz zur Ermittlung des EK von derjenigen für Zwecke der Besteuerung abweicht.[5] 68

---

1 Im Ergebnis vgl *Dötsch* in D/J/P/W § 27 Rn 69l; im Ergebnis auch *Köhler*, DB 2011, 15, 21.
2 *Frotscher* in Frotscher/Maas § 27 Rn 28.
3 Zu einer nicht vollständigen Einzahlung und zum Sonderausweis nach § 28 I S 3 vgl *Frotscher* in Frotscher/Maas § 27 Rn 28; zu ersterem auch *Franz*, GmbHR 2003, 818.
4 *Berninghaus* in H/H/R § 27 Rn 65; *Frotscher* in Frotscher/Maas § 27 Rn 28; aA *Antweiler* in EY § 27 Rn 147.
5 *Antweiler* in EY § 27 Rn 147.

69	**Steuerbilanz.** Es ist auf das EK laut Steuerbilanz abzustellen, allerdings ergibt sich aus § 27 keine Verpflichtung zu ihrer Aufstellung.[1] Liegt keine Steuerbilanz vor, muss das EK der Handelsbilanz nach Maßgabe der Vorschriften über die steuerliche Gewinnermittlung fortentwickelt werden. Sonderposten mit Rücklagenanteil, Rücklagen nach § 6b EStG, Rückstellungen und Verbindlichkeiten, auch wenn sie auf außerhalb der Bilanz hinzuzurechnenden verdeckten Gewinnausschüttungen beruhen, gehören nicht zum steuerlichen EK.[2]
70-71	*Einstweilen frei.*
72	**3. Direktzugriff. Grundsatz: Kein direkter Zugriff auf das steuerliche Einlagekonto.** Die gezielte steuerliche Auskehrung von Einlagen unter Umgehung des ausschüttbaren Gewinns ist grundsätzlich nicht möglich. Bis zum VZ 2005 vor Inkrafttreten des SEStEG war die Möglichkeit des Direktzugriffs auf das steuerliche Einlagekonto in einigen Sonderfällen eröffnet.[3] Mit dem SEStEG wurde der Direktzugriff weitestgehend ausgeschlossen. Folgende (zT gesetzlich normierte) besondere Fälle sind nach der Gesetzesänderung zu beachten:

- organschaftliche Mehr- und Minderabführungen gem § 27 VI (vgl Rn 139),
- Rückzahlung von Nennkapital gem § 28 II S 2 (vgl § 28 Rn 58ff),
- Forderungsverzicht gegen Besserungsschein (vgl Rn 73),
- Rückzahlung von Nachschüssen (vgl Rn 74),
- Erwerb eigener Anteile (vgl Rn 60).

73	**Forderungsverzicht gegen Besserungsschein.** Wenn der Gesellschafter seiner Kapitalgesellschaft zunächst eine Forderung gegen Besserungsschein erlässt, ist diese Forderung (soweit werthaltig) als Einlage in das steuerliche Einlagekonto einzustellen. Bei Besserungseintritt lebt die Forderung wieder auf und wäre insoweit grundsätzlich wieder als Entnahme aus dem steuerlichen Einlagekonto zu betrachten. Für die Rechtslage vor SEStEG konnte in diesem Fall ein Direktzugriff auf das steuerliche Einlagekonto erfolgen.[4] Für die Rechtslage nach SEStEG ist nach teilweise vertretener Auffassung bei Besserungseintritt die Möglichkeit des Direktzugriffs nunmehr ausgeschlossen. Begründet wird dies damit, dass es sich um keinen der gesetzlich angeordneten Fälle handele.[5] Konsequenz dieser Ansicht ist, dass bei Eintritt des Besserungsfalls (und dem damit verbundenen Entstehen eines ausschüttbaren Gewinns) unter Beachtung der Verwendungsreihenfolge in den meisten Fällen steuerpflichtige Einkünfte entstehen.[6] Nach überzeugenderer Auffassung[7] wird nur bei Vorliegen einer

---

1 *Lornsen-Veit* in Erle/Sauter § 27 Rn 52; *Berninghaus* in H/H/R § 27 Rn 6; BMF v 4.6.2003, BStBl I 2003, 366, Rn 18.
2 BMF v 4.6.2003 BStBl I 2003, 366, Rn 16 ff; *Frotscher* in Frotscher/Maas § 27 Rn 28.
3 *Frotscher* in Frotscher/Maas § 27 Rn 20b; *Dötsch* in D/J/P/W § 27 Rn 66.
4 *Lornsen-Veit/Behrendt*, FR 2007, 179, 180.
5 *Winkeljohann/Fuhrmann*, DB 2006, 1862, 1862 f; *Semmler* in Lademann § 27 Rn 114; *Dötsch/Pung*, DB 2006, 2648, 2652; *Schiffers*, GmbH-StB 2007, 76, 79; *Schlagheck*, StuB 2007, 810; *Frotscher* in Frotscher/Maas § 27 Rn 22.
6 *Pohl*, DB 2007, 1553, 1555.
7 *Lornsen-Veit/Behrendt*, FR 2007, 179, 181; *Pohl*, DB 2007, 1553; *Antweiler* in EY § 27 Rn 113; *Dötsch* in D/J/P/W § 27 Rn 63; *Christochowitz/Leib* in Mössner/Seeger § 27 Rn 82.

V. Einlagenrückgewähr

„Leistung" der Direktzugriff qua Wortlaut des § 27 I S 3 verweigert. Nach allgemeinem Begriffsverständnis ist eine Leistung iSd Vorschrift eine Auskehrung, die ihre Ursache im Gesellschaftsverhältnis hat.[1] Mit Hinweis auf die Rechtsprechung des BFH[2] handelt es sich beim Besserungsfall aber nicht um eine Ausschüttung bzw Rückzahlung aus der Kapitalrücklage. Mithin liegt auch keine Leistung iSd § 27 vor.[3] Hinzu kommt, dass im Besserungsfall die Einlagenrückgewähr eindeutig identifiziert werden kann, so dass die Unterscheidungsfunktion des Einlagekontos nicht bedeutsam ist. Die Vernachlässigung der Verwendungsreihenfolge führt schließlich auch zur sachlich zutreffenden Besteuerung.[4]

Rückzahlung von Nachschüssen (§ 30 II GmbHG). Nach der Rechtslage vor SEStEG konnte die Rückzahlung von Nachschüssen der Anteilseigner (§ 26 GmbHG), die nicht zur Deckung eines Verlustes am Stammkapital erforderlich sind (§ 30 II GmbHG), direkt vom Einlagekonto abgezogen werden.[5] Dies lag darin begründet, dass es sich nach handelsrechtlicher Einordnung um eine bloße Einlagenrückgewähr handelte, die außerhalb jeglicher Gewinnverteilung stand.[6] Nach neuer Rechtslage dürfen handelsrechtliche Einordnungen bei der Frage nach einer Verwendung des steuerlichen Einlagekontos keine Rolle spielen (§ 27 I S 3). Damit wird ab VZ 2006 verhindert, dass für die Rückzahlung von Nachschusskapital nach § 30 II GmbHG direkt auf das steuerliche Einlagekonto zugegriffen werden kann.[7] Auch hier ist nunmehr die Verwendungsreihenfolge zu beachten.[8] 74

Erwerb eigener Anteile. Für den Erwerb eigener Anteile ist nach Änderung des § 27 I S 3 ein Direktzugriff auf das steuerliche Einlagekonto nicht vorgesehen (vgl Rn 60). 75

Einstweilen frei. 76-77

4. Zeitlicher Bezugspunkt. Schluss des vorhergehenden WJ. In zeitlicher Hinsicht ist das auf den Schluss des vorhergehenden WJ ausgewiesene steuerliche EK für die Anwendung der Verwendungsreihenfolge maßgeblich (§ 27 I S 3). Dies hat zur Konsequenz, dass im laufenden WJ erwirtschafteter ausschüttbarer Gewinn für Ausschüttungen im selben WJ nicht zur Verfügung steht. Dies führt zu praktischen Schwierigkeiten, die die Frage nach möglichen Durchbrechungen der zeitlichen Verknüpfung aufwirft. Diesen Fällen ist gemeinsam, dass kein Ausschüttungspotential zur Verfügung gestellt wird, obwohl es zum Zeitpunkt der Ausschüttung tatsächlich vorhanden ist. 78

---

1   BMF v 4.6.2003 BStBl I 2003, 366, Rn 11.
2   BFH I R 41/87, BStBl II 1991, 588.
3   *Lornsen-Veit/Behrendt*, FR 2007, 179, 181 f; *Pohl*, DB 2007, 1553, 1556; aA *Berninghaus* in H/H/R § 27 Rn 41.
4   *Pohl*, DB 1553, 1555 f, nach dem der Bestand des steuerlichen Einlagekontos dadurch nicht negativ werden kann.
5   BMF v 4.6.2003, BStBl I 2003, 366, Rn 29; *Pohl*, DB 2007, 1553, 1554.
6   *Antweiler* in EY § 27 Rn 102.
7   *Werning* in Blümich § 27 Rn 40.
8   *Frotscher* in Frotscher/Maas § 27 Rn 41b; *Blumenberg/Lechner*, BB-Special 8 (zu BB 2006, Heft 44), 25, 33; *Rödder/Schumacher*, DStR 2006, 1481; *Antweiler* in EY § 27 Rn 102; *Winkeljohann/Fuhrmann*, DB 2006, 1862, 1862 f; *Schlagheck*, StuB 2007, 810, 812; *Schiffers*, GmbH-StB 2007, 76, 77.

79 **Vorabgewinnausschüttungen.** Wird der erwartete Gewinn des laufenden WJ vorab ausgeschüttet, ist gem § 27 I S 3 der Zugriff auf im laufenden WJ generierten Gewinn verhindert, was uU zu einer Verwendung des steuerlichen Einlagekontos führt.[1] Dieses systemwidrig erscheinende Ergebnis ist in Ansehung des eindeutigen Gesetzeswortlautes hinzunehmen.

80 **Organschaftliche Ausgleichszahlungen.** Bei einer organschaftlichen Ausgleichszahlung an außen stehende Gesellschafter ist nach dem Grundsatz des § 27 I S 3 diese Leistung aus dem ausschüttbaren Gewinn, wie zum Ende des vorherigen WJ festgestellt, zu speisen. Hat die Organgesellschaft im vergangenen WJ noch kein Einkommen erzielt und existiert mithin kein ausschüttbarer Gewinn, erfolgt die Leistung aus dem steuerlichen Einlagekonto – soweit vorhanden. Nach *Frotscher* soll in diesem Fall ausnahmsweise der zeitliche Bezugspunkt vernachlässigt werden und für die Leistung an den außen stehenden Gesellschafter in erster Linie das Einkommen herangezogen werden, das der Organgesellschaft für das Ausschüttungsjahr zugeordnet wird. Einer „sachliche[n] Einordnung der Auskehrung, die keine Einlagerückgewähr ist", sei „Vorrang vor der formalen, durch Abs. 1 S 3, 5 bestimmten Verwendungsreihenfolge" zu gewähren.[2] Dem ist zu widersprechen: Zwar ist das Ergebnis unbefriedigend, ein Abweichen vom Wortlaut aber nicht zu rechtfertigen.[3]

81 *Einstweilen frei.*

82 **VI. Verfahrensrecht. 1. Gesonderte Feststellung. Funktion.** Das Feststellungsverfahren nach § 27 II S 1 und die damit einhergehende Steuererklärungspflicht nach § 27 II S 4 dienen der Rechtssicherheit.[4] UU wird das steuerliche Einlagekonto zur Finanzierung von Leistungen nämlich erst nach einem langen Zeitraum in Anspruch genommen. In der Zwischenzeit mag sich sein Bestand in der Höhe mehrfach verändert haben.[5] IsD Rechtssicherheit ist es auch geboten, bloße Nullbestände festzustellen.[6] Ebenso sind Feststellungen für Körperschaften zu treffen, die nie über einen Bestand des steuerlichen Einlagekontos verfügt haben.[7] Auch Jahre, in denen sich keine Veränderungen ergeben haben, sind festzustellen.[8]

83 **Zeitpunkt.** Die Aufstellung des steuerlichen Einlagekontos hat zum Ende jedes WJ zu erfolgen.[9] Der VZ ist nicht maßgeblich. Das gilt sowohl, wenn WJ und Kalenderjahr übereinstimmen, als auch bei abweichendem WJ. Die Aufstellung auf den Schluss eines Rumpf-WJ kann dazu führen, dass in einem Kalenderjahr sogar zwei Fest-

---

1 *Frotscher* in Frotscher/Maas § 27 Rn 36.
2 *Frotscher* in Frotscher/Maas § 27 Rn 40b.
3 *Antweiler* in EY § 27 Rn 151.
4 *Christochowitz/Leib* in Mössner/Seeger § 27 Rn 131.
5 *Dötsch* in D/J/P/W § 27 Rn 110.
6 *Christochowitz/Leib* in Mössner/Seeger § 27 Rn 132; *Werning* in Blümich § 27 Rn 44.
7 *Antweiler* in EY § 27 Rn 186.
8 *Dötsch* in D/J/P/W § 27 Rn 110; *Antweiler* in EY § 27 Rn 72.
9 *Lornsen-Veit* in Erle/Sauter § 27 Rn 76; *Frotscher* in Frotscher/Maas § 27 Rn 16a.

stellungen zu treffen sind.¹ Im Falle der Liquidation ist die Bestandsermittlung des steuerlichen Einlagekontos nur auf den Schluss des maximal drei Jahre betragenden einheitlichen Liquidationsbesteuerungszeitraums erforderlich.²

Erstmalige Feststellung. Zur erstmaligen Verpflichtung der Feststellung des steuerlichen Einlagekontos vgl Rn 42. Bei erstmaligem Eintritt in die unbeschränkte Steuerpflicht ist es angezeigt, dass die Körperschaft im Hinblick auf § 27 II 4 eine Feststellungserklärung auf das Ende des vorangegangenen WJ abgibt³, auch wenn es sich bei dieser Feststellung letztlich um eine Fiktion handelt. **84**

Grundlagenbescheid. Der Bescheid über die gesonderte Feststellung ist Grundlagenbescheid für den Bescheid über die gesonderte Feststellung zum folgenden Feststellungszeitpunkt (§ 27 II S 2). Es gelten die allgemeinen Regelungen für gesonderte Feststellungen nach §§ 179-182 AO. **85**

Bedeutung für die Besteuerung des Anteilseigners. Die Feststellung nach § 27 II entfaltet keine unmittelbare verfahrensrechtliche Bindungswirkung iSd § 182 AO für die steuerliche Behandlung auf Seiten des Anteilseigners.⁴ Der Feststellungsbescheid richtet sich an die Kapitalgesellschaft und nicht an die Anteilseigner. Jedoch entfaltet die getroffene Feststellung eine mittelbare Bedeutung für die materiell-rechtliche Besteuerung beim Anteilseigner, wie der Wortlaut des § 20 I Nr 1 S 3 EStG mit der Bezugnahme auf das steuerliche Einlagekonto erkennen lässt.⁵ Dessen Endbestände sind als Tatbestandsmerkmal des § 20 I Nr 1 S 3 EStG anzusehen. Die Verwendungsfiktion, nach der das steuerliche Einlagekonto für die Leistung der Körperschaft als verwendet gilt, ist daher auf Ebene des Gesellschafters zu beachten. Ein Anteilseigner kann sich nicht mit Erfolg auf die Fehlerhaftigkeit der Feststellung über das steuerliche Einlagekonto berufen.⁶ In der Praxis ist deshalb darauf zu achten, dass gegen solche Bescheide per Rechtsbehelf vorgegangen wird. **86**

Unrichtiger Bescheid. Unrichtige Feststellungsbescheide können zunächst nach den allgemeinen Korrekturvorschriften der §§ 172 ff AO korrigiert werden. Wenn ein sachlich unrichtiger, aber in Bestandskraft erwachsener Feststellungsbescheid ergangen ist, ist der fehlerhafte Ausweis zwingend fortzuführen. § 27 kennt keine jährliche (erneute) Ermittlung des steuerlichen Einlagekontos, sondern lediglich die Bestandsfortschreibung.⁷ **87**

Feststellungserklärung. § 27 II S 4 statuiert die Pflicht, Feststellungserklärungen iSd §§ 149 ff AO abzugeben, deren Nichtabgabe mit Verspätungszuschlägen belegt werden kann (§ 152 AO). Der Erklärungspflicht ist mittels amtlich vorgeschriebenen Vordruck (§ 150 I S 1 AO) nachzukommen. Die zur Feststellung des steuerlichen Einlagekontos regelmäßig erforderlichen Besteuerungsgrundlagen sind im amtlich **88**

---

1 *Antweiler* in EY § 27 Rn 71.
2 *Christochowitz/Leib* in Mössner/Seeger § 27 Rn 132.
3 *Antweiler* in EY § 27 Rn 188.
4 *Dötsch* in D/J/P/W § 27 Rn 113; *Lornsen-Veit* in Erle/Sauter § 27 Rn 75; *Antweiler* in EY § 27 Rn 181; *Heger* in Gosch § 27 Rn 35; aA *Berninghaus* in H/H/R § 27 Rn 81.
5 *Christochowitz/Leib* in Mössner/Seeger § 27 Rn 135; *Frotscher* in Frotscher/Maas § 27 Rn 48.
6 BFH I R 51/09, BFH/NV 2010, 1118.
7 *Antweiler* in EY § 27 Rn 195.

vorgeschriebenen Vordruck anzugeben, der insbesondere Angaben zu den Zu- und Abgängen zum steuerlichen Einlagekonto erfasst. Für Sonderfälle sind weitere Vordrucke zu beachten.[1] Die Erklärungen sind von den § 34 AO bezeichneten Personen eigenhändig zu unterschreiben (§ 27 II S 5).

89-90 *Einstweilen frei.*

91 **2. Steuerbescheinigung. Zweck.** Das in § 27 III-V geregelte Bescheinigungsverfahren soll gewährleisten, dass nur Leistungen aus dem steuerlichen Einlagekonto iSd § 20 I Nr 1 S 3 EStG bei der Besteuerung des Anteilseigners steuerfrei sind (zur Besteuerung des § 17 EStG vgl Rn 22). Dh die Steuerbescheinigung dient als Nachweis dafür, dass der Anteilseigner die Bezüge nicht als Kapitalerträge zu versteuern hat. Die Rückzahlung von Nennkapital[2] oder die Leistung aus dem neutralen Vermögen[3] sind nach dieser Vorschrift nicht zu bescheinigen.

92 **Bindungswirkung und Beweiskraft.** Die Steuerbescheinigung nach § 27 III ist keine materiell-rechtliche Voraussetzung für die Einordnung als nicht steuerbare Kapitalrückzahlung, sondern ein bloßes Beweismittel.[4] Die materiell-rechtliche Grundlage findet sich in § 20 I Nr 1 S 3, demzufolge Beträge dann nicht zu den steuerpflichtigen Einnahmen gehören, wenn Beträge aus dem steuerlichen Einlagekonto als verwendet gelten. Daraus folgt, dass bei Nichtvorliegen einer Steuerbescheinigung der Nachweis, dass das steuerliche Einlagekonto als verwendet gilt, auch auf andere Art und Weise erbracht werden kann (vorbehaltlich der Bindungswirkung gem § 27 V).[5] Das Finanzamt ist mithin nicht an die Steuerbescheinigung gebunden. Allerdings ist aufgrund des Charakters als Beweismittel derjenige beweispflichtig, der sich auf die Unrichtigkeit der Steuerbescheinigung beruft.[6] Die Steuerbescheinigung erbringt jedenfalls den Beweis darüber, dass an den Anteilseigner der in der Bescheinigung vermerkte Betrag ausgeschüttet wurde und inwieweit dieser Betrag aus dem steuerlichen Einlagekonto herrührt.[7] Der Beweisfunktion kommt gerade bei einer Vielzahl von Anteilseignern – zB bei Publikumsgesellschaften – in der Praxis eine erhebliche Bedeutung zu.[8]

93 **Pflicht zur Erteilung.** Die Gesellschaft trifft nach dem Gesetzeswortlaut eine Verpflichtung, ihrem Anteilseigner ohne dessen ausdrückliches Verlangen eine Steuerbescheinigung zu erteilen (§ 27 III S 1).[9] Die Pflicht zur Erteilung der Steuerbescheinigung ist ein zivilrechtlicher Anspruch, der von der Körperschaft eingeklagt werden kann. Die Finanzverwaltung kann das Ausstellen einer Steuerbescheinigung hingegen nicht erzwingen, da der Anspruch nicht von öffentlich-rechtlichem Charakter ist.[10] Bei körperschaftsteuerlicher Organschaft trifft die Pflicht zur Bescheinigung

---

1 Zu weiteren Details und Vordrucken vgl *Antweiler* in EY § 27 Rn 204 ff.
2 *Christochowitz/Leib* in Mössner/Seeger § 27 Rn 151.
3 *Antweiler* in EY § 27 Rn 225.
4 *Dötsch* in D/J/P/W § 27 Rn 172; FG Baden-Württemberg 10 K 169/06, EFG 2009, 875; *Frotscher* in Frotscher/Maas § 27 Rn 59d.
5 *Lornsen-Veit* in Erle/Sauter § 27 Rn 77.
6 *Christochowitz/Leib* in Mössner/Seeger § 27 Rn 154.
7 BFH I B 32/09, BFH/NV 2010, 1128.
8 *Christochowitz/Leib* in Mössner/Seeger § 27 Rn 182.
9 *Antweiler* in EY § 27 Rn 227.
10 *Christochowitz/Leib* in Mössner/Seeger § 27 Rn 162.

die Organgesellschaft, auch wenn zB Ausgleichszahlungen an außen stehende Gesellschafter von der Organträgerin vorgenommen werden.[1] Bei Gesamtrechtsnachfolge ist der Rechtsnachfolger der zur Erteilung der Steuerbescheinigung Verpflichtete.[2]

Voraussetzungen für die Erteilung. Voraussetzungen für die Erteilung der Steuerbescheinigung sind, dass

1. es sich bei der Leistung um eine Leistung aus dem steuerlichen Einlagekonto handelt,
2. die Körperschaft die Leistung auf eigene Rechnung erbracht hat und
3. dem Anteilseigner die Leistung zugeflossen ist.

Null-Bescheinigung. Da die Leistung aus dem steuerlichen Einlagekonto gespeist werden müssen, besteht keine Verpflichtung zur Erteilung einer Null-Bescheinigung.

Leistung auf eigene Rechnung. Eine Leistung auf eigene Rechnung wird dann erbracht, wenn die Körperschaft ihr zuzurechnende Mittel ausschüttet und damit ihr eigenes steuerliches Einlagekonto mindert. Mangelt es an dieser Voraussetzung, ist § 27 IV (Bescheinigung durch Kreditinstitut) zu beachten (vgl Rn 112).

Anteilseigner. Anteilseigner ist derjenige, dem nach § 39 AO die Beteiligung im Zeitpunkt des Gewinnverteilungsbeschlusses zuzurechnen ist. Es kommt auf das wirtschaftliche Eigentum zu diesem Zeitpunkt an (zur Frage der Nennung der wirtschaftlichen Anteilseigner in der Bescheinigung vgl Rn 98-101). In den Fällen der vGA ist auf den Zeitpunkt des Vertragsabschlusses der der vGA zugrundeliegenden Leistungsbeziehung abzustellen. Bei vGA an nahe stehende Personen ist auf den Anteilsinhaber abzustellen, weil in seiner Person die Rechtsfolgen der vGA eintreten.[3]

Gesamthands- und Bruchteilsgemeinschaften. Befinden sich die Anteile am Kapitalvermögen im Gesamthandsvermögen einer Personengesellschaft, wird über die steuerliche Zurechnung und die etwaige Ausschüttung aus dem steuerlichen Einlagekonto iRd einheitlichen und gesonderten Gewinnfeststellung nach § 180 AO entschieden.[4] Dies gilt entsprechend wenn die Anteile einer anderen Gesamthandsgemeinschaft oder Bruchteilsgemeinschaft zuzurechnen sind.[5]

Wertpapierpensionsgeschäfte. Echte Wertpapierpensionsgeschäfte, die eine Rückgabepflicht des Pensionsnehmers vorsehen, werden nach der hM diesem steuerlich nicht zugerechnet (vgl § 8b Rn 881). Daher sind die Dividenden aus den in Pension gegebenen Aktien weiterhin vom Stammrechtsinhaber zu versteuern und die Steuerbescheinigung ist auf seinen Namen auszustellen. Begründet das unechte Wertpapierpensionsgeschäft dagegen nur ein Rückgaberecht des Pensionsnehmers, ist dieser auch steuerlich „Inhaber" der Wertpapiere (vgl § 8b Rn 885) und die Steuerbescheinigung muss auf seinen Namen lauten.[6]

---

1 *Antweiler* in EY § 27 Rn 221; BMF v 5.11.2002, BStBl I 2002, 1338, Rn 3.
2 *Antweiler* in EY § 27 Rn 223.
3 Auflistung bei *Christochowitz/Leib* in Mössner/Seeger § 27 Rn 164 f.
4 BFH I R 114/95, BStBl II 1996, 531; *Lornsen-Veit* in Erle/Sauter § 27 Rn 79.
5 *Dötsch* in D/J/P/W § 27 Rn 157.
6 *Dötsch* in D/J/P/W § 27 Rn 154.

100 **Treuhandverhältnisse.** Anteilseigner bei Treuhandverhältnissen ist der Treugeber (§ 39 II Nr 8 AO). Auf seinen Namen ist folglich die Steuerbescheinigung auszustellen.[1] Sind das Treuhandverhältnis oder die Beteiligten nicht bekannt, kann der Treugeber die auf den Treuhänder ausgestellte Steuerbescheinigung unter Offenlegung des Treuhandverhältnisses dem Finanzamt vorlegen, so dass die Besteuerungsfolgen in seiner Person eintreten. Ergibt die Prüfung des Finanzamtes einen anderen tatsächlichen Anteilseigner, treten die Folgen bei diesem ein.[2] Dieses Verfahren soll unnötigen Verwaltungsaufwand vermeiden.[3]

101 **Inhalt der Steuerbescheinigung.** Nach § 27 III S 1 Nr 1-3 hat die Bescheinigung zwingend zu enthalten:

- den Namen und die Anschrift,
- die Höhe der Leistungen,
- den Zahlungstag.

102 **Name und Anschrift.** Um für Zwecke der Steueranrechnung festzustellen, wer der Berechtigte aus der Bescheinigung ist, muss sie den Namen des Anteilseigners enthalten.[4] Dies gilt auch in Fällen eines in Ansehung von § 39 II abweichenden wirtschaftlichen Eigentümers (vgl Rn 97 ff, 118).[5] Als Anschrift gilt bei natürlichen Personen die Anschrift nach § 8 AO und bei Körperschaften diejenige nach §§ 10 und 11. Diese Angaben dienen der Feststellung der Identität.[6]

103 **Höhe der Leistungen.** Die Höhe der Leistungen richtet sich nach der Höhe des zugeflossenen Betrages, iÜ nach dem gemeinen Wert des gewährten geldwerten Vorteils. Mehrere Leistungen sind in einer Summe zu bescheinigen.[7] Ausgangspunkt für die Ermittlung, ob Beträge des steuerlichen Einlagekontos für die Auskehrung verwendet wurden, ist die Summe der in einem WJ erbrachten Leistungen. Übersteigt die Summe den ausschüttbaren Gewinn und steht ein Bestand des steuerlichen Einlagekontos zur Verfügung, ist jede Auskehrung anteilig aus beiden Quellen zu finanzieren. Auf die zeitliche Reihenfolge der Leistungen kommt es nicht an.[8] Die Verwendung des steuerlichen Einlagekontos ist nach § 27 III S 1 Nr 2 den Anteilseignern entsprechend ihrem Anteil an der Gesamtleistung zu bescheinigen.

104 **Zahlungstag.** Es ist der Tag der tatsächlichen Zahlung zu bescheinigen. Das ist der Tag des Abflusses (H 75 KStH)[9] der Leistung. Dies ist darin begründet, dass die Ausschüttung damit endgültig vollzogen wird und die Mittelverwendung kontrolliert

---

1 *Lornsen-Veit* in Erle/Sauter § 27 Rn 80.
2 *Antweiler* in EY § 27 Rn 230.
3 BMF v 5.11.2002, BStBl I 2002, 1338, Rn 18 f; *Dötsch* in D/J/P/W § 27 Rn 155.
4 *Lornsen-Veit* in Erle/Sauter § 27 Rn 79.
5 Zu weiteren Sonderfällen wie Nießbrauch, Veräußerung/Abtretung des Dividendenanspruchs, Anteile in Auslandsdepots *Dötsch* in D/J/P/W § 27 Rn 156 ff.
6 Zu Unstimmigkeiten bei Adresse und Identität BMF v 5.11.2002, BStBl I 2002, 1338, Rn 6.
7 *Christochowitz/Leib* in Mössner/Seeger § 27 Rn 177.
8 *Lornsen-Veit* in Erle/Sauter § 27 Rn 85 ff.
9 *Berninghaus* in H/H/R § 27 Rn 106; *Antweiler* in EY § 27 Rn 241; aA *Frotscher* in Frotscher/Maas § 27 Rn 70: „Tag des Zuflusses".

werden kann.[1] Dieser Tag muss nicht notwendigerweise mit dem Tag des Zuflusses für steuerliche Zwecke beim Anteilseigner übereinstimmen, so etwa im Hinblick auf Einnahmen iSd § 20 I Nr 1, 2 EStG oder dem für Kapitalertragsteuerzwecke maßgeblichen Zuflusszeitpunkt.[2]

Form. Die Kapitalgesellschaft hat ihrem Anteilseigner eine Steuerbescheinigung nach amtlichem Muster zu erteilen (§ 27 III S 1). Die neueste Fassung des amtlichen Vordrucks wurde durch BMF-Schreiben v 20.2.2001[3] bekannt gegeben. Die Steuerbescheinigung ist von den zur gesetzlichen Vertretung der Körperschaft befugten Personen zu unterschreiben. Ist sie in einem maschinellen Verfahren ausgedruckt und lässt den Aussteller erkennen, ist eine Unterschrift entbehrlich (§ 27 III S 2). **105**

Zeitpunkt. Eine Verpflichtung zur Ausstellung einer Steuerbescheinigung galt grundsätzlich erstmals bei kalenderjahrgleichem WJ für das WJ/den VZ 2001 bzw bei abweichendem WJ für Leistungen im WJ 2001/2002/den VZ 2002 (vgl Rn 7). § 27 III legt keinen Zeitpunkt für die Erteilung der Steuerbescheinigung fest. Im Zeitpunkt der Ausstellung muss die Körperschaft lediglich Gewissheit darüber haben, ob sie Beträge aus dem steuerlichen Einlagekonto verwenden kann (Verwendungsreihenfolge § 27 I S 3, 4). Da der Zahlungstag anzugeben ist, muss die Leistung aber erbracht sein. Die Bescheinigung kann also frühestens nach erfolgter Zahlung und nicht im Vorhinein erteilt werden.[4] Im Hinblick auf die Folgen fehlerhafter Steuerbescheinigungen nach § 27 V sollte eine Steuerbescheinigung erst nach Ablauf des WJ erteilt werden.[5] Die Frist des § 27 V S 2 (Bekanntgabe der Feststellung des steuerlichen Einlagekontos) ist aber zu beachten. In der Praxis wird die Erteilung der Steuerbescheinigung regelmäßig mit dem Zeitpunkt der Abgabe der Steuererklärung zusammenfallen. **106**

Bescheinigung. Die Minderung des steuerlichen Einlagekontos ist zu „bescheinigen" (vgl § 27 III S 1). Dies bedeutet nicht nur die Ausstellung[6], sondern auch die Übergabe der Bescheinigung.[7] Dass über die Übergabe hinaus eine (förmliche) Zustellung erfolgen muss, ist gesetzlich nicht vorgesehen. Relevant sein kann dies in den Fällen des § 27 V S 1, der die Verbindlichkeit des Inhalts der erteilten Steuerbescheinigung mit Weitergabe an den Anteilseigner anordnet. Bis dahin kann eine fehlerhafte Bescheinigung korrigiert und dies dem Finanzamt gegenüber nachweislich gemacht werden. Der Nachweis der förmlichen Zustellung mit erhöhter Beweiskraft rückt dann ins Interesse, wenn das Finanzamt zweifelt, ob eine Steuerbescheinigung (rechtzeitig) erteilt oder eine bereits existierende Steuerbescheinigung (rechtzeitig) korrigiert wurde. **107**

Einstweilen frei. **108-111**

---

1 *Dötsch* in D/J/P/W § 27 Rn 168.
2 *Dötsch* in D/J/P/W § 27 Rn 168; *Lornsen-Veit* in Erle/Sauter § 27 Rn 83; *Berninghaus* in H/H/R § 27 Rn 106.
3 BStBl I 2001, 235.
4 *Christochowitz/Leib* in Mössner/Seeger § 27 Rn 177; *Berninghaus* in H/H/R § 27 Rn 107.
5 *Antweiler* in EY § 27 Rn 233; *Christochowitz/Leib* in Mössner/Seeger § 27 Rn 187; *Berninghaus* in H/H/R § 27 Rn 107.
6 Darauf beschränken sich die Ausführungen bei *Lornsen-Veit* in Erle/Sauter § 27 Rn 85.
7 *Dötsch* in D/J/P/W § 27 Rn 211 sowie *Frotscher* in Frotscher/Maas § 27 Rn 86 sprechen von „Erteilung" sowie „Aushändigung".

112 **3. Bescheinigungsverfahren durch Kreditinstitute. Zweck und Anwendungsbereich.** Dividendenscheine sind rechtlich selbständige Urkunden, die gegen Einlösung zum Bezug der Dividende berechtigen und teilweise einer Aktie beigefügt sind.[1] § 27 IV dient der vereinfachten Abwicklung des Bescheinigungsverfahrens insbesondere bei Publikumsgesellschaften, die ihre Dividendenzahlungen über Kreditinstitute abwickeln. Indem die Vorschrift auf die Vorlage von Dividendenscheinen abstellt, greift sie hauptsächlich bei Ausschüttungen einer AG.[2]

113 **Regelungsgehalt.** Die Pflicht der ausschüttenden Körperschaft zur Ausstellung einer Steuerbescheinigung (§ 27 III S 1) geht auf die in § 27 IV S 1 genannten Kreditinstitute über, wenn diese für Rechnung der Kapitalgesellschaft die Leistung gegen Vorlage eines Dividendenscheines erbringen.[3] Eine entsprechende Pflicht trifft gem § 27 IV S 3 die Zweigniederlassungen der in § 53 I, VII KWG genannten Institute. Die Körperschaft selbst ist zur Ausstellung einer Steuerbescheinigung nicht mehr berechtigt.[4] In Entsprechung zu § 27 I S 3 hat der Anteilseigner gegen das Kreditinstitut einen einklagbaren Anspruch.[5]

114 **Kreditinstitut.** Die Bescheinigung darf nach § 27 IV S 1 nur von einem Kreditinstitut[6] mit Sitz oder Geschäftsleitung im Inland ausgestellt werden (vgl aber Rn 115).

115 **Zweigniederlassungen.** Des Weiteren darf die Bescheinigung unter Bezugnahme auf § 53b I, VII KWG auch von der inländischen Zweigniederlassung eines Kreditinstitutes[7], eines Wertpapierhandelsunternehmens oder eines Unternehmens, das sonstige Bankgeschäfte betreibt oder Finanzdienstleistungen erbringt und seinen Sitz zwar nicht im Inland, aber in einem Staat des EWR hat, ausgestellt werden. Die in § 53 b I, VII KWG genannten Institute bedürfen für ihre Tätigkeit im Inland keine Erlaubnis des Bundesaufsichtsamts für das Kreditwesen, wenn sie in ihrem Herkunftsstaat zugelassen worden sind. Die Bescheinigung darf nur von der inländischen Zweigniederlassung ausgestellt werden, die auch die Auszahlung der Dividende vornimmt.[8] Unter dieser Voraussetzung dürfen darüber hinaus auch die inländischen Zweigniederlassungen eines im Drittstaat ansässigen Kreditinstitutes eine Bescheinigung ausstellen, wenn ihnen die Erlaubnis zum Betrieb von Bankgeschäften im Inland erteilt wurde.[9]

116 **Erhalt der Steuerbescheinigung.** Sofern sich die Aktien im Wertpapierdepot eines ausländischen Kreditinstituts befinden, kann der Anteilseigner die Steuerbescheinigung auf folgenden Wegen erhalten:[10]

---

1 *Christochowitz/Leib* in Mössner/Seeger § 27 Rn 197.
2 *Dötsch* in D/J/P/W § 27 Rn 181.
3 *Lornsen-Veit* in Erle/Sauter § 27 Rn 88.
4 *Christochowitz/Leib* in Mössner/Seeger § 27 Rn 196.
5 *Dötsch* in D/J/P/W § 27 Rn 186; *Frotscher* in Frotscher/Maas § 27 Rn 71.
6 Zur Definition vgl § 1 KWG, zum Aufsichtsrecht § 32 KWG.
7 Eine Übersicht über die Zweigniederlassungen gem § 53b KWG ist auf den Internetseiten der BaFin (www.bafin.de/Datenbanken) eingestellt.
8 *Frotscher* in Frotscher/Maas § 27 Rn 72; *Dötsch* in D/J/P/W § 27 Rn 184.
9 *Dötsch* in D/J/P/W § 27 Rn 184.
10 Vgl im Folgenden BMF v 5.11.2002, BStBl I 2002, 1338, Rn 9 ff; *Dötsch* in D/J/P/W § 27 Rn 185.

- Der Anteilseigner beauftragt das ausländische Kreditinstitut unter Hinweis auf die Ausstellung der Steuerbescheinigung auf seinen Namen, die Dividendengutschrift über ein inländisches Kreditinstitut zu erhalten.
- Das ausländische Kreditinstitut händigt dem Anteilseigner den Dividendenschein zwecks Vorlage bei einem inländischen Kreditinstitut zur Einlösung aus.
- Das ausländische Kreditinstitut händigt dem Anteilseigner den Dividendenschein aus, der ihn anschließend an der Kuponkasse des Unternehmens einlöst.
- Der Anteilseigner beauftragt das ausländische Kreditinstitut unter Hinweis auf die Ausstellung der Steuerbescheinigung auf seinen Namen, den Dividendenschein der ausschüttenden Körperschaft zwecks Einlösung vorzulegen.

Dagegen ist es der Körperschaft nicht gestattet, dem ausländischen Kreditinstitut eine Blankobescheinigung zwecks Vervollständigung von Name und Anschrift des Depotinhabers vorzulegen.

Anforderungen an die Steuerbescheinigung. Die Anforderungen an die Steuerbescheinigung sind dieselben wie die des § 27 III, ergänzt um die Angaben zur Körperschaft, für die die Bescheinigung erstellt wird (vgl § 27 IV S 2). Dies gilt auch für die Bestimmung des Anteilseigners.

Benennung des Anteilseigners. Sind die Aktien in einem auf den Namen einer Person lautenden Wertpapierdepot bei einem Kreditinstitut verzeichnet, darf das Institut davon ausgehen, dass der Depotinhaber auch der Anteilseigner ist, wenn anderweitige Anhaltspunkte nicht vorliegen. Handelt das Institut in Unkenntnis des Anteilseigners, aber in Kenntnis einer Sonderstellung des Depotinhabers wie zB bei Nießbrauchsbestellung, Treuhandverhältnis oder Anderkonto, darf das Institut (unter Hinweis auf die jeweilige Sonderstellung) gleichwohl den Namen des Depotinhabers in der Bescheinigung vermerken.[1] Es obliegt dann dem Finanzamt, die Identität des Anteilseigners zu prüfen.[2]

Form. Dem Kreditinstitut ist die Möglichkeit eröffnet, die Steuerbescheinigung in die Mitteilung über die Gutschrift an den Gläubiger der Kapitalerträge zu integrieren.[3] Je nach Kreditinstitut können die Steuerbescheinigungen damit ein unterschiedliches Aussehen aufweisen.

Einstweilen frei.

4. Verwendungsfestschreibung und Haftung. Regelungsgehalt. § 27 V regelt die Rechtsfolgen, wenn eine Bescheinigung zB in Folge einer Anpassung des EK durch eine Betriebsprüfung nachträglich falsch wird oder von Anfang an falsch war. Die Regelung ist erforderlich, da insbesondere bei Publikumsgesellschaften eine Rückforderung und Korrektur einer Bescheinigung nicht praktikabel ist (vgl aber Rn 130). Hierbei werden die folgenden Fälle fehlerhafter Steuerbescheinigungen erfasst:

- Die Steuerbescheinigung weist einen zu niedrigen Betrag aus.

---

1 *Heger* in Gosch § 27 Rn 45.
2 *Frotscher* in Frotscher/Maas § 27 Rn 73.
3 BMF v 5.11.2002, BStBl I 2002, 1338, Rn 1; *Dötsch* in D/J/P/W § 27 Rn 188.

- Es liegt keine (rechtzeitige) Steuerbescheinigung vor.
- Die Steuerbescheinigung weist einen zu hohen Betrag aus.

123 **Ausweis eines zu niedrigen Betrags.** Bescheinigt die Körperschaft Leistungen aus dem steuerlichen Einlagekonto, die sich im Nachhinein als zu niedrig erweisen, schließt § 27 V S 1 und 3 eine Berichtigungsmöglichkeit aus. Die zu niedrige Bescheinigung bleibt verbindlich, die Verwendung der Höhe nach unverändert (§ 27 V S 1). Mit der Festschreibung soll eine Änderung der Verwendungsreihenfolge, die der Steuerpflichtige angenommen hat, unterbunden[1] sowie verhindert werden, dass durch das Ausstellen einer bewusst falschen Bescheinigung eine Verwendung vom steuerlichen Einlagekonto erreicht werden kann.[2] Damit kann die Körperschaft die Verwendung des steuerlichen Einlagekontos nicht nachholen und es bleibt dabei, dass für den nicht bescheinigten Teil der eigentlichen Einlagenrückgewähr steuerpflichtige Erträge vorliegen und KESt einzubehalten ist. Eine Verwendungsfestschreibung erfolgt also ausschließlich bei zu niedriger Angabe der Einlagenrückgewähr.[3]

124 **Keine oder verspätete Steuerbescheinigung bis SEStEG.** Vor SEStEG war mangels gesetzlicher Regelung in § 27 I S 5 aF streitig, ob keine Bescheinigung bzw ein fehlender Eintrag in einer Steuerbescheinigung[4] wie eine Bescheinigung über einen Betrag von Null zu behandeln ist. Alternativ hierzu konnte auch in Ermangelung einer Bescheinigung keine Festschreibung angenommen werden, was die Möglichkeit einer späteren erstmaligen Feststellung der Bescheinigung eröffnete. Dieser Streit wurde durch das Urteil des BFH v 10.6.2009 zugunsten der letzteren Ansicht gelöst.[5]

125 **Keine oder verspätete Steuerbescheinigung nach SEStEG.** Nach jetziger Gesetzesfassung gilt im Wege der Fiktion gem § 27 V S 2 der Betrag der Einlagenrückgewähr als mit Null festgeschrieben, wenn eine Bescheinigung nicht oder nicht rechtzeitig vorliegt. Verspätung tritt ein, wenn die Bescheinigung erst nach dem Tag der erstmaligen Feststellung des steuerlichen Einlagekontos erstellt und dem Anteilseigner erteilt (vgl Rn 107) wurde, bezogen auf den Schluss des WJ der Leistung.[6] Nach Bekanntgabe des Feststellungsbescheides kann keine Bescheinigung mehr ausgestellt werden, da in Folge der Fiktion einer Bescheinigung mit Null eine zu niedrig bescheinigte Verwendung des Einlagekontos vorliegt (§ 27 V S 1 und 3). Der Anteilseigner hat mangels anderslautender Bescheinigung die Ausschüttung als steuerpflichtige Dividende zu versteuern.[7] Teilweise wird die Ansicht vertreten, dass die Regelung zu unangemessenen Ergebnissen führt, wenn eine Betriebsprüfung später eine

---

1 *Antweiler* in EY § 27 Rn 284.
2 BTDrs 16/3369, 7 (zu Nr 9 Buchstabe b1); *Lornsen-Veit* in Erle/Sauter § 27 Rn 95. *Binnewies* in Streck § 27 Rn 61 plädiert für eine teleologische Reduktion der Vorschrift im Fall einer späteren Betriebsprüfung. Es ist nicht eindeutig, ob *Binnewies* generell den Fall einer zu niedrig ausgestellten Bescheinigung oder aber den Fall der Nichtbescheinigung meint.
3 *Christochowitz/Leib* in Mössner/Seeger § 27 Rn 213.
4 Überblick bei *Dötsch* in D/J/P/W § 27 Rn 192.
5 BFH I R 10/09, BStBl II 2009, 974.
6 *Dötsch* in D/J/P/W § 27 Rn 212.
7 *Christochowitz/Leib* in Mössner/Seeger § 27 Rn 214.

vGA feststellt, die aus dem steuerlichen Einlagekonto hätte gespeist werden können.[1] Für solche Fälle wird aus Billigkeitsgründen gefordert, dass entgegen des Gesetzeswortlauts von der Verwendungsfestschreibung abgesehen wird, weil sie vom Regelungszweck nicht gedeckt sei, und die Einlagenrückgewähr stattdessen gleichwohl mit dem steuerlichen Einlagekonto verrechnet werden könne. ME führt diese Auffassung zu einem sachgerechten Ergebnis, das der Ansicht, dass die Verwendungsfestschreibung auch für diesen Fall gewollt sei, vorzuziehen ist.

Ausweis eines überhöhten Betrags. Wenn die Einlagenrückgewähr zu hoch bescheinigt wurde, kommt es nicht zu einer Verwendungsfestschreibung. Stattdessen besteht die Möglichkeit zur Berichtigung der Bescheinigung (§ 27 V S 5). Dies setzt nicht die Rückforderung der falschen Steuerbescheinigung voraus; jedoch sollte eine berichtigte Steuerbescheinigung manuell als eine solche gekennzeichnet sein (vgl § 45 a VI 2 EStG analog). In diesem Fall wird der gesonderten Feststellung des Einlagekontos bei der Körperschaft sowie der Besteuerung des Anteilseigners dann der zutreffende Betrag der Einlagenrückgewähr zugrunde gelegt.

126

Haftung bei fehlender Berichtigung des überhöhten Ausweises. Erfolgt keine Berichtigung der überhöhten Einlagenrückgewähr, unterliegt der überhöht ausgewiesene Betrag an angeblicher Leistung aus dem steuerlichen Einlagekonto der KESt. Diese ist bei der leistenden Körperschaft mittels Haftungsbescheid geltend zu machen (§ 27 V S 4) auch bei fehlerhafter Bescheinigung durch ein beauftragtes Kreditinstitut.[2] Es handelt sich um eine verschuldensunabhängige Haftung, weil die Anwendung des § 44 V S 1 Hs 2 EStG ausgeschlossen ist und dem Aussteller damit der Nachweis, dass weder Vorsatz noch grobe Fahrlässigkeit vorliegt, abgeschnitten ist.[3] Angesichts der eindeutigen Formulierung als „Ist"-Vorschrift besteht hinsichtlich Haftungsinanspruchnahme dem Grund und der Höhe, keinerlei Ermessen, mit Ausnahme des Auswahlermessens.[4] Entsprechend der Steuerbescheinigung führt der überhöht ausgewiesene Betrag beim Anteilseigner nicht zu Kapitalerträgen iSd § 20 I Nr 1 EStG.[5] Die von der Körperschaft abgeführte KESt ist insoweit auch nicht anrechenbar und wird definitiv.[6]

127

Übernahme der KESt. In Folge der Übernahme der Haftungsschuld kommt es zu einem Regressanspruch gegenüber dem Anteilseigner. Verzichtet die Körperschaft aus gesellschaftsrechtlichen Gründen auf die Geltendmachung, führt dies zu einer vGA an den Anteilseigner.[7] Über den zusätzlichen Kapitalertrag in Form der KESt ist eine Steuerbescheinigung auszustellen, die darüber hinaus die daraufhin abzuführende KESt erfasst.[8]

128

§ 27

---

1 Dötsch in D/J/P/W § 27 Rn 214; Werning in Blümich § 27 Rn 62; Erle/Sauter § 27 Rn 79. AA OFD Münster v 27.11.2009, DStR 2010, 225; Frotscher in Frotscher/Maas § 27 Rn 88c.
2 Lornsen-Veit in Erle/Sauter § 27 Rn 100.
3 Antweiler in EY § 27 Rn 296; Lornsen-Veit in Erle/Sauter § 27 Rn 99.
4 Antweiler in EY § 27 Rn 296; Heger in Gosch § 27 Rn 48b.
5 Frotscher in Frotscher/Maas § 27 Rn 89; Dötsch in D/J/P/W § 27 Rn 220.
6 Dötsch in D/J/P/W § 27 Rn 220; Frotscher in Frotscher/Maas § 27 Rn 90.
7 Dötsch in D/J/P/W § 27 Rn 220.
8 Binnewies in Streck § 27 Rn 62.

129 **Anpassung des Einlagekontos bei Haftung.** Wird ein Haftungsbescheid erlassen, muss die gesonderte Feststellung des Einlagekontos an die der Kapitalertragshaftung zugrunde gelegte Einlagenrückgewähr angepasst werden. § 27 V S 6 fungiert insofern als eigenständige Änderungsvorschrift innerhalb des KStG. Das Einlagekonto wird dann unter Berücksichtigung der zutreffenden Einlagenrückgewähr festgestellt.

130 **Berichtigung.** Im Falle der Berichtigung eines überhöht ausgewiesenen verwendeten Einlagekontos gem § 27 V S 5 und nachträglichen Abführung der zutreffenden KESt kommt es nicht zur Haftung.[1] Für die Berichtigung ist keine Frist vorgesehen. Es gelten dann die allgemeinen Regeln zum Einbehalt von KESt auf Dividenden und zur Besteuerung beim Anteilseigner. Das steuerliche Einlagekonto wird bei der Körperschaft entsprechend der berichtigten Bescheinigung vermindert.[2] Es wird vertreten, dass nicht mit dem Hinweis des Vorrangs des Veranlagungs- vor dem Abzugsverfahren auf die nachträgliche Einbehaltung der KESt verzichtet werden könne.[3]

131 **Publikumsgesellschaften.** Die Korrektur der Bescheinigung ist nicht zwingend vorgeschrieben, sondern ein Wahlrecht zur Verfahrenserleichterung gerade für Publikumsgesellschaften.[4] Mit anderen Worten kann bei ihnen – unter Hinweis auf die Gesetzesmaterialien[5] – von einer Korrektur abgesehen werden.[6] Auch die Berichtigung nur für einzelne Anteilseigner ist möglich.[7] Bei Publikumsgesellschaften mit unbekanntem Gesellschafterbestand lässt es die Finanzverwaltung aber auch zu, dass Steuerbescheinigungen über die „Wertpapier-Mitteilungen" berichtigt werden.[8]

132 **Eintritt der Verwendungsfestschreibung.** Die Festschreibung der Verwendung tritt mit der Aushändigung der Steuerbescheinigung an den Anteilseigner ein. Vorher kann die Bescheinigung berichtigt werden.

133 **Verwendungsfestschreibung bei mehreren Anteilseignern.** Bei mehreren Anteilseignern kommt es nur bei demjenigen zur Festschreibung, dem die Bescheinigung erteilt wurde; bei den übrigen ist aber ggf § 27 V S 2 zu beachten.[9]

134 **Einlagekonto als Kaufpreisbestandteil.** Da ein Bestand des steuerlichen Einlagekontos es der Körperschaft ermöglicht, ihrem Anteilseigner steuerneutral und ohne Anfallen von KESt Einlagen zurück zu gewähren, kommt dem steuerlichen Einlagekonto eine eigenständige Werthaltigkeit zu. Unter diesem Gesichtspunkt dürfte der Bestand des steuerlichen Einlagekontos – das der Höhe nach nicht zwingend mit der Kapitalrücklage übereinstimmt (vgl Rn 37) – zunehmend in die Kaufpreisermittlung bei der Veräußerung von Körperschaften einfließen. Die korrekte Ermittlung ist daher auch wirtschaftlich geboten.

---

1 *Frotscher* in Frotscher/Maas § 27 Rn 91; *Dötsch* in D/J/P/W § 27 Rn 222.
2 *Dötsch* in D/J/P/W § 27 Rn 222; *Frotscher* in Frotscher/Maas § 27 Rn 91.
3 *Dötsch* in D/J/P/W § 27 Rn 217; *Antweiler* in EY § 27 Rn 300.
4 *Lornsen-Veit* in Erle/Sauter § 27 Rn 101; *Schiffers*, GmbH-StB 2007, 76, 80.
5 BTDrs 16/3369, 8: „Zur Verfahrenserleichterung bei Publikumsgesellschaften ist eine Korrektur nicht zwingend vorgeschrieben."
6 *Christochowitz/Leib* in Mössner/Seeger § 27 Rn 217; *Dötsch* in D/J/P/W § 27 Rn 221.
7 *Frotscher* in Frotscher/Maas § 27 Rn 91; *Semmler* in Lademann § 27 Rn 175.
8 *Dötsch* in D/J/P/W § 27 Rn 191, 221.
9 *Dötsch* in D/J/P/W § 27 Rn 207 f.

Einstweilen frei. **135-137**

VII. Organgesellschaften. Normzweck. § 27 VI bezweckt, dass Unterschiede zwischen dem Einkommen der Organgesellschaft, das dem Organträger zuzurechnen ist, und dem tatsächlich abgeführten handelsrechtlichen Gewinn bei der Ermittlung des Einlagekontos berücksichtigt werden.[1] Andernfalls würden bei der Organgesellschaft handelsrechtlich nicht mehr vorhandene Gewinne, die an den Organträger bereits abgeführt wurden, in einem unzutreffend erhöhten Einlagekonto ausgewiesen (Mehrabführung). Umgekehrt würde das steuerlich dem Organträger bereits zugerechnete Einkommen sich in einem dann zu geringen Einlagekonto, aufgrund der handelsrechtlich geringeren Gewinne, bei der Organgesellschaft nicht wiederspiegeln.[2] **138**

Organschaftliche Mehr- und Minderabführungen. Die Definition von organschaftlichen Mehr- und Minderabführungen kann dem durch das JStG 2008 eingeführten § 14 VI S 6 entnommen werden.[3] Danach liegen solche insbesondere vor, wenn der an den Organträger abgeführte Gewinn vom Steuerbilanzgewinn der Organgesellschaft abweicht und diese Abweichung in organschaftlicher Zeit verursacht ist (vgl § 14 Rn 975 ff). Unterschiedliche Ansatz- oder Bewertungsunterschiede in Handels- und Steuerbilanz bei der Gewinnermittlung auf der ersten Stufe sind häufigste Ursache für Mehr- oder Minderabführungen.[4] Diese werden durch die zunehmende Abkopplung der Steuerbilanz von der Handelsbilanz insbesondere aufgrund des BilMoG vermehrt auftreten.[5] Hinzurechnungen und Kürzungen auf der zweiten Stufe der Gewinnermittlung können hingegen nicht ausschlaggebend für die Anwendung des § 27 VI sein.[6] Beispiel für solche Korrektive außerhalb der Steuerbilanz sind nichtabzugsfähige Ausgaben, Hinzurechnungen von vGA, nichtabzugsfähigen Verlusten sowie steuerfreien Vermögensmehrungen nach DBA oder § 8b I, II.[7] **139**

Auswirkung auf das steuerliche Einlagekonto. Organschaftliche Minderabführungen der Organgesellschaft erhöhen ihr steuerliches Einlagekonto. Dh die Regelung fußt auf der Annahme, dass die Organgesellschaft ursprünglich ihren vollen Gewinn an den Organträger abgeführt hat. Diese legt den zur Bildung der Rücklage benötigten Betrag jedoch unmittelbar wieder in die Organgesellschaft ein.[8] Organschaftliche Mehrabführungen der Organgesellschaft mindern ihr steuerliches Einlagekonto. Diese Minderung kann dazu führen, dass das Einlagekonto negativ wird und die grundsätzliche Beschränkung auf dessen positiven Bestand nicht greift.[9] Dies ergibt sich durch den Verweis auf § 27 VI in § 27 I S 4 Hs 2. Es handelt sich um eine gesetzlich vorgesehene Durchbrechung des Grundsatzes aus § 27 I S 4. Da eine tatsächlich nicht vorhandene Einlage begrifflich nicht zurückgewährt werden kann, handelt es sich um eine gesetzliche Fiktion.[10] **140**

---

1 *Christochowitz/Leib* in Mössner/Seeger § 27 Rn 232.
2 *Binnewies* in Streck § 27 Rn 71.
3 *Dötsch* in D/J/P/W § 27 Rn 236; *Christochowitz/Leib* in Mössner/Seeger § 27 Rn 256.
4 *Antweiler* in EY § 27 Rn 306.
5 *Binnewies* in Streck § 27 Rn 71.
6 *Dötsch* in D/J/P/W § 27 Rn 240; *Frotscher* in Frotscher/Maas § 27 Rn 96.
7 *Dötsch* in D/J/P/W § 27 Rn 240, 241 f (auch zu den Hauptanwendungsfällen).
8 *Antweiler* in EY § 27 Rn 321.
9 *Dötsch* in D/J/P/W § 27 Rn 238.
10 *Binnewies* in Streck § 27 Rn 72.

141 **Beendigung der Organschaft.** Endet eine Organschaft vor Wegfall der Ursache für eine frühere Minder- bzw Mehrabführung, ist dies ohne Auswirkung auf den Bestand des steuerlichen Einlagekontos. Die Frage, ob eine Ausschüttung aus diesem Konto vorgenommen werden kann, bestimmt sich dann ausschließlich aus der Verwendungsreihenfolge gem § 27 I S 3. Mit Beendigung der Organschaft ist damit auch der Direktzugriff auf das steuerliche Einlagekonto ausgeschlossen.[1]

142 **Vororganschaftliche Mehr- und Minderabführungen.** Von den organschaftlichen Mehr- und Minderabführungen sind die vororganschaftlichen Mehr- oder Minderabführungen abzugrenzen, welche nicht unter § 27 VI fallen. Sie haben ihre Ursache in vororganschaftlicher Zeit, gelten gem § 14 III als Gewinnausschüttungen oder Einlagen und können damit als Leistungen gem § 27 I S 3 gleichwohl das steuerliche Einlagekonto reduzieren (vgl Rn 18 und 55 ff) bzw als Einlagen erhöhen (vgl Rn 16). Darunter sollen die Sachverhalte erfasst werden, die vor „der steuerlichen Wirksamkeit der Organschaft" verwirklicht wurden.[2] Nach einhelliger Auffassung knüpft die Verursachung in vorvertraglicher Zeit periodenübergreifend an einen Sachverhalt vor dem Abschluss des Ergebnisabführungsvertrages an, der ursächlich für die Abführungsdifferenzen während der späteren Organschaft ist. Im Wesentlichen gehen die Mehr- oder Minderabführungen auf eine unterschiedliche Bewertung von Positionen in der Handels- und Steuerbilanz der Organgesellschaft vor dem Abschluss des Ergebnisabführungsvertrages zurück.[3]

143 **Außerorganschaftliche Mehr- und Minderabführungen.** Durch Umwandlungsvorgänge verursachte sog „außerorganschaftliche Mehr- und Minderabführungen" sollen nach fragwürdiger Auffassung wie vororganschaftliche Mehr- und Minderabführungen iSd § 14 III zu behandeln sein (vgl § 14 Rn 1267 ff).[4] Nach dieser Auslegung würden derartige „außerorganschaftliche Mehr- und Minderabführungen" nicht § 27 VI unterfallen (vgl Rn 142).[5]

144-145 *Einstweilen frei.*

146 **VIII. Andere Körperschaften und Personenvereinigungen. 1. Erwerbs- und Wirtschaftsgenossenschaften, bergbaubetreibende Vereinigungen.** Nach § 27 VII gelten § 27 I-VI sinngemäß für andere unbeschränkt steuerpflichtige Körperschaften und Personenvereinigungen, die Leistungen iSd § 20 I Nr 1, 9 und 10 EStG gewähren können. Leistungen iSd § 20 I Nr 1 EStG werden ua von Erwerbs- und Wirtschaftsgenossenschaften sowie von bergbaubetreibenden Vereinigungen, die über die Rechte einer juristischen Person verfügen, erbracht.[6]

147 *Einstweilen frei.*

---

1 *Dötsch* in D/J/P/W § 27 Rn 242 f.
2 BTDrs 15/3677, 36.
3 *Dötsch* in D/J/P/W § 14 Rn 430; *Werning* in Blümich § 14 Rn 71 f.
4 OFD Münster v 9.12.2010, DStR 2011, 367; *Dötsch* in D/J/P/W § 14 Rn 436; *Neumann* in Gosch § 14 Rn 418; aA *Lohmann/Heerdt*, DB 2010, 1937; *Heerdt*, DStR 2009, 938.
5 AA *Frotscher* in Frotscher/Maas § 27 Rn 94.
6 *Dötsch* in D/J/P/W § 27 Rn 251.

2. Nicht steuerbefreite Körperschaften, Personenvereinigungen und Vermögensmassen. Leistungen iSd § 20 I Nr 9 EStG können von nicht von der KSt befreiten Körperschaften, Personenvereinigungen oder Vermögensmassen iSd § 1 I Nr 3-5 erbracht werden. Darunter fallen VVaG (§ 1 I Nr 3), sonstige juristische Personen des privaten Rechts (§ 1 I Nr 4) und nichtrechtsfähige Vereine (§ 1 I Nr 5). Anstalten, Stiftungen und anderes Zweckvermögen fallen mangels Anteilseigner jedoch nicht darunter (vgl Rn 10).[1] 148

Einstweilen frei. 149

3. BgA und wirtschaftliche Geschäftsbetriebe. a) Allgemeines. Nach § 20 I Nr 10 lit a EStG führen Leistungen eines nicht von der KSt befreiten BgA iSd § 4 mit eigener Rechtspersönlichkeit zu mit Gewinnausschüttungen iSd § 20 I 1 EStG wirtschaftlich vergleichbaren Einnahmen und damit zu Einkommen der Trägerkörperschaft (vgl § 4 Rn 37). Dies gilt gem § 20 I Nr 10 lit b EStG auch für den nicht den Rücklagen zugeführten Gewinn und vGA eines nicht von der KSt befreiten BgA iSd § 4 ohne eigene Rechtspersönlichkeit sowie den Gewinn iSd § 22 IV UmwStG. Dieser BgA ohne eigene Rechtspersönlichkeit muss den Gewinn durch Betriebsvermögensvergleich ermitteln oder grundsätzlich bestimmte Umsatz- oder Gewinngrenzen überschreiten (vgl aber Rn 163). BgA von juristischen Personen des öffentlichen Rechts erbringen damit Leistungen iSd § 20 I Nr 10 EStG und haben ein steuerliches Einlagekonto zu führen (vgl § 4 Rn 37).[2] Dies gilt entsprechend für wirtschaftliche Geschäftsbetriebe[3] von steuerbefreiten Körperschaften (§ 20 I Nr 10 lit b S 4 EStG). 150

Einstweilen frei. 151-152

b) Anfangsbestand. Keine Anwendung des § 39. IRd Anrechnungsverfahrens waren BgA nicht zur Gliederung des EK iSd § 27 aF verpflichtet. Erst unter der Geltung des Halbeinkünfteverfahrens ergab sich mit der Einführung des § 20 I Nr 1 EStG die Notwendigkeit der Feststellung des Einlagekontos. § 39 regelt für den Übergang vom Anrechnungsverfahren zum Halbeinkünfteverfahren, dass ein positiver Endbetrag des Teilbetrags iSd § 30 II Nr 4 aF als Anfangsbestand des steuerlichen Einlagekontos zu erfassen ist. Dies bezieht sich aber nur auf Körperschaften, die bereits im Anrechnungsverfahren zur Eigenkapitalgliederung verpflichtet waren.[4] Auf BgA findet § 39 I daher keine Anwendung. Bei ihnen ist grundsätzlich zunächst von einem Anfangsbestand von 0 EUR auszugehen.[5] 153

Feststellung aus Billigkeitsgründen. IRe Billigkeitsregelung[6] wurde den bilanzierenden BgA jedoch zugestanden, alle im Zeitpunkt des Systemwechsel vorhandenen Bestandteile des EK, die das Nennkapital (oder eine vergleichbare Kapitalgröße) übersteigen, dem steuerlichen Einlagekonto als Anfangsbestand zu- 154

---

1 *Dötsch* in D/J/P/W § 27 Rn 252; *Semmler* in Lademann § 27 Rn 196. Nach *Antweiler* in EY § 27 Rn 346 sind auch VVaG nicht erfasst.
2 *Lornsen-Veit* in Erle/Sauter § 27 Rn 21 f; *Krämer* in D/J/P/W § 27 Rn 80.
3 *Dötsch* in D/J/P/W § 27 Rn 253.
4 *Werning* in Blümich § 27 Rn 76.
5 BMF v 4.6.2003, BStBl I 2003, 366, Rn 5; BFH I R 78/06, BFH/NV 2008, 495.
6 *Krämer* in D/J/P/W § 27 Rn 83; *Werning* in Blümich § 27 Rn 76.

zurechnen.[1] Für wirtschaftliche Geschäftsbetriebe gilt diese Regelung analog.[2] Damit scheiden (auch nach Auffassung des BFH)[3] in der Zeit vor dem Systemwechsel durch die Trägerkörperschaft ausgeglichene Verluste eines BgA zur Erfassung aus.[4] Anzusetzen ist das EK laut Steuerbilanz, da auf eine Nachbelastung der Gewinne bewusst verzichtet werden soll, aber nur diese der Besteuerung nach altem Recht unterlagen.[5] Damit werden Altrücklagen im Anfangsbestand des steuerlichen Einlagekontos erfasst.[6]

155 **BgA mit negativem EK.** Weist die Bilanz eines Eigenbetriebes zum Stichtag ein negatives EK auf, ist der Anfangsbestand des steuerlichen Einlagekontos mit 0 EUR anzusetzen. Bei Regiebetrieben gelten Verluste (aus der Zeit vor dem Systemwechsel) als durch den öffentlichen Haushalt ausgeglichen. Ein negativer Anfangsbestand kann sich nicht ergeben.[7]

156 **Nichtbilanzierende BgA.** Nichtbilanzierende BgA (zB Regiebetriebe), die unter § 20 I Nr 10 lit b EStG fallen, haben etwa vorhandene Altrücklagen und Einlagen aus dem Zeitraum des Anrechnungsverfahrens nachzuweisen und im Zeitpunkt des Systemwechsels als Anfangsbestand im steuerlichen Einlagekonto zu erfassen.[8] Es fehlt an der Bezugsgröße des EK laut Steuerbilanz.[9] Eine Billigkeitsregelung wird ihnen nicht zugestanden.

157-158 *Einstweilen frei.*

159 **c) Nennkapital bzw vergleichbare Größe. Nennkapital bei Eigenbetrieb.** Nach Auffassung der Finanzverwaltung sind im Zeitpunkt des Systemwechsels vorhandene Teile des EK, die das Nennkapital bzw eine vergleichbare Größe übersteigen, dem Anfangsbestand des steuerlichen Einlagekontos hinzuzurechnen.[10] Das Nennkapital selbst ist nicht dem steuerlichen Einlagekonto zuzuordnen; seine Auskehrung führt nicht zu einem steuerpflichtigen Zufluss bei der Trägerkörperschaft.[11]

160 **Nennkapital bei Regiebetrieb.** Die Annahme eines Nennkapitals oder einer vergleichbaren Größe ist bei Regiebetrieben wegen haushaltsrechtlicher Besonderheiten nicht möglich. Sie sind nicht Sondervermögen der Gemeinden, sondern finanzwirtschaftlich unselbständiger Teil des Gemeindehaushalts.[12] Eine Berücksichtigung von Bestandteilen des EK in Anfangsbestands des steuerlichen Einlagekontos ist nicht angezeigt, wenn diese vor dem Systemwechsel durch Verluste ausgeglichen wurden.[13]

---

1 BMF v 11.9.2002, BStBl I 2002, 935, Rn 13, 25; *Berninghaus* in H/H/R § 27 Rn 152.
2 BMF v 10.11.2005, BStBl I 2005, 1029, Rn 6.
3 BMF v 11.9.2002, BStBl I 2002, 935, Rn 13; *Krämer* in D/J/P/W § 27 Rn 90.
4 BFH I R 78/06, BStBl II 2008, 317; BFH I R 68-70/06, GmbHR 2008, 1111 L.
5 *Berninghaus* in H/H/R § 27 Rn 152; *Krämer* in D/J/P/W § 27 Rn 86.
6 *Krämer* in D/J/P/W § 4 Rn 322.
7 *Krämer* in D/J/P/W § 27 Rn 88 f.
8 BMF v 11.9.2002, BStBl I 2002, 935, Rn 25, *Krämer* in D/J/P/W § 27 Rn 84; AA FG Baden-Württemberg 6 K 177/03, EFG 2006, 1008; FG Baden-Württemberg 6 K 176/03, EFG 2006, 1701.
9 *Berninghaus* in H/H/R § 27 Rn 150.
10 BMF v 11.9.2002, BStBl I 2002, 935, Rn 13, 25.
11 Ausführlich *Krämer* in D/J/P/W § 27 Rn 96 f.
12 *Heger* in Gosch § 27 Rn 58; *Frotscher* in Frotscher/Maas § 27 Rn 109g.
13 BFH I R 68-70/06, GmbHR 2008, 1111; *Werning* in Blümich § 27 Rn 77.

VIII. Andere Körperschaften und Personenvereinigungen

Verrechnung des abgeführten Gewinns mit dem Einlagekonto. Der Gewinn der Trägerkörperschaft wird zum Ende des WJ des BgA bezogen, so dass im Lichte der Rechtsprechung des BFH (zeitgleicher Bezug des Gewinns auf Ebene des BgA und der Trägerkörperschaft[1]) der Gewinn mit dem steuerlichen Einlagekonto des vorangegangenen WJ zu verrechnen ist.[2] Zur Berechnung, in welcher Höhe Beträge aus dem steuerlichen Einlagekonto entnommen werden, verwendet die Finanzverwaltung die Rechengröße der „Neurücklagen", die eine Entsprechung zum ausschüttbaren Gewinn iSd § 27 I S 5 darstellen sollen. ISd Verwendungsreihenfolge sind die an die Trägerkörperschaft (fiktiv) abgeführten Gewinne zunächst den „Neurücklagen" zu entnehmen.[3] Ein beim Regiebetrieb entstandener Verlust gilt im Jahr seiner Entstehung als durch eine entsprechende Einlage der Trägerkörperschaft ausgeglichen. Konsequenterweise ist das steuerliche Einlagekonto bereits im Verlustjahr zu erhöhen.[4]

161

Einlagekonto bei Zusammenfassung von mehreren BgA. Unterhält eine Trägerkörperschaft mehrere selbständige BgA, können diese abweichend vom Grundsatz der gesonderten Gewinnermittlung unter bestimmten Voraussetzungen zu einem einheitlichen BgA zusammengefasst werden (vgl § 4 Rn 171 ff). Bei diesem steuerlichen Querverbund handelt es sich nicht um einen Umwandlungsvorgang, dennoch bietet sich für die Ermittlung der Neurücklagen bzw die Feststellung des steuerlichen Einlagekontos die analoge Anwendung des § 29 an (vgl Rn 165).[5]

162

Entsprechende Anwendung von § 27 I-VI. Die sinngemäße Anwendung der vorherigen Absätze hat zur Folge, dass die genannten Körperschaftsteuersubjekte ein Einlagekonto zu führen, Erklärungen zur gesonderten Feststellung abzugeben und Bescheinigungen auszustellen haben sowie ggf haftbar gemacht werden können[6] (wobei letztes mit dem Analogieverbot zu Lasten des Steuerpflichtigen im Widerspruch stehen könnte). Die Abgabe der jährlichen Feststellungserklärung beinhaltet, dass Feststellungsstichtag für das steuerliche Einlagekonto das Ende des WJ (vgl Rn 83) ist.[7] Dies gilt auch bei BgA ohne eigene Rechtspersönlichkeit, die den Gewinn nicht durch Betriebsvermögensvergleich ermitteln, wenn sie die festgelegten Umsatz- bzw Gewinngrenzen des § 20 I Nr 10 lit b EStG nicht überschreiten.[8] Aus Gründen der Rechtssicherheit ist eine jährliche Fortschreibung unter Vernachlässigung der vorgenannten Grenzen angezeigt (insbesondere in Fällen, in denen der BgA abwechselnd die Grenzen über- oder unterschreitet).[9] Die anderslautende Auffassung des FG Baden-Württemberg[10] ist verfahrensrechtlich problematisch: Denn andernfalls müsste, da der Vorjahresbescheid als Grundlagenbescheid fungiert, der Anfangs-

163

---

1 BFH I R 105/505, BStBl II 2007, 841.
2 *Berninghaus* in H/H/R § 27 Rn 150.
3 Ausführliche Darstellung und Beispielrechnung bei *Krämer* in D/J/P/W § 27 Rn 101.
4 *Krämer* in D/J/P/W § 27 Rn 101a. Dies gilt nach OFD Niedersachsen v 23.8.2010, BB 2011, 51, für wirtschaftliche Geschäftsbetriebe entsprechend.
5 *Krämer* in D/J/P/W § 27 Rn 103.
6 *Berninghaus* in H/H/R § 27 Rn 150; *Antweiler* in EY § 27 Rn 369.
7 *Heger* in Gosch § 27 Rn 59a.
8 *Krämer* in D/J/P/W § 27 Rn 104; aA FG Baden-Württemberg 6 K 177/03, EFG 2006, 1008.
9 *Semmler/Zimmermann*, DB 2005, 2153; *Krämer* in D/J/P/W § 4 Rn 318. AA *Frotscher* in Frotscher/Maas § 27 Rn 109d.
10 FG Baden-Württemberg 6 K 177/03, EFG 2006, 1008.

bestand des steuerlichen Einlagekontos bei Überschreiten der Grenzen jeweils neu ermittelt werden.[1] Auch soll nur der Gewinn derjenigen Jahre der KESt unterliegen, in denen die Grenzen überschritten sind.[2]

164 **Analoge Anwendung des § 28.** Zur analogen Anwendung vgl § 28 Rn 37 ff.

165 **Analoge Anwendung des § 29.** Zur analogen Anwendung vgl § 29 Rn 43, 45.

166-168 *Einstweilen frei.*

169 **IX. Einlagenrückgewähr von EU-Körperschaften. 1. Öffnung für EU-Gesellschaften. Rechtslage vor SEStEG.** Ursprünglich hatten nur unbeschränkt steuerpflichtige Kapitalgesellschaften und andere Körperschaften ein steuerliches Einlagekonto zu führen. Diese Verpflichtung galt nach dem damaligen Gesetzeswortlaut nicht für ausländische Kapitalgesellschaften mit Sitz und Ort der Geschäftsleitung im Ausland, sowohl in EU-Staaten als auch in Drittstaaten. Nach Ansicht der Finanzverwaltung war im Umkehrschluss deshalb anzunehmen, dass die Einlagenrückzahlung einer ausländischen Körperschaft gem § 20 I 3 EStG als steuerpflichtige Dividende bei Anteilen im Privatvermögen zu behandeln ist.[3] Diese Auffassung war umstritten und wurde in der Literatur kritisiert.[4] Hauptargument war, dass die Ansicht der Finanzverwaltung in eine erhebliche Benachteiligung bei einem Investment in ausländische Körperschaften mündete, die mit dem Diskriminierungsverbot des EG-Vertrages nicht im Einklang stand.[5] Auch inländische Anteilseigner von in Deutschland nicht unbeschränkt steuerpflichtigen ausländischen Körperschaften sollten steuerneutral Einlagerückzahlungen empfangen können.[6] Als Folge dieser Kritik sind mit dem SEStEG die Regelungen über die Einlagenrückgewähr nach § 27 ab VZ 2006 auf bestimmte ausländische Körperschaften des EU-Raumes erweitert worden (vgl Rn 3). Bei Anteilen im Betriebsvermögen von ausländischen Gesellschaften eines EU- oder Drittstaates konnte jedoch eine Verrechnung mit dem Buchwert nach der Rechtsprechung innerhalb des abgegrenzten Anwendungsbereichs der ausländischen Kapitalherabsetzung in Frage kommen (vgl § 8b Rn 142 f).

170 **Rechtslage nach SEStEG.** Die Einführung von § 27 VIII bedeutete die Öffnung des Besteuerungssystems für ausländische Körperschaftsteuersubjekte, die in einem anderen Mitgliedstaat der EU unbeschränkt steuerpflichtig und in der Lage sind, Ausschüttungen vorzunehmen.[7] Nach dem Wortlaut des § 27 sind unbeschränkt steuerpflichtige (inkl doppelt ansässiger[8]) Körperschaften zur Führung des steuerlichen Einlagekontos gem § 27 I verpflichtet. Für in einem anderen EU-Mitgliedstaat unbeschränkt steuerpflichtige Körperschaften trifft § 27 VII zwar keine direkte Verpflichtung zur Führung eines Einlagekontos, sieht aber die Möglichkeit der steuerneutralen Ein-

---

1 *Krämer* in D/J/P/W § 27 Rn 104.
2 *Krämer* in D/J/P/W § 4 Rn 318.
3 BMF 4.6.2003, BStBl I 2003, 366, Rn 2.
4 *Van Lishaut/Förster*, FR 2002, 1205, 1207; *Frotscher* in Frotscher/Maas § 27 Rn 114.
5 *Frotscher* in Frotscher/Maas § 27 Rn 114.
6 *Sedemund/Fischenich*, BB 2008, 1656 mit Rechtsprechungshinweisen; *Frotscher* in Frotscher/Maas § 27 Rn 128; *Antweiler* in EY § 27 Rn 372; aA *Dötsch* in D/J/P/W § 27 Rn 261.
7 *Frotscher* in Frotscher/Maas § 27 Rn 115.
8 *Dötsch* in D/J/P/W § 27 Rn 263; *Frotscher* in Frotscher/Maas § 27 Rn 117.

lagenrückgewähr vor. Nach welchem Recht diese Körperschaften gegründet wurden, ist unerheblich (dh auch im Drittstaat gegründete und zugezogene Körperschaften werden erfasst).[1] Nach dem reinen Gesetzeswortlaut werden in einem anderen EWR-Staat unbeschränkt steuerpflichtige Körperschaften nicht erfasst; vor dem Hintergrund des dem Art 31 EWR-Abkommen innewohnenden Diskriminierungsverbots ist die Vorschrift jedoch gegen den Wortlaut auch auf diese Gesellschaften anzuwenden.[2]

Körperschaften aus Drittstaaten. Steuerneutrale Kapitalrückführung. Für Körperschaften aus Drittstaaten bleibt umstritten, ob diese überhaupt von der Möglichkeit der steuerneutralen Kapitalrückführung Gebrauch machen können.[3] Nach teilweiser Literaturauffassung werden Drittstaaten-Kapitalgesellschaften nicht davon ausgeschlossen, (anhand des Rechtsgedankens aus § 27) steuerneutrale Leistungen an ihre Anteilseigner zu erbringen.[4] Dies wird mit übergeordneten Erwägungen wie den Kapitalerhaltungsgrundsätzen, dem Prinzip des Einkünftedualismus mit der Trennung von Kapital und Ertrag[5] und den Grundsätzen der Kapitalverkehrsfreiheit begründet.[6] Vertreten wird darüber hinaus, dass es mangels Regelung durch das SEStEG beim Status Quo verbleibt, wonach die Einlagenrückgewähr aus Drittstaaten-Gesellschaften zumindest bei Anteilen im Betriebsvermögen auf der Basis der BFH-Rechtsprechung[7] möglich ist (dazu § 8b Rn 143).[8] Allerdings hält eine letzte Auffassung diese Rechtsprechung im Lichte der Neuregelungen des § 27 iRd SEStEG nicht mehr für anwendbar, da der Wortlaut der Norm eben ausdrücklich nur EU-Kapitalgesellschaften umfasse; dabei soll es sich um eine bewusste negative Regelung, und nicht etwa um eine Gesetzeslücke handeln.[9] Gegen eine Begünstigung von Drittstaaten-Gesellschaften wird weiter angeführt, dass dies einen nicht administrierbaren Aufwand nach sich ziehen würde.[10] Wenngleich letzterer Hinweis nicht zu überzeugen vermag, muss festgehalten werden, dass der Anwendungsbereich des § 27 VIII für Körperschaften aus Drittstaaten weder direkt noch – angesichts der Gesetzesbegründung – analog eröffnet ist.[11] Die steuerneutrale Kapitalrückführung auf der Basis des Richterrechts (vor SE-

171

---

1 Dötsch in D/J/P/W § 27 Rn 264.
2 Häberer, DStZ 2010, 840, 842. Nach Sedemund, IStR 2009, 579, 579 liegt ein Redaktionsversehen nahe. So auch Dötsch in D/J/P/W § 27 Rn 266; vgl auch Christowitz/Leib in Mössner/Seeger § 27 Rn 274.
3 Im Ergebnis bejahend Werra/Teiche, DB 2006, 1455, 1458; Häberer, DStZ 2010, 840, 845, 846; Antweiler in EY § 27 Rn 374; im Ergebnis verneinend Werning in Blümich § 27 Rn 82; Früchtl/Prokscha, BB 2007, 2147, 2149 f; Binneuius in Streck § 27 Rn 83. Vgl auch Dötsch in D/J/P/W § 27 Rn 267 mwN; Frotscher in Frotscher/Maas § 27 Rn 128; Elser/Dürrschmidt, IStR 2010, 79, 82; Heger in Gosch § 27 Rn 66.
4 Sedemund/Fischenich, BB 2008, 1656, 1658; Antweiler in EY § 27 Rn 374; Häberer, DStZ 2010, 840, 842; zuletzt Sievert/Sedemund/Seufer, DB 2011, 1606.
5 Früchtl/Prokscha, BB 2007, 2147.
6 Sedemund, IStR 2010, 270; Häberer, DStZ 2010, 840, 846.
7 BFH I R 1/91, BStBl II 1993, 189; BFH I R 58/99, BStBl II 2001, 168; BFH I R 117/08, BFH/NV 2011, 669.
8 Rödder/Schumacher, DStR 2006, 1481, 1490; Sedemund, IStR 2010, 270, 271 und 274; Sedemund/Fischenich, BB 2008, 1656; Spilker/Peschke, DStR 2011, 385; Häberer, DStZ 2010, 840, 846; Antweiler in EY § 27 Rn 374.
9 Dötsch in D/J/P/W § 27 Rn 267; Frotscher in Frotscher/Maas § 27 Rn 128; Heger in Gosch § 27 Rn 66. Nach Sedemund, IStR 2009, 579 sind aufgrund unionsrechtskonformer Auslegung sämtliche Kapitalgesellschaften, die in einem beliebigen Land ansässig oder steuerpflichtig sind, antragsberechtigt.
10 Dötsch/Pung, DB 2006, 2648, 2653.
11 Häberer, DStZ 2010, 840, 846; Werning in Blümich § 27 Rn 82; Dötsch in D/J/P/W § 27 Rn 267; Christowitz/Leib in Mössner/Seeger § 27 Rn 274.

StEG), die sich nach den Maßstäben des ausländischem Handels- und Gesellschaftsrecht richtet, schließt das mit der vorgenannten Literaturmeinung nicht aus.[1] Dies kann den Gesetzesmaterialien ebenfalls entnommen werden.[2] Zu sehen ist aber, dass diese Vorgehensweise im Vergleich zur Systematik des § 27 zu einem Bruch führt, da hiernach ausschließlich deutsches Steuerrecht – und nicht ausländisches Handelsrecht – für die Bemessung der Einlagenrückgewähr maßgeblich ist (vgl Rn 179). Auch mag dies in einer Bevorteilung von Drittstaatsgesellschaften münden.[3]

172 **Billigkeit.** Soweit die steuerneutrale Kapitalrückführung auch aufgrund der BFH-Rechtsprechung ausscheidet, verbleibt nur die Möglichkeit des Erlasses anfallender Steuern aus Billigkeit, soweit die Kapitalrückzahlungsfälle eindeutig nachgewiesen werden können. Als Rechtsgrundlagen kommen die abweichende Steuerfestsetzung nach § 163 AO (Billigkeitsmaßnahme im Festsetzungsverfahren)[4] oder ein Erlass nach § 227 AO im Festsetzungsverfahren in Betracht.

173-174 *Einstweilen frei.*

175 **2. Durchführung der Einlagenrückgewähr. Antragserfordernis.** Es besteht für jede Einlagenrückgewähr jeweils eine Antragspflicht (§ 27 VIII S 3), wenn die Möglichkeit der steuerneutralen Einlagenrückgewähr nach § 27 VIII S 1 genutzt werden soll. Der Antrag nach § 27 VIII wirft in der Praxis eine Vielzahl von Fragen auf, insbesondere in Bezug auf den Nachweiskatalog, der sich aus dem Verweis in § 27 VIII 2 ergibt (vgl Rn 182).

176 **Feststellungsgegenstand.** Gegenstand der Feststellung nach § 27 VIII S 3 ist ein anderer als der nach § 27 II: Während bei letzterem der Stand des steuerlichen Einlagekontos bescheinigt wird, wird bei § 27 VIII S 3 die Höhe der als Einlagenrückgewähr zu qualifizierenden Leistung attestiert. Der Wortlaut verlangt nicht explizit, dass die ausländische Körperschaft das steuerliche Einlagekonto festzustellen und (fort-)zu führen hat. Daraus folgt, dass eine ausländische Körperschaft mit mehreren Anteilseignern einen Antrag nach § 27 VIII stellen kann, der nur auf die anteilige Leistung an einen inländischen Anteilseigner bezogen ist.[5] Den Hinweis auf die entsprechende Anwendung von § 27 I-VI kann man aber so verstehen, dass die Feststellung der Höhe des steuerlichen Einlagekontos inzident ist.[6]

177 **Zeitliche Wirkung des Antrags.** Aus § 27 VIII S 3-7 ergibt sich weiter, dass die Antragstellung ein punktuelles Ereignis ist und die Feststellung sich nur auf das Jahr der Antragstellung bezieht. Freilich muss bei einem späteren erneuten Antrag die zwischenzeitliche Entwicklung des steuerlichen Einlagekontos nachvollzogen werden.[7]

---

1 Rödder/Schumacher, DStR 2006, 1481, 1490; Sedemund, IStR 2010, 270, 271 und 274; Sedemund/Fischenich, BB 2008, 1656; Spilker/Peschke, DStR 2011, 385; Häberer, DStZ 2010, 840, 846; Antweiler in EY § 27 Rn 374. AA zB Dötsch in D/J/P/W § 27 Rn 260.
2 Sedemund/Fischenich, BB 2008, 1656; Häberer, DStZ 2010, 840, 846; Spilker/Peschke, DStR 2011, 385.
3 Häberer, DStZ 2010, 840, 846.
4 Berninghaus in H/H/R § 27 Rn 164.
5 Dötsch in D/J/P/W § 27 Rn 273.
6 Antweiler in EY § 27 Rn 281. Auch im Merkblatt des BZSt (vgl Rn 69) ist von der „Entwicklung des fiktiven Einlagekontos" die Rede.
7 Dötsch in D/J/P/W § 27 Rn 272, 275.

IX. Einlagenrückgewähr von EU-Körperschaften

Zusammenfassung für mehrere Ausschüttungen. Der Antrag bezieht sich auf das Kalenderjahr der Auskehrung. Mitunter sind also für ein WJ mehrere Auskehrungen in einem Antrag zusammenzufassen.[1]

178

Maßgebliches Recht. Weiterhin stellt sich die Frage, nach welchem Recht der Einlagenbestand bzw das steuerliche Einlagekonto zu ermitteln ist bzw ob Handels- oder aber ausschließlich Steuerrecht ausschlaggebend ist. Zumindest bei Anteilen im Betriebsvermögen bzw bei Anteilen an ausländischen Gesellschaften vor dem SEStEG wird für die steuerneutrale Einlagenrückgewähr im Falle der Kapitalrückzahlung das ausländische Recht der beantragenden Gesellschaft vor dem Hintergrund der Rechtsprechung des BFH als Maßstab herangezogen.[2] Dagegen ist eine Einlagenrückgewähr nach § 27 VIII S 2 unabhängig von der handelsrechtlichen Einordnung zu betrachten.[3] Denn der Nachweis, dass das Einlagekonto verwendet wird, ist anhand der Ermittlung des ausschüttbaren Gewinns nach deutschem Steuerrecht zu vollziehen. Dies ergibt sich aus dem in § 27 VIII S 2 enthaltenen Verweis auf die entsprechende Anwendung von § 27 I-VI und der Gesetzesbegründung.[4] Der Nachweis ist nach deutschem Steuerrecht vorzunehmen und seit Gründung zu rekonstruieren.[5] Dieses Vorgehen ist jedoch in der Praxis problematisch, da es schwerlich praktikabel ist, die Bilanzpositionen nach deutschem Steuerrecht darzustellen.[6] Zu Recht hält Dötsch deshalb den Erlass einer weiterführenden Verwaltungsanweisung für wünschenswert.[7] Inwiefern der vorgesehene Maßstab des deutschen Steuerrechts tatsächlich die Bedeutungslosigkeit des § 27 VIII zur Folge hat oder eine versteckte Diskriminierung[8] begründet, wird davon abhängen, wie der von § 27 VIII definierte Nachweiskatalog von der Finanzverwaltung tatsächlich gehandhabt wird (vgl Rn 182).

179

Einstweilen frei.

180-181

3. Nachweiskatalog. Nach § 27 VIII S 2 ist die Einlagenrückgewähr in entsprechender Anwendung des § 27 I-VI und der §§ 28 und 29 zu ermitteln. Für den Nachweis des aktuellen Bestandes des steuerlichen Einlagekontos müssen also ausschüttbarer Gewinn und Entwicklung der verschiedenen steuerlichen Kapitalbestandteile nach deutschem Recht nachgezeichnet werden.[9]

182

Nachweise im Einzelnen. § 27 VIII trifft darüber hinaus keine Aussage dazu, welche für die Berechnung der Einlagenrückgewähr erforderlichen Umstände im Einzelnen darzulegen sind. Das BZSt gibt allerdings ein Merkblatt heraus, das die Dokumente,

183

---

1 *Frotscher* in Frotscher/Maas § 27 Rn 119.
2 ZB BFH I R 1/91, BStBl II 1993, 189. *Blumenberg/Lechner*, BB-Special 8 (zu BB 2006, Heft 44), 25, 33, Fn 91 mwN. Vgl zuletzt BFH I R 117/08, BFH/NV 2011, 669 zu den ertragsteuerlichen Folgen eines ausländischen Spin-Off für einen inländischen Privatanleger.
3 *Dötsch/Pung*, DB 2006, 2648, 2652; *Schiffers*, GmbH-StB 2007, 76, 79.
4 *Schlagheck*, StuB 2007, 810, 814.
5 *Rödder/Schumacher*, DStR 2006, 1481, 1489 f; *Werning* in Blümich § 27 Rn 84; *Binnewies* in Streck § 27 Rn 14, 46.
6 *Blumenberg/Lechner*, BB-Special 8 (zu BB 2006, Heft 44), 25, 33; *Dötsch* in D/J/P/W § 27 Rn 269; *Frotscher* in Frotscher/Maas § 27 Rn 120.
7 *Dötsch* in D/J/P/W § 27 Rn 269.
8 *Sedemund/Fischenich*, BB 2008, 1656 ff; vgl auch *Christowitz/Leib* in Mössner/Seeger § 27 Rn 271.
9 Zur Problematik im Einzelnen *Dötsch* in D/J/P/W § 27 Rn 268 ff.

die für die Erbringung des Nachweises als erforderlich angesehen werden, auflistet.[1] Dieser Nachweiskatalog in deutscher Sprache umfasst insbesondere:

- Entwicklung und Nachweis der verschiedenen Bestandteile des EK nach deutschem Körperschaftsteuerrecht ab dem Zeitpunkt, ab dem Einlagen erbracht wurden, deren Rückzahlung geltend gemacht wird (frühestens seit dem 1.1.1977);
- Entwicklung des fiktiven Einlagekontos unter Berücksichtigung des ausschüttbaren Gewinns und der Einlagenrückgewähr ab diesem Zeitpunkt;
- Jahresabschlüsse für den fraglichen Zeitraum mit Überleitungsrechnungen ins deutsche Steuerrecht in analoger Anwendung des § 60 EStDV;
- Entwicklung des Beteiligungsbuchwertes beim Anteilseigner;
- Beschlüsse über Ausschüttungen, Einlagen, Veränderung des gezeichneten Kapitals, Umwandlungen;
- Gutachten oä zur Wertermittlung eingebrachter Anteile und Forderungen;
- Nachweis der durchgeführten Ausschüttungen und Einlagen.

Darüber hinaus sind noch eine Bescheinigung zur Ansässigkeit, Handelsregisterauszug, Übersicht über die involvierten Firmen sowie eine Empfangsvollmacht nach § 123 AO vorzulegen. Die Auflistung ist nicht abschließend. Das BZSt behält sich vor, zusätzliche Nachweise zu verlangen.

184 **Faktischer Ausschluss.** Nach den unter Rn 183 beschriebenen Vorgaben dürfte eine exakte Bestimmung der Höhe der Einlagen auf Basis einer „Schattenrechnung" regelmäßig zu „unüberwindbaren" Schwierigkeiten führen.[2] Deshalb wird es als ausreichend angesehen, in Übertragungsfällen den Bestand der Einlagen bei der ausländischen übertragenden Körperschaft auf Basis der in der ausländischen Bilanz ausgewiesenen Kapitalrücklagen zum steuerlichen Übertragungsstichtag zu bestimmen.[3] Eine praxisnahe Lösung könnte auch darin bestehen, die Berechnung des steuerlichen Einlagekontos erst ab Erwerb der Beteiligung vorzunehmen oder sich mit der Finanzverwaltung im Einzelfall auf eine Beschränkung des Berechnungszeitraums zu verständigen. Eine solche Erleichterung berücksichtigt, dass es nach § 27 VIII letztlich um eine sinngemäße Anwendung der vorherigen Absätze geht. Sollten die Anforderungen an die Darlegungspflicht in der Praxis dazu führen, dass ausländische Gesellschaften von einer steuerneutralen Einlagenrückgewähr faktisch ausgeschlossen werden, ist von einer Unionsrechtsuntauglichkeit der Norm auszugehen (vgl bereits Rn 33, 179).[4] In jedem Fall ist es zukünftig verstärkt angezeigt, Einlagen des deutschen Anteilseigners in seine ausländische TG zeitnah zu dokumentieren, uU auch im Hinblick auf Währungsumrechnungen (vgl

---

1   Dazu gehört ein Vordruck „Entwicklung des Einlagenbestandes", beides Stand 1.9.2009. Dem Merkblatt ist nicht zu entnehmen, dass es sich nur auf Anträge von Gesellschaften auf den EU-Raum beschränkt. So wird – unter anderem – eine Bescheinigung der „ausländischen" Steuerbehörde (über die Ansässigkeit des Antragstellers) angefordert.
2   *Häberer*, DStZ 2010, 840, 841.
3   *Stadler/Jetter*, IStR 2009, 336, 340.
4   *Spilker/Peschke*, DStR 2011, 385, 389.

IX. Einlagenrückgewähr von EU-Körperschaften

Rn 187). Gerade bei verdeckten Einlagen dürfte der Nachweis besonders schwer zu führen sein, da die Körperschaft sich der Einlage im Einlagezeitpunkt dem Grund und der Höhe nach nicht bewusst ist und sich somit auch keine Veranlassung zur Dokumentation ergibt. In diesen Fällen muss auch ein späterer Nachweis der Höhe möglich und zugelassen sein, denn ein faktischer Ausschluss würde zur Unionsrechtswidrigkeit der Norm führen.

Billigkeit. Neben der bereits aufgezeigten Möglichkeit einer großzügigeren Auslegung der Nachweiserfordernisse gem § 27 VIII (vgl Rn 184 kommt ggf auch ein Erlass anfallender Steuern aus Billigkeit in Betracht, wenn es sich um einfache, übersichtliche Kapitalrückzahlungsfällen handelt aber die Anforderungen an den Nachweiskatalog gem § 27 VIII nicht erschöpfend erfüllt werden (vgl auch analog Rn 172). 185

Ausweggestaltungen. Ausweggestaltungen zur steuerneutralen Rückzahlung des EK wie etwa ausländischen Kapitalgesellschaften Nennkapital zuzuführen, um später Kapitalherabsetzungen zu vollziehen, kommen aufgrund häufig anfallender Kapitalverkehrssteuern und Restriktionen bei Kapitalherabsetzungen häufig nicht als gangbare Alternativen in Frage.[1] Daneben sind zuletzt Gestaltungsmöglichkeiten wie die Begründung der unbeschränkten Steuerpflicht der leistenden Gesellschaft in Deutschland aufgrund des (steuerlichen) Ortes der Geschäftsleitung (§ 10 AO) in Deutschland oder die Begründung einer weiteren Identität in der EU (Doppelinkorporierung) in die Diskussion eingeführt worden. Ziel ist jeweils, den Anwendungsbereich des § 27 direkt zu eröffnen.[2] 186

Fremdwährungen. Bei der Einlagenrückgewähr nach § 27 VIII kommt zukünftig der Frage, auf welche Weise Fremdwährungsumrechnungen Berücksichtigung finden müssen, Bedeutung zu. IRd Antrags gem § 27 VIII sind die Leistungen und das Einlagekonto (vgl zum Feststellungsgegenstand Rn 176) grundsätzlich in EUR zu ermitteln.[3] Das Stammkapital der von § 27 VIII betroffenen ausländischen Körperschaften und die tatsächliche Einlagen können aber auch in einer anderen Währung als EUR wie zB GBP geführt werden,[4] so dass sich die Frage nach der Durchführung der Fremdwährungsumrechnung stellt (hierzu Rn 188). 187

Zeitpunkt der Umrechnung. Bei der Ermittlung des Bestandes des „fiktiven" steuerlichen Einlagekontos nach § 27 VIII stellt sich die Frage, welcher Zeitpunkt für die Währungsumrechnung der Einlage und Einlagerückgewähr maßgeblich ist. Der Gesetzeswortlaut schweigt sich hierzu aus. In Betracht kommt, 188

- den Bestand des Einlagekontos nach dem Wechselkurs zum Zeitpunkt der Zuführung fest zu bestimmen (dh ohne nachfolgende Änderung des Einlagekontos) und für die Ermittlung des Betrags der Einlagenrückgewähr den (abweichenden) Wechselkurs zum Stichtag der Rückgewähr heranzuziehen[5]

---

1 *Werra/Teiche*, DB 2006, 1455, 1458.
2 *Sievert/Sedemund/Seufer*, DB 2011, 1606.
3 Vordruck KSt 1 F – 27(8).
4 *Frotscher* in Frotscher/Maas § 27 Rn 120a.
5 *Sedemund*, IStR 2009, 579 ff; im Anschluss *Häberer*, DStZ 2010, 840, 841.

- oder den Bestand des Einlagekontos nach dem Umrechnungskurs am jeweiligen Feststellungszeitpunkt (dh jeweils der 31.12., so dass sich das Einlagekonto je nach Wechselkurs verändert) zu ermitteln und die Verminderung des Einlagekontos zum jeweiligen Zeitpunkt der Einlagenrückgewähr geltenden Umrechnungskurs zu bestimmen.[1]

Letztere Auffassung ist überzeugender, da § 27 VIII in Abgrenzung zu den ausschüttbaren Gewinnen die nicht zu besteuernde Rückgewähr von Kapital an den Gesellschafter bestimmen soll. Die ausschüttbaren Gewinne werden auf Gesellschafterebene iÜ letztlich ebenfalls zum jeweils geltenden Umrechnungskurs erfasst, so dass nicht ersichtlich ist, warum für das Einlagekonto etwas anderes gelten sollte. Die von der Gegenauffassung herangezogenen unionsrechtlichen Argumente[2] überzeugen nicht, da es aufgrund unterschiedlicher Währungen an einer gleichheitsrechtlichen Beeinträchtigung iSe Diskriminierungsverbotes mangelt. Im Gegenteil würde die Auffassung sogar zu einer unionsrechtlich nicht gebotenen Besserstellung des grenzüberschreitenden Sachverhaltes führen, wenn in Folge der Reduzierung des Wechselkurses nach Auskehr allen Vermögens ein nicht zu begründender Restbestand an Einlagekonto verbleibt.[3] Die unionsrechtlich allenfalls nach der Rs *Shell*[4] iSe freiheitsrechtlichen Beschränkungsverbots[5] gebotene Berücksichtigung von Wechselkursverlusten auf Gesellschafterebene bleibt zudem auch nach der hier vertretenen Auffassung möglich, da die Anschaffungskosten bzw Buchwerte der Anteile weiterhin den historischen Wechselkurs bis zu einem Veräußerungs- oder Abschreibungsverlust widerspiegeln.

Somit sind Veränderungen des Wechselkurses bei der Bestimmung des Einlagekontos wie folgt zu berücksichtigen:

Beispiel

Der ausländischen A-Ltd werden 50.000 EUR im Jahr 1 zugeführt, was einem Wert von GBP 50.000 entspricht. Zum 31.12. des Jahres 2 beträgt der Wert des fiktiven Einlagekontos in Folge von Wechselkursveränderungen nur noch EUR 40.000 (Umrechnungskurs 1 EUR = 0,8 GBP). Zum 1.6. des Jahres 3 wird die Hälfte des Vermögens (dh 25.000 GBP) ausgeschüttet. Der Umrechnungskurs zum 1.6. soll 1 EUR = 0,7 GBP betragen. Ein ausschüttbarer Gewinn liegt nicht vor.

Die Einlagenrückgewähr nach § 27 VIII im Jahr 3 ist aus dem zum 31.12. des Jahres 2 reduzierten Bestand des fiktiven Einlagekontos iHv EUR 40.000 zu vollziehen. Der Betrag der Einlagenrückgewähr ermittelt sich nach dem Wechselkurs zum 1.6. des Jahres 3 (dh das Einlagekonto reduziert sich um 25.000 GBP = 17.500 EUR). Die sich ergebende Differenz iHv 20.000 EUR – 17.500 EUR = 2.500 EUR ist lediglich Ausfluss der Stichtagsbetrachtung des § 27 und wird zudem durch eine Anpassung des Einlagekontos zum 31.12 des Jahres 3 ausgeglichen (das verbleibende Vermögen beträgt dann bei unverändertem Wechselkurs 25.000 GBP = 17.500 EUR).

Einstweilen frei.

---

1 *Frotscher* in Frotscher/Maas § 27 Rn 120a.
2 *Sedemund*, IStR 2009, 579, 581.
3 Zutreffend *Frotscher* in Frotscher/Maas § 27 Rn 120a.
4 EuGH Rs C-293/06, *Shell*, Slg 2008, I-1129 ff.
5 Hierzu *Schnitger*, Grenzen der Einwirkung der Grundfreiheiten des EG-Vertrages auf das Ertragsteuerrecht, Diss 2006, S 234 ff.

IX. Einlagenrückgewähr von EU-Körperschaften

4. Verfahrensrecht. Form. Der Antrag ist gem § 27 VIII S 4 nach amtlich vorgeschriebenem Vordruck zu stellen. Ein privat gedruckter oder fotokopierter Vordruck ist ausreichend, wenn er dem amtlichen Muster entspricht.[1] **192**

Frist. Der Antrag ist bis zum Ende des Kalenderjahres, das auf das Kalenderjahr der Auskehrung folgt, zu stellen und nicht verlängerbar (Ausschlussfrist), § 27 VIII S 4. Diese Frist gilt auch bei abweichendem WJ. In der Praxis dürfte die Einhaltung dieser Frist die Körperschaft gerade in Anbetracht des umfangreichen Nachweiskataloges (vgl Rn 182) vor erhebliche Probleme stellen.[2] **193**

Zuständiges Finanzamt. Bei beschränkt Steuerpflichtigen ist das Finanzamt nach § 20 AO örtlich für die Feststellung zuständig (§ 27 VIII S 5). Bei keiner Steuerpflicht in Deutschland tritt subsidiär die Zuständigkeit des BZSt ein (§ 27 VIII S 6), dies dürfte der Regelfall sein.[3] **194**

Darlegungspflicht. Die Pflicht zur Darlegung der für die Berechnung der Einlagenrückgewähr erforderlichen Umstände (vgl Rn 182 f) trifft die Körperschaft (§ 27 VIII S 7). **195**

Az. In die Bescheinigung gem § 27 III ist das Az der zuständigen Behörde aufzunehmen (§ 27 VIII S 8). Fehlt das Az, führt dies nicht zur Unwirksamkeit der Bescheinigung, sondern kann in einem ergänzenden Dokument nachgeholt werden.[4] **196**

Verfahrensschritte. Die Erteilung der Steuerbescheinigung vollzieht sich in folgenden Verfahrensschritten:[5] **197**

1. Die ausländische Körperschaft stellt den Antrag auf gesonderte Feststellung, dass für eine bestimmte von ihr vorgenommene Leistung das steuerliche Einlagekonto als verwendet gilt.
2. Die zuständige Behörde erlässt daraufhin einen Feststellungsbescheid.
3. Die ausländische Körperschaft stellt ihrem Anteilseigner eine Steuerbescheinigung über die Höhe der Einlageverwendung aus.
4. Der Anteilseigner reicht zur Inanspruchnahme der Steuerfreiheit die Steuerbescheinigung ein.

Scheitern bzw Fehlen eines Antrags. Ohne die gesonderte Feststellung der Einlagenrückgewähr gilt die Leistung der ausländischen Körperschaft als Gewinnausschüttung (§ 27 VIII S 9). Diese Rechtsfolge tritt auch bei Fristversäumnis[6] (vgl Rn 193) ein; entsprechend gilt dies bei Formunwirksamkeit (vgl Rn 192) des Antrages.[7] **198**

Einstweilen frei. **199-200**

---

1 BFH VI R 15/02, BFH/NV 2006, 1980.
2 Die Unionsrechtskonformität dieser Frist wird bezweifelt, weil für Inlandssachverhalte ein weniger strenger Maßstab gilt, *Spilker/Peschke*, DStR 2011, 385, 387.
3 *Sedemund*, IStR 2010, 270, 272; *Spilker/Peschke*, DStR 2011, 385, 386. Zur Zuständigkeit des BZSt bei grenzüberschreitenden ordentlichen Nennkapitalherabsetzungen unter der Rückführung von Gesellschaftereinlagen *Sedemund*, IStR 2010, 270; *Hageböke*, IStR 2010, 715.
4 *Lornsen-Veit* in Erle/Sauter § 27 Rn 129.
5 *Dötsch* in D/J/P/W § 27 Rn 280.
6 *Antweiler* in EY § 27 Rn 376.
7 *Lornsen-Veit* in Erle/Sauter § 27 Rn 129.

§ 28 Umwandlung von Rücklagen in Nennkapital und Herabsetzung des Nennkapitals

(1) ¹Wird das Nennkapital durch Umwandlung von Rücklagen erhöht, so gilt der positive Bestand des steuerlichen Einlagekontos als vor den sonstigen Rücklagen umgewandelt. ²Maßgeblich ist dabei der sich vor Anwendung des Satzes 1 ergebende Bestand des steuerlichen Einlagekontos zum Schluss des Wirtschaftsjahrs der Rücklagenumwandlung. ³Enthält das Nennkapital auch Beträge, die ihm durch Umwandlung von sonstigen Rücklagen mit Ausnahme von aus Einlagen der Anteilseigner stammenden Beträgen zugeführt worden sind, so sind diese Teile des Nennkapitals getrennt auszuweisen und gesondert festzustellen (Sonderausweis). ⁴§ 27 Abs. 2 gilt entsprechend.

(2) ¹Im Fall der Herabsetzung des Nennkapitals oder der Auflösung der Körperschaft wird zunächst der Sonderausweis zum Schluss des vorangegangenen Wirtschaftsjahrs gemindert; ein übersteigender Betrag ist dem steuerlichen Einlagekonto gutzuschreiben, soweit die Einlage in das Nennkapital geleistet ist. ²Die Rückzahlung des Nennkapitals gilt, soweit der Sonderausweis zu mindern ist, als Gewinnausschüttung, die beim Anteilseigner zu Bezügen im Sinne des § 20 Abs. 1 Nr. 2 des Einkommensteuergesetzes führt. ³Ein den Sonderausweis übersteigender Betrag ist vom positiven Bestand des steuerlichen Einlagekontos abzuziehen. ⁴Soweit der positive Bestand des steuerlichen Einlagekontos für den Abzug nach Satz 3 nicht ausreicht, gilt die Rückzahlung des Nennkapitals ebenfalls als Gewinnausschüttung, die beim Anteilseigner zu Bezügen im Sinne des § 20 Abs. 1 Nr. 2 des Einkommensteuergesetzes führt.

(3) Ein Sonderausweis zum Schluss des Wirtschaftsjahrs vermindert sich um den positiven Bestand des steuerlichen Einlagekontos zu diesem Stichtag; der Bestand des steuerlichen Einlagekontos vermindert sich entsprechend.

KStH 76

Übersicht

	Rn
I. Regelungsgehalt der Norm	1 – 2
II. Rechtsentwicklung	3 – 4
III. Normzweck und Anwendungsbereich	5 – 19
1. Bedeutung der Norm	5 – 6
2. Zeitlicher Anwendungsbereich	7 – 8
3. Persönlicher Anwendungsbereich	9 – 12
4. Sachlicher Anwendungsbereich	13 – 14
5. Verhältnis zu anderen Vorschriften	15 – 19
IV. Kapitalerhöhung aus Gesellschaftsmitteln (§ 28 I)	20 – 41
1. Zivilrechtliche Grundlagen	20 – 24
2. Umwandlung von Rücklagen in Nennkapital (§ 28 I S 1)	25 – 29
3. Maßgeblicher Bestand des steuerlichen Einlagekontos (§ 28 I S 2)	30 – 34
4. Nicht aus Einlagen stammendes Nennkapital (§ 28 I S 3)	35 – 41

V. Kapitalherabsetzung oder Auflösung; Rückzahlung von Nennkapital (§ 28 II)	42 – 72
1. Zivilrechtliche Grundlagen	42 – 47
2. Steuerliche Regelungssystematik	48 – 49
3. Kapitalherabsetzung und Auflösung (§ 28 II S 1)	50 – 57
a) Vorrangige Minderung des Sonderausweises	50 – 53
b) Erhöhung des steuerlichen Einlagekontos	54 – 57
4. Rückzahlung von Nennkapital (§ 28 II S 2-4)	58 – 72
a) Zwingende Verwendungsreihenfolge	58 – 60
b) Verwendung des Sonderausweises (§ 28 II S 2)	61 – 64
c) Rückzahlung aus dem Einlagekonto (§ 28 II S 3)	65 – 70
d) Bestand des steuerlichen Einlagekontos übersteigende Rückzahlung (§ 28 II S 4)	71 – 72
VI. Verrechnung des Sonderausweises mit dem steuerlichen Einlagekonto (§ 28 III)	73 – 77

I. Regelungsgehalt der Norm. § 28 beinhaltet als Ergänzung zu § 27 Sonderregelungen für die Entwicklung des steuerlichen Einlagekontos in Fällen der Erhöhung des Nennkapitals durch Umwandlung von Rücklagen (nominelle Kapitalerhöhung), der Herabsetzung des Nennkapitals und der Auflösung der Körperschaft. In Umwandlungsfällen iSd § 1 UmwG findet § 28 auf die fiktive Kapitalherabsetzung und die Anpassung des Nennkapitals aufgrund der Verweise in § 29 ebenfalls Anwendung. Durch § 28 I wird die vorrangige Verwendung des steuerlichen Einlagekontos vor sonstigen Rücklagen für die Erhöhung des Nennkapitals aus Gesellschaftsmitteln normiert. Soweit sonstige Rücklagen in Nennkapital umgewandelt werden, sind diese Teile des Nennkapitals in einem Sonderausweis festzuhalten und entsprechend den Regelungen zum steuerlichen Einlagekonto fortzuschreiben. In Fällen der Kapitalherabsetzung regelt § 28 II die vorrangige Verwendung eines vorhandenen Sonderausweises, die Auswirkungen auf das steuerliche Einlagekonto sowie partiell die Rechtsfolgen der Nennkapitalrückzahlungen beim Anteilseigner. Die Vereinfachungsregelung in § 28 III sieht eine Verrechnung des Sonderausweises mit einem positiven Bestand des steuerlichen Einlagekontos vor.

Einstweilen frei.

II. Rechtsentwicklung. § 28 wurde durch das UntStFG v 20.12.2001[1] eingefügt und ersetzte die verunglückte Fassung des StSenkG v 23.10.2000[2]. Die Vorschrift war rückwirkend auf den Zeitpunkt des Übergangs vom Anrechnungsverfahren zum Halbeinkünfteverfahren anzuwenden, so dass § 28 idFd StSenkG niemals zur Anwendung kam. Im KStG 1999 waren entsprechende Regelungen in §§ 29 III, 41 II, III enthalten,

---
[1] BGBl I 2001, 3858.
[2] BGBl I 2000, 1433.

die durch § 5 KapErhG flankiert wurden. Durch das SEStEG v 7.12.2006[1] wurde II neu gefasst. Damit wird sichergestellt, dass durch die Herabsetzung und Rückzahlung des Nennkapitals das steuerliche Einlagekonto nicht negativ werden kann.

4   *Einstweilen frei.*

5   **III. Normzweck und Anwendungsbereich. 1. Bedeutung der Norm.** Steuerlich haben Ausschüttungen von Gewinnen einer Körperschaft oder Einlagen ihrer Anteilseigner unterschiedliche Auswirkungen. Während die Ausschüttung von Gewinnen beim Anteilseigner zu Einkünften führt, erhöhen Auskehrungen von Einlagen lediglich insoweit Gewinn oder Einkommen in Form von Veräußerungs- oder Aufgabegewinnen, als der Rückzahlungsbetrag den Buchwert bzw die Anschaffungskosten der Beteiligung übersteigt. Daher bedarf es für steuerliche Zwecke einer Differenzierung. Für Veränderungen im Bestand des Nennkapitals oder vergleichbaren Kapitals übernimmt § 28 diese Funktion. Das Nennkapital von Kapitalgesellschaften kann neben einer Kapitalzuführung durch Einlagen der Gesellschafter auch durch Umwandlung von Rücklagen der Gesellschaft erhöht werden. Diese Rücklagen können aus Gewinnen der Gesellschaft oder aus Einlagen ihrer Gesellschafter gebildet worden sein. Da die Rückzahlung von Nennkapital grundsätzlich nicht zu Einkünften aus Kapitalvermögen führt, würden sich ohne weitere Sonderregelungen Besteuerungslücken dann ergeben, wenn zunächst Gewinnrücklagen in Nennkapital umgewandelt und anschließend das Nennkapital herabgesetzt und an die Gesellschafter ausgezahlt wird. Um eine systemkonforme steuerliche Abwicklung von späteren Rückzahlungen aus der Herabsetzung des Nennkapitals zu gewährleisten, ordnet § 28 I eine Differenzierung der dem Nennkapital zugeführten Beträge bei Umwandlung von Rücklagen an. § 28 II regelt darauf aufbauend die Folgen der Herabsetzung des Nennkapitals, der Auflösung der Gesellschaft und der Rückzahlung des Nennkapitals an die Anteilseigner.

6   *Einstweilen frei.*

7   **2. Zeitlicher Anwendungsbereich.** § 28 idFd UntStFG ist gem § 34 IV erstmals für den VZ anzuwenden, für den das KStG idFd StSenkG anzuwenden ist, dh für den VZ, für den das Halbeinkünfteverfahren erstmals zur Anwendung gelang. Bei kalenderjahrgleichem WJ war die Vorschrift damit erstmals auf Kapitalmaßnahmen anzuwenden, die im WJ 2001 handelsrechtlich wirksam wurden, bei abweichendem WJ erstmals für Kapitalmaßnahmen, die im WJ 2001/2002 wirksam wurden (§ 34 Ia). Anfangsbestand des Sonderausweises nach § 28 I S 2 war nach § 39 II der zuletzt festgestellte Betrag des Sonderausweises nach § 47 I S 1 Nr 2 idFd KStG 1999. § 28 II idFd SEStEG ist erstmals im VZ 2006 anzuwenden.

8   *Einstweilen frei.*

9   **3. Persönlicher Anwendungsbereich. Unbeschränkt Steuerpflichtige.** Der persönliche Anwendungsbereich des § 28 deckt sich weitgehend mit dem des § 27 (vgl § 27 Rn 9 ff). Erfasst sind unbeschränkt steuerpflichtige Körperschaften und Personenvereinigungen, die nach § 27 I, VII ein steuerliches Einlagekonto führen müssen.

---

[1] BGBl I 2006, 2782.

III. Normzweck und Anwendungsbereich

Nicht unmittelbar erfasst werden Körperschaften und Personenvereinigungen, die im Inland nicht unbeschränkt steuerpflichtig sind.[1] Dies ergibt sich aus dem Verhältnis zu § 27 (vgl Rn 15), der gem § 27 I S 1, VII unmittelbar nur auf unbeschränkt Steuerpflichtige anzuwenden ist.[2] Zur entsprechenden Anwendung auf Körperschaften und Personenvereinigungen eines EU-Staats iSd § 27 VIII vgl Rn 11.

Nennkapital und Möglichkeit für eine Kapitalerhöhung. Die Körperschaften und Personenvereinigungen müssen über ein Nennkapital verfügen und Kapitalerhöhungen aus Gesellschaftsmitteln vornehmen können.[3] Mangels eines Nennkapitals ist bei Erwerbs- und Wirtschaftsgenossenschaften die Summe der Geschäftsguthaben wie Nennkapital zu behandeln.[4] Keine Anwendung findet die Vorschrift auf Körperschaften, die zur Führung eines Einlagekontos verpflichtet sind, jedoch nicht über ein Nennkapital oder vergleichbares Kapital verfügen wie zB BgA von Körperschaften des öffentlichen Rechts in der Form von Regiebetrieben,[5] Realgemeinden und wirtschaftliche Vereine. BgA in der Form von Eigenbetrieben können über Nennkapital oder eine vergleichbare Größe verfügen, wenn der Eigenbetrieb nach kommunalrechtlichen Vorschriften (zB § 5 Eigenbetriebsverordnung Bayern, § 12 Eigenbetriebsgesetz Baden-Württemberg) mit einem Stammkapital auszustatten ist.[6] In diesen Fällen ist § 28 anzuwenden.[7]

Körperschaften und Personenvereinigungen eines EU-Staates. § 28 ist durch den Verweis in § 27 VIII S 2 auf nicht unbeschränkt steuerpflichtige Körperschaften und Personenvereinigungen entsprechend anzuwenden, die in einem anderen EU-Staat unbeschränkt steuerpflichtig sind und die der Besteuerung im Inland unterliegende Leistungen iSd § 20 I Nr 1 oder 9 gewähren.[8] Voraussetzung ist auch bei diesen, dass sie über ein Nennkapital oder ein vergleichbares Kapital verfügen. Zur Unionsrechtswidrigkeit der fehlenden Einbeziehung von in EWR-Staaten unbeschränkt steuerpflichtigen Körperschaften und Personenvereinigungen vgl § 27 Rn 170.

Einstweilen frei.

4. Sachlicher Anwendungsbereich. In sachlicher Hinsicht betrifft § 28 I die Erhöhung des Nennkapitals durch Umwandlung von Rücklagen (nominelle Kapitalerhöhung) und die Anpassung des Nennkapitals einer an einer Umwandlung iSd § 1 UmwG beteiligten Körperschaft iSd § 29 IV. § 28 II S 1 erfasst Fälle der Herabsetzung des Nennkapitals oder der Auflösung der Kapitalgesellschaft, S 2-4 regeln eine sich daran anschließende Rückzahlung von Nennkapital an die Anteilseigner.

---

1   Dötsch in D/J/P/W § 27 Rn 8a.
2   Zur Anwendung des § 27 auf nicht unbeschränkt steuerpflichtige Körperschaften in VZ vor 2006 vgl *Antweiler* in EY § 27 Rn 20.2.
3   BMF v 4.6.2003, BStBl I 2003, 366, Rn 31 ff.
4   BMF v 4.6.2003, BStBl I 2003, 366, Rn 19.
5   BMF v 9.8.2005, DB 2005, 1953.
6   *Heger* in Gosch § 27 Rn 58; BMF v 11.9.2002, BStBl I 2002, 935, Rn 13, FG Baden-Württemberg 6 K 176/03, EFG 2006, 1701; *Krämer* in D/J/P/W § 27 Rn 96, 100; OFD Frankfurt am Main v 16.9.2003, DStR 2004, 459; zur Herabsetzung des Nennkapitals OFD Frankfurt am Main v 20.10.2004, DStZ 2005, 52; BMF v 9.8.2005, DB 2005, 1935; *Frotscher* in Frotscher/Maas § 28 Rn 14.
7   *Dötsch* in D/J/P/W § 27 Rn 8, 34; FG Baden-Württemberg 6 K 177/03, EFG 2006, 1008.
8   *Danelsing* in Blümich § 28 Rn 8; ebenso *Frotscher* in Frotscher/Maas § 28 Rn 45.

14 *Einstweilen frei.*

15 **5. Verhältnis zu anderen Vorschriften. § 27.** § 28 ergänzt die Bestimmungen des § 27 über das steuerliche Einlagekonto durch Sonderregelungen für die Erhöhung und Herabsetzung des Nennkapitals, die Auflösung der Gesellschaft und die Rückzahlung von Nennkapital an die Anteilseigner. Insoweit geht § 28 den Regelungen des § 27 vor.[1]

16 **§ 29.** § 29 ergänzt die Regelungen der §§ 27, 28 für umwandlungsbedingte Anpassungen des steuerlichen Eigenkapitals und des Sonderausweises iSd § 28 I S 3, wobei für die fiktive Kapitalherabsetzung einer Körperschaft nach § 29 I auf § 28 II S 1, für die Anpassung des Nennkapitals auf § 28 I, III verwiesen wird.

17 **KapErhStG.** Während § 28 I die Abbildung der Erhöhung von Nennkapital durch Umwandlung von Rücklagen auf Ebene der Gesellschaft regelt, ergeben sich die steuerlichen Folgen für den Gesellschafter aus §§ 1, 3 KapErhStG: Der Wert der neuen Gesellschaftsanteile (Freianteile, Gratisaktien) gehört nicht zu den Einkünften iSd § 2 I EStG. Der Vorgang ist somit nicht in eine Ausschüttung mit anschließender Einlage (sog Doppelmaßnahme) aufzuteilen. Die Anschaffungskosten der Alt- und Neuanteile ergeben sich durch eine nach dem Verhältnis der Anteile am Nennkapital vorzunehmende Verteilung der Anschaffungskosten der Altanteile.

18 **§ 20 EStG.** Durch § 28 wird sichergestellt, dass Ausschüttungen von Nennkapital systemkonform als Einkünfte aus Kapitalvermögen erfasst werden können, soweit sie nicht aus Einlagen der Gesellschafter, sondern aus der Umwandlung von sonstigen Rücklagen herrühren, die als Sonderausweis festgestellt werden (vgl Rn 5). Dadurch wird eine sachgerechte Besteuerung der Anteilseigner unabhängig von durchgeführten Kapitalmaßnahmen der Körperschaft gewährleistet. Zu diesem Zweck verweist § 20 I Nr 2 S 2 EStG auf § 28 II S 2 und 4.

19 *Einstweilen frei.*

20 **IV. Kapitalerhöhung aus Gesellschaftsmitteln (§ 28 I). 1. Zivilrechtliche Grundlagen. Nominelle Kapitalerhöhung.** § 28 I setzt eine Kapitalerhöhung aus Gesellschaftsmitteln, dh eine Erhöhung des Nennkapitals durch Umwandlung von Rücklagen (nominelle Kapitalerhöhung) voraus. Im Gegensatz zur effektiven Kapitalerhöhung, bei der das Nennkapital durch Einlagen von außen erhöht wird, fließen der Gesellschaft iRd nominellen Kapitalerhöhung keine neuen Mittel zu.

21 **Wirksam beschlossene und durchgeführte Kapitalerhöhung.** Die nominelle Kapitalerhöhung ist für AG in §§ 207 – 210 AktG, für GmbH in §§ 57c – 57o GmbHG geregelt. Die Kapitalerhöhung muss handelsrechtlich wirksam beschlossen und durchgeführt sein. Die Beschlussfassung obliegt der Haupt- bzw Gesellschafterversammlung; § 207 I AktG, § 57c IV iVm § 53 I GmbHG. Bei der GmbH ist die vorherige Feststellung des Jahresabschlusses und die Beschlussfassung über die Ergebnisverwendung erforderlich; § 57c II GmbHG. Die Kapitalerhöhung wird mit Eintragung des Beschlusses in das Handelsregister wirksam, § 211 AktG, § 57c IV iVm § 54 III GmbHG.

---

[1] *Heger* in Gosch § 28 Rn 9; *Antweiler* in EY § 28 Rn 10f.

IV. Kapitalerhöhung aus Gesellschaftsmitteln

Fehlerhafte nominelle Kapitalerhöhung. Kein Anwendungsfall des § 28 I ist die fehlerhafte Kapitalerhöhung. Aus steuerlicher Sicht ist von einer Ausschüttung an die Anteilseigner mit anschließender Wiedereinlage auszugehen (sog Doppelmaßnahme).[1] Bei unter Verstoß gegen die handelsrechtlichen Vorschriften erfolgten Kapitalerhöhungen ist steuerlich allerdings auch dann von einer wirksamen Kapitalerhöhung auszugehen, wenn die Kapitalerhöhung trotz des Fehlers in das Handelsregister eingetragen wurde.[2]

Verwendung von Kapital- und Gewinnrücklagen. Der Gesellschaft steht es handelsrechtlich grundsätzlich frei, für Zwecke der nominellen Kapitalerhöhung gebildete Kapital- oder Gewinnrücklagen zu verwenden.[3] Die Einschränkungen des § 208 I S 2, II AktG, § 57d II, III GmbHG sind zu beachten. Die Rücklagen müssen in der letzten Bilanz als solche oder im letzten Beschluss über die Verwendung des Jahresüberschusses als Zuführung zu den Rücklagen ausgewiesen sein (§ 208 I S 1 AktG, § 57d I GmbHG).

Einstweilen frei.

2. Umwandlung von Rücklagen in Nennkapital (§ 28 I S 1). Vorrangige Verwendung des positiven Bestandes des steuerlichen Einlagekontos. Nach § 28 I S 1 gilt für steuerliche Zwecke der Bestand des steuerlichen Einlagekontos als vor den sonstigen Rücklagen in Nennkapital umgewandelt. Der für die Umwandlung in Nennkapital maßgebende Bestand des steuerlichen Einlagekontos bestimmt sich nach § 27. Demgegenüber sind sonstige Rücklagen alle nicht im steuerlichen Einlagekonto erfassten Rücklagen, dh das sog neutrale Vermögen und der letztmals zum 31.12.2006 festgestellte und nach § 38 fortgeschriebene Bestand des ehemaligen EK 02 (vgl § 38 Rn 8 ff).[4]

Zwingende Verwendungsreihenfolge. Handelsrechtlich steht es den Gesellschaftern frei, im Kapitalerhöhungsbeschluss zu bestimmen, inwieweit die nominelle Kapitalerhöhung aus den Gewinn- oder Kapitalrücklagen finanziert wird. Für steuerliche Zwecke fingiert § 28 I S 1 eine zwingende vorrangige Verwendung des Bestandes des steuerlichen Einlagekontos, dh auch wenn handelsrechtlich für die Kapitalerhöhung Gewinnrücklagen verwendet werden, ist für steuerliche Zwecke eine Minderung des Bestandes des steuerlichen Einlagekontos selbst dann zwingend vorgesehen, wenn ausreichend ausschüttbarer Gewinn (neutrales Vermögen) zur Verfügung stehen würde.

Zweck der Verwendungsfiktion. Leistungen der Gesellschaften, für die das steuerliche Einlagekonto als verwendet gilt (§ 27 I S 3), und Rückzahlungen von Nennkapital führen auf Ebene des Anteilseigners zu den gleichen steuerlichen Konsequenzen. Soweit die Kapitalrückzahlungen die Buchwerte/Anschaffungskosten der Beteiligung nicht überschreiten, liegen keine steuerpflichtigen Einkünfte vor. Etwas anderes gilt allerdings, wenn Rückzahlungen aus dem Nennkapital stammen, für die ein Sonderausweis gebildet wurde. Diese Rückzahlungen unterliegen wie Ausschüttungen der Gesellschaft, für die ausschüttbarer Gewinn iSd § 27 I S 4 zur Verfügung stand, der Besteuerung nach

---

1 Dötsch in D/J/P/W § 28 Rn 13; *Antweiler* in EY § 28 Rn 31.1.
2 Dötsch in D/J/P/W § 28 Rn 11; *Buyer*, DB Beilage 27/85, 4; BFH I R 18/72, BStBl II 1974, 32; VIII R 147/76, BStBl II 1979, 560.
3 *Heger* in Gosch § 28 Rn 11; *Antweiler* in EY § 28 Rn 35.
4 Dötsch in D/J/P/W § 28 Rn 27.

den allgemeinen Vorschriften. Durch die vorrangige Verwendung des steuerlichen Einlagekontos wird die Bildung eines Sonderausweises (§ 28 I S 3) auf die Fälle beschränkt, in denen durch die Gesellschafter geleistete Einlagen für eine Kapitalerhöhung nicht zur Verfügung stehen. Darüber hinaus kann durch die zwingende Verwendungsreihenfolge des § 28 I S 1 die zwingende vorrangige Verwendung des ausschüttbaren Gewinns vor den Beständen des steuerlichen Einlagekontos für Gewinnausschüttungen (§ 27 I) nicht umgangen werden. Ohne die Verwendungsreihenfolge könnte neutrales Vermögen in Nennkapital umgewandelt und damit für eine Ausschüttung gesperrt werden, um Ausschüttungen aus dem Einlagekonto vornehmen zu können.

28 **Minderung des steuerlichen Einlagekontos.** In der Höhe, in der für die Kapitalerhöhung das steuerliche Einlagekonto als verwendet gilt, mindert sich der Bestand des steuerlichen Einlagekontos. Diese Folge, noch in § 28 S 2 idFd StSenkG ausdrücklich enthalten, ergibt sich zwingend aus § 27 I S 1.[1] Das steuerliche Einlagekonto umfasst nur Einlagen, die nicht in das Nennkapital geleistet wurden (vgl § 27 Rn 16, 37). Eine Umwandlung von bisher im steuerlichen Einlagekonto erfassten Einlagen in Nennkapital führt damit notwendigerweise dazu, dass diese Beträge nicht mehr im Einlagekonto auszuweisen sind. Die Verwendung des steuerlichen Einlagekontos ist auf dessen positiven Bestand beschränkt. Durch eine nominelle Kapitalerhöhung kann das steuerliche Einlagekonto nicht negativ werden (vgl § 27 Rn 39; zur Bildung eines Sonderausweises in diesen Fällen vgl Rn 35).

29 *Einstweilen frei.*

30 **3. Maßgeblicher Bestand des steuerlichen Einlagekontos (§ 28 I S 2). Schluss des WJ.** Maßgebend ist der Bestand des steuerlichen Einlagekontos zum Schluss des WJ der Rücklagenumwandlung vor Berücksichtigung derselben. Zu- und Abgänge auf dem steuerlichen Einlagekonto im WJ der Umwandlung wirken sich damit auf den für die Umwandlung zur Verfügung stehenden Bestand aus. Dies gilt unabhängig davon, ob die Zu- oder Abgänge auf Vorgängen beruhen, die vor oder nach der Kapitalerhöhung erfolgen. So mindern die im WJ der Rücklagenumwandlung erfolgten Leistungen iSd § 27 I S 3 das steuerliche Einlagekonto vorrangig vor der Umwandlung von Rücklagen in Nennkapital; im WJ der Umwandlung erfolgte Zuführungen zum steuerlichen Einlagekonto durch Einlagen (vgl § 27 Rn 18) oder Umwandlungen (vgl § 29 Rn 38, 67) stehen für die Umwandlung in Nennkapital bereits zur Verfügung.[2] Eine Finanzierung der Kapitalerhöhung aus dem Einlagekonto ist daher vorbehaltlich der handelsrechtlichen Zulässigkeit (vgl Rn 21) auch im Jahr der Gründung möglich.[3]

31 **Keine gesonderte Feststellung des Bestandes vor Rücklagenumwandlung.** Aus der Maßgeblichkeit des Bestandes des steuerlichen Einlagekontos zum Schluss des WJ der Rücklagenumwandlung ergibt sich zwingend, dass der für die Rücklagenumwandlung zur Verfügung stehende Bestand nicht gesondert festgestellt ist.[4] Daher ist der zum Schluss des vorangegangenen WJ gesondert festgestellte Bestand des steu-

---

1 *Frotscher* in Frotscher/Maas § 28 Rn 9; *Antweiler* in EY § 28 Rn 45; *Dötsch* in D/J/P/W § 28 Rn 18.
2 *Dötsch* in D/J/P/W § 28 Rn 20.
3 *Dötsch* in D/J/P/W § 28 Rn 20; *Frotscher* in Frotscher/Maas § 28 Rn 8.
4 *Frotscher* in Frotscher/Maas § 28 Rn 8; *Dötsch* in D/J/P/W § 28 Rn 20.

IV. Kapitalerhöhung aus Gesellschaftsmitteln

erlichen Einlagekontos um die Zu- und Abgänge des WJ der Rücklagenumwandlung fortzuschreiben, ohne dass es vor der Rücklagenumwandlung zu einer gesonderten Feststellung des Einlagekontos kommt. Die auf das Ende des WJ der Rücklagenumwandlung erfolgende gesonderte Feststellung berücksichtigt dann die Verwendung des steuerlichen Einlagekontos für die Umwandlung der Rücklagen in Nennkapital.

WJ der Rücklagenumwandlung. Maßgeblicher Zeitpunkt der Rücklagenumwandlung ist das WJ, in dem die Kapitalerhöhung durch Eintragung in das Handelsregister wirksam wird; unerheblich ist hingegen, in welchem WJ die nominelle Kapitalerhöhung beschlossen wird.[1] Erfolgt die Beschlussfassung nicht im WJ der Eintragung der Kapitalerhöhung, ist für die Bestimmung des maßgeblichen Bestands des Einlagekontos folglich auf den Schluss des WJ der Eintragung der Kapitalerhöhung abzustellen. 32

Abweichung von der handelsrechtlichen Regelung. § 28 I S 2 folgt nicht der handelsrechtlichen Regelung.[2] Dem Beschluss über eine Kapitalerhöhung aus Gesellschaftsmitteln kann die letzte Jahresbilanz zugrunde gelegt werden, wenn ihr Stichtag höchstens acht Monate vor der Anmeldung des Beschlusses zur Eintragung ins Handelsregister liegt (§ 209 I AktG, § 57e I GmbHG). Die Kapital- bzw Gewinnrücklagen, die in Nennkapital umgewandelt werden sollen, müssen bereits in dieser Bilanz als Kapital- oder Gewinnrücklage oder im Beschluss über die Verwendung des Jahresergebnisses als Zuführung zu diesen Rücklagen ausgewiesen werden. Gleiches gilt, wenn dem Beschluss über die Kapitalerhöhung eine andere Bilanz zugrunde gelegt wird (§ 208 I AktG, § 57d I GmbHG). Nach dem Bilanzstichtag erfolgte Erhöhungen oder Minderungen der Rücklagen sind damit handelsrechtlich unbeachtlich. 33

Einstweilen frei. 34

4. Nicht aus Einlagen stammendes Nennkapital (§ 28 I S 3). Sonderausweis. Soweit für eine nominelle Kapitalerhöhung Beträge verwendet werden, die aus den sonstigen Rücklagen stammen, ist für diese Teile des Nennkapitals gem § 28 I S 3 ein sog Sonderausweis zu bilden und fortzuführen. Die Vorschrift ist auf alle versteuerten und unversteuerten Rücklagen, die nicht im steuerlichen Einlagekonto erfasst sind, unabhängig vom Zeitpunkt der Bildung der Rücklage anzuwenden. § 28 I S 3, 4 sehen einen getrennten Ausweis und eine gesonderte Feststellung dieses Betrages vor. Eine folgende Kapitalherabsetzung und Auskehrung der Beträge des Sonderausweises an die Anteilseigner führt nicht zu Kapitalrückzahlungen, sondern im Zusammenspiel mit § 28 II S 2 zu steuerpflichtigen Gewinnausschüttungen iSd § 20 I Nr 2 EStG (vgl Rn 61 ff). 35

Getrennter Ausweis. Der vom Gesetz geforderte getrennte Ausweis ist handelsrechtlich nicht vorgesehen; steuerbilanziell ist ein getrennter Ausweis sachlich nicht erforderlich. Daher ist es als ausreichend zu erachten, wenn eine gesonderte Aufzeichnung außerhalb der Bilanz für die Feststellungserklärungen erfolgt und fortgeführt wird.[3] 36

---

1 *Förster/van Lishaut*, FR 2002, 1205, 1213; *Köster* in H/H/R § 28 Rn 13; *Danelsing* in Blümich § 28 Rn 14; zur Wirksamkeit der Kapitalherabsetzung mit Eintragung ins Handelsregister BMF v 4.6.2003, BStBl I 2003, 366, Rn 38.
2 *Antweiler* in EY § 28 Rn 48; *Dötsch* in D/J/P/W § 28 Rn 21.
3 *Frotscher* in Frotscher/Maas § 28 Rn 13; *Antweiler* in EY § 28 Rn 56.2; *Lornsen-Veit* in Erle/Sauter § 28 Rn 33; *Köster* in H/H/R § 28 Rn 15.

37 **Gesonderte Feststellung (§ 28 I S 4).** Der Betrag der Kapitalerhöhung, für den das Einlagekonto nicht verwendet wurde, ist in entsprechender Anwendung des § 27 II gesondert als Sonderausweis festzustellen. Die gesonderte Feststellung ist auf den Schluss des WJ der Kapitalerhöhung vorzunehmen und in den Folgejahren um Zu- und Abgänge fortzuentwickeln.

38 **Zu- und Abgänge.** Folgende Vorgänge können zu Zu- und Abgängen im Sonderausweis führen:

+ Kapitalerhöhung aus Gesellschaftsmitteln, für die kein steuerliches Einlagekonto als verwendet gilt (§ 28 I S 3);

./. Kapitalherabsetzung mit und ohne Auszahlung an die Anteilseigner, soweit Beträge des Sonderausweises verwendet werden (§ 28 II S 1);

./. Auflösung der Körperschaft (§ 28 II S 1);

+/ ./. Veränderungen in Umwandlungsfällen (§ 29);

./. Verrechnung mit Zugängen im steuerlichen Einlagekonto (§ 28 III).

Der Sonderausweis ist festzustellen, bis er auf Null gemindert ist; nach der Minderung auf Null ist eine Fortführung nicht erforderlich. Einen negativen Bestand kann der Sonderausweis nicht aufweisen.

39 **Erklärung.** Auf den Schluss jedes WJ sind Erklärungen zur gesonderten Feststellung abzugeben (§ 27 II S 4). Die Regelung erfasst nach ihrem Sinn und Zweck nicht nur Kapitalgesellschaften, sondern alle Körperschaftsteuersubjekte, die einen Sonderausweis zu bilden haben.[1] Die Erklärung zur gesonderten Feststellung ist Steuererklärung iSd § 149 AO.

40 **Feststellungsbescheid, Bindungswirkung.** Die Feststellung des Sonderausweises ist eine gesonderte Feststellung von Besteuerungsgrundlagen iSd § 179 AO. Der Feststellungsbescheid ist gem § 27 II S 2 Grundlagenbescheid (§ 171 X AO) für die gesonderte Feststellung auf den Schluss des folgenden WJ und hat für diesen Feststellungsbescheid Bindungswirkung, § 182 I S 1 AO. In persönlicher Hinsicht bindet der Feststellungsbescheid die Körperschaft unmittelbar. Mittelbare Auswirkungen hat er auf den Anteilseigner, da nach § 28 II S 2 die Rückzahlung von Nennkapital als Gewinnausschüttung gilt, soweit der Sonderausweis zu mindern ist. Das für den Anteilseigner zuständige Finanzamt kann die Feststellung des Sonderausweises für Zwecke der Einkommensermittlung beiziehen.[2]

41 *Einstweilen frei.*

42 **V. Kapitalherabsetzung oder Auflösung; Rückzahlung von Nennkapital (§ 28 II). 1. Zivilrechtliche Grundlagen. Kapitalherabsetzung.** § 28 II S 1 setzt eine handelsrechtlich wirksame Herabsetzung des Nennkapitals der Körperschaft voraus. Als Formen der Kapitalherabsetzung kommen bei Kapitalgesellschaften in der Rechtsform

---

1 Dötsch in D/J/P/W § 28 Rn 34; *Antweiler* in EY § 28 Rn 90f.
2 BFH VIII R 58/92, BStBl II 1995, 362 zur Feststellung von EK 04; zur analogen Anwendung der Rechtsprechung vgl auch *Dötsch* in D/J/P/W § 28 Rn 31; *Frotscher* in Frotscher/Maas § 28 Rn 23; *Antweiler* in EY § 28 Rn 77.

V. Kapitalherabsetzung oder Auflösung; Rückzahlung von Nennkapital

der GmbH oder AG die ordentliche Kapitalherabsetzung (§ 58 GmbHG, §§ 222-228 AktG), die vereinfachte Kapitalherabsetzung (§ 58a GmbHG, §§ 229–236 AktG) und die Kapitalherabsetzung durch Einziehung von Anteilen (§§ 237–239 AktG) in Betracht. Während die ordentliche Kapitalherabsetzung die Rückzahlung des Nennkapitals an die Anteilseigner oder deren Befreiung von der nicht erbrachten Einlageleistung bezweckt, dient die vereinfachte Kapitalherabsetzung dazu, Wertminderungen oder sonstige Verluste zu decken (§ 58a I GmbHG, § 229 AktG). Die Kapitalherabsetzung erfordert einen Beschluss der Gesellschafter- bzw Hauptversammlung und wird mit Eintragung in das Handelsregister wirksam (§§ 54 III, 58 I Nr 3 GmbHG; §§ 223, 224 AktG). Eine Einziehung von Aktien kann nach dem Erwerb durch die Gesellschaft oder zwangsweise durch entsprechende Satzungsregelung (§ 237 I AktG) erfolgen.

Auflösung der Körperschaft. Neben der Kapitalherabsetzung erfasst § 28 II die Auflösung der Körperschaft. Der Beschluss der Gesellschafter- oder Hauptversammlung über die Auflösung (§ 262 I Nr 2 AktG, § 60 I Nr 2 GmbHG) leitet idR die Abwicklung der Gesellschaft ein. Die Auflösung der Gesellschaft ist zum Handelsregister anzumelden. Aufgrund des deklaratorischen Charakters ist die Eintragung der Auflösung keine Voraussetzung für deren Wirksamkeit.[1]

Umwandlungen. § 29 I ordnet eine entsprechende Anwendung des § 28 II S 1 in Umwandlungsfällen iSd § 1 UmwG an (vgl § 29 Rn 31).

Ausländische Körperschaften. Bei ausländischen Körperschaften, für die § 28 gem § 27 VIII S 2 entsprechend gilt, setzt die Anwendung des § 28 II eine Kapitalherabsetzung oder Auflösung nach dem entsprechenden Rechtsstatut der ausländischen Gesellschaft voraus. Das deutsche Steuerrecht ist iRd Anwendung der §§ 27 – 29 an die Wertungen des ausländischen Gesellschaftsrechts gebunden.[2]

Rückzahlung von Nennkapital. Anders als S 1 setzt S 2 zwingend die Rückzahlung von Nennkapital an die Anteilseigner voraus. Erfasst werden damit nur die ordentliche Kapitalherabsetzung und liquidationsbedingte Auskehrungen mit Rückzahlung des Nennkapitals an die Anteilseigner.[3]

Einstweilen frei.

2. Steuerliche Regelungssystematik. § 28 II behandelt Kapitalherabsetzung oder Auflösung der Körperschaft als zweistufigen Vorgang. Zunächst (§ 28 II S 1) wird das Nennkapital um den Betrag der Kapitalherabsetzung bzw in Fällen der Auflösung im vollen Umfang vermindert. Die im Nennkapital ausgewiesenen Beträge werden, soweit sie aus Einlagen der Anteilseigner stammen, dem steuerlichen Einlagekonto gutgeschrieben. Beträge des Nennkapitals, die nicht aus Einlagen der Anteilseigner stammen und zur Bildung eines Sonderausweises geführt haben, erhöhen die sonstigen Rücklagen und damit den ausschüttbaren Gewinn iSd § 27 I S 5; im gleichen Umfang mindert sich der Sonderausweis. Die Rückzahlung von Nennkapital an die

---
1 Köster in H/H/R § 28 Rn 21; Antweiler in EY § 28 Rn 113.
2 BFH I R 1/91, BStBl II 1993, 189.
3 Dötsch in D/J/P/W § 28 Rn 42.

Anteilseigner führt (§ 28 II S 2) zu steuerpflichtigen Bezügen iSd § 20 I Nr 2 EStG, soweit die Kapitalherabsetzung oder Auflösung der Körperschaft zur Minderung des Sonderausweises geführt hat. Ein darüber hinaus zurückgezahlter Betrag mindert das steuerliche Einlagekonto bis zu einem Betrag von Null. Soweit darüber hinaus Nennkapital zurückgezahlt wird, liegen beim Anteilseigner wiederum Bezüge iSd § 20 I Nr 2 EStG vor. Bei Kapitalherabsetzungen ohne Rückzahlung an die Anteilseigner findet nur der erste Schritt Anwendung.

49 *Einstweilen frei.*

50 **3. Kapitalherabsetzung und Auflösung (§ 28 II S 1). a) Vorrangige Minderung des Sonderausweises.** Aufgrund der unterschiedlichen Rechtsfolgen, die die Rückzahlung von Nennkapital, das aus Einlagen der Anteilseigner oder aus Gewinnrücklagen der Gesellschaft gebildet wurde, auslöst, regelt § 28 II S 1 eine zwingende Verwendungsreihenfolge. Nennkapital, welches nicht aus Einlagen der Gesellschafter herrührt, gilt als vorrangig herabgesetzt. Die Kapitalherabsetzung mindert insoweit den Sonderausweis und führt nicht zu einer Erhöhung des steuerlichen Einlagekontos. Bei Rückzahlung an die Anteilseigner liegt – vorrangig – eine Gewinnausschüttung gem § 28 II S 2 vor (Rn 61).

51 **Nicht eingezahltes Nennkapital.** Strittig ist, ob eine Minderung des Sonderausweises unterbleibt, soweit der Betrag der Kapitalherabsetzung auf nicht eingezahltes Nennkapital entfällt und der Anteilseigner durch die Herabsetzung des Nennkapitals von seiner Einlageverpflichtung befreit wird.[1] Während § 28 II S 1 Hs 2 für die Erhöhung des Einlagekontos die Einzahlung des Nennkapitals zur Voraussetzung macht (vgl Rn 55), fehlt eine entsprechende Regelung für die Minderung des Sonderausweises; die Einschränkung auf das eingezahlte Nennkapital bezieht sich nur auf den Hs 2 des § 28 II S 1.[2] Ein Absehen von der Minderung wäre zwar systematisch,[3] ist aber vom Wortlaut der Vorschrift nicht gedeckt.

52 **Maßgeblicher Bestand des Sonderausweises.** Der Sonderausweis zum Schluss des WJ, welches dem WJ der Kapitalherabsetzung oder Auflösung vorangegangen ist, mindert sich; der maßgebende Bestand bildet zugleich die Höchstgrenze der Minderung. WJ der Kapitalherabsetzung ist das WJ, in dem die Herabsetzung durch Eintragung in das Handelsregister wirksam wird. Das gilt sowohl für die ordentliche als auch die vereinfachte Kapitalherabsetzung.[4] Hingegen kommt es bei Auflösung der Körperschaft nicht auf den Zeitpunkt der deklaratorischen Eintragung, sondern auf den Beschluss der Gesellschafter- oder Hauptversammlung, Gerichtsurteil oder Entscheidung der Verwaltungsbehörde an.[5]

53 *Einstweilen frei.*

---

1 BMF v 4.6.2003, BStBl I 2003, 366, Rn 37; *Franz*, GmbHR 2003, 818, 824; *Antweiler* in EY § 28 Rn 117.2; *Frotscher* in Frotscher/Maas § 28 Rn 37; aA *Dötsch* in D/J/P/W § 28 Rn 50.
2 *Dötsch* in D/J/P/W § 28 Rn 50.
3 *Antweiler* in EY § 28 Rn 117.2; *Franz*, GmbHR 2003, 818, 824.
4 *Dötsch* in D/J/P/W § 28 Rn 47; *Antweiler* in EY § 28 Rn 119f.
5 BFH I R 202/79, BStBl II 1983, 433.

V. Kapitalherabsetzung oder Auflösung; Rückzahlung von Nennkapital

b) Erhöhung des steuerlichen Einlagekontos. Ist kein Sonderausweis festgestellt oder übersteigt der Betrag der Nennkapitalherabsetzung den Sonderausweis, erhöht sich insoweit gem § 28 II S 1 Hs 2 das steuerliche Einlagekonto. Im Ergebnis werden Beträge des Nennkapitals, die aus Einlagen der Anteilseigner stammen, dem steuerlichen Einlagekonto zugeschlagen und stehen für eine steuerfreie Rückzahlung an die Anteilseigner zur Verfügung. Das gilt unabhängig davon, ob das Nennkapital direkt aus Einlagen der Anteilseigner stammt oder eine Nennkapitalerhöhung unter Verwendung des steuerlichen Einlagekontos vorgenommen wurde.[1]

54

Beschränkung auf eingezahltes Nennkapital. Eine Erhöhung des Einlagekontos gem § 28 II S 1 Hs 2 erfolgt nur, soweit die Einlage in das Nennkapital geleistet ist. Entfällt die Kapitalherabsetzung auf nicht eingezahltes Nennkapital und werden die Anteilseigner durch die Kapitalherabsetzung von ihrer Einlageverpflichtung frei, erhöht sich das Einlagekonto nicht.[2] Damit wird verhindert, dass sich das steuerliche Einlagekonto um Beträge erhöht, die nicht durch die Gesellschafter zugeführt wurden.

55

Zeitpunkt der Minderung des Sonderausweises und der Erhöhung des Einlagekontos. Eine Minderung des Sonderausweises und eine Erhöhung des steuerlichen Einlagekontos sind zum Schluss des WJ zu erfassen, in dem die Kapitalherabsetzung oder Auflösung wirksam wird (Rn 52).

56

Einstweilen frei.

57

4. Rückzahlung von Nennkapital (§ 28 II S 2-4). a) Zwingende Verwendungsreihenfolge. Regelungsgehalt. Für die Rückzahlung von Nennkapital ergibt sich im Zusammenspiel mit § 28 II S 1 ebenso wie für die Kapitalherabsetzung eine zwingende Verwendungsreihenfolge. Zunächst gilt das Nennkapital zurückgezahlt, für das iRd Kapitalherabsetzung ein Sonderausweis zu mindern war. Übersteigt die Kapitalrückzahlung die Minderung des Sonderausweises, gilt unabhängig von der Verwendungsreihenfolge des § 27 I S 3 für die Rückzahlung der positive Bestand des steuerlichen Einlagekontos als verwendet.

58

Bedeutung. Bedeutung hat die Verwendungsreihenfolge wegen der unterschiedlichen Rechtsfolgen, wenn nicht der volle Betrag der Kapitalherabsetzung an die Anteilseigner zurückgezahlt wird bzw wenn – zB in Liquidationsfällen – die Rückzahlung des Betrages nicht in einem VZ erfolgt. Die Regelung korrespondiert mit § 28 II S 1, wonach die Nennkapitalbeträge aus Gewinnrücklagen der Gesellschaft als vorrangig herabgesetzt gelten.

59

Einstweilen frei.

60

b) Verwendung des Sonderausweises (§ 28 II S 2). Gewinnausschüttung. Die Kapitalrückzahlung gilt, soweit Beträge aus dem Sonderausweis verwendet wurden, als Gewinnausschüttung iSd § 20 I Nr 2 EStG. Die Regelung stellt damit sicher, dass Nennkapitalrückzahlungen, die auf Kapitalerhöhungen aus Gewinnen der Körperschaft beruhen, auf Ebene des Anteilseigners der Besteuerung unterliegen. Anderen-

61

---

1 *Frotscher* in Frotscher/Maas § 28 Rn 39.
2 BMF v 4.6.2003, BStBl I 2003, 366, Rn 39; *Franz*, GmbHR 2003, 818, 824; *Heger* in Gosch § 28 Rn 20.

falls könnten dem neutralen Vermögen durch Kapitalerhöhungen Beträge entzogen werden, die anschließend durch eine Kapitalherabsetzung steuerfrei an die Anteilseigner ausgekehrt werden.

62 **Körperschaftsteuerminderung/-erhöhung.** Die Nennkapitalrückzahlung unter Verwendung des Sonderausweises kann zur Körperschaftsteuererhöhung nach § 38 I-III[1] führen.[2] In Fällen der Liquidation ist gem § 40 IV auch § 37 I-III anwendbar. Strittig ist hingegen, ob auch bei Kapitalherabsetzung eine Körperschaftsteuerminderung eintreten kann. Während nach einer Auffassung das Erfordernis des § 37 II an eine Gewinnausschüttung, die auf einem, den gesellschaftsrechtlichen Vorschriften beruhenden Gewinnverteilungsbeschluss beruht, nicht erfüllt ist (hierzu auch § 37 Rn 14),[3] wird nach anderer zutreffender Auffassung durch den Gesellschafterbeschluss über die Kapitalherabsetzung das Erfordernis des § 37 II erfüllt.[4]

63 **Besteuerung beim Anteilseigner/KESt.** Beim Anteilseigner liegen Einkünfte gem § 20 I Nr 2 EStG vor, auf die §§ 3 Nr 40 lit e, 32d EStG bzw § 8b I, V anzuwenden sind (vgl § 8b Rn 150). Die Körperschaft hat gem § 43 I Nr 1 EStG KESt einzubehalten und abzuführen. Dem Anteilseigner ist hierüber eine Bescheinigung gem § 45a II EStG auszustellen.

64 *Einstweilen frei.*

65 **c) Rückzahlung aus dem Einlagekonto (§ 28 II S 3). Minderung des steuerlichen Einlagekontos.** Übersteigt der Betrag der Kapitalrückzahlung den vor der Rückzahlung vorhandenen Sonderausweis, wird der übersteigende Betrag aus dem steuerlichen Einlagekonto finanziert. Der Bestand des steuerlichen Einlagekontos zum Ende des dem der Rückzahlung vorangegangenen VZ zzgl des Zugangs nach § 28 II S 1 ist zu mindern. § 28 II S 3 ist insoweit lex specialis zu § 27 I S 3.[5] Die Nennkapitalrückzahlung ist auch dann Einlagerückgewähr, wenn ein ausschüttbarer Gewinn zur Verfügung steht. Das gilt auch, wenn Kapitalherabsetzung und -rückzahlung in verschiedenen WJ erfolgen und der Betrag der Kapitalherabsetzung den Bestand des steuerlichen Einlagekontos zum Schluss des WJ der Kapitalherabsetzung erhöht hat.

66 **Positiver Bestand des steuerlichen Einlagekontos.** Ab VZ 2006 kann die Nennkapitalrückzahlung nur aus dem positiven Bestand des steuerlichen Einlagekontos finanziert werden. Das steuerliche Einlagekonto kann durch die Nennkapitalrückzahlung entsprechend der Regelung des § 27 I S 4 folglich nicht negativ werden. Aufgrund der zweistufigen Behandlung der Kapitalherabsetzung (Rn 48) kann dieser Fall nur auftreten, wenn der Bestand des steuerlichen Einlagekontos vor der Kapitalherabsetzung negativ war. Der Betrag der Kapitalherabsetzung wird dann vorrangig dafür verwendet, den Negativbestand des steuerlichen Einlagekontos auszugleichen.

---

1 Zur möglichen Anwendung des § 38 nach dem 31.12.2006 vgl § 34 XVI.
2 *Heger* in Gosch § 28 Rn 22.
3 *Antweiler* in EY § 28 Rn 137; *Thurmayr* in H/H/R § 37 Rn 19; BMF v 4.6.2003, BStBl I 2003, 366, Rn 41; BMF v 6.11.2003, BStBl I 2003, 575 Rn 30; ebenso *Dötsch* in D/P/J/W § 28 Rn 58, § 37 Rn 27, der die Kapitalrückzahlung iSd § 28 II S 2 aber durch § 40 IV erfasst sieht.
4 *Heger* in Gosch § 28 Rn 22; *Streck* in Streck § 28 Rn 29.
5 *Dötsch* in D/J/P/W § 28 Rn 63; ebenso *Frotscher* in Frotscher/Maas § 28 Rn 36.

VI. Verrechnung des Sonderausweises mit dem steuerlichen Einlagekonto

Bis zum VZ 2005 war die Kapitalrückzahlung auch dann aus dem steuerlichen Einlagekonto zu speisen, wenn dies zu einem Negativbestand führte oder einen negativen Bestand erhöhte. Zur Rückzahlung über das Einlagekonto hinaus Rn 61 ff.

Steuerliche Folgen bei Anteilen im Betriebsvermögen. Werden die Anteile im Betriebsvermögen gehalten, führt die Rückzahlung des Nennkapitals zu einer Minderung des Buchwerts der Anteile. Das gilt auch dann, wenn zuvor eine Teilwertabschreibung vorgenommen wurde.[1] Übersteigt die Rückzahlung den ausgewiesenen Buchwert bzw die Anschaffungskosten, entsteht ein Veräußerungsgewinn, auf den §§ 3 Nr 40 lit a, 3c II EStG bzw § 8b II, III anzuwenden ist (zum Streit über die Anwendbarkeit vgl § 8b Rn 142).

Anteile iSd § 17 EStG. Bei Beteiligungen iSd § 17 EStG ist die Kapitalrückzahlung unter Verwendung des steuerlichen Einlagekontos bei Auflösung oder Kapitalherabsetzung als Veräußerung anzusehen (§ 17 IV EStG). Die Kapitalrückzahlung führt zur Minderung der Anschaffungskosten der Anteile. Soweit die Kapitalrückzahlung die Anschaffungskosten übersteigt, liegt ein Veräußerungsgewinn iSd § 17 II EStG vor.

§ 20 EStG. Strittig ist, ob ab VZ 2009 auch bei Beteiligungen, deren Veräußerungsgewinne der Abgeltungssteuer unterliegen, Kapitalrückzahlungen über die Anschaffungskosten hinaus zu einem steuerbaren Veräußerungsgewinn iSd § 20 II Satz 1 Nr 1 EStG führen[2] oder ob insoweit kein Besteuerungstatbestand erfüllt ist.[3] Da die ordentliche Kapitalherabsetzung weder Veräußerung ist[4] noch nach § 20 II S 2 EStG als solche gilt,[5] liegt iRd § 20 EStG kein steuerbarer Vorgang vor.

Einstweilen frei.

d) Bestand des steuerlichen Einlagekontos übersteigende Rückzahlung (§ 28 II S 4). Übersteigt die Kapitalrückzahlung den positiven Bestand des steuerlichen Einlagekontos, liegen auf Ebene des Gesellschafters Einkünfte iSd § 20 I Nr 2 EStG vor. Zu den Rechtsfolgen vgl Rn 61 f.

Einstweilen frei.

VI. Verrechnung des Sonderausweises mit dem steuerlichen Einlagekonto (§ 28 III). § 28 III sieht eine Verrechnung des Sonderausweises mit dem steuerlichen Einlagekonto vor. Damit ersetzen spätere Zuführungen zum steuerlichen Einlagekonto Kapitalerhöhungen, die mangels ausreichenden Einlagekontos zum damaligen Zeitpunkt nicht aus Einlagen der Gesellschafter stammen und für die aus diesem Grund ein Sonderausweis zu bilden war. Technisch geschieht dies durch betragsidentische Minderung des Sonderausweises und des positiven Bestandes des steuerlichen Einlagekontos.

---

1 BFH I R 70/92, BStBl II 1994, 527.
2 So *Heger* in Gosch § 28 Rn 21b; *Weber-Grellet* in Schmidt § 20 EStG Rn 87.
3 *Dötsch/Pung* in D/J/P/W § 20 EStG Rn 171, 198.
4 *Harenberg* in H/H/R § 20 EStG Rn 431; *Eilers/Schmidt* H/H/R § 17 EStG Rn 89; zur Einlagenrückgewähr iRd § 8b *Gosch* in Gosch § 8b Rn 107; aA BMF v 28.4.2003, BStBl I 2003, 292, Rn 6 zu § 8b.
5 So wohl auch BMF v 22.12.2009, BStBl I 2010, 94, Rn 59; aA *Heger* in Gosch § 28 Rn 21b.

74 **Zweck der Regelung.** Die Regelung bewirkt, dass auf einen Feststellungsstichtag nicht Sonderausweis und positiver Bestand des steuerlichen Einlagekontos auftreten.[1] Darüber hinaus wird verhindert, dass Gewinnrücklagen durch Umwandlung in Nennkapital dem ausschüttbaren Gewinn entzogen werden und nachfolgende Einlagen für Gewinnausschüttungen zur Verfügung stehen würden.[2]

75 **Bestände zum Schluss des WJ.** Maßgeblich für die Verrechnung sind die Bestände des Sonderausweises und des steuerlichen Einlagekontos zum Schluss des jeweiligen WJ. Gemeint ist der jeweilige Bestand zum Ende des WJ unmittelbar vor der Verrechnung. Diese Bestände sind im Zeitpunkt der Verrechnung noch nicht gesondert festgestellt. Die Verrechnung wirkt sich folglich erstmals auf die festzustellenden Bestände auf den Schluss des WJ, in dem die Verrechnung erfolgt, aus.

76 **Reihenfolge der Verrechnung.** Die Verrechnung nach § 28 III ist als letzter Vorgang des WJ zu berücksichtigen. Fällt in das WJ der Verrechnung eine Kapitalerhöhung, hat die Finanzierung der Kapitalerhöhung vor der Verrechnung zu erfolgen.[3] Trotz Fehlens einer ausdrücklichen Regelung[4] spricht der Zweck der Vorschrift für diese Auffassung.

77 *Einstweilen frei.*

---

1 Heger in Gosch § 28 Rn 27.
2 Förster/van Lishaut, FR 2002, 1205, 1216; Dötsch in D/J/P/W § 28 Rn 66.
3 Frotscher in Frotscher/Maas § 28 Rn 51; Heger in Gosch § 28 Rn 27; BMF v 4.6.2003, BStBl I 2003, 366 Rn 44; aA Christowitz/Leib in Mössner/Seeger § 28 Rn 104: Wahlrecht.
4 Dötsch in D/J/P/W § 28 Rn 69; Christowitz/Leib in Mössner/Seeger § 28 Rn 104; aA Antweiler in EY § 28 Rn 150.

§ 29 Kapitalveränderungen bei Umwandlungen

(1) In Umwandlungsfällen im Sinne des § 1 des Umwandlungsgesetzes gilt das Nennkapital der übertragenden Kapitalgesellschaft und bei Anwendung des Absatzes 2 Satz 3 und des Absatzes 3 Satz 3 zusätzlich das Nennkapital der übernehmenden Kapitalgesellschaft als in vollem Umfang nach § 28 Abs. 2 Satz 1 herabgesetzt.

(2) ¹Geht das Vermögen einer Kapitalgesellschaft durch Verschmelzung nach § 2 des Umwandlungsgesetzes auf eine unbeschränkt steuerpflichtige Körperschaft über, so ist der Bestand des steuerlichen Einlagekontos dem steuerlichen Einlagekonto der übernehmenden Körperschaft hinzuzurechnen. ²Eine Hinzurechnung des Bestands des steuerlichen Einlagekontos nach Satz 1 unterbleibt im Verhältnis des Anteils des Übernehmers an dem übertragenden Rechtsträger. ³Der Bestand des Einlagekontos des Übernehmers mindert sich anteilig im Verhältnis des Anteils des übertragenden Rechtsträgers am Übernehmer.

(3) ¹Geht Vermögen einer Kapitalgesellschaft durch Aufspaltung oder Abspaltung im Sinne des § 123 Abs. 1 und 2 des Umwandlungsgesetzes auf eine unbeschränkt steuerpflichtige Körperschaft über, so ist der Bestand des steuerlichen Einlagekontos der übertragenden Kapitalgesellschaft einer übernehmenden Körperschaft im Verhältnis der übergehenden Vermögensteile zu dem bei der übertragenden Kapitalgesellschaft vor dem Übergang bestehenden Vermögen zuzuordnen, wie es in der Regel in den Angaben zum Umtauschverhältnis der Anteile im Spaltungs- und Übernahmevertrag oder im Spaltungsplan (§ 126 Abs. 1 Nr. 3, § 136 des Umwandlungsgesetzes) zum Ausdruck kommt. ²Entspricht das Umtauschverhältnis der Anteile nicht dem Verhältnis der übergehenden Vermögensteile zu dem bei der übertragenden Kapitalgesellschaft vor der Spaltung bestehenden Vermögen, ist das Verhältnis der gemeinen Werte der übergehenden Vermögensteile zu dem vor der Spaltung vorhandenen Vermögen maßgebend. ³Für die Entwicklung des steuerlichen Einlagekontos des Übernehmers gilt Absatz 2 Satz 2 und 3 entsprechend. ⁴Soweit das Vermögen durch Abspaltung auf eine Personengesellschaft übergeht, mindert sich das steuerliche Einlagekonto der übertragenden Kapitalgesellschaft in dem Verhältnis der übergehenden Vermögensteile zu dem vor der Spaltung bestehenden Vermögen.

(4) Nach Anwendung der Absätze 2 und 3 ist für die Anpassung des Nennkapitals der umwandlungsbeteiligten Kapitalgesellschaften § 28 Abs. 1 und 3 anzuwenden.

(5) Die vorstehenden Absätze gelten sinngemäß für andere unbeschränkt steuerpflichtige Körperschaften und Personenvereinigungen, die Leistungen im Sinne des § 20 Abs. 1 Nr. 1, 9 und 10 des Einkommensteuergesetzes gewähren können.

(6) ¹War für die übertragende Körperschaft oder Personenvereinigung ein Einlagekonto bisher nicht festzustellen, tritt für die Anwendung der vorstehenden Absätze an die Stelle des Einlagekontos der Bestand der nicht in das Nennkapital geleisteten Einlagen zum Zeitpunkt des Vermögensübergangs. ²§ 27 Abs. 8 gilt entsprechend.

KStH 77

Übersicht

	Rn
I. Regelungsgehalt der Norm	1 – 2
II. Rechtsentwicklung	3 – 4
III. Normzweck und Anwendungsbereich	5 – 23
1. Bedeutung der Norm	5 – 6

2. Zeitlicher Anwendungsbereich	7 – 8
3. Persönlicher Anwendungsbereich	9 – 15
4. Sachlicher Anwendungsbereich	16 – 19
5. Verhältnis zu anderen Vorschriften	20 – 23
IV. Fiktive Kapitalherabsetzung (§ 29 I)	24 – 34
1. Umwandlungen iSd § 1 UmwG	24 – 25
2. Übertragende Körperschaft	26 – 27
3. Übernehmende Körperschaft	28 – 30
4. Anwendung des § 28 II S 1	31 – 32
5. Maßgeblicher Zeitpunkt	33 – 34
V. Übergang des Bestandes des steuerlichen Einlagekontos bei Verschmelzung (§ 29 II)	35 – 56
1. Verschmelzung	35 – 37
2. Addition der Bestände (§ 29 II S 1)	38 – 42
3. Feststellung des Bestandes	43 – 46
4. Unterbleiben der Hinzurechnung (§ 29 II S 2)	47 – 51
5. Minderung des Einlagekontos der übernehmenden Körperschaft (§ 29 II S 3)	52 – 54
6. Wechselseitige Beteiligungen	55 – 56
VI. Übergang des Bestandes des steuerlichen Einlagekontos bei Auf- und Abspaltung (§ 29 III)	57 – 74
1. Auf-/Abspaltung	57 – 58
2. Unbeschränkt steuerpflichtige Körperschaften	59 – 60
3. Aufteilung des Bestandes des steuerlichen Einlagekontos (§ 29 III S 1, 2)	61 – 68
4. Unterbleiben der Hinzurechnung bei Beteiligung des übernehmenden Rechtsträgers am übertragenden Rechtsträger (§ 29 III S 3 iVm II S 2)	69 – 70
5. Minderung des Bestandes des übernehmenden Rechtsträgers bei Beteiligung des übertragenden am übernehmenden Rechtsträger (§ 29 III S 3 iVm II S 3)	71 – 72
6. Abspaltung auf eine Personengesellschaft (§ 29 III S 4)	73 – 74
VII. Anpassung des Nennkapitals (§ 29 IV)	75 – 83
1. Umwandlungsbeteiligte Körperschaften	75 – 77
2. Anwendung des § 28 I und III	78 – 81
3. Zeitpunkt der Anpassung des Nennkapitals	82 – 83
VIII. Sinngemäße Anwendung auf unbeschränkt steuerpflichtige Körperschaften (§ 29 V)	84 – 87
IX. Hereinverschmelzung (§ 29 VI)	88 – 105

III. Normzweck und Anwendungsbereich

    1. Einlagekonto bisher nicht festzustellen .... 88 – 91
    2. Erfasste Vorgänge .... 92 – 95
    3. Anwendung der vorstehenden Absätze .... 96 – 100
    4. Entsprechende Geltung des § 27 VIII .... 101 – 105

I. Regelungsgehalt der Norm. § 29 ergänzt als Sondervorschrift für Umwandlungsvorgänge die §§ 27, 28. Die Norm regelt die Auswirkungen von Umwandlungen auf das Nennkapital, das Einlagekonto (§ 27) und den Sonderausweis (§ 28 I S 3). § 29 I fingiert in Umwandlungsfällen eine Kapitalherabsetzung der übertragenden, in Sonderfällen auch der übernehmenden Körperschaft. § 29 II regelt die Folgen für das Einlagekonto der übernehmenden Körperschaft bei Verschmelzungen, § 29 III darüber hinaus bei Auf- und Abspaltungen auch der übertragenden Körperschaft. § 29 IV fingiert eine Kapitalerhöhung zur Anpassung an das handelsrechtliche Nennkapital der beteiligten Körperschaften. § 29 V erklärt die Vorschrift für andere unbeschränkt steuerpflichtige Körperschaften und Personenvereinigungen, die Leistungen iSd § 20 I Nr 1, 9, 10 EStG gewähren können, für entsprechend anwendbar. In Bezug auf übertragende Körperschaften, für die bisher kein Einlagekonto festzustellen war, bestimmt § 29 VI, dass der nach § 27 VIII zu ermittelnde Bestand der nicht in das Nennkapital geleisteten Einlagen für die Anwendung des § 29 an die Stelle des Einlagekontos tritt. **1**

Einstweilen frei. **2**

II. Rechtsentwicklung. § 29 wurde durch das UntStFG v 20.12.2001[1] eingefügt und ersetzte rückwirkend auf den Zeitpunkt des Übergangs vom Anrechnungsverfahren zum Halbeinkünfteverfahren § 29 idFd StSenkG v 23.10.2000.[2] Im KStG 1999 waren vergleichbare Regelungen in §§ 38-38b enthalten. § 29 I idFd EURLUmsG v 9.12.2004[3] sieht ab VZ 2005 eine fiktive Kapitalherabsetzung der übernehmenden Körperschaft vor, wenn diese an der übertragenden beteiligt ist. Durch das SEStEG v 7.12.2006[4] wurde die Anwendung des § 29 V auf unbeschränkt steuerpflichtige Körperschaften und Personenvereinigungen beschränkt; § 29 VI wurde angefügt. § 27 VIII sieht seither eine entsprechende Anwendung des § 29 für EU-Körperschaften vor. **3**

Einstweilen frei. **4**

III. Normzweck und Anwendungsbereich. 1. Bedeutung der Norm. Steuerlich haben Ausschüttungen von Gewinnen der Gesellschaft oder Einlagen der Gesellschafter unterschiedliche Auswirkungen (vgl § 28 Rn 5). Daher bedarf es für steuerliche Zwecke einer Differenzierung. In Umwandlungsfällen stellt § 29 sicher, dass auch nach Umwandlungsvorgängen bei den beteiligten Rechtsträgern zwischen Einlagen der Gesellschafter und durch die Gesellschaft erzielten Gewinnen differenziert werden kann. Damit wird eine systemkonforme Besteuerung der Ausschüttungen auf Ebene der Anteilseigner sichergestellt. **5**

---

1 BGBl I 2001, 3858.
2 BGBl I 2000, 1433.
3 BGBl I 2004, 3310.
4 BGBl I 2006, 2782.

6 *Einstweilen frei.*

7 **2. Zeitlicher Anwendungsbereich.** § 29 idFd UntStFG ist gem § 34 IV erstmals für den VZ anzuwenden, für das KStG idFd StSenkG anzuwenden ist. § 29 I idFd EURLUmsG ist ab VZ 2005, § 29 V und VI idFd SEStEG sind ab VZ 2006 anzuwenden.

8 *Einstweilen frei.*

9 **3. Persönlicher Anwendungsbereich. Einlagekonto, Nennkapital.** Der persönliche Anwendungsbereich des § 29 erstreckt sich auf Körperschaften und Personenvereinigungen, die nach § 27 I, VII ein steuerliches Einlagekonto führen müssen (vgl § 27 Rn 9 ff). Als an einer Umwandlung (vgl Rn 16) beteiligte Rechtsträger[1] kommen insoweit neben Kapitalgesellschaften insbesondere Genossenschaften, wirtschaftliche Vereine, die Mitgliedsrechte gewähren, die einer kapitalmäßigen Beteiligung entsprechen und VVaG in Betracht. § 29 I und IV erfordern darüber hinaus, dass die übertragende bzw die übernehmende Körperschaft oder Personenvereinigung über ein Nennkapital oder eine vergleichbare Größe verfügen (vgl § 28 Rn 10).

10 **Kapitalgesellschaften.** Der Anwendungsbereich des § 29 erfasst Kapitalgesellschaften als übertragende Rechtsträger sowie in Fällen der Verschmelzung, Auf- und Abspaltung auch als übernehmende Rechtsträger.

11 **Unbeschränkt steuerpflichtige Körperschaften und Personenvereinigungen.** § 29 II, III nennen unbeschränkt steuerpflichtige Körperschaften lediglich als übernehmende Rechtsträger bei Verschmelzung, Auf- und Abspaltung. Nach § 29 V sind § 29 I-IV insgesamt auch auf andere unbeschränkt steuerpflichtige Körperschaften und Personenvereinigungen als übertragender und übernehmender Rechtsträger anzuwenden. Weiterhin ist erforderlich, dass die anderen unbeschränkt steuerpflichtigen Körperschaften und Personenvereinigungen Leistungen iSd § 20 I Nr 1, 9 und 10 EStG erbringen können (vgl § 27 Rn 10).

12 **Körperschaften und Personenvereinigungen, für die ein Einlagekonto bisher nicht festzustellen war.** Anzuwenden ist § 29 auch auf nicht unbeschränkt steuerpflichtige Körperschaften und Personenvereinigungen, für die ein Einlagekonto bisher nicht festzustellen war und die als übertragender Rechtsträger an einer Umwandlung beteiligt sind. Deren Bestand der nicht in das Nennkapital geleisteten Einlagen hat Bedeutung für die Anwendung des § 29 I-IV bei Umwandlung auf eine unbeschränkt steuerpflichtige übernehmende Körperschaft.

13 **Personengesellschaften, natürliche Personen als übernehmende Rechtsträger.** Mittelbare Auswirkungen hat die Anwendung des § 29 I bei der übertragenden Körperschaft bei Umwandlungen auf Personengesellschaften und natürliche Personen auf die Höhe der fiktiven Dividende iSd § 7 UmwStG.[2] Die Höhe der den Anteilseigner zuzurechnenden Einkünfte werden nach Anwendung des § 29 I ermittelt. Die fiktive Kapitalherabsetzung erhöht damit die fiktiven Dividenden, soweit aufgrund eines Sonderausweises (§ 28 Rn 35 ff) nicht der gesamte Nennkapitalbetrag dem steuerlichen Einlagekonto zuzuschlagen ist (§ 28 Rn 54 ff).

---

[1] §§ 3, 124, 175, 191 UmwG.
[2] Dötsch in D/J/P/W § 29 Rn 8; *van Lishaut* in Rödder/Herlinghaus/van Lishaut, UmwStG, Anh 2 Rn 9.

Körperschaften und Personenvereinigungen eines EU-Staates. § 29 ist durch den Verweis in § 27 VIII S 2 entsprechend auf Umwandlungsvorgänge unter Beteiligung nicht unbeschränkt steuerpflichtiger Körperschaften und Personenvereinigungen anzuwenden, die in einem anderen EU-Staat unbeschränkt steuerpflichtig sind, und die der Besteuerung im Inland unterliegende Leistungen iSd § 20 I Nr 1 oder Nr 9 gewähren. Zur Unionsrechtswidrigkeit der fehlenden Einbeziehung von in EWR-Staaten unbeschränkt steuerpflichtigen Körperschaften und Personenvereinigungen vgl § 27 Rn 170.

14

Einstweilen frei.

15

4. Sachlicher Anwendungsbereich. Inländische Umwandlungen. In sachlicher Hinsicht gilt § 29 I für alle Umwandlungen iSd § 1 UmwG, dh für Verschmelzung, Spaltung, Vermögensübertragung und Formwechsel (in eine Personengesellschaft) von Rechtsträgern mit Sitz im Inland. Keine Anwendung findet die Vorschrift mangels betragsmäßiger Auswirkung auf die Ausgliederung[1] und, da keine Vermögensübertragung vorliegt, auf den Formwechsel von einer Körperschaft in eine Körperschaft.[2] Der Anwendungsbereich des § 29 II ist demgegenüber beschränkt auf die Verschmelzung auf eine Körperschaft; § 29 III erfasst die Auf- und Abspaltung auf eine Körperschaft oder eine Personengesellschaft. § 29 VI als Sonderregelung für Körperschaften, für die ein Einlagekonto bisher nicht zu erfassen war, betrifft nach dem derzeitigen Stand des Zivilrechts nur Umwandlungen in Form der Hereinverschmelzung iSd §§ 122a ff UmwG.

16

Ausländische Umwandlungen. Keine unmittelbare Anwendung findet § 29 nach seinem Wortlaut auf die Umwandlung unbeschränkt steuerpflichtiger Körperschaften, bei denen weder die übertragende noch die übernehmende Körperschaft ihren Sitz im Inland hat, da keine Umwandlung iSd § 1 UmwG vorliegt. Gleichwohl sollte die Vorschrift in diesen Fällen nach ihrem Sinn und Zweck bei § 1 UmwG vergleichbaren ausländischen Umwandlungsvorgängen unter Beteiligung im Inland unbeschränkt steuerpflichtiger Körperschaften – idR Kapitalgesellschaften mit Sitz im Ausland und Ort der Geschäftsleitung im Inland – zur Anwendung gelangen.[3] Möglich ist zudem bei § 1 UmwG vergleichbaren ausländischen Vorgängen eine entsprechende Anwendung des § 29 iRd § 27 VIII für Zwecke der Besteuerung inländischer Anteilseigner.[4]

17

Zusammenfassung und Trennung von BgA. Auf die steuerlich zulässige Zusammenfassung (§ 4 VI) oder Trennung von BgA ist § 29 mangels ausdrücklicher gesetzlicher Regelung analog anzuwenden.[5] Es handelt sich zwar nicht um eine Umwandlung iSd UmwG. Dennoch wird der Vorgang von der Finanzverwaltung steuerneutral zugelassen.[6] Daher gebietet der Normzweck (Rn 5) eine analoge Anwendung.

18

---

1 BMF v 16.12.2003, BStBl I 2003, 786, Rn 29; kritisch *van Lishaut* in Rödder/Herlinghaus/van Lishaut, UmwStG, Anh 2 Rn 12.
2 *Frotscher* in Frotscher/Maas § 29 Rn 7; *Förster/van Lishaut*, FR 2002, 1257, 1258.
3 *Heger* in Gosch § 29 Rn 3; *Dötsch* in D/J/P/W § 29 Rn 10; *van Lishaut* in Rödder/Herlinghaus/van Lishaut, UmwStG, Anh 2 Rn 14.
4 *Suchanek* in H/H/R Jahresbd 2006-2008 § 29 Rn J 06-6.
5 *Krämer* in D/J/P/W § 27 Rn 103.
6 *Krämer* in D/J/P/W § 4 Rn 220.

19 *Einstweilen frei.*

20 **5. Verhältnis zu anderen Vorschriften. §§ 27, 28.** § 29 ergänzt die Bestimmungen der §§ 27, 28 um Sonderregelungen für Umwandlungsvorgänge.[1] Die Rechtsfolgen des § 29 haben unmittelbar Auswirkungen auf die gesondert festzustellenden Besteuerungsgrundlagen der §§ 27, 28.

21 **§ 40 I, II.** Während § 29 die Regelungen für umwandlungsbedingte Anpassungen des steuerlichen EK, des Sonderausweises und des Nennkapitals enthält, wurden die Folgen für das Körperschaftsteuerguthaben und die Körperschaftsteuererhöhung für Verschmelzungen, Auf- und Abspaltungen durch § 40 geregelt. Für die Körperschaftsteuerminderung ist § 40 infolge der Einfügung von § 37 IV-VII letztmals für Vorgänge anzuwenden, bei denen die Anmeldung zur Eintragung bis zum 12.12.2006 erfolgt. Der Betrag der Körperschaftsteuererhöhung ist grundsätzlich letztmals auf den 31.12.2006 festzustellen (§ 38 IV S 1). Für Umwandlungsvorgänge nach diesem Stichtag hat § 40 I, II nur in Fällen des § 34 XVI Bedeutung.

22 **§ 7 UmwStG.** Bei Umwandlung einer Körperschaft auf eine Personengesellschaft oder eine natürliche Person gem §§ 3 ff, 9 UmwStG gilt das steuerliche EK abzüglich des Bestandes des steuerlichen Einlagekontos der übertragenden Körperschaft als an die Anteilseigner ausgeschüttet. Maßgeblich ist der Bestand des steuerlichen Einlagekontos nach der fiktiven Kapitalherabsetzung iSd § 29 I, dh soweit Nennkapital aus Einlagen der Gesellschafter stammt, mindert sich das als ausgeschüttet geltende steuerliche EK.

23 *Einstweilen frei.*

24 **IV. Fiktive Kapitalherabsetzung (§ 29 I). 1. Umwandlungen iSd § 1 UmwG.** Bei allen Umwandlungen iSd § 1 UmwG (mit Ausnahme der Ausgliederung gem § 123 III UmwG[2] und des Formwechsels einer Körperschaft auf eine Körperschaft[3]) sieht § 29 I eine fiktive Kapitalherabsetzung vor. Erfasst sind damit:

- die Verschmelzung auf eine Körperschaft, Personengesellschaft oder natürliche Person,
- die Auf- oder Abspaltung auf eine Körperschaft oder Personengesellschaft,
- die Vermögensübertragung und
- der Formwechsel in eine Personengesellschaft.

25 *Einstweilen frei.*

26 **2. Übertragende Körperschaft.** Das Nennkapital der übertragenden Kapitalgesellschaft bzw ein dem Nennkapital vergleichbares Kapital einer anderen Körperschaft (vgl Rn 9) gilt auch dann als im vollen Umfang herabgesetzt, wenn die übertragende Körperschaft nach der Umwandlung als solche wie bei der Abspaltung fortbesteht und bei ihr handelsrechtlich keine Kapitalherabsetzung erfolgt. Es handelt sich dabei um eine steuerliche Fiktion.

---

1 *Van Lishaut* in Rödder/Herlinghaus/van Lishaut, UmwStG, Anh 2 Rn 3.
2 BMF v 16.12.2003, BStBl I 2003, 786, Rn 29; BMF v 11.11.2011, BStBl I 2011, 1314, Rn K.02.
3 *Frotscher* in Frotscher/Maas § 29 Rn 7.

Einstweilen frei.

3. Übernehmende Körperschaft. Grundfall. Für den Grundfall, dass die übertragende Körperschaft keine Anteile an der Übernehmerin hält, findet § 29 I auf die übernehmende Körperschaft keine Anwendung.

Beteiligung der übertragenden Körperschaft an der Übernehmerin (Rückbeteiligung, Abwärtsverschmelzung oder -spaltung). Weiterhin fingiert § 29 I, dass auch das Nennkapital der Übernehmerin in Sonderfällen als herabgesetzt gilt. Erfasst davon werden die Fälle, in denen die übertragende Körperschaft vor der Verschmelzung oder Spaltung Anteile an der übernehmenden Körperschaft hält. Betroffen sind Abwärtsverschmelzungen und -spaltungen sowie Rückbeteiligungen der übertragenden an der übernehmenden Körperschaft (partielle Abwärtsverschmelzung und -spaltung). Grund der Einbeziehung der übernehmenden Körperschaft in den Anwendungsbereich des § 29 I ist die notwendige Minderung des Einlagekontos der übernehmenden Körperschaft, soweit diese an der übertragenden Körperschaft beteiligt ist (vgl Rn 52).

Einstweilen frei.

4. Anwendung des § 28 II S 1. Die fiktive Kapitalherabsetzung erfolgt nach § 28 II S 1 (vgl § 28 Rn 50 ff). Die vollständige Kapitalherabsetzung mindert zunächst den Sonderausweis auf Null. Der übersteigende Betrag erhöht den Bestand des steuerlichen Einlagekontos. Eine Erhöhung des Bestandes des Einlagekontos erfolgt nicht, wenn die Einlagen auf das Nennkapital noch ausstehen. Unabhängig vom bilanziellen Ausweis besteht das steuerliche EK für Zwecke der §§ 27 ff nur noch aus steuerlichem Einlagekonto und neutralem Vermögen; weder ein Sonderausweis noch Nennkapital sind demnach nach der fiktiven steuerlichen Kapitalherabsetzung noch vorhanden bzw das gesamte aus Einlagen stammende EK wird damit im steuerlichen Einlagekonto gem § 27 abgebildet.[1]

Einstweilen frei.

5. Maßgeblicher Zeitpunkt. Steuerlicher Übertragungsstichtag. Da die Wirkungen der Umwandlung am steuerlichen Übertragungsstichtag eintreten, hat auch die fiktive Kapitalherabsetzung auf diesen Stichtag zu erfolgen.[2] Maßgeblich für die Anwendung des § 28 II S 1 ist daher der Bestand des Sonderausweises zum steuerlichen Übertragungsstichtag.[3] Anders als in Fällen der Kapitalherabsetzung (vgl § 28 Rn 52) finden Änderungen des Bestandes des Sonderausweises vom Ende des vorangegangenen WJ bis zum steuerlichen Übertragungsstichtag Berücksichtigung.

Einstweilen frei.

V. Übergang des Bestandes des steuerlichen Einlagekontos bei Verschmelzung (§ 29 II). 1. Verschmelzung. Erfasste Verschmelzungen. § 29 II erfasst die Fälle der Verschmelzung iSd § 2 UmwG, in denen das Vermögen des übertragenden Rechtsträgers als Ganzes auf einen bestehenden oder neu gegründeten Rechtsträger

---

1 Dötsch in D/J/P/W § 29 Rn 12; *Köster* in H/H/R § 29 Rn 10; *Förster/van Lishaut*, FR 2002, 1257.
2 *Frotscher* in Frotscher/Maas § 29 Rn 6; *Heger* in Gosch § 29 Rn 9.
3 BMF v 16.12.2003, BStBl I 2003, 786, Rn 30; BMF v 11.11.2011, BStBl I 2011, 1314, Rn K.03; *Dötsch* in D/J/P/W § 29 Rn 12; *Frotscher* in Frotscher/Maas § 29 Rn 8.

übergeht. Der übertragende Rechtsträger geht durch Auflösung ohne Abwicklung unter. Da § 29 II nur Rechtsfolgen für die übernehmende Körperschaft anordnet und eine Körperschaft als übertragenden Rechtsträger voraussetzt, hat die Vorschrift nur Bedeutung für die Verschmelzung von Körperschaften auf Körperschaften.

36 **Nicht erfasste Verschmelzungen.** Nicht erfasst werden hingegen Verschmelzungen von Personengesellschaften auf Körperschaften, die steuerlich als Einbringung (§ 20 UmwStG) zu behandeln sind. Ebenso nicht erfasst werden Verschmelzungen von Körperschaften auf Personengesellschaften oder natürliche Personen (§§ 3 ff UmwStG), bei denen lediglich § 29 I zur Anwendung kommt.

37 *Einstweilen frei.*

38 **2. Addition der Bestände (§ 29 II S 1). Grundsatz.** § 29 II S 1 ordnet die Addition der Bestände der steuerlichen Einlagekonten des übernehmenden und des übertragenden Rechtsträgers an. Damit wird sichergestellt, dass Einlagen der Anteilseigner des übertragenden Rechtsträgers durch den übernehmenden Rechtsträger als dessen Rechtsnachfolger im Wege der Einlagerückgewähr an die Anteilseigner ausgekehrt werden können. Zur Korrektur bei Rückbeteiligung vgl Rn 47.

39 **Negatives Kapitalkonto.** Eine Hinzurechnung ist nicht auf einen positiven Bestand des steuerlichen Einlagekontos beschränkt. Sie hat auch dann zu erfolgen, wenn der Bestand des steuerlichen Einlagekontos der übertragenden Körperschaft negativ ist und sich dadurch der positive Bestand bei der übernehmenden Körperschaft mindert oder sich ein negativer Bestand erhöht.[1]

40 **Bestand des Einlagekontos auf den Übertragungsstichtag.** Hinzuzurechnen ist der auf den steuerlichen Übertragungsstichtag (§ 2 I S 1 UmwStG) zu ermittelnde Bestand der übertragenden Körperschaft[2] nach Anwendung der §§ 27, 28 und unter Berücksichtigung der fiktiven Kapitalherabsetzung nach § 29 I.

41 **Einlagen und Leistungen im Rückwirkungszeitraum.** Aufgrund der möglichen Rückwirkung des Verschmelzungsvorgangs nach § 2 UmwStG können vor dem Übertragungsstichtag begründete Ausschüttungsverbindlichkeiten das Einlagekonto noch mindern. Gleiches gilt für im Rückwirkungszeitraum abfließende oder begründete Leistungen an ausscheidende Anteilseigner.[3] Einlagen, die im steuerlichen Rückwirkungszeitraum in die übertragende Körperschaft geleistet wurden, erhöhen unmittelbar das Einlagekonto der übernehmenden Körperschaft.[4]

42 *Einstweilen frei.*

43 **3. Feststellung des Bestandes. Übertragende Körperschaft.** Mit Ablauf des Übertragungsstichtags endet gem § 7 III S 3 die Steuerpflicht der übertragenden Körperschaft. Der Bestand des steuerlichen Einlagekontos ist letztmals vor Hin-

---

1 Van Lishaut in Rödder/Herlinghaus/van Lishaut, UmwStG, Anh 2 Rn 21; Förster/van Lishaut, FR 2002, 1257, 1259; Antweiler in EY § 29 Rn 47; aA Schießl in W/M § 12 UmwStG Rn 176.
2 Heger in Gosch § 29 Rn 10; Förster/van Lishaut, FR 2002, 1257, 1258.
3 BMF v 16.12.2003, BStBl I 2003, 786, Rn 23 ff; BMF v 11.11.2011, BStBl I 2011, 1314, Rn 02.27, 02.32; van Lishaut in Rödder/Herlinghaus/van Lishaut, UmwStG, Anh 2 Rn 19; Dötsch in D/J/P/W § 29 Rn 18.
4 Stadler/Jetter, IStR 2009, 336, 337.

V. Übergang des Bestandes des steuerlichen Einlagekontos bei Verschmelzung

zurechnung durch Bescheid nach § 27 II S 1 auf den steuerlichen Übertragungsstichtag gesondert festzustellen.[1] Der Feststellungsbescheid ist gem § 27 II S 2 Grundlagenbescheid für die gesonderten Feststellungen der übernehmenden Körperschaft.[2] Rechtsbehelfe sind daher gegen den Feststellungsbescheid der übertragenden Körperschaft einzulegen.[3]

Übernehmende Körperschaft. Verschmelzung zur Aufnahme. Für die übernehmende Körperschaft endet das WJ nicht zwingend am steuerlichen Übertragungsstichtag. Der Zugang zum Bestand des steuerlichen Einlagekontos ist bei ihr im Falle der Verschmelzung zur Aufnahme zum Schluss des WJ zu berücksichtigen, in das der steuerliche Übertragungsstichtag fällt. Es steht damit im laufenden WJ der übernehmenden Körperschaft nicht für Ausschüttungen zur Verfügung.[4] Zur Frage, ob der unterjährige Zugang zum Einlagekonto zur Finanzierung von Ausschüttungen im selben WJ zur Verfügung steht vgl § 27 Rn 52. 44

Verschmelzung zur Neugründung. Bei Verschmelzung zur Neugründung liegt ein Eintritt in die Steuerpflicht iSd § 27 II S 3 vor (vgl § 27 Rn 44). Als Folge gilt der auf die Übernehmerin übergehende Bestand des steuerlichen Einlagekontos als Bestand des steuerlichen Einlagekontos am Ende des vorangegangenen WJ und steht bereits zur Finanzierung von Ausschüttungen zur Verfügung.[5] 45

Einstweilen frei. 46

4. Unterbleiben der Hinzurechnung (§ 29 II S 2). Der hinzuzurechnende positive oder negative[6] Bestand des steuerlichen Einlagekontos der Übertragerin ist in dem Umfang zu mindern, in dem eine Beteiligung der übernehmenden an der übertragenden Körperschaft (vollständige oder partielle Aufwärtsverschmelzung) besteht. Ist die übernehmende Körperschaft zu 100 % beteiligt, unterbleibt ein Hinzurechnung vollständig; bei einer 60%igen Beteiligung werden lediglich 40 % des Einlagekontos der übertragenden Körperschaft dem Einlagekonto der Übernehmerin hinzugerechnet. Damit wird das Entstehen von fiktiven Beständen des steuerlichen Einlagekontos verhindert. Durch Einlagen einer MG in eine TG entsteht ein Kaskadeneffekt. Würden in diesem Fall die Bestände von MG und TG bei einer Verschmelzung addiert, würde es bei der übernehmenden Körperschaft zum Ausweis eines Einlagekontos kommen, welcher die ursprünglichen Einlagen der Anteilseigner übersteigt. Zur Vermeidung dieses überhöhten Ausweises ist bei der Aufwärtsverschmelzung die Kürzung des Bestandes des steuerlichen Einlagekontos der übertragenden Körperschaft vorgesehen.[7] 47

---

1 BMF v 16.12.2003, BStBl I 2003, 786, Rn 31; BMF v 11.11.2011, BStBl I 2011, 1314, Rn K.04; *Förster/van Lishaut*, FR 2002, 1257, 1258.
2 *Van Lishaut* in Rödder/Herlinghaus/van Lishaut, UmwStG Anh 2 Rn 20.
3 *Antweiler* in EY § 29 Rn 46; *Frotscher* in Frotscher/Maas § 29 Rn 12.
4 BFH I R 51/09, BFH/NV 2010, 1886; *van Lishaut* in Rödder/Herlinghaus/van Lishaut, UmwStG, Anh 2 Rn 21; aA *Dötsch* in D/J/P/W § 27 Rn 44; *Winkeljohann/Fuhrmann*, DB 2006, 1862, 1862; *Voßkuhl/Klemke*, DB 2010, 2696, 2697.
5 So *van Lishaut* in Rödder/Herlinghaus/van Lishaut, UmwStG, Anh 2 Rn 22; zweifelnd *Dötsch* in D/J/P/W § 29 Rn 17.
6 *Förster/van Lishaut*, FR 2002, 1257, 1261; *Schießl* in W/M § 12 UmwStG Rn 176.
7 *Antweiler* in EY § 29 Rn 55f; *Frotscher* in Frotscher/Maas § 29 Rn 13; *Heger* in Gosch § 29 Rn 11.

48 **Erwerb von Anteilen im Rückwirkungszeitraum.** Maßgebend ist nicht zwingend der Anteil am steuerlichen Übertragungsstichtag. Erwirbt die übernehmende Körperschaft nach dem steuerlichen Übertragungsstichtag, aber vor Wirksamwerden der Verschmelzung, Anteile an der Übertragerin, gelten die Anteile auch für Zwecke des § 29 als am steuerlichen Übertragungsstichtag angeschafft.[1]

49 **Mittelbare Beteiligung.** Nach Auffassung der Finanzverwaltung unterbleibt eine Hinzurechnung ebenfalls, soweit die übernehmende Körperschaft mittelbar auch über eine andere Körperschaft (TG) an der übertragenden Körperschaft beteiligt ist.[2] Eine sachliche Rechtfertigung für ein Unterbleiben der Hinzurechnung liegt nur vor, wenn der TG iRd Verschmelzung keine Anteile an der übernehmenden Körperschaft gewährt werden.[3] Gleichwohl bestehen auch in diesem Fall auf Grund des Gesetzeswortlauts zu Recht Bedenken, § 29 II S 2 auf mittelbare Beteiligungen anzuwenden.[4]

50 **Disquotale Einlagen.** Die pauschalierte Kürzung des Einlagekontos iHd Beteiligung des übernehmenden am übertragenden Rechtsträger erfolgt unabhängig davon, ob die betreffenden Zuführungen zum steuerlichen Einlagekonto entsprechend der Beteiligung durch die übernehmende Gesellschaft erfolgt sind. Zu Vor- oder Nachteilen kann es dann kommen, wenn (verdeckte) Einlagen der Gesellschafter disquotal erfolgt sind oder die Anschaffungskosten der Beteiligung unter dem anteiligen Betrag des steuerlichen Einlagekontos liegen.[5]

51 *Einstweilen frei.*

52 **5. Minderung des Einlagekontos der übernehmenden Körperschaft (§ 29 II S 3).** Aus den in Rn 47 genannten Gründen ist der positive oder negative[6] Bestand des steuerlichen Einlagekontos der Übernehmerin gem § 29 II S 3 in dem Umfang zu mindern, in welchem eine Beteiligung der übertragenden an der übernehmenden Körperschaft (Abwärtsverschmelzung) besteht. Hinsichtlich der zu berücksichtigenden Beteiligung wird auf Rn 48, 49 verwiesen. Die Minderung des Einlagekontos der übernehmenden Körperschaft war zunächst nur im Wege einer Verwaltungsanweisung vorgesehen[7] und wurde erstmals durch das UntStFG in das KStG aufgenommen.

53 **Maßgeblicher Bestand des steuerlichen Einlagekontos.** Maßgeblich ist der Bestand des steuerlichen Einlagekontos der übernehmenden Körperschaft nach der in diesem Fall gem § 29 I vorzunehmenden fiktiven Kapitalherabsetzung und vor Hinzurechnung des Einlagekontos der Übertragerin.[8]

54 *Einstweilen frei.*

---

1 *Van Lishaut* in Rödder/Herlinghaus/van Lishaut, UmwStG, Anh 2 Rn 29; *Dötsch* in D/J/P/W § 29 Rn 23.
2 BMF v 16.12.2003, BStBl I 2003, 786, Rn 37; BMF v 11.11.2011, BStBl I 2011, 1314, Rn K.11.
3 Zutreffend *Förster/van Lishaut*, FR 2002, 1257, 1262 f; vgl auch *Schießl* in W/M § 12 UmwStG Rn 176.
4 *Antweiler* in EY § 29 Rn 61.
5 *Dötsch* in D/J/P/W § 29 Rn 31 ff; *Antweiler* in EY § 29 Rn 60.
6 *Schießl* in W/M § 12 UmwStG Rn 176.
7 BMF v 16.12.2003, BStBl I 2003, 786, Rn 38 ff.
8 *Frotscher* in Frotscher/Maas § 29 Rn 14; *Antweiler* in EY § 29 Rn 65 ff; BMF v 16.12.2003, BStBl I 2003, 786, Rn 39; BMF v 11.11.2011, BStBl I 2011, 1314, Rn K.13.

6. Wechselseitige Beteiligungen. Sind die an der Verschmelzung beteiligten Körperschaften wechselseitig aneinander beteiligt, finden § 29 II S 2 und 3 nebeneinander auf die jeweilige Beteiligung Anwendung.[1]

Beispiel

An der A-GmbH sind A zu 70 % und die B-GmbH zu 30 % beteiligt; das steuerliche Einlagekonto nach fiktiver Kapitalherabsetzung (§ 29 I S 1) beträgt 1000. Die Anteile an der B-GmbH werden zu 90 % von B und zu 10 % von der A-GmbH gehalten; deren steuerliches Einlagekonto beträgt nach fiktiver Kapitalherabsetzung 800. Die A-GmbH wird auf die B-GmbH verschmolzen. Das steuerliche Einlagekonto der A-GmbH ist der B-GmbH nur zu 70 % (=700) zuzurechnen; iHv 30 % unterbleibt eine Hinzurechnung nach § 29 II S 2. Das Einlagekonto der B-GmbH nach fiktiver Kapitalherabsetzung ist um den von der A-GmbH gehaltenen Anteil von 10 % zu kürzen (§ 29 II S 3); es verbleibt ein Einlagekonto der B-GmbH vor Hinzurechnung des Bestandes der A-GmbH von 720. Vor Anwendung des § 29 IV beträgt das steuerliche Einlagekonto der B-GmbH damit 1420.

Einstweilen frei.

VI. Übergang des Bestandes des steuerlichen Einlagekontos bei Auf- und Abspaltung (§ 29 III).

1 Auf-/Abspaltung. Aufspaltung ist ein von § 29 III erfasster Vorgang, durch den das Vermögen des übertragenden Rechtsträgers unter Auflösung ohne Abwicklung auf mehrere bestehende oder neu gegründete Rechtsträger gegen Gewährung von Anteilen an die Anteilsinhaber des übertragenden Rechtsträgers übergeht. Durch die ebenso von § 29 III erfasste Abspaltung werden ein oder mehrere Teile des Vermögens des übertragenden Rechtsträgers im Wege der Sonderrechtsnachfolge auf einen oder mehrere neu gegründete oder bestehende Rechtsträger gegen Gewährung von Anteilen an die Anteilsinhaber des übertragenden Rechtsträgers übertragen. Auf- und Abspaltung sind in § 123 I und II UmwG geregelt. Die steuerlichen Vorschriften zur Auf-/Abspaltung von Körperschaften auf Körperschaften enthält § 15 UmwStG, die Auf- oder Abspaltung auf Personengesellschaften ist in § 16 UmwStG geregelt.

Einstweilen frei.

2. Unbeschränkt steuerpflichtige Körperschaften. § 29 III S 1 ordnet in Fällen der Abspaltung auf unbeschränkt steuerpflichtige Körperschaften Rechtsfolgen sowohl für den übertragenden als auch für den übernehmenden Rechtsträger an: eine Minderung des Bestandes des steuerlichen Einlagekontos der Übertragerin führt vorbehaltlich § 29 III S 3 zu einer entsprechenden Erhöhung des Bestandes der übernehmenden Körperschaften. In Fällen der Aufspaltung ergeben sich ausschließlich Rechtsfolgen in Form der Erhöhung der Einlagekonten für übernehmende Körperschaften.

Einstweilen frei.

---

1 Förster/van Lishaut, FR 2002, 1257, 1264; Dötsch in D/J/P/W § 29 Rn 30.

3. Aufteilung des Bestandes des steuerlichen Einlagekontos (§ 29 III S 1, 2). Anteilige Zuordnung. Der Bestand des steuerlichen Einlagekontos des übertragenden Rechtsträgers ist der oder den übernehmenden Körperschaften anteilig zuzuordnen. In Fällen der Aufspaltung ist der Gesamtbestand daher auf die übernehmenden Körperschaften aufzuteilen; die Abspaltung führt nur insoweit zu einer Zuordnung des Bestandes des steuerlichen Einlagekontos, als das Vermögen auf die übernehmenden Körperschaften übergeht; entsprechend mindert sich der Bestand des steuerlichen Einlagekontos der übertragenden Körperschaft.

Bestand auf den steuerlichen Übertragungsstichtag. Aufzuteilen ist der sich auf den steuerlichen Übertragungsstichtag ergebende Bestand nach Anwendung der §§ 27, 28 und unter Berücksichtigung der fiktiven Kapitalherabsetzung nach § 29 I.[1] Zu den sich aufgrund der möglichen Rückwirkung der Spaltung nach § 2 UmwStG ergebenden Besonderheiten vgl Rn 41.

Letztmalige Feststellung bei Aufspaltung. In Fällen der Aufspaltung endet mit Ablauf des Übertragungsstichtags gem § 7 III S 3 die Steuerpflicht der übertragenden Körperschaft. Der Bestand des steuerlichen Einlagekontos ist daher wie in Fällen der Verschmelzung letztmals durch Bescheid nach § 27 II S 1 auf den steuerlichen Übertragungsstichtag vor Berücksichtigung der Minderung auf Null gesondert festzustellen (vgl Rn 28).[2]

Feststellung bei Abspaltung. In Fällen der Abspaltung hingegen endet mit dem steuerlichen Übertragungsstichtag die Steuerpflicht der übertragenden Körperschaft nicht. Bei ihr ist auf den Schluss des WJ, in den der steuerliche Übertragungsstichtag fällt, der Bestand des steuerlichen Einlagekontos unter Berücksichtigung des Abgangs aufgrund der Abspaltung zu ermitteln.[3]

Aufteilungsmaßstab. Grundsatz (§ 29 III S 1). Der maßgebliche Bestand des Einlagekontos ist gem § 29 III S 1 im Verhältnis der übergehenden Vermögensteile zu dem beim übertragenden Rechtsträger vor der Spaltung bestehenden Vermögen aufzuteilen. Der Gesetzgeber geht davon aus, dass sich das Verhältnis in der Regel aus dem Umtauschverhältnis der Anteile im Spaltungs- und Übernahmevertrag oder im Spaltungsplan (§ 126 I Nr 3, § 136 UmwG) ergibt. Der Aufteilungsmaßstab ist identisch mit dem des § 15 IV UmwStG 1995 zur Aufteilung eines verbleibenden Verlustvortrages.

Verhältnis der gemeinen Werte des übergehenden Vermögens (§ 29 III S 2). Eine abweichende Ermittlung des Aufteilungsmaßstabes ist hingegen erforderlich, wenn das Umtauschverhältnis der Anteile erkennbar unausgewogen ist und nicht dem Verhältnis der Beteiligung am übertragenden Rechtsträger entspricht, zB bei nichtverhältniswahrender Spaltung (§ 128 UmwG).[4] Gleiches gilt, wenn der

---

[1] *Antweiler* in EY § 14 Rn 83.
[2] BMF v 16.12.2003, BStBl I 2003, 786, Rn 31; BMF v 11.11.2011, BStBl I 2011, 1314, Rn K.04; *Dötsch* in D/J/P/W § 29 Rn 37.
[3] BMF v 16.12.2003, BStBl I 2003, 786, Rn 31; BMF v 11.11.2011, BStBl I 2011, 1314, Rn K.05; *van Lishaut* in Rödder/Herlinghaus/van Lishaut, UmwStG, Anh 2 Rn 19.
[4] *Antweiler* in EY § 29 Rn 87; *Danelsing* in Blümich § 29 Rn 21.

Spaltung- und Übernahmevertrag bzw Spaltungsplan kein Umtauschverhältnis der Anteile enthält, zB bei Spaltungen unter Beteiligung nichtrechtsfähiger Vereine, VVaG oder genossenschaftlicher Prüfungsverbände, bei denen kein Umtauschverhältnis zu ermitteln ist.[1] In diesen Fällen ist gem § 29 III S 2 das Einlagekonto nach dem Verhältnis der gemeinen Werte der übergehenden Vermögensteile zu dem vor der Spaltung vorhandenen Vermögen aufzuteilen.[2] Nach dem Wortlaut der Vorschrift sind die gemeinen Werte (§ 9 BewG) maßgebend. Zutreffender wäre ein Abstellen auf Teilwerte gewesen.[3] So wäre zB ein übergehender Geschäfts- oder Firmenwert iRd § 29 III S 2 allenfalls mit seinem Teilwert, nicht hingegen mit dem gemeinen Wert zu berücksichtigen, da ein solcher mangels Einzelveräußerbarkeit nicht zu ermitteln ist.[4]

Hinzurechnung bei der übernehmenden Körperschaft. Der Bestand des steuerlichen Einlagekontos, der einer übernehmenden Körperschaft zuzuordnen ist, ist deren eigenem steuerlichen Einlagekonto hinzuzurechnen. Damit wird sichergestellt, dass Einlagen der Anteilseigner des übertragenden Rechtsträgers durch den übernehmenden Rechtsträger als dessen Rechtsnachfolger im Wege der Einlagerückgewähr an die Anteilseigner ausgekehrt werden können. Bei einem negativen zuzurechnenden steuerlichen Einlagekonto verringert sich ein positiver Bestand des übernehmenden Rechtsträgers, ein negativer Bestand erhöht sich.

Einstweilen frei.

4. Unterbleiben der Hinzurechung bei Beteiligung des übernehmenden Rechtsträgers am übertragenden Rechtsträger (§ 29 III S 3 iVm § 29 II S 2). § 29 III S 3 verweist auf § 29 II S 2. Danach ist der hinzurechnende Bestand des steuerlichen Einlagekontos der Übertragerin in dem Umfang zu mindern, in dem eine Beteiligung der übernehmenden an der übertragenden Körperschaft (Aufwärts-Abspaltung) besteht (vgl Rn 47).

Einstweilen frei.

5. Minderung des Bestandes des übernehmenden Rechtsträgers bei Beteiligung des übertragenden am übernehmenden Rechtsträger (§ 29 III S 3 iVm § 29 II S 3). § 29 III S 3 verweist weiterhin auf § 29 II S 3. Danach ist der Bestand des steuerlichen Einlagekontos der Übernehmerin in dem Umfang zu mindern, in dem eine Beteiligung der übertragenden an der übernehmenden Körperschaft (Abwärts-Abspaltung) besteht (vgl Rn 52).

Einstweilen frei.

6. Abspaltung auf eine Personengesellschaft (§ 29 III S 4). In Fällen der Abspaltung auf Personengesellschaften enthält § 29 III S 4 lediglich Rechtsfolgen für die übertragende Körperschaft. Die Rechtsfolgen entsprechen denen einer Abspaltung

---

1 Klingberg in Blümich § 15 UmwStG 1995 Rn 81.
2 Kritisch zum Aufteilungsmaßstab *Mayer*, DB 2008, 888, 889.
3 *Frotscher* in Frotscher/Maas § 29 Rn 17.
4 Zum vergleichbaren Problem iRd UmwStG *Klingberg* in Blümich § 3 UmwStG Rn 15, § 11 UmwStG Rn 25.

auf Körperschaften: Der Bestand des steuerlichen Einlagekontos der übertragenden Körperschaft mindert sich im Umfang der übergehenden Vermögensteile zu dem vor der Spaltung vorhandenen Vermögen (vgl Rn 66). Zur Feststellung des Bestandes der übertragenden Körperschaft vgl Rn 64. Regelungen für Personengesellschaften als übertragende oder übernehmende Rechtsträger bedarf es nicht, weil ein steuerliches Einlagekonto nicht zu führen ist. Aus gleichem Grund sind die Rechtsfolgen der Aufspaltung auf Personengesellschaften nicht regelungsbedürftig; die übertragende Körperschaft geht durch die Aufspaltung unter.[1]

74 *Einstweilen frei.*

75 **VII. Anpassung des Nennkapitals (§ 29 IV). 1. Umwandlungsbeteiligte Körperschaften. Übertragende Körperschaften.** § 29 IV regelt die Anpassung des Nennkapitals der umwandlungsbeteiligten Körperschaften. Betroffen davon sind zunächst in Fällen der Abspaltung stets die übertragenden Körperschaften.[2] Für diese erfolgt für steuerliche Zwecke nach § 29 I eine fiktive Herabsetzung des Nennkapitals auf Null. Das Nennkapital ist nach Berücksichtigung eines Abgangs aus dem steuerlichen Einlagekonto an das handelsrechtlich vorhandene Nennkapital anzupassen. Keine Bedeutung hat die Vorschrift für übertragende Körperschaften bei Verschmelzung oder Aufspaltung.[3]

76 **Übernehmende Körperschaften.** Weiterhin von § 29 IV betroffen sind auch übernehmende Körperschaften, bei denen in Fällen einer Abwärtsverschmelzung (§ 29 II S 3) oder einer Abwärts-Abspaltung (§ 29 III S 3) eine fiktive Kapitalherabsetzung nach § 29 I erfolgt.[4] Erfasst sind zudem übernehmende Körperschaften, bei denen die Spaltung oder Verschmelzung zur Neugründung mit der erstmaligen Bildung eines Nennkapitals einhergeht.[5] Schließlich betrifft die Vorschrift auch übernehmende Körperschaften, bei denen die Umwandlung auch ohne vorherige fiktive Kapitalherabsetzung mit einer Kapitalerhöhung verbunden ist.[6] Die Verschmelzung oder Spaltung auf eine Körperschaft erfolgt ohne Kapitalerhöhung, wenn die übernehmende Körperschaft alleinige Anteilseignerin der übertragenden Körperschaft ist (§§ 54 I S 1 Nr 1, 68 I S 1 Nr 1 UmwG) oder in Fällen, in denen die Anteilseigner der übertragenden Körperschaft auf die Gewährung von Anteilen an der übernehmenden Körperschaft verzichten (§§ 54 I S 3, 68 I S 3 UmwG). Die zuletzt genannten Fälle betreffen weitgehend konzerninterne Umstrukturierungsvorgänge.[7] In den sonstigen Fällen geht die Umstrukturierung idR mit einer Kapitalerhöhung der übernehmenden Körperschaft einher.

77 *Einstweilen frei.*

---

1 Dötsch in D/J/P/W § 29 Rn 44.
2 Frotscher in Frotscher/Maas § 29 Rn 25; Dötsch in D/J/P/W § 29 Rn 53.
3 Van Lishaut in Rödder/Herlinghaus/van Lishaut, UmwStG, Anh 2 Rn 23.
4 Heger in Gosch § 29 Rn 20.
5 Dötsch in D/J/P/W § 29 Rn 51.
6 Heger in Gosch § 29 Rn 20; *van Lishaut* in Rödder/Herlinghaus/van Lishaut, UmwStG, Anh 2 Rn 25.
7 Zu den Folgen nicht verhältniswahrender Verschmelzungen auf Anteilseignerebene BFH IX R 24/09, DStR 2011, 212.

2. Anwendung des § 28 I und III. Vorrangige Verwendung des steuerlichen Einlagekontos. Zur Anpassung des handelsrechtlichen Nennkapitals für steuerliche Zwecke verweist § 29 IV auf § 28 I. Die Anpassung des Nennkapitals wird nach den Vorschriften für Kapitalerhöhungen aus Gesellschaftsmitteln vorgenommen. Für die (fiktive) Erhöhung des Nennkapitals gilt vorrangig der Bestand des steuerlichen Einlagekontos als verwendet (vgl § 28 Rn 25 ff). Reicht der positive Bestand des steuerlichen Einlagekontos nicht aus, ist für den darüber hinausgehenden Betrag der Kapitalerhöhung ein Sonderausweis zu bilden (vgl § 28 Rn 35 ff). 78

Nach Anwendung von § 29 II und III. Maßgebend ist der Bestand des steuerlichen Einlagekontos nach der Umwandlung, dh sowohl umwandlungsbedingte Minderungen als auch Erhöhungen des steuerlichen Einlagekontos infolge der Anwendung des § 29 II und III sind zu berücksichtigen. 79

Verrechnung des Sonderausweises mit dem Einlagekonto. Soweit bei der übernehmenden Körperschaft ein Sonderausweis vorhanden war, ist der Sonderausweis mit dem nach der Anpassung des Nennkapitals ggf verbleibenden positiven Bestand des steuerlichen Einlagekontos zu verrechnen, § 28 III. Damit wird ein durch die Hinzurechnung des steuerlichen Einlagekontos der übertragenden Körperschaft vorhandener Bestand des steuerlichen Einlagekontos zur Umfinanzierung einer ursprünglich aus Gewinnrücklagen finanzierten Kapitalerhöhung genutzt (vgl § 28 Rn 73). Des ausdrücklichen Verweises in § 29 IV auf § 28 III hätte es nicht bedurft, da die Norm ohnehin anzuwenden ist.[1] 80

Einstweilen frei. 81

3. Zeitpunkt der Anpassung des Nennkapitals. Die Nennkapitalanpassung hat auf den Schluss des WJ zu erfolgen, in das der steuerliche Übertragungsstichtag fällt. Unerheblich ist insoweit, dass eine Kapitalerhöhung erst mit der späteren Eintragung in das Handelsregister wirksam wird.[2] 82

Einstweilen frei. 83

VIII. Sinngemäße Anwendung auf unbeschränkt steuerpflichtige Körperschaften und Personenvereinigungen (§ 29 V). Körperschaften und Personenvereinigungen. § 29 I nennt als betroffene Rechtsträger lediglich Kapitalgesellschaften. § 29 II und III nehmen als übertragende Rechtsträger ebenfalls nur auf Kapitalgesellschaften Bezug, erfassen hingegen als übernehmende Rechtsträger allgemein Körperschaften. Soweit die beteiligten Rechtsträger nicht ohnehin vom Wortlaut des § 29 I–IV erfasst sind, erklärt § 29 V die Vorschriften für Körperschaften oder Personenvereinigungen für anwendbar. 84

Leistungen iSd § 20 I Nr 1, 9, 10 EStG. Voraussetzung der Anwendbarkeit ist die Möglichkeit, Leistungen iSd § 20 I Nr 1, 9, 10 EStG zu erbringen; vgl dazu § 27 Rn 10. Von dieser Erweiterung betroffen sind damit vor allem Genossenschaften (§ 1 I Nr 2), die nach § 3 I Nr 3, 124 I UmwG übertragende und übernehmende Rechtsträger bei Verschmelzungen oder Spaltungen sein können.[3] Ebenso vom Regelungs- 85

---

1 *Köster* in H/H/R § 29 Rn 37.
2 *Van Lishaut* in Rödder/Herlinghaus/van Lishaut, UmwStG, Anh 2 Rn 25.
3 BMF v 25.3.1998, BStBl II 1998, 268, Tz 00.05, 00.12; BMF v 11.11.2011, BStBl I 2011, 1314, Rn 01.10; 01.17.

86 bereich erfasst – wenngleich von untergeordneter praktischer Bedeutung – sind wirtschaftliche Vereine[1] und VVaG[2], die ebenfalls als an Verschmelzungen, Auf- und Abspaltungen beteiligte Rechtsträger in Frage kommen.

86 **Unbeschränkte Steuerpflicht.** Das Erfordernis der unbeschränkten Steuerpflicht wurde durch das SEStEG in § 29 V aufgenommen. Bis zum Zweiten Gesetz zur Änderung des UmwG v 19.4.2007[3] waren zivilrechtlich nur Umwandlungen unter Beteiligung von Körperschaften, die im Inland ihren Sitz hatten, möglich. Der praktische Anwendungsbereich des § 29 UmwStG war damit ohnehin auf unbeschränkt steuerpflichtige Körperschaften begrenzt. IRd zivilrechtlichen Erweiterung der Umwandlungsmöglichkeiten auf grenzüberschreitende Verschmelzungen und der Internationalisierung des UmwStG durch das SEStEG wurde der Wortlaut des § 29 V angepasst, so dass weiterhin ausschließlich unbeschränkt steuerpflichtige Körperschaften erfasst werden. Für nicht unbeschränkt steuerpflichtige EU-Körperschaften kommt allerdings eine entsprechende Anwendung nach § 27 VIII in Betracht (vgl § 27 Rn 11, 170).

87 *Einstweilen frei.*

88 **IX. Hereinverschmelzung (§ 29 VI). 1. Einlagekonto bisher nicht festzustellen. Zweck.** Durch die Internationalisierung des UmwStG besteht die Möglichkeit, dass auch eine ausländische Körperschaft, die bisher nicht unbeschränkt steuerpflichtig war, übertragende Körperschaft iRd von § 29 erfassten Umwandlungsvorgänge sein kann. Für die betroffenen übertragenden Körperschaften ist die Feststellung eines steuerlichen Einlagekontos nach § 27 I, VII nicht vorgeschrieben. Zur Anwendung des § 29 regelt § 29 VI daher, dass an die Stelle des steuerlichen Einlagekontos der Bestand der nicht in das Nennkapital geleisteten Einlagen tritt. Damit wird in Ergänzung zu § 27 VIII sichergestellt, dass das steuerliche Einlagekonto der übernehmenden Körperschaft die geleisteten Einlagen der Gesellschafter der übertragenden und der übernehmenden Körperschaft in zutreffender Höhe abbildet.

89 **EU-Körperschaften.** Die Anwendung des § 29 VI ist auf in EU-Staaten ansässige Körperschaften beschränkt.[4] Dies ergibt sich aus dem Verweis des § 27 VIII, der ausschließlich auf Körperschaften mit Sitz in einem EU-Staat anwendbar ist. Die Nichteinbeziehung von Körperschaften mit Sitz in EWR-Staaten ist unionsrechtlich bedenklich (vgl § 27 Rn 170).

90 **Inländische Körperschaften.** Nach dem Wortlaut der Vorschrift ist die Anwendung des § 29 VI nicht auf ausländische Körperschaften beschränkt. Ein Anwendungsfall für inländische Körperschaften ist allerdings nicht erkennbar. Die Vorschrift kommt auch nicht zur Anwendung, wenn die Feststellung eines Einlagekontos fehlerhaft unterblieben ist.[5]

---

1 Dötsch in D/J/P/W § 27 Rn 252; Frotscher in Frotscher/Maas § 27 Rn 107.
2 Dötsch in D/J/P/W § 27 Rn 252; Frotscher in Frotscher/Maas § 27 Rn 107; OFD Hannover, DB 2004, 282; aA Antweiler in EY § 27 Rn 366.
3 BGBl I 2007, 542.
4 Dötsch in D/J/P/W § 29 Rn 59; van Lishaut in Rödder/Herlinghaus/van Lishaut, UmwStG, Anh 2 Rn 8; Suchanek in H/H/R § 29 Rn J 06-6; aA Frotscher in Frotscher/Maas § 29 Rn 28; Stadler/Jetter, IStR 2009, 336, 339.
5 Frotscher in Frotscher/Maas § 29 Rn 28.

Einstweilen frei. 91

2. Erfasste Vorgänge. Hereinverschmelzung. Zivilrechtlich ist die Möglichkeit 92 einer grenzüberschreitenden Umwandlung unter Beteiligung von Rechtsträgern mit Sitz im Inland derzeit auf grenzüberschreitende Verschmelzungen nach §§ 122a ff UmwG beschränkt. Der Hauptanwendungsfall des § 29 VI dürfte daher die Hereinverschmelzung einer Gesellschaft mit Sitz in einem EU-Staat auf eine unbeschränkt steuerpflichtige Körperschaft sein.

Umwandlung iSd UmwG. § 29 VI kommt unmittelbar nur bei den in § 29 I-III 93 genannten Umwandlungsvorgängen zur Anwendung. Erfasst sind daher nur Umwandlungen iSd § 1 UmwG. Zu diesen Umwandlungen gehört auch die grenzüberschreitende Verschmelzung nach §§ 122a ff UmwG unter Beteiligung von Kapitalgesellschaften mit Sitz im Inland.[1] Anders hingegen bei entsprechender Anwendung nach § 27 VIII, vgl Rn 17; § 27 Rn 169 ff. Durch § 1 I UmwG wird nach zutreffender Auffassung die Anwendung des UmwG auf Rechtsträger mit Sitz im Inland beschränkt; die Vorschrift enthält kein Verbot einer grenzüberschreitenden Umwandlung.[2] Die Einschränkung auf innerstaatliche Umwandlungen resultierte bis zur Einfügung der §§ 122a ff UmwG aus der enumerativen Aufzählung der beteiligten Rechtsträger,[3] lässt aber den sachlichen Anwendungsbereich der §§ 1, 2, 123 UmwG unberührt. Daher ist auch die Verschmelzung nach §§ 122a ff UmwG unter Beteiligung inländischer Kapitalgesellschaften als übertragender oder übernehmender Rechtsträger Verschmelzung iSd § 1 UmwG. Durch §§ 122a ff UmwG werden lediglich der durch § 3 UmwG begrenzte Anwendungsbereich ausgedehnt und auf den Besonderheiten der Kollusion verschiedener Rechtssysteme beruhende Spezialregelungen für grenzüberschreitende Verschmelzungen geschaffen. Nach aA[4] handelt es sich bei Verschmelzungen nach §§ 122a ff UmwG nicht um Umwandlungen iSd § 1 UmwG. Dennoch gelte § 29 VI aufgrund des Verweises in § 122a II UmwG auf § 2 UmwG auch für die im UmwG geregelten grenzüberschreitenden Verschmelzungen. Zudem wird auf die Intention des Gesetzgebers, grenzüberschreitende Hineinverschmelzungen durch § 29 VI zu erfassen, verwiesen.[5]

Umwandlungen nach ausländischem Recht. Entsprechend dem Gesetzeswortlaut 94 nicht erfasst sind hingegen Umwandlungen nach ausländischem Recht.[6] Zur Einbeziehung ausländischer Umwandlungen in die entsprechende Anwendung des § 29 iRd § 27 VIII vgl § 27 Rn 182 f. So regelt die Vorschrift nicht die Verschmelzung einer nicht unbeschränkt steuerpflichtigen Körperschaft auf eine im Inland unbeschränkt steuerpflichtige Körperschaft, deren Satzungssitz sich nicht im Inland befindet (doppelansässige Gesellschaft). Zwar ist in einem derartigen Fall für die übertragende

---

1   Hörtnagl in Schmidt/Hörtnagl/Stratz § 1 UmwG Rn 25; vor §§ 122a-122 l UmwG Rn 3; *Drinhausen* in Semler/Stengel, UmwG, Einl C Rn 26; aA *Suchanek* in H/H/R § 29 Rn J 06-6; BMF v 11.05.2011, BStBl I 2011, 1314 Rn 01.21.
2   Hörtnagl in Schmidt/Hörtnagl/Stratz § 1 UmwG Rn 24.
3   §§ 3, 124 UmwG.
4   *Stadler/Jetter*, IStR 2009, 336, 338.
5   *Stadler/Jetter*, IStR 2009, 336, 338; *Suchanek* in H/H/R Jahresbd 2006-2008 § 29 Rn J 06-6.
6   *Suchanek* in H/H/R Jahresbd 2006-2008, § 29 Rn J 06-6.

Körperschaft kein Einlagekonto festzustellen, so dass an die Stelle des Einlagekontos die nicht in das Nennkapital geleisteten Einlagen treten müssten. Eine Anwendung von § 29 I-V scheitert jedoch bei wortgetreuer Auslegung, da keiner der aufgeführten Umwandlungsvorgänge vorliegt.[1] Anders als das Umwandlungssteuergesetz stellt § 29 ausschließlich auf Umwandlungsvorgänge iSd UmwG ab; vergleichbare ausländische Vorgänge sind in sachlicher Hinsicht nicht erfasst.[2] Eine derartige Beschränkung des Anwendungsbereichs führt allerdings zu unbilligen Ergebnissen, die ein Tätigwerden des Gesetzgebers erfordern.

95 *Einstweilen frei.*

96 **3. Anwendung der vorstehenden Absätze. Anwendbare Regelungen.** Seinem Wortlaut nach verweist § 29 VI auf I-V. Die Anwendung des § 29 V kommt wegen fehlender eigener Regelung nicht in Betracht. Eine Anwendung des § 29 III scheidet nach derzeitigem Rechtsstand ebenfalls aus, da ausländische Rechtsträger nicht übertragender Rechtsträger bei einer Auf- oder Abspaltung sein können.[3] Ebenfalls nicht anwendbar ist § 29 IV, da die übertragende Körperschaft durch die Verschmelzung untergeht. Geht man hingegen davon aus, dass dem UmwG vergleichbare ausländische Vorgänge von § 29 VI erfasst sind, wäre auch eine Anwendung von § 29 III, IV iRd § 29 VI denkbar.

97 **Bestand der nicht in das Nennkapital geleisteten Einlagen.** Der Bestand der nicht in das Nennkapital geleisteten Einlagen tritt an die Stelle des steuerlichen Einlagekontos. Für die Anwendung des § 29 wird also der mangels Feststellung fehlende Bestand des steuerlichen Einlagekontos durch den Bestand der nicht in das Nennkapital geleisteten Einlagen ersetzt.[4] Einen darüber hinausgehenden Regelungsgehalt besitzt § 29 VI S 1 nicht.

98 **Fiktive Kapitalherabsetzung.** Der Bestand der nicht in das Nennkapital geleisteten Einlagen ist nach fiktiver Kapitalherabsetzung gem § 29 I zu ermitteln.[5] Über den Verweis auf § 27 VIII stellt VI S 2 klar, dass die fiktive Kapitalherabsetzung in entsprechender Anwendung des § 28 II S 1 zu erfolgen hat. Der Bestand der nicht in das Nennkapital geleisteten Einlagen enthält damit auch den Betrag des fiktiv herabgesetzten Nennkapitals der übertragenden Körperschaft, soweit es aus Einlagen der Anteilseigner stammt. Auf den so ermittelten Bestand ist bei der übernehmenden Kapitalgesellschaft § 29 II S 1 und 2 anzuwenden (vgl Rn 38 ff).

99 **Zeitpunkt des Vermögensübergangs.** Der Bestand auf den steuerlichen Übertragungsstichtag ist maßgebend.[6] Nicht von Bedeutung ist hingegen der Zeitpunkt des zivilrechtlichen Übergangs des Vermögens. Zu Einlagen und Leistungen der Körperschaft nach dem steuerlichen Übertragungsstichtag vgl Rn 41.

---

1   Vgl dazu *Hörtnagl* in Schmidt/Hörtnagl/Stratz § 1 UmwG Rn 35 f.
2   AA *van Lishaut* in Rödder/Herlinghaus/van Lishaut, UmwStG, Anh 2 Rn 14; *Dötsch* in D/J/P/W § 29 Rn 10.
3   *Suchanek* in H/H/R Jahresbd 2006-2008 § 29 Rn J 06-7.
4   *Suchanek* in H/H/R Jahresbd 2006-2008 § 29 Rn J 06-7.
5   *Stadler/Jetter*, IStR 2009, 336, 339; *Dötsch* in D/J/P/W § 29 Rn 61.
6   *Stadler/Jetter*, IStR 2009, 336, 339; *Dötsch* in D/J/P/W § 29 Rn 60.

IX. Hereinverschmelzung

Einstweilen frei. 100

4. Entsprechende Geltung des § 27 VIII. Antragserfordernis. § 29 VI S 2 verweist 101
auf die Verfahrensregeln des § 27 VIII.[1] Der Bestand der nicht in das Nennkapital geleiteten Einlagen der übertragenden Körperschaft ist nur auf Antrag gesondert festzustellen (§ 27 VIII S 3). Der Feststellungsbescheid ist Grundlagenbescheid für die Feststellung des steuerlichen Einlagekontos der übernehmenden Körperschaft.[2] Der Antrag ist nach amtlich vorgeschriebenem Vordruck zu stellen (§ 27 VIII S 4). Solange ein solcher nicht existierte, musste eine formlose Stellung des Antrags als zulässig angesehen werden.[3]

Antragsfrist. Die Antragsfrist (§ 27 VIII S 4) endet mit Ablauf des Kalenderjahres, 102
das auf das Kalenderjahr folgt, in dem der Vermögensübergang stattgefunden hat. Fristauslösendes Ereignis ist die Eintragung der Umwandlung in das Register der übernehmenden Körperschaft.[4]

Zuständigkeit. Die gesonderte Feststellung hat durch das für die Besteuerung des 103
übernehmenden Rechtsträgers zuständige Finanzamt zu erfolgen.

Darlegungslast. Bei der Ermittlung des Bestandes bestehen die gleichen Schwierig- 104
keiten wie iRd § 27 VIII. In der Literatur[5] wird daher für eine vereinfachte Ermittlung der durch die Gesellschafter geleisteten Einlagen plädiert. Andernfalls wird die Anwendung in der Praxis häufig unmöglich sein.

Einstweilen frei. 105

---

1 BTDrs 16/2710, 32.
2 *Schießl*, DStZ 2008, 852, 854; *Stadler/Jetter*, IStR 2009, 336, 339.
3 *Stadler/Jetter*, IStR 2009, 336, 339; *Dötsch* in D/J/P/W § 29 Rn 65.
4 *Stadler/Jetter*, IStR 2009, 336, 339; *Dötsch* in D/J/P/W § 29 Rn 65; aA *van Lishaut* in Rödder/Herlinghaus/van Lishaut, UmwStG, Anh 2 Rn 35: steuerlicher Übertragungsstichtag.
5 *Dötsch* in D/J/P/W § 29 Rn 60; *Schießl*, DStZ 2008, 852, 854.

§ 30 Entstehung der Körperschaftsteuer

Die Körperschaftsteuer entsteht

1. für Steuerabzugsbeträge in dem Zeitpunkt, in dem die steuerpflichtigen Einkünfte zufließen,
2. für Vorauszahlungen mit Beginn des Kalendervierteljahres, in dem die Vorauszahlungen zu entrichten sind, oder, wenn die Steuerpflicht erst im Laufe des Kalenderjahres begründet wird, mit Begründung der Steuerpflicht,
3. für die veranlagte Steuer mit Ablauf des Veranlagungszeitraums, soweit nicht die Steuer nach Nummer 1 oder 2 schon früher entstanden ist.

KStR 78

Übersicht

	Rn
I. Regelungsgehalt der Norm	1 – 2
II. Rechtsentwicklung	3 – 4
III. Normzweck und Anwendungsbereich	5 – 16
1. Bedeutung der Norm	5 – 7
2. Anwendungsbereich	8 – 10
3. Verhältnis zu anderen Vorschriften	11 – 16
IV. Entstehung der KSt	17 – 40
1. Steuerabzugsbeträge (§ 30 Nr 1)	17 – 24
2. Körperschaftsteuervorauszahlungen (§ 30 Nr 2)	25 – 32
3. Veranlagte KSt (§ 30 Nr 3)	33 – 40

1   **I. Regelungsgehalt der Norm.** § 30 regelt das Entstehen der KSt dem Grunde nach in zeitlicher Hinsicht. Er knüpft an § 38 AO an, der allgemein regelt, dass die Ansprüche aus dem Steuerschuldverhältnis entstehen, sobald der Tatbestand verwirklicht ist. Bezüglich des Entstehungszeitpunktes unterscheidet § 30 zwischen dem Zufluss von Steuerabzugsbeträgen, Körperschaftsteuervorauszahlungen und der veranlagten KSt.

2   *Einstweilen frei.*

3   **II. Rechtsentwicklung.** Ursprünglich wurden die Entstehungszeitpunkte für die KSt in § 3 V Nr 1 StAnpG bestimmt.[1] Seit 1977 war die Entstehung der KSt nahezu unverändert in § 48 aF geregelt. Es wurden lediglich redaktionelle Änderungen vorgenommen. Durch das StSenkG wurde § 48 aF ohne Änderung in § 30 transformiert. § 30 in seiner jetzigen Form ist seit dem VZ 2001 anwendbar.[2]

4   *Einstweilen frei.*

---

[1] RGBl I 1934, 925.
[2] § 34 idFd Gesetzes v 23.10.2000.

III. Normzweck und Anwendungsbereich

III. Normzweck und Anwendungsbereich. 1. Bedeutung der Norm. Der Entstehungszeitpunkt spielt für verschiedene, insbesondere verfahrensrechtliche Steuernormen eine Rolle, welche an die Steuerentstehung anknüpfen bzw diese implizit voraussetzen. Im Einzelnen sind dies zB Übergang des Anspruchs auf den Rechtsnachfolger (§ 45 AO), Ansprüche auf Erstattung, Abtretung und Pfändung (§ 46 I, II, VI AO), Haftung der gesetzlichen Vertreter der Kapitalgesellschaft (§ 69 AO), Festsetzungsverjährung (§§ 169 – 171 AO), Aufhebung und Änderung von Steuerbescheiden (§§ 172 ff AO), Aufrechnung (§ 226 AO), Verzinsung (§ 233a AO), Arrestverfahren nach § 324 AO, Anmeldung zur Insolvenztabelle (§§ 174 ff InsO) sowie bilanzielle Berücksichtigung als Rückstellung in Handels- und Steuerbilanz (§ 249 HGB). 5

Fälligkeit. Der Entstehungszeitpunkt hat auch Bedeutung für die Fälligkeit der KSt iSe Voraussetzung, denn vor Entstehung kann sie nicht fällig werden (§ 220 II S 1 AO). Fällig ist die KSt wie folgt: 6

- Steuerabzugsbeträge (§ 30 Nr 1): gem Einzelregelungen in §§ 44, 50a V S 3 EStG.
- Laufende Vorauszahlungen (§ 30 Nr 2): am 10.3., 10.6., 10.9. und 10.12. (§ 31 I iVm § 37 I S 1 EStG); bei abweichenden WJ ist § 31 II zu beachten.
- Nachträgliche Vorauszahlungen: 1 Monat nach Bekanntgabe des Bescheids (§ 31 I iVm § 37 IV EStG).
- Veranlagte KSt (§ 30 Nr 3): 1 Monat nach Bekanntgabe des Bescheids (§ 31 I iVm § 36 IV S 1 EStG).

Einstweilen frei. 7

2. Anwendungsbereich. Sachlicher Anwendungsbereich. § 30 gilt in sachlicher Hinsicht für Körperschaftsteueransprüche, die aufgrund inländischer oder ausländischer Einkünfte nach dem KStG und ggf iVm dem EStG entstehen. 8

Persönlicher Anwendungsbereich. Der persönliche Anwendungsbereich von § 30 ist nicht ausdrücklich geregelt. Dementsprechend erstreckt sich die Vorschrift auf alle unbeschränkt und beschränkt Körperschaftsteuerpflichtigen. 9

Einstweilen frei. 10

3. Verhältnis zu anderen Vorschriften. AO. § 38 AO als General- und Blankettnorm regelt allgemein, wann der Anspruch aus dem Steuerschuldverhältnis entsteht.[1] § 30 knüpft an § 38 AO an und bestimmt im Einzelnen wann ein Körperschaftsteueranspruch entsteht. 11

EStG. Im EStG ist die Steuerentstehung anders als im KStG in verschiedenen Paragrafen geregelt. Vergleichbare Regelung zur Entstehung der KSt bei Kapitalerträgen mit Steuerabzug im EStG für § 30 Nr 1 sind § 43 iVm § 44 I S 2 und § 50a V S 1 EStG. § 37 I S 2 EStG regelt wie § 30 Nr 2 die Entstehung der Vorauszahlungen. Schließlich regelt § 36 I EStG analog zu § 30 Nr 3 die Entstehung der Steuer iSd § 38 AO. Inhaltlich sind die Regelungen grundsätzlich identisch. 12

---

1 *Kruse* in T/K § 38 AO Rn 1.

13   **KStG. § 31.** § 31 steht im engen Zusammenhang mit § 30. § 31 regelt die Veranlagung und Erhebung der KSt und verweist auf die entsprechende Anwendung der einschlägigen Normen des EStG, sofern das KStG nichts anderes bestimmt. Insbesondere ist dies von Bedeutung für die Körperschaftsteuervorauszahlungen von Körperschaftsteuersubjekten mit einem vom Kalenderjahr abweichenden WJ.

14   **§§ 37, 38.** §§ 37, 38 enthalten ebenfalls Sondervorschriften zur Entstehung der KSt (vgl dazu ausführlich § 37 Rn 9 ff und 67 ff und § 38 Rn 33 und 67). Die KSt entsteht hinsichtlich des Körperschaftsteuererhöhungs- und Minderungsbetrages nach §§ 37 II, 38 II mit Ablauf des VZ, in dem die Leistung erbracht bzw empfangen wird, die die Körperschaftsteueränderung auslöst. Der Anspruch auf Auszahlung des unverzinslichen Körperschaftsteuerguthabens iSd § 37 V entsteht in voller Höhe grundsätzlich gem § 37 V S 2 mit Ablauf des 31.12.2006. Der Körperschaftsteuererhöhungsbetrag iSd § 38 entsteht grundsätzlich in voller Höhe gem § 38 VI S 3 am 1.1.2007.

15-16 *Einstweilen frei.*

17   **IV. Entstehung der KSt. 1. Steuerabzugsbeträge (§ 30 Nr 1). Definition.** Unter § 30 Nr 1 fallen insbesondere die Kapitalerträge nach § 20 EStG für welche nach § 43 EStG ein Steuerabzug zu vollziehen ist und der Steuerabzug für beschränkt Körperschaftsteuerpflichtige iSd § 50a EStG.[1] Dazu gehören ua:

- Gewinnanteile (Dividenden) einschließlich verdeckter Gewinnausschüttungen (§ 43 I S 1 Nr 1 iVm § 20 I Nr 1 EStG),
- Zinsen aus Wandelanleihen, Gewinnobligationen und Erträge aus Genussscheinen ohne Recht am Gewinn und Liquidationserlös (§ 43 I S 1 Nr 2 EStG),
- Zinsen aus partiarischen Darlehen (§ 43 I S 1 Nr 3 iVm § 20 I Nr 4 EStG),
- Einnahmen als typisch stiller Gesellschafter (§ 43 I S 1 Nr 3 iVm § 20 I Nr 4 EStG),
- Zinsen aus sonstigen Kapitalforderungen jeder Art (§ 43 I S 1 Nr 7 iVm § 20 I Nr 7 EStG),
- Sonstige Kapitalerträge iSd § 43 I S 1 Nr 7a-12 EStG,
- Einnahmen für im Inland ausgeübte künstlerische, sportliche, artistische, unterhaltende oder ähnliche Darbietungen (§ 50a I Nr 1 iVm § 49 I Nr 2-4 und 9 EStG),
- Einnahmen für inländische Verwertung von Darbietungen iSd § 50a I Nr 1 EStG (§ 50a I Nr 2 iVm § 49 I Nr 2-4 und 6 EStG),
- Einnahmen für die Überlassung der Nutzung oder des Rechts auf Nutzung von Rechten (§ 50a I Nr 3 iVm § 49 I Nr 2, 3, 6 und 9 EStG).

18   **Zufluss als maßgeblicher Zeitpunkt.** Das Entstehen der KSt nach § 30 Nr 1 knüpft an die punktuelle Verwirklichung eines Steuertatbestandes im laufenden VZ an. Da Abzugsteuern regelmäßig an der Quelle erhoben werden, ist der Vergütungsschuldner verpflichtet die Steuer anzumelden und an die zuständige Finanzbehörde abzuführen (zB §§ 43 ff EStG, 48 ff, 50a EStG). Der Vergütungsgläubiger erhält vom Vergütungs-

---

[1] Dazu ausführlich *Krämer* in D/J/P/W § 30 Rn 15 f.

schuldner somit regelmäßig nur den Nettobetrag nach Abzugsteuereinbehalt ausgezahlt. Gleichwohl ist die Entstehung des Steuerabzugsbetrages nach § 30 Nr 1 nicht von der Anmeldung, vom tatsächlichen Einbehalt oder von der Abführung abhängig. Die KSt entsteht in dem Zeitpunkt, in dem die steuerabzugspflichtigen Beträge dem Vergütungsgläubiger zufließen.

Maßgeblichkeit des § 11 I EStG. Unstreitig ist, dass sich der Zufluss iSd § 30 Nr 1 grundsätzlich nach § 11 I EStG richtet,[1] auch beim Bilanzierenden.[2] Der Begriff des „Zufließens", der in beiden vorgenannten Rechtsvorschriften verwendet wird, ist deckungsgleich.[3] Nach § 11 I EStG sind Einnahmen beim Steuerpflichtigen zugeflossen, sobald er darüber wirtschaftlich verfügen kann[4]. Selbst dann, wenn noch nicht zweifelsfrei feststeht, ob die Einnahmen dem Empfänger endgültig verbleiben.[5] Nicht maßgeblich ist der Abflusszeitpunkt beim Vergütungsschuldner.[6]

19

Einzelfälle des Zuflusses.

20

- Zufluss ist bei Barzahlung, Scheckübergabe oder Gutschrift auf einem Konto des Empfängers gegeben und bei Fälligkeit (beachte zur Entstehung § 44 IV EStG).
- Zufluss durch Aufrechnung mit Gegenforderung (zB Lizenzschuldner verrechnet sonstige Forderung gegenüber Lizenzgläubiger mit Lizenzverbindlichkeit oder umgekehrt).
- Zufluss durch Novation (zB Umfinanzierung einer Zins- oder Lizenzverbindlichkeit in ein länger laufendes Darlehen).
- Zufluss durch Forderungsverzicht (zB Verzicht eines Anteilseigners einer Kapitalgesellschaft auf eine Zinsforderung gegen seine Gesellschaft und Einlage selbiger in das Eigenkapital der Kapitalgesellschaft).
- Kein Zufluss bei Auflaufen von Zinsen, Lizenzen zu Verbindlichkeiten, die noch nicht fällig sind, da Gläubiger weder rechtliche noch wirtschaftliche Verfügungsmacht hat.

Gesetzliche Sonderfälle des Zuflusses. Gleichwohl hat der Gesetzgeber für bestimmte Kapitalerträge Sonderregelungen geschaffen, die abweichend von der wirtschaftlichen Verfügungsmacht den Zufluss beim Steuerpflichtigen fingieren.

21

- Gewinnanteile iSd § 43 I S 1 Nr 1 EStG fließen dem Gläubiger gem § 44 II S 1 EStG an dem Tag zu, der im Beschluss als Tag der Auszahlung bestimmt ist. Ist der Zeitpunkt der Auszahlung nicht geregelt, so gilt gem § 44 II S 2 EStG als Zeitpunkt des Zufließens der Tag nach der Beschlussfassung.

---

1 ZB *Krämer* in D/J/P/W § 30 Rn 18; *Lambrecht* in Gosch § 30 Rn 18 f; *Binnewies/Streck* in Streck § 30 Rn 3; *Lornsen-Veit* in Erle/Sauter § 30 Rn 5.
2 *Weber-Grellet* in Schmidt § 44 EStG Rn 2.
3 BFH I R 214/70, BStBl II 1972, 591 und BFH I R 230/78, BStBl II 1982, 139.
4 *Drenseck* in Schmidt § 11 EStG Rn 12.
5 BFH VIII R 106/74, BStBl II 1977, 545 und BFH VIII R 13/96, BStBl II 1997, 767.
6 *Lambrecht* in Gosch § 30 Rn 18.

- Einnahmen als typisch stiller Gesellschafter und Zinsen aus einem partiarischen Darlehen gelten am Tag nach der Aufstellung der Bilanz oder sonstigen Feststellung, spätestens jedoch sechs Monate nach Ablauf des WJ, für das der Kapitalertrag ausgeschüttet oder gutgeschrieben werden soll nach § 44 III EStG als zugeflossen, sofern der Zeitpunkt der Auszahlung nicht vertraglich vereinbart wurde.

22 **Gesetzliche Sonderfälle der Entstehung.** Bei vororganschaftlichen Mehrabführungen iSd § 14 III entsteht die KESt nach § 44 VII EStG im Zeitpunkt der Feststellung der Handelsbilanz der Organgesellschaft, spätestens acht Monate nach Ablauf des WJ der Organgesellschaft.

- Bei Leistungen eines BgA entsteht die KESt im Zeitpunkt der Bilanzerstellung des Betriebes, spätestens jedoch acht Monate nach Ablauf des WJ (§ 44 VI S 2 EStG).
- Bei Stundungsvereinbarung vor dem Zufließen der Kapitalerträge, ist der Steuerabzug erst mit Ablauf der Stundungsfrist vorzunehmen (§ 44 IV EStG).

23-24 *Einstweilen frei.*

25 **2. Körperschaftsteuervorauszahlungen (§ 30 Nr 2). Funktion.** Die Vorauszahlungen dienen dem stetigen Zufluss von Steuereinnahmen an den Staat. Dadurch sollen hohe Steuernachzahlungen nach Ablauf des VZ vermieden werden.

26 **Vorauszahlungen mit Beginn des Kalendervierteljahres.** Nach § 30 Nr 2 Alt 1 entstehen die Vorauszahlungen grundsätzlich mit Beginn des Kalendervierteljahres, in dem die Vorauszahlungen zu entrichten sind. Das bedeutet, dass sie jeweils zum 1.1., 1.4., 1.7. und 1.10. entstehen und gemäß § 31 I iVm § 37 I EStG jeweils am 10.3., 10.6., 10.9. und 10.12. zu entrichten sind.

27 **Unterjährige Begründung der Steuerpflicht.** Nach § 30 Nr 2 Alt 2 entsteht bei einer unterjährigen Begründung der Steuerpflicht, die erste Vorauszahlung mit der Begründung der Steuerpflicht. Die folgenden Vorauszahlungen entstehen dann, wie oben dargestellt, jeweils mit Beginn des Kalendervierteljahres, in dem die Vorauszahlungen zu entrichten sind. Zur Begründung der Steuerpflicht vgl § 1 Rn 233 ff.

28 **Unterscheidung zwischen persönlicher und sachlicher Steuerpflicht.** Streitig ist es, ob für die Begründung der Steuerpflicht iSd § 30 Nr 2 Alt 2 bereits die Begründung der persönlichen Steuerpflicht (idR durch Gründung einer Kapitalgesellschaft) ausreichend ist[1] oder ob zusätzlich durch den Bezug von Einkünften eine sachliche Steuerpflicht hinzukommen muss.[2] UE ist § 30 Nr 2 Alt 2 ausschließlich bei der Begründung der persönlichen Steuerpflicht anzuwenden. Bei beschränkt Steuerpflichtigen ist jedoch auf die sachliche Steuerpflicht abzustellen, da die beschränkte Steuerpflicht inländische Einkünfte nach § 49 EStG voraussetzt (R 4 S 1 KStR, vgl dazu ausführlich § 2 Rn 4).[3]

---

1 *Kroschel* in EY § 30 Rn 16; *Lambrecht* in Gosch § 30 Rn 24; *Krämer* in D/J/P/W § 30 Rn 26.
2 *Lornsen-Veit* in Erle/Sauter § 30 Rn 13 f.
3 *Loschelder* in Schmidt § 49 EStG Rn 2.

Abweichendes WJ. Bei einem abweichenden WJ sind gemäß § 31 II iVm § 37 I 29
EStG die Vorauszahlungen während des WJ zu entrichten, dass im VZ endet. Dadurch ist es möglich, dass Vorauszahlungen in einem anderen VZ entstehen als für den sie entrichtet werden.[1]

Festsetzung durch Vorauszahlungsbescheid. Im Schrifttum herrscht Uneinigkeit darüber, ob die Körperschaftsteuervorauszahlungen kraft Gesetzes entstehen[2] 30
oder ob zu deren Entstehung zusätzlich eine Festsetzung der selbigen durch einen Bescheid erforderlich ist.[3] Zutreffend ist es mE dem Vorauszahlungsbescheid nur eine deklaratorische Wirkung dem Grunde nach beizumessen, aber von einer konstitutiven Wirkung hinsichtlich der Höhe der Vorauszahlungen auszugehen.[4]

Einstweilen frei. 31-32

3. Veranlagte KSt (§ 30 Nr 3). Definition. Veranlagte Steuer ist die festzusetzende 33
KSt. Die Steuerabzugsbeträge und die Vorauszahlungen sind jedoch anzurechnen. Zu einem detaillierten Ermittlungsschema vgl R 30 KStR.

Vorbehalt der § 30 Nr 1 und 2. Hinsichtlich der bereits entrichteten Steuerabzugsbeträgen und Vorauszahlungen verbleibt es bei den vorgenannten Entstehungszeitpunkten (Vorbehalt der § 30 Nr 1 und 2). Es handelt sich um keine selbständigen 34
Steuern sondern um Erhebungsformen der KSt.

Entstehungszeitpunkt. Da der VZ regelmäßig dem Kalenderjahr entspricht, entsteht die nicht bereits durch Steuerabzug oder Vorauszahlungen entrichtete KSt mit 35
Ablauf des 31.12. eines jeden Jahres. Bei einem abweichenden WJ gilt der Gewinn nach § 7 IV S 2 als in dem Kalenderjahr bezogen, in dem das WJ endet. Daher entsteht die KSt mit Ablauf des VZ, in dem das WJ endet.

Unterjähriges Ende der Steuerpflicht. Nach § 7 III S 3 kommt es bei einem 36
unterjährigen Ende der Körperschaftsteuerpflicht zu einem verkürzten Ermittlungszeitraum, aber zu keinem verkürzten VZ.[5] Der 31.12. eines jeden Jahres bleibt für die Entstehung der KSt weiterhin maßgeblich.[6]

Wechsel der Steuerpflicht. Beim Wechsel zwischen unbeschränkter und beschränkter Körperschaftsteuerpflicht im Laufe des Kalenderjahres ist nach § 32 II 37
Nr 1 eine einheitliche Veranlagung durchzuführen (vgl § 32 Rn 118).[7] Folglich entsteht eine einheitliche KSt iSd § 30 Nr 3.

Liquidation. Bei einer Liquidation gilt abweichend von § 31 I iVm § 25 I EStG der 38
Abwicklungszeitraum als VZ, der aber gem § 11 I S 2 drei Jahre nicht übersteigen soll. Die KSt entsteht hier mit Ablauf des Abwicklungszeitraums, der nicht mit dem Ende eines Kalenderjahres übereinstimmen muss.

---

1   Zu einem Beispiel *Lornsen-Veit* in Erle/Sauter § 30 Rn 15 f.
2   *Drenseck* in Schmidt § 37 EStG Rn 2.
3   *Krämer* in D/J/P/W § 30 Rn 27; *Kroschel* in EY § 30 Rn 13.
4   *Danelsing* in Blümich § 30 Rn 6; *Lornsen-Veit* in Erle/Sauter § 30 Rn 11.
5   *Kroschel* in EY § 30 Rn 22.
6   *Krämer* in D/J/P/W § 30 Rn 30.
7   *Krämer* in D/J/P/W § 30 Rn 30; abweichend sprechen *Lornsen-Veit* in Erle/Sauter § 30 Rn 24 und *Kroschel* in EY § 30 Rn 22 von 2 Veranlagungen aber einem VZ.

39   **Rückstellung, Forderung.** Soweit sich eine Abschlusszahlung (bzw Erstattung) zur KSt ergibt, haben bilanzierungspflichtige Körperschaften eine Körperschaftsteuerrückstellung zu passivieren (bzw eine Forderung zu aktivieren). Dies gilt auch bei abweichenden WJ, da zwar die zu veranlagende KSt in diesem Fall noch nicht rechtlich entstanden ist, da sie erst mit Ablauf des 31.12. entsteht, aber bereits in einem abgelaufenen WJ wirtschaftlich verursacht wurde.[1]

40   *Einstweilen frei.*

---

1   Kozikowski/Schubert in Beck'scher BilKomm § 249 HGB Rn 36; Krämer in D/J/P/W § 30 Rn 31.

§ 31 Steuererklärungspflicht, Veranlagung und Erhebung von Körperschaftsteuer

(1) ¹Auf die Durchführung der Besteuerung einschließlich der Anrechnung, Entrichtung und Vergütung der Körperschaftsteuer sowie die Festsetzung und Erhebung von Steuern, die nach der veranlagten Körperschaftsteuer bemessen werden (Zuschlagsteuern), sind die Vorschriften des Einkommensteuergesetzes entsprechend anzuwenden, soweit dieses Gesetz nichts anderes bestimmt. ²Wird der Gewinn durch Bestandsvergleich ermittelt, sind bei der Festsetzung der Vorauszahlungen die Änderungen durch das Unternehmensteuerreformgesetz 2008 vom 14. August 2007 (BGBl. I S. 1912) zu berücksichtigen, wenn der Steuerpflichtige dies nach amtlich vorgeschriebenem Vordruck beantragt oder das Finanzamt den Steuerpflichtigen zur Abgabe des Vordrucks auffordert. ³Die sich im Zuge der Festsetzung ergebenden einzelnen Körperschaftsteuerbeträge sind jeweils zu Gunsten des Steuerpflichtigen auf volle Euro-Beträge zu runden. ⁴§ 37b des Einkommensteuergesetzes findet entsprechende Anwendung.

(1a) ¹Die Körperschaftsteuererklärung und die Erklärung zur gesonderten Feststellung von Besteuerungsgrundlagen sind nach amtlich vorgeschriebenem Datensatz durch Datenfernübertragung zu übermitteln. ²Auf Antrag kann die Finanzbehörde zur Vermeidung unbilliger Härten auf eine elektronische Übermittlung verzichten; in diesem Fall sind die Erklärungen nach amtlich vorgeschriebenem Vordruck abzugeben und vom gesetzlichen Vertreter des Steuerpflichtigen eigenhändig zu unterschreiben.

(2) Bei einem vom Kalenderjahr abweichenden Wirtschaftsjahr gilt § 37 Abs. 1 des Einkommensteuergesetzes mit der Maßgabe, dass die Vorauszahlungen auf die Körperschaftsteuer bereits während des Wirtschaftsjahrs zu entrichten sind, das im Veranlagungszeitraum endet.

KStR 79

Übersicht

	Rn
I. Regelungsgehalt der Norm	1 – 2
II. Rechtsentwicklung	3 – 4
III. Anwendungsbereich	5 – 14
1. Zeitlicher Anwendungsbereich	5 – 6
2. Persönlicher Anwendungsbereich	7 – 8
3. Sachlicher Anwendungsbereich	9 – 10
4. Verhältnis zu anderen Vorschriften	11 – 14
IV. Durchführung der Besteuerung (§ 31 I)	15 – 40
1. Entsprechende Anwendung der einkommensteuerlichen Vorschriften (§ 31 I S 1)	15 – 17
2. Steuererklärungspflichten	18 – 21
3. Veranlagung	22 – 24
4. Anrechnung und Vergütung	25 – 27
5. Entrichtung der KSt	28 – 33
6. Rundung (§ 31 I S 3)	34 – 35
7. Pauschalierung der KSt nach § 37b EStG (§ 31 I S 4)	36 – 37

Nitzschke

8. Festsetzung und Erhebung von Zuschlagsteuern .... 38 – 40
V. Elektronische Steuererklärung (§ 31 Ia) .... 41 – 44

1 **I. Regelungsgehalt der Norm.** Da das KStG weitgehend auf eigenständige Regelungen für das Besteuerungsverfahren verzichtet, verweist § 31 I S 1 hinsichtlich der Durchführung der Besteuerung nach dem KStG und der Zuschlagsteuern auf die einschlägigen einkommensteuerlichen Vorschriften. § 31 I S 2 regelt die Festsetzung der Vorauszahlungen im Hinblick auf die Änderungen durch das UntStRefG 2008 v 14.8.2007[1]. § 31 I S 3 enthält eine eigenständige Anordnung zur Rundung der Körperschaftsteuerbeträge. § 31 I S 4 ermöglicht durch Verweis auf § 37b EStG die pauschalierte Besteuerung bei Sachzuwendungen. § 31 Ia verpflichtet zur elektronischen Abgabe der KSt-Erklärung und der Erklärung zur gesonderten Feststellung von Besteuerungsgrundlagen erstmals für den VZ 2011. § 31 II enthält eine von § 37 EStG abweichende Regelung zur wirtschaftsjahrbezogenen Entrichtung der Körperschaftsteuervorauszahlungen.

2 *Einstweilen frei.*

3 **II. Rechtsentwicklung.** § 31 idFd StSenkG v 23.10.2000[2] ersetzte § 49 idFd KStG 1999. Der bisherige II aF des § 49 idFd KStG 1999 wurde mit der Abschaffung des Anrechnungsverfahrens überflüssig und daher gestrichen; III aF wurde zu § 31 II nF. Durch das StÄndG 2003 v 15.12.2003[3] wurde § 31 I um die Rundungsregelung ergänzt. Das JStG 2007 v 13.12.2006[4] normierte die entsprechende Anwendung des § 37b EStG. Die Sonderbestimmung zur Ermittlung der Vorauszahlungen in § 31 I S 2 wurde durch das UntStRefG 2008 eingefügt. § 31 Ia wurde durch das Steuerbürokratieabbau G v 20.12.2008[5] eingefügt.

4 *Einstweilen frei.*

5 **III. Anwendungsbereich. 1. Zeitlicher Anwendungsbereich.** § 31 idFd StSenkG ist erstmals für den VZ anzuwenden, für den das KStG idFd StSenkG anzuwenden ist, dh für den VZ, für den das Halbeinkünfteverfahren erstmals zur Anwendung gelangt. Bei kalenderjahrgleichem WJ war die Vorschrift damit erstmals im VZ 2001, bei abweichendem WJ erstmals im VZ 2002 anzuwenden. Die Rundungsregel des § 31 I S 2 idFd StÄndG 2003 (jetzt § 31 I S 3) gilt rückwirkend ab dem VZ 2002. § 37b EStG (§ 31 I S 3 idFd JStG 2007, jetzt § 31 I S 4) ist erstmals ab VZ 2007 entsprechend anzuwenden. § 31 I S 2 idFd UntStRefG ist erstmals für den VZ 2008 anzuwenden (§ 34 XIIIa S 1). Die elektronische Abgabe der KSt-Erklärung und der Erklärung zur gesonderten Feststellung von Besteuerungsgrundlagen ist erstmals für den VZ 2011 vorgesehen (§ 34 XIIIa S 2).

6 *Einstweilen frei.*

---

1 BGBl I 2007, 1912.
2 BGBl I 2000, 1433.
3 BGBl I 2003, 2645.
4 BGBl I 2006, 2878.
5 BGBl I 2008, 2850.

2. Persönlicher Anwendungsbereich. § 31 I, Ia erfasst alle beschränkt und unbeschränkt steuerpflichtigen Körperschaften, Personenvereinigungen und Vermögensmassen. § 31 II findet nur auf Körperschaftsteuersubjekte Anwendung, die ihren Gewinn zulässigerweise nach einem vom Kalenderjahr abweichenden WJ ermitteln.

Einstweilen frei.

3. Sachlicher Anwendungsbereich. Der Geltungsbereich des § 31 erfasst das Besteuerungsverfahren für die KSt und für die darauf entfallenden Zuschlagsteuern. Derzeit wird als Zuschlagsteuer zur KSt lediglich der SolZ erhoben.

Einstweilen frei.

4. Verhältnis zu anderen Vorschriften. KStG. §§ 37, 38. Die Auszahlung des Anspruchs auf das Körperschaftsteuerguthaben nach § 37 V ist eine Auszahlung eigener Art. Die Körperschaftsteuererhöhung nach § 38 V ist eine Steuerschuld eigener Art. Die Auszahlung des Körperschaftsteuerguthabens und die Körperschaftsteuererhöhung sind daher nicht Bestandteil der Körperschaftsteuerveranlagung (vgl § 37 Rn 69 und § 38 Rn 69).[1]

§ 8 I. Während § 31 I die entsprechende Anwendung der verfahrenstechnischen Vorschriften des EStG anordnet, verweist § 8 I für den Begriff und die Ermittlung des Einkommens auf die einkommensteuerlichen Vorschriften.

EStG, AO. § 31 wird ergänzt durch die Vorschriften des EStG, deren entsprechende Anwendung in § 31 I S 1 ausdrücklich angeordnet wird (Rn 15), sowie durch die Vorschriften der AO insbesondere über die Durchführung der Besteuerung (Vierter Teil) und das Erhebungsverfahren (Fünfter Teil).

Einstweilen frei.

IV. Durchführung der Besteuerung (§ 31 I). 1. Entsprechende Anwendung der einkommensteuerlichen Vorschriften (§ 31 I S 1). Generalverweisung. Gem § 31 I S 1 sind zur Durchführung der Besteuerung von Körperschaften die Vorschriften des EStG entsprechend anzuwenden. Der Begriff der Durchführung der Besteuerung ist weiter gefasst als der in der Überschrift zur Vorschrift verwendete Begriff der Veranlagung und erfasst nicht nur die Vorschriften des III. Abschnitts des EStG, sondern die gesamten Vorschriften zum Besteuerungsverfahren.[2] Erfasst sind auch die Vorschriften der EStDV (R 32 I Nr 2 KStR 2004).[3] Keine Anwendung finden die einkommensteuerlichen Tarifvorschriften; insbesondere die Vorschriften zur Abgeltungsteuer sind vorbehaltlich der Sonderregelung in § 8 X S 2 (vgl § 8 Rn 993 ff) nicht anzuwenden.

Einschränkung: Entgegenstehende Regelungen des KStG. Enthält das KStG eigenständige Regelungen zum Besteuerungsverfahren, werden die Regelungen des EStG durch diese insoweit verdrängt. So sind § 30 Nr 1-3, § 31 Ia, II und § 32 eigenständige Vorschriften des KStG, die eine entsprechende Anwendung der einkommensteuerlichen Vorschriften ausschließen.

---
1   Krämer in D/J/P/W § 31 Rn 3.
2   Kroschel in EY § 31 Rn 8; zu den anwendbaren Vorschriften des EStG: R 32 I KStR 2004.
3   Streck in Streck § 31 Rn 3; Lambrecht in Gosch § 31 Rn 30; Krämer in D/J/P/W § 31 Rn 1; Frotscher in Frotscher/Maas § 31 Rn 3; kritisch Kroschel in EY § 31 Rn 3.

17 *Einstweilen frei.*

18 **2. Steuererklärungspflichten. Abgabe von Steuererklärungen.** Zu den entsprechend anzuwendenden Vorschriften des EStG gehören die Vorschriften zur Steuererklärungspflicht. Nach § 149 I S 1 AO iVm § 25 III S 1 EStG, § 31 I S 1 haben unbeschränkt und beschränkt steuerpflichtige Körperschaften, Personenvereinigungen und Vermögensmassen eine KSt-Erklärung unter Anwendung der §§ 56, 60 EStDV abzugeben. Für beschränkt Steuerpflichtige besteht die Erklärungspflicht nur bei Vorliegen inländischer Einkünfte, bei denen die KSt nicht durch den Steuerabzug abgegolten ist.[1] Unbeschränkt steuerpflichtige Körperschaften haben darüber hinaus Erklärungen zur gesonderten Feststellung der Besteuerungsgrundlagen nach §§ 27, 28 und bis VZ 2006 §§ 37, 38[2] abzugeben. Steuerbefreite Körperschaften ohne wirtschaftlichen Geschäftsbetrieb sind nicht zur Abgabe einer Steuererklärung nach § 149 I S 1 AO iVm § 25 III S 1 EStG, § 31 I S 1 verpflichtet.[3] Die Finanzbehörde kann diese nach § 149 I S 2 AO iRd Verhältnismäßigkeit und Zumutbarkeit[4] zur Abgabe einer Steuererklärung auffordern, um die Voraussetzungen der Steuerbefreiung zu prüfen.[5]

19 **Form.** Die Steuererklärung ist gem § 150 I S 1 AO nach amtlich vorgeschriebenem Vordruck abzugeben und hat die nach § 150 IV S 1 AO iVm § 60 EStDV beizufügenden Unterlagen zu enthalten, insbesondere Bilanz, Gewinn- und Verlustrechnung, Steuerbilanz oder Überleitungsrechnung gem § 60 II S 1 EStDV und, wenn vorliegend, Anhang, Lagebericht und Prüfungsbericht. Bei Gewinnermittlung nach § 4 III EStG ist eine Gewinnermittlung nach vorgeschriebenem Vordruck (Anlage Einnahmenüberschussrechnung nach § 60 IV EStDV) beizufügen. Die Erklärung ist von den gesetzlichen Vertretern (§ 34 AO) eigenhändig zu unterzeichnen (§ 25 III AO; zur elektronischen Steuererklärung vgl Rn 41).

20 **Frist.** Die KSt-Erklärung ist gem § 149 II S 1 AO bis zum 31.5. des auf den VZ folgenden Kalenderjahres abzugeben. Die Abgabefrist wird regelmäßig bis zum 31.12. verlängert, wenn die Erklärung durch Angehörige der steuerberatenden Berufe angefertigt wird; in begründeten Einzelfällen kann auf Antrag eine Fristverlängerung bis zum 28.2. des darauf folgenden Jahres erfolgen.[6] Die Finanzämter haben aber die Möglichkeit, die Erklärung vor Ablauf der allgemein verlängerten Frist anzufordern. Eine Anforderung der Erklärung vor Ablauf der allgemeinen Frist würde zu einer unzulässigen Verkürzung der Erklärungsfrist führen.[7]

21 *Einstweilen frei.*

---

1 *Krämer* in D/J/P/W § 31 Rn 12; *Kroschel* in EY § 31 Rn 12.
2 Zur weiteren Anwendung der Vorschrift auf Antrag vgl § 34 XVI.
3 *Lambrecht* in Gosch § 31 Rn 16; *Kroschel* in EY § 31 Rn 13; *Kramer* in D/J/P/W § 31 Rn 13; *Becht* in H/H/R § 31 Rn 8; zum Anerkennungsverfahren vgl AEAO zu § 59.
4 BFH I R 101/87, BStBl II 1990, 280.
5 *Grützner* in Mössner/Seeger § 31 Rn 26.
6 Zuletzt BMF v 2.1.2012, BStBl I 2012, 58.
7 *Dumke* in Schwarz § 149 AO Rn 24; *Seer* in T/K § 149 AO Rn 10; *Heuermann* in H/H/S § 149 AO Rn 24; *Eichhorn*, DStR 2009, 1887, 1891; aA *Krämer* in D/J/P/W § 31 Rn 17.

IV. Durchführung der Besteuerung

3. Veranlagung. Veranlagung nach Ablauf des VZ. Die KSt ist eine Veranlagungssteuer. Die KSt wird durch Steuerbescheid (§§ 155, 157 AO) festgesetzt. Eine Veranlagung erfolgt nicht, soweit die KSt durch den Steuerabzug gem § 32 I abgegolten ist. Die KSt wird nach Ablauf des VZ festgesetzt (§ 25 I EStG). VZ ist auch bei abweichendem WJ das Kalenderjahr. Auch bei Wegfall der Steuerpflicht ist eine vorgezogene Veranlagung nicht zulässig.[1] Bei einem Wechsel von unbeschränkter zu beschränkter Steuerpflicht oder umgekehrt ist nach Einfügung des § 32 II Nr 1 durch das JStG 2009 eine Veranlagung im VZ durchzuführen (vgl auch zu den Auffassungen vor JStG 2009 § 7 Rn 40).

22

Verzicht auf Veranlagung bei kleinen Körperschaften. Eine Veranlagung kann unterbleiben, wenn die Kosten der Festsetzung und Erhebung außer Verhältnis zur festgesetzten Steuer stehen. § 156 II AO, R 79 KStR enthalten eine Bagatellregelung, wonach für kleine Körperschaften, die keinen Freibetrag nach §§ 24, 25 beanspruchen können, auf eine Veranlagung verzichtet werden kann, wenn das Einkommen offensichtlich 500 EUR nicht übersteigt. Auf Antrag ist die Veranlagung dennoch durchzuführen. Keine Anwendung findet die Regelung bei einer Komplementär-GmbH einer GmbH & Co KG.

23

Einstweilen frei.

24

4. Anrechnung und Vergütung. Nach dem Wortlaut umfasst die entsprechende Anwendung der Vorschriften des EStG auch die Anrechnung und die Vergütung der KSt. Anzurechnen sind die für den VZ geleisteten Körperschaftsteuervorauszahlungen (§ 36 II Nr 1 EStG) sowie die im Wege des Steuerabzugs erhobene KSt, soweit sie auf die bei der Veranlagung erfassten Einkünfte entfällt und die Bescheinigung nach § 45a II bzw III EStG vorliegt (§ 36 II Nr 2 EStG). Einbehaltene KESt ist auch dann anzurechnen, wenn die Beteiligungserträge nach § 8b I, VI S 2 von der Besteuerung auszunehmen sind. Eine Anrechnung scheidet hingegen aus, wenn die Einnahmen aus anderen Gründen nicht der Besteuerung durch Einbeziehung in die Bemessungsgrundlage unterworfen wurden.[2] Soweit der Steuerabzug nach § 32 abgeltende Wirkung hat, sind die Einkünfte nicht iRe inländischen Veranlagung zu erfassen und eine Steueranrechnung scheidet aus. Demgegenüber ist die Anrechnung ausländischer Steuern gem § 26 iVm § 34c EStG Teil des Festsetzungsverfahrens. Der Verweis auf die Vergütung hat nach Abschaffung der §§ 36b-36e EStG keinen Anwendungsbereich.[3]

25

Verfahren. Die Anrechnung ist Teil des Erhebungsverfahrens. Die Steueranrechnung ist ein von der Festsetzung zu unterscheidender deklaratorischer Verwaltungsakt. Auf die Anrechnungsverfügung und die Feststellung einer Abschlusszahlung sind die Vorschriften über die Aufhebung oder Änderungen von Steuerfestsetzungen nicht anwendbar. Vielmehr gelten §§ 129-131 AO.

26

Einstweilen frei.

27

---

1 *Kroschel* in EY § 31 Rn 21.1; *Pflüger* in H/H/R § 25 EStG Rn 18; aA *Seeger* in Schmidt § 25 EStG Rn 16; *Krämer* in D/J/P/W § 31 Rn 23; *Werning* in Blümich § 31 Rn 18.
2 BFH I R 43/89, BStBl II 1991, 427 zu § 51 idFd KStG 1977.
3 *Krämer* in D/J/P/W § 31 Rn 31; *Frotscher* in Frotscher/Maas § 31 Rn 1; aA *Lambrecht* in Gosch § 31 Rn 20.

28 **5. Entrichtung der KSt. Vorauszahlungen.** Durch den Verweis in § 31 I S 1 gelten die Vorschriften des § 37 EStG über die Vorauszahlungen entsprechend. Demnach sind zu den gesetzlichen Fälligkeitsterminen Vorauszahlungen auf die voraussichtlich geschuldete KSt des VZ zu entrichten. Deren Höhe bemisst sich grundsätzlich nach der KSt, die sich bei der letzten Veranlagung nach Anrechnung der Steuerabzugsbeträge ergeben hat und wird durch Vorauszahlungsbescheid festgesetzt (§ 37 III S 1, 2 EStG). Auf Antrag oder von Amts wegen kann das Finanzamt die Vorauszahlungen an die sich voraussichtlich ergebende KSt bis zum Ablauf des auf das Ende des VZ folgenden 15. Kalendermonats, bei Einkünften aus Land- und Forstwirtschaft des 21. Kalendermonats anpassen (§ 37 III S 3 EStG).

29 **Vorauszahlungen bei abweichendem WJ (§ 31 II).** Für Steuerpflichtige mit abweichendem WJ (zur Zulässigkeit vgl § 7 Rn 50 ff) enthält § 31 II eine Sonderregelung für die Entrichtung von Körperschaftsteuervorauszahlungen. Vorauszahlungen sind in diesen Fällen zwingend wirtschaftjahresbezogen zu entrichten; gleiches gilt bei Rumpf-WJ.[1] Die Vorschrift ermöglicht damit abweichend von der ESt die Festsetzung von Vorauszahlungen für einen VZ vor dessen Beginn: § 37 I S 1 EStG ermöglicht Vorauszahlungen auf die Steuerschuld des laufenden VZ. Bei einem abweichenden WJ hat der Steuerpflichtige die ESt in dem VZ zu entrichten, in dem das WJ endet. So sind bei einem abweichenden WJ vom 1.7.2009 bis 30.6.2010 Vorauszahlungen auf die ESt erst im Jahr 2010 zu entrichten. § 31 II verhindert das mögliche Entstehen einer Steuerpause bei Körperschaftsteuerpflichtigen, indem im Beispiel auf die KSt des VZ 2010 bereits während des Jahres 2009, nämlich am 10.9.2009 und am 10.12.2009, Vorauszahlungen zu entrichten sind.

30 **Umstellung des WJ.** Die Umstellung des WJ kann dazu führen, dass in einem VZ mehr oder weniger als vier Vorauszahlungen zu berücksichtigen sind. Wird zur Umstellung von einem dem Kalenderjahr entsprechenden WJ auf ein abweichendes WJ vom 1.3. bis zum 28.2. ein Rumpf-WJ vom 1.1. bis zum 28.2. gebildet, fällt in dieses Rumpf-WJ keine Körperschaftsteuervorauszahlung. Damit kann im VZ, in dem das Rumpf-WJ endet und in dem das Ergebnis des Rumpf-WJ zu erfassen ist, keine Vorauszahlung angerechnet werden. Umgekehrt fallen bei Umstellung eines abweichenden WJ vom 1.3. bis 28.2. auf ein dem Kalenderjahr entsprechendes WJ acht Vorauszahlungen in den VZ, in dem die Einkünfte des letzten abweichenden und des sich daran anschließenden Rumpf-WJ zu erfassen sind.[2]

31 **UntStRefG 2008 (§ 31 I S 2).** Das UntStRefG 2008 enthält neben der Absenkung der tariflichen KSt von 25% auf 15% steuererhöhende Rechtsänderungen, zB Zinsschranke (§ 4h EStG, § 8a) und Verlustuntergang (§ 8c). Die Minderung des Steuersatzes soll sich bei der Festsetzung der Vorauszahlungen zugunsten des Steuerpflichtigen allerdings nur dann auswirken, wenn auch die steuererhöhenden Änderungen berücksichtigt werden. Daher sieht § 31 I S 2 vor, dass bei Steuerpflichtigen, die ihren Gewinn durch Bestandsvergleich ermitteln, die gesetzlichen Neurege-

---

1 BFH VII R 27/90, BFH/NV 1991, 775.
2 *Krämer* in D/J/P/W § 31 Rn 56; *Lambrecht* in Gosch § 31 Rn 52; *Kroschel* in EY § 31 Rn 61; BFH VII R 27/90, BFH/NV 1991, 775.

lungen nur zu berücksichtigen sind, wenn der Steuerpflichtige dies nach amtlich vorgeschriebenem Vordruck beantragt. Alternativ kann das Finanzamt zur Abgabe des Vordrucks auffordern. Damit wird eine möglichst zutreffende Festsetzung der Vorauszahlungen sichergestellt. Die Anpassung der Vorauszahlungen von Steuerpflichtigen, die ihren Gewinn nicht durch Bestandsvergleich ermitteln, bedarf keines Antrags nach § 31 I S 2.[1]

Abschlusszahlungen. Die Abschlusszahlung ist innerhalb eines Monats nach Bekanntgabe des Steuerbescheids zu entrichten; soweit fällig gewordene Vorauszahlungen noch nicht entrichtet wurden, ist der Betrag sofort fällig (§ 36 IV S 1 EStG). Ein Guthaben des Steuerpflichtigen ist sofort fällig und wird nach Bekanntgabe des Steuerbescheids ausgezahlt (§ 36 IV S 2 EStG).

Einstweilen frei.

6. Rundung (§ 31 I S 3). Nach Änderung der Kleinbetragsverordnung ab VZ 2002 ordnet § 31 I S 3 die Auf- bzw Abrundung der sich iRd Festsetzung ergebenden einzelnen Körperschaftsteuerbeträge an. Erfasst sind insbesondere die KSt (§ 23 I), die Körperschaftsteuerminderung (§ 37 II), die Körperschaftsteuererhöhung (§ 38 II; § 37 III), das Körperschaftsteuerguthaben (§ 37 IV) und der Körperschaftsteuererhöhungsbetrag (§ 38 V). Die Rundung auf volle Euro-Beträge erfolgt dabei stets zugunsten des Steuerpflichtigen: Steuerbeträge sind abzurunden; Steuerminderungen sind aufzurunden. Im Anrechnungsverfahren erfolgt die Rundung der anzurechnenden Steuerbeträge gem § 36 III EStG.

Einstweilen frei.

7. Pauschalierung der KSt nach § 37b EStG (§ 31 I S 4). Durch das JStG 2007 wurde in § 37b EStG die Möglichkeit der pauschalen Besteuerung von Sachzuwendungen durch den Zuwendenden geschaffen. Durch § 31 I S 4 wird sichergestellt, dass die pauschale Besteuerung auch für Zuwendungen an Körperschaften und durch Körperschaften gilt.[2]

Einstweilen frei.

8. Festsetzung und Erhebung von Zuschlagsteuern. Zuschlagsteuern. § 31 I S 1 erklärt die einkommensteuerlichen Vorschriften ausdrücklich auf Zuschlagsteuern zur KSt für anwendbar. Zuschlagsteuern iSd Vorschrift sind Steuern die nach der veranlagten KSt bemessen werden. Derzeit wird als Zuschlagsteuer der SolZ erhoben.

Anzuwendende Regelungen. Die Festsetzung und Erhebung der Zuschlagsteuern richtet sich nach den Vorschriften des KStG und dem über § 31 I S 1 entsprechend anzuwendenden § 51a I EStG. Die Körperschaftsteuerfestsetzung ist Grundlagenbescheid für die Festsetzung des SolZ. Rechtsbehelfe gegen die Bemessungsgrundlage des SolZ sind daher gegen den KSt-Bescheid zu erheben. Änderungen des KSt-Bescheids führen zur entsprechenden Anpassung der Bescheide über den SolZ (§ 51a V EStG). Vorauszahlungen auf den SolZ sind zusammen mit den Vorauszahlungen auf

---

1 *Krämer* in D/J/P/W § 31 Rn 58.
2 *Krämer* in D/J/P/W § 31 Rn 61.

die KSt zu entrichten (§ 51a IV EStG). Hat die im Wege des Steuerabzugs erhobene KSt abgeltende Wirkung, ist auch die Zuschlagsteuer durch den Steuerabzug abgegolten.

40 *Einstweilen frei.*

41 **V. Elektronische Steuererklärung (§ 31 Ia). Grundsatz (§ 31 Ia S 1).** Der durch das SteuerbürokratieabbauG eingefügte § 31 Ia verpflichtet erstmals für den VZ 2011 zur Abgabe der KSt-Erklärung und der Erklärung zur gesonderten Feststellung der Besteuerungsgrundlagen in elektronischer Form.

42 **Härtefallregelung (§ 31 Ia S 2).** Zur Vermeidung unbilliger Härten können die Finanzbehörden gestatten, die Erklärungen weiterhin in der bisher vorgeschriebenen Form mit eigenhändiger Unterschrift des gesetzlichen Vertreters einzureichen. Eine unbillige Härte liegt dann vor, wenn dem Steuerpflichtigen nicht zugemutet werden kann, die technischen Voraussetzungen für die elektronische Übermittlung zu schaffen.[1]

43 **E-Bilanz (§ 5b I EStG).** § 5b I EStG ordnet für nach dem 31.12.2010 beginnende WJ die Übermittlung der Bilanz und der Gewinn- und Verlustrechnung nach amtlich vorgeschriebenem Datensatz an,[2] bei Gewinnermittlung durch Einnahmenüberschussrechnung ist die Ermittlung gem § 60 IV EStDV ebenfalls elektronisch zu übermitteln. Über § 31 gelten diese Vorschriften zur elektronischen Übermittlung der Gewinnermittlung auch für Körperschaftsteuerpflichtige. Durch die AnwZpvV v 20.12.2010[3] wurde wegen fehlender technischer und organisatorischer Umsetzung[4] die erstmalige Anwendung auf WJ verschoben, die nach dem 31.12.2011 beginnen. Nach Erprobung des Verfahrens iRe Pilotprojekts[5] beanstandet die Finanzverwaltung nicht, wenn im Erstjahr der Anwendung Bilanz und Gewinn- und Verlustrechnung in Papierform abgegeben werden.[6]

44 *Einstweilen frei.*

---

1 BMF v 19.1.2010, BStBl I 2010, 47; *Lambrecht* in Gosch § 31 Rn 45.
2 Dazu BMF v 28.9.2011, BStBl I 2011, 855.
3 BGBl I 2010, 2135.
4 BRDrs 722/10.
5 BMF v 16.12.2010, BStBl I 2010, 1500.
6 BMF v 28.9.2011, BStBl I 2011, 855, Rn 27.

§ 32 Sondervorschriften für den Steuerabzug

(1) Die Körperschaftsteuer für Einkünfte, die dem Steuerabzug unterliegen, ist durch den Steuerabzug abgegolten,
1. wenn die Einkünfte nach § 5 Abs. 2 Nr. 1 von der Steuerbefreiung ausgenommen sind oder
2. wenn der Bezieher der Einkünfte beschränkt steuerpflichtig ist und die Einkünfte nicht in einem inländischen gewerblichen oder land- oder forstwirtschaftlichen Betrieb angefallen sind.

(2) Die Körperschaftsteuer ist nicht abgegolten,
1. wenn bei dem Steuerpflichtigen während eines Kalenderjahrs sowohl unbeschränkte als auch beschränkte Steuerpflicht im Sinne des § 2 Nr. 1 bestanden hat; in diesen Fällen sind die während der beschränkten Steuerpflicht erzielten Einkünfte in eine Veranlagung zur unbeschränkten Körperschaftsteuerpflicht einzubeziehen;
2. für Einkünfte, die dem Steuerabzug nach § 50a Abs. 1 Nr. 1, 2 oder Nr. 4 des Einkommensteuergesetzes unterliegen, wenn der Gläubiger der Vergütungen eine Veranlagung zur Körperschaftsteuer beantragt;
3. soweit der Steuerpflichtige wegen der Steuerabzugsbeträge in Anspruch genommen werden kann oder
4. soweit § 38 Abs. 2 anzuwenden ist.

(3) ¹Von den inländischen Einkünften im Sinne des § 2 Nr. 2 zweiter Halbsatz ist ein Steuerabzug vorzunehmen; Entsprechendes gilt, wenn die inländischen Einkünfte im Sinne des § 2 Nr. 2 zweiter Halbsatz von einer nach § 5 Abs. 1 oder nach anderen Gesetzen als dem Körperschaftsteuergesetz steuerbefreiten Körperschaft, Personenvereinigung oder Vermögensmasse erzielt werden. ²Der Steuersatz beträgt 15 Prozent des Entgelts. ³Die für den Steuerabzug von Kapitalerträgen im Sinne des § 43 Abs. 1 Satz 1 Nummer 1 *[neue Fassung*[1]*: 1 und 1a]* geltenden Vorschriften des Einkommensteuergesetzes mit Ausnahme des § 44 Abs. 2 und § 44a Abs. 8 des Einkommensteuergesetzes sind entsprechend anzuwenden. ⁴Der Steuerabzug ist bei Einnahmen oder Bezügen im Sinne des § 2 Nr. 2 zweiter Halbsatz Buchstabe c von der anderen Körperschaft im Sinne des § 8b Abs. 10 Satz 2 vorzunehmen. ⁵In den Fällen des Satzes 4 hat die überlassene Körperschaft der anderen Körperschaft den zur Deckung der Kapitalertragsteuer notwendigen Betrag zur Verfügung zu stellen; § 44 Abs. 1 Satz 8 und 9 des Einkommensteuergesetzes gilt entsprechend.

(4) ¹Absatz 2 Nr. 2 gilt für beschränkt steuerpflichtige Körperschaften, Personenvereinigungen oder Vermögensmassen im Sinne des § 2 Nr. 1, die nach den Rechtsvorschriften eines Mitgliedsstaates der Europäischen Union oder nach den Rechtsvorschriften eines Staates, auf den das Abkommen über den Europäischen Wirtschaftsraum vom 3. Januar 1994 (ABl. EG Nr. L 1 S. 3), zuletzt geändert durch den Beschluss des Gemeinsamen EWR-Ausschusses Nr. 91/2007 vom 6. Juli 2007 (ABl. EU Nr. L 328 S. 40), in der jeweiligen Fassung Anwendung findet, gegründete Gesellschaften im Sinne des Artikels 48 des Vertrags zur Gründung der Europäischen Gemeinschaft oder des Artikels 34 des Abkommens über den Europäischen Wirtschaftsraum sind, deren Sitz und Ort der Geschäftsleitung sich innerhalb des Hoheitsgebiets eines dieser Staaten befindet. ²Europäische Gesellschaften sowie Europäische Genossenschaften gelten für die Anwendung des Satzes 1 als nach den Rechtsvorschriften des Staates gegründete Gesellschaften, in dessen Hoheitsgebiet sich der Sitz der Gesellschaften befindet.

KStH 80

---

1 Verweis wurde mit Wirkung vom 1.1.2012 durch Gesetz v 22.6.2011, BGBl I 2011, 1126, geändert.

Übersicht

	Rn
I. Regelungsgehalt der Norm	1 – 2
II. Rechtsentwicklung	3 – 4
III. Normzweck und Anwendungsbereich	5 – 44
1. Zweck und Bedeutung der Norm	5 – 8
2. Verhältnis zu anderen Vorschriften	9 – 44
a) §§ 43, 48, 50a EStG	9 – 28
b) DBA- und MTRL-Verhältnis	29 – 36
c) Unionsrecht	37 – 44
IV. Abgeltung der KSt (§ 32 I)	45 – 110
1. Grundlegendes	45 – 57
2. Abzugpflichtige Erträge im Einzelnen	58 – 82
a) Kapitalertragsteuerpflichtige Einkünfte	58 – 72
b) Sonstige Einkünfte	73 – 78
c) Bauabzugsteuer	79 – 80
d) Steuerabzug ohne Bedeutung für Körperschaften	81 – 82
3. Abgeltung bei partieller Steuerpflicht (§ 32 I Nr 1)	83 – 93
a) Zeitlicher Anwendungsbereich	83 – 84
b) Persönlicher Anwendungsbereich	85 – 86
c) Sachlicher Anwendungsbereich	87 – 93
4. Abgeltung bei beschränkter Steuerpflicht nach § 2 Nr 1 (§ 32 I Nr 2)	94 – 101
a) Zeitlicher Anwendungsbereich	94 – 95
b) Persönlicher Anwendungsbereich	96 – 97
c) Sachlicher Anwendungsbereich	98 – 101
5. Abgeltung bei beschränkter Steuerpflicht nach § 2 Nr 2 (§ 32 I Nr 2)	102 – 110
a) Zeitlicher Anwendungsbereich	102 – 103
b) Persönlicher Anwendungsbereich	104 – 105
c) Sachlicher Anwendungsbereich	106 – 110
V. Ausnahmen von der Abgeltung (§ 32 II)	111 – 148
1. Allgemeines	111 – 112
2. Zusammenfallen von beschränkter und unbeschränkter Steuerpflicht innerhalb eines VZ (§ 32 II Nr 1)	113 – 119
a) Zeitlicher Anwendungsbereich	113 – 114
b) Persönlicher Anwendungsbereich	115 – 116
c) Sachlicher Anwendungsbereich	117 – 119

I. Regelungsgehalt der Norm

  3. Veranlagungswahlrecht für EU/EWR-Gesellschaften
   (§ 32 II Nr 2, IV) .... 120 – 132
   a) Zeitlicher Anwendungsbereich .... 120 – 121
   b) Persönlicher Anwendungsbereich .... 122 – 127
   c) Sachlicher Anwendungsbereich .... 128 – 132
  4. Inanspruchnahme wegen Steuerabzugsbeträgen
   (§ 32 II Nr 3) .... 133 – 141
   a) Zeitlicher Anwendungsbereich .... 133 – 134
   b) Persönlicher Anwendungsbereich .... 135 – 136
   c) Sachlicher Anwendungsbereich .... 137 – 141
  5. Körperschaftsteuererhöhung trotz Abgeltung
   (§ 32 II Nr 4) .... 142 – 148
   a) Zeitlicher Anwendungsbereich .... 142 – 143
   b) Persönlicher Anwendungsbereich .... 144 – 145
   c) Sachlicher Anwendungsbereich .... 146 – 148
 VI. Steuerabzug bei Wertpapierleihgeschäften (§ 32 III) .... 149 – 170
  1. Hintergrund .... 149 – 150
  2. Anwendungsbereich .... 151 – 159
   a) Zeitlicher Anwendungsbereich .... 151 – 152
   b) Persönlicher Anwendungsbereich .... 153 – 157
   c) Sachlicher Anwendungsbereich .... 158 – 159
  3. Ausgestaltung des Steuerabzugs .... 160 – 170

I. Regelungsgehalt der Norm. Die Vorschrift enthält Sonderregelungen für bestimmte Körperschaften, Personenvereinigungen oder Vermögensmassen, bei denen die Besteuerung ihrer Einkünfte durch Steuerabzug an der Quelle abgeltend vorgenommen wird.

In § 32 I wird geregelt für welche Einkünfte bzw Bezieher von Einkünften die KSt durch den Steuerabzug abgegolten ist.

§ 32 II enthält vier Ausnahmen von der Abgeltungswirkung. Abgeltungswirkung tritt nach § 32 II Nr 1 nicht ein, wenn innerhalb eines VZ sowohl unbeschränkte als auch beschränkte Steuerpflicht iSd § 2 Nr 1 bestanden hat. Gem § 32 II Nr 2 erfolgt die Abgeltungswirkung nicht für Einkünfte, die dem Steuerabzug gem § 50a I Nr 1, 2 oder Nr 4 EStG unterliegen und wenn der Gläubiger der Vergütung eine Veranlagung zur KSt beantragt. Die Abgeltung entfällt gem § 32 II Nr 3 und 4 ferner, wenn der Steuerpflichtige wegen der Steuerabzugsbeträge in Anspruch genommen werden kann oder eine Körperschaftsteuererhöhung (§ 38 II) eintritt.

In § 32 III ist (unsystematisch) der Steuerabzug für beschränkt steuerpflichtige Einkünfte iSd § 2 Nr 2 S 2 Hs 2 (Entgelte im Zusammenhang mit Wertpapierleih- bzw Wertpapierpensionsgeschäften) geregelt. Die Regelung zielt darauf ab, dem steuerlichen Gestaltungsmodell der Wertpapierleihe entgegenzutreten und ordnet die Pflicht zum Steuerabzug bei Wertpapierleih- und Wertpapierpensionsgeschäften an.

§ 32 IV sieht vor, dass ein Antrag auf Veranlagung zur KSt gem § 32 II Nr 2 nur von beschränkt steuerpflichtigen Körperschaften, Personenvereinigungen oder Vermögensmassen gestellt werden kann, die nach dem Recht eines EU/EWR-Staates gegründet worden sind und sowohl ihren Sitz als auch ihre Geschäftsleitung im EU/EWR-Raum haben.

2 *Einstweilen frei.*

3 **II. Rechtsentwicklung.** Im KStG 1977 waren die Sondervorschriften für den Steuerabzug vom Kapitalertrag in § 50 aF[1] geregelt. In der Ursprungsfassung hatte § 50 aF drei Absätze, wobei § 50 II aF die Abgeltungswirkung des Steuerabzugs regelte (§ 50 II Nr 1 und 2 aF entsprachen weitgehend dem heutigen § 32 I) und § 50 III aF die Ausnahmen von der Abgeltungswirkung vorsah (analog dem heutigen § 32 II).

§ 50 I aF, welcher bis dahin auf § 43 I Nr 6 und § 45 EStG aF (Kuponsteuer) verwies, wurde durch das Steuerbereinigungsgesetz 1985 v 14.12.1984[2] gestrichen und die bisherigen II und III wurden bis auf unwesentliche Anpassungen zu § 50 I und II aF.

Im Zuge des StBereinG 1999 v 22.12.1999[3] wurde § 50 I Nr 3 aF gestrichen, dieser hatte Kapitalerträge iSd § 43 I Nr 3 EStG aF betroffen.

Durch das StSenkG v 23.10.2000[4] wurde § 50 aF in den § 32 vorgezogen. Abgesehen von der Streichung der im Zuge des Übergangs vom Anrechnungs- zum Halbeinkünfteverfahren entbehrlich gewordenen Regelung des bisherigen § 50 II Nr 2 aF (keine Abgeltungswirkung, wenn gem § 27 aF die Ausschüttungsbelastung herzustellen war) entsprach der neue § 32 inhaltlich dem § 50 aF.

In der Folgezeit wurde die Vorschrift durch das UntStFG v 20.12.2001[5] um § 2 II Nr 2 ergänzt. Dieser regelt, dass keine Abgeltung der KSt in Fällen eintritt, die unter die Übergangsregelungen der § 34 IX, § 37 oder § 38 II vom Anrechnungs- zum Halbeinkünfteverfahren fallen. Das EURLUmsG v 9.12.2004[6] berichtigt die Verweisung in § 32 II Nr 2 von § 34 IX auf § 34 XII, die in Folge der Neufassung des § 34 iRd 5. StBAG[7] nötig geworden, jedoch unterblieben war.

Durch das UntStRefG 2008 v 14.8.2007[8] wird die Abzugsteuer für Gebühren und Dividendenkompensationszahlungen bei Wertpapierleih- und Wertpapierpensionsgeschäften in § 32 III angefügt.

---

1 BGBl I 1976, 2597.
2 BGBl I 1984, 1493.
3 BGBl I 1999, 2601.
4 BGBl I 2000, 1433.
5 BGBl I 2001, 3858.
6 BGBl I 2004, 3310.
7 BGBl I 2002, 2715.
8 BGBl I 2007, 1912.

III. Normzweck und Anwendungsbereich

Durch das JStG 2009 v 19.12.2008[1] wurde § 32 II Nr 1 (keine Abgeltungswirkung bei Wechsel zwischen beschränkter und unbeschränkter Steuerpflicht innerhalb eines Jahres) und § 32 II Nr 2 sowie IV (Möglichkeit des Antrags auf Veranlagung für Körperschaften mit Sitz im EU/EWR-Raum, die dem Steuerabzug nach § 50a I Nr 1, 2 oder 4 EStG unterliegen) eingefügt. Der bisherige § 32 II Nr 1 und 2 werden zu Nr 3 und 4, wobei Nr 4 um im Zeitablauf entbehrlich gewordene Verweise auf § 34 XII sowie § 37 bereinigt wird.

Einstweilen frei.

III. Normzweck und Anwendungsbereich. 1. Zweck und Bedeutung der Norm. Objektsteuer. Der Gesetzgeber regelt in Bezug auf gewisse Einkünfte in § 32 die Rechtsfolgen einer besonderen Erhebungsform der Steuer, nämlich den Steuerabzug an der Quelle. Im Zusammenhang mit der Abgeltungswirkung erhält die Erhebungsform den Charakter einer Objektsteuer.

Abgeltungswirkung. Bei bestimmten Steuerpflichtigen ordnet § 32 darüber hinaus an, dass die an der Quelle erhobene Steuer abgeltenden Charakter entfaltet und eine Steuerveranlagung nicht mehr in Betracht kommt. In derartigen Fällen entfällt für den Steuerpflichtigen die Pflicht zur Abgabe von Steuererklärungen sowie für das Finanzamt, die Steuer durch einen entsprechenden Bescheid festzusetzen.

Steuervereinfachung und Sicherstellung der Steuererhebung. Die Regelung des Steuerabzugs an der Quelle in § 32 sowie die angeordnete Abgeltungswirkung sollen zum einen der Vereinfachung dienen, zum anderen aber auch das Steueraufkommen sicherstellen.

Einstweilen frei.

2. Verhältnis zu anderen Vorschriften. a) §§ 43, 48 und 50a EStG. § 32 selbst regelt nicht, welche Einkünfte dem Steuerabzug unterliegen (Ausnahme die in § 32 III enthaltene Regelung zum Steuerabzug bei Wertpapierleihgeschäften). Die Verpflichtung zum Steuerabzug ergibt sich aus

- §§ 43 ff EStG (Steuerabzug vom Kapitalertrag vgl Rn 10 ff, 49, 58 ff),
- §§ 48 ff EStG (Steuerabzug bei Bauleistungen vgl Rn 17, 51, 79),
- und § 50a EStG (Steuerabzug bei beschränkt Steuerpflichtigen vgl Rn 18 ff, 50, 73).

Diese Vorschriften des EStG bestimmen, welche Einkünfte dem Steuerabzug unterliegen und wie dieser Steuerabzug im Einzelnen vorzunehmen ist. § 32 nimmt hierauf Bezug und regelt nur die Rechtsfolge, dh den Grundsatz der Abgeltungswirkung des Steuerabzugs und die Ausnahmen.[2]

§ 43 V EStG. § 43 V EStG sieht ab dem 1.1.2009 den abgeltenden Steuerabzug für Kapitalerträge iSd § 20 EStG vor. Selbst für Körperschaften, die keine Einkünfte aus Gewerbebetrieb gem § 8 II beziehen, ist diese Abgeltungswirkung ohne Bedeutung, da § 32 I die abgeltende Wirkung des Steuerabzugs für Körperschaften nunmehr abschließend regelt (vgl Rn 45).

---

1 BGBl I 2008, 2794.
2 *Lambrecht* in Gosch § 32 Rn 8.

11 **§ 44 EStG.** § 44 EStG regelt die Details zur Entrichtung der KESt iSd § 43 EStG, die auch im Regelungsbereich des § 32 gelten, wie insbesondere:
- Steuerschuldnerschaft (Gläubiger der Kapitalerträge ist gem § 44 I S 1 EStG Schuldner der Abzugsteuer),
- Zeitpunkt der Steuerentstehung (§ 44 I S 2 EStG),
- Fälligkeit der Steuerzahlung (§ 44 I S 5, II EStG),
- Verpflichtung zur Abführung der Steuerabzugsbeträge gem § 44 I S 3 EStG durch den Schuldner der Kapitalerträge (bzw den Fällen des § 44 I S 4 EStG durch die, die Kapitalerträge auszahlende Stelle für Rechnung des Schuldners der Kapitalerträge),
- Haftung des Schuldners der Kapitalerträge für Steuerabzugsbeträge bei vorsätzlicher oder grob fahrlässiger Verletzung der Verpflichtung zum Einbehalt oder/ und zur Abführung der Steuerabzugsbeträge (§ 44 V EStG).

12 **§ 44a EStG.** Durch diese Bezugnahme auf die Vorschriften des EStG zum Steuerabzug folgt zudem, dass nach den Vorschriften des EStG vom Steuerabzug in bestimmten Fällen (teilweise) abzusehen ist (§ 44a EStG). § 32 läuft insoweit ins Leere (vgl Rn 55). Folgende Fälle seien beispielhaft genannt:
- Bei von der KSt befreiten inländischen Körperschaften, Personenvereinigungen oder Vermögensmassen oder inländischen juristischen Personen des öffentlichen Rechts ist gem § 44a IV S 1 und 2 EStG bei Kapitalerträgen iSd § 43 I S 1 Nr 4, 6, 7 und 8-12 sowie S 2 EStG kein Steuerabzug vorzunehmen.
- Bei unbeschränkt oder beschränkt steuerpflichtigen Körperschaften, Personenvereinigungen oder Vermögensmassen ist gem § 44a V S 1 EStG für Kapitalerträge iSd § 43 I S 1 Nr 6, 7 und 8-12 sowie S 2 EStG kein Steuerabzug vorzunehmen, wenn die KESt auf Dauer höher ist als die insgesamt festzusetzende KSt (sog „Dauerüberzahler"). Nach dieser Vorschrift kann ua auch für Holdinggesellschaften, welche überwiegend steuerfreie Erträge iSd § 8b erzielen, eine Abstandnahme vom Steuerabzug erreicht werden.[1]
- Bei gemeinnützigen, mildtätigen oder kirchlichen Zwecken dienenden Körperschaften, Personenvereinigungen und Vermögensmassen iSd § 5 I Nr 9, gemeinnützigen und mildtätigen Zwecken dienende Stiftungen des öffentlichen Rechts bzw kirchlichen Zwecken dienende juristischen Personen des öffentlichen Rechts ist kein Steuerabzug bei Kapitalerträgen iSd § 43 I S 1 Nr 7a-7c vorzunehmen (§ 44a VII S 1 EStG). Gleiches gilt gem § 44a VII S 2 EStG bei bestimmten Kapitalerträgen iSd § 43 I S 1 Nr 1, 2 und 3 EStG.
- Bei steuerbefreiten Körperschaften, Personenvereinigungen und Vermögensmassen iSd § 5 I (mit Ausnahme der Nr 9) sowie juristischen Personen des öffentlichen Rechts, die nicht kirchlichen Zwecken dienen, ist der Steuerabzug bei bestimmten Kapitalerträgen iSd § 43 I S 1 Nr 1, 2, 3 und 7a EStG iHv drei Fünfteln vorzunehmen (§ 44a VIII EStG).

---

[1] OFD München v 8.11.2001, DStR 2001, 2209.

III. Normzweck und Anwendungsbereich

Voraussetzung ist jeweils, dass das Vorliegen der persönlichen Voraussetzungen durch eine Bescheinigung des Finanzamtes nachgewiesen wird (§ 44a IV S 3, V S 3 ff, VII S 4 und VIII S 3 EStG).

§ 44b EStG. Teilweise ist es auch möglich, einbehaltene KESt wieder zu erstatten (§ 44b EStG). Der Anwendungsbereich ist jedoch enger abgegrenzt, als die Möglichkeit eine Abstandnahme vom Steuerabzug gem § 44a EStG (vgl Rn 12) zu erreichen. In folgenden Fällen ist eine Erstattung möglich:

- 44b I EStG sieht die Erstattung für unter den Voraussetzungen des § 44a V EStG zu viel einbehaltene und abgeführte Steuerabzugsbeträge vor; antragsberechtigt sind sowohl beschränkt als auch unbeschränkt Steuerpflichtige. Gem 44b II EStG ist für die Erstattung das Bundeszentralamt für Steuern zuständig, der Antrag ist auf amtlichem Vordruck unterschrieben einzureichen; die Frist endet gem 44b III EStG am 31.12. des Jahres, das dem Kalenderjahr folgt, in dem die Einnahmen zugeflossen sind und kann nicht verlängert werden.

- Ferner sieht § 44b V EStG die Möglichkeit der Erstattung bei fehlerhaftem Steuerabzug oder bei erfolgtem Steuerabzug in Folge nicht rechtzeitiger Vorlage einer Bescheinigung über die Abstandnahme vom Steuerabzug (zB gem § 44a IV, V, VII, VIII EStG) vor; antragsberechtigt und erstattungsberechtigt ist in diesen Fällen der gem § 44 EStG zum Steuerabzug Verpflichtete.

Die Abgeltungswirkung des § 32 I ist insoweit eingeschränkt (vgl Rn 55).

§ 45a EStG. Der zum Steuerabzug Verpflichtete muss dem Finanzamt innerhalb der in § 44 I EStG festgesetzten Frist nach amtlich vorgeschriebenem Vordruck eine Anmeldung der einzubehaltenden Steuer elektronisch einreichen; Gründe für die Nichtabführung sind ggf anzugeben (§ 45a I EStG). Gem § 45a II EStG kann der Gläubiger der Kapitalerträge die Ausstellung einer Bescheinigung nach amtlich vorgeschriebenem Muster vom zum Steuerabzug Verpflichteten verlangen.

§§ 45b, 45d EStG. Die Erstattung einbehaltener und abgeführter KESt ist unter den Voraussetzungen des § 45b EStG auch iRe Sammelantrags durch ein inländisches Kreditinstitut als Vertreter des Gläubigers der Kapitalerträge möglich; gem § 45d EStG muss das Kreditinstitut dem Bundeszentralamt für Steuern hierüber nach amtlich vorgeschriebenem Datensatz elektronisch Mitteilung erstatten.

§ 45e EStG. § 45e EStG ist die nationale Ermächtigungsvorschrift zur Umsetzung der ZinsRL[1], welche durch die ZIV[2] in nationales Recht transformiert wurde und zum 1.7.2005 in Kraft getreten ist. Durch die Verordnung soll die Besteuerung von Zinsen im Wohnsitzstaat bei grenzüberschreitenden Zinszahlungen innerhalb der EU bei natürlichen Personen sichergestellt werden. Im Anwendungsbereich des § 32 hat die ZinsRL daher keine Bedeutung, da Kapitalgesellschaften und andere juristische Personen vom Anwendungsbereich der ZIV ausgenommen sind.[3]

---

1 ZinsRL 2003/48/EG v 3.6.2003, ABlEU 2003 Nr L 157, 38.
2 BGBl I 2004, 128; zuletzt geändert durch Verordnung v 5.11.2007, BGBl I 2007, 2562.
3 BMF v 30.1.2008, BStBl I 2008, 320, Rn 6.

17 §§ 48a-48d EStG. §§ 48a ff EStG bilden die verfahrensmäßigen Grundlagen zur Einbehaltung und Abführung der Bauabzugsteuer (zu den Grundlagen vgl Rn 79). § 48a EStG regelt Einzelheiten zum Steuerabzug durch den Empfänger einer steuerabzugspflichtigen Bauleistung, insbesondere Anmeldung der Abzugsbeträge auf amtlich vorgeschriebenem Vordruck und Abführung bis zum 10. Tag des Folgemonats, in dem der Leistungsempfänger die Bauleistungen bezogen hat. Gem § 48b EStG kann der Bauunternehmer eine Freistellungsbescheinigung beantragen, wenn der Steueranspruch nicht gefährdet ist; bei Vorliegen einer entsprechenden Bescheinigung ist der Leistungsempfänger von der Pflicht zum Steuerabzug befreit. § 48c EStG regelt Erstattungs- bzw Anrechnungsmöglichkeiten, ergänzt durch § 48d EStG, welcher in DBA Fällen gilt und unabhängig von den Regelungen des DBA zunächst eine Pflicht zur Einbehaltung und Abführung der Bauabzugsteuer vorschreibt, wobei – je nach DBA – die spätere Erstattungsmöglichkeit eröffnet wird. Zu beachten ist, dass § 48c I EStG neben der Anrechnung der Abzugsbeträge auf Körperschaftsteuervorauszahlungen (§ 48c I S 1 Nr 2 EStG), festzusetzende KSt (§ 48c I S 1 Nr 3 EStG) oder eigene einzubehaltende und abzuführende Bauabzugsteuerbeträge (§ 48c I S 1 Nr 4 EStG) vorrangig eine spezielle Anrechnungsmöglichkeit unabhängig von einer inländischen (beschränkten) Steuerpflicht vorsieht, nämlich die Anrechnung auf abzuführende Lohnsteuerbeträge (§ 48c I S 1 Nr 1 EStG). Des Weiteren ist zu beachten, dass die Verpflichtung zur Abführung der Bauabzugsteuer auch dann besteht, wenn der leistende Bauunternehmer keiner beschränkten Steuerpflicht iSd § 49 EStG im Inland unterliegt.[1] Allerdings greift in diesen Fällen die Erstattungsvorschrift des § 48c II S 1 EStG (in DBA Fällen entsprechend § 48d I S 2 EStG). Bei Vorliegen einer inländischen Betriebsstätte hingegen ist eine Veranlagung durchzuführen und die Bauabzugsteuer anzurechnen (§ 32 I Nr 2). Aufgrund der beschriebenen Anrechnungs- und Erstattungsmöglichkeiten gilt die gem § 32 angeordnete Abgeltungswirkung im Sonderfall der Bauabzugsteuer daher grundsätzlich nicht.[2]

18 § 50 II S 1 EStG. § 50 II S 1 EStG regelt die Abgeltungswirkung des Steuerabzugs bei beschränkt Steuerpflichtigen im Anwendungsbereich des EStG. Selbst für Körperschaften, die keine Einkünfte aus Gewerbebetrieb gem § 8 II beziehen, ist diese Abgeltungswirkung ohne Bedeutung, da § 32 I die abgeltende Wirkung des Steuerabzugs für Körperschaften nunmehr abschließend regelt (vgl Rn 45).[3]

19 § 50 II S 2 EStG. § 50 II S 2 EStG regelt Ausnahmen von der Abgeltungswirkung des Steuerabzugs bei beschränkt Steuerpflichtigen im Anwendungsbereich des EStG. Diese Regelung entfaltet jedoch im Anwendungsbereich des KStG ebenfalls keine Wirkung, da § 32 II die Ausnahmen von der Abgeltungswirkung (ebenso wie § 32 I die Abgeltungswirkung selbst, vgl Rn 18 bzw Rn 45) – seit dem JStG 2009 explizit auch ausweislich der Gesetzesbegründung – abschließend regelt.[4] Vorher traf dies nicht uneingeschränkt zu. Zwar war auch bis dahin davon auszugehen, dass die

---

1 *Ebling* in Blümich § 48 EStG Rn 26.
2 *Siegers* in D/J/P/W § 32 Rn 13; *Wied* in Blümich § 50 Rn 65.
3 BTDrs 16/10189, 71; *Siegers* in D/J/P/W § 32 Rn 1a.
4 BTDrs 16/10189, 71; *Siegers* in D/J/P/W § 32 Rn 1a.

III. Normzweck und Anwendungsbereich

Regelung des § 32 grundsätzlich als lex specialis den einkommensteuerrechtlichen Regelungen zur Abgeltung bzw den Ausnahmen der Abgeltung des Steuerabzug vorging,[1] jedoch war sie mangels einer entsprechenden Regelung in § 32 aF § 50 V S 2 Nr 3 EStG aF (§ 50 II S 2 Nr 5 EStG idFd JStG 2009) auch im Anwendungsbereich des KStG nach der hM anwendbar.[2] Mit dem JStG 2009 wurde § 32 II Nr 2 (Veranlagungswahlrecht, vgl Rn 120 ff) eingefügt, welcher inhaltlich die Regelung des § 50 II S 2 Nr 5 EStG übernimmt und daher vorrangig gilt.[3]

§ 50a III S 1 und 3 EStG. Gem § 50a III S 1 EStG wird dem Vergütungsgläubiger die Möglichkeit eröffnet, in den Fällen des § 50a I Nr 1, 2 und 4 EStG in unmittelbarem wirtschaftlichen Zusammenhang stehende Werbungskosten bzw Betriebsausgaben bereits im Steuerabzugsverfahren zu berücksichtigen. Der beschränkt Steuerpflichtige muss die Werbungskosten bzw Betriebsausgaben gegenüber dem Vergütungsschuldner in einer für das Finanzamt nachprüfbaren Form nachweisen. Diese Regelung wurde mit dem JStG 2009 eingefügt und stellt die Umsetzung des EuGH Urteils in der Rs *FKP Scorpio Konzertproduktion GmbH* dar.[4] Durch die nunmehr mögliche Berücksichtigung von Werbungskosten bzw Betriebsausgaben iRd Steuerabzugsverfahrens soll den vom EuGH in der vorgenannten Rechtssache geäußerten Bedenken Rechnung getragen werden, dass mit den steuerabzugspflichtigen Einkünften in unmittelbarem Zusammenhang stehende Werbungskosten nicht geltend gemacht werden können. Das einschränkende Erfordernis der Glaubhaftmachung der Kosten sowie der Vorgaben hinsichtlich der Prüfbarkeit durch das Finanzamt wirft jedoch erneut unionsrechtliche Bedenken auf.[5] Gem § 50a III S 3 EStG ist diese Regelung entsprechend bei einer beschränkt steuerpflichtigen Körperschaft, Personenvereinigung oder Vermögensmasse iSd § 32 IV anwendbar.

§ 50a IV EStG. Leitet ein beschränkt Steuerpflichtiger Vergütungen iSd § 50a I EStG an einen anderen beschränkt Steuerpflichtigen weiter (zB Konzertagentur gibt eine Vergütung an einen Künstler weiter), kann von einem Steuerabzug bei Weiterleitung der Vergütung (sog zweite Stufe) abgesehen werden, wenn auf der ersten Stufe bereits ein Steuerabzug nach § 50a II EStG von den Bruttoeinnahmen vorgenommen wurde. Hierdurch soll eine Übermaßbesteuerung durch doppelten Steuerabzug verhindert werden. Wurde hingegen der Steuerabzug nach § 50a III EStG auf der ersten Stufe unter Berücksichtigung von Werbungskosten bzw Betriebsausgaben vorgenommen (vgl Rn 20) oder gem § 50 II S 2 Nr 5 EStG bzw bei Körperschaften gem § 32 II Nr 2 eine Veranlagung beantragt (vgl Rn 120) oder die Erstattung der Abzugsteuer (zB nach DBA gem § 50d I EStG) beantragt, so ist auf der zweiten Stufe der Steuerabzug vorzunehmen (§ 50a IV EStG).

20

21

---

1   *Becht* in H/H/R § 31 Rn 7.
2   BFH I R 93/03, BStBl II 2004, 991; *Siegers* in D/J/P/W § 32 Rn 1a und 47; *Kroschel* in EY Rn 16; *Becht* in H/H/R § 32 Rn 5.
3   *Siegers* in D/J/P/W § 32 Rn 1a.
4   EuGH Rs C-290/04, *FKP Scorpio Konzertproduktionen GmbH*, Slg 2006, I-9461; BMF v 16.2.2011, BStBl I 2011, 528.
5   *Wilhelm* in H/H/R § 50a EStG Jahreskommentierung 2009 Rn J 08-5.

22 **§ 50a V EStG.** § 50a V EStG regelt den Zeitpunkt der Entstehung der Abzugssteuer iSd 50a EStG (Zufluss der Vergütung), die Steuerschuldnerschaft (Gläubiger der Vergütungen ist Steuerschuldner), die Fälligkeit, die Haftung des Schuldners der Vergütung sowie die Verpflichtung zur Ausstellung einer Steuerbescheinigung durch den Schuldner der Vergütung.

23 **§ 50a VI EStG.** § 50a VI EStG ermächtigt die Bundesregierung zum Erlass einer Rechtsverordnung, wonach bei Vergütungen iSd § 50a I Nr 3 EStG (zB Urheberrechte), die nicht unmittelbar an den beschränkt steuerpflichtigen Vergütungsgläubiger geleistet werden, sondern an einen Beauftragten, nicht der Vergütungsschuldner sondern der Beauftragte die Steuer einzubehalten und abzuführen hat und auch dafür haftet. Die Ermächtigung wurde durch § 73f EStDV ausgeübt, jedoch einschränkend hinsichtlich der Definition des Beauftragten iSd § 50a VI EStG, § 73f S 1 EStDV gefasst, als dass

- die GEMA,
- oder andere Rechtsträger mit Einwilligung der obersten Finanzbehörden der Länder und mit Zustimmung des BMF (derzeit zB vorliegend für: GVL, VG Bild-Kunst und VG Wort)[1]

Beauftragte sein können.[2]

24 **§ 50a VII EStG.** Ebenso geht die Einschränkung der Abgeltungswirkung für die Fälle der Anordnung des Steuerabzugs nach § 50a VII EStG (§ 50a VII S 4 iVm § 50 II S 2 EStG) durch das Finanzamt vor, da § 32 die Anwendung nicht einschränkt. Die Anordnungsermächtigung hat den Zweck, ggf gefährdete Steueransprüche aus beschränkt steuerpflichtigen Einkünften, die nicht ohnehin nach anderen Vorschriften dem Steuerabzug unterliegen, sicherzustellen. Der vorgesehene Ausschluss der Abgeltungswirkung und die Möglichkeit der Steueranrechnung sind folgerichtig, da die Steuerabzugsbeträge lediglich als Vorauszahlung, die den inländischen Steueranspruch sichern sollen, anzusehen sind.[3] Gem § 50 VII S 2 EStG beträgt im Falle beschränkt steuerpflichtiger Körperschaften, Personenvereinigungen oder Vermögensmassen iSd § 2 der Steuersatz 15 % der gesamten Einnahmen, es sei denn der beschränkt steuerpflichtige Vergütungsschuldner kann glaubhaft machen, dass die voraussichtlich geschuldete Steuer niedriger ist.

25 **§ 50b EStG.** Gem § 50b EStG haben die Finanzbehörden ein Prüfungsrecht hinsichtlich der Voraussetzungen für die Anrechnung und Vergütung von KSt, KESt sowie für Berechtigung zur Unterlassung des Steuerabzugs und für die Richtigkeit von Mitteilungen an das Bundeszentralamt für Steuern nach § 45e EStG. Geprüft werden darf bei den am Verfahren Beteiligten, dh beim Steuerabzugsverpflichteten ebenso wie beim Steuerpflichtigen selbst. Über §§ 8 I und 31 I gilt § 50b EStG auch für Körperschaften.

---

1   Finanzministerium Nordrhein-Westfalen v 22.7.1988, DB 1988, 1774; BMF v 18.4.1974, BStBl I 1974, 360; Finanzministerium Bayern v 17.11.1986, DB 1986, 2574.
2   *Wied* in Blümich § 50a EStG Rn 109.
3   *Maßbaum* in H/H/R § 50a EStG Rn 180 ff.

III. Normzweck und Anwendungsbereich

Einstweilen frei. 26-28

b) DBA- und MTRL-Verhältnis. Gem § 2 AO gehen Verträge über die Besteuerung mit anderen Staaten iSd Art 59 II S 1 GG (insbesondere DBA), soweit sie innerstaatliches Recht geworden sind, den nationalen Steuergesetzen vor. Die Transformation der völkerrechtlichen Vereinbarungen in innerstaatliches Recht erfolgt durch ein Bundesgesetz (sog Zustimmung- oder Transformationsgesetz). Beim Europäischen Gemeinschaftsrecht ist hingegen kein Rückgriff auf die Vorrangwirkung isd § 2 AO nötig. Vorschriften der EU stellen gegenüber dem nationalen Recht eine selbständige Rechtsordnung dar; in Folge dessen sind zB Verordnungen der EU unmittelbar geltendes innerstaatliches Recht. Im Gegensatz dazu bedürfen RL der EU jedoch der Transformation in innerstaatliches Recht.[1] 29

DBA. Die DBA sehen regelmäßig bei den im Anwendungsbereich des § 32 wichtigen steuerabzugspflichtigen Einkünften für den Quellenstaat nach den Verteilungsnormen kein oder nur ein eingeschränktes Quellensteuerrecht vor, insbesondere bei Dividenden (Art 10 OECD-MA), Zinseinkünften (Art 11 OECD-MA) und Lizenzgebühren (Art 12 OECD-MA). Vgl hierzu auch § 2 Rn 32, 36. 30

MTRL (§ 43b EStG). § 43b EStG stellt die Umsetzung der sog MTRL[2] in nationales Recht dar und regelt die Entlastung vom Kapitalertragsteuerabzug für Gewinnausschüttungen isd § 20 I Nr 1 EStG unbeschränkt steuerpflichtiger Gesellschaften an in einem anderen EU Mitgliedsstaat ansässige Gesellschafter. Bei der ausschüttenden und der die Ausschüttung empfangenden Gesellschaft muss es sich gem § 43b II S 1 EStG um Gesellschaften iSd Anlage 2 zum EStG (der KSt bzw im EU Ausland einer vergleichbaren Steuer unterliegende namentlich aufgeführte Gesellschaften) handeln. Weitere Voraussetzung für die Entlastung ist gem § 43b II S 1 und 4 EStG eine Mindestbeteiligungsquote von 10 % sowie eine Haltedauer der Beteiligung von mindestens zwölf Monaten.[3] 31

Durchführung des Einbehalts trotz Steuerbefreiung gem § 50d I S 1 EStG. Beschränken DBA oder die MTRL bzw § 43b EStG das nationale Recht zum Steuerabzug oder wird das Besteuerungsrecht nach DBA gänzlich dem ausländischen Staat zugeordnet, ist grundsätzlich zunächst nach nationalem Recht der Steuerabzug gem § 50d I S 1 EStG ungeachtet der entgegenstehenden Vorschriften des DBA bzw der Regelung des § 43b EStG vorzunehmen. 32

Erstattungs- und Freistellungsverfahren (§§ 50d I S 2 und II EStG). Trotz des § 32 kann der Steuerpflichtige jedoch die Erstattung der Abzugsbeträge gem § 50d I S 2 ff EStG beantragen bzw gem § 50d II EStG von der Möglichkeit des Freistellungsverfahrens Gebrauch machen.[4] Die Erstattung nach § 50d I S 2 ff EStG erfolgt auf Antrag des Steuerpflichtigen auf Grundlage eines Freistellungsbescheids und ist nach 33

---

1 Weiterführend *Gersch* in Klein § 2 AO Rn 1 ff; *Pahlke* in Pahlke/König § 2 Rn AO 10 ff und 25 ff.
2 MTRL, iO ABl EG Nr L 225 S 6, Nr L 266 S 20, 1997 Nr L 16 S 98, zuletzt geändert durch Art 9 I ÄndRL 2011/96/EU v 30.11.2011, ABl EU 2011 Nr L 345, 8, ursprünglich umgesetzt mit StÄndG 1992, BGBl I 1992, 297.
3 Weiterführend *Lindberg* in Blümich § 43b EStG Rn 21 ff.
4 *Becht* in H/H/R § 32 Rn 11.

amtlich vorgeschriebenem Vordruck beim Bundeszentralamt für Steuern zu stellen. Der zu erstattende Betrag wird nach Bekanntgabe des Freistellungsbescheids ausgezahlt. Die Frist für den Antrag auf Erstattung beträgt vier Jahre nach Ablauf des Kalenderjahres, in dem der Steuerpflichtige die Einkünfte bezogen hat. Gem § 50d Ia EStG ist der zu erstattende Betrag zu verzinsen, wobei der Zinslauf zwölf Monate nach Einreichung des Antrags mit allen erforderlichen Nachweisen beginnt. Der Steuerpflichtige kann statt der Erstattung die Freistellung vom Steuerabzug gem § 50d II S 1 EStG erlangen, wenn das Bundeszentralamt für Steuern ihm auf Basis eines auf amtlich vorgeschriebenem Vordruck gestellten Antrags bescheinigt, dass die Voraussetzungen (zB nach den Regelungen des DBA oder der MTRL) für die Freistellung vorliegen. Die Geltungsdauer der Freistellungsbescheinigung beginnt gem § 50d II S 4 EStG frühestens an dem Tag, an dem der Antrag beim Bundeszentralamt für Steuern eingeht und beträgt mindestens ein, jedoch höchstens drei Jahre. Über den Antrag muss das Bundeszentralamt für Steuern gem § 50d II S 6 EStG innerhalb von drei Monaten nach Einreichung entscheiden.

34 **Regelungen zur Verhinderung von Anti-Treaty-Shopping gem § 50d III EStG.** Die Steuererhebung im Wege des abgeltenden Steuerabzugs hat insbesondere in grenzüberschreitenden Sachverhalten vor dem Hintergrund des § 50d III EStG eine besondere Bedeutung. Denn wenn die Steuererhebung im Wege des Abzugs erfolgt, sind den in einem DBA-Staat ansässigen Steuerpflichtigen nur bei Erfüllung der Anforderungen des § 50d III EStG die Vergünstigungen der DBA und MTRL zu gewähren. Soweit hingegen eine Steuererhebung im Wege der Veranlagung möglich ist, kommt es nicht zur Anwendung des § 50d III EStG.[1]

35-36 *Einstweilen frei.*

37 **c) Unionsrecht. Erhebung im Abzugswege.** Die Erhebung von Steuern im Wege des Abzugs (selbst wenn diese wie in § 50a EStG vorgesehen nur für beschränkt Steuerpflichtige zur Anwendung kommt) sowie die im Falle der Nichterfüllung resultierende Haftung des Vergütungsschuldners, wurde vom EuGH vor dem Hintergrund der Grundfreiheiten des AEUV als gleichwertige und zulässige Alternative zur Erhebung im Wege der Veranlagung anerkannt (zum Erfordernis der Reduzierung des Steuereinbehalts bei Bezug von Aufwendungen vgl Rn 20 und 40).[2] Es sei angemerkt, dass die fehlende Möglichkeit der Beitreibung von Steuern über die Grenze mit der Einfügung der Beitreibungs-RL[3], als ein das Urteil tragendes Argument entfallen ist. Dennoch ist davon auszugehen, dass die Anordnung eines Steuerabzugs weiter als ein grundsätzlich unionsrechtlich anzuerkennendes Erhebungsverfahren anzusehen ist.

38 **Abgeltungswirkung.** Zwar wurde durch das Veranlagungswahlrecht für beschränkt steuerpflichtige EU/EWR-Körperschaften für bestimmte Einkünfte der Abgeltungscharakter eingeschränkt (§ 32 II Nr 2 iVm IV vgl Rn 120) und die Möglichkeit geschaffen, den EU-Fall dem Inlandsfall gleichzustellen. Ansonsten verbleibt es jedoch für beschränkt Steuerpflichtige bei der Abgeltungswirkung. Aufgrund

---

1 *Wagner* in Blümich § 50d EStG Rn 67; *Klein* in H/H/R § 50d EStG Rn 54.
2 EuGH Rs C-290/04, *FKP Scorpio Konzertproduktionen GmbH*, Slg 2006, I-9461.
3 EU-Beitreibungs-RL 2010/24/EU v 16.3.2010, ABl Nr L 84, 1.

des engen Anwendungsbereichs des abgeltenden Steuerabzugs für unbeschränkt gem § 5 I steuerbefreite Körperschaften (vgl Rn 85) tritt im reinen Inlandsfall hingegen regelmäßig keine Abgeltungswirkung gem § 32 I ein (vgl Rn 45); stattdessen greift eine Anrechnung der Abzugsbeträge gem § 31 I (vgl § 31 Rn 25). Hierbei kann es dann aufgrund der Abgeltungswirkung der Abzugssteuer bei dem grenzüberschreitenden Sachverhalt im Vergleich zum reinen Inlandsfall zu EU-rechtswidrigen Diskriminierungen kommen, soweit dort eine niedrigere Steuerbelastung resultiert (hierzu im Einzelnen nachfolgend Rn 42).

Bruttobesteuerung. Der EuGH hat in der Rs *Gerritse* entschieden, dass die abgeltende Abzugsbesteuerung auf Bruttobasis gegen EU-Recht verstößt.[1] Im Fall Gerritse sah der EuGH die Beschränkung der Abzugsfähigkeit von Betriebsausgaben, die in unmittelbarem Zusammenhang mit steuerabzugspflichtigen Honorareinnahmen bei beschränkt Steuerpflichtigen als nicht EU-rechtskonform an. Teilweise hat der Gesetzgeber inzwischen durch Änderung des § 50a III EStG für die dort genannten Einkünfte gem § 50a I Nr 1, 2 und 4 EStG (vgl Rn 20 und Rn 40) die Vorgaben des EuGH in nationales Recht umgesetzt. In allen anderen Fällen verbleibt es jedoch bei der Bruttobesteuerung ohne Möglichkeit der Geltendmachung eines Betriebsausgabenabzugs, so insbesondere beim Steuerabzug nach § 43 ff EStG (Kapitalerträge, vgl Rn 58 ff) und § 50a I Nr 3 EStG (Lizenzen, vgl Rn 75). Unklar ist, warum der Gesetzgeber diese Einkünfte nicht mit einbezogen hat. Aufgrund der somit fortbestehenden Ungleichbehandlung von unbeschränkt und beschränkt Steuerpflichtigen, ist davon auszugehen, dass diese Vorschriften eine Überprüfung durch den EuGH nicht bestehen werden.[2]

Berücksichtigung von Aufwendungen beim Steuerabzug. In Übereinstimmung mit dem unionsrechtlichen Gebot der Bruttobesteuerung muss es dem Vergütungsschuldner möglich sein, die ihm vom Schuldner mitgeteilten Aufwendungen iRd Abzugsverfahrens geltend zu machen.[3] § 50a III EStG bzw § 32 II Nr 2 sieht eine Berücksichtigung von Werbungskosten bzw Betriebsausgaben iRd Steuerabzugsverfahrens bei beschränkt Steuerpflichtigen in einem gewissen Umfang vor, vgl Rn 20. Zu beachten ist jedoch, dass in allen anderen Fällen die Berücksichtigung von Aufwendungen ausgeschlossen ist.

Einschränkung der Verlustverrechnung. Gem § 50 I EStG ist bei der Steuerveranlagung beschränkt Steuerpflichtiger im Anwendungsbereich des EStG nunmehr seit den Änderungen durch das JStG 2009 die Verlustverrechnung möglich. Diese Gesetzesänderung ist zurückzuführen auf die Entscheidung des EuGH in der Rs *Futura Participations*.[4] Unionsrechtlich schwer haltbar sein dürfte jedoch das nach wie vor fortbestehende und auch im Anwendungsbereich des § 32 wirkende Verbot der Verlustverrechnung von Einkünften, die dem Steuerabzug unterliegen mit sonstigen inländischen Einkünften, die der Veranlagung unterliegen. Zwar ist dieses

---

1 EuGH Rs C-234/01, *Gerritse*, Slg 2003, I-5933. Weiterführend *Schnitger*, FR 2003, 745 ff; *Haarmann/Fuhrmann*, IStR 2003, 558 ff.
2 *Schnitger* in Lüdicke, Wo steht das deutsche internationale Steuerrecht?, 2009, S 204.
3 EuGH Rs C-290/04, *FKP Scorpio Konzertproduktionen GmbH*, Slg 2006, I-9461.
4 EuGH Rs C-250/95, *Futura Participations*, Slg 1997, I-2471.

Verbot nicht ausdrücklich gesetzlich normiert, ergibt sich jedoch nach Meinung des Gesetzgebers unmittelbar als Folge der gem § 50 II S 1 EStG und § 32 I angeordneten Abgeltungswirkung.[1]

42 **(Streubesitz-)Dividenden.** Die Besteuerung von (Streubesitz-)Dividenden (dh soweit nicht die für die Anwendung gem § 43b erforderliche Mindestbeteiligungsquote erreicht wird; hierzu Rn 31) ist nicht EU-konform. Denn in der Mehrzahl der Fälle verbleibt bei Streubesitz-Dividenden an einen Anteilseigner nach Art 10 II OECD-MA ein Besteuerungsrecht des Quellenstaates. Während inländische Anteilseigner derartige Quellensteuern uneingeschränkt anrechnen können (vgl § 31 Rn 25), führt die in § 32 normierte Abgeltungswirkung bei Streubesitzdividenden in EU-Fällen zu einer Definitivbelastung (vgl Rn 52). Hierin wird ein Verstoß gegen Art 49 AEUV (sog Niederlassungsfreiheit) und Art 63 AEUV (sog Kapitalverkehrsfreiheit) gesehen.[2] Zahlreiche vor dem EuGH verhandelte Fälle zu ähnlichen Problemstellungen aus anderen EU Ländern unterstreichen diese Schlussfolgerung.[3] Insbesondere wurde eine Rechtfertigung der Ungleichbehandlung aufgrund einer möglichen Steueranrechnung in einem ausländischen Staat in einer jüngeren Entscheidung eine klare Absage erteilt.[4] Die EU-Kommission hat daher ein Vertragsverletzungsverfahren gegen Deutschland eingeleitet.[5] Aufgrund der unionsrechtlichen Bedenken gegen die Abgeltungswirkung nach § 32 I empfiehlt es sich, derartige Fälle offenzuhalten und eine Verjährung nach den allgemeinen steuerlichen Verjährungsvorschriften von potentiellen Rückerstattungsansprüchen zu vermeiden. Um dies zu gewährleisten, sollte beim Bundeszentralamt für Steuern ein Erstattungsantrag zur Quellensteuererstattung eingereicht werden und parallel hierzu ein Antrag auf Veranlagung zur KSt beim Finanzamt gestellt werden.

43-44 *Einstweilen frei.*

45 **IV. Abgeltung der KSt (§ 32 I). 1. Grundlegendes. Abschließende Regelung der Abgeltungswirkung.** Mit Einfügung des § 32 I ist nunmehr die Abgeltungswirkung im KStG abschließend geregelt. Dies bedeutet, dass zum einen der für beschränkt Steuerpflichtige geltende § 50 II S 1 EStG verdrängt wird. Zum anderen wird jedoch insbesondere auch der für unbeschränkt Steuerpflichtige geltende § 43 V EStG außer Kraft gesetzt.[6] Dies hat zur Folge, dass (mit Ausnahme der gem § 5 I steuerbefreiten Körperschaften) für alle unbeschränkt steuerpflichtigen Körperschaften keine Abgeltungswirkung greift (also insbesondere auch die nicht § 8 II unterfallenden Körperschaften, welche Kapitaleinkünfte erzielen können).[7]

---

[1] *Schnitger* in Lüdicke, Wo steht das deutsche internationale Steuerrecht?, 2009, S 202.
[2] *Werning* in Blümich § 32 Rn 2; *Lang*, IStR 2009, 539; *Patzner/Frank*, IStR 2008, 344; *Clemens/Rehfeld*, INF 2004, 505, 509; *Reuter/Klein*, IStR 2003, 634, 635 f; *Desens*, IStR 2003, 613, 620 f; *Dautzenberg*, BB 2001, 2137 ff.
[3] EuGH Rs C-303/07, *Aberdeen Property Fininvest Alpha Oy*, Slg 2009, I-5145; EuGH Rs C-194/06, *OESF*, IStR 2008, 435; EuGH Rs C-379/05, *Amurta*, Slg 2007, I-9569; EuGH Rs C-170/05, *Denkavit*, Slg 2007, I-11949; einschränkend BFH I R 53/07, BFH/NV 2009, 1543.
[4] EuGH Rs C-540/07, *Kommission/Italien*, Slg 2009, I-11007, Rn 36 ff.
[5] Kommission der EU, Az 2004/4349, IP/09/435 Fachdienst-DStR 12/2009.
[6] BTDrs 16/10189, 71; *Siegers* in D/J/P/W § 32 Rn 1a.
[7] *Werning* in Blümich § 32 Rn 5; *Heger/Lambrecht/Bauschatz* in Gosch § 32 Rn 17, 24; *Lornsen-Veit* in Erle/Sauter § 32 Rn 16; *Kroschel* in EY § 32 Rn 12; BFH I R 4/85, BStBl II 1992, 98.

IV. Abgeltung der KSt

Erfasste Einkünfte. § 32 I Nr 1 und 2 stellt zunächst ohne weitere Konkretisierung auf Einkünfte ab. Als Einkünfte iSd Vorschrift sind alle in § 2 I EStG iVm § 8 I und II definierten Einkünfte (im Falle der Anwendung für unbeschränkt Steuerpflichtige gem § 32 I Nr 1 vgl Rn 83 ff) und alle in § 49 I EStG definierten Einkünfte zu verstehen (im Falle der Anwendung für beschränkt Steuerpflichtige gem § 32 I Nr 2 vgl Rn 94 ff und 102 ff).[1]

Definition des Steuerabzugs. Um in den Anwendungsbereich der § 32 I Nr 1 und 2 zu gelangen, muss zusätzlich für diese Einkünfte ein Steuerabzug an der Quelle vorgesehen sein (hierzu Rn 9 ff).[2] Unter Steuerabzug ist der Einbehalt von Quellensteuer durch den Schuldner von Erträgen oder Vergütungen bzw die auszahlende Stelle zu verstehen.[3]

Steuerabzug bei fehlender beschränkter Steuerpflicht. Im Falle der beschränkten Steuerpflicht erfolgt der Steuerabzug nur dann, wenn die Einkünfte, für die zwar grundsätzlich ein Steuerabzug an der Quelle vorgesehen ist, auch gem § 49 I EStG der beschränkten Steuerpflicht im Inland unterliegen; bspw ist in zahlreichen Fällen des § 43 EStG zwar ein Kapitalertragsteuerabzug vorgesehen, ohne dass die Kapitalerträge jedoch der beschränkten Steuerpflicht nach § 49 I EStG unterliegen. So unterliegen zB Kapitalerträge gem §§ 20 I Nr 7, 43 I Nr 7 EStG nur der beschränkten Steuerpflicht, wenn die Voraussetzungen des § 49 I Nr 5 lit c EStG (zB besonderer Inlandsbezug durch Besicherung mit inländischem Grundbesitz, vgl Rn 64) erfüllt sind; nur in diesen Fällen ist ein Steuerabzug vorzunehmen.[4] Anderenfalls ist mangels Anknüpfungspunkt für eine inländische Besteuerung kein Steuerabzug durchzuführen und die Regelungen des § 32 laufen ins Leere[5] bzw eine Haftungsschuld scheidet in Folge deren Akzessorietät aus.

Einkünfte aus Kapitalvermögen. In den Anwendungsbereich von § 32 I fallen Einkünfte aus Kapitalvermögen iSd § 20 EStG. Der Steuerabzug wird in diesen Fällen durch § 43 ff EStG auf die Kapitalerträge angeordnet. Zu beachten ist, dass § 43 EStG nicht für alle Einkünfte gem § 20 EStG einen Steuerabzug anordnet. Der Anwendungsbereich des § 32 beschränkt sich daher auf diejenigen Einkünfte für die ein Steuerabzug vorgesehen ist (vgl Rn 58 ff).

Sonstige Einkünfte. § 32 I ist auch für die in § 50a EStG genannten Einkünfte anwendbar. Der Katalog des § 50a I Nr 1-4 EStG ordnet zB für Einkünfte im Zusammenhang mit künstlerischen, sportlichen, artistischen oder ähnlichen Darbietungen bzw deren Verwertung im Inland, für Einkünfte aus der Überlassung oder Nutzung von Rechten und für Aufsichtsratsvergütungen in bestimmten Fällen den Steuerabzug an, wenn diese Einkünfte von beschränkt Steuerpflichtigen erzielt werden (zu den Einzelheiten Rn 73 ff).

Bauabzugsteuer. Für Einkünfte, die der Bauabzugsteuer nach §§ 48 ff EStG unterliegen, greift die Vorschrift grundsätzlich nicht (vgl Rn 79).

---
1 *Heger/Lambrecht/Bauschatz* in Gosch § 32 Rn 12.
2 *Lambrecht* in Gosch § 32 Rn 12 und 13; zu den Folgen bei unterlassenem Steuerabzug sa Rn 41 ff.
3 *Becht* in H/H/R § 32 Rn 11.
4 BTDrs 12/2501, 21; *Klein/Link* in H/H/R § 49 EStG Rn 810.
5 So auch *Wied* in Blümich § 50 EStG Rn 34 in den Fällen des § 50 EStG.

52 **Folgen der Abgeltungswirkung.** Soweit § 32 I eine Abgeltungswirkung anordnet (und keine Ausnahme des § 32 II gegeben ist), hat der Steuerabzug Definitivcharakter. Dies hat zur Folge, dass verfahrensrechtlich entweder keine Veranlagung durchzuführen ist oder dass die dem Steuerabzug unterliegenden Einkünfte in eine aus anderen Gründen durchzuführende Steuerveranlagung nicht einbezogen werden dürfen.[1]

53 **Erfolgen des Steuerabzugs.** Die Abgeltungswirkung tritt durch die gesetzliche Anordnung des vorzunehmenden Steuerabzugs ein, soweit der Steuerabzug tatsächlich durchgeführt wurde; die Abführung der Steuerabzugsbeträge ist hingegen nicht Voraussetzung für den Eintritt der Abgeltungswirkung.[2] Ist der Steuerabzug jedoch tatsächlich nicht vorgenommen worden (oder wurden die Abzugsbeträge nicht an das Finanzamt abgeführt), so ist die Steuer vom Finanzamt durch Nachforderungs- oder Haftungsbescheid (zB gem § 44 V EStG, 50a V EStG) geltend zu machen. Auch insoweit tritt Abgeltungswirkung ein. Eine Steuerveranlagung scheidet aus.[3]

54 **Umfang des Steuerabzugs, Bemessungsgrundlage.** Dem Steuerabzug unterliegen die (Brutto-)Einnahmen (§ 8 VI, § 43a II S 1 EStG, § 50a II S 1 EStG), ein Abzug von Werbungskosten oder Betriebsausgaben, die mit diesen Einnahmen im Zusammenhang stehen, ist grundsätzlich ausgeschlossen (zur Unionsrechtswidrigkeit vgl Rn 39). Eine Ausnahme besteht in den Fällen des § 50a III S 1 EStG (vgl Rn 20).[4] Die Höhe des (Quellen-)Steuersatzes ergibt sich jeweils aus der entsprechenden Regelung zum Steuereinbehalt, so zB:

- Bemessung der KESt gem § 43a EStG,
- Bemessung des Steuerabzugs bei beschränkt Steuerpflichtigen gem § 50a II EStG,
- Steuerabzug bei Bauleistungen gem § 48 I S 1 EStG.

55 **Einschränkungen.** Zu beachten ist, dass der Steuerabzug Einschränkungen erfährt. Wie in Rn 12 ff und 30 f dargestellt, sind in bestimmten Fällen einbehaltene Steuerabzugsbeträge zum einen nach innerstaatlichen Vorschriften und zum anderen nach einschlägigen DBA Regelungen zu erstatten bzw aufgrund von Freistellungsvorschriften ist von vornherein vom Steuerabzug ganz oder teilweise Abstand zu nehmen. Vorschriften zur Erstattung bzw Ermäßigung von Steuerabzugsbeträgen lassen die Vorschriften zum Steuerabzug unberührt, dh grundsätzlich hat der Vergütungsschuldner zunächst den regulären Steuerabzug vorzunehmen. Die Abgeltungswirkung des Steuerabzugs gem § 32 I erfährt jedoch insoweit eine Einschränkung als der Steuerschuldner eine (ggf teilweise) Erstattung beantragen kann. Sind Regelungen zur Abstandnahme vom Steuerabzug anwendbar, entbindet dies den Vergütungsschuldner den Steuerabzug ganz oder teilweise vorzunehmen, § 32 I läuft insoweit ins Leere.

56-57 *Einstweilen frei.*

---

1   BFH I R 43/89, BStBl II 1991, 427.
2   *Siegers* in D/J/P/W § 32 Rn 42; *Heger/Lambrecht/Bauschatz* in Gosch § 32 Rn 13.
3   *Herkenroth/Striegel* in H/H/R § 50 EStG Rn 228; *Wied* in Blümich § 50 EStG Rn 67; BFH I B 40/93, DStR 1993, 1250.
4   *Siegers* in D/J/P/W § 32 Rn 11.

2. Abzugspflichtige Erträge im Einzelnen. a) Kapitalertragsteuerpflichtige Einkünfte. Anwendung von § 43 EStG. Bei den abzugspflichtigen inländischen Einkünften iSd § 32 einer Körperschaft, Personenvereinigung oder Vermögensmasse kann es sich um kapitalertragsteuerpflichtige Einkünfte handeln, bei denen sich die Steuerabzugsverpflichtung aus § 43 EStG ergibt. 58

Dividenden uä Bezüge (§§ 20 I Nr 1, 43 I Nr 1 EStG). KESt wird erhoben auf Dividenden, Ausbeuten und sonstige Bezüge aus Aktien oder anderen Mitgliedschaftsrechten und beteiligungsähnlichen Genussrechten inkl von vGA (§§ 20 I Nr 1, 43 I Nr 1 EStG). Dies gilt zumindest dann, wenn kein Einlagenkonto gem § 20 I S 3 EStG iVm § 27 verwendet wird (vgl § 27 Rn 23). Durch den Kapitalertragsteuerabzug wird die Besteuerung auf der Gesellschafterebene sichergestellt. 59

Bezüge nach der Auflösung einer Körperschaft (§§ 20 I Nr 2, 43 I Nr 1 EStG). Auch Einkünfte aus der Auflösung von Körperschaften unterfallen dem Kapitalertragsteuerabzug (§§ 20 I Nr 1 und 2, 43 I Nr 1 EStG). Hierdurch wird die Gleichbehandlung der Auskehrung von Gewinnen mittels ordentlicher Gewinnausschüttungen und Ausschüttungen iRe Auflösung sichergestellt. 60

Zinsen aus Wandelanleihen, Gewinnobligationen und Genussrechten (§ 43 I Nr 2 EStG). Gem § 43 I Nr 2 EStG unterliegen Zinsen aus Wandelanleihen (neben einer festen Verzinsung wird ein Recht auf Umtausch in Gesellschaftsanteile gewährt), Gewinnobligationen (neben der festen Verzinsung wird eine Zusatzverzinsung in Abhängigkeit von Gewinnausschüttungen gewährt) und Genussrechten, die nicht in § 20 I Nr 1 EStG genannt sind (Genussrechte, die kein Recht zur Partizipation am Gewinn oder Verlust einräumen), dem Kapitalertragsteuerabzug. Für den Fall der beschränkten Steuerpflicht bei Genussrechten vgl Rn 64. 61

Einnahmen aus der Beteiligung an einem Handelsgewerbe als stiller Gesellschafter und Zinsen aus partiarischen Darlehen (§§ 20 I Nr 4, 43 I Nr 3 EStG). Kapitalerträge aus einer Beteiligung als stiller Gesellschafter sowie Kapitalerträge aus partiarischen Darlehen unterliegen gem §§ 20 I Nr 4, 43 I Nr 3 EStG dem Kapitalertragsteuerabzug. 62

Ausländische Dividenden uä Bezüge (§ 43 I Nr 6, III EStG). Auch ausländische Kapitalerträge iSd § 43 I Nr 1 EStG werden der inländischen KESt unterworfen, soweit der Steuerabzug nach § 44 I S 3 EStG durch eine inländische Stelle (inländisches Kredit- oder Finanzdienstleistungsinstitut) vorzunehmen ist (§ 43 I Nr 6 EStG). Nach § 43 III S 4 EStG sind Kapitalerträge ausländische, wenn der Schuldner der Kapitalerträge weder Wohnsitz, Sitz noch Ort der Geschäftsleitung im Inland hat. Der beschränkten Steuerpflicht nach § 49 EStG unterliegen diese Einkünfte nicht, somit läuft § 32 mangels der Verpflichtung zum Steuereinbehalt im Falle der beschränkten Steuerpflicht (vgl Rn 48) ins Leere. 63

Zinsen aus sonstigen Kapitalforderungen jeder Art (§§ 20 I Nr 7, 43 I Nr 7 EStG). Hierunter fallen Zinsen aus sonstigen Kapitalforderungen jeder Art, insbesondere aus Einlagen und Guthaben bei Kreditinstituten, aus Darlehen sowie Anleihen (§§ 20 I Nr 7, 43 I Nr 7 EStG); Kapitalertragsteuerpflicht ist jedoch nur dann 64 gegeben, wenn es sich um verbriefte Forderungen handelt (§ 43 I Nr 7 lit a EStG) oder bei einfachen Forderungen, wenn der Schuldner ein inländisches Kreditinstitut oder Finanzdienstleistungsunternehmen ist (§ 43 I Nr 7 lit b EStG). Bei beschränkter Steuerpflicht erfolgt der Steuerabzug nur, wenn gem § 49 I Nr 5 lit c EStG die Einkünfte der beschränkten Steuerpflicht unterliegen, anderenfalls greift § 32 mangels Steuerabzug nicht (vgl Rn 48). Gem § 49 I Nr 5 lit c EStG unterliegen Einkünfte iSd § 20 I Nr 7 EStG der beschränkten Steuerpflicht, wenn ein besonderer Inlandsbezug besteht (zB Besicherung des Kapitalvermögens durch inländischen Grundbesitz oder durch in ein inländisches Schiffsregister eingetragene Schiffe) bzw wenn es sich um Einkünfte aus Genussrechten (vgl Rn 61) handelt, die nicht unter § 20 I Nr 1 EStG fallen (Genussrechte, mit denen kein Recht zur Partizipation am Gewinn und am Liquidationserlös verbunden ist).

65 **Leistungen von der Körperschaftsteuer befreiter Körperschaften, Personenvereinigungen oder Vermögensmassen (§§ 20 I Nr 9, 43 I Nr 7a EStG).** Mit Gewinnausschüttungen iSd § 20 I Nr 1 EStG vergleichbare Leistungen von der KSt befreiter Körperschaften, Personenvereinigungen oder Vermögensmassen iSd § 1 I Nr 1-3, mit Sitz oder Geschäftsleitung im Inland oder Ausland, unterliegen der KESt (§§ 20 I Nr 9, 43 I Nr 7a EStG). Diese Körperschaften, Personenvereinigungen oder Vermögensmassen tätigen idR keine Gewinnausschüttungen, wohl aber Vermögensübertragungen oder Gewinnverwendungen, deren steuerliche Erfassung durch diese Vorschrift sichergestellt werden soll.

66 **Gewinnausschüttungen bei BgA (§§ 20 I Nr 10 lit a und b, 43 I Nr 7b und 7c EStG).** Der KESt unterliegen Gewinnausschüttungen eines nicht von der KSt befreiten BgA iSd § 4. Hierdurch werden alle Zahlungen an die hinter dem selbständigen BgA stehenden Gewährsträger erfasst.[1]

67 **Stillhalterprämien (§§ 20 I Nr 11, 43 I Nr 8 EStG).** Durch eine Option erhält der Optionsnehmer das Recht, einen Basiswert innerhalb einer bestimmten Frist oder zu einem bestimmten Fälligkeitstermin zu erwerben (Call-Option) oder zu verkaufen (Put-Option). Der Optionsgeber erhält für die Einräumung dieses Rechts vom Optionsnehmer einen Optionspreis (sog Stillhalterprämie). Stillhalterprämien unterliegen gem §§ 20 I Nr 11, 43 I Nr 8 EStG dem Kapitalertragsteuerabzug. Der beschränkten Steuerpflicht nach § 49 EStG unterliegen diese Einkünfte nicht, somit verbleibt für § 32 mangels Verpflichtung zum Steuereinbehalt im Falle der beschränkten Steuerpflicht (vgl Rn 48) kein Anwendungsbereich.

68 **Veräußerung von Anteilen an Kapitalgesellschaften (§§ 20 II S 1 Nr 1, 43 I Nr 9 EStG).** Einkünfte aus der Veräußerung von Anteilen an Kapitalgesellschaften unterliegen nach §§ 20 II S 1 Nr 1, 43 I Nr 9 EStG der KESt. Im Falle beschränkter Steuerpflicht sind die engen Voraussetzungen des § 49 I Nr 5 lit d lit sublit bb EStG zu beachten, dh es muss sich um sog Tafelgeschäfte handeln, bei denen die Erträge gegen Übergabe der Wertpapiere ausgezahlt bzw gutgeschrieben werden.[2] In allen

---

1 *Lindberg* in Blümich § 43 EStG Rn 102.
2 *Klein/Link* in H/H/R § 49 EStG Rn 856.

IV. Abgeltung der KSt

anderen Fällen läuft § 32 bei beschränkter Steuerpflicht mangels der Verpflichtung zum Kapitalertragsteuerabzug ins Leere (vgl Rn 48). Soweit dennoch Kapitalertragsteuerabzugspflicht besteht, ist die Missbrauchsregelung des § 50d III EStG zu beachten (vgl hierzu Rn 34).

Veräußerung von Zinsscheinen, Zinsforderungen und sonstigen Kapitalforderungen (§§ 20 II S 1 Nr 2 lit b, Nr 7, 43 I Nr 10 EStG). Kapitalertragsteuerpflichtig sind die Einnahmen aus der Veräußerung von Zinsscheinen und Zinsforderungen, wenn die dazugehörige Schuldverschreibung nicht mit veräußert wird sowie Einnahmen aus der Veräußerung von sonstigen Kapitalforderungen iSd § 20 I Nr 7 EStG (§§ 20 II S 1 Nr 2 lit b, Nr 7, 43 I Nr 10 EStG). Zu den Voraussetzungen bei beschränkter Steuerpflicht gelten die Ausführung in der vorhergehenden Rn 68 entsprechend.

69

Termingeschäfte (§§ 20 II S 1 Nr 3, 43 I Nr 11 EStG). §§ 20 II S 1 Nr 3, 43 I Nr 11 EStG ordnet für Kapitalerträge aus Termingeschäften den Kapitalertragsteuerabzug an. Termingeschäfte liegen vor, wenn der Steuerpflichtige einen Differenzausgleich oder einen durch den Wert einer veränderlichen Bezugsgröße bestimmten Geldbetrag oder Vorteil erlangt. Gleiches gilt für den Gewinn aus der Veräußerung eines als Termingeschäft ausgestalteten Finanzinstruments. Der beschränkten Steuerpflicht nach § 49 EStG unterliegen diese Einkünfte nicht, für die Anwendung von § 32 verbleibt mangels Verpflichtung zum Steuereinbehalt im Falle der beschränkten Steuerpflicht (vgl Rn 48) kein Raum.

70

Übertragung oder Aufgabe von Anteilen an Personenvereinigungen und Vermögensmassen (§§ 20 II S 1 Nr 8, 43 I Nr 12 EStG). Kapitalerträge aus der Übertragung oder Aufgabe einer die Einnahmen iSd § 20 I Nr 9 EStG vermittelnden Rechtsposition (gemeint sind Anteile an Personenvereinigungen und Vermögensmassen) unterliegen dem Kapitalertragsteuerabzug (§§ 20 II S 1 Nr 8, 43 I Nr 12 EStG). Die Regelung ist mit der des §§ 20 II S 1 Nr 1, 43 I Nr 9 EStG vergleichbar (vgl Rn 68). Der beschränkten Steuerpflicht nach § 49 EStG unterliegen diese Einkünfte nicht. Mangels Verpflichtung zum Steuereinbehalt im Falle der beschränkten Steuerpflicht (vgl Rn 48) findet § 32 keine Anwendung.

71

Einstweilen frei.

72

b) Sonstige Einkünfte. Anwendbarkeit des § 50a EStG für Körperschaften. Da der Steuerabzug gem § 50a EStG Einkünfte im Zusammenhang mit künstlerischen, sportlichen, artistischen oder ähnlichen Darbietungen betrifft, ist die Vorschrift zunächst vordergründig auf natürliche Personen anwendbar. Dennoch kann die Regelung auch einen Steuerabzug für Körperschaften anordnen (vgl § 2 Rn 22). Sie gilt allerdings nur für beschränkt Steuerpflichtige.

73

Einkünfte aus der Verwertung von Leistungen (§ 49 I Nr 2, 6 iVm § 50a I Nr 2 EStG). Dem Steuerabzug nach §§ 49 I Nr 6 iVm 50a I Nr 2 EStG unterliegen Einkünfte aus der inländischen Verwertung von künstlerischen, sportlichen, artistischen, unterhaltenden oder ähnlichen Darbietungen. Die Verwertung kann dabei auch

74

durch einem Dritten erfolgen, der die Darbietung nicht selbst erbracht hat;[1] dies kann auch eine Körperschaft sein. Die Vorschrift ist für alle beschränkt steuerpflichtigen Körperschaften iSd § 2 anwendbar.

75 **Einkünfte aus der Überlassung von Rechten (§ 49 I Nr 2, 6, 9 iVm § 50a I Nr 3 EStG).** Einkünfte aus der Überlassung von Rechten, insbesondere Urheberrechte, gewerbliche Schutzrechte oder gewerblichen, technischen, wissenschaftlichen oder ähnlichen Erfahrungen und Kenntnissen. Die Vorschrift ist für alle beschränkt steuerpflichtigen Körperschaften iSd § 2 anwendbar.

76-78 *Einstweilen frei.*

79 **c) Bauabzugsteuer. Anwendbarkeit für Körperschaften (§ 48 EStG).** Wird im Inland eine Bauleistung an einen Unternehmer iSd § 2 UStG oder an eine juristische Person des öffentlichen Rechts erbracht, ist der Empfänger der Bauleistung zur Einbehaltung der sog Bauabzugssteuer verpflichtet; der Steuerabzug beträgt 15 % (§ 48 EStG).[2] Auch eine Körperschaft kann Erbringer einer Bauleistung sein. Zu Einzelheiten des Abzugsverfahrens und der fehlenden Abgeltungswirkung vgl Rn 17.

80 *Einstweilen frei.*

81 **d) Steuerabzug ohne Bedeutung für Körperschaften.** Schließlich gibt es eine Reihe von Vorschriften, bei denen der Steuerabzug iRd Besteuerung von Körperschaften keine Bedeutung hat, da diese derartige Einkünfte regelmäßig nicht erzielen. Hierzu gehört:

- Steuerabzug vom Arbeitslohn (§ 38 ff EStG),
- Steuerabzug auf Kapitalerträge aus Versicherungsleistungen (§§ 20 I Nr 6, 43 I Nr 4 EStG),
- Steuerabzug bei beschränkt steuerpflichtigen Einkünften aus ausgeübter künstlerischer, sportlicher, artistischer, unterhaltender oder ähnlichen Darbietungen (§ 50a I Nr 1 EStG),
- Steuerabzug bei beschränkt steuerpflichtigen Einkünften aus Aufsichtsratstätigkeiten (§ 50a I Nr 4 EStG).

82 *Einstweilen frei.*

83 **3. Abgeltung bei partieller Steuerpflicht (§ 32 I Nr 1). a) Zeitlicher Anwendungsbereich.** § 32 I Nr 1 ist bei kalendergleichem WJ erstmals für den VZ 2001, bei vom Kalenderjahr abweichendem WJ ab VZ 2002, wenn das erste im VZ 2001 endende WJ vor 1.1.2001 beginnt, anwendbar (§ 34 I bzw Ia idFd StSenkG).

84 *Einstweilen frei.*

85 **b) Persönlicher Anwendungsbereich.** Der Anwendungsbereich des § 32 I Nr 1 erstreckt sich in persönlicher Hinsicht auf unbeschränkt steuerpflichtige, jedoch gem § 5 I von der KSt befreite Körperschaften, Personenvereinigung und Vermögensmassen. Die Steuerbefreiungen des § 5 I gelten gem § 5 II Nr 1 jedoch nicht

---

[1] BMF v 25.11.2010, BStBl I 2010, 1350.
[2] BMF v 27.12.2002, BStBl I 2002, 1399, geändert durch BMF v 4.9.2003, BStBl I 2003, 431.

IV. Abgeltung der KSt

für inländische Einkünfte, die dem Steuerabzug unterliegen. Zur Vermeidung einer Veranlagung für die im Übrigen steuerbefreiten Körperschaften, Personenvereinigungen und Vermögensmassen normiert § 32 I Nr 1 die Abgeltungswirkung.

Einstweilen frei. 86

c) Sachlicher Anwendungsbereich. Ausnahme des Steuerabzugs von der Steuerbefreiung. Die in § 5 I geregelten Steuerbefreiungen gelten gem § 5 II Nr 1 Hs 1 nicht für inländische Einkünfte, die dem Steuerabzug vollständig oder teilweise unterliegen. 87

Teilweiser Steuerabzug. In gewissen Fällen wird eine teilweise Abstandnahme vom Steuerabzug ermöglicht, so insbesondere bei bestimmten Kapitalerträgen in den Fällen des § 44a IV, V, VII, VIII EStG; vgl Rn 12 ff. 88

Einkünfte aus Wertpapierleihe. Durch das UntStRefG 2008 wurde in § 5 II Nr 1 Hs 2 ein Verweis auf § 32 III S 1 Hs 2 eingefügt, welcher den Steuerabzug auf Entgelte bzw fiktive Entgelte gem § 2 Nr 2 Hs 2, die dem Wertpapierverleiher gezahlt werden, enthält. Daher bleibt es bei der Abgeltungswirkung des Steuerabzugs, auch wenn die Vergütungen von einer nach § 5 I (oder nach einem anderen Gesetz) unbeschränkt steuerpflichtigen, steuerbefreiten Körperschaft, Personenvereinigung oder Vermögensmasse erzielt werden, welche nicht in den Anwendungsbereich der beschränkten Steuerpflicht gem § 2 Nr 2 fallen.[1] Durch diese Ergänzung wird der Ausschluss der Steuerbefreiung für nach § 5 I steuerbefreite Körperschaften, Personenvereinigungen und Vermögensmassen mit ihren steuerabzugspflichtigen Einkünften auch auf Einkünfte aus sog Wertpapierleihgeschäften ausgedehnt. 89

Keine Abgeltungswirkung bei Nichterfüllung des § 5 I. Die Abgeltungswirkung nach § 32 I Nr 1 setzt voraus, dass zwar die Steuerbefreiung nach § 5 I grundsätzlich anwendbar ist, sich aber eine Ausnahme von der Steuerbefreiung aus § 5 II Nr 1 ergibt. Ergibt sich die Ausnahme von der Steuerbefreiung aus anderen Gründen als aus § 5 II Nr 1, tritt die Abgeltungswirkung gem § 32 I Nr 1 nicht ein und es ist eine Veranlagung durchzuführen.[2] Als Beispiele hierfür kann die Überdotierung einer nach § 5 I Nr 3 steuerbefreiten rechtsfähigen Pensions-, Sterbe-, Kranken- oder Unterstützungskasse angeführt werden. Nach § 6 liegt eine partielle Steuerpflicht im Umfang der Überdotierung vor, dem Steuerabzug unterliegende Einkünfte sind in diesem Fall dem steuerbefreiten und partiell steuerpflichtigen Einkommen verhältnismäßig zuzuordnen (vgl § 6 Rn 11). Abgeltungswirkung tritt in diesem Fall nur für das rechnerisch auf den steuerbefreiten Teil entfallende anteilige dem Steuerabzug unterliegende Einkommen ein. Der andere Teil ist in die Veranlagung einzubeziehen, mit der Folge, dass die rechnerisch auf diesen Teil entfallenden Steuerabzugsbeträge iRd Veranlagungsverfahrens anzurechnen sind.[3] 90

---

[1] *Werning* in Blümich § 32 Rn 5.
[2] *Lornsen-Veit* in Erle/Sauter § 32 Rn 16; *Siegers* in D/J/P/W § 32 Rn 15; *Becht* in H/H/R § 32 Rn 12.
[3] BFH I R 4/89, BStBl II 1992, 98.

91	**Wirtschaftlicher Geschäftsbetrieb.** Ebenso tritt keine Abgeltungswirkung für dem Steuerabzug unterliegende Einkünfte ein, wenn diese bei einer gem § 5 I Nr 9 steuerbefreiten Körperschaft einem von ihr unterhaltenen wirtschaftlichen Geschäftsbetrieb zuzurechnen sind (§ 5 I Nr 9 S 2 iVm §§ 14, 64 AO). Einkünfte sind dem steuerpflichtigen wirtschaftlichen Geschäftsbetrieb zuzurechnen, wenn sie durch die den Geschäftsbetrieb begründende Tätigkeit veranlasst sind. Dies ist der Fall, wenn sie infolge der Tätigkeit entstanden sind (Veranlassungszusammenhang), vgl § 5 Rn 43 sowie 49.[1] Alle dem wirtschaftlichen Geschäftsbetrieb zuzuordnenden Einkünfte sind in die Veranlagung zur KSt einzubeziehen und etwaige Steuerabzugsbeträge sind iRd Veranlagungsverfahrens anzurechnen.[2]
92-93	*Einstweilen frei.*
94	**4. Abgeltung bei beschränkter Steuerpflicht gem § 2 Nr 1 (§ 32 I Nr 2). a) Zeitlicher Anwendungsbereich.** § 32 I Nr 2 ist bei kalendergleichem WJ erstmals für den VZ 2001, bei vom Kalenderjahr abweichendem WJ ab VZ 2002, wenn das erste im VZ 2001 endende WJ vor 1.1.2001 beginnt, anwendbar (§ 34 I bzw Ia idFd StSenkG).
95	*Einstweilen frei.*
96	**b) Persönlicher Anwendungsbereich.** Der Anwendungsbereich des § 32 I Nr 2 bezieht sich in persönlicher Hinsicht auf die von § 2 erfassten beschränkt steuerpflichtigen Körperschaften, Personenvereinigung und Vermögensmassen. Dies sind zum einen gem § 2 Nr 1 Körperschaften, Personenvereinigungen und Vermögensmassen, die weder Geschäftsleitung (§ 10 AO) noch Sitz (§ 11 AO) im Inland haben. Vgl auch § 2 Rn 47.
97	*Einstweilen frei.*
98	**c) Sachlicher Anwendungsbereich. Inländische Einkünfte mit Steuerabzug.** Erfasst werden inländische Einkünfte gem § 8 I iVm § 49 EStG, für die ein Steuerabzug vorzunehmen ist. Dies können sowohl kapitalertragsteuerpflichtige inländische Einkünfte sein, für die sich die Steuerabzugsverpflichtung aus § 43 ff EStG (vgl Rn 58 ff) ergibt als auch sonstige inländische Einkünfte, die gem § 50a EStG dem Steuerabzug unterliegen (vgl Rn 73) oder der Bauabzugsteuer nach §§ 48 ff EStG (vgl Rn 79).
99	**Inländischer gewerblicher Betrieb.** Die Abgeltungswirkung tritt nach § 32 I Nr 2 jedoch nicht ein, wenn die betreffenden Einkünfte in einem inländischen gewerblichen Betrieb angefallen sind. Ein inländischer Gewerbebetrieb setzt eine im Inland belegene Betriebsstätte iSd § 12 AO oder einen ständigen Vertreter iSd § 13 AO voraus.[3] Liegt ein DBA vor, so ist der dort geregelte Betriebsstätten- und Vertreterbegriff (Art 5 OECD-MA) idR enger gefasst, so dass das grundsätzlich nach innerstaatlicher Definition bestehende Besteuerungsrecht durch das DBA entfallen kann. In diesem Fall geht nach der hM die Regelung des DBA vor, so dass es mangels inländischer Veranlagung bei der Abgeltungswirkung verbleibt.[4] Die Zuordnung der Einkünfte erfolgt nach wirtschaftlicher Ver-

---

1 BFH I R 31/89, BStBl II 1992, 103; *von Twickel* in Blümich § 5 Rn 193; *Gersch* in Klein § 14 AO Rn 22.
2 *Becht* in H/H/R § 32 Rn 12.
3 *Herkenroth/Striegel* in H/H/R § 50 EStG Rn 324; *Siegers* in D/J/P/W § 32 Rn 20.
4 *Herkenroth/Striegel* in H/H/R § 50 EStG Rn 325; *Streck* in Streck § 32 Rn 7; *Kroschel* in EY § 32 Rn 15; *Lornsen-Veit* in Erle/Sauter § 32 Rn 19.

anlassung. Der Betriebsstätte sind die Einkünfte zuzuordnen, die auf Leistungen der Betriebsstätte beruhen bzw durch deren Tätigkeit veranlasst sind.[1] Eine Attraktivkraft der Betriebsstätte besteht nicht, dh es dürfen nicht alle inländischen Einkünfte ohne Prüfung des Veranlassungszusammenhangs der Betriebsstätte zugeordnet werden.[2]

Inländischer land- oder forstwirtschaftlicher Betrieb. Die Abgeltungswirkung entfällt gem § 32 I Nr 2 ebenfalls bei Vorliegen eines inländischen land- oder forstwirtschaftlichen Betriebs. Ein inländischer land- oder forstwirtschaftlicher Betrieb liegt vor, wenn inländische Flächen bewirtschaftet werden. Für die Zurechnung der Einkünfte zum inländischen land- oder forstwirtschaftlichen Betriebsvermögen soll neben dem wirtschaftlichen Zusammenhang[3] eine inländische Verwaltung der Einkünfte erforderlich sein.[4] Dieser Ansicht wird hier nicht gefolgt. Strittig ist, ob im DBA-Fall die steuerabzugspflichtigen Einkünfte als Einkünfte aus unbeweglichen Vermögen (Art 6 OECD-MA) zu qualifizieren sind, mit der Folge der unbeschränkten inländischen Besteuerungsmöglichkeit oder als solche aus Kapitalvermögen (bspw Art 10 oder 11 OECD-MA) mit idR beschränkter inländischer Besteuerungsmöglichkeit.[5]

Einstweilen frei.

5. Abgeltung bei beschränkter Steuerpflicht nach § 2 Nr 2 (§ 32 I Nr 2). a) Zeitlicher Anwendungsbereich. § 32 I Nr 2 ist bei kalendergleichem WJ erstmals für den VZ 2001, bei vom Kalenderjahr abweichendem WJ ab VZ 2002, wenn das erste im VZ 2001 endende WJ vor 1.1.2001 beginnt, anwendbar (§ 34 I bzw Ia idFd StSenkG).

Einstweilen frei.

b) Persönlicher Anwendungsbereich. Weiterhin fallen unter die Anordnung der Abgeltungswirkung gem § 32 I Nr 2 sonstige Körperschaften, Personenvereinigungen und Vermögensmassen gem § 2 Nr 2, die nicht gem § 1 I Nr 1-6 unbeschränkt steuerpflichtig sind, mit ihren inländischen Einkünften, soweit diese dem Steuerabzug unterliegen. Hierdurch werden insbesondere Gebietskörperschaften (zB Länder, Gemeinden) und sonstige Körperschaften des öffentlichen Rechts (zB Kammern, Anstalten, Rundfunkanstalten) erfasst, die nicht gem § 1 I Nr 6 mit einem Betrieb gewerblicher Art iSd § 4 steuerpflichtig sind (vgl § 2 Rn 86).[6]

Einstweilen frei.

c) Sachlicher Anwendungsbereich. Inländische Einkünfte mit Steuerabzug. Zunächst werden die in Rn 98 dargestellten inländischen Einkünfte iSd § 49 EStG erneut von § 32 II Nr 2 erfasst.

Einkünfte aus Wertpapierleihe. Zusätzlich wurde der sachliche Anwendungsbereich allerdings durch das UntStRefG 2008 zur Vermeidung der sog kommunalen Wertpapierleihe durch Ergänzung des § 2 Nr 2 um drei Tatbestände erweitert, die zu-

---
1 *Roth* in H/H/R § 49 EStG Rn 242; *Wied* in Blümich § 49 EStG Rn 77.
2 BFH I R 59/95, IStR 1997, 145; BFH I R 46/95, BStBl II 1996, 588.
3 *Becht* in H/H/R § 32 Rn 14.
4 *Siegers* in D/J/P/W § 32 Rn 20.
5 *Herkenroth/Striegel* in H/H/R § 50 EStG Rn 325; *Siegers* in D/J/P/W § 32 Rn 20.
6 *Becht* in H/H/R § 32 Rn 15.

sätzlich zu einer beschränkten Steuerpflicht bei sonstigen Körperschaften, Personenvereinigungen und Vermögensmassen iSd § 2 Nr 2 führt. Beschränkt steuerpflichtig sind Entgelte im Zusammenhang mit der Überlassung von Anteilen an Kapitalgesellschaften mit Sitz oder Geschäftsleitung im Inland, die einem anderen überlassen werden und der andere, dem die Anteile zuzurechnen sind, diese wieder zurückzugeben hat (hierzu § 2 Rn 231 ff sowie Rn 52 ff). Die Verpflichtung zum Steuerabzug für derartige Entgelte ergibt sich aus § 32 III S 1 (vgl Rn 149 ff). Mittels der Einbeziehung dieser Einkünfte § 32 I Nr 2 erhält der Steuerabzug Abgeltungswirkung.

108 **Gewerbliche Tätigkeit iRe BgA.** Juristische Personen des öffentlichen Rechts sind bei gewerblicher Tätigkeit iRe von ihnen unterhaltenen BgA gem § 1 I Nr 6 unbeschränkt steuerpflichtig (vgl § 1 Rn 192 ff). Sind Einkünfte wirtschaftlich dem BgA zuzuordnen, sind diese in die Veranlagung einzubeziehen und etwaige Steuerabzugsbeträge sind iRd Veranlagung anzurechnen.[1] Zur Frage der Zurechnung vgl Rn 91 sowie § 4 Rn 212 ff. Neben der unbeschränkten Steuerpflicht kann gleichzeitig aber auch beschränkte Steuerpflicht gem § 2 Nr 2 bestehen, wenn steuerabzugspflichtige Einkünfte erzielt werden, die dem BgA nicht zuzurechnen sind. Steuerabzugsbeträge haben dann abgeltende Wirkung.

109 **Land- oder forstwirtschaftliche Tätigkeit.** Land- oder forstwirtschaftliche Betriebe von juristischen Personen des öffentlichen Rechts stellen keinen Betrieb gewerblicher Art iSd § 4 I dar (vgl § 4 Rn 87). Eine Veranlagung ist daher insoweit nicht möglich. Die Körperschaft des öffentlichen Rechts unterliegt daher mit diesen Einkünften lediglich soweit der beschränkten Steuerpflicht als dem land- oder forstwirtschaftlichen Betrieb inländische steuerabzugspflichtige Einnahmen zuzuordnen sind. Wegen fehlender Veranlagungsmöglichkeit für einbehaltene Steuerabzugsbeträge tritt Abgeltungswirkung ein. Zwar bestimmt § 32 I Nr 2 den Ausschluss von der Abgeltungswirkung für Einkünfte iRe land- oder forstwirtschaftlichen Betriebs, allerdings ist zu beachten, dass systematisch die Vorschriften des § 2 Nr 2 und § 1 Nr 6 vorgehen, nach denen keine Veranlagung durchzuführen ist und die beschränkte Steuerpflicht auf Einkünfte mit Steuerabzug eingegrenzt wird.[2] Teile der Literatur vertreten eine andere Auffassung. Aufgrund des in § 32 I Nr 2 geregelten Ausschlusses der Abgeltungswirkung und der fehlenden Besteuerungsmöglichkeit iRe steuerpflichtigen Betriebes gewerblicher Art seien im Ergebnis Einkünfte aus Land- oder Forstwirtschaft bei Körperschaften des öffentlichen Rechts gänzlich steuerfrei. Daher habe in Folge fehlender Besteuerungsmöglichkeit eine Erstattung einbehaltener Quellensteuer zu erfolgen.[3] Dem wird hier nicht gefolgt, denn es ist nicht ersichtlich, warum Einkünfte mit Steuerabzug, welche in einem land- oder forstwirtschaftlichen Betrieb anfallen besser behandelt werden sollen als solche Einkünfte, die außerhalb eines solchen Betriebes anfallen bzw § 32 I Nr 2 ist nicht ausreichende Grundlage für eine Teilveranlagung.

---

1 *Kroschel* in EY § 32 Rn 19.
2 Zutreffend *Siegers* in D/J/P/W § 32 Rn 29; *Becht* in H/H/R § 32 Rn 15.
3 *Kroschel* in EY § 32 Rn 20; *Streck* in Streck § 32 Rn 7; *Lambrecht* in Gosch § 32 Rn 21; *Lornsen-Veit* in Erle/Sauter § 32 Rn 23.

V. Ausnahmen von der Abgeltung

Einstweilen frei. 110

V. Ausnahmen von der Abgeltung (§ 32 II). 1. Allgemeines. § 32 II enthält vier 111
Ausnahmen für den in § 32 I geregelten Grundsatz der abgeltenden Wirkung des
Steuerabzugs:
- Zusammenfallen von beschränkter und unbeschränkter Steuerpflicht innerhalb
  eines VZ (§ 32 II Nr 1, vgl Rn 113),
- Veranlagungswahlrecht für EU/EWR-Gesellschaften (§ 32 II Nr 2, IV, vgl Rn 120),
- Inanspruchnahme wegen Steuerabzugsbeträgen (§ 32 II Nr 3, vgl Rn 133),
- Körperschaftsteuererhöhung trotz Abgeltung (§ 32 II Nr 4, vgl Rn 142).

Einstweilen frei. 112

2. Zusammenfallen von beschränkter und unbeschränkter Steuerpflicht inner- 113
halb eines VZ (§ 32 II Nr 1). a) Zeitlicher Anwendungsbereich. § 32 II Nr 1 ist erstmals für den VZ 2009 anzuwenden; dies gilt sowohl bei kalendergleichem als auch bei
vom Kalenderjahr abweichendem WJ (§ 34 I idFd JStG 2009).

Einstweilen frei. 114

b) Persönlicher Anwendungsbereich. Diese Ausnahme von der Abgeltung greift 115
in persönlicher Hinsicht für Körperschaften, Personenvereinigungen und Vermögensmassen, die während eines Kalenderjahres sowohl unbeschränkt als auch
gem § 2 Nr 1 beschränkt steuerpflichtig sind. Dies ist idR im Falle des Weg- bzw Zuzugs von (ausländischen) Gesellschaften gegeben, bspw:
- Wegzug einer SE durch Verlegung des Orts der Geschäftsleitung sowie des
  statuarischen Sitzes, wobei inländische Einkünfte iSd § 49 EStG zurückbleiben
  oder umgekehrt.
- Zuzug einer ausländischen Kapitalgesellschaft durch unterjährige Verlegung des
  Orts der Geschäftsleitung ins Inland, wobei vor Verlegung bereits inländische beschränkt steuerpflichtige, dem Steuerabzug unterliegende Einkünfte iSd § 49 EStG
  vorlagen, oder umgekehrt.

Einstweilen frei. 116

c) Sachlicher Anwendungsbereich. Inländische Einkünfte mit Steuerabzug 117
während der beschränkten Steuerpflicht. Der Anwendungsbereich erstreckt sich
auf alle während der Zeit der beschränkten Steuerpflicht erzielten inländischen Einkünfte mit Steuerabzug für die gem § 32 I Nr 2 der Steuerabzug abgeltende Wirkung
entfaltet hätte (vgl Rn 98).

Einbezug in Veranlagung. Bis VZ 2008 war beim (identitätswahrenden)[1] 118
Wechsel zwischen beschränkter und unbeschränkter Steuerpflicht innerhalb eines
VZ keine gemeinsame Veranlagung der ggf während der Zeit der beschränkten
Steuerpflicht vorliegenden inländischen Einkünfte mit den Einkünften ab dem
Zeitpunkt der unbeschränkten Steuerpflicht vorgesehen. Dies ergab sich aus § 7

---

1 *Siegers* in D/J/P/W § 32 Rn 36a iVm § 2 Rn 189 bis 189b.

III S 3 (vgl § 7 Rn 40). Ab VZ 2009 ist gem § 32 II Nr 1 beim Wechsel zwischen beschränkter und unbeschränkter Steuerpflicht innerhalb eines Kalenderjahres eine einheitliche Veranlagung vorzunehmen. Mit der Ergänzung der Vorschrift um diese Ausnahme sollte ein Gleichklang mit der analogen Vorschrift des § 2 VII S 3 EStG bewirkt werden,[1] welche für natürliche Personen bereits vorher die Erfassung der Einkünfte in einer Veranlagung anordnete. Die während der Zeit der beschränkten Steuerpflicht erzielten inländischen Einkünfte gem § 49 EStG sind somit gemeinsam mit den im Zeitraum der unbeschränkten Steuerpflicht vorliegenden Einkünften in eine Veranlagung einzubeziehen. Steuerabzugsbeträge (auch während des Zeitraumes der beschränkten Steuerpflicht entstandene) sind iRd Veranlagung anzurechnen; eine Abgeltungswirkung tritt nicht ein. Eine weitere Folge ist, dass auch Betriebsausgaben die während der Zeit der beschränkten Steuerpflicht grundsätzlich aufgrund der Abgeltungswirkung des Steuerabzugs nicht steuermindernd zum Abzug zugelassen gewesen wären, in diesem Fall nutzbar sind.[2]

119 *Einstweilen frei.*

120 **3. Veranlagungswahlrecht für EU/EWR-Gesellschaften (§ 32 II Nr 2, IV). a) Zeitlicher Anwendungsbereich.** § 32 II Nr 2 ist erstmals für den VZ 2009 anzuwenden; dies gilt sowohl bei kalendergleichem als auch bei vom Kalenderjahr abweichendem WJ (§ 34 I idFd JStG 2009).

121 *Einstweilen frei.*

122 **b) Persönlicher Anwendungsbereich. Übersicht.** § 32 II Nr 2 ist gem § 32 IV für
- beschränkt steuerpflichtige Körperschaften, Personenvereinigungen und Vermögensmassen iSd § 2 Nr 1 anzuwenden,
- die nach den Rechtsvorschriften eines EU/EWR-Staates gegründet wurden
- und deren Sitz und Ort der Geschäftsleitung im Hoheitsgebiet eines EU/EWR-Staates (nicht zwingend im selben Staat) liegt.

123 **Beschränkt steuerpflichtige Körperschaften, Personenvereinigungen und Vermögensmassen.** Körperschaften, Personenvereinigungen und Vermögensmassen, die weder ihre Geschäftsleitung noch ihren Sitz im Inland haben, sind gem § 2 Nr 1 mit ihren inländischen Einkünften iSd § 49 EStG beschränkt steuerpflichtig (Einzelheiten zur beschränkten Steuerpflicht vgl § 2 Rn 47).

124 **Rechtsvorschriften eines EU/EWR-Staates gegründet.** Die Vorschrift ist anwendbar für Gesellschaften, die nach den Rechtsvorschriften eines EU- bzw EWR-Staates gegründet wurden (§ 32 IV S 1). Ausgenommen sind daher Gesellschaften die nach den Rechtsvorschriften eines Drittstaates gegründet wurden, dies auch dann, wenn diese in den EU/EWR-Raum zugezogen sind. Diese Vorschrift soll Diskriminierungsschutz für EU/EWR-Ausländer aufgrund der Diskriminierungsverbote des AEUV bieten.

---

1 BTDrs 16/10189, 71.
2 *Siegers* in D/J/P/W § 32 Rn 36a und 36b.

V. Ausnahmen von der Abgeltung

Sitz und Ort der Geschäftsleitung im Hoheitsgebiet eines EU/EWR-Staates. Zur Anwendung der Vorschrift müssen EU/EWR-Gesellschaften nicht nur nach den Rechtsvorschriften eines EU/EWR-Staates gegründet worden sein, sondern auch ihren Sitz und den Ort der Geschäftsleitung im Hoheitsgebiet eines EU/EWR-Staates (nicht zwingend in demselben)[1] haben (zur Definition von Sitz und Ort der Geschäftsleitung vgl § 1 Rn 51 ff bzw 62 ff).

125 §32

Europäische Gesellschaft und Europäische Genossenschaft. Europäische Gesellschaften und Europäische Genossenschaften sind nach § 32 IV S 2 gleichgestellt, wobei sich allerdings Sitz und Ort der Geschäftsleitung bei diesen Gesellschaften im selben Staat befinden müssen.[2]

126

Einstweilen frei.

127

c) Sachlicher Anwendungsbereich. Einkünfte gem § 50a I Nr 1, 2 oder 4 EStG. Die Ausnahme von der Abgeltungswirkung gem § 32 II Nr 2 gilt nur für Einkünfte gem § 50a I Nr 1, 2 oder 4 EStG idF JStG 2009 und stellt die Parallelregelung zu § 50 II S 2 Nr 5 EStG idFd JStG 2009 dar; zu den einzelnen Einkünften mit potentieller Bedeutung für Körperschaften (vgl Rn 73 ff).

128

Antrag. Die Veranlagung zur KSt erfolgt nur auf Antrag des Gläubigers der Vergütungen. Wird kein Antrag gestellt, verbleibt es bei der Abgeltungswirkung des Steuerabzugs nach § 32 I. Für die Antragsveranlagung gelten mangels besonderer gesetzlicher Vorgaben grundsätzlich die allgemeinen Zuständigkeits- und Verfahrensvorschriften; folgende Rahmenbedingungen können genannt werden:[3]

129

- Antragsberechtigt ist der Vergütungsgläubiger.
- Die Zuständigkeit richtet sich nach den allgemeinen Regelungen des § 19 II AO, dh örtlich zuständig ist grundsätzlich das Finanzamt, in dessen Bezirk die Tätigkeit vorwiegend verwertet wird. Erfolgt die Verwertung an mehreren Orten, ist das Finanzamt zuständig, in dessen Bezirk die erste Verwertung erfolgte, es sei denn, die zuständigen Finanzbehörden einigen sich auf eine andere Zuständigkeit (§ 25 AO).
- Der Vergütungsgläubiger muss eine vollständige KSt-Erklärung nach amtlichen Vordruck für beschränkt Steuerpflichtige (Formular KSt 1C) abgeben und darin alle Vergütungen iSd § 50a I Nr 1, 2 und 4 EStG angeben; ein Wahlrecht nur für einzelne Vergütungen die Veranlagung zu beantragen besteht nicht.
- Eine besondere Antragsfrist besteht nicht; die Abgabe der Steuererklärung ist innerhalb der allgemeinen Festsetzungsfrist möglich.

Auswirkung. Durch das Veranlagungswahlrecht gem § 32 II Nr 2 können die mit den Einkünften zusammenhängenden Betriebsausgaben geltend gemacht werden.

130

Abgrenzung zu § 50a III EStG. Zu beachten ist, dass dieses Veranlagungswahlrecht nicht mit der ebenfalls neu eingefügten Option zur sog Nettobesteuerung gem § 50a III EStG verwechselt werden darf. Diese greift unmittelbar vorher auf der Stufe

131

---

1 BTDrs 16/10189, 71.
2 *Werning* in Blümich § 32 Rn 11a; vgl Art 7 SE-Verordnung, Art 6 SCE-Verordnung.
3 BMF v 25.11.2010, BStBl I 2010, 1350, Rn 72 f; analog *Wied* in Blümich § 50 EStG Rn 94 f.

des Steuerabzugsverfahrens und erlaubt den Abzug von unmittelbar zuordenbaren Betriebsausgaben unter bestimmten Voraussetzungen. Dieses Verfahren steht allerdings keiner Veranlagung gleich.[1] Aufgrund der Verweisung in § 50a III S 3 EStG auf § 32 IV findet die Nettobesteuerungsoption jedoch auch für beschränkt steuerpflichtige EU/EWR-Körperschaften Anwendung.

132 *Einstweilen frei.*

133 **4. Inanspruchnahme wegen Steuerabzugsbeträgen (§ 32 II Nr 3). a) Zeitlicher Anwendungsbereich.** § 32 II Nr 3 ist bei kalendergleichem WJ erstmals für den VZ 2001, bei vom Kalenderjahr abweichendem WJ ab VZ 2002, wenn das erste im VZ 2001 endende WJ vor 1.1.2001 beginnt, anwendbar (§ 34 I bzw Ia idFd StSenkG).

134 *Einstweilen frei.*

135 **b) Persönlicher Anwendungsbereich.** § 32 II Nr 3 ist grundsätzlich für alle Steuerpflichtigen, für die in § 32 I im Normalfall Abgeltungswirkung beim Steuerabzug eintritt, anwendbar; dh für unbeschränkt steuerpflichtige und gem § 5 II Nr 1 von der Steuerbefreiung ausgenommene Körperschaften, Personenvereinigungen und Vermögensmassen gem § 32 I Nr 1 (vgl Rn 83 ff) sowie beschränkt steuerpflichtige Körperschaften, Personenvereinigungen und Vermögensmassen (vgl Rn 94 ff).

136 *Einstweilen frei.*

137 **c) Sachlicher Anwendungsbereich. Hintergrund.** Die Abgeltungswirkung nach § 32 I wird insoweit beschränkt, als der Steuerpflichtige – also der Gläubiger der Kapitalerträge oder sonstigen Einkünfte – für Steuerabzugsbeträge in Anspruch genommen werden kann. Hierdurch soll der Steueranspruch des Staates für den Fall gesichert werden, wenn durch Vergütungsschuldner der Steuerabzug gem den Regelungen des § 43 ff EStG bzw 50a EStG nicht ordnungsgemäß durchgeführt wurde.[2]

138 **Inanspruchnahme des Steuerpflichtigen.** § 32 II Nr 3 ist für alle Einkünfte mit Steuerabzug anwendbar, für die § 32 I im Normalfall Abgeltungswirkung vorschreibt und soweit der Steuerpflichtige in Anspruch genommen werden kann. Zwar ist nach dem Grundsatz des § 44 I S 1 EStG (Kapitalerträge) bzw § 50a V S 2 EStG (Sonstige Einkünfte) der Gläubiger der Kapitalerträge Schuldner der KESt bzw Abzugssteuer. Der Schuldner der Kapitalerträge hat hingegen die Abzugsteuer für Rechnung des Gläubigers der Kapitalerträge einzubehalten und an das Finanzamt abzuführen (§ 44 I S 3 EStG bzw § 50a V S 2 EStG) und haftet gem § 44 V S 1 EStG bzw § 50a V S 4 EStG für die abzuführenden Steuern (Haftungsschuldner). Dh der Gläubiger der Kapitalerträge kann als Steuerschuldner grundsätzlich nicht selbst als Haftungsschuldner in Anspruch genommen werden. Der Steuerschuldner kann jedoch unter den weiteren Voraussetzungen des § 44 V S 2 EStG in Anspruch genommen werden, wenn:

---

1 Siegers in D/J/P/W § 32 Rn 36c.
2 *Becht* in H/H/R § 32 Rn 16.

V. Ausnahmen von der Abgeltung

- der Schuldner oder die auszahlende Stelle den Steuerabzug nicht vorschriftsgemäß vorgenommen und die Steuerbeträge nicht an das Finanzamt abgeführt hat (während § 32 I nur den Steuerabzug, nicht jedoch die Abführung an das Finanzamt voraussetzt, vgl Rn 53),

- der Gläubiger weiß, dass der Schuldner oder die auszahlende Stelle den Einbehalt nicht vorschriftmäßig vollzogen hat und dies dem Finanzamt nicht unverzüglich mitteilt oder

- das die Kapitalerträge auszahlende inländische Kreditinstitut oder das inländische Finanzdienstleistungsinstitut die Kapitalerträge zu Unrecht ohne Abzug der KESt ausgezahlt hat.

Der beschränkt steuerpflichtige Steuerschuldner kann für die sonstigen Einkünfte gem § 50a V S 5 EStG in Anspruch genommen werden. Zu beachten ist, dass durch das JStG 2009 die Voraussetzung zur Inanspruchnahme des Steuerschuldners, wonach dieser bisher Kenntnis von der Nichteinbehaltung oder –abführung der Abzugsteuer haben musste und dies dem Finanzamt nicht unverzüglich mitteilte, entfallen ist. Der Steuerschuldner und der Haftungsschuldner können künftig in gleicher Weise für die Steuer in Anspruch genommen werden, wenn der Steuerabzug nicht vorschriftsgemäß vorgenommen worden ist.[1]

Nachforderungsbescheid. Die Inanspruchnahme des Gläubigers der Vergütungen (Steuerschuldner) erfolgt nicht durch Haftungsbescheid, sondern durch Nachforderungsbescheid.[2]

Ermessen. Inwieweit der Steuerschuldner anstatt des Gläubigers in Anspruch genommen wird, ist eine Ermessensentscheidung des Finanzamtes. Liegen sowohl die Voraussetzungen für die Haftung des Gläubigers der Kapitalerträge als auch die Inanspruchnahme des Steuerschuldners vor, schulden bzw haften beide gesamtschuldnerisch (§ 44 AO). Es liegt im pflichtgemäßen Ermessen, welchen von beiden das Finanzamt in Anspruch nimmt; es gelten die Grundsätze über die Haftung des Arbeitgebers im Lohnsteuerabzugsverfahren entsprechend (R 42 d.1 LStR, H 42d.1 LStH). Das Finanzamt muss die jeweilige Ermessensentscheidung darlegen. Im Steuererhebungsverfahren, hierunter fällt auch das Steuerabzugsverfahren, gilt der Grundsatz der subsidiären Inanspruchnahme des Haftungsschuldners (§ 219 S 1 AO) nach § 219 S 2 AO nicht, da der Vergütungsschuldner selbst verpflichtet ist die Steuerabzugsbeträge anzumelden und abzuführen. Im Falle der beschränkten Steuerpflicht, kann mit Hinweis auf den Aufenthalt des Steuerpflichtigen im Ausland der inländische Haftungsschuldner unmittelbar in Anspruch genommen werden.[3]

Einstweilen frei.

5. Körperschaftsteuererhöhung trotz Abgeltung (§ 32a II Nr 4). a) Zeitlicher Anwendungsbereich.
§ 32 II Nr 4 ist gem § 34 IIa idFd UntStFG für den VZ anzuwenden, für den erstmals das KStG idFd StSenkG anwendbar ist, dh für den die Grundsätze

---

[1] BTDrs 16/10189, 63; BMF v 25.11.2010, BStBl I 2010, 1350.
[2] *Weber-Grellet* in Schmidt § 44 EStG Rn 10; *Becht* in H/H/R § 32 Rn 16.
[3] *Maßbaum* in H/H/R § 50a EStG Rn 142.

des Halbeinkünfteverfahrens zum ersten Mal greifen. Dh bei kalendergleichem WJ ist die Vorschrift erstmals für den VZ 2001, bei vom Kalenderjahr abweichendem WJ ab VZ 2002, wenn das erste im VZ 2001 endende WJ vor dem 1.1.2001 beginnt, anwendbar (§ 34 I bzw Ia idFd StSenkG). Die Vorschrift wurde daher rückwirkend eingefügt. Nach Auffassung des Gesetzgebers handelt es sich um eine redaktionelle Anpassung; dieser Ansicht ist jedoch zu widersprechen, so dass die Rückwirkung verfassungsrechtliche Bedenken aufwirft.[1]

143 *Einstweilen frei.*

144 **b) Persönlicher Anwendungsbereich.** § 32 II Nr 4 gilt grundsätzlich nach dessen Wortlaut sowohl für beschränkt als auch unbeschränkt steuerpflichtige Körperschaften, Personenvereinigungen und Vermögensmassen. Beschränkt Steuerpflichtige unterlagen jedoch nicht der Eigenkapitalgliederung (§ 30 aF). Die Vorschrift hat daher Bedeutung für unbeschränkt steuerpflichtige Körperschaften, Personenvereinigungen und Vermögensmassen, die abzugspflichtige Einnahmen erzielen und nach dem Anrechnungsverfahren zur Eigenkapitalgliederung verpflichtet waren, wie gem § 5 I unbeschränkt steuerpflichtige, aber von der KSt befreite Körperschaften und Personenvereinigungen, bspw Vermietungsgenossenschaften iSd § 5 I Nr 10 (vgl § 5 Rn 341 ff) oder land- und forstwirtschaftliche Genossenschaften iSd § 5 I Nr 14 (vgl § 5 Rn 360 ff).

145 *Einstweilen frei.*

146 **c) Sachlicher Anwendungsbereich. Hintergrund.** § 32 II Nr 4 (früher Nr 2) konstituiert eine Ausnahme von der Abgeltungswirkung nach § 32 I, soweit eine Körperschaftsteuererhöhung iSd § 38 II eintritt (vgl hierzu § 38 Rn 33). Dh § 32 II Nr 4 stellt sicher, dass eine Körperschaftsteuererhöhung trotz der Anordnung der grundsätzlich Abgeltungswirkung festgesetzt werden kann. Die Vorschrift bezieht sich auf Fälle, bei denen in Folge des früheren Anrechnungsverfahrens bzw der ursprünglich geplanten 15-jährigen Übergangszeit vom Anrechnungs- zum Halb- bzw Teileinkünfteverfahren eine Steuererhöhung im Falle von Ausschüttungen griff. Die Vorschrift wurde im Zeitablauf mehrmals angepasst und um zukünftig nicht mehr relevante Verweisungen bereinigt.[2] Wegen der Änderung in den § 38 IV-X hat diese Ausnahme (auch der verbliebene Verweis auf § 38 II) künftig keine Bedeutung mehr.[3]

147 **Umfang.** Der Ausschluss der Abgeltungswirkung tritt nur ein „soweit" die Vorschrift des § 38 II anzuwenden ist.[4] Insoweit ist eine Veranlagung vorzunehmen und die sich durch § 38 II ergebende Körperschaftsteuererhöhung festzusetzen. Zu beachten ist, dass § 32 II Nr 4 keine Auswirkung auf die Abgeltungswirkung des Steuerabzugs auf andere Einkünfte hat. Diese sind nach § 32 I weiterhin nicht in die Veranlagung einzubeziehen. Dies ergibt sich aus dem Wort „soweit".[5]

148 *Einstweilen frei.*

---

1 *Becht* in H/H/R § 32 Rn 2.
2 *Stuhldreier* in Lippross § 32 Rn 7.
3 *Frotscher* in Frotscher/Maas § 32 Rn 14.
4 *Lambrecht* in Gosch § 32 Rn 31; *Becht* in H/H/R § 32 Rn 17.
5 *Siegers* in D/J/P/W § 32 Rn 46c; *Becht* in H/H/R § 32 Rn 17.

VI. Steuerabzug bei Wertpapierleihgeschäften (§ 32 III).

1. Hintergrund. Die Einführung der Regelung zum Steuerabzug für Entgelte aus sog Wertpapierleihgeschäften steht im Zusammenhang mit den ebenfalls durch das UntStRefG 2008 eingeführten § 2 Nr 2 Hs 2 sowie § 8b X (hierzu vgl § 2 Rn 231 ff und § 8b Rn 797 ff). Vor Einführung dieser Vorschriften konnten beschränkt steuerpflichtige sowie steuerbefreite Körperschaften, Personenvereinigungen und Vermögensmassen durch Wertpapierleih- bzw Wertpapierpensionsgeschäfte einen Kapitalertragsteuerabzug nach § 43 ff EStG vermeiden, indem die Wertpapiere einem Dritten in Pension gegeben wurden und hierfür dem Verleiher vom Entleiher ein Ausgleich durch eine entsprechende Dividendenkompensationszahlung (regelmäßig iHd Dividendenzahlung) gewährt wurde. Die Kompensationszahlungen waren als sonstige Einkünfte iSd § 22 Nr 3 EStG im Gegensatz zum direkten Bezug der Dividende nicht dem Steuerabzug nach § 43 ff EStG zu unterwerfen.[1] Neben anderen positiven Steuereffekten konnte somit mittels derartiger Geschäfte der Kapitalertragsteuerabzug vermieden werden, der für die genannten beschränkt Steuerpflichtigen bzw von der KSt befreiten Steuerpflichtigen gem § 32 I regelmäßig abgeltenden Charakter hatte.[2] In § 32 III wurde daher (unsystematisch) eine Steuerabzugspflicht für derartige Einkünfte normiert. Nunmehr ist ebenso wie auf die eigentliche Dividendenzahlung auch für Entgelte im Zusammenhang mit der Übertragung von Anteilen an inländischen Kapitalgesellschaften ein Steuerabzug vorzunehmen.[3]

Einstweilen frei.

2. Anwendungsbereich. a) Zeitlicher Anwendungsbereich. § 32 III ist gem § 34 XIIIb S 1 erstmals auf Einkünfte anzuwenden, die nach dem 17.8.2007 (Tag der Bekanntmachung des Gesetzes) zufließen. Zusätzlich ist die Sonderregelung in § 34 XIIIb S 2 zu beachten, wonach auf Einkünfte, die nach dem 17.8.2007, jedoch vor dem 1.1.2008, zufließen, abweichend vom Normalfall ein Steuersatz von 10 % (zuzüglich SolZ) anzuwenden ist (vgl Rn 160).

Einstweilen frei.

b) Persönlicher Anwendungsbereich. § 32 III ist in persönlicher Hinsicht anwendbar, wenn der Verleiher eine beschränkt steuerpflichtige Körperschaft, Personenvereinigung oder Vermögensmasse iSd § 2 Nr 2 (§ 32 III S 1 Hs 1) bzw eine nach § 5 I oder nach anderen Gesetzen als dem KStG steuerbefreite Körperschaft, Personenvereinigung oder Vermögensmasse (§ 32 III S 1 Hs 2) ist. Durch den expliziten Verweis in § 32 III S 1 ist zudem klargestellt, dass gem § 2 Nr 1 beschränkt Steuerpflichtige nicht von dieser Steuerabzugsregelung betroffen sind.[4] Steuerabzugsverpflichteter Entleiher der Anteile kann hingegen jedes inländische und ausländische Rechtssubjekt sein. Somit trifft die Abzugsverpflichtung nicht nur Körperschaften,

---

1   OFD Frankfurt v 25.6.1996, DB 1996, 1702.
2   *Nöcker* in H/H/R Jahresbd 2008 § 32 Rn J 07-3; *Werning* in Blümich § 32 Rn 13.
3   Weiterführend *Schnitger/Bildstein*, IStR 2008, 202, 206; *Obermann/Brill/Füllbier*, BB 2007, 1647, 1650; *Hahne*, BB 2007, 2055, 2057; *derselbe*, FR 2007, 819, 824; *Häuselmann*, DStR 2007, 1379, 1382 f.
4   *Nöcker* in H/H/R Jahresbd 2008 § 32 Rn J 07-3; *Werning* in Blümich § 32 Rn 14.

154 **Steuerbefreiung nach anderen Gesetzen.** Personenvereinigung und Vermögensmassen, die dem KStG unterliegen, sondern auch alle anderen Aktienentleiher wie bspw natürliche Personen und auch ausländische Steuerpflichtige.[1]

154 **Steuerbefreiung nach anderen Gesetzen.** Unklar ist, auf welche Steuerbefreiungen nach anderen Gesetzen als dem Körperschaftsteuergesetz – in Ergänzung zu den Steuerbefreiungstatbeständen nach § 5 I – der Gesetzgeber abstellt; die Gesetzesbegründung[2] enthält hierzu keine Aussage. Als andere Steuerbefreiung könnte die Steuerbefreiung gem § 11 I S 2 InvStG in Betracht kommen, wonach inländische Sondervermögen iSd § 11 I InvStG (Investmentfonds) von der KSt (und GewSt) befreit werden. Die Anwendung der Steuerabzugsverpflichtung gem § 32 III auf als Sondervermögen organisierte Investmentfonds ist jedoch strittig. Nach *Häuselmann*[3] seien als Zweckvermögen iSd § 1 I Nr 5 zu qualifizierende Investmentfonds keine Körperschaften, Personenvereinigung oder Vermögensmassen, die § 32 III S 1 Hs 2 jedoch voraussetzt. Dieser Auffassung kann nicht gefolgt werden, da § 1 I einleitend die Begriffe Körperschaften, Personenvereinigungen und Vermögensmassen als Oberbegriff für alle dem Körperschaftsteuergesetz unterliegenden Rechtsgebilde (und somit auch Zweckgesellschaften iSd § 1 I Nr 5) definiert (vgl § 1 Rn 188). Der Anwendungsbereich für den Steuerabzug nach § 32 III ist daher bei steuerbefreiten Investmentfonds iSd § 11 InvStG als Verleiher von Wertpapieren eröffnet, so dass sich die Frage der Erstattungsmöglichkeit zur Verhinderung einer Doppelbesteuerung stellt (hierzu Rn 165).

155 **Steuerabzugsverpflichtung bei Spezial-Sondervermögen.** § 15 I S 7 InvStG sieht zudem durch expliziten Verweis eine entsprechende Anwendung des § 32 III auf der Ausgangsseite für den Sonderfall vor, in denen Aktienverleihgeschäfte unter Einschaltung von Spezial-Sondervermögen iSd § 15 I InvStG (dh Investmentfonds mit weniger als 100 Anlegern, die keine natürlichen Personen sind) getätigt werden. Die Investmentgesellschaft wird in diesen Fällen selbst zum Einbehalt der Steuer verpflichtet. § 15 I S 7 InvStG bildet hierbei die Grundlage für die Abzugsverpflichtung und ordnet durch Rechtsfolgenverweis die entsprechende Anwendung der Regularien des § 32 III an. Es bleibt jedoch das in Rn 154 beschriebene Problem der Anwendung des § 32 III auf der Eingangsseite für Spezial-Sondervermögen bestehen, so dass auch insoweit weiter die Frage nach einer Erstattungsmöglichkeit besteht (hierzu Rn 165).

156-157 *Einstweilen frei.*

158 **c) Sachlicher Anwendungsbereich.** Durch die Vorschrift wurde die gesetzliche Grundlage für einen Steuerabzug auf die in § 2 Nr 2 Hs 2 lit a-c genannten Einkünfte geschaffen, da die Vorschriften des EStG (§ 43 ff bzw § 50a EStG) dies für die dort genannten Fälle nicht vorsehen.[4] Bei den genannten Einkünften handelt es sich um:

---

1   *Siegers* in D/J/P/W § 2 Rn 226; *Kroschel* in EY § 32 Rn 39; *Nöcker* in H/H/R Jahresbd 2008 Rn J 07-3; *Häuselmann*, DStR 2007, 1379.
2   BTDrs 16/4841, 77.
3   *Häuselmann*, DStR 2007, 1379.
4   *Schumacher* in Breithecker/Förster/Förster/Klapdor, UntStRefG, § 32 Rn 6.

VI. Steuerabzug bei Wertpapierleihgeschäften

- gezahlte Entgelte für die Überlassung von Anteilen an einer Kapitalgesellschaft mit Sitz oder Geschäftsleitung im Inland iRv Wertpapierdarlehen,
- gezahlte Entgelte für die Überlassung von Anteilen an einer Kapitalgesellschaft mit Sitz oder Geschäftsleitung im Inland iRe Wertpapierpensionsgeschäftes gem § 340b II HGB und
- fingierte Entgelte iSd § 8b X S 2 für die Überlassung von Anteilen an Kapitalgesellschaften mit Sitz oder Geschäftsleitung im Inland iRv wechselseitigen Wertpapierdarlehen, Wertpapierpensionsgeschäften oder sonstigen derartigen Gestaltungen.

Vgl hierzu im Einzelnen § 2 Nr 2 Rn 231 ff und § 8 X Rn 797 ff.

Einstweilen frei.

3. Ausgestaltung des Steuerabzugs. Steuersatz. Nach § 32 III S 2 beträgt der Steuersatz 15 % des Entgelts für Entgelte, die ab dem 1.1.2008 zufließen; für vor dem 1.1.2008 zufließende Entgelte beträgt der Steuersatz 10 % (§ 34 XIIIb S 2). Die Regelungen zum Steuersatz sind sichtbar an die Regelung des § 43 I Nr 1 iVm § 44a VIII EStG angelehnt, wonach sich ein effektiver KESt-Satz für Dividenden für die dort geregelten Fälle in gleicher Höhe (10 % bis 31.12.2007, 15 % ab 1.1.2008) ergeben würde.[1] Im Ergebnis liegt damit die gleiche Steuerbelastung vor, als hätte die verleihende Gesellschaft die Dividenden direkt bezogen.

SolZ. Als Folge des Verweises in § 32 III S 3 auf § 43 I Nr 1 EStG ist zusätzlich zur Abgeltungsteuer gem § 1 I iVm § 3 I Nr 5 SolZG SolZ von derzeit 5,5 % einzubehalten und abzuführen.[2]

Ausschluss der Reduzierung gem § 44a VIII EStG. Durch den Ausschluss der Anwendung des § 44a VIII in § 32 III S 3 wird eine weitere Reduzierung ausgeschlossen. Durch diese Vorschrift können steuerbefreite Körperschaften mit Ausnahme der iSd § 5 I Nr 9 sowie inländische juristische Personen des öffentlichen Rechts (vgl Rn 12) bis VZ 2007 eine Halbierung des KESt-Satz von 20 % auf 10 %, im VZ 2008 drei Viertel von 20 % also 15 % und ab VZ 2009 drei Fünftel von 25 % also wiederum 15 % verlangen. Anstelle der Anwendung dieser Vorschrift wurde gem § 32 III der Abzugssteuersatz im VZ 2007 auf 10 % und ab VZ 2008 auf 15 % festgeschrieben (vgl Rn 160).

Reduzierung gem § 44a VII EStG. Anwendbar bleibt jedoch im Gegensatz dazu § 44a VII EStG, wonach die Abzugsteuer in voller Höhe bei Körperschaften, Personenvereinigungen und Vermögensmassen entfällt, die gemeinnützige, mildtätige oder kirchliche Zwecke verfolgen und nach § 5 I Nr 9 von der KSt befreit sind; das gleiche gilt für Stiftungen des öffentlichen Rechts, die ausschließlich und unmittelbar gemeinnützigen oder mildtätigen Zwecken dienen sowie für juristische Personen des öffentlichen Rechts, die ausschließlich und unmittelbar kirchlichen Zwecken dienen. Die genannten Körperschaften sind auch von der KESt in voller Höhe befreit und unterfallen daher auch nicht der Steuerpflicht nach § 5 II Nr 1. Es besteht daher

---

[1] *Nöcker* in H/H/R Jahresbd 2008 § 32 Rn J 07-3; *Werning* in Blümich § 32 Rn 15.
[2] *Nöcker* in H/H/R Jahresbd 2008 § 32 Rn J 07-3.

für diese Steuerpflichtigen keine Veranlassung Finanztransaktionen zur Steuervermeidung zu tätigen, somit würde der Steuerabzug nach § 32 III ohnehin wirkungslos sein.[1]

164 **Anwendung § 44b I iVm § 44a V EStG.** § 44b I iVm § 44a V EStG sieht für die Fälle der sog Dauerüberzahler (vgl Rn 12 und 1313) eine Erstattung bereits einbehaltener Kapitalertragsteuern vor. Da § 32 III S 3 auf die analoge Anwendung der für den Steuerabzug von Kapitalerträgen iSd § 43 I Nr 1 EStG geltenden Vorschriften (mit Ausnahme der in vorstehenden Rn 162 und 163 erläuterten Vorschriften) verweist, ist fraglich, ob § 44b I EStG ebenfalls auf die Fälle des Steuerabzugs nach § 32 III anzuwenden ist. Dagegen könnte sprechen, dass § 44a V EStG in Abgrenzung zu § 44a IV EStG (vgl Rn 12) nicht auf persönlich steuerbefreite Körperschaften, Personenvereinigungen und Vermögensmassen verweist (zur Erfassung von sachlichen Steuerbefreiungen vgl jedoch Rn 12). Würde die Anwendung des § 43b I EStG iVm § 44a V EStG für steuerbefreite Körperschaften Personenvereinigungen und Vermögensmassen ermöglicht, würden zudem die Vorschriften über den Steuereinbehalt aufgrund der vorliegenden Steuerbefreiung ins Leere laufen, da sich im Falle eines für einzelne Erträge angeordneten Steuereinbehalts stets eine Überzahlerposition ergäbe. Dies entspricht nicht dem Sinn und Zweck des Gesetzes.

165 **Erstattungsmöglichkeit bei Investmentfonds iSd § 11 InvStG.** Folgt man der Auffassung, dass die Steuereinbehaltungspflicht gem § 32 III bei Investmentfonds iSd § 11 InvStG ebenfalls greift, stellt sich die Frage, ob für den Fonds eine Möglichkeit zur Abstandnahme vom Steuerabzug bzw zur Erstattung der einzubehaltenden Steuer eröffnet ist. In den einschlägigen Vorschriften des KStG bzw EStG zur Abstandnahme vom Steuerabzug bzw zur Erstattung einbehalter Abzugsbeträge fehlt zwar die Verweisung auf Investmentfonds. Allerdings sieht § 11 II InvStG als lex specialis für Investmentfonds die Erstattungsmöglichkeit für von den Kapitalerträgen des inländischen Investmentvermögens einbehaltene und abgeführte Kapitalertragsteuer vor. Die Steuerabzugsbeträge nach § 32 III stellen jedoch keine Steuerabzugsbeträge von Kapitalerträgen ieS dar, da Dividendenzahlungen (Kapitalerträge) durch Kompensationszahlungen für das Verleihgeschäft ersetzt werden. Durch den Verweis auf die Vorschriften des EStG über den Steuerabzug bei Kapitalerträgen in § 32 III S 3 sowie der Formulierung in der Gesetzesbegründung[2] wird jedoch deutlich, dass der Steuerabzug als Kapitalertragsteuerabzug zu sehen ist. Nach der hier vertretenen Auffassung sollte daher die Erstattungsmöglichkeit für Steuerabzugsbeträge nach § 32 III für den Fonds nach § 11 II InvStG analog gegeben sein, auch wenn kein expliziter Verweis in § 11 II InvStG auf diesen Steuereinbehalt enthalten ist. Auch systematisch ist dieses Ergebnis zutreffend, da die Steuerwirkungen nicht auf Ebene des steuerbefreiten Fonds, sondern auf Ebene der Anteilseigner eintreten sollen. Anderenfalls besteht die Gefahr einer steuerlichen Doppelbelastung.[3]

---

[1] *Frotscher* in Frotscher/Maas § 32 Rn 27.
[2] BTDrs 16/4841, 77.
[3] *Schnitger/Frebel*, RdF 2011, 416 ff.

VI. Steuerabzug bei Wertpapierleihgeschäften

Schuldner der Abzugsteuer. Nach § 32 III S 3 iVm § 44 I S 1 ist Schuldner der Abzugsteuer der Gläubiger der Vergütungen (Verleiher der Wertpapiere). Der Schuldner der Vergütungen (Entleiher der Wertpapiere) hat jedoch den Steuerabzug vorzunehmen (§ 32 III S 3 iVm § 44 I S 3 EStG). 166

Zeitpunkt der Einbehaltung. Der Steuerabzug ist nach § 32 III S 3 iVm § 44 I S 2 EStG im Zeitpunkt des Zuflusses beim Gläubiger (§ 11 EStG) vorzunehmen. Gem § 32 III S 3 ist die besondere Regelung des § 44 II EStG zum Zuflusszeitpunkt (dh Fiktion des Zuflusses zu dem im Ausschüttungsbeschluss festgelegten Auszahlungstag bzw falls kein Auszahlungstag festgelegt wurde, zum Tag der Beschlussfassung) nicht anzuwenden.[1] 167

Steuerabzug bei wechselseitigen Wertpapierdarlehen. § 32 III S 4 regelt für die Einkünfte iSd § 2 Nr 2 Hs 2 lit c, dass die andere Köperschaft iSd § 8b X S 2 (also der Entleiher der Anteile) den Steuerabzug vorzunehmen hat. Hierunter sind die Fälle zu subsumieren, in denen ertragsbringende Wirtschaftsgüter als Gegenleistung für die Übertragung der Anteile auf den Verleiher übertragen werden (sog wechselseitige Wertpapierdarlehen). Die vom Verleiher erzielten Einkünfte aus den als Gegenleistung übertragenen sonstigen Wirtschaftsgütern gelten nach § 8b X S 2 als vom Entleiher bezogen und als (fingiertes) Entgelt für die Anteilsüberlassung an den Verleiher gewährt[2]; vgl im Einzelnen § 8b X Rn 871 ff. Nach § 32 III S 5 Hs 1 hat der Verleiher dem abzugsverpflichteten Entleiher den zur Deckung der KESt[3] notwendigen Betrag zur Verfügung zu stellen („Finanzausgleich zwischen den Beteiligten"), da der Verleiher unmittelbar die Entgelte vereinnahmt.[4] Kommt der Verleiher dieser Pflicht nicht nach, hat dies der zum Steuerabzug verpflichtete dem Betriebsstättenfinanzamt anzuzeigen, so dass die zu wenig erhobene Steuer bei der verleihenden Gesellschaft nachgefordert werden kann (§ 32 III S 5 Hs 2 iVm § 44 I S 8 und 9 EStG).[5] 168

Einstweilen frei. 169-170

---

[1] *Nöcker* in H/H/R Jahresbd 2008 § 32 Rn J 07-3; *Werning* in Blümich § 32 Rn 16; *Frotscher* in Frotscher/Maas § 32 Rn 27.
[2] *Siegers* in D/J/P/W § 2 Rn 227.
[3] Nach *Frotscher* in Frotscher/Maas § 32 Rn 28 enthält der Gesetzestext eine Ungenauigkeit, da an dieser Stelle von „Kapitalertragsteuer" entgegen der Bezeichnung im sonstigen Text der Vorschrift gesprochen wird. Es handelt sich allerdings nicht um eine KESt, sondern um eine Abzugsteuer eigener Art.
[4] *Nöcker* in H/H/R Jahresbd 2008 § 32 Rn J 07-3; *Stuhldreier* in Lipross § 32 Rn 12.
[5] *Werning* in Blümich § 32 Rn 17.

§ 32a Erlass, Aufhebung oder Änderung von Steuerbescheiden bei verdeckter Gewinnausschüttung oder verdeckter Einlage

(1) ¹Soweit gegenüber einer Körperschaft ein Steuerbescheid hinsichtlich der Berücksichtigung einer verdeckten Gewinnausschüttung erlassen, aufgehoben oder geändert wird, kann ein Steuerbescheid oder ein Feststellungsbescheid gegenüber dem Gesellschafter, dem die verdeckte Gewinnausschüttung zuzurechnen ist, oder einer diesem nahe stehenden Person erlassen, aufgehoben oder geändert werden. ²Die Festsetzungsfrist endet insoweit nicht vor Ablauf eines Jahres nach Unanfechtbarkeit des Steuerbescheides der Körperschaft. ³Die Sätze 1 und 2 gelten auch für verdeckte Gewinnausschüttungen an Empfänger von Bezügen im Sinne des § 20 Abs. 1 Nr. 9 und 10 Buchstabe a des Einkommensteuergesetzes.

(2) ¹Soweit gegenüber dem Gesellschafter ein Steuerbescheid oder ein Feststellungsbescheid hinsichtlich der Berücksichtigung einer verdeckten Einlage erlassen, aufgehoben oder geändert wird, kann ein Steuerbescheid gegenüber der Körperschaft, welcher der Vermögensvorteil zugewendet wurde, aufgehoben, erlassen oder geändert werden. ²Absatz 1 Satz 2 gilt entsprechend.

Übersicht

	Rn
I. Regelungsgehalt der Norm	1 – 2
II. Rechtsentwicklung	3 – 4
III. Normzweck und Anwendungsbereich	5 – 16
IV. Korrekturmöglichkeiten bei vGA (§ 32a I S 1)	17 – 40
1. Tatbestandsvoraussetzungen	17 – 25
2. Rechtsfolgen	26 – 40
V. Ablaufhemmung der Festsetzungsfrist (§ 32a I S 2)	41 – 45
VI. Entsprechende Anwendung (§ 32a I S 3)	46 – 49
VII. Korrekturmöglichkeiten bei verdeckten Einlagen (§ 32a II S 1)	50 – 67
1. Tatbestandsvoraussetzungen	50 – 54
2. Rechtsfolgen	55 – 67
VIII. Ablaufhemmung der Festsetzungsfrist (§ 32a II S 2)	68 – 69

1   **I. Regelungsgehalt der Norm. Verfahrensrechtliches Korrespondenzprinzip.** § 32a sieht die Verhinderung des Eintritts der formellen Bestandskraft auf Ebene des Gesellschafters bzw. der Gesellschaft vor. Mit anderen Worten enthält § 32a Regelungen, welche eine Durchsetzung des Korrespondenzprinzips auch in verfahrensrechtlicher Hinsicht gewährleisten.

Soweit aufgrund einer vGA auf Ebene der Gesellschaft ein Steuerbescheid erlassen, geändert oder aufgehoben wird, erlaubt § 32a I verfahrensrechtlich eine Korrektur auf Gesellschafterebene.

Soweit aufgrund einer verdeckten Einlage auf Ebene des Gesellschafters ein Steuerbescheid erlassen, geändert oder aufgehoben wird, gewährleistet § 32a II verfahrensrechtlich eine Korrektur auf Gesellschaftsebene.

Einstweilen frei.

II. Rechtsentwicklung. § 32a wurde durch das JStG 2007 v 13.12.2006[1] in das KStG eingefügt.

Einstweilen frei.

III. Normzweck und Anwendungsbereich. Halbeinkünfteverfahren. Nach Einführung des Halbeinkünfteverfahrens wurde in der Literatur und seitens der Verbände die fehlende verfahrensrechtliche Änderungsmöglichkeit nach Feststellung einer vGA auf Gesellschaftsebene insbesondere für Gesellschafter-Geschäftsführer kritisiert.[2] Denn insoweit drohte, dass diese Gesellschafter nicht von den Vergünstigungen des Halbeinkünfteverfahrens gem § 3 Nr 40 EStG profitieren. Auch vorläufige Veranlagungen gem § 165 AO wurden seitens der Finanzverwaltung regelmäßig abgelehnt[3] und an die Veranlagung unter Vorbehalt der Nachprüfung gem § 164 AO überbordende Anforderungen gestellt.[4]

Trennungsprinzip. Materiell- und verfahrensrechtlich sind vGA und verdeckte Einlagen durch das Trennungsprinzip gekennzeichnet, dh die steuerliche Behandlung von vGA und verdeckten Einlagen auf Ebene der Gesellschaft und des Gesellschafters sind grundsätzlich nicht miteinander verknüpft.[5] In Folge des § 32a wird aus verfahrensrechtlicher Sicht dieses Trennungsprinzip jedoch in Teilen durchbrochen.[6] Diese Trennung wird allerdings nicht vollumfänglich aufgehoben, es bleiben vielfältige Möglichkeiten, dass die Berücksichtigung von vGA und verdeckter Einlage auf Gesellschafter- und Gesellschaftsebene materiell- und verfahrensrechtlich unterschiedlich erfolgen.

Einbahnstraße. § 32a wirkt nur als „Einbahnstraße";[7] dh eine Korrektur einer vGA kann nach § 32a I S 1 nur auf Ebene des Gesellschafters aufgrund der Korrektur der vGA auf Gesellschaftsebene erfolgen und nicht umgekehrt. Gleichfalls erlaubt § 32a II S 1 nur die Korrektur einer verdeckten Einlage auf Ebene der Gesellschaft nach der Korrektur einer verdeckten Einlage auf Ebene des Gesellschafters und nicht umgekehrt.

Zeitkongruenz. Aufgrund des geltenden Trennungsprinzips (vgl Rn 6) folgt weiterhin, dass die vGA auf Gesellschafts- und Gesellschafterebene auseinanderfallen können. Denn eine vGA auf Gesellschaftsebene muss nur dazu geeignet sein, eine vGA auf Gesellschafterebene auszulösen.[8] Dies bedeutet insbesondere, dass die

---

1 BGBl I 2006, 2878.
2 DWS-Institut, DStR 2005, 989; BStBK, Beihefter zu DStR 9/2005.
3 BMF v 29.9.2005, BStBl I 2005, 903.
4 OFD Frankfurt am Main v 11.1.2006, DStR 2006, 377; OFD Magdeburg v 10.9.2004, DStR 2004, 1922.
5 BFH I R 2/02, BStBl II 2004, 131.
6 *Frotscher* in Frotscher/Maas § 32a Rn 1; *Bauschatz* in Gosch § 32a Rn 9.
7 *Korn*, KÖSDI 2007, 15428, 15429; *Bauschatz* in Gosch § 32a Rn 3; idS auch *Trossen*, DStR 2006, 2295, 2297.
8 BFH I R 2/02, BStBl II 2004, 131.

Korrektur der vGA nach § 32a I S 1 in einem anderen VZ zu vollziehen ist oder mangels Zuflusses nicht entsteht.[1] Hiervon abzugrenzen ist jedoch der Fall, dass die Einkommensminderung einer vGA bei der ausschüttenden (ausländischen) Gesellschaft zu einem späteren Zeitpunkt erfolgt; hier kann auch aufgrund des § 32a I für eine beim Gesellschafter bereits festgesetzte vGA die Steuerbefreiung nicht aufgehoben werden, da es an der Erfüllung des § 8b I S 2 mangelt (vgl § 8b Rn 252). Gleiches gilt iRd § 32a II für die Anordnung der Steuerpflicht einer verdeckten Einlage gem § 8 III S 4.

9 **Verhältnis zu § 8 III S 2, § 8b I S 1 und II S 3.** § 32a erlaubt die in § 8 III S 2 und § 8b I S 1 (bzw in § 3 Nr 40 lit d EStG bei natürlichen Personen mit Betriebsvermögen als Anteilseigner) für vGA sowie in § 8b II S 3 für verdeckte Einlagen angeordnete außerbilanzielle Korrektur. § 32a ergänzt damit diese Vorschriften und verbindet deren Behandlung auf Gesellschafter- und Gesellschaftsebene in verfahrensrechtlicher Hinsicht.

10 **Verhältnis zu § 8b I S 2 ff und III S 4 ff.** In Bezug auf die materiell-rechtlichen Normen der § 8b I S 2 ff sowie § 8 III S 4 ff, welche die außerbilanzielle Einkommenskorrektur der vGA und der verdeckten Einlage bei Erfüllung der Tatbestandsvoraussetzungen einschränken, gilt hingegen das umgekehrte Verhältnis: Soweit eine verfahrensrechtliche Änderung auf Gesellschafts- bzw Gesellschafterebene verfahrensrechtlich nicht möglich ist (und daher der Anwendungsbereich des § 32a nicht eröffnet ist), gewährleisten vorgenannte Vorschriften, dass keine ungerechtfertigten Steuervorteile auf Ebene des Gesellschafters verbleiben. So gesehen schließen sich § 8b I S 2 ff bzw § 8 III S 4 ff und § 32a aus.

11 **Verhältnis zum Vorbehalt der Nachprüfung gem § 164 AO.** Soweit ein Vorbehalt der Nachprüfung besteht, ist eine Änderung nach § 32a nicht notwendig. In der Praxis besteht jedoch auf Ebene des Anteilseigners häufig kein Vorbehalt der Nachprüfung bzw an den Erlass eines solchen werden von der Finanzverwaltung hohe Anforderungen gestellt (vgl Rn 5).

12 **Verhältnis zur vorläufigen Steuerfestsetzung gem § 165 AO.** Da das Bestehen einer vGA oder verdeckten Einlage regelmäßig nicht eine ungewisse Tatsache, sondern eine ungewisse steuerliche Beurteilung darstellt, scheitert eine vorläufige Steuerfestsetzung regelmäßig (vgl Rn 5). Soweit dennoch eine solche vorliegt, bedarf es keiner Anwendung des § 32a.

13 **Verhältnis zu anderen verfahrensrechtlichen Änderungsvorschriften.** § 32a ist neben anderen Änderungsvorschriften anwendbar und verdrängt diese nicht als Spezialvorschrift.[2] In der Praxis wird die Vorschrift jedoch häufig die einzige Änderungsmöglichkeit darstellen, da die übrigen Korrekturmöglichkeiten wie insbesondere nach § 175 I Nr 1 AO (da der KSt-Bescheid nicht Grundlagenbescheid des ESt- oder KSt-Bescheids des Anteilseigner ist),[3] § 175 I Nr 2 AO (da die nach-

---

1 *Lang* in D/J/P/W § 32a Rn 22.
2 BTDrs 16/2712, 72; *Trossen*, DStR 2006, 2295, 2297; *Benecke*, NWB 2006 (Beratung Aktuell), 3341, 3343; *Kroschel* in EY § 32a Rn 12; *Janssen* in Mössner/Seeger § 32a Rn 15.
3 BFH VIII R 41/89, BStBl II 1993, 569; BFH VIII B 170/08, BFH/NV 2009, 1029.

IV. Korrekturmöglichkeiten bei vGA

trägliche Annahme einer vGA oder verdeckten Einlage kein rückwirkendes Ereignis darstellt),[1] § 174 AO (da keine widerstreitende Steuerfestsetzung in der abweichenden Qualifikation eines Sachverhalts auf Gesellschafts- oder Gesellschafterebene gesehen werden kann)[2] nie bzw im Falle des § 173 I Nr 2 AO selten (wegen des groben Verschuldens des Steuerpflichtigen über die nachträgliche Bekanntgabe einer Tatsache)[3] zur Anwendung kommen.

Zeitlicher Anwendungsbereich. § 32a ist nach § 34 XIIIc erstmals anwendbar, wenn auf Ebene der Gesellschaft eine vGA (§ 32a I) bzw auf Ebene des Gesellschafters eine verdeckte Einlage (§ 32a II) nach dem 18.12.2006 berücksichtigt und ein Steuerbescheid erlassen, aufgehoben oder geändert wird. Dies eröffnet die Möglichkeit, dass folgend auf Ebene der Gesellschaft bzw des Gesellschafters nach dem 18.12.2006 ein Steuerbescheid erlassen, aufgehoben oder geändert werden kann, selbst wenn die Festsetzungsfrist vor dem 19.12.2006 abgelaufen ist.[4] Falls ein Bescheid vor dem 18.12.2006 ergangen, aber aufgrund eines Rechtsbehelfsverfahrens noch nicht bestandskräftig ist, kommt § 32a hingegen noch nicht zur Anwendung.[5]

Einstweilen frei.

IV. Korrekturmöglichkeiten bei vGA (§ 32a I S 1). 1. Tatbestandsvoraussetzungen. Steuerbescheid. Die Anwendung des § 32a I S 1 setzt einen Steuerbescheid gegen eine Körperschaft voraus. Steuerbescheid iSd § 32a ist unzweifelhaft der KSt-Bescheid, jedoch nicht GewSt-Bescheid oder Feststellungsbescheid nach §§ 27, 37 und 38.[6] Teile der Literatur wollen Feststellungsbescheide nach § 8 I iVm § 10d EStG als Steuerbescheid iSd § 10d EStG qualifizieren.[7] Hiergegen spricht jedoch, dass § 32a II auf Tatbestands- und § 32a I S 1 nur auf Rechtsfolgenebene ausdrücklich den Feststellungsbescheid erfasst.[8] Teilweise wird vertreten, dass aufgrund des Beschlusses des BFH v 20.3.2009[9] eine weite Auslegung des Terminus „Steuerbescheid" erforderlich ist, so dass offenbar auch Änderungen von Verlustfeststellungsbescheiden hierunter fallen sollen.[10] Zumindest der genannte BFH-Beschluss stützt dieses Ergebnis jedoch nicht unmittelbar, betrifft er doch auch die Verminderung einer Körperschaftsteuerforderung (nicht über den Erlass, die Aufhebung oder Änderung eines Steuerbescheids vgl Rn 18). Aus systematischen Gründen ist eine weite Auslegung zwar zutreffend, der Wortlaut der Vorschrift steht dem Ergebnis jedoch weiterhin entgegen (analog auch zur Korrektur nach § 177 AO vgl Rn 18).

---

1 BFH II R 55/86, BStBl II 1989, 75; OFD Magdeburg v 10.9.2004, DStR 2004, 1922.
2 BFH VIII R 65/93, BStBl II 1995, 264; OFD München/Nürnberg v 21.8.2002, BB 2002, 2001; *Trossen*, DStR 2006, 2295, 2296; *Dieterlen/Dieterlen*, DStZ 2007, 489, 490.
3 BFH VIII R 65/93, BStBl II 1995, 264; BFH VIII R 41/89, BStBl II 1993, 569; *Neumann*, GmbH-StB 2007, 112; FG Baden-Württemberg 3 K 61/03 (rkr), EFG 2005, 497.
4 BTDrs 16/2712, 72; BRDrs 622/06, 122.
5 *Lang* in D/J/P/W § 32a Rn 62.
6 *Bauschatz* in Gosch § 32a Rn 17.
7 *Pohl/Raupach*, FR 2008, 210, 212; *Pohl*, DStR 2007, 1336, 1337, der § 10d IV S 5 EStG iVm § 10d IV S 4 EStG zur Anwendung bringen will.
8 Ebenso zutreffend *Bauschatz* in Gosch § 32a Rn 17.
9 BFH VIII B 170/08, BFH/NV 2009, 1029.
10 *Kohlhepp*, DStR 2009, 1416, 1417; *Janssen* in Mössner/Seeger § 32a Rn 44.

18 **Erlass, Aufhebung und Änderung.** Zur Anwendung des § 32a I S 1 muss der fragliche Steuerbescheid der Körperschaft nach § 155 I S 1 AO erlassen oder nach §§ 172 ff AO aufgehoben oder geändert worden sein. Inwieweit ein Verlustvortrag von einem Änderungsbetrag auf Gesellschaftsebene abgezogen werden kann, ist hierbei unbeachtlich. Erfolgt die Korrektur auf Gesellschaftsebene hingegen nach § 177 AO aufgrund gegenläufiger Effekte, kommt mangels unveränderten Steuerbescheids der Körperschaft § 32a I S 1 nicht zur Anwendung.[1] Ebenso scheidet eine Anwendung des § 32a I aus, wenn die Steuerbescheide der Körperschaft nicht mehr änderbar sind. Zudem kann auch eine Verminderung von Körperschaftsteuerforderungen im Insolvenz-Feststellungsverfahren dem Erlass, der Aufhebung und Änderung nach Ansicht des BFH gleichstehen.[2]

19 **Rechtmäßigkeit.** Inwieweit der Erlass, die Aufhebung oder Änderung rechtmäßig ist, hat für die Bestandskraft ebenso wie für die Möglichkeit eines/einer korrespondierenden Erlasses, Aufhebung oder Änderung des Bescheids des Gesellschafters gem § 32a I S 1 keine Bedeutung (zur Begrenzung dem Umfang nach auf Rechtsfolgenseite bei fehlerhaften Bescheiden vgl jedoch Rn 38).[3]

20 **Bestandskraft.** Zur Anwendung des § 32a I S 1 bedarf es dem Wortlaut nach nicht, dass der fragliche Steuerbescheid der Körperschaft in Bestandskraft erwachsen ist. Dh auch soweit dieser weiterhin änderbar ist (mit der Folge, dass § 32a I S 1 nochmals zur Anwendung käme), sind die Rechtsfolgen der Korrektur beim Anteilseigner zu ziehen.

21 **VGA.** § 32a I S 1 ist anwendbar, wenn auf Gesellschaftsebene Aufwand als vGA außerbilanziell korrigiert wird. Die Definition der vGA iSd § 32a I S 1 ist identisch mit der in § 8b I S 2 bzw § 8 III S 2 (vgl insoweit § 8 Rn 246 ff und § 8b Rn 207). Erfolgt eine Korrektur des Aufwands hingegen aufgrund einer anderen Rechtsnorm, ist der Anwendungsbereich des § 32a I S 1 nicht eröffnet. Soweit Fälle mit Auslandsbezug betroffen sind, richtet sich die Bestimmung des Bestehens einer vGA und damit die Möglichkeit einer Korrektur nach § 32a I der Höhe nach zunächst nach inländischem Recht (vgl § 8b Rn 212); dh nur wenn nach inländischen Grundsätzen eine vGA gegeben ist, kann § 32a I S 1 greifen. Inwieweit jedoch der Steuerbescheid tatsächlich erlassen, aufgehoben oder geändert wird, richtet sich wiederum alleine nach ausländischem Verfahrensrecht.

22 **Berücksichtigung einer vGA.** Eine vGA wird in einem Steuerbescheid berücksichtigt, wenn diese bei der Ermittlung des Einkommens außerbilanziell wieder hinzugerechnet wird.

23 **Körperschaft.** § 32a I enthält wie § 8b I S 2 keine nähere Bestimmung, welche Anforderungen an die von der vGA betroffenen Körperschaft zu stellen sind. Dh es werden unbeschränkt und beschränkt steuerpflichtige, aber auch solche Körperschaften erfasst, die keinen Bezug zum deutschen Hoheitsgebiet aufweisen (vgl analog § 8b Rn 201).

---

1 *Frotscher* in Frotscher/Maas § 32a Rn 22; *Kroschel* in EY § 32a Rn 18; *Schulte/Altrichter-Herzberg* in Erle/Sauter § 32a Rn 14. Differenzierend *Janssen* in Mössner/Seeger § 32a Rn 46 ff. AA *Watermeyer* in H/H/R Jahresbd 2006-2008 § 32a Rn J 06-8.
2 BFH VIII B 170/08, BFH/NV 2009, 1029.
3 *Lang* in D/J/P/W § 32a Rn 13; *Bauschatz* in Gosch § 32a Rn 21.

IV. Korrekturmöglichkeiten bei vGA

Einstweilen frei.   24-25

2. Rechtsfolgen. Erlass, Aufhebung und Änderung. Auf Rechtsfolgenseite ordnet § 32a I S 1 an, dass auf Ebene des Gesellschafters oder der nahe stehenden Person ein Bescheid erlassen, aufgehoben oder geändert werden kann. Die Möglichkeit einer Anpassung des Bescheids beschränkt sich auf die auf Ebene der Körperschaft festgestellten vGA. IRd Rechtsfolgen des § 32a I S 1 sind die Möglichkeiten einer Saldierung nach § 177 AO anzuwenden.[1]   26

Umfang der Änderung. § 32a I S 1 erlaubt nicht nur die Berücksichtigung der vGA auf Gesellschafterebene. Nach zutreffender Auffassung sind auch die mittelbaren Folgen der vGA nach der sog Verbrauchstheorie (vgl § 8 Rn 545 Stichwort „Dreiecksverhältnis") zu berücksichtigen, zB um die Korrektur von anderen Einkünften bei Unterstellung des angemessenen Sachverhaltes zu erreichen oder um in Dreieckssachverhalten die Änderung der Einlage in die Schwestergesellschaften als nahe stehende Personen zu ermöglichen (vgl Rn 33).[2] Weiterhin ist der betragsmäßige Umfang der Änderung der vGA auf Ebene des Gesellschafters in Folge des Trennungsprinzips (vgl Rn 6) eigenständig nach den auf der jeweiligen Ebene geltenden Grundsätzen zu ermitteln; dh die vGA auf Gesellschafter- und Gesellschaftsebene können auch betragsmäßig auseinanderfallen.   27

Änderung zu Gunsten und zu Ungunsten. § 32a I S 1 sieht seinem Wortlaut nach keine Vorgaben vor, inwieweit die den Anwendungsbereich auslösende Korrektur mittels einer vGA zu Gunsten oder zu Ungunsten des Gesellschafters erfolgt. Dementsprechend kann auch die durch § 32a verfahrensrechtlich ausgelöste Gegenkorrektur sowohl zu Gunsten als auch zu Ungunsten wirken.[3]   28

Steuerbescheid. Nach § 32a I S 1 wird der ESt- (zum Streit der Einbeziehung natürlicher Personen vgl 31) oder KSt-Bescheid des Gesellschafters oder der nahe stehenden Person erlassen, aufgehoben oder geändert. Weitere Änderungsmöglichkeiten für die GewSt, ErbSt und USt ergeben sich aus § 32a I S 1 nicht.[4]   29

Festsetzungsbescheid. Weiterhin erfasst § 32a I S 1 dem ausdrücklichen Wortlaut nach iRd Rechtsfolgen auf Ebene des Gesellschafters auch Festsetzungsbescheide. Insoweit ist kein Gleichlauf zu den Tatbestandsvoraussetzungen gegeben (vgl Rn 17).   30

Gesellschafter. Nach § 32a I S 1 kann zunächst bei dem Gesellschafter, dem die vGA zuzurechnen ist, eine Korrektur erfolgen. Gesellschafter kann hierbei eine juristische Person und Personengesellschaft, aber auch eine grundsätzlich dem EStG unterfallende natürliche Person sein.[5] IRd § 32a I S 1 ergibt sich nämlich nicht, dass natürliche Personen vom Anwendungsbereich ausgeschlossen sind, auch   31

---

1   *Frotscher* in Frotscher/Maas § 32a Rn 37; *Bauschatz* in Gosch § 32a Rn 22.
2   *Lang* in D/J/P/W § 32a Rn 29 f; *Kroschel* in EY § 32a Rn 38.
3   *Kroschel* in EY § 32a Rn 34; *Kohlhepp*, DStR 2007, 1502, 1503; *Pohl*, DStR 2007, 1336, 1337.
4   *Bauschatz* in Gosch § 32a Rn 29; *Kroschel* in EY § 32a Rn 37; ebenso *Lang* in D/J/P/W § 32a Rn 36 hinsichtlich der USt.
5   *Frotscher* in Frotscher/Maas § 32a Rn 17; *Schulte/Altrichter-Herzberg* in Erle/Sauter § 32a Rn 10; *Rengers* in Blümich § 32a Rn 10.

wenn eine Einfügung der Vorschrift in das EStG, welche über § 8 I auch für das KStG gegolten hätte, überzeugender gewesen wäre. Eine Zurechnung einer vGA zum Gesellschafter richtet sich danach, wem gem § 39 AO die Anteile zuzurechnen sind.

32 **Unbeschränkte und beschränkte Steuerpflicht.** § 32a I S 1 stellt keine besonderen Anforderungen an den Inlandsbezug des Gesellschafters. Damit kann dieser grundsätzlich sowohl der unbeschränkten als auch der beschränkten Steuerpflicht unterliegen.[1] Dies gilt iRd beschränkten Steuerpflicht auch dann, wenn die Steuererhebung im Wege des Abzugs erfolgt und abgeltende Wirkung hat. Für ausländische Gesellschafter, die nicht der beschränkten Steuerpflicht unterliegen, hat § 32a I S 1 mangels Steuerfestsetzung keine Bedeutung.

33 **Nahe stehende Person.** § 32a I S 1 sieht weiterhin auch eine (dem Sinn nach trotz der Verwendung des Wortes „oder") zusätzliche Korrekturmöglichkeit einer dem Gesellschafter nahe stehenden Person vor. Diese Erweiterung ist notwendig, um eine Korrektur bei Dreieckssachverhalten wie bei einer vGA zwischen Schwestergesellschaften zu ermöglichen. Inwieweit eine Person nahestehend ist, richtet sich mangels ausdrücklichem Verweis nicht nach § 1 II AStG, sondern den zu § 8 III S 2 entwickelten Grundsätzen.[2]

34 **Korrektur in Kettenfällen.** Zwar spricht § 32a I S 1 davon, dass die Korrektur nur bei „einer" nahe stehenden Person zu erfolgen hat, dieses ist jedoch nicht wörtlich zu verstehen, sondern es sollte stattdessen in Dreiecksfällen auch bei mehreren nahe stehenden Personen eine Korrektur möglich sein. ZB ist, falls eine Körperschaft der TG ihrer Schwestergesellschaft einen gesellschaftsrechtlich bedingten Vorteil zuwendet, eine Korrektur nach § 32a I S 1 sowohl bei der Schwestergesellschaft als auch bei dessen TG möglich. Soweit eine vGA hingegen „durch die Kette" an einen mittelbar beteiligten Gesellschafter fließt, ist auf jeder Ebene des unmittelbar beteiligten Gesellschafters § 32a I S 1 anwendbar:[3]

Beispiel[4]

Die M-GmbH hält 100% der Anteile an der T-GmbH, die 100% der Anteile an der E-GmbH hält. Die E-GmbH gewährt der M-GmbH ein Darlehen mit einem zu geringen Zinssatz. Die Veranlagung der E-GmbH ist bestandskräftig.

Die von der T-GmbH vereinnahmte vGA der E-GmbH ist gem § 8b I S 2 bei ihr steuerpflichtig, da eine Änderung der Veranlagung der E-GmbH nicht mehr möglich ist. Der aus der Weiterleitung resultierende verbrauchende Aufwand wird bei der T-GmbH als vGA gewinnerhöhend korrigiert und führt bei der M-GmbH nach § 32a I S 1 zu einer korrespondierenden Korrektur der Einkünfte in den Steuerbescheiden.

---

1   *Frotscher* in Frotscher/Maas § 32a Rn 19; *Bauschatz* in Gosch § 32a Rn 23.
2   *Bauschatz* in Gosch § 32a Rn 25; *Rengers* in Blümich § 32a Rn 30; *Watermeyer* in H/H/R Jahresbd 2006-2008 § 32a Rn J 06-8; *Korn*, KÖSDI 2007, 15428, 15430. AA *Pohl/Raupach*, FR 2007, 210, 216.
3   *Bauschatz* in Gosch § 32a Rn 26.
4   Nach *Neumann*, GmbH-StB 2007, 112, 115, 116 f.

Rechtsschutz. Der von § 32a I S 1 betroffene Gesellschafter bzw die nahe stehende **35**
Person ist nur bezüglich des gegenüber ihm erlassenen, aufgehobenen oder geänderten Steuerbescheids einspruchs- und klagebefugt. Ihm steht hingegen keine
Einspruchs- und Klagebefugnis gegen den gegenüber der Körperschaft erlassenen,
aufgehobenen oder geänderten Steuerbescheid zu.[1]

Zeitpunkt. Zeitpunkt der Änderung nach § 32a I S 1 ist der Zufluss der vGA bei **36**
dem Gesellschafter oder der nahe stehenden Person, so dass sich die Änderung in
einem anderen Veranlassungszeitraum vollziehen kann.

Ermessen. Der Bescheid des Gesellschafters ist kein Folgebescheid des auf Ebe- **37**
ne der Gesellschaft erlassenen Bescheids und hat in formeller Hinsicht damit
keine Bindungswirkung bzw eine Korrektur nach § 32a „kann" dem Wortlaut nach
erfolgen.[2] Inwieweit ein Bescheid nach § 32a I S 1 auf Ebene des Gesellschafters erlassen, aufgehoben oder geändert wird, liegt folglich im Ermessen des für den Gesellschafter zuständigen Finanzamts.[3] Das Ermessen ist jedoch unter Beachtung des Art 3
GG auf Null reduziert.[4]

Unrechtmäßige vGA. Auch wenn eine vGA auf Gesellschaftsebene zu Unrecht **38**
festgesetzt wurde, verbleibt zwar grundsätzlich die Möglichkeit einer korrespondierenden Korrektur auf Gesellschafterebene nach § 32a I S 1 (vgl Rn 19).[5] Diese
Korrekturmöglichkeit ist jedoch auf Rechtsfolgenseite der Höhe nach auf die rechtmäßige vGA begrenzt.[6]

Einstweilen frei. **39-40**

V. Ablaufhemmung der Festsetzungsfrist (§ 32a I S 2).

Regelungsgehalt. § 32a I **41**
S 2 sieht vor, dass die fragliche Festsetzungsfrist nicht vor Ablauf eines Jahres nach Unanfechtbarkeit des Steuerbescheids der Körperschaft endet (Ablaufhemmung). Trotz
mangelnder ausdrücklicher Regelung ergibt der systematische Zusammenhang mit
§ 32a I S 1, dass sich § 32a I S 2 auf den Steuerbescheid bezieht, der gegenüber dem Gesellschafter, dem die vGA zuzurechnen ist, oder der nahe stehenden Person erlassen wird.

Verhältnis zu §§ 170, 171 AO. § 32a I S 2 ist gegenüber den §§ 170, 171 AO die **42**
speziellere Vorschrift und verdrängt diese.[7]

Unanfechtbarkeit. Unanfechtbar iSd § 32a I S 2 ist ein Steuerbescheid, wenn die **43**
Rechtsbehelfsfrist abgelaufen ist, losgelöst davon, ob der Rechtsbehelf unter dem Vorbehalt der Nachprüfung steht.[8]

---

1 *Pohl/Raupach*, FR 2007, 210, 212; *Bauschatz* in Gosch § 32a Rn 28; *Watermeyer* in H/H/R Jahresbd 2006-2008 § 32a Rn J 06-9.
2 FG Köln 10 K 4414/07, EFG 2009, 1096; OFD Frankfurt am Main v 9.1.2008, S 2252 A – 78 – SA 219, BeckVerw 117749; *Dötsch/Pung*, DB 2007, 11, 12; *Pohl*, DStR 2007, 1333, 1338. AA *Briese*, BB 2006, 2110.
3 Kritik bei *Dörfler/Heurung/Adrian*, DStR 2007, 514, 516; *Schulte/Behnes*, BB Special 9 (zu BB 2007, Heft 44), 1.
4 BFH VIII B 170/08, BFH/NV 2009, 1029; *Frotscher* in Frotscher/Maas § 32a Rn 21; *Kroschel* in EY § 32a Rn 47; *Lang* in D/J/P/W § 32a Rn 27; *Bauschatz* in Gosch § 32a Rn 28.
5 *Lang* in D/J/P/W § 32a Rn 13.
6 IdS auch *Bauschatz* in Gosch § 32a Rn 21.
7 *Bauschatz* in Gosch § 32a Rn 32; *Streck* in Streck § 32a Rn 4; *Lang* in D/J/P/W § 32a Rn 28; *Watermeyer* in H/H/R Jahresbd 2006-2008 § 32a Rn J 06-10.
8 *Bauschatz* in Gosch § 32a Rn 32; *Lang* in D/J/P/W § 32a Rn 28; *Korn*, KÖSDI 2007, 15428, 15430.

44	**Kettenfälle.** Aufgrund des Zusammenhangs mit § 32a I S 1 greift die Ablaufhemmung nach § 32a I S 2 in Kettenfällen auch jeweils auf jeder Stufe.[1]
45	*Einstweilen frei.*
46	**VI. Entsprechende Anwendung (§ 32a I S 3). Regelungsgehalt.** Über § 32a I S 3 werden die Rechtsfolgen des § 32a I S 1 auf Leistungen iSd § 20 I Nr 9 und 10 lit a EStG ausgedehnt, um die Besteuerung dieser Leistungen auf Ebene des Empfängers gleichermaßen der Besteuerung zu unterwerfen.
47	**Bezüge iSd § 20 I Nr 9 EStG.** Zur Definition der Bezüge iSd § 20 I Nr 9 EStG vgl § 8b Rn 156.
48	**Bezüge iSd § 20 I Nr 10 lit a EStG.** Zur Definition der Bezüge iSd § 20 I Nr 10 lit a EStG vgl § 8b Rn 159.
49	*Einstweilen frei.*
50	**VII. Korrekturmöglichkeiten bei verdeckten Einlagen (§ 32a II S 1). 1. Tatbestandsvoraussetzungen. Erlass, Aufhebung und Änderung.** Ebenso wie § 32a I S 1 erfordert § 32a II S 1 die Berücksichtigung einer verdeckten Einlage im Wege des Erlasses, der Aufhebung oder Änderung eines Steuer- oder Feststellungsbescheids (vgl analog Rn 17 ff).
51	**Steuer- und Feststellungsbescheid.** § 32a II S 1 ist anwendbar, wenn der ESt- oder KSt-Steuerbescheid des Gesellschafters erlassen, aufgehoben oder geändert wird. Anders als § 32a I S 1 erfasst § 32a II S 1 zudem auch Feststellungsbescheide des Gesellschafters, wie zB die einheitliche und gesonderte Feststellung nach § 180 Nr 2 AO bei Zurechnung der Einkünfte an mehrere Personen.
52	**Verdeckte Einlage.** Die Änderung auf Ebene des Gesellschafters muss die außerbilanzielle Korrektur des Aufwands im Wege einer verdeckten Einlage betreffen. Soweit hingegen eine Korrektur aufgrund anderer Rechtsnormen erfolgt (zB aufgrund der Nichtabzugsfähigkeit von Aufwendungen), ist § 32a II S 1 nicht anwendbar.[2] Der Begriff der verdeckten Einlage gem § 32a II S 1 richtet sich nach den allgemeinen Grundsätzen des § 8 III S 3 (vgl § 8 Rn 633 ff).
53	**Gesellschafter.** Der Gesellschafter iSd § 32a II S 1 ist nicht näher bestimmt, so dass dieser sowohl unbeschränkt als auch beschränkt Steuerpflichtige aber auch nicht Steuerpflichtige umfasst.[3] Zudem kann Gesellschafter eine juristische, natürliche Person oder (gewerbliche) Personengesellschaft sein, die unmittelbar an der Gesellschaft beteiligt ist. Mittelbar Beteiligte sind hingegen keine Gesellschafter iSd § 32a II S 1.[4]
54	*Einstweilen frei.*

---

1 *Rengers* in Blümich § 32a Rn 37; *Bauschatz* in Gosch § 32a Rn 32; *Benecke*, NWB 2006 (Beratung Aktuell), 3341, 3345.
2 *Lang* in D/J/P/W § 32a Rn 51.
3 *Bauschatz* in Gosch § 32a Rn 42; *Lang* in D/J/P/W § 32a Rn 57; *Rengers* in Blümich § 32a Rn 45; *Watermeyer* in H/H/R Jahresbd 2006-2008 § 32a Rn J 06-12; *Grothherr*, RIW 2006, 898, 899.
4 ZB *Schulte/Altrichter-Herzberg* in Erle/Sauter § 32a Rn 23 mwN.

2. Rechtsfolgen. Erlass, Aufhebung und Änderung. Als Rechtsfolge sieht § 32a 55
II S 1 vor, dass auf Ebene der Gesellschaft ein Bescheid erlassen, aufgehoben oder
geändert werden kann, soweit dies die Korrektur der verdeckten Einlage umfasst
(vgl ansonsten analog Rn 26).

Umfang der Änderung. § 32a II S 1 erlaubt die Berücksichtigung der verdeckten 56
Einlage auf Gesellschafterebene sowie die mittelbaren Folgen nach der sog Verbrauchstheorie im Falle von mittelbaren Einlagen auf der Ebene der Gesellschaft
(vgl Rn 27). Der betragsmäßige Umfang der Änderung der verdeckten Einlage auf
Ebene des Gesellschafters ist in Folge des Trennungsprinzips (vgl Rn 6) weiterhin eigenständig nach den auf der jeweiligen Ebene geltenden Grundsätzen zu ermitteln.
Unterschiede ergeben sich hier insbesondere im Falle des Forderungsverzichts in der
Krise. Hier wird die verdeckte Einlage bei der Gesellschaft häufig mit Null bewertet
(vgl § 8 Rn 545 „Forderungsverzicht", 669), während bei natürlichen Personen als Anteilseignern bei in der Krise gewährten Darlehen eine Bewertung iRd § 17 EStG mit
dem Nennwert erfolgt.[1]

Änderung zu Gunsten und zu Ungunsten. Die Änderungsmöglichkeit nach 57
§ 32a II S 1 kann ebenfalls sowohl zu Gunsten als auch zu Ungunsten der Körperschaft
wirken (vgl Rn 28).

Steuerbescheid. Nach § 32a II S 1 kann ein Steuerbescheid der Körperschaft er- 58
lassen, aufgehoben oder geändert werden. Eine Änderung des GewSt-Bescheids
folgt zwar nicht aus § 32a II S 1, wohl aber aus § 35b GewStG.[2] Der UmwSt-Bescheid
kann aufgrund von § 32a II S 1 hingegen nicht geändert werden.

Festsetzungsbescheid. Dem ausdrücklichen Wortlaut nach werden auf Rechts- 59
folgenseite des § 32a II S 1 auch Festsetzungsbescheide erfasst, so dass anders als bei
§ 32a I S 1 insoweit ein Gleichlauf von Tatbestandsvoraussetzungen und Rechtsfolgen
gegeben ist. Hierdurch wird zB der Bescheid über die Feststellung des Einlagekontos
nach § 27 II umfasst.[3]

Zeitpunkt. Der Zeitpunkt der Änderung nach § 32a II S 1 richtet sich nach dem 60
Zeitpunkt der steuerlichen Erfassung der verdeckten Einlage auf Gesellschaftsebene.

Ermessen. Der Erlass, die Aufhebung oder Änderung stehen wie bei § 32a I 61
S 2 nach § 32a II S 1 im Ermessen der Finanzverwaltung, welches jedoch auf Null
reduziert ist (vgl Rn 37).

Körperschaft. Der Steuerbescheid, welcher erlassen, aufgehoben oder geändert 62
wird, betrifft nur die Körperschaft, welcher der Vermögensvorteil zugewendet wird.
Diese kann für Zwecke des § 32a II S 1 entweder unbeschränkt oder beschränkt
steuerpflichtig sein; für ausländische Körperschaften ohne Inlandsbezug hat § 32a
II S 1 keine Auswirkungen (vgl Rn 32). Da nahe stehende Personen von § 32a II

---

[1] BMF v 8.6.1999, BStBl I 1999, 545.
[2] *Bauschatz* in Gosch § 32a Rn 44; *Lang* in D/J/P/W § 32a Rn 58.
[3] *Trossen*, DStR 2006, 2295, 2298; *Lang* in D/J/P/W § 32a Rn 58.

S 1 nicht erfasst werden, kann eine Korrektur des Steuerbescheids auch insoweit nur bei der Körperschaft erfolgen, welcher der Vermögensvorteil unmittelbar zugewendet wird.

63 **Nahe stehende Person.** § 32a II S 1 sieht anders als § 32a I S 1 keine Möglichkeit des Erlasses, der Aufhebung oder Änderung eines Steuerbescheides einer nahe stehenden Person vor, was als unbeabsichtigte Gesetzeslücke gewertet wird.[1] Tatsächlich wird dieses Problem jedoch aufgrund der Korrektur „durch die Kette" regelmäßig behoben (vgl Rn 64), bleibt jedoch bei Dreiecksfällen bestehen (vgl Rn 65).

64 **Korrektur in Kettenfällen.** Da § 32a II S 1 keine nahe stehenden Personen erfasst, muss die Korrektur bei mittelbaren Einlagen (Kettenfälle) auf jeder Stufe erfolgen:

Beispiel

Die M-GmbH ist an der T-GmbH beteiligt; die T-GmbH ist an der E-GmbH beteiligt. Die E-GmbH finanziert die M-GmbH mit einem zu hoch verzinsten Darlehen. Die Festsetzungsfrist des Steuerbescheids der T-GmbH ist abgelaufen. Auf Ebene der M-GmbH wird eine verdeckte Einlage festgesetzt.

In Folge der Festsetzung der vedeckten Einlage bei der M-GmbH kann der Steuerbescheid der T-GmbH nach § 32a II S 1 korrigiert werden, da diese den Vermögensvorteil „durch die Kette" erhält. IRd Korrektur des Steuerbescheids der T-GmbH ist auch eine verdeckte Einlage in die E-GmbH zu berücksichtigen, welche auf Ebene der E-GmbH wiederum eine Korrektur und Berücksichtigung der verdeckten Einlage nach § 32a II S 1 ermöglicht.

65 **Korrektur in Dreiecksfällen.** Aufgrund der mangelnden Erfassung von nahe stehenden Personen kann es zu einer verfahrensrechtlichen Durchbrechung des Korrespondenzprinzips in Dreiecksfällen kommen:[2]

Beispiel

Die M-GmbH ist an der T1-GmbH und T2-GmbH beteiligt. Die T1-GmbH liefert an die T2-GmbH Wirtschaftsgüter unter Marktpreis. Die Festsetzungsfristen der Bescheide der T1-GmbH und T2-GmbH sind abgelaufen. Auf Ebene der M-GmbH wird eine verdeckte Einlage in die T2-GmbH und eine vereinnahmte vGA von der T1-GmbH festgesetzt.

In Folge der Steuerfestsetzung bei der M-GmbH ist auch eine Berücksichtigung der verdeckten Einlage iRe Änderung des Steuerbescheids der T2-GmbH nach § 32a II S 1 möglich. Mangels der Nennung einer Korrekturmöglichkeit bei nahe stehenden Personen in § 32a II S 1 ist jedoch eine Berücksichtigung des Vorgangs bei der T1-GmbH als vGA nicht möglich, so dass bei der M-GmbH § 8b I S 2 anwendbar ist.

66-67 *Einstweilen frei.*

---

1 *Lang* in D/J/P/W § 32a Rn 56.
2 *Bauschatz* in Gosch § 32a Rn 42.

VIII. Ablaufhemmung der Festsetzungsfrist

VIII. Ablaufhemmung der Festsetzungsfrist (§ 32a II S 2). § 32a II S 2 sieht vor, dass die Regelungen zur Ablaufhemmung gem § 32a I S 2 entsprechend für die Ablaufhemmung der Festsetzungsfrist des Steuerbescheids der Gesellschaft gelten (vgl zu weiteren Einzelheiten Rn 41 ff).

Einstweilen frei.

68

69

Fünfter Teil: Ermächtigungs- und Schlussvorschriften

§ 33 Ermächtigungen

(1) Die Bundesregierung wird ermächtigt, zur Durchführung dieses Gesetzes mit Zustimmung des Bundesrates durch Rechtsverordnung

1. zur Wahrung der Gleichmäßigkeit bei der Besteuerung, zur Beseitigung von Unbilligkeiten in Härtefällen und zur Vereinfachung des Besteuerungsverfahrens den Umfang der Steuerbefreiungen nach § 5 Abs. 1 Nr. 3 und 4 näher zu bestimmen. ² Dabei können

    a) zur Durchführung des § 5 Abs. 1 Nr. 3 Vorschriften erlassen werden, nach denen die Steuerbefreiung nur eintritt,

    aa) wenn die Leistungsempfänger nicht überwiegend aus dem Unternehmer oder seinen Angehörigen, bei Gesellschaften aus den Gesellschaftern und ihren Angehörigen bestehen,

    bb) wenn bei Kassen mit Rechtsanspruch der Leistungsempfänger die Rechtsansprüche und bei Kassen ohne Rechtsanspruch der Leistungsempfänger die laufenden Kassenleistungen und das Sterbegeld bestimmte Beträge nicht übersteigen, die dem Wesen der Kasse als soziale Einrichtung entsprechen,

    cc) wenn bei Auflösung der Kasse ihr Vermögen satzungsmäßig nur für soziale Zwecke verwendet werden darf,

    dd) wenn rechtsfähige Pensions-, Sterbe- und Krankenkassen der Versicherungsaufsicht unterliegen,

    ee) wenn bei rechtsfähigen Unterstützungskassen die Leistungsempfänger zu laufenden Beiträgen oder Zuschüssen nicht verpflichtet sind und die Leistungsempfänger oder die Arbeitnehmervertretungen des Betriebs oder der Dienststelle an der Verwaltung der Beträge, die der Kasse zufließen, beratend mitwirken können;

    b) zur Durchführung des § 5 Abs. 1 Nr. 4 Vorschriften erlassen werden

    aa) über die Höhe der für die Inanspruchnahme der Steuerbefreiung zulässigen Beitragseinnahmen,

    bb) nach denen bei Versicherungsvereinen auf Gegenseitigkeit, deren Geschäftsbetrieb sich auf die Sterbegeldversicherung beschränkt, die Steuerbefreiung unabhängig von der Höhe der Beitragseinnahmen auch eintritt, wenn die Höhe des Sterbegeldes insgesamt die Leistung der nach § 5 Abs. 1 Nr. 3 steuerbefreiten Sterbekassen nicht übersteigt und wenn der Verein auch im Übrigen eine soziale Einrichtung darstellt;

2. Vorschriften zu erlassen

    a) über die Kleinbeträge, um die eine Rückstellung für Beitragsrückerstattung nach § 21 Abs. 2 nicht aufgelöst zu werden braucht, wenn die Auszahlung dieser Beträge an die Versicherten mit einem unverhältnismäßig hohen Verwaltungsaufwand verbunden wäre;

    b) über die Herabsetzung oder Erhöhung der Körperschaftsteuer nach § 23 Abs. 2;

    c) nach denen bei Anschaffung oder Herstellung von abnutzbaren beweglichen und bei Herstellung von abnutzbaren unbeweglichen Wirtschaftsgütern des Anlagevermögens auf Antrag ein Abzug von der Körperschaftsteuer für den Veranlagungszeitraum der Anschaffung oder Herstellung bis zur Höhe von 7,5 Prozent der Anschaffungs- oder Herstellungskosten dieser Wirtschaftsgüter vorgenommen werden kann. ² § 51 Abs. 1 Nr. 2 Buchstabe s des Einkommensteuergesetzes gilt entsprechend;

d) nach denen Versicherungsvereine auf Gegenseitigkeit von geringerer wirtschaftlicher Bedeutung, die eine Schwankungsrückstellung nach § 20 Abs. 1 nicht gebildet haben, zum Ausgleich des schwankenden Jahresbedarfs zu Lasten des steuerlichen Gewinns Beträge der nach § 37 des Versicherungsaufsichtsgesetzes zu bildenden Verlustrücklage zuführen können;

e) die die Steuerbefreiung nach § 8b Absatz 1 Satz 1 und Absatz 2 Satz 1 sowie vergleichbare Vorschriften in Abkommen zur Vermeidung der Doppelbesteuerung von der Erfüllung besonderer Nachweis- und Mitwirkungspflichten abhängig machen, wenn außerhalb des Geltungsbereichs dieses Gesetzes ansässige Beteiligte oder andere Personen nicht wie inländische Beteiligte bei Vorgängen innerhalb des Geltungsbereichs dieses Gesetzes zur Mitwirkung bei der Ermittlung des Sachverhalts herangezogen werden können. ²Die besonderen Nachweis- und Mitwirkungspflichten können sich auf die Angemessenheit der zwischen nahestehenden Personen im Sinne des § 1 Absatz 2 des Außensteuergesetzes in ihren Geschäftsbeziehungen vereinbarten Bedingungen und die Bevollmächtigung der Finanzbehörde, im Namen des Steuerpflichtigen mögliche Auskunftsansprüche gegenüber den von der Finanzbehörde benannten Kreditinstituten außergerichtlich und gerichtlich geltend zu machen, erstrecken. ³Die besonderen Nachweis- und Mitwirkungspflichten auf der Grundlage dieses Buchstabens gelten nicht, wenn die außerhalb des Geltungsbereichs dieses Gesetzes ansässigen Beteiligten oder anderen Personen in einem Staat oder Gebiet ansässig sind, mit dem ein Abkommen besteht, das die Erteilung von Auskünften entsprechend Artikel 26 des Musterabkommens der OECD zur Vermeidung der Doppelbesteuerung auf dem Gebiet der Steuern vom Einkommen und vom Vermögen in der Fassung von 2005 vorsieht oder der Staat oder das Gebiet Auskünfte in einem vergleichbaren Umfang erteilt oder die Bereitschaft zu einer entsprechenden Auskunftserteilung besteht.

(2) Das Bundesministerium der Finanzen wird ermächtigt,

1. im Einvernehmen mit den obersten Finanzbehörden der Länder Muster der in den §§ 27 und 37 vorgeschriebenen Bescheinigungen zu bestimmen;
2. den Wortlaut dieses Gesetzes und der zu diesem Gesetz erlassenen Durchführungsverordnungen in der jeweils geltenden Fassung mit neuem Datum, unter neuer Überschrift und in neuer Paragrafenfolge bekannt zu machen und dabei Unstimmigkeiten des Wortlauts zu beseitigen.

KStDV 1994[1]

Zu § 5 Abs. 1 Nr. 3 des Gesetzes

§ 1 Allgemeines

Rechtsfähige Pensions-, Sterbe-, Kranken- und Unterstützungskassen sind nur dann eine soziale Einrichtung im Sinne des § 5 Abs. 1 Nr. 3 Buchstabe b des Gesetzes, wenn sie folgende Voraussetzungen erfüllen:

1. *Die Leistungsempfänger dürfen sich in der Mehrzahl nicht aus dem Unternehmer oder dessen Angehörigen und bei Gesellschaften in der Mehrzahl nicht aus den Gesellschaftern oder deren Angehörigen zusammensetzen.*
2. *Bei Auflösung der Kasse darf ihr Vermögen vorbehaltlich der Regelung in § 6 des Gesetzes satzungsmäßig nur den Leistungsempfängern oder deren Angehörigen zugute kommen oder für ausschließlich gemeinnützige oder mildtätige Zwecke verwendet werden.*

---

1 IdF der Bekanntmachung v 22.2.1996 (BGBl I 1996, 365), zuletzt geändert durch Art 3 der Verordnung zur Änderung steuerlicher Verordnungen v 17.11.2010 (BGBl I 2010, 1544).

3. Außerdem müssen bei Kassen mit Rechtsanspruch der Leistungsempfänger die Voraussetzungen des § 2, bei Kassen ohne Rechtsanspruch der Leistungsempfänger die Voraussetzungen des § 3 erfüllt sein.

§ 2 Kassen mit Rechtsanspruch der Leistungsempfänger

(1) Bei rechtsfähigen Pensions- oder Sterbekassen, die den Leistungsempfängern einen Rechtsanspruch gewähren, dürfen die jeweils erreichten Rechtsansprüche der Leistungsempfänger vorbehaltlich des Absatzes 2 die folgenden Beträge nicht übersteigen:

als Pension	25 769 Euro jährlich,
als Witwengeld	17 179 Euro jährlich,
als Waisengeld	5 154 Euro jährlich für jede Halbwaise,
	10 308 Euro jährlich für jede Vollwaise,
als Sterbegeld	7 669 Euro als Gesamtleistung.

(2) Die jeweils erreichten Rechtsansprüche, mit Ausnahme des Anspruchs auf Sterbegeld, dürfen in nicht mehr als 12 vom Hundert aller Fälle auf höhere als die in Absatz 1 bezeichneten Beträge gerichtet sein. Dies gilt in nicht mehr als 4 vom Hundert aller Fälle uneingeschränkt. Im Übrigen dürfen die jeweils erreichten Rechtsansprüche die folgenden Beträge nicht übersteigen:

als Pension	38 654 Euro jährlich,
als Witwengeld	25 769 Euro jährlich,
als Waisengeld	7 731 Euro jährlich für jede Halbwaise,
	15 461 Euro jährlich für jede Vollwaise.

§ 3 Kassen ohne Rechtsanspruch der Leistungsempfänger

Rechtsfähige Unterstützungskassen, die den Leistungsempfängern keinen Rechtsanspruch gewähren, müssen die folgenden Voraussetzungen erfüllen:

1. Die Leistungsempfänger dürfen zu laufenden Beiträgen oder zu sonstigen Zuschüssen nicht verpflichtet sein.
2. Den Leistungsempfängern oder den Arbeitnehmervertretungen des Betriebs oder der Dienststelle muss satzungsgemäß und tatsächlich das Recht zustehen, an der Verwaltung sämtlicher Beträge, die der Kasse zufließen, beratend mitzuwirken.
3. Die laufenden Leistungen und das Sterbegeld dürfen die in § 2 bezeichneten Beträge nicht übersteigen.

Zu § 5 Abs. 1 Nr. 4 des Gesetzes

§ 4 Kleinere Versicherungsvereine

Kleinere Versicherungsvereine auf Gegenseitigkeit im Sinne des § 53 des Gesetzes über die Beaufsichtigung der privaten Versicherungsunternehmungen in der im Bundesgesetzblatt Teil III, Gliederungsnummer 7631-1, veröffentlichten bereinigten Fassung, zuletzt geändert durch das Gesetz vom 18. Dezember 1975 (BGBl I S. 3139), sind von der Körperschaftsteuer befreit, wenn

1. ihre Beitragseinnahmen im Durchschnitt der letzten drei Wirtschaftsjahre einschließlich des im Veranlagungszeitraum endenden Wirtschaftsjahrs die folgenden Jahresbeträge nicht überstiegen haben:

   a) 797 615 Euro bei Versicherungsvereinen, die die Lebensversicherung oder die Krankenversicherung betreiben,

   b) 306 775 Euro bei allen übrigen Versicherungsvereinen, oder

I. Regelungsgehalt

2. sich ihr Geschäftsbetrieb auf die Sterbegeldversicherung beschränkt und sie im Übrigen die Voraussetzungen des § 1 erfüllen.

zu § 26 Abs. 3 des Gesetzes
§ 5 (weggefallen)

Schlussvorschrift
§ 6 Anwendungszeitraum

Die Körperschaftsteuer-Durchführungsverordnung in der Fassung des Artikels 5 des Gesetzes vom 19. Dezember 2000 (BGBl I S. 1790) ist erstmals für den Veranlagungszeitraum 2002 anzuwenden.

§ 7
(Inkrafttreten)

Anlage (zu § 5)
(weggefallen)

Übersicht

	Rn
I. Regelungsgehalt	1 – 2
II. Rechtsentwicklung	3 – 4
III. Normzweck und Anwendungsbereich	5 – 11
IV. Ermächtigungen für die Bundesregierung	12 – 28
1. Allgemeines	12 – 14
2. Ermächtigungen nach § 33 I Nr 1	15 – 16
3. Ermächtigungen nach § 33 I Nr 2	17 – 28
V. Ermächtigungen nach § 33 II für das BMF	29 – 48
1. Allgemeines	29 – 33
2. Ermächtigung zur Bestimmung der Muster der in § 27 und § 37 vorgeschriebenen Bescheinigungen	34 – 41
3. Ermächtigung zur Bekanntgabe des KStG und der KStDV	42 – 48

I. Regelungsgehalt. Ins Zentrum der Schlussvorschriften hat der Gesetzgeber mit § 33 Ermächtigungsvorschriften für die Bundesregierung und das BMF gestellt. § 33 I ermächtigt die Bundesregierung zum Erlass von Rechtsverordnungen zur Ausgestaltung der in § 5 I Nr 3 und 4 geregelten Steuerbefreiungsvorschriften für rechtsfähige Pensions-, Sterbe-, Kranken- und Unterstützungskassen sowie kleinere VVaG. § 33 II enthält Ermächtigungsvorschriften für das BMF, welche die praktische Umsetzung bzw Handhabung des KStG zum Inhalt haben.

Einstweilen frei.

II. Rechtsentwicklung. § 33 ist inhaltlich aus § 53 KStG idF vor StSenkG[1] hervorgegangen. § 53 wurde iRd Körperschaftsteuerreform im Jahr 1977[2] geschaffen und sah im Vergleich zu seiner Vorgängernorm nur noch wenig Raum für Ermächtigungen zum Erlass von Rechtsverordnungen vor. Der verringerte Regelungsbedarf beruhte dabei auf der grundlegenden Einarbeitung der KStDV 1968[3] in das neue Regelwerk.[4]

Seit dem Jahr 1977 hat § 53 einige Änderungen bzw Anpassungen erfahren. Hierzu zählen insbesondere die redaktionelle Anpassung im Verweis auf den § 23 sowie die Bekanntgabe des neuen KStG 1991. Durch die Änderung der Paragraphennummerierung durch das StSenkG vom 23.10.2000[5] wurde aus § 53 nunmehr § 33. Eine inhaltliche Änderung war damit nicht verbunden. Durch das UntStFG v 20.12.2001[6] wurde die Berechtigung der Bundesregierung zur Benennung von Entwicklungsländern gestrichen. Diese war aufgrund des Wechsels vom Anrechnungs- auf das Halbeinkünfteverfahren nicht mehr von Bedeutung, da nach dem Systemwechsel die steuerliche Freistellung von Dividendenerträgen eingeführt und somit die fiktive Anrechnung dieser obsolet wurde.

Im Jahr 2009 wurde aufgrund des SteuerHBekG[7] eine weitere Ermächtigungsgrundlage geschaffen, welche auch bereits durch eine Rechtsverordnung[8] ausgefüllt wurde.

Einstweilen frei.

III. Normzweck und Anwendungsbereich. Rechtsgrundlagen. Gesetzessystematisch resultiert die Erweiterung von Gesetzen um Rechtsverordnungen aus dem Prinzip der Gewaltenteilung. Für den Erlass von Gesetzen ist nach Art 105 GG allein die Legislative, also in erster Linie der Bundestag (unter Mitwirkung des Bundesrates), zuständig. Das Gesetzgebungsverfahren selbst ist im Grundgesetz festgeschrieben und formalisiert. Aus diesem Grunde handelt es sich beim Erlass von formellen Gesetzen um ein meist zeitintensives Prozedere. Art 80 GG gestattet daher die Übertragung von Teilen der Rechtsetzungsbefugnis auf die Verwaltung (Exekutive), fordert jedoch, dass Inhalt, Zweck und Ausmaß der Ermächtigung gesetzlich geregelt sind. Die Delegation muss durch ein formelles Gesetz (wie durch § 33) stattfinden.

Zweck. Bereits ausweislich des Gesetzestextes soll die in § 33 enthaltene Ermächtigung zum Erlass von Rechtsverordnungen der Wahrung der Gleichmäßigkeit der Besteuerung, der Beseitigung von Unbilligkeiten in Härtefällen und der Vereinfachung des Besteuerungsverfahrens dienen. Falls die Besteuerung auch von einmalig fest-

---

1 BGBl I 2000, 1433.
2 BGBl I 1976, 2597.
3 BGBl I 1977, 848.
4 BTDrs 7/1740, 381.
5 BGBl I 2000, 1433.
6 BGBl I 2001, 3858.
7 BGBl I 2009, 2303.
8 BGBl I 2009, 3046. Weiterführend hierzu BMF v 5.1.2010, BStBl I 2010, 19 im Hinblick auf nicht kooperierende Staaten und Gebiete, wobei derzeit kein Staat oder Gebiet auf dieser Liste steht.

zulegenden betraglichen Grenzen abhängt, unterliegt die wirtschaftliche Bedeutung einer Norm möglicherweise einem raschen Wandel. In solchen Fällen ist es sinnvoll, die Ausgestaltung bzw zeitnahe Anpassung von vorher festgelegten Gesetzesinhalten der Verwaltung zur schnellen Regelung zu überlassen. Die Ermächtigungen an das BMF sind durchweg von praktischen Erwägungen getragen. Sie ermöglichen eine bundesweit einheitliche Umsetzung der Regelungen des KStG.

Bindungswirkung. Die in § 33 dargestellten Ermächtigungsvorschriften für die Verwaltung sind aufgrund der Durchbrechung des Gewaltenteilungsprinzips abschließende Ausnahmeregelungen. Sie sind daher nicht analogiefähig und eng auszulegen. Die hieraus resultierenden Rechtsverordnungen haben aufgrund der spezialgesetzlichen Ermächtigung die gleiche Bindungswirkung wie die zugrundeliegenden Gesetzesnormen.

Zeitlicher Anwendungsbereich. Die aufgrund der Ermächtigungsnorm ergangene Durchführungsverordnung gilt aufgrund deren § 6 ab dem VZ 2002.

Verhältnis zu anderen Vorschriften. Zum Verhältnis zu Art 80 GG vgl bereits Rn 5. Die Ermächtigung des BMF, im Einvernehmen mit den obersten Finanzbehörden der Länder die bundeseinheitlichen Vordrucke für die KSt zu bestimmen, ist nicht in II enthalten. Hierfür gilt der Verweis in § 31 I auf § 51 IV Nr 1 lit b EStG, so dass auch für die KSt-Erklärung einheitliche Vordrucke herausgegeben werden können. Hiervon erfasst dürften sämtliche für die Erklärung notwendigen Vordrucke sein.

Einstweilen frei.

IV. Ermächtigungen für die Bundesregierung. 1. Allgemeines. § 33 I ermächtigt die Bundesregierung zum Erlass von Rechtsverordnungen, wobei der Umfang der Ermächtigung detailliert bestimmt ist. Aus der für die Bundesregierung geschaffenen Möglichkeit zum Erlass von Rechtsverordnungen resultiert jedoch keine Verpflichtung hierzu, da das KStG bzw die jeweiligen Normen auch ohne konkretisierende Vorschriften durchführbar ist.

Ausgestaltung von Steuerbefreiungsvorschriften. Inhaltlich geht es um die nähere Ausgestaltung der in § 5 I Nr 3 und 4 geregelten Steuerbefreiungsvorschriften für rechtsfähige Pensions-, Sterbe-, Kranken- und Unterstützungskassen sowie kleinerer VVaG. Wesentlich ist dabei der Erlass der KStDV 1977,[1] welche in den Jahren 1984[2] und 1993[3] aktualisiert worden ist.

Einstweilen frei.

2. Ermächtigungen nach § 33 I Nr 1. Die Ermächtigungsnorm des § 33 I Nr 1 bezieht sich auf den Umfang der Steuerbefreiung nach § 5 I Nr 3 für rechtsfähige Pensions-, Sterbe-, Kranken- und Unterstützungskassen sowie nach § 5 I Nr 4 für kleinerer VVaG. Hierbei handelt es sich um reine Durchführungsvorschriften, welche Eingang in die KStDV 1994 gefunden haben (vgl § 5 Rn 126 ff, 226 ff).

---
1 BGBl I 1977, 848.
2 BGBl I 1984, 1053.
3 BGBl I 1996, 365.

16 *Einstweilen frei.*

17 **3. Ermächtigungen nach § 33 I Nr 2. Umsetzung.** Von den Ermächtigungsnormen des § 33 I Nr 2 lit a-d hat die Bundesregierung bisher keinen Gebrauch gemacht. Lediglich zu § 33 I Nr 2 lit e wurde aufgrund der Verordnungsermächtigung eine Rechtsverordnung[1] erlassen. Sie enthält konkretisierende Regelungen dazu, dass für Dividenden die Steuerbefreiung nach § 8b I sowie die Steuerbefreiung, die die DBA für Gewinnanteile gewähren, von erweiterten Mitwirkungs- und Nachweispflichten abhängig gemacht wird, wenn die Beteiligten oder andere Personen in einem Staat oder Gebiet ansässig sind, das keine Auskünfte nach den Standards der OECD erteilt oder nicht dazu bereit ist. Auf diese Weise wird den eingeschränkten Ermittlungsmöglichkeiten der Finanzbehörden bei Auslandssachverhalten Rechnung getragen. Es soll aber auch ein Anreiz für die Staaten geschaffen werden, mit Deutschland einen effektiven Auskunftsaustausch nach den Standards der OECD zu vereinbaren. Vgl ausführlich zu dieser Problematik § 8b Rn 57 f.

18 **Keine Auflösung einer nach § 21 gebildeten Rückstellung (§ 33 I Nr 2 lit a).** Nach § 33 I Nr 2 lit a könnten Bestimmungen geschaffen werden, wonach Versicherungsunternehmen eine nach § 21 gebildete Rückstellung für eine Beitragsrückerstattung nicht aufzulösen brauchen (vgl § 21 II S 3), wenn dies zu einem unverhältnismäßig hohen Verwaltungsaufwand führen würde.[2]

19 **Herabsetzung oder Erhöhung der KSt gem § 23 II (§ 33 I Nr 2 lit b).** § 33 I Nr 2 lit b ist im Kontext mit § 51 III EStG zu sehen. Bei einer Störung des gesamtwirtschaftlichen Gleichgewichts kann die Bundesregierung mit Zustimmung des Bundesrats die ESt um höchstens 10 % erhöhen oder ermäßigen. Über § 23 II gilt diese Erhöhung oder Ermäßigung auch für die tarifliche KSt. Auf diese Weise sollen je nach wirtschaftlicher Gesamtsituation Kapitalgesellschaften steuerlich be- bzw entlastet werden.

20 **Herabsetzung oder Erhöhung der KSt gem § 23 II (§ 33 I Nr 2 lit c).** Nach § 33 I Nr 2 lit c dürfen bei Störung des gesamtwirtschaftlichen Gleichgewichts für Investitionen bis zu 7,5 % der Anschaffungs- bzw Herstellungskosten von der KSt für den Zeitraum der Anschaffung abgezogen werden. Weitere Einzelheiten ergeben sich aus dem Verweis auf den für die ESt geltenden § 51 I Nr 2 lit s EStG. Durch diese Regelungen zur Höhe des KSt-Satzes soll in Bedarfsfällen die Nachfrage nach Investitionsgütern und Bauleistungen angeregt werden.

21 **VVaG mit geringer wirtschaftlicher Bedeutung (§ 33 I Nr 2 lit d).** § 33 I Nr 2 lit d zielt auf VVaG mit geringer wirtschaftlicher Bedeutung. Solche VVaG, die eine Schwankungsrückstellung nach § 20 I nicht gebildet haben, können zum Ausgleich des schwankenden Jahresbedarfs zu Lasten des steuerlichen Gewinns Beträge der nach § 37 VAG zu bildenden Verlustrücklage zuführen.[3]

---

1 BGBl I 2009, 3046; weiterführend hierzu BMF v 5.1.2010, BStBl I 2010, 19 im Hinblick auf nicht kooperierende Staaten und Gebiete, wobei derzeit kein Staat oder Gebiet auf dieser Liste steht.
2 BMF v 7.3.1978, BStBl I 1978, 160, 164 mit einer Kleinbetragsregelung.
3 BMF v 2.1.1979, BStBl I 1979, 58.

Nachweis- und Mitwirkungspflichten zum Erhalt von Steuerbefreiungen **22**
(§ 33 I Nr 2 lit e). Das SteuerHBekG ermächtigte durch die Ergänzung der
Ermächtigungen des § 51 I Nr 1 EStG um lit f und der des § 33 I Nr 2 um lit e die
Bundesregierung, durch Rechtsverordnung mit Zustimmung des Bundesrats besondere Mitwirkungs- und Nachweispflichten für Steuerpflichtige mit Geschäftsbeziehungen zu sog Steueroasen[1] zu bestimmen, deren Verletzung ua zu steuerlich
ungünstigen Folgen führen kann. Auf der Grundlage dieser Ermächtigungen hat
die Bundesregierung mit Zustimmung des Bundesrats vom 18.9.2009 die SteuerHBekV[2] erlassen. Sie konkretisiert die erweiterten Mitwirkungs- und Nachweispflichten und legt die Rechtsfolgen im Fall ihrer Verletzung fest. Die Verpflichtungen nach der Verordnung beziehen sich ausschließlich auf Geschäftsbeziehungen zu „nicht kooperativen Jurisdiktionen".

Einstweilen frei. **23-28**

V. Ermächtigungen nach § 33 II für das BMF. 1. Allgemeines. Regelungsgehalt. **29**
Die Ermächtigungsvorschriften des § 33 II erlauben dem BMF, im begrenzten Maße
verfahrensrechtliche Vorschriften zu erlassen, mit denen den Steuerpflichtigen bestimmte Nachweise bescheinigt werden, zB über die Verwendung des steuerlichen
Einlagekontos (§ 27 III, IV) und über den Körperschaftsteuerminderungsbetrag (§ 37
III). Die Ermächtigung betrifft die praktische Umsetzung gesetzlicher Vorschriften
bzw schafft die Möglichkeit, redaktionelle Anpassungen des KStG durchzuführen.

Ermächtigungen. Mittels § 33 II soll eine bundesweite Vereinheitlichung von **30**
Verfahrensvorgängen im Hinblick auf Bescheinigungen, die von der leistenden
Gesellschaft ausgestellt werden, erreicht werden, ohne dass ein neuer materiellrechtlicher Inhalt festgelegt wird.

Rechtsqualität. Da es sich nicht (wie im Falle des Erlasses von Rechtsverord- **31**
nungen) um eine rechtsetzende, dh gesetzgebende Tätigkeit handelt, ist die Mitwirkung des Bundesrates nicht erforderlich.

Einstweilen frei. **32-33**

2. Ermächtigung zur Bestimmung der Muster der in § 27 und § 37 vorge- **34**
schriebenen Bescheinigungen. Regelungsgehalt der Bescheinigung iSd § 27. Aussteller der Bescheinigungen der §§ 27 und 37 sind ausschüttende Körperschaften
bzw Kreditinstitute. Im Falle des § 27 III und IV ist die Verwendung des
steuerlichen Einlagekontos bei Ausschüttungen an die Anteilseigner offenzulegen.
Durch die Bescheinigung können die Anteilseigner nachweisen, in welchem Umfang ihre Bezüge gemäß § 20 I Nr 1 S 3 EStG nicht zu den steuerpflichtigen Einnahmen aus Kapitalvermögen gehören. Auf Seiten des Leistungsempfängers der
Ausschüttung geht es also um die Abgrenzung einer Ausschüttung von einer
bloßen Einlagenrückgewähr. Es handelt sich um Bescheinigungen, die erst seit
Geltung des Halbeinkünfteverfahrens von Bedeutung sind (weitere Einzelheiten
vgl § 27 Rn 91 ff).

---

1 *Kleinert/Göres*, NJW 2009, 2713.
2 BGBl I 2009, 3046.

35 **Beweismittel.** Bei der Steuerbescheinigung nach § 27 handelt es sich um eine Bescheinigung der ausschüttenden Körperschaft und die Bescheinigung durch ein Kreditinstitut über die Verwendung des steuerlichen Einlagekontos. Diese Bescheinigungen stellen für den Anteilseigner ein Beweismittel dafür da, dass keine nichtsteuerbaren Kapitalrückzahlungen vorliegen. Eine materielle Voraussetzung für deren steuerliche Nichterfassung ist damit aber nicht verbunden. Dies bedeutet, der Anteilseigner könnte sich auch anderer Beweismittel bedienen.

36 **Regelungsgehalt der Bescheinigung iSd § 37.** Hintergrund der Regelung des § 37 ist der Systemwechsel vom Anrechnungs- zum Halbeinkünfteverfahren, welcher grundsätzlich und in seiner ursprünglichen Form zum 31.12.2000 eingeleitet wurde. Bei Ausschüttungen ist eine ggf erzielte Körperschaftsteuerminderung nach § 37 III S 4 zu bescheinigen, damit korrespondierend hierzu bei der Empfängerkörperschaft die Nachsteuer festgesetzt werden kann. Insoweit stellt die Bescheinigung das formelle Bindeglied zwischen der Körperschaftsteuererhöhung bei der empfangenden Körperschaft und der Körperschaftsteuerminderung bei der ausschüttenden Gesellschaft dar. Seit dem Übergang zur verwendungsunabhängigen ratierlichen Auszahlung des Körperschaftsteuerguthabens hat die hier genannte Bescheinigung nach § 37 III daher bereits an Bedeutung verloren (weitere Einzelheiten § 37 Rn 22, 27).

37 **Feststellung des steuerlichen Einlagekontos und Körperschaftsteuerguthabens.** Die Feststellungen des Teilbetrages EK 02 (§ 38) und des Sonderausweises (§ 28 I S 3) und ihre vordruckmäßige Darstellung werden von § 33 II nach dem Wortlaut der Norm nicht erfasst.[1]

38 **Muster der Steuerbescheinigung.** Das derzeit geltende Muster der Steuerbescheinigungen nach §§ 27 und 37 ist mit Schreiben des BMF v 20.2.2001[2] veröffentlicht worden.

39-41 *Einstweilen frei.*

42 **3. Ermächtigung zur Bekanntgabe des KStG und der KStDV.** Das BMF ist weiterhin ermächtigt, den Wortlaut des KStG und der KStDV in der jeweils geltenden Fassung mit neuem Datum, unter neuer Überschrift und in neuer Paragraphenfolge bekannt zu machen und dabei Unstimmigkeiten im Wortlaut zu beseitigen.

43 **Bedeutung.** Von Bedeutung ist diese Ermächtigungsgrundlage in den Fällen, in denen die gesetzlichen Vorschriften infolge zahlreicher Gesetzesänderungen unübersichtlich geworden sind und somit ihre Anwendung erschwert ist. Allerdings ist diese Änderungsmöglichkeit gesetzlicher Normen auf offenbare Formulierungsfehler beschränkt, sie darf nicht zu inhaltlichen Änderungen führen.[3] Solche inhaltlichen Änderungen sind der rechtsetzenden Gewalt, also der Bundesregierung unter Mitwirkung des Bundesrates, vorbehalten.

---

1 AA Dötsch in D/J/P/W § 33 Rn 13.
2 BMF v 20.2.2001, BStBl I 2001, 235; BMF v 24.11.2008, BStBl I 2008, 973; BMF v 18.12.2009, BStBl I 2010, 79; BMF v 16.11.2010, BStBl I 2010, 1305.
3 BFH IV 45/59 U, BStBl III 1959, 235.

Vordrucke zur KSt-Erklärung. Die Vordrucke zur KSt-Erklärung sind von der Ermächtigungsgrundlage des § 33 II nicht umfasst. Diese basieren vielmehr auf § 51 IV Nr 1 lit c EStG iVm § 31 I. 44

Letzte Bekanntmachung. Die letzte Bekanntmachung des KStG in einer aktuellen Fassung ist im Jahr 2002[1] infolge des Systemwechsels erfolgt. Die KStDV wurde vom Bundesministerium der Finanzen im Jahre 1996[2] als KStDV 1994 letztmals bekanntgemacht. 45

Einstweilen frei. 46-48

---

1 BGBl I 2002, 1169.
2 KStDV 1994 v 22.2.1996, BGBl I 1996, 365.

§ 34 Schlussvorschriften

(1) Diese Fassung des Gesetzes gilt, soweit in den folgenden Absätzen nichts anderes bestimmt ist, erstmals für den Veranlagungszeitraum 2010.

(2) Das Körperschaftsteuergesetz in der Fassung des Artikels 3 des Gesetzes vom 23. Oktober 2000 (BGBl. I S. 1433) ist bei vom Kalenderjahr abweichenden Wirtschaftsjahren erstmals für den Veranlagungszeitraum 2002 anzuwenden, wenn das erste im Veranlagungszeitraum 2001 endende Wirtschaftsjahr vor dem 1. Januar 2001 beginnt.

(2a) § 2 Nr. 2 und § 5 Abs. 2 Nr. 1 in der Fassung des Artikels 2 des Gesetzes vom 14. August 2007 (BGBl. I S. 1912) sind erstmals auf Entgelte anzuwenden, die nach dem 17. August 2007 zufließen.

(3) [1]§ 5 Abs. 1 Nr. 2 ist für die Landestreuhandstelle Hessen – Bank für Infrastruktur – rechtlich unselbständige Anstalt in der Landesbank Hessen-Thüringen Girozentrale erstmals für den Veranlagungszeitraum 2007 sowie für die Investitions- und Förderbank Niedersachsen erstmals für den Veranlagungszeitraum 2008 anzuwenden. [2]§ 5 Absatz 1 Nummer 2 ist für die Wirtschafts- und Infrastrukturbank Hessen – rechtlich unselbständige Anstalt in der Landesbank Hessen-Thüringen Girozentrale – erstmals für den Veranlagungszeitraum 2009 anzuwenden. [3]Die Steuerbefreiung nach § 5 Abs. 1 Nr. 2 in der bis zum 24. Dezember 2008 geltenden Fassung ist für die Investitions- und Förderbank Niedersachsen GmbH sowie für die Niedersächsische Landestreuhandstelle – Norddeutsche Landesbank Girozentrale – letztmals für den Veranlagungszeitraum 2007 anzuwenden. [4]Die Steuerbefreiung nach § 5 Absatz 1 Nummer 2 ist für die Investitionsbank Hessen, für die Wohnungsbauförderungsanstalt Nordrhein-Westfalen – Anstalt der NRW.Bank – und für die Landestreuhandstelle Hessen – Bank für Infrastruktur – rechtlich unselbständige Anstalt in der Landesbank Hessen-Thüringen Girozentrale – letztmals für den Veranlagungszeitraum 2009 anzuwenden.

(3a) § 5 Abs. 1 Nr. 8 in der Fassung des Artikels 31 des Gesetzes vom 9. Dezember 2004 (BGBl. I S. 3242) ist erstmals für den Veranlagungszeitraum 2005 anzuwenden.

(3b) § 5 Abs. 1 Nr. 16 in der am 21. Dezember 2004 geltenden Fassung ist erstmals für den Veranlagungszeitraum 2005 anzuwenden.

(3c) § 5 Abs. 1 Nr. 23 in der Fassung des Artikels 3 des Gesetzes vom 15. Dezember 2003 (BGBl. I S. 2645) ist auch in Veranlagungszeiträumen vor 2003 anzuwenden.

(4) [1]§ 5 Abs. 2, § 8a Abs. 1, die §§ 8b, 15, 16 und 18, § 26 Abs. 6, die §§ 27, 28 und 29, § 32 Abs. 2, § 33 Abs. 1 und 2, §§ 35, 36, 37, 38 und 39 sowie § 40 Abs. 3 des Körperschaftsteuergesetzes in der Fassung des Artikels 2 des Gesetzes vom 20. Dezember 2001 (BGBl. I S. 3858) sind, soweit in den folgenden Absätzen nichts anderes bestimmt ist, erstmals für den Veranlagungszeitraum anzuwenden, für den erstmals das Körperschaftsteuergesetz in der Fassung des Artikels 3 des Gesetzes vom 23. Oktober 2000 (BGBl. I S. 1433) anzuwenden ist. [2]§ 29 des Körperschaftsteuergesetzes in der Fassung des Gesetzes vom 14. Juli 2000 (BGBl. I S. 1034) wird mit Wirkung ab diesem Veranlagungszeitraum nicht mehr angewendet.

(5) [1]Erwerbs- und Wirtschaftsgenossenschaften sowie Vereine können bis zum 31. Dezember 1991, in den Fällen des § 54 Abs. 4 des Körperschaftsteuergesetzes in der Fassung des Artikels 9 des Gesetzes vom 18. Dezember 1989 (BGBl. I S. 2212) bis zum 31. Dezember 1992 oder, wenn es sich um Erwerbs- und Wirtschaftsgenossenschaften oder Vereine in dem in Artikel 3 des Einigungsvertrages genannten Gebiet handelt, bis zum 31. Dezember 1993 durch schriftliche Erklärung auf die Steuerbefreiung nach § 5 Abs. 1 Nr. 10 und 14 des Körperschaftsteuergesetzes in der Fassung des Artikels 4 des Gesetzes vom 14. Juli 2000 (BGBl. I S. 1034) verzichten, und zwar auch für den Veranlagungszeitraum 1990. [2]Die Körperschaft ist mindestens für fünf aufeinander folgende Kalenderjahre an die Erklärung gebunden. [3]Die

Erklärung kann nur mit Wirkung vom Beginn eines Kalenderjahrs an widerrufen werden. ⁴Der Widerruf ist spätestens bis zur Unanfechtbarkeit der Steuerfestsetzung des Kalenderjahrs zu erklären, für das er gelten soll.

(5a) § 5 Abs. 2 Nr. 2 in der Fassung des Artikels 3 des Gesetzes vom 19. Dezember 2008 (BGBl. I S. 2794) ist auch für Veranlagungszeiträume vor 2009 anzuwenden.

(6) ¹§ 8 Abs. 1 Satz 2 in der Fassung des Artikels 3 des Gesetzes vom 19. Dezember 2008 (BGBl. I S. 2794) ist auch für Veranlagungszeiträume vor 2009 anzuwenden. ²§ 8 Abs. 3 Satz 4 bis 6 in der Fassung des Artikels 4 des Gesetzes vom 13. Dezember 2006 (BGBl. I S. 2878) ist erstmals auf verdeckte Einlagen anzuwenden, die nach dem 18. Dezember 2006 getätigt wurden. ³§ 8 Abs. 4 in der am 23. Dezember 2001 geltenden Fassung ist neben § 8c des Körperschaftsteuergesetzes in der Fassung des Artikels 2 des Gesetzes vom 14. August 2007 (BGBl. I S. 1912) letztmals anzuwenden, wenn mehr als die Hälfte der Anteile an einer Kapitalgesellschaft innerhalb eines Zeitraums von fünf Jahren übertragen werden, der vor dem 1. Januar 2008 beginnt, und der Verlust der wirtschaftlichen Identität vor dem 1. Januar 2013 eintritt. ⁴§ 8 Abs. 7 in der Fassung des Artikels 3 des Gesetzes vom 19. Dezember 2008 (BGBl. I S. 2794) ist auch für Veranlagungszeiträume vor 2009 anzuwenden. ⁵Ist im Einzelfall vor dem 18. Juni 2008 bei der Einkommensermittlung nach anderen Grundsätzen als nach § 8 Abs. 7 in der Fassung des Artikels 3 des Gesetzes vom 19. Dezember 2008 (BGBl. I S. 2794) verfahren worden, so sind diese Grundsätze insoweit letztmals für den Veranlagungszeitraum 2011 maßgebend. ⁶Entfällt nach dem 18. Juni 2008 erstmals die Mehrheit der Stimmrechte nicht mehr unmittelbar oder mittelbar auf juristische Personen des öffentlichen Rechts oder tragen trotz Bestehens des Stimmrechtserfordernisses nach diesem Tag erstmals auch andere als diese Gesellschafter die Verluste aus den Dauerverlustgeschäften, ist Satz 5 für Veranlagungszeiträume vor 2012 nicht mehr anzuwenden. ⁷§ 8 Abs. 8 in der Fassung des Artikels 3 des Gesetzes vom 19. Dezember 2008 (BGBl. I S. 2794) ist erstmals für den Veranlagungszeitraum 2009 anzuwenden. ⁸Der zum 31. Dezember 2008 für einen Betrieb gewerblicher Art, der durch eine Zusammenfassung entstanden war, festgestellte Verlustvortrag, gilt als in diesem Betrieb gewerblicher Art entstanden. ⁹§ 8 Abs. 9 in der Fassung des Artikels 3 des Gesetzes vom 19. Dezember 2008 (BGBl. I S. 2794) ist erstmals für den Veranlagungszeitraum 2009 anzuwenden. ¹⁰Ein auf den Schluss des Veranlagungszeitraums 2008 festgestellter Verlustvortrag ist sachgerecht nach Maßgabe des § 8 Abs. 9 aufzuteilen, die sich hiernach ergebenden jeweiligen Beträge gelten als Ausgangsbetrag bei der Anwendung des § 10d des Einkommensteuergesetzes in dem folgenden Veranlagungszeitraum. ¹¹Für den Verlustrücktrag nach Maßgabe des § 10d des Einkommensteuergesetzes in den Veranlagungszeitraum 2008 ist die Summe der sich im Veranlagungszeitraum 2009 ergebenden Beträge aus den einzelnen Sparten maßgebend. ¹²Nach Inkrafttreten des Artikels 4 des Gesetzes vom 12. August 2008 (BGBl. I S. 1672) ist Satz 9 mit der Maßgabe anzuwenden, dass an die Stelle der Angabe „Satz 5" die Angabe „Satz 8" tritt. ¹³§ 8 Absatz 9 Satz 8 in der Fassung des Artikels 2 des Gesetzes vom 8. Dezember 2010 (BGBl. I S. 1768) ist erstmals für den Veranlagungszeitraum 2009 anzuwenden. ¹⁴§ 8 Absatz 10 Satz 1 in der Fassung des Artikels 17 des Gesetzes vom 1. November 2011 (BGBl. I S. 2131) ist erstmals für den Veranlagungszeitraum 2012 anzuwenden.

(6a) ¹§ 8a in der Fassung des Artikels 3 des Gesetzes vom 22. Dezember 2003 (BGBl. I S. 2840) ist erstmals für das Wirtschaftsjahr anzuwenden, das nach dem 31. Dezember 2003 beginnt. ²§ 8a Abs. 1 Satz 2 in der in Satz 1 genannten Fassung ist nicht anzuwenden, wenn die Rückgriffsmöglichkeit des Dritten allein auf der Gewährträgerhaftung einer Gebietskörperschaft oder einer anderen Einrichtung des öffentlichen Rechts gegenüber den Gläubigern eines Kreditinstituts für Verbindlichkeiten beruht, die bis zum 18. Juli 2001 vereinbart waren; Gleiches gilt für bis zum 18. Juli 2005 vereinbarte Verbindlichkeiten, wenn deren Laufzeit nicht über den 31. Dezember 2015 hinausgeht. [3]§ 8a in der Fassung des Artikels 2 des Gesetzes vom 14. August 2007 (BGBl. I S. 1912) ist erstmals für Wirtschaftsjahre anzuwenden, die nach dem 25. Mai 2007 beginnen und nicht vor dem 1. Januar 2008 enden. [4]§ 8a Abs. 2 und 3 in der in Satz 3 genannten Fassung ist nicht anzuwenden, wenn die Rückgriffsmöglichkeit des Dritten allein auf der Gewährträgerhaftung einer Gebietskörperschaft oder einer anderen Einrichtung des öffentlichen Rechts gegenüber den Gläubigern eines Kreditinstituts für Verbindlichkeiten beruht, die bis zum 18. Juli 2001 vereinbart waren; Gleiches gilt für bis zum 18. Juli 2005 vereinbarte Verbindlichkeiten, wenn deren Laufzeit nicht über den 31. Dezember 2015 hinausgeht. [5]§ 8a Absatz 1 Satz 1 in der Fassung des Artikels 2 des Gesetzes vom 22. Dezember 2009 (BGBl. I S. 3950) ist erstmals für Wirtschaftsjahre anzuwenden, die nach dem 31. Dezember 2009 enden. [6]§ 8a Absatz 1 Satz 3 in der Fassung des Artikels 2 des Gesetzes vom 22. Dezember 2009 (BGBl. I S. 3950) ist erstmals auf schädliche Beteiligungserwerbe nach dem 31. Dezember 2009 anzuwenden.

(7) [1]§ 8b ist erstmals anzuwenden für

1. Bezüge im Sinne des § 20 Abs. 1 Nr. 1 und 2 des Einkommensteuergesetzes, auf die bei der ausschüttenden Körperschaft der Vierte Teil des Körperschaftsteuergesetzes in der Fassung des Artikels 4 des Gesetzes vom 14. Juli 2000 (BGBl. I S. 1034) nicht mehr anzuwenden ist;
2. Gewinne und Gewinnminderungen im Sinne des § 8b Abs. 2 und 3 nach Ablauf des ersten Wirtschaftsjahrs der Gesellschaft, an der die Anteile bestehen, das dem letzten Wirtschaftsjahr folgt, das in dem Veranlagungszeitraum endet, in dem das Körperschaftsteuergesetz in der Fassung des Artikels 4 des Gesetzes vom 14. Juli 2000 (BGBl. I S. 1034) letztmals anzuwenden ist.

[2]Bis zu den in Satz 1 genannten Zeitpunkten ist § 8b des Körperschaftsteuergesetzes in der Fassung des Artikels 4 des Gesetzes vom 14. Juli 2000 (BGBl. I S. 1034) weiter anzuwenden. [3]Bei der Gewinnermittlung für Wirtschaftsjahre, die nach dem 15. August 2001 enden, gilt Folgendes:
[4]§ 8b Abs. 2 des Körperschaftsteuergesetzes in der Fassung des Artikels 4 des Gesetzes vom 14. Juli 2000 (BGBl. I S. 1034) ist mit der Maßgabe anzuwenden, dass über Satz 2 der Vorschrift hinausgehend auch Gewinnminderungen aus Teilwertabschreibungen nicht zu berücksichtigen sind, soweit die Anteile von einem verbundenen Unternehmen (§ 15 des Aktiengesetzes) erworben worden sind. [5]Die Wertminderung von Anteilen an Kapitalgesellschaften, die die Voraussetzungen für die Anwendung des § 8b Abs. 2 des Körperschaftsteuergesetzes in der Fassung des Artikels 4 des Gesetzes vom 14. Juli 2000 (BGBl. I S. 1034) im Zeitpunkt der Wertminderung nicht oder nicht mehr erfüllen, ist in Höhe des Teils der Anschaffungskosten der Anteile nicht zu berücksichtigen, der bei der Veräußerung der Anteile durch einen früheren Anteilseigner nach § 8b Abs. 2 Satz 1 des Körperschaftsteuergesetzes in der Fassung des Artikels 4 des Gesetzes vom 14. Juli 2000 (BGBl. I S. 1034) oder nach § 8b Abs. 2 Satz 1 des Körperschaftsteuergesetzes in der Fassung des Artikels 4 des Gesetzes vom 20. Dezember 2000 (BGBl. I S. 1850) bei der Ermittlung des Einkommens außer Ansatz geblieben ist. [6]Die Wertminderung von Anteilen an inländischen oder ausländischen Kapitalgesellschaften ist nicht zu berücksichtigen, soweit sie auf eine Wertminderung im Sinne der Sätze 4 und 5 von Anteilen an nachgeordneten Kapitalgesellschaften zurückzuführen ist. [7]§ 8b Abs. 4 Satz 2 Nr. 2 letzter Halbsatz des Körperschaftsteuergesetzes in der Fassung des Artikels 2 des Gesetzes vom 20. Dezember 2001 (BGBl. I S. 3858) ist erstmals auf Veräußerungen anzuwenden, die nach dem 15. August 2001 erfolgen. [8]§ 8b Abs. 8 und § 21 Abs. 1 Nr. 1 Satz 1 sind anzuwenden:

1. in der Fassung des Artikels 3 des Gesetzes vom 22. Dezember 2003 (BGBl. I S. 2840) erstmals für den Veranlagungszeitraum 2004, bei vom Kalenderjahr abweichenden Wirtschaftsjahren erstmals für den Veranlagungszeitraum 2005;
2. auf einheitlichen, bis zum 30. Juni 2004 zu stellenden, unwiderruflichen Antrag bereits für die Veranlagungszeiträume 2001 bis 2003, bei vom Kalenderjahr abweichenden Wirtschaftsjahren für die Veranlagungszeiträume 2002 bis 2004 (Rückwirkungszeitraum). ²Dabei ist § 8b Abs. 8 in folgender Fassung anzuwenden:

„(8) ¹Die Absätze 1 bis 7 sind anzuwenden auf Anteile, die bei Lebens- und Krankenversicherungsunternehmen den Kapitalanlagen zuzurechnen sind, mit der Maßgabe, dass die Bezüge, Gewinne und Gewinnminderungen zu 80 Prozent bei der Ermittlung des Einkommens zu berücksichtigen sind. ²Satz 1 gilt nicht für Gewinne im Sinne des Absatzes 2, soweit eine Teilwertabschreibung in früheren Jahren nach Absatz 3 bei der Ermittlung des Einkommens unberücksichtigt geblieben ist und diese Minderung nicht durch den Ansatz eines höheren Werts ausgeglichen worden ist. ³Gewinnminderungen, die im Zusammenhang mit den Anteilen im Sinne des Satzes 1 stehen, sind bei der Ermittlung des Einkommens nicht zu berücksichtigen, wenn das Lebens- oder Krankenversicherungsunternehmen die Anteile von einem verbundenen Unternehmen (§ 15 des Aktiengesetzes) erworben hat, soweit ein Veräußerungsgewinn für das verbundene Unternehmen nach Absatz 2 in der Fassung des Artikels 3 des Gesetzes vom 23. Oktober 2000 (BGBl. I S. 1433) bei der Ermittlung des Einkommens außer Ansatz geblieben ist. ⁴Für die Ermittlung des Einkommens sind die Anteile mit den nach handelsrechtlichen Vorschriften ausgewiesenen Werten anzusetzen, die bei der Ermittlung der nach § 21 abziehbaren Beträge zu Grunde gelegt wurden. ⁵Negative Einkünfte des Rückwirkungszeitraums dürfen nicht in Veranlagungszeiträume außerhalb dieses Zeitraums rück- oder vorgetragen werden. ⁶Auf negative Einkünfte des Rückwirkungszeitraums ist § 14 Abs. 1 nicht anzuwenden. ⁷Entsprechendes gilt für Pensionsfonds."

⁹§ 8b Abs. 10 in der Fassung des Artikels 2 des Gesetzes vom 14. August 2007 (BGBl. I S. 1912) ist erstmals ab dem Veranlagungszeitraum 2007 anzuwenden. ¹⁰§ 8b Abs. 9 ist für den Veranlagungszeitraum 2004 in der folgenden Fassung anzuwenden:

„(9) Die Absätze 7 und 8 gelten nicht für Bezüge im Sinne des Absatzes 1, auf die die Mitgliedstaaten der Europäischen Union Artikel 4 Abs. 1 der RL 90/435/EWG des Rates vom 23. Juli 1990 über das gemeinsame Steuersystem der Mutter- und Tochtergesellschaften verschiedener Mitgliedstaaten (ABl. EG Nr. L 225 S. 6, Nr. L 266 S. 20, 1997 Nr. L 16 S. 98), zuletzt geändert durch Akte über die Beitrittsbedingungen und die Anpassungen der Verträge – Beitritt der Tschechischen Republik, der Republik Estland, der Republik Zypern, der Republik Lettland, der Republik Litauen, der Republik Ungarn, der Republik Malta, der Republik Polen, der Republik Slowenien und der Slowakischen Republik (ABl. EU 2003 Nr. L 236 S. 33), anzuwenden haben."

¹¹§ 21 Abs. 1 Nr. 1 Satz 1 in der Fassung des Artikels 3 des Gesetzes vom 9. Dezember 2004 (BGBl. I S. 3310) ist erstmals für den Veranlagungszeitraum 2004 anzuwenden. ¹²§ 8b Abs. 1 Satz 2 bis 4 in der Fassung des Artikels 4 des Gesetzes vom 13. Dezember 2006 (BGBl. I S. 2878) ist erstmals auf Bezüge im Sinne des § 8b Abs. 1 Satz 1 anzuwenden, die nach dem 18. Dezember 2006 zugeflossen sind.

(7a) § 8b Abs. 4 in der am 12. Dezember 2006 geltenden Fassung ist für Anteile weiter anzuwenden, die einbringungsgeboren im Sinne des § 21 des Umwandlungssteuergesetzes in der am 12. Dezember 2006 geltenden Fassung sind, und für Anteile im Sinne des § 8b Abs. 4 Satz 1 Nr. 2, die auf einer Übertragung bis zum 12. Dezember 2006 beruhen.

(7b) ¹§ 8c in der Fassung des Artikels 2 des Gesetzes vom 14. August 2007 (BGBl. I S. 1912) findet erstmals für den Veranlagungszeitraum 2008 und auf Anteilsübertragungen nach dem 31. Dezember 2007 Anwendung. ²§ 8c Absatz 1 in der Fassung des Artikels 2 des Gesetzes vom 22. Dezember 2009 (BGBl. I S. 3950) ist erstmals auf schädliche Beteiligungserwerbe nach dem 31. Dezember 2009 anzuwenden.

(7c) ¹§ 8c Absatz 1a in der Fassung des Artikels 2 des Gesetzes vom 22. Dezember 2009 (BGBl. I S. 3950) findet erstmals für den Veranlagungszeitraum 2008 und auf Anteilsübertragungen nach dem 31. Dezember 2007 Anwendung. ²Erfüllt ein nach dem 31. Dezember 2007 erfolgter Beteiligungserwerb die Voraussetzungen des § 8c Absatz 1a, bleibt er bei Anwendung des § 8c Absatz 1 Satz 1 und 2 unberücksichtigt. ³§ 8c Absatz 1a ist nur anzuwenden, wenn

1. eine rechtskräftige Entscheidung des Gerichts oder des Gerichtshofs der Europäischen Union den Beschluss der Europäischen Kommission K(2011) 275 vom 26. Januar 2011 im Verfahren Staatliche Beihilfe C 7/2010 (ABl. L 235 vom 10.9.2011, S. 26) für nichtig erklärt und feststellt, dass es sich bei § 8c Absatz 1a nicht um eine staatliche Beihilfe im Sinne des Artikels 107 Absatz 1 des Vertrags über die Arbeitsweise der Europäischen Union handelt,

2. die Europäische Kommission einen Beschluss zu § 8c Absatz 1a nach Artikel 7 Absatz 2, 3 oder 4 der Verordnung (EG) Nr. 659/1999 des Rates vom 22. März 1999 über besondere Vorschriften für die Anwendung von Artikel 93 des EG-Vertrags (ABl. L 83 vom 27.3.1999, S. 1), die zuletzt durch Verordnung (EG) Nr. 1791/2006 des Rates vom 20. November 2006 (ABl. L 363 vom 20.12.2006, S. 1) geändert wurde, fasst und mit dem Beschluss weder die Aufhebung noch die Änderung des § 8c Absatz 1a gefordert wird oder

3. die Voraussetzungen des Artikels 2 des Beschlusses der Europäischen Kommission K(2011) 275 erfüllt sind und die Steuerfestsetzung vor dem 26. Januar 2011 erfolgt ist.

⁴Die Entscheidung oder der Beschluss im Sinne des Satzes 3 Nummer 1 oder 2 sind vom Bundesministerium der Finanzen im Bundesgesetzblatt bekannt zu machen. ⁵§ 8c Absatz 1a ist dann in den Fällen des Satzes 3 Nummer 1 und 2 anzuwenden, soweit Steuerbescheide noch nicht bestandskräftig sind.

(8) ¹§ 12 Abs. 2 in der Fassung des Artikels 2 des Gesetzes vom 20. Dezember 2001 (BGBl. I S. 3858) ist erstmals auf Vermögensübertragungen anzuwenden, die nach dem 31. Dezember 2001 vorgenommen werden. ²§ 12 Absatz 1 in der Fassung des Artikels 2 des Gesetzes vom 8. Dezember 2010 (BGBl. I S. 1768) und Absatz 3 in der Fassung des Artikels 3 des Gesetzes vom 7. Dezember 2006 (BGBl. I S. 2782) ist erstmals für nach dem 31. Dezember 2005 endende Wirtschaftsjahre anzuwenden. ³Für Wirtschaftsjahre, die vor dem 1. Januar 2006 enden, gilt § 12 Absatz 1 in der Fassung des Artikels 2 des Gesetzes vom 8. Dezember 2010 (BGBl. I S. 1768) für Fälle, in denen ein bisher einer inländischen Betriebsstätte einer unbeschränkt steuerpflichtigen Körperschaft, Personenvereinigung oder Vermögensmasse zuzuordnendes Wirtschaftsgut einer ausländischen Betriebsstätte dieser Körperschaft, Personenvereinigung oder Vermögensmasse zuzuordnen ist, deren Einkünfte durch ein Abkommen zur Vermeidung der Doppelbesteuerung freigestellt sind oder wenn das Wirtschaftsgut bei einer beschränkt steuerpflichtigen Körperschaft, Personenvereinigung oder Vermögensmasse nicht mehr einer inländischen Betriebsstätte zuzuordnen ist. ⁴§ 12 Abs. 2 in der Fassung des Artikels 3 des Gesetzes vom 7. Dezember 2006 (BGBl. I S. 2782) ist erstmals auf Vorgänge anzuwenden, die nach dem 12. Dezember 2006 zur Eintragung in ein öffentliches Register angemeldet werden. ⁵§ 12 Abs. 2 Satz 2 in der in Satz 1 genannten Fassung ist letztmals auf Vorgänge anzuwenden, die bis zum 13. Dezember 2006 zur Eintragung in ein öffentliches Register angemeldet werden.

(8a) ¹§ 9 Abs. 1 Nr. 2 und Abs. 2 in der Fassung des Artikels 3 des Gesetzes vom 10. Oktober 2007 (BGBl. I S. 2332) gilt erstmals für Zuwendungen, die im Veranlagungszeitraum 2007 geleistet werden. ²Auf Antrag des Steuerpflichtigen ist auf Zuwendungen, die im Veranlagungszeitraum 2007 geleistet werden, § 9 Abs. 1 Nr. 2 in der bis zum 31. Dezember 2006 geltenden Fassung anzuwenden. ³§ 9 Abs. 3 Satz 3 in der Fassung des Artikels 3 des Gesetzes vom 10. Oktober 2007 (BGBl. I S. 2332) gilt erstmals für Zuwendungen, die im Veranlagungszeitraum 2007 geleistet werden. ⁴§ 9 Absatz 2 Satz 3 in der Fassung des Artikels 2 des Gesetzes vom 20. April 2009 (BGBl. I S. 774) gilt erstmals für Zuwendungen, die im Veranlagungszeitraum 2007 geleistet werden. ⁵§ 9 Absatz 1 Nummer 2 Satz 1 bis 5 und Absatz 3 Satz 3 in der Fassung des Artikels 2 des Gesetzes vom 8. April 2010 (BGBl. I S. 386) ist in allen Fällen anzuwenden, in denen die Körperschaftsteuer noch nicht bestandskräftig festgesetzt ist; dabei sind die für den jeweiligen Veranlagungszeitraum bisher festgelegten Höchstabzugsgrenzen weiterhin maßgebend. ⁶§ 9 Absatz 1 Nummer 2 Satz 5 in der Fassung des Artikels 4 des Gesetzes vom 7. Dezember 2011 (BGBl. I S. 2592) gilt erstmals für den Veranlagungszeitraum 2012. ⁷§ 9 Absatz 1 Nummer 2 Satz 6 und Absatz 3 Satz 2 in der Fassung des Artikels 2 des Gesetzes vom 8. April 2010 (BGBl. I S. 386) ist auf Zuwendungen anzuwenden, die nach dem 31. Dezember 2009 geleistet werden. ⁸§ 9 Absatz 1 Nummer 2 Satz 7 in der Fassung des Artikels 2 des Gesetzes vom 8. April 2010 (BGBl. I S. 386) ist in allen Fällen anzuwenden, in denen die Körperschaftsteuer noch nicht bestandskräftig festgesetzt ist und in denen die Mitgliedsbeiträge nach dem 31. Dezember 2006 geleistet werden.

(8b) ¹§ 13 Absatz 3 Satz 2 bis 11 ist letztmals für Wirtschaftsjahre anzuwenden, die vor dem 1. Januar 2011 enden. ²Der nach § 13 Absatz 3 Satz 8 festgestellte verbleibende Abschreibungsverlust und das Vortragsvolumen können nur noch mit Mietgewinnen verrechnet werden, die in Wirtschaftsjahren erzielt werden, die bis zum 31. Dezember 2010 enden. ³Eine Verrechnung mit Mietgewinnen, die in Wirtschaftsjahren erzielt werden, die nach dem 31. Dezember 2010 enden, ist nicht mehr möglich. ⁴Eine Feststellung nach § 13 Absatz 3 Satz 8 des Abschreibungsverlustes und des Vortragsvolumens findet letztmalig zum 31. Dezember 2010 statt.

(9) § 14 ist anzuwenden:

1. für den Veranlagungszeitraum 2000 und frühere Veranlagungszeiträume in folgender Fassung:

   „(1) Verpflichtet sich eine Aktiengesellschaft oder Kommanditgesellschaft auf Aktien mit Geschäftsleitung und Sitz im Inland (Organgesellschaft) durch einen Gewinnabführungsvertrag im Sinne des § 291 Abs. 1 des Aktiengesetzes, ihren ganzen Gewinn an ein einziges anderes inländisches gewerbliches Unternehmen abzuführen, so ist das Einkommen der Organgesellschaft, soweit sich aus § 16 nichts anderes ergibt, dem Träger des Unternehmens (Organträger) zuzurechnen, wenn die folgenden Voraussetzungen erfüllt sind:

   1. ¹Der Organträger muss an der Organgesellschaft vom Beginn ihres Wirtschaftsjahrs an ununterbrochen und unmittelbar in einem solchen Maße beteiligt sein, dass ihm die Mehrheit der Stimmrechte aus den Anteilen an der Organgesellschaft zusteht (finanzielle Eingliederung). ²Eine mittelbare Beteiligung genügt, wenn jede der Beteiligungen, auf denen die mittelbare Beteiligung beruht, die Mehrheit der Stimmrechte gewährt.

   2. ¹Die Organgesellschaft muss von dem in Nummer 1 bezeichneten Zeitpunkt an ununterbrochen nach dem Gesamtbild der tatsächlichen Verhältnisse wirtschaftlich und organisatorisch in das Unternehmen des Organträgers eingegliedert sein. ²Die organisatorische Eingliederung ist stets gegeben, wenn die Organgesellschaft durch einen Beherrschungsvertrag im Sinne des § 291 Abs. 1 des Aktiengesetzes die Leitung ihres Unternehmens dem Unternehmen des Organträgers unterstellt oder wenn die Organgesellschaft eine nach den Vorschriften der §§ 319 bis 327 des Aktiengesetzes eingegliederte Gesellschaft ist. ³Der Beherrschungsvertrag muss zu Beginn des Wirt-

schaftsjahrs der Organgesellschaft, für das die organisatorische Eingliederung auf Grund des Vertrags erstmals bestehen soll, abgeschlossen sein und durchgeführt werden und bis zum Ende des folgenden Wirtschaftsjahrs wirksam werden.

3. ¹Der Organträger muss eine unbeschränkt steuerpflichtige natürliche Person oder eine nicht steuerbefreite Körperschaft, Personenvereinigung oder Vermögensmasse im Sinne des §1 mit Geschäftsleitung und Sitz im Inland oder eine Personengesellschaft im Sinne des §15 Abs.1 Nr.2 des Einkommensteuergesetzes mit Geschäftsleitung und Sitz im Inland sein. ²An der Personengesellschaft dürfen nur Gesellschafter beteiligt sein, die mit dem auf sie entfallenden Teil des zuzurechnenden Einkommens im Geltungsbereich dieses Gesetzes der Einkommensteuer oder der Körperschaftsteuer unterliegen. ³Sind ein oder mehrere Gesellschafter der Personengesellschaft beschränkt einkommensteuerpflichtig, so muss die Voraussetzung der Nummer 1 im Verhältnis zur Personengesellschaft selbst erfüllt sein. ⁴Das Gleiche gilt, wenn an der Personengesellschaft eine oder mehrere Körperschaften, Personenvereinigungen oder Vermögensmassen beteiligt sind, die ihren Sitz oder ihre Geschäftsleitung nicht im Inland haben.

4. ¹Der Gewinnabführungsvertrag muss bis zum Ende des Wirtschaftsjahrs der Organgesellschaft, für das Satz 1 erstmals angewendet werden soll, auf mindestens fünf Jahre abgeschlossen und bis zum Ende des folgenden Wirtschaftsjahrs wirksam werden. ²Er muss während seiner gesamten Geltungsdauer durchgeführt werden. ³Eine vorzeitige Beendigung des Vertrags durch Kündigung ist unschädlich, wenn ein wichtiger Grund die Kündigung rechtfertigt. ⁴Die Kündigung oder Aufhebung des Gewinnabführungsvertrags auf einen Zeitpunkt während des Wirtschaftsjahrs der Organgesellschaft wirkt auf den Beginn dieses Wirtschaftsjahrs zurück.

5. Die Organgesellschaft darf Beträge aus dem Jahresüberschuss nur insoweit in die Gewinnrücklagen (§272 Abs.3 des Handelsgesetzbuchs) mit Ausnahme der gesetzlichen Rücklagen einstellen, als dies bei vernünftiger kaufmännischer Beurteilung wirtschaftlich begründet ist.

(2) ¹Schließen sich mehrere gewerbliche Unternehmen im Sinne des Absatzes 1 Nr.3, die gemeinsam im Verhältnis zur Organgesellschaft die Voraussetzungen des Absatzes 1 Nr.1 erfüllen, in der Rechtsform einer Personengesellschaft lediglich zum Zwecke der einheitlichen Willensbildung gegenüber der Organgesellschaft zusammen, ist die Personengesellschaft als gewerbliches Unternehmen anzusehen, wenn jeder Gesellschafter der Personengesellschaft ein gewerbliches Unternehmen unterhält. ²Der Personengesellschaft ist das Einkommen der Organgesellschaft vorbehaltlich des §16 zuzurechnen, wenn zusätzlich zu den Voraussetzungen nach Absatz 1

1. jeder Gesellschafter der Personengesellschaft an der Organgesellschaft vom Beginn ihres Wirtschaftsjahrs an ununterbrochen beteiligt ist und den Gesellschaftern die Mehrheit der Stimmrechte im Sinne des Absatzes 1 Nr.1 an der Organgesellschaft zusteht,

2. die Personengesellschaft vom Beginn des Wirtschaftsjahrs der Organgesellschaft an ununterbrochen besteht,

3. der Gewinnabführungsvertrag mit der Personengesellschaft abgeschlossen ist und im Verhältnis zu dieser Gesellschaft die Voraussetzungen des Absatzes 1 Nr.4 erfüllt sind,

4. durch die Personengesellschaft gewährleistet ist, dass der koordinierte Wille der Gesellschafter in der Geschäftsführung der Organgesellschaft tatsächlich durchgesetzt wird und

5. die Organgesellschaft jedes der gewerblichen Unternehmen der Gesellschafter der Personengesellschaft nach Maßgabe des Absatzes 1 Nr. 2 in der Fassung des Artikels 4 des Gesetzes vom 14. Juli 2000 (BGBl. I S. 1034) wirtschaftlich fördert oder ergänzt";

2. die Absätze 1 und 2 in der Fassung des Artikels 2 des Gesetzes vom 20. Dezember 2001 (BGBl. I S. 3858) für die Veranlagungszeiträume 2001 und 2002;

3. ¹Absatz 1 Satz 2 in der Fassung des Artikels 2 des Gesetzes vom 16. Mai 2003 (BGBl. I S. 660) im Veranlagungszeitraum 2002, wenn der Gewinnabführungsvertrag nach dem 20. November 2002 abgeschlossen wird. ²In den Fällen, in denen der Gewinnabführungsvertrag vor dem 21. November 2002 abgeschlossen worden ist, gilt Absatz 1 Nr. 3 des Körperschaftsteuergesetzes in der Fassung der Bekanntmachung vom 15. Oktober 2002 (BGBl. I S. 4144);

4. Absatz 3 in der Fassung des Artikels 3 des Gesetzes vom 9. Dezember 2004 (BGBl. I S. 3310) ist erstmals für Mehrabführungen von Organgesellschaften anzuwenden, deren Wirtschaftsjahr nach dem 31. Dezember 2003 endet;

5. Absatz 4 in der Fassung des Artikels 3 des Gesetzes vom 20. Dezember 2007 (BGBl. I S. 3150) ist auch für Veranlagungszeiträume vor 2008 anzuwenden;

6. Absatz 2 in der am 24. Dezember 2008 geltenden Fassung ist letztmals anzuwenden, wenn das Wirtschaftsjahr der Organgesellschaft vor dem 1. Januar 2009 endet. ²Abweichend von Satz 1 ist auf gemeinsamen Antrag der Organgesellschaft und des Organträgers § 14 Abs. 1 auf Organgesellschaften, die Lebens- oder Krankenversicherungsunternehmen sind und deren Wirtschaftsjahr nach dem 31. Dezember 2007 endet, anzuwenden mit der Maßgabe, dass für den Organträger und die Organgesellschaft § 21 in der Fassung des Artikels 3 des Gesetzes vom 19. Dezember 2008 (BGBl. I S. 2794) erstmals ab dem Veranlagungszeitraum 2008 anzuwenden ist.

(10) ¹§ 15 Nr. 2 ist bei der Ermittlung des Einkommens des Organträgers anzuwenden, wenn die Ermittlung des dem Organträger zuzurechnenden Einkommens der Organgesellschaft nach dem Körperschaftsteuergesetz in der Fassung des Artikels 3 des Gesetzes vom 23. Oktober 2000 (BGBl. I S. 1433), zuletzt geändert durch Artikel 2 des Gesetzes vom 20. Dezember 2001 (BGBl. I S. 3858), vorzunehmen ist. ²§ 15 Satz 1 Nr. 2 in der am 12. Dezember 2006 geltenden Fassung ist weiter anzuwenden, soweit in dem dem Organträger zuzurechnenden Einkommen der Organgesellschaft ein Übernahmegewinn im Sinne des § 4 Abs. 7 des Umwandlungssteuergesetzes in der am 21. Mai 2003 geltenden Fassung enthalten ist. ³§ 15 Satz 1 Nr. 3 in der Fassung des Artikels 2 des Gesetzes vom 14. August 2007 (BGBl. I S. 1912) ist erstmals für Wirtschaftsjahre anzuwenden, die nach dem 25. Mai 2007 beginnen und nicht vor dem 1. Januar 2008 enden. ⁴§ 15 Satz 1 Nr. 4 in der Fassung des Artikels 3 des Gesetzes vom 19. Dezember 2008 (BGBl. I S. 2794) ist auch für Veranlagungszeiträume vor 2009 anzuwenden; Absatz 6 Satz 5 und 6 gilt entsprechend. ⁵§ 15 Satz 1 Nr. 5 in der Fassung des Artikels 3 des Gesetzes vom 19. Dezember 2008 (BGBl. I S. 2794) ist erstmals für Veranlagungszeiträume ab 2009 anzuwenden. ⁶Nach Inkrafttreten des Artikels 4 des Gesetzes vom 12. August 2008 (BGBl. I S. 1672) ist Satz 4 mit der Maßgabe anzuwenden, dass an die Stelle der Angabe „Satz 5 und 6" die Angabe „Satz 8 und 9" tritt.

(10a) § 16 in der Fassung des Artikels 2 des Gesetzes vom 14. August 2007 (BGBl. I S. 1912) ist erstmals für den Veranlagungszeitraum 2008 anzuwenden.

(10b) ¹§ 21 in der Fassung des Artikels 3 des Gesetzes vom 19. Dezember 2008 (BGBl. I S. 2794) ist erstmals für den Veranlagungszeitraum 2009 anzuwenden. ²In den Fällen des Absatzes 9 Satz 1 Nr. 6 Satz 2 in der Fassung des Artikels 3 des Gesetzes vom 19. Dezember 2008 (BGBl. I S. 2794) ist § 21 in der Fassung des Artikels 3 des Gesetzes vom 19. Dezember 2008

(BGBl. I S. 2794) erstmals für den Veranlagungszeitraum 2008 anzuwenden. ³§ 21 Absatz 2 Satz 2 Nummer 1 ist für die Veranlagungszeiträume 2010 bis 2013 in der folgenden Fassung anzuwenden:

„1. die Zuführungen innerhalb des am Bilanzstichtag endenden Wirtschaftsjahrs und der vier vorangegangenen Wirtschaftsjahre, soweit die Summe dieser Beträge nicht höher ist als das 1,2-Fache der Summe der drei Zuführungen, die zum Schluss des im Veranlagungszeitraum 2009 endenden letzten Wirtschaftsjahrs zulässigerweise ermittelt wurden. ²Der Betrag nach Satz 1 darf nicht niedriger sein als der Betrag, der sich ergeben würde, wenn das vor Inkrafttreten des Artikels 2 des Gesetzes vom 8. Dezember 2010 (BGBl. I S. 1768) geltende Recht weiter anzuwenden wäre,".

(11) ¹§ 21b Satz 3 ist letztmals für das Wirtschaftsjahr anzuwenden, das nach dem 31. Dezember 2002 endet. ²Eine Rücklage, die am Schluss des letzten vor dem 1. Januar 1999 endenden Wirtschaftsjahrs zulässigerweise gebildet ist, ist in den folgenden fünf Wirtschaftsjahren mit mindestens je einem Fünftel gewinnerhöhend aufzulösen.

(11a) § 23 in der Fassung des Artikels 2 des Gesetzes vom 14. August 2007 (BGBl. I S. 1912) ist erstmals für den Veranlagungszeitraum 2008 anzuwenden.

(11b) § 25 Abs. 1 Satz 1 in der Fassung des Artikels 11 des Gesetzes vom 29. Dezember 2003 (BGBl. I S. 3076) ist erstmals für den Veranlagungszeitraum 2004 anzuwenden.

(11c) ¹§ 26 Abs. 6 in der Fassung des Artikels 2 des Gesetzes vom 2. Dezember 2004 (BGBl. I S. 3112) ist erstmals ab dem Veranlagungszeitraum 2004 anzuwenden. ²§ 26 Abs. 6 in der Fassung des Artikels 2 des Gesetzes vom 19. Juli 2006 (BGBl. I S. 1652) ist erstmals ab dem Veranlagungszeitraum 2005 anzuwenden. ³§ 26 Abs. 6 Satz 1 erster Halbsatz in Verbindung mit Satz 3 in der Fassung des Artikels 4 des Gesetzes vom 13. Dezember 2006 (BGBl. I S. 2878) ist für alle Veranlagungszeiträume anzuwenden, soweit Steuerbescheide noch nicht bestandskräftig sind. ⁴§ 26 Abs. 6 Satz 1 zweiter Halbsatz in der Fassung des Artikels 4 des Gesetzes vom 13. Dezember 2006 (BGBl. I S. 2878) ist erstmals auf ausländische Quellensteuern anzuwenden, die von Bezügen im Sinne des § 8b Abs. 1 Satz 1 erhoben wurden, die nach dem 18. Dezember 2006 zugeflossen sind.

(12) ¹Die Vorschriften des Vierten Teils des Körperschaftsteuergesetzes in der Fassung des Artikels 4 des Gesetzes vom 14. Juli 2000 (BGBl. I S. 1034) sind letztmals anzuwenden

1. für Gewinnausschüttungen, die auf einem den gesellschaftsrechtlichen Vorschriften entsprechenden Gewinnverteilungsbeschluss für ein abgelaufenes Wirtschaftsjahr beruhen, und die in dem ersten Wirtschaftsjahr erfolgen, das in dem Veranlagungszeitraum endet, für das den das Körperschaftsteuergesetz in der Fassung des Artikels 3 des Gesetzes vom 23. Oktober 2000 (BGBl. I S. 1433) erstmals anzuwenden ist;

2. für andere Ausschüttungen und sonstige Leistungen, die in dem Wirtschaftsjahr erfolgen, das dem in Nummer 1 genannten Wirtschaftsjahr vorangeht.

²Für unbeschränkt steuerpflichtige Körperschaften und Personenvereinigungen, deren Leistungen bei den Empfängern zu den Einnahmen im Sinne des § 20 Abs. 1 Nr. 1 oder 2 des Einkommensteuergesetzes in der Fassung des Artikels 1 des Gesetzes vom 23. Oktober 2000 (BGBl. I S. 1433), dieses wiederum geändert durch Artikel 2 des Gesetzes vom 19. Dezember 2000 (BGBl. I S. 1812), gehören, beträgt die Körperschaftsteuer 45 Prozent der Einnahmen im Sinne des § 20 Abs. 1 Nr. 1 oder 2 des Einkommensteuergesetzes in der Fassung des Artikels 1 des Gesetzes vom 23. Oktober 2000 (BGBl. I S. 1433), dieses wiederum geändert durch Artikel 2 des Gesetzes vom 19. Dezember 2000 (BGBl. I S. 1812), zuzüglich der darauf entfallenden Einnahmen im Sinne des § 20 Abs. 1 Nr. 3 des Einkommensteuergesetzes in der Fassung des Artikels 1 des Gesetzes vom 23. Oktober 2000 (BGBl. I S. 1433), dieses wiederum geändert

durch Artikel 2 des Gesetzes vom 19. Dezember 2000 (BGBl. I S. 1812), für die der Teilbetrag im Sinne des § 54 Abs. 11 Satz 1 des Körperschaftsteuergesetzes in der Fassung des Artikels 4 des Gesetzes vom 14. Juli 2000 (BGBl. I S. 1034) als verwendet gilt. [3]§ 44 Abs. 1 Satz 1 Nr. 6 Satz 3 des Körperschaftsteuergesetzes in der Fassung des Artikels 4 des Gesetzes vom 14. Juli 2000 (BGBl. I S. 1034) gilt entsprechend. [4]Die Körperschaftsteuer beträgt höchstens 45 Prozent des zu versteuernden Einkommens. [5]Die Sätze 2 bis 4 gelten nicht für steuerbefreite Körperschaften und Personenvereinigungen im Sinne des § 5 Abs. 1 Nr. 9, soweit die Einnahmen in einem wirtschaftlichen Geschäftsbetrieb anfallen, für den die Steuerbefreiung ausgeschlossen ist. [6]Die Körperschaftsteuer beträgt 40 Prozent der Einnahmen im Sinne des § 20 Abs. 1 Nr. 1 und 2 des Einkommensteuergesetzes in der Fassung des Artikels 1 des Gesetzes vom 23. Oktober 2000 (BGBl. I S. 1433), dieses wiederum geändert durch Artikel 2 des Gesetzes vom 19. Dezember 2000 (BGBl. I S. 1812), zuzüglich der darauf entfallenden Einnahmen im Sinne des § 20 Abs. 1 Nr. 3 des Einkommensteuergesetzes in der Fassung des Artikels 1 des Gesetzes vom 23. Oktober 2000 (BGBl. I S. 1433), dieses wiederum geändert durch Artikel 2 des Gesetzes vom 19. Dezember 2000 (BGBl. I S. 1812), für die der Teilbetrag im Sinne des § 30 Abs. 1 Nr. 1 des Körperschaftsteuergesetzes in der Fassung des Artikels 4 des Gesetzes vom 14. Juli 2000 (BGBl. I S. 1034) als verwendet gilt. [7]Die Körperschaftsteuer beträgt höchstens 40 Prozent des zu versteuernden Einkommens abzüglich des nach den Sätzen 2 bis 4 besteuerten Einkommens. [8]Die Sätze 3 und 5 gelten entsprechend.

(13) [1]§ 28 Abs. 4 des Körperschaftsteuergesetzes in der Fassung des Artikels 4 des Gesetzes vom 14. Juli 2000 (BGBl. I S. 1034) gilt auch, wenn für eine Gewinnausschüttung zunächst der in § 54 Abs. 11 Satz 1 des Körperschaftsteuergesetzes in der Fassung des Artikels 4 des Gesetzes vom 14. Juli 2000 (BGBl. I S. 1034) genannte Teilbetrag als verwendet gegolten hat. [2]Ist für Leistungen einer Kapitalgesellschaft nach § 44 oder § 45 des Körperschaftsteuergesetzes in der Fassung des Artikels 4 des Gesetzes vom 14. Juli 2000 (BGBl. I S. 1034) Eigenkapital im Sinne des § 54 Abs. 11 Satz 1 des Körperschaftsteuergesetzes in der Fassung des Artikels 4 des Gesetzes vom 14. Juli 2000 (BGBl. I S. 1034) bescheinigt worden, bleibt die der Bescheinigung zugrunde gelegte Verwendung unverändert, wenn später eine höhere Leistung gegen den Teilbetrag nach § 54 Abs. 11 Satz 1 des Körperschaftsteuergesetzes in der Fassung des Artikels 4 des Gesetzes vom 14. Juli 2000 (BGBl. I S. 1034) verrechnet werden könnte.

(13a) [1]§ 31 Abs. 1 Satz 2 in der Fassung des Artikels 2 des Gesetzes vom 14. August 2007 (BGBl. I S. 1912) ist erstmals für den Veranlagungszeitraum 2008 anzuwenden. [2]§ 31 Abs. 1a in der Fassung des Artikels 6 des Gesetzes vom 20. Dezember 2008 (BGBl. I S. 2850) ist erstmals für den Veranlagungszeitraum 2011 anzuwenden.

(13b) [1]§ 32 Abs. 3 in der Fassung des Artikels 2 des Gesetzes vom 14. August 2007 (BGBl. I S. 1912) ist erstmals auf Einkünfte anzuwenden, die nach dem 17. August 2007 zufließen. [2]Für Einkünfte, die nach dem 17. August 2007 und vor dem 1. Januar 2008 zufließen, ist § 32 Abs. 3 mit der Maßgabe anzuwenden, dass der Steuersatz 10 Prozent beträgt.

(13c) [1]§ 32a in der Fassung des Artikels 4 des Gesetzes vom 13. Dezember 2006 (BGBl. I S. 2878) ist erstmals anzuwenden, wenn nach dem 18. Dezember 2006 ein Steuerbescheid erlassen, aufgehoben oder geändert wird. [2]Bei Aufhebung oder Änderung gilt dies auch dann, wenn der aufzuhebende oder zu ändernde Steuerbescheid vor dem 18. Dezember 2006 erlassen worden ist.

(13d) [1]§ 37 Abs. 2a Nr. 1 in der Fassung des Artikels 2 des Gesetzes vom 16. Mai 2003 (BGBl. I S. 660) ist nicht für Gewinnausschüttungen anzuwenden, die vor dem 21. November 2002 beschlossen worden sind und die nach dem 11. April 2003 und vor dem 1. Januar 2006 erfolgen. [2]Für Gewinnausschüttungen im Sinne des Satzes 1 und für Gewinnausschüttungen, die vor dem 12. April 2003 erfolgt sind, gilt § 37 Abs. 2 des Körperschaftsteuergesetzes in der

Fassung der Bekanntmachung vom 15. Oktober 2002 (BGBl. I S. 4144). [3]§ 37 in der Fassung des Artikels 6 des Gesetzes vom 20. Dezember 2008 (BGBl. I S. 2850) ist erstmals im Kalenderjahr 2008 anzuwenden.

(13e) [1]§ 38 Abs. 1 in der Fassung des Artikels 4 des Gesetzes vom 13. Dezember 2006 (BGBl. I S. 2878) gilt nur für Genossenschaften, die zum Zeitpunkt der erstmaligen Anwendung des Körperschaftsteuergesetzes in der Fassung des Artikels 3 des Gesetzes vom 23. Oktober 2000 (BGBl. I S. 1433) bereits bestanden haben. [2]Die Regelung ist auch für Veranlagungszeiträume vor 2007 anzuwenden. [3]Ist in den Fällen des § 40 Abs. 5 und 6 in der Fassung des Artikels 3 des Gesetzes vom 7. Dezember 2006 (BGBl. I S. 2782) die Körperschaftsteuerfestsetzung unter Anwendung des § 38 der am 27. Dezember 2007 geltenden Fassung vor dem 28. Dezember 2007 erfolgt, sind die §§ 38 und 40 Abs. 5 und 6 weiter anzuwenden. [4]§ 38 Abs. 4 bis 9 in der Fassung des Artikels 3 des Gesetzes vom 20. Dezember 2007 (BGBl. I S. 3150) ist insoweit nicht anzuwenden.

(13f) § 36 ist in allen Fällen, in denen die Endbestände im Sinne des § 36 Absatz 7 noch nicht bestandskräftig festgestellt sind, in der folgenden Fassung anzuwenden:

„**§ 36 Endbestände**

(1) Auf den Schluss des letzten Wirtschaftsjahrs, das in dem Veranlagungszeitraum endet, für den das Körperschaftsteuergesetz in der Fassung der Bekanntmachung vom 22. April 1999 (BGBl. I S. 817), das zuletzt durch Artikel 4 des Gesetzes vom 14. Juli 2000 (BGBl. I S. 1034) geändert worden ist, letztmals anzuwenden ist, werden die Endbestände der Teilbeträge des verwendbaren Eigenkapitals ausgehend von den gemäß § 47 Absatz 1 Satz 1 Nummer 1 des Körperschaftsteuergesetzes in der Fassung der Bekanntmachung vom 22. April 1999 (BGBl. I S. 817), das zuletzt durch Artikel 4 des Gesetzes vom 14. Juli 2000 (BGBl. I S. 1034) geändert worden ist, festgestellten Teilbeträgen gemäß den nachfolgenden Absätzen ermittelt.

(2) [1]Die Teilbeträge sind um die Gewinnausschüttungen, die auf einem den gesellschaftsrechtlichen Vorschriften entsprechenden Gewinnverteilungsbeschluss für ein abgelaufenes Wirtschaftsjahr beruhen, und die in dem in Absatz 1 genannten Wirtschaftsjahr folgenden Wirtschaftsjahr erfolgen, sowie um andere Ausschüttungen und sonstige Leistungen, die in dem in Absatz 1 genannten Wirtschaftsjahr erfolgen, zu verringern. [2]Die Regelungen des Vierten Teils des Körperschaftsteuergesetzes in der Fassung der Bekanntmachung vom 22. April 1999 (BGBl. I S. 817), das zuletzt durch Artikel 4 des Gesetzes vom 14. Juli 2000 (BGBl. I S. 1034) geändert worden ist, sind anzuwenden. [3]Der Teilbetrag im Sinne des § 54 Absatz 11 Satz 1 des Körperschaftsteuergesetzes in der Fassung der Bekanntmachung vom 22. April 1999 (BGBl. I S. 817), das zuletzt durch Artikel 4 des Gesetzes vom 14. Juli 2000 (BGBl. I S. 1034) geändert worden ist (Teilbetrag, der einer Körperschaftsteuer in Höhe von 45 Prozent unterlegen hat), erhöht sich um die Einkommensteile, die nach § 34 Absatz 12 Satz 2 bis 5 einer Körperschaftsteuer von 45 Prozent unterlegen haben, und der Teilbetrag, der nach dem 31. Dezember 1998 einer Körperschaftsteuer in Höhe von 40 Prozent ungemildert unterlegen hat, erhöht sich um die Beträge, die nach § 34 Absatz 12 Satz 6 bis 8 einer Körperschaftsteuer von 40 Prozent unterlegen haben, jeweils nach Abzug der Körperschaftsteuer, der sie unterlegen haben.

(3) (weggefallen)

(4) Ist die Summe der unbelasteten Teilbeträge im Sinne des § 30 Absatz 2 Nummer 1 bis 3 in der Fassung des Artikels 4 des Gesetzes vom 14. Juli 2000 (BGBl. I S. 1034) nach Anwendung des Absatzes 2 negativ, sind diese Teilbeträge zunächst untereinander und danach mit den mit Körperschaftsteuer belasteten Teilbeträgen in der Reihenfolge zu verrechnen, in der ihre Belastung zunimmt.

(5) ¹Ist die Summe der unbelasteten Teilbeträge im Sinne des § 30 Absatz 2 Nummer 1 bis 3 in der Fassung des Artikels 4 des Gesetzes vom 14. Juli 2000 (BGBl. I S. 1034) nach Anwendung des Absatzes 2 nicht negativ, sind zunächst die Teilbeträge im Sinne des § 30 Absatz 2 Nummer 1 und 3 in der Fassung des Artikels 4 des Gesetzes vom 14. Juli 2000 (BGBl. I S. 1034) zusammenzufassen. ²Ein sich aus der Zusammenfassung ergebender Negativbetrag ist vorrangig mit einem positiven Teilbetrag im Sinne des § 30 Absatz 2 Nummer 2 in der Fassung des Artikels 4 des Gesetzes vom 14. Juli 2000 (BGBl. I S. 1034) zu verrechnen. ³Ein negativer Teilbetrag im Sinne des § 30 Absatz 2 Nummer 2 in der Fassung des Artikels 4 des Gesetzes vom 14. Juli 2000 (BGBl. I S. 1034) ist vorrangig mit dem positiven zusammengefassten Teilbetrag im Sinne des Satzes 1 zu verrechnen.

(6) ¹Ist einer der belasteten Teilbeträge negativ, sind diese Teilbeträge zunächst untereinander in der Reihenfolge zu verrechnen, in der ihre Belastung zunimmt. ²Ein sich danach ergebender Negativbetrag mindert vorrangig den nach Anwendung des Absatzes 5 verbleibenden positiven Teilbetrag im Sinne des § 30 Absatz 2 Nummer 2 in der Fassung des Artikels 4 des Gesetzes vom 14. Juli 2000 (BGBl. I S. 1034); ein darüber hinausgehender Negativbetrag mindert den positiven zusammengefassten Teilbetrag nach Absatz 5 Satz 1.

(6a) ¹Ein sich nach Anwendung der Absätze 1 bis 6 ergebender positiver Teilbetrag, der einer Körperschaftsteuer von 45 Prozent unterlegen hat, mindert in Höhe von 5/22 seines Bestands einen nach Anwendung der Absätze 1 bis 6 verbleibenden positiven Bestand des Teilbetrags im Sinne des § 30 Absatz 2 Nummer 2 in der Fassung des Artikels 4 des Gesetzes vom 14. Juli 2000 (BGBl. I S. 1034) bis zu dessen Verbrauch. ²Ein sich nach Anwendung der Absätze 1 bis 6 ergebender positiver Teilbetrag, der einer Körperschaftsteuer von 45 Prozent unterlegen hat, erhöht in Höhe von 27/5 des Minderungsbetrags nach Satz 1 den nach Anwendung der Absätze 1 bis 6 verbleibenden Bestand des Teilbetrags, der nach dem 31. Dezember 1998 einer Körperschaftsteuer von 40 Prozent ungemildert unterlegen hat. ³Der nach Satz 1 abgezogene Betrag erhöht und der nach Satz 2 hinzugerechnete Betrag vermindert den nach Anwendung der Absätze 1 bis 6 verbleibenden Bestand des Teilbetrags, der einer Körperschaftsteuer von 45 Prozent unterlegen hat.

(7) Die Endbestände sind getrennt auszuweisen und werden gesondert festgestellt; dabei sind die verbleibenden unbelasteten Teilbeträge im Sinne des § 30 Absatz 2 Nummer 1 und 3 des Körperschaftsteuergesetzes in der Fassung der Bekanntmachung vom 22. April 1999 (BGBl. I S. 817), das zuletzt durch Artikel 4 des Gesetzes vom 14. Juli 2000 (BGBl. I S. 1034) geändert worden ist, in einer Summe auszuweisen."

(13g) § 37 Absatz 1 ist in den Fällen des Absatzes 13f in der folgenden Fassung anzuwenden:

„(1) ¹Auf den Schluss des Wirtschaftsjahrs, das dem in § 36 Absatz 1 genannten Wirtschaftsjahr folgt, wird ein Körperschaftsteuerguthaben ermittelt. ²Das Körperschaftsteuerguthaben beträgt 15/55 des Endbestands des mit einer Körperschaftsteuer von 45 Prozent belasteten Teilbetrags zuzüglich 1/6 des Endbestands des mit einer Körperschaftsteuer von 40 Prozent belasteten Teilbetrags."

(14) ¹Auf Liquidationen, deren Besteuerungszeitraum im Jahr 2001 endet, ist erstmals das Körperschaftsteuergesetz in der Fassung des Artikels 3 des Gesetzes vom 23. Oktober 2000 (BGBl. I S. 1433) anzuwenden. ²Bei Liquidationen, die über den 31. Dezember 2000 hinaus fortdauern, endet der Besteuerungszeitraum nach § 11 auf Antrag der Körperschaft oder Personenvereinigung, der bis zum 30. Juni 2002 zu stellen ist, mit Ablauf des 31. Dezember 2000. ³Auf diesen Zeitpunkt ist ein steuerlicher Zwischenabschluss zu fertigen. ⁴Für den danach beginnenden Besteuerungszeitraum ist Satz 1 anzuwenden. ⁵In den Fällen des Satzes 2 gelten Liquidationsraten, andere Ausschüttungen und sonstige Leistungen, die in dem am

31. Dezember 2000 endenden Besteuerungszeitraum gezahlt worden sind, als sonstige Leistungen im Sinne des Absatzes 12 Satz 1 Nr. 2 und des § 36 Abs. 2 Satz 1. ⁶§ 40 Abs. 3 in der Fassung der Bekanntmachung vom 15. Oktober 2002 (BGBl. I S. 4144) ist letztmals für Liquidationen anzuwenden, die vor dem 13. Dezember 2006 abgeschlossen worden sind.

(15) § 40 in der Fassung des Artikels 3 des Gesetzes vom 7. Dezember 2006 (BGBl. I S. 2782) ist erstmals auf Umwandlungen anzuwenden, bei denen die Anmeldung zur Eintragung in ein öffentliches Register nach dem 12. Dezember 2006 erfolgt ist.

(16) ¹§ 38 und § 40 in der am 27. Dezember 2007 geltenden Fassung sowie § 10 des Umwandlungssteuergesetzes vom 7. Dezember 2006 (BGBl. I S. 2782, 2791) sind auf Antrag weiter anzuwenden für

1. Körperschaften oder deren Rechtsnachfolger, an denen unmittelbar oder mittelbar zu mindestens 50 Prozent

    a) juristische Personen des öffentlichen Rechts aus Mitgliedstaaten der Europäischen Union oder aus Staaten, auf die das Abkommen über den Europäischen Wirtschaftsraum Anwendung findet oder

    b) Körperschaften, Personenvereinigungen oder Vermögensmassen im Sinne des § 5 Abs. 1 Nr. 9

    alleine oder gemeinsam beteiligt sind und

2. Erwerbs- und Wirtschaftsgenossenschaften,

die ihre Umsatzerlöse überwiegend durch Verwaltung und Nutzung eigenen zu Wohnzwecken dienenden Grundbesitzes, durch Betreuung von Wohnbauten oder durch die Errichtung und Veräußerung von Eigenheimen, Kleinsiedlungen oder Eigentumswohnungen erzielen, sowie für steuerbefreite Körperschaften. ²Der Antrag ist unwiderruflich und kann von der Körperschaft bis zum 30. September 2008 bei dem für die Besteuerung zuständigen Finanzamt gestellt werden. ³Die Körperschaften oder deren Rechtsnachfolger müssen die Voraussetzungen nach Satz 1 ab dem 1. Januar 2007 bis zum Ende des Zeitraums im Sinne des § 38 Abs. 2 Satz 3 erfüllen. ⁴Auf den Schluss des Wirtschaftsjahres, in dem die Voraussetzungen des Satzes 1 nach Antragstellung erstmals nicht mehr vorliegen, wird der Endbetrag nach § 38 Abs. 1 letztmals ermittelt und festgestellt. ⁵Die Festsetzung und Erhebung des Körperschaftsteuererhöhungsbetrags richtet sich nach § 38 Abs. 4 bis 9 in der Fassung des Artikels 3 des Gesetzes vom 20. Dezember 2007 (BGBl. I S. 3150) mit der Maßgabe, dass als Zahlungszeitraum im Sinne des § 38 Abs. 6 Satz 1 die verbleibenden Wirtschaftsjahre des Zeitraums im Sinne des § 38 Abs. 2 Satz 3 gelten. ⁶Die Sätze 4 und 5 gelten entsprechend, soweit das Vermögen der Körperschaft oder ihres Rechtsnachfolgers durch Verschmelzung nach § 2 des Umwandlungsgesetzes oder Auf- oder Abspaltung im Sinne des § 123 Abs. 1 und 2 des Umwandlungsgesetzes ganz oder teilweise auf eine andere Körperschaft übergeht und diese keinen Antrag nach Satz 2 gestellt hat. ⁷§ 40 Abs. 6 in der am 27. Dezember 2007 geltenden Fassung ist nicht anzuwenden.

KStR 81

Übersicht

	Rn
I. Regelungsgehalt der Norm	1 – 2
II. Rechtsentwicklung	3 – 4
III. Normzweck und Anwendungsbereich	5 – 29

1. Bedeutung der Norm	5 – 6
2. Persönlicher Anwendungsbereich	7 – 9
3. Sachlicher Anwendungsbereich	10 – 13
4. Zeitlicher Anwendungsbereich	14 – 18
5. Verhältnis zu anderen Vorschriften	19 – 24
6. Verfassungsrecht	25 – 29
IV. Zeitliche Anwendung der Normen des KStG im Einzelnen	30 – 279
1. Allgemeine Regelung (§ 34 I)	30 – 37
2. Übergang zum Halbeinkünfteverfahren: Besonderheiten bei abweichenden WJ (§ 34 II)	38 – 45
3. Erstmalige Anwendung §§ 2 Nr 2, 5 II Nr 1 (§ 34 IIa)	46 – 48
4. Erstmalige Anwendung des § 5 I Nr 2 (§ 34 III)	49 – 53
5. Anwendung des § 5 I Nr 8 (§ 34 IIIa)	54 – 55
6. Anwendung des § 5 I Nr 16 (§ 34 IIIb)	56 – 57
7. Anwendung des § 5 I Nr 23 (§ 34 IIIc)	58 – 59
8. Anwendung verschiedener Einzelregelungen (§ 34 V)	60 – 64
9. Verzicht auf Steuerbefreiung durch Erwerbs- und Wirtschaftsgenossenschaften und Vereine (§ 34 V)	65 – 70
10. Anwendung des § 5 II Nr 2 (§ 34 Va)	71 – 72
11. Sonderregelungen für Rundfunkanstalten und weitere Einzelregelungen in § 8 (§ 34 VI)	73 – 97
a) Rundfunkanstalten	74 – 75
b) BgA	76 – 77
c) Verdeckte Einlagen	78 – 79
d) Verlustabzug bei Mantelkauf	80 – 84
e) VGA bei Beteiligung der öffentlichen Hand	85 – 90
f) Verlustabzug nach § 8 VIII	91 – 93
g) Spartenrechnung nach § 8 IX	94 – 97
12. Gesellschafterfremdfinanzierung und Zinsschranke gem § 8a (§ 34 VIa)	98 – 109
a) Allgemeines	98 – 99
b) Gesellschafterfremdfinanzierung	100 – 103
c) Zinsschranke. Regelungsgehalt	104 – 109
13. Beteiligung an anderen Körperschaften und Personenvereinigungen (§ 34 VII)	110 – 144
a) Allgemeines	110 – 113
b) Beteiligungserträge	114 – 117
c) Gewinne und Gewinnminderungen nach § 8b II und III	118 – 119

d) Altregelung des § 8b	120 – 121
e) Sonderfälle	122 – 127
f) Bestimmte Umwandlungsfälle	128 – 129
g) Lebens- und Krankenversicherungsunternehmen	130 – 135
h) Wertpapierleihe	136 – 137
i) MTRL	138 – 139
j) Beitragsrückerstattungen	140 – 141
k) Freistellung von vGA	142 – 144
14. Einbringungsgeborene Anteile (§ 34 VIIa)	145 – 147
15. Anwendung des § 8c (§ 34 VIIb)	148 – 150
16. Sanierungsklausel (§ 34 VIIc)	151 – 153
17. Anwendung des § 12 (§ 34 VIII)	154 – 163
a) Allgemeines	154 – 155
b) Altregelung	156 – 157
c) Anwendung § 12 I	158 – 159
d) Anwendung § 12 III	160 – 161
e) Änderung § 12 II	162 – 163
18. Spendenabzug (§ 34 VIIIa)	164 – 171
19. Gemeinnützige Wohnungswirtschaft (§ 34 VIIIb)	172 – 173
20. Organschaft (§ 34 IX)	174 – 189
a) Regelungsgehalt	174 – 175
b) Mehrmütterorganschaft (§ 34 IX Nr 1)	176 – 177
c) VZ 2001 und 2002 (§ 34 IX Nr 2)	178 – 179
d) Gewinnabführungsvertrag (§ 34 IX Nr 3)	180 – 182
e) Mehr- und Minderabführungen (§ 34 IX Nr 4)	183 – 184
f) Ausgleichsposten (§ 34 IX Nr 5)	185 – 186
g) Lebens- und Krankenversicherungsunternehmen (§ 34 IX Nr 6)	187 – 189
21. Ermittlung des Einkommens bei Organschaft (§ 34 X)	190 – 197
22. Ausgleichszahlungen (§ 34 Xa)	198 – 199
23. Beitragsrückerstattungen (§ 34 Xb)	200 – 202
24. Rücklage bei Bausparkassen (§ 34 XI)	203 – 204
25. Steuertarif (§ 34 XIa)	205 – 206
26. Besondere Freibeträge (§ 34 XIb)	207 – 208
27. Anrechnung von Abzugssteuern (§ 34 XIc)	209 – 212
28. Körperschaftsteuerliches Anrechnungsverfahren (§ 34 XII)	213 – 235
a) Allgemeines	213 – 215

b) Ordentliche Gewinnausschüttungen	216 – 221
c) Andere Ausschüttungen	222 – 223
d) Erhöhte Tarifbelastung	224 – 235
29. Fiktion und Festschreibung der Verwendung (§ 34 XIII)	236 – 238
30. Erhebung und Steuererklärung (§ 34 XIIIa)	239 – 242
31. Steuerabzug (§ 34 XIIIb)	243 – 245
32. Änderungsvorschrift (§ 34 XIIIc)	246 – 248
33. Minderungen des Körperschaftsteuerguthabens (§ 34 XIIId)	249 – 252
34. Körperschaftsteuererhöhung (§ 34 XIIIe)	253 – 257
35. Erhalt des Körperschaftsteuerguthabens (§ 34 XIIIf)	258 – 261
36. Körperschaftsteuerguthaben (§ 34 XIIIg)	262 – 263
37. Liquidationsvorgänge (§ 34 XIV)	264 – 270
38. Umwandlungen (§ 34 XV)	271 – 272
39. Option bezüglich JStG 2008 (§ 34 XVI)	273 – 279

I. Regelungsgehalt der Norm. § 34 enthält die sog Schlussvorschriften des KStG, die insbesondere die zeitliche Geltung des KStG umfassend regeln. Die Vorschrift ist durch das StSenkG v 23.10.2000[1], also mit dem Wechsel vom Anrechnungs- zum Halbeinkünfteverfahren, neu gefasst worden. Die weiteren Absätze der Vorschrift bestimmen das Inkrafttreten, die Geltungsdauer bzw das Außerkrafttreten der jeweils bezeichneten Norm in Abweichung von der Grundregel in § 34 I. Dabei betreffen die einzelnen Anwendungsvorschriften sowohl aktuelle, als auch außer Kraft getretene Gesetzesfassungen.

Die Vorschriften der Vorgängerregelung § 54 aF wurden nicht übernommen[2], sind aber gleichwohl für die Anwendbarkeit der insoweit in Bezug genommenen Vorschriften weiterhin gültig. Die früheren Schlussvorschriften, die in der aktuellen Fassung des § 34 nicht mehr enthalten sind, verlieren also durch die Gesetzesänderungen nicht ihre Wirksamkeit für die vom Regelungsgehalt betroffenen früheren VZ.[3]

Die in der Vorschrift enthaltenen besonderen Regelungen zur zeitlichen Anwendung einzelner Normen oder Normenteile lassen sich unterscheiden in:
- die Grundregel (§ 34 I), wonach die Gesetzesfassung des KStG erstmals für den jeweils aktuellen VZ anzuwenden ist (dabei bleiben die Bestimmungen in den jeweils geltenden ersten Absätzen aus den Vorjahren ebenfalls gültig);
- die Regel, welche den Wechsel des Anrechnungs- zum Halb- bzw Freistellungsverfahren für abweichende WJ betrifft (§ 34 II);

---

1 BGBl I 2000, 1433, 1455.
2 Ausnahme § 34 XIII.
3 BFH XI R 36/89, BStBl II 1992, 26 (zu § 52 EStG).

- die Sonderregeln, welche vorrangig die Einführung, Änderung oder Aufhebung einzelner Vorschriften betreffen und der Bezug zum aktuellen VZ, etwa wegen Rückwirkungen oder Befristungen, zumeist nicht ausreicht (§ 34 III ff).

2 *Einstweilen frei.*

3 **II. Rechtsentwicklung.** Die seit 1977 im KStG geregelten Schlussvorschriften (bis 1977 in § 54 aF, seit 2001 in § 34) haben im Laufe der Jahre zahlreiche Änderungen erfahren. So wurde schon § 54 aF mehrfach neu gefasst. Der Umfang der Vorschrift konnte dadurch in einem überschaubaren Rahmen gehalten werden. Absätze, die durch Zeitablauf entbehrlich geworden waren, wurden in die Neufassung nicht aufgenommen. Eine besonders einschneidende Veränderung iRd Schlussvorschriften stellt der Wechsel vom Vollanrechnungs- zum Halbeinkünfteverfahren iRd StSenkG dar. In diesem Zusammenhang änderte der Gesetzgeber die Schlussvorschrift in erheblichem Umfang und § 34 löste § 54 aF als Standort der Regelungen im KStG ab.[1]

4 *Einstweilen frei.*

5 **III. Normzweck und Anwendungsbereich. 1. Bedeutung der Norm.** Der Regelungszweck des § 34 besteht darin, das Inkrafttreten bzw die Geltungsdauer der jeweiligen Gesetzesfassung näher zu bestimmen. Angesichts zahlreicher Gesetzesänderungen ist das im Dauerrechtsverhältnis aufgrund des KStG zwingend erforderlich. Unter Heranziehung des § 34 kann letztlich die zeitliche Geltung einer alten und einer neu eingefügten Regelung im KStG ermittelt werden. § 34 ist daher gleichzeitig eine Art Spiegelung der Entwicklungen im KStG.

6 *Einstweilen frei.*

7 **2. Persönlicher Anwendungsbereich. Unbeschränkt und beschränkt steuerpflichtige Körperschaften, Vermögensmassen und Personenvereinigungen.** § 34 erstreckt sich gleichermaßen auf unbeschränkt und beschränkt steuerpflichtige Körperschaften sowie auf Vermögensmassen und Personenvereinigungen iSd §§ 1 und 2.

8 **Sonstige Personen.** § 34 kann auch Bedeutung für Personen haben, die zur Ausstellung von Steuerbescheinigungen berechtigt und verpflichtet sind (§§ 27 IV und 37 III S 4). Ferner ist eine Auswirkung des § 34 auf Anteilseigner von Kapitalgesellschaften möglich, da der Systemwechsel vom Anrechnungs- zum Halb- bzw Freistellungsverfahren Anteilseigner etwa iRd § 3 Nr 40 EStG betrifft.

9 *Einstweilen frei.*

10 **3. Sachlicher Anwendungsbereich. Bestimmung des zeitlichen Anwendungsbereichs.** § 34 bestimmt grundsätzlich den zeitlichen Anwendungsbereich der Vorschriften des KStG und trägt damit Art 82 II S 1 GG Rechnung. Dabei ist allerdings zu berücksichtigen, dass die jeweils aktuelle Fassung des § 34 nicht alle zeitlichen Anwendungsfragen regelt, sondern darüber hinaus alte Fassungen des § 34 I heranzuziehen sind, die weiterhin Gültigkeit behalten, obwohl sie nicht mehr im Gesetzestext stehen.

---

[1] Ein Überblick über die einzelnen Änderungen findet sich als tabellarische Zusammenstellung bei *Bott* in EY § 34 Rn 9.

III. Normzweck und Anwendungsbereich

Regel-Ausnahme-Verhältnis. Die zeitliche Anwendung nach § 34 wird im Grundsatz über eine allgemeine Regelung mit Ausnahmen bestimmt. Dabei geht der Grundsatz in § 34 I jeweils vom aktuellen VZ aus. Die weiteren Absätze sind den Ausnahmen im Hinblick auf einzelne Normen oder Normteile gewidmet. Die Unübersichtlichkeit des § 34 wird jedoch dadurch verstärkt, dass es sich bei der Grundregel des § 34 I aufgrund der zahlreichen Sondervorschriften in den einzelnen Absätzen rein tatsächlich eher um die Ausnahme handelt. Das Regel-Ausnahme-Verhältnis wird also in erheblichem Umfang umgekehrt.[1]

11

Materiell-rechtliche Regelungen. Ferner finden sich in § 34 nicht nur Regelungen zur zeitlichen Anwendung der KStG-Normen, sondern auch damit mittelbar oder unmittelbar zusammenhängende materiell-rechtliche Regeln, die etwa einen Verzicht (zB § 34 V) oder eine Option in Bezug auf bestimmte Regelungen, meist für eine gewisse Zeit, vorsehen.

12

Einstweilen frei.

13

4. Zeitlicher Anwendungsbereich. § 54 aF. Die Regelung des § 34 wurde im Zuge der Änderungen des KStG durch das StSenkG als Schlussvorschrift in der heutigen Form geschaffen. Der zeitliche Anwendungsbereich der vorher in § 54 aF geregelten Schlussvorschriften wurde dadurch aber nicht vollständig beendet. Vielmehr gelten einzelne Vorschriften aus § 54 aF auch über den Zeitpunkt der Neufassung der Schlussvorschriften in § 34 hinaus weiter.

14

§ 34 I. Ferner ist die Besonderheit im Hinblick auf § 34 I zu beachten. Danach wird im Hinblick auf das geltende KStG jeweils der aktuelle VZ als Bezugsgröße gewählt. Frühere VZ als Bezugsgrößen in vorangehenden Fassungen des § 34 I werden durch neue Bezugsgrößen allerdings in ihrem Regelungsrahmen nicht verdrängt.

15

Wechsel Anrechnungs- zum Halb- bzw Freistellungsverfahren. Zu den Fragen der zeitlichen Anwendung des Anrechnungs- bzw Halb- bzw Freistellungsverfahrens im Einzelnen vgl Rn 38 ff.

16

Sonderregeln. Zu den Sonderregeln betreffend der Einführung, Änderung oder Aufhebung einzelner Vorschriften vgl Rn 45 ff.

17

Einstweilen frei.

18

5. Verhältnis zu anderen Vorschriften. §§ 52, 52a EStG. § 34 ist eine eigenständige Schlussvorschrift des KStG. Funktion und Struktur der Vorschrift entsprechen den §§ 52, 52a EStG. Soweit Regelungen aus dem EStG über Verweisungen (etwa § 8 I S 1 EStG) in Bezug genommen werden, kommt den Schlussvorschriften des EStG aber auch für das KStG Bedeutung zu.

19

§ 35. § 34 ist gegenüber der Sonderregelung des § 35 nachrangig. Das gilt auch nach Streichung der ausdrücklichen Nachrangregelung mit dem StVergAbG v 16.5.2003[2]. § 35 enthält eine vorrangige ergänzende Übergangsregelung zur Fort-

20

---

1 *Lambrecht* in Gosch § 34 Rn 16.
2 BGBl I 2003, 660.

21　schreibung des steuerlichen Einlagenkontos iSd § 27 im Hinblick auf berücksichtigungsfähige Verluste aus dem VZ 1990, die bestimmte Steuerpflichtige im entsprechenden VZ im Beitrittsgebiet erzielt haben.

§ 36. § 36 ist eine Sonderregelung für Endbestände der Teilbeträge des vEK, die aufgrund des Übergangs vom Anrechnungs- zum Halb- bzw Teileinkünfteverfahren notwendig wurde. Die Regelung soll einen gleitenden Übergang, aber auch eine Fortsetzung des Anrechnungsverfahrens in modifizierter Form bis zum VZ 2019 (bzw 2020) gewährleisten.[1]

22　**§ 37.** § 37 enthält eine Sonderregelung zur Fortschreibung des Körperschaftsteuerguthabens nach dem Systemwechsel und knüpft insoweit unmittelbar an § 36 an.

23　**§ 38.** § 38 enthält eine Sonderregelung zur Fortschreibung eines Körperschaftsteuererhöhungspotentials nach dem Systemwechsel und knüpft insoweit unmittelbar an § 36 an.

24　*Einstweilen frei.*

25　**6. Verfassungsrecht. Allgemeines zum Rückwirkungsverbot.** Verfassungsrechtliche Bedenken gegen einzelne Teile des § 34 werden immer wieder geäußert.[2] Grundlage sind die Probleme im Zusammenhang mit der rückwirkenden Anwendung von Vorschriften.[3] Dabei geht es einerseits um die Schutzbedürftigkeit von Steuerpflichtigen, die ihre Maßnahmen auf Grundlage der geltenden Gesetzeslage planen. Andererseits gibt es ein Bedürfnis des Gesetzgebers, möglichst schnell auf unterschiedlichste Entwicklungen zu reagieren und eine sachgerechte Besteuerung zu gewährleisten.

26　**Echte Rückwirkung.** Eine Rechtsnorm entfaltet echte Rückwirkung, wenn ihre Rechtsfolge mit belastender Wirkung schon vor dem Zeitpunkt ihrer Verkündung für bereits abgeschlossene Tatbestände gelten soll („Rückbewirkung von Rechtsfolgen"). Die maßgebende Rechtsfolge steuerrechtlicher Normen ist das Entstehen der Steuerschuld. Deshalb liegt eine grundsätzlich unzulässige echte Rückwirkung nur vor, wenn das Gesetz eine bereits nach § 38 AO iVm § 30 mit dem Ablauf des VZ entstandene ESt nachträglich abändert.[4]

27　**Unechte Rückwirkung.** Soweit belastende Rechtsfolgen einer Norm erst nach ihrer Verkündung eintreten, tatbestandlich aber von einem bereits ins Werk gesetzten Sachverhalt ausgelöst werden („tatbestandliche Rückanknüpfung"), liegt eine „unechte" Rückwirkung vor. Eine solche unechte Rückwirkung ist zwar nicht grundsätzlich unzulässig, mit den Grundsätzen grundrechtlichen und rechtsstaatlichen Vertrauensschutzes aber nur vereinbar, wenn sie – in Wahrung des Grundsatzes der Verhältnismäßigkeit – zur Förderung des Gesetzeszwecks geeignet und erforderlich ist und wenn bei einer Gesamtabwägung zwischen dem Gewicht des enttäuschten Vertrauens und dem Gewicht und der Dringlichkeit der die Rechtsänderung rechtfertigenden

---

1　*Bott* in EY § 36 Rn 3.
2　*Lambrecht* in Gosch § 34 Rn 13.
3　Zur rückwirkenden Anwendung von Steuergesetzen s ausführlich *Lang* in Tipke/Lang § 4 Rn 170 ff.
4　BVerfG 2 BvL 14/02, 2 BvL 2/04, 2 BvL 13/05, BGBl I 2010, 1296.

Gründe die Grenze der Zumutbarkeit gewahrt bleibt.[1] Der Normadressat müsse eine Enttäuschung seines Vertrauens in die alte Rechtslage nur hinnehmen, soweit dies auf Grund besonderer, gerade die Rückanknüpfung rechtfertigender öffentlicher Interessen unter Wahrung der Verhältnismäßigkeit gerechtfertigt sei.[2] Das Vertrauen des Steuerpflichtigen ist nicht schutzwürdig, wenn mit der Einbringung eines Gesetzentwurfs (zB Bundestag, Vermittlungsausschuss) die Öffentlichkeit im Hinblick auf eine geplante Gesetzesänderung erreicht wird.[3]

Probleme der Rückwirkung im Einzelnen. Die besonderen Probleme in Bezug auf einzelne Regelungen werden im Zusammenhang mit den konkreten Bestimmungen erörtert. 28

Einstweilen frei. 29

IV. Zeitliche Anwendung der Normen des KStG im Einzelnen. 1. Allgemeine Regelung (§ 34 I). Grundregel. § 34 I bestimmt zunächst als Grundregel, dass die jeweilige Fassung des Gesetzes erstmals für den aktuellen VZ anzuwenden ist. Tatsächlich hat die Grundregel aber kaum einen Anwendungsbereich, wenn es um die erstmalige Geltung einer Regelung geht. 30

Abweichen von der Grundregel. Einerseits ist in der Regelung ausdrücklich vorgesehen, dass in den folgenden Absätzen etwas anderes bestimmt werden kann und davon hat der Gesetzgeber in großem Umfang Gebrauch gemacht (vgl Rn 38 ff). 31

Frühere Regelungen des § 34. Andererseits gewährleistet die Bezugnahme auf den aktuellen VZ, dass bereits bestehende Altregelungen im konkret betroffenen VZ weiterhin gelten. Im Hinblick auf die erstmalige Geltung ist daher, soweit keine abweichende Bestimmung in den weiteren Absätzen des § 34 eingreift, auf frühere Fassungen des KStG zurückzugreifen. Die entsprechenden Regelungen in § 34 I der früheren Fassungen nehmen ebenfalls regelmäßig auf den aktuellen VZ Bezug und behalten auch nach der Änderung des Bezugszeitraums Gültigkeit. 32

Derzeit gültige Fassung des § 34 I. § 34 I der derzeit geltenden Fassung bestimmt, dass das KStG idF v 8.12.2010[4] insgesamt im VZ 2010 gilt und für einen VZ vor 2010 das KStG in der zuvor jeweils geltenden Fassung anzuwenden ist. 33

Begriff des VZ. Der VZ entspricht stets dem Kalenderjahr (§ 31 I, § 25 I EStG). 34

Abweichendes WJ. Für Körperschaften, die ihren Gewinn für ein vom Kalenderjahr abweichendes WJ ermitteln, gilt der Gewinn gem § 7 IV S 2 als in dem Kalenderjahr bezogen, in dem das WJ endet. Für diese Körperschaften ergibt sich, dass die neuen Regelungen erstmals für die Ermittlung der Besteuerungsgrundlagen für das WJ 2009/2010, also ab dem VZ 2010 gelten. 35

Frühere Fassungen des § 34 I. Frühere Fassungen des § 34 I sind für die folgenden VZ anwendbar und enthalten die folgenden wesentlichen Änderungen oder Ergänzungen: 36

---
1 BVerfG 2 BvL 14/02, 2 BvL 2/04, 2 BvL 13/05, BGBl I 2010, 1296.
2 BFH I R 62/08, BStBl II 2011, 272 mwN.
3 BFH IX R 81/06, BFH/NV 2011, 902 mwN.
4 BGBl I 2010, 1768.

- § 34 I idFd StSenkG enthielt die Grundregel (zu den weiterhin geltenden Sonderregelungen der § 34 II und VII vgl Rn 38, 110 ff) zum zeitlichen Übergang vom Anrechnungs- zum Halbeinkünfteverfahren, welche trotz der erheblichen Bedeutung leider entsprechend der allgemeinen Regelungstechnik im § 34 I nicht ausdrücklich im Gesetzestext fortgeführt wurde. Danach gilt das Halbeinkünfteverfahren im Grundsatz bei kalenderjahrgleichen WJ ab dem VZ 2001.
- § 34 I idFd StEuglG v 19.12.2000[1] enthält Anpassungen in den §§ 9 I Nr 2 S 3, 24 S 1 und 25 I S 2 und sieht die Anrechnung von DM auf EUR ab dem VZ 2002 vor (ab VZ 2003 bei abweichendem WJ).
- § 34 I idFd UntStFG v 20.12.2001[2] hat in materieller Hinsicht keine Bedeutung, da insoweit nur Folgeregelungen in § 34 II ff als Sonderregeln zur erstmaligen Anwendung des Halbeinkünfteverfahrens enthalten sind, die auf das UntStFG zurückgehen.
- § 34 I idFd 5. StBAG v 26.7.2002[3] gilt ab dem VZ 2002. Das SFG v 20.12.2001[4] brachte insoweit keine Änderungen.
- § 34 I idFd StVergAbG gilt erstmals ab dem VZ 2003. Das gilt auch für § 34 I idFd StÄndG 2003 v 15.12.2003[5].
- § 34 I idFd Korb II-G v 15.12.2003[6] gilt ab dem VZ 2004. Das HBeglG 2004 v 29.12.2003[7], das EG-Amtshilfe-Anpassungsgesetz v 2.12.2004[8] und das RVOrgG v 9.12.2004[9] haben in Bezug auf die Regelung keine Änderungen gebracht.
- § 34 I idFd EURLUmsG v 9.12.2004[10] gilt ab dem VZ 2005. Das gilt auch für die Fassung des Gesetzes zur Änderung des VAG und anderer Gesetze v 15.12.2004[11].
- § 34 I idFd JStG 2007 v 13.12.2006[12] und SEStEG v 7.12.2006[13] sind ab dem VZ 2007 bzw VZ 2006 anzuwenden.
- § 34 I idFd JStG 2008 v 20.12.2008[14] gilt ab dem VZ 2008. IdFd JStG 2009 v 19.12.2008[15] ist § 34 I ab dem VZ 2009 anzuwenden. Nachfolgende Gesetze im Jahr 2009 haben keine Änderung gebracht.
- § 34 I idFd JStG 2010 v 8.12.2010[16] ist ab dem VZ 2010 gültig.

37 *Einstweilen frei.*

1 BGBl I 2000, 1790.
2 BGBl I 2001, 3858.
3 BGBl I 2002, 2715.
4 BGBl I 2001, 3955.
5 BGBl I 2003, 2645.
6 BGBl I 2003, 2840.
7 BGBl I 2003, 3076.
8 BGBl I 2004, 3112.
9 BGBl I 2004, 3242.
10 BGBl I 2004, 3310.
11 BGBl I 2004, 3416.
12 BGBl I 2006, 2892.
13 BGBl I 2006, 2782.
14 BGBl I 2007, 3150.
15 BGBl I 2008, 2794.
16 BGBl I 2010, 1768.

2. Übergang zum Halbeinkünfteverfahren: Besonderheiten bei abweichenden WJ (§ 34 II).

38 § 34 II enthält eine besondere Anwendungsregel für den Übergang vom Anrechnungs- zum Halbeinkünfteverfahren bei Körperschaftsteuersubjekten mit einem vom Kalenderjahr abweichenden WJ. Betroffen vom Halbeinkünfteverfahren sind bei vom Kalenderjahr abweichenden WJ danach erst die WJ 2001/2002. In diesen Fällen wird die Aufgabe des Anrechnungsverfahrens somit um einen VZ von 2001 nach 2002 verschoben.[1]

39 **Entwicklung.** Die Regelung in § 34 II bezieht sich nur auf die Anwendung des KStG idFd StSenkG. Bei vom Kalenderjahr abweichenden WJ ist insoweit eine Ausnahme von der Grundregel des § 34 I zu berücksichtigen. Die ursprünglich in § 34 Ia idFd StSenkG enthaltene Regelung sollte den Übergang vom Anrechnungs- auf das Halbeinkünfteverfahren bei abweichendem WJ verschieben (vgl Rn 36). Unter Heranziehung der Grundregel hätte das Anrechnungsverfahren seine Geltung nämlich bereits zu einem Zeitpunkt verloren, zu dem das StSenkG noch gar nicht verkündet war. Da § 7 IV bei abweichendem WJ eine Zurechnung zu dem VZ vornimmt, in dem das WJ endet und der VZ stets dem Kalenderjahr entspricht, hätte das Halbeinkünfte- das Anrechnungsverfahren schon für das WJ 2000/2001 abgelöst. Durch das UntStFG übernahm der Gesetzgeber die in § 34 Ia aF getroffene Regelung ohne Änderung in § 34 II.

40 **Berechtigte Abweichung des WJ vom Kalenderjahr.** Eine Voraussetzung für eine Anwendbarkeit des II ist zunächst, dass das WJ berechtigt vom Kalenderjahr abweicht, dh der Steuerpflichtige regelmäßig Abschlüsse für ein WJ macht, das nicht mit dem Kalenderjahr übereinstimmt und die weiteren Voraussetzungen des § 7 IV vorliegen (vgl § 7 Rn 74). Der Gewinn gilt insoweit als in dem Kalenderjahr bezogen, in dem das WJ endet.

41 **Betroffener Zeitraum.** Ferner sind von der Verschiebung nur abweichende WJ betroffen, die im VZ 2001 enden, aber noch vor dem 1.1.2001 begonnen haben. Hat das abweichende WJ, das im VZ 2001 endet, schon im Jahre 2000 begonnen, werden die Besteuerungsgrundlagen noch im Wege des Anrechnungsverfahrens ermittelt. Sofern das erste im VZ 2001 endende WJ vor dem 1.1.2001 beginnt, ist also bei abweichendem WJ erstmals für den VZ 2002 das Halbeinkünfteverfahren anzuwenden.

42 **Umstellung des abweichenden WJ auf ein kalenderjahrgleiches WJ.** Aus § 34 II ergibt sich aber auch, dass bei abweichenden WJ 2000/2001 und bei deren Umstellung im Jahr 2001 auf ein kalenderjahrgleiches WJ für das in 2001 beginnende und endende Rumpf-WJ noch altes Recht, also das Anrechnungsverfahren, anzuwenden ist. Mit einer solchen Umstellung des WJ auf das Kalenderjahr konnte der Übergang des Anrechnungs- zum Halbeinkünfteverfahren vorgezogen werden.[2]

43 **Neugründungen.** Bei Neugründungen im Jahr 2000, die ein abweichendes WJ wählen, aber das zunächst entstehende Rumpf-WJ noch in 2000 beginnt und in 2001 endet, gilt für das Rumpf-WJ gem § 34 II ebenso noch das Anrechnungsver-

---
1 *Lambrecht* in Gosch § 34 Rn 25; *Lornsen-Veit* in Erle/Sauter § 34 Rn 17.
2 *Lornsen-Veit* in Erle/Sauter § 34 Rn 19.

fahren.¹ Beginnt ein WJ oder Rumpf-WJ dagegen erst 2001, bestimmt sich die Anwendung des Halbeinkünfteverfahrens nach der allgemeinen Regelung des § 34 I idFd StSenkG, also erstmalige Anwendung im VZ 2001.

44 **Umfang der Wirkung.** Im Anwendungsbereich der Sonderregelung des § 34 II idFd StSenkG findet das KStG insgesamt erstmals für den VZ 2002 Anwendung. Betroffen sind also nicht nur die Regelungen zur Ablösung des Anrechnungs- durch das Halbeinkünfteverfahren, sondern auch alle anderen Änderungen und Neuerungen durch das StSenkG. Im Hinblick auf die betroffenen Steuerpflichtigen mit abweichendem WJ hat das etwa auch zur Folge, dass steuerliche Vergünstigungen wie der gesunkene Steuersatz (vgl § 23 Rn 7) und die Erleichterungen bei Organschaften (vgl § 14 Rn 691 ff) erst zeitlich verzögert Anwendung finden. Auf der anderen Seite sind aber die Verschärfungen, etwa die Absenkung des safe haven in § 8a aF (vgl § 8a Rn 3), erst im VZ 2002 zu berücksichtigen. Je nach Einzelfall ist daher nur ein an der Gesamtregelung zu messender Vor- oder Nachteil für den Steuerpflichtigen möglich.

45 *Einstweilen frei.*

46 **3. Erstmalige Anwendung §§ 2 Nr 2, 5 II Nr 1 (§ 34 IIa). Abzug von KESt.** Mit dem UntStRefG 2008 v 14.8.2007² wurde die Regelung in § 34 IIa geändert und die bis dahin in diesem Absatz enthaltende Bestimmung aus dem StÄndG 2003 nicht mehr fortgeführt (vgl § 32 Rn 3). In der aF des § 34 IIa waren die redaktionellen Anpassungen des § 2 Nr 2 an die geänderten Vorschriften zum Abzug von KESt (vgl §§ 44a, 44c EStG) enthalten.³ Materielle Änderungen traten durch die damalige Anpassung des Wortlauts nicht ein.

47 **Erweiterung der beschränkten Steuerpflicht bei Wertpapierleihen.** Mit dem UntStRefG 2008 wurde eine Missbrauchsmöglichkeit im Bereich der Wertpapierleihe bzw bei Wertpapierpensionsgeschäften geschlossen (vgl § 32 Rn 3). Dazu wurde die beschränkte Steuerpflicht von juristischen Personen des öffentlichen Rechts nach § 2 Nr 2 sowie die partielle Steuerpflicht von steuerbefreiten Körperschaften, Personenvereinigungen und Vermögensmassen nach § 5 II Nr 1 erweitert (vgl § 2 Rn 248 ff). Die bei der Wertpapierleihe oder entsprechenden Pensionsgeschäften vereinnahmten Leihgebühren, Kompensationszahlungen sowie als Gegenleistung erhaltende, Ertrag bringende Wirtschaftsgüter werden einem regelmäßig abgeltenden Steuerabzug unterworfen (vgl § 32 Rn 149 ff). Die erstmalige Anwendung des Steuerabzugs von 15 % auf die genannten Entgelte ist nach § 34 IIa vom Zufluss der Entgelte abhängig. Nach Verkündung des Gesetzes im BGBl (17.8.2007) zufließende Entgelte werden von der Neuregelung erfasst. Verfassungsrechtliche Bedenken gegen die Regelung könnten sich daraus ergeben, dass die Anwendungsregelung Sachverhalte einschließt, in denen das Wertpapierleihgeschäft vor der Veröffentlichung des Referentenentwurfs abgeschlossen wurde, der Zufluss jedoch erst nach der Verkündung des Gesetzes erfolgt.⁴

---

1 Beispiele bei *Lornsen-Veit/Odenbach* in Erle/Sauter, 2. Aufl, § 34 Rn 20 ff und die Übersicht *Bott* in EY § 34 Rn 17.2.
2 BGBl I 2007, 1912.
3 Ausführlich dazu *Bott* in EY § 34 Rn 19.8.
4 *Wagner*, DK 2007, 505.

Einstweilen frei.

4. Erstmalige Anwendung des § 5 I Nr 2 (§ 34 III). Regelungsgehalt. § 34 III beschäftigt sich mit dem zeitlichen Anwendungsbereich der persönlichen Steuerbefreiung für bestimmte Kreditanstalten und Kreditinstitute nach § 5 I Nr 2 (hierzu § 5 Rn 120 ff). Die einzelnen Bestimmungen tragen den Veränderungen durch Umstrukturierungen in den betroffenen Bundesländern Rechnung. Es soll sichergestellt werden, dass die einzelnen in der Befreiungsvorschrift aufgezählten Körperschaftsteuersubjekte für die entsprechenden Zeiträume der Aufgabenwahrnehmung von der Steuer befreit sind. Ältere Fassungen der Regelung behalten für die jeweiligen VZ Bedeutung.

Wirtschafts- und Infrastrukturbank Hessen. Die Regelung in § 34 III bezweckt die Erstreckung der Steuerbefreiung auf die mit Wirkung zum 1.1.2007 gegründete Landestreuhandstelle Hessen – Bank für Infrastruktur – rechtlich unselbständige Anstalt in der Landesbank Hessen-Thüringen Girozentrale ab dem VZ 2007. Mit Gesetz zur Neuordnung der monetären Förderung in Hessen v 16.7.2009[1] wurde die Landestreuhandstelle Hessen am 31.8.2009 mit der Investitionsbank Hessen zur Wirtschafts- und Infrastrukturbank Hessen verschmolzen. § 34 III S 2 zieht die entsprechenden Folgen für die Körperschaftsteuerbefreiung ab dem VZ 2009. Auf der anderen Seite fallen die Steuerbefreiungen für die Landestreuhandstelle Hessen und die Investitionsbank Hessen nach dem VZ 2009 weg (§ 34 III S 4).

Investitions- und Förderbank Niedersachsen. Mit Wirkung ab dem VZ 2008 gilt gem § 34 III S 1 die Steuerbefreiung des § 5 I Nr 2 für die durch formwechselnde Umwandlung der Investitions- und Förderbank Niedersachsen GmbH und durch Abspaltung und Übertragung der Niedersächsischen Landestreuhandstelle – Norddeutsche Landesbank Girozentrale – als rechtsfähige Anstalt des öffentlichen Rechts zum 1.1.2008 errichtete Investitions- und Förderbank Niedersachsen. Auf der anderen Seite gilt die Steuerbefreiung für die Investitions- und Förderbank Niedersachsen GmbH und die Niedersächsische Landestreuhandstelle – Norddeutsche Landesbank Girozentrale gem § 34 III S 3 letztmalig für den VZ 2007.

Wohnungsbauförderungsanstalt Nordrhein-Westfalen. Die zum VZ 2004 in die Befreiungsregelung des § 5 I Nr 2 aufgenommene Wohnungsbauförderungsanstalt Nordrhein-Westfalen wurde durch Gesetz vom 8.12.2009 aufgelöst. Die Steuerbefreiung ist daher letztmals für den VZ 2009 relevant.

Einstweilen frei.

5. Anwendung des § 5 I Nr 8 (§ 34 IIIa). Die Regelung in § 5 I Nr 8 befreit öffentlich-rechtliche Versicherungs- und Versorgungseinrichtungen von bestimmten Berufsgruppen von der KSt. Das RVOrgG v 9.12.2004[2] führte zur Ersetzung der Worte „Rentenversicherung der Arbeiter und Angestellten" durch die Worte „allgemeine Rentenversicherung", wodurch ein einheitlicher Versicherungsbegriff ge-

---

1 GVBl I 2009, 256.
2 BGBl I 2004, 3242.

schaffen wurde (vgl § 5 Rn 274 ff). Die Neuregelung ist in der Form gem § 34 IIIa abweichend von der allgemeinen Regel des § 34 I nicht ab dem VZ 2004, sondern erst ab dem VZ 2005 anzuwenden. Eine sachliche Änderung ist mit der Organisationsreform nicht verbunden.

55 *Einstweilen frei.*

56 **6. Anwendung des § 5 I Nr 16 (§ 34 IIIb).** Die Regelung in § 5 I Nr 16 befreit Entschädigungseinrichtungen iSd Einlagensicherungs- und Anlegerentschädigungsgesetzes sowie Sicherungseinrichtungen eines Verbandes der Kreditinstitute von der KSt. Sicherungsfonds iSd §§ 126 und 127 VAG im Bereich der Versicherungswirtschaft und Einrichtungen zur Sicherung von Einlagen bei Wohnungsgenossenschaften mit Spareinrichtung nehmen an der Steuerbefreiung ebenfalls teil (vgl § 5 Rn 382 ff). Die Regelung in § 5 I Nr 16 wurde letztmals 2004 geändert.[1] Die Neuregelung ist in der Form gem § 34 IIIb abweichend von der allgemeinen Regel des § 34 I nicht ab VZ 2004, sondern erst ab dem VZ 2005 anzuwenden.

57 *Einstweilen frei.*

58 **7. Anwendung des § 5 I Nr 23 (§ 34 IIIc).** Die Regelung in § 5 I Nr 23 befreit die Auftragsforschung öffentlich-rechtlicher Wissenschafts- und Forschungseinrichtungen von der KSt. Mit der Regelung soll eine Gleichbehandlung der (privaten) Forschungstätigkeit gemeinnütziger Einrichtungen iSd §§ 51 ff, 68 Nr 9 AO (steuerfreier Zweckbetrieb, § 5 I Nr 9) mit der Auftragsforschung etwa der staatlichen Hochschulen erreicht werden (vgl § 5 Rn 455 ff). Die mit dem StÄndG 2003 eingeführte Vorschrift, die eine Verwaltungspraxis in das Gesetz eingeführt hat, soll gem § 34 IIIc schon für den VZ vor 2003 Anwendung finden.

59 *Einstweilen frei.*

60 **8. Anwendung verschiedener Einzelregelungen (§ 34 V). Allgemeines.** § 34 IV S 1 regelt, dass die dort einzeln aufgeführten Vorschriften, die durch Art 2 des UntStFG geändert oder neu eingefügt wurden, bereits zeitgleich mit der erstmaligen Anwendung des im StSenkG eingeführten Halbeinkünfteverfahren in Kraft treten. Der Systemwechsel vom Anrechnungs- zum Halbeinkünfteverfahren hat nachträglich einige zumeist klarstellende Gesetzeskorrekturen ausgelöst. Die Regelung in § 34 IV knüpft für die konkrete Anwendung der Normen an die Differenzierung in § 34 I und II an. Im Grundsatz sind die genannten Vorschriften ab dem VZ 2001 anwendbar. Eine Ausnahme besteht, wenn das Steuersubjekt ein vom Kalenderjahr abweichendes WJ hat und das erste im VZ 2001 endende WJ vor dem 1.1.2001 beginnt. Dann erfolgt die erstmalige Anwendung der Regelungen erst im VZ 2002.

61 **Vorbehalt.** Die Anwendungsregelung des § 34 IV steht insgesamt unter dem Vorbehalt, dass in den folgenden Absätzen nichts anderes bestimmt ist. Von den zahlreichen Vorschriften, die in § 34 IV S 1 aufgezählt sind, sind insbesondere

---

1 BGBl I 2004, 3416.

IV. Zeitliche Anwendung der Normen des KStG im Einzelnen

- § 5 II durch § 34 Va (vgl Rn 71),
- § 8b durch § 34 VII (vgl Rn 110),
- § 15 II durch § 34 X (vgl Rn 190) sowie
- § 28 durch § 34 XIII (vgl Rn 236)

modifiziert worden.[1]

Rückwirkung. § 34 IV S 1 legt fest, dass Änderungen durch das UntStFG zeitgleich mit der erstmaligen Anwendung des StSenkG in Kraft treten (dies ist im Grundsatz der VZ 2001). Die Rückbeziehung auf den Zeitpunkt der erstmaligen Anwendung des StSenkG bedeutet, dass die entsprechenden Vorschriften des StSenkG von vornherein gar nicht zur Anwendung gelangen. Änderungen, die eine Verschlechterung für den Steuerpflichtigen darstellen, sind aber keine echten (unzulässigen) Rückwirkungen, da zum Zeitpunkt der Gesetzesänderung der jeweilige VZ noch nicht abgeschlossen war.[2]

Letztmalige Anwendung des § 29 idFd StSenkG. § 34 IV S 2 regelt seinem Wortlaut nach die letztmalige Anwendung des § 29 idFd StSenkG. Bei der Bezugnahme handelt es sich um ein offensichtliches Versehen des Gesetzgebers, da die Vorschrift durch das in Bezug genommene StSenkG nicht geändert wurde. Die Bestimmung kann sich wohl nur auf § 29 idFd Gesetzes zur weiteren steuerlichen Förderung von Stiftungen[3] beziehen, die sich mit dem Körperschaftsteuerbescheid als Grundlagenbescheid für die Verlustberücksichtigung beschäftigt.[4] Mit dem Systemwechsel vom Anrechnungs- zum Halbeinkünfteverfahren ist § 29 idFd Gesetzes zur weiteren steuerlichen Förderung von Stiftungen nicht mehr anwendbar. Im Hinblick auf den Zeitpunkt knüpft § 34 IV S 2 wiederum an die Differenzierung in § 34 I und II in Bezug auf den Systemwechsel an. Grundsätzlich ist die letztmalige Anwendung daher auf den VZ 2000 festgelegt. Nur bei abweichendem WJ findet die Regelung auch noch im VZ 2001 Anwendung. Auf die Anwendung des § 29 idFd UntStFG, die in § 34 IV S 1 geregelt ist, hat die Regelung in § 34 IV S 2 nach zutreffender Auffassung keine Auswirkung.[5]

Einstweilen frei.

9. Verzicht auf Steuerbefreiung durch Erwerbs- und Wirtschaftsgenossenschaften und Vereine (§ 34 V). Übergangsweiser Verzicht auf Steuerbefreiung. Die Regelung in § 34 V wurde durch das UntStFG in den heutigen Absatz umbenannt und enthält die materiell angepasste Regelung aus § 54 V aF. Die Einführung erfolgte mit dem VereinsFG[6] im Jahr 1990. Die Regelung beschäftigt sich mit den in § 5 I Nr 10 und Nr 14 näher bezeichneten Erwerbs- und Wirtschaftsgenossenschaften sowie Vereinen, die unter bestimmten Voraussetzungen von der KSt befreit sind. IRe befristeten Übergangsregelung können die in § 5 I Nr 10 und Nr 14 genannten Steuerpflichtigen durch schriftliche Erklärungen auf die Steuerbefreiung verzichten und damit zur Steuerpflicht optieren.

---

1 *Lambrecht* in Gosch § 34 Rn 43.
2 *Sauter* in Erle/Sauter § 34 Rn 26.
3 BGBl I 2000, 1034.
4 *Bott* in EY § 34 Rn 27.5.
5 *Lambrecht* in Gosch § 34 Rn 44.
6 BGBl I 1989, 2215.

66 **Verzichtserklärung.** Die Verzichtserklärung ist für fünf aufeinander folgende Kalenderjahre verbindlich und kann auch schon mit Wirkung für den VZ 1990 erklärt werden. Die schriftliche Erklärung musste im Regelfall bis zum 31.12.1991 vorliegen. Ausnahmsweise war eine Erklärung bis zum 31.12.1992 und bei Unternehmen im Beitrittsgebiet bis zum 31.12.1993 möglich.

67 **Gründe.** Die Übergangsregelung diente dazu, bei sog Vermietungsgenossenschaften und –vereinen zu verhindern, dass diese durch § 5 I Nr 10 idFd StRefG 1990 von der KSt befreit wurden, obwohl sie früher aufgrund fehlender Gemeinnützigkeit nicht von einer Steuerbefreiung begünstigt waren. Aufgrund der eintretenden Steuerbefreiung waren die Genossenschaften nämlich grundsätzlich verpflichtet, eine Schlussbilanz nach Teilwerten aufzustellen (§ 13), was zu einer Nachversteuerung der gebildeten (stillen) Reserven und erheblichen Härten führen konnte. Diese, im Einzelfall als nicht sachgerecht empfundenen Besteuerungsfolgen, sollten mit dem Gestaltungsmittel des Verzichts auf die Befreiung vermeidbar werden. Ferner konnte das Gestaltungsmittel des Verzichts auf die Steuerbefreiung aber auch dazu dienen, eine Verlustverrechnung mit ohnehin nicht steuerbefreiten Bereichen der Körperschaft zu ermöglichen.[1] Darüber hinaus konnte mit dem Verzicht auch ein ständiger Wechsel zwischen Steuerbefreiung und Steuerpflicht nahe der 10%-Grenze (§ 5 I Nr 10 S 2 und Nr 14 S 2) vermieden werden.

68 **Voraussetzungen.** Die Voraussetzungen für einen wirksamen Verzicht sind einerseits die persönlichen Voraussetzungen für die Steuerbefreiung (vgl § 5 I Nr 10 und Nr 14) und andererseits die rechtzeitige schriftliche Verzichtserklärung. Rein vorsorglich konnte ein solcher Verzicht aus Sicht der Finanzverwaltung[2] auch von ohnehin steuerpflichtigen Körperschaften erklärt werden.

69 **Rechtsfolge.** Die Körperschaften im persönlichen Anwendungsbereich der Norm, die eine wirksame Verzichtserklärung rechtzeitig abgeben, sind mindestens für fünf aufeinander folgende Kalenderjahre (VZ) an den Verzicht gebunden. In den entsprechenden VZ entfällt die Befreiung von der KSt. Der Verzicht auf die Steuerfreiheit kann nur mit Wirkung vom Beginn eines Kalenderjahres an widerrufen werden (§ 34 V S 3). Der Widerruf führt zum Eintritt in die Steuerfreiheit. Der Widerruf war spätestens bis zur Unanfechtbarkeit der Steuerfestsetzung des Kalenderjahres zu erklären, für das er gelten sollte (§ 34 V S 4). Der Verzicht kann auf Dauer aufrechterhalten werden. Das ergibt sich aus dem Erfordernis „mindestens" in § 34 V S 2. Geänderte gesetzliche Rahmenbedingungen (etwa § 13 III) sind nach Auffassung der Finanzverwaltung nicht geeignet, die wirksam ausgeübte Option rückwirkend entfallen zu lassen.[3]

70 *Einstweilen frei.*

---

[1] *Lambrecht* in Gosch § 34 Rn 52; *Bott* in EY § 34 Rn 54.
[2] OFD Frankfurt am Main v 7.8.1991, DB 1991, 2315.
[3] *Lambrecht* in Gosch § 34 Rn 54; *Bott* in EY § 34 Rn 58.

10. Anwendung des § 5 II Nr 2 (§ 34 Va). Der Erweiterung der Steuerbefreiung für steuerbegünstigte Einrichtungen iSd § 5 I Nr 9 auf Körperschaften mit Sitz und Geschäftsleitung innerhalb der EU bzw des EWR dient die Regelung in § 5 II Nr 2. Die Regelung ist gem § 34 Va auch für VZ vor 2009 anwendbar. Die Regelung selbst wurde erst mit dem JStG 2009 in das KStG aufgenommen. Vorausgegangen war die Entscheidung des EuGH in der Rs *Stauffer*.[1] Darin wurde der Ausschluss von beschränkt Steuerpflichtigen (§ 2 Nr 1) von der Steuerbefreiung des § 5 I Nr 9 als gemeinschaftswidrig angesehen. Der BFH ist dem Votum in seiner Entscheidung gefolgt (hierzu auch § 5 Rn 11).[2] Insoweit ist die Vorverlagerung der Anwendbarkeit der gesetzlichen Regelung in § 5 II Nr 2 nur folgerichtig. Die Voraussetzungen für das Vorliegen der Steuerbefreiung sind nach den für den jeweiligen VZ geltenden Vorschriften der §§ 51 ff AO zu prüfen.[3]

Einstweilen frei.

11. Sonderregelungen für Rundfunkanstalten und weitere Einzelregelungen in § 8 (§ 34 VI). § 34 VI enthält Anwendungsregelungen für zahlreiche einzelne Bestimmungen in § 8. Dabei geht es um die Einkommensermittlung für Körpersteuersubjekte.

a) **Rundfunkanstalten.** Für inländische öffentlich-rechtliche Rundfunkanstalten enthält § 8 I S 3 eine Pauschalierung des Einkommens iHv 16 % der Entgelte aus Werbesendungen. Damit hat der Gesetzgeber eine Regelung geschaffen[4], die es erlaubt, öffentlich-rechtliche Rundfunkanstalten iRe BgA mit pauschalierter Bemessungsgrundlage zur KSt heranzuziehen. Diese Regelung ist gem § 34 VI S 1 und 2 idFd 5. StBAG erstmals für den VZ 2001 anzuwenden und beseitigte die davor bestehende Ungleichbehandlung der Rundfunkanstalten der ARD und des ZDF. Durch das JStG 2009 wurde § 34 VI aktualisiert und die Anwendungsregelung für die Pauschalierung des Einkommens für öffentlich-rechtliche Rundfunkanstalten aufgehoben. Die Regelung verliert deshalb aber nicht für die früheren VZ ihre Bedeutung.

Einstweilen frei.

b) **BgA.** § 8 I S 2 stellt zumindest klar, dass eine fehlende Gewinnerzielungsabsicht oder Beteiligung am allgemeinen wirtschaftlichen Verkehr der Ermittlung des Einkommens eines BgA nicht entgegensteht (vgl § 8 Rn 120 ff). Während sich § 4 auf die persönliche Steuerpflicht bezieht, zielt § 8 I S 2 auf die sachliche Steuerpflicht ab. Die Regelung wurde mit dem JStG 2009 eingeführt und ist gem § 34 VI S 1 auch für VZ vor 2009 anwendbar. Auf diesem Wege wird die bisherige Praxis der Ermittlung des Einkommens in Fällen strukturell dauerdefizitärer BgA gewährleistet (hierzu § 4 Rn 77 ff und § 8 Rn 120 ff). Hintergrund ist eine Entscheidung des BFH[5] zur Verlustverrechnung iRd kommunalen Querverbundes, der zunächst nur mit einem Nichtanwendungserlass[6] entgegen getreten wurde.

---

1 EuGH Rs C-386/04, *Stauffer*, Slg 2006, I-8203.
2 BFH I R 94/02, BStBl II 2010, 331.
3 *Bott* in EY § 34 Rn 58.9.
4 BGBl I 2001, 3955.
5 BFH I R 32/06, BStBl II 2007, 961.
6 BMF v 7.12.2007, BStBl I 2007, 905.

77 *Einstweilen frei.*

78 **c) Verdeckte Einlagen.** Regelungen zur Behandlung der verdeckten Einlage wurden durch das JStG 2007[1] in § 8 III S 3-6 aufgenommen. Während § 8 III S 3 die Auswirkungen einer verdeckten Einlage auf das Einkommen nur klarstellend erwähnt, sehen die Regelungen in § 8 III S 4-6 einschränkende Regelungen vor. Ziel der einschränkenden Regelungen ist es, Besteuerungslücken dadurch zu vermeiden, dass die Korrespondenz zwischen der Behandlung bei der Körperschaft und der Behandlung beim Gesellschafter sichergestellt wird (vgl § 8 Rn 712 ff und § 8b Rn 184 ff). § 34 VI S 2 behandelt nur die erstmalige Anwendung der einschränkenden Regelungen in § 8 III S 4-6. Betroffen sind alle verdeckten Einlagen, die nach dem 18.12.2006 getätigt wurden. Es handelt sich bei dem Datum um das Datum des Inkrafttretens des JStG 2007.

79 *Einstweilen frei.*

80 **d) Verlustabzug bei Mantelkauf.** Die Bestimmungen zum Verlustabzug bei Körperschaften haben durch das UntStRefG 2008 erhebliche Veränderungen erfahren. Die Neuregelung in § 8c hat die bisherige Regelung in § 8 IV aF abgelöst. § 8 IV aF wurde aufgehoben. Nach § 34 VI S 3 ist § 8 IV aF letztmals anzuwenden, wenn mehr als die Hälfte der Anteile an einer Kapitalgesellschaft innerhalb eines Zeitraums von fünf Jahren übertragen werden, der vor dem 1.1.2008 beginnt und der Verlust der wirtschaftlichen Identität vor dem 1.1.2013 eintritt. Dadurch findet die Regelung des § 8 IV aF in den umschriebenen Fällen nach dem 1.1.2008 weiterhin Anwendung und das neben der neuen Regelung zum Verlustabzug in § 8c (hierzu auch § 8c Rn 30).[2] Die Einschränkung des Verlustabzugs kann auf der Grundlage des § 8c erfolgen, soweit Anteilsübertragungen nach dem 31.12.2007 erfolgen, aber daneben auch nach § 8 IV aF, wenn die erste Anteilsübertragung vor dem 1.1.2008 liegt und die späteren Übertragungen in den Fünf-Jahres-Zeitraum einzubeziehen sind.

81 **Voraussetzungen.** Die Verlustabzugsbeschränkung in § 8 IV aF setzte voraus, dass Anteile im schädlichen Umfang übertragen werden (vgl Rn 82) und die Kapitalgesellschaft ihren Geschäftsbetrieb mit überwiegend neuem Betriebsvermögen fortführt oder wieder aufnimmt (vgl Rn 83).

82 **Schädliche Übertragung.** Schädlich ist eine Anteilsübertragung, wenn mehr als die Hälfte der Anteile (unmittelbar[3]) an einer Kapitalgesellschaft übertragen werden. Dabei wurden Übertragungen innerhalb von fünf Jahren als zu beachtender Zusammenhang gewertet. An den Fünf-Jahres-Zeitraum knüpft auch die Regelung zur letztmaligen Anwendung der Regelung (§ 34 VI S 3) an. Der spätestens zum 31.12.2007 beginnende Zeitraum endet am 31.12.2012.

83 **Zuführung von neuem Betriebsvermögen.** Die Zuführung überwiegend neuen Betriebsvermögens führt grundsätzlich zum Untergang der wirtschaftlichen Identität der Kapitalgesellschaft, die den Verlust erwirtschaftet hat. Die Zuführung

---

1 BGBl I 2006, 2878.
2 *Bott* in EY § 34 Rn 76.13.
3 BFH I R 61/01, BStBl II 2004, 616.

IV. Zeitliche Anwendung der Normen des KStG im Einzelnen

von überwiegend neuem Betriebsvermögen ist aber unschädlich, wenn sie allein der Sanierung des den Verlust verursachenden Geschäftsbetriebs dient (§ 8 IV S 3 aF). Die Anwendung der Sanierungsklausel kann dazu führen, dass wegen der erforderlichen fünfjährigen Fortführung des den Verlust verursachenden Betriebs eine Überwachung der Begünstigung bis längstens 31.12.2017 erforderlich ist.[1]

Einstweilen frei. 84

e) VGA bei Beteiligung der öffentlichen Hand. § 34 VI S 4-6 beschäftigen sich mit der Anwendung einer Sonderregelung für die Einkommensermittlung (§ 8 VII), die einerseits für BgA iSd § 4, andererseits aber auch für Kapitalgesellschaften gilt, deren Anteile mehrheitlich von juristischen Personen des öffentlichen Rechts gehalten werden (vgl § 8 Rn 822 ff). Danach sind die Rechtsfolgen einer vGA nicht schon deshalb zu ziehen, weil ein privilegiertes Dauerverlustgeschäft betrieben wird. Die Regelung wurde eingeführt, um die vorher bestehende Verwaltungspraxis, insbesondere die Verlustverrechnung im kommunalen Querverbund weiterzuführen (vgl § 8 Rn 912 ff). Die entsprechende Besteuerungspraxis war ua durch eine Entscheidung des BFH[2] fraglich geworden. 85

Zeitliche Anwendung. § 8 VII wurde durch das JStG 2009 eingeführt. Nach § 34 VI S 4 ist die Regelung aber auch für VZ vor 2009 anwendbar. Damit kommt dem Ausschluss der Rechtsfolgen einer vGA für die BgA und die von der öffentlichen Hand beherrschten Kapitalgesellschaften rückwirkende Bedeutung zu. Eine Rechtsänderung im Hinblick auf die tatsächliche Besteuerung wurde mit der Neuregelung allerdings nicht angestrebt. 86

Vertrauensschutz. Um auch in Einzelfällen keine Verschlechterung gegenüber der bisherigen Praxis herbeizuführen, sieht § 34 VI S 5 gleichwohl eine Regelung vor, die dem Vertrauensschutz dient. Eine von § 8 VII abweichende praktizierte Besteuerung in der Vergangenheit, orientiert an den bisherigen Verwaltungsgrundsätzen, kann bis zum VZ 2011 auch weiterhin fortgeführt werden. Bedeutung erlangt der Vertrauensschutz immer dann, wenn die Neuregelung eine Veränderung zu Lasten des Steuerpflichtigen herbeiführen würde. Damit kann einer von § 8 VII abweichenden verbindlichen Auskunft bis zum VZ 2011 Rechnung getragen werden. Betroffen könnten insbesondere Fälle sein, in denen die Rechtsfolge einer vGA auch nicht gezogen wurde, obwohl es sich nicht um den Bereich der Daseinsvorsorge handelte.[3] 87

Vertrauensschutz für Kapitalgesellschaften. Von der Regelung in § 8 VII werden nur solche Kapitalgesellschaften erfasst, bei denen die Mehrheit der Stimmrechte (mittelbar und unmittelbar) von juristischen Personen des öffentlichen Rechts beherrscht werden. Im Hinblick auf den Vertrauensschutz wird die bisherige Verwaltungspraxis nur bis zum VZ 2011 angewendet, wenn die Stimmrechtsverteilung und die Verlusttragung nicht wesentliche Änderungen erfahren. Das ist nach § 34 88

---

1 BMF v 4.7.2008, BStBl I 2008, 736, Rn 37.
2 BFH I R 32/06, BStBl II 2007, 961.
3 BTDrs 16/10189, 72; *Bott* in EY § 34 Rn 76.23.

VI S 6 der Fall, wenn nach dem 18.6.2008 erstmals die Mehrheit der Stimmrechte nicht mehr unmittelbar oder mittelbar auf juristische Personen des öffentlichen Rechts entfällt. Gleiches gilt, falls erstmals andere als diese Gesellschafter die Verluste aus den Dauerverlustgeschäften tragen. Die wesentlichen Änderungen führen ab dem VZ der Veränderung zum Wegfall des Vertrauensschutzes und der Anwendung des § 8 VII.

89 **Regelung in § 34 VI S 12.** Nachdem die EU-Kommission die Zustimmung versagt hat, ist das MoRaKG v 12.8.2008[1] nicht in Kraft getreten. § 34 VI S 12, der eine Änderung des S 5 mit sich gebracht hätte, hat daher keinen Anwendungsbereich.

90 *Einstweilen frei.*

91 **f) Verlustabzug nach § 8 VIII.** Die Anwendungsregelung in § 34 VI S 7 bezieht sich auf § 8 VIII, der im Zuge des JStG 2009 eingefügt wurde. Die Regelung ist erstmals für den VZ 2009 anzuwenden. Insoweit wird nur die Grundregel des § 34 I wiederholt. In § 8 VIII geht es um die Zusammenfassung von BgA im Hinblick auf die Verlustberücksichtigung. Die Regelung führt die davor bestehende Verwaltungspraxis fort, ersetzt die Möglichkeiten aber durch eine engere und ausschließlich auf das jeweilige zusammengefasste Objekt bezogene Betrachtung (vgl § 8 Rn 912 ff).

92 **Ergänzung.** Eine Ergänzung erfährt die Regelung durch § 34 VI S 8, wonach der zum 31.12.2008 festgestellte Verlustvortrag für einen BgA, der durch eine Zusammenfassung entstanden war, als in diesem BgA entstanden gilt. Die Fiktion legt einerseits die Berücksichtigung des Verlustvortrags ab dem VZ 2009 im Hinblick auf den Tätigkeitsumfang des BgA fest.[2] Andererseits sind Verluste aus früheren VZ, die aus Zusammenfassungen entstanden sind, ab dem VZ 2009 auch dann zu berücksichtigen, wenn der verlustverursachende Tätigkeitsbereich Ende 2008 nicht mehr Gegenstand des zusammengefassten BgA war.[3]

93 *Einstweilen frei.*

94 **g) Spartenrechnung nach § 8 IX.** § 34 VI S 9-11 dienen der Festlegung des Anwendungsbereichs der Spartenrechnung nach § 8 IX. Dabei geht es darum, die Kapitalgesellschaften, für die eine vGA unter Berücksichtigung des § 8 VII Nr 2 nicht vorliegt, im Hinblick auf die Verlustberücksichtigung den BgA gleichzustellen (vgl § 8 Rn 937). Die Spartenrechnung ist erforderlich, um eine (periodenbezogene, aber auch periodenübergreifende) spartenbezogene Verlustverrechnung nach Maßgabe des § 10d vornehmen zu können. Die Spartenrechnung ist unter Berücksichtigung folgender Sparten vorzunehmen: Dauerverlustgeschäfte, die zum Hoheitsbetrieb bei juristischen Personen des öffentlichen Rechts gehören (§ 8 IX Nr 1), Dauerverluste, die aus zusammenfassbaren Tätigkeiten (§ 4 VI S 1) stammen und andere Dauerverlustgeschäfte (§ 8 IX Nr 2) sowie die übrigen Tätigkeiten (§ 8 IX Nr 3). Die Regelung ist gem § 34 VI S 9 erstmals

---

1 BGBl I 2008, 1672.
2 BTDrs 16/11108, 36.
3 *Bott* in EY § 34 Rn 76.27.

für den VZ 2009 anzuwenden. Der Gesamtbetrag der Einkünfte ist danach für die Kapitalgesellschaft ab diesem VZ spartenbezogen zu ermitteln. Für jede Sparte ist ein entsprechendes Ergebnis auszuweisen (weiterführend § 8 Rn 937 ff). Eine Verrechnung von Verlusten ist gem § 8 IX Nr 2 nur bei zulässiger Zusammenfassung von Sparten möglich. Am Schluss eines VZ ist der verbleibende negative Gesamtbetrag einer Sparte gem § 8 IX S 8 gesondert festzustellen. Die Regelung ist durch das JStG 2010 eingeführt worden, aber gleichwohl gem § 34 VI S 13 schon ab dem VZ 2009 anzuwenden.

Verlustvortrag. Ein Verlustvortrag aus den Jahren vor dem VZ 2009 ist sachgerecht auf die einzelnen Sparten nach § 8 IX aufzuteilen und nur innerhalb der einzelnen Sparten in den Vortragsjahren zu berücksichtigen (§ 34 VI S 10). Ausgangsgröße für diese Aufteilung ist der Verlust, der nach § 10d IV EStG auf den Schluss des VZ 2008 festgestellt wurde.

Verlustrücktrag. Für einen Verlustrücktrag aus dem VZ 2009 in den VZ 2008 sind nach § 34 VI S 11 die Beträge der einzelnen Sparten zusammenzurechnen (vgl § 8 Rn 978). Nur wenn sich aus der Summe der in den Sparten erzielten steuerlichen Ergebnisse ein negativer Gesamtbetrag der Einkünfte ergibt, ist ein Verlustrücktrag nach 2008 möglich.[1]

Einstweilen frei.

12. Gesellschafterfremdfinanzierung und Zinsschranke gem § 8a (§ 34 VIa).
a) Allgemeines. Die Regelung in § 34 VIa beschäftigt sich mit dem zeitlichen Anwendungsbereich des § 8a. In der Norm war bis zum UntStRefG 2008 eine Regelung zur Gesellschafterfremdfinanzierung enthalten, die bei „schädlicher Finanzierung" eine Behandlung der Vergütung als vGA zur Folge hatte. Mit dem UntStRefG behandelt die Regelung Abzugsbeschränkungen für Zinsaufwendungen und erweitert bzw ergänzt dabei die „Zinsschrankenregelung" in § 4h EStG. Die Anwendungsbestimmungen in § 34 VIa widmen sich den beiden Inhalten des § 8a.

Einstweilen frei.

b) Gesellschafterfremdfinanzierung. Hintergrund und Regelungsgehalt. § 34 VIa S 1 und 2 regeln den zeitlichen Anwendungsbereich der Bestimmungen über die Gesellschafterfremdfinanzierung, wie sie durch das sog Korb II-G 2003 neu gefasst wurden. Die Neufassung war durch die Entscheidung des EuGH[2] in der Rs Lankhorst-Hohorst notwendig geworden. Darin wurde die Benachteiligung im EU-Ausland ansässiger Anteilseigner inländischer Kapitalgesellschaften im Hinblick auf die vorher geltenden Regeln zur Gesellschafterfremdfinanzierung im Vergleich zu inländischen Anteilseignern als Verstoß gegen die Niederlassungsfreiheit (Art 49 AEUV) festgestellt. Die Neufassung behandelt In- und Ausländer bei der Fremdfinanzierung von Kapitalgesellschaften gleich. Ferner wurden einige Veränderungen und Erleichterungen eingeführt.[3]

---

1 BTDrs 16/11108, 29.
2 EuGH Rs C 324/00, *Lankhorst-Hohorst*, Slg 2002, I-11779.
3 Einzelheiten in der Tabelle bei *Bott* in EY § 34 Rn 86.3.

101 **Erstmalige Anwendung.** Die Neuregelungen des § 8a idFd Korb II-G sind nach § 34 VIa S 1 im Grundsatz erstmals für nach dem 31.12.2003 beginnende WJ anzuwenden. Die Regelung ist also erstmals für den VZ 2004 anzuwenden, wenn das WJ dem Kalenderjahr entspricht. Weicht das WJ vom Kalenderjahr ab, gilt die Neuregelung erstmals für das WJ 2004/2005, also den VZ 2005.

102 **Begrenzte Ausnahme.** Eine begrenzte Ausnahme sieht § 34 VIa S 2 für die Fälle der Gewährträgerhaftung vor. Die Neuregelung des § 8a I S 2 idFd Korb II-G bezieht auch solche Fremdfinanzierungen ein, die über eine dem Anteilseigner nahe stehende Person oder über einen Dritten erfolgen, wenn die Dritten auf den Anteilseigner oder diesem nahe stehende Personen zurückgreifen können. Abweichend vom Regelfall ist § 8a I S 2 idFd Korb II-G nicht anzuwenden, wenn die Rückgriffsmöglichkeit des Dritten beim Anteilseigner allein aufgrund einer bestehenden Gewährträgerhaftung besteht (§ 34 VIa S 2). Eine solche Gewährträgerhaftung liegt vor, wenn die Rückgriffsmöglichkeit auf der Gewährtragung einer Gebietskörperschaft oder anderen Einrichtung des öffentlichen Rechts gegenüber den Gläubigern eines Kreditinstituts beruht und die Vereinbarung bis zum 18.7.2001 erfolgte (Altdarlehen). Gleiches gilt gem § 34 VIa S 2 für Verbindlichkeiten, die bis zum 18.7.2005 vereinbart wurden und deren Laufzeit nicht über den 31.12.2015 hinausgeht. Für solche Fremdfinanzierungen konnten die Rechtsfolgen einer vGA nach § 8a I S 2 idFd Korb II-G in Bezug auf die vereinbarten Zinsen nicht eintreten.

103 *Einstweilen frei.*

104 **c) Zinsschranke. Regelungsgehalt.** Das UntStRefG 2008 führte einen Systemwechsel bei der Beurteilung des steuerlichen Abzugs von Fremdfinanzierungsaufwand herbei. Mit dem Instrument der Zinsschranke wurde in § 4h EStG eine Abzugsbeschränkung für Zinsaufwendungen eingeführt. Die Vorgängerregelung des § 8a I S 2 idFd Korb II-G wurde abgeschafft. Stattdessen modifiziert und ergänzt die Regelung in § 8a den § 4h EStG mit Blick auf die Besonderheiten bei Körperschaften nunmehr (vgl hierzu § 8a Rn 46).

105 **Erstmalige Anwendung.** Die mit dem UntStRefG 2008 eingefügte Regelung ist gem § 34 VIa S 3 erstmals für WJ anwendbar, die nach dem 25.5.2007 (Tag der Beschlussfassung im Bundestag) beginnen und nicht vor dem 1.1.2008 enden. Die Regelung stellt sicher, dass von der Zinsschranke nur Ergebnisse betroffen sind, die der Besteuerung ab dem VZ 2008 zugrunde gelegt werden. Für abweichende WJ, die vor dem 26.5.2007 beginnen und in 2008 enden, kommt die Zinsschranke damit erst ab dem VZ 2009 zur Anwendung. Für Rumpf-WJ, die bis zum 31.12.2007 enden, kommt die Regelung nicht zur Anwendung. Endet ein Rumpf-WJ in 2008, kommt es für die Anwendung der Regelung entscheidend auf den Beginn des Rumpf-WJ vor oder nach dem Tag der Beschlussfassung an. Nur wenn der Beginn des Rumpf-WJ nach dem Tag der Beschlussfassung liegt, findet die Regelung für den VZ 2008 bereits Anwendung.

Gewährträgerhaftung. Abweichend vom Regelfall sind die Einschränkungen der Escape-Klauseln in § 4h II S 1 lit b und c iRd § 8a II und III nicht anzuwenden, wenn die Rückgriffsmöglichkeit des Dritten beim Anteilseigener allein aufgrund einer bestehenden Gewährträgerhaftung besteht (§ 34 VIa S 4). Die Regelung stellt sicher, dass die in § 34 VIa S 2 enthaltene Übergangsregelung für die Gewährträgerhaftung auch iRd Rückgriffsbegriffs nach § 8a II und III Berücksichtigung findet (vgl Rn 102).

106

Änderung der Zinsschranke. Ende 2009 wurde die Regelung über die Zinsschranke (§ 4h EStG) verändert.[1] Dadurch sollten den Bedürfnissen nach der Wirtschafts- und Finanzkrise Rechnung getragen werden. Neben der wesentlichen Anhebung der Freigrenze für die Anwendung der Zinsschranke (von 1 Mio EUR auf 3 Mio EUR) wurde ein Vortrag nicht abgeschöpfter Teile des Abzugsrahmens eingeführt und die Toleranzgrenze in Bezug auf die unschädliche Unterschreitung der Eigenkapitalquote im Hinblick auf die sog Escape-Klausel erhöht (vgl § 8a Rn 286 ff). Diese Änderungen sind erstmals für WJ zu berücksichtigen, die nach dem 31.12.2009 enden (§ 34 VIa S 5). Das gilt im Grundsatz auch für die Vortragsfähigkeit von nicht abgeschöpften Teilen des Abzugsrahmens. Auf Antrag ist allerdings für nach dem 31.12.2006 beginnende und vor dem 1.1.2010 endende WJ eine rückwirkende Berücksichtigung der Regelung möglich (§ 52 XIId S 5 EStG). Der Zinsvortrag steht allerdings entsprechend dem Verlustvortrag nach § 10d EStG unter dem Vorbehalt des § 8c (vgl § 8c Rn 38). Im Hinblick auf schädliche Beteiligungserwerbe wurde eine Änderung des § 8c in § 8a I S 3 mit dem Wachstumsbeschleunigungsgesetz v 22.12.2009[2] nachvollzogen. Die Änderung ist erstmals für schädliche Beteiligungserwerbe nach dem 31.12.2009 anzuwenden (§ 34 VIa S 6).

107

Einstweilen frei.

108-109

13. Beteiligung an anderen Körperschaften und Personenvereinigungen (§ 34 VII). a) Allgemeines. Regelungsgehalt. § 34 VII regelt die Anwendbarkeit des § 8b. Anlässlich des Systemwechsels vom Anrechnungs- zum Halbeinkünfte- bzw Freistellungsverfahren wurde § 8b durch das StSenkG 2001 grundlegend neu gefasst. Zahlreiche weitere Änderungen folgten (vgl im Einzelnen unter § 8b Rn 3). Im Hinblick auf die Regelungen zur Anwendbarkeit der Norm knüpft § 34 VII an die einzelnen Besteuerungsfolgen in Bezug auf die Anteilseigener an. Im Kern geht es um die Vermeidung einer steuerlichen Mehrfachbelastung bei der Beteiligungsgesellschaft und den Anteilseignern, die nach § 8b durch weitgehende Steuerbefreiung für Beteiligungserträge und Veräußerungs- bzw Auflösungsgewinne erreicht werden soll (vgl § 8b Rn 5 ff).

110

Auslandsbeteiligungen. Für Auslandsbeteiligungen enthält § 34 VII S 1 keine besondere Regelung, da es insoweit um den Systemwechsel der Beteiligungsgesellschaft geht und der Systemwechsel bei einer Auslandsbeteiligungsgesellschaft nicht zum Tragen kommt.[3] Hier ist § 34 IV für die erstmalige Anwendung maßgebend

111

---
1 BGBl I 2009, 3950.
2 BGBl I 2009, 3950.
3 BMF v 28.4.2003, BStBl I 2003, 292, Rn 68; *Bott* in EY § 34 Rn 100.2; *Lambrecht* in Gosch § 34 Rn 71.

(hierzu Rn 60 ff) und geht § 34 I als Sonderregelung auch vor.[1] Im Hinblick auf § 8b III und das darin vorgesehene Verbot der Teilwertabschreibung hat der EuGH allerdings die unterschiedliche Behandlung von Auslands- und Inlandsbeteiligungen im Übergangsjahr 2001 als Verstoß gegen die Kapitalverkehrsfreiheit (Art 63 AEUV) gewertet (hierzu auch § 8b Rn 413 ff).[2]

112 **Bezüge nach § 20 I Nr 9 und Nr 10a EStG.** Die erstmalige Anwendung des § 8b idFd StSenkG auf Bezüge nach § 20 I Nr 9 und Nr 10a EStG bestimmt sich nicht nach § 34 VII. Dies ist konsequent, da es auch hier an einer Systemumstellung und daher an dem von § 34 VII S 1 vorausgesetzten Regelungsbedarf fehlt. Während § 20 I Nr 9 EStG Einnahmen aus Leistungen einer Körperschaft, Personenvereinigung oder Vermögensmasse iSd § 1 I Nr 3-5 betrifft, geht es in § 20 I Nr 10a EStG um Leistungen eines BgA, die zu Einnahmen führen. Greift § 34 VII nicht ein, richtet sich die erstmalige Anwendung nach der Sonderregelung des § 34 IV.

113 *Einstweilen frei.*

114 **b) Beteiligungserträge.** § 34 VII S 1 Nr 1 legt die erstmalige Anwendung des § 8b I idFd StSenkG fest. Die Anwendungsbestimmung sorgt für einen harmonischen Übergang vom Anrechnungs- zum Halbeinkünfteverfahren, indem die erstmalige Anwendung des § 8b I von der letztmaligen Anwendung des Anrechnungsverfahrens bei der ausschüttenden Körperschaft (§ 34 XII) abhängig gemacht wird. Dabei geht es nicht um den Übergang auf der Ebene der Besteuerung der empfangenden Körperschaft (§ 8b I und II), sondern um die Behandlung auf der Ebene der Anteilseigner in Abhängigkeit von der ausschüttenden Körperschaft.[3] § 34 VII S 1 Nr 1 bezieht sich nur auf Bezüge nach § 20 I Nr 1 und Nr 2 EStG, also Gewinnausschüttungen einschließlich der Bezüge anlässlich der Kapitalherabsetzung oder Auflösung der Kapitalgesellschaft (vgl Rn 118). Im Hinblick auf die Regelung in § 34 XII S 1 Nr 1 und Nr 2 ist zwischen offenen und anderen Ausschüttungen zu differenzieren. Dabei sind den anderen Ausschüttungen auch vGA und Vorabausschüttungen zuzurechnen.[4]

115 **Befreiung bei offenen Ausschüttungen.** Da die Vorschriften des Anrechnungsverfahrens in Bezug auf oGA für abgelaufene WJ letztmals im ersten WJ der Anwendung der Neuregelung auf die Besteuerung des Körperschaftsteuersubjekts anzuwenden sind, muss zwischen den Fallgruppen des mit dem Kalenderjahr übereinstimmenden WJ und dem vom Kalenderjahr abweichenden WJ differenziert werden (vgl § 34 I und II). § 8b I ist für ab dem 1.1.2002 abfließende offene Ausschüttungen von Gewinnen des WJ 2001 im VZ 2002 erstmals anwendbar, wenn das Kalenderjahr mit dem WJ übereinstimmt. Die letztmalige Anwendung des Anrechnungsverfahrens betrifft in solchen Fällen nämlich offene Ausschüttungen,

---

1 AA *Gröbel/Adrian* in Erle/Sauter § 34 Rn 55, aber ohne Begründung, warum die vorrangige Sonderregelung in § 34 IV keine Anwendung finden soll.
2 EuGH Rs C 377/07, *STEKO Industriemontage GmbH*, Slg 2009, I-299. Bestätigung durch den BFH I R 57/06, BStBl II 2011, 66.
3 Bott in EY § 34 Rn 102.
4 *Bott* in EY § 34 Rn 102.4.

die auf einem Ausschüttungsbeschluss für das WJ 2000 beruhen und im WJ 2001 erfolgen (§ 34 XII S 1 Nr 1). Weicht das WJ vom Kalenderjahr ab, ist § 8b I für solche offenen Ausschüttungen erstmals anwendbar, die nach Ablauf des WJ 2001/2002 (dh ab dem WJ 2002/2003) erfolgen.

Befreiung bei anderen Ausschüttungen. Da die Vorschriften des Anrechnungsverfahrens in Bezug auf andere Gewinnausschüttungen für abgelaufene WJ gem § 34 XII S 1 Nr 2 letztmals im WJ der Anwendung der Neuregelung anzuwenden sind, muss auch hier zwischen den Fallgruppen des mit dem Kalenderjahr übereinstimmenden WJ und dem vom Kalenderjahr abweichenden WJ differenziert werden. Für andere Ausschüttungen ist § 8b I ab dem 1.1.2001 anwendbar, wenn das Kalenderjahr mit dem WJ übereinstimmt. Weicht das WJ vom Kalenderjahr ab, ist § 8b I für solche andere Ausschüttungen erstmals anwendbar, die nach Ablauf des WJ 2000/2001 (dh ab dem WJ 2001/2002) erfolgen. 116

Einstweilen frei. 117

c) Gewinne und Gewinnminderungen nach § 8b II und III. Die Regelung in § 34 VII S 1 Nr 2 bezieht sich auf Gewinne und Gewinnminderungen aus Veräußerungs-, Kapitalherabsetzungs- und Auflösungsvorgängen iSd § 8b II und III. Die erstmalige Anwendung ist ebenfalls von der letztmaligen Anwendung des Anrechnungsverfahrens bei der Beteiligungsgesellschaft abhängig und entspricht damit dem Zeitpunkt nach § 34 VII S 1 Nr 1. Die Gewinne und Gewinnminderungen werden insoweit den Beteiligungserträgen aus einer oGA gleichgestellt. Für Gewinne und Gewinnminderungen sind § 8b II und III ab dem 1.1.2002 bzw ab dem VZ 2002 anwendbar, wenn das Kalenderjahr mit dem WJ übereinstimmt. Die letztmalige Anwendung des Anrechnungsverfahrens betrifft in solchen Fällen nämlich das WJ und den VZ 2001. Weicht das WJ vom Kalenderjahr ab, sind § 8b II und III für solche Gewinne oder Gewinnminderungen erstmals anwendbar, die nach Ablauf des WJ 2001/2002 (dh ab dem WJ 2002/2003 bzw ab dem VZ 2003) erfolgen. 118

Einstweilen frei. 119

d) Altregelung des § 8b. § 34 VII S 2 regelt, dass die Bestimmung des § 8b idFd StSenkG bis zum Zeitpunkt der erstmaligen Anwendung der Regelungen des Systemwechsels zum Freistellung- bzw Halbeinkünfteverfahren auf der Ebene der Anteilseigner weiterhin anwendbar bleibt. Die Regelung trägt auf diese Weise der zeitlichen Verzögerung des Systemwechsels zwischen der Ebene der Beteiligungsgesellschaft und der Ebene der Anteilseigner Rechnung.[1] 120

Einstweilen frei. 121

e) Sonderfälle. Zielsetzung der Missbrauchsverhinderung. Die Regelung in § 34 VII S 3 führt Teile des § 8b, die in den § 34 VII S 4-6 näher ausgeführt sind, einer einschränkenden Anwendung zu. Grund für die Einschränkungen waren Befürchtungen des Gesetzgebers, es könnte bei uneingeschränkter Anwendung der Altregelung des § 8b 122

---
1 Zur Bedeutung im Einzelfall vgl *Töben*, FR 2000, 905.

im Hinblick auf die zeitliche Verzögerung der Anwendung der Neuregelung nach § 34 VII S 1 und 2 zu missbräuchlichen Gestaltungen kommen. Die Einschränkungen gelten für alle WJ, die nach dem 15.8.2001 enden. Ob die Ereignisse bereits vor dem Datum eintraten, spielt keine Rolle. Bei dem Datum handelt es sich um den Tag, an dem das Kabinett den Gesetzentwurf zum UntStFG gefasst hat. Darin sind die entsprechenden einschränkenden Anwendungsregeln für die Altfassung des § 8b enthalten.

123 **Zeitlicher Rahmen.** Die Übergangsregelungen in § 34 VI S 4-6 kommen nur zur Anwendung, wenn das WJ nach dem 15.8.2001 endet und auf den Vorgang § 8b noch in der Fassung vor dem StSenkG Anwendung findet. Andere Vorgänge sind von der besonderen einschränkenden Anwendungsregelung nicht erfasst.

124 **Verlustnutzung bei verbundenen Unternehmen.** Missbräuchliche Gestaltungen, die zu einer doppelten Verlustnutzung bei verbundenen Unternehmen führen können, sollten durch die Regelung in § 34 VII S 4 verhindert werden. Konkret geht es um die Vorwegnahme eines Veräußerungsverlusts durch eine Teilwertabschreibung auf Auslandsbeteiligungen. Inlandsbeteiligungen sind davon nicht betroffen. § 8b II S 2 idF vor dem StSenkG ist daher im zeitlichen Anwendungsrahmen des § 34 VII S 3 mit der Maßgabe anzuwenden, dass auch Gewinnminderungen aus Teilwertabschreibungen nicht zu berücksichtigen sind. Die Einschränkung bezieht sich allerdings nur auf Anteile, die von einem verbundenen Unternehmen iSd § 15 AktG erworben werden (§ 34 VII S 4).[1] Der Anwendungsbereich des § 8b II S 2 wird ausgeweitet.

125 **Wertminderung von Anteilen an Kapitalgesellschaften.** Nach § 34 VII S 5 sind bestimmte Wertminderungen von Anteilen an Kapitalgesellschaften aufgrund der Gefahr missbräuchlicher Gestaltungen nicht zu berücksichtigen. Die Regelung bezieht besondere Beteiligungsverluste in die Anwendung des § 8b II ein. Konkret geht es um Wertverluste bei Anteilen an Kapitalgesellschaften, welche die Voraussetzungen des § 8b II idF vor dem StSenkG im Zeitpunkt der Wertminderung nicht oder nicht mehr erfüllen, weil etwa die Beteiligungsquote gesunken ist. § 34 VII S 5 bestimmt, dass eine Wertminderung dann iHd Teils der Anschaffungskosten der Anteile nicht berücksichtigt werden kann, der bei einer vorangegangen Veräußerung beim früheren Anteilseigner als steuerfrei behandelt wurde. Die Steuerfreiheit muss sich aus der Regelung des § 8b II idF vor dem StSenkG oder nach dem StSenkG ergeben. Mit der Erweiterung soll den Differenzierungen bei der Anwendung nach dem Systemwechsel vom Anrechnungsverfahren zur Freistellung Rechnung getragen werden.[2] Die Voraussetzung der Steuerfreiheit bezieht sich auf die Behandlung bei der Ermittlung des Einkommens der Muttergesellschaft. Die Wertminderung der Anteile und die Beschränkung des § 34 VII S 5 bezieht sich auf die Ebene der Tochtergesellschaft.

126 **Nachgeordnete Kapitalgesellschaften.** Um den Schutz vor missbräuchlicher Gestaltung zu vervollständigen, kommt eine steuerlich zu berücksichtigende Wertminderung in den Fällen der § 34 VII S 4 und 5 auch auf der Ebene der Muttergesell-

---

1 Beispiel, das der Gesetzgeber dabei im Blick hatte BTDrs 14/6882, 38 f.
2 BTDrs 14/6882, 38; *Bott* in EY § 34 Rn 105.5.

schaft nicht in Betracht (§ 34 VII S 6). Die Regelung in § 34 VII S 6 erstreckt die Nichtberücksichtigung von Wertminderungen in Bezug auf Anteile an in- oder ausländischen Kapitalgesellschaften, soweit die Wertminderung auf eine nicht zu berücksichtigende Wertminderung bei nachgeordneten Kapitalgesellschaften in Bezug auf eine Auslandsbeteiligung zurückzuführen ist.

Einstweilen frei. 127

f) Bestimmte Umwandlungsfälle. Die durch das SEStEG inzwischen aufgehobene Vorschrift in § 8b IV aF sah eine Ausnahme zur Steuerfreistellung nach § 8b II im Zusammenhang mit bestimmten Umwandlungsvorgängen vor (zB einbringungsgeborene Anteile). In § 8b IV S 2 waren bestimmte Rückausnahmen enthalten, welche die Steuerbefreiung gleichwohl erhalten sollten. Abweichend von der Grundregel in § 34 IV bestimmt § 34 VII S 7, dass die Rückausnahme in § 8b II S 2 Nr 2 idFd UntStFG erstmals auf Veräußerungen anzuwenden sind, die nach dem Tag des Kabinettsbeschlusses zum Gesetz (15.8.2001) erfolgen. Maßgebend soll insoweit nach Ansicht der Finanzverwaltung der Übergang des wirtschaftlichen Eigentums an den Anteilen sein.[1] Vertretbar scheint aber auch auf den Zeitpunkt der schuldrechtlichen Vereinbarung abzustellen, um jedes Problem der Rückwirkung auszuschließen.[2] Die Regelung schließt damit eine vorher vorhandene Gesetzeslücke, die zur Freistellung bei bestimmten Einbringungsvorgängen durch natürliche Personen führen konnte, obwohl bei einer Veräußerung durch eine natürliche Person nur das Halbeinkünfteverfahren Anwendung gefunden hätte. 128

Einstweilen frei. 129

g) Lebens- und Krankenversicherungsunternehmen. § 34 VII S 8 ist der erstmaligen Anwendung der §§ 8b VIII und 21 I Nr 1 S 1 idFd Korb II-G gewidmet. Die steuerlichen Besonderheiten des § 8b I-VII mit der Freistellung von Beteiligungserträgen und Veräußerungsgewinnen auf der einen Seite und der Nichtberücksichtigung von Wertminderungen von Anteilen an Kapitalgesellschaften auf der anderen Seite führte zu kumulierten Wirkungen, da für die abziehbaren Beitragsrückerstattungen (§ 21) das handelsrechtliche Jahresergebnis maßgebend war. § 8b VIII erklärt daher die Regelungen in § 8b auf Anteile, die bei Lebens- und Krankenversicherungsunternehmen den Kapitalanlagen zuzurechnen sind, für nicht anwendbar (vgl § 8b Rn 727 ff). Die Regelung gilt bei WJ, die mit dem Kalenderjahr übereinstimmen, erstmals ab dem VZ 2004 (§ 34 VII S 8 Nr 1). Weicht das WJ vom Kalenderjahr ab, kommt die Regelung erst im VZ 2005 zur Anwendung. Sie führt zur Berücksichtigung der Beteiligungserträge und Veräußerungsgewinne aus dem Verkauf von entsprechenden Anteilen, aber auch zur Berücksichtigung von Wertminderungen. Für Pensionsfonds gilt die Regelung entsprechend. 130

---

1 BMF v 28.4.2003, BStBl I 2003, 292, Rn 50; ebenso FG Baden-Württemberg 3 K 50/06, EFG 2010, 252, bestätigt durch BFH I R 82/09, BFH/NV 2011, 653. Allerdings wurde Verfassungsbeschwerde eingelegt (Az beim BVerfG: 2 BvR 478/11).
2 *Schild/Eisele*, DStZ 2003, 443, 448; *Gröbel/Adrian* in Erle/Sauter § 34 Rn 60.

131 **Beitragsrückerstattung.** § 34 VII S 8 Nr 1 führt aber auch zur zeitgleichen Anwendung des geänderten § 21 I Nr 1 S 1. Danach werden in die Berechnungsgrundlage für die Ermittlung der steuerlich anzuerkennenden Beitragsrückerstattungen in der Lebens- und Krankenversicherung die nach DBA freigestellten Gewinnanteile nicht mehr berücksichtigt (vgl § 21 Rn 41 ff). Die Regelung ergänzt also die Regelung in § 8 VIII um die DBA-Freistellungen.

132 **Blockwahlrecht.** Um erhebliche Härten im Einzelfall zu vermeiden, hat der Gesetzgeber in § 34 VII S 8 Nr 2 ein Wahlrecht geschaffen. Ein unwiderruflicher Antrag, der einheitlich für die vor 2004 bzw 2005 liegenden VZ bis zum 30.6.2004 zu stellen war, eröffnete einen Rückwirkungszeitraum für die Regelungen, die nach § 34 VII S 8 Nr 1 grundsätzlich ab dem VZ 2004 bzw VZ 2005 gelten. Die Einheitlichkeit des Antrags verhindert Günstigkeitserwägungen mit Bezug auf einzelne VZ. Dabei erstreckt sich der Rückwirkungszeitraum auf die VZ 2001-2003, wenn das WJ mit dem Kalenderjahr übereinstimmt und auf die VZ 2002 bis 2004, wenn ein vom Kalenderjahr abweichendes WJ vorliegt. Für den Rückwirkungszeitraum sieht § 34 VIII S 8 Nr 2 als Übergangsregelung eine modifizierte Form des § 8b VIII vor (hierzu Rn 133 und § 8b Rn 771). Es handelt sich um eine Billigkeitsregelung, die Versicherungsunternehmen mit erheblichen Teilwertabschreibungen auf den Anteilsbesitz schützt.[1] Liegen für VZ des Rückwirkungszeitraums bestandskräftige Bescheide vor, kommt § 34 VII S 8 Nr 2 auch verfahrensrechtliche Bedeutung als Korrekturvorschrift zu.[2]

133 **Übergangsregelung.** Im Gegensatz zur Regelung des § 8b VIII sind im Rückwirkungszeitraum nur 80 % der Bezüge, Veräußerungsgewinne oder Gewinnminderungen bei der Ermittlung des Einkommens zu berücksichtigen. Im Hinblick auf die verbleibenden 20 % greifen die Regelungen in § 8b I-VII ein und führen zur Steuerfreiheit bzw zum Abzugsausschluss. Betroffen sind entsprechend der Regelung in § 8b VIII Anteile, die bei Lebens- und Krankenversicherungsunternehmen den Kapitalanlagen zugerechnet werden (hierzu § 8b Rn 742 ff).

134 **Verlustverrechnung.** Mögliche negative Einkünfte im Rückwirkungszeitraum sind nur innerhalb des Rückwirkungszeitraums berücksichtigungsfähig. Ein Vortrag oder Rücktrag nach § 10d EStG in VZ außerhalb des Rückwirkungszeitraums kommt nicht in Betracht. Worauf die Verluste zurückzuführen sind, ist insoweit nicht von Bedeutung.[3] Darüber hinaus sind mögliche negative Einkünfte im Rückwirkungszeitraum auch nicht im Organkreis verrechenbar.

135 *Einstweilen frei.*

136 **h) Wertpapierleihe.** § 34 VII S 9 legt die erstmalige Anwendung des § 8b X fest, der durch das UntStRefG 2008 eingeführt wurde. Die erstmalige Anwendung zum VZ 2007 soll einer missbräuchlichen Gestaltung zur Steuerumgehung möglichst frühzeitig entgegenwirken. Aus verfassungsrechtlicher Sicht handelt es sich um eine tat-

---

[1] BTDrs 15/1684, 9.
[2] *Schick* in Erle/Sauter § 34 Rn 64.
[3] *Dötsch/Pung*, DB 2004, 151, 156; *Gröbl/Adrian* in Erle/Sauter § 34 Rn 63.

IV. Zeitliche Anwendung der Normen des KStG im Einzelnen

bestandliche Rückanknüpfung (unechte Rückwirkung)[1], die im konkreten Fall nicht ernsthaft bedenklich erscheint. § 8b X beschäftigt sich mit der Wertpapierleihe. Vor Aufnahme des § 8b X war die Wertpapierleihe ein Instrument, das aus rein steuerlichen Gründen eingesetzt werden konnte, um auf Seiten des Entleihers einen steuerlichen Verlust entstehen zu lassen. § 8b X schließt die Abzugsfähigkeit der Leihgebühren und Kompensationszahlungen auf Seiten des Entleihers aus und schließt auf diese Weise die Besteuerungslücke (vgl § 8b X Rn 797 ff).

Einstweilen frei.

i) **MTRL.** Die Rückausnahmen von der Steuerfreistellung der Bezüge und Veräußerungsgewinne sowie des Verbots der Berücksichtigung von Wertminderungen für Kreditinstitute, Finanzdienstleister, Lebens- und Krankenversicherungsunternehmen sowie Pensionsfonds nach § 8b VII und VIII hat in § 8b IX durch das EURLUmsG eine Gegenausnahme erfahren. Betroffen von der Gegenausnahme sind solche Bezüge, die von der MTRL[2] umfasst sind. § 34 VII S 10 zieht den Zeitpunkt für die erstmalige Anwendung der Regelung um einen VZ nach vorne. Die Regelung ist bereits ab dem VZ 2004 anzuwenden, allerdings in der Fassung des § 34 VII S 10. Die Regelung trägt der EU-Osterweiterung zum 1.5.2004 Rechnung. Ab dem Beitritt sind die Länder Tschechien, Estland, Zypern, Lettland, Litauen, Ungarn, Malta, Polen, Slowenien und Slowakei auch in den räumlichen Anwendungsbereich der MTRL einbezogen.

Einstweilen frei.

j) **Beitragsrückerstattungen.** Die Einführung des § 8b IX hat auch eine Änderung für die Ermittlung der steuerlich anzuerkennenden Beitragsrückerstattung in Lebens- und Krankenversicherung erforderlich gemacht. Nach § 21 I Nr 1 idFd EURLUmsG ist eine Kürzung der Berechnungsgröße um die nach § 8b IX und auch nach DBA freigestellten Bezüge vorzunehmen. Die Regelung ist nach § 34 VII S 11 erstmals für den VZ 2004 anzuwenden.

Einstweilen frei.

k) **Freistellung von vGA.** Mit dem JStG 2007 wurde das Korrespondenzprinzip in § 8b I eingeführt. Die Freistellung von vGA kommt gem § 8b I S 2 nur noch in Betracht, wenn das Einkommen der leistenden Körperschaft dadurch nicht gemindert wurde (vgl § 8b Rn 184 ff). Die Einschränkung gilt nicht, soweit die vGA das Einkommen einer dem Steuerpflichtigen nahestehenden Person erhöht hat und § 32a insoweit keine Anwendung findet (§ 8b I S 4). Der Anwendungsbereich des Korrespondenzprinzips wird durch § 8b I S 3 auch auf abkommensrechtliche Freistellungen im Anwendungsbereich des § 8b ausgedehnt.

Anwendung. § 8b VII S 12 bestimmt, dass die strengeren Regelungen des Korrespondenzprinzips für die Freistellung erstmals auf Bezüge anzuwenden sind, die nach dem 18.12.2006 zugeflossen sind. Bei dem Datum handelt es sich um den Tag des Inkrafttretens des Gesetzes.

---

1 BVerfG 2 BvL 2/83, BVerfGE 72, 200, 241.
2 90/435/EWG, ABl EG Nr L 225, 6 zuletzt geändert ABl EU 2004 Nr L 7, 41.

144   *Einstweilen frei.*

145   **14. Einbringungsgeborene Anteile (§ 34 VIIa).** § 8b IV, der zum Ausschluss der Einkünfte nach § 8b II von der Freistellung führen konnte, wurde durch das SEStEG aufgehoben. Das mit § 8b IV verfolgte Ziel, eine Besteuerung bei einbringungsgeborenen Anteilen zu erhalten, wurde mit dem SEStEG durch ein zweistufiges Modell (nachträgliche Besteuerung des Einbringungsvorgangs und darüber hinausgehender Gewinn aus der Veräußerung) im UmwStG abgelöst.

146   **Weitere Geltung.** Nach § 34 VIIa bleibt der § 8b IV aber weiterhin von Bedeutung. Das gilt für alle einbringungsgeborenen Anteile iSd § 21 UmwStG vor der Änderung durch das SEStEG (hierzu § 8b Rn 73). Ferner gilt die Regelung auch weiterhin für Anteile, die durch eine Körperschaft, Personenvereinigung oder Vermögensmasse unmittelbar oder mittelbar über eine Mitunternehmerschaft von einem Einbringenden, der nicht zu den von § 8b II begünstigten Steuerpflichtigen gehört, zu einem Wert unter dem Teilwert erworben worden sind (hierzu § 8b Rn 73, 74). Die Übertragung muss allerding bis zum 12.12.2006 erfolgen. Da die Regelung des § 8b IV insgesamt Anwendung findet, kommt ein Ausschluss der Steuerfreistellung nicht in Betracht, wenn die Voraussetzungen des § 8b IV S 2 vorliegen, also insbesondere die siebenjährige Wohlverhaltensfrist abgelaufen ist.

147   *Einstweilen frei.*

148   **15. Anwendung des § 8c (§ 34 VIIb).** § 34 VIIb widmet sich der erstmaligen Anwendung des § 8c. Die Vorschrift wurde mit dem UntStRefG 2008 in das KStG eingeführt. Sie löst § 8 IV ab und enthält als maßgebendes Kriterium für die Verlustnutzungsbeschränkung nach § 10d EStG den Wechsel der Anteilseigner. Während es bei Anteils- bzw Stimmrechtsübertragungen zwischen mehr als 25 % aber nur bis 50 % zu einem quotalen Untergang des Verlustabzugs kommt, führt eine Übertragung von mehr als 50 % zu einem vollständigen Untergang des Verlustabzugs (vgl § 8c Rn 67 ff). Nach § 34 VIIb findet die Vorschrift erstmals für den VZ 2008 Anwendung. Dabei sind nur Anteilsübertragungen nach dem 31.12.2007 einzubeziehen. Maßgebend soll nach Ansicht der Finanzverwaltung der Übergang des wirtschaftlichen Eigentums sein.[1] Liegt die Anteilsübertragung vor dem Zeitpunkt, findet die Altregelung des § 8 IV Anwendung (vgl Rn 80 ff).

149   **Korrekturen.** Zu Korrekturen in § 8c I kam es durch das sog Wachstumsbeschleunigungsgesetz. Dabei wurden die Einschränkungen der Verlustnutzung erheblich abgemildert. Eine Konzernklausel in § 8c I S 5 soll fortan bestimmte Umgliederungen ermöglichen, ohne dass es zu einer Einschränkung in Bezug auf die Verlustnutzung kommt (hierzu § 8c Rn 248). Ferner sind bei schädlichem Anteilserwerb die Einschränkungen der Verlustnutzung gem § 8c I S 6-8 ausgeschlossen, als stille Reserven in inländischem Betriebsvermögen vorhanden sind (vgl § 8c Rn 284 ff). Es sind die stillen Reserven maßgebend, die auf den anteiligen Anteils-

---

[1] BMF v 4.7.2008, BStBl I 2008, 736, Rn 13.

erwerb entfallen. Nach § 34 VIIb S 2 ist die Regelung erstmals auf schädliche Anteilserwerbe nach dem 31.12.2009 anzuwenden. Für solche Anteilserwerbe wird die Verlustnutzung in den beiden begünstigten Fallgruppen nicht mehr beschränkt.

Einstweilen frei. 150

16. Sanierungsklausel (§ 34 VIIc). Eine weitere Privilegierung im Hinblick auf die Beschränkungen des Verlustabzugs nach § 10d EStG durch § 8c führte der Gesetzgeber zur Bewältigung der globalen Finanz- und Wirtschaftskrise in § 8c Ia ein.[1] Aufgrund einer Sanierungsklausel soll der Verlustvortrag im Sanierungsfall unabhängig vom schädlichen Anteilserwerb erhalten bleiben. Was unter einer Sanierung zu verstehen ist, legt § 8c Ia S 2 fest. Nach Einstellung des Betriebs oder einem Branchenwechsel innerhalb von fünf Jahren nach dem Anteilserwerb kommt eine begünstigte Sanierung nicht in Betracht (§ 8c Ia S 4). § 8c Ia wurde zunächst als befristetes Instrument geschaffen, aber nur kurze Zeit später[2] entfristet. Die Regelung ist nach § 34 VIIc erstmals auf den VZ 2008 und Anteilsübertragungen nach dem 31.12.2007 anwendbar. Anteilserwerbe nach diesen Zeitpunkt, welche unter den Voraussetzungen des § 8c Ia erfolgen, bleiben für die Beschränkungsregelung in § 8c I S 1 und 2 ohne Einfluss. 151

Beihilfe. Nach Ansicht der EU-Kommission handelt es sich bei der Sanierungsklausel in § 8c Ia um eine unionsrechtswidrige Beihilfe. Sie verschaffe den angeschlagenen Unternehmen und eventuell auch ihren Käufern finanzielle Vorteile. Die Klausel weicht von dem allgemeinen Prinzip ab, den Verlustvortrag genau dann zu verhindern, wenn ein Eigentümerwechsel stattfindet. Die gewährten Beihilfen sind von Deutschland zurückzufordern.[3] Zur Suspendierung der Sanierungsklausel durch die Bundesregierung vgl § 8c Rn 3, 29, 323. Die Entscheidung oder der Beschluss des Gerichts oder des Gerichtshofs der EU sind vom BMF im Bundesgesetzblatt bekannt zu machen. Liegt keine staatliche Beihilfe vor, ist die Regelung auf alle noch nicht bestandskräftigen Steuerbescheide der VZ 2008, 2009, 2010 anzuwenden. Beteiligungserwerbe, die vor dem 1.1.2011 zum Zwecke der Sanierung des Geschäftsbetriebs erfolgt sind, wären auch in den Folgejahren bei der Berechnung des schädlichen Beteiligungserwerbs außer Acht zu lassen. 152

Einstweilen frei. 153

17. Anwendung des § 12 (§ 34 VIII). a) Allgemeines. Mit dem JStG 2010 wurde die Anwendungsregelung des § 34 VIII neu gefasst und § 12 I S 2 eingefügt. Die Regelung in § 12 wurde mehrfach geändert, insbesondere durch das UntStFG, das SEStEG und die JStG 2008 und 2010. Die Regelung widmet sich der Steuerentstrickung bei Verlust oder Beschränkung des deutschen Besteuerungsanspruchs. Wird das Besteuerungsrecht Deutschlands hinsichtlich des Gewinns aus der Veräußerung oder der Nutzung eines Wirtschaftsguts ausgeschlossen oder beschränkt, so werden die in dem Wirtschaftsgut enthaltenen stillen Reserven aufgedeckt bzw die Überlassung des Wirtschaftsguts ist mit dem gemeinen Wert anzusetzen 154

---

1 BGBl I 2009, 1959.
2 BGBl 2009, 3950.
3 EU-Kommission Nr C7/2010 (SA 29150). Dazu *Drüen*, DStR 2011, 289.

(hierzu § 12 Rn 8). Ein Ausschluss oder eine Beschränkung liegt insbesondere dann vor, wenn die Zuordnung in Bezug auf ein Wirtschaftsgut von einer inländischen zu einer ausländischen Betriebsstätte eines Steuersubjekts wechselt (§ 12 I S 2).

155 *Einstweilen frei.*

156 **b) Altregelung.** Mit der Regelung des § 12 II idFd UntStFG von 2001 beschäftigt sich § 34 VIII S 1. Die Regelung führte gegenüber der vorher geltenden Fassung zu einer Einschränkung der Schlussbesteuerung, falls Vermögen einer Betriebsstätte eines beschränkt Körperschaftsteuerpflichtigen übertragen wird, aber das Besteuerungsrecht von Deutschland dabei nicht verloren geht. Der Vermögensübertragung muss ein Vorgang zugrunde liegen, der den Vorgängen nach § 2 UmwG zumindest vergleichbar ist. Die Regelung gilt nach § 34 VIII S 1 für Vermögensübertragungen, die nach dem 31.12.2001 vorgenommen werden.

157 *Einstweilen frei.*

158 **c) Anwendung § 12 I.** § 12 I wurde durch das JStG 2010 zuletzt geändert und erweitert. Die Erweiterung stellt klar, dass die geänderte Zuordnung eines Wirtschaftsguts von einer inländischen zu einer ausländischen Betriebsstätte die Rechtsfolgen des § 12 I auslösen soll. Der Gesetzgeber reagierte mit der Regelung auf zwei Entscheidungen des BFH[1], die von der Finanzverwaltung mit einem Nichtanwendungsschreiben[2] belegt wurden (hierzu § 12 Rn 8 ff). § 34 VIII S 2 bestimmt, dass die Fassung des § 12 I idFd JStG 2010 erstmals für nach dem 31.12.2005 endende WJ anzuwenden ist. Das betrifft den VZ 2006. Für WJ, die vor dem 1.1.2006 enden, gilt die Regelung des JStG 2010 für die Fälle, in denen ein bisher einer inländischen Betriebsstätte einer unbeschränkt steuerpflichtigen Körperschaft, Personenvereinigung oder Vermögensmasse zuzuordnendes Wirtschaftsgut einer ausländischen Betriebsstätte dieser Körperschaft, Personenvereinigung oder Vermögensmasse zuzuordnen ist, deren Einkünfte durch ein DBA freigestellt sind oder wenn das Wirtschaftsgut bei einer beschränkt steuerpflichtigen Körperschaft, Personenvereinigung oder Vermögensmasse nicht mehr einer inländischen Betriebsstätte zuzuordnen ist. Für andere Fallgruppen bleibt es bei der Anwendung der Vorgängerregelungen.

159 *Einstweilen frei.*

160 **d) Anwendung § 12 III.** § 34 VIII S 2 bestimmt ferner, dass die Regelung des § 12 III, der die heutige Form durch das SEStEG erhalten hat, ebenfalls erstmalig für WJ anzuwenden ist, die nach dem 31.12.2005 enden. § 12 III behandelt die Rechtsfolgen der Auflösung, falls eine Körperschaft, Personenvereinigung oder Vermögensmasse ihren Sitz oder ihre Geschäftsleitung verlegt und dadurch die unbeschränkte Steuerpflicht in einem Mitgliedstaat der EU oder EWR verliert (hierzu § 12 Rn 184 ff) Gleiches gilt, falls sie infolge der Verlegung aufgrund eines DBA als außerhalb der EU oder EWR ansässig anzusehen ist.

---

1 BFH I R 77/06, BStBl II 2009, 464 (finale Entnahme); BFH I R 99/08, BFH/NV 2010, 346 (finale Betriebsaufgabe).
2 BMF 20.5.2009, BStBl I 2009, 671 (finale Entnahme).

Einstweilen frei. 161

e) Änderung § 12 II. § 12 II wurde durch das SEStEG ebenfalls geändert. Die 162 Regelung nimmt Fälle von der Entstrickungsbesteuerung nach § 12 I aus. § 12 II enthält einen Steueraufschubtatbestand, der für Vorgänge in Drittstaaten, die im Wesentlichen einer Verschmelzung iSd § 2 UmwG gleichen, Steuerneutralität hinsichtlich der in Deutschland steuerverstrickten Wirtschaftsgüter für die beteiligten Körperschaften und Anteilseigner ermöglicht. Die Neufassung durch das SEStEG ist nach § 34 VIII S 4 erstmals auf Vorgänge anzuwenden, die nach dem 12.12.2006 (Tag der Verkündung des Gesetzes) zur Eintragung in ein öffentliches Register angemeldet wurden. In Abstimmung dazu ist die Vorgängerfassung des § 12 II S 2 (vgl Rn 156) letztmals auf Vorgänge anzuwenden, die bis zum 13.12.2006 zur Eintragung in ein öffentliches Register angemeldet werden.

Einstweilen frei. 163

18. Spendenabzug (§ 34 VIIIa). § 34 VIIIa regelt die zeitliche Anwendung der 164 Bestimmungen zum Spendenabzug in § 9 VIIIa S 1-3 und beschäftigt sich mit der erstmaligen Anwendung des § 9 I Nr 2 und II in der Form des Gesetzes zur weiteren Stärkung des bürgerschaftlichen Engagements v 10.10.2007.[1] Das Gesetz hat den Spendenabzug vereinheitlicht (zB Spendenbetrag 20 % des Einkommens) und einen zeitlich nicht begrenzten Zuwendungsvortrag für Großspenden eingeführt. Darüber hinaus wurde der Zuwendungsbegriff in § 9 II aufgenommen. Die Anpassungen sind entsprechend den Änderungen in § 10b EStG erfolgt. Die erstmalige Anwendung wurde für den VZ 2007 festgelegt. Maßgebend ist die Zuwendung, die ab dem VZ 2007 geleistet sein muss (§ 34 VIIIa S 1).

Übergangsregelung. § 34 VIIIa S 2 enthält eine Übergangsregelung zur Ver- 165 meidung von Nachteilen. Mit einem entsprechenden Antrag kann der Steuerpflichtige zur Anwendung der vorhergehenden Rechtslage zum Spendenabzug (VZ 2006) optieren. Die Option ist nur für Zuwendungen möglich, die im VZ 2007 geleistet werden. Ab dem VZ 2008 kommt die Neuregelung in jedem Fall zur Anwendung.

Begrenzung der Spendenhaftung. Unzutreffende Zuwendungsbestätigungen 166 und die Fehlverwendung der Spenden führen zur Haftung des Veranlassers für die entgangene Steuer (§ 9 III). Die Steuer ist dabei pauschal mit 30 % des zugewendeten Betrags anzusetzen. Die Regelung gilt erstmals für Zuwendungen, die im VZ 2007 geleistet wurden (§ 34 VIIIa S 3). Die Vorgängerregelung hatte die entgangene Steuer noch mit einem Satz von 40 % ermittelt.

Buchwertentnahme. § 34 VIIIa S 4 beschäftigt sich mit einer Änderung in 167 § 6 I Nr 4 EStG[2], die über die Bemessung der Sachspende durch § 9 II in Bezug genommen ist. § 9 II S 3 wurde insoweit redaktionell angepasst. Die Fassung gilt rückwirkend und zwar erstmals für Zuwendungen, die im VZ 2007 geleistet wurden.

---

1 BGBl I 2007, 2332.
2 BGBl I 2009, 774.

168 **Zuwendungsbegünstigte Empfänger in EU/EWR.** Im Jahr 2010 hat der Gesetzgeber[1], als Reaktion auf die Entscheidung des EuGH in Rs *Persche*[2], den Kreis der begünstigten Empfänger auf Einrichtungen ausgeweitet, die in einem Mitgliedsstaat der EU oder EWR ansässig sind. Voraussetzung ist aber weiter, dass die Einrichtungen nach den Maßstäben des deutschen Gemeinnützigkeitsrechts als begünstigt betrachtet werden können (vgl § 5 Rn 282 ff). Nach § 34 VIIIa S 5 ist die Erweiterung des Kreises der begünstigten Empfänger auf alle noch nicht bestandskräftigen Körperschaftsteuerfestsetzungen anzuwenden. Es bleibt aber bei den im jeweiligen VZ maßgebenden Höchstabzugsgrenzen. Im Hinblick auf die Veranlasserhaftung nach § 9 III kommt der Vorrang der Inanspruchnahme des Zuwendungsempfängers ebenfalls zur Anwendung.

169 **Inlandsbezug und Veranlasserhaftung.** Mit der Änderung des § 9 I Nr 2 S 6 hat der Gesetzgeber einen Inlandsbezug als Voraussetzung für die Abziehbarkeit der Zuwendung eingeführt. Das gilt auch für den Kreis der begünstigten Zahlungsempfänger im Ausland. Die Änderung entspricht der Regelung in § 51 II, die ebenfalls einen Inlandsbezug bei der Bestimmung einer gemeinnützigen Einrichtung enthält. Die Regelung ist nach § 34 VIIIa S 7 erstmals auf nach dem 31.12.2009 geleistete Zuwendungen anzuwenden. Vorher geleistete Zuwendungen sind von der Einschränkung nicht betroffen. Die Regelung über die Veranlasserhaftung (§ 9 III S 2) wurde neu gefasst und ist in der Fassung ebenfalls erstmals für nach dem 31.12.2009 geleistete Zuwendungen anzuwenden. Der neue § 34 VIIIa S 6 legt fest, dass die redaktionelle Änderung in § 9 I Nr 2 S 5 erstmals für den VZ 2012 anzuwenden ist.

170 **Mitgliedsbeiträge.** Die Begünstigung von Mitgliedsbeiträgen als Zuwendungen wird in § 9 I Nr 2 S 7 geregelt. Die Fassung des Gesetzes zur weiteren Stärkung des bürgerschaftlichen Engagements ist nach § 34 VIIIa S 8 in allen Fällen anzuwenden, in denen die KSt noch nicht bestandskräftig festgesetzt ist. Dabei ist aber zu berücksichtigen, dass nur Mitgliedsbeiträge erfasst sind, die nach dem 31.12.2006 geleistet wurden.

171 *Einstweilen frei.*

172 **19. Gemeinnützige Wohnungswirtschaft (§ 34 VIIIb).** Mit dem JStG 2010 wurde die Regelung in § 13 III S 2-11 aufgehoben. Dabei geht es um die Sonderregelungen zur eingeschränkten Verlustverrechnung bei Wohnungsunternehmen. Die Sonderregelung geht auf eine Steuerbefreiung zurück, die Anfang der neunziger Jahre des vergangenen Jahrhunderts weggefallen ist. Mit der Sonderregelung sollte verhindert werden, dass Verluste, die infolge von Abschreibungen wegen des Ansatzes des Teilwerts in der Anfangsbilanz entstehen, etwa über eine Organschaft oder stille Beteiligung an andere Unternehmen weitergegeben werden (vgl auch § 13 Rn 71 ff). Die Regelungen sind letztmals für WJ anzuwenden, die vor dem 1.1.2011 enden (§ 34 VIIIb S 1). Nach dem VZ 2010 findet die Regelung daher keine Anwendung mehr. Verbleibende Abschreibungsverluste nach § 13 III S 8 und

---

1 BGBl I 2010, 386.
2 EuGH Rs C 318/07, *Persche*, Slg 2009, I-359.

das Vortragsvolumen sind nur noch verrechenbar mit Mietgewinnen, die in WJ erzielt werden, die bis zum 31.12.2010 enden (§ 13 VIIIb S 2). Auswirkungen ergeben sich auch insoweit letztmals für den VZ 2010. § 34 VIII S 3 schließt eine spätere Verrechnung ausdrücklich aus und ordnet eine letztmalige Feststellung des Abschreibungsverlustes bzw des Vortragsvolumens zum 31.12.2010 an. § 34 VIIIb wurde durch das JStG 2010 aufgenommen.

Einstweilen frei.

20. Organschaft (§ 34 IX). a) Regelungsgehalt. § 34 IX beschäftigt sich mit den Änderungen der Voraussetzungen für die steuerliche Organschaft in einzelnen Besteuerungsabschnitten. Die besondere Problematik der Mehrmütterorganschaft wurde neu geregelt (§ 34 IX Nr 2, vgl Rn 178) und für vorangehende Zeiträume einer eigenen Sonderregelung zugeführt, die sich mit der bis dahin geltenden Verwaltungsauffassung deckt (§ 34 IX Nr 1, vgl Rn 176). Ab dem VZ 2003 wurde die Regelung wieder aufgehoben.[1] Mit dem maßgebenden Erfordernis eines Gewinnabführungsvertrags beschäftigt sich die Anwendungsregelung in § 34 IX Nr 3 (vgl Rn 180). Für die vororganschaftlich bedingten Mehrabführungen bestimmt § 34 IX Nr 4 die erstmalige Anwendung (vgl Rn 183). Dem zeitlichen Anwendungsbereich des steuerlichen Ausgleichspostens nach § 14 IV ist § 34 IX Nr 5 gewidmet (vgl Rn 185). § 34 IX Nr 6 beschäftigt sich mit der Aufhebung des Organschaftsverbots für Lebens- und Krankenversicherungsunternehmen (vgl Rn 187).

Einstweilen frei.

b) Mehrmütterorganschaft (§ 34 IX Nr 1). § 34 IX Nr 1 enthält eine Fassung des § 14 I und II, die für den VZ 2000 und frühere VZ maßgeblich ist. Im Gegensatz zu der vor dem StSenkG geltenden Fassung enthält die Fassung in der Schlussvorschrift eine gesetzliche Regelung zur Mehrmütterorganschaft (§ 14 II) und eine Beschränkung der Gewinnabführung an ein einziges anders gewerbliches Unternehmen. Die Regelung schreibt die vorhergehende Praxis der Finanzverwaltung in Abschn 52 VI KStR 1995 (und Abschn 14 VI GewStR 1998) fest und hebt damit die gegenläufige Rechtsprechung[2] auf. Entsprechend wird die GbR als gewerbliches Unternehmen betrachtet und eine mehrfache Abhängigkeit steuerrechtlich nicht berücksichtigt.[3] Eine unmittelbare Zurechnung des Ergebnisses auf die hinter einer GbR stehenden Mutterunternehmen selbst scheidet daher nach § 34 IX Nr 1 entgegen der zitierten Rechtsprechung aus. Mit Wirkung ab dem VZ 2003 wurden die Regelungen zur Mehrmütterorganschaft aufgehoben.[4] Die rückwirkende Anwendung der Regelung in § 34 IX Nr 1 hat der BFH als verfassungsgemäß angesehen[5] und wurde vom BVerfG bestätigt.[6] Ferner soll § 34 IX Nr 1 deutlich machen, dass das Erfordernis der wirtschaftlichen und organisatorischen Eingliederung erst ab dem VZ 2001 entbehrlich ist.[7]

---

1 BGBl I 2003, 660.
2 BFH I R 43/97, BStBl II 2000, 695; BFH IV R 75/99, BFH/NV 2001, 1195.
3 *Bott* in EY § 34 Rn 116.5.
4 BGBl I 2003, 660.
5 BFH I B 145/05, BStBl II 2006, 546; BFH I R 1/04, BStBl II 2006, 549.
6 BVerfG 1 BvR 1138/06, BFH/NV 2009, 110.
7 BTDrs 14/6882, 39.

177 *Einstweilen frei.*

178 **c) VZ 2001 und 2002 (§ 34 IX Nr 2).** Die Regelung in § 34 IX Nr 2 erklärt die Fassung des § 14 I und II für die VZ 2001 und 2002 für maßgebend, die durch das UntStFG eingefügt wurden. Damit sind einerseits die Erleichterungen durch das StSenkG (etwa der Wegfall des Additionsverbots für unmittelbare und mittelbare Beteiligungen iRd finanziellen Eingliederung und der Wegfall der wirtschaftlichen und organisatorischen Eingliederung als Voraussetzungen der Organschaft) andererseits aber auch die Verschärfungen des UntStFG (etwa die Regelungen zur Mehrmütterorganschaft) in den VZ 2001 und 2002 zu berücksichtigen (vgl § 14 Rn 139 ff). Es ist aber zu beachten, dass der VZ 2002 auch von späteren Änderungen des § 14 betroffen sein kann. Ein Beispiel dafür ist die Regelung zum Gewinnabführungsvertrag nach der Änderung des § 14 im Jahr 2003 (vgl § 34 IX Nr 3, Rn 180).[1]

179 *Einstweilen frei.*

180 **d) Gewinnabführungsvertrag (§ 34 IX Nr 3). Wirksamkeitserfordernis.** § 34 IX Nr 3 ist der Regelung in § 14 I S 2 geschuldet, welche mit dem StVergAbG in das KStG eingeführt wurde. Danach wird für den Beginn der körperschaftsteuerlichen Organschaft der handelsrechtlich wirksame Abschluss des Gewinnabführungsvertrags als maßgebender Zeitpunkt bestimmt. Für die Wirksamkeit ist die Eintragung des Gewinnabführungsvertrags im Handelsregister erforderlich. Das Einkommen der Organgesellschaft ist dem Organträger erstmals für das Kalenderjahr zuzurechnen, in dem das WJ der Organgesellschaft endet, in dem der Gewinnabführungsvertrag wirksam wird. Eine rückwirkende steuerliche Anerkennung ist nicht mehr möglich (vgl § 14 Rn 307). Nach der Anwendungsregelung in § 34 IX S 3 erlangt die Regelung für den VZ 2002 Anwendung, wenn der Gewinnabführungsvertrag nach dem 20.11.2002 (Datum des Kabinettsbeschlusses) abgeschlossen wurde. Für den Abschluss des Gewinnabführungsvertrags müssen die vertretungsberechtigten Organe der Vertragsparteien mitwirken. Weitere Akte des häufig mehrstufigen Verfahrens, wie etwa Zustimmungserfordernisse, können auch später erfolgen.[2] Der Abschluss selbst führt aber noch nicht zum Beginn der Organschaft. Erforderlich ist darüber hinaus die Eintragung ins Handelsregister. Nur falls auch die Eintragung ins Handelsregister noch im VZ 2002 erfolgt, kann die Organschaft noch im VZ 2002 berücksichtigt werden.

181 **Vorher geschlossener Gewinnabführungsvertrag.** Liegt der Abschluss des Gewinnabführungsvertrags vor dem 21.11.2002, kommt eine Organschaft nach der Vorgängerfassung in Betracht. Insoweit besteht Vertrauensschutz. Danach reichte der eine Abschluss des Gewinnabführungsvertrags bis zum Ende des WJ, für das er erstmals gelten sollte, aus. Die Wirksamkeit konnte auch erst im folgenden WJ eintreten.[3] Entspricht das WJ dem Kalenderjahr, reicht eine Eintragung somit bis zum 31.12.2003 aus, um die Regeln der Organschaft im VZ 2002 anwenden zu können.

---

1 BGBl I 2003, 660.
2 *Erle/Heurung* in Erle/Sauter § 34 Rn 78.
3 *Bott* in EY § 34 Rn 116.10.6.

Einstweilen frei. 182

e) Mehr- und Minderabführungen (§ 34 IX Nr 4). § 34 IX Nr 4 befasst sich mit der 183 Regelung über Mehr- und Minderabführungen in § 14 III durch das EURLUmsG. Danach gelten vor der Organschaft verursachte Mehrabführungen als Gewinnausschüttungen der Organgesellschaft an den Organträger. Andererseits werden entsprechende Minderabführungen als Einlage des Organträgers in die Organgesellschaft behandelt (hierzu auch § 14 Rn 1247). Der Gesetzgeber hat mit der Regelung auf eine Entscheidung des BFH[1] reagiert, die eine vorvertraglich bedingte Mehrabführung bereits als Bestandteil des Gewinnabführungsvertrags gewertet hat und die bisherige Verwaltungsauffassung nun gesetzlich verankert. Die im Jahr 2004 eingeführte Regelung kommt nach § 34 IX Nr 4 nur für Mehrabführungen von Organgesellschaften, deren WJ nach dem 31.12.2003 endet, zur Anwendung. Die Mehrabführungen gelten als im Zeitpunkt erfolgt, in dem das WJ der Organgesellschaft endet, für das die Mehrabführung erfolgt.[2] Nicht vom Anwendungsbereich des § 34 IX Nr 4 erfasst werden hingegen die Minderabführungen. Insoweit gilt die allgemeine Regelung des § 34 I und die Norm ist ab dem 1.1.2005 anzuwenden.

Einstweilen frei. 184

f) Ausgleichsposten (§ 34 IX Nr 5). § 34 IX Nr 5 bestimmt, dass § 14 IV idFd JStG 185 2008 auch schon für VZ vor 2008 anwendbar ist. Das ist aus Sicht des Gesetzgebers im Hinblick auf die bisherige Verwaltungsübung konsequent. Die Regelung nimmt eine Auffassung der Finanzverwaltung auf, die nach einer Entscheidung des BFH[3] nicht länger verfolgt werden konnte. Über die Bildung von aktiven und passiven Ausgleichsposten soll mit der Regelung gewährleistet werden, dass Gewinne und Verluste im Organkreis nicht mehrfach besteuert bzw nicht besteuert werden (vgl § 14 Rn 1089 ff). Ausgleichsposten können für Mehr- und Minderabführungen gebildet werden. Im Zeitpunkt der Veräußerung der Organbeteiligung sind die Ausgleichsposten aufzulösen.

Einstweilen frei. 186

g) Lebens- und Krankenversicherungsunternehmen (§ 34 IX Nr 6). Mit dem 187 JStG 2009 wurde das Organschaftsverbot für Lebens- und Krankenversicherungsunternehmen in § 14 II aufgehoben (hierzu § 14 Rn 72). In engem Zusammenhang damit steht die Änderung des § 21 I Nr 1 zur Bemessung der Rückstellung für Beitragsrückerstattungen (hierzu § 21 Rn 57 ff). Nach § 34 IX Nr 6 ist das Verbot des § 14 II letztmals anzuwenden, wenn das WJ der Organgesellschaft vor dem 1.1.2009 (VZ 2008) endet. § 34 IX Nr 6 S 2 enthält darüber hinaus eine Wahlmöglichkeit. Danach kann auf gemeinsamen Antrag von Organträger und Organgesellschaft die Regelung des § 14 I auf Organgesellschaften, die Lebens- oder Krankenversicherungsunternehmen sind, schon im VZ 2008 Anwendung finden. Eine Vorverlagerung findet dann aber auch für die Regelung des § 21 I Nr 1 statt. Ohne den Antrag ist eine steuerliche Organschaft insoweit erstmals für den VZ 2009 möglich.

---

1 BFH I R 51/01, BStBl II 2005, 49.
2 *Bott* in EY § 34 Rn 116.16.
3 BFH I R 5/05, BStBl II 2007, 796.

188-189	*Einstweilen frei.*
190	**21. Ermittlung des Einkommens bei Organschaft (§ 34 X). Allgemeines.** Die Regelung in § 34 X beschäftigt sich mit der erstmaligen Anwendung einiger Regelungen in § 15 und enthält einige Sonderregeln zu § 34 IV, der sich mit der Anwendung des § 15 insgesamt beschäftigt. § 15 beinhaltet gegenüber den allgemeinen Regeln abweichende Sonderregelungen für die Ermittlung des Einkommens bei der Organschaft.
191	**Regelung in § 15 Nr 2.** § 34 X S 1 regelt den zeitlichen Anwendungsbereich von § 15 I Nr 2 des StSenkG idFd UntStFG. Inhaltlich geht es in § 15 Nr 2 um die Behandlung des § 8b bei der Ermittlung des Einkommens der Organschaft. Entgegen der allgemeinen Regelung ist § 8b bei der Ermittlung des Einkommens der Organgesellschaft nicht anzuwenden. Vielmehr ist erst auf der Ebene des Organträgers iRd Einkommensermittlung eine Anwendung des § 8b oder § 3 Nr 40 EStG (mit § 3c II EStG) vorzunehmen (sog Bruttomethode, vgl § 15 Rn 28 ff). Die Anwendung des § 15 I Nr 2 auf der Ebene des Organträgers hängt aber davon ab, ob für die Ermittlung des Einkommens der Organgesellschaft das StSenkG Anwendung findet, also das Anrechnungsverfahren nicht mehr gilt. Der Zeitpunkt richtet sich nach § 34 I bzw II und hängt vom WJ der Organgesellschaft ab. Stimmt das WJ mit dem Kalenderjahr überein, findet das StSenkG erstmals im VZ 2001 Anwendung. Bei vom Kalenderjahr abweichenden WJ ist der VZ 2002 erstmals betroffen (vgl Rn 38).
192	**SEStEG.** Mit dem SEStEG hat der Gesetzgeber das UmwStG geändert. Die Änderung hat ihren Niederschlag auch in § 15 S 1 Nr 2 gefunden. Nach der Neuregelung bezieht sich die Verweisung in § 15 S 1 Nr 2 nicht mehr auf die Freistellung des Übernahmegewinns, sondern auf die Berücksichtigung des Übernahmeverlusts auf der Ebene der Organgesellschaft gem § 4 VI UmwStG (vgl § 15 Rn 90). Die Berücksichtigung erfolgt insoweit ebenfalls in Abweichung von den allgemeinen Regeln auf der Ebene des Organträgers. Die bisherige Freistellung des Übernahmegewinns ist aber nach § 34 X S 2 weiterhin auf der Ebene des Organträgers vorzunehmen, wenn der Übernahmegewinn auf der Grundlage der Vorschriften vor dem SEStEG bei der Organgesellschaft ermittelt wurde, also nach § 4 VII UmwStG aF ohne fiktive Ausschüttung der Gewinnrücklagen.
193	**Zinsschranke.** Mit dem UntStRefG 2008 hat die sog Zinsschranke (§ 4h EStG) die Regeln zur Gesellschafterfremdfinanzierung nach § 8a aF abgelöst. In Abweichung zur allgemeinen Regelung ist nach § 15 S 1 Nr 3 die Begrenzung des Betriebsausgabenabzugs durch die Zinsschranke nicht auf der Ebene der Organgesellschaft zu berücksichtigen. Vielmehr werden Organträger und Organgesellschaft als ein Betrieb iSd § 4h EStG behandelt. Eine Anwendung der Regelung erfolgt dann auf der Ebene des Organträgers unter Einbeziehung der Zinsaufwendungen und Zinserträge der Organgesellschaften (vgl § 15 Rn 171 ff). Die Regelung ist nach § 34 X S 3 erstmals für WJ anzuwenden, die nach dem 25.5.2007 beginnen und nicht vor dem 1.1.2008 enden. Damit wird

einerseits der Vertrauensschutz für WJ gewahrt, die vor dem Tag des Gesetzesbeschlusses im Bundestag beginnen. Andererseits wird die Anwendung der Regelung für den VZ 2008 in Übereinstimmung mit § 34 VIa S 3 erreicht (vgl Rn 105).

Dauerverlustgeschäfte. Mit dem JStG 2009 hat der Gesetzgeber die bisherige Praxis der Finanzverwaltung im Hinblick auf die dauerdefizitäre Tätigkeit der öffentlichen Hand in den §§ 4 VI, 8 I S 2, 8 VII, VIII, IX festgeschrieben. Nach § 15 S 1 Nr 4 sind die Regelungen des § 8 III S 2 und VII auf Dauerverluste der Organgesellschaft nicht anwendbar. Vielmehr ist die Regelung erst auf der Ebene des Organträgers anzuwenden, wenn bei der Zurechnung des Einkommens Dauerverluste enthalten sind (vgl § 15 Rn 242 ff). Nach § 34 X S 4 ist die Regelung auch auf VZ vor 2009 anwendbar. Die Übergangsregelung bis zum VZ 2011 bei anderer Verlustverrechnung vor dem 18.6.2008 ist ebenfalls zu beachten (vgl Rn 88). Das ergibt sich aus der Verweisung auf § 34 VI S 5 und 6 in § 34 X S 4. Die Änderung der Verweisung in § 34 X S 6 hat keine Bedeutung erlangt, da das MoRaKG nie in Kraft getreten ist.[1]

194

Spartenrechnung. Die Regelung in § 15 I Nr 5 wurde ebenfalls mit dem JStG 2009 eingeführt. Darin wird vorgeschrieben, dass die Spartenrechnung (§ 8 IX) ebenfalls nicht bereits auf der Ebene der Organgesellschaft vorzunehmen ist. Vielmehr kommt eine spartenbezogene Rechnung erst auf der Ebene des Organträgers in Betracht (vgl § 15 Rn 258 ff). Nach § 34 X S 5 ist die Spartenrechnung auf der Ebene des Organträgers erstmals ab VZ 2009 durchzuführen. Ab diesem VZ ist die Regelung anwendbar.

195

Einstweilen frei.

196-197

22. Ausgleichszahlungen (§ 34 Xa). § 34 Xa beschäftigt sich mit der zeitlichen Anwendung des § 16 idFd UntStRefG 2008. Das Gesetz ändert die Brüche zur Berechnung des Einkommensanteils bzw des Anteils an den geleisteten Ausgleichszahlungen, der von der Organgesellschaft selbst zu versteuern ist. Die Änderung hängt mit der Absenkung des Steuersatzes von 25 % auf 15 % zusammen. Die neuen Bruchteile sind nach § 34 Xa erstmals für den VZ 2008 anzuwenden.

198

Einstweilen frei.

199

23. Beitragsrückerstattungen (§ 34 Xb). Mit dem JStG 2009 wurde § 21 neu gefasst. Inhaltlich wurde die Minderung der steuerlichen Bemessungsgrundlage durch Beitragsrückerstattungen der Lebens- und Krankenversicherungen begrenzt. In die Bemessungsgrundlage gehen steuerfreie Erträge nicht ein, auch wenn sie in der handelsrechtlichen Bezugsgröße enthalten sind. Die Neufassung ist nach § 34 Xa S 1 erstmals für den VZ 2009 anzuwenden. In Bezug auf das Wahlrecht, das § 34 IX S 1 Nr 6 gewährt (vgl Rn 187), sieht § 34 Xb S 2 die Anwendung der Neufassung des § 21 bereits für den VZ 2008 vor.

200

---

1   Bott in EY § 34 Rn 119.5.

201 **Sonderregelung.** Nach § 34 Xb S 3 ist für die VZ 2010-2013 eine Sonderregelung im Hinblick auf die Auflösung von Rückstellungen als § 21 II S 2 Nr 1 vorgesehen. Während die Auflösung einer Rückstellung bis zum JStG 2010 die Zuführungen des am Bilanzstichtag endenden WJ und der zwei vorangegangenen WJ nicht überschreiten durfte, sind in den VZ 2010-2013 im Grundsatz Zuführungen aus fünf WJ zu berücksichtigen. Über zwei Grenzregelungen nach oben und unten wird die Betragsermittlung eingeschränkt.

202 *Einstweilen frei.*

203 **24. Rücklage bei Bausparkassen (§ 34 XI).** § 34 XI beschäftigt sich mit der Zuteilungsrücklage bei Bausparkassen. Mit dem StEntlG 1999/2000/2002 v 24.3.1999[1] wurde die Möglichkeit aufgehoben, Mehrerträge in eine Zuteilungsrücklage einzustellen (vgl § 21b Rn 1, 5). Die Regelung des § 21b S 3 beschäftigte sich mit der Auflösung der Rücklage. Die Regelung ist letztmals für das nach dem 31.12.2002 endende WJ anwendbar. Das entspricht dem VZ 2003. Eine im VZ 1998 (WJ Ende vor 1.1.1999) noch zulässigerweise gebildete Rücklage ist aufgrund der Übergangsregelung in § 34 XI S 2, die unbillige Härten vermeiden soll, in den folgenden fünf WJ aufzulösen. Nach dem VZ 2003 ist der Vorgang abgeschlossen. Die Auflösung über einen kürzeren Zeitraum ist zulässig.[2]

204 *Einstweilen frei.*

205 **25. Steuertarif (§ 34 XIa).** Mit dem UntStRefG 2008 wurde eine Anpassung des Steuertarifs in § 23 vorgenommen. Der Steuersatz wurde von 25 % auf 15 % gesenkt (vgl § 23 Rn 7). § 34 XIa bestimmt, dass die Regelung erstmals für den VZ 2008 anzuwenden ist.

206 *Einstweilen frei.*

207 **26. Besondere Freibeträge (§ 34 XIb).** Die Freibeträge für land- und forstwirtschaftliche Vereine und Genossenschaften wurden mit dem HBeglG von 15.330 EUR auf 13.498 EUR reduziert. Die Regelung ist nach § 34 XIb erstmals für den VZ 2004 anzuwenden. Inzwischen wurde der Freibetrag mit dem Dritten Mittelstandsentlastungsgesetz v 17.3.2009[3] mit Wirkung für den VZ 2009 auf 15.000 EUR angehoben. Zu den verfassungsrechtlichen Aspekten vgl § 25 Rn 5.

208 *Einstweilen frei.*

209 **27. Anrechnung von Abzugsteuern (§ 34 XIc). Hintergrund.** Die Regelung in § 34 XIc enthält die Anwendungsregelung für eine Änderung in § 26 VI durch das EGAmtAnpG. Das Gesetz dient der Umsetzung der Zins- und Lizenzgebühren-RL[4]. Mit der RL soll sichergestellt werden, dass bei verbundenen Unternehmen der Staat des Vergütungsschuldners keine Quellensteuer auf die entsprechenden Zahlungen erhebt. In Deutschland wird die Regelung mit §§ 50g und 50h EStG umgesetzt. Um abweichende Sonderregelungen für einzelne Mitgliedstaaten zu ermöglichen, die in

---

1 BGBl I 1999, 402.
2 *Bott* in EY § 34 Rn 122.4.
3 BGBl I 2009, 550.
4 RL 2003/49/EG, Abl EU 2003 Nr L 157, 49.

der RL vorgesehen sind, muss eine Anrechnung der Quellensteuer über bestehende DBA hinaus gewährleistet werden. Dem trägt § 26 VI S 3 ff Rechnung. § 34 XIc S 1 legt für die erstmalige Anwendung den VZ 2004 fest.

Schweiz. Die Schweiz hat mit der EU ein Zinsabkommen (Abkommen v 26.10.2004[1]) abgeschlossen. Das Abkommen gewährleistet die Gleichstellung der Schweiz mit einem Mitgliedstaat der EU, soweit es um die Regelungen in der Zins- und Lizenzgebühren-RL sowie der MTRL geht. Die Regelung ist zum 1.5.2005 anzuwenden. Um übergangsweise erhobene (ausländische) Quellensteuern in Deutschland anrechnen zu können, wurde mit dem StÄndG 2007 der § 26 VI S 9 eingeführt (vgl § 26 Rn 272). Nach § 34 XIc S 2 ist die Regelung erstmals ab dem VZ 2005 anzuwenden. 210

Abzugsteuern auf vGA. Mit dem JStG 2007 wurde § 26 VI geändert. Die Regelung in § 26 VI S 1 und 3 gewährleistet, dass eine Anrechnung im Ausland erhobener Quellensteuern auch dann erfolgt, wenn es sich um vGA nach § 8b I S 2 und 3 handelt. Voraussetzung ist aber nach § 26 VI S 3, dass die Einbeziehung iRd Ermittlung der Einkünfte erfolgt. Im Fall der Freistellung nach § 8b ist die Anrechnung ausgeschlossen (vgl § 26 Rn 5). § 34 XIc S 3 bestimmt, dass die Neufassung für alle VZ Anwendung findet, für welche die Steuerbescheide noch nicht bestandskräftig sind. § 34 XIc S 4 erklärt die Regelung in § 26 VI S 1 Hs 2 erstmals auf ausländische Quellensteuern anwendbar, die von Bezügen erhoben werden, die nach dem 18.12.2006 zugeflossen sind. Bei dem Datum handelt es sich um den Tag der Verkündung des Gesetzes. 211

Einstweilen frei. 212

28. Körperschaftsteuerliches Anrechnungsverfahren (§ 34 XII). a) Allgemeines. § 34 XII beschäftigt sich mit der letztmaligen Anwendung des Anrechnungsverfahrens. Mit dem StSenkG wurde der Systemwechsel vom Anrechnungs- zum Halbeinkünfte- bzw Freistellungsverfahren vollzogen. § 34 XII hat sowohl Auswirkungen auf der Ebene der ausschüttenden Körperschaft (§ 34 XII S 1) als auch auf der Ebene der Anteilseigner (§ 34 XII S 2-8). 213

Differenzierung. Für die Bestimmung des Zeitpunkts der letztmaligen Anwendung der Regelungen in §§ 27 ff idF vor dem StSenkG auf der Ebene der ausschüttenden Körperschaft ist zwischen ordentlichen Gewinnausschüttungen (vgl Rn 216 ff) und anderen Ausschüttungen (vgl Rn 222) zu differenzieren. 214

Einstweilen frei. 215

b) Ordentliche Gewinnausschüttungen. Regelungsgehalt. § 34 XII S 1 Nr 1 bestimmt, dass für Gewinnausschüttungen, die auf einem den gesellschaftsrechtlichen Vorschriften entsprechenden Gewinnverteilungsbeschluss (vgl Rn 217) für ein abgelaufenes WJ beruhen (ordentliche Gewinnausschüttungen) und die in dem ersten WJ erfolgen (vgl Rn 218), das in dem VZ endet, für den die Neuregelung erstmals anzuwenden ist, die §§ 27 ff zum Anrechnungsverfahren letzt- 216

---

1 AS 2005, 2557; ABl L 385, 30.

mals Anwendung finden, mithin die Ausschüttungsbelastung herzustellen ist (vgl Rn 218). Eine Ausschüttungsbelastung ist hiernach auch noch für solche Gewinnausschüttungen für abgelaufene WJ herzustellen, die im ersten WJ erfolgen, für die das Halbeinkünfte- bzw Freistellungsverfahren schon gilt, also der VZ 2001 und bei abweichendem WJ der VZ 2002 (vgl Rn 38).

217 **Gewinnverteilungsbeschluss.** Voraussetzung für die Anwendung des § 34 XII S 1 Nr 1 ist, dass ein nach gesellschaftsrechtlichen Vorschriften wirksamer Gewinnverteilungsbeschluss vorliegt. Ob der Beschluss wirksam ist, bestimmt sich nach handelsrechtlichen Regeln. Erforderlich ist ein Beschluss der zuständigen Gremien. Bei der GmbH ist dies die Gesellschafterversammlung (§ 46 Nr 1 GmbHG), bei der AG die Hauptversammlung (§ 174 AktG). Grundlage für den Beschluss bildet ein gültiger (festgestellter) Jahresabschluss, der einen verteilungsfähigen Gewinn ausweist. Der Zeitpunkt des Ausschüttungsbeschlusses hat auf die Anwendung des Anrechnungsverfahrens nach § 34 XII S 1 Nr 1 keine Auswirkung. Entscheidend ist lediglich der vermögensmäßige Abfluss der Gewinnausschüttung (hierzu Rn 218).[1] Für eine erst in 2001 beschlossene Gewinnausschüttung für das WJ 1998, die auch 2001 noch abgeflossen ist, muss damit die Ausschüttungsbelastung hergestellt werden. Erfolgt der Abfluss dagegen später, ist nach den neuen Regeln des StSenkG zu verfahren und auf der Ebene der Anteilseigner das Halbeinkünfte- oder Freistellungsverfahren anzuwenden

218 **Erfolgte Ausschüttung.** Die Gewinnausschüttung muss im ersten WJ nach dem Systemwechsel erfolgen. In Übereinstimmung mit der Rechtsprechung zum Anrechnungsverfahren setzt die erfolgte Gewinnausschüttung einen vermögensmäßigen Abfluss bei der leistenden Gesellschaft voraus.[2] Das kann durch Überweisung oder per Scheck geschehen. Nach Ansicht der Finanzverwaltung reicht auch die Umwandlung in ein Darlehen für den Abfluss aus.[3] Nicht ausreichend ist aber die bloße Passivierung einer Verbindlichkeit gegenüber dem Anteilseigner in der Bilanz.[4] Erfolgt der Abfluss erst im nächstfolgenden WJ, ist die Anwendung des Anrechnungsverfahrens ausgeschlossen.[5] Auf den Ausschüttungsbeschluss kommt es nicht an. Die unter Geltung des Anrechnungsverfahrens mögliche sog Reservierungsfunktion von verspätet abfließenden Gewinnausschüttungen (§ 28 II idF vor dem StSenkG) hat mit dem Übergang zum Halbeinkünfte- bzw Freistellungsverfahren seine Bedeutung verloren.[6]

219 **Anwendung des Anrechnungsverfahrens.** Für von § 34 XII S 1 Nr 1 betroffene oGA hatte die Körperschaft die Ausschüttungsbelastung von 30 % herzustellen. Die Ausschüttung war mit dem vEK zu verrechnen, das zum Schluss des letzten WJ vor dem Systemwechsel ermittelt wurde. Die Ausschüttungen waren in den nachrichtlichen Teil der Schlussgliederung aufzunehmen. Die Gewinnausschüttung wird

---

1 *Bott* in EY § 34 Rn 143.
2 *Bott* in EY § 34 Rn 137; *Pung* in D/J/P/W § 34 Rn 58.
3 BMF v 6.11.2003, BStBl I 2003, 575, mit Ansichten der Finanzverwaltung zu weiteren Zweifelsfragen.
4 BFH I R 260/83, BStBl II 1988, 460.
5 BMF v 6.11.2003, BStBl I 2003, 575, Rn 8.
6 *Lornsen-Veit/Odenbach* in Erle/Sauter, 2. Aufl, § 34 Rn 109.

IV. Zeitliche Anwendung der Normen des KStG im Einzelnen

also bei einer Körperschaftsteuerminderung über die Minderung und einen Teil aus dem vEK finanziert. Für die Verwendungsreihenfolge der Teilbeträge des vEK ist die Fiktion des § 28 III idF vor dem StSenkG anwendbar.[1]

Anteilseigner. Findet auf die Ausschüttung bei der Körperschaft das Anrechnungsverfahren Anwendung, gilt dies auch für die steuerliche Behandlung beim Anteilseigner (vgl Rn 114 ff). Die Ausschüttungen sind beim Anteilseigner als natürliche Person entsprechend den Regeln der §§ 20 I Nr 1 und 3, 36 II Nr 3 EStG idF vor dem StSenkG zu berücksichtigen. Handelt es sich bei dem Anteilseigner um eine in das Anrechnungsverfahren einzubeziehende Körperschaft, kommt es zu einer erhöhten Tarifbelastung iRd Anwendung des § 34 XII S 2-8 (vgl Rn 224). Greift das Anrechnungsverfahren nicht mehr, kommt es beim Anteilseigner zur Anwendung des Halbeinkünfte- oder Freistellungsverfahrens (§ 3 Nr 40 EStG, § 8b I). Ferner ist der Einbehalt der KESt (§§ 43 ff EStG) zu beachten. Im Zusammenhang mit dem Halbeinkünfteverfahren steht § 3c II in Bezug auf die Berücksichtigung von Betriebsausgaben bzw Werbungskosten.

220

Einstweilen frei.

221

c) Andere Ausschüttungen. Für alle anderen Ausschüttungen und sonstigen Leistungen ist der Systemwechsel vom WJ des Abflusses abhängig. Darunter fallen neben den Vorabausschüttungen auch die vGA. Die letztmalige Herstellung der Ausschüttungsbelastung nach § 34 XII S 1 Nr 2 ist abhängig von der letztmaligen Anwendung des Anrechnungsverfahrens, im Regelfall der VZ 2000. Findet im WJ des Abflusses das Anrechnungsverfahren auf die Besteuerung der Körperschaft Anwendung, gilt das auch für die steuerliche Behandlung der Ausschüttung oder sonstigen Leistung beim Anteilseigner. Liegt der Abfluss im WJ der erstmaligen Anwendung des Halbeinkünfte- oder Freistellungsverfahrens nach dem StSenkG, gilt das auch für die Regeln zur steuerlichen Behandlung der anderen Ausschüttungen und sonstigen Leistungen beim Anteilseigner. Auf diesem Wege ist auch für andere Ausschüttungen und sonstige Leistungen die korrespondierende Behandlung nach einheitlichen Regeln auf Ebene der Körperschaft und der Anteilseigner gewährleistet (vgl Rn 220).

222

Einstweilen frei.

223

d) Erhöhte Tarifbelastung. Zielsetzung. Um unbillige Steuervorteile zu verhindern, hat der Gesetzgeber in § 34 XII S 2-8 Regelungen aufgenommen, die für eine Übergangszeit eine Veränderung der Tarifbelastung nach § 23 I mit sich bringen. Die Regelung ist dem § 23 II idF vor dem StSenkG nachgebildet. Bei Gewinnausschüttungen, die aus dem EK 45 finanziert wurden, kommt bei Anteilseignern in Form von dem Anrechnungsverfahren unterliegenden Körperschaften nicht die Tarifbelastung (§ 23 I), sondern der besondere Steuersatz zur Anwendung. Dieser beträgt 45 %. Auf diesem Wege wird eine Absenkung der Vorbelastung mit KSt in Bezug auf die Gewinnausschüttung vermieden. In erster Linie geht es dabei um die Vermeidung von Gewinnausschüttungen innerhalb eines Konzerns, die lediglich das Absenken des Steuerniveaus im Blick haben.[2]

224

---

1 *Bott* in EY § 34 Rn 136.
2 BTDrs 14/23, 192.

225 **Regelung.** Um Gewinnausschüttungen, die im Übergangszeitraum erfolgen, aber noch dem Anrechnungsverfahren bei der ausschüttenden Körperschaft und auf der Ebene der Anteilseigner unterliegen, wird über die Regelung in § 34 XII S 2-8 eine Nachsteuer auf der Ebene des Anteilseigners erhoben. Auf diesem Wege wird für Gewinnausschüttungen, die noch dem Anrechnungsverfahren unterliegen, die Steuerbelastung auf 45 % oder 40 % angehoben. Ein Liquiditätsvorteil durch die Anrechnung der Vorbelastung innerhalb eines Konzerns wird dadurch ausgeschlossen. In § 34 XII S 2-5 regelt der Gesetzgeber die Folgen, falls die Ausschüttung aus dem EK 45 finanziert wird. In § 34 XII S 6-8 geht es um eine aus dem EK 40 finanzierte Ausschüttung.

226 **Unter das Anrechnungsverfahren fallende Anteilseigner.** Die besonderen Regeln setzen voraus, dass die Leistungen beim Empfänger zu den Einnahmen nach § 20 I Nr 1 und Nr 2 gehören. Über die Formulierung wird deutlich, dass nur solche Körperschaften betroffen sind, die selbst in das Anrechnungsverfahren einbezogen sind.[1] Denn beim betroffenen Empfänger führen die Leistungen zur Erhöhung der belasteten Teilbeträge des vEK. Andere Körperschaften sind vom erhöhten Steuersatz nicht betroffen. Für den Anteilseigner muss jedoch bereits die Tarifbelastung nach § 23 I nach dem StSenkG gelten.

227 **Unbeschränkt steuerpflichtige Körperschaften.** In den Anwendungsbereich fallen nach dem klaren Wortlaut des § 34 XII S 2 nur unbeschränkt steuerpflichtige Körperschaften. Die fehlende Nennung der unbeschränkten Steuerpflicht in § 34 XII S 6 führt nicht dazu, beschränkt Steuerpflichtige in den Anwendungsbereich einzubeziehen.[2]

228 **Bezug über Personengesellschaften.** Ob die Leistungen unmittelbar oder über die Beteiligung an einer Personengesellschaft bezogen werden, spielt keine Rolle.[3]

229 **Steuerbefreite Körperschaften.** Nicht betroffen sind nach § 34 XII S 5 auch steuerbefreite Körperschaften, die nach § 5 I Nr 9 als gemeinnützige Einrichtungen befreit sind, soweit Einnahmen in den wirtschaftlichen Geschäftsbetrieben anfallen.

230 **Vollständige Ausschüttungen aus dem EK 45 bzw EK 40.** Der nach § 34 XII S 2 anwendbare KSt-Satz von 45 % hat Bedeutung für offene und andere Gewinnausschüttungen, die unter Verwendung von EK 45 finanziert werden. Erfolgt die Finanzierung über EK 30, EK 02 usw findet die Übergangsregel mit besonderem Steuersatz keine Anwendung. Eine andere vergleichbare Regelung für die Verwendung von Teilbeträgen aus EK 30 fehlt. Wird die Finanzierung über EK 40 vorgenommen, sieht § 34 XII S 6 ein Steuersatz von 40 % vor.

231 **Höchstbelastung bei der empfangenden Körperschaft.** Während auf der Ebene der ausschüttenden Gesellschaft die Vorbelastung bei der Finanzierung über EK 45 oder EK 40 einheitlich 30 % beträgt (§§ 27 I, 23 V idF vor dem StSenkG) führt der

---

1 Lambrecht in Gosch § 34 Rn 123; Bott in EY § 34 Rn 154.
2 So aber wohl Lambrecht in Gosch § 34 Rn 127.
3 BFH I R 27/06, BStBl II 2008, 526.

besondere Steuersatz mit Anrechnung der Vorbelastung zu einer Nachsteuer und Gesamtbelastung von 45 % bzw 40 %. Über die Festlegung von Höchstbelastungen in § 34 XII S 4 und 7 wird gewährleistet, dass die tatsächliche Gesamtbelastung der Körperschaft iHv 45 % bzw 40 % vom tatsächlich zu versteuernden Einkommen abhängt, also anders als bei § 37 III (hierzu § 37 Rn 32 ff) ein Ausgleich mit anderen negativen Einkünften oder ein Verlustabzug möglich ist.

Teilweise Ausschüttungen aus dem EK 45 und EK 40. § 34 XII S 7 behandelt auch den Fall, dass die Gewinnausschüttung zu Teilen aus EK 45 und zu Teilen aus EK 40 finanziert wird. Durch die Regelung ist die Reihenfolge für die Berechnung vorgegeben, wonach zunächst das nach § 34 XII S 2-4 (EK 45) zu besteuernde Einkommen abzuziehen und nur danach der verbleibende Rest mit dem Steuersatz von 40 % zu belasten ist. Diese Finanzierungsreihenfolge ist aufgrund des zunächst anzuwendenden Steuersatzes von 45 % für die Körperschaften nachteilig.[1]

Bescheinigung. Nach § 34 XII S 3 ist eine ordnungsgemäße Steuerbescheinigung auszustellen. Maßstab für die Informationen in der Steuerbescheinigung ist § 44 I idF vor dem StSenkG. § 34 XII S 3 und 8 gewährleisten, dass § 44 I S 1 Nr 6 S 3 idF vor dem StSenkG auch im Übergangszeitraum gilt. Die Regelung enthält eine die Nachsteuer sichernde Fiktion. In der Steuerbescheinigung ist anzugeben, in welcher Höhe Teilbeträge aus dem EK 45 verwendet wurden. Es ist auch anzugeben, falls keine solchen Teilbeträge verwendet wurden (sog Nullbescheinigung).[2] Mit der Fiktion ist zu Lasten des Anteilseigners von einer Finanzierung der Gewinnausschüttung aus EK 45 auszugehen, soweit nicht eine Verwendung von EK 01 oder EK 04 bescheinigt wird. Eine entsprechende Regelung für EK 40 gibt es nicht. Ob über die Verweisung in § 34 XII S 8 die gleichen Folgen dennoch eintreten, wird unterschiedlich bewertet.[3] Sinn und Zweck der Verweisung gebietet es, die unklare Regelung gleichwohl auf Teilbeträge aus EK 40 anzuwenden.

Einstweilen frei.

29. Fiktion und Festschreibung der Verwendung (§ 34 XIII). Verwendung der Teilbeträge des EK 45. § 34 XIII beschäftigt sich mit der Anwendung der Verwendungsfiktion des § 28 IV idF vor dem StSenkG auf den Teilbetrag des EK 45 (§ 54 XI S 1 idF vor dem StSenkG). Bedeutung erlangt die Fiktion, wenn eine Ausschüttung aus EK 45 finanziert wird, nachträglich aber Veränderungen eintreten, die dazu führen, dass der Teilbetrag des EK 45 für die Finanzierung nicht (mehr) ausreicht. Solche Veränderungen können durch einen Verlustrücktrag oder eine Außenprüfung eintreten.[4] Die Verweisung auf § 54 XI S 1 idF vor dem StSenkG beruht darauf, dass der für Ausschüttungen verfügbare Teilbetrag des EK 45 lediglich als Bestandteil der Gliederungsrechnung fortgeführt wird. Mit dem StEntlG 1999/2000/2002 gehen belastete Teilbeträge in die Gliederungsrechnung nur noch

---
1   *Bott* in EY § 34 Rn 157.3.
2   BMF v 28.7.1999, BStBl I 1999, 727.
3   *Lambrecht* in Gosch § 34 Rn 129; aA *Bott* in EY § 34 Rn 157.5.
4   *Bott* in EY § 34 Rn 161.

in das EK 40 und EK 30 ein. Vor dem StSenkG wurde ferner über die Regelung in § 30 aF lediglich eine Ausschüttungsbelastung bei Verwendung von EK 40 und EK 30 festgeschrieben. § 34 XIII S 1 stellt die entsprechende Behandlung der Teilbeträge des EK 45 sicher. Reicht der ursprünglich vorgesehene Betrag im EK 45 zur Finanzierung nicht mehr aus, ist die Finanzierung, falls keine belasteten Teilbeträge mehr zur Verfügung stehen (EK 40, EK 30), über die Verwendung von Beträgen aus dem EK 02 vorzunehmen.

237 **Festschreibung.** § 34 XIII S 2 führt zur Festschreibung der Verwendung von Teilbeträgen aus EK 45, wenn für die Leistung eine entsprechende Steuerbescheinigung (§§ 44, 45 idF vor dem StSenkG) ausgestellt wurde. Die Verwendung wird auch nicht dadurch veränderbar, dass sich nachträglich die Möglichkeit ergibt, eine höhere Leistung aus dem EK 45 zu finanzieren.[1] Die Zahl fehlerhafter Steuerbescheinigungen sollte dadurch reduziert werden. Grund für die Verwendungsfestschreibung ist der besondere Steuersatz des Empfängers (§ 23 II idF vor dem StSenkG), falls Ausschüttungen mit Beträgen aus dem EK 45 finanziert werden. Die Regelung wirkt einer Absenkung des Steuerniveaus durch Ausschüttungen entgegen (vgl zur Regelung im Übergangszeitraum § 34 XII S 2-8).

238 *Einstweilen frei.*

239 **30. Erhebung und Steuererklärung (§ 34 XIIIa). Allgemeines.** Die Regelung in § 34 XIIIa befasst sich mit der erstmaligen Anwendung der Änderungen durch das UntStRefG 2008 bei der Festsetzung von Vorauszahlungen (vgl § 34 XIIIa S 1, Rn 240). Ferner geht es um die erstmalige Anwendung der elektronischen Übermittlung von Besteuerungsgrundlagen (vgl § 34 XIIIa S 2, Rn 241).

240 **Vorauszahlungen.** § 31 I S 2 wurde durch das UntStRefG 2008 eingeführt. Danach sind die Änderungen der Reform bei der Festsetzung der Vorauszahlungen nur zu berücksichtigen, wenn dies nach amtlich vorgeschriebenem Vordruck beantragt wurde oder das Finanzamt zur Abgabe des Vordrucks aufgefordert hat (vgl § 31 Rn 31). Auf diesem Wege trägt der Gesetzgeber den gegensätzlichen Auswirkungen der einzelnen Änderungen durch die Unternehmenssteuerreform Rechnung (zB Absenkung des Steuersatzes, Ausschluss der GewSt als Betriebsausgabe, „Zinsschranke"). Nach § 34 XIIIa S 1 ist die Regelung des § 31 I S 2 erstmals für den VZ 2008 anzuwenden. Da das UntStRefG 2008 bereits am 18.8.2007 in Kraft trat, konnte die Neuregelung etwa bei abweichendem WJ für Vorauszahlungen schon im Kalenderjahr 2007 berücksichtigt werden.

241 **Elektronische Übermittlung.** § 31 Ia wurde durch das Gesetz zur Modernisierung und Entbürokratisierung des Steuerverfahrens v 20.12.2008[2] eingeführt. Die Regelung verlangt die Übermittlung der Steuererklärungen nach amtlich vorgeschriebenem Datensatz durch Datenfernübertragung. Ein Verzicht bei unbilligen Härten ist vorgesehen (vgl § 31 Rn 41 ff). Die Regelung ist nach § 34 XIIIa

---

1 BTDrs 14/23, 194.
2 BGBl I 2008, 2850.

IV. Zeitliche Anwendung der Normen des KStG im Einzelnen

S 2 erstmals ab dem VZ 2011 anzuwenden. Für Einkommensteuersubjekte hat § 5b EStG (elektronische Übermittlung von Bilanzen) die gleiche Anwendungsregelung erfahren.

Einstweilen frei. 242

31. Steuerabzug (§ 34 XIIIb). Grundsatz. § 34 XIIIb regelt den Anwendungsbereich des abgeltenden Steuerabzugs in Fällen der beschränkten Steuerpflicht nach § 2 Nr 2. § 32 III wurde mit dem UntStRefG 2008 eingeführt und sieht einen solchen Steuerabzug bei inländischen juristischen Personen des öffentlichen Rechts sowie steuerbefreiten Körperschaften, Personenvereinigungen und Vermögensmassen für bestimmte Entgelte vor (im Detail § 32 Rn 149 ff). Der Steuerabzug beträgt 15 %. Das entspricht dem KSt-Steuersatz. Nach § 34 XIIIb S 1 ist die Regelung auf Einkünfte anzuwenden, die nach dem 17.8.2007 zufließen. Bei dem Datum handelt es sich um die Verkündung des Gesetzes im BGBl. 243

Sonderregelung. § 34 XIIIb S 2 enthält eine eigenständige Sonderregelung für Einkünfte, die nach dem 17.8.2007, aber vor dem 1.1.2008 zufließen. Die Höhe des Steuerabzugs wird darin abweichend von der allgemeinen Regelung auf 10 % festgelegt. Auf diesem Wege soll sichergestellt werden, dass in 2007 auf solche Einkünfte nur die Höhe der Gesamtsteuerbelastung erreicht wird, die auch bei Dividenden erreicht wird.[1] 244

Einstweilen frei. 245

32. Änderungsvorschrift (§ 34 XIIIc). § 34 XIIIc widmet sich der erstmaligen Anwendung des verfahrensrechtlichen Teils zur Gewährleistung des Korrespondenzprinzips bei vGA und verdeckten Einlagen. Die verfahrensrechtliche Regelung in § 32a wurde mit dem JStG 2007 eingeführt. Die Regelung ist nach § 34 XIIIc S 1 erstmals anzuwenden, wenn nach dem 18.12.2006 ein Steuerbescheid erlassen, aufgehoben oder geändert wird. In den letztgenannten Fällen der Aufhebung und Änderung kommt es auf das Datum des (erstmaligen) Erlasses des Steuerbescheids nicht an. Dies kann auch vor dem maßgebenden Datum liegen. Bei dem Datum in § 34 XIIIc S 1 handelt es sich um den Tag der Verkündung des Gesetzes. 246

Inhalt. Die Änderungsvorschrift des § 32a dient der Verknüpfung der Besteuerungsebene der Kapitalgesellschaft und der Besteuerungsebene des Anteilseigners im Hinblick auf vGA (§ 32a I) und verdeckte Einlagen (§ 32a II). Die steuerliche Behandlung auf den unterschiedlichen Ebenen soll miteinander korrespondieren. Verfahrensrechtlich wird dem Rechnung getragen, indem § 32a die Folgekorrektur von Steuerbescheiden ermöglicht, die bereits bestandskräftig sind. In § 32a I geht es um die Folgekorrektur von Steuerbescheiden auf der Ebene der Anteilseigner. In § 32a II geht es um die Folgekorrektur auf der Ebene der Körperschaft (weiterführend § 32a Rn 50 ff). 247

Einstweilen frei. 248

---

1 Bott in EY § 34 Rn 189.0.6.3.

249   **33. Minderungen des Körperschaftsteuerguthabens (§ 34 XIIId).** § 34 XII-Id beschäftigt sich mit der Anwendungsregelung für die Begrenzung des Verbrauchs von Körperschaftsteuerguthaben gem § 37 IIa.[1] Die Regelung geht auf den Systemwechsel vom Anrechnungs- zum Halbeinkünfte- oder Freistellungsverfahren zurück. Vor dem Systemwechsel thesaurierte und voll besteuerte Gewinne könnten nach dem Systemwechsel bei Ausschüttung zu einer Körperschaftsteuerminderung führen. Mit § 37 IIa Nr 1 werden die Körperschaftsteuerminderungen bei entsprechenden Ausschüttungen in dem betreffenden Zeitraum völlig ausgeschlossen. Die Begrenzung wirkt sich als sog Moratorium aus. Für Gewinnausschüttungen, die in der Zeit vom 12.4.2003 bis zum 31.12.2005 erfolgen, also aus dem Vermögen der leistenden Körperschaft abfließen, beträgt die Minderung des Körperschaftsteuerguthabens gem § 37 IIa Nr 1 0 EUR (vgl § 37 Rn 21). Die Finanzierung der Ausschüttung erfolgt dann aus handelsrechtlich zur Verfügung stehendem Kapital. Eine Entlastung von der vor dem Systemwechsel entrichteten tariflichen KSt ist nicht möglich. Auf diese Weise wird die Regelung in § 37 II ausgeschlossen.[2]

250   **Vertrauensschutz.** Aus Gründen des Vertrauensschutzes sieht § 34 XIIId S 1 vor, dass nur Gewinnausschüttungen von der Beschränkung des § 37 IIa betroffen sind, die nach dem 20.11.2002 beschlossen wurden. Das Datum ist am Datum des Kabinettsbeschlusses zum StVergAbG orientiert, das zur Einführung des § 37 IIa führte. Für Gewinnausschüttungen, die vor dem 21.11.2002 beschlossen wurden und die während des Moratoriums erfolgten, also abgeflossen sind, gilt § 37 IIa Nr 1 nicht. Für solche Ausschüttungen iSd § 34 XIIId S 1 und für Ausschüttungen, die vor dem 12.4.2003 erfolgten, gilt nach § 34 XIIId S 2 eine besondere Fassung des § 37 II.[3] Danach ist der Verbrauch von Körperschaftsteuerguthaben erlaubt. Es kommt zur Körperschaftsteuerminderung iHv 1/6 mit der Ausschüttung des verbrauchten Körperschaftsteuerguthabens. Der Beschluss über die Gewinnverteilung muss nach gesellschaftsrechtlichen Vorgaben wirksam sein (vgl § 37 Rn 19). Auf Gewinnausschüttungen, die nach dem 31.12.2005 erfolgen, ist § 37 IIa Nr 2 anwendbar.

251   **Auszahlung.** Die Auszahlung des Körperschaftsteuerguthabens wurde bis zur Änderung des § 37 durch das SEStEG als Körperschaftsteuerminderung iRe Gewinnausschüttung berücksichtigt. Nach der Änderung des § 37 durch das SEStEG wird das am 31.12.2006 vorhandene Guthaben in zehn gleichen Jahresraten von 2008 bis 2017 ausbezahlt (vgl § 37 Rn 67). Um die Regelung zu vereinfachen, wurde mit dem Gesetz zur Modernisierung und Entbürokratisierung des Steuerverfahrens eine Bagatellgrenze iHv 1.000 EUR eingeführt. Bis zu der Grenze kann das Guthaben in einer Summe ausbezahlt werden. § 34 XIIId S 3 bestimmt, dass die Regelung zur Auszahlung bis zur Bagatellgrenze erstmals im Kalenderjahr 2008 anzuwenden ist. Auf diesem Wege wird sichergestellt, dass die Regelung mit Beginn des Auszahlungszeitraums zur Verfügung steht.

---

1   BGBl I 2003, 660.
2   Zur Verfassungsmäßigkeit BFH I R 69-70/05, BStBl II 2007, 662.
3   BGBl I 2002, 4144.

Einstweilen frei. 252

34. Körperschaftsteuererhöhung (§ 34 XIIIe). Sonderregelung für bestimmte 253
Genossenschaften. § 34 XIIIe beschäftigt sich mit dem § 38 I idFd JStG 2007. Dabei geht es um Leistungen, die zur Verwendung von gegliedertem EK führen. Mit dem JStG 2007 hat der Gesetzgeber eine Sonderregelung für Genossenschaften eingeführt, die den Leistungsbegriff der Norm einschränkt. So stellt die Rückzahlung von Geschäftsguthaben an ausgeschiedene Mitglieder keine Leistung dar (§ 38 I S 6). Ausnahmen bestehen bei bestimmten Umwandlungsvorgängen (§ 38 I S 7). § 34 XIIIe S 1 legt den persönlichen Anwendungsbereich der Regelung fest. Betroffen sind nur Genossenschaften, die zum Zeitpunkt des Wechsels vom Anrechnungs- zum Halbeinkünfte- bzw Freistellungsverfahren (idR am 1.1.2001) schon bestanden haben. Mit der Regelung sollten insbesondere Wohnungsgenossenschaften von einer Nachversteuerung ausgenommen werden.[1]

Zeitlicher Anwendungsbereich. Die Regelung in § 38 I S 6 und S 7 ist nach § 34 254
XIIIe S 2 auch schon vor dem VZ 2007 anwendbar. Die Rückwirkung ist aufgrund der Begünstigung aus verfassungsrechtlicher Sicht unbedenklich. Mit der Änderung durch das JStG 2008 und der Einführung einer ausschüttungsunabhängigen Abgeltung und Auflösung des Körperschaftsteuererhöhungspotentials hat die Regelung nach dem 1.1.2007 grundsätzlich keine Bedeutung mehr (zur Ausnahme Rn 273).

Vollausschüttung bei Umwandlungsvorgängen. § 34 XIIIe S 3 bestimmt die 255
weitere Anwendung des § 40 V und VI idFd SEStEG. Die Regelung in § 40 wurde durch das JStG 2008 aufgehoben. Bis dahin war darin seit dem SEStEG vorgesehen, dass bei grenzüberschreitenden Umwandlungen oder Sitzverlegungen mit Beendigung der unbeschränkten Steuerpflicht eine Vollausschüttung unterstellt wurde. Dabei konnte es zur Festsetzung einer Körperschaftsteuererhöhung nach § 38 kommen (§ 40 V). Bei Bezug zu einem EU-Mitgliedsstaat (Übernehmerin oder Sitzverlegung) bestand die Möglichkeit, die Körperschaftsteuererhöhung bei Nachweis der Thesaurierung zinslos bis längstens zum Ende des ersten nach dem 31.12.2011 endenden WJ zu stunden (§ 40 VI). § 34 XIIIe S 3 stellt sicher, dass die Regelung über die Aufhebung hinaus weiter anzuwenden ist. Voraussetzung ist, dass die Körperschaftsteuerfestsetzung unter Anwendung der Regelung des § 40 V und IV des SEStEG vor dem 28.12.2008 erfolgt. Bei dem Datum handelt es sich um das Datum der Verkündung des JStG 2008.

Neuregelung. § 34 XIIIe S 4 schließt die Anwendung der Regelung in § 38 IV-X 256
idFd JStG 2008 aus. Beim Wortlaut des § 34 XIIIe S 4 (§ 38 IV-IX) handelt es sich um ein Redaktionsversehen.[2] Die Regelung stellt den Übergang zu einer ausschüttungsunabhängigen pauschalierten Abgeltung und Auflösung des Körperschaftsteuererhöhungspotentials dar.

Einstweilen frei. 257

---
1 Bott in EY § 34 Rn 189.11.
2 Bott in EY § 34 Rn 189.16.

258   **35. Erhalt des Körperschaftsteuerguthabens (§ 34 XIIIf).** § 34 XIIIf stellt die Reaktion des Gesetzgebers auf die Entscheidung des BVerfG[1] zum Verlust des Körperschaftsteuerminderungspotentials dar. In dem Beschluss hatte das BVerfG beanstandet, dass die Umgliederung des zum Zeitpunkt des Systemwechsels mit 45 % belasteten EK (EK 45) in mit 40 % belastetes EK (EK 40) und unbelastetes EK (EK 02) für diejenigen Unternehmen zu einem Wegfall von Körperschaftsteuerminderungspotential führen kann, die nur über einen geringen oder keinen Bestand an EK 02 verfügen.

259   **Hintergrund.** Vor dem Systemwechsel wurde der steuerliche Gewinn der Körperschaft bei Thesaurierung mit 40 % (davor 45 %) besteuert. Im Fall der Ausschüttung wurde die Belastung auf 30 % reduziert. Der Differenzbetrag wurde an die Gesellschaft erstattet, wenn es tatsächlich zur Ausschüttung kam. Das beim Systemwechsel noch vorhandene Körperschaftsteuerminderungspotential wurde ermittelt und festgestellt.

260   **Neuregelung.** § 34 XIIIf enthält eine Fassung des § 36, die auf alle noch nicht bestandskräftig festgestellten Endbestände anzuwenden ist. Gegenüber der Vorgängerregelung in § 36 wird auf die weitere Umgliederung generell verzichtet. Die Bestände sind also so festzustellen, wie sie am maßgebenden Umstellungsstichtag vorhanden waren. Neu ist die Regelung in § 36 VIa. Danach mindert ein positiver Teilbetrag, der einer KSt von 45 % unterlegen hat, iHv 5/22 seines Bestandes einen verbleibenden positiven Teilbetrag aus dem EK 30 (§ 30 II Nr 2 idF vor dem StSenkG) bis zu dessen Verbrauch. Ferner sind 27/5 des Minderungsbetrags als Erhöhung in das EK 40 (§ 30 II Nr 1 idF vor dem StSenkG) einzustellen. Der Minderungs- und der Erhöhungsbetrag vermindern den Bestand des EK 45. Auf diesem Wege entfällt die Veränderung des EK 02, die Anlass für den Beschluss des BVerfG war (vgl auch § 36 Rn 89 ff).

261   *Einstweilen frei.*

262   **36. Körperschaftsteuerguthaben (§ 34 XIIIg).** § 34 XIIIg bestimmt den Anwendungsbereich einer Folgeänderung des § 37 I aufgrund der Entscheidung des BVerfG zur Umgliederung des belasteten EK (vgl Rn 258). Gilt die Regelung des § 36 idFd § 34 XIIIf für die Endbestände, kommt § 37 I idFd § 34 XIIIg für die Ermittlung des Körperschaftsteuerguthabens zur Anwendung. Das zu ermittelnde Körperschaftsteuerguthaben beträgt 15/55 des Endbestandes des mit 45 % KSt belasteten Teilbetrags. Im Übrigen bleibt es bei der Berechnung des Körperschaftsteuerguthabens, das 1/6 des mit 40 % KSt belasteten Teilbetrags beträgt. Nach der Neuregelung sind die beiden Beträge zu addieren.

263   *Einstweilen frei.*

264   **37. Liquidationsvorgänge (§ 34 XIV). Allgemeines.** Der Systemwechsel vom Anrechnungs- zum Halbeinkünfte- bzw Freistellungsverfahren musste auch für Liquidationen geregelt werden. Dabei besteht die Besonderheit, dass an die Stelle des WJ im Fall der Liquidation der Liquidationszeitraum tritt (§ 11 I), der auch

---

1   BVerfG 1 BvR 2192/05, BVerfGE 125, 1.

mehrere Jahre umfassen kann (vgl § 11 Rn 78 ff). Für Liquidationszeiträume, die sowohl Zeiträume erfassten, in denen im Grundsatz sowohl das Anrechnungsverfahren als auch das Halbeinkünfte- oder Freistellungsverfahren Anwendung findet, bedarf es einer Entscheidung, welches System Anwendung finden soll. Erst mit dem UntStFG wurde die Regelung des jetzigen § 34 XIV eingeführt, die eine Bestimmung zum Zeitpunkt des Systemwechsels in Liquidationsfällen enthält.

Systemwechsel. Endet bei Liquidationen der Besteuerungszeitraum (Liquidationszeitraum) im Jahr 2001, ist das KStG idFd StSenkG anzuwenden (§ 34 XIV S 1). Das bedeutet, dass für den gesamten Zeitraum der Liquidation das Anrechnungsverfahren nicht mehr zu berücksichtigen ist. Die Regelung knüpft also an den allgemeinen Grundsatz an, dass das zum Ende des Liquidationszeitraums maßgebende Recht anzuwenden ist. Das Ergebnis ist dem VZ 2001, also dem ersten VZ nach dem Systemwechsel zuzurechnen. Das gilt auch für die tarifliche Belastung (25 %). Wurde das Liquidationsverfahren noch im Jahr 2000 abgeschlossen, ist zwingend nach dem Anrechnungsverfahren zu besteuern.

Wahlrecht. § 34 XIV S 2 und S 3 enthalten Regeln für die Ausübung eines Wahlrechts. Um bis zum 31.12.2000 die Besteuerung nach dem Anrechnungsverfahren zu ermöglichen, kann unter bestimmten Voraussetzungen ein entsprechender formloser Antrag gestellt werden. Voraussetzung für die Besteuerung nach den Regeln des Anrechnungsverfahrens ist ein entsprechender Antrag bis zum 30.6.2002. Maßgebend ist der Eingang beim für die Besteuerung zuständigen Finanzamt. Darüber hinaus muss der Liquidationszeitraum vor dem Jahr 2001 begonnen haben und über das Ende des Jahres 2000 hinaus fortdauern (§ 34 XIV S 2). Wird in diesen Fällen ein Antrag gestellt, endet ein Besteuerungszeitraum am 31.12.2000. Ein weiterer Besteuerungszeitraum beginnt am 1.1.2001. Für diesen Besteuerungszeitraum ist nach § 34 XIV S 4 das KStG idFd StSenkG anzuwenden. Der Liquidationszeitraum wird dadurch in zwei Besteuerungszeiträume geteilt.

Zwischenabschluss. § 34 XIV S 3 schreibt bei Ausübung des Wahlrechts das Erfordernis der Aufstellung eines steuerlichen Zwischenabschluss zum 31.12.2000 auf. Der Zwischenabschluss muss sich an den steuerlichen Regelungen vor dem Systemwechsel orientieren. Da handelsrechtlich die Aufstellung eines Jahresabschlusses auf das Ende des jeweiligen Geschäftsjahrs auch im Liquidationszeitraum erforderlich ist, ist die steuerliche Gewinnermittlung auf dem handelsrechtlichen Jahresabschluss aufzubauen.[1] Es ist aber zu berücksichtigen, dass der Liquidationszeitraum bis zum 31.12.2000 regelmäßig nicht mit dem handelsrechtlichen Geschäftsjahr übereinstimmt und schon mehrere Geschäftsjahre vor dem 31.12.2000 umfassen kann.

Sonstige Leistungen. § 34 XIV S 5 bestimmt, dass eine Teilung des Besteuerungszeitraums im Liquidationsverfahren dazu führt, dass Liquidationsraten, andere Ausschüttungen und sonstige Leistungen, die im Zeitraum bis zum 31.12.2000 gezahlt worden sind, als sonstige Leistungen nach § 34 XII S 1 Nr 2 (vgl Rn 222) und

---

[1] Bott in EY § 34 Rn 198.

§ 36 II S 1 zu behandeln sind. Die Ausschüttungsbelastung ist damit für diese herzustellen. Die sonstigen Leistungen verringern das vEK und damit die Endbestände zum 31.12.2000.

269 **Verteilung des Vermögens.** Auf § 40 aF, der eine Regelung für die Verteilung des Vermögens iRe Liquidation enthält, wird in § 34 XIV S 6 Bezug genommen. Die Regelung wurde durch das JStG 2008 aufgehoben. Mit dem SEStEG hat der Gesetzgeber § 34 XIV S 6 in das Gesetz aufgenommen und die letztmalige Anwendung des § 40 IV aF geregelt. Der Verweis auf § 40 III in § 34 XIV S 6 ist ein Redaktionsversehen. Die Regelung sollte nur noch für Liquidationen Anwendung finden, die vor dem 13.12.2006 abgeschlossen worden sind. Das Datum entspricht dem in Kraft treten des SEStEG. § 40 IV aF diente der ausschüttungsbedingten Realisierung des vorhandenen Körperschaftsteuerguthabens im Falle der Liquidation. Mit dem SEStEG wurde die jährlich anteilige Realisierung des Körperschaftsteuerguthabens eingeführt (2008-2017), das zum 31.12.2006 ermittelt wurde (vgl § 37 Rn 5, 7).

270 *Einstweilen frei.*

271 **38. Umwandlungen (§ 34 XV).** § 40 idFd SEStEG brachte für Umwandlungen, Liquidationen und die Sitzverlegung die Änderung von der ausschüttungsabhängigen Realisierung des Körperschaftsteuerguthabens hin zur ausschüttungsunabhängigen, jährlich anteilig vorzunehmenden Auszahlung des zum 31.12.2006 vorhandenen Körperschaftsteuerguthabens (2008-2017). § 40 wurde durch das JStG 2008 aufgehoben, erlangt aber ua iRd § 34 XVI weiterhin Bedeutung (vgl Rn 273). § 34 XV bestimmt, dass die Fassung des § 40 durch das SEStEG erstmals auf Umwandlungen anzuwenden ist, bei denen die Anmeldung zur Eintragung in ein öffentliches Register nach dem 12.12.2006 erfolgt ist. Bei dem Datum handelt es sich um das Datum der Verkündung des SEStEG.

272 *Einstweilen frei.*

273 **39. Option bezüglich JStG 2008 (§ 34 XVI).** Mit dem JStG 2008 wurde die Regelung in § 40 aF abgeschafft und § 38 erheblich verändert. In Bezug auf das frühere EK 02 wurde ein Wechsel von der ausschüttungsbedingten Nachbelastung zur ausschüttungsunabhängigen Nachbelastung vorgenommen (§ 38 IV-X; vgl § 38 Rn 49 ff). Die Körperschaftsteuererhöhung als Nachbelastung wird auf der Grundlage des ermittelten Endbestandes zum 31.12.2006 festgelegt. Die Entrichtung erfolgt im Zeitraum von 2008-2017 in gleichen Jahresbeträgen. Die Regelungen in §§ 38, 40 idFd SEStEG erlangten vor der Aufhebung nur noch für eine Körperschaftsteuererhöhung Bedeutung.

274 **Optionale Anwendung der Altregelung.** § 34 XVI enthält für bestimmte Unternehmen die Möglichkeit, mit einem entsprechenden Antrag die Regelung der §§ 38, 40 und § 10 UmwStG idFd SEStEG weiterhin anzuwenden. Mit einem unwiderruflichen Antrag, der bis zum 30.9.2008 bei dem für die Besteuerung zuständigen Finanzamt gestellt werden muss, kann die ausschüttungsbedingte Körperschaftsteuererhöhung weiterhin Berücksichtigung finden (vgl § 38 Rn 33 ff). Körperschaften, welche die persönlichen und sachlichen Voraussetzungen erfüllen, können die Option nur ausüben, solange sie die Voraussetzungen ab dem 1.1.2007 erfüllen (§ 34 XVI S 3). Entfallen die Voraussetzungen, wird der Endbetrag nach § 38 I am Schluss des entsprechenden WJ letztmals ermittelt und festgestellt (§ 34 XVI S 4).

Persönlicher Anwendungsbereich. Die Option ist nur für Körperschaften möglich, deren Anteile unmittelbar oder mittelbar zu mindestens 50 % von juristischen Personen des öffentlichen Rechts aus Mitgliedsstaaten der EU oder EWR gehalten werden (§ 34 XVI S 1 Nr 1 a). Gleiches gilt bei Anteilen, die von Körperschaften, Personenvereinigungen oder Vermögensmassen gehalten werden, die aufgrund der Gemeinnützigkeit nach § 5 I Nr 9 von der KSt befreit sind (§ 34 XVI S 1 Nr 1 b). Darüber hinaus sind Erwerbs- und Wirtschaftsgenossenschaften begünstigt (§ 34 XVI S 1 Nr 2). Neben den persönlichen Anwendungsvoraussetzungen sind auch sachliche Voraussetzungen erforderlich (vgl § 38 Rn 110). Eine Ausnahme von den sachlichen Voraussetzungen besteht für steuerbefreite Körperschaften (vgl § 38 Rn 110). 275

Sachlicher Anwendungsbereich. Die Option steht den persönlich vom Anwendungsbereich umfassten Körperschaften (Ausnahme steuerbefreite Körperschaften) nur zu, wenn diese Umsatzerlöse überwiegend durch die Verwaltung oder Nutzung zu eigenen Wohnzwecken dienenden Grundbesitzes, durch Betreuung von Wohnbauten oder durch die Errichtung und Veräußerung von Eigenheimen, Kleinsiedlungen oder Eigentumswohnungen erzielen (vgl § 38 Rn 112 ff). 276

Zielsetzung. Mit der Option kann die Körperschaft die Nachteile einer ausschüttungsunabhängigen Nachbelastung und damit einen entsprechenden Liquiditätsabfluss in Bezug auf Endbestände in EK 02 vermeiden. Ausweislich der Gesetzesbegründung soll die Option solchen Unternehmen eingeräumt werden, die regelmäßig einem öffentlich oder gesetzlich festgelegten Zweck dienen, der auch strukturelle Auswirkungen auf Möglichkeiten zur Ausschüttung und das Ausschüttungsverhalten hat.[1] Besondere Bedeutung hat die Regelung für früher gemeinnützige Wohnungsunternehmen, die erhebliche EK 02-Bestände angesammelt haben. 277

Einstweilen frei. 278-279

---

1 BTDrs 16/7036, 21.

§ 35 Sondervorschriften für Körperschaften, Personenvereinigungen oder Vermögensmassen in dem in Artikel 3 des Einigungsvertrages genannten Gebiet

Soweit ein Verlust einer Körperschaft, Personenvereinigung oder Vermögensmasse, die am 31. Dezember 1990 ihre Geschäftsleitung oder ihren Sitz in dem in Artikel 3 des Einigungsvertrages genannten Gebiet und im Jahre 1990 keine Geschäftsleitung und keinen Sitz im bisherigen Geltungsbereich des Körperschaftsteuergesetzes hatte, aus dem Veranlagungszeitraum 1990 auf das Einkommen eines Veranlagungszeitraums, für das das Körperschaftsteuergesetz in der Fassung des Artikels 3 des Gesetzes vom 23. Oktober 2000 (BGBl. I S. 1433) erstmals anzuwenden ist oder eines nachfolgenden Veranlagungszeitraumes vorgetragen wird, ist das steuerliche Einlagekonto zu erhöhen.

KStR 82

Übersicht

	Rn
I. Regelungsgehalt der Norm	1 – 2
II. Rechtsentwicklung	3 – 4
III. Normzweck und Anwendungsbereich	5 – 15
1. Erstmalige Geltung des KStG der BRD	5 – 6
2. Persönlicher Anwendungsbereich	7 – 8
3. Sachlicher Anwendungsbereich	9 – 10
4. Zeitlicher Anwendungsbereich	11 – 12
5. Verhältnis zu anderen Vorschriften	13 – 15
IV. Inhalt der Norm im Einzelnen	16 – 23
1. Vortragsfähige Altverluste	16 – 17
2. Verlustuntergang	18 – 19
3. Behandlung der Verluste in den alten und neuen Bundesländern	20 – 21
4. Verlustabzug in VZ mit zwei WJ	22 – 23

1   **I. Regelungsgehalt der Norm.** § 35 regelt die Auswirkung von Verlusten der im Beitrittsgebiet ansässigen Körperschaften aus dem VZ 1990, die im Wege des Verlustvortrages geltend gemacht werden, auf das steuerliche Einlagekonto. Die Vorschrift sieht vor, dass der zuvor erlittene Verlust das steuerliche Einlagekonto der Körperschaft zu erhöhen hat, soweit er auf den nachfolgenden VZ vorgetragen wird.

2   *Einstweilen frei.*

3   **II. Rechtsentwicklung.** In der früheren Fassung sah § 35 eine Erhöhung des EK 04 vor. Aufgrund des Übergangs vom Anrechnungs- zum Halbeinkünfteverfahren wurde das vorhandene EK 04 als Bestand des steuerlichen Einlagekontos fortgeführt (vgl § 39 I). § 35 war iRd UntStFG v 20.12.2001[1] entsprechend redaktionell

---

[1] BGBl I 2001, 3858, 3869.

anzupassen, als dass sie eine Erhöhung des Einlagekontos vorsieht. Zuvor war iRd StSenkG v 23.10.2000[1] die Vorgängernorm § 54a lediglich neu als § 35 nummeriert worden.

Einstweilen frei. 4

III. Normzweck und Anwendungsbereich. 1. Erstmalige Geltung des KStG der BRD. Die ehemalige DDR und die BRD waren ursprünglich getrennte Erhebungsgebiete, deren Einheit auf dem Gebiet der Besitz- und Verkehrssteuern, mithin der KSt, erst zum 1.1.1991 hergestellt worden ist. Das KStG der BRD galt für Subjekte der KSt der ehemaligen DDR damit erstmals für den VZ 1991. Der 1.1.1991 (und nicht der Tag der sog Deutschen Einheit) wurde gewählt, um dem Prinzip der Kalenderjahrbesteuerung gerecht zu werden.[2] 5

Einstweilen frei. 6

2. Persönlicher Anwendungsbereich. § 35 findet personell Anwendung auf diejenigen Körperschaften, Personenvereinigungen oder Vermögensmassen, die per 31.12.1990 ihre Geschäftsleitung oder ihren Sitz im Beitrittsgebiet (Brandenburg, Mecklenburg-Vorpommern, Sachsen, Sachsen-Anhalt, Thüringen sowie Berlin-Ost)[3] und weder ihre Geschäftsleitung noch ihren Sitz in der bisherigen BRD hatten. Dementsprechend erfasst die Vorschrift Kapitalgesellschaften, welche mit Wirkung ab dem 1.7.1990 aus umgewandelten VEB, Kombinaten oder Einrichtungen entstanden sind[4] sowie im zweiten Halbjahr im Beitrittsgebiet errichtete Kapitalgesellschaften. In der bisherigen BRD errichtete Kapitalgesellschaften, deren Geschäftsleitung oder Sitz in das Beitrittsgebiet verlegt wurde, sind von § 35 dementsprechend nicht erfasst. 7

Einstweilen frei. 8

3. Sachlicher Anwendungsbereich. § 35 erfasst die im Beitrittsgebiet von den genannten Körperschaftsteuersubjekten im VZ 1990 erwirtschafteten, nach § 10d EStG iVm § 8 I unbeschränkt vortragsfähigen Verluste. 9

Einstweilen frei. 10

4. Zeitlicher Anwendungsbereich. In der jetzigen Fassung ist § 35 in zeitlicher Hinsicht bei kalendergleichem WJ erstmals ab dem VZ 2001 anzuwenden. Bei abweichendem WJ ist die Regelung erst ab dem VZ 2002 anwendbar, wenn das erste im VZ 2001 endende WJ vor dem 1.1.2001 begonnen hat (§ 34 II). 11

Einstweilen frei. 12

5. Verhältnis zu anderen Vorschriften. § 34. § 35 ist als Übergangsregelung eine Sondervorschrift zu § 34. In der Praxis spielt sie mit zunehmendem Zeitablauf keine Rolle mehr.[5] 13

---

1 BGBl I 2000, 1433, 1456.
2 Anlage I Kapitel IV Sachgebiet B Abschnitt II Nr 14 des Einigungsvertrags v 31.8.1990 (BGBl II 1990, 885).
3 Art 3 des Einigungsvertrags.
4 GBl der DDR I 1990, 900.
5 *Lambrecht* in Gosch § 35 Rn 5; *Grützner* in Mössner/Seeger § 35 Rn 5.

14 § 27. Der unter Rn 9 definierte Verlustvortrag erhöht den Bestand des steuerlichen Einlagekontos.[1]

15 *Einstweilen frei.*

16 **IV. Inhalt der Norm im Einzelnen. 1. Vortragsfähige Altverluste.** Im VZ 1990 erwirtschaftete Verluste der von § 35 betroffenen Körperschaften unterfielen dem Geltungsbereich des Körperschaftsteuerrechts der ehemaligen DDR. Grundsätzlich ist ein solcher Verlust vortragsfähig gem § 10d EStG.

17 *Einstweilen frei.*

18 **2. Verlustuntergang.** Dabei ist zu beachten, dass das den Verlustvortrag geltend machende Subjekt rechtlich und wirtschaftlich mit der Körperschaft identisch sein muss, die den Verlust erlitten hat. Die zwischenzeitliche übertragende Umwandlung in eine bundesdeutsche Körperschaft oder der Erwerb einer ehemaligen DDR-Gesellschaft unter den Voraussetzungen des sog Mantelkaufs nach § 8 IV aF ist insofern schädlich.[2]

19 *Einstweilen frei.*

20 **3. Behandlung der Verluste in den alten und neuen Bundesländern.** Im VZ 1990 erlittene Verluste wurden unter der Geltung des Anrechnungsverfahrens in den alten Bundesländern als negativer Betrag in das EK 02 eingestellt und im Jahr der Verlustnutzung per Hinzurechnung wieder ausgeglichen. Für Verluste des VZ 1990 innerhalb der neuen Bundesländer bestand aber kein entsprechender Negativbetrag im EK 02, so dass stattdessen das EK 04 iRd Übergangs zur EK-Gliederung per 1.1.1991 reduziert wurde.[3] Der Verlust aus dem VZ 1990 der Körperschaften des Beitrittsgebiets kann mit einem späteren Gewinn, der dann unter der Geltung des Körperschaftsteuerrechts der BRD erwirtschaftet worden ist, verrechnet werden. Für diesen Fall wird der vom Einkommen abgezogene Verlust als positiver Betrag in das steuerliche Einlagekonto eingestellt und somit die vorherige Reduzierung des EK 04 ausgeglichen.[4] Hiermit wird die Steuerneutralität des Verlustabzugsvorgangs gewährleistet: Ein Abgang aus dem EK 04 beschränkt eine Körperschaft in ihrem Umfang, grundsätzlich steuerfrei aus diesem Eigenkapitalbestandteil auszuschütten.[5] Wird der Abgang wieder ausgeglichen, hat die Körperschaft die gleichen Voraussetzungen zur steuerfreien Ausschüttung aus dem EK 04 bzw dem steuerlichen Einlagekonto wie eine Körperschaft aus den alten Bundesländern.

21 *Einstweilen frei.*

22 **4. Verlustabzug in VZ mit zwei WJ.** Wenn der Verlustabzug in einem VZ zu berücksichtigen ist, dessen Einkommen sich aus dem Gewinn von zwei (Rumpf-) WJ zusammensetzt, ist er für die Erhöhung des steuerlichen Einlagekontos auf die beiden WJ aufzuteilen (R 82 KStR).

23 *Einstweilen frei.*

---

1 *Lornsen-Veit* in Erle/Sauter § 35 Rn 15.
2 *Lornsen-Veit* in Erle/Sauter § 35 Rn 6; *Lambrecht* in Gosch § 35 Rn 9.
3 *Lornsen-Veit* in Erle/Sauter § 35 Rn 11.
4 *Frotscher* in Frotscher/Maas § 35 Rn 4.
5 *Lornsen-Veit* in Erle/Sauter § 35 Rn 14.

Sechster Teil: Sondervorschriften für den Übergang vom Anrechnungsverfahren zum Halbeinkünfteverfahren

§ 36 Endbestände

(1) Auf den Schluss des letzten Wirtschaftsjahrs, das in dem Veranlagungszeitraum endet, für den das Körperschaftsteuergesetz in der Fassung der Bekanntmachung vom 22. April 1999 (BGBl. I S. 817), zuletzt geändert durch Artikel 4 des Gesetzes vom 14. Juli 2000 (BGBl. I S. 1034), letztmals anzuwenden ist, werden die Endbestände der Teilbeträge des verwendbaren Eigenkapitals ausgehend von den gemäß § 47 Abs. 1 Satz 1 Nr. 1 des Körperschaftsteuergesetzes in der Fassung der Bekanntmachung vom 22. April 1999 (BGBl. I S. 817), das zuletzt durch Artikel 4 des Gesetzes vom 14. Juli 2000 (BGBl. I S. 1034) geändert worden ist, festgestellten Teilbeträgen gemäß den nachfolgenden Absätzen ermittelt.

(2) ¹Die Teilbeträge sind um die Gewinnausschüttungen, die auf einem den gesellschaftsrechtlichen Vorschriften entsprechenden Gewinnverteilungsbeschluss für ein abgelaufenes Wirtschaftsjahr beruhen, und die in dem in Absatz 1 genannten Wirtschaftsjahr folgenden Wirtschaftsjahr erfolgen, sowie um andere Ausschüttungen und sonstige Leistungen, die in dem in Absatz 1 genannten Wirtschaftsjahr erfolgen, zu verringern. ²Die Regelungen des Vierten Teils des Körperschaftsteuergesetzes in der Fassung der Bekanntmachung vom 22. April 1999 (BGBl. I S. 817), das zuletzt durch Artikel 4 des Gesetzes vom 14. Juli 2000 (BGBl. I S. 1034) geändert worden ist, sind anzuwenden. ³Der Teilbetrag im Sinne des § 54 Abs. 11 Satz 1 des Körperschaftsteuergesetzes in der Fassung der Bekanntmachung vom 22. April 1999 (BGBl. I S. 817), das zuletzt durch Artikel 4 des Gesetzes vom 14. Juli 2000 (BGBl. I S. 1034) geändert worden ist, erhöht sich um die Einkommensteile, die nach § 34 Abs. 12 Satz 2 bis 5 einer Körperschaftsteuer von 45 Prozent unterlegen haben, und der Teilbetrag, der nach dem 31. Dezember 1998 einer Körperschaftsteuer in Höhe von 40 Prozent ungemildert unterlegen hat, erhöht sich um die Beträge, die nach § 34 Abs. 12 Satz 6 bis 8 einer Körperschaftsteuer von 40 Prozent unterlegen haben, jeweils nach Abzug der Körperschaftsteuer, der sie unterlegen haben.

(3) ¹Ein positiver belasteter Teilbetrag im Sinne des § 54 Abs. 11 Satz 1 des Körperschaftsteuergesetzes in der Fassung der Bekanntmachung vom 22. April 1999 (BGBl. I S. 817), das zuletzt durch Artikel 4 des Gesetzes vom 14. Juli 2000 (BGBl. I S. 1034) geändert worden ist, ist dem Teilbetrag, der nach dem 31. Dezember 1998 einer Körperschaftsteuer in Höhe von 40 Prozent ungemildert unterlegen hat, in Höhe von 27/22 seines Bestands hinzuzurechnen. ²In Höhe von 5/22 dieses Bestands ist der Teilbetrag im Sinne des § 30 Abs. 2 Nr. 2 des Gesetzes in der Fassung der Bekanntmachung vom 22. April 1999 (BGBl. I S. 817), das zuletzt durch Artikel 4 des Gesetzes vom 14. Juli 2000 (BGBl. I S. 1034) geändert worden ist, zu verringern.

(4) Ist die Summe der unbelasteten Teilbeträge im Sinne des § 30 Abs. 2 Nr. 1 bis 3 in der Fassung des Artikel 4 des Gesetzes vom 14. Juli 2000 (BGBl. I S. 1034) nach Anwendung der Absätze 2 und 3 negativ, sind diese Teilbeträge zunächst untereinander und danach mit den mit Körperschaftsteuer belasteten Teilbeträgen in der Reihenfolge zu verrechnen, in der ihre Belastung zunimmt.

(5) ¹Ist die Summe der unbelasteten Teilbeträge im Sinne des § 30 Abs. 2 Nr. 1 bis 3 in der Fassung des Artikel 4 des Gesetzes vom 14. Juli 2000 (BGBl. I S. 1034) nach Anwendung der Absätze 2 und 3 nicht negativ, sind zunächst die Teilbeträge im Sinne des § 30 Abs. 2 Nr. 1 und 3 in der Fassung des Artikel 4 des Gesetzes vom 14. Juli 2000 (BGBl. I S. 1034) zusammenzufassen. ²Ein sich aus der Zusammenfassung ergebender Negativbetrag ist vorrangig mit einem positiven Teilbetrag im Sinne des § 30 Abs. 2 Nr. 2 in der Fassung des Artikel 4 des Gesetzes vom 14. Juli 2000 (BGBl. I S. 1034) zu verrechnen. ³Ein negativer Teilbetrag im Sinne des

§ 30 Abs. 2 Nr. 2 in der Fassung des Artikel 4 des Gesetzes vom 14. Juli 2000 (BGBl. I S. 1034) ist vorrangig mit dem positiven zusammengefassten Teilbetrag im Sinne des Satzes 1 zu verrechnen.

(6) ¹Ist einer der belasteten Teilbeträge negativ, sind diese Teilbeträge zunächst untereinander zu verrechnen. ²Ein sich danach ergebender Negativbetrag mindert vorrangig den nach Anwendung des Absatzes 5 verbleibenden positiven Teilbetrag im Sinne des § 30 Abs. 2 Nr. 2 in der Fassung des Artikel 4 des Gesetzes vom 14. Juli 2000 (BGBl. I S. 1034); ein darüber hinausgehender Negativbetrag mindert den positiven zusammengefassten Teilbetrag nach Absatz 5 Satz 1.

(7) Die Endbestände sind getrennt auszuweisen und werden gesondert festgestellt; dabei sind die verbleibenden unbelasteten Teilbeträge im Sinne des § 30 Abs. 2 Nr. 1 und 3 des Körperschaftsteuergesetzes in der Fassung der Bekanntmachung vom 22. April 1999 (BGBl. I S. 817), das zuletzt durch Artikel 4 des Gesetzes vom 14. Juli 2000 (BGBl. I S. 1034) geändert worden ist, in einer Summe auszuweisen.

§ 34 Schlussvorschriften

(13f) § 36 ist in allen Fällen, in denen die Endbestände im Sinne des § 36 Absatz 7 noch nicht bestandskräftig festgestellt sind, in der folgenden Fassung anzuwenden:

„§ 36 Endbestände

(1) Auf den Schluss des letzten Wirtschaftsjahrs, das in dem Veranlagungszeitraum endet, für das das Körperschaftsteuergesetz in der Fassung der Bekanntmachung vom 22. April 1999 (BGBl. I S. 817), das zuletzt durch Artikel 4 des Gesetzes vom 14. Juli 2000 (BGBl. I S. 1034) geändert worden ist, letztmals anzuwenden ist, werden die Endbestände der Teilbeträge des verwendbaren Eigenkapitals ausgehend von den gemäß § 47 Absatz 1 Satz 1 Nummer 1 des Körperschaftsteuergesetzes in der Fassung der Bekanntmachung vom 22. April 1999 (BGBl. I S. 817), das zuletzt durch Artikel 4 des Gesetzes vom 14. Juli 2000 (BGBl. I S. 1034) geändert worden ist, festgestellten Teilbeträgen gemäß den nachfolgenden Absätzen ermittelt.

(2) ¹Die Teilbeträge sind um die Gewinnausschüttungen, die auf einem den gesellschaftsrechtlichen Vorschriften entsprechenden Gewinnverteilungsbeschluss für ein abgelaufenes Wirtschaftsjahr beruhen, und die in dem in Absatz 1 genannten Wirtschaftsjahr folgenden Wirtschaftsjahr erfolgen, sowie um andere Ausschüttungen und sonstige Leistungen, die in dem in Absatz 1 genannten Wirtschaftsjahr erfolgen, zu verringern. ²Die Regelungen des Vierten Teils des Körperschaftsteuergesetzes in der Fassung der Bekanntmachung vom 22. April 1999 (BGBl. I S. 817), das zuletzt durch Artikel 4 des Gesetzes vom 14. Juli 2000 (BGBl. I S. 1034) geändert worden ist, sind anzuwenden. ³Der Teilbetrag im Sinne des § 54 Absatz 11 Satz 1 des Körperschaftsteuergesetzes in der Fassung der Bekanntmachung vom 22. April 1999 (BGBl. I S. 817), das zuletzt durch Artikel 4 des Gesetzes vom 14. Juli 2000 (BGBl. I S. 1034) geändert worden ist (Teilbetrag, der einer Körperschaftsteuer in Höhe von 45 Prozent unterlegen hat), erhöht sich um die Einkommensteile, die nach § 34 Absatz 12 Satz 2 bis 5 einer Körperschaftsteuer von 45 Prozent unterlegen haben, und der Teilbetrag, der nach dem 31. Dezember 1998 einer Körperschaftsteuer in Höhe von 40 Prozent ungemildert unterlegen hat, erhöht sich um die Beträge, die nach § 34 Absatz 12 Satz 6 bis 8 einer Körperschaftsteuer von 40 Prozent unterlegen haben, jeweils nach Abzug der Körperschaftsteuer, der sie unterlegen haben.

(3) (weggefallen)

(4) Ist die Summe der unbelasteten Teilbeträge im Sinne des § 30 Absatz 2 Nummer 1 bis 3 in der Fassung des Artikels 4 des Gesetzes vom 14. Juli 2000 (BGBl. I S. 1034) nach Anwen-

dung des Absatzes 2 negativ, sind diese Teilbeträge zunächst untereinander und danach mit den mit Körperschaftsteuer belasteten Teilbeträgen in der Reihenfolge zu verrechnen, in der ihre Belastung zunimmt.

(5) ¹Ist die Summe der unbelasteten Teilbeträge im Sinne des § 30 Absatz 2 Nummer 1 bis 3 in der Fassung des Artikels 4 des Gesetzes vom 14. Juli 2000 (BGBl. I S. 1034) nach Anwendung des Absatzes 2 nicht negativ, sind zunächst die Teilbeträge im Sinne des § 30 Absatz 2 Nummer 1 und 3 in der Fassung des Artikels 4 des Gesetzes vom 14. Juli 2000 (BGBl. I S. 1034) zusammenzufassen. ²Ein sich aus der Zusammenfassung ergebender Negativbetrag ist vorrangig mit einem positiven Teilbetrag im Sinne des § 30 Absatz 2 Nummer 2 in der Fassung des Artikels 4 des Gesetzes vom 14. Juli 2000 (BGBl. I S. 1034) zu verrechnen. ³Ein negativer Teilbetrag im Sinne des § 30 Absatz 2 Nummer 2 in der Fassung des Artikels 4 des Gesetzes vom 14. Juli 2000 (BGBl. I S. 1034) ist vorrangig mit dem positiven zusammengefassten Teilbetrag im Sinne des Satzes 1 zu verrechnen.

(6) ¹Ist einer der belasteten Teilbeträge negativ, sind diese Teilbeträge zunächst untereinander in der Reihenfolge zu verrechnen, in der ihre Belastung zunimmt. ²Ein sich danach ergebender Negativbetrag mindert vorrangig den nach Anwendung des Absatzes 5 verbleibenden positiven Teilbetrag im Sinne des § 30 Absatz 2 Nummer 2 in der Fassung des Artikels 4 des Gesetzes vom 14. Juli 2000 (BGBl. I S. 1034); ein darüber hinausgehender Negativbetrag mindert den positiven zusammengefassten Teilbetrag nach Absatz 5 Satz 1.

(6a) ¹Ein sich nach Anwendung der Absätze 1 bis 6 ergebender positiver Teilbetrag, der einer Körperschaftsteuer von 45 Prozent unterlegen hat, mindert in Höhe von 5/22 seines Bestands einen nach Anwendung der Absätze 1 bis 6 verbleibenden positiven Bestand des Teilbetrags im Sinne des § 30 Absatz 2 Nummer 2 in der Fassung des Artikels 4 des Gesetzes vom 14. Juli 2000 (BGBl. I S. 1034) bis zu dessen Verbrauch. ²Ein sich nach Anwendung der Absätze 1 bis 6 ergebender positiver Teilbetrag, der einer Körperschaftsteuer von 45 Prozent unterlegen hat, erhöht in Höhe von 27/5 des Minderungsbetrags nach Satz 1 den nach Anwendung der Absätze 1 bis 6 verbleibenden Bestand des Teilbetrags, der nach dem 31. Dezember 1998 einer Körperschaftsteuer von 40 Prozent ungemildert unterlegen hat. ³Der nach Satz 1 abgezogene Betrag erhöht und der nach Satz 2 hinzugerechnete Betrag vermindert den nach Anwendung der Absätze 1 bis 6 verbleibenden Bestand des Teilbetrags, der einer Körperschaftsteuer von 45 Prozent unterlegen hat.

(7) Die Endbestände sind getrennt auszuweisen und werden gesondert festgestellt; dabei sind die verbleibenden unbelasteten Teilbeträge im Sinne des § 30 Absatz 2 Nummer 1 und 3 des Körperschaftsteuergesetzes in der Fassung der Bekanntmachung vom 22. April 1999 (BGBl. I S. 817), das zuletzt durch Artikel 4 des Gesetzes vom 14. Juli 2000 (BGBl. I S. 1034) geändert worden ist, in einer Summe auszuweisen."

KStH 82a

Übersicht

	Rn
I. Regelungsgehalt	1 – 2
II. Rechtsentwicklung	3 – 6
1. Bisherige Gesetzesänderungen	3 – 4
2. JStG 2010	5 – 6
III. Normzweck und Anwendungsbereich	6 – 42
1. Bedeutung der Norm	7 – 8

2. Systemwechsel .... 9 – 12
3. Persönlicher Anwendungsbereich .... 13 – 20
4. Sachlicher Anwendungsbereich .... 21 – 30
   a) Die belasteten Teilbeträge .... 22 – 25
   b) Die unbelasteten Teilbeträge .... 26 – 30
5. Zeitlicher Anwendungsbereich .... 31 – 34
6. Verhältnis zu anderen Vorschriften .... 35 – 42
IV. Die Ermittlung der Endbestände des vEK (§ 36 I) .... 43 – 48
V. Ausschüttungen in 2000 oder 2000/2001 (§ 36 II) .... 49 – 69
   1. Ordentliche Gewinnausschüttungen (§ 36 II S 1 Alt 1) ..... 50 – 55
   2. Andere Ausschüttungen und sonstige Leistungen
      (§ 36 II S 1 Alt 2) .... 56 – 58
   3. Anwendung des Anrechnungsverfahrens (§ 36 II S 2) ..... 59 – 62
   4. Nachsteuer (§ 36 II S 3) .... 63 – 69
VI. Verrechnung der unbelasteten Teilbeträge (§ 36 IV-VI) ..... 70 – 88
   1. Verrechnung von unbelastetem EK .... 70 – 72
   2. Negative Summe der unbelasteten Teilbeträge (§ 36 IV) ... 73 – 77
   3. Nicht negative Summe der unbelasteten Teilbeträge
      (§ 36 V) .... 78 – 82
   4. Verrechnung von negativem belastetem EK (§ 36 VI) ..... 83 – 88
VII. Die Umgliederung des belasteten Teilbetrags EK 45
     (§ 36 VIa) .... 89 – 106
   1. Inhalt und Wirkung des § 36 III aF .... 89 – 94
   2. Bestand des EK 45 vor Umgliederung .... 95 – 99
   3. Durchführung der Umgliederung gem § 36 VIa .... 100 – 106
VIII. Feststellung der Endbestände (§ 36 VII) .... 107 – 119
   1. Verfahrensrecht .... 107 – 112
   2. Materiell-rechtliche Bedeutung .... 113 – 119

I. Regelungsgehalt. § 36 enthält detaillierte Vorschriften zur rechnerischen Überführung der unter dem Anrechnungsverfahren geltenden Gliederungsrechnung des vEK in das ab 2001 geltende Halbeinkünfteverfahren. Die Vorschrift bestimmt in § 36 I, dass die Umgliederung nach den § 36 II-VI durchzuführen ist, dass sie an die letztmalige Feststellung des vEK gem § 47 aF anknüpft und zu welchem Zeitpunkt die vEK-Endbestände des Anrechnungsverfahrens zu den Ausgangsgrößen für die Übergangszeit werden. § 36 II regelt, welche Gewinnausschüttungen letztmalig unter das Anrechnungsverfahren fallen und wie sie mit den Endbeständen des vEK zu verrechnen sind. Die § 36 IV und V enthalten Regelungen zur Verrechnung der Endbestände des EK 01, EK 02 und EK 03. § 36 VI behandelt die Verrechnung von negativen belasteten Teilbeträgen, also von negativem EK

45, EK 40 oder auch EK 30. § 36 VIa hat die Umgliederung von positivem EK 45 in EK 02 und EK 40 zum Gegenstand. § 36 VII ist dagegen eine verfahrensrechtliche Vorschrift. Sie regelt, dass die verbleibenden Endbestände gesondert festgestellt werden.

Einstweilen frei. 2

II. Rechtsentwicklung. 1. Bisherige Gesetzesänderungen. § 36 wurde im Jahre 3
2000 zusammen mit dem Wechsel vom Anrechnungsverfahren zum Halbeinkünfteverfahren durch das StSenkG v 23.10.2000[1] eingeführt (ab VZ 2008: Teileinkünfteverfahren) und seither mehrfach geändert:

- § 36 II S 3: der ursprüngliche Verweis auf § 34 Xa wurde von Art 4 Nr 4 StEuglG v 19.12.2000[2] berichtigt und redaktionell angepasst durch Art 3 Nr 2 StBAG;[3]
- § 36 II S 3 und § 36 III S 1: redaktionelle Überarbeitung durch Art 4 Nr 11 JStG 2007 v 13.12.2006;[4]
- § 36 IV-VI: redaktionelle Überarbeitung durch Art 2 Nr 18 UntStFG v 20.12.2001.[5]

Die Änderungen wirken jedoch stets auf den Zeitpunkt des Systemwechsels zurück. Es kommt somit nicht zu einem Nebeneinander unterschiedlicher Fassungen. Vielmehr war die ursprüngliche Fassung des StSenkG zu keinem Zeitpunkt anwendbar.

Einstweilen frei. 4

2. JStG 2010. Der Gesetzgeber hat das vom BVerfG[6] ausgesprochene Gebot zur verfassungskonformen Neuregelung der § 36 III und IV im JStG 2010 v 8.12.2010[7] umgesetzt, indem § 36 III gestrichen und dessen Regelungsgehalt, die Umgliederung von EK 45, in § 36 VIa neu geregelt wurde (s § 34 XIIIf). Der Wegfall von § 36 III hat zur Folge, dass in § 36 IV und in § 36 V nicht mehr auf § 36 III verwiesen wird. Die Änderung gilt für alle noch nicht bestandskräftigen Feststellungen nach § 36 VII (vgl Rn 110).

Einstweilen frei. 6

III. Normzweck und Anwendungsbereich. 1. Bedeutung der Norm. § 36 dient 7
dem Abschluss der Gliederungsrechnung gemäß den §§ 30, 47 aF und stellt die Ausgangsgrößen für die Übergangszeit bereit: das Körperschaftsteuerguthaben (§ 37), das Potential für Körperschaftsteuererhöhungen (§ 38) sowie den Anfangsbestand des steuerlichen Einlagekontos (§ 39).

Einstweilen frei. 8

2. Systemwechsel. Das Anrechnungsverfahren. Bis zum VZ 2000 galt für Körper- 9
schaften das Anrechnungsverfahren. Es sah auf der Ebene der Körperschaft zwei Steuersätze vor (sog gespaltener Steuersatz). Von der Körperschaft nicht ausgeschüttete (thesaurierte) Gewinne wurden gem § 27 I aF mit einem Tarif von (zuletzt) 40 % belastet (die Tarifbelastung). Ausschüttungen führten zu einer Verminderung des Steu-

---

1   BGBl I 2000, 1433.
2   BGBl I 2000, 1790.
3   BGBl I 2002, 2715.
4   BGBl I 2006, 2878.
5   BGBl I 2001, 3858.
6   BVerfG 1 BvR 2192/05, BGBl I 2010, 326.
7   BGBl I 2010, 1768.

ersatzes auf (zuletzt) 30 % (die Ausschüttungsbelastung). Das Anrechnungsverfahren vermied die Doppelbesteuerung auf ausgeschüttete Gewinne bei der Körperschaft mit KSt und bei dem Anteilseigner mit ESt oder KSt, indem der Anteilseigner die KSt iHd Ausschüttungsbelastung von 30 % auf seine Steuerschuld gem § 36 II Nr 3 EStG aF anrechnen konnte. Die bereits gezahlte tarifliche KSt (Tarifbelastung) war – wirtschaftlich betrachtet – lediglich eine Vorauszahlung auf die Steuerschuld des Anteilseigners.[1] Unter dem Anrechnungsverfahren war daher die KSt eine idR nur vorläufige Belastung. Sie wurde endgültig nur, soweit sie auf nichtabziehbare Betriebsausgaben entfiel.

10 **Das Halbeinkünfteverfahren als klassisches Körperschaftsteuersystem.** Seit dem VZ 2001 (bei abweichendem WJ ab VZ 2002) gilt das Halbeinkünfteverfahren (ab VZ 2008: Teileinkünfteverfahren) mit einem festen Steuersatz von anfänglich 25 % (ab VZ 2008: 15 %). Das Halbeinkünfteverfahren nimmt die doppelte ertragsteuerliche Belastung auf beiden Ebenen (Gesellschaft und Anteilseigner) dem Grunde nach in Kauf. Die Körperschaft wird mit der tariflichen KSt von 15 % (früher 25 %) endgültig belastet. Die Doppelbesteuerung wird bei einer natürlichen Person als Anteilseigner nach § 3 Nr 40 EStG teilweise verringert, indem 40 % (bis VZ 2008: die Hälfte) der Dividende steuerbefreit sind. Ist Anteilseigner eine Körperschaft, bleibt die Dividende vollständig steuerbefreit (§ 8b I). Es werden jedoch pauschal 5 % der Dividende als nichtabziehbare Betriebsausgabe behandelt (§ 8b V, sog Schachtelstrafe, Einzelheiten vgl § 8b Rn 606 ff).

11 **Bedeutung der Sondervorschriften für den Systemwechsel.** Im Anrechnungsverfahren war es erforderlich, das für Ausschüttungen sog vEK der Körperschaft in so viele Teilbeträge zu gliedern, wie es unterschiedliche tarifliche Vorbelastungen gab. Bei Ausschüttungen wurde dann eine einheitliche Vorbelastung von 30 % KSt hergestellt, indem sich die KSt verringert oder erhöht je nach den für die Ausschüttung verwendeten Teilbeträgen. Teilbeträge, die mit einer KSt von mehr als 30 % belastet waren (EK 40 und EK 45), enthalten daher ein Körperschaftsteuerminderungspotential. Das Minderungspotential wurde durch Ausschüttungen realisiert. Bei den Teilbeträgen ohne Körperschaftsteuerbelastung führte eine Ausschüttung unter Verwendung von EK 02 und EK 03 zu einer Körperschaftsteuererhöhung. Der Zweck der Übergangsvorschriften der §§ 36 bis 40 ist es, die im vEK liegenden Steuersenkungs- oder Steuererhöhungspotentiale für die Übergangszeit zu erhalten.

12 *Einstweilen frei.*

13 **3. Persönlicher Anwendungsbereich. Anrechnungskörperschaft.** Die Vorschrift findet nur Anwendung auf solche Körperschaftsteuersubjekte, die ihrerseits dem Anrechnungsverfahren unterlegen haben (Anrechnungskörperschaft).

14 **Unbeschränkt steuerpflichtige Kapitalgesellschaft.** Die Anrechnungskörperschaften iSv § 27 aF sind zunächst alle unbeschränkt steuerpflichtigen Kapitalgesellschaften iSv § 1 I Nr 1. Dazu gehören grundsätzlich auch nach ausländischem Recht errichtete (insbesondere EU-) Kapitalgesellschaften, welche ihren Ort der Geschäftsleitung rechtswahrend ins Inland verlegt haben.[2]

---
[1] So in BFH I R 89/99, BStBl II 2001, 261, unter II. 1. a) der Urteilsgründe.
[2] Lambrecht in Gosch § 1 Rn 108.

III. Normzweck und Anwendungsbereich

Organgesellschaften. Organgesellschaften iSd § 14 ff verlieren nicht ihre Eigenschaft als eigenständige Körperschaftsteuersubjekte. Daher waren auch für sie die Endbestände ihres EK selbständig zu ermitteln.[1]   15

Unter dem Halbeinkünfteverfahren errichtete Körperschaften. Körperschaften, die in 2001 errichtet wurden und für die damit das Halbeinkünfteverfahren gilt, mussten ebenfalls die Endbestände gem § 36 I ermitteln, wenn sie im ersten Anwendungsjahr des Halbeinkünfteverfahrens Leistungen iSv § 36 II S 3 erhielten.[2]   16

Sonstige Anrechnungskörperschaften. Weiterhin findet § 36 Anwendung auf die in § 43 aF bestimmten sonstigen Anrechnungskörperschaften. Dies sind in erster Linie die folgenden unbeschränkt steuerpflichtigen Körperschaften: 17

- Erwerbs- und Wirtschaftsgenossenschaften,
- wirtschaftliche Vereine,
- Realgemeinden (§ 3 II S 1),
- ausländische Körperschaften gemäß § 1 I Nr 5 iVm § 3, die einer inländischen Kapitalgesellschaft strukturell entsprechen.[3]

Steuerbefreite Körperschaften. Auch steuerbefreite Körperschaften stellen Anrechnungskörperschaften dar, selbst wenn sie nur über EK 02 verfügen.   18

Keine Anrechnungskörperschaften. Nicht zu den Anrechnungskörperschaften zählen die sonstigen unbeschränkt steuerpflichtigen Körperschaften iSv § 1 I Nr 3-6[4] sowie beschränkt steuerpflichtige Körperschaften.   19

Einstweilen frei.   20

4. Sachlicher Anwendungsbereich. Gegenstand des § 36. Unter dem Anrechnungsverfahren war der das Nennkapital übersteigende Teilbetrag des EK (vEK gem § 29 II S 2 aF) zum Schluss eines jeden WJ nach seiner Tarifbelastung zu gliedern (§ 30 I S 2 aF). Hierdurch wurde gewährleistet, dass die im Fall der Ausschüttung von EK anzuwendende Ausschüttungsbelastung von 30 % einheitlich hergestellt wurde (vgl Rn 9). Gegenstand des § 36 sind somit die einzelnen, mit KSt belasteten oder unbelasteten Teilbeträge des vEK gem § 47 aF.   21

a) Die belasteten Teilbeträge. EK 45. In dem EK 45 waren diejenigen Teilbeträge des vEK enthalten, die mit einer tariflichen KSt von 45 % belastet waren. Der KSt-Tarif wurde ab dem VZ 1999 von 45 % auf 40 % gesenkt.[5] Bestehendes EK 45 wurde jedoch zum einen gem § 54 XI S 1 aF (§ 34 XII) übergangsweise fortgeführt, wobei Ausschüttungen gem § 54 XI S 5 aF vorrangig mit dem EK 45 verrechnet wurden. Zum anderen war auch ein Zugang zum EK 45 ab dem VZ 1999 gem § 23 II aF noch möglich, soweit Ausschüttungen von einer Körperschaft empfangen wurden, für deren Ausschüttung EK 45   22

---

1 Dötsch in D/J/P/W § 36 Rn 6a.
2 Dötsch in D/J/P/W § 36 Rn 6b; Frotscher in Frotscher/Maas § 36 Rn 15a; ebenso Thurmayr in H/H/R § 36 Rn 11.
3 Dötsch in D/J/P/W § 43 aF Rn 5.
4 Ausdrücklich verneinend bei BgA iSv § 1 I Nr 6 und § 4: BFH I R 78/06, BStBl II 2008, 317.
5 BGBl I 1999, 402.

als verwendet galt. Überdies konnte ein negativer Bestand an EK 45 zum 31.12.2000 aus einem Überhang nicht abzugsfähiger Ausgaben gem § 31 I Nr 4, II S 2 aF bestehen, der nicht von der Umgliederungsvorschrift des § 54 XI S 4 aF verbraucht wurde.

23 **EK 40.** Das EK 40 (§ 30 I S 3 Nr 1 aF) zeigte die mit einer KSt von 40 % belasteten Teilbeträge des vEK.

24 **EK 30.** Mit ermäßigter Steuer belastete Einkünfte (zB wegen der Anrechnung ausländischer Steuern oder tariflicher Entlastungen) wurden gemäß § 32 aF aufgeteilt in EK 30 (Belastung mit 30 %, § 30 I S 2 Nr 1 aF) und in andere EK-Teilbeträge. Die Aufteilung ermäßigt belasteter Eigenkapitalanteile verhinderte eine Zersplitterung des vEK in eine Vielzahl von Teilbeträgen unterschiedlichster Belastung.

25 *Einstweilen frei.*

26 **b) Die unbelasteten Teilbeträge. EK 01.** EK 01 (§ 30 II Nr 1 aF) erfasste bestimmte Eigenkapitalbestandteile ohne inländische Körperschaftsteuerbelastung, wie zB unter dem Anrechnungsverfahren entstandene ausländische steuerbefreite Einkünfte sowie steuerbefreite Dividendeneinkünfte gem § 8b I und II aF.

27 **EK 02.** Das EK 02 (§ 30 II Nr 2 aF) erfasste alle Eigenkapitalteile aus sonstigen nicht der KSt unterliegenden Vermögensmehrungen, die nicht zum EK 03 oder EK 04 zählten (zB steuerfreie Einnahmen nach § 3 EStG, steuerfreie Investitionszulagen des § 10 InvZulG 1996, § 9 InvZulG 1999, Freibeträge nach § 25 aF usw).

28 **EK 03.** Im EK 03 (§ 30 II Nr 3 aF) wurde das gesamte vEK ausgewiesen, das vor dem Anrechnungsverfahren entstanden war (WJ endend vor dem 1.1.1977), unabhängig davon, ob es mit KSt belastet war oder nicht (sog Altrücklagen).

29 **EK 04.** In dem EK 04 (§ 30 II Nr 4 aF) wurden sämtliche das EK erhöhende Einlagen einer Körperschaft in einem nach dem 31.12.1976 ablaufenden WJ erfasst. Einlagen in das Nennkapital waren gem § 29 II S 2 aF nicht im vEK erfasst und damit auch nicht in die Gliederungsrechnung einzubeziehen. Eine Ausnahme machte Nennkapital, das aus der Umwandlung von Rücklagen entstanden war (§ 29 III aF). Auch das EK 04 ist gem § 36 I, VII festzustellen.

30 *Einstweilen frei.*

31 **5. Zeitlicher Anwendungsbereich. Anwendung im VZ 2001 oder VZ 2002.** Gem § 34 IV S 1 ist § 36 auf den Zeitpunkt anzuwenden, von dem an das Halbeinkünfteverfahren erstmals Anwendung findet. Bei kalenderjahrgleichem WJ war dies der VZ 2001. Bei abweichendem WJ der Körperschaft verschob sich der Systemwechsel auf den VZ 2002, wenn das WJ vor dem 1.1.2001 begonnen hatte. Gleiches galt nach § 34 II, wenn im VZ 2001 ein abweichendes WJ auf das Kalenderjahr umgestellt wurde und dadurch zwei WJ in 2001 endeten. Die Endbestände iSv § 36 wurden daher entweder zum 31.12.2000 ermittelt oder – bei abweichendem WJ – zum Schluss des WJ 2000/2001. Die Durchführung der entsprechenden Veranlagung war aber erst für den VZ 2001 in 2002 bzw für VZ 2002 in 2003 möglich.

III. Normzweck und Anwendungsbereich

Heutige Bedeutung der Vorschrift. Die Vorschrift bezweckt die Ermittlung der Endbestände auf den Zeitpunkt des Systemwechsels. In der Praxis der Besteuerung sind die nach § 36 zu ermittelnden Endbestände regelmäßig in den Jahren 2002 und 2003 festgestellt worden. Die nach § 36 VII ergangenen Feststellungsbescheide stehen daher heute – bei entsprechendem Vorbehalt nach § 164 AO – iRv Betriebsprüfungen auf dem Prüfstein. Es können daher uU erhebliche Änderungen im Streit stehen.

§ 36 VIa. Der aufgrund des Verstoßes gegen Art 3 GG eingeführte § 36 VIa (hierzu Rn 89 ff) gilt gem § 34 XIIIf für alle Fälle, in denen die Endbestände nach § 36 VII noch nicht bestandskräftig festgestellt sind.

Einstweilen frei.

6. Verhältnis zu anderen Vorschriften. Die Sondervorschriften des Sechsten Teils dienen ausschließlich dem Übergang vom Anrechnungsverfahren zum Halbeinkünfteverfahren. Sie werden mit dem Abschluss des Übergangs überflüssig. Ihr provisorischer Charakter wird durch ihre systematische Stellung nach den Schlussvorschriften des § 34 betont.

Anrechnungsverfahren (§§ 27-47 aF). Im Verhältnis zum alten Recht lässt § 36 die Vorschriften der Ermittlung der vEK-Endbestände nach den §§ 30, 47 I aF unberührt und knüpft an dessen Endbestände. Das Anrechnungsverfahren wirkt damit – vermittelt durch die §§ 37-39 – in der Übergangszeit fort.

§§ 37-39. Die nach § 36 ermittelten und festgestellten Endbestände sind die Anfangswerte für die Bestimmungen in den §§ 37-39. Die §§ 37-39 bauen auf § 36 auf und regeln in materieller Hinsicht die Fortführung bestimmter vEK-Beträge innerhalb des Übergangszeitraums.

Verfassungsrecht. Der Gesetzgeber hat sich bei der Einführung des Halbeinkünfteverfahrens gegen eine übergangslose Streichung des Anrechnungsverfahrens entschieden. Die Einführung von Übergangsvorschriften war nicht zuletzt aus verfassungsrechtlichen Gesichtspunkten zwingend geboten.[1] Andernfalls wäre die in den EK 45, EK 40 enthaltene Steuerbelastung definitiv geworden, ohne dass die im Anrechnungsverfahren systemimmanente Steuerentlastung möglich gewesen wäre. Umgekehrt drohte der Wegfall von Steuererhöhungspotential aus unbelasteten Bestandteilen des vEK.

§ 36 III aF und IV aF sind verfassungswidrig. Die in § 36 III aF und IV aF ursprünglich vorgesehene vollständige Umgliederung des EK 45 in EK 40 und negatives EK 02 konnte dazu führen, dass Körperschaftsteuerminderungspotential endgültig verloren ging (zur „EK 45-Umgliederungsfalle" vgl Rn 91 ff). Gegen die Vernichtung von Körperschaftsteuerguthaben iRd Umgliederung wurden daher von verschiedenen Seiten verfassungsrechtliche Bedenken geäußert.[2] Der BFH hatte sich diesen Bedenken nicht angeschlossen und einen Verstoß gegen Art 14 GG sowie Art 3 GG im Ergebnis verneint.[3] Das BVerfG verwarf die Entscheidung des BFH und hat § 36 III aF und IV aF

---

[1] *Frotscher* in Frotscher/Maas § 36 Rn 5; *Bauschatz* in Gosch Vor §§ 36-39 Rn 3.
[2] *Streck/Binnewies*, DB 2002, 1956; *Bauschatz* in Gosch § 36 Rn 122.
[3] BFH I R 107/04, BStBl II 2005, 2133; ebenso FG München 7 K 2891/03, EFG 2005, 1471 (Revision BFH I R 65/05, BStBl II 2011, 983); entsprechend zur Umgliederung von EK 45 unter dem Anrechnungsverfahren BFH I R 8/01, BStBl II 2008, 387.

mit Rückwirkung auf den Zeitpunkt ihres Inkrafttretens für unvereinbar mit Art 3 I GG erklärt (Verstoß gegen das Gleichbehandlungsgebot), soweit diese Regelung zu einem Verlust des Körperschaftsteuerminderungspotentials führt (vgl das Beispiel bei Rn 91). Das Gericht verpflichtete den Gesetzgeber, spätestens mit Wirkung zum 1.1.2011 für die noch nicht bestandskräftig abgeschlossenen Verfahren eine Neuregelung zu treffen, die den Erhalt des im Zeitpunkt des Systemwechsels in dem Teilbetrag EK 45 enthaltenen und zu diesem Zeitpunkt realisierbaren Körperschaftsteuerminderungspotentials gleichheitsgerecht sicherstellt.[1] Der Gesetzgeber ist diesem Gebot im JStG 2010 gefolgt (vgl Rn 5 und 89 ff). Die Änderung des § 36 beschränkt sich allerdings auf die mit der Umgliederung von EK 45 verbundenen Nachteile.

40 **Verfassungswidrigkeit weiterer Bestimmungen.** Das BVerfG verwirft die § 36 III aF und IV aF, soweit sie zu einem Verlust des Körperschaftsteuerminderungspotentials führen und dieser Verlust seine Ursache gerade in der Umgliederungstechnik hat.[2] Das BVerfG konstatiert, dass der Gesetzgeber die Umgliederung auch auf andere Weise, dh ohne die Belastung der Körperschaftsteuerpflichtigen hätte erreichen können. Es drängt sich daher auf, auch die übrigen Bestimmungen des § 36 als verfassungsrechtlich zweifelhaft anzusehen, die allein durch die Umgliederungstechnik zu Belastungen führen. So fehlt es nach Ansicht von *Bareis*[3] an einer Verlustverrechnung und *Wassermeyer*[4] hält die Verrechnung von EK 02 in den § 36 V S 2 und VI S 2 für problematisch.

41 **EG-Vertrag und Anrechnungsverfahren.** Das Anrechnungsverfahren beschränkte sich auf die Anrechnung innerstaatlicher KSt. Im Ausland entrichtete KSt wurde nicht angerechnet. Der EuGH nimmt einen Verstoß gegen das den Grundfreiheiten innewohnende Diskriminierungsverbot[5] an, wenn die Möglichkeit der Anrechnung von KSt einer ausländischen Kapitalgesellschaft bei einem inländischen Anteilseigner fehlt. Dies begründete erhebliche Zweifel an der unionsrechtlichen Zulässigkeit des Anrechnungsverfahrens.[6] Gleiches sollte für die fehlende Möglichkeit der Anrechnung der im Ausland entrichteten KSt einer inländischen Kapitalgesellschaft bei ihrem inländischen Anteilseigner gelten, für die bei der Erfassung iRd EK 01 keine ausdrücklichen Normen vorgesehen waren, die eine Weiterleitung der zugrundeliegenden ausländischen KSt an ihre inländischen Anteilseigner nicht erlaubte.[7] Durch den Übergang vom Anrechnungs- zum Halbeinkünfteverfahren werden jedenfalls diese Verstöße gegen das Unionsrecht beseitigt.

42 *Einstweilen frei.*

43 **IV. Die Ermittlung der Endbestände des vEK (§ 36 I). Feststellung des vEK nach § 47 aF.** § 36 I ordnet zunächst an, dass Ausgangspunkt für die Ermittlung der Endbestände die nach dem Anrechnungsverfahren ermittelten und festgestellten Teilbeträge des vEK iSv § 47 aF sind.

---

1 BVerfG 1 BvR 2192/05, BFH/NV 2010, 803.
2 BVerfG 1 BvR 2192/05, BFH/NV 2010, 803 Rn 60 und 75.
3 *Bareis*, FR 2010, 455, 460.
4 *Wassermeyer*, DB 2010, 425.
5 EuGH Rs C-319/02, *Manninen*, Slg 2004, I-7477; EuGH Rs 292/04, *Meilicke*, Slg 2007, I-1835.
6 *Hey* in H/H/R Einf Rn 174 sowie Vor § 36 Rn 56; *Prinz*, GmbHR 2001, 125, 128; *Wrede* in H/H/R Vor § 27 aF Rn 18d.
7 *Schnitger*, FR 2004, 1357.

Erfasste Teilbeträge des vEK. Von § 36 I werden alle oben beschriebenen Teilbeträge des vEK erfasst (vgl Rn 21 ff). Für die Ermittlung der Endbestände nach § 36 gelten die Regeln der § 36 II-VIa. Die § 36 II-VIa betreffen primär die mit KSt vorbelasteten Teilbeträge EK 45, EK 40, EK 30 und die unbelasteten Teilbeträge EK 01 bis EK 03. Aber auch EK 04 kann sich durch die Berücksichtigung von Ausschüttungen noch verändern, bleibt jedoch von den Verrechnungsregeln der § 36 III-VI unberührt und wird lediglich nach § 36 VII gesondert festgestellt.

Ende des Anrechnungsverfahrens. Das Anrechnungsverfahren endet nach § 34 XII idR[1] zum Ende des WJ 2000 oder mit Ablauf des vom Kalenderjahr abweichenden WJ 2000/2001 (Zeitpunkt des Systemwechsels). Zu diesem Zeitpunkt werden nach den §§ 30, 47 I aF die Teilbeträge des vEK ermittelt und festgestellt. Für ihre Ermittlung gilt das Anrechnungsverfahren (§§ 27 bis 47 aF) uneingeschränkt.

Zeitpunkt der Ermittlung der Endbestände. Nach § 36 I, VII sind die Endbestände des vEK auf denselben Zeitpunkt wie die Feststellung nach § 47 aF zu ermitteln, also ebenfalls auf den 31.12.2000 (bzw bei abweichendem WJ auf den Schluss des im VZ 2001 endenden WJ).

Bedeutung für das Handelsrecht. Die nach § 36 zu vollziehenden Feststellungen dienen allein steuerrechtlichen Zwecken und wirken sich auf die in der Handelsbilanz ausgewiesenen Eigenkapitalpositionen, insbesondere auf bestehende Rücklagen nicht aus.

Einstweilen frei.

V. Ausschüttungen in 2001 oder in 2001/2002 (§ 36 II). Zweck der Regelung. Ausschüttungen und sonstige Leistungen wurden nach altem Recht nur im sog nachrichtlichen Teil der Gliederungsrechnung erfasst. Daher wurde die Minderung des vEK erst in der Gliederungsrechnung des folgenden Jahres abgebildet. Ausschüttungen und sonstige Leistungen, die bei der Körperschaft in 2001 (oder in 2001/2002) abgeflossen waren, fielen aber nach § 34 I bereits unter das Halbeinkünfteverfahren, obwohl die zugehörigen Gewinne mit der höheren tariflichen KSt des Anrechnungsverfahrens belastet waren. Solche Ausschüttungen und Leistungen wurden gem §§ 28 II, 29 aF auch nicht in der Gliederungsrechnung nach altem Recht gem § 47 I S 1 Nr 1 aF berücksichtigt. Gleichfalls musste die nach Maßgabe des § 34 XII S 2-8 erhobene Nachsteuer auf Einnahmen einer Anrechnungskörperschaft den entsprechenden Teilbetrag des vEK erhöhen. § 36 II hat den Zweck, dass im WJ 2001 (bzw im WJ 2001/2002) bezogene Ausschüttungen oder sonstige Leistungen aus dem Vermögen der Kapitalgesellschaft noch den Regelungen des Anrechnungsverfahrens unterliegen und damit die Teilbeträge des vEK zum Schluss des in Abs I bestimmten WJ verringern. Dazu ordnet S 2 die Anwendung der Regeln des Anrechnungsverfahrens (§§ 27-47 aF) bei Ausschüttungen an. S 3 will demgegenüber erreichen, dass empfangene Ausschüttungen, soweit sie aus dem EK 45 oder dem EK 40 stammen, bei der empfangenden Körperschaft wiederum dem EK 45 bzw dem EK 40 zugeführt werden.

---

1 Zu den damals möglichen Gestaltungen durch Umstellung des WJ *Orth*, DB 2000, 2136 ff.

50 **1. Ordentliche Gewinnausschüttungen (§ 36 II S 1 Alt 1).** § 36 II S 1 erfasst die Verringerung des vEK durch ordentliche Gewinnausschüttungen, die auf einem den gesellschaftsrechtlichen Vorschriften entsprechenden Gewinnverteilungsbeschluss beruhen und für ein abgelaufenes WJ in 2001 (bzw in 2001/2002) abgeflossen sind (§ 28 II S 1 aF).

51 **Gewinnverteilungsbeschluss.** § 36 II S 1 Alt 1 erfasst zunächst die „oGA", die auf einem Gewinnverwendungsbeschluss beruht, der den gesellschaftsrechtlichen Bestimmungen genügt. Für die AG ist dies der in § 174 AktG genannte Beschluss über die Verwendung des Bilanzgewinns, für die GmbH der Beschluss über die Verwendung des Ergebnisses iSd § 46 Nr 1 GmbHG. Um einen wirksamen Gewinnverwendungsbeschluss zu erhalten, sind insbesondere etwaige Prüfungspflichten des zugrundeliegenden Jahresabschlusses gemäß § 316 HGB zu beachten. Die Erfüllung der Prüfungspflichten ist zumindest für steuerrechtliche Zwecke nachholbar.[1] Im Fall einer GmbH führt ein Verstoß gegen Kapitalerhaltungsvorschriften (§ 30 I GmbHG) nicht dazu, dass der Gewinnverwendungsbeschluss unwirksam ist,[2] es sei denn ein Vorabgewinnausschüttungsbeschluss ist ausdrücklich auf eine Auszahlung unter Verletzung der Kapitalerhaltungsvorschriften gerichtet.[3]

52 **Vorabgewinnausschüttungen.** Gleichfalls von § 36 II S 1 Alt 1 erfasst werden die bei der GmbH grundsätzlich zulässigen Vorabgewinnausschüttungen, wenn sie auf einem den gesellschaftsrechtlichen Vorschriften entsprechenden Gewinnverwendungsbeschluss beruhen.[4] Bei einer AG oder KGaA hingegen ist ein Vorabgewinnabführungsbeschluss wegen § 57 AktG nichtig.[5]

53 **Für ein abgelaufenes WJ.** Der Gewinnverwendungsbeschluss muss sich auf ein abgelaufenes WJ beziehen. Damit sind die oGA für alle (und nicht nur das letzte) WJ erfasst, für die das Anrechnungsverfahren gilt.[6] Die Zuordnung einer Gewinnausschüttung zu einem WJ ergibt sich aus dem Beschluss selbst. Fehlt die Festlegung im Beschluss, gilt der Gewinnverwendungsbeschluss als auf den Vorjahresgewinn bezogen.[7]

54 **Erfolgen.** § 36 II S 1 Hs 1 erfasst nur solche Gewinnausschüttungen, die im ersten WJ unter Geltung des Halbeinkünfteverfahrens „erfolgt" sind; dh entweder im WJ 2001 bei kalenderjahrgleichen WJ oder im WJ 2001/2002 bei abweichenden WJ, wenn das erste vor dem VZ 2001 endende WJ vor dem 1.1.2001 begann. Eine Gewinnausschüttung ist idS „erfolgt", wenn sie abgeflossen ist. Abgeflossen ist die Gewinnausschüttung sowohl durch tatsächliche Zahlung an die Gesellschafter, als auch indem die Verbindlichkeit in anderer Weise untergeht (Aufrechnung, Erlass usw).[8] Eine Gewinnausschüttung kann auch in der Umwandlung eines Dividendenanspruchs in eine Darlehensforderung bestehen. Auf den Zufluss beim Anteilseigner iSv § 11 EStG bzw § 44 EStG kommt es dabei nicht an.[9]

---

1 *Dötsch*, DK 2003, 810.
2 BFH I R 11/01, BFH/NV 2002, 540; BFH I R 60-61/00, BFH/NV 2002, 222.
3 BFH I R 51/02, BFH/NV 2002, 1275.
4 *Dötsch* in D/J/P/W § 36 Rn 18b; *Bauschatz* in Gosch § 36 Rn 68.
5 *Bayer* in MüKo AktG § 57 AktG Rn 139.
6 BMF v 6.11.2003, BStBl I 2003, 575.
7 BFH I B 38/94, BFH/NV 1995, 546.
8 BFH I R 47/88 BStBl II 1991, 255.
9 BMF v 6.11.2003, BStBl I 2003, 575, Rn 7.

V. Ausschüttungen in 2001 oder in 2001/2002

Einstweilen frei. 55

2. Andere Ausschüttungen und sonstige Leistungen (§ 36 II S 1 Alt 2). Andere 56
Ausschüttungen. Weiter sind erfasst die in 2000 (bzw in 2000/2001) abgeflossenen „anderen Ausschüttungen" iSv § 28 II S 2 aF. Das sind solche Ausschüttungen, die nicht auf einem den gesellschaftsrechtlichen Vorschriften entsprechenden Gewinnverwendungsbeschluss beruhen (insbesondere vGA), sowie die bei einer GmbH[1] möglichen Vorabgewinnausschüttungen, die auf einem vor Ablauf des betreffenden WJ gefassten Gewinnausschüttungsbeschluss beruhen (dh bei kalenderjahrgleichem WJ eine Vorabausschüttung im WJ 2000 für das WJ 2000).

Sonstige Leistungen. Sonstige Leistungen nehmen nach § 41 aF am Anrechnungs- 57
verfahren teil, wenn sie beim Empfänger zu Einnahmen nach § 20 Abs. 1 Nr 1, 2 EStG führen. In Abgrenzung zu den Gewinnausschüttungen wird für sonstige Leistungen kein EK 04 verwendet. Zu den sonstigen Leistungen zählen insbesondere:[2]

- Sonstige Bezüge aus Kapitalbeteiligungen,
- Auskehrungen aus beteiligungsähnlichen Genussrechten,
- Bezüge aus der Kapitalherabsetzung,
- Bezüge aus der Auflösung einer unbeschränkt steuerpflichtigen Körperschaft.

Keine sonstige Leistung iSd § 41 I aF ist die Umwandlung einer Kapitalgesellschaft in eine Personengesellschaft.[3]

Einstweilen frei. 58

3. Anwendung des Anrechnungsverfahrens (§ 36 II S 2). § 36 II S 2 ordnet als 59
Rechtsfolge für die in S 1 genannten Ausschüttungen und sonstigen Leistungen der Körperschaft an, dass sie entsprechend den Regelungen des Anrechnungsverfahrens mit dem vEK verrechnet werden. Es gelten somit die Regelungen der §§ 27-47 aF, insbesondere die Verwendungsreihenfolge des § 28 III aF. Die Verwendungsreihenfolge besagt, dass Ausschüttungen des vEK idR zunächst die mit KSt belasteten Teilbeträge in der Reihenfolge abnehmender Belastung, also EK 45, EK 40 und EK 30, mindern. Danach gelten die unbelasteten Teilbeträge in der Reihenfolge EK 01, EK 02, EK 03 und EK 04 für die Ausschüttung als verwendet. Im Hinblick auf EK 45 gilt § 34 XIII.

Körperschaftsteuerminderung und Körperschaftsteuererhöhung. Eine Aus- 60
schüttung aus EK 45 und EK 40 führte zu einer Minderung der KSt. Umgekehrt führte eine Verwendung von EK 01, EK 02 und EK 03 gem § 28 VI S 2 aF zu einer Körperschaftsteuererhöhung. Die Körperschaftsteuerminderung galt ebenfalls gem § 28 VI S 1 aF als für die Ausschüttung verwendet, erhöhte also das Ausschüttungspotential von EK 45 und EK 40. Umgekehrt begrenzte die Körperschaftsteuererhöhung den für die Ausschüttung verwendbaren Bestand an EK 01, EK 02 und EK 03.

Negatives EK 02. Soweit alle Teilbeträge in Anwendung der §§ 27-47 aF iRd § 36 II 61
verwendet wurden, konnte ein negativer Bestand des EK 02 verbleiben.

---

1 Bei der AG verbietet § 59 AktG die Vorabausschüttung.
2 Dötsch in D/J/P/W § 41 aF Rn 7, 9; *Frotscher* in Frotscher/Maas § 41 aF Rn 7, 7a.
3 BMF v 15.4.1986, BStBl I 1986, 184, Tz 29.

62 Einstweilen frei.

63 **4. Nachsteuer (§ 36 II S 3). Erhöhung von EK 45 oder EK 40.** Das EK 45 oder auch das EK 40 erhöht sich um den Betrag der Gewinnausschüttungen, anderen Ausschüttungen oder sonstigen Leistungen, die nach § 34 XII S 2-8 der Nachsteuer unterliegen, jeweils vermindert um die Steuerbelastung. Mit der Erhöhung der vEK-Teilbeträge erreicht die Vorschrift, dass die Körperschaftsteuerguthaben nicht verloren gehen.

64 **Betroffene Ausschüttungen.** Der Nachsteuer unterliegen erhaltene Gewinnausschüttungen, die von anderen anrechnungsberechtigten Körperschaften im ersten WJ nach dem Systemwechsel (2001 bei WJ=Kalenderjahr oder 2001/2002 bei abweichenden WJ, wenn das erste im VZ 2001 endende WJ vor dem 1.1.2001 begann) geleistet wurden. Die Nachsteuer beträgt 45 % (§ 34 XII S 2 bis 5) oder 40 % (§ 34 XII S 6 bis 8), je nachdem, ob für die Ausschüttung EK 45 (§ 54 XI S 1 aF) oder EK 40 als verwendet galt. Eine Ausnahme gilt lediglich für nach den engeren Grundsätzen der Rechtsprechung[1] sowie den Verwaltungsgrundsätzen[2] noch mögliche phasengleich vereinnahmte Gewinnausschüttungen im WJ 2001 (bei WJ =Kalenderjahr) bzw im WJ 2001/2002 (bei abweichenden WJ, wenn das erste im VZ 2001 endende WJ vor dem 1.1.2001 begann).[3] Erhält die Körperschaft andere Ausschüttungen oder sonstige Leistungen, so unterfallen sie der Nachsteuer, wenn sie bei der ausschüttenden Körperschaft in 2000 oder im WJ 2000/2001 abgeflossen sind.

65 **Anwendung der Grundsätze des Anrechnungsverfahrens.** Die Regelung in § 36 II S 3 ist eigenständig und verweist nicht auf das Anrechnungsverfahren. Der Verweis in § 36 II S 2 auf das Anrechnungsverfahren gilt nach seiner systematischen Stellung nur für § 36 II S 1.[4] Gleichwohl ist ein Rückgriff auf einzelne Regeln des Anrechnungsverfahrens nicht ausgeschlossen. So wird etwa für Verluste aus 2001, die nach 2000 zurückgetragen werden, zutreffend die Anwendung von § 33 aF für zulässig gehalten, um eine doppelte Berücksichtigung eines negativen EK 02 zu vermeiden.[5]

66 **Verrechnung von EK 45-Erhöhungen mit Ausschüttungen.** Es ist umstritten,[6] ob die Erhöhungsbeträge des EK 45 oder EK 40 mit ordentlichen Gewinnausschüttungen saldiert werden können, also § 36 II S 3 vor dem § 36 II S 1 Anwendung findet. Die Finanzverwaltung[7] geht von einem Saldierungsverbot aus. Diese Auffassung kann sich auf die im § 36 II vorgeschriebene Reihenfolge stützen, denn die Erhöhung von EK 45/40 wird in § 36 II S 3 erst nach der Verrechnung der Gewinnausschüttungen in den § 36 II S 1 und 2 geregelt. Die Reihenfolge allein kann die These des Saldierungsverbots

---

1 BFH GrS 2/99, BStBl II 2000, 632; BFH VIII R 85/94, BStBl II 2001, 185;
2 BMF v 1.11.2000, BStBl I 2000, 1510.
3 *Prinz/Thurmayer*, GmbHR 2001, 798, 802; *Taetzner*, StB 2001, 362, 368.
4 FG Düsseldorf 6 K 6832/03 F, EFG 2006, 368 (rkr); ebenso *Bauschatz* in Gosch § 36 Rn 84.
5 FG Düsseldorf 6 K 6832/03 F, EFG 2006, 368 (rkr); OFD Frankfurt v 22.5.2006, DStZ 2006, 457; *Bauschatz* in Gosch § 36 Rn 84.
6 Für die Verrechnung: *Bauschatz* in Gosch Rn 89; *Binnewies* in Streck § 36 Rn 4; *Thurmeier* in H/H/R § 36 Rn 41; aA keine Verrechnung: BMF v 6.11.2003, BStBl I 2003, 575, Rn 16; *Bott* in EY § 36 Rn 77; *Dötsch* in D/J/P/W § 36 Rn 23a; *Frotscher* in Frotscher/Maas § 36 Rn 45.
7 BMF v 6.11.2003, BStBl I 2003, 575, Rn 16.

VI. Verrechnung der unbelasteten Teilbeträge

jedoch nicht ausreichend begründen.[1] Die Regelungen in den § 36 II S 1 und 2 betreffen Ausschüttungen der Körperschaft, deren Endbestände ermittelt werden. § 36 II S 3 regelt im Kontrast dazu die Situation, dass die Körperschaft eine Ausschüttung erhält. Die § 36 II S 1 und S 3 stehen damit inhaltlich nebeneinander. Gegen die Reihenfolge spricht weiter die Entstehungsgeschichte: § 36 II S 3 wurde erst nachträglich als Folgeänderung zu der Änderung von § 34 X aF (heute § 34 XII)[2] eingefügt, um den Fall der Nachsteuer zu erfassen. Auch systematisch ist zu berücksichtigen: soweit es innerhalb des § 36 auf die richtige Reihenfolge der Verrechnung ankommt, ist sie in den § 36 IV-VI ausdrücklich geregelt. Weiter führte die fehlende Verrechnungsmöglichkeit zu beträchtlichen Nachteilen.[3] So verschärfte die fehlende Verrechnungsmöglichkeit bei der Umgliederung nach den § 36 III aF und IV aF die ohnehin bestehenden Nachteile aus der Vernichtung von Steueranrechnungspotential zusätzlich, sog „Doppelte EK 45-Umgliederungsfalle" (vgl Rn 92). Es sprechen daher die hier aufgezählten Gründe dafür, dass gegen die Ansicht der Finanzverwaltung eine Verrechnung statthaft ist.[4]

Organschaft. Bezieht eine Organgesellschaft der Nachsteuer unterliegende ordentliche Gewinnausschüttungen, andere Gewinnausschüttungen und sonstige Leistungen, war die Nachsteuer gem § 34 XII S 2-8 aF bzw § 37 III bei dem Organträger zu erheben. Konsequenterweise ist auch eine Hinzurechnung der Nachsteuer gem § 36 II S 3 bei dem Organträger zu vollziehen. **67**

Personengesellschaft. Werden ordentliche Gewinnausschüttungen, andere Gewinnausschüttungen und sonstige Leistungen über eine Personengesellschaft bezogen, werden sie nur dann von § 36 II S 3 erfasst, wenn die Personengesellschaft vermögensverwaltend ist und ihr Vermögen den Gesellschaftern gem § 39 II Nr 2 AO direkt zugerechnet wird oder wenn die Anteile an der ausschüttenden Gesellschaft im Sonderbetriebsvermögen gehalten werden. Werden die Anteile dagegen im Gesamthandsvermögen gehalten, fehlt es an einer § 8b VI entsprechenden Regelung, so dass eine Anwendung des § 36 II S 3 nicht in Betracht kommt.[5] **68**

Einstweilen frei. **69**

VI. Verrechnung der unbelasteten Teilbeträge (§ 36 IV-VI). 1. Verrechnung von unbelastetem EK. Regelungsgehalt. Die § 36 IV-VI regeln die Bereinigung der unbelasteten Teilbeträge EK 01 bis EK 03. Sie kommen zur Anwendung, nachdem die Gewinnausschüttungen (§ 36 II) berücksichtigt wurden. **70**

EK 04. Die Bestimmungen in § 36 IV-VI betreffen nur die Teilbeträge EK 01, EK 02 und EK 03. Das EK 04 wird von den § 36 IV-VI nicht einbezogen und bleibt unverändert. Die Verrechnung der negativen Summe der unbelasteten Teilbeträge EK 01, EK 02 und EK 03 mit positivem EK 04 anstelle der Verrechnung mit belasteten Teilbeträgen des vEK in § 36 VI ist daher nicht möglich. **71**

---

1 Förster/Ott, Stbg 2001, 349, 351; ebenso Bauschatz in Gosch § 36 Rn 89; unklar Dötsch in D/J/P/W § 36 Rn 21a.
2 BTDrs 14/3366, 124 f.
3 Hierauf weist auch Bauschatz in Gosch § 36 Rn 89 hin.
4 Thurmeier in H/H/R § 36 Rn 38 ff.
5 Bauschatz in Gosch § 36 Rn 88 sowie § 37 Rn 120 ff; aA Dötsch/Pung in D/J/P/W § 36 Rn 19a.

72   *Einstweilen frei.*

73   **2. Negative Summe der unbelasteten Teilbeträge (§ 36 IV).** § 36 IV erfasst den Fall, dass die Summe der Teilbeträge des EK 01, EK 02 und EK 03 zu dem nach § 36 I festgelegten Zeitpunkt (31.12.2000 oder das Ende des abweichenden WJ) negativ ist. Einzelne Teilbeträge können dabei positiv sein.

74   **Verrechnung zwischen den Teilbeträgen des EK 01, EK 02 und EK 03.** Als Rechtsfolge ist angeordnet, dass die einzelnen Teilbeträge zunächst untereinander verrechnet werden. Eine besondere Rangfolge ist gesetzlich nicht vorgesehen. Da verbleibende negative Teilbeträge gem § 36 VII keine materielle Bedeutung haben (vgl Rn 117), sondern lediglich festgestellt werden, besteht kein Erfordernis für eine Verrechnungsreihenfolge in § 36 IV.

75   **Verrechnung mit EK 30, EK 40 und EK 45.** Das Ergebnis der Verrechnung, dh der verbleibende Negativbetrag, wird mit den belasteten Teilbeträgen in der Reihenfolge verrechnet, in der ihre Belastung mit KSt zunimmt (umgekehrte Verwendungsreihenfolge des § 28 III aF), also zunächst mit EK 30, dann mit EK 40 und zuletzt mit EK 45 (Günstigkeitsprinzip).

Beispiel (zu § 36 IV)

Anwendung von § 36 IV:	EK 45	EK 40	EK 30	EK 01	EK 02	EK 03	Summe
Bestand nach Anwendung von § 36 II	330	420	30	85	-900	200	165
Summe von EK 01 bis EK 03 ist negativ					-615		
Verrechnung innerhalb von EK 01 – 03				-85	285	-200	0
Zwischensumme	330	420	30	0	-615	0	165
Verrechnung zunächst mit EK 30			-30		30		0
Verrechnung mit EK 40		-420			420		0
Verrechnung mit EK 45	-165				165		0
Bestand nach Umgliederung	165	0	0	0	0	0	165

Die Verrechnung von EK 45 hat iHv 15/55 des verrechneten Betrags den Untergang von Körperschaftsteuerguthaben zur Folge, die Verrechnung von EK 40 iHv 1/6. Im Beispiel sind das 115 (15/55 von 165 und 1/6 von 420).

76   **Verfassungsrechtliche Bedenken gegen § 36 IV.** Das BVerfG verwarf die Vernichtung von Körperschaftsteuerminderungspotential in § 36 III aF und IV aF als verfassungswidrig, wenn dieser Verlust in der Umgliederungstechnik des

VI. Verrechnung der unbelasteten Teilbeträge

§ 36 begründet ist.[1] Im entschiedenen Fall wurden negative Bestände des EK 02, die aus der Umgliederung des EK 45 nach dem § 36 III aF entstanden waren, mit dem belasteten Teilbetrag EK 40 gemäß § 36 IV verrechnet. Das BVerfG konstatiert, dass der Gesetzgeber die Umgliederung auch auf andere Weise, dh ohne die Belastung der Körperschaftsteuerpflichtigen hätte erreichen können. Es stellt sich über den entschiedenen Fall hinaus die weitergehende Frage, jegliche Verrechnung negativer unbelasteter Teilbeträge mit den belasteten Teilbeträgen EK 45 und EK 40 als verfassungswidrig anzusehen. Denn für die in § 36 IV angeordnete direkte Verrechnung ist kein zwingender Grund ersichtlich und das Körperschaftsteuerminderungspotential lässt sich auch ohne vorherige Verrechnung unmittelbar aus dem Bestand des EK 40 und des EK 45 ermitteln. Die Finanzverwaltung geht dagegen von der Verfassungsmäßigkeit von § 36 IV aus.[2] Der BFH hat diese Auffassung bestätigt. Er hält die Neuregelung für verfassungskonform.[3]

Einstweilen frei.

3. Nicht negative Summe der unbelasteten Teilbeträge (§ 36 V). § 36 V S 1 setzt die gegenüber § 36 IV umgekehrte Situation voraus: die Summe der unbelasteten Teilbeträge des EK 01 bis 03 (nach Anwendung der § 36 II) ist nicht negativ, dh sie ist positiv oder gleich Null. Einzelne Teilbeträge können wiederum negativ sein.

Zusammenfassung von EK 01 und EK 03. In einem ersten Schritt wird das EK 01 und EK 03 gem § 36 V S 1 zusammengefasst. Korrespondierend hierzu ist in § 36 VII ein zusammengefasster Ausweis des EK 01 und 03 iRd festzustellenden Endbeträge angeordnet (vgl Rn 117). Die Vorschrift unterscheidet dann für den nächsten Schritt zwei Fälle:

- die Summe von EK 01 und EK 03 ist negativ; EK 02 ist somit positiv (§ 36 V S 2; vgl Rn 80);
- die Summe von EK 01 und EK 03 ist positiv; dh das EK 02 ist negativ (§ 36 V S 3; vgl Rn 81).

Verrechnung von positivem EK 02 mit negativer Summe von EK 01 und EK 03 (§ 36 V S 2). Ist die Summe von EK 01 und EK 03 negativ, ordnet S 2 an, sie mit dem positiven Bestand an EK 02 zu verrechnen. Damit werden zukünftige Steuerbelastungen durch § 38 verringert.

---

1 BVerfG 1 BvR 2192/05, BFH/NV 2010, 803 Rn 60 und 75.
2 OFD Niedersachsen, 15.4.2011, DStR 2011, 1228; aA *Holst/Nitschke*, DStR 2011, 1450.
3 BFH I R 65/05, BFH/NV 2011, 1729-1731.

Beispiel (zu § 36 V S 2)

	EK 45	EK 40	EK 30	EK 01	EK 02	EK 03	Summe
Bestand nach Anwendung von § 36 II	150	700	10	-30	50	20	900
Summe von EK 01 bis EK 03 ist größer/gleich 0					40		
Zusammenfassung von EK 01 mit EK 03				20		-20	0
Summe von EK 01 und EK 03				-10			
Verrechnung von EK 01 + EK 03 mit EK 02				10	-10		0
Bestand nach Umgliederung	150	700	10	0	40	0	900

81 **Verrechnung von negativem EK 02 mit EK 01 und EK 03 (§ 36 V S 3).** In § 36 V S 3 ist der umgekehrte Fall geregelt: negatives EK 02 wird mit der positiven Summe von EK 01 und EK 03 verrechnet.

Beispiel (zu § 36 V S 3)

	EK 45	EK 40	EK 30	EK 01	EK 02	EK 03	Summe
Bestand nach Anwendung von § 36 II		700	20	200	-150	50	820
Summe von EK 01 bis EK 03 ist größer/gleich 0					100		
Zusammenfassung von EK 01 mit EK 03	0			50		-50	0
Summe von EK 01 und EK 03				250			
Verrechnung von EK 02 mit EK 01 + EK 03				-150	150		0
Bestand nach Umgliederung	0	700	20	100	0		820

Das Beispiel veranschaulicht, dass es zu den angeordneten Verrechnungen des § 36 V keine weiteren Verrechnungen gibt. Das in den S 2 und 3 erwähnte Merkmal „vorrangig" ist daher überflüssig.[1]

---

1 So auch *Dötsch* in D/J/P/W § 36 Rn 54a.

VI. Verrechnung der unbelasteten Teilbeträge

Einstweilen frei. 82

4. Verrechnung von negativem belasteten EK (§ 36 VI). Verrechnung innerhalb der belasteten Teilbeträge (§ 36 VI S 1). Die Bestimmung schreibt eine feste Reihenfolge für die Verrechnung von negativem belasteten EK vor. Besteht negatives EK 45 oder EK 40 oder auch EK 30, werden die belasteten Endbestände des vEK nach § 36 VI S 1 zunächst untereinander verrechnet. Ein verbleibender Betrag wird zunächst mit EK 02, danach mit EK 01 und EK 03 verrechnet. Die in § 36 VI angeordnete Verrechnung vernichtet Körperschaftsteuerminderungsguthaben nach § 37 iHd Unterschieds der Körperschaftsteuerbelastung, wenn ein positiver Teilbetrag mit negativem EK niedrigerer Belastung verrechnet wird, also positives EK 45 mit negativem EK 40 oder EK 30 bzw positives EK 40 mit negativem EK 30 (vgl das Beispiel bei Rn 87). 83

Negatives EK 45. Negatives EK 45 wurde nach § 34 XI S 4 aF (idFd StSenkG, davor § 54 XI aF) mit jeweils neu entstehendem EK 40 verrechnet. Es ist aber rechnerisch möglich, dass negatives EK 45 zum Feststellungszeitpunkt noch besteht und auch nach Verrechnung mit unbelastetem EK nach § 36 VI ein Restbetrag verbleibt.[1] 84

Negatives EK 30, EK 40. Besteht ein Überhang nichtabzugsfähiger Betriebsausgaben, tritt der seltene Fall ein, dass EK 40 oder auch EK 30 negativ ist. 85

Verbleibender Negativbetrag (§ 36 VI S 2 Hs 1). Ein verbleibender Negativbetrag des verrechneten EK 45, EK 40 und EK 30 ist mit EK 02 zu verrechnen (§ 36 VI S 2 Hs 1). Das führt zu einer Entlastung von Steuererhöhungspotential nach § 38. Wenn EK 02 selbst negativ ist, kommt nur eine Verrechnung des darüber hinausgehenden Negativbetrags nach § 36 VI S 2 Hs 2 in Frage (vgl Rn 87). 86

Darüber hinausgehender Negativbetrag (§ 36 VI S 2 Hs 2). Ein darüber hinausgehender Negativbetrag wird mit der Summe aus EK 01 und EK 03 (§ 36 VI S 2 Hs 2) verrechnet. Diese Verrechnung hat keine eigenständige Bedeutung, denn weder negatives belastetes EK noch positives EK 01 oder EK 03 sind für die weiteren Übergangsregelungen von Bedeutung (vgl Rn 117). 87

Beispiel (zu § 36 VI bei negativem EK 30)

	EK 45	EK 40	EK 30	EK 01/03	EK 02	Summe
Bestand nach Anwendung von § 36 II-V	50	100	-200	30	40	20
Verrechnung (§ 36 VI S 1)	-50	-100	150			0
Verbleibender Negativbetrag			-50			
Verrechnung zunächst mit EK 02 (§ 36 VI S 2 Hs 1)			40		-40	0

---

[1] Dötsch in D/J/P/W § 36 Rn 50; Bott in EY Rn 117; Werning in Blümich § 36 Rn 17; aA Frotscher in Frotscher/Maas § 36 Rn 64 (möglicherweise annehmend die Anwendung von § 34 XI aF verbrauche negatives EK 45 stets vollständig).

	EK 45	EK 40	EK 30	EK 01/03	EK 02	Summe
Darüber hinausgehender Negativbetrag				-10		
Weitere Verrechnung mit EK 01/03 (§ 36 VI S 2 Hs 2)				10	-10	0
Bestand nach Anwendung von § 36 VI	0	0	0	20	0	20

88 *Einstweilen frei.*

89 **VII. Die Umgliederung des belasteten Teilbetrags EK 45 (§ 36 VIa). 1. Inhalt und Wirkung des § 36 III aF.** Die mit dem JStG 2010 aufgehobene Bestimmung des § 36 III aF sah eine vollständige Umgliederung des EK 45 vor, indem positives EK 45 zu 27/22 dem EK 40 hinzugerechnet und zu 5/22 vom EK 02 abgezogen wurde.

90 **Negatives EK 02 als Folge der Umgliederung nach § 36 III S 2 aF.** Der Abzug von 5/22 wirkte bei EK 02 nach § 36 III aF nur dann vorteilhaft, wenn das EK 02 positiv war, da Körperschaftsteuererhöhungspotential nach § 38 verringert wurde. Das EK 02 konnte durch die Umgliederung gem § 36 III aF auch negativ werden. Neues oder zusätzliches negatives EK 02 wirkte schädlich, da dieses nach § 36 IV den Bestand an positivem EK 40 verringert. Durch die Verknüpfung von § 36 III aF mit § 36 IV ging daher Anrechnungsguthaben, dh Körperschaftsteuerminderungspotential endgültig verloren (sog „EK 45-Umgliederungsfalle" vgl Rn 91).

91 **Beispiel zur „EK 45-Umgliederungsfalle".** Das Beispiel unten zeigt, wie ein ursprünglicher EK 45-Bestand durch die Umgliederung nach § 36 III aF und § 36 IV aF im Betrag identisch in EK 40 umgewandelt wurde. Das geschah durch die Verrechnung des aus der Umgliederung entstandenen negativen EK 02 Betrags mit EK 40. Damit ging Körperschaftsteuerminderungspotential unter und zwar iHd Unterschieds des Körperschaftsteuerminderungspotentials von EK 45 zu dem des EK 40. Im Beispiel verblieb ein Minderungspotential nach Umgliederung iHv 1/6 x 220 = 36,66 anstatt bisher 15/55 x 220 = 60, so dass Körperschaftsteuerminderungspotential iHv 23,33 unterging. Die Körperschaft verliert endgültig rund 39 % ihres Steuerminderungspotentials aus dem EK 45.

	EK 45	EK 40	EK 02	Summe
Bestand nach Anwendung von § 36 II	220	0	0	220
Hinzurechnung von 27/22 nach § 36 III S 1	-270	270		0
Verminderung um 5/22 nach § 36 III S 2	50		-50	0
Bestand nach Umgliederung gemäß § 36 III aF	0	270	-50	220
Verrechnung von EK 02 nach § 36 IV		-50	50	0
Bestand nach Verrechnung		220	0	220

VII. Die Umgliederung des belasteten Teilbetrags EK 45

"Doppelte EK 45-Umgliederungsfalle". Eine mögliche Verschärfung der Nachteile aus § 36 IV wurde in der Literatur als „doppelte EK 45-Umgliederungsfalle" bezeichnet, wenn EK 45 nach § 36 II S 3 durch eine erhaltene Ausschüttung erhöht wurde und man mit der Finanzverwaltung von einem Saldierungsverbot ausging.[1] Nach der hier vertretenen Auffassung ist eine Saldierung der EK 45 Beträge aus erhaltenen mit ausgezahlten Ausschüttungen nicht nur zulässig, sondern systemkonform (vgl Rn 66). Die „doppelte EK 45-Umgliederungsfalle" sollte daher nicht bestanden haben. 92

Vermeidung der Umgliederungsfalle. Die EK 45-Umgliederungsfalle konnte ua durch ordentliche Gewinnausschüttungen in 2001 für 2000, soweit möglich durch Nachausschüttungen für frühere Geschäftsjahre (verbundenen mit einer Bilanzänderung) und ggf durch Nutzung eines Verlustrücktrags gem § 8 I iVm § 10d EStG vom VZ 2001 in VZ 2000 vermieden werden.[2] 93

Einstweilen frei. 94

2. Bestand des EK 45 vor Umgliederung. Die belasteten Teilbeträge EK 45 und EK 40 und der unbelastete Teilbetrag EK 02 unterliegen nach der Verrechnung des vEK mit Ausschüttungen und nach Erhöhung mit Nachsteuerbeträgen (§ 36 II) und den Verrechnungen gem § 36 IV-VI der Umgliederung des § 36 VIa. Es wird EK 45 in dem Umfang in EK 02 und EK 40 umgegliedert, wie positives EK 02 vorhanden ist. 95

Herkunft von EK 45. Der Teilbetrag EK 45 stammt aus den VZ 1993 bis 1998 (damalige tarifliche Steuer 45%). Für EK 45 ordnete der § 54 XI S 2 ff aF (heute § 34 XIII) für den VZ 2003 die Umgliederung in EK 40 und EK 02 an. § 36 VIa zieht diese Umgliederung auf den Zeitpunkt vor, zu dem die Endbestände nach § 36 I festgestellt werden. Damit wird die Umgliederung Teil der Ermittlung der Endbestände und nicht der letzten Gliederungsrechnung des alten Anrechnungsverfahrens. 96

Positives EK 45. Der Wortlaut des § 36 VIa erfasst ausdrücklich nur einen positiven Bestand an EK 45. Der seltene Fall eines negativen EK 45 ist dagegen nicht in § 36 VIa geregelt,[3] sondern wird von § 36 VI erfasst (vgl Rn 84).[4] 97

Ausgangsbestand des EK 45 für die Umgliederung. Der Wortlaut des § 36 VIa verweist allgemein auf den Teilbetrag, der einer KSt von EK 45 unterlegen hat.[5] Nach der gesetzliche Systematik der aufeinander aufbauenden II-VIa ist der Ausgangsbestand des EK 45 für die Umgliederung um die oGA (§ 36 II S 1 Hs 1), anderen Ausschüttungen und sonstigen Leistungen (§ 36 II S 1 Hs 2) gemindert sowie um die der Nachsteuer unterliegenden Beträge (§ 36 II S 3) erhöht (vgl Rn 66).[6] Sodann sind ggf von dem EK 45 nach IV negatives EK 02 sowie nach VI negative Beträge von EK 30 oder EK 40 abzuziehen. 98

---

1 *Prinz/Thurmayr*, GmbHR 2001, 798.
2 *Prinz* in Kessler/Kröner/Köhler, Konzernsteuerrecht, 2008, Rn 462; *Schlagheck*, GmbHR 2003, 214, 219.
3 *Bauschatz* in Gosch § 36 Rn 96.
4 *Dötsch* in D/J/P/W § 36 Rn 24; *Bauschatz* in Gosch § 36 Rn 147.
5 Der aufgehobene § 36 III S 1 definierte das EK 45 demgegenüber wie folgt: „Ein positiver belasteter Teilbetrag im Sinne des § 54 Abs. 11 Satz 1 des Körperschaftsteuergesetzes in der Fassung der Bekanntmachung vom 22. April 1999 (BGBl. I S. 817), das zuletzt durch Artikel 4 des Gesetzes vom 14. Juli 2000 (BGBl. I S. 1034) geändert worden ist." Eine materiell-rechtliche Änderung ist durch den kürzeren Wortlaut voraussichtlich nicht beabsichtigt.
6 *Thurmayer* in H/H/R § 36 Rn 41; *Bauschatz* in Gosch § 36 Rn 73.

99 *Einstweilen frei.*

100 **3. Durchführung der Umgliederung gem § 36 VIa. Minderung des EK 02 nach § 36 VIa S 1.** Umgegliedert wird, indem in einem ersten Schritt EK 02 um 5/22 des positiven Bestands von EK 45 gemindert wird (Minderungsbetrag). Dieser Umgliederungsschritt ist auf den Betrag des positiven EK 02 beschränkt. Der Minderungsbetrag nach Satz 1 ist höchstens gleich dem Bestand des EK 02 nach Anwendung von § 36 II, IV-VI. EK 02 kann somit nicht negativ werden. Eine Vernichtung von Körperschaftsteuerminderungspotential durch die Umgliederung des EK 45 in EK 02 und EK 40 wird damit verhindert.

101 **Erhöhung des EK 40 nach § 36 VIa S 2.** In einem zweiten Schritt wird dem EK 40 ein Betrag von 27/5 des Minderungsbetrags aus Schritt 1 hinzugerechnet (§ 36 VIa S 2). Der Minderungsbetrag ist somit die Basis für die Berechnung der Erhöhung des EK 40. Da der Minderungsbetrag nach Satz 1 als 5/22 des EK 45 bestimmt ist, stellt der Erhöhungsbetrag 27/5 x 5/22 = 27/22 des Bestands an EK 45 dar.

102 **Verrechnung der Erhöhungs- und Minderungsbeträge mit EK 45 nach § 36 VIa S 3.** Nach S 3 wird dem Bestand des EK 45 die Minderung des EK 02 (dh 5/22 des EK 45) dem EK 45 hinzugerechnet und die Erhöhung des EK 40 (dh +27/5 des Minderungsbetrags, dh 27/22 des EK 45) abgezogen. In der Summe (dh 27/22 – 5/22 = 22/22) verringert sich der Bestand des EK 45 um den Bestand des positiven EK 02. Damit bleibt der Körperschaft das vEK und dem Anteilsinhaber das Anrechnungsguthaben erhalten. EK 04 wird auch bei der Umgliederung nach § 36 VIa nicht einbezogen und bleibt unverändert.

103 **Beispiel zur Umgliederung nach § 36 VIa.**

	EK 45	EK 40	EK 02	Summe
Bestand nach Anwendung von § 36 II, IV-VI	440	600	50	1.090
Anwendung von § 36 VIa				
Minderung von EK 02 um 5/22 des EK 45	50		-50	0
Erhöhung von EK 40 um 27/5 der EK 02-Minderung	-270	270		0
– entspricht 27/22 des EK 45 -				
Bestand nach Umgliederung	220	870	0	1.090

Ist ein positiver Bestand des EK 02 nicht vorhanden, entfällt somit die Umgliederung des EK 45 vollständig.

104 **Erschwerte Hebung des Steuererstattungspotentials nach Umgliederung.** Nach Umgliederung ist das im EK 45 ruhende Körperschaftsteuerminderungspotential aufgeteilt in zusätzliches EK 40-Minderungspotential und eine Verringerung des im EK 02 liegenden Steuererhöhungspotentials. Die Umgliederung des EK 45 in EK 40 nach § 36 VIa führt dann zu einer höheren Steuerbelastung verglichen mit der Fortführung des Anrechnungsverfahrens, wenn der An-

VIII. Feststellung der Endbestände

teilseigner keine oder eine niedrigere Steuer als 30 % zu entrichten hatte.[1] Das Körperschaftsteuerminderungspotential des EK 40 ist erschwert zu heben. Denn es bedarf eines höheren ausschüttbaren handelsrechtlichen Gewinns und damit einer höheren Liquidität der ausschüttenden Gesellschaft, um das EK 40 im Vergleich zum EK 45 zu heben.[2] Zudem ist auch der Bestand an EK 02 vollständig zu verwenden, wenn in Folge der Ausschüttung des EK 40 die gleiche Körperschaftsteuerminderung wie bei der Verwendung des EK 45 erreicht werden soll. Es war daher empfehlenswert, das gesamte EK 45 noch vor der Umgliederung auszuschütten.

Anwendung auf noch offene Fälle. § 36 VIa gilt gem § 34 XIIIf für alle Fälle, in denen die Endbestände nach § 36 VII noch nicht bestandskräftig festgestellt sind. Die Vorgaben des BVerfG sind damit erfüllt. Ist der Feststellungsbescheid nach § 36 VII auf den 31.12. 2000 oder auf das Ende eines abweichenden WJ noch nicht bestandskräftig, sollten Körperschaften mit untergegangenem Körperschaftsteuerminderungspotential den Bescheid anpassen lassen. In der Praxis wird dies möglich sein, wenn für den betreffenden VZ die Festsetzungsverjährung etwa durch eine Bp noch nicht eingetreten ist. Daneben kann für bereits feststellungsverjährte Bescheide nach § 36 VII ggf eine Durchbrechung der Bestandskraft (§ 181 V AO) in Betracht kommen, wenn EK 45 festzustellen wäre und der Bescheid über die Auszahlung des KSt-Guthabens nach § 37 V noch nicht festsetzungsverjährt ist.[3]

105

Einstweilen frei.

106

VIII. Feststellung der Endbestände (§ 36 VII). 1. Verfahrensrecht. Inhalt der Feststellung. Nach Durchführung der Verrechnungen und Umgliederungen gemäß den § 36 II-VIa werden die ermittelten positiven wie negativen Teilbeträge EK 45, 40, EK 30, EK 02 sowie die positive Summe von EK 01 und EK 03 (§ 36 VII Hs 2) getrennt ausgewiesen. Weiter wird auch positives EK 04 getrennt ausgewiesen.[4] Die Endbestände der genannten Teilbeträge des vEK werden einzeln und gesondert festgestellt, nicht aber die Summe der Teilbeträge des vEK.

107

Zeitpunkt der Feststellung. Nach § 36 I sind die Endbestände auf den 31.12.2000 (oder auf den Schluss des abweichenden WJ 2000/2001) festzustellen. Das ist zugleich der Zeitpunkt der letzten Gliederungsrechnung nach § 47 aF (§ 34 XII). Die nach § 36 ermittelten letztmaligen Endbestände enthalten nach § 36 II S 1 und S 3 allerdings auch die Verrechnung von Gewinnausschüttungen aus 2001 oder 2001/2002, die also erst nach dem Feststellungszeitpunkt vorgenommen wurden. Damit konnten die Endbestände auch erst nach Ablauf des folgenden WJ festgestellt werden, also nicht vor dem WJ 2002.

108

---

1 Beispiel bei *Frotscher*, BB 2000, 2280, 2284.
2 *Bott* in EY § 36 Rn 102; *Dötsch* in D/J/P/W § 36 Rn 27; *Hey* in H/H/R Vor § 36 Rn 33.
3 Nach *Kasperczyk/Hübner*, DStR 2011, 1446, beginnt die Festsetzungsverjährung des Auszahlungsbescheids nicht vor 2018, arg § 37 V S 8.
4 § 36 VII nennt EK 04 nicht. Die „Endbestände" verweisen über § 36 I auf § 47 aF und damit auch auf die Feststellung von EK 04; ebenso *Bauschatz* in Gosch § 36 Rn 163: negatives EK 04 wird festgestellt, aber nicht fortgeführt.

109　**Verhältnis zum Feststellungsbescheid nach § 47 I S 1 Nr 1 aF.** Die gesonderte Feststellung nach § 36 VII beruht auf der Feststellung der Endbestände nach § 47 aF auf den 31.12.2000 (bzw des WJ 2000/2001), die ihrerseits Grundlagenbescheid ist.

110　**Verhältnis zu den Feststellungsbescheiden der §§ 37, 38 und 27.** Die gesonderte Feststellung nach § 36 VII ist ein Feststellungsbescheid (§ 179 AO), der gegen die Anrechnungskörperschaft ergeht. Die gesonderte Feststellung muss daher selbständig angefochten werden. Soweit materiell von Bedeutung, ist sie Grundlagenbescheid[1] (§ 182 AO) für die Folgefeststellungen nach § 27 II iVm § 39 (vgl § 27 Rn 27, 42), § 37 II S 4 (vgl § 37 Rn 22) und § 38 I S 1 (vgl § 38 Rn 8, 52).

111　**Erstmalige Festsetzung von EK 45.** Zur erstmaligen Feststellung von EK 45 trotz Ablaufs der Festsetzungsfrist vgl Rn 105.

112　*Einstweilen frei.*

113　**2. Materiell-rechtliche Bedeutung.** Nur die festgestellten Endbestände des positiven EK 40 und des EK 02 sind von Bedeutung für die Übergangszeit und EK 04 für das Halbeinkünfteverfahren.

114　**Bedeutung der positiven Endbestände EK 45 und EK 40.** Verbleibende positive Endbestände des EK 45 und des EK 40 führen zu einem Körperschaftsteuerguthaben gem § 37 I. Aufgrund der ein Jahr später zu vollziehenden Feststellung des Körperschaftsteuerguthabens gem § 37 I können sich die Endbestände zB durch Vermögensabgänge wie Spaltungen oder Vermögenszugänge durch Verschmelzungen jedoch erhöhen.[2] Vgl auch § 37 Rn 60.

115　**Bedeutung des positiven EK 02 Endbestands.** Der positive Endbestand des EK 02 wird in der Übergangszeit iRd § 38 fortgeführt und führt iRd Regelungen zukünftig zu Körperschaftsteuererhöhungen.

116　**Bedeutung des positiven EK 04 Endbestands.** Ein positiver Endbestand des EK 04 bildet gem § 39 I den Anfangsbestand des Einlagekontos gem § 27.

117　**Nicht fortgeführte Endbestände.** Die gesonderte Feststellung der übrigen Endbestände des vEK, also negatives EK 45, negatives EK 40, positives oder negatives EK 30, negatives EK 02, negatives EK 04 und die Summe aus EK 01 und EK 03 dient lediglich der rechnerischen Abstimmung des vEK mit dem EK in der Steuerbilanz. Diese übrigen Endbestände gehen ununterscheidbar in das „sonstige" EK (das sog „freie Vermögen") ein und unterliegen keiner besonderen steuerlichen Regelung. Vgl zur Verwendungsreihenfolge § 27 Rn 55 ff. Eine darüber hinausgehende materiell-rechtliche Wirkung besteht nicht.

118-119　*Einstweilen frei.*

1　Ebenso *Dötsch* in D/J/P/W § 36 Rn 54; *Frotscher* in Frotscher/Maas § 36 Rn 69.
2　*Dötsch* in D/J/P/W § 36 Rn 54a.

§ 37 Körperschaftsteuerguthaben und Körperschaftsteuerminderung

(1)[1] ¹Auf den Schluss des Wirtschaftsjahrs, das dem in § 36 I genannten Wirtschaftsjahr folgt, wird ein Körperschaftsteuerguthaben ermittelt. ²Das Körperschaftsteuerguthaben beträgt 1/6 des Endbestands des mit einer Körperschaftsteuer von 40 Prozent belasteten Teilbetrags.

(2) ¹Das Körperschaftsteuerguthaben mindert sich vorbehaltlich des Absatzes 2a um jeweils 1/6 der Gewinnausschüttungen, die in den folgenden Wirtschaftsjahren erfolgen und die auf einem den gesellschaftsrechtlichen Vorschriften entsprechenden Gewinnverteilungsbeschluss beruhen. ²Satz 1 gilt für Mehrabführungen im Sinne des § 14 Abs. 3 entsprechend. ³Die Körperschaftsteuer des Veranlagungszeitraums, in dem das Wirtschaftsjahr endet, in dem die Gewinnausschüttung erfolgt, mindert sich bis zum Verbrauch des Körperschaftsteuerguthabens um diesen Betrag, letztmalig in dem Veranlagungszeitraum, in dem das 18. Wirtschaftsjahr endet, das auf das Wirtschaftsjahr folgt, auf dessen Schluss nach Absatz 1 das Körperschaftsteuerguthaben ermittelt wird. ⁴Das verbleibende Körperschaftsteuerguthaben ist auf den Schluss der jeweiligen Wirtschaftsjahre, letztmals auf den Schluss des 17. Wirtschaftsjahrs, das auf das Wirtschaftsjahr folgt, auf dessen Schluss nach Absatz 1 das Körperschaftsteuerguthaben ermittelt wird, fortzuschreiben und gesondert festzustellen. ⁵§ 27 II gilt entsprechend.

(2a) Die Minderung ist begrenzt
1. für Gewinnausschüttungen, die nach dem 11. April 2003 und vor dem 1. Januar 2006 erfolgen, jeweils auf 0 Euro;
2. für Gewinnausschüttungen, die nach dem 31. Dezember 2005 erfolgen auf den Betrag, der auf das Wirtschaftsjahr der Gewinnausschüttung entfällt, wenn das auf den Schluss des vorangegangenen Wirtschaftsjahrs festgestellte Körperschaftsteuerguthaben gleichmäßig auf die einschließlich des Wirtschaftsjahrs der Gewinnausschüttung verbleibenden Wirtschaftsjahre verteilt wird, für die nach Absatz 2 Satz 3 eine Körperschaftsteuerminderung in Betracht kommt.

(3) ¹Erhält eine unbeschränkt steuerpflichtige Körperschaft oder Personenvereinigung, deren Leistungen bei den Empfängern zu den Einnahmen im Sinne des § 20 Abs. 1 Nr. 1 oder 2 des Einkommensteuergesetzes in der Fassung des Artikels 1 des Gesetzes vom 20. Dezember 2001 (BGBl. I S. 3858) gehören, Bezüge, die nach § 8b Abs. 1 bei der Einkommensermittlung außer Ansatz bleiben, und die bei der leistenden Körperschaft zu einer Minderung der Körperschaftsteuer geführt haben, erhöht sich bei ihr die Körperschaftsteuer und das Körperschaftsteuerguthaben um den Betrag der Minderung der Körperschaftsteuer bei der leistenden Körperschaft. ²Satz 1 gilt auch, wenn der Körperschaft oder Personenvereinigung die entsprechenden Bezüge einer Organgesellschaft zugerechnet werden, weil sie entweder Organträger ist oder an einer Personengesellschaft beteiligt ist, die Organträger ist. ³Im Fall des § 4 des Umwandlungssteuergesetzes sind die Sätze 1 und 2 entsprechend anzuwenden. ⁴Die leistende Körperschaft hat der Empfängerin die folgenden Angaben nach amtlich vorgeschriebenem Muster zu bescheinigen:
1. den Namen und die Anschrift des Anteilseigners,
2. die Höhe des in Anspruch genommenen Körperschaftsteuerminderungsbetrags,
3. den Zahlungstag.

⁵§ 27 Abs. 3 Satz 2, Abs. 4 und 5 gilt entsprechend. ⁶Die Sätze 1 bis 4 gelten nicht für steuerbefreite Körperschaften und Personenvereinigungen im Sinne des § 5 Abs. 1 Nr. 9, soweit die

---

1   Zur abweichenden Anwendung von § 37 I in den Fällen des § 34 XIII f s § 34 XIII g.

Einnahmen in einem wirtschaftlichen Geschäftsbetrieb anfallen, für den die Steuerbefreiung ausgeschlossen ist.

(4) ¹Das Körperschaftsteuerguthaben wird letztmalig auf den 31. Dezember 2006 ermittelt. ²Geht das Vermögen einer unbeschränkt steuerpflichtigen Körperschaft durch einen der in § 1 Abs. 1 des Umwandlungssteuergesetzes vom 7. Dezember 2006 (BGBl. I S. 2782, 2791) in der jeweils geltenden Fassung genannten Vorgänge, bei denen die Anmeldung zur Eintragung in ein öffentliches Register nach dem 12. Dezember 2006 erfolgt, ganz oder teilweise auf einen anderen Rechtsträger über, wird das Körperschaftsteuerguthaben bei der übertragenden Körperschaft letztmalig auf den vor dem 31. Dezember 2006 liegenden steuerlichen Übertragungsstichtag ermittelt. ³Wird das Vermögen einer Körperschaft oder Personenvereinigung im Rahmen einer Liquidation im Sinne des § 11 nach dem 12. Dezember 2006 und vor dem 1. Januar 2007 verteilt, wird das Körperschaftsteuerguthaben letztmalig auf den Stichtag ermittelt, auf den die Liquidationsschlussbilanz erstellt wird. ⁴Die Absätze 1 bis 3 sind letztmals auf Gewinnausschüttungen und als ausgeschüttet geltende Beträge anzuwenden, die vor dem 1. Januar 2007 oder bis zu dem nach Satz 2 maßgebenden Zeitpunkt erfolgt sind. ⁵In Fällen der Liquidation sind die Absätze 1 bis 3 auf Abschlagszahlungen anzuwenden, die bis zum Stichtag erfolgt sind, auf den das Körperschaftsteuerguthaben letztmalig ermittelt wird.

(5) ¹Die Körperschaft hat innerhalb eines Auszahlungszeitraums von 2008 bis 2017 einen Anspruch auf Auszahlung des Körperschaftsteuerguthabens in zehn gleichen Jahresbeträgen. ²Der Anspruch entsteht mit Ablauf des 31. Dezember 2006 oder des nach Absatz 4 Satz 2 oder Satz 3 maßgebenden Tages. ³Der Anspruch wird für den gesamten Auszahlungszeitraum festgesetzt. ⁴Der Anspruch ist jeweils am 30. September auszuzahlen. ⁵Für das Jahr der Bekanntgabe des Bescheids und die vorangegangenen Jahre ist der Anspruch innerhalb eines Monats nach Bekanntgabe des Bescheids auszuzahlen, wenn die Bekanntgabe des Bescheids nach dem 31. August 2008 erfolgt. ⁶Abweichend von Satz 1 ist der festgesetzte Anspruch in einem Betrag auszuzahlen, wenn das festgesetzte Körperschaftsteuerguthaben nicht mehr als 1 000 Euro beträgt. ⁷Der Anspruch ist nicht verzinslich. ⁸Die Festsetzungsfrist für die Festsetzung des Anspruchs läuft nicht vor Ablauf des Jahres ab, in dem der letzte Jahresbetrag fällig geworden ist oder ohne Anwendung des Satzes 6 fällig geworden wäre. ⁹ § 10d Abs. 4 Satz 4 und 5 des Einkommensteuergesetzes gilt sinngemäß. ¹⁰Auf die Abtretung oder Verpfändung des Anspruchs ist § 46 Abs. 4 der Abgabenordnung nicht anzuwenden.

(6) ¹Wird der Bescheid über die Festsetzung des Anspruchs nach Absatz 5 aufgehoben oder geändert, wird der Betrag, um den der Anspruch, der sich aus dem geänderten Bescheid ergibt, die Summe der Auszahlungen, die bis zur Bekanntgabe des neuen Bescheids geleistet worden sind, übersteigt, auf die verbleibenden Fälligkeitstermine des Auszahlungszeitraums verteilt. ²Abweichend von Satz 1 ist der übersteigende Betrag in einer Summe auszuzahlen, wenn er nicht mehr als 1 000 Euro beträgt und auf die vorangegangene Festsetzung Absatz 5 Satz 6 oder dieser Satz angewendet worden ist. ³Ist die Summe der Auszahlungen, die bis zur Bekanntgabe des neuen Bescheids geleistet worden sind, größer als der Auszahlungsanspruch, der sich aus dem geänderten Bescheid ergibt, ist der Unterschiedsbetrag innerhalb eines Monats nach Bekanntgabe des Bescheids zu entrichten.

(7) ¹Erträge und Gewinnminderungen der Körperschaft, die sich aus der Anwendung des Absatzes 5 ergeben, gehören nicht zu den Einkünften im Sinne des Einkommensteuergesetzes. ²Die Auszahlung ist aus den Einnahmen an Körperschaftsteuer zu leisten.

KStH 83

Übersicht

	Rn
I. Regelungsgehalt der Norm	1 – 2
II. Rechtsentwicklung	3 – 4
III. Normzweck	5 – 6
IV. Ermittlung des Körperschaftsteuerguthabens (§ 37 I)	7 – 8
V. Bis 2006: Körperschaftsteuerminderung idFd StSenkG (§ 37 II)	9 – 31
1. Überblick	9 – 10
2. Persönlicher Anwendungsbereich	11 – 12
3. Sachlicher Anwendungsbereich	13 – 18
4. Rechtsfolge	19 – 25
5. Zeitlicher Anwendungsbereich (Übergangszeitraum)	26 – 31
VI. Nachsteuer bei Ausschüttung an Körperschaften (§ 37 III)	32 – 51
1. Allgemeines	32 – 34
2. Persönlicher Anwendungsbereich	35 – 40
3. Sachlicher Anwendungsbereich	41 – 44
4. Rechtsfolgen	45 – 51
VII. Nach 2006: Letztmalige Ermittlung des Körperschaftsteuerguthabens (§ 37 IV)	52 – 66
1. Allgemeines	52 – 53
2. Regelfall	54 – 59
3. Sonderregelungen für Umwandlungen (§ 37 IV S 2)	60 – 63
4. Sonderregelung für Liquidationen (§ 37 IV S 3 und V)	64 – 66
VIII. Auszahlung des Körperschaftsteuerguthabens (§ 37 V)	67 – 92
1. Ratierliche Auszahlung	67 – 71
2. Übertragung des Auszahlungsanspruchs (§ 37 V S 10)	72 – 76
3. Insolvenzverfahren	77 – 79
4. Sofortige Auszahlung in Kleinbetragsfällen (§ 37 V S 6)	80 – 83
5. Spätere Änderung des Auszahlungsanspruchs (§ 37 V S 9 und VI)	84 – 88
6. SolZ	89 – 90
7. Keine Verzinsung	91 – 92
IX. Steuerliche Behandlung des Auszahlungsanspruchs (§ 37 VII)	93 – 110
1. Bilanzierung	93 – 95
2. Auswirkung auf die Ermittlung des Einkommens (§ 37 VII S 1)	96 – 101

3. Auswirkung auf das Übernahmeergebnis iSd § 4 UmwStG 102 – 105
4. Organschaft .... 106 – 110

1 **I. Regelungsgehalt der Norm.** § 37 gehört zu den Vorschriften, die den Übergang vom körperschaftsteuerlichen Anrechnungs- zum Halb- bzw Teileinkünfteverfahren regeln. Aus dem nach Umrechnungen gem § 36 zum 31.12.2000 vorhandenen voll belasteten EK 40 wurde der Betrag ermittelt, der bei Weitergeltung des Anrechnungsverfahrens die KSt im Fall der Ausschüttung durch Herstellung der 30 %igen Ausschüttungsbelastung gemindert hätte. § 37 legt fest, wie nach dem Systemwechsel mit dem bestehenden Körperschaftsteuerguthaben zu verfahren ist. § 37 I knüpft dabei an den zum 31.12.2000 ermittelten Bestand des EK 40 an und regelt die Umrechnung dieses Bestandes in das während des Übergangszeitraums fortzuführende Körperschaftsteuerguthaben. § 37 II regelte die ursprünglich vorgesehene Minderung der KSt durch Verwendung des Körperschaftsteuerguthabens im Fall von Ausschüttungen. Durch § 37 IIa wurde die Verwendung des Körperschaftsteuerguthabens zeitweilig untersagt und iÜ zeitlich gestreckt. § 37 III regelt die so genannte „Nachsteuer", die unbeschränkt steuerpflichtige Körperschaften zu entrichten hatten, die von einer anderen Körperschaft eine Ausschüttung erhalten hatten, für die die ausschüttende Gesellschaft Körperschaftsteuerguthaben verwendet hat. § 37 IV benennt den Stichtag, auf den das Körperschaftsteuerguthaben letztmals festzustellen ist. § 37 V regelt die ratierliche Auszahlung ab 2008. § 37 V und VI enthalten verfahrensrechtliche Regelungen. § 37 VII regelt die Behandlung des Körperschaftsteuerguthabens bei der Einkommensermittlung.

2 *Einstweilen frei.*

3 **II. Rechtsentwicklung.** § 37 wurde durch das StSenkG v 23.10.2000[1] eingeführt und durch das UntStFG v 20.12.2001[2] geändert. Der Systemwechsel vom Anrechnungsverfahren zum Halbeinkünfteverfahren sah dabei ursprünglich einen 15-jährigen Übergangszeitraum vor, der idR bis zum VZ 2016 dauern sollte. Während dieser Zeit konnte das Körperschaftsteuerguthaben bei ordnungsgemäßen Gewinnausschüttungen in vereinfachter Form geltend gemacht werden. Die Regelung wurde später durch § 37 IIa, der mit dem StVergAbG v 16.5.2003[3] eingeführt wurde, für die Zeit vom 12.4.2003 bis 31.12.2005 ausgesetzt (sog Moratorium) und der Übergangszeitraum auf 18 WJ verlängert. Zugleich wurde der jährlich höchstens verwendbare Betrag des Körperschaftsteuerguthabens – außer in den Fällen der Liquidation oder Umwandlung auf eine Personengesellschaft – begrenzt. IRd SEStEG v 7.12.2006[4] wurde § 37 schließlich um § 37 IV bis VII ergänzt und dadurch das System der Verwendung des Körperschaftsteuerguthabens grundlegend umgestellt. An die Stelle der ausschüttungsabhängigen Realisierung ist eine aus-

---

1 BGBl I 2000, 1433.
2 BGBl I 2001, 3858.
3 BGBl I 2003, 660.
4 BGBl I 2006, 2782.

schüttungsunabhängige Auszahlung in 10 gleichen Jahresbeträgen getreten. Als Folge der Umsetzung des Beschlusses des BVerfG v 17.11.2009[1] zu den Umgliederungsregelungen des § 36 ist § 37 I S 2 iRd JStG 2010 v 8.12.2010[2] neu gefasst worden, vgl § 34 XIIIg.

Einstweilen frei.

III. Normzweck. Durch die Ermittlung des Körperschaftsteuerguthabens aus den mit KSt belasteten Teilbeträgen und die Möglichkeit der ausschüttungsabhängigen Realisierung über den Systemwechsel hinaus bleibt das im Zeitpunkt des Wegfalls des Anrechnungsverfahrens vorhandene Minderungspotenzial erhalten, ohne dass eine Gliederung des vEK fortgeführt werden muss.

Einstweilen frei.

IV. Ermittlung des Körperschaftsteuerguthabens (§ 37 I). Das Körperschaftsteuerguthaben wurde gem § 37 I S 1 erstmals auf den Schluss des WJ, das dem Stichtag der Feststellung nach § 36 VII folgt, ermittelt. Das ist im Regelfall bei kalenderjahrgleichem WJ der 31.12.2001, bei abweichendem WJ der Schluss des WJ 2001/2002. Das Guthaben beträgt gem § 37 I S 2 idFd § 34 XIIIg 1/6 des festgestellten positiven Endbestands des EK 40 zzgl 15/55 des festgestellten EK 45 (vgl § 36 Rn 89ff), wenn die Vorschrift des § 36 idFd § 34 XIIIf für die Endbestände gilt (vgl § 34 Rn 258 f). Einer gesonderten Feststellung des erstmaligen Guthabens gem § 37 I S 1 bedarf es nicht, da der Betrag lediglich rechnerisch aus den festgestellten Endbeständen ermittelt wird. Eine solche Feststellung ist daher gesetzlich auch nicht vorgesehen.[3]

Einstweilen frei.

V. Bis 2006: Körperschaftsteuerminderung idFd StSenkG (§ 37 II). 1. Überblick. Innerhalb des 18-jährigen Übergangszeitraums konnte das Körperschaftsteuerguthaben ursprünglich bei jeder ordnungsgemäßen Gewinnausschüttung abgebaut werden und minderte die Körperschaftsteuerzahllast der ausschüttenden Gesellschaft für das Jahr, in dem die Ausschüttung erfolgt ist.

Einstweilen frei.

2. Persönlicher Anwendungsbereich. Die Regelung hat Bedeutung für alle Körperschaften, die in der Zeit des Anrechnungsverfahrens zur Gliederung des vEK gem §§ 27 ff aF verpflichtet waren. Dies sind insbesondere unbeschränkt steuerpflichtige Kapitalgesellschaften, aber auch steuerbefreite Körperschaften, deren Leistungen bei den Empfängern zu den Einnahmen iSd § 20 I Nr 1 oder 2 EStG aF gehören.

Einstweilen frei.

3. Sachlicher Anwendungsbereich. Gewinnausschüttungen. Die Verwendung des Körperschaftssteuerguthabens kam nur im Zusammenhang mit Gewinnausschüttungen in Betracht, die in den auf die Ermittlung des Guthabens folgenden

---

[1] BVerfG 1 BvR 2192/05, BGBl I 2010, 326 (Entscheidungsformel), DStR 2010, 434 (Leitsatz und Gründe).
[2] BGBl I 2010, 1768.
[3] *Bauschatz* in Gosch § 37 Rn 34; aA *Frotscher* in Frotscher/Maas § 37 Rn 22; *Dötsch* in D/J/P/W § 37 Rn 4; *Lornsen-Veit* in Erle/Sauter § 37 Rn 72.

WJ erfolgten und auf einem den gesellschaftsrechtlichen Vorschriften entsprechenden Gewinnausschüttungsbeschluss beruhten (ordnungsgemäße Gewinnausschüttung). Zu diesen Gewinnausschüttungen gehörten auch ordnungsgemäße Vorabausschüttungen.

14 **VGA, Ausgleichszahlung und Kapitalherabsetzung.** Andere Leistungen, wie zB vGA, Ausgleichzahlungen an außenstehende Anteilseigner oder Kapitalherabsetzungen führten mangels des erforderlichen Gewinnverwendungsbeschlusses nicht zur Realisierung des Körperschaftsteuerguthabens.[1]

15 **Liquidation und Umwandlungen.** Daneben konnte es iRe Liquidation gem § 40 IV, sowie in bestimmten Umwandlungsfällen auf steuerbefreite Körperschaften gem § 40 IV sowie auf Personengesellschaften gem §§ 10, 14 und 16 UmwStG idF vor Änderung durch das SEStEG zu einer Körperschaftsteuerminderung kommen.[2]

16 **Mehrabführung.** Mehrabführungen einer Organgesellschaft an den Organträger gehören nicht zu den in § 37 II S 1 bezeichneten ordnungsgemäßen Gewinnausschüttungen und führten daher grundsätzlich nicht zu einer Verwendung des Körperschaftsteuerguthabens. Etwas anderes gilt jedoch für Mehrabführungen, die ihre Ursache in vororganschaftlicher Zeit haben. Diese Mehrabführungen gelten nach § 14 III als Gewinnausschüttungen und sind über die Ausnahme des § 37 II S 2, der durch das EURLUmsG v 9.12.2004[3] eingefügt wurde, kraft Gesetzes in den Anwendungsbereich des § 37 aufgenommen.

17 **Erfolgen.** Weiterhin musste die Gewinnausschüttung zur Anwendung des § 37 II S 1 „erfolgen", dh der auszuschüttende Gewinn musste bei der Körperschaft abfließen.[4]

18 *Einstweilen frei.*

19 **4. Rechtsfolge. Minderung der KSt (§ 37 II S 1).** Hat eine Körperschaft Leistungen iSd Rn 13 ff erbracht, kam es gem § 37 II S 1 bei der ausschüttenden Körperschaft zu einer Minderung ihrer KSt in dem VZ, in dem die Ausschüttung erfolgte, dh abgeflossen ist. Diese Körperschaftsteuerminderung konnte auch zu einer Erstattung führen, wenn die tarifliche KSt niedriger war. Die Körperschaftsteuerminderung war der Höhe nach begrenzt. Nach § 37 II S 1 betrug sie zunächst 1/6 der abgeflossenen Gewinnausschüttung.

20 **Bilanzierung.** Die Körperschaftsteuerminderung wirkte sich über die Minderung der Körperschaftsteuerschuld bilanziell in der Handels- und Steuerbilanz des Jahres aus, in dem die Ausschüttung erfolgte. Anders als im Anrechnungsverfahren hatte die Körperschaftsteuerminderung hingegen keinen Einfluss auf die Höhe der KSt des Jahres, für das die Ausschüttung beschlossen wurde und war nach Verwaltungsauffassung daher nicht in dieser Bilanz abzubilden.[5] Gegen die gegenteilige Auffassung des Hauptfachausschusses des IdW in dessen Sitzung v 30.11.2001[6] richtet sich ein Teil des Schrifttums.[7]

---

1 BMF v 6.11.2003, BStBl I 2003, 575, Rn 30.
2 BMF v 6.11.2003, BStBl I 2003, 575, Rn 31.
3 BGBl I 2004, 3310.
4 BMF v 6.11.2003, BStBl I 2003, 575, Rn 7.
5 BMF v 16.05.2002, DStR 2002, 1048.
6 IDW, FN 2001, 688.
7 *Bott* in EY § 37 Rn 98; *Dötsch* in D/J/P/W § 37 Rn 12; *Frotscher* in Frotscher/Maas § 37 Rn 22a; aA *Bauschatz* in Gosch § 37 Rn 66 mwN.

V. Bis 2006: Körperschaftsteuerminderung idFd StSenkG

Moratorium (§ 37 IIa). Aufgrund des nach Auffassung des BFH verfassungsrechtlich hinzunehmenden[1] sog „Moratoriums" war für Gewinnausschüttungen, die nach dem 20.11.2002 beschlossen wurden und nach dem 11.4.2003 und vor dem 1.1.2006 erfolgten, die Körperschaftsteuerminderung gem § 37 IIa Nr 1 auf 0 EUR begrenzt. Soweit die Gewinnausschüttungen nach dem 31.12.2005 erfolgten, wurde zudem die Minderung gem § 37 IIa Nr 2 auf den Betrag gedeckelt, der sich ergab, wenn das zum Schluss des dem Abfluss vorangegangenen WJ durch die Anzahl der verbleibenden Jahre (inkl des WJ der Gewinnausschüttung), für den eine Körperschaftsteuerminderung noch in Betracht kam, geteilt wurde. Im Jahr 2006 waren das im Regelfall noch 14 Jahre. Der Höchstbetrag der Körperschaftsteuerminderung für den VZ 2006 betrug daher 1/14 des zum 31.12.2005 festgestellten Körperschaftsteuerguthabens; der Höchstbetrag der Körperschaftsteuerminderung für den VZ 2007 hätte 1/13 des zum 31.12.2006 festgestellten Körperschaftsteuerguthabens betragen. Das Moratorium galt nicht im Fall

- der Umwandlung einer Körperschaft in eine Personengesellschaft (§ 10 S 2 UmwStG aF),
- des Übergangs von Vermögen einer Anrechnungskörperschaft auf eine steuerbefreite Körperschaft (§ 40 III aF),
- der Liquidation (§ 40 IV aF).

Feststellung und Entwicklung des Körperschaftsteuerguthabens (§ 37 II S 3 und 4). Das nach § 37 I ermittelte Körperschaftsteuerguthaben war unter Berücksichtigung der im VZ verwendeten Beträge und evtl Zugänge nach § 37 II S 3 jährlich fortzuschreiben. Zum Ende eines jeweiligen VZ war das danach verbleibende Körperschaftsteuerguthaben gem § 37 II S 4 und 5 gesondert entsprechend den Grundsätzen des § 27 II festzustellen (selbst wenn keine Änderungen vorlagen bzw der Bestand Null betrug).[2] Der Bescheid über die gesonderte Feststellung des Körperschaftsteuerguthabens ist nach Auffassung des BFH Grundlagenbescheid für den KSt-Bescheid. Änderungen des für eine Körperschaftsteuerminderung maßgeblichen Körperschaftsteuerguthabens können danach eine Änderung des Körperschaftsteuerbescheides nach sich ziehen, in dem die Minderung zu berücksichtigen ist.[3]

Feststellung der Minderung. Die Feststellung der Minderung der KSt erfolgte iRd Festsetzung der tariflichen KSt gem § 23 I.

Einstweilen frei.

5. Zeitlicher Anwendungsbereich (Übergangszeitraum). Erstmalige Anwendung. Eine Körperschaftsteuerminderung war gem § 37 II erstmals bei ordnungsgemäßen Gewinnausschüttungen vorzunehmen, die in dem zweiten WJ erfolgt sind, für das das neue Körperschaftsteuerrecht (nach Abschaffung des Anrechnungsverfahrens) galt. Dies ist bei einem mit dem Kalenderjahr übereinstimmenden WJ erstmals das WJ 2002 bzw bei einem abweichenden WJ erstmals das WJ 2002/2003.[4]

---

1 BFH I R 69, 70/05, BStBl II 2007, 662; kritisch *Bauschatz* in Gosch § 37 Rn 88 f.
2 Ebenso *Bauschatz* in Gosch § 37 Rn 70 f; Frotscher in Frotscher/Maas § 37 Rn 25; aA *Thurmayer* in H/H/R § 37 Rn 36.
3 BFH I R 67/05, BStBl II 2008, 312.
4 BMF v 6.11.2003, BStBl I 2003, 575, Rn 31.

27 **Bescheinigung (§ 37 II S 4).** Die ausschüttende Körperschaft hatte dem Empfänger den in Anspruch genommenen Körperschaftsteuerminderungsbetrag nach amtlich vorgeschriebenem Muster zu bescheinigen (§ 37 III S 4).

28 **Moratorium.** Zur zeitlichen Dauer des Moratoriums vgl Rn 21.

29 **Minderungspause.** Durch die Anwendungsregelung ergibt sich eine verfassungsrechtlich zulässige[1] einjährige „Minderungspause" für Vorabausschüttungen, die im unmittelbar vorangehenden WJ 2001 bzw 2001/2002 abgeflossen sind. Für diese ist weder nach altem noch nach neuem Recht eine Minderung der KSt möglich.

30 **Dauer des Anwendungszeitraums.** Der Anwendungszeitraum gem § 37 II S 3 war zunächst auf 15 WJ begrenzt. Im Zuge der Einführung des sog Moratoriums wurde der Anwendungszeitraum auf 18 Jahre verlängert. Er dauerte danach längstens bis 2019. Ein bis dahin nicht verwendetes Körperschaftsguthaben wäre verfallen.

31 *Einstweilen frei.*

32 **VI. Nachsteuer bei Ausschüttung an Körperschaften (§ 37 III). 1. Allgemeines. Überblick.** Erhält eine Körperschaft Bezüge, die bei ihr nach § 8b I außer Ansatz bleiben und die bei der leistenden Körperschaft zu einer Minderung der KSt geführt haben, erhöht sich bei der empfangenden Körperschaft die KSt und das Körperschaftsteuerguthaben um den auf sie entfallenden Betrag der Minderung bei der leistenden Körperschaft („Nachsteuer").

33 **Zweck.** Die Regelung verhindert, dass zwischen verbundenen Unternehmen steuerliche Vorteile dadurch erzielt werden konnten, dass bei der ausschüttenden TG die Körperschaftsteuerminderung in Anspruch genommen wurde, ohne dass es bei der empfangenden MG zu einer Besteuerung kam.

34 *Einstweilen frei.*

35 **2. Persönlicher Anwendungsbereich. Unbeschränkt Steuerpflichtige (§ 37 III S 1).** Nachsteuerpflichtig sind gem § 37 III S 1 unbeschränkt steuerpflichtige Körperschaften und Personenvereinigungen, deren Leistungen bei den Empfängern zu den Einnahmen iSd § 20 I Nr 1 oder 2 EStG gehören. Nicht nachsteuerpflichtig sind damit insbesondere juristische Personen des öffentlichen Rechts, Anstalten und Stiftungen sowie beschränkt Steuerpflichtige.

36 **Steuerbefreite Körperschaften (§ 37 III S 6).** Nicht nachsteuerpflichtig sind gem § 37 I S 6 auch von der KSt befreite Körperschaften, Personenvereinigungen und Vermögensmassen, wenn die Gewinnausschüttungen im steuerfreien Bereich zufließen. Bei gemeinnützigen Körperschaften iSd § 5 I Nr 9 gilt dies nach § 37 III S 6 auch, wenn die Einnahmen in einem wirtschaftlichen Geschäftsbetrieb anfallen.[2]

37 **Personengesellschaften.** Ist Empfänger einer Ausschüttung eine Personengesellschaft, fällt eine Nachsteuer an, soweit eine nachsteuerpflichtige Körperschaft an ihr beteiligt ist.[3]

---

1 BFH I R 52/07, BStBl II 2008, 431.
2 BMF v 6.11.2003, BStBl I 2003, 575, Rn 36.
3 BMF v 6.11.2003, BStBl I 2003, 575, Rn 37; *Dötsch* in D/J/P/W § 37 Rn 83; *Frotscher* in Frotscher/Maas § 37 Rn 35a; *Lornsen-Veit* in Erle/Sauter § 37 Rn 90; aA (aber nur soweit die Beteiligung zum Gesamthandsvermögen gehört) *Bauschatz* in Gosch § 37 Rn 120ff.

VI. Nachsteuer bei Ausschüttung an Körperschaften

Organschaft (§ 37 III S 2). Zu einer Nachsteuer können gem § 37 III S 2 auch Bezüge führen, die eine Organgesellschaft erhält und die dem Organträger zugerechnet werden, wenn dieser eine nachsteuerpflichtige Körperschaft ist. Die Nachsteuerbelastung greift dann auf Ebene des Organträgers. 38

Personengesellschaft als Organträger (§ 37 III S 2). Es gilt Rn 37 entsprechend. 39

Einstweilen frei. 40

3. Sachlicher Anwendungsbereich. Bezüge, die nach § 8b I steuerfrei sind. Eine Nachsteuer lösen nur Bezüge aus, die bei der empfangenden Körperschaft nach § 8b I bei der Ermittlung des Einkommens außer Ansatz bleiben. Dies sind insbesondere Gewinnanteile aus Aktien und GmbH-Anteilen (vgl weitergehend § 8b Rn 126 ff). Ist auf die Bezüge § 8b VII oder VIII anzuwenden, kommt die Erhebung einer Nachsteuer nicht in Betracht. 41

Minderung der KSt bei der leistenden Körperschaft. Eine Nachsteuer können dem Sinn der Regelung entsprechend nur Bezüge auslösen, die bei der ausschüttenden Körperschaft zu einer Körperschaftsteuerminderung geführt haben. 42

Umwandlungen (§ 37 III S 3). Nach § 37 III S 3 sind die Regelungen zur Nachsteuer im Fall des § 4 UmwStG idF vor SEStEG entsprechend anzuwenden. Die Vorschrift hat Bedeutung für Verschmelzungen, Auf- und Abspaltungen sowie den Formwechsel einer Körperschaft auf eine Personengesellschaft, an der unbeschränkt steuerpflichtige Körperschaften beteiligt sind, wenn die Anmeldung zur Eintragung ins Handelsregister vor dem 31. 12. 2006 erfolgt ist. Gem § 10 UmwStG idF vor SEStEG kam es bei der übertragenden Körperschaft zu einer Minderung der KSt in sinngemäßer Anwendung des § 37. Die Minderung wurde hierbei gem § 10 S 2 UmwStG nicht durch § 37 IIa begrenzt. Gleichzeitig blieb der Übernahmegewinn nach § 4 VII S 1 UmwStG idF vor SEStEG bei den vorgenannten Mitunternehmern bei der Ermittlung des Einkommens außer Ansatz, so dass insoweit ein dem Grundfall des § 37 III entsprechender Sachverhalt vorliegt. 43

Einstweilen frei. 44

4. Rechtsfolgen. Körperschaftsteuererhöhung. Die Nachsteuer führt gem § 37 III S 1 zu einer Erhöhung der festzusetzenden KSt bei der Körperschaft, die die nach § 8b I steuerfreien Bezüge vereinnahmt, in dem VZ, in dem ihr die Leistung zufließt. Sie ist zusammen mit der KSt dieses VZ festzusetzen. Die Höhe der Nachsteuer bemisst sich nach der jeweils auf die Anteile entfallenden Körperschaftsteuerminderung der leistenden Körperschaft. 45

Zugang beim Körperschaftsteuerguthaben. Gleichzeitig erhöht sich bei der nachsteuerpflichtigen Körperschaft das festzusetzende Körperschaftsteuerguthaben; die Nachsteuer wird also nicht definitiv, sondern steht der Körperschaft als Körperschaftsteuerguthaben für eigene Ausschüttungen zur Verfügung. 46

Personengesellschaft. Fallen die Bezüge bei einer Personengesellschaft an (vgl Rn 37), wird die Nachsteuer nicht auf der Ebene der Personengesellschaft erhoben, sondern bei der beteiligten nachsteuerpflichtigen Körperschaft. 47

48 **Phasengleiche Realisierung.** Ein aus der Nachsteuer resultierendes Körperschaftsteuerguthaben kann bereits in dem selben Jahr, in dem die Gesellschaft die Gewinnausschüttung erhält, für eine Weiterausschüttung der Gewinne verwendet werden, auch wenn es formal erst iRd Feststellung zum Abschluss des WJ das vorhandene Körperschaftsteuerguthaben der nachsteuerpflichtigen Körperschaft erhöht.[1]

49 **Organschaft.** Ist Empfänger der Ausschüttung eine Organgesellschaft (vgl Rn 38), ist die Nachsteuer bei dem Organträger zu erheben. Ist der Organträger eine Personengesellschaft (vgl Rn 39), fällt die Nachsteuer bei der an dieser beteiligen nachsteuerpflichtigen Körperschaft an.

50 **Bescheinigung (§ 37 III S 4 ff).** Nach § 37 III S 4 hat die leistende Körperschaft der empfangenden Körperschaft die Höhe des in Anspruch genommenen Betrags der Körperschaftsteuerminderung und den Zahlungstag auf amtlich vorgeschriebenem Muster zu bescheinigen. Der Verweis auf die sinngemäße Anwendung des § 27 III S 2, IV und V bezieht sich auf die Fassung des § 27 vor der Änderungen durch das SEStEG und umfasst den formalen Hinweis, wann die Bescheinigung nicht unterschrieben zu werden braucht (§ 27 III S 2), zur Ausstellung durch Kreditinstitute (§ 27 IV) und zur Haftung bei falscher Bescheinigung (§ 27 V). Eine Festschreibung erteilter Bescheinigungen iSd § 27 V nF ist damit nicht verbunden, vielmehr dürfte der Verweis iRd SEStEG durch ein redaktionelles Versehen nicht angepasst worden sein. Tritt also bei der ausschüttenden Körperschaft eine Änderung der Verwendung des Körperschaftsteuerguthabens (zB aufgrund einer Betriebsprüfung) ein, wirkt sich diese Änderung auch auf die Höhe der Nachsteuer bei der empfangenden Körperschaft aus.

51 *Einstweilen frei.*

52 **VII. Nach 2006: Letztmalige Ermittlung des Körperschaftsteuerguthabens (§ 37 IV). 1. Allgemeines. Sinn und Zweck.** Die Umstellung des ausschüttungsabhängigen Verfahrens auf eine ausschüttungsunabhängige ratierliche Auszahlung durch das SEStEG wird unter anderem damit begründet, dass eine grenzüberschreitende Anwendung nur schwer administrierbar wäre.[2] Denn durch die verbesserten Möglichkeiten grenzüberschreitender Umwandlungen kann ein vorhandenes Körperschaftsteuerguthaben auch auf ausländische Gesellschaften übergehen. Die ratierliche Auszahlung stellt zugleich aber auch eine wesentliche Verfahrenserleichterung dar. Aufgrund der Planungssicherheit für die Gesellschaften und den Fiskus sowie der vollständigen Auszahlung der Beträge, die kein Ausschüttungspotenzial voraussetzt, führt die Neuregelung für alle Beteiligten zu einer erheblichen Verbesserung gegenüber der bisherigen Rechtslage.

53 *Einstweilen frei.*

---

1 BFH I R 42/07, BStBl II 2008, 390. Die bislang aA des BMF v 6.11.2003, BStBl I 2003, 575, Rn 40 ist durch die Veröffentlichung des Urteils überholt.
2 BTDrs 16/2710, 33.

2. Regelfall. Letztmalige Feststellung (§ 37 IV S 1). Das Körperschaftsteuerguthaben wird gem § 37 IV S 1 idR in allen Fällen letztmalig auf den 31.12.2006 ermittelt und nicht mehr fortgeführt. Es bildet die Ausgangsgröße für die ratierliche Auszahlung nach § 37 V. **54**

Abweichendes WJ. Der Stichtag ist unabhängig davon, ob zum 31.12.2006 ein WJ endet, so dass auch für vom Kalenderjahr abweichende WJ auf diesen Stichtag das Körperschaftsteuerguthaben nach § 37 IV S 1 festzustellen ist. **55**

Leistungen vor dem 31.12.2006. Bei der Ermittlung des Körperschaftsteuerguthabens gem § 37 IV S 1 werden alle bis zu diesem Tag erfolgten Leistungen der Körperschaft berücksichtigt, auf die noch die bisherigen Regelungen anzuwenden sind. **56**

Verfahrensrecht. Eine gesonderte Feststellung des zum 31.12.2006 ermittelten Körperschaftsteuerguthabens ist nach den allgemeinen verfahrensrechtlichen Grundsätzen nicht erforderlich, weil der nach § 37 IV zu ermittelnde Betrag des Körperschaftsteuerguthabens mit dem nach § 37 V festzusetzenden Anspruch auf Auszahlung identisch ist.[1] **57**

Letztmalige Anwendung von § 37 I–III (§ 37 IV S 4). Eine Anwendung der ausschüttungsabhängigen Körperschaftsteuerminderung nach § 37 I–III kommt letztmals für Ausschüttungen und als ausgeschüttet geltende Beträge (vororganschaftlich verursachte Mehrabführungen) in Betracht, die vor dem 1.1.2007 bzw dem für Umwandlungen gem § 37 IV S 2 maßgeblichen früheren Zeitpunkt (dh vor dem 13.12.2006 vgl Rn 60) erfolgt (hierzu vgl Rn 7 ff) sind. Unter diese Regelung fallen nicht die nach § 7 UmwStG idFd SEStEG als ausgeschüttet geltenden Beträge.[2] **58**

Einstweilen frei. **59**

3. Sonderregelungen für Umwandlungen (§ 37 IV S 2). Umwandlungen nach dem 12.12.2006. Bei Umwandlungen iSd § 1 I UmwStG, für die der Antrag auf Eintragung in ein öffentliches Register nach dem 12.12.2006 (Tag der Verkündung des SEStEG) gestellt worden ist, wird das Körperschaftsteuerguthaben letztmalig auf den vor dem 31.12.2006 liegenden steuerlichen Übertragungsstichtag bei der Übertragerin ermittelt. **60**

Umwandlungen vor dem 13.12.2006. Bei Umwandlungen iSd § 1 I UmwStG, für die der Antrag auf Eintragung in ein öffentliches Register vor dem 13.12.2006 gestellt worden ist, verbleibt es bei der Anwendung des § 10 UmwStG idF vor SEStEG (vgl Rn 43). **61**

Behandlung von Ausschüttungen im Zusammenhang mit Umwandlungen. Für die Behandlung von ordnungsgemäßen Gewinnausschüttungen der übertragenden Körperschaft an ihre Anteilseigner, die im zeitlichen Zusammenhang mit der Umwandlung erfolgen, gelten die Ausführungen der BMF-Schreiben v 25.03.1998 und v 16.12.2003 fort.[3] Daraus folgt für die Anwendung des § 37: **62**

---

1 *Frotscher* in Frotscher/Maas § 37 Rn 61; aA *Bauschatz* in Gosch § 37 Rn 167.
2 *Lornsen-Veit* in Erle/Sauter § 37 Rn 120 mit Hinweis auf den Regierungsentwurf JStG 2008, 123.
3 BMF v 25.3.1998, BStBl I 1998, 268, Tz 02.21 ff; BMF v 16.12.2003, BStBl I 2003, 786, Rn 23 ff.

Ordnungsgemäße Gewinnausschüttungen, die bereits vor dem steuerlichen Übertragungsstichtag beschlossen worden sind, aber erst nach dem steuerlichen Übertragungsstichtag abfließen, gelten als am steuerlichen Übertragungsstichtag bei der übertragenden Körperschaft abgeflossen und lösen deshalb noch eine Körperschaftsteuerminderung nach den bisherigen Regelungen aus.

Bei ordnungsgemäßen Gewinnausschüttungen, die erst im Rückwirkungszeitraum, aber vor dem 31.12.2006 begründet werden und abfließen, ist zu prüfen, wann die Ausschüttung nach den Vorschriften des UmwStG als abgeflossen gilt.

Für vorgenannte Ausschüttungen auf Anteile, die unter die Rückwirkungsfiktion des § 2 UmwStG fallen, kommt eine Körperschaftsteuerminderung nach bisherigem Recht grundsätzlich nicht mehr in Betracht, weil sie bereits dem übernehmenden Rechtsträger zuzurechnen sind und somit nach dem in § 37 IV genannten Stichtag der Ermittlung der Körperschaftsteuerminderung erfolgen. Bei Umwandlung auf eine Personengesellschaft handelt es sich zudem um Entnahmen, für die die Regelungen des § 37 ohnedies nicht gelten.

Soweit die Ausschüttungen auf Anteilseigner entfallen, für die die Rückwirkungsfiktion des § 2 UmwStG nicht gilt,[1] gelten die Beträge bereits am steuerlichen Übertragungsstichtag bei der übertragenden Körperschaft als abgeflossen und sind wie Ausschüttungen zu behandeln, für die bereits am steuerlichen Übertragungsstichtag eine Ausschüttungsverbindlichkeit bestand.

63
Einstweilen frei.

64
4. Sonderregelung für Liquidationen (§ 37 IV S 3 und 5). Ermittlung des Körperschaftsteuerguthabens. In Fällen der Liquidation, bei denen das Vermögen nach dem 12.12.2006 (Tag der Verkündung des SEStEG) und vor dem 1.1.2007 verteilt wurde, wird das Körperschaftsteuerguthaben gem § 37 IV S 3 letztmals auf den Stichtag ermittelt, auf den die Liquidationsschlussbilanz erstellt wurde.

65
Abschlagszahlung. Auf Abschlagszahlungen, die bis zu diesem Stichtag erfolgt sind, sind gem § 37 IV S 5 die Regelungen des § 37 I-III anzuwenden. Daraus folgt, dass für die Schlussverteilung des Abwicklungs-Endvermögens eine Anwendung der ausschüttungsabhängigen Verwendung des Körperschaftsteuerguthabens nur noch in Betracht kommt, wenn diese bis zum 12.12.2006 erfolgt ist.

66
Einstweilen frei.

67
VIII. Auszahlung des Körperschaftsteuerguthabens (§ 37 V). 1. Ratierliche Auszahlung. Entstehen des Anspruchs (§ 37 V S 2). Innerhalb des Auszahlungszeitraums von 2008 bis 2017 hat die Körperschaft, der gegenüber die Festsetzung ergangen ist, oder deren Rechtsnachfolger einen unverzinslichen Anspruch auf Auszahlung des ermittelten Körperschaftsteuerguthabens in zehn gleichen Jahresbeträgen. Der Anspruch entsteht zum 31.12.2006 bzw zum abweichenden Stichtag.

---

[1] Ausgeschiedene oder abgefundene Anteilseigner BMF v 25.3.1998, BStBl I 1998, 268, Tz 02.09 und 02.10.

VIII. Auszahlung des Körperschaftsteuerguthabens

Keine Antragstellung. Die Entstehung und Auszahlung des Guthabens ist nicht von einer Antragstellung abhängig.[1] Es handelt sich um einen rein kassentechnischen Vorgang. Der jährliche Auszahlungsbetrag hat dementsprechend keine Auswirkung auf die Höhe der festzusetzenden KSt für die einzelnen VZ des Auszahlungszeitraums. **68**

Festsetzung (§ 37 V S 3). Der Auszahlungsanspruch wird gem § 37 V S 3 für den gesamten Auszahlungszeitraum in einem gesonderten Bescheid als Erstattungsanspruch nach § 37 II AO festgesetzt.[2] **69**

Fälligkeit. Die Auszahlung ist jeweils am 30.9., erstmals am 30.9.2008 gem § 37 V S 4 fällig. Bei verspäteter Festsetzung nach dem 31.8.2008 ist der Anspruch für das Jahr der Bekanntgabe und die vorangegangenen Jahre nach § 37 V S 5 innerhalb eines Monats nach Bekanntgabe des Bescheids auszuzahlen (zu Kleinbetragsfällen Rn 80). **70**

Einstweilen frei. **71**

2. Übertragung des Auszahlungsanspruchs (§ 37 V S 10). Abtretung gem § 46 AO. Der Anspruch auf Auszahlung des Körperschaftsteuerguthabens ist ein Anspruch aus dem Steuerschuldverhältnis iSv § 37 AO. Er kann als solcher im Wege der Abtretung unter Beachtung der Vorschriften des § 46 AO insgesamt oder anteilig auf einen anderen übertragen werden. Um eine Abtretung zu erleichtern, ist § 46 IV AO, der den geschäftsmäßigen Erwerb von Steuererstattungsansprüchen zum Zwecke der Einziehung oder sonstigen Verwendung auf eigene Rechnung grundsätzlich untersagt, nach § 37 V S 10 auf die Abtretung des Körperschaftsteuerguthabens nicht anzuwenden. Übertragungen iRe Einzelrechtsnachfolge außerhalb der vorgenannten Regelungen werden steuerlich nicht anerkannt. **72**

Liquidation. In Fällen der Liquidation kann das Körperschaftsteuerguthaben in voller Höhe realisiert werden, ohne dass die Beendigung der Gesellschaft bis zum Ablauf des Auszahlungsanspruchs aufgeschoben werden muss, wenn der Anspruch zuvor auf eine andere Person (zB ein Kreditinstitut) übertragen wird. Im Ergebnis ist das Körperschaftsteuerguthaben genauso zu behandeln wie jede andere Forderung der Liquidationsgesellschaft. **73**

Übertragung im Wege der Gesamtrechtsnachfolge. Der Auszahlungsanspruch kann des Weiteren auch durch Gesamtrechtsnachfolge (zB durch Verschmelzung, Auf-/Abspaltung oder den Formwechsel einer Körperschaft in eine Personengesellschaft) auf einen anderen übergehen. In diesem Fall wird der Gesamtrechtsnachfolger Anspruchsberechtigter gegenüber dem Finanzamt.[3] **74**

Bilanzielle Auswirkungen der Abtretung. Tritt eine Körperschaft den Auszahlungsanspruch nach § 46 AO an einen Dritten ab, hat der Erwerber die erworbene Geldforderung mit den Anschaffungskosten zu aktivieren. Die Ratenzahlungen bleiben iHd Tilgungsanteils erfolgsneutral. Der Zinsanteil wirkt sich erhöhend auf den Gewinn aus (zur fehlenden steuerlichen Korrektur vgl Rn 98). **75**

---

1 BMF v 14.1.2008, BStBl I 2008, 280.
2 *Bauschatz* in Gosch § 37 Rn 206; *Frotscher* in Frotscher/Maas § 37 Rn 52; aA *Bott* (Anspruch nach § 155 IV AO) in EY § 37 Rn 234.
3 BMF v 14.1.2008, BStBl I 2008, 280.

76 *Einstweilen frei.*

77 **3. Insolvenzverfahren. Allgemeine Grundsätze.** Für die Aufrechnungsmöglichkeiten des Finanzamts gelten die allgemeinen Grundsätze, nach denen die Vorschriften des BGB (§§ 226 I, 404-407 BGB) sinngemäß anzuwenden sind. Danach kann eine Aufrechnung mit Insolvenzforderungen erfolgen, wenn der Erstattungsanspruch vor Eröffnung des Insolvenzverfahrens im insolvenzrechtlichen Sinne entstanden ist.[1]

78 **Entstehen und Aufrechnung des Anspruchs.** Der Anspruch auf Auszahlung des Körperschaftsteuerguthabens wird auch insolvenzrechtlich erst mit Einführung des § 37 V begründet. Der abweichenden Auffassung der Verwaltung, der Anspruch sei bereits mit Wechsel vom Anrechnungsverfahren zum 31.12.2000 als systembedingtes Körperschaftsteuerminderungspotenzial entstanden, ist der BFH nicht gefolgt.[2] Eine Aufrechnung mit Insolvenzforderungen ist danach in Insolvenzverfahren möglich, die nach dem 31.12.2006 eröffnet worden sind.

79 *Einstweilen frei.*

80 **4. Sofortige Auszahlung in Kleinbetragsfällen (§ 37 V S 6). Regelungsgehalt.** Nach § 37 V S 6, der durch das Steuerbürokratieabbaugesetz v 20.12.2008[3] eingefügt wurde, ist das Körperschaftsteuerguthaben in einer Summe auszuzahlen, wenn der festgesetzte Auszahlungsanspruch nicht mehr als 1.000 EUR beträgt.

81 **Spätere Anspruchserhöhung.** Erhöht sich der Anspruch später durch eine geänderte Festsetzung auf einen Betrag von insgesamt mehr als 1.000 EUR, wird der ausgezahlte Betrag nicht zurückgefordert.[4]

82 **Festsetzungsfrist (§ 37 V S 8).** Die Festsetzungsfrist für die Festsetzung des Auszahlungsanspruchs (vgl Rn 69) wird durch die Anwendung der Kleinbetragsregelung nicht berührt. Sie läuft nach § 37 V S 8 auch in diesen Fällen nicht vor Ablauf des Jahres ab, in dem bei ratierlicher Auszahlung der letzte Jahresbetrag fällig geworden wäre.

83 *Einstweilen frei.*

84 **5. Spätere Änderung des Auszahlungsanspruchs (§ 37 V S 9 und VI). Grundsatz.** Ein Bescheid über die Festsetzung des Körperschaftsteuerguthabens ist nach § 37 V S 9 iVm § 10d IV S 4 und 5 EStG zu erlassen, aufzuheben oder zu ändern, wenn sich die Grundlagen für die Ermittlung des Körperschaftsteuerguthabens ändern.

---

1   BFH I R 20/10, BStBl II 2011, 822, vorgehend Thüringer FG 2 K 215/09, EFG 2010, 750; BFH I R 38/10, BFH/NV 2011, 1298, vorgehend Niedersächsisches FG 6 K 408/09, EFG 2010, 1390; Niedersächsisches FG 6 K 434/09, EFG 2010, 1393 (rkr).
2   BFH I R 20/10, BStBl II 2011, 822, vorgehend Thüringer FG 2 K 215/09, EFG 2010, 750; BFH I R 38/10, BFH/NV 2011, 1298, vorgehend Niedersächsisches FG 6 K 408/09, EFG 2010, 1390; Niedersächsisches FG 6 K 434/09, EFG 2010, 1393 (rkr).
3   BGBl I 2008, 2850.
4   BMF v 21.7.2008, BStBl I 2008, 741.

VIII. Auszahlung des Körperschaftsteuerguthabens

Erhöhung des Auszahlungsbetrags. Ergibt sich nach einer Außenprüfung ein Auszahlungsbetrag, der die bis zur Bekanntgabe des Bescheides geleistete Zahlungen übersteigt, wird der übersteigende Betrag nach § 37 VI S 1 grundsätzlich auf die verbleibenden Fälligkeitstermine verteilt. 85

Kleinbetragsregelung. Abweichend davon ist der übersteigende Betrag nach § 37 VI S 2 in einer Summe auszuzahlen, wenn er nicht mehr als 1.000 EUR beträgt und auch der bisher festgesetzte Betrag unter Anwendung der Kleinbetragsregelungen des § 37 VI S 6 oder § 37 VI S 2 als Einmalbetrag auszuzahlen war.[1] Die Kleinbetragsregelungen kommen also auch bei mehrfachen Änderungen unter der Voraussetzung in Betracht, dass das ursprünglich festgesetzte Körperschaftsteuerguthaben und jeder einzelne Erhöhungsbetrag jeweils die Grenze von 1.000 EUR nicht übersteigt. 86

Verringerung des Auszahlungsbetrags. Verringert sich der Auszahlungsanspruch nach einer Änderung gegenüber dem bisher festgesetzten Betrag, wird der Unterschiedsbetrag auf die verbleibenden Fälligkeitstermine gem § 37 VI S 1 verteilt. Ist der geänderte Auszahlungsanspruch geringer als die Summe der bereits geleisteten Auszahlungen, ist der Unterschiedsbetrag innerhalb eines Monats nach Bekanntgabe des Änderungsbescheides gem § 37 VI S 3 zurückzuzahlen. 87

Einstweilen frei. 88

6. SolZ. Das Körperschaftsteuerguthaben wirkt sich anders als im bisherigen ausschüttungsabhängigen System nicht auf den SolZ aus. Bemessungsgrundlage für den SolZ ist gemäß § 3 I Nr 2 SolZG nur die festgesetzte KSt. Während die ausschüttungsabhängige Körperschaftsteuerminderung die festgesetzte KSt gemindert und damit die Bemessungsgrundlage für den SolZ beeinflusst hat, erfolgt die Auszahlung des Körperschaftsteuerguthabens nach § 37 V außerhalb der Körperschaftsteuerfestsetzung und hat deshalb keinen Einfluss auf die Bemessungsgrundlage für den SolZ. Eine Erstattung von SolZ ist daher gesetzlich nicht vorgesehen.[2] 89

Einstweilen frei. 90

7. Keine Verzinsung. Nach § 37 V S 7 ist der Auszahlungsanspruch nicht zu verzinsen. Trotz der Auszahlung über einen Zeitraum von 10 Jahren wird für eine Verzinsung des Auszahlungsbetrags kein Anlass gesehen, da es sich nicht um vorausgezahlte Beträge handelt, auf deren Rückzahlung die Körperschaft bereits vor der Änderung durch § 37 IV ff einen Rechtsanspruch hatte. Es handelt sich vielmehr um einen Anspruch, der erst in Zukunft im Fall einer Ausschüttung entstanden wäre. Die ratierliche Auszahlung unterstellt gewissermaßen ein gleichmäßiges Ausschüttungsverhalten innerhalb des 10jährigen Auszahlungszeitraums. Die fehlende Verzinsung hat Auswirkungen auf die Bilanzierung des Anspruchs (vgl Rn 93 f). 91

---

1 BMF v 21.7.2008, BStBl I 2008, 741.
2 Niedersächsisches FG 6 K 207/09, EFG 2010, 1166; FG Köln 13 K 492/09, EFG 2010, 1357 und FG Köln 13 K 64/09, EFG 2010, 1353. Der BFH hat dem BVerfG mit Beschluss I R 39/10, DStR 2011, 2287 die Frage zur Entscheidung vorgelegt, ob § 3 SolZG insoweit mit dem Grundgesetz vereinbar ist (Az 2 BvL 12/11).

92 *Einstweilen frei.*

93 **IX. Steuerliche Behandlung des Auszahlungsanspruchs (§ 37 VII). 1. Bilanzierung. Aktivierung.** Der gesamte Anspruch auf Auszahlung entsteht gem § 37 V S 2 mit Ablauf des 31.12.2006. Entsprechend ist der Auszahlungsanspruch bei einem mit dem Kalenderjahr übereinstimmenden WJ bereits in der Handels- und Steuerbilanz des Anspruchsberechtigten zum 31.12.2006 (bei einem vom Kalenderjahr abweichenden WJ in der Bilanz zum Ende des WJ, das nach dem 31.12.2006 endet) als Forderung zu aktivieren. Unbeachtlich ist, dass die einzelnen Auszahlungen im Jahresabstand erfolgen.

94 **Barwert.** Der unverzinsliche Auszahlungsanspruch ist mit seinem abgezinsten Barwert zu bilanzieren. Mangels besonderer Regelungen erfolgt die Abzinsung gem § 253 III HGB iVm § 5 EStG auf der Grundlage des Marktzinses am Bilanzstichtag. Als Orientierungshilfe kann zB die Verzinsung von Bundesanleihen herangezogen werden. Die Aktivierung mit dem Nennwert kommt nicht in Betracht.[1]

95 *Einstweilen frei.*

96 **2. Auswirkung auf die Ermittlung des Einkommens (§ 37 VII S 1). Außerbilanzielle Korrektur.** Erträge, die sich durch die ratierliche Auszahlung des Körperschaftsteuerguthabens ergeben, gehören bei der Körperschaft, gegenüber der der Auszahlungsanspruch festgesetzt worden ist, gem § 37 VII S 1 nicht zu den Einkünften iSd EStG. Auszahlungen des Körperschaftsteuerguthabens haben danach keinen Einfluss auf das Einkommen der Körperschaft. Entsprechendes gilt für Gewinnminderungen im Zusammenhang mit dem Körperschaftsteuerguthaben (zB aufgrund einer Änderung des Bescheids nach § 37 VI S 1, Zinsverlusten, Teilwertabschreibungen, Rückzahlungen oder Verlusten bei Übertragung des Anspruchs).

97 **Zinsanteil.** Die Vereinnahmung der zehn Jahresraten führt iHd Zinsanteils zu einer Gewinnrealisierung, die beim Anspruchsberechtigten ebenfalls bei der Ermittlung des Einkommens gem § 37 VII S 1 zu neutralisieren ist.[2]

98 **Spätere Erhöhung der Körperschaftsteuerforderung.** Soweit der Auszahlungsanspruch gem § 37 VI S 1 zu Gunsten des Steuerpflichtigen geändert wird, ist für den Ertrag die Steuerbefreiung gem § 37 VII S 1 ebenso anwendbar.[3]

99 **Abtretung des Anspruchs.** Die Steuerbefreiung gem § 37 VII S 1 gilt nur für Anspruchsberechtigte, denen gegenüber der Anspruch nach § 37 V S 3 festgesetzt wurde. Hat die Körperschaft ihren Auszahlungsanspruch gegen Erwerb einer anderen Forderung veräußert, gilt § 37 VII S 1 nicht für diese Forderung.[4] Der Erwerber des Auszahlungsanspruchs fällt nicht unter den Anwendungsbereich der Vorschrift, weil die Forderung bei ihm nicht aus eigenem Körperschaftsteuerguthaben resultiert. Zinsgewinne oder Zinsverluste aus der Forderung sind entsprechend steuerlich zu berücksichtigen.

---

1 BFH I B 16/08, BStBl II 2008, 886.
2 BMF v 14.1.2008, BStBl I 2008, 280.
3 *Bauschatz* in Gosch § 37 Rn 223.
4 BMF v 14.1.2008, BStBl I 2008, 280.

IX. Steuerliche Behandlung des Auszahlungsanspruchs

Gesamtrechtsnachfolge. Die Regelung des § 37 VII S 1 gilt auch für den Gesamtrechtsnachfolger, wenn der übernehmende Rechtsträger den Regelungen des KStG unterliegt, also insbesondere bei Verschmelzungen, Aufspaltungen oder Abspaltungen zwischen Körperschaften. Geht der Anspruch durch Umwandlung auf eine Personengesellschaft über, ist § 37 VII S 1 auch insoweit nicht anzuwenden, als an der Personengesellschaft Körperschaften beteiligt sind.[1] **100**

Einstweilen frei. **101**

3. Auswirkung auf das Übernahmeergebnis iSd § 4 UmwStG. Bei Vermögensübertragungen von einer Körperschaft auf eine Personengesellschaft oder natürliche Person ist der abgezinste Anspruch auf Auszahlung des Körperschaftsteuerguthabens in der steuerlichen Schlussbilanz der übertragenden Körperschaft auszuweisen. Das gilt mE auch in den in § 37 V S 2 genannten Fällen, da der Auszahlungsanspruch in diesen Fällen gem § 37 IV S 2 bereits mit Ablauf des steuerlichen Übertragungsstichtags entsteht. **102**

Übernahmeergebnis. Der Ausweis des Anspruchs auf Körperschaftsteuerguthaben in der Übertragungsbilanz führt gleichzeitig zu einer Erhöhung des Übernahmeergebnisses. **103**

Als ausgeschüttet geltende offene Rücklagen. Da der Anspruch als Ertrag in der Schlussbilanz der übertragenden Körperschaft erfasst wird, erhöht sich bei Umwandlungen einer Körperschaft in eine Personengesellschaft die nach § 7 UmwStG als ausgeschüttet geltenden offenen Rücklagen.[2] **104**

Einstweilen frei. **105**

4. Organschaft. Anspruch der Organgesellschaft. Der Anspruch einer Organgesellschaft auf Auszahlung ihres Körperschaftsteuerguthabens steht dieser selbst und nicht dem Organträger zu. Der Anspruch ist deshalb bilanziell bei der Organgesellschaft zu erfassen.[3] **106**

Ergebnisabführung. Ein durch Aktivierung des Anspruchs erhöhtes handelsrechtliches Ergebnis ist iRd Ergebnisabführungsvertrages an den Organträger abzuführen. Das gilt entsprechend für die Beträge, die sich in den Jahren der Auszahlung auf das handelsrechtliche Ergebnis der Organgesellschaft auswirken (insbesondere der Zinsanteil der einzelnen Raten). **107**

Fehlerhafte Bilanzierung. Die fehlerhafte oder unterlassene Aktivierung in der Bilanz der Organgesellschaft bzw die zu Unrecht vorgenommene Aktivierung in der Bilanz des Organträgers berührt die steuerliche Anerkennung der Organschaft nicht.[4] **108**

---

1 BMF v 14.1.2008, BStBl I 2008, 280; *Frotscher* in Frotscher/Maas § 37 Rn 68; *Dötsch* in D/J/P/W § 37 Rn 130; *Bott* in EY § 37 Rn 257; aA *Bauschatz* in Gosch § 37 Rn 225.
2 *Dötsch* in D/J/P/W § 37 Rn 129.
3 BMF v 14.1.2008, BStBl I 2008, 280; *Frotscher* in Frotscher/Maas § 37 Rn 51; *Dötsch* in D/J/P/W § 37 Rn 110; *Bauschatz* in Gosch § 37 Rn 201.
4 OFD Hannover v 5.11.2008, DStR 2009, 325.

109 **Fehlende Abführung.** Die fehlende Abführung nach zutreffender Aktivierung des Auszahlungsanspruchs stellt einen Verstoß gegen die ordnungsgemäße Durchführung des Gewinnabführungsvertrags dar, der gem § 14 I S 1 der steuerlichen Anerkennung der Organschaft entgegensteht.[1]

110 *Einstweilen frei.*

---

1 OFD Hannover v 5.11.2008, DStR 2009, 325.

§ 38 Körperschaftsteuererhöhung

(1) ¹Ein positiver Endbetrag im Sinne des § 36 Abs. 7 aus dem Teilbetrag im Sinne des § 30 Abs. 2 Nr. 2 in der Fassung des Artikels 4 des Gesetzes vom 14. Juli 2000 (BGBl. I S. 1034) ist auch zum Schluss der folgenden Wirtschaftsjahre fortzuschreiben und gesondert festzustellen. ²§ 27 Abs. 2 gilt entsprechend. ³Der Betrag verringert sich jeweils, soweit er als für Leistungen verwendet gilt. ⁴Er gilt als für Leistungen verwendet, soweit die Summe der Leistungen, die die Gesellschaft im Wirtschaftsjahr erbracht hat, den um den Bestand des Satzes 1 verminderten ausschüttbaren Gewinn (§ 27) übersteigt. ⁵Maßgeblich sind die Bestände zum Schluss des vorangegangenen Wirtschaftsjahrs. ⁶Die Rückzahlung von Geschäftsguthaben an ausscheidende Mitglieder von Genossenschaften stellt, soweit es sich dabei nicht um Nennkapital im Sinne des § 28 Abs. 2 Satz 2 handelt, keine Leistung im Sinne der Sätze 3 und 4 dar. ⁷Satz 6 gilt nicht, soweit der unbelastete Teilbetrag im Sinne des Satzes 1 nach § 40 Abs. 1 oder Abs. 2 infolge der Umwandlung einer Körperschaft, die nicht Genossenschaft im Sinne des § 34 Abs. 13d ist, übergegangen ist.

(2) ¹Die Körperschaftsteuer des Veranlagungszeitraums, in dem das Wirtschaftsjahr endet, in dem die Leistungen erfolgen, erhöht sich um 3/7 des Betrags der Leistungen, für die ein Teilbetrag aus dem Endbetrag im Sinne des Absatzes 1 als verwendet gilt. ²Die Körperschaftsteuererhöhung mindert den Endbetrag im Sinne des Absatzes 1 bis zu dessen Verbrauch. ³Satz 1 ist letztmals für den Veranlagungszeitraum anzuwenden, in dem das 18. Wirtschaftsjahr endet, das auf das Wirtschaftsjahr folgt, auf dessen Schluss nach § 37 Abs. 1 Körperschaftsteuerguthaben ermittelt werden.

(3) ¹Die Körperschaftsteuer wird nicht erhöht, soweit eine von der Körperschaftsteuer befreite Körperschaft Leistungen an einen unbeschränkt steuerpflichtigen, von der Körperschaftsteuer befreiten Anteilseigner oder an eine juristische Person des öffentlichen Rechts vornimmt. ²Der Anteilseigner ist verpflichtet, der ausschüttenden Körperschaft seine Befreiung durch eine Bescheinigung des Finanzamts nachzuweisen, es sei denn, er ist eine juristische Person des öffentlichen Rechts. ³Das gilt nicht, soweit die Leistung auf Anteile entfällt, die in einem wirtschaftlichen Geschäftsbetrieb gehalten werden, für den die Befreiung von der Körperschaftsteuer ausgeschlossen ist, oder in einem nicht von der Körperschaftsteuer befreiten Betrieb gewerblicher Art.

(4) ¹Der Endbetrag nach Absatz 1 wird letztmalig auf den 31. Dezember 2006 ermittelt und festgestellt. ²Wird das Vermögen einer Körperschaft oder Personenvereinigung im Rahmen einer Liquidation im Sinne des § 11 nach dem 31. Dezember 2006 verteilt, wird der Endbetrag im Sinne des Satzes 1 letztmalig auf den Schluss des letzten vor dem 1. Januar 2007 endenden Besteuerungszeitraums festgestellt. ³Bei über den 31. Dezember 2006 hinaus fortdauernden Liquidationen endet der Besteuerungszeitraum nach § 11 auf Antrag der Körperschaft oder Personenvereinigung mit Ablauf des 31. Dezember 2006. ⁴Die Absätze 1 bis 3 sind letztmals auf Leistungen anzuwenden, die vor dem 1. Januar 2007 oder dem nach Satz 2 maßgebenden Zeitpunkt erfolgt sind.

(5) ¹Der Körperschaftsteuererhöhungsbetrag beträgt 3/100 des nach Absatz 4 Satz 1 festgestellten Endbetrags. ²Er ist begrenzt auf den Betrag, der sich nach den Absätzen 1 bis 3 als Körperschaftsteuererhöhung ergeben würde, wenn die Körperschaft oder Personenvereinigung ihr am 31. Dezember 2006 oder an dem nach Absatz 4 Satz 2 maßgebenden Zeitpunkt bestehendes Eigenkapital laut Steuerbilanz für eine Ausschüttung verwenden würde. ³Ein Körperschaftsteuererhöhungsbetrag ist nur festzusetzen, wenn er 1000 Euro übersteigt.

(6) ¹Die Körperschaft oder deren Rechtsnachfolger hat den sich nach Absatz 5 ergebenden Körperschaftsteuererhöhungsbetrag innerhalb eines Zeitraums von 2008 bis 2017 in zehn gleichen Jahresbeträgen zu entrichten (Zahlungszeitraum). ²Satz 1 gilt nicht für Körper-

schaften oder Personenvereinigungen, die sich am 31. Dezember 2006 bereits in Liquidation befanden. ³Der Anspruch entsteht am 1. Januar 2007. ⁴Der Körperschaftsteuererhöhungsbetrag wird für den gesamten Zahlungszeitraum festgesetzt. ⁵Der Jahresbetrag ist jeweils am 30. September fällig. ⁶Für das Jahr der Bekanntgabe des Bescheids und die vorangegangenen Jahre ist der Jahresbetrag innerhalb eines Monats nach Bekanntgabe des Bescheids fällig, wenn die Bekanntgabe des Bescheids nach dem 31. August 2008 erfolgt. ⁷In den Fällen des Satzes 2 ist der gesamte Anspruch innerhalb eines Monats nach Bekanntgabe des Bescheids fällig. ⁸Der Anspruch ist nicht verzinslich. ⁹Die Festsetzungsfrist für die Festsetzung des Körperschaftsteuererhöhungsbetrags läuft nicht vor Ablauf des Jahres ab, in dem der letzte Jahresbetrag fällig geworden ist.

(7) ¹Auf Antrag kann die Körperschaft oder deren Rechtsnachfolger abweichend von Absatz 6 Satz 1 den Körperschaftsteuererhöhungsbetrag in einer Summe entrichten. ²Der Antrag kann letztmals zum 30. September 2015 gestellt werden. ³Anstelle des jeweiligen Jahresbetrags ist zu dem Zahlungstermin, der auf den Zeitpunkt der Antragstellung folgt, der zu diesem Termin nach Absatz 6 Satz 4 fällige Jahresbetrag zuzüglich der noch nicht fälligen Jahresbeträge abgezinst mit einem Zinssatz von 5,5 Prozent zu entrichten. ⁴Mit der Zahlung erlischt der gesamte Anspruch. ⁵Die Sätze 3 und 4 sind in den Fällen des Absatzes 6 Satz 7, des Absatzes 8 und des Absatzes 9 Satz 1 und 2 von Amts wegen anzuwenden.

(8) Bei Liquidationen, die nach dem 31. Dezember 2006 beginnen, werden alle entstandenen und festgesetzten Körperschaftsteuererhöhungsbeträge an dem 30. September fällig, der auf den Zeitpunkt der Erstellung der Liquidationseröffnungsbilanz folgt.

(9) ¹Geht das Vermögen einer unbeschränkt steuerpflichtigen Körperschaft oder Personenvereinigung durch einen der in § 1 Abs. 1 Nr. 1 des Umwandlungsteuergesetzes vom 7. Dezember 2006 (BGBl. I S. 2782, 2791) in der jeweils geltenden Fassung genannten Vorgänge ganz oder teilweise auf eine nicht unbeschränkt steuerpflichtige Körperschaft oder Personenvereinigung über oder verlegt eine unbeschränkt steuerpflichtige Körperschaft oder Personenvereinigung ihren Sitz oder Ort der Geschäftsleitung und endet dadurch ihre unbeschränkte Steuerpflicht, werden alle entstandenen und festgesetzten Körperschaftsteuererhöhungsbeträge an dem 30. September fällig, der auf den Zeitpunkt des Vermögensübergangs oder des Wegzugs folgt. ²Ist eine Festsetzung nach Absatz 6 noch nicht erfolgt, ist der gesamte Anspruch innerhalb eines Monats nach Bekanntgabe des Bescheids fällig. ³Satz 1 gilt nicht, wenn der übernehmende Rechtsträger in einem anderen Mitgliedstaat der Europäischen Union unbeschränkt steuerpflichtig ist oder die Körperschaft oder Personenvereinigung in den Fällen des Wegzugs in einem anderen Mitgliedstaat der Europäischen Union unbeschränkt steuerpflichtig wird.

(10) § 37 Abs. 6 und 7 gilt entsprechend.

KStH 84

Übersicht

	Rn
I. Regelungsgehalt der Norm	1 – 2
II. Rechtsentwicklung	3 – 4
III. Normzweck	5 – 7
IV. Ermittlung und Fortschreibung des Endbetrags nach § 36 VII	8 – 13
V. Bis 2006: Fortführung eines positiven Endbetrags des EK 02 im 18-jährigen Übergangszeitraum	14 – 32

1. Allgemeines	14 – 16
2. Leistungen	17 – 20
3. Differenzrechnung	21 – 28
4. Sonderregelung für Genossenschaften (§ 38 I S 6 und 7)	29 – 32
VI. Körperschaftsteuererhöhung und Verringerung des EK 02 (§ 38 II)	33 – 37
1. Körperschaftsteuererhöhung (§ 38 II S 1)	33 – 35
2. Verringerung des EK 02	36 – 37
VII. Absehen von der Körperschaftsteuererhöhung bei Ausschüttungen im steuerfreien Bereich (§ 38 III)	38 – 48
1. Ausnahme	38 – 39
2. Nachweis der Steuerfreiheit des Empfängers	40 – 43
3. Rechtsfolge	44 – 45
4. Rückausnahme für Beteiligungen in einem wirtschaftlichen Geschäftsbetrieb oder BgA	46
5. Zeitlicher Anwendungsbereich	47 – 48
VIII. Nach 2006: Letztmalige Feststellung des Endbetrags des EK 02	49 – 58
1. Allgemeines	49 – 51
2. Regelfall letztmalige Feststellung (§ 38 IV S 1)	52 – 53
3. Sonderregelung für Liquidationen (§ 38 IV S 2 und 3)	54 – 56
4. Letztmalige Anwendung von § 38 I–III (§ 38 IV S 4)	57 – 58
IX. Festsetzung des Körperschaftsteuererhöhungsbetrags (§ 38 V)	59 – 65
X. Entrichtung des Körperschaftsteuererhöhungsbetrags (§ 38 VI–IX)	66 – 92
1. Ratierliche Zahlung (§ 38 VI)	66 – 72
2. Einmalzahlung (§ 38 VII)	73 – 75
3. Fälligkeit des Erhöhungsbetrags bei Liquidationen (§ 38 VI–VIII)	76 – 80
4. Grenzüberschreitende Umwandlung und Verlegung des Ortes der Geschäftsleitung in einen Drittstaat (§ 38 IX)	81 – 92
a) Regelungsgehalt und Zweck	81 – 82
b) Umwandlungen	83 – 85
c) Verlegung des Ortes der Geschäftsleitung	86 – 88
d) Ausnahme innerhalb der EU (§ 38 IX S 3)	89 – 90
e) Rechtsfolgen	91 – 92
XI. Spätere Änderung des Erhöhungsbetrags (§ 38 X iVm § 37 VI)	93 – 94

XII. Steuerliche Behandlung des Erhöhungsbetrags
(§ 38 X iVm § 37 VII) .... 95 – 109
    1. Bilanzierung .... 95 – 98
    2. Auswirkung auf die Ermittlung des Einkommens .... 99 – 102
    3. Auswirkung auf das Übernahmeergebnis
       isd § 4 UmwStG .... 103 – 104
    4. Organschaft .... 105 – 109
XIII. Antragsabhängige Weiteranwendung der §§ 38, 40 und § 10
UmwStG bei bestimmten Wohnungsunternehmen
(§ 34 XVI) .... 110 – 120
    1. Allgemeines .... 110 – 111
    2. Persönliche und sachliche Voraussetzungen .... 112 – 115
    3. Formelle Voraussetzung .... 116 – 117
    4. Rechtsfolgen bei späterem Wegfall der Voraussetzungen ... 118 – 120

1   **I. Regelungsgehalt der Norm.** § 38 gehört wie § 37 zu den Vorschriften, die den Übergang vom körperschaftsteuerlichen Anrechnungs- zum Halb- bzw Teileinkünfteverfahren regeln. Die Regelung knüpft an den nach § 36 VII festgestellten Endbestand des EK 02 an und legt die Folgen aus der Verwendung dieser unversteuerten Rücklagen für künftige Leistungen fest. § 38 I regelt die Fortschreibung und Feststellung des positiven EK 02 während eines 18-jährigen Übergangszeitraums. In § 38 I S 4 ist dabei festgelegt, wann eine Leistung zur Verwendung von EK 02 führt („Differenzrechnung"). § 38 I S 6 und 7 enthalten Ausnahmen für die Rückzahlung von Geschäftsguthaben an ausscheidende Mitglieder von Genossenschaften. § 38 II regelt die Körperschaftsteuererhöhung als Folge der Verwendung von EK 02 und die Verringerung des nach § 38 I festzustellenden Endbetrags. § 38 III enthält eine Ausnahme von der Körperschaftsteuererhöhung, wenn die Leistung einen steuerfreien Bereich nicht verlässt. § 38 IV-X enthalten die Umstellung der ausschüttungsabhängigen Verwendung des EK 02 auf eine ausschüttungsunabhängige ratierliche Auflösung des zum 31.12.2006 vorhandenen Bestandes. § 38 IV regelt die letztmalige Ermittlung und Feststellung des Endbetrags iSd § 38 I und die letztmalige Anwendung des § 38 I-III. § 38 V legt den Körperschaftsteuererhöhungsbetrag fest. § 38 VI-IX enthalten Regelungen zur Entrichtung dieses Betrags für den Regelfall (§ 38 VI), die Möglichkeit einer Einmalzahlung (§ 38 VII), den Fall der Liquidation (§ 38 VIII) und den Fall des Vermögensübergangs auf einen in einem Drittstaat ansässigen nicht unbeschränkt steuerpflichtigen Rechtsträger und bei Verlegung des Ortes der Geschäftsleitung in einen Drittstaat (§ 38 IX). Nach § 38 X sind die verfahrensrechtlichen Grundsätze des § 37 VI, im Fall einer späteren Änderung des Körperschaftsteuererhöhungsbetrags, sowie die Grundsätze des § 37 VII für die steuerliche Behandlung des Erhöhungsbetrags entsprechend anzuwenden.

Einstweilen frei. 2

II. Rechtsentwicklung. § 38 wurde durch das StSenkG v 23.10.2000[1] eingeführt 3
und durch das UntStFG v 20.12.2001[2] in weiten Teilen neu gefasst. Der Systemwechsel vom Anrechnungs- zum Halbeinkünfteverfahren sah dabei ursprünglich einen 15-jährigen Übergangszeitraum vor. Durch das StVergAbG v 16.5.2003[3] wurde dieser Übergangszeitraum korrespondierend zu der Regelung des § 37 auf 18 WJ verlängert. Durch das JStG 2007 v 13.12.2006[4] wurde § 38 I um die Sonderregelung für die Rückzahlung von Geschäftsguthaben an ausscheidende Mitglieder von Genossenschaften ergänzt. Anders als für das Körperschaftsteuerguthaben iSd § 37 wurde die Auflösung des EK 02 durch das SEStEG v 7.12.2006[5] nicht auf ein ausschüttungsunabhängiges System umgestellt. Diese Umstellung wurde erst durch das JStG 2008 v 20.12.2007[6] nachgeholt, erfolgte dann aber rückwirkend zum 31.12.2006.

Einstweilen frei. 4

III. Normzweck. Die Ausschüttung unbelasteter Einkommensteile (EK 02) löste 5
im System des Anrechnungsverfahrens eine Körperschaftsteuererhöhung zur Herstellung der Ausschüttungsbelastung iHv 30 % des verwendeten Einkommens aus. Das nach Umgliederung gem § 36 VII noch vorhandene EK 02 wird auch im System des Halbeinkünfteverfahrens während der 18-jährigen Übergangszeit (bis 2019) fortgeführt und kann im Fall von Leistungen einer Gesellschaft, für die EK 02 als verwendet gilt, innerhalb dieses Zeitraums zu einer Körperschaftsteuererhöhung nach § 38 führen. Dadurch wird erreicht, dass unversteuerte Rücklagen aus der Zeit des Anrechnungsverfahrens auch im neuen Körperschaftsteuersystem im Fall der Weitergabe an die Gesellschafter nachträglich der Besteuerung unterworfen werden. Die Umstellung auf ein ausschüttungsunabhängiges System ab 2006 dient der Steuervereinfachung.

Unionsrecht. In der Rs *Burda*[7] hatte der EuGH zu untersuchen, ob die Körperschaftsteuererhöhung aus dem EK 02 zu Zeiten des Anrechnungsverfahrens als „Steuerabzug an der Quelle" iSd Art 5 I MTRL einzuordnen ist und damit gegen sekundäres Unionsrecht verstößt. Der EuGH hat dies verneint.[8] Folgerichtig verstößt auch § 38 I-III nicht gegen die MTRL. 6

Einstweilen frei. 7

IV. Ermittlung und Fortschreibung des Endbetrags nach § 36 VII. Positiver Endbetrag. Der nach § 36 VII auf den 31.12.2000 (bzw auf den Schluss des vom Kalenderjahr abweichenden WJ 2000/2001) festgestellte positive Endbetrag des EK 02 ist auf den Schluss des folgenden WJ fortzuschreiben und gesondert festzustellen. 8

---

1 BGBl I 2000, 1433.
2 BGBl I 2001, 3858.
3 BGBl I 2003, 660.
4 BGBl I 2006, 2878.
5 BGBl I 2006, 2782.
6 BGBl I 2007, 3150.
7 EuGH Rs C-284/06, *Burda*, Slg 2008, I-4571 ff.
8 AA noch EuGH Rs C-294/99, *Athinaiki*, Slg 2001, I-6797 ff.

9	**Negativer Endbetrag.** Negative Endbeträge des EK 02 haben keine steuerliche Auswirkung und werden nicht fortgeführt.
10	**Fortschreibung.** Gilt für eine Leistung EK 02 als verwendet, wird der festgestellte Betrag des EK 02 um den Betrag dieser Leistung und zusätzlich um den Betrag der Körperschaftsteuererhöhung gemindert, höchstens aber bis zum Verbrauch des EK 02.[1] Auch wenn der Bestand des positiven Endbetrages in einem VZ keinen Änderungen unterliegt, ist dieser gem § 38 I S 1 aus Praktikabilitätsgründen fortzuschreiben.[2] § 38 enthält keine ausdrückliche Regelung dazu, ob jährliche Feststellungen auch dann weiter durchgeführt werden müssen, wenn sich der Bestand durch Verbrauch aufgrund von Leistungen auf 0 EUR reduziert hat; es wird aber allgemein davon ausgegangen, dass auch eine Feststellung auf Null vorzunehmen ist.[3]
11	**Grundlagenbescheid.** Gem § 38 I Satz 2 gilt § 27 II entsprechend; daraus ergibt sich die Grundlagenfunktion der gesonderten Feststellung des EK 02 für die Feststellung des nach § 38 fortzuführenden positiven Endbetrags auf den jeweils folgenden Feststellungszeitpunkt.
12	**Verhältnis zum KSt-Bescheid.** Das Gesetz regelt keine ausdrückliche Grundlagenfunktion des Bescheides über die gesonderte Feststellung des EK 02 für den KSt-Bescheid. Eine solche ist in konsequenter Umsetzung der BFH-Rechtsprechung zu § 37[4] aber anzunehmen.[5] Fraglich ist jedoch, ob der BFH dieser Auslegung folgen wird, wenn sie sich zum Nachteil für den Steuerpflichtigen auswirkt.
13	*Einstweilen frei.*
14	**V. Bis 2006: Fortführung eines positiven Endbetrags des EK 02 im 18-jährigen Übergangszeitraum. 1. Allgemeines. Verringerung (§ 38 I S 3 ff).** Während des Übergangszeitraums kann sich der fortgeführte ehemalige Bestand des EK 02 grundsätzlich gem § 38 I S 3 nur verringern, wenn die Körperschaft Leistungen erbringt, für die es als verwendet gilt. Zu einem Zugang kann es nur bei Umwandlungen kommen, wenn der übertragende Rechtsträger über ein positives EK 02 verfügt (§ 40).
15	**Verwendung des EK 02 für Leistungen.** Die Körperschaftsteuererhöhung tritt für den Teil der Leistungen ein, für den EK 02 als verwendet gilt. Wann für eine Leistung EK 02 als verwendet gilt, bestimmt sich nach der sog „Differenzrechnung" des § 38 I S 4 (vgl Rn 21 f).
16	*Einstweilen frei.*
17	**2. Leistungen. Definition.** Leistungen sind nach strittiger Verwaltungsauffassung alle Auskehrungen, die ihre Ursache im Gesellschaftsverhältnis haben. Anders als § 37, der im Anwendungsbereich auf oGA begrenzt ist, erfasst § 38 I

---

[1] BMF v 6.11.2003, BStBl I 2003, 575 Rn 47.
[2] *Bauschatz* in Gosch § 38 Rn 18.
[3] *Bauschatz* in Gosch § 38 Rn 19; *Dötsch* in D/J/P/W § 38 Rn 5; *Frotscher* in Frotscher/Maas § 38 Rn 9.
[4] BFH I R 67/05, BStBl II 2008, 312, Rn 22 zu § 37.
[5] *Bauschatz* in Gosch § 38 Rn 23; *Frotscher* in Frotscher/Maas § 38 Rn 11; *Lornsen-Veit* in Erle/Sauter § 38 Rn 20; *Dötsch* in D/J/P/W § 38 Rn 10.

S 3 sämtliche Vermögensabflüsse einschließlich der Rückzahlung von Nennkapital und der Einlagenrückgewähr. Leistungen idS sind insbesondere ordnungsgemäße Gewinnausschüttungen, vGA (sowohl die Vermögensminderung als auch die verhinderte Vermögensmehrung), Zahlungen auf beteiligungsähnliche Genussrechte, aber auch sonstige Leistungen wie zB Auskehrungen iRe Liquidation oder einer Kapitalherabsetzung.

Einlagenrückgewähr und Nennkapitalrückzahlung. Nach Verwaltungsauffassung gehören zu den Leistungen isd § 38 I S 3 auch die Einlagenrückgewähr und Auskehrungen zB anlässlich einer Herabsetzung des Nennkapitals und zwar auch insoweit, als über einen Sonderausweis hinaus geleistete Einlagen zurückgezahlt werden.[1]

Organschaft. Auch Mehrabführungen iSd § 14 III, die ihre Ursache in vorvertraglicher Zeit haben, gehören seit dem EURLUmsG v 9.12.2004[2] zu Gewinnausschüttungen und damit zu Leistungen iSd § 38. Des Weiteren werden vom Anwendungsbereich des § 38 I S 3 Ausgleichszahlungen an außen stehende Anteilseigner einer Organgesellschaft erfasst.

Einstweilen frei.

3. Differenzrechnung. Definition (§ 38 I S 4). Wann für eine Leistung EK 02 als verwendet gilt, bestimmt sich nach der so genannten „Differenzrechnung" des § 38 I S 4. Dabei wird die Summe der in einem WJ erbrachten Leistungen dem um den Bestand des EK 02 geminderten ausschüttbaren Gewinn iSd § 27 I S 5 gegenübergestellt. Übersteigen die Leistungen den um den Bestand des EK 02 geminderten ausschüttbaren Gewinn, kommt es zu einer Erhöhung der KSt. Nach dem System der Differenzrechnung kommt es hingegen grundsätzlich nicht zu einer Körperschaftsteuererhöhung, wenn aus dem steuerlichen Gewinnvortrag und Jahresüberschuss (dh aus dem ausschüttbaren Gewinn) ausgeschüttet wird (hierzu vgl § 27 Rn 55 ff).

Bezugsbasis für die Berechnungen (§ 38 I S 5). Maßgebliche Bezugsgröße für die Differenzrechnung sind gem § 38 I S 5 jeweils die Bestände zum Schluss des vorangegangenen WJ. Dieses führt insbesondere bei Vorabausschüttungen und vGA zu einer schnelleren Erhöhung von KSt nach § 38 als wenn auf die Bestände zum Schluss des laufenden WJ abzustellen wäre (vgl Rn 25).

Erbringen und Abfluss der Leistung iSd § 27 I S 4 f. Von einer „erbrachten" Leistung ist auszugehen, wenn die Leistung abgeflossen ist. Es ist insoweit unerheblich, ob die Leistungen als Vorabausschüttungen oder vGA für das laufende Jahr oder als ordentliche Gewinnausschüttungen für eines der vorhergehenden Jahre erfolgten. Für die Differenzrechnung werden alle abgeflossenen Leistungen des WJ zusammengefasst unabhängig davon, welches WJ sie betreffen. Der Abfluss einer Leistung richtet sich nach allgemeinen Grundsätzen. Danach ist eine Gewinnausschüttung noch nicht verwirklicht, wenn sie bei der Kapitalgesellschaft lediglich als Verpflichtung gegenüber dem Anteilseigner passiviert wird. Der Ab-

---

1 BMF v 6.11.2003, BStBl I 2003, 575, Rn 44; ebenso *Dötsch* in D/J/P/W § 38 Rn 14a; aA *Frotscher* in Frotscher/Maas § 38 Rn 16; *Bauschatz* in Gosch § 38 Rn 36.
2 BGBl I 2004, 3310.

fluss der Gewinnausschüttung erfolgt erst mit der tatsächlichen Zahlung an die Gesellschafter oder aber mit dem Untergang der Verbindlichkeit in anderer Weise, zB durch Aufrechnung, Erlass oä.

24 „Verwendungsreihenfolge". In der Literatur wird vielfach aus den Regelungen zur Differenzrechnung herausgelesen, dass eine „faktische Verwendungsreihenfolge" bestehe,[1] wonach zunächst der um das EK 02 geminderte ausschüttbare Gewinn, dann das EK 02 und schließlich das Einlagekonto als für eine Leistung verwendet gilt. Anders als § 28 III idFd KStG 1999 für das Anrechnungsverfahren enthält das KStG nF aber keine Verwendungsreihenfolge mehr, aus der abzuleiten wäre, aus welcher Quelle eine Leistung finanziert wurde. Dies ist auch nicht erforderlich, da zwischen den Regelungen der §§ 37, 38 und § 27 eine mathematische Verbindung nicht besteht[2] und die einzelnen Verwendungen nebeneinander durchzuführen sind.[3]

25 Vorabausschüttungen und vGA. Bei Vorabausschüttungen im laufenden WJ führen die vorgenannten Prinzipien insofern zu einem Problem, als die Ausschüttung im Vorgriff auf einen Jahresüberschuss erfolgt, der erst den ausschüttbaren Gewinn zum Ende des WJ erhöht und deshalb in der für die Ausschüttung maßgeblichen Differenzrechnung noch nicht enthalten ist. Anders als § 27 III idFd KStG 1999 im Anrechnungsverfahren enthält § 38 I keine Ausnahme für diese Fälle. Bei diesen Vorabausschüttungen kommt es deshalb häufiger zu einer Körperschaftsteuererhöhung. Die gleichen Prinzipien gelten in Bezug auf vGA.

26 Verwendung von EK 02 für eine Kapitalerhöhung. Das Gesetz sieht eine Verringerung des EK 02 nur durch abgeflossene Leistungen vor; andere Verwendungen der im EK 02 repräsentierten unversteuerten Rücklagen werden nicht berücksichtigt. Werden unversteuerte Rücklagen zur Erhöhung des Stammkapitals verwendet, bleibt das EK 02 unverändert, iRd Differenzrechnung wird aber bei der Ermittlung des ausschüttbaren Gewinns nach § 27 I S 4 das erhöhte Stammkapital abgezogen, so dass es im Ergebnis zu einer doppelten Minderung des für die Berechnung der Verwendung von EK 02 maßgebenden Betrags kommt. Für diesen Fall hat der BFH mit Urteil v 11.2.2009[4] entschieden, dass der ausschüttbare Gewinn nach § 38 I S 4 nur insoweit um den Bestand des EK 02 zu vermindern ist, als das EK 02 nicht bereits aufgrund einer vorangegangenen Kapitalerhöhung aus Gesellschaftsmitteln als Abzugsposten bei der Ermittlung des ausschüttbaren Gewinns berücksichtigt worden ist.

27-28 *Einstweilen frei.*

29 **4. Sonderregelung für Genossenschaften (§ 38 I S 6 und 7). Regelungsgehalt.** Abweichend von den allgemeinen Grundsätzen stellt nach § 37 I S 6 die Rückzahlung von Geschäftsguthaben an ausscheidende Mitglieder keine Leistung iSd § 38 I S 3 und 4 dar und löst damit keine Körperschaftsteuererhöhung aus.

---

1   *Bauschatz* in Gosch § 38 Rn 33 („Verwendungsfiktion" bzw „Ausschüttungsreihenfolge"); *Lornsen-Veit* in Erle/Sauter § 38 Rn 36; *Frotscher* in Frotscher/Maas § 38 Rn 26; *Dötsch* in D/J/P/W § 38 Rn 19 („Faktische Verwendungsreihenfolge").
2   *Dötsch* in D/J/P/W § 38 Rn 19.
3   *Bott* in EY § 38 Rn 62; zur Mehrfachverwendung BMF v 6.11.2003, BStBl I 2003, 575, Rn 48.
4   BFH I R 67/07, BStBl II 2010, 57.

VII. Absehen von der Körperschaftsteuererhöhung bei Ausschüttungen im steuerfreien Bereich

Hintergrund. Diese Ausnahmeregelung trägt dem Umstand Rechnung, dass Genossenschaften anders als Kapitalgesellschaften über ein variables Kapital verfügen, das sich durch den Beitritt und das Ausscheiden von Mitgliedern verändert. Ohne die Ausnahme könnte es durch das Ausscheiden von Mitgliedern zu einer Körperschaftsteuererhöhung kommen; im Gegensatz dazu verändert sich das Kapital einer Kapitalgesellschaft durch einen Gesellschafterwechsel nicht. 30

Persönlicher Anwendungsbereich. Die Ausnahmeregelung gilt nach § 38 I S 7 jedoch nur für das EK 02 von Genossenschaften, die zum Zeitpunkt des Systemwechsels vom Anrechnungsverfahren zum Halbeinkünfteverfahren bereits bestanden haben. Zu einer Körperschaftsteuererhöhung kann es daher abweichend von § 38 I S 7 auch bei Rückzahlung von Geschäftsguthaben kommen, wenn das verwendete EK 02 im Zuge einer Verschmelzung bzw einer Auf- oder Abspaltung auf die Genossenschaft übergegangen ist und die übertragende Körperschaft keine Genossenschaft war, die bereits beim Systemwechsel bestanden hatte. Dadurch wird verhindert, dass durch Vermögensübertragungen auf Genossenschaften auch das EK 02 anderer Körperschaften von der Nachbelastung ausgenommen wird.[1] 31

Einstweilen frei. 32

VI. Körperschaftsteuererhöhung und Verringerung des EK 02 (§ 38 II). 33
1. Körperschaftsteuererhöhung (§ 38 II S 1).

Bemessungsgrundlage und Körperschaftsteuererhöhung. Nach § 38 I S 1 erhöht sich die KSt des VZ, in dem das WJ endet, in dem die maßgeblichen Leistungen erfolgen, um 3/7 des Betrags der Leistungen, für die nach der Differenzrechnung EK 02 als verwendet gilt.

Bilanzierung. Ebenso wie die Körperschaftsteuerminderung wirkt sich auch die Körperschaftsteuererhöhung über die Veränderung (hier: Erhöhung) der Körperschaftsteuerschuld bilanziell in der Handels- und Steuerbilanz des Jahres aus, in dem die Leistung erfolgt (hierzu § 37 Rn 20). 34

Einstweilen frei. 35

2. Verringerung des EK 02. Der Betrag der Körperschaftsteuererhöhung ist zusätzlich zu dem Betrag der Leistung, für die EK 02 als verwendet gilt (§ 38 I S 3), vom Bestand des EK 02 abzuziehen. Ein Abzug erfolgt bis zum vollständigen Verbrauch des Bestands. Entsprechend dem Prinzip der Körperschaftsteuererhöhung im Anrechnungsverfahren können also nur Leistungen iHv 7/10 des jeweils maßgeblichen Bestandes des EK 02 zu einer Körperschaftsteuererhöhung führen. 36

Einstweilen frei. 37

VII. Absehen von der Körperschaftsteuererhöhung bei Ausschüttungen im steuerfreien Bereich (§ 38 III). 1. Ausnahme. Nach § 38 III S 1 wird die KSt nicht erhöht, soweit eine von der KSt befreite Körperschaft Leistungen an einen unbeschränkt steuerpflichtigen, von der KSt befreiten Anteilseigner oder an eine juristische Person des öffentlichen Rechts erbringt. Die Regelung schränkt § 5 II Nr 3 ein, wonach grundsätzlich auch steuerbefreite Körperschaften im Fall des 38

---

1 BTDrs 16/2712, 72, 73.

Erbringens von Leistungen an ihre Anteilseigner unter Verwendung von EK 02 eine Körperschaftsteuererhöhung zu entrichten haben und zwar für die Fälle, in denen das ausgekehrte Vermögen den steuerfreien Bereich nicht verlässt. Die Steuerbefreiung der ausschüttenden Körperschaft muss zum Zeitpunkt des Abflusses der Leistung bestehen, da § 38 III für den VZ, in den dieser Zeitpunkt fällt, eine Körperschaftsteuererhöhung verhindert.[1]

39 *Einstweilen frei.*

40 **2. Nachweis der Steuerfreiheit des Empfängers. Regelungsgehalt und persönlicher Anwendungsbereich.** Der Empfänger der Leistung ist nach § 38 III S 2 als materielle Voraussetzung für die Anwendung der Ausnahmeregelung verpflichtet, der ausschüttenden Körperschaft seine Steuerbefreiung durch eine Bescheinigung des Finanzamts nachzuweisen. Der Nachweis entfällt, wenn Empfänger eine juristische Person des öffentlichen Rechts ist. Diese gesetzliche Regelung ist erforderlich, weil sie es der ausschüttenden Körperschaft ermöglicht, den Empfänger der Leistung zum Nachweis zu verpflichten und so zur Anwendung der Ausnahmeregelung zu gelangen, obwohl der Anteilseigner kein unmittelbares eigenes Interesse an der Vorlage der Bescheinigung hat.[2]

41 **Zeitpunkt des Nachweises.** Aus der Systematik der Ausnahmeregelung ergibt sich, dass die Steuerbefreiung des Leistungsempfängers für den VZ nachzuweisen ist, in dem die Leistung als Einnahme zu erfassen ist.

42 **Unrichtige Bescheinigung.** Fraglich ist, welche Folgen sich aus einer materiell unrichtigen Bescheinigung ergeben. In der Literatur werden hierzu unterschiedliche Auffassungen vertreten.[3]

43 *Einstweilen frei.*

44 **3. Rechtsfolge.** Liegen alle Voraussetzungen des § 38 III S 1 und 2 vor, ist bei der leistenden Körperschaft eine Körperschaftsteuererhöhung nicht vorzunehmen, auch wenn EK 02 nach § 38 I als für die Leistung verwendet gilt. Der festgestellte Betrag des EK 02 ist aber dennoch um diese Leistung zu vermindern, die nicht zu einer Körperschaftsteuererhöhung geführt hat, denn § 38 III S 1 und 2 regelt nur eine Ausnahme von der Körperschaftsteuererhöhung, nicht hingegen von der Anwendung der Regelungen über die Feststellung und Fortentwicklung des EK 02 nach § 38 I. Dies hat Bedeutung für den Fall, dass die leistende Körperschaft oder der Anteilseigner während der Übergangszeit die Steuerbefreiung verliert. Ohne die vorgesehene Minderung könnten die entsprechenden Beträge später eine Körperschaftsteuererhöhung auslösen.

45 *Einstweilen frei.*

---

1 BFH I R 29/94, BStBl II 1995, 740.
2 *Frotscher* in Frotscher/Maas § 38 Rn 43.
3 Nach *Dötsch* in D/J/P/W § 38 Rn 55 soll auch eine unrichtige Bescheinigung die Anwendung der Ausnahmeregelung auslösen; ebenso *Frotscher* in Frotscher/Maas § 38 Rn 44; aA *Bauschatz* in Gosch § 38 Rn 105.

4. Rückausnahme für Beteiligungen in einem wirtschaftlichen Geschäftsbetrieb oder BgA. Die Ausnahme des § 38 III greift nach § 38 III S 3 nicht, wenn die empfangende Körperschaft ihre Anteile in einem wirtschaftlichen Geschäftsbetrieb oder in einem nicht von der KSt befreiten BgA hält. In diesen Fällen ist eine Körperschaftsteuererhöhung vorzunehmen. Die Rückausnahme ist systematisch gerechtfertigt, da das ausgekehrte Vermögen hier den steuerfreien Bereich verlässt.[1]

5. Zeitlicher Anwendungsbereich. Zu einer Körperschaftsteuererhöhung kann es anders als im Fall der Körperschaftsteuerminderung iSd § 37 bereits für Leistungen kommen, die in 2001 abfließen.[2] Nach Auffassung der Verwaltung sind dabei allerdings oGA, für die nach § 34 XII S 1 Nr 1 noch die Ausschüttungsbelastung herzustellen ist, nicht als Leistungen zu berücksichtigen.[3]

Einstweilen frei.

VIII. Nach 2006: Letztmalige Feststellung des Endbetrags des EK 02. Letztmalige ausschüttungsabhängige Körperschaftsteuererhöhung (§ 38 IV).

1. Allgemeines. Sinn und Zweck. Nicht zuletzt durch die Anpassung an grenzüberschreitende Sachverhalte durch das SEStEG war das bisherige ausschüttungsabhängige System sehr aufwändig. In Fällen mit hohen Beständen an EK 02 wurde die Regelung zudem als Ausschüttungssperre empfunden.[4]

Regelungsgehalt. Durch das JStG 2008 wurde deshalb auch das System der Körperschaftsteuererhöhung analog zum Körperschaftsteuerguthaben iSd § 37 durch eine ausschüttungsunabhängige pauschale Nachversteuerung ersetzt. Gleichzeitig entfielen die bisherigen Regelungen des § 40 aF und des § 10 UmwStG aF.

Einstweilen frei.

2. Regelfall letztmalige Feststellung (§ 38 IV S 1). Der Endbetrag des EK 02 wird gem § 38 IV S 1 grundsätzlich letztmals auf den 31.12.2006 ermittelt und festgestellt, unabhängig davon, ob an diesem Tag ein WJ endet. Dh auch für abweichende WJ ist nach dem klaren Gesetzeswortlaut auf den 31.12.2006 der Endbetrag des EK 02 festzustellen.

Einstweilen frei.

3. Sonderregelung für Liquidationen (§ 38 IV S 2 und 3). Regelungsgehalt. In Fällen der Liquidation, die über den 31.12.2006 andauern, also vor dem 1.1.2007 begonnen haben, bei denen die Schlussverteilung nach dem 31.12.2006 erfolgt, ist nach § 38 IV S 2 die letztmalige Feststellung auf den Schluss des Besteuerungszeitraums vorzunehmen, der vor dem 1.1.2007 endet. Dieser Zeitpunkt kann uU mehrere Jahre zurückliegen, wenn für die Liquidation ein mehrjähriger Abwicklungszeitraum gebildet worden ist. Abschlagszahlungen auf den Liquidationsgewinn unterliegen dann nicht mehr der Körperschaftsteuererhöhung nach § 38 II.

---

1 *Lornsen-Veit* in Erle/Sauter § 37 Rn 78; kritisch *Frotscher* in Frotscher/Maas § 38 Rn 45.
2 *Dötsch* in D/J/P/W § 38 Rn 43; *Bauschatz* in Gosch § 38 Rn 84 f; *Frotscher* in Frotscher/Maas § 38 Rn 35.
3 BMF v 6.11.2003 BStBl I 2003, 575, Rn 6.
4 BTDrs 16/6290, 75.

55 **Ende zum 31.12.2006 auf Antrag.** Die Gesellschaft kann aber nach § 38 IV S 3 beantragen, dass am 31.12.2006 ein Besteuerungszeitraum endet und der regelmäßig mehrjährige Abwicklungszeitraum in zwei Besteuerungszeiträume unterteilt wird; in diesem Fall erfolgt die letztmalige Feststellung der EK 02-Bestände zum 31.12.2006. Die Sonderregelung dürfte wegen § 11 VII auch für Insolvenzverfahren gelten.

56 *Einstweilen frei.*

57 **4. Letztmalige Anwendung von § 38 I-III (§ 38 IV S 4).** Eine ausschüttungsabhängige Körperschaftsteuererhöhung nach § 38 I-III kommt letztmals für Leistungen in Betracht, die vor dem 1.1.2007 oder dem nach § 38 IV S 2 ggf für Liquidationen maßgeblichen früheren Zeitpunkts erfolgt, dh abgeflossen sind.

58 *Einstweilen frei.*

59 **IX. Festsetzung des Körperschaftsteuererhöhungsbetrags (§ 38 V). Höhe (§ 38 V S 1).** Nach § 38 V S 1 beträgt der Körperschaftsteuererhöhungsbetrag 3/100 des nach § 38 IV festgestellten Endbetrags.

60 **Grundlagenbescheid.** Der Bescheid über die Schlussfeststellung ist Grundlagenbescheid für die Festsetzung des Körperschaftsteuererhöhungsbetrags.[1]

61 **Deckelung (§ 38 V S 2).** Die pauschale Nachversteuerung unterbleibt, soweit eine Gesellschaft nicht über positives EK verfügt. Die Höhe des Zahlbetrags ist daher gem § 38 V S 2 auf den Betrag gedeckelt, der sich bei Anwendung der bisherigen Regelungen ergeben hätte, wenn das zum maßgeblichen Stichtag der Schlussfeststellung vorhandene EK vollständig ausgeschüttet worden wäre (dh auf 3/7 des Betrags, der sich nach § 38 I bis III im Falle einer Vollausschüttung ergeben hätte). Dabei stellt § 38 V S 2 nicht auf das Handelsbilanz-, sondern auf das Steuerbilanzkapital ab. Nach Auffassung der Verwaltung, die sich auch in den Vordrucken widerspiegelt, ist in die Berechnung auch das Nennkapital einzubeziehen. Diese Handhabung ist insoweit folgerichtig, als auch die Rückzahlung von Nennkapital als Leistung iSd § 38 I anzusehen ist. Der BFH hat sich im Hinblick darauf, dass bei einer fortbestehenden Gesellschaft das Nennkapital aber idR in der Gesellschaft verbleibt, dieser Auffassung nicht angeschlossen.[2] Danach ist das Nennkapital bei der Berechnung des Körperschaftsteuererhöhungsbetrags auszunehmen.

62 **Kleinbetragsregelung (§ 38 V S 3).** § 38 V S 3 enthält schließlich noch eine Kleinbetragsregelung, wonach ein Körperschaftsteuererhöhungsbetrag nur festzusetzen ist, wenn er 1.000 EUR übersteigt, das entspricht einem Bestand an EK 02 von 33.366 EUR. Wenn der Bestand des EK 02 den Betrag von 33.366 EUR übersteigt, kommt die Kleinbetragsregelung nicht zur Anwendung (Freigrenze).

63 **SolZ.** Wie auch im Fall des Körperschaftsteuerguthabens (vgl § 37 Rn 89) hat der Körperschaftsteuererhöhungsbetrag anders als im bisherigen ausschüttungsabhängigen System keinen Einfluss auf die Bemessungsgrundlage für den SolZ. SolZ ist demzufolge auf den Körperschaftsteuererhöhungsbetrag nicht zu entrichten.[3]

---

[1] *Dötsch* in D/J/P/W § 38 Rn 65; *Frotscher* in Frotscher/Maas § 38 Rn 61 f.
[2] BFH I R 107/10, DStR 2011, 2459 sowie *Frotscher* in Frotscher/Maas § 38 Rn 52a.
[3] *Dötsch* in D/J/P/W § 38 Rn 68; *Lornsen-Veit* in Erle/Sauter § 38 Rn 125.

X. Entrichtung des Körperschaftsteuererhöhungsbetrags

Einstweilen frei. — 64-65

X. Entrichtung des Körperschaftsteuererhöhungsbetrags (§ 38 VI-IX). 1. Ratierliche Zahlung (§ 38 VI S 1). Nach § 38 VI S 1 hat die Körperschaft oder deren Rechtsnachfolger den nach § 38 V festgesetzten Körperschaftsteuererhöhungsbetrag im Regelfall innerhalb eines Zeitraums von 2008 bis 2017 (Zahlungszeitraum) in zehn gleichen Jahresbeträgen zu entrichten. Besondere Regelungen gelten für Liquidationen (vgl Rn 76 f) und für Vermögensübergänge (vgl Rn 83 f) oder Sitzverlegungen in Staaten außerhalb der EU (vgl Rn 86 f). — 66

Entstehung des Anspruchs. Die ratierliche Ablösung des Körperschaftsteuererhöhungsbetrags ist ebenso wie die Auszahlung des Körperschaftsteuerguthabens ein rein kassentechnischer Vorgang und hat daher keine Auswirkung auf die Höhe der festzusetzenden KSt für die einzelnen VZ des Zahlungszeitraums. Der Anspruch entsteht gem § 38 VI S 3 kraft Gesetzes am 1.1.2007. — 67

Verzinsung (§ 38 VI S 8). Der Körperschaftsteuererhöhungsbetrag ist gem § 38 VI S 8 nicht verzinslich. — 68

Festsetzung (§ 38 VI S 4 und 9). Die Festsetzung erfolgt gem § 38 VI S 4 für den gesamten Zahlungszeitraum iRe gesonderten Bescheides. Nach § 38 VI S 9 läuft die Frist für die Festsetzung des Körperschaftsteuererhöhungsbetrags nicht vor Ablauf eines Jahres ab, nachdem der letzte Jahresbetrag fällig geworden ist. Dadurch wird erreicht, dass spätere Änderungen der Feststellung des maßgeblichen EK 02 auf die Höhe des Körperschaftsteuererhöhungsbetrags durchschlagen können.[1] — 69

Fälligkeit des Anspruchs (§ 38 VI S 5). Die einzelnen Raten sind gem § 38 VI S 5 jeweils am 30.9. eines Jahres fällig. Besondere Regelungen gelten für Liquidationen (vgl Rn 76) und für Vermögensübergänge (vgl Rn 83 f) oder Sitzverlegungen in Staaten außerhalb der EU (vgl Rn 86). — 70

Fälligkeit im Jahr der Bekanntgabe (§ 38 VI S 6). Für das Jahr der Bekanntgabe des Bescheids und die vorangegangenen Jahre ist der Jahresbetrag gem § 38 VI S 6 innerhalb eines Monats nach Bekanntgabe des Bescheids fällig, wenn die Bekanntgabe des Bescheids nach dem 31.8.2008 erfolgt. — 71

Einstweilen frei. — 72

2. Einmalzahlung. (§ 38 VII). Antrag. Anstelle der Zahlung in zehn gleichen Jahresraten kann der Gesamtbetrag des Körperschaftsteuererhöhungsbetrags auf Antrag gem § 38 VII S 3 auch in einer Summe getilgt werden. Mit der Zahlung des abgezinsten Einmalbetrags erlischt der gesamte Anspruch (§ 38 VII S 4). Ein entsprechender Antrag kann zu allen Zahlungsterminen, gem § 38 VII S 2 letztmals zum 30.9.2015 erfolgen. Wird er gestellt, ist zu dem nächstfolgenden Stichtag (30.9.) der abgezinste Betrag der noch ausstehenden Raten zu entrichten. Raten für bereits zurückliegende Zahlungstermine sind ohne Abschlag zu zahlen. — 73

Abzinsung. Im Fall der Ausübung des Antrags auf Einmalzahlung ist gem § 38 VII S 3 ein Abschlag von 5,5 % vorgesehen. — 74

---

[1] Dötsch in D/J/P/W § 38 Rn 72.

75   *Einstweilen frei.*

76   **3. Fälligkeit des Erhöhungsbetrags bei Liquidationen. Sonderregelungen.**
Für die Fälle der Liquidation enthalten § 38 VI-VIII Sonderregelungen, die die Abwicklung der Liquidationen erleichtern und gleichzeitig den Anspruch des Fiskus sichern sollen. Die Sonderregelungen unterscheiden danach, ob die Liquidation vor oder nach dem 31.12.2006 begonnen hat.

77   **Liquidation vor dem 31.12.2006.** Für Körperschaften, die sich am 31.12.2006 bereits in Liquidation befinden, gilt gem § 38 VI S 2 nicht der zehnjährige Zahlungszeitraum, sondern nach § 38 VI S 7 ist der gesamte Anspruch innerhalb eines Monats nach Bekanntgabe des Bescheides fällig, auch wenn dieser Tag vor dem 30.9.2008 liegt. In diesen Fällen erfolgt die Abzinsung des Körperschaftsteuererhöhungsbetrags gem § 38 VII S 5 von Amts wegen.

78   **Liquidation nach dem 31.12.2006.** Dem vorgenannten Prinzip folgend werden bei Liquidationen, die nach dem 31.12.2006 beginnen, alle entstandenen und festgesetzten Körperschaftsteuererhöhungsbeträge nach der allgemeinen Regelung des § 38 VI S 5 an dem 30.9. fällig, der auf den Zeitpunkt der Erstellung der Liquidationseröffnungsbilanz folgt. Die Beträge, die nach diesem Tag fällig geworden wären, werden nach § 38 VII S 5 mit 5,5 % abgezinst. Vor diesem Zeitpunkt fällige Raten sind in voller Höhe zu entrichten. § 38 VIII enthält nach seinem Wortlaut die Sonderregelung zur Fälligkeit nur für entstandene und bereits festgesetzte Körperschaftsteuererhöhungsbeträge. Wenn eine Festsetzung bis zum 30.9., der auf den Zeitpunkt der Erstellung der Liquidationseröffnungsbilanz folgt, noch nicht erfolgt ist oder wenn eine Festsetzung nach diesem Zeitpunkt geändert wird, enthält das Gesetz keine eindeutige Regelung. Es erscheint jedoch sachgerecht, in analoger Anwendung des § 38 IX S 2 (für Umwandlungsfälle) die Fälligkeit nach § 38 VI S 6 zu ermitteln (innerhalb eines Monats nach Bekanntgabe des Bescheides). Wegen § 38 VIII wird zu diesem Zeitpunkt der gesamte Körperschaftsteuererhöhungsbetrag fällig.[1]

79   **Insolvenzrechtliche Behandlung des Körperschaftsteuererhöhungsbetrags.** Die Finanzverwaltung hatte die Auffassung vertreten, dass im Fall des Körperschaftsteuerguthabens der Anspruch auf Auszahlung insolvenzrechtlich bereits mit Wechsel vom Anrechnungsverfahren zum 31.12.2000 begründet wird; dieser Auffassung ist der BFH nicht gefolgt (vgl § 37 Rn 78). Eine Übertragung der Grundsätze hätte zu dem Ergebnis geführt, dass auch der Körperschaftsteuererhöhungsbetrag, dessen Ursprung ebenfalls im Wechsel vom Anrechnungsverfahren liegt, als systembedingtes Körperschaftsteuererhöhungspotenzial insolvenzrechtlich zum 31.12.2000 begründet worden wäre.[2] Nunmehr ist auch insolvenzrechtlich von einer Entstehung des Anspruchs am 1.1.2007 auszugehen.

80   *Einstweilen frei.*

---

[1] AA *Frotscher* in Frotscher/Maas § 38 Rn 69.
[2] Im Ergebnis ebenso *Dötsch* in D/J/P/W § 38 Rn 75a.

4. Grenzüberschreitende Umwandlung und Verlegung des Ortes der Geschäftsleitung in einen Drittstaat (§ 38 IX). a) Regelungsgehalt und Zweck. § 38 IX enthält Sonderregelungen für die vorzeitige Fälligkeit des Körperschaftsteuererhöhungsbetrags in grenzüberschreitenden Umwandlungs- und Wegzugsfällen, da die Durchsetzung des Körperschaftsteuererhöhungsbetrags durch die grenzüberschreitende Umwandlung oder im Falles eines Wegzugs gefährdet erscheint. Durch die Regelungen soll daher die Erfassung des Körperschaftsteuererhöhungsbetrags durch den inländischen Fiskus gesichert werden.

Einstweilen frei.

b) Umwandlungen. Persönlicher Anwendungsbereich. § 38 IX S 1 umfasst Umwandlungen, durch die Vermögen ganz oder teilweise auf eine nicht unbeschränkt steuerpflichtige Körperschaft oder Personenvereinigung übergeht. Dadurch wird verhindert, dass der Anspruch gegen einen ausländischen Rechtsträger durchgesetzt werden muss. Vermögensübergänge auf unbeschränkt steuerpflichtige Körperschaften werden von § 38 IX S 1 entsprechend nicht erfasst, weil der übernehmende Rechtsträger die Zahlungsverpflichtung des übertragenden Rechtsträgers als dessen Rechtsnachfolger erfüllen muss und daher ein inländischer Anknüpfungspunkt bestehen bleibt.

Erfasste Umwandlungen. § 38 IX S 1 erfasst die in § 1 I Nr 1 UmwG genannten Vorgänge, dh Verschmelzungen, Auf- und Abspaltungen, vergleichbare ausländische Vorgänge, Vorgänge iSd Art 17 Verordnung [EG] Nr 1435/2003, Nr 2157/2001 und des Art 19 Verordnung [EG] Nr 1435/2003. Betroffen sind nur Vermögensübergänge im Wege der Umwandlung, bei denen der steuerliche Übertragungsstichtag gem § 2 UmwStG nach dem 31.12.2006 liegt, denn nur in diesen Fällen ist beim übertragenden Rechtsträger bereits ein Körperschaftsteuererhöhungsbetrag entstanden. Bei Vermögensübergängen mit steuerlichem Übertragungsstichtag vor dem 1.1.2007 ist hingegen das bis zu diesem Zeitpunkt geltende Recht anzuwenden.[1]

Einstweilen frei.

c) Verlegung des Ortes der Geschäftsleitung. § 38 IX S 1 kommt zur Anwendung, wenn eine unbeschränkt steuerpflichtige Körperschaft ihren Ort der Geschäftsleitung ins Ausland verlegt und dadurch ihre unbeschränkte Steuerpflicht im Inland endet. In praktischer Hinsicht sollte insbesondere die Verlegung des Ortes der Geschäftsleitung von vorher zugezogenen ausländischen Gesellschaften (dh mit Sitz in einem ausländischen Staat) hierunter fallen; denn soweit eine Gesellschaft weiterhin ihren Sitz im Inland behält, scheidet sie nicht aus der unbeschränkten Steuerpflicht aus.

Grenzüberschreitende Sitzverlegung. Die Rechtsfolgen des § 38 IX S 1 greifen nach dem Gesetzeswortlaut auch, wenn eine unbeschränkt steuerpflichtige Körperschaft ihren Sitz ins Ausland verlegt und dadurch ihre unbeschränkte Steuerpflicht im Inland endet.

Einstweilen frei.

---

1 Dötsch in D/J/P/W § 38 Rn 76a; *Frotscher* in Frotscher/Maas § 38 Rn 70.

89   **d) Ausnahme innerhalb der EU (§ 38 IX S 3).** Die vorgezogene Fälligkeit tritt gem § 38 IX S 3 nicht ein, wenn der übernehmende Rechtsträger in einem anderen Staat der EU unbeschränkt steuerpflichtig ist oder wenn die Sitzverlegung in einen anderen Staat der EU erfolgt und die zugezogene Gesellschaft dort unbeschränkt steuerpflichtig ist; ob die unbeschränkte Steuerpflicht durch den Sitz, Ort der Geschäftsleitung oder durch ein anderes Merkmal begründet wird, ist dabei unerheblich. Der Gesetzeswortlaut sieht eine Anwendung der Ausnahmeregelung für Staaten des EWR nicht vor. Die Nichtaufnahme der EWR-Staaten ist möglicherweise dadurch begründet, dass für diese Staaten die entsprechenden RL (Verschmelzungs-RL, Sitzverlegungs-RL sowie Fusions-RL) nicht gelten.

90   *Einstweilen frei.*

91   **e) Rechtsfolgen. Fälligkeit und Verzinsung.** Gem § 38 IX S 1 werden alle entstandenen und festgesetzten Körperschaftsteuererhöhungsbeträge zu dem 30.9. fällig, der auf den Zeitpunkt des Vermögensübergangs folgt. Der Betrag ist gem § 38 VII S 5 auch in diesen Fällen von Amts wegen mit 5,5 % abzuzinsen. Ist zu dem betreffenden Stichtag eine Festsetzung des Körperschaftsteuererhöhungsbetrags noch nicht erfolgt, regelt § 38 IX S 2, dass der gesamte Betrag innerhalb eines Monats nach Bekanntgabe des späteren Festsetzungsbescheids fällig wird.

92   *Einstweilen frei.*

93   **XI. Spätere Änderung des Erhöhungsbetrags (§ 38 X iVm § 37 VI).** § 38 X regelt zunächst die entsprechende Anwendung der verfahrensrechtlichen Vorschriften des § 37 VI. Der Verweis regelt das Vorgehen im Fall späterer Änderungen des Körperschaftsteuererhöhungsbetrags. Danach dürfte der geänderte Körperschaftsteuererhöhungsbetrag nach Abzug bereits geleisteter Raten auf die verbleibenden Fälligkeitstermine des Zahlungszeitraums zu verteilen sein, sofern sich die verbleibenden Raten dadurch vermindern. Soweit eine Pflicht zur Nachzahlung eines Betrages entsteht, ist dieser innerhalb eines Monats nach Bekanntgabe des Änderungsbescheids fällig und kann nicht verteilt werden.[1]

94   *Einstweilen frei.*

95   **XII. Steuerliche Behandlung des Erhöhungsbetrags (§ 38 X iVm § 37 VII). 1. Bilanzierung.** Der gesamte zu zahlende Körperschaftsteuererhöhungsbetrag entsteht gem § 38 VI S 3 am 1.1.2007. Entsprechend ist er als entstandene, aber noch nicht fällige Verbindlichkeit bei einem mit dem Kalenderjahr übereinstimmenden WJ erstmals in der Handels- und Steuerbilanz des Zahlungsverpflichteten zum 31.12.2007 (bei einem vom Kalenderjahr abweichenden WJ in der Bilanz zum Ende des WJ, das nach dem 1.1.2007 endet) zu passivieren. Unbeachtlich ist, ob zu diesem Zeitpunkt bereits eine Festsetzung erfolgt ist.

96   **Bewertung.** Da der Körperschaftsteuererhöhungsbetrag unverzinslich ist, ist die Verbindlichkeit mit dem abgezinsten Barwert anzusetzen; in der Steuerbilanz ist dabei nach § 6 I Nr 3 EStG zwingend ein Zinssatz von 5,5 % anzuwenden.

---

1   Dötsch in D/J/P/W § 38 Rn 78; *Lornsen-Veit* in Erle/Sauter § 37 Rn 109 f.

XII. Steuerliche Behandlung des Erhöhungsbetrags

Einkommensermittlung. Die Gewinnminderung aus der Passivierung des Körperschaftsteuererhöhungsbetrags ist gem § 38 X iVm § 37 VII bzw nach § 10 Nr 2 bei der Einkommensermittlung zu neutralisieren (Rn 99). Die Zahlung der zehn Jahresraten führt in den Folgejahren iHd Zinsanteils zu bilanziellem Aufwand, der ebenfalls bei der Ermittlung des Einkommens zu neutralisieren ist. 97

Einstweilen frei. 98

2. Auswirkung auf die Ermittlung des Einkommens. Grundsatz. Für die Frage der steuerlichen Behandlung des Erhöhungsbetrags ist nach § 38 X die Regelung des § 37 VII entsprechend anzuwenden. Nach § 37 VII gehören Erträge und Gewinnminderungen, die sich durch die ratierliche Auszahlung des Körperschaftsteuerguthabens ergeben, bei der Körperschaft, gegenüber der der Auszahlungsanspruch festgesetzt worden ist, nicht zu den Einkünften iSd EStG. Bezogen auf den Körperschaftsteuererhöhungsbetrag folgt daraus, dass sich auch aus der ratierlichen Auflösung des Körperschaftsteuererhöhungsbetrags keine Auswirkungen auf das Einkommen der Körperschaft ergeben dürfen. Dies betrifft insbesondere den Aufwand aus der erstmaligen Passivierung der Zahlungsverpflichtung. 99

Gesamtrechtsnachfolge. Die Regelung des § 38 X iVm § 37 VII gilt auch für Gesamtrechtsnachfolger, jedenfalls wenn der übernehmende Rechtsträger den Regelungen des KStG unterliegt, also insbesondere bei Verschmelzungen, Aufspaltungen oder Abspaltungen zwischen Körperschaften.[1] 100

Umwandlung auf Personengesellschaft. Geht die Zahlungsverpflichtung durch Umwandlung auf eine Personengesellschaft über, ist wie im Fall des Körperschaftsteuerguthabens strittig, ob die Zinsanteile, die in den Folgejahren zu einem bilanziellen Aufwand führen, ebenfalls zu neutralisieren sind.[2] Zumindest der reine Gesetzeswortlaut spricht dafür, eine Anwendung der Regelungen nur für Zahlungsverpflichtete zuzulassen, die der KSt unterliegen. 101

Einstweilen frei. 102

3. Auswirkung auf das Übernahmeergebnis iSd § 4 UmwStG. Bei Vermögensübergängen von einer Körperschaft auf eine Personengesellschaft oder natürliche Person ist der Körperschaftsteuererhöhungsbetrag mit seinem abgezinsten Wert in der steuerlichen Schlussbilanz der übertragenden Körperschaft auszuweisen.[3] Der Ausweis in der Übertragungsbilanz führt dadurch zu einer Minderung des Übernahmeergebnisses und mindert entsprechend die nach § 7 UmwStG als ausgeschüttet geltenden offenen Rücklagen. 103

Einstweilen frei. 104

4. Organschaft. Verpflichtung der Organgesellschaft. Die Verpflichtung einer Organgesellschaft auf Zahlung ihrer Körperschaftsteuererhöhungsbeträge ist korrespondierend zum Körperschaftsteuerguthaben bilanziell bei dieser selbst und nicht bei dem Organträger zu erfassen (vgl § 37 Rn 106 analog). 105

---

1 BMF v 14.1.2008, BStBl I 2008, 280 analog.
2 *Dötsch* in D/J/P/W § 38 Rn 82; aA *Frotscher* in Frotscher/Maas § 38 Rn 78.
3 *Pung* in D/J/P/W § 4 UmwStG Rn 18.

106	**Einkommensauswirkung.** Die Passivierung hat auf die Höhe des zuzurechnenden Einkommens keinen Einfluss.[1]
107	**Fehlerhafte Bilanzierung.** Die fehlerhafte oder unterlassene Passivierung in der Bilanz der Organgesellschaft bzw die zu Unrecht vorgenommene Passivierung in der Bilanz des Organträgers sollte die steuerliche Anerkennung der Organschaft analog zu der fehlerhaften Aktivierung des Körperschaftsteuerguthabens gem § 37 nicht berühren (vgl § 37 Rn 108).
108	**Abführung.** Die erstmalige Passivierung der Zahlungsverpflichtung und der Abbau im Zahlungszeitraum wirken sich auf die Höhe der Gewinnabführung an den Organträger aus. Die fehlende Berücksichtigung des Ergebnisses aus der Passivierung des Anspruchs bei der Abführung stellt einen Verstoß gegen die ordnungsgemäße Durchführung des Gewinnabführungsvertrags dar.
109	*Einstweilen frei.*
110	**XIII. Antragsabhängige Weiteranwendung der §§ 38, 40 und § 10 UmwStG bei bestimmten Wohnungsunternehmen (§ 34 XVI). 1. Allgemeines.** § 34 XVI enthält eine Ausnahme von der verpflichtenden und abgeltenden Nachbelastung des EK 02. Danach können bei Wohnungsunternehmen von juristischen Personen des öffentlichen Rechts und bei steuerbefreiten Körperschaften auf Antrag weiterhin die Regelungen zur ausschüttungsabhängigen Körperschaftsteuererhöhung angewendet werden. Im Regelfall ist der pauschale Körperschaftsteuererhöhungsbetrag nach § 38 V deutlich niedriger als es die Körperschaftsteuererhöhung nach § 38 II im Fall der Ausschüttung gewesen wäre. Die Ausnahmeregelung richtet sich deshalb an Körperschaften, die regelmäßig einem öffentlichen oder gesetzlich festgelegten besonderen Zweck dienen und die innerhalb des Übergangszeitraums strukturell bedingt Ausschüttungen nicht oder nur in geringem Umfang vornehmen können und bei denen es deshalb nicht oder nur in geringem Umfang zu Körperschaftsteuererhöhungen nach § 38 II kommt.
111	*Einstweilen frei.*
112	**2. Persönliche und sachliche Voraussetzungen.** Die antragsberechtigten Körperschaften sind nach § 34 XVI S 1 in drei Kategorien eingeteilt. Den ersten beiden Kategorien zugehörige Körperschaften müssen zusätzlich bestimmte Tätigkeitsvoraussetzungen erfüllen. Die Körperschaften der dritten Kategorie sind unabhängig von ihrer Tätigkeit antragsberechtigt.
113	**Wohnungsunternehmen.** Zu Kategorie 1 gehören steuerpflichtige Körperschaften oder deren Rechtsnachfolger, an denen unmittelbar oder mittelbar zu mindestens 50 % juristische Personen des öffentlichen Rechts aus Mitgliedstaaten der EU/EWR oder Körperschaften, Personenvereinigungen oder Vermögensmassen iSd § 5 I Nr 9, also aufgrund ihrer Tätigkeit steuerbefreite Körperschaften, beteiligt sind. Unter Kategorie 2 fallen Erwerbs- und Wirtschaftsgenossenschaften ohne Rücksicht auf die Beteiligungsverhältnisse. Die unter die Kategorien 1 und 2 fallenden

---

1 *Dötsch* in D/J/P/W § 38 Rn 69.

Körperschaftsteuersubjekte werden auch häufig als „Wohnungsunternehmen" oder „Wohnungsbau-Körperschaften" bezeichnet, denn sie sind nur antragsberechtigt, wenn sie ihre Umsatzerlöse überwiegend durch Verwaltung und Nutzung eigenen zu Wohnzwecken dienenden Grundbesitzes, durch Betreuung von Wohnbauten oder durch die Errichtung und Veräußerung von Eigenheimen, Kleinsiedlungen oder Eigentumswohnungen erzielen. Der Begriff der Umsatzerlöse knüpft dabei an § 275 HGB an; andere Erträge wie zB Erträge aus Beteiligungen, anderen Wertpapieren oder Zinsen oder Erträge aus dem Verkauf von Anlagegegenständen sind danach in die Berechnung zur Prüfung der Tätigkeitsvoraussetzungen nicht einzubeziehen.

Steuerbefreite Körperschaften. Unter die dritte Kategorie des § 34 XVI S 1 fallen steuerbefreite Körperschaften ohne Rücksicht auf ihre Tätigkeit oder auf die Beteiligungsverhältnisse. Begünstigt sind alle Körperschaften, auf die eine Steuerbefreiung zutrifft, also nicht nur die nach § 5 I Nr 9 KStG steuerbefreiten Körperschaften. Dabei ist es mangels entsprechender Einschränkung im Gesetzeswortlaut unbeachtlich, ob ein steuerpflichtiger wirtschaftlicher Geschäftsbetrieb unterhalten wird. Sofern eine steuerbefreite Körperschaft unter die Regelungen des § 38 III fällt und demzufolge auch ein Körperschaftsteuererhöhungsbetrag nach § 38 V S 2 begrenzt ist, ergeben sich aus der Regelung des § 34 XVI keine zusätzlichen Vorteile. 114

Einstweilen frei. 115

3. Formelle Voraussetzung. Antragstellung. Der Antrag auf Anwendung der Ausnahmeregelung konnte bis zum 30.9.2008 beim zuständigen Finanzamt gestellt werden (Ausschlussfrist); er ist unwiderruflich. 116

Einstweilen frei. 117

4. Rechtsfolgen bei späterem Wegfall der Voraussetzungen. Gem § 34 XVI S 3 müssen die Voraussetzungen für die Ausnahmeregelung bereits am 1.1.2007 und bis zum Ende des 18-jährigen Übergangszeitraums erfüllt sein. Fällt eine der Voraussetzungen innerhalb dieses Zeitraums weg, erfolgt gem § 34 XVI S 4 auf den Schluss des WJ, in dem die Antragsvoraussetzungen erstmals nicht mehr vorliegen, die letztmalige Ermittlung und Feststellung des EK 02. Ausgehend von dieser Feststellung wird dann unter Anwendung des § 38 IV–IX der Körperschaftsteuererhöhungsbetrag festgesetzt und auf die noch verbleibenden Zahlungstermine des Zahlungszeitraums verteilt. Als Zahlungszeitraum gilt nach § 34 XVI S 5 in diesem Fall der 18-jährige Übergangszeitraum. 118

Vermögensübergang auf eine andere Körperschaft. Die vorgenannten Rechtsfolgen treten auch ein, soweit das Vermögen der Körperschaft oder ihres Rechtsnachfolgers durch Verschmelzung, Auf- oder Abspaltung auf eine andere Körperschaft übergeht, die einen Antrag nach § 34 XVI nicht gestellt hat. Eine Antragstellung kann auch in diesem Fall nicht anlässlich des Vermögensübergangs nachträglich erfolgen, selbst wenn die Voraussetzungen grundsätzlich vorgelegen hätten. 119

Einstweilen frei. 120

§ 39 Einlagen der Anteilseigner und Sonderausweis

(1) Ein sich nach § 36 Abs. 7 ergebender positiver Endbetrag des Teilbetrags im Sinne des § 30 Abs. 2 Nr. 4 des Körperschaftsteuergesetzes in der Fassung der Bekanntmachung vom 22. April 1999 (BGBl. I S. 817), das zuletzt durch Artikel 4 des Gesetzes vom 14. Juli 2000 (BGBl. I S. 1034) geändert worden ist, wird als Anfangsbestand des steuerlichen Einlagekontos im Sinne des § 27 erfasst.

(2) Der nach § 47 Abs. 1 Satz 1 Nr. 2 in der Fassung des Artikels 4 des Gesetzes vom 14. Juli 2000 (BGBl. I S. 1034) zuletzt festgestellte Betrag wird als Anfangsbestand in die Feststellung nach § 28 Abs. 1 Satz 3 einbezogen

Übersicht

	Rn
I. Regelungsgehalt der Norm	1 – 2
II. Rechtsentwicklung	3 – 4
III. Normzweck und Anwendungsbereich	5 – 33
1. Bedeutung der Norm	5 – 8
2. Persönlicher Anwendungsbereich	9 – 13
3. Sachlicher Anwendungsbereich	14 – 27
a) Überleitung zum Einlagekonto gem § 39 I	14 – 21
b) Überleitung zum Sonderausweis gem § 39 II	22 – 27
4. Zeitlicher Anwendungsbereich	28 – 29
5. Verhältnis zu anderen Vorschriften	30 – 33

1   **I. Regelungsgehalt der Norm.** § 39 ist Teil der Sondervorschriften, die den Übergang vom Anrechnungs- zum Halbeinkünfteverfahren regeln. § 39 I regelt den Übergang des Altbestands an sog EK 04 zum Einlagekonto gem § 27. In § 39 II wird der Anfangsbestand des Sonderausweises gem § 28 I S 3 definiert, der sich betragsmäßig auf der Grundlage des vor dem Systemwechsels gebildeten Sonderausweises iSv § 47 I S 1 Nr 2 aF ermittelt.

2   *Einstweilen frei.*

3   **II. Rechtsentwicklung.** Der frühere § 39 aF, welcher die Gliederung des vEK nach Übertragung von Anteilen regelte, wurde durch das ÄndG v 20.8.1980[1] aufgehoben. Der derzeitige § 39 I wurde durch das StSenkG v 23.10.2000[2] als Teil der Sonderregelungen des Sechsten Teils des KStG eingeführt, die den Übergang des Anrechnungs- zum Halbeinkünfteverfahren regeln. Mit dem UntStFG v 20.12.2001[3] wurde weiterhin § 39 II klarstellend und mit Rückwirkung ab dem VZ der erstmaligen Anwendung des Halbeinkünfteverfahrens eingeführt und die Überschrift der Norm geändert.

4   *Einstweilen frei.*

---

[1] BGBl I 1980, 1545.
[2] BGBl I 2000, 1433.
[3] BGBl I 2001, 3858.

III. Normzweck und Anwendungsbereich

III. Normzweck und Anwendungsbereich. 1. Bedeutung der Norm. Keine Besteuerung der Rückgewähr von Einlagen. Ebenso wie unter dem Anrechnungsverfahren soll die Rückgewähr von Einlagen (anders als die Auskehrung der sonstigen Rücklagen) im Halbeinkünfteverfahren nicht zu steuerpflichtigen Beteiligungserträgen führen, weswegen § 27 eingefügt wurde. Dies ist konsequent, als dass insoweit kein (auf zweiter Gesellschafterebene) zu besteuerndes Einkommen der Körperschaft vorliegt. Daher stellt § 39 I sicher, dass auch der Altbestands an EK 04 mit dem Systemwechsel in das Einlagekonto gem § 27 übergeht.[1]

Sonderausweis zur Verhinderung des Entzugs der sonstigen Rücklagen. Weiterhin soll auch unter dem Halbeinkünfteverfahren mittels des § 28 verhindert werden, dass sonstige Rücklagen, die im Falle ihrer Ausschüttung beim Gesellschafter der Besteuerung unterliegen würden, mittels einer Erhöhung des Nennkapitals aus Rücklagen bzw einer nachfolgenden Herabsetzung des Nennkapitals als steuerfreie Kapitalherabsetzung der Besteuerung entzogen werden können (sog Sonderausweis; hierzu auch § 28 Rn 35 ff). Mit dem § 39 II wird sichergestellt, dass auch der unter dem Anrechnungsverfahren gebildete Sonderausweis gem § 47 I S 1 Nr 2 aF in den Anfangsbestand gem § 28 I S 3 einbezogen wird.

Trennung von Einlagekonto und Nennkapital. § 39 ist ebenso wie die §§ 27, 28 Ausdruck des gesetzgeberischen Willens, die steuerliche Behandlung von Einlagekonto und Nennkapital getrennt zu regeln. Zwingend ist dies nicht, denn auch eine einheitliche Behandlung beider Beträge in einem Einlagekonto hätte nahegelegen.[2]

Einstweilen frei.

2. Persönlicher Anwendungsbereich. Zur Gliederung des EK verpflichtete Körperschaften. § 39 enthält dem Gesetzeswortlaut nach keine in persönlicher Hinsicht zu erfüllenden Voraussetzungen. Damit ist sie für alle zur Gliederung verpflichtete Körperschaften anwendbar.[3]

Beschränkt steuerpflichtige Körperschaften. Beschränkt steuerpflichtige Körperschaften waren nicht zur Gliederung des EK verpflichtet und unterfallen daher grundsätzlich auch nicht dem § 39. Die damit einhergehende Nichtfeststellung des Einlagekontos für die Körperschaft selbst hat keine weitere Bedeutung, da Ausschüttungen derselben nicht der beschränkten Kapitalertragsteuerpflicht unterliegen. Bezogen auf den Anteilseigner der beschränkt steuerpflichtigen Körperschaft ergibt sich jedoch eine unionsrechtlich problematische Diskriminierung, welche mittels des § 27 VIII nunmehr behoben werden soll (vgl § 27 Rn 169 ff).

BgA. BgA waren ebenso nicht zur Gliederung des EK verpflichtet und sind daher ebenfalls nicht von § 39 erfasst (vgl § 27 Rn 153). Dies gilt ungeachtet dessen, dass nunmehr § 27 VII eine Ermittlung des Einlagekontos für BgA anordnet.[4] IRd

---
1 Dötsch in D/J/P/W § 39 Rn 1a.
2 Dötsch in D/J/P/W § 39 Rn 1b mwN.
3 Bott in EY § 39 Rn 16; Ommerborn in H/H/R § 39 Rn 5.
4 Bott in EY § 39 Rn 16.

12	**Kleine Körperschaften gem § 156 AO.** Falls bei kleineren Körperschaften iSd § 156 AO auf die Körperschaftsteuerfestsetzung verzichtet wird, unterbleibt auch die gesonderte Feststellung des steuerlichen Einlagekontos bzw § 39 kommt bereits mangels einer Steuerfestsetzung nicht zur Anwendung. Im Falle einer späteren Veranlagung einer solchen Körperschaft zur KSt soll dieser die Möglichkeit eingeräumt werden, einen Bestand des Einlagekontos nachzuweisen; andernfalls wird bei der gesonderten Feststellung der Bestand mit Null angesetzt (vgl § 27 Rn 12).
13	*Einstweilen frei.*
14	**3. Sachlicher Anwendungsbereich. a) Überleitung zum Einlagekonto gem § 39 I. Gem § 36 VII festgestellter positiver Endbestand des EK 04.** § 39 I definiert den Anfangsbestand des steuerlichen Einlagekontos gem § 27, indem er auf den gem § 36 VII festzustellenden positiven Endbestand des EK 04 nach § 30 II Nr 4 aF abstellt. Ausgangsbasis für die Ermittlung desselben ist zunächst das letztmalig in der Eigenkapitalgliederung iSd § 47 I Nr 1 aF festzustellende EK. Gewinnausschüttungen iSd § 36 II S 1 im VZ 2001 konnten noch zu einer Verringerung dieses festzustellenden Endbestandes führen (vgl § 36 Rn 49 ff). Die Umgliederungsmaßnahmen der § 36 III-VI lassen den Bestand des EK 04 hingegen unberührt (vgl § 36 Rn 36).

Einleitend oben: Systemwechsels ist jedoch auch BgA aus Billigkeitsgründen zuzugestehen, dass das Nennkapital oder eine vergleichbare Kapitalgröße übersteigende EK als Anfangsbestand das Einlagekonto darstellt (vgl § 27 Rn 154).

15	**Keine Maßgeblichkeit des EK laut Steuerbilanz.** Die Feststellung des Anfangsbestands des steuerlichen Einlagekontos gem § 27 erfolgt auch dann, wenn trotz des positiven Endbestand des EK 04 nach § 30 II Nr 4 aF insgesamt ein negatives EK laut Steuerbilanz verbleibt.[1]
16	**Gem § 36 VII festgestellter negativer Endbestand des EK 04.** In Ausnahmefällen kann der gem § 36 VII festzustellende Endbestand des EK 04 nach § 30 II Nr 4 aF auch negativ sein. Ein derartiges negatives EK 04 geht jedoch nicht in den Anfangsbestand des Einlagekontos gem § 27 sondern in das sog neutrale Vermögen ein. Der Anfangsbestand des Einlagekontos gem § 27 ist in diesem Fall Null.
17	**Erfassen.** Nach dem Gesetzeswortlaut soll der positive Endbestand gem § 36 VII als Anfangsbestand des Einlagekontos gem § 27 „erfasst" werden. Eine tiefere Bedeutung wird diesem Terminus jedoch wohl nicht beizulegen sein; er drückt lediglich aus, dass der positive Endbestand gem § 36 VII die Berechnungsgrundlage für den Anfangsbestand des Einlagekontos gem § 27 darstellt.[2]
18	**Keine gesonderte Feststellung des Anfangsbestands des Einlagekontos.** Auch wenn § 39 I den Anfangsbestand des steuerlichen Einlagekontos definiert, mangelt es an einer Vorschrift, die verfahrensrechtlich eine gesonderte Feststellung desselben anordnet. Stattdessen erfolgt die gesonderte Feststellung des Einlagekontos entsprechend der Grundregelung gem § 27 I S 1, II S 1 am Ende des WJ (dh zum 31.12.2001). Trotz dieser fehlenden formellen Feststellung können unter dem Anrechnungsverfahren

---

1 Ommerborn in H/H/R § 39 Rn 12.
2 Dötsch in D/J/P/W § 39 Rn 4.

bereits bestehende Körperschaften ordentliche Gewinnausschüttungen und sonstige Gewinnausschüttungen (vGA) im WJ 2001 aus diesem Einlagekonto speisen, da diese gem § 36 II S 1 das EK 04 und damit auch das Einlagekonto mindern (vgl § 36 Rn 49 ff). Hier wird iÜ teilweise ein Unterschied zu im WJ 2001 neu errichteten oder umgewandelten Körperschaften (dh früheren Personengesellschaften) gesehen, bei denen § 36 II S 1 nicht anwendbar ist, so dass es zur Finanzierung einer Ausschüttung eines formell festgestellten Bestands des Einlagekontos bedürfe.[1] Inwieweit diese formelle Anforderung jedoch zutreffend ist, mag bezweifelt werden (vgl § 27 Rn 42, 44).

Grundlagenbescheid. Der nach § 36 VII gesondert vorzunehmende Feststellungsbescheid des EK 04 ist Grundlagenbescheid für das am Ende des WJ gem § 39 I iVm § 27 II festzustellende Einlagekonto (vgl § 36 Rn 110). Dementsprechend kann die Höhe des Anfangsbestands des Einlagekontos nur iRd nach § 36 VII gesondert vorzunehmenden Feststellungsbescheids angefochten werden.[2] Der Bescheid über die letztmalige Eigenkapitalgliederung gem iSd § 47 I Nr 1 aF ist wiederum Grundlagenscheid für den nach § 36 VII gesondert vorzunehmenden Feststellungsbescheid des EK 04 (vgl § 36 Rn 109).[3]

Einstweilen frei.

b) Überleitung zum Sonderausweis gem § 39 II. Gem § 47 I S 1 Nr 2 aF festgestellter Sonderausweis. Der nach § 47 I S 1 Nr 2 aF zum 31.12.2000 (bei WJ = Kalenderjahr) bzw des letzten vor dem 1.1.2002 endenden WJ (bei abweichendem WJ nach § 34 II, wenn das erste im VZ 2001 endende WJ vor dem 1.1.2001 beginnt) festgestellte Sonderausweis des Anrechnungsverfahrens wird in § 39 II als Anfangsbestand des nach § 28 I S 3 festzustellenden Sonderausweises definiert.

Bestandteile des Sonderausweises gem § 47 I S 1 Nr 2 aF. Bei dem zu überführenden Sonderausweis gem § 47 I S 1 Nr 2 aF handelt es sich um Nennkapital, das aus einer Kapitalerhöhung aus Gesellschaftsmitteln entstanden ist und wofür alternativ

- belastetes EK,
- EK 01,
- EK 02

verwendet wurden (zur Definition des Sonderausweises gem § 28 I S 3 vgl § 28 Rn 35).[4] Die Verwendung von EK 03 oder 04 führte hingegen nicht zu einem Sonderausweis gem § 47 I S 1 Nr 2 aF.

Keine gesonderte Feststellung des Anfangsbestands des Sonderausweises gem § 28 I S 3. Die Feststellung des verbleibenden Sonderausweises gem § 28 I S 3 erfolgt auf den Schluss des ersten WJ, für welches das Halbeinkünfteverfahren gilt, mithin

---

1 Dötsch in D/J/P/W § 39 Rn 4.
2 Frotscher in Frotscher/Maas § 39 Rn 4.
3 Bott in EY § 39 Rn 13; Altendorf, NWB Fach 4, 4459, 4460; Frotscher in Frotscher/Maas § 36 Rn 24.
4 Frotscher in Frotscher/Maas § 39 Rn 6.

bei Kalenderjahr = WJ zum 31.12.2001 bzw zum Schluss des letzten vor dem 1.1.2002 endenden WJ (bei abweichendem WJ nach § 34 II). Dh auch der Anfangsbestand des Sonderausweises gem § 28 I S 3 wird nicht eigenständig bzw gesondert festgestellt.[1]

25 **Grundlagenbescheid.** Der letzte Feststellungsbescheid des Sonderausweises gem § 47 I S 1 Nr 2 aF ist Grundlagenbescheid für die folgende gem § 28 I S 3 erfolgende gesonderte Feststellung des Sonderausweises.[2]

26-27 *Einstweilen frei.*

28 **4. Zeitlicher Anwendungsbereich.** Für die Anwendung des § 39 existiert keine besondere Anwendungsvorschrift. Daher ist die Norm nach der allgemeinen Vorschrift des § 34 I bei WJ = Kalenderjahr erstmals im VZ 2001 bzw bei abweichendem WJ nach § 34 II im VZ 2002, wenn das erste im VZ 2001 endende WJ vor dem 1.1.2001 beginnt, anwendbar.[3]

29 *Einstweilen frei.*

30 **5. Verhältnis zu anderen Vorschriften. § 27.** § 39 steht im engen Zusammenhang mit § 27, da § 39 I den Anfangsbestand des steuerlichen Einlagekontos regelt. Hierdurch wird sichergestellt, dass auch unter dem Anrechnungsverfahren geleistete Einlagen in das EK 04 in das Einlagekonto gem § 27 II überführt werden und damit zukünftig im Falle ihrer Auskehrung nicht der Besteuerung unterliegen (zur Systematik der Nichtbesteuerung dieser Beträge vgl Rn 5).

31 **§ 28.** § 28 I S 3 stellt sicher, dass der gem § 39 II in das Halbeinkünfteverfahren zu überführende Sonderausweis fortgeführt wird bzw bei Verwendung im Falle der Herabsetzung des Nennkapitals oder Auflösung der Körperschaft gem § 28 II zu einer Besteuerung beim Anteilseigner führt (hierzu § 28 Rn 54 ff).

32 **§ 36.** § 39 I bildet zusammen mit § 36 Teil der Vorschriften, die den Übergang der Gliederung des verwendbaren EK hin zum Halbeinkünfteverfahren regeln, bzw knüpft an die gem § 36 VII festzustellenden Endbestände des EK an.

33 *Einstweilen frei.*

---

1 *Dötsch* in D/J/P/W § 39 Rn 11.
2 *Frotscher* in Frotscher/Maas § 39 Rn 7.
3 *Ommerborn* in H/H/R § 39 Rn 2.

§ 40 (weggefallen)

Stichwortverzeichnis

fette Zahlen = Paragraph
andere Zahlen = Randnummer

A

Abfallbeseitigung **5** 64
Abfallentsorgung **4** 161, 268
Abfindung **8** 545; **8b** 354
Abgabegegenstand
– Gleichartigkeit **26** 102, 182
Abgeltungsteuer **1** 10; **8** 12, 237
Abgeltungswirkung **2** 20, 38, 115, 208, 259; **5** 71; **32** 5, 6, 38, 45, 160
– Ausnahme **2** 249; **32** 19, 111
– beschränkte Steuerpflicht **32** 18, 94, 102
– fehlende beschränkte Steuerpflicht **32** 48
– partielle Steuerpflicht **32** 83
– KSt **32** 45, 142
– Folgen **32** 52
– Steuerabzugsbetrag **30** 17
– Verfahren **2** 12, 246
– Wertpapierleihgeschäft **32** 149, 168
Ablaufverprobung **20** 94, 100, 109
Absatzgenossenschaft **22** 113, 115
Abschluss *sa Jahresabschluss*
Abschlussstichtag
– abweichender **8a** 304
– Einlagen **8a** 439
– maßgeblicher **8a** 403, 414
– vorangegangener **8a** 303
Abschnittsbesteuerung **7** 26
Abschreibung *sa AfA*
Abschreibungsverlust **13** 84, 93
Abspaltung **8a** 622; **8c** 348; **29** 57, 73
Abteilung **5** 33; **37** 72

Abwärtsverschmelzung *sa Downstream Merger*
Abwasserbeseitigung **4** 268
Abwehrberatung **8** 545
Abwicklung **11** 34, 93, 196
– Abwicklungs-Anfangsvermögen **11** 156, 166
– Abwicklungs-Endvermögen **11** 132, 143
– Abwicklungsergebnis **20** 111
– Abwicklungsgewinn **11** 104, 121, 128; **14** 421
– Abwicklungsverlust **20** 113
– Abwicklungsverzögerung **20** 153
– Abwicklungsvolumen **20** 109
– Abwicklungszeitraum **11** 78, 81, 83, 114, 198
– Verschmelzung und Aufspaltung **11** 37
– unterbliebene **11** 36
Abwicklungsanstalt **27** 32
Abzinsung **8a** 130, 196, 209; **8b** 356; **20** 26, 67, 132; **21** 150; **21a** 5; **38** 74
– Ausschluss **21** 14
Abzug
– Abzugsverbot **10** 109
– ausländischer Steuern **26** 281
AfA **2** 180; **8** 545; **13** 68
AG **1** 98; **8** 309
– Beherrschung **8** 376
Agio **8** 545, 605; **8a** 143; **27** 16; **8** 605
Aktienoption **8** 545

Aktientermingeschäft **8b** 282
Aktienumtausch **8** 557
Aktionär
- außenstehender **8b** 140; **16** 5, 36
- beherrschender **8** 388

Aktivierung
- latente Steuern **8a** 555
- Verbot **8** 663; **13** 40
- Wirtschaftsgüter **8** 346, 347, 480 **37** 93
- Zeitpunkt **22** 149

Aktivitätsvorbehalt **26** 14
Altenwohnheime **4** 268; **5** 64
Altersvorsorge
- betriebliche **5** 139, 171, 185

Altmaterialsammlung **5** 64
Amtshilfe **4** 268
Angelkartenverkauf **5** 64
Angestellter
- vertretungsberechtigter **8** 257

Anlagebuch **8b** 698
Anlaufverlust **8** 545
Anleihe **8a** 143
Ansässigkeit **1** 34, 72; **3** 61; **8** 844; **12** 267, 268; **26** 64
- Ansässigkeitsfiktion **2** 32, 83
- doppelte **2** 32, 79, 83; **26** 64, 123, 157

Anschaffungskosten **8** 696, 699, 702, 740, 768; **33** 20
- vergebliche **8b** 436

Anschlagsäule **4** 268
Anstalt **1** 83, 163, 169; **2** 18; **8** 655
- ausländische **1** 165
- des öffentlichen Rechts **3** 38; **5** 135; **8c** 190
- nichtrechtsfähige **1** 179; **3** 36, 37

Anteil **2** 237; **8b** 263, 691, 707, 822

- Aktie **8b** 270, 857
- Aktiengewinn **8b** 94, 97
- gezeichnetes Kapital **8c** 103
- ausländische Gesellschaft **8b** 5, 284, 285
- Organgesellschaft **8b** 291
- Anteilstausch **4** 55; **8b** 309, 346; **12** 217
- Arbeitnehmer-Aktienoption **8b** 276, 437
- atypisch stille Beteiligung **8c** 189
- aufgrund einer Sacheinlage erhaltener **8b** 272
- Bezugsrecht **8b** 280; **8c** 179
- eigener **8** 545; **8a** 222; **8b** 273, 430, 859; **11** 139; **14** 170
- einbringungsgeborener **8b** 271, 332, 433, 537; **34** 145
- Erwerb **2** 164; **8** 545; **8c** 187; **27** 60
- freie Übertragbarkeit **1** 223; **2** 58
- GmbH **8b** 269
- Überlassung **2** 235
- Verpfändung **8a** 253; **8c** 181

Anteilseigner **2** 58; **8** 482, 850; **8a** 224; **8b** 99, 457; **8c** 201; **27** 97
- Anteilstausch **8c** 79; **12** 217
- Anteilsverzicht bei Umwandlungen **8c** 185
- Anwartschaft **8b** 264
- außenstehender **16** 30, 62
- beschränkt steuerpflichtiger **12** 133
- Formwechsel **8c** 88, 94
- Fristbeginn bei Umwandlungen **8c** 166
- mit Betriebsvermögen **8** 703
- mit Privatvermögen **8** 704

- nahestehender **8b** 482
- unbeschränkt steuerpflichtiger **12** 132
- Wechsel **15** 190
- wesentlich beteiligter **8a** 180, 217

Anteilserwerb, -veräußerung **8** 545
Anteilsinhaber *sa Anteilseigner*
Anwachsung **8** 680; **8a** 600; **8c** 135, 158
Anwaltskosten **8** 545; **8b** 355
Anwendungsbeobachtung **4** 268
Anzeigenbetrieb **4** 268
Anzeigengeschäft **5** 64
Apotheke **4** 268
Arbeitnehmerüberlassung **8** 545
Arbeitnehmer-Vertreter **10** 98
Arbeitsbetriebe von Strafvollzugsanstalten **4** 268
Arbeitsmedizinische Zentren der Berufsgenossenschaften **4** 268
Arbeitszeitkonto **8** 545
Artistische Darbietung **2** 150, 154
Arzneimittelabgabe **4** 268
Arztkosten **8** 545
Asset-Backed-Securities **8a** 329
Asylantenunterbringung **5** 64
Asylbewerber **4** 268
Atypisch stille Beteiligung **8a** 143; **8c** 189; **13** 98
Atypisch stille Gesellschaft **8a** 60; **8a** 91; **8a** 269
Aufbewahrungspflicht **2** 103
Aufgeld *sa Damnum*
Auflösung **2** 83, 163; **7** 91; **8b** 151, 324; **11** 23, 28, 34; **12** 298; **18** 28, 50; **28** 43, 50; **32** 60
- Auflösungsbeschluss **11** 27
- Auflösungsgewinn **8b** 326; **34** 110

- Auflösungsvorgang **34** 118
- Auflösungszeitpunkt **11** 89
- unterjährige **11** 80

Auflösungsgewinn **8b** 326; **34** 110
Aufsichtsrat **10** 105
Aufsichtsratsvergütung **8** 545; **10** 7, 89, 96
Aufspaltung **11** 37; **29** 57, 63
Aufteilungsverbot **8** 270; **10** 97
Auftragsforschung **4** 268; **5** 64, 455, 459
Aufwand **8** 545; **10** 33; **21** 140
- einmaliger **8** 343
- Versicherungsfälle **20** 49
- gemischter **4** 214; **8** 545
- mittelbarer **26** 57
- persönlicher Lebensführung **26** 58
- verbrauchender **8a** 126, 143
- Zuordnung **5** 49; **6** 68

Aufwendungsersatz **8** 545
Aufzinsung **8a** 130
AU-Plaketten-Verkauf **4** 268
Ausbildung **8** 545
Ausgeschiedene Gesellschafter **8** 545
Ausgleichs- und Ersatzmaßnahmen durch die Naturschutzbehörden **4** 268
Ausgleichsposten **2** 81; **8b** 296, 348; **12** 166, 176, 287; **14** 1089; **21** 94; **27** 50; **34** 185
- aktive **8b** 426; **14** 1000, 1043, 1102
- Auflösung **8b** 293; **12** 175, 177; **14** 1114, 1122, 1123
- Beendigung des Gewinnabführungsvertrages **14** 1126
- Bildung **14** 1099
- Brutto- oder Nettobetrachtung **8b** 295

Stichwortverzeichnis

- Einbringung der Organbeteiligung **14** 1148
- Klammerorganschaft **14** 1174
- Organträgerwechsel **14** 1258
- passive **8b** 426; **14** 1006, 1044, 1103
- Rechtsnatur **14** 1092
- Teilwertabschreibung **14** 1096
- Umwandlung der Organgesellschaft **14** 1153
- Umwandlung des Organträgers **14** 1137

Ausgleichszahlung **8** 224, 545; **8b** 92, 140; **15** 237; **16** 19, 38, 42; **19** 67; **34** 198; **37** 14
- organschaftliche **27** 80
- überhöhte **16** 27
- unangemessene **16** 67

Auskunftsgebühr **10** 64
Auslandsbeteiligung **8b** 36; **34** 111
Auslandstagung **8** 545
Ausschüttung **8** 212, 548, 600; **8b** 620, 781; **21** 75; **34** 115, 218, 230; **37** 32, 62
- andere Ausschüttung **34** 222; **36** 56
- Ausschüttungsbelastung **8** 234; **23** 5; **36** 21
- Ausschüttungssperre **17** 69
- Fiktion **5** 65, 427

Außerbetriebliche Sphäre **8** 545
Ausstehende Einlage **8** 545
Avalprovision **8** 545; **8a** 143

B

Bagatallaufwendung **8** 545
Bahncard **8** 545
Bandenwerbung **5** 64
Bankgeschäft **8b** 666
Basisgesellschaft **1** 59; **8** 545; **8b** 17, 285; **26** 72, 322

Bauabzugsteuer **32** 17, 51, 79
Bauhof **4** 268
Bauleitplanung **4** 268
Bauspardarlehen **21b** 9
Bauspareinlage **21b** 9, 27
Bausparkasse **21b** 8
Beauftragter für Sozialplan gem § 80 BauGB **5** 64
Bedingung
- auflösende **8c** 205
- aufschiebende **8c** 205

Beherbergungsbetrieb **8** 875
Beherrschung **8a** 237, 313, 319, 324
- Beherrschungsmöglichkeit **8a** 354
- Beherrschungsstellung **8** 371, 393
- Beherrschungsvertrag **14** 235
- bei der AG **8** 376
- bei der KGaA **8** 377
- durch mehrere Personen **8a** 359
- mittelbare **8** 373
- Vermutung **8** 374
- Zeitpunkt **8** 378

Behindertenhotel **5** 64
Behindertenwerkstätte **5** 64
Beihilfe **2** 146; **5** 7, 97, 416; **8** 829, 830; **8b** 729; **8c** 55; **34** 125
Beistandsleistung **4** 81
Beitragsrückerstattung **21** 11, 41, 47, 64, 103; **34** 200
- anzuerkennende **34** 131, 140
- erfolgsabhängige **21** 23, 25, 43, 57, 101, 115
- erfolgsunabhängige **21** 23, 25, 44, 151
- Rückstellung **5** 194; **6** 41, 88; **8b** 748; **21** 88, 114, 123, 188, 218

Beitrittsgebiet **35** 1

Belegenheitsstaat **2** 33
Bemessungsgrundlage **7** 5, 20; **8** 76; **8b** 264; **20** 97; **26** 110; **32** 54; **38** 33
Beobachtungszeitraum **20** 52, 104
Beraterverträge **8** 545
Beratungs-/Begutachtungstätigkeit **4** 268
Beratungskosten **8** 545
Berechnungsverfahren **20** 120
Beregnungsverband **4** 268
Bereitstellungszins **8a** 143
Berufssportler **2** 194, 195
Berufsverband **5** 241, 244, 258, 261
Beschäftigungsgesellschaften **5** 64
Besichtigungsbetriebe **4** 268
Besserungsleistungen **8** 545
Besserungsschein **8** 707; **8a** 143; **8b** 519 ; **8c** 242
Besserungseintritt **27** 73
Besteuerung **1** 16; **2** 248; **3** 9, 46, 77, 84; **4** 117; **5** 219, 364; **8** 28; **8b** 72, 124; **9** 37; **11** 128; **12** 198, 295
- Besteuerungsrecht **2** 161; **12** 78, 91, 96, 111, 149, 199, 224
- Besteuerungszeitraum **2** 16; **7** 35; **11** 89; **26** 167, 315
- dualistisches System **26** 8
- Gleichmäßigkeit **33** 6
- Identität **26** 168, 315
- nach Leistungsfähigkeit **8** 233
- Sicherstellung **21** 8
- territorial **26** 7
Beteiligung **15** 141
- Beteiligungsertrag **34** 114
- Beteiligungserwerb **8c** 211, 225
- Beteiligungsgesellschaft **34** 110
- Beteiligungsquote **8a** 229; **8c** 95; **12** 229

- Beteiligungsrecht **8c** 116, 200
- Gestaltungsmöglichkeit **8c** 242, 243
- Kapitalgesellschaft **5** 29; **8** 700; **13** 147; **34** 110
- mittelbare **4** 104; **8a** 225; **8b** 480, 899; **8c** 275; **29** 49
- Personengesellschaft **5** 28, 39; **8c** 141, 239, 307; **9** 114; **15** 52; **34** 110
- Stamm- und Grundkapital **8a** 217; **8b** 478
- wechselseitige **29** 55
- Zeitpunkt **8c** 240
Beteiligung (atypisch stille) *sa atypisch stille Beteiligung*
Beteiligung an Kapitalgesellschaften **5** 64
Beteiligung an Personengesellschaften **5** 64
Beteiligungserwerb **8c** 67
- Ausnahme **8c** 321, 345
- Konzernkausel **8c** 248
- Organschaft **8c** 304
- schädlicher **8a** 96, 609; **8c** 59, 67, 162, 211, 282
- stille Reserven **8c** 284, 286, 288, 291, 293, 296, 299
- Umwandlungen **8c** 166, 167
Betrachtung
- Bandbreitenbetrachtung **8** 365
- Brutto-Nettobetrachtung **8b** 295
- erwerbsbezogene **8c** 128
- funktionsbezogene **26** 208
- isolierende **2** 106, 107, 199, 214; **8a** 90; **26** 92
- wirtschaftliche **8** 110
Betrieb **8a** 65, 306, 352, 412; **15** 177; **26** 350; **32** 99

Stichwortverzeichnis

- Begriff **8a** 68, 296
- Betriebsaufgabe **8a** 580, 607, 675; **12** 42; **13** 35, 141
- Betriebsaufspaltung **2** 185, 216; **4** 102, 105; **5** 40; **8** 878; **8a** 73, 240, 364, 518
- Betriebsbezogenheit **8a** 66, 162, 541, 561
- Betriebsverpachtung **5** 64; **13** 35; **17** 79
- hoheitlicher **4** 22
- konsolidierter **8a** 291, 382
- konzernloser **15** 214
- Konzernzugehörigkeit **8a** 171, 286, 305

Betriebsaufspaltung **5** 64 **8** 545

Betriebsausgabe
- Betriebsausgabenabzug **6** 80; **10** 40; **21** 24
- Betriebsausgabenabzugsverbot **2** 165; **8b** 606, 819
- nichtabzugsfähige **2** 129; **4** 212; **8** 191, 268, 545; **8a** 108, 112, 143; **8b** 40, 51, 65, 78, 110, 118, 228, 386, 623, 752, 787, 867; **9** 82; **11** 150, 151; **16** 48; **21** 98, 108; **22** 117; **26** 200

Betriebseinnahme **2** 129

Betriebsgrundlage
- wesentliche **4** 102, 142, 235; **8a** 585

Betriebsstätte **2** 36, 82, 185, 249; **18** 52; **20** 72, 139; **26** 59
- Anrechnungsbetriebsstätte **12** 119
- ausländische **8a** 77, 143, 112, 208; **12** 74; **26** 44,123
- Betriebsstätteneinkünfte **2** 33, 120; **15** 143

- Betriebsstättengewinnabgrenzung **12** 10, 14, 69, 81, 86, 87, 49, 150, 159
- Betriebsstättengrundsätze **18** 57
- Betriebsstättenprinzip **2** 114
- Betriebsstättenverlust **8** 95; **8a** 108; **15** 64
- Betriebsstättenvorbehalt **2** 35, 36, 122, 126
- Dauerhaftigkeit **2** 118
- DBA-Betriebsstätte **2** 119, 121, 122, 142; **8** 340, 731, 761; **8b** 217; **12** 118
- Freistellungsbetriebsstätte **12** 116, 119
- funktionale **2** 123; **26** 95
- inländische **2** 118, 132, 172; **8a** 75, 85
- Montagebetriebsstätte **26** 322
- objektiv-funktionelle Betrachtungsweise **2** 126

Betriebsstättenverlust **8** 95; **8a** 108
- aus DBA-Staaten **8** 92
- aus Tochterkapitalgesellschaft **8** 94
- ausländischer **8a** 112; **15** 64

Betriebsvermögen **2** 179; **4** 206, 210, 221; **8** 190, 703; **8c** 287, 338; **11** 158, 161, 166; **12** 122, 295; **13** 147; **18** 54; **21** 90; **22** 148; **26** 202; **28** 67; **34** 83
- Betriebsvermögensvergleich **4** 204
- gewillkürtes **3** 72; **4** 209; **5** 47
- negatives **4** 211
- notwendiges **4** 207; **5** 47

Betriebsverpachtung **5** 64

Beurkundungen **4** 268

Beurteilungsspielraum **8** 408

Beweislast **8** 528, 540, 734; **8b** 222, 502, 533, 703, 713; **8c** 65; **26** 164
- Beweislasterleichterung **8** 534
- Beweislastverteilung **8** 531
- Beweisvorsorge **8c** 62
- Eindeutigkeit **8** 394, 436

Bewertung **8** 601, 622; **9** 127; **11** 143; **13** 57; **20** 59
- Bewertungseinheit **8b** 287
- Entnahmewert **8** 702
- realitätsnahe **20** 93, 126; **21a** 31

Bewirtungsaufwand **8** 545

Bezüge **8b** 127, 137, 613, 648, 779, 887; **32** 59
- Beteiligung **8b** 35

Bezugsrecht **8** 545

BgA **1** 192, 252; **2** 86, 254; **4** 15, 77, 120; **8** 120, 316, 329, 388, 545, 658; **8a** 78, 186; **8b** 20; **9** 87; **27** 150; **34** 76; **39** 11
- ABC der BgA **4** 268
- Beendigung **4** 264
- Beteiligung an Gesellschaften **4** 91
- Betriebsvermögen **4** 206, 209, 221
- dauerdefizitärer **8** 11
- gleichartiger **4** 181, 260; **8** 920
- Steuerbefreiung **5** 69, 117,331
- Trennung **29** 18
- Verlustnutzung **8** 822
- Vermietung **4** 110
- Verpachtung **4** 50, 139, 146, 178
- Zusammenfassung **4** 171, 210, 257; **8** 822; **27** 162; **29** 18

Bilanz
- Anfangsbilanz **6** 64; **13** 51
- ausländischer Bilanzansatz **2** 178
- Bilanzänderungsverbot **26** 286
- Bilanzierung **8** 571; **38** 95
- Bilanzkorrektur **8** 513, 694; **8b** 31, 440, **8b** 765
- BilMoG **8b** 273
- Handelsbilanz **8** 265, 565
- Modifikation der Bilanzsumme **8a** 450
- Umrechnung zum Bilanzstichtag **26** 186
- Versicherungsunternehmen **21a** 8

Blindenfürsorgeeinrichtung **5** 64
Blockheizkraftwerk **4** 268
Blockwahlrecht **8b** 772; **34** 132
Blutalkoholuntersuchung **4** 268
Bonus **8a** 143
Bornhuetter/Ferguson-Verfahren **20** 123
Börse **4** 268
Börseneinführungskosten **8** 545
Botanischer Garten **4** 268
Briefkastengesellschaft *sa Basisgesellschaft*
Bruttomethode **15** 78; **34** 191
- Ausnahme **15** 119, 165
- Spartenbildung **15** 258
- und Organschaft **8b** 179, 379
- Zinsschranke **15** 176

Buch- und Treuhandstelle **5** 64
Bücherei **4** 268
Buchführung **4** 204; **8** 255
- elektronische **2** 104
- Papierbuchhaltung **2** 104

Buchführungspflicht **2** 96, 97, 103, 175, 177; **7** 50, 61; **8** 157, 166
- Beginn und Ende **7** 64
- Umfang **7** 72

Buchstelle **4** 268
Buchungsfehler **8** 545
Bürgschaft **4** 268; **8** 545; **8b** 470
Bürgschaftsbank **5** 393

Bürgschaftsprovision **8a** 143

C
Cafeteria **5** 64
Call-Option **8b** 281
Campingplatz **4** 268
Captives **20** 18
Carsharing **5** 64
Cash-Pooling-Forderung **8b** 461
Chain-Ladder-Verfahren **20** 121
City-Marathon **5** 64
Common-Consolidated-Corporate-Tax-Base (CCCTB) **8** 76
Cost-Plus-Method **12** 159

D
Damnum **8** 545, 626; **8a** 143
Darlehen **8** 545; **8a** 143; **8b** 449, 460, 465, 483, 495, 497; **9** 61
- Back-to-Back Finanzierung **8a** 255; **8b** 491
- Dahrlehensnehmer **8a** 250
- Darlehensgeber **8a** 248
- Drittvergeleich **8b** 41, **8b** 494
- eigenkapitalersetzendes **4** 239; **8** 545; **8b** 41, 434
- Gewährung **5** 179; **8b** 507
- gewinnabhängiges **8** 545; **8a** 143; **8b** 434; **8c** 24, 243; **32** 62
- innerorganschaftliche **15** 210
- partiarisches *sa gewinnabhängiges Dahrlehen*
- Sidestream-Darlehen **8b** 454, 489
- unverzinsliches **8** 562
- Upstream-Darlehen **8a** 239; **8b** 489

Darlehensforderung *sa Darlehen*
Daseinsvorsorge **8** 862
Dauerschuldverhältnis **8** 411, 413, 545
Dauerschuldzins **8** 609
Dauerverlust **8** 861, 877
Dauerverlustbetriebe **8** 545

Dauerverlustgeschäft **8** 10, 860, 941; **15** 242, 265; **34** 194
- Entgelt **8** 883, 884, 885
- hoheitliches **8** 947
- privilegiertes **34** 85
- und vGA **8** 824

DBA **1** 34; **2** 32, 97, 119, 161, 196; **5** 12, 100; **8** 290, 610; **8a** 127; **8b** 181, 240, 383, 442; **9** 53; **12** 106, 139, 225; **15** 144; **21** 71; **26** 66, 78, 93, 125, 160, 173, 223, 255, 287, 307, 335, 353; **32** 29
- Aktivitätsklausel **12** 142
- Betriebsstätte **2** 119, 121, 122, 142; **8** 340, 731, 761; **8b** 217; **12** 118
- Diskriminierungsverbot **12** 74
- Schachtelprivileg **8b** 66
- Sitz und Ansässigkeit **1** 70; **2** 83; **12** 268
- vorrangige Regelung **26** 23

Deckungskapital **5** 209
Derivat **8b** 431
Desinfektionsanstalt **4** 268
Destinatär **8** 317
Dialyseverein **5** 64
Diebstahl und andere Vermögensdelikte gegen die Gesellschaft **8** 545
Dienstleistungsfreiheit **2** 38
Dienstwagen **8** 545
Differenzen
- temporäre **21** 70

Direktversicherung **8** 545
Direktversicherungsgeschäft **21a** 8
Disagio **8** 545, 605; **8a** 143
Diskriminierung
- abkommensrechtliche **1** 34; **2** 133; **12** 74, 276; **18** 19

2143

- unionsrechtliche **2** 65, 38, 220, 246; **8** 147; **8b** 791; **8c** 57; **17** 101; **18** 20
Dividende **2** 35; **3** 84; **8b** 5, 91, 607; **19** 43; **32** 59
  - Dividendenanspruch **8b** 165
  - Dividendenbezüge **8a** 112
  - Dividendenschein **8b** 93, 162; **27** 112
  - Steuerbefreiung **8b** 126, 837
  - Streubesitzdividende **2** 209; **32** 42
Dokumentationsverpflichtung **8** 545
Domizilgesellschaft *sa Basisgesellschaft*
Doppelbesteuerung
  - juristische **26** 9, 51, 89
  - klassisches System **1** 8
  - Vermeidung **1** 8; **8b** 6, 840; **9** 35; **26** 5, 6
  - wirtschaftliche **1** 8; **3** 45; **8a** 40, 49; **8b** 6; **10** 91; **26** 9
Doppelsitz **1** 65
Dotationskapital **12** 151
Downstream Merger **8** 545; **8c** 157, 257; **29** 30
Dreiecksverhältnis **8** 545
Drei-Objekt-Grenze **2** 175
Dritte-Welt-Laden **5** 64
Drittstaatensteuer **26** 105, 122, 124, 155, 321
Drohverlustrückstellung **20** 33
Druckschriftenverkauf **5** 64
Duales System **4** 268
Durchlaufende Posten **8** 341

E
E-Bilanz **31** 43
EBITDA **8a** 98
  - EBITDA-Vortrag **8a** 1, 99, 627, 632, 659; **8c** 39; **15** 55, 173, 203

- fiktiver EBITDA-Vortrag **8a** 647
- maßgeblicher Gewinn **8a** 98
- maßgebliches Einkommen **8a** 98
- negatives **8a** 100, 654
- steuerliches **8a** 1, 104
- Untergang des EBITDA-Vortrags **8a** 673
- verrechenbares **8a** 98, 653
- vororganschaftlicher EBITDA-Vortrag **15** 189
EDV-Anlage **4** 268
Effet utile **2** 210
Ehrenamt **8** 545
Eichamt **4** 268
Eigenbetrieb **8** 822; **27** 159
Eigene Anteile **8** 545
Eigengesellschaft **8** 822
  - gemeinnützige **4** 106
Eigenhandel
  - kurzfristiger **8b** 658
Eigenhandelserfolg **8b** 697, 708
Eigenkapitalausstattung **8** 545
Eigenkapitalersetzendes Darlehen *sa Darlehen*
Eigentum
  - rechtliches **8c** 74
  - wirtschaftliches **8a** 223; **8b** 881; **8c** 75, 204; **14** 172
Einbringung **4** 55; **8** 545; **8b** 309, 562, 577, 582, 600
  - Einbringungsgewinn I **8b** 73
  - Einbringungsgewinn II **8b** 74
  - Einbringungsvorgang **8c** 186
  - in eine Kapitalgesellschaft oder Genossenschaft **8a** 623
  - in eine Personengesellschaft **8a** 624
Einheitstheorie **2** 48

Stichwortverzeichnis

Einkommen 7 23; 8 26, 79; 26 243
- maßgebliches 8a 104

Einkommensermittlung 2 16, 95; 4 200; 6 61; 8 2, 4, 104, 207; 8b 764; 16 42; 34 76

Einkommenskorrektur
- außerbilanzielle 8 478

Einkommensverteilung 4 248; 8 207, 209
- sonstige 8 220

Einkommensverwendung 8 2, 6, 231; 9 85

Einkommenszurechnung 3 43; 11 184; 15 105, 272; 16 40

Einkünfte 8 116
- aktive 8b 86; 26 14
- aus Gewerbebetrieb 2 114; 8 135, 167
- vermögensverwaltende Tätigkeit 8a 57
- ausländische 2 112; 8a 112; 26 86, 89, 179, 270
- Berichtigung 8 286; 8a 146
- Gesamtbetrag 8 86
- gewerblich fingierte 8 165; 8a 86
- gewerbliche 6 60
- Identität 26 101
- inländische 2 92, 110, 231; 26 96
- kapitalertragsteuerpflichtige 32 58
- nachträgliche 26 96
- nicht gewerbliche 2 48
- pauschal besteuerte 26 235
- Qualifizierung 8 5
- sonstige 32 50, 32 73
- steuerbefreite 19 22; 26 182, 219, 232
- wirtschaftlicher Geschäftsbetrieb 5 43
- Zuordnung 2 18, 107
- Zurechnung 2 18; 7 84

Einkünftedualismus 2 173

Einkünfteermittlung 2 95, 141, 207; 3 73; 7 7, 50; 8 111, 114

Einkünfteermittlungszeitraum 7 7, 31

Einkünfteerzielung 2 89

Einkünftequalifikation 2 16; 4 201; 8 109, 168

Einlage 4 223; 8a 143, 112; 8b 143; 11 152, 169
- Begriff 8 616
- disquotale 29 50
- Fiktion 8 683
- gemischte 8b 307
- Gewährung von Gesellschaftsanteilen 8 623
- Kapitalrücklage 8 624
- offene 8 620
- Rückgewähr 8 225, 264; 27 5, 169; 33 34; 38 18; 39 5
- verdeckte 8 614; 8b 337

Einlagekonto 8 486, 603, 637; 8b 142, 318; 16 54; 27 1, 37, 140; 28 28, 30, 65, 73; 29 53; 39 7
- Addition des Bestands 29 38
- Anfangsbestand 39 18
- Aufteilung des Bestands 29 61
- Berichtigung 27 130
- Bestand 28 30; 29 53
- Bestandsfortschreibung 27 87
- Differenzrechnung 27 55; 38 21
- Direktzugriff 27 72; 28 54
- Feststellung des Bestands 29 43
- Minderung 28 28, 65; 29 52

- Überleitung **39** 14
- Verminderung **27** 18

Einnahme
- steuerfreie **8a** 143

Ein-Objekt-KG **2** 176
Einstellplatz **4** 268
Einzelrechtsnachfolge **8c** 71
EK **8** 565
- Eigenkapitalanpassung **8a** 452
- Eigenkapitalausstattung **4** 226
- Eigenkapitalerhaltungsvorschrift **8** 246
- Eigenkapitalgliederung **39** 14
- Eigenkapitalvergleich **8a** 300, 372
- Modifikation **8a** 421
- negatives **8a** 401
- relevantes **8c** 292
- stimmrechtsloses **8a** 408, 431
- unterjähriger Zugang **27** 52
- vEk **36** 43, 107

Entführungsrisikoversicherung **8** 545
Entnahme **8** 267; **8a** 112
- unterjähriger Zugang **27** 52

Entschädigungseinrichtung **34** 56
Entschuldung **8** 545
Entstrickung **2** 81; **12** 8; **12** 155; **34** 154
- Entstrickungsbesteuerung **34** 162
- Entstrickungsgewinn **8a** 112; **8b** 315
- Entstrickungsvorschrift **12** 8
- finale Entnahmetheorie **12** 9, 10; **26** 97, 193

Entwicklungsland **33** 3
Equity Swap **8b** 283
Equity-Methode **8a** 311
Erbanfall **8c** 73

Erbauseinandersetzung **8c** 73
Erbbaurecht **8** 545
Erbbauzins **8a** 143
Erbersatzsteuer **1** 35
Erbfolge
- vorweggenommene **8c** 73

Erbschaft **4** 268; **8** 545
Erfindervergütung **8** 545
Erholungsheim **5** 64
ERP-Sondervermögen **4** 268
Erschließung **4** 268
Erstattung **2** 209; **10** 66
- Aufwand **9** 132

Erstattungsverfahren **2** 22
Erstattungszins **2** 130
Erstausstattung **8** 545
- Angemessenheit **8** 425

Ertrag **8a** 112
- ausgeschütteter **8b** 91; **26** 47
- ausschüttungsgleicher **8b** 91; **26** 47
- steuerfreier **8a** 112; **21** 69

Ertragshoheit **1** 11; **23** 40
Ertragszuschuss **8** 568
Erwerb **8b** 548
- entgeltlicher **8c** 71
- Konzern **8c** 86
- mittelbarer **8b** 551; **8c** 9, 93
- unentgeltlicher **8c** 71
- unmittelbarer **8c** 69

Erwerberkreis **8c** 129
Erwerbsgenossenschaft **5** 360; **22** 15; **34** 65
Erziehungshilfe **5** 64
EU GAAP **8a** 358, 374
EU-Pass **21a** 17
EU-Versicherer **21a** 7
EU-Versicherungsunternehmen **21a** 8
EVTZ **1** 197

EWR-Abkommen **1** 32; **12** 71; **26** 162
EWR-Versicherer **21a** 7

F

Fachzeitschrift **4** 268
Factoring **8a** 143; **8b** 676
Fälligkeit **30** 6, 14; **37** 70; **38** 70; **38** 91
Familienstiftung **2** 26; **8b** 21
– ausländische **8a** 146
Fehlbuchung **8** 255, 545
Feinstaubplakette **4** 268
Fernheizwerk **4** 268
Fernsehfilmproduktion **5** 64
Festlandsockel **1** 78
Festschrift **5** 64
Festsetzungsverfahren **26** 357
Festsetzungsverjährung **2** 28; **26** 152
Feststellung **8** 968; **8a** 565; **8b** 863; **36** 107; **37** 22
– Zinsvortrag **8a** 560
– einheitliche und gesonderte **3** 81; **4** 261; **8** 968; **8a** 670; **9** 68; **26** 359; **27** 82; **28** 37; **39** 18
– unterjährige **6** 97
Feststellungsbescheid **28** 40; **32a** 51; **36** 109; **39** 19, 25
Feststellungslast **8** 528; **8b** 863
Feststellungszeitpunkt **27** 44, 82
Feuerwehr **4** 268
Fiktionstheorie **8** 232, 252, 337; **8a** 126, 143
Finanzausgleich **4** 7
Finanzdienstleistung **8b** 670
Finanzdienstleistungsinstitut **8b** 1, 22, 44, 444, 661, 669, 680, 685, 717
Finanzierungsfreiheit **8** 280; **8a** 31
Finanzierungskosten **8** 545
Finanzinstrument **8b** 510, 695

Finanzmarktstabilisierungsfonds **8c** 345
Finanzunternehmen **8b** 22, 672, 680, 685, 707
Firmenjubiläum **8** 545
Firmenwert *sa Geschäftswert*
Flugzeug **1** 79; **2** 148, 168
Flurbereinigungsverfahren **4** 268
Folgebesteuerungszeitraum **11** 99, 123
Fonds zur bauspartechnischen Absicherung **21b** 15, 19, 20
Förderdarlehen **8a** 143
Fördermaßnahme **1** 38
Forderung **8a** 143
– gegen Besserungsschein **27** 73
– Lieferungen und Leistungen **30** 39
– niedrig - oder unverzinsliche **8a** 133; **8b** 509
Forderungsverzicht **8** 545, 669, 705, 729; **8a** 143; **11** 153; **27** 16
– Besserungsklausel **8** 682
– Besserungsschein **8c** 23, 242; **27** 73
Forfaitierung **8a** 143
Formvorschrift **8** 401, 403
Forschungs- und Lehrtätigkeit **4** 268
Forschungseinrichtung **5** 64
Forstbetrieb **5** 64
Fortbildung **8** 545
Fortsetzreserve **21b** 23
Fotovoltaikanlage **4** 268
Freianteil **8** 545
Freiberufler-GmbH **8** 545
Freibetrag **3** 74; **11** 129; **24** 33; **25** 1; **26** 192, 29, 215
– Freibetragsabzug **24** 27
– inländischer **26** 107

- land- und forstwirtschaftliche Vereine und Genossenschaften **34** 207
Freigrenze **2** 197; **4** 71; **5** 52; **8a** 96, 160; **15** 208
Freistellung **2** 209; **4** 142; **26** 264
Freistellungsmethode **8** 92; **26** 8
Freistellungsverfahren **2** 39, 35; **32** 33; **34** 16
Freizeitpark **4** 268
Fremdenverkehr **4** 268
Fremdkapitalgeber **8a** 120, 272, 524
Fremdkapitalüberlassung **8a** 115, 114
- Fremdkapitalvergütung **8a** 276
- kurzfristige **8a** 121
- Laufzeit **8a** 121
- Umsatzbeteiligung **8a** 122
Fremdkapitalvergütung **8** 545
Fremdorganschaft **1** 82; **2** 58, 61
Fremdvergleich **8** 359, 364, 425, 687; **27** 19
- abstrakter **8** 361, 424
- erweiterter **8** 431, 463
- externer **8** 394, 450, 454
- formeller **8** 360
- Fremdvergleichsgrundsatz **2** 127; **8** 687; **8a** 39
- Fremdvergleichspreis **12** 159
- Gegenbeweis **8** 394, 435, 533
- hypothetischer **8** 361, 424, 449, 450
- interner **8** 394, 448, 449, 450
- konkreter **8** 361
- materieller **8** 361, 362
Fremdversicherung **20** 17
Fremdwährung **26** 186
Friedhof **4** 268
Friedhofsgärtnerei **4** 268
Functionally separate entity approach **2** 121

Funktionsverlagerung **2** 124; **12** 55, 102

G

Garantie **8b** 470
Gastwirtschaft **4** 268
Gebäude auf einem Gesellschaftergrundstück **8** 545
Gebilde
- ausländisches **2** 53
- nichtrechtsfähiges **3** 12
Gebühr **8a** 143
Geburtshilfe **8** 545
Geburtstagsfeier **8** 545
Gefahrengemeinschaft **20** 59
Gegengeschäft **5** 368; **22** 91
Gehaltsabrechnungsstelle **5** 64
Gehaltsverzicht **8** 545
Gelddarlehen **8b** 509
Geldstrafe **10** 76, 11
Geldstrafe und –buße **8** 545
Gemeiner Wert **8** 507, 508; **8c** 293; **12** 158, 158; **29** 66
Gemeinnützigkeit **5** 314; **8** 498; **9** 160
- Dachverband **5** 306
- gemeinnütziger Zweck **5** 314
- Gemeinnützigkeitsrecht **8** 499
- ideeller Bereich **5** 20
- mildtätiger Zweck **5** 322
Gemeinschaft zur gemeinsamen Hand **3** 30
Gemeinschaftshaus **4** 268
Gemeinschaftsunternehmen **8a** 172, 386
Gemischte Aufwendung **8** 545
Genossenschaft **1** 115; **8** 313, 328, 555; **8a** 623; **8b** 11; **8c** 112; **11** 17; **13** 77; **22** 11; **25** 11; **38** 29
- Absatzgenossenschaft **22** 113
- Arbeitnehmerproduktionsgenossenschaft **22** 65

Stichwortverzeichnis

- ausländische **22** 19; **25** 13
- Produktionsgenossenschaft **22** 113
- Rückvergütung **8b** 145
- Sonderregelung **8a** 182; **37** 253; **38** 29
- Vor-Genossenschaft **1** 242; **34** 253
- Wirtschaftsgenossenschaft **5** 360; **22** 15; **27** 146; **34** 65

Genossenschaftliche Rückvergütung **8** 282; **8b** 145; **26** 188

Genussrecht **8** 221, 546; **8a** 143; **8b** 172, 277, 463, 858; **8c** 117, 176; **27** 16
- beteiligungsähnliches **8** 644; **8b** 138
- Bezugsbasis **8** 580
- Genussrechtsinhaber **8** 571

Genussschein **8** 547, 556; **8b** 277
Gerichtsurteil **8** 545
Gesamthafenbetrieb **5** 419
Gesamthandsvermögen **8a** 89
Gesamtheitsmethode **26** 245
Gesamtrechtsnachfolge **8c** 71; **12** 196; **13** 36; **37** 74, 100
Gesamtunternehmen **2** 129
Gesamtvergütung **8** 545
Geschäftsbericht **8** 545
Geschäftschance **8** 545
Geschäftschancen-Lehre **12** 102
Geschäftseinrichtung
- feste **2** 118

Geschäftsführervergütung **8** 545
Geschäftsführung
- laufende **1** 53
- tatsächliche **5** 294, 371, 389
- zentralisierte **1** 221

Geschäftsführungs- und Verwaltungsleistung **5** 64

Geschäftsführungsbefugnis **8** 545
Geschäftsjahr **7** 55
- rückwirkende Änderung **7** 96
- Umstellung des handelsrechtlichen Geschäftsjahrs **7** 93

Geschäftsleiter
- gewissenhafter **8** 264, 422, 426
- ordentlicher **8** 246, 264, 422, 426
- verdoppelter **8** 442

Geschäftsleitung **2** 2, 72, 78; **9** 58; **12** 258
- Ort **1** 51; **32** 125
- Verlegung **12** 241, 261; **38** 81

Geschäftsplan **5** 160, 192
Geschäftsreisen **8** 545
Geschäftsvorfall **8** 254, 342
Geschäftswert **8** 545, 664; **8a** 425; **11** 138; **12** 286
Geschöpftheorie **1** 209
Gesellschaft **8** 721
- atypisch stille *sa atypisch stille Gesellschaft*
- ausländische **15** 142
- doppelt ansässige **12** 267
- hybride **26** 45
- stille *sa stille Gesellschaft*
- Vor-Gesellschaft **1** 238

Gesellschafter **8** 516, 532, 844; **32a** 31
- ausgeschiedener **8** 545
- ausländischer **9** 54
- Ausschluss **8c** 85
- außenstehender **17** 82
- beherrschender **8** 369, 370, 383, 384, 445, 470, 517, 537
- ehemaliger **8** 324, 356
- gemeinsamer **8c** 263
- Geschäftsführer **8** 385
- mittelbarer **8** 645, 719

- nicht-mehr **8** 643
- persönlich haftender **9** 54, 70
- unmittelbar beteiligter **8** 641; **16** 31
- wesentlich beteiligter **8a** 507
- zukünftiger **8** 323, 642

Gesellschafterdarlehen **8c** 177

Gesellschafterebene **8** 253, 272; **23** 15

Gesellschafter-Fremdfinanzierung **8a** 1, 175; **34** 98

Gesellschafterversammlung **8** 545

Gesellschaftsverhältnis **8** 350, 468

Gesetzgebungshoheit
- konkurrierende **1** 11

Gestaltungsinstrument **2** 26

Gestaltungsmissbrauch **2** 39; **8** 298; **26** 72

Gesundheitsamt **4** 268

Gewerbebetrieb **3** 70
- Einkünfte **2** 114; **8** 135; **8a** 70
- Immobilienhandel **2** 169

Gewerbesteuerumlage **8** 545

Gewerblichkeitsfiktion **2** 173, 176

Gewinn
- ausschüttbarer **27** 28, 63
- maßgeblicher **8a** 104
- nach Durchschnittssätzen **2** 99

Gewinnabführung **8** 143, 545; **14** 316
- Abführungsverbot für Kapital- und Gewinnrücklagen **14** 391
- atypisch stille Gesellschaft **14** 342
- Ausgleichszahlungen an außenstehende Aktionäre **14** 339
- Bemessung **14** 316
- Erhöhung um Entnahmen **14** 387
- Genussrechte mit Beteiligung am Liquidationserlös **14** 341, 343
- Höchstbetrag **14** 318; **17** 63
- Jahresüberschuss **14** 331
- Minderung wegen abführungsgesperrter Beträge **14** 371
- Minderung wegen vorvertraglicher Verluste **14** 350
- Minderung durch Dotierung der gesetzlichen Rücklage **14** 368
- Mindestabführung **14** 410
- Organschaft **8** 217
- partiarische Darlehen **14** 341
- Rücklagenbildung **14** 406
- typisch stille Beteiligung **14** 341
- Umwandlung **14** 432
- Verpflichtung **18** 23
- vGA **14** 337
- vGA an außenstehende Aktionäre **14** 340

Gewinnabführungsvertrag **11** 180; **14** 238; **16** 19; **18** 24; **34** 180
- Abfindung **14** 292
- Änderung **14** 498
- Anfechtung **14** 605
- Anpassung eines alten **17** 86
- Aufhebung **14** 543
- Auflösung der Vertragsparteien **14** 593
- Ausgleichszahlung **14** 285, 291
- außerordentliche Kündigung **14** 569
- Beendigung **14** 422, 541
- Beendigungsgründe **14** 541, 602
- Eingliederung **14** 606

- Eintritt eines außenstehenden Aktionärs **14** 586
- Einzelrechtsnachfolge **14** 519
- Geltungsdauer **14** 489
- Insolvenz der Organgesellschaft **14** 595
- Mindestvertragsdauer **14** 299
- ordentliche Kündigung **14** 556
- Rücktritt **14** 604
- Schriftform **14** 268
- Sicherstellung der Besteuerung **14** 652
- tatsächliche Durchführung **14** 465
- Umwandlung **14** 534
- Umwandlung der Organgesellschaft **14** 522
- Umwandlung der Vetragsparteien **14** 590
- Umwandlung des Organträgers **14** 508
- Unternehmensverträge **14** 253
- Wirksamkeit **14** 264; **17** 35, 53; **34** 180

Gewinnabgrenzung **2** 121; **12** 13, 14
Gewinnanteil **8b** 648
- persönlich haftender Gesellschafter **8a** 108
- steuerfreier **21** 68

Gewinnaufschlag **8** 505, 509, 545
- fehlender **4** 242

Gewinnausschüttung **8** 212; **8a** 143; **22** 60
- disquotale **8** 852
- inkongruente **8** 215
- ordentliche **36** 50

Gewinnbeteiligung **8** 578, 579; **9** 47
- mittelbare **8** 579
- unmittelbare **8** 578

Gewinneinkünfte **2** 95; **8** 112; **8b** 68; **13** 41
Gewinnermittlung **2** 16, 96, 177; **5** 44; **9** 31, 39, 49; **13** 37; **20** 74
- additive **26** 221
- direkte Methode **2** 123
- Einnahmen-Überschuss-Rechnung **4** 205; **13** 42, 69
- Schätzungswege **5** 45
- indirekte Methode **2** 123; **12** 13
- pauschale **5** 46
- Schema **11** 121
- Vermögensvergleich **11** 104

Gewinnerzielungsabsicht **4** 85; **5** 37; **8** 200
Gewinnfeststellung
- einheitliche und gesonderte **8b** 903; **26** 359

Gewinnminderung **8b** 38, 41, 109, 413, 417, 423, 449, 466
Gewinnrücklage **17** 89; **28** 23
- andere **17** 70

Gewinntantieme **8** 545
Gewinntransfer
- grenzüberschreitender **17** 104

Gewinnverteilung **1** 227; **2** 58; **8b** 649
- Beschluss **34** 217; **36** 51

GewSt **4** 41; **8** 238, 741, 908; **8a** 156; **10** 49; **15** 165, 240; **20** 37; **26** 217, 258, 303
- Fehlbetrag **8c** 34
- Hinzurechnung **8** 609; **8a** 23, 156, 554; **8b** 64, 100, 406, 868, 625; **15** 165; **20** 37; **26** 303
- Kürzung **9b** 64

Gleichordnungskonzern **8a** 348, 404, 517
GmbH **1** 109; **8** 308; **17** 9
GmbH & Co KG **8** 312, 545; **8a** 365
Golfclubbeitrag **8** 545

Golfplatzüberlassung 5 64
Gradierwerk 4 268
GrESt 8 296; 8b 425
Grundlagenbescheid 27 85; 38 11; 39 19, 25
Grundstücksverkäufe der Gemeinde 4 268
Gründungsaufwand 8 545
Gründungstheorie 1 204, 205; 2 62
Gutachterausschuss für Grundstückswerte 4 268

H

Hafenbetrieb 4 125, 137
– Gesamthafenbetrieb 5 419
Haftung 2 41; 8 545; 8b 653; 9 8, 13, 48, 147; 27 1, 122
– Ausstellerhaftung 9 157
– beschränkte 1 222
– Gewährträgerhaftung 34 106
– Umfang 9 175
– Veranlasserhaftung 9 165; 34 169
Halbeinkünfteverfahren 1 10; 6 73; 8 235; 32a 5; 34 38; 36 10
Handelbarkeit 8b 696
Handelsbilanz 8 265, 269, 346, 565; 21b 19
– Maßgeblichkeit 20 115
Handelsbuch 8b 1, 693, 701
Handelsrecht 5 206; 8 246, 264, 620, 628; 15 73; 20 26, 67, 132; 21 30; 36 47
Handelsvertreter 8 545
Handwerkskammer 4 268
Härtefall 23 30
– Härtefallregelung 31 42
Hartz-IV-Arbeitsgemeinschaft 4 268
Hauberggenossenschaft 3 63
Hereinverschmelzung 29 88, 92
Herstellungskosten 33 20

Hilfsgeschäft 4 115; 5 23, 369; 8 960; 11 40; 22 92, 109
Hinzurechnungsbesteuerung 8b 83; 12 56
– Hinzurechnungsbetrag 2 26; 8a 26, 112, 143, 146, 152; 8b 84, 170, 620; 8c 20
– Niedrigbesteuerung 8b 87; 8c 21
Hinzuschätzung 8 545
Hochbauverwaltung 4 268
Hochschule 4 268
Hochschulklinik 4 163, 268
Hoheitsbetrieb 4 22, 153
Hoheitsvermögen 4 115, 208
Holdinggesellschaft 8a 437; 8b 16, 675
Hybridanleihe 8a 408
Hygienisch-Bakteriologisches Institut 4 268

I

IAS/IFRS 7 63; 8 572; 8a 287, 313, 356, 373, 422
Immaterielles Wirtschaftsgut 8 663
Incentive-Reisen 8 545
Industriegleisanlage 4 268
Informationsrecht 8 558
Inkasso 5 64
Inkongruente Gewinnausschüttung 8 545
Inland 1 5, 75; 2 229; 3 61; 8c 249; 9 138; 20 16
Inlandsbezug 2 2, 28, 87, 153, 170, 195; 8c 54; 34 169
– doppelter 2 8, 47, 74; 17 18
– struktureller 5 11, 97, 287
Innung 4 268
Innungskrankenkasse 4 268
Insolvenz 5 184; 38 79
– Insolvenzverfahren 11 38, 194, 199; 37 77

Integrationskurs **4** 268
Inventaraufstellung **20** 83
Investitionsklausel **13** 87
Investitionsvolumen **13** 89
Investmentanteil **8b** 141, 435, 692, 738, 860, 869; **32** 165
– Aktiengewinn **8b** 94, 270
– Anleger-Aktiengewinn **8b** 98
– Rückgabe **8b** 95
– Veräußerung **8b** 95
– Zuschreibung **8a** 112, 143; **8b** 95, 286
Investmentvermögen **1** 37; **8a** 30, 146; **8b** 619, 832, 848; **8c** 22; **12** 64; **15** 53; **21** 72; **26** 47, 74, 108, 197, 247, 293; **27** 34
– Zinsertrag **8a** 30

J

Jagdaufwendung **8** 545
Jagdgenossenschaft **4** 268
Jahresabschluss **8a** 463
– Maßgeblichkeit **7** 59
– unrichtiger **8a** 474, 477; **17** 88
– Jahresfehlbetrag *sa Verlust*
Job-Ticket **4** 268
Joint Ventures **8a** 172; **8c** 245, 278
Jubiläumsfeier **5** 64
Jubiläumsrückstellung **21** 70
Jugendherberge **5** 64
Jugend- und Erholungsstätte **4** 268
Juristische Person des öffentlichen Rechts **2** 229, 240; **4** 74
– ausländische **1** 196; **2** 65, 86; **4** 13
– inländische **2** 86; **4** 11
Juristische Person des privaten Rechts **1** 142, 163
Juristische Person des alten Gemeinen Rechts **1** 90, 151

K

Kalamitätsnutzung **23** 30
Kantinenbetrieb **4** 268
Kapitalanlage **8b** 737; **21** 96
Kapitalerhaltung **8** 545
Kapitalerhöhung **8** 545; **8c** 89, 171, 196, 207; **28** 10; **38** 26
– bei Umwandlung **8c** 199
– disparitätische **8c** 198
– Einbringung von Anteilen **8c** 202
– Erhöhung von Mitgliedschaftsrechten **8c** 200
– nominelle **28** 20
Kapitalexportneutralität **26** 11
Kapitalgesellschaft **1** 88; **4** 97; **8** 842; **11** 12; **18** 45
– andere **17** 9
– ausländische **1** 201; **2** 62; **3** 33; **8** 310, 553; **8c** 104; **11** 14; **17** 15
– Beteiligung **5** 29; **13** 147
– doppelansässige **8** 148
– inländische **8c** 103
– Spartenrechnung **8** 180, 937
– vermögensverwaltende **2** 182
– verzogene **8** 156
– zugezogene **8** 155
Kapitalherabsetzung **2** 163; **8b** 150, 328; **8c** 89, 188; **28** 42, 50
– fiktive **29** 24, 98
– Kapitalherabsetzungsgewinn **8b** 329
Kapitalimportneutralität **26** 8, 10, 11
Kapitalrücklage **8** 624; **17** 71; **27** 37
Kapitalrückzahlung **28** 71; **33** 35
Kapitalverkehrsfreiheit **2** 209; **12** 277
Kapitalvermögen **2** 201; **8** 983; **26** 34
Karneval **5** 64
Kaskadeneffekt **8b** 388, 608; **29** 47

Kassenfehlbestand **8** 545
Kassenvermögen **5** 193
- Auflösung **5** 163
- Begrenzung **5** 189, 201
- tatsächliches **6** 25
- zulässiges **5** 133, 211; **6** 26
- Zweckbindung **5** 174
Kassenärztliche Vereinigung **4** 268
KESt **2** 39, 131; **4** 222; **5** 65; **6** 74; **8** 484, 602; **8b** 52; **16** 64
- Kapitalertragsteuerabzug **2** 205; **5** 67; **8b** 119
- Kapitalertragsteuereinbehalt **2** 131
Ketteneinbringung **8b** 565
Kettenzusammenfassung **4** 192; **8** 951
KGaA **1** 103; **8** 311, 652; **8a** 76, 112, 231, 271, 432; **8c** 124; **9** 30; **15** 153; **26** 27, 68, 114, 189
- Besteuerung des persönlich haftenden Gesellschafters **9** 37
- einheitliche und gesonderte Feststellung **9** 68
- Ergänzungsbilanz **9** 42
- Gewinnanteil **8a** 143; **9** 3, 6
- Haftungsvergütung **9** 48
- Hingabe von Darlehen **9** 61
- Sonderbetriebsausgabe **8a** 143
- Sondervergütung **8a** 143; **9** 40
- steuerrechtliche Gewinnermittlung **9** 39
- Tätigkeit im Dienste der Gesellschaft **9** 61
- Überlassung von Wirtschaftsgütern **9** 61
- Vergütungen für die Geschäftsleitung **9** 58
- vGA **9** 63
- Zinsschranke **9** 62

Kiesgrube **4** 268
Kindergarten **4** 268; **5** 64
Kirchensteuer **26** 257
Kirchlicher Zweck **5** 330
Klammerorganschaft **14** 157, 288, 1240, 1251, 1347
- Ausgleichsposten **14** 1174
Kläranlage **4** 268
Kleinbetragsregelung **21** 127, 141; **37** 86; **38** 62
Klinische Studie **4** 268
Know-How **2** 216, 226; **8** 545
Kollisionsrecht **1** 204, 207
Kommanditbeteiligung **4** 268
Kommunaler Spitzenverband **5** 241
Kommunales Krematorium **4** 165
Kompensationszahlung **8b** 824
Konkurrentenklage **5** 79
Konsolidierung **8a** 294
- Einbeziehungsausnahme **8a** 326
- Einbeziehungswahlrecht **8a** 316
- Konsolidierungsmöglichkeit **8a** 333
- Konsolidierungspflicht **8a** 334
- Konsolidierungskreis **8a** 381
- Organkreis **15** 216
- Rechnungslegungsstandards **8a** 311
Kontokorrent-Forderung **8b** 461
Kontrollrecht **8** 558
Konzern **8** 545; **8c** 267
- Begriff **8a** 170, 287, 347
- Eigenkapitalquote **8a** 400
- erweiterter **8a** 287, 336
- internationaler **8a** 48
- interner Erwerb **8c** 155
- Konzernabschluss **8a** 456
- konzernloser Betrieb **8a** 169; **15** 214

- Konzernrechnungslegung **8a** 287, 288
- Konzernrückhalt **8a** 257
- Konzernspitze **8a** 343, 388
- Konzernumlage **19** 70
- Konzernvermögen **8a** 440
- mittelbarer konzerninterner Erwerb **8c** 156
- Zugehörigkeit **8a** 169, 286, 303

Konzernabschluss **8a** 333
- Anforderung **8a** 456
- Fehlen **8a** 316, 376, 388

Konzernklausel **8c** 248
- begünstigter Vorgang **8c** 251
- gemeinsamer Gesellschafter **8c** 263
- maßgebliche Beteiligung **8c** 269
- übernehmender Rechtsträger **8c** 255
- übertragender Rechtsträger **8c** 255

Konzernname, Konzernmarke **8** 545
Konzernstruktur **8** 545
Konzert **5** 64
Konzessionsabgabe **4** 21, 250; **8** 545; **26** 135
Konzessionsguthaben **4** 268
Körperbehinderter **5** 64
Körperschaft **5** 282; **8** 554; **8c** 113; **12** 189; **13** 113; **17** 13; **32a** 23; **37** 32
- ausländische **1** 200; **8a** 163; **8b** 479
- Begriff **1** 82; **2** 61
- des öffentlichen Rechts **8a** 366
- Entleiher **8b** 844
- EU-Körperschaft **27** 169; **29** 89
- gemeinnützige **13** 160
- kleine **39** 12

- nichtrechtsfähige **1** 249
- Typenvergleich **8b** 15
- übernehmende **29** 26, 43, 76
- übertragende **29** 28, 44, 75

Körperschaftsteueranrechnungssystem **26** 158
Körperschaftsteuererhöhung **5** 74; **8** 235; **23** 43; **28** 62; **32** 142; **34** 253; **36** 60; **37** 45; **38** 33
Körperschaftsteuerguthaben **33** 36
- Auszahlung **37** 67
- Bescheinigung **37** 27, 50
- Erhalt **34** 258
- Ermittlung **34** 262; **37** 7, 52, 62
- Verbrauch **34** 249

Körperschaftsteuerminderung **28** 62; **36** 60
Körperschaftsteuerpflicht **3** 28
- Beginn **1** 233
- Ende **1** 233, 254

Körperschaftsteuerreduzierung **23** 42
Körperschaftsteuertarif **23** 11, 41
Korrespondenzprinzip **8** 252, 272, 604; **8b** 37, 184; **15** 161; **26** 82
- Gewährleistung **34** 246
- materielles **8** 712, 117; **8b** 190
- verfahrensrechtliches **32a** 1

Kostendeckungsprinzip **22** 12, 56
Kostenersatz **10** 101
Kostenquote **20** 53
Kostenumlage **8** 545
Krankenbeförderung **4** 268
Krankenfahrt **5** 64
Krankenhaus **4** 268
Krankenhausapotheke **4** 268; **5** 64
Krankenkasse **5** 127, 141; **33** 1
Krankenversicherung **5** 441; **20** 19; **21** 43; **21a** 20
- ausländische **8b** 732

- inländische **8b** 731
- Krankenversicherungs-
  unternehmen **8b** 23, 45, 727;
  21 57, 123; **34** 130, 187

Kreditinstitut **5** 120; **8b** 665, 680,
685; **27** 114; **33** 34; **34** 49

Kreishandwerkerschaft **4** 268

Krematorium **4** 268; **5** 64

Kreuzwertpapierleihe **8b** 878

KSt **8a** 152; **8c** 38; **26** 240
- Abgeltung **32** 45
- Anrechnung **31** 25
- Entrichtung **31** 28
- Entstehung **30** 17, 35, 37
- Erklärung **31** 18
- gespaltener Steuersatz **23** 3
- Pauschalierung **31** 36
- tariflicher Steuersatz **26** 253
- veranlagte **30** 33
- Vergütung **31** 25
- Vorauszahlung **30** 25; **31** 28

KSt-Vollanrechnungsverfahren **1** 9

Künstlerische Darbietung **2** 150,
154, 229

Kurbetrieb **4** 268

Kurssicherungsgeschäft **8b** 354

L

Land- und Forstwirtschaft
- Förderung **25** 7

Land- und forstwirtschaftlicher
Betrieb **4** 87, 145

Landesärztekammer **4** 268

Landesbank **4** 121; **8a** 187, 242

Landwirtschaftskammer **4** 268

Lästiger Gesellschafter **8** 545

Latente Steuer **8a** 555, 577; **15** 71

Laubgenossenschaft **3** 65

Leasing **8a** 143, 146; **8b** 510, 676

Lebensmitteluntersuchungsanstalt
4 268

Lebensversicherung **20** 19; **21** 43,
139; **21a** 34

Leg-ein-Hol-zurück **8a** 439

Leihgebühr **8b** 824

Leistung **9** 131; **10** 57, 82; **27** 103;
29 85; **32** 65, 74; **34** 268; **36** 57; **37**
56; **38** 17
- auf eigene Rechnung **27** 96
- steuerliches Einlagekonto **16** 54
- Rückwirkungszeitraum **29** 41
- Leistungsstufe **20** 7

Leistungsempfänger **5** 137, 147, 152,
162; **6** 40

Leistungsfähigkeit **2** 125; **8** 233
- wirtschaftliche **8** 85

Liebhaberei **4** 92; **8** 175, 196, 275,
276, 463, 545, 835
- Prognosezeitraum **8** 891

Limited **1** 69; **2** 77

Liquidation **2** 82, 83; **7** 16, 44, 58; **8**
222, 594; **8b** 351; **11** 180; **30** 38; **34**
264; **37** 64, 73; **38** 54, 76
- abgebrochene **11** 41
- Beschluss **11** 27
- Organschaft **11** 180, 189
- Scheinliquidation **11** 39
- stille **11** 30
- Verlust **8b** 420

Liquidationserlös **8** 588, 592

Liquidationsüberschuss **8** 545
- Schlussverteilung **11** 83

Lizenz **2** 35; **8a** 143
- Lizenzeinkunft **2** 38; **26** 263, 273
- Lizenzeinnahme **2** 35
- Lizenzgebühr **2** 39
- Zins- und Lizenzgebühren-RL
  26 266

Lock-In-Effekt **23** 14

Lösegeld **8** 545

Lotterien **5** 64

M

Mahlzeitdienst **5** 64
Majoritätsprinzip **2** 61
Marktveranstaltung **4** 268
Maßgeblichkeit **20** 46
- der Handelsbilanz **8** 186; **20** 115
- tatsächliche Geschäftsführung **5** 371
- handelsrechtlicher Abschluss **7** 59
- formelle **8a** 423
- Grundsatz der **8** 269
Medizinischer Dienst **5** 438
Mehrabführung **14** 898, 975, 1015, 1205; **27** 139; **34** 183; **37** 16
- Ausgliederung durch die Organgesellschaft **14** 1320
- außerorganschaftliche **27** 143
- außerorganschaftliche Verursachung **14** 1267
- Ertragszuschuss **14** 1036
- Formwechsel einer TG der Organgesellschaft **14** 1323
- mehrstufige Organschaft **14** 1273
- organschaftliche **27** 142
- Saldierung **14** 1040
- Umwandlung auf die Organgesellschaft **14** 1287
- Umwandlung des Organträgers **14** 1280
- verdeckte Einlage **14** 1030
- vGA **14** 1031
- vororganschaftliche **14** 1180, 1212, 1231; **27** 142
Mehrmütterorganschaft **14** 139; **18** 34; **34** 176
Mehrstimmrechtsaktie **8b** 270
Mehrzweckhalle **4** 268

Meistbegünstigungsklausel **2** 146
Mensa **5** 64
Mensabetrieb **4** 268
Messehalle **4** 268
Messe **4** 268
Messetätigkeit **8** 875
Methodenartikel **26** 13
Miete **8a** 143
- Mietforderung **8b** 509
- Mietgewinn **13** 91
Milchquotenverkauf **4** 268
Minderabführung **14** 898, 975, 1015, 1205; **15** 74; **27** 139; **34** 183
- Ausgliederung durch die Organgesellschaft **14** 1320
- außerorganschaftliche **27** 143
- außerorganschaftliche Verursachung **14** 1267
- Ertragszuschuss **14** 1035
- Formwechsel einer TG der Organgesellschaft **14** 1223
- mehrstufige Organschaft **14** 1273
- organschaftliche **27** 142
- Saldierung **14** 1040
- Umwandlung auf die Organgesellschaft **14** 1287
- Umwandlung des Organträgers **14** 1280
- verdeckte Einlage **14** 1030
- vGA **14** 1031
- vororganschaftlich **14** 1180, 1212, 1247; **27** 142
Minderheitsgesellschafter **8c** 269; **15** 218; **17** 84
Mindestbeitragsrückerstattung **21** 45, 46, 48
Mindestbesteuerung **8a** 663; **8c** 40; **11** 117
Mindestverzinsung **8** 585

MindestzuführungsV **21** 48, 28, 45
Mischtätigkeit **8** 894
Missbrauchsvermeidungsnorm **8a** 31; **8c** 5
Mitgliederbeitrag **5** 22, 250; **8** 8, 772; **9** 78; **34** 170
- Definition **8** 784
- echter **8** 795
- gemischter **8** 804
- unechter **8** 799

Mitgliederförderung **22** 12
Mitgliedergeschäft **22** 1, 12, 79, 83
Mitgliedsbeitrag **8** 545
Mitgliedschaftsrecht **8c** 111
Mittelbare Organschaft **8** 545
Mittelverwendungsgebot **5** 47, 296
Mittelzuführung **8** 661
Mitternachtsgeschäft **8c** 237; **14** 191
Mitunternehmerschaft **7** 86; **8** 560; **8a** 60, 89, 104, 112, 137; **8b** 636, 407; **26** 67, 292
- ausländische **8a** 90, 270
- beteiligungsidentische **8c** 87
- inländische **8a** 90
- mehrstöckige **8a** 598, 612
- nachgeordnete **8a** 266, 522, 605, 678

Mitwirkung **8c** 63; **15** 234, 269
- Mitwirkungspflicht **8** 534; **8c** 61; **33** 22

Mobilfunkmast **4** 268
Moratorium **37** 21
MTRL **2** 39, 210; **8b** 64, 115, 779; **15** 134; **32** 29; **34** 138, 138
Mülldeponie **4** 268
Museum **4** 268; **5** 64
Musikschule **4** 268; **5** 64

N

Nachhaltigkeit **5** 36
- Geschäftsbesorgung **2** 141

- wirtschaftliche Tätigkeit **4** 83

Nachkalkulation **8** 529
Nachrangvereinbarung **8** 597
Nachsteuer **8b** 59; **33** 36; **36** 63; **37** 32
Nachtragsabwicklung **11** 43
Nachtragsliquidation **11** 43
Nachweis **8** 398
- betriebliche Veranlassung **8** 434
- Nachweiskatalog **27** 182
- Nachweispflicht **8** 879
- Nachzahlung **22** 75
- Nachzahlungsanspruch **8** 582
- Nachzahlungsverbot **8** 395, 396, 397

Nahestehende Person **8** 240, 295, 387, 466, 467, 539, 646, 708, 749; **8a** 234, 511; **8b** 246, 489; **8c** 140; **14** 704, 840, 877; **32a** 33, 63
- beherrschender Einfluss **8a** 237
- beherrschender Gesellschafter **8** 470
- Zeitpunkt und Veranlassung **8c** 143

Namensüberlassung **8** 545
Nebenbetrieb **2** 89, 254; **3** 71
Nebengeschäft **4** 130; **5** 370; **22** 93, 106
Nebenleistung **10** 46, 62
- steuerliche **26** 135

Nebentätigkeit **8** 545, 895
Negativer Kaufpreis **8b** 349
Nennkapital **27** 159; **28** 35; **39** 7
- Anpassung **29** 75
- Erhöhung **27** 18
- Rückzahlung **28** 42, 58, 66; **38** 18
- Umwandlung **28** 25

Nettoprinzip

- Drittstaaten **8** 87
- objektives **8** 28, 87
- subjektives **8** 29, 87

Netto-Schadenrückstellung **20** 94
Nettowert **8** 495
Neurücklage **27** 161
Nichteinforderung von Einlagen **8** 545
Nichtmitgliedergeschäft **22** 81
Nichtveranlagungsbescheinigung **25** 46
Niederlassung **20** 41
- inländische **21a** 48

Niederlassungsfreiheit **1** 209; **2** 81; **12** 68, 277; **17** 95; **18** 20; **21a** 7
Nießbrauch **8** 325; **14** 178; **26** 73
Non-Profit-Unternehmen **8** 545
Notarkammer **4** 268
Notarkosten **8b** 354
Notifizierungsverfahren **5** 98
Notstandsleistung **5** 170
Novation **8** 414
Null-Ausgleich **16** 27
Null-Bescheinigung **27** 95
Nur-Pension **8** 442
Nutzungsentstrickung **12** 146, 163
Nutzungsrecht **8** 667
Nutzungsüberlassung **8** 335, 725; **8b** 464; **12** 161; **25** 30

Objektgesellschaft **8a** 57
- ausländische **2** 167

Objektsteuer **2** 23; **32** 5
Obligation **8a** 143
OECD-Partnership-Report **26** 70
Öffentliche Gewalt **4** 154
Öffentlich-rechtliche Versicherungs- und Versorgungseinrichtung **5** 272; **34** 54, 58
Optionsanleihe **8a** 143; **8b** 279, 861

Optionsgeschäft **8c** 206
Organbetrieb **15** 10, 194, 208
Organgesellschaft **1** 47, 58; **8** 651; **8a** 59, 230, 538, 575; **8b** 719; **13** 97; **14** 49; **15** 183; **16** 16, 40; **18** 23; **27** 138
- aktiver Ausgleichsposten **14** 1000, 1043, 1102
- Ausgleichszahlung **14** 776
- Bewertungswahlrecht **14** 794
- Bruttomethode **14** 762
- Dauerverlustgeschäft **15** 242, 265
- Doppelgleisigkeit **19** 7
- Einkommensermittlung **14** 692
- Einlage **14** 730
- Erwerb **8b** 233, 555
- Geschäftsleitung **14** 63
- Gewerbeertrag **15** 166
- Haftung **14** 685
- Kapitalgesellschaft **14** 49
- Kapitalgesellschaft & Still **14** 56
- KGaA **14** 55
- Liquidation **11** 180
- Mehrabführung **14** 898, 975, 1015
- Minderabführung **14** 898, 975, 1015
- negatives Einkommen **14** 783
- passiver Ausgleichsposten **14** 1006, 1044, 1103
- Personengesellschaft **14** 51
- Rechtsbehelfsbefugnis **14** 679
- Sitz **14** 62
- Spendenabzug **14** 780
- Tätigkeit **14** 71
- Übertragungsgewinn **14** 791
- Umwandlung **14** 54

- Verlustvortrag **16** 46
- verunglückte Organschaft **14** 1332
- vGA **14** 703
- Vorgesellschaft **14** 53
- Vorgründungsgesellschaft **14** 52
- vororganschaftliche Mehrabführung **14** 713, 1231, 1249
- Wertpapierleihe **8b** 910, 915
- Zinsschranke **14** 774

Organschaft **8** 487, 854, 962; **8a** 20, 79, 143, 417, 551, 664; **8b** 24, 55; **8c** 137, 233, 304; **11** 180; **14** 148; **26** 71, 176, 196, 222, 237, 249, 354; **34** 174; **37** 106; **38** 105
- Ausweitung **18** 5
- Bestehen **14** 681
- Beteiligung **14** 150
- Drittorganschaft **1** 145
- Einbringung iSd § 20 UmwStG **14** 223
- Einbringung mit Einzelrechtsnachfolge **14** 214
- Einkommenszurechnung **14** 611
- Ermittlung des Einkommens **34** 190
- fehlerhafte **16** 16
- Formwechsel **14** 221
- Gewinnabführungsvertrag **14** 238
- grenzüberschreitende **2** 133; **17** 95
- innerorganschaftliche Vorgänge **15** 200
- Liquidation **11** 180
- mehrstufige **15** 159
- mittelbare **8** 545
- Personengesellschaft als Organträger **14** 164
- Schwestergesellschaft **18** 20
- Sonderregelungen für die Ermittlung des Einkommens **34** 190
- Stimmrechtsmehrheit **14** 169
- Umwandlung des Organträgers **14** 203
- Verfahren **14** 674
- vororganschaftliche Zeit **14** 1255
- zeitliche Voraussetzung **14** 186

Organschaftskette **15** 45; **19** 11, 53

Organträger **14** 79
- aktiver Ausgleichsposten **14** 1000, 1043, 1102
- Anforderungen **18** 31
- Ausgleichsposten **14** 857, 895
- ausländischer **8a** 83; **15** 206; **18** 1; **19** 61
- Einkommensermittlung **14** 821, 887
- Einkommenskorrektur **14** 909
- Einkommensteuerpflichtiger **10** 46
- Einlagen **14** 837
- Geschäftsleitung **14** 94
- Gewerbeertrag **15** 167
- gewerbliche Tätigkeit **14** 122
- gewerbliches Unternehmen **14** 93, 106
- in- und ausländisches gewerbliches Unternehmen **14** 79
- KGaA **14** 91
- Körperschaft **14** 88
- Liquidation **11** 189
- Mehrabführung **14** 844, 898, 975, 1015

Stichwortverzeichnis

- Minderabführung **14** 989, 975, 1015
- natürliche Person **14** 103
- negatives Einkommen **14** 937
- passiver Ausgleichsposten **14** 1006, 1044, 1103
- Personengesellschaft **14** 114
- Rückstellungsverbot **14** 825
- Schachteldividende **14** 921
- schädlicher Beteiligungserwerb **14** 928
- Sitz **14** 95
- Sonderbetriebsvermögen **14** 850
- Spendenabzug **14** 903
- Steuerbefreiung **15** 103
- Teilwertabschreibung **14** 828, 868
- Teilwertzuschreibung **14** 830
- verunglückte Organschaft **14** 1332
- Vorgesellschaft **14** 90
- Vorgründungsgesellschaft **14** 89
- vororganschaftliche Mehrabführung **14** 1238
- vororganschaftliche Minderabführung **14** 1250
- Zinsschranke **14** 901

Ort der Geschäftsleitung **1** 51, 71
- Ausland **8a** 75
- Drittstaat **12** 92
- EU/EWR-Staat **32** 125

P

Parkanlage **4** 268
Parkhaus **4** 268
Parkplatz **4** 268
Parkuhr, Parkscheinautomat **4** 268
Partei **5** 266
Parteispende **5** 253
Passivierung **8** 480

- Passivierungsverbot **13** 40

Patronatserklärung **8** 545; **8b** 470

Pauschalisierung **26** 18, 334
- Pauschalisierungserlass **26** 340
- Pauschalsteuersatz **26** 242
- volkswirtschaftliche Gründe **26** 340

Pensionsfonds **8b** 23, 727, 734; **20** 19; **21** 21, 57, 123; **21a** 11, 33

Pensionsgeschäft **8b** 882; **14** 176

Pensionskasse **5** 126, 138; **6** 5; **21** 21; **33** 1

Pensionsrückstellung **8** 545; **21** 70

Pensionszusage,
    Pensionsrückstellung **8** 545

Personalgestellung **4** 268

Personalstatut **1** 206

Personalüberlassung **5** 64

Personengemeinschaft
- verselbständigte **2** 3

Personengesellschaft **4** 91; **8** 858; **8a** 89, 112, 340; **15** 168; **19** 56; **26** 292
- Abspaltung **29** 73
- Anwachsung **8** 680; **8c** 135
- ausländische **8b** 642
- gewerblich geprägte **8a** 60, 89; **8b** 644
- gewerblich infizierte **8a** 60, 89
- gewerbliche **8a** 93; **8c** 134
- inländische **8b** 641
- nachgeschaltete **8b** 63, 894; **8c** 36; **15** 156, 168
- vermögensverwaltende **8a** 61, 92, 112, 268, 361, 389, 436; **8b** 645; **8c** 133
- Wertpapierleihe **8b** 896, 897
- Zwischenschaltung **3** 52; **8c** 135

Personenvereinigung **1** 84; **2** 63, 67, 68; **5** 282; **9** 101; **12** 245; **27** 146; **29** 84; **34** 110

- ausländische **1** 200, 216
- nichtrechtsfähige **2** 18; **3** 28, 31

Personenversicherer **20** 99
Pflegeheim **5** 64
Ping-Pong-Effekt **26** 157
PPP-Projektgesellschaft **8a** 367
Private Equity **8a** 342, 362; **8b** 19, 646
Projektträgerschaft **5** 64
Prospektive Methode **21a** 36
Protokollierungspflicht **8** 404
Provenues **20** 89
Provision **8a** 143; **8b** 354
Prüferische Durchsicht **8a** 466
Psychiatrisches Landeskrankenhaus **4** 268
Publikumsgesellschaft **27** 92
Put-Option **8b** 281
PVaG **1** 129, 138

Q

Qualifikationskonflikt **26** 70, 109, 156
- innerstaatlicher **8b** 221

Qualifikationsverkettung **26** 70
Quasi-Betrieb **8a** 84
Quellenprinzip **26** 119
Quellenstaat **2** 34
Quellensteuer **2** 26, 35, 41, 208
- Abzug **2** 23
- Abzugsverbot **10** 51
- Freistellung **26** 264

Quersubventionierung **8** 938; **21** 49
Querverbund **4** 177; **8** 822
- kommunaler **15** 1; **34** 76, 85
- steuerlicher **15** 258; **27** 162

Quotenberechnung **8c** 126

R

Rabatt **8a** 143
Rabatt, Preisnachlass **8** 545
Rangrücktritt **8** 545

Rangrücktrittsverbindlichkeit **11** 140
Realgemeinde **3** 58, 79, 84
Realteilung **8a** 601; **12** 41
Rechnungslegungsstandard **8a** 300, 372
Rechteüberlassung **2** 152, 167, 173, 193, 220; **4** 268; **5** 64, 133; **32** 75
- verbrauchende **2** 184
- Verlust **1** 254
- zeitliche Begrenzung **2** 217

Rechtsanwendung
- fehlerhafte **16** 34

Rechtsfähigkeit **2** 62, 69
- ausländischer Gesellschaften **1** 200
- fehlende zivilrechtliche **1** 15

Rechtsgebilde **2** 54, 56; **3** 28
Rechtspersönlichkeit **2** 63, 65
Rechtsschutz **5** 64
Rechtsträger **8c** 257
- konzernzugehöriger **8a** 489

Rechtsträgerwechsel **2** 163; **12** 30
Rechtstypenvergleich **1** 202, 217, 218; **8b** 15
- Merkmale **1** 220
- steuerlicher **1** 216; **2** 51, 52, 53, 54, 56, 57, 63, 65; **11** 14, 19; **26** 70

RechVersV **5** 191; **20** 26
Refinanzierungskosten **8b** 417; **26** 210
Regelsteuersatz **23** 1; **26** 240
Register
- inländisches **2** 171
- Löschung **11** 84

Regress *sa* SE
Reisekosten **26** 211
REIT-AG **1** 99; **8b** 104
- REITG **8b** 103; **13** 26

Stichwortverzeichnis

Religionsgemeinschaft 1 152
Renten-Deckungsrückstellung 20 85
REPO-Geschäft *sa*
  Wertpapierpensionsgeschäft
Repräsentationsaufwand 8 545
Reservepolster 5 210
Ressortverantwortung 8 256
Restaurationsbetrieb 5 64
Restgesellschaft 1 67
Retrospektive Methode 21a 39
Rettungsdienst 5 64
Risikoausgleich 20 8
Risikogeschäft 8 545
Risikosphäre 8 531
Röntgeneinrichtungen-
  Überprüfung 4 268
RPT-Forderung 20 89
Rückabwicklung 8 254, 512; 8c 82
Rückbeteiligung 29 29
Rückdeckung 20 47
Rückerstattung 10 35
Rückfallklausel 26 15
Rückgabepflicht 8b 853
Rückgewähr 8 512
– Rückgewähranspruch 8 265, 514
– Rückgewährforderung 8 514
– Rückgewährklausel 8 499
– Rückgewährverpflichtung 8 516
– Einlagen 8 225; 39 5
Rückgriff 8b 491
– faktischer 8a 254
– mittelbarer 8a 249
– rückgriffsberechtigter Dritter 8b 490
– Rückgriffsfälle 8a 246, 274, 513
– Rückgriffsmöglichkeit 8a 252
Rückkauf
– gesetzlicher 8 607

Rücklage 8 916; 20 34
– Bausparkasse 34 203
– gesetzliche 17 68
– Umwandlung in Nennkapital 28 25
Rücklagekonto
– gesamthänderisch gebundenes 8b 307
Rückstellung 8a 134, 143; 22 142; 30 39
– Alterungsrückstellung 21a 28
– vGA 8 344, 345
Rückstellung für
  Beitragsrückerstattung 5 194; 8b 748; 26 188, 218; 33 18
– Abzinsung 21 151
– Abzugsfähigkeit 21 123
– Auflösung 21 25, 88, 145
– Bildung 21 25, 116
– Einstellung 6 41
– Höchstbetrag 21 114, 123
Rückstellung für eigene Rechnung 20 94
Rückstellung für Großrisiken 20 29
Rückstellung für satzungsgemäße
  Überschussbeteiligung 5 195
Rückstellung für noch nicht
  abgewickelte Versicherungsfälle 20 77
Rückübertragung 6 94; 8c 82
Rückversicherung 20 45
– Rückversicherungsunter-
  nehmen 20 57
Rückwirkung 5 218; 7 96; 8a 618; 8c 44; 34 62
– echte 34 26
– Rückwirkungszeitraum 29 41, 48
– unechte 34 27

Rückzahlung **8** 594; **27** 74; **28** 65
- Nachschuss **27** 74
- Nennkapital **28** 42, 58
- Unkostenbeitrag **22** 75

Rückzahlung aus dem Liquidationsüberschuss **8** 545

Rückzahlungsanspruch **8** 595

Rumpf-WJ **7** 46, 108
- Bildung **11** 81, 185

Rundfunk- und Fernsehanstalt **4** 268

Rundfunkanstalt **34** 74
- inländische öffentlich-rechtliche **8** 127

Rundung **31** 34

S

Sachdarlehen **2** 236; **8a** 143; **8b** 510

Sachdividende **8a** 545; **8b** 144, 308
- Sachausschüttung **8** 216; **11** 42

Sacheinlage **8** 622
- verdeckte **8** 681

Sachgesamtheit **12** 101, 160

Sachversicherer **20** 98

Sachzuwendung **8** 545

Sanierung
- Altlast **5** 411
- Ausnahme bei qualifizierter Sanierung **8c** 321
- Betriebsvereinbarung **8c** 336
- Entwicklung der Lohnsummen **8c** 337
- Erhalt der wesentlichen Betriebsstrukturen **8c** 335
- Erwerb zum Zweck der Sanierung **8c** 325
- Maßnahme **8c** 326
- objektive Eignung **8c** 330
- Sanierungsfähigkeit **8c** 329
- Sanierungsklausel **8c** 29; **34** 151
- Sanierungsplan **8c** 331
- Zeitpunkt der Überschuldung **8c** 328
- Zeitpunkt der Zahlungsunfähigkeit **8c** 328
- Zuführung wesentlichen Betriebsvermögens **8c** 338

Satzung **5** 293; **8** 790
- Aufwendungen **10** 29
- satzungsmäßiger Zweck **5** 60; **10** 37

Säumniszuschlag **26** 135

SCE **1** 119

Schachtelprivileg
- abkommensrechtliches **8b** 66; **8c** 112
- innerbetriebliches **2** 35
- internationales **8b** 77, 237, 616; **15** 129

Schaden - und Unfallversicherung **20** 19; **21** 49, 101; **21a** 20

Schadenermittlungskosten **20** 87, 124

Schadenquote **20** 53

Schadenregulierungsaufwendung **20** 87, 94, 124

Schadensaufwendung **20** 9

Schadensbearbeitungskosten **20** 42

Schadensersatz **8** 545

Schadensersatzanspruch **8** 514, 515, 517, 256; **10** 73
- zivilrechtlicher **8** 538

Schadensersatzleistung *sa Schadensersatzanspruch*

Schadensrückstellung **20** 4, 10

Schadensverlauf **20** 49

Schadenzahlung **20** 94

Schedulenverlust **15** 51, 70

Scheingeschäft **8** 297

Scheinrechnung **8** 253

Schenkung **8c** 73; **12** 140
Schenkungsteuer **8** 295
– nahestehende Person **8** 473
Schiff **1** 79; **2** 148, 168
Schlachthof **4** 268
Schlussbilanz **13** 38, 62
– Pflicht zur Erstellung **13** 122
Schlussüberschussanteil **21** 139
Schmiergeld **8** 545
Schriftformklausel **8** 401, 402
Schuldrechtlicher Vertrag **8c** 172
Schuldverschreibung **8a** 143
Schule **4** 268
Schülerbeförderung **5** 64
Schülerheim **4** 268
Schullandheim **5** 64
Schulschwimmen **4** 166
Schulschwimmhalle **4** 268
Schuttabladeplatz **4** 268
Schwankungsreserve **21b** 16
Schwankungsrückstellung **20** 3, 9, 45
Schwestergesellschaft **8** 545
Schwimmbad **4** 268
SE **1** 93; **8b** 520; **11** 25; **20** 89
Seitwärtsverschmelzung **14** 435
Selbst abgeschlossenes Geschäft **21** 42, 57, 102, 107
Selbstkontrahierungsverbot **8** 406
Selbstlosigkeit **5** 295; **8** 498, 500
Selbstorganschaft **1** 82, 145
Selbstversicherung **20** 17
Selbstversorgungsbetrieb **4** 86; **5** 64
Sicherheit **8b** 470
Sicherheitsaufwand **8** 545
Sicherheitszuschlag **20** 117
Sicherungsgeschäft **8b** 432, 717; **26** 191, 214
– Sicherungsübereignung **26** 73
– Verluste **8b** 444
Sidestream-Darlehen **8b** 454, 489

Side-stream-merger *sa*
  Seitwärtsverschmelzung
Siedlungsunternehmen
– gemeinnütziges **5** 353
Sitz **1** 51, 62; **2** 2, 72, 78
– statutarischer **12** 256
Sitztheorie **1** 200, 205
Sitzverlegung **1** 243, 255; **2** 80, 82; **8b** 314; **12** 241, 70; **38** 87
Skilift **4** 268
Skonto **8a** 143
SolZ **26** 257; **32** 161; **37** 89; **38** 63
Sonderausweis **28** 35, 50; **33** 37; **39** 6, 23, 24
– Überleitung **39** 22
– Verrechnung **28** 73, 61; **29** 80
Sonderbetriebsschuld **8a** 200, 279
Sonderbetriebsvermögen **2** 127, 185; **8a** 89, 440; **8b** 647, 904; **18** 55
Sondernutzungsgebühr **4** 237
Sonderposten mit Rücklageanteil **8a** 430
Sondervergütung **8a** 136, 277; **9** 40; **26** 219
– ausländischer Mitunternehmer **8a** 138, 146
Soziale Einrichtung **5** 159, 236
Sozialversicherung **4** 268
Sozialversicherungsträger **4** 164
Spaltgesellschaft **1** 68
Spaltung **8b** 310; **29** 29
Sparer-Pauschbetrag **24** 39
Sparkasse und Landesbank **4** 121; **8a** 187, 242
Sparkassen- und Giroverbände **4** 268
Sparte
– Änderung **8** 965
– Anzahl **8** 946
– Definition **8** 945

- Fortführung **8** 966
- Spartenbildung **15** 259
- Spartenrechnung **8** 937, 945, 978; **15** 260; **20** 47; **34** 94, 195;
- Spartentrennung **20** 47
- Spartenverlust **8a** 17, 112, 143
- Verlustverrechnung **8** 974

Spartenvermögen
- gewillkürtes **8** 958
- notwendiges **8** 957

Spätaussiedler **4** 268
Special Purpose Entity **8a** 317
Spende **4** 247; **8** 545; **8a** 108, 112; **9** 73; **26** 193, 234
- Spendenabzug **5** 85; **10** 43; **19** 21; **34** 164
- Spendenempfang **5** 6, 22
- Spendenhaftung **34** 166
- Spendenhöchstbetrag **15** 94

Sperrwirkung **8** 291
Spezialitätsgrundsatz **2** 122
Spezial-Sondervermögen **32** 155
Sphäre **5** 18; **8** 276
- außerbetriebliche **2** 129; **8** 545
- betriebliche **8** 169
- private **2** 48; **8** 275
- Trennung **8** 180

Spitzenausgleich **8b** 878; **12** 212
Sponsoring **4** 268; **5** 64; **8** 545
Sportliche Darbietung **2** 150, 154
Sportliche Veranstaltung **5** 64
Sportplatzüberlassung **5** 64
Sportstätte **4** 268
Squeeze Out **8** 545
Staatsbetrieb **5** 111
Staatsvertrag **1** 208
Stadthalle **4** 268
Stammhaus **2** 120, 123
Ständiger Vertreter **2** 139
Sterbegeldversicherung **5** 235

Sterbekasse **5** 126, 140; **33** 1
Steuer **8a** 112
- ausländische **10** 51; **26** 39,167, 185
- Definition **26** 136
- Festsetzung **11** 130; **26** 143
- fiktive **26** 259
- gezahlte **26** 143
- nichtabziehbare **10** 46
- Einkommen **10** 48
- regionale **26** 134

Steuerabzug **19** 19; **26** 17, 276
- Betrag **19** 25, 64
- Nichterfüllung der Anrechnungsvoraussetzungen **26** 306
- von Amts wegen **26** 319, 328

Steueranmeldung **2** 22
Steueranrechnung **12** 111; **19** 14; **26** 3; **34** 209
- Anrechnungshöchstbetrag **26** 56, 172
- Anrechnungskörperschaft **36** 17, 13
- Anrechnungsmethode **26** 8, 52
- Anrechnungsüberhang **26** 54, 175, 256
- Anrechnungsverfahren **8** 234; **34** 213; **36** 9, 36
- Antrag **26** 281, 283
- Billigkeit **26** 72
- Durchsetzungsverpflichtung **26** 153
- Erlass **26** 18, 334, 340
- Ermäßigungsanspruch **26** 151, 149
- fiktive **26** 112, 146, 271, 289
- Günstigerprüfung **26** 282
- Höchstbetragsberechnung **26** 106, 299, 331

- indirekte **26** 9
- intertemporale Nutzung **26** 302
- isolierende Betrachtungsweise **26** 92
- mehrstufige **26** 9
- overall-limitation **26** 245
- per-country-limitation **19** 18; **26** 55, 245, 330
- per-item-limitation **26** 103

Steuerbefreiung **2** 32; **5** 1; **8b** 222
- Beginn **13** 28
- begünstigter Zweck **5** 282, 286
- Dividende **8b** 126, 837
- Einschränkung **8** 718; **8b** 200, 361, 528
- Erlöschen **13** 45
- partielle **3** 69; **13** 33
- Umfang **5** 15, 280
- Veräußerungsgewinn **8b** 257, 837
- Verlust **5** 372, 401
- Verzicht **34** 65

Steuerbemessungszeitraum **7** 1, 6, 26, 45

Steuerberatungskosten **10** 63

Steuerbescheid **32a** 17, 51
- Ablaufhemmung **32a** 41, 68
- Bestandskraft **32a** 20
- Ermessen **32a** 61
- Festsetzungsbescheid **32a** 30
- Festsetzungsfrist **32a** 41
- Folgebescheid **32a** 37
- Unanfechtbarkeit **32a** 43

Steuerbescheinigung **27** 91; **33** 38
- Inhalt **27** 101

Steuerbilanz **8** 254, 258, 338, 513; **13** 53; **22** 144

Steuererhöhung **26** 242

Steuererklärung **2** 17, 89

- elektronische **31** 41
- Übermittlung **34** 241

Steuerfestsetzung **8b** 216; **9** 173; **11** 130; **19** 13; **26** 139; **30** 30
- Zeitpunkt **26** 169; **32a** 12
- Zuschlagsteuer **31** 38

Steuerklausel **8** 545

Steuerminderung **26** 242

Steueroase **8b** 57; **33** 22

Steuerobjektidentität **26** 101, 313

Steuerpause **7** 84, 89

Steuerpflicht
- beschränkte **2** 2, 25, 74; **8** 330; **8a** 82; **19** 61; **26** 272, 344; **32** 102
- Ende **2** 77
- partielle **5** 15, 18, 31, 128, 247, 272, 334, 372, 380, 390, 428; **6** 24, 78
- persönliche **2** 45
- sachliche **2** 92, 228; **8** 1, 44
- subjektive **1** 1
- teilweise **24** 30
- Umfang **1** 194
- unbeschränkte **1** 46; **12** 167; **29** 86
- Wechsel **26** 65; **30** 37
- Wegfall **6** 34, 50

Steuerprogression **23** 37

Steuerquelle
- ausländische **26** 90

Steuersatz **2** 252; **11** 128; **23** 36; **26** 36
- besonderer **23** 29
- Definitivsteuersatz **23** 7
- Erhöhung **23** 46
- Ermäßigung **19** 20
- Senkung **23** 45

Steuerstrafrecht **8** 301, 347
- Kosten **10** 84

Steuersubjektfähigkeit **2** 63

Steuersubjektidentität **26** 69, 312
Steuertarif **23** 22; **34** 205
— besonderer **26** 241
Steuerzahlung
— freiwillige **26** 132
Stiftung **1** 83, 155, 169, 210; **2** 18, 199; **3** 36; **8** 288, 317, 328; **8a** 184
— nichtrechtsfähige **1** 181; **3** 37
— unter Lebenden **1** 246
— von Todes wegen **1** 245
Stille Beteiligung **8** 545; **8a** 143
Stille Gesellschaft **8** 561; **8b** 462; **17** 14
Stille Liquidation **11** 30
Stille Reserve **2** 81; **8a** 426; **8c** 1, 300; **26** 97
Stille-Reserven-Klausel **8a** 573; **8c** 3; **12** 37
Stillhalteprämie **8b** 344
Stimmrecht **8** 846; **8c** 120
Stimmrechtsbindung **8** 372; **8a** 228; **8c** 182
Stimmrechtslose Vorzugsaktie **8a** 408, 431; **8c** 107, 125
Stimmrechtsvereinbarung **8c** 121, 182
Stimmrechtsverzicht **8c** 182
Strandpromenade **4** 268
Straßenbaulast **4** 268
Straßenreinigung **4** 268
Stückzins **8a** 143
Studentenheim **5** 64
Studentenwerk **4** 268
Studienfonds **4** 268
Studiengebühr **4** 268
Subject-to-tax-Klausel **26** 15
Subsidiaritätsprinzip **2** 122
Subsidiaritätsverhältnis **2** 107
Substanzausschüttung **27** 34
Swap **8a** 143
Switch-over-Klausel **26** 15, 81, 290, 324

T

Tantieme **8** 545
Tarifbelastung **23** 5
— erhöhte **34** 224
Tarifvorschrift **26** 12
— besondere **19** 1, 13
Tätigkeit **5** 34
— Aufgabe **8** 971
— dauerdefizitäre **34** 194
— hoheitliche **4** 156; **8** 898, 899
— land- oder forstwirtschaftliche **32** 109
— unmittelbare **8** 876
— zusammenfassbare **8** 948
Tausch **8** 621; **8b** 307
Tauschähnliches Geschäft **8** 634
Technisch-wirtschaftliche Verflechtung **4** 187
Teilbetrag **8** 344, 345
— belasteter **36** 22
— EK 01 **36** 26, 79
— EK 02 **36** 27, 61
— EK 03 **36** 28, 79
— EK 04 **36** 29, 71; **39** 5
— EK-Escape **8a** 1, 286
— unbelasteter **36** 26
Teilbetrieb **8a** 586
Teileinkünfteverfahren **1** 10; **8** 236; **8b** 50
Teilhaberversicherung **8** 545
Teilkonzern **8a** 374
Teilrückstellung **20** 79
— bekannte Versicherungsfälle **20** 81
— Rentenversicherungsfälle **20** 85
— Schadensregulierungsaufwendungen **20** 87
— Spätschäden **20** 83, 101

Stichwortverzeichnis

Teilungsabkommen **20** 89
Teilwert **2** 181; **8b** 361, 418, 590; **13** 57; **26** 190, 213; **27** 17
Telefon- und Internetnutzung **4** 268
Telefonkosten **8** 545
Tennisplatz **4** 268
Termingeschäft **8** 271; **8b** 444
Territorialitätsprinzip **1** 70; **2** 23; **12** 68
Theater **5** 64
Therapieeinrichtung für Behinderte **5** 64
Tie-Breaker-Rule **12** 267; **26** 64, 66
Tiefgarage **4** 268
Tiergarten **4** 268
Tiergesundheitsdienst **4** 268
Tierhaltung **25** 40
Tierklinik **4** 268
Tierkörperbeseitigung **4** 167, 268
Toilettenanlage **4** 268
Toleranzgrenze **8a** 96
Tonnagesteuer **26** 32, 235
Tonträgerverkauf **5** 64
Totalgewinn **8** 200; **11** 6
Toxikologische Untersuchung **4** 268
Trabrennen **5** 64
Trägerkörperschaft **4** 131; **5** 50, 133, 153; **8** 388, 906
Transferentschädigung **2** 193
Transferpaket **2** 124
Transparenzprinzip **8b** 90
Trauerfeier **8** 545
Treaty-Override **2** 133; **8b** 237; **15** 132; **26** 16
Trennungsprinzip **1** 7; **8** 31, 231; **8b** 187; **8c** 6; **32a** 6
Treuhand **1** 182; **8** 325
- Treuhänder- und Sicherungseigentümer **14** 174
- Treuhandmodell **8a** 93

- Treuhandschaft **8c** 76
- Treuhandverhältnis **26** 73
Trikotwerbung **5** 64
Trust **1** 210
Typusbegriff **1** 82

U

Überdotierung **5** 131, 221; **6** 24
Überleitungsrechnung **8a** 464
Übernahmegewinn **8b** 70, 312; **34** 192
Übernahmeverlust **8b** 71; **34** 192
Überschaden **20** 62
Überschuss **21** 68
- ÜberschussV **21** 28, 45, 46
- versicherungstechnischer **21** 102
Überschussanteil **21a** 40
Überschussbeteiligung
- satzungsgemäße **5** 195
Überschusseinkünfte **2** 95; **8** 113, 250; **8a** 84; **8b** 389; **12** 290
Überstundenvergütung und Zuschlag **8** 545
Übertragungsgewinn **14** 432
Übertragungsstichtag **8b** 563; **29** 33, 40, 62
Überwachungsfunktion **10** 94
UG **1** 111; **17** 10, 54
Umgliederung **36** 89; **39** 14
Umgliederungsfalle **36** 91
Umlage **5** 64, 251; **8** 785
Umlaufvermögen **8b** 273
Umsatzrückvergütung **8** 545
Umwandlung **1** 244, 256; **2** 75; **4** 54; **8** 545; **8a** 419; **8c** 208; **28** 44; **29** 24, 93; **34** 271; **37** 60
- Verlustgesellschaft **8c** 183
- ausländische **8b** 325; **29** 17, 94
- außerhalb des UmwStG **8b** 153
- Gesellschafter **8c** 184

- grenzüberschreitende **38** 81
- inländische **29** 16
- rückwirkende **8a** 308, 680

Umwidmung **8b** 700
Unentgeltliche Überlassung **4** 107; **25** 31
Unfallverhütung **4** 268
Unionsrecht **1** 32, 209; **2** 38; **5** 97; **8** 74, 147, 818, 828; **8a** 42; 8b 115, 191, 791; **8c** 54; 12 68, 277; **14** 97, 243, 244, 972; **15** 133, 215; **17** 32, 95; **18** 20; **20** 41; **21** 38; **22** 49; **23** 27; **24** 24; **26** 51, 162; **27** 33, 170; **32** 37; **36** 41; **38** 6
Universitätsball **4** 268
Universitätsklinik **4** 268
Untergliederung
- funktionale **5** 33
- regionale **5** 33

Unterhaltsleistung **8** 545
Unternehmen **18** 33
- assoziiertes **8a** 172
- ausländisches **18** 31, 42; **19** 61
- gewerbliches **18** 31, 37
- verbundenes **8b** 704, 712, 739, 757; **13** 95; **34** 124

Unternehmensbewertung **8** 545
Unternehmensstilllegung **11** 197
Unternehmensvertrag
- grenzüberschreitender **17** 98
- zusammengefasster **17** 57

Unterschaden **20** 62
Unterschiedsbetrag **8** 244, 258, 339; **8a** 632; **8c** 291
Unterstützungskasse **5** 126, 166; **13** 145; **33** 1
- Besteuerung **5** 220
- partielle Steuerpflicht **6** 78
- rückgedeckte **5** 204

Unterstützungsleistung **10** 102

Untersuchungstätigkeit **4** 268
Upstream-Darlehen **8a** 239; **8b** 489
Up-stream-merger **15** 92
Urlaubsabgeltung **8** 545
US Earnings Stripping Rules **8a** 47
US-GAAP **8a** 287
- Beherrschung **8a** 324
- variable interest entity **8a** 324

USt **8** 491, 492, 493, 504, 508; **10** 53, 106

V

Venture Capital **8b** 19, 646, 677
Veranlagung **11** 156; **31** 22
Veranlagungsverfahren **2** 40, 131, 208, 249
Veranlagungswahlrecht **32** 120
Veranlagungswirkung **11** 89, 102
VZ **8** 413, 893
Veranlassung **8** 249, 270, 353
- betriebliche **8** 434
- formelle **8** 351
- gesellschaftsrechtliche **8** 686
- Gesellschaftsverhältnis **8** 272, 468
- materielle **8** 352
- primäre **4** 213

Veranlassungsprinzip **8** 443; **26** 200
Veranlassungszusammenhang **2** 123; **8** 354
Veranstaltung **4** 268
Veräußerung **2** 167, 186; **8b** 300; **34** 118
- fehlgeschlagene **8b** 354
- Fiktion **12** 155

Veräußerungsgeschäft
- privates **2** 223

Veräußerungsgewinn **2** 36; **4** 265; **8b** 5, 38, 93, 300, 341; **13** 108, 154; **21** 65; **34** 110
- Definition **8b** 397

Stichwortverzeichnis

- Steuerbefreiung **8b** 257, 751, 837
- Veräußerungsgleicher Tatbestand **8b** 322
- Veräußerungskosten **8b** 353, 399
- Veräußerungspreis **8b** 343
- Veräußerungsverlust **8b** 419, 592
- Verbindliche Auskunft **4** 268
- Verbindlichkeit **8** 545; **8a** 515
- Verbrauchender Aufwand **8a** 143
- Verbrauchsabgabe **26** 135
- Verbriefungszweckgesellschaft **8a** 317, 329, 385
- Verdeckte Einlage **2** 186; **8** 614, 694; **8a** 16, 112, 143, 146, 307, 337; **26** 33; **32a** 52
  - auf einer vGA beruhende **8** 751
  - Behandlung **34** 78
  - Beispiele **8** 665
  - Bewertung **8** 698
  - Definition **8** 633
- Verdeckte Sacheinlage **8** 681
- Verein **1** 148; **5** 360; **8** 315, 328, 656; **8a** 183; **8c** 114; **24** 49; **34** 65
  - ideeller **1** 149
  - nichtrechtsfähiger **1** 169, 172; **3** 29
  - politischer **5** 270
  - religiöser **1** 152
  - Vor-Verein **1** 242
  - wirtschaftlicher **1** 150
- Verfügungsmacht **2** 118
- Vergütung
  - an mehrere Personen **8a** 202
  - Art und Umfang **10** 100
  - für die Geschäftsleitung **9** 58
  - für Fremdkapital **8a** 192, 494
  - für Gesellschafter-Fremdkapital **8** 278
  - Gläubiger **2** 22, 28
- Rückerstattung **10** 103
- Schuldner **2** 22, 28, 35
- Verzicht **8** 396
- Verhinderte Verminderung **8b** 247
- Verjährung **2** 28; **17** 83
- Verkauf von Speisen und Getränken **5** 64
- Verkaufsautomat **4** 268
- Verkehr
  - öffentlicher **4** 136
  - wirtschaftlicher **5** 38
- Verkehrsabgabe **26** 135
- Verkürzung des Besteuerungszeitraums **7** 35; **11** 89
- Verlag **4** 268
- Verlegungsgewinn **12** 282
- Verlust **7** 47; **8** 584, 924, 925; **11** 151; **15** 43, 59; **16** 43; **17** 87
  - Anlaufverlust **8** 890
  - Ausgleich **5** 55, 297; **7** 41; **8** 124; **17** 80
  - Differenzausgleich **8b** 444
  - Feststellung **8c** 59
  - finaler **8** 93, 96, 97, 100
  - laufender **8c** 35, 225
  - nachorganschaftlicher **15** 61
  - organschaftlicher **15** 62
  - Untergang **8a** 112; **8c** 67; **35** 18
  - unterjähriger **15** 60
  - aus gewerblicher Tierzucht, Haltung, Termingeschäft **8a** 112, 143
  - bei beschränkter Haftung **8** 112; **8c** 143; **15** 50
  - mit Bezug zu Drittstaaten **8a** 112, 143
  - mit Steuerstundungsmodellen **8a** 112, 143
  - verrechenbarer **8c** 309

2171

- vororganschaftlicher **15** 59, 68, 73
- vorübergehender **8** 890

Verlustabzug **4** 254; **7** 41; **8** 932; **8a** 112; **8c** 313; **11** 114; **26** 184
- Mantelkauf **34** 80
- Einschränkung **15** 43
- Verbot **15** 58

Verlustausgleichsbeschränkung **26** 31, 184, 231, 298

Verlustberücksichtigung
- Einschränkung **13** 81
- phasengleich **17** 102
- phasenverschoben **17** 102

Verlustbeteiligung **8** 570, 596

Verlustnutzung **8** 822, 912; **34** 124
- Beschränkung **11** 117; **34** 148
- inkongruente **8** 852

Verlustrücklage **5** 197; **8** 930, 975; **8c** 229; **26** 104, 194, 230; **33** 21
- Vorjahr **8c** 230

Verlustrücktrag **4** 257; **8** 930; **8c** 230; **26** 194; **34** 96

Verlusttragung **8** 848, 850
- Umfang **8** 851
- Zeitpunkt **8** 849

Verlustübernhame **17** 75
- Gewinnabführungsvertrag **14** 442

Verlustverrechnung **4** 70, 255; **13** 95, 83; **14** 24; **32** 41; **34** 134
- Verbot **8** 974

Verlustvortrag **4** 258; **8** 932, 933, 975; **12** 211; **16** 46; **26** 104, 194, 230; **34** 95
- Organgesellschaft **16** 46

Vermessungs- und Katasteramt **4** 268

Vermietung und Verpachtung **2** 108, 213, 183; **5** 64
- Drei-Objekt-Grenze **2** 175

Vermietung von Räumen **4** 268

Vermietungsgenossenschaften und Vereine **5** 341

Vermögen **11** 134
- dotiertes **5** 175
- neutrales **27** 91
- überdotiertes **5** 189, 201; **6** 91
- unbewegliches **2** 34

Vermögensbindung **5** 296, 388, 400, 412, 426, 445

Vermögensmasse **1** 85, 216; **2** 67, 69, 74; **35** 7

Vermögensmehrung **8** 678
- verhinderte **8** 333, 507, 509, 730; **8b** 218

Vermögensminderung **8** 257, 334, 505, 728; **8b** 214; **8b** 249

Vermögenssphäre **8** 176

Vermögensstamm **26** 191, 213

Vermögensverwaltung **4** 19, 123; **5** 25, 258

Verpachtung **2** 167; **8** 877, 900
- BgA **4** 139
- Wirtschaftsgut **4** 115

Verpflichtung aus künftigen Einnahmen oder Gewinnen **8a** 143

Verschmelzung
- Drittstaaten **12** 184
- Verpfändung **2** 77; **18** 17; **26** 236; **29** 35
- Aufnahme **29** 44
- Neugründung **29** 45

Versicherungs- und Kreditanstalt **4** 121

Versicherungsanstalt **4** 268

Versicherungsfall **20** 85

Versicherungssparte **20** 74

Versicherungsunternehmen **20** 15; **21a** 33, 48

Versicherungsvertrag **21a** 22

Stichwortverzeichnis

Versicherungszweig 20 47, 100; 21 49
Versorgungs- und Verkehrsbetrieb 4 129, 185
Versorgungseinrichtungen freier Berufe 4 268
Verspätungszuschlag 8 545
Versteigerung 4 268
Verstrickung 2 82, 130, 179; 12 182
Vertragskonzernrecht 17 36
Vertragskosten 8 545
Vertragsverletzungsverfahren 17 19
Vertreterbetriebsstätte 2 142
Verursachungsprinzip 2 129; 8 353
Verwaltungshoheit 1 11
Verwaltungskosten 26 212
- allgemeine 8 959
Verwaltungssitz 2 79, 2 80
- Verlegung 11 31; 12 70, 130, 259
Verwaltungstätigkeit 5 64
Verweisung
- Blankettverweisung 8 81
- dynamische 8a 572
- Generalverweisung 8 79, 104; 31 15
Verwendungsreihenfolge 27 34, 55; 28 26, 58; 38 24
- Verwendungsfestschreibung 27 122, 132
- Verwendungsfiktion 27 57; 28 27; 34 236
Verwendungssicherung 21 114, 118
Verwertung 2 152, 170, 172, 214
Verzögerungsgeld 2 106
Verzugszins 8a 143
VGA 4 219; 8 231, 477; 8a 15, 112, 143, 146, 316; 8b 54; 16 22; 20 70; 26 33; 34 85; 32a 21
- ABC der vGA 8 545

- Bandbreitenbestimmung 8 456, 365
- Bruttokosten 8 504
- Bruttowert 8 495
- Dauerverlustgeschäft 4 242; 8 10, 824, 860, 941; 15 242
- Definition 8 246
- Dreieckssachverhalt 8 483
- Ernsthaftigkeit der Vereinbarung 8 407, 431, 444
- Freistellung 34 142
- gleichgerichtete Interessen 8 379, 380, 381, 382, 383, 384, 385
- Höhe und Bewertung 8 502, 907
- hoheitliches Dauerverlustgeschäft 8 947
- Indizwirkung 8 394
- Klarheit 8 394, 409, 410, 436
- Korrekturmöglichkeit 32a 17
- Leistende der vGA 8 307
- Mängel der Durchführung 8 432
- Markttätigkeit 8 875
- Mehrheit 8 845
- mehrstufige 8b 203
- partielle 8 503
- Sachverständigengutachten 8 428
- Schwestergesellschaft 8b 317
- tatsächliche Durchführung 8 412, 413, 414, 415
- teilweise Durchführung 8 417
- totale 8 503
- Üblichkeit 8 437, 438
- unrechtmäßige 32a 38
- Unüblichkeit 8 439
- Veranlassung im Gesellschaftsverhältnis 8 249
- Vereinbarung 8 407
- Verlustnutzung bei BgA 8 822

2173

Volkshochschule **5** 64
Vollanrechnungsverfahren **1** 9; **23** 5
Vollbeendigung **2** 77
Vollkonsolidierung **8a** 311, 394
Vorabausschüttung **8** 214; **38** 25
Vorbehalt der Nachprüfung **32a** 11
Vorfälligkeitsentschädigung **8a** 143
Vorgenossenschaft **11** 18
Vorgesellschaft **1** 176, 239; **3** 32; **11** 13
17 11
Vorgründungsgesellschaft **1** 176
1 237; **3** 32; **17** 12
Vorsteuer **10** 53
Vorteilsausgleich **8** 512, 520, 523
– Gegenbeweis **8** 533
Vorteilsgeneigtheit **8** 253, 469
Vorteilsverbrauch **8b** 231
Vorzugsaktie **8a** 431; **8b** 270
– stimmrechtslose **8** 559; **8c** 107
VVaG **1** 129, 132; **5** 226; **8** 314, 328;
11 17; **20** 70

W
Wachdienst **4** 268
Wagniskapitalbeteiligungs-
gesellschaft **8c** 3
Wählervereinigung **5** 266
Währungskurs **8b** 120
– Währungskursgewinn **8b** 347;
26 187
– Währungskursverlust **8b** 120;
26 187, 213; **27** 188
– Währungsschwankung **8b** 467
Währungsswap **8a** 143
Wald- und Forstgenossenschaft **3** 64
Wandelanleihe **8a** 143; **8b** 861
Wandelschuldverschreibung **8b** 278;
8c 178
Wandlungsrecht **8** 590
Wasserbeschaffung **4** 162, 268
Wasserbeschaffung/-versorgung **4** 268

Wasserkraftwerk **23** 33
Wechsel zwischen unbeschränkter
und beschränkter Steuerpflicht
7 39
Wechselkursverlust *sa*
Währungskurs
Wegfall
– dauernder **6** 50
– beschränkte Steuerpflicht **2** 77
– Zweckbindung **6** 91
– rückwirkender **6** 34
– Verlust **8** 979
Wegzug **1** 213; **2** 25, 78; **12** 126
– Wegzugsbesteuerung **2** 36
Weingut **5** 64
Weisungsabhängigkeit **2** 140
Welteinkommensprinzip **1** 2; **2** 78,
92; **8** 91
Werbung **4** 268; **5** 64
Werbungskosten-Pauschbetrag **24** 39
Wertaufholung **8b** 518
– Wertaufholungsgewinn **8b**
330, 591
Wertminderung **8** 347; **8b** 766; **13**
147
Wertpapierleih- oder
Wertpapierpensionsgeschäft **2** 226
– Wertpapierleihe **2** 232
– Wertpapierleihgeschäft **2** 261
– Wertpapierpensionsgeschäft **2**
232, 239
Wertpapierleihe **2** 261; **8a** 31, 143,
146; **8b** 47, 168, 306, 797, 816,
820; **8c** 83; **14** 177; **32** 89, 149; **34**
47, 136
– Entleiher **8b** 813, 844
– kommunale **8b** 906
Wertpapierleihgeschäft *sa*
Wertpapierleihe

2174

Wertpapierpensionsgeschäft **2** 232, 239; **8b** 802, 817, 880; **8c** 84; **27** 99; **34** 47
- unechtes **8b** 853, 885

Wesentliche Betriebsgrundlage **4** 103, 234
- Vermietung **4** 110

Wettbewerb **8** 867, 901
- schädlicher **5** 62
- Wettbewerbsgleichheit **2** 3
- Wettbewerbsneutralität **5** 31; **26** 10, 11
- Wettbewerbsschutz **5** 7
- Wettbewerbsverfälschung **8** 831
- Wettbewerbsverzerrung **4** 5; **5** 7

Wettbewerbsverbot **5** 452; **8** 545

Wetterwarten **4** 268

Wirtschaftliche Einheit **26** 191

Wirtschaftlicher Geschäftsbetrieb **5** 31, 335; **8** 183; **27** 10; **32** 91
- Einnahmeerzielungsabsicht **4** 84; **5** 37

Wirtschaftsförderung **5** 403; **8** 875

Wirtschaftsförderungsgesellschaft **26** 18

Wirtschaftsgut **8** 346, 660
- Entstrickung **12** 155
- selbstgeschaffenes immaterielles **8** 663
- Überführung **4** 221; **12** 10, 39, 114
- Überlassung **8b** 871; **9** 61; **12** 148
- Verkauf **8** 927
- Vermietung **4** 113
- Verpachtung **4** 115
- Zuordnung **2** 125, 185; **5** 48; **8** 190, 956

Wissenschaftseinrichtung **5** 64

WJ **7** 54; **11** 176
- abweichendes **6** 52; **30** 29; **34** 35; **37** 55
- kalenderjahrgleiches **34** 42
- maßgebliches **11** 157
- Rumpf-WJ **7** 46, 57, 80; **11** 81, 185
- Umstellung **7** 88; **31** 30
- Wahl **7** 75

Wohlfahrtspflegeeinrichtung **5** 64

Wohnungsüberlassung **4** 268

Wohnungsunternehmen **13** 8, 71, 97; **38** 110

Wohnungswirtschaft **34** 172

Wurzeltheorie **9** 37

Z

Zahlung **8** 414; **26** 141; **38** 66
- an Dritte **10** 86

Zahlungsunfähigkeit **8c** 328; **17** 81

Zebragesellschaft **8** 170

Zeitbezugsverfahren **26** 186

Zeitkongruenz **8b** 252; **32a** 8

Zeitschrift **5** 64

Zeltplatz **4** 268

Zentraleinkauf **5** 64

Zerobonds **8a** 143

Zinsaufbesserung **8** 545

Zinsaufwand **8a** 23, 112, 113, 118, 157, 230
- aktiviert **8a** 143
- nichtabzugsfähiger **8a** 140, 143

Zinseinkünfte **2** 35; **8a** 146; **10** 62; **26** 263, 135
- ABC der Zinserträge **8a** 146
- Bereitstellungszinsen **8a** 143
- Erstattungszinsen **2** 130; **10** 67
- gesetzliche **8a** 143
- Nachzahlungszinsen **10** 72
- Saldierung **15** 200

- Zinsertrag **8a** 112, 144
- Zinsgebühren **26** 266

Zinsen **8** 545
Zinssaldo **8a** 206, 211, 500, 550, 633
Zinsschranke **2** 182; **4** 240; **8** 280, 961; **8a** 1; **8b** 800; **9** 62; **15** 171; **34** 104, 193
Zinsswap **8a** 143
Zinsvortrag **8** 915; **8a** 1, 101, 530, 540, 545, 560; **8c** 38; **15** 55
- Untergang **8a** 571, 580; **15** 173
- vororganschaftlicher **15** 187

Zinsvortragsfalle **8a** 166
Zoologischer Garten **4** 268
ZvE **7** 1, 23
Zufluss **8** 516; **11** 149; **30** 18, 20
- Zuflussprinzip **8** 251

Zuführung
- rechtliche Finalität **8** 677
- Betriebsvermögen **8c** 338; **34** 83

Zuordnungsentscheidung **2** 125
Zurechnungssubjekt **2** 51
Zuschlagsteuer **31** 9, 38
Zuschreibungsgewinn **8b** 69
Zuschuss **5** 22
Zuständigkeitsvorbehalt **8** 405
Zuteilungsrücklage **34** 203
- Ansatz **21b** 25
- Auflösung **21b** 31
- Bildung **21b** 15

Zuwendung **8** 675
- Ausstellerhaftung **9** 157
- Höchstbetrag **9** 109
- Sach- und Aufwandszuwendung **9** 125
- Spende **9** 73

- Veranlasserhaftung **9** 165
- Vertrauensschutz **9** 149
- zuwendungsbegünstigte Zwecke **9** 91
- Zuwendungsbestätigung **9** 136
- Zuwendungsempfänger **9** 97
- Zuwendungsvortrag **9** 118

Zuzug **1** 211, 212; **2** 78, 249
Zwangs- und Monopolrecht **4** 158
Zwangsgeld **26** 135
Zwangsmaßnahme **8c** 72
Zweckbetrieb **5** 58, 64
Zweckbindung des Vermögens **5** 131
Zweckgeschäft **5** 367; **22** 90
Zweckgesellschaft **8a** 363; **27** 33
- nach HGB **8a** 323
- nach IFRS **8a** 317
- nach US-GAAP **8a** 327

Zweckvermögen **1** 85, 169, 185; **2** 18, 68; **3** 28
- nichtrechtsfähiges und des öffentlichen Rechts **3** 39
- nichtrechtsfähiges und des privaten Rechts **3** 37

Zweigniederlassung **2** 96; **18** 47; **27** 115
- eingetragene **18** 47
- Firma **18** 26
- inländische **18** 1

Zweitsitz **1** 65
Zwerganteil **8** 326, 386
Zwischenerwerb von Banken **8c** 81
Zwischengesellschaft **2** 26; **8** 287; **8b** 16; **15** 52
Zwischenschein **8b** 270
Zwischenveranlagung **11** 97, 102